Rotax (Hrsg.) · Praxis des
Familienrechts

ZAP-Arbeitsbuch

Rotax (Hrsg.)
Praxis des Familienrechts

herausgegeben von:
Horst-Heiner Rotax, Richter am Amtsgericht, Hamburg

unter Mitarbeit von:

Harald Fuge
Richter am Amtsgericht, Oldenburg

Oliver Hoffmann
Richter am Amtsgericht,
Justizministerium, Düsseldorf

Dr. Gerhard Hohloch
o. Professor an der Universität Freiburg,
Richter am Oberlandesgericht, Stuttgart

Dr. Markus Jakoby
Rechtsanwalt und Notar, Berlin

Johannes Kreutzkam
Fachhochschuldozent, Hildesheim

Dr. Petra Lingelbach
Rechtsanwältin, Jena

Heinz-Werner Ludwig
Rechtsanwalt beim Oberlandesgericht, Köln

Alfons Lücke
Justizoberamtsrat, Hildesheim

Anne Klein
Rechtsanwältin/Fachanwältin für Familienrecht,
Notarin und Senatorin a.D., Berlin

Dr. Phil. Adelheid Kühne
Professorin für Klinische- und Rechtspsychologie
an der Universität Hannover

Prof. Holger Meyer
Steuerberater, Weinheim-Lützelsachsen

Hanswerner Odendahl
Rechtsanwalt/Fachanwalt für Familienrecht, Köln

Werner Reinken,
Richter am Oberlandesgericht, Hamm

Ernst Sarres
Rechtsanwalt/Fachanwalt für Familienrecht,
Duisburg/Düsseldorf

Dr. Wolfram Viefhues
Richter am Familiengericht, Gelsenkirchen

Harald Vogel
Richter am Amtsgericht, Berlin

Dr. Peter Weber
Richter am Kammergericht i. R., Berlin

2., überarbeitete und wesentlich erweiterte Auflage

Verlag für die
Rechts- und
Anwaltspraxis

Bearbeiterverzeichnis:

Teil 1 Familienrechtliches Mandat	Sarres/Lücke
Teil 2 Ehe	Fuge
Teil 3 Eheliches Vermögen und Eheverträge	Lingelbach
Teil 4 Eltern/Kinder	Rotax/Kühne/Jakoby
Teil 5 Verwandtenunterhalt	Reinken
Teil 6 Familien- und Ehegattenunterhalt	Viefhues
Teil 7 Verfahrensfragen im Unterhaltsrecht	Ludwig/Weber/Sarres/Reinken/Kreutzkam
Teil 8 Auflösung der Ehe	Odendahl
Teil 9 Versorgungsausgleich	Rotax
Teil 10 Steuerrecht	Meyer
Teil 11 Lebenspartnerschaft	Weber/Klein
Teil 12 Nichteheliche Lebensgemeinschaft	Hoffmann
Teil 13 Internationales Familien- und Verfahrensrecht	Hohloch
Zitiervorschlag:	Reinken, in: Rotax, FamPrax, Teil 5, Rn. 10

Bibliografische Information der Deutschen Bibliothek
Die Deutsche Bibliothek verzeichnet diese Publikation in der Deutschen Nationalbibliografie; detaillierte bibliografische Daten sind im Internet über <http://dnb.ddb.de> abrufbar.

ISBN 3-89655-105-1

© ZAP Verlag für die Rechts- und Anwaltspraxis GmbH & Co. KG, 2003

Alle Rechte sind vorbehalten.

Dieses Werk und alle in ihm enthaltenen Beiträge und Abbildungen sind urheberrechtlich geschützt. Mit Ausnahme der gesetzlich zugelassenen Fälle ist eine Verwertung ohne Einwilligung des Verlages unzulässig.

Druck: Bercker, Kevelaer

Geleitwort

Das Familienrecht ist zu einem Hauptarbeitsgebiet der Anwaltschaft geworden. Gerade die Spezialisierung im Familienrecht ist der Anwaltschaft besonders wichtig. Dies zeigt jedes Jahr die gestiegene Zahl der Fachanwältinnen und Fachanwälte für Familienrecht, zuletzt auf 5.126 zum 1.1.2003 (BRAK-Mitt. 2003, 124).

Der „Rotax" ist schon in 2. Auflage zum Standardwerk im Familienrecht geworden. Die Neuauflage ist um einige Teile erweitert worden, einige Teile wurden neu strukturiert. Neu ist Teil 7: Verfahrensfragen im Unterhaltsrecht. Gerade dieser Teil, geschrieben aus der Sicht erfahrener Praktiker, gibt sowohl für den Richter als auch den Rechtsanwalt umfangreiche Anregungen. In dem neuen Teil 11: Lebenspartnerschaft wird auch neueren gesellschaftlichen Entwicklungen Rechnung getragen. Der bisherige Teil zum Unterhalt ist nunmehr aufgegliedert in Teil 5 Verwandtenunterhalt und Teil 6 Familien- und Ehegattenunterhalt.

Die seit der 1. Auflage eingetretenen gesetzlichen Änderungen sind alle berücksichtigt, so u.a.:

- Gesetz zur Änderung der Haftung Minderjähriger – Minderjährigenhaftungsbeschränkungsgesetz v. 25.8.1998 (BGBl. I S. 2487);
- Gesetz zur Beendigung der Diskriminierung gleichgeschlechtlicher Gemeinschaften: Lebenspartnerschaften v. 16.2.2001 (BGBl. I S. 266);
- Verordnung des Europäischen Rates über die Zuständigkeit und die Anerkennung und Vollstreckung von Entscheidungen in Ehesachen und in Verfahren betreffend die elterliche Verantwortung für die gemeinsamen Kinder der Ehegatten (Verordnung (EG) Nr. 1347/2000 des Rates v. 29.5.2000, ABl. EG L 160/19 v. 30.6.2000);
- EU-Verordnung über die gerichtliche Zuständigkeit und die Anerkennung und Vollstreckung von Entscheidungen in Zivil- und Handelssachen (Verordnung (EG) Nr. 44/2001 des Rates v. 22.12.2000, ABl. EG Nr. L 12 v. 16.1.2001 S. 1).

Vom Tatsächlichen ist das Rechtsgebiet von beträchtlichem Interesse, da der Rechtsanwalt im Familienrecht im großen Umfang rechtsgestaltend tätig werden kann. Gerade die außergerichtliche Tätigkeit des Rechtsanwaltes ist häufig gefordert. Diese unterstützt das Arbeitsbuch. Jeder Anwalt, aber insbesondere der Fachanwalt für Familienrecht, benötigt dieses Werk. Es ist der Verdienst des Herausgebers und der Autoren, die Materie mandatsorientiert, ohne theoretischen Ballast dargestellt zu haben.

In 1. Auflage erschien das Buch in der Reihe „BRAK-Arbeitsbuch". Die Bundesrechtsanwaltskammer hatte sich für diese Reihe stark gemacht, weil eine Verzettelung auf Bücher unterschiedlicher Autoren nicht dem Berufsstand dient. Jene dient nur Professoren für wissenschaftliche Veröffentlichungen, nicht jedoch der Praxis. In kürzester Zeit erscheint nunmehr die 2. Auflage. Schon dies zeigt, dass das Ziel erreicht wurde. Die Konkurrenz fürchtet diesen Wettbewerb. Im Rahmen der Rechtsaufsicht soll durch das Bundesministerium der Justiz der Bundesrechtsanwaltskammer untersagt werden, für Konzeption und Ausführung eines guten Produktes einzustehen, damit auch schlechte ihren Platz am Markt finden. Lediglich vorerst ist der Name in Fortfall geraten, bis das rechtsaufsichtsrechtliche Verfahren beendet ist. Die Aktualität des Buches und die Nachfrage durch die Anwaltschaft duldeten keinen weiteren Aufschub bis zur Entscheidung.

Das Arbeitsbuch dient der besseren Vertretung der Mandanten. Es schützt den Verbraucher vor falscher Beratung und Vertretung. Jede Bearbeitung eines familienrechtlichen Mandates erfordert den Blick in das ehemalige „BRAK-Arbeitsbuch" Praxis des Familienrechts. Den Autoren ist es gelungen, das Buch noch praxisnäher zu gestalten.

Berlin, im August 2003

Rechtsanwalt Anton Braun
Hauptgeschäftsführer der
Bundesrechtsanwaltskammer

Vorwort

Seit Erscheinen der ersten gebundenen Auflage dieses Handbuches sind die Anforderungen an eine sachlich fundierte anwaltliche Beratung und Vertretung sowie überzeugende Rechtsprechung in Familiensachen und benachbarten Gebieten durch vielfache gesetzgeberische Neuerungen, aber auch grundlegende Entscheidungen des BVerfG und des BGH eher gestiegen als gesunken. Die vielfältigen Änderungen im Steuer-, Sozial- und Rentenrecht, im Recht der betrieblichen und privaten Altersversorgung haben erhebliche Auswirkungen auf die Rechtsprechung der Gerichte im Rahmen von Unterhalt und Versorgungsausgleich. Nach wie vor sind Kenntnisse im allgemeinen Zivilrecht (Schuldrechtsreform!), Sozialversicherungsrecht (Rentenreform!), Beamten- und Beamtenversorgungsrecht (Versorgungsrechtsreform!), aber auch Steuerrecht mit seinen – kaum überlegt formuliert – fast täglichen Änderungen dringend erforderlich. Die Diskussion in Psychologie, Pädagogik und Sozialpädagogik vor allem zur angemessenen Reaktion auf Kinder, die den Umgang mit dem anderen Elternteil hartnäckig verweigern, ist deutlich fortgeschritten und erheischt Beachtung. Mit dem Erlass des Partnerschafts- und Gewaltschutzgesetzes sind dem Familienrichter neue Regelungsbereiche übertragen worden.

In den Ballungszentren unseres Landes haben bis zu 40 % aller beim Familiengericht eingehenden Anträge inzwischen „Auslandsberührung", d.h. betreffen Personen, die zumindest auch eine andere als die deutsche Staatsangehörigkeit besitzen. Der Prozess der rechtlichen Integration Europas schreitet nach Abschluss des „Vertrages von Maastricht" deutlich voran, was eine vertiefte Beschäftigung mit dem Internationalen Privatrecht, aber gerade auch dem unmittelbar geltenden Europäischen Gemeinschaftsrecht nötig macht.

Alle aktuellen Neuerungen im materiellen Recht, sogar die neue BarwertVO v. 26.5.2003, die Düsseldorfer Tabelle (Stand: 1.7.2003) und die Entscheidung des BVerfG zu den Rechten des leiblichen, nicht rechtlichen Vaters v. 9.4.2003 sind von den Autoren bereits berücksichtigt worden.

Da der Gesetzgeber vielfache Forderungen aus der Praxis, endlich ein einheitliches großes Familiengericht mit einheitlicher Verfahrensordnung zu schaffen, bisher nicht erfüllt hat, müssen nach wie vor unterschiedliche Verfahrengrundsätze – teilweise in ein und demselben Verfahren – beachtet werden. Auch in dieser – teilweise deutlich überarbeiteten – Auflage war es den Autoren der einzelnen Teile dieses Handbuches wichtig, den Praktiker durch die Normenvielfalt im Verfahrensrecht zu leiten. Ob es künftig einmal einen gesonderten verfahrensrechtlichen Teil geben wird, kann erst entschieden werden, wenn es zu einer Vereinheitlichung des familiengerichtlichen Verfahrensrechtes gekommen sein wird.

Alle Autoren haben auch dieses Mal die Bedürfnisse des Praktikers an einem schnellen Zugriff auf Spezialfragen und deren Lösung zum Maßstab ihrer Arbeit gemacht. Eine Auseinandersetzung mit weiterführender Rechtsprechung und Literatur erfolgt nur dort, wo es für die Bearbeitung des konkreten Falles erforderlich ist. Fragen rein theoretischer Natur bleiben ausgeklammert. Jeder Teil des Handbuches enthält, soweit es sich thematisch anbietet, Mustertexte und einen Lexikonteil, der zusätzlich zur Inhaltsübersicht einen schnellen Zugriff auf ausgewählte Spezialfragen ermöglichen soll. Das Gesamtstichwortverzeichnis wurde erweitert, um auch hierüber einen umfassenden Zugriff zu gewährleisten.

Ich danke den Autorinnen und Autoren, die mit ihren Beiträgen geholfen haben, eine bereits erfolgreich erprobte Idee weiter zu verbessern, der Bundesrechtsanwaltskammer für kritische Anregungen und hilfreiche Hinweise sowie den Mitarbeitern des Verlags, die letztlich die Entstehung des Buches ermöglicht haben.

Horst-Heiner Rotax

Adendorf im Juli 2003

Geleitwort zur 1. Auflage

Die Ehe ist schon lang ~~ein Vertrag mehr auf Lebenszeit. Die Familie als Gemeinschaft zur lebenslangen Unter~~ lang in Notsituationen hat ihre Funktion verloren. Rechtsstreitigkeiten zwischen Kindern, ~~dten~~, Eltern und Eheleuten, aber auch untereinander, sind nicht mehr die Ausnahme. ~~zten~~ Jahren dazu geführt, dass sich die Anwaltschaft immer mehr spezialisiert hat. Ko~~gebiet~~ ~~dieser~~ Spezialisierung war die Einführung der Fachanwaltsbezeichnung für Familienrecht. Das ~~lienrecht~~ ist nicht nur ein rechtlich, sondern auch vom Tatsächlichen her ein interessantes Rechtsgebiet. Rechtlich deshalb, weil gerade in den letzten Jahren in großem Umfang das ~~lienrecht~~ neu gestaltet wurde. Nur einige wenige Gesetze seien genannt:

- ~~Ge~~setz zur Reform des Kindschaftsrechts v. 16.12.1997 (BGBl. I S. 2942);
- ~~G~~esetz zur erbrechtlichen Gleichstellung nichtehelicher Kinder v. 16.12.1997 (BGBl. I S. 2968);
- Gesetz zur Reform der gesetzlichen Rentenversicherung v. 16.12.1997 (BGBl. I S. 2998);
- Gesetz zur Vereinheitlichung des Unterhaltsrechts minderjähriger Kinder v. 6.4.1998 (BGBl. I S. 666);
- Gesetz zur Neuordnung des Eheschließungsrechts v. 4.5.1998 (BGBl. I S. 833);
- Gesetz zur Änderung des Betreuungsrechts sowie weiterer Vorschriften v. 25.6.1998 (BGBl. I S. 1580).

Vom Tatsächlichen ist das Rechtsgebiet von großem Interesse, da der Rechtsanwalt im Familienrecht in großem Umfang rechtsgestaltend tätig werden kann.

Zu all diesen neuen Gesetzen wird aus Sicht des Praktikers für den Praktiker mandatsorientiert ohne theoretischen Ballast erschöpfend Stellung genommen. Derjenige, der sich auf das Wissen in dem BRAK-Arbeitsbuch „Praxis des Familienrechts" stützt, kann die bestmögliche Vertretung seiner Mandanten gewährleisten.

Mit dem beiliegenden Werk kommt die Bundesrechtsanwaltskammer ihrer in § 177 Abs. 2 Nr. 6 BRAO verankerten Obliegenheit nach, die berufliche Fortbildung der Rechtsanwälte zu fördern. Die Förderung der beruflichen Fortbildung ist im Zusammenhang mit der Berufspflicht jedes Anwalts zu sehen, sich fortzubilden. Gerade hier setzen die BRAK-Arbeitsbücher an. Sie beziehen sich ausdrücklich auf die anwaltliche Praxis. Im Schwerpunkt stehen die Zentralthemen der Anwaltschaft, nämlich das Straßenverkehrsrecht, das Familienrecht und das Arbeitsrecht.

Entsprechend ihrer Pflicht, die berufliche Fortbildung zu fördern, hat die Bundesrechtsanwaltskammer mitverantwortlich an dem vorliegenden Werk mitgearbeitet. Bundesrechtsanwaltskammer, Autoren und Verlag haben in intensiver Zusammenarbeit Konzeption und Inhalte festgelegt. Dabei kam der Bundesrechtsanwaltskammer ein maßgeblicher und zentraler Einfluss auf die Gesamtkonzeption der BRAK-Arbeitsbücher und die einzelnen Bände zu.

Ein großer Dank gilt den Autoren, die mit ihren Beiträgen geholfen haben, ein Konzept in die Tat umzusetzen und die Materie zugleich kompakt und thematisch erschöpfend bewältigt zu haben.

Der Bundesrechtsanwaltskammer als der Vertretung der deutschen Anwaltschaft auf Bundesebene ist zu danken, dass sie diese Reihe der Arbeitsbücher initiiert hat und damit der Anwaltschaft ein geeignetes Arbeitsmittel für die Praxis zur Verfügung stellt.

Berlin, im März 2001

Rechtsanwalt Anton Braun
Hauptgeschäftsführer der
Bundesrechtsanwaltskammer

Vorwort zur 1. Auflage

Die Praxis des Familienrechts erfordert heute weit mehr als die Kenntnis des Inhaltes der Normen des 4. Buches des BGB. Sachlich fundierte Beratung und Vertretung einerseits und überzeugende Rechtsprechung andererseits sind nur möglich bei zusätzlichen Kenntnissen in den Rechtsgebieten allgemeines Zivilrecht, Sozialversicherungsrecht, Beamten- und Beamtenversorgungsrecht, aber auch Steuerrecht. Darüber hinaus sind Grundkenntnisse in Psychologie, Pädagogik, Sozialpädagogik, Abstammungsmedizin, Buchführungstechnik, aber auch Kommunikationstheorie und Verhandlungstechnik für den Praktiker unverzichtbar.

Seit der Familienrechtsreform 1977 bilden Familienrecht und familiengerichtliches Verfahren keine deckungsgleichen Kreise mehr. Das vorliegende Handbuch beschränkt sich deshalb nicht auf das familiengerichtliche Verfahren, sondern widmet sich auch dem vormundschaftsgerichtlichen Verfahren und berührt im Zusammenhang mit der nichtehelichen Lebensgemeinschaft das allgemeine Zivilverfahren. Es bleibt abzuwarten, ob sich die Notwendigkeit einer verfahrensübergreifenden Darstellung noch vertieft, wenn der Gesetzgeber Forderungen aus der Praxis aufgreift und alle vermögensrechtlichen Streitigkeiten zwischen Eheleuten (und künftig wohl auch Lebenspartnern) in die Zuständigkeit der Familiengerichte verweist. Der Praxis wäre im Übrigen sehr geholfen, wenn es im Rahmen einer solchen Zuständigkeitserweiterung auch zu einer Vereinheitlichung der bei den Familien- und Vormundschaftsgerichten anzuwendenden Verfahrensordnungen kommen würde. Immerhin wird im Bundesjustizministerium daran gearbeitet. Derzeit allerdings müssen in der Praxis leider immer noch unterschiedliche Verfahrensgrundsätze – teilweise in demselben Verfahren – beachtet werden. Es war den Autoren der einzelnen Teile dieses Handbuches ein Anliegen, den Praktiker auch durch die teilweise nur mit einem Dschungel zu vergleichende Normenvielfalt im Verfahrensrecht zu leiten. Ein eigenes verfahrensrechtliches Fach soll nach dem derzeitigen Planungsstand erst verfasst werden, wenn es zu einer Vereinheitlichung zumindest des familiengerichtlichen Verfahrensrechts gekommen sein wird.

Ausgangspunkt für die Überlegung, dieses Handbuch des Familienrechts zu erstellen, war nicht die Überzeugung, dass es nicht bereits ausreichend oder genügend gute Literatur gäbe. Das Gegenteil ist der Fall. Der Markt an – auch durchaus brauchbaren – Handbüchern ist kaum noch zu übersehen. Wenn der Verlag mich und die übrigen Autoren gleichwohl zu einer Mitarbeit gewinnen konnte, dann geschah dies vor allem deswegen, weil dieses Werk sich in seiner Handhabung positiv von Konkurrenzprodukten unterscheiden sollte. Die guten Erfahrungen des Verlages mit den von der Konzeption her ähnlichen Handbüchern zum Miet-, Arbeits- und Straßenverkehrsrecht ließen es als lohnenswerten Versuch erscheinen, auch im Familienrecht Vergleichbares herauszubringen.

Wie alle Fachbücher ist das Handbuch auch in seiner jetzigen Form „unfertig" und auf Überarbeitungen und Neuauflagen angewiesen. Möglicherweise wird es immer unfertig bleiben, weil durch den berühmten Federstrich des Gesetzgebers plötzlich praxisrelevante Rechtsgebiete entfallen oder hinzukommen können. So wurde auf der Ebene der Landesjustizverwaltungen eine weitgehende Abschaffung der gerichtlichen Ehescheidung und – für den Fall dokumentierten Einverständnisses – eine Ersetzung durch eine standesamtliche Scheidung diskutiert. Die tiefgreifenden Veränderungen im Recht der Altersvorsorge lassen massive Konsequenzen z. B. für den Bereich des Versorgungsausgleichs mit seiner kaum noch nachvollziehbaren Bewertungsgenauigkeit erwarten.

Anders als die bekannten Lehrbücher und (Groß-)Kommentare zum Familienrecht und familiengerichtlichen Verfahren mit ihrer Orientierung an dogmatischen Besonderheiten des jeweiligen Rechtsgebietes sind Maßstab für dieses Handbuch die Bedürfnisse des Praktikers an einem schnellen Zugriff auf Spezialfragen und deren Lösung. Inhaltsübersichten, Gliederung und Darstellung der einzelnen Fachthemen dienen daher dem ziel- und ergebnisorientierten Arbeiten des Praktikers. Eine Auseinandersetzung mit weiterführender Rechtsprechung und Literatur erfolgt nur dort, wo

Vorwort zur 1. Auflage

es für die Bearbeitung des konkreten Falles erforderlich ist und nicht zum Selbstzweck wissenschaftlicher Vollständigkeit wird. Fragen rein theoretischer Natur bleiben ausgeklammert. Der Vorteil eines Handbuchs gegenüber einem umfassenden Kommentar liegt in seiner systematischen Strukturierung und damit in der Schnelligkeit des Auffindens einzelner Problemdarstellungen. Die „Praxis des Familienrechts" bietet deshalb dem Leser auch Verfahrensvorschläge und Mustertexte an. Jeder Teil enthält, soweit es sich thematisch anbietet, Mustertexte und ein Rechtsprechungslexikon, das zusätzlich zur Inhaltsübersicht einen schnellen Zugriff auf ausgewählte Spezialfragen ermöglicht. So findet derjenige, der sich nur neben anderen Rechtsgebieten einen schnellen Überblick verschaffen möchte, genauso Unterstützung wie derjenige, der vertieft Rechtsprechung zu einem Spezialthema sucht.

In Zusammenarbeit mit der Bundesrechtsanwaltskammer und dem Verlag für die Rechts- und Anwaltspraxis ist somit ein an der effizienten anwaltlichen Mandatsbearbeitung orientiertes Handbuch zur „Praxis des Familienrechts" entstanden. Dabei wird berücksichtigt, dass sich durch die Einführung des Fachanwalts für Familienrecht die Notwendigkeit dauernder notwendiger Qualifizierung dieser Fachanwälte, indirekt aber auch aller auf dem Gebiet des Familienrechts tätigen Anwälte ergeben hat. Qualifizierte Anwälte sind eine gute Voraussetzung für bessere richterliche Entscheidungen. Herausgeber und Autoren möchten mit diesem Handbuch dazu beitragen, dass diese Qualifizierung schon ab Studienzeiten vorangetrieben wird und möglichst viele Anwälte möglichst gut beraten und Richter anschließend ebenso gut entscheiden. Wenn dann auch noch Nichtjuristen, die in familiären Konflikten beraten, über die Lektüre zumindest von Teilen dieses Werkes bedeutsame juristische Teilaspekte ihres Wirkens erkennen und einplanen können, hat sich unsere Arbeit gelohnt.

An dieser Stelle gilt mein Dank den Autorinnen und Autoren, die mit ihren Beiträgen geholfen haben, eine Idee in die Tat umzusetzen, der Bundesrechtsanwaltskammer für kritische Anregungen und hilfreiche Hinweise sowie den Mitarbeitern des Verlags, die letztlich die Entstehung des Buches ermöglicht haben.

Adendorf, im Januar 2001   Horst-Heiner Rotax

Inhaltsübersicht

	Seite
Geleitwort	V
Vorwort	VII
Geleitwort zur 1. Auflage	IX
Vorwort zur 1. Auflage	XI
Inhaltsübersicht	XIII
Abkürzungsverzeichnis	XIX
Allgemeines Literaturverzeichnis	XXIX

Teil 1: Familienrechtliches Mandat

Abschnitt 1:	Systematische Erläuterungen	3
	A. Einführung	3
	B. Mandatsannahme	5
	C. Abschluss des Mandats – Hinweise an Mandanten	24
	D. Streitwerte und Rechtsanwaltsgebühren	25
Abschnitt 2:	Arbeits- und Beratungshilfen	35

Teil 2: Ehe

Abschnitt 1:	Systematische Erläuterungen	57
	A. Verlöbnis	57
	B. Eheschließung	64
	C. Name der Eheleute	75
	D. Eheliche Lebensgemeinschaft	78
	E. Familienunterhalt	91
	F. Verpflichtungsermächtigung nach § 1357 BGB („Schlüsselgewalt")	98
	G. Eigentumsvermutungen zugunsten von Gläubigern nach § 1362 BGB	101
	H. Verfügungsbeschränkungen der §§ 1365 ff., 1369 BGB	104
Abschnitt 2:	Rechtsprechungslexikon – ABC der Ehe	114

Inhaltsübersicht

Seite

Teil 3: Eheliches Vermögen und Eheverträge

Abschnitt 1: Systematische Erläuterungen 141
        A. Überblick.. 141
        B. Eheliches Güterrecht 141
        C. Vermögensverhältnisse unter Ehegatten außerhalb des Güterrechts........ 190
        D. Besonderheiten in den neuen Bundesländern 199
        E. Rechtsverhältnisse an Ehewohnung und Hausrat 209
        F. Besonderheiten bei Ehen mit Auslandsberührung..................... 223
Abschnitt 2: Rechtsprechungslexikon – ABC des ehelichen Vermögens und der Eheverträge... 226
Abschnitt 3: Arbeits- und Beratungshilfen 254

Teil 4: Eltern/Kinder

Abschnitt 1: Systematische Erläuterungen 284
        A. Die Kindschaftsrechtsreform des Jahres 1998 im Überblick 284
        B. Abstammungsrecht.. 288
        C. Verfahrensrechtliche Besonderheiten in Statusverfahren................ 296
        D. Sorgerecht... 303
        E. Umgang zwischen Eltern und Kindern............................... 344
        F. (Familien-)Namensrecht für Kinder 363
        G. Annahme an Kindes statt.. 367
        H. Verfahrensrechtliche Besonderheiten und Neuerungen im familiengerichtlichen Verfahren mit Kindern 371
        I. Aufgaben und Beteiligung des Jugendamtes 415
        J. Vormundschaftsrecht... 419
        K. Betreuungsrecht 430
        L. Pflegschaftsrecht.. 434
Abschnitt 2: Rechtsprechungslexikon – ABC des Abstammungs-/Sorge-/Umgangsrechts... 438
Abschnitt 3: Arbeits- und Beratungshilfen 452

Seite

Teil 5: Verwandtenunterhalt

Abschnitt 1: Systematische Erläuterungen 473

    A. Grundlagen der Einkommensermittlung 473

    B. Grundlegende Änderungen des Unterhalts minderjähriger Kinder durch das Gesetz zur Vereinheitlichung des Unterhaltsrechts minderjähriger Kinder (Kinderunterhaltsgesetz – KindUG) 485

    C. Allgemeine Grundlagen des Individualunterhalts 496

    D. Das Vereinfachte Verfahren über den Unterhalt Minderjähriger 575

    E. Übergangsvorschriften des KindUG 587

    F. Unterhalt für das Kind und seine nicht miteinander verheirateten Eltern ... 589

    G. Unterhalt der Eltern 600

Abschnitt 2: Rechtsprechunglexikon – ABC des Unterhaltsrechts 610

    A. ABC des Individualunterhalts ehelicher und außerhalb einer bestehenden Ehe geborener Kinder 610

    B. ABC des Unterhalts für das Kind und seine nicht miteinander verheirateten Eltern 636

    C. ABC des Unterhalts der Eltern 640

Abschnitt 3: Arbeits- und Beratungshilfen 646

Teil 6: Familien- und Ehegattenunterhalt

Abschnitt 1: Systematische Erläuterungen 661

    A. Übersicht 661

    B. Familienunterhalt 662

    C. Ehegattenunterhalt für die Zeit der Trennung 662

    D. Ehegattenunterhalt für die Zeit nach der Rechtskraft der Scheidung 678

    E. Sonderfälle bei allen Formen des Ehegattenunterhalts 732

    F. Festlegung und Durchsetzung des Unterhaltsanspruchs 761

    G. Auskunftsanspruch gem. § 1580 BGB 771

Abschnitt 2: Arbeits- und Beratungshilfen 773

Inhaltsübersicht

Seite

Teil 7: Verfahrensfragen im Unterhaltsrecht

Abschnitt 1: Systematische Erläuterungen 819

    A. Aufrechnung, Abtretung und gesetzlicher Forderungsübergang bei Unterhaltsforderungen 819

    B. Vorläufige Regelungen bei Unterhaltsansprüchen 848

    C. Rangverhältnisse von Unterhaltsberechtigten 860

    D. Auskunftsansprüche im Unterhaltsrecht 867

    E. Abänderung von Unterhaltstiteln 872

    F. Vollstreckung von Unterhaltstiteln 901

Abschnitt 2: Rechtsprechungslexikon 930

    A. ABC der Rangverhältnisse von Unterhaltsberechtigten und des familienrechtlichen Ausgleichsanspruchs wegen Unterhalt 930

    B. ABC der Abänderung von Unterhaltstiteln 939

    C. ABC der Vollstreckung von Unterhaltstiteln 945

Abschnitt 3: Arbeits- und Beratungshilfen 973

Teil 8: Auflösung der Ehe

Abschnitt 1: Systematische Erläuterungen 984

    A. Einleitung 984

    B. Auflösung der Ehe durch Scheidung 985

    C. Auflösung der Ehe durch Aufhebung 991

    D. Verfahren bei Auflösung der Ehe 994

Abschnitt 2: Arbeits- und Beratungshilfen 1015

Teil 9: Versorgungsausgleich

Abschnitt 1: Systematische Erläuterungen 1031

    A. Einführung 1031

    B. Verfahrensrecht 1047

    C. Auszugleichende Versorgungen 1068

    D. Ausgleichsformen 1152

    E. Abänderung des Versorgungsausgleichs 1228

    F. Nach der Ausgleichsentscheidung 1240

    G. Versorgungsausgleich und Tod einer Partei 1244

Seite

        H. Übergangsregelungen 1246

        I. Vereinigungsbedingte Probleme bei der Durchführung des Versorgungsausgleichs 1247

Abschnitt 2: Rechtsprechungslexikon – ABC des Versorgungsausgleichs 1289

Abschnitt 3: Arbeits- und Beratungshilfen 1422

Teil 10: Steuerrecht

Abschnitt 1: Systematische Erläuterungen 1456

        A. Vorbemerkung 1456

        B. System der Besteuerung 1457

        C. Grundlagen der Einkommensbesteuerung 1458

        D. Besteuerung von Ehegatten 1475

        E. Nichteheliche Lebensgemeinschaft 1514

        F. Einkommensteuerliche Wirkung von Unterhalt 1516

        G. Alternative Formen der Unterhaltsgewährung 1534

        H. Unterhaltsrechtliche Korrekturen beim zu versteuernden Einkommen 1544

        I. Einkommensteuerliche Wirkung von Kindern 1575

        J. Vermögensauseinandersetzung bei Scheitern der Ehe 1590

        K. Versorgungsausgleich 1599

Abschnitt 2: Glossar steuerrechtlicher Fachbegriffe 1602

Teil 11: Lebenspartnerschaft

Abschnitt 1: Systematische Erläuterungen 1609

        A. Einführung 1609

        B. Die eingetragene Lebenspartnerschaft 1610

Abschnitt 2: Rechtsprechungslexikon – ABC des Rechtes der eingetragenen Lebenspartnerschaft 1641

Abschnitt 3: Arbeits- und Beratungshilfen 1642

Teil 12: Nichteheliche Lebensgemeinschaft

Abschnitt 1: Systematische Erläuterungen 1671

        A. Definition 1671

        B. Verfassungsrechtliche Grundlagen 1672

Seite

    C. Einfachrechtliche Grundlagen der nichtehelichen Lebensgemeinschaft 1672
    D. Haftung für Verbindlichkeiten des Partners 1676
    E. Auflösung der nichtehelichen Lebensgemeinschaft –
       Ausgleich gegenseitig erbrachter Leistungen 1677
    F. Nichteheliche Lebensgemeinschaft im Mietrecht 1685
    G. Arbeits- und Öffentliches Dienstrecht 1691
    H. Nichteheliche Lebensgemeinschaft im Versicherungsrecht 1692
    I. Deliktsrecht 1693
    J. Gemeinsame Kinder 1694
    K. Auswirkungen der nichtehelichen Lebensgemeinschaft auf den
       nachehelichen Unterhaltsanspruch (§ 1579 Nr. 6, 7 BGB) 1695
    L. Erbrecht 1698
    M. Anwendbarkeit des § 656 BGB auf Partnerschaftsvermittlungsverträge ... 1701
    N. Sittenwidrige Bürgschaftsverträge 1702
    O. Nichteheliche Lebensgemeinschaft im materiellen Strafrecht 1702
    P. Rechtspflege 1703
    Q. Öffentliches Recht, insbesondere Sozialrecht 1706
    R. Nichteheliche Lebensgemeinschaft im Steuerrecht 1708
    S. Bezüge zum Ausländerrecht 1709
    T. Internationales Privatrecht 1711
    U. Rechtsvergleichung 1711
Abschnitt 2: Rechtsprechungslexikon – ABC der nichtehelichen Lebensgemeinschaft .. 1712
Abschnitt 3: Arbeits- und Beratungshilfen 1722

Teil 13: Internationales Familien- und Verfahrensrecht

    A. Einführung 1730
    B. Internationales Eherecht 1741
    C. Kindschaftsrecht außerhalb des Scheidungsverbundes – Überblick 1782
    D. IPR der nichtehelichen Lebensgemeinschaft und der eingetragenen
       Lebenspartnerschaft 1790

Stichwortverzeichnis 1793

Abkürzungsverzeichnis

a. a. O.	am angegebenen Ort
a. A.	anderer Ansicht
a. E.	am Ende
a. F.	alte Fassung
Abl.	Amtsblatt der Europäischen Union
Abs.	Absatz
abw.	abweichend
AcP	Archiv für civilistische Praxis (Zs.)
AdWirkG	Gesetz über die Wirkungen der Annahme als Kind nach ausländischem Recht
Afa	Absetzung für Abnutzungen
AFG	Arbeitsförderungsgesetz
AG	Amtsgericht
AHK	Alliierte Hohe Kommission
AK	Anschaffungskosten
allg.	allgemein
Alt.	Alternative
AN	Arbeitnehmer
AnfG	Anfechtungsgesetz
AngV	Rentenversicherung der Angestellten
Anm.	Anmerkung
AnVNG	Angestelltenversicherungs-Neuregelungsgesetz v. 23. 3. 1957
AnwBl	Anwaltsblatt (Zs.)
AO	Abgabenordnung
ArbG	Arbeitsgericht
ArbPlSchG	Arbeitsplatzschutzgesetz
ArbRV	Arbeiterrentenversicherung
Art.	Artikel
ASRG-ÄndG	Änderungsgesetz zum Agrarsozialreformgesetz v. 15. 12. 1995
AsylVfG	Asylverfahrensgesetz
AUG	Auslandsunterhaltsgesetz
AuslG	Ausländergesetz
ÄV W-L	Ärzteversorgung Westfalen-Lippe
AVAG	Anerkennungs- und Vollstreckungsausführungsgesetz
AVG	Angestelltenversicherungsgesetz
AVmG	Altersvermögensgesetz
Az.	Aktenzeichen
BAFöG	Bundesgesetz über individuelle Förderung der Ausbildung
BAG	Bundesarbeitsgericht
BAnz	Bundesanzeiger
BarwertVO	Barwertverordnung
BAT	Bundes-Angestelltentarif

Abkürzungsverzeichnis

BAV	Leistungen, Anwartschaften oder Aussichten auf Leistungen der betrieblichen Altersversorgung
BayÄV	Bayrische Ärzteversorgung
BayObLG	Bayerisches Oberstes Landesgericht
BayObLGZ	Entscheidungen des BayObLG in Zivilsachen
BB	Betriebsberater (Zs.)
BBesG	Bundesbesoldungsgesetz
BBG	Bundesbeamtengesetz
BBVAnpGE	Bundesbesoldungs- und Versorgungsanpassungsgesetz
BDO	Bundesdisziplinarordnung
BeamtVG	Gesetz über die Versorgung der Beamten und Richter in Bund und Ländern (Beamtenversorgungsgesetz)
BeamtVGÄndG	Gesetz zur Änderung d. Beamtenversorgungsgesetzes sonst. dienst- u. versorgungsrechtl. Vorschriften
BeamtVÜV	Verordnung über beamtenversorgungsrechtliche Übergangsregelungen nach Herstellung der Einheit Deutschlands
BeamtVÜVO	Beamtenversorgungs-Übergangsverordnung
BeaV	Versorgung aus einem öffentlich-rechtlichen Dienst- oder Beamtenverhältnis
BEG	Bundesentschädigungsgesetz
BerufAV	Sonstige Renten oder ähnliche wiederkehrende Leistungen, insbesondere Versorgungswerke der kammerfähigen Berufe
BerzGG	Bundeserziehungsgeldgesetz
Beschl.	Beschluss
BetrAV	Betriebliche Altersversorgung (Zs.)
BetrAVG	Gesetz zur Verbesserung d. betrieblichen Altersversorgung (Betriebsrentengesetz)
BetrVG	Betriebsverfassungsgesetz
BeurkG	Beurkundungsgesetz
BezG	Bezirksgericht
BfA	Bundesversicherungsanstalt f. Angestellte
BFH	Bundesfinanzhof
BFH/ NV	Sammlung amtlich nicht veröffentlichter Entscheidungen des Bundesfinanzhofs
BGB	Bürgerliches Gesetzbuch
BGBl.	Bundesgesetzblatt
BGH	Bundesgerichtshof
BGHZ	Bundesgerichtshof, Entscheidungen in Zivilsachen (amtliche Sammlung)
BKGG	Bundeskindergeldgesetz
BMJ	Bundesminister d. Justiz
BNotO	Bundesnotarordnung
BRAGO	Bundesgebührenordnung f. Rechtsanwälte
BRAK-Mitt.	Bundesrechtsanwaltskammer- Mitteilungen (Zs.)
BRAO	Bundesrechtsanwaltsordnung
BR-Drucks.	Bundesrats-Drucksache
BRRG	Beamtenrechtsrahmengesetz
BSG	Bundessozialgericht
BSHG	Bundessozialhilfegesetz

BStBl.	Bundessteuerblatt
BTÄndG	Betreuungsrechtsänderungsgesetz
BT-Drucks.	Bundestags-Drucksache
BTPrax	Betreuungsrechtliche Praxis (Zs.)
BU	Berufsunfähigkeit
Buchst.	Buchstabe
BuWe	Bundeswehr
BUZ	Berufsunfähigkeitszusatzversicherung
BVA	Bahnversicherungsanstalt Teil B
BVerfG	Bundesverfassungsgericht
BVerfGE	Entscheidungen des Bundesverfassungsgerichts (amtliche Sammlung)
BVerwG	Bundesverwaltungsgericht
BVerwGE	Entscheidung des Bundesverwaltungsgerichts (amtliche Sammlung)
BVG	Bundesversorgungsgesetz
BVR	Bundesverfassungsrichter
BVV	Beamtenversicherungsverein des Deutschen Bank- und Bankiergewerbes
BWVÄ	Baden-Württembergische Versorgungsanstalt für Ärzte, Zahnärzte und Tierärzte
bzw.	beziehungsweise
ca.	circa
d. h.	das heißt
DA	Dienstanweisung
DAngVers	Die Angestellten-Versicherung (Zs.)
DAV	Deutscher Anwaltsverein
DAVorm	Der Amtsvormund. Rundbrief des Dt. Instituts f. Vormundschaftswesen
DB	Der Betrieb (Zs.)
dergl.	dergleichen
ders.	derselbe
DFGT	Deutscher Familiengerichtstag e. V.
DGVZ	Deutsche Gerichtsvollzieher-Zeitung (Zs.)
DHL	DHL Worldwide Express GmbH
dies.	dieselbe
DJT	Deutscher Juristentag
DRiG	Deutsches Richtergesetz
DRV	Deutsche Rentenversicherung (Zs.)
DStR	Deutsches Steuerrecht (Zs.)
DT	Düsseldorfer Tabelle
DtZ	Deutsch-deutsche Rechts-Zeitschrift
DVJJ	Deutsche Vereinigung für Jugendgerichte und Jugendgerichtshilfen e.V.
dyn.	dynamisch, dynamisiert
e.V.	eingetragener Verein
EFG	Entscheidungen der Finanzgerichte
EFTA	European Free Trading Association
EGBGB	Einführungsgesetz zum Bürgerlichen Gesetzbuch
EGr.	Einkommensgruppe

Abkürzungsverzeichnis

EheEuGVÜ	EU-Übereinkommen über die Zuständigkeit und die Anerkennung und Vollstreckung von Ehesachen
EheEuGVVO	Verordnung des europäischen Rates über die Zuständigkeit und Anerkennung und Vollstreckung von Entscheidungen in Ehesachen und in Verfahren betreffend die elterliche Verantwortung für die gemeinsamen Kinder der Ehegatten
EheG	Ehegesetz
EheRG	Erstes Gesetz zur Reform des Ehe- und Familienrechts
EheschlRG	Eheschließungsrechtsgesetz
EHV	Erweiterte Honorarverteilung der Kassenzahnärztlichen Vereinigung Schleswig-Holstein
EigZulG	Eigenheimzulagengesetz
EinigungsV	Einigungsvertrag
Einl.	Einleitung
EK	Eigenkapital
EMRK	Europäische Konvention z. Schutze d. Menschenrechte u. Grundfreiheiten
EP	Entgeltpunkt(e)
ErbGleichG	Erbrechtsgleichstellungsgesetz
ErbStG	Erbschaft- u. Schenkungsteuergesetz
erg.	ergänzend
Erl.	Erlass
EStDV	Einkommensteuer-Durchführungsverordung
EStG	Einkommensteuergesetz
EStR	Einkommensteuer-Richtlinien
ESÜ	Europäisches Sorgerechtsübereinkommen
etc.	et cetera
EU	Europäische Union
EuGH	Europäischer Gerichtshof
EuGHMR	Europäischer Gerichtshof für Menschenrechte
EuGVÜ	Übereinkommen über die gerichtliche Zuständigkeit und die Vollstreckung gerichtlicher Entscheidungen in Zivil- und Handelssachen
EuGVVO	Verordnung über die gerichtliche Zuständigkeit und die Vollstreckung gerichtlicher Entscheidungen in Zivil- und Handelssachen
EWG	Europäische Wirtschaftsgemeinschaft
F.	Fach
f.	folgende
FamG	Familiengericht
FamNamRG	Gesetz zur Neuordnung des Familiennamenrechts
FamRÄndG	Gesetz zur Vereinheitlichung und Änderung familienrechtlicher Vorschriften (Familienrechtsänderungsgesetz)
FamRZ	Zeitschrift für das gesamte Familienrecht (Zs.)
FamS	Familiensenat
FAO	Food and Agriculture Organization of the UN
FF	Forum Familien- und Erbrecht
ff.	fortfolgende
FG	Finanzgericht
FGB	Familiengesetzbuch der DDR

FGG	Gesetz über die Angelegenheiten der freiwilligen Gerichtsbarkeit
FKPG	Föderales Konsolidierungsprogramm
Fn.	Fußnote
FPR	Familie – Partnerschaft – Recht (Zs.)
FRG	Fremdrentengesetz
FuR	Familie und Recht (Zs.)
G	Gesetz
GAL	Gesetz ü. Altershilfe f. Landwirte i. d. Bek. v. 14. 9. 1965
GATT	General Agreement on Tariffs and Trade
GBl.	Gesetzblatt
gem.	gemäß
GewSchG	Gewaltschutzgesetz
GFK	Genfer Flüchtlingskonvention
GG	Grundgesetz
ggf.	gegebenenfalls
GKG	Gerichtskostengesetz
GmbH	Gesellschaft mit beschränkter Haftung
grds.	grundsätzlich
GrS	Großer Senat
GRV	Gesetzliche Rentenversicherung nach SGB VI
GSiG	Gesetz über eine bedarfsorientierte Grundsicherung im Alter und bei Erwerbsminderung
GVG	Gerichtsverfassungsgesetz
GVGA	Geschäftsanweisung für Gerichtsvollzieher
h.M.	herrschende Meinung
HausratsVO	Hausratsverordnung
HEZG	Hinterbliebenen- und Erziehungszeitengesetz
HGB	Handelsgesetzbuch
HKiEntÜ	Haager Kindesentführungsabkommen
Hrsg.	Herausgeber
Hs.	Halbsatz
HUntÜ	Haager Unterhaltsabkommen
i. d. F.	in der Fassung
i. d. R.	in der Regel
i. H. d./v.	in Höhe der(s)/dieser/von
i. S. d./v.	im Sinne des(r)/dieser/von
i. V. m.	in Verbindung mit
InfAuslR	Informationsbrief Ausländerrecht
InsO	Insolvenzordnung
Int.	International
IPR	Internationales Privatrecht
IPRax	Praxis des Internationalen Privat- und Verfahrensrechts (Zs.)
IStR	Internationales Steuerrecht (Zs.)
JStG	Jahressteuergesetz
JurBüro	Das juristische Büro (Zs.)

Abkürzungsverzeichnis

JuS	Juristische Schulung (Zs.)
JW	Juristische Wochenschrift (Zs.)
JZ	Juristenzeitung (Zs.)
Kap.	Kapitel
KEZG	Kindererziehungszuschlagsgesetz
KG	Kammergericht
KindPrax	Kindschaftsrechtliche Praxis (Zs.)
KindRG	Kindschaftsrechtsreformgesetz
KindUG	Kinderunterhaltsgesetz
KJHG	Kinder- und Jugendheimstättengesetz
KnV	Knappschaftliche Rentenversicherung
KostO	Kostenordnung
KostRÄndG	Kostenrechtsänderungsgesetz
KV	Kassenärztliche Vereinigung
LAG	Lastenausgleichsgesetz
LÄK	Landesärztekammer
LG	Landgericht
Lit.	Literatur
LM	Nachschlagewerk des BGH, hrsg. von Lindenmaier, Möhring u. a.
LPartG	Lebenspartnerschaftsgesetz
LS	Leitsatz
LSG	Landessozialgericht
LStDV	Lohnsteuer-Durchführungsverordnung
LStR	Lohnsteuer-Richtlinien
LV	Lebensversicherung
LVA	Landesversicherungsanstalt
m. Anm.	mit Anmerkung
m. E.	meines Erachtens
m. w. N.	mit weiteren Nachweisen
max.	maximal
MDR	Monatsschrift für Deutsches Recht (Zs.)
MhbeG	Minderjährigenhaftungsbeschränkungsgesetz
MietRRG	Mietrechtsreformgesetz
MSA	Haager Minderjährigenschutzabkommen
MüKo	Münchener Kommentar
MuSchG	Mutterschutzgesetz
n. F.	neue Fassung
n. v.	nicht veröffentlicht
NÄG	Namensänderungsgesetz
NATO	North Atlantic Treaty Organization
Nds. Rpfl.	Niedersächsischer Rechtspfleger (Zs.)
NDV	Nachrichtendienst des Deutschen Vereins (Zs.)
NJ	Neue Justiz (Zs.)
NJW	Neue Juristische Wochenschrift (Zs.)

NJWE-Miete	NJWE Miet- und Wohnungsrecht
NJW-RR	NJW-Rechtsprechungsreport Zivilrecht (Zs.)
nom.	nominal
Nr.	Nummer
NVwZ-RR	Neue Zeitschrift für Verwaltungsrecht, Rechtsprechungs-Report (Zs.)
NWB	Neue Wirtschafts-Briefe (Zs.)
NWwZ	Neue Zeitschrift für Verwaltungsrecht
NZA	Neue Zeitschrift für Arbeits- und Sozialrecht (Zs.)
o. Ä.	oder Ähnliches/-em
o. g.	oben genannte
OECD	Organization for Economic Cooperation and Development
OFD	Oberfinanzdirektion
OLG	Oberlandesgericht
OLG Report	Schnelldienst zur Zivilrechtsprechung der Oberlandesgerichte und des BayObLG
OLG-NL	OLG Rechtsprechung Neue Länder (Zs.)
OVG	Oberverwaltungsgericht
PfüB	Pfändungs- und Überweisungsbeschluss
PKH	Prozesskostenhilfe
PStG	Personenstandsgesetz
PStV	Personenstandsverordnung
PSV	Pensions-Sicherungs-Verein
psychomed	Zeitschrift für Psychologie und Medizin (Zs.)
R	Richtlinie
RAnw	Rentenanwartschaft(en)
RAP	Rechnungsabgrenzungsposten
rd.	rund
RdA	Recht der Arbeit (Zs.)
RechtsVO	Rechtsverordnung
RegelsatzVO	Regelsatzverordnung
RegelunterhV	Verordnung zur Berechnung des Regelunterhalts
RegUnterhV	Regelunterhalt-Verordnung
RegVBG	Registerverfahrensbeschleunigungsgesetz
RfgebStV	Rundfunkgebührenstaatsvertrag
RG	Reichsgericht
RGRK	Kommentar zum BGB, hrsg. von Reichsgerichtsräten und Bundesrichtern
RKEG	Gesetz über die religiöse Kindererziehung
RKnG	Reichsknappschaftsgesetz
Rn.	Randnummer
ROW	Recht in Ost und West
Rpfleger	Der deutsche Rechtspfleger (Zs.)
RPflG	Rechtspflegergesetz
RRG	Rentenreformgesetz
Rspr.	Rechtsprechung
RStAG	Reichs- und Staatsangehörigengesetz

Abkürzungsverzeichnis

RÜG	Rentenüberleitungsgesetz
RuStAG	Reichs- und Staatsangehörigkeitsgesetz
RVO	Reichsversicherungsordnung
RVSH	Versorgungswerk der Rechtsanwälte Schleswig-Holstein
S.	Seite
s.	siehe
s. a.	siehe auch
s. o.	siehe oben
s. u.	siehe unten
ScheidG	Scheidungsgesetz
SchfG	Schornsteinfegergesetz
SchlHA	Schleswig-Holsteinische Anzeigen (Zs.)
SG	Sozialgericht
SGB	Sozialgesetzbuch
SGb	Die Sozialgerichtsbarkeit (Zs.)
sog.	sogenannt(e; en; er)
SorgÜAG	Sorgerechtsübereinkommens-Ausführungsgesetz
SozG	Sozialgericht
st. Rspr.	ständige Rechtsprechung
StAZ	Das Standesamt (Zs.)
Stbg	Die Steuerberatung (Zs.)
StGB	Strafgesetzbuch
SVG	1. Soldatenversorgungsgesetz
SZG	Sonderzuwendung
SZuwG	Gesetz über die Gewährung einer jährlichen Sonderzuwendung
TDM	Tausend D-Mark
teilw.	teilweise
u. a.	unter anderem
u. a. m.	und andere mehr
u. U.	unter Umständen
UN	United Nations
unstr.	unstreitig
Urt.	Urteil
UStG	Umsatzsteuergesetz
usw.	und so weiter
UVG	Unterhaltsvorschussgesetz
UVÜ	Haager Übereinkommen über die Anerkennung und Vollstreckung von Unterhaltsentscheidungen
v.	von
VA	Versorgungsausgleich
VAG	Versicherungsaufsichtsgesetz
VAHRG	Gesetz zur Regelung von Härten im Versorgungsausgleich
VANG	Versorgungsausgleichs-Neuregelungsgesetz
VAP	Versorgungsanstalt der Post

VAÜG	Versorgungsausgleichs-Überleitungsgesetz = Art. 31 des Gesetzes zur Herstellung der Rechtseinheit in der gesetzlichen Renten- und Unfallversicherung
VAwMG	Gesetz über weitere Maßnahmen auf dem Gebiet des Versorgungsausgleichs
VBL	Versorgungsanstalt des Bundes und der Länder
VBLU	Versorgungsverband bundes- und landesgeförderter Unternehmen e. V.
VdBS	Versorgungsanstalt der Deutschen Bezirksschornsteinfeger
VddB	Versorgungsanstalt der Deutschen Bühnen
VddKO	Versorgungsanstalt der Deutschen Kulturorchester
VDR	Verband deutscher Rentenversicherungsträger
VersO	Versicherungsordnung
Vfg.	Verfügung
VGH	Verwaltungsgerichtshof
vgl.	vergleiche
VormG	Vormundschaftsgericht
VVaG	Versicherungsverein auf Gegenseitigkeit
VvB	Verfassung von Berlin
VVG	Gesetz über d. Versicherungsvertrag
VwAK	Versorgungswerk der Architektenkammer
VwVfG	Verwaltungsverfahrensgesetz
WEU	Westeuropäische Union
WFG	Wachstums- und Beschäftigungsförderungsgesetz
WHO	World Health Organization
z. B.	zum Beispiel
z. T.	zum Teil
z. Zt.	zur Zeit
ZAP	Zeitschrift für die Anwaltspraxis (Zs.)
ZAP-Ost	Zeitschrift für die Anwaltspraxis – Ausgabe Ost (Zs.)
ZBR	Zeitschrift für Beamtenrecht (Zs.)
ZDG	Gesetz über den Zivildienst der Kriegsverweigerer
ZFE	Zeitschrift für Familien- und Erbrecht (Zs.)
ZfJ	Zentralblatt für Jugendrecht (Zs.)
ZfRV	Zeitschrift für Rechtsvergleichung (Zs.)
ZGB/DDR	Zivilgesetzbuch (ehem. DDR)
Ziff.	Ziffer
ZIP	Zeitschrift für Internationales Privatrecht (Zs.)
ZKM	Zeitschrift für Konfliktmanagement
ZKSH	Zahnärztekammer Schleswig-Holstein
ZPO	Zivilprozessordnung
ZS	Zivilsenat
Zs.	Zeitschrift
ZSEG	Gesetz über die Entschädigung von Zeugen u. Sachverständigen
ZVG	Gesetz über die Zwangsversteigerung und Zwangsverwaltung
ZVK	Zusatzversorgungskasse
zzgl.	zuzüglich

Allgemeines Literaturverzeichnis

Das allgemeine Literaturverzeichnis enthält eine Auflistung von Kommentaren und Standardwerken. Spezielle Literaturhinweise finden sich vor den jeweiligen systematischen Erläuterungen der einzelnen Teile.

Alternativkommentar zum BGB, 1. Aufl. 1980;
Bamberger/Roth, Bürgerliches Gesetzbuch, 2. Aufl. 2003;
Bassenge/Herbst/Roth, Gesetz über die Angelegenheiten der Freiwilligen Gerichtsbarkeit (FGG), Rechtspflegergesetz (RPflG), 9. Aufl. 2000;
Baumbach/Hopt, HGB, 30. Aufl. 2000;
Baumbach/Lauterbach/Albers/Hartmann, Zivilprozessordnung, 60. Aufl. 2002;
Blaese, Anwalts-Taschenbuch Familienrecht, 2. Aufl. 2000;
Brox/Walker, Zwangsvollstreckungsrecht, 6. Aufl. 1999;
Bumiller/Winkler, Freiwillige Gerichtsbarkeit, 7. Aufl. 1999;
Erman, Bürgerliches Gesetzbuch, 10. Aufl. 2000;
Eschenbruch, Der Unterhaltsprozess, 3. Aufl. 2002;
Familienrechtsreformkommentar – FamRefK, 1998;
Finke/Garbe, Familienrecht in der anwaltlichen Praxis, 4. Aufl. 2001;
Ganter, Praktische Einführung in das Familienrecht, 2. Aufl. 1992;
Gernhuber, Familienrecht, 4. Aufl. 1994;
Günther/Hein, Familiensachen in der Anwaltspraxis, 2. Aufl. 2002;
Göppinger/Wax, Unterhaltsrecht, 7. Aufl. 1999;
v. Heintschel-Heinegg/Klein, Handbuch des Fachanwalts Familienrecht, 3. Aufl. 2001;
Heiß/Hußmann, Unterhaltsrecht, 1985;
Johannsen/Henrich, Eherecht, 3. Aufl. 1998;
Keidel/Kuntze/Winkler, Freiwillige Gerichtsbarkeit, Kommentar zum FGG, 15. Aufl. 2003;
Kalthoener/Büttner/Niepmann, Die Rechtsprechung zur Höhe des Unterhalts, 8. Aufl. 2002;
Langenfeld, Handbuch der Eheverträge und Scheidungsvereinbarungen, 4. Aufl. 2000;
Leitsatzkommentar zum Familienrecht, Eine systematische Darstellung der Rechtsprechung für die familienrechtliche Praxis, Loseblattausgabe Stand: 1996;
Lohmann, Neue Rechtsprechung des Bundesgerichtshofs zum Familienrecht, 8. Aufl. 1997;
Luthin, Handbuch des Unterhaltsrechts, 9. Aufl. 2002;
Madert/Müller-Rabe, Kostenhandbuch Familiensachen, 1. Aufl. 2001;
Massfeller/Hoffmann/Hepting/Gaaz, Personenstandsrecht mit Eherecht und Internationalem Privatrecht, Loseblattsammlung, Stand: November 2001;
v. Münch, Das neue Ehe- und Familienrecht von A – Z, 13. Aufl. 1996;
Mühlens/Kirchmeier/Greßmann/Knittel, Kindschaftsrecht, 2. Aufl. 1999;
Münchener Kommentar zum BGB, Band 1, 4. Aufl. 2001;
Münchener Kommentar zum BGB, Band 5, 1. Halbband §§ 1297 – 1588 BGB, 3. Aufl. 1993; 2. Halbband §§ 1589 – 1921 BGB, 3. Aufl. 1992;
Palandt, Bürgerliches Gesetzbuch, 60. Aufl. 2001; 61. Aufl. 2002;
Rahm/Künkel, Handbuch des Familiengerichtsverfahrens, 2. Aufl. 1985;
Reichsgerichtsräte Kommentar, 1965;
Rosenberg/Schwab/Gottwald, Zivilprozeßrecht, 15. Aufl. 1993;

Allgemeines Literaturverzeichnis

Scholz/Stein/Fröhlich, Praxishandbuch Familienrecht, 1999;

Schwab, Handbuch des Scheidungsrechts, 4. Aufl. 2000;

ders., Familienrecht, 10. Aufl. 1999;

Soergel, Kommentar zum BGB, Band 1, 13. Aufl. 2000;

ders., Bürgerliches Gesetzbuch mit Einführungsgesetz und Nebengesetzen, Band 17 und 18 §§ 1297 – 1588 BGB, 13. Aufl. 1999;

Staudinger, Kommentar zum BGB, Band 1, 13. Aufl. 1995;

Staudinger, Kommentar zum BGB mit Einführungsgesetz und Nebengesetzen, Band 4 §§ 1363 – 1563, 13. Aufl. 2000;

Stein/Jonas, Kommentar zur Zivilprozessordnung, 22. Aufl. 2003;

Thomas/Putzo, Zivilprozessordnung, 24. Aufl. 2002;

Wendl, Das Unterhaltsrecht in der familienrichterlichen Praxis, 5. Aufl. 2000;

Wieczorek/Schütze/Hausmann, ZPO, 3. Aufl. 1994;

Zimmermann/Dorsel, Eheverträge, Scheidungs- und Unterhaltsvereinbarungen, 3. Aufl.2001;

Zöller, Zivilprozessordnung, 23. Aufl. 2002.

Teil 1: Familienrechtliches Mandat

Inhaltsverzeichnis

	Rn.
Abschnitt 1: Systematische Erläuterungen	1
A. Einführung	1
I. Familienrechtliches Mandat	1
II. Abgrenzung zu anderen Rechtsgebieten	2
III. „Beteiligte" im Familienrecht bzw. familiengerichtlichen Verfahren	5
B. Mandatsannahme	7
I. Doppelmandat und Mediation	7
1. Doppelmandat	8
a) Dieselbe Rechtssache	14
b) Interessengegensatz	15
c) Tätigwerden	17
2. Mediation	18
a) Neue Streitkultur durch Mediation?	18
b) Mediation im Familienrecht: Anwendungsgebiete?	20
c) Risiken der Mediation	22
d) Kostenfragen	23
e) Mediation – Berufsordnung – Werbung	24
f) Institute, Arbeitsgemeinschaften, Fortbildung zur Mediation	28
II. Besondere Vollmacht	29
1. Regelung des § 609 ZPO	29
2. Umfang der Vollmacht gem. § 624 ZPO	30
III. Anwaltszwang und Postulationsfähigkeit	31
1. Anwaltszwang, § 78 ZPO	31
2. Ehesachen und Folgesachen	32
IV. Familiensachen und Rechtsschutzversicherungen (Beratungsrechtsschutz)	33
1. Bedingungen für die Rechtsschutzversicherungen (ARB 2002)	33
a) Gebührensicherung	35
b) Beratungsrechtsschutz für vorsorgliche Beratung im Familienrecht	38
c) Beratungsrechtsschutz im Familienrecht	39

	Rn.
2. Erstberatung und Erstberatungsgebühr/Zweitberatung/Rechtsschutzversicherung und Erstberatung	41
V. Informationspflichten und Haftungsrisiko des Rechtsanwalts	44
1. Informationen bei Mandatsannahme	44
a) Fragebogen zum Ehe-/Familienrecht	44
b) Vermeidung von Zufallsinformationen	46
c) Die Notwendigkeit von Checklisten	48
2. Besonderheit des § 1933 BGB (Ehegattenerbrecht)	49
a) Zusammenhang von Familienrecht und Erbrecht	49
b) Formelle und materielle Voraussetzungen für den Ausschluss des Ehegattenerbrechts	51
aa) Formelle Voraussetzungen	52
bb) Materielle Voraussetzungen	54
(1) Scheitern der Ehe gem. § 1565 Abs. 1 BGB	54
(2) Scheidung ohne einjähriges Getrenntleben, § 1565 Abs. 2 BGB	57
c) Beweislastfragen zu § 1933 BGB	58
3. Handlungsbedarf und Sicherung von Rechten	61
a) Getrenntleben, § 1567 BGB	61
b) Unterhaltsansprüche	62
c) Sorgerecht	65
d) Umgangsrecht, § 1684 BGB	66
e) Versorgungsausgleich	68
f) Vermögensauseinandersetzungen	69
4. Wesentliche gerichtliche Zuständigkeiten	70
5. Ehen mit Auslandsberührung	71
a) Die notwendigen Erkenntnisquellen zur Fallbearbeitung	71
b) Sprachprobleme	72

C. Abschluss des Mandats – Hinweise an Mandanten ... 75
   I. Unterhaltsrecht ... 76
   II. Zugewinnausgleich ... 80
   III. Versorgungsausgleich ... 81
   IV. Krankenversicherungsschutz der Ehefrau ... 82

D. Streitwerte und Rechtsanwaltsgebühren ... 84
   I. Familiensachen ... 84
      1. Verfahren bei Ehesachen/Ehescheidung ... 85
      2. Verfahren bei selbstständigen (isolierten) Familiensachen ... 87
      3. Gebühren gem. §§ 31, 32, 23 BRAGO ... 92
   II. Übergang selbstständiger Familiensachen in den Scheidungsverbund ... 99
   III. Einstweilige Anordnungen in Familiensachen ... 102
   IV. Übersicht Familiensachen ... 104
   V. Anwaltsgebühren in Familiensachen ... 105
      1. Ehescheidung ... 107
      2. Elterliche Sorge ... 108
      3. Ehegattenunterhalt ... 110
      4. Kindesunterhalt ... 111
      5. Versorgungsausgleich ... 112
      6. Hausrat ... 113
      7. Ehewohnung ... 114
      8. Zugewinnausgleich ... 115
      9. Zugewinnstundung/Übertragung von Vermögensgegenständen ... 116
      10. Regelung des Getrenntlebens der Ehegatten ... 117
      11. Herausgabe/Benutzung persönlicher Sachen ... 118
      12. Prozesskostenvorschuss ... 119

Abschnitt 2: Arbeits- und Beratungshilfen ... 120

1. Mandatsbestätigung (Muster) ... 120
2. Schreiben zur Vorbereitung der Trennung und Ehescheidung an den anderen Ehepartner (Muster) ... 121
3. Privatschriftliche Vereinbarung der Ehepartner zur Regelung des Umgangs mit einem ehelichen Kind während des Getrenntlebens (Muster) ... 122
4. Streitige Korrespondenz wegen der Umgangsbefugnis (Muster) ... 123
5. Privatschriftliche endgültige Hausratszuteilungsvereinbarung (Muster) ... 124
6. Aufforderungsschreiben zur Zahlung von Trennungsunterhalt bei feststehenden Einkünften (Muster) ... 125
7. Auskunftsverlangen gegenüber abhängig beschäftigtem getrennt lebendem Ehemann (Muster) ... 126
8. Schreiben der unterhaltsberechtigten Ehefrau an Bank zwecks Entlassung aus der Gesamtschuld (Muster) ... 127
9. Checkliste: Mandantenbogen für Ehesachen (persönliche Daten) ... 128
10. Fragebogen rechtsrelevante Angaben für Familiensachen ... 129
11. Checkliste: Familienrechtliche Haftungsrisiken (Beispiele) ... 130

Literatur:

Bergschneider, Mediation in Familiensachen, FamRZ 2000, 78; *Blaese,* Anwalts-Taschenbuch Familienrecht, 2. Aufl. 2000; *Brieske,* Akzeptanz unterschiedlicher Honorargestaltungen bei Rechtsanwälten, AnwBl 1998, 371; *Büttner,* Schuldrechtsmodernisierung und Familienrecht, insbesondere Verjährung, Verwirkung und Verzug, FamRZ 2002, 361; *Enders,* Die gebührenrechtliche Angelegenheit in der Beratungshilfe, JurBüro 2000, 337; *Groß,* Anwaltsgebühren in Ehe- und Familiensachen, 1997; *Hartung/Holl,* Anwaltliche Berufsordnung, 2. Aufl. 2001; *Kaufmann,* Eltern, Kinder und Fachkräfte der Jugendämter im familiengerichtlichen Verfahren zur Regelung der elterlichen Sorge bei Trennung und Scheidung, FamRZ 2001, 7; *Kindermann (Hrsg.),* Gebührenpraxis für Anwälte, 2000; *dies.,* Was bringt die Schuldrechtsreform für den Familienrechtler?, ZFE 2002, 4: *dies.,* Die Abänderung von Unterhaltstiteln nach dem „Ende der Anrechnungsmethode", ZFE 2002, 140; *Kleine-Cosack,* Bundesrechtsanwaltsordnung, 3. Aufl. 1997; *Kleinwegener,* § 1380 BGB und die mißglückte Vermögensauseinandersetzung, ZFE 2002, 6; *Limmer,*Scheidungsvereinbarung mit Erb- und Pflichtteilsrecht , ZFE 2002, 55; *Mähler/Mähler/Duss-von Werdt,* Faire Scheidung durch Mediation, 1995; *Meyer,* Neue Familienförderung, ZFE 2002, 43; *Müller,* Beratung im Familienrecht, 2001; *Rotax,* Sachverständigenbeweis im FGG-Verfahren, ZFE 2002, 153; *Römermann,* Praxisproblem mit der Bezeichnung „Mediator" für Rechtsanwälte, ZKM 2000, 83; *Sarres,* Anwaltliche Aufklärungs- und Belehrungspflichten, 2001; *ders.,* Der Scheidungsverbund: Das Herzstück des Verfahrens zwischen Beschleunigung und Missbrauch, Familienrecht Kompakt 2003, 14; *Schulte-Kellinghaus,* Jugendämter und Rechtsberatung, FamRZ 1994, 1230; *Schulz,* Begleitende Rechtsberatung bei Familien- und Erbmediation – easy money für Anwälte?, ZFE 2002, 372; *Soyka,* Die Abänderungsklage im Unterhaltsrecht, 2001; *Spangenberg,* Zwischen Familiengerichtsbarkeit und Mediation vermitteln, FamRZ 2001, 467; *Trossen,* Der Anwalt als Scheidungsmanager, Die Kanzlei 2002, 18.

Abschnitt 1: Systematische Erläuterungen

A. Einführung

I. Familienrechtliches Mandat

Streitigkeiten aus Anlass der Trennung und Scheidung oder wegen der Beziehungen zu Kindern betreffen regelmäßig mehrere Sachverhalte mit rechtlichen Konsequenzen.

Das Einzelmandat in einer Familiensache gem. § 621 ZPO, § 23b GVG ist daher praktisch die Ausnahme, auch wenn der Betroffene den zu regelnden Lebenssachverhalt wegen seiner bisherigen Sozialbiografie als „Einheit" ansieht. Tatsächlich umfasst das familienrechtliche Mandat mehrere selbständige Verfahren, die eigenständige Lebenssachverhalte zum Gegenstand haben, gerichtlich selbständig beschieden werden (Urteil, Beschluss pp.) und auch gebührenrechtlich isoliert behandelt werden.

II. Abgrenzung zu anderen Rechtsgebieten

Jedes Rechtsgebiet begründet durch Rechtssetzung oder durch Rechtsgestaltung einschneidende wirtschaftliche und persönliche Konsequenzen. Kein Rechtsgebiet verändert die Lebensumstände derart vielgestaltig wie das Familienrecht bei Trennung und Scheidung bzw. den damit verbundenen nachehelichen rechtlichen Konsequenzen.

Im Vordergrund stehen die Ehescheidungsverfahren. Für die Jahre 1994 bis 2001 wurden nachfolgende Scheidungsfälle in der Bundesrepublik Deutschland registriert (vgl. zuletzt Statistisches Jahrbuch für die Bundesrepublik Deutschland 2002, 64 ff.):

- 1994: ca. 166.000
- 1995: ca. 170.000
- 1996: ca. 176.000
- 1997: ca. 188.000
- 1998: ca. 192.500
- 1999: ca. 190.600
- 2000: ca. 194.500
- 2001: ca. 197.500

Bei den geschiedenen Ehen im Jahre 2001 ist festzustellen, dass die hierzu initiierten Scheidungsverfahren in 114.596 Fällen von der Ehefrau ausgingen. Der gestiegenen Zahl von Scheidungsverfahren im Jahre 2001 standen im gleichen Jahr rund 389.000 Eheschließungen gegenüber.

Auch wenn für das Ehescheidungsverfahren, etwa im Zwangsverbund (Ehescheidung, Versorgungsausgleich) oder in isolierten Verfahren während der Trennungszeit oder nach Rechtskraft der Ehescheidung (Sorgerechtsverfahren, Umgangsrechtsverfahren pp.) abgrenzbare Regelungsbereiche aus dem BGB, dem FGG bzw. der ZPO Anwendung finden, aktiviert das Ehescheidungsverfahren wegen der sich aus der Lebensgemeinschaft ergebenden und noch fortdauernden Verbindlichkeiten Regularien aus anderen Rechtsgebieten. Die Wesentlichen werden nachfolgend aufgelistet:

- **Arbeitsrecht** (Steuerliche, wirtschaftliche, unterhaltsrechtsrelevante Konsequenzen von Ehegattenarbeitsverhältnissen bei Trennung und Scheidung; vgl. z. B. Arens/Ehlers/Görke/Spieker, Steuerfragen zum Ehe- und Scheidungsrecht, S. 183 ff.; Schulze zur Wiesche, Vereinbarungen unter Familienangehörigen und ihre steuerlichen Folgen, 1998)
- **Bankrecht** (Abwicklung von gemeinsamen Bankkonten der Ehegatten, z. B.: Oder-Konten, Widerruf von Vollmachten für das Einzelkonto eines Ehepartners)

- **Erbrecht** (Ehegattenerbrecht, eventuell mit Regelungsbedarf während der Trennungszeit, vgl. aber § 1933 BGB; zur umfassenden Scheidungsvereinbarung mit Erb- und Pflichtteilsverzicht vgl. Limmer, ZFE 2002, 55)
- **Gesellschaftsrecht** (Familiengesellschaften, zur Abgrenzung vgl. z. B. OLG Bremen, FamRZ 1999, 227; BGH, FamRZ 1990, 973; BGH, FamRZ 1986, 158)
- **Kinder- und Jugendhilferecht** (SGB VIII: vgl. z. B. § 17 SGB VIII: Grundlagenberatung bei Trennung und Scheidung für Elternkonzept betreffend Umgang und Sorgerecht im Hinblick auf eine richterliche Entscheidung; § 18 SGB VIII: Beratung alleinerziehender Väter und Mütter zur Personensorge, Geltendmachung von Unterhaltsansprüchen; § 18 Abs. 3 SGB VIII: Anspruch von Kindern und Jugendlichen auf jugendamtliche Beratung und Unterstützung bei der Ausübung des Umgangsrecht gem. § 1684 BGB; § 18 Abs. 4 SGB VIII: Beratung für junge Volljährige in Unterhaltsfragen bis zur Vollendung des 21. Lebensjahres)
- **Weiteres Sozialrecht** (SGB V: z. B. Familienversicherung gem. §§ 9, 10 SGB VI: Übersicht der Rentenansprüche Geschiedener bei Ehescheidung vor oder nach dem 30. 6. 1997, vgl. §§ 243, 368; Arbeitsförderungsrecht SGB III: vgl. zu den Konsequenzen für die Arbeitslosenhilfe bei Getrenntleben § 190, zum Übergang von Ansprüche des Arbeitslosen auf die Bundesanstalt für Arbeit/Arbeitsamt § 203; Pflegeversicherung SGB XI: Pflegegeld gem. § 37 als anrechnungsfähiges Einkommen zu Gunsten der Pflegeperson, Fortsetzung der sozialen Pflegeversicherung im Rahmen der Familienversicherung, vgl. z. B. § 25 SGB XI usw.)
- **Steuerrecht** (Erhebliche Änderungen haben sich durch das 2. Gesetz zur Familienförderung, BGBl I S. 2074 ff., ergeben und zwar im Hinblick auf das Urteil des BVerfG v. 10. 11. 1998, BStBl. 1999 II S. 182; vgl. zum Ganzen auch Meyer, Neue Familienförderung 2002, ZFE 2002, 43; praxisrelevant: Steuererstattungsansprüche zwischen Ehegatten, begrenztes Realsplitting gem. § 10 Abs. 1 Nr. 1 EStG; Kindergeldansprüche: §§ 62 bis 78 EStG)
- **Zwangsversteigerungsrecht** (Auseinandersetzungsversteigerung gem. §§ 180 ff. ZVG betreffend Miteigentum der Eheleute an einer Immobilie)

III. „Beteiligte" im Familienrecht bzw. familiengerichtlichen Verfahren

5   Einen umfassenden Beteiligtenbegriff für sämtliche familiengerichtlichen Verfahren gibt es nicht. Parteien des Ehescheidungsverfahrens sind die Eheleute. Der Beteiligtenbegriff folgt jedoch aus dem FGG (Gesetz über das Verfahren über die freiwillige Gerichtsbarkeit). Die Vorschriften aus dem FGG sind Grundlage für die meisten isolierten Verfahren (z. B. Verfahren zur Regelung des Umgangsrecht, Verfahren zur Regelung der elterlichen Sorge).

6   Ausgehend von einem umfassenden Beteiligtenbegriff im familienrechtlichen Verfahren ergibt sich nachfolgende **Übersicht** (Beispiele):

- *Beispiel: Ehescheidungsverfahren*

    1. Beteiligter = Ehemann
    2. Beteiligter = Ehefrau
    3. Beteiligter = Rentenversicherungsträger
    4. Beteiligter = Jugendamt
    5. Beteiligter = Minderjähriges Kind (str.)

- *Beispiel: Isoliertes Sorgerechtsverfahren (z. B. ab endgültigem Getrenntleben)*

    1. Beteiligter = Ehefrau
    2. Beteiligter = Ehemann
    3. Beteiligter = Minderjähriges Kind (str.)
    4. Beteiligter = Sachverständiger

- *Beispiel: Hausratsverfahren (Ehewohnung)*
  Mögliche Beteiligte:
  1. Beteiligter = Ehemann
  2. Beteiligter = Ehefrau
  3. Beteiligter = Vermieter gem. § 7 HausratsVO
  4. Beteiligter = Grundstückseigentümer sog. Drittbeteiligte
  5. Beteiligter = Untermieter
  6. Beteiligter = Dienstherr
- *Beispiel: Auskunftsverfahren betreffend Rentenanwartschaften*
  1. Beteiligter = Ehemann (§ 1587e Abs. 1 BGB)
  2. Beteiligter = Ehefrau (§ 1587e Abs. 1 BGB)
  3. Beteiligter = Rentenversicherungsträger (§§ 53b Abs. 2, 3 FGG, 11 VAHRG)

B. Mandatsannahme

I. Doppelmandat und Mediation

Der Terminus Doppelmandat ist widersprüchlich und kann auch nur mit Bedenken und Vorbehalten auf einer Sachebene mit der Mediation genannt werden. Beide Verfahren haben unterschiedliche Ausgangspositionen und Ziele und zunächst nur eine wesentliche Gemeinsamkeit: Ein Rechtsanwalt ist im Zusammenhang von Trennung und Scheidung (Ehekonkurs) im weitesten Sinne im Interesse beider scheidungsorientierter Ehepartner möglichst streitvermeidend tätig.

Allerdings sind Differenzen zwischen beiden Verfahren sachlich und formell nachhaltiger als mögliche Gemeinsamkeiten.

1. Doppelmandat

Der Ausdruck Doppelmandat ist irreführend. Ein doppeltes Mandat i.S.d. Vertretung von zwei Parteien mit klar unterschiedlichen Interessen kann von einem Anwalt nicht übernommen werden, weil er als Interessenvertreter zwangsläufig nur einer Partei dienen kann.

In der familiengerichtlichen Praxis ist damit nachfolgende Grundkonstellation gemeint, die trotz ihrer standesrechtlichen und sonstigen umstrittenen Bedeutung vielfach hingenommen worden ist, ohne allerdings die Aura anrüchiger Rechtsvertretung verlieren zu können und zu dürfen: Ein Rechtsanwalt übernimmt nach Vorabsprache bei Konsens der scheidungsorientierten Parteien über die wesentlichen Scheidungsfolgen formell die verbindliche Außenvertretung einer Partei im Scheidungsprozess, während die jeweils andere Partei entweder das gesamte Scheidungsverfahren oder zumindest den Scheidungstermin ohne Rechtsanwalt durchführt, ohne abschließend einseitig interessenorientiert beraten und instruiert worden zu sein.

Im Einzelnen sind z.B. folgende Varianten häufig wahrzunehmen, die sich mehr oder minder im Bereich der verfahrensrechtlichen Zulässigkeit bewegen:

Beispiele:
- *Frau F lässt sich nach einjährigem Getrenntleben von Rechtsanwalt R familienrechtlich zwecks Ehescheidung von Ehemann M beraten, nachdem sie sich mit M nach kurzer telefonischer Rückfrage bei R wegen kostenrechtlicher Hintergründe über die maßgeblichen Trennungs- und Folgesachen wie Ehegattenunterhalt, Hausrat und Ehewohnung abschließend geeinigt hatten und M sich wegen des Kindesunterhalts in einer Jugendamtsurkunde*

unterworfen hatte. Die elterliche Sorge soll gemeinsam ausgeübt werden. Die Parteien sind darüber einig, dass F durch Rechtsanwalt R den Ehescheidungsantrag stellt und M ohne anwaltlichen Beistand geschieden wird. M wird sich wegen des Versorgungsausgleichs vorsorglich von einem Rentenberater instruieren lassen und es besteht Klarheit darüber, dass versorgungsausgleichsrechtliche Streitigkeiten nicht aufkommen können. Rechtsanwalt R bespricht ausschließlich mit F die Voraussetzungen der Ehescheidung und wird auch ausschließlich für F aktiv (Beratung/Scheidungsantrag).

Ergebnis:

Diese Konstellation kann als Idealfall angesehen werden. Denn eine Interessenkollision war ausgeschlossen, da sich die Parteien über alle Punkte von Anfang an uneingeschränkt einig waren. Mangels maßgeblicher Kontakte zwischen Rechtsanwalt R und beiden Parteien stellt sich schon die Frage, ob hier der Einzugsbereich des sog. Doppelmandats überhaupt berührt worden ist.

- Die Eheleute F und M wollen über den sog. „einen Anwalt" geschieden werden. Sie sind nach interner Absprache der Auffassung, dass sie sich über die wesentlichen Dinge einig sind, haben aber gewisse Bedenken wegen der Unterhaltsberechnung und auch eventuell wegen des Versorgungsausgleichs. Gleichwohl lassen sie sich nur von Rechtsanwalt R zunächst „allgemein" beraten. Im Laufe der Besprechung zwischen beiden Eheleuten und dem Rechtsanwalt R tauchen aber unterschiedliche Auffassungen über die Unterhaltsberechnung auf, auch Abfindungsprobleme wegen des Versorgungsausgleichs bergen erste Störfaktoren. Wegen des Unterhalts ist Frau F schließlich der Überzeugung, sie könne etwa 100 € mehr verlangen als nach den Berechnungen ihres Ehemannes und des Rechtsanwalts R. Gleichwohl wird die Angelegenheit weiter besprochen und die Ehefrau beugt sich der Auffassung des Rechtsanwalts, der die Berechnung des Ehemannes empfiehlt.

Es ist auch angedacht, dass Rechtsanwalt R im Verfahren den Ehemann vertritt und die Ehefrau später eventuell ohne anwaltliche Vertretung verbleibt.

Ergebnis:

Auch wenn man hier im Ergebnis zu einer einheitlichen Betrachtungsweise wegen des Unterhaltsanspruchs gekommen ist, wurden jedoch widerstreitende Interessen offenbar. Deswegen hätte hier spätestens zu dem Zeitpunkt der Erkennbarkeit unterschiedlicher Unterhaltsberechnungen der Anwalt das Mandat niederlegen müssen. Da er dies nicht getan hat, ist er Gefahr gelaufen, von jeglicher Vertretung und insgesamt ausgeschlossen zu werden (vgl. hierzu Müller, Beratung im Familienrecht, Rn. 17).

- Anwaltsnotar N aus F hat vor etwa zehn Monaten eine Scheidungsfolgenvereinbarung der Eheleute F und M beurkundet. Die Eheleute haben dann nichts mehr unternommen. Erst nach weiteren fünf Monaten erwägt nunmehr Ehemann M die Einleitung des Ehescheidungsverfahrens und begibt sich zum Anwaltsnotar N mit der Bitte, ihn im Scheidungsverfahren zu vertreten.

Nach gewissem Schwanken übernimmt N das Mandat und das Scheidungsverfahren wird entsprechend durchgeführt. Die vorgelegte Scheidungsfolgenvereinbarung wird vom Gericht nicht kommentiert.

Ergebnis:

Es liegt ein Fall des § 45 Abs. 1 Nr. 1 BRAO vor, wonach der Rechtsanwalt nicht tätig werden darf, wenn er in derselben Rechtssache als Notar bereits tätig geworden ist. Hieraus folgt: Wenn der Anwaltsnotar, in welcher Amtstätigkeit auch immer, sich als Notar mit einer Rechtssache befasst hat ist sie für ihn als Rechtsanwalt tabuisiert (vgl. Hartung/Holl, Anwaltliche Berufsordnung, § 45 BRAO Rn. 23).

Bei dem sog. **Doppelmandat** geht es selbstverständlich nicht um die verbindliche Rechtsvertretung beider Ehepartner während Trennung und Scheidung durch einen Rechtsanwalt. Es geht um (noch) zulässiges anwaltliches Verhandeln, berufsrechtlich bzw. strafrechtlich. Eine verbindliche Außenvertretung beider Ehepartner wäre im Zweifel rechtswidrig bzw. strafbar gem. § 356 StGB.

Das sog. Doppelmandat, das schon begrifflich befremdet, betrifft grundsätzlich das Innenverhältnis der Scheidungsgegner. Die nachfolgende Formulierung trifft die Sache im Kern: *„Es geht um die gemeinsame Beratung mit dem Ergebnis der vollständigen Einigung über Scheidung und Folgesachen und die anschließende absprachegemäße Vertretung nur **einer der Parteien** im Außenverhältnis"*. (Günther/Hein, Familiensachen in der Anwaltspraxis, S. 22).

Das Phänomen kann nicht treffender formuliert werden. Denn es handelt sich um die Gradwanderung zwischen vorprozessualer Schlichtung zwecks verständlicher Kostenersparnis und verständlicher Vermeidung eines zeitaufwendigen bzw. konfliktbeladenen Scheidungsverfahrens **und** der berufsrechtlich gebotenen Aufrechterhaltung einer gradlinigen Interessenwahrnehmung ohne Rücksicht auf den kurzfristigen und reibungslosen anwaltlichen Erfolg.

Hier stellt sich die Frage nach den Pflichten des Rechtsanwalts im Familienrecht. Zentrale Vorschrift der Grundpflichten des Rechtsanwalts ist § 43a BRAO.

Gem. § 43a Abs. 4 BRAO darf der Rechtsanwalt **keine widerstreitenden Interessen** vertreten. Diese gesetzliche Regelung korrespondiert weitestgehend mit der Vorschrift des § 356 StGB (Parteiverrat). Beide gesetzlichen Anordnungen dienen der Wahrung der Interessen und damit dem Schutz des Mandanten wie auch der Unabhängigkeit des Rechtsanwalts (Kleine-Cosack, a. a. O., § 43a BRAO Rn. 26; BayObLG, NJW 1995, 606).

Ein Interessenwiderstreit im vorgenannten Sinne liegt vor, wenn der Rechtsanwalt in derselben Rechtssache (s. Rn. 14), bei bestehendem Interessengegensatz (s. Rn. 15) tätig geworden ist (s. Rn. 17).

a) Dieselbe Rechtssache

Von derselben Rechtssache kann nur gesprochen werden, wenn in beiden Sachverhalten ein und derselbe historische Vorgang von rechtlicher Bedeutung sein kann.

Hierunter kann jede rechtliche Angelegenheit fallen, die zwischen mehreren Beteiligten mit zumindest möglicherweise entgegenstehenden rechtlichen Interessen nach Rechtsgrundsätzen behandelt und erledigt werden soll (OLG München, NJW 1997, 1313; BGH, NJW 1991, 1176; BGHST 18, 1993).

Die Feststellung **derselben Rechtssache ist in Scheidungsverfahren relativ einfach und daher häufig zu bejahen,** denn derselbe historische Vorgang wird durch die Fakten des jeweils unverwechselbaren und einmaligen Scheidungsverfahrens indiziert.

b) Interessengegensatz

Dieser liegt vor, wenn in derselben Rechtssache eine andere Partei bei der Verfolgung gegensätzlicher Interessen durch den Anwalt beraten (vertreten) wird (BGH, NStZ 1985, 74; BGHST 5, 284, 287; BGHST 7, 17, 20; BGHST 9, 43, 46; BGHST 15, 332, 343).

Gegensätzliche Interessen werden für Scheidungsverfahren bejaht, wenn z. B. bestimmte Scheidungsfolgen wie etwa Hausratsteilung, Unterhalt und Versorgungsausgleich nicht abschließend geklärt sind. Hierzu reicht ferner aus, wenn der öffentlich-rechtliche Versorgungsausgleich durchgeführt werden soll, da er dann Gegenstand des gem. § 623 ZPO eingeleiteten Verfahrens wird, in welchem zahlreiche gegensätzliche bzw. streitige Punkte erfahrungsgemäß auftreten können (BGH, NStZ 1985, 74; BayObLG, JR 1981, 429).

Das **Einverständnis der potentiellen Scheidungsgegner** mit dem anwaltlichen Vorgehen **hebt den Interessengegensatz nicht auf.** Denn das Verbot der Doppelvertretung unterliegt grundsätzlich **nicht der Verfügungsmacht der Parteien.** Dieses Verbot dient nicht nur ihrem Schutz, sondern daneben dem Vertrauen in die Anwaltschaft und die Funktion der Rechtspflege (vgl. BGH, NStZ 1985, 74; BGH, NJW 1981, 1211, 1212). Unerheblich soll hierbei sein, ob das anwaltliche Vorgehen der eigenen Partei schadet oder ob es für die andere Partei vorteilhaft ist (OLG Düsseldorf, NJW 1989, 2901; Kleine-Cosack, a. a. O., § 43a BRAO Rn. 29).

c) Tätigwerden

17 Hierunter fällt jedes rechtliche oder tatsächliche Tätigwerden im Hinblick auf dieselbe Rechtssache. Grundsätzlich dürften hierher nicht die Fälle gehören, in denen ein Rechtsanwalt selbst oder durch Dritte auch die Versorgungsausgleichsunterlagen des Scheidungsgegners einreicht (vgl. LG Hamburg, AnwBl 1980, 120).

2. Mediation

a) Neue Streitkultur durch Mediation?

18 In den Medien werden für große Streitfragen im Wirtschaftsleben Prominente aus dem öffentlichen Leben als Schlichter bzw. Mediatoren eingesetzt, z. B. bei Konflikten im Arbeitsrecht zwischen den Tarifvertragsparteien. Die Erfolge der engagierten Mediatoren werden im Einzelnen nicht immer bekannt. Insgesamt hat Mediation zwischenzeitlich einen festen Platz im öffentlichen Rechtsleben eingenommen.

Umstritten ist aber, ob Mediation über Standardfelder hinaus, z. B. im Familienrecht trotz seines hohen Streitpotentials überhaupt und gerade trotz der sich häufig unversöhnlich gegenüberstehenden Parteien eine Alternative oder Ergänzung für langwierige Prozessführung sein kann.

Mediation (= synonym: z. B.: Vermittlung, Ausgleich, Schlichtung) hat seit mehr als zehn Jahren als neues Konfliktregelungsverfahren für Trennung und Scheidung in der Bundesrepublik Deutschland in der Theorie und Praxis ihren Platz gefunden. Unterschiedliche Auffassungen bestehen über die Notwendigkeit eines entsprechenden Verfahrens als Bestandteil der Auseinandersetzung für Trennung und Scheidung. Andererseits hat sie als sog. Konfliktbehandlung ohne gerichtliche Entscheidung auch den Anspruch in anderen Rechtsgebieten als neue Methode oder zumindest komplementär Beachtung zu finden, z. B. im Arbeitsrecht, Verwaltungsrecht, Umweltrecht, Wirtschaftsrecht, Nachbar-, Miet- und Verbraucherrecht usw.

19 In einem der Standardwerke wird Mediation wie folgt definiert: *„Mediation ist ein vor- und außergerichtlicher Weg der Konfliktbearbeitung. Sie bezieht sich auf alle persönlichen und sachlichen Folgen der Trennung und Scheidung. Mediation will eine faire und rechtsverbindliche Lösung, die von beiden Partnern selbst entwickelt wird. Sie werden hierbei durch einen neutralen Dritten ohne eigene Entscheidungsmacht, den Mediator, unterstützt."* (Mähler/Mähler/Duss-von-Werdt, a. a. O., S. 8).

b) Mediation im Familienrecht: Anwendungsgebiete?

20 Prinzipiell eignen sich für eine Mediation **sämtliche Familiensachen**, also die Ehescheidung selbst, Ehegatten- und Kindesunterhalt, Sorge- und Umgangsrecht, Güterrecht, Versorgungsausgleich, Ehewohnungsstreitigkeiten und Hausrat. Bei sorgerechtlichen und umgangsrechtlichen Streitigkeiten, die mit dem Einsatz der Trennung besonders intensiv sind, scheint das Interesse an einer Mediation größer zu sein, als in anderen Familiensachen. Differenzierte Statistik über die Häufigkeit von Mediation, bezogen auf bestimmte Familiensachen, existiert selbstverständlich nicht, so dass verlässliche Aussagen insoweit nicht getroffen werden können. Für Mediationsverfahren im Umgangs- und Sorgerecht wird unter anderem angeführt, Richter und Rechtsanwalt hätten für die überwiegend sozialpädagogisch geprägten Fragestellungen keine hinreichend geeignete Ausbildung bzw. Erfahrung. Den privaten und öffentlich-rechtlichen Jugendhilfeträgern wird von den Beteiligten offenbar auch nicht immer das notwendige Vertrauen entgegen gebracht, um unter anderem Fälle mit außergewöhnlichem Konfliktstoff zu lösen. Daher wird erfahrungsgemäß den

Mediatoren eher zugetraut, Streitigkeiten ums Kind einfacher und zügiger lösen zu helfen als Familienrichter, obwohl diese gerade im FGG-Verfahren einen großen Gestaltungsspielraum nutzen könnten (vgl. hierzu Bergschneider, FamRZ 2000, 78).

Beim Sorge- und Umgangsrecht wird der Einsatz der Mediation aber häufig auch wegen der strukturellen Besonderheit des familienrechtlichen Mandats scheitern müssen. Wenn nämlich der Familienanwalt mit mehreren Familiensachen (Ehescheidung und Versorgungsausgleich/Unterhalt/Umgangs- und Sorgerecht) beauftragt worden ist, ist es regelmäßig unwahrscheinlich, dass der jugendhilferechtliche Teil ausgeklammert wird. Denn der Mandant wünscht regelmäßig die anwaltliche Gesamtbetreuung, für die auch kardinale juristische Zusammenhänge zwischen Umgangsrecht/Sorgerecht und Unterhaltsrecht sprechen, die der anwaltlichen Kompetenz bedürfen (z. B. Wechselmodell bei unterschiedlichem Betreuungsaufwand durch die Eltern). 21

c) Risiken der Mediation

Mit der positiven Zielsetzung, Prozessverfahren zu verhindern, ist gleichzeitig ein wechselseitig **großer Vertrauensvorschuss** verbunden. Denn eine ergiebige Mediationsverhandlung setzt zwingend voraus, dass die Parteien ihre jeweiligen Einkommens- und Vermögensverhältnisse sowie gegebenenfalls auch andere Lebensumstände offen legen, um überhaupt ergebnisorientiert Rechnungen anstellen und Verträge entwerfen zu können. Hierzu gehört ohne Umschweife die Vorlage von Belegen über das Einkommen und das Vermögen einschließlich von Verbindlichkeiten. Zum Informationsaustausch im Einzelfall kann auch gehören, dass zukünftige Ausgaben preisgegeben werden, deren Offenbarung grundsätzlich in den persönlichen nachehelichen Lebensgestaltungsbereich gehört. Hieraus können später weitere brisante Streitigkeiten resultieren, wenn einer der Partner oder beide nach Scheitern der Mediation im Zuge der streitigen Auseinandersetzung ihnen ansonsten nicht zugängige Fakten und Vorgänge nunmehr einseitig interessenorientiert verwenden. 22

Deswegen wird der grundsätzlich mediationsbereite Partner gleichwohl zurückhaltend sein und das Verfahren nicht fördern können, wenn er mit Trennung und Scheidung einen Schlussstrich ziehen möchte, wozu auch die rigorose Trennung der privaten Lebensverhältnisse gehören soll (vgl. zu den vorausschauenden Besonderheiten für den Fall eines späteren Rechtsstreits Spangenberg, FamRZ 2001, 467).

d) Kostenfragen

Wenn ein Rechtsanwalt die Funktion des Mediators übernimmt, so ist er **Vermittler** und nicht einseitiger Interessenwahrnehmer. Hieraus ergeben sich Fragen zur Anwendbarkeit der BRAGO und der Abrechnungsgrundsätze nach den in Betracht kommenden Vorschriften des § 20 BRAGO (Beratung) und § 118 BRAGO (Besprechungsgebühr) sowie von § 23 BRAGO (Vergleichsgebühr). Wegen dieser derzeit noch bestehenden Unsicherheit wird daher überwiegend empfohlen, sich die Rolle und die Arbeit des Mediators durch eine **Honorarvereinbarung** zu sichern, da mit diesem Instrument eine individuelle Lösung wahrscheinlicher erscheint als nach der häufig komplizierten BRAGO. In Betracht kommen Pauschalvereinbarungen oder die Absprache von Stundensätzen (vgl. hierzu Enders, JurBüro 1998, 113 ff.). 23

Deswegen wird im Zusammenhang mit der Mediation eine Honorarvereinbarung nicht nur empfohlen, sondern als unentbehrlich erachtet (vgl. Madert/Müller-Rabe, a. a. O., S. 187, zu Formulierungsvorschlägen von möglichen Honorarvereinbarungen vgl. Madert/Müller-Rabe, a. a. O., S. 217; ferner zu diesem Themenbereich auch Kindermann, a. a. O., S. 342).

e) Mediation – Berufsordnung – Werbung

Mit der Mediation befasst sich ausdrücklich § 18 der Berufsordnung, wo es heißt: *„Wird der Rechtsanwalt als Vermittler, Schlichter oder Mediator tätig, so unterliegt er den Regeln des Berufsrechts."* 24

Hieraus folgt zunächst, dass der Rechtsanwalt im Zusammenhang mit der Mediation kein Wahlrecht hat, denn Mediation oder Vermittlung oder Schlichtung ist grundsätzlich immer zugleich Rechtsberatung und damit zugleich Anwaltstätigkeit (vgl. hierzu Hartung/Holl, Anwaltliche Berufsordnung, § 18 Rn. 26).

25 Gemäß den Regeln der Berufsordnung gilt auch bei der Mediation die **Pflicht zu Verschwiegenheit** gem. § 43a Abs. 2 BRAO. Die durch die Mediation erlangten Kenntnisse dürfen also Dritten nicht mitgeteilt werden (vgl. hierzu Ewig, BRAK-Mitt. 1996, 187).

26 Als umstritten gilt, ob der mit dem Mediationsmandat befasste Anwalt während laufender Mediation **anwaltliche Tätigkeit** für einen der Beteiligten ausüben darf. Die Frage ist zwangsläufig wohl zu verneinen, weil sich zumindest die Gefahr der Vertretung widerstreitender Interessen aufdrängt. Deswegen soll das **sog. Mediationsmandat** nicht fortgeführt werden, wenn sich die Möglichkeit mangelnder Neutralität aufdrängt. Unbestritten in diesem prekären Zusammenhang ist, dass der Rechtsanwalt nach Abschluss der Mediation kein Mandat übernehmen darf, das sachlich Gegenstand der zurückliegenden Mediation war (vgl. zum Ganzen m.w.N. Hartung/Holl, Anwaltliche Berufsordnung, § 18 Rn. 37 ff.).

27 Der Rechtsanwalt darf auch damit werben, dass er z.B. als Tätigkeitsschwerpunkt die Mediation gewählt hat. Umstritten ist aber noch, ob die Berufsbezeichnung Mediator zulässig ist (vgl. hierzu Römermann, ZKM 2000, 83; AGH NRW, BRAK-Mitt. 2000, 196).

f) Institute, Arbeitsgemeinschaften, Fortbildung zur Mediation

28 Der Bundesverband Mediation e.V. hat seinen Sitz in Kassel. Es haben sich verschiedene Regionalgruppen gebildet. Der Verband versendet Anschriften und Informationen über Veranstaltungen. Darüber hinaus gibt es weitere Einrichtungen, die sich mit der Mediation befassen, z.B. Centrale für Mediation in Köln.

II. Besondere Vollmacht

1. Regelung des § 609 ZPO

29 Gem. § 609 ZPO bedarf der Bevollmächtigte einer besonderen, auf das Verfahren gerichteten Vollmacht. Der Normzweck des § 609 ZPO beinhaltet eine gewisse **Warnfunktion**. Denn die Ehegatten sollen sich den Schritt eines gerichtlichen Verfahrens genau überlegen. Das Erfordernis der besonderen Vollmacht gilt sowohl für den Antragsteller als auch für den Antragsgegner.

Eine Überprüfung der Vollmacht erfolgt nicht durch das Gericht, also nicht von Amts wegen. Der Nachweis ist dann erforderlich, wenn die Nichtvorlage der Vollmacht gerügt wird.

2. Umfang der Vollmacht gem. § 624 ZPO

30 Die Vollmacht für die Scheidungssache erstreckt sich auch auf die **Folgesachen,** § 624 Abs. 1 ZPO. Grund für diese Regelung ist u.a., dass auch für die Verfahren in Folgesachen Anwaltspflicht (Anwaltszwang) besteht. Durch die Vorschrift des § 624 ZPO wird also gewährleistet, dass die bevollmächtigenden Ehepartner sowohl in der Ehesache selbst als auch in den Folgesachen einen Anwalt beauftragt und bevollmächtigt haben.

Möglich ist, dass für die Ehescheidungssache selbst und für Folgesachen verschiedene Rechtsanwälte auftreten.

Die herrschende Meinung verlangt, dass die Beschränkung der Vollmacht, etwa nur auf die Scheidungssache oder etwa nur auf bestimmte Folgesachen dem jeweiligen Prozessgegner mitgeteilt werden muss (Thomas/Putzo, ZPO, § 624 Rn. 1).

III. Anwaltszwang und Postulationsfähigkeit

1. Anwaltszwang, § 78 ZPO

Die Vorschrift des § 78 ZPO regelt den Anwaltsprozess und damit den Anwaltszwang. Für Familiensachen besteht eine besondere Regelung in § 78 Abs. 2 ZPO. Die Verpflichtung (Anwaltszwang), seine Interessen in bestimmten Familiensachen von den Familiengerichten nur durch einen Rechtsanwalt geltend machen zu können, führt den Rechtssuchenden zu der praktischen Konsequenz, dass er einen Rechtsanwalt benötigt, um sich vor einem Familiengericht oder Oberlandesgericht in einer Familiensache vertreten lassen zu können. Die entsprechenden Vertretungsregelungen ergeben sich aus der Neufassung des § 78 ZPO (= BGBl. 2002 I S. 2851) sowie aus dem OLG-Vertretungsänderungsgesetz (BGBl. 2002 I S. 2850). Die Residenzpflicht ist weggefallen. Ein bei einem bestimmten Amtsgericht zugelassener Rechtsanwalt ist auch bei allen anderen deutschen Amtsgerichten (Abteilung: Familiengericht) zugelassen.

2. Ehesachen und Folgesachen

Gem. § 78 Abs. 2 ZPO erstreckt sich der Anwaltszwang auf die Ehesachen und Folgesachen. Folgesachen sind die Familiensachen in § 621 Abs. 1 ZPO, soweit die Ehegatten diese einleiten, damit diese zusammen mit der Scheidungssache verhandelt und entschieden werden können. Der Anwaltszwang bezieht sich nunmehr gem. § 78 Abs. 2 Nr. 1a ZPO auch auf die Lebenspartner in Lebenspartnerschaftssachen nach § 661 Abs. 1 Nr. 1 bis 3 und Folgesachen in allen Rechtszügen. Zu den Folgesachen und sonstigen Familiensachen in diesem Sinne gehören die Familiensachen gem. § 621 Abs. 1 Nr. 1 bis 13 ZPO, nämlich:

- Die Regelung der elterlichen Sorge für ein eheliches Kind;
- die Regelung des Umgangs mit einem ehelichen Kind;
- die Herausgabe eines Kindes, für das die elterliche Sorge besteht, an den anderen Elternteil;
- die gesetzliche Unterhaltspflicht gegenüber einem ehelichen Kind;
- die durch die Ehe begründete gesetzliche Unterhaltspflicht;
- der Versorgungsausgleich;
- die Regelung der Rechtsverhältnisse an der Ehewohnung und am Hausrat;
- Ansprüche aus dem ehelichen Güterrecht, auch wenn Dritte am Verfahren beteiligt sind;
- Verfahren nach den §§ 1382, 1383 BGB;
- Kindschaftssachen;
- Ansprüche nach den §§ 1615l, 1615m BGB;
- Verfahren nach § 1303 Abs. 2 bis 4, § 1308 Abs. 2 und § 1315 Abs. 1 Satz 1 Nr. 1, Satz 3 BGB;
- Maßnahmen nach den §§ 1 und 2 des GewSchG, wenn die Beteiligten einen auf Dauer angelegten gemeinsamen Haushalt führen oder innerhalb von sechs Monaten vor Antragstellung geführt haben.

IV. Familiensachen und Rechtsschutzversicherungen (Beratungsrechtsschutz)

1. Bedingungen für die Rechtsschutzversicherungen (ARB 2002)

Inzwischen gelten die ARB 2000 mit nicht unerheblichen Unterschieden zwischen den einzelnen Rechtsschutzversicherungen.

Allerdings haben unabhängig davon viele Rechtsschutzversicherer den **Rechtsschutz für die Erstberatung**/Beratung nur noch mit einer **Selbstbeteiligung** von häufig 150 € angeboten. Hierdurch wird insbesondere die Erstberatung wirtschaftlich entwertet. Auch diese Regelungen sind aber nicht einheitlich. Insgesamt erscheint es aber geboten, vor Mandatsübernahme den Beratungsrechtsschutz im Einzelnen abzuklären.

Darüber hinaus bietet bisher ein Rechtsschutzversicherer auch Rechtsschutz für das Ehescheidungsverfahren an und den damit in Zusammenhang stehenden anderen Verfahren. Die Wartezeit hierfür soll zwei Jahre betragen. Für die anwaltliche Beratung und Vertretung ist es daher wegen des breiten Rechtsschutzversicherungsmarktes erforderlich, sich mit den Bedingungen der einzelnen Versicherer vertraut zu machen, damit im Einzelfall bei Mandatsannahme abgeschätzt werden kann, ob das Mandat wirtschaftlich abgesichert ist.

Für das Verhältnis zwischen Rechtsschutzversicherung und Rechtsanwalt ist von überragender Bedeutung, dass selbst die **schriftliche sog. Kostenzusage bzw. Deckungszusage** der Rechtsschutzversicherung nicht **zwangsläufig bedeutet**, dass die Rechtsschutzversicherung des Mandanten auch **gegenüber dem Rechtsanwalt liquidiert**. Bei einem Anwaltswechsel kann der Mandant/Versicherungsnehmer bestimmen, dass der neue Anwalt die Gebühren erhält, so dass der noch beauftragte und bisher tätige Anwalt ohne Gegenleistung leer ausgeht. Ähnliches gilt bei Obliegenheitsverletzungen des Versicherungsnehmers (van Bühren, AnwBl 1995, Beilage zu Heft 3, S. 4).

34
> *Hinweis:*
> *Es wird daher empfohlen, auch bei rechtsschutzversicherten Mandanten gem. § 17 BRAGO* **Vorschüsse** *anzufordern (van Bühren, a. a. O., S. 4).*
>
> *Diese Kostenanforderungen sind gelegentlich mit zeitlichen und anderen Problemen belastet, da der eine oder andere Rechtsschutzversicherer gegenüber Rechtsanwälten restriktiv arbeitet. Insoweit verbleibt nur eine Kostenvorschussanforderung gem. § 17 BRAGO gegenüber dem Mandanten. Berechtigte Vorschussanforderungen gem. § 17 BRAGO kollidieren mit der häufig anzutreffenden Einstellung, dass die Rechtsschutzversicherung umfassend eintrete und Vorschussanforderungen entbehrlich seien.*

a) Gebührensicherung

35 Dem Rechtsanwalt verbleiben zur Absicherung seiner berechtigten Ansprüche nach der BRAGO daher im Wesentlichen zwei Möglichkeiten:

36 • Er macht seine anwaltliche Tätigkeit von der Einzahlung eines Gebührenvorschusses **abhängig.** Diese Verfahrensweise wird nicht selten von Mandanten kritisiert. Demgegenüber hat der Rechtsanwalt jedoch Anspruch auf eine Vorschussleistung gem. § 17 BRAGO. Ferner ist die Kostenanforderung zunehmend unentbehrlich, weil sowohl die schlechte Zahlungsmoral als auch die Bemühungen um Vermeidung von Gebührenzahlungen eine gesellschaftliche Realität darstellen (zum Trend: Forderungsausfälle 1997 in der BRD = 25 Mrd. €).

In Betracht kommt die Möglichkeit, die Informationen zum Mandat aufzunehmen. Gleichzeitig kann jedoch gem. Vollmachtsurkunde vereinbart werden, dass die konkrete anwaltliche Tätigkeit erst einsetzt, wenn ein Vorschuss überwiesen worden ist.

37 • Sollte die Kostenzusage der Rechtsschutzversicherung für die Ehescheidung des Mandanten unsicher sein, so hilft die **Vereinbarung**, dass der Mandant die Gebühren für das übernommene Mandat unabhängig von einer Kostenzusage seines Rechtsschutzversicherers übernehmen muss. Hierdurch wird auch klargestellt, dass das Mandat unabhängig von dem Eintreten des Rechtsschutzversicherers durchgeführt werden soll.

b) Beratungsrechtsschutz für vorsorgliche Beratung im Familienrecht

Der sog. vorsorgliche Beratungsrechtsschutz gehört grundsätzlich nicht zum Leistungskatalog der Rechtsschutzversicherer. Für eine vorsorgliche Beratung kann der Mandant nicht auf seine Versicherung zurückgreifen. Insoweit gelten zur gebührenrechtlichen Absicherung des familienrechtlich tätigen Rechtsanwalts die vorstehenden Ausführungen entsprechend.

c) Beratungsrechtsschutz im Familienrecht

In den ARB 2000 heißt es unter § 2k: *„Der Umfang des Versicherungsschutzes kann in den Formen der §§ 21 – 29 vereinbart werden. Je nach Vereinbarung umfasst der Versicherungsschutz . . . (k) Beratungsrechtsschutz in Familien- und Erbrecht für Rat und Auskunft eines in Deutschland zugelassenen Rechtsanwaltes."*

Demgegenüber gibt es jedoch zahlreiche Fälle, bei denen der Mandant darauf angewiesen ist, dass der Rechtsanwalt mit dem Gegner oder einem Dritten korrespondiert, also über die Beratungsleistung **hinausgeht**. Dies ist erfahrungsgemäß insbesondere der Fall bei Unterhaltsrechtsangelegenheiten, in Sorgerechtsangelegenheiten, Hausratssachen sowie in erbrechtlichen Angelegenheiten. Dies führt dazu, dass die Rechtsschutzversicherung nach der derzeitigen Rechtslage grundsätzlich die Anwaltsgebühren nicht übernehmen muss oder auch nicht übernimmt. Hierdurch wird der Beratungsrechtsschutz praktisch wertlos (van Bühren, AnwBl 1995, Beilage zu Heft 3, S. 2 zu Nr. 4).

Der vorstehenden Ansicht ist weitestgehend zuzustimmen. Allerdings ist der Fairness halber zu erwähnen, dass nicht wenige auf dem Markt anerkannte Rechtsschutzversicherer, nach Absprache bzw. nach Verhandlungen aus Kulanzgründen Beratungsrechtsschutz gewähren bzw. Kostenanforderungen ausgleichen.

2. Erstberatung und Erstberatungsgebühr/Zweitberatung/Rechtsschutzversicherung und Erstberatung

Hier bestehen primär zwei Problembereiche, die mit den nachfolgenden Fragestellungen umrissen werden sollen:

- Ist es dem Rechtsanwalt betriebswirtschaftlich und gebührenrechtlich zumutbar, die regelmäßig sehr schwierige und auch zeitaufwändige sog. Erstberatung mit der gebührenrechtlichen Begrenzung auf 180 € (zuzüglich der jeweiligen gesetzlichen Umsatzsteuer) zu erteilen oder ist er nicht grundsätzlich gehalten, eine Honorarvereinbarung zu angemessenen Bedingungen zu schließen?

    Für eine aufwandsorientierte Honorarvereinbarung spricht, dass die der Gebührenhöhe nach begrenzte Erstberatung trotz ihres Charakters als Einstiegsberatung eine echte verantwortliche Beratung bei eingeschränkter Mandanteninformation sein soll. Das Haftungsrisiko ist also dasselbe wie bei einer normalen Beratung ohne gebührenrechtliche Kappungsgrenze nach oben. Es ist daher nicht einzusehen, warum der Rechtsanwalt für dasselbe Haftungsrisiko erheblich geringere Gebühren akzeptieren soll.

- Ist es dem Rechtsanwalt zumutbar, sich gebührenrechtlich auf die Erstberatungsgrundsätze gem. § 20 BRAGO einzulassen, wenn doch z.B. das (zeitliche) Verhältnis von Erstberatung und Folgeberatung und damit das Verhältnis von anwaltlicher Leistung und vorhersehbarer Gegenleistung weitestgehend ungeklärt ist?

    Diese Frage wird selbstverständlich für jeden speziellen Einzelfall gesondert zu beantworten sein. Kriterien sind u.a.: Einkommensverhältnisse des Mandanten, Bedeutung der Sache, Neumandant, Altmandant, vorhersehbarer hoher Arbeitsaufwand im Hinblick auf Informationsaufnahme und Informationsnachbesserung, überlange Schriftsätze, lange Berechnungen in Unterhaltssachen, Sichtung von Rechtsprechung und Literatur usw.

Da gerade in Unterhaltssachen und Sorgerechtsverfahren sowie Zugewinnausgleichsverfahren erfahrungsgemäß überdurchschnittliche Aktivität in jeder Richtung zu erwarten ist, muss aus betriebswirtschaftlichen Gründen die angemessene Honorarvereinbarung sukzessive die Regel werden. Die Notwendigkeit und Berechtigung einer Honorarvereinbarung lässt sich auch begründen, ohne die anwaltliche Unabhängigkeit zu verlieren (vgl. zu diesem Komplex: Brieske, Die anwaltliche Honorarvereinbarung, 1997; ders., AnwBl 1998, 371 ff.).

Streitpunkte sind u. a.,

- ob eine zweite Besprechung noch zur Erstberatung gehört;
- ob eine nachträgliche detaillierte Auswertung mitgebrachter oder nachgelieferter Unterlagen zur Erstberatung gehört sowie
- ob die detaillierte Auswertung mitgebrachter Unterlagen im Rahmen der Erstberatung zu fordern ist, usw. (Groß, Anwaltsgebühren in Ehe- und Familiensachen, Rn. 26 ff.).

Honorarvereinbarungen haben aber klar gestreckte Grenzen. Bei Prozesskostenhilfe-Mandaten ist sie nicht absolut ausgeschlossen. Wenn Prozesskostenhilfe aber bewilligt ist, darf der Rechtsanwalt von dem Mandanten oder Dritten Zahlungen nur annehmen, die freiwillig und in Kenntnis der Tatsache gegeben werden, dass der Mandant oder der Dritte zu einer solchen Leistung nicht verpflichtet ist, § 16 Abs. 2 BerufsO. In Beratungshilfesachen verbietet § 8 Abs. 2 BerHG eine Honorarvereinbarung.

V. Informationspflichten und Haftungsrisiko des Rechtsanwalts

1. Informationen bei Mandatsannahme

a) Fragebogen zum Ehe-/Familienrecht

44   Selbst wenn nur ein Ehescheidungsverfahren im Zwangsverbund (Scheidung, Versorgungsausgleich, eventuell elterliche Sorge) zu bearbeiten ist, empfiehlt sich die **frühestmögliche und umfassende Information** durch den Mandanten. Dies gilt um so mehr, als etwa weitere isolierte Verfahren zu vertreten sind. Die frühestmögliche Information hat insbesondere zwei **Vorteile**:

- Der Rechtsanwalt hat von Anfang an alle notwendigen Informationen. Unnötige und schwierige Rückfragen werden vermieden. Zeitverzögerung bei der Bearbeitung von Schriftsätzen oder bei Erwiderungen können vermieden werden.
- Der durch das Ehescheidungsverfahren psychologisch belastete Mandant wird nur einmal intensiv nach seinen persönlichen Umständen, nach der ehelichen Biographie und nach weiteren Sozialdaten befragt. Er benötigt seine weiteren Energien zur psychologischen Verarbeitung des einschneidenden Ehescheidungsverfahrens. Außerdem hat der Mandant in der Regel das Gefühl, dass der Rechtsanwalt zielbewusst und zeitökonomisch arbeitet.

45   Als pragmatische Bearbeitungsgrundlage haben sich individuell verwendbare Fragebögen erwiesen. Diese Fragebögen befinden sich bereits unter der familienrechtlichen Literatur. Gleichwohl erscheint es sinnvoll, nach eigener Vorstellung entsprechende Bögen zu erstellen. Der Inhalt dieser Bögen wird sich mit zunehmender Erfahrung im Familienrecht verändern. Die Fragebögen sollten im Wesentlichen den nachfolgenden Inhalt haben:

- Sozialdaten des Mandanten,
- Datum der Eheschließung,
- Heiratsregisternummer,
- Zeitpunkt der Trennung der Parteien,
- Art und Vollzug der Trennung der Parteien,
- Mögliche Unterhaltpflichten,
- Wirtschaftliche Verhältnisse der Parteien,

- Einkommensverhältnisse der Parteien,
- Existenz eines Ehevertrages,
- Bereits anhängige Verfahren zwischen diesen Parteien,
- Alte (ruhende) Verfahren usw.

Wegen der weiteren Einzelheiten wird Bezug genommen auf den Formularteil (vgl. Rn. 128, 129).

b) Vermeidung von Zufallsinformationen

Die konsequente Anwendung von Fragebögen kann verhindern, dass bestimmte Informationen unterbleiben bzw. sog. Zufallsinformationen zu einem späteren Zeitpunkt auftauchen. Der Mandant ist verpflichtet, an der Informationserteilung für den Anwalt mitzuwirken. 46

Die **umfassende Informationserteilung** dient sowohl der Interessenwahrnehmung des Mandanten als auch dem Schutz des Rechtsanwalts vor späteren Vorwürfen oder Regressansprüchen. Durch diese Informationstechnik kann vermieden werden, dass der Rechtsanwalt durch überraschende weitere Zufallsinformationen an der nachhaltigen Bearbeitung des Mandats gehindert ist. Deswegen ist speziell der neue Mandant mit der Obliegenheit zu konfrontieren, den maßgeblichen familienrechtlichen Sachverhalt umfassend darzulegen. In der Praxis bietet sich je nach Mandantentypus an, notwendige Fragen schriftlich beantworten zu lassen.

Hiervon zu unterscheiden ist die völlig andere Rechtsfrage, ob z. B. ein in einer Ehesache mandatierter Rechtsanwalt seinen Mandanten durch Hinweise deshalb vor Schaden zu bewahren hat, weil er Zufallsinformationen darüber besitzt, dass sein Mandant in einer anderen Sache durch Einlegung von Rechtsmitteln tätig werden muss, um ein Fristversäumnis zu vermeiden (zur Problematik einer (ungefragten) Belehrung gegenüber dem Mandanten vgl. die lesenswerte Entscheidung des OLG Köln, FamRZ 2000, 877; auch Sarres, Anwaltliche Aufklärungs- und Belehrungspflichten, S. 11 ff.). 47

c) Die Notwendigkeit von Checklisten

Bei **mehreren familienrechtlichen Mandaten** (Ehescheidung, Sorgerechtsverfahren, Umgangsrechtsverfahren, evtl. Zugewinnausgleichsverfahren, Unterhaltsrechtsstreitigkeiten pp.) sind Checklisten wegen der Fristen und des Informationsaustausches sowie der Vorgehensweise im Einzelnen unabdingbar. Insoweit wird Bezug genommen auf den Formularteil (vgl. Rn. 130). 48

2. Besonderheit des § 1933 BGB (Ehegattenerbrecht)

a) Zusammenhang von Familienrecht und Erbrecht

Grundsätzlich erbt der überlebende Ehegatte neben Verwandten erster Ordnung zu **einem Viertel**, § 1931 Abs. 1 BGB. 49

Im Güterstand der Zugewinngemeinschaft ist zu berücksichtigen, dass mit dem Tod des Ehepartners auch dieser gesetzliche Güterstand beendet wird. Dies führt zu der Konsequenz, den in der Ehe entstandenen Zugewinn zum Ausgleich zu bringen. Das Gesetz unterscheidet hierbei zwischen der sog. erblichen Lösung und der güterrechtlichen Lösung.

Bei der **erbrechtlichen Lösung** erhöht sich der gesetzliche Erbteil um ein Viertel. Der Ehepartner erbt demnach neben seinen Kindern zur Hälfte. Diese sog. Pauschalerhöhung gilt grundsätzlich ohne Rücksicht darauf, ob ein Zugewinn erwirtschaftet wurde oder nicht. Bei der **güterrechtlichen Lösung** (§ 1371 Abs. 2 BGB) kann der Ehepartner den Zugewinnausgleich verlangen und daneben einen Pflichtteilsanspruch geltend machen.

Der überlebende Ehepartner hat daher zwei Möglichkeiten, das für ihn günstige Erbrecht zu verfolgen. Durch die Vorschrift des § 1371 Abs. 2 BGB wird ihm ein entsprechendes **Wahlrecht** zugestanden, die eine oder andere Lösungsmöglichkeit zu wählen.

50 Die vorstehende Erbberechtigung des überlebenden Ehegatten entfällt gem. § 1933 BGB nur, wenn die Voraussetzungen für die Ehescheidung zu einem bestimmten Zeitpunkt während des Ehescheidungsverfahrens gegeben sind (Ehescheidungsantrag, Voraussetzungen der Scheidung im Übrigen). Wenn also die Voraussetzungen der Ehescheidung gem. § 1933 BGB nicht vorliegen, verbleibt es bei der vorstehenden Erbberechtigung des überlebenden Ehegatten.

Diese Rechtsfolge wird in der Regel von dem anderen scheidungswilligen Ehepartner (Erblasser) nicht gewollt. Hier liegt der gefährliche Zusammenhang von Familienrecht und Erbrecht. Auf diesen besonderen Konnex muss der Rechtsanwalt bei Übernahme des Mandats umgehend hinweisen und darüber aufklären.

b) Formelle und materielle Voraussetzungen für den Ausschluss des Ehegattenerbrechts

51 Da es sich bei § 1933 BGB um eine Ausnahmevorschrift handelt, wird sie hier ausnahmsweise zitiert:

„Das Erbrecht des überlebenden Ehegatten sowie das Recht auf den Voraus ist ausgeschlossen, wenn zur Zeit des Todes des Erblassers die Voraussetzungen für die Scheidung der Ehe gegeben waren und der Erblasser die Scheidung beantragt oder ihr zugestimmt hatte. Das Gleiche gilt, wenn der Erblasser berechtigt war, die Aufhebung der Ehe zu beantragen, und den Antrag gestellt hatte. In diesen Fällen ist der Ehegatte nach Maßgabe der §§ 1569 bis 1586b BGB unterhaltsberechtigt."

Die Voraussetzungen des § 1933 BGB werden nachfolgend im Hinblick auf die Ehescheidung dargestellt:

aa) Formelle Voraussetzungen

52 • Beim Antrag des Erblassers vor seinem Tod auf Ehescheidung (§§ 622, 630 ZPO) ist mit dem Begriff „Antragsstellung" nach der Rechtsprechung die **Zustellung des scheidungsbegehrenden Schriftsatzes gemeint.** Die zutreffende Antragstellung bedeutet also Rechtshängigkeit des Scheidungsverfahrens. Nur die Rechtshängigkeit des Scheidungsverfahrens kann eine erbrechtliche Wirkung entfalten (vgl. BGHZ 111, 329).

53 • Alternativ muss der Erblasser dem Scheidungsantrag zugestimmt haben, wenn sein Ehegatte das Scheidungsverfahren eröffnet hatte.

Auch die Zustimmung des Erblassers zum Scheidungsantrag ist Prozesshandlung und setzt demzufolge **Rechtshängigkeit** voraus (vgl. BGHZ 111, 329).

bb) Materielle Voraussetzungen

(1) Scheitern der Ehe gem. § 1565 Abs. 1 BGB

54 Hierbei handelt es sich um den sog. Grundtatbestand zum Scheitern der Ehe. Dieser stellt auf zwei Komponenten ab:

- Wegfall der Lebensgemeinschaft,
- keine Aussicht (Prognose) auf die Wiederherstellung der ehelichen Lebensgemeinschaft.

55 Für dieses Scheitern der Ehe können **Zerrüttungsvermutungen** eingreifen, die nachfolgend dargestellt werden:

- Zerrüttungsvermutung gem. § 1566 Abs. 1 BGB: Danach wird das Scheitern der Ehe vermutet, wenn die Scheidungsparteien seit einem Jahr getrennt leben und beide die Scheidung wollen.

- Zerrüttungsvermutung gem. § 1566 Abs. 2 BGB: Danach wird das Scheitern der Ehe unwiderleglich vermutet, wenn die Scheidungsparteien seit drei Jahren getrennt leben und nur einer von ihnen die Scheidung will.

> **Hinweis:**
> Für die vorgenannten Fallkonstellationen besteht **keine Darlegungs- und Beweislast** gemäß den üblichen zivilprozessualen Grundsätzen, da in Ehesachen der Untersuchungsgrundsatz gilt, § 616 Abs. 1 ZPO. Trotzdem muss der Antragsteller vortragen, aus welchen Gründen er die Ehe für gescheitert hält, um dem Familiengericht Anhaltspunkte für den Einsatz der Untersuchungen zu geben.

56

(2) Scheidung ohne einjähriges Getrenntleben, § 1565 Abs. 2 BGB

Für die sog. vorzeitige **Härtescheidung** bestehen nach der Rechtsprechung strenge Anforderungen. Die unzumutbare Härte, die sich auf die Fortsetzung der Ehe beziehen muss, ist im Einzelnen zu substantiieren. Hiernach reichen schlichte Behauptungen im Hinblick auf mögliche Härtegründe nicht aus. Umstände nach § 1565 Abs. 2 BGB können z. B. bei entsprechender Substantiierung sein: Gewalttätigkeiten gegen Ehegatten und Familie, Alkoholmissbrauch, Prostitution, dauernde Verweigerung des Geschlechtsverkehrs (vgl. hierzu im Einzelnen: Palandt/Diederichsen, BGB, § 1565 Rn. 17).

57

c) Beweislastfragen zu § 1933 BGB

Die Voraussetzungen für die Prognose, dass die Ehe geschieden worden wäre, wenn der Erblasser weitergelebt hätte, tragen die sich auf den Ausschluss des Ehegattenerbrechts berufenden **Verwandten des Erblassers**.

58

Zum Umfang der Anforderungen an die Darlegungs- und Beweislast gehören das Vorliegen der formellen und materiellen Voraussetzung von § 1933 BGB.

59

Zu den formellen Voraussetzungen des § 1933 Satz 1 BGB gehört zunächst, dass ein Scheidungsantrag des Erblassers (§ 622 ZPO) dem anderen Ehepartner vor seinem Tod wirksam zugestellt worden ist, so dass gem. § 261 Abs. 1 ZPO die Rechtshängigkeit der Scheidungssache begründet wurde (vgl. BayObLG, FamRZ 1992, 1349, 1350).

Der Umfang der Darlegungs- und Beweislast für das Scheitern der Ehe erstreckt sich insbesondere auf die Feststellungen des Familiengerichts zur Zerrüttung der Ehe und auf das Verhalten der Scheidungsparteien. Die Anforderungen gelten als erfüllt, wenn etwa der Erblasser nahezu ein Jahr vor seinem Tod die Scheidung beantragt und der andere Ehepartner seine Zustimmung hierzu angekündigt hatte und wenn ferner neben Zerrüttungsangaben auch eine Versöhnungsbereitschaft während des Verfahrens nicht bestand (vgl. BayOLbG, a. a. O.).

Streitig ist, in welchen Fällen besonders hohe Anforderungen an den Nachweis des Scheiterns der Ehe zu stellen sind.

60

Die Beweislastanforderungen für die das Ehegattenerbrecht bestreitenden Verwandten, etwa bei § 2077 BGB, sollen dann hoch anzusetzen sein, wenn der überlebende Ehepartner kurz vor dem Tod des Erblassers dem gestellten Scheidungsbegehren **nicht zugestimmt hatte** (Palandt/Edenhofer, BGB, § 1933 Rn. 7; Baumgärtel/Strieder, § 1933, Rn. 1 m. w. N.).

Der überlebende Ehepartner selbst soll die **Beweislast** dafür haben, dass etwa die in Betracht kommenden Gründe gem. § 1565 Abs. 2 BGB (Härteklausel) nicht zur Scheidung geführt hätten (vgl. Staudinger/Werner, BGB, § 1933 Rn. 16).

3. Handlungsbedarf und Sicherung von Rechten

a) Getrenntleben, § 1567 BGB

Die tatsächlich vollzogene Trennung der Ehepartner ist mit zahlreichen und auch weitreichenden Rechtsfolgen verknüpft. Diese Rechtsfolgen haben Konsequenzen für den wirtschaftlichen

61

Teil 1 Abschnitt 1: B. Mandatsannahme

Bereich, z. B. für die Verfügungsbefugnis eines Ehegatten über ein Bankkonto, für den Auskunfts- bzw. Leistungsanspruch auf Trennungsunterhalt, für die Eigentumsvermutung, für den Lauf des Trennungsjahres als Voraussetzung für Ehescheidungstatbestände, für die Anträge auf Übertragung der elterlichen Sorge oder eines Teils der elterlichen Sorge ab „nicht nur vorübergehendem Getrenntleben", § 1671 BGB, usw. Weitere **trennungswichtige Rechtsfolgentatbestände** sind nachfolgend aufgelistet:

- **§ 1357 Abs. 3 BGB:** Wegfall der wechselseitigen Verpflichtungsbefugnis für sog. Haushaltsgeschäfte (sog. Schlüsselgewalt);
- **§§ 1361 ff. BGB:** Einsetzen des Anspruchs auf Trennungsunterhalt (Getrenntlebensunterhalt);
- **§ 1362 Abs. 1 BGB:** Wegfall der Eigentumsvermutungen;
- **§§ 1671 ff. BGB:** Mögliche Entscheidung über die elterliche Sorge über ein eheliches minderjähriges Kind;
- **§ 1566 BGB:** Getrenntleben als Voraussetzung für Zerrüttungsvermutungen pp.;
- **§ 1678 BGB:** Rechtsfolgen für die alleinige Ausübung der elterlichen Sorge bei tatsächlicher Verhinderung oder Ruhen;
- **Steuerrecht:** Steuerklassenwechsel im Kalenderjahr nach der vollzogenen Trennung; Änderung der Kinderfreibeträge usw.;
- **§ 1361a BGB:** Hausratsverteilung bei Getrenntleben (Herausgabeverlangen, Gebrauchsüberlassung);
- **§ 1361b BGB:** Möglichkeit der Zuweisung der Ehewohnung für einen der Ehegatten usw.;
- **Beweislast/Sicherung von Rechten:** Trennung ist ein Realakt. Erforderlich ist auch der nach außen erkennbare Trennungswille. Um die möglichen an die Trennung geknüpften Rechtsfolgen herbeizuführen, ist es geboten, den anderen Ehepartner wegen des einsetzenden Getrenntlebens anzuschreiben. Für den Nachweis dieses Informationsschreibens ist Sorge zu tragen (vgl. zur Beweislast: Johannsen/Henrich-Jaeger, Eherecht, § 1567 Rn. 35).

b) Unterhaltsansprüche

62 Hier sind insbesondere Einsatzzeitpunkte für die Geltendmachung zu beachten:

- Einsatzzeitpunkt für den Trennungsunterhalt ab Getrenntleben;
- Einsatzzeitpunkt für den nachehelichen Unterhalt mit dem Tag der Rechtskraft der Ehescheidung.

Für beide in Betracht kommende Unterhaltsansprüche, die nicht identisch sind, ist dafür Sorge zu tragen, dass der jeweils Unterhaltsverpflichtete **rechtzeitig in Verzug gesetzt** wird, damit die Unterhaltsansprüche zum frühestmöglichen Zeitpunkt nachweislich geltend gemacht worden sind. Die maßgeblichen Grundsätze hierzu enthält § 1613 Abs. 1 Satz 1 BGB: *„Für die Vergangenheit kann der Berechtigte Erfüllung oder Schadensersatz wegen Nichterfüllung nur von dem Zeitpunkt an fordern, zu welchem der Verpflichtete zum Zwecke der Geltendmachung des Unterhaltsanspruches aufgefordert worden ist, über seine Einkünfte und sein Vermögen Auskunft zu erteilen, zu welchem der Verpflichtete in Verzug gekommen oder der Unterhaltsanspruch rechtshängig geworden ist."*

Das unterhaltsrechtliche Aufforderungsschreiben bewirkt gem. § 1613 Abs. 1 Satz 2 BGB, dass der Unterhalt rückwirkend ab dem Ersten des Monats geschuldet wird, in welchem die Mahnung zugeht.

63 Um entsprechende Unterhaltsansprüche gegenüber dem Verpflichteten zu sichern, wenn dieser nicht nachweislich bzw. ohne jeden Zweifel auf Dauer leistungsunfähig sein sollte, erscheint es aus Gründen **der anwaltlichen Absicherung** notwendig, die Ansprüche per Einschreiben mit Rückschein geltend zu machen. Da die Praxis gelegentlich zeigt, dass auch durch Einschreiben mit Rückschein der Zugangsnachweis nicht immer geführt werden kann, dürfte es als der sog. sicherste

Weg gelten, in bestimmten Einzelfällen die Anspruchsschreiben durch **Einschaltung eines Gerichtsvollziehers** zustellen zu lassen. Denn die Vollzugswirkungen zu Lasten des Unterhaltsschuldners kommen erst durch das nachweislich zugehende Aufforderungsschreiben in Betracht (§ 130 BGB). Das Aufforderungsschreiben muss deutlich zum Ausdruck bringen, dass die verlangte notwendige Auskunft den Zweck hat, mit ihr den Unterhaltsanspruch zu berechnen bzw. sie für eine mögliche Klage vor dem Familiengericht zu verwenden, um vollstreckungsfähige Anträge stellen zu können. Pauschale Aufforderungsschreiben sind nicht geeignet, Schuldnerverzug herzustellen.

Für nacheheliche Unterhaltsansprüche muss erneut gemahnt werden. Verzugswirkungen können erst nach dem Eintritt der Rechtskraft des Scheidungsurteils eintreten. Eine Stufenmahnung ist hier der „sicherste Weg". (Vgl. zum Ganzen Kalthoener/Büttner/Niepmann, Die Rechtsprechung zur Höhe des Unterhalts, S. 178 ff.).

Es versteht sich von selbst, dass bezifferte Anspruchsschreiben selbstverständlich voraussetzen, dass eine hinreichende Information über die Einkommensverhältnisse des Schuldners besteht. Beim Anspruchsschreiben mit konkreter Bezifferung kommt der Schuldner grds. nur i. H. d. geforderten Betrages in Verzug. Eine („vorsorgliche") Zuvielforderung soll aber unschädlich sein, wenn deutlich wird, wie der Unterhalt berechnet wurde und wenn mögliche Berechnungsfehler leicht erkennbar sind (vgl. OLG Braunschweig, FamRZ 1999, 1453). Die Mahnung wird dadurch **nicht unwirksam**. 64

c) Sorgerecht

Wenn Eltern sich bei Trennung und Scheidung über die elterliche Sorge nicht verständigen können, so ist dies ein starkes Indiz dafür, dass die Frage der elterlichen Sorge für lang andauernden Konfliktstoff sorgen kann. In diesem Fall ist die **Einflussnahme des Rechtsanwalts** auf den jeweiligen Elternteil nicht zu unterschätzen. Da der Rechtsanwalt nicht die Identifizierung mit den Belangen des (streitorientierten) Mandanten, sondern die Verwirklichung des Familienwohls im Auge haben sollte, dürften nachfolgende Grundsätze Priorität haben: 65

- Konfliktvermeidung **zum Kindeswohl;**
- Konfliktvermeidung wegen der sehr langen Verfahrensdauer in **Sorgerechtsangelegenheiten;**
- Einflussnahme zum **Interessenausgleich;**
- Einflussnahme zur **Rechtsgestaltung;**
- ausnahmsweise gerichtliche Regelungsmöglichkeiten während des Getrenntlebens (bis zur Anhängigkeit der Ehesache):
  - Hauptsacheverfahren gem. § 1672 BGB mit dem Ziel der Übertragung der elterlichen Sorge;
  - Erlass einer einstweiligen Anordnung, verbunden mit einem Hauptsacheantrag;
  - Anträge auf Kindesherausgabe gem. § 1632 BGB: Antrag in der Hauptsache sowie Antrag auf Erlass einer einstweiligen Anordnung (zur Bedeutung der eigenen Sachkunde des Familienrichters und zu den Anforderungen an Gutachter und Gutachten in Sorgerechtsverfahren vgl. instruktiv Rotax, ZFE 2002, 153; wegen der weiteren Einzelheiten wird Bezug genommen auf Teil 4 Rn. 82 ff.).

d) Umgangsrecht, § 1684 BGB

Das Recht zum persönlichen Umgang mit dem Kind gem. § 1684 BGB steht unter dem Schutz von Art. 6 Abs. 2 Satz 1 GG. Die sich hieraus ergebenden Ansprüche des Umgangsberechtigten zum Wohle des Kindes werden häufig vom sorgeberechtigten Elternteil missachtet. 66

Auch in gerichtlichen Umgangsrechtsverfahren gilt der Grundsatz der Amtsermittlung (§§ 12 ff. FGG), so dass Dauer, Intensität des Verfahrens, Beweiserhebungen pp. grundsätzlich in der Hand des Gerichts liegen. Jedoch ist das Gericht auf Informationen und Hinweise der Beteiligten angewiesen, um die notwendigen Ermittlungen anstellen zu können. Hier gehört es zur vordringlichen Aufgabe des Rechtsanwalts, durch entsprechenden schriftsätzlichen Sachvortrag an der Aufklärung mitzuwirken, um das **Kindeswohl zu fördern**. Im Übrigen erscheint es zweckmäßig, auch das Gespräch mit dem Jugendamt mit dem Ziel zu suchen, dass das Jugendamt bereits vor der Stellungnahme für das Gericht (Entscheidungsvorschlag) gleichfalls einen hohen Aufklärungsstand hat und auf die maßgeblichen kindeswohlorientierten Tatsachen und Umstände zurückgreifen kann (wegen der Bedeutung des Anspruchs auf wirkungsvollen Rechtsschutz bei Umgangsrechtsverfahren vgl. BVerfG, FamRZ 1997, 871).

67 Zur Vermeidung kindeswohlbelastender Verfahren bietet sich zunächst folgendes anwaltliches Vorgehen an:
- Vermittlungsversuche auch durch Einschaltung Dritter (Autoritätsperson);
- Einschaltung des zuständigen Jugendamtes zur Beratung und Vermittlung gem. § 17 KHJG (vgl. zu diesem Problem: Schulte-Kellinghaus, FamRZ 1994, 1230 ff.; ferner Kaufmann, FamRZ 2001, 7);
- Gerichtliche Regelungsmöglichkeiten bei Trennung:
    - Antrag auf Durchführung des Hauptverfahrens;
    - Antrag auf Erlass einer einstweiligen Anordnung im FGG-Verfahren unter den besonderen Voraussetzungen des § 621g ZPO;
- Bei Anhängigkeit der Ehesache/Einreichung des Antrags auf Bewilligung von Prozesskostenhilfe:
    - Antrag auf Erlass einer einstweiligen Anordnung gemäß § 620 Satz 1 Nr. 2 ZPO.

e) **Versorgungsausgleich**

68 Hier ist insbesondere in den nachfolgenden Fällen anwaltliche Aktivität geboten:
- Kontrolle der Berechnung der **Ehezeit gem. § 1587 Abs. 2 BGB** (Beginn des Eheschließungsmonats bis zum Monatsende vor Zustellung des Ehescheidungsantrags);
- Kontrolle der **Vorsorgungsausgleichsfragebögen** des eigenen Mandanten und jener des Scheidungsgegners;
- Kontrolle der Auskünfte der Rentenversicherungsträger;
- Vorsorglich: Einschaltung eines **Rentenberaters**, ggf. zu folgenden Punkten:
    - Überprüfung der Versorgungsausgleichseinkünfte,
    - Überprüfung der Berechnung des Ausgleichsanspruchs,
    - Überprüfung der Wirtschaftlichkeit von Abfindungsansprüchen/Vergleichsregelungen pp.,
    - Überprüfung von Ansprüchen aus betrieblicher Altersversorgung,
    - mögliche Abänderung von Versorgungsausgleichsentscheidungen gem. § 10a VAHRG (zur Vertiefung siehe Teil 7, Rn. 183 ff.).

f) **Vermögensauseinandersetzungen**

69 Hierbei geht es gerade für den Trennungszeitraum im Wesentlichen um folgende Problembereiche:
- Ehegattengesamtschuld;
- Bankguthaben je nach Vertragsgestaltung:
    - Einzelkonto mit Vollmacht,
    - Oderkonto,
    - Undkonto,

- Sparbuch,
- Wertpapierdepot

(wegen der weiteren Einzelheiten s. Teil 3, Rn. 332 ff.; sehr instruktiv: zur Auseinandersetzung von Bankguthaben: Blaese, BRAK-Mitt. 1997, 118 ff.).

4. Wesentliche gerichtliche Zuständigkeiten 70

	Sachliche Zuständigkeit	Örtliche Zuständigkeit
Ehesachen (Ehescheidungsverfahren)	Familiengericht	⇒ Familiengerichte/Regelfälle, § 606 Abs. 1 ZPO am: • gemeinsamen, gewöhnlichen Aufenthalt der Ehegatten **oder** • gemeinsam gewöhnlichen Aufenthalt eines Ehegatten mit den gemeinsamen minderjährigen Kindern **oder** • letzten gemeinsamen gewöhnlichen Aufenthalt eines Ehepartners **oder** • gewöhnlichen Aufenthalt des Scheidungsgegners **oder** • gewöhnlichen Aufenthalt des Antragstellers im Inland **oder** • Amtsgericht Schöneberg
Unterhaltsprozesse • **Trennungsunterhalt/ Ehegatten**	Familiengericht	⇒ Isoliertes Verfahren: Wohnsitzgerichtsstand des Beklagten, §§ 12 ff. ZPO ⇒ Bei Anhängigkeit der Ehesache: Familiengericht der Ehesache, § 606 ZPO
• **Nachehelicher Ehegattenunterhalt**	Familiengericht	⇒ Isoliertes Verfahren: Wohnsitzgerichtsstand des Beklagten/der Beklagten, §§ 12 ff. ZPO ⇒ Bei Anhängigkeit der Ehesache: Familiengericht der Ehesache, § 606 ZPO

	Sachliche Zuständigkeit	Örtliche Zuständigkeit
• **Kindesunterhalt aller Kinder**	Familiengericht	⇒ Verfahren betreffend gesetzliche Unterhaltspflicht von Eltern gegenüber minderjährigem Kind: Gerichtsstand des Kindes, § 642 ZPO n. F. ⇒ Verbund: Familiengericht der Ehesache, § 606 ZPO
Sorgerechtsverfahren	Familiengericht	⇒ Isoliertes Verfahren: Wohnsitz oder Aufenthalt des Kindes, § 36 FGG ⇒ Verbund: Familiengericht der Ehesache
Umgangsrechtsverfahren	Familiengericht	⇒ Isoliertes Verfahren: Wohnsitz oder Aufenthalt des Kindes, § 36 FGG ⇒ Verbund: Familiengericht der Ehesache
Zugewinnausgleichsverfahren	Familiengericht	⇒ Isoliertes Verfahren: letzter gemeinsamer gewöhnlicher Aufenthalt der Ehegatten ⇒ Verbund: Gericht der Ehesache, § 606 ZPO
Gesamtschuldnerausgleich, § 426 BGB	Zivilprozessabteilung des Amtsgerichts **oder** des Landgerichts	⇒ **Streitwertbezogen:** Amtsgericht: bis 5.000 € Landgericht: über 5.000 € (§ 23 GVG)
Persönliche Rechtsbeziehungen der Ehegatten oder geschiedenen Ehegatten zueinander; Eheliches Güterrecht; Versorgungsausgleich	Familiengericht/Vormundschaftsgericht	⇒ § 45 FGG: • gemeinsamer gewöhnlicher Aufenthalt der Ehepartner; • gewöhnlicher Aufenthalt des beeinträchtigten Ehegatten (§ 45 Abs. 2 FGG); • letzter gewöhnlicher Aufenthalt der Antragstellers; • gewöhnlicher Aufenthalt des überlebenden Ehegatten (§ 45 Abs. 3 FGG)

5. Ehen mit Auslandsberührung

a) Die notwendigen Erkenntnisquellen zur Fallbearbeitung

Mit der Zunahme von Ehen mit Auslandsberührung steigt auch der Feststellungsbedarf, welches Recht bei der Ehescheidung anzuwenden ist. Standort für das hierfür maßgebliche internationale Privatrecht sind die Art. 13 – 24 EGBGB. Anknüpfungspunkte für das maßgebliche Recht sind die Staatsangehörigkeit und ergänzend der gewöhnliche Aufenthalt der Ehegatten.

Die allgemeinen Ehewirkungen (anwendbares Recht) werden durch Art. 14 EGBGB bestimmt. Von Art. 14 EGBGB ausgenommen sind die güterrechtlichen Beziehungen und weiteren Scheidungsfolgen. Art. 15 EGBGB regelt die güterrechtlichen Wirkungen der Ehe. Auch in dieser Vorschrift wird für das sog. Ehewirkungsstatut angeknüpft an die Staatsangehörigkeit. Art. 17 EGBGB orientiert sich für das Scheidungsverfahren an Art. 14 EGBGB. Die Unterhaltsverpflichtungen sind in Art. 18 EGBGB geregelt. Für das maßgebliche Recht wird auf den jeweiligen gewöhnlichen Aufenthaltsort des Unterhaltsberechtigten abgestellt.

Die eheliche und nichteheliche Abstammung von Kindern wird in den Art. 19 und 20 EGBGB geregelt. Die weiteren Vorschriften aus dem internationalen Privatrecht befassen sich in den Art. 21, 22, 23 und 24 EGBGB mit der Legitimation, der Annahme als Kind sowie mit Vormundschaft, Betreuung und Pflegschaft (zu den Einzelheiten s. Teil 13 Rn. 307 ff.).

b) Sprachprobleme

Soweit insbesondere in Großstädten Mandanten aus anderen Sprachräumen dem Rechtsanwalt familienrechtliche Mandate übertragen und Sprachprobleme auftreten, ist diesem Umstand Rechnung zu tragen. Wenn eine Verständigung aufgrund von Sprachbarrieren nicht möglich erscheint, so ist dringend geboten, für die notwendige Informationsaufnahme einen **Übersetzer** oder **Dolmetscher** heranzuziehen. In der Regel kann für die Einschaltung eines Dolmetschers Beratungshilfe/Prozesskostenhilfe bewilligt werden. Für Mitbürger aus anderssprachigen Ländern existieren auch Sozialvereinigungen, die gleichfalls Unterstützung anbieten können bei Übersetzungsproblemen. Anschriften von Dolmetschern oder Sozialvertretern sind bei den örtlichen Anwaltsvereinen zu erhalten.

Im Vordergrund stehen Sprachprobleme und damit die Aufnahme der **notwendigen Informationen**. Ferner ist der **Ehrenkodex** aus anderen Kulturen zu beachten. Beispielhaft wird nachfolgend auf den Ehrenkodex in der türkischen Gesellschaft näher eingegangen:

Der Lebenswandel der türkischen Gesellschaft wird mit zwei Begriffspaaren charakterisiert: „günah" (Sünde) und „sevap" (Verdienst/Gotteslohn) bzw. „namus" (Ehre) und „ayip" (Schande). Diese beiden Begriffspaare stehen in engem Zusammenhang zueinander, da etwa im Islam religiöses und individuelles Leben in Bezug zueinander stehen.

Bis in den persönlichsten Bereich ist das Leben des Individuums in der **islamischen Gesetzgebung** festgelegt. In der türkischen Gesellschaft findet der Ehrenkodex in erster Linie Anwendung auf die sexuelle Sittlichkeit. Dabei setzt das Kultursystem die Familienehre mit der Ehre der Frau bzw. der Tochter gleich. Der Mann ist das Familienoberhaupt und hat dafür Sorge zu tragen, dass die Normen und Werte der Gesellschaft eingehalten werden. Die Frauen erfahren eine strenge Erziehung, vor allem werden sie zu einer „guten Hausfrau" bzw. „Mutter" erzogen. Dementsprechend wird zur Erhaltung des Ehrbegriffes eine frühzeitige Trennung der Geschlechter vorgenommen. Die Söhne genießen eine freizügige Erziehung, weil der Mann seine Ehre bzw. die Ehre der Familie durch die Haltung seiner weiblichen Familienmitglieder nach außen repräsentiert. Er muss sich jedoch auch an die gesellschaftlichen Normen und Werte halten.

Die einzuhaltenden Werte in der türkischen Gesellschaft sind in etwa mit den zehn Geboten aus dem Christentum zu vergleichen. In der türkischen Gesellschaft existiert ein engmaschiges Kontrollsystem, welche als Sozialisationsinstanz und sozialer Kontrollmechanismus eine sehr große

Bedeutung hat. Dementsprechend lauten unter türkischen Mitbürgern die ersten Fragen: „Wohin, woher, was gibt es Neues, was machst Du?" Neben dem Alltäglichen, den Kommentaren zur Arbeit wird natürlich auch über besondere Ereignisse (Trennungen, Hochzeiten usw.) gesprochen.

Als „anständig" werden in der Regel diejenigen eingestuft, die sich jeweils im vorgegebenen Rahmen der gesellschaftlichen und sozialen Verhaltenserwartungen bewegen und diese erfüllen. Der gesellschaftlichen Umgebung obliegt die Kontrolle der Einhaltung dieser Vorgaben. Es ist daher nicht verwunderlich, dass die ganze Familie über die Ehre wacht, da ja ihr Ruf davon abhängt. Soweit die Ehre der Familie durch ein bestimmtes Verhalten gravierend verletzt wird, kann dies im äußersten Falle mit dem Tod geahndet werden, um die Ehre der Familie wiederherzustellen.

C. Abschluss des Mandats – Hinweise an Mandanten

75   Mit Durchführung des Ehescheidungsverfahrens bzw. mit dem Eintritt der Rechtskraft der Ehescheidung sind mehrere **nachhaltige Rechtsfolgen** für die beteiligten Scheidungsparteien (den Mandanten) verbunden. Diese rechtlichen Konsequenzen beziehen sich u. a. auf folgende Rechtsbereiche:

I. Unterhaltsrecht

76   Soweit ein **wechselseitiger Unterhaltsverzicht** nicht erklärt worden ist, können Unterhaltsregelungen dadurch betroffen werden, dass sich die Einkommensverhältnisse des Unterhaltsverpflichteten wesentlich verbessern. Es könnte also eine Nachberechnung und Nachforderung des Unterhaltsberechtigten in Betracht kommen (wesentliche Änderung). Eine Unterhaltsabänderung kommt für den Unterhaltsschuldner bei wesentlicher Verschlechterung seiner Einkommensverhältnisse in Betracht (§ 323 ZPO).

77   **Kindesunterhaltsansprüche** können betroffen sein, wenn das unterhaltsberechtigte Kind in eine neue Altersstufe eintritt.

78   Der Unterhaltsberechtigte ist darauf hinzuweisen, dass er **alle zwei Jahre** einen **Anspruch auf Auskunftserteilung** gegenüber dem Verpflichteten über dessen Einkünfte nach den gesetzlichen Vorschriften hat.

79   Soweit etwa die unterhaltsberechtigte Ehefrau eine **Teilzeitbeschäftigung** hat und ihre Einkünfte für die Unterhaltsverpflichtung des unterhaltsverpflichteten Ehemanns von Bedeutung sein können, dürfte der Ehemann darauf hinzuweisen sein, dass er von seinem entsprechenden Auskunftsrecht gleichfalls Gebrauch macht. Gerade hierdurch könnte er ggf. eine weitere Anrechnung erreichen und seine Unterhaltsverpflichtung mindern. Ferner erhält er unter Umständen Hinweise darauf, ob seine geschiedene Ehefrau ihre Erwerbsobliegenheiten erfüllt.

II. Zugewinnausgleich

80   Hier ist auf die **dreijährige Verjährungsfrist** ab Rechtskraft der Ehescheidung hinzuweisen. Dies gilt selbstverständlich nur für den Fall, dass Zugewinnausgleichsansprüche anlässlich der Ehescheidung nicht geregelt bzw. keine Verzichtserklärung abgegeben worden sind.

III. Versorgungsausgleich

Soweit der Versorgungsausgleich durchgeführt worden ist, ist auf die hiermit verbundenen Konsequenzen für den **Rentenbezug** hinzuweisen. Für den Verpflichteten tritt grundsätzlich mit Beginn seines Rentenbezugs eine der Versorgungsausgleichsentscheidung entsprechende Kürzung der Rente ein.

81

Hiervon gibt es jedoch Ausnahmen, die in dem Gesetz zur Regelung von Härten im Versorgungsausgleich (VAHRG) geregelt sind. Hierzu gehört u. a., dass in bestimmten Fällen eine Kürzung der Rente dann nicht in Betracht kommt, wenn etwa die Voraussetzungen des § 4 VAHRG vorliegen. Ferner wäre im entsprechenden Einzelfall auf die Rechtsfolgen aus § 5 VAHRG hinzuweisen (vgl. hierzu die umfassende Darstellung in Teil 9).

Außerdem ist auf den **schuldrechtlichen Versorgungsausgleich** nachhaltig hinzuweisen.

Wenn beim Ehescheidungsverfahren der Versorgungsausgleich nicht endgültig geregelt werden konnte und restliche Versorgungsansprüche in den schuldrechtlichen Versorgungsausgleich verwiesen wurden, muss die Frage weiterer Ansprüche vor dem Rentenbeginn durch Beratung beim Rechtsanwalt und/oder beim Rentenversicherungsträger bzw. Rentenberater umfassend besprochen und geklärt werden.

IV. Krankenversicherungsschutz der Ehefrau

Soweit die bisher familienversicherte Ehefrau vertreten worden ist, ist diese nachdrücklich darauf hinzuweisen, dass sie nur innerhalb einer **Frist von drei Monaten** nach Rechtskraft der Ehescheidung ihre Versicherung in der gesetzlichen Krankenkasse fortsetzen kann.

82

Denn gem. § 10 SGB V sind der Ehegatten und die Kinder von Mitgliedern versichert, wenn diese Familienangehörigen z. B. ihren Wohnsitz oder gewöhnlichen Aufenthalt im Inland haben. Diese Voraussetzungen bzw. diese Mitversicherung des (unterhaltsberechtigten) Ehegatten **entfällt**, wenn die Ehe geschieden worden ist, also mit **Rechtskraft der Ehescheidung**.

Die regelmäßig betroffene Ehefrau kann dann gem. § 9 Abs. 1 Nr. 2 SGB V der gesetzlichen Krankenversicherung als freiwilliges Mitglied beitreten. Gem. § 9 Abs. 2 SGB V ist der Beitritt zur Krankenkasse als freiwilliges Mitglied innerhalb von drei Monaten gegenüber der Krankenkasse anzuzeigen.

83

Dieses Beitrittsrecht besteht **unabhängig davon**, ob der andere Ehegatte während der Ehe der gesetzlichen Krankenversicherung als Pflicht- oder freiwilliges Mitglied angehörte.

Die dreimonatige Frist gilt einheitlich für alle Krankenkassen. Eine Verlängerung durch eine entsprechende Satzungsbestimmung ist nicht möglich (vgl. hierzu Husheer, FamRZ 1991, 264, 265; Schnitzler, in: Mitteilungsblatt 2/95 der Arbeitsgemeinschaft Familienrecht im Deutschen Anwaltsverein, S. 22 f.).

D. Streitwerte und Rechtsanwaltsgebühren

I. Familiensachen

Die **Familiensachen** gliedern sich in

84

- Ehesachen (§§ 606 ff. ZPO) und

- ehebezogene Familiensachen, allgemein familienbezogene Familien- sowie Kindschaftssachen (§§ 621 ff. ZPO).

1. Verfahren bei Ehesachen/Ehescheidung

85 Wird einem Scheidungsantrag stattgegeben, ist über die anhängigen **Folgesachen** mit zu entscheiden. Den Zusammenschluss der anhängigen Familiensachen nennt man **Verbund** (§ 623 ZPO). Der Verbund tritt ein, wenn ein Antrag auf Ehescheidung anhängig ist und in der Folgesache eine Entscheidung für den Fall der Scheidung getroffen werden muss.

86 Die Folgesache **Versorgungsausgleich** bildet mit dem Ehescheidungsverfahren **von Amts wegen** (§ 623 Abs. 1 Satz 3 ZPO) den Verbund, wenn die Ehe geschieden wird. Auf Antrag können **weitere Folgesachen** bis zum Schluss der mündlichen Verhandlung erster Instanz anhängig gemacht werden, über die im Verbund mit zu entscheiden ist (§ 623 Abs. 4 ZPO). Ist eine Familiensache bereits anhängig und wird erst danach der Ehescheidungsantrag gestellt, kann auch insoweit der Verbund eintreten (§ 621 Abs. 3 Satz 1 ZPO).

2. Verfahren bei selbstständigen (isolierten) Familiensachen

87 Leben die Ehegatten getrennt und muss z. B. der Unterhalt für die Kinder und die Ehefrau geregelt werden, so bildet dieser Antrag mit möglicherweise weiteren Anträgen jeweils ein **selbstständiges Verfahren,** wenn ein Scheidungsantrag noch nicht gestellt worden ist.

88 Sind eine oder mehrere Familiensachen als **selbstständige Verfahren** anhängig, kommt es hinsichtlich der Berechnung der Rechtsanwaltsgebühren darauf an, ob es sich um

- **ZPO-Verfahren** handelt, also Verfahren, die gerichtet sind auf:
  - Ehescheidung (Aufhebung, Feststellung des Bestehens oder Nichtbestehens der Ehe, gerichtliche Trennung nach ausländischem Recht),
  - Unterhalt (gegenüber Kindern/zwischen Ehegatten) oder
  - Regelung des ehelichen Güterrechts.

In diesen Fällen erfolgt die Abrechnung nach §§ 31 ff. BRAGO.

Es kann sich aber auch um

- **Verfahren der freiwilligen Gerichtsbarkeit** handeln, also auch solche Verfahren auf:
  - elterliche Sorge für das Kind,
  - Umgangsregelung eines Elternteils mit dem Kind,
  - Herausgabe des Kindes, für das elterliche Sorge besteht,
  - Versorgungsausgleich,
  - Hausratsregelung,
  - Zugewinnstundung.

Insoweit ist die Abrechnung nach § 118 BRAGO – bzw. § 63 BRAGO (Hausratsregelung) – durchzuführen.

89 Die **Gebühren** richten sich jeweils **nach dem Wert des einzelnen Verfahrens.**

90 Sind **Scheidungs- und Folgesachen im Verbund anhängig,** gelten sie gem. § 7 Abs. 3 BRAGO als **dieselbe Angelegenheit** (s. auch § 19a GKG).

91 Die Gebühren werden nach dem **addierten Wert** der Scheidungs- und aller Folgesachen berechnet (einschl. der Folgesachen aus der freiwilligen Gerichtsbarkeit).

3. Gebühren gem. §§ 31, 32, 23 BRAGO

92 I. d. R. erhält der Rechtsanwalt einen Gesamtauftrag für die Ehescheidungs- und die Folgesachen. Seine **Prozessgebühr** (§ 31 Abs. 1 Nr. 1 BRAGO) richtet sich dann nach dem zusammengerechneten Wert der anhängigen Sachen. Zusätzlich entsteht eine erhöhte Prozessgebühr nach § 32 Abs. 2 BRAGO, wenn in einer nicht anhängigen Folgesache ein **Vergleich** geschlossen wird (§ 13 Abs. 3 BRAGO anwenden!).

In Ehesachen erhalten beide Prozessbevollmächtigten gem. § 33 Abs. 1 Satz 2 Nr. 3 BRAGO auch dann eine **volle Verhandlungsgebühr,** wenn sie nicht streitig verhandeln (z.B.: der Gegner stimmt dem Scheidungsantrag zu). Auch bei nichtstreitiger Verhandlung in den FGG-Folgesachen kann eine 10/10 Verhandlungsgebühr entstehen. Dagegen kann in den ZPO-Folgesachen bei nichtstreitiger Verhandlung nur eine 1/2 Gebühr gem. § 33 Abs. 1 Satz 1 BRAGO berechnet werden. 93

Werden **anhängige Folgesachen** erörtert, entsteht die volle **Erörterungsgebühr,** egal, ob es sich um ZPO- oder FGG-Folgesachen handelt. 94

Beim Mitwirken an einer Beweisaufnahme bzw. der Anhörung oder Vernehmung der Ehegatten gem. § 613 ZPO kann eine **Beweisgebühr** gem. § 31 Abs. 1 Nr. 3 BRAGO angesetzt werden (das Anhören der Ehegatten zur elterliche Sorge – § 613 Abs. 1 Satz 2 ZPO – soll keine Werterhöhung für die Gebühren auslösen, vgl. BT-Drucks. 13/4899 S. 161. Ist jedoch **auf Antrag** ein Verfahren auf Regelung der elterliche Sorge **anhängig** geworden, dürfte die Beweisgebühr auch insoweit entstehen; a. A. OLG Koblenz, Beschl. v. 8. 6. 1999 – 13 WF 326/99: Beweisgebühr auch ohne Anhängigkeit). Wegen der kontroversen Rechtsprechung s. auch Krause, JurBüro 1999, 118. Gleiches gilt, wenn in anderen Folgesachen eine Beweisaufnahme stattfindet. Hierbei ist jedoch zu beachten, dass der Sachverhalt ggf. von Amts wegen aufzuklären ist und der Anwalt u. U. gar keine entsprechende gebührenverursachende Tätigkeit entwickeln kann. 95

Söhnen sich die Ehegatten wieder aus und haben die Anwälte nach oder auch vor Anhängigkeit der Scheidungssache oder des Verfahrens auf Aufhebung der Ehe bei der Aussöhnung mitgewirkt, können sie eine **Aussöhnungsgebühr** gem. § 36 BRAGO geltend machen. Hierbei ist nur vom Wert der Scheidungssache auszugehen. 96

Die Aussöhnungsgebühr ist eine **Erfolgsgebühr.** Der Erfolg (= Aussöhnung) muss jedoch nicht dauerhaft sein, d.h. kein Wegfall der Gebühr bei späterer Trennung der Ehegatten. 97

Die beteiligten Rechtsanwälte können bei einem Vergleich hinsichtlich anhängiger Folgesachen eine volle **Vergleichsgebühr** gem. § 23 Abs. 1 Satz 3 BRAGO nach dem addierten Wert aller mitverglichenen Folgesachen berechnen. Das dürfte künftig auch hinsichtlich der elterlichen Sorge bei entsprechender Mitwirkung zutreffen. Im Vergleich berücksichtigte, jedoch **nicht** anhängige Folgesachen lassen eine 15/10 Vergleichsgebühr gem. § 23 Abs. 1 Satz 1 BRAGO entstehen (§ 13 Abs. 3 BRAGO anwenden!). 98

> *Hinweis:*
> Dies gilt auch für außergerichtliche Vergleiche.

II. Übergang selbstständiger Familiensachen in den Scheidungsverbund

„Andere" bisher **selbstständige Familiensachen** können nach Rechtshängigkeit der Ehescheidungssache mit dieser den **Verbund** bilden. Mit Ausnahme des „Versorgungsausgleichs" bedarf es hierfür eines Antrages (§ 623 Abs. 1 ZPO), da der Verbund nicht automatisch eintritt. Folgesachen, in denen im Fall der Ehescheidung keine Regelung zu treffen ist (z.B. Regelungsbedarf nur während des Getrenntlebens), bleiben auch weiterhin selbstständige Familiensachen und kommen nicht in den Verbund. 99

> *Hinweis:*
> Die in den selbstständigen Familiensachen einmal entstandenen Gebühren und Auslagen bleiben bestehen!

100 Kommen eine oder mehrere selbstständige Familiensachen in den Verbund, können sie nur dann Gebühren verursachen, wenn bisher nur für Teile des Gegenstandswerts abgerechnet wurde oder der Wert jetzt höher als vor dem Verbund anzunehmen ist.

101 Gem. § 628 ZPO kann das Gericht dem Scheidungsantrag stattgeben, bevor eine Entscheidung über bestimmte Folgesachen (z.B. Versorgungsausgleich, Ansprüche aus dem ehelichen Güterrecht) getroffen worden ist. Hierbei können nicht mehr Gebühren berechnet werden, als nach dem Gesamtstreitwert des Verbundes – ohne Abtrennung der Folgesache – zu berücksichtigen sind. Entstehen jedoch Gebühren erst **nach der Abtrennung** durch entsprechende Tätigkeit, können sie auch angesetzt werden. Zu beachten sind jedoch die Fälle des § 623 Abs. 2 ZPO, wonach das Gericht Folgesachen auf Antrag eines Ehegatten abtrennen kann.

III. Einstweilige Anordnungen in Familiensachen

102 Die **einstweiligen Anordnungen** (§ 620 ZPO) gelten neben der Hauptsache als besondere Angelegenheit (§ 41 Abs. 1 Satz 1 BRAGO), d.h. im einstweiligen Anordnungsverfahren entstehen die Gebühren neben denen der Hauptsache. Da es sich um **ZPO-Verfahren** handelt, erfolgt die **Abrechnung nach §§ 31 ff. BRAGO** (wegen geringerer Gegenstandswerte s. Rn. 105 f.)

103 Gem. § 41 Abs. 1 Satz 2 BRAGO bilden jedoch sämtliche unter einem Buchstaben des § 41 Abs. 1 Satz 1 BRAGO genannten anhängigen Verfahren gebührenrechtlich **eine Angelegenheit.** Insbesondere trifft dies auf alle einstweiligen Anordnungen des § 620 Satz 1 Nr. 1 – 9 ZPO (z.B. elterliche Sorge, Umgangsregelung Elternteil/Kind, Ehegatten- und Kindesunterhalt, Hausrats- und Wohnungsnutzung usw.) zu. Die Streitwerte aller (unter einem Buchstaben genannten) Verfahren sind deshalb zu addieren. Nach der Summe werden die Gebühren berechnet.

Die Wertvorschriften für die in § 620 Nr. 9 ZPO bezeichneten Maßnahmen nach §§ 1 und 2 des GewSchG sind in § 8 Abs. 3 Satz 3 BRAGO geregelt.

IV. Übersicht Familiensachen

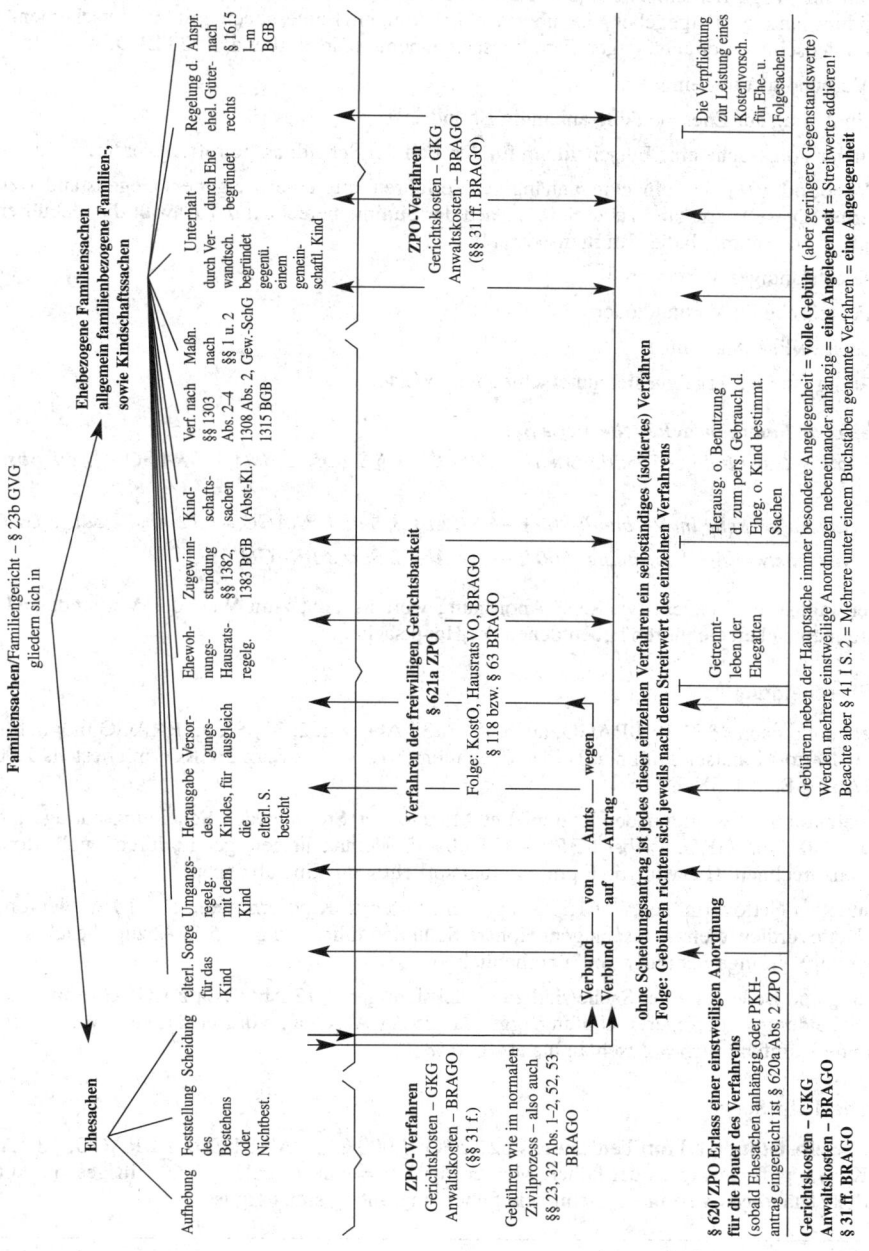

V. Anwaltsgebühren in Familiensachen

105 Ehescheidung und Folgesachen sind Familiensachen i. S. d. § 621 ZPO. Bestimmte Familiensachen können im Wege der **einstweiligen Anordnung** geregelt werden (§§ 620 ff. ZPO). Wird dem Scheidungsantrag stattgegeben, ist über die anhängigen Folgesachen mit zu entscheiden. Den Zusammenschluss der anhängigen Familiensachen nennt man Verbund, § 623 ZPO.

Der Verbund tritt nur ein wenn

- ein Antrag auf Ehescheidung anhängig ist und
- in der Folgesache eine Entscheidung für den Fall der Scheidung getroffen werden muss.

106 Im **Verbund** ist jedes einzelne anhängige Verfahren mit einem eigenen Gegenstandswert zu bewerten. Diese Werte sind zu addieren. Nach der Summe berechnet der Anwalt die Gebühren. Es ist jedoch zu prüfen, ob die Familiensache als

- selbstständiges Verfahren,
- Folgesache im Verbund oder
- einstweilige Anordnung

anhängig ist. Ggf. ergeben sich unterschiedliche Werte.

Beispiel: Familiensache: elterliche Sorge

- *als selbstständige Familiensache: 3.000 € → § 8 Abs. 1 Satz 1 BRAGO – § 30 Abs. 2 KostO*
- *als Folgesache im Verbund: 900 € → § 8 Abs. 1 Satz 1 BRAGO – § 12 Abs. 2 Satz 3 GKG*
- *als einstweilige Anordnung: 500 € → § 8 Abs. 2 Satz 3 BRAGO*

Gegenstandswerte der einstweiligen Anordnung werden nicht zum Wert des Verbundes addiert. Insofern entstehen Gebühren neben denen der Hauptsache.

1. Ehescheidung[1]

107 Abrechnung nach §§ 31 ff. BRAGO, auch §§ 23, 32 Abs. 1 u. 2, 33, 52, 53 BRAGO möglich: dreifaches Netto-Monatseinkommen beider Ehegatten, § 12 Abs. 2 Satz 2 GKG; mindestens 2.000 €, § 12 Abs. 2 Satz 4 GKG.

Nettoeinkommen während der letzten drei Monate vor Stellung des Scheidungsantrages, §§ 12 Abs. 1 Satz 1, 15 GKG, 4 Abs. 1 ZPO – Urlaubs- u. Weihnachtsgeld geteilt durch zwölf Monate x drei hinzurechnen. Hiervon 750 € pro unterhaltspflichtigem Kind abziehen.

Eventuelles Nettovermögen ./. 61.355 € pro Ehegatten u. Kind ermitteln. 5 – 10 % hiervon dem o. a. Nettoverdienstbetrag zuschlagen. Höhere Schulden führen zu ca. 15 % Abzug (beachte Rechtsprechung), geringe Schulden sind unerheblich.

Umfang und Bedeutung der Sache sind zu berücksichtigen, § 12 Abs. 2 Satz 1 GKG: Einverständliche Scheidung = geringerer Umfang, ggf. ca. 25 % Abschlag vom ermittelten Wert (streitig). Besonders umfangreich = Zuschlag bis etwa 30 %.

2. Elterliche Sorge[2]

108
- als **selbstständige Familiensache,** § 621 ZPO: 3.000 €, § 8 Abs. 1 Satz 1 BRAGO, § 30 Abs. 2 KostO, ggf. niedriger oder höher. Mehrere Kinder = eine Angelegenheit = insgesamt 3.000 €. Selbstständiges Verfahren, wenn kein Scheidungsantrag anhängig ist;

---

1 Nicht vermögensrechtliche Streitigkeit.
2 Entsprechendes gilt für Besuchsrecht und Kindesherausgabe.

- als **Folgesache im Verbund,** § 623 Abs. 1 – 3 ZPO: 900 €, § 8 Abs. 1 Satz 1 BRAGO, § 12 Abs. 2 Satz 3 GKG; ggf. Erhöhung bei besonderem Umfang; mehrere Kinder = eine Angelegenheit = insgesamt 900 €, § 19a Abs. 1 Satz 2 GKG;
- als **einstweilige Anordnung** in Ehesachen, §§ 606, 620 ZPO: Antrag ist zulässig, sobald Ehesache anhängig oder PKH-Antrag eingereicht ist, § 620a ZPO. 500 €, § 8 Abs. 2 Satz 3 BRAGO. Nach Lage des Falles ggf. auch niedriger oder höher.

Für alle Verfahrensarten gilt: Wird elterliche Sorge oder Besuchsrecht später im Verbund anhängig, entstehen in beiden Verfahren **gesonderte Gebühren**!
Nach Einbeziehung in den Verbund ermäßigt sich der Wert von 3.000 € auf 900 €. Entstandene Gebühren bleiben aber bestehen! Nur der Wert von 900 € bildet dann mit den übrigen Verbundsachen den **Verbund-Streitwert.**

Sind elterliche Sorge, Besuchsrecht u. Kindesherausgabe **nebeneinander** anhängig: 109

- als selbständige Familiensache, § 621 ZPO: hat jedes Verfahren einen eigenen Gegenstandswert mit gesonderten Gebühren. **Gebühren:** Da Angelegenheiten der freiwilligen Gerichtsbarkeit, Gebühren nach § 118 BRAGO (5/10 – 10/10) unter Berücksichtigung des § 12 BRAGO;
- als Folgesache im Verbund, § 623 Abs. 1 – 3 ZPO: entstehen aus zusammengerechneten Streitwerten aller im Verbund anhängiger Verfahren die Gebühren nur einmal. **Gebühren:** Folgesache im Verbund mit Scheidungssache = dieselbe Angelegenheit (§ 7 Abs. 3 BRAGO, s. auch § 19a GKG) = zusammengerechneter Wert der Scheidungs- und einzelnen Folgesachen; Gebühren nach §§ 31 ff. BRAGO;
- als einstweilige Anordnung in Ehesachen, §§ 606, 620 ZPO: hat jedes Verfahren einen eigenen Gegenstandswert mit gesonderten Gebühren. **Gebühren:** Gebührenrechtlich neben der Hauptsache immer besondere Angelegenheit = volle Gebühren nach §§ 31 ff. BRAGO. Aber: Sind mehrere einstweilige Anordnungen nebeneinander anhängig = eine Angelegenheit – § 41 Abs. 1 Satz 2 BRAGO = Streitwerte addieren, Gebühr nach der Summe.

3. Ehegattenunterhalt[3]

Unterhalt für die Dauer des Getrenntlebens und nachehelicher Unterhalt sind **getrennte Verfahrensgegenstände** = jeweils gesonderte Gegenstandswerte = auch gesonderte Gebühren. Unabhängig ob als selbständige Familiensache oder im Verbund anhängig gelten § 8 Abs. 1 Satz 1 BRAGO, §§ 12 Abs. 1, 17 Abs. 1 u. 4 GKG. 110

Unterhaltsbetrag für die ersten zwölf Monate nach Einreichung der Klage oder des Antrags und Rückstände (beachte § 17 Abs. 1 GKG): Ist Ehegattenunterhalt im Verbund anhängig, ist der Wert mit den anderen Verbundwerten zu addieren.

Gegenseitiger Unterhaltsverzicht im Rahmen eines Vergleichs bei durchschnittlichen Verhältnissen (Wert: 1.227 €, da gegenseitig ggf. x 2). Zu den Gebühren s. Rn. 88.

4. Kindesunterhalt[4]

Kindesunterhalt hat immer einen **eigenen Gegenstandswert.** Nur **ein** Gegenstandswert, egal ob für die Dauer des Getrenntlebens oder für die Zeit nach der Scheidung: Unterhaltsbetrag für die ersten zwölf Monate nach Einreichung der Klage oder des Antrags und Rückstände (beachte § 17 Abs. 1 GKG). **Aber:** Ist Kindesunterhalt zusammen mit dem Ehegattenunterhalt für die Dauer des Getrenntlebens in einem Verfahren anhängig, werden beide Werte addiert und Gebühren entstehen nach der Summe nur einmal. 111

---

3 Für 3. und 4. gilt: § 20 Abs. 2 Satz 1 GKG: immer sechsmonatiger geforderter Unterhalt. Im einstweiligen Anordnungsverfahren können keine Rückstände geltend gemacht werden. Die einstweilige Anordnung ist gebührenrechtlich neben der Hauptsache immer besondere Angelegenheit. Volle Gebühren. gem. §§ 31 ff. BRAGO können in Ansatz gebracht werden.
4 Siehe Fn. 3.

Teil 1 Abschnitt 1: D. Streitwerte und Rechtsanwaltsgebühren

Ist Kindesunterhalt im Verbund anhängig, ist der Wert mit den anderen Verbundwerten zu addieren. **Gebühren (3 u. 4):** Ehegatten- und Kindesunterhalt sind nach §§ 31 ff. BRAGO abzurechnen, egal ob selbständige Familiensache oder Verbundsache.

Bei Unterhaltsansprüchen gem. §§ 1612a bis 1612c BGB (dynamischer Unterhaltsanspruch eines minderjährigen Kindes gegen den Elternteil, mit dem es nicht in einem Haushalt lebt) kann das Kind den Unterhalt als Vomhundertsatz eines Regelbetrages einer **bestimmten Altersstufe** (in der es sich befindet) oder als Prozentsatz des Regelbetrages der **jeweiligen Altersstufe** verlangen. Gem. § 17 Abs. 1 Satz 2 GKG ist wie folgt vorzugehen: Zu ermitteln ist der Regelbeitrag nach der betreffenden Altersstufe, in welcher sich das Kind zum Zeitpunkt der Einreichung der Klage oder des Antrages befindet. Dieser Betrag ist mit zwölf Monaten zu multiplizieren (**einfacher Regelbetrag** nach der RegelbetragsVO und Kindesaltersstufe zum Zeitpunkt der Klageeinreichung; a. A.: Tatsächlich zu zahlender Betrag, z. B. 150 % des Regelbetrages nach der RegelbetragsVO).

Regelbeträge ab 1. 1. 2002:

- 1. Altersstufe (bis Vollendung des sechsten Lebensjahres): 188 €
- 2. Altersstufe (siebten Lebensjahr bis Vollendung des zwölften Lebensjahres): 228 €
- 3. Altersstufe (ab 13. Lebensjahr): 269 €

Diese Beiträge werden seit 1999 in jedem zweiten Jahr zum 1.7. der Nettolohnentwicklung angepasst.

Beispiel:
Am 1. 6. 2002 wird bei dem Familiengericht X für den zehnjährigen Klaus M. Unterhalt gem. §§ 1612a ff. BGB insofern geltend gemacht, als ab Februar 2002 monatlicher Unterhalt von 150 % des jeweils gültigen Regelbetrages der jeweiligen Altersstufe nach der RegelbetragsVO eingeklagt wird.

Lösung A: a) 12 x 228 € = 2.736 €

                b) 4 x 228 € = 912 € (Rückst.)

                oder zu b)

                4 x 150 % v. 228 € = 342 € x 4 = 1.368 €

Lösung B: a) 12 x 150 % v. 228 € = 12 x 342 € = 4.104 €

                b) + 4 x 150 % v. 228 € = 4 x 342 € = 1.368 €

Rückstände können exakt berechnet werden! § 17 Abs. 4 GKG enthält **keine** Beschränkung auf den Regelbetrag nach der RegelbetragsVO. Die tatsächlich (fälligen) Beträge sind deshalb hinzuzurechnen.

5. Versorgungsausgleich

- Als **selbstständige Familiensache,** § 621 ZPO, kommt dieses Verfahren nur ganz selten vor. Die Wertermittlung erfolgt wie im Verbund, aber es ist § 99 Abs. 3 Satz 1 Nr. 1 KostO zu beachten. **Gebühren:** Da Angelegenheit der freiwilligen Gerichtsbarkeit, richten sich die Gebühren nach § 118 BRAGO.

- Als **Folgesache im Verbund,** § 623 Abs. 1 – 3 ZPO; das Verfahren auf Durchführung des Versorgungsausgleichs wird von Amts wegen eingeleitet, sobald Ehescheidungsantrag gestellt wird (§ 623 Abs. 1 Satz 3 ZPO). Jahresbetrag der zu übertragenden oder zu begründenden Rentenanwartschaften ist maßgeblich, § 8 Abs. 1 Satz 1 BRAGO, §§ 12 Abs. 1 Satz 1, 17a GKG (festgelegte monatliche Rentenanwartschaft x 12 = Gegenstandswert, mindestens 500 €). **Gebühren:** Zusammen mit anderen Folgesachen, Gebühren nach §§ 31 ff. BRAGO.

- Als **einstweilige Anordnung:** im Scheidungsverbund, § 620 ZPO, nicht vorgesehen; nur im Rahmen des verlängerten schuldrechtlichen Versorgungsausgleichs, § 3a Abs. 9 Satz 2 VAHRG, möglich. Gebühren und Wert sind ebenso wie bei einer einstweiligen Anordnung auf Unterhalt zu bestimmen.

6. Hausrat

- Als **selbstständige Familiensache,** § 621 ZPO: § 8 Abs. 1 Satz 1 BRAGO, HausratsVO sind zu beachten.
- Als **Folgesache im Verbund,** § 623 Abs. 1 – 3 ZPO: Zu beachten sind § 8 Abs. 1 Satz 1 BRAGO, § 12 Abs. 1 Satz 1 GKG und §§ 3, 6 ZPO.
- Als **einstweilige Anordnung in Ehesachen,** §§ 606, 620 ZPO: Zu beachten sind § 8 Abs. 1 Satz 1 BRAGO, §§ 12 Abs. 1 Satz 1, 20 Abs. 2 Satz 2 GKG, § 3 ZPO. Der Wert ist zu schätzen (Benutzerinteresse ist maßgebend). Etwa 20 % des Verkehrswertes des Hausrates sind anzusetzen.

Wert: Maßgeblich ist der Verkehrswert des gesamten Hausrates (nicht nur von Teilen). Besteht aber über einen Großteil Einigung und sind nur noch einzelne Teile streitig, bilden diese den Gegenstandswert.

Gebühren des § 31 Abs. 1 BRAGO erhält der Rechtsanwalt nach Abs. 3 i. V. m. § 63 Abs. 3 BRAGO nur zur Hälfte, wenn es sich um eine selbstständige Familiensache handelt. Bei einem Hausratsverfahren als Folgesache im Verbund erfolgt keine Ermäßigung, sondern es entsteht die volle Gebühr der §§ 31 Abs. 1 – 3, 63 BRAGO. Bei einem einstweiligen Anordnungsverfahren sind die Gebühren des § 31 BRAGO zur Hälfte anzusetzen, § 63 Abs. 3 BRAGO.

7. Ehewohnung

- Als **selbstständige Familiensache,** § 8 Abs. 1 Satz 1 BRAGO, HausratsVO. Der einjährige Mietwert der Ehewohnung ist maßgeblich. Wenn Eigentum besteht, ist ggf. gem. § 3 ZPO zu schätzen.
- Als **Folgesache im Verbund,** § 8 Abs. 1 Satz 1 BRAGO, §§ 12 Abs. 1, 16 Abs. 1 GKG.
- Als **einstweilige Anordnung in Ehesachen,** Ehewohnung zur alleinigen Nutzung, § 620 Abs. 1 Nr. 7 ZPO = dreimonatiger Mietwert, § 8 Abs. 1 Satz 1 BRAGO, §§ 12 Abs. 1, 20 Abs. 2 GKG.

Geht es um die Auseinandersetzung der im gemeinsamen Eigentum der Parteien stehenden Wohnung (Haus) = Übertragung eines Miteigentumsanteils an anderen Ehegatten, ist der „geforderte Betrag" Gegenstandswert.

Zu den **Gebühren** s. o. Rn. 113.

8. Zugewinnausgleich

- Als **selbstständige Familiensache,** § 621 ZPO und als **Folgesache im Verbund,** § 623 Abs. 1 – 3 ZPO gelten § 8 Abs. 1 Satz 1 BRAGO, § 12 Abs. 1 GKG, §§ 3, 6 ZPO. Der eingeklagte (geforderte) Betrag ist maßgebend.

  Beispiel:
  Zugewinn Ehefrau = 10.000 €
  Zugewinn Ehemann = 60.000 €
  Differenzzugewinn also 50.000 € = Ehefrau steht 1/2 = 25.000 € zu = Gegenstandswert.

- Als **einstweilige Anordnung in Ehesachen,** §§ 606, 620 ZPO: eine einstweilige Anordnung auf Auskunftserteilung oder Zahlung des Zugewinnausgleichs ist nicht möglich (nur Klage auf Auskunftserteilung).

Die **Gebühren** berechnen sich nach §§ 31 ff. BRAGO, da es sich um einen Anspruch aus ehelichem Güterrecht handelt.

9. Zugewinnstundung/Übertragung von Vermögensgegenständen

116 • Als **selbstständige Familiensache,** § 621 ZPO: § 8 Abs. 1 Satz 1 BRAGO, §§ 97 Abs. 1, 30 Abs. 2 KostO; als **Verbundsache:** § 8 Abs. 1 Satz 1 BRAGO, § 12 Abs. 1 GKG, § 3 ZPO.

Gegenstandswert: Es ist das Interesse zu bewerten, das der Antragsteller an der Stundung hat. Hinsichtlich der Übertragung von Vermögensgegenständen ist die Erfüllungswirkung entscheidend, also in welcher Höhe die Ausgleichsforderung durch die Übertragung eines bestimmten Gegenstandes erledigt wird.

Beispiel:

Antragsteller beantragt, Zugewinnausgleichsforderung für ein Jahr zu stunden (100.000 €). Zinssatz freier Markt 9,5 %. Er bietet 4 % an, spart also 5,5 %. Wert: 5.500 €.

Gebühren: Bei selbstständiger Familiensache handelt es sich um eine Angelegenheit der freiwilligen Gerichtsbarkeit. Also richten sich die Gebühren nach § 118 BRAGO. Als Verbundsache zusammen mit allen anderen Verbundsachen sind für die Gebühren §§ 31 ff. BRAGO maßgeblich.

10. Regelung des Getrenntlebens der Ehegatten

117 • Als **selbstständige Familiensache,** § 621 ZPO und als **Folgesache im Verbund,** § 623 Abs. 1–3 ZPO gilt: die Regelung des Getrenntlebens der Ehegatten kann als selbstständige Familiensache und Folgesache im Verbund **nicht** stattfinden.

• Als **einstweilige Anordnung in Ehesachen,** §§ 606, 620 ZPO gilt: sie ist **gerichtsgebührenfrei, aber:** Die Rechtsanwaltsgebühren richten sich nach § 8 Abs. 2 Satz 2 BRAGO: i. d. R. 511 € in Anlehnung an § 8 Abs. 2 Satz 3. Nach § 12 BRAGO evtl. höher oder niedriger, höchstens 500.000 €. §§ 31 ff. BRAGO sind zu beachten.

11. Herausgabe/Benutzung persönlicher Sachen

118 • Für **selbstständige Familiensachen** und **Folgesachen im Verbund** s. Rn. 117.

• Als **einstweilige Anordnung in Ehesachen,** § 620 Nr. 8 ZPO: Wert ist der **Verkehrswert** der **herausverlangten** Sachen. Wird nur die **Benutzung** der persönlichen Gegenstände angestrebt, ist Gegenstandswert das Interesse des Antragstellers an der alleinigen Nutzung (§ 8 Abs. 1 Satz 1 BRAGO, § 12 Abs. 1 GKG, § 3 ZPO). Also gilt für die Herausgabe der volle Verkehrswert. Für die Nutzung sind ca. 20 % des Verkehrswertes zu veranschlagen. §§ 31 ff. BRAGO sind zu beachten.

12. Prozesskostenvorschuss

119 Der Prozesskostenvorschuss kommt in Familiensachen nur bei einstweiliger Anordnung in Ehesachen, §§ 606, 620 ZPO, vor. § 620 Nr. 9 ZPO ist maßgeblich (z. B. Ehefrau ist nicht in der Lage, Prozesskosten für Scheidung und Folgesachen zu zahlen. Ehemann muss dann im Rahmen seiner Unterhaltspflicht Prozesskosten zur Verfügung stellen – Zwang durch einstweilige Anordnung). Als **Wert** ist der **verlangte Prozesskostenvorschuss** maßgeblich (§ 8 Abs. 1 Satz 1 BRAGO, § 12 Abs. 1 GKG, §§ 3, 6 ZPO). Z. B.: 3 x 10/10 Anwalts-Gebühren vom angenommenen Gegenstandswert für Scheidung und Folgesachen von 12.000 € = 1.578 € + Auslagen + MwSt. + Gerichtskosten. Zu beachten sind §§ 31 ff. BRAGO.

Abschnitt 2: Arbeits- und Beratungshilfen

1. Mandatsbestätigung (Muster)

Rechtsanwalt Manfred Recht   Hauptstr. 100
                                 50567 Köln

Frau
Maria Müller
Parkstraße 100
50679 Köln

Scheidungssache Müller ./. Müller:
1. Getrenntleben
2. Ehescheidungsverfahren
3. Hausratsverteilung
4. Trennungsunterhalt
5. Nachehelicher Unterhalt
6. Anwaltliche Vertretung
7. Steuerrechtliche Beratung

Sehr geehrte Frau Müller,
in den oben genannten Angelegenheiten bestätige ich die Übernahme des Mandats. Auftragsgemäß werde ich Ihren Ehemann anschreiben und ihn gemäß unserer Absprache über die regelungsbedürftigen Punkte informieren und um Bestätigung bitten:

1. Getrenntleben:
Nach Ihren Informationen haben Sie bereits seit Wochen innerhalb der Ehewohnung in verschiedenen Räumen voneinander getrennt gelebt.
Am . . . dieses Monats sind Sie aus der Wohnung ausgezogen und haben eine eigene Wohnung begründet.
Als endgültigen Trennungszeitpunkt gem. § 1567 BGB werde ich Ihrem Ehemann den . . . bestätigend mitteilen.
Auf die Besonderheiten des § 1567 BGB hatte ich Sie hingewiesen.

2. Ehescheidungsverfahren:
Sie wollen nach Ablauf des einjährigen Getrenntlebens das Ehescheidungsverfahren einleiten.
Ihr Ehemann wird darum gebeten, den Trennungszeitpunkt zu bestätigen und mitzuteilen, ob er dem Ehescheidungsverfahren zuzustimmen gedenkt.

3. Hausrat:
Von dem während der Ehe gemeinsam angeschafften Hausrat verlangen Sie im Zuge endgültiger Hausratszuteilung lediglich nachfolgende Gegenstände:
1) . . .
2) . . .
3) . . .
4) . . .

5) . . .
6) . . .
usw.

Im Übrigen wollen Sie auf weitere Ansprüche auf Hausrat verzichten. Eine entsprechende vorformulierte Vereinbarung werde ich nach Unterschriftsleistung durch Sie an Ihren Ehemann zwecks Gegenzeichnung weiterleiten.

4. Trennungsunterhalt

Insoweit wird auf die Ihnen erläuterten Informationen verwiesen, dass Ihre Unterhaltsansprüche erst dann ab einem bestimmten Zeitpunkt in bestimmter Höhe zu realisieren sind, wenn Ihr Ehemann konkret mit Fristsetzung dazu aufgefordert wird, seine Einkommensverhältnisse zwecks (späterer) Unterhaltsberechnung darzulegen.

Sie wollen vorläufig auch unter Berücksichtigung aller wirtschaftlichen Risiken Trennungsunterhaltsansprüche Ihrem Ehemann gegenüber nicht geltend machen.

Falls Sie für die Zeit der Trennung Unterhaltszahlungen verlangen wollen, so werden Sie mich gesondert mit der Rechtsverfolgung beauftragen.

5. Nachehelicher Unterhalt

Gemäß unserer Absprache wollen Sie einen wechselseitigen Unterhaltsverzicht ab Rechtskraft der Ehescheidung erreichen. Ihr Ehemann soll um Zustimmung zu einer entsprechenden Vereinbarung gebeten werden.

6. Anwaltliche Vertretung im Ehescheidungsverfahren

Sie legen Wert darauf, dass beide anwaltlich vertreten werden.

Eine entsprechende Anregung sich selbst einen Anwalt zu nehmen, soll gegenüber Ihrem Ehemann zum Ausdruck gebracht werden.

Dies soll auch für den Fall gelten, dass Sie sich über alle maßgeblichen scheidungsrelevanten Punkte absolut einig sein sollten.

7. Steuerrechtliche Beratung

Während der Trennung und auch nach der Ehescheidung können spezielle steuerrechtliche Fragestellungen auftreten (Lohnsteuerklassenwechsel, Realsplitting, besondere Unterhaltsberechnungen unter steuerrechtlichen Gesichtspunkten, Übertragung von Kinderfreibeträgen usw.). Eine verbindliche Beratung und Übernahme von steuerrechtlichen Fragen können wir nicht übernehmen. Wir sind jedoch gerne bereit, Ihnen einen entsprechenden Steuerberater zu empfehlen, damit die Bearbeitung entsprechender steuerrechtlicher Problemstellungen ordnungsgemäß erfolgen kann.

Wir weisen nachdrücklich daraufhin, dass wir eine Haftung nicht dafür übernehmen, dass wir eventuell wunschgemäß steuerrechtliche Fragestellungen mit Ihnen erörtern.

Über den weiteren Verlauf der Sache werde ich Sie unterrichtet halten.

Mit freundlichen Grüßen

. . .

Rechtsanwalt

2. Schreiben zur Vorbereitung der Trennung und Ehescheidung an den anderen Ehepartner (Muster)

Rechtsanwalt Manfred Recht   Hauptstr. 100
                                             50567 Köln

Herrn
Gerd Müller
Parkstraße 100
50679 Köln

Scheidungssache Müller ./. Müller:
Trennung und Scheidung

Sehr geehrter Herr Müller,

in der oben genannten Sache hat mich Ihre Ehefrau, Frau Maria Müller, geborene Meyer, mit der Wahrnehmung Ihrer rechtlichen Interessen beauftragt. Die mich legitimierende Vollmacht liegt im Original an.

Gemäß den mir erteilten Informationen haben Sie sich auseinander gelebt. Meine Mandantin hält die Ehe für zerrüttet. Sie begehrt daher nach Ablauf des notwendigen einjährigen Getrenntlebens die Scheidung der Ehe.

Wegen der bestehenden und noch folgenden Regelungen im Hinblick auf Trennung und Scheidung hat meine Mandantin folgende Vorstellungen:

1. Getrenntleben:

Meine Mandantin ist unter dem . . . aus der ehelichen Wohnung ausgezogen und hat nunmehr einen eigenen Hausstand begründet. Eine Wiederherstellung der ehelichen Lebensgemeinschaft kommt für meine Mandantin nicht mehr in Betracht.

Wegen der endgültigen räumlichen Trennung wird hier der . . . als Trennungszeitpunkt festgestellt.

Um entsprechende Zustimmung wird höflich gebeten.

2. Ehescheidung

Nach Ablauf des einjährigen Getrenntlebens wird meine Mandantin den Antrag auf Scheidung der Ehe beim Familiengericht in . . . stellen. Ihre Ehefrau geht davon aus, dass Sie diesem Antrag zum gegebenen Zeitpunkt zustimmen werden.

3. Hausrat

Von dem gemeinsam angeschafften Hausrat verlangt Ihre Ehefrau lediglich die nachfolgend aufgelisteten Gegenstände:

1) . . .

2) . . .

3) . . .

4) . . .

5) . . .

6) . . .

usw.

Im Übrigen verzichtet meine Mandantin auf weitergehende Hausratsansprüche. Die vorgenannten Gegenstände hat sie bereits in ihrer neuen Wohnung eingebracht.

Zu der endgültigen Hausratszuteilung zum jetzigen Zeitpunkt habe ich namens meiner Mandantin eine Vereinbarung vorbereitet. Diese liegt im Entwurf diesem Schreiben bei. Ich darf Sie höflich bitten, diesen Vereinbarungsentwurf nach Prüfung und Unterschriftsleistung wieder an mich zurückzusenden. Das überzählige Exemplar ist für Ihre Akten bestimmt.

4. Trennungsunterhalt

Trennungsunterhalt soll nicht geltend gemacht werden.

5. Nachehelicher Unterhalt

Meine Mandantin begehrt mit dem Zeitpunkt der Rechtskraft der Ehescheidung die endgültige Zäsur im Hinblick auf wechselseitige Unterhaltsleistungen. Im Scheidungstermin könnte ein wechselseitiger Unterhaltsverzicht gerichtlich protokolliert werden. Diese abschließende Regelung entspricht dem Wunsch meiner Mandantin, da Sie beide etwa gleich hohe Einkünfte haben und eine wirtschaftliche Selbständigkeit bisher bestanden hat und in Zukunft Bestand haben wird.

Insoweit wird darum gebeten, hierzu rechtzeitig Stellung zu nehmen.

6. Anwaltliche Vertretung im Ehescheidungsverfahren

Zur Versachlichung der Trennung und des Ehescheidungsverfahrens erscheint es meiner Mandantschaft geboten, dass auch Sie sich für die anstehende Korrespondenz und im Ehescheidungsverfahren anwaltlich vertreten lassen. Selbstverständlich obliegt es Ihrer Entscheidungsfreiheit, ob Sie anwaltliche Hilfe in Anspruch nehmen wollen oder nicht.

Die zweckmäßige Erklärung eines wechselseitigen Unterhaltsverzichts wäre grundsätzlich auch ohne Beteiligung von Anwälten möglich. Im Zusammenhang mit anderen Vergleichsregelungen, etwa zum Zugewinnausgleich oder Versorgungsausgleich, wäre jedoch anwaltliche Vertretung im Termin notwendig. Daher sollte im Termin ein Gesamtvergleich geschlossen werden.

Ihre Rückäußerung bzw. Stellungnahme erbitte ich bis zum

...

Mit freundlichen Grüßen

...

Rechtsanwalt

Anlagen

Vereinbarungsentwurf zur Hausratszuteilung/zweifach (jeweils drei Seiten)

3. Privatschriftliche Vereinbarung der Ehepartner zur Regelung des Umgangs mit einem ehelichen Kind während des Getrenntlebens (Muster)

122

Gerda Friedlich
Günterstraße 20
80662 München

Hans Friedlich
Nürnberger Straße 243
80551 München

Umgangs- bzw. Besuchsregelung Katharina, geboren am 5.10.1995

Wir sind uns darüber einig, dass die elterliche Sorge für Katharina uns gemeinsam verbleiben soll und wir werden deshalb Anträge beim Familiengericht nicht stellen.

Katharina soll zukünftig ihren Lebensmittelpunkt bei der Kindesmutter haben.

Der Kontakt zum Vater soll jedoch durch eine umfangreiche Umgangsregelung so intensiv wie möglich gestaltet werden.

Auf der Grundlage unserer derzeitigen Lebensverhältnisse vereinbaren wir, zumindest für die nächsten sechs Monate (zwölf Monate) nachfolgende Besuchsregelung:

Der Kindesvater kann Katharina mindestens am ersten und dritten Wochenende eines Monats, jeweils von freitags bis sonntags abends zu sich nehmen. Er wird Katharina in der Regel freitags zwischen 18.00 und 19.00 Uhr bei der Kindesmutter abholen und Katharina sonntags spätestens bis ca. 18.00 Uhr zurückbringen. Hierbei wird der Kindesvater Rücksicht auf die zeitlichen Belange der Kindesmutter nehmen.

Im Übrigen soll die Umgangsregelung großzügig gestaltet werden.

Nach Ablauf von sechs Monaten (zwölf Monaten) soll überprüft werden, ob sich die bisherige Regelung bewährt hat. Es kann dann die alte Regelung einverständlich fortgesetzt werden oder es müsste eine neue Regelung gefunden werden.

Wir sind uns darüber einig, dass gerichtliche Hilfe nur ausnahmsweise in Anspruch genommen werden soll. Vorab soll bei Meinungsverschiedenheiten zunächst das Jugendamt als Vermittler eingeschaltet werden.

München, den . . .
(Gerda Friedlich)

München, den . . .
(Hans Friedlich)

4. Streitige Korrespondenz wegen der Umgangsbefugnis (Muster)

Rechtsanwalt Manfred Recht　　　　　　Hauptstr. 100
　　　　　　　　　　　　　　　　　　　50567 Köln

Frau
Gerda Schneider
Parkallee 101
40227 Düsseldorf

Umgangsrecht wegen Katharina, geboren am 5.10.1996

Sehr geehrte Frau Schneider,

in der oben genannten familienrechtlichen Angelegenheit vertritt der Unterzeichner die rechtlichen Interessen Ihres getrennt lebenden Ehemannes. Die mich legitimierende Vollmacht liegt im Original an.

Gemäß ursprünglicher internen Absprache mit Ihrem Ehemann war dieser berechtigt, Katharina jeweils 14-tägig (wöchentlich) von jeweils samstags 15.00 Uhr bis sonntags 19.00 Uhr zu sich zu nehmen. Die Praxis sah bisher derart aus, dass Sie das Kind rechtzeitig zur Abholung bereit hielten und Ihr Ehemann Katharina bis spätestens 19.00 Uhr am Sonntagabend zu Ihnen zurückbrachte.

Leider musste mein Mandant in den letzten Wochen feststellen, dass die Vereinbarung Ihrerseits nicht mehr eingehalten wurde.

Am Samstag, den ... hatten Sie Katharina für den Besuchstermin nicht vorbereitet. Mein Mandant musste über eine Stunde vor Ihrer Haustür warten, bis er Katharina mitnehmen konnte.

Am Samstag, den ... waren Sie überhaupt nicht zu Hause anzutreffen. Mein Mandant ist nach etwa zweistündiger Wartezeit unverrichteter Dinge wieder weggefahren. Sie haben diesen Umgangstermin auch vorher weder schriftlich noch telefonisch oder telegraphisch abgesagt.

Namens meines Mandanten habe ich Sie aufzufordern, zukünftig die vereinbarten Termine einzuhalten bzw. Änderungen oder Hindernisse frühzeitig meinem Mandanten mitzuteilen.

Nur mit den entsprechenden Vereinbarungen kann die Umgangsregelung dem Kindeswohl entsprechend erfolgen.

Das Kindeswohl steht im Mittelpunkt.

Sollten allerdings in den nächsten Wochen und Monaten wiederholt Ihrerseits die getroffenen und praktizierten Vereinbarungen nicht eingehalten werden, wäre mein Mandant leider gehalten, eine familiengerichtliche Regelung herbeizuführen.

Um die notwendige Abstimmung kurzfristig herbeizuführen, bitte ich höflich um Bestätigung, ob die bisherige Umgangspraxis beibehalten werden kann und Sie sich hieran auch gebunden fühlen.

Mit freundlichen Grüßen

...

Rechtsanwalt

5. Privatschriftliche endgültige Hausratszuteilungsvereinbarung (Muster)

Gerda Friedrich
Günterstraße 20
80662 München

Hans Friedlich
Nürnberger Straße 243
80551 München

Vereinbarung

Im Hinblick auf unsere endgültige Trennung und wegen der beabsichtigten Ehescheidung nach Ablauf des einjährigen Getrenntlebens wollen wir in den nächsten Wochen getrennte Wohnungen beziehen.

Deswegen sind wir darüber einig, den gemeinsamen Hausrat schon jetzt endgültig aufzuteilen und zwar unabhängig davon, wer diesen Hausrat erworben bzw. finanziert hat.

A. Wohnzimmer

I. Von dem Mobiliar aus dem Wohnzimmer erhält der Ehemann folgende Gegenstände:
1. ...
2. ...
3. ...
4. ...
usw.

II. Von dem Mobiliar aus dem Wohnzimmer erhält die Ehefrau folgende Gegenstände:
1. ...
2. ...
3. ...
4. ...
usw.

B. Schlafzimmer

I. Von dem Mobiliar aus dem Schlafzimmer erhält der Ehemann folgende Gegenstände:
1. ...
2. ...
3. ...
4. ...

II. Von dem Mobiliar aus dem Schlafzimmer erhält die Ehefrau folgende Gegenstände:
1. ...
2. ...
3. ...
4. ...
usw.

C. Küche

I. Von dem Mobiliar aus der Küche erhält der Ehemann folgende Gegenstände:
1. ...
2. ...
3. ...

4. . . .
usw.

II. Von dem Mobiliar aus der Küche erhält die Ehefrau folgende Gegenstände:
1. . . .
2. . . .
3. . . .
4. . . .
usw.

D. Weiteres Mobiliar

I. Der Ehemann erhält im Übrigen noch folgende Gegenstände:
1. . . .
2. . . .
3. . . .
4. . . .
usw.

II. Die Ehefrau erhält im Übrigen noch nachfolgend näher beschriebene Gegenstände:
1. . . .
2. . . .
3. . . .
4. . . .
usw.

E. Verzicht

Soweit bestimmte Hausratsgegenstände oder Mobiliar pp. in dieser Vereinbarung nicht enthalten sind, können sie von den Beteiligten auch nicht beansprucht werden. Jeder von uns verzichtet auf Ansprüche auf Hausratsgegenstände, die sich nicht in dieser Vereinbarung befinden, jedoch im Besitz des anderen Ehegatten sind.

München, den . . .   München, den . . .
. . .   . . .
(Ehefrau)   (Ehemann)

6. Aufforderungsschreiben zur Zahlung von Trennungsunterhalt bei feststehenden Einkünften (Muster)

Rechtsanwalt Manfred Recht   Hauptstr. 100
                               50567 Köln

Per Einschreiben mit Rückschein
Herrn
Martin Günstig
Glücksallee 100
50679 Köln

Familiensache Günstig ./. Günstig
hier: Trennungsunterhalt

Sehr geehrter Herr Günstig,

in der oben genannten Sache vertritt der Unterzeichner die rechtlichen Interessen Ihrer Ehefrau, Frau Maria Günstig, geborene Hansen. Eine auf mich lautende Vollmacht liegt im Original an.

Meine Mandantin lebt von Ihnen seit dem . . . getrennt, da sie seit diesem Zeitpunkt in ihrer eigenen Wohnung auf der . . . -Straße lebt.

Ihre Ehefrau hat Anspruch auf Trennungsunterhalt gem. § 1361 BGB. Nach den mir erteilten Informationen und den auch von Ihnen vorgelegten Gehaltsbescheinigungen verfügen Sie über ein durchschnittliches monatliches Nettoeinkommen von 3.500 €.

Gemäß diesem Nettoeinkommen wird die Trennungsunterhaltrente meiner Mandantin wie folgt berechnet:

Nettoeinkommen	3.500,00 €
abzüglich 5 % berufsbedingter Aufwendungen	150,00 €
abzüglich Kreditrate	200,00 €
verbleiben	3.150,00 €
hiervon 3/7	1.350,00 €
zuzüglich monatlichen Beitrag für die Pflegeversicherung	. . . €
zuzüglich monatlichen Beitrag für die Krankenversicherung	. . . €

Demgemäß habe ich Sie aufzufordern, den vorstehend berechneten Unterhaltsbetrag i. H. v. . . . € beginnend mit Monat . . . bis spätestens zum dritten Werktag im Voraus an meine Mandantin zu zahlen und zwar auf Ihr Konto bei der . . . -Bank, Konto-Nr. . . ., BLZ . . .

Bei Ausbleiben dieses monatlichen Unterhaltsbetrages jeweils zum Dritten des Monats wäre meine Mandantin gehalten, zunächst die vorstehende Unterhaltsrente nebst 5 % Zinsen über dem jeweiligen Basiszinssatz gerichtlich geltend zu machen.

Weitere Angelegenheiten sind derzeit nicht zu regeln.

Mit freundlichen Grüßen

. . .

Rechtsanwalt
Anlage
Vollmacht

126 7. Auskunftsverlangen gegenüber abhängig beschäftigtem getrennt lebendem Ehemann (Muster)

Rechtsanwalt Manfred Recht   Hauptstr. 100
                                                                  50567 Köln

Per Einschreiben mit Rückschein
Herrn
Günter Gernlich
Bankweg 111
50679 Köln

Familiensache Gernlich ./. Gernlich
hier: Auskunft und Unterhalt

Ermittlung Ihrer Einkommensverhältnisse

Sehr geehrter Herr Gernlich,

in der vorbezeichneten Angelegenheit vertritt der Unterzeichner die rechtlichen Interessen Ihrer Ehefrau, Frau Sophia Gernlich, geborene Schulze. Eine auf mich lautende Originalvollmacht liegt an.

Da sie nunmehr seit einigen Tagen endgültig in verschiedenen Wohnungen voneinander getrennt leben und auch beidseitig eine Scheidungsabsicht besteht, ist das Unterhaltsrechtsverhältnis während des Getrenntlebens zu klären.

Sie selbst haben gegenüber meiner Mandantin geäußert, dass Sie selbstverständlich für die Dauer der Arbeitssuche den gesetzlichen Trennungsunterhaltsanspruch zahlen wollen.

Um diesen Trennungsunterhaltsanspruch beziffern zu können, ist zunächst erforderlich, dass Sie Ihre Einkommensverhältnisse darlegen. Auf diese Auskunft hat meine Mandantin einen gesetzlichen Anspruch.

Ich habe Sie aufzufordern, bis zum

. . .,

nachfolgende Einkommensunterlagen vorzulegen:

1. Gehaltsbescheinigungen der letzten zwölf Monate in der Zeit vom . . . bis . . ., aus welchen sich erkennbar Ihre Brutto- und Nettoeinkünfte ergeben, einschließlich sämtlicher Gratifikationen,

2. ferner Gehaltsbescheinigungen über die von Ihnen seit einigen Wochen ausgeübten Nebenbeschäftigung bei der Firma . . . in . . .

Nach den Schätzungen Ihrer Ehefrau beläuft sich Ihr durchschnittliches monatliches Nettoeinkommen als Sachbearbeiter auf . . . €. Nach Abzug berufsbedingter Aufwendungen i. H. v. 5 % (= . . . €) sowie nach weiterem Abzug der von Ihnen noch bedienten Kreditrate i.H.v. . . . €, verbleibt ein anrechenbares Nettoeinkommen i. H. v. . . . €.

Hieraus ergibt sich eine Unterhaltsquote i. H. v. 3/7 = . . . €.

Eine erhöhte Unterhaltsrente nach Eingang Ihrer Gehaltsbescheinigungen behält sich meine Mandantin vor.

Nunmehr habe ich Sie aufzufordern, den vorgenannten Betrag, beginnend mit dem Monat . . ., zahlbar bis zum Dritten des Monats, auf das Konto Ihrer Ehefrau bei der . . .-Bank/Sparkasse, Konto-Nr. . . ., BLZ . . . zu überweisen.

7. Auskunftsverlangen gegenüber abhängig beschäftigtem getrennt lebendem Ehemann

Für die rechtzeitige Überweisung haben Sie Sorge zu tragen.

Sollten innerhalb der vorgenannten Frist die angeforderten Gehaltsbescheinigungen nicht hier eingegangen sein, so bin ich schon jetzt beauftragt, den Auskunfts- und Unterhaltsanspruch einzuklagen.

Mit freundlichen Grüßen

...

Rechtsanwalt

Anlage
Originalvollmacht

8. Schreiben der unterhaltsberechtigten Ehefrau an Bank zwecks Entlassung aus der Gesamtschuld (Muster)

Rechtsanwalt Manfred Recht
Hauptstr. 100

50567 Köln
Pekunia-Bank
Betrastr. 1
10101 Berlin

Gesamtschuldnerisches Darlehen Eheleute Meyer

Darlehen vom . . .   **Kreditnummer: . . .**

Getrenntleben Eheleute Meyer seit: . . .

Sehr geehrte Damen und Herren,

Sehr geehrte Frau . . .,

Sehr geehrter Herr . . .,

gemäß anliegender Vollmachtsurkunde zeige ich die Vertretung von Frau Monika Meyer an.

Nach den mir vorliegenden Unterlagen hat Ihr Haus mit meiner Mandantin und dem von ihr getrenntlebenden Ehemann ein Darlehen über . . . € als gesamtschuldnerische Verbindlichkeit abgeschlossen.

Zum damaligen Zeitpunkt hatte meine Mandantin keinerlei Einkünfte, war bereits schwanger und hat nunmehr drei Kinder unter sechs Jahren zu betreuen. Ihr Ehemann wird die ihr zustehenden Unterhaltsleistungen zahlen.

Da meine Mandantin langfristig zu irgendwelchen Zahlungen auf den o. g. Kredit nicht in der Lage sein wird, habe ich Sie namens meiner Mandantin zu bitten, diese aus dem gesamtschuldnerischen Darlehen zu entlassen. Wegen der unstreitigen Leistungsfähigkeit des Ehemannes meiner Mandantin besteht keine Gefahr, dass der Kredit notleiden könnte.

Meine Mandantin ist ohne Einkommen und kann keine Ratenzahlungen erbringen.

Ihre Rückäußerung erbitte ich bis zum

. . .

Mit freundlichen Grüßen

. . .

Rechtsanwalt

Anlage

Vollmacht in Fotokopie

9. Checkliste: Mandantenbogen für Ehesachen (persönliche Daten) ☑   128

Vorname/Name: . . .
Straße/Hausnummer: . . .
PLZ/Ort: . . .
Telefonnummer: (erreichbar unter)   Privat: . . .
                                             Dienstl.: . . .
Arbeitgeber Ehemann/Ort: . . .
Arbeitgeber Ehefrau/Ort: . . .
Eheliche Kinder: ja/nein
Kind 1:   Vorname . . .   geb. am: . . .
Kind 2:   Vorname . . .   geb. am: . . .
Kind 3:   Vorname . . .   geb. am: . . .
Datum der Eheschließung: . . .
Standesamt in: . . .
Heiratsregisternummer: . . .
Kontoverbindung bei/in: . . .
BLZ: . . .   Konto-Nr.: . . .
Datum: . . .   Unterschrift: . . .

10. Fragebogen rechtsrelevante Angaben für Familiensachen ☑

1. Ehedauer: ...
2. Trennung seit: ...
3. Trennung innerhalb der Ehewohnung seit: ...
4. Trennung in verschiedenen Wohnungen seit: ...
5. Regelungsbedarf Hausrat — ja/nein
6. Regelungsbedarf Trennungsunterhalt — ja/nein
7. Regelungsbedarf Ehewohnung — ja/nein
8. Regelungsbedarf Kindesherausgabe — ja/nein
9. Regelungsbedarf einstweiliger Rechtsschutz
    a) Wegen persönlicher Sachen (§ 620 Satz 2 Nr. 5 ZPO)? — ja/nein
    b) Wegen Belästigung, Drohung usw. (§ 620 Satz 1 Nr. 8 ZPO)? — ja/nein
    c) Anträge gem. §§ 1, 2 GewSchG (§ 621 Abs. 1 Nr. 13 ZPO)? — ja/nein
10. Ehegattenerbrecht
    a) Existieren Testament, Erbvertrag oder andere erbrechtliche Regelungen? — ja/nein
    b) Gegenmaßnahmen zur Reduzierung bzw. Aufhebung des Ehegattenerbrechts? — ja/nein

Datum: ...   Unterschrift: ...

11. Checkliste: Familienrechtliche Haftungsrisiken (Beispiele) ☑   130

A. Prozesskostenhilfe (PKH)
1. Rechtzeitiger wirksamer Antrag auf Prozesskostenhilfe:
☐ Vollständig ausgefüllte Erklärung über die persönlichen und wirtschaftlichen Verhältnisse?

☐ Unterschriftsleistungen des/der Antragstellers/in

☐ Anlagen zur Erklärung als Belege über die wirtschaftlichen Verhältnisse?

☐ Rechtzeitiger Antrag in der laufenden Instanz?

2. Prozesskostenhilfe gesondert beantragt für jede Eilsache? (§ 620 ZPO)

B. Unterhalt
1. Sicherung der möglichen Unterhaltsansprüche:
☐ Durch Stufenmahnung oder durch rechtzeitiges Auskunftsverlangen zwecks (späterer) Unterhaltsberechnung?

☐ Durch Nachweis des Zugangs des Aufforderungsschreibens?

2. Nachehelicher Unterhalt:
☐ Unverzügliche Geltendmachung des nachehelichen Unterhaltsanspruchs ab dem Tag nach Rechtskraft der Ehescheidung?

☐ Formelle Verzugsbegründung im Hinblick auf den nachehelichen Unterhalt?

3. Beachtung der Verjährung von Unterhaltsansprüchen?
Fristen: §§ 195 ff. BGB
Der Unterhaltsanspruch unterliegt der Regelverjährung von drei Jahren, § 195 BGB (vertiefend zur Verjährung Kindermann, ZFE 2002, 4 ff.).

4. Verwirkung des Unterhaltsanspruchs gem. § 1585b Abs. 2 BGB (Unterhalt für die Vergangenheit)
Diese zeitliche Einschränkung soll wegfallen, wenn sich der Verpflichtete der Leistung absichtlich entzogen hat, weil der so handelnde Ehegatte keinen Schutz verdient (Palandt/Diederichsen, BGB, § 1585b Rn. 4).

C. Zugewinnausgleich/Güterrecht
Verjährungsfrist gem. § 1378 Abs. 4 BGB.
- ☐ Verjährung der Ausgleichsforderung in drei Jahren ab Kenntnis des Ausgleichsberechtigten von der Beendigung des Güterstandes.
- ☐ Berechnung der Verjährungsfrist: . . . . . . taggenau.

Teil 2: Ehe

Inhaltsverzeichnis

	Rn.
Abschnitt 1: Systematische Erläuterungen	1

A. Verlöbnis 1
   I. Voraussetzung und Rechtsnatur 1
      1. Eingehung des Verlöbnisses 2
      2. Beteiligung Minderjähriger und Geschäftsunfähiger 3
   II. Wirkung des Verlöbnisses 6
   III. Beendigung des Verlöbnisses 8
      1. Einverständliche Aufhebung 8
      2. Rücktritt 9
      3. Sonstige Gründe der Beendigung ... 10
      4. Nichtigkeit 11
      5. Folgen der Aufhebung, des Rücktritts und einer sonstigen Beendigung (insbesondere Rückgabe von Geschenken) 13
      6. Weitere (entscheidende) Folgen des Rücktritts 16
         a) Verpflichtung des Zurücktretenden 16
         b) Verpflichtung gegenüber dem anderen Verlobten und dessen Eltern bzw. Dritten 17
         c) Zusätzliche Verpflichtung dem anderen Verlobten gegenüber 18
         d) Ausschluss der Ersatzpflicht 20
         e) Schadensersatzpflicht des anderen Teils aus § 1299 BGB .. 22

B. Eheschließung 23
   I. Voraussetzungen 24
      1. Ehefähigkeit 24
         a) Volljährigkeit beider Brautleute 25
         b) Minderjährigkeit 28
           aa) Prüfungsverfahren 30
           bb) Kein Widerspruch des gesetzlichen Vertreters 32
           cc) Verfahren bei Widerspruch 34
           dd) Rechtsstellung des verheirateten Minderjährigen 37
           ee) Minderjährigkeit beider Brautleute 38

      2. Keine Eheverbote 39
         a) Verwandtschaft 39
         b) Schwägerschaft 40
         c) Rechtslage bei Adoption 41
         d) Verbot der Doppelehe 43
           aa) Fälle 44
           bb) Rechtsfolgen 45
         e) Auslandsberührung 46
           aa) Rechtslage 46
           bb) Ehefähigkeitszeugnis 47
           cc) Befreiung vom Ehefähigkeitszeugnis 49
           dd) Nichterteilung der Befreiung 52
           ee) Staatenlose/Asylberechtigte 54
           ff) Deutsche im Ausland 55
      3. Eheschließung nach einer Scheidung 56
         a) Wartezeit 57
         b) Auseinandersetzungszeugnis ... 58
      4. Verdacht einer Scheinehe 61
      5. Strafvollzug und Eheschließung 63
      6. Gleichgeschlechtliche Partner 64
   II. Aufgebot 65
      1. Grundsätzliches 65
      2. Benötigte Dokumente 66
      3. Verfahren vor dem Standesbeamten 67
   III. Die eigentliche Eheschließung 68
      1. Zuständigkeiten 68
      2. Trauung 70
      3. Heiratsbuch/Familienbuch 71

C. Name der Eheleute 72
   I. Altes Recht 72
   II. (Gemeinsamer) Ehename (Familienname) nach geltendem Recht 74
      1. Grundsatz 74
      2. Möglichkeiten der Namenswahl 75
         a) Ausgangsfall 75
         b) Namensgebung in zweiter Ehe .. 76
         c) Beteiligung eines echten Doppelnamens 77
      3. Bestimmungserklärung 78
   III. Fehlender Ehename 80

D. Eheliche Lebensgemeinschaft 81
   I. Allgemeines 81

II. Privatleben	82
1. Einzelne Verpflichtungen	83
a) Häusliche Lebensgemeinschaft	84
b) Geschlechtsgemeinschaft	85
c) Beistands- und Hilfspflicht	86
d) Persönliche Entfaltung	88
2. Abwehr/Folgen der Verletzung der ehelichen Pflichten	89
a) Betreffend den Ehegatten	89
aa) Klage auf Herstellung der ehelichen Lebensgemeinschaft	90
bb) Klage auf Feststellung des Rechts zum Getrenntleben	92
cc) Klage auf Unterlassung	94
(1) Echte Unterlassung eines Ehebruchs	94
(2) Unterlassungsklage gegen Einbruch in den räumlich gegenständlichen Bereich	95
(3) Prozessuales	96
dd) Schadensersatz	97
ee) Ansprüche des Scheinvaters	98
b) Betreffend den Dritten („Störer")	99
aa) Unterlassung des Ehebruchs	99
bb) Eindringen in den geschützten räumlich gegenständlichen Bereich	100
cc) Schadensersatzansprüche gegen den Dritten	101
dd) Ansprüche des störenden Dritten gegen den betrogenen Ehegatten	103
III. Haushaltsführung	104
1. Regelung im gegenseitigen Einvernehmen	104
2. Eigenverantwortung der Ehegatten	106
3. Schadensersatzanspruch bei Verletzung des haushaltsführenden Ehegatten	107
4. Schadensersatzanspruch bei Tötung	108
IV. Recht auf Erwerbstätigkeit	109
1. Einzelfälle	110
2. Verletzung und Tod des Erwerbstätigen	111
V. Mitarbeit im Geschäft/Gewerbe des anderen Ehegatten	112
1. Verpflichtung zur Mitarbeit	112
2. Entgelt für die Mitarbeit	113
3. Ehegattenarbeitsverhältnisse	114
a) Beachtung des Arbeitsrechts	115
b) Gesellschaftsrechtlicher Ansatz	117
c) Verletzung der Mitarbeitsverpflichtung	118
d) Verletzung/Tötung des mitarbeitenden Ehegatten durch Dritte	119
VI. Ausgewählte vermögensrechtliche Aspekte	120
1. Steuerveranlagung	120
2. Eigenübliche Sorgfalt	121
3. Einwendungen	122
4. Mithaftung von Ehegatten und Bürgschaft	123
E. Familienunterhalt	**124**
I. Allgemeines	124
II. Unterhaltssicherung aus dem Vermögen	125
III. Haushaltsführungsehe („Hausfrauen"-Ehe) und Zuverdienerehe	126
IV. Doppelverdienerehe/Zuverdienerehe	131
V. Einzelne Bereiche und Höhe des durch Geld sicherzustellenden Familienunterhalts	133
1. Allgemeines	133
2. Haushaltskosten	134
3. Persönliche Bedürfnisse	136
4. Lebensbedarf der gemeinsamen Kinder	138
5. Unterhalt für Verwandte des Ehegatten	139
6. Wirtschaftsgeld	141
a) Höhe des Wirtschaftsgeldes	142
b) Auskunftsverpflichtung	143
c) Rückforderung des Wirtschaftsgeldes	144
VI. Formelles	145
F. Verpflichtungsermächtigung nach § 1357 BGB („Schlüsselgewalt")	**147**
I. Einführung	147
II. Voraussetzungen und Folgen	148
1. Ehepaare	148
2. Eheähnliche Lebensgemeinschaften	149
3. Güterstände	150
4. Einzelfälle und Prozessrechtliches	151
III. Einzelne Geschäfte	154
IV. Beschränkung der Schlüsselgewalt	155
1. Eintrag ins Güterrechtsregister	156
2. Rechtsbehelfe	157
V. Übergangsrecht/Überleitung	158

G. Eigentumsvermutungen zugunsten von Gläubigern nach § 1362 BGB	159
I. Einführung	159
II. Voraussetzungen	160
1. Grundsatz	160
2. Getrenntleben der Ehegatten	161
3. Erstreckung der Eigentumsvermutung	162
III. Folgen der Regelung	164
IV. Entkräftung der Eigentumsvermutung	165
H. Verfügungsbeschränkungen der §§ 1365 ff., 1369 BGB	167
I. Grundsätzliches	167
II. Geschäfte mit Einwilligung des Ehegatten	168
III. Geschäfte ohne Zustimmung des Ehegatten	169
1. Einseitige Rechtsgeschäfte	169
2. Zweiseitige Rechtsgeschäfte	170
a) Allgemeines	170
b) Rechte des Vertragspartners	172
aa) Widerrufsmöglichkeit	172
bb) Aufforderung, die Genehmigung zu beschaffen	173
c) Rechte des verfügenden Ehegatten	175
d) Rechte des anderen, nicht verfügenden Ehegatten	176
aa) Eigene Rechte	176
bb) Rechte aus der Unwirksamkeit der Verfügung (Prozeßstandschaft für den Verfügenden)	177
3. Besonderheiten	179
a) Prüfpflicht durch das Grundbuchamt	179
b) Aufklärungspflicht des Notars	180
c) Teilungsversteigerung und Vollstreckung	181
4. Hausrat	182
a) Allgemeines	182
b) Verfügungen	183
c) Vollstreckung	184
IV. Vermögensbegriff des § 1365 BGB	185
1. Theorienstreit	185
2. Gesamtes oder nahezu gesamtes Vermögen	186
3. Zwangsvollstreckung	190
V. Verfügungen über Haushaltsgegenstände, § 1369 BGB	191
VI. Ersetzung der Zustimmung durch das Vormundschaftsgericht	194
1. Allgemeines	194
2. Voraussetzungen	195
a) Verweigerung/ausreichender Grund	195
b) Krankheit/Abwesenheit des nicht abschließenden Ehegatten	196
c) Zusätzliches Erfordernis der ordnungsgemäßen Verwaltung	197
d) Sonderfall Teilungsversteigerung	198
e) Einzelheiten bei Hausrat	199
3. Verfahren	200
a) Übliches Verfahren	200
b) Negativattest	202
Abschnitt 2: Rechtsprechungslexikon – ABC der Ehe	203

Zum Verlöbnis:

Bosch, Die geplante Neuregelung des Eheschließungsrechts, FamRZ 1997, 65 und 138; *Carsten,* Zur Neuregelung des Verlöbnisrechts, StAZ 1973, 81; *Geilen,* Garantenpflichten aus ehelicher und eheähnlicher Gemeinschaft, FamRZ 1961, 147; *Schnitzerling,* Das Verlöbnis – ein familienrechtlicher Vertrag, StAZ 1961, 185; *Schwab,* Zum geschichtlichen Verhältnis von Verlöbnis und Eheschließung, FamRZ 1968, 637.

Zur Eheschließung/Ehefähigkeit:

Barth/Wagenitz, Zur Neuordnung des Eheschließungsrechts, FamRZ 1996, 833; *Becker,* Änderung der Vorschriften über Eheunmündigkeit und strafrechtliche Verantwortlichkeit?, FamRZ 1969, 116; *Beitzke,* Elterliche Zustimmung zur Eheschließung und Gleichberechtigungsgesetz, StAZ 1958, 197 und 59, 214; *Bienwald,* Zur Herabsetzung des Volljährigkeitsalters und zur Neuregelung der Ehemündigkeit, NJW 1975, 957; *Böhmer,* Die Prüfung der allgemeinen Ehefähigkeit beim Aufgebot unter besonderer Berücksichtigung des Betreuungsgesetzes, StAZ 1990, 213; *ders.,* Das Betreuungsgesetz und seine Bedeutung für die Tätigkeit des Standesbeamten, StAZ 1992, 65; *ders.,* Die Neuregelung des Eheschließungsrechts, StAZ 1975, 5; *Bökelmann,* Zur Ehemündigkeit nach neuem Recht, StAZ 1975, 329; *Bornhofen,* Die Reform des Kindschaftsrechts und die Neuordnung des Eheschließungsrechts in der standesamtlichen Praxis, StAZ 1997, 362; *Bosch,* Die geplante Neuregelung des Eheschließungsrechts, FamRZ 1997, 65 und 138; *ders.,* Elterlicher Ehekonsens oder Gerichtsentscheid?, FamRZ 1957, 48; *ders.,* Volljährigkeit-Ehemündigkeit-Elterliche Sorge, FamRZ 1973, 489; *ders.,* Noch einmal: Volljährigkeit-Ehemündigkeit-Elterliche Sorge, FamRZ 1974, 1; *Bosch/Hegnauer/Hoyer,* Ziviltrauung vor religiöser Trauung – sinnvoll oder überholt?, FamRZ

1997, 1313; *Coester,* Standesbeamter und Eheschließung, StAZ 1996, 33; *Czullay,* Eintragung gleichgeschlechtlicher Partnerschaften in Hamburg, StAZ 1999, 247; *Finger,* Eheschließung Geschäftsunfähiger?, StAZ 1996, 225; *Gaaz,* Ausgewählte Probleme des neuen Eheschließungs- und Kindschaftsrechts, StAZ 1998, 241; *Goebel,* Eheschließungsfreiheit und erbrechtliche Potestativbedingungen, FamRZ 1997, 656; *Göppinger,* Eingriffe des Vormundschaftsgerichts in das Elternrecht (Art. 6 GG), FamRZ 1959, 397; *Hepting,* Neuerungen im Eheschließungsrecht, StAZ 1996, 257; *ders.,* Das Eheschließungsrecht nach der Reform, FamRZ 1998, 713; *Homeyer,* Geltungsdauer der Befreiung von der Beibringung des Ehefähigkeitszeugnisses, StAZ 2000, 181; *dies.,* Doppelte Eheschließung derselben Eheleute, StAZ 2003, 50; *Krömer,* Gültigkeit einer Anmeldung zur Eheschließung gem. § 6 Abs. 1 PStG, StAZ 2000, 84; *ders.,* Gültigkeit einer Ehe, die außerhalb eines Standesamtsbezirks geschlossen wurde, StAZ 2003, 51; *Lücken,* Herabsetzung des Volljährigkeits- und Ehemündigkeitsalters?, FamRZ 1971, 285; *Lukes,* Die Einwilligung zur Eheschließung nicht voll geschäftsfähiger Personen, StAZ 1962, 30 und 57; *ders.,* Formbedürftigkeit der Einwilligung zur Eheschließung beschränkt geschäftsfähiger Personen, NJW 1962, 283; *Mayer-Maly,* Die Grundlagen der Aufstellung von Altersgrenzen durch das Recht, FamRZ 1970, 617; *Odersky,* Können religiöse Bedenken des gesetzlichen Vertreters seine Verweigerung der Einwilligung zur Eheschließung eines Minderjährigen rechtfertigen?, MDR 1958, 132; *Peters,* Einwilligung der Fürsorgebehörde zur Eheschließung von Fürsorgezöglingen?, StAZ 1965, 25; *Riedel,* Wiederholte Befreiung von der Beibringung eines Ehefähigkeitszeugnisses – Das Verfahren zwischen Oberlandesgericht und Standesamt, StAZ 1989, 241; *Schaumburg,* Beglaubigung der zur Eheschließung erforderlichen Einwilligung, StAZ 1960, 277 und 1962, 80; *Schnitzerling,* Die Eheschließung der Minderjährigen in der Rechtsprechung, StAZ 1965, 89; *Schultheis,* Befreiung vom Mangel der Ehemündigkeit, StAZ 1975, 49; *Schulz,* Verfahren und materielle Voraussetzungen der Befreiung von der Beibringung des Ehefähigkeitszeugnisses, StAZ 1991, 32; *Schwab,* Gedanken zur Reform des Minderjährigenrechts und des Mündigkeitsalters, JZ 1970, 745; *Spieweck,* Widmung von Hotelräumlichkeiten zu Trauzimmern, StAZ 1998, 53; *Sturm,* Eheschließungsformen im Ausland, ihre Gültigkeit und Nachweisbarkeit im Inland, StAZ 1995, 343; *Thias,* Widerruf der Einwilligung zur Eheschließung, StAZ 1950, 45; *Wagner,* Die Form der Einwilligung zur Eheschließung, StAZ 1951, 44; *Weismann/Bosch,* Ziviltrauung vor religiöser Trauung – sinnvoll oder überholt?, FamRZ 1998, 939; *Wolf,* Der Standesbeamte als Ausländerbehörde oder Das neue Eheverbot der pflichtenlosen Ehe, FamRZ 1998, 1477; *Zeyringer,* Die Überprüfung ausländischer Urkunden durch den Standesbeamten, StAZ 1999, 193.

Zur ehelichen Lebensgemeinschaft:

Ambrock, Zur Bedeutung des § 1353 BGB nach In-Kraft-Treten des 1. EheRG; das Verhältnis der Vorschrift zu § 1565 BGB und den Scheidungstatbeständen, JR 1978, 1; *Bosch,* Die Neuordnung des Eherechts ab 1. Juli 1977, FamRZ 1977, 569; *ders., Weitere Reformen im Familienrecht der Bundesrepublik Deutschland,* FamRZ 1982, 862; *ders.,* Familien- und Erbrecht als Themen der Rechtsangleichung nach dem Beitritt der DDR zur Bundesrepublik Deutschland, FamRZ 1991, 878; *Brudermüller/Wagenitz,* Das Ehe- und Ehegüterrecht in den neuen Bundesländern, FamRZ 1990, 1294; *Diederichsen,* Die allgemeinen Ehewirkungen nach dem 1. EheRG und Ehevereinbarungen, NJW 1977, 217; *ders.,* Die eheliche Lebensgemeinschaft, NJW 1977, 218; *ders.,* Die Haushaltsführung, NJW 1977, 219; *Dörr,* Die Entwicklung des Ehe- und Scheidungsrechts seit dem 1. EheRG, NJW 1989, 488; *Ebel,* Die Ehe als juristische Person, FamRZ 1978, 637; *Eichenhofer,* Die Auswirkungen der Ehe auf Besitz und Eigentum der Eheleute, JZ 1988, 326; *Gernhuber,* Das eheliche Vermögensrecht und die Verpflichtung zur ehelichen Lebensgemeinschaft, FamRZ 1959, 465; *ders.,* Die geordnete Familie, FamRZ 1979, 193; *Giesen,* Allgemeine Ehewirkungen gem. §§ 1353, 1356 BGB im Spiegel der Rechtsprechung, JR 1983, 89; *Kurr,* Vertragliches „Einvernehmen" der Ehegatten gem. § 1356 Abs. 1 Satz 1 BGB?, FamRZ 1978, 2; *Lange,* Familienrechtsreform und Ersatz für Personenschäden, FamRZ 1983, 1181; *Papier,* Ehe und Familie in der neueren Rechtsprechung des BVerfG, NJW 2002, 2129; *Ramm,* Gleichberechtigung und Hausfrauenehe, JZ 1968, 41 und 90; *ders.,* Der Funktionswandel der Ehe und das Recht, JZ 1975, 505; *Reinhart,* Zur Festlegung persönlicher Ehewirkungen durch Rechtsgeschäft, JZ 1983, 184; *Rittstieg,* Aufenthaltsrecht durch Heirat, NJW 1972, 993; *Roth,* Die Zustimmung eines Mannes zur heterologen Insemination seiner Ehefrau, FamRZ 1996, 769; *Schacht,* Die Bewertung der Hausfrauentätigkeit, FamRZ 1980, 107; *Schwind,* Verrechtlichung und Entrechtlichung der Ehe, FamRZ 1982, 1053; *Tiedemann,* Aids – Familienrechtliche Probleme, NJW 1988, 729; *Wacke,* Änderungen der allgemeinen Ehewirkungen durch das 1. EheRG, FamRZ 1977, 505; *Wagenitz/Barth,* Die Änderung der Familie als Aufgabe für den Gesetzgeber, FamRZ 1996, 577; *Wesser,* Der Schutz der räumlichen Privatsphäre bei Wohnungsdurchsuchungen nach §§ 758, 758a ZPO, NJW 2002, 2138.

Zum Familienunterhalt:

Beitzke, Wer schuldet das Arzthonorar für Behandlung einer Ehefrau?, MDR 1951, 262; *Brühl,* Der Familienunterhalt nach dem Gleichberechtigungsgesetz, FamRZ 1957, 277; *Diederichsen,* Die allgemeinen Ehewirkungen nach dem 1. EheRG und Vereinbarungen, NJW 1977, 217; *ders.,* Die Neuregelung des Unterhaltsrechts (§§ 1360, 1361 BGB a.F.), NJW 1977, 221; *Eckelmann/Nehls/Schäfer,* Die Berechnung des Schadensersatzes bei Ausfall von Geldunterhalt nach Unfalltod des Ehemannes/Vaters, NJW 1984, 945; *Fabricius,* Die Zweckbindung des Wirtschaftsgeldes (§ 1360a Abs. 2 Satz 2 BGB) als Grundlage einer sozialrechtlichen Deutung des § 1357 BGB, FamRZ 1963, 112; *Gernhuber,* Die Schwägerschaft als Quelle gesetzlicher Unterhaltspflichten, FamRZ 1955, 193; *Geyer,* Ersatzanspruch auf entgehenden (geldlichen) Unterhalt nach Tötung des Unterhaltspflichtigen (§ 844 Abs. 2 BGB), VersR 1975, 877; *Göhring,* Probleme des Unterhaltsrechts aus der Sicht der Praxis, FamRZ 1968, 232; *Höring,* Anspruch der Witwe auf Entschädigung für entgangene Zukunftssicherung, VersR 1955, 72; *Knorr,* Der Unterhaltsanspruch des verheirateten Studenten gegen den Ehegatten und die Eltern, FamRZ 1966, 603; *Lipp,* Finanzielle Solidarität zwischen Verwandten im Privat- und Sozialrecht, NJW 2002, 2201; *Reinicke,* Zum Unterhaltsrecht der

Ehegatten nach dem Gleichberechtigungsgesetz, DRiZ 1958, 43; *Ruland,* Die Beziehungen zwischen familiärem Unterhalt und Leistungen der sozialen Sicherheit, FamRZ 1972, 537; *Schacht,* Die Bewertung der Hausfrauentätigkeit, FamRZ 1980, 107; *Wacke,* Änderungen der allgemeinen Ehewirkungen durch das 1. EheRG, FamRZ 1977, 505; *ders.,* Unterhalt der Familie, FamRZ 1977, 526.

Zur „Schlüsselgewalt":

Arnold, Zur Neuregelung der Schlüsselgewalt, FamRZ 1958, 193; *Büdenbender,* Die Neuordnung der „Schlüsselgewalt" in § 1357 a. F. BGB, FamRZ 1976, 662; *Casper,* Geschäfte des täglichen Lebens – kritische Anmerkung zum neuen § 105 a BGB, NJW 2002, 3425; *Cebulla/Pützhoven,* Geschäfte nach dem Haustürwiderrufsgesetz und die Schlüsselgewalt des § 1357 Abs. 1 BGB, FamRZ 1996, 1124; *Diederichsen,* Die Allgemeinen Ehewirkungen nach dem 1. EheRG und Ehevereinbarungen, NJW 1977, 217; *ders.,* Die Schlüsselgewalt (§ 1357 BGB a. F.), NJW 1977, 221; *Döring,* Schlüsselgewalt und Arzthonorar, FamRZ 1958, 358; *Elsing,* Probleme bei Schlüsselgewaltgeschäften minderjähriger Ehegatten, insbesondere in der Zwangsvollstreckung, JR 1978, 494; *Hambusch,* Nochmals: Zur Schlüsselgewalt des Ehemannes, MDR 1972, 672; *Hobelmann,* Ausdehnung der Schlüsselgewalt durch das 1. Eherechts-Reformgesetz?, FamRZ 1971, 499; *Kämmerer,* Die Rechtsnatur der Schlüsselgewalt, FamRZ 1968, 10; *Lönig,* Verbrauchergeschäfte mit Ehegatten – zum Verhältnis von Verbraucherschutz und Schlüsselgewalt, FamRZ 2001, 135; *Mikat,* Zur Schlüsselgewalt in der Rechtsprechung nach der Neuordnung durch das 1. EheRG, FamRZ 1981, 1128; *Petersein,* Schlüsselgewalt und Gleichberechtigung, FamRZ 1956, 169; *Roth,* Die Mitberechtigung der Ehegatten in Fällen des § 1357 BGB, FamRZ 1979, 361; *Schmidt,* Die Anwendung der Schlüsselgewalt (§ 1357 Abs. 1 BGB) auf Ratenkaufverträge, FamRZ 1991, 629; *Thiele,* Miteigentumserwerb der Ehegatten an dem während der Ehe angeschafften Hausrat, FamRZ 1958, 115; *Wacke,* Änderungen der allgemeinen Ehewirkungen durch das 1. EheRG, FamRZ 1977, 505; *ders.,* Familiäre Bedarfsdeckungsgeschäfte (vormals Schlüsselgewalt: § 1357 BGB), FamRZ 1977, 520; *ders.,* Streitfragen um die neu geregelte „Schlüsselgewalt", NJW 1979, 2585; *ders.,* Einzelprobleme der neu geregelten „Schlüsselgewalt", FamRZ 1980, 13; *Waldeyer,* Schlüsselgewalt und Teilzahlungsgeschäft, NJW 1971, 20; *Walter,* Dingliche Schlüsselgewalt und Eigentumsvermutung – Enteignung kraft Eheschließung? – JZ 1981, 601; *ders.,* Zur Schlüsselgewalt in der Rechtsprechung nach der Neuordnung durch das 1. EheRG, FamRZ 1981, 1128; *Weimar,* Gibt es eine Schlüsselgewalt des Ehemannes?, MDR 1972, 114; *ders.,* Die Bedeutung der Schlüsselgewalt für die Wohnungsmiete, JR 1972, 325; *ders.,* Eigentumserwerb des bösgläubigen Ehemannes bei Rechtsgeschäften seiner gutgläubigen Ehefrau gem. § 1357 BGB?, JR 1976, 318; *ders.,* Das Vertretungsrecht beider Ehegatten, MDR 1977, 464; *Witte-Wegmann,* Schlüsselgewalt bei Teilzahlungsgeschäften?, NJW 1979, 749.

Zu den Verfügungsbeschränkungen der §§ 1365 ff., 1369 BGB:

Beitzke, Gesellschaftsvertrag und güterrechtliche Verfügungsbeschränkung, DB 1961, 21; *Benthin,* Probleme der Zugewinngemeinschaft heute, FamRZ 1982, 338; *Böttcher,* Verfügungsbeschränkungen, Rpfleger 1984, 377 und 85, 1; *Braga,* Die „subjektive Theorie" oder was sonst? Ein Beitrag zu den §§ 1365 – 1369 BGB, FamRZ 1967, 652; *Brox,* Die Vinkulierung des Vermögens im Ganzen sowie der Haushaltsgegenstände und ihre Auswirkungen im Zivilprozeß, FamRZ 1961, 281; *Brudermüller,* Das Familienheim in der Teilungsversteigerung, FamRZ 1996, 1516; *Cuntz,* Rechtsgeschäfte mit einem Ehegatten, der in Zugewinngemeinschaft lebt, BB 1958, 1226; *Dörr,* Ehewohnung, Hausrat, Schlüsselgewalt, Verfügungsbeschränkungen des gesetzlichen Güterstandes und vermögensrechtliche Beziehungen der Ehegatten in der Entwicklung seit dem 1. EheRG, NJW 1989, 810; *Dunker,* Zum Vermögensbegriff der §§ 419, 1365 BGB, MDR 1963, 978; *Eickmann,* Widerspruch und Grundbuchberichtigung bei Nichtigkeit nach §§ 1365, 1366 BGB, Rpfleger 1981, 213; *Eiselt,* Die Bedeutung des § 1365 BGB für Gesellschaftsverträge, JZ 1960, 562; *Finger,* Sind Einkommen und Arbeitskraft bei der Bewertung der Vermögensverhältnisse im Rahmen des § 1365 BGB zu berücksichtigen?, JZ 1975, 461; *Frank,* Kein Gutglaubensschutz nach dem Gleichberechtigungsgesetz, NJW 1959, 135; *Futter,* Der Zeitpunkt der Kenntnis bei Vermögensübernahme, NJW 1976, 551; *Haegele,* Die Verpflichtungs- und Verfügungsbeschränkungen bei Zugewinngemeinschaft im Grundstücksverkehr, Rpfleger 1959, 4; *ders.,* Die Verpflichtungs- und Verfügungsbeschränkungen nach § 1365 BGB bei Zugewinngemeinschaft, Rpfleger 1959, 242; *ders.,* Neues um § 1365 BGB im Bereich des Grundstücksrechts, Rpfleger 1960, 271; *Hartung,* Der Schutz des guten Glaubens bei den Verfügungsbeschränkungen des Gleichberechtigungsgesetzes, NJW 1959, 1020; *Koeniger,* Der Schutz der Familie in der Zugewinngemeinschaft, DRiZ 1959, 372; *Künzl,* Heilung schwebend unwirksamer Gesamtvermögensgeschäfte eines Ehegatten?, FamRZ 1988, 452; *Lorenz,* Die Verfügungsbeschränkungen im Rahmen der Zugewinngemeinschaft, JZ 1959, 105; *Meyer-Stolte,* Vinkulierung der Gesamtvermögensgeschäfte, FamRZ 1959, 228; *Reinicke,* Verwaltungsbeschränkungen im gesetzlichen Güterstand der Zugewinngemeinschaft, BB 1957, 564; *ders.,* Verwaltungsbeschränkungen im Güterstand der Zugewinngemeinschaft und Gesellschaftsrecht, BB 1960, 1002; *ders.,* Die Rechtsfolgen der Verweigerung einer nach den §§ 1365, 1366 BGB erforderlichen Genehmigung, NJW 1973, 305; *Reithmann,* Rechtsprechung zu § 1365 BGB a. F., DNotZ 1960, 301; *ders.,* Schutz des Rechtsverkehrs bei Geschäften mit verheirateten Personen, DNotZ 1961, 3; *ders.,* Zur Belehrungspflicht des Notars bezüglich § 1365 BGB, DNotZ 1975, 634; *Riedel,* Vermögens- und Verfügungsinhalt des §§ 419, 1365 BGB im Grundstücksverkehr, Rpfleger 1961, 261; *ders.,* Zur Problematik des § 1365 BGB, MDR 1962, 4; *Rittner,* Die Bedeutung des § 1365 BGB im Handelsrecht, FamRZ 1961, 1; *Schippel,* Rechtsprechung und Literatur zu § 1365 BGB a. F., DNotZ 1961, 24; *Schulz-Kersting,* Die Auswirkungen des Gleichberechtigungsgesetzes auf den Grundbuchverkehr, JR 1959, 81 und 134; *Sichtermann,* Verfügungen über das Vermögen im Ganzen nach § 1365 BGB, Der Betrieb 1959, 163; *Sudhof,* Die Grundstückstransaktion als Gesamtvermögensverfügung: Zur dogmatischen Einordnung des § 1365 BGB im Teilungsversteigerungsverfahren, FamRZ 1994, 1152; *Tiedau,* Zum neuen ehelichen Güterrecht, insbesondere zu den Beschränkungen des § 1365 BGB a. F.,

MDR 1959, 79; *ders.,* Zur Problematik des § 1365 BGB unter besonderer Berücksichtigung des Gesellschaftsrechts, MDR 1961, 721; *Tiedtke,* Der Zeitpunkt, zu dem die subjektiven Voraussetzungen des § 1365 BGB vorliegen müssen, FamRZ 1975, 65; *ders.,* Die Zustimmungsbedürftigkeit der Auflassungsvormerkung im Güterstand der Zugewinngemeinschaft, FamRZ 1976, 320; *ders.,* Die Umdeutung eines nach den §§ 1365, 1366 BGB nichtigen Rechtsgeschäfts in einen Erbvertrag, FamRZ 1981, 1; *ders.,* Verfügungen eines Ehegatten über das Vermögen im Ganzen, FamRZ 1988, 1007; *Wörbelauer,* Zum Begriff der Verfügung über das Vermögen im Ganzen (§ 1365 BGB), NJW 1960, 793.

Zur Mitarbeit im Geschäft oder Gewerbe des anderen Ehegatten:
Böhmer, Schadensersatzansprüche wegen Verletzung oder Tötung des im Haushalt oder Geschäft mitarbeitenden Ehegatten, FamRZ 1960, 173; *Fenn,* Arbeitsverträge mit Familienangehörigen, DB 1974, 1062 und 1112; *Frank,* Gesellschaften zwischen Ehegatten und Nichtehegatten, FamRZ 1983, 541; *Gernhuber,* Die Mitarbeit der Ehegatten im Zeichen der Gleichberechtigung, FamRZ 1958, 243; *Haas,* Ehegatteninnengesellschaft und familienrechtlicher Vertrag suigeneris, FamRZ 2002, 205; *Klingsporn,* Der Schadensersatzanspruch wegen Tötung oder Verletzung des im Haushalt oder Geschäft mitarbeitenden Ehegatten, FamRZ 1961, 54; *Klunzinger,* Mitarbeit im Familienverband, FamRZ 1972, 70; *Kropholler,* Die Rechtsnatur der Familienmitarbeit und die Ersatzpflicht bei Verletzung oder Tötung des mitarbeitenden Familienangehörigen, FamRZ 1969, 241; *Lange,* Familienrechtsreform und Ersatz für Personenschäden, FamRZ 1983, 1181; *Leuze/Ott,* Arbeitsverhältnisse zwischen Familienangehörigen, FamRZ 1965, 15; *Maiberg,* Ehegatten-Innengesellschaften nach der Rechtsprechung des Bundesgerichtshofs, DB 1975, 385; *Moritz,* Zur Anerkennung eines „Anspruchs auf unentgeltliche Mitarbeit im Geschäft oder Beruf des Ehegatten" sowie die Auswirkungen dieser Diskussion für die Auslegung des § 844 Abs. 2 BGB, VersR 1981, 1101; *Nolte,* Zur steuerlichen Anerkennung zivilrechtlicher Vereinbarungen betr. Mitarbeitsverträge von Angehörigen, DB 1972, 356; *Roth,* Die Ehegatten-GmbH in Recht und Praxis, FamRZ 1984, 328; *Wägenbaur,* Zur Frage der vermögensrechtlichen Ansprüche des mitarbeitenden Ehegatten, FamRZ 1958, 398.

Zur Eigentumsvermutung zugunsten von Gläubigern (§ 1362 BGB):
Baur, Zwangsvollstreckungs- und konkursrechtliche Fragen zum Gleichberechtigungsgesetz, FamRZ 1958, 252; *Boennecke,* Zur Problematik des § 739 ZPO und des § 1362 BGB in der Fassung des Gleichberechtigungsgesetzes, NJW 1959, 1260; *Brox,* Zur Frage der Verfassungswidrigkeit der §§ 1362 BGB, 739 ZPO, FamRZ 1981, 1125; *Eichenhofer,* Die Auswirkungen der Ehe auf Besitz und Eigentum der Eheleute, JZ 1988, 326; *Reinicke,* Zwangsvollstreckung gegen Ehegatten, DB 1965, 961 und 1001; *Noack,* Aktuelle Fragen der Pfändungsvollstreckung gegen Ehegatten, JurBüro 1978, 1425; *Schneider,* Widerlegte Eigentumsvermutung des § 1362 BGB, JurBüro 1979, 664; *Walter,* Dingliche Schlüsselgewalt und Eigentumsvermutung – Enteignung kraft Eheschließung? JZ 1981, 601; *Weber,* Die Zwangsvollstreckung in Mobilien nach dem Gleichberechtigungsgesetz, Rpfleger 1959, 179; *Weimar,* Die Zwangsvollstreckung gegen Ehegatten, JurBüro 1982, 183.

Zur Verletzung der ehelichen Pflichten:
Berg/Schwab, Ehestörungsklage und Schadensersatzansprüche wegen Ehestörung, JuS 1961, 137 und 142; *Bergerfurth,* Die negative Herstellungsklage im Eheprozeß, FamRZ 1965, 585; *Boehmer,* Die Ehestörungsklage, FamRZ 1955, 7; *Fiedler/Zydek,* Die Schadensersatzpflicht des Ehebrechers, JR 1954, 452; *von Hippel,* Schadensersatz bei Ehestörung, NJW 1965, 664; *Riegel,* Grenzen des Schutzes des räumlichgegenständlichen Bereichs der Ehe, NJW 1989, 2798; *Schlüter,* Zur Klage auf Wiederherstellung der ehelichen Gemeinschaft, MDR 1951, 584; *Smid,* Schutz des „räumlichgegenständlichen Bereichs" der Ehe oder Eheschutz, JuS 1984, 101; *ders.,* Fallweise Abwägung zur Bestimmung des Schutzes des „räumlichgegenständlichen Bereichs" der Ehe?, NJW 1990, 1344; *Struck,* „Räumlichgegenständlicher Bereich der Ehe" oder Gemeinsamkeit der Wohnung, JZ 1976, 160.

Zur Haushaltsführung:
Böhmer, Schadensersatzansprüche wegen Verletzung oder Tötung des im Haushalt oder Geschäft mitarbeitenden Ehegatten, FamRZ 1960, 173; *Eckelmann,* Die neue höchstrichterliche Rechtsprechung zum Schadensersatz bei Verletzung oder Tötung einer Hausfrau, MDR 1976, 103; *Eißer,* Zur Anwendung der §§ 843 – 845 BGB bei Verletzung oder Tötung der nicht berufstätigen Ehefrau, FamRZ 1961, 49; *Gerhard,* Eheliche Lebensverhältnisse bei Kinderbetreuung und Haushaltsführung, FamRZ 2000, 134; *Lange,* Familienrechtsreform und Ersatz für Personenschäden, FamRZ 1983, 1181; *Ramm,* Gleichberechtigung und Hausfrauenehe, JZ 1968, 41 und 90; *Schacht,* Die Bewertung der Hausfrauentätigkeit, FamRZ 1980, 107; *Weyer,* Schadensersatz wegen Ausfalls der Hausfrau und Mutter, DRiZ 1971, 261.

Zu sonstigen eherechtlichen Problemstellungen:
Ahmann, Die berufstätige Mutter – das Stiefkind im Steuerrecht, NJW 2002, 633; *Brudermüller,* Das Familienheim in der Teilungsversteigerung, FamRZ 1996, 1516; *Diedrichsen,* Die Neuordnung des Familiennamenrechts, NJW 1994, 1089; *Eickmann,* Widerspruch und Grundbuchberichtigung bei Nichtigkeit nach §§ 1365, 1366 BGB, Rpfleger 1981, 213; *Haegele,* Die Verpflichtungs- und Verfügungsbeschränkungen bei Zugewinngemeinschaft im Grundstücksverkehr, Rpfleger 1959, 4; *ders.,* Neues um § 1365 BGB im Bereich des Grundstücksrechts, Rpfleger 1960, 271; *Heinrichsmeier,* Die Einbeziehung einkommens- und vermögensloser Familienangehöriger in die Haftung für Bankkredite: eine unendliche Geschichte?, FamRZ 1994, 129; *Hepting,* Der Name in Vergangenheit und Zukunft, StAZ 99, 133; *Homeyer,* Muß die Erklärung über den Ehenamen und die Hinzufügung eines bisherigen Namens vor oder nach der Eheschließung beurkundet werden? Wie muß die Niederschrift unterschrieben werden?, StAZ 1999, 209; *Kindermann,* Die Aufteilung einer Steuererstattung zwischen den zusammenveranlagten Ehegatten, ZFE 2002, 10; *Riedel,* Vermögens- und Verfügungsinhalt zu §§ 419, 1365 BGB im Grundstücksverkehr, Rpfleger 1961, 261; *Schulz-Kersting,* Die Auswirkungen des Gleichberechtigungsgesetzes auf den Grundbuchverkehr, JR 1959, 81 und 134; *Sonnenschein,* Interner Steuerausgleich zusammen veranlagter Ehegatten, NJW 1980, 257; *Sudhof,* Die

Grundstückstransaktion als Gesamtvermögensverfügung: Zur dogmatischen Einordnung des § 1365 BGB im Teilungsversteigerungsverfahren, FamRZ 1994, 1152; *Tiedtke,* Die Verpflichtung eines Ehegatten, an der Zusammenveranlagung der Einkommenssteuer mitzuwirken, FamRZ 1977, 686; *ders.,* Die Zustimmungsbedürftigkeit der Auflassungsvormerkung im Güterstand der Zugewinngemeinschaft, FamRZ 1976, 320; *ders.,* Sittenwidrigkeit der Bürgschaft eines nahen Angehörigen des Hauptschuldners bei krasser finanzieller Überforderung des Bürgen, NJW 1999, 1209; *Wacke,* Das neue Recht von Ehe- und Kindesnamen, StAZ 1994, 209; *Wagenitz,* Grundlinien des neuen Familiennamenrechts, FamRZ 1994, 409.

Abschnitt 1: Systematische Erläuterungen
A. Verlöbnis
I. Voraussetzung und Rechtsnatur

Ein Verlöbnis ist nicht eine rechtlich notwendige Voraussetzung für die Eheschließung, sondern nur eine übliche Vorstufe. Mit dem Ereignis der Verlobung (dem Verlöbnis) gelangt man in den gleichnamigen Zustand. 1

Einigkeit besteht darüber, dass es sich bei dem Verlöbnis um einen **Vertrag** handelt (RGZ 61, 271; RGZ 98, 13; Erman/Heckelmann, BGB, vor § 1297 Rn. 4, 6; Soergel/Lange, BGB, § 1297 Rn. 2; Staudinger/Strätz, BGB, vor § 1297 Rn. 18 – 20). Einig ist man sich darüber hinaus auch, dass das Verlöbnis nicht dem reinen Schuldrecht unterfällt, dass dieses vielmehr um familienrechtliche Aspekte zu ergänzen ist (Staudinger/Strätz, BGB, vor § 1297 Rn. 18).

1. Eingehung des Verlöbnisses

Als Vertrag ist das Verlöbnis **formfrei** und kann dementsprechend auch durch schlüssige Handlung erfolgen (Erman/Heckelmann, BGB, vor § 1297 Rn. 12). Insbesondere sind die üblichen Ringe, die Zeitungsanzeige und auch die Feier nur Symbole, die allerdings die Beweislage erleichtern (RGRK/Roth-Stielow, BGB, § 1297 Rn. 3; Soergel/Lange, BGB, § 1297 Rn. 4). 2

Bloße Liebeserklärungen oder eheähnliches Zusammenleben ohne ernstliches Eheversprechen reichen allerdings nicht (BayObLG, MDR 1984, 145), auch nicht „miteinander zu gehen" und Geschlechtsverkehr zu haben (RG, JW 1928, 3047).

Als **höchstpersönliches Rechtsgeschäft** ist die Verlobung durch einen Stellvertreter, anders als durch einen Boten, nicht zulässig (Erman/Heckelmann, BGB, vor § 1297 Rn. 14; Soergel/Lange, BGB, § 1297 Rn. 5).

Ein Verlöbnis ist auch unter einer **Bedingung** zulässig (Erman/Heckelmann, BGB, vor § 1297 Rn. 13; MüKo/Wacke, BGB, § 1297 Rn. 12; RGRK/Roth-Stielow, BGB, § 1297 Rn. 3; Soergel/Lange, BGB, § 1297 Rn. 8). So wird beispielsweise ein behebbares Eheverbot oder Ehehindernis als eine durch seine Beseitigung zu schaffende aufschiebende Bedingung zu werten sein (Staudinger/Strätz, BGB, vor § 1297 Rn. 81). Andererseits ist eine Befristung unzulässig (MüKo/Wacke, BGB, § 1297 Rn. 12).

2. Beteiligung Minderjähriger und Geschäftsunfähiger

Problematisch sind Verlöbnisse unter Beteiligung von **Minderjährigen und Geschäftsunfähigen**. Ehemündigkeit (vgl. Rn. 25) ist nicht Voraussetzung für die Wirksamkeit eines Verlöbnisses (Erman/Heckelmann, BGB, vor § 1297 Rn. 13). 3

Das Verlöbnis eines Geschäftsunfähigen oder das einer Person, die der vorübergehenden Störung der Geistestätigkeit unterlag, ist nichtig (RGRK/Roth-Stielow, BGB, § 1297 Rn. 7).

Jemand, der unter **Betreuung** steht, kann sich ohne Beteiligung des Betreuers verloben (Erman/Heckelmann, BGB, vor § 1297 Rn. 13).

4 Bei **beschränkt geschäftsfähigen Personen** sind die Meinungen geteilt:

Die Tatsächlichkeitstheorie (s. dazu Erman/Heckelmann, BGB, vor § 1297 Rn. 5; Staudinger/Strätz, BGB, § 1297 Rn. 17, 34), die Vertrauenshaftungstheorie (s. dazu Staudinger/Strätz, BGB, vor § 1297 Rn. 34 ff.) und die familienrechtliche Theorie (Staudinger/Dietz, BGB, 11. Aufl., vor § 1297 Rn. 22 ff., vgl. dazu Staudinger/Strätz, BGB, vor § 1297 Rn. 33) werden kaum noch vertreten.

Die **Vertragstheorie** (OLG Bremen, FamRZ 1977, 555; Erman/Heckelmann, BGB, vor § 1297 Rn. 13; MüKo/Wacke, BGB, § 1297 Rn. 5; RGRK/Roth/Stielow, BGB, vor § 1297 Rn. 6 und § 1297 Rn. 2; Soergel/Lange, BGB, § 1297 Rn. 2, 3) erfordert eine Zustimmung der gesetzlichen Vertreter zum Verlöbnis. Bis zur Erklärung liegt gem. § 108 BGB eine schwebende Unwirksamkeit vor. Verweigert der gesetzliche Vertreter die Genehmigung, ist das Verlöbnis des Minderjährigen von Anfang an nichtig (Erman/Heckelmann, BGB, vor § 1297 Rn. 5; RG, JW 1906, 9).

Ein Teil dieser Meinung spricht dem Minderjährigen gleichwohl aus dem bestehenden besonderen Schutzverhältnis einseitig die Rechte aus §§ 1298 ff. BGB zu (Erman/Heckelmann, BGB, vor § 1297 Rn. 10 f.).

Besondere Beachtung verdient die Meinung von Staudinger/Strätz, BGB, vor § 1297 Rn. 99 ff. Für die personenrechtlichen Wirkungen des Verlöbnisses muss die nötige Einsichtsfähigkeit des Minderjährigen in die Folgen gegeben sein. Ein Verlöbnis, das nicht scheitert, enthält für den Minderjährigen keine finanziellen und sonstigen Rechtsnachteile. Daher ist ein solches Verlöbnis ohne Zustimmung des gesetzlichen Vertreters wirksam (Staudinger/Strätz, BGB, vor §§ 1297 ff. Rn. 103). Für die finanziellen Risiken im Falle des Scheiterns des Verlöbnisses ist die Zustimmung des gesetzlichen Vertreters erforderlich. Das Risiko, beim Scheitern des Verlöbnisses finanziell in Anspruch genommen zu werden, besteht auf beiden Seiten. Abgesehen vom Sonderfall, dass sich zwei Minderjährige gegenüberstehen können, muss bei dieser Risikoübernahme zwischen dem volljährigen und dem minderjährigen Partner unterschieden werden. Diese Risikoübernahme ist weder notwendiger Bestandteil des Verlöbnisses noch wechselseitig erforderlich (Staudinger/Strätz, BGB, vor §§ 1297 ff. Rn. 104). Die Risikoübernahme durch den Volljährigen ist ohne Zustimmung des gesetzlichen Vertreters des Minderjährigen wirksam, weil Letzterer dadurch nur Vorteile erlangt (Staudinger/Strätz, BGB, vor §§ 1297 ff. Rn. 108). Der Volljährige kann seine Verpflichtung zwar ausschließen, ist dafür aber beweispflichtig.

5 Liegt die Zustimmung des gesetzlichen Vertreters des Minderjährigen zu dessen Übernahme vor, ist das Verlöbnis mit wechselseitiger Haftung zustande gekommen.

Liegt die Zustimmung nicht vor, ist dieser Teil des Verlöbnisses **schwebend unwirksam** mit der Folge, dass der Volljährige nach § 108 BGB vorgehen kann. Kommt es zur Genehmigung, gibt es keine Besonderheiten. Wird die Genehmigung versagt, ist keine wechselseitige Haftung eingetreten. Der volljährige Partner kann ebenfalls dieses Verhalten als wichtigen Grund für ein Lösen des Verlöbnisses werten (Staudinger/Strätz, BGB, vor §§ 1297 ff. Rn. 107).

Sind beide Partner minderjährig, bedürfen beide der Zustimmung ihres Sorgeberechtigten.

Die reine Vertragstheorie kommt zu einem Minderjährigenschutz wie ihre Modifikationen, indem sie dem gesetzlichen Vertreter des Minderjährigen nach dem grundlosen Rücktritt des Volljährigen die Möglichkeit geben, das Verlöbnis noch danach zu genehmigen (MüKo/Wacke, BGB, §§ 1297 ff. Rn. 7).

Einigkeit besteht wiederum darin, dass die öffentlich-rechtlichen Folgen des Verlöbnisses, z. B. betreffend das Zeugnisverweigerungsrecht und die strafrechtlichen Privilegierungen, in jedem Falle entstanden sind (Erman/Heckelmann, BGB, vor § 1297 Rn. 11; Staudinger/Strätz, BGB, vor §§ 1297 ff. Rn. 102).

II. Wirkung des Verlöbnisses

6 Nach dem klaren Wortlaut des § 1297 Abs. 1 BGB kann aus einem Verlöbnis **nicht auf Eingehung der Ehe** geklagt werden. Soweit beispielsweise nach ausländischem Recht gleichwohl ein diesbe-

zügliches Urteil vorliegen sollte, darf es nicht vollstreckt werden (§ 888 Abs. 2 ZPO).
Umgekehrt ist aber eine **Klage auf Feststellung** zulässig, ob ein Verlöbnis vorliegt oder nicht (Erman/Heckelmann, BGB, § 1297 Rn. 1; MüKo/Wacke, BGB, § 1297 Rn. 14).
Nach § 1297 Abs. 2 BGB ist eine **Vertragsstrafe** für den Fall, dass eine Eheschließung unterbleibt, nichtig. Das gilt auch für Versprechen Dritter (MüKo/Wacke, BGB, § 1297 Rn. 14). Damit entfällt auch der mittelbare Zwang.

Im Übrigen führt ein Verlöbnis zu einer Vielzahl von **kleineren Folgen:** 7

- Zwischen Verlobten bestehen **gegenseitige Hilfspflichten** (Erman/Heckelmann, BGB, vor § 1297 Rn. 20). Dazu gehört auch die **Garantenstellung** i. S. d. unechten Unterlassungsdelikts im Strafrecht, die beispielsweise zu der Pflicht führt, einen Selbstmord des Partners zu verhindern (MüKo/Wacke, BGB, § 1297 Rn. 15, a. A. Staudinger/Strätz, BGB, vor §§ 1297 ff. Rn. 93).
- Verlobte können **Eheverträge** abschließen, die jedoch erst mit der Eheschließung wirksam werden. Anwendbar sind auch die §§ 2275 Abs. 3, 2276 Abs. 2, 2279 Abs. 2, 2290 Abs. 3 Satz 2, 2347 Abs. 1 BGB für erbrechtliche Verträge.
- Sonstige vermögensrechtliche Verhältnisse, die für die Ehe entwickelt worden sind, so z. B. die über die Bildung einer Innengesellschaft unter Ehegatten und das sog. Ehegattenarbeitsverhältnis, sind auf Verlöbnisse nicht anzuwenden (BGH, FamRZ 1958, 15; einschränkend Soergel/Lange, BGB, § 1297 Rn. 10).
- Auch ist § 1357 BGB nicht entsprechend anwendbar (Palandt/Brudermüller, BGB, vor § 1297 Rn. 3). Allerdings können Verlobte eine Gesellschaft bürgerlichen Rechts betreffend ein Familienheim gründen (OLG Düsseldorf, DtNotZ 1974, 169).
- Verlobte haben ein **Zeugnisverweigerungsrecht** und die Möglichkeit, die Erstattung eines Gutachtens zu verweigern. Das Gericht kann ihre Vereidigung unterlassen; sie selbst haben das Recht, den Eid zu verweigern (§§ 383 – 385 ZPO, §§ 52, 55, 61 Nr. 2, 63, 76 StPO, § 15 FGG).

> *Hinweis:*
> *Das FGB der **DDR** sah keine Rechtsfolgen eines Verlöbnisses vor. Art. 234 EGBGB § 2 regelt, dass die Vorschriften des BGB zur Verlobung nicht für Verlöbnisse aus der Zeit vor dem Beitritt gelten.*

III. Beendigung des Verlöbnisses

1. Einverständliche Aufhebung

Eine einverständliche Aufhebung des Verlöbnisses ist möglich (Erman/Heckelmann, BGB, § 1298 8 Rn. 1; Staudinger/Strätz, BGB, vor §§ 1297 ff. Rn. 96). Sie geschieht durch formlosen Aufhebungsvertrag, der landläufig als **Entlobung** bezeichnet wird. Die Verlobung bleibt allerdings bestehen, wenn die Verlobten am Eheversprechen festhalten, obwohl sie nach außen hin so tun, als sei die Verlobung gelöst (RGZ 141, 358).

2. Rücktritt

Der Rücktritt vom Verlöbnis stellt eine einseitige empfangsbedürftige Willenserklärung dar, die 9 formlos wirksam ist. Er erfolgt ausdrücklich oder durch konkludentes Handeln, etwa Rückgabe des Verlobungsringes oder anderweitiges Verlöbnis bzw. Eheschließung mit einer anderen Person (Erman/Heckelmann, BGB, § 1298 Rn. 3; RGRK/Roth-Stielow, BGB, § 1298 Rn. 3; Soergel/Lange, BGB, § 1298 Rn. 1).

Ein solcher Rücktritt beendet das Verlöbnis ohne Rücksicht auf den Grund mit Wirkung ab Zugang für die Zukunft (Erman/Heckelmann, a. a. O.; Staudinger/Strätz, BGB, §§ 1298, 1299 Rn. 3).

Als höchstpersönliches Rechtsgeschäft ist ein Rücktritt nicht durch einen **Stellvertreter** möglich, wohl aber durch einen Boten (MüKo/Wacke, BGB, § 1298 Rn. 2; Soergel/Lange, BGB, § 1298 Rn. 1).

Ein **minderjähriger Verlobter** kann ohne Mitwirkung seines gesetzlichen Vertreters zurücktreten (OLG Königsberg, HRR 1942 Nr. 51; Erman/Heckelmann, BGB, § 1298 Rn. 4; Soergel/Lange, BGB, a. a. O.; Staudinger/Strätz, BGB, §§ 1298, 1299 Rn. 6).

Die Rücktrittserklärung unterliegt als **Willenserklärung** der Anfechtung, wobei wichtigster Grund die Bewertung des Verhaltens der Gegenseite sein dürfte (Staudinger/Strätz, BGB, §§ 1298, 1299 Rn. 11).

Ein Rücktritt kann nicht durch einseitigen Widerruf beseitigt werden, sondern nur durch Wiederverlobung (MüKo/Wacke, BGB, § 1298 Rn. 3; Staudinger/Strätz, a. a. O.).

3. Sonstige Gründe der Beendigung

10 Genehmigt der gesetzliche Vertreter eines **Minderjährigen** die Verlobung nicht, kommt sie entsprechend den obigen Ausführungen (vgl. Rn. 5) nicht zustande. Auch der Nichteintritt einer **Bedingung** (vgl. Rn. 2) führt dazu, dass es nicht zu einem Verlöbnis kommt.

Streitig ist, ob eine **Anfechtung** des Verlöbnisses wegen Irrtums, Täuschung oder Drohung zulässig ist. Die h. M. (LG Saarbrücken, FamRZ 1970, 319; MüKo/Wacke, BGB, § 1297 Rn. 11, § 1298 Rn. 12; Soergel/Lange, BGB, § 1297 Rn. 6; Staudinger/Strätz, BGB, vor § 1297 ff. Rn. 78, 79) verneint die Zulässigkeit der Anfechtung.

Eine Mindermeinung (RG, JW 36, 863; s. Erman/Heckelmann, BGB, vor § 1297 Rn. 16) bejaht zwar die Anfechtungsmöglichkeit, beschränkt aber die Folgen auf §§ 1298 ff. BGB.

Praktische Folgen hat dieser Streit kaum, weil ein Anfechtungsgrund in den meisten Fällen auch wichtiger Grund i. S. d. Verlobungsrechts sein dürfte (RG, a. a. O.; Staudinger/Strätz, BGB, vor § 1297 Rn. 78, 79).

4. Nichtigkeit

11 Nicht behebbare Eheverbote und -hindernisse stehen auch der Wirksamkeit eines Verlöbnisses entgegen (Erman/Heckelmann, BGB, vor § 1297 Rn. 17). Bei behebbaren geht man von einer Bedingung derart aus, dass die Verlobung nur für den Fall der Beseitigung dieses Hindernisses eingegangen worden ist.

Verlöbnisse können unter einer **sittenwidrigen Bedingung** stehen und damit insgesamt nichtig sein (Erman/Heckelmann, a. a. O.). Abreden über die Kinderlosigkeit oder die Kinderzahl machen ein Verlöbnis nicht sittenwidrig (h. M., Erman/Heckelmann, a. a. O.; Soergel/Lange, BGB, § 1297 Rn. 7; Staudinger/Strätz, BGB, vor § 1297 ff. Rn. 82; a. A. noch RG, JW 08, 28).

Die überwiegende Meinung (Erman/Heckelmann, a. a. O.; MüKo/Wacke, BGB, § 1297 Rn. 13) sieht ein Verlöbnis eines bereits anderweitig Verlobten ebenfalls als sittenwidrig an („nicht denkbar", RGZ 105, 245), sofern nicht die zweite Verlobung konkludent den Rücktritt von der ersten darstellt. Dies soll (vgl. Nachweise bei Staudinger/Strätz, BGB, vor § 1297 ff. Rn. 24) insbesondere gelten, wenn die beiden neuen Partner bewusst das ältere Verlöbnis missachten.

12 Das Verlöbnis eines Verheirateten ist nach h. M. (BGH, FamRZ 1969, 275; 1984, 386; BayObLG, JR 1988, 125 = NJW 1983, 831; OLG Celle, MDR 1983, 1045, OLG Karlsruhe, NJW 1988, 3023; Erman/Heckelmann, a. a. O.) nichtig. Dies gilt auch bei Getrenntleben der Eheleute, auch bei Anhängigkeit eines Scheidungsverfahrens und sogar dann, wenn ein Scheidungsurteil erster Instanz vorliegt, das aber noch nicht rechtskräftig ist.

Staudinger unterscheidet wie folgt (Staudinger/Strätz, BGB, vor § 1297 ff. Rn. 84 f.):
- Ist beiden Partnern die bestehende Ehe bekannt, ist das Verlöbnis sittenwidrig und damit nichtig.
- Bestanden begründete Zweifel am Fortbestand der Ehe, kann es zur Wirksamkeit des Verlöbnisses gekommen sein.
- War der nicht verheiratete Teil gutgläubig in Bezug auf die Ehe, liegt keine Sittenwidrigkeit vor. Vielmehr wird der getäuschte Dritte aus §§ 1298 ff. BGB geschützt. Dieser Schutz gilt bis zum Aufdecken der wahren Umstände. Dem täuschenden Teil soll jedoch aus dem Rechtsgedanken des § 819 BGB kein Schutz zustehen.

Nach Auflösung der dem Verlöbnis entgegenstehenden Ehe wird das anfangs nichtige Verlöbnis voll wirksam, sofern die Partner am Eheschließungsplan festhalten (MüKo/Wacke, BGB, § 1297 Rn. 13; Staudinger/Strätz, BGB, vor § 1297 ff. Rn. 84).

5. Folgen der Aufhebung, des Rücktritts und einer sonstigen Beendigung (insbesondere Rückgabe von Geschenken)

Kommt es nicht zu einer wirksamen Verlobung, weil der gesetzliche Vertreter nicht genehmigt, weil eine Bedingung nicht eintritt oder weil eine Nichtigkeit bejaht wird, geben die §§ 1298 ff. BGB keine Ansprüche. Möglich sind dann gegebenenfalls solche aus Delikt oder culpa in contrahendo (Erman/Heckelmann, BGB, § 1298 Rn. 16; MüKo/Wacke, BGB, § 1298 Rn. 18; ansatzweise OLG Schleswig, MDR 1998, 1033), seit der Schuldrechtsreform 2002 also aus § 311 BGB n. F. Wer von vornherein eine Verlobung nicht einhalten will, haftet aus § 826 BGB, auch wenn die Voraussetzungen der §§ 1298, 1300 BGB nicht vorliegen (RG, Recht 1220 Nr. 2861; ansatzweise OLG Schleswig, MDR 1998, 1033).

Kommt es zu einem wirksamen Verlöbnis und unterbleibt gleichwohl die Eheschließung, weil das Versprechen einverständlich aufgehoben wird oder eine Seite zurücktritt, kann jeder Verlobte nach § 1301 BGB die Rückgabe der Geschenke verlangen.

Voraussetzung für den Anspruch ist, dass die Eheschließung unterbleibt, ohne dass es auf den Grund dafür und ein etwaiges Verschulden ankäme (MüKo/Wacke, BGB, § 1301 Rn. 4; Staudinger/Strätz, BGB, § 1301 Rn. 6). Kommt es hingegen zur Eheschließung, können Ansprüche aus der Verlobung nicht entstehen, auch nicht nach gescheiterter Ehe aus Wegfall der Geschäftsgrundlage (OLG Nürnberg, FuR 2000, 47).

Verwiesen wird dabei auf die Vorschriften des Bereicherungsrechts, allerdings nicht hinsichtlich der Voraussetzungen, sondern nur hinsichtlich des Umfanges (Erman/Heckelmann, BGB, § 1301 Rn. 7; Staudinger/Strätz, BGB, § 1301 Rn. 13).

So können Brautleute die Geschenke nicht zurückfordern, wenn der Schenkende die Eheschließung treuwidrig verhindert hat, § 815 BGB (BGHZ 45, 258 = FamRZ 1966, 438 = NJW 1966, 1653; Soergel/Lange, BGB, § 1301 Rn. 2; a. A. Staudinger/Strätz, BGB, § 1301 Rn. 14 f.).

> **Hinweis:**
> *Insoweit obliegt die Beweislast dem Beschenkten (Erman/Heckelmann, BGB, § 1301 Rn. 10). Zurückfordern aus § 1301 BGB können die Geschenke nur die Brautleute, nicht auch Dritte, auch nicht Eltern und Gleichgestellte (vgl. nur LG Altona, JW 32, 1410; Soergel/Lange, BGB, § 1301 Rn. 6; a.A. MüKo/Wacke, BGB, § 1301 Rn. 7). Eine Rückforderung von Dritten ist regelmäßig ausgeschlossen, weil die Geschenke nicht ohne Rechtsgrund überreicht wurden.*

Zurückgefordert werden können nur Geschenke, die während des Verlöbnisses gemacht wurden, nicht solche aus der Zeit davor und danach (BGH, FamRZ 1961, 361). Dies gilt nicht nur für echte Geschenke, sondern für alle Zuwendungen, die ihre Grundlage im Verlöbnis hatten. So werden genannt der Erlass einer Schadensersatzforderung aus unerlaubter Handlung und die Mithilfe beim Bau des Familienheimes (vgl. nur Erman/Heckelmann, BGB, § 1301 Rn. 4; Staudinger/Strätz, BGB, § 1301 Rn. 10).

Was im Gesetz für Geschenke geregelt ist, wendet die h. M. auf Briefe analog an (vgl. nur Staudinger/Strätz, BGB, § 1301 Rn. 12). Für Anstandsgeschenke oder kleinere Aufmerksamkeiten wie Blumensträuße, Theaterkarten usw. gilt die Rückgabepflicht nicht (Erman/Heckelmann, a. a. O.; Staudinger/Strätz, a. a. O.).

Liegt ein nichtiges Verlöbnis vor, weil ein Verlobter noch verheiratet ist, kennt der Schenkende diesen Grund aber nicht, ist § 1301 BGB gleichwohl anwendbar (BGH, FamRZ 1969, 474).

6. Weitere (entscheidende) Folgen des Rücktritts

a) Verpflichtung des Zurücktretenden

16 Grundsätzlich ist **der vom Verlöbnis Zurücktretende schadensersatzpflichtig.** Dabei handelt es sich um einen eigenen Anspruch aus §§ 1298 ff. BGB, also nicht um einen Anspruch aus unerlaubter Handlung und insbesondere nicht um eine Strafe. Diese Ersatzpflicht ist nicht gerichtet auf das Erfüllungsinteresse, sondern auf das negative Interesse (Erman/Heckelmann, BGB, § 1298 Rn. 11; Staudinger/Strätz, BGB, §§ 1298, 1299 Rn. 46).

Der Anspruch ist **vererblich.** Ein Verzicht auf den Anspruch ist möglich. Ein Verzicht durch einen Minderjährigen ist nur mit Zustimmung des gesetzlichen Vertreters möglich (Erman/Heckelmann, BGB, § 1298 Rn. 4).

b) Verpflichtung gegenüber dem anderen Verlobten und dessen Eltern bzw. Dritten

17 Nach § 1298 BGB besteht die Verpflichtung, den Schaden zu ersetzen, der dadurch entstanden ist, dass in Erwartung der Ehe Aufwendungen gemacht oder Verbindlichkeiten eingegangen wurden. Diese Verpflichtung besteht dem anderen Verlobten gegenüber und seinen Eltern sowie dritten Personen, die an Stelle der Eltern gehandelt haben. Zu dem **Personenkreis der Dritten** zählen Pflegeeltern, Paten, Freunde usw.

Es muss sich um Aufwendungen bzw. Verbindlichkeiten handeln, die den Umständen nach angemessen waren und in Erwartung der Eheschließung getätigt wurden. Aufwendungen sind Leistungen aus dem Vermögen und dem Beruf bzw. Erwerbsgeschäft (Erman/Heckelmann, BGB, § 1298 Rn. 12). Sie sind dann in Erwartung der künftigen Eheschließung getätigt worden, wenn die Eheschließung **Hauptbeweggrund** war. Die Aufwendungen müssen angemessen gewesen sein. Dabei ist auf Art, Zeitpunkt und Höhe abzustellen (Staudinger/Strätz, BGB, §§ 1298, 1299 Rn. 49).

Es sind nicht die Aufwendungen als solche zu ersetzen, sondern der entstandene Schaden. Können die Aufwendungen, z.B. die Aussteuer, anderweitig, etwa in der Ehe mit einer anderen Person, verwendet werden, ist kein Schaden entstanden (Staudinger/Strätz, BGB, §§ 1298, 1299 Rn. 50). Gesundheitsschäden wegen des Verlöbnisbruchs sind nicht nach §§ 1298, 1299 BGB zu ersetzen, sondern allenfalls aus unerlaubter Handlung (Staudinger/Strätz, BGB, §§ 1298, 1299 Rn. 46).

c) Zusätzliche Verpflichtung dem anderen Verlobten gegenüber

18 Dem anderen Verlobten gegenüber ist zusätzlich der Schaden zu ersetzen, den dieser dadurch erleidet, dass er in Erwartung der Ehe sonstige, sein Vermögen und seine Erwerbsstellung berührende Maßnahmen getroffen hat.

Auch diese Maßnahmen müssen angemessen sein (Erman/Heckelmann, BGB, § 1298 Rn. 15; Einzelheiten s. Lexikonteil unter „Verlobung, Aufwendungen, Schadensersatz nach gelöster Verlobung").

19 Für unbescholtene Verlobte sah § 1300 BGB darüber hinaus für den Fall der Gestattung der Beiwohnung Ersatz des immateriellen Schadens vor **(sog. Kranzgeld).** Diese Vorschrift ist mit der Neuregelung des Eheschließungsrechts entfallen (vgl. dazu kritisch Bosch, FamRZ 1997, 709).

d) Ausschluss der Ersatzpflicht

Eine Schadensersatzpflicht sowohl dem anderen Verlobten gegenüber und Dritten gegenüber entfällt, wenn ein **wichtiger Grund** vorgelegen hat (§ 1298 Abs. 3 BGB).

20

Wichtiger Grund in diesem Sinne sind Tatsachen, die bei objektiver Würdigung dem Zurücktretenden die Fortsetzung des Verlöbnisses unzumutbar machen. Dabei ist auf die Anschauungen in den Kreisen der Verlobten abzustellen (Erman/Heckelmann, BGB, § 1298 Rn. 6). Auf ein Verschulden des verlassenen Teils kommt es nicht an (Erman/Heckelmann, a. a. O.; RGRK/Roth-Stielow, BGB, § 1298 Rn. 21).

Ein **eigenes Verschulden des Zurücktretenden** (z. B. schuldhaft zugezogene Krankheit) gibt ihm keinen wichtigen Grund zum Rücktritt (MüKo/Wacke, BGB, § 1298 Rn. 10; Staudinger/Strätz, BGB, §§ 1298, 1299 Rn. 37). Haben beide Verlobte einen Grund zum Rücktritt gegeben, ist keiner von ihnen ersatzberechtigt (Erman/Heckelmann, a. a. O.).

Dogmatisch ist zu unterteilen zwischen Gründen, die schon bei der Verlobung vorlagen und solchen, die danach entstanden sind.

21

Bei den Gründen, die schon **beim Verlöbnis** vorlagen, waren die schwerwiegenden ungefragt zu offenbaren. Bei weniger gravierenden wäre eine Nachfrage erforderlich gewesen (Einzelheiten s. Soergel/Lange, BGB, § 1298 Rn. 3; Staudinger/Strätz, BGB, §§ 1298, 1299 Rn. 20 f.). Wer sich in Kenntnis eines solch wichtigen Grundes verlobt, kann sich später nicht darauf berufen, desgleichen derjenige nicht, der einen solchen Grund verziehen hat (Staudinger/Strätz, BGB, §§ 1298, 1299 Rn. 40). Weiß ein Mann, dass die Frau schon Geschlechtsverkehr hatte und verlobt er sich trotzdem mit ihr, liegt kein wichtiger Grund im Sinne des Lösens einer Verlobung vor (LG Wiesbaden, FamRZ 1965, 272).

Bei **nach dem Verlöbnis** entstandenen Gründen müssen diese schwerwiegender Art sein (Einzelheiten s. Staudinger/Strätz, BGB, §§ 1298, 1299 Rn. 26).

Hauptsächlich spielen grobe Verfehlungen eine Rolle, so z. B. Untreue, körperliche oder seelische Misshandlung, schlechter Ruf usw., aber auch aus dem Verantwortungsbereich des anderen Teils entstandene Tatsachen wie schwere Krankheit. Ob darunter die unüberwindbare Abneigung fällt, ist streitig. Die h. M. (MüKo/Wacke, BGB, § 1298 Rn. 10; Staudinger/Strätz, BGB, §§ 1298, 1299 Rn. 16) verneint insoweit die Eigenschaft als wichtiger Grund (anders: Erman/Heckelmann, BGB, § 1298 Rn. 7).

Probleme aus dem Vermögensbereich sollen nur bei Gefährdung der Existenzgrundlage eine Rolle spielen (MüKo/Wacke, BGB, § 1298 Rn. 12, str.; a. A. Staudinger/Strätz, BGB, §§ 1298, 1299 Rn. 34; differenzierend: Soergel/Lange, BGB, § 1298 Rn. 5: ausnahmsweise).

Beweispflichtig ist derjenige, der sich auf einen wichtigen Grund beruft (RG, JW 1925, 2110).

e) Schadensersatzpflicht des anderen Teils aus § 1299 BGB

Bietet ein Verlobter dem anderen einen wichtigen Rücktrittsgrund mit der Folge, dass Letzterer vom Verlöbnis zurücktritt, ist der nicht zurücktretende Teil ebenfalls schadensersatzpflichtig. Zwischen dem Grund und dem Rücktritt muss ein **ursächlicher Zusammenhang** liegen. Das Verhalten muss schuldhaft sein. Die Absicht, den anderen Teil zum Rücktritt vom Verlöbnis zu bewegen, braucht nicht vorzuliegen (MüKo/Wacke, BGB, § 1299 Rn. 3).

22

Neben den Ansprüchen aus §§ 1298, 1299 BGB sind Ansprüche aus **unerlaubter Handlung** möglich (Staudinger/Strätz, BGB, §§ 1298, 1299 Rn. 61).

Die Ansprüche aus einer einverständlich aufgehobenen Verlobung und der durch Rücktritt beendeten Verlobung **verjähren gem. § 1302 BGB in zwei Jahren.** Dies hat sich auch durch die Schuldrechtsreform nicht geändert. Beim Rücktritt entscheidet der Zugang beim empfangenden Teil.

B. Eheschließung

23 (Mit dem Gesetz zur Neuordnung des Eheschließungsrechts (EhschlRG, BGBl. I 1998 S. 833) sind die entsprechenden Vorschriften wieder aus dem Ehegesetz herausgenommen worden und als §§ 1303 ff. in das BGB zurückgekehrt.)

I. Voraussetzungen

1. Ehefähigkeit

24 Ehefähig ist, wer ehemündig und nicht geschäftsunfähig ist.

a) Volljährigkeit beider Brautleute

25 Sind beide Brautleute volljährig, sind sie auch **ehemündig** i. S. v. § 1303 Abs. 1 BGB.

Hinzu kommen muss, dass sie **nicht geschäftsunfähig** sind (§ 1304 BGB). Geschäftsunfähig ist nach § 104 Nr. 2 BGB, wer sich in einem die freie Willensbestimmung ausschließenden Zustand krankhafter Störung der Geistestätigkeit befindet, sofern nicht der Zustand seiner Natur nach ein vorübergehender ist. Bei einer sich nur auf einen bestimmten anderen Teilbereich erstreckenden Geschäftsunfähigkeit kann eine Ehefähigkeit durchaus gegeben sein (BVerfG, FamRZ 2003, 359; MüKo/Müller-Gindullis, BGB, § 1304 Rn. 4; Soergel/Heintzmann, BGB, § 2 EheG Rn. 2). So hat das BayObLG eine Ehegeschäftsfähigkeit bejaht, obwohl eine unterdurchschnittliche Intelligenz und eine fehlende Fähigkeit, schwierige Probleme zu lösen, vorgelegen haben, weil die Ehewillige erkannte, heiraten zu wollen, weil sie ihren Mann gern habe, schon lange mit ihm zusammen sei und finanziell gesichert werde (BayObLG, FamRZ 1997, 294 = StAZ 1996, 229).

Auch zwei Debile können in der Lage sein, das Wesen einer Eheschließung zu erkennen und möglicherweise heiraten (AG Rottweil, FamRZ 1990, 626).

26 Wird eine **Ehe geschlossen, obwohl** ein Teil **geschäftsunfähig** war, ist die Ehe gem. § 1314 Abs. 1 BGB aufhebbar. Fällt die Geschäftsunfähigkeit später weg und gibt der Ehegatte danach zu erkennen, dass er die Ehe fortsetzen will, führt das gem. § 1315 Abs. 1 Nr. 2 BGB zum Wegfall des Mangels und zu einer von Anfang an gültigen Ehe.

Der Wille zur Fortsetzung der Ehe kann dadurch zu erkennen gegeben werden, dass die eheliche Lebensgemeinschaft wieder aufgenommen oder fortgeführt wird (Palandt/Brudermüller, BGB, § 1315 Rn. 7).

Nach § 1314 Abs. 2 Nr. 1 BGB kann die Ehe ferner aufgehoben werden, wenn ein Ehegatte sich im Zustand der **Bewusstlosigkeit** oder **vorübergehenden Störung der Geistestätigkeit** befand (§ 105 Abs. 2 BGB).

Auch bei dieser Störung führt nach § 1315 Abs. 1 Nr. 3 BGB zur Heilung des Mangels und zu einer von Anfang an gültigen Ehe, wenn der Ehegatte nach Wegfall zu erkennen gibt, dass er die Ehe fortsetzen will.

27 Steht eine Person unter **Betreuung** (§ 1696 BGB), ist sie damit nicht geschäftsunfähig. Sie ist deshalb in ihrer Fähigkeit, eine Ehe einzugehen, nicht beschränkt (LG München, StAZ 1994, 258; LG Saarbrücken, FamRZ 2000, 819; LG Osnabrück, StAZ 2001, 176; MüKo/Müller-Gindullis, BGB, § 1304 Rn. 5; Staudinger/Strätz, BGB, § 1303 Rn. 8; § 149a DA für Standesbeamte). Ein im Betreuungsrecht an sich vorgesehener Einwilligungsvorbehalt (§ 1903 Abs. 2 BGB) ist für Erklärungen zur Eingehung einer Ehe unzulässig.

Der Standesbeamte muss deshalb eigenständig das Vorliegen der Geschäftsfähigkeit überprüfen (MüKo/Müller-Gindullis, BGB, § 1304 Rn. 6), evtl. ist ein Sachverständigengutachten einzuholen (BayObLG, FamRZ 1997, 294 = StAZ 1996, 229; Palandt/Brudermüller, BGB, § 1304 Rn. 2).

Ein **Höchstalter** sieht das Gesetz nicht vor (Erman/Aderhold, BGB, 9. Aufl., § 1 EheG Rn. 2).

b) Minderjährigkeit

Ist **ein Teil minderjährig, aber 16 Jahre alt,** sind sowohl bei der Ehemündigkeit als auch im Rahmen der gesetzlichen Vertretung Besonderheiten zu beachten. 28

Nach § 1303 Abs. 2 BGB kann das Familiengericht vom **Erfordernis der Volljährigkeit (= Ehemündigkeit) Befreiung** erteilen.

Voraussetzung dafür ist, dass der künftige Ehepartner volljährig ist. Weitere Voraussetzung für eine Befreiung ist, dass damit nicht das **Wohl des Antragstellers gefährdet** ist (MüKo/Müller-Gindullis, BGB, § 1303 Rn. 6; Staudinger/Strätz, BGB, § 1303 Rn. 14, 6), also nicht erst dann, wenn die Befreiung dem Besten des Minderjährigen dient (Soergel/Heintzmann, BGB, § 1 EheG Rn. 7). Unter diesem Gesichtspunkt hat das Gericht zu überprüfen, ob die sittliche und persönliche Reife für eine Ehe gegeben ist (MüKo/Müller-Gindullis, BGB, § 1303 Rn. 7; Staudinger/Strätz, BGB, § 1303 Rn 20).

Eine überdurchschnittliche Reife ist nicht erforderlich (OLG Karlsruhe, JR 1955, 225; OLG Hamm, FamRZ 1960, 288; KG, FamRZ 1960, 500; BayObLG, DAV 1962, 193). Außerdem müssen wechselseitige Bindungen der Brautleute vorliegen (Erman/Roth, BGB, § 1303 Rn. 5) und es muss Aussicht bestehen, dass die Ehe Bestand hat (Staudinger/Strätz, BGB, § 1303 Rn. 26).

Daneben müssen wirtschaftliche Mindestbedingungen erfüllt sein. In der Praxis sind wichtigste Gründe für eine derartige Befreiung die Schwangerschaft der Braut und, mit Blick auf die Besoldung, der bevorstehende Dienst des Verlobten in der Bundeswehr. Allerdings darf die Schwangerschaft der Braut allein nicht in jedem Falle zur Befreiung führen, wenn die übrigen Voraussetzungen nicht vorliegen und der Bestand der Ehe gefährdet wäre (Erman/Roth, BGB, § 1303 Rn. 6; MüKo/Müller-Gindullis, BGB, § 1303 Rn. 8 f.; Soergel/Heintzmann, BGB, § 1 EheG Rn. 8; Staudinger/Strätz, BGB, § 1303 Rn. 29; zu den Einzelheiten s. Lexikonteil unter „Ehemündigkeit"). 29

aa) Prüfungsverfahren

Das **Prüfungsverfahren** findet nur auf – formlosen – Antrag des Heiratswilligen (oder des gesetzlichen Vertreters, MüKo/Müller-Gindullis, BGB, § 1303 Rn. 13; str., a. A. Staudinger/Strätz, BGB, § 1303 Rn. 33) statt. 30

Das Gericht hat das Jugendamt und die Eltern zu beteiligen und anzuhören (OLG Karlsruhe, FamRZ 2000, 819). Eventuell ist ein Verfahrenspfleger nach § 50 FGG zu bestellen.

Das Gericht kann die Befreiung nicht schlechthin, sondern nur für die Ehe mit einem bestimmten Partner erteilen (LG Koblenz, FamRZ 1970, 200; Palandt/Brudermüller, BGB, § 1303 Rn. 5; Soergel/Heintzmann, BGB, § 1 EheG Rn. 9).

Der stattgebende Beschluss wird mit der Bekanntgabe an den Minderjährigen wirksam (§ 16 Abs. 1 FGG). 31

Gegen die Ablehnung der Befreiung stehen dem **Antragsteller** und dem **gesetzlichen Vertreter Rechtsmittel** zu, dem gesetzlichen Vertreter auch bei stattgebenden Entscheidungen (Erman/Roth, BGB, § 1303 Rn. 8; MüKo/Müller-Gindullis, BGB, § 1303 Rn. 24). Ob dem **Jugendamt** ein **Rechtsmittel** zusteht, ist streitig (Erman/Roth, a. a. O.: kein Rechtsmittel; MüKo/Müller-Gindullis, a. a. O.: Rechtsmittel). Der **Verlobte** hat kein Rechtsmittel (Erman/Roth und MüKo/Müller-Gindullis, a. a. O.).

Streitig ist auch, welches Rechtsmittel zulässig ist (Erman/Roth, a. a. O.: einfache Beschwerde; MüKo/Müller-Gindullis, a. a. O.: befristete Beschwerde des § 621e ZPO).

> *Hinweis:*
> *Ist eine Ehe unter **Verletzung von § 1303 Abs. 1, 2 BGB** geschlossen, kann sie gem. § 1314 Abs. 1 BGB aufgehoben werden. Nach § 1315 Abs. 1 BGB ist eine Aufhebung ausgeschlossen, wenn das Familiengericht, solange der Ehegatte nicht volljährig ist, die Eheschließung genehmigt oder wenn der Ehegatte, nachdem er volljährig geworden ist, zu erkennen gegeben hat, dass er die Ehe fortsetzen will.*

bb) Kein Widerspruch des gesetzlichen Vertreters

32   Nach § 3 EheG bedurfte ein Minderjähriger (davon betroffen sein konnten nur heiratswillige Personen im Alter von 16 und 17 Jahren) der **Einwilligung des gesetzlichen Vertreters** und unter Umständen des **Personensorgeberechtigten.** Diese Regelung ist im neuen Recht entfallen. Nach § 1303 Abs. 3 BGB kann der gesetzliche Vertreter oder ein sonstiger Inhaber der Personensorge jetzt dem Antrag auf Ehemündigkeit widersprechen.

Das Widerspruchsrecht haben bei ehelichen Kindern beide Eltern. Steht einem Elternteil während des Getrenntlebens oder nach der Scheidung das alleinige Sorgerecht zu, kann er auch den Widerspruch allein erklären, desgleichen nach dem Tod oder der Todeserklärung des anderen Elternteils.

33   Widerspruchsberechtigt bei Kindern nicht miteinander verheirateter Eltern sind ebenfalls die Sorgeberechtigten, also herkömmlich die Mutter und nach § 1626a BGB möglicherweise beide Elternteile.

cc) Verfahren bei Widerspruch

34   Widersprechen die gesetzlichen Vertreter (oder einer von ihnen, h. M. zum alten Recht: KG, JW 1937, 473; Soergel/Heintzmann, BGB, § 3 EheG Rn. 3) ohne **triftige Gründe,** kann das **Familiengericht** gem. § 1303 Abs. 3 BGB die Ehemündigkeit gleichwohl beschließen. In diesem Fall ist gem. § 1303 Abs. 4 BGB die Einwilligung des Sorgeberechtigten nicht mehr erforderlich. Was ein triftiger Grund ist, hängt von den einzelnen Umständen ab.

35   Das **Familiengericht** hat zu **prüfen,** ob sich der Widerspruch rechtfertigen lässt oder nicht. Dabei hat es vorsichtig zu sein (BGHZ 21, 340 = FamRZ 1956, 371 = NJW 1956, 1794 zum alten Recht).

36   Ein Missbrauch des Sorgerechts ist nicht erforderlich (LG Aachen, DAV 1966, 171; KG, FamRZ 1968, 600; BayObLG, FamRZ 1983, 66 = MDR 1983, 229; a. A. OLG Frankfurt/M., FamRZ 1956, 283). Als gerechtfertigt wird die Verweigerung angesehen, wenn ein unglücklicher Verlauf der Ehe vorhersehbar ist. Einzelpunkte können sein (Soergel/Heintzmann, BGB, § 3 EheG Rn. 12) fehlende Bindungen der Brautleute, ein bedenklicher Altersunterschied (Staudinger/Strätz, BGB, § 3 EheG Rn. 37), ehegefährdende Krankheit eines Teiles, fehlende wirtschaftliche Grundlage, usw. Umstritten ist, ob Belange der Familie eine Rolle spielen (bejahend Soergel/Heintzmann, BGB, § 3 EheG Rn. 13; verneinend Staudinger/Strätz, BGB, § 3 EheG Rn. 31). Ebenso umstritten ist, ob religiöse Gründe entscheiden dürfen. Die h. M. (Soergel/Heintzmann, BGB, § 3 EheG Rn. 14) gibt der Entscheidung der Verlobten den Vorzug, allein schon wegen § 5 RelKErzG (MüKo/Müller-Gindullis, BGB, § 1303 EheG Rn. 22; Staudinger/Strätz, BGB, § 1303 Rn. 24). Keine triftigen Gründe liegen vor, wenn die Verweigerung auf Abneigung gegen das zukünftige Schwiegerkind oder auf Starrsinn des Sorgeberechtigten zurückzuführen ist. Ob der künftige Ehegatte Ausländer ist, ist nicht entscheidend, auch nicht, wenn ein Umzug ins Ausland geplant ist (Staudinger/Strätz, BGB, § 1303 Rn. 22; Einzelheiten s. Lexikonteil unter „Eheschließung, Ersetzung der Zustimmung [jetzt Widerspruch]").

dd) Rechtsstellung des verheirateten Minderjährigen

Mit der Befreiung vom Erfordernis der Ehemündigkeit und der Heirat wird der Minderjährige nicht mündig. Er steht nach wie vor unter der elterlichen Sorge. Die Sorge für die Person beschränkt sich gem. § 1633 BGB aber auf die Vertretung. So müssen beispielsweise die gesetzlichen Vertreter bei einem Scheitern der Ehe den Minderjährigen in einem Unterhaltsprozess vertreten. 37

ee) Minderjährigkeit beider Brautleute

Sind **beide Brautleute minderjährig,** ist eine Eheschließung nicht möglich (Soergel/Heintzmann, BGB, § 1 EheG Rn. 3). 38

2. Keine Eheverbote

a) Verwandtschaft

Nicht heiraten dürfen nach § 1307 BGB **Verwandte in gerader Linie.** Nach § 1589 BGB sind das Personen, deren eine von der anderen abstammt, also die Linie Großeltern, Eltern, Enkel. Dies gilt auch im Verhältnis des vormals nichtehelichen Kindes zu seinem Vater (Soergel/Heintzmann, BGB, § 4 EheG Rn. 5). 39

Nicht heiraten dürfen auch **vollbürtige Geschwister,** also Personen, die beide Eltern gemeinsam haben, und **halbbürtige Geschwister,** also Personen, die einen gemeinsamen Elternteil haben (Staudinger/Strätz, BGB, § 1307 Rn. 7).

Dabei steht selbstverständlich die blutmäßige Verwandtschaft einer Eheschließung entgegen. Aber auch wenn eine blutmäßige Verwandtschaft nicht vorliegt, gilt das Verbot, wenn rechtlich gesehen eine solche gegeben ist (Erman/Roth, BGB, § 1307 Rn. 2; MüKo/Müller-Gindullis, BGB, § 1307 EheG Rn. 5; Staudinger/Strätz, BGB, § 1307 Rn. 8). Von diesem Eheverbot ist **keine Befreiung** möglich. Nicht verwandt in diesem Sinne sind **Stiefgeschwister,** von denen je ein Elternteil geheiratet haben (Soergel/Heintzmann, BGB, § 4 EheG Rn. 3; Staudinger/Strätz, BGB, § 1307 Rn. 7). **Verwandte in der Seitenlinie** dürfen also heiraten, so Cousin und Cousine, Onkel und Nichte usw. (MüKo/Müller-Gindullis, BGB, § 1307 Rn. 6; Staudinger/Strätz, BGB, § 1307 Rn. 7).

Eine trotz vorliegender Verwandtschaft geschlossene Ehe ist gem. § 1314 Abs. 1 BGB **aufhebbar.**

b) Schwägerschaft

Verboten war die Eheschließung unter **Verschwägerten in gerader Linie.** Dieses Eheverbot ist mit der gesetzlichen Neuregelung entfallen. 40

c) Rechtslage bei Adoption

Eine **Adoption** ist möglich als sog. Volladoption (hauptsächlich Adoption von Minderjährigen) und als solche mit weniger starken Wirkungen. 41

Eine **Volladoption** führt dazu, dass die Verwandtschaft zu den Blutsverwandten erlischt und eine solche zu den Verwandten der Adoptiveltern entsteht. Das **Eheverbot der Verwandtschaft** zu den bisherigen Verwandten bleibt gem. § 1307 Satz 2 BGB auch bestehen, wenn diese durch die Adoption erloschen ist (dazu MüKo/Müller-Gindullis, BGB, § 1307 Rn. 5). Nach § 1308 BGB soll eine Ehe nicht geschlossen werden zwischen Verwandten in gerader Linie und Geschwistern, deren **Verhältnis durch eine Adoption entstanden** ist.

Von diesem Verbot kann das Familiengericht **Befreiung** erteilen, allerdings nicht insoweit, als eine Verwandtschaft in gerader Linie entstanden und betroffen ist (Palandt/Brudermüller, BGB, § 1308 Rn. 3). Eine Befreiung ist deshalb auch bei Adoptivgeschwistern möglich. Eine bei vorliegendem Hinderungsgrund ohne Befreiung geschlossene Ehe ist voll wirksam. 42

Bei Annahme Volljähriger entsteht i. d. R. **keine Volladoption.**

Es bleiben dann die Verwandtschaftsverhältnisse zu den leiblichen Verwandten bestehen, was zu den oben (Rn. 39) beschriebenen Hindernissen führt. Eine Verwandtschaft entsteht dann nur zwischen dem/den Annehmenden und dem Angenommenen sowie dessen Abkömmlingen (MüKo/ Müller-Gindullis, BGB, § 1307 Rn. 4) mit der Folge eines entsprechenden Eheverbotes. Zu den Verwandten des/der Annehmenden entsteht keine Verwandtschaft.

d) Verbot der Doppelehe

43 Nach § 1306 BGB darf niemand eine Ehe eingehen, solange ein Teil mit einer dritten Person verheiratet ist.

aa) Fälle

44 Heiraten darf man danach wieder, wenn der andere Ehegatte **verstorben** oder **für tot erklärt** worden ist. Lebt der für tot Erklärte noch und haben die neuen Eheleute dies bei der Eheschließung nicht gewusst, ist die frühere Ehe nach § 1319 Abs. 2 BGB aufgelöst und die neue gültig. Andernfalls ist gem. § 1319 Abs. 1 BGB eine Aufhebung möglich.

Nach einer **Ehescheidung** oder einer **Eheaufhebung** darf i. d. R. neu geheiratet werden, wenn das Urteil rechtskräftig ist. Wird erneut geheiratet, nachdem ein diesbezügliches Urteil ergangen ist, so ist diese Eheschließung nach § 1315 Abs. 2 Nr. 1 BGB auch wirksam, wenn das Urteil bei Eheschließung noch nicht rechtskräftig war, es danach aber wird. Wird es nicht rechtskräftig, bleiben die Folgen einer bigamischen Ehe bestehen (MüKo/Müller-Gindullis, BGB, § 1315 Rn. 15 f.).

bb) Rechtsfolgen

45 Eine trotz des Verbots der Doppelehe geschlossene Ehe ist nach § 1314 Abs. 1 BGB aufhebbar. Sie bleibt jedoch nach § 1313 BGB bis zur Rechtskraft eines entsprechenden Urteils gültig.

Dem **Standesbeamten** reichen begründete **Zweifel**, die Eheschließung abzulehnen (BayObLG, FamRZ 1997, 817: Angabe im Asylantrag, verheiratet zu sein). Der Ehewillige muss diese Zweifel dann ausräumen (vgl. § 159 DA für Standesbeamte).

Haben Eheleute Zweifel an der Gültigkeit ihrer Ehe, können sie gem. § 13 der 1. DVO EheG die **Eheschließung wiederholen.** Dieser Wiederholung steht das Verbot der Doppelehe nicht entgegen (Homeyer, StAZ 2003, 50; Soergel/Heintzmann, BGB, § 5 EheG Rn. 6). Es sind alle Formalitäten einer Eheschließung zu beachten.

e) Auslandsberührung

aa) Rechtslage

46 Nach Art. 13 Abs. 1 EGBGB können Ausländer im Inland eine Ehe nur schließen, wenn nach ihrem **Heimatrecht keine Hindernisse** vorliegen. Das Gesetz will vermeiden, dass Ehen geschlossen werden, die im Heimatland nicht anerkannt werden (BGHZ 41, 136).

Ausländer in diesem Sinne sind Personen, die die deutsche Staatsangehörigkeit nicht besitzen (§ 15 der 1. DVO EheG; Palandt/Brudermüller, BGB, § 1309 Rn. 4 f.). Bei Bürgern mit doppelter Staatsangehörigkeit entscheidet, ob eine davon die deutsche ist (MüKo/Müller-Gindullis, BGB, § 1309 Rn. 3; Palandt/Brudermüller, BGB, § 1309 Rn. 5; RGRK/Lohmann, BGB, § 1309 Rn. 14). Die gesetzliche Neuregelung knüpft nicht mehr daran an, ob der Verlobte Ausländer ist, sondern daran, ob sich die Frage der Ehefähigkeit nach ausländischem Recht bemisst. Damit wird das Gesetz den Asylberechtigten und den heimatlosen Ausländern gerecht (Palandt/Brudermüller, BGB, § 1309 Rn. 5).

bb) Ehefähigkeitszeugnis

Um die Prüfung dieser Voraussetzungen zu erleichtern, sollen Ausländer gem. § 1309 BGB ein Zeugnis der inneren Behörde ihres Heimatlandes darüber vorlegen, dass Hindernisse nicht vorliegen (**Ehefähigkeitszeugnis**).

47

Eine Bescheinigung der ausländischen diplomatischen Vertretung im Inland oder eine solche der deutschen Vertretung im Ausland reicht nicht (Soergel/Heintzmann, BGB, § 10 EheG Rn. 7 f.). Gem. § 1309 Abs. 1 Satz 2 BGB gilt aber auch die Bescheinigung einer anderen Stelle nach Maßgabe von Verträgen mit dem Heimatland. Dabei dachte der Gesetzgeber an das CIEC-Abkommen Nr. 20 v. 5. 9. 1980. Das Zeugnis muss sich auf eine **konkrete Eheschließung** beziehen (Soergel/Heintzmann, BGB, § 10 EheG Rn. 10; Staudinger/Strätz, BGB, § 1309 Rn. 26).

Zur Aufzählung der Staaten, die Zeugnisse ausstellen oder nicht ausstellen, s. Erman/Aderhold, BGB (9. Aufl.), § 10 EheG Rn. 5 und Palandt/Brudermüller, BGB, § 1309 Rn. 9. Zur Aufzählung der Behörden s. § 166 Abs. 4 DA für Standesbeamte.

Derartige Zeugnisse brauchen nur akzeptiert zu werden, wenn sie gewisse **Mindestanforderungen** an die Richtigkeit und Zuverlässigkeit erfüllen (Palandt/Brudermüller, BGB, § 1309 Rn. 7, 8).

48

Das Zeugnis **bindet** den Standesbeamten **nicht** (MüKo/Müller-Gindullis, BGB, § 1309 Rn. 20). Kommt der Standesbeamte zu dem Ergebnis, dass Bedenken bestehen, kann er die Eheschließung ablehnen (Erman/Roth, BGB, § 1309 Rn. 4; Palandt/Brudermüller, BGB, § 1309 Rn. 10; Soergel/Heintzmann, BGB, § 10 EheG Rn. 19; Staudinger/Strätz, BGB, § 1309 Rn. 9).

Die Beteiligten können dann die Befreiung nach § 1309 Abs. 2 BGB (dazu Rn. 49) beantragen oder ein **Standesamtsverfahren** nach §§ 45 – 50 PStG einleiten. An die Befreiung durch den Oberlandesgerichtspräsidenten ist der Standesbeamte nicht gebunden, aber an die Entscheidung nach §§ 45 – 50 PStG. Deshalb sollte das Verfahren vor dem Präsidenten nicht nach einem Verfahren vor dem Standesamtsrichter geführt werden, sondern umgekehrt (OLG Braunschweig, StAZ 1996, 85).

Die Bescheinigung der inneren Behörde muss nicht mehr, wie früher, vom **deutschen Konsul bestätigt** sein.

Nach § 1309 Abs. 1 Satz 3 BGB verliert das Zeugnis seine Kraft, wenn die Eheschließung nicht binnen sechs Monaten seit Ausstellung (a. A.: ab Bekanntgabe, Homeyer, StAZ 2000, 181) erfolgt.

Eine **ohne Zeugnis** erfolgte Eheschließung ist **wirksam** (MüKo/Müller-Gindullis, BGB, § 1309 Rn. 21; Soergel/Heintzmann, BGB, § 10 EheG Rn. 2).

cc) Befreiung vom Ehefähigkeitszeugnis

Von der Vorschrift des § 1309 Abs. 1 BGB kann gem. Abs. 2 der Vorschrift der **Präsident des OLG,** in dessen Bezirk die Ehe geschlossen werden soll, **Befreiung** erteilen. Die Befreiung soll Staatenlosen und solchen Ausländern erteilt werden, deren **Heimatbehörde kein Zeugnis** ausstellt. Befreit werden kann auch, wenn das Beibringen des Ehefähigkeitszeugnisses **unzumutbar** ist oder wenn die Heimatbehörde mehr als drei Monate untätig gewesen ist (§ 168 Abs. 2 DA für Standesbeamte). Dem OLG-Präsidenten steht dabei nach h. M. **kein Ermessen** zu (Erman/Roth, BGB, § 1309 Rn. 10; Palandt/Brudermüller, BGB, § 1309 Rn. 11), sodass er erteilen muss, wenn das Heimatrecht dies zulässt. Andererseits darf er nicht erteilen, wenn nach dem Heimatrecht ein Hindernis vorliegt (Erman/Roth, a. a. O.). Entweder darf nach dem Heimatrecht kein Hindernis vorliegen oder aber es liegt ein Hindernis vor, das nach deutschem Recht nicht beachtet wird (OLG Hamm, NJW 1974, 1626 = MDR 1974, 933).

49

Die häufigsten Probleme gibt es dabei bei Eheschließung von Geschiedenen, deren **Scheidung im Heimatland nicht anerkannt** wird.

50

Nach einer Entscheidung des BVerfG (FamRZ 1971, 414 = NJW 1971, 1509) muss bei Kollision der Rechtsordnungen das GG beachtet werden. Dem entspricht es, Scheidungen auszusprechen und wieder zu heiraten. Bestünden insoweit nach dem Heimatrecht unüberwindbare Hindernisse, kann eine Befreiung gleichwohl erteilt werden, wenn eine Auslandsberührung nicht erfolgt, weil sowohl die Eheschließungen erster und zweiter Ehe als auch die Scheidung in Deutschland erfolgten bzw. erfolgen (vgl. z. B. BGH, FamRZ 1972, 360 = NJW 1972, 1619; BGH, NJW 1977, 1014). Wenn aber das deutsche Scheidungsurteil im Ausland anerkannt werden kann, aber noch nicht anerkannt ist, liegt ein begründetes Hindernis vor, das die Erteilung der Befreiung verbietet (OLG Hamm, FamRZ 1973, 143). Nicht beachtet werden ausländische Eheverbote der **Religionsverschiedenheit** (BHGZ 56, 180 = FamRZ 1971, 366; OLG Hamm, FamRZ 1977, 323).

51 Auch kann Befreiung erteilt werden, wenn das ausländische Recht **Formvorschriften** als Hindernisse kennt, die aber die Wirksamkeit einer gleichwohl erfolgten Eheschließung nicht beeinträchtigen (Soergel/Heintzmann, BGB, § 10 EheG Rn. 20), so z. B. vorherige **Ableistung des Militärdienstes** (OLG Köln, FamRZ 1969, 335; OLG Düsseldorf, StAZ 1980, 308).

dd) Nichterteilung der Befreiung

52 Eine Befreiung kann nicht erfolgen, wenn die **Eheschließung rechtsmissbräuchlich** sein soll, weil damit eine Aufenthaltserlaubnis oder das Verhindern einer Abschiebung erreicht werden soll (Präsidentin des KG, StAZ 1996, 84; OLG Celle, StAZ 1996, 366; OLG Naumburg, FamRZ 2002, 1115), wobei der ehefremde Zweck offenkundig nachweisbar und von beiden verfolgt sein muss (OLG Hamburg, StAZ 1996, 139). Es ist zu prüfen, ob eine Scheinehe beabsichtigt ist (OLG Dresden, FamRZ 2000, 1363 = StAZ 2001, 35; KG, FamRZ 2001, 1610 = StAZ 2001, 298). Auch ist die Erteilung zu versagen, wenn **Zweifel an der Identität des Antragstellers** bestehen (OLG Düsseldorf, FamRZ 1998, 1107 = StAZ 1998, 257). Deshalb muss die Identität und die Staatsangehörigkeit durch Vorlage des Reisepasses nachgewiesen werden (KG, FamRZ 2000, 1363 = StAZ 2000, 303). Einen Missbrauch hat das OLG Naumburg (FamRZ 2002, 955) z. B. angenommen, als sich die Brautleute nur über ein Video oder Telefonate kannten.

Andererseits kann die Befreiung erteilt werden, obwohl restliche Zweifel nicht ausgeräumt sind (KG, StAZ 1999, 112 = FamRZ 1999, 1129).

In besonderen Fällen darf die Befreiung auch anderen Personen erteilt werden.

Besondere Fälle liegen dann vor, wenn das Einholen den Ehewilligen nicht zuzumuten ist, da in seiner Heimat Krieg oder Naturkatastrophen herrschen (OLG Köln, FamRZ 1969, 335; OLG Oldenburg, StAZ 1989, 75). Nach § 5a PStG hat der Standesbeamte den diesbezüglichen **Antrag** entgegenzunehmen und vorzubereiten. Er kann Unterlagen und eidesstattliche Versicherungen verlangen. Der OLG-Präsident braucht nicht selbst im Heimatland zu ermitteln; er kann verlangen, dass der Betroffene Urkunden und sonstige Unterlagen selbst vorlegt (OLG Düsseldorf, StAZ 1980, 239).

Die Erteilung der Befreiung ist nicht anfechtbar (RGRK/Lohmann, BGB, § 1309 Rn. 104; Soergel/Heintzmann, BGB, § 10 EheG Rn. 16).

53 Gegen die Ablehnung kann nach §§ 23 ff. EGGVG Entscheidung durch einen Senat des OLG beantragt werden. Die ablehnende Entscheidung steht einem neuen Gesuch nicht entgegen (Soergel/Heintzmann, BGB, § 10 EheG Rn. 17).

Die Befreiung gilt gem. § 1309 Abs. 2 Satz 4 BGB für die Dauer von sechs Monaten.

Sie bindet den Standesbeamten nicht (BGHZ 46, 87; OLG Bremen, MDR 1964, 56; OLG Braunschweig, StAZ 1996, 85; MüKo/Müller-Gindullis, BGB, § 1309 Rn. 20; Staudinger/Strätz, BGB, § 1309 Rn. 58), es sei denn, sie wäre durch den Senat ergangen (MüKo/Müller-Gindullis, a. a. O.; Staudinger/Strätz, BGB, § 1309 Rn. 59). Akzeptiert der Standesbeamte die Entscheidung des OLG-Präsidenten nicht, kann ein Verfahren nach §§ 45 ff. PStG eingeleitet werden.

ee) Staatenlose/Asylberechtigte

Staatenlose unterliegen § 1309 BGB nicht (MüKo/Müller-Gindullis, BGB, § 1309 Rn. 5; RGRK/ Lohmann, BGB, § 1309 Rn. 15; Palandt/Brudermüller, BGB, § 1309 Rn. 7; Staudinger/Strätz, BGB, § 1309 Rn. 5). Die früher h. M. (KG, FamRZ 1996, 545) zu § 10 EheG lässt sich nach der Neufassung in § 1309 BGB nicht mehr halten. 54

Auf **Asylberechtigte** i. S. v. § 28 AuslG ist § 1309 BGB nicht anwendbar, sodass sie kein Ehefähigkeitszeugnis benötigen (OLG Köln, NJW 1990, 644; MüKo/Müller-Gindullis, BGB, § 1309 Rn. 4; Palandt/Brudermüller, BGB, § 1309 Rn. 5; RGRK/Lohmann, BGB, § 1309 Rn. 18, 20, 21; Staudinger/Strätz, BGB, § 1309 Rn. 18; offen gelassen: OLG Oldenburg, NJW-RR 1989, 774 = StAZ 1989, 75).

ff) Deutsche im Ausland

Verlangt ein ausländisches Standesamt für die Eheschließung eines Deutschen im Ausland ein Ehefähigkeitszeugnis, ist § 69b PStG anwendbar. Das Zeugnis wird vom Standesamt erteilt. Ist eine Scheinehe beabsichtigt, kann der Standesbeamte die Ausstellung des Zeugnisses verweigern (AG Lübeck, StAZ 2001, 364 m. Anm. Sachse, StAZ 2001, 365). 55

3. Eheschließung nach einer Scheidung

Nach Rechtskraft einer Scheidung teilt das Familiengericht dem Standesbeamten dies mit. Der nach § 13 PStG zuständige Standesbeamte trägt die Scheidung gem. § 14 Abs. 1 Nr. 2 PStG in das Familienbuch ein. Gleichwohl sind damit nicht alle Probleme gelöst, sodass es von Vorteil ist, sich die eigene Ausfertigung des **Scheidungsurteils mit dem Rechtskraftvermerk** versehen zu lassen, um sie dem Standesbeamten vorlegen zu können. 56

a) Wartezeit

Nach § 8 EheG sollte eine Frau nicht vor Ablauf von zehn Monaten nach der Auflösung (Scheidung, Tod des Ehegatten) oder Nichtigkeitserklärung einer früheren Ehe erneut heiraten, es sei denn, sie hätte inzwischen geboren. Hintergrund dieser Vorschrift war, dass Kinder, die innerhalb einer der gesetzlichen Empfängniszeit entsprechenden Frist nach Beendigung der Ehe geboren wurden, ehelich waren. Diese Regelung enthält das neue Recht nicht mehr. Nach § 1592 BGB ist Vater nur der Mann, mit dem die Mutter bei der Geburt verheiratet ist oder der die Vaterschaft anerkannt hat bzw. bei dem die Vaterschaft gerichtlich festgestellt worden ist. 57

b) Auseinandersetzungszeugnis

Nach § 1683 BGB hat ein Elternteil, dem die Vermögenssorge für Kinder zusteht und der einen Dritten heiraten will, dies dem Familiengericht anzuzeigen, auf seine Kosten ein Vermögensverzeichnis zu erstellen und, soweit eine Vermögensgemeinschaft besteht, diese auseinander zu setzen. Das Familiengericht kann gestatten, dass die Auseinandersetzung erst nach der Eheschließung erfolgt oder ganz unterbleibt, wenn es den Vermögensinteressen des Kindes nicht widerspricht. Um diese Verpflichtung durchzusetzen, schrieb § 9 EheG vor, dass der Betreffende eine Ehe nicht eingehen soll, bevor er nicht ein entsprechendes **Zeugnis des Gerichts** beigebracht hatte. 58

Diese Regelung ist nicht mit ins BGB übernommen worden, so dass ein derartiges Zeugnis nicht mehr erforderlich ist. Allerdings schreiben § 5 Abs. 5 PStG und § 201 DA für Standesbeamte eine Mitteilung des Standesamtes an das Familiengericht vor, dies sogar dann, wenn nicht nur eine dritte Person, sondern der andere Elternteil geheiratet wird. 59

Für die nach § 1683 BGB zu erfolgende Auseinandersetzung bedarf das Kind gem. §§ 1629 Abs. 2, 1795, 1909 BGB eines **Ergänzungspflegers** (Palandt/Diederichsen, BGB, § 1683 Rn. 2). 60

4. Verdacht einer Scheinehe

61 Eine Eheschließung dient dem Zweck, eine eheliche Lebensgemeinschaft zu ermöglichen. Bezwecken Ehewillige dies nicht, lehnen Standesbeamte gelegentlich das Aufgebot oder die Eheschließung ab. Diese Ablehnung kann über § 45 PStG von den Gerichten überprüft werden. Unter dem Gesichtspunkt des **offenkundigen Missbrauchs** (OLG Celle, StAZ 1982, 308; OLG Karlsruhe, StAZ 1983, 14; OLG Stuttgart, StAZ 1984, 99; OLG Düsseldorf, FamRZ 1999, 225 = StAZ 99, 10 m. Anm. Otto, FamRZ 1999, 791) oder der **unzulässigen Befristung** (BayObLG, FamRZ 1982, 603 = StAZ 1982, 306; OLG Hamburg, StAZ 1983, 130) darf der Standesbeamte seine Mitwirkung ablehnen. Früher handelte es sich dabei häufig um Fälle, in denen die Ehe geschlossen wurde, um einen Namen zu bekommen oder eine Rente. Heutzutage geht es in den meisten Fällen um das Aufenthaltsrecht von Ausländern. Der Standesbeamte darf seine Mitwirkung aber nur ablehnen, wenn **ausschließlich ehefremde Motive** vorliegen (OLG Hamburg, StAZ 1983, 130; BayObLG, FamRZ 1984, 1014), so z. B. bei einer beabsichtigten **Scheinehe** (OLG Schleswig und LG Kiel, StAZ 2001, 362). Werden auch andere Ziele daneben bezweckt, muss die Eheschließung durchgeführt werden (BayObLG, FamRZ 1982, 603 = StAZ 1982, 306; OLG Hamm, StAZ 1982, 309). Auch darf der Standesbeamte sich nicht weigern, wenn ein Teil die Ehe ernsthaft will, während der andere primär andere Ziele verfolgt (LG München, FamRZ 1994, 1107).

62 Ein **bloßer Verdacht oder Zweifel** an der Ernsthaftigkeit des Eheschließungswillens reichen nicht (BayObLG, FamRZ 1985, 475; OLG Düsseldorf, FamRZ 1999, 225 = FGPrax 1999, 23; AG Heilbronn, FamRZ 2000, 1364 = StAZ 2000, 176). Im Zweifel muss also der Standesbeamte die Eheschließung durchführen (OLG Frankfurt/M., FamRZ 1995, 1409 = StAZ 1995, 139; a. A. OLG Thüringen/Jena, FamRZ 2000, 1365 = StAZ 2000, 175: Vorlage an den BGH; zu **in sich widersprüchlichen Aussagen der Beteiligten** vgl. AG Flensburg, StAZ 2000, 49).

Sind sich die Eheleute bei der Eheschließung darüber einig, dass sie keine Verpflichtung i. S. v. § 1353 Abs. 1 BGB (eheliche Lebensgemeinschaft) begründen wollen, kann die Ehe gem. § 1314 Abs. 2 Nr. 5 BGB aufgehoben werden. Eine Heilung ist gem. § 1315 Abs. 1 Nr. 5 BGB möglich.

5. Strafvollzug und Eheschließung

63 Eine Eheschließung ist auch mit dem Wesen des Strafvollzuges vereinbar (OLG Celle, FamRZ 1961, 119). Heiraten darf deshalb sogar jemand, der zu einer lebenslänglichen Freiheitsstrafe verurteilt worden ist (OLG Hamm, FamRZ 1968, 387).

6. Gleichgeschlechtliche Partner

64 Eine **Ehe unter gleichgeschlechtlichen Partnern** ist nicht zulässig (BVerfG, FamRZ 1993, 1419, FamRZ 1994, 21). **Das Gesetz über die eingetragene Lebenspartnerschaft** lässt keine echte Eheschließung zu.

II. Aufgebot

1. Grundsätzliches

65 Nach § 12 EheG sollte der Eheschließung ein **Aufgebot vorausgehen.** Die **Neuregelung** des Eheschließungsrechts ersetzt das Aufgebot in § 4 PStG durch eine **Anmeldung** der Eheschließung. Zuständig für die Entgegennahme der Anmeldung ist nach § 4 PStG jeder Standesbeamte, vor dem geheiratet werden kann (dazu § 6 Abs. 2, 3 PStG). Zur **Anmeldung** begeben sich die Verlobten zum Standesamt (§ 10 Abs. 1 PStV; § 133 Abs. 1 DA für Standesbeamte). Ist ein Verlobter **verhindert,** soll er eine schriftliche Erklärung darüber abgeben, dass er einverstanden ist. Sind beide Verlobte verhindert, können sie nach § 10 Abs. 2 PStV schriftlich anmelden. Eine **Bevollmächtigung ist neuerdings zulässig.**

2. Benötigte Dokumente

Nach § 5 Abs. 1 PStG und § 139 DA für Standesbeamte sind vorzulegen:

- Bescheinigung der Meldebehörde enthaltend Vor- und Zunamen, Familienstand, Wohnort und Staatsangehörigkeit;
- eine beglaubigte Abschrift oder ein Auszug aus dem Familienbuch der Eltern, oder
- falls die Brautleute dort nicht aufgeführt sind, eine Abstammungsurkunde (im Gegensatz zu einer bloßen Geburtsurkunde kann man aus einer Abstammungsurkunde auch die Eltern ersehen).

Wenn die Brautleute schon einmal verheiratet waren, ist vorzulegen:

- Beglaubigte Abschrift oder ein Auszug aus dem Familienbuch ihrer letzten Ehe, oder
- falls kein Familienbuch angelegt wurde, eine Heiratsurkunde.

Sofern dem Standesbeamten diese Unterlagen nicht ausreichen, kann er weitere anfordern (zum Scheidungsurteil s. Rn. 56).

Sind dem Standesbeamten die **Tatsachen bekannt,** kann er die Amtshandlung gem. § 5 Abs. 3 PStG ohne Vorlage der Urkunden vornehmen. Sind öffentliche **Urkunden** gar **nicht zu erhalten** oder nur durch hohe Kosten, kann sich der Standesbeamte gem. § 5 Abs. 3 PStG mit anderen Urkunden, z. B. kirchlichen, zufrieden geben. Notfalls reichen **eidesstattliche Versicherungen** Dritter oder der Verlobten. Verlobte, die dem Standesbeamten nicht bekannt sind, sollen sich durch einen **mit Lichtbild versehenen amtlichen Ausweis** (Reisepass, Personalausweis) ausweisen.

3. Verfahren vor dem Standesbeamten

Mit den Verlobten werden die zu klärenden Fragen besprochen. Kommt es auf den **Inhalt von Scheidungsurteilen** an oder auf Probleme einer **Adoption,** hat sich der Standesbeamte vorsichtig zu verhalten (Massfeller/Hoffmann, PStG, § 3 Rn. 10a).

Besprochen wird wegen § 1355 BGB, § 6 Abs. 1 Satz 2 PStG die Frage des **Ehenamens** (vgl. dazu Rn. 72 ff.). Die eigentliche Erklärung wird allerdings erst bei Eheschließung abgegeben.

Das Aufgebot wird **nicht mehr öffentlich ausgehängt.** Der Standesbeamte teilt den Verlobten gem. § 6 Abs. 1 PStG mit, dass er die Eheschließung vornehmen kann. Sind seit dieser Mitteilung sechs Monate vergangen, ohne dass die Eheschließung erfolgt wäre, ist eine erneute Anmeldung erforderlich.

III. Die eigentliche Eheschließung

1. Zuständigkeiten

Nach § 1310 Abs. 1 BGB kommt eine Ehe im Inland nur zustande, wenn sie **vor einem Standesbeamten** geschlossen worden ist.

Nach Art. 13 EGBGB sind zwar andere Eheschließungsformen denkbar, unter Beteiligung auch nur eines deutschen Staatsangehörigen im **Inland** aber nur vor dem Standesbeamten. Im **Ausland** hingegen kann die Eheschließung auch auf die dort vorgesehene Art und Weise erfolgen.

Nach Art. 13 Abs. 3 EGBGB können jedoch Angehörige fremder Staaten vor dem Heimatstaat ermächtigten Personen heiraten. Dies erfolgt üblicherweise vor Konsulaten (vgl. zu den Konsularverträgen Palandt/Heldrich, BGB, Anhang zu Art. 13 EGBGB Rn. 1 und zur Auslandsberührung in diesen und anderen Fällen Massfeller/Hoffmann/Hepting/Gaaz, Rn. 534 ff.).

69 Aus § 67 PStG ist zu schließen, dass eine **kirchliche Trauung** erst **nach der standesamtlichen** erfolgen darf. Erfolgt die kirchliche vor der standesamtlichen, liegt eine **Ordnungswidrigkeit** vor. Eine solche ist nur dann nicht gegeben, wenn eine lebensgefährliche Erkrankung vorlag. Aber auch dann muss die standesamtliche Trauung nachgeholt werden. Deshalb muss gem. § 67a PStG die kirchliche Trauung dem Standesamt mitgeteilt werden.

Die **kirchliche Trauung allein führt nicht zu einer gültigen Ehe** (Massfeller/Hoffmann, § 67 PStG Rn. 10).

Zuständig ist gem. § 6 Abs. 2 PStG der Standesbeamte, in dessen Bezirk einer der Verlobten seinen Wohnsitz oder gewöhnlichen Aufenthalt hat. Unter mehreren haben die Verlobten die Wahl. Bei Fehlen dieser Kriterien regelt § 6 Abs. 3 PStG die Zuständigkeit.

Mit **schriftlicher Ermächtigung** des so zuständigen Standesbeamten kann die Eheschließung gem. § 6 Abs. 4 EheG auch vor dem **Standesbeamten eines anderen Bezirks** erfolgen, z. B. auch, wenn dieses andere Standesamt eine Trauung an einem Samstag durchführt (Wachsmann, StAZ 1998, 21; zur Frage der Gültigkeit in einem anderen Bezirk durchgeführten Eheschließung s. Krömer, StAZ 2003, 51).

Denkbar ist, dass von zwei zuständigen Standesbeamten (Brautpaar mit unterschiedlichem Wohnsitz) einer die Anmeldung entgegengenommen hat und der andere die Eheschließung durchführen soll. Dann benötigt Letzterer von Ersterem eine Bescheinigung nach § 6 Abs. 4 PStG.

2. Trauung

70 Nach § 1311 BGB erfolgt die Trauung, indem beide Brautleute **gleichzeitig und persönlich** anwesend sind. Eine Ferntrauung und eine Stellvertretung sind nicht zulässig. Die Erklärungen können nicht unter einer **Bedingung oder Zeitbestimmung** erfolgen. Nach § 8 PStG erfolgt die Trauung in einer der Bedeutung der Ehe entsprechenden **würdigen und feierlichen Weise**.

Dies geschieht gem. § 186 DA für Standesbeamte grds. im **Dienstzimmer** des Standesbeamten. Einige Standesämter haben ein besonderes Trauzimmer. Nur aus wichtigem Grund, z. B. Krankheit, kann die Trauung an einem **anderen Ort, z. B. im Krankenhaus,** erfolgen. Heutzutage halten einige Kommunen **besondere Örtlichkeiten,** z. B. Leuchttürme, Schiffe usw. bereit. Trauungen finden **anlässlich besonderer Aktionen,** z. B. unter Wasser oder in der Luft, statt.

Nach § 1312 Abs. 1 Satz 2 BGB **kann** (muss nicht!) die Trauung in Gegenwart von **zwei Zeugen** erfolgen. Dabei kann ein **Minderjähriger nicht als Zeuge** fungieren (AG Köln, StAZ 1998, 47).

Der Standesbeamte richtet gem. § 1312 BGB die **Frage** an das Brautpaar, ob sie die **Ehe miteinander eingehen** wollen. Diese Frage ist zu bejahen. Die Art und Weise des Bejahens ist unerheblich (Staudinger/Strätz, BGB, § 1312 Rn. 14), sodass ein Nicken ausreicht.

Bei dieser Verhandlung haben die Brautleute sich gem. § 13a EheG auch über den **Ehenamen** (dazu Rn. 72 ff.) zu erklären.

3. Heiratsbuch/Familienbuch

71 Nach §§ 9, 11 PStG trägt der Standesbeamte die Eheschließung in ein **Heiratsbuch** ein. Die Eintragung wird von den Eheleuten, den Zeugen und dem Standesbeamten unterschrieben. Danach legt der Standesbeamte gem. § 12 PStG das **Familienbuch** an. In das Familienbuch wird gem. § 12 Abs. 2 Nr. 1 PStG auch der Ehe- bzw. Familienname eingetragen.

Schließlich errichtet der Standesbeamte auch noch eine **Heiratsurkunde**. Seit 1994 wird der Ehebzw. Familienname nicht mehr in die Heiratsurkunde eingetragen. Nach einer **Eheschließung im Ausland** kann gem. § 15a PStG im Inland ein Familienbuch angelegt werden.

C. Name der Eheleute

I. Altes Recht

Vor In-Kraft-Treten des Gleichberechtigungsgesetzes, also bis zum 30. 6. 1958, hatten beide Eheleute den **Geburtsnamen des Ehemannes** als Ehenamen zu tragen. Ab Geltung des Gleichberechtigungsgesetzes durfte die Ehefrau ihren **Geburtsnamen hintenanstellen**.

Vom 1. 7. 1976 an mussten die Eheleuten sich auf einen Ehenamen einigen. Das konnte der Geburtsname des Ehemannes oder der Geburtsname der Ehefrau sein. Einigten sich die Eheleute nicht, galt der Name des Ehemannes. Derjenige Ehegatte, dessen Name nicht Ehename wurde, konnte seinen **Geburtsnamen** oder den Namen, den er bei der Eheschließung führte, **voranstellen**.

In der ehemaligen **DDR** hatten die Eheleute nach § 7 FGB-DDR einen gemeinsamen Familiennamen zu führen. Dies konnte der Name des Mannes oder der der Frau sein. Das Beifügen des anderen Namen war nicht vorgesehen. Durch das 1. FamRÄndG der DDR entstand für den 1. und 2. 10. 1990 die Möglichkeit, den nicht als Familienname gewählten Namen voranzustellen. Seit dem 3. 10. 1990 gilt für das Gebiet der ehemaligen DDR § 1355 BGB.

II. (Gemeinsamer) Ehename (Familienname) nach geltendem Recht

1. Grundsatz

Die Eheleute **sollen sich auf einen einheitlichen Ehenamen einigen.** Das kann der Geburtsname des Ehemannes oder der der Ehefrau sein.

Geburtsname in diesem Sinne ist nicht in jedem Falle derjenige Name, den man bei der Geburt trägt. Vielmehr ist dies der evtl. nach späteren Statusänderungen (z. B. Adoption oder, bei nichtehelichen Kindern, Legitimation durch nachfolgende Ehe) rechtlich zu führende Name. Aus diesem Ehenamen wird später der Familienname.

Derjenige Ehegatte, dessen Geburtsname nicht Ehename wird, kann seinen **Geburtsnamen oder den Namen, den er bei Eheschließung führte, voranstellen oder hintenanstellen.** Begleitname in diesem Sinne kann nicht ein früherer Ehename, den der Ehegatte zur Zeit der aktuellen Eheschließung nicht mehr führt, sein (Soergel/Hohloch, BGB, § 1355 Rn. 23). Bei Doppelnamen gibt es in Bezug auf den Begleitnamen Einschränkungen.

2. Möglichkeiten der Namenswahl

a) Ausgangsfall

Frau Sandstede heiratet Herrn Bakenhus

- Gem. § 1355 Abs. 2 BGB können beide den Ehenamen Sandstede führen (Var. 1).
  - Beide Eheleute können ohne Zusatz den Ehenamen Sandstede führen (Var. 1a).
  - Die Ehefrau kann den Namen Sandstede führen, während sich der Ehemann gem. § 1355 Abs. 4 Satz 1 BGB Sandstede-Bakenhus nennt (Var. 1b).
  - Führt die Ehefrau den Namen Sandstede, kann sich der Ehemann auch Bakenhus-Sandstede nennen (Var. 1c).
- Die Eheleute können aber auch gem. § 1355 Abs. 2 BGB den Ehenamen Bakenhus nehmen (Var. 2).
  - Dann können sich beide ohne Zusatz Bakenhus nennen (Var. 2a).
  - Der Ehemann könnte sich auch Bakenhus nennen, während die Ehefrau den Namen Bakenhus-Sandstede (Var. 2b),
  - oder Sandstede-Bakenhus nimmt (Var. 2c).

- Jedenfalls ist ein **Doppelname ausgeschlossen**, wonach sich **beide Eheleute** Sandstede-Bakenhus oder Bakenhus-Sandstede nennen. Dies ist auch verfassungsgemäß (BVerfG, FamRZ 2002, 530. Auch die Regelung betreffend den Ausschluss eines von beiden Eltern abgeleiteten Doppelnamens für Kinder ist verfassungsgemäß, BVerfG, FamRZ 2002, 306 = StAZ 2002, 72 = NJW 2002, 1256).

b) Namensgebung in zweiter Ehe

76 Frau Sandstede war in erster Ehe mit Herrn Bakenhus verheiratet. Jetzt heiratet sie in zweiter Ehe Herrn Oeltjen.

1. Konstellation:

Die Eheleute Sandstede/Bakenhus hatten in ihrer Ehe den Ehenamen Sandstede: Es gibt keine Abweichungen zum Ausgangsfall Rn. 75.

2. Konstellation:

Die Eheleute Sandstede/Bakenhus führten in ihrer Ehe den Ehenamen Bakenhus:
- Die Eheleute können sich in dieser zweiten Ehe auf den Ehenamen Sandstede einigen.
  - Dann können sich beide Sandstede ohne einen Zusatz nennen.
  - Möglich ist aber auch, dass sich die Ehefrau Sandstede und der Ehemann Sandstede-Oeltjen,
  - oder Oeltjen-Sandstede nennt.
- Einigen sich die Eheleute Sandstede/Oeltjen auf den Ehenamen Oeltjen, gibt es folgende Möglichkeiten:
  - Beide können Oeltjen heißen.
  - Der Ehemann kann sich Oeltjen nennen, während die Ehefrau den Namen Oeltjen-Sandstede oder
  - Sandstede-Oeltjen oder
  - Oeltjen-Bakenhus oder
  - Bakenhus-Oeltjen führt.
- Jedenfalls können die Eheleute Sandstede/Oeltjen für ihre Ehe nicht den Namen Bakenhus als Ehenamen verwenden (OLG Celle, FamRZ 1994, 1322 = StAZ 1994, 258; OLG Zweibrücken, FamRZ 1996, 487 = StAZ 1996, 141; BayObLG, FamRZ 1997, 554 = StAZ 1996, 363; KG, FamRZ 1997, 557 = StAZ 1997, 132; Soergel/Hohloch, BGB, § 1355 Rn. 11).

c) Beteiligung eines echten Doppelnamens

77 Auch ein echter Doppelname kann zum Ehenamen gewählt werden. Ist dies der Fall, kann kein Geburtsname angehängt werden. Stellt sich die Frage, ob ein Doppelname an einen (anderen, eingliedrigen) Ehenamen angehängt wird, kann nur ein Teil des mehrgliedrigen Namens verwendet werden.

Beispiel:

Frau Sandstede heiratet Herrn Müller vom Siel:
- Die Eheleute können als Ehenamen den Namen Müller vom Siel wählen (§ 1355 Abs. 2 BGB).
  - Dann können sie sich beide Müller vom Siel nennen.
  - Gem. § 1355 Abs. 4 Satz 2 BGB kann die Ehefrau keinen Namen voran- oder hintenanstellen.

- Die Eheleute können als Ehenamen aber auch gem. § 1355 Abs. 2 BGB den Namen Sandstede wählen.
  - Dann können sie sich beide Sandstede nennen.
  - Es besteht aber auch die Möglichkeit, dass die Ehefrau allein den Namen Sandstede führt. Gem. § 1355 Abs. 4 Satz 3 BGB kann sich der Ehemann dann
    - Sandstede-Müller oder
    - Müller-Sandstede oder
    - Sandstede-vom Siel oder
    - vom Siel-Sandstede nennen.

3. Bestimmungserklärung

Nach § 15c PStG befragt der Standesbeamte die Eheschließenden, ob sie einen Ehenamen führen wollen. Die erforderliche Erklärung erfolgt dann bei der Eheschließung formlos gegenüber dem Standesbeamten (§ 1355 Abs. 3 Satz 1 BGB). Dieser trägt den Ehenamen in die Register ein. Der so bestimmte Name taucht dann auch im Familienbuch als Ehename auf. Wird die Erklärung nicht sofort abgegeben, kann sie **innerhalb von fünf Jahren** nach Eheschließung **nachgeholt** werden, dann allerdings nur öffentlich beglaubigt (§ 1355 Abs. 3 Satz 2 BGB). Eine **Korrektur** der Namensbestimmung ist nicht möglich. Eine Anfechtung ist nur bei einem groben Verfahrensfehler möglich (BayObLG, FamRZ 1993, 61 = NJW 1993, 337; zum früheren Recht BayObLG, StAZ 1998, 79).

78

Im Zusammenhang mit der Bestimmung des Ehenamens kann der Ehegatte, dessen Namen nicht gewählt wird, durch öffentlich beglaubigte (§ 1355 Abs. 4 Satz 5 BGB) Erklärung seinen **Begleitnamen** (voran- oder hintenangestellter Eigenname) **bestimmen** (Abs. 4). Eine Frist dafür ist nicht vorgesehen, sodass die Festlegung eines Begleitnamens jederzeit möglich ist (Palandt/Brudermüller, BGB, § 1355 Rn. 9). Diese Bestimmung eines Begleitnamens ist später nicht aus der Heiratsurkunde zu ersehen, sondern nur aus dem Familienbuch bzw. dem entsprechenden Auszug. Das zu wissen ist in der Praxis für das Scheidungsverfahren wichtig, weil die Familiengerichte Scheidungsurteile schaffen möchten, die im Rubrum der korrekten Erklärungs- und Rechtslage entsprechen. Die Bestimmung eines Begleitnamens kann durch öffentlich beglaubigte Erklärung gegenüber dem Standesbeamten **widerrufen** werden (§ 1355 Abs. 4 Satz 5 BGB). Dieser Widerruf erreicht aber nur den Wegfall des Begleitnamens, keine Veränderung desselben (Palandt/Brudermüller, BGB, § 1355 Rn. 10), lässt also insbesondere keinen anderen Begleitnamen zu (Soergel/Hohloch, BGB, § 1355 Rn. 31). Danach ist allerdings die Bestimmung eines neuen Begleitnamens nicht mehr möglich (§ 1355 Abs. 4 Satz 4 BGB). Ein Widerruf mit dem Ziel, die **Reihenfolge der Namen zu ändern**, ist ebenfalls nicht zulässig (BayObLG, StAZ 1998, 79= FamRZ 1999, 162), auch **nicht durch Anfechtung** (OLG Zweibrücken, FamRZ 2000, 1361).

79

III. Fehlender Ehename

Wählen die Eheleute keinen Ehenamen – und das kann dadurch geschehen, dass sie sich gar nicht äußern (Palandt/Brudermüller, BGB, § 1355 Rn. 1) –, behält jeder Teil den Namen, den er zur Zeit der Eheschließung führte.

80

> *Hinweis:*
> *Beide Ehegatten haben auch nicht die Möglichkeit, auf einen anderen Namen, den sie bei originärer Namensbildung führen dürften, zurückzugreifen (Palandt/Brudermüller, BGB, § 1355 Rn. 3). So kann im Fall Rn. 75 (Var. 2) die Ehefrau nicht ihren Geburtsnamen Sandstede wie-*

> *der aufleben lassen; sie muss vielmehr den gewählten Namen aus den Möglichkeiten Rn. 75 (Var. 2a – 2c) weiterführen.*

D. Eheliche Lebensgemeinschaft

I. Allgemeines

81 Die Regeln über die eheliche Lebensgemeinschaft, insbesondere §§ 1353, 1356 BGB, gelten bei jedem Güterstand. Sie sind zwingendes Recht, können also nicht abbedungen werden (Erman/Heckelmann, BGB, § 1353 Rn. 39; MüKo/Wacke, BGB, § 1353 Rn. 3).

Das Fortbestehen der Ehe kann Geschäftsgrundlage sein (BGH, NJW 2003, 510).

II. Privatleben

82 § 1353 BGB bestimmt, dass die Ehe auf Lebenszeit geschlossen wird und dass die Ehegatten einander zur ehelichen Lebensgemeinschaft verpflichtet sind.

Damit steht fest, dass es **keine Ehe auf Zeit** gibt (Erman/Heckelmann, BGB, § 1353 Rn. 1; MüKo/Wacke, BGB, § 1353 Rn. 11).

Andererseits findet die Regelung über die lebenslängliche Ehe ihre Grenzen in den Möglichkeiten der Beendigung der Ehe, insbesondere der Möglichkeit der Scheidung.

1. Einzelne Verpflichtungen

83 Zu der **Generalklausel** der Verpflichtung zur ehelichen Lebensgemeinschaft gehören im Bereich der Privatsphäre folgende Rechte und Pflichten:

Die Eheleute sind einander zu Liebe, Treue, Achtung und Vertrauen sowie Rücksichtnahme verpflichtet (Erman/Heckelmann, BGB, § 1353 Rn. 5; MüKo/Wacke, BGB, § 1353 Rn. 17).

a) Häusliche Lebensgemeinschaft

84 Dazu zählt konkret die Aufnahme der **häuslichen Lebensgemeinschaft** (MüKo/Wacke, BGB, § 1353 Rn. 25; Palandt/Brudermüller, BGB, § 1353 Rn. 6; Soergel/Lange, BGB, § 1353 Rn. 8; Staudinger/Hübner/Voppel, BGB, § 1353 Rn. 69 ff.).

Die Eheleute haben gemeinsam den **ehelichen Wohnsitz** zu bestimmen. Da hierbei, neben familiären und freundschaftlichen Bindungen, die Erwerbstätigkeit eines Ehegatten eine Rolle spielt, muss auch diese Frage gemeinschaftlich gelöst werden (Staudinger/Hübner/Voppel, BGB, § 1353 Rn. 76).

Abgestimmt werden muss die Aufnahme Dritter in die **Ehewohnung,** beispielsweise pflegebedürftiger Eltern oder Stiefkinder (Staudinger/Hübner/Voppel, BGB, § 1353 Rn. 45). Wer einen Partner heiratet, der aus einer vorherigen Verbindung ein zu versorgendes Kind hat, ist verpflichtet, dieses in häuslicher Gemeinschaft leben zu lassen (Erman/Heckelmann, BGB, § 1353 Rn. 15; MüKo/Wacke, BGB, § 1353 Rn. 19; Soergel/Lange, BGB, § 1353 Rn. 15; wegen diesbezüglicher Unterhaltsfragen s. Rn. 139). Eine Frau, die einen Mann mit Kindern heiratet, ist i. d. R. verpflichtet, diese Kinder zu versorgen (OLG Karlsruhe, FamRZ 1961, 371). Der heutigen Zeit entspricht es, diese Verpflichtung auf beide Geschlechter zu erstrecken, jedenfalls dann, wenn das Kind einvernehmlich aufgenommen wurde (Palandt/Brudermüller, BGB, § 1353 Rn. 8).

b) Geschlechtsgemeinschaft

Zu den Pflichten aus der Generalklausel zählt die Pflicht zur **ehelichen Treue** (MüKo/Wacke, BGB, § 1353 Rn. 29; Staudinger/Hübner/Voppel, BGB, § 1353 Rn. 29) und wohl auch zum ehelichen Verkehr (Erman/Heckelmann, BGB, § 1353 Rn. 5; Palandt/Brudermüller, BGB, § 1353 Rn. 7; RGRK/Roth-Stielow, BGB, § 1353 Rn. 31; Soergel/Lange, BGB, § 1353 Rn. 10; offen lassend: MüKo/Wacke, BGB, § 1353 Rn. 30). Hübner/Voppel formulieren, dass man davon ausgehen könne, dass die **Geschlechtsgemeinschaft** vollzogen werde (Staudinger/Hübner/Voppel, BGB, § 1353 Rn. 33 f.).

85

Die Ehegatten haben sich auch über die Planung, Kinder zu bekommen, zu einigen (MüKo/Wacke, BGB, § 1353 Rn. 31; Palandt/Brudermüller, BGB, § 1353 Rn. 7). Zulässig ist auch die Vereinbarung, kinderlos zu bleiben, jedoch nicht unwiderruflich (RGRK/Roth-Stielow, BGB, § 1353 Rn. 34; Soergel/Lange, BGB, § 1353 Rn. 11; Staudinger/Hübner/Voppel, BGB, § 1353 Rn. 38). Damit im Einklang steht der Gebrauch **empfängnisverhütender Mittel** (Staudinger/Hübner/Voppel, BGB, § 1353 Rn. 40, 41) und die **Sterilisation** (RGRK/Roth-Stielow, BGB, § 1353 Rn. 37; Soergel/Lange, BGB, § 1353 Rn. 11; Staudinger/Hübner, BGB, § 1353 Rn. 35). Zum **Schwangerschaftsabbruch** ist die Zustimmung des Ehemannes erforderlich (RGRK/Roth-Stielow, BGB, § 1353 Rn. 36; Soergel/Lange, BGB, § 1353 Rn. 11), jedoch nicht dem Arzt gegenüber. Die Verletzung entsprechender Abreden stellt eine eheliche Pflichtverletzung dar.

c) Beistands- und Hilfspflicht

Die Eheleute tragen füreinander Verantwortung.

Es entsteht eine wechselseitige **Beistands- und Hilfspflicht** in persönlicher Hinsicht, die insbesondere im Strafrecht zu der bei unechten Unterlassungsdelikten relevanten **Garantenstellung** führt, z.B. zur Verpflichtung, einen Selbstmord zu verhindern (MüKo/Wacke, BGB, § 1353 Rn. 22; Palandt/Brudermüller, BGB, § 1353 Rn. 9; Staudinger/Hübner/Voppel, BGB, § 1353 Rn. 53 ff.).

86

So sollen sich Eheleute selbst gesund erhalten und dem krank gewordenen Ehegatten helfen (Palandt/Brudermüller, BGB, § 1353 Rn. 9, 10). Sie sollen weiterhin Straftaten des anderen Teils verhindern (MüKo/Wacke, BGB, § 1353 Rn. 23; Staudinger/Hübner/Voppel, BGB, § 1353 Rn. 57 f.). Die Anzeige einer Straftat des anderen Ehegatten wird allerdings als ehewidrig betrachtet (MüKo/Wacke, BGB, § 1353 Rn. 24; Staudinger/Hübner/Voppel, BGB, § 1353 Rn. 60 f.).

Im Rahmen der Beistandsleistung besteht die Verpflichtung, **Rechtsangelegenheiten zu besorgen** (BGH, FamRZ 2001, 1521).

Eine Hilfspflicht besteht auch **im wirtschaftlichen Bereich** (Erman/Heckelmann, BGB, § 1353 Rn. 17; Staudinger/Hübner/Voppel, BGB, § 1353 Rn. 87 ff.). Deshalb haben sich die Eheleute über bedeutsame finanzielle Aktionen aufzuklären (MüKo/Wacke, BGB, § 1353 Rn. 28; Staudinger/Hübner/Voppel, BGB, § 1353 Rn. 97) und wechselseitig Auskunft zu erteilen (Palandt/Brudermüller, BGB, § 1353 Rn. 13). Die Eheleute haben das Recht, vom Konto des Ehegatten Barabhebungen zu tätigen (LG Detmold, FamRZ 2002, 670). Aus **eigenmächtigen Verfügungen über ein Gemeinschaftskonto** kann ein Erstattungsanspruch entstehen (OLG Düsseldorf, FuR 1999, 500).

Haben beide Ehegatten auf ein Sparkonto eines Ehegatten eingezahlt, gibt es später keinen Ausgleichsanspruch (BGH, FamRZ 2000, 948 = NJW 2000, 2347), es sei denn, was konkludent möglich wäre, es ist eine Bruchteilsgemeinschaft entstanden (BGH, FamRZ 2002, 1696 = NJW 2002, 3702).

Die Eheleute haben, unabhängig vom Eigentum, wechselseitig die Mitbenutzung des Hausrats zu gestatten (Soergel/Lange, BGB, § 1353 Rn. 9), was an sich schon aus der Pflicht zur häuslichen Gemeinschaft folgt (Palandt/Brudermüller, BGB, § 1353 Rn. 6; Staudinger/Hübner/Voppel, BGB, § 1353 Rn. 79 f.). Sind Eheleute **Mitinhaber von Wohneigentum,** muss der bewohnende Teil es aus § 1353 BGB heraus gestatten, dass ein Bietinteressent das Objekt besichtigt (AG Aachen, FamRZ 1999, 848; Palandt/Brudermüller, BGB, § 1353 Rn. 11)

87

Steuerlich haben die Eheleute sich derart abzustimmen, dass sie die jeweils für beide Seiten günstigste Entscheidung treffen (Einzelheiten vgl. Erman/Heckelmann, BGB, § 1353 Rn. 17; MüKo/Wacke, BGB, § 1353 Rn. 28a; Staudinger/Hübner/Voppel, BGB, § 1353 Rn. 93 f.; Einzelheiten s. Rn. 120).

Weitere Einzelheiten zu den ehelichen Rechten und Pflichten s. Lexikonteil unter „eheliche Lebensgemeinschaft" und „Rechte und Pflichten, eheliche".

d) Persönliche Entfaltung

88 Trotz dieser weitgehenden Pflichten bleibt das **Persönlichkeitsrecht** und die **Privatsphäre** eines jeden Ehegatten gewahrt. Es bleibt ein kleiner persönlicher Bereich, den die Eheleute allein ausfüllen (OLG Frankfurt/M., FamRZ 1982, 484). Dies gilt in religiösen und weltanschaulichen Fragen (Erman/Heckelmann, BGB, § 1353 Rn. 10; MüKo/Wacke, BGB, § 1353 Rn. 21; Soergel/Lange, BGB, § 1353 Rn. 19; Staudinger/Hübner/Voppel, BGB, § 1353 Rn. 50 f.). Dies gilt aber auch im kleinen Bereich der Wahrung des Briefgeheimnisses usw. (MüKo/Wacke, BGB, § 1353 Rn. 20; Soergel/Lange, BGB, § 1353 Rn. 17; Staudinger/Hübner/Voppel, BGB, § 1353 Rn. 47). Jeder Ehegatte hat die Beziehung des anderen zu dessen Verwandten zu dulden (Staudinger/Hübner/Voppel, BGB, § 1353 Rn. 44).

2. Abwehr/Folgen der Verletzung der ehelichen Pflichten

a) Betreffend den Ehegatten

89 Können sich Ehegatte über einzelne Punkte, die sie einvernehmlich zu regeln haben, nicht einigen, sieht das Gesetz kein Gerichtsverfahren vor, wie beispielsweise im § 1628 Abs. 1 BGB bei Meinungsverschiedenheiten betreffend die Kinder (Erman/Heckelmann, BGB, § 1353 Rn. 11).

> *Hinweis:*
>
> *In vielen Punkten ist die Verletzung der ehelichen Pflichten ohne geregelte gesetzliche Konsequenzen. Sie spielt deshalb nur im Scheidungsrecht eine Rolle, entweder derart, dass der verletzte Partner die Trennung herbeiführt oder dass sich der Verstoß in einer Größenordnung bewegt, die an die unzumutbare Härte des § 1565 Abs. 2 BGB heranreicht (OLG Stuttgart, NJW 1979, 167).*

aa) Klage auf Herstellung der ehelichen Lebensgemeinschaft

90 Aus § 1353 Abs. 2 BGB folgt die Möglichkeit einer **Klage auf Herstellung der ehelichen Lebensgemeinschaft** (Erman/Heckelmann, BGB, § 1353 Rn. 20; RGRK/Roth-Stielow, BGB, § 1353 Rn. 104 ff.; Soergel/Lange, BGB, § 1353 Rn. 30 ff.; Staudinger/Hübner/Voppel, BGB, § 1353 Rn. 137 ff.).

Da ein die Herstellung der ehelichen Lebensgemeinschaft anordnendes Urteil gem. § 888 Abs. 1 ZPO **nicht vollstreckt werden kann**, kommt einer solchen Klage kaum Bedeutung zu. Hübner/Voppel begründen die Daseinsberechtigung damit, die Klage diene der Vorbereitung der Verfolgung vermögensrechtlicher Ansprüche aus § 1353 Abs. 1 Satz 2 BGB (Staudinger/Hübner/Voppel, BGB, § 1353 Rn. 148).

Klage und Urteil müssen konkret die erstrebte Regelung enthalten (MüKo/Wacke, BGB, § 1353 Rn. 46; Soergel/Lange, BGB, § 1353 Rn. 33). Die Herstellungsklage kann sich erstrecken auf die Wiederherstellung der ehelichen Lebensgemeinschaft schlechthin oder auch von Teilbereichen (OLG Hamburg, FamRZ 1967, 100; OLG Frankfurt/M., FamRZ 1982, 484), so z. B. Rückkehr in die eheliche Wohnung, Aufgabe der Beziehung zur Geliebten, es zu unterlassen zu schlagen (OLG Celle, NJW 1965, 1918).

Bei einer solchen Klage handelt es sich um eine Ehesache nach §§ 606 ff. ZPO mit der Folge, dass auch einstweilige Anordnungen nach §§ 620 ff. ZPO möglich sind. Obwohl ein entsprechendes Urteil nicht vollstreckt werden kann, lässt die sichere Erwartung, der beklagte Teil werde sich nicht fügen, das Rechtschutzinteresse nicht entfallen (RGZ 163, 380; OLG Köln, NJW 1966, 1864). 91

Sowohl die Herstellungsklage als auch das Herstellungsverlangen, das nicht eingeklagt wird, haben ihre **Grenzen,** vgl. § 1353 Abs. 2 BGB (dazu Erman/Heckelmann, BGB, § 1353 Rn. 25 ff.; Staudinger/Hübner/Voppel, BGB, § 1353 Rn. 150 ff.).

Ist die **Ehe gescheitert,** ist ein Herstellungsverlangen nicht mehr zulässig (OLG Hamburg, NJW 1978, 644; MüKo/Wacke, BGB, § 1353 Rn. 37; Staudinger/Hübner, BGB, § 1353 Rn. 150). Hinsichtlich des Scheiterns der Ehe kommen alle Tatbestände der §§ 1565 ff. BGB mit Ausnahme von § 1566 Abs. 1 BGB in Betracht.

Einem Herstellungsverlangen braucht der andere Teil dann nicht Folge zu leisten, wenn sich das Verlangen als **Rechtsmissbrauch** darstellt (MüKo/Wacke, BGB, § 1353 Rn. 34; Soergel/Lange, BGB, § 1353 Rn. 42 ff.; Staudinger/Hübner/Voppel, BGB, § 1353 Rn. 150). Der klagende Teil muss selbst ernsthaft willens sein, die Ehe fortzusetzen (RGZ 151, 159; MüKo/Wacke, BGB, § 1353 Rn. 35). Hat ein Ehegatte wegen schwerer Verfehlungen des anderen in der Vergangenheit ein Recht zum Getrenntleben, ist das Herstellungsverlangen des Verfehlenden missbräuchlich (OLG Celle, MDR 1967, 1009).

Krasses ehefeindliches Verhalten des klagenden Teils kann ebenfalls zum Rechtsmissbrauch führen (Einzelheiten bei Erman/Heckelmann, BGB, § 1353 Rn. 27; MüKo/Wacke, BGB, § 1353 Rn. 36).

bb) Klage auf Feststellung des Rechts zum Getrenntleben

Das Recht zum Getrenntleben kann durch eine eigenständige Klage vor dem Familiengericht (**Ehesache,** KG, FamRZ 1964, 507; OLG Celle, FamRZ 1968, 165, OLG Schleswig, FamRZ 1976, 276), aber auch durch einstweilige Anordnung nach § 620 Satz 1 Nr. 5 ZPO festgestellt werden (wobei für Letztere i. d. R. das Rechtschutzbedürfnis fehlen dürfte). Die Klage auf Feststellung des Rechts zum Getrenntleben ist Gegenstück zur Herstellungsklage (OLG Hamm, FamRZ 1957, 53, FamRZ 1970, 83). S. dazu auch Erman/Heckelmann, BGB, § 1353 Rn. 21; MüKo/Wacke, BGB, § 1353 Rn. 47; Soergel/Lange, BGB, § 1353 Rn. 53 ff.; Staudinger/Hübner/Voppel, BGB, § 1353 Rn. 155 ff. 92

Voraussetzung ist ein **Feststellungsinteresse** (OLG Hamm, FamRZ 1957, 53; OLG Düsseldorf, FamRZ 1960, 155; a. A. OLG Hamm, FamRZ 1970, 83). Dieses ist nicht gegeben, wenn ein Ehegatte die Trennung herbeiführt und der andere nicht widerspricht (OLG Karlsruhe, FamRZ 1989, 79; LG Saarbrücken, JurBüro 1970, 71) oder dies sogar seinem Willen entspricht (OLG Hamburg, FamRZ 1970, 487). Andererseits liegt es auch nach vollzogener Trennung vor, wenn der verlassene Teil das Recht zum Getrenntleben bestreitet (OLG Celle, FamRZ 1968, 165; OLG Hamm, OLGZ 1968, 405; Soergel/Lange, BGB, § 1353 Rn. 53) oder sich unklar verhält (LG Mannheim, FamRZ 1964, 510).

Inhaltlich muss ein das **Getrenntleben rechtfertigender Grund** vorliegen. Ein solcher ist insbesondere bei schweren Verfehlungen und ehefeindlichen Reaktionen des verlassenen oder zu verlassenden Teils gegeben. Es genügen aber auch erhebliche Spannungen (OLG Düsseldorf, FamRZ 1974, 312) oder Auseinandersetzungen zwischen den Ehegatten, so dass das Zusammenleben unerträglich geworden ist (KG, FamRZ 1974, 452). Das Erheben eines Scheidungsantrages allein reicht laut Kammergericht (FamRZ 1972, 261) nicht aus. 93

Ob das Getrenntleben zeitlich begrenzt (so OLG Hamm, OLGZ 1968, 405) oder ohne zeitliche Grenze (so LG Mannheim, FamRZ 1964, 510) beschlossen werden muss, ist streitig. Derjenige, dem das Getrenntleben gestattet wurde, ist nicht gehindert zurückzukehren (OLG Schleswig, SchlHA 197, 108).

cc) Klage auf Unterlassung

(1) Echte Unterlassung eines Ehebruchs

94 Eine Klage auf Unterlassung eines Ehebruchs gegen den anderen Ehegatten ist nicht zulässig, weil die Herstellungsklage die speziellere Regelung darstellt (RGZ 1971, 85; Erman/Heckelmann, BGB, § 1353 Rn. 22; MüKo/Wacke, BGB, § 1353 Rn. 42). Staudinger (Staudinger/Hübner/Voppel, BGB, § 1353 Rn. 125 f.) gibt offenbar den Anspruch, lässt ihn aber an der Vollstreckbarkeit scheitern. Eine Unterlassungsklage ist jedoch zulässig mit dem Begehren, Körperverletzungen und Misshandlungen zu unterlassen (OLG Celle, NJW 1953, 1789, FamRZ 1964, 300).

(2) Unterlassungsklage gegen Einbruch in den räumlich gegenständlichen Bereich

95 Die h. M. (BGHZ 6, 360; OLG Celle, FamRZ 1955, 46; BGH, FamRZ 1956, 50, FamRZ 1963, 553; OLG München, FamRZ 1973, 93; OLG Schleswig, FamRZ 1989, 979; MüKo/Wacke, BGB, § 1353 Rn. 42; Staudinger/Hübner/Voppel, BGB, § 1353 Rn. 129 ff.) lässt aber die Unterlassungsklage eines Ehegatten gegen den Einbruch eines/einer Dritten in den räumlichen Bereich der Ehe zu, etwa wenn ein Ehemann seine Geliebte in die Wohnung aufnimmt oder aufnehmen will oder in seine Betriebsräume (OLG Celle u. OLG München, a. a. O.). Einzelheiten s. Lexikonteil unter „Bereich, räumlich gegenständlicher" und „Bereich, nicht räumlich gegenständlicher".

Diese Klage ist auch zulässig, wenn die klagende Seite schon einen Scheidungsantrag gestellt hat (OLG Schleswig, a. a. O.).

(3) Prozessuales

96 Das Recht stand anfangs nur einer Frau gegen den Mann zu (OLG Bremen, FamRZ 1963, 297 = NJW 1963, 395), jetzt aber auch dem Mann gegen die Frau (LG Saarbrücken, FamRZ 1967, 288). Es richtet sich gegen den anderen Ehegatten und den Störer (BGHZ 6, 360; OLG Schleswig, JR 1951, 629; OLG Celle, NdsRpfl. 1963, 157; LG Hamburg, FamRZ 1964, 265; LG Zweibrücken, FamRZ 1964, 266).

> *Hinweis:*
> *Es kann geklagt werden auf* **Beseitigung der Störung und zukünftige Unterlassung** *(BGHZ 6, 360; BGH, FamRZ 1963, 553). Will die klagende Seite mit der Klage bezwecken, dass der andere Teil die eheliche Lebensgemeinschaft wiederherstellt, ist die Klage wegen der Gefahr der Umgehung des § 888 Abs. 2 ZPO unzulässig (OLG Frankfurt/M., NJW 1974, 2325). Nach h. M. (OLG Karlsruhe, FamRZ 1980, 139; OLG Hamm, FamRZ 1981, 477; OLG Zweibrücken, FamRZ 1989, 55) handelt es sich um eine* **Zivilgerichtssache** *(a. A. OLG Celle, FamRZ 1980, 242: Familiensache). Der Anspruch kann auch durch* **einstweilige Verfügung** *geltend gemacht werden (OLG Celle, FamRZ 1955, 46; LG Hamburg, FamRZ 1964, 265; OLG München, FamRZ 1973, 93).*

dd) Schadensersatz

97 Unzulässig ist eine **Schadensersatzklage** eines Ehegatten gegen den anderen wegen **Verletzung ehelicher Pflichten** (h. M., BGH, FamRZ 1988, 143; Palandt/Brudermüller, BGB, § 1353 Rn. 14; RGRK/Roth-Stielow, BGB, § 1353 Rn. 10; Staudinger/Hübner/Voppel, BGB, § 1353 Rn. 127). Schmerzensgeld für verlorene Liebe gibt es nicht (MüKo/Wacke, BGB, § 1353 Rn. 40).

Denkbar sind aber Schadensersatzansprüche, auch gerichtet auf **Schmerzensgeld,** wegen körperlicher oder seelischer **Misshandlung** (OLG Karlsruhe, FamRZ 1961, 375; BGH, NJW 1983, 624), die der Ehegatte jedoch wegen § 1353 BGB nicht geltend machen darf (BGH, a. a. O.). Möglich sind daneben Schadensersatzansprüche aus dem **geschäftsmäßigen Bereich** (BGH, FamRZ 1988, 143). Eine Literaturmeinung (MüKo/Wacke, BGB, § 1353 Rn. 40) bejaht die Ersatzfähigkeit der sog. **Abwicklungskosten**.

Nach **häuslicher Gewalt** gibt es Möglichkeiten nach dem GewSchG.

ee) Ansprüche des Scheinvaters

Problematisch sind die Ansprüche des **Scheinvaters** aus Anlass eines im Ehebruch gezeugten Kindes. 98

Die h. M. (BGHZ 23, 215 = FamRZ 1957, 133 = NJW 1957, 670; Erman/Heckelmann, BGB, § 1353 Rn. 22; Soergel/Lange, BGB, § 1353 Rn. 41) versagt dem Scheinvater einen Anspruch auf Erstattung der Kosten eines **Vaterschafts-** (vormals Ehelichkeits-)**anfechtungsprozesses** (§ 93c ZPO) gegen den anderen Ehegatten (a. A. MüKo/Wacke, BGB, § 1353 Rn. 40 f.; Staudinger/Hübner/Voppel, BGB, § 1353 Rn. 127).

Ebenso kann ein Ehegatte vom anderen nicht die **Kosten des Scheidungsverfahrens** erstattet verlangen (BGH, FamRZ 1956, 180).

Schließlich kann der Scheinvater i. d. R. von der Mutter auch nicht die Erstattung des für das Kind **geleisteten Unterhalts** verlangen (OLG Hamburg, MDR 1970, 507; BGH, FamRZ 1990, 367 = NJW 1990, 706), auch dann nicht, wenn sie sich weigert, den Erzeuger zu benennen (OLG Hamburg, a. a. O.).

Ausnahmen werden nur bei krassem Fehlverhalten der Mutter zugelassen, so, wenn sie bei Eheschließung vorspiegelt, das zu erwartende Kind stamme vom zukünftigen Ehemann (BGHZ 80, 235).

b) Betreffend den Dritten („Störer")

aa) Unterlassung des Ehebruchs

Ebenso wenig wie gegen einen Ehegatten kann gegen einen Dritten auf **Unterlassung des Ehebruchs** geklagt werden (RGZ 71, 85; 151, 159; Erman/Heckelmann, BGB, § 1353 Rn. 31; a. A. offenbar Staudinger/Hübner/Voppel, BGB, § 1353 Rn. 133, die aber die Vollstreckung nicht zulassen). 99

bb) Eindringen in den geschützten räumlich gegenständlichen Bereich

Wie gegen den untreuen Ehegatten lässt die h. M. (Erman/Heckelmann, BGB, § 1353 Rn. 23, 31; MüKo/Wacke, BGB, § 1353 Rn. 42; Staudinger/Hübner/Voppel, BGB, § 1353 Rn. 129 ff.) auch gegen einen die Ehe störenden Dritten die Unterlassungsklage zu, wenn ein Ehegatte den Störer in den räumlich gegenständlichen Bereich aufgenommen hat oder dies zu tun gedenkt (LG Hannover, NdsRpfl. 1949, 18; KG, FamRZ 1965, 329). 100

Einzelheiten s. Lexikonteil unter „Bereich räumlich gegenständlicher" und „Bereich, nicht räumlich gegenständlicher".

Der Anspruch richtet sich gegen den ungetreuen Ehegatten und den Störer (BGHZ 6, 360; OLG Schleswig, JR 1951, 629; LG Hamburg, FamRZ 1964, 265; LG Zweibrücken, FamRZ 1964, 266).

cc) Schadensersatzansprüche gegen den Dritten

Das RG und der BGH haben in st. Rspr. Schadensersatzansprüche eines betrogenen Ehegatten gegen einen die Ehe störenden Dritten verneint. Sie haben insbesondere **Geld für Genugtuung** (BGH, NJW 1973, 991), für ausgefallene Haushaltskraft und Kindererziehung (RGZ 72, 128) sowie **Schmerzensgeld und Verdienstausfall,** wenn die Ehekrise zur Erkrankung führte (BGHZ 23, 279 = FamRZ 1957, 135), versagt. Ein besonderes Gewicht kommt auch hier den Ansprüchen des Ehemannes **wegen eines im Ehebruch gezeugten Kindes zu.** 101

Sehr früh unstreitig war, dass der **Scheinvater** vom Erzeuger die Entbindungskosten erstattet verlangen konnte (BGHZ 26, 217 = FamRZ 1958, 99 = NJW 1958, 544).

Einen für den **Vaterschafts-** (früher: Ehelichkeits-) **anfechtungsprozess** dem Kind geleisteten **Prozesskostenvorschuss** kann der Scheinvater vom Erzeuger ebenfalls zurückverlangen (BGH, FamRZ 1964, 558 = NJW 1964, 2151; BGH, FamRZ 1968, 78 = NJW 1968, 446). Die Erstattungsfähigkeit der **übrigen Kosten eines Vaterschafts-** (früher: Ehelichkeits-) **anfechtungsprozesses** hat der BGH anfangs verneint (BGHZ 26, 217 = FamRZ 1958, 99 = NJW 1958, 544).

102 Unter dem Gesichtspunkt des Unterhaltsrechts, das per 1970 geändert wurde, hat der BGH schließlich dem Erzeuger auferlegt, **die gesamten Kosten** des Ehelichkeitsanfechtungsprozesses an den Scheinvater zu erstatten (BGHZ 57, 229 = FamRZ 1972, 33 = NJW 1972, 199; BGHZ 103, 160). Nach einer Mindermeinung (AG Neustadt, FamRZ 1998, 1245) hat der tatsächliche Vater dem Scheinvater nur die **notwendigen Kosten** zu ersetzen.

Die Entscheidungen des BGH über den durch den Scheinvater verauslagten **Unterhalt** für das Kind (BGHZ 24, 9 = FamRZ 1957, 167; BGHZ 26, 217 = FamRZ 1958, 99 = NJW 1958, 544) sind überholt. Das NehelG hat per 1. 7. 1970, also nach Erlass der entsprechenden Entscheidungen des BGH, im § 1615b BGB geregelt, dass der Unterhaltsanspruch des nichtehelichen Kindes gegen seinen Erzeuger auf den Scheinvater übergeht, wenn dieser für den Unterhalt aufgekommen ist. Seither mehren sich die Stimmen derer, die dem betrogenen Ehemann weitere Schadensersatzansprüche gegen den Ehestörer zusprechen wollen (vgl. Erman/Heckelmann, BGB, § 1353 Rn. 32 – 38; MüKo/Wacke, BGB, § 1353 Rn. 40).

c) Ansprüche des störenden Dritten gegen den betrogenen Ehegatten

103 Dringt ein störender Dritter in den Bereich der Ehe ein, kommt es häufig zu Auseinandersetzungen zwischen ihm und dem betrogenen Ehegatten. Wird dabei der Dritte durch den Ehegatten körperlich verletzt, muss er sich den Ehebruch als Mitverschulden nach § 254 BGB anrechnen lassen (OLG Köln, MDR 1982, 933; LG Paderborn, FamRZ 1990, 516; Erman/Heckelmann, BGB, § 1353 Rn. 23).

III. Haushaltsführung

1. Regelung im gegenseitigen Einvernehmen

104 Nach § 1356 Abs. 1 Satz 1 BGB regeln die Ehegatten die Haushaltsführung im **gegenseitigen Einvernehmen.** Das kann selbstverständlich durch ausdrückliche Absprache, aber auch aufgrund tatsächlicher Ausgestaltung geschehen (Erman/Heckelmann, BGB, § 1356 Rn. 5; MüKo/Wacke, BGB, § 1356 Rn. 8, dort auch zur Rechtsnatur; Soergel/Lange, BGB, § 1356 Rn. 8 ff.).

Möglich sind alle Variationen. Haupttypen sind die Haushaltsführungsehe, die Doppelverdienerehe und die Zuverdienerehe (Erman/Heckelmann, BGB, § 1356 Rn. 3; MüKo/Wacke, BGB, § 1356 Rn. 6).

Einigen sich die Eheleute nicht, sind sie über § 1353 BGB beide verpflichtet, den Haushalt zu führen (BGH, JZ 1960, 371; Erman/Heckelmann, BGB, § 1356 Rn. 4; Staudinger/Hübner/Voppel, BGB, § 1353 Rn. 8) und evtl. auch erwerbstätig zu sein (Erman/Heckelmann, a. a. O.).

Nach außen hin ist die getroffene **Vereinbarung bindend,** sodass nach Tötung des Mannes die den Haushalt führende Frau nicht erwerbstätig zu sein braucht (OLG Celle, FamRZ 1980, 137).

105 Von der einmal getroffenen Regelung sind einverständliche Abänderungen möglich (Erman/Heckelmann, BGB, § 1356 Rn. 5; Soergel/Lange, BGB, § 1356 Rn. 10). Die getroffene Regelung muss nämlich etwaigen geänderten Verhältnissen (Geburt von Kindern, Veränderung des Arbeitsmarktes, Erkrankung usw.) angepasst werden. Kommt eine einverständliche Abänderung nicht zustande, ist eine entsprechende Feststellungsklage möglich (Erman/Heckelmann, BGB, § 1356 Rn. 6).

Hält sich eine Seite nicht an die getroffene Arbeitsteilung, ist auch hier die **Herstellungsklage** (s. Rn. 90) möglich (Erman/Heckelmann, BGB, § 1356 Rn. 5), deren Urteil auch in diesem Falle nicht vollstreckbar ist (§ 888 Abs. 2 ZPO).

Erfolgte die Arbeitsteilung mit Blick auf gewisse Vermögensdispositionen und hält eine Seite sie nicht ein, soll sogar die Geltendmachung von **Schadensersatz** möglich sein (Erman/Heckelmann, BGB, § 1356 Rn. 5; MüKo/Wacke, BGB, § 1356 Rn. 9).

2. Eigenverantwortung der Ehegatten

Ist so die Haushaltsführung geregelt, handelt gem. § 1356 Abs. 1 Satz 2 BGB der jeweilige Ehegatte eigenverantwortlich. Der andere Teil darf dem den Haushalt führenden Teil keine Vorschriften machen, wenngleich über § 1353 BGB eine gewisse Abstimmung erforderlich ist (Erman/Heckelmann, BGB, § 1356 Rn. 7; Soergel/Lange, BGB, § 1356 Rn. 12), auch nicht indirekt über das Wirtschaftsgeld (MüKo/Wacke, BGB, § 1356 Rn. 10). Es besteht **keine Rechenschaftspflicht** (BGH, FamRZ 2001, 23; einschränkend noch OLG Köln, FamRZ 1999, 298). Der den Haushalt führende Teil hat konkret alle täglichen Aufgaben des Haushaltes zu erledigen, so die Wohnung in Ordnung zu halten, desgleichen die Bekleidung und den Hausrat, den Einkauf, das Bereiten der Mahlzeiten usw. (s. Auflistung bei MüKo/Wacke, BGB, § 1356 Rn. 14). 106

Ob der Ehegatte diese Arbeiten **eigenhändig** vornimmt oder sich ganz oder teilweise einer Hilfe bedienen darf, richtet sich einerseits nach den wirtschaftlichen Verhältnisses der Eheleute und andererseits nach dem Grad der Freistellung für den Haushalt (Erman/Heckelmann, BGB, § 1356 Rn. 8; Soergel/Lange, BGB, § 1356 Rn. 14).

Eine **Vergütung** ist für die Haushaltsführung nicht vorgesehen. Die Verpflichtung ist Bestandteil der Familienunterhaltspflicht aus § 1360 BGB (Erman/Heckelmann, BGB, § 1356 Rn. 7; zum Familienunterhalt s. Rn. 124 ff.).

3. Schadensersatzanspruch bei Verletzung des haushaltsführenden Ehegatten

Bei Verletzung des den Haushalt führenden Ehegatten hat der Verletzte gegen den Schädiger einen **Schadensersatzanspruch** (BGHZ 38, 55; BGH, FamRZ 1975, 30; LG Saarbrücken, FamRZ 2000, 1215; Staudinger/Hübner/Voppel, BGB, § 1356 Rn. 80). Die vom verletzten Ehegatten geschuldete Haushaltsführung ist Bestandteil der Unterhaltspflicht. Er schuldet seiner Familie diesen Beitrag (Erman/Heckelmann, BGB, § 1356 Rn. 7, 10). 107

Hätte der verletzte Teil ohnehin nicht im Haushalt gearbeitet, weil man eine Haushaltshilfe hat, versagt der BGH einen Schadensersatzanspruch (BGH, FamRZ 1990, 31). Bei Vorliegen eines Anspruches richtet sich die Höhe des Schadensersatzes nicht nach dem geschuldeten, sondern nach dem geleisteten Haushaltsbeitrag (BGH, NJW 1974, 1651).

Anhaltspunkte können Aufwendungen darstellen, die für eine Ersatzkraft zu erbringen wären. Auch können Tarifverträge für im Haushalt beschäftigte Personen Aufschluss geben (OLG Oldenburg, NJW 1977, 961; Erman/Heckelmann, BGB, § 1356 Rn. 10).

Der Ehegatte des den Haushalt führenden Teils hat bei dessen Verletzung gegen den Schädiger keine Ansprüche (Erman/Heckelmann, a. a. O.; Staudinger/Hübner/Voppel, BGB, § 1356 Rn. 79), auch nicht aus § 845 BGB, da die Leistung der gesamten Familie geschuldet wird und die Vorschrift somit überholt ist (BGHZ 50, 304 = NJW 1968, 1823 = VersR 1968, 852; BGH, VersR 1971, 416; BGH, FamRZ 1975, 30; BGH, FamRZ 1980, 776).

Allerdings kann der andere Teil zur Einforderung ermächtigt sein (BGH, VersR 1971, 416).

4. Schadensersatzanspruch bei Tötung

Bei **Tötung des den Haushalt führenden Teils** hat dessen Ehegatte gegen den Schädiger einen Anspruch aus § 844 Abs. 2 BGB (Staudinger/Hübner/Voppel, BGB, § 1356 Rn. 81) auch dann, wenn beide Eheleute den Haushalt geführt haben (BGH, JR 1989, 65). Der getötete Teil schuldete 108 seiner Familie unter dem Gesichtspunkt des Unterhalts, nicht der Dienstleistung (BGHZ 51, 109) die Haushaltsführung, so dass den Kindern und dem überlebenden Ehegatten ein gleichermaßen gearteter Anspruch zusteht (Erman/Heckelmann, BGB, § 1356 Rn. 11). Dies gilt auch, wenn der Schädiger aus anderen Vorschriften, so z. B. der Gefährdungshaftung des Straßenverkehrsgesetzes, haftet (Erman/Heckelmann, a. a. O.).

Für die **Höhe** des Anspruchs ist entscheidend, welche Mittel aufgebracht werden müssen, um den geschuldeten Unterhaltsbeitrag, die Haushaltsführung also, zu finanzieren (Erman/Heckelmann, BGB, § 1356 Rn. 12). Anhaltspunkt ist die **Nettovergütung einer Ersatzkraft** (BGH, NJW 1972, 1716; BGH, FamRZ 1973, 129; BGH, FamRZ 1982, 1185; BGHZ 86, 372 = FamRZ 1983, 452).

Da der getötete Teil seinen Beitrag dem überlebenden Ehegatten und den Kindern schuldete, ist der ermittelte Anspruch unter den genannten Personen **aufzuteilen** (BGH, FamRZ 1972, 292 = NJW 1972, 1130 = VersR 1972, 743; BGH, FamRZ 1973, 129; Erman/Heckelmann, a. a. O.).

IV. Recht auf Erwerbstätigkeit

109   Nach § 1356 Abs. 2 BGB haben **beide Ehegatten das Recht, erwerbstätig zu sein,** allerdings nur insoweit als dies **familienverträglich** ist.

Nach altem Recht war es Normalfall, dass die Frau nicht erwerbstätig war. Ausnahmen waren denkbar (BGH, NJW 1957, 537).

Der nicht den Haushalt führende Ehegatte ist **i. d. R. vollschichtig erwerbstätig**, um Geld für die Familie zu verdienen. Unter dem Gesichtspunkt des **Familienunterhalts** (dazu Rn. 124 ff.) ist aus seinem Recht eine Pflicht geworden. Haushaltsführung und Erwerbstätigkeit sind **gleichwertig** (OLG Köln, VersR 1969, 526).

Führen beide Ehegatten gleichermaßen den Haushalt, können sie ebenso gleichermaßen erwerbstätig sein (und umgekehrt, BSG, FamRZ 1977, 642). Auch der Erwerbstätige ist in gewissem Rahmen gehalten, sich an der Haushaltsführung zu beteiligen (BGH, FamRZ 1960, 21 = JZ 1960, 371; BSG, FamRZ 1971, 579). Ist einem Ehegatten allein die Haushaltsführung übertragen, hat er gleichwohl das Recht, erwerbstätig zu sein (BGH, NJW 1957, 537).

Der den **Haushalt führende Ehegatte** hat die Erwerbstätigkeit so einzurichten, dass die Erfüllung seiner Arbeit in der Familie sichergestellt ist (RGRK/Roth-Stielow, BGB, § 1356 Rn. 29). Familie in diesem Sinne sind die Personen, mit denen man in häuslicher Gemeinschaft lebt (RGRK/Roth-Stielow, BGB, § 1356 Rn. 25). Die **Haushaltsführung hat Vorrang** (Erman/Heckelmann, BGB, § 1356 Rn. 15). Eine andere Beurteilung rechtfertigt sich unter besonderen Umständen.

1. Einzelfälle

110   Ist die zusätzliche Erwerbstätigkeit des den Haushalt führenden Ehegatten **erforderlich, um den Familienunterhalt sicherzustellen,** entfällt der Vorrang der Haushaltsführung (OLG Stuttgart, NJW 1961, 2113; Erman/Heckelmann, a. a. O.). Das Recht des den Haushalt führenden Ehegatten zur Erwerbstätigkeit kann auch deshalb gegeben sein, weil er nur so die **Barunterhaltspflichten für Personen aus einer vorherigen Verbindung** sicherstellen kann (Erman/Heckelmann, a. a. O.; s. Rn. 139).

Das Recht kann sich schließlich aus dem **allgemeinen Persönlichkeitsrecht** ergeben (Erman/Heckelmann, a. a. O.). So wird auf andauernde erfolgreiche Tätigkeit eines Ehegatten in der Zeit vor der Ehe und eine solche Tätigkeit verwiesen, die für die Öffentlichkeit von Bedeutung ist. Die somit zulässige Erwerbstätigkeit sowie auch **weitere Tätigkeiten** wie Kunst und Sport sowie sonstige Hobbys und weiterhin ehrenamtliche Tätigkeiten kann der betreffende Ehegatte **ohne Zustimmung des anderen** übernehmen (Erman/Heckelmann, a. a. O.).

Verletzt er damit allerdings seine Pflichten in Bezug auf die Ehe/Familie, ist auch insoweit die **Herstellungsklage** (s. dazu Rn. 90) gegeben.

2. Verletzung und Tod des Erwerbstätigen

Bei **Verletzung des Erwerbstätigen** durch schuldhaftes Verhalten eines Dritten hat wiederum nur der verletzte Teil einen Anspruch gegen diesen Schädiger (Staudinger/Hübner/Voppel, BGB, § 1358 Rn. 83, 84).

111

Beim **Tode des Erwerbstätigen** durch ein solches Verhalten Dritter haben der überlebende Ehegatten und die Kinder (BGH, FamRZ 1972, 497 = NJW 1972, 1716 = VersR 1972, 948) einen Anspruch aus § 844 Abs. 2 BGB (Staudinger/Hübner/Voppel, a. a. O.), wenn nicht ohnehin die Rentenversicherung einspringt, oder bei einem Beamten der Versorgungsträger (BGH, FamRZ 1998, 416).

Hatte die getötete Person den **Haushalt geführt und war zusätzlich erwerbstätig,** müssen beide Betätigungen bei der Ermittlung des **Schadensersatzes** berücksichtigt werden (BGH, a. a. O.). War die getötete Person **völlig von der Haushaltsführung freigestellt,** kann die Restfamilie nicht zusätzlich Schadensersatz wegen entgangener Haushaltsführung verlangen (OLG Hamm, FamRZ 1969, 490 = NJW 1969, 1673).

V. Mitarbeit im Geschäft/Gewerbe des anderen Ehegatten

1. Verpflichtung zur Mitarbeit

Nach § 1356 Abs. 2 BGB a. F. war ein Ehegatte verpflichtet, im Geschäft oder Beruf des anderen Ehegatten **mitzuarbeiten,** wenn dies **üblich** war.

112

Diese Pflicht ergibt sich **jetzt nicht mehr aus dem Gesetz.** Damit ist eine solche Pflicht aber nicht entfallen (Erman/Heckelmann, BGB, § 1356 Rn. 16; MüKo/Wacke, BGB, § 1356 Rn. 20; Palandt/Brudermüller, BGB, § 1356 Rn. 6). Vielmehr ergibt sich eine solche Pflicht jetzt **aus der allgemeinen Beistandspflicht des § 1353 BGB** und dem **Unterhaltsrecht** (Erman/Heckelmann, BGB, § 1356 Rn. 16; Staudinger/Hübner/Voppel, BGB, § 1356 Rn. 34 und § 1353 Rn. 84 ff.). Deshalb besteht die Pflicht einmal in **Notfällen** und, in abgeschwächter Form, in den nach früherem Recht üblichen **Mitarbeitssituationen,** z. B. in der Landwirtschaft und in mittelständischen handwerklichen und kaufmännischen Betrieben. Erfordert die Sicherstellung des Unterhalts keine Mitarbeit, besteht i. d. R. auch keine Verpflichtung (Erman/Heckelmann, BGB, § 1356 Rn. 16).

Einen **Anspruch** des den Haushalt führenden Ehegatten, im Geschäft oder Gewerbe des anderen mitzuarbeiten, gibt es **nur eingeschränkt** (Staudinger/Hübner/Voppel, BGB, § 1356 Rn. 35). Es könnte ehewidrig i. S. v. § 1353 BGB sein, wenn ein Ehegatte die Mitarbeit des anderen ablehnt und dieser dadurch gekränkt oder herabgesetzt wird (Erman/Heckelmann, BGB, § 1356 Rn. 17; MüKo/Wacke, BGB, § 1356 Rn. 22).

2. Entgelt für die Mitarbeit

Die früher h. M. nahm bei der Verpflichtung zur Mitarbeit wegen Üblichkeit **nach altem Recht** (s. Rn. 112) eine **Unentgeltlichkeit** an (BGHZ 46, 385 = NJW 1967, 1077; OLG Schleswig, SchlHA 1962, 144).

113

Bei weitergehender Mitarbeit wurde ein Anspruch auf Entgelt bejaht (BFH, DB 1969, 1729). Die **jetzt h. M.** bleibt bei dieser Meinung, zumindest in dem Bereich der Üblichkeit nach altem Recht (Erman/Heckelmann, BGB, § 1356 Rn. 23; Soergel/Lange, BGB, § 1356 Rn. 27; Staudinger/Hübner/Voppel, BGB, § 1356 Rn. 39 ff.; kritisch MüKo/Wacke, BGB, § 1356 Rn. 24).

Daran wird Kritik erhoben, weil das BVerfG schon 1962 (FamRZ 1962, 100) ausgeführt hat, wenn eine Tätigkeit über den Rahmen unbedeutender Hilfstätigkeit hinausgehe, sei sie nicht mehr unentgeltlich.

Demgegenüber verweist die h.M. in der Literatur (Erman/Heckelmann, a. a. O.; Soergel/Lange, a. a. O.) darauf, eine Vergütung könne durch formlosen Vertrag vereinbart werden. **Übersteigt die Mitarbeit das übliche Maß** alten Rechts, geht die h.M. von einer Entgeltlichkeit aus (BGH, FamRZ 1961, 431; Erman/Heckelmann, a. a. O.; Staudinger/Hübner/Voppel, BGB, § 1356 Rn. 42).

3. Ehegattenarbeitsverhältnisse

114 Die Eheleute können auch dadurch völlige Klarheit herstellen, dass sie einen **Dienstvertrag** abschließen und die Mitarbeit damit dem **Arbeitsrecht** unterstellen (Erman/Heckelmann, BGB, § 1356 Rn. 25; Palandt/Brudermüller, BGB, § 1356 Rn. 8; Staudinger/Hübner/Voppel, BGB, § 1356 Rn. 47 ff.).

Der Abschluss eines solchen Vertrages kann ausdrücklich oder durch schlüssige Handlungen erfolgen (Erman/Heckelmann, a. a. O.; MüKo/Wacke, BGB, § 1356 Rn. 25). **Steuerlich und sozialversicherungsrechtlich** bestehen keine Bedenken (MüKo/Wacke, BGB, § 1356 Rn. 28 f.; Palandt/Brudermüller, a. a. O.). Es hat eine Gleichbehandlung mit anderen Arbeitnehmern zu erfolgen (BVerfG, FamRZ 1962, 100, 107 zur steuerlichen Gleichbehandlung; BVerfG, NJW 1965, 195 = BB 1965, 43 zur Rentenversicherung).

a) Beachtung des Arbeitsrechts

115 Damit solche Ehegattenarbeitsverhältnisse auch **anerkannt** werden, müssen sie dem Arbeitsrecht entsprechen. Das ist nicht der Fall bei einem Vertrag „über gelegentliche Hilfeleistungen" (BFH, NJW 1968, 319) und bei wechselseitigen Arbeitsverhältnissen (BFH, NJW 1989, 2150). Ein solches Arbeitsverhältnis wurde auch nicht akzeptiert bei einem Ehegatten, der wegen anderer Tätigkeiten ausgelastet war, jedenfalls dann nicht, wenn seine Tätigkeit im Ehegattenarbeitsverhältnis üblicherweise ehrenamtlich verrichtet wird (BFH, FamRZ 1997, 611; **s. ausführlich Teil 10, Rn. 386 ff.**).

> *Hinweis:*
> *Wichtiger Punkt ist dabei das **Entgelt**. Dieses darf verhältnismäßig niedrig sein (BFH, NJW 1984, 1487). Es muss aber zum üblichen Zeitpunkt gezahlt werden (BFH, NJW 1964, 1646; BSG, NJW 1994, 341). Zulässig ist auch, einen Teil des Lohns dem Arbeitgeber als Darlehen zu belassen (BFH, BB 1968, 1029).*

Die Beantwortung der Frage nach dem Entgelt ist insbesondere für Gläubiger des mitarbeitenden Ehegatten interessant. Einen vereinbarten Lohn können sie nach §§ 850 ff. ZPO pfänden, allerdings mit den Pfändungsfreibeträgen des § 850h ZPO (BAG, FamRZ 1977, 707; Erman/Heckelmann, a. a. O.). Sittenwidrig i.S.v. § 826 BGB ist die Mitarbeit im Geschäft den Gläubigern des mitarbeitenden Ehegatten gegenüber nicht (BAG, FamRZ 1973, 626).

116 Endete die Ehe durch **Scheidung**, gab das RG den **unentgeltlich mitarbeitenden Ehegatten Bereicherungsansprüche** (kritisch dazu Staudinger/Hübner/Voppel, BGB, § 1356 Rn. 58 f.). Der BGH hat es mit dem **Wegfall der Geschäftsgrundlage** versucht, insbesondere dann, wenn eine Innengesellschaft abgelehnt wurde (BGHZ 82, 227 und BGH, FamRZ 1988, 481 bei Zuwendung für Hausbau; BGHZ 84, 361 bei Arbeitsleistung für Hausbau; BGH, FamRZ 1972, 201 bei Übertragung von Wertpapieren).

b) Gesellschaftsrechtlicher Ansatz

117 Die überwiegende Meinung nimmt heute bei Mitarbeit über das Maß des § 1356 Abs. 2 BGB a.F. hinaus im Geschäft oder Gewerbe eines Ehegatten einen **Gesellschaftsvertrag** an. Konstruiert wird das über eine **Innengesellschaft** (BGHZ 8, 249; MüKo/Wacke, BGB, § 1356 Rn. 26; Soergel/

Lange, BGB, § 1356 Rn. 33; Staudinger/Hübner/Voppel, BGB, § 1356 Rn. 50 f.; Haas, FamRZ 2002, 205).

Ein derartiger Vertrag kann auch stillschweigend abgeschlossen werden (BGHZ 8, 249; BGH, FamRZ 1960, 104; BGH, FamRZ 1961, 522; BGH, FamRZ 1961, 519; BGH, FamRZ 1990, 1219).

Erforderlich ist aber ein **gemeinsamer Gesellschaftszweck,** der sich einer Berufsgemeinschaft annähern muss und damit die vorgeschriebenen Gemeinsamkeiten der Ehe übersteigt (BGH, FamRZ 1961, 301; 431; 519; BGH, FamRZ 1962, 357; BGH, DB 1972, 2201; BGH, FamRZ 1975, 35).

Anhaltspunkte für eine derartige Gesellschaft liegen vor, wenn ein Ehegatte seine volle Arbeitskraft opfert (BGH, FamRZ 1954, 136; BGH, FamRZ 1968, 589) und zwar jahrelang und über das Maß des § 1356 Abs. 2 BGB a. F. (s. o. Rn. 112) hinaus und in verantwortlichem Maße (BGH, FamRZ 1962, 110).

Nicht ausreichend ist das Zurverfügungstellen von Geld (BGH, FamRZ 1962, 110; BGH, FamRZ 1963, 279 = BB 1963, 535; BGH, FamRZ 1965, 197 = BB 1964, 1025; BGH, WM 1974, 1024 = JR 1975, 155) oder der Erwerb oder Bau eines Hauses (BGH, FamRZ 1960, 58; BGH, WM 1965, 795; BGH, NJW 1974, 1554).

Abgewickelt wird eine solche Gesellschaft dann nach § 738 BGB (OLG Karlsruhe, FamRZ 1973, 649) und zwar durch **Abfindung in Geld** (BGH, FamRZ 1960, 104). Eine Meinung in der Literatur regt jetzt einen familienrechtlichen Ausgleichsanspruch aus § 1353 Abs. 1 Satz 2 an (Staudinger/Hübner/Voppel, BGB, § 1356 Rn. 64 ff.).

c) Verletzung der Mitarbeitsverpflichtung

Die **Verletzung dieser Mitarbeitsverpflichtung** kann der andere Ehegatte nur mit der **Herstellungsklage** (s. o. Rn. 90) durchsetzen (Palandt/Brudermüller, BGB, § 1356 Rn. 7). **Schadensersatzansprüche** können aus der Verletzung der Verpflichtung, mitzuarbeiten, nicht hergeleitet werden (Erman/Heckelmann, BGB, § 1356 Rn. 17; Palandt/Brudermüller, a. a. O.; Staudinger/Hübner/Voppel, BGB, § 1356 Rn. 36). 118

Entsteht ein Schaden durch Mitarbeit eines Ehegatten, weil ihm eine gefahrvolle Aufgabe übertragen wurde, kann der andere keinen Schadensersatz verlangen (BGH, VersR 1967, 504).

d) Verletzung/Tötung des mitarbeitenden Ehegatten durch Dritte

Verletzt ein Dritter den mitarbeitenden Ehegatten **schuldhaft**, stehen diesem (und nicht seinem Ehegatten, auch nicht aus § 845 BGB) Schadensersatzansprüche zu (BGHZ 59, 172 = NJW 1972, 2217; OLG Nürnberg, VersR 1964, 954). **Tötet** der Dritte **den mitarbeitenden Ehegatten,** ist zu differenzieren: Hat der getötete Ehegatte im Rahmen von § 1356 Abs. 2 BGB a. F. gearbeitet, war das Erfüllung seiner Verpflichtung aus §§ 1353, 1360 BGB. Dafür hat der überlebende Ehegatte gegen den Schädiger Ansprüche aus § 844 Abs. 2 BGB (Staudinger/Hübner/Voppel, BGB, § 1356 Rn. 83). Bei der Bemessung der Höhe des Schadensersatzes sind dann Haushaltsführung und Mitarbeit zu berücksichtigen (BGH, FamRZ 1969, 407). Hat die Mitarbeit des getöteten Ehegatten den Rahmen von § 1356 Abs. 2 BGB a. F. überstiegen, hat der überlebende Ehegatte insoweit keinen Anspruch aus § 844 Abs. 2 BGB. Dass ein Arbeitsverhältnis oder ein Gesellschaftsvertrag vorgelegen hat, ändert daran nichts. 119

VI. Ausgewählte vermögensrechtliche Aspekte

1. Steuerveranlagung

In mehreren Entscheidungen haben Obergerichte Ehegatten darauf verwiesen, dass aus § 1353 BGB auch die Verpflichtung folgt, steuerrechtlich die **günstigste Veranlagung** zu wählen. Die Ehegatten sind verpflichtet, sich steuerlich gemeinsam veranlagen zu lassen (OLG Nürnberg, 120

FamRZ 1971, 434; BGH, FamRZ 1977, 38 = NJW 1977, 378; OLG Hamm, FamRZ 1990, 291 = NJW-RR 1990, 709; OLG Karlsruhe, FamRZ 1994, 894; OLG Hamm, FamRZ 1998, 241; AG Castrop-Rauxel, FamRZ 2001, 1371; BGH, FuR 2002, 476). Es sind die Nachteile auszugleichen (BGH, FamRZ 2002 m. Anm. Bergschneider, FamRZ 2002, 1181). Die Zustimmung müssen auch Geringverdiener erteilen, selbst dann, wenn damit die Freistellungsbescheinigung entfällt (OLG Köln, NJW 2002, 904). Der Anspruch auf Zustimmung zur gemeinsamen Veranlagung entfällt nur bei Schikane (OLG Oldenburg, FamRZ 2003, 159).

Die Pflicht zur gemeinsamen Veranlagung entfällt, wenn einem Ehegatten dadurch **Nachteile entstehen** (LG Aachen, FamRZ 1999, 381).

Als Ehegatte ist man zur Zustimmung zum begrenzten Realsplitting verpflichtet (AG Ravensburg, FamRZ 1980, 681; BGH, NJW 1983, 1545).

Die Verletzung derartiger Verpflichtungen macht **schadensersatzpflichtig** (BGH, NJW 1977, 378; OLG Hamm, FamRZ 2001, 98; LG Frankfurt/M., FamRZ 2002, 669).

Zur Frage des **gesamtschuldnerischen Ausgleichs** bei Zahlung der gemeinsamen Steuerlast durch nur einen Ehegatten s. BGH, FuR 2002, 498 und BGH, NJW 2002, 1570 = FamRZ 2002, 739 m. Anm. Wever, FamRZ 2002, 741.

2. Eigenübliche Sorgfalt

121 Nach **§ 1359 BGB** haben die Eheleute bei Erfüllung der sich aus dem ehelichen Verhältnis ergebenden Pflichten nur für die **Sorgfalt** einzustehen, die sie **in eigenen Angelegenheiten** anzuwenden pflegen. Diese Haftungsmilderung gilt nach st. Rspr. des BGH (BGHZ 53, 352 = NJW 1970, 1271; BGH, FamRZ 1988, 476 = NJW 1988, 1208) nicht bei Personen- und Sachschäden infolge schuldhaften Verstoßes gegen die Vorschriften des Straßenverkehrs. Ansprüche aus der derart wieder aufgelebten verstärkten Haftung kann ein Ehegatte gegen den anderen nur mit Einschränkungen aus § 1353 BGB geltend machen (BGHZ 63, 51 = NJW 1974, 2124; BGH, FamRZ 1988, 476 = NJW 1988, 1208), es sei denn, der Schädiger ist dagegen versichert. Verwaltet ein Ehegatte das Vermögen des anderen, richten sich die Ansprüche gegen ihn wegen Verletzung seiner Pflichten nach Auftragsrecht (OLG Köln, FamRZ 1999, 298).

3. Einwendungen

122 Gegen **vermögensrechtliche Ansprüche unter Eheleuten** kann ein Ehegatte Einwände erheben, wenn die Durchsetzung dazu führen würde, dass der geschützte räumlich gegenständliche Bereich beeinträchtigt würde (BGHZ 34, 80 = FamRZ 1961, 112; BGHZ 37, 38 = FamRZ 1962, 295 = NJW 1962, 1244).

4. Mithaftung von Ehegatten und Bürgschaft

123 Nach Entscheidungen des BVerfG (FamRZ 1994, 151 und FamRZ 1995, 23) müssen die Zivilgerichte trotz des Grundsatzes, Verträge seien einzuhalten, eine Inhaltskontrolle von Verträgen vornehmen, die das **Ergebnis einer ungleichen Verhandlungsstärke** sind. Das BVerfG hatte sich dabei mit Bürgschaften einkommens- und vermögensloser Ehegatten zu befassen. Unter diesem Aspekt hat der BGH eine ganze Reihe von Entscheidungen zur **Sittenwidrigkeit** erlassen. Mit der **Mitverpflichtung** vermögensloser Ehegatten beschäftigen sich die Entscheidungen BGH, FamRZ 1991, 667; 1993, 407; 1994, 813; 1999, 154 = FuR 1999, 177; vgl. auch OLG Oldenburg, FamRZ 1999, 89; BGH, FamRZ 2001, 1286; FamRZ 2002, 314 = NJW 2002, 746 und BGH, NJW 2002, 744.

Mit der Sittenwidrigkeit der **Bürgschaft** durch vermögenslose Ehegatten beschäftigen sich die Entscheidungen BGH, FamRZ 1994, 688; 1995, 469; 1996, 277; 1996, 661; 1997, 478; 1999, 151 = NJW 1999, 58 = FuR 1999, 179; FamRZ 2000, 736 und 739; NJW 2002, 2228 = FamRZ 2002, 1550; FamRZ 2002, 1547 und BGH, NJW 2002, 2230 sowie OLG Hamm, FamRZ 2001, 1070.

Stellung zu nehmen hatte der BGH dabei auch zur **Abgrenzung** des Mitdarlehens und der Bürgschaft in diesem Bereich (BGH, NJW 2002, 744 = FamRZ 2002, 1253; NJW 2002, 2705 = FamRZ 2002, 1694).

Die Rspr. wird nicht nur angewendet bei reinen Kreditinstituten, sondern auch bei anderen gewerblichen und beruflichen Kreditinstituten (BGH, NJW 2002, 746). Sie gilt auch für Existenzgründerdarlehen (BGH, FamRZ 1997, 414), staatlich geförderten Eigenkapitalhilfedarlehen (BGH, FamRZ 1997, 736), Betriebsmittelkrediten (BGH, FamRZ 2001, 1286) und Sicherungsgrundschulden (BGH, NJW 2002, 2633 = FamRZ 2002, 1466).

E. Familienunterhalt

I. Allgemeines

Die Eheleute sind einander aus §§ 1360 und 1360a BGB zum Familienunterhalt verpflichtet. Dazu gehören die Kosten der Haushaltsführung, die Mittel zur Befriedigung der persönlichen Bedürfnisse der Ehegatten sowie ihr und der gemeinsamen Kinder Unterhalt. 124

Berechtigt ist nicht die Familie, sondern **jeweils der andere Ehegatte** (MüKo/Wacke, BGB, § 1360 Rn. 11; Palandt/Brudermüller, BGB, § 1360 Rn. 2; RGRK/Wenz, BGB, § 1360 Rn. 2; Staudinger/Hübner/Voppel, BGB, § 1360 Rn. 9, 11). Kindern stehen Ansprüche nicht zu (RGRK/Wenz, BGB, § 1360 Rn. 3; Soergel/Lange, BGB, § 1360 Rn. 3). Weil der Unterhalt für die Familie gedacht ist, ist die Bedürftigkeit des Ehegatten nicht erforderlich (MüKo/Wacke, BGB, § 1360 Rn. 9; RGRK/Wenz, BGB, § 1360 Rn. 6; Soergel/Lange, BGB, § 1360 Rn. 14; Staudinger/Hübner/Voppel, BGB, § 1360 Rn. 13; Wendl/Staudigl/Scholz, Das Unterhaltsrecht in der familienrichterlichen Praxis, § 3 Rn. 7). Auch ist eine echte Leistungsfähigkeit i. S. v. § 1603 BGB nicht Voraussetzung (RGRK/Wenz, BGB, § 1360 Rn. 6; Soergel/Lange, BGB, § 1360 Rn. 11; Wendl/Staudigl/Scholz, Das Unterhaltsrecht in der familienrichterlichen Praxis, § 3 Rn. 6). Der Anspruch setzt eine **häusliche Gemeinschaft** der Eheleute voraus (MüKo/Wacke, BGB, § 1360 Rn. 6; RGRK/Wenz, BGB, § 1360 Rn. 5; Staudinger/Hübner/Voppel, BGB, § 1360 Rn. 12; Wendl/Staudigl/Scholz, Das Unterhaltsrecht in der familienrichterlichen Praxis, § 3 Rn. 5). Einzusetzen haben die Eheleute zur Sicherung des Familienunterhalts ihre Arbeit und ihr Vermögen. Die Arbeit kann sowohl als abhängige als auch als selbstständige oder aber auch entsprechend der Regelung zur Haushaltsführung (s. o. Rn. 104 ff.) im Haushalt verrichtet werden. Zwar sind beide Eheleute zur Sicherstellung des Familienunterhalts verpflichtet, aber nicht jeweils zur Hälfte, sondern anteilig entsprechend ihrer Möglichkeiten sowie der getroffenen Funktionsteilung im Haushalt (Erman/Heckelmann, BGB, § 1360 Rn. 2; Staudinger/Hübner/Voppel, BGB, § 1360 Rn. 19).

II. Unterhaltssicherung aus dem Vermögen

Sichert ein Ehegatte den Familienunterhalt aus seinem Vermögen, ist er nicht zur Erwerbstätigkeit verpflichtet (Erman/Heckelmann, BGB, § 1360 Rn. 4; MüKo/Wacke, BGB, § 1360 Rn. 13; Palandt/Brudermüller, BGB, § 1360 Rn. 7; Staudinger/Hübner/Voppel, BGB, § 1360 Rn. 49). Dies gilt dann, wenn der vermögende Teil sowohl die Haushaltsführung als auch die Sicherung des Geldunterhalts übernommen hat. Im ersteren Fall hat er die Möglichkeit, eine bezahlte Kraft für den Haushalt einzustellen. Im anderen Fall hat er Geld aus den Erträgnissen seines Vermögens aufzubringen. Der Stamm des Vermögens ist nur ausnahmsweise anzugreifen, sofern nämlich andere Einkommensquellen nicht vorhanden sind (Soergel/Lange, BGB, § 1360 Rn. 14; Staudinger/Hübner/Voppel, BGB, § 1360 Rn. 50) und die Grundlage für die Alterssicherung erhalten bleibt (Erman/Heckelmann, BGB, § 1360 Rn. 4; Soergel/Lange, a. a. O.). Sichert ein Ehegatte seinen Anteil des Familienunterhalts aus seinem Vermögen, befreit dies den anderen Teil nicht von seinen Verpflichtungen (Staudinger/Hübner/Voppel, BGB, § 1360 Rn. 49). 125

III. Haushaltsführungsehe („Hausfrauen"-Ehe) und Zuverdienerehe

126 Das frühere Recht war geprägt durch die Tatsache, dass die Frau den Haushalt führte und der Mann erwerbstätig war. Dies stellte für den BGH (NJW 1957, 537) noch 1956 den Normalfall dar, von dem Ausnahmen denkbar waren. Von Gesetzes wegen wurde diese Rollenverteilung beseitigt. Danach sind alle anderen Aufgabenverteilungen denkbar, so auch die vom BGH (FamRZ 1983, 140) als zulässig angesehene Regelung, dass der Mann studiert und Kinder und Haushalt betreut und die Frau erwerbstätig ist. Faktisch kommt jedoch noch sehr häufig die Hausfrauen-Ehe vor.

Nach § 1360 Satz 2 BGB erfüllt derjenige Ehegatte, dem die Haushaltsführung überlassen wurde, seine Unterhaltspflicht durch die Führung des Haushalts und die Erziehung und Betreuung der Kinder. Dieser Teil des Familienunterhalts ist mit der Verpflichtung, Mittel für den Unterhalt aus Vermögen und Erwerbstätigkeit zu verschaffen, **gleichwertig** (MüKo/Wacke, BGB, § 1360 Rn. 19; RGRK/Wenz, BGB, § 1360 Rn. 19; Soergel/Lange, BGB, § 1360 Rn. 17; Staudinger/Hübner/Voppel, BGB, § 1360 Rn. 25; Wendl/Staudigl/Scholz, Das Unterhaltsrecht in der familienrichterlichen Praxis, § 3 Rn. 12). Daneben ist der haushaltsführende Ehegatte im Regelfall nicht verpflichtet, erwerbstätig zu sein (MüKo/Wacke, BGB, § 1360 Rn. 19; Staudinger/Hübner/Voppel, BGB, § 1360 Rn. 25). Aus einer **Not- oder Zwangssituation** heraus kann aber ausnahmsweise auch den haushaltsführenden Ehegatten eine Erwerbsobliegenheit treffen (MüKo/Wacke, BGB, § 1360 Rn. 21; Soergel/Lange, BGB, § 1360 Rn. 17; Staudinger/Hübner/Voppel, BGB, § 1360 Rn. 26; Wendl/Staudigl/Scholz, Das Unterhaltsrecht in der familienrichterlichen Praxis, § 3 Rn. 12), so z. B. bei Krankheit oder bei einem zu niedrigen Einkommen des anderen (Staudinger/Hübner/Voppel, a. a. O.). Die Erwerbstätigkeit muss ihm nach Aus- und Vorbildung, Zahl und Alter der Kinder, Größe des Haushalts sowie unter Berücksichtigung seines Gesundheitszustandes zumutbar sein (Erman/Heckelmann, BGB, § 1360 Rn. 8). Der den Haushalt führende Ehegatte kann die Erwerbstätigkeit ablehnen, wenn dadurch seine häuslichen Pflichten zu sehr vernachlässigt würden.

127 Nach § 1356 Abs. 2 BGB hat auch der den Haushalt führende Ehegatte, ohne dazu verpflichtet zu sein, das Recht, erwerbstätig zu sein (s. o. Rn. 109). Auch aus dem damit erzielten Einkommen hat dieser Teil zum Familienunterhalt beizutragen (BGH, FamRZ 1974, 366; KG, FamRZ 1979, 427; MüKo/Wacke, BGB, § 1360 Rn. 22; RGRK/Wenz, BGB, § 1360 Rn. 19; Soergel/Lange, BGB, § 1360 Rn. 19; Staudinger/Hübner/Voppel, BGB, § 1360 Rn. 32; Wendl/Staudigl/Scholz, Das Unterhaltsrecht in der familienrichterlichen Praxis, § 3 Rn. 14), es sei denn, es handelt sich nur um ein Taschengeld (Staudinger/Hübner/Voppel, BGB, § 1360 Rn. 23; Wendl/Staudigl/Scholz, Das Unterhaltsrecht in der familienrichterlichen Praxis, § 3 Rn. 43). So hat denn der BGH (FamRZ 1974, 366 = NJW 1974, 1238) im Falle der Tötung einer Ehefrau deren Einkommen aus überobligationsmäßiger Erwerbstätigkeit als weggefallenen Teil ihres Beitrages zum Familienunterhalt gewertet.

128 **§ 1360 Satz 2 BGB entlastet** den den Haushalt führenden Ehegatten **nur im Verhältnis seiner mit ihm zusammenlebenden Familie von einer Erwerbsobliegenheit, nicht aber gegenüber minderjährigen Kindern** aus einer früheren Ehe (BGH, FamRZ 1981, 341; Staudinger/Hübner/Voppel, BGB, § 1360 Rn. 27 ff.), zumindest dann nicht, wenn die zweite Ehe kinderlos ist (BGHZ 75, 272 = FamRZ 1980, 43; BGH, FamRZ 2001, 1065 m. Anm. Büttner, FamRZ 2001, 1068; OLG Köln, FamRZ 1979, 328; OLG Frankfurt/M., FamRZ 1979, 622; OLG Hamm, FamRZ 1980, 73). Bei diesem Unterhaltsanspruch ist auch der Unterhaltsanspruch des Verpflichteten gegen den zweiten Ehegatten zu berücksichtigen (BGH, FamRZ 2002, 742 m. Anm. Büttner).

Sogar dann, wenn aus der zweiten Ehe minderjährige Kinder zu betreuen sind, entlastet das den den Haushalt führenden Teil nicht völlig von der Barunterhaltspflicht für minderjährige Kinder der vorhergehenden Ehe (BGH, FamRZ 1982, 25 = NJW 1982, 175; BGH, FamRZ 1982, 590). Evtl. ist er zum Nebenerwerb verpflichtet (BGH, FamRZ 1982, 590) oder es wird ein fiktives Einkommen angenommen (OLG Frankfurt/M., FamRZ 1979, 622), evtl. aus Halbtagstätigkeit (OLG Köln,

FamRZ 1979, 328). Sind die **Kinder erster Ehe** allerdings **volljährig,** kann der entsprechende Elternteil sich darauf zurückziehen, ausschließlich im Haushalt zu arbeiten (BGH, NJW 1987, 1549; OLG Hamburg, FamRZ 1998, 41).

Der **erwerbstätige Ehegatte** muss für das **Geldaufkommen sorgen.** Seine Erwerbsobliegenheit richtet sich nach derjenigen im Verhältnis zu minderjährigen Kindern und getrenntlebenden Ehegatten (Erman/Heckelmann, BGB, § 1360 Rn. 4; Palandt/Brudermüller, BGB, § 1360 Rn. 9). Er hat einen seinen Fähigkeiten entsprechenden Beruf zu ergreifen und seine gesamte Arbeitskraft einzusetzen. Er ist verpflichtet, innerhalb seines Berufs zu arbeiten, solange er gesund ist (OLG Stuttgart, FamRZ 1972, 643). Reicht sein Einkommen nicht aus, ist der Ehegatte verpflichtet, den Beruf zu wechseln (MüKo/Wacke, BGB, § 1360 Rn. 15a; Staudinger/Hübner/Voppel, BGB, § 1360 Rn. 39). Bei Arbeitslosigkeit ist er verpflichtet, sich um Arbeit zu bemühen und sich evtl. umschulen zu lassen.

129

Hat der erwerbstätige Ehegatte **Einkünfte aus freiwilliger Nebentätigkeit,** ist er in angemessenem Rahmen verpflichtet, auch daraus Familienunterhalt zu leisten (Erman/Heckelmann, BGB, § 1360 Rn. 2). Dies gilt auch, wenn die Nebentätigkeit überobligationsmäßig ist (KG, VersR 1971, 966). Der Beitrag zum Familienunterhalt durch Erwerbstätigkeit kann auch dadurch geleistet werden, dass der Ehegatte im Betrieb des anderen unentgeltlich mitarbeitet (Staudinger/Hübner/Voppel, BGB, § 1360 Rn. 42 ff.).

Abhängig von der Zahl der Kinder und dem Umfang der Erwerbstätigkeit besteht **auch für den erwerbstätigen Ehegatten** eine **Mithilfepflicht im Haushalt** (BSG, FamRZ 1971, 579; OLG Bamberg, VersR 1977, 724; MüKo/Wacke, BGB, § 1360 Rn. 20; Staudinger/Hübner/Voppel, BGB, § 1360 Rn. 35; Wendl/Staudigl/Scholz, Das Unterhaltsrecht in der familienrichterlichen Praxis, § 3 Rn. 12). Dies gilt insbesondere im Fall der Erkrankung des den Haushalt führenden Ehegatten (Staudinger/Hübner/Voppel, a. a. O.). Benötigt ein Ehegatte aber seine gesamte Kraft für die Erwerbstätigkeit, braucht er nicht im Haushalt mitzuarbeiten (OLG Stuttgart, NJW 1961, 2113). Ist der an sich erwerbstätige Ehegatte Rentner oder Pensionär geworden, hat er gleichermaßen im Haushalt mitzuarbeiten (BGH, JZ 1960, 371; Wendl/Staudigl/Scholz, Das Unterhaltsrecht in der familienrichterlichen Praxis, § 3 Rn. 15 „Nichterwerbstätigen-Ehe").

130

IV. Doppelverdienerehe/Zuverdienerehe

Bei einer **echten Doppelverdienerehe** sind beide Ehegatten voll erwerbstätig (Staudinger/Hübner/Voppel, BGB, § 1360 Rn. 22) und somit beide verpflichtet, Geldmittel zur Verfügung zu stellen. Die Eheleute haben dann **im Verhältnis ihrer Einkommen zum** Geldunterhalt beizutragen (BSG, FamRZ 1985, 282; Palandt/Brudermüller, BGB, § 1360 Rn. 10; Staudinger/Hübner/Voppel, BGB, § 1360 Rn. 36; Wendl/Staudigl/Scholz, Das Unterhaltsrecht in der familienrichterlichen Praxis, § 3 Rn. 38).

131

Die **Haushaltstätigkeit ist dann entsprechend der beruflichen Belastung** auf beide Ehegatten zu **verteilen** (BGH, NJW 1971, 1983; BSG, FamRZ 1977, 642; Palandt/Brudermüller, BGB, § 1360 Rn. 10; Staudinger/Hübner/Voppel, BGB, § 1360 Rn. 36). Auch die Kindesbetreuung obliegt dann beiden Eheleuten gleichermaßen (BGH, a. a. O.).

Bei der **Zuverdienerehe** ist ein Teil voll erwerbstätig, während der andere Teil den Haushalt führt und hinzuverdient (vgl. oben Rn. 127). Es gelten die Überlegungen zur Doppelverdienerehe entsprechend mit der Maßgabe, dass eine **Verschiebung der Anteile** der Haushaltsführung und des Geldverdienens erfolgt (Palandt/Brudermüller, BGB, § 1360 Rn. 11), wenn nicht ohnehin der Hinzuverdienende nur sein Taschengeld verdienen sollte (Palandt/Brudermüller, a. a. O.).

132

V. Einzelne Bereiche und Höhe des durch Geld sicherzustellenden Familienunterhalts

1. Allgemeines

133 Nach § 1360a Abs. 1 BGB umfasst der **Familienunterhalt in Geld** alles, was erforderlich ist, um die Kosten des Haushalts zu bestreiten und die persönlichen Bedürfnisse der Ehegatten und den Lebensbedarf der gemeinsamen Kinder zu befriedigen. Hinsichtlich der Höhe entscheiden die Kriterien, die bei Familien mit gleichem Einkommensniveau üblich sind (Staudinger/Hübner/Voppel, BGB, § 1360a Rn. 3; Erman/Heckelmann, BGB, § 1360a Rn. 5: „in gleichen Berufskreisen"). Eine diesbezügliche Klage ist erst schlüssig, wenn substantiiert dargelegt ist, wie die Lebensgemeinschaft der Familie gestaltet ist (OLG Bamberg, FamRZ 1999, 849).

2. Haushaltskosten

134 Zu den **Haushaltskosten** zählen die Aufwendungen für Wohnen (Staudinger/Hübner/Voppel, BGB, § 1360a Rn. 7), Heizung, Gas, Wasser, Elektrizität, Ernährung (Staudinger/Hübner/Voppel, BGB, § 1360a Rn. 9) sowie Anschaffungen für den Haushalt wie Möbel und Haushaltsgeräte (s. auch Kalthoener/Büttner/Niepmann, Die Rechtsprechung zur Höhe des Unterhalts, Rn. 369; MüKo/Wacke, BGB, § 1360a Rn. 5; Wendl/Staudigl/Scholz, Das Unterhaltsrecht in der familienrichterlichen Praxis, § 3 Rn. 23). Kosten aus Anlass von Geschäften, bei denen die Eigenschaft als Bedarfsdeckungsgeschäft bejaht wird (vgl. Rn. 154) gehören zum Familienunterhalt (Staudinger/Hübner/Voppel, BGB, § 1360a Rn. 4).

Es fallen unter die Haushaltskosten die Aufwendungen für einen Pkw (BSG, FamRZ 1971, 579; Staudinger/Hübner/Voppel, BGB, § 1360a Rn. 9) und die Mittel für eine Urlaubsreise des Ehegatten und/oder der Kinder (OLG Düsseldorf, FamRZ 1967, 43; Staudinger/Hübner/Voppel, BGB, § 1360a Rn. 10).

135 **Vermögensbildung** wird im Rahmen der Haushaltskosten nicht geschuldet (MüKo/Wacke, BGB, § 1360a Rn. 5; Staudinger/Hübner/Voppel, BGB, § 1360a Rn. 7, 16), so dass als Wohnbedarf Miete oder Unterhaltung eines Eigenheims geschuldet werden, nicht aber Eigentumserwerb (Staudinger/Hübner/Voppel, BGB, § 1360a Rn. 7). So hat der BGH (FamRZ 1966, 630 = NJW 1966, 2401; FamRZ 1984, 980 = NJW 1985, 49) im Falle der Tötung des Verpflichteten festgestellt, der Wohnbedarf im Rahmen des Unterhalts bemesse sich nicht nach dem Aufwand für ein Eigenheim, sondern nach einer angemessenen Wohnung. Auch das OLG Braunschweig (VersR 1979, 1124) hat den Zins- und Tilgungsdienst für ein Eigenheim nur insoweit anerkannt, als die Mietkosten einer angemessenen Wohnung nicht überstiegen waren. Das BSG (FamRZ 1971, 579) hat im Falle der Tötung eines Verpflichteten jedoch auch die Einzahlungen auf einen Bausparvertrag zum Unterhalt gezählt.

3. Persönliche Bedürfnisse

136 Zu den persönlichen Bedürfnissen, die es zu befriedigen gilt, zählen **Kosten für Bekleidung,** auch Berufskleidung, und Körperpflege (MüKo/Wacke, BGB, § 1360a Rn. 6; Staudinger/Hübner/Voppel, BGB, § 1360a Rn. 11). Es zählen dazu Mittel zur Sicherstellung **kultureller Interessen** wie Kauf von Büchern, Tonträgern, Theater- und Kinokarten sowie auch Beiträge zu kulturellen, politischen, religiösen und sportlichen Institutionen (Staudinger/Hübner/Voppel, BGB, § 1360a Rn. 12) sowie die Finanzierung von Liebhabereien (MüKo/Wacke, BGB, § 1360a Rn. 6).

137 Zu decken sind die Kosten einer **Krankenversicherung** (OLG Hamm, FamRZ 1987, 1142; MüKo/Wacke, BGB, § 1360a Rn. 6; Staudinger/Hübner/Voppel, BGB, § 1360a Rn. 31 ff.) und der **Alterssicherung** (BGH, FamRZ 1960, 225; MüKo/Wacke, a. a. O.; Staudinger/Hübner/Voppel, BGB, § 1360a Rn. 14). Aufzukommen hat der Verpflichtete auch für die Kosten zur Deckung des besonderen Bedarfs in einem **Krankheitsfall** (BSG, FamRZ 1960, 116; BGH, FamRZ 1982, 145; Staudinger/Hübner/Voppel, BGB, § 1360a Rn. 11); für eine aufwendige Implantatbehandlung jedoch

nur, wenn diese medizinisch notwendig war (OLG Braunschweig, FamRZ 1996, 288). Rechnet der Arzt nicht mit der Krankenkasse ab, hat der von ihm behandelte und nicht verdienende Ehegatte einen **Freistellungsanspruch** gegen den anderen (OLG Hamm, FamRZ 1987, 1142).

Zur Unterhaltspflicht aus § 1360a BGB gehört nach h. M. (MüKo/Wacke, BGB, § 1360a Rn. 8; Staudinger/Hübner/Voppel, BGB, § 1360a Rn. 27 ff.; a. A. Erman/Heckelmann, BGB, § 1360a Rn. 4; Palandt/Brudermüller, BGB, § 1360a Rn. 3) auch die Finanzierung einer **angemessenen Ausbildung** (AG Salzgitter, FamRZ 1976, 179) und sogar eines Studiums (BGH, FamRZ 1985, 353 = NJW 1985, 803), sodass der studierende Ehegatte keinen Anspruch mehr gegen seine Eltern hat (BGH, a. a. O.). Allerdings müssen die ehelichen Lebensverhältnisse dies zulassen (Staudinger/Hübner/Voppel, BGB, § 1360a Rn. 29; Wendl/Staudigl/Scholz, Das Unterhaltsrecht in der familienrichterlichen Praxis, § 3 Rn. 24 f.; einschränkend Erman/Heckelmann, BGB, § 1360a Rn. 24;). Dies ist i. d. R. der Fall, wenn die Ausbildung bei Eheschließung schon begonnen hatte (BGH, a. a. O.). Zur Deckung der persönlichen Bedürfnisse im Rahmen des Familienunterhalts zählt schließlich der Anspruch auf Zahlung von **Taschengeld** und **Prozesskostenvorschuss**.

4. Lebensbedarf der gemeinsamen Kinder

Kindesunterhalt wird aus §§ 1601 ff. BGB geschuldet (Wendl/Staudigl/Scholz, Das Unterhaltsrecht in der familienrichterlichen Praxis, § 3 Rn. 10). Es wird auf § 1606 Abs. 3 BGB verwiesen (Erman/Heckelmann, BGB, § 1360a Rn. 6). Danach kann die **Düsseldorfer Tabelle** Anhaltspunkt sein und zwar hinsichtlich der minderjährigen und der volljährigen Kinder (Wendl/Staudigl/Scholz, Das Unterhaltsrecht in der familienrichterlichen Praxis, § 3 Rn. 65 ff.). Konkret zu decken sind die Kosten für Nahrung, Kleidung, Spielzeug, Kindergarten und Schule, außerdem auch das Taschengeld (Göppinger/Wax/Strohal, Unterhaltsrecht, Rn. 312; MüKo/Wacke, BGB, § 1360a Rn. 9; Staudinger/Hübner/Voppel, BGB, § 1360a Rn. 34). Die Höhe des Taschengeldes ergibt sich nicht aus einem Schema, sondern richtet sich nach erzieherischen Aspekten (Kalthoener/Büttner/Niepmann, Die Rechtsprechung zur Höhe des Unterhalts, Rn. 372).

5. Unterhalt für Verwandte des Ehegatten

Vielfach ist angesprochen worden, ob der erwerbstätige Teil Mittel für den Unterhalt der Kinder oder der bedürftigen Eltern des haushaltsführenden Teils zur Verfügung zu stellen hat, bzw. der den Haushalt führende Teil Kinder des erwerbstätigen Teils zu betreuen hat. Dabei beschäftigen sich die unten genannten Entscheidungen des OLG Karlsruhe und des BGH (FamRZ 1984, 462) mit der **Betreuung** von **Stiefkindern,** die des LG Konstanz und des OVG Münster (FamRZ 1963, 137) mit **Mitteln** zum Unterhalt für **Schwiegermütter** und die übrigen mit solchen für **Stiefkinder.**

§ 1360a BGB meint vom Wortlaut her Stiefkinder nicht (BGH, FamRZ 1969, 599; RGRK/Wenz, BGB, § 1360 Rn. 8; Staudinger/Hübner/Voppel, BGB, § 1360a Rn. 36; Wendl/Staudigl/Scholz, Das Unterhaltsrecht in der familienrichterlichen Praxis, § 3 Rn. 27).

Der erwerbstätige Ehegatte ist auch nicht über § 1353 BGB verpflichtet, für den Unterhalt aufzukommen (MüKo/Wacke, BGB, § 1360a Rn. 10; Staudinger/Hübner/Voppel, BGB, § 1360a Rn. 37; a. A. OVG Lüneburg, FamRZ 1957, 30; OLG Karlsruhe, FamRZ 1961, 371).

Der Unterhalt für derartige bedürftige Verwandte des den Haushalt führenden Teils zählt auch nicht zu dessen persönlichen Bedürfnissen, zu deren Befriedigung der erwerbstätige Teil Mittel zur Verfügung zu stellen hat (LG Konstanz, FamRZ 1962, 260; OLG Nürnberg, FamRZ 1965, 217; MüKo/Wacke, BGB, § 1360a Rn. 10; a. A. OVG Münster, FamRZ 1954, 200; OLG Düsseldorf, FamRZ 1958, 106 = NJW 1958, 715).

Allerdings hat der den Haushalt führende Ehegatte einen Taschengeldanspruch gegen den anderen, den er zur Erfüllung seiner Unterhaltsverpflichtung den bedürftigen Verwandten gegenüber zu verwenden hat (OLG Bremen, FamRZ 1958, 227; OVG Münster, FamRZ 1963, 137). Möglich ist auch, dass der erwerbstätige Ehegatte derartige Unterhaltsverpflichtungen übernimmt (BGH,

FamRZ 1984, 462; MüKo/Wacke, BGB, § 1360a Rn. 12; Staudinger/Hübner/Voppel, BGB, § 1360a Rn. 41), wobei Zurückhaltung geboten ist (RGRK/Wenz, BGB, § 1360 Rn. 9).

Dabei nimmt die Mindermeinung (LG Berlin, FamRZ 1955, 267; BVerwG, MDR 1960, 526) an, die Übernahme erfolge schon durch die Aufnahme in den Haushalt. Eine andere Meinung (BayVGH, FamRZ 1955, 190) nimmt dies wenigstens dann an, wenn der Stiefvater für das Stiefkind Vergünstigungen wie Steuererleichterungen in Anspruch nimmt. Für die h. M. (OVG Berlin, NJW 1959, 1383; OLG Nürnberg, FamRZ 1965, 217; OLG Celle, Nds. Rpfl. 1967, 127; Staudinger/Hübner/Voppel, BGB, § 1360a Rn. 42 ff.) ist aber die bloße Aufnahme in den Haushalt nicht ausreichend, für das OVG Berlin (a. a. O.) auch nicht die Inanspruchnahme z. B. von Steuervergünstigungen.

6. Wirtschaftsgeld

141 Nach § 1360a Abs. 2 Satz 2 BGB sind die Ehegatten einander verpflichtet, das Wirtschaftsgeld für einen angemessenen Zeitraum im Voraus zur Verfügung zu stellen. Wer wem das Geld zur Verfügung zu stellen hat, richtet sich wieder nach der Aufgabenverteilung unter den Ehegatten. Bei einer **Doppelverdienerehe** haften die Eheleute im Verhältnis ihrer Einkommen nach Abzug ihres Taschengeldes (OLG Celle, FamRZ 1999, 162).

Einen Anspruch auf Führung der Haushaltskasse hat der haushaltsführende Teil jedoch nicht (KG, FamRZ 1979, 427).

Der **Zeitraum,** für den geleistet werden muss, richtet sich nach den Daten der Zahlung von Lohn oder Gehalt (Erman/Heckelmann, BGB, § 1360a Rn. 14; MüKo/Wacke, BGB, § 1360a Rn. 17; Staudinger/Hübner/Voppel, BGB, § 1360a Rn. 63).

Teil des Wirtschaftsgeldes ist das **Haushaltsgeld** (OLG Köln, FamRZ 1984, 1089). Die Mittel des Haushaltsgeldes dienen der Anschaffung von Essen, Trinken, Waschen und sonstigen kleineren Ausgaben (OLG Celle, FamRZ 1978, 589; KG, FamRZ 1979, 427; OLG Köln, a. a. O.), nicht auch von Kleidung und größeren Ausgaben (OLG Köln, a. a. O.; Göppinger/Wax/Bäumel, Unterhaltsrecht, Rn. 914), so nicht für einen Kredit für einen Geschirrspüler (OLG Celle, a. a. O.) und auch nicht für Arzt, Krankenhaus, Umzug und Urlaub (KG, a. a. O.) sowie auch nicht zur Sicherung des Taschengeldanspruches (OLG Köln, a. a. O.).

a) Höhe des Wirtschaftsgeldes

142 Wenig gesagt ist in Rspr. u. Literatur zur **Höhe.** Hinsichtlich der Kinder wird häufig (s. o. Rn. 138) auf die **Düsseldorfer Tabelle** verwiesen. Im Übrigen spielen Erfahrungswerte eine Rolle. Jedenfalls werden die üblichen Tabellen und Schlüssel nicht angewendet (Wendl/Staudigl/Scholz, Das Unterhaltsrecht in der familienrichterlichen Praxis, § 3 Rn. 30 ff.).

- Das OLG Celle (FamRZ 1978, 589) hat 1978 bei einem Ehepaar, das ein Einfamilienhaus bewohnte, für das monatlich 1.250 DM aufzubringen waren und bei dem der Mann 2.636 DM netto und die Frau 600 bis 650 DM netto verdiente, ein Haushaltsgeld von 1.100 DM als angemessen angesehen.

- Das KG (FamRZ 1979, 427) hatte 1978 einen Fall zu beurteilen, bei dem der Ehemann den Wohnbedarf deckte und danach noch 1.700 bis 1.900 DM aus seinem Einkommen hatte. Es hat 1.000 DM als angemessen angenommen.

- Das OLG München (FamRZ 1982, 801) hat 1982 bei einem Ehepaar mit einem Einkommen von über 10.000 DM ein Hauswirtschaftsgeld von 3.000 DM als angemessen erachtet.

- Das OLG Celle (FamRZ 1999, 162) hat 1.000 DM bzw. 750 DM als angemessen betrachtet bei einer Doppelverdienerehe. Im Haushalt lebte neben den Eheleuten der volljährige Sohn. Der Ehemann verdiente 2.933 DM und trug die Hauskosten; die Ehefrau verdiente 1.263 DM.

b) Auskunftsverpflichtung

Um die Höhe des Wirtschaftsgeldes und des Taschengeldes feststellen zu können, folgt aus § 1353 BGB eine **Auskunftspflicht** (OLG Karlsruhe, FamRZ 1990, 161; Palandt/Brudermüller, BGB, § 1360a Rn. 6; Gesetzesinitiative des Bundesrates im April 2003; a. A. OLG München FamRZ 2000, 1219). Das Wirtschaftsgeld ist bestimmungsgemäß zu verwenden (OLG Frankfurt/M., FamRZ 1970, 655 = NJW 1970, 1882). Der haushaltsführende Ehegatte muss abrechnen (OLG Hamburg, FamRZ 1984, 583; Göppinger/Wax/Bäumel, Unterhaltsrecht, Rn. 917; str.: a. A. MüKo/ Wacke, BGB, § 1360a Rn. 16; Staudinger/Hübner/Voppel, BGB, § 1360a Rn. 54). Auf Verlangen ist der Rest herauszugeben (OLG Frankfurt/M., a. a. O.). Jedenfalls ist ein solcher Rest dem anderen Ehegatten nicht zur freien Verfügung überlassen (OLG Schleswig, FamRZ 1958, 218; Göppinger/Wax/Bäumel, Unterhaltsrecht, Rn. 916). Soll das Taschengeld im Wirtschaftsgeld enthalten sein, kann ein kleinerer Rest als solches verwendet werden (Staudinger/Hübner/Voppel, BGB, § 1360a Rn. 55; Wendl/Staudigl/Scholz, Das Unterhaltsrecht in der familienrichterlichen Praxis, § 3 Rn. 46). Eventuell muss nach einer derartigen Abrechnung neu festgesetzt werden (OLG Hamburg, a. a. O.).

c) Rückforderung des Wirtschaftsgeldes

Nach **§ 1360b BGB** ist im Zweifel anzunehmen, dass der Ehegatte, der einen höheren Beitrag zum Unterhalt leistet als ihm obliegt, **nicht beabsichtigt, Ersatz zu verlangen.** Diese Regelung findet auch bei einer rechtsirrtümlich angenommenen Zahlungsverpflichtung Anwendung, bei einem tatsächlichen Irrtum (Doppelzahlung) jedoch nicht (Staudinger/Hübner/Voppel, BGB, § 1360b Rn. 12). Der zu viel leistende Ehegatte wird so behandelt, als habe er den geleisteten Unterhalt auch geschuldet (OLG Stuttgart, FamRZ 1981, 36). Die Vermutung des § 1360b BGB ist widerlegbar und wird durch den Beweis des Gegenteils entkräftet (Staudinger/Hübner/Voppel, BGB, § 1360b Rn. 19). Der leistende Ehegatte muss beweisen, dass er zur Zeit der Leistung (BGHZ 50, 266 = FamRZ 1968, 450) die Absicht hatte, Ersatz zu verlangen und dass der empfangende Teil dies wusste oder hätte wissen müssen (OLG Karlsruhe, FamRZ 1990, 744). Bei der Ersatzforderung stellt § 1361b BGB nicht die Anspruchsgrundlage dar (BGH, FamRZ 1984, 767, 768). Vielmehr muss der Anspruch aus **Bereicherung**, **Geschäftsführung ohne Auftrag** usw. begründet werden. Bei der Ersatzforderung handelt es sich um eine Familiensache (BGH, FamRZ 1978, 582).

VI. Formelles

Vereinbarungen über die Art und Weise der Unterhaltsgewährung und die Höhe des Unterhalts sind zulässig. Die Verträge bedürfen **keiner Form** (MüKo/Wacke, BGB, § 1360 Rn. 27; Soergel/ Lange, BGB, § 1360 Rn. 12).

Inhaltlich müssen sie dem Wesen der Ehe entsprechen. Ein Verzicht auf den Unterhalt für die Zukunft ist gem. § 1360a Abs. 3 BGB i. V. m. § 1614 Abs. 1 BGB nicht zulässig. Für die Vergangenheit wird die Zulässigkeit bejaht.

Nach h. M. (MüKo/Wacke, BGB, § 1360 Rn. 28; Soergel/Lange, BGB, § 1360 Rn. 11; Wendl/Staudigl/Scholz, Das Unterhaltsrecht in der familienrichterlichen Praxis, § 3 Rn. 47, 82) sind das **Wirtschaftsgeld und der sonstige Familienunterhalt nicht pfändbar.** Nach Palandt/Brudermüller (BGB, § 1360a Rn. 4) und Staudinger/Hübner/Voppel (§ 1360 Rn. 62 zum Taschengeldanspruch) ist der in Geld abzuwickelnde Unterhaltsanspruch (**Taschengeld**) abtretbar und daher mit den Beschränkungen des § 850b Abs. 1 Nr. 2 und § 850d ZPO pfändbar (s. auch MüKo/Wacke, BGB, § 1360 Rn. 29).

Der Unterhaltsanspruch kann als **Familiensache** eingeklagt werden. Das Wirtschaftsgeld kann nach h. M. (OLG Düsseldorf, FamRZ 1983, 1121; Staudinger/Hübner/Voppel, BGB, § 1360a Rn. 56) auch durch **einstweilige Verfügung** bzw. **einstweilige Anordnung** nach § 644 ZPO geltend gemacht werden.

> **Hinweis:**
>
> Der **Familienunterhalt und** der **Getrenntlebensunterhalt** sind **nicht identisch** (OLG Hamm, FamRZ 1980, 249; OLG München, FamRZ 1981, 450; Wendl/Staudigl/Scholz, Das Unterhaltsrecht in der familienrichterlichen Praxis, § 3 Rn. 8 f., 77), sodass nach Trennung der Ehegatten ein auf Familienunterhalt lautender Vollstreckungstitel nur mit der **Vollstreckungsabwehrklage** beseitigt werden kann (OLG Hamm, FamRZ 1980, 249; Wendl/Staudigl/Scholz, Das Unterhaltsrecht in der familienrichterlichen Praxis, § 3 Rn. 78).

Andererseits kann aus einem auf Haushaltsgeld lautenden Vollstreckungstitel auch noch nach der Trennung der Eheleute vollstreckt werden (AG Lingen, FamRZ 1994, 1272).

F. Verpflichtungsermächtigung nach § 1357 BGB („Schlüsselgewalt")

I. Einführung

147　Bis zum 30. 6. 1977 konnte **die Ehefrau** mit Wirkung für den Ehemann im Rahmen der sog. Schlüsselgewalt Geschäfte des häuslichen Wirkungskreises tätigen. **Seit dem 1. 7. 1977** können **beide Ehegatten** mit Wirkung auch für den anderen Teil **Geschäfte zur angemessenen Deckung des Lebensbedarfs** vornehmen.

II. Voraussetzungen und Folgen

1. Ehepaare

148　Die Regelung betrifft nur **Ehepaare,** die **nicht dauernd getrennt** leben (Abs. 3). Die h.M. (RGRK/Roth-Stielow, BGB, § 1357 Rn. 43; Soergel/Lange, BGB, § 1357 Rn. 18; Staudinger/Hübner/Voppel, BGB, § 1357 Rn. 99) versteht darunter ein Getrenntleben i. S. d. Scheidungsrechts.

Die **nur vorübergehende Trennung** der Eheleute wie z. B. durch Urlaub, Montage, Strafhaft usw. führt nicht zur Aufhebung (Palandt/Brudermüller, BGB, § 1357 Rn. 9; Staudinger/Hübner/Voppel, BGB, § 1357 Rn. 101).

Leben Eheleute **getrennt,** ist die **Befugnis aufgehoben.** Die **Wiederaufnahme** der ehelichen Lebensgemeinschaft führt automatisch zum **Wiederaufleben** (Erman/Heckelmann, BGB, § 1357 Rn. 9; RGRK/Roth-Stielow, BGB, § 1357 Rn. 43) und zwar **ex nunc** (Staudinger/Hübner/Voppel, BGB, § 1357 Rn. 102; MüKo/Wacke, BGB, § 1357 Rn. 44).

2. Eheähnliche Lebensgemeinschaften

149　Eine analoge Anwendung für **eheähnlich Zusammenlebende** und **Verlobte** ist nicht zulässig (Palandt/Brudermüller, BGB, § 1357 Rn. 6; Staudinger/Hübner/Voppel, BGB, § 1357 Rn. 25 f.), auch dann nicht, wenn die Verlobten Hausrat für die Ehe kaufen wollen (MüKo/Wacke, BGB, § 1357 Rn. 14; Palandt/Brudermüller, BGB, vor § 1297 Rn. 3), auch nicht, wenn sie später heiraten (MüKo/Wacke, a. a. O.).

Nach § 8 Absatz 2 LPartG gilt § 1357 BGB auch für **eingetragene Lebenspartnerschaften**.

Die fälschliche Annahme des Vertragspartners, die Ehegatten seien verheiratet bzw. nicht verheiratet, ist unerheblich (Staudinger/Hübner/Voppel, BGB, § 1357 Rn. 18).

3. Güterstände

150 Die Regelung ist **unabhängig vom Güterstand** (Erman/Heckelmann, BGB, § 1357 Rn. 24; Palandt/Brudermüller, BGB, § 1357 Rn. 7; Staudinger/Hübner/Voppel, BGB, § 1357 Rn. 26) und unabhängig von der Aufteilung der Haushaltsführung (Palandt/Brudermüller, BGB, § 1357 Rn. 2). Anders als im früheren Recht, bei dem durch das Tätigwerden der Frau nur der Mann verpflichtet wurde und sie selbst nur dann, wenn der Mann zahlungsunfähig war, werden nunmehr durch das Tätigwerden eines Ehegatten **beide Eheleute Vertragspartner**. Es entsteht keine Alleinhaftung eines Ehegatten, sondern **Mithaftung** beider (BGH, NJW 1991, 2958) und **zwar gesamtschuldnerisch** gem. §§ 421 ff. BGB (Erman/Heckelmann, BGB, § 1357 Rn. 19; Soergel/Lange, BGB, § 1357 Rn. 20).

4. Einzelfälle und Prozessrechtliches

151 Beide Eheleute werden **gemeinsam** nach § 428 BGB **berechtigt** (Erman/Heckelmann, BGB, § 1357 Rn. 19; Palandt/Brudermüller, BGB, § 1357 Rn. 21; Soergel/Lange, BGB, § 1357 Rn. 22; Staudinger/Hübner/Voppel, BGB, § 1357 Rn. 78). Bei einer Klage der Eheleute aus einem Bedarfsdeckungsgeschäft sind sie **Streitgenossen** (Staudinger/Hübner/Voppel, BGB, § 1357 Rn. 83; a. A. RGRK/Roth-Stielow, BGB, § 1357 Rn. 38). Klagt ein Ehegatte allein, kann er nur auf Leistung an beide klagen.

Gewährleistungsansprüche stehen beiden zu (Palandt/Brudermüller, BGB, § 1357 Rn. 21). Ein die Verjährung unterbrechendes **Anerkenntnis** kann ein Ehegatte allein abgeben (Staudinger/Hübner/Voppel, BGB, § 1357 Rn. 79; MüKo/Wacke, BGB, § 1357 Rn. 34). Die **Aufrechnung** dem Vertragspartner gegenüber kann ein Ehegatte aber nur mit seinen eigenen Ansprüchen erklären (Staudinger/Hübner/Voppel, BGB, § 1357 Rn. 81, MüKo/Wacke, a. a. O.).

Tritt **ein Ehegatte nur für sich** auf, ohne dass dem Vertragspartner klargemacht wird, dass eine vom Gesetz abweichende Regelung gewollt ist, werden gleichwohl beide Ehegatten berechtigt und verpflichtet (Erman/Heckelmann, BGB, § 1357 Rn. 7). Erklärt er jedoch **ausdrücklich**, nur für sich selbst aufzutreten, ist er allein Vertragspartner (Palandt/Brudermüller, BGB, § 1357 Rn. 16). Tritt der abschließende Ehegatte **als Vertreter des anderen** auf, entfällt dadurch gleichwohl nicht seine eigene Mitverpflichtung, insbesondere dann nicht, wenn er durch das Auftreten zeigt, dass er das **Geschäft akzeptiert** (OLG Köln, FamRZ 1999, 1134). Um diese wegfallen zu lassen, müsste eine Offenlegung des eigenen Haftungsausschlusses erfolgen (BGHZ 94, 1 = FamRZ 1985, 576; MüKo/Wacke, BGB, § 1357 Rn. 16), und zwar **zweifelsfrei** (OLG Köln, a. a. O.).

Die Verpflichtungsermächtigung findet auch bei Beteiligung eines **minderjährigen Ehegatten** Anwendung (Palandt/Brudermüller, BGB, § 1357 Rn. 6). Vorrang hat allerdings der Minderjährigenschutz. Tritt ein minderjähriger Ehegatte auf, verpflichtet er nur den volljährigen Teil. Eine eigene Haftung tritt nicht ein (LG Flensburg, SchlHA 65, 35; Erman/Heckelmann, BGB, § 1357 Rn. 8; RGRK/Roth-Stielow, BGB, § 1357 Rn. 14; str., a. A. Staudinger/Hübner/Voppel, BGB, § 1357 Rn. 32 f.). Tritt der volljährige Ehegatte auf, **verpflichtet** er nach h. M. **den Minderjährigen nicht** (MüKo/Wacke, BGB, § 1357 Rn. 15; RGRK/Roth-Stielow, a. a. O.; Soergel/Lange, BGB, § 1357 Rn. 6; a. A. Erman/Heckelmann, BGB, § 1357 Rn. 8; Staudinger/Hübner/Voppel, BGB, § 1357 Rn. 30 f., 34).

152 Nach h. M. betrifft § 1357 BGB nur die **schuldrechtliche Seite** des Geschäfts, **nicht auch die dingliche** (BGHZ 114, 93 = FamRZ 1991, 923; OLG Köln, NJW-RR 1996, 904; MüKo/Wacke, BGB, § 1357 Rn. 37; Palandt/Brudermüller, BGB, § 1357 Rn. 20; RGRK/Roth-Stielow, BGB, § 1357 Rn. 39; Soergel/Lange, BGB, § 1357 Rn. 23; a. A. LG Münster, MDR 1989, 270). Die Einigung erfolgt nach allgemeinem Recht, so dass es auf den Erwerbswillen ankommt (Erman/Heckelmann, BGB, § 1357 Rn. 20). Wenn sich nicht aus den Umständen etwas anderes ergibt, erwerben die Parteien jedoch Miteigentum zu je 1/2 (BGHZ 114, 93 = FamRZ 1991, 923; OLG Schleswig,

FamRZ 1989, 88; OLG Koblenz, FamRZ 1992, 1303; Soergel/Lange, BGB, § 1357 Rn. 23). In vielen Fällen wird das dingliche Rechtsgeschäft mit demjenigen abgeschlossen, **den es angeht** (MüKo/Wacke, BGB, § 1357 Rn. 37), was gegebenenfalls ebenfalls zu Eigentum zu je 1/2 führen kann (Staudinger/Hübner/Voppel, BGB, § 1357 Rn. 91).

Gegenstände des persönlichen Gebrauchs erwirbt i. d. R. der entsprechende Ehegatte allein (Erman/Heckelmann, BGB, § 1357 Rn. 20).

Der Eigentumserwerb ist jedenfalls unabhängig davon, wer bezahlt (OLG München, NJW 1972, 542).

153 Die **Beweislast** dafür, dass das Geschäft sich nach § 1357 BGB richtet, trägt derjenige, der sich darauf beruft (Erman/Heckelmann, BGB, § 1357 Rn. 18; Palandt/Brudermüller, BGB, § 1357 Rn. 8; Staudinger/Hübner/Voppel, BGB, § 1357 Rn. 122). Das ist der Gläubiger, der den vertretenden Ehegatten in Anspruch nimmt und letzterer, wenn er Erfüllung vom Vertragspartner verlangt. Die Beweislast dafür, dass die Eheleute getrennt lebten und daher kein Geschäft nach § 1357 BGB vorliegt, trifft ebenfalls denjenigen, der sich darauf beruft (Staudinger/Hübner/Voppel, BGB, § 1357 Rn. 122).

III. Einzelne Geschäfte

154 Angeknüpft wird an die **angemessene Deckung des Lebensbedarfs**. Daher sind nicht gedeckt die Geschäfte betreffend Vermögensbildung und -verwaltung sowie Beruf, Altersvorsorge (Erman/Heckelmann, BGB, § 1357 Rn. 16) und Geschäft. Die Geschäfte müssen **angemessen** sein. Dabei hilft die Betrachtung der übrigen Lebensumstände der betreffenden Eheleute. Ist eine vorherige Verständigung der Eheleute über solche Geschäfte notwendig und liegt sie nicht vor, kann es an dieser Angemessenheit fehlen (Erman/Heckelmann, BGB, § 1357 Rn. 12; MüKo/Wacke, BGB, § 1357 Rn. 20). **Einzelfälle** sind im **Lexikonteil** unter „Geschäfte zur angemessenen Deckung des Lebensbedarfs" dargestellt. Nach altem Recht (vor dem 30. 6. 1977) wurde auf den **häuslichen Wirkungskreis** abgestellt. Jetzt entscheidet die **angemessene Deckung des Lebensbedarfs**. Erstere sind auf jeden Fall von der Beschreibung Letzterer erfasst. Soweit die Rspr. einzelne Geschäfte nicht dem häuslichen Wirkungskreis zugeordnet hat, mag die Gesetzesänderung und die Veränderung der Lebensverhältnisse eine Neubewertung erfordern (Erman/Heckelmann, BGB, § 1357 Rn. 13).

Zu Geschäften nach dem **„Haustürwiderrufsgesetz"** s. Cebulla/Pützhoven, FamRZ 1996, 1124.

Zum Verhältnis von Verbraucherschutz und Schlüsselgewalt s. Löhnig, FamRZ 2001, 135.

IV. Beschränkung der Schlüsselgewalt

155 Es besteht **keine Möglichkeit,** die Schlüsselgewalt **vertraglich aufzuheben** (Erman/Heckelmann, BGB, § 1357 Rn. 24; Palandt/Brudermüller, BGB, § 1357 Rn. 7).

Nach § 1357 Abs. 2 BGB kann jeder Ehegatte die **Befugnis** des anderen **ausschließen oder beschränken.**

Auf diese Möglichkeit **kann nicht verzichtet** werden (Erman/Heckelmann, a. a. O.; Staudinger/Hübner/Voppel, BGB, § 1357 Rn. 106).

Diese Erklärung kann **formlos** dem anderen Ehegatten, dem möglichen Vertragspartner oder auch der Allgemeinheit gegenüber **erklärt** werden (Erman/Heckelmann, BGB, § 1357 Rn. 21; Palandt/Brudermüller, BGB, § 1357 Rn. 24; Staudinger/Hübner/Voppel, BGB, § 1357 Rn. 107).

Dritten gegenüber wirken Ausschluss oder Beschränkung nur, wenn sie im **Güterrechtsregister** eingetragen sind (§§ 1357 Abs. 2 Satz 2, 1412 BGB) oder wenn der Dritte sie kennt. Daher wirkt eine Zeitungsanzeige („**Komme für die Schulden meiner Frau nicht auf**") nur, wenn der Dritte sie gelesen und in Erinnerung behalten hat (Erman/Heckelmann, a. a. O.).

1. Eintrag ins Güterrechtsregister

Der **Antrag** auf Eintragung in das Güterrechtsregister ist in **öffentlich beglaubigter Form** zu stellen. Er braucht nicht begründet zu werden (Staudinger/Hübner/Voppel, BGB, § 1357 Rn. 109).

Die Beschränkung kann für **alle Geschäfte,** für **einzelne** und für solche bis zu einer gewissen Höhe (**Begrenzung**) erfolgen (Palandt/Brudermüller, BGB, § 1357 Rn. 24). Sie wirkt **ex nunc** (Soergel/Lange, BGB, § 1357 Rn. 29).

Der die Befugnis entziehende Ehegatte kann den Entzug selbst wieder **aufheben.**

Lag für den Ausschluss oder die Beschränkung der Verpflichtungsermächtigung („Schlüsselgewalt") **kein ausreichender Grund** vor, kann das Vormundschaftsgericht (nicht das Familiengericht) sie auf Antrag des in den Befugnissen beschränkten Ehegatten gem. § 1357 Abs. 2 Satz 1 2. Halbs. BGB aufheben.

Ein **ausreichender Grund** für den Ausschluss liegt i. d. R. vor, wenn der zu beschränkende Ehegatte erheblich gegen seine Pflichten aus §§ 1353, 1356 BGB verstößt (Erman/Heckelmann, BGB, § 1357 Rn. 22; Staudinger/Hübner/Voppel, BGB, § 1357 Rn. 120).

Die Pflichtverletzung braucht nicht schuldhaft zu sein. Sie muss vermögensrechtliche Folgen haben (Staudinger/Hübner/Voppel, a. a. O.), so, wenn der Ehegatte Ausgaben tätigt, die das Budget der Familie übersteigen (Erman/Heckelmann, a. a. O.).

Das Vormundschaftsgericht **ermittelt von Amts wegen** nach § 12 FGG.

2. Rechtsbehelfe

Gegen die Entscheidung, die den Antrag auf Aufhebung der Entziehung zurückweist, ist die **einfache Beschwerde** zulässig. Hebt das Vormundschaftsgericht die Entziehung der Verpflichtungsbefugnis auf, ist gegen diese Entscheidung die **sofortige Beschwerde** gegeben (§§ 53 Abs. 1, 60 Abs. 1 Nr. 6 FGG). In diesem Fall wirkt die Anordnung des Vormundschaftsgerichts ex nunc oder, wenn von Anfang an kein Entziehungsgrund vorlag, ex tunc (Staudinger/Hübner/Voppel, BGB, § 1357 Rn. 116; a. A. keine Rückwirkung: Palandt/Brudermüller, BGB, § 1357 Rn. 26). Nach antragsgemäßer Entscheidung durch das Vormundschaftsgericht kann der nunmehr nicht mehr beschränkte Ehegatte analog § 1561 Abs. 2 Nr. 4 BGB die **Löschung** der Eintragung **im Güterrechtsregister** verlangen (Staudinger/Hübner/Voppel, a. a. O.; Palandt/Brudermüller, a. a. O.).

V. Übergangsrecht/Überleitung

Für Geschäfte, die **vor dem 1. 7. 1977** in der alten Bundesrepublik abgeschlossen worden sind, gilt das alte Recht.

Für Geschäfte, die vor dem 3. 10. 1990 in der **ehemaligen DDR** abgeschlossen worden sind, gilt gem. Art. 230 Abs. 2, 232 § 1 u. 234 § 1 EGBGB altes DDR-Recht, danach § 1357 BGB. Nach § 11 FGB-DDR war jeder Ehegatte berechtigt, den anderen in Angelegenheiten des täglichen Lebens zu vertreten.

G. Eigentumsvermutungen zugunsten von Gläubigern nach § 1362 BGB

I. Einführung

Nach § 1362 BGB wird **bei der Zwangsvollstreckung vermutet,** dass die Gegenstände im Besitz des Ehegatten-Schuldners ihm auch gehörten.

§ 1362 BGB erleichtert dem Gerichtsvollzieher die Zwangsvollstreckung, wenn er einen Vollstreckungstitel gegen nur einen Ehegatten hat und naturgemäß nicht weiß, wem von beiden die beweglichen Sachen oder die diesen im § 1362 BGB aufgeführten, gleichgestellten Papiere gehören, die er vorfindet.

§ 1362 dient damit dem **Gläubigerschutz** (MüKo/Wacke, BGB, § 1362 Rn. 3; RGRK/Wenz, BGB, § 1362 Rn. 2; Soergel/Lange, BGB, § 1362 Rn. 2; Staudinger/Hübner/Voppel, BGB, § 1362 Rn. 2).

Die Regelung betrifft **alle Güterstände,** die Gütergemeinschaft jedoch nur, wenn die Vermutung der Zugehörigkeit zum Gesamtgut widerlegt ist (Erman/Heckelmann, BGB, § 1362 Rn. 6; MüKo/Wacke, BGB, § 1362 Rn. 15; RGRK/Wenz, BGB, § 1362 Rn. 5; Staudinger/Hübner/Voppel, BGB, § 1362 Rn. 16).

Die Regelung des § 1362 BGB enthält **zwingendes Recht**, das nicht abgeändert werden kann (MüKo/Wacke, BGB, § 1362 Rn. 18; Soergel/Lange, BGB, § 1362 Rn. 2; Staudinger/Hübner/Voppel, BGB, § 1362 Rn. 8; einschränkend: RGRK/Wenz, BGB, § 1362 Rn. 7).

II. Voraussetzungen

1. Grundsatz

160 Die Eigentumsvermutung des § 1362 BGB gilt nach h.M. (s. Staudinger/Hübner/Voppel, BGB, § 1362 Rn. 11 f.) **nur unter Ehegatten,** nicht in einer nichtehelichen Lebensgemeinschaft und auch nicht unter Verwandten (a.A. MüKo/Wacke, BGB, § 1362 Rn. 11). Für die **eingetragene Lebenspartnerschaft** enthält § 8 Abs. 1 LPartG eine ähnliche Regelung.

2. Getrenntleben der Ehegatten

161 Leben die Ehegatten getrennt und befinden sich Gegenstände im Besitz des Ehegatten, der nicht Schuldner ist, gilt die Eigentumsvermutung nach § 1362 Abs. 1 Satz 2 BGB nicht (RGRK/Wenz, BGB, § 1362 Rn. 11). Dabei kommt es nicht darauf an, ob die **Trennung zum Zwecke der Aufhebung der ehelichen Lebensgemeinschaft** erfolgte (Erman/Heckelmann, BGB, § 1362 Rn. 10; MüKo/Wacke, BGB, § 1362 Rn. 14; Staudinger/Hübner/Voppel, BGB, § 1362 Rn. 25).

Daher liegt kein Getrenntleben i. d. S. bei **Strafhaft** des Schuldners vor (OLG Köln, FamRZ 1965, 510; OLG Düsseldorf, NJW-RR 1995, 963).

Das Getrenntleben hat derjenige zu **beweisen**, der sich darauf beruft (Staudinger/Hübner/Voppel, BGB, § 1362 Rn. 73).

3. Erstreckung der Eigentumsvermutung

162 Die Eigentumsvermutung gilt nur für **bewegliche Sachen,** wozu auch Geld gehört. Handelt es sich um Gegenstände des **gemeinschaftlichen Gebrauchs,** wird vermutet, dass es sich um solche des Schuldners handelt. Der Gerichtsvollzieher darf darin ohne Probleme vollstrecken.

Die Gegenstände müssen im **unmittelbaren oder mittelbaren Besitz eines** oder beider Ehegatten stehen (Staudinger/Hübner/Voppel, BGB, § 1362 Rn. 21 f.).

Die Vermutung kann auch eingreifen, wenn beide Eheleute nicht im Besitz, auch nicht im mittelbaren, des Gegenstandes sind, aber der **Herausgabeanspruch gepfändet** wurde (BGH, FamRZ 1993, 668 = NJW 1993, 935).

Die Eigentumsvermutung des § 1362 BGB gilt nicht, wenn es sich um Gegenstände zum **ausschließlichen persönlichen Gebrauch eines Ehegatten** (und nicht beider, RGRK/Wenz, BGB, § 1362 Rn. 21) handelt (Abs. 2), wobei die **Zweckbestimmung** entscheidet (MüKo/Wacke, BGB, § 1362 Rn. 29; RGRK/Wenz, BGB, § 1362 Rn. 22; Staudinger/Hübner/Voppel, BGB, § 1362 Rn. 60).

Dabei kann man überwiegend auf die **klassischen Zuordnungen** abstellen (MüKo/Wacke, BGB, § 1362 Rn. 28; Staudinger/Hübner/Voppel, BGB, § 1362 Rn. 61), dass nämlich z. B. Damenschmuck von Damen und Herrenschmuck von Herren getragen wird. Damit handelt es sich um Sachen des persönlichen Gebrauchs eben dieser Person.

> *Hinweis:*
>
> *Einen Erfahrungssatz, dass Damenschmuck der Ehefrau gehört, gibt es aber nicht (OLG Nürnberg, FamRZ 2000, 1220 m. Anm. Bergschneider).*

Hat allerdings ein Ehemann Familienschmuck geerbt, muss die Ehefrau beweisen, dass er ihr diesen zu ihrem ausschließlichen Gebrauch überlassen hat (BGH, FamRZ 1971, 24).

Auch ist Schmuck dann nicht zum ausschließlichen persönlichen Gebrauch eines Ehegatten bestimmt, wenn er eine **Kapitalanlage** darstellt (BGH, NJW 1959, 142).

Nicht zum persönlichen Gebrauch bestimmt sind auch die Gegenstände, die der **wirtschaftlichen Tätigkeit** eines Ehegatten dienen (Erman/Heckelmann, BGB, § 1362 Rn. 16). Daher gilt die Vermutung des § 1362 BGB auch bei Sachen eines **Gewerbebetriebes,** es sei denn, der Betrieb wird vollständig und erkennbar nur von dem nichtschuldenden Teil betrieben (LG Mosbach, MDR 1972, 518; ähnlich LG Coburg, FamRZ 1962, 387; Staudinger/Hübner/Voppel, BGB, § 1362 Rn. 64).

163

Dass die Gegenstände zum persönlichen Gebrauch bestimmt sind, hat derjenige zu beweisen, der sich darauf beruft (OLG Nürnberg, FamRZ 2000, 1220; RGRK/Wenz, BGB, § 1362 Rn. 24; Soergel/Lange, BGB, § 1362 Rn. 12; Staudinger/Hübner/Voppel, BGB, § 1362 Rn. 73), also der andere Ehegatte (MüKo/Wacke, BGB, § 1362 Rn. 31).

III. Folgen der Regelung

Findet § 1362 BGB Anwendung, kann materiell gesehen gegen den Schuldner in bei einem der beiden Ehegatten vorgefundene Sachen vollstreckt werden. § 739 ZPO erfordert formell den **Gewahrsam** des Schuldners. Nach h. M. (MüKo/Wacke, BGB, § 1362 Rn. 32; Staudinger/Hübner/Voppel, BGB, § 1362 Rn. 32, 33) gilt aber in den Fällen, in denen § 1362 BGB Anwendung findet, der Schuldner auch als **Gewahrsamsinhaber i. S. v. § 739 ZPO.** Bei der **eidesstattlichen Versicherung** hat der Schuldner auch die unter § 1362 BGB fallenden Sachen seines Ehegatten anzugeben (Staudinger/Hübner/Voppel, BGB, § 1362 Rn. 29).

164

IV. Entkräftung der Eigentumsvermutung

Die Vermutung des § 1362 BGB ist **widerlegbar.** Weist der wahre Inhaber sein Eigentum nach, darf nicht gegen ihn vollstreckt werden. Erforderlich ist der volle Beweis mit strengen Anforderungen (MüKo/Wacke, BGB, § 1362 Rn. 24).

165

Es reicht der **Nachweis des Erwerbs** des Eigentums, der **Fortbestand** der Eigentumsstellung braucht nicht nachgewiesen zu werden (BGH, FamRZ 1976, 81 = NJW 1976, 238; RGRK/Wenz, BGB, § 1362 Rn. 15)

Führt der Ehegatte des Schuldners den Nachweis, dass er Sachen i. S. v. § 1362 BGB schon **vor der Ehe** besaß, haften diese nicht. Vielmehr greift dann zugunsten dieses Ehegatten die Vermutung des § 1006 Abs. 2 BGB ein (BGH, FamRZ 1992, 409).

Nach § 1370 BGB werden anstelle von **ausgesonderten Gegenständen** des Hausrats angeschaffte Gegenstände Eigentum des Ehegatten, dem die ersetzten gehörten. I. S. v. § 1362 BGB braucht dieser Ehegatte nur zu beweisen, dass er gleiche Gegenstände hatte, die ersetzt wurden (Erman/Heckelmann, BGB, § 1370 Rn. 3).

166

Fuge

Ersatzgegenstände in diesem Sinne sind diejenigen, die nach Zahl und Art in etwa den nicht mehr vorhandenen entsprechen, auch wenn die jetzt vorhandenen wertvoller sind (OLG Nürnberg, FamRZ 1964, 297; KG, FamRZ 1968, 648). Der Eigentumserwerb ist unabhängig davon, wer von den beiden Ehegatten **bezahlt** hat (OLG München, NJW 1972, 542). Nach § 1357 BGB kann ein Ehegatte auch mit Wirkung für den anderen Geschäfte zur angemessenen Deckung des Lebensbedarfs vornehmen (vgl. Rn. 147 ff. **„Schlüsselgewalt"**). Zwar erfolgt der Eigentumserwerb nicht auch über § 1357 BGB (OLG Köln, NJW-RR 1996, 904). Doch erwerben i. d. R. (OLG Koblenz, FamRZ 1992, 1303) beide das Eigentum zu je 1/2, wenn nicht besondere Umstände für ein anderes Ergebnis sprechen (BGHZ 114, 74 = FamRZ 1991, 923). Das so entstandene Miteigentum gilt dann auch i. S. v. § 1362 BGB (OLG Schleswig, FamRZ 1989, 88).

Das Eigentum ist nachzuweisen in Form des **dinglichen Erwerbs.** Der Nachweis eines schuldrechtlichen Vertrages reicht nicht aus.

Der Nachweis kann nicht durch Vorlage eines Vertrages über die Gütertrennung erfolgen (LG Verden, DGVZ 1981, 79), auch nicht durch einen **Registerauszug** aus dem Güterrechtsregister oder ein **Vermögensverzeichnis** nach § 1377 BGB (RGRK/Wenz, BGB, § 1362 Rn. 18; Soergel/Lange, BGB, § 1362 Rn. 8; Staudinger/Hübner/Voppel, BGB, § 1362 Rn. 47 f.).

Nach h. M. soll der **Kfz-Brief** zum Nachweis des Eigentums eines Pkws ebenfalls **nicht ausreichen** (Staudinger/Hübner/Voppel, BGB, § 1362 Rn. 50).

Der nicht schuldende Ehegatte kann sein Eigentum schon bei der Vollstreckung nachweisen (Staudinger/Hübner/Voppel, BGB, § 1362 Rn. 52). Wird gleichwohl vollstreckt, ist die **Erinnerung nach § 766 ZPO** gegeben (Staudinger/Hübner/Voppel, BGB, § 1362 Rn. 53; a. A. MüKo/Wacke, BGB, § 1362 Rn. 33).

Ist die Vollstreckung erfolgt und wird danach das Eigentum nachgewiesen, ist die **Drittwiderspruchsklage nach § 771 ZPO** zulässig (MüKo/Wacke, a. a. O.; Staudinger/Hübner/Voppel, BGB, § 1362 Rn. 54 f.).

H. Verfügungsbeschränkungen der §§ 1365 ff., 1369 BGB

I. Grundsätzliches

167 Die Regelungen des § 1365 und des § 1369 gelten für **Ehegatten** und gem. § 8 LPartG auch für **eingetragene Lebenspartnerschaften**.

Nach § 1365 BGB kann sich ein Ehegatte zur Verfügung über sein **Vermögen im Ganzen nur mit Zustimmung des anderen Ehegatten verpflichten.** Nach h. M. (Erman/Heckelmann, BGB, § 1365 Rn. 3) kann diese Regelung nicht durch Parteivereinbarung auf einen niedrigeren Anteil (z. B. 2/3 des Vermögens) erweitert werden (s. Rn. 185 ff.).

Dagegen kann die gesetzliche Regelung abbedungen oder beschränkt werden (Erman/Heckelmann, BGB, § 1365 Rn. 3; RGRK/Finke, BGB, § 1365 Rn. 54; Soergel/Lange, BGB, § 1365 Rn. 5; Staudinger/Thiele, BGB, § 1365 Rn. 117), und zwar in der Form eines **Ehevertrages** (Staudinger/Thiele, BGB, a. a. O.). Eine solche Änderung kann in das **Güterrechtsregister** eingetragen werden. Das schließt die h. M. (Soergel/Lange, BGB, § 1365 Rn. 5; Staudinger/Thiele, BGB, § 1365 Rn. 117) aus einer Entscheidung des BGH (BGHZ 66, 203 = FamRZ 1976, 443 = NJW 1976, 1258), in der die frühere Ansicht (BGHZ 41, 370) ausdrücklich aufgegeben wurde.

Die Zustimmung ist nicht zur sachenrechtlichen Verfügung, sondern schon zur Verpflichtung gerichtet auf diese Verfügung, erforderlich (Erman/Heckelmann, BGB, § 1365 Rn. 4). Sie ist erforderlich für Rechtsgeschäfte unter Lebenden, nicht für Erbverträge und Ausschlagung der Erbschaft (RGRK/Finke, BGB, § 1365 Rn. 8).

II. Geschäfte mit Einwilligung des Ehegatten

Die Einwilligung ist an **keine Form gebunden**, auch wenn das Rechtsgeschäft formbedürftig ist (Staudinger/Thiele, BGB, § 1365 Rn. 69). Im Grundbuchverkehr ist aber wegen § 29 GBO eine öffentliche oder öffentlich beglaubigte Urkunde erforderlich. Mit der formlosen Zustimmung des Ehegatten entsteht die Pflicht, diese Zustimmung in der Form des § 29 GBO zu bestätigen (KG, DtNotZ 1963, 735).

168

Der zustimmende Ehegatte kann seine Einwilligung bis zur Vornahme des Rechtsgeschäftes dem abschließenden Ehegatten und dem Dritten gegenüber **widerrufen** (Palandt/Brudermüller, BGB, § 1365 Rn. 18; Staudinger/Thiele, BGB, § 1365 Rn. 71).

Hat ein Ehegatte der Verpflichtung zur Verfügung zugestimmt, braucht er der eigentlichen Verfügung nicht mehr zuzustimmen (Erman/Heckelmann, BGB, § 1365 Rn. 5).

III. Geschäfte ohne Zustimmung des Ehegatten

1. Einseitige Rechtsgeschäfte

Ein einseitiges Rechtsgeschäft, das ohne die erforderliche (vorherige) Einwilligung des anderen Ehegatten vorgenommen wird, ist gem. § 1367 BGB **unwirksam**. Auch eine (nachträgliche) Genehmigung oder die Ersetzung der Einwilligung durch das Vormundschaftsgericht bewirkt keine Heilung (Erman/Heckelmann, BGB, § 1367 Rn. 1; Palandt/Brudermüller, BGB, § 1367 Rn. 1).

169

2. Zweiseitige Rechtsgeschäfte

a) Allgemeines

Zweiseitige Rechtsgeschäfte ohne die erforderliche Zustimmung sind zunächst einmal **schwebend unwirksam**. Es bestehen verschiedene Möglichkeiten, diese Unwirksamkeit zu heilen (§ 1366 BGB). Erfolgt keine Heilung, bleibt das Geschäft endgültig unwirksam, und zwar nicht nur im Verhältnis zwischen dem Ehegatten und dem Vertragspartner, sondern gegenüber **jedermann**. § 1365 BGB enthält ein **absolutes Veräußerungsverbot** (OLG Hamm, NJW 1960, 1466; BGHZ 40, 218 = FamRZ 1964, 25). Der gutgläubige Dritte ist nicht geschützt (Erman/Heckelmann, BGB, § 1365 Rn. 20; Palandt/Brudermüller, BGB, § 1365 Rn. 14; a. A., positives Wissen erforderlich: LG München I, FamRZ 2000, 1153). **Veräußert ein Erwerber,** der selbst nicht durch den guten Glauben geschützt ist, weiter, kann der Dritte gutgläubig erwerben. Für diesen Akt ist keine Zustimmung nach § 1365 BGB erforderlich (OLG Zweibrücken, FamRZ 1986, 997; Staudinger/Thiele, BGB, § 1368 Rn. 53). Wird eine Briefgrundschuld, bei der der Gläubiger nicht durch den guten Glauben geschützt ist, weiter auf einen Dritten übertragen, kann dieser gutgläubig erwerben (OLG Köln, OLGZ 1969, 171).

170

Der unbeteiligte Ehegatte kann seine **Zustimmung** ohne Zutun der übrigen Beteiligten **versagen**. Tut er dies dem Dritten gegenüber, ist das Geschäft unwirksam. Erfolgt dies seinem Ehegatten gegenüber, findet § 1366 Abs. 3 Satz 1 2. Halbs. Anwendung (vgl. Rn. 173).

Das Zustimmungserfordernis bleibt **auch über die Scheidung hinaus** bestehen (BGH, FamRZ 1978, 396 = NJW 1978, 1380; BayObLG, FamRZ 1981, 46; OLG Saarbrücken, FamRZ 1987, 1248; a. A., Ende mit Rechtskraft der Scheidung: OLG Köln, FamRZ 2001, 176, es sei denn, es gibt einen abgetrennten Zugewinnausgleich).

171

Stirbt der verfügende Ehegatte und wird der andere Erbe, wird das bislang schwebend unwirksame Geschäft wirksam (BGH, FamRZ 1982, 249 = NJW 1982, 1099; OLG Celle, NJW-RR 1994, 646). Diese Wirkung tritt aber nicht ein, wenn der Erwerber Erbe des Verfügenden wird (OLG

Karlsruhe, FamRZ 1978, 505). Ist das Rechtsgeschäft unwirksam, kann es natürlich **wiederholt** werden (Erman/Heckelmann, BGB, § 1366 Rn. 7). Es kann auch **umgedeutet** werden in ein wirksames Rechtsgeschäft, z.B. in einen Erbvertrag, der der Zustimmung des Ehegatten nicht bedarf (BGHZ 40, 218 = FamRZ 1964, 25; BGHZ 77, 293 = FamRZ 1980, 765; BGHZ 125, 355 = FamRZ 1994, 819).

b) Rechte des Vertragspartners

aa) Widerrufsmöglichkeit

172 Bis zur Vorlage der Genehmigung kann der Dritte den Vertrag widerrufen, und zwar nur dem Ehegatten-Vertragspartner gegenüber (Erman/Heckelmann, BGB, § 1366 Rn. 2). Dieser Widerruf ist an **keine Frist** gebunden (Palandt/Brudermüller, BGB, § 1366 Rn. 6).

Hat der Dritte aber gewusst, dass sein Vertragspartner verheiratet ist, kann er nur widerrufen, wenn letzterer behauptet hat, sein Ehegatte habe eingewilligt.

Der Dritte kann auch dann nicht widerrufen, wenn ihm bekannt war, dass die Einwilligung nicht vorlag.

bb) Aufforderung, die Genehmigung zu beschaffen

173 Anstatt zu widerrufen, kann der Dritte seinen Vertragspartner auffordern, die Genehmigung des anderen Ehegatten zu beschaffen (§ 1366 Abs. 3 BGB). Die Genehmigung kann nur innerhalb von **zwei Wochen ab Aufforderung** erteilt werden, und zwar nur dem Dritten gegenüber. Dabei kann der abschließende Ehegatte als Bote auftreten. Durch Vereinbarung zwischen diesem und dem Dritten kann diese Frist verlängert werden (Erman/Heckelmann, BGB, § 1366 Rn. 6).

Wird die Genehmigung erteilt, ist dies **unwiderruflich** (Erman/Heckelmann, BGB, § 1366 Rn. 3; Staudinger/Thiele, BGB, § 1366 Rn. 11). Wird die Genehmigung nicht erklärt, gilt sie als **verweigert.** Die Genehmigung kann auch ausdrücklich verweigert werden. Auch dies ist unwiderruflich (BGHZ 125, 355 = FamRZ 1994, 819).

Hat der nicht verfügende Ehegatte vor Vertragsabschluss eingewilligt, verbleibt es bei den Ausführungen zu Rn. 168. Hatte er aber nicht eingewilligt, genehmigt er aber nach Vertragsabschluss seinem Ehegatten gegenüber oder versagt er die Genehmigung und fordert der Dritte dann zur Erteilung der Genehmigung auf, wird die erteilte Genehmigung bzw. die Versagung unwirksam. Der Schwebezustand ist durch die Aufforderung wieder aufgelebt. Es muss dann entsprechend Rn. 170 verfahren werden.

174 Neben diesen besonderen Regelungen besteht die Möglichkeit der **Anfechtung** von Willensmängeln nach allgemeinen Vorschriften (Erman/Heckelmann, BGB, § 1366 Rn. 3).

Ist das Geschäft endgültig unwirksam, kann der Vertragspartner **weder Erfüllung noch Schadensersatz wegen Nichterfüllung** verlangen. Möglich sind nur Ansprüche aus unerlaubter Handlung (Erman/Heckelmann, BGB, § 1365 Rn. 20).

c) Rechte des verfügenden Ehegatten

175 Der verfügende Ehegatte selbst kann die Unwirksamkeit des Geschäfts geltend machen (Erman/Heckelmann, BGB, § 1368 Rn. 3; Staudinger/Thiele, BGB, § 1368 Rn. 9 f.). Ist er Alleineigentümer, muss er auf Herausgabe an sich, sind beide Ehegatten Miteigentümer und Mitbesitzer, muss er auf Herausgabe an beide Ehegatten klagen (Erman/Heckelmann, BGB, § 1368 Rn. 8 f.). Der abschließende Ehegatte kann den anderen nicht auf Erteilung der Zustimmung verklagen (Palandt/Brudermüller, BGB, § 1365 Rn. 18). Durch die Verweigerung der Zustimmung wird ein Ehegatte dem anderen gegenüber nicht schadensersatzpflichtig (Erman/Heckelmann, BGB, § 1366 Rn. 9).

d) Rechte des anderen, nicht verfügenden Ehegatten

aa) Eigene Rechte

Der nicht verfügende Ehegatte hat möglicherweise eigene Rechte aus Eigentum, Miteigentum, Besitz oder Mitbesitz (MüKo/Gernhuber, BGB, § 1368 Rn. 6; Staudinger/Thiele, BGB, § 1368 Rn. 12 f.). 176

Klagt er aus eigenem Recht, kann er Herausgabe an sich verlangen; war er nur Mitbesitzer, Herausgabe an sich und seinen Ehegatten (Staudinger/Thiele, BGB, § 1368 Rn. 29).

bb) Rechte aus der Unwirksamkeit der Verfügung (Prozessstandschaft für den Verfügenden)

Aus § 1368 BGB hat der nichtverfügende Ehegatte Rechte, die an sich dem über sein Vermögen verfügenden Ehegatten aus der Unwirksamkeit zustehen (Staudinger/Thiele, BGB, § 1368 Rn. 11). 177

An Rechten stehen dem anderen Ehegatten die des Verfügenden zu; das sind im Einzelnen Herausgabe, Schadensersatz und Grundbuchberichtigung (Staudinger/Thiele, BGB, § 1368 Rn. 21). Hat ein Ehegatte **Wertpapiere,** die sein gesamtes Vermögen darstellen, **verpfändet,** kann der andere nicht Herausgabe an sich vom Pfandgläubiger verlangen (OLG Karlsruhe, FamRZ 1999, 298; dazu BGH, FamRZ 2000, 744)

Macht der nicht verfügende Ehegatte Rechte des verfügenden Ehegatten wegen des Alleineigentums und -besitzes geltend, kann er auf Herausgabe an den verfügenden Ehegatten klagen (Erman/Heckelmann, BGB, § 1368 Rn. 12).

Da der verfügende Ehegatte diesen Anspruch dadurch unterlaufen kann, dass er die Annahme verweigert, sieht die h. M. (Erman/Heckelmann, BGB, § 1368 Rn. 12; Staudinger/Thiele, BGB, § 1368 Rn. 31 f.) dies nicht als ausschließliche Möglichkeit an. Vielmehr kann der nichtverfügende Ehegatte aus der Prozessstandschaft des § 1368 BGB Herausgabe an sich selbst verlangen. Im Übrigen kann Rückübertragung auf beide Ehegatten oder einen Sequester verlangt werden (OLG Köln, FamRZ 1959, 460; a. A. zum Sequester: Staudinger/Thiele, BGB, § 1368 Rn. 33). Prozessual geltend machen kann der andere Ehegatte die Ansprüche in Prozessstandschaft für den Verfügenden (RGRK/Finke, BGB, § 1368 Rn. 12; Soergel/Lange, BGB, § 1368 Rn. 9; Staudinger/Thiele, BGB, § 1368 Rn. 19).

Notwendige Streitgenossen sind die beiden Ehegatten dabei nicht (Staudinger/Thiele, BGB, § 1368 Rn. 42). Unter Umständen ist eine **Streitverkündung** denkbar (Staudinger/Thiele, BGB, § 1368 Rn. 43). 178

Die Rechtshängigkeit eines Prozesses zwischen dem Dritten und einem Ehegatten hindert nicht die Zulässigkeit eines weiteren Prozesses mit dem anderen; die Rechtskraft eines Urteils im Prozess mit dem einen Ehegatten erstreckt sich nicht auf den anderen Ehegatten (Staudinger/Thiele, BGB, § 1368 Rn. 35 f.).

Klagt der andere Ehegatte gegen den Dritten und hat dieser Ansprüche gegen den Verfügenden, kann er diese nach h. M. (Staudinger/Thiele, BGB, § 1368 Rn. 51; a. A. Erman/Heckelmann, BGB, § 1368 Rn. 6) nicht in Ausübung eines Zurückbehaltungsrechts geltend machen.

Kommt es infolge der Verweigerung des anderen Ehegatten zu einer Unwirksamkeit der Verfügung, kann dieser Ehegatte seine Rechte auch noch nach der Scheidung geltend machen (BGH, FamRZ 1983, 1101 = NJW 1984, 609).

3. Besonderheiten

a) Prüfpflicht durch das Grundbuchamt

Das Grundbuchamt ist berechtigt und verpflichtet, die Zustimmung des anderen Ehegatten oder den Nachweis weiteren Vermögens zu verlangen, wenn berechtigte konkrete Anhaltspunkte dafür 179 vorliegen, dass es sich bei dem Grundstück um das Vermögen als Ganzes handelt (BGHZ 35, 135 = FamRZ 1961, 302; BayObLG, DtNotZ 1978, 611; OLG Zweibrücken, FamRZ 1989, 869 = Rpfleger 1989, 95; LG München I, FamRZ 2000, 1153; OLG Thüringen/Jena, FamRZ 2001, 1614; RGRK/Finke, BGB, § 1365 Rn. 51 f.; Soergel/Hohloch, BGB, § 1365 Rn. 46). Bloße Zweifel und Vermutungen reichen nicht (OLG Bremen, NJW 1960, 825). Das Grundbuchamt ist nicht verpflichtet, eigene Ermittlungen anzustellen (LG Berlin, FamRZ 1959, 64; OLG Hamburg, MDR 1968, 497; Soergel/Lange, BGB, § 1365 Rn. 46). Es reicht die Erklärung des veräußernden Ehegatten, die Voraussetzungen des § 1365 BGB lägen nicht vor (OLG Celle, NJW 1960, 437). Nach h. M. (OLG Celle, NJW 1970, 1882) kann bei einer entsprechenden Befürchtung ein gerichtliches Veräußerungsverbot in das Grundbuch eingetragen werden. Bei Verletzung der Vorschrift des § 1365 BGB im Grundbuchverkehr kann ein Amtswiderspruch eingetragen werden (BGHZ 30, 255 zur fortgesetzten Gütergemeinschaft; OLG Hamm, Rpfleger 1959, 349 = NJW 1960, 436; BayObLG, FamRZ 1988, 503) oder Berichtigung nach §§ 894, 896 BGB verlangt werden (OLG Brandenburg, FamRZ 1996, 1015).

b) Aufklärungspflicht des Notars

180 Ein **Notar** muss über die Regelung des § 1365 BGB aufklären. Nachforschungen braucht er nur bei konkreten Anhaltspunkten anzustellen (BGHZ 64, 246; Soergel/Lange, BGB, § 1365 Rn. 45; Staudinger/Thiele, BGB, § 1365 Rn. 115).

c) Teilungsversteigerung und Vollstreckung

181 Auch bei der Teilungsversteigerung ist nach h. M. (s. Lexikonteil unter „Vermögen, Verfügung über das Vermögen im Ganzen", dort Stichwort „Teilungsversteigerung") die Zustimmung erforderlich, wenn der betreffende Gegenstand das Vermögen als Ganzes darstellt. Das Vollstreckungsgericht hat grds. nicht von Amts wegen zu ermitteln (LG Kassel, Rpfleger 1995, 473; a. A. wohl Soergel/Hohloch, BGB, § 1365 Rn. 46). Fehlt die Zustimmung, ist die **Drittwiderspruchsklage** nach § 771 ZPO gegeben (OLG Karlsruhe, FamRZ 1970, 194; OLG Hamm, FamRZ 1979, 128; OLG Stuttgart, FamRZ 1982, 401; OLG Bremen, FamRZ 1984, 272; OLG Düsseldorf, FamRZ 1995, 309; OLG Köln, FamRZ 2000, 1167) nach OLG Frankfurt/M. auch die **Vollstreckungserinnerung** (FamRZ 1999, 524). Bei der **Drittwiderspruchsklage** handelt es sich nicht um eine Familiensache (OLG Stuttgart, a. a. O.).

Die **Erinnerung** nach § 766 ZPO ist ausnahmsweise zulässig, wenn das Vollstreckungsgericht die Voraussetzungen des § 1365 BGB erkannt, aber nicht beachtet hat (OLG Zweibrücken, OLGZ 1976, 455; OLG Hamm, FamRZ 1979, 128; OLG Bremen, FamRZ 1984, 272). Hat ein Ehegatte ohne Zustimmung des anderen eine Grundschuld bestellt und vollstreckt der Gläubiger, kann der nichtbeteiligte Ehegatte **Drittwiderspruchsklage** erheben (OLG Brandenburg, FamRZ 1996, 1015).

4. Hausrat

a) Allgemeines

182 Nach § 1369 BGB kann ein Ehegatte über Gegenstände des Haushalts nur verfügen und sich zu einer solchen Verfügung verpflichten, wenn der andere Ehegatte einwilligt. Der unterschiedlichen Formulierung (§ 1365 BGB: Verpflichtung zur Verfügung; § 1369 BGB: Verfügung und Verpflichtung zur Verfügung) kommt keine praktische Bedeutung zu. Liegt die Zustimmung zur Verpflichtung zur Verfügung vor, braucht zur eigentlichen Verfügung wie bei § 1365 BGB keine Zustimmung mehr zu erfolgen (Erman/Heckelmann, BGB, § 1369 Rn. 6; Palandt/Brudermüller, BGB, § 1369 Rn. 8; Staudinger/Thiele, BGB, § 1369 Rn. 9). § 1369 BGB enthält gleichfalls ein **absolutes Veräußerungsverbot** (BayObLG, FamRZ 1965, 331; Erman/Heckelmann, BGB, § 1369 Rn. 2). Die Vorschrift ist nachgiebiges Recht und kann durch einen Ehevertrag (Form!) abbedungen werden (Erman/Heckelmann, a. a. O.; Palandt/Brudermüller, BGB, § 1369 Rn. 1).

b) Verfügungen

Verfügungen i. d. S. sind echte Verfügungen. Die Aufhebung einer Hausratversicherung fällt nicht darunter (Erman/Heckelmann, BGB, § 1369 Rn. 9). Soweit Verfügungen über Hausrat gleichzeitig auch Geschäfte zur angemessenen Deckung des Lebensbedarfs i. S. v. § 1357 BGB darstellen, geht § 1369 BGB mit seinem Zustimmungserfordernis vor (Erman/Heckelmann, a. a. O.; Staudinger/Thiele, BGB, § 1369 Rn. 47). 183

c) Vollstreckung

§ 1369 BGB steht einer Vollstreckung durch Gläubiger nicht entgegen (Erman/Heckelmann, BGB, § 1369 Rn. 9). Dies gilt sowohl für Vollstreckung gegen den schuldenden Ehegatten in dessen bewegliche Gegenstände als auch – über § 1362 BGB – in die beweglichen Sachen des anderen Ehegatten. Im Übrigen werden nach § 1369 Abs. 3 BGB die **§§ 1366-1368 BGB entsprechend angewendet,** vgl. dazu Rn. 169 ff. 184

IV. Vermögensbegriff des § 1365 BGB

1. Theorienstreit

Früher vertrat die **Gesamttheorie** die Meinung, § 1365 BGB sei nur anzuwenden, wenn das Vermögen **en bloc** betroffen sei. Durchgesetzt hat sich aber die **Einzeltheorie,** wonach § 1365 BGB auch anwendbar ist auf **einzelne Gegenstände**, die das ganze oder nahezu das ganze Vermögen ausmachen (BGHZ 35, 135 = FamRZ 1961, 302; BGH, FamRZ 1969, 322 = BB 1969, 974). Dabei reicht auch aus, dass über diesen einzelnen Gegenstand in mehreren Schritten verfügt wird (BGH, FamRZ 1967, 382). Anwendbar ist § 1365 BGB auch dann, wenn das Vermögen des Verfügenden schon überschuldet ist (BGH, FamRZ 2000, 744). 185

Die **Einzeltheorie** gibt auch die objektive Theorie auf, wonach nur entscheidend ist, was objektiv vorgelegen hat. Vielmehr folgt sie der **subjektiven Theorie.** Danach ist die Unwirksamkeit der Verfügung davon abhängig, dass der Dritte/Vertragspartner weiß, dass von der Verfügung das Vermögen als Ganzes oder nahezu das ganze Vermögen erfasst wird (BGHZ 43, 174 = FamRZ 1965, 258 = NJW 1965, 909; BGHZ 106, 253 = FamRZ 1989, 475 = NJW 1989, 1609; RGRK/Finke, BGB, § 1365 Rn. 12; Soergel/Lange, BGB, § 1365 Rn. 12).

Dem positiven Wissen insoweit steht gleich die Kenntnis von den Umständen, aus denen sich ergibt, dass das Vermögen als Ganzes oder nahezu als Ganzes betroffen ist (Palandt/Brudermüller, BGB, § 1365 Rn. 9). Insoweit maßgebender Zeitpunkt ist derjenige des Vertragsabschlusses, nicht der der Vollendung des dinglichen Erwerbs (BayObLG, FamRZ 1988, 503; BGHZ 106, 253 = FamRZ 1989, 475 = NJW 1989, 1609, ergangen auf Vorlage des BayObLG; BGH, FamRZ 1990, 970; Soergel/Hohloch, BGB, § 1365 Rn. 13).

Dass der Erwerber bei Vollendung des Erfüllungsgeschäftes die Kenntnis hat, hindert also nicht (BGH, a. a. O.).

2. Gesamtes oder nahezu gesamtes Vermögen

Ob nahezu das ganze Vermögen betroffen ist, kann anhand eines **Wertvergleichs** zwischen dem weggegebenen und dem verbleibenden Vermögen ermittelt werden. 186

Bei einem kleinen Vermögen soll das Geschäft zustimmungsbedürftig sein, wenn dem Ehegatten 15 % oder weniger verbleiben (BGHZ 77, 293 = FamRZ 1980, 765), bei einem größeren Vermögen ab 10 % (BGH, FamRZ 1991, 669 = NJW 1991, 1739).

Beim Restvermögen sind auch die **Belastungen** zu beachten (Staudinger/Thiele, BGB, § 1365 Rn. 28; Einzelheiten s. Lexikonteil unter „Vermögen, Verfügung über das Vermögen im Ganzen", dort Stichwort „Restvermögen").

Festgestellt werden kann dies aber auch anhand der **Art und Weise der Verfügung**. Beispielsweise soll die Bestellung eines Nießbrauchs den Wert eines Grundstückes nie ausschöpfen (BGH, FamRZ 1966, 22; Einzelheiten s. Lexikonteil unter „Vermögen, Verfügung über das Vermögen im Ganzen").

187 Die Verfügung über das Vermögen als Ganzes kann nach h. M. auch in **mehreren Einzelschritten** erfolgen, wenn ein enger zeitlicher und sachlicher Zusammenhang vorliegt (RGRK/Finke, BGB, § 1365 Rn. 29; Soergel/Lange, BGB, § 1365 Rn. 29; Staudinger/Thiele, BGB, § 1365 Rn. 33). Dies hat der BGH (FamRZ 1967, 382) unter Anwendung der Einzeltheorie (s. o. Rn. 185) entschieden, dabei aber betont, der Geschäftspartner müsse Kenntnis von den Umständen haben (subjektive Theorie s. o. Rn. 185). Nur die letzte Teilveräußerung ist dabei unwirksam (Soergel/Lange, BGB, § 1365 Rn. 29).

188 § 1365 BGB gilt **auch für Verfügungen gegen Entgelt** (OLG Hamm, NJW 1960, 1466; Palandt/Diederichsen, BGB, § 1365 Rn. 5; RGRK/Finke, BGB, § 1365 Rn. 11; Staudinger/Thiele, BGB, § 1365 Rn. 35). Allerdings wird § 1365 BGB nicht angewendet, wenn als Gegenleistung für eine Grundstücksübertragung dieses belastet wird (BGH, FamRZ 1996, 792).

Ob das Vermögen im Ganzen betroffen ist, wenn eine **künftige Einkommensquelle** vorhanden ist, ist streitig (Staudinger/Thiele, BGB, § 1365 Rn. 30 f.). Str. ist dies bei der verbleibenden Möglichkeit, **künftiges Arbeitseinkommen** erzielen zu können (Erman/Heckelmann, BGB, § 1365 Rn. 19; Staudinger/Thiele, BGB, § 1365 Rn. 30).

189 Der BGH (BGHZ 101, 225 = FamRZ 1987, 909 = NJW 1987, 2673) hat die Zugehörigkeit zum Restvermögen auch bei Einkommen aus einem sicheren Arbeitsplatz verneint (so auch RGRK/Finke, BGB, § 1365 Rn. 24 ff.; Soergel/Lange, BGB, § 1365 Rn. 19). Ebenso str. ist dies bei **Renten und Pensionen** (Erman/Heckelmann, BGB, § 1365 Rn. 19; Staudinger/Thiele, BGB, § 1365 Rn. 30). Der BGH (WM 1975, 865) hat bei nicht fälligen (FamRZ 1989, 1051 = NJW 1990, 112 = Rpfleger 1989, 404) Renten der gesetzlichen Rentenversicherung den Status als Restvermögen versagt (so auch RGRK/Finke, BGB, § 1365 Rn. 24 ff.; Soergel/Lange, BGB, § 1365 Rn. 19). Anders mag eine Beurteilung erfolgen bei Renten, hinter denen ein **Deckungskapital** oder ein **Rückkaufswert** steht und die bei Scheidung nicht im Versorgungsausgleich, sondern im Zugewinnausgleich abgerechnet werden. Diese sind so sehr zum Vermögen erstarkt, dass sie auch zum Restvermögen gezählt werden können (Staudinger/Thiele, BGB, § 1365 Rn. 31).

3. Zwangsvollstreckung

190 Hinsichtlich der Zwangsvollstreckung auf Antrag eines Gläubigers gibt es keine Besonderheiten, sodass für diese Vollstreckung keine Zustimmung nach § 1365 BGB erforderlich ist (Erman/Heckelmann, BGB, § 1365 Rn. 21; Palandt/Brudermüller, BGB, § 1365 Rn. 8). Im Gegensatz dazu ist der Antrag eines Ehegatten auf **Teilungsversteigerung** zustimmungsbedürftig (Erman/Heckelmann, BGB, § 1365 Rn. 14; Palandt/Brudermüller, BGB, § 1365 Rn. 8; s. Lexikonteil „Vermögen, Verfügung über das Vermögen im Ganzen", dort Stichwort „Teilungsversteigerung"). Betreibt allerdings der Gläubiger eines Ehegatten die Teilungsversteigerung, ist eine Zustimmung nicht erforderlich (Erman/Heckelmann, BGB, § 1365 Rn. 21).

V. Verfügungen über Haushaltsgegenstände, § 1369 BGB

191 § 1369 BGB spricht die Verfügung über Gegenstände des ehelichen Haushalts an. Dabei handelt es sich um **bewegliche Sachen** (Erman/Heckelmann, BGB, § 1369 Rn. 3).

Vom Wortlaut her bezieht sich § 1369 BGB auf Verfügungen eines Ehegatten über **ihm gehörenden Hausrat**. Ob § 1369 BGB auch auf Gegenstände, die **beiden Eheleuten gehören,** und auf solche des **anderen Ehegatten** anwendbar ist, ist streitig (OLG Köln, MDR 1968, 586; OLG Schleswig, SchlHA 1974, 111; LG Berlin, FamRZ 1982, 803: analog anwendbar; Erman/Heckelmann,

BGB, § 1369 Rn. 8; Palandt/Brudermüller, BGB, § 1369 Rn. 1; a. A. RGRK/Finke, BGB, § 1369 Rn. 12; Soergel/Lange, BGB, § 1369 Rn. 16; Staudinger/Thiele, BGB, § 1369 Rn. 34 f.: nicht anwendbar auf Gegenstände des anderen; RGRK/Finke, a. a. O. und Soergel/Lange, a. a. O.: bei Miteigentum beider § 1369 BGB anteilig anwenden; offen gelassen: BayObLG, FamRZ 1965, 331).

§ 1369 BGB ist nicht nur auf die Hausratsgegenstände anwendbar, die voll im Eigentum eines oder beider Ehegatten stehen, sondern auch auf **Anwartschaftsrechte** aus Kauf unter Eigentumsvorbehalt (Erman/Heckelmann, BGB, § 1369 Rn. 5; Palandt/Brudermüller, BGB, § 1369 Rn. 4; Staudinger/Thiele, BGB, § 1369 Rn. 21) und für den **Lieferungsanspruch** eines kaufenden Ehegatten (Erman/Heckelmann, BGB, § 1369 Rn. 4; Staudinger/Thiele, BGB, § 1369 Rn. 22; str.; a. A. Palandt/Brudermüller, a. a. O.).

192

§ 1369 BGB ist hingegen nicht anwendbar auf Ansprüche aus **Gebrauchsüberlassungsverträgen** (h. M., Erman/Heckelmann, BGB, § 1369 Rn. 5; Soergel/Lange, BGB, § 1365 Rn. 21; a. A. Staudinger/Thiele, BGB, § 1369 Rn. 25) und die **Versicherungssumme nach einem Schadensfall** aus der Hausratversicherung (Erman/Heckelmann, BGB, § 1369 Rn. 9; Staudinger/Thiele, BGB, § 1369 Rn. 23)

Was zu den geschützten Gegenständen des ehelichen Haushalts zählt, ist im Einzelfall zu entscheiden. Geschützt neben **Einzelgegenständen** sind auch **Hausratsgesamtheiten,** wie etwa die Sicherungsübereignung einer Wohnungseinrichtung (Palandt/Brudermüller, BGB, § 1369 Rn. 4). Entscheidend ist die Zweckbestimmung innerhalb der betroffenen Ehe. Deshalb kann sich § 1369 BGB auch auf Luxusgegenstände und überflüssige Dinge erstrecken, nicht aber auf Dinge, die als Sammlung, als Vermögensanlage oder zur Veräußerung bestimmt sind (Palandt/Brudermüller, BGB, § 1369 Rn. 6). Unter diese Vorschrift fallen deshalb auch nicht Sachen zum persönlichen oder beruflichen Gebrauch (Palandt/Brudermüller, BGB, § 1369 Rn. 5). Anhaltspunkte zur Eingruppierung bieten die Ausführungen im Lexikonteil unter „Hausrat".

Als Veräußerung reicht die **Sicherungsübereignung** (BayObLG, FamRZ 1960, 156; OLG Hamburg, MDR 1961, 690; RGRK/Finke, BGB, § 1369 Rn. 22; Soergel/Lange, BGB, § 1369 Rn. 20), jedoch nicht dann, wenn dadurch die Finanzierung des Kaufes erfolgt (LG Bielefeld, MDR 1963, 760; RGRK/Finke, a. a. O.; Soergel/Lange, a. a. O.).

193

Die Regeln gelten auch für die Zeit des **Getrenntlebens** (BayObLG, FamRZ 1960, 156; OLG Saarbrücken, OLGZ 67, 1); nach BayObLG, FamRZ 1980, 571 auch **nach der Scheidung,** während das OLG Saarbrücken (OLGZ 1967, 1) und das OLG Hamm (FamRZ 1972, 297) annehmen, das schwebend unwirksame Geschäft werde mit Rechtskraft der Scheidung wirksam.

Herausgabeansprüche aus wegen § 1369 BGB unwirksamen Veräußerungen können bei Trennung/Scheidung nach der HausratsVO verteilt werden (BayObLG, FamRZ 1965, 331; OLG Schleswig, SchlHA 1974, 111).

VI. Ersetzung der Zustimmung durch das Vormundschaftsgericht

1. Allgemeines

Verweigert der nicht abschließende Ehegatte die Zustimmung (Einwilligung oder Genehmigung, Staudinger/Thiele, BGB, § 1365 Rn. 87) nach § 1365 oder § 1369 BGB oder ist er aus o. g. Gründen an der Abgabe verhindert, kann das **Vormundschaftsgericht** diese gem. § 1365 Abs. 2 BGB **ersetzen.** Neben dieser Möglichkeit hat der abschließende Ehegatte nicht die Möglichkeit, den anderen Ehegatten **auf Erteilung der Zustimmung zu verklagen** (Erman/Heckelmann, BGB, § 1365 Rn. 22). Verweigerung in diesem Sinne ist entweder die ausdrückliche Verweigerung oder die fingierte des § 1366 Abs. 3 Satz 2 BGB. Der Verweigerung steht gleich die Zustimmung unter Bedingungen (Erman/Heckelmann, BGB, § 1365 Rn. 22; Staudinger/Thiele, BGB, § 1365 Rn. 79).

194

2. Voraussetzungen

a) Verweigerung/ausreichender Grund

195 Ausreichender Weigerungsgrund in diesem Sinne ist es, wenn die **Interessen des nicht abschließenden Ehegatten nicht hinreichend berücksichtigt** werden oder ihm sogar **schädlich** sind (Palandt/Brudermüller, BGB, § 1365 Rn. 23). Dabei können vermögensrechtliche und nichtvermögensrechtliche Gesichtspunkte die entscheidende Rolle spielen.

Als ausreichender Weigerungsgrund wird auch ein **Missverhältnis von Leistung und Gegenleistung** anerkannt, es sei denn, dieses Missverhältnis hat einen moralisch gerechtfertigten Hintergrund, etwa derart, dass die Gegenleistung für die Übertragung eines Hausgrundstückes auf einen Abkömmling aus familiären Gründen so niedrig bemessen ist (BayObLG, FamRZ 1963, 521; Erman/Heckelmann, BGB, § 1365 Rn. 22). Als ausreichender Weigerungsgrund wurde auch die Gefahr anerkannt, dass der verfügende Ehegatte den Erlös familienfremd verwenden könnte (Erman/Heckelmann, a. a. O.; Palandt/Brudermüller, BGB, § 1365 Rn. 23) oder die mangelnde Sicherstellung der Versorgung (OLG Hamm, FamRZ 1967, 572). Ausreichender Weigerungsgrund kann auch sein die konkrete Gefahr, künftige Zugewinnausgleichsansprüche zu gefährden (BGH, FamRZ 1978, 396 = NJW 1978, 1380; BayObLG, FamRZ 1968, 315; OLG Köln, FamRZ 1997, 677; LG Koblenz, FamRZ 1998, 163 m. Anm. Kogel), wobei die Weigerung auch gerechtfertigt sein kann, wenn keine Zugewinnausgleichsansprüche bestehen (Erman/Heckelmann, a. a. O.; Palandt/Brudermüller, a. a. O.). Nicht ausreichend sind Gründe, die mit dem Sinn und Zweck der Vorschrift nichts zu tun haben (OLG Hamm, JMBl. NRW 1962, 47).

b) Krankheit/Abwesenheit des nicht abschließenden Ehegatten

196 Die Zustimmung kann auch ersetzt werden, wenn der andere Ehegatte wegen Krankheit oder Abwesenheit an der Abgabe gehindert ist.

Krankheit oder Abwesenheit brauchen nach h. M. nicht von Dauer zu sein (Erman/Heckelmann, a. a. O.), es reicht, dass die Zustimmung nicht rechtzeitig erteilt werden kann (Palandt/Diederichsen, BGB, § 1365 Rn. 24), wenn mit dem Aufschub eine Gefahr verbunden ist (Palandt/Brudermüller, a. a. O.).

c) Zusätzliches Erfordernis der ordnungsgemäßen Verwaltung

197 Das entsprechende Rechtsgeschäft muss üblich und zweckmäßig sein und sich am Familieninteresse orientieren. Wirtschaftliche Nachteile sollen vermieden werden (Palandt/Brudermüller, BGB, § 1365 Rn. 21; Staudinger/Thiele, BGB, § 1365 Rn. 76). Der Hinweis auf die ordnungsgemäße Verwaltung im Gesetz erfordert **nicht,** dass das Rechtsgeschäft unbedingt **erforderlich** ist (BayObLG, FamRZ 1968, 315; BayObLG, FamRZ 1975, 211; Staudinger/Thiele, a. a. O.), dass also bei Nichtvornahme Nachteile entstünden (Erman/Heckelmann, BGB, § 1365 Rn. 22; Palandt/Brudermüller, BGB, § 1365 Rn. 21).

d) Sonderfall Teilungsversteigerung

198 Ein Ersetzen der Zustimmung ist auch bei **Teilungsversteigerung** möglich (OLG Köln, NJW 1971, 2312; BayObLG, FamRZ 1985, 1040). Dabei sind die Belastungen und die Höhe eines Ausgleichsanspruches zu beachten (BayObLG, a. a. O.). Die Zustimmung kann insbesondere ersetzt werden, wenn die Beteiligten in beengten wirtschaftlichen Verhältnissen leben und die eheliche Lebensgemeinschaft nicht wiederhergestellt wird (OLG Köln, a. a. O.).

e) Einzelheiten bei Hausrat

Eine berechtigte Weigerung kann vorliegen, wenn durch die Verfügung des einen Teils die Rechte des anderes Teils aus der HausratsVO unterlaufen würden (BayObLG, FamRZ 1980, 1001). Die fehlende Zustimmung kann ersetzt werden, wenn Not zur Veräußerung gezwungen hat (BayObLG, FamRZ 1960, 156).

3. Verfahren

a) Übliches Verfahren

Voraussetzung für die Ersetzung ist ein **Antrag** des abschließenden Ehegatten; der Dritte hat kein Antragsrecht. Hat sich der abschließende Ehegatte dem Dritten gegenüber aber verpflichtet, ggf. das Vormundschaftsgericht anzurufen, kann Letzterer auf Vornahme dieser Handlung klagen (Erman/Heckelmann, BGB, § 1365 Rn. 22; Palandt/Brudermüller, BGB, § 1365 Rn. 25) mit der Möglichkeit der Vollstreckung nach § 888 ZPO. Zuständig für die Ersetzung ist das **Vormundschaftsgericht**, nicht das Familiengericht. Zwar muss das Vormundschaftsgericht von Amts wegen ermitteln, doch muss dem Gericht der Sachverhalt so deutlich dargelegt werden, dass es Ansätze findet. Das Gericht kann die Zustimmung ersetzen oder die Ersetzung ablehnen; es kann auch Auflagen machen (Erman/Heckelmann, a. a. O.; Palandt/Brudermüller, BGB, § 1365 Rn. 27; Staudinger/Thiele, BGB, § 1365 Rn. 89). Als zulässig angesehen wurde beispielsweise die Auflage, vorzeitig den Zugewinn zu erstatten (AG Nienburg, Nds. Rpfl. 1964, 252), doch darf eine solche Auflage das Ausgleichsverfahren bei Beendigung des Güterstandes nicht vorwegnehmen (BayObLG, FamRZ 1975, 211 = NJW 1975, 833).

Gegen die stattgebende Entscheidung ist gem. § 60 Abs. 1 Nr. 6 FGG die **sofortige Beschwerde binnen zwei Wochen** zulässig. Dementsprechend wird die Entscheidung gem. § 53 FGG erst mit der Rechtskraft wirksam, es sei denn, das Gericht hätte nach § 53 Abs. 2 FGG die sofortige Wirksamkeit angeordnet.

Nach § 1366 Abs. 3 BGB kann der Dritte den abschließenden Ehegatten auffordern, die Genehmigung des anderen Ehegatten zu beschaffen. Diese Genehmigung kann dann nur innerhalb von zwei Wochen erklärt werden. Bei Ersetzung durch das Vormundschaftsgericht muss dessen Beschluss innerhalb dieser zwei Wochen dem Dritten mitgeteilt werden.

Mit Rücksicht auf diese zweiwöchige Rechtsmittelfrist kann die Erklärungsfrist nur eingehalten werden, wenn das Vormundschaftsgericht gem. § 53 Abs. 2 FGG die **sofortige Wirksamkeit seines Beschlusses** anordnet.

Gegen die Ablehnung der Ersetzung ist die **einfache Beschwerde** möglich (Staudinger/Thiele, BGB, § 1365 Rn. 91).

b) Negativattest

Für den Fall, dass nicht das Vermögen als Ganzes betroffen ist, ist die Mitteilung des Vormundschaftsgerichts üblich, das entsprechende Rechtsgeschäft bedürfe nicht der Zustimmung des nicht abschließenden Ehegatten (Negativattest; OLG Zweibrücken, OLGZ 1981, 396). Dieses Negativattest enthält **keine Entscheidung in der Sache** (LG Berlin, FamRZ 1973, 146; OLG Zweibrücken, a. a. O.; Erman/Heckelmann, BGB, § 1365 Rn. 22; Palandt/Brudermüller, BGB, § 1365 Rn. 26; Staudinger/Thiele, BGB, § 1365 Rn. 94).

> *Hinweis:*
> *Beschwert durch ein solches Negativattest ist in der Praxis der nicht abschließende Ehegatte. Deshalb billigt die h. M. (Erman/Heckelmann, BGB, § 1365 Rn. 22) ihm die einfache Beschwerde gegen einen derartigen Beschluss zu (LG Berlin, FamRZ 1973, 146; LG Frankfurt/M., FamRZ 1992, 1079).*

Abschnitt 2: Rechtsprechungslexikon – ABC der Ehe

203 Nachfolgend sind in alphabetischer Reihenfolge Stichwörter sowie Kernaussagen einschlägiger Entscheidungen zu speziellen Einzelproblemen dargestellt. Die hinter dem jeweiligen Stichwort abgedruckten Zahlen verweisen auf die Randnummern zu den betreffenden Ausführungen im systematischen Teil, die mit einem Pfeil versehenen Stichwörter verweisen auf weitere Ausführungen im Lexikonteil.

Arztkosten 137, 141
→ *Geschäfte zur Deckung des angemessenen Lebensbedarfs*

Aufwendungen 17
→ *Verlobung*

Auskunft 86, 143
→ *Vermögen*

Bereich, räumlich gegenständlicher 95
Zum räumlich gegenständlichen Bereich zählt auch ein Handelsgeschäft, in dem die Frau seit Jahren mitarbeitet.
LG Wuppertal, 3. 12. 1954, 2 Q 25/54, MDR 1965, 165

Ein räumlich gegenständlicher Bereich liegt auch dann vor, wenn beide Eheleute auf demselben Grundstück in verschiedenen Wohnungen leben.
LG Zweibrücken, 13. 4. 1962, 1 O 131/61, FamRZ 1964, 266

Zum räumlich gegenständlichen Bereich zählt auch ein Geschäft, sofern dieses nicht deutlich vom Wohnbereich getrennt ist.
OLG Celle, 28. 3. 1963, 7 U 135/62, Nds. Rpfl. 1963, 157

Ein Ehegatte kann von dem anderen verlangen, die Freundin/den Freund nicht mehr im Geschäft zu beschäftigen. Das Betreten schlechthin kann nicht verboten werden.
LG Hamburg, 12. 12. 1963, 12 Q 19/63, FamRZ 1964, 265

Der geschützte räumlich gegenständliche Bereich liegt neben der Wohnung auch in Form einer angegliederten Trinkstube vor.
OLG München, 3. 11. 1972, 8 U 3534/72, FamRZ 1973, 93

Der geschützte räumlich gegenständliche Bereich ist nicht gestört, wenn ein Mann mit seiner Geliebten in einer abgeschlossenen Wohnung eines Dreifamilienhauses lebt und die Frau in einer anderen.
OLG Düsseldorf, 3. 8. 1990, 12 U 68/90, FamRZ 1991, 705

Der geschützte räumlich gegenständliche Bereich ist nicht gegeben in Form einer Neubauwohnung, die ein Ehegatte nie bewohnt hat.
OLG Nürnberg, 13. 7. 1966, 4 U 47/66, FamRZ 1966, 511

Bereich, nicht räumlich gegenständlicher
Eine Vereinbarung unter Eheleuten, ein Teil werde in Zukunft keine Geschäfts- und Vergnügungsreisen allein unternehmen, ist mit dem Wesen der Ehe nicht vereinbar und daher unwirksam.
RG, 3. 11. 1938, IV 145/38, RGZ 158, 294

Wer sich in einem Maße der Religionsausübung widmet, dass das Familienleben belastet ist (Zeuge Jehovas), begeht eine Eheverfehlung.
BGH, 2. 12. 1964, IV ZR 339/63, MDR 1965, 277

Mit der Klage auf Herstellung des ehelichen Lebens kann ein Ehegatte verlangen, dass der andere es unterlässt, ihn zu schlagen.
OLG Celle, 21. 5. 1965, 3 U 234/64, NJW 1965, 1918

Ein Schuldner-Ehegatte kann seinem Ehegatten entgegensetzen, die Durchsetzung der Schuld gefährde den rechtlich geschützten Bereich der Ehe.
BGH, 14. 3. 1962, IV ZR 253/61, BGHZ 37, 38

Unter dem Gesichtspunkt der Garantenstellung müssen Eheleute einander vor Selbstmord bewahren. Ansonsten begehen sie ein Tötungsdelikt.
BGH, 12. 2. 1952, 1 StR 59/50, BGHSt 2, 150 = NJW 1952, 552

Für eine Sterilisation ist im Verhältnis zwischen Arzt und Patientin die Zustimmung des Mannes nicht erforderlich. Dass das für die Ehefrau eine Eheverfehlung sein könnte, hat der Arzt nicht zu prüfen.
BGH, 29. 6. 1976, VI ZR 68/75, BGHZ 67, 48

Darlehen
→ *Geschäfte zur Deckung des angemessenen Lebensbedarfs*

Eheliche Lebensgemeinschaft 81 ff.

Eine Klage auf Herstellung des ehelichen Lebens kann auch beinhalten, einen Ehegatten zu verurteilen, sich in eine Klinik zu begeben, um sich von einem Nervenleiden heilen zu lassen.
RG, 14. 4. 1902, Rep IV 14/02, RGZ 51, 182

Eine Herstellungsklage kann auch die Verurteilung, sich in eine Klinik zu begeben, enthalten.
RG, 1. 12. 1904, Rep 214/04, RGZ 59, 256

Ein Ehegatte kann vom anderen nicht Unterlassung verlangen, schräg gegenüber ein Konkurrenzgeschäft (Fotogeschäft) zu betreiben.
BGH, 18. 5. 1967, II ZR 223/65, FamRZ 1967, 611

Vereinbarungen von Eheleuten über Kontoführung verlieren ab Getrenntleben ihre Wirkung.
BGH, 13. 1. 1988, IV b 110/86, FamRZ 1988, 476 = NJW 1988, 1208

Die Kontovollmacht eines Ehegatten für den anderen gilt nur so lange, als eine gemeinschaftliche Lebensführung geplant ist. Die Vollmacht deckt also keine Abhebung zum Zwecke der Trennung.
OLG Bamberg, 17. 1. 1991, 2 UF 218/90, FamRZ 1991, 1058

Eheleute sind verpflichtet, solange sie dies noch können, gegen Krankheiten anzukämpfen, so z. B. gegen Alkohol- und Tablettenmissbrauch.
BGH, 7. 10. 1964, IV ZR 246/63, BGHZ 43, 324

Eheleute müssen einander in Lebensgefahr helfen. Das geht aber nicht soweit, dass sie sich selbst in Lebensgefahr begeben müssen.
BSG, 24. 7. 1957, 3 RU 111/54, NJW 1957, 1943

Zur Pflicht aus der Lebensgemeinschaft gehört, dem anderen Teil die Mitbenutzung des eigenen Hauses zu gestatten (obwohl man dort mit seiner Geliebten wohnt).
OLG Bremen, 5. 5. 1964, 3 U 26/64, FamRZ 1965, 77

Versuche eines Ehegatten, bei dem der andere die Ehe zerrüttet hat, einen neuen Partner zu suchen, sind keine Eheverfehlung.
OLG Celle, 30. 11. 1960, 7 U 105/59, FamRZ 1961, 311

Eheleute haben das Postgeheimnis des anderen zu wahren. Insoweit gibt es einen entsprechenden Unterlassungsanspruch.
BGH, 20. 2. 1990, VI ZR 241/89, FamRZ 1990, 846

Bei einer Sucht eines Ehegatten (Alkohol) hat der Partner die Verpflichtung, dessen Heilung zu fördern.
BGH, 14. 12. 1966, IV ZR 245/65, FamRZ 1967, 324

Die Weigerung, einen Umzug zu machen, stellt keine schwere Eheverfehlung dar, wenn man sie erklärt, weil man den Vater versorgt.
BGH, 13. 12. 1951, IV ZR 44/51, BGHZ 4, 187

Ein Ehegatte kann vom anderen keinen Umzug verlangen. Er kann nur verlangen, sich redlich um eine Einigung zu bemühen.
OLG Düsseldorf, 25. 4. 1968, 18 U 102/67, FamRZ 1969, 153

Bei Umzugswünschen eines Ehegatten kann sich der andere der Aufgabe der Wohnung nicht widersetzen, wenn der aufgebende Teil eine andere Wohnung besorgt hat und der sich weigernde Teil keinen Grund zur Weigerung hat.
BGH, 22. 3. 1972, IV ZR 25/71, FamRZ 1972, 363 = MDR 1973, 124

Einen Umzug haben die Eheleute gemeinsam zu beschließen. Weigert sich ein Teil, ist das nur dann eine Härte i. S. v. § 1579 BGB, wenn die Weigerung ohne sachlichen Grund erfolgt.
BGH, 11. 2. 1987, IV b ZR 15/86, NJW 1987, 1761

Unduldsamkeit und der Versuch, dem anderen Ehegatten eigene Anschauungen und Lebensformen aufzuzwingen, entsprechen nicht dem Sinn der Ehe.
BGH, 29. 4. 1960, IV R 220/59, NJW 1960, 1447

Hat ein Ehegatte den begründeten Verdacht, der andere habe ein ehewidriges Verhältnis zu einer anderen Person, muss der verdächtigte Ehegatte das Verhältnis abbrechen, ansonsten liegt eine Eheverfehlung vor.
RG, 18. 10. 1932, VII 158/32, RGZ 138, 73

Die Eheleute sind einander verpflichtet, sich so zu verhalten, dass der andere keinen Grund zum Verdacht ehewidriger Beziehungen hat.
OLG Stuttgart, 12. 10. 1949, 1 U 100/49, NJW 1949, 947

Aus § 1353 BGB folgt die Pflicht, dem Ehegatten Wohnung zu gewähren. Will ein Ehegatte das Familienwohngrundstück verkaufen, kann ihm dies durch einstweilige Verfügung verboten werden. Der Kaufvertrag ist sittenwidrig.
OLG München, 11. 2. 1969, 12 W 621/69, FamRZ 1969, 151

Ein Ehegatte, der ein Recht zum Getrenntleben hat, darf deshalb allein nicht den anderen Teil aus der Ehewohnung weisen.
OLG München, 17. 9. 1969, 12 U 1902/69, FamRZ 1970, 86

Bis zur Scheidung und bis zur Zuweisung durch das Familiengericht hat ein Ehegatte aus § 1353 BGB ein Recht zum Besitz einer Ehewohnung, auch wenn sie dem anderen gehört.
BGH, 7. 4. 1978, V ZR 154/75, FamRZ 1978, 496 = NJW 1978, 1529

Ein Ehegatte darf den anderen in die Wohnung aufnehmen. Wegen dieser Aufnahme darf der Vermieter die Miete nicht erhöhen.
AG Trier, 2. 4. 1992, 8 C 29/92, FamRZ 1993, 547

Verschweigen früherer Ehen ist kein schwerwiegendes Fehlverhalten.
KG, 4. 3. 1997, 18 UF 2952/96, FamRZ 1997, 1012

Ein Ehegatte muss mit dem anderen ein Versetzungsgesuch betreffend eine Arbeitsstelle besprechen. Die Zustimmung darf nur aus schwerwiegenden Gründen verweigert werden.
OLG München, 21. 12. 1966, 12 U 2035/65, FamRZ 1967, 394

Der Vorwurf, ein Ehegatte sei Ehebrecher, ist nicht auch eine Beeinträchtigung des anderen.
BGH, 16. 6. 1970, VI ZR 162/68, FamRZ 1970, 484

Die Eheleute sind verpflichtet, sich über einen Wohnsitz zu einigen.
OLG Celle, 13. 5. 1954, 1 U 52/54, NJW 1954, 1526

Die Eheleute sind verpflichtet, sich um einen gemeinsamen Wohnsitz zu bemühen.
OLG Schleswig, 30. 8. 1957, 5 U 56/57, FamRZ 1957, 420

Haben Eheleute noch keinen gemeinsamen Wohnsitz, sind sie verpflichtet, einen zu begründen.
OLG Schleswig, 3. 5. 1963, 5 U 96/62, SchlHA 1963, 272

Auch bei Gütertrennung haben die Parteien die Pflicht, Wohnung und Hausrat mitbenutzen zu lassen.
BGH, 26. 2. 1954, V ZR 135/52, BGHZ 12, 380 = FamRZ 1954, 198
Begehrt jemand Aufnahme in die Ehewohnung nur deshalb, damit er nicht obdachlos wird, kann verurteilt und vollstreckt werden.
OLG Hamm, 25. 1. 1965, 15 W 374/64, MDR 1965, 577
Ein Ehegatte, der ein Recht zum Getrenntleben hat, darf den anderen aus der Wohnung weisen.
OLG München, 4. 12. 1968, 12 U 2026/68, FamRZ 1969, 93
Zur Pflicht aus § 1353 BGB gehört es, dass ein Ehegatte dem anderen Wohnung gewährt. (Durch einstweilige Verfügung wurde dem anderen Teil verboten, zu verkaufen. Dieses Verbot ist auch im Grundbuch eintragungsfähig).
OLG München, 20. 12. 1968, 8 W 1674/68, FamRZ 1969, 92

Ehemündigkeit 25, 28

Ehemündigkeit versagt, weil der junge Mann erst Abitur machen sollte und dann studieren.
AG Kleve, 28. 10. 1966, 5 Xa 290/66, DAV 1967, 6
Ehemündigkeit versagt, weil drohende Abschiebung eines Ausländers einziger Grund
AG Berlin-Pankow-Weißensee, 1.4.1992, 51 X 10/92, DAV 1992, 518
Ehemündigkeit wegen Altersunterschiedes versagt, obwohl Bundeswehr und gemeinsames Kind. Die Frau war 12 Jahre älter als der Mann.
AG Berlin-Schöneberg, 17. 5. 1965, 50 X 815/64, FamRZ 1966, 515
Leichtfertige Anschaffungen ohne Rücklagen hinderten nicht die Volljährigkeitserklärung.
KG, 19. 9. 1960, 1 W 1873/60, FamRZ 1960, 500
Ehemündigkeit versagt, obwohl ein Baby vorhanden war. Die Ehefrau wirkte noch zu jugendlich. Die Eheschließung sollte nur den Eltern zum Gefallen erfolgen.
LG Oldenburg, 16. 11. 1982, 5 T 224/82, DAV 1983, 309
Aussicht auf höhere Dienstbezüge bei der Bundeswehr allein rechtfertigen nicht die Ehemündigkeit.
AG Gernsbach, 16. 9. 1963, FR 89/63, DAV 1963, 297
Schlechter Ruf der Braut hinderte, den Mann für ehemündig zu erklären.
LG Hof, 6. 4. 1967, T 11/67, DAV 1967, 183
Schwangerschaft ist Grund für Ehemündigkeit. Dagegen kann sprechen, dass die Braut viel älter als der Bräutigam ist und ihn verführt hat. Weil Einkommen und Wohnung vorhanden sind, wurde Ehemündigkeit gleichwohl erklärt.
OLG Karlsruhe, 26. 2. 1955, 5 W 9/55, JR 1955, 225
Schwangerschaft, gute Schulbildung, festes Arbeitsverhältnis waren Gründe, die Volljährigkeitserklärung zu erteilen.
OLG Hamm, 27. 4. 1960, 15 W 157/60, FamRZ 1960, 288
Schwangerschaft ist an sich ausreichender Grund für eine Volljährigkeitserklärung gewesen. Fahren ohne Fahrerlaubnis sowie Unfall sowie ungefestigte familiäre Verhältnisse waren gleichwohl Grund, abzulehnen.
OLG Hamm, 8. 8. 1960, 15 W 295, 335/60, FamRZ 1960, 404
Schwangerschaft reicht grundsätzlich für eine Ehemündigkeit. Ehe muss Wert und Bestand versprechen.
OLG Karlsruhe, 21. 7. 1961, 5 W 59/61, NJW 1961, 1924
Schwangerschaft reicht für eine Ehemündigkeit, wenn die übrigen Prognosen nicht negativ sind.
BayObLG, 17. 4. 1962, BReg 1 Z 12/62, DAV 1962, 193

Schwangerschaft reicht für Ehemündigkeit. Fehlende Wohnung ist kein Hinderungsgrund.
LG Hof, 17. 5. 1966, T 43/66, DAV 1966, 228

Schwangerschaft ist nicht erforderlich zur Ehemündigkeit.
LG Tübingen, 18. 8. 1966, 2 GR 29/66, DAV 1967, 115

Schwangerschaft ist regelmäßig ein Grund zur Ehemündigkeit. Hinzukommen muss aber eine Ehereife.
LG Stuttgart, 18. 1. 1968, 2 T 29/68, DAV 1968, 188

Schwangerschaft allein ist kein Grund zur Ehemündigkeit. Es muss eine zusätzliche Reife und die Erwartung, dass die Ehe gut geht, vorliegen. Abgelehnt ein halbes Jahr vor Volljährigkeit.
OLG Düsseldorf, 9. 1. 1970, 3 W 432/69, FamRZ 1970, 199

Schwangerschaft allein reicht nicht. Ehemündigkeit versagt, weil Frau Schülerin und kindlich war und nach der Beendigung der Schule Küchenhilfe ist.
AG Ravensburg, 18. 2. 1976, GR 12/76, DAV 1976, 433

Schwangerschaft allein reicht nicht. Ehemündigkeit abgelehnt, weil Verlobter Inder war und die Beteiligten von Sozialhilfe lebten.
AG St. Ingbert, 28. 4. 1983, 4 X 33/83, StAZ 1984, 102

Erwartung, dass man von Sozialhilfe leben muss, hindert nicht an Befreiung
OLG Karlsruhe,5.7.1999, 2 UF 112/99, FamRZ 2000, 819

Ehemündigkeit beschlossen: türkischer Bräutigam, längeres Zusammenleben, Absetzen der Pille, Baby bekommen, drohende Abschiebung. Reife (Kenntnis von der Tragweite) lag vor.
OLG Thüringen/Jena, 26. 9. 1996, 6 W 294/96, FamRZ 1997, 1274 = StAZ 1997, 70

Vorehelicher Geschlechtsverkehr und bevorstehende Bundeswehr hinderten nicht, die Ehemündigkeit zu beschließen.
LG Hechingen, 7. 12. 1966, T 81/66, DAV 1967, 8

Höherer Wehrsold spielt für eine Ehemündigkeit keine Rolle. Befreiung erteilt, obwohl keine Schwangerschaft vorlag, weil im Übrigen keine Bedenken gegen die persönliche Zuverlässigkeit der Verlobten.
LG Koblenz, 27. 2. 1970, 4 T 62/70, FamRZ 1970, 200

Eheschließung, Ersetzung der Zustimmung (jetzt: Widerspruch) 32 ff.

Altersunterschied (Mann 23 Jahre älter) und drohende Exkommunikation führten dazu, dass die Zustimmung nicht ersetzt wurde.
OLG Hamm, 8. 8. 1960, 15 W 267/60, Rpfleger 1960, 296

Altersunterschied (Mann 16 Jahre älter als Frau) führte dazu, die Zustimmung nicht zu ersetzen.
OLG Düsseldorf, 5. 10. 1960, 3 W 222/60, FamRZ 1961, 80

Charakter- und Persönlichkeitsmängel führten dazu, die Zustimmung nicht zu ersetzen.
LG Aachen, 31. 3. 1966, 7 T 489/65, DAV 1966, 171

Charakterliche Reife und gleiche soziale Ebene (Handwerk) führten dazu, die Einwilligung zu ersetzen.
LG Augsburg, 16. 11. 1964, 5 T 95/64, DAV 1964, 310

Charakterliche Reife fehlte, sodass die Einwilligung nicht ersetzt wurde.
LG Landshut, 21. 2. 1973, T 147/1972, StAZ 1973, 122

Eigensinn, Eifersucht und Herrschsucht der Eltern reichten nicht zur Versagung der Einwilligung. Lungenkrankheit des Verlobten reichte aber, die Einwilligung nicht zu ersetzen.
OLG Tübingen, 28. 4. 1949, GR 26/49, JR 1949, 386 = StAZ 1950, 32

Erste Ehe als Fehler erkannt zu haben reichte aus, die Zustimmung zur zweiten Ehe zu verweigern.
AG Mannheim, 8. 5. 1961, 3 FR 11023/61, StAZ 1962, 103

Intelligenzdefizit in der Stärke, dass die Frau nicht in der Lage war, ihre Pflichten als Hausfrau zu erfüllen, führte dazu, die Einwilligung nicht zu ersetzen. Daran änderte auch nichts, dass sie mit dem Mann zusammenlebte und zwei Kinder von ihm hatte.
BayObLG, 3. 12. 1981, 3 Z 70/81, Rpfleger 1982, 145
Zustimmung ersetzt. Beteiligte kennen sich länger. Wohnung war vorhanden. Bräutigam beendet in Kürze die Lehre. Braut hat feste Tätigkeit.
BayObLG BReg, 27. 10. 1982, 1 Z 65/82, FamRZ 1983, 66 = MDR 1983, 229
Einwilligung nicht ersetzt, weil die Braut früher kränklich war.
OLG Karlsruhe, 30. 9. 1916, 1 ZS, OLG 35, 341
Einwilligung nicht ersetzt, weil Eheschließung mit mohammedanischem Iraker (Religion).
OLG Neustadt/Weinstraße, 19. 6. 1963, 3 W 73/63, FamRZ 1963, 443
Einwilligung aus Gründen der Religion nicht ersetzt. Eine Familie war evangelisch und eine katholisch. Die Dorfbewohner waren katholisch. Die Brautleute wollten sich evangelisch trauen lassen. Einwilligung wurde nicht ersetzt, obwohl schon ein Kind vorhanden war.
OLG Frankfurt/M., 20. 6. 1956, 1 Wx 20/55, FamRZ 1956, 283
Gründe der Religion sind nicht immer ausschlaggebend.
BGH, 25. 9. 1956, IV ZB 96/56, BGHZ 21, 340 = FamRZ 1956, 371 = NJW 1956, 1794
Schwangerschaft reicht für die Ersetzung der Zustimmung, obwohl der Bräutigam geschieden war.
OLG München, 25. 4. 1941, 8 Wx 211/41, HRR 1942, 4
Schwangerschaft reichte aus, obwohl der Mann 17-18 Jahre älter war und geschieden. Die Weigerung erfolgte nämlich nur aus religiösen Gründen.
LG Koblenz, 2. 10. 1958, 4 T 470/58, FamRZ 1959, 422
Schwangerschaft ist kein Grund für die Ersetzung mehr, wenn eine Fehlgeburt stattgefunden hat.
OLG Hamm, 13. 7. 1965, 15 W 118/65, OLGZ 1965, 363 = FamRZ 1965, 562
Schwangerschaft reichte für die Ersetzung der Zustimmung, weil auch gegenseitige Zuneigung vorlag. Vorstrafen hinderten nicht.
KG, 19. 8. 1968, 1 W 2333/68, FamRZ 1968, 600 = OLGZ 1969, 104
Der Bezug von Sozialhilfe ist kein Versagungsgrund.
OLG Karlsruhe, 5. 7. 1999, 2 UF 112/99, FamRZ 2000, 819
Einwilligung nicht ersetzt, weil Frau Türkin werden würde und sich dem Mann unterwerfen müsste.
LG Berlin, 10. 5. 1963, 83 T 96/63, DAV 1963, 193
Zustimmung zur Eheschließung ersetzt. Verweigerungsgrund war lediglich nahe Verwandtschaft des Verlobten und vorgegebener liederlicher Lebenswandel des Vaters.
OLG Schleswig, 3. 2. 1949, 2 W 515/48, SchlHA 49, 133
Befreiung erteilt. Eine 16 1/2 Jahre alte Frau wollte einen 20 Jahre alten abgelehnten Asylbewerber heiraten, dem die Abschiebung drohte. Persönlichkeit und Reife reichten aus. Familie stand dahinter. Finanzielle Basis war gesichert.
LG Augsburg, 6. 6. 1997, 5 T 1815/97, FamRZ 1998, 1106

Eheverfehlungen 94 ff.
→ *Rechte und Pflichten, eheliche*

Fernseher
→ *Hausrat*

Garantenstellung 86
→ *Bereich, nicht räumlich gegenständlicher*

Geschäft
→ *Bereich, räumlich gegenständlicher*

Geschäfte zur angemessenen Deckung des Lebensbedarfs 147 ff.

(Bis zum 30. 6. 1977 war die Frau ermächtigt, Geschäfte im häuslichen Wirkungskreis vorzunehmen. Seit dem 1. 7. 1977 sind beide Eheleute berechtigt, Geschäfte zur angemessenen Deckung des Lebensbedarfs zu tätigen. Wenn in der folgenden Übersicht der Gerichtsentscheidungen bejaht wird, bedeutet das, dass das entsprechende Geschäft im Rahmen der Ermächtigung vorgenommen werden durfte, bei Verneinung überstieg es den Rahmen.)

Abzahlungskauf eines Damenkostüms im Werte von 375 DM durch die Frau eines Arbeiters: Verneint.
LG Flensburg, 5. 10. 1967, 1 S 159/67, SchlHA 1968, 131

Abzahlungsgeschäft nur dann mit Wirkung gegenüber dem anderen Ehegatten, wenn Formvorschriften eingehalten sind (Urkunde, Widerrufsrecht usw.).
AG Michelstadt, 30. 10. 1984, C 502/84, NJW 1985, 205

Wird der nichtabschließende Ehegatte nicht über die Widerrufsmöglichkeit des Abzahlungskaufes belehrt, wird er nicht verpflichtet.
AG Elmshorn, 6. 1. 1987, 53 C 468/86, NJW-RR 1987, 457

Eine Verpflichtung des nichtabschließenden Ehegatten bei einem Abzahlungsgeschäft entsteht nicht, wenn er nicht auch über die Widerrufsmöglichkeit belehrt worden ist.
LG Detmold, 5. 10. 1988, 2 S 230/88, NJW-RR 1989, 10

Anerkenntnisse, die die Verjährung unterbrechen, und schuldbestätigende Verträge unterfallen der Ermächtigung, sofern das Ausgangsgeschäft ihr unterfiel.
OLG Köln, 22. 9. 1970, 15 U 12/70, FamRZ 1971, 435 = OLGZ 1971, 155

Anschreibenlassen im kleinen Rahmen wegen Lebensmitteln und Genussmitteln: bejaht.
LG Essen, 25. 4. 1968, 10 S 78/68, NJW 1968, 1527

Anschreibenlassen wegen Lebensmitteln und Genussmitteln, wenn eine größere Summe (3.500 DM) entsteht: bejaht.
OLG Köln, 22. 9. 1970, 15 U 12/70, FamRZ 1971, 435 = OLGZ 1971, 155

Anschreibenlassen wegen Lebensmitteln und Wäsche bis zur Höhe von 3.795,53 DM bei Monatseinkommen von 1.000 DM: verneint.
LG Saarbrücken, 10. 12. 1970, 2 S 160/70, FamRZ 1971, 172 = NJW 1971, 626

Arztkosten in Höhe von 1.332,50 DM (Orthopäde): bejaht.
BGH, 3. 2. 1967, VI ZR 114/65, BGHZ 47, 75 = FamRZ 1967, 276

Arztkosten, Mandeloperation der Kinder, 235,60 DM: bejaht.
LG Bielefeld, 15. 3. 1967, 1 S 7/67, FamRZ 1967, 335

Arztkosten für die Tochter, Höhe 510 DM: bejaht.
LG Saarbrücken, 16. 4. 1971, 11 S 252/70, NJW 1971, 1894

Teure Operation, auch wenn lebenswichtig: verneint.
OLG Köln, 29. 2. 1980, 3 W 11/80, FamRZ 1981, 254 = VersR 1980, 1077

Arztkosten: Eine unaufschiebbare ärztliche Behandlung eines Ehegatten unterfällt ohne Rücksicht auf die Höhe der Ermächtigung (Chemotherapie, ca. 31.000 DM). Übersteigen die Kosten jedoch den Lebenszuschnitt und die finanziellen Möglichkeiten der Familie, entsteht keine Verpflichtung.

Entschieden hinsichtlich einer spanischen Familie mit zwei Kindern.
BGH, 27. 11. 1991, XII ZR 226/90, FamRZ 1992, 291

Badezimmereinrichtung im Werte von 400 DM bei einem Inspektorenhaushalt: bejaht
LG Landshut, 7. 10. 1957, S 100/57, FamRZ 1958, 467

Bauvertrag, Massivhaus, 697.000 DM: verneint.
BGH, 29. 9. 1988, VII ZR 186/87, FamRZ 1989, 35

Darlehensaufnahme für Hausbau (3.600 DM): verneint.
LG Aachen, 31. 10. 1988, 7 S 233/88, FamRZ 1989, 1176

Darlehen bei den Schwiegereltern, mit dem das überzogene Familienkonto ausgeglichen wurde: bejaht.
AG Sulingen, 6. 9. 1991, 1 C 65/91, FamRZ 1992, 554

Energielieferung (Strom + Gas): bejaht.
AG Wuppertal, 21. 9. 1979, 39 C 245/79, ZMR 1980, 239

Energielieferungsvertrag (Sukzessivlieferungsvertrag): bejaht.
AG Beckum, 30. 7. 1987, 11 C 336/87, FamRZ 1988, 501

Energielieferungsvertrag (Gaslieferung): bejaht.
LG Koblenz, 21. 4. 1989, 15 O 271/88, FamRZ 1991, 435

Familienpauschalreise im Wert von 6.972 DM: verneint.
LG Hamburg, 16. 11. 2001, 317 S 126/01, NJW 2002, 1055

Fleisch- und Wurstwaren im Werte von 1.156 DM für Grill-Imbiss: verneint.
AG Augsburg, 8. 1. 1987, C 588/86, FamRZ 1987, 819

Gutachterauftrag hinsichtlich eines Wasserschadens im Büro des Ehegatten: bejaht.
LG Frankfurt/M., 26. 5. 1993, 2/16 S 20/93, NJW-RR 1993, 1286

Handwerkerauftrag i. H. v. 20.188,25 DM: bejaht.
OLG Düsseldorf, 5. 12. 2000, 21 U 68/00, NJW-RR 2001, 1084

„Hausfrauenkredit" ohne Unterschrift des Ehemannes i. H. v. 2.000 DM: verneint.
LG Aachen, 18. 4. 1980, 3 S 57/80, FamRZ 1980, 566 = NJW 1980, 1472

„Hausfrauenkredit" i. H. v. 6.000 DM, von einem Ehegatten mit beiden Namen unterschrieben: verneint.
BGH, 25. 3. 1982, VII ZR 60/81, FamRZ 1982, 776

Beurlaubung von Hauspersonal: bejaht.
RG, 29. 5. 1906, 532/05 III, JW 6, 460

Hausratversicherung: bejaht.
AG Eschwege, 14. 7. 1959, 2 C 440/58, VersR 1959, 1038

Hausratversicherung: bejaht.
AG Karlshafen, 3. 2. 1965, C 63/64, VersR 1965, 871

Kleidung im Werte von 678 Mark für volljährige Tochter im Haushalt: bejaht.
KG, 2. 2. 1917, 7. ZS, OLG 34, 248

Krankenhauskosten 1. Klasse bei einem Monatseinkommen von 1.000 DM: verneint.
AG Köln, 31. 10. 1968, 43 C 1538/68, MDR 1969, 311

Krankenhauskosten betreffend eheliches Kind i. H. v. 3.094 DM: bejaht.
KG, 18. 3. 1975, 17 U 2087/74, FamRZ 1975, 423

Krankenhaus, höhere Pflegeklasse: bejaht.
LG Freiburg, 2. 12. 1975, 9 S 135/75, NJW 1976, 375

Krankenhauskosten, teure lebenswichtige Operation: verneint.
OLG Köln, 29. 2. 1980, 3 W 11/80, FamRZ 1981, 254 = VersR 1980, 1077

Krankenhaus, zweifache Operation wegen Gehirnblutung mit Kosten i. H. v. 4.500 DM: verneint.
OLG Köln, 16. 9. 1980, 3 U 33/80, NJW 1981, 637

Nachträgliche Buchung eines Einzelzimmers im Krankenhaus i. H. v. 1.987 DM: verneint.
LG Bonn, 22. 9. 1982, 5 S 148/82, NJW 1983, 344

Behandlung wegen Herzrhythmusstörungen im Krankenhaus mit Kosten von 5.353 DM: bejaht.
KG, 5. 4. 1984, 20 U 3829/82, NJW 1985, 682

Teil 2 Abschnitt 2: Rechtsprechungslexikon

Arzt- und Krankenhauskosten aus Anlass der Geburt, Unterbringung im Zweibettzimmer: bejaht.
LG Dortmund, 20. 9. 1984, 17 C 1002/83, NJW 1985, 922

Krankenhauskosten (Entbindungskosten, gynäkologischer Eingriff, Kosten i. H. v. 6.822 DM): bejahende Tendenz.
BGH, 13. 2. 1985, IV b 72/83, BGHZ 94, 1 = FamRZ 1985, 576

Küchengerät (Fruchtsaftzentrifuge) im Wert von 366 DM: verneint.
LG Stuttgart, 14. 7. 1965, 5 S 111/65, FamRZ 1965, 567

Kühlschrank, dessen Kaufpreis höher ist als das Monatseinkommen: verneint.
LG Duisburg, 29. 11. 1961, 4 S 229/61, MDR 1962, 409

Kündigung eines Pachtvertrages hinsichtlich eines Gasthofes: verneint.
BGH, 9. 2. 1951, V ZR 29/50, NJW 1951, 309

Bestellung einer Lesemappe: bejaht.
LG Itzehoe, 12. 12. 1963, 1 S 136/63, FamRZ 1964, 573

Maklerauftrag wegen Wohnung: verneint.
LG München II, 28. 10. 1971, 6 S 60/71, FamRZ 1975, 581

Maschinenschreib- und Rechtschreibkurs im Werte von 273 DM à 39 DM bei Einkommen von monatlich 800 DM: verneint.
LG Stuttgart, 21. 3. 1966, 4 S 220/65, MDR 1967, 45

Kauf von Medikamenten inklusive der Pille: bejaht.
LG Itzehoe, 21. 11. 1968, 6 O 66/68, FamRZ 1969, 90

Kauf von Medikamenten (Pille): bejaht.
LG München I, 27. 2. 1970, 17 O 771/69, FamRZ 1970, 314

Beitritt zum Mieterverein: verneint.
AG Münster, 16. 9. 1969, 7 C 284/69, MDR 1970, 142

Beitritt zum Mieterverein: verneint.
AG Marl, 7. 10. 1987, 9 C 800/87, FamRZ 1988, 283

Mietkauf eines Videorekorders: verneint.
LG Aachen, 11. 2. 1987, 4 O 479/86, NJW-RR 1987, 712

Möbel (Küchen- und Wohnungsmöbel) im Werte von 1.142 Mark bei einem Jahreseinkommen von 15.000 Mark: bejaht.
OLG Hamburg, 6. 11. 1919, OLG 40, 65

Möbel (Schränke und Fernseher): bejaht.
LG Münster, 23. 11. 1988, 1 S 365/88, MDR 1989, 270

Langfristige Verpachtung eines Anwesens: verneint.
OGH BrZ Köln, 2. 11. 1949, II a ZS 43/49, NJW 1950, 307

Langfristige Anpachtung eines Gartengrundstückes: verneint.
OLG Koblenz, 17. 7. 1990, 3 U 1829/89, NJW-RR 1991, 66

Pille, s. Medikamente.

Pkw-Reparatur: bejaht.
LG Freiburg, 19. 1. 1988, 9 S 164/87, FamRZ 1988, 1052

Prozessführung wegen rückständigen Gehalts: verneint.
OLG Hamburg, 24. 4. 1953, 1 U 464 (465)/52, NJW 1953, 991

Ratenkauf, s. Abzahlung und Teilzahlung.

Beauftragung eines Rechtsanwaltes, Schadensersatz wegen Geltendmachung der Folgen eines Unfalls für einen im Koma liegenden verletzten Ehegatten: bejaht.
VG Frankfurt/M. 21. 10. 1987, V/2 E 308/87, NJW-RR 1988, 393

Reise, s. Urlaub.

Sammelbestellungen bei einem Versandkaufhaus für den bestellenden Ehegatten allein: verneint.
AG Lüdenscheid, 26. 3. 1975, C 1242/74, FamRZ 1975, 581 = MDR 1975, 843

Sammelbestellungen bei einem Versandkaufhaus, andere Kaufinteressenten eingeschlossen: verneint.
AG Kaltenkirchen, 25. 9. 1980, 2 C 409/80, MDR 1981, 229

Sammelbestellung bei einem Versandkaufhaus einschließlich Bestellung für andere Kunden: verneint.
AG Bochum, 16. 10. 1990, 45 C 163/90, FamRZ 1991, 435

Telefonvertrag: bejaht
LG Stuttgart, 9.1.1998, 25 O 622/96, FamRZ 2001, 1610

Teilzahlungskaufverträge (Herd und Kühlschrank 957 DM à 43 DM): mit Einschränkung verneint.
LG München, 25. 10. 1960, 5 O 361/60, FamRZ 1961, 315 = NJW 1961, 677

Teilzahlungsgeschäfte wegen Hausrats (Waschautomat, Bügelschrank, Kofferradio und Fernseher, 2.755 DM à 115 DM): mit Einschränkungen bejaht.
LG Berlin, 5. 11. 1974, 8 O 178/74, FamRZ 1975, 581 = NJW 1975, 351

Kosten eines Tierarztes (618 DM): bejaht.
AG Kerpen, 5. 10. 1988, 3 C 364/88, FamRZ 1989, 619

Vertrag gerichtet auf Umzug zum Zwecke der Trennung: verneint.
LG Aachen, 6. 6. 1980, 3 S 109/80, FamRZ 1980, 996

Untervermietung eines Teils der Wohnung: bejaht.
KG, 17. 12. 1931, 27 U 12231/31, JW 1932, 3009

Anmietung eines Ferienappartements für den Urlaub: verneint.
LG Flensburg, 8. 2. 1973, 1 S 320/72, NJW 1973, 1085

Reisevertrag (Urlaub auf Sardinien, 8.520 DM): verneint.
OLG Frankfurt/M., 25. 5. 1983, 17 U 140/82, FamRZ 1983, 913

Reisevertrag (Urlaub): verneint.
OLG Köln, 14. 11. 1990, 2 U 86/90, FamRZ 1991, 434

Abfindungsvergleich mit einer Versicherung wegen eines Unfalls des anderen Ehegatten: verneint.
OLG Nürnberg, 24. 9. 1964, 3 U 78/64, VersR 1965, 723

Sukzessive Warenlieferung im Werte von 999,50 DM bei monatlichem Einkommen von 1.100 DM für sechsköpfige Familie: nur mit Einschränkungen bejaht.
AG Eschwege, 11. 9. 1979, 2 C 274/79, FamRZ 1980, 137

Warenlieferung für Wirtschaftsbetrieb (Heizöl, Futtermittel usw., 11.465 DM): bejaht.
LG Hannover, 5. 5. 1983, 27 O 649/82, FamRZ 1984, 268

Anmietung einer Wohnung: verneint.
LG Mannheim, 24. 2. 1993, 4 S 112/92, FamRZ 1994, 445

Auftrag an einen Makler wegen Vermittlung einer Wohnung (1.257 DM): bejaht.
LG Braunschweig, 26. 9. 1985, 7 S 151/85, FamRZ 1986, 61

Zahnarztkosten (Behandlung einschließlich einer Oberprothese im Wert von 106 DM): bejaht.
LG Wiesbaden, 5. 6. 1956, 1 S 132/56, 251/56, FamRZ 1956, 287

Zahnarzt-Kosten (90 DM): bejaht.
LG Hagen, 8. 5. 1958, 1 S 107/58, FamRZ 1958, 466

Zahnarzt-Kosten: verneint.
LG Stuttgart, 8. 2. 1961, 5 S 341/60, FamRZ 1961, 315 = NJW 1961, 972

Zahnarztkosten (1.720,46 DM, von denen schon 1.100 DM bezahlt sind): verneint.
OLG Karlsruhe, 12. 5. 1966, 9 U 229/65, FamRZ 1967, 41

Zahnarztkosten (940 DM): bejaht.
LG Koblenz, 19. 2. 1981, 13 S 35/80, NJW 1981, 1324

Restliche Zahnarztkosten i. H. v. 7.332 DM bei einem beihilfeberechtigten und privatversicherten Ehegatten: verneint.
OLG Köln, 9. 3. 1992, 27 U 110/91, FamRZ 1993, 707 = MDR 1993, 55 = VersR 1993, 441

Zahnarztkosten (Teilprothese 6.320 DM): bejaht.
OLG Schleswig, 19. 3. 1993, 4 U 60/92, FamRZ 1994, 444

Zweibettzimmer, s. Krankenhaus.

Geschlechtsgemeinschaft 85
→ *Rechte und Pflichten, eheliche*

Grundstück
→ *Vermögen*

Hausrat 182 f.
Bewegliches Behelfsheim auf fremdem Boden ist kein Hausrat.
OLG Bremen, 16. 4. 1963, 3 W 4/63, FamRZ 1963, 366

Briefmarkenalbum ist kein Hausrat.
OLG Hamm, 8. 1. 1980, 2 UF 344/79, FamRZ 1980, 683

Damenhalskette nicht automatisch zum persönlichen Gebrauch der Frau
OLG Nürnberg, 17.2.2000, 13 U 3674/99, FamRZ 2000, 1220

Einbauküche, die schon bei Herstellung des Gebäudes geplant war, stellt keinen Hausrat dar.
OLG Frankfurt/M., 8. 3. 1982, 5 UF 130/81, FamRZ 1982, 938

Einbauküche, zu deren Installation Kabel- und Maurerarbeiten erforderlich waren, ist wesentlicher Bestandteil des Gebäudes und daher kein Hausrat.
OLG Hamm, 1. 6. 1990, 5 UF 50/90, FamRZ 1991, 89

Bei Einbauküche und Badezimmer kommt es nicht allein auf die Montagekosten an, ob sie wesentlicher Bestandteil des Gebäudes geworden sind oder Hausrat. Dies ist durch Augenscheinseinnahme festzustellen.
OLG Zweibrücken, 1. 9. 1992, 1 W 4144/92, FamRZ 1993, 82

Eine Einbauküche ist Bestandteil der Wohnung.
OLG Stuttgart, 17. 4. 1998, 11 UF 80/98, FamRZ 1999, 855

Eine Einbauküche stellt im westfälischen Raum Hausrat dar.
OLG Hamm, 15. 5. 1997, 4 UF 491/96, FamRZ 1998, 1028

Ersatzanspruch aus Hausrat ist seinerseits nicht Hausrat.
BGH, 9. 7. 1980, IV b ARZ 527/80, FamRZ 1980, 988

Fachbücher eines Publizisten und Kleidung stellen keinen Hausrat dar, sondern sind Gegenstände des persönlichen Bedarfs.
OLG Düsseldorf, 21. 2. 1978, 3 WF 39/78, FamRZ 1978, 358

Fernsehgerät ist Hausrat.
OLG Düsseldorf, 28. 6. 1960, 7 U 278/59, MDR 1960, 850

Flügel stellt Hausrat dar.
OLG Hamm, 12. 9. 1958, 15 W 383/58, JMBl. NRW 1959, 17

Fotoausrüstung stellt keinen Hausrat dar.
OLG Zweibrücken, 21. 12. 1981, 6 WF 133/81, FamRZ 1982, 942

Klavier stellt Hausrat dar.
LG Berlin, 14. 7. 1948, 24 T 846/48, JR 1949, 450

Ein Klavierflügel, den beide beruflich genutzt haben, ist kein Hausrat.
AG Weilburg, 26. 5. 1999, 22 F 645/98, FamRZ 2000, 1017

Wertvolle Sachen wie Kunstgegenstände, Bilder, Plastiken, Orientteppiche und Jugendstilvasen, soweit sie als solche dem Lebenszuschnitt der Eheleute dienen, sind Hausratsgegenstände.
BGH, 14. 3. 1984, IV b ARZ 59/83, FamRZ 1984, 575 = JR 1984, 379

Manschettenknöpfe sind kein Hausrat, sondern dienen dem persönlichen Bedarf.
OLG Düsseldorf, 11. 1. 1978, 3 WF 19/78, FamRZ 1978, 523

Sachen zum persönlichen Gebrauch sind kein Hausrat.
OLG Hamburg, 30. 3. 1961, 2 W 296/60, MDR 1961, 690

Pkw stellt Hausrat dar, wenn die Eheleute zur Befriedigung persönlicher Bedürfnisse (Einkäufe, Schulbesuch usw.) darauf angewiesen sind.
OLG Karlsruhe, 23. 7. 1975, 4 W 38/75, FamRZ 1976, 93

Pkw stellt im Allgemeinen keinen Hausrat dar. Eine andere Beurteilung rechtfertigt sich nur, wenn er für private Zwecke (Freizeitfahrten, Einkauf) benutzt wird.
OLG Köln, 20. 9. 1979, 14 UF 36/79, FamRZ 1980, 249

Ein Pkw stellt nur dann Hausrat dar, wenn er nach entsprechender Widmung dem Familienleben dient.
BayObLG, 24. 9. 1981, AllgReg 78/81, FamRZ 1982, 399 = MDR 1982, 154

Pkw stellt dann keinen Hausrat dar, wenn er für berufliche Zwecke genutzt wird.
OLG Hamm, 10. 11. 1982, 5 UF 89/82, FamRZ 1983, 72

Pkw ist im Allgemeinen kein Hausrat.
BGH, 2. 3. 1983, IV b ARZ 1/83, FamRZ 1983, 794

Pkw stellt Hausrat dar, wenn er für das Zusammenleben der Familie gebraucht wird.
OLG Hamm, 11. 7. 1989, 7 UF 140/89, FamRZ 1990, 54

Pkw kann in Anwendung der Entscheidungen OLG Köln, FamRZ 1980, 249 und BayObLG, FamRZ 1982, 399 Hausrat sein.
OLG Hamm, 14. 3. 1990, 10 WF 36/90, FamRZ 1990, 1126

Pkw ist nur ausnahmsweise Hausrat, nämlich wenn er gemeinsamen zum Zwecke der Hausrats- und Lebensführung genutzt wurde. Pkw im Alleineigentum eines Ehegatten ist daher grds. kein Hausrat, insbesondere dann nicht, wenn beide Eheleute einen Pkw haben.
BGH, 24. 10. 1990, XII 101/89, FamRZ 1991, 43

Bei einem Pkw ist unabhängig vom Eigentum auf die Widmung abzustellen. Er kann auch Hausrat sein, wenn er beruflich genutzt wird, vorausgesetzt, der Inhaber ist stets bereit, familiären Zwecken den Vorrang einzuräumen.
OLG Düsseldorf, 31. 1. 1992, 3 UF 134/91, FamRZ 1992, 1445

PKW ist Hausrat, wenn er zum Einkaufen und für Kinder benutzt wurde.
OLG Karlsruhe, 3. 4. 2000, 2 WF 111/99, FamRZ 2001, 760

Auch ein geleaster Pkw kann Hausrat sein.
OLG Stuttgart, 4. 1. 1995, 18 UF 416/94, FamRZ 1995, 1275

Schadensersatz aus Hausrat stellt seinerseits keinen Hausrat dar.
BGH, 26. 9. 1979, IV ARZ 23/79, FamRZ 1980, 45

Schadensersatz aus Hausrat stellt seinerseits keinen Hausrat dar.
OLG Hamm, 11. 10. 1979, 2 UF (Sbd) 27/79, FamRZ 1980, 66; auch OLG Frankfurt/M., 9. 2. 1981, 5 UF 211/80, FamRZ 1981, 375

Eine Segeljacht im Wert von 140.000 DM, die von beiden Eheleuten benutzt wurde, stellt Hausrat i. S. v. § 1369 BGB dar, wenn die Eheleute beträchtliches anderes Vermögen haben.
LG Ravensburg, 31. 3. 1995, 3 O 2221/94, FamRZ 1995, 1585

Spülmaschine, E-Herd, Wohnzimmerschrank und Stereoanlage sind Hausrat.
OLG Karlsruhe, 15. 4. 1987, 2 UF 7/87, FamRZ 1987, 848

Tiere (Pferde) sind kein Hausrat
OLG Naumburg, 29.10.1999, 3 UF 95/99, FamRZ 2001,481

Fest installiertes Wohnmobil ist kein Hausrat.
OLG Zweibrücken, 22. 2. 1980, 2 UF 102/79, FamRZ 1980, 569

Ein Wohnmobil ist Hausrat, wenn es für familiäre Zwecke eingesetzt wird.
OLG Köln, 10. 12. 1991, 4 UF 250/91, FamRZ 1992, 696

Wohnwagen mit Dauerstellplatz, der der gemeinsamen Nutzung der Familie dient, ist Gegenstand des Haushalts.
OLG Koblenz, 16. 11. 1993, 3 U 449/93, FamRZ 1994, 1255 = NJW-RR 1994, 516 = MDR 1994, 589

Wohnwagen im Alleineigentum eines Ehegatten ist nur dann Hausrat, wenn er dem ständigen und allgemeinen Gebrauch der Ehegatten und der Familie gedient hat.
OLG Düsseldorf, 18. 7. 1991, 3 WF 97/91, FamRZ 1992, 60

Eine Eigentumswohnung ist kein Hausrat i. S. v. § 1369 BGB.
OLG Nürnberg, 28. 5. 1962, 3 W 87/62, FamRZ 1962, 473

Eine Ehewohnung stellt nicht Hausrat i. S. v. § 1369 BGB dar.
LG Stuttgart, 12. 11. 1976, 6 S 259/76, FamRZ 1977, 200

Wohnungseinrichtung (Rundfunkgerät, Kühlschrank, usw.) sind Hausrat. Ersatzmöbel i. S. v. § 1370 BGB sind die Möbel, die nach Zahl und Art in etwa den wertlosen oder nicht mehr vorhandenen entsprechen.
OLG Nürnberg, 4. 11. 1963, 1 U 70/63, FamRZ 1964, 297

Herstellungsverlangen 90 f.
→ *Rechte und Pflichten, eheliche*

Kleidung
→ *Geschäfte zur Deckung des angemessenen Lebensbedarfs*

Konto
→ *Eheliche Lebensgemeinschaft*

Krankenhaus
→ *Schlüsselgewalt*

Medikamente
→ *Geschäfte zur Deckung des angemessenen Lebensbedarfs*

PKW
→ *Hausrat*

Postgeheimnis
→ *Eheliche Lebensgemeinschaft*

Quote
→ *Vermögen*

Rechte und Pflichten, eheliche 83 ff.
Das Anschwärzen des Ehemannes beim Arbeitgeber ist unzulässig, auch nach Scheitern der Ehe.
OLG Nürnberg, 26. 5. 1994, 2 U 2174/93, FamRZ 1996, 32

Das Anschwärzen beim Arbeitgeber ist folgenlos, wenn dadurch vermieden werden soll, dass das Existenzminimum unterschritten wird.
OLG Hamm, 31. 7. 1996, 10 UF 13/96, FamRZ 1997, 356

Ein Eindringen in den gegenständlich geschützten Raum liegt nicht vor, wenn eine Frau einen Beschützer ohne Liebesbeziehungen in die Wohnung aufnimmt.
OLG Bremen, 2. 11. 1962, 1 U 80/62, FamRZ 1963, 297 = NJW 1963, 395

Eine Bespitzelung eines Ehegatten durch den anderen in dessen Wohnung ist unzulässig.
BGH, 19. 6. 1970, IV ZR 45/69, NJW 1970, 1848

Hat ein Ehegatte das Scheitern der Ehe zu verantworten, kann er das Recht zum Betreten der früheren Ehewohnung nicht daraus herleiten, die Eheleute seien nach § 1353 BGB zur ehelichen Lebensgemeinschaft verpflichtet.
BGH, 13. 10. 1971, IV ZR 12/71, FamRZ 1971, 633 = MDR 1972, 33

Unter dem Gesichtspunkt der Garantenstellung muss ein Ehegatte das Haus des anderen vor Brandschaden schützen (= löschen). Tut er dies nicht, ist er Täter.
RG, 16. 6. 1930, II 419/30, RGSt 64, 273

Wenn ein Ehegatte dem anderen voll vertraut und dieser die Ehe bricht, gleichwohl aber eheliche Treue beteuert, kann dies Verletzung der ehelichen Pflichten sein (entschieden im Rahmen einer Testamentsanfechtung).
BGH, 21. 9. 1967, ZR 208/66, FamRZ 1968, 152

Die eheliche Lebensgemeinschaft umfasst nicht nur die häusliche Gemeinschaft, sondern mehr, also auch den ehelichen Verkehr (Geschlechtsgemeinschaft).
RG, 15. 12. 1919, VI 336/19, RGZ 97, 286

Die eheliche Lebensgemeinschaft enthält die Pflicht zum ehelichen Verkehr auf liebevolle Weise.
BGH, 2. 11. 1966, IV 239/65, FamRZ 1967, 210 = NJW 1967, 1078

Ein Ehegatte hat gegen den anderen einen Anspruch auf Ablegung des Ehenamens, wenn der Name erschlichen wurde und unter diesem Namen Straftaten begangen werden.
OLG Braunschweig, 16. 11. 1978, 2 W 48/78, FamRZ 1979, 913

Betreiben Eheleute ein Geschäft und hat der geschäftsführende Teil ehewidrige Beziehungen zu einer Angestellten, kann der andere Teil vom Ehebrecher verlangen, die weitere Beschäftigung der Angestellten zu unterlassen.
OLG Köln, 19. 4. 1983, 15 U 118/82, FamRZ 1984, 267

Dritten gegenüber darf man den Ehegatten nicht des ehrlosen oder unsittlichen Verhaltens bezichtigen (Bericht an Personal über Ehebruch).
BGH, 29. 5. 1963, IV ZR 176/62, FamRZ 1965, 35

Eheleute können ein sexuell freizügiges Eheleben vereinbaren.
BGH, 18. 12. 1957, IV ZR 226/57, FamRZ 1958, 126

Ein Glaubenswechsel (Übertritt zur neuapostolischen Kirche) ist zulässig, wenn dies mit der gebotenen Rücksichtnahme geschieht (Religion).
BGH, 6. 4. 1960, IV ZR 276/59, BGHZ 1933, 145 = NJW 1961, 68; bestätigt vom BVerfG, 7. 4. 1964, 1 BvR 350/62, NJW 1964, 1174

Ein Glaubenswechsel (Übertritt zu den Zeugen Jehovas) ist zwar zulässig, darf aber die eheliche Lebensgemeinschaft nicht beeinträchtigen und die Kinder nicht beeinflussen.
BGH, 24. 10. 1962, IV ZR 81/62, BGHZ 38, 317 = FamRZ 1963, 168

Eine Ehestörungsklage unter Eheleuten hat keinen Erfolg, wenn die Eheleute mit dem Störer vorher Gruppensex hatten.
OLG Zweibrücken, 26. 10. 1988, 2 UF 71/88, FamRZ 1989, 55

Nimmt ein Ehemann eine Haushälterin auf, die durch ihr Verhalten die Würde der Ehefrau verletzt, kann die Frau vom Mann verlangen, die Haushälterin zu entlassen. Dies gilt auch dann, wenn keine geschlechtliche Beziehung besteht.
BGH, 2. 11. 1955, IV ZR 98/55, FamRZ 1956, 50

Das Herstellungsverlangen eines Ehemannes, der sich über zehn Jahre von der Frau abgewandt hat, ist missbräuchlich, wenn die Frau dafür ihre Berufsstellung, die sie sich mühsam aufgebaut hat, aufgeben müsste.
BGH, 14. 7. 1967, IV ZR 85/66, FamRZ 1967, 612

Eheleute haben zu dulden, dass der andere Teil sich um die Förderung seiner Kinder erster Ehe kümmert (Frau war erwerbstätig, um den Kindern die Oberrealschule zu ermöglichen).
RG, 8. 4. 1929, VIII 38/29, RGZ 124, 54

Religionsausübung 16 ff.
→ *Bereich, räumlich gegenständlicher*

Schadensersatz
→ *Hausrat*

Schlüsselgewalt 147 ff.
→ *Geschäfte zur angemessenen Deckung des Lebensbedarfs*

Schwangerschaft
→ *Ehemündigkeit*

Steuerfragen 120
Eheleute sind zur gemeinsamen Steuerveranlagung verpflichtet, wenn dadurch keine Nachteile entstehen. Die Verletzung dieser Pflicht macht schadensersatzpflichtig.
BGH, 13. 10. 1976, IV ZR 104/74, FamRZ 1977, 38

Strafanzeige 86
Eine begründete Strafanzeige (Bigamie) kann eine schwere Eheverfehlung darstellen, wenn sie nicht zur Wahrung eigener Rechte erforderlich war.
BGH, 3. 4. 1963, IV ZR 219/62, FamRZ 1963, 515

Eine Strafanzeige gegen einen Ehegatten, die durch dessen ehewidriges Verhalten (Verletzung der Unterhaltspflicht) ausgelöst worden ist, ist nicht unbedingt eine Eheverfehlung.
BGH, 19. 6. 1964, IV ZR 287/63, MDR 1964, 911

Die Pflicht von Eheleuten, den anderen von Straftaten abzuhalten, besteht nicht mehr bei Getrenntleben.
BGH, 15. 10. 1954, 2 StR 12/54, NJW 1954, 1818

Umzug
→ *Eheliche Lebensgemeinschaft*

Verlobung, Aufwendungen, Schadensersatz nach gelöster Verlobung 16 ff.
Der Ankauf von Möbeln durch Verlobte, um ein voreheliches Zusammenleben zu ermöglichen, erfolgt nicht „in Erwartung der Ehe" mit der Folge, dass dafür keine Aufwendungen geltend gemacht werden können.
OLG Oldenburg, 11. 7. 1995, 5 U 45/95, FamRZ 1996, 287

Verlobte brauchen einander nicht ihre Arbeitskraft zur Verfügung zu stellen. Sofern eine Verlobte im Geschäft des Vaters des anderen unentgeltlich arbeitet und die Eheschließung dann unterbleibt, steht ihr der volle Lohn aus § 612 BGB zu.
BArbG, 10. 3. 1960, 5 AZR 409/58, FamRZ 1960, 361

Eine Arbeitsleistung als Steuerberater für den Verlobten kann als Aufwendungen gewertet werden.
BGH, 5. 7. 1961, IV ZR 9/61, FamRZ 1961, 424 = NJW 1961, 1716

Mitarbeit im Gewerbe des Verlobten führt bei Scheitern der Verlobung zum Bereicherungsanspruch wegen Zweckverfehlung.
OLG Stuttgart, 29. 6. 1977, 13 U 41/77, FamRZ 1977, 545

Berufsfremde Arbeitsleistungen (Bau eines Hauses auf dem Grundstück der Verlobten) stellen keine Aufwendungen i. S. v. § 1298 BGB dar.
AG Augsburg, 31. 3. 1987, C 620/86, FamRZ 1987, 1141

Nach einer gelösten Verlobung kann ein Wertersatz wegen geleisteter Arbeit unter dem Gesichtspunkt der Zweckverfehlung oder des Wegfalls der Geschäftsgrundlage nur dann verlangt werden, wenn die Leistung abredegemäß von der Zweckerreichung abhängig war.
LG Gießen, 6. 4. 1994, 1 S 519/93, FamRZ 1994, 1522

Die Aufgabe einer Arbeitsstelle zum Zwecke der Verlobung führt bei Scheitern der Verlobung nicht zu Schadensersatz aus § 1298 Abs. 2 BGB.
OLG Stuttgart, 29. 6. 1977, 13 U 41/77, FamRZ 1977, 545

Eine langandauernde Beköstigung (durch die Eltern der Braut) stellt Aufwendungen in Erwartung der Ehe dar.
RG, 18. 1. 1917, IV 299/16, LZ 17, 868

Die Kosten einer langjährigen Beköstigung können Aufwendungen nach § 1298 BGB darstellen.
BGH, 10. 3. 1956, IV ZR 315/55, FamRZ 1956, 179

Für Brautkleid, Einladungskarten und Umzugskosten wird Schadensersatzpflicht bejaht.
AG Neumünster, 8. 4. 1999, 9 C 1267/98, FamRZ 2000, 817

Finanzielle Zuwendungen aus Anlass des eheähnlichen Zusammenlebens sind nicht als Aufwendungen nach § 1298 BGB zu erstatten. Sie geben auch keinen Bereicherungsanspruch.
OLG Düsseldorf, 23. 6. 1981, 21 U 13/81, FamRZ 1981, 770

Der Erlass von Schadensersatzforderungen (wegen eines beschädigten Autos) unter Verlobten stellt eine Schenkung i. S. v. § 1301 BGB dar.
OLG Köln, 14. 7. 1961, 9 U 39/61, FamRZ 1961, 441 = NJW 1961, 1726

Ein Gesundheitsschaden aus einem Verlöbnisbruch stellt keinen nach § 1298 BGB zu ersetzenden Schaden dar.
OLG Düsseldorf, 20. 1. 1981, 21 U 130/80, FamRZ 1981, 355

Baut ein Verlobter ein Haus auf dem Grundstück des anderen, indem er Geld und Sachmittel zur Verfügung stellt, kann er einen Ausgleichsanspruch aus Wegfall der Geschäftsgrundlage haben.
OLG Hamm, 28. 1. 1983, 11 U 161/82, FamRZ 1983, 494

Haushaltsführung und Mietzahlungen stellen keine angemessenen Aufwendungen i. S. v. § 1298 Abs. 2 BGB dar.
BGH, 29. 1. 1960, IV ZR 155/59, FamRZ 1960, 129 = NJW 1960, 765

Führt eine Frau ihrem Verlobten den Haushalt, hat sie daraus keine Ansprüche als Aufwendungsersatz.
OLG München, 15. 11. 1979, 8 W 2106/79, FamRZ 1980, 239

Überlässt ein Verlobter dem anderen einen Pkw, um für den gemeinsamen Haushalt erwerbstätig zu sein, kann er nach Rücktritt vom Verlöbnis dafür keinen Schadensersatz fordern.
OLG Oldenburg, 11. 7. 1995, 5 U 45/95, FamRZ 1996, 287

Es stellt keine angemessene Maßnahme dar, für die man nach § 1298 BGB Schadensersatz verlangen könnte, wenn ein Verlobter seine Praxis als Steuerberater aufgibt.
BGH, 5. 7. 1961, IV ZR 9/61, FamRZ 1961, 424 = NJW 1961, 1716

Umzugskosten können als Schadensersatz geltend gemacht werden.
AG Neumünster, 8.4.1999, 9 C 1267/98, FamRZ 2000, 817

Leben Verlobte lange Zeit zusammen, sind die für den Unterhalt aufgebrachten Beiträge keine Aufwendungen, die in Erwartung der Ehe gemacht wurden.
OLG Celle, 9. 10. 1969, 7 U 26/69, OLGZ 1970, 326

Zum Schadensersatz nach gelöster Verlobung gehört nicht der Verdienstausfall, den die gewesene Verlobte dadurch erleidet, dass sie während der Verlobung schwanger wird und in Mutterschaftsurlaub geht.
OLG Hamm, 5. 7. 1994, 29 W 50/94, FamRZ 1995, 296

Versorgungskosten stellen keine Aufwendungen dar, die in Erwartung der Ehe gemacht wurden.
OLG Frankfurt/M., 2. 7. 1970, 12 U 173/69, NJW 1971, 470

Vermögen, Auskunft 86, 143

Unter Eheleuten besteht die Pflicht, über das Vermögen im Großen und Ganzen sowie über Veränderungen Auskunft zu erteilen. Eine Pflicht zur genauen Auskunft über das Vermögen gibt es nicht.
OLG Hamburg, 27. 1. 1966, 1 U 114 (126)/65, FamRZ 1967, 100

Über ihr beiderseitiges Vermögen brauchen die Eheleute nur in groben Zügen Auskunft zu erteilen.
OLG Karlsruhe, 1. 8. 1989, 2 WF 65/89, FamRZ 1990, 161

Eheleute müssen einander wenigstens in groben Zügen über Vermögensbewegungen unterrichten.
BGH, 25. 6. 1976, IV ZR 125/75, FamRZ 1976, 516

Vermögen, Verfügung über das Vermögen im Ganzen 167, 185 ff.

(Es werden einige Rechtsgeschäfte aufgelistet und mit dem Zusatz versehen „Zustimmung erforderlich", wenn das Vermögen im Ganzen betroffen ist, anderenfalls mit dem Hinweis „Zustimmung nicht erforderlich".)

– Auflassungsvormerkung

Bewilligung der Eintragung einer Auflassungsvormerkung: Zustimmung nicht erforderlich. Dies gilt selbst dann, wenn das Grundstück das Vermögen als ganzes darstellt.
BayObLG, 28. 1. 1976, BReg 2 Z 68/75, FamRZ 1976, 222 = NJW 1976, 574 = BB 1976, 627

– Auflassungsvormerkung, Rückübertragungsanspruch

Erfüllung einer vor Eheschließung eingegangenen Verbindlichkeit (Rückübertragungsanspruch, Auflassungsvormerkung): Zustimmung nicht erforderlich.
LG Karlsruhe, 27. 12. 1984, 11 T 402/84, NJW-RR 1986, 169

– Bürgschaft

Bürgschaft, auch wenn die Inanspruchnahme zu einer Verfügung über das Vermögen im Ganzen führen würde: Zustimmung nicht erforderlich.
OLG München, 30. 12. 1980, 19 U 2311/80, OLGZ 82, 73; auch: BGH, 27. 1. 1983, IX ZR 95/81, FamRZ 1983, 455

– Eigentümergrundschuld

Bestellung einer Eigentümergrundschuld betrifft nicht das Vermögen als Ganzes.
OLG Hamm, 18. 3. 1960, 15 W 153/59, FamRZ 1960, 276 = DtNotZ 1960, 320 = NJW 1960, 1352

Bestellung einer Eigentümergrundschuld betrifft nicht das Vermögen als Ganzes.
OLG Frankfurt/M., 7. 7. 1960, 1 Wx 40/60, FamRZ 1960, 500 = Rpfleger 1963, 289

– Einzelner Gegenstand

Einzelner Gegenstand, wenn er wertmäßig das Vermögen im Ganzen ausmacht: Zustimmung erforderlich.
BGH, 17. 1. 1969, V ZR 171/65, FamRZ 1969, 322 = BB 1969, 974

– Erbauseinandersetzung

Erbauseinandersetzung kann Verfügung über das Vermögen als Ganzes darstellen.
OLG Celle, 30. 11. 1959, 4 Wx 25/59, NJW 1960, 437

Erbauseinandersetzung: offen gelassen. Bei entsprechender wirtschaftlicher Betrachtungsweise kann eine Zustimmung erforderlich werden.
BGH, 28. 4. 1961, V ZB 17/60, BGHZ 35, 135 = FamRZ 1961, 302
Erbengemeinschaft wird real geteilt: Zustimmung nicht erforderlich.
OLG München, 9. 7. 1969, 12 U 1277/69, FamRZ 1971, 93 = DtNotZ 1971, 544 = MDR 1970, 928

– Erbfolge, vorweggenommene
Vorweggenommene Erbfolge: Zustimmung nicht erforderlich.
BGH, 13. 11. 1963, V ZR 56/62, BGHZ 40, 218 = FamRZ 1964, 25

– Garantiezusage
Garantiezusage, die im Falle der Fälligkeit das Vermögen im Ganzen ausmacht: Zustimmung nicht erforderlich.
OLG Frankfurt/M., 11. 7. 1968, 5 U 47/68, MDR 1968, 923

– Gesellschaftsanteil, Übertragung
Übertragung eines Gesellschaftsanteils kann Verfügung über das Vermögen als Ganzes darstellen, wenn damit ein Ausscheiden verbunden ist.
OLG Köln, 11. 1. 1962, 10 U 154/60, NJW 1962, 2109 = MDR 1963, 51

– Grundschuldbestellung
Bestellung einer Grundschuld stellt Verfügung über das Vermögen als Ganzes dar, wenn der Verkehrswert damit erschöpft ist.
BayObLG, 31. 3. 1967, BReg 2 Z 7/67, FamRZ 1967, 337

– Grundstück, Belastung
Belastung eines Grundstückes zu einem Drittel: Zustimmung nicht erforderlich.
OLG Hamm, 13. 11. 1958, 15 W 493/58, FamRZ 1959, 118 = NJW 1959, 104 = DtNotZ 1959, 259

Belastung eines Grundstückes: Zustimmung nur erforderlich, wenn der Wert des Grundstücks ausgeschöpft wird.
LG Bielefeld, 20. 3. 1959, 3 a T 68, 71/59, FamRZ 1959, 245, LG Nürnberg/Fürth, 3. 11. 1958, 1 T 211/58, LG Oldenburg, 15. 11. 1958, T 660/58 und LG Itzehoe, 1. 12. 1958, 4 T 194/58, FamRZ 1959, 247

Belastung eines Grundstückes mit Hypothek: Zustimmung erforderlich, auch wenn der Wert des Grundstücks nicht ausgeschöpft ist.
LG Siegen, 1. 12. 1958, 1 T 305/58, FamRZ 1959, 64

Erneute Belastung bei einem schon vorher vollbelasteten Grundstück: Zustimmung nicht erforderlich.
LG Stade, 5. 4. 1962, 1 T 69/62, Rpfleger 1963, 51

Belastung eines Grundstückes beim Erwerb: Zustimmung nicht erforderlich.
OLG Hamm, 27. 2. 1959, 15 W 67/59, FamRZ 1959, 166

Belastung eines zu erwerbenden Gegenstandes, der dann zum Vermögen im Ganzen wird: Zustimmung nicht erforderlich.
BGH, 21. 3. 1996, III ZR 106/95, FamRZ 1996, 792

– Grundstück, Veräußerung
Veräußerung eines Grundstückes ist Verfügung über Vermögen als Ganzes, obwohl Veräußerer den Nießbrauch daran behält.
OLG Hamm, 31. 5. 1996, 29 U 55/96, FamRZ 1997, 675

– Grundstückskauf

Kauf eines Grundstückes, wenn der Kaufpreis Vermögen im Ganzen darstellt: Zustimmung erforderlich.
AG Delmenhorst, 9. 1. 1959, Ganderkesee Bl. 1195, FamRZ 1959, 243

– Grundstückskauf, Eingehung einer Zahlungsverbindlichkeit

Eingehung einer Zahlungsverbindlichkeit (Verpflichtung zur Zahlung eines hohen Kaufpreises für den Erwerb eines wertvollen Grundstückes): Zustimmung nicht erforderlich.
OLG Rostock, 11. 5. 1995, 1 U 350/94, FamRZ 1995, 1583

– Grundstückskauf, Rückgängigmachung

Rückgängigmachung eines Grundstückskaufvertrages für den Zwischeneigentümer: Zustimmung erforderlich.
OLG Oldenburg, 3. 2. 1965, 5 Wx 3/65, FamRZ 1965, 273 = MDR 1965, 485

– Hofübergabe

Hofübergabe: Zustimmung erforderlich.
OLG Hamm, 23. 12. 1965, 15 W 391/65, RdL 1966, 103

– Hypothek, Löschung

Löschung einer Hypothek: Zustimmung erforderlich, wenn Vermögen im Ganzen.
LG Bremen, 27. 9. 1958, 5 T 452/58, FamRZ 1959, 244

– Landwirtschaftlicher Besitz

Landwirtschaftlicher Besitz nach wirtschaftlichen Gesichtspunkten: Zustimmung erforderlich, wenn Vermögen im Ganzen.
OLG Schleswig, 4. 3. 1960, 2 W 19/60, SchlHA 1960, 258

– Lebensversicherung, Bezugsberechtigung

Abänderung der Bezugsberechtigung einer Lebensversicherung: Zustimmung nicht erforderlich.
BGH, 23. 2. 1967, III ZR 181/66, FamRZ 1967, 383

– Nießbrauch

Bestellung eines Nießbrauchs für den Übergeber durch den Übernehmer stellt nicht Verfügung über das Vermögen als Ganzes dar.
LG Münster, 17. 3. 1959, 5 T 183/59, DtNotZ 1959, 546

Bestellung eines Nießbrauchs: Keine Zustimmung erforderlich. Ein Nießbrauch schöpft den Wert der Sache nicht aus.
BGH, 23. 9. 1965, II ZR 60/63, FamRZ 1966, 22

Bestellung eines Nießbrauchs kann auch Verfügung über das Vermögen als Ganzes sein.
OLG Schleswig, 22. 1. 1985, 2W 86/84, JurBüro 1985, 1695

– Pfändung

Pfändung eines Gesellschaftsanteils einer GbR, an der beide Ehegatten beteiligt sind, ist ohne Zustimmung zulässig.
OLG Hamburg, 9. 1. 1970, 5 U 127/69, NJW 1970, 952

Zur Pfändung von Gegenständen eines Ehegatten, die dessen Vermögen als ganzes darstellen, bedarf der Gläubiger nicht der Zustimmung.
KG, 4. 12. 1991, 24 U 2612/91, FamRZ 1992, 846

Pfändung eines Gesellschaftsanteiles einer GbR, an der beide Eheleute beteiligt sind: Zustimmung nicht erforderlich.
OLG Hamburg, 9. 1. 1970, 5 U 127/69, FamRZ 1970, 407 = MDR 1970, 419 = NJW 1970, 952

Pfändung und Verwertung eines das ganze Vermögen eines Ehegatten darstellenden Gegenstandes durch den Gläubiger: Zustimmung nicht erforderlich.
KG, 4. 2. 1991, 24 U 2612/91, FamRZ 1992, 846

– Quoten

> *Hinweis:*
> *Einige Gerichte haben zur Abgrenzung, ob das Vermögen im Ganzen betroffen ist oder nicht, Quoten festgelegt:*

Weggabe von 75 % stellt Verfügung über das Vermögen im Ganzen dar.
BayObLG, 20. 11. 1959, 2 Z 119/59, FamRZ 1960, 31 = NJW 1960, 821

Grundstück mit einem Restwert von 275.000 – 325.000 DM bei weggegebenem Grundbesitz i. H. v. 1,7 Mio. DM stellt Weggabe des Vermögens im Ganzen dar.
OLG Hamm, 23. 12. 1965, 15 W 391/65, RdL 1966, 103

Wird von 100.000 DM ein Betrag von 90.000 DM weggegeben und verbleibt ein Rest von 10.000 DM, ist das Vermögen im Ganzen nicht betroffen.
OLG Düsseldorf, 23. 7. 1971, 3 W 95/71, DNotZ 1972, 239 = FamRZ 1971, 650

Weggabe von mehr als 7/10 stellt Vermögen im Ganzen dar.
LG Berlin, 21. 12. 1972, 83 T 469/72, FamRZ 1973, 146

Bei kleinen Vermögen liegt keine Verfügung über das Vermögen im Ganzen vor, wenn 15 % des Ursprungsvermögens beim Veräußerer bleiben.
BGH, 25. 6. 1980, IV b 516/80, BGHZ 77, 293 = FamRZ 1980, 765

Verbleibt ein Rest von 27 %, ist das Vermögen im Ganzen nicht betroffen.
BayObLG, 4. 12. 1980, BReg 2 Z 42/80, MDR 1981, 317

Verbleibt beim Veräußerer ein Rest von 15 %, ist das Vermögen im Ganzen nicht betroffen.
OLG Frankfurt/M., 3. 4. 1984, 20 W 848/83, FamRZ 1984, 698

Verbleibt ein Rest von 25 %, ist das Vermögen im Ganzen nicht betroffen.
OLG München, 18. 3. 1987, 15 U 4207/86, FamRZ 1989, 396

Verbleibt bei größeren Vermögen dem Veräußerer ein Rest von 10 % des Ursprungsvermögens, ist das Vermögen im Ganzen nicht betroffen.
BGH, 13. 3. 1991, XII ZR 79/90, FamRZ 1991, 669 = NJW 1991, 1739

Verbleibt ein Rest von 10 %, ist nahezu das Vermögen im Ganzen betroffen.
BayObLG, 14. 2. 1996, 3 Z BR 309/95, FamRZ 1996, 1013

Bestellung einer Restkaufgeldhypothek betrifft nicht Vermögen als Ganzes.
LG Bielefeld, 19. 9. 1958, 3a T 153/58, FamRZ 1958, 468

> *Hinweis:*
> *Um die Quote bilden zu können, muss das Ursprungsvermögen mit dem Restvermögen verglichen werden. Dabei haben sich viele Gerichte mit der Frage auseinandersetzen müssen, was an verbleibenden wirtschaftlichen Werten Restvermögen in diesem Sinne darstellt. Die Kennzeichnung mit „Restvermögen bejaht" in den folgenden Entscheidungen besagt, dass die Gerichte den beschriebenen Wert berücksichtigt haben. Die Beschreibung mit „Restvermögen verneint" bedeutet das Gegenteil.*

Pfändbarer Pensionsanspruch: Restvermögen bejaht.
OLG Frankfurt/M., 16. 9. 1960, 1 W 29/60, NJW 1960, 2190

Bezogene Renten: Restvermögen verneint.
OLG Karlsruhe, 18. 11. 1960, 1 W 130/60, FamRZ 1961, 317
(zu LG Mannheim, 18. 2. 1960, 101/60, FamRZ 1961, 316)

Noch nicht fällige Renten aus der gesetzlichen Rentenversicherung: Restvermögen verneint.
BGH, 16. 5. 1975, V ZR 16/74, WM 1975, 865.

Laufende BfA- und VBL-Rente: Restvermögen bejaht.
KG, 3. 11. 1975, 15 U 2366/75, FamRZ 1976, 89 = NJW 1976, 717

Rente: Restvermögen bejaht.
OLG Frankfurt/M., 3. 4. 1984, 20 W 848/83, FamRZ 1984, 698

Beim Verkäufer verbleibendes Wohnrecht und Rente aus der gesetzlichen Rentenversicherung: Restvermögen verneint.
OLG Celle, 29. 1. 1987, 12 UF 122/86, FamRZ 1987, 942

Einkommen aus sicherem Arbeitsverhältnis: Restvermögen verneint.
BGH, 1. 7. 1987, IV b ZR 97/85, BGHZ 101, 225 = FamRZ 1987, 909 = NJW 1987, 2673

Laufende Renten: Restvermögen verneint.
BGH, 12. 7. 1989, IV b ZR 79/88, FamRZ 1989, 1051 = NJW 1990, 112

– Schuldanerkenntnis

Schuldanerkenntnis wegen Unterhalts bei entsprechendem Umfang: Zustimmung erforderlich.
LG Mannheim, 18. 2. 1960, 1 O 1/60, FamRZ 1961, 316
(dazu OLG Karlsruhe, FamRZ 1961, 317)

– Sicherungsübereignung

Die Sicherungsübereignung stellt nicht die Verfügung über das Vermögen im Ganzen dar.
OLG Hamburg, 30. 3. 1961, 2 W 296/60, MDR 1961, 690

– Teilungsversteigerung

Teilungsversteigerung: Zustimmung erforderlich.
OLG Hamburg, 29. 12. 1981, 6 W 64/81, MDR 1982, 330
OLG Bremen, 12. 12. 1983, 2 W 40/83, FamRZ 1984, 272
BayObLG, 23. 5. 1985, 1 Z 21/85, FamRZ 1985, 1040
OLG Düsseldorf, 12. 7. 1994, 20 W 26/94, FamRZ 1995, 309
OLG Frankfurt/M., 16. 9. 1998, 14 W 76/98, FamRZ 1999, 524
OLG Köln, 7.1.2000, 25 UF 194/99, FamRZ 2000, 1167

Teilungsversteigerung durch den Gläubiger nach Pfändung eines Grundstücksteils: Zustimmung nicht erforderlich.
OLG Hamburg, 9. 1. 1970, 5 U 127/69, MDR 1970, 419
OLG Düsseldorf, 15. 10. 1990, 3 W 386/90, NJW 1991, 851

– Wohnrecht, dingliches

Dingliches Wohnrecht, das den Wert des Grundstücks ausschöpft: Zustimmung erforderlich.
BGH, 12. 7. 1989, IV b ZR 79/88, FamRZ 1989, 1051 = NJW 1990, 112
BGH, 25. 6. 1993, V ZR 7/92, BGHZ 123, 93 = FamRZ 1993, 1302 = NJW 1993, 2441

– Zwangsversteigerung

Zwangsversteigerung eines im Bruchteilseigentum stehenden Grundstücks: Zustimmung nicht erforderlich.
OLG Köln, 24. 11. 1988, 15 W 115/88, NJW-RR 1989, 325

Versetzungsgesuch
→ *Eheliche Lebensgemeinschaft*

Wohnsitz/Wohnung
→ *Eheliche Lebensgemeinschaft*
→ *Bereich, räumlich gegenständlicher*
→ *Geschäfte zur angemessenen Deckung des Lebensbedarfs*

Zahnarztkosten
→ *Geschäfte zur angemessenen Deckung des Lebensbedarfs*

Teil 3: Eheliches Vermögen und Eheverträge

Inhaltsverzeichnis

	Rn.
Abschnitt 1: Systematische Erläuterungen	1
A. Überblick	1
B. Eheliches Güterrecht	7
I. Gesetzliches Güterrecht	7
1. Grundsätze der Zugewinngemeinschaft	7
2. Rechtsgeschäftliche Beschränkungen in der Zugewinngemeinschaft	13
3. Ausgleich des Zugewinns	26
a) Grundsatz	26
b) Begriff des Zugewinns	28
c) Entstehung der Ausgleichsforderung	29
d) Höhe der Ausgleichsforderung	31
4. Besonderheiten bei der Bewertung des Anfangsvermögens	32
a) Grundlagen	32
b) Erhöhung des Anfangsvermögens durch „privilegierten Erwerb"	36
aa) Erwerb von Todes wegen	40
bb) Erwerb mit Rücksicht auf ein künftiges Erbrecht	43
cc) Schenkungen und Ausstattung	47
dd) Einkünfte	51
c) Indexierung des Anfangsvermögens	53
5. Hinzurechnungen zum Endvermögen nach § 1375 Abs. 2 BGB	59
6. Bestimmung des Anfangs- und Endvermögens	66
a) Grundsatz	66
b) Zu berücksichtigende Vermögenswerte:	69
aa) Hausrat	69
bb) Schadensersatzansprüche, Schmerzensgeld	73
cc) Verbindlichkeiten	75
dd) Anrechte auf künftig fällige, wiederkehrende Leistungen	78
ee) Nicht vererbbare bzw. übertragbare Vermögenspositionen	79
ff) Nicht realisierbare Rechte	80
7. Bewertung von Vermögenswerten	81
a) Bewertungsgrundsätze	81
b) Bewertungsmethoden	87
c) Bewertungsprobleme einzelner Vermögenswerte	93
aa) Grundstücke	93
bb) Land- und forstwirtschaftliche Betriebe	98
cc) Unternehmen, Unternehmens- und Gesellschaftsbeteiligungen sowie freiberufliche Praxen	105
dd) Lebensversicherungen	116
ee) Nießbrauch, Wohnungsrecht	121
8. Beweislast	122
9. Einwendungen und Einreden	127
a) Begrenzung der Ausgleichsforderung nach § 1378 Abs. 2 BGB	127
b) Verjährung der Ausgleichsforderung	132
aa) Verjährungsfrist; Beginn der Verjährung	132
bb) Hemmung und Neubeginn der Verjährung	137
c) Anrechnung von Vorausempfängen nach § 1380 BGB	154
d) Leistungsverweigerung wegen grober Unbilligkeit (§ 1381 BGB)	167
e) Stundung der Ausgleichsforderung	179
10. Auskunftsanspruch und Wertermittlung	185
a) Anspruchsgrundlagen	185
b) Auskunftspflicht (Inhalt, Umfang, Form)	189
c) Beleganspruch	200
d) Anspruch auf Wertermittlung	206
e) Auskunft zu illoyalen Vermögensverschiebungen	208
f) Eidesstattliche Versicherung	209
g) Zurückbehaltungsrecht	212

h) Grenzen der Auskunftspflicht	213	
i) Verfahrensrecht	215	
aa) Klage	215	
bb) Vollstreckung	218	
cc) Kosten	220	
dd) Streitwert; Wert der Beschwer	221	
11. Vorzeitiger Zugewinnausgleich	224	
a) Voraussetzung	224	
b) Geltendmachung	227	
c) Verfahrensfragen	230	
12. Sicherung des Zugewinnausgleichsanspruchs	232	
a) Sicherheitsleistung gem. § 1389 BGB	232	
b) Vorläufiger Rechtsschutz für den Anspruch nach § 1389 BGB	236	
c) Sicherung des künftigen Zugewinnausgleichs durch dinglichen Arrest	237	
II. Vertragliches Güterrecht	240	
1. Ehevertrag	241	
a) Begriff und Inhalt	241	
b) Grundsatz der Vertragsfreiheit	248	
c) Abschluss und Form des Ehevertrags	260	
2. Vereinbarungen über den Zugewinnausgleich	264	
a) Ausschluss des gesetzlichen Güterstandes	264	
b) Vertragliche Modifizierung der Zugewinngemeinschaft	266	
aa) Ausschluss des Zugewinnausgleichs	267	
bb) Ausschluss bestimmter Vermögenswerte	269	
cc) Vereinbarungen über die Berechnung des Zugewinnausgleichs	271	
dd) Vereinbarungen zum Anfangs- und Endvermögen	272	
ee) Vereinbarungen nach § 1378 Abs. 3 BGB	274	
3. Gütertrennung	277	
a) Grundzüge	277	
b) Eintritt der Gütertrennung	281	
c) Ende der Gütertrennung	285	
4. Gütergemeinschaft	286	
a) Grundzüge	286	
b) Beendigung der Gütergemeinschaft	293	
c) Auseinandersetzung des Gesamtgutes	296	
aa) Auseinandersetzungsvereinbarung (§ 1474 BGB)	296	

bb) Streitige Auseinandersetzung (§§ 1475 ff. BGB)	297	
cc) Übernahme- und Wertersatzansprüche (§§ 1477, 1478 BGB)	299	
5. Güterrechtsregister	304	
6. Zivilrechtliche und steuerrechtliche Fragen des Güterstandswechsels	308	
a) Auswirkungen auf das Erbrecht	309	
aa) Einfluss des Güterrechts auf das Ehegattenerbrecht	309	
bb) Güterstandswechsel und Pflichtteilsrecht	314	
b) Schenkungs- und erbschaftsteuerrechtliche Folgen von Güterstandsverträgen	317	
aa) Vereinbarung der Gütergemeinschaft	318	
bb) Ehevertraglicher Verzicht auf Zugewinnausgleich	321	
cc) Vereinbarungen bei der Zugewinngemeinschaft und Erbschaftsteuerregelung	322	
dd) Schenkungssteuerrechtliche Behandlung unbenannter Zuwendungen	328	
C. Vermögensverhältnisse unter Ehegatten außerhalb des Güterrechts	332	
I. Einführung und Überblick	332	
II. Miteigentümergemeinschaft unter Ehegatten	335	
1. Überblick	335	
2. Nutzungsentgelt bei Alleinnutzung des gemeinschaftlichen Eigenheims	336	
3. Auseinandersetzung von Miteigentum	344	
a) Grundlagen	344	
b) Auseinandersetzung eines Eigenheims durch Teilungsversteigerung	345	
4. Aufteilung von Bankguthaben (Konten) nach Gemeinschaftsrecht	348	
a) Gemeinschaftskonten (Oder-Konten)	348	
b) Einzelkonten	350	
III. Gesamtschuldnerausgleich	352	
1. Übersicht	352	
2. Einfluss des Güterstandes	355	
3. Situationen bis zur Trennung	357	

Teil 3: Eheliches Vermögen und Eheverträge

    4. Situation nach Scheitern der Ehe … 358
    5. Befreiungsanspruch … 361
  IV. Ansprüche aus Mitarbeit im Geschäftsbetrieb des anderen Ehegatten … 362
    1. Überblick … 362
    2. Ehegatteninnengesellschaft … 363
      a) Tatbestandsvoraussetzungen … 364
      b) Einzelfälle … 366
    3. Inhalt des Ausgleichsanspruchs … 367
    4. Verhältnis zum Güterrecht … 368
  V. Rückgewähr von Zuwendungen unter Ehegatten … 369
    1. Überblick … 369
    2. Rückabwicklung von Schenkungen (§ 530 BGB) … 373
    3. Rückgewähr von unbenannten Zuwendungen … 375
      a) Rückabwicklung bei gesetzlichem Güterstand … 378
      b) Rückabwicklung bei Gütertrennung … 382
  VI. Rückforderungen von Zuwendungen der Schwiegereltern … 386

D. Besonderheiten in den neuen Bundesländern … 393
  I. Rechtslage nach dem Einigungsvertrag … 393
  II. Scheidung vor dem Beitritt … 395
    1. Überblick … 395
    2. Zum Güterstand des FGB/DDR … 397
    3. Auseinandersetzungsregeln … 398
    4. Auseinandersetzungsregeln und Grundgesetz … 403
    5. Alleineigentum … 404
  III. Wirkungen der Überleitung des Güterstandes … 408
    1. Grundsätze … 408
    2. Regelung des RegVBG (Art. 234 § 4a EGBGB) … 415
    3. Verhältnis zum Zugewinnausgleich … 421
    4. Option für den bisherigen Güterstand des DDR-Rechts … 428

E. Rechtsverhältnisse an Ehewohnung und Hausrat … 434
  I. Überblick … 434
  II. Ehewohnung … 437
    1. Begriff der Ehewohnung … 437
    2. Vorläufige Überlassung der Ehewohnung für die Trennungszeit (§ 1361b BGB) … 440
      a) Grundsätze … 440
      b) Tatbestandsvoraussetzungen … 444
      c) Regelungsinhalte … 456

        aa) Vorläufige Benutzungsregelung … 456
        bb) Benutzungsvergütung … 457
        cc) Zusatzentscheidungen … 463
      d) Überlassungsvermutung … 464
    3. Endgültige Zuweisung i. Z. m. Scheidung … 465
      a) Grundsätze … 465
      b) Wohnungsverhältnisse … 466
      c) Stellung des Vermieters … 469
      d) Ausgleichszahlung, Nutzungsentgelt … 470
  III. Hausrat … 471
    1. Begriff der Hausratsgegenstände … 472
    2. Anschaffungszeitpunkt … 477
    3. Vorläufige Zuweisung des Hausrats für die Trennungszeit … 478
    4. Endgültige Zuweisung i. Z. m. Scheidung … 480
      a) Grundsatz … 481
      b) Verteilungskriterien … 485
      c) Ausgleichszahlung … 489
  IV. Verfahrensbesonderheiten nach der HausratsVO … 490
    1. Grundsätze … 490
    2. Voraussetzungen der Gestaltung … 493
    3. Anspruchskonkurrenz … 494
    4. Vorläufiger Rechtsschutz … 500
    5. Rechtsbehelfe … 506
    6. Nachträgliche Änderungen … 512
    7. Geschäftswert und Gebühren … 513

F. Besonderheiten bei Ehen mit Auslandsberührung … 520
  I. Grundsätze … 520
  II. Gesetzliches Güterrechtsstatut … 523
  III. Gewähltes Güterrechtsstatut … 527
  IV. Übergangsvorschriften … 533
  V. Die Zuweisung von Hausrat und Ehewohnung (Art. 17a EGBGB) … 538

Abschnitt 2: Rechtsprechungslexikon – ABC des ehelichen Vermögens und der Eheverträge … 540

Abschnitt 3: Arbeits- und Beratungshilfen … 541
  1. Indexzahlen für die alten Bundesländer 1962 bis 1990 … 541
  2. Indexzahlen für die alten und neuen Bundesländer 1991 bis 1994 … 542
  3. Indexzahlen für die alten und neuen Bundesländer 1995 bis 2002 … 543

4. Klage auf vorzeitigen Zugewinnausgleich (Muster) 544
5. Antrag auf Auskunftserteilung und Zahlung von Zugewinnausgleich (Stufenklage) (Muster) 545
6. Antrag dinglicher Arrest zur Sicherung der Ausgleichsforderung (Muster) 546
7. Ehevertrag (Muster) 547
8. Ehevertrag – Modifizierung des Zugewinnausgleichs (Muster) 548
9. Ehevertrag nach Eheschließung (Muster) 549

Literatur:

Behmer, Ist die Gütergemeinschaft als Wahlgüterstand „obsolet"?, FamRZ 1988, 339; *Bergschneider,* Zur Inhaltskontrolle bei Eheverträgen, FamRZ 2001, 1337; *Blaese,* Die Bankguthaben der Ehegatten in der Vermögensauseinandersetzung, BRAK-Mitt. 3/1997, 118; *Börger,* Eheliches Güterrecht, 1989; *Brix,* Eheverträge und Scheidungsvereinbarungen. Zur Abgrenzung von §§ 1378 Abs. 3 und 1408 Abs. 1 BGB, FamRZ 1993, 12; *Brauckmann,* Leasing und Zugewinnausgleich, FamRZ 1991, 1271; *Brudermüller,* Die Zuweisung der Ehewohnung an einen Ehegatten, FamRZ 1987, 109; *ders.,* Wohnungszuweisung und Ausgleichszahlung, FamRZ 1989, 7; *ders.,* Das Familienheim in der Teilungsversteigerung, FamRZ 1996, 1516; *Coester,* Wohnungszuweisung bei getrennt lebenden Ehegatten – Zur Reform des § 1361b BGB –, FamRZ 1993, 249; *Diederichsen,* Vermögensauseinandersetzung bei der Ehescheidung, 5. Aufl. 1995; *ders.,* Teilhabegerechtigkeit in der Ehe, FamRZ 1992, 1; *Finger,* Vereinbarungen über den Zugewinnausgleich und § 1378 Abs. 3 Satz 2 und 3 BGB, FuR 1997, 68; *Gerhards,* Das Verhältnis der Regeln über den Gesamtschuldnerausgleich zwischen Ehegatten zu den Vorschriften über den Zugewinnausgleich, FamRZ 2001, 661 ff.; *Gernhuber,* Der Gesamtschuldnerausgleich unter Ehegatten, JZ 1996, 696; *Gießler,* Vorläufiger Rechtsschutz in Ehe-, Familien- und Kindschaftssachen, 3. Aufl. 2000; *Großfeld,* Unternehmens- und Anteilsbewertung im Gesellschaftsrecht, 3. Aufl. 1993; *Grünenwald,* Die neue Rechtsprechung und Lehre zu § 1380 BGB, NJW 1988, 109; *ders.,* Güterrechtlicher und schuldrechtlicher Ausgleich von Zuwendungen unter Ehegatten bei Beendigung des gesetzlichen Güterstandes durch die Ehescheidung, 1988; *Gutdeutsch/Zieroth,* Neue Preisindizes der Lebenshaltung, FamRZ 1996, 475; *Haussleiter/Schulz,* Vermögensauseinandersetzung bei Trennung und Scheidung, 2. Aufl. 1997; *Heinle,* Zwanzig Jahre „unbenannte Zuwendung", FamRZ 1992, 1256; *Henrich,* Das internationale Eherecht nach der Reform, FamRZ 1986, 841; *Huber,* Die Ehewohnung in der Trennungszeit – Nutzungsvergütung oder Trennungsunterhalt?, FamRZ 2000, 129; *Klein,* Rechtsverhältnisse an Ehewohnung und Hausrat – Systematische Übersicht für die Praxis, FuR 1997, 39, 73 und 107; *Kleinle,* Die Ehegattengesamtschuld bei Trennung und Scheidung – Rechtsprechungsübersicht, FamRZ 1997, 8; *ders.,* Die Ehegattenzuwendung und ihre Rückabwicklung bei Scheitern der Ehe, FamRZ 1997, 1383; *Klingelhöffer,* Zugewinnausgleich und freiberufliche Praxis – zugleich Besprechung des Urteils des BGH vom 24. 10. 1990, FamRZ 1991, 43, 882; *Kobusch,* Die eigenmächtige Hausratsteilung, FamRZ 1994, 935; *Koch,* Entgeltlichkeit in der Ehe?, FamRZ 1995, 321; *Kolhosser,* Ehebedingte Zuwendungen und Schenkungen unter Ehegatten, NJW 1994, 2313; *Kotzur,* Die Rechtsprechung zum Gesamtschuldnerausgleich unter Ehegatten, NJW 1989, 817; *Krüger,* Steuerfolgen ehelicher Güterrechtsgestaltungen, 1978; *Langenfeld,* Handbuch der Eheverträge und Scheidungsvereinbarungen, 3. Aufl. 1996; *Lüke,* Ärger in der Gütergemeinschaft, JuS 1986, 464; *Maurer,* Die Wirkung vorläufiger Benutzungsregelungen zum Hausrat und zur Ehewohnung, FamRZ 1991, 886; *Meincke,* Zuwendungen unter Ehegatten, NJW 1995, 2769; *Menter,* Verbotene Eigenmacht hinsichtlich der Ehewohnung bei getrennt lebenden Ehegatten, FamRZ 1997, 76; *Müller,* Der Hausrat nach der Trennung und Scheidung von Ehegatten, DAVorm 1990, 585; *Muscheler,* Wertänderungen des privilegierten Erwerbs in der Zugewinngemeinschaft, FamRZ 1998, 265 ff.; *Netzer,* Die Berücksichtigung von Zuwendungen zwischen Ehegatten im Zugewinnausgleich, FamRZ 1988, 676; *Oenning,* Die Rechtsverhältnisse an der Ehewohnung bei Getrenntleben und nach Rechtskraft der Scheidung, FPR 1997, 122; *Piltz,* Die Unternehmensbewertung in der Rechtsprechung, 3. Aufl. 1994; *Piltz/Wissmann,* Unternehmensbewertung beim Zugewinnausgleich nach Scheidung, NJW 1985, 2673; *Rasch,* Der Preisindex für die Lebenshaltung Basis 1991, NJW 1996, 34; *Raube/Eitelberg,* Die Bewertung von Kapitallebensversicherungen im Zugewinnausgleich, FamRZ 1997, 1322; *Reinicke/Tiedke,* Güterrechtlicher Ausgleich bei Zuwendungen eines Ehegatten an den anderen und Wegfall der Geschäftsgrundlage, WM 1982, 946; *Roth-Stielow,* Der „prämierte Ausbruch" aus der Ehe, NJW 1981, 1594; *Schmalz-Brüggemann,* Die private Lebensversicherung im Zugewinn- und Versorgungsausgleich, FamRZ 1996, 1053; *Schröder,* Der Zugewinnausgleich auf dem Prüfstand, FamRZ 1997, 1; *ders.,* Die Wertermittlung des Anfangs- und Endvermögens beim Zugewinnausgleich, 1991; *Schumacher,* Mehr Schutz bei Gewalt in der Familie – das Gesetz zur Verbesserung des zivilrechtlichen Schutzes bei Gewalttaten und Nachstellungen sowie zur Erleichterung der Überlassung der Ehewohnung bei Trennung, FamRZ 2002, 645; *Voit,* Die Bewertung der Kapitallebensversicherung im Zugewinnausgleich, 1992; *Wegmann,* Rechtswahlmöglichkeiten im internationalen Familienrecht, NJW 1987, 1740; *Wever,* Die Vermögensauseinandersetzung der Ehegatten: schuldrechtliche Ausgleichsansprüche – Rechtsprechungsübersicht, FamRZ 1996, 905; *ders.,* Vermögensauseinandersetzung der Ehegatten außerhalb des Güterrechts, 2. Aufl. 2000; *Winckelmann,* Die Begrenzung des Zugewinnausgleichsanspruchs durch § 1378 Abs. 2 BGB, FuR 1998, 14 u. 48.

Abschnitt 1: Systematische Erläuterungen
A. Überblick

Das eheliche Güterrecht regelt einen gesonderten Teilbereich der vermögensrechtlichen Beziehungen zwischen den Ehegatten und zu Dritten in verschiedenen Formen, die als **Güterstände** bezeichnet werden.

1

Ehegatten leben, wenn sie durch Ehevertrag nichts anderes vereinbaren, im **gesetzlichen Güterstand der Zugewinngemeinschaft** (§§ 1363 – 1390 BGB). Die Zugewinngemeinschaft wurde durch das Gleichberechtigungsgesetz vom 18. 7. 1957, das am 1. 7. 1958 in Kraft trat, als gesetzlicher Güterstand eingeführt. Ziel des Gesetzgebers war es, durch die Zugewinngemeinschaft die hälftige Teilhabe jedes Ehegatten an dem während der Ehe gemeinsam Erworbenen zu erreichen, unabhängig von ihrer Rollenverteilung. Dieses Anliegen wurde jedoch letztlich im Interesse der praktischen Handhabbarkeit einer starren schematischen Regelung des Zugewinausgleiches untergeordnet, was im Einzelfall zu unbefriedigenden Ergebnissen führt.

2

Die Zugewinngemeinschaft gilt auch für alle vor dem 1. 7. 1958 geschlossenen Ehen, für die der damalige gesetzliche Regelgüterstand galt, sofern nicht einer der Ehegatten bis 30. 6. 1958 gegenüber dem Amtsgericht erklärt hat, dass für seine Ehe Gütertrennung gelten solle (Art. 8 Gleichberechtigungsgesetz). Auch für Vertriebene und Flüchtlinge, die als Ehegatten im Inland leben, gilt seit dem 1. 10. 1969 die Zugewinngemeinschaft, sofern sie nicht bis zum 31. 12. 1970 durch notariell beurkundete Erklärung gegenüber dem Amtsgericht bestimmt haben, dass für ihre Ehe das bisherige Güterrecht fortgelten solle (Gesetz v. 4. 8. 1969, BGBl. I S. 1067).

3

Abweichend von dem gesetzlichen Güterstand können die Ehegatten vor Eingehung der Ehe, bei Eheschließung oder während der Ehe die güterrechtlichen Verhältnisse durch notariellen Vertrag vereinbaren (§§ 1408 Abs. 1, 1410 BGB). Dies kann entweder **Gütertrennung** (§ 1414 BGB) oder **Gütergemeinschaft** (§§ 1415 ff. BGB) sein.

4

Der Regelungsbereich des ehelichen Güterrechts erstreckt sich sowohl auf die rechtlichen Beziehungen der Ehegatten während der **bestehenden Ehe** als auch auf die **Auflösung der Ehe** (durch den Tod oder durch Scheidung oder durch Aufhebung).

5

Neben güterrechtlichen Beziehungen können zwischen den Ehegatten auch weitergehende vermögensrechtliche Beziehungen bestehen, die überhaupt nicht im Eherecht begründet sind, sondern auf dem allgemeinen bürgerlichen Vermögensrecht beruhen. Diese aus den allgemeinen Grundsätzen des Schuldrechts abgeleiteten **Ausgleichsansprüche** haben sich angesichts ihrer Häufigkeit und Vielgestaltigkeit, aber auch durch ihre Überlagerung von der ehelichen Lebensgemeinschaft zu einem eigenständigen Rechtsgebiet entwickelt (vgl. Rn. 306 ff.).

6

B. Eheliches Güterrecht

I. Gesetzliches Güterrecht

1. Grundsätze der Zugewinngemeinschaft

Grundgedanke der Zugewinngemeinschaft ist die Teilhabe an dem wirtschaftlichen Erfolg der gemeinsamen ehelichen Lebensleistung der Ehegatten in der Ehe (§ 1378 BGB). Das Gesetz geht dabei von der Regel aus, dass der während der ehelichen Lebens- und Wirtschaftsgemeinschaft erwirtschaftete Vermögenserwerb eines Ehegatten vom anderen Ehegatten ermöglicht oder in

7

irgendeiner Weise mitgetragen wird. Dennoch folgt der gesetzliche Güterstand dem Grundsatz der Gütertrennung, d. h. **während der Ehe** entsteht **keine Vermögensgemeinschaft.**

8 Die jeweiligen Vermögensmassen der Ehegatten bleiben mit Eheschließung und auch während der Ehe **getrennt** (§ 1363 Abs. 2 Satz 1 BGB); jeder Ehegatte verwaltet sein Vermögen selbstständig (§ 1364 BGB).

9 **Bei Beendigung des gesetzlichen Güterstandes** wird ein unterschiedlicher **Vermögenszuwachs**, den der einzelne Ehegatte während der Ehe mit seinem Vermögen erwirtschaftete, **ausgeglichen.**

10 Der Zugewinnausgleich wird von dem Grundsatz beherrscht, dass nur das ausgeglichen werden soll, was am maßgeblichen Stichtag (§ 1384 BGB) als **Überschuss** (Zugewinn) tatsächlich vorhanden ist. Es soll also kein Schuldenausgleich stattfinden, sondern nur ein Ausgleich der beiderseitigen Vermögensmehrung. Der Ausgleich ist auf die Hälfte dieses Überschusses begrenzt, wobei im Interesse von Drittgläubigern eine weitere Beschränkung in § 1387 Abs. 2 BGB enthalten ist.

11 Dieser Ausgleich des Zugewinns erfolgt auf zwei Wegen:
- durch die **güterrechtliche Lösung,** bei der der rechnerische Zugewinn als schuldrechtlicher Ausgleich an den anderen Ehegatten zu leisten ist;
- durch die **erbrechtliche Lösung,** bei der sich im Falle der Beendigung des gesetzlichen Güterstandes durch Tod der gesetzliche Erbteil nach § 1931 BGB durch ein Viertel der Erbschaft gem. § 1371 Abs. 1 BGB erhöht.

12 Problematisch bleibt, dass dem rechnerischen Zugewinnausgleich eine starre und schematische, an Stichtage gebundene Berechnung zugrunde liegt, die von den tatsächlich erbrachten Leistungen jedes Ehegatten am Vermögenszuwachs des anderen abstrahiert. **Ausnahmen** von dieser Regel sind in § 1374 Abs. 2 BGB und in § 1381 BGB bestimmt.

2. Rechtsgeschäftliche Beschränkungen in der Zugewinngemeinschaft

13 Grds. verwalten die Ehegatten während der Dauer des gesetzlichen Güterstandes ihre jeweiligen Vermögen frei und selbstständig (§ 1364 BGB). Von der Verfügungsmacht über das eigene Vermögen gibt es nur einige **Ausnahmen**, und zwar die folgenden:
- bei Verfügungen über das Vermögen als Ganzes (§ 1365),
- bei Verfügungen über Haushaltsgegenstände (§ 1369) und
- bei einseitigen Rechtsgeschäften (§ 1367).

14 Diese Ausnahmen ergeben sich aus den Verfügungsbeschränkungen nach §§ 1365 ff. BGB, wobei die **Beschränkung nach § 1365 BGB** (Gesamtvermögensgeschäfte) sowie nach § 1369 BGB (Gegenstände des ehelichen Haushaltes) **absolute Wirkung** entfalten. Die Gründe für das Veräußerungsverbot liegen in der Erhaltung der wirtschaftlichen Grundlagen der Familie sowie im Schutz des anderen, nicht verfügenden Ehegatten, der vor einer Gefährdung seines Anwartschaftsrechtes auf Zugewinnausgleich bei Beendigung des Güterstandes geschützt werden soll.

15 Danach kann ein Ehegatte über sein **Vermögen im Ganzen** oder über den wesentlichen Teil nur **mit Einwilligung** des anderen Ehegatten verfügen (§ 1365 Abs. 1 BGB). Ist die Verfügung wirtschaftlich vernünftig, dann kann die Zustimmung des Ehepartners durch das Vormundschaftsgericht ersetzt werden (§ 1365 Abs. 2 BGB) – es sei denn, die Weigerung ist hinreichend begründet. Dies ist z. B. dann gegeben, wenn durch einen Grundstücksverkauf eine Zugewinnausgleichsforderung gefährdet wird (vgl. LG Koblenz, FamRZ 1998, 163 f.).

16 Während bei der Vornahme von Rechtsgeschäften über das Gesamtvermögen die Regelung des § 1365 BGB unmittelbar greift, fallen Rechtsgeschäfte über **Bruchteile des Vermögens** grds. nicht darunter.

Von praktischer Bedeutung sind indes kaum Rechtsgeschäfte, die eindeutig das Vermögen als Gesamtheit zum Gegenstand haben, sondern vielmehr Fragen der Abgrenzung: Wann beginnt bzw.

endet – unter Anlegung der Grundsätze der §§ 1365 ff. BGB – das **Zustimmungserfordernis**, wenn sich das Rechtsgeschäft nur auf einen einzigen Gegenstand beschränkt, dieser jedoch faktisch das gesamte Vermögen erfasst (z. B. Hausgrundstücke).

Rechtsgeschäfte solcher Art fallen dann unter den Schutz des § 1365 BGB, wenn der Gegenstand **im Wesentlichen** das ganze Vermögen darstellt (sog. Einzeltheorie: BGH, FamRZ 1961, 302 = NJW 1961, 1301; NJW 1965, 909). Die Rechtsprechung unterscheidet jedoch hierbei zwischen größeren und kleineren Vermögen (bei kleineren Vermögen nimmt der BGH eine Grenze von 15 %, bei größeren von 10 % an; z.T. wird von der Rechtsprechung ein Restvermögen von 30 % verlangt; zu Einzelheiten vgl. BGHZ 77, 293, 299 = FamRZ 1980, 765; FamRZ 1991, 669, 670 = NJW 1991, 1739). 17

Auch die **Bestellung einer Grundschuld** ist ein zustimmungspflichtiges Verfügungsgeschäft i.S.d. § 1365 BGB (Palandt/Diederichsen, BGB, § 1365 Rn. 5; Staudinger/Thiele, BGB, § 1365 Rn. 33). Für die Beurteilung der Frage, ob (nahezu) über das gesamte Vermögen verfügt wurde, ist entscheidend das Verhältnis der Werte des von dem Rechtsgeschäft erfassten und des nicht erfassten Vermögens, wobei die Lasten, insbesondere Pfandrechte, bei der Feststellung der Wertrelation zu berücksichtigen sind (BGH, FamRZ 1990, 765 f.). Auch mehrere Belastungen zugunsten Drittgläubiger sind dann zu berücksichtigen, wenn alle Belastungen in einem derart engen zeitlichen und sachlichen Zusammenhang stehen, dass sie als einheitlicher Lebensvorgang erscheinen (vgl. OLG Brandenburg, FamRZ 1996, 15 f.). 18

Bei der Frage, ob das Vermögen als Ganzes berührt ist, sind für das rechtsgeschäftliche Objekt erbrachte **Gegenleistungen** im Interesse des Schutzes vor unkontrollierten Vermögensumschichtungen durch den anderen Ehegatten außer Betracht zu lassen. 19

Ferner ist § 1365 Abs. 1 Satz 1 BGB nicht auf **Geldzahlungsverpflichtungen** anzuwenden, auch wenn diese eingegangene Verpflichtung nur durch die Verwertung des gesamten Vermögens geleistet werden kann (z.B. bei einer Bürgschaft), da diese das Vermögen nicht **unmittelbar** betreffen (BGH, FamRZ 1983, 455 f.; OLG Rostock, FamRZ 1995, 1583). Dem Schutz der §§ 1365 ff. BGB unterliegt das Aktivvermögen, nicht das Nettovermögen aus der Differenz zwischen Aktiva und Passiva. 20

Problematisch bleibt die Frage, ob beim **Verpflichtungsgeschäft positive Kenntnis** des Geschäftspartners vorliegen muss (vgl. OLG Oldenburg, FamRZ 1979, 430). Nach Auffassung des BGH hat der Schutz des Rechtsverkehrs Vorrang vor dem Familienschutz, so dass § 1365 BGB nach allgemeiner Rechtsprechung in Anlehnung an § 419 BGB nur anwendbar ist, wenn dem Erwerber 21

- Umstände positiv bekannt sind, aus denen die Identität von Einzelgegenstand und Gesamtvermögen resultiert (BGH, FamRZ 1965, 258; FamRZ 1975, 477; FamRZ 1980, 765 = NJW 1980, 2350) und

- diese Kenntnis zum Zeitpunkt des Verpflichtungsgeschäfts vorliegt (BGH, FamRZ 1990, 970).

Auf ein **Verfügungsgeschäft** erstreckt sich das Zustimmungserfordernis nur, wenn die Verpflichtung ohne Zustimmung des anderen Ehegatten vorgenommen worden ist. Die Zustimmung kann sowohl gegenüber dem Ehegatten als auch gegenüber dem Geschäftspartner erteilt werden, wobei die Erklärung auch bei formbedürftigen Rechtsgeschäften formlos – auch konkludent – möglich ist. 22

Rechtsgeschäfte ohne diese erforderliche Zustimmung sind nach Maßgabe des § 1366 BGB **schwebend unwirksam.** Ein späterer Widerruf einer zunächst erfolgten Verweigerung bleibt wirkungslos (BGH, FamRZ 1994, 819). Ausnahmsweise kann die Zustimmung in Fällen des § 1365 Abs. 2 BGB durch das Vormundschaftsgericht ersetzt werden. 23

Bei unwirksamen Verpflichtungs- und Verfügungsgeschäften, die bereits zur Leistungserbringung führten, kann sich der verfügende Ehegatte auf § 985 BGB berufen. 24

25 Diese Beschränkungen nach § 1365 BGB gelten nur für die Dauer der Ehe, wobei jedoch zustimmungsbedürftige Rechtsgeschäfte mit der Beendigung der Ehe nicht automatisch rechtlich wirksam werden, da auch ein künftiger Ausgleichsanspruch geschützt sein soll (BGH, FamRZ 1978, 1380 m. w. N.; FamRZ 1990, 970). Die Voraussetzungen nach § 1365 BGB können auch noch **nach rechtskräftiger Scheidung** bestehen (OLG Saarbrücken, FamRZ 1987, 1248; OLG Hamm, FamRZ 1987, 591).

3. Ausgleich des Zugewinns

a) Grundsatz

26 In den Fällen der Beendigung der Zugewinngemeinschaft (durch Scheidung oder Aufhebung der Ehe, Tod eines Ehegatten, vorzeitigen Zugewinnausgleich oder Güterstandswechsel) entsteht ein **schuldrechtlicher Anspruch** gegen den anderen Ehegatten **auf Ausgleich des Zugewinns**, § 1378 Abs. 1 und 3 BGB.

27 Damit ist zunächst das **Endvermögen** jedes Ehegatten zu bestimmen und zu bewerten. **Maßgeblicher Stichtag** ist der Tag der Beendigung des Güterstandes (§ 1376 Abs. 2 BGB). Im Fall der Scheidung ist der Stichtag auf den Tag der Zustellung des Scheidungsantrages (Rechtshängigkeit) zu beziehen (§ 1384 BGB). Dieser Stichtag gilt auch dann, wenn erst nach Durchführung des Scheidungsverfahrens der Zugewinnausgleich betrieben wird. Im Falle doppelter Rechtshängigkeit ist maßgeblicher Stichtag für die Berechnung des Endvermögens der Tag der Rechtshängigkeit des zweiten Verfahrens, wenn der erste Scheidungsantrag zurückgenommen worden ist. Stichtag für die Ermittlung des **Anfangsvermögens** ist der Eintritt des Güterstandes (§ 1376 Abs. 1 BGB). Anschließend werden die Zugewinnbeträge beider Ehegatten miteinander verglichen.

b) Begriff des Zugewinns

28 **Zugewinn** ist nach der gesetzlichen Definition des § 1373 BGB der Betrag, um den das Endvermögen eines Ehegatten sein Anfangsvermögen übersteigt. Bei Anfangs- und Endvermögen handelt es sich jeweils um **saldiertes Vermögen**, d. h. um das, was nach Abzug der Verbindlichkeiten übrig bleibt. Der Zugewinn ist lediglich eine Rechengröße zur Ermittlung der Höhe der Ausgleichsforderung und daher keine besondere Vermögensmasse. Er kann nie eine negative Größe sein. Ist das Endvermögen geringer als das Anfangsvermögen, so ist kein Zugewinn erzielt worden: Der Zugewinn ist mit Null anzusetzen. (§ 1374 Abs. 1 BGB: „Die Verbindlichkeiten können nur bis zur Höhe des Vermögens abgezogen werden.") Ebenso ist eine Verrechnung der Schulden mit einem späteren privilegierten Erwerb nach § 1374 Abs. 2 BGB (Erbschaft, Schenkung) nicht möglich (BGH, FamRZ 1995, 990 = NJW 1995, 2165).

c) Entstehung der Ausgleichsforderung

29 Der Anspruch auf Zugewinnausgleich entsteht mit der **Beendigung des Güterstandes;** er ist von diesem Zeitpunkt an vererblich und übertragbar (§ 1378 Abs. 3 BGB). Die Ausgleichsforderung wird mit ihrer Entstehung fällig, bei Scheidung also erst mit Rechtskraft des Scheidungsurteils.

30 **Klagbar** ist sie demgegenüber aber bereits früher. Im Fall der Beendigung des Güterstandes durch Scheidung kann die (künftige) Ausgleichsforderung gem. §§ 621 Nr. 8, 623 Abs. 1 ZPO schon vor diesem Zeitpunkt ab Rechtshängigkeit der Ehescheidung im Verbund geltend gemacht werden. Eine Verzinsung kann aber erst nach Eintritt der Rechtskraft des Scheidungsurteils verlangt werden. Erfolgt die Geltendmachung im Verbund, können zugleich 5 % über dem Basiszinssatz ab Rechtskraft der Scheidung gefordert werden (§§ 291 Satz 2, 288 Abs. 1 Satz 1 BGB).

d) Höhe der Ausgleichsforderung

Übersteigt der Zugewinn des einen Ehegatten den Zugewinn des anderen, so steht die **Hälfte des Überschusses** dem anderen Ehegatten als Ausgleichsforderung zu (§ 1378 Abs. 1 BGB). Die Ausgleichsforderung ist auf **Zahlung eines Geldbetrages** gerichtet; nur ausnahmsweise kann das Familiengericht auf Antrag des Ausgleichsberechtigten anordnen, dass ihm bestimmte Gegenstände des Schuldners unter Anrechnung auf die Ausgleichsforderung zu übertragen sind (Ersetzungsbefugnis § 1383 Abs. 1 BGB). Voraussetzung ist, dass dadurch eine grobe Unbilligkeit für den Ausgleichsberechtigten vermieden und die Übertragung der Gegenstände dem Ausgleichspflichtigen zugemutet werden kann. Die angeordnete Übertragung hat keine sofortige dingliche Wirkung. Die **Zwangsvollstreckung** richtet sich nach § 53a Abs. 4 FGG.

31

4. Besonderheiten bei der Bewertung des Anfangsvermögens

a) Grundlagen

Anfangsvermögen ist nach § 1374 Abs. 1 BGB das Vermögen, das einem Ehegatten nach Abzug der Verbindlichkeiten beim Eintritt des Güterstandes gehört. In diesem Sinne gehören nach der st. Rspr. des BGH zum Anfangsvermögen eines Ehegatten alle **rechtlich geschützten Positionen mit wirtschaftlichen Wert**, d.h. alle Sachen, die ihm vor dem Stichtag bereits gehörten und alle ihm zustehenden objektiv bewertbaren Rechte, die bei dem Eintritt des Güterstandes bereits entstanden waren (vgl. nur BGHZ 82, 149 ff. = FamRZ 1982, 147; BGH, FamRZ 2001, 278 ff.; weiterhin Johannsen/Henrich-Jaeger, Eherecht, § 1374 Rn. 7 m.w. N.; Schwab, Handbuch des Scheidungsrechts, VII, Rn. 15 ff.). Dazu gehören u. a. auch geschützte Anwartschaften mit ihrem gegenwärtigen Vermögenswert sowie die ihnen vergleichbaren Rechtsstellungen, die einen Anspruch auf künftige Leistung gewähren, sofern diese nicht mehr von einer Gegenleistung abhängig und nach wirtschaftlichen Maßstäben (notfalls durch Schätzung) bewertbar sind (vgl. BGH, FamRZ 1983, 881 ff.; FamRZ 2001, 278 ff.; FamRZ 2002, 88 ff.). Das Recht muss jedoch bereits fällig oder unbedingt oder vererblich sein. Nicht zum Anfangsvermögen gehören dagegen Rechte, die noch nicht zur Anwartschaft erstarkt sind.

32

Im Rahmen der Zugewinnermittlung stellt es kein Sondervermögen dar, sondern nur einen Rechnungsposten. Der **Stichtag** für die Bestimmung und Bewertung ist im Regelfall der **Tag der Eheschließung** (§ 1363 Abs. 1 BGB), kann jedoch auch ein späterer Zeitpunkt sein, wenn der gesetzliche Güterstand erst nachträglich vereinbart wurde. Nur die in diesem Zeitpunkt bereits vorhandenen bzw. entstandenen Vermögensrechte und Vermögenswerte sind in das Anfangsvermögen einzustellen.

33

Verbindlichkeiten können nur bis zur Höhe des Aktivvermögens abgezogen werden (§ 1374 Abs. 1 2. Hs. BGB). Der Wert 0 bildet für das Anfangsvermögen die untere Grenze, d. h. bei Überschuldung eines Ehegatten ist **kein negatives Anfangsvermögen** anzusetzen (BGH, NJW 1995, 2165 ff.).

34

Beispiel:

Der Ehemann hat bei Eheschließung 20.000 € Schulden, das Anfangsvermögen der Ehefrau ist 0 €. Beide Ehegatten erwirtschaften während der Ehe je 50.000 €, wovon der Ehemann 20.000 € zur Schuldentilgung einsetzt. Ausgehend von einem Anfangsvermögen beider Ehegatten von je 0 € beträgt das Endvermögen der Ehefrau 50.000 €, das des Ehemannes 30.000 €, so dass dem Ehemann ein Ausgleichsanspruch von 10.000 € (50.000 € – 30.000 € : 2) zusteht.

Nach der gesetzgeberischen Konzeption des Zugewinnausgleichs soll es auf eine wirtschaftliche Betrachtungsweise nicht ankommen und gleichgültig sein, ob bei Eheschließung vorhandene Schulden während der Ehe abgetragen werden konnten. Nur ein aktiver Überschuss soll getilgt werden, nicht aber die Entschuldung eines anfänglichen Passivvermögens (BGH, a. a. O.). Auch eine Verrechnung von Schulden mit einem späteren privilegierten Erwerb gem. § 1374 Abs. 2 BGB kommt grds. nicht in Betracht. Die gesetzliche Regelung begünstigt damit den verschuldeten

35

Ehegatten und benachteiligt den schuldenlosen Ehegatten, was rechtspolitisch bedenklich erscheint. Allerdings ist es möglich, dass die Ehegatten bei erheblicher Überschuldung eines der Ehegatten einen negativen Wert des Anfangsvermögens vereinbaren.

b) Erhöhung des Anfangsvermögens durch „privilegierten Erwerb"

36 Nach dem Grundgedanken des gesetzlichen Güterstandes soll sich der Zugewinnausgleich nur auf Vermögen erstrecken, dessen Erwerb auf der gemeinsamen Lebensleistung der Ehegatten beruht. Bei **unentgeltlichen Zuwendungen Dritter** verhält es sich anders. Dieser Erwerb steht typischerweise in keinem Zusammenhang mit der ehelichen Lebens- und Wirtschaftsgemeinschaft, er wurde von keinem der beiden Ehegatten erarbeitet, sondern zeichnet sich dadurch aus, dass er i.d.R. auf einer besonderen persönlichen Beziehung des bedachten Ehegatten zum Zuwendenden beruht. Diese Erwerbe sollen dem anderen Ehegatten auch nicht anteilig zugute kommen (BGHZ 101, 70; NJW 1990, 3019). Das Gesetz rechnet derartige Zuwendungen als **privilegierten Erwerb** deshalb dem Anfangsvermögen des Erwerbers hinzu.

37 Nach § 1374 Abs. 2 BGB **erhöht** sich das Anfangsvermögen um den Wert desjenigen Vermögens, das der Ehegatte während des Güterstandes erworben hat

- von Todes wegen,
- mit Rücksicht auf ein künftiges Erbrecht,
- durch Schenkung oder
- als Ausstattung,

soweit es nicht den Umständen nach zu den Einkünften zu rechnen ist. Zur Unterscheidung, ob eine Zuwendung den Einkünften oder der Vermögensbildung zuzurechen ist, gibt es in Rspr. und Literatur unterschiedliche Auffassungen. Die Zuwendung eines PKW durch nahe Verwandte z.B. kann aber wohl nicht zu den Einkünften gerechnet werden (so aber OLG Karlsruhe, FamRZ 2002, 236 m. krit. Anm. von Romeyko).

§ 1374 Abs. 2 BGB macht die Hinzurechnung zum Anfangsvermögen nicht vom Willen des Erblassers oder Schenkers abhängig.

38 Indem die gesetzliche Regelung diesen „privilegierten Erwerb" dem Zugewinnausgleich entzieht, verringert sich der Zugewinn. Die aus dem privilegierten Erwerb gezogenen Gewinne fallen jedoch ebenso in den Zugewinn wie spätere Wertsteigerungen (z.B. Kurssteigerungen von Wertpapieren, Grundstück wird Bauland). Auch nachträgliche Verluste und Wertminderungen sind ausgleichsrelevant (vgl. hierzu Muscheler, FamRZ 1998, 267).

39 Die Aufzählung der Tatbestände in § 1374 Abs. 2 BGB ist **abschließend.** Eine erweiterte Anwendung der Vorschrift im Wege der **Analogie** ist nach h.M. **ausgeschlossen** (BGH, FamRZ 1977, 124 f.; so etwa Johannsen/Henrich-Jaeger, Eherecht, § 1374 Rn. 27; Palandt/Diederichsen, BGB, § 1374 Rn. 26; MüKo/Gernhuber, BGB, § 1374 Rn. 14). Die st. Rspr. des BGH sieht in der Regelung eine enge Ausnahmevorschrift, die sich auf andere, ähnlich gelagerte Erwerbstatbestände nicht anwenden lässt. Dementsprechend bezieht sie auch übrige „eheneutrale Erwerbe" wie Zufallserwerb und Ausgleich für Schädigung personaler Güter in den Zugewinnausgleich ein (BGHZ 69, 43 = FamRZ 1977, 124 – Lotto-, Toto- und Lotteriegewinne; BGHZ 80, 384 = FamRZ 1981, 755 – Schmerzensgeld; FamRZ 1981, 239 – Rentennachzahlung aus einer Kriegsopferversorgung für vor der Ehe liegende Zeiten; BGHZ 82, 149 = FamRZ 1982, 147 – Abfindung für eine Witwenrente aus früherer Ehe nach Wiederverheiratung; BGHZ 82, 145 = FamRZ 1982, 148 – Unfallabfindung bei dauernder Erwerbsunfähigkeit).

aa) Erwerb von Todes wegen

40 Unter „Erwerb von Todes wegen" nach § 1374 Abs. 2 BGB fällt, was Ehegatten aufgrund von **gesetzlicher, erbvertraglicher oder testamentarischer Erbfolge** erwerben. Hierher gehört weiter der Erwerb aufgrund von Vermächtnissen, Pflichtteilsansprüchen, Auflagen, der Erwerb aufgrund

eines Erbersatzanspruches, aus einer Erbauseinandersetzung. Ein Erwerb von Todes wegen liegt auch hinsichtlich der Auszahlung einer Lebensversicherungssumme vor, die ein Ehegatte als Bezugsberechtigter aus der Versicherung einer ihm nahestehenden verstorbenen Person erhält (BGHZ 130, 377). Erwerb von Todes wegen ist jedoch **nicht**, was ein Ehegatte durch den Verkauf einer ihm angefallenen Erbschaft, eines Erbteils oder eines Vermächtnisses erhält.

Das **Anwartschaftsrecht eines Nacherben** ist nach BGH beim Anfangsvermögen grds. nicht nur mit dem bei seiner Begründung vorhandenen Wert, sondern einschließlich seiner bis zum Endstichtag eingetretenen Wertsteigerungen zuzuschlagen. Die zum Stichtag angefallene Nacherbschaft ist mit diesem Wert dem Anfangsvermögen hinzuzurechnen (BGHZ 87, 367 = FamRZ 1983, 882 ff. = JR 1984, 21 m. krit. Anm. Schubert). 41

Auch in den **sog. Nießbrauchsfällen** unterliegt die Wertsteigerung von Nachlassvermögen, die während des Güterstandes durch das allmähliche Absinken des Wertes eines vom Erblasser angeordneten lebenslangen Nießbrauchs eintritt, nicht dem Zugewinnausgleich (BGHZ 111, 8 = FamRZ 1990, 603 f.). 42

bb) Erwerb mit Rücksicht auf ein künftiges Erbrecht

Hierzu gehören alle **Leistungen unter Lebenden,** die sich als vorweggenommene Erbfolge oder als Abfindung für Erb- und Pflichtteilsverzicht darstellen. Mitunter ordnet der Zuwendende bei Übertragung bereits ausdrücklich eine Anrechnung auf den Erbteil an. Im Übrigen kommt es in erster Linie auf den von den vertragschließenden Parteien verfolgten **Zweck** an, ob sie mit der Übergabe einen zukünftigen Erbgang vorwegnehmen wollen. Die Vermögensübertragung wegen eines künftigen Erbrechts kann auch in die Rechtsform eines Kaufvertrages gekleidet sein (BGH, FamRZ 1978, 334). 43

Ein Erwerb „mit Rücksicht auf ein künftiges Erbrecht" wird nicht dadurch ausgeschlossen, dass die Zuwendungen mit **Verpflichtungen zu Gegenleistungen** verbunden sind. Typische Abreden dieser Art sind z. B. die Freistellung von bestehenden Belastungen, die Gewährung eines Wohnrechts, Gewährung von Kost und Pflege des Zuwendenden oder auch die Verpflichtung des Erwerbers zu Ausgleichszahlungen an miterbberechtigte Geschwister. Zweifellos mindern alle diese Lasten und Verpflichtungen den Wert der Zuwendung. 44

Die **Gegenleistung** des Ehegatten muss jedoch **wertmäßig** hinter dem Erwerb zurückbleiben (BGH, FamRZ 1990, 1083 f.). Von diesem Grundsatz macht der BGH dann eine **Ausnahme,** wenn einem Ehegatten ein landwirtschaftlicher Hof, ein Grundstück oder ein Unternehmen seitens der Eltern übergeben wird: Ein Erwerb mit Rücksicht auf ein künftiges Erbrecht ist regelmäßig selbst dann anzunehmen, wenn der Wert der Gegenleistungen den Wert der Zuwendung erschöpft oder gar übersteigt (BGH, FamRZ 1990, 1083 f.). 45

Wird für den Erwerb eine **Gegenleistung** erbracht, so ist nur die Differenz zwischen der Gegenleistung und dem Wert der Zuwendung als privilegierter Erwerb dem Anfangsvermögen hinzuzurechnen. Bei Grundstücks-, Hof- und Unternehmensübergabeverträgen von Eltern auf ihre Kinder ist ein **Nießbrauch, Wohnrecht und Leibgedinge** (Altenteil), die der Dritte sich im Übergabevertrag vorbehält, nicht als eine den Wert des übertragenen Vermögens mindernde Verbindlichkeit abzuziehen. Das gilt auch für ein ererbtes Grundstück mit einem Vermächtnisnießbrauch. Der Wertzuwachs durch das allmähliche Absinken oder Erlöschen der Belastung ist gleichfalls privilegierter Erwerb nach § 1374 Abs. 2 BGB und unterliegt nicht dem Zugewinnausgleich. Das übernommene Vermögen wird deshalb ohne Berücksichtigung der vorbenannten Belastungen voll in das Anfangsvermögen eingestellt (BGHZ 11, 8; FamRZ 1990, 1083 f.). Allerdings werden jedoch die **valutierten Grundpfandrechte** sowie die **Ausgleichszahlungen** an die Geschwister vom Wert des übertragenen Grundstücks, Hofs oder Unternehmens **abgesetzt,** weil sie von Anfang an endgültig den Wert der Zuwendung mindern. 46

cc) Schenkungen und Ausstattung

47 Der Schenkungsbegriff nach § 1374 Abs. 2 BGB entspricht dem des § 516 BGB, so dass grds. eine Zuwendung und die Einigung der Vertragspartner über deren Unentgeltlichkeit vorliegen muss. Zur **Ausstattung** (i. S. v. § 1624 BGB) gehört alles, was einem Ehegatten von seinen Eltern mit Rücksicht auf seine Eheschließung oder zur Erlangung einer selbstständigen Lebensstellung oder einer wirtschaftlichen Existenz zugewandt wird.

48 Von Dritten von vornherein erbrachte unentgeltliche **Arbeits- oder Dienstleistungen** (z. B. Mitarbeit bei Errichtung eines Hauses) sind dem Anfangsvermögen nicht zuzurechnen, weil sie die Vermögenssubstanz des Schenkers nicht vermindern (BGH, FamRZ 1987, 910 f. = NJW 1987, 2816). Freiwillige Leistungen des Arbeitgebers (Gratifikationen) sind i. d. R. keine Schenkungen, sondern haben Entgeltcharakter (OLG München, FamRZ 1995, 1069).

49 Bei **gemischter Schenkung** ist dem Anfangsvermögen nur der unentgeltliche Teil der Zuwendung, also die Differenz zwischen dem Verkehrswert und der Gegenleistung, hinzuzurechnen (BGH, NJW 1992, 2566 f.; OLG Bamberg, FamRZ 1990, 408). Das trifft z. B. dann zu, wenn ein Ehegatte von seinen Eltern ein Grundstück zu einem Preis erwirbt, der weit unter dem Verkehrswert liegt. Maßgebender Zeitpunkt für die Bewertung eines Grundstücks, das ein Ehegatte durch Rechtsgeschäft in privilegierter Weise erwirbt, ist nicht das Datum des Vertragsabschlusses, sondern dasjenige der Grundbucheintragung (OLG Bamberg, a. a. O.).

50 Der Anwendungsbereich des § 1374 Abs. 2 BGB bezieht sich nur auf **Schenkungen von Dritten.** Sowohl Schenkungen als auch **sog. unbenannte Zuwendungen der Ehegatten untereinander** fallen nach h. M. **nicht** unter diese Vorschrift (vgl. grundlegend BGH, FamRZ 1987, 791 ff. = NJW 1987, 2814 m. w. N.; Grünewald, NJW 1988, 109 f.; Netzer, NJW 1988, 676 ff.). Beides kann zu einer Anrechnung auf einen Zugewinnausgleichsanspruch nach § 1380 BGB führen. Schenkungen an beide Ehegatten (z. B. Hochzeitsgeschenke) werden gemeinschaftliches Vermögen und sind den beiden Anfangsvermögen je nach den entsprechenden Eigentumsanteilen hinzuzurechnen.

dd) Einkünfte

51 Vermögen, das „den Umständen nach zu den Einkünften" zu rechnen ist, wird dem Anfangsvermögen **nicht hinzugerechnet** (§ 1374 Abs. 2 BGB). Hierunter sind einmalige oder regelmäßige Zuwendungen zu verstehen, die nicht zum Zwecke der Vermögensbildung des Empfängers, sondern zum Lebensunterhalt und damit zum laufenden Verbrauch bestimmt sind (z. B. Zuschüsse für den Haushalt, für den Urlaub, für eine Studienreise, zum Erwerb des Führerscheins).

52 Im Einzelfall ist die **Absicht des Schenkers,** die wirtschaftlichen Verhältnisse des Beschenkten und der Anlass der Zuwendungen zu berücksichtigen (BGH, FamRZ 1987, 910 ff.). Werden Verbindlichkeiten durch regelmäßige monatliche Zuwendungen unmittelbar von den Verwandten eines Ehegatten getilgt (hier: bei Erwerb eines Eigenheims), liegt keine Zahlung zur Unterstützung der allgemeinen Lebensführung, sondern regelmäßig eine Zuwendung zum Zwecke der Vermögensbildung vor, die zur Zurechnung nach § 1374 Abs. 2 BGB führt. Gehört das Eigentum beiden Ehegatten, so spricht bei Zuwendung von Verwandten eines Ehegatten die Lebenserfahrung dafür, dass diese lediglich ihren Verwandten unterstützen wollten. Für die gegenteilige Auffassung trägt der andere Ehegatte die Darlegungs- und Beweislast (BGH, a. a. O.).

c) Indexierung des Anfangsvermögens

53 Die Ehegatten sollen nach §§ 1372 ff. BGB nur den **realen Wertzuwachs** während der Ehe ausgleichen, **nicht auch inflationäre Scheingewinne** infolge des Kaufkraftverlustes des Geldes. Der errechnete Betrag des Anfangsvermögens ist deshalb auf die Kaufkraftverhältnisse zum Zeitpunkt der Beendigung des Güterstandes (Endstichtag) umzurechnen. Der BGH (vgl. Leitentscheidung BGHZ 61, 385 ff. = FamRZ 1974, 83 ff.) bedient sich hierzu des vom statistischen Bundesamt jährlich festgestellten Preisindex für die Lebenshaltung aller privaten Haushalte (s. Rn. 539 f.).

Die **Umrechnung** erfolgt nach der Formel: 54

Realer Geldwert des   Nominalwert x Index Endstichtag
Anfangsvermögens =   Index für Anfangsstichtag

Die Indexzahlen für den Anfangs- und den Endstichtag sind dem **statistischen Jahrbuch für die** 55
Bundesrepublik Deutschland, Fachserie 17 (Hrsg.: Statistisches Bundesamt Wiesbaden) zu entnehmen. Sie werden auch in der familienrechtlichen Literatur veröffentlicht (vgl. Kemnade/Schwab, Aktuelle Leitlinien und Tabellen zu Unterhalt, Zugewinnausgleich und Versorgungsausgleich).

Bei der Wahl des richtigen Index kommt es **nicht** auf den **Vertragswillen** der Beteiligten, sondern 56
auf die objektive Eignung, die Geldentwertung zu bemessen, an. Das Statistische Bundesamt hat die Preisindizes der Lebenshaltung ab August 1995 auf die Verbrauchsverhältnisse des Jahres 1991 umgestellt. Bis dahin war für die Umrechnung der vom Statistischen Bundesamt ermittelte Preisindex für die Lebenshaltung eines „4-Personen-Arbeitnehmerhaushalts mit mittleren Einkommen" (Basisjahr 1985 = 100) maßgeblich. Rückwirkend ab 1991 wird jetzt zusätzlich ein Preisindex für die „Gesamtlebenshaltung aller privaten Haushalte" veröffentlicht, der ein besseres Maß der Geldentwertung im privaten Bereich darstellt als der des 4-Personen-Arbeitnehmer-Haushalts und deshalb für Ehen, die nach 1962 geschlossen wurden, zu empfehlen ist (vgl. hierzu Gutdeutsch/Zieroth, FamRZ 1996, 475 f.). Liegt der Beginn des Güterstandes aber vor 1962, so kann nur jener für die Indexierung herangezogen werden.

Umzurechnen ist stets der Wert des **gesamten Anfangsvermögens.** Unzulässig ist es, lediglich einzelne Positionen (z. B. die Aktiva) „hochzurechnen", da der reale Zugewinn auszugleichen ist. 57

Ist das Anfangsvermögen überschuldet und deshalb mit 0 € anzusetzen, kommt eine Umrechnung 58
des Anfangsvermögens nicht in Betracht. Der Wert des Endvermögens ist in diesem Fall zugleich der Zugewinn (BGH, FamRZ 1984, 31 f.; FamRZ 1987, 791 = NJW 1987, 2814). Der **privilegierte Erwerb** nach § 1374 Abs. 2 BGB ist mit dem Index für den Zeitpunkt des Erwerbs (nicht des Beginns des Güterstandes) gesondert hochzurechnen (BGH, a. a. O.).

5. Hinzurechnungen zum Endvermögen nach § 1375 Abs. 2 BGB

Nach § 1375 Abs. 2 BGB sind **dem Endvermögen** eines Ehegatten alle Beträge **hinzuzurechnen,** 59
um die das Vermögen nach Eintritt des Güterstandes bis zum Endstichtag vermindert wurde, und zwar durch

- unentgeltliche Zuwendungen ohne sittliche Verpflichtung oder Anstandsrücksicht,
- Verschwendung oder
- Handlungen in Benachteiligungsabsicht.

Die Zurechnung erfolgt, obgleich die Beträge tatsächlich im Endvermögen nicht mehr vorhanden 60
sind. Grund hierfür ist die **illoyale Vermögensminderung** durch den Ausgleichspflichtigen, vor der der Ausgleichsberechtigte geschützt werden soll.

Unentgeltlich i. S. d. § 1375 Abs. 2 Nr. 1 BGB ist jede Vermögensverfügung, bei der der durch sie 61
bewirkten Verminderung des Vermögens keine Gegenleistung gegenübersteht (BGH, FamRZ 1986, 646 ff.). Dazu zählen vor allem Schenkungen, Stiftungen, Spenden, Ausstattungen für Kinder (§ 1624 BGB). Bei gemischten Schenkungen ist nur der als Schenkung anzusehende Wertüberschuss hinzuzurechnen. Schenkungen an den anderen Ehegatten bleiben außer Betracht.

Verschwendung liegt nicht bereits dann vor, wenn jemand „großzügig" oder „über seine Verhält- 62
nisse lebt" (OLG Karlsruhe, FamRZ 1986, 167). Als Verschwendungen sind vielmehr nur solche Ausgaben anzusehen, die in keiner Relation zu den Einkommens- und Vermögensverhältnisses des Ehegatten stehen (OLG Karlsruhe, a. a. O.; OLG Düsseldorf, FamRZ 1981, 806 f.; OLG Schleswig, FamRZ 1964, 1208 f.).

63 In **Benachteiligungsabsicht** handelt ein Ehegatte, wenn das Benachteiligungsmotiv zwar das leitende, wenn auch nicht notwendig einzige Motiv des Handelns war. Derartige Handlungen können Tathandlungen (z. B. Beschädigungen und Zerstörungen von Vermögensgegenständen) und Rechtsgeschäfte (z. B. Vermögensverschiebungen) sein.

64 Die **Aufzählung** der drei berücksichtigungsfähigen Vermögensminderungen in § 1375 Abs. 2 BGB ist **abschließend;** eine **Analogie** ist **ausgeschlossen.** Die Berechnung des Endvermögens erfolgt so, als wären die fehlenden Beträge noch vorhanden. Maßgebend ist der Wert zur Zeit der Vermögensminderung. Zu beachten ist zum einen die zeitliche **Begrenzung** durch die Zehn-Jahres-Frist und zum anderen die Begrenzung durch das Einverständnis des anderen Ehegatten (§ 1375 Abs. 3 BGB).

65 Die **Beweislast** für die Tatbestandsvoraussetzungen liegt bei demjenigen Ehegatten, der sich auf diese Bestimmung beruft, weil die Bestimmung die Ausnahme des Grundsatzes nach § 1375 Abs. 1 BGB darstellt. Den Ablauf der Zehn-Jahres-Frist hat der verfügende Ehegatte zu beweisen.

6. Bestimmung des Anfangs- und Endvermögens

a) Grundsatz

66 Nach welchen Bewertungsgrundsätzen das Anfangs- und das Endvermögen eines Ehegatten zu ermitteln sind, ergibt sich aus den gesetzlichen Vorschriften nicht. Insbesondere stellt § 1376 BGB **keine Bewertungskriterien** auf.

67 Bei der Berechnung des Zugewinns eines Ehegatten sind grds. **alle rechtlich geschützten Positionen mit wirtschaftlichem Wert** zu berücksichtigen. Danach sind bei der Feststellung des Anfangs- und Endvermögens neben den Sachen, die dem Ehegatten im maßgebenden Zeitpunkt gehören, jeweils alle ihm zustehenden objektiv bewertbaren Rechte anzusetzen, die beim Eintritt oder bei Beendigung des Güterstandes bereits entstanden sind. Dazu zählen neben Forderungen und geschützten Anwartschaften auch diesen vergleichbare Rechtsstellungen, die einen Anspruch auf künftige Leistung oder auf Überlassung der Nutzung einer Sache gewähren, sofern diese nicht mehr von einer Gegenleistung abhängig sind (BGH, NJW 1992, 1103; NJW 1981, 1038 = FamRZ 1981, 239; NJW 1977, 101). **Ausgenommen** hiervon sind jedoch **Hausratsgegenstände** und **Versorgungsanwartschaften**, die dem Versorgungsausgleich unterliegen.

68 Unter dem Begriff Wert i. S. d. § 1376 BGB ist in erster Linie der **Veräußerungswert** oder auch **Marktwert** zu verstehen, wenn ein solcher vorhanden ist. Unter Umständen kann auch ein über oder jenseits des Veräußerungswertes liegender Nutzungswert auf Seiten des Inhabers berücksichtigt werden, wenn und soweit die weitere Nutzungsmöglichkeit während der Dauer des Güterstandes aufgebaut worden ist und für den Inhaber einen erheblichen wirtschaftlichen Wert darstellt (vgl. Johannsen/Henrich-Jaeger, Eherecht, § 1376 Rn. 5, 8).

b) Zu berücksichtigende Vermögenswerte:

aa) Hausrat

69 Hausrat, der nach § 8 HausratsVO verteilt werden kann, unterliegt nach BGH nicht dem Zugewinnausgleich (BGH, FamRZ 1984, 144 = NJW 1984, 484). Die §§ 8 ff. HausratsVO bilden hier die spezielleren Regelungen. Dieser Grundsatz beschränkt sich jedoch auf Hausrat, der im gemeinsamen Eigentum der Ehegatten steht. Liegt **Alleineigentum** eines Ehegatten vor – sei es, weil er die Gegenstände mit in die Ehe gebracht hat oder weil die Vermutung des § 8 Abs. 2 HausratsVO für gemeinschaftliches Eigentum nicht greift –, sind Hausratsgegenstände beim Anfangs- und Endvermögen des betreffenden Ehegatten zu berücksichtigen. Das gilt entsprechend auch für solche Hausratsgegenstände, die die Ehegatten nach der Trennung angeschafft haben. Diese Hausratsgegenstände, die für die isolierte Haushaltsführung während des Getrenntlebens bestimmt sind, unterliegen nicht der Hausratsteilung. Sie unterliegen dem Zugewinnausgleich, soweit sie dem Ehegatten zu dem für den Zugewinnausgleich maßgeblichen Stichtag gehören (BGH, a. a. O.).

Nicht zum **Hausrat** gehören auch Sachen, die der Berufsausübung (z. B. Fachliteratur), die lediglich der Kapitalanlage (z. B. Münzsammlung) oder der Ausübung eines persönlichen Hobbys dienen.

Probleme bereitet öfter die Einordnung von Kraftfahrzeugen. Ein **PKW** unterliegt grds. dem Zugewinnausgleich. Er gehört insbesondere dann nicht zum Hausrat i. S. d. HausratsVO, wenn er ganz überwiegend von einem Ehegatten für seine beruflichen Zwecke allein benutzt worden ist (OLG Hamm, FamRZ 1983, 72). Das Gleiche gilt, wenn ein Fahrzeug ausschließlich von einem Ehegatten für persönliche Zwecke genutzt wird. Die bloße Mitbenutzung für eheliche und familiäre Zwecke rechtfertigt noch keine andere Bewertung (OLG Hamm, NJW-RR 1990, 103; OLG Hamburg, FamRZ 1990, 1118). Wird der PKW dagegen für unmittelbar familienbezogene Zwecke (Wochenend-, Einkaufsfahrten, Kindertransport) verwendet, ist er Teil des Hausrats (OLG Oldenburg, FamRZ 1997, 942). 70

Soweit eine **Bewertung** von Hausratsgegenständen vorzunehmen ist, so dürfte zu empfehlen sein, zunächst den Neupreis eines vergleichbaren Gegenstandes am Stichtag festzustellen und hiervon angemessene Abnutzungsabschläge vorzunehmen, die sich nach der Lebensdauer der betreffenden Gegenstände richten. 71

Schulden, die mit dem Hausrat zusammenhängen (z. B. aus Finanzierungskrediten), werden nur dann nicht mehr im Endvermögen des im Außenverhältnis verpflichteten Ehegatten berücksichtigt, wenn über sie anlässlich der Hausratsverteilung eine andere Bestimmung, i. S. d. § 10 Abs. 1 HausratsVO getroffen worden ist (BGH, NJW-RR 1986, 1325). 72

bb) Schadensersatzansprüche, Schmerzensgeld

Schadensersatzansprüche sind grds. einzubeziehen, insbesondere auch im Hinblick auf die mit dem Schadenseintritt verbundene Vermögensminderung. Sie sind mit ihrem Wert zum Stichtag in die Vermögensbilanz einzustellen. 73

Nach der st. Rspr. des BGH ist auch **Schmerzensgeld** in die Bilanz für die Berechnung des Zugewinnausgleichs einzubeziehen (vgl. BGHZ 80, 384 = FamRZ 1981, 755 = NJW 1981, 1836), was bedenklich erscheint. Eine Korrektur zur Vermeidung besonderer Unbilligkeiten ist aber im Einzelfall über § 1381 BGB möglich. Das erscheint z. B. in dem Falle angezeigt, wenn das das Schmerzensgeld auslösende Ereignis nicht in die Zeit der intakten Ehe fällt, sondern erst Jahre nach der Trennung der Beteiligten eintritt. Das kann zu einer weniger restriktiven Anwendung des § 1381 BGB führen (vgl. hierzu AG Hersbruck, FamRZ 2002, 1476 f. m. Anm. Bergschneider). 74

cc) Verbindlichkeiten

Verbindlichkeiten sind **nur bis zur Höhe des Aktivvermögens** zu berücksichtigen, d. h. es gibt **kein negatives Anfangsvermögen.** Vom Aktivvermögen abzusetzen sind am Stichtag existente Verbindlichkeiten aller Art, auch bedingte oder betagte. Ihr Wert ist ggf. zu schätzen. Negative Kapitalkonten aus Beteiligungen an **Abschreibungsgesellschaften** sind keine Verbindlichkeiten i. S. d. § 1375 Satz 1 BGB (BGH, FamRZ 1986, 37 ff.). 75

Gesamtschulden analog § 426 Abs. 1 BGB sind grds. nur zur Hälfte vom Endvermögen eines jeden Ehegatten abzusetzen (BGH, FamRZ 1991, 1162). Wenn im Innenverhältnis allerdings ein Ehegatte verpflichtet ist, die Gesamtschulden allein zu tilgen, sind sie in voller Höhe abzusetzen. 76

Die für das Anfangs- und Endvermögen maßgebenden Zeitpunkte gelten auch für die Bewertung von Verbindlichkeiten. Fällige Geldschulden sind nach ihrem **Nennbetrag** (BGH, NJW 1991, 1550), andere Verbindlichkeiten (insbes. bedingte und unsichere) sind zum Schätzwert anzusetzen. Schulden, die am Stichtag zwar entstanden, aber noch nicht fällig sind, sind abzuzinsen, da sie das Vermögen noch nicht voll belasten (BGHZ 117, 80; OLG Hamm, FamRZ 1995, 611 f.). 77

dd) Anrechte auf künftig fällige, wiederkehrende Leistungen

78 Diese Anrechte sind weder beim Anfangs- noch beim Endvermögen einzubeziehen. Leistungen, die hauptsächlich den Zweck haben, Unterhalt zu gewährleisten, da sie künftig fällig werdende, wiederkehrende Einzelleistungen begründen, sind den Umständen nach zu den Einkünften zu zählen. Hierher gehören z. B. **Unterhaltszahlungen** oder **Ansprüche auf Arbeitsentgelt.**

ee) Nicht vererbbare bzw. übertragbare Vermögenspositionen

79 Diese sind einzubeziehen, sofern die Rechte nach wirtschaftlichen Maßstäben einen Wert haben (z. B. Nießbrauch, beschränkte persönliche Dienstbarkeiten). Der **Nutzungswert** ist je nach Stellung als positiver Wert oder als Belastung eines dem Ehegatten gehörigen Grundstücks zu berücksichtigen.

ff) Nicht realisierbare Rechte

80 Diese Positionen sind nach der neueren Rspr. in den Zugewinn einzubeziehen. Das auszugleichende Vermögen ist nicht liquidationsrechtlich zu bewerten. Zu den **Aktiva** zählen alle den Ehegatten am Stichtag bereits zustehenden rechtlich geschützten Positionen mit wirtschaftlichem Wert, die objektivierbar und bewertbar sind (BGH, FamRZ 1982, 14). Der Berücksichtigung steht nicht entgegen, dass ihr wirtschaftlicher Wert nicht sogleich verfügbar ist. Die Einbeziehung einer Position in den Ausgleich habe nicht zwangsläufig die Notwendigkeit der Liquidierung des betreffenden Vermögensgegenstandes zur Folge (BGH, NJW 1992, 1103 – Direktversicherung mit widerruflichen Bezugsrecht). Allerdings muss sich die Unverfügbarkeit bei der Bewertung derartiger Positionen insoweit niederschlagen, dass eine Schätzung des wirtschaftlichen Wertes unter Berücksichtigung der verbleibenden Unsicherheiten erfolgt.

7. Bewertung von Vermögenswerten

a) Bewertungsgrundsätze

81 Um das Endvermögen in die Zugewinnausgleichsbilanz einstellen zu können, ist zuvor für jeden Gegenstand bzw. Vermögenswert eine gesonderte Bewertung in Geld vorzunehmen. Diese Bewertung ist oft schwierig. § 1376 Abs. 2 BGB bestimmt lediglich, dass auch für die Bewertung das **Stichtagsprinzip** gilt, d. h. es ist der Zeitwert am Anfangs- oder Endstichtag maßgeblich.

82 Für die Wertermittlung zu den Stichtagen ist der jeweilige **„wirkliche" wirtschaftliche Wert** maßgeblich (BGH, FamRZ 1986, 37; NJW 1995, 2781). Das setzt nicht voraus, dass dieser auch tatsächlich verwirklicht wird; ausreichend ist, dass ein solcher Wert feststellbar ist. Die Praxis arbeitet im Allgemeinen mit dem Begriff des **Verkehrswertes.** Dieser wird als funktionaler Bewertungsbegriff verwendet, da es nicht bei allen zu bewertenden Gegenständen um die Frage gehen kann, welchen Preis man bei einer Veräußerung des Gegenstandes zum Stichtag erzielen könnte.

83 Das Gesetz selbst schreibt **keine bestimmte Bewertungsmethode** vor. Lediglich für einen land- oder forstwirtschaftlichen Betrieb wird in § 1376 Abs. 4 BGB für den Bereich des Zugewinnausgleichs der Ansatz der Ertragswertmethode bestimmt. Das hat zur Folge, dass der Wert geschätzt oder durch ein Sachverständigengutachten ermittelt werden muss. Nach Auffassung des BGH ist es Sache des – ggf. sachverständig beratenen – Tatrichters, im Einzelfall eine geeignete Bewertungsart sachverhaltsspezifisch auszuwählen und anzuwenden (BGH, NJW 1995, 2781 ff.).

84 Die Wahl der entsprechenden **Bewertungsmethode** hängt grds. davon ab, ob der Ehegatte den einzelnen Vermögensgegenstand künftig selbst nutzen will, ob er Rendite abwerfen soll oder zur Veräußerung bestimmt ist (BGH, FamRZ 1989, 1276). Je nach dem Einzelfall ist auf die sachgerechteste Methode zurückzugreifen.

Nicht zurückgegriffen werden kann für die Bewertung auf **Buchwerte, Einheitswerte oder Steuerwerte**, sofern dies nicht gesondert vereinbart wurde. Auch kann nicht auf eventuelle **Liebhaberwerte** abgestellt werden. Hinsichtlich unsicherer, bedingter oder befristeter Rechte muss ggf. eine **Schätzung** zum jeweiligen Stichtag vorgenommen werden. **Verbindlichkeiten, die erst in der Zukunft fällig** werden, sind nur mit ihrem durch Abzinsung ermittelten Wert zu berücksichtigen, weil eine am Stichtag noch nicht fällige Schuld weniger belastet ist als eine sofort fällige. 85

Der BGH hat wiederholt darauf hingewiesen, dass eine **liquidationsrechtliche Bewertung** von Vermögensgegenständen zum Stichtag nur gerechtfertigt erscheint, wenn die Liquidation zwangsläufig Folge des Zugewinnausgleichs ist und Abhilfe auch nicht durch eine Stundung gem. § 1382 BGB geschaffen werden kann (vgl. für Grundstücke NJW 1993, 2804 = FamRZ 1993, 1182 ff. m.w.N.; für Unternehmen NJW-RR 1986, 1066 = FamRZ 1986, 776 ff.; für Gesellschaftsanteile NJW 1987, 321 = FamRZ 1986, 1196). 86

b) Bewertungsmethoden

Im Wesentlichen wird zwischen folgenden **Methoden der Unternehmensbewertung** differenziert: 87

- **Substanzwert (Sachwert):**

    Dieser Wert wird aus der Summe aller selbstständig veräußerbaren Vermögensgegenstände (Grundstücke, Arbeitsgeräte, Maschinen, Vorräte, Patente usw.) eines Unternehmens gebildet, vermindert um die Verbindlichkeiten. Dieser Wert richtet sich nach dem finanziellen Aufwand, der erforderlich ist, um den betreffenden Gegenstand zu beschaffen bzw. das Unternehmen durch Erwerb der einzelnen Gegenstände neu aufzubauen. 88

- **Ertragswert:**

    Dieser Wert bezieht sich auf die Summe aller zukünftigen Erträge, die dem Inhaber der Sache (Grundstück, Unternehmen) aus dem Gegenstand der Bewertung zufließen. Diese werden durch Abzinsung auf den Bewertungsstichtag kapitalisiert. Diese Bewertung stellt eine Gesamtbewertung eines Unternehmens dar; der Wert der einzelnen Gegenstände ist ohne Bedeutung. 89

- **Geschäftswert (auch innerer Wert oder good will):**

    Der Geschäftswert ist der über die Summe der Sachwerte hinausgehende Wert eines Unternehmens. Er stellt die Differenz zwischen dem Substanzwert und dem vollen Unternehmenswert dar und drückt den „inneren" Wert des Unternehmens zusätzlich zum reinen Sachwert aus, der sich aus der Marktgängigkeit eines Produktnamens, dem Bekanntheitsgrad des Unternehmens, den Marktbeziehungen, den Kundenkontakten, dem Aufbau eines Vertriebsnetzes usw. ergibt. Diese immateriellen Kriterien müssen mit dem Unternehmen verbunden sein, dürfen also nicht von der Person des Unternehmers abhängen. 90

- **Liquidationswert:**

    Der Liquidationswert ergibt sich aus der Summe der Einzelverkaufspreise, die für die Gegenstände des Vermögens im Falle der Liquidation erzielt werden könnten, und markiert im Regelfalle die Untergrenze des Wertes. Der Zugewinnausgleich verlangt einen Ansatz des Liquidationswertes nur, wenn die Liquidation die zwangsläufige Folge des Zugewinnausgleichs ist. 91

Eine generelle Praxis, nach welcher Methode zu verfahren ist, hat sich in der Rechtsprechung nicht herausgebildet. Es ist jeweils nach **Fallkategorien** zu differenzieren. 92

c) Bewertungsprobleme einzelner Vermögenswerte

aa) Grundstücke

93 Grundstücke sind regelmäßig mit dem **Verkehrswert** in Ansatz zu bringen. Bei der Bewertung sind die Verhältnisse des Einzelfalls ausschlaggebend; es gibt keine allgemein gültigen Grundsätze zur Bestimmung des Verkehrswertes. Maßgebend ist grds. der „volle wirkliche Wert" (BGH, FamRZ 1986, 37 ff. – generelle Orientierung). Hinsichtlich der Bewertungsmaßstäbe kann auf die Verordnung über Grundsätze für die Ermittlung des Verkehrswertes von Grundstücken i.d.F. vom 6. 12. 1988 (BGBl. I S. 2209) zurückgegriffen werden. Diese sieht das Vergleichswertverfahren, das Ertragswertverfahren und das Sachwertverfahren als gleichwertige Methoden zur Ermittlung des Verkehrswertes vor (§ 7 WertVO). Die Auswahl des geeigneten Verfahrens ist vom Gegenstand der Wertermittlung und von den Umständen des Einzelfalles abhängig; es kommt auch eine Kombination der Verfahren in Betracht.

94 Bei **Familienheimen** (eigengenutzte Ein- und Zweifamilienhäuser) ist regelmäßig das Sachwertverfahren zugrunde zu legen (BGH, FamRZ 1992, 918; OLG Düsseldorf, FamRZ 1989, 280 ff.). Es kann aber auch der Mittelwert zwischen Sachwert und Ertragswert gebildet werden. Das kann z.B. bei der Bewertung von Eigentumswohnungen geboten sein (BGH FamRZ 1986, 37 ff.). **Miethäuser** werden i. d. R. nach dem Ertragswertverfahren bewertet, weil bei Renditeobjekten im Allgemeinen die Ertragsfähigkeit interessiert. Auszugehen ist von dem nachhaltig erzielbaren jährlichen Reinertrag des Grundstückes. Eine **Reichsheimstätte** ist mit dem Wert zugrunde zu legen, der als Erwerbspreis nach § 15 RheimstG anzusetzen wäre (BGH, WM 1975, 545).

95 Soweit der Verkehrswert nach der Vergleichswertmethode ermittelt wird, können Verkaufsfälle, die aufgrund einer **Kaufpreissammlung** als Vergleichsmaterial in Frage kommen, nicht unbesehen übernommen werden, wenn den Umständen nach Zweifel an der Vergleichbarkeit bestehen (BGH, WM 1991, 1654 f.; FamRZ 1992, a. a. O.).

96 Zur Bewertung von **Erbbaurechten** vgl. BayOLGZ 1976, 239 ff.: zur Belastung mit dem **Wiederkaufsrecht** – Einschränkung der wirtschaftlichen Verwertbarkeit des Grundstücks – s. BGH, FamRZ 1993, 1183 f.).

97 Der für die Berechnung des Zugewinns maßgebende wirkliche Wert eines Grundstücks muss nicht stets mit dem hypothetischen Verkaufswert am Stichtag übereinstimmen, sondern er kann höher sein als der aktuelle Veräußerungswert. Insbesondere ist ein vorübergehender Preisrückgang durch **ungünstige Marktlage** bei der Bewertung nicht zu berücksichtigen, wenn er im Zeitpunkt des Stichtags bereits als nur vorübergehender erkennbar war. Eine strengere Orientierung an dem tatsächlich erzielbaren Verkaufserlös ist nur dann geboten, wenn das Grundstück zur Veräußerung bestimmt ist oder als Folge des Zugewinnausgleichs veräußert werden muss (BGH, FamRZ 1986, 37 ff.; 1992, 918 ff.).

bb) Land- und forstwirtschaftliche Betriebe

98 Für land- und forstwirtschaftliche Betriebe enthält § 1376 Abs. 4 BGB eine spezielle gesetzliche Bewertungsvorschrift. Danach ist der Betrieb für das Anfangs- und Endvermögen mit dem **Ertragswert** anzusetzen.

99 **Grundvoraussetzung** für die Anwendung dieser Vorschrift ist, dass der Betrieb sowohl zum Anfangs- als auch zum Endvermögen eines Ehegatten gehört. Die Weiterführung oder Wiederaufnahme des Betriebes durch den Eigentümer muss erwartet werden können. Die Regelung gilt des Weiteren auch nur für solche landwirtschaftlichen Betriebe, die von einem Ehegatten in die Ehe eingebracht oder diesem während der Ehe durch Erbfolge, im Wege vorweggenommener Erbfolge oder durch Schenkung bzw. als Ausstattung zugeflossen sind.

100 Der für die Bewertung maßgebliche Ertragswert bestimmt sich gem. der anzuwendenden Vorschrift des § 2049 Abs. 2 BGB nach dem **Reinertrag,** der kapitalisiert wird. Ausgangspunkt ist der tatsächlich erzielbare, nach betriebswirtschaftlichen Jahresabschlüssen errechnete Reinertrag, nicht

der nach Bewertungsgesetz bestimmbare. Es gelten die jeweiligen landesrechtlichen Vorschriften, die überwiegend den 25-fachen Wert des Reinertrages zugrunde legen.

Zweck dieser Regelung ist es, die Zersplitterung derartiger Betriebe infolge einer Zugewinnausgleichszahlung zu vermeiden und sie als Landwirtschaftsbetriebe in der Familie zu erhalten. Deshalb verstößt es nach dem BVerfG (vgl. FamRZ 1985, 256 ff.) grds. nicht gegen den allgemeinen Gleichheitssatz, wenn der von § 1376 Abs. 4 BGB betroffene Ausgleichsberechtigte schlechter behandelt wird. 101

Während der Ehe hinzuerworbene **Nutzflächen eines landwirtschaftlichen Betriebes** nehmen grds. an dessen privilegierter Bewertung zum Ertragswert nicht teil, sondern sind im Endvermögen mit dem Verkehrswert anzusetzen. Ausnahmen kommen nur in Betracht, wenn und soweit der Hinzuerwerb zur Erhaltung der Lebensfähigkeit des Betriebes erforderlich war (BGH, NJW 1991, 1741 ff.). 102

Folgerichtig hat die **Anwendung des spezifischen Bewertungsprivilegs** nach § 1376 Abs. 4 BGB jedoch dort seine **Grenzen,** wenn im Zeitpunkt der Rechtshängigkeit des Scheidungsantrages das landwirtschaftliche Vermögen im Wesentlichen nur noch aus dem Grund und Boden besteht, der im Wege der Verpachtung als bloße Geldeinnahmequelle wirtschaftlich genutzt wird, und realistischerweise keine Anhaltspunkte mehr dafür vorliegen, dass der Eigentümer oder seine Abkömmlinge den Hof in Zukunft wieder landwirtschaftlich bewirtschaften können (BVerfG, a. a. O.). Liegt ein solcher Fall vor, hat die Bewertung nach dem Verkehrswert zu erfolgen. 103

Abgrenzungsfragen können sich auch daraus ergeben, wenn neben der land- oder forstwirtschaftlichen Nutzung ein **Handwerks- oder Gewerbebetrieb** unterhalten wird. Eine einheitliche Bewertung nach dem Ertragswert kommt dann nur in Betracht, wenn die landwirtschaftliche Bewirtschaftung bei weitem überwiegt; ansonsten ist getrennt zu bewerten. 104

cc) Unternehmen, Unternehmens- und Gesellschaftsbeteiligungen sowie freiberufliche Praxen

Die Bewertung von Unternehmen und Unternehmensbeteiligungen bereitet besondere **Schwierigkeiten.** Eine generelle Praxis ist in der Rechtsprechung zum Zugewinnausgleich bisher nicht zu erkennen. 105

Bei der **Bewertung von Unternehmen** wird durch die Rspr. üblicherweise eine **Verbindung von Substanz- und Ertragswert** vorgenommen, wobei teils der eine, teils der andere Faktor mehr gewichtet wird. Der BGH hat sich bisher nicht auf eine bestimmte Bewertungsmethode festgelegt. Fest steht nur, dass der Verkehrswert auch hier als „voller wirklicher Wert" zum Stichtag zu ermitteln ist (NJW 1992, 2441; 1991, 1548). 106

Dabei wird die Ermittlung des Verkehrswertes des lebenden Unternehmens nach der **Ertragswertmethode** ausdrücklich befürwortet, teilweise auch die sog. Mittelwertmethode angewandt. Nur auf den **Substanzwert** ist abzustellen, wenn sich im konkreten Fall nicht feststellen lässt, dass bei einer Veräußerung auf dem Markt tatsächlich ein über den reinen Substanzwert hinausgehender Preis zu erzielen wäre. Andererseits kann der Substanzwert dann nicht maßgeblich sein, wenn er den Ertragswert übersteigt, solange die Weiterführung des Unternehmens beabsichtigt ist (BGH, NJW 1982, 2441; NJW 1985, 192 f.). Denn ein Unternehmen, das keinen Gewinn erwarten lässt, wird nicht zum vollen Substanzwert gekauft. Es müssen die **stillen Reserven** und ein vorhandener Geschäftswert (good will) in die Bewertung einbezogen werden. Grds. ist der Wert maßgeblich, der bei einer Veräußerung oder einer sonstigen Verwertung erzielt werden könnte. Hinsichtlich der Einbeziehung eines good will ist die Wertfestsetzung danach zu treffen, dass die Ertragsfähigkeit des Unternehmens nicht allein von der persönlichen Leistung des Unternehmers abhängt, sondern sich von dessen Person trennen und einem Erwerber übertragen lässt. Es muss deshalb für das Unternehmen ein „Markt" vorhanden sein, auf dem sich ein über dem Sachwert liegender Preis erzielen lässt. 107

108 Die unterste Grenze einer Bewertung bildet grds. der **Liquidationswert** (BGH, FamRZ 1986, 776 ff.). Er ist für die Berechnung des Zugewinns aber nur dann heranzuziehen, wenn feststeht, dass das Unternehmen am Stichtag oder alsbald danach aufgelöst werden muss (BGH, NJW 1982, 2441; 2497 = FamRZ 1982, 571 f. zu § 2325 – drei Jahre nach Stichtag). Die Entscheidung über Liquidation oder Fortführung trifft grds. der Unternehmer.

109 Die durch eine Auflösung des Unternehmens ausgelöste **Steuerbelastung** und die entstehenden **Veräußerungskosten** mindern den Veräußerungserlös und können deshalb als Abzugsposten im Zugewinn berücksichtigt werden (BGH, NJW 1982, 2497 = FamRZ 1982, 571; FamRZ 1986, 776 ff.; FamRZ 1989, 1276 ff.).

110 Da der BGH auch im Falle der Fortführung des Unternehmens im Zusammenhang mit dem Zugewinnausgleich bei der Bewertung auf die fiktive Veräußerung abstellt, ist nach BGH auch eine sog. **latente Steuerlast** wertmindernd zu berücksichtigen (vgl. dazu eingehend BGH, FamRZ 1991, 43 ff.).

111 Für **Unternehmensbeteiligungen** gelten im Wesentlichen die Regeln über die Bewertung von Unternehmen (BGH, FamRZ 1980, 37 f.). Der Wert einer Unternehmensbeteiligung richtet sich nach der Größe der Beteiligung oder nach dem Verkehrswert des Unternehmens einschließlich eines good will.

112 Problematisch ist die Bewertung von Beteiligungen an einer Gesellschaft im Falle von **gesellschaftsvertraglichen Abfindungsklauseln.** Sieht der Gesellschaftsvertrag im Falle des Ausscheidens eines Gesellschafters nur eingeschränkte Abfindungsansprüche vor (z. B. beschränkt auf den „Buchwert"), so ist nach BGH (a. a. O.) der Anteil im Endvermögen wertmäßig nicht nach der Abfindungsklausel zu bewerten. Der Wert bei einer nicht frei verwertbaren Unternehmensbeteiligung ist vielmehr am Vollwert auszurichten, weil die weitere Nutzungsmöglichkeit durch den Inhaber den wahren Wert bestimmt (s. auch BGH, FamRZ 1986, 1196 = NJW 1987, 321). Dabei hat die Rspr. Abschläge bis 20% auf den vollen Wert des Anteils für angemessen gehalten (OLG Hamm, FamRZ 1983, 918 f.; OLG Schleswig, FamRZ 1986, 1208 f.). Allerdings bestimmt die Abfindungsklausel dann direkt den Wert, wenn die Beteiligung am Stichtag bereits gekündigt ist und sich dadurch auf den Abfindungsbetrag reduziert (NJW 1987, 321).

113 Die Bewertung von **Praxen freiberuflich Tätiger** (z. B. Arzt, Rechtsanwalt) kann nicht nach dem Ertragswertverfahren erfolgen, da bei der freiberuflichen Praxis die Ertragsprognose nicht von der höchstpersönlichen Dienstleistung des Inhabers zu trennen ist. Die Ertragserwartung ist sehr stark subjektbezogen. Dies führt in einer Reihe von Fällen dazu, dass eine Praxis einen subjektgebundenen inneren Wert (good will) erwirbt. Der Wert einer Praxis besteht danach aus dem reinen Sachwert oder Substanzwert, zu dem die Praxiseinrichtung sowie die am Stichtag noch offenen Forderungen gehören (unter wertmindernder Berücksichtigung anfallender Ertragssteuern im Falle der Veräußerung) sowie einem eventuell vorhandenem good will.

114 Ein allgemein gültiger **Maßstab zur Ermittlung des good will** von Praxen freiberuflich Tätiger besteht nicht; vielmehr ist für jeden Bereich gesondert eine Bewertung nach bestimmten Grundsätzen vorzunehmen. Z. Zt. haben die Berufskammern bereits entsprechende „Empfehlungen" als Bewertungsgrundlagen erarbeitet (u. a. Bundesrechtsanwaltskammer, Steuerberaterkammer, Landesärztekammern; vgl. für Anwaltspraxen BRAK-Mitt. 1986, 119 ff.; 1992, 24 ff.; Deutsches Ärzteblatt 1984, 671; 1987, 926).

115 Grds. ist bei der **Bestimmung des good will** so vorzugehen, dass vom mittleren Jahresbruttoumsatz ein fiktiv ermittelter kalkulatorischer Unternehmerlohn abzuziehen ist; sodann ist von dem Restbetrag eine Quote zu bilden. Der sich so ergebende Betrag ist der good will. Prinzipiell gilt, dass die Besonderheiten des konkreten Falls nicht vernachlässigt werden dürfen (BGH, FamRZ 1991, 43 ff.).

dd) Lebensversicherungen

Bei Lebensversicherungen ist i. d. R. danach zu unterscheiden, ob sie dem Zugewinnausgleich unterliegen oder aber neben Ansprüchen an die gesetzliche Rentenversicherung, den Versorgungsanwartschaften aus öffentlich-rechtlichen Dienstverhältnissen und den Leistungen aus einer betrieblichen Altersversicherung i. S. d. §§ 1587a ff. BGB dem **Versorgungsausgleich** unterfallen. 116

Während die Lebensversicherungen auf Rentenbasis dem Versorgungsausgleich unterliegen, sind die Anwartschaften aus **Kapitallebensversicherungen** und **Kapitalversicherungen mit Rentenwahlrecht** in den Zugewinn einzubeziehen. Das gilt auch dann, wenn ein am Stichtag noch nicht ausgeübtes Rentenwahlrecht besteht (BGH, FamRZ 1984, 156). 117

Bei einer **gemischten Lebensversicherung** (Lebensversicherung mit gespaltenem Bezugsrecht für den Todes- und Erlebensfall) ist sowohl das aufschiebend bedingte Anrecht des Versicherungsnehmers als auch das auflösend bedingte Anrecht des Bezugsberechtigten bei der Bewertung im Zugewinnausgleich zu berücksichtigen (BGH, FamRZ 1992, 1155 ff.). Die Versicherungswerte sind zu schätzen, wobei auf den Einzelfall die Ungewissheit zu berücksichtigen ist, inwieweit der Versicherungsfall des Erlebens eintritt. 118

Die unverfallbare Anwartschaft aus einer als **Direktversicherung** zur betrieblichen Altersversorgung abgeschlossenen Kapitallebensversicherung ist bei der Berechnung des Zugewinns des versicherten Ehegatten auch dann zu berücksichtigen, wenn das Bezugsrecht widerruflich ist (BGH, NJW 1992, 1103 = FamRZ 1992, 411; anders noch NJW 1984, 1611 = FamRZ 1984, 666). Das Versorgungsanrecht erlangt bereits mit Eintritt der Unverfallbarkeit einen hinreichend verfestigten und rechtlich geschützten Wert (§ 1 BetrAVG). Die Beurteilung als vermögenswerte, ausgleichungsfähige Rechtsposition ist deshalb nicht an der Widerruflichkeit festzumachen. Bei Unwiderruflichkeit ist die Direktversicherung ohnehin zu berücksichtigen (BGH, FamRZ 1993, 1303 f.). Der Einbeziehung der Anwartschaft in den Zugewinnausgleich steht auch nicht entgegen, dass der Wert nicht sofort verfügbar ist, da es auf die liquidationsrechtliche Bewertung im Zugewinnausgleich nicht ankommt (BGH, a. a. O.). 119

Hinsichtlich der **Bewertung** dieser Anrechte kommt es darauf an, ob der **Versicherungsvertrag fortgeführt** wird. Bisher ging die Rechtsprechung vom Ansatz des **Rückkaufwertes** bei Lebensversicherungsverträgen aus, d. h. dem tatsächlich realisierbaren Wert. Nunmehr hat der BGH die Bewertung der Kapital-Lebensversicherung den üblichen Bewertungsgrundsätzen angepasst und entschieden, dass eine Anwartschaft aus einer Kapitallebensversicherung beim Zugewinnausgleich nur dann mit dem Rückkaufswert anzusetzen sei, wenn am Stichtag die Fortführung des Versicherungsvertrages nicht zu erwarten ist und auch durch eine Stundung der Ausgleichsforderung nicht ermöglicht werden kann (BGH, FamRZ 1995, 1270 ff. = NJW 1995, 2781 f.). Danach hat der Rückkaufswert also als ein wirtschaftlich ungünstiger Liquidationswert (Stornoabzüge!) nur noch in den Fällen der zu erwartenden Beendigung des Versicherungsverhältnisses (Kündigung, Rücktritt oder Anfechtung) Bedeutung. Ansonsten ist auf einen nach wirtschaftlichen Gesichtspunkten zu bemessenden Zeitwert (so bereits OLG Stuttgart, FamRZ 1993, 192) abzustellen, was im Einzelnen Sache des ggf. sachverständig beratenen Tatrichters ist. Der Rückkaufwert bildet dabei stets nur die untere Grenze. Eine für die Praxis brauchbare Bewertung unterbreitet die Deutsche Aktuarvereinigung. 120

ee) Nießbrauch, Wohnungsrecht

Für die Bewertung von Nießbrauch und beschränkte persönliche Dienstbarkeiten ist der nach objektiven Kriterien vorzunehmende Schätzungswert am Bewertungsstichtag maßgebend. Für die Schätzung des Wertes sind derartige Dauerrechte zu **kapitalisieren,** wobei es auf die ab dem jeweiligen Bewertungsstichtag noch geltende fest bestimmte oder bestimmbare Restlaufzeit ankommt (BGH, FamRZ 1989, 954 ff.). Maßgeblich für den Nettowert der jährlich erzielbaren Nutzungsdauer ist insoweit die statistische Lebenserwartung der betreffenden Person am jeweiligen Stichtag (BGH, FamRZ 1988, 593 ff.). 121

8. Beweislast

122 Nach allgemeinen Grundsätzen trägt der Anspruchsteller die Beweislast für die **Anspruchsvoraussetzungen**, der Anspruchsgegner für anspruchshindernde **Einwendungen**.

123 Der **Anspruchsteller** trägt die Beweislast für die Höhe der Ausgleichsforderung. Da der Zugewinn nach § 1373 BGB den Überschuss des Endvermögens über das Anfangsvermögen darstellt, hat der Anspruchsteller die Darlegungs- und Beweislast nicht nur für Bestand und Höhe seines eigenen Endvermögens, sondern auch für das Endvermögen des anderen Ehegatten als eines weiteren anspruchsbegründenden Tatsachenkomplexes im Rahmen der Zugewinnausgleichsbilanz (BGH, FamRZ 1986, 1196 f.; Johannsen/Heinrich-Jaeger, Eherecht, § 1375 BGB Rn. 26 m. w. N.).

124 Dabei erstreckt sich die Beweislast nicht nur auf den Wert einzelner Gegenstände des Endvermögens, sondern auch auf die das Endvermögen mindernden eigenen **Verbindlichkeiten** und auf das Nichtvorhandensein von Verbindlichkeiten des Anspruchsgegners, die dessen Endvermögen mindern können (OLG Koblenz; FamRZ 1988, 1273 (LS); OLG Hamm, FamRZ 1997, 87). Der Anspruchsteller muss aber insoweit lediglich die konkreten Angaben des Anspruchsgegners zum Bestehen der Verbindlichkeiten widerlegen. Dieser darf nicht pauschal Verbindlichkeiten behaupten, sondern muss deren Entstehung und Höhe so genau darlegen, dass der Anspruchsteller sie widerlegen kann (dazu BGH, NJW 1987, 1322; 1989, 162).

Das isolierte Herausgreifen einzelner Vermögensgegenstände vermag keinen Ausgleichsanspruch zu begründen.

125 Anspruchsvoraussetzungen für den Zugewinnausgleich sind nur die beiderseitigen Endvermögen und das eigene Anfangsvermögen des Anspruchstellers. Bestand und Höhe des Anfangsvermögens des Anspruchsgegners begründen dagegen eine **anspruchshindernde Einwendung**, die der Anspruchsgegner beweisen muss. Hierzu gehört auch der Nachweis des Fehlens von abziehbaren Verbindlichkeiten (BGHZ 107, 236 ff.; OLG Karlsruhe, FamRZ 1986, 1105; BGH, NJW 1991, 1741 ff.). Dies folgt aus der gesetzlichen Vermutung des § 1377 Abs. 3 BGB, dass kein Anfangsvermögen vorhanden sei und deshalb das Endvermögen den Zugewinn bilde, sofern nicht die Ehegatten ihr Anfangsvermögen in einem Verzeichnis aufgenommen haben.

126 Bestand und Wert ihres beiderseitigen Anfangsvermögens können die Ehegatten in einem **Vermögensverzeichnis** gemeinsam feststellen (§ 1377 BGB). Jeder Ehegatte kann verlangen, dass der andere dabei mitwirkt. Ein Vermögensverzeichnis erzeugt keine vertragliche Bindung, sondern begründet lediglich die Vermutung, dass es richtig ist. Die Vermutung hindert keinen der Ehegatten daran, bei späterer Zugewinnberechnung seine Unrichtigkeit zu behaupten und zu beweisen. Im Verhältnis der Ehegatten zueinander hat ein von ihnen aufgesetztes Verzeichnis des Anfangsvermögens (§ 1377 BGB) die **widerlegliche Vermutung der Richtigkeit**. Diese Vermutung erstreckt sich nicht nur auf den Bestand, sondern auch auf den Wert der verzeichneten Vermögensgegenstände. Die widerlegliche Richtigkeitsvermutung ermöglicht jedoch jedem Ehegatten den Beweis des Gegenteils; die Vermutung kann mit Beweismitteln aller Art (§ 292 ZPO) widerlegt werden. Etwas anderes gilt dann, wenn dem Verzeichnis die Wirkung eines materiell-rechtlichen Vergleichs nach § 779 BGB zukommt. Dies ist i. d. R. etwa dann anzunehmen, wenn Grundstücke in dem Verzeichnis aufgeführt sind, ohne dass diese zuvor begutachtet wurden (AG Bad Säckingen, FamRZ 1997, 611 f.).

9. Einwendungen und Einreden

a) Begrenzung der Ausgleichsforderung nach § 1378 Abs. 2 BGB

127 Nach § 1378 Abs. 2 BGB wird die Höhe der Zugewinnausgleichsforderung durch den **Wert des Vermögens** begrenzt, das nach Abzug der Verbindlichkeiten im Zeitpunkt der Beendigung des Güterstandes beim Ausgleichspflichtigen vorhanden ist.

Rein rechnerisch wird damit die Ausgleichsforderung auf den Wert des Nettovermögens gekürzt. Die Regelung ist eine Schutzvorschrift zugunsten anderer Gläubiger des Ausgleichsschuldners.

Bei der Scheidung ist zu beachten, dass für die Begrenzung der Höhe der Ausgleichsforderung der Zeitpunkt der Beendigung des Güterstandes ausschlaggebend ist, die erst **mit Rechtskraft** der Scheidung eintritt (BGH, FamRZ 1988, 925; OLG Hamm, FamRZ 1983, 592; FamRZ 1986, 1106; Johansen/Heinrich-Jaeger, Eherecht, § 1387 BGB Rn. 6 m. w. N.). Das gilt auch für den Fall der Beendigung der Ehe durch Scheidung; § 1384 BGB gilt hier nicht entsprechend. 128

Beruft sich der ausgleichspflichtige Ehegatte im Verbundverfahren auf die Begrenzung der Ausgleichsforderung nach § 1378 Abs. 2 BGB und legt die Voraussetzungen schlüssig dar, so muss das Familiengericht die **Folgesache** Zugewinnausgleich gem. § 628 Abs. 1 Nr. 1 ZPO vom Verbund abtrennen und vorab über die Scheidung entscheiden. Erst dann steht mit der Rechtskraft der Scheidung der Tag der Beendigung des Güterstandes vor der Entscheidung über den Zugewinnausgleich genau fest. 129

Die Problematik besteht darin, dass der Zeitpunkt für die Berechnung des Zugewinns und der Zeitpunkt der Beendigung des Güterstandes auseinanderfallen; damit sind Manipulationen möglich. 130
Die **Anspruchskürzung** lässt sich weder durch Sicherheitsleistung des Ausgleichsschuldners nach § 1389 BGB noch durch dinglichen Arrest verhindern, denn die Sicherheiten sind akzessorisch und entstehen auch nur in Höhe der gekürzten Ausgleichsforderung (BGH, NJW 1988, 2369 f.).

Dies muss vom Ausgleichsgläubiger bedacht werden, anderenfalls läuft er Gefahr, nicht nur die Sicherheit zurückzugewähren, sondern auch die Kosten dieses Verfahrens selbst zu tragen. Kommt der Einwand des § 1378 Abs. 2 BGB in Betracht, muss ein entsprechend schlüssiges und substantiiertes Vorbringen spätestens in der **letzten mündlichen Tatsachenverhandlung** erfolgen. 131

b) **Verjährung der Ausgleichsforderung**

aa) **Verjährungsfrist; Beginn der Verjährung**

Die **Ausgleichsforderung verjährt** gem. § 1378 Abs. 4 BGB **in drei Jahren**. Die Verjährungsfrist beginnt nach dem Wortlaut dieser Regelung mit dem Zeitpunkt, in dem der ausgleichsberechtigte Ehegatte Kenntnis von der Beendigung des Güterstandes hat. Die Verjährungsfrist des § 1378 Abs. 4 Satz 1 BGB ist eine Frist gem. § 187 Abs. 1 BGB, deren Ende sich nach § 188 Abs. 2 Alt. 1 BGB bestimmt. Das Fristende wird nach dem Ereignis „Kenntniserlangung" bestimmt. 132

Beispiel:

Fand die „Kenntniserlangung" (als Ereignis i. S. d. § 187 Abs. 1 BGB) am 1. 7. 1995 statt, so endete die Frist mit Ablauf des 1. 7. 1998.

Erlangt der ausgleichsberechtigte Ehegatte keine Kenntnis von der Beendigung des Güterstandes, verjährt der Zugewinnausgleichsanspruch gem. § 1378 Abs. 4 Satz 2 BGB 30 Jahre nach Beendigung des Güterstandes. Endet der Güterstand durch Tod eines Ehegatten, sind im Übrigen die Verjährungsvorschriften für den Pflichtteilsanspruch anzuwenden (§ 1378 Abs. 4 Satz 3; § 2332 BGB).

Damit ist der Fristbeginn an zwei Voraussetzungen geknüpft: 133
- Beendigung des Güterstandes und
- Kenntnis des Ehegatten.

Im Falle der Scheidung der Ehe beginnt die Frist frühestens mit dem Eintritt der formellen Rechtskraft des Scheidungsurteils, also mit Ablauf des letzten Tages der Berufungsfrist. Dabei kommt es nach § 1378 Abs. 4 BGB nicht nur auf den objektiven Zeitpunkt des Fristablaufs an, sondern auch auf das **Wissen** des Ausgleichsberechtigten um die **Rechtswirkung der Rechtskraft** für den Ausgleichsanspruch. 134

Neben der positiven Kenntnis der die Beendigung des Güterstandes begründenden Tatsachen ist es somit erforderlich, dass der Ausgleichsberechtigte die Tatsachen in ihrer rechtlichen Bedeutung erkannt hat (BGH, FamRZ 1987, 570 ff. = NJW 1987, 1766; FamRZ 1995, 797). Dabei ist zwar von einer allgemeinen Kenntnis auszugehen, dass mit der Rechtskraft der Scheidung auch der 135

Güterstand endet. Das gilt jedoch nach Auffassung des BGH nicht automatisch auch hinsichtlich der Rechtskraft bzw. Teilrechtskraft des Scheidungsausspruchs in einem **Verbundurteil** – insbesondere im Hinblick auf die komplizierte Regelung in § 679a ZPO (vgl. NJW 1997, 2049 ff. = FamRZ 1997, 804 f.; vgl. hierzu die krit. Anm. von Friederici, NJ 1997, 483 f.).

136 Auch wenn durch beide Prozessbevollmächtigte nach Verkündung des Scheidungsverbundurteils umfassend auf Rechtsmittel und Anschlussrechtsmittel verzichtet worden ist, hat eine Partei hier erst dann sichere Kenntnis von der rechtlichen Beendigung des Güterstandes, wenn das **Gericht** in der Verhandlung oder ein Prozessbevollmächtigter **ausdrücklich auf die Rechtsfolge hinweist**. Die Kenntnis des Anwaltes ist regelmäßig unerheblich; die Partei muss sich dessen Kenntnis aber dann anrechnen lassen, wenn der Anwalt nicht nur mit dem Scheidungsverfahren, sondern auch mit der Klage auf Zugewinnausgleich beauftragt war (BGH, a. a. O.).

bb) Hemmung und Neubeginn der Verjährung

137 Die Verjährung des Zugewinnausgleichsanspruchs wird nach den **allgemeinen Regeln** gehemmt (§§ 204 ff. BGB) bzw. beginnt neu (§ 212 BGB).

138 Durch das Gesetz zur Modernisierung des Schuldrechts vom 26. 11. 2001 (BGBl. I S. 3138) wurden weitreichende Umgestaltungen im Verjährungsrecht vorgenommen. Der Schwerpunkt der Verjährung liegt nunmehr auf der **Hemmung**, wogegen die bisherige Unterbrechung unter der Bezeichnung **Neubeginn** jetzt in den einschlägigen Tatbeständen wesentlich enger gefasst ist. Bisherige Unterbrechungstatbestände sind zu solchen der Verjährungshemmung umgestaltet worden; die Hemmung ist zugleich um neue Bestimmungen erweitert worden (§§ 203 – 211, 213 BGB).

139 Die zur Verjährungshemmung führenden Maßnahmen sind in § 204 BGB enumerativ aufgeführt, werden aber um weitere spezialgesetzliche Gründe ergänzt. Die Wirkung der Verjährungshemmung ist unverändert (§ 209 BGB).

140 Zur **Hemmung** der Verjährung ist nach § 204 BGB eine wirksame und rechtzeitig erhobene Klage erforderlich. Wirksam ist die Klage auf Zugewinnausgleich nur, wenn sie den wesentlichen Erfordernissen des § 253 ZPO entspricht. Sie muss von einem bei dem Familiengericht zugelassenen Rechtsanwalt unterschrieben sein. Rechtzeitig ist die Klage erhoben, wenn sie innerhalb der Verjährungsfrist zugestellt wird (§§ 253 Abs. 1, 261 Abs. 1 ZPO). Allerdings genügt die Einreichung der Klage, sofern die Zustellung „demnächst" erfolgt (§ 270 Abs. 3 ZPO).

141 Eine Klage führt auch bei teilweise nicht schlüssiger Klagebegründung zur Hemmung der Verjährung. Der Tatsachenvortrag kann auch dann noch nachgeholt werden, wenn der Anspruch ohne die Hemmungswirkung der Klage bereits verjährt gewesen wäre (BGH, NJW-RR 1996, 1409).

142 Einem **Mahnbescheid** kommt nach § 204 Abs. 1 Nr. 3 BGB verjährungshemmende Wirkung zu. Voraussetzung ist auch weiterhin, dass der geltend gemachte Anspruch in ihm hinreichend individualisiert war. Zu den Anforderungen an die Individualisierung einer Nachforderung in einem Mahnbescheid s. BGH, NJW 1996, 2152. Ausreichend ist dabei die Bezeichnung des geltend gemachten Anspruches als „Zugewinnausgleich".

143 Zur Hemmung der Verjährung ist die Begründung des geltend gemachten Anspruchs im Mahnbescheid nicht notwendig (BGH, FamRZ 1996, 853 ff.). Die **fehlende Substantiierung** kann **nachgeholt** werden. (Zur Hemmung der Verjährung bei hinreichender Individualisierung des Anspruchs im Mahnbescheid vgl. die nach „altem" Recht mit der Rechtsfolge der bisherigen Unterbrechung ergangene Entscheidung des BGH, NJW 1995, 2230 = LM H. 11/1995, § 690 ZPO Nr. 9 m. Anm. Wax). Durch einen unbestimmten Mahnantrag setzt nunmehr die **Hemmung** der Verjährung ein (vgl. BGH, NJW-RR 1996, 885).

144 **Gehemmt** wird die Verjährung eines Zugewinnausgleichsanspruchs auch, wenn rechtzeitig vor Ablauf der Frist ein vollständiger und ordnungsgemäß begründeter Prozesskostenhilfeantrag eingereicht wurde (= st. Rspr.). Es genügt, dass das Gesuch am letzten Tag der Verjährungsfrist bei Gericht eingeht. Die Hemmung der Verjährung endet nach der Entscheidung über den Prozesskos-

tenhilfeantrag (vgl. OLG München, FamRZ 1996, 418). Allerdings hat der rechtzeitig gestellte Prozesskostenhilfeantrag dann keine verjährungshemmende Wirkung, wenn der Antragsteller nicht von seiner Bedürftigkeit ausgehen durfte.

Auch wenn nur ein **Teilbetrag des Gesamtanspruchs** (vgl. zur Zulässigkeit von Teilklagen BGH, FamRZ 1994, 1095 = NJW 1994, 3165) durch Klage oder Mahnbescheid geltend gemacht wird, hemmt dies die Verjährung hinsichtlich sämtlicher Positionen auch ohne Aufgliederung und Bezifferung bis zur Höhe der verlangten Gesamtsumme (BGH, NJW 1996, 2152 f.). Dies gilt selbst dann, wenn Teile desselben Anspruchs in mehreren Verfahren geltend gemacht werden und in dem zweiten Verfahren zunächst nicht zum Ausdruck gebracht wird, dass ein Mehrbetrag verlangt wird (BGH, a.a.O.). 145

Die Verjährung wird **nicht gehemmt** durch Erhebung einer (isolierten) **Auskunftsklage** gem. § 1379 BGB, mag auch angekündigt werden, die Stellung eines Zahlungsantrags werde vorbehalten (vgl. OLG Celle, NJW-RR 1995, 1411 f. ; OLG Karlsruhe, FamRZ 2001, 832). Ebenso erfolgt keine Hemmung durch die Klage auf den großen Pflichtteil nach § 1371 Abs. 1 BGB (BGH, NJW 1983, 388). 146

Um der Unbilligkeit der Verjährung zu entgehen, besteht jedoch die Möglichkeit der **Stufenklage** (§ 254 ZPO), durch die eine Hemmung der Verjährung eintritt (nach „altem" Recht war dies ein Grund für die Unterbrechung). Bei einer Stufenklage tritt folglich die Hemmung der Verjährung gem. § 204 BGB mit dem Zeitpunkt der Klageerhebung nicht nur auf den Auskunftsantrag, sondern auch bereits auf den geltend gemachten unbezifferten Anspruch auf Leistung in jeder Höhe ein (vgl. BGH, FamRZ 1975, 485 = NJW 1975, 1409 f.; FamRZ 1992, 1163 = NJW 1992, 2563). Dies gilt auch dann, wenn das Gericht dem gleichzeitig gestellten Antrag auf Bewilligung von Prozesskostenhilfe nur für die Auskunftsklage entspricht, bei Zustellung der Stufenklage aber auch die Einschränkung auf die erste Stufe nicht deutlich zum Ausdruck gekommen ist (BGH, NJW-RR 1995, 770 f. = FamRZ 1995, 797 f.). Entgegen der Auffassung des OLG Hamm (FamRZ 1996, 864; vgl. dazu Anm. von Ludwig, FamRZ 1997, 421 f.) erfolgt selbst dann eine – nunmehr – Hemmung der Verjährung, wenn bei einer Stufenklage Auskunft zu einem falschen Stichtag verlangt wurde. 147

Dagegen kommt eine **Verjährung** des Zugewinnausgleichsanspruchs **auch bei erhobener Stufenklage** in Betracht, wenn der ausgleichsberechtigte Ehegatte mehr als drei Jahre nach Rechtskraft des Auskunftsurteils und Erteilung der Auskunft zuwartet, ehe er einen bezifferten Leistungsantrag stellt (OLG Nürnberg, NJW-RR 1995, 1091 ff.). Die Berufung auf die Verjährung ist in diesem Fall unzulässig. 148

Ebenso endet die Hemmung durch Klageerhebung durch Nichtbetreiben des Rechtsstreits (§ 204 Abs. 2 Satz 2 BGB). Beruht dies jedoch auf einer außergerichtlichen Verhandlung über den Zugewinnausgleich, ist die Verjährung im Folgenden nach § 203 BGB gehemmt (nach „altem" Recht war dies bisher anders: BGH, NJW 1999, 1101). 149

Eine Hemmung tritt auch ein durch **Stundung** (§§ 1382, 205 BGB) oder bei **vorzeitigem Zugewinnausgleich** (§§ 1385 ff. BGB), solange die Ehe besteht (§ 207 Abs. 1 Satz 1 BGB). Ebenso bei Vereinbarung zur Einholung eines Sachverständigengutachtens (anders nach „altem" Recht noch OLG Zweibrücken, NJW-RR 1995, 260). 150

Den **Neubeginn** der Verjährung zur Folge haben von den bisherigen Unterbrechungstatbeständen nur noch das **Anerkenntnis** des Schuldners (§ 212 Abs. 1 Nr. 1 BGB) sowie die Beantragung bzw. die Vornahme einer gerichtlichen oder behördlichen **Vollstreckungsmaßnahme** (§ 212 Abs. 1 Nr. 2 BGB). 151

Dabei dürfte wie bisher auch forthin in der Erteilung der Auskunft bzw. in der Bereitschaft dazu zugleich der Grund für den Neubeginn der Verjährung liegen (vgl. dazu hinsichtlich der bisherigen Unterbrechung nach der alten Rechtslage: OLG Hamburg, FamRZ 1984, 892; Palandt/Diederichsen, BGB, § 1378 Rn. 11; Johannsen/Henrich-Jaeger, Eherecht, § 1378 Rn. 19). Nach der Rspr. des BGH führt ein Anerkenntnis des Auskunftsanspruchs aber nicht dazu, dass auch die Verjährungs- 152 frist für den Zahlungsanspruch neu beginnt, wenn nicht zugleich im Anerkenntnis zum Ausdruck kommt, dass sich der Betreffende auch gegenüber dem Zahlungsanspruch als verpflichtet ansieht (BGH, FamRZ 1999, 571 ff.).

153 Die Übergangsregelungen zu den §§ 203 ff. BGB enthält Art. 229 § 6 Abs. 1 und 2 EGBGB.

c) Anrechnung von Vorausempfängen nach § 1380 BGB

154 Nach § 1380 BGB können auf die Zugewinnausgleichsforderung **Zuwendungen** angerechnet werden, die ein Ehegatte während der Ehe vom anderen erhielt. Zuwendungen sind diejenigen Leistungen, die durch Rechtsgeschäft unter Lebenden mit der Bestimmung erbracht werden, dass sie auf die Ausgleichsforderung anzurechnen sind.

155 Es sind sowohl positive als auch negative Anrechnungsbestimmungen möglich, die spätestens bei Vornahme der Zuwendung erklärt werden müssen, in der Praxis allerdings selten tatsächlich erfolgen. Die Bestimmung bedarf keiner Form. Nach der Zuwendung kann die Anrechnung nicht mehr einseitig angeordnet, jedoch von den Ehegatten vereinbart werden.

156 Ist eine solche Bestimmung nicht getroffen, so greift bis zum Beweis des gegenteiligen Willens des Zuwendenden die **Auslegungsregel** (str., nach a. A. „ergänzender Rechtssatz") des § 1380 Abs. 1 Satz 2 BGB, wonach „im Zweifel" all diejenigen Zuwendungen zur Anrechnung kommen sollen, die den Wert von Gelegenheitsgeschenken übersteigen, die nach den Lebensverhältnissen der Ehegatten üblich sind. Ausgenommen von der Anrechnung sind somit alle Gelegenheitsgeschenke, die dem betreffenden Ehegatten im üblichen Rahmen gemacht werden. Die **Beweislast**, dass eine Nichtanrechnung gewollt war, trägt der Empfänger.

157 Nach BGH (vgl. FamRZ 2001, 413 ff.) kann nunmehr eine solche Anrechnungsbestimmung auch **stillschweigend** erfolgen, jedenfalls dann, wenn der Zuwendungsempfänger später Ausgleich des Zugewinns verlangt. Die Anrechnung nach § 1380 Abs. 1 Satz 2 BGB soll im Zweifel auch dann erfolgen, wenn eine solche Bestimmung nicht mit der Übertragung des Vermögenswertes verknüpft war, da die Anrechnung ebenso wie auch bei unbenannten Zuwendungen im Zweifel als gewollt gilt. Der Zuwendungsempfänger soll im Falle des Zugewinnausgleichs nämlich nicht besser stehen, als er stehen würde, wenn die Zuwendung unterblieben wäre (Johannsen/Henrich-Jaeger, Eherecht, § 1380 Rn. 3). Damit begründet der BGH die stillschweigende Anrechnungsbestimmung aus dem Sinn und Zweck des Gesetzes selbst.

158 Umfasst werden alle freiwillig erbrachten vermögenswerten Leistungen **ohne Gegenleistung** (BGH, FamRZ 1983, 381 f.); hierzu zählen also nicht nur Schenkungen i. S. d. § 516 BGB, sondern auch ehebedingte oder unbenannte Zuwendungen, die Ehegatten im Rahmen der Verwirklichung der ehelichen Lebensgemeinschaft machen (BGH, FamRZ 1982, 246 f.); ebenso Zuvielzahlungen von Unterhalt, die man nach § 1360b BGB nicht zurückfordern kann (BGH, NJW 1983, 351 f.). Als anrechnungspflichtige Zuwendungen kommen u. a. in Betracht:

- Übertragung von Miteigentum am Familienheim oder Bebauung eines Grundstücks, das im Eigentum des anderen Ehegatten steht,
- Übernahme von Schulden oder Lastenfreistellung des anderen Ehegatten hinsichtlich gemeinschaftlicher Verbindlichkeiten (Hausgrundstück),
- unentgeltliche Gebrauchsüberlassung einer Wohnung oder eines Grundstücks.

159 Die Zuwendungen müssen **unter Ehegatten** (nicht unter Verlobten) und **während der Geltung des gesetzlichen Güterstandes** gemacht worden sein. Zuwendungen nach Beendigung des Güterstandes können § 1380 BGB nicht unterworfen werden. Der Wert der Zuwendung bestimmt sich gem. § 1380 Abs. 2 Satz 2 BGB nach dem Zeitpunkt der Zuwendung.

160 Die Vorschrift des § 1380 BGB gibt dem Ausgleichsschuldner eine **anspruchskürzende Einwendung**. Beweisen muss er sowohl die freiwillige Leistung und deren Höhe als auch seine Anrechnungsbestimmung bei der Leistung, was ihm durch die gesetzliche Auslegungsregel (§ 1380 Abs. 1 Satz 2 BGB) erleichtert wird.

161 Der Wert des nach § 1380 BGB anzurechnenden Betrages bestimmt sich nach dem Zeitpunkt der Zuwendung. Später eintretende Werterhöhungen bleiben unberücksichtigt. Gleiches gilt für Wertverluste.

162 Die Anrechnungsbestimmung findet nur Anwendung, wenn der **Zuwendende ausgleichspflichtig** beim Zugewinn ist. Kann er dagegen seinerseits Zugewinnausgleich verlangen, ist § 1380 BGB nicht einschlägig. Allerdings werden Zuwendungen des Ausgleichsberechtigten dann berücksichtigt, sofern sie höheren Zuwendungen des Verpflichteten gegenüberstehen. Solcherart beiderseitigen Zuwendungen sind zu saldieren und gelangen mit dem Überschuss in die Anrechnung des § 1380 BGB.

163 Die **Anrechnung** erfolgt in der Weise, dass der Wert der Zuwendung dem erzielten Zugewinn des Zuwendenden hinzugerechnet und von dem rechnerischen Zugewinn des Zuwendungsempfängers abgezogen wird. Auf den sich ergebenden Ausgleichsanspruch des Berechtigten (Empfänger) ist die Zuwendung unabhängig davon anzurechnen, ob sie sich noch im Vermögen des Ausgleichsberechtigten befindet.

Beispiel:
Der Mann hat ein Anfangsvermögen von 40.000 €, ein Endvermögen von 90.000 €; während des Güterstandes hat er an die Frau eine Zuwendung von 20.000 € gemacht. Das Anfangsvermögen der Frau beträgt 10.000 €, ihr Endvermögen 40.000 €. Bei der Zuwendung hat der Mann bestimmt, dass sie auf die Ausgleichsforderung angerechnet werden soll.
Berechnungsmethode:

M	Anfangsvermögen	*40.000 €*
	Endvermögen	*90.000 €*
	Zuwendung	*20.000 €*
F	Anfangsvermögen	*10.000 €*
	Endvermögen	*40.000 €*
M	Anfangsvermögen	*40.000 €*
	Endvermögen	*90.000 €*
	Zugewinn (50.000 + 20.000)	*70.000 €*
F	Anfangsvermögen	*10.000 €*
	Endvermögen	
	(40.000 – 20.000)	*20.000 €*
	Zugewinn	*10.000 €*

Ausgleichsanspruch F: 60.000 € : 2 = 30.000 € – 20.000 € = 10.000 €

Zur Durchführung der Anrechnung und zu den verschiedenen Methoden (mit Rechenbeispielen) vgl. darüber hinaus im Einzelnen Schwab, Handbuch, VII, Rn. 159 ff.; Johannsen/Henrich-Jaeger, Eherecht, § 1380 Rn. 11 ff.).

164 In den Fällen, in denen die Zuwendung ganz oder teilweise noch im Endvermögen des Empfängers vorhanden ist und dieser einen höheren Zugewinn als der Zuwendende erzielt hat, fließt die Hälfte der noch vorhandenen Zuwendung über den Ausgleichsanspruch (§ 1378 BGB) an diesen zurück (BGH, FamRZ 1982, 246 ff.).

165 Problematisch sind die sich aus der gesetzlichen Regelung des § 1380 BGB zwangsläufig ergebenden Ungereimtheiten für die Fälle **überhöhter Vorwegleistung** und der Berücksichtigung von Zuwendungen, die sich wegen Verbrauchs oder aus Gründen der Neutralisierung der Zuwendung nicht mehr im Endvermögen des Zuwendungsempfängers auswirken.

166 Diese Fälle „überhöhter Zuwendung bzw. Vorwegleistungen" haben in der Literatur und der Rechtsprechung zu unterschiedlichsten Lösungsversuchen geführt. Der BGH und mit ihm wohl die h. M. präferieren für die Berücksichtigung von während der Ehe erfolgten Zuwendungen den Vorrang des Güterrechts vor der Rückabwicklung auf schuldrechtlicher Grundlage und regeln diese Fälle im Rahmen der **güterrechtlichen Auseinandersetzung,** die regelmäßig alle anderen allgemeinen Anspruchsgrundlagen ausschließt (vgl. BGH, FamRZ 1982, 778 ff.; BGHZ 82, 227; Reinicke/Tiedtke, WM 1982, 952). Der BGH hält an seiner bisherigen Rechtsprechung fest, wonach Zuwendungen während des gesetzlichen Güterstandes grds. allein güterrechtlich ausgeglichen werden, im Ausnahmefall aber auch ein Ausgleich über die Grundsätze des Wegfalls der Geschäftsgrundlage für möglich gehalten wird.

d) Leistungsverweigerung wegen grober Unbilligkeit (§ 1381 BGB)

167 Die Erfüllung des Anspruchs auf Zugewinnausgleich darf gem. § 1381 BGB insoweit verweigert werden, als der Ausgleich des Zugewinns nach den Umständen des Falles grob unbillig wäre.

Die Rechtsfolge ist **ein Leistungsverweigerungsrecht** des Ausgleichsschuldners. Die Beweislast trägt der Ausgleichsschuldner.

168 Die grobe Unbilligkeit in § 1381 Abs. 1 BGB setzt voraus, dass die Gewährung des Zugewinnausgleichs in der vom Gesetz grds. vorgesehenen Weise – und sei es auch nur zu einem Teil – dem Gerechtigkeitsempfinden in unerträglicher Weise widersprechen würde (vgl. BGH, FamRZ 1966, 495; 1983, 877 f.; 1992, 787 ff.; OLG Bamberg, FamRZ 1990, 408 f.; OLG Karlsruhe, FamRZ 1987; 823 f.). Dabei ist die Herkunft des Zugewinns im Rahmen von § 1381 BGB grds. ohne Bedeutung.

169 Die Vorschrift stellt ein **Korrektiv** für die bewusst schematisierende und in sich nicht immer folgerichtige gesetzliche Regelung der §§ 1373 ff. BGB dar, allerdings beschränkt auf die Fälle grober Unbilligkeit im Einzelfall. Allein „system-immanente Unbilligkeiten" der starren Zugewinnausgleichsregelung sind jedoch nach der Rechtsprechung des BGH über § 1381 BGB nicht zu korrigieren. Es handelt sich dabei um eine Ausnahmeregelung, für die der Gesetzgeber die Einstiegsgrenze bewusst hoch angesetzt hat. Die Rspr. des BGH zu § 1381 BGB ist restriktiv. Nur in besonderen Ausnahmefällen wird das Leistungsverweigerungsrecht anerkannt. Das hat dazu geführt, dass ein Leistungsverweigerungsrecht nach § 1381 BGB in der gerichtlichen Praxis nur selten bejaht wird.

Da die Erfüllung der Ausgleichsforderung nach der gesetzlichen Formulierung nur verweigert werden kann, „soweit" der Ausgleich des Zugewinns nach den Umständen des Falles grob unbillig wäre, kommt eher eine Reduzierung des Ausgleichsanspruches als sein völliger Wegfall in Betracht (BGHZ 46, 343; BGH, NJW 1970, 1600 f.).

170 Neben § 1381 BGB ist § 242 BGB nicht anwendbar (BGH, FamRZ 1973, 254 f. = NJW 1973, 749).

171 Die **praktische Anwendung** des § 1381 BGB durch die Rechtsprechung hat gezeigt, dass sich durchgängig allgemeine Grundsätze, nach denen sich Einzelfälle zuordnen lassen, bisher nicht entwickelt haben.

172 Vielmehr lassen sich allenfalls bei grober Betrachtung bestimmte **Fallgruppen** feststellen:

173 Grobe Unbilligkeit kann vor allem dann vorliegen, wenn der Ehegatte, der den geringeren Zugewinn erzielt hat, längere Zeit hindurch die **wirtschaftlichen Verpflichtungen**, die sich aus dem ehelichen Verhältnis ergeben, **schuldhaft nicht erfüllt** hat (§ 1381 Abs. 2 BGB). Das Gesetz verlangt eine schuldhaft schwere Verletzung derartiger wirtschaftlicher Verpflichtungen. Grobe Unbilligkeit kann danach vorliegen, wenn ein Ehegatte trotz ausreichenden Einkommens über längere Zeit nicht seinen Teil zum Familienunterhalt geleistet oder die ihm obliegende Haushaltsführung schuldhaft nur unzureichend wahrgenommen hat. Sie kann auch gegeben sein bei **schuldhafter Beeinflussung der Vermögenslage** zu Lasten des ausgleichsverpflichteten Ehepartners, wenn

vorwerfbar unzulängliche Verwaltung des eigenen Vermögens seitens des potentiell ausgleichsberechtigten Ehegatten vorliegt. Dagegen begründet nicht schon der Konkurs als solcher die Unbilligkeit.

Gegenstand vieler Erörterungen und Entscheidung ist auch die Frage, ob und unter welchen Voraussetzungen die **Verletzung persönlicher Eheverpflichtungen** zur Anwendbarkeit des § 1381 führen kann. Nach BGH ist dies nur bei lang andauernden Verfehlungen möglich. Weitgehende Einigkeit besteht darüber, dass in diesem Zusammenhang regelmäßig auch ein gewisser Bezug zum Vermögen gegeben sein muss (zur Mitberücksichtigung von Gründen, die zur Auflösung der Ehegemeinschaft geführt haben, vgl. BGH, NJW 1980, 1462 f.).

174

Weiterhin ist anerkannt, dass die groben Unbilligkeiten nicht nur im Zusammenhang mit Pflichtverletzungen der Ehegatten, sondern auch aus rein **objektiven Gegebenheiten** resultieren können. Dies wäre z. B. der Fall, wenn der Ausgleichsschuldner durch Zahlung gegenüber dem Ausgleichsgläubiger unterhaltsberechtigt würde.

175

Das Problem stellt sich auch in Fällen längerer Trennung der Eheleute. **Lange Trennungszeiten** sollen sich nach BGH regelmäßig nicht auf die Ausgleichspflicht auswirken. Ebenso wenig soll es auf die Dauer der Ehe als Kriterium für die Unbilligkeit der Ausgleichspflicht ankommen.

176

Dagegen begründet der Umstand, dass der Schuldner nicht sofort leisten kann, kein Leistungsverweigerungsrecht, da insoweit eine **Stundung** der Zugewinnausgleichsforderung in Betracht kommt.

177

Der Ausgleichsschuldner muss sich im Prozess gegenüber dem Anspruch auf Zahlung des Zugewinnausgleich auf sein Leistungsverweigerungsrecht durch Einrede berufen. Er trägt die volle **Darlegungs- und Beweislast**. Die Einrede beseitigt grds. nicht den Auskunftsanspruch gem. § 1379 BGB.

178

e) Stundung der Ausgleichsforderung

Das Familiengericht kann gem. § 1382 Abs. 1 Satz 1 BGB eine Forderung auf Zugewinnausgleich **stunden**, soweit die Ausgleichsforderung **unstreitig** ist. Die Stundung setzt voraus, dass die sofortige Zahlung der Ausgleichsforderung unter Berücksichtigung der Interessen des Gläubigers „zur Unzeit" (zum Begriff vgl. BVerfGE 55, 134 ff.) erfolgen würde.

179

Die Stundung durch das Familiengericht erfolgt nur **auf Antrag**. Er ist nicht fristgebunden. Der Antrag kann auch hilfsweise im Zusammenhang mit einem Antrag nach § 1381 BGB gestellt werden.

180

Regelmäßig kann dem Ausgleichsschuldner eine Veräußerung seines Vermögens zugemutet werden, wenn er anders den Ausgleich nicht bezahlen kann – denn der Schuldner muss wirtschaftliche Belastungen hinnehmen. Andererseits ist eine Stundung aber dann angebracht, wenn er seine existenznotwendige Einkommensquelle oder Vermögensteile überstürzt veräußern müsste (ungünstige Marktlage), insbesondere jedoch dann, wenn die sofortige Zahlung die Wohnverhältnisse oder sonstigen Lebensverhältnisse gemeinschaftlicher Kinder nachhaltig verschlechtern würde (§ 1382 Abs. 1 Satz 2 BGB). Die Stundung verlangt eine **Interessenabwägung** zwischen dem Schuldner und dem Gläubiger.

181

Nach § 1382 Abs. 1 BGB kann nur eine **unstreitige Forderung** gestundet werden (§§ 621a, 621b ZPO, § 53a FGG).

182

Eine gestundete Forderung hat der Schuldner zu **verzinsen** (§ 1382 Abs. 2 BGB). Auch kann das Familiengericht auf Antrag eine Sicherheitsleistung für die geschuldete Forderung festsetzen (§ 1382 Abs. 3 BGB). Die Entscheidung über die Höhe und die Fälligkeit der Zinsen und über Art und Umfang der Sicherheitsleistung unterliegt dem billigen Ermessen des Familiengerichts (§ 1382 Abs. 4 BGB).

183

Ist ein Rechtsstreit über den Zugewinnausgleich anhängig, muss der Stundungsantrag in diesem Verfahren gestellt werden (§ 1382 Abs. 5 BGB). Bei unstreitigen Ausgleichsforderungen ist für die Stundung der **Rechtspfleger** am Familiengericht zuständig (§ 23b Abs. 1 Nr. 10 GVG, §§ 3 Nr. 2a,

184

14 Nr. 2 RPflG). Gegen die Entscheidung des Rechtspflegers ist binnen Notfrist von einem Monat die Erinnerung gegeben (§ 11 RPflG i. V. m. §§ 621e Abs. 3, 516 ZPO).

10. Auskunftsanspruch und Wertermittlung

a) Anspruchsgrundlagen

185 Da ein Ehegatte das Endvermögen des anderen oft nicht hinreichend kennt, verpflichtet § 1379 BGB zur Auskunft. **Nach Beendigung des Güterstandes** hat jeder Ehegatte gegen den anderen gem. § 1379 Abs. 1 BGB je einen **Anspruch** auf

- Auskunft über den Bestand des Endvermögens,
- Wertermittlung der Vermögensgegenstände und Verbindlichkeiten sowie
- Anfertigung eines Vermögensverzeichnisses auf Kosten des Berechtigten.

186 Hat ein Ehegatte die Scheidung oder die Aufhebung der Ehe beantragt, gilt dies entsprechend (§ 1379 Abs. 2 BGB). Im Falle der Scheidung entsteht der Anspruch bereits mit der Rechtshängigkeit des Scheidungsantrages (§ 1379 Abs. 2 BGB), kann also im Rahmen des Scheidungsverfahrens bereits **im Scheidungsverbund geltend gemacht werden**. Der „Stichtag" für die Auskunft im Scheidungsfall ist somit der Tag, an dem der Scheidungsantrag zugestellt wurde (§ 1384 BGB). Das gilt auch bei längerem Ruhen des Verfahrens oder dann, wenn die Eheleute bereits vor Rechtshängigkeit des Scheidungsantrages mehrere Jahre voneinander getrennt gelebt haben (OLG Hamm, FamRZ 1987, 701 f.).

187 Neben der Auskunftspflicht nach § 1379 BGB besteht eine sich aus der ehelichen Lebensgemeinschaft ergebende Pflicht der Ehegatten, sich gegenseitig allgemein über den Bestand des Vermögens zu unterrichten. Diese aus § 1535 BGB abgeleitete **Informationspflicht** (BGH, FamRZ 1978, 677, 678) erstreckt sich auf Angaben über wesentliche Vermögensbestandteile, deren Wert und Verbleib. Weigert sich ein Ehegatte ohne ausreichenden Grund beharrlich, den anderen Ehegatten über den Bestand seines Vermögens zu unterrichten, so kann dieser auf vorzeitigen Ausgleich des Zugewinns klagen (§ 1386 Abs. 3 BGB).

188 Schließlich besteht neben dem Auskunftsanspruch nach § 1397 Abs. 1 BGB der von der Rechtsprechung aus § 242 BGB entwickelte allgemeine Auskunftsanspruch. Der nach Treu und Glauben bestehende Anspruch steht demjenigen Ehegatten zu, der entschuldbar über das Bestehen und den Umfang seines Rechtes im Ungewissen und deshalb auf die Auskunft des Verpflichteten angewiesen ist, und besteht nur, wenn der Verpflichtete durch die Auskunft nicht unbillig belastet wird (BGH, FamRZ 1982, 27). Der allgemeine Auskunftsanspruch hat neben dem generellen Auskunftsanspruch nur ergänzende Funktion und beschränkt sich lediglich auf einen bestimmten einzelnen Tatbestand.

b) Auskunftspflicht (Inhalt, Umfang, Form)

189 Gegenstand der Auskunftspflicht ist nach dem eindeutigen Wortlaut des § 1379 BGB nur der Bestand des jeweiligen **Endvermögens**, bezogen auf den Stichtag.

190 Die Auskunftspflicht erstreckt sich **nicht** auf das **Anfangsvermögen** (OLG Karlsruhe, FamRZ 1986, 1105 f.; OLG Nürnberg, FamRZ 1986; 272; a. A. OLG Schleswig, FamRZ 1983, 1126; Auskunftspflicht nach § 242 BGB), auch nicht auf etwaigen **Hinzuerwerb** i. S. d. § 1374 Abs. 2 BGB.

Das Gesetz bietet hier einen anderen Ausweg: Haben die Ehegatten gemeinsam ein **Bestandsverzeichnis** über das Anfangsvermögen erstellt, so wird im Verhältnis zueinander dessen Richtigkeit vermutet (§ 1377 Abs. 1 BGB). Wurde kein Verzeichnis aufgenommen, wo wird bis zur Führung des Gegenbeweises vermutet, dass ein Anfangsvermögen nicht vorhanden war, d.h. das gesamte Endvermögen des Ehegatten also seinen Zugewinn darstellt (§ 1377 Abs. 3 BGB).

191 Es empfiehlt sich jedoch, den anderen Ehegatten aufzufordern, Auskunft über sein Anfangsvermögen zu erteilen, um den Ausgleichsanspruch hinreichend bestimmen zu können.

Der Auskunftsanspruch erstreckt sich nicht auf solche Bestandteile, die dem Ausgleich des Zugewinns nicht unterliegen (vgl. BGHZ 89, 137 ff. = FamRZ 1984, 144). 192

Die Auskunft ist durch Vorlage eines schriftlichen **Bestandsverzeichnisses** (§ 260 Abs. 1 BGB) zu erteilen und ist eine Wissenserklärung (OLG München, FamRZ 1995, 737), die der Schriftform bedarf; sie muss nicht in jedem Falle eigenhändig unterschrieben werden (KG, FamRZ 1997, 503; a. A. OLG München, a. a. O.). Die Auskunft muss eine auf den Stichtag bezogene geordnete, vollständige und für den Berechtigten **nachvollziehbare Zusammenstellung** aller dem Zugewinnausgleich unterliegenden Vermögensgegenstände – nach Anzahl, Menge, Art und wertbildenden Merkmalen aufgeführt – sowie auch der vorhandenen Verbindlichkeiten enthalten (BGH, FamRZ 1982, 682 ff.; FamRZ 1991, 157 ff.). Bei den Passiva ist auch der konkrete Verwendungszweck anzugeben. 193

Das Verzeichnis muss den anderen Ehegatten in die Lage versetzen, sich einen Überblick über den Wert des Endvermögens und über eine eventuelle Ausgleichsforderung zu verschaffen. Angaben in einer Mehrzahl einzelner Schriftsätze, die keinen zusammenfassenden und nachprüfbaren Überblick über das Vermögen ermöglichen, genügen diesen Anforderungen nicht (OLG Düsseldorf, FamRZ 1986, 186). 194

Sachgesamtheiten (z. B. Bibliotheken, Briefmarkensammlungen, Betriebsinventar) können jedoch als solche aufgeführt werden, wenn dies verkehrsüblich und die notwendige Individualisierung möglich ist. 195

Wer Zugewinn fordert, hat die **Beweislast** sowohl für das Bestehen von Aktiva als auch für das Fehlen von Schulden im Endvermögen des anderen Ehegatten. 196

Jeder Ehegatte kann verlangen, bei der Aufnahme des Verzeichnisses anwesend zu sein (§ 1379 Abs. 1 Satz 2 BGB). Nach der Rspr. des BGH handelt es sich bei § 1379 Abs. 1 Satz 2 BGB um einen selbstständigen Anspruch (BGH, FamRZ 1982, 683; a. A. MüKo/Gernhuber, BGB, § 1379 Rn. 21). Das Verlangen auf Hinzuziehung bei der Aufnahme des Endvermögensverzeichnisses ist eine Erweiterung des Auskunftsbegehrens nach § 1379 Abs. 1 Satz 1 BGB und dem Gläubiger auch dann noch möglich, wenn bereits ein Bestandsverzeichnis vom Schuldner aufgestellt wurde (KG, FamRZ 1998, 1514 f.). Der Auskunftsberechtigte kann auf seine eigenen Kosten vom Verpflichteten auch verlangen, dass dieser die **amtliche Aufnahme des Verzeichnisses** veranlasst (§ 1379 Abs. 1 Satz 3). 197

Hat der Verpflichtete ein von ihm verfasstes oder amtlich aufgenommenes Verzeichnis vorgelegt, das nicht von vornherein unbrauchbar ist, so kann dessen **Ergänzung** oder Erneuerung wegen behaupteter Mängel regelmäßig nicht verlangt werden. Solcherart Mängel sind im Verfahren über die Abgabe einer eidesstattlichen Versicherung (§ 260 Abs. 2 BGB) oder im Verfahren über die Ausgleichsforderung selbst zu klären. Allerdings ist ein Anspruch auf Ergänzung der erteilten Auskunft dann anzunehmen, wenn die Auskunft erkennbar unvollständig ist, etwa bei Rechtsirrtum des Auskunftspflichtigen über den Umfang der Auskunft oder bei Unkenntnis vorhandener Vermögenspositionen (BGH, FamRZ 1984, 144 f.). 198

Hinweis:

*Zu beachten ist Folgendes: Die nach § 1379 Abs. 1 Satz 1 BGB geschuldete Auskunft umfasst **keine Wertangaben** oder Wertberechnungen (BGH, FamRZ 1989, 157). Diese müssen zusätzlich nach § 1379 Abs. 1 Satz 2 BGB verlangt werden, was beachtet werden sollte. Allerdings sind zu jedem Gegenstand **alle wertbildenden Faktoren** mitzuteilen, aus denen sich der Berechtigte selbst ein Bild über die Wertverhältnisse machen kann (BGHZ 84, 32; OLG München, FamRZ 1995, 737): Dies sind z. B. Lage, Größe und Art der Bebauung von Grundstücken; Fabrikat, Typ, Baujahr, Erstzulassung und Kilometerstand von Kraftfahrzeugen. Bei landwirtschaftlichen Flächen genügt nicht die Vorlage der Einheitswertbescheide, sondern es*

> ist Auskunft über die Nutzungsart und Bonität des Bodens, die Betriebsflächen und sämtliche Betriebsmittel, die Fremdlöhne und die Lohnansprüche der Familienarbeitskräfte zu geben (OLG Düsseldorf, FamRZ 1986, 168 ff.).

199 Hinsichtlich solcher Vermögensbestandteile, deren Wert im Wesentlichen durch ihre **Ertragslage** bestimmt wird (insbesondere Unternehmen und Unternehmensbeteiligungen, aber auch Praxen), umfasst die Auskunft die Benennung von Umsätzen und Gewinnen, und zwar für einen angemessenen Zeitraum (regelmäßig für die letzten fünf Jahre).

c) Beleganspruch

200 Anders als im Unterhaltsrecht besteht nach § 1379 BGB **keine Verpflichtung** zur Vorlage von Belegen, insbesondere nicht zu bloßen Kontrollzwecken (OLG Karlsruhe, FamRZ 1986, 1105). Auch eine Auskunft über den Verbleib oder die Verwendung von Vermögensgegenständen scheidet grds. aus (OLG Karlsruhe, FamRZ 1986, 271; OLG Düsseldorf, FamRZ 1981, 893 f.).

201 Nur **ausnahmsweise** kann der Auskunftsberechtigte über den Wortlaut des § 1379 BGB hinaus die Vorlage von Belegen und sonstigen Unterlagen verlangen, wenn die geschuldete Information in einer verständlichen Weise nur mit Hilfe solcher Unterlagen erfolgen und der Auskunftsberechtigte eine Bewertung der Gegenstände des Endvermögens ohne sie nicht vornehmen kann.

202 Die Rspr. hat in diesem Zusammenhang für den Einzelfall einen über den Gesetzeswortlaut hinaus **erweiterten Auskunftsanspruch** (Vorlageanspruch) anerkannt, so u. a. für im Endvermögen befindliche Unternehmen und Unternehmensbeteiligungen (vgl. BGH, FamRZ 1980, 37; OLG Hamburg, FamRZ 1988, 1167 ff. m. w. N.), bei einer **Zahnarztpraxis** (vgl. OLG Koblenz, FamRZ 1982, 280) oder bei Beteiligung an einer Anwaltssozietät (vgl. OLG Hamm, NJW 1983, 1914 und OLG Saarbrücken, FamRZ 1984, 794 f.).

203 Hierzu sind **Bilanzen** nebst Gewinn- und Verlustrechnungen oder Einnahme- Überschuss-Rechnungen (üblicherweise für die letzten fünf Jahre), ggf. auch der Sozietätsvertrag, **vorzulegen**.

204 Der **Anspruch auf Vorlage von Belegen** ist in derartigen Ausnahmefällen besonders geltend zu machen und im Interesse seiner Vollstreckbarkeit genau zu bezeichnen.

205 **Schutzwürdige Interessen Dritter** an einer Geheimhaltung schließen die Pflicht zur Vorlage von Belegen nicht aus; auf ihre Interessen ist jedoch Rücksicht zu nehmen (z. B. durch „Schwärzen" von Bestandteilen).

d) Anspruch auf Wertermittlung

206 Die Wertermittlung nach § 1379 Abs. 1 Satz 2 BGB ist nicht Bestandteil des Auskunftsanspruchs, sondern Gegenstand eines **selbstständigen**, besonders geltend zu machenden **Anspruchs**. Wird vom Berechtigten nur Auskunft zum Bestand verlangt, ist damit der Anspruch auf Wertberechnung nicht erfasst (BGH, FamRZ 1989, 157).

207 Der auf Wertermittlung in Anspruch genommene Ehegatte ist nur insoweit zur Ermittlung und Angabe der Vermögenswerte verpflichtet, als er selbst dazu imstande ist (BGH, FamRZ 1991, 316 = NJW-RR 1991, 325). Wie der Verpflichtete die ihm obliegende Wertermittlung durchführt, bleibt ihm selbst überlassen; allerdings muss er auf Verlangen des Berechtigten erläutern, wie er zu den einzelnen Wertangaben gelangt ist. Ist eine zuverlässige Bewertung weder dem Auskunftspflichtigen noch dem Berechtigten möglich (z. B. bei Grundstücken, Betrieben, Praxen usw.), so kann dieser erforderlichenfalls die Wertermittlung durch einen **Sachverständigen** verlangen, dessen Begutachtung der Auskunftspflichtige zu dulden und zu unterstützen hat (OLG München, FamRZ 1982, 279), aber vom Berechtigten zu bezahlen ist.

e) Auskunft zu illoyalen Vermögensverschiebungen

Der Auskunftsanspruch nach § 1379 Abs. 1 BGB bezieht sich dem Wortlaut nach nur auf den Bestand des Endvermögens am Stichtag. Er erstreckt sich nicht auf die Vermögensminderungen, die nach § 1375 Abs. 2 BGB dem Endvermögen hinzuzurechnen sind (vgl. hierzu nur BGHZ 82, 132 ff. = NJW 1982, 176 = FamRZ 1982, 27). Der BGH bejaht jedoch neben dem Auskunftsanspruch nach § 1379 BGB die Möglichkeit eines allgemeinen **Auskunftsanspruchs** aus § 242 BGB nach den Grundsätzen von Treu und Glauben, der aber nur ergänzende Funktion hat. Legt der Auskunftsbegehrende Umstände dar, aus denen sich der nicht fern liegende Verdacht unentgeltlicher Zuwendungen des anderen Ehegatten an Dritte, von Verschwendungen oder benachteiligenden Handlungen ergibt, so kann er Auskunft über die den Verdacht begründenden Vorgänge verlangen (vgl. BGH, a. a. O.). Der aus § 242 BGB hergeleitete Auskunftsanspruch bei einem bestehenden Verdacht auf illoyale Vermögensminderungen beinhaltet aber nicht das Recht, allgemein Auskunft über alle eventuellen Vermögensminderungen i.S. d. § 1375 Abs. 2 BGB zu verlangen. Er bezieht sich vielmehr lediglich auf einzelne Handlungen des Auskunftspflichtigen (unberechtigte Schenkungen, Verschwendungen oder eine in Benachteiligungsabsicht vorgenommene Verfügung), für deren Vorliegen der auskunftsberechtigte Ehegatte hinreichend konkrete Anhaltspunkte vortragen muss. Nur darüber muss der Auskunftspflichtige Auskunft erteilen. Der allgemeine Auskunftsanspruch erstreckt sich deshalb auch nicht auf einen Inbegriff von Gegenständen i. S. d. § 260 BGB (OLG Köln, FamRZ 1997, 1336 f.). 208

f) Eidesstattliche Versicherung

Besteht ein **konkreter Grund** zu der Annahme, dass das Verzeichnis des Endvermögens nicht vollständig bzw. nicht mit der erforderlichen Sorgfalt aufgestellt worden ist, so hat der Verpflichtete auf Verlangen an Eides Statt zu versichern, dass er nach bestem Wissen den Bestand seines Vermögens so vollständig angegeben hat, wie er dazu imstande ist (§ 260 Abs. 2 BGB). 209

Der Anspruch nach § 260 BGB besteht erst, wenn die Auskunft erteilt ist, weil erst danach dessen Voraussetzungen eintreten können. 210

Nicht erforderlich ist, dass der Auskunftsberechtigte die Unrichtigkeit der Auskunft nachweist; es reicht aus, dass konkrete Zweifel an der Richtigkeit und Vollständigkeit des Verzeichnisses gerechtfertigt sind. Der Auskunftsberechtigte muss dem Gericht Tatsachen vermitteln, aus denen es den Schluss ziehen kann, dass der Verpflichtete das Verzeichnis nicht mit der erforderlichen Sorgfalt erstellt hat (vgl. OLG Karlsruhe, NJW-RR 1990, 712).

Unrichtigkeit oder Unvollständigkeit begründen keinen Anspruch auf Abgabe der Versicherung, wenn sie auf entschuldbarer Unkenntnis oder einem unverschuldeten Irrtum beruhen. Dann kommt nur ein Anspruch auf **ergänzende Auskunft** in Betracht (BGH, FamRZ 1984, 144 ff.). 211

g) Zurückbehaltungsrecht

Die Auskunftsverpflichtung besteht **wechselseitig** zwischen den Ehegatten. Streitig ist, ob der nach § 1379 BGB auf Auskunft über sein Endvermögen in Anspruch genommene Ehegatte die Auskunft nach § 273 BGB so lange verweigern darf, bis auch der andere Ehegatte seinerseits die entsprechende Auskunft erteilt hat (so Gernhuber, NJW 1991, 2240). Der Ehegatte, von dem Auskunft verlangt wird, hat wegen des ihm selbst zustehenden Auskunftsanspruchs **kein Zurückbehaltungsrecht** (h. M.). Gegen ein solches spricht, dass die Auskunftsverweigerung die beiden Ansprüche samt Zugewinnausgleich blockiert, und so den Zweck des § 1379 BGB vereitelt, obwohl es sich bei dem Auskunftsanspruch lediglich um ein Hilfsmittel zur Berechnung der Ausgleichsforderung handelt (OLG Frankfurt/M., FamRZ 1985, 483; OLG Stuttgart, FamRZ 1984, 273 ff. m. w. N.; OLG Thüringen, FamRZ 1997, 1335 f.; a. A. OLG Stuttgart, FamRZ 1982, 282 f.). 212

h) Grenzen der Auskunftspflicht

213 Der Auskunftsanspruch nach § 1379 BGB besteht unabhängig davon, ob voraussichtlich ein Ausgleichsanspruch oder eine Ausgleichverpflichtung besteht. Die Auskunftspflicht hängt insbesondere nicht davon ab, ob ein **Leistungsverweigerungsrecht** gem. § 1381 BGB besteht, zumal regelmäßig nur eine Herabsetzung der Ausgleichsforderung, nicht deren völlige Versagung in Betracht kommt (so BGHZ 44, 163 ff.; BGH, NJW 1972, 433 f.).

214 Andererseits hat der Auskunftsanspruch jedoch keinen Selbstzweck. Daher kann das Verlangen nach Auskunft **rechtsmissbräuchlich** sein, wenn – unabhängig vom Inhalt der Auskunft – unzweifelhaft feststeht, dass infolge der Einrede des § 1381 Abs. 1 BGB eine Ausgleichsforderung nicht besteht (BGH, NJW 1972, 433 f.; NJW 1980, 1462 f.).

Ein Auskunftsanspruch besteht auch dann nicht, wenn klar erkennbar ist, dass kein Zugewinn erzielt wurde (OLG Koblenz, FamRZ 1985, 286;) oder eine Ausgleichsforderung nicht gegeben ist (BGH, FamRZ 1983, 157 f.: wirksamer Erlass des Ausgleichsanspruchs).

Ferner steht der Auskunftsanspruch dem Berechtigten dann nicht (mehr) zu, wenn unzweifelhaft feststeht, dass der zugrunde liegende Zugewinnausgleichsanspruch infolge der Verjährungseinrede gem. § 1378 Abs. 4 BGB verjährt ist. In einem solchen Fall verstößt die Geltendmachung des (anerkannten) Auskunftsanspruchs gegen § 226 BGB, wenn er aufgrund der Verjährung des Leistungsanspruchs nur noch als Selbstzweck geltend gemacht wird (OLG Celle, FamRZ 2002, 1030).

i) Verfahrensrecht

aa) Klage

215 Der Auskunftsanspruch nach § 1379 BGB ist **einklagbar**.

216 Er kann mit einer **selbstständigen Klage** geltend gemacht werden, die jedoch die Verjährung des Zugewinnausgleichsanspruchs nicht unterbricht. Die isolierte Klage kann nicht als Folgesache im Verbund geltend gemacht werden.

> *Hinweis:*
> Zu empfehlen ist deshalb eine **Stufenklage** *(Auskunft, Zahlung) nach § 254 ZPO, bei der der Ausgleichsanspruch erst dann beziffert wird, wenn die nötigen Auskünfte erteilt sind. Das Familiengericht hat dann durch Teilurteil vorab über die Auskunftsstufe zu entscheiden. Nach allg. Auffassung tritt hierbei jedoch die Unterbrechung der Verjährung bereits mit Klageerhebung ein.*

217 Der Auskunftsantrag muss genau bestimmt sein (§ 253 Abs. 2 Nr. 2 ZPO). Erforderlich ist die Angabe des **Stichtages**, d. h. des Tages der Zustellung des Scheidungsantrages (§ 1384 BGB) oder der ehevertraglichen Beendigung des Güterstandes. Der Klageantrag muss einen vollstreckungsfähigen Inhalt haben; dazu gehört die genaue Angabe der herausverlangten Unterlagen.

bb) Vollstreckung

218 Die Auskunft ist eine Wissenserklärung. Es handelt sich um eine unvertretbare Handlung. Die Vollstreckung erfolgt daher nach § 888 Abs. 1 ZPO. Es kann sofort **Zwangsgeld** oder **Zwangshaft** festgesetzt werden. Der Beschluss wird nach § 329 Abs. 3 ZPO von Amts wegen zugestellt und ist mit der sofortigen Beschwerde anfechtbar. Sind Belege vorzulegen, erfolgt die Vollstreckung gem. § 883 ZPO im Wege der Wegnahme durch den Gerichtsvollzieher. Kommt der Schuldner seiner Pflicht zur Wertermittlung nicht nach, ist ein Vorgehen über § 887 ZPO möglich.

Die Abgabe der **eidesstattlichen Versicherung** erfolgt nach § 889 ZPO vor dem Amtsgericht als Vollstreckungsgericht. Erklärt sich der zur Auskunft Verpflichtete freiwillig zur Versicherung an Eides Statt bereit, ist das Gericht der freiwilligen Gerichtsbarkeit zuständig (§§ 163, 79 FGG).   219

cc) Kosten

Die Kosten der Auskunftserteilung hat der **Auskunftspflichtige** als Schuldner zu tragen, soweit sie mit der Herstellung und Übergabe eines Vermögensverzeichnisses verbunden sind (BGH, FamRZ 1982, 682 f.) oder durch die Ermittlung und die Angabe des Vermögenswertes entstehen, auch wenn hierbei zu Einzelfragen Hilfskräfte herangezogen werden müssen (BGH, FamRZ 1991, 316).   220

Soweit der Auskunftsberechtigte jedoch Wertermittlung durch einen **Sachverständigen** verlangt, hat er die Kosten der Begutachtung zu tragen (BGH, FamRZ 1982, 682; OLG Karlsruhe, FamRZ 1995, 736).

dd) Streitwert; Wert der Beschwer

Wird der Auskunftsanspruch im Rahmen der **Stufenklage** (§ 254 ZPO) verfolgt, gilt § 18 GKG. Danach ist für die Wertberechnung nur einer der verbundenen Ansprüche, und zwar der höhere, maßgebend. Das ist i. d. R. der Leistungsanspruch.   221

Der **Streitwert** des **isolierten Auskunftsverfahrens**, das den Leistungsanspruch nur vorbereiten soll, richtet sich nach dem Wert des Auskunftsbegehrens und ist nach überwiegender Rspr. und Kommentarliteratur mit einem Bruchteil des Leistungsanspruchs, i. d. R. mit einem Fünftel des zu erwartenden Zugewinnausgleichsbetrags, zu bewerten (vgl. Zöller/Herget, ZPO, § 3 Rn. 16 „Auskunft"). Das Gericht hat den Wert nach freiem Ermessen zu schätzen (§ 3 ZPO). Für die Bewertung ist das jeweilige Interesse des Antragstellers auf Auskunft maßgeblich. Das gilt auch für den Fall, wenn der Leistungsanspruch nicht weiter verfolgt wird, weil sich nach erteilter Auskunft ergibt, dass ein Leistungsanspruch nicht besteht.   222

Für die Bewertung einer Auskunftspflicht im Falle eines **Rechtsmittels** ist das Interesse des jeweiligen Rechtsmittelklägers maßgeblich. Beim Berechtigten bestimmt sich die zu schätzende Beschwer nach seinem **Leistungsinteresse**; dieses beträgt i. d. R. einen Bruchteil des Leistungsanspruchs, der durch die Geltendmachung des Auskunftsanspruchs vorbereitet werden soll. Bei einem Rechtsmittel des Auskunftspflichtigen richtet sich der Wert des Beschwerdegegenstandes nach seinem Interesse, die Auskunft nicht erteilen zu müssen (**Abwehrinteresse**). Maßgeblich ist die Vermeidung des Aufwandes an Zeit und Arbeit, die die sorgfältige Erteilung der geschuldeten Auskunft verursacht (BGH, FamRZ 1989, 157; 1991, 315 f.; 1991, 791 f.; 1992, 425). Außer Betracht bleibt das Interesse, die begehrte Hauptleistung nicht erbringen zu müssen (BGH, FamRZ 1991, 316; FamRZ 1995, 349 ff. – GrS).   223

11. Vorzeitiger Zugewinnausgleich

a) Voraussetzung

Der Zugewinn kann während der Ehe vorzeitig gem. §§ 1385, 1386 BGB ausgeglichen werden. Der Anspruch auf vorzeitigen Ausgleich ist auf die **fünf gesetzlich geregelten Tatbestände** beschränkt, und besteht dann, wenn   224

- die Ehegatten seit mindestens drei Jahren getrennt leben (§ 1385 BGB);
- der andere Ehegatte über längere Zeit seine wirtschaftlichen Verpflichtungen, die sich aus dem ehelichen Verhältnis ergeben, schuldhaft nicht erfüllt hat und dieses auch für die Zukunft anzunehmen ist (§ 1386 Abs. 1 BGB);
- der andere Ehegatte ein Rechtsgeschäft über sein ganzes Vermögen nach § 1365 BGB ohne die erforderliche Zustimmung vorgenommen hat und eine erhebliche Gefährdung der künftigen Ausgleichsforderung zu besorgen ist (§ 1386 Abs. 2 Nr. 1 BGB);

- der andere Ehegatte sein Vermögen durch illoyale Handlungen der in § 1375 BGB bezeichneten Art vermindert hat und eine erhebliche Gefährdung der künftigen Ausgleichsforderung zu besorgen ist (§ 1386 Abs. 2 Nr. 2 BGB);

- sich der andere Ehegatte ohne ausreichenden Grund beharrlich weigert, ihn über den Bestand seines Vermögens zu unterrichten (§ 1386 Abs. 3 BGB).

225 In anderen Fällen kann der Zugewinn nicht vorzeitig ausgeglichen werden; eine **analoge Anwendung der Klagegründe ist nicht möglich**. Selbst schwerwiegende andere Gründe im wirtschaftlichen (z.B. Konkurs, Überschuldung) oder persönlichen Bereich berechtigen nicht zur Klage auf vorzeitigen Zugewinnausgleich.

226 Die Klage kann von jedem Ehegatten beantragt werden, der die Zugewinngemeinschaft beenden will. Sie kann deshalb auch von dem **potentiellen Ausgleichsschuldner** erhoben werden.

b) Geltendmachung

227 Zu beachten ist, dass die Klage auf vorzeitigen Zugewinnausgleich keine Zahlungsklage, sondern eine auf die Beendigung der Zugewinngemeinschaft gerichtete Gestaltungsklage ist. Der Ehegatte klagt nicht etwa auf Zahlung des Zugewinnausgleichs, sondern „auf vorzeitigen Zugewinnausgleich". Der Güterstand der Zugewinngemeinschaft wird durch Gestaltungsurteil beendet, und erst dann wird die Grundlage für den Ausgleichsanspruch geschaffen. Mit Rechtskraft des Gestaltungsurteils tritt Gütertrennung ein (§ 1388 BGB) und es entsteht der **Zugewinnausgleichsanspruch** (§ 1378 Abs. 3 Satz 1 BGB).

228 Maßgebender **Stichtag** für die Berechnung des Endvermögens ist der Tag, an dem die **Klage** auf vorzeitigen Ausgleich **zugestellt** wurde (§ 1387 BGB). Das ist zugleich auch der Zeitpunkt, zu dem Auskunft über das Endvermögen verlangt werden kann. War vor Erhebung der Klage nach den §§ 1385, 1386 BGB jedoch bereits das Scheidungsverfahren rechtshängig, dann verbleibt es bei dem maßgeblichen Zeitpunkt des § 1384 BGB (vgl. OLG Hamm, FamRZ 1982, 609).

229 Die Klage zur vorzeitigen Aufhebung der Zugewinngemeinschaft kann mit einer **Stufenklage** (§ 254 ZPO) in Form einer Klage auf Auskunft (aus § 1379 BGB) und auf Zahlung der Ausgleichsforderung verbunden werden, jedoch bleibt das Stufenverhältnis (nur) auf die Ansprüche auf Auskunft (§ 1379 BGB) und Zahlung (§ 1378 Abs. 1 BGB) beschränkt (OLG Celle, FamRZ 1983, 171 f.m.w.N.). Auskunft über den Bestand des Endvermögens und die Zahlung von Zugewinnausgleich können aber erst dann verlangt werden, wenn zuvor durch Teilurteil rechtskräftig auf vorzeitigen Ausgleich des Zugewinns erkannt und damit die Beendigung des gesetzlichen Güterstandes herbeigeführt worden ist (OLG Celle, a. a. O.).

c) Verfahrensfragen

230 Die Klage auf vorzeitigen Ausgleich des Zugewinns ist **Familiensache** (§§ 621 Abs. 1 Nr. 8, 23b Abs. 1 Satz 2 Nr. 9 GVG), es besteht **Anwaltszwang** (§ 78 Abs. 2 Nr. 2 ZPO).

231 Der **Streitwert** für die Gestaltungsklage richtet sich nicht nach der Höhe der Ausgleichsforderung, sondern ist lediglich an dem Interesse des Klägers an der vorzeitigen Auflösung des Güterstandes zu orientieren. Er beträgt i.d.R ein Viertel des zu erwartenden Zugewinnausgleichs (BGH, NJW 1973, 133; OLG Schleswig, SchlHA 79, 180; OLG Nürnberg, FamRZ 1998, 685: 1/5). Bei einer Stufenklage sind die Werte für die Gestaltungsklage und die Auskunftsklage bzw. Leistungsklage zu addieren, da es sich um zwei selbstständige Streitgegenstände handelt (KG, JurBüro 1963, 492; OLG Nürnberg, a. a. O.).

12. Sicherung des Zugewinnausgleichsanspruchs

a) Sicherheitsleistung gem. § 1389 BGB

Das Gesetz sieht in § 1389 BGB als Schutz vor einer Vermögensverminderung beim späteren Ausgleichspflichtigen für den anderen Ehegatten den Anspruch auf Sicherheitsleistung vor, wenn die Besorgnis besteht, dass dessen Rechte auf den künftigen Zugewinnausgleich erheblich gefährdet werden. Es entspricht anerkannter Rspr., dass die vorläufige Sicherungsmöglichkeit des zugewinnausgleichsberechtigten Ehegatten ab Rechtshängigkeit eines Ehescheidungsverfahrens bis zur Rechtskraft besteht; äußerst umstritten ist lediglich die Frage, ob dies mittels Arrest oder einstweiliger Verfügung geschehen kann. 232

Nach § 1389 BGB hat der ausgleichsberechtigte Ehegatte einen Anspruch auf Sicherheitsleistung, wenn

- durch das Verhalten des anderen Ehegatten eine erhebliche Gefährdung seiner Rechte auf den künftigen Zugewinnausgleich zu besorgen ist (z.B. durch übermäßige Zuwendungen an Dritte, Verhaltensweisen des § 1386 BGB) und außerdem
- Antrag auf Scheidung oder Aufhebung der Ehe oder Klage auf vorzeitigen Zugewinnausgleich erhoben ist.

Es handelt sich um einen **eigenständigen** materiell-rechtlichen **Anspruch**, der durch Leistungsklage vor dem Familiengericht geltend gemacht wird; er ist keine Folgesache. Im Interesse der Prozessökonomie ist eine sofortige Verbindung mit der Klage aus §§ 1385, 1386 BGB möglich. 233

Der Anspruch auf Sicherheitsleistung endet mit der Beendigung des Güterstandes, weil die dann nach § 1378 Abs. 3 BGB entstandene Ausgleichsforderung wie jede andere Geldforderung gem. §§ 916 ff. ZPO durch Arrest gesichert werden kann.

Die **Art der Sicherheitsleistung** richtet sich nach §§ 232 ff. BGB, der Anspruchsgegner hat ein Wahlrecht, das mit Beginn der Vollstreckung nach § 887 ZPO i.V.m. § 264 BGB auf den Gläubiger übergeht (OLG Köln, FamRZ 1983, 710; OLG Düsseldorf, FamRZ 1984, 704). 234

Für die **Höhe der Sicherheitsleistung** ist der Umfang der zu besorgenden Gefährdung des Anspruchs maßgeblich, nicht jedoch die vermutliche Höhe des Zugewinnausgleichsanspruchs selbst (OLG Celle, FamRZ 1984, 1231; a.A. OLG Köln, FamRZ 1983, 711). Die Sicherheit ist akzessorisch und schützt den Ausgleichsberechtigten nicht vor einer Anspruchsverkürzung nach § 1378 Abs. 2 BGB (BGH, NJW 1988, 2369 f.). 235

b) Vorläufiger Rechtsschutz für den Anspruch nach § 1389 BGB

Streitig ist die Frage, ob der Anspruch auf Sicherheitsleistung durch dinglichen Arrest (§§ 916 ff. ZPO) oder durch einstweilige Verfügung (§§ 935 ff. ZPO) gesichert werden kann. Für die **einstweilige Verfügung** spricht, dass der Anspruch seinem Inhalt nach einen Individualanspruch darstellt, der der Sicherung durch einstweilige Verfügung fähig ist (für die Zulässigkeit der einstweiligen Verfügung u.a. OLG Hamburg, FamRZ 1982, 284; LG Köln, FamRZ 1983, 709; KG, FamRZ 1986, 1107; OLG Düsseldorf, FamRZ 1991, 351; OLG Stuttgart, FamRZ 1995, 1427; dagegen u.a. OLG Celle, FamRZ 1996, 1429; OLG Hamm, FamRZ 1985, 71; KG, FamRZ 1986, 1107). 236

c) Sicherung des künftigen Zugewinnausgleichs durch dinglichen Arrest

Ab welchem Zeitpunkt der Anspruch auf Zugewinnausgleich durch dinglichen Arrest gesichert werden kann, ist in Rechtsprechung und Schrifttum **umstritten**. Eine im Vordringen befindliche Auffassung vertritt den Standpunkt, dass der im Verbundverfahren geltend gemachte und damit (bereits zu diesem Zeitpunkt) im Klageweg verfolgbare Anspruch auf zukünftigen Zugewinnausgleich ab Rechtshängigkeit der Scheidung unmittelbar durch dinglichen Arrest gesichert werden kann (OLG Düsseldorf, FamRZ 1994, 114 f.; OLG Karlsruhe, FamRZ 1995, 822 f. m.w.N. und 237

1997, 622 f. = NJW 1997, 1017 f.; OLG Celle, FamRZ 1996, 1429; OLG Hamm, FamRZ 1997, 181; Ditzen, NJW 1987, 1807; MüKo/Koch, BGB, § 1378 Rn. 32).

Diese Auffassung stellt als entscheidendes Kriterium darauf ab, dass auch eine künftig erst entstehende Forderung dann durch Arrest (§ 916 ZPO) geschützt werden kann, wenn sie einklagbar ist. Der Zulässigkeit der Anordnung stünde auch nicht der materiell-rechtliche Anspruch auf Sicherheitsleistung nach § 1389 BGB entgegen (OLG Karlsruhe, NJW 1997, a. a. O.; OLG Hamm, a. a. O.), da es mit dem Schutzzweck dieser Bestimmung nicht vereinbar wäre, dem Ehegatten Rechte zu nehmen, die er ohne diese Bestimmung nach allgemeinen Vorschriften hätte. Dem ist zuzustimmen (ebenso auch Zöllner/Vollkommer, ZPO, § 919 Rn. 8; Baumbach/Lauterbach/Hartmann, ZPO, § 916 Rn. 8, § 935 Rn. 15; Stein/Jonas/Grunsky, ZPO, § 916 Rn. 11a; Thomas/Putzo, ZPO, § 916 Rn. 5).

238 Demgegenüber hält die bisher herrschende Rechtsprechung die Sicherung durch Arrest erst mit der Rechtskraft der Scheidung für zulässig, da ein **Sicherungsschutz** nur für bereits entstandene Ansprüche bestünde (so z. B. OLG Stuttgart, NJW-RR 1996, 961 f. = FamRZ 1995, 1427; zuletzt OLG Koblenz, FamRZ 1999, 97).

239 Ein Arrest kann **nicht im Scheidungsverfahren**, sondern muss selbstständig geltend gemacht werden. Der Antrag auf Anordnung ist beim Familiengericht zu stellen. Zur Glaubhaftmachung reicht aus, Bestand und Höhe des Ausgleichsanspruchs „wahrscheinlich" zu machen (OLG Düsseldorf, FamRZ 1991, 351).

II. Vertragliches Güterrecht

240 Ehegatten sind in der Gestaltung ihrer güterrechtlichen Beziehungen im Rahmen des vom Gesetz eingeräumten Gestaltungsrahmens frei. Sie können interessengerechte Vereinbarungen zu ihren „güterrechtlichen Verhältnissen" treffen. Diese müssen in Form eines **Ehevertrages** geschlossen werden. Neben dem gesetzlich vorgesehenen Regel-Güterstand der Zugewinngemeinschaft stellt das Gesetz als **Wahlgüterstände** die Gütertrennung (§ 1414 BGB) oder die Gütergemeinschaft (§§ 1415 ff. BGB) zur Verfügung.

1. Ehevertrag

a) Begriff und Inhalt

241 Nach dem Gesetz ist der Ehevertrag ein Vertrag zwischen Ehegatten zur Regelung ihrer güterrechtlichen Verhältnisse (§ 1408 Abs. 1 BGB). Eine Regelung über die „güterrechtlichen Verhältnisse" in diesem engen Sinne liegt nur vor, wenn die Vereinbarung den zwischen den Ehegatten **bestehenden Güterstand als solchen verändert**, wobei die Änderung auch nur für einen einzelnen Gegenstand gelten kann. Dann bedarf es der **Form** des § 1410 BGB.

242 Die Ehegatten können durch **sog. generellen Ehevertrag** einen Güterstand im Ganzen vereinbaren oder aufheben (z. B. durch Ausschluss des gesetzlichen Güterstandes und Vereinbarung von Gütertrennung oder Gütergemeinschaft, Vereinbarung eines anderen Güterstandes an Stelle des bisher geltenden).

243 Wird von ihnen der geltende Güterstand lediglich aufgehoben oder der gesetzliche Güterstand nur ausgeschlossen, ohne dass ausdrücklich ein anderer Güterstand vereinbart wird, so tritt als subsidiärer gesetzlicher Güterstand **Gütertrennung** ein (§ 1414 Satz 1 BGB). Unzulässig ist jedoch die Verweisung auf eine nicht mehr geltende oder auf eine güterrechtliche Regelung des ausländischen Rechts (§ 1409 BGB).

244 Davon zu **unterscheiden** sind **sonstige vermögensrechtliche Vereinbarungen** der Ehegatten (Darlehensverträge, Schenkungen, Gründung einer Gesellschaft, Arbeitsverträge, Miet- und Pachtverträge), deren Rechtsfolgen den bestehenden Güterstand unberührt lassen; sie stellen keine güterrechtlichen Regelungen dar (vgl. z. B. die Zusammenstellung bei Schwab, DNotZ-Sonderheft

1977, 51 ff.). Auch Vereinbarungen über sonstige personenrechtliche Wirkungen der Ehe (§§ 1356 ff. BGB) betreffen nicht die güterrechtlichen Verhältnisse der Ehegatten.

In der allgemeinen juristischen Praxis wird der Begriff des Ehevertrages weiter gefasst und beinhaltet alle Verträge, die die Folgen der Eheschließung einschließlich der Scheidungsfolgen regeln. Hiervon werden insbesondere die Bereiche des ehelichen Güterrechts, des Versorgungsausgleichs und des Unterhalts erfasst, da regelmäßig erst eine diesbezüglich aufeinander abgestimmte Regelung die gebotene Sicherheit erreicht. Gegenstand eines Ehevertrags können aber auch alle ehebezogenen familienrechtlichen Vereinbarungen zur Regelung der allgemeinen Ehewirkungen, des ehelichen Güterrechts und der Scheidungsfolgen sein. 245

Durch einen **sog. speziellen Ehevertrag** können die Ehegatten jedoch auch lediglich eine gegenständlich oder zeitlich beschränkte Regelung in Abweichung von der gesetzlichen Regelung der güterrechtlichen Verhältnisse treffen, soweit dem nicht zwingende Vorschriften entgegenstehen. So können bei der Zugewinngemeinschaft die Verfügungsbeschränkungen der §§ 1365 ff. BGB (auch nur für einen Ehegatten) eingeschränkt oder ausgeschlossen, nicht aber erweitert werden. 246

Der Zugewinnausgleich kann nach h. M. allgemein oder nur für bestimmte Fälle (z. B. bei Scheidung, Tod) modifiziert, pauschaliert, erhöht oder ausgeschlossen werden (MüKo/Kanzleiter, BGB, § 1408 Rn. 14). Der Güterstand der Gütertrennung lässt hingegen keine güterrechtlichen Vereinbarungen zu (MüKo/Kanzleiter, a. a. O., Rn. 15). 247

b) Grundsatz der Vertragsfreiheit

Für das Güterrecht ist das Prinzip der Vertragsfreiheit allgemein anerkannt. Das Gesetz räumt den Ehegatten eine **sehr weite Gestaltungsfreiheit** ein und erlaubt die Beibehaltung der Zugewinngemeinschaft nach weit verbreiteter Auffassung selbst dann noch, wenn der Ausgleich des Zugewinns völlig ausgeschlossen wird (MüKo/Kanzleitner, BGB, § 1408 Rn. 14 m. w. N.; RGRK/Finke, BGB, § 1408 Rn. 14). 248

Nach dem BGB besteht für Vereinbarungen vermögensrechtlicher Art, die Ehegatten für ihre Ehe oder für den Fall einer späteren Scheidung treffen, **grds. volle Vertragsfreiheit** (§ 1408 Abs. 1 BGB). Das trifft grds. auch auf die gesetzlichen Ansprüche wegen nachehelichen Unterhalts und Versorgungsausgleichs zu (§§ 1585c, 1408 Abs. 2 Satz 1 BGB). Gem. der Regelung des § 1408 BGB steht es Ehegatten **grds. frei**, ihren Güterstand durch Ehevertrag aufzuheben (Gütertrennung) oder zu ändern. So können sie jederzeit den Zugewinnausgleich ganz oder teilweise ausschließen (für Vergangenheit und Zukunft), eine andere Ausgleichsquote als die gesetzlich vorgesehene festlegen oder eine andere Art der Teilung sowie andere Abweichungen von der gesetzlichen Regelung vereinbaren (BGHZ 86, 143 ff. = FamRZ 1983, 157 m. w. N.). Weiterhin kann durch Ehevertrag z. B. die Vereinbarung weiteren privilegierten Erwerbs nach § 1374 Abs. 2 BGB wie auch umgekehrt die vollständige Abbedingung oder Einschränkung des § 1374 Abs. 2 BGB geregelt werden. Zulässig ist insbesondere auch eine von § 1375 BGB abweichende Bestimmung des Endvermögens durch Herausnahme gewisser Vermögenskomplexe oder einzelner Gegenstände und Erträge (BGHZ 89, 137 ff. = FamRZ 1984, 144 ff.). Dies kann z. B. das Betriebsvermögen des Unternehmer-Ehegatten betreffen (vgl. BGH, FamRZ 1997, 800 ff.). 249

Das Gesetz trägt der Vielfalt ehelicher Lebensverhältnisse dadurch Rechnung, dass es den Güterstand weitgehend der ehevertraglichen Gestaltungsfreiheit anheim stellt. Die **Modifikation des Zugewinns** ist in vielen Fällen sachgerechter als ein gänzlicher Ausschluss. So kann es für Unternehmerehen regelmäßig angemessen und interessengerecht sein, ehevertraglich eine modifizierte Güterstandsvereinbarung zu treffen, bei der das Unternehmen oder die Beteiligung daran für die Berechnung des Zugewinns außer Betracht bleibt (zur Frage, inwieweit die den Ehegatten durch § 1408 BGB eingeräumte Freiheit, einen gesetzlich geregelten Güterstand zu modifizieren, ihre Grenzen an den immanenten Prinzipien des jeweiligen Güterstandes findet, vgl. Gernhuber, Familienrecht, § 32 II 4). 250

251 **Beschränkungen in der Vertragsfreiheit** bestehen jedoch insofern, als andere als die vom BGB zur Verfügung gestellten Güterstände nicht vereinbart werden können, was auch der Modifikation der Regelungen Grenzen setzt. Außerdem kann kein vertraglicher Güterstand durch bloße Verweisung auf ein nicht mehr geltendes oder ausländisches Recht begründet werden (§ 1409 BGB). Die Verweisung auf ausländisches Recht ist nur nach Art. 15 Abs. 2 EGBGB wirksam.

252 Die **Vertragsfreiheit endet** ferner allerdings dann, wenn es sich nicht um Rechtsgeschäfte über die güterrechtlichen Beziehungen der Ehegatten handelt, sondern um einzelne Bereiche des Eherechts, die der Dispositionsfreiheit der Ehegatten entzogen sind. Das betrifft u. a. die meisten gesetzlichen Regelungen im Bereich der allgemeinen Wirkungen der Ehe, so den Verzicht auf Familien- und Trennungsunterhalt (§§ 1360a Abs. 3, 1614 Abs. 1 BGB) sowie den Bereich des § 1357 BGB (sog. Schlüsselgewalt).

253 Die Rechtsprechung der Gerichte setzt der Freiheit von Ehegatten zur privatautonomen Gestaltung ihrer Beziehungen im Scheidungsfall dann **Grenzen,** wenn die getroffenen Vereinbarungen sittenwidrig sind (§ 138 BGB) oder gegen Treu und Glauben (§ 242 BGB) verstoßen.

254 Nach der bisherigen Rspr. des **BGH** hängt die Wirksamkeit einer ehevertraglichen Vereinbarung grds. nicht von zusätzlichen Bedingungen (z. B. Vereinbarung einer Gegenleistung oder Zahlung einer Abfindung) ab (vgl. BGH, FamRZ 1995, 1482 ff. = NJ 1996, 54). Die Schranken der Gültigkeit einer solchen Vereinbarung ergeben sich allein aus den §§ 134 und 138 BGB (BGH, FamRZ 1996, 1536). Für die Beurteilung der Sittenwidrigkeit einer ehevertraglichen Vereinbarung kommt es nach BGH auf deren Gesamtcharakter an.

255 Allerdings setzt die Rspr. nach § 138 BGB der Vertragsfreiheit dann Grenzen, wenn die vertragliche Vereinbarung objektiv zwangsläufig zur Sozialhilfebedürftigkeit eines Ehegatten führt (BGH, FamRZ 1991, 306; FamRZ 1992, 1403; OLG Hamm, FamRZ 2000, 31; FamRZ 1989, 398; OLG Köln, FamRZ 1990, 634).

256 Auch kann es nach BGH unter Berücksichtigung des Kindeswohls im Einzelfall einem Ehegatten verwehrt sein, sich auf einen vereinbarten Unterhaltsverzicht zu berufen, wenn dies angesichts der später eintretenden Entwicklung mit dem auch im Unterhaltsrecht geltenden Schutz von Treu und Glauben nach § 242 BGB unvereinbar sei (BGH, FamRZ 1987, 46; FamRZ 1991, 306 f.). Ausschlaggebend seien hier allein die Bedürfnisse und schutzwürdigen Interessen gemeinsamer Kinder, nicht jedoch pflichtwidriges Verhalten des Unterhaltspflichtigen.

257 Der Umstand, dass die getroffenen Regelungen bei einer Scheidung ausschließlich oder überwiegend zu Lasten nur eines – des wirtschaftlich abhängigen – Ehegatten gehen, hat allein keine Auswirkung auf die Wirksamkeit der Vereinbarung (BGH, FamRZ 1990, 372 f. m. w. N.). Vielmehr müssen besondere Umstände hinzutreten, damit im Einzelfall ausnahmsweise die Bewertung als sittenwidrig begründet ist (BGH, a. a. O.; BGH, FamRZ 1996, 1536). So hat der BGH entschieden, dass ein entsprechender Ehevertrag nicht deshalb nichtig ist, weil der Mann die Eheschließung mit der schwangeren Frau von dem Abschluss dieses Ehevertrages abhängig gemacht habe (BGH, a. a. O.). Der Ehemann habe keine Zwangslage ausgenutzt, da er von der Eheschließung unter Berufung auf seine Eheschließungsfreiheit hätte absehen können und die Rolle eines nichtehelichen Vaters hätte einnehmen können (vgl. BGH, FamRZ 1996, 1536; FamRZ 1997, 156 ff.).

Auch ist nach BGH ein Ehevertrag, in dem die Eheleute Gütertrennung vereinbaren, den Versorgungsausgleich ausschließen und für den Fall der Scheidung gegenseitig auf Unterhalt verzichten, nicht deshalb wegen Sittenwidrigkeit unwirksam, weil der Ehemann in einer Ehekrise den Versuch, die Ehe fortzusetzen, vom Abschluss eines solchen Vertrages abhängig gemacht hat (BGH, FamRZ 1997, 156 ff.).

Allerdings kann unter Umständen ein Vermögensausgleich trotz vereinbarter Gütertrennung (mit Berufung auf § 242 BGB) in Betracht kommen (BGHZ 84, 364 ff.; FamRZ 1994, 579). Entscheidend sind jeweils die Umstände des Einzelfalles, insbesondere die Dauer der Ehe, das Alter der Beteiligten, Art und Umfang der Leistungen bzw. Zuwendungen und die dadurch bedingte Vermögensmehrung sowie die Einkommens- und Vermögensverhältnisse der Beteiligten.

Die dargestellte Rspr. des BGH dürfte sich jedoch so künftig nicht mehr aufrecht erhalten lassen.

Für die **Zulässigkeit ehevertraglicher Vereinbarungen** hat das **BVerfG** mit dem Urteil vom 6. 2. 2001 (FamRZ 2001, 343 ff. m. Anm. Schwab) neue Maßstäbe gesetzt. Zwar war der Ausgangspunkt für diese Entscheidung die Frage, inwieweit Zivilgerichte aufgrund der Verfassung verpflichtet sind, Eheverträge einer **Inhaltskontrolle** zu unterziehen, soweit darin für den Fall der Scheidung auf gesetzliche Unterhaltsansprüche verzichtet und ein Ehegatte von der Unterhaltsleistung für gemeinsame Kinder freigestellt wird. Für die Praxis der Eheverträge und Scheidungsvereinbarungen kommt der Entscheidung jedoch deshalb zugleich eine grundlegende Bedeutung zu, weil das Gericht seine Entscheidung mit weit über den Fall hinausgehenden allgemeinen Feststellungen zur Notwendigkeit inhaltlicher Kontrolle von Eheverträgen und -vereinbarungen begründet. Eine noch nicht in vollem Umfang für die Praxis vorhersehbare Auswirkung liegt zwar vor allem bei der statuierten Pflicht zur richterlichen Inhaltskontrolle von getroffenen Unterhaltsvereinbarungen, wobei das BVerfG jedoch darüber hinausgehend auch andere regelmäßig in Eheverträgen geregelte Gegenstände erfasst wissen will (so auch Schwab, FamRZ 2001, 349 f.).

258

Als Voraussetzung für eine **Inhaltskontrolle** stellt das BVerfG in diesen Fällen auf die **Benachteiligung** des einen Partners und die faktische **Dominanz** des begünstigten Teils bei den Vertragsverhandlungen ab, so dass deshalb die Bedingungen für die Selbstbestimmung nicht gegeben sind. Die Feststellung einer Benachteiligung erfordert eine Gesamtschau der getroffenen Vereinbarungen. Das BVerfG orientiert sich hierbei an der jeweiligen „familiären Konstellation", welche die Vertragspartner anstreben und ihrem Vertrag zugrunde legen. Die Gerichte haben sich also bei ihrer Inhaltskontrolle konkret mit den jeweiligen Lebensverhältnissen (berufliche Qualifikation und Perspektiven, Vermögenslage, Aufteilung von Erwerbs- und Familienarbeit in der Ehe, Altersvorsorge) und den Auswirkungen der Verträge auf die faktische Lage des Ehegatten – (regelmäßig) der Frau und Mutter – auseinander zu setzen.

Nach BVerfG sind der Vertragsfreiheit dort Grenzen zu setzen, wo der Vertrag nicht Ausdruck und Ergebnis gleichberechtigter Lebenspartnerschaft ist, sondern eine auf ungleichen Verhandlungspositionen basierende einseitige Dominanz eines Ehepartners widerspiegelt" (BVerfG, a. a. O., S. 346).

Von der Entscheidung des BVerfG sind unmittelbar Unterhaltsvereinbarungen und darüber hinaus sog. Totalausschlüsse (Ausschluss von Unterhalt, Versorgungs- und Vermögensausgleich bei Scheidung) betroffen. Dagegen dürften Eheverträge und Vereinbarungen über das **Güter- und Vermögensrecht**, vor allem die Wahl der Gütertrennung und die Modifizierung der Zugewinngemeinschaft, durch die Entscheidung wohl weniger tangiert sein, wenngleich die vom BVerfG herangezogenen verfassungsrechtlichen Grundsätze auch hier Auswirkungen haben werden. Auf jeden Fall ergibt sich daraus für die notarielle und anwaltliche Praxis die Konsequenz, die vereinbarten Rechte und Pflichten auf dem Hintergrund der speziellen familiären Verhältnisse künftig noch sorgfältiger zu hinterfragen.

Bemerkenswert ist in diesem Zusammenhang die Umsetzung der Entscheidung des BVerfG in die obergerichtliche Rechtsprechung durch das Urteil des OLG München – FamS Augsburg – vom 1. 10. 2002 (FamRZ 2003, 35 ff. m. Anm. Bergschneider), das die Maßstäbe für die Vertragsgestaltung unter Bezugnahme auf die Entscheidung des BVerfG nochmals verschärft.

259

Unter Zurückstellung der spezifischen Verhandlungsposition der Ehefrau in diesem Fall geht diese Entscheidung nahezu ausschließlich vom objektiven Inhalt des Ehevertrages aus. Obwohl dieser keinen Totalverzicht der Frau zum Inhalt hat, beurteilt das OLG den Ehevertrag im Ergebnis richterlicher Inhaltskontrolle als **insgesamt nichtig** wegen „unangemessener Benachteiligung" der Ehefrau. Dabei lässt das OLG die Frage, wie weit die grds. gegebene Freiheit zur Regelung des Güterstandes reicht, ausdrücklich offen, da es für die Unwirksamkeit des Ehevertrages ausreiche, wenn in anderen Teilbereichen des Vertrages (Unterhalt und Versorgungsausgleich) ein Verstoß gegen Grundrechte vorliegt. Es sei nicht Sinn der Inhaltskontrolle, eine vertragliche Vereinbarung (lediglich) von Grundrechtsverletzungen zu reinigen und im Übrigen aufrechtzuerhalten.

Mit dieser Rechtsprechung wird es für die Rechtspraxis noch unsicherer, welche Eheverträge künftig der richterlichen Inhaltskontrolle standhalten.

c) Abschluss und Form des Ehevertrags

260 Ein Ehevertrag kann **vor** oder zu jedem Zeitpunkt auch **nach der Eheschließung** abgeschlossen (§ 1408 Abs. 1 BGB) und jederzeit während der Ehe aufgehoben oder geändert werden (§ 1414 BGB). Er muss bei **gleichzeitiger Anwesenheit beider Teile** zur Niederschrift eines **Notars** geschlossen werden (§ 1410 BGB), wobei gleichzeitige Anwesenheit der Vertragsparteien nicht persönliche Anwesenheit bedeutet, so dass sich die Ehegatten (oder Verlobten) durch einen Bevollmächtigten vertreten lassen können. Auch Bevollmächtigung unter Befreiung von den Beschränkungen des § 181 BGB ist zulässig. Der besonderen Form des § 1410 BGB bedürfen auch **Vorverträge**. Der Ehevertrag kann jederzeit auch mit einem Erbvertrag zwischen den Ehegatten oder den Verlobten verbunden werden (§ 2276 Abs. 2 BGB). Dessen Abschluss ist dann trotz § 2274 BGB ohne persönliche Mitwirkung der Ehegatten möglich.

261 Wer in der **Geschäftsfähigkeit beschränkt** ist oder für wen ein Einwilligungsvorbehalt in dieser Angelegenheit besteht, kann einen Ehevertrag nur selbst schließen. Jedoch bedarf er dazu der **Zustimmung seines gesetzlichen Vertreters.** Ist dies ein Vormund oder ein Betreuer, so ist auch die Genehmigung des Vormundschaftsgerichts erforderlich, wenn der Zugewinnausgleich ausgeschlossen oder eingeschränkt oder wenn Gütergemeinschaft vereinbart oder aufgehoben wird (§ 1411 Abs. 1 BGB). Für einen geschäftsunfähigen Ehegatten kann nur sein gesetzlicher Vertreter den Ehevertrag schließen; Gütergemeinschaft kann nicht vereinbart oder aufgehoben werden. Ein Vormund oder Betreuer bedarf der Genehmigung durch das Vormundschaftsgericht (§ 1411 Abs. 2 BGB).

262 Die Beurkundung richtet sich nach den Bestimmungen der **§§ 8 ff. BeurkG.** Die notarielle Beurkundung kann nach § 127a BGB durch einen gerichtlich protokollierten Vergleich ersetzt werden. Der Vergleich muss hierbei neben den sachlich-rechtlichen auch den besonderen prozessualen Erfordernissen genügen. Wird ein Ehevertrag in einem Verfahren abgeschlossen, für das Anwaltszwang (§ 78 ZPO) besteht, ist zur Wirksamkeit des gerichtlich protokollierten Vergleichs die Mitwirkung eines Anwalts für jede Partei notwendig.

263 Vereinbarungen in Eheverträgen können – nach Maßgabe der allgemeinen Vorschriften – grds. auch unter **Bedingungen** und **Zeitbestimmungen** getroffen bzw. mit einem Rücktrittsvorbehalt versehen werden.

2. Vereinbarungen über den Zugewinnausgleich

a) Ausschluss des gesetzlichen Güterstandes

264 Durch Ehevertrag können die Ehegatten den gesetzlichen Güterstand **vollständig ausschließen** (§§ 1408 Abs. 1, 1414 BGB). Es tritt dann Gütertrennung ein, falls sich aus dem Ehevertrag nichts anderes ergibt (§ 1414 Satz 1 BGB). Das Gleiche gilt, wenn die Ehegatten den Ausgleich des Zugewinns oder den Versorgungsausgleich ausschließen oder die Gütergemeinschaft aufheben (§ 1414 Satz 2 BGB).

265 Problematisch ist hier die in § 1414 Satz 2 BGB erfolgte **Verknüpfung von Versorgungsausgleich und ehelichem Güterrecht.** Die Einbeziehung des Ausschlusses des Versorgungsausgleichs in § 1414 Satz 2 BGB gilt nach weitgehender Übereinstimmung in der Literatur als verfehlt. Da der Versorgungsausgleich nach der gesetzlichen Regelung bei jedem Güterstand und deshalb auch bei Gütertrennung durchzuführen ist, ist es wenig plausibel, im Ausschluss des Versorgungsausgleichs gerade eine Entscheidung für den Güterstand der Gütertrennung zu sehen. Bei ehevertraglichem Ausschluss des Versorgungsausgleichs ist in der notariellen Praxis deshalb eine entsprechende Beratung der Ehegatten über die güterrechtlichen Folgen unabdingbar. Dies betrifft auch die möglichen güterrechtlichen Konsequenzen für den Fall, dass der Ausschluss des Versor-

gungsausgleichs wegen § 1408 Abs. 2 Satz 2 BGB unwirksam werden sollte, falls vor Ablauf eines Jahres nach Vertragsschluss Antrag auf Scheidung der Ehe gestellt wird: Wurde mit dem Ausschluss des Versorgungsausgleichs im Ehevertrag nicht ausdrücklich der Zugewinnausgleich ausgeschlossen oder Gütertrennung vereinbart, tritt rückwirkend der gesetzliche Güterstand ein; der Zugewinnausgleich ist vorzunehmen.

b) Vertragliche Modifizierung der Zugewinngemeinschaft

Häufig wird Gütertrennung vereinbart, um die Zerschlagung von Familienvermögen zu verhindern. Um im Einzelfall gewisse unerwünschte Folgen des gesetzlichen Güterstandes zu vermeiden, ist es i. d. R. sachgerechter, eine vertragliche Modifizierung des gesetzlichen Güterstandes vorzunehmen, anstatt ihn durch Vereinbarung der Gütertrennung vollständig auszuschließen. Rechtlich möglich und zulässig sind eine Vielzahl modifizierender Vereinbarungen (vgl. zum Überblick: Langenfeld, Handbuch der Eheverträge und Scheidungsvereinbarungen, S. 119 ff.). 266

Praxishäufige Modifizierungen sind u. a.:

aa) Ausschluss des Zugewinnausgleichs

Bei stark differenzierenden Einkommensverhältnissen kann es häufig empfehlenswert sein, den gesetzlichen Güterstand derart zu modifizieren, dass der Zugewinnausgleich für den Fall der Scheidung ausgeschlossen und lediglich für den Fall der Eheauflösung durch Tod nach § 1371 BGB beibehalten wird (sog. **„modifizierte Zugewinngemeinschaft"**). 267

Dieses Modell verbindet die Vorteile der Gütertrennung mit den erbrechtlichen und erbschaftssteuerlichen Vorteilen der Zugewinngemeinschaft. Wird die Ehe durch den Tod aufgelöst, kommt dem überlebenden Ehegatten sowohl die Erbteilserhöhung nach § 1371 Abs. 1 BGB als auch der erbschaftsteuerliche Freibetrag aus § 5 ErbStG zugute. Der Ausschluss kann auch nur für einen Ehegatten vereinbart werden für den Fall, dass sich für diesen ein Ausgleichsanspruch ergeben sollte.

Möglich ist auch die Aufnahme von **Bedingungen, Zeitbestimmungen oder eines Rücktrittsvorbehalts** in den Ehevertrag. Mit ihnen kann auf den Eintritt einer veränderten Ehesituation (z. B. kindbedingte Berufsaufgabe) reagiert werden. 268

bb) Ausschluss bestimmter Vermögenswerte

Da die Ehegatten den Zugewinnausgleich ganz ausschließen können, steht es ihnen auch frei, **einzelne Vermögensgegenstände** oder **Vermögensteile** durch Vereinbarung vom Ausgleich **auszunehmen.** Dies bietet sich an bei 269

- Betriebsvermögen oder betrieblichen Beteiligungen,
- Anfangsvermögen oder
- privilegiertem Erwerb i. S. v. § 1374 Abs. 2 BGB.

Gehören zum Vermögen der Ehegatten Betriebsvermögen oder gesellschaftsrechtliche Beteiligungen, kann es gerechtfertigt sein, diese Vermögenswerte im Falle eines etwaigen Zugewinnausgleichs aus dem Ausgleich auszuklammern. In der Praxis wird häufiger in **Gesellschaftsverträgen** allen Gesellschaftern aufgegeben, die Zugewinngemeinschaft durch Ehevertrag auszuschließen, um Gefahren für den Bestand der Gesellschaft vorzubeugen. Andererseits können berechtigte Interessen des wirtschaftlich schwächeren Ehegatten an seiner finanziellen Sicherstellung bestehen, insbesondere dann, wenn er selbst Anteil am Aufbau dieser Vermögenswerte hat. Angesichts dieser Konstellation ist deshalb stets zu erwägen, ob nicht nur ein **Teilausschluss des Zugewinns** zum gleichen Ergebnis führt und für die Ehegatten insgesamt sachgerechter ist. Zulässig sind ehevertragliche Beschränkungen des Zugewinnausgleichs auf das Privatvermögen. So kann z. B. vereinbart werden, dass das betrieblich gebundene Vermögen eines Ehegatten, sein Einzelunternehmen, seine Gesellschaftsbeteiligung oder auch das dem Betrieb zur Nutzung überlassene Privatvermögen bei der Berechnung des Zugewinns außer Betracht bleibt. 270

cc) Vereinbarungen über die Berechnung des Zugewinnausgleichs

271 Die gesetzlichen Regelungen zur Berechnung des Zugewinns sind nicht für alle Konstellationen optimal. Typische Sachverhalte sind hier z. B. voreheliche Vermögensverschiebungen, Schulden eines Ehegatten aus der Zeit vor der Ehe, Vermögensminderungen während der Ehe (Verschwendung), Wertsteigerungen (z. B. Bauland) und Erträge des Anfangsvermögens nur eines Ehegatten.

Für diese Fälle könnte von den Ehegatten eine Vereinbarung dergestalt getroffen werden, dass z. B. Surrogate, Erträge und Wertzuwächse von der Berechnung ausgenommen werden oder dass eine Beschränkung über die Bewertung von Betriebsvermögen erfolgt.

dd) Vereinbarungen zum Anfangs- und Endvermögen

272 Ehevertragliche Vereinbarungen können auch über **Bestand und Wert des Anfangs- und Endvermögens** getroffen werden. Sie sind zweckmäßig, da erfahrungsgemäß gerade über die Höhe des Ausgleichsanspruchs häufig Streit entsteht. Anfangs- und Endvermögen können abweichend vom tatsächlichen Bestand und Wert festgesetzt werden (z. B. Bewertung von Betriebsvermögen). Betriebsvermögen kann auch ganz aus dem Ausgleich herausgehalten werden, indem es weder beim Anfangsvermögen noch beim Endvermögen zum Ansatz kommt. Entgegen der gesetzlichen Regelung des § 1374 Abs. 1 BGB ist ferner beim verschuldeten Ehegatten die Festsetzung eines negativen Anfangsvermögens möglich. In diesem Fall ist aber § 1378 Abs. 2 BGB zu beachten. Auch die Umrechnung des Anfangsvermögens auf die Kaufkraftverhältnisse des Endstichtages ist abdingbar.

273 Gleichfalls können auch Bewertungsvereinbarungen hinsichtlich der **Berechnung des Endvermögens** getroffen werden. Das bezieht sich insbesondere auf schwierig zu bewertende immaterielle Vermögenswerte wie des Firmenwerts, Patente u. ä., bietet sich aber auch bei Grundbesitz an.

ee) Vereinbarungen nach § 1378 Abs. 3 BGB

274 Gem. § 1378 Abs. 3 Satz 2 BGB können die Ehegatten während eines auf die Auflösung der Ehe (Scheidung, Aufhebung der Ehe) gerichteten Verfahrens eine Vereinbarung über den Zugewinnausgleich treffen. Der Vertrag bedarf der **notariellen Beurkundung** oder der Aufnahme in ein gerichtliches Protokoll (§ 127a BGB) des Verfahrens in der Ehesache. Im übrigen kann sich nach § 1378 Abs. 3 Satz 3 BGB kein Ehegatte vor der Beendigung des Güterstandes verpflichten, über die Ausgleichsforderung zu verfügen. Das gilt nach Ansicht des BGH auch für Eheverträge (BGH 86, 143 = FamRZ 1983, 157 ff.) Diese Auffassung ist umstritten (a.A. Brix, FamRZ 1993, 12; Müko/Koch, Rn. 21; Soergel/Gaul § 1408 Rn. 18; Finger, FUR 1997, 68).

275 Vor der Güterstandsbeendigung – gleich ob vor oder nach Rechtshängigkeit des Scheidungsverfahrens – **formlos** oder nur **privatschriftlich getroffene Vereinbarungen** der Ehegatten über den Zugewinnausgleich sind wegen Formverstoßes (§ 125 BGB) **nichtig** (BGH, FamRZ 1983, 160).

276 Obgleich Vereinbarungen über den Zugewinnausgleich zeitlich nach dem Wortlaut des Gesetzes erst ab Rechtshängigkeit des Verfahrens auf Scheidung oder Aufhebung möglich sind, hält der BGH Vereinbarungen auch schon vorher „für eine beabsichtigte Scheidung" bzw. „für den Fall der bevorstehenden Scheidung" für zulässig (BGH, FamRZ 1983, 157, 159). In der Praxis dürfte hier jedoch der Ehevertrag nach Form und Inhalt bereits das notwendige Instrumentarium liefern.

3. Gütertrennung

a) Grundzüge

277 Die Gütertrennung ist dadurch gekennzeichnet, dass es zwischen den Ehegatten keinerlei spezifisch güterrechtliche Beziehungen allein kraft Ehe gibt, sondern sie sich in vermögensrechtlicher Hinsicht grds. wie **Unverheiratete** gegenüberstehen (BayObLG, FamRZ 1961, 220 f.).

Abmilderungen ergeben sich lediglich aus den auch hier geltenden güterstandsunabhängigen allgemeinen Ehewirkungen (§§ 1353-1362 BGB).

Die beiden Vermögensmassen von Mann und Frau bleiben rechtlich völlig getrennt; ein während der Ehe erzielter Vermögenszuwachs wird – im Gegensatz zur Zugewinngemeinschaft – nach Auflösung der Ehe nicht ausgeglichen.

Da der Güterstand jede Vermögensteilhabe des anderen Ehegatten an dem während der Ehe erwirtschafteten Zuerwerb ausschließt, kommt bei der vertraglichen Vereinbarung der Gütertrennung den **zusätzlichen vermögensrechtlichen Maßnahmen** in Gestalt von sonstigen Zuwendungen zwischen Ehegatten regelmäßig eine besondere Bedeutung zu, um schon während bestehender Ehe für eine angemessene Verteilung des Vermögens und für einen Ausgleich der beiderseitigen Interessen Sorge zu tragen. 278

Hierbei stellen sich in der notariellen Praxis erhöhte Anforderungen an die Beratung und an den Abschluss zusätzlicher vorsorgender Vereinbarungen der Ehegatten, um der durch die Billigkeitsrechtsprechung des BGH zur Anwendung der Grundsätze über den Wegfall der Geschäftsgrundlage bei ehebedingten Zuwendungen (vgl. BGH, NJW 1982, 2236 f.) entstandenen Unsicherheit Rechnung zu tragen (vgl. hierzu näher Langenfeld, Handbuch der Eheverträge und Scheidungsvereinbarungen, S. 136 ff. mit entspr. Formulierungsvorschlag). Ob der Zuwendende die ehebedingte Zuwendung zurückverlangen kann, hängt nach dieser Rspr. des BGH „von den besonderen Umständen des Einzelfalles, insbesondere der Dauer der Ehe, dem Alter der Parteien, Art und Umfang der erbrachten Leistungen, der Höhe der dadurch bedingten und noch vorhandenen Vermögensvermehrung und von ihren Einkommens- und Vermögensverhältnissen überhaupt ab" (BGH, a. a. O.). Insgesamt kommt es hierbei maßgeblich auf den **Zweck der Zuwendung** an (OLG Düsseldorf, FamRZ 1995, 146 f.). Der Güterstand der Gütertrennung ist als solcher **keiner Modifikation** durch Ehevertrag **zugänglich.**

Beide Ehegatten behalten die volle **Verfügungsfreiheit** über das eigene Vermögen; die Verfügungsbeschränkungen der §§ 1365, 1369 BGB gelten bei der Gütertrennung nicht. Einer entsprechenden ehevertraglichen Vereinbarung stünde § 137 BGB entgegen. Jedoch können sich im Einzelfall – nur im Verhältnis der Ehegatten zueinander – Beschränkungen der Verfügungsfreiheit aus dem Wesen der ehelichen Lebensgemeinschaft ergeben (z.B. im Falle der Auseinandersetzungsversteigerung eines als Ehewohnung dienenden Hausgrundstückes). 279

Jeder Ehegatte verwaltet sein Vermögen allein, sofern er nicht dem anderen die Verwaltung überlässt (§ 1413 BGB). Haben sich die Eheleute trotz Gütertrennung zur **gemeinsamen Vermögensverwaltung** entschlossen, so sind bei Beendigung der Ehe die Vermögensverluste entsprechend § 1478 Abs. 1 BGB unter Anwendung der Grundsätze des Bereicherungsrechts nach dem Verhältnis des Werts des eingebrachten Vermögens zu teilen (s. weiter OLG München, FamRZ 1997, 560 ff.). 280

b) Eintritt der Gütertrennung

Der Güterstand der Gütertrennung wird i. d. R. als Wahlgüterstand durch ausdrückliche Vereinbarung in einem **Ehevertrag** begründet, wenn 281

- die Ehegatten durch Ehevertrag den gesetzlichen Güterstand lediglich aufheben oder ausschließen, ohne einen anderen Güterstand zu bestimmen (§ 1414 BGB);
- sie den Ausgleich des Zugewinns oder den Versorgungsausgleich ausschließen (§ 1414 BGB);
- sie eine durch Ehevertrag bestimmte Gütergemeinschaft aufheben (§ 1414 BGB);

Der Güterstand der Gütertrennung tritt aber auch in bestimmten Fällen **kraft Gesetzes** ein. Insofern ist er nicht nur ein vertraglicher, sondern auch ein subsidiärer gesetzlicher Güterstand. 282

Kraft Gesetzes tritt Gütertrennung ein, wenn

- durch rechtskräftige Entscheidung auf vorzeitigen Ausgleich des Zugewinns erkannt wird (§ 1388 BGB);
- die Gütergemeinschaft durch Aufhebungsurteil beendet wurde (§§ 1449, 1470 BGB).

283 Soweit § 1414 BGB den Eintritt der Gütertrennung regelt, ist dieser Eintritt **subsidiär**. Er erfolgt dann nicht, wenn sich aus den ehevertraglichen Vereinbarungen der Ehegatten – durch ausdrückliche Regelung oder durch Auslegung – ergibt, dass etwas anderes gelten soll. So tritt z. B. nur dann im Falle des Ausschlusses des Versorgungsausgleichs automatisch Gütertrennung ein, wenn nicht zugleich ausdrücklich geregelt wird, dass die Zugewinngemeinschaft bestehen bleiben soll. (Dagegen tritt jedoch umgekehrt nicht automatisch der Ausschluss des Versorgungsausgleichs ein, wenn Gütertrennung vereinbart wird.)

284 Zur Vermeidung von Auslegungsstreitigkeiten oder auch Unklarheiten hinsichtlich des Fortbestandes der Gütertrennung (z. B. bei Rücknahme des Scheidungsantrags) sollte deshalb stets im Ehevertrag ausdrücklich geklärt werden, ob die Gütertrennung gewollt ist – insbesondere auch beim Ausschluss des Versorgungsausgleichs.

c) Ende der Gütertrennung

285 Die Gütertrennung endet, wenn die Ehe durch Tod aufgelöst, durch rechtskräftiges Urteil geschieden oder aufgehoben oder aber wenn durch Ehevertrag ein anderer Güterstand vereinbart wird. Heben die Ehegatten den Güterstand der Gütertrennung auf, ohne dass ausdrücklich eine andere Vereinbarung getroffen wird, so tritt der gesetzliche Güterstand der **Zugewinngemeinschaft** ein.

4. Gütergemeinschaft

a) Grundzüge

286 Die Gütergemeinschaft kann nur durch Ehevertrag vereinbart werden. Kennzeichnend für den vertraglichen Güterstand der Gütergemeinschaft ist, dass das Vermögen des Ehemannes und das der Ehefrau mit Eintritt der Gütergemeinschaft gemeinschaftliches Vermögen (Gesamtgut) werden (§ 1416 Abs. 1 BGB). Ausgenommen sind lediglich die zum **Sondergut** (§ 1417 BGB) oder zum **Vorbehaltsgut** (§ 1418 BGB) gehörenden Gegenstände. Der Unterschied zum gesetzlichen Güterstand besteht darin, dass nicht nur der während der Ehe erworbene Vermögenszuwachs nach deren Auflösung ausgeglichen, sondern von vornherein von den Ehegatten ein gesamthänderisch gebundenes gemeinsames Vermögen gebildet wird.

287 Die Gütergemeinschaft ist im Gesetz sehr umfangreich (§§ 1415 bis 1482 BGB) und kompliziert geregelt und im Rechtsverkehr schwer zu erfassen. Die so breit angelegte gesetzliche Ausgestaltung dieses Wahlgüterstandes steht in keinem Verhältnis zu seiner tatsächlichen Verbreitung in heutiger Zeit.

288 Bei der Gütergemeinschaft sind folgende **fünf verschiedene Vermögensmassen** zu unterscheiden:

- das gemeinschaftliche Vermögen in Gestalt des **Gesamtgutes** (§§ 1415 ff. BGB);
- das **Sondergut** jedes Ehegatten (§ 1417 BGB). Es umfasst diejenigen Gegenstände, die nicht durch Rechtsgeschäft übertragen werden können (z. B. nicht abtretbare und unpfändbare Forderungen, pfändungsfreier Anteil am Arbeitseinkommen, Nießbrauchsrechte, persönliche Dienstbarkeiten, Urheberrechte). Jeder Ehegatte verwaltet sein Sondergut zwar selbstständig, aber nur „für Rechnung" des Gesamtguts;
- das **Vorbehaltsgut** jedes Ehegatten (§ 1418 BGB). Es umfasst diejenigen Gegenstände, die aufgrund ehevertraglicher Vereinbarung der Ehegatten bzw. Bestimmung durch einen Dritten von Todes wegen oder durch Schenkung zum Vorbehaltsgut eines Ehegatten erklärt wurden.

Jeder Ehegatte verwaltet sein Vorbehaltsgut selbstständig und im Gegensatz zum Sondergut für eigene Rechnung. Zum Unterhalt sind die Nutzungen erst nach den Einkünften des Gesamtguts heranzuziehen (§ 1420 BGB).

Das **Gesamtgut** umfasst das gesamte voreheliche und eheliche Vermögen beider Ehegatten. Es entsteht eine Gemeinschaft zur gesamten Hand (§ 1419 BGB). Eigentümer des Gesamtguts sind beide Ehegatten in ihrer gesamthänderischen Verbundenheit. Die Bildung des Gesamtgutes ist für die Gütergemeinschaft zwingend erforderlich und kann vertraglich von den Ehegatten nicht ausgeschlossen werden. Es entsteht eine umfassende Eigentumsgemeinschaft; der Rechtsübergang vollzieht sich automatisch kraft Gesetzes (§ 1416 Abs. 2 BGB). 289

Beide Ehegatten haben – sofern nichts anderes im Ehevertrag vereinbart wurde – hinsichtlich des Gesamtgutes gleiche Rechte und Pflichten. Ein Ehegatte kann weder über seinen Anteil am Gesamtgut noch über seinen Anteil an den dazugehörenden Einzelgegenständen allein verfügen (§ 1419 Abs. 1 BGB). Es kann auch keine Teilung verlangt werden.

Die **Verwaltung des Gesamtguts** erfolgt durch die Ehegatten **gemeinschaftlich**, sofern nicht durch Ehevertrag einem Ehegatten die Verwaltung allein übertragen ist (§ 1421 BGB). Nicht möglich ist dagegen ein für beide Ehegatten unabhängig voneinander bestehendes Recht zur Einzelverwaltung (BayObLG, NJW 1968, 896; zur gemeinschaftlichen Gesamtgutsverwaltung vgl. im Einzelnen die Regelungen der §§ 1450 bis 1470 BGB). Die Verwaltung durch beide Ehegatten bedeutet im weiten Umfang die Notwendigkeit gemeinsamen Handelns (§§ 1450 Abs. 1, 1451 BGB; hinsichtlich Ausnahmen vgl. die §§ 1454, 1455 BGB). Das hat eine gewisse Schwerfälligkeit im geschäftlichen Verkehr zur Folge. 290

Eine wichtige Ausnahmeregelung enthält § 1450 Abs. 2 BGB in Form der Empfangszuständigkeit für Willenserklärungen. Auch gibt es Notverwaltungsrechte (s. §§ 1454, 1455 BGB).

Bei einem Streit der Ehegatten über bestimmte Verwaltungsmaßnahmen trifft das Vormundschaftsgericht auf Antrag die Entscheidung und ersetzt die Zustimmung des anderen Ehegatten (§ 1452 BGB).

Die Regelungen zur **Alleinverwaltung des Gesamtguts** durch einen Ehegatten sind in den §§ 1422 bis 1449 BGB enthalten. Der allein verwaltende Ehegatte hat ein umfassendes Verwaltungsrecht (§ 1422 BGB). Allerdings ist bei Geschäften über das Gesamtgut im Ganzen, bei Verfügungen über Grundstücke und bei Schenkungen die Zustimmung des anderen Ehegatten erforderlich (vgl. §§ 1423 bis 1425 BGB). Der von der Verwaltung ausgeschlossene Ehegatte hat zudem ein Notverwaltungsrecht (§ 1429 BGB). Die Pflichten des Verwalters ergeben sich aus § 1435 BGB; er hat die Stellung eines Treuhänders. 291

Schuldner von Verbindlichkeiten sind die Ehegatten persönlich; die verschiedenen Vermögensmassen bilden lediglich Haftungsobjekte. Das Gesetz unterscheidet deshalb zwischen der **Haftung des Gesamtguts** und der **persönlichen Haftung jedes Ehegatten** mit seinem Vorbehalts- und Sondergut. Für Verbindlichkeiten jedes Ehegatten haftet das Gesamtgut (§ 1459 Abs. 1 und § 1437 Abs. 1 BGB, aber Ausnahmen gem. §§ 1460 bis 1462, 1438 bis 1440 BGB). Jeder Ehegatte haftet für die ihn treffenden eigenen Verbindlichkeiten außerdem mit seinem persönlichen Vermögen (Vorbehalts- und Sondergut). Darüber hinaus ist auch die persönliche Haftung eines Ehegatten als Gesamtschuldner für die Verbindlichkeiten des anderen Ehegatten vorgesehen, die Gesamtgutsverbindlichkeiten sind, und zwar bei gemeinschaftlicher Verwaltung des Gesamtguts grds. für beide Ehegatten (§ 1459 Abs. 2 BGB) und bei Alleinverwaltung nur für den verwaltenden Teil (§ 1437 Abs. 2 BGB). Insgesamt kann die sehr weitgehende persönliche Haftung der Ehegatten bei der Gütergemeinschaft erhebliche Risiken für sie bedeuten. 292

b) Beendigung der Gütergemeinschaft

Der Güterstand der Gütergemeinschaft **endet** bei 293

- Auflösung der Ehe durch Scheidung, Aufhebung oder Tod eines Ehegatten (sofern nicht fortgesetzte Gütergemeinschaft eintritt);

- Aufhebung durch Ehevertrag;
- Aufhebung durch rechtskräftiges Urteil gem. §§ 1449, 1470 BGB (Aufhebungsklage);
- Eintritt einer auflösenden Bedingung oder Befristung.

Bei Aufhebung der Gütergemeinschaft tritt Gütertrennung ein (§ 1414 Satz 2 BGB). Soll etwas anderes gelten, ist dies im Aufhebungsvertrag ausdrücklich festzulegen.

294 Jeder Ehegatte hat nach Beendigung der Gütergemeinschaft ein **Recht auf Auseinandersetzung** des Gesamtgutes nach Maßgabe der §§ 1471 ff. BGB; bis zur Auseinandersetzung besteht die Gesamthandsgemeinschaft als Liquidationsgemeinschaft fort.

295 Die Auseinandersetzungsvorschriften der §§ 1471 ff. BGB enthalten **Verwaltungsregelungen** für die Zeit ab Beendigung des Güterstandes bis zur endgültigen Auseinandersetzung (§§ 1471 – 1473 BGB). Während der Auseinandersetzung verwalten die Ehegatten unabhängig von früheren Vereinbarungen das Gesamtgut gemeinschaftlich (§ 1472 BGB).

c) **Auseinandersetzung des Gesamtgutes**

aa) **Auseinandersetzungsvereinbarung (§ 1474 BGB)**

296 Für die Auseinandersetzung ist in erster Linie die Vereinbarung der Ehegatten maßgebend (§ 1474 BGB). Der Auseinandersetzungsvertrag bedarf keiner besonderen Form; allerdings können die Vollzugsgeschäfte formbedürftig sein, insbesondere nach § 313 BGB. Auf Antrag vermittelt das Amtsgericht die Auseinandersetzung über das Gesamtgut. Das Verfahren richtet sich nach § 99 FGG i. V. m. §§ 86 ff. FGG. Für die Auseinandersetzung ist das **Nachlassgericht** zuständig, sofern ein Anteil an dem Gesamtgut zu einem Nachlass gehört, im Übrigen das Vormundschaftsgericht (§ 99 Abs. 2 i. V. m. § 45 FGG).

bb) **Streitige Auseinandersetzung (§§ 1475 ff. BGB)**

297 Können sich die Ehegatten über die Auseinandersetzung nicht einigen, bleibt nur die streitige Auseinandersetzung nach den Regeln der §§ 1475 bis 1481 BGB, für die das Familiengericht zuständig ist, das ggf. über die Auseinandersetzung im Verbund mit der Ehesache zu entscheiden hat, wenn ein Scheidungsverfahren anhängig ist (§§ 621 Abs. 1 Nr. 8, 623 Abs. 1 ZPO). Die Klage ist auf **Zustimmung zu einem Auseinandersetzungsplan** zu richten. Bei der Auseinandersetzung im Klagewege besteht keine Gestaltungsfreiheit des Gerichtes (BGH, FamRZ 1988, 813 f.).

298 Nach den gesetzlichen Regelungen zur Auseinandersetzung sind zunächst die Gesamtgutsverbindlichkeiten zu berichtigen und der Überschuss sodann hälftig unter den Ehegatten zu teilen. Die Teilung erfolgt nach den **Grundsätzen der Auseinandersetzung einer Gemeinschaft** (§§ 1477 Abs. 1, 752 ff.); teilbare Gegenstände werden geteilt, unteilbare veräußert und der Erlös ausgekehrt. Dementsprechend ist die vorherige Einleitung eines Teilungsversteigerungsverfahrens hinsichtlich der zum Gesamtgut gehörenden Grundstücke erforderlich, falls keine Einigung zustande gekommen ist.

cc) **Übernahme- und Wertersatzansprüche (§§ 1477, 1478 BGB)**

299 Die Teilung des Überschusses nach den Gemeinschaftsregelungen wird durch Gestaltungsrechte der Ehegatten modifiziert:

300 **Übernahmerecht:** Nach § 1477 Abs. 2 BGB hat jeder Ehegatte das Recht, die seinem persönlichen Gebrauch dienenden Gegenstände (Kleider, Schmuck, Arbeitsgeräte), die von ihm in die Gütergemeinschaft eingebrachten und die von ihm während der Ehe durch Erbfolge, Vermächtnis oder mit Rücksicht auf ein künftiges Erbrecht, durch Schenkung oder als Ausstattung erworbenen Gegenstände gegen Wertersatz zu übernehmen (= privilegierter Erwerb).

Ein Nachlassgegenstand ist auch dann i. S. d. § 1477 Abs. 2 Satz 2 BGB durch Erbfolge erworben, wenn er einem Miterben im Zuge der Erbauseinandersetzung zugefallen ist und der Miterbe Ausgleichszahlungen an die übrigen Erben leisten musste (BGH, FamRZ 1998, 817 f.).

Die Übernahme ist ausgeschlossen, wenn der Gegenstand zur Schuldentilgung benötigt wird. Andererseits kann die Übernahme schon verlangt werden, wenn feststeht, dass der Gegenstand nicht zur Schuldendeckung erforderlich ist (OLG Bamberg, FamRZ 1987, 825). Die **Höhe des Wertersatzes** bestimmt sich nach dem Zeitpunkt der tatsächlichen Übernahme, ggf. nach der letzten mündlichen Verhandlung (BGH, FamRZ 1986, 40 ff.). 301

Anspruch auf Wertersatz für Eingebrachtes: Wird die Ehe geschieden, bevor die Auseinandersetzung des Gesamtgutes beendet ist, ist ferner jedem Ehegatten nach § 1478 BGB auf Verlangen der Wert der Gegenstände zurückzuerstatten, die er in die Gütergemeinschaft eingebracht hat. **Eingebracht** sind auch Gegenstände, die ein Ehegatte von Todes wegen, durch Schenkung oder als Ausstattung erworben hat. Für die Bewertung ist auf den **Zeitpunkt der Einbringung** abzustellen. Der nominelle Wert zum Zeitpunkt der Einbringung ist um den Kaufkraftschwund zu bereinigen (vgl. BGHZ 84, 333 ff.). Der Anspruch auf Wertersatz für Eingebrachtes bildet eine auf Billigkeitsgesichtspunkten beruhende Ausnahme vom Grundsatz der Halbteilung des Überschusses. 302

Der Anspruch auf Wertersatz nach § 1478 BGB und das Übernahmerecht des § 1477 Abs. 2 BGB können **nebeneinander ausgeübt** werden (BGH, FamRZ 1986, 40 f.). Anzusetzen ist immer der **Verkehrswert,** und zwar auch bei landwirtschaftlichen Betrieben (BGH, FamRZ 1986, 776 f. m. w. N.; Bölling, FamRZ 1980, 754 ff.: keine Analogie zu § 1376 Abs. 4 BGB – Ertragswert). 303

5. Güterrechtsregister

Das Güterrechtsregister dient zur **Bekanntgabe von Änderungen** des gesetzlichen Güterrechts gegenüber Dritten, und zwar der güterrechtlichen Verhältnisse, die die Zuordnung von Vermögen, Verwaltungsbefugnissen und die Haftung der Ehegatten betreffen. Es dient dem Verkehrsschutz und auch der Verkehrserleichterung. 304

Eintragungsfähig sind alle güterstandsbezogenen Tatsachen, die die Rechtslage Dritter im Verhältnis zu den Ehegatten unmittelbar beeinflussen, also eine Außenwirkung entfalten (Einritt der Gütertrennung oder der Gütergemeinschaft; Ausschluss oder Modifizierung der Verfügungsbeschränkungen bei der Zugewinngemeinschaft; rechtskräftige Urteile, durch die eine Gütergemeinschaft aufgehoben und damit durch Gütertrennung ersetzt wird; Geltung eines ausländischen Güterstandes). Umstritten ist dabei, ob die in der Praxis gebräuchlichen Regelungen der „modifizierten Zugewinngemeinschaft" (Modifikationen des gesetzlichen Zugewinnausgleichs) in das Güterrechtsregister eingetragen werden können. **Nicht eintragungsfähig** sind hingegen Vereinbarungen, die nur das Innenverhältnis der Ehegatten betreffen (z. B. Zugewinnausgleich, Versorgungsausgleich). 305

Die Eintragung erfolgt **nur auf Antrag,** der in öffentlich beglaubigter Form und grds. von beiden Ehegatten zu stellen ist; sie sind hierzu einander zur Mitwirkung verpflichtet (§§ 1560, 1561 BGB). Der Antrag umgrenzt auch den Umfang der Eintragung. Alle Eintragungen werden öffentlich bekannt gemacht. Die Einsicht in das Register ist jedermann ohne Nachweis eines berechtigten Interesses gestattet (§ 1563 BGB). Nur für den Einblick in die zum Register geführten Akten muss ein berechtigtes Interesse glaubhaft gemacht werden (§ 34 FGG). 306

Das Register hat lediglich negative Publizität. Ihm kommt **kein öffentlicher Glaube** zu. Zur Wirksamkeit eines Ehevertrages bedarf es der Eintragung im Güterrechtsregister nicht. Die Eintragung hat rein deklaratorischen Charakter. Ein Dritter kann davon ausgehen, dass zwischen Ehegatten der gesetzliche Güterstand gilt. Haben die Ehegatten den gesetzlichen Güterstand ausgeschlossen oder geändert, so können sie hieraus nach § 1412 BGB einem Dritten gegenüber jedoch nur dann Einwendungen herleiten, wenn die abweichenden güterrechtlichen Verhältnisse im Güterrechtsregister eingetragen oder dem Dritten bei Vornahme des Rechtsgeschäfts bekannt waren. Gleiches gilt, wenn die Ehegatten eine im Güterrechtsregister eingetragene Regelung durch Ehevertrag wieder 307 aufheben oder abändern. Keinen Schutz genießt eine von vornherein unrichtige Eintragung. Jedoch gelten hier die für das Handelsregister entwickelten Grundsätze über die Rechtsscheinhaftung. Das Register wird beim Amtsgericht geführt (§§ 1558 ff. BGB). Zuständig ist das Amtsgericht, in dessen Bezirk auch nur einer der Ehegatten seinen gewöhnlichen Aufenthalt hat. Das Güterrechtsregister ist in der Praxis heute weitgehend funktionslos geworden; der Rechtsverkehr macht von der Einsichtsbefugnis keinen Gebrauch.

6. Zivilrechtliche und steuerrechtliche Fragen des Güterstandswechsels

308 Die von den Ehegatten vorgenommene Wahl des Güterstandes hat Einfluss auf ihre **Eigentumsverhältnisse**, das **Mitbestimmungsrecht** bei ehelichen Entscheidungen (Verwaltungs-, Verfügungsbefugnisse), das **Erbrecht**, die **Scheidungsfolgen** und nicht zuletzt auf das **Steuerrecht**. Demzufolge kann ein Wechsel zwischen den Güterständen zu mehr oder weniger weitreichenden Folgen in diesen Bereichen führen. Eingeschlossen sind hierbei auch Modifizierungen innerhalb eines Güterstandes, die in ihrer Wirkung einem Güterstandswechsel gleichkommen können (z.B. bei Ausschluss des Zugewinnausgleichs für den Fall der Scheidung im gesetzlichen Güterstand). Erwägen Ehegatten eine Änderung ihres Güterstandes, so sind von ihnen auch die entsprechenden Folgerungen mit in Betracht zu ziehen.

a) Auswirkungen auf das Erbrecht

aa) Einfluss des Güterrechts auf das Ehegattenerbrecht

309 Durch die Wahl des richtigen Güterstandes kann sowohl die Erb- und Pflichtteilsquote aller am Erbfall Beteiligten als auch der dem Pflichtteilsrecht unterliegende Nachlass beeinflusst werden. Dies ist sowohl im Falle der güter- wie auch der erbrechtlichen Beratung von Ehegatten zu beachten. Für das **gesetzliche Ehegattenerbrecht** und damit für die Höhe der Bemessung der Quote des Ehegatten ist es von maßgeblicher Bedeutung, in welchem Güterstand die Ehegatten zum Zeitpunkt des Todes des Erstversterbenden gelebt haben.

> *Hinweis:*
> *Im Einzelfall sollte die optimale Entscheidung stets individuell nach einer Gesamtabwägung getroffen werden. Zu bedenken ist dabei, dass z.B. der gesetzliche Güterstand der Zugewinngemeinschaft oder die Gütergemeinschaft zur Pflichtteilsreduzierung Vorteile mit sich bringen, jedoch im Falle der Ehescheidung erhebliche Nachteile entstehen können.*

310 Lebten die Ehegatten im gesetzlichen Güterstand der **Zugewinngemeinschaft** und wurde dieser durch den Tod eines Ehegatten beendet, so wird der Ausgleich des Zugewinns dadurch verwirklicht, dass der überlebende Ehegatte zusätzlich zu seinem gesetzlichen Erbteil nach § 1931 BGB pauschal ein weiteres Viertel der Erbschaft nach § 1371 Abs. 1 BGB erhält (erbrechtliche Lösung). Demnach erbt er neben Abkömmlingen des Erblassers 1/2, neben Verwandten der 2. Ordnung oder neben sämtlichen Großeltern 3/4 des Nachlasses. Die erbrechtlichen Folgen gelten bei der Zugewinngemeinschaft auch, wenn der Güterstand dadurch modifiziert wird, dass der gesamte lebzeitige Zugewinn ausgeschlossen wird. Für die pauschale Erhöhung des gesetzlichen Erbteils ist es unerheblich, wie lange die Ehe und die Zugewinngemeinschaft gedauert haben, ob die Ehegatten im Einzelfall tatsächlich einen Zugewinn erzielt haben und wer ihn erzielte. Diese Erhöhung ist kein güterrechtlicher, sondern ein selbstständiger erbrechtlicher Erwerb.

Der Ehegatte hat allerdings auch die Möglichkeit, die Erbschaft auszuschlagen und dann gem. § 1371 Abs. 3 BGB den konkreten Zugewinnausgleich und den kleinen Pflichtteil geltend zu machen (güterrechtliche Lösung). Diese Lösung greift auch dann ein, wenn der Ehegatte durch Verfügung von Todes wegen enterbt wurde.

Die pauschale Beteiligung am Nachlass des anderen nach § 1371 Abs. 1 BGB kommt dem überlebenden Ehegatten jedoch nicht zugute, wenn die Ehegatten durch **Ehevertrag** an Stelle des gesetzlichen Güterstandes einen anderen Güterstand (Gütertrennung oder Gütergemeinschaft) vereinbart haben. In diesem Falle wird der gesetzliche Erbteil des überlebenden Ehegatten nicht um ein Viertel der Erbschaft erhöht.

311

Im Fall der **Gütergemeinschaft** gelten für die Erbfolge und die Höhe der Erbteile die allgemeinen Vorschriften unverändert (§ 1482 Abs. 2 BGB). Dies gilt auch für den gesetzlichen Erbteil des überlebenden Ehegatten, der sich ausschließlich nach der Grundregel des § 1931 Abs. 1 und 2 BGB richtet. War eine fortgesetzte Gütergemeinschaft vereinbart, so tritt die Erbfolge nur bezüglich der Vorbehalts- und des Sondergutes ein; am Gesamtgut wird die Gemeinschaft mit den Erben des verstorbenen Elternteils fortgesetzt.

312

Im vertraglichen Güterstand der **Gütertrennung** ist hingegen die Besonderheit der Regelung des § 1931 Abs. 4 BGB zu beachten (d.h. neben ein oder zwei Kindern des Erblassers erbt der überlebende Ehegatte zu gleichen Teilen), wodurch sich der Unterschied zur Zugewinngemeinschaft teilweise relativiert. Ab drei Kindern bleibt es bei dem Erbteil des überlebenden Ehegatten, wie er sich aus § 1931 Abs. 1 und 2 BGB ergibt. Allerdings ist bei der Vereinbarung von Gütertrennung darüber hinaus zu beachten, dass der Anspruch von Stiefabkömmlingen auf die Ausbildungskosten gem. § 1371 Abs. 4 BGB entfällt.

313

bb) Güterstandswechsel und Pflichtteilsrecht

Der **Wechsel des Güterstandes** kann sowohl direkt als auch infolge der Auseinandersetzung eines beendeten Güterstandes zu einer objektiven Bereicherung eines Ehegatten führen, was die Frage aufwirft, inwieweit sich hieraus Pflichtteilsergänzungsansprüche der Abkömmlinge des entreicherten Ehegatten nach § 2325 BGB ergeben können.

314

Der BGH hat hierzu hinsichtlich der Vereinbarung von **Gütergemeinschaft** in einer Grundsatzentscheidung Stellung genommen (vgl. BGHZ 116, 178 = NJW 1992, 558 f.). Danach wie auch nach h. M. in der Literatur stellt der mit der Begründung einer ehelichen Gütergemeinschaft verbundene Vermögenszuwachs i. d. R. **keine Schenkung** i. S. d. § 2325 BGB dar, die zu Pflichtteilsergänzungsansprüchen führen. Zwar verkennt auch der BGH nicht, dass es bei einer Neuordnung des Güterstandes durch Begründung einer Gütergemeinschaft zu Vermögensverschiebungen zwischen den Ehegatten und zu einer Bereicherung des weniger begüterten Ehegatten kommen kann. Der BGH lehnt es jedoch ab, die Bereicherung allein schon deshalb dem Recht der Schenkung zu unterwerfen und daran ferner die Rechtsfolgen der §§ 2323, 2329 BGB anzuknüpfen. Vielmehr geht er von dem Grundsatz aus, dass es Ehegatten jederzeit freisteht, ihre güterrechtlichen Verhältnisse für die Zukunft zu ändern und den bis dahin geltenden Güterstand durch einen anderen zu ersetzen. Diese für das Ehegüterrecht grundlegende Befugnis müssen sowohl die Gläubiger als auch die Pflichtteilsberechtigten als eine Folge der Eheschließungsfreiheit hinnehmen.

315

Dagegen unterwirft der BGH die Fälle **offensichtlichen Missbrauchs** der Ehevertragsfreiheit der Pflichtteilsergänzung.

316

Hierzu sind jedoch entsprechende Feststellungen des Tatrichters erforderlich. Zur Annahme einer Schenkung des begüterten an den bereicherten Ehegatten bedarf es außer der Einigung über die Unentgeltlichkeit der Zuwendung noch einer Verdrängung der güterrechtlichen causa für die Bereicherung durch den schuldrechtlichen Schenkungsvertrag. Für eine solche Annahme bedarf es nach BGH der Feststellung, „dass die Geschäftsabsichten der Eheleute nicht zwecks Verwirklichung der Ehe auf eine Ordnung der beiderseitigen Vermögen gerichtet waren" (a. a. O.).

Ein gewichtiges Anzeichen für die Verfolgung „ehefremder Zwecke" wurde in besonders gelagerten Fällen darin gesehen, wenn die Gütergemeinschaft erst kurz vor dem Tode eines Ehegatten vereinbart wird, wenn kurz nach Vereinbarung der Gütergemeinschaft Gütertrennung vereinbart und bei der Auseinandersetzung des Gesamtguts dem zunächst weniger begüterten Ehegatten eine überdurchschnittliche Quote eingeräumt wird oder auch wenn ein Ehevertrag nur deshalb geschlossen wird, um pflichtteilsberechtigte Angehörige zu benachteiligen. **Pflichtteilsfest** ist somit nur ein über Jahre gelebter Güterstandswechsel zur Verwirklichung der Ehe.

b) Schenkungs- und erbschaftsteuerrechtliche Folgen von Güterstandsverträgen

317 Der Abschluss eines Ehevertrages kann über die güterrechtlichen Verhältnisse der Ehegatten schenkungsteuerrechtlich und im Todesfall auch erbschaftsteuerrechtlich von Bedeutung sein, wenn sich dadurch die Vermögensverhältnisse der Ehegatten ändern bzw. Vermögensverschiebungen eintreten. Diese steuerlichen Auswirkungen sollten deshalb bei der Wahl des ehelichen Güterstandes vorsorglich mit berücksichtigt werden.

aa) Vereinbarung der Gütergemeinschaft

318 Heben die Ehegatten einvernehmlich die Zugewinngemeinschaft auf und vereinbaren Gütertrennung, hat dies **keine unmittelbare steuerliche Auswirkung**. Die Vereinbarung der Gütergemeinschaft hingegen hat jedoch steuerliche Konsequenzen.

319 Die Begründung der Gütergemeinschaft kann einen schenkungssteuerlichen Vorgang zugunsten desjenigen Ehegatten darstellen, der das geringere Vermögen besitzt. Nach § 7 Abs. 1 Nr. 4 ErbStG gilt ausdrücklich als steuerpflichtige Schenkung unter Lebenden die „Bereicherung, die ein Ehegatte bei der Vereinbarung der Gütergemeinschaft (§ 1415 BGB) erfährt". Die eindeutige Gesetzesvorschrift des ErbStG weicht dabei von der Anknüpfung an das Vorverständnis des bürgerlichen Rechts ab, wonach zivilrechtlich die Vereinbarung von Gütertrennung keine Schenkung darstellt.

320 Besteuert wird dabei nur die **Bereicherung**, die sich als **unmittelbare Folge** aus der Vereinbarung **der Gütergemeinschaft** ergibt. Die Vermögensmehrung des Gesamtgutes wächst während der Ehe jedem Ehegatten schenkungssteuerfrei zu.

> *Hinweis:*
> *Ein Überhang über die Freibeträge sollte ggf. bei Begründung der Gütergemeinschaft als Vorbehaltsgut zurückbehalten werden; unter Berücksichtigung der Frist des § 14 ErbStG kann es später auf das Gesamtgut übertragen werden.*
>
> *Bestand zunächst Zugewinngemeinschaft und wird die Gütergemeinschaft erst im Verlaufe der Ehe vereinbart, so ist bei der Bereicherung mindernd zu berücksichtigen, dass die möglicherweise entstehende Zugewinnausgleichsforderung nach § 5 Abs. 2 ErbStG steuerfrei ist. Durch die Einbringung der Ausgleichsforderung des ausgleichsberechtigten Ehegatten als Vermögenswert in das Gesamtgut vermindert sich der Wert der Zuwendung des (vermögenderen) ausgleichsverpflichteten Ehegatten.*

bb) Ehevertraglicher Verzicht auf Zugewinnausgleich

321 Der Verzicht von Zugewinnausgleichsansprüchen in ehevertraglichen Vereinbarungen stellt regelmäßig keine Schenkung an den anderen Ehegatten dar. Das erfolgt aus dem Gedanken des § 517 BGB, wonach der Verzicht auf ein angefallenes, aber noch nicht endgültig erworbenes Recht aus dem Schenkungsbegriff ausgenommen ist (Meincke, DStR 1986, 135 ff.).

cc) Vereinbarungen bei der Zugewinngemeinschaft und Erbschaftsteuerregelung

322 Im Erbschaftsteuerrecht gelten für die Zugewinngemeinschaft **besondere Vorschriften** (§ 5 ErbStG). Der Gesetzgeber des ErbStG hat sich auch hier vom Grundsatz der Maßgeblichkeit des Zivilrechts für das Steuerrecht weiter gelöst.

Die **Zugewinnausgleichsforderung** ist in den Grenzen der §§ 1374 f. BGB schenkungs- und einkommensteuerfrei. Bei der Beendigung der Ehe durch Scheidung generell und im Falle des Todes bei güterrechtlicher Abwicklung der Zugewinngemeinschaft nach § 1371 Abs. 2 BGB, § 5 Abs. 2 ErbStG werden von den Parteien getroffene güterrechtliche Vereinbarungen einschließlich solcher über die Berechnung des Anfangsvermögens anerkannt und berücksichtigt. In diesen Fällen ist die güterrechtliche Vertragsgestaltung für das Steuerrecht somit von Belang. 323

Bei der erbrechtlichen Abwicklung des Zugewinnausgleichs über § 1371 Abs. 1 BGB, § 5 Abs. 1 ErbStG gilt dies jedoch nicht. Durch das **Missbrauchsbekämpfungs- und Steuerbereinigungsgesetz** (StMBG) wurde das ErbStG dahingehend geändert, dass bei Berechnung des Ausgleichsbetrages von den §§ 1373 bis 1383 BGB abweichende güterrechtliche Vereinbarungen unberücksichtigt bleiben. 324

Bei nachträglicher Vereinbarung der Zugewinngemeinschaft durch Ehevertrag (Wechsel von der Gütertrennung zum gesetzlichen Güterstand) gilt erbschaftsteuerrechtlich zwingend als Zeitpunkt des Eintritts des Güterstands der Tag des Vertragsabschlusses. 325

Für Erbfälle nach dem 31. 12. 1993 ist nun vorgeschrieben, dass nur der fiktive Ausgleichsanspruch erbschaftsteuerfrei ist, den ein Ehegatte während der **tatsächlichen Dauer** der Zugewinngemeinschaft, also ab Vertragsänderung erzielt hat (§ 5 Abs. 1 Satz 4 ErbStG). Durch die Gesetzesänderung wurde die anzuerkennende Gestaltungsfreiheit der Ehegatten bei erbrechtlicher Abwicklung des Zugewinnausgleichs eingeschränkt.

In Fällen der erbrechtlichen Abwicklung der Zugewinngemeinschaft bleiben güterrechtliche Vereinbarungen, die von den §§ 1373 bis 1383 BGB und § 1390 BGB abweichen, dagegen unberücksichtigt. Die Vermutung des § 1377 Abs. 3 BGB (wonach das Endvermögen eines Ehegatten seinem Zugewinn entspricht, wenn kein Verzeichnis aufgefunden wurde) ist nicht anzuwenden (§ 5 Abs. 1 Satz 2 und 3 ErbStG). Auch die rückwirkende Vereinbarung der Zugewinngemeinschaft durch Ehevertrag wird ab 1994 in der Erbschaftssteuer nicht mehr anerkannt (§ 5 Abs. 1 Satz 4 ErbStG). Die Steuerfreiheit ist auf den Teil des Zugewinns begrenzt, der auf die Zeit nach der Vereinbarung des Güterstands der Zugewinngemeinschaft anfiel. 326

Auch ist die **fiktive Ausgleichsforderung** nicht in jedem Fall in voller Höhe steuerfrei. Soweit nämlich der Nachlass bei der Ermittlung des als Ausgleichsforderung steuerfreien Betrags mit einem höheren Wert angesetzt worden ist als dem nach steuerlichen Grundsätzen maßgebenden Wert (z. B. bei Grundbesitz), gilt höchstens der dem Steuerwert des Nachlasses entsprechende Betrag nicht als Erwerb i. S. d. § 5 Abs. 1 ErbStG. 327

dd) Schenkungssteuerrechtliche Behandlung unbenannter Zuwendungen

Wird zwischen den Ehegatten Gütertrennung ehevertraglich vereinbart, so spielen **Zuwendungen** der Ehegatten untereinander (z. B. Übertragung des hälftigen Anteils an einem Hausgrundstück) als ergänzende Maßnahmen keine unbedeutende Rolle. 328

Nach herrschender zivilrechtlicher Auffassung stellen unbenannte Zuwendungen unter Ehegatten i. d. R. keine Schenkungen i. S. v. § 516 BGB dar. Gleichwohl hat der BFH mit Urteil vom 2. 3. 1994 (BStBl. II 1994, 366 = NJW 1994, 2044 ff.) die unbenannte Zuwendung unter Ehegatten grds. als **steuerpflichtige Schenkung** qualifiziert. Nach dieser Rspr. beurteile sich die Schenkungssteuerpflicht unbenannter Zuwendungen – nicht anders als bei sonstigen Zuwendungen – nach den allgemeinen Voraussetzungen des § 7 Abs. 1 Nr. 1 ErbStG. Die Finanzverwaltung wendet dieses Urteil an. 329

Der Gesetzgeber hat lediglich die Zuwendungen unter Lebenden schenkungsteuerfrei gestellt, mit denen ein Ehegatte dem anderen Ehegatten Eigentum oder Miteigentum an einem zu Wohnzwecken genutzten Haus oder an einer zu eigenen Wohnzwecken genutzten Eigentumswohnung (Familienwohnheim) verschafft oder den anderen Ehegatten von eingegangenen Verpflichtungen 330 im Zusammenhang mit der Anschaffung oder der Herstellung des Familienwohnheims freistellt (§ 13 Abs. 1 Nr. 4a ErbStG). Sog. gemischt-genutzte Grundstücke (Wohn- und Geschäftshaus) fallen nicht unter diese Regelung.

331 Es erfolgt **keine Unterscheidung** zwischen **gewollter Schenkung** und **ehebedingter Zuwendung**. Damit ist die Konstruktion der unbenannten Zuwendung zur Vermeidung von Erbschaftsteuer obsolet geworden.

C. Vermögensverhältnisse unter Ehegatten außerhalb des Güterrechts

I. Einführung und Überblick

332 Ehegatten führen eine **umfassende Lebens- und Wirtschaftsgemeinschaft**. Dem trägt die gesetzliche Regelung insofern Rechnung, als beim gesetzlichen Güterstand der Zugewinngemeinschaft grds. ein Ausgleich des unterschiedlich erzielten Vermögenszuwachses zwischen ihnen vorgenommen wird. Endet der gesetzliche Güterstand, so ist im Rahmen des Zugewinnausgleichs jedoch nicht zu prüfen, ob und in welchem Umfang ein Ehegatte am Vermögenserwerb des anderen beteiligt war.

333 Deshalb stellt sich die Frage, ob und ggf. nach welchen Regeln ein anderweitiger vermögensrechtlicher Ausgleich zugunsten eines Ehegatten in Betracht kommt, wenn die güterrechtlichen Bestimmungen des Familienrechts nicht zu befriedigenden Ergebnissen führen (Schwab/Borth, Handbuch des Scheidungsrechts, Teil IX, Rn. 1).

334 Um im Einzelfall einen gerechten Ausgleich der in der Ehe erwirtschafteten Güter zu erreichen, wird eine Teilung gemeinsamer Vermögenspositionen angestrebt. Im Mittelpunkt stehen zweifellos:

- das im Miteigentum stehende Einfamilienhaus,
- gemeinsame Forderungen (u. a. Kontoguthaben) oder
- gesamtschuldnerische Verbindlichkeiten.

> *Hinweis:*
> *Diese Vermögensauseinandersetzung weitet sich neben dem Zugewinnausgleich zu einem* **Rechtsgebiet eigener Art** *(vgl. Blaese, BRAK-Mitt. 3/1997, 118) aus. Ausgleichsansprüche zwischen Ehegatten können sehr vielgestaltig sein. Nachfolgend werden daher nur einige besonders praxisrelevante Probleme aus dem Bereich der Vermögensverhältnisse kurz dargestellt.*

II. Miteigentümergemeinschaft unter Ehegatten

1. Überblick

335 Einen Schwerpunkt bei der vermögensrechtlichen Auseinandersetzung von gemeinschaftlichem Miteigentum von Eheleuten im Falle der Trennung bilden insbesondere das Grundstückseigentum und gemeinsame Bankkonten.

Dabei ergeben sich regelmäßig **zwei Problemkreise**: die Frage der weiteren Nutzung des Eigentums (einschließlich der Lastentragung) und ggf. der Zahlung eines Nutzungsentgelts (s. Rn. 333 ff.) sowie die Möglichkeit der Auflösung des Miteigentums (s. Rn. 341 ff.).

2. Nutzungsentgelt bei Alleinnutzung des gemeinschaftlichen Eigenheims

Beim Scheitern der Ehe sind regelmäßig die Verhältnisse hinsichtlich der weiteren Nutzung, der Lastentragung und ggf. der Zahlung eines Nutzungsentgeltes durch den nunmehr allein nutzenden Ehegatten bis zur Auseinandersetzung des Miteigentums neu zu regeln. Hier sind die Vorschriften über die Bruchteilsgemeinschaft (§§ 741 ff. BGB) einschlägig. 336

Regelmäßig bedeutet die endgültige Trennung von Ehegatten eine so grundlegende Veränderung der Nutzungsverhältnisse, dass jeder Ehegatte gem. § 745 Abs. 2 BGB eine **Neuregelung der Verwaltung und Benutzung** nach billigem Ermessen verlangen und notfalls gerichtlich durchsetzen kann. Die Neuregelung kann auch darin bestehen, dass derjenige, der in der Wohnung verbleibt, an den anderen eine angemessene Nutzungsentschädigung zu zahlen hat (vgl. BGH, NJW 1982, 1753 = FamRZ 1982, 355; NJW 1983, 1845 = FamRZ 1983, 795; NJW 1986, 1339 = FamRZ 1986, 436; NJW 1994, 1721 = FamRZ 1994, 822). Der weichende Ehegatte braucht hier nicht zunächst auf Zustimmung zu einer angemessenen Neuregelung zu klagen. Er kann vielmehr sofort seinen Zahlungsanspruch (als Ergebnis der beanspruchten Neuregelung) geltend machen (BGH, NJW 1994, 1721). 337

Die Regelung des § 745 Abs. 2 BGB ist auch auf das Innenverhältnis von nach § 428 BGB gesamtberechtigten Ehegatten an einem **Grundstücksnießbrauch** entsprechend anwendbar (vgl. BGH, NJW 1993, 3326 = FamRZ 1994, 98 f.), nicht jedoch auf **Altenteilsleistungen** (vgl. BGH, NJW 1996, 2153 ff.). 338

D. h., der eine Nutzungsvergütung begehrende Ehegatte kann eine Neuregelung i. S. d. § 745 Abs. 2 BGB unmittelbar durch Geltendmachung eines Zahlungsanspruchs verlangen. Zu beachten ist jedoch, dass der Vergütungsanspruch nicht bereits durch die faktische Alleinnutzung des im Miteigentum stehenden Hausgrundstückes entsteht, sondern **erst mit** der eindeutigen **Geltendmachung** der Neuregelung der Verwaltung und Benutzung sowie der Nutzungsentschädigung; eine bloße Zahlungsaufforderung reicht regelmäßig nicht aus. Das Vergütungsverlangen **wirkt nur für die Zukunft**; der Anspruch kann nicht rückwirkend geltend gemacht werden. 339

Ihm verbleibt aber zumindest eine indirekte Möglichkeit: Bewohnt der allein verdienende Ehegatte nach der Trennung die im Miteigentum beider Ehegatten stehende Immobilie allein und trägt er wie bisher die hierfür entstehenden Lasten und Finanzierungskosten, ohne zu erkennen zu geben, dass er einen Ausgleichsanspruch geltend zu machen beabsichtigt, und verlangt der andere Ehegatte deshalb von ihm kein Nutzungsentgelt, so kann er später nicht rückwirkend einen Ausgleich geltend machen. Der andere Ehegatte, dem mangels rechtzeitiger Geltendmachung für die zurückliegende Zeit kein eigener Nutzungsentgeltanspruch zusteht, kann ihm entgegenhalten, dass ihm für diese Zeit die Nutzungen des Hauses zugekommen sind (BGH, FamRZ 1993, 676 ff. = NJW-RR 1993, 386).

Zu beachten ist ferner:

Eine Nutzungsvergütung kann nach BGH erst ab dem Zeitpunkt verlangt werden, wenn die „Trennung endgültig erscheint", d. h. regelmäßig **mit Ablauf des Trennungsjahres**. Bei einer aufgedrängten Nutzung kann im Einzelfall ein Anspruch auf Nutzungsentschädigung bis zur Scheidung ausgeschlossen sein, wenn der im gemeinschaftlichen Haus verbleibende Ehegatte wirtschaftlich zur Übernahme von Gegenleistungen für eine ihm aufgedrängte Alleinnutzung des Eigenheims nicht in der Lage ist und deshalb die eheliche Wohnung aufgeben müsste (BGH, NJW 1986, 1339 = FamRZ 1986, 436). 340

Trägt der im Haus verbliebene Ehegatte die Belastungen des Hauses (einschließlich der Verzinsung der Tilgung aufgenommener Darlehen) und zahlt er damit auch den Anteil des anderen Ehegatten, kann dies aber auch dazu führen, dass keine Nutzungsentschädigung zu leisten ist. Denn diese Regelung kann gleichzeitig eine „andere Bestimmung" im Rahmen der gesamtschuldnerischen Haftung nach § 426 Abs. 1 BGB sein, so dass die Leistungen für die gemeinschaftlichen Verbindlichkeiten nicht mehr zu einem Ausgleichsanspruch wegen der gesamtschuldnerischen Haftung führen. 341

342 Den Ausgangspunkt für die **Höhe der Nutzungsvergütung** bildet die Hälfte des Mietwertes des gesamten Eigenheimes. Im Rahmen der Billigkeitsentscheidung können aber auch Gesichtspunkte der Lastentragung und der wirtschaftlichen Verhältnisse der Ehegatten, einer aufgedrängten Alleinnutzung und des tatsächlichen Wohnbedarfs eine Rolle spielen.

343 **Zuständig** für die Geltendmachung der Nutzungsvergütung sind die allgemeinen Zivilgerichte, nicht das Familiengericht.

3. Auseinandersetzung von Miteigentum

a) Grundlagen

344 Das Miteigentum endet durch **Teilung der Gemeinschaft** nach §§ 749 ff. BGB. Die Aufhebung der Bruchteilsgemeinschaft kann von jedem Ehegatten grds. jederzeit verlangt werden (§ 749 Abs. 1 BGB). Das Gesetz ordnet in § 752 BGB eine Teilung in Natur an. Können sich die Eheleute anlässlich ihrer Trennung bzw. Scheidung nicht darüber einigen, in welcher Weise die Auseinandersetzung vorgenommen werden soll, so erfolgt die Aufhebung bei beweglichen Sachen gem. § 753 BGB durch Verkauf des Gegenstandes nach den Vorschriften über den Pfandverkauf und bei Grundstücken durch die Zwangsversteigerung (§ 180 ZVG) und anschließende Aufteilung des Erlöses.

b) Auseinandersetzung eines Eigenheims durch Teilungsversteigerung

345 Die Auflösung der Gemeinschaft an einem Grundstück erfolgt auf Antrag eines Miteigentümers gem. §§ 180 ff. ZVG durch Versteigerung. Zuständig ist das Vollstreckungsgericht beim Amtsgericht.

Der **Erlös** aus der Teilungsversteigerung ist nach Abzug der Kosten sowie der Berücksichtigung einer bestehenden Gesamtschuld (§ 755 Abs. 1 BGB) oder Teilhaberschuld (§ 756 BGB) unter den Ehegatten entsprechend ihren Anteilen, i. d. R. hälftig, zu teilen (§ 742 BGB).

Die Verteilung des Überschusses gehört nicht mehr zu den Aufgaben des Vollstreckungsgerichts, sondern ist ausschließlich Sache der Teilhaber. Kommt eine Einigung nicht zustande, ist der Überschuss zu hinterlegen.

346 Leben die Ehegatten im **Güterstand der Zugewinngemeinschaft**, sind bei der Teilungsversteigerung folgende **Besonderheiten** zu beachten:

347 Handelt es sich bei dem Anteil am Grundstück des die Teilungsversteigerung beantragenden Ehegatten nahezu um sein gesamtes Vermögen, so ist nach h. M. die Verfügungsbeschränkung nach § 1365 BGB zu beachten. Obwohl es sich beim Antrag auf Teilungsversteigerung weder um eine Verpflichtung noch eine Verfügung i. S. d. § 1365 Abs. 1 BGB handelt, ist die Regelung als weit auszulegende Schutzvorschrift zur Sicherung der wirtschaftlichen Grundlage der Familie hier entsprechend anzuwenden (vgl. OLG Düsseldorf, FamRZ 1995, 309; OLG Bremen, FamRZ 1984, 272 f.). Danach bedarf der Antrag auf Teilungsversteigerung bis zur Beendigung der Ehe der Zustimmung des anderen Ehegatten.

Der Einwand ist regelmäßig über die **Drittwiderspruchsklage** (§ 771 ZPO) geltend zu machen.

4. Aufteilung von Bankguthaben (Konten) nach Gemeinschaftsrecht

a) Gemeinschaftskonten (Oder-Konten)

348 Sind Ehegatten Inhaber von Gemeinschaftskonten in Form von Oder-Konten, besteht im Verhältnis der Ehegatten zueinander nach § 430 BGB regelmäßig ein Anspruch auf hälftige Teilhabe, unabhängig davon, ob die eingezahlten Mittel ganz oder überwiegend aus Arbeitseinkommen nur eines Ehegatten stammen. Eine Abweichung vom **Halbteilungsgrundsatz** ist nur bei besonderen Sachlagen möglich, insbesondere bei überobligationsmäßigen Leistungen eines Ehegatten sowie bei anderweitigen Bestimmungen.

Verwendet einer der Inhaber mehr als die Hälfte der Guthaben für sich, hat der andere ggf. einen Ausgleichsanspruch nach § 430 BGB. Während intakter Ehe scheidet allerdings eine Ausgleichspflicht aus, soweit aus ausdrücklichen oder stillschweigenden Vereinbarungen sowie aus der praktizierten Handhabung zu folgern ist, dass dieses Vorgehen dem übereinstimmenden Willen der Ehegatten entsprach. 349

Mit der endgültigen Trennung der Ehegatten entfällt regelmäßig die in der intakten Ehe getroffene „anderweitige Bestimmung", so dass die Ausgleichspflicht zu beachten ist.

b) Einzelkonten

Besteht ein Einzelkonto nur auf den Namen eines Ehegatten, so besteht nach den Grundsätzen des Gemeinschaftsrechts gem. § 741 BGB nicht ohne weiteres ein Ausgleichsanspruch. 350

Auch wenn dem anderen Ehegatten **Vollmacht für das Konto** erteilt wurde, folgt daraus für das Innenverhältnis der Ehegatten keine unbegrenzte Verfügungsmacht. Regelmäßig reicht die Vollmacht nach dem Willen des Vollmachtgebers nur so weit, als aus der gemeinsamen Lebensführung resultierende Verbindlichkeiten bestritten werden sollen. Nach der Trennung erfolgte Abhebungen unter Ausnutzung der Vollmacht sind von der Befugnis im Innenverhältnis grds. nicht mehr gedeckt. Sie können deshalb zu Erstattungsansprüchen aus § 823 Abs. 2 BGB i. V. m. § 266 StGB, § 826 BGB und daneben zu einer Herausgabepflicht aus § 687 Abs. 2 BGB führen.

Jedoch ist es im Einzelfall möglich, dass die Verfügungsbefugnis auch über die Trennung hinaus in **eingeschränktem Umfang fortbesteht**. Im Allgemeinen ist die Befugnis mit der Trennung dahin einzuschränken, dass nur noch solche Verfügungen getroffen werden dürfen, die dem mutmaßlichen Willen des anderen Ehegatten entsprechen. Dieser Fall kann z. B. dann vorliegen, wenn die Abhebungen dem Unterhalt der Familie dienen. 351

III. Gesamtschuldnerausgleich

1. Übersicht

Ehegatten haben im Laufe der Ehe häufig **gemeinschaftliche Schulden** aufgenommen, für die eine gesamtschuldnerische Haftung besteht. Mit dem Scheitern der Ehe ist zu regeln, wer die Schulden im Außenverhältnis weiter befriedigt und ob im Innenverhältnis ein Ausgleich verlangt werden kann. 352

Nach § 426 Abs. 1 Satz 1 BGB haften die Gesamtschuldner im Innenverhältnis zu **gleichen Anteilen**, „soweit nicht ein anderes bestimmt ist". Eine solche **anderweitige Bestimmung** kann sich nach der st. Rspr. des BGH außer aus dem Gesetz auch aus einer ausdrücklich oder stillschweigend getroffenen Vereinbarung, aus Inhalt und Zweck eines zwischen den Gesamtschuldnern bestehenden Rechtsverhältnisses oder aus der Natur der Sache, mithin aus der besonderen Gestaltung des tatsächlichen Geschehens, ergeben (vgl. BGHZ 87, 265 ff. = FamRZ 1983, 795; BGH, FamRZ 1995, 216 = NJW 1995, 652 f. m. w. N.). 353

Die Rspr. hat hierzu keine schematisch anwendbaren Regeln entwickelt, sondern jeweils sehr **einzelfallbezogen** entschieden. 354

Allerdings lassen sich für die interne Aufteilung der Verbindlichkeiten allgemeine Grundsätze feststellen.

2. Einfluss des Güterstandes

Die Ausgleichsvorschrift nach § 426 Abs. 1 Satz 1 BGB ist in ihrer Anwendbarkeit nicht durch die gesetzlichen Regelungen des güterrechtlichen Zugewinnausgleichs ausgeschlossen (BGH, NJW-RR 1989, 67; NJW 1988, 133 = FamRZ 1987, 1239). Danach hindern die Vorschriften über 355 den Zugewinnausgleich den Ausgleich zwischen gesamtschuldnerisch haftenden Ehegatten ebenso wenig, wie sie der Auseinandersetzung einer zwischen ihnen bestehenden **Bruchteilsgemeinschaft** entgegenstehen.

Die Vorschriften über den Zugewinnausgleich führen im Falle der Ehescheidung zu einem Ausgleich solcher Zuwendungen, die vor Rechtshängigkeit des Scheidungsantrags erfolgt sind. Dadurch besteht die Möglichkeit, dass sie beim Endvermögen des bedachten Ehegatten nach § 1384 BGB erfasst werden.

356 Nach st. Rspr. des BGH können beim Gesamtschuldnerausgleich gegenseitige Forderungen ohne Rücksicht auf ein Zugewinnausgleichsverfahren vor den Zivilgerichten eingeklagt werden; die güterrechtlichen Vorschriften über den Zugewinnausgleich verdrängen den Gesamtschuldnerausgleich nicht (BGH, FamRZ 1987, 1239; FamRZ 1988, 920, 1031; FamRZ 1989, 147; FamRZ 1995, 216 ff.).

3. Situationen bis zur Trennung

357 Entscheidend beim Gesamtschuldnerausgleich ist das Innenverhältnis der Ehegatten untereinander, da sich danach bestimmt, ob ein Ehegatte als Gesamtschuldner mehr geleistet hat, als er musste.

Erwerben Ehegatten ein Haus zu gemeinschaftlichen Eigentum und übernimmt einer von ihnen allein die Finanzierung, so bringen sie durch den Erwerb von Miteigentum je zur Hälfte in aller Regel zum Ausdruck, es solle so angesehen werden, wie wenn jeder gleich viel zu den Kosten beigetragen habe. Eine Verrechnung der von einem Partner zur Verwirklichung der ehelichen Lebensgemeinschaft einseitig erbrachten Leistungen findet nach der Beendigung der Lebensgemeinschaft grds. nicht statt (OLG Düsseldorf, FamRZ 1998, 168 f.). Für die Zeit bis zum Scheitern der Ehe kann also derjenige, der für die Schulden aufgekommen ist, i. d. R. keinen Ausgleich verlangen. Haben die Ehegatten ihre ehelichen Verhältnisse so gestaltet, dass ein Ehegatte die Verbindlichkeiten allein durch sein Einkommen finanziert, haben sie eine anderweitige Bestimmung getroffen. Wichtig ist dabei, dass allein die **Mittellosigkeit** (Einkommenslosigkeit) eines Ehegatten kein zureichender Grund für eine anderweitige Bestimmung ist. Maßgeblich ist in diesen Fällen nicht die Erwerbslosigkeit, sondern die Haushaltsführung des anderen Ehegatten. Das Gesamtschuldverhältnis ist durch die eheliche Lebensgestaltung überlagert.

4. Situation nach Scheitern der Ehe

358 Mit dem Scheitern der Ehe entfällt das einvernehmlich gehandhabte Gegenseitigkeitsverhältnis und damit zugleich die getroffene anderweitige Bestimmung. Das Scheitern der Ehe führt zu einer Änderung auch solcher Rechtsverhältnisse, die vorher durch die Besonderheiten der ehelichen Lebensgemeinschaft bestimmt waren. So hat grds. nach Scheitern der Ehe derjenige Ehegatte, in dessen Alleineigentum das Familienheim steht und der es nach dem Scheitern der Ehe allein nutzt, die gesamtschuldnerisch eingegangenen **Finanzierungsdarlehen** allein zu bedienen (BGH, FamRZ 1997, 487 f. und 1993, 676 ff.; OLG Köln, FamRZ 1992, 318; MüKo/Selb, BGB, § 426 Rn. 6).

359 Für die Ausgleichspflicht gilt:

- Die Ausgleichspflicht entsteht mit dem Scheitern der Ehe automatisch; es bedarf keines Handelns des allein Zahlenden.

- Der Haftungsanteil richtet sich bei Schulden für den Erwerb von Miteigentum im Zweifel nach dem Miteigentumsanteil.

360 Für das Vorliegen von Umständen, die eine vom Halbteilungsgrundsatz abweichende Bestimmung rechtfertigen, ist entsprechend der allgemeinen Beweislastregel derjenige Ehegatte **darlegungs- und beweispflichtig**, der sich darauf beruft.

5. Befreiungsanspruch

Ein Ehegatte, der während der Ehe dem anderen durch Übernahme der persönlichen Haftung oder durch Einräumung von dinglichen Sicherheiten die Aufnahme eines Kredits ermöglicht, kann nach dem Scheitern der Ehe die **Befreiung** von derartigen Verbindlichkeiten nach den Regeln des Auftragsverhältnisses verlangen (BGH, FamRZ 1989, 835). 361

IV. Ansprüche aus Mitarbeit im Geschäftsbetrieb des anderen Ehegatten

1. Überblick

Bei Handwerksbetrieben, selbstständigen Kaufleuten, Ärzten oder anderen **Freiberuflern** arbeitet häufig ein Ehegatte im Tätigkeitsbereich des anderen mit, ohne dass es darüber zu konkreten vertraglichen Regelungen kommt. Beim Scheitern der Ehe stellt sich hinsichtlich des Vermögenszuwachses im Geschäftsbereich des Inhabers die Frage, ob und welcher Ausgleich dem mitarbeitenden Ehegatten geschuldet wird. Die Rspr. des BGH eröffnet in diesen Fällen unter bestimmten Voraussetzungen die Möglichkeit des Ausgleichs über das Gesellschaftsrecht. 362

2. Ehegatteninnengesellschaft

Arbeitet ein Ehegatte im Geschäftsbetrieb des anderen mit, so kann darin der stillschweigende Abschluss eines **Gesellschaftsvertrages** (§ 705 BGB) liegen. 363

a) Tatbestandsvoraussetzungen

Eine ausgleichspflichtige Innengesellschaft aufgrund objektiver Merkmale liegt nach BGH vor, wenn insbesondere **zwei Voraussetzungen** gegeben sind: 364

- Es muss durch beiderseitige Leistungen ein über den typischen Rahmen der ehelichen Lebensgemeinschaft hinausgehender Zweck verfolgt werden, der im Aufbau oder dem Erhalt eines Unternehmens liegen kann (BGH, FamRZ 1990, 1219; 1989, 147).

  Kein über den Rahmen der Verwirklichung der ehelichen Lebensgemeinschaft hinausgehender Zweck wurde vom BGH angenommen, wenn ein Ehegatte den anderen (lediglich) bei der Beschaffung oder der Erstellung eines Eigenheimes unterstützt (FamRZ 1989, 147) oder zum Start in die wirtschaftliche Selbständigkeit einen Bankkredit besorgt und dingliche Sicherheiten bietet (FamRZ 1987, 907).

- Die Tätigkeit des Mitarbeitenden muss auf der Ebene der Gleichberechtigung erfolgen. Nicht erforderlich ist es, dass die geleisteten Beiträge gleichartig oder gleichwertig waren. Unabdingbar ist aber eine gleichgeordnete Mitarbeit, die nach gesellschaftsrechtlichen Grundsätzen die Gewinnbeteiligung einschließt. Die Übernahme nur untergeordneter Tätigkeiten bei Weisungsbefugnis des Geschäftsinhabers lässt jedoch nicht auf gesellschaftsrechtliche Beziehungen schließen (z. B. Tätigkeit als Sprechstundenhilfe).

Wird in einem solchen Fall der Geschäftsbetrieb nach außen allein auf den Namen eines Ehegatten geführt, so handelt es sich um eine **Innengesellschaft**.

Haben die Ehegatten ausdrückliche Absprachen getroffen, lehnt der BGH das stillschweigende Zustandekommen einer BGB-Innengesellschaft durch **schlüssiges Verhalten** ab. 365

b) Einzelfälle

Der BGH hat derartige Innengesellschaften u. a. angenommen bei **gleichberechtigter Mitarbeit** in der Gaststätte des anderen Ehegatten (BGHZ 8, 249; FamRZ 1990, 973), in einer Metzgerei (FamRZ 1960, 105), einem Lebensmittelgeschäft (FamRZ 1961, 522), in einer Gärtnerei (FamRZ 1962, 357) sowie bei selbstständiger kaufmännischer Leitung eines Großhandels (FamRZ 1968, 589). 366

3. Inhalt des Ausgleichsanspruchs

367 Dem mitarbeitenden Ehegatten steht bei Ausscheiden ggf. ein **Zahlungsanspruch** zu (§§ 738 ff. BGB), der sich nach dem Wert seiner Beteiligung an dem gemeinsam erarbeiteten Vermögen bemisst. Die Höhe der Beteiligung ist in jedem Einzelfall entsprechend den von den Eheleuten geleisteten Beiträgen zu prüfen. Nach § 722 Abs. 1 BGB gilt der Grundsatz der Beteiligung zu gleichen Anteilen. Wer mehr als die Hälfte für sich beansprucht, muss dies darlegen und ggf. beweisen.

Der **Stichtag** für die Beendigung der Zusammenarbeit ist für die Feststellung des Vermögensbestandes verbindlich, für die Vermögensbewertung ist der Zeitpunkt der Auseinendersetzung maßgeblich (BGH, FamRZ 1975, 35 ff.).

4. Verhältnis zum Güterrecht

368 Da der Zugewinnausgleich i. d. R. eine ausreichende Beteiligung des im Geschäft mitarbeitenden Ehegatten gewährleistet, ist das Problem vor allem bei Gütertrennung von Belang. Hier führt die Annahme einer Innengesellschaft zu einem eigenständigen Ausgleichsanspruch. Durch den Ausgleich kann bei Gütertrennung das gleiche Ergebnis erreicht werden wie beim Zugewinnausgleich. Beim gesetzlichen Güterstand dagegen kann eine Ehegatteninnengesellschaft nur in seltenen Fällen angenommen werden; es gilt der **Vorrang des güterrechtlichen Ausgleichs**.

V. Rückgewähr von Zuwendungen unter Ehegatten

1. Überblick

369 Bei einer Zuwendung unter Ehegatten, der keine unmittelbare Gegenleistung gegenübersteht, kann es sich um eine Schenkung oder eine unbenannte Zuwendung handeln. Im Hinblick auf die unterschiedlichen Rechtsfolgen, die sich im Falle des Scheiterns der Ehe bei einer Rückabwicklung von Zuwendungen ergeben, ist eine **Abgrenzung** erforderlich.

370 Eine **Schenkung unter Ehegatten** liegt nach der Rspr. des BGH nur vor, wenn die Zuwendung nach deren Willen unentgeltlich i. S. einer echten Freigiebigkeit des Schenkers ist, d. h. wenn sie ohne die Erwartung des Fortbestandes der Ehe gemacht wird.

371 Dagegen ist von einer **unbenannten Zuwendung** auszugehen, wenn der Zuwendung die Vorstellung oder Erwartung zugrunde liegt, dass die eheliche Lebensgemeinschaft Bestand haben werde, oder sie sonst um der Ehe willen und als Beitrag zu ihrer Verwirklichung oder Ausgestaltung, Erhaltung oder Sicherung erbracht wird (BHGZ 82, 227 = NJW 1982, 1093; FamRZ 1988, 482 ff.; FamRZ 1993, 1047 ff.). Die unbenannte Zuwendung ist eine entgeltliche Leistung zwischen den Ehegatten (BGH, NJW 1983, 1611), für die der Bestand der ehelichen Lebensgemeinschaft die Geschäftsgrundlage bildet.

372 Da die in der Praxis vorgenommenen typischen Zuwendungen zwischen Ehegatten (Übertragung des Hausgrundstücks oder eines Anteils daran, Zuwendung von Geld zum Erwerb eines Grundstücks, Übertragung von Wertpapieren) regelmäßig der Ausgestaltung der ehelichen Lebensgemeinschaft dienen sollen, handelt es sich bei ihnen i. d. R. um unbenannte Zuwendungen. Scheitert die Ehe, möchte der Zuwendende regelmäßig den zugewendeten Gegenstand zurückerhalten, wenigstens aber einen **Wertausgleich** dafür bekommen.

2. Rückabwicklung von Schenkungen (§ 530 BGB)

373 Liegt in einem **Ausnahmefall** eine echte Schenkung i. S. d. § 516 BGB vor, so ist die Möglichkeit einer Rückabwicklung gesetzlich geregelt.

Nach **§ 530 BGB** kann eine **Schenkung widerrufen** werden, wenn sich der Beschenkte durch eine schwere Verfehlung gegen den Schenker des groben Undanks schuldig gemacht hat. In diesem Fall kann der Schenker Rückabwicklung nach §§ 812 ff. BGB verlangen (§ 531 Abs. 2 BGB).

Die Voraussetzungen für einen Widerruf sind streng. Insbesondere ist bei der Prüfung der Frage, ob eine schwere Verfehlung vorliegt, regelmäßig auch das Gesamtverhalten des Schenkers mit einzubeziehen (BGH, FamRZ 1983, 668 m. w. N.), wodurch sich die Bewertung relativieren kann. Das führt dazu, dass auch bei echten Schenkungen ein Widerruf nur ausnahmsweise in Betracht kommen wird.

Soweit ein Rückgewährsanspruch besteht, ist der Anspruch ggf. bei der Berechnung des Zugewinnausgleichs zu berücksichtigen, und zwar bei den beiderseitigen Endvermögen. Dies allerdings nur, sofern er zwischen den **Stichtagen** entstanden ist. Ansprüche aus §§ 530, 812 BGB werden nicht durch den Zugewinnausgleich verdrängt. 374

3. Rückgewähr von unbenannten Zuwendungen

Für die Prüfung der Rechtsgrundlage eines Rückgewährsanspruchs ist die rechtliche Einordnung der unbenannten Zuwendungen maßgeblich. 375

Die Zuwendungen dienen der Verwirklichung der ehelichen Lebensgemeinschaft. Allgemein wird als Grundlage der Zuwendung ein familienrechtliches Rechtsgeschäft besonderer Art anerkannt. 376

Scheitert die Ehe, so können solche Zuwendungen nach der st. Rspr. des BGH nicht nach den Vorschriften über die **ungerechtfertigte Bereicherung** (§ 812 BGB) zurückgefordert werden, weil die Zuwendungen aufgrund der besonderen vertraglichen Grundlage nicht rechtsgrundlos erfolgten, andererseits die Ehe nicht Rechtsgrund der Zuwendung und ihre Fortdauer nicht der mit der Zuwendung bezweckte Erfolg ist.

Demgegenüber kann eine Rückgewähr von unbenannten Zuwendungen allein nach § 313 BGB aus dem Gesichtspunkt des **Wegfalls der Geschäftsgrundlage** in Betracht kommen. Das gilt unabhängig davon, in welchem Güterstand die Ehegatten leben. Die Rückforderung der unbenannten Zuwendungen nach den Regeln über den Wegfall der Geschäftsgrundlage und die dabei vorzunehmende Billigkeitsabwägung setzen nach der Rspr. des BGH aber voraus, dass es zwischen den Ehegatten nicht zu einem Ausgleich nach güterrechtlichen Sondervorschriften kommt. Das ist nach den jeweiligen güterrechtlichen Folgen des Güterstandes der Zugewinngemeinschaft und der Gütertrennung unterschiedlich: 377

a) Rückabwicklung bei gesetzlichem Güterstand

Haben die Ehegatten im gesetzlichen Güterstand der **Zugewinngemeinschaft** gelebt, so sind die Regeln über den Wegfall der Geschäftsgrundlage grds. nicht anzuwenden, weil die Vorschriften über den Zugewinnausgleich vorgehen. Hat der Zuwendungsempfänger nicht mehr erhalten, als ihm ohne die Zuwendung als Ausgleichsforderung zustünde, so führt die im Regelfall vorzunehmende Anrechnung der Zuwendung nach § 1380 BGB zur gleichmäßigen Aufteilung des während der Ehe erwirtschafteten beiderseitigen Zugewinns. 378

Ein Rückgriff auf § 242 BGB ist auf **extreme Ausnahmefälle** beschränkt und kommt nur dort in Betracht, wo die güterrechtlichen Ausgleichsregelungen nicht ausreichen, um schlechthin **unangemessene und untragbare Ergebnisse** zu vermeiden (BGH, NJW 1976, 328; NJW 1977, 1234; NJW 1982, 1093; NJW 1991, 2553; NJW-RR 1989, 66). Für die Annahme eines extremen Ausnahmefalles reicht es nicht aus, wenn der Zuwendende über seinen Zugewinnausgleichsanspruch einen Ausgleich in Höhe des halben Wertes der Zuwendung oder darunter erhält. Vielmehr müssen noch weitere Gründe hinzutreten, die den Rückgriff unter Berücksichtigung des Einzelfalls zwingend gebieten. 379

Ausnahmsweise kann eine **Korrektur** unter dem Gesichtspunkt des Wegfalls der Geschäftsgrundlage etwa dann in Betracht kommen, wenn einerseits der Zuwendungsempfänger bei Ehezeitende keinen Zugewinn aufzuweisen hat, weil die Zuwendung ihm zur Erhaltung des Anfangsvermögens 380 gedient hat und damit keine Zugewinnausgleichsverpflichtung auslöst, obwohl die Zuwendung wertmäßig im Endvermögen noch vorhanden ist, und wenn andererseits der Zuwendende in seinem Auskommen beeinträchtigt ist, weil er mit den ihm verbliebenen Mitteln seinen angemessenen Unterhalt nicht bestreiten kann (Notbedarfsfall – ähnlich § 528 BGB; BGH, NJW 1991, 2553 ff.).

381 Der einen Ausgleich begehrende Ehegatte hat **darzulegen**, dass der Zugewinnausgleich nicht zu einem angemessenen Ergebnis führt und dass die Voraussetzungen des Wegfalls der Geschäftsgrundlage vorliegen.

b) Rückabwicklung bei Gütertrennung

382 Bei **Gütertrennung** hingegen kommen Ausgleichsansprüche unter dem Gesichtspunkt des Wegfalls der Geschäftsgrundlage eher in Betracht.

383 Haben die Eheleute Gütertrennung vereinbart, so können unbenannte Zuwendungen bei dem Scheitern der Ehe dann nach den Regeln des **Wegfalls der Geschäftsgrundlage** zu Ausgleichsansprüchen führen, wenn die Beibehaltung der durch seine Zuwendung an den anderen Ehegatten herbeigeführten Vermögensverhältnisse dem Zuwendenden **nicht zuzumuten** ist (OLG Celle, OLG-Report Celle 1997, 19).

384 Für die Frage, ob ein Ausgleichsanspruch in Betracht kommt, ist eine **Gesamtwürdigung** der Verhältnisse vorzunehmen. Maßgebend für die Beurteilung sind die Dauer der Ehe, das Alter der Parteien, Art und Umfang der erbrachten Leistungen, die Höhe der dadurch bedingten und noch vorhandenen Vermögensmehrung beim anderen sowie die Einkommens- und Vermögensverhältnisse der Ehegatten. Letztlich muss die Gewährung eines Ausgleichsanspruchs der Billigkeit entsprechen (FamRZ 1988, 484; FamRZ 1989, 599 = NJW 1989, 989; FamRZ 1990, 855).

385 Der Ausgleich erfolgt durch eine **Zahlung in Geld**. Unter sehr engen Voraussetzungen ist auch eine **dingliche Rückübertragung** möglich.

VI. Rückforderungen von Zuwendungen der Schwiegereltern

386 In der Praxis mehren sich Fälle, in denen Schwiegereltern nach dem Scheitern der Ehe von den Schwiegerkindern Zuwendungen zurückfordern, die sie diesen zu Zeiten der intakten Ehe gemacht haben. Dabei handelt es sich meist um Zuwendungen zum Erwerb eines Familienheimes oder aber um die Überlassung eines (Haus-)Grundstückes.

387 In der Praxis werden dabei von der Rspr. **unterschiedliche Lösungsansätze** verwendet:

388 Zuwendungen der Schwiegereltern zu dem Erwerb eines Familienheimes können nach dem Scheitern der Ehe zu einem Ausgleichsanspruch wegen **Wegfalls der Geschäftsgrundlage** führen (vgl. OLG Oldenburg, NJW 1994, 1539 f. – mit der Begründung, dass das Rechtsinstitut des Wegfalls der Geschäftsgrundlage gegenüber dem Anspruch aus § 812 Abs. 1 Satz 2 2. Alt. BGB vorrangig sei).

Hierbei wird allein darauf abgestellt, dass die Leistung nach dem erkennbaren Willen des Zuwenders der Ehegemeinschaft dienen und von deren Bestand abhängig sein soll. Der **Bestand der Ehe** wird in diesem Fall als (stillschweigende) Geschäftsgrundlage angesehen, die mit der rechtskräftigen Scheidung entfallen ist.

389 Teilweise wird auch noch zusätzlich die Verfolgung eigener, in die Zukunft gerichteter **Interessen des Zuwenders** für erforderlich gehalten, um eine Störung der Geschäftsgrundlage annehmen zu können (so OLG Oldenburg, NJW 1992, 1461 – Aufnahme der Schwiegereltern im Fall der Pflegebedürftigkeit; OLG Köln, FamRZ 1994, 1242 – Einräumung eines Nießbrauchs auf Lebenszeit).

390 Weiterhin wird auch eine Zweckschenkung angenommen mit der Folge eines **Bereicherungsanspruchs** gem. § 812 Abs. 1 Satz 2 2. Alt. BGB wegen **Zweckverfehlung** bei Scheitern der Ehe:

Schenken die Eltern eines Ehegatten den Eheleuten ein Hausgrundstück zu je 1/2 Anteil, so ist das Schwiegerkind nach dem Scheitern der Ehe verpflichtet, den hälftigen Miteigentumsanteil an dem

Hausgrundstück wegen Zweckverfehlung zurückzuübereignen, wenn die Schwiegereltern bei der Schenkung erwartet haben, dass die intakte Ehe fortdauern werde und wenn das Schwiegerkind diese Erwartung erkannt hat (OLG Köln, NJW 1994, 1540 ff.).

Der **BGH** hat auf diese Zuwendungen der Schwiegereltern die zu den ehebezogenen Zuwendungen entwickelten Grundsätze analog angewandt (vgl. BGHZ 129, 259 = FamRZ 1995, 1060 = NJW 1995, 1889), so dass eine eventuelle Rückabwicklung seither regelmäßig nach den Grundsätzen zum Wegfall der Geschäftsgrundlage zu erfolgen hat. Im Ergebnis führt dies dazu, dass die dem Schwiegerkind gewährte Zuwendung im Rahmen des Zugewinnausgleiches zu berücksichtigen ist. Ein Anspruch auf dingliche Rückgewähr kommt nur in seltenen Ausnahmen in Betracht; i.d.R. kann nur ein Ausgleich in Geld verlangt werden. Ein Rückforderungsanspruch kann allenfalls dann gegeben sein, wenn nur die Rückgewähr geeignet erscheint, einen **untragbaren, mit den Grundsätzen von Treu und Glauben unvereinbaren Zustand zu vermeiden** (z. B. bei hoher Verschuldung des eigenen Kindes, vgl. FamRZ 1995, 1060). 391

In diesem Fall kommt aber die Rückgewähr nur unter Berücksichtigung eines nach den Umständen des Einzelfalls gerechtfertigten **finanziellen Ausgleichs** in Betracht. Der Rückgewähr Fordernde, nicht der Verpflichtete, hat schlüssig darzulegen, auf welche Summe sich diese Ausgleichszahlung beläuft. Unabhängig von einer Einrede des Verpflichteten oder der Geltendmachung eines Zurückbehaltungsrechts kann eine Verurteilung zur Rückgewähr in der Regel nur Zug um Zug gegen Zahlung eines angemessenen Ausgleichs in Geld erfolgen (BGHZ 68, 299 = FamRZ 1977, 458; BGHZ 82, 227 = FamRZ 1982, 246; BGHZ 115, 132 = FamRZ 1991, 1169; BGHZ 1998, 669 f.; FamRZ 1999, 365 ff.). Die **Darlegungs- und Beweislast** für die Umstände, die für die Bemessung des Ausgleichsanspruchs maßgebend sind, trägt demnach grds. der Rückgewähr Fordernde, weil es sich insoweit mit um eine Voraussetzung für die Begründetheit des Anspruchs handelt (BGH, FamRZ 1999, a. a. O.).

Die Bemessung des Ausgleichsbetrages erfolgt analog den Grundsätzen, die für die ehebezogenen Zuwendungen gelten. Abzustellen ist auf die **Grundsätze der Billigkeit,** die einen Aufwendungsersatz rechtfertigen. Daher sind auch Aufwendungen berücksichtigungsfähig, die sich nicht in einem Wertanstieg des Hauses niedergeschlagen haben (z. B. Aufwendungen zur Erhaltung oder Verschönerung). Obere Grenze des Ausgleichs ist lediglich der hälftige Wert im Zeitpunkt des Scheiterns der Ehe (vgl. BGH, FamRZ 1998, 670). Soweit die Ehe Bestand gehabt hat, ist der Zweck der Zuwendung jedenfalls teilweise erreicht, so dass der Wert des Zugewendeten i.d.R. nicht voll zurückgegeben werden muss.

Nach OLG Dresden ist nach dem Scheitern der Ehe ein dem Schwiegerkind zugewendetes Hausgrundstück auch dann nach den Grundsätzen des Wegfalls der Geschäftsgrundlage rückzuübereignen, wenn die **Zuwendung bereits zu DDR-Zeiten** erfolgte (FamRZ 1997, 739 f.). Damit bejaht das OLG die Möglichkeit des Zuwendungswiderrufs nach den Grundsätzen des Wegfalls der Geschäftsgrundlage auch für diese Fälle. Begründet wird die generelle Anwendbarkeit dieser Grundsätze auch auf alle vor dem 3. 10. 1990 geschlossenen Verträge damit, dass das diesem Rechtsinstitut zugrundeliegende Prinzip von Treu und Glauben als übergesetzlicher Rechtssatz allen Rechtsordnungen immanent sei. 392

D. Besonderheiten in den neuen Bundesländern

I. Rechtslage nach dem Einigungsvertrag

Mit der Überleitung des Bundesrechts auf das Beitrittsgebiet wurde für alle am 3. 10. 1990 bestehenden Ehen die Eigentums- und Vermögensgemeinschaft des FGB/DDR **durch die Zugewinngemeinschaft des BGB abgelöst** (Art. 234 § 4 Abs. 1 EGBGB). Art. 234 § 4 EGBGB regelt verschiedene Maßgaben zur Überleitung im Bereich des ehelichen Güterrechts. 393

394 Danach sind folgende **Fallkonstellationen** zu unterscheiden:
- **Scheidung vor dem Beitritt (3. 10. 1990)**

    Für Ehegatten, deren Ehe vor dem 3. 10. 1990 geschieden wurde, bleibt für alle Fragen der Auseinandersetzung ihres gemeinschaftlichen Eigentums und Vermögens ausschließlich das bisherige Recht, d. h. die Vorschriften der §§ 39 ff. FGB/DDR maßgeblich (Art. 234 § 4 Abs. 5 EGBGB).

- **Überführung des Güterstandes**

    Lebten die Ehegatten zum Zeitpunkt des Wirksamwerdens des Beitritts (3. 10. 1990) im gesetzlichen Güterstand der Eigentums- und Vermögensgemeinschaft des FGB/DDR, so ging der bis dahin geltende Güterstand in den für die Bundesrepublik maßgeblichen gesetzlichen Güterstand der Zugewinngemeinschaft über, soweit die Ehegatten nichts anderes vereinbart und auch keine **Fortgeltungserklärung** für den bisherigen Güterstand abgegeben haben (Art. 234 § 4 Abs. 1 EGBGB). Der Wechsel des gesetzlichen Güterstandes erfolgte von Gesetzes wegen.

    Aus dem bisherigen anteilslosen gemeinschaftlichen Eigentum wurde gem. Art. 234 § 4a EGBGB **Bruchteileigentum**. Im Übrigen ist für die Auseinandersetzung des bis zum 3. 10. 1990 erworbenen gemeinschaftlichen Eigentums und Vermögens **§ 39 FGB/DDR** auch weiterhin sinngemäß anzuwenden (Art. 234 § 4 Abs. 4 EGBGB).

- **Option für den bisherigen Güterstand**

    Im Falle der Überführung des Güterstandes zum 3. 10. 1990 konnte jeder Ehegatte bis zum Ablauf von zwei Jahren nach dem Stichtag (d. h. bis spätestens zum 2. 10. 1992) dem Kreisgericht gegenüber erklären, dass für die Ehe der bisherige gesetzliche Güterstand fortgelten solle (Art. 234 § 4 Abs. 2, 3 EGBGB).

II. Scheidung vor dem Beitritt

1. Überblick

395 Erfolgte eine Scheidung vor dem Stichtag des 3. 10. 1990, so gelten nach Art. 234 § 4 Abs. 5 EGBGB für die vermögensrechtliche Auseinandersetzung die **Vorschriften über die Auseinandersetzung nach FGB/DDR** uneingeschränkt fort. Das gilt nicht nur für die Auseinandersetzung des gemeinschaftlichen Eigentums und Vermögens – von dem in Art. 234 § 4 Abs. 5 EGBGB allein die Rede ist –, sondern auch für mögliche Ansprüche eines Ehegatten gegen das Alleineigentum des anderen Ehegatten (s. hierzu näher Rn. 401 ff.).

396 Maßgeblich ist hierbei der **Tag des Scheidungsausspruchs**, nicht der der Rechtskraft (str.; a. A. Schwab, Handbuch des Scheidungsrechts, VII, Rn. 287; Bosch, FamRZ 1991, 1003; Rauscher, DNotZ 1991, 212 f.). Ob das Auseinandersetzungsverfahren schon anhängig war, spielt keine Rolle. Die noch nicht aufgelöste Eigentums- und Vermögensgemeinschaft wird ausschließlich nach §§ 39 ff. FGB auseinandergesetzt.

2. Zum Güterstand des FGB/DDR

397 Der gesetzliche Güterstand nach dem FGB der DDR ist die Eigentums- und Vermögensgemeinschaft (§§ 13 – 16 FGB) in Form einer Errungenschaftsgemeinschaft. Die rechtliche Grundlage bildet § 13 FGB, nach dem in der Ehe **drei Vermögensmassen** zu unterscheiden sind:

- das **gemeinschaftliche Eigentum und Vermögen beider Ehegatten**

    Nach § 13 Abs. 1 Satz 1 FGB fallen in das gemeinschaftliche Eigentum der Ehegatten kraft Gesetzes alle Sachen, Vermögensrechte und Ersparnisse, die während der Ehe von einem oder beiden Ehegatten durch Arbeit oder aus Arbeitseinkünften erworben wurden. Den Arbeitseinkünften sind Einkünfte aus Renten, Stipendien oder ähnlichen wiederkehrenden Leistungen gleichgestellt (§ 13 Abs. 1 Satz 2 FGB). Gem. § 299 ZGB/DDR wurden auch Grundstücke, die ein Ehegatte aus Mitteln des persönlichen Eigentums erwarb, zum gemeinschaftlichen Eigentum beider Ehegatten (Ausnahmen regelte § 299 Abs. 2 ZGB). Das gemeinschaftliche Eigentum der Ehegatten ist eine Form des **Gesamthandseigentums**.

- das **Alleineigentum** jedes Ehegatten

    Daneben hat jeder Ehegatte alleiniges Eigentum und Vermögen. Dazu gehören die von ihm vor der Eheschließung erworbenen, die ihm während der Ehe als Geschenk oder als Auszeichnung zugewendeten und die ihm durch Erbschaft zugefallenen Sachen und Vermögensrechte. Hinzu kommen die nur von ihm zur Befriedigung persönlicher Bedürfnisse oder zur Berufsausübung genutzten Sachen, soweit nicht ihr Wert gemessen am gemeinschaftlichen Einkommen und Vermögen unverhältnismäßig groß ist (§ 13 Abs. 2 FGB).

Abweichende Vereinbarungen der Ehegatten sind möglich (§ 14 FGB).

3. Auseinandersetzungsregeln

Bei Beendigung der Ehe wird das gemeinschaftliche Vermögen zwischen den Ehegatten real geteilt (§ 39 Abs. 1 Satz 1 FGB). Die Auseinandersetzung ist i. d. R. zu **wertmäßig gleichen Anteilen** vorzunehmen, und zwar unabhängig davon, ob beide Ehegatten zur Schaffung des gemeinschaftlichen Vermögens in gleichem Umfang beitrugen. 398

Das Gesetz zielt auf eine einverständliche, außergerichtliche **Einigung** der Ehegatten über die Aufteilung. Mit der Einigung wird jeder Ehegatte Alleineigentümer der ihm zugeteilten Sachen und Rechte (§ 39 Abs. 3 Satz 1 FGB). 399

Kommt eine Einigung nicht zustande, entscheidet das **Gericht** auf Antrag der Ehegatten „unter Berücksichtigung der Lebensverhältnisse der Beteiligten" (§ 39 Abs. 1 Satz 2 FGB). Es kann einem der Beteiligten das Alleineigentum an bestimmten Sachen und Vermögensrechten zusprechen und ihm die Erstattung des anteiligen Wertes in Geld an den anderen auferlegen, soweit dessen Anspruch nicht durch Zuteilung anderer Sachen abgegolten wird. Das Gericht kann auch auf Antrag eines Beteiligten **ungleiche Anteile** am gemeinschaftlichen Eigentum und Vermögen festlegen (§ 39 Abs. 2 FGB). Das gilt insbesondere dann, wenn gemeinschaftliche unterhaltsberechtigte Kinder bei einem Ehegatten leben oder wenn ein Ehegatte weder durch Erwerbstätigkeit noch Hausarbeit einen angemessenen Beitrag zur Schaffung des gemeinschaftlichen Eigentums geleistet hat. Bei der Entscheidung des Gerichts sind die Lebensverhältnisse der Beteiligten zu beachten (§ 39 Abs. 2 Satz 2 FGB). 400

Unter die Verteilung nach Eheauflösung fallen auch die gemeinschaftlichen **Haushaltsgegenstände**. Die gerichtliche Verteilung soll beiden Ehegatten eine getrennte Haushaltsführung ermöglichen oder zumindest erleichtern. Lässt sich das nicht verwirklichen, sollen die Gegenstände vornehmlich dem wirtschaftlich schwächeren Ehegatten zugeteilt werden. Dabei können nach § 39a FGB auch Haushaltsgegenstände, die im Alleineigentum eines Ehegatten stehen, dem anderen Ehegatten als Alleineigentum zugesprochen werden, wenn dieser auf ihre Weiterbenutzung angewiesen ist und das dem Eigentümer zugemutet werden kann. 401

Erfolgt keine Vermögensauseinandersetzung, besteht die Vermögensgemeinschaft über die Scheidung hinaus weiter. Eine **Frist** für das Auseinandersetzungsbegehren gibt es nicht. 402

Wird allerdings bis zum Ablauf einer Frist von einem Jahr nach Scheidung ein Antrag auf Vermögensteilung nicht gestellt, so wird nach Ablauf dieser Frist jeder Ehegatte Alleineigentümer derjenigen beweglichen Sachen des gemeinschaftlichen Eigentums, die sich in seinem Besitz befinden (§ 39 Abs. 3 Satz 2 FGB).

4. Auseinandersetzungsregeln und Grundgesetz

403 In Auseinandersetzung mit der Frage, inwieweit die in den Vorschriften des FGB enthaltenen Grundsätze und Auseinandersetzungsregeln mit Art. 14 GG vereinbar sind, hat die Rechtsprechung zu den §§ 39, 40 FGB folgende **Grundsätze** entwickelt:

- Für das Tätigwerden des Familiengerichts bedarf es eines **Antrages** eines oder beider Ehegatten auf gerichtliche Teilung. Das Gericht ist bei seiner Entscheidung aber nicht an Sachanträge der Parteien gebunden; die Anträge sind vielmehr denen im Hausratsteilungsverfahren nach der HausVO vergleichbar und stellen daher bloße Vorschläge dar (BGH, NJW 1992, 821 ff. = FamRZ 1992, 414 ff.; BGH, FamRZ 1992, 531 ff.).

- Das Familiengericht entscheidet nur, solange und soweit sich die Ehegatten über die Verteilung nicht geeinigt haben (§ 39 Abs. 1 Satz 2 FGB). Auch eine **Teileinigung** ist für das Gericht verbindlich, so dass sich die Entscheidung auf die Verteilung des restlichen Vermögens beschränkt. Liegt noch keine bindende Einigung, sondern nur die Absicht der Ehegatten zur außergerichtlichen Einigung hinsichtlich bestimmter Vermögensteile vor, hat das Gericht diese unter Beachtung der Halbteilung in seine Entscheidung mit einzubeziehen. Das Gericht hat eine umfassende Teilung des gemeinschaftliche Eigentums und Vermögens vorzunehmen, die auch die Schulden einschließt (BGH, NJW 1992, a. a. O.).

- Soweit sich die Ehegatten nicht einigen können, hat das Gericht unter Berücksichtigung der im Gesetz aufgestellten Maßstäbe nach **billigem Ermessen** zu entscheiden. Dabei sind mit Blick auf die Eigentumsgarantie des Art. 14 GG die Grundsätze der **Halbteilung** und der **Verhältnismäßigkeit** zu beachten (BGH, NJW 1992, a. a. O.).

- Handelt es sich um die Zuteilung von Gebrauchsgegenständen (Hausrat), kann mit Rücksicht auf die „Lebensverhältnisse" vom Halbteilungsgrundsatz abgewichen werden.

- Das Wohnbedürfnis eines Ehegatten und der bei ihm lebenden Kinder ist für sich allein kein Grund für die Zuweisung des Alleineigentums am Familienwohnheim (BGH, NJW 1992, a. a. O.).

- Ist ein Gegenstand tatsächlich und rechtlich **teilbar**, ist er auch zu teilen, um aus Gründen der Verhältnismäßigkeit den Eingriff in die Eigentümerstellung der Ehegatten möglichst gering zu halten (BGH, FamRZ 1992, 531 ff.).

- Für **unteilbare** Sachen ist zum Schutz des Eigentums **Miteigentum** für die Ehegatten zu begründen. Eine Übertragung in das Alleineigentum eines Ehegatten (§ 39 Abs. 1 Satz 3 FGB) kommt für wertvolle und wertbeständige Gegenstände (z. B. Grundstücke) nur dann in Betracht, wenn dafür triftige Gründe bestehen, die der Bedeutung der Eigentumsgarantie angemessen sind und der Begründung von Miteigentum entgegenstehen (BGH, NJW 1992, 821 ff.).

- Ist danach die **Begründung von Alleineigentum** eines Ehegatten unumgänglich, so ist in die Überlegung von vornherein die diesem Ehegatten aufzuerlegende Erstattung des anteiligen Wertes in Geld einzubeziehen. Bei einer Übertragung in Alleineigentum ist gleichzeitig die Erstattungspflicht festzusetzen und ihre Erfüllung durch eine mit dem Eigentumswechsel wirksam werdende **dingliche Sicherung** abzusichern (BGH, NJW 1992, a. a. O.).

- Für die **Höhe des Erstattungsbetrages** sind nicht die Wertverhältnisse zur Zeit der Scheidung (Rechtskraft des Scheidungsurteils), sondern die Wertverhältnisse im Zeitpunkt der Rechtskraft der Entscheidung, mit der die Parteien Alleineigentümer wurden, maßgebend (BGH, NJW 1992, a. a. O.). Erfolgte die Eigentumszuweisung bereits abschließend ohne Erkenntnis über den Erstattungsanspruch, so ist die Wertbilanz für den Erstattungsanspruch nach § 39 Abs. 1 Satz 3 FGB auf einen einheitlichen Stichtag zu beziehen, der nicht vor der vollständigen Beendigung der Vermögensgemeinschaft liegt. Hat in Fällen der schrittweisen Auseinandersetzung das Gericht noch über eine Eigentumszuweisung zu entscheiden, und sei es nur hinsichtlich restlicher Teile des gemeinschaftlichen Vermögens, ist somit als Wertermittlungsstichtag der Zeitpunkt des Schlusses der mündlichen Verhandlung der letzten Tatsacheninstanz zugrunde zu legen; ist die gegenständliche Auseinandersetzung schon zuvor restlos erfolgt, ist Stichtag der Zeitpunkt, in dem sich die letzte Übertragung zu Alleineigentum vollzogen hat (BGH, FamRZ 1994, 504 ff. = DtZ 1994, 151 ff. = NJ 1994, 224 f.).

5. Alleineigentum

Das Alleineigentum der Ehegatten unterliegt nicht der Teilung. 404

Allerdings kann nach § 40 FGB einem Ehegatten ein **Ausgleichsanspruch am Alleineigentum** des anderen Ehegatten zugesprochen werden. Diese Vorschrift ist bei der Vermögensauseinandersetzung im Rahmen des nach Art. 234 § 4 Abs. 5 EGBGB fortgeltenden Rechts – auch ohne dessen ausdrückliche Erwähnung – weiterhin anwendbar. Dies hat der BGH unter Hinweis darauf entschieden, dass die Ehegatten darauf vertrauen dürfen, dass die Auseinandersetzung insgesamt nach dem bisherigen Recht erfolgt (BGH, FamRZ 1993, 1048 ff.). 405

Nach der Regelung des § 40 FGB steht einem Ehegatten, der während der Ehe mit Geld- und/oder Arbeitsleistungen wesentlich zur Vergrößerung oder zur Erhaltung des Alleinvermögens des anderen Ehegatten beigetragen hat, bei Beendigung der Ehe außer seinem Anteil am gemeinschaftlichen Vermögen auch ein Anteil am Alleinvermögen des anderen Ehegatten zu (Ausgleichsanspruch). Dabei handelt es sich von vornherein um einen Geldanspruch (vgl. § 41 Abs. 3 FGB; Kommentar zum FGB, 5. Aufl., § 40 Anm. 2.1.). Ein Ausgleichsanspruch nach § 40 FGB konnte nicht nur dann zugesprochen werden, wenn das (in die Ehe eingebrachte oder ererbte) Vermögen eines Ehegatten während der Ehe im Wert gestiegen war, sondern auch dann, wenn zwar kein Wertanstieg erfolgte, aber der andere Ehegatte wesentlich zur Werterhaltung des Alleinvermögens beigetragen hatte. Die Vorschrift des § 40 FGB galt als Ergänzung für die Fälle, in denen ein gerechter Ausgleich selbst durch ungleiche Teilung des gemeinschaftlichen Eigentums gem. § 39 Abs. 2 FGB nicht erreicht werden konnte.

Die **regelmäßigen Anwendungsfälle** dieser Vorschrift in der Praxis sind vor allem:

- Investitionen aus dem Alleineigentum eines Ehegatten oder aus dem gemeinschaftlichen Vermögen für ein Grundstück, Gebäude oder einen Betrieb des anderen Ehegatten oder

- indirekte Beiträge zur Erhaltung oder Mehrung des Vermögens des anderen Ehegatten.

Nach der Rspr. des BGH hat der Anspruch aus § 40 FGB einen güterrechtlichen Charakter i. S. d. § 621 Abs. 1 Nr. 8 ZPO und ist den **Verfahrensvorschriften** der ZPO zuzuordnen (vgl. FamRZ 1993, 1048 ff.; s. auch KG, FamRZ 1992, 566 f. = NJ 1992, 217 f.). 406

Die **Höhe des Ausgleichsanspruchs** liegt im Ermessen des Gerichts. Bei der Ermittlung der Höhe ist zu prüfen, durch welche Arbeits- und Geldleistungen oder in welcher sonstigen Art und Weise der Anspruchsberechtigte dazu beigetragen hat, das Vermögen des anderen Ehegatten zu erhalten oder zu vergrößern. Es war anerkannt, dass dieser Beitrag auch (allein) in Gestalt der Haushaltsführung und Kindererziehung erfolgen konnte. Insgesamt ist die Höhe des Ausgleichsanspruchs an dem Wert der Leistungen des Ehegatten und an der Höhe des eingetretenen Wertzuwachses bzw. der eingetretenen Werterhaltung zu orientieren und richtet sich nach den Vermögensverhältnissen bei der Beendigung der Ehe. Die **Höchstgrenze** des Ausgleichsanspruchs bildet folgerichtig die **Hälfte des Wertes des** bei Beendigung der Ehe **vorhandenen (Allein-)Vermögens**, nicht etwa die Hälfte des Wertzuwachses (vgl. BGH, FamRZ 1993, 1048 f.). Der für die Ermittlung des hälftigen Wertes maßgebliche **Stichtag** ist nach BGH hier – anders als bei § 39 FGB – der Zeitpunkt der Rechtskraft des Scheidungsausspruchs (BGH, a. a. O.; KG, NJ 1992, 217). 407

Soweit zu diesem Zeitpunkt Preisvorschriften galten, kommt es nach BGH auf den möglicherweise höheren inneren Wert an (a. a. O.).

Zugelassen wird auch ein **unbezifferter Klageantrag**, wenn sich der anspruchsbegründende Sachverhalt hinreichend genau aus dem Klagevorbringen ergibt (BGH, a. a. O.).

III. Wirkungen der Überleitung des Güterstandes

1. Grundsätze

408 Nach Art. 234 § 4 Abs. 1 EGBGB wurden die Ehen, die am 3. 10. 1990 bestanden, mit dem Beitritt der DDR in die Zugewinngemeinschaft übergeleitet und der gesetzliche Güterstand der Eigentums- und Vermögensgemeinschaft nach dem FGB beendet. Diese Überleitung kraft Gesetzes gilt auch für Ehen, bei denen am 3. 10. 1990 ein Scheidungsverfahren anhängig war. Ein Wechsel des Güterstandes erfolgte lediglich dann nicht, wenn die Ehegatten etwas anderes vereinbart oder aber eine Fortgeltungserklärung nach Art. 234 § 4 Abs. 2 EGBGB abgegeben haben (s. Rn. 425 ff.). Die Änderung des Güterstandes gem. Art. 234 § 4 Abs. 1 EGBGB erfolgte ohne Rückwirkung.

409 Der Gesetzgeber hat zwar den Güterstand übergeleitet, hat aber nicht die Gesamthandsgemeinschaft des früheren DDR-Güterstandes aufgelöst. Somit bestand die eheliche Eigentums- und Vermögensgemeinschaft des FGB zunächst als **Liquidationsgemeinschaft** fort, soweit sie nicht zwischenzeitlich auseinandergesetzt worden war. Diese Auffassung war sehr streitig, wurde aber durch das **Registerverfahrensbeschleunigungsgesetz** (s. Rn. 412 ff.) letztlich bestätigt. Bezugnehmend auf die Regelung von Art. 234 § 4 Abs. 4 EGBGB wandelte sich die Eigentumsgemeinschaft weder in sinngemäßer Anwendung des § 39 FGB **automatisch** zum 3. 10. 1990 in eine Bruchteilsgemeinschaft um (= fiktive Auseinandersetzung; so z.B. BezG Frankfurt/O., FamRZ 1993, 1205 f.; BezG Erfurt, FamRZ 1994, 703 = NJ 1994, 77; OLG Rostock, FamRZ 1997, 1158 f.; auch Brudermüller/Wagenitz, FamRZ 1990, 1298 ff.; Bosch, FamRZ 1991, 1005 f.) noch hatte aus Anlass der Überleitung eine sofortige Auseinandersetzung des gemeinschaftlichen ehelichen Vermögens zum Stichtag 3. 10. 1990 zu erfolgen.

Damit ergibt sich die Frage nach der – bei Beendigung der Ehe erforderlich werdenden – Abwicklung des früheren Güterstandes und nach der Behandlung des bisherigen gemeinschaftlichen wie auch des Alleinvermögens eines Ehegatten.

410 Für die Auseinandersetzung des bisherigen Güterstandes bestimmt der Gesetzgeber, dass sich die Modalitäten einer solchen **Abwicklung sinngemäß nach § 39 FGB** richten sollen (Art. 234 § 4 Abs. 4 EGBGB). Die „sinngemäße" Anwendung ist allein deshalb geboten, weil den Ehegatten nach der Beendigung des FGB-Güterstandes durch die gesetzliche Überleitung in die Zugewinngemeinschaft jederzeit die Auseinandersetzung über ihr gemeinschaftliches Eigentum gestattet sein musste, während § 39 FGB an sich bei seiner direkten Anwendung für eine Teilung des Vermögens die Beendigung der Ehe voraussetzt. An die Stelle der Beendigung der Ehe tritt bei der sinngemäßen Anwendung des § 39 FGB der Stichtag 3. 10. 1990. Dass die Ehe zu diesem Zeitpunkt noch nicht aufgelöst ist, steht der Auseinandersetzung nicht entgegen.

Das gilt auch für die Fälle, in denen der **Scheidungsantrag vor dem 3. 10. 1990 rechtshängig** wurde, bis dahin aber noch kein Scheidungsausspruch erfolgte. Entgegen der Auffassung des OLG Rostock (FamRZ 1997, 1158 f.) wird die Vermögensgemeinschaft nicht bereits zum Zeitpunkt des Eintritts der Rechtshängigkeit aufgelöst (§ 1384 Abs. 1 BGB), sondern bedarf der Auseinandersetzung. Das in sinngemäßer Anwendung des § 39 FGB aufgeteilte gemeinschaftliche Vermögen sowie das jedem Ehegatten im Zeitpunkt der Überleitung in den gesetzlichen Güterstand der Zugewinngemeinschaft gehörende alleinige Vermögen bilden das Anfangsvermögen i. S. d. § 1374 Abs. 1 BGB – und in diesem spezifischen Fall zugleich auch das Endvermögen der Ehegatten für die Berechnung des Zugewinns nach §§ 1372 ff. BGB. Ein Zugewinnausgleich findet hier folglich nicht statt, da für beide Ehegatten Anfangs- und Endvermögen identisch sind (OLG Rostock, a. a. O.).

411 Allerdings regelt § 39 FGB nur die Auseinandersetzung des gemeinschaftlichen Vermögens der Ehegatten. Dagegen war **fraglich, ob auch** die Regelung des **§ 40 FGB** (s. dazu Rn. 401 ff.) in den Fällen **weiterhin angewandt** werden kann, in denen die Ehegatten von der Option gem. Art. 234 § 4 Abs. 2 EGBGB für die Beibehaltung des DDR-Güterstandes keinen Gebrauch gemacht haben. Dies ist in der Überleitungsregelung nicht eindeutig festgelegt; Art. 234 § 4 Abs. 4 EGBGB weist insoweit lediglich auf § 39 FGB hin.

Die Rechtsfrage, ob einem Ehegatten nach der Überleitung in den BGB-Güterstand wegen seines Beitrags zur Wertsteigerung oder Werterhaltung des Alleinvermögens des anderen Ehegatten ein Ausgleichsanspruch nach § 40 FGB zusteht, war im Schrifttum sehr **strittig** und wurde von den Instanzgerichten unterschiedlich beurteilt. Während das Thüringer OLG (vgl. NJW 1997, 199 m. w. N.) und das OLG Dresden – 20. ZS – (vgl. FamRZ 1998, 1360 f.) einen solchen Ausgleichsanspruch mit Hinweis auf den Wortlaut der Regelung des Art. 234 § 4 Abs. 4 EGBGB verneinten, vertraten das OLG Brandenburg (vgl. OLG-NL 1998, 81 f.), das OLG Rostock (vgl. FamRZ 2000, 887; 1999, 1074 f.) sowie das OLG Dresden – 22. ZS – (vgl. FamRZ 2000, 885 f.) die Auffassung, dass im Rahmen der Auseinandersetzung der Eigentums- und Vermögensgemeinschaft nach Art. 234 § 4 Abs. 4 EGBGB auch § 40 FGB sinngemäß heranzuziehen sei. Die befürwortenden Gerichte wiesen zutreffend darauf hin, dass bei Nichtanwendung des § 40 FGB der Wertzuwachs, den das Alleineigentum eines Ehegatten bis zum 3. 10. 1990 während der Ehe zu verzeichnen hat, nicht ausgeglichen werden könnte, da der Zugewinnausgleich nach dem BGB erst für die Zeit ab 3. 10. 1990 eingreift. Die Verneinung eines nach langer Ehe eventuell entstandenen Ausgleichsanspruchs würde für den betreffenden Ehegatten einen erheblichen Vermögensverlust bedeuten, wofür es jedoch keine ersichtlichen Gründe des Gesetzgebers gibt (a. a. O.).

Eine Klärung brachte die Entscheidung des **BGH** vom 5. 5. 1999 (FamRZ 1999, 1197 ff.). Danach kann ein Ausgleichsanspruch analog § 40 FGB auch nach Überleitung des gesetzlichen Güterstandes der DDR in die Zugewinngemeinschaft im Falle der Scheidung gesondert geltend gemacht werden.

412

Der BGH führt dazu in seiner Entscheidung aus: „Zwar wird § 40 FGB in Art. 234 § 4 Abs. 4 EGBGB nicht erwähnt; das Gesetz enthält also keine – der Anordnung der sinngemäßen Anwendung des § 39 FGB entsprechende – ausdrückliche Regelung, wie ein etwaiger wirtschaftlicher Beitrag des Ehegatten zum Alleinvermögen des anderen Ehegatten für die Zeit bis zum 3. 10. 1990 abzugelten ist. Das lässt aber noch nicht den Umkehrschluss zu, dass zur Abwicklung des DDR-Güterstandes keine anderen Ausgleichsregelungen (auch nicht § 40 FGB) herangezogen werden könnten als § 39 FGB, der nur für das gemeinsame Vermögen gilt. Der das Alleinvermögen erfassende § 40 FGB ist Bestandteil der Auseinandersetzungsregelungen des DDR-Güterstandes bei gescheiterter Ehe und muss ebenso wie § 39 FGB zur Anwendung kommen" (vgl. a. a. O.).

Dieser Auffassung ist zuzustimmen. Der Ausgleichsanspruch des § 40 FGB wurde von der Rechtslehre und der Rechtsprechung der DDR stets als notwendige Ergänzung des Teilungsanspruchs nach § 39 FGB gesehen. Teilungs- und Ausgleichsanspruch hängen danach eng zusammen (vgl. Familienrecht, Lehrbuch, 3. Aufl. 1981, Berlin (Ost), 137).

Im Rahmen des Zugewinnausgleichs kann über den Anspruch auf Vermögensausgleich nach § 40 FGB durch Teilurteil vorab entschieden werden.

Die Bemessung des Ausgleichsbetrages nach § 40 FGB obliegt weitgehend tatrichterlichem Ermessen. Die Höchstsumme des § 40 Abs. 2 FGB kann allerdings wohl nur in den seltensten Fällen erreicht werden, in denen der ausgleichsberechtigte Ehegatte ganz allein durch seinen Beitrag – ohne Mithilfe des anderen – die Wertsteigerung erreicht hat. Wird die Wertsteigerung dagegen arbeitsteilig erreicht, mindert sich der Ausgleichsbetrag entsprechend. Dabei ist die auf den jeweiligen Ehepartner entfallende Leistung und damit sein Anteil an der Wertsteigerung konkret festzustellen (OLG Dresden, FamRZ 2000, 885 ff.). Insbesondere ist die Mitarbeit Dritter (fremde Arbeitskräfte – z. B. beim Hausbau) bei der Werterhöhung zu berücksichtigen. In solchen Fällen ist nicht der gesamte Wertzuwachs auszugleichen. Er vermindert sich immer um den Betrag, der schätzungsweise durch Leistungen anderer geschaffen wurde, denn nur das Ergebnis persönlicher Leistungen der Ehegatten ist teilbar.

413

Der in diesen Überleitungsfällen für die **Wertermittlung** des Alleinvermögens **maßgebliche Stichtag** ist dann allerdings der 3. 10. 1990, nicht der Zeitpunkt der Rechtskraft des Scheidungsausspruchs. Diese Begrenzung ergibt sich daraus, weil sich sonst eine Überschneidung mit der

414

Teilhabe an Wertsteigerungen des Vermögens des anderen Ehegatten im Zugewinnausgleich ergeben könnte. Insofern ist § 40 FGB auf Überleitungsfälle ebenfalls nur sinngemäß anzuwenden.

2. Regelung des RegVBG (Art. 234 § 4a EGBGB)

415 Durch das **Registerverfahrensbeschleunigungsgesetz (RegVBG)** vom 20. 12. 1993 (BGBl. 1993 I S. 2182), in Kraft seit dem 25. 12. 1993, wurde der § 4a in den Art. 234 EGBGB eingefügt. Er legt nunmehr fest, dass dann, wenn Ehegatten nicht für den Güterstand des FGB votiert haben, das bisher anteillose gemeinschaftliche Eigentum von Ehegatten **Eigentum zu gleichen Bruchteilen** wird. Damit wurde das Gesamthandseigentum der Ehegatten per 25. 12. 1993 von Gesetzes wegen in hälftiges Miteigentum umgewandelt, und zwar ex nunc. Die Vorschrift wirkt nicht auf den Zeitpunkt des Beitritts zurück. Nach § 4a Abs. 3 wird widerleglich vermutet, dass das gemeinschaftliche Eigentum der Ehegatten nach dem FGB „Bruchteilseigentum zu 1/2 Anteilen" ist, sofern sich nicht aus dem Grundbuch andere Bruchteile ergeben oder aus dem Güterrechtsregister zu entnehmen ist, dass die Ehegatten für den Güterstand des FGB votiert haben. Da die Bruchteilsgemeinschaft durch § 4a und damit außerhalb des Grundbuches entsteht, dient die Vermutung den Interessen Dritter, die stets davon ausgehen können, dass gemeinschaftliches Eigentum als Bruchteilseigentum zu hälftigen Anteilen besteht.

416 Für **Grundstücke** und **grundstücksgleiche Rechte** (z.B. selbständiges Gebäudeeigentum nach dem ZGB) konnten die Ehegatten gemeinsam andere Anteile bestimmen; dies musste aber binnen sechs Monaten nach In-Kraft-Treten der Vorschrift geschehen, was in der Praxis angesichts der Unkenntnis der Vorschrift kaum erfolgt sein dürfte. Unbeschadet dieses Umstandes ist das Wahlrecht dann erloschen, wenn die Zwangsversteigerung oder Zwangsverwaltung des Grundstücks oder grundstücksgleichen Rechts angeordnet bzw. wenn die Eintragung einer Zwangshypothek beantragt worden war (Art. 234 § 4a Abs. 1 Satz 5 EGBGB).

417 Zu beachten ist, dass die Regelung des Art. 234 § 4a EGBGB für die Ehen, die am 2. 10. 1990 bereits geschieden waren und deren Güterstand demzufolge nicht mehr übergeleitet wurde, **nicht gilt**. Besteht in diesen Ehen noch gemeinschaftliches Eigentum, dann handelt es sich nach wie vor um Gesamthandseigentum, auf das ausschließlich § 39 FGB anzuwenden ist.

418 Auf den durch Option rückwirkend wiederhergestellten Güterstand der Eigentums- und Vermögensgemeinschaft greift die Regelung des Art. 234 § 4a EGBGB dagegen verändernd ein: Auf das bestehende und künftige gemeinschaftliche Eigentum finden seit In-Kraft-Treten des RegVBG die Vorschriften über das durch beide Ehegatten verwaltete Gesamtgut entsprechende Anwendung (s. Rn. 286 ff.).

419 Aber auch mit der Regelung des RegVBG sind Probleme geblieben bzw. neu entstanden. So hat Art. 234 § 4a EGBGB zum 25. 12. 1993 zwar eine Realteilung der bis dahin noch in gemeinschaftlichem Eigentum stehenden **Sachen** in Bruchteilseigentum bewirkt, was im Rechtsverkehr insbesondere die Zwangsvollstreckung in Grundstücke erleichtert, doch hat er dem Wortlaut nach am übrigen Bestand des gemeinschaftlichen Vermögens, – den gemeinsamen Forderungen und den gemeinschaftlichen Verbindlichkeiten – nichts geändert (so Lipp, FamRZ 1995, 65 ff.). Es erscheint zweifelhaft, ob der Gesetzgeber eine solche Differenzierung tatsächlich gewollt hat; andererseits ist der Wortlaut des Gesetzes eindeutig. Um Art. 234 § 4a Abs. 1 EGBGB auf das gesamte gemeinschaftliche Vermögen der Ehegatten beziehen zu können, wird teilweise ein Redaktionsversehen angenommen (so Schwab, Handbuch des Scheidungsrechts, VII, Rn. 308).

420 Es stellt sich des Weiteren die Frage, in welchem Verhältnis Art. 234 § 4a zu Art. 234 § 4 Abs. 4 EGBGB steht. Die letztere Regelung ist durch das RegVBG nicht außer Kraft gesetzt worden. Somit dürfte auch weiterhin **neben dem Zugewinnausgleich** jederzeit noch eine **reale Auseinandersetzung** des zwischenzeitlich in Bruchteilseigentum umgewandelten gemeinschaftlichen Eigentums der Ehegatten nach § 39 FGB möglich sein. Auf dieser Rechtsgrundlage wäre im Falle der Scheidung insoweit die Teilung vorzunehmen, einschließlich der Zuweisungskompetenz des Familiengerichts für einzelne Vermögensgegenstände zu Alleineigentum eines Ehegatten. Nach

anderer Auffassung soll die gesetzliche Auseinandersetzung nach Art. 234 § 4a Abs. 1 EGBGB demgegenüber die endgültige sein, die nicht mehr korrigierbar sein soll (vgl. Lipp, FamRZ 1995, 65 ff.; so wohl auch Schwab, Handbuch des Scheidungsrechts, VII, Rn. 309).

3. Verhältnis zum Zugewinnausgleich

Wurde der gesetzliche Güterstand der Eigentums- und Vermögensgemeinschaft des FGB in den Güterstand der Zugewinngemeinschaft überführt und hat ein Ehegatte keine Fortgeltungserklärung abgegeben, ist bei einer späteren Auflösung dieses Güterstandes durch Scheidung der Ausgleich des Zugewinns durchzuführen. Dieser Anspruch richtet sich auf die Abwicklung des durch die Scheidung beendeten neuen gesetzlichen Güterstandes der Zugewinngemeinschaft, der mangels Rückwirkung der Änderung des Güterstandes auf den Ehebeginn erst am 3. 10. 1990 eintrat und allein den von diesem Stichtag an erzielten Zugewinn der Ehegatten betrifft. Dazu bedarf es der **Feststellung des Anfangs- und Endvermögens** jedes Ehegatten. In diesem Rahmen ist auch das bisherige gemeinschaftliche Eigentum und Vermögen sowie das bis zum 3. 10. 1990 erworbene jeweilige Alleineigentum eines jeden Ehegatten in das System der Zugewinngemeinschaft einzuordnen. Spätestens dann also, wenn es zur Scheidung und damit zum Zugewinnausgleich kommt, ist in diesem Zusammenhang auch endgültig eine fiktive Vermögensauseinandersetzung des früheren DDR-Güterstand vorzunehmen. Der **güterrechtliche Ausgleich** erfolgt **in diesen Fällen zweistufig**.

421

Den **Stichtag für das Anfangsvermögen** für die vor dem Beitritt geschlossenen Ehen bildet der **3. 10. 1990**, der Tag des Beitritts. Was in das Anfangsvermögen gem. § 1374 Abs. 1 BGB einzustellen ist, ergibt sich aus dem bisherigen Recht.

422

Anfangsvermögen der Ehegatten i. S. d. § 1374 Abs. 1 BGB ist zum einen ihr jeweiliges **Alleineigentum gem. § 13 Abs. 2 FGB** zum Stichtag. Hinsichtlich des **gemeinschaftlichen Eigentums und Vermögens gem. § 13 Abs. 1 FGB** ist danach zu unterscheiden, ob zwischen den Ehegatten bisher bereits eine Auseinandersetzung nach § 39 FGB erfolgte. Ist dies geschehen, sind alle zugeteilten Gegenstände und Rechte einschließlich eines Erstattungsanspruchs mit ihrem Wert zum Stichtag (3. 10. 1990) beim Anfangsvermögen desjenigen einzustellen, dem sie zugeteilt wurden. Soweit die Auffassung vertreten wird, den Anteil am gemeinschaftlichen Eigentum und Vermögen entweder mit dem Wert zum Zeitpunkt der Auseinandersetzung oder aber mit dem Wert zum Zeitpunkt des In-Kraft-Tretens des RegVBG in das Anfangsvermögen einzustellen, widerspricht das der eindeutigen Stichtagsregelung des Art. 234 § 4 Abs. 1 EGBGB (so Thüringer OLG, OLG-NL 1997, 142 f.). Erfolgte dagegen eine Auseinandersetzung bisher nicht, sind die Vermögensgegenstände dann bei jedem Ehegatten mit ihrem Wert zum Beitrittsstichtag **anteilig** zu berücksichtigen, ebenso die noch aus DDR-Zeit vorhandenen Verbindlichkeiten.

423

Sollte einem Ehegatten darüber hinaus noch ein **Ausgleichsanspruch nach § 40 FGB** zustehen, so beeinflusst auch dieser die Entscheidung über den Zugewinnausgleich, weil er mit der Überleitung in den Güterstand des BGB dem Anfangsvermögen des Berechtigten für die am 3. 10. 1990 beginnende Zugewinngemeinschaft zuzurechnen ist, während er das Anfangsvermögen des Ausgleichsverpflichteten dadurch entsprechend mindert. Zugleich ist der Ausgleichsanspruch nach § 40 FGB notwendigerweise auch dem Endvermögen des nach § 40 FGB Ausgleichsberechtigten zuzurechnen und mindert das Endvermögen des Ausgleichspflichtigen.

424

Die daraus etwa abgeleitete Überlegung, dass sich für die spätere Entscheidung über den Zugewinnausgleich die jeweiligen Beträge somit kompensieren würden, erweist sich jedoch als falsch. Denn bei der Berechnung des Zugewinns ist dem jeweiligen Endvermögen das indexierte jeweilige Anfangsvermögen gegenüberzustellen, so dass sich für den nach § 40 FGB Ausgleichsberechtigten ein von der Höhe dieses Anspruchs abhängiger scheinbarer Zugewinn ergeben kann. Außerdem versagt die rechnerische Kompensation in den Fällen, in denen der nach § 40 FGB Ausgleichsberechtigte ein im Übrigen negatives Anfangsvermögen hatte oder beim Ausgleichspflichtigen

425

kein Endvermögen vorlag (vgl. BGH, FamRZ 2002, 1097 ff.). Die Höhe eines etwaigen Zugewinnausgleichsanspruchs kann somit im Einzelfall auch von der Höhe eines Ausgleichsanspruchs nach § 40 FGB abhängen, da beide Ansprüche untrennbar miteinander verbunden sind.

426 Für das **Endvermögen** gelten insofern keine Besonderheiten. Maßgeblich ist der Vermögensstand jedes Ehegatten zum Zeitpunkt der Rechtshängigkeit des Scheidungsantrags. Wurde das gemeinschaftliche Vermögen von den Ehegatten auseinandergesetzt, sind in das Endvermögen eines jeden auch die noch vorhandenen Gegenstände und Vermögenswerte einzustellen. War keine Auseinandersetzung erfolgt, ist das noch vorhandene gemeinschaftliche Vermögen bei jedem Ehegatten mit je hälftigem Anteil anzusetzen.

427 Einen **Sonderfall** bildeten die Ehen, in denen das Scheidungsverfahren vor dem 3. 10. 1990 rechtshängig, jedoch noch nicht abgeschlossen war.

Für diese Ehen war der 3. 10. 1990 zugleich Stichtag für das Anfangs- und das Endvermögen. Mit Ablauf des 2. 10. 1990 endete zunächst die eheliche Vermögensgemeinschaft des FGB, aus der jedem Ehegatten (grds.) die ideelle Hälfte zustand. Der Wert dieser jeweiligen Hälfte stellte gleichzeitig das Anfangsvermögen jedes Ehegatten dar, mit dem beide am 3. 10. 1990 in den Güterstand der Zugewinngemeinschaft des BGB eingetreten sind. Maßgeblicher Stichtag für die Berechnung ihres Endvermögens war gem. § 1384 BGB der Zeitpunkt der Rechtshängigkeit des Scheidungsantrages. Da zum Zeitpunkt der Rechtshängigkeit des Scheidungsantrags die Regelungen des BGB für die Rechtsverhältnisse der Ehegatten noch keine Gültigkeit hatten, tritt an die Stelle der Rechtshängigkeit der Beitritt am 3. 10. 1990 (vgl. BezG Erfurt, NJ 1994, 77 f.).

4. Option für den bisherigen Güterstand des DDR-Rechts

428 Parallel zur automatischen Überleitung in den gesetzlichen Güterstand des BGB hatte jeder Ehegatte nach Art. 234 § 4 Abs. 2 EGBGB die Möglichkeit, binnen einer **Frist von zwei Jahren** nach Wirksamwerden des Beitritts (also spätestens bis Ablauf des 2. 10. 1992) die Fortgeltung des bisherigen DDR-Güterstandes zu erklären. Dies konnte **einseitig** geschehen und hatte Wirkung auch für den anderen Ehegatten. Die Erklärung konnte jedem Kreisgericht gegenüber abgegeben werden und musste **notariell beurkundet** sein; die Zwei-Jahres-Frist war eine **Ausschlussfrist** (Palandt/ Diederichsen, BGB, Art. 234 § 4 EGBGB Rn. 32; Schwab, Handbuch des Scheidungsrechts, VII, Rn. 314). Von der Erklärung haben jedoch nur wenige Ehegatten Gebrauch gemacht (s. Peters, FamRZ 1993, 877).

429 Folge der form- und fristgerechten Erklärung war die **rückwirkende Wiederherstellung** des ursprünglichen gesetzlichen **Güterstandes der Eigentums- und Vermögensgemeinschaft**. Für diesen bleiben auch künftighin die Bestimmungen des FGB anwendbar, und zwar i. d. F. des 1. Familienrechtsänderungsgesetzes vom 20. 7. 1990 (GBl. I 1990, S. 1038), das am 1. 10. 1990 in Kraft trat.

430 Dabei bleibt es weiterhin beim gemeinschaftlichen Eigentum der Ehegatten. Gem. des durch RegVGB neu eingefügten Art. 234 § 4 a Abs. 2 Satz 1 EGBGB finden jedoch auf das bestehende und das künftige gemeinschaftliche Eigentum von Ehegatten, die sich für den Fortbestand des bisherigen gesetzlichen Güterstandes entschieden haben, nunmehr die Vorschriften über die Verwaltung des Gesamtguts einer Gütergemeinschaft mit Verwaltungsrecht beider Ehegatten entsprechende Anwendung (insb. §§ 1450 – 1470 BGB). Das ist insofern nicht unproblematisch, weil damit im Nachhinein kraft Gesetzes in gravierender Weise in den Regelungsinhalt der Güterrechtsvorschriften des FGB eingegriffen wurde, für deren Fortgeltung als Wahlgüterstand sich die Ehegatten gerade bewusst entschieden hatten. Dies betrifft namentlich die Regelungen des FGB-Güterstandes zur Verwaltung des Gesamtgutes einschließlich der Schuldenhaftung. Die Ehegatten trifft nunmehr – von der bisherigen Regelung des § 16 FGB völlig abweichend – eine wesentlich verschärfte Haftung für alle Verpflichtungen des jeweils anderen als Gesamthänder und Gesamtschuldner.

Für die **Auflösung der Eigentums- und Vermögensgemeinschaft** im Rahmen oder als Folge einer Ehescheidung bleibt es dagegen gem. Art. 234 § 4a Abs. 2 Satz 2 ausdrücklich bei den Maßgaben des Art. 234 § 4 EGBGB: Es gelten ausschließlich die einschlägigen Normen des FGB, somit §§ 39 und 40 FGB. Weiterhin gelten auch die Regelungen der §§ 13 und 14 FGB, die das Entstehen und den Umfang des gemeinschaftlichen Eigentums der Ehegatten regeln. Nicht zuletzt ist auch § 41 FGB (vorzeitige Aufhebung der Eigentums- und Vermögensgemeinschaft) zu beachten. Anders als nach § 1384 BGB beim gesetzlichen Güterstand der Zugewinngemeinschaft endet die Entstehung gemeinschaftlichen Eigentums nicht bereits mit der Rechtshängigkeit des Scheidungsantrags, sondern erst mit der Beendigung der Ehe. Maßgeblicher Zeitpunkt für die Auseinandersetzung ist gem. §§ 39 Abs. 1, 40 Abs. 1 FGB also die Rechtskraft des Scheidungsurteils. Auch die **Teilung** eines in ehelicher Vermögensgemeinschaft befindlichen **Grundstücks** regelt sich im Falle der Scheidung ausschließlich nach § 39 FGB. Eine Teilungsversteigerung nach § 180 ZVG ist somit nicht zulässig (OLG Brandenburg, FamRZ 1995, 1429).

431

Im Rahmen der fortgeltenden Eigentums- und Vermögensgemeinschaft **gilt auch § 40 FGB weiter,** der dem einen Ehegatten einen Zahlungsanspruch gegen den anderen gewährt, wenn er zur Vergrößerung oder Erhaltung von dessen Vermögen wesentlich beigetragen hat (s. dazu Rn. 401 ff.).

432

Ein Ausgleichsanspruch kann nach OLG Brandenburg dann gegeben sein, wenn ein Ehegatte den anderen durch Übernahme aller häuslichen und familiären Verpflichtungen entlastet und dadurch indirekt zur Erhaltung oder Mehrung seines Vermögens beigetragen hat (vgl. FamRZ 1996, 670).

Wurde die **Option ausgeübt, so gilt die Überleitung als nicht erfolgt.** Aus der Wiederherstellung des ursprünglichen Güterstandes können die Ehegatten untereinander und gegenüber einem Dritten Einwendungen gegen ein Rechtsgeschäft, das nach der Überleitung zwischen den Ehegatten oder zwischen einem von ihnen und dem Dritten vorgenommen worden ist, nicht herleiten (Art. 234 § 4 Abs. 2 Satz 4 EGBGB).

433

E. Rechtsverhältnisse an Ehewohnung und Hausrat

I. Überblick

Die **HausratsVO** stellt Instrumentarien für den Fall zur Verfügung, dass sich die Ehegatten anlässlich der Scheidung über Hausrat und Wohnung nicht einigen können. Das Verfahren ist der freiwilligen Gerichtsbarkeit zugeordnet (§ 13 Abs. 1 HausratsVO, § 621a Abs. 1 ZPO). Rechtsverhältnisse geschiedener Ehegatten fallen auch dann unter die HausratsVO, wenn ein Ehegatte unter Berufung auf sein Alleineigentum vom anderen die Herausgabe von Hausratsgegenständen gem. § 985 BGB verlangt (BGH, FamRZ 1984, 575 = NJW 1984, 1758 f.; OLG Bamberg, FamRZ 1997, 387 f.).

434

Bereits **vor Anhängigkeit einer Ehesache** können für die **Dauer des Getrenntlebens** (d.h. bis zur Rechtskraft des Scheidungsurteils) vom Familiengericht **vorläufige** Benutzungsregelungen für die Ehewohnung nach § 1361b BGB sowie Regelungen für die Herausgabe, Überlassung und Verteilung von Hausratsgegenständen nach § 1361a BGB erlassen werden. Gem. § 621a ZPO, § 18a HausratsVO sind die Verfahrensvorschriften der HausratsVO (§§ 11 – 18) auf das Wohnungs- und auf das Hausratsnutzungsverfahren entsprechend anzuwenden. Das Verfahren richtet sich nach dem FGG.

435

Sind **besondere zivilrechtliche Ansprüche** im Streit (z.B. Bestand des Eigentums durch Wegfall der Geschäftsgrundlage oder Widerruf der Schenkung), dann kann über einen Herausgabeanspruch des beschenkten Ehegatten nicht vom Familiengericht im Rahmen eines Hausratsverfahrens nach den § 1361a Abs. 1 BGB, § 18a HausratsVO entschieden werden. Vielmehr ist die streitige Frage, ob das Eigentum des beschenkten Ehegatten Bestand hat, in einem zivilgerichtlichen Verfahren zu klären (OLG Celle, FamRZ 1997, 381 f.).

436

II. Ehewohnung

1. Begriff der Ehewohnung

437 Der Begriff der Ehewohnung erfasst alle Räumlichkeiten, die beide Ehegatten während der Ehe nach den tatsächlichen Verhältnissen nicht nur vorübergehend zum Wohnen benutzen bzw. gemeinsam bewohnt haben oder die dafür den Umständen nach bestimmt waren. Auf die **rechtlichen Verhältnisse** an der Wohnung kommt es nicht an (Mietwohnung, dingliche Rechtspositionen). Jedoch können diese für die Frage der Wohnungszuweisung von Bedeutung sein.

438 Nach allg. Auffassung ist der Begriff weit auszulegen, so dass hierunter auch **Ferienwohnungen, Wochenendhäuser, Wohnlauben oder Gartenhäuschen** (BGH, FamRZ 1990, 987) fallen können, wenn sie den tatsächlichen Lebensmittelpunkt der Ehegatten gebildet haben (bei nur zeitweiliger Nutzung ablehnend u. a.: OLG Zweibrücken, FamRZ 1981, 259; OLG München, FamRZ 1994, 1331).

439 Durch den **Auszug eines Ehegatten** im Rahmen der Trennung (wegen fortlaufender Streitigkeiten) verliert die Wohnung nicht ihre Eigenschaft als Ehewohnung (vgl. KG, FamRZ 1994, 467; OLG Köln, 1994, 632 f.; OLG Karlsruhe, FamRZ 1999, 1087). Erst wenn die Ehewohnung endgültig aufgegeben wird, verliert sie diese Eigenschaft. Deshalb kann auch der Ehegatte, der die Wohnung bereits für längere Zeit verlassen hatte, unter Bezugnahme auf § 1361b BGB grds. eine Rückkehr in die Ehewohnung erwirken. Zu beachten ist hierbei aber die Regelung des § 1361b Abs. 4 BGB.

2. Vorläufige Überlassung der Ehewohnung für die Trennungszeit (§ 1361b BGB)

a) Grundsätze

440 Die Vorschrift des § 1361b BGB enthält die Ermächtigung zur vorläufigen Zuweisung der Ehewohnung an einen der Ehegatten **zur alleinigen Benutzung** bereits vor der Einleitung eines Ehescheidungsverfahrens. Sie schließt damit eine Gesetzeslücke, da anderenfalls die Zuweisung einer Ehewohnung durch einstweilige Anordnung die Anhängigkeit eines Scheidungsantrages erfordert (§§ 620 Abs. 1 Nr. 7, 620a Abs. 2 ZPO).

Die Vorschrift wurde zum 1. 1. 2002 durch **Art. 2 Gewaltschutzgesetz (GewSchG) neu geregelt**, da sie schon seit längerer Zeit in der Kritik stand (vgl. hierzu Schumacher, FamRZ 2002, 655 f. m. w. N.). Die Neuregelung verfolgt das Ziel, den zivilrechtlichen präventiven Schutz bei häuslicher Gewalt zu verbessern. Mit der Neufassung sind die Voraussetzungen für die Wohnungszuweisung an einen Ehegatten bei Trennung insgesamt erleichtert worden.

441 Die Wohnungszuweisung setzt voraus, dass es sich um eine **gemeinsame Wohnung** der Ehegatten handelt. Der Begriff ist nach allgemeiner Auffassung weit auszulegen (s. oben Rn. 435). Die gerichtliche Entscheidung nach § 1361b BGB hat keinen endgültigen Charakter, sondern stellt nur eine **vorläufige** Benutzungsregelung dar – im Regelfall bis zur rechtskräftigen Scheidung.

442 Das Verfahren ist stets eine **isolierte Familiensache**, da keine endgültige Zuweisung für den Fall der Scheidung, sondern lediglich eine Nutzungszuweisung bis zur Scheidung begehrt werden kann. Es richtet sich gem. § 18a HausratsVO nach dem FGG. Ein isoliertes Wohnungszuweisungsverfahren ist auch vor oder nach Anhängigkeit der Ehesache möglich. Auch ist das Verfahren nach § 18a HausratsVO i. V. m. § 1361b BGB **neben dem Verfahren nach § 620 Nr. 7 ZPO** zur Nutzungsregelung im Wege der einstweiligen Anordnung **zulässig** (vgl. u. a. OLG Zweibrücken, FamRZ 1988, 86; KG, FamRZ 1990, 183). Das gilt selbst dann, wenn die Entscheidung im einstweiligen Rechtsschutz bereits ergangen ist (vgl. OLG Köln, FamRZ 1994, 632; KG, a. a. O.).

Ebenso kann auch im Verfahren nach § 1361b BGB selbst bis zur rechtskräftigen Entscheidung in der Hauptsache ein Antrag auf Erlass einer einstweiligen Anordnung nach § 621g ZPO gestellt werden, sofern dies ein dringendes Regelungsbedürfnis erfordert.

Nach der durch Art. 12 Nr. 1 GewSchG neu eingefügten Vorschrift des § 13 Abs. 4 HausratsVO, die über die Verweisung in § 18a HausratsVO auch in Verfahren auf Wohnungszuweisung nach § 1361b BGB gilt, hat das Gericht in Fällen, in denen Kinder im Haushalt der Beteiligten leben, das **Jugendamt** über die Wohnungszuweisung zu unterrichten. Die Mitteilung ist an das Jugendamt zu richten, in dessen Bereich sich die Wohnung befindet, damit dieses ggf. beratend tätig werden kann. 443

b) Tatbestandsvoraussetzungen

Erforderlich ist ein **Getrenntleben** der Ehegatten oder aber die **Trennungsabsicht** eines Ehegatten. 444

Eine **Teil- oder Alleinzuweisung** der Ehewohnung an einen Ehegatten für die Zeit des Getrenntlebens setzt nach der Neufassung nunmehr voraus, dass dies auch unter Berücksichtigung der Belange des anderen Ehegatten zur Vermeidung einer „**unbilligen Härte**" notwendig ist (§ 1361b Abs. 1 Satz 1 BGB). Mit diesem Kriterium wurde durch die gesetzliche Neuregelung die hohe Eintrittsschwelle für die Inanspruchnahme des FamG bei Gewaltausübung in Familie und Partnerschaft bewusst herabgesetzt, um die Überlassung der Wohnung zu erleichtern. Das verdeutlicht sich in dem Begriffswechsel von der ursprünglich „schweren Härte" zur „unbilligen Härte". 445

Waren die Voraussetzungen für die Zuweisung der Ehewohnung nach **bisheriger Rspr.** regelmäßig erst dann erfüllt, wenn aufgrund außergewöhnlicher Umstände ausnahmsweise die Zuweisung unter Berücksichtigung auch der Belange des anderen Ehegatten dringend erforderlich ist, um eine unerträgliche Belastung für den die Zuteilung begehrenden Ehegatten abzuwenden (KG, FamRZ 1987, 850 f.; OLG Düsseldorf, FamRZ 1988, 1058; OLG Hamm, FamRZ 1989, 739 f.; OLG Bamberg, FamRZ 1990, 1353; OLG Schleswig, FamRZ 1991, 1301; OLG Frankfurt/M., FamRZ 1996, 289 f.; OLG München, FamRZ 1996, 730), so ist die Schwelle für die Anwendung der Norm deutlich abgesenkt worden. Bloße Unbequemlichkeiten und Belästigungen, die häufig mit der Trennung von Eheleuten einhergehen, erreichen jedoch auch nach der Neufassung regelmäßig die Eingriffsschwelle der unbilligen Härte nicht.

Der Begriff der „unbilligen Härte" ist gesetzlich nicht definiert und daher auslegungsbedürftig. Es wurde auch bei der Neuregelung bewusst auf einen Katalog der Härtefälle verzichtet. Zu bewerten sind immer die **Umstände des Einzelfalles,** wobei auch die Belange des anderen Ehegatten abgewogen werden müssen. 446

Eine unmittelbare Gefahr für Leib und Leben muss nicht vorliegen. Ebenso setzt eine Wohnungszuweisung nach § 1361b BGB nicht voraus, dass die Ursache unerträglicher Zustände ausschließlich oder überwiegend von dem anderen Ehegatten ausgeht (vgl. Johannsen/Henrich-Voelskow, Eherecht, § 1361b BGB Rn. 11). 447

Härtefälle sind in Anlehnung an die bisherige Rspr. vor allem anzunehmen in Fällen 448

- schwerer körperlicher Misshandlung der Familienmitglieder (OLG Köln, FamRZ 1996, 1220),
- fortdauernder Gewalttätigkeiten, wobei hier jede Form der Gewaltanwendung in Betracht kommt (so auch grob unbeherrschtes und unberechenbares Verhalten, Sachbeschädigung),
- erheblicher Störung des Familienlebens etwa durch Alkohol- oder Drogenabhängigkeit,
- dauernder Störung der Nachtruhe, Randalieren usw. sowie
- anderer Beeinträchtigungen, die ein weiteres Zusammenleben unerträglich machen (z.B. OLG Hamm, FamRZ 1997, 301 f.: Terrorisierung der Familienmitglieder infolge psych. Krankheit; OLG Thüringen, FamRZ 1997, 559 f.: Wohnungszuweisung an eine Partei notwendig, wenn diese an einer lebensbedrohlichen Krankheit leidet und das weitere Zusammenleben insofern besonders belastend ist).

Bei Bedrohungen kommt es nicht mehr entscheidend auf die objektive Ernsthaftigkeit, sondern darauf an, ob sich der betroffene Ehegatte dadurch subjektiv so belastet fühlt, dass ihm die Fortsetzung der häuslichen Gemeinschaft nicht mehr zumutbar ist (Palandt/Brudermüller, BGB, § 1361b Rn. 10).

449 Jedoch ist der Anwendungsbereich der Regelung des § 1361b BGB nicht auf Sachverhalte mit drohender schwerer Leib- und Lebensgefahr oder mit einer sonst völlig unzumutbar gewordenen Situationen beschränkt.

Eine unbillige Härte kann vielmehr auch (schon dann) bestehen, wenn der **Fortbestand der aktuellen Situation schlechterdings untragbar** erscheint. Dabei können auch **wirtschaftliche Gesichtspunkte** berücksichtigt werden (AG Kerpen, FamRZ 1997, 420 f.: Alleineigentümer der bisherigen Ehewohnung zahlt für diese die gesamten erheblichen Belastungen, die die Hälfte seines Einkommens überschreiten, und wohnt selbst in notdürftigen Verhältnissen). Triftige Gründe für die Zuweisung der Ehewohnung können auch darin liegen, dass in der Ehewohnung ein Gewerbebetrieb ausgeübt wird (vgl. OLG Köln, FamRZ 1994, 632).

450 Nunmehr wird die Beeinträchtigung des **Kindeswohls** in der Neufassung der Regelung ausdrücklich als ein Tatbestand benannt, das eine „unbillige Härte" begründen kann (§ 1361b Abs. 1 Satz 2 BGB). Mit dieser Orientierung ist das Interesse von Kindern (einschließlich von Stiefkindern) an einer geordneten und störungsfreien Familiensituation ein vorrangig zu berücksichtigendes Kriterium. Sofern der Wahrung des Wohls von im Haushalt lebenden Kindern bereits in der bisherigen Rspr. besonderes Gewicht beigemessen wurde (z.B. OLG Bamberg, FamRZ 1995, 560; OLG Frankfurt/M., FamRZ 1996, 289 f.; OLG Bamberg, FamRZ 1996, 1293), ist dieser Gesichtspunkt nun durch die neu eingefügte Vorschrift des Abs. 1 Satz 2 auch gesetzlich geregelt. Dabei ist für die Entscheidung eine schwere Gesundheitsgefährdung der Kinder nicht Voraussetzung (so aber noch zum alten Recht OLG Düsseldorf, FamRZ 1988, 1058; OLG Celle, FamRZ 1992, 676 f.); vielmehr ist maßgeblich, ob die häusliche Atmosphäre durch die andauernden Spannungen der Eltern nachhaltig gestört ist.

451 Außerdem sieht in Fällen der **Gewalt in der Familie** die gesetzliche Neufassung nunmehr in **§ 1361b Abs. 2 BGB** einen **Spezialtatbestand für die Wohnungsüberlassung bei Gewalttaten** vor. Die Vorschrift enthält – anknüpfend an die allgemeine Gewaltschutzregelung des GewSchG – eine besondere Regelung für Gewalttaten oder der Drohung mit ihr.

Hat danach der Ehegatte, gegen den sich der Antrag richtet, den anderen Ehegatten widerrechtlich und vorsätzlich

- am Körper, der Gesundheit oder der Freiheit verletzt oder

- mit einer solchen Verletzung gedroht oder

- mit der Verletzung des Lebens gedroht,

ist dem anderen Ehegatten unter dem Gesichtspunkt des Opferschutzes in der Regel die **gesamte Wohnung** zur alleinigen Benutzung zu überlassen. Eine Teilzuweisung der Ehewohnung in diesen Fällen kommt nur in großen Ausnahmefällen in Betracht, etwa wenn es sich um sehr großzügige räumliche Wohnverhältnisse handelt.

Bei Auftreten von Gewalttätigkeiten ist nach § 1361b Abs. 2 Satz 2 BGB der Anspruch auf Wohnungsüberlassung nur dann ausgeschlossen, wenn keine weiteren Verletzungen des Opfers und widerrechtliche Drohungen mehr zu besorgen sind. Die Beweislast dafür trifft den Täter. Allerdings bleibt es auch im Falle fehlender Wiederholungsgefahr bei dem Anspruch auf Wohnungsüberlassung, wenn dem verletzten Ehegatten wegen der Schwere der Tat (z.B. Vergewaltigung, schwere Körperverletzung) das weitere Zusammenleben mit dem Täter nicht zuzumuten ist (§ 1361b Abs. 2 Satz 2 BGB).

In Fällen der Wohnungsüberlassung bei Gewalttaten bleibt für getrennt lebende oder trennungswillige Ehegatten die Regelung des § 1361b BGB **lex spezialis** gegenüber Art. 1 § 2 GewSchG.

452

Soweit während des Getrenntlebens einem Ehegatten die Ehewohnung ganz oder zum Teil überlassen wurde, hat der überlassungspflichtige Ehegatte nach § 1361b Abs. 3 Satz 1 BGB alles zu unterlassen, was geeignet ist, die Ausübung dieses Nutzungsrechts zu erschweren oder zu vereiteln (**Beeinträchtigungs- und Vereitelungsverbot**). Hierzu kann das Gericht Anordnungen gem. § 15 HausratsVO treffen. So kann es z. B. dem aus der Wohnung gewiesenen Ehegatten, der zugleich der Allein- oder Mitmieter der Wohnung ist, die Kündigung der Wohnung untersagen.

453

Im Rahmen der Härteprüfung sind das **Allein- oder Miteigentum eines Ehegatten** an der Wohnung sowie weitere dingliche Rechtspositionen besonders zu berücksichtigen (§ 1361b Abs. 1 Satz 3). Dies bedeutet, dass sich die „Härteschwelle" in den Fällen noch erhöhen kann, in denen der Nichteigentümer die Wohnung zur alleinigen Nutzung beantragt, da in eine verfassungsrechtlich (Art. 14 GG) geschützte Rechtsposition des Ehegatten, der Alleineigentümer ist, eingegriffen werden soll. Die Wohnungszuweisung muss dann dringend notwendig sein, um eine unerträgliche Belastung abzuwenden, die den betroffenen Ehegatten außergewöhnlich beeinträchtigen würde (OLG Köln, FamRZ 1996, 492; OLG Oldenburg, FamZR 1998, 571; OLG Naumburg, FamRZ 2002, 672). Andererseits werden die an den Eigentümer der Ehewohnung zu stellenden Anforderungen an das Vorliegen einer schweren Härte herabgesetzt (vgl. OLG Köln, FamRZ 1994, 632 f.; OLG Hamm, FamRZ 1989, 739 f.).

454

Außerdem sind die **Belange des anderen Ehegatten** bei der Gesamtabwägung zu berücksichtigen. Es sind alle Umstände des Einzelfalles einzubeziehen. Dazu gehören vor allem das Alter der Ehegatten und ihr Gesundheitszustand (OLG Jena, FamRZ 1997, 559), ihre Einkommens- und Vermögensverhältnisse, aber z. B. auch Lage der Wohnung oder Einbringung von Eigenleistungen für die Wohnung und dergl.

455

> *Hinweis:*
> *Der Sachvortrag sollte von der Partei, die die Wohnungsüberlassung anstrebt, so substantiiert wie möglich sein. Ein unsubstantiierter Vortrag („wiederholt bedroht", „mehrfach misshandelt worden", „ständig unmäßig beschimpft") reicht nicht aus. Es müssen vielmehr nach Zeit, Ort und konkreten Folgen genau nachvollziehbare detaillierte Umstände geschildert werden. Erfolgte Verletzungen sind zu dokumentieren (ärztliches Attest).*
>
> *Wer die Alleinzuweisung anstrebt, hat deren besondere Voraussetzungen darzulegen, insbesondere auch die Unteilbarkeit der Ehewohnung.*

c) Regelungsinhalte

aa) Vorläufige Benutzungsregelung

Während des Getrenntlebens der Ehegatten ist nach § 1361b BGB nur eine vorläufige Zuweisung der Ehewohnung oder eines Teils zur alleinigen Benutzung bis zur Scheidung möglich.

456

Es kann **keine Rechtsgestaltung** des Mietverhältnisses **mit Außenwirkung gegenüber dem Vermieter** erfolgen (AG Detmold, FamRZ 1997, 380). Eine solche Befugnis steht dem Gericht erst für die Zeit ab Rechtskraft der Scheidung zu (OLG Hamm, FamRZ 2000, 1102; OLG München, FamRZ 1996, 302 ff.). Für die Zeit davor gibt es keine Rechtsgrundlage. Hier ist nur eine Regelung im Innenverhältnis der Ehegatten untereinander möglich. Eine andere Bewertung verbietet sich deswegen, weil für die Zeit bis zur Rechtskraft der Scheidung keine irreversiblen Regelungen getroffen werden dürfen (so auch OLG München, FamRZ 1996, 302 ff.).

bb) Benutzungsvergütung

457 Wurde einem Ehegatten die Ehewohnung ganz oder zum Teil zur Benutzung „überlassen", so kann er gem. § 1361b Abs. 3 Satz 2 BGB eine Vergütung verlangen, soweit dies der **Billigkeit** entspricht. Das gilt nach dem Wortlaut der Neufassung somit auch für den Fall des freiwilligen Auszuges eines Ehegatten. Die Billigkeit der Benutzungsvergütung hängt von der **Leistungsfähigkeit** des in der Wohnung verbleibenden Ehegatten ab. Ist der in der Wohnung verbliebene Ehegatte zur Zahlung einer Nutzungsvergütung nicht leistungsfähig, entfällt ein Anspruch darauf. So entspricht die Festsetzung einer Benutzungsvergütung nicht der Billigkeit, wenn der verbleibende Ehegatte wegen der Versorgung eines kleinen Kindes nicht erwerbstätig und mangels Unterhaltszahlung nicht leistungsfähig ist (OLG Köln, FamRZ 1997, 943).

Wird die Alleinnutzung der Ehewohnung dem verbliebenen Ehegatten gegen seinen Willen aufgedrängt, ist lediglich von einer Nutzungsvergütung entsprechend dem tatsächlichen Wohnbedarf auszugehen.

458 Bei der Frage nach der Billigkeit einer Nutzungsvergütung ist auch das enge **Verhältnis zum Unterhalt** zu beachten. Wenn der Gebrauchsvorteil der mietfreien Wohnungsnutzung bereits bei der Unterhaltsbemessung berücksichtigt wurde, kann der weichende Ehegatte keine isolierte Nutzungsvergütung verlangen (OLG Düsseldorf, FamRZ 1988, 410; Graba, FamRZ 1995, 385). Hat der in der Wohnung verbleibende Ehegatte keinen Unterhaltsanspruch, kommt ein Vergütungsanspruch aus Billigkeitsgesichtspunkten grds. in Betracht. Der Billigkeit wird es vor allem dann entsprechen, wenn die Wohnung dem anderen Ehegatten allein gehört (OLG Naumburg, FamRZ 1998, 1529; OLG Bamberg, FamRZ 2001, 1074 f.).

459 Wird ein Antrag auf Zuweisung der Ehewohnung während des Getrenntlebens abgewiesen, kann der allein die Wohnung nutzende Ehegatte nicht zur Zahlung einer **Nutzungsentschädigung** an den anderen verpflichtet werden (OLG München, FamRZ 1997, 421; KG, FamRZ 2001, 368).

460 Im Falle des **Miteigentums** beider Eheleute an der Ehewohnung ist das Familiengericht für die Entscheidung über eine zu zahlende Nutzungsentschädigung gem. § 745 Abs. 2 BGB jedenfalls dann zuständig, wenn eine gerichtlich angeordnete Überlassung der Ehewohnung an einen Ehegatten gem. § 1361b BGB erfolgt. § 1361b Abs. 3 Satz 2 BGB ist dann lex specialis gegenüber der gemeinschaftsrechtlichen Regelung des § 745 Abs. 2 BGB (KG, Fam RZ 1997, 421; Palandt/Brudermüller, BGB, § 1361b Rn. 20). Die Zubilligung einer Nutzungsentschädigung im Verfahren der HausratsVO setzt voraus, dass die Verdrängung des anderen Ehegatten aus seinem Mitbesitz an der Ehewohnung einen Eingriff in Rechtspositionen darstellt, die auch im Verhältnis zum anderen Ehegatten einen ihm vorbehaltenen Vermögenswert haben.

461 Eine isolierte Entscheidung über die Nutzungsvergütung ist möglich. Wurde die Ehewohnung auch ohne entsprechende Verpflichtung dem anderen Ehegatten zur Nutzung überlassen, wendet die Rspr. § 1361b Abs. 2 BGB analog an. Der Vergütungsanspruch setzt allerdings eine entsprechende vorherige Zahlungsaufforderung voraus (OLG Braunschweig, FamRZ 1996, 548 m. w. N.).

462 Als Richtwert für die **Höhe** der Nutzungsvergütung ist i. d. R. die ortsübliche Miete als Obergrenze anzusetzen. Maßgeblich für die Billigkeitsentscheidung sind die jeweiligen persönlichen und wirtschaftlichen Verhältnisse der Beteiligten. Trägt der in der Wohnung verbliebene Ehegatte die Belastungen, ist die Nutzungsvergütung entsprechend zu kürzen.

cc) Zusatzentscheidungen

463 Von Amts wegen soll das Gericht alle zur Durchführung der Wohnungszuweisung nötigen Anordnungen treffen (§ 15 HausratsVO), wie z.B. Betretungsverbot, Verpflichtung, den sofortigen Zutritt zur Ehewohnung zu gewähren, Belästigungsverbote, Auferlegung von Umzugs- und Transportkosten. Das kann auch die Anordnung über die **Räumung** der Wohnung und die **Herausgabe** an den anderen Ehegatten sowie die **Festsetzung einer Räumungsfrist** einschließen (OLG Bamberg, FamRZ 2001, 691; OLG Oldenburg, FamRZ 1998, 571).

Die Räumungsanordnung ist nach § 885 Abs. 1 ZPO vollstreckbar. Eine einstweilige Anordnung über die Zuweisung der Ehewohnung nach § 620 Nr. 7 ZPO oder § 621g ZPO kann während der Geltungsdauer mehrfach vollzogen werden, soweit das erforderlich sein sollte (§ 885 Abs. 1 Satz 3 ZPO).

Einer erneuten Zustellung an den Schuldner bedarf es nicht.

d) Überlassungsvermutung

Schließlich enthält die Neuregelung in § 1361b Abs. 4 BGB im Interesse der Rechtssicherheit eine unwiderlegliche Vermutung für den Fall des freiwilligen Auszuges eines Ehegatten aus der Ehewohnung nach einer Trennung i. S. d. § 1567 BGB. Danach wird unwiderleglich vermutet, dass dieser Ehegatte dem in der Wohnung verbliebenen das alleinige Nutzungsrecht überlassen hat, wenn er nicht innerhalb von sechs Monaten nach seinem Auszug seine ernsthafte Rückkehrabsicht dem anderen Ehegatten gegenüber bekundet. Es genügt auch eine mündliche Erklärung. **464**

3. Endgültige Zuweisung i. Z. m. Scheidung

a) Grundsätze

Die endgültige Regelung der Ehewohnung erfolgt nach §§ 3 bis 5 HausratsVO. Sie kann im Scheidungsverbund oder nach rechtskräftiger Scheidung durchgeführt werden. Soweit sich die Ehegatten über die Rechtsverhältnisse an der Ehewohnung nicht einig geworden sind, entscheidet das FamG hierüber nach **billigem Ermessen** (§ 2 HausratsVO). Bei fehlendem Einverständnis des Vermieters kann auch trotz Einigkeit der Ehegatten eine gerichtliche Regelung erforderlich werden (OLG Hamm, FamRZ 1994, 388; OLG Karlsruhe, FamRZ 1995, 45 m. w. N.). **465**

b) Wohnungsverhältnisse

Für eine **Mietwohnung** besteht ein **weiter Ermessensspielraum** des Richters (§ 2 HausratsVO). Er kann bestimmen, dass ein von beiden Ehegatten eingegangenes Mietverhältnis von einem Ehegatten allein fortgesetzt wird oder dass ein Ehegatte anstelle des anderen in ein von diesem eingegangenes Mietverhältnis eintritt (§ 5 Abs. 1 HausratsVO). **466**

Ist ein Ehegatte **Alleineigentümer,** ist die Ehewohnung grds. diesem zuzuweisen. Eine Abweichung von diesem Grundsatz kommt nur in Betracht, wenn dies notwendig ist, um eine unbillige Härte für den anderen Ehegatten zu vermeiden (§ 3 HausratsVO). Hierzu reichen umzugsbedingte Unbequemlichkeiten nicht aus. Das Gericht kann auch ein Mietverhältnis zwischen den Ehegatten begründen (§ 5 Abs. 2 HausratsVO). **467**

Dienst- und Werkwohnungen sollen grds. dem Ehegatten verbleiben, mit dem das Dienst- oder Arbeitsverhältnis besteht. Die Zuweisung an den anderen Ehegatten soll nur erfolgen, wenn der Arbeitgeber zustimmt (§ 4 HausratsVO). **468**

c) Stellung des Vermieters

Der Vermieter ist **am Verfahren zu beteiligen** (§ 7 HausratsVO). Das Familiengericht kann auch in das Rechtsverhältnis zum Vermieter eingreifen; dabei ist es nicht an die Zustimmung des Vermieters gebunden, wenn der Antrag auf Zuweisung der Ehewohnung nicht später als ein Jahr nach Rechtskraft der Scheidung gestellt worden ist (§ 12 HausratsVO). Zur Absicherung des Vermieters kann die Mithaftung des ausziehenden Ehegatten angeordnet werden, falls das erforderlich erscheint (z. B. Leistung einer Kaution; weitere begrenzte Mithaftung des ausziehenden Ehegatten für den Mietzins – vgl. hierzu OLG Hamm, FamRZ 1994, 388 f; FamRZ 1993, 547; OLG Hamburg, FamRZ 1991, 1317; 1990, 651; OLG Karlsruhe, FamRZ 1999, 301 f.). **469**

d) Ausgleichszahlung, Nutzungsentgelt

470 Im Falle der Zuweisung der Ehewohnung an den Nichteigentümer kann der Richter zugunsten des Eigentümers die **Miete festsetzen** (§ 5 Abs. 2 HausratsVO). Im Falle der Nutzungsüberweisung einer im hälftigen Miteigentum stehenden Wohnung orientiert sich die Höhe der nach Billigkeit festzusetzenden Nutzungsentschädigung regelmäßig am hälftigen Mietwert der Wohnung, der noch um die Aufwendungen (Hauslasten, verbrauchsunabhängige Nebenkosten) zu bereinigen ist.

III. Hausrat

471 Voraussetzung für eine richterliche Regelung ist, dass die Parteien sich über den Hausrat insgesamt oder über Teile davon nicht einigen können. Ob eine solche **Einigung** oder auch Teileinigung vorliegt, ist als Vorfrage zu klären und zu entscheiden. Denn im Umfang der Einigung ist ein Tätigwerden des Hausratsrichters ausgeschlossen (BGH, NJW 1979, 2156).

1. Begriff der Hausratsgegenstände

472 Der Begriff der Hausratsgegenstände oder des Hausrats ist weit auszulegen. Maßgebend sind die Funktion und die Zweckbestimmung der Gegenstände. Zum Hausrat gehören **alle beweglichen Sachen,** die nach den Vermögens- und Einkommensverhältnissen der Eheleute für die Wohnung, die Hauswirtschaft und das Zusammenleben der Familie bestimmt sind (BGH, FamRZ 1984, 575; Palandt/Diederichsen, BGB, § 1 HausratsVO Rn. 12). Entscheidend sind dabei nicht die Vermögensverhältnisse der Eheleute selbst, sondern nur die Eignung der Gegenstände als Hausrat und ihre tatsächliche Verwendung zur Gestaltung des ehelichen Lebens. Maßstab bildet also der Lebenszuschnitt der Eheleute. Zum Hausrat i. S. d. § 1 HausratsVO können damit auch wertvolle Antiquitäten und andere kostbare Kunstgegenstände gehören, wenn sie der Ausschmückung der Ehewohnung gedient haben und nicht ausschließlich zur Kapitalanlage angeschafft worden sind (OLG Bamberg, FamRZ 1997, 378 f.).

473 Ein **PKW** kann nur dann ausnahmsweise als Hausratsgegenstand angesehen werden, wenn die gemeinschaftliche Nutzung zum Zwecke der Haushalts- und Lebensführung deutlich überwiegt (OLG Oldenburg, FamRZ 1997, 942; ferner OLG Düsseldorf, FamRZ 1992, 1445; BGH, FamRZ 1991, 43, 49; OLG Zweibrücken, FamRZ 1991, 894; OLG Hamburg, FamRZ 1990, 1118; OLG Hamm, FamRZ 1990, 54). Wird er dagegen nur für berufliche oder rein private Zwecke nur eines Ehegatten verwendet, zählt er nicht zum Hausrat.

474 Auch ein **geleaster PKW** kann Hausratsgegenstand i. S. d. HausratsVO sein, wenn er von den Ehegatten überwiegend gemeinsam zur privaten Lebensführung genutzt wird (Einkauf, Urlaubsfahrten). Er ist unter den Voraussetzungen des § 1361a Abs. 1 Satz 2 BGB dem Ehepartner zum Gebrauch zu überlassen, der nicht Leasingnehmer ist (so OLG Stuttgart, FamRZ 1995, 1275 f.).

475 Nicht zum Hausrat zählen dagegen

- Vermögensgegenstände, wenn sie ausschließlich zur Kapitalanlage angeschafft wurden (z. B. Antiquitäten, Kunstgegenstände, Sammlung von Goldmünzen, Gemälde) und
- Gegenstände, die nur dem Beruf oder dem persönlichen Gebrauch eines Ehegatten dienen, z. B. Bekleidung, Schmuck, Familienandenken, Sammlungen (OLG Hamm, FamRZ 1980, 683 ff.), persönliche Ausbildungsunterlagen, Fachliteratur, Arbeitsgeräte (BGH, FamRZ 1984, 144 ff.; OLG Düsseldorf, FamRZ 1986, 1134 f.), Sportausrüstungen.

Das Gleiche gilt auch für die **Einbauküche** (OLG Frankfurt/M., FamRZ 1982, 938; zur Frage, ob die Kücheneinrichtung wesentlicher Bestandteil des Gebäudes ist, vgl. BGH, NJW-RR 1990, 587; OLG Zweibrücken, NJW-RR 1989, 84: Spezialanfertigung, nicht aber bei Serienmöbeln).

476 Von § 1361a BGB werden nicht nur im Eigentum der Parteien stehende Gegenstände erfasst, sondern auch ihnen **nicht gehörende Sachen,** auf deren Gebrauch jedoch einer von ihnen oder beide einen schuldrechtlichen Anspruch haben (Johannsen/Henrich-Jaeger, Eherecht, § 1361a Rn. 5;

Rahm/Künkel, Handbuch des Familiengerichtsverfahrens, IV, Rn. 144). Zum Hausrat zählen z. B. auch Herausgabeansprüche, Ansprüche auf Sicherungsübereignung, Ansprüche auf Versicherungsleistungen.

2. Anschaffungszeitpunkt

Der Zeitpunkt der Anschaffung eines Gegenstandes kann maßgeblich für dessen Einbeziehung in die Hausratsteilung oder aber in den Zugewinnausgleich sein. Hausratsgegenstände i. S. d. § 1361a BGB und §§ 1, 8 ff. HausratsVO sind nur diejenigen Gegenstände, die während der Ehe bis zur endgültigen Trennung für die gemeinschaftliche Lebensführung angeschafft wurden. Diese unterliegen der Hausratsteilung. 477

Wurden Hausratsgegenstände dagegen erst nach der Trennung der Ehegatten angeschafft, unterfallen sie nicht der Hausratsteilung, sondern dem Zugewinnausgleich, da sie nicht mehr für den gemeinschaftlichen Haushalt bestimmt sind. Ein Ausgleich entfällt allerdings dann, falls die Ehegatten nicht im gesetzlichen Güterstand leben, sondern zwischen ihnen Gütertrennung vereinbart wurde.

3. Vorläufige Zuweisung des Hausrats für die Trennungszeit

Die Verteilung von Hausrat bei Getrenntleben der Ehegatten richtet sich materiell nach der Regelung des **§ 1361a BGB.** Danach kann vorläufig verlangt werden: 478

- die Herausgabe von Hausratsgegenständen an den Alleineigentümer,
- die Gebrauchsüberlassung von Hausratsgegenständen an den Nichteigentümer, sofern diese erforderlich ist und der Billigkeit entspricht,
- die Verteilung gemeinschaftlicher Hausratsgegenstände.

Die Regelungsmöglichkeit besteht erst, wenn die Ehegatten **getrennt** leben. Haushaltsgegenstände, die den Ehegatten gemeinsam gehören, werden zwischen ihnen nach den **Grundsätzen der Billigkeit** verteilt (§ 1361a Abs. 2 BGB). 479

Die vorläufige Auseinandersetzung des Hausrats beschränkt sich auf die **Nutzung,** wobei die Eigentumsverhältnisse unberührt bleiben; eine Änderung der Eigentumsverhältnisse kann erst im Zusammenhang mit der Scheidung oder nach der Scheidung beantragt werden. Für die Überlassung von Haushaltsgegenständen, die einem allein oder beiden Ehegatten gemeinsam gehören, kann das Gericht eine angemessene **Benutzungsgebühr** festsetzen (§ 1361a Abs. 3 Satz 2 BGB).

4. Endgültige Zuweisung i. Z. m. Scheidung

Die endgültige Zuweisung von Hausrat kann im Scheidungsverbund und in einem gesonderten Verfahren nach der Scheidung erfolgen. 480

Für die Frage der Hausratszuweisung ist auf den Zeitpunkt der **Rechtskraft der Scheidung** abzustellen (OLG Hamm, FamRZ 1990, 1126 f.; a. A. OLG Hamm, FamRZ 1996, 1423: Entscheidung im Hausratsverfahren).

a) Grundsatz

Die Zuweisung von Hausrat unterliegt **unterschiedlichen Kriterien,** je nachdem, ob der Hausratsgegenstand im gemeinsamen Eigentum der Ehegatten oder im Alleineigentum eines Ehegatten steht. Ggf. sind als Vorfrage die bestehenden Eigentumsverhältnisse am Hausrat zu klären. Nach der **gesetzlichen Miteigentumsvermutung** des § 8 Abs. 2 HausratsVO – die auch für § 1361a Abs. 2 BGB analog gilt –, gilt Hausrat, der während der Ehe für den gemeinsamen Haushalt angeschafft wurde, für die Verteilung als gemeinschaftliches Eigentum, wenn nicht das Alleineigentum eines Ehegatten feststeht. Die Vermutung gilt allerdings nur für angeschaffte, d. h. entgeltlich erworbene Hausratsgegenstände, nicht dagegen für ererbte oder geschenkte. Bei Hochzeitsgeschenken besteht 481 allerdings eine allgemeine Vermutung für gemeinschaftlichen Eigentumserwerb. Gleiches gilt, wenn ein Ehegatte dem anderen einen Haushaltsgegenstand schenkt.

Beruft sich ein Ehegatte auf **Alleineigentum,** hat er dieses zu **beweisen.** Dafür genügt es nicht, dass ein Ehegatte die Sache im eigenen Namen gekauft und mit eigenen Mitteln bezahlt hat (BGH, NJW 1991, 2283). Ebenso reicht hierfür z.B. die Eintragung als Halter im Kfz-Brief nicht aus (OLG Hamburg, FamRZ 1990, 1188).

482 Werden vorhandene **Hausratsgegenstände** durch neue **ersetzt,** gehören diese nach der besonderen Surrogationsregelung des § 1370 BGB unabhängig von den Umständen des Erwerbs dem bisherigen Eigentümer, auch wenn sie wertvoller als die ursprünglichen Gegenstände und mit diesen nicht unbedingt gleichartig sind (KG, FamRZ 1968, 648). Ersatzbeschaffung ist jeder rechtsgeschäftliche Erwerb eines funktionsidentischen Haushaltsgegenstandes. Der Eigentumserwerb erfolgt unabhängig davon, mit wessen Mitteln dieser Gegenstand erworben wurde. Diese Vorschrift kann von besonderer Bedeutung bei Ersatz von Hausrat sein, den ein Ehegatte bereits mit in die Ehe gebracht hat. Dieser Ehegatte braucht nur zu beweisen, dass er gleiche Gegenstände gehabt hat und diese nicht mehr vorhanden oder wertlos geworden sind.

Die Surrogationsregelung des § 1370 BGB gilt allerdings nur, wenn die Ehegatten im gesetzlichen Güterstand leben. Abweichende Vereinbarungen zwischen den Ehegatten sind jederzeit möglich. Der generelle Ausschluss des Surrogationserwerbs bedarf der Form des § 1410 BGB.

483 Im Hausratsteilungsverfahren können auch **Ansprüche gegen Dritte** (z.B. Herausgabeansprüche, Schadensersatzansprüche, Ansprüche gegen Sachversicherungen), die sich auf Hausratsgegenstände beziehen, verteilt werden (s. generell BGH, NJW 1980, 192 = FamRZ 1980, 45).

484 Dagegen unterliegen **nach der Trennung angeschaffte Hausratsgegenstände,** die für das Getrenntleben bestimmt sind, nicht der Hausratsverteilung. Sie unterliegen dem Zugewinnausgleich, soweit sie dem Ehegatten zum maßgeblichen Stichtag gehören (BGH, NJW 1984, 484 ff.).

b) Verteilungskriterien

485 Hausrat, der beiden Ehegatten **gemeinsam** gehört, ist gerecht und zweckmäßig zu verteilen (§ 8 Abs. 1 HausratsVO). Dabei ist unter Berücksichtigung der Vorschrift des § 2 HausratsVO nach billigem Ermessen zu entscheiden. Kleinlichkeit soll unterbleiben.

486 Kriterien der Verteilung sind u.a.:
- Vorschlag der Ehegatten,
- Wohl der Kinder,
- Bedürfnisse der Ehegatten,
- wirtschaftliche Möglichkeiten zur Ersatzbeschaffung,
- alleinige Nutzung,
- besonders enge Bindung an den Gegenstand.

487 **Notwendige Gegenstände,** die im Alleineigentum eines Ehegatten stehen, können dem anderen Ehegatten nur zugewiesen werden, wenn er auf die Weiterbenutzung angewiesen ist und die Zuweisung an den anderen dem Eigentümer zumutbar ist (§ 9 Abs. 1 HausratsVO). Notwendige Hausratsgegenstände sind nur solche, die für die **Lebensführung existentiell** sind. Dazu zählen Tisch, Bett, Stuhl, Schrank, Geschirr, Tisch- und Bettwäsche u.ä. Der andere Ehegatte darf nicht in der Lage sein, sich Ersatzgegenstände zu beschaffen. Er hat dies vorzutragen und glaubhaft zu machen.

In diesen Fällen kann für den Eigentümerehegatten eine angemessene Ausgleichszahlung festgesetzt werden. Dabei ist wiederum die Frage der Zumutbarkeit zu prüfen.

488 Wenn Sachen aus dem Besitz des einen in den Besitz des anderen übergehen soll, muss im Rahmen der Teilungsentscheidung eine Herausgabeanordnung begehrt werden. Dabei müssen die herausverlangten Gegenstände so bezeichnet werden, dass sie für eine Zwangsvollstreckung hinreichend

bestimmt sind. Das gilt unabhängig vom **Amtsermittlungsgrundsatz** (OLG Zweibrücken, FamRZ 1993, 82 ff.). Steht allerdings zum Zeitpunkt der letzten mündlichen Verhandlung fest, dass die herausverlangte Sache nicht mehr vorhanden ist, kann keine Herausgabeanordnung erfolgen.

c) Ausgleichszahlung

Erhält ein Ehegatte bei der Aufteilung wesentlich mehr Hausratsgegenstände als der andere, soll ihm der Richter eine Ausgleichszahlung auferlegen, wenn dies der Billigkeit entspricht (§ 8 Abs. 3 Satz 2 HausratsVO). Zu beachten ist, dass im Hausratsverfahren lediglich ein **Antrag auf isolierte Ausgleichszahlung** (ohne Zuteilung von Hausrat) **unzulässig** ist (vgl. OLG Frankfurt/M., FamRZ 1983, 730; OLG Zweibrücken, FamRZ 1985, 819; OLG Naumburg, FamRZ 1994, 390). Jedoch kann beantragt werden, dem anderen Ehegatten alle gemeinschaftlichen Hausratsgegenstände zuzuteilen und ihm eine Ausgleichszahlung aufzuerlegen (OLG Karlsruhe, FamRZ 1987, 848).

489

IV. Verfahrensbesonderheiten nach der HausratsVO

1. Grundsätze

Die Regelung der Rechtsverhältnisse an der Ehewohnung und dem Hausrat ist eine Familiensache (§ 621 Abs. 1 Nr. 7 ZPO). Es gelten daher die §§ 621 bis 621f ZPO und im Scheidungsverbund die Vorschriften der §§ 623 bis 630 ZPO. Daneben sind gem. § 621a Abs. 1 ZPO, § 18a HausratsVO die **besonderen Verfahrensvorschriften** der HausratsVO (§§ 11 bis 18) und die Bestimmungen des FGG (§§ 12, 15) auf das Hausratsverfahren nach § 1361a BGB und das Wohnungsnutzungsverfahren nach § 1361b BGB entsprechend anzuwenden.

490

Das Verfahren nach der HausratsVO ist ein streitiges Verfahren der freiwilligen Gerichtsbarkeit (§ 13 Abs. 1 HausratsVO). Es wird deshalb nur auf **Antrag** eingeleitet, bedarf aber keines Sachantrages. Wird ein solcher gestellt, ist das Gericht daran nicht gebunden. Das Gericht hat von Amts wegen zu ermitteln (§ 12 FGG). Das entbindet die Ehegatten allerdings nicht, die anspruchsbegründenden Tatsachen und Beweismittel vorzutragen. Antragsberechtigt sind nur die Ehegatten, nicht aber die sonstigen Beteiligten (Vermieter), ferner nicht die Erben. Die Antragsfrist ist unbeschränkt (beachte aber die Frist des § 12 HausratsVO), allerdings ist der Gesichtspunkt der Verwirkung gem. § 242 BGB zu berücksichtigen (OLG Bamberg, FamRZ 1992, 332).

491

Das **Familiengericht** ist **ausschließlich zuständig**. Das gilt auch für Streitigkeiten geschiedener Ehegatten, wenn ein Ehegatte unter Berufung auf sein Alleineigentum vom anderen die Herausgabe von Hausratsgegenständen verlangt (vgl. OLG Bamberg, FamRZ 1997, 379). Es gilt der Grundsatz der **Amtsermittlung** (§ 12 FGG, § 621a Abs. 1 Satz 2 ZPO). **Anwaltszwang** besteht nur als Folgesache im Scheidungsverbund, nicht dagegen im isolierten Verfahren.

492

2. Voraussetzungen der Gestaltung

Voraussetzung zur Einleitung eines Hausratsverfahrens ist die **Nichteinigung** der Ehegatten darüber, „wer von ihnen die Ehewohnung künftig bewohnen und wer die Wohnungseinrichtung und den sonstigen Hausrat erhalten soll" (§ 1 Abs. 1 HausratsVO). Die Nichteinigung über einen einzigen Gegenstand reicht aus (OLG Hamm, FamRZ 1990, 1126: PKW), wobei das Gericht die teilweise Einigung bei der Entscheidung über den Rest berücksichtigen muss.

493

Die Voraussetzungen zur Einleitung eines Verfahrens liegen auch dann vor, wenn sich die Ehegatten ohne richterliche Zuweisung über die Nutzung der Ehewohnung geeinigt haben und nur der Vergütungsanspruch (§ 1361b Abs. 3 BGB) streitig ist. Ebenso liegt z. B. keine voll wirksame Einigung vor, wenn sich die Ehegatten zwar über die Nutzung der Wohnung einig sind, die Zustimmung des Wohnungseigentümers oder -vermieters aber fehlt, so dass das Mietverhältnis von den Ehegatten nicht umgestaltet werden kann.

3. Anspruchskonkurrenz

494 Umstritten ist die Frage, ob und in welchem Umfang die §§ 1361a, 1361b BGB sowie die Regelungen der HausratsVO als Sonderregelungen den **Rückgriff auf allgemeine zivilrechtliche Bestimmungen** (§§ 985 ff., 861 und 812 BGB) **ausschließen.** In materiell-rechtlicher Hinsicht geht es um die Frage, ob der in seinem Besitzrecht (z. B. durch Aussperren aus der Ehewohnung) verletzte Ehepartner possessorischen Besitzschutz genießt oder ob sich seine Rechte ausschließlich nach den §§ 1361a, 1361b BGB bestimmen. In formeller Hinsicht ist die Frage zu beantworten, ob das Familiengericht oder das Prozessgericht zuständig ist.

495 Die h. M. sieht die Vorschriften über den **possessorischen Besitzschutz** als durch die HausratsVO ausgeschlossen an (vgl. OLG Düsseldorf, FamRZ 1978, 358 f.; OLG Koblenz, FamRZ 1985, 931; OLG Saarbrücken, FamRZ 1987, 1146; 1991, 848; OLG Frankfurt/M., FamRZ 1988, 399; OLG Düsseldorf, FamRZ 1994, 390 f.). Die besonderen materiellrechtlichen und verfahrensrechtlichen Regelungen im Hausratsverfahren (§§ 1361a, b BGB) verkörpern eine **Spezialregelung,** die deshalb die Anwendung der Vorschriften des Besitzschutzes (§§ 861, 862 BGB) oder der Herausgabe gem. § 985 BGB unter getrennt lebenden Ehegatten verdrängt (OLG Oldenburg, FamRZ 1994, 1254; OLG Düsseldorf, FamRZ 1994, 390; OLG Zweibrücken, FamRZ 1991, 848).

496 Ein Ehegatte, der während der Trennungszeit vom anderen aus der Ehewohnung ausgewiesen wurde, kann die Wiedereinräumung des Besitzes an der Ehewohnung analog § 1361b BGB verlangen (OLG Karlsruhe, FamRZ 2001, 760).

497 Nach BGH sind der Bestimmung des § 1361a BGB über deren Wortlaut hinaus auch Fälle eigenmächtigen Verbringens von Hausrat aus der ehelichen Wohnung zuzuordnen (vgl. BGH, FamRZ 1982, 1200). Die Sache fällt in die ausschließliche Zuständigkeit der Familiengerichte. Dies bedeutet, dass auch unter Ehegatten **Rechtsschutz wegen verbotener Eigenmacht** stattfindet, aber bezüglich von Hausratsgegenständen nur nach Maßgabe des § 18a HausratsVO i. V. m. § 1361a BGB.

498 Der in seinem Besitzrecht (Mitbesitz) verletzte Ehegatte muss den Rechtsschutz im Rahmen eines Hausratsteilungsverfahrens einfordern. Er kann im Wege des Erlasses einer einstweiligen Anordnung nach § 621g ZPO die Rückführung eigenmächtig entnommenen Hausrats verlangen – aber nur dann, wenn er gleichzeitig mit einem Hauptantrag die Entscheidung über die Regelung der Rechtsverhältnisse am Hausrat für die Dauer des Getrenntlebens der Ehegatten fordert. Er kann sich aber **nicht** darauf **beschränken,** gegen den anderen Ehegatten nur wegen verbotener Eigenmacht vorzugehen. Auch muss er Anspruch auf Nutzung der beanspruchten Gegenstände während des Getrenntlebens haben (vgl. OLG Köln, FamRZ 1997, 1276 f.; OLG Oldenburg, FamRZ 1994, 1254).

499 Ansprüche des einen Ehegatten gegen den anderen Ehegatten auf **Schadensersatz** wegen unberechtigter Verfügung (BGH, FamRZ 1988, 155) oder wegen Zerstörung von Hausratsgegenständen (OLG Düsseldorf, FamRZ 1985, 406) unterliegen nicht dem Hausratsverfahren. Für diese Ansprüche ist das **Prozessgericht** zuständig.

4. Vorläufiger Rechtsschutz

500 Werden im Zusammenhang mit der Wohnungs- oder der Hausratsnutzung kurzfristig Schutzmaßnahmen erforderlich, kann das Gericht auf Antrag Regelungen im Wege der **einstweiligen Anordnung** treffen. Das ist auf folgenden Wegen möglich:

- Im Rahmen eines anhängigen bzw. gleichzeitig anhängig gemachten isolierten Hauptsacheverfahrens nach **§ 621g ZPO.**
- Im Rahmen eines Scheidungsverfahrens nach **§ 620 Nr. 7 ZPO.**

Die in § 621g ZPO vorgesehenen einstweiligen Anordnungen ersetzen die früheren, von der Rspr. entwickelten vorläufigen Anordnungen und die in § 13 Abs. 4 HausratsVO vorgesehenen einstweiligen Anordnungen. Letztere Regelung ist aufgehoben.

Ein isolierter Antrag auf Erlass einer einstweiligen Anordnung nach § 621g ZPO ohne anhängiges Hauptsacheverfahren ist unzulässig. Ebenso ist ein Antrag auf einstweilige Anordnung nach § 620 Nr. 7 ZPO erst zulässig, wenn eine **Ehesache** bzw. ein diesbezüglicher **Prozesskostenhilfeantrag anhängig** ist (§ 620a Abs. 2 Satz 1 ZPO). 501

Auch wenn bereits ein Scheidungsverfahren anhängig ist, in dem eine einstweilige Anordnung auf Wohnungs- oder Hausratszuweisung beantragt werden kann, bleibt die Möglichkeit bestehen, ein isoliertes Hauptsacheverfahren nach den §§ 1361a oder 1361b BGB durchzuführen. Beide Möglichkeiten stehen alternativ nebeneinander, es gibt keinen Vorrang. Selbst wenn zunächst eine einstweilige Anordnung nach § 620 Ziff. 7 ZPO beantragt wurde, bleibt die Möglichkeit, danach noch ein Hauptsacheverfahren nach § 1361a oder § 1361b BGB zu führen. Ist jedoch in einem selbstständigen Hausratsverfahren bereits eine einstweilige Anordnung nach § 621g ZPO beantragt oder ergangen, besteht kein Raum mehr für eine einstweilige Anordnung nach § 620 Nr. 7 ZPO im Scheidungsverfahren. Das gilt auch dann, wenn bereits eine rechtskräftige Hauptsacheentscheidung vorliegt. 502

Das Gericht kann ohne mündliche Verhandlung entscheiden. Die Entscheidung ergeht durch Beschluss (§§ 621g Satz 2, 620a Abs. 1 ZPO). 503

Die einstweilige Anordnung nach § 621g ZPO tritt mit rechtskräftiger Entscheidung des Hauptsacheverfahrens (§§ 1361a oder 1361b BGB) außer Kraft. 504

Die einstweilige Anordnung nach **§ 620 Nr. 7 ZPO** tritt bei Wirksamwerden einer anderweitigen Regelung außer Kraft (§ 620f Abs. 1 Satz 1 ZPO). Diese anderweitige Regelung kann ein Hauptsacheverfahren oder die endgültige Zuweisung im Verbundverfahren sein. Wird keine endgültige Regelung im Scheidungsverbund erlassen, gilt die einstweilige Anordnung über die Rechtskraft der Scheidung hinaus fort (§ 620f ZPO).

In selbstständigen Verfahren besteht für einstweilige Anordnungen kein Anwaltszwang. Das gilt auch in der Beschwerdeinstanz. In Folgesachen müssen sich die beteiligten Ehegatten durch Rechtsanwälte vertreten lassen (§ 78 Abs. 2 ZPO). 505

5. Rechtsbehelfe

Gegen Entscheidung, die im **Scheidungsverbund** ergangen sind, ist das Rechtsmittel der **befristeten Beschwerde** gem. § 629a Abs. 2 Satz 1 ZPO gegeben, wenn lediglich die Hausratssache allein oder im Zusammenhang mit anderen FGG-Folgesachen angefochten werden soll. 506

Ebenso findet gegen eine nach § 1361a oder § 1361b BGB ergangene **Endentscheidungen** das Rechtsmittel der **befristeten Beschwerde** statt (§ 621e ZPO). Die befristete Beschwerde ist gem. §§ 621e Abs. 3 Satz 2, 517 ZPO binnen einer Notfrist von **einem Monat** nach Zustellung des in vollständiger Form abgefassten Erstentscheidung einzulegen. Die Beschwerde ist binnen einer Frist von zwei Monaten, beginnend mit der Zustellung der in vollständiger Form abgefassten Entscheidung, zu begründen (§§ 621e Abs. 3, 520 Abs. 2 ZPO).

Eine Beschwerde nach § 621e ZPO, die sich lediglich gegen die Endentscheidung über den Hausrat richtet, ist nur zulässig, wenn der Wert des Beschwerdegegenstandes 600 € übersteigt (§ 14 HausratsVO). Dagegen unterliegt eine Beschwerde nach § 621e ZPO gegen die Endentscheidung über die Ehewohnung keinem **Beschwerdewert**. 507

Richtet sich die Beschwerde nur gegen die Entscheidung über Hausrat, so kann sie – auch im Eilverfahren – nicht auf einzelne Gegenstände beschränkt werden, sondern erfasst den gesamten noch nicht verteilten Hausrat. 508

Einstweilige Anordnungen in Verfahren nach § 1361b BGB, die – sowohl stattgebende als auch ablehnende – Entscheidungen über einen Antrag auf Zuweisung der Ehewohnung zum Gegenstand haben, können nunmehr alle gem. § 620c ZPO mit der **sofortigen Beschwerde** angefochten werden. 509

Die einstweilige Verteilung des Hausrats ist dagegen **nicht anfechtbar** (§ 620c Satz 2 ZPO).

510 Die sofortige Beschwerde gegen die einstweilige Anordnung hat keine aufschiebende Wirkung (§ 570 Abs. 1 ZPO). Das Familiengericht oder das Beschwerdegericht kann die Vollziehbarkeit aber aussetzen (§ 570 Abs. 2, 3 ZPO).

511 Auch wenn die Beschwerde sich lediglich gegen die Zuweisung einzelner Hausratsgegenstände richtet, muss im Beschwerdeverfahren über den gesamten noch nicht verteilten Hausrat entschieden werden (OLG Zweibrücken, NJW-RR 1993, 649 f.). Eine Entscheidung über die Ehewohnung und die Hausratsverteilung für die Zeit des Getrenntlebens im isolierten Verfahren gem. § 621 Abs. 1 Nr. 7 ZPO, § 18a HausratsVO erwächst nach Versäumnis der befristeten Beschwerde in formelle und materielle Rechtskraft.

6. Nachträgliche Änderungen

512 Eine im Verfahren nach § 1361a oder § 1361b BGB ergangene rechtskräftige Entscheidung kann gem. **§ 17 HausratsVO** nachträglich abgeändert werden. Das gilt auch für einen (gerichtlichen wie außergerichtlichen) Vergleich.

Nach § 17 HausratsVO besteht in erster Linie dann eine Änderungsmöglichkeit, wenn sich nach Eintritt der Rechtskraft der vorangegangenen Entscheidung die tatsächlichen **Verhältnisse wesentlich geändert** haben, um eine unbillige Härte zu vermeiden. Hierbei sind nur solche Umstände beachtlich, die Grundlage der Erstentscheidung waren. Eine Änderung ist dann wesentlich, wenn das Erstgericht bei Kenntnis der veränderten Umstände mit großer Wahrscheinlichkeit anders entschieden hätte (z. B. bei Wechsel eines Kindes von einem Elternteil zum anderen).

Eine Änderung wird in erweiternder Auslegung der Vorschrift des § 17 HausratsVO von Rspr. und Literatur auch für zulässig erachtet, wenn sich die Regelung – auch ohne wesentliche Änderung der tatsächlichen Verhältnisse – nachträglich als **grob unbillig** herausstellt; insbesondere, wenn die Entscheidung im ersten Verfahren **arglistig** herbeigeführt worden ist (OLG Köln, FamRZ 1997, 892 f.).

7. Geschäftswert und Gebühren

513 Der Geschäftswert für die endgültige Wohnungszuweisung ab Scheidung der Ehe bestimmt sich nach dem **einjährigen Mietwert** (§ 100 Abs. 3 Satz 1 KostO). Es wird hierbei die sog. „**Kaltmiete**" (Miete ohne Nebenkosten) zugrunde gelegt.

514 Für die Wohnungszuweisung während des Getrenntlebens der Ehegatten nach § 1361b BGB fehlt eine ausdrückliche Regelung für den Geschäftswert. Dieser ist unter entsprechender Anwendung von § 100 Abs. 3 Satz 2 KostO nach dem Interesse der Beteiligten an der Regelung festzusetzen. Er entspricht zwischenzeitlich ganz h. M., dass der Geschäftswert für dieses Verfahren regelmäßig i. H. d. **sechsfachen Monatsmiete** zu bemessen ist, da nur eine Regelung für die Dauer des Getrenntlebens erfolgt (OLG Zweibrücken, FamRZ 2001, 1387; OLG Hamm, FamRZ 1997, 380 f.; FamRZ 1995, 562). Maßgebend ist auch hier die Kaltmiete (OLG Brandenburg, FamRZ 1996, 502).

515 Der Geschäftswert im Hausratsverfahren bestimmt sich nach dem **Wert des Hausrats**, um den noch gestritten wird, nicht nach dem Wert der Gegenstände, deren Zusprechung der antragstellende Ehegatte begehrt. Maßgeblich ist der Verkehrswert (Wiederbeschaffungswert) der gebrauchten Gegenstände. **Ausgleichzahlungen** haben keinen eigenständigen Geschäftswert.

516 Bei der vorläufigen Zuweisung des Hausrats während des Getrenntlebens nach § 1361a BGB ist der Geschäftswert nach dem **Benutzungsinteresse** (§ 100 Abs. 3 Satz 2 KostO) mit einem **Bruchteil des Verkehrswerts** (1/5 bis 1/2) zu bewerten (§ 30 KostO).

517 In EAO-Verfahren auf Wohnungsüberlassung richtet sich der Geschäftswert gem. § 8 Abs. 3 BRAGO, § 20 Abs. 2 Satz 2 GKG nach dem **dreimonatigen Mietwert** der betroffenen Wohnung.

Alle familiengerichtlichen einstweiligen Anordnungen (nach § 620 Nr. 7 ZPO und nach § 621g ZPO) in Verfahren der freiwilligen Gerichtsbarkeit gelten seit der gesetzlichen Neuregelung zum 1. 1. 2002 gem. § 41 Abs. 1 Satz 1 Buchstabe b) und d) BRAGO gebührenrechtlich jeweils als **besondere Angelegenheit** und sind isoliert abzurechnen. Nach § 41 Abs. 2 Satz 1 BRAGO bestimmt sich die Höhe der Gebühren nach den für die Hauptsache geltenden Vorschriften. 518

Die **Anwaltsgebühren** im Verfahren nach der Hausratsverordnung betragen für die in § 31 BRAGO bestimmten Gebühren 5/10 (§ 63 Abs. 3 i. V. m. § 31 BRAGO), aber eine volle Vergleichsgebühr nach § 23 BRAGO. Für einstweilige Anordnungen über die Regelung von Ehewohnung und Hausrat nach § 620 Nr. 7 ZPO **im Scheidungsverfahren** besteht ein Anspruch auf die vollen Gebühren (§§ 41 Abs. 1 Nr. 6, 31 Abs. 3 BRAGO). 519

F. Besonderheiten bei Ehen mit Auslandsberührung

I. Grundsätze

Ehen, in denen ein Ehegatte Ausländer ist oder es bei der Eheschließung war oder wenn die Eheleute im Ausland belegenen Besitz haben, werfen bei der Eheauflösung nicht zuletzt hinsichtlich der speziell **güterrechtlichen Wirkungen** schwierige Fragen auf. 520

Grds. bestimmt sich das Recht, nach dem sich der Güterstand der Ehegatten richtet, nach Art. 15 Abs. 1 EGBGB. Besondere Schwierigkeiten treten jedoch allein dadurch auf, dass die Eheleute einerseits im Vertrauen auf „ihren" Güterrechtsstatus die Vermögensbeziehungen regeln und von daher Vertrauensschutz beanspruchen und dass andererseits zu bestimmten Stichtagen mehrfach ein Wandel des Güterstandes eingetreten ist.

Das **gesetzliche Güterstatut** des Art. 15 EGBGB gilt, wenn die Eheleute nicht ein anderes gewählt haben; in diesen Fällen ist das Recht anzuwenden, das für die allgemeinen Ehewirkungen maßgebend ist, bezogen auf den Zeitpunkt der Eheschließung. Daraus folgt, dass Art. 15 Abs. 1 EGBGB im Verhältnis mit dem gesamten – jedoch in der Frage des Zeitpunktes unterschiedenen – Inhalt des Art. 14 EGBGB anzuwenden ist. 521

Die Ehegatten haben zudem die Befugnis zur **Rechtswahl** zwischen folgenden Möglichkeiten: 522

- Rechtswahl hinsichtlich der allgemeinen Ehewirkungen unter den Voraussetzungen des Art. 14 Abs. 2 – 4 EGBGB; diese ist dann über Art. 15 Abs. 1 EGBGB auch für die güterrechtlichen Wirkungen maßgebend;
- Spezielle Wahl über das Güterrecht gem. Art. 15 Abs. 2, 3 EGBGB.

II. Gesetzliches Güterrechtsstatut

Ob sich das eheliche Güterrecht in einer Ehe zwischen Ausländern oder einem Deutschen und einem ausländischen Partner nach **deutschem Recht** richtet, beurteilt sich nach Art. 15 EGBGB. Nach Art. 15 Abs. 1 EGBGB richten sich die güterrechtlichen Wirkungen der Ehe nach dem bei der Eheschließung für die allgemeinen Wirkungen der Ehe maßgeblichen Recht, sofern die Ehegatten keine andere Rechtswahl getroffen haben (Art. 15 Abs. 2 EGBGB). Damit ist auf die Regelung des Art. 14 Abs. 1 EGBGB zurückzugreifen. 523

Nach Art. 14 Abs. 1 Ziff. 1 EGBGB ist für die allgemeinen Ehewirkungen in erster Linie das Recht des Staates maßgebend, dem beide Ehegatten zur Zeit der Eheschließung angehören (**gemeinsames Heimatrecht**) oder während der Ehe zuletzt angehört haben (Art. 14 Abs. 1 Nr. 1 i. V. m. Art. 15 Abs. 1 EGBGB). 524

525 Besitzen die Ehegatten bei ihrer Eheschließung keine gemeinsame Staatsangehörigkeit, gilt hilfsweise das Recht des Staates, in dem die Ehegatten zum Zeitpunkt der Eheschließung ihren **gewöhnlichen gemeinsamen Aufenthalt** (Daseinsmittelpunkt) haben (Art. 14 Abs. 1 Nr. 2 i. V. m. Art. 15 Abs. 1 EGBGB), oder das Recht des Staates, mit dem die Ehegatten zu diesem Zeitpunkt auf andere Weise **gemeinsam am engsten verbunden** sind (Art. 14 Abs. 1 Nr. 3 i. V. m. Art. 15 Abs. 1 EGBGB).

526 In der Rechtsprechung können sich erhebliche Schwierigkeiten daraus ergeben, dass nach Art. 15 Abs. 1 EGBGB i. V. m. Art. 14 Abs. 1 EGBGB das Güterrechtsstatut grds. unwandelbar ist und an die Verhältnisse bei Eheschließung anknüpft. Im Scheidungsfall muss also unter Umständen ein viele Jahre zurückliegender Sachverhalt aufgeklärt und festgestellt werden, ob es sich bei einem möglicherweise zeitlich befristeten Auslandsaufenthalt zu Beginn der Ehe um einen gemeinsamen „gewöhnlichen Aufenthalt" gehandelt hat und ggf. welchem Staat die Ehegatten „gemeinsam am engsten verbunden" waren.

III. Gewähltes Güterrechtsstatut

527 Die güterrechtlichen Wirkungen können durch **Rechtswahl auf zweierlei Weise** bestimmt werden:

528 **Mittelbar** durch die Wahl des Ehewirkungsstatuts nach Art. 14 Abs. 1, 3 EGBGB, wobei diese Rechtswahl wegen des Grundsatzes der Umwandelbarkeit des Güterrechtsstatuts vor oder bei Eheschließung erfolgen muss.

529 Das Gesetz gestattet den Ehegatten auch unabhängig von der Anknüpfung des Ehewirkungsstatuts eine besonders auf die güterrechtlichen Wirkungen ihrer Ehe beschränkte **unmittelbare** Rechtswahl. Die Rechtswahl ist an keine Voraussetzung geknüpft und zu jedem Zeitpunkt vereinbar. D. h. die Rechtswahl kann bereits vor der Eheschließung oder zu einem beliebigen Zeitpunkt während der Ehe erfolgen. Dies bedeutet, dass die Ehegatten eine einmal getroffene Rechtswahl jederzeit mit Wirkung für die Zukunft aufheben oder ändern können.

530 Nach Art. 15 Abs. 1 EGBGB können die Ehegatten als **Güterrechtsstatut** wählen:
- ihre jeweiligen **Heimatrechte** (Art. 15 Abs. 1 Nr. 1 EGBGB);
- das Recht des Staates des **gewählten Aufenthalts** beider oder mindestens eines Ehegatten (Art. 15 Abs. 1 Nr. 2 EGBGB);
- hinsichtlich des unbeweglichen Vermögens auch das **Recht des Lageortes** (lex rei sitae; Art. 15 Abs. 1 Nr. 3 EGBGB).

531 Während die ersten beiden o. g. Möglichkeiten einer Rechtswahl die gesamten güterrechtlichen Beziehungen der Ehegatten betrifft, beschränkt sich die letztgenannte Rechtswahlmöglichkeit in ihren Wirkungen auf das von ihr erfasste unbewegliche Vermögen, führt also i. d. R. zu einer **Spaltung des Güterrechtsstatuts**.

532 Die Rechtswahl muss **im Inland notariell beurkundet** werden; sonst genügt die Ortsform oder das Formerfordernis für einen Ehevertrag nach dem gewählten Recht. Zum Übergangsrecht besonders für Ehen, die nach dem 31. 3. 1953 und vor dem 9. 4. 1983 geschlossen wurden, s. Art. 220 EGBGB.

IV. Übergangsvorschriften

533 Das anlässlich der Reform des deutschen Internationalen Privatrechts am 1. 9. 1986 in Kraft getretene Gesetz vom 25. 7. 1986 (BGBl. S. 1142) rief im Güterrecht schwierige Übergangsprobleme hervor. Für das Ehegüterrecht enthält Art. 220 Abs. 3 EGBGB spezielle **Übergangsvorschriften**.

534 Danach unterliegen die güterrechtlichen Wirkungen von Ehen, die zwischen dem 1. 4. 1953 und dem 8. 4. 1983 geschlossen worden sind, in erster Linie dem gemeinsamen Recht bei Eheschließung, sonst dem Recht, dem sich die Ehegatten unterstellt haben oder von dessen Anwendung sie

ausgingen, und schließlich hilfsweise dem Recht des Staates, dem der Ehemann bei der Eheschließung angehörte.

Bei **Eheschließung vor dem 1. 4. 1953** unterstehen die güterrechtlichen Verhältnisse dem Heimatrecht des Ehemanns zum Zeitpunkt der Eheschließung, es sei denn, die Ehegatten haben eine Rechtswahl nach Art. 15 Abs. 2 EGBGB getroffen. 535

Bei **Eheschließung nach dem 31. 3. 1953 und vor dem 9. 4. 1983** gilt die komplizierte Übergangsregelung in Art. 220 Abs. 3 EGBGB: 536

- Die güterrechtlichen Wirkungen unterliegen danach in erster Linie dem gemeinsamen Heimatrecht der Ehegatten zur Zeit der Eheschließung.
- Fehlte es daran, entscheidet in zweiter Linie das Recht, dem sich beide Ehegatten durch formfreie ausdrückliche oder stillschweigende Rechtswahl unterstellt haben oder von dessen Anwendung sie gemeinsam ausgegangen sind.
- Kommt auch eine Rechtswahl nicht in Betracht, so gilt schließlich das Heimatrecht des Ehemanns zur Zeit der Eheschließung. Aber auch diese Ehen sind ab dem 9. 4. 1983 in ihren güterrechtlichen Wirkungen neu zu beurteilen (vgl. Art. 220 Abs. 3 Satz 2 EGBGB).

Bei Eheschließung ab dem 9. 4. 1983 ist Art. 15 EGBGB **unbeschränkt anwendbar**. 537

V. Die Zuweisung von Hausrat und Ehewohnung (Art. 17a EGBGB)

Mit dem neuen **Art. 17a EGBGB** wurde eine Vorschrift geschaffen, die das im EGBGB geregelte internationale Privatrecht ergänzt und nunmehr die kollisionsrechtliche Beurteilung der Zuweisung von Ehewohnung und Hausrat im Falle des Getrenntlebens oder nach Scheidung von Ehegatten sicher ermöglicht. Die Vorschrift ist durch Art. 10 des GewSchG v. 11. 12. 2001, BGBl. S. 3513, in das EGBGB eingefügt worden. Sie bringt eine große Vereinfachung in der Rechtspraxis, weil damit bisherige zeitraubende Recherchen zum jeweiligen ausländischen Recht entfallen. 538

Nach dieser Regelung unterliegen die Nutzungsbefugnis für die im **Inland** belegene Ehewohnung und den im Inland befindlichen Hausrat einheitlich **deutschem** Sachrecht. Das Gleiche gilt auch für mit der Wohnungsüberlassung oder -zuweisung zusammenhängende Schutzanordnungen, die den räumlich-gegenständlichen Bereich betreffen (so insbesondere Betretungs-, Näherungs- und Kontaktverbote).

Für Wohnungen und Hausratsgegenstände, die im **Ausland** belegen sind, ändert sich an der bisherigen Rechtslage nichts – sie werden durch Art. 17a EGBGB nicht erfasst.

Nach Art. 17b Abs. 2 Satz 1 EGBGB n.F. ist die Regelung des Art. 17a EGBGB auch für die Zuweisung von Ehewohnung und Hausrat sowie damit zusammenhängende Schutzanordnungen in eingetragenen gleichgeschlechtlichen Lebenspartnerschaften entsprechend anzuwenden, so dass auch für diese Verhältnisse deutsches Sachrecht – d.h. § 14 LPartG – zur Anwendung gelangt. 539

Abschnitt 2: Rechtsprechungslexikon –
ABC des ehelichen Vermögens und der Eheverträge

540 Nachfolgend sind in alphabetischer Reihenfolge Stichwörter sowie Kernaussagen einschlägiger Entscheidungen zu speziellen Einzelproblemen dargestellt. Die hinter dem jeweiligen Stichwort abgedruckten Zahlen verweisen auf die Randnummern zu den betreffenden Ausführungen im systematischen Teil, die mit einem Pfeil versehenen Stichwörter verweisen auf weitere Ausführungen im Lexikonteil.

Abfindungsklausel (im Gesellschaftsvertrag)
→ *Bewertung von Unternehmen*

Abschreibungsgesellschaften
Die entstehenden negativen Kapitalkonten der Gesellschafter aus Beteiligungen an Abschreibungsgesellschaften sind keine Verbindlichkeiten i. S. v. § 1375 Abs. 1 Satz 1 BGB und sind deshalb bei der Vermögensbilanz zum Zugewinnausgleich nicht zu berücksichtigen.
BGH, FamRZ 1986, 37

Anfangsvermögen   32 ff., 66
→ *Eigentums- und Vermögensgemeinschaft*
→ *gemischte Schenkung*

In die Ehe eingebrachte Aussteuergegenstände unterliegen dem Zugewinnausgleich und sind dem Anfangsvermögen hinzuzurechnen.
OLG Celle, FamRZ 2000, 226 f.

War ein Gatte bei Eheschließung überschuldet, ist sein Anfangsvermögen für die Berechnung des Zugewinns gem. § 1374 Abs. 1 2. Halbs. BGB mit Null anzusetzen. Eine Verrechnung der Schulden mit einem späteren privilegierten Erwerb i. S. v. § 1374 Abs. 2 BGB kommt grds. nicht in Betracht.
BGH, NJW 1995, 2165 ff.

Im Rahmen des Zugewinnausgleichs bei Parteien, die vor dem 3. 10. 1990 im gesetzlichen Güterstand des FGB gelebt haben, ist als Anfangsvermögen sowohl das jeweilige Alleineigentum jedes Ehegatten zum 3. 10. 1990 als auch sein Anteil an dem zu diesem Zeitpunkt vorhandenen gemeinschaftlichen Vermögen der Eheleute anzusehen. Das ergibt sich insbesondere aus der eindeutigen Stichtagsregelung des Art. 234 § 4 Abs. 1 EGBGB.
Thüringer OLG, OLG-NL 1997, 142 f. = FamRZ 1998, 1028 f.

Gem. § 1374 Abs. 1 BGB ist für das Anfangsvermögen auf den Beginn des Güterstandes abzustellen, und dies ist für Ehen im Beitrittsgebiet grds. der 3. 10. 1990.
Thüringer OLG, NJ 1997, 199 f.

Zur Berechnung des Anfangsvermögens eines Ehegatten, der im Wesentlichen vor der Ehe im Haus seines Vaters eine Wohnung ausgebaut hat, seine Investitionen aber wegen des späteren Räumungsverlangens des Vaters nicht mehr nutzen kann.
BGH, FamRZ 2002, 88 ff.

Antiquitäten
→ *Hausrat*

Anwartschaftsrecht   41
Ansprüche auf künftiges Arbeitsentgelt oder Rente stellen keinen gegenwärtigen Vermögenswert dar.
BGH, NJW 1987, 2673; 1990, 112

Ein Anwartschaftsrecht, das infolge der Abtretung eines GmbH-Geschäftsanteils unter der aufschiebenden Bedingung der Kaufpreiszahlung besteht, kann einen gegenwärtigen Vermögenswert darstellen. Der Wert ist um den Betrag zu mindern, der zur Erstarkung des Vollrechts noch aufgebraucht werden muss.
BGH, NJW 1996, 1740

Arrest
→ *Sicherheitsleistung*

Ausgleichsanspruch (§ 40 FGB) 384 f.
→ *Gesamtschuldnerschaft*

1. Die Übergangsvorschrift des Art. 234 § 4 Abs. 5 EGBGB erfasst auch den Ausgleichsanspruch nach § 40 FGB.
2. Für die Ermittlung des hälftigen Wertes des Vermögens gem. § 40 Abs. 2 FGB/DDR sind die Verhältnisse bei Eintritt der Rechtskraft des Scheidungsausspruchs maßgebend. Soweit zu diesem Zeitpunkt Preisvorschriften galten, kommt es auf den möglicherweise höheren inneren Wert an.

BGH, DtZ 1993, 281 ff. = FamRZ 1993, 1048 f.

1. Einem Ehegatten, der im gesetzlichen Güterstand der DDR gelebt und nach dem Beitritt keine Erklärung zur Fortgeltung dieses Güterstandes gem. Art. 234 § 4 Abs. 2 EGBGB abgegeben hat, kann bei Scheidung der Ehe nach dem Beitritt gegen den anderen Ehegatten ein Ausgleichsanspruch nach § 40 FGB zustehen.
2. Für die Bemessung dieses Ausgleichsanspruchs ist auf den Wert des Alleinvermögens zum Stichtag 3. 10. 1990 abzustellen (Abgrenzung zum Senatsurteil vom 5. 5. 1993 – XII ZR 38/92, FamRZ 1993, 1048).

BGH, FamRZ 1999, 1197 ff.

Im Rahmen der (fiktiven) Auseinandersetzung der Eigentums- und Vermögensgemeinschaft nach Art. 234 § 4 Abs. 4 EGBGB ist auch § 40 FGB sinngemäß heranzuziehen – und zwar auch dann, wenn die Ehegatten nicht nach Art. 234 § 4 Abs. 2 EGBGB für die Fortsetzung der Eigentums- und Vermögensgemeinschaft optiert haben..

OLG Rostock, FamRZ 1999, 1074 f.; FamRZ 2000, 887 ff.; OLG Dresden

Ein wesentlicher Beitrag der Ehefrau zur Erhaltung des Vermögens des Ehemannes i. S. d. § 40 DDR-FGB, der zu einem Ausgleich führt, kann auch darin gesehen werden, dass sie durch die Übernahme aller häuslichen und familiären Verpflichtungen den Ehemann entlastet und dadurch indirekt zur Erhaltung oder Mehrung seines Vermögens beigetragen hat. Besteht das Vermögen des Ausgleichspflichtigen in einem Hausgrundstück, so ist in der Regel nur der Werterhalt an den Gebäuden auszugleichen.

OLG Brandenburg, DtZ 1996, 186 f.

1. Ein wesentlicher Beitrag zur Vergrößerung oder zur Erhaltung des Vermögens des anderen Ehegatten i. S. v. § 40 Abs. 1 DDR-FGB liegt vor, wenn der ausgleichsberechtigte Ehegatte durch die Übernahme aller häuslichen und familiären Verpflichtungen den ausgleichspflichtigen Ehegatten entlastet und dadurch indirekt zur Vermehrung seines Vermögens beiträgt. Es ist nicht erforderlich, dass daneben auch noch finanzielle Beiträge geleistet werden.
2. In dem Maße, in dem der ausgleichberechtigte Ehegatte an der Erhaltung und Vermehrung des Vermögens des anderen Ehegatten mitgewirkt hat, nimmt er auch an allen Wertsteigerungen teil, die sich ohne Zutun der Parteien ergeben.

OLG Rostock, DtZ 1997, 389 ff. = FamRZ 1998, 1174 f.

1. Im Rahmen des Zugewinnausgleichs kann über den Anspruch auf Vermögensausgleich nach § 40 FGB durch Teilurteil vorab entschieden werden.
2. Bei der Bemessung des Ausgleichsanspruchs bleiben wertsteigernde oder werterhaltende Maßnahmen, die vor der Eheschließung erfolgten, außer Ansatz.

3. Die Verjährung des Ausgleichsanspruchs bestimmt sich nur hinsichtlich des Beginns, nicht aber hinsichtlich ihres Ablaufs nach § 40 Abs. 2 Satz 2 BGB.
OLG Dresden, FamRZ 2001, 761 ff.

Ein Ausgleichsanspruch nach § 40 FGB ist als Anfangs- und Endvermögen nach § 1376 Abs. 1 BGB einzustellen. Demgegenüber ist beim Ausgleichsverpflichteten diese Ausgleichsforderung als Verbindlichkeit beim Anfangs- und Endvermögen zu berücksichtigen.
OLG Naumburg, FamRZ 2001, 1303

§ 40 FGB findet nach der insoweit eindeutigen Regelung des Art. 234 § 4 Abs. 4 EGBGB (der ausdrücklich nur § 39 und nicht § 40 FGB nennt) in den Fällen keine Anwendung, in welchen von der Option des Art. 234 § 4 Abs. 2 EGBGB kein Gebrauch gemacht worden ist. Ein Redaktionsversehen des Gesetzgebers ist wegen der ganz konkreten Regelung nicht ersichtlich.
Thüringer OLG, NJ 1997, 199 f.

Der Senat neigt entgegen der Auffassung des Thüringer Oberlandesgerichts zu der Ansicht, dass die Anwendung des § 40 FGB/DDR durch die Regelung des Art. 234 § 4 EGBGB nicht ausgeschlossen ist.
OLG Brandenburg, OLG-NL 1998, 81 f.

Für güterrechtliche Ansprüche aus einer nach dem 3. 10. 1990 geschiedenen Ehe ist § 40 FGB nicht anwendbar.
OLG Dresden, FamRZ 1998, 1360 f.

Ausgleichsbetrag
→ *Zuwendungen von Schwiegereltern*

Auskunft 185
Begehrt ein Ehepartner Auskunft über das Endvermögen des anderen, so kann er gem. § 1379 Abs. 1 Satz 2 BGB den Anspruch geltend machen, bei der Erstellung des Verzeichnisses über das Endvermögen hinzugezogen zu werden. Dies gilt auch dann, wenn bereits ein Bestandsverzeichnis aufgestellt wurde.
KG, FamRZ 1998, 1514 f.

Im Rahmen der Auskunftsverpflichtung gem. § 1379 Abs. 1 BGB muss bei Ergänzung der einmal erteilten Auskunft nicht jedes Mal ein neues Gesamtverzeichnis erstellt werden.
OLG Zweibrücken, FamRZ 2001, 763 ff.

Die Auskunft gem. § 1379 BGB ist im Rahmen des Gesamtschuldnerausgleichs auch bei Aufrechnung mit einem verjährten Zugewinnausgleichsanspruchs zu erteilen.
AG Bonn, FamRZ 2001, 764 f.

1. Der Umfang der Auskunft bestimmt sich nach dem Sinn und Zweck der Vorschrift des § 1379 Abs. 1 BGB sowie nach den Grundsätzen von Treu und Glauben.

2. Der Auskunftsberechtigte kann bei Unternehmen oder Unternehmensbeteiligungen, die zum Vermögen gehören, nicht nur Auskunft über den Wert des Unternehmens oder der Beteiligung verlangen, sondern darüber hinaus auch die Vorlage der Geschäftsunterlagen, die er benötigt, um die Ermittlung der Werte selbst vorzunehmen.

3. Legt der Auskunftspflichtige die nach HGB zu erstellenden und testierten Abschlüsse (GuV, Bilanz) vor, erfüllt er im Regelfall seine Verpflichtung zur Auskunft. Es ist in einem solchen Fall Aufgabe des zur Auskunft Berechtigten darzutun, dass die erforderlichen Angaben in diesen handelsrechtlichen Unterlagen nicht enthalten sind.

4. Die Auskunftspflicht geht grds. nicht weiter als das Auskunfts- und Kontrollrecht des auskunftspflichtigen Gesellschafters.

OLG Naumburg, FamRZ 2001, 1303 f.

Auskunftsanspruch 208
→ *Zurückbehaltungsrecht*
→ *Illoyale Vermögensminderungen*
→ *Bestandsverzeichnis*

Der Auskunftsanspruch erstreckt sich nicht auf die Vermögensminderungen, die nach § 1375 Abs. 2 BGB dem Endvermögen hinzuzurechnen sind.
BGHZ 82, 132 ff. = NJW 1982, 176 = FamRZ 1982, 27

Der Auskunftsanspruch erstreckt sich nicht auf solche Bestandteile, die den Ausgleich des Zugewinns nicht unterliegen.
BGHZ 89, 137 ff. = FamRZ 1984, 144

Während im Rahmen des Unterhaltsbegehrens gegenüber einem Selbständigen die Angaben der Einkünfte über einen Zeitraum von drei Jahren in der Regel als Beurteilungsgrundlage ausreicht, weil es nur auf die laufenden Einkünfte aus dem Unternehmen oder der Unterhaltsbeteiligung ankommt, kann beim Zugewinnausgleich ebenso wie bei dem Wertermittlungsanspruch des § 2314 Abs. 1 BGB die Vorlage der für die letzten fünf Geschäftsjahre maßgeblichen Geschäftsunterlagen verlangt werden. Das rechtfertigt sich daraus, dass im Rahmen des Pflichtteilsanspruchs oder beim Ausgleich des Zugewinns auf die Ertragslage, als den inneren Wert des Unternehmens abzustellen ist.
OLG Düsseldorf, FamRZ 1999, 1070 f.

Die Kosten der Auskunftserteilung hat der Auskunftspflichtige als Schuldner zu tragen, soweit sie mit der Herstellung und Übergabe eines Vermögensverzeichnisses verbunden sind.
BGH, FamRZ 1982, 682 f.

Auskunftsanspruch (§ 242 BGB)

Die Auskunftspflicht nach § 1379 Abs. 1 BGB ist auf das Endvermögen des Ehegatten i. S. d. § 1375 Abs. 1 BGB beschränkt. Unberührt hiervon bleibt der allgemeine Auskunftsanspruch gem. § 242 BGB. Dieser Anspruch beschränkt sich auf einen bestimmten Tatbestand, für den der Auskunftsberechtigte hinreichend konkrete Anhaltspunkte für ein Handeln nach § 1375 Abs. 2 BGB vortragen muss. An diesen Vortrag dürfen keine übertriebenen Anforderungen gestellt werden. Es reicht aus, dass der Auskunftsverpflichtete kurz vor Zustellung des Scheidungsantrags ein Grundstück veräußert hat und über die Verwendung des Verkaufserlöses keine Angaben macht. Der allgemeine Auskunftsanspruch erstreckt sich nicht auf einen Inbegriff von Gegenständen.
OLG Köln, FamRZ 1997, 1336 f.; 1999, 1071

Auskunftspflicht
→ *Lebensversicherung*

Die Auskunftspflicht erstreckt sich nicht auf das Anfangsvermögen.
OLG Karlsruhe, FamRZ 1986, 1105 f.; OLG Nürnberg, FamRZ 1986, 272

Auskunftsverlangen (missbräuchlich) 198

Das Auskunftsverlangen gem. § 1379 BGB kann missbräuchlich sein, wenn die sich aus der Auskunft ergebenden Umstände unerheblich sind und bereits nach dem vorab feststellbaren und festgestellten Sachverhalt nicht zweifelhaft sein kann, dass infolge der nach § 1381 Abs. 1 BGB erhobenen Einrede eine Ausgleichsforderung nicht besteht.
BGH, NJW 1972, 433 ff.; 1980, 1462 f.

Basiszinszuschlag
→ *Bewertung von Unternehmen*

Benutzungsvergütung

Die Festsetzung einer Benutzungsvergütung entspricht nicht der Billigkeit, wenn der in der Wohnung verbleibende Ehegatte wegen der Versorgung eines kleinen Kindes nicht erwerbstätig ist und er mangels Unterhaltszahlung nicht leistungsfähig ist.
OLG Köln, FamRZ 1997, 943

Besitzschutzanspruch
→ *Hausratsverfahren*

Auch zwischen getrennt lebenden Ehegatten sind Besitzschutzansprüche wegen verbotener Eigenmacht in Bezug auf Hausrat durchsetzbar, aber nur in Verbindung mit der Durchführung eines Hausratsteilungsverfahrens.
OLG Köln, FamRZ 1997, 1276 f.

1. Unter getrennt lebenden Ehegatten ist Besitzschutz nach §§ 858 ff. BGB durch die Regelung des § 1361a BGB i. V. m. § 18 HausratsVO ausgeschlossen.
2. Einstweiliger Rechtsschutz gegen die eigenmächtige Fortschaffung von Hausratsgegenständen kann daher nur durch Antrag auf Erlass einer einstweiligen Anordnung nach §§ 13 Abs. 4, 18a HausratsVO erlangt werden.

OLG Düsseldorf, FamRZ 1994, 390 f.

Bestandsverzeichnis
→ *Auskunft*

1. Das Bestandsverzeichnis ist in systematischer und zusammenhängender Form zu erstellen; es muss unter anderem Auskunft auch über Sparbücher und Bargeld enthalten sowie hinsichtlich der Passiva den Verwendungszweck der Beträge angeben. Bezüglich etwaiger Gesellschaftsbeteiligungen genügt die Mitteilung aller wertbildenden Faktoren.
2. Angaben des Prozessvertreters vermögen über die Unvollständigkeit eines Verzeichnisses insoweit nicht hinwegzuhelfen, als die Auskunft als Wissenserklärung persönlich zu unterzeichnen ist.

AG Hamburg-Altona, FamRZ 1998, 1514

Bewertung (von Unternehmen)

1. Der Wert eines Anteils an einem in der Form einer OHG betriebenen Aktenvernichtungsbetrieb mit 50 Mitarbeitern ist nach der Ertragswertmethode zu bestimmen.
2. Zur Bemessung des sog. Basiszinszuschlages.
3. Zur Bedeutung einer Abfindungsklausel im Gesellschaftsvertrag für die zugewinnausgleichsrechtliche Wertbemessung.
4. Zur Handhabung der Wertbemessung, wenn nach dem Endstichtag noch im selben Jahre ein Gesellschaftsdarlehen gegeben wird.
5. Erst nach dem Stichtag gewonnene Erkenntnisse dürfen nicht ex post für die Wertbemessung zum Stichtag berücksichtigt werden.

OLG Hamm, FamRZ 1998, 235 ff.

Darlegungs- und Beweislast
→ *Zuwendungen (Schwiegereltern)*

Die auf Zugewinnausgleich klagende Partei hat die Darlegungs- und Beweislast nicht nur für ihr eigenes Endvermögen, sondern auch für das Endvermögen des Antragsgegners. Dabei erstreckt sich die Beweislast nicht nur auf den Wert einzelner Endvermögensgegenstände, sondern auch auf die das Endvermögen mindernden Verbindlichkeiten.
OLG Hamm, FamRZ 1997, 87

Der Zugewinnausgleichsberechtigte trägt nicht nur für die Aktiva des Endvermögens des Verpflichteten die Darlegungs- und Beweislast, sondern auch dafür, dass dieser keine Verbindlichkeiten hat. Allerdings muss der Anspruchsgegner substantiiert die negativen Tatsachen vortragen und die hierfür sprechenden Tatsachen und Umstände darlegen.
OLG Köln, FamRZ 1999, 657; vgl. auch OLG Hamm, FamRZ 1998, 237 f.

Dauerschuldverhältnisse

Bei Forderungen auf künftig fällig werdende wiederkehrende Leistungen, die das spätere Einkommen sichern sollen, sind nur die bereits am Stichtag fälligen Ansprüche mit ihrem Nennwert beim Zugewinnausgleich anzusetzen.
BGH, FamRZ 1982, 147

Direktversicherung 119

Die unverfallbare Anwartschaft aus einer als Direktversicherung zur betrieblichen Altersversorgung abgeschlossenen Kapitallebensversicherung ist auch dann bei der Berechnung des Zugewinns der versicherten Ehegatten zu berücksichtigen, wenn dessen Bezugsrecht widerruflich ist (Abweichung von BGH, NJW 1984, 1611 = LM § 1375 Nr. 11 = FamRZ 1984, 666).
BGH, NJW 1992, 1103 ff. = FamRZ 1992, 411 ff.

1. Unverfallbar und damit im Rahmen des Zugewinnausgleichs zu berücksichtigen ist eine Versorgungszusage des Arbeitgebers nicht nur dann, wenn die Voraussetzungen des § 1 Abs. 2 Satz 1, Abs. 1 BetrAVG erfüllt sind, sondern grds. auch dann, wenn bei einer betrieblichen Altersversorgung in Form der Direktversicherung die Prämien der Versicherung entsprechend einer zwischen Arbeitgeber und Arbeitnehmer getroffenen Vereinbarung anstelle der Vergütung gezahlt werden.
2. Anwartschaften aus einer nicht gehaltsumwandelnden, zum Zwecke der betrieblichen Altersversorgung abgeschlossenen Direktversicherung sind auch dann in den Zugewinnausgleich einzubeziehen, wenn sie zwar noch nicht zum Zeitpunkt der Rechtshängigkeit der Scheidungsklage, wohl aber bis zum Zeitpunkt der letzten mündlichen Verhandlung in der Tatsacheninstanz unverfallbar oder unwiderruflich geworden sind.

OLG Köln, FamRZ 2001, 158 ff.

Ehebedingte Zuwendung
→ *unbenannte Zuwendung*

1. In der Bestellung einer Grundschuld an dem im Alleineigentum des einen Ehepartners stehenden Grundstück zugunsten des anderen Ehegatten liegt eine sog. ehebezogene Zuwendung, die nicht der Form des § 518 BGB unterliegt.
2. Die Grundsätze des Wegfalls der Geschäftsgrundlage sind bei vereinbarter Gütertrennung jedenfalls dann nicht anwendbar, wenn Zweck der Zuwendung der Ausgleich von vermögenswirksamen Leistungen in der Vergangenheit ist.

OLG Bremen, FamRZ 2000, 671 ff.

1. Die Zahlungen eines Ehegatten auf das Konto des gemeinsam geführten Betriebes können auch dann als nicht rückzahlbare ehebedingte Zuwendungen gewertet werden, wenn sie in den steuerlichen Bilanzen als zinslose Darlehen bezeichnet worden sind.
2. Das Scheitern der Ehe allein genügt für den Anspruch auf Rückzahlung ehebedingter Zuwendungen unter dem Gesichtspunkt des Wegfalls der Geschäftsgrundlage nicht.

OLG Köln, FamRZ 2000, 227 f.

Ehegatteninnengesellschaft 363 ff.

1. Die Begründung einer Ehegatteninnengesellschaft (auch durch schlüssiges Verhalten) kommt dann in Betracht, wenn Eheleute abredegemäß durch beiderseitige Leistungen einen über den typischen Rahmen der ehelichen Lebensgemeinschaft hinausgehenden Zweck verfolgen, indem sie etwa durch Einsatz von Vermögenswerten und Arbeitsleistungen gemeinsam ein Unternehmen aufbauen oder gemeinsam eine berufliche oder gewerbliche Tätigkeit ausüben.
2. Die Annahme einer Ehegatteninnengesellschaft findet ihre Grenze in den „ausdrücklich" zwischen den Parteien getroffenen Vereinbarungen (hier: Anstellungsvertrag eines Ehegatten als

Geschäftsführer einer GmbH). In solchen Fällen kommt ein Ausgleichsanspruch einer Partei aus Wegfall der Geschäftsgrundlage (wegen Trennung oder Scheidung der Eheleute) oder nach den Grundsätzen über unbenannte Zuwendungen bzw. §§ 812 ff. BGB nicht in Betracht.
BGH, NJW 1995, 3383 ff.

Ehevertrag
Ein Ehevertrag, in dem die Eheleute Gütertrennung vereinbaren, den Versorgungsausgleich ausschließen und für den Fall der Scheidung gegenseitig auf Unterhalt verzichten, ist nicht deshalb wegen Sittenwidrigkeit unwirksam, weil ein Ehegatte in einer Ehekrise den Versuch, die Ehe fortzusetzen, vom Abschluss eines solchen Vertrages abhängig gemacht hat.
BGH, FamRZ 1997, 156 ff.

Zur Wirksamkeit eines Ehevertrages, der den gesetzlichen Güterstand dahin modifiziert, dass das Betriebsvermögen des Unternehmer-Ehegatten nicht dem Zugewinnausgleich unterfällt.
BGH, FamRZ 1997, 800 ff.

Die Vereinbarung der Gütertrennung vor Eheschließung unter Beibehaltung der gesetzlichen Rechtspositionen im Übrigen ist nicht sittenwidrig.
OLG Frankfurt/M., ZFE 2002, 349

Ehewohnung   434 ff.
→ *Eigentumswohnung*
→ *Nutzungsentschädigung*

Ein Miteigentümer, der nicht die Benutzung der Wohnung anstrebt, sondern nur die Veräußerung der Wohnung wegen der Finanzierungslasten, kann eine Wohnungszuweisung nach § 1361b BGB nicht erreichen.
OLG Köln, FamRZ 1997, 943

1. Die Aufteilung der Ehewohnung nach § 6 HausratsVO ist so vorzunehmen, dass möglichst wenig Umzugsaufwand entsteht.
2. Das Jugendzimmer eines erwachsenen und verheirateten Kindes, das nicht mehr in der Wohnung lebt, ist diesem nicht mehr zur Verfügung zu halten.

AG Biedenkopf, FamRZ 1999, 302

Eidesstattliche Versicherung   209 f.
Unrichtigkeit oder Unvollständigkeit des Vermögensverzeichnisses begründen keinen Anspruch auf Abgabe der Versicherung, wenn sie auf entschuldbarer Unkenntnis oder einem unverschuldeten Irrtum beruhen. Dann kommt nur ein Anspruch auf ergänzende Auskunft in Betracht.
BGH, FamRZ 1984, 144 ff.

Eigentums- und Vermögensgemeinschaft   393 ff.
→ *Erstattungsanspruch*

Der ehemalige Güterstand der Eigentums- und Vermögensgemeinschaft ist mit dem 3. 10. 1990 erloschen und in den gesetzlichen Güterstand der Zugewinngemeinschaft übergegangen. Für den Übergang kommt es entscheidend auf die Rechtskraft des Scheidungsurteils und nicht auf den bis zur Rechtskraft zunächst folgenlosen Scheidungsausspruch als solchen an.
BezG Erfurt, DtZ 1994, 114 f.

1. Haben die Ehegatten eine Erklärung nach Art. 234 § 4 Abs. 2 EGBGB nicht abgegeben, so wandelt sich die nach dem FGB bestehende Eigentums- und Vermögensgemeinschaft gem. Art. 234 § 4 Abs. 4 EGBGB in sinngemäßer Anwendung des § 39 FGB automatisch in eine Bruchteilsgemeinschaft um (Fiktive Auseinandersetzung). An die Stelle der Beendigung der Ehe tritt bei der sinngemäßen Anwendung des § 39 FGB in der Regel der Stichtag 3. 10. 1990.
2. Ist der Scheidungsantrag vor dem 3. 10. 1990 rechtshängig geworden, so wird die Vermögensgemeinschaft bereits zum Zeitpunkt des Eintritts der Rechtshängigkeit aufgelöst (§ 1384 Abs. 1 BGB). Das in sinngemäßer Anwendung des § 39 FGB aufgeteilte Vermögen bildet in diesem

Fall zugleich das Anfangsvermögen und das Endvermögen der Ehegatten für die Berechnung des Zugewinns nach §§ 1372 ff. BGB. Ein Zugewinnausgleich findet folglich nicht statt, da für beide Ehegatten Anfangs- und Endvermögen identisch sind.
OLG Rostock, FamRZ 1997, 1158 f.

1. Das zur DDR-Zeit gemeinsam erworbene Eigentum der Parteien ist auch nach dem Beitritt nach der Vorschrift des § 39 FGB auseinander zu setzen.
2. Bei der Wertermittlung ist der Zeitpunkt maßgebend, zu dem die Eigentums- und Vermögensgemeinschaft abschließend aufgehoben worden ist, zu dem sich also der letzte Teilakt der Auseinandersetzung der Gemeinschaft vollzogen hat.

OLG Naumburg, FamRZ 2001, 1301 ff.

Eigentumswohnung 94, 438

Die Zuweisung einer als Ehewohnung dienenden Eigentumswohnung an den Wohnungseigentümer kann nach § 1361b BGB ausnahmsweise auch dann gerechtfertigt sein, wenn dieser die Eigentumswohnung nicht weiterhin bewohnen, sondern veräußern will.
OLG Hamburg, FamRZ 1992, 1298

Bei der Bewertung der Eigentumswohnung kann ein Mittelwert zwischen Sach- und Ertragswert zugrundegelegt werden.
BGH, FamRZ 1986, 37 ff.

Besteht zu einer Veräußerung der Wohnung kein Anlass, so ist der „volle wirkliche Wert", sofern er höher als der Verkaufserlös ist, in die Vermögensbilanz zum Zugewinnausgleich einzustellen.
BGH, FamRZ 1986, 37

Einbauküche 472

Eine Einbauküche gehört nicht zum ehelichen Hausrat.
BGH, NJW-RR 1990, 586; OLG Hamm, MDR 1990, 923

Eine Einbauküche teilt als wesentlicher Bestandteil bzw. als Zubehör des Gebäudes jedenfalls dann das rechtliche Schicksal der Wohnung, in die sie eingebaut worden ist, wenn es sich um eine vom Eigentümer selbst bewohnte Wohnung handelt.
OLG Stuttgart, FamRZ 1999, 855 f.

Eine Einbauküche ist im westfälischen Raum regelmäßig weder Zubehör noch wesentlicher Bestandteil der Eigentumswohnung und unterliegt der Verteilung nach der HausratsVO.
OLG Hamm, FamRZ 1998, 1028

Einkommensteuerschuld

Ehegatten, die gemeinschaftlich zur Einkommensteuer veranlagt werden, haften gem. § 44 AO als Gesamtschuldner. Begleicht nur ein Ehegatte die gesamte Steuerschuld, so steht ihm ein Erstattungsanspruch im Innenverhältnis gem. § 426 Abs. 1 BGB, der im Grundsatz eine gleichmäßige Haftung der Gesamtschuldner vorsieht, lediglich dann zu, wenn insoweit nichts anderes bestimmt worden ist (hier: eine als Strohfrau für den Ehemann tätige Ehefrau).
OLG Düsseldorf, FamRZ 1998, 1235 f.

Einkommensteuerrückerstattungsforderungen

1. Einkommensteuerrückerstattungsforderungen entstehen mit dem Ablauf des jeweiligen Kalenderjahres. Von diesem Zeitpunkt an fallen sie in das Endvermögen, und zwar in der Höhe, die sich aus dem endgültigen Steuerbescheid ergibt.
2. Bei gemeinsamer Veranlagung der Ehegatten ist der Erstattungsbetrag im Endvermögen jedes Ehegatten mit der Quote, die dem im Innenverhältnis der Ehegatten geltenden Steuerausgleich entspricht, anzusetzen.

OLG Köln, FamRZ 1999, 656 f.

Endvermögen 27, 59, 60
→ *Auskunft*
→ *Darlegungs- und Beweislast*
→ *Eigentums- und Vermögensgemeinschaft*
→ *Einkommensteuerrückerstattungsforderungen*
→ *Verbindlichkeiten*
→ *Vorerbenstellung*
→ *Wohnrecht*

Zur Ermittlung von Anfangs- und Endvermögen einer zu DDR-Zeiten geschlossenen und nach dem Beitritt geschiedenen Ehe.
Thüringer OLG, OLG-NL 1997, 142 f.

1. Bei der Berechnung des Endvermögens für den Zugewinnausgleich ist grds. auch dann der Zeitpunkt der Zustellung des Scheidungsantrages maßgebend, wenn ein zum Ruhen gebrachtes Scheidungsverfahren von Ehegatten, die sich versöhnt und einige Jahre zusammengelebt haben, ohne sich des noch rechtshängigen Scheidungsverfahrens bewusst zu sein, wieder aufgenommen wird.
2. Der Zeitpunkt der Wiederaufnahme des rechtshängigen Verfahrens ist ausnahmsweise dann für die Berechnung des Endvermögens maßgebend, wenn der Ehegatte, zu dessen Nachteil es gereichen würde, dass der Zeitpunkt der Zustellung des Scheidungsantrages maßgebend wäre, keine Möglichkeit hat, die Rechtshängigkeit des Scheidungsverfahrens zu beseitigen, weil über seinen Scheidungsantrag bereits verhandelt worden ist und der Gegner der Rücknahme des Antrages nicht zustimmt.
3. Wird ein neuer Scheidungsantrag gestellt, weil das ruhende Verfahren in Vergessenheit geraten war, so kann der Zeitpunkt der Zustellung dieses Antrages als Zeitpunkt der Wiederaufnahme des ruhenden Verfahrens anzusehen sein.

OLG Bremen, FamRZ 1998, 1516 f.

Im Falle doppelter Rechtshängigkeit ist maßgeblicher Stichtag für die Berechnung des Endvermögens der Tag der Rechtshängigkeit des zweiten Verfahrens, wenn der erste Scheidungsantrag nachträglich zurückgenommen worden ist.
AG Mölln, FamRZ 2001, 291

Erbbaurechte
Die Bewertung kann mit einer Kombination von Boden- und Gebäudewert erfolgen.
BayObLGZ 76, 239

Erbvertrag
Die Anwartschaft aus einem Erbvertrag bildet noch keinen objektivierbaren Wert.
OLG Koblenz, FamRZ 1985, 286

Erstattungsanspruch (§ 39 Abs. 1 FGB) 398 f.
Haben Ehegatten ihre Eigentums- und Vermögensgemeinschaft schrittweise auseinandergesetzt und dabei vorab ihr Eigenheim in das Alleineigentum eines Ehegatten übertragen, ohne zugleich die Erstattung des anteiligen Wertes zu regeln, so kommt es für die spätere Bemessung des Erstattungsanspruchs nach § 39 Abs. 1 Satz 3 FGB auf den Zeitpunkt des letzten Teilakts der gegenständlichen Vermögensverteilung an.
BGH, FamRZ 1995, 866 ff.

Für den Erstattungsanspruch nach § 39 Abs. 1 Satz 3 FGB ist grds. der Wert im Zeitpunkt der Rechtskraft der Entscheidung maßgebend, mit dem jeder Beteiligte Alleineigentümer der ihm zugeteilten Sachen und Vermögenswerte wird und der jeweils andere Ehegatte seinen Eigentumsanteil verliert.
BGHZ 117, 61 ff.

Erstattungsforderung
→ *Gemeinschaftskonto*

Ertragswertmethode
→ *Bewertung von Unternehmen*

Gemeinschaftskonto
1. Bei eigenmächtigen Verfügungen über ein Gemeinschaftskonto von Ehegatten kann der benachteiligte Teil auch dann hälftige Erstattung verlangen, wenn die Abhebung vor der Trennung erfolgte.
2. Etwaige Zugewinnausgleichsansprüche des verfügenden Ehegatten erlauben diesem weder die Zurückbehaltung des geschuldeten Ausgleichsbetrags noch die Aufrechnung gegenüber der Erstattungsforderung.

OLG Düsseldorf, FamRZ 1999, 1504 ff.

Gemischte Schenkung
1. Erhält ein Ehegatte von seinen Eltern ein Grundstück für eine Gegenleistung, die deutlich unter dem Wert des Grundstücks liegt, so kann es sich um gemischtes Rechtsgeschäft handeln, das teilweise als privilegierter Erwerb i. S. d. § 1374 Abs. 2 BGB anzusehen ist. In einem solchen Fall ist dem Anfangsvermögen nur der Betrag hinzuzurechnen, der dem Wert der unentgeltlichen Zuwendung, d. h. der Differenz zwischen dem Verkehrswert und der Gegenleistung, entspricht.
2. Maßgebender Zeitpunkt für die Bewertung eines Grundstücks, das ein Ehegatte durch Rechtsgeschäft in privilegierter Weise (§ 1374 Abs. 2 BGB) erwirbt, ist nicht das Datum des Vertragsabschlusses, sondern dasjenige der Grundbucheintragung.
3. Eine grobe Unbilligkeit i. S. d. § 1381 BGB liegt nur vor, wenn die Gewährung des Zugewinnausgleichs unter Würdigung der gesamten Umstände des Einzelfalles dem Gerechtigkeitsempfinden in unerträglicher Weise widersprechen würde. In der Regel sind deshalb weder der Grund für das Scheitern einer Ehe noch der Zeitpunkt einer Vermögensänderung für sich allein ein Anlass, die Ausgleichsforderung ganz oder teilweise zu versagen.

OLG Bamberg, FamRZ 1990, 408 f.

Gesamtgut
Hat der Schuldner Trennungsunterhalt aus den Einkünften des Gesamtguts zu bezahlen und begehrt der Unterhaltsgläubiger die Überweisung der Unterhaltsbeträge durch den Arbeitgeber an sich, so ist hierfür, wenn die Ehegatten das Gesamtgut gemeinsam verwalten, die Zustimmung des Schuldners erforderlich.

BayObLG, FamRZ 1997, 422 f.

Gesamtschuldnerschaft 352 ff.
→ *Verbindlichkeiten*
→ *Mietzinssicherung*
→ *Einkommensteuerschuld*

Nach Scheitern der Ehe hat der Ehegatte, in dessen Alleineigentum das Familienhaus steht, die gesamtschuldnerisch eingegangenen Finanzierungsdarlehen allein zu bedienen.

BGH, FamRZ 1997, 487 f.

Sind gemeinsame Schulden für das gemeinsame Haus beim Zugewinnausgleich hälftig zugunsten beider Ehegatten berücksichtigt worden, ist bei einseitiger Tilgung nach Scheidung grds. ein Gesamtschuldnerausgleich vorzunehmen. Dies gilt grds. auch dann, wenn ein Ehegatte das Haus allein nutzt und keine Nutzungsentschädigung an den anderen leistet. Insoweit sind gegebenenfalls weitere Umstände des Einzelfalls zu berücksichtigen.

OLG Koblenz, FamRZ 1997, 364 f.

1. Der Gesamtschuldnerausgleich zwischen Ehegatten wird nicht durch die Vorschriften über den Zugewinnausgleich verdrängt.
2. Die Pflicht der Ehegatten zu gegenseitiger Rücksichtnahme dauert auch nach Scheidung der Ehe fort. Sie kann dazu führen, dass die Geltendmachung von Forderungen bei der vermögensrechtlichen Auseinandersetzung der Ehegatten Einschränkungen unterliegt.

OLG Düsseldorf, FamRZ 1999, 228 ff.

1. Setzt die Ehefrau im Rahmen ihrer unterhaltsrechtlichen Anspruchsberechnung Kreditbelastungen aus einem gemeinschaftlich aufgenommenen Darlehen ab und erhebt der Unterhaltsschuldner keine Einwände, so liegt darin eine anderweitige Bestimmung i. S. d. § 426 Abs. 1 Satz 1 BGB, die im Verfahren über den Zugewinnausgleich zu berücksichtigen ist. Diese Bestimmung erstreckt sich nur auf die aus dem laufenden Einkommen zu bedienenden Darlehenszinsen; eine Pflicht zur vollständigen Darlehensablösung aus eigenen Mitteln kann darin nicht gesehen werden.
2. Diese anderweitige Bestimmung endet mit Aufhebung der ehelichen Lebensgemeinschaft, weil danach kein Grund mehr für einen Ehegatten besteht, dem anderen eine weitere Vermögensmehrung zukommen zu lassen.

OLG Hamm, FamRZ 1999, 1501

Eine vom gesetzlichen Regelfall abweichende Bestimmung im Innenverhältnis gesamtschuldnerisch haftender Ehegatten ergibt sich nicht schon aus der tatsächlichen Handhabung, dass der (allein verdienende) Ehemann auch nach der Trennung die Kreditraten weiter bezahlt und die Ehefrau keinen Trennungsunterhalt geltend gemacht hat.

OLG Köln, FamRZ 1999, 1501 f.

1. Erbringt ein Ehegatte Ratenzahlungen auf einen gemeinsamen Kredit der Ehegatten, ergeben sich mögliche Ausgleichsansprüche nicht nach den Grundsätzen zur Rückgewähr ehebezogener Zuwendungen, sondern unter dem Gesichtspunkt des Innenausgleichs unter Gesamtschuldnern.
2. Löst ein Ehegatte im Vertrauen auf den Fortbestand der Ehe einen Geschäftskredit des Ehepartners ab, nachdem er zu diesem Zweck seinerseits einen Kredit aufgenommen hat, kann er bei anschließendem Scheitern der Ehe einen Ausgleichsanspruch wegen Wegfalls der Geschäftsgrundlage einer ehebezogenen Zuwendung haben, sofern es zu einem auch nur teilweisen Ausgleich über das Güterrecht nicht kommt.

OLG Bremen, FamRZ 1999, 1503 f.

Ein Ausgleichsanspruch nach § 426 Abs. 1 BGB bei einer Gesamtschuld entfällt, wenn es um gemeinsame Schulden zur Finanzierung eines nur einem Ehegatten allein gehörenden Grundstücks geht und die Ehe gescheitert ist. Leben die Ehegatten im gesetzlichen Güterstand, ist im Regelfall erst ab Rechtshängigkeit des Scheidungsverfahrens von einem Scheitern der Ehe auszugehen.

OLG München, FamRZ 2000, 672 f.

Nehmen Ehegatten während bestehender Ehe einen Kredit zur Anschaffung eines Fahrzeugs auf, das nach der Trennung ausschließlich durch einen der Ehegatten genutzt wird, so ist dieser zur vollständigen Erstattung der nach der Trennung geleisteten Kreditraten verpflichtet.

KG, FamRZ 1999, 1502

Im Rahmen eines befristeten Mietverhältnisses kann die getrennt lebende Ehefrau von ihrem Ehemann nach dessen Auszug hälftige Beteiligung an den Miet- und Mietnebenkosten verlangen.

OLG Frankfurt/M., FamRZ 2002, 27

Gesamtvermögensverfügung   **15 ff.**
→ *Verfügung*
→ *Zwangsversteigerung*

Bei kleineren Vermögen ist der Tatbestand des § 1365 BGB grds. nicht erfüllt, wenn dem verfügenden Ehegatten Werte von 15 % seines ursprünglichen Gesamtvermögens verbleiben.
BGH, NJW 1980, 2350

Bei größeren Vermögen ist der Tatbestand des § 1365 BGB grds. nicht erfüllt, wenn dem verfügenden Ehegatten Werte von 10 % seines ursprünglichen Gesamtvermögens verbleiben.
BGH, NJW 1991, 1739 FamRZ 1991, 669

Ein Ehegatte, der während des Scheidungsverfahrens der Veräußerung eines im Alleineigentum des anderen Ehegatten stehenden Grundstücks, das dessen wesentliches Vermögen darstellt, im Hinblick auf seinen streitigen Zugewinnausgleichsanspruch nicht zustimmt, handelt nicht ohne ausreichenden Grund i. S. v. § 1365 Abs. 2 BGB.
OLG Köln, FamRZ 1997, 677

Geschenke

Geschenke, deren Wert den Wert von Gelegenheitsgeschenken übersteigt, sind gem. § 1380 BGB auf die Zugewinnausgleichsforderung des Beschenkten anzurechnen.
OLG Köln, FamRZ 1998, 1515

good will (Geschäftswert)   90, 105, 107, 113 ff.

– Anwaltspraxis

Eine etwa zwei Jahre betriebene Kanzlei eines Anwalts in einer Großstadt hat keinen good will (100 000 DM Jahresumsatz).
OLG Celle, FamRZ 1977, 397

Unbestritten ist, dass ein solcher Geschäftswert im Einzelfall möglich ist.
OLG Hamm, FamRZ 1983, 812

Zur Berechnung des good will in einer Anwaltspraxis: Ein solcher ist nicht gegeben, wenn der Inhaber aus ihr keine höheren Einnahmen erzielt, als sie einem Unternehmerlohn entsprechen.
OLG Frankfurt/M., FamRZ 1987, 485; OLG Saarbrücken, FamRZ 1984, 387

– Architekturbüro

Bei einem Architekturbüro ist i. d. R. kein good will anzusetzen, da der Erfolg eines Architekturbüros unmittelbar und ausschließlich von der Person des Inhabers abhängt.
OLG München, FamRZ 1984, 1096

– Arztpraxis für Allgemeinmedizin

Maßgebend ist der Substanzwert und der Geschäftswert; Letzterer wird mit einer Quote von 25 % des Bruttoumsatzes veranschlagt (Basis ist der Bruttoumsatz der letzten drei bis fünf Jahre vor dem Stichtag)
OLG Koblenz, FamRZ 1988, 950; s. auch BGH, FamRZ 1991, 43 ff. – dort 33 % des Bruttoumsatzes

– Druckerei

Ein good will ist anzusetzen, wenn nicht besondere Umstände in der Person des Unternehmers vorliegen.
OLG Düsseldorf, FamRZ 1984, 699

– Handelsvertreter

Das Unternehmen eines Handelsvertreters hat i. d. R. keinen über den Substanzwert hinausgehenden Geschäftswert, weil der Handelsvertreter das Unternehmen ohne Zustimmung des Vertragspartners nicht veräußern kann.
BGH, FamRZ 1977, 386 = NJW 1977, 949

– **Handwerksbetrieb (Bäckerei)**

Die Annahme eines good will hängt von der Feststellung ab, ob eine Nachfrage für Betriebe der in Frage stehenden Art besteht und bei der Veräußerung Preise zu erzielen sind, die über den reinen Sachwert des Betriebes hinausgehen.
BGHZ 70, 224 = FamRZ 1978, 322

– **KG-Anteil**

Maßgebend ist der „innere Wert" des Anteils nach Auflösung aller stillen und offenen Reserven unter Einbeziehung des good will der Firma.
OLG Düsseldorf, FamRZ 1981, 48; s. auch OLG Schleswig, FamRZ 1986, 1208

– **Praxis eines Vermessungsingenieurs**

Beim Ansatz eines über den Substanzwert des Büros hinausgehenden Wertes ist zu prüfen, ob ein Betrieb dieser Art überhaupt gegen Entgelt übernommen wird, und wenn ja, zu welchen Preisen.
BGH, FamRZ 1977, 38

– **Anteil an einer Steuerberaterpraxis**

Zur Bewertung des Anteils an einer Steuerberaterpraxis im Zugewinnausgleich.
BGH, FamRZ 1999, 361 ff.

– **Versicherungsagentur**

Eine Versicherungsagentur hat i. d. R. keinen „good will".
OLG Stuttgart, FamRZ, 1586

– **Zahnarztpraxis**

Eine Zahnarztpraxis kann einen Geschäftswert haben – Faustregel 5 – 10 % des Umsatzes der letzten drei Jahre.
OLG Koblenz, FamRZ 1982, 200

Gütergemeinschaft 286 ff.

Auch wenn nach erfolgter Auflassung weder ein Umschreibungsantrag gestellt noch eine Eigentumsvormerkung eingetragen ist, besteht bereits ein dem Anwartschaftsrecht ähnlicher Anspruch, der als Gegenstand i. S. v. § 1477 Abs. 2 Satz 2 BGB anzusehen ist.
OLG Stuttgart, FamRZ 1996, 1474

1. Leben getrennt lebende Eheleute im Güterstand der Gütergemeinschaft, so hat der unterhaltsberechtigte Ehegatte einen Anspruch auf Mitwirkung des unterhaltsverpflichteten Ehegatten zur Auskehr des Unterhalts aus dem von beiden Ehegatten verwalteten Gesamtgut nur in dem Umfang, als der zur Deckung des Bedarfs benötigte Betrag nicht aus Einkünften gedeckt werden kann, über die der Unterhaltsberechtigte gemäß güterrechtlicher Vereinbarung allein verfügen darf.

2. Eine derartige vom Grundsatz der gemeinsamen Verwaltung des Gesamtguts abweichende Vereinbarung kann es darstellen, wenn die Ehegatten den anlässlich der Trennung und der bevorstehenden Scheidung vereinnahmten Erlös aus dem zum Gesamtgut gehörenden Familienheim aufteilen, ohne die Gütergemeinschaft insoweit auseinandersetzen zu wollen (Anschluss an OLG München, FamRZ 1996, 166).

OLG Zweibrücken, FamRZ 1998, 239 f.

Hausgrundstück 93 ff.

Bei der Schätzung des wahren oder inneren Wertes eines bebauten Grundstücks kann sowohl der Ertragswert als auch der unter Berücksichtigung des Baukostenindexes und der durch das Alter und den Zustand des Gebäudes bedingten Abschreibungen ermittelte Gebäude- oder Sachwert berücksichtigt werden.
BGH, NJW 1954, 1037

Der Sachwert und der Ertragswert können nebeneinander oder auch das Mittel zwischen ihnen zur Bewertung eines Hausgrundstückes herangezogen werden.
BGH, JZ 1963, 320

Hausrat 69 f., 434 ff.
→ *Einbauküche*
→ *PKW*
→ *Wohnwagen*
→ *Hund*

Unter Hausrat sind alle beweglichen Sachen zu verstehen, die nach den Vermögens- und Einkommensverhältnissen der Eheleute für die Wohnung, die Hauswirtschaft und das Zusammenleben der Familie bestimmt sind.
BGH, FamRZ 1984, 575

Werden gemeinsame Hausratsgegenstände durch neue ersetzt, gehören diese ebenfalls zum gemeinschaftlichen Eigentum, auch wenn sie wertvoller als die ursprünglichen Gegenstände sind.
KG, FamRZ 1968, 648

Zum Hausrat i. S. d. § 1 HausratsVO können auch wertvolle Antiquitäten und andere kostbare Kunstgegenstände gehören, wenn sie der Ausschmückung der Ehewohnung gedient haben und nicht ausschließlich zur Kapitalanlage angeschafft worden sind.
OLG Bamberg, FamRZ 1997, 379

Tiere (hier: Pferde) fallen jedenfalls dann nicht unter § 1361a BGB, wenn sie nicht als „lebender Vorrat" gehalten werden, sondern mit ihnen eine Gewinnerzielung beabsichtigt ist.
OLG Naumburg, FamRZ 2001, 481 f.

Die Einigungserklärung eines Ehegatten beim Erwerb von Hausrat für den gemeinsamen Haushalt ist – wenn nicht etwas anderes erklärt wird oder besondere Umstände dagegen sprechen – dahin zu verstehen, dass beide Ehegatten Miteigentümer werden sollen.
BGH, FamRZ 1991, 923

Hausratsverfahren 434 ff.
→ *Besitzschutzanspruch*
→ *Vermieter*

Die alleinige Geltendmachung einer Ausgleichszahlung im Hausratsverfahren ist nicht zulässig.
OLG Naumburg, FamRZ 1994, 390

Streitigkeiten geschiedener Ehegatten fallen auch dann unter die HausratsVO und sind vom Familiengericht zu entscheiden, wenn ein Ehegatte unter Berufung auf sein Alleineigentum vom anderen die Herausgabe von Hausratsgegenständen verlangt.
OLG Bamberg, FamRZ 1997, 379

1. Ein Antrag auf Erlass einer einstweiligen AO zur Rückführung von Hausratsgegenständen setzt voraus, dass ein Hausratsverfahren anhängig ist.
2. Die Rückführung kann nicht nach § 861 BGB verlangt werden.

OLG Schleswig, FamRZ 1997, 892

Der Grundsatz der Ausschließlichkeit des Hausratsverfahrens gilt auch für den Anspruch des als Gesamtschuldner in Anspruch genommenen Ehegatten auf Ausgleich gem. § 461 Abs. 1 BGB.
LG Arnsberg, FamRZ 2001, 1072

Hund

Ein Hund ist als Haustier dem Hausrat zuzurechnen.
OLG Zweibrücken, FamRZ 1998, 1432; AG Bad Mergentheim, FamRZ 1998, 1432

Zum „Umgangsrecht" mit dem Hund nach Scheidung der Besitzer-Ehe in Anlehnung an das Umgangsrecht mit Kindern.
AG Bad Mergentheim, FamRZ 1998, 1432

Illoyale Vermögensminderungen

1. Das Verbrennen von Bargeld aus Wut und Enttäuschung über das Scheitern der Ehe erfüllt sowohl den Tatbestand der Verschwendung i. S. v. § 1375 Abs. 2 Nr. 2 BGB als auch denjenigen der Benachteiligungsabsicht i. S. v. § 1375 Abs. 2 Nr. 3 BGB.
2. Der Begriff der Verschwendung hängt nicht davon ab, aus welchen Motiven der fragliche Vermögenswert verausgabt wird; entscheidend ist allein, dass die Ausgabe objektiv unnütz und übermäßig ist und zu den Einkommens- und Vermögensverhältnissen des Handelnden in keinem Verhältnis steht.

OLG Rostock, FamRZ 2000, 228

1. Legt ein Ehegatte Umstände dar, aus denen sich der nicht fernliegende Verdacht einer illoyalen Vermögensverfügung i. S. v. § 1375 Abs. 2 BGB ergibt, kann er vom anderen Ehegatten Auskunft über die den Verdacht begründenden Vorgänge verlangen.
2. Hat ein Ehegatte Auskunft über den Verbleib von Erlösen aus dem Verkauf von Wertpapieren und einer Lebensversicherung sowie über die Entstehung eines bei Rechtshängigkeit des Scheidungsverfahrens auf seinem Girokonto befindlichen Minussaldos zu erteilen, so hat er den Verbleib der erhaltenen Zahlungen und die Entwicklung des Girokontos im Einzelnen lückenlos darzustellen.

OLG Bremen, FamRZ 1999, 94 f., 191

Zur Darlegungslast im Rahmen des § 1375 Abs. 2 BGB, wenn der in Anspruch genommene Ehegatte behauptet, er habe einen größeren Betrag an Erpresser gezahlt, um berufliche Nachteile durch die Aufdeckung besonderer sexueller Neigungen abzuwenden.

AG Köln, FamRZ 1999, 95 f.

Verwendet der Ausgleichsverpflichtete vor dem Endstichtag einen größeren Geldbetrag für eine Gebisssanierung und die Anfertigung einer Zahnprothese, so sind diese Aufwendungen, da sich diese Dienstleistung nicht in einem vergleichbaren Sachwert niederschlägt, als „Verbrauch" anzusehen. Die Sachlage ist daher genau so, wie wenn der Betreffende eine Reise unternommen hätte oder das Geld für Speisen in teuren Restaurants verwendet hätte. Dies ist jedenfalls bis zur Grenze des § 1375 Abs. 2 BGB hinzunehmen.

AG Bad Säckingen, FamRZ 1997, 1335

Kosten der Auskunftserteilung 220
→ *Auskunftsanspruch*

Leasingvertrag

Ansprüche aus Leasingverträgen (hier: PKW-Leasing) können einen geldwerten Vorteil beinhalten, der beim Zugewinnausgleich zu berücksichtigen ist.

OLG Bamberg, NJW 1996, 399 f.

Lebensversicherung 116

Die Anwartschaft aus einer Kapitallebensversicherung ist beim Zugewinnausgleich nur dann mit dem sog. Rückkaufswert anzusetzen, wenn am Stichtag (§ 1384 BGB) die Fortführung des Versicherungsvertrages nicht zu erwarten ist und auch durch eine Stundung der Ausgleichsforderung (§ 1382 BGB) nicht ermöglicht werden kann. (Abgrenzung zu BGHZ 67, 262 = NJW 1977, 101 = LM § 1374 BGB Nr. 2)

BGH, NJW 1995, 2781 ff. = FamRZ 1995, 1210 ff.

Mit der Angabe der Rückkaufswerte der Lebensversicherungen und der Überschussanteile erfüllt der Auskunftspflichtige seine Auskunftspflicht zum Zugewinn.

Ob die Voraussetzungen für eine anderweitige Bewertung vorliegen (vgl. BGH, FamRZ 1995, 1270 = NJW 1995, 2781), ist erst im weiteren Verfahren zu prüfen.

OLG Köln, FamRZ 1998, 1515

Leistungsverweigerungsrecht

Beruht der Zugewinn des Ausgleichspflichtigen auf einer Abfindung für materielle oder immaterielle Schadensersatzansprüche aus einem Verkehrsunfall, so kann es im Hinblick auf den Gesichtspunkt der längerfristigen Absicherung der Versorgungslage des Ausgleichspflichtigen angemessen sein, ihm gem. § 1381 BGB ein weitreichendes Leistungsverweigerungsrecht wegen grober Unbilligkeit des Zugewinnausgleichs zuzubilligen.
OLG Stuttgart, FamRZ 2002, 99 ff.

Miteigentum 335 ff.
→ *Nutzungsentschädigung*

Bei Miteigentum an einem Grundstück ist der im Hause wohnende Ehegatte unter dem Gesichtspunkt der §§ 243 1353 BGB gegenüber dem anderen Ehegatten verpflichtet, Bietinteressenten die Besichtigung des Objektes zu ermöglichen.
AG Aachen, FamRZ 1999, 848 f. (m. Anm. Kogel)

Nachlassvermögen

Die Wertsteigerung von Nachlassvermögen, die während des Güterstandes durch allmähliches Absinken des Wertes eines vom Erblasser angeordneten lebenslangen Nießbrauchs eintritt, unterliegt nicht dem Zugewinnausgleich.
BGH, NJW 1990, 1793 = FamRZ 1990, 603

Nießbrauch 42, 121
→ *Nachlassvermögen*

Nutzungsentschädigung 457 f.

Wenn eine Ehewohnung im Miteigentum beider Ehegatten steht und sich diese endgültig trennen, kann aufgrund des § 745 Abs. 2 BGB eine Neuregelung der Verwaltung und Benutzung nach billigem Ermessen verlangt werden, die auch darin bestehen kann, dass derjenige, der in der Wohnung verbleibt, an den anderen eine angemessene Nutzungsentschädigung zu zahlen hat.
BGH, NJW 1982, 1753 = FamRZ 1982, 355; NJW 1983, 1845 = FamRZ 1983, 795; NJW 1986, 1339 = FamRZ 1986, 436; NJW 1994, 1721 = FamRZ 1994, 822

Wird ein Antrag auf Zuweisung der Ehewohnung während des Getrenntlebens abgewiesen, kann der allein die Wohnung nutzende Ehegatte nicht zur Zahlung einer Nutzungsentschädigung an den anderen verpflichtet werden.
OLG Report München, 1996, 279

Hat der eine Nutzungsvergütung verlangende Ehegatte durch sein Verhalten eine Zuweisungsentscheidung zugunsten des anderen veranlasst und damit zugleich eine räumliche Trennung innerhalb eines geräumigen Wohnhauses unmöglich gemacht, kann dies einem Anspruch nach § 1361b Abs. 2 BGB entgegenstehen.
OLG Köln, FamRZ 1993, 562

Im Falle des Miteigentums beider Eheleute an der Ehewohnung ist das Familiengericht für die Entscheidung über eine zu zahlende Nutzungsentschädigung jedenfalls dann zuständig, wenn ein Benutzungsregelung gem. § 1361b BGB erfolgt. § 1361b BGB ist lex specialis gegenüber § 745 Abs. 2 BGB.
KG, KG Report Berlin 1996, 271

Oder-Depot

1. Beim Oder-Depot ist § 430 BGB nur für die Rechte aus dem Depotverwahrungsvertrag, nicht für die Eigentumslage an den verwahrten Wertpapieren von Bedeutung.

2. Für die Eigentumslage depotverwahrter Wertpapiere stellt § 1006 BGB eine Vermutung und § 742 BGB eine schwach ausgeprägte Auslegungsregel für gleiche Anteile der Oder-Depotinhaber auf.
BGH, FamRZ 1997, 607 f.

Die vom BGH zur Ausgleichspflicht bei Oder-Konten von Ehegatten entwickelten Grundsätze (FamRZ 1990, 370 = NJW 1990, 705) sind auch auf ein gemeinsames Wertpapier-Depot von Ehegatten, über das jeder Ehegatte einzeln verfügungsberechtigt ist (Oder-Depot), anwendbar.

Wenn ein Ehegatte den gesamten Bestand eines Oder-Depots veräußert und sich den Veräußerungserlös auszahlen lässt, ist er dem anderen Ehegatten in Höhe der Hälfte des Erlöses ausgleichspflichtig, sofern er nicht eine andere Gestaltung des Innenverhältnisses darlegt und beweist.
OLG Düsseldorf, FamRZ 1998, 165 f.

PKW 70

Ein PKW, der im Alleineigentum eines Ehegatten steht, unterliegt grds. dem Zugewinnausgleich.
BGH, FamRZ 1991, 43 ff.

Ein PKW ist im Allgemeinen kein Hausrat. Er gehört jedenfalls dann nicht zum Hausrat, wenn er von einem Ehegatten überwiegend für den Beruf genutzt wird. Die bloße Mitbenutzung für eheliche und familiäre Bedürfnisse macht aus ihm noch keinen Gegenstand des gemeinsamen Hausrats.
OLG Hamburg, FamRZ 1990, 1118; OLG Hamm, NJW-RR 1990, 1031

Ein PKW kann nur dann ausnahmsweise als Hausratsgegenstand angesehen werden, wenn die gemeinschaftliche Nutzung zum Zwecke der Haushalts- und Lebensführung deutlich überwiegt; die mit der Verfügungsmöglichkeit verbundenen Annehmlichkeiten genügen hierfür nicht.
OLG Oldenburg, FamRZ 1997, 942 f.; ferner OLG Düsseldorf, FamRZ 1992, 1445; BGH, FamRZ 1991, 43, 49; OLG Zweibrücken, FamRZ 1991, 894

Ein geleaster PKW kann Hausratsgegenstand i. S. d. Hausratsverordnung sein.
Er ist unter der Voraussetzung des § 1361a Abs. 1 Satz 2 BGB dem Ehepartner zum Gebrauch zu überlassen, der nicht Leasingnehmer ist.
OLG Stuttgart, FamRZ 1995, 1275

Ein zum Hausrat gehörendes Kraftfahrzeug kann unabhängig vom Eigentum einem Ehegatten zur alleinigen Nutzung zugewiesen werden, der dann Steuern und Pflichtversicherung zu übernehmen hat. Ob er daneben noch eine Nutzungsentschädigung zahlen muss, ist nach Billigkeitsgesichtspunkten zu beurteilen, bei denen die beiderseitigen Einkommensverhältnisse von erheblicher Bedeutung sind.
OLG München, FamRZ 1998, 1230 f.

Die Zuweisung eines Kraftfahrzeugs an einen Ehegatten entspricht jedenfalls dann der Billigkeit, wenn dieser das Fahrzeug zur Führung eines abgesonderten Hauhalts benötigt. Hierbei sind insbesondere die Interessen der Kinder zu berücksichtigen.
AG Freiburg, FamRZ 1998, 1231 f.

Privilegiertes Vermögen 36 ff.
→ *gemischte Schenkung*

– Heiratserstattung

Die nach der Eheschließung gezahlte Heiratserstattung nach § 1304 RVO a. F. ist wie Anfangsvermögen zu behandeln und fällt nicht in den Zugewinnausgleich.
BGH, NJW 1995, 523 f.

– Kriegsopferversorgung

Eine Kriegsopferversorgung gehört nicht zum privilegierten Vermögen i. S. v. § 1374 Abs. 2 BGB und unterliegt dem Zugewinnausgleich.
BGH, NJW 1981, 1038

– Lebensversicherungssumme

Eine Lebensversicherungssumme, die ein Ehegatte als Bezugsberechtigter aus der Versicherung eines ihm nahestehenden verstorbenen Dritten erhält, gehört zu seinem privilegierten Vermögen i. S. v. § 1374 Abs. 2 BGB und unterliegt nicht dem Zugewinnausgleich.
BGH, NJW 1995, 3113 = FamRZ 1995, 1562

– Lottogewinn

Ein Lottogewinn gehört nicht zum privilegierten Vermögen i. S. v. § 1374 Abs. 2 BGB und unterliegt dem Zugewinnausgleich.
BGH, NJW 1977, 377

– Schmerzensgeld

Schmerzensgeld gehört nicht zum privilegierten Vermögen i. S. v. § 1374 Abs. 2 BGB und unterliegt dem Zugewinnausgleich.
BGH, NJW 1981, 1836

– Unfallabfindung

Eine Unfallabfindung gehört nicht zum privilegierten Vermögen i. S. v. § 1374 Abs. 2 BGB und unterliegt dem Zugewinnausgleich.
BGH, NJW 1982, 279

– Witwenrentenabfindung

Eine Witwenrentenabfindung gehört nicht zum privilegierten Vermögen i. S. d. § 1374 Abs. 2 BGB und unterliegt dem Zugewinnausgleich.
BGH, NJW 1982, 279

Schwere Härte

Eine schwere Härte ist insbesondere bei schweren körperlichen Misshandlungen, schweren Störungen des Familienlebens und fortdauernden Gewalttätigkeiten anzunehmen, nicht jedoch bei Unannehmlichkeiten und Belästigungen, wie sie häufig im Zusammenleben mit einer sich in Auflösung befindlichen Ehe auftreten.
OLG Hamburg, FamRZ 1993, 190 f.

Ist dem jetzt dringend wohnungsbedürftigen Ehegatten zuvor die eheliche Wohnung durch verbotene Eigenmacht entzogen und anderweitig vermietet worden, steht der Annahme einer derzeitigen schweren Härte nicht entgegen, dass dem Antragsteller möglicherweise eine Ersatzwohnung zur Verfügung stand oder steht.
OLG Hamm, FamRZ 1996, 1411

Sicherheitsleistung

Der Anspruch auf Sicherheitsleistung kann durch einstweilige Verfügung gesichert werden.
OLG Hamburg, FamRZ 1982, 284; LG Köln, FamRZ 1983, 709; KG, FamRZ 1986, 1107; OLG Düsseldorf, FamRZ 1991, 351; OLG Stuttgart, FamRZ 1995, 1427

Der künftige Anspruch auf Zugewinnausgleich ist nicht durch Arrest, sondern nur gem. § 1389 BGB sicherbar. Der Anspruch auf Sicherheitsleistung nach § 1389 BGB kann seinerseits nicht durch Arrest gesichert werden.
OLG Koblenz, FamRZ 1999, 97

Der Anspruch auf Sicherheitsleistung kann durch Arrest gesichert werden.
OLG Celle, FamRZ 1996, 1429; OLG Hamm, FamRZ 1985, 71; KG FamRZ 1986, 1107

1. Hat die Klage auf vorzeitigen Ausgleich des Zugewinns keine Erfolgsaussicht, so besteht auch kein Anspruch auf Sicherheitsleistung, der Grundlage für einen Arrest sein könnte.
2. Ist ein Scheidungsverfahren noch nicht eingeleitet, so kann ein Arrest zur Sicherung eines möglichen künftigen Zugewinnausgleichsanspruchs nach Scheidung nicht erlassen werden.

OLG Karlsruhe, FamRZ 1999, 663

Sittenwidrigkeit
→ *Ehevertrag*

Streitwert
→ *vorzeitiger Zugewinnausgleich*

Im Zugewinnausgleichsverfahren sind die Gegenstände von Klage und Widerklage zur Berechnung des Gebührenstreitwerts zu addieren.

OLG Köln, FamRZ 1997, 41; OLG München, FamRZ, ebenda

Stufenklage
→ *vorzeitiger Zugewinnausgleich*

Teilung nach § 39 FGB 393
1. Zu den Voraussetzungen für eine Aufteilung nach § 39 FGB.
2. Zur Aufteilung eines Wohngebäudes, wenn dessen vollständige Errichtung erst nach Rechtskraft der Scheidung erfolgt ist.
3. Weitere auf dem Grundstück befindlichen Gebäude, Aufbauten und Anpflanzungen teilen das rechtliche Schicksal des Wohngebäudes, wenn an ihnen selbstständiges Gebäudeeigentum besteht, Art. 231 § 5 Abs. 1 Satz 2 EGBGB.

OLG Brandenburg, FamRZ 1999, 1071 ff.

Unbenannte Zuwendung 50, 371
→ *Verjährung*
→ *Zuwendung (eheliche)*

Eine unbenannte Zuwendung liegt vor, wenn der Zuwendung die Vorstellung oder Erwartung zugrunde liegt, dass die eheliche Lebensgemeinschaft Bestand haben werde, oder sie sonst um der Ehe willen und als Beitrag zu ihrer Ausgestaltung, Erhaltung oder Sicherung erbracht wird.

BGH, FamRZ 1993, 1047 ff.

Überträgt der selbstständig tätige Ehemann sein Grundvermögen seiner nicht für die Betriebsschulden haftenden Ehefrau, um Unternehmensgläubigern den Zugriff auf das Grundvermögen zu erschweren und dieses für die Familie zu erhalten, handelt es sich um eine unbenannte Zuwendung.

BGH, NJW 1992, 238 ff. = FamRZ 1992, 293

1. Zahlt ein Ehegatte nicht unerhebliche Beträge auf das Sparkonto des anderen Ehegatten in der von dem anderen akzeptierten Erwartungshaltung ein, die auf dem Sparkonto angesparten Gelder würden für gemeinsame Zwecke verwandt, und wird so auch in der Folgezeit verfahren, kann der einzahlende Ehegatte beim Scheitern der Ehe Ausgleichung des hälftigen Guthabenstandes wegen Wegfalls der Geschäftsgrundlage aus einem Vertragsverhältnis eigener Art verlangen.
2. In Anlehnung an die Rechtsprechung bei Einzahlung auf ein Oder-Konto kommt auch bei Einzahlungen eines Ehegatten auf das Sparkonto des anderen ein Ausgleich nach §§ 242, 305 BGB außerhalb des gesetzlichen Güterstandes der Zugewinngemeinschaft in Betracht.

OLG Düsseldorf, FamRZ 1997, 562 f.

Haben die Eheleute Gütertrennung vereinbart, so können unbenannte Zuwendungen – wenn ein Ausgleich nicht nach den Regeln des Zugewinnausgleichs erfolgt – bei Scheitern der Ehe dann nach den Regeln des Wegfalls der Geschäftsgrundlage zu Ausgleichsansprüchen führen, wenn die

Beibehaltung der durch seine Zuwendung an den anderen Ehegatten herbeigeführten Vermögensverhältnisse dem Zuwendenden nicht zuzumuten ist.
OLG Celle, OLG Report Celle 1997, 19

Zu den Voraussetzungen, unter denen eine unbenannte Zuwendung (hier: Übertragung eines Grundstücksanteils) in der Ehezeit nicht nach den güterrechtlichen Bestimmungen, sondern in Abweichung hierzu unter Anwendung des § 242 BGB ausgeglichen werden kann.
LG Aachen, FamRZ 2000, 669 ff.

Zur gegenständlichen Rückabwicklung einer unbenannten Zuwendung unter Ehegatten im gesetzlichen Güterstand.
OLG Celle, FamRZ 2000, 668 f.

Unentgeltliche Zuwendung
Unentgeltlich ist eine Zuwendung nur, wenn sie nach dem Inhalt des Rechtsgeschäfts von keiner Gegenleistung abhängig ist. Dabei braucht diese Leistung nicht geldwerter oder vermögensrechtlicher Art zu sein; sie kann auch immateriellen Charakter haben.
BGH, FamRZ 1990, 600 ff.

Unterhaltsrückstände
Bei Ermittlung des Zugewinnausgleichs ist ein ausgeurteilter Unterhaltsrückstand beim Endvermögen zu berücksichtigen.
OLG Celle, FamRZ 1991, 944 f.

Verbindlichkeiten
→ *Gesamtschuldnerschaft*

Haben Eheleute für ein Hausgrundstück, das im Alleineigentum eines Ehegatten steht, gemeinsam Verbindlichkeiten aufgenommen, so ist nach der Trennung der Eheleute aus dem Zweck des Rechtsverhältnisses in der Regel eine andere Bestimmung i.S. v. § 426 Abs. 1 Satz 1 BGB anzunehmen, nach der der Alleineigentümer-Ehegatte im Innenverhältnis allein zur Schuldtilgung verpflichtet ist.
OLG Köln, NJW-RR 1992, 1286 = FamRZ 1992, 318

Wird die gemeinsame Darlehensverbindlichkeit im Unterhalts- und Zugewinnrechtsstreit als alleinige Verbindlichkeit des die Schuld tilgenden Ehegatten berücksichtigt, sprechen die Umstände gegen eine weitere Ausgleichsverpflichtung des anderen Ehegatten nach § 426 Abs. 1 BGB.
LG Hildesheim, NJW-RR 1992, 1285 f.

Verbindlichkeiten, für die im Außenverhältnis nur ein Ehegatte haftet, können gleichwohl beim Anfangs- und Endvermögen beider Ehegatten anteilig zugerechnet werden, wenn sie zu rein familiären Zwecken aufgenommen wurden, etwa zur Finanzierung eines Eigenheims. Das gilt, wenn ein Familienheim finanziert wurde, auch dann, wenn das Haus im Eigentum eines Ehegatten verblieben ist, während der andere nominell Darlehensschuldner war, solange eine Gesamtbetrachtung den Schluss zulässt, dass jede der Parteien nach ihren finanziellen Möglichkeiten zu den familiären Zwecken beigetragen hat und insoweit ein ungefähres Gleichgewicht besteht.
OLG Koblenz, FamRZ 1998, 238

Ist im Zugewinnausgleichsverfahren davon auszugehen, dass eine Partei zur Tilgung der gesamtschuldnerisch eingegangenen Verbindlichkeiten dauerhaft nicht in der Lage ist und dass deshalb im Innenverhältnis die andere Partei die volle Tilgungslast auf Dauer alleine tragen müsste, so sind die gemeinschaftlichen Verbindlichkeiten in vollem Umfang vom Endvermögen des Zahlenden abzusetzen, ohne dass eine Aktivierung des – wirtschaftlich wertlosen – Ausgleichsanspruchs stattzufinden hat.
OLG Hamm, FamRZ 1997, 363 f.

Verbotene Eigenmacht
→ *Besitzanspruch*

Verfügung 15 ff.
→ *Gesamtvermögensverfügung*
→ *Zwangsversteigerung*

Nach § 1365 BGB bedürfen die Geschäfte eines Ehegatten der Einwilligung des anderen auch dann, wenn das Objekt der Veräußerung (nur) im Wesentlichen das ganze Vermögen des Veräußerers darstellt und der Vertragspartner zumindest die Verhältnisse kennt, aus denen sich dies ergibt.
BGH, NJW 1993, 244

1. Der Ehegatte, ohne dessen Zustimmung der andere über sein Vermögen als Ganzes verfügt hat, kann alle Rechte, die sich aus der Unwirksamkeit der Verfügung ergeben, in eigenem Namen und in jeder Verfahrensart geltend machen.
2. Bei der Beurteilung, ob eine Verfügung über das Vermögen als Ganzes vorliegt, sind auch Belastungen zugunsten Drittgläubiger zu berücksichtigen, wenn alle Belastungen in einem derart engen zeitlichen und sachlichen Zusammenhang stehen, dass sie als einheitlicher Lebensvorgang erscheinen.

OLG Brandenburg, FamRZ 1996, 1015

Vergütungsanspruch

§ 1361b BGB ist in Fällen, in denen keine Verpflichtung des einen Ehegatten zur Überlassung der ihm gehörenden Ehewohnung an den anderen besteht, auf Vergütungsansprüche des weichenden Ehegatten entsprechend anwendbar. Der Vergütungsanspruch setzt dann allerdings voraus, dass der in der Ehewohnung Verbliebene zuvor zur Entrichtung der Vergütung aufgefordert worden ist.
OLG Braunschweig, FamRZ 1996, 548 f.

Verjährung 132 ff.

Wurde im Verbundverfahren hinsichtlich des Scheidungsausspruchs auf Rechtsmittel und Anschlussrechtsmittel verzichtet, so ist hinsichtlich des Fristbeginns für die Verjährung der Zugewinnausgleichsforderung nach § 1378 Abs. 4 Satz 1 BGB im Falle der Teilrechtskraft des Scheidungsurteils in einem Verbundurteil die spezifische Kenntnis des Berechtigten über deren rechtliche Bedeutung erforderlich. Die Kenntnis des Prozessvertreters ist regelmäßig unerheblich.
BGH, NJW 1997, 2049 f.

Die Verjährung eines Zugewinnausgleichsanspruchs beginnt nicht schon mit einem wirksamen Rechtsmittelverzicht im Scheidungstermin. Die Erhebung der Zugewinnausgleichsklage bei einem unzuständigen Gericht unterbricht die Verjährung, wenn die Verweisung an das zuständige Gericht erfolgt.
OLG Naumburg, FamRZ 2001, 831 f.

1. Die bloße Erteilung einer Auskunft im Zugewinnausgleichsverfahren stellt hinsichtlich des Leistungsanspruchs grds. kein verjährungsunterbrechendes Anerkenntnis im Sinne von § 280 BGB dar.
2. Ein (wechselseitiger) Verzicht auf die Einrede der Verjährung vor Ablauf der Verjährungsfrist ist gem. § 225 BGB ungültig. Der Erhebung der Verjährungseinrede kann jedoch § 242 BGB entgegenstehen.

Im Falle des Antrages auf Bewilligung von Prozesskostenhilfe setzt dies aber voraus, dass jedenfalls bis zum Zeitpunkt der (wechselseitig) vereinbarten Frist, bis zu der auf die Einrede der Verjährung verzichtet werden sollte, die Voraussetzungen für die Bewilligung von Prozesskostenhilfe vorliegen müssen.
OLG Karlsruhe, FamRZ 2001, 832

1. Hinsichtlich der Beendigung des Güterstandes muss sich eine anwaltlich beratene Partei eine Kenntnis ihres Prozessbevollmächtigten zurechnen lassen (Abgrenzung zu BGH, FamRZ 1998, 1024).

2. Ein Prozesskostenhilfegesuch kann die Verjährung nur dann hemmen, wenn es ordnungsgemäß begründet und vollständig ist. Die gleichzeitige Einreichung eines Bescheides über Arbeitslosengeld macht die Formularerklärung nach § 117 Abs. 2 ZPO nicht entbehrlich.
3. Eine analoge Anwendung des § 852 Abs. 2 BGB auf Zugewinnausgleichsansprüche kommt nicht in Betracht.
OLG Hamm, FamRZ 2000, 230 f.
1. Zu den Voraussetzungen einer Verjährungshemmung durch ein sog. Stillhalteabkommen.
2. Die Erteilung einer Auskunft im Zugewinnausgleichsverfahren stellt hinsichtlich des Leistungsanspruchs grds. kein verjährungsunterbrechendes Anerkenntnis im Sinne von § 280 BGB dar (Abgrenzung zu BGH, Urt. v. 19. 6. 1985 – IVa ZR 114/83 –, FamRZ 1985, 1021, 1022).
3. Betreiben die Parteien das Zugewinnausgleichsverfahren nicht weiter, so kommt es i. d. R. zu einer Beendigung der Verjährungsunterbrechung nach § 211 Abs. 2 Satz BGB auch dann, wenn der Grund für das Nichtbetreiben außergerichtliche Verhandlungen der Parteien über Höhe und Ausgleich des Zugewinns sind.
BGH, FamRZ 1999, 571 ff.
Der Zugewinnausgleichsanspruch ist verjährt, wenn nach Erhebung der Stufenklage, Erlass eines Teilurteils über den Auskunftsantrag und Erteilung der Auskunft der Rechtsstreit länger als drei Jahre nicht weiterbetrieben wurde.
OLG Nürnberg, NJW-RR 1995, 1091 f.
Die Verjährung eines Zugewinnausgleichsanspruchs ist gehemmt, wenn ein diesbezüglicher ordnungsgemäßer Prozesskostenhilfeantrag vor Verjährungsablauf eingereicht wurde. Die Hemmung der Verjährung endet nach der Entscheidung über den Prozesskostenhilfeantrag.
OLG München, FamRZ 1996, 418
Klage oder Mahnbescheid über einen Teilbetrag der Zugewinnausgleichsforderung unterbrechen die Verjährung hinsichtlich sämtlicher Positionen auch ohne Aufgliederung oder Bezifferung bis zur Höhe der verlangten Gesamtsumme. Die fehlende Substantiierung kann nachgeholt werden.
BGH, NJW 1996, 2152 f.
Der aus § 242 BGB sich ergebende Anspruch eines Ehegatten auf Ausgleich einer ehebedingten Zuwendung unterliegt der 30jährigen Verjährung nach § 195 BGB.
BGH, NJW-RR 1994, 258
Die Verjährungsfrist für den Ausgleichsanspruch des geschiedenen Ehegatten wegen einer unbenannten Zuwendung beträgt analog § 1378 Abs. 4 Satz 1 BGB drei Jahre ab Rechtskraft der Scheidung.
LG Düsseldorf, NJW 1993, 541 f.

Vermieter 469

Bei fehlendem Einverständnis des Vermieters besteht trotz Einigkeit der Ehegatten ein Regelungsbedürfnis bezüglich der Fortsetzung des Mietverhältnisses über die Ehewohnung.
OLG Hamm, FamRZ 1994, 388 f.
Die Anordnung einer gesamtschuldnerischen Haftung beider Ehegatten kann bei Zuweisung der Ehewohnung an einen Ehegatten nach § 5 Abs. 1 Satz 2 HausratsVO zur Absicherung des Vermieters geboten sein, wenn ihm die Entlassung eines Ehegatten aus dem Mietverhältnis ohne diese Anordnung nicht zumutbar wäre.
OLG Celle, NJW-RR 1992, 1222 f. = FamRZ 1992, 465 f.
Sind die Belange des Vermieters der früheren Wohnung durch den Auszug des bisherigen, zahlungskräftigeren Ehegatten gefährdet, ist gem. § 5 Abs. 1 Satz 2 HausratsVO die gerichtliche Anordnung zwingend geboten, dass der ausziehende Ehegatte den Vermieter für einen begrenzten

Zeitraum zur Sicherung von Mietzinsausfall weiter neben dem verbleibenden Ehegatten gesamtschuldnerisch haftet. Trotz der Fassung des § 5 Abs. 1 Satz 2 HausratsVO als Kann-Vorschrift hat das Gericht insoweit kein Ermessen.
OLG Karlsruhe, FamRZ 1999, 301 f.

Vermögensverwaltung

Überlässt ein Ehegatte die Vermögensverwaltung seinem Ehepartner, so bestimmen sich Ansprüche gegen den verwaltenden Ehegatten nach den Regeln des Auftragsverhältnisses.
OLG Köln, FamRZ 1999, 298

Die Versagung der Zustimmung gem. § 1365 BGB erfolgt auch dann zu Recht, wenn das Rechtsgeschäft zwar den Grundsätzen einer ordnungsgemäßen Verwaltung entspricht, jedoch die Gefahr besteht, dass ein Anspruch auf Zugewinnausgleich nach Beendigung des Güterstandes nicht mehr realisierbar ist.
LG Koblenz, FamRZ 1998, 163 f. (m. krit. Anm. Kogel, 914 f.)

Haben sich die Ehegatten trotz Gütertrennung zur gemeinsamen Vermögensverwaltung entschlossen, so sind bei Beendigung der Ehe die Vermögensverluste entsprechend § 1478 Abs. 1 BGB unter Anwendung der Grundsätze des Bereicherungsrechts nach dem Verhältnis des Werts des eingebrachten Vermögens zu teilen.
LG München, FamRZ 1997, 560 ff.

Verschwendung 62, 208
→ *Illoyale Vermögensminderungen*

Vorausempfang

Zur Anrechnung dessen, was ein Ehegatte dem anderen nach dem Scheitern der Ehe mit dem Ziel einer Vermögensauseinandersetzung zuwendet, auf den Zugewinnausgleichsanspruch des anderen Ehegatten.
BGH, FamRZ 2001, 413 f.

Vorerbenstellung

Bei der Bewertung des Endvermögens eines Erblassers, der potentiell zugewinnausgleichspflichtig ist, ist eine nicht befreite Vorerbenstellung mit Hilfe ihres Nutzungswertes zu veranschlagen. Dieser berechnet sich, indem man die durchschnittliche Lebenserwartung des Vorerben mit dem jährlichen Nutzungswert der Vorerbenstellung multipliziert.
AG Landshut, FamRZ 1998, 1233 f.

Vorzeitiger Zugewinnausgleich 224 ff.
→ *Sicherheitsleistung*

1. Im Rahmen der Unterrichtungspflicht i. S. v. § 1386 Abs. 3 BGB besteht kein Anspruch auf Vorlage von Belegen und Unterlagen oder auf Einsicht in Geschäftsbücher.
2. Ein Anspruch auf vorzeitigen Ausgleich des Zugewinns besteht nicht schon dann, wenn der Schuldner erklärt, er werde sein Vermögen „abräumen" und der Bedürftige „bekomme kein Geld".
3. Eine Sicherheitsleistung nach § 1389 BGB darf nicht angeordnet bleiben, wenn die Klage auf vorzeitigen Ausgleich des Zugewinns abgewiesen wird.

OLG Hamm, FamRZ 2000, 228 ff.

Zwischen einer Klage auf vorzeitigen Zugewinnausgleich (§ 1386 BGB) und einer Auskunftsklage (§ 1379 BGB) besteht kein Stufenverhältnis i. S. d. § 254 ZPO, § 18 GKG. Die Streitwerte dieser Klageanträge sind in der Regel gleich hoch – mit je 1/5 des zu erwartenden Zugewinnausgleichsbetrags – festzusetzen, wenn der Scheidungsantrag bereits anhängig ist.
OLG Nürnberg, FamRZ 1998, 685

Werkmietwohnung
Eine Werkmietwohnung kann a. G. von § 4 HausratsVO auch gegen den erklärten Widerspruch des Vermieters dem anderen Ehegatten zugewiesen werden, wenn die Belange des Ehegatten ausnahmsweise diejenigen des Vermieters wegen der Besonderheiten des Falles (hier: der nahezu blinde Ehegatte war auf den Erhalt der ihm vertrauten Wohnung in vertrauter Umgebung angewiesen) überwiegen.
OLG Frankfurt/M., FamRZ 1992, 695 f.

Wertermittlung 206 f.
→ *Wertermittlungskosten*
→ *Bewertung (von Unternehmen)*

Der auf Wertermittlung in Anspruch genommene Ehegatte ist nur insoweit zur Ermittlung und Angabe der Vermögenswerte verpflichtet, als er selbst dazu imstande ist. Er braucht dritte Personen, insbesondere Sachverständige, nicht zu beauftragen. Das schließt jedoch nicht aus, dass er zu Einzelfragen Auskünfte einholen oder Hilfskräfte einschalten muss.
FamRZ 1991, 316 = NJW-RR 1991, 325

Wertermittlungskosten 219
Muss im Einzelfall der Verpflichtete zu Einzelfragen Einkünfte einholen oder Hilfskräfte einschalten, um den Wert der Vermögensgegenstände zuverlässig zu ermitteln, so hat er die dadurch anfallenden Auslagen zu tragen, da diese Auslagen zu den Kosten der Wertermittlung gehören.
FamRZ 1991, 316 = NJW-RR 1991, 325
Soweit der auskunftsberechtigte Ehegatte Wertermittlung durch einen Sachverständigen verlangen kann, hat er die Kosten der Begutachtung zu tragen.
BGHZ 84, 31 = FamRZ 1982, 682 = NJW 1982, 1643; OLG Karlsruhe FamRZ 1995, 736

Wertermittlungsverfahren 93
1. Die Auswahl des Wertermittlungsverfahrens (Sachwertverfahren/Ertragswertverfahren/ „Mischmethode"/Orientierung am Veräußerungswert) zur Bewertung von Grundstücken im Rahmen von Zugewinnausgleichsverfahren steht im pflichtgemäßen Ermessen des Gerichts.
2. Für die Wahl der jeweiligen Methode kommt dem Charakter des Objekts eine nicht unerhebliche Bedeutung zu.
OLG Saarbrücken, FamRZ 1998, 235 = OLG Report Koblenz u. a. 1997, 88

Wertsteigerungen
Wertsteigerungen, die ein einem Ehegatten geschenktes Grundstück in dem Zeitraum zwischen Abschluss des notariellen Vertrages und Eigentumsübergang erfährt, fallen dann in den ehelichen Zugewinn, wenn sie mit Mitteln der Ehegatten finanziert werden (hier: Errichtung eines Anbaus).
AG Groß-Gerau, FamRZ 1999, 657 f.

Wertzuwachs von DDR-Grundbesitz
Zur Berücksichtigung des Wertzuwachses von DDR-Grundbesitz nach und infolge der Wiedervereinigung beim Zugewinnausgleich.
OLG Düsseldorf, FamRZ 1999, 225 ff. (m. Anm. Schröder); AG Stuttgart, FamRZ 1999, 1065 ff. (m. Anm. Bergschneider)

Wohnmobil/Wohnwagen
Wohnmobil und Wohnwagen gehören zum Hausrat, wenn sie von den Ehegatten für die gemeinsame Freizeit genutzt werden.
OLG Koblenz, FamRZ 1994, 1255; OLG Köln, FamRZ 1992, 696

Wohnrecht

Ein vor Eheschließung von einem Ehegatten für den Fall seines Todes und einer bis dahin bestehenden Ehe mit Zustimmung des Erben dem anderen Ehegatten eingeräumtes lebenslanges dingliches Wohnrecht kann beim Anfangsvermögen des Berechtigten nicht, beim Endvermögen aber voll zu berücksichtigen sein, wenn der Güterstand durch den Tod des Verpflichteten geendet hat. In diesem Fall belastet das Wohnrecht weder das Anfangs- noch das Endvermögen des Verpflichteten, wohl aber dessen Nachlass.

OLG München, FamRZ 1998, 234 f.

Wohnungszuweisung (in Trennungszeit) 465 ff.

→ *Schwere Härte*
→ *Wohnungszuweisungsentscheidung*
→ *Vergütungsanspruch*

Im Regelfall sind die Voraussetzungen einer Regelung nach § 1361b BGB erst erfüllt, wenn aufgrund außergewöhnlicher Umstände ausnahmsweise die Zuweisung unter Berücksichtigung auch der Belange des anderen Ehegatten dringend erforderlich ist, um eine unerträgliche Belastung des die Zuteilung begehrenden Ehegatten abzuwenden, wobei der Wahrung der Interessen und des Wohles eines Kindes besonderes Gewicht beizumessen ist.

KG, FamRZ 1987, 850 f.; OLG Frankfurt/M., FamRZ 1996, 289 f.; OLG München, FamRZ 1996, 730

Die Wohnungszuweisung an eine Partei ist zur Vermeidung einer „schweren Härte" notwendig, wenn die Partei an einer lebensbedrohlichen Krankheit leidet und das weitere Zusammenleben insofern besonders belastend ist.

OLG Thüringen, FamRZ 1997, 559 f.

Die Zuweisung einer als Ehewohnung dienenden Eigentumswohnung an den Wohnungseigentümer ist nach § 1361b BGB auch dann ausnahmsweise möglich, wenn dieser die Wohnung nicht bewohnen, sondern zur Schuldentilgung veräußern will.

OLG Hamburg, NJW-RR 1993, 645 = FamRZ 1992, 1298

Ein Miteigentümer, der nicht die Benutzung der Wohnung anstrebt, sondern nur die Veräußerung der Wohnung wegen der Finanzierungslasten, kann eine Wohnungszuweisung nach § 1361b BGB nicht erreichen.

OLG Köln, FamRZ 1997, 943

Die Zuweisung der Ehewohnung an einen Ehepartner gem. § 1361b BGB kommt dann nicht in Betracht, wenn dieser die Wohnung nicht selbst nutzen, sondern veräußern will.

OLG Hamm, FamRZ 1998, 1172

1. Der mit dem freiwilligen Auszug eines getrennt lebenden Ehegatten aus der Ehewohnung begründete besitzrechtliche Vorsprung des anderen Ehegatten allein rechtfertigt es nicht, den Ehegatten, der ausgezogen ist, ohne Prüfung der Härtevoraussetzungen des § 1361b BGB von der Mitbenutzung auszuschließen.

2. Bei einem zunächst erfolgten freiwilligen Auszug bedeutet der Wiedereinzug insbesondere dann keine schwere Härte i. S. v. § 1361b BGB, wenn die Wohnung so groß ist, dass sie, ohne dass sich die Ehegatten begegnen müssen, ohne weiteres aufgeteilt werden kann und der in der Ehewohnung zurückgekehrte Ehegatte auch eine derartige Regelung anstrebt.

OLG Düsseldorf, FamRZ 1998, 1171 f.

Ist dem jetzt dringend wohnungsbedürftigen Antragsteller zuvor die eheliche Wohnung durch verbotene Eigenmacht entzogen und anderweitig vermietet worden, steht der Annahme einer derzeitigen „schweren Härte" nicht entgegen, dass dem Antragsteller möglicherweise eine Ersatzwohnung zur Verfügung stand oder steht.

OLG Hamm, FamRZ 1996, 1411 f.

1. Das Verfahren nach § 18a HausratsVO i. V. m. § 1361b BGB ist neben dem Verfahren des vorläufigen Rechtsschutzes zulässig.
2. Die Zuweisung der ehelichen Wohnung an den Alleineigentümer-Ehegatten kann auch dann in Betracht kommen, wenn der andere Teil sie seit langer Zeit (fünf Jahre) allein bewohnt, sofern die Fortdauer dieses Zustandes dem Antragsteller aus beachtenswerten Gründen (hier: Ausübung eines Gewerbebetriebes) nicht länger zugemutet werden kann.
OLG Köln, FamRZ 1994, 632 f.

Bei der Wohnungszuweisung an eine Partei zur Vermeidung einer „schweren Härte" kann das Wohl der gemeinsamen Kinder hierbei von ausschlaggebender Bedeutung sein.
OLG Bamberg, FamRZ 1995, 560 f.

Nach § 1361b BGB ist eine Umgestaltung der Rechtsverhältnisse an der Ehewohnung nicht möglich.
KG, NJW-RR 1993, 132 f.

Will der bereits ausgezogene Ehegatte in die Ehewohnung nur zurückkehren, um das Getrenntleben dort fortzusetzen, ist der vom Gesetzgeber verfolgte Zweck, die destabilisierende Wirkung der Wohnungszuweisung für den Fortbestand der Ehe zu vermeiden, nicht erreichbar. Eine die alleinige Wohnungszuweisung notwendig machende schwere Härte erscheint dann deshalb schon gegeben, weil sich das erneute räumliche Zusammenleben ersichtlich auf das Wohl der Kinder auswirken und zur weiteren Verschärfung der ehelichen Streitigkeiten beitragen wird.
OLG Frankfurt/M., FamRZ 1996, 289 f.

Wohnungszuweisung (nach Scheidung)   465 f.
→ *Vermieter*
→ *Werkmietwohnung*

Wohnungszuweisungsentscheidung
Hat ein Ehegatte während des Getrenntlebens die Ehewohnung bereits endgültig verlassen, kommt eine Zuweisungsentscheidung zugunsten des anderen Ehegatten nicht mehr in Betracht.
KG, NJW-RR 1993, 132 f.

Wohnungszuweisungsverfahren
Die Zulässigkeit eines Wohnungszuweisungsverfahrens kann auch dann gegeben sein, wenn sich die Ehegatten über die künftige Nutzung der Wohnung einig sind, jedoch die fehlende Zustimmung des Vermieters ersetzt werden soll.
OLG Karlsruhe, FamRZ 1995, 45

Zugewinn
→ *Wertsteigerungen*

Zugewinnanspruch
Auch die Zuwendung eines geringwertigen Vermächtnisses schließt einen Zugewinnanspruch gem. § 1371 Abs. 2 BGB aus.
AG Tecklenburg, FamRZ 1997, 1013 f.

Zurückbehaltungsrecht   212
Der Ehegatte, von dem Auskunft verlangt wird, hat wegen des ihm selbst zustehenden Auskunftsanspruchs kein Zurückbehaltungsrecht (weil es sich bei dem Auskunftsanspruch lediglich um ein Hilfsmittel zur Berechnung der Ausgleichsforderung handelt).
OLG Frankfurt/M., FamRZ 1985, 483; OLG Stuttgart, FamRZ 1984, 273 ff. m.w. N; OLG Thüringen, FamRZ 1997, 1335 f.

Zuwendung (eheliche)
→ *Unbenannte Zuwendung*
→ *Gesamtschuldnerschaft*

Unbenannte Zuwendungen unter Ehegatten sind im Falle des Scheiterns der Ehe grds. im Zugewinnausgleichsverfahren zu berücksichtigen. Ein Ausgleichsanspruch in Anwendung der Grundsätze des Wegfalls der Geschäftsgrundlage kommt nur in Ausnahmefällen in Betracht. Nur zur Vermeidung und zur Korrektur schlechthin unangemessener und untragbarer Ergebnisse ist der Rückgriff auf § 242 BGB geboten.
BGH, NJW 1976, 328; 1977, 1234

Unbenannte, ehebedingte Zuwendungen können erst nach rechtskräftiger Scheidung zurückverlangt werden, da vorher der Rechtsgrund "Ehe" nicht entfallen ist.
OLG Düsseldorf, FamRZ 1992, 562 = NJW-RR 1992, 1477; LG München, FamRZ 1989, 167

1. Zuwendungen, die Ehegatten während des gesetzlichen Güterstandes einander gemacht haben und deren Wert sie, gestützt auf das Scheitern der Ehe, zurückverlangen, werden grds. allein güterrechtlich ausgeglichen.
2. Ausnahmsweise kann Ausgleich der Zuwendung nach den Grundsätzen über den Wegfall der Geschäftsgrundlage verlangt werden, wenn einerseits der Zuwendungsempfänger bei Ehezeitende keinen Zugewinn aufzuweisen hat, weil die Zuwendung ihm zur Erhaltung des Anfangsvermögens gedient hat und damit keine Zugewinnausgleichsverpflichtung auslöst, obwohl sie wertmäßig im Endvermögen noch vorhanden ist, und wenn andererseits der Zuwendende in seinem Auskommen beeinträchtigt ist, weil er mit den ihm verbliebenen Mitteln seinen angemessenen Unterhalt nicht bestreiten kann.

BGH, NJW 1991, 2553 ff.

Nach Scheidung der Ehe kommt die Rückforderung einer unbenannten Zuwendung wegen Wegfalls der Geschäftsgrundlage ausnahmsweise dann in Betracht, wenn ein Ehegatte Versicherungsleistungen, die er als Ausgleich für schwerste Unfallverletzungen (Erblindung) erhalten hat, teilweise dem anderen Ehegatten zuwendet und wenn der Zeitraum, für den die Versicherungsleistung einen Ausgleich darstellen soll, wesentlich länger ist als der Zeitraum, in dem die Ehegatten nach dem Unfall zusammengelebt haben. Die Zuwendung kann nicht in voller Höhe zurückgefordert werden, wenn die Ehe nach dem Unfall noch längere Zeit bestand und der andere Ehegatte in dieser Zeit Unfallfolgen mitgetragen hat.
OLG Stuttgart, NJW-RR 1994, 1490 ff. = FamRZ 1994, 1326 ff.

Ansprüche wegen Wegfalls der Geschäftsgrundlage nach einer unbenannten Zuwendung kommen bei einer Zugewinngemeinschaft neben den güterrechtlichen Ansprüchen nur in Ausnahmefällen in Betracht, wenn ansonsten kein tragbares Ergebnis erreicht werden kann und es schlechterdings unerträglich wäre, den Zuwendenden nur auf Ansprüche aus dem Güterrecht zu verweisen. Eine derartige Sachlage liegt vor, wenn eine Mutter von drei Kindern ihr gesamtes Erbe für den Bau eines Hauses verwendet hat, das dem Mann gehört, und die Parteien sich kurz nach Fertigstellung dieses Hauses trennten. Der Anspruch wegen Wegfalls der Geschäftsgrundlage neben dem Zugewinnausgleichsanspruch wird erst ab Beendigung des gesetzlichen Güterstandes, d.h. regelmäßig mit der Scheidung fällig und ist daher erst ab diesen Zeitpunkt zu verzinsen.
OLG München, FamRZ 1999, 1663 ff.

1. Überträgt ein Ehegatte seinem Ehepartner unentgeltlich ein Hausgrundstück, das dieser später unter Wert an eines der Kinder weiterverkauft, so ist die Verteilung des Verkaufserlöses nach den Grundsätzen des Wegfalls der Geschäftsgrundlage vorzunehmen.
2. Die Art und Höhe des Billigkeitsanspruchs hängt von einer Gesamtwürdigung aller Einzelumstände ab, wobei ein hälftiger Ausgleich jedenfalls dann sachgerecht ist, wenn beiden im bzw. kurz vor dem Rentenalter stehenden Eheleuten außer dem zugewandten Grundstück im Wesentlichen kein Vermögen verblieben ist.

OLG Karlsruhe, FamRZ 2001, 1075 f.

Haben die Eheleute Gütertrennung vereinbart, so können unbenannte Zuwendungen bei Scheitern der Ehe dann nach den Regeln des Wegfalls der Geschäftsgrundlage zu Ausgleichsansprüchen führen, wenn die Beibehaltung der durch seine Zuwendung an den anderen Ehegatten herbeigeführten Vermögensverhältnisse dem Zuwendenden nicht zuzumuten ist.
OLG Report Celle 1997, 19

Zur Frage des Ausgleichs ehebezogener Zuwendungen bei Güterstandswechsel (Gütertrennung) während intakter Ehe.
BGH, FamRZ 1997, 933 f.

Zuwendung (Schwiegereltern) 386 ff.

Zuschüsse an Tochter und Schwiegersohn zum Bau eines Familienheims erfolgen i. d. R. unter der stillschweigenden Voraussetzung des Fortbestandes der Ehe. Bei Scheidung der Ehe können die Eltern vom Schwiegersohn den auf ihn entfallenden Anteil der Geldzuwendungen nach den Grundsätzen über den Wegfall der Geschäftsgrundlage zurückverlangen.
OLG Oldenburg, NJW 1992, 1461

Zuwendungen der Schwiegereltern zu dem Erwerb des Familienheimes können nach dem Scheitern der Ehe zu einem Ausgleichsanspruch wegen Wegfalls der Geschäftsgrundlage führen.
OLG Oldenburg, NJW 1994, 1539 f.

Nach Scheitern der Ehe ist das Schwiegerkind zur Rückübereignung des hälftigen Miteigentums an einem Hausgrundstück wegen Zweckverfehlung verpflichtet, wenn die Schwiegereltern bei der Schenkung erwartet haben, dass die intakte Ehe fortdauert und das Schwiegerkind diese Erwartung kannte.
OLG Köln, NJW 1994, 1540 ff.

1. Zur Anwendung der Regeln über den Wegfall der Geschäftsgrundlage auf einen Grundstücksüberlassungsvertrag, durch den ein Ehegatte von seinem Schwiegervater unter der Geltung des DDR-Rechts zusammen mit seinem Ehepartner gemeinschaftliches Eigentum an dem Familienheim erworben hat.
2. Ist der Ehegatte insoweit ausnahmsweise zur dinglichen Rückgewähr verpflichtet, kann er dazu nur Zug um Zug gegen Zahlung eines nach den Umständen des Einzelfalls zu bemessenden Ausgleichs verurteilt werden.
BGH, FamRZ 1998, 669 f.

1. Zur Bemessung des Ausgleichsbetrages in den Fällen, in denen Vermögensgegenstände, die Schwiegereltern den Eheleuten zugewendet haben, wegen Scheiterns der Ehe ausnahmsweise zurückzugewähren sind (Fortführung des Senatsurteils v. 4. 2. 1998 – XII ZR 160/96, FamRZ 1998, 670).
2. Der Rückgewähr Fordernde, der in diesen Fällen grds. die Darlegungs- und Beweislast für die insoweit maßgebenden Umstände trägt, kann sich auf die Angabe der Größenordnung des Betrages beschränken und dessen genaue Bestimmung in das Ermessen des Gerichts stellen.
BGH, FamRZ 1999, 365 ff.

Zwangsversteigerung

Macht der Miteigentumsanteil an einem Grundstück nahezu das gesamte Vermögen aus, bedarf ein Ehegatte auch für den Antrag auf Anordnung der Zwangsvollstreckung zum Zwecke der Aufhebung der Gemeinschaft der Zustimmung des anderen Ehegatten.
BayObLG, FamRZ 1996, 1013; 1979, 290

Abschnitt 3: Arbeits- und Beratungshilfen

541 1. Indexzahlen für die alten Bundesländer 1962 bis 1990

Jahr	Vier-Personen-Haushalte von Arbeitern und Angestellten mit mittlerem Einkommen (Jahresdurchschnittswerte)	
1962	33,5	
1963	34,5	
1964	35,5	
1965	36,5	
1966	37,8	
1967	38,4	
1968	38,8	
1969	39,6	
1970	40,9	
1971	43,0	
1972	45,3	
1973	48,4	
1974	51,7	
1975	54,8	
1976	57,2	
1977	59,2	
1978	60,7	
1979	63,0	
1980	66,3	
1981	70,5	
Jahr/Monat	**Vier-Personen-Haushalte von Arbeitern und Angestellten mit mittlerem Einkommen**	
1982	Januar	72,9
	Februar	73,0
	März	73,0
	April	73,2
	Mai	73,8
	Juni	74,6
	Juli	74,8

1. Indexzahlen für die alten Bundesländer 1962 bis 1990

	August	74,7
	September	74,9
	Oktober	75,2
	November	75,4
	Dezember	75,5
	JD	**74,3**
1983	Januar	75,9
	Februar	75,9
	März	75,8
	April	76,2
	Mai	76,3
	Juni	76,6
	Juli	76,9
	August	77,0
	September	77,3
	Oktober	77,3
	November	77,4
	Dezember	77,6
	JD	**75,7**
1984	Januar	77,9
	Februar	78,2
	März	78,2
	April	78,3
	Mai	78,4
	Juni	78,6
	Juli	78,6
	August	78,4
	September	78,4
	Oktober	79,0
	November	79,0
	Dezember	79,1
	JD	**78,5**
1985	Januar	79,5
	Februar	79,8
	März	80,0
	April	80,1

	Mai	80,3
	Juni	80,3
	Juli	80,1
	August	79,9
	September	80,0
	Oktober	80,1
	November	80,2
	Dezember	80,3
	JD	**80,1**
1986	Januar	80,5
	Februar	80,5
	März	80,1
	April	80,1
	Mai	80,1
	Juni	80,2
	Juli	79,9
	August	79,7
	September	79,8
	Oktober	79,5
	November	79,3
	Dezember	79,4
	JD	**79,9**
1987	Januar	79,9
	Februar	79,9
	März	79,9
	April	80,0
	Mai	80,1
	Juni	80,1
	Juli	80,1
	August	80,1
	September	79,9
	Oktober	80,0
	November	80,0
	Dezember	80,1
	JD	**80,0**

1. Indexzahlen für die alten Bundesländer 1962 bis 1990

Jahr	Monat	Wert
1988	Januar	80,3
	Februar	80,5
	März	80,5
	April	80,7
	Mai	80,8
	Juni	80,9
	Juli	80,9
	August	80,9
	September	80,9
	Oktober	81,0
	November	81,3
	Dezember	81,5
	JD	**80,9**
1989	Januar	82,3
	Februar	82,5
	März	82,7
	April	83,2
	Mai	83,3
	Juni	83,3
	Juli	83,2
	August	83,2
	September	83,3
	Oktober	83,8
	November	83,7
	Dezember	84,0
	JD	**83,2**
1990	Januar	84,4
	Februar	84,8
	März	84,8
	April	85,0
	Mai	85,2
	Juni	85,3
	Juli	85,3
	August	85,6
	September	86,0
	Oktober	86,4

	November	86,3
	Dezember	86,3
	JD	**85,5**

2. Indexzahlen für die alten und neuen Bundesländer 1991 bis 2002 — 542

Quelle: Statistisches Bundesamt; Basisjahr 1995 = 100

Jahr	Monat	alte Bundesländer 4-Personen-Haushalte von Arbeitern und Angestellten mit mittlerem Einkommen	neue Bundesländer 4-Personen-Haushalte von Arbeitern und Angestellten mit mittlerem Einkommen
1991	Januar	86,9	73,0
	Februar	87,3	73,3
	März	87,2	74,0
	April	87,6	74,7
	Mai	88,0	75,0
	Juni	88,4	75,2
	Juli	89,5	76,1
	August	89,5	76,2
	September	89,4	76,3
	Oktober	89,7	84,5
	November	90,1	85,0
	Dezember	90,2	85,1
	JD	**88,7**	**77,4**
1992	Januar	90,6	85,4
	Februar	91,1	85,9
	März	91,5	86,4
	April	91,9	86,6
	Mai	92,2	86,8
	Juni	92,6	87,0
	Juli	92,7	87,0
	August	92,8	87,0
	September	92,7	87,0
	Oktober	92,9	87,0
	November	93,2	87,2
	Dezember	93,3	87,3
	JD	**92,3**	**86,7**
1993	Januar	94,1	93,5
	Februar	94,8	94,1
	März	95,0	94,4

Lingelbach

Jahr	Monat	alte Bundesländer 4-Personen-Haushalte von Arbeitern und Angestellten mit mittlerem Einkommen	neue Bundesländer 4-Personen-Haushalte von Arbeitern und Angestellten mit mittlerem Einkommen
	April	95,4	94,8
	Mai	95,6	94,8
	Juni	95,8	95,2
	Juli	96,3	95,4
	August	96,4	95,3
	September	96,1	95,3
	Oktober	96,3	95,4
	November	96,4	95,5
	Dezember	96,5	95,5
	JD	**95,7**	**94,9**
1994	Januar	97,2	97,4
	Februar	97,7	97,8
	März	97,8	97,9
	April	98,0	98,0
	Mai	98,3	98,2
	Juni	98,5	98,4
	Juli	98,8	98,5
	August	98,9	98,5
	September	98,8	98,5
	Oktober	98,8	98,5
	November	98,8	98,5
	Dezember	98,9	98,6
	JD	**98,4**	**98,2**

3. Indexzahlen für die alten und neuen Bundesländer 1995 bis 2002

Quelle: Statistisches Bundesamt; Basisjahr 1995 = 100

Jahr	Monat	alte Bundesländer 4-Personen-Haushalte von Arbeitern und Angestellten mit mittlerem Einkommen	neue Bundesländer 4-Personen-Haushalte von Arbeitern und Angestellten mit mittlerem Einkommen
1995	Januar	99,2	99,1
	Februar	99,6	99,6
	März	99,6	99,5
	April	99,9	99,8
	Mai	100,0	99,7
	Juni	100,3	99,8
	Juli	100,5	99,9
	August	100,4	100,6
	September	100,2	100,5
	Oktober	100,2	100,6
	November	100,0	104,4
	Dezember	100,2	100,6
	JD	**100,0**	**100,0**
1996	Januar	100,4	101,1
	Februar	100,9	101,6
	März	101,0	101,7
	April	101,0	101,7
	Mai	101,2	101,8
	Juni	101,3	101,8
	Juli	101,7	102,1
	August	101,6	102,2
	September	101,5	101,9
	Oktober	101,5	101,9
	November	101,4	101,8
	Dezember	101,7	102,2
	JD	**101,3**	**101,8**
1997	Januar	102,3	103,0
	Februar	102,6	103,4
	März	102,5	103,3

Jahr	Monat	alte Bundesländer 4-Personen-Haushalte von Arbeitern und Angestellten mit mittlerem Einkommen	neue Bundesländer 4-Personen-Haushalte von Arbeitern und Angestellten mit mittlerem Einkommen
	April	102,4	103,2
	Mai	102,8	103,7
	Juni	102,9	103,7
	Juli	103,7	104,4
	August	103,6	104,5
	September	103,5	104,3
	Oktober	103,4	104,2
	November	103,3	104,0
	Dezember	103,5	104,2
	JD	**103,1**	**103,8**
1998	Januar	103,5	104,3
	Februar	103,7	104,5
	März	103,6	104,3
	April	103,8	104,5
	Mai	104,1	104,9
	Juni	104,3	105,0
	Juli	104,8	105,2
	August	104,5	105,1
	September	104,1	104,7
	Oktober	104,0	104,6
	November	103,9	104,6
	Dezember	104,0	104,6
	JD	**104,0**	**104,7**
1999	Januar	103,8	104,4
	Februar	104,0	104,7
	März	104,0	104,6
	April	104,6	105,2
	Mai	104,6	105,2
	Juni	104,8	105,3
	Juli	105,2	105,6
	August	105,3	105,5
	September	104,9	105,2

3. Indexzahlen für die alten und neuen Bundesländer 1995 bis 2002

Jahr	Monat	alte Bundesländer 4-Personen-Haushalte von Arbeitern und Angestellten mit mittlerem Einkommen	neue Bundesländer 4-Personen-Haushalte von Arbeitern und Angestellten mit mittlerem Einkommen
	Oktober	104,8	105,2
	November	104,8	105,1
	Dezember	105,2	105,4
	JD	**104,7**	**105,1**
2000	Januar	105,5	105,8
	Februar	105,8	106,2
	März	106,0	106,3
	April	106,1	106,4
	Mai	106,0	106,4
	Juni	106,6	107,0
	Juli	107,1	107,4
	August	107,0	107,2
	September	107,1	107,4
	Oktober	107,0	107,2
	November	107,1	107,4
	Dezember	107,2	107,5
	JD	**106,5**	**106,9**
2001	Januar	107,7	108,2
	Februar	108,4	108,9
	März	108,5	109,1
	April	109,0	109,7
	Mai	109,5	110,4
	Juni	109,7	110,6
	Juli	109,9	110,6
	August	109,7	110,4
	September	109,4	110,2
	Oktober	109,2	110,0
	November	109,9	109,6
	Dezember	109,0	109,8
	JD	**109,1**	**109,8**
2002	Januar	110,1	110,9
	Februar	110,3	111,0

Jahr	Monat	alte Bundesländer 4-Personen-Haushalte von Arbeitern und Angestellten mit mittlerem Einkommen	neue Bundesländer 4-Personen-Haushalte von Arbeitern und Angestellten mit mittlerem Einkommen
	März	110,5	111,2
	April	110,7	111,4
	Mai	110,8	111,4
	Juni	110,8	111,2
	Juli	111,1	111,4
	August	111,0	111,1
	September	110,7	111,0
	Oktober	110,7	110,9
	November	110,2	110,5
	Dezember	110,4	110,5
	JD	**110,6**	**111,0**

Hinweis:
Die Verbraucherindizes für das alte Bundesgebiet und die neuen Bundesländer und Berlin-Ost werden in Zukunft nicht mehr berechnet. Ab Januar 2003 wird es nur noch den „Verbraucherpreisindex für Deutschland" geben. Zugleich hat das Statistische Bundesamt den Preisindex für die Lebenshaltung zum 1.1.2003 auf das neue Basisjahr 2000 (bisher 1995) umgestellt.

4. Klage auf vorzeitigen Zugewinnausgleich (Muster)

Amtsgericht . . .
– Familiengericht –
. . .
. . .

Klage
auf vorzeitigen Ausgleich des Zugewinns

der . . .

– Klägerin –

Verfahrensbevollmächtigte: Rechtsanwältin . . .

gegen

. . .

– Beklagter –

Verfahrensbevollmächtigter: Rechtsanwalt . . .
Vorläufiger Gegenstandswert: € . . .

Namens und in Vollmacht der Klägerin wird beantragt,

1. vorab durch Teilurteil zu erkennen, dass der Zugewinn zwischen den Parteien vorzeitig auszugleichen ist.
2. Der Beklagte wird verurteilt, der Klägerin
   a) Auskunft über den Bestand seines Endvermögens zum Zeitpunkt der Zustellung dieser Klage zu erteilen durch Vorlage eines geordneten Bestandsverzeichnisses, gegliedert nach Aktiva und Passiva,
   b) den Wert aller Vermögensgegenstände und Verbindlichkeiten mitzuteilen,
   c) diese Auskünfte zu belegen durch . . ..
3. Der Beklagte wird ggf. verurteilt, die Vollständigkeit und Richtigkeit seines Vermögensverzeichnisses an Eides Statt zu versichern.
4. Der Beklagte wird verurteilt, an die Klägerin einen nach vollständiger Erteilung der Auskunft noch zu beziffernden Zugewinnausgleich ab Rechtskraft des Urteils zu zahlen.
5. Der Beklagte wird vorab verurteilt, an die Klägerin Sicherheit in Höhe von € . . . zu leisten.

> *Hinweis:*
> *Der Anspruch auf Sicherheitsleistung gem. § 1389 BGB ist durch selbständige Klage zu verfolgen. Es ist jedoch eine sofortige Verbindung mit einer Klage auf vorzeitigen Zugewinnausgleich zulässig.*

Ferner wird beantragt,
der Klägerin Prozesskostenhilfe unter Beiordnung der Unterzeichnenden zu bewilligen.

Begründung:

I.
Die Parteien sind Eheleute. Sie leben seit dem . . . voneinander getrennt.

Beweis: . . .

Der Beklagte hat sich seit einiger Zeit einer neuen Partnerin zugewandt. Mit dieser hat er bereits mehrfach aufwändige Urlaubsreisen unternommen, z. B. . . ., die er jeweils finanzierte.

Beweis: . . .

Weiterhin hat er seiner Freundin einen Sportwagen in Höhe von € . . . sowie wertvollen Schmuck im Wert von ca. € . . . geschenkt.

Beweis: . . .

Diese Zuwendungen erfolgten unentgeltlich und wurden ohne Einverständnis der Klägerin vorgenommen. Mit diesen Zuwendungen hat der Beklagte keiner sittlichen Pflicht oder einer auf den Anstand zu nehmenden Rücksicht entsprochen. Die Vermögensdispositionen erfolgten vielmehr in Benachteiligungsabsicht.

Infolge dieser Zuwendungen hat der Beklagte sein Vermögen bereits erheblich verringert. Auch hat er der Klägerin angekündigt, dass er seine Freundin auch weiterhin „finanziell unterstützen" werde.

Wegen dieser Verhaltensweise des Beklagten besteht eine erhebliche Gefährdung der zukünftigen Ausgleichsforderung der Klägerin i. S. d. § 1386 Abs. 2 BGB. Die Klägerin hat während der Ehe keinen Zugewinn erzielt.

Klage ist daher geboten.

II.
Der Anspruch auf Sicherheitsleistung ist gegeben. Der Anspruch der Klägerin auf einen Zugewinnausgleich ist erheblich gefährdet, wie sich aus dem bisherigen Vortrag ergibt. Hinzu kommt, dass . . ..

III.
Für den Fall, dass sich konkrete Anhaltspunkte dafür ergeben sollten, dass der Beklagte die Auskunft unrichtig oder unvollständig erteilt hat, wird bereits jetzt der Antrag auf Abgabe der eidesstattlichen Versicherung angekündigt.

IV.
Nach Vorlage der vollständigen Auskunft durch den Beklagten wird der Zahlungsanspruch beziffert werden.

V.
Hinsichtlich des Antrages auf Bewilligung von Prozesskostenhilfe wird auf die beiliegende Erklärung der Klägerin über ihre persönlichen und wirtschaftlichen Verhältnisse nebst Anlagen verwiesen.

. . .

Rechtsanwältin

5. Antrag auf Auskunftserteilung und Zahlung von Zugewinnausgleich (Stufenklage) (Muster)

Amtsgericht . . .
– Familiengericht –
. . .
. . .

Antrag auf Auskunftserteilung und Zahlung von Zugewinnausgleich (Stufenklage)
der . . .

– Antragstellerin –

Verfahrensbevollmächtigte: Rechtsanwältin . . .
gegen
. . .

– Antragsgegner –

Verfahrensbevollmächtigter: Rechtsanwalt . . .
Namens und in Vollmacht der Klägerin wird beantragt,
1. den Antragsgegner zu verurteilen, der Antragstellerin Auskunft über den Bestand seines Endvermögens am . . . zu erteilen durch Vorlage eines geordneten Bestandsverzeichnisses, gegliedert nach Aktiva und Passiva,
2. die Auskunft zu belegen durch
   a) Kontoauszüge zum Stichtag bei der X-Bank
   b) Bescheinigung der Versicherung A über den Rückkaufswert einschließlich Überschussanteile zum Stichtag
   c) Vorlage der Bilanzen nebst Gewinn- und Verlustrechnungen für . . . .
3. den Antragsgegner ggf. zu verurteilen, die Vollständigkeit und Richtigkeit der nach Ziff. 1 erteilten Auskunft an Eides Statt zu versichern,
4. den Antragsgegner zu verurteilen, an die Antragsstellerin einen nach vollständiger Erteilung der Auskunft noch zu beziffernden Zugewinnausgleich ab Rechtskraft der Ehescheidung zu zahlen.

Begründung:
I.
Die Parteien sind Eheleute. Sie leben seit dem . . . voneinander getrennt. Das Scheidungsverfahren ist bei dem angerufenen Gericht bereits anhängig. Der Scheidungsantrag ist am . . . zugestellt worden.
Beweis: . . .
Mit der vorliegenden Klage wird vom Antragsgegner die Erteilung der Auskunft über den Bestand seines Endvermögens begehrt, weil ohne diese Auskunft die Berechnung seines Zugewinns und somit die Höhe der Ausgleichsforderung der Antragstellerin nicht möglich ist.
Der Antragsgegner lehnt es ab, ein geordnetes Verzeichnis seiner Aktiva und Passiva vorzulegen.

II.
Für den Fall, dass sich konkrete Anhaltspunkte dafür ergeben sollten, dass der Beklagte die Auskunft unrichtig oder unvollständig erteilt hat, wird bereits jetzt der Antrag auf Abgabe der eidesstattlichen Versicherung angekündigt.

III.
Nach Vorlage der vollständigen Auskunft durch den Antragsgegner wird die Antragstellerin ihren Ausgleichsanspruch beziffern.

. . .

Rechtsanwältin

6. Antrag dinglicher Arrest zur Sicherung der Ausgleichsforderung (Muster)

Amtsgericht . . .
– Familiengericht –
. . .
. . .

Antrag auf Erlass eines dinglichen Arrestes zur Sicherung einer zukünftigen Ausgleichsforderung

des . . .

– Antragsteller –

Verfahrensbevollmächtigte: Rechtsanwältin . . .

gegen

. . .

– Antragsgegnerin –

beantrage ich namens und in Vollmacht des Antragstellers und Gläubigers, zur Sicherung der Zwangsvollstreckung wegen einer zukünftigen Zugewinnausgleichsforderung in Höhe von . . . € den dinglichen Arrest in das bewegliche und unbewegliche Vermögen der Antragsgegnerin und Schuldnerin anzuordnen.

Begründung:
. . .

. . .

Rechtsanwältin

Hinweis:
Zur Glaubhaftmachung kann auf die im Scheidungsverfahren anhängige Zugewinnausgleichsklage verwiesen werden.
Außerdem sind Gründe darzulegen, aus denen zu besorgen ist, dass ohne die Verhängung des Arrestes die künftige Ausgleichsforderung vereitelt oder wesentlich erschwert werden würde. An die Darlegung des Bestandes und der Höhe der voraussichtlichen Ausgleichsforderung können keine zu hohen Anforderungen gestellt werden.

547   7. Ehevertrag (Muster)

Verhandelt

zu . . ., am . . .

Vor dem unterzeichneten Notar erschienen heute:

1) Frau . . .,

wohnhaft . . .,

dem Notar von Person bekannt.

2) Herr . . .,

wohnhaft . . .,

dem Notar von Person bekannt.

Auf Ansuchen der Erschienenen beurkunde ich ihre Erklärungen wie folgt:

Vorbemerkung:

Wir beabsichtigen in Kürze zu heiraten und wollen für den Fall der Scheidung der Ehe Regelungen treffen über:

> *Hinweis:*
>
> *Der notariell zu beurkundende Ehevertrag gem. §§ 1408, 1410 BGB ist ein geeignetes juristisches Vorsorgeinstrument für das Scheitern der Ehe. Die weitgehende Vertragsfreiheit für die wesentlichen Folgesachen (z. B. Güterrecht, Unterhalt, Versorgungsausgleich, Hausrat, ferner Vermögensauseinandersetzung usw.) hat den Ehevertrag u. a. auch aus wirtschaftlichen Gründen wieder mehr in den Blickpunkt des Interesses gerückt.*

A. Güterrecht (Gütertrennung)

Wir vereinbaren für unsere künftige Ehe den Güterstand der Gütertrennung und schließen deshalb den gesetzlichen Güterstand der Zugewinngemeinschaft aus.

Eine Eintragung im Güterrechtsregister wünschen wir nicht.

Die Errichtung eines Vermögensverzeichnisses wünschen wir nicht.

> *Hinweis:*
>
> *Belehrung des Notars gem. § 17 BeurkG.*

B. Unterhalt

> *Hinweis:*
>
> *Die Vertragsfreiheit für die klassischen ehevertraglichen Bereiche (Unterhalt, Versorgungsausgleich, Güterrecht) kann primär für Unterhaltsrechtsverhältnisse nachhaltige Bedeutung gewinnen. Die Freizeichnung u. a. von Unterhaltspflichten wirft Probleme auf, z. B. bei Vereinbarungen zu Lasten Dritter oder die Ausnutzung von Zwangslagen vor Eheschließung (vgl. hierzu vertiefend: Büttner, FamRZ 1998, 1 ff.; Langenfeld, Handbuch der Eheverträge und*

> *Scheidungsvereinbarungen, 1996; Sarres, Notarielle Urkunden im Familienrecht, 1997; BVerfG, FamRZ 2001, 343 ff. m. Anm. Schwab).*

Wir verzichten wechselseitig auf jeglichen nachehelichen Unterhalt, auch für den Fall der Not, wenn einer von uns innerhalb von ... Jahren nach dem Tag der Eheschließung einen Antrag auf Scheidung bei Gericht einreicht und hierauf die Ehe rechtskräftig geschieden wird.

Im Übrigen gelten die gesetzlichen Vorschriften für wechselseitige Unterhaltsverpflichtung und -berechtigung.

> *Hinweis:*
> *Belehrung des Notars gem. § 17 BeurkG.*

Variante:

Wir verzichten gegenseitig auf nachehelichen Unterhalt und nehmen den Verzicht wechselseitig an.

> *Hinweis:*
> *Ausgenommen hiervon ist der Fall, dass die Ehefrau nach den gesetzlichen Vorschriften, derzeit §§ 1570, 1572 Nr. 2 BGB, Unterhalt wegen Betreuung eines Kindes verlangen könnte. Mit dem Abschluss der Kindesbetreuung kann Unterhalt aus anderen gesetzlichen Gründen nicht verlangt werden.*

Das Gleiche gilt für die Zeit des Getrenntlebens.

C. Versorgungsausgleich

Wir sind derzeit beide berufstätig und stehen in ganztägigen Beschäftigungsverhältnissen. Die monatlichen Einkünfte sind derzeit nahezu gleichwertig.

Der Versorgungsausgleich soll daher für die Zeit ausgeschlossen sein, in der wir beide voll (ganztägig) berufstätig sind.

> *Hinweis:*
> *Belehrung des Notars gem. § 17 BeurkG.*
> *Beim Verzicht auf Versorgungsausgleich während bestimmter Zeiten der Ehe ist darauf hinzuweisen, dass eine solche Vereinbarung unter Umständen ganz oder teilweise unzulässig (= unwirksam) ist, wenn nämlich der insgesamt Ausgleichsberechtigte während der ausgeklammerten Zeiten mehr Rentenanwartschaften erworben hat als der insgesamt Ausgleichspflichtige.*

D. Hausrat

Die Zuordnung von Hausrat beschränken wir auf Gegenstände von wirtschaftlichem Wert. Dieser Urkunde sind zwei Listen beigefügt.

Liste A dokumentiert den Hausrat, der im Eigentum der Ehefrau verbleibt, Liste B denjenigen, der im Eigentum des Ehemannes verbleibt.

Zwischen den Eheleuten besteht Einigkeit, diese Auflistungen in zeitlichen Abständen von . . . zu ergänzen.

> *Hinweis:*
> *Hier sollte möglichst eine Verlesung der Listen erfolgen.*
> *Je nach Einzelfall und Regelungsbedarf sind noch weitere Vereinbarungen über folgende Bereiche bei der Beratung anzusprechen bzw. zu erwägen:*
> - *Schicksal ehebedingter Zuwendungen (vgl. z. B. Langenfeld ZEV 1994, 129 ff.; Meineke, NJW 1995, 2770),*
> - *Erbrechtliche Regelungen (z. B. Pflichtteilsverzicht) oder*
> - *Regelungen zum Steuerrecht.*

E. Erb- und Pflichtteilsansprüche
Beim Tod eines Ehepartners verzichten wir gegenseitig auf Erb- und Pflichtteilsansprüche und nehmen diesen Verzicht gegenseitig an.

F. Salvatorische Klausel
Sollte ein Teil der Vereinbarung unzulässig sein, soll die Regelung als vereinbart gelten, die der unzulässigen Vereinbarung wirtschaftlich am nächsten kommt. Die Wirksamkeit der übrigen Teile der Vereinbarung soll dadurch nicht berührt werden.

> *Hinweis:*
> *Vgl. zur vertragserhaltenden Gestaltung Keilbach, FamRZ 1992, 1118 f.; Sarres, Notarielle Urkunden im Familienrecht, Kapitel 6.*

G. Kosten und Gebühren
. . .

Schlussvermerke:

. . .

Ort, Datum, Unterschriften:

. . .

8. Ehevertrag – Modifizierung des Zugewinnausgleichs (Muster)

Verhandelt

zu .., am . . .

Vor dem unterzeichneten Notar erschienen heute:

1) Frau . . . ,

wohnhaft . . .,

dem Notar von Person bekannt.

2) Herr . . . ,

wohnhaft . . .,

dem Notar von Person bekannt.

Auf Ansuchen der Erschienenen beurkunde ich ihre Erklärungen wie folgt:

> *Hinweis:*
> *Nachfolgend wird der Erwerb des Familienheims zu Alleineigentum eines Ehegatten geregelt, was in der Praxis häufig den Hintergrund hat, dass der Eigentümer-Ehegatte den Bauplatz oder das Haus im Wege der vorweggenommenen Erbfolge erworben oder den Erwerb aus eigenem Anfangsvermögen finanziert hat.*

Vorbemerkung:

Mit der heutigen Vereinbarung streben wir das Ziel an, die Substanz und Wertsteigerung bezüglich des Baugrundstücks in . . . und bezüglich des darauf zu errichtenden Bauvorhabens aus dem Zugewinnausgleich auszuklammern, weil sowohl der Ankauf des Grundstücks aus alleinigen Mitteln der Frau . . . bereits erfolgte als auch die Bebauung des Grundstücks mit einem Einfamilienhaus allein aus Mitteln der Frau . . . bzw. ihrer Mutter erfolgen soll.

Mit Rücksicht darauf schließen wir folgenden

Ehevertrag

A. Modifizierung des Zugewinnausgleichs

1. Hinsichtlich des ehelichen Güterrechts soll es grundsätzlich beim gesetzlichen Güterstand der Zugewinngemeinschaft bleiben.
2. Jedoch soll das Baugrundstück in . . . (Flurstück Nr. . . .) und das darauf zu errichtende Wohnhaus beim Zugewinnausgleich bei Beendigung der Ehe aus anderen Gründen als dem Tod der Erschienenen zu 1) in keiner Weise berücksichtigt werden zugunsten des Erschienenen zu 2).

    Diese Werte sollen weder zur Berechnung des Anfangs- noch des Endvermögens der Erschienenen zu 1) herangezogen werden.

    Dasselbe gilt für den zukünftigen privilegierten Erwerb jedes Ehepartners von Todes wegen oder mit Rücksicht auf ein künftiges Erbrecht oder durch Schenkung. Auch die diese Gegenstände betreffenden Verbindlichkeiten, etwa ein Grundpfandrecht bei Grundstücken, sollen im Zugewinnausgleich unberücksichtigt bleiben.
3. Auch Surrogate dieser aus dem Zugewinnausgleich herausgenommenen Gegenstände/Gebäude stellen nichtausgleichungspflichtiges Vermögen dar. Sie werden also bei der Berechnung des Endvermögens nicht berücksichtigt.

4. Erträge der vom Zugewinnausgleich ausgenommenen Vermögensgegenstände können auf diese Gegenstände verwendet werden, ohne dass dadurch für den anderen Ehepartner Ausgleichsansprüche entstehen.
5. Macht ein Ehepartner aus seinem sonstigen Vermögen Verwendungen auf die vom Zugewinnausgleich ausgenommenen Gegenstände, so werden auch diese Verwendungen mit ihrem Wert zum Zeitpunkt der Verwendung dem Endvermögen des Eigentümers des Gegenstandes nicht hinzugerechnet. Auch insoweit findet ein Zugewinnausgleich nicht statt.
6. Bezüglich des vorgenannten Vermögens schließen wir die Verfügungsbeschränkungen des § 1365 BGB (Zustimmungserfordernis des anderen Ehepartners bei Veräußerung oder Belastung des betroffenen Vermögens) für das beiderseitige Vermögen insoweit aus.

Hinweis:
Belehrung des Notars.

B. Kosten und Gebühren
...

Schlussvermerke:
...

Ort, Datum, Unterschriften:
...

9. Ehevertrag nach Eheschließung (Muster)

Verhandelt

zu . . ., am . . .

Vor dem unterzeichneten Notar erschienen heute:

1) Frau . . .,

wohnhaft . . .,

dem Notar von Person bekannt.

2) Herr . . .,

wohnhaft . . .,

dem Notar von Person bekannt.

Auf Ansuchen der Erschienenen beurkunde ich ihre Erklärungen wie folgt:

Vorbemerkung:

Die Erschienenen sind verheiratet. Die Ehe wurde am . . . geschlossen.

Nach Besprechung des gesetzlichen Güterstands- und Scheidungsfolgenrechts erklären die Erschienenen nachfolgenden Ehevertrag:

A. Güterrecht (Modifizierte Zugewinngemeinschaft)

1. Hinsichtlich des ehelichen Güterrechts soll es grundsätzlich beim gesetzlichen Güterstand der Zugewinngemeinschaft verbleiben.

   Wird jedoch der Güterstand auf andere Weise als durch den Tod eines Ehegatten beendet, findet kein Zugewinnausgleich statt. Dies gilt auch für den vorzeitigen Zugewinnausgleich bei Getrenntleben.

2. Die Verfügungsbeschränkungen der §§ 1365, 1369 BGB werden ausgeschlossen.

3. Im Falle der Auflösung der Ehe durch Tod eines Ehegatten verbleibt es beim Zugewinnausgleich nach § 1371 BGB. Es wird jedoch vereinbart, dass die Ausgleichsforderung nach § 1371 Abs. 2 BGB abweichend von § 1378 BGB immer pauschal ein Viertel des Verkehrswertes des Nachlasses beträgt.

B. Eigentums- und Besitzvermutung

1. Um die Eigentums- und Besitzvermutung zugunsten eines Ehegatten und Schuldners bei Pfändung beweglicher Sachen zu entkräften, haben wir gemeinsam ein Vermögensverzeichnis der jedem Ehegatten gehörenden Gegenstände erstellt, das als Anlage dieser Urkunde beigeheftet werden soll.

2. Hinsichtlich der aufgeführten Gegenstände und Sachgesamtheiten erklären wir, dass sie demjenigen zu Alleineigentum und Alleinbesitz gehören, unter dessen Namen sie aufgeführt sind.

3. Für künftige Neuanschaffungen und ersetzte Stücke gilt, dass sie demjenigen zu Alleineigentum und Alleinbesitz gehören, der sie bezahlt hat und unter dessen Namen sie auf dem dieser Urkunde beigehefteten Vermögensverzeichnis eingetragen sind.

C. Versorgungsausgleich

Der Versorgungsaugleich wird ausgeschlossen, ebenso die spätere gerichtliche Abänderung dieses Ausschlusses.

Die Beteiligten gehen davon aus, dass der vorstehende Ausschluss des Versorgungsausgleichs angemessen ist.

D. Ehegattenzuwendungen

Zuwendungen eines Ehegatten an den anderen sollen diesem auch im Falle der Scheidung verbleiben, wenn nicht bei der Zuwendung ausdrücklich die Rückforderung im Scheidungsfalle vorbehalten wurde.

E. Kosten und Gebühren
...

Schlussvermerke:
...

Ort, Datum, Unterschriften:
...

Teil 4: Eltern/Kinder

Inhaltsverzeichnis

	Rn.
Abschnitt 1: Systematische Erläuterungen	1

A. Die Kindschaftsrechtsreform des Jahres 1998 im Überblick — 1
   I. Ziele — 2
   II. Anlässe — 3
   III. Reformgesetze des Jahres 1998 — 4
   IV. Fortdauernde Reform, Reformdiskussion und Vorschläge — 5

B. Abstammungsrecht — 14
   I. Keine Unterschiede mehr zwischen ehelichen und nichtehelichen Kindern — 14
   II. Folgen der Gleichstellung für das IPR — 15
   III. Abstammung eines Kindes von der Mutter — 20
   IV. Erwerb der Vaterschaft — 23
   V. Verlust der Vaterschaft durch Anfechtungsklage — 28
      1. Einheitliche Klage und Zuständigkeit — 29
      2. Anfechtungsberechtigung — 30
      3. Ausschluss der Anfechtungsmöglichkeit bei heterologer Insemination — 31
      4. Möglichkeit der Nebenintervention durch den leiblichen Vater — 32
      5. Höchstpersönlichkeit der Anfechtungsklage — 34
      6. Einheitliche Anfechtungsfrist — 35
   VI. Kein uneingeschränktes Recht des Kindes auf Kenntnis der eigenen Abstammung — 42
   VII. Erleichterungen durch Klagerecht der Mutter — 44

C. Verfahrensrechtliche Besonderheiten in Statusverfahren — 49
   I. Funktionelle und sachliche Zuständigkeit — 49
      1. Sachliche Zuständigkeit des Familiengerichts — 49
      2. Fortbestehende Doppelzuständigkeit mit dem Vormundschaftsgericht — 50
      3. Richter- oder Rechtspflegeraufgabe — 53
   II. Ausschließliche örtliche Zuständigkeiten — 54
   III. Regelmäßig ZPO-Verfahren — 56
   IV. Sachverständigenbeweis im Statusverfahren — 57
      1. Schlüssige Klage und Notwendigkeit eines Sachverständigengutachtens im Abstammungsverfahren — 57
      2. Möglichkeit der zwangsweisen Blutentnahme — 63
      3. Anforderungen an Abstammungsgutachten — 65
         a) Amtliche Richtlinien für die Erstattung von Abstammungsgutachten — 65
         b) Defizienzfälle — 67
         c) Privatgutachten — 68
   V. Verbindung des Abstammungsverfahrens mit Unterhaltsforderungen — 69
      1. Annexverfahren — 70
      2. Einstweilige Anordnungen — 76
   VI. Rechtsmittel — 79
      1. Befristete Beschwerde — 79
      2. Materielle Beschwer — 81

D. Sorgerecht — 82
   I. Allgemeines — 82
      1. Inhalt der elterlichen Sorge nach BGB — 82
         a) Allgemeines — 82
         b) Personensorge — 87
            aa) Bereiche der Personensorge — 87
            bb) Verbot entwürdigender Erziehungsmaßnahmen — 88
            cc) Einschränkung der Personensorge bei freiheitsentziehender Unterbringung — 89
                (1) Sachlicher Geltungsbereich — 90
                (2) Persönlicher Geltungsbereich — 93
                (3) Genehmigungsvoraussetzungen — 95
            dd) Kindesherausgabeanspruch — 99

		ee)	Bestimmung des Umganges des Kindes mit Dritten	101		(3)	Bindung des Kindes an die Eltern	172
		(1)	Grenzen elterlicher Umgangsverbote	101		(4)	Bindungen des Kindes an seine Geschwister	173
		(2)	Inhalt der Maßnahme, Verfahren und Vollstreckung	103		(5)	Selbstbestimmungsrecht des Kindes	174
		ff)	Verbleibensanordnungen	104		cc)	Uneinigkeit der Eltern	175
		c)	Vermögenssorge	105	2.	Inhalt der gemeinsamen elterlichen Sorge nach dauerhafter Trennung der Eltern	181
		d)	Gesetzliche Vertretung des Kindes	110		a)	Trennung	182
	2.	Grundsätzliches zur gemeinsamen elterlichen Sorge	115		b)	Alleinbestimmungsrechte nach § 1687 BGB	183
	3.	Kindeswohl als Grundmaßstab	123		c)	Geltendmachung von Unterhaltsansprüchen gegen den ausgezogenen Elternteil	187
	4.	Elterliche Verantwortung	124			
	5.	Einheitlicher Kindesstatus	125		d)	Einschränkung des Alleinvertretungsrechtes durch gerichtliche Entscheidung	188
	6.	Pflichten des Kindes	126			
		a)	Dienstleistungspflicht in Haus und Geschäft	127		e)	Notvertretungsrecht	190
		b)	Unterhaltspflicht gegenüber Eltern	128		f)	Fortfall der Entscheidungsbefugnisse nach § 1687 BGB	191
		c)	Wechselseitige Beistandspflicht	129	IV.	Alleinige elterliche Sorge	192
II.	Gerichtliche Regelungen bei Streit zwischen gemeinsam sorgeberechtigten Eltern	130	V.	Elterliche Sorge bei Tod, tatsächlicher oder rechtlicher Verhinderung eines sorgeberechtigten Elternteils	201
	1.	Streitschlichtung nach § 1628 BGB	130		1.	Bei Tod	201
					2.	Bei tatsächlicher Verhinderung	203
		a)	Ausgangslage	130		3.	Verhinderung aus Rechtsgründen	213
		b)	Voraussetzungen für das gerichtliche Verfahren nach § 1628 BGB	132	VI.	Rechte und Pflichten von Pflegeeltern	216
					1.	Definition	216
		c)	Gerichtliche Reaktionsmöglichkeiten	140		2.	Eingeschränkter verfassungsrechtlicher Schutz	217
	2.	Gerichtliche Bestimmung bei Streit um den Familiennamen des Kindes, § 1617 BGB	143		3.	Erweiterte gesetzliche Regelung durch die Kindschaftsrechtsreform	218
III.	Fortbestehen/Fortfallen bisher gemeinsamer elterlicher Sorge	149		4.	Längere Zeit in der Familienpflege	226
	1.	Elterliche Sorge nach dauernder Trennung der Eltern	150		5.	Zuständigkeit des Familiengerichts	227
		a)	Trennung der Eltern	150	VII.	Schutz der Stieffamilie	228
		b)	Auf Antrag	151		1.	Verbleibensanordnung und (Not-)vertretungsrecht	229
		c)	Weiter Differenzierungsspielraum	153		2.	Umgangsrecht	230
					3.	Kleines Sorgerecht	231
		d)	Fortbestehen gemeinsamer elterlicher Sorge	154	VIII.	Maßnahmen bei Gefährdung des Kindeswohls, § 1666 BGB	233
		e)	Vorrang der gemeinsamen Sorge?	157		1.	Allgemeines	233
					2.	Eingriffsvoraussetzungen im Überblick	237
		f)	Kriterien für eine Einschränkung der gemeinsamen elterlichen Sorge	162		3.	Eingriffsvoraussetzungen im Einzelnen	241
		aa)	Einzelfallentscheidung	162		a)	Kindeswohl	241
		bb)	Gesamtbetrachtung	163		b)	Gefährdung	243
		(1)	Kontinuitätsprinzip	164		c)	Sorgerechtsmissbrauch	246
		(2)	Förderprinzip	166		d)	Vernachlässigung des Kindes	258
					e)	Unverschuldetes Versagen der Eltern	259

f) Verhalten eines Dritten	260	
g) Mangelnde Bereitschaft und Fähigkeit der Eltern zur Gefahrenabwehr	262	
h) Maßnahmen der Gefahrenabwehr	264	
i) Gefährdung des Kindesvermögens	272	
aa) Eigener Gefährdungstatbestand	272	
bb) Regelfälle/Vermutungen	273	
cc) Maßnahmen der Gefahrenabwehr	274	
j) Zuständigkeit für Maßnahmen nach § 1666 BGB	275	

E. **Umgang zwischen Eltern und Kindern** 276
  I. Umgangsrecht jedes Kindes 276
  II. Umgangspflicht beider Eltern 283
    1. Warnfunktion der §§ 1626, 1684 BGB 283
    2. Auswirkungen der Umgangspflicht 287
    3. Umgangsrecht als Elternrecht des Umgangsberechtigten 290
  III. Umgangsrechte sonstiger naher Angehöriger einschließlich Stiefeltern 294
  IV. Auskunftsrechte nicht betreuender Eltern 297
  V. Begleiteter Umgang 298
    1. Fallgruppen 299
    2. Vorübergehende Maßnahme 304
    3. Beteiligung von Sachverständigen 305
    4. Ausschluss eines beschützten Umgangs 306
    5. Vereinbarung des Umgangs 309
    6. Kosten 310
    7. Rechtliche Stellung des „mitwirkenden Dritten" 311
  VI. Umgangspflegschaft 312
    1. Inhalt 312
    2. Keine Umgangsregelung 314
    3. Kein Vollstreckungstitel 315
    4. Anfechtbarkeit 316
  VII. Vollstreckung gerichtlicher Umgangsregelungen 317
  VIII. Ausschluss des Umgangsrechtes 322
    1. Unterscheidung zwischen Aussetzung des Vollzuges und Ausschluss des Umgangsrechtes 322
    2. Voraussetzungen 324
    3. Ablehnung einer gerichtlichen Umgangsregelung 332
  IX. Hartnäckige Umgangsverweigerung – Versuch einer psychologischen Analyse 337
    1. Grundlegende Vorüberlegungen 337
    2. Empirische Untersuchungen zu den Gründen der Umgangsrechtsverweigerung 341
    3. Der Kindeswille aus psychologischer Sicht 343
    4. Strategien der Umgangsrechtsverweigerung 345
    5. Ziele der Umgangsverweigerung 347
    6. Methoden der Umgangsverweigerung 348
    7. Zum Problem der psychologischen Begutachtung 349
    8. Psychologische Analyse des Verhaltens 351
    9. Schlussfolgerungen 354

F. **(Familien-)Namensrecht für Kinder** 355
  I. Fehlender Ehename 356
  II. Gemeinsamer Ehename 360
  III. Doppelname 362
  IV. Verfahren vor dem Standesbeamten 364
  V. Voraussetzung der Namensänderung 365
  VI. Namensänderungen durch Verwaltungsakt 369
  VII. Übergangsrecht 372

G. **Annahme an Kindes statt** 373
  I. Rechtspolitischer Zweck und Grundgedanken des Adoptionsrechtes 373
  II. Verhinderung des Kinderhandels 381
  III. Gerichtliches Adoptionsverfahren 383
    1. Dekretsystem 383
    2. Erforderliche Erklärungen 384
      a) Antrag 385
      b) Zustimmung des Kindes und der Eltern 386
      c) Ersetzung der Einwilligung 389
    3. Aufhebung der Adoption 390
  IV. Weitere Neuerungen im Adoptionsrecht durch das KindRG 395
    1. Keine Adoption des eigenen Kindes mehr 395
    2. Einwilligung des Vaters in jedem Fall erforderlich 396
    3. Beschleunigung des Verfahrens 400

H. **Verfahrensrechtliche Besonderheiten und Neuerungen im familiengerichtlichen Verfahren mit Kindern** 401
  I. Zuständigkeiten 402
    1. Internationale Zuständigkeit 402
      a) Zuständigkeit nach § 35b FGG 403
      b) Zuständigkeit nach der EU-VO Nr. 1347/2000 406

c)	Sonderzuständigkeit nach HKiEntÜ	407	
2.	Sachliche Zuständigkeit	408	
3.	Zuständigkeitsabgrenzung zwischen Vormundschafts- und Familiengericht	409	
	a) „Großes Familiengericht"	409	
	b) Zuständigkeitsverteilung bei Vormundschaften und Pflegschaften	410	
	c) Abgrenzungsschwierigkeiten bei der Zuständigkeit von Familien- und Vormundschaftsgericht in einzelnen Angelegenheiten	415	
4.	Örtliche Zuständigkeit	417	
	a) Grundsatz	417	
	b) Kein besonderer Geschwistergerichtsstand	420	
	c) Bei Abänderungen	421	
	d) Perpetuatio fori	423	
	e) Auffanggericht	425	
	f) Eilzuständigkeiten	426	
	g) Ausschließliche Zuständigkeit	430	
	h) Negativer Kompetenzkonflikt	431	
5.	Funktionelle Zuständigkeit	432	
II. Sonstiges Verfahrensrecht		439	
1.	Allgemeine Verfahrengrundsätze	439	
	a) Amtsermittlungspflicht in Sorge- und Umgangsstreitigkeiten	439	
	b) Eingeschränkte Amtsermittlungspflicht bei Statusverfahren	440	
	c) Pflicht zur persönlichen Anhörung der Eltern und des Kindes	441	
	d) Pflicht zum Hinwirken auf einvernehmliche Elternlösungen	445	
2.	Neuregelung des Scheidungsverbundes	446	
	a) Sorgerechtsantrag	446	
	b) Berücksichtigung gemeinsamer minderjähriger Kinder im Scheidungsverfahren	447	
	c) Umgangsregelungen von Amts wegen	448	
	d) Erweiterung des Katalogs der Folgesachen	449	
3.	Abänderung familiengerichtlicher Maßnahmen zu Sorge- und Umgangsrecht, § 1696 BGB	454	
4.	„Anwalt des Kindes"	461	
	a) Pflicht zur Bestellung	462	
	b) Rolle und Aufgaben des Verfahrenspflegers	467	
	c) Notwendige Qualifikationen und Vergütung des Verfahrenspflegers	481	
	d) Unterbleiben und Ende der Bestellung eines Verfahrenspflegers	484	
	e) Anfechtbarkeit	485	
5.	Sachverständigenbeweis im familiengerichtlichen Verfahren	488	
	a) Vorherige Aufklärung durch das Gericht	488	
	b) Kein Gutachten gegen den Willen des Sorgeberechtigten	493	
	c) Anforderungen an Gutachter und Gutachten	494	
	d) Eile und Weile des Gutachtens	495	
	e) Persönliche Anhörung des Sachverständigen	496	
	f) Verteilung der Kosten des Sachverständigen	497	
	g) Qualitätssicherung psychologischer Gutachten	500	
		aa) Psychologische Gutachten – Definition	500
		bb) Fragestellungen psychologischer Begutachtung im Familienrecht	501
		cc) Aspekte des Kindeswohls	504
		dd) Grundlagen psychologischer Begutachtung bei familienrechtlichen Fragestellungen	506
		(1) Allgemeine Überlegungen zur Qualität psychologischer Gutachten	506
		(2) Qualitätsstandards familienrechtlicher Begutachtung	508
		(3) Einsatz psychologischer Verfahren und Methoden bei familienrechtlichen Fragestellungen	510
		ee) Modellhafte Darstellung eines Begutachtungsablaufs	520
		ff) Checkliste: Gliederung eines psychologischen Gutachtens ☑	537
		gg) Problem des Parteien- oder Privatgutachtens	538
		hh) Problem methoden-kritischer Stellungnahmen	540
6.	Vorläufige Anordnungen	544	
7.	Verhältnis von Rückgabeverfahren nach HKiEntÜ und Sorgerechtsentscheidung	546	

8. Rechtsmittel in familiengerichtlichen Verfahren ... 547
   a) Befristete Beschwerde ... 547
   b) Formelle Anknüpfung ... 552
   c) Anfechtbarkeit von Zwischenverfügungen ... 553
   d) Anfechtbarkeit vorläufiger Anordnungen ... 554
   e) „Außerordentliche" Beschwerde ... 555
   f) Wirksamkeit gerichtlicher Entscheidungen ... 557
9. Vollstreckung familiengerichtlicher Entscheidungen im Sorge- und Umgangsrecht ... 558
   a) Anwendungsbereich des § 33 FGG ... 558
      aa) Allgemeines ... 558
      bb) Vollstreckungsfähigkeit ... 560
         (1) Sorgerechtsregelungen ... 560
         (2) Umgangsregelungen ... 561
   b) Zwangsmittel ... 564
   c) Vollstreckungsvoraussetzungen ... 573
      aa) Schuldhafte Zuwiderhandlung oder Unterlassung ... 573
      bb) Kindeswohl und Verhältnismäßigkeit ... 574
      cc) Androhung des Zwangsmittels ... 577
   d) Abgrenzung von Vollstreckungs- und Abänderungsverfahren bei Sorgerechts- und Umgangsregelungen ... 579
10. Vermittlungsverfahren nach § 52a FGG ... 581
    a) Vermittlung vor Vollstreckung? ... 581
    b) Vollstreckungs-Zwischenverfahren ... 582
    c) Ziel und Stil ... 584

I. Aufgaben und Beteiligung des Jugendamtes ... 585
   I. Auftrag der Jugendhilfe ... 586
      1. Formulierung des Auftrages ... 586
      2. Grundsatz der Subsidiarität und seine Folgen ... 587
      3. Pflichten des Jugendamtes gegenüber Kindern und Jugendlichen ... 588
   II. Stellung des Jugendamtes im familiengerichtlichen Verfahren ... 589
      1. Anhörungspflicht des Gerichts und Beschwerdebefugnis des Jugendamtes ... 590
      2. Benachrichtigungspflicht des Gerichtes im Scheidungsverfahren der Eltern ... 593
      3. Mitwirkungspflicht des Jugendamtes ... 595

J. Vormundschaftsrecht ... 604
   I. Einleitung ... 604
   II. Vormundschaft über Minderjährige ... 605
      1. Anordnung der Vormundschaft ... 606
      2. Bestellung des Vormunds ... 610
         a) Berufener Vormund ... 610
         b) Verfahrensweise bei Fehlen eines berufenen Vormunds ... 612
         c) Verpflichtung zur Übernahme einer Vormundschaft ... 613
         d) Bestellung und Bestallung des Vormunds ... 614
         e) Juristische Personen als Vormund ... 615
      3. Befreiter und nicht befreiter Vormund ... 616
         a) Befreiung des Vormunds durch die Eltern (den Sorgeberechtigten) des Mündels ... 617
            aa) Befreiung von den Beschränkungen aus § 1809 und § 1810 BGB ... 618
            bb) Befreiung von den Genehmigungserfordernissen gem. § 1812 BGB ... 619
            cc) Befreiung von der alljährlichen Rechnungslegungspflicht ... 620
         b) Befreiung des Vormunds durch das Gericht ... 621
            aa) Befreiung von den Genehmigungserfordernissen aus § 1812 BGB ... 623
            bb) Befreiung von den vormundschaftsgerichtlichen Genehmigungserfordernissen aus § 1822 Nr. 8 bis 10 BGB ... 624
      4. Mitvormund und Gegenvormund ... 625
      5. Aufgaben des Vormundes ... 628
         a) Personensorge und Vermögenssorge ... 628
         b) Gesetzliche Vertretung des Mündels ... 629
            aa) Vertretungsausschluss gem. § 181 BGB ... 630
            bb) Vertretungsausschluss gem. § 1795 Abs. 1 Nr. 1 bis Nr. 3 BGB ... 634
            cc) Vertretungsausschluss gem. § 1796 BGB ... 635

	c) Einholung vormundschaftsgerichtlicher Genehmigungen	636	
	d) Mündelsichere Geldanlage	637	
	e) Rechnungslegung	639	
6.	Vormundschaftsgerichtliche Genehmigungserfordernisse	640	
7.	Gerichtliche Kontrolle des Vormunds	657	
8.	Aufwendungsersatz und Vergütung	658	
	a) Aufwendungsersatz	659	
	b) Vergütung des Vormunds	660	
	c) Aufwandsentschädigung	663	
	d) Vergütung und Auslagenersatz bei mittellosem Mündel	664	
9.	Haftung des Vormunds	665	
10.	Beendigung der Vormundschaft	667	

K. Betreuungsrecht — 668
  I. Voraussetzungen für eine Betreuungsanordnung — 668
    1. Psychische Krankheit oder körperliche, geistige oder seelische Behinderung — 668
    2. Kausalität der Behinderung — 670
    3. Erforderlichkeit der Betreuungsanordnung — 672
    4. Betreuungsanordnung und Betreuerbestellung — 673
  II. Wirkung der Betreuungsanordnung — 674
    1. Auswirkungen auf die Geschäftsfähigkeit — 674
    2. Einwilligungsvorbehalt und Prozessfähigkeit — 676
  III. Person des Betreuers — 677
  IV. Aufgabenkreis des Betreuers — 679
  V. Gerichtliche Kontrolle — 680
  VI. Aufwendungsersatz und Vergütung — 681
  VII. Vormundschaftsgerichtliche Genehmigungserfordernisse — 683
    1. Verweisung auf Genehmigungstatbestände des Vormundschaftsrechts — 683
    2. Weitere Genehmigungstatbestände — 684
  VIII. Beendigung der Betreuung — 686

L. Pflegschaftsrecht — 687
  I. Arten von Pflegschaften — 688
    1. Ergänzungspflegschaft gem. § 1909 BGB — 689
    2. Abwesenheitspflegschaft gem. § 1911 BGB — 690
    3. Pflegschaft für eine Leibesfrucht gem. § 1912 BGB — 691
    4. Pflegschaft für unbekannte Beteiligte gem. § 1913 BGB — 692
    5. Pflegschaft für Sammelvermögen gem. § 1914 BGB — 693
    6. Beistandschaft gem. § 1714 BGB — 694
  II. Anordnung der Pflegschaft und Bestellung des Pflegers — 695
  III. Aufgaben und Vertretungsbefugnis des Pflegers — 696
  IV. Erfordernis vormundschaftsgerichtlicher Genehmigungen — 697
  V. Vergütung des Pflegers — 699
  VI. Rechenschaftspflicht und Haftung des Pflegers — 700
  VII. Beendigung der Pflegschaft — 701

Abschnitt 2: Rechtsprechungslexikon – ABC des Abstammungs-/Sorge-/Umgangsrechts — 703

Abschnitt 3: Arbeits- und Beratungshilfen — 704

1. Antrag gem. § 1671 Abs. 1 2. Alt. BGB (FGG-Verfahren) (Muster) — 704
2. Antrag auf Herausgabe des Kindes gem. § 1632 BGB (FGG-Verfahren) (Muster) — 705
3. Übertragung der elterlichen Sorge gem. § 1672 Abs. 1 BGB auf den Kindesvater nach vorhergehender Alleinsorge der Mutter gem. § 1626a BGB (FGG-Verfahren) (Muster) — 706
4. Übertragung der elterlichen Sorge auf einen Elternteil mit Zustimmung des anderen Elternteils unter Zustimmung des über 14-jährigen Kindes (FGG-Verfahren) (Muster) — 707
5. Antrag auf Umgang mit dem Kind für den außerehelichen Vater, § 1684 Abs. 1, 2. Hs. BGB (FGG-Verfahren) (Muster) — 708
6. Antragserwiderung der außerehelichen Mutter auf den Umgangsregelungsantrag des Vaters (FGG-Verfahren) (Muster) — 709
7. Antrag auf Ausschluss des Umgangsrechts, § 1684 BGB (FGG-Verfahren) (Muster) — 710
8. Antrag auf Sorgerechtsänderung, § 1696 BGB (FGG-Verfahren) (Muster) — 711

Literatur:

Bach, Das Haager Kindesentführungsabkommen in der Praxis, FamRZ 1997, 1051; *Balloff,* Kinder vor Gericht, 1992; *ders., * Regelung der elterlichen Sorge, wenn jeder der beiden Elternteile allein mit den Betreuungs-, Versorgungs- und Erziehungsaufgaben überfordert ist, FPR 1999, 164; *ders.,* Die Stellungnahme des Verfahrenspflegers, FPR 1999, 341; *Bergmann/Gutdeutsch,* Zur Anordnung der Kindesanhörung im Scheidungsverfahren ohne Sorgerechtsantrag, FamRZ 1999, 422; *Bestelmeyer,* Die unsinnige (Nicht-)zuständigkeit des Familiengerichts für die Anordnung von Ergänzungspflegschaften, FamRZ 2000, 1068; *Böhm,* Die Neuregelung des Erbrechts nichtehelicher Kinder, NJW 1998, 1043; *Born,* Gemeinsames Sorgerecht: Ende der „modernen Zeiten"?, FamRZ 2000, 396; *Bornhofen,* Die Reform des Kindschaftsrechts und die Neuordnung des Eheschließungsrechts in der standesamtlichen Praxis, StA 1997, 362; *Büttner,* Änderungen im Familienverfahrensrecht durch das Kindschaftsrechtsreformgesetz, FamRZ 1998, 585; *Carl,* Die Aufklärung des Verdachts eines sexuellen Mißbrauchs in familien- und vormundschaftsgerichtlichen Verfahren, FamRZ 1995, 1183; *Damrau/Zimmermann,* Betreuungsrecht, 3. Aufl. 2001; *Dörrfuß,* gemeinsame Sorge – einsame Sorge?, EZI-Korrespondenz Nr. 17 S. 18; *Furstenberg/Cherlin,* Geteilte Familien, 1. Aufl., Stuttgart 1993; *Frank,* Die Neuregelung des Adoptionsrechtes, FamRZ 1998, 393; *Gaul,* Die Neuregelung des Abstammungsrechts durch das Kindschaftsrechtsreformgesetz, FamRZ 1997, 1441; *ders.,* Ausgewählte Probleme des materiellen Rechts und des Verfahrensrechts im neuen Abstammungsrecht, FamRZ 2000, 1461; *Greßmann,* Neues Kindschaftsrecht, 1998; *Greßmann/Beinkinstadt,* Das Recht der Beistandschaft, Praxis der Jugendhilfe Band 8, 1998; *Hanewinckel,* Das neue Kindschaftsrecht, EZI-Korrespondenz Nr. 17 S. 17; *Henrich,* Kindschaftsrechtsreformgesetz und IPR, FamRZ 1998, 1401; *Hinz,* Die gemeinsame Sorge, Sorgerechtsentscheidungen und ergänzende Normen nach neuem Recht, FuR 1998, 843; *Hepting,* Das Eheschließungsrecht nach der Reform, FamRZ 1998, 713; *Hoyer,* Im Strafrecht nicht Neues? – Zur strafrechtlichen Bedeutung der Neufassung des § 1631 Abs. 2 BGB, FamRZ 2001, 521; *Huber/Scherer,* Die Neuregelung zur Ächtung der Gewalt in der Erziehung, FamRZ 2001, 797; *Kirchhoff,* Sexueller Mißbrauch vor Gericht, 1994; *Janzen,* Das Kinderrechteverbesserungsgesetz – Weiterentwicklung des Kindschaftsrechts und Schutz der Kinder vor Gewalt, FamRZ 2002, 985; *Künkel,* Neue Zuständigkeiten des Familiengerichts ab 1.7.1998, FamRZ 1998, 877; *Leyhausen,* Der beschützte Umgang gem. § 1684 Abs. 4 BGB als Möglichkeit zur Aufrechterhaltung einer Eltern-Kind-Beziehung in problematischen Trennungs- und Scheidungssituationen; *Lipp,* Das elterliche Sorgerecht für das nichteheliche Kind nach dem Kindschaftsrechtsreformgesetz, FamRZ 1998, 66; *Lossen,* Kindeswohl und Verbundverfahren im Kindschaftsrechtsreformgesetz, FuR 1997, 100; *v. Luxburg,* Das neue Kindschaftsrecht, 1998; *Macoby/Mnookin,* Die Schwierigkeiten der Sorgerechtsregelung, FamRZ 1995, 1; *Marquardt,* Sexuell mißbrauchte Kinder und das Recht, 1993; *Motzer,* Die gerichtliche Praxis der Sorgerechtsentscheidung seit der Neufassung von § 1671 BGB, FamRZ 1999, 1101; *ders.,* Das Umgangsrecht in der gerichtlichen Praxis seit der Reform des Kindschaftsrechts, FamRZ 2000, 925; *Mühlens/Kirchmeier/Greßmann/Knittel,* Das neue Kindschaftsrecht, kommentierende Darstellung mit Auszügen aus den Entwurfsbegründungen (Stand: 1.1.1999), 2. Aufl. 1999; *Münder,* Familienrechtsreform 1998 – Die Reformgesetze im Überblick – in Brennpunkte des Familienrechts 1999; *Niepmann,* Die Reform des Kindschaftsrechts, MDR 1998, 565; *Oelkers,* Gründe für die Sorgerechtsübertragung auf einen Elternteil, FPR 1999, 132; *Oelkers/Kreutzfeldt,* Die Ersetzung der Einwilligung nach § 1618 Satz 4 BGB, FamRZ 2000, 647; *Oprach,* Das Abstammungsstatut nach Art. 19 EGBGB alter und neuer Fassung im deutsch-italienischen Rechtsverkehr, IPRax 2001, 325; *Pieper,* Die wichtigsten Änderungen durch das neue Kindschaftsrecht, FuR 1998, 1; *Radziwill/Steiger,* Erbrechtliche Gleichstellung der vor dem 1.7.1949 geborenen nichtehelichen Kinder FamRZ 1997, 268; *Rauscher,* Das Umgangsrecht im Kindschaftsrechtsreformgesetz, FamRZ 1998, 329 f.; *Reeckmann-Fiedler,* Konkretisierung der gemeinsamen elterlichen Sorge in Elternvereinbarungen anläßlich von Trennung und Scheidung, FPR 1999, 146; *Rehberg,* Kindeswohl und Kindschaftsrechtsreformgesetz, FuR 1998, 65; *Runge,* Rechtliche Folgen für den die gemeinsame elterliche Sorge boykottierenden Elternteil, FuR 1999, 142; *Salgo,* Die Implementierung der Verfahrenspflegschaft, FPR 1999, 349; *Salzgeber,* Gedanken eines psychologischen Sachverständigen zum begleiteten Umgang des Kindes mit einem Elternteil, FamRZ 1999, 975; *Salzgeber/Stadler/Schmidt/Partale,* Umgangsprobleme – Ursachen des Kontaktabbruchs durch das Kind jenseits des Parental Alienation Syndrome, KindPrax 1999, 107; *Schimke/Schulte-Kellinghaus,* Jugendämter und Rechtsberatung, FamRZ 1994, 1230; *Schröder,* Umgangsrecht und falschverstandenes Wohlverhaltensgebot – Auswirkungen auf Trennungskinder und Entstehung des sog. PA-Syndroms, FamRZ 2000, 592; *Schüller,* Zum Anwaltszwang für den Antrag auf Übertragung der alleinigen elterlichen Sorge, FamRZ 1998, 1287; *Schulz,* Die Stärkung des Haager Kindesentführungsabkommens durch den Europäischen Gerichtshof für Menschenrechte, FamRZ 2001, 1420; *Schumann,* Erfüllt das neue Kindschaftsrecht die verfassungsrechtlichen Anforderungen an die Ausgestaltung des nichtehelichen Vater-Kind-Verhältnisses?, FamRZ 2000, 389; *Schwab,* Elterliche Sorge bei Trennung und Scheidung der Eltern. Die Neuregelung des Kindschaftsrechtsreformgesetzes, FamRZ 1998, 457; *Schwab/Wagenitz,* Einführung in das neue Kindschaftsrecht, FamRZ 1997, 1377; *dies.,* Familienrechtliche Gesetze, 2.Aufl. 1998; *Stadtler/Salzgeber,* Berufsethischer Kodex und Arbeitsprinzipien für die Vertretung von Kindern und Jugendlichen – Sprachrohr und/oder Interessenvertreter?, FPR 1999, 329; *Suess/Scherer-Englisch/Großmann,* Das geteilte Kind, Anmerkungen zum gemeinsamen Sorgerecht aus der Sicht der Bindungstheorie und -forschung, FPR 1999, 148; *Suess/Fegert,* Das Wohl des Kindes in der Beratung aus entwicklungspsychologischer Sicht, FuR 1999, 157; *Wagenitz/Bornhofen,* Handbuch des Eheschließungsrechts, 1998; *Wallerstein/Lewis,* Langzeitwirkungen der elterlichen Ehescheidung auf Kinder, FamRZ 2001, 65; *Walter,* Die Stellung Minderjähriger im Verfassungsbeschwerdeverfahren – Überlegungen zur Auflösung einer möglichen Konkurrenz zwischen Verfahrens- und Ergänzungspflegschaft, FamRZ 2001, 1; *Weber/Zitelmann,* Standards für VerfahrenspflegerInnen, 1998; *Wever,* Das große Familiengericht-Zuständigkeit für alle vermögensrechtlichen Streitigkeiten der Ehegatten, FamRZ 2001, 268; *Wieser,* Zur Anfechtung der Vaterschaft nach neuem Recht, FamRZ 1998, 1004; *Wend,* Gemeinsames Sorgerecht ohne elterliche Kooperation? FPR 1999, 137; *Windel,* Zur elterlichen Sorge bei Familienpflege, FamRZ 1998, 713; *Zellner,* Der Umfang der Trennungs- und Scheidungsberatung nach dem neuen KJHG, FamRZ 1993, 621; *Zitelmann,* Vom „Anwalt des Kindes" zum Verfahrenspfleger? Die Interessenvertretung für

Kinder in sorgerechtlichen Verfahren, KindPrax 1998, 131; *Zorn*, die Zuständigkeit des Familiengerichts für die Anordnung der Pflegschaft, FamRZ 2000, 719.

Abschnitt 1: Systematische Erläuterungen
A. Die Kindschaftsrechtsreform des Jahres 1998 im Überblick

1   Das Recht der Rechtsbeziehungen zwischen Eltern und Kindern ist durch die Reformen des Jahres 1998 zum Teil tiefgreifend geändert worden. Ohne ein Verständnis von Zielen, Anlässen und Inhalten der Reform einschließlich weiterer Reformschritte seither lässt sich das deutsche Kindschaftsrecht nur schlecht verstehen. Deshalb soll zunächst auf die Reform und dann im Zusammenhang auf die materiell-rechtlichen und Verfahrensbestimmungen eingegangen werden.

Das Recht der Rechtsbeziehungen zwischen Eltern und Kindern ist durch die Reformen des Jahres 1998 zum Teil tiefgreifend geändert worden.

I. Ziele

2   Mit der Reform sollten folgende Ziele erreicht werden:
- Vereinfachung des Abstammungsrechtes durch Begrenzung der Vaterschaftszuschreibung auf die Zeit bis zur rechtskräftigen Scheidung und Möglichkeit einer „Anerkennung zu Dritt"; aber keine gesetzlicher Anspruch des Kindes gegen die Mutter auf Auskunft über den Erzeuger;
- Gleichstellung ehelicher und nichtehelicher Kinder;
- leichte Stärkung der Rechtsstellung des nicht mit der Mutter verheirateten und nicht sorgeberechtigten Vaters im Rahmen des Umgangsrechtes und der Adoption;
- Stärkung der Elternautonomie durch Auflösung des Zwangsverbundes bei der Scheidung und differenzierte Sorgerechtsmodelle nach den Vorstellungen der Eltern;
- Stärkung der Subjektstellung von Kindern durch eigene Umgangsrechte und verfahrensrechtlichen Anspruch auf eigenen „Anwalt";
- Betonung der fortbestehenden gemeinsamen Elternverantwortung nach dauernder Trennung der Eltern durch Gleichrangigkeit von gemeinsamer elterlichen Sorge und Alleinsorge;
- leichte Stärkung der Rechtsstellung von Stiefeltern durch erstmalige Erwähnung im Gesetz, eigenes Umgangsrecht und rechtliche Gleichstellung mit Pflegeeltern beim Umgangsrecht und Herausgabeverlangen des sorgeberechtigten Elternteiles, wobei die Stärkung der Rechtsstellung faktischer Eltern wie z. B. Stiefelternteilen in einem rechtlichen und sozialen Spannungsverhältnis zur Betonung der fortbestehenden gemeinsamen Elternverantwortung der leiblichen Eltern steht;
- Vereinfachung des Familienverfahrensrechtes durch Übertragung von Zuständigkeiten des Vormundschaftsgerichtes auf das Familiengericht („Großes Familiengericht").

II. Anlässe

3   Anlässe für die gesamte Familienrechtsreform waren
- sechs Entscheidungen des Bundesverfassungsgerichts, nämlich dass
  - ein zwingendes alleiniges Sorgerecht eines Elternteiles nach der Scheidung verfassungswidrig ist (BVerfGE 61, 358 ff.);

- minderjährige Kinder ihre Haftung für von den Eltern eingegangene Schulden bei Volljährigkeit auf das dann noch vorhandene Vermögen beschränken können müssen (BVerfGE 72,155 ff.);
- Kinder über die bestehende gesetzliche Regelung hinaus die Möglichkeit bekommen müssen, Kenntnis von der eigenen Abstammung zu erlangen (BVerfGE 79, 256 ff. und BVerfGE 90, 263 ff.);
- es in bestimmten Fällen die Möglichkeit gemeinsamer elterlicher Sorge auch nicht miteinander verheirateter Eltern geben muss (BVerfGE 84, 168 ff.);
- der unterschiedliche Rechtszug für eheliche und nichteheliche Kinder verfassungswidrig ist (BVerfGE 85, 80 ff.);
- auch der nichteheliche Vater grundsätzlich der Adoption seines Kindes zustimmen muss (BVerfGE 92, 158 ff.);
- die Ratifizierung der UN-Kinderrechtskonvention von 1989 am 5.4.1992;
- die Rechtsentwicklung im europäischen Ausland (vgl. Hohloch, Die Entwicklung des deutschen Familienrechts im europäischen und internationalen Zusammenhang, in: Brennpunkte des Familienrechts 1998, S. 108 ff. und die umfassenden Literaturhinweise a. a. O., S. XVIII) und
- eine andauernde öffentliche und Fachdiskussion (s. u. Äußerungen des DJT 1992, das Thesenpapier des Deutschen Juristinnenbundes, FamRZ 1992, 912 f. und die Thesen der Sorgerechtskommission des Deutschen Familiengerichtstages, FamRZ 1993, 1164 ff.).

III. Reformgesetze des Jahres 1998

Die **Reform des Jahres 1998 umfasste** (einschließlich der Eheschließungsrechtsreform) insgesamt sieben Gesetze, nämlich: 4

- das Gesetz zur Abschaffung der gesetzlichen Amtspflegschaft und Neuordnung des Rechts auf Beistandschaft – **Beistandschaftsgesetz** – vom 4.12.1997 (BGBl. I S. 2846), in Kraft seit dem 1.7.1998, Übergangsregelungen in Art. 223 EGBGB;
- das Gesetz zur Reform des Kindschaftsrechtes – **Kindschaftsrechtsreformgesetz** – KindRG – vom 16.12.1997 (BGBl. I S. 2942), in Kraft seit dem 1.7.1998;
- das Gesetz zur erbrechtlichen Gleichstellung nichtehelicher Kinder – **Erbrechtsgleichstellungsgesetz** – ErbGleichG – vom 16.12.1997 (BGBl. I S. 2968), in Kraft seit dem 1.4.1998;
- das Gesetz zur Vereinheitlichung des Unterhaltsrechts minderjähriger Kinder – **Kindesunterhaltsgesetz** – KindUG – vom 14.4.1998 (BGBl. I S. 665), in Kraft seit dem 1.7.1998;
- das Gesetz zur Neuordnung des Eheschließungsrechts – **Eheschließungsrechtsgesetz** – EheschlRG – vom 4.5.1998 (BGBl. I S. 833);
- das Gesetz zur Änderung des Betreuungsrechts sowie weiterer Vorschriften – **Betreuungsrechtsänderungsgesetz** – BTÄndG – vom 25.7.1998, in Kraft teilweise ab 1.7.1998, teilweise ab 1.1.1999;
- das Gesetz zur Beschränkung der Haftung Minderjähriger – **Minderjährigenhaftungsbeschränkungsgesetz** – MhbeG – vom 25.8.1998 (BGBl. I S. 2487), in Kraft ab 1.1.1999.

IV. Fortdauernde Reform, Reformdiskussion und Vorschläge

Die Reformdiskussion und -gesetzgebung war und ist nach wie vor nicht beendet. Mit dem **Lebenspartnerschaftsgesetz** vom 16.2.2001 (BGBl. I S. 266) wurde nicht nur für die registrierten Lebenspartner im § 9 LPartG, sondern für alle Stiefelternteile ein sog. **kleines Sorgerecht** im § 1687b BGB eingeführt, die Rechtsstellung von **Stiefeltern** also weiter dadurch verstärkt, dass sie **neben dem sorgeberechtigten Elternteil** eine **gesetzliche Mitentscheidungsbefugnis** zur Ent- 5 scheidung in Angelegenheiten des täglichen Lebens erhalten, wenn der andere Partner/Ehegatte allein sorgeberechtigt ist.

6   Durch das am 8.11.2001 vom Bundestag beschlossenes und am 1.1.2002 in Kraft getretene **Gewaltschutzgesetz** soll in Anlehnung an die österreichische Regelung häusliche Gewalt in jeglicher Form wirksamer geächtet und sollen deutlich erleichterte Möglichkeiten zur (zeitweiligen) Wegweisung eines gewalttätigen Partners im Zivilrecht – zuständig wird künftig das Familiengericht sein – geschaffen werden (vgl. Peschel-Gutzeit, FPR 2000, 55 ff.; Text des Gesetzentwurfes in BR-Drucks. 11/01 vom 5.1.2001; zum Inhalt auch Schumacher, FamRZ 2001, 953 ff.).

7   Das Haager Übereinkommen vom 29.5.1993 über den Schutz von Kindern und die Zusammenarbeit auf dem Gebiet der internationalen Adoption ist für Deutschland am 1.3.2002 in Kraft getreten (BGBl. 2001 II S. 1034). Das Übereinkommen wird durch das **Gesetz zur Regelung von Rechtsfragen auf dem Gebiet der internationalen Adoption und zur Weiterentwicklung des Adoptionsvermittlungsrechtes** vom 5.11.2001 (BGBl. I S. 2950) in Kraft seit dem 1.1.2002, umgesetzt. Dabei handelt es sich um ein Artikelgesetz mit mehreren Neuregelungen.

Als zentrale Behörde nach dem Haager Übereinkommen wird – wie in den anderen grenzüberschreitenden Regelungen – der Generalbundesanwalt beim Bundesgerichtshof benannt. Er ist jetzt auch die Bundeszentralstelle für Auslandsadoptionen. Internationale Adoptionsvermittlung dürfen jetzt nur noch die zentralen Adoptionsstellen der Landesjugendämter, vom zuständigen Landesjugendamt anerkannte Auslandsvermittlungsstellen in freier Trägerschaft und örtliche Adoptionsvermittlungsstellen der Jugendämter betreiben, soweit ihnen das Landesjugendamt diese internationale Adoptionsvermittlung gestattet hat.

8   Als entscheidende Neuerung im Rahmen des genannten Artikelgesetzes wird durch das **Adoptionswirkungsgesetz** ein Verfahren zur Anerkennung einer im Ausland ausgesprochenen Adoption eingeführt, mit dem jetzt bei allen Auslandsadoptionen für und gegen jedermann verbindlich festgestellt werden kann, dass die ausländische Adoption in Deutschland wirksam ist.

9   Durch das **Kinderrechteverbesserungsgesetz** – KindRVerbG – vom 9.4.2002 (BGBl. I.S. 1239) wurden eine Reihe von Zweifelsfragen, die in der Rechtsprechung umstritten waren, sowie Kritikpunkte eindeutig geklärt. So wurde § 1600 BGB dahin geändert, dass weder der mit der heterologen Insemination einverstandene Mann (sei er Ehemann oder Vater kraft Anerkennung) noch die Mutter die Vaterschaft anfechten können. Zugleich wurde die Stiefkindereinbenennung nach § 1618 BGB auch bei gemeinsamer elterlicher Sorge zugelassen, die Möglichkeit einer sog. go-order gegen einen Elternteil nach § 1666 BGB gesetzlich geregelt und die Möglichkeit einer Beistandschaft nach § 1713 BGB auch bei gemeinsamer elterlicher Sorge eröffnet.

10   Vom Entwurf eines Gesetzes zur weiteren Verbesserung von Kinderrechten (BR-Drucks. 369/99) auf Vorlage der Länder Sachsen-Anhalt und Hamburg ist die Forderung, die **Subjektstellung der Kinder** dadurch zu verstärken, dass sich Kinder wegen ihrer Umgangsrechte ab dem zwölften Lebensjahr auch ohne Zustimmung der gesetzlichen Vertreter an das Gericht wenden können, sowie eine Erweiterung des Rechtes des Kindes auf Umgang mit Großeltern, anderen Verwandten und Personen, die maßgeblichen Anteil an seiner Entwicklung hatten, bisher nicht erfüllt worden.

11   Nach wie vor besteht die Forderung aus der Praxis (vgl. u. a. Thesen der Sorgerechtskommission des Deutschen Familiengerichtstages, FamRZ 1993, 1164 ff.), anstelle des Begriffes der elterlichen Sorge in der Gesetzessprache den der elterlichen Verantwortung zu verwenden, wenn auch nicht zu verkennen ist, dass der Gesetzgeber schon heute den Pflichtencharakter der elterlichen Sorge im Sinne einer Elternverantwortung betont durch die Umstellung in § 1626 BGB (vgl. OLG Karlsruhe, FamRZ 1999, 803, 804). Die Praxis zeigt jedoch immer wieder, dass bisher gemeinsam sorgeberechtigten Eltern nach dauernder Trennung das Zusammenspiel der §§ 1671, 1687 BGB nicht hinreichend zu verdeutlichen ist und – vermeidbare – Kränkungen des „entsorgten" Elternteiles mit u. U. erheblich negativen Auswirkungen auf die Kinder zu beobachten sind, wenn nach § 1671 BGB einem Elternteil die alleinige elterliche Sorge übertragen werden muss. Sehr viel günstiger wäre es und würde überdies den zunehmenden internationalen Sprachgebrauch entsprechen, wenn

man – außer im Rahmen der §§ 1666 ff. BGB – auch nach dauernder Trennung der Eltern die elterliche Verantwortung für die Kinder bei beiden ließe und – soweit im Einzelfall erforderlich – nur die Ausübung der elterlichen Verantwortung konkret gerichtlich regeln würde.

Auch die **verfassungsrechtliche Diskussion** ist noch nicht beendet:

- Nach wie vor ist umstritten, ob die jetzige **Ausgestaltung des Vater-Kind-Verhältnisses** zwischen dem nicht mit der Mutter verheirateten Vater und dem Kind im Vergleich zum Vater-Kind-Verhältnis beim ehelichen Kind den Maßstäben der Verfassung (Art. 6 Abs. 2 Satz 1, Elternrecht, und Art. 6 Abs. 5 GG, Gleichstellung aller Kinder) entspricht. Es werden nicht nur von betroffenen Vätern, sondern auch aus Rechtsprechung und Wissenschaft erhebliche verfassungsrechtliche Zweifel daran geäußert, dass nach dem jetzt geltenden Recht

    – der leibliche Vater bei bestehender Ehe der Mutter keine rechtliche Möglichkeit hat, die Vaterschaft des Ehemannes anzufechten, selbst wenn schützenswerte Gründe insoweit nicht bestehen sollten; hier hat das BVerfG den Gesetzgeber jüngst zu Reformen aufgefordert (vgl. BVerfG, Beschl. v. 9.4.2003 – 1 BvR 1493/96 und BvR 1724/01, FamRZ 2003, 816 ff.), und

    – dass der nicht mit der Mutter verheiratete Mann trotz bestehender Vaterschaft gegen den Willen der Mutter das Kind – außer in den Extremfällen des § 1666 BGB oder bei Ruhen der elterlichen Sorge der Mutter – nicht betreuen darf, selbst wenn er dazu besser als sie geeignet ist (vgl. Schumann, FamRZ 2000, 389 ff.; AG Korbach, FamRZ 2000, 629; AG Groß-Gerau, FamRZ 2000, 631; OLG Stuttgart, FamRZ 2000, 632; offen gelassen in OLG Hamm, FamRZ 2000, 1239).

- Die Verfassungsmäßigkeit der sog. **Kombi-Anerkennung zu Dritt** (§ 1599 Abs. 2 BGB; vgl. Rn. 26) wird nicht nur im Hinblick auf die nach derzeitigem Erkenntnisstand äußerst sicheren Vaterschaftsgutachten, sondern vor allem wegen der nicht vorgesehenen Beteiligung des Kindes gerügt (Gaul, FamRZ 1997, 1448, 1454 ff.; 2000, 1461, 1463 m. w. N.).

- Auch die Verfassungsmäßigkeit der **Abschaffung des Zwangsverbundes** von Scheidung und Sorgerechtsregelung wird immer noch in Frage gestellt (vgl. Rehberg, FuR 1998, 65, 66).

Nachdem die StPO und die ZPO reformiert worden sind, laufen im BMJ jetzt die ersten Überlegungen für eine **Reform des FGG**. Ein Teil der Reformüberlegungen beschäftigt sich mit der Frage, ob ein einheitliches Verfahrensrecht für die Familiengerichte geschaffen werden soll und wo und in welchem Umfang die Zuständigkeiten des Familiengerichts mit dem Ziel eines wirklich einheitlichen Familiengerichts erweitert werden sollen. Diese Reformüberlegungen stehen noch relativ am Anfang. Mit einer Reform in der laufenden Legislaturperiode ab Herbst 2002 ist nicht zu rechnen.

Die an der Reform beteiligten und interessierten Praktiker haben sich – ebenso wie der Freistaat Bayern (vgl. Wever, FamRZ 2001, 268 ff.) – dafür ausgesprochen, den Familiengerichten möglichst alle Rechtsstreitigkeiten zwischen Ehegatten, vor allem aus Anlass von Trennung und Scheidung, zuzuweisen und damit die bisher – teilweise von der Rechtsprechung selbst verschuldete Aufsplitterung der Zuständigkeiten auf die Familiengerichte einerseits und die allgemeinen Prozessabteilungen andererseits aufzuheben. Dazu gehören vor allem

- die Gesamtschuldnerauseinandersetzungen,

- die Streitigkeiten über Nutzungsentgelte bei alleiniger Nutzung von gemeinsamen Wohneigentum oder Mietwohnungen,

- Zustimmung zur gemeinsamen Steuererklärung.

Es wird abzuwarten sein, ob irgendwann einmal die Familiengerichte sogar für die Abwicklung von Ehegattenarbeitsverhältnissen und Schadensersatzansprüchen zwischen Ehegatten werden zuständig sein. Es spricht allerdings derzeit mehr dafür, insoweit die bisherigen Zuständigkeiten wegen des dort vorhandenen Spezialwissens beizubehalten.

B. Abstammungsrecht

I. Keine Unterschiede mehr zwischen ehelichen und nichtehelichen Kindern

14 Es gibt jetzt auch hinsichtlich der Abstammung keine Unterschiede mehr zwischen Kindern von miteinander verheirateten Eltern und Kindern von bei der Geburt der Kinder nicht miteinander verheirateten Eltern. Kinder stammen jetzt ganz einfach nur noch von ihren Eltern ab.

II. Folgen der Gleichstellung für das IPR

15 Die Aufgabe des Unterschiedes zwischen ehelicher und nichtehelicher Abstammung hatte Folgen für das **deutsche IPR** (Art. 19 – 21 EGBGB n. F.), das keine unterschiedlichen Kollisionsnormen für eheliche und nichteheliche Kinder mehr kennt. Das kann bei Kindern ausländischer Eltern, deren Heimatrecht die bei uns jetzt aufgegebene Unterscheidung noch oder aber andersartige Regelungen vorsieht sowie wegen der Möglichkeiten, das anwendbare Recht alternativ zu bestimmen, zu Schwierigkeiten bei der richtigen Erstellung der Geburtsurkunden führen (vgl. BayObLG, IPRax 2000, 13; Huber, IPRax 2000, 116 f.; Oprach, IPRax 2001, 325 ff.).

16 Abstammung und Anfechtung der Abstammung (und nach Art. 19 Abs. 2 EGBGB auch die Verpflichtungen des nicht mit der Mutter verheirateten Vaters gegenüber der Mutter aufgrund der Schwangerschaft) unterliegen jetzt – und damit wandelbar – vor allem dem Recht des Staates, in dem das Kind seinen **gewöhnlichen Aufenthalt** hat und nicht mehr – unwandelbar – dem bei der Geburt des Kindes nach § 14 EGBGB für die Mutter maßgeblichen Recht. Durch die Anknüpfung an das Recht des gewöhnlichen Aufenthalts wird jetzt auch eine Harmonie mit dem Unterhaltsstatut nach Art. 18 des Haager Unterhaltsübereinkommens vom 2.10.1973 herbeigeführt. Daneben kann die Abstammung im Verhältnis zu jedem Elternteil auch nach dem Heimatrecht dieses Elternteiles, und wenn die Mutter verheiratet ist, auch nach wie vor nach dem gem. Art. 14 EGBGB bei der Geburt des Kindes maßgeblichen Recht bestimmt werden (Art. 19 Abs. 1 Satz 2, 3 EGBGB).

17 Welches Recht anzuwenden ist, wenn die alternativ anwendbaren Rechte zu unterschiedlichen Ergebnissen führen, sagen das Gesetz und die Begründung zum Gesetzentwurf – leider – nicht. Nach dem geltenden Recht ist es deshalb möglich, dass ein Kind mehrere Väter erhält, dann nämlich, wenn nach dem einen anwendbaren Recht z. B. noch der frühere Ehemann, nach dem anderen aber der anerkennende Erzeuger zum Vater bestimmt werden (vgl. Henrich, FamRZ 1998, 1401, 1402). Maßgeblich soll hier entweder das Recht sein, nach dem zeitlich als erstes die Abstammung feststeht (so Palandt/Heldrich, Art. 19 EGBGB Rn. 6) oder aber das Recht, das für das Kind günstiger ist (Günstigkeitsprinzip), wobei wiederum umstritten ist, was denn für das Kind das Günstigste sein soll. Nach einer Meinung gilt für das Kind immer die Lösung als günstiger, die dem Kind auf die unkomplizierteste Weise, d. h. ohne vorausgehende Anfechtung der Ehelichkeit, den „wahren" Vater verschafft (so Henrich, a. a. O.). Demgegenüber vertritt die überwiegende Meinung in der Rechtsprechung die Auffassung, dass die Anwendung der Rechtsordnung für das Kind günstiger sei, die ihm als erste zu einem Vater verhelfe, selbst wenn dieser nicht der Erzeuger sei (BayObLG, FamRZ 2002, 686, 687; OLG Frankfurt, FamRZ 2002, 688, 689). Nur wenn zum Zeitpunkt der Geburt des Kindes zwei Männer alternativ als Väter in Betracht kommen, wollen auch das BayObLG und das OLG Frankfurt dem wahren Vater den Vorrang einräumen (a. a. O.).

18 Auch wenn das Heimatrecht eines Elternteiles oder das nach Art. 14 EGBGB bei der Geburt des Kindes für die Mutter maßgebliche Recht keine Anfechtung der Abstammung vorsehen, kann die nach diesem Recht zu bestimmende Abstammung angefochten werden, wenn das Recht des Landes eine Anfechtung kennt, in dem sich das Kind gewöhnlich aufhält, Art. 20 EGBGB.

19 Da sich die internationale Zuständigkeit deutscher Gerichte für Kinder nach den maßgeblichen bi- oder multilateralen Abkommen bzw. dem EU-Recht praktisch immer nur ergibt, wenn die Kinder in Deutschland ihren gewöhnlichen Aufenthalt haben, kann man auch sagen:

Wenn das angerufene Familiengericht international und örtlich zuständig ist, richten sich Abstammung und Anfechtung der Abstammung immer nach deutschem Recht, das vor allem an der „biologischen Wahrheit" und dem Persönlichkeitsrecht des Kindes orientiert ist, es sei denn ein alternativ berufenes Recht wäre für das Kind nach diesem Maßstab noch unkomplizierter.

Mit diesem gesetzgeberischen Ziel hat der Reformgesetzgeber des Jahres 1998 im internationalen Vergleich einen „Sonderweg" beschritten (Gaul, FamRZ 1997, 1441, 1444; ders., 2000, 1461, 1462).

III. Abstammung eines Kindes von der Mutter

Während es bei der Abstammung eines Kindes von der Mutter bei uns allein darauf ankommt, ob eine Frau dieses Kind geboren hat, wird die Abstammung des Kindes vom Vater nach deutscher Rechtstradition möglichst durch die genetische Abstammung bestimmt. Anders als in anderen europäischen Ländern ist durch die Kindschaftsreform keine Neubestimmung der Abstammung von der Mutter, sondern nur eine Klarstellung (§ 1591 BGB) erfolgt. In Deutschland gibt es danach keine positive Regelung der **Leihmutterschaft**. Österreich ist insoweit sogar noch einen Schritt weiter gegangen und hat Leihmutterschaft und heterologe Eispende ausdrücklich verboten (Österr. FMedG), Vorschriften, die vom österreichischen Verfassungsgericht gerade für verfassungsgemäß und mit den Grundrechten der EMRK übereinstimmend erklärt worden sind (Österr. VerfGH, FamRZ 2000, 601; Coester-Waltjen, FamRZ 2000, 598 f.).

20

Nach dem Adoptionsvermittlungsgesetz ist zudem die **Vermittlung einer Ersatzmutter** nach wie vor ausdrücklich verboten. Dadurch, dass das BGB insoweit keine besondere Regelung zugunsten der genetischen Mutter trifft, soll der tatsächliche Vorgang geächtet und unattraktiv gemacht werden.

21

Obwohl die Mutterschaft damit zwingend aus einer Tatsache, nämlich der Geburt des Kindes, folgt, kann es ein Rechtsschutzbedürfnis für eine **Mutterschaftsfeststellung** (im Wege einer Feststellungsklage nach § 265 ZPO) geben (a. A. möglicherweise Gaul, FamRZ 2000, 1461, 1474, der sich allerdings a. a. O. nur mit „gespaltener" Mutterschaft zwischen genetischer und Leihmutter beschäftigt), nämlich dann, wenn die Geburt des Kindes durch diese Mutter streitig oder unklar ist, wie z. B. bei Findelkindern, Kinder in „Kinderklappen" o. Ä.

22

IV. Erwerb der Vaterschaft

Rechtlicher Vater eines Kindes (jetzt zusammengefasst in § 1592 BGB) ist nach wie vor, d. h. als Vater wird (widerleglich) vermutet (§ 1600c Abs. 1 BGB), der Mann,

23

- der zum Zeitpunkt der Geburt **mit der Mutter des Kindes verheiratet** ist. Anders als bis zum 30.6.1998 wird die Vaterschaftszurechnung bei während einer Ehe geborener Kinder jetzt aber auf die Zeit bis zur Rechtskraft der Scheidung begrenzt, § 1592 Nr. 1 BGB. Vater kraft Gesetzes ist also nicht mehr der geschiedene Ehemann der Mutter, wenn das Kind innerhalb einer bestimmten Frist nach Rechtskraft der Scheidung geboren wird. Auch der geschiedene Ehemann kann bei einer Geburt des Kindes nach rechtskräftiger Scheidung Vater nur noch durch Anerkennung werden.

  Ausnahme: Wird die Ehe der Eltern durch Tod des Vaters aufgelöst und das Kind nach dem Tode des Vaters geboren, gilt die frühere Vaterschaftszurechnung bei Geburt innerhalb der gesetzlichen Empfängnisfrist, bei nachweislich früherer Empfängnis sogar diese, § 1593 Satz 1 und 2 BGB, allerdings nur, wenn die Muter nicht zuvor wieder geheiratet hat, § 1593 Satz 3 BGB.

  Die gesetzliche Empfängniszeit wurde von 302 auf (europaeinheitlich) 300 Tage verkürzt, § 1600d Abs. 3 BGB;

24 • der die **Vaterschaft anerkannt** hat. 1997 wurden 89 % aller außerehelich geborenen Kinder vom Vater anerkannt. Nur bei 5 % der Kinder, deren Eltern bei der Geburt nicht miteinander verheiratet waren, wurde der Vater gerichtlich festgestellt. Der Prozentsatz der nicht feststellbaren Vaterschaften ist in etwa gleich hoch (vgl. Mitteilungen des Statistischen Bundesamtes, FamRZ 1999, Heft 7, II). Im Einzelnen gilt:

– Die Vaterschaftsanerkennung bedarf jetzt der **Zustimmung der Mutter**, § 1595 BGB, der **Zustimmung des Kindes** dagegen zusätzlich nur noch, wenn der Mutter die elterliche Sorge nicht zusteht. Daraus folgt, dass die Vaterschaft jetzt auch noch **nach dem Tod des Kindes** anerkannt werden kann, wenn es auf die Zustimmung des Kindes nicht ankommt (BayObLG, FamRZ 2001, 1543, 1544 f.). Auch die geschäftsunfähige Mutter kann nach dem Inkrafttreten des Kinderrechteverbesserungsgesetzes jetzt über ihren gesetzlichen Vertreter der Vaterschaftsanerkennung zustimmen, so dass es in diesen Fällen einer gerichtlichen Vaterschaftsfeststellung nicht mehr bedarf (vgl. zur aktuellen Rechtslage nach dem Kinderrechteverbesserungsgesetz insgesamt Janzen, FamRZ 2002, 785 ff.).

– Das beschränkt geschäftsfähige Kind zwischen 14 und 18 Jahren erklärt die Zustimmung selbst mit Zustimmung des gesetzlichen Vertreters, § 1596 Abs. 2 Satz 1, 2 BGB. Für das geschäftsunfähige oder unter 14-jährige Kind erfolgt die Zustimmung mit Genehmigung des Vormundschaftsgerichtes, § 1596 Abs. 1 Satz 3, 4, Abs. 2 BGB.

– Die Vaterschaftsanerkennung kann **schon vor der Geburt des Kindes** – und auch bei noch bestehender Vaterschaftszurechnung zu einem anderen Mann – erklärt werden; das wurde jetzt gesetzlich klargestellt, § 1594 Abs. 4, arg. § 1599 Abs. 2 BGB.

– Das Vaterschaftsanerkenntnis bedarf ebenso wie die Zustimmungserklärungen von Mutter, Kind, gesetzlichem Vertreter des Kindes und ggf. Ehemann der Mutter der **öffentlichen Beurkundung**, § 1597 BGB, beim Notar (§ 20 BNotO), Rechtspfleger des Amtsgerichts (§§ 62 Nr. 1 BeurkG, 3 Nr. 1f RPflG), Standesbeamten (§§ 29a PStG, 58 BeurkG) und Jugendamt (§ 59 SGB VIII). Anerkenntnis und Zustimmung können nach jetzt ausdrücklicher Regelung auch im Kindschaftsverfahren zur **Niederschrift des Gerichts** in mündlicher Verhandlung erklärt und protokolliert werden, § 641c ZPO.

– Die Vaterschaftsvermutung des anerkennenden Mannes **gilt nicht** nach § 1600c Abs. 2 BGB, wenn die Anerkennungserklärung auf einem Inhaltsirrtum bzw. einem Irrtum in der Erklärungshandlung beruhte, § 119 Abs. 1 BGB, oder durch arglistige Täuschung oder widerrechtliche Drohung zustande gekommen ist, § 123 BGB. Letzteres betrifft hauptsächlich die bewusste Täuschung durch die Kindesmutter, wobei das Verschweigen von Mehrverkehr noch keine Täuschung ist, wohl aber dessen Bestreiten oder ausdrückliche Zusicherung, nur mit dem Anerkennenden verkehrt zu haben (vgl. Soergel/Gaul, BGB, § 1600h Rn. 3 m. w. N.).

25 • Rechtlicher Vater ist außerdem der Mann, dessen **Vaterschaft gerichtlich festgestellt**, § 1600d BGB, ist. Nach wie vor wird als Vater vermutet, wer der Mutter während der gesetzlichen Empfängniszeit beigewohnt hat (§ 1600d Abs. 2 Satz 1 BGB). Die Vermutung gilt nicht, wenn schwerwiegende Zweifel an der Vaterschaft bestehen (§ 1600d Abs. 2 Satz 2 BGB). Das ist der Fall, wenn die Mutter nach ihren eigenen Angaben während der gesetzlichen Empfängniszeit mit mehreren Männern geschlechtlich verkehrt hat, von denen keiner für das Gericht erreichbar ist (OLG Karlsruhe, FamRZ 2001, 931). Im Übrigen greift die rechtliche Vermutung nur, wenn nach Ausschöpfung aller Aufklärungsmöglichkeiten eine zweifelsfreie Vaterschaftsfeststellung nicht möglich ist.

Der biologische Vater kann nach geltender Rechtslage nach wie vor nicht auf Feststellung der Vaterschaft klagen, wenn die Mutter mit einem anderen Mann verheiratet ist oder aber ein anderer Mann die Vaterschaft wirksam anerkannt hat. Das gilt auch dann, wenn die Vaterschaft des anderen Mannes praktisch unmöglich ist. Eine verfassungskonforme Interpretation des Gesetzes dahin, dass jedenfalls in Ausnahmefällen die biologische Vaterschaft trotz bestehender Vaterschaft feststellbar sein soll, wird von der Rechtsprechung bisher abgelehnt (OLG Köln, FamRZ 2002, 480, 481). Das BVerfG hat jetzt den Gesetzgeber zu einer ergänzenden Regelung aufgefordert (BVerfG, Beschl. v. 9.4.2003 – 1 BvR 1493/96 und 1 BvR 1724/01, FamRZ 2003, 816 ff.).

- **Neu** ist eine Kombination der Vaterschaftszurechnungen durch Heirat und Anerkennung bei außerehelicher Zeugung und Geburt des Kindes nach Anhängigkeit eines Scheidungsantrages. Erkennt der leibliche Vater die Vaterschaft mit Zustimmung der Mutter und des Ehemannes an, wird das Kind zunächst ehelich geboren und mit Rechtskraft der Scheidung dann ohne weiteres Kind des leiblichen Vaters, § 1599 Abs. 2 BGB (**"Kombi-Anerkennung"** oder **"Anerkennung zu Dritt"**).

    Das gilt auch schon für vor dem 1.7.1998 geborene Kinder, wenn nur schon vor ihrer Geburt ein Scheidungsverfahren lief und der leibliche Vater binnen eines Jahres nach Rechtskraft der Scheidung die Vaterschaft anerkannt hatte, Art. 224 Abs. 3 EGBGB. Alle Anerkennungs- und Zustimmungserklärungen müssen öffentlich beglaubigt sein, §§ 1599 Abs. 2, 1597 BGB. Allerdings muss nur die Anerkennungserklärung innerhalb des genannten Jahres nach Rechtskraft der Scheidung erfolgen. Die daneben erforderlichen Zustimmungserklärungen sind nicht an die Jahresfrist geknüpft (OLG Zweibrücken, FamRZ 2000, 546, 547). Stimmen Mutter und Ehemann der Vaterschaftsanerkennung nicht binnen eines Jahres zu, kann der leibliche Vater seine Anerkennung widerrufen (§ 1597 Abs. 3 BGB).

    Die Drittanerkennung der Vaterschaft mit Vereinbarungscharakter stieß in der Gesetzgebungsdebatte und stößt in der Literatur immer noch auf Kritik verbunden mit der Forderung, dass die Feststellung der Vaterschaft immer einem gesonderten gerichtlichen Statusverfahren vorbehalten sein müsse (vgl. Gaul, FamRZ 1997, 1448 ff., 1454 ff.), um das wahre Abstammungsverhältnis sicher feststellen zu können. Für die gesetzliche Neuregelung sprechen jedoch praktische Vorteile wie Reduzierung von Anfechtungsprozessen und kostspieligen Gutachten sowie die Beobachtung, dass in den hier geregelten Fällen der Geburt von Kindern nach Einreichung des Scheidungsantrages der Ehemann häufig nicht der leibliche Vater ist, was nach früherer Rechtslage nur in einem aufwendigen Verfahren korrigiert werden konnte. Zu Recht verweisen die Verfasser des Regierungsentwurfes im Übrigen darauf, dass die Skepsis gegenüber Parteierklärungen zur Versagung der Vaterschaft durch Anerkennung führen müsste. Denn auch hier komme es nicht auf die wahre Abstammung an und könne die Vaterschaft „vereinbart" werden (vgl. BT-Drucks. 13/ 4899 S. 52 f.).

- **Besondere gesetzliche Vaterschaftsvermutung im Adoptionsrecht**

    Ohne wirksame Anerkennung (etwa wenn die Mutter der Anerkennung durch den Erzeuger nicht zustimmt) und ohne gerichtliche Feststellung der Vaterschaft ist im Rahmen der Adoptionsbestimmung seit dem 1.7.1998 auch der Mann als Vater anzusehen („gilt als Vater"), der lediglich **glaubhaft macht**, dass er der Mutter **während der gesetzlichen Empfängniszeit beigewohnt** hat, §§ 1747 Abs. 1 Satz 2, 1600d Abs. 2 BGB. Dies gilt allerdings **nur**, wenn

    – kein anderer Mann nach § 1592 BGB als Vater anzusehen ist (etwa der Ehemann der Mutter) und

    – zur zügigen Erreichung bzw. Ersetzung der Zustimmung des leiblichen Vaters zur Adoption des Kindes.

    Nach der Kritik des BVerfG am Ausschluss des leiblichen Vaters aus dem Adoptionsverfahren seines Kindes nach früherem Recht (FamRZ 1995, 789) bestimmte der Reformgesetzgeber, dass zur Annahme eines Kindes künftig die Einwilligung beider Eltern erforderlich ist, § 1747 Abs. 1 Satz 1 BGB. Zu Recht wird in der Begründung des Gesetzentwurfes eines Kindschaftsrechtsreformgesetzes darauf verwiesen, dass diese Beteiligung des leiblichen Vaters praktisch häufig leer liefe, wenn er nicht die Möglichkeit bekomme, rechtzeitig gegen den Willen der adoptionsbereiten Mutter seine Vaterschaft geltend zu machen (BT-Drucks. 13/4899 S. 71). Eine Vaterschaftsfeststellungsklage sei in den fraglich Fällen zwar möglich, häufig aber zu

26

27

zeitaufwendig. Der Vater müsse die Möglichkeit haben, schnell anstelle eines Dritten Sorgeberechtigter zu werden, wenn er dieses wolle und es dem Kindeswohl entspreche. Das Kind habe ein Interesse an einer zügigen frühkindlichen Adoption, wenn die Eltern als Sorgeberechtigte ausschieden.

V. Verlust der Vaterschaft durch Anfechtungsklage

28 Eine bestehende Vaterschaftszurechnung durch Heirat mit der Mutter oder durch Anerkennung kann – anders als die Vaterschaft durch rechtskräftige gerichtliche Feststellung – beseitigt werden, und zwar durch eine gerichtliche Anfechtungsklage unter folgenden Voraussetzungen:

1. Einheitliche Klage und Zuständigkeit

29 Für alle Feststellungs- und Anfechtungsklagen ist jetzt das Familiengericht zuständig, § 1600e BGB; neben der Vaterschaftsfeststellungsklage gibt es jetzt nur noch eine einheitliche Vaterschaftsanfechtungsklage mit einer einheitlichen Anfechtungsfrist von zwei Jahren, § 1600b BGB; dabei gilt eine für den Vater bereits nach einem Jahr eingetretene Verjährung nach dem früheren Recht der DDR (§ 62 Abs. 1 FGB) analog § 231 § 6 Abs. 3 EGBGB als fortbestehend; die im Rahmen der Kindschaftsrechtsreform eingeführten §§ 1600, 1600b BGB stehen nicht entgegen (OLG Brandenburg, FamRZ 2000, 1031).

2. Anfechtungsberechtigung

30 Anfechtungsberechtigt sind gem. §§ 1600, 1600e BGB

- **der Mann** – sei es Ehemann, sei es Vater durch Anerkennung – nur gegenüber dem Kind, nicht gegenüber der Mutter, § 1600e Abs. 1 BGB,
- **das Kind** gegenüber dem Mann, unabhängig davon, ob die Eltern miteinander verheiratet sind oder nicht, und
- seit dem 1.7.1998 auch **die Mutter** gegenüber dem Mann, § 1600e Abs. 1 BGB, mit der Folge, dass im Vaterschaftsanfechtungsverfahren das Kind nicht mehr Partei sein muss.

Nach wie vor hat der **leibliche Vater** als solcher **kein Anfechtungsrecht**. Ob dieses verfassungsgemäß ist, wurde bezweifelt (Schumann, FamRZ 2000, 389 ff.; gegen verfassungskonforme Interpretation OLG Köln, FamRZ 2002, 480, 481). Das BVerfG hat diese Zweifel jetzt teilweise bestätigt (BVerfG, Beschl. v. 9.4.2003 – 1 BvR 1493/96 und 1 BvR 1724/01, FamRZ 2003, 816 ff.).

Nach wie vor weder anfechtungsberechtigt noch berechtigt zu einer Vaterschaftsfeststellungsklage sind die **Großeltern** des Kindes. Denn auch sie werden in §§ 1600, 1600e BGB nicht erwähnt. Eine analoge Anwendung von § 1600e BGB dürfte mangels Gesetzeslücke nicht möglich sein (OLG Hamburg, FamRZ 2002, 841, 842). § 55b FGG regelt nur das Verfahren nach dem Tod des Klagberechtigten, ausdrücklich aber nicht die Klagberechtigung. In Ausnahmefällen wird man bei Bestehen eines unabweisbaren Rechtsschutzbedürfnisses in solchen Fällen eine Vaterschaftsfeststellung, nie aber eine Anfechtung im Wege der allgemeinen Feststellungsklage zulassen können (vgl. Palandt/Diederichsen, BGB, § 1600e Rn. 2; Staudinger/Rauscher, BGB, § 1600e Rn. 6).

3. Ausschluss der Anfechtungsmöglichkeit bei heterologer Insemination

31 Seit dem 12.4.2002, dem Inkrafttreten des Kinderrechteverbesserungsgesetzes vom 9.4.2002 (BGBl. I. S. 1239), bestimmt § 1600 Abs. 2 BGB, dass die Anfechtung der Vaterschaft durch die Mutter und den Mann ausgeschlossen ist, wenn beide mit der Samenspende durch einen Dritten einverstanden gewesen waren.

4. Möglichkeit der Nebenintervention durch den leiblichen Vater

32 Der leibliche Vater kann nach geltendem Recht von sich aus bei bestehender rechtlicher Vaterschaft weder erreichen, dass seine Vaterschaft statt einer anderen festgestellt wird noch verhindern, dass die andere Vaterschaft beseitigt und er als Vater in Anspruch genommen wird.

Wenn der leibliche Vater erreichen will, dass seine Vaterschaft rechtlich anerkannt wird, muss er warten, bis ein Anfechtungsberechtigter von diesem Recht Gebrauch macht. Er kann allerdings im Anfechtungsverfahren des Ehemannes und Scheinvaters gegen das Kind dem Rechtsstreit als **Nebenintervenient** auf Seiten des Kindes beitreten, um so – mittelbar – zu erreichen, dass seine Vaterschaft demnächst einmal festgestellt – oder aber dieses dauerhaft verhindert – werden kann. Durch ein positives Anfechtungsurteil wird jedoch nur gegen jedermann verbindlich festgestellt, dass der Ehemann nicht der leibliche Vater ist. Es handelt sich deshalb bei dieser Streitgenossenschaft um keine sog. streitgenössische Nebenintervention mit der Folge, dass der tatsächliche leibliche Vater sich mit einem etwaigen Rechtsmittel gegen die ergangene Entscheidung nicht in Widerspruch zu Erklärungen und Handlungen des von ihm unterstützten Kindes setzen darf (BGH, FamRZ 1984, 164; 1985, 61; OLG Hamm, FamRZ 2002, 30, 31).

Der leibliche Vater, der ein Interesse an der Feststellung seiner Vaterschaft hat und an der Untätigkeit der Anfechtungsberechtigten scheitert, kann allerdings – gleichsam auf Vorrat – seine Vaterschaft beim Jugendamt oder Notar anerkennen lassen und darauf warten, dass vielleicht irgendwann einmal die Voraussetzungen für eine Vaterschaftsanerkennung durch ihn gegeben sein werden. Unabhängig von den – möglicherweise nie eintretenden – rechtlichen Folgen dieses schwebend unwirksamen Vaterschaftsanerkenntnisses vermag er durch dieses Vorgehen gegenüber seinem Kind zu dokumentieren, dass er der leibliche Vater ist (oder sein will). 33

5. Höchstpersönlichkeit der Anfechtungsklage

Die Anfechtung muss persönlich erfolgen, es sei denn der Mann, die Mutter oder das Kind sind geschäftsunfähig (das Kind auch, wenn es in der Geschäftsfähigkeit beschränkt ist). In diesem Fall kann nur der gesetzliche Vertreter anfechten, wenn dieses dem Wohl des Vertretenen dient (§ 1600a BGB). Ein geschäftsfähiger Betreuter kann die Vaterschaft nur selbst anfechten (§ 1600a Abs. 5 BGB). 34

Zur Vertretung im Anfechtungsprozess kann das Kind keinen Beistand gem. § 1712 Abs. 1 Nr. 1 BGB beauftragen, weil nach geltendem Recht der Aufgabenkreis des Beistandes auf die Geltendmachung von Unterhaltsansprüchen und die (positive) Feststellung der Vaterschaft beschränkt ist (OLG Nürnberg, FamRZ 2001, 705 unter Hinweis auf die Begründung des Regierungsentwurfs zur Neufassung des Beistandsrechtes, BT-Drucks. 13/892 S. 35 ff.)

6. Einheitliche Anfechtungsfrist

Eine nach § 1592 BGB Nr. 1 und 2 BGB bestehende Vaterschaft infolge Ehe mit der Mutter bei der Geburt des Kindes oder Anerkennung kann jetzt gem. §§ 1600, 1600b Abs. 1 BGB ohne Rücksicht auf familiäre Belange von allen Anfechtungsberechtigten **binnen zwei Jahren** gerichtlich angefochten werden. 35

Die Frist beginnt mit dem Zeitpunkt, in dem der Berechtigte die vaterschaftsverneinenden Informationen erhält, allerdings nie vor der Geburt des Kindes, der Anerkennung der Vaterschaft, im Sonderfall des § 1593 Satz 4 BGB (Geburt in neuer Ehe binnen 300 Tagen nach Tod des früheren Ehemannes der Mutter) für eine etwaige Anfechtung der Vaterschaft des früheren verstorbenen Ehemannes auch nie vor rechtskräftiger gerichtlicher Feststellung, dass der neue Ehemann nicht der leibliche Vater ist, § 1600b Abs. 2 BGB und für das anfechtende Kind nie vor der Bestellung des erforderlichen Ergänzungspflegers (OLG Köln, FamRZ 2001, 245). 36

Es kommt allein darauf an, ob der Anfechtungsberechtigte Kenntnis von solchen Umständen hatte, die es bei objektiver und verständiger Beurteilung als möglich erscheinen lassen, dass das Kind nicht vom (Schein-)Vater gezeugt wurde (BGH, FamRZ 1973, 592, 593). Ein solcher Umstand ist ohne weiteres, wenn der (Schein-)Vater die spätere Kindesmutter in der gesetzlichen Empfängniszeit „in flagranti" mit einem anderen Mann überrascht hat (OLG Brandenburg, FamRZ 2001, 1630, 1631). 37

Bei der geforderten Kenntnis ist zu unterscheiden zwischen den für die Nichtvaterschaft sprechenden objektiven Umstände, von denen volle oder sichere Kenntnis beim Anfechtungsberechtigten vorliegen muss, und der daraus als Schlussfolgerung zu gewinnenden möglichen Überzeugung von der Nichtvaterschaft. Der Anfechtungsberechtigte muss nicht persönlich aus den ihm bekannten Tatsachen die Überzeugung gewinnen, dass er nicht Vater des Kindes ist. Es genügt der objektive Verdacht, d.h. dass aus der Sicht eines verständigen, medizinisch-naturwissenschaftlich nicht vorgebildeten Laien die Vaterschaft ernstlich in Frage gestellt ist bzw. die Nichtvaterschaft gänzlich fern liegt (BGH, FamRZ 1990, 507; OLG Karlsruhe, FamRZ 2001, 702, 703). Deshalb setzt die Kenntnis von der (rein) dunklen Hautfarbe des Kindes bei dem mit einer Farbigen verheirateten Weißen, jedenfalls dann die Anfechtungsfrist nicht in Lauf, wenn er über keine besonderen Kenntnisse der Vererbungslehre verfügt und die dunkle Hautfarbe nur der Abstammung von der Mutter zuschreibt (OLG Karlsruhe, FamRZ 2000, 107, 108).

38 Die einmal in Gang gesetzte Frist kann nur einmal ablaufen mit der Folge, dass sie nicht neu zu laufen beginnt, wenn der Anfechtungsberechtigte später weitere gegen die Vaterschaft sprechende Umstände erfährt. Etwas anderes soll gelten, wenn die ursprünglich bestehenden und dem Anfechtungsberechtigten bekannten Verdachtsmomente widerlegt erscheinen oder wenn der Anfechtungsberechtigte die Überzeugung von Verdachtsmomenten bei verständiger Würdigung aufgeben durfte. In diesen Fällen entfällt die zunächst ausgelöste Anfechtungsfrist und kann durch neu bekannt werdende verdächtige Umstände wieder neu zu laufen beginnen (OLG Köln, FamRZ 2001, 703, 704).

39 Bisher nicht endgültig entschieden wurde, ob bei vor dem 1.7.1998 geborenen Kindern auch dann eine Zwei-Jahres-Frist für den Vater gilt und ab wann diese Frist zu laufen beginnt (etwa wegen des neuen Anfechtungsrechtes der Mutter erst ab dem 1.7.1998 ?), wenn nach altem Recht das Anfechtungsrecht bereits nach einem Jahr erloschen war (für Beginn der (neuen Zwei-Jahres-)Frist schon ab Kenntnis: OLG Frankfurt, FamRZ 2000, 548; offen gelassen für das frühere DDR-Recht: OLG Brandenburg, FamRZ 2000, 1031, 1032).

40 Wie bisher kann das volljährig gewordene Kind binnen einer Frist von zwei Jahren nach dem Eintritt der Volljährigkeit selbst anfechten. Diese Frist beginnt wie bei allen anderen Berechtigten frühestens mit dem Zeitpunkt der Kenntnis von Umständen, die gegen die Vaterschaft sprechen (§ 1600b Abs. 3 BGB). Das Gleiche gilt für den Geschäftsunfähigen nach Wegfall der Geschäftsunfähigkeit (§ 1600d Abs. 4 BGB).

41 Der Ablauf der Frist kann bei Hinderung an der Anfechtung durch widerrechtliche Drohung, Stillstand der Rechtspflege und fehlende gesetzliche Vertretung gehemmt sein (§§ 1600b Abs. 6, 206, 210 BGB). Mit der Rechtshängigkeit der Vaterschaftsanfechtungsklage wird die Klagefrist gewahrt. Ein sich anschließendes Ruhen kann die Frist nicht mehr verstreichen lassen (OLG Köln, FamRZ 2001, 246).

VI. Kein uneingeschränktes Recht des Kindes auf Kenntnis der eigenen Abstammung

42 Die Anfechtungsberechtigung des Kindes führt auch jetzt nicht zu einem uneingeschränkten Recht auf Kenntnis der eigenen Abstammung. Allerdings sind als Folge der Rechtsprechung des BVerfG (BVerfGE 79, 256 ff.) bisherige Anfechtungshindernisse vor allem für das eheliche Kind weggefallen, wie die Ausschlusstatbestände des § 1596 Abs. 1 Nr. 1 bis 5 BGB a.F. und die Beschränkung des Anfechtungsrechtes auf den Zeitraum von zwei Jahren, gerechnet ab Eintritt der Volljährigkeit. Die Frist zur Wahrnehmung des Anfechtungsrechts beginnt auch für jedes Kind jetzt ausdrücklich erst mit der Kenntnis von Umständen, die gegen die Vaterschaft sprechen, also u.U. erst Jahrzehnte nach Eintritt der Volljährigkeit.

43 Als – verfassungsrechtlich für notwendig gehaltenen – Ersatz für ein ausdrückliches Recht des Kindes auf Kenntnis seiner Abstammung (vgl. Gegenäußerung der Bundesregierung zur Empfehlung des Bundesrates, BT-Drucks. 13/4899 S. 148 f., 166 f.) hat das Gesetz jetzt lediglich ein **Son-**

deranfechtungsrecht des volljährigen Kindes auch nach Ablauf der Anfechtungsfrist geschaffen, wenn es später Kenntnis von Umständen erhält, „aufgrund derer die Folgen der Vaterschaft für es unzumutbar werden", § 1600b Abs. 5 BGB. Was das genau heißen soll, blieb auch im Gesetzgebungsverfahren unbestimmt, angeblich um „die Einzelfallgerechtigkeit" nicht zu begrenzen (BT-Drucks. 13/4899 S. 166 f.).

Daneben dürfte nach wie vor ein auch schon vor der Kindschaftsrechtsreform von der Rechtsprechung (mit Einschränkungen) bejahtes Recht des außerehelich geborenen Kindes auf Auskunft gegen die Mutter zur Nennung des Namens seines leiblichen Vaters bestehen. Dieser Anspruch kann tituliert und nach § 888 Abs. 1 ZPO durch Beugehaft vollstreckt werden (OLG Köln, FamRZ 1994, 1197, 1198; OLG Bremen, FamRZ 2000, 618, 619; a.A. unter analoger Anwendung von § 818 Abs. 2 BGB: AG Schwetzingen, DAVorm 1992, 88, 91; LG Landau, DAVorm 1989, 634, 636; Frank, FamRZ 1988, 113, 116; Koch, FamRZ 1990, 569, 573; Frank/Helms, FamRZ 1997, 1258, 1262).

VII. Erleichterungen durch Klagerecht der Mutter

Durch das eigene Klagerecht der Mutter vermindern sich die **Vertretungsprobleme** beim minderjährigen Kind im Statusverfahren.   44

Es bedarf jetzt nur noch der Bestellung eines Ergänzungspflegers, wenn   45

- bei bestehender Ehe beide Eltern oder auch die Mutter allein sorgeberechtigt und damit kraft Gesetzes von der Vertretung ausgeschlossen (§§ 1629 Abs. 2 Satz 1, 1775 Abs. 1 Nr. 1, 3 BGB) sind bzw.

- nach Scheidung der Ehe
  - die Mutter zwar grundsätzlich allein vertretungsbefugt (§ 1629 Abs. 2 BGB) ist, aber die Vertretungsbefugnis durch das **Familiengericht** wegen erheblichen Interessengegensatzes zum Kind zu entziehen ist, und zwar im Rahmen einer Gesamtabwägung zwischen dem natürlichen Interesse des Kindes auf Kenntnis von der eigenen Abstammung einerseits und sonstigen Kindeswohlgesichtspunkten (§§ 1629 Abs. 2 Satz 3, 1796 Abs. 1, 2 BGB; vgl. die eher zurückhaltende Entscheidung BayObLG, FamRZ 1999, 737 f.); oder
  - Mutter und Vater sorgeberechtigt sind, weil dann der Vater als Partei in jedem Fall gem. § 181 BGB von der Vertretung ausgeschlossen (BGH, FamRZ 1972, 498) und eine Alleinvertretung durch die Mutter wegen gesetzlich vermuteter Interessenkollision (a.a.O.) nicht möglich ist.

Nach der Gesetzeslage ist unklar, wer für die Einrichtung der Ergänzungspflegschaft **zuständig** ist: Familiengericht oder Vormundschaftsgericht? Die Beantwortung dieser Frage hat u.a. Auswirkungen auf das richtige Rechtsmittel gegen ergangene Entscheidungen (einfache Beschwerde nach § 19 FGG oder befristete Beschwerde entsprechend § 621e ZPO? vgl. unten Rn. 57).   46

Die praktischen Probleme der Bestellung eines Ergänzungspflegers können – seit Inkrafttreten des Kinderrechteverbesserungsgesetzes vom 9.4.2002 nicht nur in den Fällen der Alleinsorge der Mutter, sondern auch bei gemeinsamer elterlicher Sorge – durch die Einrichtung einer Beistandschaft nach §§ 1712 ff. BGB gelöst werden; die das Kind betreuende Mutter muss nur einen entsprechenden Antrag an das Jugendamt stellen, §§ 1713 Abs. 1 Satz 2, 1714 BGB.   47

Verblüffenderweise kannte die Rechtsprechungspraxis keine Probleme mit der Vertretung minderjähriger Kinder im Zusammenhang mit der gesetzlich vorgeschriebenen Beiladung nach § 640e Abs. 1 ZPO. Denn nach nicht begründeter, aber h.M. braucht ein minderjähriges Kind, das nicht Partei ist, trotz des Wortlautes in § 640e Abs. 1 ZPO nicht beigeladen zu werden (so Wieser, FamRZ 1998, 1004 ff.: § 640e ZPO gilt nur für volljährige Kinder; Zöller/Philippi, ZPO, § 640e Rn. 2: Beiladung des Kindes über den gesetzlichen Vertreter nur, wenn dieser nicht schon Partei   48 ist). Der BGH hat jetzt klargestellt, dass dem Kind praktisch doch immer, und zwar auch nur zur Frage eines Beitritts im Rahmen des § 640e ZPO ein Ergänzungspfleger bestellt werden muss (vgl. BGH, FamRZ 2002, 880 f.).

C. Verfahrensrechtliche Besonderheiten in Statusverfahren

I. Funktionelle und sachliche Zuständigkeit

1. Sachliche Zuständigkeit des Familiengerichts

49 Durch die Reform des Jahres 1998 ist die Zuständigkeit für Vaterschaftsanfechtung und Vaterschaftsfeststellung (§§ 1600 ff. BGB) von der Zivilprozessabteilung des Amtsgerichts auf das Familiengericht übergegangen. Gleiches gilt für Vaterschaftsfeststellungen nach Tod des Vaters oder Kindes. Diese FGG-Verfahren sind vom Vormundschaftsgericht auf das Familiengericht übergegangen.

2. Fortbestehende Doppelzuständigkeit mit dem Vormundschaftsgericht

50 Diese Zuständigkeitsänderungen sind ein weiterer Schritt auf dem Weg zum **einheitlichen Familiengericht,** ohne dass allerdings bisher nur das Familiengericht zuständig gewesen wäre. Noch immer gibt es leider Doppelzuständigkeiten zwischen Familien- und Vormundschaftsgericht und daraus folgend Abgrenzungsprobleme. Im Rahmen der Statusverfahren gilt das vor allem für die Anordnung und Bestellung von Ergänzungspflegern für das minderjährige Kind, wenn die Eltern dieses im Verfahren nicht vertreten können.

51 Ob hier nach § 1693 BGB das Familiengericht etwa erforderliche Ergänzungspflegschaften anordnet oder aber das Vormundschaftsgericht nach § 1909 BGB zuständig geblieben ist, ist umstritten (vgl. OLG Stuttgart, FamRZ 1999, 1601, 1602 m. w. N. und kritischer Anm. Coester, der für die Zuständigkeit des Vormundschaftsgerichts plädiert, wenn der Antrag auf Einrichtung einer Ergänzungspflegschaft von den Eltern selbst kommt). § 1693 BGB verdrängt nach wohl überwiegender Meinung die Zuständigkeit des Vormundschaftsgerichts für vorläufige Maßnahmen nach §§ 1915, 1846 BGB (a. A. Bestelmeyer, FamRZ 2000, 1068 ff.; Schneider, in: Rahm/Künkel, Handbuch des Familiengerichtsverfahrens, III B, Rn. 421, der insoweit § 1846 BGB für das Familiengericht analog anwendet).

52 § 1909 Abs. 2 BGB spricht eigentlich für die Zuständigkeit des Vormundschaftsgerichts (ebenso Bestelmeyer, FamRZ 2000, 1068, 1069 f.; OLG Stuttgart, FamRZ 2000, 1240). Mit verschiedenen OLG (vgl. OLG Zweibrücken, FamRZ 2000, 243; BayObLG, FamRZ 2000, 1111, 1113; OLG Stuttgart, FamRZ 2000, 439 m. Anm. Coester; OLG Hamburg, Beschl. v. 12.1.2000, 2 AR 6/99, n. v.) ist aus Gründen der Praktikabilität jedoch in den meisten Fällen von der **Zuständigkeit des Familiengerichts** – und hier wegen § 6 RPflG regelmäßig des Richters und nicht des Rechtspflegers – auszugehen, weil insoweit § 1693 BGB gilt (a. A. OLG Karlsruhe, FamRZ 2001, 41,42; Bestelmeyer, FamRZ 2000, 1068 ff.; Schneider, in: Rahm/Künkel, Handbuch des Familiengerichtsverfahrens, III B, Rn. 924.1, der zumindest in den Fällen des § 1795 BGB das Vormundschaftsgericht für zuständig hält).

Zu Recht verweist Bestelmeyer zwar darauf, dass es in einzelnen Fallgestaltungen zu praktischen Schwierigkeiten führt, wenn man immer neben der Zuständigkeit des Familiengerichts nach § 1693 BGB eine ergänzende, nämlich auf Bestellung und Überwachung des Pflegers oder Vormundes gerichtete Zuständigkeit annimmt. Umgekehrt kann es aber – gerade bei großen Gerichten – auch schnell zu Informationsdefiziten bei den Familienrichtern kommen, wenn man stets die ausschließliche Zuständigkeit der Vormundschaftsgerichte für alle mit Anordnung, Auswahl und Bestellung von Pflegern in Betracht kommenden Geschäften annähme.

> *Hinweis:*
>
> *Solange das Gesetz kein einheitliches Familien- und Vormundschaftsgericht vorsieht, sollte man deshalb das Familiengericht immer dann für zuständig halten, wenn eine familiengerichtliche Maßnahme, insbesondere nach § 1666 BGB, in Betracht kommen kann. In Fällen, in denen aller Voraussicht nach keine familienrichterliche Tätigkeit erforderlich sein wird, ist zweckmäßigerweise ausschließlich das Vormundschaftsgericht für umfassend zuständig zu erachten. Der sicherste Weg zur Vermeidung eines „verfahrensrechtlichen Chaos" (Bestelmeyer, a. a. O., 1071) wäre jedoch eine Gesetzesänderung.*

3. Richter- oder Rechtspflegeraufgabe

Nach §§ 1697 BGB, 6 RPflG darf der Familienrichter zusätzlich auch den Vormund auswählen oder aber dieses nach § 3 Nr. 2a RPflG dem (Familiengerichts-)Rechtspfleger überlassen. Wählt der Familienrichter selbst aus, hat er die Auswahlbestimmungen der §§ 1776 bis 1779 BGB zu beachten, also insbesondere das Benennungsrecht der Eltern und die Anhörungspflichten gegenüber Jugendamt und ggf. nahen Angehörigen nach § 1779 Abs. 3 Satz 1 BGB. Der Familienrichter darf nach wie vor nie „bestellen" i. S. d. § 1789 BGB; dieses und die weitere Beratung und Überwachung des Vormunds/Pflegers bleibt Aufgabe des **Rechtspflegers am Vormundschaftsgericht.** Für minderjährige unbegleitete Flüchtlinge ist wegen § 14 Abs. 1 Nr. 4 am Ende RPflG ausnahmsweise nicht der Rechtspfleger des Vormundschaftsgerichts, sondern der **Vormundschaftsrichter** zuständig.

53

II. Ausschließliche örtliche Zuständigkeiten

Für Kindschaftssachen (**Statusverfahren**) einschließlich einstweiliger Verfügungen nach § 1615o BGB gegen den Vater, der die Vaterschaft anerkannt hat oder der nach § 1600d Abs. 2 BGB als Vater vermutet wird, ist das Gericht, in dessen Bezirk **das Kind seinen Wohnsitz** oder bei Fehlen eines inländischen Wohnsitzes seinen gewöhnlichen Aufenthalt hat, ausschließlich zuständig, § 640a ZPO. Allerdings kann die zur Anfechtung der Vaterschaft berechtigte Mutter auch beim Gericht ihres Wohnsitzes, bei fehlendem inländischen Wohnsitz bei dem Gericht des gewöhnlichen Aufenthalts klagen. Haben weder Kind noch Mutter im Inland einen Wohnsitz oder gewöhnlichen Aufenthalt, ist das Wohnsitzgericht des Mannes zuständig.

54

Ausnahme: Es wird nachträglich eine Ehesache zwischen den Eltern anhängig. Dann sollen alle familienrechtliche Streitigkeiten dieser Familie beim **Gericht der Ehesache** konzentriert werden, § 621 Abs. 2 ZPO. Bereits laufende familiengerichtliche Verfahren sind **von Amts** wegen an das Gericht der Ehesache zu verweisen (ZPO-Verfahren) oder abzugeben (FGG-Verfahren), § 621 Abs. 3 ZPO. Wie die örtliche Zuständigkeit der Ehesache bestimmt wird, steht im Katalog des § 606 ZPO, der eine Rangfolge von fünf verschiedenen Gerichtsständen vorsieht.

55

III. Regelmäßig ZPO-Verfahren

Statusverfahren (Vaterschaftsanfechtungs- und –feststellungsverfahren) sind ZPO-Verfahren mit eingeschränkter Amtsermittlungspflicht des Gerichts, §§ 640 ff. ZPO, mit **Ausnahme** von Statusverfahren nach dem Tod des Vaters. Diese folgen besonderen Regeln des FGG, §§ 55b, 56c FGG. Dabei sind die Vorschriften über ein selbständiges Beweisverfahren, die Verpflichtung aus § 372a ZPO zur Duldung der Entnahme eigenen Blutes für nahe Verwandte oder von Blut bzw. erbsubstanzhaltigem Gewebe des Toten für seine nächsten Angehörigen und die Wiederaufnahme von Verfahren entsprechend anzuwenden.

56

IV. Sachverständigenbeweis im Statusverfahren

1. Schlüssige Klage und Notwendigkeit eines Sachverständigengutachtens im Abstammungsverfahren

57 Im Anfechtungsverfahren gilt zwar der (modifizierte) Untersuchungsgrundsatz (§ 640 ff. ZPO). D. h. jedoch nicht, dass die Klage eines **substantiierten Vortrages** nicht bedarf (a. A. Mutschler, DAVorm 1996, 377). Der Kläger oder die Klägerin müssen vielmehr einen Sachverhalt vortragen, aus dem sich konkret die nicht völlig abwegige Möglichkeit ergibt, dass der bisherige rechtliche Vater nicht leiblicher Vater des Kindes ist. Geschieht das nicht, ist die Klage ohne weitere Beweisaufnahme abzuweisen.

58 Andererseits führt der Untersuchungsgrundsatz dazu, dass das Gericht auch bei übereinstimmendem Vortrag der Parteien, der bisherige rechtliche Vater sei nicht der leibliche Vater, ein Sachverständigengutachten einholen muss (OLG Schleswig, DAVorm 1982, 350), es sei denn nach dem bisherigen Stand der Erkenntnisse ist eine Vaterschaft des bisherigen Vaters praktisch unmöglich.

> *Hinweis:*
> In der Praxis besteht die Neigung, in streitigen Fällen immer, in unstreitigen Fällen dagegen möglichst nie die geäußerten Zweifel an der bestehenden Vaterschaft – sei durch Anerkennung, sei durch Ehe mit der Mutter – durch ein Sachverständigengutachten zu beseitigen. Dabei werden aber schnell grundlegende Prinzipien sowohl des Abstammungsrechtes wie des Zivilverfahrensrechtes verletzt.

59 Eine Beweisaufnahme durch Einholung eines Sachverständigengutachtens ist einerseits nur dann zulässig, wenn in der Klage ausreichende Tatsachen vorgetragen werden, die vernünftigerweise zu Zweifeln an der infolge Ehe mit der Mutter oder Anerkennung bestehenden Vaterschaft berechtigen. Die bloße Behauptung, das Kind stamme nicht vom Manne ab, reicht nicht.

60 Auf der anderen Seite darf von der Einholung eines Sachverständigengutachtens nicht allein deshalb abgesehen werden, weil die beteiligten Parteien sich insoweit einig sind (a. A. AG Hannover, FamRZ 2001, 245). § 1599 Abs. 2 BGB gibt den beteiligten Elternteilen jetzt zwar eine gewisse Dispositionsfreiheit in Bezug auf die tatsächliche Abstammung des Kindes. Außerhalb des Anwendungsbereiches dieser Vorschrift lassen sich jedoch keine Folgerungen für den Abstammungsprozess ziehen. Vielmehr ist nach wie vor ein **Gutachten nur dann überflüssig,** wenn bereits aufgrund anderer Tatsachen zur Überzeugung des Gerichts feststeht, dass der bestehende Vater unmöglich der Erzeuger des Kindes sein kann.

In der gerichtlichen Praxis stellt sich in etwa 10 % der Fälle, wo alle beteiligten Erwachsenen die Vaterschaft des Ehemannes oder des Anerkennenden ausgeschlossen und die Vaterschaft eines Dritten bestätigt haben, nach Einholung eines Sachverständigengutachtens heraus, dass die Angaben der Parteien und Zeugen unzutreffend waren. Dabei muss regelmäßig nicht von einer bewussten Verschleierung der Wahrheit ausgegangen werden. Vielmehr sind die nach wie vor bestehenden biologischen Unregelmäßigkeiten bei Zeugung und Schwangerschaft der Grund für manchen Irrtum der Beteiligten.

61 **Offensichtlich unmöglich ist eine Vaterschaft nur dann,** wenn der bisher als Vater in Anspruch genommene Mann nachweislich sicher nie mit der Mutter des Kindes verkehrt hat, etwa bei nachgewiesener ununterbrochener Haft ohne – ebenfalls nachgewiesene – Besuche der Mutter in der Haft, bei nachgewiesenem Auslandsaufenthalt ohne Kontaktmöglichkeiten zwischendurch oder bei dunkler Hautfarbe des Kindes und rein weißer Hautfarbe der Eltern. In etwa 10 – 25 % der Fälle, wo beide Eltern angeben, der rechtliche Vater sei nicht der leibliche Vater, erweist sich ihre Aussage nach Einholung des serologischen und/oder genetischen Gutachtens als falsch.

Der Amtsermittlungsgrundsatz im Abstammungsverfahren geht so weit, dass zur Feststellung der Vaterschaft eines inzwischen Verstorbenen erforderlichenfalls auch eine **Gewebeprobe des Verstorbenen**, u. U. nach dessen Exhumierung untersucht werden muss, so z. B., wenn unter Einbeziehung von allen erreichbaren noch lebenden Verwandten eine ausreichende Feststellung zur Vaterschaft nicht möglich ist. Das Gericht darf in einem solchen Fall die Klage auf Feststellung der Vaterschaft und einen darauf gerichteten Prozesskostenhilfeantrag nicht ohne weiteres abweisen (so zu Recht OLG Köln, FamRZ 2001, 930, 931, das dann allerdings – nach hiesiger Meinung inkonsequenterweise – für die Bewilligung von Prozesskostenhilfe zwecks Übernahme der voraussichtlich erheblichen Exhumierungskosten neben dem Persönlichkeitsrecht des Kindes auf Feststellung seiner Abstammung noch weitere konkrete wirtschaftliche oder sonstige Interessen verlangt).

62

2. Möglichkeit der zwangsweisen Blutentnahme

Wiederum wegen des Untersuchungsgrundsatzes und des öffentlichen Interesses an der Feststellung der genetischen Abstammung des Kindes vom Vater kann nach den Regeln der ZPO ein genetisches und/oder serologisches Gutachten auch gegen den Willen des Betroffenen eingeholt werden. Voraussetzung für eine **zwangsweise Blutentnahme** zur Durchführung eines den anerkannten Grundsätzen der Wissenschaft entsprechenden Blutgruppen- oder genetischen Gutachtens ist (lediglich), dass nach dem bisherigen Erkenntnisstand die Untersuchung die Aufklärung des Abstammungsverhältnisses verspricht und dem zu Untersuchenden nach den Folgen für ihn oder einen nahen Angehörigen sowie ohne Nachteile für seine Gesundheit zuzumuten ist, § 372a ZPO.

63

Über die zwangsweise Blutentnahme muss das erkennende Gericht durch **Beschluss** entscheiden. Das Gericht muss Ort und Zeitpunkt der Blutentnahme festsetzen und zum Termin der Blutentnahme laden. Der vom Gericht beauftragte Sachverständige hat nicht die Macht, derartige Ladungen auszusprechen (so zu Recht auch OLG Brandenburg, FamRZ 2001, 1010, 1011). Allerdings wird das erkennende Gericht weder durch den Wortlaut noch Sinn und Zweck des § 372a ZPO daran gehindert, die Blutentnahme in den Räumen des Sachverständigen oder – vor allem bei auswärtigem Wohnsitz der Untersuchungsperson – in den Räumen des zuständigen Gesundheitsamtes anzuberaumen. Die Anwesenheit eines Richters bei der Blutentnahme ist weder erforderlich noch zweckmäßig. Deshalb ist bei auswärtigem Wohnsitz der Untersuchungsperson auch nicht das dortige Familiengericht als Rechtshilfegericht einzuschalten. Vielmehr kann und muss das erkennende Gericht nach Absprache mit dem beauftragten Sachverständigen und dem um Amtshilfe ersuchten örtlich zuständigen Gesundheitsamt oder anderem Blutentnahmeinstitut in dessen Räumen die Blutentnahme anordnen.

64

> *Hinweis:*
> *Zwangsmaßnahme wie die Anordnung nach § 372a ZPO sind erst zulässig, nachdem ggf. im Rahmen eines Zwischenverfahrens nach § 387 ZPO über Weigerungsgründe verhandelt und entschieden worden ist, die die Untersuchungsperson gem. § 386 ZPO geltend gemacht hat (OLG Brandenburg, FamRZ 2001, 1010, 1011).*

3. Anforderungen an Abstammungsgutachten

a) Amtliche Richtlinien für die Erstattung von Abstammungsgutachten

Nicht jedes serologische und/oder genetische Gutachten, d.h. Untersuchungen der vererblichen Bluteigenschaften und/oder DNA-Analysen, ist derzeit für einen ausreichenden positiven Vaterschaftsnachweis oder negativen Vaterschaftsausschluss geeignet. Das Gutachten muss vielmehr dem **aktuellen Stand der Wissenschaft** entsprechen. Dieser Erkenntnisstand wird beschrieben durch die gerade novellierten Richtlinien für die Erstattung von Abstammungsgutachten des Wissenschaftlichen Beirates der Bundesärztekammer (Deutsches Ärzteblatt 2002, Ausgabe B, S. 541 f.)

65

und ergänzenden Leitlinien der Arbeitsgemeinschaft der Sachverständigen für Abstammungsgutachten in Deutschland e.V., die die Richtlinien für die Erstattung von Abstammungsgutachten, herausgegeben vom Robert-Koch-Institut aus dem Jahre 1996 (vgl. FamRZ 1997, 344), abgelöst haben.

Anders als früher reichen jetzt **reine DNA-Analysen** für einen hinreichend sicheren Vaterschaftsnachweis oder -ausschluss aus. Allerdings müssen die Erkenntnisse auch bei reinen DNA-Gutachten in methodisch korrekter Weise, d. h. in einer alle Ermittlungsschritte genau dokumentierenden Art und aus zwei verschiedenen genetischen Systemen gewonnen werden. Auch die neuen Richtlinien haben den in Gutachterkreisen bestehenden wissenschaftlichen Streit über die Aussagekraft verschiedener Analysemethoden (PCR- oder RFLP-Methode; vgl. u. a. Hoppe/Kramer, DAVorm 1997, 13; 495; Ritter/Martin u. a., DAVorm 1997, 255, 497; Hummel, FamRZ 1997, 326) für wissenschaftliche Laien weder hinreichend verständlich gemacht noch beendet, eben weil eine ganze Reihe von Wissenschaftlern die von der Bundesärztekammer verabschiedeten Richtlinien methodisch nicht für ausreichend halten. In der Praxis bedeutsam ist dieser Streit wegen der unterschiedlichen Kosten und Schnelligkeit ihrer Ergebnisse. Die Bundesärztekammer selbst gesteht ein, dass in diesem Bereich nicht nur um wissenschaftliche Ehren, sondern auch um Marktanteile und Geld gekämpft wird (Deutsches Ärzteblatt, a. a. O., S. B 541). Parteien und Gerichte haben ein erhebliches Interesse an aussagekräftigen, aber auch kostengünstigen Gutachten.

66 Wegen der hohen Aussagekraft der serologischen und genetischen Gutachten auch bei Fehlermöglichkeiten wie Mutationen und stummen Genen sind heute die in früheren Jahrzehnten üblichen Tragezeitgutachten und erbbiologischen Gutachten überholt (OLG Naumburg, FamRZ 2001, 931). Ausschlusswahrscheinlichkeiten von über 99,9 % sind heute die Regel und werden nur dann nicht erreicht, wenn ein anderer naher Verwandter (Bruder, Vater) des Mannes als Erzeuger in Betracht kommt (vgl. Henke, DAVorm 1996, 331). Einer Aussetzung des Verfahrens von Amts wegen nach § 640f ZPO bedarf es deshalb nur noch in extremen Ausnahmefällen.

b) Defizienzfälle

67 DNA-Gutachten sind auch in den sog. Defizienzfällen möglich und hinreichend aussagekräftig, wenn Mutter oder Vater bzw. Putativvater des Kindes bereits verstorben (und nicht exhumierbar) oder aus sonstigen Gründen (z. B. wegen unbekannten Aufenthalts) nicht erreichbar sind (vgl. Rittner u. a., DAVorm 1992, 105; Bonte u. a., FamRZ 1992, 278).

c) Privatgutachten

68 Gerichtliche Gutachten haben keinen prinzipiell höheren Aussagewert als Privatgutachten. Allerdings lassen Privatgutachten nicht selten eine ausreichende Dokumentation/Datensicherung und den Respekt vor dem Mitsorgerecht des anderen Elternteiles vermissen. Die Blut- oder Gewebeentnahme zum Zwecke der Erstellung eines Abstammungsgutachtens ist zweifelsfrei eine Maßnahme von erheblicher Bedeutung für das Kind i. S. d. § 1687 BGB (vgl. Rn. 136 f.) mit der Folge, dass bei bestehender gemeinsamer elterlicher Sorge beide Eltern in die Blutentnahme einwilligen müssen und der Gutachter/Laborarzt eine Körperverletzung begeht, wenn er ohne diese beiden Einwilligungen Blut entnimmt. Ob ein so rechtswidrig zustande gekommenes Gutachten im Prozess verwertet werden darf oder (mit weiteren Kosten) ein neues Gutachten eingeholt werden muss, ist unklar (vgl. zum Umfang eines generellen Verwertungsverbotes Zöller/Greger, ZPO, § 286 Rn. 15a ff.). Der verfassungsrechtliche Rang des Elternrechtes, auch der Mitsorgeberechtigung einerseits und der Schutz des Kindes vor leichtfertigem Verlust eines (rechtlichen) Elternteiles andererseits sprechen für ein **Verwertungsverbot**. Das sich aus den Regeln des BGB (§§ 1591 BGB ff.) ergebende massive öffentliche Interesse an einer zweifelsfreien Feststellung der leiblichen Abstammung sowie Wirtschaftlichkeitsgesichtspunkte könnten gegen ein Verwertungsverbot des ansonsten wissenschaftlich einwandfrei durchgeführten Abstammungsgutachten sprechen.

V. Verbindung des Abstammungsverfahrens mit Unterhaltsforderungen

§ 640c ZPO bestimmt grundsätzlich, dass ein Abstammungsverfahren nicht mit einer anderen Klage, auch Widerklage, verbunden werden darf. Ausnahmen sind § 653 Abs. 1 ZPO (sog. Annexverfahren) und §§ 641d – g ZPO (einstweilige Anordnungen über Kindes- und Mutterunterhalt).   69

1. Annexverfahren

Begehrt das Kind positive Feststellung der Vaterschaft – sei es im Wege der Klage oder bei negativer Feststellungsklage des Mannes auch im Wege der Widerklage (vgl. Zöller/Philippi, ZPO, § 653 Rn. 2) – kann es ausnahmsweise sein Feststellungsbegehren mit dem Antrag auf Zahlung des Unterhalts in Höhe des Regelbetrages verbinden, § 653 Abs. 1 ZPO.   70

Allerdings soll der Rechtsstreit über die Vaterschaft nicht mit den Schwierigkeiten eines Unterhaltsprozesses belastet werden, sondern dem Kind nur eine schnelle Möglichkeit zur Titulierung von Unterhalt verschaffen. Deshalb kann das Kind nicht seinen vollen, ihm nach den gesetzlichen Bestimmungen zustehenden Unterhalt, sondern nur einen solchen **in Höhe des Regelbetrages** nach der Regelunterhaltsverordnung unter Berücksichtigung von Zu- oder Abschlägen wegen Kindergeldes oder ähnlicher Leistungen (oder weniger, § 653 Abs. 1 Satz 2 ZPO) verlangen, § 653 Abs. 1 Satz 1 ZPO. Einwendungen des Mannes mit dem Ziel einer Herabsetzung oder Abweisung wegen Leistungsunfähigkeit sind in diesem Verfahren nicht zulässig, § 653 Abs. 1 Satz 3 ZPO.   71

Unterhalt i. S. d. § 653 ZPO ist nicht nur der künftige, sondern auch der **Unterhalt bereits ab Geburt.** Nach § 1613 Abs. 2 Nr. 2a BGB kann ein Kind Unterhalt für die Vergangenheit auch ohne Verzugsvoraussetzungen verlangen, wenn es aus rechtlichen Gründen an der Geltendmachung des Unterhalts gehindert war. Solange die Vaterschaft des Unterhaltspflichtigen nicht feststeht, kann ein Kind von ihm aus rechtlichen Gründen keinen Unterhalt beanspruchen.   72

Alle Einwendungen des Mannes mit dem Ziel einer Herabsetzung des Unterhalts und höhere Unterhaltsforderungen des Kindes sind nur im Wege der **Korrekturklage** nach § 654 ZPO, einer Sonderform der Abänderungsklage nach § 323 ZPO, möglich.   73

Für den seine Unterhaltspflicht bestreitenden Unterhaltsschuldner hat die Korrekturklage praktisch auch die Bedeutung einer befristeten Beschwerde gegen das Annexurteil. Dementsprechend regelt § 654 Abs. 2 ZPO, dass er eine Herabsetzung des Unterhalts ab Rechtskraft des Statusurteils nur verlangen kann, wenn er innerhalb **eines Monats** nach Rechtskraft von Status- und Annexurteil Korrekturklage erhebt. Wird diese Klage erst später eingereicht, kann er Herabsetzung unter den Regelbetrag nur mit Wirkung für die Zukunft verlangen. Ausnahme: Erhebt das Kind innerhalb der Monatsfrist – an die es ansonsten nicht gebunden ist – Korrekturklage auf Erhöhung des Unterhalts, läuft die Frist für eine rückwirkende Korrekturklage des Vaters nicht vor der Beendigung der Korrekturklage des Kindes ab, § 654 Abs. 2 Satz 2 ZPO.   74

Die Entscheidung über den Kindesunterhalt im Annexverfahren wird erst mit **Rechtskraft des Urteils,** das die Vaterschaft feststellt, wirksam, § 653 Abs. 2 ZPO. Es bedarf deshalb nicht des Ausspruchs einer vorläufigen Vollstreckbarkeit. Vor Rechtskraft des Statusurteiles kann allerdings schon Unterhalt im Wege einstweiliger Anordnung tituliert werden.   75

2. Einstweilige Anordnungen

Ab Einreichung eines Prozesskostenhilfeantrages für eine beabsichtigte (positive) Vaterschaftsfeststellungsklage oder Anhängigkeit einer solchen Statusklage kann das Familiengericht im Wege einstweiliger Anordnung den Unterhalt für das Kind oder die Mutter regeln, §§ 641d ff. ZPO. Ob diese Möglichkeit auch bei negativer Vaterschaftsfeststellungsklage besteht ist strittig (vgl. Zöller/Philippi, ZPO, § 641d Rn. 4 m. w. N.). Angesichts der Möglichkeit von Unterhaltsklagen nebst einstweiliger Anordnung nach § 644 ZPO in diesen Fällen ist die Frage nicht mehr von so grundlegender Bedeutung. Bei Klagen auf Feststellung der Unwirksamkeit eines Vaterschaftsanerkenntnisses oder Vaterschaftsanfechtungsklagen sind dagegen keine einstweiligen Anordnungen zuläs-   76 sig (OLG Düsseldorf, NJW 1973, 1331; OLG Koblenz, FamRZ 1974, 383; OLG Stuttgart, DAVorm 1978, 217).

77 Das Verfahren nach §§ 641d ff. ZPO **unterscheidet** sich **von dem nach §§ 620a ff., 644 ZPO** in mehrfacher Hinsicht:

- Das Gericht kann nicht nur auf Zahlung des Unterhalts durch den Mann erkennen, sondern auch (nur) auf Sicherheitsleistung für den Unterhalt, § 641d Abs. 1 Satz 2 ZPO und muss dieses auch tun, wenn der Unterhalt von Kind und Mutter durch Zahlung seitens der mütterlichen Verwandten ohne Gefährdung von deren angemessenen Unterhalt möglich ist (Zöller/Philippi, ZPO, § 641d Rn. 11).
- Der Beschluss kann nur aufgrund mündlicher Verhandlung ergehen, § 641d Abs. 2 Satz 4 ZPO.
- Der Beschluss ist ab 1.1.2002 mit der sofortigen Beschwerde nach §§ 567 ff. ZPO n.F., anfechtbar, § 641d Abs. 3 ZPO. Beschwerdegericht ist das OLG (§ 119 Nr. 2 GVG).
- Wird die Vaterschaftsfeststellungsklage zurückgenommen oder rechtskräftig abgewiesen, hat der durch die einstweilige Anordnung Begünstigte dem Mann den Schaden zu ersetzen, der ihm aus der Vollziehung der einstweiligen Anordnung entstanden ist.

Im Übrigen gelten praktisch die gleichen Regeln wie bei den einstweiligen Anordnungen nach §§ 620a ff, 644 ZPO. § 641e ZPO ist gegenüber § 620f ZPO klarer, da die einstweilige Anordnung im Statusverfahren ausdrücklich nur dann außer Kraft tritt, wenn gegen den Mann eine rechtskräftige Entscheidung oder ein anderer nicht nur vorläufig vollstreckbarer Titel vorliegt.

78 Wie bei den einstweiligen Anordnungen nach §§ 620a ff. ZPO gilt auch bei § 641d ZPO außer für die Frage der Vaterschaft der **Beibringungsgrundsatz**. Der Unterhalt wird also auch in diesem Verfahren nicht von Amts wegen ermittelt.

VI. Rechtsmittel

1. Befristete Beschwerde

79 Gegen alle Endentscheidungen des Familiengerichts, die Kinder betreffen, gibt es jetzt ein einheitliches Rechtsmittel, § 621e Abs. 1 Nr. 2 ZPO: das der befristeten, in Form und Inhalt der zivilprozessualen **Berufung angeglichenen Beschwerde** zum Oberlandesgericht (Familiensenat) sowie die weitere Beschwerde zum BGH nach Zulassung oder bei Verwerfung als unzulässig. Anwaltszwang herrscht nur vor dem BGH, § 78 Abs. 2 Nr. 3 ZPO. Eine Abhilfemöglichkeit durch die erste Instanz, sei es Richter oder Rechtspfleger, besteht danach nicht.

80 Entscheidet in einer nach dem 1.7.1998 anhängig gewordenen Familiensache entgegen Art. 15 § 1 KindRG die Zivilabteilung des Amtsgerichts und nicht das Familiengericht, findet die Berufung nach den **Grundsätzen der formellen Anknüpfung** (BGH, FamRZ 1991, 682; Zöller/Gummer, ZPO, § 119 GVG Rn. 9) zum Landgericht und nicht zum Oberlandesgericht statt (OLG Hamburg, FamRZ 2000, 433, 434).

Entsprechendes gilt, wenn das Vormundschaftsgericht die familiengerichtliche Zuständigkeit verletzt hat. Die Rechtsmittelzuständigkeit richtet sich dann nicht nach §§ 621e ZPO, 119 Abs. 1 Nr. 2, 133 Nr. 2 GVG, 64 Abs. 3 FGG, sondern nach §§ 19, 28 FGG mit der Folge, dass nicht die Voraussetzungen der befristeten, sondern die der einfachen Beschwerde gelten (BayObLG, FamRZ 2000, 1111, 1112).

2. Materielle Beschwer

81 Wegen der fehlenden Dispositionsbefugnis über den Status des Kindes ist dieses durch ein gerichtliches Urteil, mit dem festgestellt wird, dass es nicht von dem bisherigen (Schein-)Vater abstamme, auch dann beschwert – kann also Berufung einlegen –, wenn es in der ersten Instanz als Beklagter der Anfechtungsklage nicht widersprochen oder ihr sogar zugestimmt hat. Die Beschwer des

Rechtsmittelführers ist danach zu bestimmen, ob er ganz oder teilweise verurteilt wurde, mag er dem widersprochen haben oder nicht (seit langem h. M.; vgl. BGH, JZ 1955, 423, 424; NJW 1975, 539 f.; OLG Koblenz, FamRZ 1993, 1370; OLG Brandenburg, FamRZ 2001, 1630, 1631; Baumbach/Lauterbach/Albers, ZPO, 58. Aufl., Grundz. § 511 ZPO Rn. 19; Zöller/Gummer, ZPO, 22. Aufl., vor § 511 Rn. 17a; a.A. Rosenberg/Schwab/Gottwald, Zivilprozessrecht, § 136 II, 3. C, S. 812; Stein/Jonas/Grunsky, ZPO, vor § 511 Rn. 84 ff.). Ein eheliches Kind kann damit unter Berufung auf die versäumte Klagfrist durch den Ehemann der Mutter erreichen, dass dieser weiterhin rechtlicher Vater ist, selbst wenn durch das in erster Instanz eingeholte Sachverständigengutachten zweifelsfrei festgestellt wurde, dass er nicht der Erzeuger des Kindes ist.

> *Hinweis:*
> *In diesem Zusammenhang wird deutlich, mit welcher Sorgfalt bereits in erster Instanz neben der Schlüssigkeit des Klagvorbringens (s. oben Rn. 57 f.) in einer Anfechtungsklage der Ablauf der Klagfrist (s. oben Rn. 35 f.) geprüft werden muss. Es nutzt nichts, vorschnell in die Begutachtung zu gehen.*

D. Sorgerecht

I. Allgemeines

1. Inhalt der elterlichen Sorge nach BGB

a) Allgemeines

Elterliche Sorge wird in § 1626 Abs. 1 BGB definiert als „die Pflicht und das Recht, für das minderjährige Kind zu sorgen" und unterteilt in „die Sorge für die Person des Kindes (Personensorge) und das Vermögen des Kindes (Vermögenssorge). Zur elterlichen Sorge zählt das Gesetz weiter das Recht zur Vertretung, §§ 1629, 1687 BGB. — 82

Aus der Tatsache, dass die elterliche Sorge nicht nur ein Recht, sondern – jetzt sogar primär – **eine Pflicht der Eltern** ist, wird seit langem abgeleitet, dass Eltern auf die elterliche Sorge nicht verzichten können (RG, JW 25, 2115; KG, FamRZ 1955, 295). — 83

Die elterliche Sorge erstreckt sich **nicht auf Angelegenheiten des Kindes, für die ein Pfleger bestellt ist,** § 1630 Abs. 1 BGB. Zu den Besonderheiten der Regelung der elterlichen Sorge bei längerer Familienpflege vgl. § 1630 Abs. 3 BGB. — 84

Die elterliche Sorge umfasst nicht die **Einwilligung in eine Sterilisation** des Kindes, § 1631c BGB. Diese ist verboten mit der Folge, dass auch eine Einwilligung der Eltern selbst oder eine Ergänzungspflegschaft mit dem Ziel einer Einwilligung in die Sterilisation nicht möglich sind. — 85

Bei der Ausübung der elterlichen Sorge insgesamt, also nicht nur bei der Vermögenssorge (OLG Düsseldorf, FamRZ 2000, 438, 439), **haften die Eltern** dem Kind gegenüber für jeden vorsätzlich oder fahrlässig zugefügten Schaden, bei Fahrlässigkeit allerdings nur im Rahmen der Sorgfalt, die sie in eigenen Angelegenheiten anzuwenden pflegen, § 1664 BGB. Diese Norm gibt dem Kind einen eigenen Schadensersatzanspruch und betont damit den Pflichtencharakter der elterlichen Sorge. Dabei handelt es sich um einen subjektiven Sorgfaltsmaßstab, der allerdings nicht von vornherein auf grobe Fahrlässigkeit beschränkt ist und den zentralen Stellenwert, den die Gesundheit des Kindes und sein sonstiges Wohl für die Eltern hat, berücksichtigen muss (BGH, FamRZ 1988, 810). Eine Schadensersatzpflicht der Eltern gegenüber minderjährigen Kindern wird weiter aus — 86

§ 1618a BGB und dem Gesichtspunkt der Verletzung vorvertraglicher Aufklärungs- und Beratungspflichten gem. §§ 311 f. BGB (früher c.i. c., §§ 242, 276 BGB) abgeleitet.

b) Personensorge

aa) Bereiche der Personensorge

87 Die Personensorge oder tatsächliche Sorge umfasst **alle Fürsorgehandlungen für ein Kind.** Bei Minderjährigen, die verheiratet sind oder waren, beschränkt sich die Personensorge auf die Vertretung in persönlichen Angelegenheiten, § 1633 BGB. Im Einzelnen gibt das Gesetz für den Bereich der Personensorge besondere Regeln vor, für:

- die Bestimmung des Familiennamens, wenn die Eltern bei der Geburt des Kindes keinen Ehenamen führen, §§ 1616 f. BGB (vgl. Rn. 355 ff.);
- die Pflege, Erziehung und Beaufsichtigung und Bestimmung des Aufenthalts, § 1631 BGB; dazu gehört auch die Begründung des Wohnsitzes, ebenso die Gesundheitsfürsorge;
- die Angelegenheiten der Ausbildung und des Berufes, § 1631a BGB;
- die Unterbringung eines Kindes in einer geschlossenen Einrichtung, § 1631b BGB;
- die Herausgabe bei widerrechtlicher Vorenthaltung, § 1632 Abs. 1 BGB;
- die Bestimmung des Umganges des Kindes auch mit Wirkung für und gegen Dritte, § 1632 Abs. 2 BGB;
- die Untersagung der Wegnahme bei Familienpflege, § 1632 Abs. 4 BGB.

Daneben gibt es Bereiche der elterlichen Sorge, die vom BGB nicht erwähnt werden, sondern sich nur indirekt aus anderen Gesetzen erschließen wie z.B. das Recht, **Hilfen zur Erziehung nach dem KJHG** zu beantragen. Solange dem Sorgeberechtigten dieser Teil der elterlichen Sorge nicht entzogen wurde, würde das Jugendamt gegen den grundgesetzlich geschützten Elternwillen verstoßen, wenn es gegen den ausdrücklichen Wunsch des Sorgeberechtigten Maßnahmen der Jugendhilfe einleitet. Hier muss das Jugendamt zunächst das Familiengericht anrufen und nach § 1666 BGB (vgl. Rn. 233 ff.) die elterliche Sorge entsprechend einschränken lassen (vgl. BVerwG, FamRZ 2002, 668, 669).

bb) Verbot entwürdigender Erziehungsmaßnahmen

88 In § 1631 BGB wurde mit der Kindschaftsrechtsreform 1998 zunächst nur das Verbot entwürdigender Erziehungsmaßnahmen durch den ausdrücklichen Hinweis auf das Verbot „insbesondere körperlicher und seelischer Misshandlungen" konkretisiert, aber kein umfassendes **Gewaltverbot** in der Erziehung aufgenommen. Das geschah erst mit dem Gesetz zur Ächtung der Gewalt in der Erziehung und zur Änderung des Kindesunterhaltsrechts vom 2.11.2000 (BGBl. I S. 1479). Hier wurde ein umfassendes Gewaltverbot als Mittel der Erziehung statuiert. Eine Verschärfung des Strafrechtes und eine Ausweitung der Strafverfolgung im Bereich der Familie sollen damit nach dem ausdrücklichen Willen der Förderer einer solchen Änderung nicht verbunden sein (vgl. Hanewinckel, in: EZI-Korrespondenz Nr. 17 S. 17; ebenso Huber/Scherer, FamRZ 2001, 797 ff.; zweifelnd insoweit Hoyer, FamRZ 2001, 521 ff.).

cc) Einschränkung der Personensorge bei freiheitsentziehender Unterbringung

89 Die Personensorge umfasst das Recht (und die Pflicht), den Aufenthalt des Kindes zu bestimmen. Dieses Recht steht allerdings dann unter dem **Vorbehalt familienrichterlicher Genehmigung**, wenn das Kind in einer geschlossenen Einrichtung untergebracht werden soll, § 1631b BGB. Insoweit gilt Ähnliches wie bei freiheitsentziehenden Maßnahmen im Rahmen der Betreuung, nach den Ländergesetzen über die Unterbringung psychisch Kranker, weiter § 42 SGB VIII (Inobhutnahme) oder im Strafrecht.

(1) Sachlicher Geltungsbereich

§ 1631b BGB meint in erster Linie die **Unterbringung in geschlossenen Heimen** oder der geschlossenen Abteilung eines (insbesondere psychiatrischen) Krankenhauses, in denen die Kinder unter dauernder Kontrolle stehen und die sie nur mit Genehmigung der Anstalts- oder Heimleitung verlassen können. Ob sog. **halboffene Unterbringungen** genehmigungspflichtig sind, ist umstritten (vgl. AG Kamen, FamRZ 1983, 299 m. krit. Anm. Damrau, FamRZ 1983, 1060). 90

Nicht von § 1631b BGB erfasst werden zeitlich begrenzte Freiheitsbeschränkungen des Kindes durch die Eltern wie z. B. begrenzte Ausgangszeiten, Hausarbeitsstunden bis hin zum Hausarrest. Diese Maßnahmen können allerdings entwürdigende Erziehungsmaßnahmen nach § 1631 BGB sein mit der Folge, dass das Familiengericht unter Beachtung des Verhältnismäßigkeitsgrundsatzes den Eltern insoweit das Aufenthaltsbestimmungsrecht entziehen und notfalls einem Pfleger übertragen könnte. 91

Auch nicht unter die genehmigungspflichtigen Unterbringungen nach § 1631b BGB fallen sollen alle zeitweilig freiheitsbeschränkenden Maßnahmen der von den Eltern beauftragten Erziehungspersonen in Internaten u. Ä. (vgl. Palandt/Diederichsen, BGB, § 1631b Rn. 2, der zu Recht auf die schwierige Abgrenzung zu unterbringungsähnlichen oder einer geschlossenen Unterbringung gleichkommenden Maßnahmen verweist). 92

(2) Persönlicher Geltungsbereich

Betroffen sind alle **Eltern, Pfleger** oder **Vormünder,** denen die Personensorge für ein minderjähriges Kind zusteht einerseits und das Kind andererseits. 93

Endet die Personensorge infolge Heirat des Kindes, § 1633 BGB, endet auch die Möglichkeit, die geschlossene Unterbringung des Kindes nach § 1631b BGB richterlich genehmigen zu lassen. Eine geschlossene Unterbringung ist dann nur noch nach den Bestimmungen des Betreuungsrechtes oder der Ländergesetze über die Unterbringung psychisch Kranker möglich. 94

(3) Genehmigungsvoraussetzungen

Die sorgeberechtigten Eltern müssen die Genehmigung (Einwilligung i. S. d. § 183 BGB, nicht Zustimmung i. S. d. § 182 BGB) des Gerichts **vor der Unterbringung** einholen, **es sei denn** mit dem Aufschub der Unterbringung wäre eine **Gefahr für das Kind** verbunden. In diesem Fall ist die Genehmigung unverzüglich nachzuholen. 95

Im Rahmen des § 1631b BGB – anders als nach den Unterbringungsgesetzen der Länder – bringen immer die Sorgeberechtigten, nie das Gericht unter. Fallen die Eltern insoweit aus, müsste das Gericht zunächst einen Pfleger bestimmen und dann dessen Unterbringung genehmigen. 96

Voraussetzung für eine Unterbringung ist, dass sie **im wohlverstandenen Interesse des Kindes erforderlich** ist (Schneider, in: Rahm/Künkel, Handbuch des Familiengerichtsverfahrens, III B, Rn. 491). Einer gegenwärtigen Gefahr für das Kind bedarf es – außer bei sofortiger Unterbringung ohne Genehmigung des Gerichts – nicht (BayObLG, FamRZ 1982, 199). 97

Die **Höchstdauer** der Unterbringung beträgt **zwei Jahre.** 98

Das Gericht muss die Genehmigung zurücknehmen, wenn das Wohl des Kindes die Unterbringung nicht mehr erfordert. Daraus folgt nicht, dass die Unterbringung zunächst einmal unbefristet genehmigt werden kann. Sie ist vielmehr regelmäßig unter Abwägung der Freiheits- und Gesundheitsinteressen des Kindes ausdrücklich und unter Angabe des Datums zu befristen.

dd) Kindesherausgabeanspruch

Nach § 1632 Abs. 1 BGB umfasst die Personensorge das Recht, die Herausgabe des Kindes von jedem zu verlangen, der es den Eltern oder einem Elternteil **widerrechtlich vorenthält**. Maßstab für die Herausgabepflicht zwischen Eltern ist allein das **Kindeswohl**, wobei der Rechtsgedanke 99 des Haager Kindesentführungsabkommens (HKiEntÜ) auch zwischen im Inland lebenden Eltern gelten sollte, die sich um das hauptsächliche Zusammenleben mit dem Kind streiten. Enthält ein Elternteil das Kind dem anderen zunächst einmal rechtswidrig vor, sollte das Kind – außer es verstößt offenkundig gegen das Kindeswohl – zunächst einmal zum Ausgangselternteil zurückgebracht werden. Das gilt nicht zuletzt im Hinblick darauf, dass der „Besitz" des Kindes den Scheidungsgerichtsstand regelt (§ 606 Abs. 1 Satz 2 ZPO) und nur bei schneller Wiederherstellung des status quo ante einem unerfreulichen „forum shopping" vorgebeugt werden kann. Die Zielvorstellungen des HKiEntÜ beruhen nämlich primär auf Kindeswohlüberlegungen und stellen weniger den Versuch der internationalen Durchsetzung nationaler Hoheitsakte dar.

100 Wenn ein Kind rechtmäßigerweise seit längerer Zeit bei Pflegeeltern oder einem Stiefelternteil gelebt hat, können diese sich nicht nur unter Hinweis auf die (bisherige) Rechtmäßigkeit gegen den elterlichen Herausgabeanspruch wehren, sondern ggf. sogar eine darüber hinausgehende **Verbleibensanordnung** erreichen, §§ 1631 Abs. 4, 1682 BGB (s. auch Rn. 104 f.). Dem Verbleibens-Verlangen der bisherigen Pflegeeltern ist vor allem dann – zunächst im Wege **einstweiliger Anordnung** – zu entsprechen, wenn das Kind nicht zu den leiblichen Eltern zurückkehren, sondern in einer anderen Pflegefamilie untergebracht werden soll. Einem **Wechsel der Pflegeeltern** (hier: durch das aufenthaltsbestimmungsberechtigte Jugendamt) ist – nach umfassender Prüfung – nur zuzustimmen, wenn mit hinreichender Sicherheit ausgeschlossen werden kann, dass die Trennung des Kindes von den bisherigen Pflegeeltern mit psychischen und physischen Schädigungen verbunden ist (OLG Rostock, FamRZ 2001, 1633).

ee) Bestimmung des Umganges des Kindes mit Dritten

(1) Grenzen elterlicher Umgangsverbote

101 Nach § 1632 Abs. 2 BGB gehört zur Personensorge weiter das Recht, den Umgang des Kindes (auch) mit Wirkung für und gegen Dritte zu bestimmen. Dieses Recht findet wegen der grundgesetzlich geschützten Elternautonomie seine Grenze erst bei einer missbräuchlichen Ausübung der elterlichen Sorge, nicht schon dann, wenn ein elterliches Umgangsverbot dem Wohl des Kindes nicht dienen sollte (BayObLG, FamRZ 1984, 363). Ein elterliches Umgangsverbot bedarf keiner „triftigen Gründe, muss sich aber wegen § 1626 Abs. 2 BGB an der mit dem Alter zunehmenden Eigenverantwortlichkeit des Kindes orientieren " (st. Rspr.; BGH, NJW 1956, 1434; Palandt/Diederichsen, BGB, § 1632 Rn. 32 m. w. N.).

102 Wegen der spezielleren Regelungen in den §§ 1684, 1685 BGB bezieht sich § 1632 Abs. 2 BGB trotz des „auch" allein auf **nicht umgangsberechtigte Dritte,** nicht auf den Streit im Umgang zwischen Eltern und im Verhältnis zu bestimmten nahen Verwandten.

(2) Inhalt der Maßnahme, Verfahren und Vollstreckung

103 Als gerichtliche Maßnahme gegen Dritte kommt vor allem ein **gerichtliches Umgangsverbot** („go-order") **mit Androhung von Zwangsgeld** nach § 33 FGG in Betracht (zur Voraussetzungen und Durchsetzung s. Janzen, FamRZ 2002, 785 ff.).

ff) Verbleibensanordnungen

104 Gegen den Herausgabeanspruch der Eltern nach § 1632 Abs. 1 BGB können sich Stief- und Pflegeeltern nicht nur mit dem Hinweis auf die (bisherige und möglicherweise andauernde) Rechtmäßigkeit des Aufenthalts des Kindes bei ihnen wehren. Sie können darüber hinaus über eine gerichtliche Verbleibensanordnung ein **kleines Sorgerecht** begründen, §§ 1632 Abs. 4, 1682, 1688 BGB, wenn sich das Kind seit längerer Zeit in ihrem Familienverband aufgehalten hat und solange das Kindeswohl durch die Wegnahme gefährdet wäre. Dieses kleine Sorgerecht steht immer unter dem Vorbehalt einer Kindesgefährdung bei Erfüllung des Herausgabeverlangens der Eltern, weil leibliche Elternschaft nach Art. 6 Abs. 2 GG höheren Schutz genießt als die soziale Elternschaft

und Letztere ihre rechtliche Absicherung allein aus dem Kindeswohl beziehen kann (vgl. BayObLG, FamRZ 2000, 633).

c) Vermögenssorge

Sie umfasst die **Erhaltung und Verwertung des Kindesvermögens** mit Ausnahme solchen Vermögens, das dem Kind mit der ausdrücklichen Bestimmung zugewendet wurde, dass die Eltern dieses Vermögen nicht verwalten sollen, § 1638 BGB. Das Gleiche gilt für Vermögensgegenstände, die mit Hilfe des vorgenannten Vermögens erworben werden. 105

In der Art und Weise der Verwaltung des Kindesvermögens sind die Eltern nach Maßgabe der §§ 1639 f. BGB beschränkt. Sie dürfen außer sog. **Anstandsschenkungen** keine Schenkungen aus dem Kindesvermögen vornehmen, § 1641 BGB. 106

Die Eltern sind zur **Aufnahme eines Vermögensverzeichnisses** bei 15.000 € übersteigenden Vermögenswerten des Kindes oder von Erbschaften bzw. Schenkungen zugunsten des Kindes verpflichtet, § 1640 Abs. 1, 2 BGB. Die Verpflichtung zur Aufnahme eines Vermögensverzeichnisses kann nach § 33 FGG durch Zwangsgeld erzwungen, nach erfolgloser Vollstreckung gegen die verpflichteten Eltern auch durch eine Art Ersatzvornahme durch eine Behörde oder Notar, § 1640 Abs. 3 BGB, vollstreckt werden. 107

Teilweise unterliegen sie der gleichen **Genehmigungspflicht** wie ein Vormund, können also nur mit Genehmigung des Familiengerichts Rechtsgeschäfte mit Wirkung für das Kind vornehmen, §§ 1643, 1644 BGB, haben aber auch einen Anspruch auf Ersatz notwendiger Aufwendungen aus dem Kindesvermögen, § 1648 BGB. Funktional zuständig ist insoweit der Rechtspfleger, § 3 Nr. 2a RPflG. 108

Ruht die Vermögenssorge oder **endet** sie – etwa wegen Volljährigkeit des Kindes oder nach Übertragung der elterlichen Sorge auf einen Elternteil allein (vgl. OLG Hamm, FamRZ 2000, 974) – kann das Kind **Herausgabe des Vermögens** und **Rechenschaft** von den Eltern verlangen, § 1698 Abs. 1 BGB. Bei Verdacht auf Vermögensverwendungen entgegen § 1649 BGB kann das Kind außerdem **Auskunft über Nutzungen und Früchte** aus dem Vermögen verlangen, § 1698 Abs. 2 BGB. 109

d) Gesetzliche Vertretung des Kindes

§ 1629 BGB stellt nicht nur klar, dass die elterliche Sorge neben der Personen- und Vermögenssorge auch die Vertretung des minderjährigen Kindes umfasst, sondern klärt vor allem, dass gemeinsam sorgeberechtigte Eltern das Kind gemeinschaftlich, allein sorgeberechtigte Elternteile dagegen allein vertreten. Soweit einem Elternteil bei bestehender gemeinschaftlicher Sorge nach § 1628 BGB in einer das Kind betreffenden wesentlichen Angelegenheit der elterlichen Sorge vom Gericht die Bestimmung übertragen worden ist, kann nur der bestimmungsberechtigte Elternteil das Kind allein vertreten. 110

Bei gemeinsam sorgeberechtigten Eltern, die dauernd getrennt leben, gelten für den Umfang der Vertretungsbefugnis des einzelnen Elternteiles Besonderheiten, § 1687 BGB (s. Rn. 183 f.). 111

Neben der gesetzlichen Vertretung besteht nach wie vor die Möglichkeit der **rechtsgeschäftlichen Vollmacht** in bestimmten Angelegenheiten, wenn und soweit der eine Elternteil nicht gesetzlich (allein) vertretungsberechtigt ist. Eine derartige (wechselseitige) Vollmacht, nicht nur für sich, sondern zugleich auch für den anderen Elternteil handeln zu dürfen, kann auch konkludent erteilt werden. Ein Vertrag, der ohne die erforderliche Zustimmung beider vertretungsberechtigter Eltern abgeschlossen wird, ist schwebend unwirksam, § 177 BGB. 112

Die alleinige oder gemeinschaftliche **Vertretungsmacht der Eltern** kann zur Sicherung des Kindeswohls einschließlich seiner Vermögensinteressen kraft Gesetzes oder aufgrund einer richterlichen Entscheidung **beschränkt** sein: 113

- **Kraft Gesetzes** umfasst die Vertretungsmacht der Eltern nicht
  - die Geschäfte des Kindes, die es aufgrund **gesetzlich vorgezogener Teilmündigkeit** ab dem 5., 14. oder 16. Lebensjahr selbständig vornehmen kann wie die **Wahl des Glaubensbekenntnisses**, § 5 RKEG; **Einwilligung in Adoption** und **Namensänderungen** (zu unterscheiden von der dazu ggf. erforderlichen Zustimmung der Eltern), §§ 1746 Abs. 1 Satz 3, 1617a Abs. 2 Satz 2, 1617c Abs. 1 Satz 2 BGB; **Testamentserrichtung**, § 2229 Abs. 1 BGB;
  - die Rechtsgeschäfte und Vertretung in Rechtsstreitigkeiten, § 1795 Abs. 1 Nr. 3 BGB, bei denen nach § 1795 BGB der Vormund das Mündel nicht vertreten kann, § 1629 Abs. 2 Satz 1 BGB. Das sind Rechtsgeschäfte und Rechtsstreitigkeiten zwischen dem Kind einerseits und einem mit dem anderen Elternteil verheirateten Elternteil (auch Stiefelternteil) oder einem mit diesem in gerader Linie Verwandten andererseits, § 1795 Abs. 1 Nr. 1 BGB, sowie bei einer Reihe von für das Kind besonders risikoreichen Geschäften, § 1795 Abs. 1 Nr. 2 BGB;
  - dasselbe gilt, wenn und soweit das Familiengericht einem Elternteil oder beiden Eltern wegen eines erheblichen Interessengegensatzes nach §§ 1629 Abs. 2 Satz 3, 1796 BGB die gesetzliche Vertretung entzieht; soweit ein Elternteil nach §§ 1629 Abs. 2 Satz 1, 1795 BGB von der Vertretung ausgeschlossen ist, kann auch der andere Elternteil das Kind nicht vertreten, selbst wenn bei ihm die Voraussetzungen des § 1795 BGB nicht vorliegen sollten (h. M.; Soergel/Strätz, BGB, § 1629 Rn. 25 m. w. N.); diese Beschränkung der Vertretungsmacht wirkt sich gerade auch in Statusverfahren zwischen dem Kind und einem Elternteil aus, vgl. oben Rn. 45;
  - **Insichgeschäfte** i. S. d. § 181 BGB. Ein solcher Insich-Rechtsstreit ist auch der Anfechtungsprozess zwischen dem sorgeberechtigten Vater und dem Kind, vgl. oben Rn. 45;
  - sonstige Rechtsgeschäfte, durch die das allgemeine Persönlichkeitsrecht des Kindes nach Art. 2 Abs. 1 i. V. m. Art. 1 Abs. 1 GG bei „Entlassung in die Volljährigkeit" infolge unzumutbarer Belastungen verletzt würde (BVerfG, FamRZ 1986, 769). Ob diese aus dem allgemeinen Grundrechtsschutz abgeleitete Einschränkung des elterlichen Vertretungsrechtes durch die Einführung des § 1629a BGB mit Wirkung zum 1.1.1999 obsolet geworden ist, ist unklar (Schneider, in: Rahm/Künkel, Handbuch des Familiengerichtsverfahrens, III B, Rn. 924 Fn. 1).

114
- **Durch richterliche Entscheidung** wird die gesetzliche Vertretungsmacht der gemeinsam sorgeberechtigten Eltern aufgehoben oder eingeschränkt
  - bei Bestellung eines Verfahrenspflegers nach § 50 FGG, soweit dessen Wirkungskreis reicht;
  - wenn und soweit in einer bestimmten Angelegenheit oder einem Kreis bestimmter Angelegenheiten das Interesse des Kindes zu dem des vertretenden Elternteiles, dessen Ehegatte, eines nahen Verwandten oder einem von dem Elternteil vertretenen Dritten in erheblichem Gegensatz steht, §§ 1629 Abs. 2 Satz 3, 1796 BGB. Bedeutsam sind vor allem die Fälle eines **erheblichen Interessengegensatzes zwischen einem Elternteil** einerseits und dem Kind andererseits. Hier muss (trotz der Formulierung „kann" im Gesetz) das **Familiengericht** dem Vater oder der Mutter die **Vertretungsmacht entziehen** mit der Folge, dass der andere Elternteil das Kind allein vertritt, § 1680 Abs. 3 BGB;
  - wenn und soweit das **Sorgerecht** oder Teile der elterlichen Sorge wegen Kindeswohlgefährdung den Eltern oder einem Elternteil **entzogen** werden.

2. Grundsätzliches zur gemeinsamen elterlichen Sorge

115 Aus der grundgesetzlichen Zuordnung des Sorgerechtes (als Abwehrrecht) an die – also beide – Eltern folgt in Deutschland anders als bei vielen Rechtsordnungen in Europa nicht zwingend eine gemeinsame elterliche Sorge im Verhältnis zum Kind. Unser Recht knüpft gemeinsame Rechte

und Pflichten von Eltern vielmehr nach wie vor an einen äußerlich erkennbaren gemeinsamen Willensakt der Eltern bzw. Richterspruch und nicht allein an die durch die Geburt des Kindes vermittelten (und durch die Anerkennung seitens des Vaters mit Zustimmung der Mutter bekräftigten) tatsächlichen Verhältnisse an:

Gemeinsame elterliche Sorge steht kraft Gesetzes danach nur bei der Geburt des Kindes **nicht miteinander verheirateten Eltern** zu, wenn sie „**Sorgeerklärungen**" abgegeben haben **oder** nachfolgend heiraten, §§ 1626a ff. BGB. 116

Sorgeerklärungen müssen persönlich abgegeben, öffentlich beurkundet werden, sind bedingungsfeindlich und dürfen nicht im Widerspruch zu bereits erfolgten Gerichtsentscheidungen stehen (§§ 1626a Abs. 1 und 3, 1626b, 1626c, 1626d BGB). Unwirksam sind nur die gegen die gesetzlichen Formvorschriften verstoßenden Erklärungen. Eine Anfechtung der Sorgeerklärung wegen Irrtums, Täuschung oder Drohung ist ausgeschlossen (§ 1626e BGB). 117

Zuständige Stellen für die Protokollierung von Sorgeerklärungen sind der Notar (kostenpflichtig) oder das Jugendamt (kostenfrei), §§ 59 Abs. 1 Satz 1 SGB VIII, 20 BNotO. 118

Die Sorgeerklärungen müssen nicht gemeinsam von den nicht miteinander verheirateten Eltern abgegeben werden. Die Erklärungen können zeitlich getrennt erfolgen, müssen jedoch denselben Inhalt haben. Sie können auch schon vor der Geburt abgegeben werden (§ 1626a Abs. 2 BGB). Sorgeerklärungen können nicht durch Richterspruch ersetzt werden (s. unten Rn. 192). 119

Gemeinsame elterliche Sorge können diese Eltern auch **durch Richterspruch** nach vorangegangener gerichtlicher Übertragung der Alleinsorge auf den Vater erhalten, § 1672 Abs. 1 BGB, § 1672 Abs. 2 BGB. 120

Gegen den Willen der nicht mit dem Vater verheirateten Mutter kann der Vater damit eine Mitbeteiligung an der elterlichen Sorge allein durch Richterspruch nur unter den Voraussetzungen erhalten, dass die Mutter an der Ausübung der elterlichen Sorge gehindert oder das Kindeswohl i. S. d. § 1666 BGB gefährdet ist (vgl. OLG Hamm, FamRZ 2000, 1239). Eine Ersetzung der Zustimmung der Mutter im Rahmen des § 1672 BGB ist nicht möglich (AG Pankow/Weißensee, FamRZ 2000, 1241). 121

Für **verheiratete Eltern** besteht gemeinsame elterliche Sorge nach wie vor durch die Geburt des Kindes während der Ehe, §§ 1626, 1592 Nr. 1 BGB. Es gibt jetzt aber keine Nachwirkung der Ehe mehr bei Geburt nach rechtskräftiger Scheidung, wohl aber immer noch bei Auflösung der Ehe durch Tod und Geburt des Kindes nach dem Tod des Vaters/Ehemannes der Mutter, wenn diese vor der Geburt nicht neu geheiratet hat, § 1593 BGB. 122

3. Kindeswohl als Grundmaßstab

Als Grundmaßstab für alle gerichtlichen Entscheidungen, auch wenn es im Gesetz nicht ausdrücklich erwähnt wird, ist jetzt das Kindeswohl ausdrücklich in § 1697a BGB normiert (zur Mehrdimensionalität des Kindeswohlbegiffs s. Suess/Fegert, FPR 1999, 157 ff.), wobei das Gesetz aber auch jetzt noch unterschiedliche Intensitätsstufen kennt: 123

Zum Teil darf die anzuordnende Maßnahme „das Kindeswohl nicht gefährden", zum Teil muss sie lediglich „mit dem Kindeswohl vereinbar" sein, darf „dem Kindeswohl nicht widersprechen", oder muss „dem Kindeswohl dienen", „dem Kindeswohl am besten entsprechen", „zum Wohle des Kindes erforderlich" oder gar „notwendig" sein.

4. Elterliche Verantwortung

Elterliche Sorge ist jetzt nicht mehr primär ein Recht und erst nachrangig eine Pflicht, sondern durch die Umstellung in § 1626 BGB hat der Gesetzgeber den **Pflichtencharakter** der elterlichen Sorge im Sinne einer Elternverantwortung betont (vgl. OLG Karlsruhe, FamRZ 1999, 803, 804), wenn auch dieser Begriff im Gegensatz zu Forderungen aus der Praxis (vgl. u. a. Thesen der Sor- 124 gerechtskommission des Deutschen Familiengerichtstages, FamRZ 1993, 1164 ff.) nach wie vor keinen Eingang in die deutsche Gesetzessprache – anders in internationalen Verträgen – gefunden hat.

5. Einheitlicher Kindesstatus

125 Das Gesetz kennt im Übrigen keine Unterscheidung mehr zwischen ehelichen und nichtehelichen Kindern, sondern nur noch eine Anknüpfung an die dauerhafte Trennung der Eltern und frühere gemeinsame elterliche Sorge, §§ 1671, 1672 BGB. Der Begriff des nichtehelichen Kindes wurde aus der Gesetzessprache getilgt. Es gibt nur noch „Kinder, deren Eltern bei der Geburt nicht miteinander verheiratet waren". In der Praxis könnte sich vielleicht statt dieses Wortbandwurmes der nicht so zungenbrecherische Begriff „außereheliche Kinder" einbürgern.

6. Pflichten des Kindes

126 Eine Darstellung des elterlichen Sorgerechts und der sich daraus ergebenden Pflichten der Eltern wäre unvollständig, wenn nicht deutlich gemacht würde, dass das Beziehungsverhältnis zwischen Eltern und Kindern kein einseitiges in dem Sinne ist, dass bei minderjährigen Kindern nur die Eltern Rechte und Pflichten haben. Das BGB kennt zwar keinen eigenen Abschnitt über die dem Sorgerecht bzw. der Sorgepflicht der Eltern (zusammen mit der Unterhaltspflicht nach §§ 1601 ff. BGB = elterliche Verantwortung) entsprechenden Kindspflichten, formuliert andererseits nicht nur Kindesrechte, sondern auch, teilweise an etwas versteckter Stelle, korrespondierende Kindespflichten, und zwar jeweils einheitlich für Minderjährige und Volljährige:

a) Dienstleistungspflicht in Haus und Geschäft

127 Nach wie vor ist das in der Familie lebende, in Ausbildung befindliche oder aus anderen Gründen unterhaltene Kind verpflichtet, „in einer seinen Kräften und seiner Lebensstellung entsprechenden Weise den Eltern in ihrem Hauswesen und Geschäft Dienste zu leisten", § 1619 BGB.

b) Unterhaltspflicht gegenüber Eltern

128 Als Verwandte in gerader, nämlich auf- bzw. absteigender Linie, sind nicht nur die Eltern ihren Kindern, sondern auch die Kinder ihren Eltern gegenüber verpflichtet, Unterhalt zu gewähren, wenn und soweit die Eltern außerstande sind, sich selbst zu unterhalten und das Kind leistungsfähig ist, §§ 1601 ff. BGB (s. im Einzelnen Teil 5 Rn. 647 ff.).

c) Wechselseitige Beistandspflicht

129 Darüber hinaus sind nicht nur Eltern ihren Kindern, sondern auch Kindern ihren Eltern – wiederum unabhängig von ihrem Lebensalter – nicht nur Bar- oder Naturalunterhalt, sondern weitergehend „Beistand und Rücksicht schuldig", § 1618a BGB.

II. Gerichtliche Regelungen bei Streit zwischen gemeinsam sorgeberechtigten Eltern

1. Streitschlichtung nach § 1628 BGB

a) Ausgangslage

130 Gemeinsame elterliche Sorge heißt nicht automatisch, dass beide Eltern auch immer einer Meinung sind. § 1627 BGB verpflichtet die sorgeberechtigten Eltern zwar dazu, die elterliche Sorge „in eigener Verantwortung und in gegenseitigem Einvernehmen zum Wohle des Kindes auszuüben" und bei Meinungsverschiedenheiten den Versuch einer Einigung zu unternehmen. Was aber, wenn sie dieser Verpflichtung nicht nachkommen, keine Einigung versuchen oder aber trotz ausreichenden Versuches nicht erreichen?

Nach geltendem Recht hat das Familiengericht in diesen Fällen (mit abnehmender Eingriffsintensität) die Möglichkeit,

- **von Amts wegen** nach § 1666 BGB die zur Abwendung einer Kindeswohlgefährdung erforderlichen Maßnahmen zu treffen; zu den Voraussetzungen und Möglichkeiten im Einzelnen s. Rn. 233 ff.;
- **auf Antrag eines Elternteils**, diesem die elterliche Sorge ganz oder teilweise zu übertragen, §§ 1671, 1672 BGB;
- **auf Antrag eines Elternteils** einem Elternteil die Entscheidung zu übertragen, § 1628 BGB.

Sorgeberechtigte Eltern, die sich zwar streiten, aber nicht trennen wollen, haben – wegen Fehlens des Tatbestandsmerkmals: dauernde Trennung – keine Möglichkeit, durch eine gerichtliche Entscheidung nach § 1671 BGB den Streit zu beenden. Die Übertragung eines Teiles oder gar der ganzen elterlichen Sorge wäre bei zusammenlebenden Eltern in der Regel auch unverhältnismäßig und würde zu tief in das grundgesetzlich geschützte Elternrecht eingreifen. Es ist nicht Aufgabe des staatlichen Wächteramtes, gleichsam mit Kanonen auf Spatzen zu schießen. Andererseits ist ein vitales Interesse der Kinder an einer möglichst schnellen Beilegung zumindest wesentlicher Streitigkeiten im Zusammenhang mit dem Sorgerecht nicht zu übersehen. In Abwägung von Eltern- und Kindesrechten sieht das Gesetz deshalb in § 1617 und § 1628 BGB ein besonderes gerichtliches Verfahren zur Beilegung wesentlicher, aber gleichwohl (noch) nicht kindeswohlgefährdender Streitigkeiten vor.

131

> *Hinweis:*
> *Um Streitigkeiten nach §§ 1617, 1628 BGB vor dem Familiengericht zu vermeiden, sollten Eltern und Rechtsanwälte die zur Beratung und Vermittlung verpflichteten Jugendämter und andere zur Beratung bereite Stellen möglichst frühzeitig einschalten. Hilfreich sind dabei teilweise Formulare mit der Beschreibung von Einigungspunkten und -Möglichkeiten, wie sie z. B. von der Arbeitsgemeinschaft für alleinerziehende Mütter und Väter im Diakonischen Werk der Evangelischen Kirche in Deutschland (agae), Stafflenbergstraße 76, 70184 Stuttgart, im Jahre 1998 entwickelt worden sind (vgl. EZI-Korrespondenz Nr. 17, S. 20 f.).*

b) Voraussetzungen für das gerichtliche Verfahren nach § 1628 BGB

Das Streitschlichtungsverfahren nach § 1628 BGB steht nur – verheirateten oder nicht miteinander verheirateten – **Eltern** offen, die hinsichtlich des Streitpunktes gemeinsam sorgeberechtigt sind und sich untereinander über Angelegenheiten der elterlichen Sorge streiten. Konflikte zwischen Elternteilen und Pflegern oder Vormündern über derartige Angelegenheiten können nicht Gegenstand eines Verfahrens nach § 1628 BGB sein, sondern sind normalerweise nach den für Vormünder und Pfleger geltenden Regeln beim Vormundschaftsgericht zu klären. Soweit ein Elternteil – etwa nach dauerndem Getrenntleben gem. § 1687 BGB – allein bestimmen darf, gibt es für eine einfache gerichtliche Streitschlichtung keine Notwendigkeit. Entweder der bestimmungsberechtigte Elternteil nutzt sein Recht oder er tut es nicht und gibt nach. Kommt es dadurch zu einer Kindeswohlgefährdung, gelten wieder die Regeln des § 1666 BGB.

132

Es muss sich bei § 1628 BGB um **Angelegenheiten der elterlichen Sorge** handeln. Dazu gehört nicht der Streit zwischen verheirateten werdenden Eltern um die Frage der Abtreibung (MüKo/Hinz, BGB, § 1628 Rn. 8).

133

Weiter ist der Anwendungsbereich des § 1628 BGB bewusst beschränkt auf **Einzelkonflikte.** Streit über Teile oder gar die elterliche Sorge insgesamt ist vor dem Familiengericht nur unter den Voraussetzungen der §§ 1671, 1666 BGB klärbar (OLG Zweibrücken, FamRZ 2001, 186, 187). Diese – nicht zuletzt unter verfassungsrechtlichen Gesichtspunkten – einleuchtende Unterscheidung klingt einfacher, als sie in der Realität ist. Im Gegensatz zur Auffassung des Regierungsent-

134

wurfs zum Kindschaftrechtsrefomgesetz (BT-Drucks. 13/4899 S. 99), der den Anwendungsbereich der §§ 1628 und 1671 BGB meint säuberlich trennen zu können, und § 1628 auf die Zuteilung der Entscheidungsbefugnis in konkreten Situationen, § 1671 dagegen auf die Regelung der elterlichen Sorge für alle denkbaren Entscheidungen bis zur Volljährigkeit angewandt wissen will, gibt es in der Praxis zum Teil erhebliche Überschneidungsprobleme, weil § 1628 BGB ausdrücklich auch **bei Meinungsverschiedenheiten der Eltern „in einer bestimmten Art von Angelegenheiten"** also nicht nur bei Einzelkonflikten im engeren Sinne gilt (vgl. Schwab, FamRZ 1998, 457, 467).

Dabei geht es beispielsweise um Streit über einzelne sportliche Aktivitäten oder andere Freizeitgestaltungen oder alle Fragen, die mit einem bestimmten Ausbildungsverhältnis zusammenhängen, aber nicht bei Streit um die berufliche Ausbildung oder beispielsweise das Aufenthaltsbestimmungsrecht insgesamt (MüKo/Hinz, BGB, § 1628 Rn. 9). Einzelkonflikt i. S. d. § 1628 BGB kann der Streit um den Aufenthalt des Kindes in einem Internat, einem Landschulheim bzw. im Elternhaus o. Ä. sein (so AG Hamburg, FamRZ 1961, 123), nicht aber der Streit um das Aufenthaltsbestimmungsrecht insgesamt.

135 Weiter kann es – gerade auch wegen des Schutzes des Elternrechtes vor staatlichen Eingriffen – nur bei **Angelegenheiten von erheblicher Bedeutung für das Kind** zu einer Entscheidung nach § 1628 BGB kommen. Im Ergebnis bedeutet dieses, dass bei Streit um für das Kind nicht so bedeutende Angelegenheiten, bei Streit „über Kleinigkeiten oder Nebensächlichkeiten" (Soergel/Strätz, BGB, § 1628 Rn. 9) **jeder Elternteil** dem anderen gegenüber ein **Vetorecht** hat (BVerfG, FamRZ 1959, 416; Staudinger/Peschel-Gutzeit, BGB, § 1628 Rn. 25). Der Staat mischt sich hier nicht in die familiären Auseinandersetzungen ein.

136 Seit der Kindschaftsrechtsreform des Jahres 1998 stehen die Angelegenheiten von erheblicher Bedeutung für das Kind den **Angelegenheiten des täglichen Lebens** gegenüber, § 1687 Abs. 1 Satz 2 BGB. Dabei handelt sich nach der Gesetzesdefinition des § 1687 Abs. 1 Satz 3 BGB um solche, die „häufig vorkommen und keine schwer abzuändernden Auswirkungen auf das Leben des Kindes haben". Es bleibt abzuwarten, ob sich die Einschätzung von wesentlichen Angelegenheiten i. S. d. § 1628 BGB, die praktisch nur zusammenlebende Eltern betraf, unter dem neuen Gesichtspunkt des Alleinbestimmungsrechtes nach § 1687 BGB bei dauerhaft getrennt lebenden Eltern verschieben wird. Bei getrennten Eltern dürfte z. B. bei der Frage, ob der andere Elternteil einer empfohlenen Routineimpfung zustimmen muss oder nicht, eine Tendenz zugunsten der Annahme eines Alleinbestimmungsrechtes des betreuenden Elternteiles bestehen, während man bei zusammenlebenden Eltern bisher insoweit wohl von einer Angelegenheit von erheblicher Bedeutung ausgegangen ist (Staudinger/Peschel-Gutzeit, BGB, § 1628 Rn. 27).

137 Als Einzelkonflikte in Angelegenheiten der elterlichen Sorge von erheblicher Bedeutung für das Kind wurden von der **Rechtsprechung und Literatur** angesehen:

Streit um den Vornamen des Kindes	OLG Frankfurt, FamRZ 1957, 55
Status- und Namensfragen (vorbehaltlich § 1617 Abs. 2 BGB)	Schwab, FamRZ 1998, 469
Bestimmung des Wohnsitzes/Aufenthaltsortes des Kindes	BGH, FamRZ 1996, 223; OLG Köln, FamRZ 1997, 386; OLG Frankfurt, FamRZ 1991, 125; AG Bad Iburg, FamRZ 2000, 1036, 1037
Beantragung eines Passes/Personalausweises	unstr.
Antrag auf Einbürgerung	unstr.

D. II. Gerichtliche Regelungen bei Streit zwischen gemeinsam sorgeberechtigten Eltern

Grundsatzentscheidungen der religiösen Erziehung und schulischen sowie beruflichen Laufbahn, Beschluss über Besuch eines besonderen Kindergartens (Waldorf, Montessori) oder weiterführender Schule und des dortigen Schulzweiges, Besuch eines Internats, Bestimmung der ersten Fremdsprache und ob später Latein hinzukommen soll, Auswahl und Wechsel der Schule oder der Schulfächer, Abschluss eines Lehrvertrages	OLG Celle, FamRZ 1955, 213; OLG Hamm, FamRZ 1966, 209; LG Berlin, FamRZ 1982, 839; BayObLG, FamRZ 1959, 293; Schwab, FamRZ 1998, 469; BT-Drucks. 13/4899 S. 107
Entscheidung über einen Schulwechsel	OLG München, FamRZ 1999, 111
Einwilligung in den Ferienaufenthalt eines dreijährigen Kindes in einem afrikanischem Land	OLG Köln, FamRZ 1999, 249
Auslandsreise eines noch nicht zweijährigen Kindes mit mehrstündigem Flug nach Kanada	OLG Naumburg, FamRZ 2000, 1241
Freiheitsentziehende Unterbringung	unstr.
Umgang mit Dritten	Palandt/Diederichsen, BGB, § 1628 Rn. 4
Anlage eines größeren Kindesvermögens statt Entnahme und Verwendung der Einkünfte aus dem Kindesvermögen	MüKo/Hinz, BGB, § 1628 Rn. 11; Staudinger/Peschel-Gutzeit, BGB, § 1628 Rn. 9
Einwilligung in Operationen beim nicht einwilligungsfähigen Kind mit Ausnahme von Eilfällen	BT-Drucks. 13/4899 S. 107
Wahl der Behandlungsmethode des Operateurs, Impfungen, Bluttransfusionen	Staudinger/Peschel-Gutzeit, BGB, § 1628 Rn. 27
Medizinische Behandlungen mit erheblichem Risiko	Schwab, FamRZ 1998, 469
Grundlegende Entscheidungen der Gesundheitsvorsorge	Schwab, FamRZ 1998, 469
Vermögenssorge bei erheblichen Vermögenswerten	unstr.

Um es den Eltern nicht zu leicht zu machen, ihre elterliche Verantwortung dem Gericht zuzuschieben, müssen sie zunächst intensiv versuchen, sich zu einigen und konkrete Lösungsvorschläge erarbeiten. Weisen sie diese (vergeblichen) **intensiven Bemühungen um eine Einigung** nicht nach, ist ihr Antrag auf gerichtliche Entscheidung abzuweisen (LG Berlin, FamRZ 1982, 839; Staudinger/Peschel-Gutzeit, BGB, § 1628 Rn. 22; MüKo/Hinz, BGB, § 1628 Rn. 6). 138

Zumindest eine der von den Eltern vorgeschlagenen Lösungen muss **den Interessen des betroffenen Kindes gerecht** werden. Verstoßen beide Eltern mit ihren Vorschlägen gegen die persönlichen oder wirtschaftlichen Interessen, ist der Antrag auf gerichtliche Entscheidung abzulehnen. 139

Was kindeswohlgerecht ist, bestimmt sich nach den allgemeinen Kindeswohlkriterien, wobei insbesondere bei Streit um Ausbildung und Beruf des Kindes die Eignungen und Neigungen des Kindes mit dessen zunehmenden Alter von steigender Bedeutung sind, § 1631a BGB.

c) Gerichtliche Reaktionsmöglichkeiten

140 Das Familiengericht darf im Rahmen des § 1628 BGB nicht eigene kindeswohlgerechtere Vorstellungen von Amts wegen durchsetzen, sondern ist zum einen auf den **Antrag** eines Elternteiles angewiesen und kann sich zum anderen **nur einem Elternteil anschließen**. Selbstverständlich steht es dem Gericht offen, den Eltern eigene Vorschläge zu einer gütlichen Einigung zu unterbreiten. Werden diese aber von den Eltern nicht übernommen und verstoßen die Vorschläge der Eltern beide gegen das Kindeswohl, darf es nicht in der Sache entscheiden, sondern muss den Antrag abweisen (a.A. offenbar Runge, FPR 1999, 142, 145). Nur unter den – wesentlich engeren – Voraussetzungen des § 1666 BGB könnte der Familienrichter zur Abwehr einer Kindeswohlgefährdung von Amts wegen Maßnahmen beschließen, die kein Elternteil vorgeschlagen hat.

141 Die Übertragung der Entscheidungsbefugnis auf einen Elternteil – durch begründeten Beschluss – kann allerdings mit der **Auflage** verbunden werden, dem Gericht die Erledigung binnen einer bestimmten Frist durch bestimmte Nachweise anzuzeigen, oder der **Einschränkung**, dass ein Elternteil nur einen Teil seiner Vorstellungen über den Umgang des Kindes mit Dritten verwirklichen darf. Eigene Vorstellungen darf das Gericht aber auch durch Auflagen oder Beschränkungen nicht verwirklichen (Palandt/Diederichsen, BGB, § 1628 Rn. 8; MüKo/Hinz, BGB, § 1628 Rn. 19). Möglich ist aber auch eine **Kombination der Vorschläge** der Eltern, etwa beim Streit um Vornamen, indem das Kind dann eben beide Vornamen erhält (OLG Frankfurt, FamRZ 1957, 55).

142 Unter den Voraussetzungen des § 1696 BGB kann das Familiengericht die einmal getroffene **Entscheidung abändern** (MüKo/Hinz, BGB, § 1628 Rn. 20).

2. Gerichtliche Bestimmung bei Streit um den Familiennamen des Kindes, § 1617 BGB

143 Während § 1628 BGB eine Schlichtung bei allen Angelegenheiten der elterlichen Sorge vorsieht, betrifft § 1617 Abs. 2,3 BGB den Sonderfall der Uneinigkeit von gemeinsam sorgeberechtigten Eltern, die keinen Ehenamen führen, über den Familiennamen des Kindes. Zur namensrechtlichen Situation des Kindes von Eltern, die – seien sie verheiratet oder nicht – keinen Ehenamen führen.

144 Zu **Zuständigkeit** und **Verfahren** (zu den allgemeinen Regeln s. Rn. 417 f., 439 f.) gelten folgende **Besonderheiten**:

Das Verfahren wird – außer bei Geburt des Kindes im Ausland, § 1617 Abs. 3 BGB – nicht auf Antrag eingeleitet, sondern beginnt mit der **Mitteilung des Standesbeamten** nach §§ 21a, 70 Nr. 1 PStG, dass die Eltern auch einen Monat nach der Geburt den Familiennamen des Kindes noch nicht einvernehmlich bestimmt haben.

145 Wenn sich aus der Mitteilung des Standesbeamten nicht eindeutig ergibt, dass er die **gemeinsame Sorge der Eltern nachgeprüft** hat, muss dieses zunächst vom Gericht nachgeholt werden. Der Nachweis der gemeinsamen Sorge kann durch eine Heiratsurkunde der Eltern oder bei nicht miteinander verheirateten Eltern durch Vorlage der (vorgeburtlichen) Sorgeerklärungen bzw. eine Auskunft des für den gewöhnlichen Aufenthalt der Mutter zuständigen Jugendamtes nach §§ 58a, 87c Abs. 1, Abs. 6 Satz 1 SGB VIII erfolgen.

146 Auch wenn § **46a FGG** nur davon spricht, dass die Eltern persönlich angehört werden „sollen", besteht wie bei §§ 1628 BGB, 50a FGG eine **Anhörungspflicht** (Schneider, in: Rahm/Künkel, III B, Rn. 841).

147 Nach überwiegender Meinung ist auch bei Streit um den Familiennamen des Kindes der **Familienrichter funktional zuständig**, da es sich um Meinungsverschiedenheiten zwischen den Sorgeberechtigten handelt; a.A. aber Künkel (FamRZ 1998, 877), der den Rechtspfleger nach § 3 Nr. 2a RPflG für zuständig hält, diese Ansicht aber offenbar nicht mehr aufrechterhält (vgl. Schneider, in: Rahm/Künkel, Handbuch des Familiengerichtsverfahrens, III B, Rn. 836 Fn. 2).

148 Der Beschluss, mit dem einem Elternteil das Namensbestimmungsrecht übertragen wird, ist **unanfechtbar** (§ 46a Satz 2 FGG) und bedarf deshalb keiner Begründung.

III. Fortbestehen/Entfallen bisher gemeinsamer elterlicher Sorge

Gemeinsame elterliche Sorge kann entfallen und alleinige elterliche Sorge an ihre Stelle treten   149
- durch Richterspruch
  - nach dauernder Trennung der Eltern, § 1671 BGB, (s. Rn. 193 f.) oder
  - wegen Kindeswohlgefährdung, § 1666 BGB, oder
- kraft Gesetzes
  - bei Tod oder Todeserklärung eines sorgeberechtigten Elternteils, § 1677 BGB, oder
  - bei Ruhen der elterlichen Sorge eines Elternteiles, § 1674, 1678 BGB.

1. Elterliche Sorge nach dauernder Trennung der Eltern

a) Trennung der Eltern

Das Gesetz knüpft die Notwendigkeit einer gerichtlichen Sorgerechtsregelung seit der Kindschafts-   150
rechtsreform nur noch an die Trennung der Eltern – seien sie miteinander verheiratet oder nicht –
an, § 1671 BGB. Auch bei miteinander verheirateten Eltern ist die Scheidung kein Tatbestandselement mehr.

b) Auf Antrag

Außerdem erfolgt keine Entscheidung mehr von Amts wegen, sondern **nur noch auf Antrag**, und   151
zwar desjenigen, der die elterliche Sorge oder einen Teil davon erhalten möchte. Betroffene Kinder
und das Jugendamt haben kein Antragsrecht.

Allerdings spielen **gemeinsame minderjährige Kinder** im Scheidungsverfahren immer noch eine   152
Rolle und sind **obligatorisches Thema in der Antragsschrift und in der mündlichen Verhand-
lung**, §§ 622 Abs. 2 Satz 1 Nr. 1, 613 Abs. 1 Satz 2 ZPO, 17 Abs. 3 SGB VIII. Das ist notwendiger
Ausdruck des nach wie vor bestehenden **Wächteramtes des Staates.** Ob man jedoch soweit gehen
kann, aus dem Wächteramt sogar eine Verpflichtung/Berechtigung des Richters abzuleiten, im
Scheidungsverfahren der Eltern auch ohne Sorgerechtsantrag die Kinder anzuhören und ggf. von
Amts wegen eine Umgangsregelung zu treffen (so Bergmann/Gutdeutsch, FamRZ 1999, 422, 424),
erscheint zweifelhaft.

c) Weiter Differenzierungsspielraum

Das Gesetz lässt jetzt ausdrücklich einen weiten Differenzierungsspielraum für die Gestaltung der   153
elterlichen Sorge zwischen Alleinsorge eines Elternteiles und gemeinsamer Sorge nach Trennung
zu, § 1671 Abs. 2 BGB („soweit"). Nach dauerhafter Trennung der Eltern kann es danach auch eine
teilweise gemeinsame elterliche Sorge geben. In Betracht kommen die Übertragung von Teilen
der Personensorge wie insbesondere des Aufenthaltsbestimmungsrechtes (vgl. z.B. OLG Hamm,
FamRZ 1999, 1599 bei einer Mutter von vier Kindern), der Gesundheitsfürsorge (z.B. bei bestimmten
Operationen der Kinder von „Zeugen Jehovas") oder Teilen des Erziehungsrechtes (etwa bei Streit
über die Wahl der Schulform oder des sonstigen Ausbildungsganges, sprachlicher Inkompetenz
eines Elternteiles o.Ä.) bzw. der Vermögenssorge.

Nach der Amtlichen Begründung des Regierungsentwurfs sind weiter möglich: die Zuweisung der
Alleinsorge in Ausbildungsangelegenheiten; denkbar ist auch wie bisher die Übertragung der Personensorge allein auf den einen und der Vermögenssorge allein auf den anderen; Inhalt der verbleibenden gemeinsamen Sorge wäre dann wohl nur noch die gesetzliche Vertretung; Zweifel an einer
zu weitgehenden Aufspaltung des Lebens des Kindes gerade auch unter Berücksichtigung des
§ 1687 BGB äußert Schwab (FamRZ 1998, 457, 459) mit dem berechtigten Hinweis, dass eine zu
starke Aufsplitterung der elterlichen Kompetenzen Komplikationen für das Kindeswohl schaffen
kann und deshalb nach § 1697a BGB zu vermeiden ist.

d) Fortbestehen gemeinsamer elterlicher Sorge

154 Auch nach dauernder Trennung der Eltern besteht die **gemeinsame elterliche Sorge fort, wenn und soweit** (denn auch die Übertragung von nur einzelnen Teilen der elterlichen Sorge ist jetzt ausdrücklich zulässig),

155 • beide Eltern dieses wollen und deshalb keinen Antrag auf Übertragung der Alleinsorge stellen, arg. §§ 1671 Abs. 1 BGB, 623 Abs. 2 ZPO. Das gilt auch bei einvernehmlicher Übertragung des Aufenthaltsbestimmungsrechtes auf einen Elternteil und im Übrigen gemeinsamer elterlicher Sorge, wenn gegen die Erziehungseignung des anderen Elternteiles gewisse Bedenken bestehen, die Grenze des § 1666 BGB aber nicht erreicht wird.

Weil die Eltern jetzt auch mit verbindlicher Wirkung gegenüber dem Familiengericht die elterliche Sorge ganz oder teilweise dem einen oder anderen übertragen können, ist eine mit Hilfe von Anwälten zwischen ihnen gefundene Regelung ein **echter Vergleich**, der eine Vergleichsgebühr für die beteiligten Anwälte auslöst (OLG Nürnberg, FamRZ 2001, 36; OLG Koblenz, FamRZ 2002, 36, 37),

156 • auch trotz eines Antrages auf Alleinsorge, wenn zwei Voraussetzungen erfüllt sind, nämlich wenn
 – nicht zu erwarten ist, dass die Aufhebung der gemeinsamen Sorge dem Wohl des Kindes am besten entspricht **und/oder**
 – nicht zu erwarten ist, dass die Übertragung der Alleinsorge auf den Antragsteller dem Wohl des Kindes am besten entspricht, § 1671 Abs. 2 Nr. 2 BGB;
 – außerdem darf **keine Kindesgefährdung** vorliegen, §§ 1666, 1671 Abs. 3 BGB. Dies ist von Amts wegen zu berücksichtigen mit der Folge, dass eine gerichtliche Entscheidung u. U. auch dann ergehen muss, wenn kein Sorgerechtsantrag gestellt wurde (OLG Karlsruhe, FamRZ 1999, 801, 802). Erforderlich für einen Eingriff ins Sorgerecht bzw. für dessen Entzug ist in jedem Fall eine konkrete Kindeswohlgefährdung. Die abstrakte Gefahr eines Wechsels des betreuenden Elternteiles ins entfernte Ausland reicht nicht (OLG Frankfurt, FamRZ 1999, 1004, 1005).

e) Vorrang der gemeinsamen Sorge?

157 In Lehre und Rechtsprechung ist umstritten, ob das geltende Recht einen (rechtlichen) **Vorrang der gemeinsamen elterlichen Sorge** vor der ganz oder teilweisen **alleinigen elterlichen Sorge** statuiert hat mit der Folge, dass das Familiengericht die prinzipiell fortbestehende gemeinsame elterliche Sorge nur einschränken darf, wenn entweder beide Eltern dieses wollen oder aber es zum Kindeswohl nachweislich erforderlich ist.

Im Gegensatz zur Amtlichen Begründung des Regierungsentwurfs (BT-Drucks. 13/4899 S. 63, 99; vgl. Schwab, FamRZ 1998, 457, 463) und möglicherweise auch im Gegensatz zur Auffassung des BVerfG, die dieses im Rahmen der Abwägung von Abschiebungsinteresse des Staates und Erhalt der familiären Bindungen eines in Deutschland lebenden Ausländers mit seinem Kind entwickelt hat (vgl. BVerfG, FamRZ 1999, 1577, 1578; Motzer, FamRZ 2000, 925 f. Fn. 30) besteht nach Meinung einiger wegen des insoweit eindeutigen Wortlauts des Gesetzes ein **rechtlicher Vorrang der gemeinsamen** oder teilweise gemeinsamen **elterlichen Sorge** vor der Alleinsorge (so OLG Hamm, FamRZ 1999, 1597, 1598; vor allem Schwab, FamRZ 1998, 457, 463; auch Motzer, FamRZ 1999, 1101, 103 m. w. N.; im Ergebnis immer noch OLG Frankfurt/M., FamRZ 2002, 187, mit ablehnender Anm. Weil; anders wohl die inzwischen überwiegende Meinung der OLGe: OLG Frankfurt, FamRZ 1999, 392; OLG Dresden, FamRZ 1999, 1156, 1157; OLG Hamm, FamRZ 2000, 1039, 1040; OLG Zweibrücken, FamRZ 2001, 183; OLG Köln, FamRZ 2001, 183; und vor allem die Rechtsprechung des BGH, FamRZ 1999, 1646; ebenso Oelkers, FuR 1999, 132, 135 und Born, FamRZ 2000, 396 ff., die unter Berufung auf die Elternautonomie und die frühere Rechtsprechung des BVerfG und BGH formal für einen Gleichrang aller möglichen Sorgerechtsformen, materiell im Ergebnis aber für einen Vorrang der Alleinsorge eintreten und eine Pflicht der Eltern zur Kooperation weitgehend ablehnen; so wohl auch Wend, FPR 1999, 137 ff., der allerdings in erster Linie die Begrenzung der gemeinsamen elterlichen Sorge nach der Trennung der Eltern durch § 1687 BGB für verfassungswidrig hält).

Eine genaue Betrachtung der veröffentlichten Entscheidungen lässt allerdings nicht mehr befürchten, dass der BGH weithin missverstanden wurde. Ersichtlich vertreten nur wenige OLG die Auffassung, § 1671 Abs. 2 BGB statuiere ein Regel-Ausnahme-Verhältnis zugunsten der Alleinsorge: Nur die gemeinsame Sorge müsse positiv begründet werden. Lasse sich das nicht belegen, komme nur die Alleinsorge in Betracht (so offenbar OLG Köln, FamRZ 2001, 183 und OLG Hamm, FamRZ 2001, 183). Diese vermeintlich logische Annahme wird jedoch weder durch den Wortlaut des Gesetzes noch der Begründung zum Gesetzentwurf und auch nicht der BGH-Rechtsprechung getragen und ist gerade nicht zwingende Folge einer Verneinung der Voraussetzungen fortdauernder gemeinsamer elterlicher Sorge.

Die Annahme, dass bei tiefgreifendem Elternstreit für ein Kind die alleinige elterliche Sorge des betreuenden Elternteiles in jedem Fall oder auch nur im Zweifel besser sei als die Fortdauer gemeinsamer oder teilweise gemeinsamer elterlicher Sorge ist entwicklungspsychologisch oder pädagogisch nicht zu begründen. Es gibt in der Praxis eine nicht unbeträchtliche Anzahl von Fällen, in den Kinder unter dem tiefgreifenden Streit der Eltern zwar empfindlich leiden, unter der „Entsorgung" des nicht betreuenden Elternteiles aber noch mehr leiden würden. Es ist fachlich unzutreffend, dass Alleinsorge im Zweifel streitvermeidender und das Kind weniger schädigend sei als bestimmte Formen gemeinsamer elterlicher Sorge.

158

Die Differenzen in der Sache sind allerdings wesentlich geringer, als der emotionale Anflug in dieser eher als Glaubenskrieg geführten Diskussion vermuten lässt. Immerhin sind sich Anhänger und Gegner der Annahme eines Regel-Ausnahme-Verhältnisses zugunsten gemeinsamer elterlicher Sorge über wesentliche Eckpunkte bei der Auslegung von § 1671 Abs. 2 BGB einig:

Die **Elternautonomie** soll **gestärkt**, der **Pflichtencharakter** des elterlichen Sorgerechts **betont** werden. Das wird auch von den sog. „Skeptikern" (vgl. Born, FamRZ 2000, 396, 398) betont. In ihrer weiteren Argumentation fehlt dann aber der Hinweis auf die Einigungspflicht der Eltern in § 1627 BGB (vgl. dazu auch OLG Zweibrücken, FamRZ 2000, 627, 628) und die Umstellung der Worte Recht und Pflicht in Pflicht und Recht in § 1626 BGB. Bei genauerem Hinsehen entpuppt sich die Bevorzugung der Alleinsorge als Versuch unnötiger Simplifizierung aus Angst vor – im Ergebnis durchaus fruchtbaren – Konflikten und steht damit dem abgelehnten vermeintlichen Harmoniemodell näher als der tatsächlichen Meinung der Vertreter der „verordneten Harmonie".

159

Einigkeit besteht darüber, dass die Eingriffsmöglichkeiten des Staates vermindert werden sollen. Anstelle des bisherigen Entweder-Oder von gemeinsamer Sorge oder alleiniger elterlicher Sorge ist ein erweitertes Spektrum von Sorgerechtsmöglichkeiten der Eltern und Entscheidungsmöglichkeiten der Gerichte getreten. Dieses Spektrum ist auch von den Gerichten nach Maßgabe des Kindeswohls unter Berücksichtigung der äußeren Umstände und der Möglichkeiten der Beteiligten im Einzelfall zu nutzen.

Um zu diesem Ergebnis zu kommen, bedarf es der Hilfskonstruktion eines Regel-Ausnahme-Verhältnisses nicht. Die Entscheidung ist fachlich zu begründen und damit einer Korrektur durch den BGH entzogen.

160 *Hinweis:*
Es dürfte sich gerade auch in diesem Zusammenhang lohnen, das jeder der am Sorgerechtsverfahren Beteiligten einmal genauer überprüft, welche Bedeutung für ihn Streit und Konflikte haben. Gerade Richter neigen gar nicht selten zur – aktivitäts- und kreativitätstötenden – Harmonisierung im Sinne einer Streitvermeidung um jeden Preis und nehmen an, dass mit der Streitvermeidung auch der dem Streit zugrunde liegende Konflikt beseitigt oder auf ein erträgliches Maß reduziert worden sei. Dieses Bemühen soll u.a. dazu führen, „eine emotionsfreie Kommunikation zum Wohle der Kinder über Umgangsfragen hinaus" zu fordern (so z.B. OLG Braunschweig, FamRZ 2002, 121, 122). Das stimmt leider allzu häufig mit der Wirklichkeit der Betroffenen nicht überein. Streitkultur, d.h. Anerkennung des Streits bei Entwicklung eigen- und gemeinverträglicher Formen des Streits unter Einschluss von emotionalen Äußerungen fördert dagegen regelmäßig eine lebendige und offene Persönlichkeitsentwicklung. „Emotionsfreie" Kommunikation ist praktisch nicht denkbar. „Gefühlskälte" ist nicht selten schädlicher – gerade für die Kinder – als das Zeigen von Gefühlen. Bei einer derartigen, streitbejahenden Einstellung werden die durch die Trennung hervorgerufenen Gefühle von Wut, Verachtung, Verletztheit und Enttäuschung regelmäßig nicht unterschätzt (so die Befürchtung von Oelkers, a.a.O.), sondern als – in bestimmten, durchaus angehobenen Grenzen – normale, unvermeidliche Emotion angesehen, die nicht auf Dauer die Handlungen der Eltern bestimmen. Die Befürchtung einer Unterbewertung legt dagegen den Verdacht einer dauerhaften Verdrängung mit all ihren zweifelhaften Auswirkungen nahe. Die Forderung einer „realistischeren Einschätzung" offenbart allein ein anderes, nicht aber ein besseres oder zutreffenderes Menschen- und Elternverständnis des Beurteilenden, verbaut den betroffenen Eltern und Kinder aber möglicherweise Chancen für Wachstum und Entwicklung.

161 Dass der Gesetzgeber zumindest heute dem Erhalt der gemeinsamen elterlichen Sorge auch nach Trennung der Eltern besondere Bedeutung beimisst und etwaigen Streit der Eltern auf die Streitpunkte selbst beschränken möchte, ohne den (Rest-)Bestand gemeinsamer elterlicher Sorge in Frage stellen zu müssen, zeigt das Kinderrechteverbesserungsgesetz vom 9.4.2002, in Kraft seit dem 12.4.2002, das jetzt auch Stiefkindereinbenennungen nach § 1618 BGB und die Einrichtungen von Beistandschaften (§§ 1713, 1714 BGB) bei gemeinsamer elterlicher Sorge statt wie vorher nur bei alleiniger elterlicher Sorge zulässt.

f) Kriterien für eine Einschränkung der gemeinsamen elterlichen Sorge

aa) Einzelfallentscheidung

162 Wann statt einer gemeinsamen oder teilweise gemeinsamen elterlichen Sorge Alleinsorge eines Elternteiles in Betracht kommt, lässt sich nur **im Einzelfall** entscheiden. **Kriterien** können sein:

- fehlender Grundkonsens, Mangel eines Mindestmaßes an Kooperationsfähigkeit und -willigkeit, Gleichgültigkeit eines Elternteiles, mangelnde Eignung zur Pflege und Erziehung, Gewaltanwendung eines Elternteiles gegen den anderen, wenn Fortsetzung der Gewaltstrukturen zu erwarten (Förderprinzip) ist,
- die Fähigkeit eines Elternteiles, die Kinder aus der Einbeziehung in den Partnerkonflikt zu entlassen und die Beziehung der Kinder zum anderen Elternteil zu fördern,
- die äußeren, insbesondere räumlichen Verhältnisse (Kontinuitätsprinzip),
- die Bindungen sowie
- der Wille des Kindes und seine Neigungen.

bb) Gesamtbetrachtung

Erforderlich ist eine Gesamtbetrachtung (so schon BGH, FamRZ 1985, 169, 171) und Abwägung der Alternativen nach den genannten Gesichtspunkten und dem mit dem Alter zunehmenden Selbstbestimmungsrecht des Kindes. Dabei kann im Einzelfall ein Aspekt Vorrang vor den anderen erhalten, z. B. kann der Erhalt der gewohnten Umgebung (Kontinuitätsgrundsatz) von ausschlaggebender Bedeutung sein gegenüber der sehr guten Erziehungsfähigkeit beider Eltern, starker positiver Bindungen der Kinder an beide Eltern und sogar der mangelhaften Fähigkeit des verbleibenden Elternteiles, Partner- und Elternebene hinreichend trennen zu können (KG, FamRZ 2001, 185).

Wichtig bei der anzustellenden Gesamtbetrachtung ist es, dass Risiko- und Schutzfaktoren für das Kind in einem möglichst günstigen Verhältnis stehen. Dabei geht es nie um die Fertigung einer statischen Lösung für andere, sondern immer um die Einleitung oder Mitwirkung an einem dynamischen Entwicklungskonzept, das von den beteiligten Familienmitgliedern angenommen und umgesetzt werden muss (oder aber eben auch abgelehnt, sabotiert und verfälscht werden kann). Trotz allen notwendigen Fachwissens und Lebenserfahrung verfügt keiner der beteiligten Richter, Rechtsanwälte, Sozialarbeiter, Psychologen oder sonstigen Experten über das Wissen und die Macht, die für das Kind günstigste Konfliktlösung zu schaffen. Das können allein die Eltern und das Kind selbst. Alle anderen sind darauf beschränkt, Informationen zu geben, Hilfestellungen zu leisten und partiell Vorbild zu sein. Im Übrigen folgen gerade im Bereich elterlicher Sorge und Umgangsrecht unangemessenen Allmachtsphantasien überaus schnell intensive Ohnmachtsgefühle. In diesem Sinne sind die nachfolgend erörterten Prinzipien nur Anhaltspunkte und Anregungen zu einem Jonglierspiel mit vielen Bällen, das engagiert und mit Empathie, aber auch mit professioneller Distanz betrieben werden sollte.

(1) Kontinuitätsprinzip

Dieser Grundsatz berücksichtigt, dass jedes Kindes für seine gesunde Entwicklung bestimmte **Verhaltenskonstanten** braucht. Bei einem Kind kann sich bei gewachsenen wirtschaftlichen, sozialen und emotionalen Lebensverhältnissen und einem stabilen Beziehungsnetz mit der Konsequenz gleichbleibender und gefestigter Lebensumstände seine Persönlichkeit am besten entwickeln. Demjenigen Elternteil sollte danach die Alleinsorge zustehen, bei dem die **Einheitlichkeit, Gleichmäßigkeit** und **Stabilität der Erziehungsverhältnisse** am besten gewährleistet zu sein scheinen (vgl. BGH, FamRZ 1985, 169; OLG Hamburg, FamRZ 1983, 532; OLG Hamm, FamRZ 1985, 637, 638; OLG Düsseldorf, FamRZ 1995, 1511, 1513; OLG Köln, FamRZ 1982, 1232, 1243; OLG Nürnberg, FamRZ 1986, 563, 564 li. Sp. a. E.; OLG Bamberg, FamRZ 1997, 102; OLG Zweibrücken, FamRZ 2001, 184, 185; OLG Karlsruhe, FamRZ 2001, 1636). Das kann im Ausnahmefall auch derjenige Elternteil sein, der unberechtigterweise die Bindungen des Kindes an den anderen Elternteil beeinträchtigen bzw. zerstören will (vgl. OLG Bamberg, FamRZ 1997, 102) oder auch der Elternteil, der mit dem Kind aus der vertrauten Umgebung wegziehen will, wenn andere Gesichtspunkte wie Fördergrundsatz und Bindungstoleranz für diesen Elternteil sprechen (OLG Brandenburg, FamRZ 2001, 1021, 1022).

Die Erhaltung der äußeren Lebensumstände des Kindes und der Fortbestand der bisherigen Betreuungssituation dürfen aber auch nicht überbewertet werden, nur weil der Kontinuitätsgrundsatz vordergründig einfach und plausibel erscheint. Eigenmächtiges Verhalten eines Elternteils, bei dem das Kind bisher gelebt hat, kann gerade auch unter Kindeswohlgesichtspunkten für das Kind schädlich sein. (vgl. Johannsen/Henrich-Jaeger, Eherecht, § 1671 BGB Rn. 34).

Ob das – durch Verhaltensauffälligkeiten dokumentierte – Bedürfnis eines Kindes nach einem festen Lebensmittelpunkt in den Fällen negiert werden kann, in denen sich die Eltern für das sog. „**Wechselmodell**", d. h. die zeitlich in etwa gleichmäßige Betreuung des Kindes wechselweise in der Wohnung des einen und des anderen Elternteiles, entschieden und dieses bereits anderthalb Jahre praktiziert haben (so AG Hannover, FamRZ 2001, 846 f.), erscheint zweifelhaft. Dem

Gericht ist aber insoweit zuzustimmen, als es bisher ganz eindeutige wissenschaftliche Erkenntnisse über die Vor- und Nachteile von Wechsel-, Residenz- oder Nestmodell (= die Eltern betreuen das Kind umschichtig in derselben Wohnung) nicht gibt (vgl. die ausführliche Zusammenstellung in der genannten Entscheidung des AG Hannover, FamRZ 2001, 846 ff.).

Eine größere Entfernung zwischen den Wohngebieten der Eltern (hier: Nordseeinsel und Ruhrgebiet) allein rechtfertigt nicht die Alleinsorge eines Elternteils, vor allem wenn die einvernehmliche Handhabung der in diesem Fall komplizierten und aufwändigen Umgangskontakte ein ausreichendes Maß an Kooperationsfähigkeit und -bereitschaft der Eltern indiziert (OLG Hamm, FamRZ 2002, 565, 566).

(2) Förderprinzip

166 Maßgebliche Entscheidungskriterien, die aus dem Förderungsprinzip abzuleiten sind, sind der **Erziehungsstil** sowie die **Erziehungseignung** des für die Alleinsorge in Betracht kommenden Elternteils.

Die Eignung des betreuenden Elternteiles kann dadurch teilweise oder ganz in Frage gestellt bzw. verneint werden, dass er das **Umgangsrecht erschwert bzw. zu verhindern** sucht (vgl. OLG München, FamRZ 1997, 45; OLG Frankfurt, FamRZ 1997, 573, 574).

167 Zum Förderprinzip im weiteren Sinne gehört auch die Fähigkeit eines Elternteiles, die Kinder aus der **Einbeziehung in den Partnerkonflikt** zu entlassen und die Beziehung der Kinder zum anderen Elternteil zu fördern (KG, FamRZ 2001, 185; OLG Zweibrücken, FamRZ 2001, 185) sowie die gesundheitliche Eignung zur ausreichenden Erziehung der Kinder. Letztere kann bei erheblichen gesundheitlichen Beeinträchtigungen beider Eltern den Ausschlag für eine gemeinsame elterliche Sorge geben (OLG Zweibrücken, a. a. O.).

168 Im Rahmen des Förderprinzips ist zu berücksichtigen, welcher Elternteil **mehr Zeit** hat, sich persönlich um die Betreuung und Erziehung des Kindes zu kümmern. Der Möglichkeit, beim anderen Elternteil zweisprachig aufzuwachsen, kommt dabei nur eine untergeordnete Bedeutung zu. Die Tatsache, dass ein Elternteil mehr Zeit für das Kind aufbringen kann als der andere rechtfertigt es nicht, ihn auf die Möglichkeit eines ausgedehnten Umganges zu verweisen (OLG Karlsruhe, FamRZ 2001, 1634, 1635).

169 Auch **gravierende kulturelle Unterschiede** führen nicht gleichsam automatisch zur Alleinsorge des inländischen Elternteiles. Zu Recht verweist das AG Duisburg darauf, dass es in einer multikulturellen Gesellschaft notwendig ist, dass die Eltern im Interesse des gemeinsamen Kindes aufeinander zugehen und dass es in Deutschland kein Primat westlicher Erziehungsziele gibt, denen sich der ausländische Elternteil bedingungslos zu unterwerfen hätte. Die westliche Pädagogik ist den Erziehungszielen und -methoden anderer Kulturen keinesfalls immer und überall überlegen. Selbstverständlich muss der ausländische Elternteil Toleranz gegenüber den hier geltenden Werten und Erziehungsmethoden aufbringen, was er aber häufig schon durch seine Existenz in Deutschland bewiesen hat (AG Duisburg, FamRZ 2001, 1635, 1636).

170 Auf der anderen Seite muss es nicht gegen die Übertragung der Alleinsorge auf den religiös uninteressierten Elternteil sprechen, dass das Kind dann weder im islamischen Glauben des anderen Elternteils noch in einer sonstigen Religion erzogen wird (OLG Nürnberg, FamRZ 2001, 1639). Maßgeblich bleibt eben die Gesamtabwägung.

171 Im Hinblick auf den Erziehungsstil kann maßgeblich, muss aber nicht entscheidend sein, ob ein Elternteil einer **gesellschaftlichen Außenseitergruppe** angehört (Zeugen Jehovas, Scientology, vgl. z. B. OLG Saarbrücken, FamRZ 1996, 561; OLG Stuttgart, FamRZ 1995, 1290, 1291; OLG Düsseldorf, FamRZ 1995, 1511; OLG Hamburg, FamRZ 1996, 684; ferner Oelkers/Gakraeft, FuR 1997, 161 ff.; OLG Frankfurt, FamRZ 1997, 573, 574; zusammenfassend Oelkers, FamRZ 1997, 779 ff.).

(3) Bindung des Kindes an die Eltern

Das Kriterium der Bindungen des Kindes an seine Eltern und Geschwister, insbesondere die bisherige Hauptbezugsperson, taucht im Wortlaut des Gesetzes im Gegensatz zum § 1671 BGB a.F. nicht mehr auf. Eine Änderung des Rechtes war damit jedoch nicht beabsichtigt. Zum Streit über die unterschiedlichen Bindungsbegriffe und ihre Konsequenzen s. im Übrigen: Schwab, FamRZ 1998, 464; Suess/Scheurer-Englisch/Grossmann, FPR 1999, 148 ff.; OLG München, FamRZ 1999, 1006, 1007. 172

(4) Bindungen des Kindes an seine Geschwister

In der Praxis besteht eine durch Psychologen, Kinderärzte und Sozialpädagogen vielfach bestätigte Neigung, bei der Sorgerechtsentscheidung die Lösung zu favorisieren, bei der Geschwister – auch Halb- oder Stiefgeschwister (vgl. OLG Hamm, FamRZ 1996, 562, 563; OLG Zweibrücken, FamRZ 2001, 184, 185) – nicht getrennt werden müssen. Dafür spricht, dass das weitere Zusammenleben mit den Geschwisterkindern gar nicht so selten die einzige Konstante, das einzig Verlässliche für das Kind nach der dauerhaften Trennung der Eltern ist. Ob eine **Geschwisterbindung** besteht und durch die Übertragung der elterlichen Sorge auf einen Elternteil eine Trennung von einem Geschwisterteil nachteilige Folgen haben könnte, muss aber in jedem Einzelfall gesondert geprüft werden. Eine allgemeingültige Regel oder Gesetzmäßigkeit ist nicht erkennbar. Für Geschwisterkinder können auch Chancen für ihre Entwicklung darin liegen, dass sie künftig bei jeweils einem Elternteil aufwachsen, damit mehr Einzelzuwendung erhalten und weniger durch das Geschwisterkind beeinträchtigt werden können. Sicher spielen das **Lebensalter** und der **Entwicklungsstand der Kinder** in diesem Zusammenhang eine bedeutende Rolle. 173

(5) Selbstbestimmungsrecht des Kindes

Die wachsende Fähigkeit und das wachsende Bedürfnis des Kindes zu selbständigem verantwortungsbewussten Handeln (§ 1626 Abs. 2 BGB) sind nicht nur wichtiger Maßstab bei der Ausübung der gemeinsamen elterlichen Sorge, sondern auch Entscheidungskriterium für oder gegen eine Alleinsorge. Die vom Kind geäußerten Wünsche in Bezug auf seine künftigen Lebensumstände müssen deshalb bei der nach Kindeswohlgesichtspunkten zu treffenden Entscheidung last but not least berücksichtigt werden. Je älter das Kind wird, um so mehr tritt dieser Gesichtspunkt in den Vordergrund. Dabei gibt es keine gesetzlich festgelegten Altersgrenzen, wenn auch in der Rechtsprechung z.T. aus den §§ 50b Abs. 2 Satz 1 FGG, 1671 Abs. 3 Satz 2 BGB a.F. der Schluss auf die Vollendung des 14. Lebensjahres als „Durchschnittstypus für die kindliche Selbstbestimmungsfähigkeit" (OLG Zweibrücken, FamRZ 2001, 186, 187) gezogen wird. Ob man den klar und mehrfach geäußerten Willen von acht und zwölf Jahre alten Geschwistern, beim Vater und nicht bei der von der Gutachterin für geeignet gehaltenen Mutter zu leben, wirklich so übergehen darf, wie es das OLG Braunschweig (FamRZ 2002, 1637, 1638) getan hat, erscheint – unter Kindeswohlgesichtspunkten und aus Respekt vor der Subjektstellung der Kinder im Verfahren – zweifelhaft. Allerdings könnte der Entscheidung aus anderen Gründen, insbesondere wegen fehlender Förderkompetenz des Vaters zuzustimmen sein, wenn auch das Gericht in seine Gesamtbetrachtung offensichtlich nicht einbezogen hat, dass bei einem Wechsel der Kinder vom Vater zur Mutter eine erneute Umschulung notwendig wird. 174

cc) Uneinigkeit der Eltern

Dem gesetzlichen Gleichrang der gemeinsamen elterlichen Sorge mit der alleinigen Sorge eines Elternteiles entspricht es, nicht schon die Tatsache bloßer Uneinigkeit zwischen den Eltern, insbesondere mangelnden Vermögens, z.T. keine Einigkeit über Nebenfragen erzielen zu können, als ausreichende Begründung für eine Alleinsorge zu nehmen (vgl. OLG Oldenburg, FamRZ 1998, 1464 mit nachahmenswerten Formulierungen, die einem übertriebenen Harmonisierungsbedürfnis, wie es auch in der Amtlichen Begründung des Regierungsentwurfs anklingt mit dem Satz: „Ge- 175 meinsamkeit lässt sich nicht verordnen", BT-Drucks. 13/4899 S. 63, entgegenwirken und Ausdruck von Streitkultur sind: „Partiell unterschiedliche Auffassungen von Erziehung und Betreuung stehen der Ausübung gemeinsamer Sorge nicht (immer) entgegen. Denn diese unterschiedlichen Auffassungen dürften auch schon während des ehelichen Zusammenlebens bestanden haben, ohne dass sie der Ausübung des gemeinsamen Sorgerechtes entgegenstanden. Unterschiedliche Auffassungen zu einzelnen Erziehungsfragen sind jeder Beziehung immanent und ändern nichts daran, dass zwischen den Eltern ein Grundkonsens bestehen kann, innerhalb dessen die unterschiedlichen Auffassungen von Fall zu Fall bis zur jeweiligen Entscheidung erörtert werden. Nur dann, wenn über unterschiedliche Auffassungen zu einzelnen Fragen der Kindesbetreuung hinaus auch der zwischen den Eltern zu fordernde Grundkonsens zerstört wäre, wären die Voraussetzungen zur Beibehaltung der gemeinsamen Sorge nicht gegeben. Hiervon könnte ausgegangen werden, wenn auch in Angelegenheiten, deren Regelung für das Kind von erheblicher Bedeutung ist (§ 1628 BGB), wiederholt keine Einigung zwischen den Eltern erzielt werden konnte." Inhaltlich ähnlich: OLG Hamm, FamRZ 1999, 38 f.; 1597; OLG Bamberg, FamRZ 1999, 803; 1005, 1006 (Letztere unter ausdrücklichem Hinweis auf § 1697a BGB; OLG Frankfurt/M., FamRZ 2000, 187). Zu Recht verweisen die Familiengerichte auf die nach der jetzigen Formulierung des § 1626 BGB bestehenden Pflicht der Eltern, auch nach Trennung und Scheidung im Rahmen der elterlichen Sorge einen Konsens zu finden, solange ihnen ein gemeinsames Erziehungshandeln zum Wohl der Kinder zumutbar ist (vgl. OLG Brandenburg, FamRZ 1998, 1047 ff.; AG Chemnitz, FamRZ 1999, 321 ff.; zustimmend Niepmann, MDR 1998, 1256; OLG Zweibrücken, FamRZ 1999, 40 und 2000, 1042, 1043; OLG Hamm, FamRZ 1999, 1159, 1160).

176 Meinungsverschiedenheiten in einzelnen Angelegenheiten oder in einer bestimmten Art von Angelegenheiten allein reichen deshalb nicht (ohne weiteres) aus, um das gemeinsame Sorgerecht aufzuheben (OLG Düsseldorf, FamRZ 1999, 1157; OLG Hamburg, MDR 1999,748; OLG Karlsruhe, FamRZ 2000, 111, 112; 1041, 1042), anders als das **Fehlen jeglicher Kooperationsbereitschaft in** – einer Vielzahl von – **anstehenden Fragen** (vgl. OLG Nürnberg, FamRZ 2002, 188, 189) oder **erhebliches Konfliktpotential**, das zu einer tätlichen Auseinandersetzung im Beisein des (kleinen) Kindes geführt hat (OLG Düsseldorf, FamRZ 1999, 1598, 1599), bei Streit um die Auswahl des Kindergartens und der Ärzte (OLG Hamm, FamRZ 2000, 1039 f., wobei es sich dabei im Gegensatz zur Formulierung des OLG Hamm gerade nicht um „alltägliche Fragen" handeln dürfte, sondern um Streit in „Angelegenheiten von erheblicher Bedeutung") oder wenn die Konflikte wesentliche Bereiche der elterlichen Sorge wie das Umgangsrecht und die finanziellen Angelegenheiten umfassen (OLG Hamburg, FamRZ 2000, 1042; OLG Frankfurt/M., FamRZ 2001, 1636, 1637).

177 Nicht ausreichend ist es, wenn die **Auseinandersetzungen** nach dem gewöhnlichen Lauf der Dinge erst in einigen Jahren anstehen (OLG Düsseldorf, FamRZ 1999, 1157, 1158; OLG Hamm, FamRZ 1999, 1159, 1160; OLG Zweibrücken, FamRZ 1999, 1160, 1161; KG, FamRZ 1999, 1518) oder nur Streit über die hypothetische Erforderlichkeit einer beim Kind vorzunehmenden Bluttransfusion und die mögliche Weigerung eines zu den Zeugen Jehovas gehörenden Elternteiles besteht (OLG München, FamRZ 2000, 1042). A. A. mit der Folge, dass für eine gemeinsame elterliche Sorge immer die Kooperationsfähigkeit und/oder -willigkeit beider Eltern auch über i. S. d. § 1628 BGB nicht erhebliche Angelegenheiten unverzichtbar sei sind einige OLG (so u. a. OLG Stuttgart, FamRZ 1999, 1596; kritisch im Hinblick auf bloße Appell-Entscheidungen erkennbar auch Luthin, Anm. zu OLG Karlsruhe, FamRZ 2000, 1042).

178 Auch bei nachgewiesenem Fehlen der erforderlichen Kooperationsbereitschaft und -fähigkeit im Augenblick kann es ausreichen, nur das **Aufenthaltsbestimmungsrecht** auf einen Elternteil zu übertragen, wenn in absehbarer Zeit keine sorgerechtsrelevanten Entscheidungen gemeinsam zu treffen sind (OLG Brandenburg, FamRZ 2002, 567, 568).

179 Ob man wirklich vom Fehlen jeglicher Kommunikationsbereitschaft und -fähigkeit ausgehen kann, wenn die Eltern Umgangskontakte nur noch über das Internet und nicht mehr persönlich vereinbaren (so OLG Braunschweig, FamRZ 2002, 121, 122), erscheint zweifelhaft.

Auch wenn Kooperationsfähigkeit und -bereitschaft nur auf einer Seite fehlen, kann diesem die Alleinsorge zu übertragen sein, wenn für seine Haltung nachvollziehbare Gründe sprechen und sie nicht willkürlich erscheint (OLG Dresden, FamRZ 2000, 109, 110).

Diejenigen, die sich darauf berufen, dass sich „Gemeinsamkeit nicht verordnen lässt" (Oelkers, FPR 1999, 132, 135 f.; Born, FamRZ 2000, 396, 398) übersehen, dass der Wille der Eltern gerade nicht frei, sondern am Wohl der Kinder zu orientieren ist. **§ 1627 BGB verpflichtet Eltern** sehr wohl dazu, den ernsthaften Versuch einer Einigung zu unternehmen (s. oben Rn. 130 f.). An keiner Stelle des Gesetzes wird gesagt, dass diese Verpflichtung mit der dauernden Trennung der Eltern entfällt. Es gibt auch keinen Erfahrungssatz oder entsprechende Erkenntnisse der Sozialwissenschaften, wonach Eltern nach Trennung und Scheidung gleichsam aus der Natur der Sache heraus zu Einigungsversuchen nicht mehr in der Lage oder aber solche ihnen nicht mehr zuzumuten sind (so auch OLG Zweibrücken, FamRZ 2000, 627, 628; OLG Frankfurt, FamRZ 2002, 187; OLG Naumburg, FamRZ 2002, 564, 565). So kann es insbesondere nicht in der Hand des antragstellenden Elternteiles liegen, durch eine unbegründete Blockade der gemeinsamen Sorge seine Alleinsorge zu erreichen. Das hat nichts mit einer Unterschätzung der bei Trennung und Scheidung regelmäßig zu beobachtenden Gefühle von Wut, Zorn, Verachtung und Enttäuschung zu tun, die im Zweifel zu Lasten der Kinder gehen sollen, sondern mit der durchaus zu realisierenden Elternverantwortung gerade auch in solchen Zeiten. Mit OLG Hamm (FamRZ 1999, 38; 1600) ist davon auszugehen, dass die trennungsbedingten Spannungen zwischen den Eltern regelmäßig schnell abgebaut werden können und der Ausübung der gemeinsamen elterlichen Sorge nicht mehr entgegenstehen. Diesem Ziel dienen nicht zuletzt auch die Beratungsangebote des Jugendamtes nach §§ 17, 18 SGB VIII oder andere Beratungs- und Therapieangebote, die heute noch bedeutsamer sind als früher. Auf der anderen Seite verweisen einige OLG zu Recht darauf, dass eine Prognose über künftiges kindeswohlgerechtes Verhalten der Eltern nur aus ihrem bisherigen Verhalten abgeleitet werden kann (OLG Nürnberg, FamRZ 2002, 188, 189; OLG München, FamRZ 2002, 189, 190). Hat bisher keinerlei Kommunikation und Kooperation der Eltern bezüglich der Belange der Kinder stattgefunden, so wird in aller Regel die Prognose begründet sein, dass dieses auch in Zukunft so bleiben wird, mit der Folge, dass einem Elternteil die alleinige elterliche Sorge zu übertragen ist (OLG München, FamRZ 2002, 189, 190).

2. Inhalt der gemeinsamen elterlichen Sorge nach dauerhafter Trennung der Eltern

Während die Kindschaftsrechtsreform am Inhalt der elterlichen Sorge während des Zusammenlebens der Eltern kaum etwas geändert hat, sieht gemeinschaftliche Sorge nach dauerhafter Trennung jetzt doch grundlegend anders aus. Eigentlich handelt es sich nur dem Namen nach noch um eine gemeinschaftliche Sorge. Bei genauer Betrachtung haben wir es mit der gesetzlichen Festlegung einer Alleinsorge des das Kind hauptsächlich betreuenden Elternteils und einem Mitbestimmungsrecht des anderen Elternteils in wenigen aber wesentlichen Angelegenheiten der elterlichen Sorge zu tun (vgl. Wend, FPR 1999, der die gesetzlichen Beschränkungen in der vollen gemeinsamen elterlichen Verantwortung durch den neuen § 1687 BGB für verfassungswidrig hält). Das ergibt sich aus §§ 1629 Abs. 2 Satz 2, 3, 1671, 1672 Abs. 2, 1687 BGB, wobei es eine noch ungeklärte Konkurrenz zwischen §§ 1628 und 1671 BGB geben kann, weil § 1671 BGB höhere Hürden aufrichtet als § 1628 BGB. Im Einzelnen:

a) Trennung

Trennung ist hier i. S. d. § 1567 Abs. 1 Satz 1 BGB, nicht jedoch des § 1567 Abs. 2 BGB gemeint. Es muss also zu einer wirklichen **räumlichen** Trennung kommen. § 1671 BGB steht nicht zur Verfügung, wenn ein Elternteil zusammen mit dem Kind aus der gemeinsamen Wohnung ausziehen will.

Hier ist allerdings eine gerichtliche Entscheidung nach § 1628 BGB (vgl. Rn. 130 f.) möglich. Im Gegensatz zur Auffassung des Regierungsentwurfs (BT-Drucks. 13/4899 S. 99) der den Anwendungsbereich der §§ 1628 und 1671 BGB meint säuberlich trennen zu können und § 1628 auf die Zuteilung der Entscheidungsbefugnis in konkreten Situationen, § 1671 dagegen auf die Regelung der elterlichen Sorge für alle denkbaren Entscheidungen bis zur Volljährigkeit angewandt wissen will, wird es in der Praxis zum Teil erhebliche Überschneidungsprobleme geben, weil § 1628 BGB ausdrücklich auch bei Meinungsverschiedenheiten der Eltern „in einer bestimmten Art von Angelegenheiten" gilt (vgl. Schwab, FamRZ 1998, 457, 467).

b) Alleinbestimmungsrechte nach § 1687 BGB

183 Auch bei Einigkeit der Eltern ist keine vollständig gemeinsame Sorge wie ggf. vor der Trennung möglich, sondern es **bestimmt ein Elternteil allein** im Sinne einer alleinigen gesetzlichen Vertretungsmacht auch nach außen, nicht nur im Sinne eines alleinigen Bestimmungsrechtes im Innenverhältnis (vgl. Schwab, FamRZ 1998, 470 und Wend, FPR 1999, 137 ff.), und zwar

- der das Kind gewöhnlich betreuende Elternteil in **Angelegenheiten des täglichen Lebens**, Legaldefinition in § 1687 Abs. 1 Satz 3 BGB;
- der berechtigterweise den Umgang mit dem Kind Ausübende in **Angelegenheiten der tatsächlichen Betreuung**, § 1687 Abs. 1 Satz 4 BGB.

184 Was im Einzelnen zu den Angelegenheiten des täglichen Lebens, Angelegenheiten der tatsächlichen Betreuung oder aber den **Angelegenheiten, deren Regelung für das Kind von erheblicher Bedeutung ist**, gehört und ein Einvernehmen unter den gemeinsam sorgeberechtigten Eltern erfordert, ist vom Gesetz im Einzelnen nicht genannt. Auch die Rechtsprechung dazu ist bisher noch dürftig. Im Bundesjustizministerium laufen Überlegungen zu einer Präzisierung des Gesetzes durch Beispielsfälle.

185 Nach den Vorstellungen des Gesetzgebers, der auf die zu § 1628 BGB erfolgten Konkretisierungen Bezug nimmt (vgl. BT-Drucks. 13/8511 S. 74 f.), der bisherigen Rechtsprechung und Literatur ist von nachfolgender Zuordnung auszugehen.

Angelegenheiten, deren Regelung für das Kind von erheblicher Bedeutung ist	
Entscheidung über einen Schulwechsel	OLG München, FamRZ 1999, 111
Einwilligung in den Ferienaufenthalt eines dreijährigen Kindes in einem afrikanischem Land	OLG Köln, FamRZ 1999, 249
Auslandsreise eines noch nicht zweijährigen Kindes mit mehrstündigem Flug nach Kanada	OLG Naumburg, FamRZ 2000, 1241
Bestimmung des gewöhnlichen Aufenthalts/ Wohnsitz des Kindes	im Wesentlichen unstr.; vgl. AG Bad Iburg, FamRZ 2000, 1036, 1037
Freiheitsentziehende Unterbringung	unstr.
Status- und Namensfragen (vorbehaltlich § 1617 Abs. 2 BGB)	Schwab, FamRZ 1998, 469
Beantragung eines Passes/Personalausweises	unstr.
Antrag auf Einbürgerung	unstr.

Angelegenheiten, deren Regelung für das Kind von erheblicher Bedeutung ist	
Grundsatzentscheidungen der religiösen Erziehung und schulischen sowie beruflichen Laufbahn: Beschluss über Besuch eines besonderen Kindergartens (Waldorf, Montessori) oder weiterführender Schule und des dortigen Schulzweiges, Besuch eines Internats, Bestimmung der ersten Fremdsprache und ob später Latein hinzukommen soll, Abschluss eines Lehrvertrages	BT-Drucks. 13/4899 S. 107; Dörrfuß, EZI-Korrespondenz Nr. 17 S. 18; Schwab, FamRZ 1998, 469
Einwilligung in Operationen bei nicht einwilligungsfähigen Kindern mit Ausnahme von Eilfällen	BT-Drucks. 13/4899 S. 107
Medizinische Behandlungen mit erheblichem Risiko	Schwab, FamRZ 1998, 469
Grundlegende Entscheidungen der Gesundheitsvorsorge	Schwab, FamRZ 1998, 469
Vermögenssorge bei erheblichen Vermögenswerten	unstr.

Angelegenheiten des täglichen Lebens, über die der betreuende Elternteil allein bestimmt	
Die gewöhnliche medizinische Versorgung wie der regelmäßige Zahnarztbesuch, übliche Vorsorgeuntersuchungen und Routineimpfungen	BT-Drucks. 13/8511 S. 74 f.; Dörrfuß, EZI-Korrespondenz Nr. 17 S. 18; Schwab, FamRZ 1998, 469
Verwaltung kleinerer Geldgeschenke	BT-Drucks. 13/8511 S. 74 f.
Besuch von Elternabenden in Kindergarten und Schule	Dörrfuß, EZI-Korrespondenz Nr. 17 S. 18
Unterschreiben von Entschuldigungen und Zeugnissen	wie vor
Notwendigkeit von Nachhilfe	Schwab, FamRZ 1998, 469
Unbedeutende Wahlmöglichkeiten im gewählten Ausbildungsgang (Wahlfach, Schulchor)	wie vor
Wahl des Wohnsitzes, Besuch im Ferienlager, Besuch bei Großeltern	wie vor
Einteilen des Tagesablaufes und Ernährung der Kinder	Dörrfuß, EZI-Korrespondenz Nr. 17 S. 18
Bei „Doppelresidenz- oder Wechselmodell" gleichen sich die Befugnisse des überwiegend betreuenden und des weniger betreuenden Elternteils an	OLG Zweibrücken, FamRZ 2001, 639, 641

Angelegenheiten der tatsächlichen Betreuung des tatsächlich Umgangsberechtigten	
Bestimmung der Zubettgehzeit und das Essen während des Umganges	BT-Drucks. 13/8511 S. 75
Bestimmung des Kontaktes mit Dritten während des Umganges	

186 Will ein Elternteil nach der Trennung von einer (stillschweigenden) Vereinbarung über den Lebensmittelpunkt des Kindes abrücken, kann er dieses nicht einseitig umsetzen, sondern muss die Übertragung des Aufenthaltsbestimmungsrechtes oder zumindest aber des alleinigen Entscheidungsrechtes nach § 1628 BGB durch das Gericht abwarten mit der Folge, dass die einseitige Mitnahme des Kindes eine Kindesentführung wäre, die einen entsprechenden Rückführungsanspruch des anderen Elternteiles auslösen würde (AG Bad Iburg, FamRZ 2001, 1036, 1037, bestätigt durch OLG Oldenburg, s. Anm. FamRZ 2000, 1037).

c) Geltendmachung von Unterhaltsansprüchen gegen den ausgezogenen Elternteil

187 Die Geltendmachung von Unterhaltsansprüchen des Kindes gegen den ausgezogenen Elternteil nach dauernder Trennung der Eltern – ohne Zweifel eine das Kind betreffende wesentliche Angelegenheit der elterlichen Sorge – steht trotz nach wie vor gemeinsamen Sorgerechts einem Elternteil allein zu, § 1629 Abs. 2 Satz 2 BGB: hier ist – praktischerweise und zur Vermeidung der ansonsten notwendigen Bestellung eines Ergänzungspflegers – nur der Elternteil vertretungsberechtigt, in dessen Obhut sich das Kind befindet. Derjenige Elternteil, der Unterhalt für ein gemeinsames Kind vom anderen verlangt, muss im Streitfall beweisen, dass zumindest der deutliche Schwerpunkt der tatsächlichen Fürsorge für das Kind bei ihm lag (OLG Hamburg, FamRZ 2002, 1235). Ob es schon ausreicht, wenn der klagende Elternteil das Kind nur geringfügig mehr betreut als der andere (so OLG Düsseldorf, FamRZ 2001, 1235, 1236), erscheint angesichts der sowieso eingeschränkten Erkenntnismöglichkeiten des Gerichts fragwürdig. In den Fällen, in denen beide Eltern sich in der Betreuung ihrer Kinder praktisch gleichmäßig abwechseln, sollte ein Ergänzungspfleger bestellt werden.

d) Einschränkung des Alleinvertretungsrechtes durch gerichtliche Entscheidung

188 Eine Einschränkung des **Alleinvertretungsrechtes nach § 1687 Abs. 1 BGB** durch gerichtliche Entscheidung ist möglich, wenn dies zum Wohl des Kindes erforderlich ist, § 1687 Abs. 2 BGB, d.h. das Gericht kann nach der Trennung der Eltern die frühere gemeinsame Sorge ganz oder teilweise wieder herstellen. Möglicherweise ist es dazu gezwungen, wenn beide Eltern dieses ausdrücklich wünschen. Fraglich ist allerdings, ob das schon im Scheidungsverbund geschehen kann (so offenbar Runge, FPR 1999, 142, 143 unter Berufung auf Scholz/Stein/Fröhlich, Familienrecht, Teil E Rn. 115). Im Übrigen ist eine derartige Wiederherstellung der vollen elterlichen Sorge eben nur über eine gerichtliche Entscheidung und (leider) nicht schon durch elterliche Vereinbarung möglich. Diese können sich allerdings durch weitgehende wechselseitige Vollmachten behelfen, die gültig sind, weil das neue Recht insoweit disponibel ist (vgl. Wend, FPR 1999, 137 ff., und die konkreten Vereinbarungsvorschläge von Reeckmann-Fiedler, FPR 1999, 146, 147).

189 Auch das **Alleinvertretungsrecht** des obsorgenden Elternteils **zur Geltendmachung von Unterhaltsansprüchen des Kindes** gegen den anderen Elternteil nach § 1629 Abs. 2 Satz 2 BGB kann unter den Voraussetzungen des § 1796 BGB durch das Familiengericht entzogen werden, § 1629 Abs. 2 Satz 3 BGB.

e) Notvertretungsrecht

Nach wie vor gibt es ein Notvertretungsrecht jedes Elternteiles bei Gefahr im Verzug mit Pflicht zur unverzüglichen Unterrichtung des anderen Teiles, §§ 1687 Abs. 1 Satz 5, 1629 Abs. 1 Satz 4 BGB. 190

f) Fortfall der Entscheidungsbefugnisse nach § 1687 BGB

Die Entscheidungsbefugnisse nach § 1687 BGB mit Ausnahme des Notvertretungsrechtes entfallen ipso iure nach Wegfall ihrer Voraussetzungen: 191

- bei erneutem Zusammenleben der Eltern,
- unberechtigter Aufenthalt des Kindes beim nicht hauptsächlich betreuenden Elternteil,
- nach gerichtlicher Übertragung der Alleinsorge auf einen Elternteil.

IV. Alleinige elterliche Sorge

Sind die Eltern bei der Geburt des Kindes **nicht miteinander verheiratet**, 192

- hat die **Mutter** auch nach Inkrafttreten der Kindschaftsreform die alleinige elterliche Sorge, wenn keine Sorgeerklärungen abgegeben wurden und die Eltern nicht heiraten, § 1626a BGB.

  Sorgeerklärungen können nicht durch Richterspruch ersetzt werden. **Gegen den Willen** der Mutter kann deshalb nach wie vor keine **gemeinsame Sorge** entstehen. Diese Regelung ist verfassungsgemäß. Der BGH hatte sich für die Verfassungsmäßigkeit ausgesprochen (BGH, FamRZ 2001, 907 m. Anm. Luthin, 911). In dieser Situation

- kann der **Vater durch Richterspruch** die **alleinige elterliche Sorge** bei dauernder Trennung der Eltern erhalten 193

  - mit Zustimmung der Mutter, § 1672 BGB oder
  - ohne Zustimmung der Mutter,
  - wenn diese in die Adoption eingewilligt hat, § 1751 Abs. 1 Satz 6 BGB oder
  - die elterliche Sorge der Mutter ruht und keine Aussicht besteht, dass der Grund des Ruhens wegfallen wird, § 1678 Abs. 2 BGB oder
  - die Mutter nach der Geburt stirbt, § 1680 Abs. 2 BGB oder
  - der Mutter die elterliche Sorge entzogen wird, §§ 1666, 1680 Abs. 3 BGB; Letzteres gilt auch, wenn der vormals gem. § 1626a BGB allein sorgeberechtigten Mutter die elterliche Sorge entzogen war und die Eltern anschließend heiraten (OLG Nürnberg, FamRZ 2000, 1035),

  jeweils, wenn dieses dem Wohl des Kindes dient.

Für dauernd getrennt lebende **Eltern mit bisheriger gemeinsamer elterlicher Sorge** – egal, ob sie miteinander verheiratet sind oder waren – kann es nur durch Richterspruch, nicht durch autonome Vereinbarung der Eltern zu (völliger oder teilweiser) alleiniger Sorge eines Elternteiles kommen (Ausnahme: Ruhen der elterlichen Sorge bei tatsächlicher Verhinderung), § 1671 BGB, und zwar 194

- **mit Zustimmung des anderen Elternteiles** auf (konkreten) Antrag des die Alleinsorge begehrenden Elternteiles, falls nicht ein über 14 Jahre altes Kind dem Antrag klar widerspricht, § 1671 Abs. 2 Nr. 1 BGB (was – nicht zuletzt auch wegen des eigenen Beschwerderechtes dieser Kinder nach § 59 FGG – zur persönlichen Anhörung nach § 50b Abs. 2 FGG auch in vermeintlich unstreitigen Fällen zwingt). Ob im Hinblick auf die Generalnorm des § 1697a BGB eine vom übereinstimmenden Willen der Eltern abweichende Entscheidung möglich ist, wenn die von ihnen gewünschte Sorgerechtsregelung dem Wohl des Kindes widerspricht, ist fraglich 195 (eindeutig für Bindung an den Elternwillen OLG Rostock, FamRZ 1999, 1599). Anders, wenn das Kindeswohl gefährdet ist, §§ 1671 Abs. 3, 1666 BGB; hier gibt es keine Bindung an den Elternwillen.

196 • **Ohne Zustimmung des anderen Elternteiles** auf (konkreten) Antrag des die Alleinsorge begehrenden Elternteiles nur, wenn zu erwarten ist, dass die Aufhebung der gemeinsamen Sorge **und** die Übertragung auf den Antragsteller dem Wohl des Kindes am besten entspricht, d. h., da positive Entwicklungsprognosen schwierig und unsicher sind, regelmäßig „die am wenigsten schädliche Alternative", § 1671 Abs. 2 Nr. 2 BGB **oder** das Kindeswohl gefährdet ist, §§ 1671 Abs. 3, 1666 BGB.

197 Eine Übertragung der alleinigen elterlichen Sorge auf den **Antragsgegner** ist wegen des jetzt geltenden Antragsprinzips nur nach § 1666, nicht nach § 1671 BGB möglich (ebenso Motzer, FamRZ 1999, 1101 m. w. N.; OLG Karlsruhe, FamRZ 1999, 801, 802; a. A. FamRefK/Rogner, § 1671 Rn. 42). Beantragt der **Antragsteller** die Übertragung der Alleinsorge auf den Antragsgegner, ist im Rahmen des § 1671 BGB der Antrag als unzulässig abzuweisen und es bleibt bei gemeinsamer Sorge.

198 Der nicht sorgeberechtigte Elternteil (und zwar auch der bei der Geburt des Kindes nicht mit der Mutter verheiratete Vater, der mangels eigner und/oder Sorgeerklärung der Mutter kein gemeinsames Sorgerecht erlangt hat) ist jetzt rechtlich bevorzugter **„Auffang"-Elternteil** bei Ausfall des sorgeberechtigten Elternteiles, §§ 1678 Abs. 2, 1680 Abs. 2, 3, 1747 Abs. 3 Nr. 2 BGB.

199 Das Bemühen des Gesetzes um den weitestmöglichen Erhalt der gemeinsamen elterlichen Sorge und die Verpflichtung der Eltern, alle Anstrengungen zu unternehmen, in für das Kind bedeutsamen Angelegenheiten zu einer Einigung zu gelangen, führen dazu, dass im Sorgerechtsstreit in der Hauptsache, verstärkt aber im Wege **einstweiliger Anordnung** seit dem 1.7.1998 üblicherweise nur noch das Aufenthaltsbestimmungsrecht geregelt werden, nicht aber die Alleinsorge übertragen werden kann (so OLG München, FamRZ 1999, 111, 112; 1007, 1008).

200 Die Vertretungsbefugnis des allein sorgeberechtigten Elternteiles kann aus den gleichen Gründen wie bei gemeinsam sorgeberechtigten Eltern kraft Gesetzes oder infolge richterlicher Entscheidung eingeschränkt sein (vgl. oben Rn. 113 f.).

Eine **Ausnahme** macht das Gesetz für das Verfahren auf **Feststellung** (nicht auf Anfechtung) der Vaterschaft: hier ist eine Entziehung der Vertretungsbefugnis der Mutter wegen eines erheblichen Interessengegensatzes zum Kind im Interesse der möglichst schnellen Klärung des Abstammungsverhältnisses nicht zulässig, § 1629 Abs. 2 Satz 4 BGB.

V. Elterliche Sorge bei Tod, tatsächlicher oder rechtlicher Verhinderung eines sorgeberechtigten Elternteils

1. Bei Tod

201 Mit dem Tod eines sorgeberechtigten Elternteiles endet dessen elterliche Sorge naturgemäß. Gleiches gilt aber auch für den Fall, dass ein sorgeberechtigter Elternteil für tot erklärt wird, § 1677 BGB. Lebt der für tot erklärte Elternteil tatsächlich noch, erhält er seine bis zur Todeserklärung bestehende elterliche Sorge nur auf Antrag durch das Familiengericht zurück, wenn dies dem Wohl des Kindes nicht widerspricht, § 1681 Abs. 2 BGB.

202 Der überlebende Elternteil erhält nach dem Tod (oder der Todeserklärung, § 1681 Abs. 1 BGB) des (mit-)sorgeberechtigten Elternteiles die alleinige elterliche Sorge

- kraft Gesetzes ohne Kindeswohlprüfung allein zugesprochen, wenn die Eltern bisher gemeinsam sorgeberechtigt gewesen sind, § 1680 Abs. 1 BGB;
- durch Richterspruch – zuständig ist wegen § 14 Abs.1 Nr. 15 RPflG wirklich der Richter – des Familiengerichts nach unterschiedlich intensiver Kindeswohlprüfung übertragen; im Einzelnen:

- bei Tod der nach § 1626a BGB allein sorgeberechtigten Mutter hat das Familiengericht dem Vater die elterliche Sorge zu übertragen, wenn dies **dem Kindeswohl dient,** § 1680 Abs. 2 Satz 2 BGB;

- bei Tod des nach § 1672 Abs. 1 BGB allein sorgeberechtigten Vaters oder jedes nach § 1671 BGB allein sorgeberechtigten Elternteiles hat das Familiengericht dem überlebenden Elternteil die elterliche Sorge schon dann zu übertragen, wenn dies **dem Kindeswohl nicht widerspricht,** § 1680 Abs. 2 Satz 1 BGB; Voraussetzung für die Übertragung der elterlichen Sorge auf eine dritte Person ist nicht, dass das Kindeswohl durch einen Wechsel zum überlebenden Elternteil i. S. d. § 1666 BGB gefährdet wäre. Vielmehr kann die elterliche Sorge einem Vormund schon dann übertragen werden, wenn der Wechsel zum überlebenden Elternteil mit dem Kindeswohl nicht in Einklang steht, wobei dieselben Gesichtspunkte wie im Rahmen einer Sorgerechtsentscheidung nach § 1671 Abs. 2 BGB (s. Rn. 162 f.) zu prüfen sind (BayObLG, FamRZ 2001, 972 f. m. w. N.).

2. Bei tatsächlicher Verhinderung

Ist ein (mit-)sorgeberechtigter Elternteil **vorübergehend außerstande,** die elterliche Sorge tatsächlich auszuüben, obliegt die elterlicher Sorge automatisch kraft Gesetzes dem anderen (verfügbaren) Elternteil allein, ohne dass die elterliche Sorge des verhinderten Elternteiles beeinträchtigt wird, § 1678 Abs. 1 BGB. Man spricht insoweit von einer **gesetzlichen Vollmacht.** In Betracht kommen Fälle schwerer Krankheit, eines Krankenhausaufenthaltes, einer nicht nur ganz kurzen Auslandsreise oder sonstiger vorübergehender Abwesenheit. § 1678 BGB ist insoweit lex specialis zu §§ 1671, 1628 BGB mit der Folge, dass es keiner Kindeswohlprüfung, keiner obligatorischen Kindesanhörung nach § 50b Abs. 1 FGG und keiner inhaltlichen Sorgerechtsentscheidung durch das Familiengericht bedarf. Dieses hat vielmehr nur festzustellen, dass die Voraussetzungen des § 1678 BGB vorliegen und damit der nicht verhinderte Elternteil für den Zeitraum der Verhinderung allein die elterliche Sorge ausübt (vgl. AG Holzminden, FamRZ 2002, 560, 561).

Bei **längerer tatsächlicher Verhinderung** eines sorgeberechtigten Elternteiles, insbesondere unbekanntem Aufenthalt eines Elternteils, Auslandsaufenthalt bei dortigen ungeklärten politischen Verhältnissen ohne Kontaktmöglichkeiten zum Kind – insbesondere Bürgerkriegssituationen –, Auswanderung, Strafhaft, bei bestehender Alleinsorge des verhinderten Elternteiles u. U. allerdings auch schon in den vorgenannten Fällen, aber auch bei längerer oder dauernder körperlicher oder geistiger Erkrankung, die zwar nicht zur Geschäftsunfähigkeit führen (dann liegt eine Verhinderung aus rechtlichen Gründen vor, s. unten Rn. 213 f.) hat das Familiengericht die längere **Verhinderung durch Beschluss festzustellen,** § 1674 Abs. 1 BGB.

Die Feststellung nach § 1674 BGB ist gegenüber einer Übertragung der alleinigen elterlichen Sorge auf einen von bisher zwei sorgeberechtigten Elternteilen das mildere Mittel und deshalb einer Entscheidung nach § 1671 BGB vorzuziehen. Ein Antrag auf Übertragung der Alleinsorge wäre zurückzuweisen (OLG Naumburg, FamRZ 2002, 258).

Gesetzliche Folge dieser Feststellung, die keine Kindeswohlprüfung erfordert und für die deshalb nach § 14 Abs. 1 Satz 1 RPflG grundsätzlich der Rechtspfleger zuständig ist, ist

- dass die **elterliche Sorge** des verhinderten Elternteils anders als bei nur vorübergehender Verhinderung ruht, er sie also nicht ausüben darf, §§ 1674 Abs. 2, 1675 BGB, und

- erst **wieder auflebt,** wenn das Familiengericht durch Beschluss feststellt, dass der Grund des Ruhens nicht mehr besteht, § 1674 Abs. 2 BGB, und

- dass bei gemeinsamer elterlicher Sorge die gesamte **elterliche Sorge dem verfügbaren Elternteil allein** zusteht, § 1678 Abs. 1 BGB.

Ist der **allein sorgeberechtigte Elternteil** an der Ausübung der elterlichen Sorge für längere Zeit gehindert und stellt das Familiengericht dieses fest, erhält der andere Elternteil nicht automatisch die elterliche Sorge. Das Familiengericht – und jetzt wieder der Richter, § 14 Abs. 1 Nr. 15 RPflG – muss vielmehr das **Kindeswohl prüfen**. Der andere, bisher nicht sorgeberechtigte Elternteil ist bei dieser Prüfung nach der geltenden Rechtslage nicht immer und von vornherein bevorzugt zu berücksichtigen. Er ist bei längerer oder dauernder tatsächlicher Verhinderung des bisher allein Sorgeberechtigten nur eine unter möglicherweise mehreren Alternativen, von denen die im Interesse des Kindes beste zu wählen ist, § 1697a BGB. Lediglich bei Gleichrang mit der Einsetzung eines Vormundes gebührt ihm wegen des grundgesetzlich geschützten Elternrechtes der Vorrang.

208 Das **Familiengericht** hat dem anderen Elternteil die elterliche Sorge danach zu übertragen

- in den Fällen des § 1626a Abs. 2 BGB, der bei Geburt des Kindes nicht mit dem Vater verheirateten Mutter ohne Sorgeerklärungen, (nur oder schon) „wenn keine Aussicht besteht, dass der Grund des Ruhens wegfällt und die Übertragung des Sorgerechts auf den Vater dem Kindeswohl dient", § 1678 Abs. 2 BGB,

- in den Fällen der Alleinsorge eines Elternteiles nach richterlicher Entscheidung gem. §§ 1671, 1672, 1666 BGB, wenn dies „aus triftigen, das Kind nachhaltig berührenden Gründen erforderlich" ist, §§ 1678 Abs. 1 Satz 2, 1696 BGB.

209 Ob und inwieweit sich aus den unterschiedlichen gesetzlichen Kriterien unterschiedliche Anforderungen an die **Qualifikationen des Auffangelternteiles** ergeben, ist derzeit noch nicht abzuschätzen. Sicher ist nur, dass in allen Fällen der längeren oder dauernden tatsächlichen Verhinderung eines bisher allein sorgeberechtigten Elternteiles die Übertragung der elterlichen Sorge auf den anderen Elternteil nur möglich sein dürfte, wenn die Kindeswohlprüfung positiv ausgeht.

210 Zuständig ist vorbehaltlich des § 6 RPflG der **Rechtspfleger des Familiengerichts** nach § 3 Nr. 2a RPflG. Er hat bei objektiver Verhinderung des allein sorgeberechtigten Elternteiles in Eilfällen „die im Interesse des Kindes erforderlichen Maßregeln zu treffen", § 1693 BGB. Dabei handelt es sich um unabweisbar notwendige (vorläufige) Pflegerbestellungen, Kindesunterbringungen u. Ä. Nach neuerer Rechtsprechung gilt dieses auch für die **Bestellung eine Ergänzungspflegers** für das Kind im Statusverfahren (vgl. OLG Zweibrücken, Rechtspfleger 1999, 489 f.; OLG Stuttgart, FamRZ 2000, 439 m. kritischer Anm. Coester; OLG Hamburg, Beschl. v. 12.1.2000, Az. 2 AR 6/99, n. v.). Wenn Eltern von sich aus allerdings eine Ergänzungspflegschaft beantragen, soll nach wie vor allein § 1909 BGB maßgeblich und dafür dann allein das **Vormundschaftsgericht** zuständig sein (OLG Karlsruhe, FamRZ 2001, 41, 42; Coester, a. a. O.).

211 Von der Regel, dass für die Feststellung der längeren Verhinderung der Rechtspfleger des Familiengerichts zuständig ist, gibt es eine wesentliche **Ausnahme:** Ist für eine anschließend notwendige Übertragung der elterlichen Sorge auf den anderen Elternteil oder einen Vormund aber der Richter zuständig, muss § 6 RPflG beachtet werden, wonach in diesen Fällen der Richter auch die Feststellung nach § 1674 BGB treffen „soll", d. h. regelmäßig muss, um ein für die Betroffenen einheitliches Verfahren auch in einer Hand zu entscheiden. Die Formulierung „soll" wurde lediglich gewählt, um eine insoweit falsche Handhabung nicht anfechtbar zu machen, nicht aber, um dem zuständigen Richter insoweit ein Ermessen einzuräumen.

Das gilt vor allem auch, wenn eine anschließend anzuordnende Vormundschaft nach § 14 Abs. 1 Nr. 4 am Ende RPflG nur vom Richter angeordnet werden kann, weil es sich bei dem Minderjährigen um einen **ausländischen Staatsangehörigen** handelt.

212 Eine ausdrückliche gesetzliche Bestimmung über **die Folgen des Ruhens der elterlichen Sorge des verhinderten Elternteils für den anderen Elternteil** kennt das Gesetz seit dem 1.7.1998 nicht mehr. Der Gesetzgeber hat die frühere Regelung des §1678 Abs. 2 BGB a. F. schlicht eingespart in der Annahme, dass die allgemeine Abänderungsnorm des § 1696 BGB auch für diese Fälle ausreiche (vgl. BT-Drucks. 13/4899 S. 102).

3. Verhinderung aus Rechtsgründen

Die elterliche Sorge eines **Geschäftsunfähigen** oder eines **beschränkt Geschäftsfähigen** ruht kraft Gesetzes, § 1673 Abs. 1, Abs. 2 Satz 1 BGB. Dem beschränkt geschäftsfähigen Elternteil verbleibt allerdings das Recht der Personensorge neben dem gesetzlichen Vertreter des Kindes. Zur gesetzlichen Vertretung des Kindes ist er ausdrücklich nicht berechtigt, § 1673 Abs. 2 Satz 2 BGB. 213

Die Meinung eines minderjährigen Elternteils, der beschränkt geschäftsfähig ist, geht bei Meinungsverschiedenheiten mit dem gesetzlichen Vertreter des Kindes, sollte dieses ein Vormund oder Pfleger sein, allerdings vor, § 1673 Abs. 2 Satz 3 BGB, so dass eine gerichtliche Streitklärung i. S. d. § 1628 BGB weder möglich noch nötig ist und diesem Elternteil im Ergebnis doch ein sachlich beschränktes elterliches Sorgerecht zusteht. 214

Die Anordnung einer **Betreuung** (§§ 1896–1908 BGB) ändert im Regelfall an Bestand und Umfang der elterlichen Sorge eines Elternteiles nichts. Ihm verbleibt die vollständige elterliche Sorge und damit auch das Recht zur gesetzlichen Vertretung des Kindes (vgl. hierzu Walter, FamRZ 1991, 765 ff.). 215

VI. Rechte und Pflichten von Pflegeeltern

1. Definition

Zu den nach Art. 6 Abs. 1 und 3 GG geschützten Familienbeziehungen zählt auch die Pflegefamilie. Dabei handelt es sich um solche Pflegepersonen, bei denen sich das Kind in **Vollzeitpflege** befindet. Teilzeit- oder Tagespflege bzw. die Unterbringung in einem Kinderheim (OLG Frankfurt, FamRZ 1983, 1164) reicht zur Begründung des besonderen Schutzes der Pflegefamilie nicht aus. Auf der anderen Seite muss es sich dabei nicht um eine vollständige Familie mit Vater, Mutter und Kind handelt. Auch bei Einzelpersonen kann sich ein Kind in Familienpflege befinden. Eine Pflegeerlaubnis nach § 44 Abs. 1 SGB VIII ist nicht erforderlich (BayObLG, NJW 1984, 2168). Unwichtig ist auch, ob die Familienpflege auf einer Hilfeleistung nach §§ 27, 33 SGB VIII oder einem privatrechtlichen Pflegevertrag beruht. 216

2. Eingeschränkter verfassungsrechtlicher Schutz

Im Unterschied zur leiblichen Familie bezieht die Pflegefamilie ihre verfassungsrechtlichen Garantien ausschließlich aus dem Kindeswohl (Art. 6 Abs. 1 und 3 GG) und muss deshalb nicht nur dieses, sondern auch das **vorrangige Elternrecht** der leiblichen Eltern (geschützt durch Art. 6 Abs. 2 GG) beachten (vgl. u. a. BVerfG, FamRZ 2000, 1489; OLG Frankfurt, FamRZ 2000, 1037, 1038). Deshalb reichte eine einfache Kindeswohlprüfung mit dem Ziel herauszufinden, bei wem das Kind besser aufgehoben wäre, regelmäßig (vor allem bei der Verbleibensanordnung nach § 1632 Abs. 4 BGB) nicht aus (BVerfGE 18, 97; 56, 363; 79, 51; FamRZ 1989, 31; 255; OLG Köln, FamRZ 1971, 182; 1972, 144; BayObLG, FamRZ 2000, 633). Andererseits muss – gerade auch unter verfassungsrechtlichen Gesichtspunkten – bei der Frage, ob das Kind zu den leiblichen Eltern zurückzubringen ist, die Erziehungsfähigkeit der leiblichen Eltern sorgfältig geprüft werden, insbesondere, ob sie die negativen Folgen einer Trennung des Kindes von den Pflegeeltern gering halten können (BVerfG, FamRZ 2000, 1489) 217

3. Erweiterte gesetzliche Regelung durch die Kindschaftsrechtsreform

Im Zuge der Kindschaftsrechtsreform des Jahres 1998 sind einige bisher aus allgemeinen verfassungsrechtlichen Erwägungen abgeleiteten Rechte der Pflegeeltern kodifiziert worden. 218

Nach § 1630 Abs. 3 BGB können die Eltern, jetzt aber auch die Pflegeeltern, beim Familiengericht die **Übertragung einzelner Angelegenheiten der elterlichen Sorge auf die Pflegeperson** als Pfleger im Sinne der §§ 1630 Abs. 1, 1909 ff. BGB beantragen. Soweit dieses geschieht, wird die elterliche Sorge der Eltern eingeschränkt (§ 1630 Abs. 1 BGB) und die Pflegeperson ist unmittelbar entscheidungs- und vertretungsbefugt. 219

Neben der Möglichkeit nach § 1630 Abs. 3 BGB kann das Familiengericht unter den Voraussetzungen der §§ 1666, 1666a BGB nach wie vor den Eltern die **Personensorge,** mindestens aber das **Beaufsichtigungs- und Erziehungsrecht** entziehen und auf die Pflegeperson als Pfleger übertragen, wenn ein dauerhafter Verbleib des Kindes in der Pflegestelle erforderlich ist, um das Grundrecht des Kindes auf eine bestmögliche Erziehung nicht zu gefährden (LG Hamm, FamRZ 1995, 1507; Siehoff, FamRZ 1995, 1254).

220 Nach § 1626 Abs. 3 Satz 2 BGB sind sorgeberechtigte Eltern jetzt ausdrücklich verpflichtet, dem Kind den Umgang mit allen Personen zu ermöglichen, zu denen das Kind Bindungen besitzt, deren Aufrechterhaltung für seine Entwicklung förderlich ist. § 1685 Abs. 2, 3 BGB gibt deshalb auch Pflegeeltern ein **Umgangsrecht.** Ein Rückgriff auf den allgemeinen Grundrechtsschutz der Pflegefamilie aus Art. 6 Abs. 1 und 3 GG ist nicht mehr erforderlich (BVerfG, FamRZ 2000, 412, 413).

221 Ins BGB aufgenommen worden ist jetzt weiter eine **allgemeine Vertretungsbefugnis** für Pflegeeltern, § 1688 BGB. Bisher gab es diese Regelung nur in § 38 Abs. 1 SGB VIII. Sie wurde **einschließlich** des dem elterlichen **Notvertretungsrecht** entsprechenden Notvertretungsrechtes der Pflegeeltern ins BGB übernommen. Es bedarf deshalb jetzt keiner Schutzmaßnahme nach § 1666 BGB als Grundlage für eine (eingeschränkte) Vertretungsbefugnis mehr. Die gesetzliche Vertretungsbefugnis wurde allerdings bewusst auf die **Vollzeitfamilienpflege** beschränkt und entgegen der Anregung des Bundesrates nicht auf weitere Formen der Tag- und Nachtpflege, beispielsweise in Internaten, erweitert (BR-Drucks. 886/96 Anlage S. 2 f.).

222 Geblieben ist die Möglichkeit einer **Verbleibensanordnung** nach § 1632 Abs. 4 BGB, wenn das Kind seit längerer Zeit in Familienpflege gelebt hat und die **Eltern** das Kind von den Pflegeeltern wegnehmen wollen. Voraussetzung dafür ist allerdings, dass das Kindeswohl **durch die Wegnahme gefährdet** würde. Wegen des verfassungsrechtlichen Vorranges des Elternrechts vor den Befugnissen der Pflegeeltern kommt normalerweise nur eine zeitlich befristete Verbleibensanordnung in Betracht. Ausnahme: Das Kindeswohl lässt eine Befristung derzeit nicht zu (OLG Frankfurt, FamRZ 2000, 1037, 1038). Bei jeder Verbleibensanordnung muss die Möglichkeit offen gehalten werden, dass das Kind zu den Eltern zurückkehrt (OLG Frankfurt, a. a. O.).

223 § 1632 Abs. 4 BGB ist danach nicht mit §§ 1671, 1696 BGB „verwandt", sondern eine spezielle Maßnahme der Gefahrenabwehr nach §§ 1666, 1666a BGB, deren Voraussetzungen deshalb nicht zusätzlich zu prüfen sind. Aus diesem Charakter leitet sich auch seine verfassungsrechtliche Vereinbarkeit mit dem Elternrecht her, das er schließlich empfindlich einschränkt (BVerfGE 68, 176). Stellt sich die Herausnahme des Kindes allerdings nach § 1666 BGB als Sorgerechtsmissbrauch dar („Wegnahme zur Unzeit") oder beruht das Herausgabeverlangen auf einem unverschuldeten Versagen, bildet § 1666 BGB die Grundlage für eine Verbleibensanordnung, wenn ansonsten die Voraussetzungen des § 1632 Abs. 4 BGB nicht vorliegen (OLG Hamm, FamRZ 1995, 1507; 1996, 1029; 1558; BayObLG, 1997, 387; BVerfG, FamRZ 1987, 786).

224 Maßstab für die Beurteilung einer Gefährdung sind die körperliche, geistige und seelische Verfassung des Kindes, die personale Bindung an die Pflegeperson, die Dauer des Pflegeverhältnisses, die damit verbundene Integration in die Pflegefamilie und die Persönlichkeit dessen, der die Pflege des Kindes übernehmen soll, wobei alle Merkmale kindbezogen zu prüfen sind (OLG Frankfurt, FamRZ 1980, 826; OLG Hamm, FamRZ 1995, 1507; Salgo, FamRZ 1999, 337, 344; MüKo/Hinz, BGB, § 1632 Rn. 23).

225 Gegenüber einer Verbleibensanordnung nach § 1632 Abs. 4 BGB stellt eine **Inobhutnahme nach § 42 SGB VIII** (vgl. unten Rn. 263) das mildere Mittel der Gefahrenabwehr dar und hat deshalb rechtlich Vorrang. Widerspricht der Inhaber der Personensorge allerdings der Inobhutnahme, kommen gerichtliche Maßnahmen nach §§ 1632 Abs. 4, 1666 BGB in Betracht (§ 42 Abs. 2 Satz 3 Nr. 2 SGB VIII).

4. Längere Zeit in der Familienpflege

Alle vorgenannten Abwehr- und Kontaktrechte der Pflegefamilie setzen „**eine längere Zeit in Familienpflege**" voraus. Was das heißt, ist abhängig vom **kindlichen Zeiterleben,** also insbesondere seinem Alter und dem Grad der Integration in die Pflegefamilie (vgl. Salgo, FamRZ 1999, 337, 345) sowie dem Maß der Gefährdung des Kindeswohls bei der begehrten Herausnahme. So soll ein Kleinkind von vier Monaten noch nicht in die Pflegefamilie integriert sein (BayObLG, DAVorm 1985, 911), während eine Verbleibensanordnung für zwei siebeneinhalb und elf Monate alte Kinder wegen der Gefahr schwerer psychischer Schäden bei Herausnahme bejaht wurde (OLG Celle, FamRZ 1990, 192). Allein die lange Dauer der Unterbringung in einer Pflegefamilie kann eine Verbleibensanordnung rechtfertigen (BayObLG, DAVorm 1985, 701). 226

Unabhängig von der konkreten Zeitdauer ist wegen der Zielsetzung eine Adoptionspflege i. S. d. § 1744 BGB stets auch eine Familienpflege i. S. d. § 1632 Abs. 4 BGB, so dass das zum Vormund bestellte Jugendamt das Kind von der Kindesmutter herausverlangen kann (OLG Brandenburg, FamRZ 2000, 1038, 1039).

5. Zuständigkeit des Familiengerichts

Zuständig für eine Verbleibensanordnung nach § 1632 Abs. 4 BGB zugunsten von Pflegeeltern ist das **Familiengericht.** Nach verbreiteter Auffassung (vgl. Rn. 416) gilt dieses nicht bei einem Herausgabeverlangen von einem **Vormund oder Pfleger.** Hier soll es auch nach der Kindschaftsrechtsreform bei der Zuständigkeit des **Vormundschaftsgerichts** bleiben. Es spricht aber insgesamt mehr für die einheitliche Zuständigkeit des Familiengerichts als eine partielle Zuständigkeit des Vormundschaftsgerichts (vgl. oben Rn. 416). 227

VII. Schutz der Stieffamilie

Die Stieffamilie tauchte als Rechtsfigur bis zum 30.6.1998 im BGB nicht auf. Jetzt gibt es an drei Stellen eine ausdrückliche rechtliche Anerkennung dieser Form sozialer Elternschaft durch Einräumung eigener Berechtigungen: 228

1. Verbleibensanordnung und (Not-)vertretungsrecht

§ 1682 BGB gibt dem Stiefelternteil nach Tod oder bei Verhinderung des sorgeberechtigten Ehegatten gegenüber dem nach §§ 1678, 1680, 1681 BGB aufenthaltsbestimmungsberechtigten anderen leiblichen Elternteil das **Recht, die Herausgabe des Kindes** unter denselben Bedingungen **zu verweigern,** wie auch eine Pflegeperson dieses könnte (vgl. oben Rn. 222): nach längerer Zeit des Zusammenlebens im Haushalt der Stieffamilie, wenn und solange das Kindeswohl durch die Wegnahme gefährdet würde. Durch § 1688 Abs. 4 BGB wird der durch § 1682 BGB geschützte Elternteil der Pflegeperson auch hinsichtlich des Rechtes, den Inhaber der elterlichen Sorge in Angelegenheiten des täglichen Lebens zu vertreten, bestimmte Verwaltungsbefugnisse auszuüben und Versorgungsansprüche des Kindes geltend zu machen, gleichgestellt. 229

2. Umgangsrecht

Ebenso wie Großeltern und Geschwister haben jetzt auch Stiefelternteile – ebenso wie Pflegeeltern – nach längerer Zeit der häuslichen Gemeinschaft zwischen sorgeberechtigten leiblichen Elternteil, Kind und Stiefelternteil das **Recht zum Umgang mit dem Kind,** wenn dieser dem Wohl des Kindes dient, § 1685 Abs. 2 BGB. 230

3. Kleines Sorgerecht

Seit dem Inkrafttreten des Lebenspartnerschaftsgesetzes (LPartG) vom 16.2.2001 (BGBl. I S. 266) wurde nicht nur für die registrierten Lebenspartner im § 9 LPartG, sondern für alle Stiefelternteile ein sog. **kleines Sorgerecht** im § 1687b BGB eingeführt, die Rechtsstellung von Stiefeltern also 231 weiter dadurch verstärkt, dass sie **neben dem sorgeberechtigten Elternteil** eine gesetzliche Mitentscheidungsbefugnis zur Entscheidung in Angelegenheiten des täglichen Lebens erhalten, wenn der andere Partner/Ehegatte allein sorgeberechtigt ist. Sind der andere Ehegatte/Partner für das Stiefkind gemeinsam mit einem früheren Ehegatten oder außerehelichen gegengeschlechtlichen Elternteil gemeinsam sorgeberechtigt, kommt auch nach geltendem Recht nur eine rechtsgeschäftliche Beteiligung des Stiefelternteils an der elterlichen Sorge in Betracht (vgl. Schwab, FamRZ 2001, 385, 394). Die gesetzlichen Neuregelungen im LPartG sehen jedoch kein dem § 1685 BGB angeglichenes Umgangsrecht des früheren Lebenspartners eines Elternteils vor, mit der Folge, das ein solches Umgangsrecht sich (ausnahmsweise) nur aus § 1666 BGB ergeben könnte (OLG Hamm, FamRZ 2000, 1600, 1601)

232 Rechtliche Verpflichtungen des Stiefelternteiles kennt das geltende Recht noch nicht. Eine mittelbare **Unterhaltsverpflichtung** des Stiefelternteiles gegenüber dem sorgeberechtigten Ehegatten ergibt sich allerdings daraus, dass er eine etwaige Barunterhaltspflicht des sorgeberechtigten Elternteiles gegenüber dem Kind im Rahmen des Familienunterhalts auszugleichen haben wird.

VIII. Maßnahmen bei Gefährdung des Kindeswohls, § 1666 BGB

1. Allgemeines

233 Kinder sind gegenüber ihren – zusammenlebenden oder allein erziehungsberechtigten – Eltern nicht nur auf zivilrechtliche Schadensersatzansprüche wegen vorsätzlicher Schädigung nach § 1664 BGB beschränkt. Der Staat erfüllt sein verfassungsrechtliches Wächteramt für das Wohl der Kinder vielmehr vorrangig durch unmittelbare oder mittelbare **Eingriffe des Familiengerichts in die elterliche Sorge** von Amts wegen nach §§ 1666 ff. BGB. Durch diese Eingriffsmöglichkeiten wird die Elternautonomie im Interesse der Kinder begrenzt. Die Regelungen sind gekennzeichnet durch ein klares **Subsidiaritätsprinzip:** Alle Eingriffe in das Elternrecht müssen erforderlich sein unter Beachtung der Chance der Eltern auf Wiedererlangung der (vollen) Sorgerechts. Deshalb sind zunächst alle Hilfs- und Beratungsangebote des Jugendamtes auszuschöpfen (vgl. Balloff, FPR 1999, 164 ff.).

Ob und inwieweit durch § 1666 BGB auch das – grundsätzlich grundrechtsfähige (BVerfGE 39, 1, 36) – werdende Kind (nasciturus), insbesondere vor unerlaubter Abtreibung, geschützt wird, ist umstritten (vgl. dazu Schneider, in: Rahm/Künkel, Handbuch des Familiengerichtsverfahrens, III B, Rn. 375).

234 Vor allem in Fällen häuslicher Gewalt spielen die Regelungen der §§ 1666, 1666a BGB in der Praxis eine bedeutende Rolle. Allerdings kommen heute je nach dem konkreten Begehren in Gewaltfällen auch andere rechtliche Grundlagen für richterliches Handeln in Betracht und damit – leider – zum Teil unterschiedliche Zuständigkeiten, nämlich:

- § 1671 BGB (Sorgerechtsregelungen bei dauernder Trennung bisher gemeinsam sorgeberechtigter Eltern, s. Rn. 193 f.),
- § 1684 Abs. 3, 4 BGB (Einschränkung oder Ausschluss des Umgangsrechtes, s. Rn. 298 f., 322 ff.),
- der vorbeugende Unterlassungsanspruch analog § 1004 BGB,
- § 1361b BGB (Wohnungszuweisung bei Eheleuten),
- § 1909 BGB (Ergänzungspfleger, z. B. im strafrechtlichen Ermittlungsverfahren).

235 Diese Rechtsgrundlagen lösen **unterschiedliche Verfahren** mit unterschiedlichen Voraussetzungen und Möglichkeiten aus:

- Sorgerechtsregelungen nach § 1671 BGB und die Zuweisung der Ehewohnung nach § 1361b BGB erfolgen (nur) **auf Antrag,** Umgangsregelungen gem. § 1684 BGB auf Antrag und von Amts wegen (vgl. Staudinger/Rauscher, BGB, § 1684 Rn. 158 m. w. N.);

- gerichtliche Maßnahmen nach 1666 BGB und die Bestellung eines Ergänzungspflegers nach § 1909 BGB können auch **von Amts wegen** ergehen, allesamt im Verfahren der **freiwilligen Gerichtsbarkeit** mit dem Grundsatz der Ermittlung des Sachverhalts durch das Gericht (§ 12 FGG);

- dagegen sind Klagen und Anträge auf **einstweilige Verfügungen** analog § 1004 BGB nach den **Regeln der ZPO** unter Beachtung des Beibringungs- und Dispositionsgrundsatzes abzuhandeln.

Die Maßnahmen nach §§ 1666 ff. BGB unterscheiden sich von den Sorgerechts- und Umgangsregelungen nach §§ 1671, 1672, 1684 f. dadurch, dass dort – in der Regel – das Elternrecht als solches nicht in Frage gestellt, sondern lediglich „verteilt" wird, während durch Maßnahmen nach § 1666 f. BGB in das Elternrecht tatsächlich eingegriffen wird. Dass auch die Regelungen nach §§ 1671, 1684 ff. BGB für den „entsorgten" Elternteil wie ein Eingriff in sein Elternrecht wirken (und es tatsächlich auch sind), spielt sich vorbehaltlich der Diskussionen zum rechtlichen Vorrang des gemeinsamen Sorgerechts (s. Rn. 157 f.) nach überwiegender Meinung eher im tatsächlichen als im rechtlichen Bereich ab. § 1671 Abs. 3 BGB macht dann allerdings deutlich, dass auch bei Streitigkeiten über die elterliche Sorge nach § 1671 Abs. 1 und 2 BGB, das Wächteramt des Staates aufgerufen ist, wenn eine Kindeswohlgefährdung nach §§ 1666 ff. BGB vorliegt. Insoweit gehen die §§ 1666 ff. BGB den Verteilungsregeln des § 1671 Abs. 1, 2 BGB vor.

236

2. Eingriffsvoraussetzungen im Überblick

Verfahren nach §§ 1666 f. BGB sind, wie bereits ausgeführt, anders als die von einem Antrag abhängigen Verfahren nach § 1671 BGB zwar Amtsverfahren, werden aber regelmäßig auf Anregung oder Mitteilung des Jugendamtes (§ 50 Abs. 3 SGB VIII) oder anderer Betreuungs- oder Bezugspersonen wie Lehrer, Kinderärzte und Erzieherinnen eingeleitet. Nach § 12 FGG hat das angerufene Familiengericht den Sachverhalt unabhängig von Anträgen und Anregungen von sich aus erschöpfend aufzuklären und die erforderlichen Gefahrenabwehrmaßnahmen zu treffen.

237

Über § 1666 BGB wird also mehr oder weniger schwerwiegend in den Bestand des Elternrechtes an sich eingegriffen. Das ist wegen der grundrechtlichen Bestandsgarantie nur im Notfall zulässig. Das Gesetz sieht deshalb in § 1666 Abs. 1 BGB **eng umgrenzte Eingriffstatbestände** vor. Gerichtliche Maßnahmen sind nur zulässig

238

- bei einer **Gefährdung** des körperlichen, geistigen oder seelischen Wohls des Kindes oder seines Vermögens;

- aufgrund eines Erziehungsversagens der Eltern in Form
  - der missbräuchlichen Ausübung der elterlichen Sorge,
  - der Kindesvernachlässigung oder
  - eines unverschuldeten Versagens der Eltern oder des Verhaltens eines Dritten, wenn die Eltern nicht in der Lage oder nicht gewillt sind, die Gefahr abzuwenden.

Durch die Kindschaftsreform 1998 wurden **§§ 1666 ff. BGB teilweise umgestaltet** (vgl. BT-Drucks. 13/4899 S. 64 f.).

239

Ein Sorgerechtsentzug oder eine -beschränkung nach § 1666 BGB sind nach wie vor deutlich schwieriger zu erreichen als Sorgerechtsregelungen nach §§ 1671, 1628 BGB. Es kommt nach wie vor nicht darauf an, was ggf. für die körperliche, geistige oder seelische Entwicklung des Kindes oder seines Vermögens gut wäre, sondern nur darauf, was zur Beseitigung oder Vermeidung einer konkreten Kindeswohlgefährdung geeignet und erforderlich ist unter Beachtung des weitreichenden Elternrechtes.

240 In den Tatbestand des § 1666 Abs.1 BGB einbezogen ist jetzt die **Vermögensgefährdung,** §§ 1666 Abs. 2, 1667 BGB. Eine Gefährdung des Vermögens des Kindes wird jetzt **vermutet,** wenn der Inhaber der Vermögenssorge seine Unterhaltspflicht gegenüber dem Kind oder seine mit der Vermögenssorge verbundenen Pflichten verletzt, § 1666 Abs. 2 BGB.

3. Eingriffsvoraussetzungen im Einzelnen

a) Kindeswohl

241 Eine Gefährdung des Kindeswohls kann nur feststellen, wer weiß, was das Kindeswohl im Einzelfall ist, seine juristischen wie nichtjuristischen Kriterien kennt. Eine **umfassende gesetzliche Definition** des Kindeswohls sucht man vergebens. Im BGB finden sich nur unvollkommene Regelungen. Nach wie vor kennt das BGB keinen ausdrücklichen Anspruch des Kindes auf gesunde Erziehung. Aus §§ 1 Abs. 1, 9 Abs. 1, 22 Abs. 1 SGB VIII ergibt sich allerdings ebenso wie aus §§ 1631, 1631a BGB i. d. F. des Gesetzes zur Ächtung der Gewalt in der Erziehung vom 2.11.2000 (BGBl. I 2000 S. 1479) das Recht jedes jungen Menschen auf **optimale Förderung** seiner Entwicklung und auf **gewaltfreie Erziehung** zu einer zunehmend eigenverantwortlichen und gemeinschaftsfähigen Persönlichkeit.

242 Daneben spielen die **gesicherten Erkenntnisse der Pädagogik und Psychologie**, wie sie bereits als Entscheidungskriterien bei der Regelung der elterlichen Sorge nach dauernder Trennung der Eltern erörtert wurden (vgl. Staudinger/Coester, BGB, § 1666 Rn. 60 ff. m. w. N.; vorstehend Rn. 162 ff.), nämlich **Kontinuitätsprinzip, Förderprinzip** mit den aus diesem Prinzip abgeleiteten maßgeblichen Entscheidungskriterien des Erziehungsstils sowie der Erziehungseignung, **Bindung des Kindes** an die Eltern, Bindung des Kindes an seine Geschwister und der Wille des Kindes und seine Neigungen, mit dem Alter zunehmendes **Selbstbestimmungsrecht des Kindes,** eine maßgebende Rolle. Zur Bestimmung des Kindeswohls ist im Rahmen des § 1666 BGB ebenso wie bei Sorgerechtsregelungen nach § 1671 BGB eine **Gesamtbetrachtung** erforderlich (so schon BGH, FamRZ 1985, 169, 171) und eine Abwägung aller denkbarer Alternativen nach den genannten Gesichtspunkten.

b) Gefährdung

243 Eine Kindeswohlgefährdung i. S. d. § 1666 BGB ist gegeben bei einer gegenwärtigen oder zumindest nahe bevorstehenden Gefahr für die Entwicklung des Kindes, die so ernst zu nehmen ist, dass sich eine erhebliche Gefährdung des körperlichen, geistigen oder sittlichen Wohls oder des Kindesvermögens mit ziemlicher Sicherheit voraussagen lässt. Der Schadenseintritt muss sich also bereits mit einiger Sicherheit abzeichnen, eine nur zukünftig drohende Gefahr reicht für einen Eingriff in das Elternrecht nicht aus (BGH, FamRZ 1982, 638; DAVorm 1985, 70; FamRZ 1996, 1031; Staudinger/Coester, BGB, § 1666, Rn. 65 m. w. N.).

244 Die Eltern behalten eine weitgehende Definitionsmacht darüber, was sie – vor dem Hintergrund ihrer kulturellen und sozialen Herkunft – als optimale Entwicklung und Förderung ihres Kindes ansehen. Nicht alles, was das Kind daran hindert oder hindern könnte, nach objektiven Gesichtspunkten maximal gefördert zu werden oder von äußeren Nachteilen unbeeinträchtigt aufzuwachsen, stellt schon eine Kindeswohlgefährdung i. S. d. § 1666 BGB dar.

So handeln die Eltern nicht dem Kindeswohl zuwider, wenn sie von einer nach objektiven Maßstäben möglichen und erfolgversprechenden Begabtenförderung absehen (BVerfGE 59, 360), andere Erziehungsmethoden oder eine anderweitige Unterbringung des Kindes besser oder zweckmäßiger wären und dem Kind bessere Entwicklungschancen böten (BayObLG, FamRZ 1982, 638; 1985, 522; MüKo/Hinz, BGB, § 1666 Rn. 26 m. w. N.) oder in einer von der Mehrheit der Bevölkerung abgelehnten alternativen Wohn- und Lebensform leben (OLG Stuttgart, NJW 1985, 67).

Der Respekt und die Toleranz gegenüber kulturell andersartigen Vorstellungen haben allerdings auch ihre Grenzen. So ist die Entziehung des Personensorgerechts geboten, wenn die albanischen Eltern ihre 17-jährige Tochter gegen deren Willen mit einem (albanischen) Partner verheiraten möchten und diese Absicht das Eltern-Kind-Verhältnis tiefgreifend gestört hat (OLG Köln, FamRZ 2001, 1087).

§ 1666 BGB ist kein Mittel zum Ausgleich gesellschaftlich vermittelter, bei Geburt dem Kind als Schicksal aufgegebener Lebensumstände einschließlich der kulturellen Herkunft der Eltern (BayObLG, FamRZ 1982, 638; 1985, 522; KG, FamRZ 1985, 97), was auch die Mitnahme ins Heimatland bei Rückkehr oder Abschiebung der Eltern in aller Regel zulässt (BVerfG, FamRZ 1986, 871; OLG Zweibrücken, FamRZ 1984, 931; LG Berlin, FamRZ 1982, 841). 245

c) Sorgerechtsmissbrauch

Unter Missbrauch der elterlichen Sorge im engeren Sinne wird ein dem Erziehungsziel zuwiderlaufender, jedem besonnen Elternteil erkennbarer falscher Gebrauch der elterlichen Sorge verstanden (BayObLG, FamRZ 1981, 999; MüKo/Hinz, BGB, § 1666 Rn. 20, 29 m. w. N.), der für das Kind die **Gefahr schwerer psychischer Schäden** und nicht nur einer kurzfristig überwindbaren Belastung bringt (BayObLG, FamRZ 1981, 999). 246

Missbrauch des Sorgerechts kann es sein, die Vaterschaft der Kinder nicht feststellen zu lassen, denn die Kinder haben aus materiellen und immateriellen Gründen ein schutzwürdiges Interesse daran, zu wissen, wer ihr Vater ist. Es kann danach sein, dass der nicht mit dem Vater verheirateten Mutter die elterliche Sorge insoweit zu entziehen ist, als es um die **Vaterschaftsfeststellung** geht. Die Befugnis, die Vaterschaft gerichtlich feststellen zu lassen, könnte einem Ergänzungspfleger übertragen werden. Sprechen sich die Kinder dagegen in beachtlicher Weise gegen eine gerichtliche Klärung der Vaterschaft aus und gibt es keine Anhaltspunkte dafür, dass die Kinder durch Nichtfeststellung des Vaters erhebliche materielle Nachteile erleiden, dürfte das ebenfalls schützenswerte Interesse der Mutter an einer Geheimhaltung ihrer Intimsphäre dazu führen, hier von einer Entziehung auch nur eines Teils der elterlichen Sorge abzusehen (AG Fürth, FamRZ 2001, 1089, 1090). 247

Entwürdigende Erziehungsmaßnahmen (§ 1631 Abs. 2 BGB), insbesondere unangemessene Körperstrafen (Misshandlungen) stellen nach h.M. seit langem einen Sorgerechtsmissbrauch dar (OLG Stuttgart, FamRZ 1974, 538; LG Frankfurt, FamRZ 1980, 826; BayObLG, FamRZ 1997, 572). Es wurde angesichts der Erkenntnisse der Sozialpsychologie und Kriminologie, wonach geschlagene Kinder regelmäßig zu schlagenden Eltern werden und die Grenzlinie zwischen noch unschädlichen und schon schädlichen Schlägen in der Praxis kaum zu ziehen ist, aber auch Zeit, jegliche Form der Gewaltanwendung, also auch den angeblich so unschädlichen „Klaps auf den Po" oder die „normale" Ohrfeige als Verstoß gegen allen Eltern obliegende Erziehungspflichten zu ächten und wesentlich eingeschränkter als bisher als Verstoß gegen das Übermaßverbot hinzunehmen (vgl. noch OLG Frankfurt, FamRZ 1980, 284). Dieses geschah durch Art. 1 des Gesetzes zur Ächtung der Gewalt in der Erziehung vom 2.11.2000 (BGBl. I S. 1479). Seither haben Kinder ein uneingeschränktes Recht auf gewaltfreie Erziehung und sind alle körperlichen Bestrafungen unzulässig (§ 1631 Abs. 2 BGB in der jetzt geltenden Fassung). 248

Dass man mit der Erziehung schwieriger Kinder gar nicht selten überforderten Eltern nicht nur mit Strafe oder Sorgerechtsentzug drohen darf, sondern ihnen konkrete Hilfestellungen für eine kindgemäße Erziehung auch in Grenzsituationen geben muss, steht auf einem anderen Blatt. Auch das Gewaltschutzgesetz vom 11.12.2001 mit seinen Möglichkeiten, Gewalttäter aus der Wohnung zu weisen und gerichtliche Maßnahmen zum Schutz vor Gewalt und Nachstellungen zu ergreifen, hat diese notwendige Hilfestellung überforderter Eltern nicht vorgesehen. Ob derartige flankierende Maßnahmen zusammen mit einem Gesetz zum Schutz der Kinder vor sexuellem Missbrauch, wie es in einer Pressemitteilung des Bundesjustizministeriums vom 19.2.2003 angekündigt wird, ergriffen werden, bleibt abzuwarten. Die zusammen mit dem Gesetz zur Ächtung der Gewalt in der Erziehung beschlossene Aufklärungskampagne der Bundesregierung reicht jedenfalls bei weitem nicht aus. Die Personal- und sonstige Ressourcenknappheit bei den hier zuständigen Jugendämtern stellt alle bisherigen Bemühungen in Frage.

249 Der das Kind betreuende Elternteil missbraucht das Sorgerecht, wenn er den **Umgang** des Kindes mit dem anderen Elternteil oder anderen Umgangsberechtigten wie den Großeltern (BayObLG, FamRZ 1995, 497) ohne ausreichenden Grund hartnäckig **verweigert** und ihnen damit das Kind bzw. dem Kind den anderen Elternteil entfremdet (vgl. z.B. BGH, NJW-RR 1986, 1264; OLG München, FamRZ 1991, 1343; OLG Celle, FamRZ 1998, 1045; BVerfG, FamRZ 1997, 873; OLG Frankfurt, FamRZ 1998, 1042; OLG Köln, FamRZ 1998, 1463; OLG Frankfurt, FamRZ 2001, 638, 639; OLG Stuttgart, FamRZ 2001, 932, 933, das auf die Möglichkeit einer familiengerichtlichen Auflage hinweist, sich einer familientherapeutischen Maßnahme zu unterziehen, als dem gegenüber dem Sorgerechtsentzug milderen Mittel).

250 Ob die Vielfalt der auf Kind und Eltern einwirkenden und zur **hartnäckigen Umgangsverweigerung** durch den sorgeberechtigten Elternteil führenden Faktoren sowie die angemessenen Reaktionsmöglichkeiten durch das sog. „PAS-Syndrom" (vgl. hierzu im Einzelnen unter Rn. 337 ff.; zu Inhalt und Konsequenzen dieses „Syndroms" vgl. auch Schröder, FamRZ 2000, 592 ff. und seiner möglicherweise vorschnellen Annahme als „Bestrafung" des verweigernden Elternteiles vgl. den Fall AG Fürstenfeldbruck, FamRZ 2002, 118, 119) hinreichend erklärt werden, erscheint zweifelhaft (vgl. Salzgeber u. a., KindPrax 1999, 107 ff.). Vielmehr müssen sowohl die Androhung und Festsetzung von Zwangsmitteln zur Durchsetzung eines regelmäßigen Umgangs mit dem anderen Elternteil wie der Entzug der elterlichen Sorge oder von Teilen derselben im Einzelfall genau untersucht werden. Hartnäckige Umgangsverweigerung kann zu harten Reaktionen gegen den verweigernden Elternteil führen, muss es aber nicht. Es spricht noch nicht einmal eine tatsächliche Vermutung für die Angemessenheit derartiger Reaktionen im Einzelfall.

Allerdings kann z.B. auch der **unbegründete Verdacht eines sexuellen Missbrauchs** bei dem betreuenden Elternteil so starke Ängste hervorrufen, dass für ihn auch objektiv zumindest zeitweilig nur ein **begleiteter Umgang** (vgl. Rn. 298 f.) in Betracht kommt. Die Verweigerung eines unbegleiteten Umgangs stellt dann keinen Sorgerechtsmissbrauch dar.

251 Von besonderer Bedeutung im Zusammenhang mit Eingriffen in die elterliche Sorge (und auch das Umgangsrecht) bis hin zu deren völligen Entzug ist – nicht zuletzt auch unter dem Gesichtspunkt ernsthafter Grundrechtsbeeinträchtigungen beim Verdächtigten wie beim mutmaßlichen Opfer – der **Verdacht des sexuellen Missbrauchs** eines Kindes, vor allem in den Fällen, in denen es – aus welchen Gründen auch immer – nicht zu einer strafrechtlichen Verurteilung kommt. Allein der Verdacht eines sexuellen Missbrauchs weckt regelmäßig bei allen am familiengerichtlichen Verfahren und auch bei Dritten derartig intensive Emotionen und Verunsicherungen, dass eine professionelle Suche nach der für das betroffene Kind am wenigsten schädlichen Sorgerechts- oder Umgangsalternative kaum noch möglich ist (zum Thema ein umfassender Überblick mit vielen weiterführenden Nachweisen bei Carl, FamRZ 1995, 1183 ff.). Ob die Diskussion über den sexuellen Missbrauch von Kindern einer häufigen Praxis entspricht – teilweise ist die Rede davon, dass bis zu 62 % der erwachsenen Frauen und 16 % der erwachsenen Männer aus der (amerikanischen) Allgemeinbevölkerung Opfer sexuellen Kindesmissbrauchs geworden sein soll (vgl. Angaben bei Carl, FamRZ 1995, 1183, 1184), nach Hinweisen des Vereins „Dunkelziffer e.V." in DRiZ 2001, 222 immerhin noch rund 21000 Fälle im Jahr, die angezeigt werden, bei 10- bis 15-mal höherer Dunkelziffer – mag bezweifelt werden. Aber auch, wenn man nur von 4 bis 5 % als Kind missbrauchter Frauen ausgeht, handelt es sich um ein nicht seltenes schweres Schicksal von Kindern, das mit kühlem Kopf, möglichst ohne weltanschauliche oder sonstige Perseveranzen (Kirchhoff, Sexueller Missbrauch vor Gericht, S. 287 f.) sorgfältig, d.h. so schnell wie möglich, aber ohne Hektik, aufgeklärt und auf das angemessen reagiert werden muss.

D. VIII. Maßnahmen bei Gefährdung des Kindeswohls, § 1666 BGB

> **Hinweis:**
> Ziel der Arbeit des Familienrichters ist weder die „Aufdeckung" noch die Bestrafung des Täters oder der Täterin, sondern der **Schutz der betroffenen Kinder im Einzelfall durch familiengerichtliche Maßnahmen,** was häufig (aber nicht immer) ohne Einschaltung der Strafjustiz besser geht, weil für die ausbeutenden Erwachsenen dann regelmäßig eher Bedingungen geschaffen werden können, sich ohne Angst vor Bestrafung, Erniedrigung und öffentlicher Beschämung Hilfe zu holen. Gelingt es, den Erwachsenen zur Aufgabe seines missbrauchenden Verhaltens und zur Einsicht in den Schaden, den er angerichtet hat, zu bringen, ist die Gefahr eines dauerhaften Verlustes notwendiger Eltern-Kind-Beziehungen und damit auch die Gefahr ernsthafter und dauerhafter Grundrechtsbeeinträchtigungen am geringsten.

252

Die Schwierigkeiten beginnen bereits bei der **Definition,** da verschiedene Kulturen unterschiedliche Grenzen ziehen (Marquardt, Sexuell mißbrauchte Kinder und das Recht, Bd. 1, 1993, 18). Herkömmlich wird sexueller Kindesmissbrauch definiert als die erotische oder sexuelle Inanspruchnahme von abhängigen, entwicklungsmäßig unreifen Kindern für sexuelle Handlungen, wobei das Kind die Tragweite dieser Inanspruchnahme durch einen Dritten nicht begreifen und daher nicht „freiwillig" in die sexuellen Handlungen einwilligen kann (Ballof, Kinder vor Gericht, S. 186). Durch diese Definition werden gewisse vermeintlich am Kindeswohl orientierte, im Ergebnis aber wohl doch eher pädophile, d. h. am Erwachsenenwohl orientierte Einstellungen und Verhaltensweisen als kindeswohlschädlich aussortiert.

253

Wenn die Familienrichter ihrer durch § 12 FGG vorgegebenen Aufgabe entsprechend selbständig Verdachtsmomente ermitteln und bewerten, stehen sie ebenso wie Sachverständige, Vertreter des Jugendamtes und sonstige beteiligte Dritte (Lehrer, Kindergärtnerinnen, Verwandte, Nachbarn) vor dem Problem: Wie glaubwürdig sind die – meist – belastenden Angaben der betroffenen Kinder, wie glaubhaft die beteiligter oder unbeteiligter Dritter? Hierbei sind inzwischen recht gesicherte Erkenntnisse aus Psychologie, Psychiatrie und Sozialpädagogik zu beachten (vgl. Carl, FamRZ 1995, 1183, 1185 m. w. N.):

254

- **Spontane Aussagen von Kindern** sind in aller Regel glaubhaft; spontane Falschaussagen sind häufig das Ergebnis von Dritten übernommener Angaben, die das Kind für wahr hält; gezielte Falschaussagen von Kindern kommen nur sehr selten vor.

- **Aussagen von (Ehe-)Partnern** ist dagegen mit Zurückhaltung zu begegnen, da Falschaussagen, auch gezielte Falschaussagen zur Erreichung eines Sorgerechts- oder Umgangsausschlusses nicht selten sind.

- **Angaben von Erziehern, Lehrern, Sozialarbeitern** und **Familienhelfern** sind in besonderer Weise auf Voreingenommenheit und mangelnde Kompetenz sowie fehlende Aus- und Fortbildung zu prüfen; in der Vergangenheit haben übereifrige, weltanschaulich einseitig festgelegte, vor allem vom Prinzip der „Parteilichkeit" ausgehende Erziehungspersonen viel Unheil für die betroffenen Kinder und Eltern erzeugt (vgl. die Berichterstattung über die sog. „Flachslandenprozesse").

- Besondere Beachtung verdient eine **sachgemäße,** vor allem **nicht suggestive** und **nicht zu häufige und zu lange Befragung der (vermeintlichen) Opfer;** anderenfalls tendiert die Beweiskraft ihrer Aussage nach den in der Forschung herausgearbeiteten und bewährten Aussage- und Realitätskriterien gegen Null; das gilt gerade auch für sog. anatomisch korrekte Puppen und die Deutung von Kinderzeichnungen, auf deren Einsatz nach Möglichkeit verzichtet werden sollte.

Es gibt nach heutiger Erkenntnis **kein Missbrauchssyndrom,** d. h. keine eindeutigen Verhaltens- oder Körperanzeichen beim Kind, die einen sexuellen Missbrauch als wahrscheinlich erscheinen lassen mit Ausnahme einiger weniger Körperverletzungen und Spermaspuren, die Kinderärzte und

255

Gerichtsmediziner sichern können; viele als Missbrauchssignale interpretierte Verhaltensweisen sind auch bei Kindern zu finden, deren Eltern sich in Trennung und Scheidung befinden, ohne dass ein sexueller Missbrauch stattgefunden hätte.

256 In Fällen nachgewiesenen sexuellen Missbrauchs muss nicht in jedem Fall den Eltern oder einem Elternteil die gesamte elterliche Sorge entzogen oder der Umgang ausgeschlossen werden. Häufig reicht der **Entzug des Aufenthaltsbestimmungs-** und ggf. auch des **Erziehungsrechtes,** beim Umgang je nach der Intensität des Missbrauchs und der Einsicht des missbrauchenden Elternteils in die Schwere seines Fehlverhaltens um sicherzustellen, dass das geschädigte Kind nicht mehr in einer Situation leben muss, in der es zum sexuellen Missbrauch gekommen ist. Dieses gilt vor allem dann, wenn der misshandelnde Vater sein Tun bestreitet oder er oder die Mutter die Folgen verharmlosen (vgl. OLG Frankfurt/M., FamRZ 2001, 1087).

257 Als Sorgerechtsmissbrauch anzusehen ist weiter die **Verweigerung der Zustimmung zu einem medizinisch notwendigen Eingriff** wie einer Operation oder einer Bluttransfusion (BayObLG, FamRZ 1991, 214; KG, NJW-RR 1990, 716); das gilt auch bei Verweigerung aus religiösen Gründen wie bei den „Zeugen Jehovas" (OLG Hamm, FamRZ 1998, 221); beharrliche Weigerung, das Kind zur Schule zu schicken (OLG Stuttgart, DAVorm 1982, 995; OLG, Karlsruhe DAVorm 1969, 279).

d) Vernachlässigung des Kindes

258 Darunter versteht man das Unterlassen ausreichender Maßnahmen, die unter Berücksichtigung der sozialen, kulturellen und ökonomischen Situation der Familie eine ungestörte und beständige Erziehung, Beaufsichtigung und Pflege des Kindes im Rahmen der Familie gewährleisten sollen (BayObLG, ZfJ 1983, 503). Das ist z.B. der Fall, wenn ein Kleinkind infolge alkoholbedingten Versagens der Eltern an Unterernährung und Austrocknung leidet (BayObLG, FamRZ 1988, 748).

e) Unverschuldetes Versagen der Eltern

259 Durch diese Formulierung wurde ein **Auffangtatbestand** geschaffen, der eingreift, wenn in den Fällen des Sorgerechtsmissbrauchs oder der Kindesvernachlässigung kein Verschulden der Eltern festgestellt werden kann (OLG Frankfurt, FamRZ 1980, 826; 1983, 530; AG Hannover, FamRZ 2000, 1241; MüKo/Hinz, BGB, § 1666 Rn. 42). Die Gründe für das Versagen (Überforderung, Unfähigkeit, Alkohol- oder Drogenabhängigkeit, psychische Behinderung) sind rechtlich unerheblich. Zum Schutze der Grundrechte der Eltern sind aber **hohe Anforderungen an die Gefährdung des Kindeswohls** zu stellen: Nur bei akuten und schwerwiegenden Gefährdungen des körperlichen oder seelischen Wohls des Kindes sind Eingriffe in das Sorgerecht erlaubt. Dass Kinder unter anderen als den häuslichen Bedingungen besser aufwachsen würden, reicht für einen Eingriff in das Sorgerecht, vor allem aber zu einem völligen Sorgerechtsentzug unter Wegnahme des Kindes aus dem elterlichen Haushalt nicht aus (BVerfG, FamRZ 1982, 567).

f) Verhalten eines Dritten

260 Auch das Verhalten Dritter, d.h. anderer, familienfremder oder hausangehöriger Verwandter, außer den Eltern kann einen Sorgerechtseingriff rechtfertigen, wenn dadurch das Kindeswohl gefährdet wird. Dabei ist zu denken an: entwürdigende Erziehungsmaßnahmen des Stiefvaters (BayObLG, FamRZ 1994, 1413), Erregung des Verdachts eines sexuellen Missbrauchs durch den Lebenspartner der Mutter (OLG Düsseldorf, FamRZ 1995, 1970).

261 Als **angemessene Abwehrmaßnahme** kommt hier regelmäßig ein Umgangsverbot („go-order") gegen den Dritten, § 1666 Abs. 4 BGB, in Betracht. Die Gefährdung des Kindeswohls durch den Kontakt mit einem Dritten muss jedoch substantiiert belegt werden. Die bloße Zugehörigkeit zur rechten Szene reicht allein für ein Umgangsverbot regelmäßig nicht aus (AG Säckingen, FamRZ 2002, 689, 690).

g) Mangelnde Bereitschaft und Fähigkeit der Eltern zur Gefahrenabwehr

Als **zusätzliches Merkmal** zu jeglicher gegenwärtigen Kindeswohlgefährdung durch ein erzieherisches Fehlverhalten der Eltern oder eines Dritten muss die mangelnde Bereitschaft und Fähigkeit der Eltern zur Gefahrenabwehr hinzutreten. Wenn die Eltern zu dieser Gefahrenabwehr in der Lage und bereit sind, darf in ihr Sorgerecht nicht eingegriffen werden (vgl. Palandt/Diederichsen, BGB, § 1666 Rn. 18 m. w. N.). Dieses ist Ausprägung des **Grundsatzes der Subsidiarität**. 262

§ 1666a Abs. 1 BGB bestätigt und ergänzt diesen Grundsatz ausdrücklich nur für den Fall der Trennung des Kindes von der Familie – dieser Grundsatz gilt aber auch im übrigen Bereich des § 1666 BGB – um den Vorrang öffentlicher Erziehungshilfen (§§ 27 ff. SGB VIII) vor gerichtlichen Eingriffen in das Sorgerecht wie 263

- sozialpädagogische Familienhilfe,
- Kindertagesgruppe,
- Familienpflege (Vollzeitpflege),
- betreute Wohnformen,
- die **Inobhutnahme** durch das Jugendamt nach § 42 SGB VIII geht der Entziehung des Aufenthaltsbestimmungsrechts durch einstweilige Anordnung vor (AG Kamen, DAVorm 1994, 501), weil das Jugendamt das Kind danach (vorübergehend) in einer Einrichtung oder geeigneten Pflegestelle unterbringen kann. Geht das Kind/der Jugendliche nicht freiwillig auf das Angebot des Jugendamt ein, stellt die Inobhutnahme eine freiheitsentziehende Maßnahme dar, über die bis zum Ablauf des nächsten Tages das Familiengericht entscheiden muss, § 42 Abs. 3 Satz 3 SGB VIII. In jedem Fall – also unabhängig davon, ob der Inhaber der Personensorge der Inobhutnahme widerspricht oder nicht – ist eine unverzügliche Entscheidung des Familiengerichts herbeizuführen, § 42 Abs. 2 Satz 3 Nr. 2 SGB VIII. Unverzüglich heißt regelmäßig: binnen einer Woche.

h) Maßnahmen der Gefahrenabwehr

Nur zur Gefahrenabwehr erforderliche und (trotz Fehlens dieses Merkmals im Gesetzestext) geeignete (KG, FamRZ 1972, 646; BayObLG, FamRZ 1997, 387) Maßnahmen dürfen vom Gericht ergriffen werden (**Grundsatz der Verhältnismäßigkeit und Geeignetheit der Maßnahme, Übermaßverbot**). Das wird in § 1666a BGB für den Fall des völligen Entzuges des Sorgerechtes und der Trennung der Kinder von den Eltern ausdrücklich hervorgehoben. 264

Was **erforderlich** und **geeignet** ist, entscheidet das Gericht nach pflichtgemäßen Ermessen unter Abwägung aller für und gegen die beabsichtigte Maßnahme sprechenden Überlegungen (MüKo/Hinz, BGB, § 1666 Rn. 49). Anstelle eines völligen oder teilweisen Entzuges der elterlichen Sorge, maximal unter Wegnahme des Kindes kommen dabei mildere Mittel wie Ermahnungen, Verwarnungen, Androhung weitergehender Maßnahmen sowie Ge- und Verbote – immer an die Eltern gerichtet – in Betracht. In seiner Entscheidung hat das Gericht jeweils im Einzelnen und nachvollziehbar zu begründen, warum es kein möglicherweise **milderes Mittel** gewählt hat. 265

Bei Eingriffen in die elterliche Sorge ist ein **hohes Maß an Zurückhaltung** geboten. Nach geltender Rechtslage hat selbst eine nicht optimale Elternbetreuung Vorrang vor einer Fremdbetreuung (hier: Internatsunterbringung) mit der Folge, dass bei Streit zwischen gemeinsam sorgeberechtigten, dauernd getrennt lebenden Eltern über die Internatsunterbringung des gemeinsamen Kindes bei Ausfall des Vaters als Betreuungsperson die Mutter als (Allein-)Personensorgeberechtigte in Betracht zu ziehen ist, selbst wenn ihre Elternqualitäten wegen ihrer bisherigen Suchterkrankung nur eingeschränkt zu bejahen sind (OLG Hamburg, FamRZ 2001, 1088, 1089). Ein – auch mehrmaliger – Läusebefall eines Kindes rechtfertigt nicht den Entzug der elterlichen Sorge, weil gerade bei allgemeinen hygienischen Prinzipien staatliche Eingriffe nur ausnahmsweise zulässig sind (OLG Hamm, FamRZ 2002, 691, 692). 266

267 Befinden sich die Kinder bisher mit Zustimmung der Eltern in einer **Pflegestelle** kommt bei einem das Kindeswohl gefährdenden Herausgabeverlangen der Eltern als milderes Mittel gegenüber einem teilweisen Entzug der elterlichen Sorge und Übertragung des Aufenthaltsbestimmungs- und Erziehungsrecht auf einen Pfleger eine bloße Verbleibensanordnung nach § 1632 Abs. 4 BGB (vgl. Rn. 222) in Betracht, selbst wenn diese zur Sicherung einer behutsamen Rückführung zu den Eltern derzeit zeitlich nicht befristet werden kann (BayObLG, FamRZ 2001, 563, 564).

268 Maßnahmen, die im Ergebnis ungeeignet sind, die Kindeswohlgefährdung zu beseitigen, sind **unzulässig.** Daran ist zu denken bei einer Übertragung des Aufenthaltsbestimmungsrechtes für eine 16-Jährige auf das Jugendamt, wenn diese sich weigert, die Erziehungshilfen anzunehmen und das Jugendamt auch keine Möglichkeiten zur Förderung der Jugendlichen mehr sieht (BayObLG, FamRZ 1995, 502). **Ungeeignet** sind auch Maßnahmen, die einen größeren Schaden befürchten lassen als die zu beseitigende Kindeswohlgefährdung (BayObLG, FamRZ 1998, 1044).

269 Erforderlich sind Maßnahmen nur solange, wie die Gefahr (voraussichtlich) besteht; sie sind deshalb ggf. **zeitlich zu befristen,** regelmäßig zu überprüfen und **aufzuheben** (§ 1696 Abs. 3 BGB), wenn entweder die Gefährdung nicht mehr besteht oder aber die angewandten Mittel ungeeignet geworden sind. Ob die zeitliche Befristung in jedem Fall gegenüber der Überprüfung rechtlich vorrangig ist, ist umstritten (vgl. LG Stuttgart, FamRZ 1974, 538; Palandt/Diederichsen, BGB, § 1666 Rn. 20).

270 Maßnahmen nach § 1666 BGB werden nicht durch entbehrlich, dass das Jugendamt das Kind mit dessen Einverständnis nach § 42 SGB VIII in Obhut genommen hat. Denn die Inobhutnahme hat immer nur vorläufigen Charakter. Eine länger andauernde Unterbringung außerhalb des Elternhauses gegen den Willen der Sorgeberechtigten bedarf der Entscheidung des Gerichts (OLG Köln, FamRZ 2001, 1087, 1088).

271 Als Maßnahmen der Gefahrenabwehr kommen danach neben den bereits genannten, insbesondere in Betracht:

- Ersetzung von Erklärungen des Inhabers der elterlichen Sorge, § 1666 Abs. 3 BGB;
- Bestellung eines Pflegers mit begrenztem Wirkungskreis (Aufnahme in eine Heil- oder Pflegeanstalt zum Zwecke der Begutachtung für einen kurzen Zeitraum; Aufenthaltsbestimmungsrecht; Gestaltung des Umganges des Kindes mit dem anderen Elternteil);
- Bestellung eines Vormundes;
- sog. „go-order" gegenüber einem Elternteil (jetzt, nach Inkrafttreten des Kinderrechteverbesserungsgesetzes vom 9.4.2002 ausdrücklich gesetzlich geregelt in § 1666a Abs. 1 Satz 2 und 3 BGB; zu den Voraussetzungen und Durchsetzung s. Janzen, FamRZ 2002, 785 ff., 789);
- Maßnahmen mit Wirkungen gegen Dritte einschließlich „go-order", § 1666 Abs. 4 BGB.

i) **Gefährdung des Kindesvermögens**

aa) **Eigener Gefährdungstatbestand**

272 Das Kindesvermögens wird jetzt ebenfalls durch § 1666 BGB geschützt, die früheren Sonderregelungen wurden in § 1667 BGB zusammengefasst und systematisch in § 1666 BGB integriert. Gerichtliche Maßnahmen setzen deshalb auch hier eine **gegenwärtige** oder zumindest so nahe liegende **Gefährdung** voraus, dass sich ein Vermögensschaden mit ziemlicher Sicherheit voraussagen lässt (MüKo/Hinz, BGB, § 1667 Rn. 5). Der Tatbestand der Vermögensgefährdung tritt als selbständiger Tatbestand neben die des Sorgerechtsmissbrauchs, der Vernachlässigung oder des unverschuldeten Elternversagens, so dass deren Voraussetzungen nicht zusätzlich gegeben sein müssen (Palandt/Diederichsen, BGB, § 1666 Rn. 50).

bb) Regelfälle/Vermutungen

Als Gefährdung des Kindesvermögens wird nach § 1666 Abs. 4 BGB vermutet: 273

- die Verletzung der **Unterhaltspflicht** gegenüber dem Kind; diese liegt auch vor, wenn der Unterhalt durch Unterbringung bei Pflegeeltern bzw. durch öffentliche Mittel sichergestellt ist. Eine Maßnahme nach § 1666 BGB kann hier allerdings unterbleiben, weil sie zur Abwehr der Gefahr nicht erforderlich ist (ebenso Schneider, in: Rahm/Künkel, Handbuch des Familiengerichtsverfahrens, III B, Rn. 411.1; im Ergebnis ebenso, aber unter Verneinung einer Gefährdung OLG Frankfurt, FamRZ 1983, 530; BayObLG, DAVorm 1981, 131; OLG Düsseldorf, DAVorm 1977, 751 jeweils zu § 1666 BGB a. F.);
- die (kurz bevorstehende oder bereits eingetretene) Verletzung der mit der **Vermögenssorge verbundenen Pflichten**, wozu auch die mangelnde Überwachung des anderen, die Vermögenssorge ausübenden Elternteiles gehören kann; die Verwendung des Kindesvermögens zu eigenen Zwecken außerhalb des durch § 1649 Abs. 2 BGB gezogenen Rahmens (BayObLG, FamRZ 1989, 1215) oder schon dann, wenn dieses durch einen alkohol- oder drogenabhängigen Elternteil geschieht (BayObLG, ZfJ 1983, 302); keine Verletzung von Vermögenspflichten der Eltern kann vorliegen, wenn diese vermögenslos werden und/oder Zwangsvollstreckungsmaßnahmen einschließlich der eidesstattlichen Versicherung ausgesetzt sind;
- die **Nichtbefolgung von gerichtlichen Anordnungen** zur Vermögenssorge, d. h. insbesondere der nach § 1667 BGB vom Gericht angeordneten Maßnahmen:
  - Einreichung eines Vermögensverzeichnisses des Kindes mit Versicherung der Richtigkeit und Vollständigkeit,
  - Rechnungslegung über die Verwaltung des Kindesvermögens,
  - Anordnung einer bestimmten Geldanlage,
  - Genehmigungsvorbehalt des Gerichtes zu Abhebungen,
  - Hinterlegung von Inhaberpapieren, anderen Wertpapieren, einschließlich Zins-, Renten- und Gewinnanteilscheinen oder Kostbarkeiten,
  - Sperrvermerke in Schuldbüchern des Bundes oder eines Landes,
  - Sicherheitsleistung mit der Einschränkung, dass diese anders als die Vorlage des Vermögensverzeichnisses und der Rechnungslegung nicht nach § 33 FGG erzwungen werden kann;
- anders als bei Maßnahmen im Bereich der Personensorge kann das Gericht bei Vermögensgefährdung keine Maßnahmen mit Wirkung gegen Dritte treffen; ob das auch für Genehmigungsvorbehalte des Gerichts gegenüber Geldinstituten gilt, ist umstritten (vgl. MüKo/Hinz, BGB, § 1666 Rn. 14 m. w. N.);
- die Aufzählung der Gefährdungstatbestände in § 1666 Abs. 4 BGB ist nicht abschließend (a. A. Palandt/Diederichsen, BGB, § 1666 Rn. 37), sondern erleichtert nur die Feststellung einer Vermögensgefährdung bei positiver Feststellung der genannten Regelbeispiele.

cc) Maßnahmen der Gefahrenabwehr

Neben den bereits in § 1667 BGB genannten Maßnahmen zum Schutz des Kindesvermögens kommen wiederum unter Beachtung der Grundsätze der Subsidiarität, der Erforderlichkeit und Geeignetheit sowie der Verhältnismäßigkeit in Betracht, wenn und soweit die Eltern nicht in der Lage oder gewillt sind, die Gefahr selbst abzuwenden: 274

- Anordnung, dass ein Rechtsanwalt einen bestimmten Prozess führen soll,
- Genehmigungsvorbehalte seitens des Gerichts für andere als in § 1667 BGB genannte Rechtsgeschäfte,
- über § 1667 BGB hinausgehende Sperrvermerke z. B. bei einem Sparbuch,
- Bestellung eines Vermögenspflegers.

j) Zuständigkeit für Maßnahmen nach § 1666 BGB

275 Im Rahmen des § 1666 BGB überschneiden sich leider die funktionellen Zuständigkeiten von Familien- und Vormundschaftsgericht einerseits und von Richter und Rechtspfleger andererseits in wenig durchschaubarer Weise (vgl. Rn. 409 f.). Es bleibt zu wünschen, dass die Reform zumindest auf dem Weg zum einheitlichen Familiengericht voranschreitet, um künftig Doppelarbeit und unnötige Zeitverzögerungen durch Ablehnungen wegen Unzuständigkeit zu vermeiden.

E. Umgang zwischen Eltern und Kindern

I. Umgangsrecht jedes Kindes

276 Nach § 1684 Abs. 1 Satz 1 BGB, § 18 Abs. 3 Satz 1 SGB VIII wird jetzt auch hier kein Unterschied zwischen ehelichen und nichtehelichen Kindern mehr gemacht. Das Umgangsrecht der Eltern und des Kindes bestehen unabhängig davon, ob sie miteinander verheiratet sind oder waren, ob sie jemals zusammengelebt haben oder sich getrennt haben, § 1684 Abs. 1 Satz 1 BGB.

277 Im Gegensatz zum Regierungsentwurf (vgl. BT-Drucks. 13/4899 S. 105) hat jetzt jedes Kind einen **eigenen Anspruch auf Umgang** mit beiden Eltern, § 1684 Abs. 1 Satz 1 BGB – unabhängig von der Frage der Sorgerechtsregelung – mit der Folge, dass das Kind selbst (und zumindest ab etwa dem 14. Lebensjahr auch ohne gesetzliche Vertretung persönlich) bei Gericht eine Umgangsregelung nach § 1684 Abs. 3 BGB beantragen kann. Vorsorglich sollte diese, sich eigentlich bereits jetzt aus dem Gesetz ergebende verfahrensrechtliche Folge durch eine Ergänzung des Gesetzes klargestellt werden.

278 Jedes Kind hat auch einen **eigenen Anspruch auf Beratung und Unterstützung durch das Jugendamt**, wenn auch in der Praxis davon bisher wenig Gebrauch gemacht worden zu sein scheint (Motzer, FamRZ 2000, 925, 928).

279 Auf Antrag eines Elternteiles oder des verständigen Kindes **regelt das Familiengericht den Umgang**, wenn sich die Eltern insoweit nicht einigen können und erlässt die erforderlichen Anordnungen zur störungsfreien Durchführung des Umganges, notfalls auch gegenüber Dritten, § 1684 Abs. 3, 4 BGB.

Die Modalitäten des Umganges und die Präzision sowie Tiefe der Umgangsregelung sind abhängig von den Besonderheiten des Einzelfalles, insbesondere dem Lebensalter des Kindes, seinem Zeit- und Raumerleben und sonstigen Entwicklungsstand und den Kommunikationsmöglichkeiten der Eltern.

Der Anspruch auf regelmäßigen Umgang besteht auch schon bei **Klein- und Wickelkindern.** Wegen der Besonderheiten des Zeiterlebens dieser noch sehr kleinen Kinder besteht sogar in besonderem Maße eine mit dem Kindeswohl nicht vereinbare Gefahr der Entfremdung, wenn es nicht zu relativ häufigen Kontakten, normalerweise mindestens einmal wöchentlich, kommt (OLG Brandenburg, FamRZ 2002, 414). Bei Kindern im Kindergartenalter ist – anders als bei Kindern in der Pubertät und Jugendlichen – einer regelmäßigen und periodischen Umgangsregelung der Vorzug zu geben vor selbständig vereinbarten flexiblen Besuchskontakten (OLG Oldenburg, FamRZ 2001, 1164).

280 In der Praxis haben sich sog. „normale" oder „großzügige" Umgangsregelungen eingebürgert, die fast alle auf 14-tägige **Wochenendbesuche** bei ein bis zwei Übernachtungen und eine hälftige Aufteilung der **(Schul-)Ferienzeiten** auf beide Eltern hinauslaufen. Soweit dabei routinemäßig vereinbart oder beschlossen wird, dass die Kinder „an jedem zweiten der hohen Feiertage" den umgangsberechtigten Elternteil sollen sehen dürfen, wird nicht selten vergessen, dass bei dieser Regelung jedem Elternteil ein mehrtägiger Oster- oder Pfingsturlaub zusammen mit dem Kind unmöglich gemacht wird. Eltern- und kindeswohlgerechter dürfte es sein, eine Regelung zu treffen, bei der

die Kinder „Ostern und Pfingsten jeweils im Jahreswechsel von Freitagabend bis Montagabend" mit dem anderen Elternteil zusammen sind.

Der Umgangsberechtigte sollte dem Kind unbefangen und natürlich gegenüber treten können und deshalb sollte der Umgang grundsätzlich nicht in Gegenwart des anderen Elternteils oder sonstigen dritten Personen oder an sog. „neutralen" Orten stattfinden (OLG Brandenburg, FamRZ 2002, 414).

Ob – wie bis zur Kindschaftsrechtsreform – Umgangsregelungen **ohne Antrag** möglich sind, ist umstritten. Umgangsregelungen ohne Antrag halten für zulässig Bergmann/Gutdeutsch, FamRZ 1999, 422, 424 f., die eine Verpflichtung/Berechtigung des Richters, Kinder auch ohne einen Sorgerechtsantrag der Eltern im Scheidungsverfahren der Eltern persönlich anzuhören, alternativ aus Art. 6 Abs. 2 Satz 2 GG (staatliches Wächteramt) oder Art. 1 Abs. 1, 103 Abs. 1 GG (Persönlichkeitsrecht des Kindes) oder § 1666 BGB herleiten. 281

Gerichtliche Umgangsregelungen können nach wie vor **zwangsweise durchgesetzt** werden, § 33 FGG. Allerdings sind Zwangsmittel gegen die Kinder selbst ausgeschlossen; für Gewaltanwendung ist das jetzt ausdrücklich geregelt, § 33 Abs. 2 Satz 2 FGG. Zwangsgelder gegen Kinder verbieten sich von selbst. Vor einer Zwangsvollstreckung soll das Gericht auf Antrag eines Elternteiles auch zunächst im Wege eines besonders geregelten **Vermittlungsverfahrens** eine Lösung des bestehenden Konfliktes mit dem Ziel einer einvernehmlichen Regelung unter den Eltern versuchen, § 52a FGG (s. Rn. 581 f.). 282

II. Umgangspflicht beider Eltern

1. Warnfunktion der §§ 1626, 1684 BGB

Nach §§ 1626, 1684 BGB haben die Eltern jetzt nicht nur das Recht, sondern auch die Pflicht zum Umgang mit dem Kind. Das ist die logische Entsprechung zum eigenen Recht des Kindes auf Umgang mit den Eltern. § 1626 Abs. 2 Satz 1 BGB legt ausdrücklich fest, dass der Umgang mit beiden Elternteilen i. d. R. dem Wohl des Kindes entspricht. Diese Regelung hat **Warnfunktion**. Bei Vereitelung des Umgangsrechts kann dies – in Ausnahmefällen – zur Einschränkung oder zum Entzug der elterlichen Sorge (vgl. Rn. 249) führen. 283

§ 18 Abs. 3 SGB VIII gibt deshalb auch den Eltern einen **Anspruch auf Vermittlung** und **Hilfestellung durch das Jugendamt** bei der Regelung des Umganges bis hin zur Mitwirkung bei einem betreuten Umgang. 284

Die Regelung des Umganges kann jetzt auch gegen den **gleichgültigen umgangsberechtigten Elternteil** angeordnet und durch Zwangsmittel durchgesetzt werden (OLG Köln, FamRZ 2001, 1023). Einem entsprechenden Antrag des obsorgenden Elternteils darf jedoch nicht stattgegeben werden, wenn er nicht dem Interesse des Kindes dient. Ob dieses regelmäßig schon dann der Fall ist, wenn der umgangspflichtige Elternteil ausdrücklich zum persönlichen Umgang nicht bereit ist (so OLG Nürnberg, FamRZ 2002, 413, 414), erscheint in dieser Allgemeinheit zweifelhaft, zumal das Gericht in Verkennung der ausdrücklichen Rechtspflicht behauptet, dass „elterliche Fürsorge und Gesinnung nicht per Dekret ersetzt und erzwungen werden" könne. Gesinnung kann und darf in der Tat nicht verordnet und ersetzt werden, äußeres Verhalten und tatsächliche Fürsorge aber können erwartet und erzwungen werden. Nach den der Entscheidung zu entnehmenden äußeren Umständen des Einzelfalles mit erkennbarer interkultureller und Abschiebungsproblematik für Mutter und Kind kann eine Verurteilung (und Erzwingung) des Umgangs mit dem unwilligen Elternteil hier durchaus weniger eine Gefahr als eine Bereicherung für das jetzt 7-jährige Kind sein. Es ist auch sehr fraglich, ob es entwicklungspsychologisch wirklich ungünstiger und damit eine Gefahr für das Kindeswohl ist, wie das Gericht meint, in dem Kind durch einen Umgangsbeschluss die voraussehbare Enttäuschung hervorzurufen, wenn der Vater sich dann an diesen Beschluss nicht hält. Konkrete Enttäuschungen können für die Entwicklung eines Kindes förderlicher sein als unkonkrete Abwesenheitsphantasien. 285

286 Der Pflicht der Eltern zum Umgang mit dem Kind und ihrer in § 1626 Abs. 3 BGB geregelten Verpflichtung, dem Kind den Umgang mit dem anderen Elternteil zu ermöglichen, entspricht die in § 1684 Abs. 2 BGB aufgenommene ausdrückliche **Wohlverhaltenspflicht**, wonach beide Eltern alles zu unterlassen haben, was das Verhältnis des Kindes zum anderen Elternteil beeinträchtigen oder die Erziehung stören könnte (vgl. OLG Frankfurt, FamRZ 2000, 52; Motzer, FamRZ 2000, 925, 926). Diese Pflicht kann durch konkrete Anordnungen wie z. B. durch die Anweisung, eine Beratungsstelle aufzusuchen, um den abgebrochenen Kontakt (nichtehelichem) Vater und Kind wieder anzubahnen, und ggf. mit Zwangsgeldern durchgesetzt werden (vgl. OLG Braunschweig, FamRZ 1999, 185, 186). Zu dieser Wohlverhaltenspflicht gehört es, die Umgangsbereitschaft des Kindes aktiv zu fördern (OLG Braunschweig, FamRZ 1999, 185; OLG Thüringen, FuR 2000, 121, 122). Dazu kann auch gehören, zur Ermöglichung regelmäßiger Umgangskontakte als Elternteil eine Therapie zu machen. Zu Recht betont OLG Stuttgart (FamRZ 2001, 932, 933), dass die Auflage an die Mutter, eine derartige **Therapie** zum Abbau ihrer derzeitigen Abwehrhaltung zu machen, nicht deshalb nutzlos und für das Kind schädlich sei, weil die Mutter damit nicht einverstanden ist. Die **familiengerichtliche Auflage**, eine Therapie zu machen ist gegenüber dem ansonsten in Betracht kommenden völligen oder teilweisen Sorgerechtsentzug in jedem Fall die mildere Maßnahme.

2. Auswirkungen der Umgangspflicht

287 Die gesetzliche Neuregelung hat erhebliche Auswirkungen auf etwaige **Mitwirkungspflichten des Sorgeberechtigten**. So wird man jetzt anders als in der Vergangenheit eine sog. **Bringeregelung**, d. h. die Verpflichtung jedes Elternteiles (und nicht nur des Umgangsberechtigten) nicht mehr mit dem Hinweis ablehnen können, dass das Gesetz eine Verpflichtung des sorgeberechtigten Elternteiles, das Kind zum anderen Elternteil zu bringen oder von ihm abzuholen, nicht kenne (so aber unter Hinweis auf die überholte frühere Rechtsprechung noch OLG Nürnberg, FamRZ 1999, 1008, 1009).

288 Auch auf die **Unterhaltspflichten des Umgangsverpflichteten**, insbesondere den Umfang seiner Erwerbsobliegenheit, wird sich seine Pflicht zum Umgang auswirken. Man wird ihm kaum noch so uneingeschränkt wie bisher zumuten können, auch an weit entfernt liegenden Stellen der Republik eine Erwerbstätigkeit aufzunehmen. Bei der Höhe des zum Unterhalt einzusetzenden Einkommens wird man die Umgangskosten in größerem Umfang als bisher berücksichtigen müssen (vgl. den Fall OLG Zweibrücken, FamRZ 1998, 1465 ff.; dieser Senat hat dem Umgangsverpflichteten Fahrtkostenersatz zugesprochen; FamRZ 1997, 32; aber auch AG Essen, das dem unberechtigt vom Umgang ausgesperrten Elternteil einen Schadensersatzanspruch gegen den verweigernden Elternteil auf Ersatz nutzlos aufgewendeter Fahrtkosten zugesprochen hat). Die bisherige Rechtsprechung, wonach die Kosten des Abholens und Zurückbringens des Kindes regelmäßig allein zu Lasten des Umgangsberechtigten gehen (so aber wohl noch OLG Nürnberg, FamRZ 1999, 485; Palandt/Diederichsen, BGB, § 1684 Rn. 60; Schneider, in: Rahm/Künkel, Handbuch des Familiengerichtsverfahrens, III B, Rn. 1141) wird sich nicht halten lassen.

289 Auch auf das **Ausländerrecht** und hier vor allem auf die Möglichkeit zur tatsächlichen Abschiebung hat das jetzt verstärkte Umgangsrecht der Kinder und die Umgangspflicht der Eltern – gerade auch der außerehelichen – Kinder erhebliche Auswirkungen, und zwar mehr noch als die Möglichkeiten gemeinsamer elterlicher Sorge trotz dauerhafter Trennung der Eltern. Das BVerfG hat mehrfach entschieden, dass die §§ 23 Abs. 1 2. Hs., 17 Abs. 1 AuslG unter dem Blickwinkel des materiellen Gehalts insbesondere von Art. 6 Abs. 1 und 2 GG in den §§ 1626 Abs. 3, 1684 Abs. 1 BGB eine Abschiebung häufig verbieten und deshalb einstweilige Anordnungen erlassen (u. a. BVerfG, FamRZ 1999, 1577; 2001, 1137).

In der verwaltungsgerichtlichen Rechtsprechung wird immer aber noch gefordert, dass zwischen dem ausländischen, eigentlich ausreisepflichtigen Elternteil eine – wie auch immer geartete – **familiäre Lebensgemeinschaft** und nicht nur eine sog. **Begegnungsgemeinschaft** besteht. Die – zu einer Aufenthaltserlaubnis nach § 23 Abs. 1 Nr. 3 AuslG führende – familiäre Lebensgemeinschaft setzt zwar nicht in jedem Fall eine häusliche Gemeinschaft voraus. Bei deren Fehlen werden aber besondere Nachweise an die gelebte familiäre Lebensgemeinschaft wie häufige Kontakte, gemeinsame Ferien, Übernahme eines nicht unerheblichen Teiles der Betreuungs- und Erziehungsaufgaben oder sonstige vergleichbare Beistandsleistungen gefordert. Die Tatsache eines gemeinsamen Sorgerechts allein soll dazu nicht ausreichen (OVG Hamburg, FamRZ 2000, 880, 881). Umgekehrt indiziert die häusliche Gemeinschaft das Bestehen einer familiären Lebensgemeinschaft zwischen Eltern und Kind mit der Folge, dass Art. 6 Abs. 1 und 2 GG dem Ausweisungsermessen deutliche Grenzen setzen (VGH Baden-Württemberg, FamRZ 2000, 884).

3. Umgangsrecht als Elternrecht des Umgangsberechtigten

Das Recht zum Umgang mit dem eigenen Kind ist Teil des ursprünglichen Elternrechtes, das unter dem Schutz des Art. 6 GG steht und auch für den nichtsorgeberechtigten Elternteil grundsätzlich unentziehbar ist. Das Umgangsrecht steht jedem Elternteil unabhängig davon zu, ob die Eltern miteinander verheiratet sind oder waren bzw. ob sie zusammenleben oder zusammengelebt haben oder nicht (vgl. Lipp, FamRZ 1998, 74).   290

Das Umgangsrecht steht aber nicht nur unter dem Schutz des GG, sondern gerade auch unter dem der EMRK, wie der EuGHMR immer wieder betont, der das Umgangsrecht aus dem durch Art. 6 Abs. 1, 8 Abs. 1, 8 Abs. 2 EMRK geschützten Anspruch auf Achtung des Familienlebens ab Geburt des Kindes herleitet (u. a. FamRZ 2002, 381 f., wo die damalige Rechtsprechung zu § 1711 BGB als konventionswidrig angesehen wird und dem um sein Umgangsrecht gebrachten nichtehelichen Vater ein immaterieller Schadensersatzanspruch von 55.000 DM zugesprochen wird).   291

Jeder getrennt lebende oder geschiedene Elternteil hat deshalb während der Zeit des (berechtigten) Umganges das **Recht, über Fragen der tatsächlichen Betreuung zu entscheiden** und insoweit das Kind ggf. auch allein zu vertreten. Das gilt ausdrücklich unabhängig von der u. U. weitergehenden Sorgerechtsregelung, § 1687 Abs. 1 Satz 2, 4 und 5 einerseits und § 1687a BGB andererseits. Zu diesen auf den (Umgangs-)Alltag beschränkten Befugnisse gehört z. B. das Recht, den Ablauf der Freizeitgestaltung, das Essen, Fernsehen oder die Zeit des „Schlafengehens" zu bestimmen.   292

Der Sorgeberechtigte kann dem Umgangsberechtigten insoweit keine Vorschriften machen, wenn auch nicht zu verkennen ist, dass der Umgangsberechtigte in der Regel unklug handelt, wenn er eingefahrene Erziehungsmuster des Sorgeberechtigten oder objektive Betreuungsmodalitäten außer Acht lässt. Denn es dient nicht dem Kindeswohl, das auch Maßstab für den Umfang des Umgangsrechtes ist, das Kind einem für dieses nicht nachvollziehbaren Wechselbad der Erziehungshaltungen auszusetzen. Auf der anderen Seite gibt es keinen psychologischen oder pädagogischen Lehrsatz, demzufolge ein Kind nicht erleben darf, dass ein Elternteil teilweise völlig andere Umgangs- und Verhaltensmaßstäbe hat als der andere. Ob und inwieweit die Unterschiedlichkeit der Eltern (und ihrer Partner) für das Kind Entwicklungschancen statt Entwicklungsgefahren eröffnet, hängt im Einzelfall von vielen Faktoren, insbesondere dem Alter des Kindes und dem Grad des Respektes ab, den beide Eltern sich als Eltern noch oder wieder entgegen bringen können.

Das Familiengericht kann die Bestimmungs- und Vertretungsbefugnisse des „Umgangselternteiles" ebenso wie des mitsorgeberechtigten Elternteiles einschränken oder ausschließen, wenn dies zum Wohl des Kindes erforderlich ist, §§ 1687 Abs. 2, 1687a a. E. BGB.   293

III. Umgangsrechte sonstiger naher Angehöriger einschließlich Stiefeltern

Durch die Kindschaftsrechtsreform erhalten jetzt auch erstmals Großeltern, Geschwister, Stief- und Pflegeeltern (nicht aber Tanten und Onkel, vgl. OLG Zweibrücken, FamRZ 1999, 1161) eigene Umgangsberechtigungen im Umfang des § 1711 BGB a. F., d. h. soweit diese dem Kindeswohl dienen, § 1685 BGB. Das Gesetz beschränkt gerichtlich durchsetzbare Umgangsberechtigungen und die damit korrespondierenden Unterstützungsansprüche an das Jugendamt, § 18 Abs. 3 Satz 4 SGB VIII, auf den Kreis der Genannten im Sinne eines Mittelweges zwischen den in der fachöffentlichen Diskussion vertretenen Auffassungen (vgl. BT-Drucks. 13/4899 S. 106 ff.). Die   294 jetzige Regelung dient vor allem der Sicherung der Lebens- und Erziehungskontinuität von Kindern in modernen „patchwork-Familien" und soll andererseits verhindern, dass es zu einer zu starken Ausweitung von Umgangsstreitigkeiten kommt (BT-Drucks. 13/4899, a. a. O.).

295 Zu den Umgangsberechtigten zählen nach der jetzigen gesetzlichen Regelung auch die leiblichen **Großeltern** eines Kindes, dessen leiblicher Vater vor Anerkennung oder Feststellung der Vaterschaft gestorben ist, wenn das Kind über eine längere Zeit von diesen Großeltern betreut worden ist und der Großvater zeitweilig sogar Vormund des Kindes war. In diesem Fall sind die Großeltern zwar nicht Großeltern i. S. d. § 1685 BGB, wohl aber Pflegeltern, ohne dass ein Pflegeelternverhältnis mit behördlicher Genehmigung bestanden haben muss (OLG Hamburg, FamRZ 2002, 842, 843).

Auch dieses Umgangsrecht steht aber unter dem Vorbehalt, dass es nachweislich dem Kindeswohl dienen muss. Das soll trotz Bestehens bisher guter, intensiver Großeltern-Kind-Kontakte regelmäßig nicht der Fall sein, wenn das Verhältnis zwischen dem betreuenden Elternteil und den Großeltern tiefgreifend zerrüttet ist (OLG Hamm, FamRZ 2000, 1110), bei langjährig unterbundenen Kontakten zwischen Großeltern und Kind, wenn der sorgeberechtigte Elternteil diese Kontakte nicht wünscht, selbst wenn das – im konkreten Fall 10-jährige – Kind den Umgang wünscht oder auch schon dann, wenn zwischen sorgeberechtigten Eltern und Großeltern Meinungsverschiedenheiten über den Umgang bestehen (OLG Koblenz, FamRZ 2000, 1111; ähnlich OLG, Hamm FamRZ 2000, 1601 m. Anm. Liermann, FamRZ 2001, 704, 705, der den Großeltern den Nachweis aufbürdet, dass der Umgang mit dem Kind dessen Wohl diene; OLG Hamm, FamRZ 2000, 1601, 1602).

Ein derartige restriktive Handhabung des Umgangsrechtes der Großeltern wird jedoch in vielen Fällen weder dem Kindeswohl noch den berechtigten Anliegen der Großeltern und vermutlich auch nicht dem gesetzgeberischen Ziel der Reform gerecht, wie die Eheleute Spangenberg, Psychotherapeutin und Familienrichter sowie Mediator, in der Anmerkung FamRZ 2002, 49, 50 eingehend darlegen. Man wird vielmehr anzunehmen haben, dass der Umgang von Großeltern mit ihren Enkelkindern bei hinreichenden Bindungen aus der Vergangenheit regelmäßig dem Kindeswohl dient, es sei denn, dass schwerwiegende Gründe entgegenstehen (KG, FamRZ 2000, 1520, 1521), wenn man bei der Ausgestaltung des Umganges sicher auch die prinzipiell vorrangigen Erziehungsvorstellungen der sorgeberechtigten Eltern zu beachten haben wird, die sich dann auch in Fällen verbleibender Zweifel gegenüber (weitergehender) Umgangsvorstellungen der Großeltern durchsetzen dürften (insoweit zu Recht OLG Hamm, FamRZ 2000, 1601, 1602).

296 Ein Umgang des Kindes mit Personen, die auch nach geltendem Recht ohne eigenes Umgangsrecht sind, kann – wie schon nach früherem Recht – beim Vorliegen einer Gefährdung des Kindeswohls durch Maßnahmen nach § 1666 BGB ermöglicht werden (OLG Zweibrücken, FamRZ 1999, 1161, 1162). Das gilt auch für die **ehemaligen Lebenspartner** des sorgeberechtigten Elternteils (OLG Hamm, FamRZ 2000, 1600, 1601).

Nach der jüngsten Rechtsprechung des BVerfG wird künftig auch dem leiblichen, aber nicht rechtlichen Vater in bestimmten Fällen wie Großeltern und Stiefeltern ein Umgangsrecht einzuräumen sein (vgl. BVerfG, Beschl. v. 9.4.2003 – 1 BvR 1493/96 und BvR 1724/01, FamRZ 2003, 816 ff.).

IV. Auskunftsrechte nicht betreuender Eltern

297 Wie früher schon die nicht sorgeberechtigten Elternteile haben jetzt auch die zwar gemeinsam sorgeberechtigten, aber tatsächlich nicht hauptsächlich betreuenden Elternteile als Ersatz für fehlende persönliche Informationsmöglichkeiten Auskunftsrechte gegen den hauptsächlich Betreuenden. Obwohl dieses Auskunftsrecht grds. Ersatzfunktion gegenüber dem persönlichen Umgang hat, kann es auch neben einem eingeschränkten persönlichen Umgang geltend gemacht werden (OLG Brandenburg, FamRZ 2000, 1106, 1107). Die insoweit Berechtigten haben auch einen Anspruch auf Unterstützung durch das Jugendamt, §§ 1686 BGB, 18 Abs. 3 Satz 4 SGB VIII. Dieses Recht besteht jetzt ausdrücklich unabhängig von jeglicher Sorgerechtsregelung, also auch bei gemein-

samer elterlicher Sorge und dient dann ggf. auch dazu, dass Mitbestimmungsrecht in Angelegenheiten von besonderer Bedeutung für das Kind zu sichern (vgl. OLG Hamm, FamRZ 2001, 514 m. kritischer Anm. Zieroth). Sein Umfang ist von den konkreten Umständen des Einzelfalles, die von Amts wegen ermittelt werden müssen (OLG Naumburg, FamRZ 2001, 513) unter Beachtung des Kindeswohls abhängig und hat auch die Zumutbarkeit für den hauptsächlich Betreuenden zu beachten.

V. Begleiteter Umgang

Neu in das Gesetz aufgenommen wurde die auch schon in der Vergangenheit praktizierte Regelung (vgl. Darstellung bei Leyhausen, S. 100 ff.) eines begleiteten oder beschützten Umganges, § 1684 Abs. 4 Satz 3 BGB. Danach kann das Gericht anordnen, dass der Umgang (nur) stattfinden darf, wenn ein mitwirkungsbereiter (und kompetenter) Dritter zumindest zeitweise anwesend ist (zu den Fallgestaltungen und Voraussetzungen eines beschützten Umganges vgl. näher Salzgeber, FamRZ 1999, 975 ff.). 298

1. Fallgruppen

Ein begleiteter Umfang kommt in Betracht, wenn

- aufgrund unkontrollierbarer Ausbrüche der Eltern eine **kindeswohlgerechte Übergabe** der Kinder von einem zum anderen Elternteil **nicht möglich** ist. Hier kann angeordnet werden, dass ein Dritter für einen festgelegten Zeitraum die Kinder bei dem hauptsächlich obsorgenden Elternteil abholt und entsprechend auch die Rückkehr organisiert. Eine dauernde Anwesenheit des Dritten während der gesamten Besuchszeit dürfte hier regelmäßig ebenso wenig erforderlich sein wie eine besondere Fachkompetenz; 299

- die **Kinder besonders bindungsängstlich** sind und sich vom hauptsächlich obsorgenden Elternteil nicht trennen können, vor allem wenn der Besucherelternteil die behutsame Loslösung der Kinder nicht unterstützen kann. Hier ist regelmäßig eine besondere sozialpädagogische oder kinderpsychologische Fachkompetenz des Dritten erforderlich, um Eltern und Kinder hinreichend beraten und für die notwendige Entspannung sorgen zu können. Vermutlich wird hier mehr als in der vorgenannten Fallgruppe eine länger andauernde Begleitung während der Besuchszeit, aber auch noch darüber hinaus erforderlich sein; 300

- die konkrete Gefahr besteht, dass der besuchende Elternteil das Kind (vor allem) ins Ausland **entführt.** Hier wird, vor allem bei kleineren Kindern, regelmäßig eine Begleitung während des gesamten Besuches und für eine längere Zeit erforderlich sein, besonders, wenn eine Entführung durch den Vater in ein islamisch-rechtlich geprägtes Land droht; 301

> *Hinweis:*
> *Im Zusammenhang mit der eingebildeten oder konkreten Gefahr einer Kindesentführung in ein islamisches Land haben sich im Übrigen schriftliche, unterschriebene Erklärungen des Vaters, er stimme der Rückführung der Kinder zur Mutter auch nach einem vorübergehenden Aufenthalt in seiner Heimat zu, durchaus bewährt. Diese Erklärungen können den diplomatischen Vertretungen der Länder zur allgemeinen Kenntnis zugeleitet werden und werden nach den bisherigen Erfahrungen von den Gerichten dieser Länder als verbindlicher Vaterwillen respektiert.*

- der **Vorwurf eines** (sexuellen oder sonstigen) **Missbrauchs des Kindes** durch den besuchenden Elternteil erhoben wird **und konkrete Anhaltspunkte** dafür bestehen. Ein unsubstantiiert geäußerter Verdacht eines sexuellen Kindesmissbrauchs ist regelmäßig nicht geeignet, das bestehende Umgangsrecht des verdächtigten Elternteils einzuschränken oder gar auszuschlie- 302 ßen (OLG Brandenburg, FamRZ 2002, 414, 415; 621, 622 m. kritischer Anm. Vollkommer zu Umfang und Grenzen der Amtsermittlung in diesen Fällen, vor allem durch Beiziehung von Ermittlungsakten, in die der beschuldigte Elternteil keinen Einblick erhält). Bestehen hinreichende Anhaltspunkte für einen sexuellen Missbrauch wird regelmäßig zunächst eine therapeutische Aufarbeitung des Vorwurfes und/oder des Übergriffes und danach eine kompetente, zunächst für einen längeren Zeitraum andauernde, ununterbrochene Anwesenheit eines Dritten erforderlich sein;

303
- der hauptsächlich obsorgende Elternteil aus in objektiver Hinsicht überschießender Ängstlichkeit oder Abneigung gegen den früheren Lebenspartner die Kinder auch nicht vorübergehend zum anderen Elternteil gehen lassen kann. Hier kann eine in der Zeitdauer begrenzte, kurzzeitig auch ununterbrochene Anwesenheit eines kompetenten Dritten während der Besuche hilfreich sein.

2. Vorübergehende Maßnahme

304 Der begleitete Umgang kann in jedem Fall nur eine vorübergehende Maßnahme sein, da sie regelmäßig auch für die Kinder eine nicht unerhebliche psychische Belastung darstellt, die aber hinzunehmen ist, um die noch größere Belastung eines völligen Ausschlusses des Umganges zu vermeiden. Wichtig ist, dass der begleitete Umgang ergänzt wird durch eine ggf. länger andauernde **Elternberatung, -betreuung oder -therapie,** die vor allem dazu dient, vorhandene Ängste beim hauptsächlich betreuenden Elternteil oder den Kindern vor einem Besuch beim anderen Elternteil abzubauen und den besuchende Elternteil in die Lage versetzt, zu erkennen, durch welche Verhaltensweisen er derartige Ängste ggf. hervorruft oder aufrechterhält und sein Verhalten insoweit zu ändern. Ohne derartige psychologische Interventionen wird nämlich häufig nach Auslaufen der zeitlich befristeten Regelung über den beschützten Umgang noch immer die gleiche Situation bestehen wie zu ihrem Beginn und die belastenden Faktoren dieser Regelung werden die entlastenden überwiegen.

3. Beteiligung von Sachverständigen

305 In einigen Fällen kann ein begleiteter Umgang auch schon von Sachverständigen eingeleitet oder durchgeführt werden, die vom Gericht in streitigen Sorge- und Umgangsregelungsfällen beauftragt worden sind (vgl. Salzgeber, FamRZ 1999, 975, 976). Das gilt besonders, wenn der Kontakt zwischen dem Kind und einem Elternteil für längere Zeit unterbrochen worden war und jetzt behutsam angebahnt werden muss.

4. Ausschluss eines beschützten Umgangs

306 Ausgeschlossen ist die Anordnung eines begleiteten Umganges, wenn sich kein **zur Mitwirkung bereiter Dritter** findet. Mitwirkungsbereiter Dritter könnte im Einzelfall bei stationärer Behandlung des Umgangsberechtigten oder des Kindes auch einmal der behandelnde Arzt oder Therapeut sein, wenn insoweit wegen Konflikten mit der Schweigepflicht sicher auch Vorsicht geboten ist (vgl. Fegert, Deutsches Ärzteblatt 2000, A 31).

307 Das **Jugendamt** ist nach § 18 Abs. 3 SGB VIII zur Beratung und Unterstützung der Kinder bei der Durchsetzung ihres Rechtes auf Umgang mit beiden Eltern verpflichtet und kann sich deshalb grundsätzlich nicht darauf berufen, keine Personen und finanzielle Mittel zur Durchführung eines begleiteten Umganges zu haben. Die nach § 18 Abs. 3 SGB VIII Berechtigten haben vielmehr im Regelfall einen einklagbaren Anspruch auf konkrete Unterstützung. Nur in Ausnahmefällen – etwa wenn die Durchführung eines begleiteten Umganges aufgrund der Haltung der Eltern undurchführbar erscheint oder der Schutz des Kindes nicht hinreichend gewährleistet werden kann – darf das Jugendamt seine Mitwirkung verweigern (vgl. Leyhausen, S. 147 f. m. w. N.; OLG Hamburg,

FamRZ 1996, 422 ff.). Aus dieser Soll-Bestimmung ergibt sich allerdings keine in jedem Fall durchsetzbare Verpflichtung staatlicher Stellen zur Bereitstellung eigener Räume und Mitwirkung von Mitarbeiten des Jugendamtes außerhalb der regelmäßigen Dienstzeiten, wohl aber die Verpflichtung, unter Einschaltung freier und privater Träger und Einrichtungen für ein ausreichendes Angebot an Unterstützungsmaßnahmen gerade auch auf dem Gebiet des begleiteten Umgang zu sorgen (Leyhausen, a. a. O.).

Als „mitwirkungsbereiter Dritter" kommen neben den Jugendämtern vor allem in Betracht Mitarbeiter des deutschen Caritasverbandes, des Diakonischen Werkes der evangelischen Kirchen in Deutschland, des Roten Kreuzes und vor allem des Deutschen Kinderschutzbundes, aber auch von überregionalen Selbsthilfegruppen wie des Verbandes binationaler Familien und Partnerschaften – iaf-e.V., regionaler Initiativen oder kompetente Privatleute, die auf Honorarbasis arbeiten. 308

5. Vereinbarung des Umgangs

Voraussetzung für einen begleiteten Umgang ist in jedem Fall, dass **beide Eltern** diesem – jedenfalls im Prinzip – zustimmen und sich verpflichten, während des begleiteten Umganges bestimmte Regeln zum Schutze des Kindes einzuhalten. Es ist Aufgabe des Jugendamtes bzw. des mitwirkungsbereiten Dritten, mit den Eltern die Regeln des Umganges im Einzelnen zu erarbeiten und möglichst **schriftlich** festzulegen. Zum Ablauf derartiger Vereinbarungen hat u. a. der Deutsche Kinderschutzbund im Januar 1999 ein Modell entwickelt, nach dem an mehreren Stellen verfahren wird (vgl. Anhang in Leyhausen, Der beschützte Umgang gem. § 1684 BGB). 309

Weigert sich der den Umgang begehrende Elternteil, an einer nach Lage der Dinge zum Wohl des Kindes erforderlichen behutsamen Anbahnung des Umganges durch einen begleiteten Umgang mitzuwirken, kommt regelmäßig der vollständige Ausschluss des Umganges in Betracht (OLG Köln, FamRZ 2001, 1163).

6. Kosten

Die Kosten eines begleiteten Umganges – wenn sich denn ein mitwirkungsbereiter Dritter findet – hat wegen § 18 Abs. 3 SGB VIII wohl i. d. R. **Jugendamt** zu tragen, wobei Einzelheiten und insbesondere die Höhe einer Vergütung bisher nicht geklärt sind, zumal der Vorschlag Teilnehmerbeiträge gem. §§ 90 ff. SGB VIII durch das Jugendamt erheben zu lassen, nicht Gesetz geworden ist (BT-Drucks. 13/4899 S. 164; a. A. mit der Folge, dass die Kosten des begleiteten Umgangs stets der Umgangsberechtigte tragen solle Schneider, in: Rahm/Künkel, Handbuch des Familiengerichtsverfahrens, III B, Rn. 1141). 310

7. Rechtliche Stellung des „mitwirkenden Dritten"

Die rechtliche Stellung des „mitwirkungsbereiten Dritten" hat Ähnlichkeit mit der eines Betreuers nach §§ 1896 ff. BGB, erreicht diese aber nicht, weil der Dritte zwar im Interesse und zum Wohl des Kindes tätig werden muss, dieses aber in keiner Hinsicht vertreten kann. Der Dritte ist mangels Vertretungsbefugnis auch kein Verfahrenspfleger i. S. d. § 50 FGG (vgl. dazu im Einzelnen Rn. 461 f.). Wenn ein Verfahrenspfleger vom Gericht bestellt wird, sollte dieser zweckmäßigerweise auch nicht mit der Begleitung bei einem beschützten Umgang betraut werden, weil dieses im Zweifel nur zu Rollenkonfusionen führen kann. Immer ähneln sich die Begleitperson beim beschützten Umgang und der Verfahrenspfleger hinsichtlich ihrer Verpflichtung zur Unparteilichkeit gegenüber den Eltern und der ausschließliche Orientierung am Kindeswohl. Der Dritte darf und muss während des begleiteten Umganges zugunsten des Kindes eingreifen, wenn ansonsten dessen Wohl gefährdet wäre (vgl. im Einzelnen Leyhausen, S. 152 ff.). 311

VI. Umgangspflegschaft

1. Inhalt

312   Die Gerichte haben als **prozessuales Mittel** gegen den Sorgerechtsinhaber, der kindeswohlwidrig das Umgangsrecht von Kind und Umgangsberechtigtem verhindert, die Umgangspflegschaft entwickelt (vgl. BGH, DAVorm 1994, 131; 427; OLG Bamberg, FamRZ 1985, 1175; AG Aalen, FamRZ 1991, 360 m. zustimmender Anm. Luthin; OLG Hamburg, FamRZ 2002, 566, 567; kritisch offenbar OLG Hamm, FamRZ 1992, 466; a. A. auch OLG Köln, KindPrax 1998, 157; BGH noch, NJW 1986, 1264). Dabei wird dem Sorgerechtsinhaber für eine bestimmte Zeit das Recht entzogen, den Umgang des Kindes mit dem anderen Elternteil, einem sonstigen Umgangsberechtigten oder auch Dritten (§ 1632 Abs. 2 BGB) zu bestimmen und einem Pfleger übertragen. Auch die Vormundschaft kann durch die Bestellung eines Ergänzungspflegers zur Durchsetzung des Umganges zwischen Kind und nicht betreuenden Elternteilen eingeschränkt werden (OLG Frankfurt/M., FamRZ 2000, 1240).

313   Prozessual ist zu unterscheiden zwischen der Einrichtung einer Umgangspflegschaft durch **Entscheidung in der Hauptsache** und der gem. § 1698 BGB zugleich erfolgten **Bestimmung einer konkreten Person als Umgangspfleger.** Gegen die Entscheidung in der Hauptsache ist nämlich (nur) die befristete Beschwerde nach § 621e ZPO, gegen die Auswahl des konkreten Umgangspflegers aber die einfache Beschwerde nach § 19 FGG als Rechtsmittel gegeben (OLG Hamburg, FamRZ 2002, 566, 567).

2. Keine Umgangsregelung

314   Hierbei handelt es sich um eine **Maßnahme zur Gefahrenabwehr** nach § 1666 BGB, nicht um eine Umgangsregelung nach § 1684 BGB. Sie stellt gegenüber dem Entzug der Personensorge das mildere und deshalb unter Beachtung des **Grundsatzes der Verhältnismäßigkeit** das vorrangige Mittel dar.

3. Kein Vollstreckungstitel

315   Die Anordnung der Umgangspflegschaft als solche ist kein zur Vollstreckung der vom Umgangspfleger getroffenen Umgangsbestimmung geeigneter Titel. Der Umgangspfleger muss ggf. in eigener Verantwortung und mit Unterstützung des Vormundschaftsgerichts nach §§ 1915 Abs. 1, 1837 Abs. 1 BGB (nicht des Familiengerichts) eine gerichtliche Regelung nach § 1684 Abs. 3 BGB erwirken und diese nach § 33 FGG vollstrecken lassen.

4. Anfechtbarkeit

316   Gegen die Anordnung einer Umgangspflegschaft durch das Familiengericht können sich die Eltern und das Jugendamt im gleichen Umfang wehren wie gegen jede andere familiengerichtliche Endentscheidung (vgl. Rn. 547 f.). Unklar ist, ob und wie sich der zum **Pfleger** Bestellte gegen diese Entscheidung zur Wehr setzen kann, wenn er sie für inhaltlich verfehlt oder undurchführbar hält. Dieser Fall tritt in der Praxis ab und zu ein, wenn das Jugendamt als Umgangspfleger bestellt wurde, obwohl es die Mitwirkung im Rahmen eines begleiteten Umganges beispielsweise ausdrücklich abgelehnt hat. Nach § 64 Abs. 3 FGG gelten in Angelegenheiten, die vor das Familiengericht gehören, statt der Beschwerdevorschriften des FGG (§ 57 Abs. 1 Nr. 9 FGG), die Beschwerdevorschriften der ZPO (§§ 621e, 629a ZPO) mit der Folge, dass der zum Pfleger Bestellte – anders als nach § 57 Abs. 1 Nr. 9 FGG – hier **kein Beschwerderecht** haben dürfte.

VII. Vollstreckung gerichtlicher Umgangsregelungen

Nach wie vor sind gerichtliche Umgangsregelungen gegen den **Umgangsverpflichteten** vollstreckbar (§ 33 FGG). Theoretisch kann auch der bisher nur **Umgangsberechtigte** jetzt Verpflichteter sein, gegen den im Interesse des Kindes die Umgangsverpflichtung durchgesetzt werden soll (vgl. BT-Drucks. 13/4899 S. 106 mit Hinweis auf BVerfG, FamRZ 1993, 662, und BT-Drucks. 13/8511 S. 68). Lediglich gegen das Kind ist Gewalt zum Zwecke der Durchführung einer Umgangsregelung unzulässig, § 33 Abs. 2 Satz 2 FGG. Der Umgangsberechtigte kann deshalb das Kind nicht mit Gewalt beim anderen, den Umgang vereitelnden Elternteil abholen. Weitergehenden Forderungen aus der Praxis nach völligem Ausschluss der Vollstreckung von Entscheidungen über den Umgang wurden bewusst nicht umgesetzt (vgl. BT-Drucks. 13/4899 S. 106), wenn man auch die Schwierigkeiten einer Durchsetzung gegen den hartnäckigen Widerstand des Sorgeberechtigten nicht verkannt hat.

317

Nach wie vor muss nach der Rechtsprechung der Obergerichte auf **die Formulierung vollstreckbarer Verpflichtungen** als Voraussetzung der Vollstreckung geachtet werden! (vgl. OLG Köln, FamRZ 1999, 172; OLG Celle, FamRZ 1999, 173). Die schlichte „Genehmigung" von Umgangsvereinbarungen reicht nicht aus (so OLG Karlsruhe, FamRZ 1999, 325). Das gilt auch von Beschlüssen oder Vereinbarungen, die lediglich Zeitangaben ohne Regelung der Umstände beim Abholen und/oder Bringen des Kindes enthalten. Statt: „Dem Vater wird ein großzügiges Umgangsrecht alle 14 Tage eingeräumt" oder: „Vater und Kind können sich alle 14 Tage am Wochenende treffen" sollte man deshalb formulieren:

318

> **Formulierungsbeispiel:**
> „Der Vater holt das Kind bei der Mutter am Freitagnachmittag um 17.00 Uhr ab und bringt es am darauffolgenden Sonntag um 18.00 Uhr zur Mutter zurück. Die Mutter sorgt dafür, dass das Kind zur angegebenen Zeit mit dem Vater mitgehen kann. Der Vater wird zu den angegebenen Zeiten an der Haustür klingeln und dort warten, bis das Kind zu ihm gekommen ist bzw. unter normalen Umständen die Wohnung erreicht hat. Das nächste Besuchswochenende ist der 25./27. 7. 2003."

Vor einer zwangsweisen Durchsetzung gerichtlicher Umgangsregelungen muss jetzt aber nach den ursprünglichen Vorstellungen des Reformgesetzgebers regelmäßig ein **gerichtliches Vermittlungsverfahren** durchgeführt werden, § 52a FGG (a. A. OLG Bamberg, FamRZ 2001, 169, 170, das darauf verweist, dass eine entsprechende Vorstellung der Bundesregierung, vgl. BT-Drucks. 13/4899 S. 173, gerade nicht Gesetz geworden sei, weil die angestrebte ausdrückliche Regelung: Vermittlung vor Vollstreckung, in § 33 Abs. 3 FGG unterblieben sei).

319

Dieses Verfahren als „Mediationsverfahren" zu bezeichnen, wäre grob irreführend. Denn es handelt sich in Wirklichkeit um ein stark formalisiertes Vollstreckungs-Zwischenverfahren mit umfangreichen Belehrungspflichten und Zwangsandrohungen gegenüber den Eltern, das in ein Amtsverfahren zur Änderung oder Durchsetzung der Umgangsregelung oder gar den (teilweisen) Entzug des Sorgerechts einmünden kann, § 52a Abs. 2, 3, 5 FGG.

320

Das Vermittlungsverfahren erfordert anders als eine Mediation nicht von vornherein ein freiwilliges Mitwirken beider Eltern, sondern setzt nur den **Antrag eines Elternteiles** voraus. Ein Vermittlungsverfahren ist abzulehnen bei früheren erfolglosen Vermittlungsversuchen, § 52a Abs.1 Satz 2 FGG.

In Ziel und Stil sollte sich dieses Zwischenverfahren, in dem das Gericht auf ein Einvernehmen der Eltern hinwirken soll, § 52a Abs. 4 FGG, gleichwohl an gängigen Mediationsmethoden orientieren und den Eltern viel Raum für eine Entwicklung und Umsetzung ihrer Vorstellungen bieten und nicht in erster Linie der Übernahme vermeintlich besonders guter Lösungen aus dem Blickwinkel

321

der am familiengerichtlichen Verfahren beteiligten Professionen dienen. Daneben sollten die besonderen fachlichen Möglichkeiten der Mitarbeiter von Jugendämtern und anderen Beratungsstellen intensiv genutzt werden. Auch das Vermittlungsverfahren nach § 52a FGG ist ein „die Person eines Kindes betreffendes Verfahren" i. S. d. § 52 FGG, das **von Amts wegen** unter den dort genannten Voraussetzungen **ausgesetzt werden soll** (vgl. Rn. 445). Dass nicht immer nur die „uneinsichtige" Mutter Schuld an kindlichen Kontaktabbrüchen haben muss, sondern die Ursachen häufig vielfältiger und mit den Mitteln des Rechtes kaum zu beseitigen sind, machen Salzgeber u. a. (KindPrax 1999, 107 ff.) deutlich. Erkenntnis- und Reaktionsmöglichkeiten selbst erfahrenster Familienrichter/innen sind recht begrenzt.

VIII. Ausschluss des Umgangsrechtes

1. Unterscheidung zwischen Aussetzung des Vollzuges und Ausschluss des Umgangsrechtes

322   Das Gesetz unterscheidet in § 1684 Abs. 4 Satz 1 und 2 BGB zwischen der (vorübergehenden) Einschränkung oder dem (kurzfristigen) Ausschluss des Vollzuges früherer gerichtlicher Umgangsregelungen einerseits und längerem oder gar dauerhaftem Ausschluss bzw. Einschränkungen des Umgangsrechtes selbst andererseits.

323   Auch die Aussetzung lediglich des Vollzuges einer bestehenden gerichtlichen Umgangsregelung, etwa weil sie vorübergehend nicht durchsetzbar ist (vgl. BT-Drucks. 13/4899 S. 106), kann im Wege eines Hauptantrages verfolgt und vom Gericht beschlossen werden; ein Abänderungsverfahren nach § 1696 BGB ist dazu nicht zwingend erforderlich. Umgekehrt kann die Aussetzung des Vollzuges in einem Umgangsregelungs-Abänderungsverfahren ggf. im Wege einer einstweiligen Anordnung erfolgen.

2. Voraussetzungen

324   Während **kurzfristige oder vorübergehende** Beschränkungen des Vollzuges immer dann zulässig (und geboten) sind, **wenn das Kindeswohl dieses erfordert**, sind längere oder **Dauermaßnahmen** zu Lasten des umgangsberechtigten Elternteiles wegen des darin liegenden Eingriffs in das ihm verbliebene verfassungsrechtlich geschützte Elternrecht nur zulässig (und ebenfalls geboten), **wenn das Wohl des Kindes ansonsten konkret gefährdet wäre**, § 1684 Abs. 4 Satz 1, 2 BGB, und dieser Gefährdung nicht durch eine bloße Einschränkung des Umganges oder dessen sachgerechte Ausgestaltung begegnet werden kann (OLG Saarbrücken, FamRZ 2001, 369). Da durch äußere Vorkehrungen praktisch alle objektiven Gefährdungen des Kindes ausgeräumt oder auf ein erträgliches Maß reduziert werden können, kommt ein Ausschluss des Umganges hauptsächlich dann in Betracht, wenn sich das Kind hartnäckig weigert, den anderen Elternteil zu sehen, und das Zusammentreffen sein seelisches Gleichgewicht massiv stören würde (vgl. OLG Hamm, FamRZ 2000, 45; Motzer, FamRZ 2000, 925, 929 m. w. N.), sowie dann, wenn die konkrete und dringende Gefahr besteht, dass der das Umgangsrecht begehrende Elternteil dieses Recht dazu missbrauchen wird, das Kind dem anderen Elternteil zu entziehen (OLG Köln, FamRZ 2000, 1109). Dabei hat das Recht des Kindes auf Umgang mit dem anderen Elternteil Vorrang vor den Befindlichkeiten des Elternteils, bei dem das Kind ständig lebt (KG, FamRZ 2001, 1163, 1164).

325   In den Fällen **drohender Kindesentführung** und in den Fällen tatsächlichen oder vermuteten **sexuellen Kindesmissbrauchs** ist vor einem Ausschluss zunächst zu prüfen, ob nicht ein begleiteter Umgang möglich bleibt (s. Rn. 298 f.). Weigert sich der den Umgang begehrende Elternteil, an einer Umgangsbegleitung mitzuwirken, dürfte regelmäßig nur ein (zeitweiliger) Ausschluss des Umgangsrechtes in Betracht kommen (OLG Köln, FamRZ 2001, 1163).

326   Der Ausschluss des Umgangsrechts bleibt die „**ultima ratio**" (OLG Düsseldorf, FamRZ 2001, 512), bei der bedacht werden muss, dass jeder Elternteil im Interesse des Kindes nicht nur das Recht, sondern eben auch die Pflicht zum Umgang hat.

Selbst die wiederholte Weigerung des (immerhin schon 13 Jahre alten) Kindes, den Vater zu sehen, soll kein Ausschlussgrund sein, wenn der bestellte Sachverständige im Interesse des Kindes die Wiederaufnahme der Kontakte zwischen Vater und Sohn für angezeigt hält und insoweit eine Probezeit von etwa sechs Monaten bei monatlichen Kontakten für etwa zwei bis drei Stunden vorschlägt (KG, FamRZ 2001, 368, 369).

Zum Ausschluss eines Umgangsrechtes kann es auch kommen bei **umgangsberechtigten nahen Angehörigen**, § 1685 Abs. 3 BGB, und für beide Eltern gegenüber Pflegeeltern, um die zur Vermeidung einer Kindeswohlgefährdung notwendige Integration in die Pflegefamilie und die Entwicklung einer vertrauensvollen Beziehung des Kindes zu den Pflegeeltern abzusichern (OLG Hamm, FamRZ 2000, 1108, 1109).

Aus dem vorläufigen Charakter der Aussetzung des Vollzuges einer bestehenden Umgangsregelung, in die selbst (noch) nicht eingegriffen wurde, folgt, dass jede Aussetzung des Vollzuges zeitlich (relativ knapp) **befristet** sein muss. In keinem Fall darf durch eine lediglich zum Wohl des Kindes erforderliche Aussetzung des Vollzuges längerfristig in das Umgangsrecht selbst eingegriffen werden, ohne dass eine klare Kindeswohlgefährdung vorliegt. In keinem Fall reicht der Wunsch des allein sorgeberechtigten Elternteiles aus, das Kind „störungsfrei" in eine neue Familie zu integrieren (OLG Brandenburg, FamRZ 2000, 1106).

327

Nach wohl herrschender Rechtsprechung ist auch ein **längerfristiger Ausschluss** des Umgangsrechtes **ausnahmsweise** dann möglich, **ohne** dass eine **Kindeswohlgefährdung** bereits feststellbar wäre, wenn ein schon älteres Kind entschieden und aus nachvollziehbaren Gründen den Kontakt zum umgangsberechtigten Elternteil verweigert und die Besorgnis besteht, dass das Kind die Belastung eines ungewollten Umganges innerlich nicht verkraften würde (OLG Hamburg, FamRZ 1971; OLG Düsseldorf, FamRZ 1979, 857; KG, FamRZ 1979, 448; OLG Bamberg, FamRZ 1998, 970).

328

Auch bei jüngeren Kindern soll es auf die vom Gesetz geforderte Kindeswohlgefährdung nicht ankommen oder sie wird im Wege einer Grundrechtsabwägung zwischen dem (wahren) Willen des Kindes und dem Elternrecht des Umgangsberechtigten gleichsam unterstellt, wenn das Kind aus beachtenswerten Gründen den Kontakt verweigert und die Haltung auch durch die richterliche Anhörung des Kindes nicht überwunden werden kann (OLG Hamburg, FamRZ 1996, 422; OLG Bamberg, ZfJ 1996, 194; OLG Brandenburg, FamRZ 2000, 1106). Das Umgangsrecht ist dann zeitlich zu begrenzen oder auszuschließen (BGH, FamRZ 1994, 158; OLG Bamberg, FamRZ 1993, 726; ZfJ 1996, 194; OLG Hamm, FamRZ 1994, 57; 1997, 307; KG, DAVorm 1978, 552; OLG Düsseldorf, FamRZ 1994, 1276; OLG Thüringen, FamRZ 1996, 359; MüKo/Hinz, BGB, § 1634 Rn. 30a). In jedem Fall aber sollte durch vertrauensbildende Maßnahmen beider Elternteile – u. U. unter Mithilfe dritter Personen – eine Überwindung der Verweigerungshaltung des Kindes versucht werden (OLG Köln, FamRZ 2000, 1109).

Wegen der hohen Eingriffsvoraussetzungen bei längerem oder dauerndem Ausschluss des Umgangsrechtes wird eine derartige Entscheidung i. d. R. nur nach sorgfältiger Aufklärung des Sachverhalts durch das Gericht und Einholung eines Sachverständigengutachtens unter strenger Beachtung des Grundsatzes der Verhältnismäßigkeit getroffen werden können.

329

Kein Ausschlussgrund ist nach allgemeiner Meinung die Zugehörigkeit zu einer religiösen oder religionsähnlichen Organisation (OLG Hamburg, FamRZ 1985, 1284). Etwas anderes dürfte i. d. R. für die Scientology-Sekte gelten, weil diese das Ziel hat, aus ihren Mitgliedern neue Menschen mit deutlich undemokratischer Prägung im Rahmen einer autoritären Weltstruktur zu machen und sich bemüht, durch Anwendung bestimmter Psycho-Techniken das Denken und Handeln bereits kleiner Kinder in ihrem Sinne zu beeinflussen (vgl. OLG Frankfurt, FamRZ 1997, 573, 574).

330

Nach § 1696 BGB hat das Familiengericht von Amts wegen die nach § 1684 BGB getroffenen Anordnungen aufzuheben, wenn ihm bekannt wird, dass die Voraussetzungen des Erlasses weggefallen sind.

331

3. Ablehnung einer gerichtlichen Umgangsregelung

332 Nach herrschender Rechtsprechung. darf das Familiengericht einen Antrag auf Umgangsregelung grundsätzlich **nicht lediglich ablehnen** nach dem Muster:

„Der Antrag auf Umgangsregelung des Vaters wird zurückgewiesen"

(BGH, FamRZ 1994, 312; OLG Bamberg, FamRZ 1993, 726; OLG Düsseldorf, FamRZ 1994, 1276; a. A. in einem besonderen Fall OLG Frankfurt, FamRZ 1995, 1431).

333 Von dem Verbot, einen Umgangsregelungsantrag nicht inhaltlich zu bescheiden, sondern schlicht abzuweisen, unterscheidet sich die Überlegung des Gerichts, aus beachtlichen Gründen derzeit keine Hauptentscheidung oder auch nur eine einstweilige Anordnung zu treffen (zu Letzterem OLG Stuttgart, FamRZ 1998, 1321), wenn und solange die **Voraussetzungen des § 52 FGG** vorliegen (vgl. Rn. 445).

334 Ein Antrag auf Umgangsregelung wird auch dann schlicht abgewiesen (besser vielleicht: **eingestellt**; vgl. Schneider, in: Rahm/Künkel, Handbuch des Familiengerichtsverfahrens, III B, Rn. 1135) werden können, wenn der Umgang – vor allem wegen Abwesenheit des Umgangsberechtigten oder seiner mangelnden Mitwirkung am Verfahren – **derzeit undurchführbar** ist (so BGH, FamRZ 1990, 392; OLG Oldenburg, FamRZ 1980, 78; Palandt/Diederichsen, BGB, § 1684 Rn. 7; a. A. OLG Düsseldorf, FamRZ 1979, 965; OLG Oldenburg, FamRZ 1980, 78; KG, FamRZ 1984, 91).

335 Keine Verweigerung der dem Gericht aufgegebenen Umgangsregelung, sondern **Erledigung eines Umgangsverfahrens** liegt vor, wenn sich die Parteien – sei es mit Hilfe des Gerichtes, von Beratungsstellen, sonstiger Dritter oder aus eigener Kraft – im Laufe des Verfahrens auf eine **einvernehmliche Regelung** einigen.

336 Eine derartige **Einigung** ist für sich genommen **kein der Vollstreckung zugänglicher gerichtlicher Umgangsbeschluss**, auch wenn sie vor Gericht protokolliert wird. Erst, wenn das Gericht den Inhalt der Einigung zum Inhalt einer **eigenen Entscheidung** macht, ist eine Vollstreckung möglich (BGH, FamRZ 1988, 277; OLG Stuttgart, FamRZ 1979, 342; 1981, 1105; OLG Hamm, FamRZ 1980, 932; OLG Zweibrücken, FamRZ 1982, 429; OLG Düsseldorf, FamRZ 1983, 90; Keidel/Zimmermann, FGG, § 33 Rn. 10; Luthin, FamRZ 1984, 114). Eine bloße „Bewilligung" der Vereinbarung durch das Familiengericht oder der Vermerk im Protokoll, dass die Vereinbarung an die Stelle einer gerichtlichen Vereinbarung treten solle, soll nicht ausreichen (OLG Bamberg, FamRZ 1998, 306; OLG Zweibrücken, FamRZ 1996, 877). Gibt das Familiengericht aber ausdrücklich zu erkennen, dass es die von den Eltern gefundene Regelung gutheißt und ebenso entschieden hätte, wenn die Eltern sich nicht geeinigt hätten, wäre es eine das Kindeswohl sowie die Elternkompetenz unnötig einschränkende bloße Förmelei, und dazu wegen § 94 KostO auch noch unnötig kostentreibend, eine gesonderte Entscheidung des Gerichtes zu verlangen.

IX. Hartnäckige Umgangsverweigerung – Versuch einer psychologischen Analyse

Literatur:

Baumrind, (1991), Parenting styles and adolescent development, in: Lerner/Petersen/Brooks-Gunn (Eds.), Encyclopaedia of adolescence (Vol. 2), New York, S. 746; *Bommert/Plessen,* Kooperation der am Scheidungsprozess beteiligten Dienste, in: Fthenakis, Wassilos (Hrsg.), Regelung der elterlichen Sorge, München, S. 116; *Gardner, Richard A.,* The Parental Alienation Syndrome, 2d. Ed. 1998, Creskill – New Jersey: Creative Therapeutics Inc.; *Greuel/Offe/Fabian/Wetzels/Fabian/Offe/Stadler,* Glaubhaftigkeit der Zeugenaussage, Weinheim 1998; *Greuel,* Wirklichkeit – Erinnerung – Aussage, Weinheim 2001; *Hy/Loevinger,* Measuring ego development (2d. Edition 1996), New York: *Jopt/Behrend,* Das Parental Alienation Syndrome – Ein Zwei-Phasen-Modell (Teil 1 und 2) ZfJ 2000, 213; *Karle/Klosinski,* Ausschluss des Umgangs – und was dann?, ZfJ 2000, 87, 343; *Koedje/Koeppel,* The Parental Alienation Syndrome, DAVorm 1998, 9; *Kühne/Kluck,* Sexueller Missbrauch – forensisch-psychologische und psychodiagnostische Aspekte, FamRZ 1996, 981; *Masche,* Entwicklungspsychologische Überlegungen zu wesentlichen Stationen und Kompetenzen während des Jugendalters, DVJJ-Rundbrief 163, 1999, S. 30; *Müther/Kluck,* Vom Missbrauch des Missbrauchs – Bedingungen und Probleme psychologischer Diagnostik, psychomed 4 (1992), 202; *Oelkers,*

Die Rechtsprechung zum neuen Umgangsrecht – 1.7.1998 bis 31.12.1999, FuR 2000, 97; *Oelkers/Oelkers,* Trennungs- und Scheidungsvereinbarungen zum Umgangsrecht, FPR 2000, 250; *Oerter,* Zur Entwicklung von Willenshandlungen, in: Petzold (Hrsg.), Wille und Wollen – Psychologische Modelle und Konzepte, Göttingen 2001, S. 98; *Petzold* (Hrsg.), Wille und Wollen – Psychologische Modelle und Konzepte, Göttingen 2001; *Reinecke,* Rechtsprechungstendenzen zum neuen Umgangsrecht, FPR 1999, 238; *Rohmann,* Der Umgang(sstreit) aus der Sicht des Kindes, FF 2002, 9; *Salzgeber,* Familienpsychologische Gutachten – rechtliche Vorgaben und sachverständiges Vorgehen, München 2001; *Stadler/Salzgeber,* Parental Alienation Syndrome (PAS) – alter Wein in neuen Schläuchen, FPR 1999, 231.

1. Grundlegende Vorüberlegungen

Trennungs- und Scheidungssituationen sind belastend für Eltern und Kindern, wobei die emotionalen Auswirkungen auf die Kinder abhängig von der Intensität des Streits der Eltern, vom Alter des Kindes und der seit der Trennung vergangenen Zeit sind. Auch in sog. intakten Familien sind die emotionalen Beziehungen zwischen den Eltern und dem Kind nicht gleich verteilt und über die Zeit stabil, sondern es kommt zu unterschiedlich starken Bindungen, Koalitionen und Bevorzugungen, die z.T. abhängig vom Alter des Kindes und seinen Bedürfnissen oder vom Anteil der Erziehung und Versorgung der Elternteile sein können. In der Trennungssituation verlagert sich das Gewicht der emotionalen Beziehungen und Bindungen, da die elterliche und häusliche Gemeinschaft aufgehoben ist. Besonders junge Kinder schließen sich verstärkt dem Elternteil an, bei dem sie leben und der für sie psychisch und physisch präsent ist. Dies bedeutet nicht automatisch eine Ablehnung des anderen Elternteils, sondern eine Verschiebung der sozialen und emotionalen Bezüge. Loyalitätskonflikte und Ängste entstehen dann, wenn das Kind während des Zusammenlebens der Eltern Gewalt erfahren oder miterlebt hat, so dass dadurch bereits Vorbehalte gegen einen Elternteil entstanden sind (ausführlich dazu Rohmann, FF 2002, 9 ff.). Unstrittig für das Wohl des Kindes ist der regelmäßige Umgang des Kindes auch mit dem Elternteil, mit dem es nicht zusammenlebt. 337

Das Umgangsrecht eines Elternteils mit seinem Kind ist, ob die Eltern nun miteinander verheiratet waren oder nicht, an kein Alter gebunden, ebenso wenig macht der Gesetzgeber Vorschriften darüber, wie das Umgangsrecht auszugestalten ist. Ziel des Umgangsrechts ist es, das Wohl des Kindes und die Kontinuität der Bindungen zu gewährleisten, in dem die Beziehung des Kindes zu beiden Elternteilen und nahen Angehörigen wie Großeltern erhalten und das Bewusstsein für die gemeinsame Elternschaft nach der Trennung oder Scheidung aufrechterhalten werden. Die Bindungen des Kindes an die Eltern sollen weiter gefördert werden, nicht nur um eine Entfremdung zu vermeiden, sondern auch um zu gewährleisten, dass im Falle des Todes eines Elternteils, der andere Elternteil in die alltägliche Sorge eintreten kann. 338

Es besteht für die Eltern, unabhängig davon ob sie die gemeinsame elterliche Sorge praktizieren oder ein Elternteil das alleinige Sorgerecht hat, sowohl die Pflicht als auch das Recht zum Umgang. Basis der Entscheidung sind die Bindungen des Kindes, die es gilt aufrechtzuerhalten, die Kontinuität der Beziehungen und der Umwelt und der Wille des Kindes. Der Kindeswille spielt eine je nach Profession (z. B. Richter, Anwalt, Sozialarbeiter) eine unterschiedliche aber in jedem Fall bedeutsame Rolle (Bommert/Plessen, in: Fthenakis, Regelung der elterlichen Sorge, S. 116 ff.). Im Rahmen der Auseinandersetzungen über die Bedeutung und die Ursachen der Umgangsverweigerung rückt der Kindeswille mehr und mehr in den Mittelpunkt der psychologischen Betrachtung und der richterlichen Entscheidung. 339

Das Recht der Eltern auf Umgang dient als wesentliches Kriterium der Umgangsrechtsgestaltung. Einen Verzicht auf das Umgangsrecht gibt es nicht. Psychologisch unstrittig ist, dass die Trennung der Eltern für die Kinder besser zu verarbeiten ist, wenn der Kontakt zu beiden Eltern ungestört bestehen kann. Es ist einsichtig, dass es Eltern im Familienstreit nicht leicht fällt, das Kind aus den Streitigkeiten herauszuhalten und ohne Bedenken und Vorbehalte das Umgangsrecht nicht nur zu gewähren sondern auch zu unterstützen. Manchem Elternteil mag die Parteinahme des Kindes für sich und gegen den anderen willkommen sein und sich stabilisierend auf die eigene psychische Befindlichkeit auswirken. Die damit für das Leben des Kindes verbundenen Schwierigkeiten, die 340

Trennung der Eltern für sich zu bewältigen und wesentliche Bindungen ungestört aufrechtzuerhalten, dürfen nicht als gering eingeschätzt werden.

2. Empirische Untersuchungen zu den Gründen der Umgangsrechtsverweigerung

341 Bei streitigen Familiensachen ist in vielen Fällen die Regelung, Planung und Durchführung, besonders dann, wenn es sich um jüngere Kinder handelt, schwierig und wird teilweise mit unterschiedlichen Begründungen verweigert. Als Gründe für eine problematische Umgangsgestaltung werden von Rohmann (FF 2002, 9 ff.) unterschiedliche Bindungen und Beziehungen zu den Eltern bereits während der Familienzeit, verteilte Sympathien, schädigende Erfahrungen durch Gewalt, Alkohol- oder Drogenmissbrauch während und nach der Familienzeit, ein Mangel an Akzeptanz und Interesse eines Elternteils am Leben des Kindes, die Art und Bedingungen der Trennung angesehen. Es zeigt sich dabei deutlich, dass die Problematik der Umgangsgestaltung bereits in der Vorgeschichte der Familie begründet sein, und nicht erst mit der Trennung und dem damit verbundenen Bindungsbruch, der emotionalen Verunsicherung, einer einseitigen Schuldzuweisung und den ersten Umgangserfahrungen beginnen kann.

342 Empirische Untersuchungen über die Gründe der Umgangsrechtsverweigerung gibt es kaum; in streitigen Fällen steht die Frage der Gewährung und Ausgestaltung des Umgangsrechts vielfach im Mittelpunkt. Stadler/Salzgeber (FPR 1999, 231 ff.) weisen darauf hin, dass die Prävalenz von Umgangsverweigerung bzw. unangemessenen Eltern-Kind-Allianzen zwischen 20 und 95 % schwankt (ausführlich dazu Clawar/Rivlin 1991 in: Stadler/Salzgeber, 231 ff.). Untersucht wurden dabei überwiegend konflikthafte Familienkonstellationen. Einer Untersuchung von Karle/Klosinski (ZfJ 2000, 343 ff.) folgend, die 30 Fälle zur Aussetzung des Umgangs durch einen richterlichen Beschluss auswerteten, sind die maßgeblichen Gründe der Kindeswille (76,7 %), Spannungen zwischen den Eltern (73,3 %), Verstoß gegen das Wohlverhalten (43,3 %) gefolgt von Vernachlässigung, Gewalt und Missbrauch, Integration in eine neue Familie oder Interesselosigkeit am Kind.

3. Der Kindeswille aus psychologischer Sicht

343 Die treibende Kraft menschlichen Handels und der Veränderung von Denken und Fühlen ist in erster Linie der **Wille;** ein psychologischer Aspekt menschlichen Verhaltens der jahrzehntelang aus dem Blickfeld der Wissenschaft geraten war (Petzold, Wille und Wollen, S. 98 ff.). Jede Art der Veränderung ist durch den Willen und das Wollen der Personen, der daraus resultierenden Motivation und der Interaktion der Personen miteinander bestimmt. Die familiäre Auseinandersetzung um das Kind könnte man beschreiben als ein heftiges Zusammentreffen unterschiedlicher Willenskräfte, wobei ein Wille gegen den anderen und ein Wollen gegen das andere gesetzt wird. In diesem Gegeneinander des Wollens wird – gerade im Umgangsstreit – dem Kindeswille ein besonderer Stellenwert beigemessen (Karle/Klosinski, ZfJ 2000, 343 ff.). Entwicklungspsychologisch ist der Wille des Kindes an die Entwicklung kognitiver Strukturen gebunden, die wiederum mit der Fähigkeit zum Bedürfnisaufschub korreliert ist. Empirische Untersuchungen zeigen, dass erst Kinder im Schulalter zum Bedürfnisaufschub und zur Handlungskontrolle in der Lage sind; jüngere Kinder fordern die Bedürfniserfüllung sofort und unmittelbar (Oerter, in: Petzold, Wille und Wollen, S. 98 ff.); eine zeitliche Distanz zwischen Ziel und Zielerreichung können sie nur in geringem Maße aushalten. Dementsprechend wechseln die Ziele und die geforderte Bedürfnisbefriedigung ohne diese und die aus den Bedürfnissen resultierenden Konsequenzen vorher zu reflektieren. Das Kind entscheidet aus der aktuellen Motiv- und Bedürfnislage heraus, wobei es noch nicht fähig ist, die Folgen der Handlung sich oder anderen differenziert zuzuschreiben.

344 Diese allgemeinpsychologischen Erkenntnisse werden durch die der Entwicklungspsychologie des Kindesalters gestützt; so entscheidet und handelt das Kind im **Vorschulalter** auf der Basis seiner kognitiven und moralischen Entwicklung impulsiv gesteuert durch körperliche Bedürfnisse. Im **Schulalter** erreicht es einen Entwicklungsstand, in dem der Schutz des eigenen Selbst im Vordergrund steht, d.h. das Kind kann zwar Bedürfnisse aufschieben und ist gleichzeitig in der Lage, in

seinem noch immer sehr kurzfristig zu verstehenden Vorteil Regeln und andere Menschen auszunutzen. Treten Probleme auf, so werden diese nicht der eigenen Person sondern anderen zugeschrieben, oder es wird keine Verantwortung für das eigene Handeln übernommen. Im Laufe des Schulalters und im **Übergang zum Jugendalter** orientiert sich das Kind an den Normen der entwicklungsgleichen (peers) Gruppe und identifiziert sich konformistisch mit diesen. Die Kinder bemühen sich, die Anerkennung anderer zu erreichen; das eigene emotionale Erleben erschöpft sich weitgehend in stereotypen und wenig differenzierten Wahrnehmungen. Erst im **Jugendalter** wird dieses Stadium überwunden und es kommt zu erhöhter Selbstaufmerksamkeit, d.h. der inzwischen Jugendliche ist nun in der Lage, neben den Verhaltensnormen der Gruppe der peers und der Erwachsenen sein eigenes Handeln wahrzunehmen, Alternativen zu beobachten und abzuwägen und sein Verhalten im Umgang mit anderen Menschen in seinen emotionalen Aspekten wahrzunehmen (ausführlich dazu Masche, DVJJ-Rundbrief 163, 1999, S. 30 ff.; Hy/Loevinger, Measuring ego development). Ein wesentlicher die Entwicklung fördernder Aspekt ist der Respekt der Eltern gegenüber der Individualität des Kindes (Baumrind, in: Lerner/Petersen/Brooks-Gunn, S. 746 ff.).

Betrachtet man die wissenschaftlichen Erkenntnisse der Psychologie, so ist der **Kindeswille** erst bedeutsam im **Übergang vom Kindes- zum Jugendalter,** wobei ihm nicht vor dem zehnten bis elften Lebensjahr eine überragende Bedeutung als Entscheidungsgrundlage zugemessen werden sollte.

4. Strategien der Umgangsrechtsverweigerung

Die Umgangsrechtsverweigerung äußert sich in zwei unterschiedlichen Strategien: 345

- Vorwurf des sexuellen Missbrauchs,
- sog. Parental Alienation Syndromes (PAS).

Die Auseinandersetzung um den sexuellen Missbrauch im Rahmen von Familienstreitigkeiten wurde in den 90er Jahren des 20. Jahrhunderts heftig geführt und ist inzwischen, u.a. auch durch die Diskussion über den „Missbrauch des Missbrauchs" etwas abgeklungen (Müther/Kluck, psychomed 4 1992; Kühne/Kluck, FamRZ 1996, 981 ff.). Das Syndrom der elterlichen Entfremdung – benannt und von Gardner 1984 als Parental Alienation Syndrome beschrieben, wurde ausführlich und kontrovers diskutiert (s. dazu beispielhaft Salzgeber, Familienpsychologische Gutachten, 2001, Stadler/Salzgeber, FPR 1999, 231; Koedje/Koeppel, DAVorm 1998, 9 ff.; Jopt/Behrend, ZfJ 2000, 213 ff.). Über die aktuelle Lage der Rechtsprechung geben z.B. Reinecke (FPR 1999, 238 ff.), Oelkers (FuR 2000, 97 ff.) und Oelkers/Oelkers (FPR 2000, 250 ff.) Auskunft.

Während der Vorwurf des sexuellen Missbrauchs im laufenden Verfahren eingesetzt wird, um den 346 Umgangskontakt des Kindes mit dem Vater zu verhindern, also die Schuld dem Vater zuzuweisen, erfolgt in der Regel bei der Entfremdung durch das sog. **Parental Alienation Syndrome** die Schuldzuweisung des Vaters gegenüber der Mutter. Die Verteilung, dass Umgangsrechtsverweigerung in der überwiegenden Zahl der Fälle von der Mutter ausgeht bzw. die Verursachung der Mutter zugeschrieben wird, findet ihre Erklärung darin, dass trotz des seit 1998 geltenden Kindschaftsrechtsreformgesetzes mit der Vorgabe der gemeinsamen elterlichen Sorge, der überwiegende Teil, besonders der jüngeren Kinder, nach wie vor überwiegend bei der Mutter aufwächst und von dieser versorgt wird.

5. Ziele der Umgangsverweigerung

Umgangsrechtsverweigerungen in streitigen Familiensachen sind dann zu beobachten, wenn ein 347 Elternteil befürchtet, der Einfluss des anderen Elternteils auf die Entwicklung und Erziehung des Kindes könnte zu groß, der eigene Einfluss auf das Kind vermindert werden, Angst besteht, das Kind zu verlieren oder der Versuch gemacht wird, es im Umgangsstreit gegen den Partner zu instrumentalisieren, um die partnerschaftlichen Probleme auf Kosten des Kindes auszutragen. Argumentiert wird z.B. auf der Ebene für das Kind, zu seinem Schutz, zur Förderung der psychischen Stabilität oder der Integration in eine neue Partnerschaft oder eine neu zu gründende Familie.

Ziel beider Strategien der Umgangsverweigerung ist es, das Kind so zu beeinflussen, dass es von sich aus den Kontakt zum anderen Elternteil ablehnt, entweder – wie beim Vorwurf des sexuellen Missbrauchs – um gegen gewaltsame Übergriffe geschützt zu werden, oder beim Vorwurf der Entfremdung, das Kind derart zu instrumentalisieren, dass es im Partnerstreit Partei für den einen „guten" gegen den anderen „bösen" Elternteil bezieht. In beiden Fällen wird die emotionale und soziale Unsicherheit des Kindes, die ihren Ursprung in der belastenden Trennungssituation hat, für eigene Zwecke ausgenutzt. Unbeachtet dabei bleiben die positiven emotionalen Anteile, die das Kind gegenüber dem anderen Elternteil erlebt, die nicht eingestanden und damit auch nicht gelebt werden dürfen und können. Während beim Vorwurf des sexuellen Missbrauchs mit dem Schutz des Kindes vor sexueller Gewalt argumentiert wird, kommt es beim Versuch der Entfremdung zu einer aktiven Beeinflussung des Kindes, die zu einer Wahrnehmungsverzerrung dahingehend führen kann, dass das Kind nicht nur die elterliche Haltung übernimmt sondern sie zum Teil verstärkt und als die eigene ausgibt.

6. Methoden der Umgangsverweigerung

348 Der den Umgang verweigernde Elternteil vermittelt einen exklusiven Anspruch auf das Kind, wertet den anderen Elternteil als Versager, nicht fähig zum Schutz und zur Versorgung des Kindes ab und vermittelt dem Kind, dass es gefährlich sei, mit dem anderen Elternteil zusammen zu sein oder gar, das Zusammensein positiv zu erleben, sich darauf zu freuen und gern davon zu erzählen. Durch diese Methoden wird die Erwartung vermittelt, dass das Kind die Einstellung des Elternteils übernimmt und so internalisiert, als wenn sie aus eigenem Antrieb entstanden ist; z. B. vehement Geschenke, Besuche oder Briefe ablehnt. Dem Kind ist es nicht möglich sich selbst oder anderen Bezugspersonen, die Wünsche nach einem Besuch einzugestehen, weil es sich mit dem versorgenden Elternteil überidentifiziert und Verlustängste gegenüber dem versorgenden Elternteil entwickelt.

7. Zum Problem der psychologischen Begutachtung

349 Ziel der psychologischen Begutachtung muss es sein, besonders im Sinne der Prozessqualität des Gutachtens (s. hierzu Rn. 509) nach der Vorgeschichte und dem Verlauf des Konflikts, nach den Ursachen der Verweigerung und nach den Bedingungen, unter denen der Kindeswille entstand, zu fragen. Im Rahmen der psychologischen Begutachtung geht es nicht nur um eine Bestandsaufnahme der bisherigen Problematik sondern auch um die Frage, wie die bisherige Familiendynamik so ins Positive verändert werden kann, dass eine Umgangsregelung (wieder) möglich wird. Dies bedeutet gleichzeitig, den Parteien des Familienkonflikts objektiv und neutral gegenüberzustehen, den Familienkonflikt nicht eskalieren zu lassen und die Eltern vor gegenseitiger Verunglimpfung zu schützen.

350 Die Problematik des sexuellen Missbrauchs in Familiensachen ist unter psychodiagnostischen Gesichtspunkten ausführlich dargestellt bei Kühne/Kluck, FamRZ 1996, 981 ff. Die psychologische Begutachtung folgt den Standards der Aussagebeurteilung wie sie beispielhaft für das Strafverfahren bei Greuel u. a. (Glaubhaftigkeit der Zeugenaussage, 1998, und Greuel, Wirklichkeit – Erinnerung – Aussage, 2001) dargestellt wird. Dies bedeutet, dass die Geschichte der Aussage und die Motivation dazu, sowie die Möglichkeit suggestiver Beeinflussung ebenso zu prüfen sind wie Qualität und Zuverlässigkeit der Aussagen.

8. Psychologische Analyse des Verhaltens

351 Hartnäckige Umgangsverweigerungen im Streit nach der Trennung und Scheidung hat es unabhängig von der Gesetzeslage immer gegeben. Der Einsatz theoretisch nur unvollständig begründeter Argumentationsfiguren wie die des Parental Alienantion Syndromes sind fragwürdig. Es soll nicht geleugnet werden, dass es Fälle hartnäckiger Umgangsrechtsverweigerung gibt, die ihre Begründung in tatsächlichem innerfamiliären Missbrauch oder dem Wunsch des verweigernden Elternteils, die gesamte Familienvergangenheit ungeschehen zu machen und dabei alle Bindungen zu zerstören suchen, finden können. Der inzwischen inflationäre Einsatz des PA-Syndroms als Argumentationshilfe im Rechtsstreit ist ebenso fatal wie der des unbegründeten sexuellen Missbrauchs,

er behindert eine gerichtliche oder außergerichtliche Lösung des Konflikts und führt zu erheblichen und verstärkten Belastungen aller Beteiligten und besonders der betroffenen Kinder.

In jedem Einzelfall einer hartnäckigen Umgangsverweigerung ist zu prüfen, welche **Gründe** diesem verweigernden Verhalten von Seiten eines Elternteils oder des Kindes zugrunde liegen, ob diese bereits während der Familienzeit vorlagen, sich diese bei der Ausübung des Umgangsrechts herausbildeten oder als strategische Mittel zur Durchsetzung anderer Ziele im Familienstreit eingesetzt werden. Eine genaue Analyse des Verhaltens aller am Familienkonflikt Beteiligten kann Aufschluss darüber geben, wie es zu den Verweigerungshaltung kommt, die in der Regel ein Produkt der Konfliktdynamik ist, an dem beide Elternteile Anteile haben. Erst dann ist es möglich Hilfe durch psychologische Beratung oder die der Sozialen Dienste wirkungsvoll einzusetzen. In der nachfolgenden Übersicht ist eine Auswahl von Verhaltensweisen der Eltern und des Kindes, die eine Rolle bei der Genese der Umgangsverweigerung spielen können, aufgeführt.

Tabelle 1: Übersicht über die die Umgangsverweigerung mitbedingenden Faktoren

Verhalten im Rahmen noch bestehenden, aber strittigen Umgangs (mögliches Vorstadium einer hartnäckigen Verweigerung)	• Rigide Einhaltung des Umgangs • Förderung der Verweigerung durch attraktive, alternative Freizeitangebote zur Zeit des geplanten Umgangs • Hinweise auf die emotionale Bedeutung einer neu zu gründenden Familie (Stieffamilie)
Verhalten des verweigernden Elternteils	• Keine Verantwortung dafür, die Eltern-Kind-Beziehung aufrechtzuerhalten • Keine Motivation der Eltern, die Konfliktsituation gemeinsam ohne das Kind einzubeziehen zu lösen • Einseitige Zuweisung von Schuld an der Trennungssituation • Keine Einsicht in die eigene (Mit-)Beteiligung bei der Konfliktentstehung • Keine Reduktion negativer Gefühle und Vorwürfe über die Zeit • Angst vor Einflussnahme des umgangsberechtigten Elternteils auf die Lebensgestaltung nach der Trennung • Versuch, ein eigenständiges Leben ohne „Erinnerung" zu führen und dazu alle bisherigen Bindungen abzuschneiden • Generelle nicht nachvollziehbare Ablehnung des anderen Elternteils, ohne traumatische Erfahrungen in der Familiensituation • Kein Bewusstsein für die gemeinsame elterliche Verantwortung • Einseitige Zuschreibung von „gutem" und „bösem" Elternteil • Überbetonung des (ablehnenden) Kindeswillens

Verhalten des umgangsberechtigten Elternteils	• Beharren darauf, am Familienkonflikt nahezu unbeteiligt zu sein • Einseitige Schuldzuweisung an der Konfliktverursachung • Keine Einsicht in die durch den Konflikt entstandenen psychischen Belastungen des Kindes • Unbedingtes Einfordern des Umgangs • Keine Flexibilität in der Umgangsgestaltung mit Rücksicht auf das Kind • Keine verbindlichen Absprachen über die Ausgestaltung des Umgangs • Möglicher Versuch der Einflussnahme auf die Lebensgestaltung des getrennten Partners • Einforderung einer uneingeschränkten positiven Einstellung des Kindes gegenüber dem Umgang
Verhaltensanforderungen an das Kind von Seiten des verweigernden Elternteils	• Förderung und eventuelle Belohnung des „ablehnenden" Willens des Kindes • Forderung nach Parteinahme und Loyalität durch das Kind • Nicht zulassen können von positiven Gefühlen gegenüber dem anderen Elternteil
Verhalten von Seiten des Kindes	• Versuch durch die Verweigerung, die Komplexität der Belastung durch die Trennung und deren Folgen zu reduzieren. • Durch die Familienvorgeschichte nicht erklärbare Ablehnung • Keine belastenden oder traumatischen Erfahrungen während der Familienzeit • Starke emotionale und soziale Verunsicherung • Überidentifikation mit dem versorgenden Elternteil • Dilemma der Wahl zwischen dem Besuch beim anderen Elternteil und attraktiven Freizeitangeboten zuhause • Suche nach emotionaler Stabilität nur beim versorgenden Elternteil
Verhalten in der Begutachtungssituation	• Keine Annahme professioneller Hilfe • Erschwernis einer psychologischen Begutachtung durch Kontaktverweigerung

9. Schlussfolgerungen

Abschließend lässt sich aus der psychologischen Analyse des Verhaltens der am Konflikt Beteiligten schlussfolgern:

354

- Grundlage jeglicher Entscheidung ist eine präzise Analyse der Entstehung des Familienkonflikts (z.B. Vorgeschichte, Entwicklungsbedingungen des Kindes, Dynamik und Verlauf des Familienkonflikts; ausführlich s. dazu „Qualitätssicherung psychologischer Gutachten im Familienrecht").
- Erst eine genaue Analyse des Familienkonflikts ermöglicht eine der Familiensituation angemessene richterliche Entscheidung.
- Psychologische Beratung und sozialpädagogische Interventionen können dazu beitragen, Belastungen der Eltern und des Kindes zu mindern.
- Interdisziplinäre Weiterbildung fördert die Kooperation der am Familienrechtsverfahren beteiligten Professionen.

F. (Familien-)Namensrecht für Kinder

Zu den grundlegenden Rechtsregeln im Rechtsverhältnis zwischen Eltern und Kindern im Allgemeinen (so der vierte Titel des Familienrechts im BGB, §§ 1616 ff.) gehört das Recht am und auf einen **Geburts- oder Familiennamen.** Hier hat die Kindschaftsrechtsreform des Jahres 1998 die Gleichstellung von ehelichen und nichtehelichen Kindern sowie die Zuständigkeit des Familiengerichts gebracht, im Übrigen war das Familiennamensrecht sowohl was das Ehenamensrecht als auch das Geburtsnamensrecht angeht bereits durch das Gesetz zur Neuordnung des Familiennamensrechts – FamNamRG – vom 16.12.1993, in Kraft seit dem 1.4.1994, reformiert worden. Die Kindschaftsrechtsreform übernimmt für das Namensrecht der Kinder im Wesentlichen die Strukturen des neuen Namensrechtes für Ehegatten aus dem Jahre 1994 (vgl. BT-Drucks. 13/4899 S. 70).

355

Der Staat ist in Wahrnehmung seines Wächteramtes nach Art. 6 Abs. 2 Satz 2 GG nicht nur berechtigt, sondern auch verpflichtet, das Kind als Grundrechtsträger vor verantwortungsloser Namenswahl durch die Eltern zu schützen. Für einen darüber hinausgehenden Eingriff in das Elternrecht auf Bestimmung des (Vor-)namens bietet Art. 6 Abs. 2 GG keine Grundlage. Der Reformgesetzgeber hat dabei die Grenzen der ihm zur Verfügung stehenden Gestaltungsfreiheit nicht verletzt (BVerfG, FamRZ 2002, 306 = NJW 2002, 1256 = FPR 2002, 150).

I. Fehlender Ehename

Führen die Eltern bei der Geburt des Kindes im Inland **keinen Ehenamen** (weil sie nicht verheiratet sind oder sich nicht auf einen gemeinsamen Ehenamen geeinigt haben) muss unterschieden werden:

356

- Bei **gemeinsamer elterlicher Sorge bei der Geburt** können sie **binnen eines Monats** nach der Geburt den Namen der Mutter oder des Vaters als Geburtsnamen des Kindes bestimmen. Tun sie das nicht rechtzeitig, überträgt das Familiengericht das Bestimmungsrecht einem Elternteil. Entscheidet dieser sich nicht innerhalb der vom Gericht gesetzten Frist, erhält das Kind seinen Namen, § 1617 Abs. 1, 2 BGB.

  Wird die gemeinsame elterliche Sorge erst **nach der Geburt** des Kindes (durch Sorgeerklärungen oder gerichtliche Entscheidung) begründet, kann der Name des Kindes **binnen drei Monaten** neu bestimmt werden, § 1617b Abs. 1 Satz 1 BGB. Diese Bestimmung ist nur im Einvernehmen der Eltern möglich, weil eine Verweisung auf die Regelung des § 1617 Abs. 2 BGB in § 1617b Abs. 1 BGB fehlt.

Durch § 1617 Abs. 1 Satz 3 BGB, auf den in den nachfolgenden Vorschriften auch mehrmals verwiesen wird, ist sichergestellt, dass alle nachgeborenen Kinder derselben leiblichen Eltern denselben Namen führen müssen. Diese Vorschrift gilt (entsprechend), wenn die nicht miteinander verheirateten Eltern eines vor dem 1.7.1998 geborenen Kindes nach dem 1.7.1998 Sorgeerklärungen gem. § 1626a Abs. 1 Nr. 1 BGB abgegeben, den Familiennamen des gemeinsamen Kindes innerhalb der Drei-Monats-Frist des § 1617b Abs. 1 Satz 1 BGB aber nicht geändert haben mit der Folge, dass alle nachgeborenen Kinder dieser Eltern denselben Namen führen müssen wie das erstgeborene und nach früherem Nichtehelichenrecht benannte Kind (BayObLG, FamRZ 2001, 856, 857). Die Bindungswirkung des § 1617 Abs. 1 Satz 3 BGB betrifft kraft gesetzlicher Verweisung auch später adoptierte Kinder (§ 1757 Abs. 2 Satz 1 BGB; vgl. OLG Hamm, FamRZ 2001, 859, 860).

357 • Bei **Alleinsorge eines Elternteiles** erhält das Kind kraft Gesetzes dessen Namen, § 1617a Abs. 1 BGB. Das kann bei außerehelicher Elternschaft regelmäßig nur der Name der Mutter, nicht der Name des außerehelichen Vaters sein, weil dieser nach §§ 1672, 1680 BGB alleiniger Sorgerechtsinhaber **erst nach der Geburt** des Kindes werden und diese Rechtsstellung **nicht schon bei der Geburt** ausüben kann.

Der allein sorgeberechtigte Elternteil kann dem Kind – allerdings mit Einwilligung des anderen Elternteiles – sofort bei der Geburt oder aber auch zu einem späteren Zeitpunkt dessen Namen erteilen (**Einbenennung;** wie es sie bisher nur für nichteheliche Kinder gab), § 1617a Abs. 2 BGB.

Entsteht die alleinige elterliche Sorge eines Elternteiles erst **nach der Geburt** des Kindes, können dieser Elternteil und sein (neuer) Ehepartner dem Kind mit Zustimmung des anderen Elternteiles den neuen Ehenamen erteilen (**Stiefeltern-Einbenennung**, § 1618 BGB), allerdings auch nur diesen Ehenamen. Führen sie (noch) keinen gemeinsamen Ehenamen, ist eine Namenserteilung nicht zulässig. § 1618 BGB kann nicht erweiternd ausgelegt werden (OLG Hamm, FamRZ 2000, 1437; OLG Karlsruhe, FamRZ 2000, 1437). Wegen der Beschränkung der Einbenennung auf einen Ehenamen der Mutter kann das Kind auch nicht an einer erneuten Namensänderung der Mutter nach Scheidung der Ehe mit dem Stiefelternteil und Wiederannahme ihres Geburtsnamens teilhaben (LG Fulda, FamRZ 2000, 689).

Nach Meinung einzelner Gerichte war eine Stiefeltern-Einbenennung gegen den eindeutigen Wortlaut des Gesetzes und bei klarer Verneinung einer Gesetzeslücke „im Wege berichtigender Auslegung" auch zulässig, wenn die elterliche Sorge beiden leiblichen Eltern nach der Trennung verblieben ist. Diese Gerichte stützten ihre Meinung auf ein angebliches Versehen des Gesetzgebers (OLG Hamm, StAZ 2000, 373, 374; BayObLG, FamRZ 2001, 857, 858; OLG Köln, FamRZ 2002, 263, 264; OLG Karlsruhe, FamRZ 2002, 485, 486). Durch das Kinderrechteverbesserungsgesetz vom 9.4.2002 hat der Gesetzgeber sich dieser Meinung angeschlossen und in § 1618 BGB klargestellt, dass eine **Einbenennung auch bei gemeinsamer elterlicher Sorge zulässig** ist. Die über den Namen des Kindes streitenden Eltern brauchen also nicht mehr zunächst ein Sorgerechtsänderungsverfahren betreiben, sondern können ihren Streit auf den Nachnamen des Kindes beschränken.

II. Gemeinsamer Ehename

360 Sind die Eltern bei der Geburt des Kindes verheiratet und führen einen gemeinsamen Ehenamen, erhält das Kind wie bisher kraft Gesetzes diesen Namen, ein anderer Name ist nicht möglich, § 1616 BGB. Bei nachträglicher Bestimmung eines Ehenamens ändert sich auch der Name des Kindes, wenn sich dieses der Namensänderung anschließt, § 1617c BGB.

361 Wird nachträglich gerichtlich festgestellt, dass der Mann, dessen Familienname der Geburtsname des Kindes geworden ist, **nicht der Vater des Kindes** ist, so kann der leibliche Vater – und bis zum fünften Lebensjahr auch der Scheinvater – beantragen, dass das Kind den Namen erhält, den die Mutter im Zeitpunkt der Geburt führte, § 1617b Abs. 2 BGB.

III. Doppelname

Nach wie vor gibt es die Möglichkeit eines Doppelnamens für das Kind nur sehr eingeschränkt, nämlich nur bei **Einbenennung durch den Stiefvater oder die Stiefmutter**, d.h. wenn der allein sorgeberechtigte Elternteil einen Dritten heiratet, § 1618 BGB, und zwar auch nach dem Tode des nicht sorgeberechtigten Elternteiles (LG Frankenthal, FamRZ 1999, 1371, 1372; OLG Zweibrücken, FamRZ 1999, 1372, 1373; OLG Frankfurt/M., FamRZ 2002, 260 f.). Dieses wurde vom BVerfG ausdrücklich für verfassungsgemäß erklärt (BVerfG, FamRZ 2002, 306 = NJW 2002, 1256).

> *Hinweis:*
>
> *Welche Möglichkeiten das neue Namensrecht kreativen – und promiskuitiven – Eltern bietet, macht Ewers in seiner Glosse „Neue Namen", FamRZ 1999, 353, deutlich, wobei seine Schlussfrage, mit der er das neue Namensrecht ad absurdum führen möchte, mit einem „warum eigentlich nicht?" beantwortet werden sollte.*

IV. Verfahren vor dem Standesbeamten

Alle namensrechtlichen Erklärungen müssen bei der Geburt des Kindes gegenüber dem Standesbeamten abgegeben, und bei allen Erklärungen nach der Geburt zusätzlich öffentlich beglaubigt werden, §§ 1617 Abs. 1 Satz 1, 1617a Abs. 2 Satz 3, 1617b Abs. 2 Satz 2, 1617c Abs. 1 Satz 3, 1618 Satz 5 BGB.

V. Voraussetzung der Namensänderung

Soweit der Name des Kindes **nach der Geburt** geändert werden kann, kommt die **Änderung** nur mit **Zustimmung des Kindes** zustande, wenn dieses älter als fünf Jahre ist. Ein in der Geschäftsfähigkeit beschränktes Kind über 14 Jahre kann die Erklärung nur selbst mit Zustimmung des gesetzlichen Vertreters abgeben, § 1617c Abs. 1 BGB.

Muss der andere Elternteil einer **nachträglichen Einbenennung** zustimmen, kann diese Einwilligung durch das Familiengericht notfalls ersetzt werden, und zwar wohl auch nach dem Tode des nicht sorgeberechtigten Elternteiles (OLG Zweibrücken, 3. ZS, FamRZ 1999, 1372, 1373; a. A. der 5. ZS. des gleichen Gerichts, FamRZ 2000, 696, 697 m. w. N.), wenn dieses „zum Wohl des Kindes erforderlich ist" (§ 1618 Satz 4 BGB). Das ist eine **hohe Eingriffsschwelle** in die elterliche Autonomie. Die Gesetzesneufassung hat die Bindungen des Elternteils, dem die elterliche Sorge nicht zusteht, gerade auch im Namensrecht verstärkt. Es reicht nicht aus, dass die Einbenennung „dem Wohl des Kindes dient", um die fehlende Zustimmung des leiblichen Elternteiles zu ersetzen. Es muss deshalb triftige Gründe geben, das Interesse des nicht sorgeberechtigten Elternteiles an der Erhaltung des Namensbandes zurückzustellen. Grundsätzlich ist davon auszugehen, dass Kindes- und Elterninteressen gleichrangig sind. Die Zerschneidung des Namensbandes muss nach umfassender Abwägung der Interessen von Kindern und Eltern aus Gründen des Kindeswohls unabdingbar notwendig sein (OLG Köln, FamRZ 1999, 734; 735; OLG Celle, FamRZ 1999, 1377; OLG Dresden, FamRZ 1999, 1378; OLG Frankfurt, FamRZ 1999, 1379; OLG Nürnberg, FamRZ 1999, 1379, 1380; OLG Hamm, FamRZ 1999, 1380, 1381; OLG Stuttgart, FamRZ 2000, 692; OLG Oldenburg, FamRZ 2000, 692, 693; OLG Bremen, FamRZ 2001, 858, 859; OLG Thüringen, FamRZ 2001, 1547; jetzt auch ausdrücklich der BGH, FamRZ 2002, 94, 95 unter Berufung auf BVerfG, FamRZ 1992, 1284, 1285; Wagenitz, FamRZ 1998, 1545, 1552; Willutzki, KindPrax 2000, 76, 77; Oelkers/Kreutzfeldt, FamRZ 2000, 645 ff., die zu Recht auf die Notwendigkeit der Bestellung eines Verfahrenspflegers in diesen Fällen hinweisen).

367 Wegen der besonderen Bedeutung der Namensänderung für alle Beteiligten muss der dafür zuständige **Rechtspfleger** die Beteiligten unter Einbeziehung des zuständigen Jugendamtes nach § 50a und § 50b FGG regelmäßig persönlich anhören, eine Entscheidung nach Aktenlage oder lediglich schriftliche Anhörung stellt einen schweren Verfahrensverstoß dar. Das ist heute allgemeine Meinung: OLG Köln, FamRZ 1999, 734, 735, OLG Hamm, FamRZ 1999, 736; OLG Naumburg, FamRZ 2000, 690, 691; OLG Bamberg, FamRZ 2000, 691; OLG Düsseldorf, FamRZ 2000, 691).

368 Die Einwilligung bzw. Ersetzung der Einwilligung des anderen Elternteiles zur Einbenennung ist auch dann erforderlich, wenn der Aufenthalt des anderen Elternteils unbekannt ist (OLG Hamm, FamRZ 2000, 695).

VI. Namensänderungen durch Verwaltungsakt

369 Namensänderungen, die nach den Bestimmungen des BGB unzulässig sind – etwa die Änderung des Familiennamens eines gemeinsamen Kindes in den von der allein sorgeberechtigten Mutter vor der Ehe geführten Namen – können unter den Voraussetzungen des § 3 Namensänderungsgesetzes – NÄG – erfolgen. Nach dieser Vorschrift darf ein Familienname durch die Entscheidung der Verwaltungsbehörde geändert werden, wenn ein **wichtiger Grund** die Änderung rechtfertigt.

370 Bis zum Inkrafttreten der Kindschaftsrechtsreform hat das BVerwG in ständiger Rechtsprechung entschieden, es spreche eine widerlegliche Vermutung dafür, dass die Änderung des Familiennamens eines Kindes **für das Kindeswohl förderlich** sei, wenn der allein sorgeberechtigte Elternteil nach Scheidung der Ehe seinen vor der Ehe geführten Namen wieder annehme, so dass dem Änderungswunsch stattzugeben war, wenn nicht andere vorrangige Interessen überwiegen (BVerwG, FamRZ 1996, 942). Begründet wurde diese Rechtsprechung mit der Überlegung, dass Namensverschiedenheit zwischen der sorgeberechtigten Mutter und dem Kind in der schwierigen Zeit nach einer Scheidung regelmäßig erhebliche Verlustängste bei Kindern auslösen würde und Namensgleichheit dem „ernsten Bedürfnis nach auch äußerlich erkennbaren stabilen Beziehungen zu dem Elternteil entsprächen, der für sie sorgeberechtigt ist und bei dem sie leben. Die namensmäßige Kennzeichnung der Abstammung sei dagegen weniger hoch zu bewerten. Die jeweiligen Interessen beider Eltern würden sich insoweit gegenseitig aufheben (vgl. VerwG Münster, FamRZ 2001, 1549).

371 Nur soweit die Kindschaftsrechtsreform ausdrücklich neue Rechtsregeln gebracht hat – etwa in § 1618 BGB zur sog. Stiefkindereinbenennung – gehen diese als speziellere Rechtsnormen dem NÄG vor (so OVG Münster, FamRZ 2001, 1025, das in Anlehnung an § 1618 BGB einen wichtigen Grund für eine Namensänderung (nur noch) annimmt, wenn die Namensänderung – jedenfalls bei fehlender Zustimmung des nicht sorgeberechtigten Elternteiles – zum Wohl des Kindes erforderlich ist). Ansonsten aber wird nach überwiegender Rechtsprechung der Verwaltungsgerichte § 3 NÄG durch die namensrechtlichen Bestimmungen des BGB auch nach der Reform nicht ausgeschlossen (VerwG Münster, FamRZ 2001, 1549, 1550; VGH Baden-Württemberg, FamRZ 2001, 1551, 1552 ff.; OVG Frankfurt/M., FamRZ 2002, 259), so dass auch heute noch auf die eine Namensänderung eher fördernde Rechtsprechung des BVerwG aus Zeiten vor der Reform zurückgegriffen wird.

VII. Übergangsrecht

372 Nach Art. 224 § 3 Abs. 1 EGBGB behalten die vor dem 1.7.1998 geborenen Kinder ihren bisherigen Geburtsnamen. Daneben bestehen die Änderungsmöglichkeiten der §§ 1617a Abs. 2 (Einbenennung nach dem **anderen** Elternteil durch den Alleinsorgeberechtigten), 1617b (nachträgliche gemeinsame elterliche Sorge), 1617c (nachträglicher Ehename der Eltern) und 1618 BGB (Einbenennung nach dem **Stiefelternteil** durch den Alleinsorgeberechtigten). Nach Meinung des BayObLG kann der jetzt sorgeberechtigte Vater eines nichtehelich geborenen Kindes dem Kind mit

Zustimmung der Mutter analog § 1617a Abs. 2 Satz 1 BGB auch nachträglich seinen Namen anstelle des Geburtsnamens der Mutter erteilen (FamRZ 2000, 1435, 1436).

G. Annahme an Kindes statt

I. Rechtspolitischer Zweck und Grundgedanken des Adoptionsrechtes

Der rechtspolitische und soziale Zweck der Adoptionsbestimmungen in §§ 1741-1766 BGB besteht heute vorrangig darin, einem Kind, das ansonsten ein gesundes Zuhause entbehren muss, eine Familie zu geben (Palandt/Diederichsen, BGB, vor § 1741 Rn. 1) und ist damit Ausdruck des staatlichen Wächteramtes für elternlose und verlassene Kinder – ähnlich dem Pflegekindschaftsrecht –. Ziel der Adoption ist nicht mehr die Sicherung des Familiennamens und Fortbestand eines Vermögens. Nach § 1741 Abs. 1 Satz 1 BGB ist eine Annahme als Kind deshalb nur zulässig – der Annahmeantrag also nur begründet –, wenn die Annahme der Herstellung eines (echten und dauerhaften) **Eltern-Kind-Verhältnisses** und dem **Wohl des Kindes** dient. Überwiegende Kindesinteressen können eine Adoption ausschließen, wobei vermögensrechtliche Interessen nicht ausschlaggebend sein sollen, § 1745 BGB. Eine zeitlich begrenzte Verbesserung der persönlichen Lebensverhältnisse des Kindes reicht für die Annahme nicht aus. 373

Dem Idealbild von Adoptiveltern entsprechen nach den Vorstellungen des Gesetzes schon etwas gereiftere, miteinander verheiratete Eltern. Deshalb ist eine gemeinsame Annahme als Kind von nicht miteinander verheirateten Erwachsenen unzulässig und Eheleute können ein (fremdes) Kind nur gemeinsam annehmen, § 1741 Abs. 2 Satz 1 BGB. Ausnahme: wenn ein Ehegatte geschäftsunfähig ist oder das 21. Lebensjahr noch nicht vollendet hat. Annehmende müssen in der Regel 25 Jahre alt sein, § 1743 BGB. 374

Die Adoption eines (fremden) **minderjährigen Kindes** führt deshalb nach geltendem Recht auch immer dazu, dass das Kind die volle Rechtsstellung eines gemeinsamen Kindes mit gemeinsamer Sorge der Eltern, bei Einzeladoption die eines Kindes des Annehmenden mit dessen Alleinsorge erwirbt und das Verwandtschaftverhältnis des Kindes (und seiner Abkömmlinge) zu den bisherigen Verwandten mit allen sich daraus ergebenden Rechten und Pflichten erlischt, §§ 1754, 1755 BGB (**Volladoption**). Eine Ausnahme gilt bei der **Stiefkindadoption**. Hier erlischt das Verwandtschaftsverhältnis des Kindes zu den Verwandten, insbesondere Großeltern des anderen, nicht mit dem Annehmenden verheirateten Elternteil nicht, § 1756 Abs. 2 BGB. Eine weitere Ausnahme gilt, wenn die Annehmenden bereits mit dem Kind selbst in zweitem oder drittem Grade **verwandt** oder **verschwägert** sind. Hier erlischt zweckmäßigerweise nur das Verwandtschaftsverhältnis zu den leiblichen Eltern des Kindes, § 1756 Abs. 1 BGB. 375

Im Gegenzug führt die Adoption **Volljähriger,** die ebenfalls noch möglich ist, regelmäßig nur zu einer Stellung als Kind der Annehmenden ohne Verlust der bisherigen Verwandtschaft und nur in einer beschränkten Anzahl von Fallgestaltungen zur Volladoption, nämlich immer dann, wenn zwischen Annehmenden oder Ehegatten des Annehmenden und dem Kind schon zur Zeit von dessen Minderjährigkeit ein Eltern-Kind-Verhältnis bestanden hat, minderjährige Geschwister des Kindes angenommen werden oder schon angenommen worden sind oder der Annahmeantrag schon zu Zeiten der Minderjährigkeit des Kindes beim Vormundschaftsgericht eingereicht worden ist, § 1772 Abs. 1 BGB. 376

Die einmal begründete Rechtsstellung als (gemeinschaftliches) Kind des/der Annehmenden kann zur Sicherung des Kindeswohls nur noch dann wieder beseitigt werden, wenn das Vormundschaftsgericht dieses aus Gründen des Kindeswohl für erforderlich hält. 377

Jeder Adoption geht jetzt eine intensive und länger dauernde Prüfung voraus, ob das Kind bei den Annehmenden eine seinem Wohl entsprechende Kindesstellung erlangen wird. Die Adoption kann deshalb in der Regel erst nach einer längeren (angemessenen) Zeit der **Adoptionspflege** erfolgen, 378

§ 1744 BGB. Was angemessen ist, muss dem Einzelfall überlassen bleiben und sich auch daran orientieren, ob zwischenzeitlich Belastungen für das Eltern-Kind-Verhältnis auftreten und somit eine günstige Prognose beseitigen. Notfalls muss die Probezeit verlängert oder gar abgebrochen werden. In sehr günstigen Fällen kann eine Probezeit auch ganz entfallen.

379 Um im Interesse des Kindes, aber auch der Mutter, und hier vor allem der nicht mit dem Vater verheirateten Mutter, übereilte Adoptionen zu verhindern, notwendige Adoptionen aber auch nicht unnötig zu verzögern, **kann die Einwilligung der leiblichen Eltern** in die Adoption regelmäßig erst, aber auch schon erteilt werden, wenn das Kind **acht Wochen** alt ist, § 1747 Abs. 2 BGB.

380 Da es um die Sicherung des Kindeswohls und nicht von Namens- und Vermögensinteressen des Annehmenden geht, kann eine Adoption **nicht mehr nach dem Tod des Kindes**, wohl aber nach dem Tod des Annehmenden ausgesprochen werden, wenn der Annehmende den Adoptionsantrag vor seinem Tod gestellt hat, § 1753 BGB.

II. Verhinderung des Kinderhandels

381 Nach wie vor dient die Adoption auch der Erfüllung eines ansonsten unerfüllt gebliebenen Kinderwunsches Einzelner oder von Eheleuten. Da der Wunsch, Kinder selbst „zu haben", d. h. mit ihnen zu leben, sie zu erziehen und groß werden zu sehen, zu den intensivsten Bedürfnissen einzelner Menschen zählt, besteht immer die Gefahr, dass man sich unabhängig vom Wohl des einzelnen Kindes und seiner Herkunftsfamilie ein Adoptivkind einfach „kauft". Es gibt erkennbar auch mehr Adoptionswillige als adoptionsfähige Kinder in unserer Gesellschaft mit der Folge, dass geschäftstüchtige Händler oder sogar Eltern Kinder aus Ländern der Dritten Welt und Lateinamerika an Adoptionswillige aus Europa und den USA verkaufen. Dem **Verbot dieses Kinderhandels** dienen internationale Abkommen, die in Deutschland durch das **Adoptionsvermittlungsgesetz** i. d. F. des Adoptionsvermittlungsänderungsgesetzes vom 27.11.1989 (BGBl. I S. 2014) umgesetzt worden sind.

Danach ist jegliches Zusammenführen von Kindern unter 18 Jahren und adoptionswilligen Personen allein den Jugendämtern oder Trägern der Freien Wohlfahrtpflege bzw. den von ihnen eingerichteten Adoptionsvermittlungsstellen und darin wiederum nur Fachkräften vorbehalten. Es ist ausdrücklich verboten, Schwangere durch Anbieten von Gelegenheit zur Entbindung zur Adoption zu bewegen. Die Adoptionsvermittlung durch die dazu befugten Stellen geschieht idealtypisch auf Betreiben der dazu befugten Stellen von Amts wegen und nicht etwa primär auf Nachfrage durch Adoptionswillige.

382 Der Erschwerung unerwünschter „Kinderkäufe" dient auch die Neuregelung des § 1741 Abs. 1 Satz 2 BGB, wonach eine Adoption **bei Mitwirkung der Annehmenden an gesetzes- oder sittenwidriger Vermittlung** oder Verbringung des Kindes nur dann zulässig ist, wenn sie zum **Wohl des Kindes erforderlich** ist.

III. Gerichtliches Adoptionsverfahren

1. Dekretsystem

383 Anders als früher kommt eine Adoption nicht mehr durch einen Vertrag zwischen Annehmenden und Angenommenen, sondern durch richterliche Entscheidung, und zwar des **Vormundschaftsgerichts**, § 1752 BGB, nach intensiver Kindeswohlprüfung durch die Adoptionsstellen und das Gericht zustande. Eine Aufhebung der Adoption ist ebenfalls nur durch Beschluss des Vormundschaftsgerichts unter den Voraussetzungen der §§ 1760, 1763 BGB möglich (s. unten Rn. 390 f.).

2. Erforderliche Erklärungen

384 Das Adoptionsverfahren erfordert eine Reihe von unterschiedlichen Erklärungen der Annehmenden, der gesetzlichen Vertreter des Kindes, des Kindes selbst und seiner Eltern.

a) Antrag

Das gerichtliche Verfahren wird eingeleitet durch einen persönlich gestellten, bedingungsfeindlichen, unbefristeten **notariell beurkundeten Antrag des/der Annehmenden** an das Vormundschaftsgericht. 385

b) Zustimmung des Kindes und der Eltern

Diesem Antrag muss das **Kind zustimmen**, und zwar **höchstpersönlich** und **mit Zustimmung des gesetzlichen Vertreters**, außer für das geschäftsunfähige oder noch nicht 14-jährige Kind; hier erteilt sein gesetzlicher Vertreter die Zustimmung, § 1746 Abs. 1 BGB. Das über 14 Jahre alte, nicht geschäftsunfähige Kind kann überdies seine Einwilligung bis zum Wirksamwerden der Adoption dem Vormundschaftsgericht gegenüber selbst ohne Zustimmung des gesetzlichen Vertreters in öffentlich beurkundeter Form widerrufen. 386

Verweigert der Vormund oder Pfleger des Kindes seine Einwilligung oder Zustimmung ohne triftigen Grund, kann diese durch das Vormundschaftsgericht ersetzt werden, § 1746 Abs. 3 Satz 1 BGB.

Besonderheiten gelten **bei unterschiedlicher Staatsangehörigkeit** von Annehmenden und Kind. Hier muss das Vormundschaftsgericht zur Vermeidung von Schwierigkeiten und Rechtsnachteilen für das Kind durch Einordnung in eine u. U. völlig neue und fremde Rechtsordnung die Einwilligung genehmigen, wenn die Annahme einem anderen Recht als dem deutschen unterliegt, § 1746 Abs. 1 Satz 3, 4 BGB. 387

Zur Annahme eines Kindes ist weiter erforderlich die **Zustimmung der Eltern**, § 1747 Abs. 1 Satz 1 BGB. 388

c) Ersetzung der Einwilligung

Das Vormundschaftsgericht kann diese Einwilligung ersetzen, wenn der Elternteil seine Pflichten gegenüber dem Kind anhaltend gröblich verletzt oder durch sein Verhalten gezeigt hat, dass ihm das Kind gleichgültig ist, und wenn das Unterbleiben der Annahme dem Kind zu unverhältnismäßigem Nachteil gereichen würde, § 1748 Abs. 1 Satz 1 BGB. Dieses betrifft in der Praxis meistens nichteheliche Mütter. Die Einwilligung der Eltern kann auch ersetzt werden bei dauernder Unfähigkeit der Eltern zur Pflege und Erziehung des Kindes unter sehr engen Voraussetzungen, wenn nämlich infolge besonders schwerer psychischer Erkrankung oder Behinderung und fehlender Möglichkeit des Kindes in einer Familie aufzuwachsen, die Gefahr einer schweren Entwicklungsstörung besteht, § 1748 Abs. 3 BGB. Wird an die Ersetzung der Einwilligung ein strenger Maßstab angelegt, liegt kein Verstoß gegen das durch Art. 6 Abs. 2 Satz 1 GG geschützte Elternrecht vor (BVerfG, FamRZ 2002, 535, 536). 389

3. Aufhebung der Adoption

Die einmal wirksam gewordene Minderjährigen-Adoption kann nur unter den Voraussetzungen der §§ 1760 ff., 1763 BGB aufgehoben werden, nämlich 390

- **auf notariell beurkundeten Antrag** binnen Jahresfrist, wenn seit der Annahme noch keine drei Jahre verstrichen sind, bei fehlender oder unwirksamen Erklärungen des Annehmenden, des Kindes oder der Eltern, die eigentlich zu einer wirksamen Adoption erforderlich sind, eben dieser Personen, deren Erklärung fehlt oder fehlerhaft ist, §§ 1760, 1762 BGB, auf deren Einzelheiten verwiesen wird. Die Regelung des § 1760 BGB stellt gegenüber den allgemeinen Unwirksamkeitsvorschriften die speziellere Regelung dar und schließt sie deshalb aus. Würde durch die Aufhebung des Annahmeverhältnisses das Kindeswohl gefährdet, ist die Aufhebung ausgeschlossen, es sei denn, dass überwiegende Interessen des Annehmenden die Aufhebung 391 erfordern, § 1761 Abs. 2 BGB. Letzeres ist nur in wenigen Ausnahmefällen denkbar, etwa wenn Kind, leibliche Eltern und Annehmender gleichermaßen die Aufhebung betreiben (vgl. Palandt/Diederichsen, BGB, § 1761 Rn. 8);

392 • **von Amts wegen,** wenn schwerwiegende Gründe zum Wohle des Kindes dieses erforderlich machen und dem Kind ein Familienverband erhalten bleibt oder neu eröffnet wird, § 1763 BGB. Schwerwiegende Gründe sind hier u.a. Tötung eine Adoptivelternteils, sexueller Missbrauch des Adoptivkindes, sonstiger verbrecherischer oder unsittlicher Lebenswandel des Annehmenden (vgl. Palandt/Diederichsen, BGB, § 1763 Rn. 3 ff.);

393 • **ausnahmsweise kraft Gesetzes,** wenn der Annehmende das Kind oder einen Abkömmling des Kindes eherechtswidrig (d.h. entgegen § 1308 BGB) heiratet, § 1766 BGB, weil Eltern-Kind-Verhältnis und Ehegatten-Verhältnis miteinander unvereinbar sind. Allerdings treten die weiteren Rechtswirkungen der Aufhebung nach §§ 1764, 1765 BGB nicht ein.

Eine Eheschließung zwischen Annehmendem und Kind ist möglich nach Aufhebung des Annahmeverhältnisses oder mit Befreiung durch das Familiengericht unter den (eingeschränkten) Voraussetzungen des § 1308 Abs. 2 BGB.

394 Die Aufhebung auf Antrag und von Amts wegen **beseitigt** grundsätzlich alle **Rechtswirkungen der Annahme,** einschließlich des Namens, § 1765 BGB, wirkt aber nur für die **Zukunft,** § 1674 Abs. 1 BGB. Die leiblichen Eltern erhalten aber nicht automatisch die elterliche Sorge zurück, sondern das Vormundschaftsgericht hat sie ihnen zurück zu übertragen, wenn und soweit dieses dem Wohl des Kindes nicht widerspricht; anderenfalls bestellt es einen Vormund oder Pfleger, § 1674 Abs. 4 BGB. Auf Antrag des Kindes kann das Vormundschaftsgericht bei berechtigtem Interesse des Kindes mit der Aufhebung anordnen, dass es den durch die Annahme erworbenen Geburtsnamen behalten darf.

IV. Weitere Neuerungen im Adoptionsrecht durch das KindRG

1. Keine Adoption des eigenen Kindes mehr

395 Nach früherem Recht konnten die leiblichen, bei der Geburt des Kindes nicht miteinander verheirateten Eltern das eigene Kind adoptieren, um auf diese Weise das volle, uneingeschränkte Sorgerecht für das Kind zu erhalten. Denn bis zur Nichtehelichenreform galt der Vater als nicht verwandt mit dem Kind (§ 1589 BGB a.F.) und besaß die Mutter nicht die elterliche Gewalt (§ 1707 BGB a.F.). Nach der Nichtehelichenreform taugte die Adoption des eigenen Kindes durch die Mutter noch dazu, die ungeliebte Amtspflegschaft zu vermeiden bzw. den Vater „sicher und endgültig vom Verkehr mit dem Kinde auszuschließen"(vgl. BT-Drucks. 5/2317 S. 79). Beide Zielsetzungen erscheinen heute überholt bzw. nach der Entscheidung des BVerfG (FamRZ 1995, 789) im Hinblick auf die Notwendigkeit rechtlicher Gleichstellung aller Kinder sogar verfassungswidrig. Die Möglichkeit der Adoption des eigenen Kindes ist deshalb entfallen, möglich ist nur noch die Annahme eines fremden Kindes oder eines Kindes des Ehegatten, § 1741 Abs. 2 Satz 2 BGB.

2. Einwilligung des Vaters in jedem Fall erforderlich

396 Nach dem bis zum 30.6.1998 geltenden Recht war der Vater eines nichtehelichen Kindes an der Adoption seines Kindes nicht zu beteiligen. Er brauchte und konnte ihr weder wirksam zustimmen noch ihr widersprechen, er erfuhr i.d.R. von der Adoption seines Kindes überhaupt nicht; ob er möglicherweise als Sorgeberechtigter in Betracht kam, brauchte nicht erörtert zu werden. Das widersprach seinem durch Art. 6 Abs. 2 Satz 1 GG geschützten natürlichen Elternrecht ebenso wie dem Gebot der rechtlichen Gleichbehandlung ehelicher und nichtehelicher Kinder wie das BVerfG (FamRZ 1995, 789) festgestellt hat.

§ 1741 Abs. 1 Satz 1 BGB schreibt deshalb jetzt vor, dass in jedem Falle zur Annahme des Kindes die **Einwilligung beider Eltern erforderlich** ist.

Der nicht mit der Mutter verheiratete, nicht sorgeberechtigte Vater kann allerdings anders als der sorgeberechtigte Vater bereits vor der Geburt des Kindes seine Einwilligung zur Adoption erteilen und auch auf einen Antrag auf Sorgerechtsübertragung nach § 1672 BGB (s. Rn. 120 f., 130, 193, 208 f.) verzichten. Auch diese Erklärungen müssen öffentlich bzw. notariell beurkundet sein, § 1747 Abs. 2 BGB. 397

Um einerseits die notwendige, schnelle Beteiligung des nichtehelichen Vaters sicherzustellen, andererseits aber auch dem Kind eine schnelle frühkindliche Adoption zu ermöglichen, hat der Gesetzgeber eine besondere gesetzliche **Vaterschaftsvermutung** für das Adoptionsverfahren geschaffen, § 1747 Abs. 1 Satz 2 BGB. Danach ist jetzt auch der **Mann als Vater** anzusehen („gilt als Vater"), der lediglich **glaubhaft macht**, dass er der Mutter **während der gesetzlichen Empfängniszeit beigewohnt** hat, §§ 1747 Abs. 1 Satz 2, 1600d Abs. 2 BGB. Dies gilt allerdings **nur**, 398

- wenn kein anderer Mann nach § 1592 BGB als Vater anzusehen ist (etwa der Ehemann der Mutter) und
- zur zügigen Erreichung bzw. Ersetzung der Zustimmung des leiblichen Vaters zur Adoption des Kindes.

Die Einwilligung des nicht sorgeberechtigten, nichtehelichen Vaters kann vom Vormundschaftsgericht unter (etwas) erleichterten Voraussetzungen ersetzt werden, nämlich schon dann, wenn – aus welchen Gründen auch immer – das Unterbleiben der Annahme dem Kind zum unverhältnismäßigen Nachteil gereichen würde, § 1748 Abs. 4 BGB. Eine grobe Pflichtverletzung oder besondere Gleichgültigkeit sind, anders als bei sorgeberechtigten Elternteilen, hier nicht erforderlich. 399

3. Beschleunigung des Verfahrens

Haben Eltern selbst der Annahme des Kindes unwiderruflich zugestimmt oder hat das Vormundschaftsgericht ihre Einwilligung ersetzt, bedarf es jetzt nicht mehr der von der Einwilligung der Eltern rechtlich verschiedenen, inhaltlich praktisch aber identischen Erklärungen nach § 1746 Abs. 1 BGB, also der Zustimmung zur Einwilligung des Kindes bzw. der als Vertreter erklärten Kindeseinwilligung. Damit sollen Schwierigkeiten und zeitliche Verzögerungen vermieden werden, die sich aus den unterschiedlichen Ersetzungsmöglichkeiten bei den verschiedenen Elternerklärungen ergeben können. 400

H. Verfahrensrechtliche Besonderheiten und Neuerungen im familiengerichtlichen Verfahren mit Kindern

Nachfolgend wird nicht auf die Besonderheiten des vormundschaftsgerichtlichen Verfahrens eingegangen. Das Vormundschaftsgericht ist im Wesentlichen nur für das Adoptions- und Betreuungsrecht (vgl. Rn. 373 f., 668 f.) und die Beaufsichtigung der Vormundschaften und Pflegschaften (vgl. Rn. 616 ff.), aber auch für einzelne Genehmigungen außerhalb von Sorgerecht, Vormundschaften und Pflegschaften zuständig. Zu den etwaigen Verfahrensbesonderheiten s. bei der Erörterung dieser Rechtsbereiche. 401

I. Zuständigkeiten

1. Internationale Zuständigkeit

402 Die internationale Zuständigkeit deutscher Gerichte für Sorgerechts- und Umgangsregelungen für ausländische Kinder oder Kinder mit gewöhnlichem Aufenthalt im Ausland ergibt sich aus § 35b FGG und seit dem 1.3.2001 aus Art. 3 der EU-VO Nr. 1347/2000 vom 29.5.2000 (Abl. EG L 160 v. 30.6.2000 = FamRZ 2000, 1141 f.).

a) Zuständigkeit nach § 35b FGG

403 Diese Regelung gilt seit dem 1.3.2001 nur noch gegenüber

- allen EU-Ausländern (und Dänen),
- EU-Bürgern (einschließlich Deutschen, aber ohne Dänen), die sich weder scheiden noch gerichtlich trennen oder ihre Ehe für ungültig erklären lassen wollen.

404 Voraussetzung einer internationalen Zuständigkeit deutscher Gerichte ist danach, ob sich das Kind mit **gewöhnlichem Aufenthalt** in Deutschland aufhält.

Unter gewöhnlichem Aufenthalt ist der Lebensmittelpunkt einer Person zu verstehen, d. h. derjenige Ort, an dem die Person in beruflicher, familiärer und gesellschaftlicher Hinsicht den Schwerpunkt ihrer Bindungen hat (Palandt/Heldrich, BGB, Art. 5 EGBGB Rn. 1. m. w. N.). Die soziale Integration einer Person an dem Aufenthaltsort setzt voraus, dass der Aufenthalt von einer gewissen Dauer ist. Im Sinne einer Faustregel kann im Allgemeinen vom Erwerb eines gewöhnlichen Aufenthalts ausgegangen werden, wenn der Aufenthalt sechs Monate angedauert hat (OLG Rostock, FamRZ 2001 642, 643; Palandt/Heldrich, a. a. O., Anh. zu Art. 24 EGBGB Rn. 10 m. w. N.). Ein Aufenthalt kann aber auch schon vor sechs Monaten zum gewöhnlichen Aufenthalt werden, wenn er von vornherein auf Dauer angelegt ist (BGH, FamRZ 1981, 135; OLG Rostock, a. a. O.; Palandt/Heldrich, a. a. O., Anh. zu Art. 24 EGBGB Rn. 11 m. w. N.).

405 Außerdem gibt es eine internationale Zuständigkeit für deutsche Gerichte, wenn das Kind der Fürsorge durch ein deutsches Gericht bedarf und keine ausschließliche Zuständigkeit eines anderen EU-Gerichtes gegeben ist.

Anders als bis zum 28.2.2001 gibt es keine uneingeschränkte internationale Zuständigkeit für deutsche Kinder vor deutschen Gerichten mehr. Es kann – allerdings derzeit nur bei Anhängigkeit eines Scheidungs-, Trennungs- oder sonstigen Eheaufhebungsverfahrens zwischen den Eltern des Kindes – sein, dass das Gericht eines anderen EU-Staates mit Ausnahme von Dänemark ausschließlich zuständig ist.

b) Zuständigkeit nach der EU-VO Nr. 1347/2000

406 Diese Regelung greift (mit Ausnahme von Dänemark) ein

- für EU-Bürger, die sich scheiden oder gerichtlich trennen lassen oder ihre Ehe für ungültig erklären lassen wollen und
- sich dabei über die elterliche Verantwortung für gemeinsame minderjährige Kinder streiten, wenn
- sich diese Kinder gewöhnlich in einem EU-Land aufhalten.

Ist allerdings ein EU-Bürger, also auch ein Deutscher mit einem anderen Ausländer verheiratet, kommt die EU-VO Nr. 1347/2000 (nur) zur Anwendung, wenn sich beide Ehegatten/Eltern gewöhnlich in einem EU-Land aufhalten (Ausnahme wiederum: Dänemark).

c) Sonderzuständigkeit nach HKiEntÜ

Auch ohne dass ein gewöhnlicher Aufenthalt des Kindes in Deutschland begründet worden wäre, sind deutsche Gerichte international zuständig für Entscheidungen nach dem HKiEntÜ. Das ergibt sich aus dem Zweck dieses internationalen Abkommens, das die Wiederherstellung des status quo ante vor einer Kindesentführung oder einem unberechtigten Zurückhalten sichern soll. **407**

2. Sachliche Zuständigkeit

Dass die **Amtsgerichte** für **Familiensachen** zuständig sind, ergibt sich aus § 64 Abs. 1 FGG. Was eine Familiensache ist, steht in § 621 Abs. 1 ZPO. Dazu zählen vor allem Sorgerechtsstreitigkeiten, Nr. 1, und Umgangsregelungen, Nr. 2, aber auch die Statusverfahren, Nr. 10. **408**

Bestehen an einem Amtsgericht mehrere Abteilungen für Familiensachen, bestimmt § 23b Abs. 2 GVG, dass eine Abteilung für alle Angelegenheiten, die „denselben Personenkreis betreffen" zuständig sein muss.

3. Zuständigkeitsabgrenzung zwischen Vormundschafts- und Familiengericht

a) „Großes Familiengericht"

Die Reform des Jahres 1998 war ein weiterer Schritt auf dem Weg zum einheitlichen Familiengericht. Das Lebenspartnerschaftsgesetz und das Gewaltschutzgesetz haben weitere Zuständigkeiten des Familiengerichts gebracht bzw. werden sie bringen. Aber immer noch gibt es schwer durchschaubare Doppelzuständigkeiten zwischen Familien- und Vormundschaftsgericht sowie Abgrenzungsprobleme, auch in der Aufteilung von Richter- und Rechtspflegeraufgaben, wie nachfolgende Liste (s. Rn. 433) zeigt. Die optimistische Annahme, durch das KindRG hätten sich die früheren schwierigen Abgrenzungsprobleme (vgl. noch BGH, MDR 1998, 471) sämtlich erledigt (so Büttner, FamRZ 1998, 585, 586; Schneider, in: Rahm/Künkel, Handbuch des Familiengerichtsverfahrens, III B, Rn. 11), stimmen leider nicht. Zwar sind einige alte Abgrenzungsprobleme entfallen, aber neue hinzugekommen. **409**

b) Zuständigkeitsverteilung bei Vormundschaften und Pflegschaften

Bei der Einrichtung von Vormundschaften und Pflegschaften ist zu unterscheiden zwischen **410**

- der Anordnung,
- der Auswahl des Vormundes und
- der Bestellung eines Vormundes/Pflegers.

Soweit nach BGB dafür zuständig, ordnet das Familiengericht eine Vormundschaft oder Pflegschaft an, § 1697 BGB.

Das gilt nach § 1693 BGB auch für etwa erforderliche Ergänzungspflegschaften (vgl. OLG Zweibrücken, Rpfleger 1999, 489 f.; BayObLG, FamRZ 2000, 1111, 1113; OLG Stuttgart, FamRZ 1999, 1601, 1602 m. w. N.; kritisch Coester in Anm. dazu). § 1693 BGB verdrängt insoweit die Zuständigkeit des Vormundschaftsgerichts für vorläufige Maßnahmen nach §§ 1915, 1774, 1846 BGB (a. A. Bestelmeyer, FamRZ 2000, 1068 ff.; Zorn, FamRZ 2000, 719, 720; Schneider, in: Rahm/Künkel, Handbuch des Familiengerichtsverfahrens, III B, Rn. 421, der insoweit § 1846 BGB für das Familiengericht analog anwendet). **411**

Nach §§ 1697 BGB, 6 RPflG darf der Familienrichter zusätzlich auch den Vormund auswählen oder aber dieses nach § 3 Nr. 2a RPflG dem (Familiengerichts-)Rechtspfleger überlassen. Wählt der Familienrichter selbst aus, hat er die Auswahlbestimmungen der §§ 1776 bis 1779 BGB zu beachten, also insbesondere das Benennungsrecht der Eltern und die Anhörungspflichten gegenüber Jugendamt und ggf. nahen Angehörige nach § 1779 Abs. 3 Satz 1 BGB. Der Familienrichter **412** darf nach wie vor nie „bestellen" i. S. d. § 1789 BGB; dieses und die weitere Beratung und Überwachung des Vormunds/Pflegers bleibt Aufgabe des **Rechtspflegers am Vormundschaftsgerichts**.

413 Zum Teil ist nach wie vor allein das Vormundschafts- und nicht auch das Familiengericht zuständig, dann nämlich, wenn das Kind nur schlicht eines Vormundes, § 1773 BGB, oder Ergänzungspflegers, § 1909 BGB, bedarf, etwa wenn beide Eltern tot sind. Das gilt gerade auch für **minderjährige unbegleitete Flüchtlinge**. Wegen § 14 Abs. 1 Nr. 4 am Ende RPflG ist für Letztere aber ausnahmsweise nicht der Rechtspfleger des Vormundschaftsgerichts, sondern der **Vormundschaftsrichter** zuständig.

414 *Hinweis:*
Bei der Einrichtung einer Ergänzungspflegschaft im Statusverfahren sollte zweckmäßigerweise das Familiengericht nach § 1693 BGB auch die Ergänzungspflegschaft einrichten (und den Ergänzungspfleger auswählen), wenn dieses in der Statusklage beantragt wird. So wird unnötiger Aktenumlauf vermieden und das gesamte Verfahren beschleunigt. Wird dagegen vorab und unabhängig von der Einreichung einer Statusklage die Einrichtung der Ergänzungspflegschaft beantragt, sollte insoweit allein das Vormundschaftsgericht tätig werden.

c) **Abgrenzungsschwierigkeiten bei der Zuständigkeit von Familien- und Vormundschaftsgericht in einzelnen Angelegenheiten**

415 • Bei der Genehmigung der **geschlossenen Unterbringung**, § 1631b BGB,
• dem Anspruch auf **Herausgabe des Kindes**, § 1632 Abs. 1 BGB,
• dem Anspruch auf **Regelung des Umganges gegenüber Dritten**, § 1632 Abs. 2 BGB und
• der **Verbleibensanordnung** nach § 1632 Abs. 4 BGB

ist jetzt sachlich zuständig eigentlich immer das **Familiengericht**. Die frühere Zweiteilung des Rechtsweges, je nach dem, ob die Eltern oder ein Dritter sorgeberechtigt ist, bzw. sich das Kind beim anderen Elternteil oder bei einem Dritten aufhielt wurde mit der Kindschaftsrechtsreform aufgegeben.

416 Entgegen dem Wortlaut des Gesetzes in §§ 1631b BGB und 70 Abs. 1 letzter Satz FGG soll auch nach der Kindschaftsrechtsreform nach mehrfach vertretener Meinung gleichwohl der alleinige Rechtsweg zum **Vormundschaftsgericht** bleiben, wenn die Personensorge bei einem Pfleger oder Vormund liegt. Das wird aus Sinn und Zweck der Reform abgeleitet, die in diesen Fällen keine Änderung gebracht haben soll (vgl. OLG Hamburg, MDR 1999, 164 mit Hinweis auf BT-Drucks. 13/4899 S. 159; vgl. Schneider, in: Rahm/Künkel, Handbuch des Familiengerichtsverfahrens, III B, Rn. 11.1; a. A. und für Zuständigkeit des Familiengerichts: OLG Zweibrücken, FamRZ 2000, 243, 244).

Diese Argumentation überzeugt nicht. Die Formulierungen der Entwurfsbegründung sind allerdings nicht eindeutig. So heißt es z. B. auch: „Künftig soll für alle diese Fälle das Familiengericht zuständig sein" (BT-Drucks. a. a. O., S. 96). Auch schon nach dem bis zum 30.6.1998 geltenden Recht wurde die Meinung vertreten, dass für Herausgabeansprüche immer das Familiengericht zuständig sei (Palandt/Diederichsen, BGB, § 1632 Rn. 10). Da es sich bei der Entscheidung über die Herausgabe eines Kindes nach § 14 Abs. 1 Nr. 7 RPflG um eine Richter- und keine Rechtspflegerangelegenheit handelt, kann für eine teilweise Zuständigkeit des Vormundschaftsgerichts auch nicht angeführt werden, es sei praktischer, alles in der Hand desjenigen (Rechtspflegers) zu lassen, der nach wie vor die Amtsführung von Vormund und Pfleger überwachen müsse.

4. Örtliche Zuständigkeit

a) Grundsatz

Bei Anhängigkeit einer Ehesache ist das Gericht der Ehesache örtlich zuständig, § 621 Abs. 2 Satz 1 Nr. 1 ZPO, ansonsten entscheidet der **Wohnsitz oder der Aufenthalt des Kindes**, § 36 Abs. 1 – 3 FGG.

Da das Kind den Wohnsitz der (sorgeberechtigten) Eltern teilt (§ 11 Satz 1 FGG), hat es nach einer Trennung der Eltern u. U. einen **Doppelwohnsitz** (vgl. BGH, FamRZ 1967, 911; 1992, 664; 1993, 48; 1994, 299) mit der Folge, dass zwei verschiedene Familiengerichte bei Streit der Eltern örtlich zuständig sein können. Zur Entscheidung berufen ist dann – solange keine Ehesache zwischen den Eltern anhängig gemacht wird, § 621 Abs. 2 ZPO – das Gericht, bei dem die Angelegenheit früher anhängig gemacht worden ist oder bei dem früher Anlass zur Einleitung eines Amtsverfahrens bestanden hat (vgl. Keidel/Engelhardt, FGG, § 43 Rn. 20 m. w. N.).

Sind sich die Eltern allerdings darüber einig, wo das Kind seinen Wohnsitz haben soll, bestimmen sie damit zugleich – ausdrücklich oder konkludent – den Wohnsitz des Kindes nach §§ 7, 8 BGB. Dann ist nur das Gericht am gewillkürten Wohnsitz örtlich zuständig (BGH, NJW-RR 1994, 322; BGH, FamRZ 1993, 47; OLG Düsseldorf, DAVorm 1991, 776; OLG Köln, FamRZ 1992, 976; OLG Frankfurt, FamRZ 1996, 351; OLG Hamm, FamRZ 1997, 1294; OLG München, FamRZ 1988, 969; OLG Zweibrücken, DAVorm 1983, 862).

Umstritten ist, ob der trennungsbedingte Einzug der Mutter mit den Kindern in ein **Frauenhaus** einen Wohnsitz der Kinder begründen kann. Dieses hängt im Einzelfall wesentlich vom Willen der Mutter ab, nur für kurze Zeit aus der bisherigen Familienwohnung zu fliehen oder aber endgültig aus ihr auszuziehen. Ein längerer Aufenthalt im Frauenhaus von mehr als zwei Wochen muss als Indiz für den Willen, die Familienwohnung endgültig zu verlassen, genommen werden (so auch OLG Hamm, FamRZ 2000, 1294, 1295; a. A. OLG Köln, FamRZ 1995, 1224). Dieses Indiz gewinnt an Stärke, wenn die Mutter nicht binnen kurzen ihren Rückkehrwillen deutlich macht, was bei Verheiraten u. a. durch einen Antrag auf Wohnungszuweisung nach § 1631b BGB geschehen kann (vgl. zu dieser Frage BGH, NJW-RR 1994, 322; BGH, FamRZ 1993, 47; OLG Düsseldorf, DAVorm 1991, 776; OLG Köln, FamRZ 1992, 976; OLG Frankfurt, FamRZ 1996, 351; OLG Hamm, FamRZ 1997, 1294; BGH, FamRZ 1995, 728 für einen weniger als dreiwöchigen Aufenthalt, die sämtlich eine Tendenz dahin erkennen lassen, den endgültigen Auszugswillen der ins Frauenhaus geflüchteten Mutter zu bezweifeln).

b) Kein besonderer Geschwistergerichtsstand

Das Gesetz kennt keinen besonderen Geschwistergerichtsstand, außer es wird eine einheitliche Sorgerechts- oder Umgangsregelung für alle Geschwister angestrebt oder es besteht bereits eine Vormundschaft oder Pflegschaft für mehrere Geschwister an einem Ort, § 43 Abs. 1 FGG. Bei mehreren Geschwistern können also **mehrere Familiengerichte** zuständig sein.

c) Bei Abänderungen

Wird Abänderung einer gerichtlichen Umgangs- oder Sorgerechtsregelung (mit Ausnahme bei bestehender Vormundschaft oder Pflegschaft) nach § 1696 BGB begehrt oder von Amts wegen geprüft, bestimmt sich die örtliche Zuständigkeit nach den Wohnsitzverhältnissen zum **Zeitpunkt des Abänderungsantrages bzw. der Prüfungsnotwendigkeit nach § 1666 BGB**.

Überprüfungen und Abänderungen von bestehenden Vormundschaften und Pflegschaften werden dagegen von dem Gericht vorgenommen, dass diese Maßnahmen angeordnet hat (vgl. Bumiller/Winkler, FGG, § 36 Anm. 2), es sei denn das Verfahren kann nach § 46 FGG mit Zustimmung des Vormundes und bei Übernahmebereitschaft eines anderen Familiengerichts **aus wichtigem Grund** an dieses **abgegeben** werden.

d) Perpetuatio fori

423 Eine einmal begründete Zuständigkeit entfällt auch bei nachträglichen Änderungen weder nach den Regeln der ZPO noch des FGG.

424 **Ausnahme**: Es wird nachträglich eine Ehesache zwischen den Eltern anhängig. Dann sollen alle familienrechtliche Streitigkeiten dieser Familie beim **Gericht der Ehesache** konzentriert werden, § 621 Abs. 2 ZPO. Bereits laufende familiengerichtliche Verfahren sind **von Amts wegen** an das Gericht der Ehesache zu verweisen (ZPO-Verfahren) oder abzugeben (FGG-Verfahren), § 621 Abs. 3 ZPO. Wie die örtliche Zuständigkeit der Ehesache bestimmt wird, steht im Katalog des § 606 ZPO, der eine Rangfolge von fünf verschiedenen Gerichtsständen vorsieht.

e) Auffanggericht

425 Für alle Familiensachen, in denen ein inländischer Wohnsitz oder gewöhnlicher Aufenthalt eines Beteiligten oder einer Partei nicht besteht, gleichwohl aber eine internationale Zuständigkeit besteht oder behauptet wird, ist nach wie vor das **Amtsgericht Schöneberg in Berlin zuständig**, §§ 36 Abs. 2 FGG, 640a ZPO, das FGG-Sachen aus wichtigem Grunde mit bindender Wirkung an ein anderes, seiner Meinung nach geeigneteres Familiengericht abgeben kann.

f) Eilzuständigkeiten

426 Eil- und vorläufige Zuständigkeiten gibt es im Bereich der Familiensachen – anders als in Vormundschaftsangelegenheiten (§ 36b FGG) – nur bei Fällen mit Auslandsberührung. Ansonsten ist auch für Eilmaßnahmen immer das Gericht der Hauptsache zuständig.

427 § 5 des Gesetzes zur Ausführung von Sorgerechtsübereinkommen und zur Änderung des Gesetzes über die freiwillige Gerichtsbarkeit sowie anderer Gesetze vom 5.4.1990 – **SorgeRAusfG** – bestimmt als örtlich zuständiges Gericht für alle **Rückführungsmaßnahmen sowie Vollstreckbarkeitserklärungen** das Familiengericht, in dem sich das Kind zur Zeit des Einganges des Antrages aufhält oder – wenn dieser nicht bekannt oder unsicher ist – in dessen Bezirk das Bedürfnis der Fürsorge besteht. Bereits seit Inkrafttreten des SorgeRAusfG und damit der Umsetzung von HKiEntÜ und ESÜ in Deutschland und nicht erst seit der Kindschaftsrechtsreform 1998 ist das Familiengericht unabhängig davon zuständig, ob die Eltern des Kindes miteinander verheiratet sind oder waren, § 6 SorgeRAusfG.

428 Durch das Gesetz zur Änderungen von Zuständigkeiten nach dem SorgeRAusfG vom 13.4.1999 (BGBl. I S. 702) wurden die Landesregierungen ermächtigt, durch Verordnung die Zuständigkeit nach § 5 SorgeRAusfG bei einem Familiengericht des OLG-Bezirks bzw. bei mehreren OLG in einem Land bei einem Familiengericht für alle oder mehrere OLG-Bezirke zu **konzentrieren**. Grund für diese Maßnahme war die Kritik des Auslandes an einer sehr uneinheitlichen, meist konventionsunfreundlichen Rechtsprechung verschiedener Familiengerichte. Durch die Konzentration der Zuständigkeiten auf wenige Gerichte sollen trotz relativ geringer Fallzahlen gerade auch in dieser Spezialmaterie kompetente Gerichte für ein Land oder OLG-Bezirk einheitlich entscheiden. Der Ermächtigung sind ersichtlich alle Bundesländer gefolgt.

Danach ist z.B. das Familiengericht Hamburg (Mitte) für den Bereich des OLG Hamburg, das Familiengericht Kreuzberg-Tempelhof für den Bereich des KG zuständig.

429 Im Gegensatz zu der gesetzlich angeordneten Konzentration der örtlichen Zuständigkeit für Anträge auf Rückführung und Vollstreckbarkeitserklärung nach § 5 SorgRAusfG bestimmt § 10 SorgRAusfG, dass für **Bescheinigungen über die Widerrechtlichkeit des Verbringens oder Zurückhaltens eines Kindes** das nach den üblichen Regeln zuständige (Familien-)Gericht örtlich zuständig ist. Das erscheint nicht durchdacht, dient doch gerade die Konzentration des Sachverstandes bei einem Familiengericht in jedem OLG-Bezirk der Verbesserung und Vereinheitlichung der Rechtsprechung in diesen international heiklen Fällen. Außerdem ist die Bescheinigung der Widerrechtlichkeit des Verbringens oder Zurückhaltens eines Kindes nach der Rechtsprechung des

BGH eine Zwischenentscheidung für das Entführungsverfahren und keine Endentscheidungen über Familiensachen i. S. d. § 621 Abs. 1 Nr. 3, 6, 7, 9 ZPO (FamRZ 2001, 1706). Dann aber sollte allein das für Rückführungsfälle zuständige Gericht entscheiden. Abhilfe kann hier wohl leider nur der Gesetzgeber schaffen, es sei denn die Landesregierungen machten von ihrer Konzentrationsbefugnis Gebrauch.

g) Ausschließliche Zuständigkeit

Familiengerichte sind für die ihnen übertragenen Angelegenheiten (§ 621 Abs. 1 ZPO) im Wesentlichen ausschließlich zuständig, d. h. die Zuständigkeit eines anderen Gerichtes kann nicht vereinbart oder prorogiert werden (Schneider, in: Rahm/Künkel, Handbuch des Familiengerichtsverfahrens, III B, Rn. 35). Die Möglichkeit einer Abgabe aus wichtigem Grunde (§ 46 FGG) bestätigt als (sehr beschränkte) Ausnahme die Regel. 430

h) Negativer Kompetenzkonflikt

Halten sich verschiedene angerufene Familiengerichte für unzuständig, entscheidet in ZPO- ebenso wie in FGG-Sachen das im Rechtszug höhere **gemeinsame OLG,** fehlt ein solches, entscheidet das OLG, zu dessen Bezirk das zunächst mit der Sache befasste Gericht gehört, §§ 36 Abs. 1 ZPO, 5 FGG. Will das danach zuständige OLG in ZPO-Verfahren bei der Bestimmung des zuständigen Gerichts in einer Rechtsfrage von der Entscheidung eines anderen OLG oder des BGH abweichen, so hat es die Sache unter Darlegung seines Rechtsstandpunktes dem BGH vorzulegen, der dann auch über die Zuständigkeit entscheidet, § 36 Abs. 3 ZPO. 431

5. Funktionelle Zuständigkeit

Darunter versteht man die Verteilung der Rechtsprechungsaufgaben zwischen Rechtspfleger und Richter, wie sie das RPflG in den §§ 3, 14 und 20 getroffen hat. 432
Nach § 14 Abs. 1 Satz 1 RPflG sind grundsätzlich alle dem Familiengericht übertragenen FGG-Verfahren Angelegenheit des Rechtspflegers bis auf die ausdrücklich genannten, dem Richter vorbehaltenen Verfahren.
Im Einzelfall ist gleichwohl nicht ganz einfach zu entscheidenden, ob der Richter oder der Rechtspfleger zuständig ist. Deshalb zunächst ein Überblick: 433

1. Im Bereich der elterlichen Sorge		
• Nach Trennung nicht miteinander verheirateter Eltern, §§ 1671 Abs. 2, 1672 BGB	Richter, § 14 Abs. 1 Nr. 15 RPflG	
• Nach Ruhen der elterlichen Sorge der allein sorgeberechtigten Mutter oder deren Tod, §§ 1626a, 1678 Abs. 2, 1680 Abs. 2, 3, 1681 BGB	Richter, § 14 Abs. 1 Nr. 15 RPflG	
• Alle Maßnahmen bei Gefährdung des Kindeswohls §§ 1666, 1666a, 1697 BGB	Richter, § 14 Abs. 1 Nr. 8 RPflG	

2. Einzelmaßnahmen aus dem Bereich der elterlichen Sorge

Maßnahme		
• Übertragung des Rechtes der Bestimmung des Familiennamens eines Kindes, § 1617 Abs. 2 BGB	Richter, § 14 Abs. 1 Nr. 5 RPflG	
• Ersetzung der Einwilligung des Elternteiles in die Einbenennung des Kindes, § 1618 BGB		Rechtspfleger, § 3 Nr. 2a RPflG
• Unterstützung der Eltern bei der Ausübung der elterlichen Sorge, § 1631 Abs. 3 BGB		Rechtspfleger, § 3 Nr. 2a RPflG
• Feststellung des Ruhens der elterlichen Sorge und die Feststellung, dass der Grund des Ruhens nicht mehr besteht, § 1674 Abs. 1, 2 BGB		Rechtspfleger, § 3 Nr. 2a RPflG
• Maßnahmen bei Verhinderung der Eltern an der Ausübung der elterlichen Sorge, § 1693 BGB		Rechtspfleger, § 3 Nr. 2a RPflG
• Übertragung der Entscheidungsbefugnis in einzelnen Angelegenheiten, § 1628 BGB	Richter, § 14 Abs. 1 Nr. 5 RPflG	
• Beschränkung der Vertretungsbefugnis bei gemeinsamen Sorgerecht, §§ 1629 Abs. 2 Satz 2, 1687 Abs. 2 BGB	Richter, § 14 Abs. 1 Nr. 5 RPflG	
• Entzug der Befugnis, das Kind in Fällen des § 1796 BGB zu vertreten, § 1629 Abs. 2 Satz 3 BGB		Rechtspfleger, § 3 Nr. 2a RPflG
• Beschränkung der Vertretungsbefugnis des nicht Sorgeberechtigten, § 1687a BGB	Richter, § 14 Abs.1 Nr. 16 RPflG	
• Übertragung von einzelnen Angelegenheiten der elterlichen Sorge auf Pflegeperson, § 1630 Abs. 3 BGB	Richter, § 14 Abs. 1 Nr. 6a RPflG	
• Beschränkung der Befugnisse der Pflegeperson, in Angelegenheiten des täglichen Lebens zu entscheiden, § 1688 Abs. 3 BGB		Rechtspfleger, § 3 Nr. 2a RPflG
• Ersetzung der Zustimmung des gesetzlichen Vertreters zur Sorgeerklärung des minderjährigen Elternteiles, §§ 1626a Abs. 1 Satz 1, 1626c Abs. 2 BGB	Richter, § 14 Abs. 1 Nr. 9 RPflG	

• Entscheidung in einzelnen Angelegenheiten bei zwischen Eltern und Pfleger aufgeteilter Personen- und Vermögenssorge, § 1630 Abs. 2 BGB	Richter, § 14 Abs. 1 Nr. 6a RPflG	
• Anfertigung eines Vermögensverzeichnisses bei Erbschaft von mehr als 15.000 €, § 1640 BGB		Rechtspfleger, § 3 Nr. 2a RPflG
• Genehmigung genehmigungsbedürftiger Rechtsgeschäfte des Sorgeberechtigten für das Kind, § 1634 BGB		Rechtspfleger, § 3 Nr. 2a RPflG
• Genehmigung zur Überlassung von Vermögen an das Kind und den Beginn eines neuen Erwerbsgeschäftes, §§ 1644, 1645 BGB		Rechtspfleger, § 3 Nr. 2a RPflG
• Maßnahmen bei Gefährdung des Kindesvermögens, § 1667 BGB		Rechtspfleger, § 3 Nr. 2a RPflG
• Vermögensauseinandersetzung, wenn ein Elternteil mit Vermögenssorge für ein Kind einen Dritten heiratet, § 1683 BGB		Rechtspfleger, § 3 Nr. 2a RPflG
3. Maßnahmen, betr. den Aufenthalt des Kindes		
• Genehmigung freiheitsentziehender Maßnahmen durch den Sorgeberechtigten, § 1631b BGB	Richter, § 4 Abs. 2 Nr. 2 RPflG	
• Streitigkeiten über das Recht, die Herausgabe des Kindes zu verlangen, § 1632 Abs. 3 BGB	Richter, § 14 Abs. 1 Nr. 7 RPflG	
• Streitigkeiten über die Herausgabe der zum persönlichen Gebrauch des Kindes erforderlichen Sachen, § 50d FGG	Richter, § 14 Abs. 1 Nr. 7 RPflG	
• Verbleibensanordnung zugunsten von Pflegeeltern, § 1632 Abs. 4 BGB	Richter, § 14 Abs. 1 Nr. 7 RPflG	
• Verbleibensanordnung zugunsten des Stiefelternteiles, § 1682 BGB	Richter, § 14 Abs. 1 Nr. 7 RPflG	

4. Maßnahmen betr. den Umgang des Kindes		
• Alle Umgangsregelungen mit einem Elternteil, § 1684 BGB	Richter, § 14 Abs. 1 Nr. 16 RPflG	
• Umgangsregelungen mit anderen Personen, § 1685 BGB	Richter, § 14 Abs. 1 Nr. 16 RPflG	
• Meinungsverschiedenheiten der Eltern über Umgang des Kindes mit Dritten, § 1632 Abs. 2 BGB	Richter, § 14 Abs. 1 Nr. 16 RPflG	
• Streitigkeiten über Auskunftspflicht, § 1686 BGB	Richter bei gemeinsamer Sorge, § 14 Abs. 1 Nr. 5 RPflG	Rechtspfleger bei Alleinsorge, § 3 Nr. 2a RPflG
5. Befreiungen/Genehmigungen im Zusammenhang mit Eheschließung		
• Befreiung vom Erfordernis der Volljährigkeit und nachträgliche Genehmigung ohne Befreiung, §§ 1303, 1315 Abs. 1 Nr. 1 BGB	Richter, § 14 Abs. 1 Nr. 18 RPflG	
• Befreiung vom Eheverbot der Verwandtschaft nach Adoption, § 1308 BGB	Richter, § 14 Abs. 1 Nr. 18 RPflG	

434 Von der Regelzuständigkeit des Rechtspflegers in familienrechtlichen Angelegenheiten gibt es auch außerhalb der Richtervorbehalte in § 14 RPflG **Ausnahmen,** und zwar
- über § 6 RPflG bei der Feststellung der längeren Verhinderung des Sorgeberechtigten nach § 1674 BGB, wofür eigentlich der Rechtspfleger zuständig ist. Nach § 6 RPflG „soll" der Richter auch die Feststellung nach § 1674 BGB treffen, wenn für eine anschließend notwendige Übertragung der elterlichen Sorge auf den anderen Elternteil oder einen Vormund der Richter zuständig ist. „Soll" heißt hier regelmäßig „muss", um ein für die Betroffenen einheitliches Verfahren auch in einer Hand zu entscheiden. Die Formulierung „soll" wurde lediglich gewählt, um eine insoweit falsche Handhabung nicht anfechtbar zu machen, nicht aber, um dem zuständigen Richter insoweit ein Ermessen einzuräumen.

  Das gilt vor allem dann, wenn eine anschließend anzuordnende Vormundschaft nach § 14 Abs. 1 Nr. 4 am Ende RPflG nur vom Richter angeordnet werden kann, weil es sich bei dem Minderjährigen um einen **ausländischen Staatsangehörigen** handelt.

  Außerdem kommt bei Zusammenhang von streitiger **Sorgerechts- oder Umgangsregelung** und Namensstreitigkeiten in Betracht, dass der Richter nach § 6 RPflG die Sache an sich zieht und zusammen verhandelt.

435 • nach § 14 Abs. 1 Nr. 5 RPflG soll bei **Streitigkeiten zwischen gemeinsam Sorgeberechtigten** der Richter entscheiden. Das ist zu beachten bei der Übertragung des Rechtes der Bestimmung des Familiennamens eines Kindes, § 1617 Abs. 2 BGB; a.A. Künkel (FamRZ 1998, 877) der den Rechtspfleger nach § 3 Nr. 2a RPflG für zuständig hält.

Das Gleiche gilt für Ersetzung der Einwilligung des Elternteiles in die Einbenennung des Kindes nach § 1618 BGB und Entscheidung in einzelnen Angelegenheiten bei zwischen Eltern und Pfleger aufgeteilter Personen- und Vermögenssorge, § 1630 Abs. 2 BGB, wenn beide Eltern sorgeberechtigt sind. Nach Künkel (FamRZ 1998, 877) handelt es sich bei Letzterem immer um eine Rechtspflegerangelegenheit, da § 1686 BGB in § 14 Nr. 16 RPflG nicht genannt sei; wie hier: Klüsener, Rpfleger 1998, 230.

Auch bei Streitigkeiten über die **Auskunftspflicht,** § 1686 BGB, ist der Richter zuständig bei gemeinsamer elterlicher Sorge, der Rechtspfleger bei alleiniger elterlicher Sorge. 436

Dagegen ist die Beschränkung der Befugnisse der Pflegeperson, in Angelegenheiten des täglichen Lebens zu entscheiden, § 1688 Abs. 3 BGB, unabhängig von der Frage, ob alleinige oder gemeinsame elterliche Sorge besteht, immer Angelegenheit des Rechtspflegers (so Künkel, FamRZ 1998, 877, 878; Klüsener, Rpfleger 1998, 221, 231). Schließlich wird hier nicht über einen Streit zwischen den gemeinsam Sorgeberechtigten entschieden. 437

Funktional zuständig für die Genehmigung der **geschlossenen Unterbringung** ist wegen des Richtervorbehalts in § 4 Abs. 2 Nr. 2 RPflG der Richter, der nach den allgemeinen Regeln des FGG (Amtsverfahren, Amtsermittlung) und den speziellen **Unterbringungsvorschriften der §§ 70 ff. FGG** mit seinen gegenüber den allgemeinen Regeln spezielleren und weitergehenderen Anhörungs-, Beiordnungs-, Begründungs- und Mitteilungspflichten zu verfahren hat. 438

II. Sonstiges Verfahrensrecht

1. Allgemeine Verfahrengrundsätze

a) Amtsermittlungspflicht in Sorge- und Umgangsstreitigkeiten

Sorge- und Umgangsrechtsstreitigkeiten werden im Verfahren der freiwilligen Gerichtsbarkeit ausgetragen mit der Folge, dass das Familiengericht den zu beurteilenden Sachverhalt und die notwendigen Maßnahmen jeweils **von Amts wegen** zu ermitteln hat, § 12 FGG. Auf einen Antrag als Verfahrenseinleitung ist es nur dort angewiesen, wo das Gesetz dieses ausdrücklich vorschreibt, also z. B. bei der Einleitung eines Sorgerechtsverfahrens nach dauernder Trennung der Eltern, § 1671 Abs. 1 BGB. Ansonsten wird es von Amts wegen tätig, wenn es Anlass dazu sieht, etwa im Rahmen des § 1666 BGB. Häufig führen hier allerdings „Anträge" eines Elternteiles, des Jugendamtes oder Dritter – wie Lehrer oder Kinderärzte –, die verfahrensrechtlich aber nur als Anregungen aufzufassen sind, zum Tätigwerden des Gerichts. 439

Die Pflicht zur Amtsaufklärung zwingt regelmäßig dazu, **Pflegeeltern** in einem Verfahren nach § 1666 BGB, in dem es um den Entzug der elterlichen Sorge der Eltern geht, obwohl die Pflegeeltern in diesem Verfahren nicht antrags- oder beschwerdeberechtigt sind, **persönlich anzuhören** (OLG Köln, FamRZ 2000, 1241).

Zur Aufklärung des Sachverhalts muss das Gericht u. U. **Ermittlungsakten** aus einem laufenden Ermittlungsverfahren beiziehen, ohne den Inhalt dieser Akten den Beteiligten mitteilen zu dürfen, weil die Ermittlungsbehörden dieses nicht gestatten. Ob und in welchem Umfang das Ergebnis dieser „Geheim-Einsichtnahme" im Sorge- oder Umgangsregelungsverfahren verwertet werden darf, ist umstritten. Die Rechtsprechung neigt zur Verwertbarkeit (vgl. OLG Brandenburg, FamRZ 2002, 621, 622), während in der Literatur ernsthafte verfassungsrechtliche Bedenken gegen ein solches Vorgehen erhoben werden (so Vollkommer, Anm. zur vorgenannten Entscheidung, a. a. O. 622, 623).

b) Eingeschränkte Amtsermittlungspflicht bei Statusverfahren

440 Statusverfahren (Vaterschaftsanfechtungs- und -feststellungsverfahren) sind – anders als Umgangs- und Sorgerechtsstreitigkeiten – ZPO-Verfahren mit eingeschränkter Amtsermittlungspflicht des Gerichts, §§ 640 ff. ZPO, mit **Ausnahme** von Statusverfahren nach dem Tod des Vaters. Diese folgen wiederum besonderen Regeln des FGG, § 55b, § 56c FGG.

c) Pflicht zur persönlichen Anhörung der Eltern und des Kindes

441 In Verfahren, die die Personen- und Vermögenssorge betreffen wird das freie Ermessen des Familiengerichts bei der Ermittlung des Sachverhalts eingeschränkt durch gesetzliche Anhörungspflichten, die ein Ausfluss des verfassungsrechtlichen Gebots auf ein faires Verfahren sind und damit über das Gebot rechtlichen Gehörs hinausgehen (vgl. BVerfG, FamRZ 2000, 731, 733). Das Gericht muss Eltern (§ 50a FGG) und Kinder (§ 50b FGG) in der Regel **persönlich anhören**, u. U. auch die Pflegeperson, den Stiefelternteil und andere umgangsberechtigte Personen (§ 50c FGG) und darf davon teilweise nur aus schwerwiegenden Gründen absehen. Die Intensität der Anhörungspflicht steht in einem unmittelbarem Verhältnis zur Intensität des Eingriffs in Eltern- und Kindesrechte. Der Wunsch der Eltern, die Kinder durch das gerichtliche Verfahren nicht unnötig belasten zu wollen, ist allein kein Grund, von der vorgeschriebenen Anhörung abzusehen. Denn die Anhörung steht nicht zu ihrer Disposition (BayObLG, FamRZ 1984, 197; OLG Zweibrücken, FamRZ 1999, 246). Die persönliche Anhörung muss ggf. in der **Beschwerdeinstanz** erneut erfolgen, wenn es für die Entscheidung auf den persönlichen Eindruck des Gerichts ankommt und von der Anhörung eine Sachaufklärung zu erwarten ist, kann aber in dieser Instanz unterbleiben, wenn alle Gesichtspunkte erschöpfend aufgeklärt sind und nach dem gesamten Akteninhalt von einer weiteren Anhörung keine verbesserte Sachaufklärung zu erwarten ist. Dann stellt das Unterlassen der persönlichen Anhörung auch keinen Verstoß gegen das verfassungsrechtliche Gebot rechtlichen Gehörs dar (VerfGH Berlin, FamRZ 2001, 848, 849). Dass ein **kinderpsychologisches Gutachten** eingeholt wurde, entbindet das Gericht normalerweise nicht von der Verpflichtung zur persönlichen Anhörung (OLG Köln, FamRZ 2002, 111). **Unterbleibt** die **gebotene Anhörung** von Eltern und Kindern, muss dieses vom Gericht ausdrücklich begründet werden (OLG Hamm, FamRZ 2001, 849, 850).

442 Es darf allerdings nicht verkannt werden, dass vor allem Kinder durch eine unprofessionelle richterliche Anhörung („Wen hast Du mehr lieb? Papa oder Mama?") durchaus Schaden nehmen können und dass ein Richter, der gegen eigene innere Überzeugung und ohne ausreichende Übung Kinder persönlich anhört, diesen mehr schaden kann, als wenn er die Anhörung unterließe. Sachgerechte Kindesanhörungen einschließlich der Gestaltung der Anhörungssituation (z. B. in Anwesenheit oder Abwesenheit weiterer Beteiligter) muss und kann man lernen.

443 Es gibt auch Angelegenheiten, in denen die persönliche Anhörung zur bloßen Form degenerieren kann. Möglicherweise ist das bei der Feststellung des Ruhens der elterlichen Sorge und der Einrichtung einer Vormundschaft der Fall, wenn bei minderjährigen unbegleiteten Flüchtlingen ein entsprechender Antrag durch das für minderjährige Asylbewerber zuständige Jugendamt gestellt wird. Immerhin ermöglicht eine – regelmäßig kurze – persönliche Anhörung auch in diesen Fällen eine oberflächliche Meinungsbildung zur Frage, ob das asylsuchende Kind wirklich noch minderjährig ist. Denn (vertrauenswürdige) Personalpapiere führen diese Asylsuchenden regelmäßig nicht bei sich.

Auch in anderen Fällen, in denen eine persönliche Anhörung nicht möglich oder aber aus schwerwiegenden Gründen von ihr abzusehen ist, muss dann statt dessen – soweit möglich – eine **schriftliche Anhörung** erfolgen (Keidel/Engelhardt, FGG, § 50a Rn. 23). Die unterbliebene (persönliche und schriftliche) Anhörung eines zweijährigen Kindes dürfte jedenfalls regelmäßig keinen Verfahrensmangel darstellen (vgl. OLG Hamm, FamRZ 1996, 421, 422; OLG Oldenburg, FamRZ 1996, 895; Oelkers, FamRZ 1997, 779 ff.), wenn es auch Fälle geben kann, in denen die Inaugenscheinnahme eines zweijährigen Kindes geboten sein kann, etwa um sich von seinem Pflegezustand oder bestimmten Behinderungen zu überzeugen.

In **Eilfällen** („bei Gefahr im Verzuge") kann das Gericht einstweilige Anordnungen auch ohne vorherige persönliche Anhörung erlassen, muss dann aber die persönliche Anhörung unverzüglich nachholen. Ein Verstoß gegen diese gesetzlichen Anhörungspflichten ist ein erheblicher Verfahrensmangel, der zur Aufhebung der Entscheidung und Zurückverweisung führen kann (BVerfG, FamRZ 1994, 223; OLG Hamm, FamRZ 1987, 1288; OLG Karlsruhe, FamRZ 1994, 393; OLG Zweibrücken, FamRZ 1986, 714; KG, FamRZ 1979, 69; OLG Frankfurt, FamRZ 1999, 247).

444

d) Pflicht zum Hinwirken auf einvernehmliche Elternlösungen

Mit dem neuen § 52 FGG hat der Gesetzgeber eine über die allgemeine Pflicht zur gütlichen Beilegung von rechtlichen Konflikten hinausgehende Verpflichtung des Gerichts geschaffen, im Interesse des Kindes auf ein Einvernehmen der Beteiligten hinzuwirken. Ziel auch dieser Verfahrensvorschrift ist die Stärkung der Elternautonomie. Bevor das Gericht über Eingriffe in Elternrechte nachdenkt, muss es in Anwendung des Verhältnismäßigkeitsgrundsatzes den Eltern Gelegenheit geben, alle vorhandenen Beratungs- und Unterstützungsangebote vor allem des Jugendamtes auszuschöpfen und deshalb auf diese Angebote hinweisen. Es gehört zur elterlichen Verantwortung, diesen Angeboten nachzugehen und eine Einigung zu versuchen. Vor der Entscheidung ist also ausdrücklich eine **Beratungsphase** gesetzt worden. Wird diese vom Gericht nicht eingehalten, kann das ein schwerer Verfahrensfehler sein, der zur Aufhebung der Entscheidung und Zurückverweisung führen kann (OLG Zweibrücken, FamRZ 2000, 627). Als Mittel zur Durchsetzung dieser Beratungsphase verweist § 52 FGG ausdrücklich auf die Möglichkeit der Aussetzung des Verfahrens und einstweilige Anordnungen. § 52 FGG verdeutlicht: Nicht eine schnelle Entscheidung ist das primäre Ziel des Gerichts, sondern der Versuch, diese durch „Bemächtigung" der Eltern überflüssig zu machen! Dazu braucht man in der Regel mehrere Monate Zeit und darf sich auch durch (zunächst) unwillige Eltern nicht zur vorschnellen Entscheidung provozieren lassen (vgl. OLG Zweibrücken, a. a. O.).

445

2. Neuregelung des Scheidungsverbundes

a) Sorgerechtsantrag

Nach § 623 Abs. 1 ZPO ist im Rahmen des Scheidungsverfahrens jetzt nur dann noch eine Entscheidung über die elterliche Sorge zu treffen, wenn zumindest **ein Elternteil** einen Antrag auf Übertragung der elterlichen Sorge oder eines Teiles davon stellt (im Anwaltszwang! vgl. kritische Überlegungen von Schüller, FamRZ 1998, 1287 f.).

446

> *Hinweis:*
> *Ein Antrag ist **immer erforderlich**, auch nach rechtskräftiger Vorabentscheidung über die Scheidung (so BGH, FamRZ 1998, 1505).*

b) Berücksichtigung gemeinsamer minderjähriger Kinder im Scheidungsverfahren

Auch **ohne Sorgerechtsantrag** der Eltern spielen gemeinsame minderjährige Kinder im Scheidungsverfahren aber nach wie vor eine rechtlich bedeutsame Rolle:

447

Der Scheidungsantrag muss nach wie vor **Angaben zu gemeinsamen minderjährigen Kindern** enthalten, auch wenn kein Sorgerechtsantrag gestellt wird, § 622 Abs. 2 Satz 1 Nr. 1 ZPO.

Das Familiengericht hat eine **Mitteilungspflicht an das Jugendamt**, § 17 Abs. 3 SGB VIII, das seinerseits in eigener Verantwortung den Eltern gerade auch im Interesse der Kinder Hilfe und Beratung anbieten muss.

Schließlich muss das Familiengericht die Eltern nach wie vor **zur elterlichen Sorge anhören** und **auf die Beratungsangebote des Jugendamtes hinweisen**, § 613 Satz 2 ZPO.

Möglicherweise ist in diesem Zusammenhang auch eine **Anhörung der Kinder** gegen den Willen der Eltern möglich (so jedenfalls Bergmann/Gutdeutsch, FamRZ 1999, 422, 424 unter Hinweis auf das Wächteramt des Staates).

c) **Umgangsregelungen von Amts wegen**

448 Ob während des Scheidungsverfahrens von Amts wegen Umgangsregelungsverfahren eingeleitet werden und damit Folgesachen werden können oder ob auch über Umgangsregelungen im Scheidungsverfahren nur auf Antrag eines Umgangsberechtigten oder -verpflichteten entschieden werden kann, ist zweifelhaft. Gerichtliche Einzelanordnungen zur Erfüllung der Umgangspflicht, auch von Amts wegen, wenn die Eltern keinen Sorgerechtsantrag gestellt haben und dem Richter bei der Anhörung nach § 613 ZPO keine befriedigende Auskunft über die Situation der Kinder erteilen, halten für möglich: Bergmann/Gutdeutsch, FamRZ 1999, 422, 424.

d) **Erweiterung des Katalogs der Folgesachen**

449 Auch **Verfahren nach § 1666 BGB und Umgangsstreitigkeiten mit nahen Angehörigen und Stiefeltern** fallen in die ausschließliche Zuständigkeit des Scheidungsgerichtes und den Scheidungsverbund und müssen deshalb nach Anhängigkeit der Ehesache an das Scheidungsgericht abgegeben werden, § 621 Abs. 2 Satz 1 Nr. 1, 2, Abs. 3 ZPO.

450 **Kraft Gesetzes** werden jetzt alle rechtzeitig anhängig gemachten Sorge- und Umgangsregelungsverfahren, einschließlich Herausgabeverfahren **Folgesache**, § 623 Abs. 2 Satz 1 Nr. 1, 2, 3, Abs. 4 ZPO.

Das gilt auch für bei Einreichung der Scheidung bereits laufende Verfahren. Laufende isolierte Sorge- und Umgangsrechtsstreitigkeiten haben sich damit seit dem 1.7.1998 in der Hauptsache erledigt, es sei denn eine Scheidungspartei stellt einen Antrag nach § 623 Abs. 2 Satz 2 ZPO (s. nachfolgend Rn. 451). Denn es erscheint wenig sinnvoll, ein isoliertes Verfahren zunächst als erledigt anzusehen, eine logische Sekunde lang im Scheidungsverbund fortzusetzen, um es dann erneut als isoliertes Verfahren zu betreiben.

Evtl. von Amts wegen einzuleitende Sorgerechtsverfahren nach § 1666 BGB werden jetzt ebenfalls Folgesachen, § 623 Abs. 3 ZPO. Auch insoweit besteht eine Abtrennungsmöglichkeit, § 623 Abs. 3 Satz 2 ZPO.

451 Sorge- und Umgangsstreitigkeiten sowie wegen des inneren Zusammenhangs damit auch Unterhaltsstreitigkeiten wegen Kindes- und Ehegattenunterhalts können **auf Antrag vom Scheidungsverbund abgetrennt** und **als selbständige Familiensache fortgeführt** werden, § 623 Abs. 2 Satz 2 ZPO. Anders als bei einer Abtrennung nach § 628 ZPO bleiben diese Verfahren nicht Folgesache und richten sich die Gebühren- und Kostenfolgen nicht mehr nach GKG, sondern nach KostO und FGG (OLG Naumburg, FamRZ 2001, 111; OLG Koblenz, FamRZ 2001, 112).

452 Der **Geschäftswert** eines isolierten Umgangsregelungsverfahrens ist nach §§ 94 Abs. 1 Nr. 4, Abs. 2 Satz 1, 30 Abs. 2 KostO grundsätzlich mit **3.000 Euro** – und nicht nach § 12 Abs. 2 Satz 3 GKG mit 750 Euro – anzusetzen (OLG Düsseldorf, FamRZ 2000, 686; OLG Schleswig, FamRZ 2002, 41).

453 Da im Scheidungsverbund Anwaltszwang herrscht, kann die Abtrennung eigentlich nur durch einen zugelassenen Rechtsanwalt beantragt werden (vgl. kritische Überlegungen von Schüller, FamRZ 1998, 1287 f.). Das erscheint zumindest in den Fällen sinnlos, in denen ein bisheriges Sorgerechts- oder Umgangsregelungsverfahren isoliert betrieben wurde.

3. **Abänderung familiengerichtlicher Maßnahmen zu Sorge- und Umgangsrecht, § 1696 BGB**

454 Der Gesetzestext gibt jetzt den Inhalt der bisherigen höchstrichterlichen Rechtsprechung wieder, wonach Sorgerechts- und Umgangsregelungen abgeändert werden können, „wenn dieses aus triftigen, das Wohl des Kindes nachhaltig berührenden Gründen angezeigt ist". Allein der nicht mehr

bestehende Wille eines Elternteiles, das Sorgerecht gemeinsam auszuüben, ist unbeachtlich (vgl. OLG Karlsruhe, NJW-RR 1998, 940; zustimmend Runge, FPR 1999, 142, 145). Nach § 1696 BGB ist vielmehr ein strenger Prüfungsmaßstab anzuwenden (OLG Karlsruhe, FamRZ 2000, 1605).

Umstritten ist nach wie vor das Verhältnis von alter Sorgerechtsentscheidung nach § 1672 BGB a.F. und (fehlendem) Sorgerechtsantrag nach § 1671 BGB n. F., also die Frage, ob die alte Sorgerechtsregelung nach § 1672 BGB, die ursprünglich nur bis zu einer etwaigen Scheidung galt und dann durch eine Entscheidung nach § 1671 BGB bestätigt oder geändert werden musste, auch jetzt nur bis zu einer Scheidung oder – nach Fortfall der Scheidung als Tatbestandsvoraussetzung – für eine Sorgerechtsregelung zeitlich unbefristet bis zu einer etwaigen Änderung nach § 1696 BGB weiter gilt. Verstärkt wird das Problem dadurch, dass § 1671 BGB jetzt eine gerichtliche Regelung nur zulässt, wenn und soweit beide Eltern gemeinsam sorgeberechtigt sind. 455

Keinen Fall des § 1696 BGB, sondern nur eine **vorläufige Regelung**, die – bei entsprechendem Sorgeantrag – (ggf. trotz fehlender gemeinsamer elterlicher Sorge) durch eine originäre Sorgerechtsentscheidung nach § 1671 BGB zu ersetzen sei, nehmen an: AG Groß-Gerau, FamRZ 1998, 1465; OLG Hamm, FamRZ 1998, 1315; 1999, 803; 1999, 1159, 1160; OLG Bamberg, FamRZ 1999, 805; OLG Karlsruhe, FamRZ 2000, 111; OLG Oldenburg, FamRZ 2000, 1596, 1597; OLG Stuttgart, FamRZ 2001, 435, 436. 456

Anderer Ansicht mit der Folge, dass ein **Sorgerechtsverfahren** nach § 1671 BGB n.F. nur **unter den (eingeschränkten) Voraussetzungen des § 1696 BGB zulässig ist**, ist die weit überwiegende Rechtsprechung (OLG Stuttgart, FamRZ 1999, 804 m. Anm. Luthin unter Hinweis auf weitere Rspr.; OLG Zweibrücken, FamRZ 1999, 807, 808; OLG Braunschweig, FamRZ 1999, 1006; OLG Schleswig, FamRZ 2000, 1595; OLG Karlsruhe, 2. ZS, FamRZ 2000, 1595, 1596; 1605, 1606; OLG Düsseldorf, FamRZ 2000, 1596; OLG Nürnberg, FamRZ 2000, 1603; OLG Thüringen, FamRZ 2001, 436; OLG Braunschweig, FamRZ 2002, 119, 120, die ausdrücklich einen strengen Maßstab an eine etwaige Abänderung angelegt wissen will). Nach dieser Meinung sind (einfache) Sorgerechtsentscheidungen im Verbund unzulässig, wenn bereits eine Sorgerechtsregelung nach § 1672 BGB a.F. vorliegt (so ausdrücklich OLG Zweibrücken, a. a. O. und OLG Braunschweig, a. a. O.). 457

Denkbar wäre es allerdings auch, aus **Zweckmäßigkeitsgründen** im Scheidungsverbund bereits die Voraussetzungen von § 1696 BGB zu prüfen und ggf. abweichend von der bisherigen Sorgerechtsregelung zu entscheiden (vgl. zu den verschiedenen Lösungsmöglichkeiten Luthin, FamRZ 1998, 1465; 1999, 181). 458

> *Hinweis:*
> *Um den juristischen Dogmenstreit nicht auf dem Rücken verunsicherter Eltern auszutragen, erscheint es zweckmäßig, auch dann, wenn man meint, es liege ein Fall des § 1696 BGB vor, deklaratorisch klarzustellen, dass die alte Sorgerechtsregelung (bisher nach § 1672 BGB a.F.) jetzt als Dauerregelung (nach § 1671 BGB n. F.) fortgilt (so AG Freyung, m. zustimmender Anm. Luthin).* 459

Umstritten ist auch, ob ein in der Beschwerdeinstanz schwebendes Verfahren nach § 1672 BGB a.F. fortzuführen ist oder sich nach Art. 15 § 2 KindRG erledigt hat, wenn bis zum 30.9.1998 kein Sorgerechtsantrag nach § 1671 BGB n.F. gestellt wurde (so OLG Hamm, FamRZ 1998, 1136) oder ob zumindest in der Beschwerdeinstanz das Verfahren nach § 1672 BGB a.F. als isoliertes Verfahren selbst dann weiter zu betreiben ist, wenn in der ersten Instanz ein Sorgerechtsantrag nach § 1671 BGB n.F. gestellt wird (so Affeldt, FamRZ 1998, 1609; OLG Frankfurt, FamRZ 1998, 1313; OLG Dresden, FamRZ 1999, 324; OLG Thüringen, FamRZ 1999, 1155). 460

4. „Anwalt des Kindes"

461 Durch die Kindschaftsrechtsreform – in Fortsetzung und Ergänzung bisheriger Rechtsprechung des BVerfG und Forderungen der UN-Kinderrechts-Charta (zu den möglichen Konkurrenzen zwischen Ergänzungspfleger und Verfahrenspfleger nach bisheriger Rechtsprechung und nach jetzigem Recht s. Walter, FamRZ 2001, 1 ff.) – eingeführt wurde die Möglichkeit bzw. Notwendigkeit der Bestellung eines Verfahrenspflegers für das Kind („Anwalt des Kindes"), § 50 FGG.

a) Pflicht zur Bestellung

462 Das Gericht **muss** nach § 50 Abs. 2 FGG – nicht zuletzt aus verfassungsrechtlichen Gründen (vgl. BVerfG, FamRZ 1999, 85, 87; BVerfG, Beschl. v. 26.8.1999, 1 BvR 1403/99, n.v.) – einen Verfahrenspfleger **bestellen** („ist in der Regel erforderlich"), wenn es um schwerwiegende Eingriffe in die elterliche Sorge oder um die Wegnahme von Pflegepersonen, Stiefelternteilen oder Umgangsberechtigten geht bzw. „das Interesse des Kindes in einem **erheblichen Gegensatz** zu dem seiner gesetzlichen Vertreter steht", § 50 Abs. 2 FGG zu Letzterem OLG Naumburg, FamRZ 2001, 170, 171).

463 Die Nichtbestellung eines Verfahrenspflegers in den vom Gesetz genannten Regelfällen ist als Verstoß gegen die verfassungsrechtliche Verankerung des Kindeswohls in Art. 6 Abs. 2 und 2 Abs. 1 GG sowie den subjektiven Anspruch auch des minderjährigen Kindes auf rechtliches Gehör nach Art. 103 GG (BVerfG, FamRZ 1999, 85) ein **schwerwiegender Verfahrensfehler**, wenn für die Unterlassung der Bestellung keine schwerwiegenden Gründe sprechen und in der verfahrensabschließenden Entscheidung ausdrücklich genannt werden (§ 50 Abs. 2 Satz 2 FGG; OLG Köln, FamRZ 1999, 314). Dass es sich bei diesen rechtlichen Postulaten um etwas handelt, was die Kinder aus entwicklungspsychologischer Sicht dringend benötigen, zeigen die Längsschnittuntersuchungen von Wallerstein/Lewis (vgl. FamRZ 2001, 65 ff.).

464 Die Pflicht zur Bestellung eines Verfahrenspflegers besteht allerdings – nicht zuletzt wegen des damit verbundenen Eingriffs in Elternrechte – **nicht uneingeschränkt**: Das Gericht kann selbst in den genannten Regelfällen von der Bestellung absehen, muss dieses dann allerdings in der das Kind betreffenden Entscheidung begründen (§ 50 Abs. 2 Satz 2 FGG; vgl. die amtliche Begründung in BT-Drucks. 13/4899 S. 130 = Mühlens/Kirchmeier/Greßmann/Knittel, Kindschaftsrecht, S. 431, 432; u.a. OLG Celle, FamRZ 2002, 121). Nach Meinung einzelner Gerichte soll die Bestellung eines Verfahrenspflegers eher die Ausnahme als die Regel sein. In jedem Falle bedürfe es gerichtlicher Anfangsermittlungen zur Frage, ob überhaupt erhebliche Interessengegensätze vorhanden seien, um offensichtlich unnötige Pflegerbestellungen zu vermeiden (OLG Frankfurt, FamRZ 1999, 1293, 1294; OLG Köln, FamRZ 1999, 145 und NJW-RR 2000, 374; OLG Düsseldorf, FPR 1999, 355 und KindPrax 2000, 27). Das bedeutet z. B., dass der Richter die betroffenen Kinder nach § 50b FGG zunächst einmal anhören müsste, bevor er einen Verfahrenspfleger bestellt (OLG Frankfurt, a. a. O.). Das gilt auch schon für noch beim Vormundschaftsgericht oder dem Landgericht als Beschwerdegericht anhängigen Altverfahren, Art. 15 KiRG (vgl. OLG Köln, FamRZ 1999, 314).

465 Andere Gerichte vertreten demgegenüber die Auffassung, dass auch ohne vorherige Anhörung der Kinder eine Verfahrenspflegerbestellung in Betracht kommt und möglich ist, wenn nach bisheriger Aktenlage Maßnahmen nach § 1666 BGB in Betracht kommen. Ein Interessengegensatz zwischen Kind und Eltern muss zu diesem Zeitpunkt noch nicht feststehen (OLG München, FamRZ 1999, 667). Es soll auch ausreichen, dass ein Umgangsrechtsstreit erkennbar über das „übliche Maß" hinausgeht (OLG Rostock, ZfJ 1999, 307).

466 Die Bestellung eines Verfahrenspflegers „soll" unterbleiben oder aufgehoben werden, wenn die Interessen des Kindes von einem Rechtsanwalt oder einem anderen geeigneten Verfahrensbevollmächtigten vertreten werden (§ 50 Abs. 3 FGG). Das gilt jedoch nicht, wenn der gesetzliche Ver-

treter (im konkreten Fall: das Jugendamt) dem Kind den Bevollmächtigten bestellt hat, weil dann der möglicherweise bestehende Interessengegensatz zwischen Kind und gesetzlichem Vertreter grundsätzlich nicht behoben werden kann (OLG Köln, FamRZ 2001, 845, 846).

b) Rolle und Aufgaben des Verfahrenspflegers

Der Inhalt der Tätigkeit des Verfahrenspflegers und der **Umfang der Befugnisse**, vor allem gegenüber den sorgeberechtigten Eltern, sind gesetzlich nicht geregelt. Es fehlt auch an einer gesetzlichen Bestimmung, ob das Familiengericht den Aufgabenkreis des Verfahrenspflegers im Einzelfall erweitern kann (für eine Erweiterung der Aufgaben durch gerichtliche Zuweisung: OLG Hamm, FamRZ 2001, 1540, 1541). 467

Die Begründung des Gesetzentwurfes (vgl. BT-Drucks. 13/4899 S. 129 ff.) verweist auf die bisherige Praxis, ähnliche Regelungen für das Betreuungs- und Unterbringungsverfahren (§§ 56f Abs. 2, 67, 70b FGG) und die verfassungsrechtlichen Vorgaben durch das Bundesverfassungsgericht (vgl. BVerfGE 55, 171, 179; 72, 122, 133; 75, 215 ff.). Was das im Einzelnen im Streit der Eltern um Sorgerecht und Umgangsregelung bedeutet, wird aber nicht ausgeführt, sondern lediglich gesagt: „Für die Durchführung des gerichtlichen Verfahrens tritt der Verfahrenspfleger an die Stelle des gesetzlichen Vertreters und hat an dessen Stelle die Kindesinteressen in das Verfahren einzubringen". Insgesamt ist derzeit noch vieles unklar und es wird mit einem längeren Prozess der Rollendifferenzierung bei den beizuordnenden Verfahrenspflegern, ebenso wie bei den übrigen am Verfahren beteiligten Funktionsträgern zu rechnen sein. Von der Praxis werden dringend präzisere gesetzliche Regelungen angemahnt (vgl. Empfehlungen des 13. Deutschen Familiengerichtstages zu B II 1a, FamRZ 2000, 273 f.). Rollendifferenzierungen setzen Rollenklarheit voraus. Nur, wenn ich weiß, was ich notfalls darf oder tun muss, kann ich flexibel, behutsam, klug und möglichst kindgemäß meine Aufgaben als Verfahrenspfleger wahrnehmen.

Klar muss deshalb sein, dass der Verfahrenspfleger vom Gericht **unabhängig** ist, womit sich einzelne Arbeitsaufträge oder Weisungen durch das Gericht nicht vereinbaren lassen (so zu Recht OLG München, FamRZ 2002, 563; vgl. Empfehlungen des 13. Deutschen Familiengerichtstages, FamRZ 2000, 273 f.; a. A. AG Zossen, DAVorm 1999, 143). Die Verfahrenspfleger müssen aber auch (und das gilt nicht zuletzt für ihr eigenes Rollenverständnis) unabhängig vom Jugendamt, den Eltern oder Dritten sein. Das schließt die im Kindesinteresse gebotene Kooperation mit Gericht, Eltern, Jugendamt und Sachverständigen (vgl. Weber/Zitelmann, Standards für VerfahrenspflegerInnen, S. 16 f.) nicht aus, sondern ermöglicht sie erst. Unabhängigkeit in diesem Sinne bedeutet allerdings nicht, dass der Verfahrenspfleger in vollem Umfang neben Gericht, Jugendamt und Sachverständigen für die Aufklärung des Sachverhalts zuständig ist. Seine Aufgaben sind vielmehr beschränkter (insoweit ist dem OLG Frankfurt, FamRZ 2002, 335 ff., vgl. Rn. 703 „Verfahrenspfleger" zuzustimmen). 468

Bedeutsam ist, dass die vom Verfahrenspfleger zu ermittelnden und zu vertretenden Interessen des Kindes – vor allem sein erkennbarer Wille – sich u. U. durchaus vom objektiven Kindeswohl unterscheiden können. Kinder und Jugendliche wollen nicht immer das, was für sie vernünftigerweise gut ist. Der Verfahrenspfleger unterscheidet sich deshalb vom Vertreter des Jugendamtes und vom gerichtlichen Sachverständigen dadurch, dass er anders als die Vorgenannten nicht zur Objektivität verpflichtet ist (so Motzer, FamRZ 1999, 1101, 1105) und nicht sofort und immer eine Kindeswohlprüfung vorzunehmen hat. Seine Aufgabe ist es nicht primär, das Kindeswohl zu erkennen und zu sichern. Er soll auch nicht die Interessen des Sorgeberechtigten oder des anderen Elternteiles deutlich machen, sondern ist **(einseitiger) Interessenvertreter des Kindes** (vergleichbar einem Rechtsanwalt als Verfahrensbevollmächtigten, OLG Brandenburg, FamRZ 2001, 692, 693; OLG München, FamRZ 2002, 563). Auf der anderen Seite gilt auch für ihn die Generalnorm des § 1697a BGB entsprechend, wonach alles gerichtliche Handeln am Kindeswohl auszurichten ist, dieses aber zumindest nicht gefährden darf. 469

470 Ob das Gebot, das Kindeswohl nicht aus dem Auge zu verlieren, dazu führt, dass er eine am objektiven Kindeswohl orientierte Empfehlung zu der vom Gericht zu treffenden Entscheidung abgeben muss oder darf, wenn der Kindeswille davon abweicht (so Weber/Zitelmann, Standards für VerfahrenspflegerInnen, S. 21), erscheint im Interesse möglichst großer Rollenklarheit zweifelhaft. Zutreffender dürfte sein, dass er in einem solchen Fall zwar auf die bei Umsetzung des Kindeswillen eintretenden Gefährdungen für das körperliche, geistige und seelische Wohl des Kindes und seiner Entwicklung aufmerksam machen kann, soweit sich ihm solche ohne weiteres aufdrängen, Empfehlungen für eine weniger schädliche Alternative aber dem Jugendamt oder einem Sachverständigen bzw. den Prozessbevollmächtigten der Eltern sowie diesen überlassen muss. Er darf solche Alternativen auch nicht gesondert ermitteln. Es ist nicht Aufgabe des Verfahrenspflegers, sich an der Erforschung der dem objektiven Kindeswohls am besten dienenden Entscheidung zu beteiligen (so OLG Frankfurt, FamRZ 1999, 1293, 1294; OLG Schleswig, OLG-Report 2000, 137 ff.; KG, FamRZ 2000, 1300; OLG Brandenburg, FamRZ 2001, 1541, 1542, und besonders ausführlich OLG Frankfurt, FamRZ 2002, 335 ff.; OLG München, FamRZ 2002, 563, vgl. Rn. 703 „Verfahrenspfleger").

471 In dem so gesteckten Rahmen ist der Verfahrenspfleger auch zu einer **fachlichen Auseinandersetzung** mit den von den anderen Verfahrensbeteiligten eingebrachten Entscheidungsalternativen aufgerufen.

472 Weitere Anhaltspunkte für den Aufgabenkreis und die sich daraus ergebenden Befugnisse des Verfahrenspflegers ergeben sich aus zwei jüngeren Entscheidungen des BVerfG (FamRZ 1999, 85, 87 und Beschl. v. 26. 8. 1999, 1 BvR 1403/99, n. v.): Danach darf das Kind im Verfahren nicht allein auf die Ermittlungen des Gerichts und den Vortrag der Eltern angewiesen sein und muss der Verfahrenspfleger die Möglichkeit haben, Einfluss auf die Gestaltung und den Ausgang des Verfahrens zu nehmen. Der Verfahrenspfleger muss **demnach aus eigenem Recht mit Auskunfts- und Kontaktpersonen des Kindes sprechen** dürfen. Dasselbe gilt für Gespräche mit dem Jugendamt (so auch OLG München, FamRZ 2002, 563). Damit ersetzt er nicht die Pflicht des Gerichts zur eigenen Ermittlung des Sachverhalts nach § 12 FGG. Der Verfahrenspfleger ist weder berechtigt noch verpflichtet, eine umfassende Ermittlungstätigkeit über das Erkennen und Formulieren der Kindesinteressen hinaus zu entfalten.

473 Aus dem Recht auf Information mit und über das Kind mit dem Ziel einer möglichst kindgemäßen Verfahrensgestaltung und einer am Kindeswohl orientierten Entscheidung kann aber nicht abgeleitet werden, dass bestehende **Schweigeverpflichtungen oder Datenschutzvorschriften** gegenüber dem Verfahrenspfleger nicht gelten. Wenn sich Auskunftspersonen wie Lehrer, Ärzte und das Jugendamt auf ihre Verschwiegenheitspflicht berufen, müssen die Eltern und falls diese das pflichtwidrig nicht tun, notfalls ein vom Gericht bestellter Ergänzungspfleger oder das Gericht selbst, Schweigepflichtentbindungen aussprechen, bevor das Gespräch mit dem Verfahrenspfleger geführt werden kann. Der Wirkungskreis der Bestellung als Verfahrenspfleger umfasst nämlich mangels ausdrücklicher gesetzlicher Grundlage derartige, u. U. weitreichende, tief in das Elternrecht eingreifende Entbindungserklärungen nicht.

474 Auf der anderen Seite muss der Verfahrenspfleger die Möglichkeit zu einem oder auch mehreren persönlichen Gesprächen mit dem Kind haben, wenn er – wie erforderlich – für das Kind erreichbar sein soll. Zum Wirkungskreis des Verfahrenspflegers gehört deshalb das **Recht auf Herausgabe des Kindes zur Führung dieses Gesprächs**. Allerdings muss auch dieses Recht im Kindesinteresse ausgeübt werden mit der Folge, dass der Verfahrenspfleger das Gespräch mit dem Kind nicht voreilig durch Gerichtsbeschluss erzwingen darf, sondern alle kommunikativen Möglichkeiten ausschöpfen muss, um im – möglichst großen – Einvernehmen mit den Eltern zu dem Gespräch mit dem Kind zu kommen. Dabei wird auch zu bedenken sein, dass ein gerichtlich erzwungenes Gespräch häufig, wenn nicht sogar in der Regel, das Kind in eine Lage bringen dürfte, in der es seine Interessen weder ausreichend artikulieren noch Beratung und Hilfeangebote zum Verfahren annehmen kann. Immerhin bleiben – wie generell bei der Frage des Einsatzes von Zwangsmitteln gegen die Eltern zur Erreichung des Kindeswohls – Fälle denkbar, in der nicht nur allgemeiner

Respekt vor der bestehenden Rechtsordnung, sondern gerade auch das Kindeswohl Zwangsmittel als das weniger schädliche Mittel erscheinen lassen.

> **Hinweis:**
> *Ob der Verfahrenspfleger wirklich darauf verwiesen werden kann, mit den Kindern weitgehend nur anlässlich von Gerichtsterminen in den Gerichtsräumen zu sprechen, erscheint zweifelhaft (so aber OLG Frankfurt, FamRZ 2002, 335, 336) und dürfte entscheidend vom Alter der Kinder und den ansonsten bestehenden Möglichkeiten, eine vertrauensvolle Kommunikation zu ihnen aufzubauen, abhängen.*

Zum Verfahren und seiner möglichst kindgemäßen Durchführung gehört die Frage, ob und wann Kinder von **Sachverständigen**, aber auch vom Gericht gehört werden sollen. Art und Weise der Anhörung und Exploration durch Sachverständige sind deshalb mit dem Verfahrenspfleger abzustimmen, der ggf. auch einmal aus Kindeswohlgründen eine unzeitige Anhörung ablehnen darf. Ob der Verfahrenspfleger bei der gerichtlichen Anhörung anwesend sein darf oder sein muss, wird nicht generell, sondern nur im Einzelfall zu entscheiden sein. Wenn und solange das Kind ohne seine Anwesenheit nicht angehört werden will oder kann, wird seine Anwesenheit auch bei der richterlichen Anhörung notwendig sein. Im Übrigen hat er das Kind zu den Anhörungen zu begleiten und es auf diese Anhörungen und Explorationen vorzubereiten, indem er ihm Ablauf und Bedeutung erklärt. 475

Problematisch werden kann eine restriktive Auslegung der gesetzlichen Befugnisse des Verfahrenspflegers vor allem in den Fällen, in denen der sorgeberechtigte Elternteil den **Umgang** des Kindes mit dem anderen Elternteil **vereitelt**. Kann der Verfahrenspfleger notfalls vorläufig mit dem anderen Elternteil eine Umgangsregelung treffen, um deren Auswirkungen auf das Kind abschätzen zu können? Sicher ist, dass der Verfahrenspfleger im Umfange seiner Aufgaben an die Stelle des gesetzlichen Vertreters tritt. Über die das reine Verfahren betreffenden Informations- und Kontaktmöglichkeiten hinausgehende Eingriffe in das Elternrecht dürften von der Ermächtigungsnorm des § 50 FGG jedoch nicht umfasst sein, so dass **„Probevereinbarungen"** anstelle des Sorgeberechtigten nicht zulässig sind, sondern richterlicher Entscheidung (durch einstweilige Anordnung) oder Verhandlungsführung vorbehalten bleiben müssen. 476

In der Literatur und Rechtsprechung ist umstritten, ob und inwieweit der Verfahrenspfleger zur **Vermittlung zwischen den Eltern** und der Herbeiführung eines einvernehmlichen Konzepts zu Sorge- und Umgangsrecht verpflichtet (oder auch nur berechtigt) ist. Einerseits wird vertreten, der Verfahrenspfleger habe (nur) das eigenständige Interesse der betroffenen Kinder, ihren „authentischen Willen" zu erkennen und zu formulieren, er sei „reiner Parteivertreter"; nicht zu seinen Aufgaben gehöre es, zwecks Abschluss einer einverständlichen Regelung zu vermitteln und/oder die Durchführung des Umgangsrechtes zu begleiten (OLG Frankfurt, FamRZ 1999, 1293, 1294). Andere zählen es zu den wesentlichen Aufgaben des Verfahrenspflegers, einen Interessenausgleich herbeizuführen und so zur Abwendung schwerer Eingriffe in die Eltern-Kind-Beziehung beizutragen (OLG München, FamRZ 1999, 667; Dormann/Spangenberg, FamRZ 1999, 1294, 1295). 477

Die Wahrheit dürfte auch hier in der Mitte liegen: Die Tätigkeit des Verfahrenspflegers beschränkt sich nicht auf die lediglich formale Vertretung des Kindes vor Gericht, sondern seine Begleitung hat auch eine inhaltliche Bedeutung. Er muss die Interessen des Kindes herausfinden und vertreten, er muss dem Kind in intensiver und vertrauensvoller Zusammenarbeit helfen, einen am eigenen Wohl orientierten Willen überhaupt zu bilden, und muss diesen Willensbildungsprozess bei konkretem Anlass darstellen (so Dormann/Spangenberg, FamRZ 1999, 1294, 1295; Empfehlungen des 13. Deutschen Familiengerichtstages zu A II 3, FamRZ 2000, 273 f.) und hat bei der Ermittlung und Vertretung der Kindesinteressen alles zu unterlassen, was eine einvernehmliche Lösung behindern könnte. Er muss seine Tätigkeit vielmehr so anlegen, dass ein Interessenausgleich möglich wird, auch wenn dieses nicht zu seinen primären Aufgaben gehört.

478 Zu den Aufgaben des Verfahrenspflegers kann aufgrund ausdrücklicher Zuweisung durch das Familiengericht auch die Begleitung und Beobachtung von **gerichtlichen Auflagen** an einen Elternteil über einen begrenzten Zeitraum (hier: vier Monate, vgl. OLG Hamm, FamRZ 2001, 1540, 1541) im Sinne einer „Beistandschaft" **während des laufenden** Verfahrens gehören. Eindeutig nicht zum Aufgabenkreis eines Verfahrenspflegers gehört allerdings die Überprüfung der Wirksamkeit angeordnete familiengerichtlicher Maßnahmen **im Anschluss an die Endentscheidung** (OLG Hamm, a. a. O.).

479 Regelmäßig wird das Gericht einen Verfahrenspfleger – anders als Eltern, Prozessbevollmächtigte der Eltern, Jugendamtsvertreter und Sachverständige – auch nicht aus der persönlichen Anhörung des Kindes nach § 50b FGG ausschließen dürfen, weil anderenfalls die Wahrnehmung der Kindesinteressen durch den Verfahrenspfleger, insbesondere wenn das Kind noch klein ist, nicht hinreichend gewährleistet würde (OLG Bremen, FamRZ 2000, 1298).

480 Zu Recht verweist das OLG Frankfurt (FamRZ 2002, 335 ff.; Rn. 703 „Verfahrenspfleger") darauf, dass es sich bei Sorge- und Umgangsrechtsverfahren um solche mit Amtsermittlung und ohne Schriftsatzzwang handelt, so dass der Verfahrenspfleger sich nur in dem wirklich gebotenen Umfang schriftlich äußern muss. Auf der anderen Seite gebietet es die Waffengleichheit vor Gericht, dass er sich schriftlich äußert, wenn Prozessbevollmächtigte der übrigen Beteiligten dieses ebenfalls tun, und vor allem, wenn nicht unmittelbar aufgrund einer persönlichen Anhörung mit Gelegenheit zur mündlichen Äußerung durch das Gericht entschieden werden soll.

c) Notwendige Qualifikationen und Vergütung des Verfahrenspflegers

481 Angesichts der derzeit noch uneinheitlichen und unklaren Aufgabenbeschreibungen für die Tätigkeit des Verfahrenspflegers, insbesondere aber wegen seiner notwendigen juristischen, pädagogischen, allgemein psychologischen, kinderpsychologischen und allgemeinen kommunikativen Qualifikationen sind Probleme beim Finden kompetenter Verfahrenspfleger nicht zu übersehen. Dass eine intensive Schulung und Fortbildung erforderlich ist, ist zwischen allen Beteiligten unbestritten (vgl. Empfehlungen des 13. Deutschen Familiengerichtstages zu B II 1a, FamRZ 2000, 273 f.; Weber/Zitelmann, Standards für VerfahrenspflegerInnen, S. 5).

482 Das gilt vor allem aber auch wegen geänderter (abgesenkter) **Vergütung** des Verfahrenspflegers, die manchen erfahrenen und profilierten Rechtsanwalt oder Rechtsanwältin an der Übernahme dieses neuen Amtes hindert. Eine angemessene Erhöhung der gerade herabgesetzten Vergütungssätze wird deshalb von der Praxis verlangt (vgl. Empfehlungen des 13. Deutschen Familiengerichtstages zu A II 1b, FamRZ 2000, 273 f.).

Nach § 50 Abs. 5 i. d. F. des BtÄndG i. V. m. §§ 67 Abs. 3 FGG, 1908e – i BGB (mit Ausnahme von §§ 1835 Abs. 3 und 4, 1835a, 1836b Satz 1 Nr. 2 BGB), i. d. F. des Gesetzes über die Vergütung von Berufsvormündern (= Art. 2a BetrÄG) bemisst sich mit Wirkung ab 1. 1. 1999 nach **festen Stundensätzen**, und zwar i. H. v. (jetzt) mind. 23 € bei besonderer Kenntnis aufgrund einer Lehre oder vergleichbarer Ausbildung, 31 € bei Ausbildung an einer Hochschule oder vergleichbarer Ausbildung, zuzüglich Aufwendungsersatz nach §§ 1835 ff. BGB (mit Ausnahme von §§ 1835 Abs. 3 und 4, 1835a, 1836b Satz 1 Nr. 2 BGB). Zur Verfassungsmäßigkeit dieser gegenüber der früheren Regelung nur als „Sparmaßnahme" zu verstehenden Regelung: BVerfG, FamRZ 2000, 1277 f. Bis zum 31.12.1998 wurde die Vergütung der Verfahrenspfleger wie die der Vormünder nämlich als „angemessene" Vergütung festgesetzt (§§ 50 Abs. 5 FGG, 1835, 1836 Abs. 1 Satz 1, 2 und 4, Abs. 2 bis 4 BGB).

In der letzten Zeit wird über den Umfang der Vergütung des Verfahrenspflegers zunehmend versucht, den Umfang der ihm übertragenen Aufgaben zu bestimmen (vgl. u. a. OLG Hamm, FamRZ 2001, 1540, 1541; OLG Brandenburg, FamRZ 2001, 1541, 1542; besonders ausführlich OLG Frankfurt, FamRZ 2002, 335, 336). Das ist misslich, weil so in manchem Fall gutgläubig geleistete Arbeit im Nachhinein nicht vergütet wird. Es gilt, Rolle und Aufgabe des Verfahrenspflegers im Vorhinein zu bestimmen und die Festlegung des Umfanges seiner berechtigten Tätigkeit nicht dem Kostenbeamten zu überlassen.

483

d) Unterbleiben und Ende der Bestellung eines Verfahrenspflegers

Nach § 50 Abs. 3, 4 FGG soll die Bestellung eines Verfahrenspflegers unterbleiben, wenn die Interessen des Kindes bereits durch einen Rechtsanwalt oder einen anderen geeigneten Bevollmächtigten vertreten werden (vgl. OLG Köln, FamRZ 2000, 635). Die Bestellung endet spätestens mit dem Abschluss des Verfahrens, sei es durch Rechtskraft der verfahrensabschließenden Entscheidung, sei es in sonstiger Weise, etwa durch Einigung der Eltern ohne gerichtliche Entscheidung.

484

e) Anfechtbarkeit

Umstritten ist, ob und wer die Bestellung eines Verfahrenspflegers oder deren Unterlassung im Wege der **einfachen Beschwerde** nach §§ 19, 20 FGG anfechten kann. Handelt es sich lediglich um eine regelmäßig nicht anfechtbare verfahrensleitende Verfügung (so der Regierungsentwurf, s. BT-Drucks. 13/4899, S. 172, und ein Teil der obergerichtlichen Rspr.: OLG Celle, FamRZ 1999, 1589; OLG Düsseldorf, 7. FamS, FamRZ 2000, 249; OLG Brandenburg, FamRZ 2000, 1295, 1296 unter Verweis auf die nach Meinung dieses Gerichtes gleiche Rechtslage im Betreuungsverfahren und der dazu bisher ergangenen Rspr.; OLG Zweibrücken, 6. FamS, FamRZ 2001, 170; wohl auch noch KG, FamRZ 2001, 1537, das allerdings widersprüchlicherweise den Beschluss über die Bestellung des Verfahrenspflegers wegen fehlender Begründung ausnahmsweise doch für anfechtbar hält; Keidel/Engelhardt, FGG, § 50 Rn. 26) oder um einen aus verfassungsrechtlichen Gründen jederzeit anfechtbaren schwerwiegenden Eingriff in das elterliche Sorgerecht (so die bisher überwiegende Rspr. und Lit.: OLG Frankfurt, FamRZ 1999, 1293, 1294; OLG Hamm, FamRZ 1999, 41; OLG München, FamRZ 1999, 667; OLG Köln, FF 1999, 145, 146; FamRZ 2000, 487; OLG Düsseldorf, 6. FamS, KindPrax 2000, 27; OLG Rostock, ZfJ 1999, 307; OLG Karlsruhe, FamRZ 2000, 1296; OLG Dresden, FamRZ 2000, 1296 f.; KG, FamRZ 2000, 1298; OLG Naumburg, FamRZ 2001, 170, 171; so im Ergebnis auch KG, FamRZ 2001, 1537; FamRefK/Maurer, § 50 Rn. 35; Bassenge, FGG, § 50 Rn. 11).

485

Nach OLG Hamburg (FamRZ 2001, 34, 35) folgt das **Beschwerderecht der Eltern**, wenn schon nicht aus §§ 19, 20 FGG, dann doch jedenfalls aus § 57 Abs. 1 Nr. 9 FGG, weil die Bestellung eines Verfahrenspflegers in jedem Fall „die Personensorge betreffe" und die Eltern „ein berechtigtes Interesse an der Wahrnehmung der Kindesbelange" hätten.

Sicher wird man dem **Kind keine isolierte Anfechtungsmöglichkeit** geben können, weil seine Rechte weder durch die Pflegerbestellung noch durch deren Unterlassung so beeinträchtigt werden, dass eine Überprüfung außerhalb der Endentscheidung geboten erscheint (so Motzer, FamRZ 1101, 1106 m. w. N.).

486

Besonders wenn man von der Anfechtbarkeit der Verfahrenspflegerbestellung ausgeht, ist der Beschluss über die Bestellung eines Verfahrenspflegers – spätestens in der Nichtabhilfeentscheidung – vom Gericht zu begründen. Die Unterlassung einer solchen Begründung ist ein erheblicher Verfahrensfehler, der zur Aufhebung der Entscheidung und Zurückverweisung an das Erstgericht berechtigt (KG, FamRZ 2001, 1357).

487

5. Sachverständigenbeweis im familiengerichtlichen Verfahren

a) Vorherige Aufklärung durch das Gericht

488 Bei der Frage, ob wegen der Bindungen des Kindes an beide Eltern oder Geschwisterkinder oder den Neigungen des Kindes die völlige oder teilweise Alleinsorge eines Elternteiles der gemeinsamen Sorge vorzuziehen sei, in den Fällen des § 1666 BGB, vor allem aber bei der Frage, ob im Interesse des Kindes ein Umgang mit dem nicht obsorgenden Elternteil ganz oder teilweise ausgeschlossen werden muss (für den Sonderfall des sexuellen Missbrauchs vgl. Carl, FamRZ 1995, 1183, 1187, 1189 f. m. w. N.), muss das Gericht zunächst den Sachverhalt soweit wie möglich sorgfältig selbst aufklären und darf nicht vorschnell diese Aufgabe an einen Sachverständigen delegieren, auch wenn dieses von den Eltern und/oder dem Jugendamt verlangt wird. Das Familiengericht bestimmt über den Umfang seiner Ermittlungen, ohne hierbei an etwaige Anträge der Verfahrensbeteiligten gebunden zu sein (BVerfG, FamRZ 1989, 31; 2001, 1285, 1286).

489 Familienrichter (in gewisser Weise auch alle anderen am familiengerichtlichen Verfahren beteiligten Fachleute einschließlich der Rechtsanwälte) müssen in diesem Zusammenhang wissen, dass ihre eigenen privaten und beruflichen Erfahrungen und Vorstellungen, die Traditionen und kulturellen Werte ihrer Herkunft bei der Erkennung und Gewichtung eines ihnen unterbreiteten Lebenssachverhalts um so mehr auf ihre Überzeugungsbildung einwirken, je unbekannter sie ihnen sind. Eigentlich ist deshalb zu fordern, dass vor allem Familienrichter sich ebenso wie Angehörige anderer sozialer Berufe einer ständigen Überprüfung ihres eigenen Befindens einschließlich ihrer Vorlieben und Abneigungen, Ängste und Wünsche unterziehen, um der Gefahr zu entgehen, durch ihre Entscheidung statt der Probleme der Rechtssuchenden unbewusst überwiegend ihre eigenen Probleme lösen zu wollen.

Das bedeutet nicht, dass Familienrichter nicht **eigene Sachkunde** auch in außerrechtlichen Bereichen erwerben und einsetzen können und müssen. Auch die eigene (berufliche oder private) Lebenserfahrung kann in gerichtlichen Entscheidungen als Argumentationshilfe herangezogen werden. Verallgemeinerungen aufgrund eigener Erfahrungen darf aber konkretes Argumentieren nicht ersetzen. Es ist immer zu fragen inwieweit die eigenen Erfahrungen verallgemeinerungsfähig sind, bzw. ob nicht das vom Verfahren betroffene Kind aufgrund seiner speziellen Eigenarten und seiner speziellen Biographie aus dem dem Richter bisher bekannten allgemeinen Rahmen herausfällt. Familienrichter, die das Aufwachsen eigener Kinder in einer vergleichsweisen heilen Familie erlebt haben, müssen damit noch keine hinreichenden Kenntnisse von Befindlichkeit und Bedürfnissen trennungsgeschädigter Kinder erworben haben.

490 Familienrichter unterliegen hinsichtlich des Nachweises eigener Sachkunde im Prinzip den gleichen Spielregeln wie die von ihnen ausgewählten Sachverständigen: Sie müssen die Grundlage ihrer Sachkunde nennen und erreichen ein Maximum an Objektivität nicht durch das Verschweigen ihrer Überzeugungen, sondern durch deren Offenlegung. Nur dann ist den Beteiligten des familiengerichtlichen Verfahrens möglich, sachlich und effektiv tatsächliche und vermeintliche Fehlbeurteilungen zu erkennen und zu bekämpfen.

491 Familienrichter sind wegen der Kompliziertheit der Fälle nicht selten auf die sachverständige Meinung der Mitarbeiter des Jugendamtes oder eines (kinder-)psychologischen oder auch -psychiatrischen Gutachters angewiesen. Dabei darf das Gericht die Meinung und Empfehlung des Vertreters des Jugendamtes bzw. des Sachverständigen nicht ungeprüft übernehmen und dem Sachverständigen damit die Entscheidungsverantwortung zuschieben, auch und gerade wenn es sich in der Sache selbst unsicher fühlt. Ebenso wenig dürfen die Familienrichter aber auch Vorschläge und Ausführungen von Jugendämtern und Sachverständigen wortlos übergehen, sondern müssen ihre abweichende Meinung und die daraus abgeleitete Entscheidung im Einzelnen begründen (vgl. OLG Köln, FamRZ 2002, 337).

> **Hinweis:**
> Das BVerfG hat ausdrücklich bestätigt, dass Familienrichter berechtigt sind, im Einzelfall von fachkundigen Feststellungen und fachlichen Bewertungen eines gerichtlich bestellten Sachverständigen abzuweichen, wenn sie sich eine anderweitige zuverlässige Grundlage für ihre am Kindeswohl orientierte Entscheidung verschaffen (BVerfG, FamRZ 1999, 1417, 1418; 2001, 1285, 1286). Das kann durch mehrfache persönliche Anhörungen aller Beteiligten, vor allem aber der Jugendamtsmitarbeiter nach Vorlage eines gründlichen Berichts, geschehen und erfordert eine eingehende Auseinandersetzung mit allen Gesichtspunkten in der Entscheidung.

492

b) Kein Gutachten gegen den Willen des Sorgeberechtigten

Ein kinderpsychologisches Gutachten darf – mangels gesetzlicher Grundlage insoweit – nicht gegen den Willen des sorgeberechtigten Elternteiles eingeholt werden. Jegliche Zwangsmaßnahmen insoweit sind unzulässig (h.M. OLG Koblenz, FamRZ, 1223; OLG Frankfurt/M., FamRZ 2001, 638, 639).

493

c) Anforderungen an Gutachter und Gutachten

Ein den Anforderungen des Familiengerichtsverfahrens und den Maßstäben der Wissenschaft des Gutachters genügendes Gutachten muss bestimmte Erwartungen erfüllen und ist ggf. nach Vorlage des schriftlichen Gutachtens auf Nachfrage zu ergänzen. Im Einzelnen wird auf die ausführlichen Ausführungen unter Rn. 500 f. Bezug genommen.

494

d) Eile und Weile des Gutachtens

Gutachten brauchen, um eine aussagekräftige Grundlage für die richterliche Entscheidungsfindung zu sein, ihre Zeit, dürfen aber nicht dazu führen, dass die Entscheidung – vor allem bei kleinen Kindern wegen deren andersartigem Zeitempfinden – durch reinen Zeitablauf und dadurch eintretende Entfremdungen präjudiziert wird. Das wäre ein verfassungsrechtlicher Verstoß gegen den Anspruch eines jeden Bürgers auf effektiven Rechtsschutz, der mit einer – gesetzlich bisher nicht geregelten, sog. außerordentlichen – Beschwerde angreifbar wäre (vgl. BVerfG, FamRZ 2001, 753, 754). Die Familienrichter haben deshalb vor Erteilung des Gutachtenauftrages sich darüber Klarheit zu verschaffen, ob der Gutachter mit der Gutachtenerstellung unverzüglich beginnen kann und haben sich in Abständen von maximal drei Monaten nach dem Stand der Begutachtung zu erkundigen, falls der Gutachter nicht von sich aus **Zwischenberichte** dem Gericht zuleitet, wozu er bei besonderen Verzögerungen von sich aus verpflichtet ist.

495

e) Persönliche Anhörung des Sachverständigen

Wenn ein beteiligter Elternteil (oder auch der Verfahrenspfleger des Kindes) mit dem eingeholten Sachverständigengutachten nicht einverstanden ist, wird häufig beantragt, den Sachverständigen persönlich anzuhören. Darauf haben die Beteiligten auch einen verfassungsrechtlich abgesicherten Anspruch unter dem Gesichtspunkt des Anspruchs auf rechtliches Gehör (BVerfG, NJW 1998, 2273; 2001, 1285, 1286; OLG Zweibrücken, FamRZ 2001, 639, 640). Dem Antrag auf mündliche Erläuterung seines Sachverständigengutachtens ist jedenfalls dann stattzugeben, wenn das Gericht die Aufklärung des Sachverhalts im Wesentlichen einem Sachverständigen überlassen hat und der Antrag weder verspätet noch rechtsmissbräuchlich ist (BVerfG, FamRZ 1992, 1043; 1998, 2273, 2274; 2001, 1285, 1286). Diese Verpflichtung besteht aber nicht unbegrenzt. Wenn sich das Gericht anderweitig eine ausreichende Grundlage für eine am Kindeswohl orientierte Entscheidung verschafft hat, kann es nicht nur von einem Sachverständigengutachten abweichen, sondern auch auf die persönliche Erläuterung des Gutachtens durch den Sachverständigen verzichten (BVerfG, FamRZ 2001, 1285, 1286).

496

f) Verteilung der Kosten des Sachverständigen

497 Die Sachverständigen können, wenn ihr Gutachten nicht deshalb unverwertbar ist, weil sie eine Ablehnung wegen Besorgnis der Befangenheit schuldhaft verursacht haben (OLG Koblenz, FamRZ 2001, 114) für die Erstellung ihres Gutachtens eine Entschädigung und Auslagen nach dem ZSEG berechnen, die in streitigen Sorgerechts- und Umgangsfällen nicht selten mehrere tausend Euro ausmachen. In der Praxis haben deshalb zum Schutze der streitenden oder im Rahmen von § 1666 BGB betroffenen Eltern sowohl die Prozessbevollmächtigten wie das Familiengericht darauf zu achten, dass **rechtzeitig Prozesskostenhilfe** bewilligt wird, weil eine Bewilligung von Prozesskostenhilfe erst nach Abschluss des Verfahrens unzulässig ist.

498 Nach überwiegender Meinung bezieht sich die vom Gericht nach § 94 Abs. 3 KostO zu treffende Kostenentscheidung in isolierten Sorgerechts- und Umgangstreitigkeiten nur auf die Verfahrensgebühren, nicht aber auf die gerichtlichen Auslagen einschließlich der Sachverständigenkosten. Die Sachverständigenkosten sollen nach dieser Meinung vom Kostenbeamten nach der gesetzlichen Regelung der §§ 2 ff. KostO und seinem pflichtgemäßen Ermessen unabhängig von der gerichtlichen Kostenentscheidung erhoben werden (OLG Koblenz, FamRZ 2001, 297, 298).

499 Sachverständigenkosten können in keinem Fall nach § 94 Abs. 3 KostO zwischen den Beteiligten eines isolierten FGG-Verfahrens verteilt werden, wenn das Gericht weder das Sorgerecht übertragen noch die Herausgabe des Kindes angeordnet noch eine Umgangsregelung getroffen, sondern den Antrag zurückgewiesen hat. Denn § 94 Abs. 3 Satz 2 KostO bezieht sich nur auf die in § 94 Abs. 1 Nr. 3 – 6 KostO genannten Alternativen, setzt also eine positive Regelung voraus (OLG Köln, FamRZ 2001, 112, 113).

g) Qualitätssicherung psychologischer Gutachten

Literatur:

Bommert/Plessen, Kooperation der am Scheidungsprozess beteiligten Dienste, in: Fthenakis (Hrsg.), Regelung der elterlichen Sorge, München 1986; *Brickenkamp,* Handbuch psychologischer und pädagogischer Tests, 2. Aufl., Göttingen 2002; *Deegener,* Anamnese und Biographie im Kindes- und Jugendalter, Göttingen 1995; *Dehmelt/Kuhnert/Zinn,* Diagnostischer Elternfragebogen, Weinheim 1993; *Donabedian,* Evaluating the quality of medical care, Milbank Memorial Fund Quarterly, 44, (1966), 166; *Ell,* Psychologische Kriterien bei der Sorgerechtsregelung und die Diagnostik der emotionalen Beziehungen, Weinheim 1990; *Greuel,* Qualitätsstandards aussagepsychologischer Gutachten zur Glaubhaftigkeit von Zeugenaussagen, in: Barton (Hrsg.), Verfahrensgerechtigkeit und Zeugenbeweis – Fairness für Opfer und Beschuldigte, Nomos 2002, S. 67; *Häcker/Leutner/Amelang* (Hrsg.), Standards für pädagogisches und psychologisches Testen, Bern; *Hans Huber,* Supplementum 1/1998 der Zeitschriften Diagnostica und Zeitschrift für Differentelle und Diagnostische Psychologie; *Hörmann,* Theoretische Grundlagen der projektiven Verfahren, in: Groffmann/Lothar (Hrsg.), Grundlagen psychologischer Diagnostik, Bd. I., 1982, S. 173; *Hofer/Klein-Allermann/Noack,* Familienbeziehungen – Eltern und Kinder in der Entwicklung, Göttingen 1992; *Holmes,* Dimensions of projection, Psychological Bulletin, 69, 1968, S. 248; *Kohring,* Die Stellung des psychologischen Gutachtens im familienrechtlichen Verfahren – eine Untersuchung über formell-rechtliche und materiell-rechtliche Auswirkungen, Diss. ivr. Universität Hannover 2002; *Kühne,* Kriterien und Qualitätsstandards der psychologischen Begutachtung bei familienrechtlichen Fragestellungen, FPR 1996, 184; *Kühne/Zuschlag,* Richtlinien für die Erstellung psychologischer Gutachten, Bonn 2001; *Lempp,* Gerichtliche Kinder- und Jugendpsychiatrie, Bern 1983; *Lind,* Verfahrensgerechtigkeit und Akzeptanz rechtlicher Autorität, in: Bierbrauer/Gottwald/Birnbreier-Stahlberger (Hrsg.), Verfahrensgerechtigkeit – rechtspsychologische Forschungsbeiträge für die Justizpraxis, S. 3 1995; *Salzgeber,* Familienpsychologische Gutachten, München 2001; *Städtler,* Lexikon der Psychologie, Stuttgart 1998; *Thomae,* Prinzipien und Formen der Gestaltung psychologischer Gutachten, in: Undeutsch (Hrsg.), Forensische Psychologie. Handbuch der Psychologie, Bd. 11. Göttingen 1967, S. 743; *Undeutsch,* Exploration, in: Feger/Bredenkamp (Hrsg.), Datenerhebung, Bd. II, Enzyklopädie der Psychologie, Göttingen 1982, S. 321; *Westhoff/Kluck,* Psychologische Gutachten schreiben und beurteilen, Berlin 1999; *Wilker,* Definition, in: Nienhaus, u. a. (Hrsg.), Qualitätssicherung für Psychologen, Bonn 1997, S. 11; *Zuschlag,* Das Gutachten des Sachverständigen, Göttingen 2002.

aa) Psychologische Gutachten – Definition

500 Psychologische Diagnostik ist ein Teilgebiet der Angewandten Psychologie und umfasst die Gesamtheit der Verfahren und Theorien, die dazu dienen, psychische Prozesse oder das Verhalten einzelner Personen oder Gruppen zu erforschen (Städtler, Lexikon der Psychologie, S. 863). Die wichtigsten Methoden sind die Exploration, die Verhaltensbeobachtung und der Einsatz von Messinstrumenten (Tests). Der Methodeneinsatz wird im Wesentlichen bestimmt durch die Fragestellung (s. u.).

Psychologische Gutachten sind definiert als „eine wissenschaftliche Leistung, die darin besteht, aufgrund wissenschaftlich anerkannter Methoden und Kriterien nach feststehenden Regeln der Gewinnung und Interpretation von Daten zu konkreten Fragestellungen fundierte Feststellungen zu treffen. Es handelt sich dabei um Antworten eines Experten auf Fragen, zu denen aufgrund des psychologischen Fachwissens, des aktuellen Forschungsstandes und einschlägiger Berufserfahrung Stellung genommen wird" (Kühne/Zuschlag, Richtlinien für die Erstellung psychologischer Gutachten).

Dies bedeutet, dass ein psychologisches Gutachten einzelfallbezogen ist, d. h. bei jedem einzelnen Auftrag auf der Basis der Fragestellung ein Gutachten mit der auf die Fragestellung(en) bezogene Untersuchungsplanung, Datenerhebung und -auswertung erstellt werden muss, um dann die jeweils aktuelle(n) Fragestellung(en) zu beantworten.

bb) Fragestellungen psychologischer Begutachtung im Familienrecht

Im familien- und vormundschaftsgerichtlichen Verfahren wird ein psychologisches Gutachten immer dann in Auftrag gegeben, wenn von richterlicher Seite Hilfen für die Entscheidung Kinder betreffend gesucht werden, d. h. es handelt sich um Fragestellungen, in deren Mittelpunkt das Kindeswohl und die Rechte und Pflichten der Eltern stehen. 501

Bei **Trennung und Scheidung** verheirateter oder Trennung nicht miteinander verheirateter Eltern kommen in Betracht: 502

- Übertragung der Alleinsorge nach bisheriger gemeinsamer elterlicher Sorge bei Getrenntleben der Eltern (§ 1671 BGB),
- Übertragung der Alleinsorge auf den Vater; Begründung gemeinsamer Sorge (§ 1672 BGB),
- Umgangsrecht von Kind und Eltern (§ 1684 BGB),
- begleiteter Umgang (§ 1684 Abs. 4 BGB),
- Umgangsrecht anderer Bezugspersonen (§ 1685 BGB),
- Ergänzungspflegschaft (§ 1909 BGB);

bei Gefährdung des Kindes:

- Gefährdung des Kindeswohls (§ 1666 BGB),
- Trennung des Kindes von der elterlichen Familie; Entziehung der Personensorge insgesamt (§ 1666a BGB),
- Inhalt der Personensorge; Verbot entwürdigender Erziehungsmaßnahmen (§ 1631 BGB);

bei Annahme als Kind:

- Annahme als Kind (§§ 1741 – 1766 BGB),
- Pflegschaft (§ 1773 BGB),
- Personensorge bei Pflegschaft (§ 1800 BGB),
- Bestellung eines Pflegers (§ 1630 BGB).

Aus forensisch-psychologischer Erfahrung war vor der Kindschaftsrechtsreform 1998 davon auszugehen dass ca. 5 – 10 % aller Familiensachen so streitig und so konfliktträchtig sind, dass eine psychologische Begutachtung zur Vorbereitung der richterlichen Entscheidung notwendig ist. Seit der Kindschaftsrechtsreform scheint die Zahl der Begutachtungsaufträge rückläufig zu sein, allerdings fehlen bisher empirisch belegte Zahlen (Kohring, Stellung des psychologischen Gutachtens im familienrechtlichen Verfahren, 2002). 503

cc) Aspekte des Kindeswohls

504 Kindeswohl ist ein unbestimmter Rechtsbegriff und ein psychologisches Konstrukt, d. h. dass der Begriff auf der Basis sozialwissenschaftlicher und psychologischer Erkenntnisse im Einzelfall geprüft werden muss. Im Rahmen der psychologischen Begutachtung spielt der Entscheidungsmaßstab eine entscheidende Rolle bei der Planung und Durchführung der Datenerhebung (s. dazu ausführlich Salzgeber, Familienpsychologische Gutachten, 2001).

Die Wahrnehmung dessen, was unter Kindeswohl zu verstehen ist, hängt stark von der Einstellung der Beteiligten oder deren professioneller Rolle ab, ob eher die Kontinuität der Eltern- und Geschwisterbindung, der Kindeswille (Bommert/Plessen, in: Ftenakis, Regelung der elterlichen Sorge, S. 116 ff.) oder ergänzt durch die Rechtsprechung die Förderung des Kindes in physischer, psychischer oder geistiger Hinsicht in den Mittelpunkt gestellt wird.

505 Kindeswohl aus der Sicht der Rechtsprechung beinhaltet, dass die Aufgaben und Pflichten des sorgeberechtigten Elternteils, dem Kind angemessenen Unterhalt zu gewähren, es zu pflegen, zu erziehen, zu beaufsichtigen, seinen Aufenthalt zu bestimmen, entwürdigende Erziehungsmaßnahmen zu unterlassen, bei Ausbildung und Beruf auf Eignung und Neigung des Kindes Rücksicht zu nehmen, den Umgang des Kindes auch mit Wirkung für und gegen Dritte zu bestimmen und das Vermögen des Kindes zu verwalten, gewährleistet sind. Dazu gehört die Kontinuität der Personen- und Umweltbeziehungen, die Bindungen an die Eltern, an die Geschwister und nahe Angehörige, soweit sie für das Leben der Kinder von Bedeutung sind; die Förderung des Kindes in psychischer, physischer, sozialer und kognitiver Hinsicht und die alters- und entwicklungsbedingte Berücksichtigung des Willens des Kindes. Mit einzubeziehen sind dabei die Entwicklungsaufgaben, die sowohl von Eltern als auch Kindern gefordert werden (Hofer/Klein-Allermann/Noack, Familienbeziehungen, 1992).

dd) Grundlagen psychologischer Begutachtung bei familienrechtlichen Fragestellungen

(1) Allgemeine Überlegungen zur Qualität psychologischer Gutachten

506 Ein forensisch-psychologisches Gutachten basiert auf den methodischen und formalen Regeln der psychologischen Diagnostik, wonach sich das Gutachten in vier Hauptabschnitte gliedert, die **Ausgangssituation** (Fragestellung, Vorabinformationen aus den Akten etc.), den **Begutachtungsprozess** (Hypothesenbildung, Auswahl der Untersuchungsverfahren, Erhebung der relevanten Daten), die **Gutachtenerstellung** (Interpretation der Daten, psychologischer Befund) und die **Beantwortung der gestellten Frage(n)** (Thomae, in: Undeutsch, Forensische Psychologie, S. 743; Kühne, FPR 1996, 184; Westhoff/Kluck, Psychologische Gutachten schreiben und bewerten, 1999; Kühne/Zuschlag, a. a. O., 2001; Zuschlag, Das Gutachten des Sachverständigen, 2002).

Die in den letzten Jahren verstärkt geführte Diskussion über die Qualitätssicherung zeigt, dass Qualität kein absoluter Wert ist, sondern nur gesehen werden kann in Bezug auf bestimmte Anwendungsgebiete und (Dienst-)Leistungen (Greuel, in: Barton, Verfahrensgerechtigkeit und Zeugenbeweis, S. 67 ff.).

507 Bereits 1966 unterschied Donabedian drei unterschiedliche Aspekte von Qualität, bezogen auf die Struktur, den Prozess und das Ergebnis (s. auch Greuel, a. a. O., S. 67 ff.). Unter Strukturqualität werden die Ressourcen und Rahmenbedingungen, die eine Begutachtung erst möglich machen, unter Prozessqualität die aktuelle Leistung in allen methodischen, sozialen, interaktiven und justitiellen Bezügen und unter Ergebnisqualität das „Produkt" Gutachten verstanden. Alle drei Aspekte zusammengefasst bedingen die „Kundenzufriedenheit", die die Qualitätserwartungen des Auftraggebers, die Erwartungen des Begutachteten, die prozessualen Rahmenbedingungen sowie fachliche und berufsethische Prinzipien und Verfahrensgerechtigkeit umfassen (ausführlich dazu s. Greuel, a. a. O., S. 67 ff.). Im Rahmen familien- und vormundschaftsrechtlicher Begutachtungen ist die „Kundenzufriedenheit" oder die „Überzeugungskraft des Gutachtens" (Kühne/Zuschlag, a. a. O., S. 15 ff.) von großer Bedeutung, da das psychologische Gutachten nicht nur dazu beiträgt, eine

richterliche Entscheidung vorzubereiten, sondern auch weitreichende Folgen für das weitere Zusammenleben der Parteien miteinander haben kann (Kühne, FPR 1996, 184 ff.).

(2) Qualitätsstandards familienrechtlicher Begutachtung

Folgt man den Überlegungen von Donabedian (Milbank Memorial Fond Quarterly, 44 (1966), S. 166 ff.) und Greuel (a. a. O., S. 67 ff.), so lässt sich Qualität nur im interdisziplinären Diskurs auf der Basis der Kundenzufriedenheit oder der „Akzeptanz des Gutachtens durch den Auftraggeber" (Kühne/Zuschlag, a. a. O., S. 15 ff.) operationalisieren. Als Kunden sind nicht nur die auftraggebenden Gerichte sondern auch die am Begutachtungsprozess beteiligten Personen (z. B. Eltern, Kinder, sonstige Familienangehörige) zu bezeichnen.

Einen Überblick über die Qualitätsstandards gibt die folgende Tabelle (modifiziert nach Kühne/Zuschlag, a. a. O., S. 13 ff.; Greuel, a. a. O., S. 67 ff.; Wilker, in: Nienhaus u. a., Qualitätssicherung für Psychologen, S. 11 ff.).

Strukturqualität	Rahmenbedingungen der psychologischen Begutachtung
	• Sachkunde bezogen auf die spezifischen Fragestellungen des Familienrechts
	– Fachkompetenz des psychologischen Gutachters
	– Kenntnis der einschlägigen Fachliteratur
	– Kenntnis des aktuellen Forschungsstandes
	– Beherrschung der (hypothesengeleiteten) psychologischen Differentialdiagnostik
	– einschlägige Berufserfahrung
	• Persönliche Eignung
	– ethisch-moralische Qualifikation
	– motivationale Qualifikation
Prozessqualität	**Methodische Standards**
	• neutrales Verhalten gegenüber den Beteiligten
	• hypothesengeleitete Diagnostik
	• Objektivität bei der Planung und Durchführung der Untersuchung sowie bei der Interpretation der Untersuchungsergebnisse
	• Verwendung anerkannter Methoden
	• Datenerhebung ausschließlich bezogen auf die Fragestellung(en)
	• Verwertung aller erhobenen Daten
	Ethische Standards
	• Aufklärungspflicht gegenüber den Beteiligten
	• Freiwilligkeit der Teilnahme der Beteiligten
	• Objektivität gegenüber den Beteiligten
	• unparteiliches Verhalten gegenüber den Beteiligten
	• Vorurteilsfreiheit
	• sichere Aufbewahrung der Daten und Akten
	• Einhaltung des Datenschutzes (nach Datenschutzgesetz)

	• Einhaltung der Schweigepflicht (§ 203 StGB) • Unbestechlichkeit **Formale Standards** • Lesbarkeit und Verständlichkeit des Gutachtens • Dokumentation der Auftragsdaten • übersichtliche Textorganisation • übersichtliche Gutachtengliederung • gut lesbares Schriftbild • verständliche Formulierungen • Vermeidung unnötiger Abkürzungen • präzise Wortwahl (ggf. Erläuterungen von Fachausdrücken) • Rechtschreibung, Grammatik, Zeichensetzung nach Dudenregeln
Ergebnisqualität	**Nachvollziehbarkeit des Gutachtens** • konkrete Wiedergabe der juristischen Beweisfrage • sachgerechte Strukturierung der Fragestellung des Gerichts in fachpsychologische Arbeitshypothesen • getrennte Darstellung von Untersuchungsergebnissen (d. h. Daten) und Interpretation (d. h. Befund) • Eindeutigkeit der Aussagen • Widerspruchsfreiheit der Argumentation • Beantwortung aller vom Gericht gestellten Fragen • nachvollziehbare Begründungen und Schlussfolgerungen des Sachverständigen **Nachprüfbarkeit des Gutachtens** • Angabe aller Informations- und Datenquellen • Informationen über die differentialdiagnostischen Überlegungen sowie über die angewandten Untersuchungsverfahren, deren Zielsetzung, Auswertung und Normierung • präzise Darstellung des Untersuchungsablaufs und der Untersuchungsergebnisse • Information über (eventuell hinzugezogene) Hilfskräfte • Information über die Auswertungsmethoden, Beurteilungskriterien, Normen etc. • Information über eventuelle Zusatzgutachten oder Stellungnahmen zu Spezialfragen von anderen Experten **Überzeugungskraft des Gutachtens** • präzise Erfassung und Wiedergabe der Fragestellung(en) des Auftraggebers • klare und übersichtliche Gutachten-Gliederung • überzeugende (hypothesengeleitete) psychologische Differential-Diagnostik mit sachgerechten psychologischen Arbeitshypothesen • klare Trennung von Untersuchungsergebnissen und psychologischem Befund • Eindeutigkeit der Ausführungen des Sachverständigen

	• logisch überzeugende Argumentation
	• Widerspruchsfreiheit der Ausführungen des Sachverständigen
	• sachgerechte Gewichtung der Untersuchungsergebnisse
	• Verzicht auf fragwürdige Annahmen, Vermutungen und Spekulationen
	• fachlich fundierte und überzeugende Formulierung fachpsychologischer Arbeitshypothesen
	• verständliche und logisch überzeugende Beantwortung der vom Gericht (Auftraggeber) gestellten Frage(n)

Daraus resultiert die Kundenzufriedenheit über das Gutachten.

Kundenzufriedenheit	**Akzeptanz des Gutachtens** durch die Verfahrensbeteiligten dadurch, dass die Struktur-, Prozess- und Ergebnisqualität erfüllt ist.

(3) Einsatz psychologischer Verfahren und Methoden bei familienrechtlichen Fragestellungen

Die im psychodiagnostischen Prozess anzuwendenden **Methoden** sind vorrangig Exploration (Undeutsch, in: Feger/Bredenkamp, Enzyklopädie der Psychologie, S. 321 ff.) und Verhaltensbeobachtung. Bei der **Exploration** geht es um die (Rück-)Erinnerung an die Lebensgeschichte und Konfliktentstehung, um ein differenziertes Bild der Familien- und Lebenssituation zu erhalten. Hilfreich für die Durchführung der Exploration ist ein Leitfaden, der individuell auf die Fragestellungen und Problemsituation auf der Basis der Aktenanalyse abgestimmt wird (ausführlich dazu Westhoff/Kluck, Psychologische Gutachten schreiben und bewerten, 1999). Ergänzend dazu kann z.B. der Anamnestische Elternfragebogen (Deegener, Anamnese und Biographie im Kindes- und Jugendalter, 1999) oder der Diagnostische Elternfragebogen (Dehmelt/Kunert/Zinn, Diagnostische Elternfragebogen, 1993) hilfreich sein.

Kernstück der psychologischen Diagnostik ist die **Exploration**, also das Gespräch zwischen dem Gutachter und den Zubegutachtenden (Undeutsch, Forensische Psychologie, S. 321; Kühne, FPR 1996, 184 ff.; Westhoff/Kluck, a. a. O., 1999). Wesentliche Voraussetzungen für das Gelingen der Untersuchungsgespräche sind der äußere Rahmen und die Haltung des Explorierenden, die Herstellung eines guten Gesprächsklimas und einer ungestörten Umgebung (ausführlich dazu s. Thomae, in: Undeutsch, Forensische Psychologie, S. 743 ff.).

Die Exploration bei familienrechtlichen Fragestellungen soll Informationen über die vergangenen Ereignisse (z.B. Beginn und Verlauf der Ehe, Entwicklung der Kinder, Beziehungen der Geschwister untereinander), die Beschreibung der gegenwärtigen Situation (z.B. Kontinuität der Umwelt, Entstehung und Verlauf des Familienkonflikts, die augenblickliche Lebens- und Betreuungssituation, Verhaltensschwierigkeiten der Kinder, Konfliktlösungsversuche) und die zukünftige Planung (z.B. zukünftige Lebensumwelt der Elternteile, Entwicklungsförderung der Kinder vor dem Hintergrund der vergangenen und aktuellen Lebenssituation) liefern.

Grundlage der Exploration ist ein sog. **Explorationsleitfaden**, in dem die Fragen auf der Basis der Aktenanalyse zusammengestellt werden. Zu formulieren sind sog. **offene Fragen**, d.h. Fragen, die dazu anregen, Sachverhalte zu schildern und einseitige Ja-Nein-Antworten vermeiden.

Um zu verhindern, dass für die Begutachtung relevante Informationen nicht oder nur teilweise erfasst werden, sind die Beteiligten am Ende des Begutachtungsprozesses noch einmal aufzufordern, die für sie und die Begutachtung bedeutsamen Informationen anzusprechen, um sicherzustellen, dass alle relevanten Informationen aufgenommen wurden.

513 Der Einsatz von **Testverfahren** z. B. zur sog. Bindungsdiagnostik ist problematisch und psychodiagnostisch zweifelhaft. Projektive und sog. semi-projektive Verfahren erfüllen die geforderten Testgütekriterien der (Durchführungs-, Auswertungs- und Interpretations-) Objektivität, der Zuverlässigkeit (Reliabilität) und der Gültigkeit (Validität) nicht. Sollten sie dennoch eingesetzt werden, ist der Einsatz zu begründen, das Verfahren in seiner Zielsetzung zu beschreiben und die Grundlagen der Durchführung, Auswertung und Interpretation anzugeben (Ell, Psychologische Kriterien bei der Sorgerechtsregelung und die Diagnostik der emotionalen Beziehung, 1990).

514 Angemessene standardisierte Fragebögen stehen für sorge- und umgangsrechtliche Fragestellungen nur begrenzt (z. B. für Jugendliche) zur Verfügung (Brickenkamp, Handbuch psychologischer und pädagogischer Tests, 2002).

515 **Psychologische Testverfahren** werden bei familienrechtlichen Fragestellungen bei Kindern dann eingesetzt, wenn es gilt Daten zum Entwicklungstand, zur Sozialisation und zur subjektiven Leistungsfähigkeit (unter dem Aspekt gegenwärtigen und zukünftigen Förderbedarfs) zu erhalten.

Psychologische Testverfahren unterliegen spezifischen **Qualitätsstandards** bei der Testkonstruktion. So müssen sie die Kriterien der **Objektivität** (der Durchführung, Auswertung und Interpretation), der **Reliabilität** (Zuverlässigkeit) und **Validität** (Gültigkeit) erfüllen. Bei standardisierten Testverfahren ist das Gütekriterium der Objektivität in der Regel erfüllt. Zuverlässigkeit bedeutet, dass bei einer Testwiederholung in einem kurzen bis mittleren Zeitintervall vergleichbare Ergebnisse (unter Einbeziehung eines Standardmessfehlers) erreicht werden müssen. Die Gültigkeit gibt Auskunft darüber, ob das Testverfahren das Kriterium, das es messen soll, auch wirklich misst. Darüber hinaus müssen (aktuelle) Normen für die Auswertung veröffentlicht sein.

516 In der Regel beschreiben psychologische Tests das zu messende Merkmal (z. B. Leistungstest, Intelligenztest), während bei **projektiven Verfahren** die Methode namensgebend ist. Welche theoretische Grundannahme des Projektionsbegriffs den Tests zugrunde liegt, bleibt weitgehend unbekannt. In der wissenschaftlichen Diskussion herrscht weitgehende Uneinigkeit über den Einsatz dieser Verfahren. In einem ausführlichen Beitrag über die theoretischen Grundlagen projektiver Verfahren weist Hörmann (in: Groffmann/Michel, Grundlagen psychologischer Diagnostik, S. 173 ff.) auf die Dimensionsbeschreibungen von Holmes (Psychological Bulletin, 69, 1968, S. 248 ff.) hin, der zwischen komplementärer und attributiver Projektion unterscheidet. Komplementäre Projektion bedeutet danach, dass der Proband auf eine Person (z. B. eine Testfigur im Thematischen Apperzeptionstest) eine andere Eigenschaft projiziert als die, die er seinem eigenen Wissen nach besitzt. Bei der attributiven Projektion projiziert der Proband eine Eigenschaft, die er selbst besitzt, und um die er auch weiß.

Die Grundidee projektiver Verfahren entspringt tiefenpsychologischen Überlegungen, wonach angenommen wird, dass sich in den verbalisierten Assoziationen diejenigen Inhalte niederschlagen, die dem Bewusstsein nur schwer oder gar nicht zugänglich sind.

517 Projektive Verfahren (z. B. Rorschach-Test, TAT – Thematischer Apperzeptionstest nach Murray, Picture Frustration Test nach Rosenzweig) sollen der **Persönlichkeitsdiagnostik** dienen, wobei die Testautoren von der Annahme ausgehen, dass psychische Erlebnisinhalte durch geeignetes Testmaterial (z. B. Bilder) in sprachliche Darstellungen umgesetzt werden können, die dann der (psychologischen) Interpretation zugänglich sind und Rückschlüsse auf das subjektive Verhalten und Verhaltensdispositionen zulassen. Den klassischen Testgütekriterien entsprechen sie nicht, wodurch die Interpretationsmöglichkeiten erheblich eingeschränkt werden. Die Auswertung und Interpretation ist stark ausbildungs- und erfahrungsabhängig, so dass dies einem Unerfahrenen nur selten

gelingt; die Verfahren sind damit in ihrer Nachvollziehbarkeit und Nachprüfbarkeit erheblich eingeschränkt.

Die publizierten projektiven Testverfahren dienen der Persönlichkeitsdiagnostik z. B. von Erwachsenen (Brickenkamp, a. a. O., 2002); bei familienrechtlichen Begutachtungen beinhalten die vom Gericht gestellten Beweisfragen nicht eine Diagnostik der Persönlichkeit der Eltern. Es geht bei der Begutachtung um das Bindungsgefüge zwischen Eltern und Kindern und die Erziehungs- und Förderkompetenz der Eltern.

Projektive Verfahren, die von manchen Gutachterinnen und Gutachtern zur sog. **Bindungsdiagnostik** und zur vermeintlichen Beschreibung der Familiensituation aus kindlicher Sicht eingesetzt werden, entsprechen den notwendigen Testgütekriterien nicht. Besonders problematisch sind solche Verfahren dann, wenn sie nicht veröffentlicht sind, sondern aus der Hand des Gutachters oder der Gutachterin kommen, die diese Verfahren selbst konstruiert haben, ohne sie einer Testanalyse nach den oben beschriebenen Kriterien unterzogen zu haben. Solche Verfahren sind besonders kritisch zu bewerten; sie haben keine psychodiagnostische Aussagekraft und können im Zweifelsfall zu einer Verunsicherung der Zubegutachtenden führen, da die Zielsetzung des Verfahrens unbekannt bleibt. Der Rechtsprechung folgend (s. Lempp, Gerichtliche Kinder- und Jugendpsychiatrie, 1983) dürfen die Ergebnisse projektiver Testverfahren keine ausschließliche Begründung für ein psychologisches Gutachten sein.

Eine **Persönlichkeitsdiagnostik der Eltern** wird im Rahmen der juristischen Beweisfragen nach dem Sorge- und Umgangsrecht nicht durchgeführt, da sie keine für die Sorge- und Umgangsregelung relevanten Ergebnisse liefern kann. Sie ist nur in sehr seltenen Ausnahmefällen, wie z. B. beim Verdacht die Erziehungsfähigkeit beeinträchtigender Persönlichkeitsstörungen, angezeigt. Vom anderen Ehepartner als störend erlebtes Verhalten, das z. B. Folge des ehelichen Konflikts sein kann, rechtfertigt keine Persönlichkeitsdiagnostik. Darüber hinaus ist zu bedenken, dass alle Untersuchungen, also auch eine in Ausnahmefällen eventuell als notwendig erachtete Persönlichkeitsdiagnostik immer bei beiden Elternteilen durchgeführt werden muss. Verweigert ein Elternteil eine solche, ist diese auch beim anderen Elternteil nicht durchzuführen. In Zweifelsfällen ist Rücksprache mit dem auftraggebenden Gericht zu nehmen, wobei die Gründe für den Einsatz dieser diagnostischen Vorgehensweise darzulegen sind.

ee) Modellhafte Darstellung eines Begutachtungsablaufs

Bezogen auf den Ablauf einer psychologischen Begutachtung in Verfahren bei Trennung oder Scheidung lässt sich das Verfahren in methodisch-formaler Hinsicht folgendermaßen beispielhaft an der familienrechtlichen Beweisfrage zum Aufenthaltsbestimmungsrecht und zur elterlichen Sorge darstellen.

Vor Beginn der **psychologischen Untersuchung** sind die Eltern über die Art und den Verlauf des Begutachtungsprozesses zu informieren und ihr Einverständnis zu erbitten. Bedeutsam dabei ist der Hinweis, dass die Begutachtung freiwillig erfolgt, die Beteiligten (Eltern und Kinder) sich nur zu den Sachverhalten zu äußern brauchen, zu denen sie sich äußern wollen, und dass sie die Möglichkeit haben, das Gespräch zu unterbrechen oder zu beenden, wenn es ihnen zu belastend wird.

Die **Begutachtungstermine** sollten sich an den Zeitplänen der Eltern, der Kinder und der Sachverständigen orientieren, um überflüssige Belastungen und Einschränkungen zu vermeiden. Ein Hinweis auf Termindruck – z. B. den Wunsch nach einer schnellen Fertigstellung des Gutachtens durch das Gericht – ist unangemessen. Sollten kurzfristige Terminsetzungen durch das Gericht erfolgen, ist Rücksprache über den Begutachtungsverlauf mit dem beauftragenden Gericht zu nehmen. Termindruck rechtfertigt keine unvollständige oder lückenhafte Begutachtung.

Bearbeitet der Sachverständige das Gutachten nicht allein und werden **Hilfskräfte** etc. hinzugezogen, so müssen diese benannt, ihre Qualifikation belegt und die von ihnen erhobenen Daten als solche gekennzeichnet werden. Den Hilfskräften muss die Fragestellung der Begutachtung und die Aktenlage bekannt sein.

523 In einem forensisch-psychologischen Gutachten zu familienrechtlichen Fragestellungen umfasst die **Einleitung** die juristische Beweisfrage, den Auftraggeber, eine Übersicht über die herangezogenen Akten, Angaben über Untersuchungs- und Beobachtungstermine und eine Darstellung der angewandten Untersuchungsmethoden, deren Zielsetzung für die Fragestellung, die Auswertungs- und Interpretationsgrundlage und Hinweise auf die in die Untersuchung mit einbezogenen Personen.

524 Die **Qualität** eines Gutachtens hängt von der präzisen Beweisfrage durch das Gericht und deren Umsetzung in psychologische Fragestellungen (psychologische Arbeitshypothesen), der Auswahl der angewandten Methoden, der Darstellung der Untersuchungsergebnisse und deren Gewichtung und zusammenfassende Beurteilung im psychologischen Befund ab.

525 Die **juristische Beweisfrage** nach dem Kindeswohl bedarf der „Übersetzung" in **psychologische Fragestellungen** z. B. nach den trennungsspezifischen Erlebens- und Verhaltensweisen sowie dem Willen und den Wunschvorstellungen des Kindes, den Bindungen und Beziehungen zwischen den Familienangehörigen, der Kontinuität der Lebensumwelt und von Seiten der Eltern nach deren Erziehungs- und Förderkompetenz, ihrer Bindungstoleranz und Kooperationsbereitschaft auch im Familienkonflikt, sowie der Bereitschaft dazu, die elterliche Verantwortung zu übernehmen. Miteinzubeziehen sind die Betreuungsmöglichkeiten und die sozioökonomischen Rahmenbedingungen.

526 Auf der Basis der juristischen Beweisfrage, der unter psychologischen Gesichtspunkten erfolgten Aktenanalyse und der psychologischen Fragestellungen sind **überprüfbare Arbeitshypothesen und Alternativhypothesen** (z. B. Leben bei der Mutter, beim Vater, mögliche Geschwistertrennung und ihre Auswirkungen) zur Untersuchungsdurchführung und zur Beantwortung der Beweisfragen zu formulieren, die dann im Laufe des Begutachtungsverfahrens geprüft, gewertet, gewichtet und abschließend angenommen oder verworfen werden.

527 In die **psychologische Diagnostik** sind die Personen-, Umwelt und biologischen Variablen miteinzubeziehen, wie z. B. die bisherige (und eventuell zukünftige) Lebenssituation der Kinder, ihr Entwicklungsverlauf und Entwicklungsstand in geistiger, sozialer und emotionaler Hinsicht unter Berücksichtigung von Einschränkungen wie körperliche Krankheit, psychosomatische Störungen, Verhaltensauffälligkeiten etc., sowie die Bindungen an die Eltern, Emotionen gegenüber den Eltern, die emotionale und soziale Beziehung zwischen den Geschwistern, die Beziehungen zu für die Kinder bedeutsamen Verwandten und (eventuellen) neuen Lebenspartnern. Vor der Einbeziehung dieser Personen in die Begutachtung ist das Gericht über die psychologische Notwendigkeit zu informieren und ggf. eine Erweiterung des Beweisbeschlusses zu beantragen. Zu erfassen ist ebenfalls der Kindeswille und die dem Wunsch zur Beantragung der alleinigen elterlichen Sorge zugrunde liegende elterliche Motivation.

Der **Kindeswille** ist aus der Sicht des Gesetzgebers erst **mit Vollendung des 13. Lebensjahres**, also an der Schwelle zum Jugendalter, **bedeutsam**; bei der psychologischen Diagnostik sollte er gleichwohl auch bei jüngeren Kindern erfragt und auf der Basis entwicklungspsychologischer Erkenntnisse gewichtet werden. Dies ist besonders bedeutsam bei den Fällen, bei denen ein Elternteil auf den Willen des Kindes rekurriert (s. dazu ausführlich Rn. 343 ff.).

528 Im **Mittelpunkt der Begutachtung** stehen die Kinder in ihrer momentanen Lebenssituation und dem sich daraus ergebenden Beziehungsgeflecht. Dies bedeutet, dass die Verhaltensbeobachtung der Kinder und die Beobachtung ihrer Interaktionen mit den Personen ihres Lebensumfeldes von zentraler Bedeutung sind. Es werden dabei nicht nur die Elternteile und nahe Angehörige, sondern auch die neuen Lebenspartner oder enge Freunde miteinzubeziehen sein, die das Leben der Eltern teilen und damit auf die Entwicklung der Kinder Einfluss nehmen können. Es gilt, durch Verhaltensbeobachtungen und Befragungen die unterschiedlichen Interaktionen zwischen Eltern, Kindern zu erfassen und zu dokumentieren, um z. B. Informationen über die sog. Bindungsqualitäten zu erhalten.

Die Exploration über die momentane Lebenssituation gibt Aufschluss über die Entwicklung des Kindes seit der Trennung der Eltern, Hinweise auf die durch die Trennung entstandenen Belastungen und die Bedürfnisse des Kindes für die Ausgestaltung des Umgangs. Darüber hinaus ist die Entwicklungsgeschichte der Kinder (physische und psychische Entwicklung, Entstehung und Verarbeitung von Konflikten, Umgang mit der Trennungs- und Scheidungssituation, Entstehung und Bewältigung von Krankheiten, psychosomatischen Störungen etc.) zu erfassen und zu prüfen, wie sich die Bindungsqualitäten und die Kommunikation zwischen den Elternteilen und dem Kind verändert haben.

Die **psychologische Aktenanalyse**, die den psychologischen Untersuchungsbericht einleitet, erfolgt im Hinblick auf die zu beantwortende(n) Fragestellung(en) und gibt einen Überblick über die derzeitige Aktenlage. Einzubeziehen sind die Gerichtsakten mit den relevanten Entscheidungen und Beschlüssen, Jugendamtsberichte und eventuell zusätzlich vorliegende Gutachten. In jedem Fall ist nicht nur die Aktenanalyse dem psychologischen Untersuchungsbericht vorgeschaltet; sondern bevor eine psychologische Untersuchung geplant und durchgeführt wird, muss die Aktenlage dem oder der Sachverständigen (und seinen Hilfskräften) vertraut sein. 529

Im **psychologische Untersuchungsbericht** werden alle erhobenen Daten, z. B. die Explorationen der Eltern zur Lebenssituation, zur Konfliktentstehung, zu Versuchen der Konfliktlösung, zum Entwicklungsstand und zur Lebenssituation der Kinder; die systematische Verhaltensbeobachtung bei der Untersuchung z. B. im Gespräch mit den Eltern, den Gesprächs- und Spielsituationen der Elternteile mit den Kindern, die Erkenntnisse der informatorischen Gespräche mit weiteren Familienangehörigen oder Betreuungspersonen, Ergebnisse von Testuntersuchungen etc., die zur Beantwortung der juristischen Beweisfrage von Bedeutung sind, dargestellt. 530

Grundsätzlich sind alle die Fragestellung betreffenden Explorationsthemen mit **beiden Elternteilen** anzusprechen; sollte ein Elternteil bisher unbekannte Probleme etc. aufgreifen, sind diese Themen ebenfalls in die Exploration mit dem anderen Elternteil aufzunehmen; darüber hinaus ist eine Verhaltensbeobachtung der Kinder – jeweils mit beiden Elternteilen – notwendig. Sollte dies aus irgendwelchen Gründen nicht möglich sein, müssen die Ablehnungsgründe schlüssig dargestellt werden. In jedem Fall ist die Begutachtung symmetrisch durchzuführen; d. h. alle relevanten Informationen sind bei beiden Elternteilen einzuholen. Widersprüche sind aufzuklären, oder falls dies nicht möglich ist, in der Kontroverse darzustellen und im nachfolgenden psychologischen Befund zu diskutieren. 531

Wird ein psychologisches Testverfahren verwendet, so muss dieses zu Beginn des Untersuchungsberichts jeweils kurz in Bezug auf die Zielsetzung und Güte des Verfahrens und die Relevanz für die vorliegende Fragestellung beschrieben werden, ehe sich daran die Ergebnisdarstellungen anschließen. Bei der Darstellung der einzelnen Ergebnisse und den bei den Untersuchungen festgestellten Testergebnissen und Einzelbeobachtungen sind diese wertungsfrei zu berichten, ohne dass an dieser Stelle bereits eine Interpretation vorgenommen wird. 532

Die psychologischen Untersuchungen haben sich allein auf die juristischen Beweisfragen zu konzentrieren, wobei die Untersuchungsplanung, -durchführung, -auswertung und Ergebnisbeurteilung objektiv, unbestechlich und frei von ideologischen Wertungen zu erfolgen hat. 533

Besteht die Möglichkeit und die Bereitschaft der Eltern, sie in einem Abschlussgespräch über die Ergebnisse der Begutachtung zu informieren und dabei auch Möglichkeiten einer Lösung des Sorge- oder Umgangsrechtskonflikts anzusprechen, ist dieses zu dokumentieren und in den Untersuchungsbericht und den psychologischen Befund aufzunehmen. 534

> *Hinweis:*
> *Die Wiedergabe der Explorationsergebnisse erfolgt im **Konjunktiv**.*

535 Im **psychologische Befund** werden die Ergebnisse ohne wertende Kategorien und ohne subjektive Wertmaßstäbe des Gutachters zusammengeführt, um daran anschließend die psychologischen Fragestellungen zu beantworten. Es wird auf eventuelle Widersprüche zwischen den Informationen (z.B. in den Darstellungen von Vater und Mutter der Kinder) oder Antworttendenzen (z.B. soziale Erwünschtheit, mögliche Beeinflussungen) eingegangen und diese diskutiert.

Die im psychologischen Befund zusammengefassten und gewichteten Untersuchungsergebnisse müssen Schritt für Schritt **nachvollziehbar** und **nachprüfbar** sein und **belegt** werden.

> *Hinweis:*
> *Die Formulierung des psychologischen Befundes erfolgt im **Indikativ**.*

536 An den psychologischen Befund schließt sich die **Beantwortung der psychologischen Fragen** auf der Basis der angenommenen Hypothesen und die der **juristischen Beweisfrage(n)** an.

ff) Checkliste: Gliederung eines psychologischen Gutachtens ☑

537

☐	**Informationen über den Auftrag**	• Art des Auftrags (Gutachten, Stellungnahme, Bericht) • Thema (des Gutachtens, Berichts etc.) • Auftraggeber des Gutachtens • Aktenzeichen des Auftraggebers • Name und Adresse des Klienten • Name und Adresse des Sachverständigen (mit genauer, ladungsfähiger Anschrift) • Umfang des Gutachtens (Text, Anhang) • Inhaltsübersicht
☐	**Auftrag**	• Auftraggeber (Gericht) • Zeitpunkt der Beauftragung • Hinweis auf die Einwilligung des Klienten zur Begutachtung
☐	**Anlass für die Begutachtung**	• Beweisbeschluss des Gerichts
☐	**Fragestellung des Auftraggebers**	• Exakte Wiedergabe der Fragestellung des Auftraggebers • Strukturierung der Fragestellung aus der Perspektive des psychologischen Sachverständigen im Rahmen seiner fachpsychologischen Arbeitshypothesen (einschließlich Alternativhypothesen)

☐	**Untersuchungsrahmen**	• Untersuchungs-Ort(e) • Untersuchungs-Termin(e) und Untersuchungszeit • Beteiligte Personen (Untersucher, Assistenten etc.) • Einzel- und/oder Gruppengespräche
☐	**Untersuchungsmethoden**	• Auswahl und Darstellung der Untersuchungsmethoden • Aktenanalyse • Exploration • Verhaltensbeobachtung • Tests und apparative Verfahren • Datenerhebung und Auswertungsmethoden • Beurteilungskriterien
☐	**Untersuchungsergebnisse**	Dokumentation der Untersuchungsergebnisse aus • Aktenanalyse • Exploration(en) • Verhaltensbeobachtung(en) • Tests
☐	**Psychologischer Befund**	• Interpretation der Untersuchungsergebnisse im Hinblick auf die Fragestellung des Auftraggebers auf der Basis der zugrunde liegenden fachpsychologischen Arbeitshypothesen
☐	**Beantwortung aller Beweisfragen des Auftraggebers**	• Beantwortung der Beweisfrage(n) auf der Basis der psychologischen Befunde
☐	**Datum und Unterschrift des Sachverständigen**	
☐	**Literaturangaben**	

gg) Problem des Parteien- oder Privatgutachtens

538 In streitigen Familiensachen versuchen die Prozessbeteiligten manchmal im Vorfeld eines Gerichtsverfahrens, um im laufenden Verfahren ein Gerichtsgutachten zu erzwingen oder weil sie mit einem vom Gericht in Auftrag gegebenen Gutachten nicht zufrieden sind, ein Privatgutachten erstellen zu lassen. Aus juristischer Sicht hat ein solches Gutachten keinen anderen oder gar höheren Stellenwert als ein vom Gericht in Auftrag gegebenes Gutachten.

539 Aus der Sicht der psychologischen Diagnostik ist es dann **abzulehnen**, wenn nicht alle am Verfahren Beteiligten einverstanden sind, sondern das Gutachten nur dazu dienen soll, die Position einer Partei herauszustellen. Sind z.B. bei Familienstreitigkeiten nicht beide Elternteile einverstanden und bereit an der Begutachtung mitzuwirken, da es in Bezug auf die erhobenen und verarbeiteten Informationen i. d. R. unvollständig bleiben muss, da wesentliche Informationen entfallen. Die oben beschriebene Struktur- und Prozessqualität ist wegen des unvollständigen Datenmaterials und dem fehlenden Zugang zu den anderen Verfahrensbeteiligten nicht mehr gewährleistet. Die Überzeugungskraft des Gutachtens wird eingeschränkt und seine Akzeptanz durch alle Verfahrensbeteiligten erheblich gemindert.

hh) Problem methoden-kritischer Stellungnahmen

540   Ist ein Verfahrensbeteiligter mit einem Gutachten nicht einverstanden, z. B. weil die Begutachtung nicht die gewünschte richterliche Entscheidung vorbereitet, werden zunehmend sog. methoden-kritische Stellungnahmen privat, d. h. von Seiten einer Partei oder des Parteienvertreters auf der Basis **privatrechtlicher Verträge** vereinbart. Diese methoden-kritischen Stellungnahmen entstehen im nicht-öffentlichen Raum und sind damit weder für das Gericht noch für die anderen Prozessbeteiligten von Anfang an aktenkundig. In manchen Fällen werden solange methoden-kritische Stellungnahmen in Auftrag gegeben, bis das angestrebte Ergebnis erreicht wird.

541   Der Einsatz methoden-kritischer Stellungnahmen auf privatrechtlicher Basis kann die **Transparenz des Verfahrens** und damit auch die **Verfahrensgerechtigkeit mindern**. Sie verunsichern die übrigen am Verfahren beteiligten Personen und können dazu beitragen, dass der Familienkonflikt nicht konstruktiv gelöst wird, sondern eskaliert. Ein wesentlicher Faktor bei der Bewertung der Verfahrensgerechtigkeit ist es, die Fairness zu wahren und nicht kontrollierbaren und möglicherweise destruktiv wirkenden individuellen Wünschen und Interessen Einhalt zu gebieten (Lind, in: Bierbrauer/Gottwald/Birnbreier-Stahlberger, Verfahrensgerechtigkeit, S. 3 ff.). Methoden-kritische Stellungnahmen dürfen nicht im Kampf der Parteien zum Nachteil Einzelner instrumentalisiert werden.

542   Die grundsätzliche Frage bei methoden-kritischer Stellungnahmen ist es demnach, ob die **formalen** und **methodischen Standards** bei der Begutachtung eingehalten worden sind; in keinem Fall geht es um eine Kritik in sachlich-inhaltlicher Sicht. Es soll nicht der Eindruck erweckt werden, dass eine Kritik an psychologischen Gutachten in methodischer Hinsicht abzulehnen ist, gleichwohl ist immer zu bedenken, dass die methodisch-kritische Stellungnahme ihrerseits Qualitätsstandards genügen muss, um konstruktiv im Verfahren eingesetzt werden zu können.

Die methoden-kritischen Stellungnahmen müssen den Grundsätzen der Struktur-, Prozess- und Ergebnisqualität folgen (s. o.). Zu diesen Standards gehört im Sinne der Strukturqualität eine mindestens dem psychologischen (Erst-)Sachverständigen entsprechende psychologische Sachkompetenz, die Kenntnis der Aktenlage, der gutachterlichen Rahmenbedingungen zum Zeitpunkt der Erstbegutachtung, wobei eindeutig nur auf die Informationen Bezug genommen werden darf, die dem Erstgutachter bei seiner Begutachtung zur Verfügung standen. Im Sinne der Strukturqualität gilt es die Neutralität – besonders gegenüber dem Auftraggeber – zu wahren, vorurteilsfrei, ergebnisoffen und neutral nicht nur die Schwächen, sondern auch die Stärken des Gutachtens herauszuarbeiten. Dies bedeutet, dass nicht nur allein auf methodischen Kritikpunkten Bezug zu nehmen ist, sondern sowohl methodische Gutachtenqualitäten als auch Möglichkeiten der Nachbesserung zu benennen sind. Der Grundsatz der Verhältnismäßigkeit ist im engen Zusammenhang zur Neutralität und Objektivität zu sehen.

Methoden-kritische Stellungnahmen haben dann eine konstruktive Bedeutung im Verfahren, wenn sie transparent und nachvollziehbar sind und darauf verzichten, andere Verfahrensbeteiligte zu diskriminieren.

Mindeststandards methoden-kritischer Stellungnahmen (modifiziert und ergänzt nach Greuel, a. a. O., S. 67 ff.) sind:

543

Strukturqualität	• Gleichwertige psychologische Sachkompetenz bezogen auf familienrechtliche Fragestellungen • Kenntnisse der Aktenlage und der gutachterlichen Rahmenbedingungen zum Zeitpunkt der Erstbegutachtung • Alleiniger Bezug auf die zum Zeitpunkt der Erstbegutachtung vorliegenden Informationen
Prozessqualität	• Neutralität gegenüber den Verfahrensbeteiligten • Keine Parteilichkeit gegenüber dem Auftraggeber der methoden-kritischen Stellungnahme • Ergebnisoffenheit • Objektivität • Vorurteilsfreiheit • Verhältnismäßigkeit (Aufzeigen von Stärken und Schwächen) • Beschränkung auf formal-methodische Standards, keine sachlich-inhaltlichen Feststellungen
Ergebnisqualität	• Transparenz • Nachvollziehbarkeit • Vertrauen der Beteiligten darauf, nicht zur Zielscheibe von Diskriminierung zu werden.

6. Vorläufige Anordnungen

Bis zum 31. 12. 2001 gab es keine gesetzliche, sondern nur eine richterrechtliche Regelung für einen vorläufigen Rechtsschutz im Bereich von Sorge- und Umgangsrecht. Lediglich § 13 Abs. 4 HausratsVO und §§ 620 ff. ZPO im Scheidungsverfahren der Eltern sahen für Teilbereiche der Freiwilligen Gerichtsbarkeit die Möglichkeit vorläufiger Regelungen ausdrücklich vor. Durch das Gewaltschutzgesetz vom 8.11.2001 ist jetzt auch für den Bereich des FGG in allen „anderen" Familiensachen eine gesetzliche Regelung des einstweiligen Rechtsschutzes eingeführt worden: § 621g ZPO trifft insoweit eine auf die §§ 620 ff. ZPO verweisende einheitliche Regelung für alle Familiensachen. Die Sonderregelung in der HausratsVO wurde aufgehoben.

544

Vorläufige Anordnungen im Rahmen von elterlicher Sorge und Umgangsrecht kamen nach der bisherigen Rechtsprechung nur in Betracht, wenn ein sofortiges Eingreifen oder eine umgehende Regelung ohne abschließende Klärung zur Vermeidung einer Beeinträchtigung des Kindeswohls dringend geboten und zudem aufgrund glaubhaft gemachter Angaben wahrscheinlich war, dass die Endentscheidung in die gleiche Richtung gehen würde (OLG Bamberg, FamRZ 2001, 1310).

Durch die Neuregelung sind – wegen § 620c ZPO, auf den verwiesen wird –, jetzt nur noch die vorläufige Übertragung der elterlichen Sorge oder wesentlicher Teile von ihr, Herausgabebeschlüsse und Wegweisungen aus der Wohnung beschwerdefähig, nicht mehr alle erlassenen vorläufigen Anordnungen (s. nachfolgend Rn. 554).

545

7. Verhältnis von Rückgabeverfahren nach HKiEntÜ und Sorgerechtsentscheidung

546 Das Rückgabeverfahren nach dem HKiEntÜ ist kein besonderes Verfahren über elterliche Sorge oder Umgangsrechte, sondern ähnelt eher einem Verwaltungs- oder Vollstreckungsverfahren. Das Kindeswohl ist deshalb und wegen der Zielsetzung des Übereinkommens, möglichst schnell den ursprünglich zuständigen Richter entscheiden lassen zu können, nur von eingeschränkter Bedeutung.

Denn das HKiEntÜ regelt gerade nicht das materielle Sorgerecht oder Umgangsrechte. Art. 19 HKiEntÜ bestimmt deshalb ausdrücklich, dass die aufgrund des Übereinkommens getroffene Rückgabeentscheidung nicht als Entscheidung über das Sorgerecht anzusehen ist. Nach Art. 16 HKiEntÜ dürfen die Behörden des Staates, in den das Kind widerrechtlich verbracht worden ist, eine Sachentscheidung über das Sorgerecht erst treffen, wenn eine die Rückgabe ablehnende HKiEntÜ-Entscheidung ergangen ist oder innerhalb angemessener Frist kein HKiEntÜ-Rückgabeantrag gestellt wird (vgl. BGH, FamRZ 2000, 1502). Die **Mitteilung des Generalbundesanwalts nach Art. 16 HKiEntÜ**, die schon vor Stellung eines Rückgabeantrages erfolgt, führt damit zu einem von Amts wegen zu beachtenden **Verfahrenshindernis** für eine Sorgerechts- oder Umgangsregelung in Deutschland, wenn das Kind hierher widerrechtlich verbracht oder festgehalten wird.

Der Europäische Gerichtshof für Menschenrechte hat nun in einer neueren Entscheidung (EuGHMR v. 25.1.2000 – Beschwerde Nr. 31679/96, Ignaccolo-Zenide gegen Rumänien – vgl. eingehende Erörterung dieser Entscheidung von Schulz, FamRZ 2001, 1420 ff.) die strikte Unterscheidung von Rückgabeentscheidung nach HKiEntÜ und materieller Sorgerechtsregelung dadurch wieder etwas aufgeweicht, dass er das durch Art. 8 EMRK geschützte Sorgerecht im Lichte des HKiEntÜ ausgelegt hat, diesem Abkommen also menschenrechtliche Qualität gibt (zu den Bedenken gegen diese Rspr. s. Schulz, FamRZ 2001, 1420 ff.).

8. Rechtsmittel in familiengerichtlichen Verfahren

a) Befristete Beschwerde

547 Gegen alle **Endentscheidungen** des Familiengerichts, die Kinder betreffen, gibt es jetzt ein einheitliches Rechtsmittel, § 621e Abs. 1 Nr. 2 ZPO: das der befristeten, in Form und Inhalt der zivilprozessualen **Berufung angeglichenen Beschwerde** zum OLG (Familiensenat) sowie die weitere Beschwerde zum BGH nach Zulassung oder bei Verwerfung als unzulässig. Anwaltszwang herrscht nur vor dem BGH, § 78 Abs. 2 Nr. 3 ZPO. Eine Abhilfemöglichkeit durch die erste Instanz, sei es Richter oder Rechtspfleger, besteht danach nicht.

548 Uneinigkeit herrschte zeitweilig teilweise darüber, welche der seit dem 1.7.1998 aus der Zuständigkeit des Vormundschaftsgerichts in die des Familiengerichts übergegangenen Verfahren durch „Endentscheidung" i. S. d. § 621e ZPO oder durch „**Verfügung**" i. S. d. §§ 19, 60 FGG (= Zwischenentscheidung) abgeschlossen werden.

Das betrifft vor allem die beim Rechtspfleger verbliebenen Entscheidungen wie z.B. die **Ersetzung der Zustimmung** des leiblichen Elternteils zur Einbenennung des Kindes nach dem Stiefelternteil gem. **§ 1618 Satz 4 BGB**. Einige OLG hatten hier die Neigung, eine „Verfügung" anzunehmen, um dem Rechtspfleger dadurch eine Abhilfemöglichkeit zu erhalten (vgl. OLG Köln, FamRZ 1999, 734, 735; OLG Celle, 18. FamS, FamRZ 1999, 1377; OLG Koblenz, 11. FamS, FamRZ 2000, 690). Zu Recht aber sehen die meisten OLG in der Ersetzungsentscheidung eine Endentscheidung, die nur das Rechtshilfegericht ändern, der aber das erkennende Gericht nicht abhelfen kann (OLG Celle, 15. FamS, FamRZ 1999, 1374, 1375; OLG Stuttgart, FamRZ 1999, 1375; OLG Frankfurt, FamRZ 1999, 1376; OLG Dresden, FamRZ 1999, 1378; OLG Koblenz, 9. FamS, FamRZ 2000, 690; OLG Naumburg, FamRZ 2001, 1161; Oelkers/Kreutzfeldt, FamRZ 2000, 645, 647).

Der großen Bedeutung der Ersetzungsentscheidung wird allerdings nur die Einordnung als Endentscheidung gerecht, wofür sich der BGH auch eindeutig ausgesprochen hat (FamRZ 1999, 1648).

Als **Zwischenentscheidung**, die nicht mit der befristeten, sondern mit der einfachen Beschwerde nach § 19 FGG anfechtbar ist, wird auch die **Bestimmung des konkreten Umgangspflegers** angesehen, die zeitgleich mit der nur nach § 621e ZPO anfechtbaren Einrichtung einer Umgangspflegschaft erfolgt (OLG Hamburg, FamRZ 2002, 566, 567).

549

Als Endentscheidung, und nicht nur als Zwischenentscheidung anzusehen ist dagegen der Beschluss nach §§ 1629 Abs. 2 Satz 3, 1796 BGB, mit dem einem Elternteil wegen Interessengegensatzes die Vertretungsbefugnis für das Kind (teilweise) entzogen wird (OLG Köln, FamRZ 2001, 430, 431).

550

Der BGH hat klargestellt, dass Entscheidungen über die **Erteilung einer Widerrechtlichkeitsbescheinigung nach Art. 15 HKiEntÜ** keine Endentscheidungen über Familiensachen i. S. d. § 621 Abs. 1 Nr. 3, 6, 7, 9 ZPO, sondern Zwischenentscheidungen (s. nachfolgend Rn. 553) im Rahmen eines Rückführungsverfahrens nach dem HKiEntÜ sind (FamRZ 2001, 1706).

551

b) Formelle Anknüpfung

Entscheidet in einer nach dem 1.7.1998 anhängig gewordenen Familiensache entgegen Art. 15 § 1 KindRG die Zivilabteilung des Amtsgerichts und nicht das Familiengericht, findet die Berufung nach den Grundsätzen der formellen Anknüpfung (BGH, FamRZ 1991, 682; Zöller/Gummer, § 119 GVG Rn. 9) zum Landgericht und nicht zum Oberlandesgericht statt (OLG Hamburg, FamRZ 2000, 433, 434).

552

Entsprechendes gilt, wenn das Vormundschaftsgericht die familiengerichtliche Zuständigkeit nach § 1693 BGB verletzt hat. Die Rechtsmittelzuständigkeit richtet sich dann nicht nach §§ 621e ZPO, 119 Abs. 1 Nr. 2, 133 Nr. 2 GVG, 64 Abs. 3 FGG, sondern nach §§ 19, 28 FGG mit der Folge, dass nicht die Voraussetzungen der befristeten, sondern die der einfachen Beschwerde gelten (BayObLG, FamRZ 2000,1111, 1112).

c) Anfechtbarkeit von Zwischenverfügungen

Anordnungen des Gerichts im Bereich der freiwilligen Gerichtsbarkeit, die – in erheblichem Maße – in die Rechte der Parteien eingreifen, indem sie ihnen eine Verpflichtung zum Tätigwerden auferlegen und damit die Grundlage für eine zwangsweise Durchsetzung bieten, sind auch ohne konkrete Androhung von Zwangsmitteln mit der einfachen Beschwerde nach § 19 FGG anfechtbar (BayObLG, NJW-FER 1998, 43; Keidel/Kahl, FGG, 14. Aufl., § 19 Rn. 9). Dazu zählen normalerweise nicht Beweisanordnungen über die Einholung von Sachverständigengutachten (BayObLG, FamRZ 2002, 108, 109).

553

d) Anfechtbarkeit vorläufiger Anordnungen

Während bis zum 31.12.2001 vorläufige Anordnungen im Rahmen des Sorge- und Umgangsrechtsverfahrens nicht gesetzlich, sondern nur richterrechtlich geregelt waren und nach wohl überwiegender Meinung mit der einfachen Beschwerde nach § 19 FGG angefochten werden konnten (BGHZ 79, 39; KG, FamRZ 1978, 269; OLG Schleswig, FamRZ 1990, 546; a. A. entsprechende Anwendung von § 620c ZPO: OLG Stuttgart, FamRZ 1978, 549; OLG Köln, FamRZ 1978, 530; für Unanfechtbarkeit OLG Stuttgart, FamRZ 1978, 173), verweist seither der durch das Gewaltschutzgesetz vom 8. 11. 2001 eingefügte § 621g ZPO auf §§ 620 ff. ZPO und damit auch auf § 620c ZPO mit der Folge, dass vorläufige Anordnungen zum Umgangsrecht nicht und solche zum Sorgerecht nur noch dann anfechtbar sind, wenn das Sorgerecht entzogen oder die Herausgabe des Kindes angeordnet wird.

554

e) „Außerordentliche" Beschwerde

555 Die Rechtsprechung hat in einer Reihe von Ausnahmefällen gerade in familiengerichtlichen Verfahren eine nicht vom Gesetz vorgesehene, danach teilweise sogar ausgeschlossene Beschwerdemöglichkeit aus Art. 19 GG und den Grundsätzen für ein faires Verfahren abgeleitet.

556 In diesem Zusammenhang wurde auch eine dem Gesetz bisher unbekannte **Untätigkeitsbeschwerde** – mit allerdings eher vagen Voraussetzungen – entwickelt (vgl. Zöller/Gummer, ZPO, § 567 Rn. 21b). So erscheint es fraglich, ob das Rechtsmittelgericht bereits dann anstelle des – nach Meinung des OLG säumigen, weil die Entscheidungsreife missachtenden – Familiengerichts eine Sorgerechtsregelung zugunsten der Alleinsorge eines Elternteils in der Hauptsache erlassen darf, wenn sich die Eltern über die Durchführung eines begleiteten Umganges einig sind, dieser auch demnächst beginnen wird und die Begleitung durch das Jugendamt sichergestellt, aber nicht hinreichend sicher ist, dass die Mutter sich künftig einer Beeinflussung des Kindes gegen den Vater enthalten wird (so aber OLG Köln, FamRZ 2002, 563, 564). Sachgerechter erscheint es in diesen Fällen, zunächst nur eine vorläufige Regelung zum Sorgerecht zu treffen und den Erfolg oder Misserfolg des begleiteten Umganges abzuwarten.

f) Wirksamkeit gerichtlicher Entscheidungen

557 Nach den Regeln des FGG sind alle gerichtliche Entscheidungen anfechtbar, die nach außen durch Bekanntgabe wirksam geworden und damit kein rein interner gerichtlicher Vorgang mehr geblieben sind (§ 16 Abs. 1 FGG). Das bedeutet, dass auch eine telefonische oder sonstige – mehr oder minder „informelle" – mündliche Bekanntgabe durch das Gericht ausreicht, wenn nicht ausnahmsweise nach §§ 621a Abs. 1 Satz 1, 329 ZPO eine förmliche Verkündung und/oder Zustellung erforderlich ist. Umgekehrt besteht keine Anfechtungsmöglichkeit mehr, wenn das Rechtsmittelgericht seine Rechtsmittelentscheidung in der genannten Weise den Betroffenen übermittelt hat. Es darf seine mündlich mitgeteilte Entscheidung nicht mehr einfach abändern (BGH, FamRZ 2000, 813 ff.).

9. Vollstreckung familiengerichtlicher Entscheidungen im Sorge- und Umgangsrecht

a) Anwendungsbereich des § 33 FGG

aa) Allgemeines

558 Ebenso wie die ZPO in §§ 883 ff. ZPO sieht das FGG in § 33 FGG für seinen Anwendungsbereich die Möglichkeit der Vollstreckung von gerichtlichen Entscheidungen – das FGG nennt sie „Verfügungen" –, seien es Zwischenentscheidungen oder Endentscheidungen, vor. Die meisten Regeln aus dem Vollstreckungsrecht der ZPO sind im Rahmen des FGG entsprechend anzuwenden (§ 33 Abs. 2 Satz 6 FGG). Voraussetzung einer Vollstreckung ist allerdings ebenso wie im Rahmen der ZPO, dass die gerichtliche Verfügung dem Betroffenen die Verpflichtung auferlegt, eine Handlung vorzunehmen, die ausschließlich von seinem Willen abhängt, oder eine Handlung zu unterlassen oder die Vornahme einer Handlung zu dulden (§ 33 Abs. 1 FGG). Dazu zählen nicht nur End- oder Zwischenentscheidungen zum Sorge- und Umgangsrecht, sondern auch die Anordnung des persönlichen Erscheinens zu einer persönlichen Anhörung nach §§ 50a, b FGG oder zum Zwecke der Begutachtung durch einen Sachverständigen im Termin (so die überwiegende Meinung, vgl. Bumiller/Winkler, FGG, § 33 Anm. 2a m. w. N.).

559 Die Durchsetzung von gerichtlichen Sorge- und Umgangsrechtsentscheidungen erfolgt – anders als die von gerichtlichen Zwischenverfügungen, die allein der Verfahrensförderung dienen – nicht im Rahmen oder in Fortsetzung des Erkenntnisverfahrens, sondern stellt ein **eigenes Verfahren** – regelmäßig auch mit eigenem gerichtlichen Aktenzeichen – dar. Es ist eine selbstständige Verrichtung i. S. d. § 43 Abs. 1 FGG (Staudinger/Peschel-Gutzeit, BGB, § 1634 Rn. 430 m. w. N.) mit der Folge, dass u. U., nämlich wegen zwischenzeitlichen Umzuges des Kindes ein anderes Familiengericht örtlich für die Vollstreckung zuständig sein kann als das ursprünglich erkennende (allg.

Meinung, vgl. Staudinger/Peschel-Gutzeit, BGB, § 1634 Rn. 430). Wegen der Gefahr, das Vollstreckungsverfahren mit einem Abänderungsverfahren nach § 1696 BGB zu verwechseln s. unten Rn. 579 f.

bb) Vollstreckungsfähigkeit

(1) Sorgerechtsregelungen

Die Regelung der elterlichen Sorge ist – für sich genommen – keine vollstreckungsfähige Entscheidung, die mit Zwangsmitteln durchgesetzt werden könnte, sondern eine rechtsgestaltende Entscheidung, die aber ihrerseits Grundlage für gerichtliche Verfügungen oder tatsächlichen Maßnahmen des Sorgerechtsinhabers sein kann. Deshalb kommt zwar keine Vollstreckungsentscheidung, wohl aber eine **Aussetzung der Vollziehung** einer Sorgerechtsentscheidung in Betracht, wenn konkrete Maßnahmen seitens des Sorgerechtsinhabers drohen, die für das Kindeswohl abträglich sind. Die Aussetzung der Vollziehung kann aber nicht allein darauf gestützt werden, dass die vom Erstgericht getroffene Sorgerechtsentscheidung fehlerhaft sei (OLG Bamberg, FamRZ 2001, 1311). 560

(2) Umgangsregelungen

Nach wie vor sind gerichtliche Umgangsregelungen gegen den **Umgangsverpflichteten** vollstreckbar. Theoretisch kann auch der bisher nur **Umgangsberechtigte** jetzt Verpflichteter sein, gegen den im Interesse des Kindes die Umgangsverpflichtung durchgesetzt werden soll (vgl. BT-Drucks. 13/4899 S. 106 mit Hinweis auf BVerfG, FamRZ 1993, 662, und BT-Drucks. 13/8511 S. 68). 561

Forderungen aus der Praxis nach einem völligem Ausschluss der Vollstreckung von Entscheidungen über den Umgang wurden vom Reformgesetzgeber bewusst nicht umgesetzt (vgl. BT-Drucks. 13/4899 S. 106), wenn man auch die Schwierigkeiten einer Durchsetzung gegen den hartnäckigen Widerstand des Sorgeberechtigten nicht verkannt hat.

Bei der Vollstreckung gerichtlicher Umgangsregelungen muss nach wie vor nach der Rechtsprechung der Obergerichte auf **die Formulierung vollstreckbarer Verpflichtungen** als Voraussetzung der Vollstreckung geachtet werden (vgl. OLG Köln, FamRZ 1999, 172; OLG Celle, FamRZ 1999, 173). 562

Die schlichte „**Genehmigung**" von Umgangsvereinbarungen reicht nicht aus (so OLG Karlsruhe, FamRZ 1999, 325). Das gilt auch von Beschlüssen oder Vereinbarungen, die lediglich Zeitangaben ohne Regelung der Umstände beim Abholen und/oder Bringen des Kindes enthalten.

Einigungen der Eltern im Rahmen eines gerichtlichen Verfahrens sind für sich genommen **kein der Vollstreckung zugänglicher gerichtlicher Umgangsbeschluss**, auch wenn sie vor Gericht protokolliert werden. Erst, wenn das Gericht den Inhalt der Einigung zum Inhalt einer **eigenen Entscheidung** macht, ist eine Vollstreckung möglich (BGH, FamRZ 1988, 277; OLG Stuttgart, FamRZ 1979, 342; 1981, 1105; OLG Hamm, FamRZ 1980, 932; OLG Zweibrücken, FamRZ 1982, 429; OLG Düsseldorf, FamRZ 1983, 90; OLG Köln, NJWE-FER 1998, 163; OLG Brandenburg, FamRZ 2001, 1315, 1316; Keidel/Zimmermann, FGG, § 33 Rn. 10 mit umfassenden Nachweisen in Fn. 33, 34; Luthin, FamRZ 1984; 114). Eine bloße „Bewilligung" der Vereinbarung durch das Familiengericht oder der Vermerk im Protokoll, dass die Vereinbarung an die Stelle einer gerichtlichen Vereinbarung treten solle, soll nicht ausreichen (OLG Bamberg, FamRZ 1998, 306; OLG Zweibrücken, FamRZ 1996, 877). Gibt das Familiengericht aber ausdrücklich zu erkennen, dass es die von den Eltern gefundene Regelung gutheißt und ebenso entschieden hätte, wenn die Eltern sich nicht geeinigt hätten, wäre es eine das Kindeswohl sowie die Elternkompetenz unnötig einschränkende bloße Förmelei, und dazu wegen § 94 KostO auch noch unnötig kostentreibend, eine gesonderte Entscheidung des Gerichtes zu verlangen. 563

b) Zwangsmittel

564 Hauptzwangsmittel des FGG ist das **Zwangsgeld**. Es darf den Betrag von (jetzt) 25.000 € nicht übersteigen (§ 33 Abs. 3 Satz 2 FGG), kann aber so oft wie erforderlich wiederholt werden.

Ein Zwangsgeld darf nicht angeordnet werden, wenn es zur Durchsetzung der gebotenen Handlung ungeeignet ist. Denn es dient nicht der Sühne für begangenes Unrecht, sondern soll die Befolgung einer richterlichen Anordnung erzwingen. Wenn z.B. größere Kinder ernsthaft und hartnäckig einem Umgang widersprechen, darf gegen den ebenfalls widerspenstigen Elternteil kein Zwangsgeld angedroht werden, selbst wenn eine gerichtliche Vermittlung nach § 52a FGG gescheitert ist (OLG Karlsruhe, FamRZ 2002, 624, 625).

565 Daneben gibt es für einen beschränkten Bereich, nämlich die Verpflichtung zur Herausgabe einer Sache oder einer Person die Möglichkeit (unmittelbarer) **Gewalt** durch den Gerichtsvollzieher (§ 33 Abs. 2 FGG) und lediglich für die Verpflichtung, eine Person herauszugeben, unabhängig von einem Zwangsgeld auch die Möglichkeit der **Zwangshaft** (§ 33 Abs. 1 Satz 2 FGG).

566 *Hinweis:*
Die Anwendung von Gewalt ist von einer besonderen gerichtlichen Verfügung abhängig, muss also stets gesondert ausgesprochen werden (§ 33 Abs. 2 FGG).

567 Die gerichtliche Verfügung, notfalls Gewalt anzuwenden, gibt dem Gerichtsvollzieher – außer bei Gefahr im Verzug – nicht das Recht, in eine verschlossene Wohnung einzudringen, in der sich das Kind zusammen mit dem nicht Herausgabewilligen mit einiger Wahrscheinlichkeit aufhält. Der Grundrechtsschutz des Art. 13 GG erfordert vielmehr auch hier eine gesonderte richterliche Anordnung (Art. 13 Abs. 2 GG) im Herausgabebeschluss oder auch nachträglich (BVerfG, FamRZ 2000, 411).

568 Zur Durchsetzung einer Herausgabeverpflichtung darf der Gerichtsvollzieher erforderlichenfalls ohne gesonderte gerichtliche Anordnung um die **Unterstützung der polizeilichen Vollzugsorgane** nachsuchen (§ 33 Abs. 2 Satz 3 FGG). Zweckmäßigerweise wiederholt man diese gesetzliche Befugnis jedoch im Herausgabebeschluss, um dem Verpflichteten deutlich zu machen, dass ihm kein Unrecht geschieht, wenn die Polizei eingesetzt wird.

569 Neben der Unterstützung der Polizei können sich der Herausgabeberechtigte und der Gerichtsvollzieher auch der Unterstützung durch das Jugendamt bedienen, das nach § 18 Abs. 1 SGB VIII gegenüber beiden Eltern und dem Kind zur Unterstützung in Sorgerechtsangelegenheiten verpflichtet ist.

570 Wird die Sache oder Person nicht vorgefunden, kann das Gericht den Verpflichteten anhalten, eine **eidesstattliche Versicherung** über ihren Verbleib abzugeben (§ 33 Abs. 2 Satz 5 FGG).

571 **Aber: Gegen das Kind** ist Gewalt zum Zwecke der Durchführung einer **Umgangsregelung** – anders als zur Durchsetzung einer Sorgerechtsregelung – unzulässig, § 33 Abs. 2 Satz 2 FGG. Der Umgangsberechtigte kann deshalb das Kind nicht mit Gewalt beim anderen, den Umgang vereitelnden Elternteil abholen. Zwangsgelder gegen Kinder sind zwar theoretisch denkbar, verbieten sich aus Kindeswohlgesichtspunkten (s. unten Rn. 574) aber praktisch ausnahmslos von selbst.

572 Die Anordnung des persönlichen Erscheinens kann nicht nur durch Zwangsgeld, sondern auch durch **Vorführung** durch den Gerichtsvollzieher erzwungen werden (vgl. BayObLZ 1966, 367; 1982, 167, 171).

c) Vollstreckungsvoraussetzungen

aa) Schuldhafte Zuwiderhandlung oder Unterlassung

Vollzugsvoraussetzung nach § 33 FGG ist, dass die Zuwiderhandlung oder Unterlassung **schuldhaft** (vorsätzlich oder fahrlässig) erfolgt (OLG Bamberg, FamRZ 2000, 489). Das ist auch bei beschränkt Geschäftsfähigen möglich, wenn sie im Verfahren selbständig handlungsfähig sind, nicht aber bei Geschäftsunfähigen (Bumiller/Winkler, FGG, § 33 Anm. 2 b) und setzt die Darlegung eines konkreten Verstoßes gegen die im Ausgangsverfahren ergangene Entscheidung hinsichtlich Zeit, Ort und sonstiger den Kernbereich betreffender Umstände des behaupteten Geschehensablaufes voraus, so dass eine gezielte Beweiserhebung möglich ist (OLG Bamberg, FamRZ 2000, 489, 490).

573

bb) Kindeswohl und Verhältnismäßigkeit

Nicht nur im Erkenntnis-, sondern auch im Zwangsvollstreckungsverfahren nach § 33 FGG ist das Gericht an die Regel des § 1697a BGB gebunden, wonach es nur Entscheidungen treffen darf, die „unter Berücksichtigung der tatsächlichen Gegebenheiten und Möglichkeiten sowie der berechtigten Interessen der Beteiligten dem Wohl des Kindes am besten entsprechen". Zu beachten ist allerdings, dass das Vollstreckungsverfahren – anders als das Rechtsmittel- oder Abänderungsverfahren – regelmäßig keine Überprüfung zulässt, ob die zu vollziehende Entscheidung diesem Maßstab gerecht wurde oder immer noch gerecht wird. Im Vollstreckungsverfahren muss davon ausgegangen werden, dass die zu vollziehende Entscheidung – solange ihr Vollzug nicht einstweilen ausgesetzt oder sie aufgehoben oder geändert worden ist – rechtmäßig war und dem Kindeswohl entspricht. Nur neue, erst sich aus der Vollstreckung ergebende Kindeswohlverstöße können dazu führen, dass eine bestehende gerichtliche Sorgerechts- oder Umgangsregelung nicht oder zeitweilig nicht vollstreckt werden kann.

574

Jedes Vollstreckungsmittel muss verhältnismäßig sein. Das gilt im besonderen Maße für die Anwendung von Gewalt bei der Herausgabe eines Kindes, die nur als äußerstes Mittel in Betracht kommt, wenn alle anderen Mittel keinen Erfolg versprechen oder alsbaldiges Einschreiten unbedingt geboten ist (BGH, Rpfleger 1977, 55).

575

Gewaltanwendung gegen das Kind zur Durchsetzung eines Herausgabeanspruches ist – anders als zur Durchsetzung eines Umgangsrechtes (auch dort war nach der bis zum 30.6.1998 geltenden Rechtslage eine Vollstreckung nach überwiegender Meinung zulässig; vgl. den Meinungsstand bei Staudinger/Peschel-Gutzeit, BGB, § 1634 Rn. 438, 439), – nach wie vor gesetzlich zulässig, wird aber aus Gründen des Kindeswohls und der Verhältnismäßigkeit abgelehnt, wenn das Kind sich beharrlich weigert, dem Sorgeberechtigten zu folgen.

576

cc) Androhung des Zwangsmittels

Zwangsgeld muss, bevor es festgesetzt werden kann, immer zunächst angedroht werden (§ 33 Abs. 3 Satz 1 FGG); **Zwangshaft soll** vorher angedroht werden, wenn nicht die Durchsetzung der gerichtlichen Anordnung besonders eilbedürftig ist oder die Befürchtung besteht, dass die Vollziehung der Haft vereitelt wird (§ 33 Abs. 3 Satz 3, 4, 5 FGG). Auch die besondere gerichtliche Verfügung, mit der die Anwendung von Gewalt zugelassen wird, soll vorher angedroht werden (§ 33 Abs. 2 Satz 6 FGG).

577

Ist nach § 1632 Abs. 1 BGB ein Kind herauszugeben ist nicht nur ein Zwangsgeld, sondern auch ohne vorherige Androhung der Einsatz unmittelbaren Zwanges (**Gewalt**), und zwar nach Ausschöpfung aller gütlichen Mittel nach Abwägung auch gegen das Kind zulässig. Allerdings muss dieses vom Gericht gesondert verfügt werden, § 33 Abs. 2 FGG. Der mit der Vollstreckung beauftragte Gerichtsvollzieher kann kraft Gesetzes erforderlichenfalls um die Unterstützung der Polizei nachsuchen, ohne dass dieses ausdrücklich in dem Herausgabebeschluss erwähnt worden ist. Zur

578

Information der Beteiligten empfiehlt es sich aber, diese Befugnis im Herausgabebeschluss und der Verfügung, notfalls Gewalt zu gebrauchen, zu wiederholen.

d) Abgrenzung von Vollstreckungs- und Abänderungsverfahren bei Sorgerechts- und Umgangsregelungen

579 In der Praxis wird gar nicht selten gleichsam unter der Hand aus einem Vollstreckungsverfahren ein Abänderungsverfahren. Das ist unzulässig.

580 Auch die Aussetzung lediglich des Vollzuges einer bestehenden gerichtlichen Umgangsregelung, etwa weil sie vorübergehend nicht durchsetzbar ist (vgl. BT-Drucks. 13/4899 S. 106), kann im Wege eines Hauptantrages im Vollstreckungsverfahren verfolgt und vom Gericht beschlossen werden; ein Abänderungsverfahren nach § 1696 BGB ist dazu nicht zwingend erforderlich. Umgekehrt kann die Aussetzung des Vollzuges in einem Umgangsregelungs-Abänderungsverfahren ggf. im Wege einer einstweiliger Anordnung erfolgen.

10. Vermittlungsverfahren nach § 52a FGG

a) Vermittlung vor Vollstreckung?

581 Vor einer zwangsweisen Durchsetzung gerichtlicher Umgangsregelungen muss jetzt aber nach den ursprünglichen Vorstellungen des Reformgesetzgebers regelmäßig ein **gerichtliches Vermittlungsverfahren** durchgeführt werden, § 52a FGG (a. A. OLG Bamberg, FamRZ 2001, 169, 170, das darauf verweist, dass eine entsprechende Vorstellung der Bundesregierung, vgl. BT-Drucks. 13/4899 S. 173, gerade nicht Gesetz geworden sei, weil die angestrebte ausdrückliche Regelung, Vermittlung vor Vollstreckung, in § 33 Abs. 3 FGG unterblieben sei).

b) Vollstreckungs-Zwischenverfahren

582 Dieses Verfahren als „Mediationsverfahren" zu bezeichnen, wäre grob irreführend. Denn es handelt sich in Wirklichkeit um ein stark formalisiertes Vollstreckungs-Zwischenverfahren mit umfangreichen Belehrungspflichten und Zwangsandrohungen gegenüber den Eltern, das in ein Amtsverfahren zur Änderung oder Durchsetzung der Umgangsregelung oder gar den (teilweisen) Entzug des Sorgerechts einmünden kann, § 52a Abs. 2, 3, 5 FGG. Führt die Vermittlung zu keinem Ergebnis, stellt das Gericht durch Beschluss die Erfolglosigkeit fest und hat zu prüfen, ob von Amts wegen Zwangsmittel in Bezug auf den Umgang oder Maßnahmen nach § 1666 BGB in Bezug auf das Sorgerecht ergriffen werden müssen.

583 Das Vermittlungsverfahren erfordert anders als eine Mediation nicht von vornherein ein freiwilliges Mitwirken beider Eltern, sondern setzt nur den **Antrag** eines Elternteiles voraus. Ob zur Einleitung eines Vermittlungsverfahrens bereits der Antrag eines Elternteils auf Ausschluss des Umgangsrechtes ausreichen kann (so offenbar OLG Hamm, FamRZ 1998, 1303) ist zweifelhaft, da ein Mindestmaß an Mitwirkungsbereitschaft für dieses spezielle Verfahren erforderlich erscheint. Ein Vermittlungsverfahren ist abzulehnen bei früheren erfolglosen Vermittlungsversuchen, § 52a Abs.1 Satz 2 FGG.

c) Ziel und Stil

584 In Ziel und Stil sollte sich dieses Zwischenverfahren, in dem das Gericht auf ein **Einvernehmen der Eltern** hinwirken soll, § 52a Abs. 4 FGG, in gewissem Gegensatz zu den sonst geltenden Grundsätzen des FGG-Verfahrens (vgl. Motzer, FamRZ 2000, 925, 930 m. w. N.) gleichwohl an gängigen Mediationsmethoden orientieren und den Eltern viel Raum für eine Entwicklung und Umsetzung ihrer Vorstellungen bieten. Es soll nicht (in erster Linie) der Übernahme vermeintlich besonders guter Lösungen aus dem Blickwinkel der am familiengerichtlichen Verfahren beteiligten Professionen dienen. Daneben sollten die besonderen fachlichen Möglichkeiten der Mitarbeiter

von Jugendämtern und anderen Beratungsstellen aber intensiv genutzt werden. Die Anhörung des Kindes oder gar die Einholung eines Sachverständigengutachtens sind in diesem Verfahren nicht vorgesehen. Das persönliche Erscheinen der Eltern kann zwar angeordnet, aber nicht erzwungen werden (Freiwilligkeit!, § 52a Abs. 5 Satz 1 FGG). Auch das Vermittlungsverfahren nach § 52a FGG ist ein „die Person eines Kindes betreffendes Verfahren" i. S. d. § 52 FGG, das von Amts wegen unter den dort genannten Voraussetzungen **ausgesetzt werden soll**. Dass nicht immer nur die „uneinsichtige" Mutter Schuld an kindlichen Kontaktabbrüchen haben muss, sondern die Ursachen häufig vielfältiger und mit den Mitteln des Rechtes kaum zu beseitigen sind, machen Salzgeber u. a. (KindPrax 1999, 107 ff.) deutlich. Erkenntnis- und Reaktionsmöglichkeiten selbst erfahrenster Familienrichter/innen sind recht begrenzt.

I. Aufgaben und Beteiligung des Jugendamtes

Nach § 49a FGG hat das **Familiengericht** in den meisten familiengerichtlichen Verfahren jeweils vor einer Entscheidung das zuständige **Jugendamt anzuhören**. Dabei handelt es sich nicht (allein) um eine Beweisaufnahme wie bei der Anhörung der Beteiligten, insbesondere Eltern und Kinder, der Vernehmung von Zeugen und der Einholung von Sachverständigengutachten, auch nicht allein um die Gewährung rechtlichen Gehörs für einen kraft Gesetzes Verfahrensbeteiligten, sondern um eine eigenartige Form des Zusammenwirkens zweier von einander unabhängiger, jeweils zur Sicherung des Kindeswohls aufgerufenen staatlichen Institutionen. Beide zusammen stellen – gleichsam mit verteilten Rollen und zum Zusammenwirken verpflichtet – den wesentlichsten Teil des staatlichen Wächteramtes i. S. d. Art. 6 Abs. 2 Satz 2 GG dar.

585

I. Auftrag der Jugendhilfe

1. Formulierung des Auftrages

Der Auftrag an alle, vorrangig aber an die staatlichen Jugendhilfeeinrichtungen ist formuliert in § 1 Abs. 3 SGB VIII: Sie sollen insbesondere die Rechte junger Menschen fördern, ihre Eltern bei der Erziehung beraten und unterstützen, das Kindeswohl schützen und dazu beitragen, positive Lebensbedingungen für junge Menschen zu erhalten und zu schaffen.

586

2. Grundsatz der Subsidiarität und seine Folgen

Jugendämter und die sog. anerkannten freien Träger der Jugendhilfe (§ 75 SGB VIII; vor allem Caritas, Diakonisches Werk, Paritätischer Wohlfahrtsverband) haben zur Erfüllung ihrer das Kindeswohl schützenden, Eltern und Kinder unterstützenden Tätigkeit partnerschaftlich zusammenzuarbeiten, § 4 SGB VIII, wobei nach dem Grundsatz der Subsidiarität staatlichen Handeln gegenüber privatem oder gesellschaftlichem Engagement die öffentliche Jugendhilfe von eigenen Maßnahmen absehen soll, soweit geeignete Einrichtungen durch anerkannte Träger der freien Jugendhilfe betrieben werden, § 4 Abs. 2 SGB VIII. Soweit das Jugendamt die ihm obliegenden Unterstützungs- und Mitwirkungspflichten ganz oder teilweise auf anerkannte freie Träger überträgt, bleibt es dem Gericht gegenüber verantwortlich in dem Sinne, dass es – und nicht der Einrichtung des freien Trägers oder dieser Verfahrensbeteiligter bleibt. Nur dem Jugendamt kann also die Entscheidung zugestellt werden, nur dieses kann Rechtsmittel einlegen, § 76 Abs. 2 SGB VIII. Das Gericht kann aber in diesen Fällen Stellungnahmen und Berichte direkt von den freien Trägern anfordern und diese von einem Termin unterrichten.

587

3. Pflichten des Jugendamtes gegenüber Kindern und Jugendlichen

588 Die staatliche Jugendhilfe muss Kinder und Jugendliche an allen sie betreffenden Entscheidungen beteiligen und sie deshalb vorher beraten, wenn sich die Kinder und Jugendlichen an die Jugendhilfe wenden, § 8 Abs. 2 SGB VIII. In Unterhaltsfragen können sich darüber hinaus auch junge Erwachsene bis zum 21. Lebensjahr vom Jugendamt beraten lassen.

II. Stellung des Jugendamtes im familiengerichtlichen Verfahren

589 Das Jugendamt ist anders als der Sachverständige (s. o. Rn. 488 ff.) **kein Erfüllungsorgan des Gerichts** zur Aufklärung des Sachverhalts oder Vermittlung zwischen den Eltern (vgl. ausführlich dazu Oberloskamp, FamRZ 1992, 1241, 1247 f.), anders als der Verfahrenspfleger (§ 50 FGG; s. o. Rn. 461 ff.) auch **kein** Vertreter oder „**Anwalt**" **des Kindes** oder der Eltern, sondern ein **Verfahrensbeteiligter** eigener Art mit speziell formulierten Rechten und Pflichten:

1. Anhörungspflicht des Gerichts und Beschwerdebefugnis des Jugendamtes

590 Der Pflicht des Gerichtes nach § 49a FGG, in den meisten, im Einzelnen dort genannten familiengerichtlichen Verfahren das nach § 86 SGB VIII zuständige Jugendamt vor der Entscheidung anzuhören, entspricht dem Recht des Jugendamtes auf vorherige **Beteiligung** durch das Gericht. Die Beteiligung geschieht dadurch, dass das Jugendamt von der Einleitung eines von Amts wegen begonnenen Verfahrens erfährt oder den Antrag nach Eingang beim Gericht erhält und von Gerichtsterminen unterrichtet wird. Dieses Recht wird abgesichert durch die Befugnis, gegen Entscheidungen des Familiengerichts Rechtsmittel einlegen zu können. Um gegen eine Entscheidung Rechtsmittel einlegen zu können, muss man die Entscheidung vorher kennen, sie muss zur Wahrung der Rechtsmittelfristen förmlich zugestellt werden.

591 Einer Anhörung des Jugendamtes bedarf es nicht, obwohl das Familiengericht das Jugendamt auch dann in Erfüllung seiner Amtsaufklärungspflicht (§ 12 FGG) anhören – wenn auch nicht im strengen Sinne beteiligen – kann, in folgenden familiengerichtlichen Verfahren:

- Streitschlichtung nach § 1628 BGB (vgl. oben Rn. 130 f.),
- Streit zwischen Eltern und Pfleger, § 1630 Abs. 2 BGB,
- Streit zwischen einem minderjährigen Elternteil und dem gesetzlichen Vertreter, §§ 1673 Abs. 2 Satz 3, Abs. 2, 1628 BGB,
- Verfahren bei Vermögensgefährdung, § 1666 BGB (vgl. oben Rn. 272 ff.), denn eine Anhörung ist nur bei Kindeswohlgefährdungen bzgl. der Personensorge vorgeschrieben,
- Feststellung des Ruhens der elterlichen Sorge, § 1674 BGB (vgl. oben Rn. 204 f.).

592 Eine Anhörungs- nicht aber die Beteiligungspflicht für das Familiengericht entfällt auch dann, wenn – wie im Falle des § 1671 Abs. 1, Abs. 2 Nr. 1 BGB – die zu treffende Entscheidung allein auf dem übereinstimmenden Antrag der Eltern (ggf. mit Zustimmung des über 14-jährigen Kindes) beruht (so Schneider, in: Rahm/Künkel, Handbuch des Familiengerichtsverfahrens, III B, Rn. 112).

2. Benachrichtigungspflicht des Gerichtes im Scheidungsverfahren der Eltern

593 Keine Beteiligung im materiellen oder formellen Sinne ist die Pflicht des Familiengerichts, das Jugendamt nach § 17 Abs. 3 SGB VIII von der Tatsache zu benachrichtigen, dass Eltern minderjähriger Kinder ein Scheidungsverfahren eingeleitet haben, auch und gerade wenn diese keinen Sorgerechtsantrag stellen (vgl. oben Rn. 151 f.). Diese Pflicht kennzeichnet die besondere Verpflichtung von Jugendamt und Familiengericht, zum Wohle der Kinder und Familien zusammenzuwirken, hier dadurch, dass das Familiengericht es dem Jugendamt ermöglicht in eigener Verantwortung seinen Beratungs- und Unterstützungspflichten nach §§ 17, 18 SGB VIII nachzukommen.

Ob das Familiengericht das Jugendamt auch dann von der Einleitung eines Scheidungsverfahrens der Eltern benachrichtigen muss, wenn zuvor ein isoliertes Sorgerechtsverfahren eingeleitet wurde, von dem das Jugendamt durch Übersendung des Sorgerechtsantrages eines Elternteiles Kenntnis erlangt hat, ist umstritten. Für überflüssig hält Schneider eine gesonderte Benachrichtigung in diesem Fall (Schneider, in: Rahm/Künkel, Handbuch des Familiengerichtsverfahrens, III B, Rn. 112.2). A.A. ist offenbar Büttner, FamRZ 1998, 589. Die Überlegung, dass die Einleitung eines Scheidungsverfahrens an der sozialen Wirklichkeit der Kinder im Vergleich zur Trennung der Eltern in aller Regel nichts oder wenig ändert und § 1671 BGB deshalb auch die Scheidung der Eltern nicht mehr als Tatbestandselement enthält, das Jugendamt von der das Kindeswohl viel eher gefährdenden Trennung der Eltern aber schon nach Einleitung des isolierten Sorgerechtsverfahren erfahren hat und seinerseits bei bevorstehender Scheidung der Eltern keine anderen Hilfen anbieten kann und anbieten muss als bei Trennung, sprechen für Schneiders restriktive Auslegung des § 17 Abs. 3 SGB VIII.

594

3. Mitwirkungspflicht des Jugendamtes

Der Beteiligungspflicht des Gerichtes entspricht auf der Seite des Jugendamtes eine in § 50 Abs. 1 SGB VIII besonders geregelte Pflicht, am familiengerichtlichen Verfahren mitzuwirken und das Gericht zu unterstützen. § 50 Abs. 2 SGB VIII konkretisiert diese Mitwirkungs- und Unterstützungspflicht dahin, dass das Jugendamt das Gericht „insbesondere unterrichtet über angebotene und erbrachte Leistungen, erzieherische und soziale Gesichtspunkte zur Entwicklung des Kindes oder des Jugendlichen einbringt und auf weitere Möglichkeiten der Hilfe hinweist". Dieses geschieht in aller Regel durch eine schriftliche Stellungnahme, den sog. **Jugendamtsbericht**.

595

Entgegen der Meinung einiger Jugendämter und Stimmen in der Kommentarliteratur zum SGB VIII stehen Art und Umfang ihrer Mitwirkung am gerichtlichen Verfahren nach dem Wortlaut des § 50 Abs. 2 SGB VIII nicht – oder jedenfalls nicht voll – im (pflichtgemäßen) Ermessen des zuständigen Jugendamtes (so aber wohl Wiesner/Mörsberger, SGB VIII, § 50 Rn. 38). Dieses verfehlt seine Mitwirkungspflicht, wenn es sich darauf beschränkt mitzuteilen, dass den Eltern Beratung angeboten worden sei, die diese angenommen oder nicht angenommen hätten. Das Jugendamt hat eben **nicht nur eine Beratungsaufgabe** nach §§ 17, 18 SGB VIII, sondern auch eine Mitwirkungspflicht nach § 50 SGB VIII. Beide können im konkreten Einzelfall zueinander in ein Spannungsverhältnis treten, das aber nicht einseitig zugunsten der Beratungsaufgabe gelöst werden kann (so auch OLG Frankfurt, FamRZ 1992, 206; OLG Schleswig, FamRZ 1994, 1129; Schneider, in: Rahm/Künkel, Handbuch des Familiengerichtsverfahrens, III B, Rn. 113 f.).

596

Das Jugendamt kann sich nicht pauschal darauf zurückziehen, dass jeder weitergehenden Äußerung die **Bestimmungen des Datenschutzes** in §§ 61 ff. SGB VIII, 67 ff. SGB X entgegenstünden. Denn zum einen unterliegen dem Datenschutz nur solche Daten, die den Mitarbeitern des Jugendamtes zum Zwecke persönlicher und erzieherischer Hilfe anvertraut worden sind (Sozialdaten i. S. d. § 65 Abs. 1 SGB VIII), nicht aber Daten, die dem Sachbearbeiter im Rahmen seiner anzustellenden Ermittlungen „in sonstiger Weise" bekannt geworden sind (vgl. § 203 Abs. 1 StGB). Zum anderen besteht eine Offenbarungsbefugnis und – in Umfang und Darstellung ins pflichtgemäße Ermessen des Sachbearbeiters gestellte – Mitteilungspflicht, über solche Informationen, die Eltern oder das über 14-jährige Kind trotz oder wegen des Hinweises gegeben haben, die Informationen würden zu einer Stellungnahme an das Familiengericht verarbeitet werden. In diesem Falle sind die Betroffenen mit der Weitergabe ihrer Sozialdaten ausdrücklich einverstanden. Datenschutz besteht dann nach § 65 Abs. 1 Satz 1 Nr. 1 SGB VIII nicht (ebenso Kunkel, FamRZ 1993, 505, 507).

597

Ob man so weit gehen kann wie Willutzki (KindPrax 1998, 135), der das Jugendamt nach einem auf einvernehmliche Regelung angelegten und gescheiterten Beratungsversuch zur Mitteilung entscheidungserheblicher Tatsachen aus dem Beratungsgespräch für verpflichtet hält, weil der die Geheimhaltung rechtfertigende Grund entfallen sei, erscheint zumindest in dieser Pauschalität zweifelhaft. Immerhin muss jeder Ratsuchende beim Jugendamt darauf vertrauen können, dass ohne seine Einwilligung keine Informationen weitergetragen werden. Die mangelnde Bereitschaft oder Fähigkeit zu einer einvernehmlichen Lösung eines oder beider Elternteile ändert an dieser Vertrauensgrundlage als Basis der Beratungsarbeit des Jugendamtes nichts. Etwas anderes gilt allerdings für Tatsachen, die dem Sachbearbeiter nach (bekundeter) Beendigung des Beratungsgespräches und (ausdrücklichem) Hinweis auf die Verwertung im Jugendamtsbericht nach § 50 SGB VIII mitgeteilt worden sind (so im Ergebnis auch Schneider, in: Rahm/Künkel, Handbuch des Familiengerichtsverfahrens, III B, Rn. 119; Kunkel, FamRZ 1993, 505, 507 f.).

598 Der Datenschutz wird begrenzt durch den Kinderschutz bei **Gefährdung des Kindeswohls**: Nach **§ 50 Abs. 3 SGB VIII** muss das Jugendamt das Familiengericht anrufen, wenn eine Maßnahme des Gerichts zur Gefahrenabwehr im Rahmen des § 1666 BGB erforderlich ist. § 65 Abs. 1 Satz 1 Nr. 2 SGB VIII nimmt deshalb Sozialdaten vom Datenschutz aus, „wenn angesichts einer Gefährdung des Kindeswohls ohne diese Mitteilung eine für die Gewährung von Leistungen notwendige gerichtliche Entscheidung nicht ergehen könnte". Ob die Voraussetzungen der §§ 50 Abs. 3, 65 Abs. 1 Satz 1 Nr. 2 SGB VIII vorliegen, entscheidet das Jugendamt in eigener Verantwortung nach pflichtgemäßem fachlichen Ermessen.

599 Ob das Familiengericht Mitteilungen des Jugendamtes, die dieses unter Verstoß gegen Datenschutzbestimmungen an das Familiengericht weitergeleitet hat, **verwerten** darf, ist umstritten (vgl. Kunkel, FamRZ 1993, 508; Oberloskamp, FamRZ 1992, 1241 ff.; Kaufmann, ZfJ 1991, 18 ff.; Ballof, ZfJ 1992, 454 ff.; ders., DAVorm 1995, 2 ff.; Müller-Alten, ZfJ 1991, 454 ff.; ders., DAVorm 1995, 2 ff.).

600 Der Jugendamtsbericht braucht **keinen Entscheidungsvorschlag** zu enthalten, kann es aber. In jedem Fall ist eine wertende Beurteilung der festgestellten Tatsachen und fachlichen Überlegungen einschließlich einer Stellungnahme zur erzieherischen Eignung der Eltern erforderlich (ebenso Schneider, in: Rahm/Künkel, Handbuch des Familiengerichtsverfahrens, III B, Rn. 123 m. w. N. auch zum Streitstand in der Literatur).

601 Durch die **Kindschaftsrechtsreform** hat sich an der Mitwirkungspflicht des Jugendamtes nichts geändert. Lediglich der Katalog der Familiensachen und damit der Mitwirkungspflicht des Jugendamtes gegenüber dem Familiengericht (statt bisher Vormundschaftsgericht) ist erweitert worden. Der beschriebene Streit um Inhalt und Umfang der Mitwirkungspflicht des Jugendamtes nach § 50 SGB VIII ist durch die Reform nicht beigelegt worden. Nach wie vor stehen sich hier ein „Beratungsansatz" und ein „Interventionsansatz" gegenüber, was eine gedeihliche Zusammenarbeit von Jugendamt und Familiengericht im Einzelfall sehr erschweren kann.

602 Das Familiengericht kann das Jugendamt zu der erforderlichen Mitwirkung nicht zwingen. Es gibt auch **keine prozessualen Sanktionen** gegen das Ausbleiben eines Mitarbeiters des Jugendamtes in einem gerichtlichen Termin (vgl. Oelkers, a. a. O., 779, 780; s. auch OLG Oldenburg, NJW-RR 1996, 650; OLG Frankfurt, FamRZ 1992, 206, 207; OLG Köln, FamRZ 1995, 1593; OLG Schleswig, FamRZ 1984, 1129), es sei denn, er ist ausdrücklich (ausnahmsweise) als Zeuge geladen worden. Im letzteren Fall muss es ggf. das Aussageverweigerungsrecht des Jugendamtsmitarbeiters beachten, von der er nach aller Erfahrung nicht entbunden werden wird. Allerdings erstreckt sich das Aussageverweigerungsrecht wiederum nicht auf (eindeutige) Fälle des § 1666 BGB. Das Jugendamt leistet vielmehr „sachverständige Amtshilfe" i. S. d. §§ 3 – 7 SGB X (vgl. Kunkel, FamRZ 1993, 505, 506). Diese Regelung spiegelt deutlich das Verhältnis von Jugendamt und Familiengericht als zweier selbständiger, jeweils eigenverantwortlicher Träger des staatlichen Wächteramtes wider.

Die (relative) **Unabhängigkeit der Jugendämter von Entscheidungen der Familiengerichte** wird auch von den Verwaltungsgerichten betont: bei der Gewährung von Jugendhilfe haben sie zwar die Entscheidungen der Zivilgerichte zu berücksichtigen, gleichwohl aber eigenverantwortlich über die Voraussetzungen für die Gewährung von Jugendhilfe zu entscheiden. Eine Grenze ergibt sich dabei weniger durch den Inhalt der Entscheidungen der Familiengerichte als durch das Elternrecht der Sorgeberechtigten (BVerwG, FamRZ 2002, 668, 669).

Die Tätigkeit des Jugendamtes grenzt sich nicht nur von der des Familiengerichts ab. Die Mitarbeiter der Jugendämter müssen bei der Erfüllung ihrer Beratungsaufgaben auch Überschneidungen mit der den Rechtsanwälten vorbehaltenen Rechtsberatung vermeiden. In der juristischen Literatur ist umstritten, welchen Umfang die jugendhilferechtliche Beratung des Jugendamtes im Einzelfall haben darf: Hierzu wird die Auffassung vertreten, dass aus verfassungsrechtlichen Gründen u.a. § 17 SGB VIII eng auszulegen sei. Rechtsberatung obliege den Jugendämtern nicht. Die Tätigkeit müsse sich im rechtsfreien Raum halten (vgl. Zellner, FamRZ 1993, 621 ff.). Dem wird entgegengehalten, dass etwa gerade § 17 Abs. 1 Nr. 3, Abs. 2 SGB VIII Beratung erlaube. Denn diese Norm sei nach dem System des Rechtsberatungsgesetzes die Erlaubnisnorm zur Rechtsberatung (vgl. Schulte-Kellinghaus, FamRZ 1994, 1230, 1232).

603

J. Vormundschaftsrecht

I. Einleitung

Das Vormundschaftsrecht des BGB gliedert sich in drei Bereiche:

604

- die in §§ 1773 bis 1895 BGB geregelte **Vormundschaft über Minderjährige,**
- das in §§ 1896 bis 1908i BGB normierte **Betreuungsrecht,** das seit 1.1.1992 an die Stelle des früheren Rechts der Vormundschaft über Volljährige getreten ist, sowie
- das in §§ 1909 ff. BGB geregelte **Pflegschaftsrecht.**

II. Vormundschaft über Minderjährige

Minderjährige Kinder, die **nicht unter elterlicher Sorge** stehen, d.h. deren Eltern bzw. deren sorgeberechtigter Elternteil verstorben sind, bedürfen zur Wahrnehmung der sorgerechtlichen Aufgaben eines Vormunds. Die Vormundschaft über Minderjährige stellt im rechtlichen Sinne einen Ersatz für die elterliche Sorge dar, woraus die umfassenden Aufgaben des Vormundes resultieren. Das Vormundschaftsrecht befasst sich dabei insbesondere mit den Fragen, welche Ge- und Verbote der Vormund bei der Wahrnehmung seiner Aufgaben für den Mündel zu beachten hat, ob und inwieweit er sich mit dem Vormundschaftsgericht abzustimmen hat und diesem rechenschaftspflichtig ist, ob und inwieweit er Anspruch auf Vergütung und Auslagenersatz hat und welchen Haftungskriterien er unterliegt.

605

1. Anordnung der Vormundschaft

Gem. § 1773 BGB erhält ein Minderjähriger einen Vormund:

606

- wenn der Minderjährige nicht unter elterlicher Sorge steht (§ 1773 Abs. 1 1. Alt. BGB),
- wenn die Eltern weder in den die Person noch in den das Vermögen betreffenden Angelegenheiten zur Vertretung des Minderjährigen berechtigt sind (§ 1773 Abs. 1 2. Alt. BGB) oder
- wenn der Familienstand des Minderjährigen nicht zu ermitteln ist (§ 1773 Abs. 2 BGB).

Nicht unter elterlicher Sorge (§ 1773 Abs. 1 1. Alt. BGB) steht ein Minderjähriger, wenn seine **Eltern,** denen gem. § 1626 Abs. 1 BGB die elterliche Sorge obliegt, **verstorben** sind. Bei Kindern, deren Eltern nicht miteinander verheiratet sind, steht das Sorgerecht gem. § 1626a Abs. 1 Nr. 1 BGB bei Vorliegen von Sorgeerklärungen der Eltern diesen gemeinschaftlich zu. Gleiches gilt bei Heirat der Eltern nach der Geburt gem. § 1626a Abs. 1 Nr. 2 BGB. Sollte keiner dieser Fälle vorliegen, hat die Mutter gem. § 1626a Abs. 2 BGB allein die elterliche Sorge. Sofern diese während der Minderjährigkeit verstirbt, bedarf das Kind also ebenfalls eines Vormundes. Gleiches gilt auch,

607

wenn nach einer Ehescheidung der sorgerechtsberechtigte Elternteil verstirbt, sofern dann nicht das **Vormundschaftsgericht** gem. § 1681 BGB dem überlebenden Elternteil die elterliche Sorge überträgt.

Die zweite Fallkonstellation aus § 1773 Abs. 1 BGB ist einschlägig, wenn das Vormundschaftsgericht dem bzw. den sorgeberechtigten Elternteilen z. B. bei **Gefährdung des Kindeswohls** die gesamte elterliche Sorge entzieht (vgl. insbesondere §§ 1666, 1667, 1680 BGB).

608 Klassischer Fall der dritten Fallkonstellation für die Anordnung der Vormundschaft, bei der der Familienstand des Minderjährigen nicht zu ermitteln ist, ist der des sog. **Findelkindes.** Örtlich zuständig ist hier das Gericht des Auffindungsortes (§ 36 Abs. 4 FGG).

609 Sofern eine der vorbezeichneten drei Varianten vorliegt, hat das Vormundschaftsgericht gem. § 1774 Satz 1 BGB **von Amts wegen** die Vormundschaft anzuordnen. Es bedarf also im Rechtssinne weder eines Antrags noch tritt die Vormundschaft von selbst ein. „Anträge", die Vormundschaft anzuordnen, sind im Rechtssinne also nur Anregungen, denen das Vormundschaftsgericht allerdings pflichtgemäß nachgehen muss.

2. Bestellung des Vormunds

a) Berufener Vormund

610 Von der **Anordnung der Vormundschaft** als solcher ist die **Bestellung des Vormunds** zu unterscheiden und zu trennen. Das Vormundschaftsgericht hat bei der Frage des zu bestellenden Vormunds zunächst zu überprüfen, ob ein „berufener" Vormund vorhanden ist, d. h. ob die Eltern des Mündels einen Vormund benannt haben (§ 1776 Abs. 1 BGB). Diese Benennung des Vormunds ist nicht formlos durch telefonische Mitteilung oder zu Protokoll der Geschäftsstelle oder durch „normalen" Brief an das Vormundschaftsgericht möglich. Vielmehr ist gem. § 1777 Abs. 3 BGB eine Benennung nur durch **letztwillige Verfügung,** d. h. durch Testament oder Erbvertrag möglich. Sofern die gemeinsam sorgerechtsberechtigten Eltern verschiedene Personen als Vormünder in ihren Testamenten (oder ihrem gemeinschaftlichen Ehegattentestament) benannt haben sollten, ist maßgeblich die Benennung durch den zuletzt verstorbenen Elternteil (§ 1776 Abs. 2 BGB).

611 Der durch vorbezeichnete Benennung berufene Vormund ist vom Vormundschaftsgericht zum Vormund zu bestellen, sofern nicht einer der **Ausschlussgründe** aus § 1778 BGB vorliegen sollte. So ist in § 1780 BGB, auf den § 1778 Abs. 1 Nr. 1 BGB verweist, normiert, dass eine Person nicht zum Vormund bestellt werden darf, die selbst geschäftsunfähig ist. Weitere gesetzliche Fälle, in denen der als Vormund berufene ohne seine Zustimmung übergangen werden darf, sind die nicht nur vorübergehende Verhinderung des berufenen Vormundes, etwa bei schwerer Krankheit oder längerem Auslandsaufenthalt (§ 1778 Abs. 1 Nr. 1 BGB), wenn der berufene Vormund die Übernahme verzögert, sei es schuldhaft oder nicht schuldhaft (§ 1778 Abs. 1 Nr. 3 BGB), wenn die Bestellung das Wohl des Mündels gefährden würde (§ 1778 Abs. 1 Nr. 4 BGB), wofür eine objektive Gefährdung der Interessen des Mündels, die mit einer gewissen Wahrscheinlichkeit zu erwarten ist bereits ausreichend ist (so BayObLG, FamRZ 1988, 874) und wenn der nicht geschäftsunfähige Mündel, der das 14. Lebensjahr vollendet hat, der Bestellung des berufenen Vormundes widerspricht (§ 1778 Abs. 1 Nr. 5 BGB).

b) Verfahrensweise bei Fehlen eines berufenen Vormunds

612 Sofern eine Benennung des Vormunds durch letztwillige Verfügung nicht vorliegt, wählt das Vormundschaftsgericht gem. § 1779 Abs. 1 BGB nach Anhörung des **Jugendamts** eine Person aus, die nach ihren persönlichen Verhältnissen, ihrer Vermögenslage sowie den sonstigen bei der Führung einer Vormundschaft maßgeblichen Aspekten für das Amt des Vormundes geeignet erscheint. Naheliegend regelt § 1779 Abs. 2 Satz 3 BGB, dass zunächst zu überprüfen ist, ob **Verwandte** und/oder **Verschwägerte** vorhanden sind und als Vormund in Betracht kommen, wobei unter mehreren geeigneten Personen bei der Auswahl auch der mutmaßliche Elternwillen, die persönlichen Bin-

dungen des Mündels und das religiöse Bekenntnis des Mündels zu berücksichtigen sind. Diese Aspekte dürfen im Einzelfall aber nicht überbewertet werden. Entscheidend ist die Wahl der bei einer Gesamtschau am besten geeigneten Person (vgl. OLG Hamm, FamRZ 1996, 1356).

c) Verpflichtung zur Übernahme einer Vormundschaft

Zur Übernahme des Amts als Vormund ist grds. jeder Deutsche verpflichtet (§ 1785 BGB). Etwas anderes gilt nur, wenn entweder einer der gesetzlichen Ausschließungsgründe aus §§ 1780 bis 1784 BGB vorliegen sollte oder aber der Vormund ein **Ablehnungsrecht** (§ 1786 BGB) hat. Häufig anzutreffende Fallkonstellationen eines Ablehnungsrechts in der Praxis sind soweit ersichtlich Krankheit des Vormunds, Alter ab dem 60. Lebensjahr oder aber, wenn der Vormund bereits mehrere Vormundschaften, Betreuungen oder Pflegschaften führt. Abgesehen davon sollte das Vormundschaftsgericht soweit möglich im Interesse des Mündels aber auch solche Personen nicht zum Vormund bestellen, die zwar im Rechtssinne keinen Ablehnungsgrund haben, jedoch schlicht nicht gewillt sind, die Vormundschaft zu übernehmen. Bei einer Vormundschaft unter „Zwang" des Vormunds kommt meist nichts Gutes für den Mündel heraus.

613

d) Bestellung und Bestallung des Vormunds

Die Bestellung des Vormunds als solche erfolgt durch vom Vormundschaftsgericht ausgesprochene Verpflichtung zu treuer und gewissenhafter Führung der Vormundschaft (§ 1789 BGB). Der Vormund erhält für sein Amt vom Vormundschaftsgericht eine sog. **Bestallungsurkunde,** die den Namen und Geburtstag des Mündels sowie den Namen des Vormunds enthält. Sofern ein Gegenvormund oder ein Mitvormund bestellt sein sollte, ferner im Falle der sachlichen Teilung der Vormundschaft, werden diese Personen und die Art der Teilung ebenfalls in die Bestallungsurkunde mit aufgenommen (§ 1791 BGB).

614

e) Juristische Personen als Vormund

Neben natürlichen Personen können gem. § 1791a BGB auch rechtsfähige Vereine und auch das Jugendamt gem. § 1791b BGB zum Vormund bestellt werden. Sofern ein Kind nicht miteinander verheirateter Personen geboren wird, dessen Mutter selbst bei alleinigem Sorgerecht (§ 1626a Abs. 2 BGB) noch minderjährig ist, wird das **Jugendamt kraft Gesetzes** mit der Geburt des Kindes gem. § 1791c BGB Vormund.

615

3. Befreiter und nicht befreiter Vormund

Der Vormund hat bei der Wahrnehmung seiner Tätigkeit eine Vielzahl von Vorschriften zu beachten, insbesondere muss er ausgehend von der derzeitigen Gesetzeslage häufig auch bei wirtschaftlich unbedeutenden Rechtsgeschäften des täglichen Lebens eine Genehmigung des Vormundschaftsgerichts oder des Gegenvormunds einholen, was die Führung der Vormundschaft mühsam gestaltet. Hier ist der Gesetzgeber dringend aufgerufen, das komplizierte Gesetzeswerk zu entschlacken und für die Praxis handhabbar und überschaubar zu machen. Da die Praxis nicht auf vermeintliche Reformen warten kann, sollten die im Gesetz zumindest teilweise bereits vorhandenen Möglichkeiten, den Vormund von Beschränkungen zu befreien, genutzt werden. Allerdings sind die für Eltern bzw. den Sorgeberechtigten bestehenden **testamentarischen Gestaltungsmöglichkeiten** wohl in weiten Kreisen der Bevölkerung gänzlich unbekannt.

616

a) Befreiung des Vormunds durch die Eltern (den Sorgeberechtigten) des Mündels

Soweit eine Befreiung des Vormunds durch die Eltern möglich ist, müssen die Eltern eine diesbezügliche Regelung für den Fall ihres Versterbens vor Eintritt der Volljährigkeit ihres Kindes in ihre letztwillige Verfügung, also in ihr Testament oder Erbvertrag aufnehmen. Die Befreiung ist also **nicht formlos** möglich (vgl. §§ 1856, 1777 Abs. 3 BGB). Soweit eine Befreiung testamentarisch

617

wirksam angeordnet ist, gilt diese nur für den berufenen Vormund, sofern nicht die Auslegung der testamentarischen Regelung ergibt, dass die Befreiung auch für einen späteren/anderen Vormund gelten soll.

aa) Befreiung von den Beschränkungen aus § 1809 und § 1810 BGB

618 Die Eltern können den Vormund bei der Anlegung von Geld von den Beschränkungen aus §§ 1809 und 1810 BGB befreien, also davon befreien, dass er Mündelgeld nur dergestalt anlegen darf, dass er zur „Erhebung", d. h. zum **Abheben des Geldes** der **Genehmigung** des Gegenvormundes oder des Vormundschaftsgerichts bedarf. Der Vormund kann weiter davon befreit werden, dass er eine Geldanlage nur mit Zustimmung des Gegenvormundes oder des Vormundschaftsgericht vornehmen darf.

bb) Befreiung von den Genehmigungserfordernissen gem. § 1812 BGB

619 Für die Praxis bedeutsam ist, dass sowohl durch die Eltern als auch eigenständig durch das Vormundschaftsgericht gem. § 1825 BGB auch von dem Genehmigungserfordernis aus § 1812 BGB befreit werden kann, wonach die Verfügung über eine Forderung oder ein sonstiges Recht sowie die Eingehung einer diesbezüglichen Verpflichtung der Genehmigung des Gegenvormunds, sofern ein solcher wie im Regelfall nicht bestellt ist, der Genehmigung des Vormundschaftsgerichts bedarf.

cc) Befreiung von der alljährlichen Rechnungslegungspflicht

620 Weiter können die Eltern den Vormund teilweise davon entbinden, während der Dauer seines Amtes dem Vormundschaftsgericht **Rechnung zu legen** (§§ 1854, 1855 BGB; vgl. aber § 1854 Abs. 2 BGB). Nicht entbunden werden kann der Vormund hingegen von der Verpflichtung, gem. § 1802 BGB nach Übernahme des Amtes das vorhandene Mündelvermögen zu verzeichnen und mit der Versicherung der Richtigkeit und Vollständigkeit versehen dieses **Vermögensverzeichnis** dem Vormundschaftsgericht einzureichen.

b) Befreiung des Vormunds durch das Gericht

621 Die meisten Vormundschaftsgerichte haben bereits erkannt, dass es bei aller mit einer „freieren" Vormundschaft denkbar verbundenen und zu beachtenden Gefahren für das Mündelvermögen ganz wichtig ist, dem Vormund, der ja weiterhin bei der Führung der Vormundschaft unter der Kontrolle des Vormundschaftsgerichts verbleibt, durch bestimmte Befreiungen, eine möglichst eigenständige Entscheidungsbefugnis zu geben und eine einfach handhabbare Abwicklung der Rechtsgeschäfte des alltäglichen Lebens zu ermöglichen. Deswegen ist durchaus die positive Tendenz zu verzeichnen, dass die **Befreiungstatbestände** (z. B. § 1825 Abs. 2 BGB) und bereits im Gesetz angelegte Ausnahmen von vormundschaftsgerichtlichen Genehmigungserfordernissen von den Gerichten „großzügig" ausgelegt werden. Es darf aber nicht verschwiegen werden, dass gleichwohl eine große Rechtsunsicherheit in diesem Bereich besteht. So trifft man z. B. auch heute noch auf Auffassungen bei Vormundschaftsgerichten und im Schrifttum, wonach das Abheben eines Betrages von 5 € durch den Vormund von einem durch den Mündel geerbten Sparbuch mit einem Guthaben von 4.000 € der Genehmigung des Gegenvormunds bzw. des Vormundschaftsgerichts gem. § 1812 BGB bedürfen, da nach deren Auffassung bei der Ausnahmeregelung aus § 1813 Abs. 1 Nr. 2 BGB immer noch nicht mit der deutlich im Vordringen befindlichen Auffassung auf den Abhebungsbetrag, sondern auf das Guthaben vor Abhebung abzustellen sei (OLG Karlsruhe, FamRZ 2001, 786; Palandt/Diederichsen, BGB, § 1813 Rn. 3).

622 Die Argumentation der Befürworter eines vormundschaftsgerichtlichen Genehmigungserfordernisses, das anderenfalls ein Vormund durch wiederholtes Abheben kleinerer Beträge das Genehmigungserfordernis „unterlaufen" könne, suggeriert zum einen eine **Schädigungsabsicht** des Vormunds, zum anderen suggeriert sie effizienten Schutz durch das Vormundschaftsgericht. Beides

muss jedoch nicht der Fall sein. Man muss immer bedenken, dass der Vormund auch nach eingeholter Genehmigung des Vormundschaftsgerichts mit dem nunmehr „sauber" abgehobenen Geldbetrag „unsauber" verfahren könnte. In dem Spannungsverhältnis zwischen gebotenem Mündelschutz und „freier" Handlungsmöglichkeit des Vormundes sollte dem Vormund im Zweifel ein Vertrauensvorschuss gegeben werden.

aa) Befreiung von den Genehmigungserfordernissen aus § 1812 BGB

Wie bereits an früherer Stelle angedeutet, kann das Vormundschaftsgericht den Vormund gem. § 1825 BGB von dem Genehmigungserfordernis aus § 1812 BGB, d. h. bei Verfügungen über Forderungen oder sonstige Rechte sowie der Eingehung einer diesbezüglichen Verpflichtung durch eine allgemeine Ermächtigung befreien. § 1825 Abs. 2 BGB schränkt die Ermächtigungsbefugnis des Vormundschaftsgerichts allerdings dahingehend ein, dass sie nur erteilt werden soll, wenn sie zum Zwecke der Vermögensverwaltung, insbesondere zum Betrieb eines Erwerbsgeschäfts, erforderlich ist. Durch die beispielhafte Aufzählung des Betriebs eines Erwerbsgeschäfts stellt der Gesetzgeber klar, dass bei vom Umfang unerheblichen Vermögensverwaltungen eine entsprechende Ermächtigung nicht erteilt werden soll. In der Praxis ist eine „Aufweichungstendenz" festzustellen und auch durchaus zu begrüßen. Sofern die Vormundschaft nicht nur eine völlig unerhebliche Vermögensverwaltung (mit) zum Gegenstand hat, sollte das Vormundschaftsgericht eine Ermächtigung des Vormunds nach Maßgabe dieser Norm prüfen und, falls keine konkreten Bedenken bestehen, auch erteilen. Dabei ist es möglich, die allgemeine Ermächtigung auch bei der Befreiung von Genehmigungseinholungen nach Maßgabe von § 1812 BGB der Höhe oder vom Gegenstand her zu begrenzen, was dann der Sache nach eine **großzügige Handhabung der Ermächtigung** rechtfertigt. De lege ferenda wird es von hier für sinnvoll gehalten, die Norm wie folgt zu ändern: „Die Ermächtigung kann erteilt werden, wenn sie zum Zwecke der Vermögensverwaltung sinnvoll erscheint".

623

bb) Befreiung von den vormundschaftsgerichtlichen Genehmigungserfordernissen aus § 1822 Nr. 8 bis 10 BGB

Gem. der vorbezeichneten Regelung aus § 1825 Abs. 1 BGB mit der erörterten Einschränkung des „Erforderlichkeitskriteriums" aus § 1825 Abs. 2 BGB, kann das Vormundschaftsgericht den Vormund auch von den Genehmigungstatbeständen aus § 1822 Nr. 8 bis 10 BGB durch Erteilung einer **allgemeinen Ermächtigung** befreien. Der Vormund ist dann ohne Einholung einer vormundschaftsgerichtlichen Genehmigung befugt, **Darlehen** im Namen des Mündels aufzunehmen (§ 1822 Nr. 8 BGB), eine **Inhaberschuldverschreibung** im Namen des Mündels auszustellen oder einen **Wechsel** zu begeben (§ 1822 Nr. 9 BGB) sowie eine **Bürgschaft** im Namen des Mündels zu erteilen (§ 1822 Nr. 10 BGB). Die Benennung der Bürgschaftssituation in § 1822 Nr. 10 BGB ist nur beispielhaft. Die Regelung ist nach h. M. in all denen Konstellationen einschlägig, bei denen der Mündel für den Fall seiner berechtigten Inanspruchnahme einen Regressanspruch vergleichbar einem Bürgen, der für eine fremde Verpflichtung bürgt, hat. Zu nennen sind hier z.B. die Fälle der gesamtschuldnerischen Haftung für eine Zahlungsverpflichtung gem. §§ 421 ff. BGB oder der Sicherungsübereignung für eine fremde Schuld (vgl. Palandt/Diederichsen, BGB, § 1822 Rn. 23 m. w. N.).

624

4. Mitvormund und Gegenvormund

I. d. R. soll für einen Mündel und bei **mehreren Geschwistern** für alle Geschwister nur ein Vormund bestellt werden (§ 1775 BGB). Sofern aufgrund besonderer Umstände ein Vormund die ihm obliegenden Aufgaben nicht alleine bewältigen kann, z.B. wenn zu viele Kinder von der Vormundschaft betroffen sind oder aber das zu verwaltende Vermögen einen erheblichen Umfang hat oder teilweise im Ausland liegt und damit eine zu zeitaufwendige Betreuung erfordert, kann das Gericht zusätzlich eine weitere Person zum Vormund bestellen. Das Gesetz spricht dann von einem „Mit-

625

vormund". Sofern neben dem Vormund ein Mitvormund bestellt ist, üben die Vormünder alle Tätigkeiten grds. **gemeinschaftlich** aus, können sich aber bei einzelnen Geschäften/Geschäftsbereichen jeweils arbeitsteilig bevollmächtigen.

626 Der Gegenvormund hat eine grds. andere Aufgabe als der Mitvormund. Der Gegenvormund führt selbst keine Rechtsgeschäfte für den Mündel aus, sondern hat eine „Überwachungsfunktion", d. h. er hat darauf zu achten, dass der Vormund die Vormundschaft pflichtgemäß führt (§ 1799 Abs. 1 Satz 1 BGB) und entlastet so die Tätigkeit des Vormundschaftsgerichts (BayObLG, FamRZ 1997, 438). **Pflichtwidrigkeiten** des Vormundes hat der Gegenvormund dem Vormundschaftsgericht unverzüglich anzuzeigen.

627 Soweit ersichtlich werden von den Vormundschaftsgerichten **Gegenvormünder** eher selten bestellt. Dies ist auch allzu verständlich. Zwar hat der Gegenvormund durchaus auch eine Schutzfunktion zugunsten des Vormundes dadurch, dass er präventiv auf vermeintliche Fehler dessen Amtsführung hinweist. I. d. R. wirkt sich jedoch ein Gegenvormund störend auf die Führung der Vormundschaft aus. Das Amt des Vormundes ist bereits als solches sowohl zeitlich als auch psychisch anspruchsvoll und sollte daher nicht zusätzlich mit Kontrollmechanismen überladen werden. Die Tendenz der Gerichte geht daher auch klar in die Richtung, keine Gegenvormünder zu bestellen. Sofern das **Jugendamt** Vormund ist, ist die Bestellung eines Gegenvormundes **ausgeschlossen** (§ 1791 Abs. 1 Satz 2 BGB).

5. Aufgaben des Vormundes

a) Personensorge und Vermögenssorge

628 Dem Vormund obliegt sowohl die Personensorge, d.h. die Befugnis aber auch die Verpflichtung, das Kind zu pflegen, zu erziehen, zu beaufsichtigen und seinen Aufenthalt zu bestimmen (§ 1800 BGB), als auch die Vermögenssorge, d.h. die Regelung aller relevanten Aspekte des Mündelvermögens (§ 1793 BGB).

b) Gesetzliche Vertretung des Mündels

629 Dem Vormund obliegt gem. § 1793 Satz 1 BGB die gesetzliche Vertretung des Mündels. Von großer praktischer und rechtlicher Bedeutung ist die Frage, ob und in welchen Fallkonstellationen der Vormund den Mündel nicht vertreten kann. Es sind **drei Fallgruppen** des Vertretungsausschlusses zu beachten:

- Vertretungsausschluss gem. § 181 BGB,
- Vertretungsausschluss gem. § 1795 Abs. 1 Nr. 1 bis Nr. 3 BGB und
- Vertretungsausschluss gem. § 1796 BGB.

aa) Vertretungsausschluss gem. § 181 BGB

630 Wie § 1795 Abs. 2 BGB klarstellt, gilt § 181 BGB auch im Rahmen einer Vormundschaft. Der Vormund kann also den Mündel nicht vertreten, wenn er bei dem konkret in Rede stehenden Rechtsgeschäft zugleich im eigenen Namen und im Namen des Mündels tätig würde (sog. **Selbstkontrahierungsverbot;** § 181 1. Alt. BGB). Unzulässig ist auch die Konstellation, dass er auf der einen Seite den Mündel und auf der anderen Seite einen Dritten vertritt (**Verbot der Doppelvertretung,** § 181 2. Alt. BGB). Die Möglichkeit einer „anderen Gestattung", wie es in § 181 BGB eingangs heißt, ist im Rahmen der gesetzlichen Vertretung, zu der auch die Vertretung durch den Vormund zählt, nicht möglich (h. M., vgl. BGHZ 21, 229 (234); Palandt/Diederichsen, BGB, § 1795 Rn. 8 m. w. N.).

631 Zu berücksichtigen ist im Rahmen des § 181 BGB (wie auch bei § 1795 Abs. 1 Nr. 1 BGB), dass eine Ausnahme von dem Vertretungsausschluss, d. h. trotz der Konstellation einer Selbstkontrahierung oder Doppelvertretung die Befugnis für den Vormund zur Vertretung besteht, sofern das

Rechtsgeschäft ausschließlich in der Erfüllung einer Verbindlichkeit besteht. Hier wird gelegentlich nicht ganz exakt gearbeitet. Bei Übertragungsgeschäften wie einer Grundstücksveräußerung ist zwischen dem schuldrechtlichen Grundgeschäft, etwa einem Kaufvertrag, und dem dinglichen Übertragungsgeschäft, der Auflassung, zu unterscheiden. Jedes der Rechtsgeschäfte ist für sich betrachtet an § 181 BGB und den anderen Normen über den Vertretungsausschluss zu messen.

Es kann durchaus sein, dass ein **Vertretungsausschluss** bei dem **Grundgeschäft** besteht. Sofern hierfür aber durch einen dann gem. §§ 1909, 1915, 1774 BGB vom Vormundschaftsgericht zu bestellenden Ergänzungspfleger die gem. § 184 Abs. 1 BGB zurückwirkende Genehmigung erteilt wird und – soweit erforderlich – auch das Vormundschaftsgericht zustimmt (Prüfung nicht vergessen!), unterliegt das dingliche Rechtsgeschäft als solches keinem Vertretungsausschluss mehr, da es „nunmehr" ausschließlich in Erfüllung einer Verbindlichkeit besteht. Es ist nur allzu verständlich, dass in der Praxis sowohl Rechtsanwälte und Notare als auch die Vormundschaftsgerichte diese unnatürlich wirkende juristische Zergliederung des Lebenssachverhalte nach Maßgabe des sog. Abstraktionsprinzips scheuen und nicht selten ohne exakte Herausarbeitung der Genehmigungstatbestände für den „gesamten Geschäftsvorgang" Ergänzungspflegschaft beantragen/anordnen und Ergänzungspfleger bestellen und folgerichtig dann auch für den gesamten Geschäftsvorgang sowohl die Genehmigung des Ergänzungspflegers als auch – soweit erforderlich – die vormundschaftsgerichtliche Genehmigung erteilt oder versagt wird.

632

In einer bestimmten Fallkonstellation wird bereits jetzt von der Praxis das Abstraktionsprinzip durchbrochen: Bei schenkungsweiser Übertragung von Grundstücken oder von Wohnungseigentum/Teileigentum durch die Eltern/Vormund auf den Mündel könnte der gesetzliche Vertreter den Mündel an sich immer vertreten, da nach der Rechtsprechung zu § 181 BGB im Wege der teleologischen Reduktion ein Vertretungsausschluss dann nicht angenommen wird, wenn das Rechtsgeschäft für das Kind lediglich rechtlich vorteilhaft ist. Dies ist aber bei einer **Schenkung** an das Kind immer der Fall. Die dingliche Übertragung würde dann immer „ausschließlich in der Erfüllung einer Verbindlichkeit bestehen", so dass bereits vom Wortlaut von § 181 BGB auch hierfür kein Vertretungsausschluss bestünde. Dies könnte im Einzelfall zur Folge haben, dass rechtlich nachteilige Rechtsgeschäfte zum Nachteil des Kindes durch den gesetzlichen Vertreter mit sich abgeschlossen werden, ohne dass der gesetzliche Vertreter einer Kontrolle unterläge. Sofern daher unmittelbar an die dingliche Übertragung der Immobilie eine persönliche Verpflichtung des Kindes geknüpft ist, wie z.B. bei einer Belastung der Immobilie mit einer Reallast (vgl. § 1108 BGB) wird in einer sog. „Gesamtbetrachtung" bereits das schuldrechtliche Schenkungsgeschäft als nicht lediglich rechtlich vorteilhaft eingestuft mit der Folge, dass der Vormund (Eltern) einem Vertretungsausschluss unterliegt. Dementsprechend ist dann **Ergänzungspflegschaft** anzuordnen und ein Ergänzungspfleger zu bestellen.

633

bb) Vertretungsausschluss gem. § 1795 Abs. 1 Nr. 1 bis Nr. 3 BGB

Von den Regelungen aus § 1795 Abs. 1 BGB sei hier die Nr. 1 besonders hervorgehoben. Danach darf der Vormund den Mündel wegen der möglichen Interessenkollision insbesondere nicht bei Rechtsgeschäften zwischen seinem (des Vormundes) Ehegatten oder einem seiner (des Vormundes) Verwandten in gerader Linie vertreten. Auch hier macht das Gesetz die Einschränkung, dass der Vertretungsausschluss nicht gilt, d.h. der Vormund vertreten darf, wenn und soweit das Rechtsgeschäft **ausschließlich in Erfüllung einer Verbindlichkeit** besteht. Insoweit kann auf die vorstehenden Ausführungen verwiesen werden.

634

cc) Vertretungsausschluss gem. § 1796 BGB

Die Regelung aus § 1796 BGB hat in der Praxis soweit ersichtlich keine größere Bedeutung. Danach ist ein Vertretungsausschluss auch gegeben, wenn und soweit dem Vormund die Vertretung für einzelne Angelegenheiten oder für einen bestimmten Kreis von Angelegenheiten vom Vormundschaftsgericht entzogen wurde. Diese Fallkonstellation ist in der Praxis wohl schon des-

635

wegen eher selten anzutreffen, da sie voraussetzt, dass dem Vormundschaftsgericht bereits vor der Vornahme eines bestimmten Rechtsgeschäftes dieses vom Vormund oder von dritter Seite konkret bekannt geworden ist und das Gericht mithin „präventiv" einschreiten kann.

c) Einholung vormundschaftsgerichtlicher Genehmigungen

636 Eine ganze Reihe von Rechtsgeschäften bedürfen in der Praxis der vormundschaftsgerichtlichen Genehmigung. Die Beurteilung und Auslegung der einzelnen Regelungstatbestände ist bereits für die hier spezialisierten Berufsträger ausgesprochen schwierig und durchaus auch in der Gerichtspraxis zumindest zum Teil umstritten. I. d. R. hilft man sich mit der bereits angesprochenen pragmatischen Handhabung, wonach bestimmte „Gesamtvorgänge" mit einer vormundschaftsgerichtlichen Genehmigung bedacht werden bzw. die Genehmigung versagt wird, ohne exakt herauszuarbeiten, dass womöglich in einer dem Gericht unterbreiteten Fallkonstellation drei, fünf oder gar mehr Genehmigungstatbestände unterschiedlicher Art zu beurteilen sind. Ein Vorwurf ist hier jedoch nicht einmal in Ansatz der Gerichtspraxis zu machen. Vielmehr gilt es das Recht der vormundschaftlichen Genehmigungen dahingehend zu reformieren, dass auch ein nicht juristisch spezialisierter Vormund, der sich mit der Materie ein wenig befasst, ein sicheres Judiz dafür bekommt, ob eine von ihm avisierte oder veranlasste Maßnahme der vormundschaftsgerichtlichen Genehmigung bedarf oder nicht.

d) Mündelsichere Geldanlage

637 Der Vormund ist verpflichtet, dass Mündelgeld sicher und verzinslich anzulegen, soweit es nicht zur Bestreitung von Ausgaben bereitzuhalten ist. In § 1807 BGB sind vom Gesetzgeber **bestimmte Anlageformen** als „mündelsicher" **vorgegeben,** insbesondere solche mit staatlicher Absicherung wie z. B. sog. Bundesschatzbriefe (§ 1807 Abs. 1 Nr. 2 BGB). Der Vormund ist allerdings auch berechtigt, mit Zustimmung des Vormundschaftsgerichts eine andere Anlegung vorzunehmen (§ 1811 BGB). Sowohl die Vormünder als auch die Vormundschaftsrechtspfleger, die über die entsprechenden Erlaubnisse zu entscheiden haben, sollten von andersartigen Anlegungen jedoch nur sehr vorsichtig Gebrauch machen. Regelmäßig kommt eine andersartige Anlegung nur in Betracht, wenn der Vormund aufgrund seiner beruflichen Stellung z. B. als Banker besonders qualifiziert in der Vermögensverwaltung ist.

638 Hinsichtlich von **Inhaberpapieren,** die zum Vermögen des Mündels gehören wie z. B. Inhaberaktien, Inhaberinvestmentanteilscheine und Schuldverschreibungen auf den Inhaber, sind die Regelungen aus §§ 1814, 1815 sowie §§ 1818 und 1819 BGB zu beachten.

e) Rechnungslegung

639 Soweit der Vormund nicht gem. §§ 1854 Abs. 1, 1855 BGB testamentarisch davon befreit wurde, muss er mindestens einmal jährlich über die persönlichen Verhältnisse des Mündels wie auch über die Vermögensverwaltung dem Vormundschaftsgericht berichten und Rechnung legen. Bei der **Art der Rechnungslegung** ist § 1841 BGB zu berücksichtigen, wonach eine geordnete Zusammenstellung der Einnahmen und Ausgaben enthalten sein muss und die entsprechenden Belege hierfür vorzulegen sind. Das Vormundschaftsgericht – Vormundschaftsrechtspfleger – hat die Rechnungslegung rechnerisch und sachlich zu überprüfen, ggf. nachzufragen und auf die entsprechende Berichtigung oder Ergänzung hinzuwirken (§ 1843 BGB).

6. Vormundschaftsgerichtliche Genehmigungserfordernisse

640 Die **wichtigsten Genehmigungstatbestände** werden nachfolgend kurz dargestellt:
- § 1821 BGB

641 Nach dieser Norm sind **Verfügungsgeschäfte** betreffend Immobilien und Rechte an diesen gem. § 1821 Abs. 1 Nr. 1 bis Nr. 3 BGB genehmigungsbedürftig. Hierbei ist § 1821 Abs. 2 zu beachten, wonach per definitionem Grundpfandrechte nicht zu den Rechten an Immobilien i. S. v. Abs. 1

gehören; bei Belastung einer Immobilie mit Grundpfandrechten ist jedoch grds. § 1821 Abs. 1 Nr. 1 1. Alt. BGB (Verfügung über das Grundstück, nicht über ein Recht daran) einschlägig, d. h. die vormundschaftsgerichtliche Genehmigung erforderlich, sofern die Bestellung nicht anlässlich der Finanzierung des vormundschaftsgerichtlich genehmigten Erwerbs der Immobilie erfolgt (teleologische Einschränkung, vgl. Palandt/Diederichsen, BGB, § 1821 Rn.16 m. w. N.).

Ein **Kauf- und Tauschvertrag** betreffend eine Immobilie oder Wohnungseigentum bedarf gem. § 1821 Abs. 1 Nr. 5 BGB bei der Erwerbssituation, gem. § 1821 Abs. 1 Nr. 4 BGB bei der Veräußerungssituation, jeweils aus Sicht des Mündels, der vormundschaftsgerichtlichen Genehmigung.

- § 1822 Nr. 1 bis Nr. 13 BGB
- § 1822 Nr. 1 BGB

Nach dieser Norm sind genehmigungspflichtig insbesondere **Verfügungsgeschäfte über das Vermögen im Ganzen** gem. § 311b Abs. 2 BGB (n. F.), nicht hingegen Rechtsgeschäfte betreffend einen einzelnen, wenn auch wertvollen Gegenstand. Weiter fallen unter diese Regelung die Verpflichtungsgeschäfte zur Übertragung der dem Mündel angefallenen Erbschaft, also insbesondere der Erbschaftsverkauf gem. §§ 2371 ff. BGB; weiter sind genehmigungspflichtig Verträge über den **künftigen gesetzlichen Erb- oder Pflichtteil** und schließlich auch die **Übertragung des Miterbenanteils** gem. § 2033 Abs. 1 BGB.

642

- § 1822 Nr. 2 BGB

Nach dieser Norm ist die **Ausschlagung einer Erbschaft** oder eines **Vermächtnisses** sowie der **Verzicht** auf einen bereits entstandenen **Pflichtteilsanspruch**, d. h. ein diesbezüglicher Erlassvertrag gem. § 397 BGB genehmigungspflichtig. Es ist hier also nicht der „eigentliche" Pflichtteilsverzichtsvertrag gem. § 2346 Abs. 2 BGB gemeint, der allerdings ebenfalls der notariellen Beurkundung gem. § 2348 BGB bedarf.

643

- § 1822 Nr. 3 BGB

Vom Wortlaut her („auf den Erwerb oder die Veräußerung gerichtet ist") sind an sich nur die schuldrechtlichen entgeltlichen Rechtsgeschäfte betreffend den Erwerb oder die Veräußerung eines Erwerbsgeschäfts genehmigungspflichtig. Die wohl h.M. geht aber davon aus, dass auch die dinglichen Erwerbs- bzw. Veräußerungsverfügungen nach dieser Norm genehmigungspflichtig sind. Schließlich sind nach dieser Norm auch Gesellschaftsverträge betreffend ein Erwerbsgeschäft und nach h. M. auch die **gesellschaftsrechtliche Beteiligung** an einem solchen genehmigungspflichtig. Nicht genehmigungspflichtig ist allerdings die schenkungsweise Übertragung eines GmbH-Anteils (BGHZ 107, 23; vgl. ergänzend zur Haftungsbegrenzung Minderjähriger seit dem 1.1.1999 die Regelungen aus § 1629a Abs. 1 und 4 BGB).

644

- § 1822 Nr. 4 BGB

Hiernach ist die **Verpachtung** eines Landgutes oder eines gewerblichen Betriebs genehmigungspflichtig.

645

- § 1822 Nr. 5 BGB

Nach dieser Norm sind insbesondere **Miet- und Pachtverträge** genehmigungspflichtig, unabhängig davon, ob der Mündel Mieter/Pächter oder Vermieter/Verpächter ist. Voraussetzung ist, dass das Vertragsverhältnis länger als ein Jahr nach dem Eintritt der Volljährigkeit des Mündels fortdauern soll. Dies ist bei zeitlich befristeten Verträgen leicht feststellbar. Bei unbefristeten Miet- und Pachtverträgen ist auf die Kündigungsmöglichkeit abzustellen. Ist das Vertragsverhältnis kündbar vor Eintritt des 19. Lebensjahres des Mündels, bedarf der Vertrag keiner Genehmigung nach dieser Vorschrift. Nach der Regelung sind auch andere Verträge, durch die der Mündel zu wiederkehrenden Leistungen verpflichtet wird, genehmigungspflichtig (z. B. Lebensversicherungs- u. Bausparverträge). Nicht unter diese Norm fallen hingegen Abonnementsverträge, Giroverträge oder Vereinsbeitritte, weil die Beitragspflicht in diesen Fällen jederzeit durch Kündigung beendet werden kann (Palandt/Diederichsen, BGB, § 1822 Rn. 14).

646

- § 1822 Nr. 6 BGB

647 **Lehrverträge,** durch die der Mündel zu Diensten verpflichtet wird und die für längere Zeit als ein Jahr geschlossen werden, sind genehmigungspflichtig.

- § 1822 Nr. 7 BGB

648 Nach dieser Norm ist die Eingehung eines **Dienst- oder Arbeitsverhältnisses,** durch das der Mündel zu persönlichen Leistungen für längere Zeit als ein Jahr verpflichtet werden soll, genehmigungspflichtig.

- § 1822 Nr. 8 BGB

649 Nach dieser Norm sind **Darlehensgeschäfte** auf den Kredit des Mündels genehmigungspflichtig.

- § 1822 Nr. 9 BGB

650 Eine **Wechselverpflichtung** sowie das **Ausstellen einer Inhaberschuldverschreibung** sowie sonstiger indossabeler Wertpapiere, bedarf gem. § 1822 Nr. 9 BGB der vormundschaftsgerichtlichen Genehmigung.

- § 1822 Nr. 10 BGB

651 Wie bereits oben (Rn. 624) ausgeführt, bedarf nach dieser Regelung nicht nur die Eingehung einer **Bürgschaft** durch den Mündel der vormundschaftsgerichtlichen Genehmigung, sondern auch alle dieser Rechtskonstellation **ähnlichen Situationen,** bei denen der Mündel für den Fall seiner Inanspruchnahme einen Regressanspruch gegen eine Dritte Person hat. Dies ist beispielsweise auch der Fall, wenn der Mündel als Gesamtschuldner für eine Verpflichtung haftet und im Falle der Inanspruchnahme gegen den anderen Gesamtschuldner aufgrund des Innenverhältnisses einen Regressanspruch hat. Dies wäre z. B. der Fall, wenn zwei Kinder eine Immobilie jeweils hälftig zu Eigentum erwerben, für den Kaufpreis aber gesamtschuldnerisch im Außenverhältnis haften.

- § 1822 Nr. 11 BGB

652 Das Erteilen, d. h. das Ausstellen einer **Prokura** durch den Mündel für einen Dritten bedarf nach dieser Norm der vormundschaftsgerichtlichen Genehmigung.

- § 1822 Nr. 12 BGB

653 Ein **Vergleich** mit einem Gegenstandswert oberhalb von 3.000 € bedarf der vormundschaftsgerichtlichen Genehmigung, sofern er nicht auf Vorschlag eines Gerichts abgeschlossen wird.

- § 1822 Nr. 13 BGB

654 Das **dingliche Rechtsgeschäft,** durch das eine bislang für eine Forderung des Mündels bestehende Sicherheit aufgehoben oder gemindert wird sowie die diesbezügliche Verpflichtung bedarf nach dieser Norm der vormundschaftsgerichtlichen Genehmigung. Dies ist etwa der Fall, wenn für eine weiterhin valutierende Darlehensforderung des Mündels die diesbezügliche Grundschuld- oder Hypothekenabsicherung aufgegeben, d. h. auf dieses Grundpfandrecht verzichtet wird.

- § 1812 BGB

655 Auf diese Norm ist bereits oben (Rn. 619, 621 f., 623) eingegangen worden. Genehmigungspflichtig sind hiernach **Verfügungsgeschäfte über Forderungen** und andere Rechte (z. B. Grundpfandrechte) sowie diesbezügliche Verpflichtungsgeschäfte (§ 1812 Abs. 1 Satz 2 BGB), soweit nicht ein Ausnahmetatbestand gem. § 1813 BGB besteht.

- §§ 1806, 1807 und 1810 BGB

656 Nach diesen Normen soll das Vermögen des Mündels grds. **verzinslich** und **mündelsicher** angelegt werden. Die entsprechende Anlegung bedarf gem. § 1810 BGB der Genehmigung des Gegenvormunds, sofern dieser wie im Regelfall nicht bestellt ist, der Genehmigung des Vormundschafts-

gerichts. Dies gilt auch für eine von den Regeltatbeständen aus § 1807 BGB abweichende Geldanlage.

7. Gerichtliche Kontrolle des Vormunds

Der Vormund unterliegt der vormundschaftsgerichtlichen Kontrolle bei seiner Tätigkeit. Er muss dem Vormundschaftsgericht ein **Vermögensverzeichnis** über das bei Übernahme des Amtes vorhandene Anfangsvermögen des Mündels erteilen. Hiernach muss er dem Vormundschaftsgericht im Rahmen seiner Tätigkeit jederzeit auf dessen Verlangen qualifiziert Auskunft geben (§ 1939 BGB), muss unaufgefordert jährlich einen Pflichtbericht über die persönlichen Verhältnisse des Betreuten dem Vormundschaftsgericht einreichen (§ 1840 Abs. 1 BGB). Weiter unterliegt er der periodischen Rechnungslegungsverpflichtung aus § 1840 Abs. 2 bis Abs. 4 BGB, soweit der Vormund nicht ein „befreiter" ist (vgl. hierzu oben unter entsprechender Überschrift).

657

8. Aufwendungsersatz und Vergütung

Im „Vergütungsrecht" des Vormunds sind **drei Regelungsbereiche** zu unterscheiden: Der Ersatz von Aufwendungen gem. § 1835 BGB, die Vergütung des Vormunds gem. §§ 1836 und 1836a BGB und die sog. Aufwandsentschädigung gem. § 1835a BGB.

658

a) Aufwendungsersatz

Soweit dem Vormund bei Führung der Vormundschaft Aufwendungen (z. B. für Telefonate, Fahrtkosten, Kleidung und Verpflegung des Mündel) aus seinem Vermögen anfallen, kann er diesbezüglich gem. § 1835 Abs. 1 Satz 1 BGB einen **Vorschuss** aus dem Mündelvermögen verlangen und, soweit er keinen Vorschuss für seine Aufwendungen erhalten hat, die Aufwendungen nachträglich ersetzt verlangen (§§ 669, 670 BGB).

659

b) Vergütung des Vormunds

Das klassische Bild der Vormundschaft über Minderjährige ist das des **unentgeltlichen Ehrenamtes**. Demzufolge regelt auch § 1836 Abs. 1 Satz 1 BGB, dass die Vormundschaft unentgeltlich geführt wird, wie es insbesondere im engen Verwandtenkreise gelegentlich noch selbstverständlich ist. Das Gesetz sieht allerdings in § 1836 Abs. 1 Satz 2 BGB die Möglichkeit vor, dass das Vormundschaftsgericht dem Vormund eine angemessene Vergütung bewilligen kann, sofern das Vermögen des Mündels sowie der Umfang und die Bedeutung der vormundschaftlichen Geschäfte dies rechtfertigen. Auch in diesem Bereich ist es so, dass eine, wenn auch womöglich geringe Vergütung für die Tätigkeit des Vormunds letztlich dem Mündelvermögen entnommen wird, damit der Vormund zumindest symbolisch entlohnt wird.

660

Für die **Höhe der Vergütung** gibt es keinen vorgeschriebenen Rahmen. Man wendet auch nicht die Grundsätze für die Vergütung von Konkursverwaltern entsprechend an. Trotz allseitiger Verweisung darauf, dass alle Umstände des Einzelfalls jeweils zu berücksichtigen sind, wird – soweit ersichtlich – die Vergütung zumeist wie folgt bemessen: bis 30.000 € Nettovermögen 3 % jährlich (= 75 €/Monat). Für das 30.000 € übersteigende Nettovermögen bis 80.000 € 2 %, bis 150.000 € 1 %, bei darüber hinausgehendem Vermögen weitere angemessene Abstufungen. Sollte also der Mündel z. B. ein Nettovermögen von 250.000 € haben, könnte sich die Jahresvergütung auf 3.500 € belaufen (900 € + 1.000 € + 700 € + 900 € bei unterstellter Vergütung von 0,9 % für den Bereich zwischen 150.000 € bis 250.000 €; vgl. hierzu Damrau/Zimmermann, Betreuung und Vormundschaft, § 1836 Rn. 5 m. w. N.).

661

Bei Personen, die die Vormundschaft nur im Rahmen ihrer Berufsausübung führen, sog. Berufsvormünder, besteht heute konsequenterweise auch gem. § 1836 Abs. 2 BGB ein Vergütungsanspruch. Die Höhe der Vergütung ist an den Höchstbetrag dessen, was einem Zeugen als Entschädigung für seinen Verdienstausfall gewährt werden kann, angelehnt, und kann in besonderen Fällen bis zum Dreifachen, in Ausnahmefällen sogar bis zum Fünffachen der Vergütung, die einem

662

Zeugen nach dem Zeugen- und Sachverständigenentschädigungsgesetz (ZuSEG) als Entschädigung für seinen Verdienstausfall gewährt werden kann, festgesetzt werden. Da der Höchstbetrag der Entschädigung nach § 2 Abs. 2 ZSEG 13 €/Stunde beträgt, kann also in Ausnahmefällen bis zu maximal 65 € pro Stunde Vergütung zugestanden werden.

c) Aufwandsentschädigung

663 In § 1836a BGB ist eine pauschalierte Aufwandsentschädigung für den Vormund vorgesehen, wonach er, sofern ihm für seine Tätigkeit keine Vergütung zusteht, geringfügige Aufwendungen nicht per Einzelnachweis darstellen und ersetzt verlangen kann, sondern auch pauschaliert ohne genaue Rechnungslegung. Der Höchstbetrag der Aufwandsentschädigung gem. § 1836a BGB beläuft sich für ein Jahr auf das Fünfzehnfache dessen, was einem Zeugen als Höchstbetrag Entschädigung für eine Stunde versäumte Arbeitszeit gewährt werden muss, mithin auf maximal 195 €/Jahr.

d) Vergütung und Auslagenersatz bei mittellosem Mündel

664 Soweit der Mündel mittellos sein sollte, kann der Vormund wegen des Aufwendungsersatzes, der pauschalierten Aufwandsentschädigung und seiner Vergütung die Staatskasse gem. § 1835 Abs. 4 Satz 4 BGB (vgl. auch § 1836 Abs. 2 Satz 4 BGB sowie § 1836a BGB) in Anspruch nehmen.

9. Haftung des Vormunds

665 Die Tätigkeit als Vormund ist nicht völlig „risikolos". Gem. § 1833 BGB macht sich der Vormund dem Mündel gegenüber **schadensersatzpflichtig**, soweit er aufgrund einer von ihm zu vertretende Pflichtverletzung dem Mündel Schaden zufügt. Der Vormund haftet dabei grds. bereits für einfache Fahrlässigkeit, wobei allerdings auf den Lebenskreis des Vormunds Rücksicht zu nehmen ist (Soergel/Damrau, BGB, § 1833 BGB, Rn. 4).

666 Nicht zuletzt aus diesem Grunde ist es für einen Vormund unbedingt ratsam, eine entsprechende Haftpflichtversicherung betreffend Schäden, die er dem Mündel bei Ausübung seines Amtes zufügen sollte, abzuschließen. Die hierfür erforderlichen Aufwendungen kann der Vormund gem. § 1835 Abs. 2 BGB aus dem Mündelvermögen ersetzt verlangen.

10. Beendigung der Vormundschaft

667 Gem. § 1882 BGB endigt die Vormundschaft kraft Gesetzes mit dem Wegfall der in § 1773 BGB für die Begründung der Vormundschaft bestimmten Voraussetzungen, d. h. mit **Eintritt der Volljährigkeit** des Minderjährigen bzw. wenn die Eltern des Mündels diesen wieder sowohl in den die Person als auch in den das Vermögen betreffenden Angelegenheit vertreten dürfen. Schließlich endigt die Vormundschaft auch bei angeordneter Vormundschaft gem. § 1773 Abs. 2 BGB sobald der Familienstand des Mündels ermittelt ist.

K. Betreuungsrecht

I. Voraussetzungen für eine Betreuungsanordnung

1. Psychische Krankheit oder körperliche, geistige oder seelische Behinderung

668 Gem. § 1896 Abs. 1 Satz 1 BGB ist auf Antrag des zu Betreuenden oder von Amts wegen Betreuung anzuordnen und ein Betreuer zu bestellen, sofern ein Volljähriger aufgrund einer psychischen Krankheit oder einer körperlichen, geistigen oder seelischen Behinderung ganz oder teilweise nicht in der Lage ist, seine Angelegenheiten zu besorgen. Wann eine **psychische Krankheit** im Rechtssinne vorliegt, wird vom Gesetzgeber nicht definiert. Der Sache nach ist wohl anzuknüpfen an die durch das Betreuungsrecht abgelösten Begriffe „Geisteskrankheit" und „Geistesschwäche" des frü-

heren Entmündungsrechts von Volljährigen, die wegen der ihnen vom Sprachgebrauch innewohnenden herabwürdigenden Tendenz vom neuen Betreuungsrecht nicht mehr fortgeführt werden. Obwohl das Krankheitsbild daher der Sache nach grds. „offen" ist, geht die ganz h. M. – wenn auch nicht abschließend – von den **anerkannten Krankheitsbildern der Psychiatrie** aus. Hierunter fallen also insbesondere endogene Psychosen wie Schizophrenie, zyklothyme Psychosen wie Depressionen und exogene Psychosen, d. h. durch Krankheiten hervorgerufene seelische Störungen. Weiter zählen hierzu die Abhängigkeitskrankheiten durch Alkohol-, Medikamente- und Drogen**abhängig**keit.

Unter **körperliche Behinderungen** fallen insbesondere Lähmungen, Blindheit, Gehörlosigkeit, Sprachstörungen sowie der Verlust von Gliedmaßen. 669

2. Kausalität der Behinderung

Die Betreuung darf nur angeordnet werden, sofern und soweit durch die psychische Krankheit oder die vorbezeichneten Behinderungen der Volljährige ganz oder teilweise nicht in der Lage ist, seine Angelegenheiten zu besorgen, es muss also die **Einschränkung in der Besorgung der eigenen Angelegenheiten** gerade durch die Krankheit oder die vorbezeichneten Änderungen eingetreten sein. 670

Bei Personen, die „nur" eine körperliche Behinderung haben, darf eine Betreuungsanordnung **nur auf Antrag** des körperlich Behinderten erfolgen. Das Gesetz schließt insoweit also in § 1896 Abs. 1 Satz 2 BGB eine Fremdbestimmung aus. 671

3. Erforderlichkeit der Betreuungsanordnung

In § 1896 Abs. 2 BGB ist die Subsidiarität der Betreuung geregelt. Ein Betreuer darf also nur bestellt werden, wenn und soweit die Betreuung erforderlich ist. Sie ist nicht erforderlich, falls der Volljährige durch einen Bevollmächtigten oder durch andere Hilfen ohne gesetzlichen Vertreter ebenso gut wie durch einen Betreuer seine Angelegenheit besorgen kann. Dieses **Erforderlichkeitskriterium** wird in der Praxis zutreffend **eng ausgelegt**, da es anderenfalls außerhalb der psychischen Krankheiten genau genommen zu einem Leerlauf des Betreuungsrecht führen könnte. Das Erforderlichkeitskriterium ist eng mit dem Willen des zu Betreuenden verknüpft. Sofern dieser eine Betreuung möchte, spricht dies für das Erfordernis. Umgekehrt darf eine Betreuung gegen den Willen des Volljährigen allenfalls dann erfolgen, wenn dieser seinen entgegenstehenden Willen nicht verantwortlich zu seinem Wohl äußern kann. 672

4. Betreuungsanordnung und Betreuerbestellung

Sofern die zuvor dargelegten Voraussetzungen vorliegen, ordnet das Vormundschaftsgericht vom Amts wegen, bei körperlicher Behinderung ausschließlich auf Antrag des zu Betreuenden, die Betreuung an und bestellt einen Betreuer mit einem **bestimmten Aufgabenkreis** (vgl. § 69 Abs. 1 Nr. 2b FGG). 673

II. Wirkung der Betreuungsanordnung

1. Auswirkungen auf die Geschäftsfähigkeit

Die Betreuungsanordnung als solche führt **nicht zu einer Geschäftsunfähigkeit** des Betreuten. Die Frage, ob die zu betreuende Person geschäftsfähig oder geschäftsunfähig ist, beurteilt sich nach der allgemeinen Regelung aus § 104 Nr. 2 BGB, ist also unabhängig von der Betreuungsanordnung zu beantworten. 674

675 Der Betreuer ist berechtigt und verpflichtet, den Betreuten im Rahmen des dem Betreuer übertragenen Aufgabenkreises gerichtlich und außergerichtlich zu vertreten. Bei unter Betreuung stehenden Personen, die voll geschäftsfähig sind, kann dies dazu führen, dass unterschiedliche Rechtsgeschäfte durch den Betreuer einerseits und den Betreuten andererseits betreffend ein und dieselbe Sache getätigt werden. Bei sich widersprechenden Verfügungen gilt dann nach h. M. das **Prioritätsprinzip**, bei in der Gesamtbetrachtung nur wirtschaftlich unsinnigen, weil nicht aufeinander abgestimmten Rechtsgeschäften, sind diese vollumfänglich wirksam. Ziel der Reform des Betreuungsrechts gegenüber dem früheren Vormundschaftsrechts war und ist eine persönliche Betreuung, bei der möglichst alle den Betreuten betreffenden Belange mit diesem zuvor vom Betreuer erörtert werden. Sofern die Betreuung nach dieser Maxime geführt wird, wird es in der Praxis nur selten zu der vorbezeichneten Problematik kommen.

2. Einwilligungsvorbehalt und Prozessfähigkeit

676 Das Gesetz kennt **zwei Konstellationen**, bei denen auch der voll geschäftsfähige Betreute im Rechtssinne nicht ohne Mitwirkung des Betreuers wirksam agieren kann. Es geht zum einen um den sog. **Einwilligungsvorbehalt** aus § 1903 Abs. 1 BGB und zum anderen um die **Führung von Rechtsstreitigkeiten**, sofern der Betreuer den Rechtsstreit für den Betreuten führt (§ 53 ZPO). Dann fehlt dem Betreuten für diesen Prozess die Prozessfähigkeit. Etwas anderes gilt, sofern der Betreuer einen Prozess nicht führt. Hier kann der geschäftsfähige Betreute selbst klagen und den Prozess führen.

III. Person des Betreuers

677 Es sind **fünf verschiedene Konstellationen** zu beachten: Es kann und soll im Einzelfall mit Priorität versucht werden, eine natürliche Person zum Betreuer zu bestellen, wobei diese Person entweder als ehrenamtlicher Einzelbetreuer tätig wird oder aber als sog. **Berufsbetreuer**, der also Betreuungen als berufliche Aufgabe wahrnimmt. Das Gericht kann ferner einen Mitarbeiter eines nach § 1908f BGB anerkannten Betreuungsvereins (sog. **Vereinsbetreuer**) oder den Mitarbeiter einer in Betreuungsangelegenheiten zuständigen Behörde (**Behördenbetreuer**) als Betreuer bestellen. Schließlich kann das Gericht, falls eine natürliche Person als solche nicht zum Betreuer bestellt werden kann, einen anerkannten Betreuungsverein als solchen gem. § 1900 Abs. 1 BGB oder falls auch ein solcher nicht zur Verfügung steht, gem. § 1900 Abs. 4 BGB die zuständige Behörde zum Betreuer bestellen.

678 Da eine wichtige Zielvorgabe des neuen Betreuungsrechts war und ist, eine möglichst persönliche Betreuung und Unterstützung dem Betreuten zukommen zu lassen, soll sich das Vormundschaftsgericht zunächst bemühen, eine einzelne natürliche Person, möglichst aus dem Familienkreise, gem. § 1897 Abs. 1 BGB zum Betreuer zu bestellen. Dabei ist grds. der vom Betreuten geäußerte Wille betreffend die Betreuerperson gem. § 1897 Abs. 4 BGB zu beachten, soweit sie nicht seinem Wohl zuwiderläuft. Für die zum Betreuer bestimmte Person besteht grds. eine Verpflichtung, die Betreuung zu übernehmen, es sei denn die Übernahme ist ihm aufgrund seiner familiären, beruflichen oder sonstigen Situation nicht zumutbar (§ 1898 Abs. 1 BGB).

IV. Aufgabenkreis des Betreuers

679 Eine Betreuungsanordnung darf gem. § 1896 Abs. 2 i. V. m. § 1896 Abs. 1 BGB nur für solche Aufgabenkreise bestellt werden, in denen eine Betreuung „erforderlich" ist, der zu Betreuende also seine Angelegenheiten ganz oder teilweise nicht selbst besorgen kann. Dementsprechend ist der Aufgabenkreis bei der Bestellung des Betreuers möglichst bestimmt in der Betreuungsurkunde ausdrücklich aufzunehmen (§ 69b Abs. 2 Nr. 3 FGG). Ist im Einzelfall unklar, ob eine Maßnahme noch von dem Aufgabenkreis umfasst ist, ist die **Benennung des Aufgabenkreises** auszulegen. So

umfasst z. B. der Aufgabenkreis „Aufenthaltsbestimmung" regelmäßig auch die Befugnis, im Namen des Betreuten Heim- oder Mietverträge abzuschließen.

V. Gerichtliche Kontrolle

Für die gerichtliche Kontrolle des Betreuers kann im Wesentlichen auf die Ausführungen zur Kontrolle des Vormunds verwiesen werden, da gem. § 1908i BGB auf die wichtigsten Vorschriften des Vormundschaftsrechts diesbezüglich verwiesen wird. So muss der Betreuer dem Vormundschaftsgericht im Rahmen seiner Tätigkeit jederzeit auf Verlangen Auskunft geben (§ 1839 BGB), muss jährlich einen Pflichtbericht über die persönlichen Verhältnisse des Betreuten dem Vormundschaftsgericht überlassen (§§ 1908 i, 1840 Abs. 1 BGB), unterliegt der periodischen **Rechnungslegungsverpflichtung** (§ 1840 Abs. 2 bis Abs. 4 BGB), die vom Vormundschaftsgericht überprüft wird (§§ 1908 i, 1843 BGB). Gem. § 1908i Abs. 2 Satz 2 BGB, der auf § 1857a BGB verweist, der wiederum auf §§ 1852 Abs. 2, 1853 und 1854 BGB verweist, sind die nächsten Angehörigen (Vater, Mutter, Ehegatte oder Abkömmling des Betreuten) sowie Vereins- und Behördenbetreuer von den dort genannten Verpflichtungen befreit, so dass insoweit nur eine eingeschränkte Kontrolle stattfindet.

680

VI. Aufwendungsersatz und Vergütung

Hinsichtlich Aufwendungsersatz und Vergütung verweist das Betreuungsrecht in § 1908i Abs. 1 Satz 1 BGB auf die Regelungen aus §§ 1835 bis 1836e BGB. Es kann insoweit auch die Ausführungen zum Vormundschaftsrecht verwiesen werden (s. Rn. 658 ff.). Als Besonderheit sind die §§ 1908e BGB und 1908h BGB zu berücksichtigen: 1908e BGB stellt klar, dass Aufwendungsersatz und Vergütung bei einem bestellten Vereinsbetreuer im Außenverhältnis ausschließlich dem Betreuungsverein zustehen. Weiter wird insbesondere klargestellt, dass der Betreuungsverein keinen Aufwendungsersatz für den Abschluss einer **Haftpflichtversicherung** verlangen kann, und ihm auch **allgemeine Verwaltungskosten** nicht ersetzt werden.

681

Bei Bestellung eines Behördenbetreuers kann die zuständige Behörde, nicht deren Mitarbeiter, Aufwendungsersatz verlangen, wobei hier im Gegensatz zu der Situation des Vereinsbetreuers kein Vorschuss verlangt werden kann. Allgemeine Verwaltungskosten werden der Behörde ebenfalls nicht ersetzt. Bei vermögenden Betreuten regelt § 1908a Abs. 2 BGB nunmehr einen **Vergütungsanspruch** der Behörde. Im Unterschied zur Situation des Vereinsbetreuers besteht für die Behörde jedoch kein Vergütungsanspruch gegen die Staatskasse bei Mittellosigkeit des Betreuten. Dies ergibt sich wiederum aus der Verweisung in § 1908i Abs. 1 Satz 1 auf § 1836 Abs. 4 BGB.

682

VII. Vormundschaftsgerichtliche Genehmigungserfordernisse

1. Verweisung auf Genehmigungstatbestände des Vormundschaftsrechts

Auch hier ist zunächst die Verweisungsvorschrift aus § 1908i Abs. 1 Satz 1 BGB zu berücksichtigen, nach deren Maßgabe die meisten Genehmigungstatbestände des Vormundschaftsrechts auch im Betreuungsrecht zu beachten sind. Nach der bereits an anderer Stelle benannten Regelung aus § 1908i Abs. 2 Satz 2 BGB gilt jedoch § 1857a BGB mit der entsprechenden Verweisungskette bei einer Betreuung durch engste Verwandte. Diese sind also in den dort genannten Fällen von dem **Einholen entsprechender Genehmigungen** in dem geregelten Umfang **befreit**.

683

2. Weitere Genehmigungstatbestände

Für bestimmte Maßnahmen sind in den §§ 1896 ff. BGB weitere vormundschaftsgerichtliche Genehmigungserfordernisse geregelt: Gem. § 1904 BGB bedürfen bestimmte **ärztliche Maßnahmen** dann der Genehmigung des Vormundschaftsgerichts, wenn die begründete Gefahr besteht,

684

dass der Betreute aufgrund der Maßnahme verstirbt oder einen schweren bzw. länger dauernden gesundheitlichen Schaden erleiden könnte.

685 Auch die Einwilligung in eine **Sterilisation,** in die der Betreute nicht einwilligen kann, bedarf gem. § 1905 BGB der Genehmigung des Vormundschaftsgerichts. Zu nennen ist weiter auch die mit Freiheitsentziehung verbundene Unterbringung des Betreuten, die gem. § 1906 Abs. 2 BGB der vormundschaftsgerichtlichen Genehmigung bedarf.

> *Hinweis:*
> *Wegen der besonderen Bedeutung des Wohnraums als Lebensmittelpunkt des Betreuten, sind gem. § 1907 Abs. 1 BGB die Kündigung der Wohnung durch den Betreuer bzw. eine entsprechende Aufhebungsvereinbarung mit Genehmigungsvorbehalt des Vormundschaftsgerichts ausgestattet. Gleiches gilt für den Abschluss eines Miet- oder Pachtvertrages, sofern das Vertragsverhältnis für einen längeren Zeitraum als vier Jahre abgeschlossen ist, wobei man bei unbefristeten Vertragsverhältnissen für die Frage des Erfordernisses einer vormundschaftsgerichtlichen Genehmigung darauf abstellen sollte, ob das Vertragsverhältnis aufgrund seiner konkreten Ausgestaltung vor Ablauf von vier Jahren durch Kündigung des Betreuten beendet werden kann oder nicht. Im ersteren Fall ist eine vormundschaftsgerichtliche Genehmigung nicht erforderlich, im letzter Fall schon. Schließlich bedarf eine Vermietung von Räumlichkeiten des Betreuten der vormundschaftsgerichtlichen Genehmigung. Nach Sinn und Zweck dieser Regelung ist sie nur auf Wohnraum anzuwenden, dessen künftige Nutzung durch den Betreuten in Betracht kommt.*

VIII. Beendigung der Betreuung

686 Im Unterschied zur Vormundschaft endet die Betreuung nicht kraft Gesetzes mit Wegfall der Voraussetzungen (§ 1882 BGB). Sofern die Voraussetzungen für die Betreuung wegfallen, eine Betreuung also nicht mehr erforderlich ist, ist die **Betreuung** gem. § 1908d Abs. 1 BGB **aufzuheben.** Sofern die Betreuung auf Antrag des Betreuten, also bei körperlicher Behinderung, angeordnet war, ist sie auch auf dessen Antrag zwingend aufzuheben, es sei denn, dass eine Betreuung in der konkreten Situation nunmehr von Amts wegen erforderlich wäre (§ 1908d Abs. 2 Satz 1 BGB).

L. Pflegschaftsrecht

687 Während die Vormundschaft grds. die umfassende Fürsorgetätigkeit mit umfassender Vertretungsmacht durch den Vormund sowohl betreffend die Person als auch die Vermögensangelegenheiten des Mündels umfasst, geht es beim Pflegschaftsrecht im Unterschied dazu regelmäßig nur um **einzelne Angelegenheiten** oder Maßnahmen in besonderen Konstellationen mit hierauf begrenzter Vertretungsmacht.

I. Arten von Pflegschaften

688 Das BGB kannte bislang sechs verschiedene Pflegschaften:

- die Ergänzungspflegschaft § 1909 BGB,
- die Abwesenheitspflegschaft gem. § 1911 BGB,
- die Pflegschaft für eine Leibesfrucht gem. § 1912 BGB,

- die Pflegschaft für unbekannte Beteiligte gem. § 1913 BGB,
- die Pflegschaft für Sammelvermögen gem. § 1914 BGB und
- schließlich die sog. Amtspflegschaft, die nunmehr seit 1. 7. 1998 aufgrund des Gesetzes zur Abschaffung der gesetzlichen Amtspflegschaft und Neuordnung des Rechts der Beistandschaft (Beistandschaftsgesetz) durch die „Beistandschaft" gem. §§ 1712 ff. BGB abgelöst wurde.

1. Ergänzungspflegschaft gem. § 1909 BGB

Ergänzungspflegschaft ist gem. § 1909 Abs. 1 BGB anzuordnen und ein Ergänzungspfleger zu bestellen (im Rechtssinne **zwei Maßnahmen**), sofern die Eltern oder der Vormund an der Besorgung von Angelegenheiten „verhindert" sind. Neben der **tatsächlichen Verhinderung**, die z. B. bei schwerer Erkrankung der Sorgeberechtigten vorliegen könnte, steht hier die **rechtliche Verhinderung** im Vordergrund. Rechtlich verhindert sind die Eltern bei Vorliegen eines Vertretungsausschlusses gem. §§ 181, 1795 oder 1796 BGB (vgl. hierzu die Ausführungen zum Vormundschaftsrecht, Rn. 629 ff., die entsprechend gelten). Wegen des Grundsatzes der gemeinschaftlichen Vertretung des Kindes durch die Eltern (§ 1629 Abs. 1 Satz 2 BGB) ist insbesondere zu berücksichtigen, dass ein Elternteil auch dann von der Vertretung ausgeschlossen ist, wenn nur bei dem anderen Elternteil ein Vertretungsausschlussgrund vorliegt. Neben diesen Fallkonstellationen ist eine Ergänzungspflegschaft gem. § 1909 Abs. 1 Satz 2 BGB auch immer dann anzuordnen und einen Ergänzungspfleger zu bestellen, wenn das minderjährige Kind entweder von Todes wegen oder durch unentgeltliche Zuwendung unter Lebenden Vermögen erlangt hat, sofern der Erblasser durch letztwillige Verfügung oder bei lebzeitiger Zuwendung der Zuwendende bei der Zuwendung bestimmt hat, dass die Eltern oder der Vormund das Vermögen nicht verwalten sollen.

689

2. Abwesenheitspflegschaft gem. § 1911 BGB

Abwesenheitspflegschaft kann nur für Volljährige angeordnet werden. Sie setzt voraus, dass ein Fürsorgebedürfnis für die Vermögensangelegenheiten eines Abwesenden besteht. Der Betroffene muss unbekannten Aufenthalts sein, er muss also „spurlos" verschwunden sein. Das Gesetz sieht keine ausdrückliche Regelung hinsichtlich der Dauer der Abwesenheit als Voraussetzung für die Pflegschaftsanordnung vor. Eine **Verschollenheit** nach Maßgabe des Verschollenheitsgesetzes ist nicht Voraussetzung für eine Abwesenheitspflegschaft, aber natürlich ausreichend.

690

3. Pflegschaft für eine Leibesfrucht gem. § 1912 BGB

Die Pflegschaft für eine Leibesfrucht kann in Betracht kommen, wenn **dem Fetus Vermögen zugewendet** wird (vgl. z. B. § 1923 Abs. 2 BGB). Denkbar sind auch Fälle, bei denen es um Schadensersatzansprüche des Fetus aufgrund unerlaubter Handlung geht.

691

4. Pflegschaft für unbekannte Beteiligte gem. § 1913 BGB

Die Pflegschaft nach dieser Regelung ist insbesondere von der ähnlichen Konstellation der Nachlasspflegschaft abzugrenzen. Sofern ein **Fürsorgebedürfnis für einen Nachlass,** an dem ein Unbekannter beteiligt ist, besteht, kommt Nachlasspflegschaft in Betracht. Besteht hingegen kein Fürsorgebedürfnis für einen Nachlass, an dem ein Unbekannter beteiligt ist, dann kommt Pflegschaft gem. § 1913 in Betracht.

692

5. Pflegschaft für Sammelvermögen gem. § 1914 BGB

Hier handelt es sich um eine **Sachpflegschaft.** Voraussetzung ist eine öffentliche Sammlung, d. h. eine solche, bei der der Personenkreis derjenigen, die spenden sollen, unbestimmt ist. Dies ist z. B. der Fall bei Sammlungen für Unwetterkatastrophen oder bei Büchsensammlungen. Es muss sich

693

um eine Sammlung für einen vorübergehenden, nicht also für einen dauerhaften Zweck handeln. Weiter ist Voraussetzung, dass die zur Verwaltung und Verwendung berufenen Personen weggefallen sind.

6. Beistandschaft gem. § 1714 BGB

694 Das bisherige Recht der sog. **Amtspflegschaft** ist mit Wirkung zum 1.6.1998 durch die Beistandschaft gem. §§ 1712 ff. BGB abgelöst worden. Das Jugendamt wird gem. § 1712 Abs. 1 BGB auf Antrag des Elternteils, dem die elterliche Sorge obliegt, mit Eingang des darauf gerichteten Antrags Beistand des Mündels für die Aufgaben Feststellung der Vaterschaft sowie Geltendmachung von Unterhaltsansprüchen oder eine entsprechende Unterhaltsabfindung.

II. Anordnung der Pflegschaft und Bestellung des Pflegers

695 Sofern die Voraussetzungen für eine der Pflegschaften vorliegen, hat das Vormundschaftsgericht, funktionell gem. § 3 Nr. 2a i. V. m. § 14 RPflG der Vormundschaftsrechtspfleger, die entsprechende Pflegschaft anzuordnen und einen Pfleger zu bestellen. Dies resultiert aus der gesetzlichen Systematik, wonach auf das Pflegschaftsrecht die Regelungen über das Vormundschaftsrecht Anwendung finden, soweit nicht im Pflegschaftsrecht etwas abweichend geregelt ist (§ 1915 Abs. 1 BGB). Dementsprechend erhält der Pfleger auch über seine Bestellung eine **Bestallungsurkunde**, aus der sich sein Aufgabenkreis ergibt.

III. Aufgaben und Vertretungsbefugnis des Pflegers

696 Der Aufgabenkreis und damit verbunden die Vertretungsbefugnis des Pflegers ist unterschiedlich je nach angeordneter Pflegschaft bzw. eingetretener Beistandschaft. Soweit es um Fälle der Ergänzungspflegschaft geht, ist darauf zu achten, dass der Geschäftsvorgang, für den die Ergänzungspflegschaft gilt, möglichst genau und zugleich möglichst umfassend benannt wird, so dass keine **Genehmigungslücken** zu Lasten des Mündels verbleiben.

IV. Erfordernis vormundschaftsgerichtlicher Genehmigungen

697 Gelegentlich wird übersehen, dass trotz einer bereits erfolgten „Einschaltung" des Vormundschaftsgerichts bei Fällen des Vertretungsausschlusses durch Eltern oder den Vormund durch Anordnung der Ergänzungspflegschaft und Bestellung eines Ergänzungspflegers – beachte: für **jedes Kind** ein Ergänzungspfleger – eine zusätzliche Einschaltung des Vormundschaftsgerichts durch den/die Ergänzungspfleger erforderlich sein kann, sofern das bzw. die Rechtsgeschäfte als solche einem vormundschaftsgerichtlichen Genehmigungserfordernis unterliegen sollten (Beispiel: Teilentgeltliche Übertragung einer Immobilie durch die Eltern auf ihr minderjähriges Kind).

698 Der Ergänzungspfleger als solcher tritt „nur" an die Stelle der dem Vertretungsausschluss unterliegenden Eltern bzw. an die Stelle des dem Vertretungsausschluss unterliegenden Vormundes. Sofern der Ergänzungspfleger in ein von den Eltern/Vormund beabsichtigtes Rechtsgeschäft einwilligt oder ein bereits abgeschlossenes Rechtsgeschäft nachträglich genehmigt, stellt sich mithin noch gesondert die Frage des vormundschaftsgerichtlichen Genehmigungserfordernisses. Gem. § 1915 BGB wird auf alle Genehmigungstatbestände verwiesen, die für den Vormund gelten. Insoweit kann auf die diesbezüglichen Ausführungen zur Vormundschaft verwiesen werden. Angemerkt sei hier jedoch, dass auch in den Fallkonstellationen, bei denen der Ergänzungspfleger Rechtsgeschäften von dem Vertretungsausschluss unterliegenden Eltern zugestimmt hat, **nicht** die vormundschaftsgerichtlichen Genehmigungstatbestände, die für Eltern gelten (§ 1643 BGB mit entsprechenden Verweisungsvorschriften) Anwendung finden, sondern vielmehr alle Genehmigungstatbestände, denen auch der Vormund unterliegt.

V. Vergütung des Pflegers

Da das Pflegschaftsrecht **keine eigenständige Regelung** über Vergütung und Auslagensatz des Pflegers vorsieht, richten sich diese Aspekte entsprechend der Verweisungsvorschrift aus § 1915 BGB nach den Regelungen des Vormundschaftsrechts aus §§ 1835, 1836 und 1836a BGB (s. Rn. 658 ff.). 699

VI. Rechenschaftspflicht und Haftung des Pflegers

Sowohl die Rechenschaftspflicht als auch die Haftung des Pflegers richten sich nach Maßgabe der Verweisungsvorschrift aus § 1915 nach §§ 1802, 1803 BGB (und weiteren Vorschriften) und § 1833 BGB. Je nach Aufgabenkreis muss der Ergänzungspfleger also Rechnung legen und haftet für schuldhafte, mithin **bereits fahrlässige Pflichtverletzungen** gegenüber dem Mündel bzw. gegenüber demjenigen, zu dessen Gunsten er tätig war. Auch der Pfleger sollte sich daher unbedingt überlegen, für seine Tätigkeit eine Haftpflichtversicherung abzuschließen. Die dafür anfallenden Aufwendungen sind ihm **wie dem Vormund zu erstatten**. 700

VII. Beendigung der Pflegschaft

Je nach Art der Pflegschaft ist deren Beendigung gesetzlich **unterschiedlich geregelt:** Die Ergänzungspflegschaft gem. § 1909 BGB endet gem. § 1918 Abs. 1 BGB mit der Beendigung der elterlichen Sorge oder der Vormundschaft, d.h. mit der Volljährigkeit des Mündels. Die Pflegschaft zur Besorgung einer einzelnen Angelegenheit endet mit deren Erledigung. Die Pflegschaft für eine Leibesfrucht aus § 1912 BGB endet gem. § 1918 Abs. 2 BGB mit der Geburt des Kindes. 701

Die Abwesenheitspflegschaft ist aufzuheben, wenn der Abwesende an einer Besorgung seiner Vermögensangelegenheiten nicht mehr verhindert ist (§ 1921 Abs. 1 BGB). Im Falle des **Versterbens des Abwesenden** hat das Vormundschaftsgericht die Pflegschaft aufzuheben, sobald ihm der Tod des Abwesenden nachweislich bekannt wird. Sofern der Abwesende verschollen ist, endet die Pflegschaft mit der Rechtskraft des Beschlusses über die Todeserklärung oder die Feststellung der Todeszeit (§ 1921 Abs. 3 BGB). Die Beistandschaft endet gem. § 1715 Abs. 1 BGB, wenn die Voraussetzungen für die berechtigte Antragstellung für eine Beistandschaft nicht mehr vorliegen. 702

Abschnitt 2: Rechtsprechungslexikon – ABC des Abstammungs-/Sorge-/Umgangsrechts

703 Nachfolgend sind in alphabetischer Reihenfolge Stichwörter zu Kernaussagen einschlägiger Entscheidungen zu speziellen Einzelproblemen dargestellt. Die hinter dem jeweiligen Stichwort abgedruckten Zahlen verweisen auf die Randnummern zu den betreffenden Ausführungen im systematischen Teil; die Pfeile verweisen auf Ausführungen zu anderen Stichworten im Lexikonteil.

Abänderung der Sorgerechtsentscheidung 421, 454 ff., 579

Ist eine Entscheidung über Sorge- und Umgangsrecht bereits getroffen, kommt eine andere Entscheidung nur im Abänderungsverfahren nach §§ 1696, 1666 BGB in Betracht. Sinn dieses Verfahrens ist nicht die erneute Überprüfung der getroffenen Regelung. Vielmehr müssen sich die maßgebenden Umstände geändert haben und die Gründe für eine Abänderung als Eingriff in die bestehende Rechtsordnung sind zu prüfen.
OLG Celle, FamRZ 1996, 1559, 1560

Fehlende Mitarbeit oder Verhinderung des Umgangsrechts können einen Grund darstellen, die Erziehungseignung der Antragsgegnerin (hier: Mutter) zu verneinen. Das Familiengericht muss aufgrund der Amtsermittlung prüfen, ob die Voraussetzung für eine Änderung der Sorgerechtsentscheidung nach § 1696 BGB vorliegt. Dabei ist einerseits zu berücksichtigen, dass die Kinder bereits sehr lange keinen Kontakt mehr zum Vater hatten, andererseits nach dem in einem Umgangsrechtsverfahren früher eingeholten Sachverständigengutachten eine volle Erziehungseignung des Vaters nicht von vornherein verneint werden kann.
Das Familiengericht kommt damit nicht umhin, alle notwendigen Ermittlungen selbst anzustellen, wobei die erforderlichen Anhörungen auch im Beisein der Sachverständigen durchgeführt werden können, da insbesondere bisher ein Jugendamtsbericht zu den Verhältnissen beim Vater fehlt.
OLG München, FamRZ 1997, 45

Abholen und Zurückbringen des Kindes 287 f.

Fehlt eine Einigung oder Regelung über das Abholen oder Zurückbringen des Kindes, ist es allein Aufgabe des Umgangsberechtigten, hierfür Sorge zu tragen.
OLG Koblenz, FamRZ 1996, 560, 561

Amtsermittlungsgrundsatz 439 f.

Das Gericht der Tatsacheninstanz entscheidet gem. § 12 FGG nach pflichtgemäßem Ermessen u. a., ob ein Sachverständiger eingeschaltet wird, ob und welche vorläufigen Maßnahmen anzuordnen sind, ob und welche Ermittlungen anzustellen sind und ob das Jugendamt noch eine weitergehende Stellungnahme abzugeben hat.
BayObLG, ZfJ 1996, 106, 107

Anhörung 441 f.

Als Mittel der Anhörung nach § 50b FGG kann bei Kindern ab sechs oder sieben Jahren ein soziometrischer Test verwandt werden (= Feststellung des Beziehungsnetzes des Kindes und seiner derzeitig engsten Beziehung zu einer Person).
OLG Karlsruhe, 2 UF 148/94, FamRZ 1995, 1001

Bei FGG-Verfahren – hier Sorgerechtsverfahren und Anhörung von Beteiligten gem. §§ 50a, 50b FGG – liegt kein Verfahrensfehler vor, wenn einer an der Entscheidung beteiligten Richter an der Vernehmung Beteiligter nicht teilgenommen hat.
OLG Köln, 2 WX 4/95, FamRZ 1996, 310, 311

Wegen der Bedeutung der Anhörung des Kindes bei der Sorgerechtsentscheidung ist es mit Blick auf eine Überprüfung durch das Beschwerdegericht und um ggf. wiederholte, für das Kind belastende Anhörungen zu vermeiden, geboten, dass das erstinstanzliche Gericht im Sitzungsprotokoll oder einem ergänzenden Aktenvermerk das Anhörungsergebnis aussagekräftig wiedergibt.
OLG Karlsruhe, 27.12.1995, 2 UF 317/95

Anwaltsbeiordnung
Bei einer Entscheidung über das Umgangsrecht handelt es sich regelmäßig um ein rechtlich und tatsächlich schwieriges Verfahren, das die Beiordnung eines Rechtsanwalts gebietet. Maßgeblich sind die Umstände des Einzelfalls.
OLG Nürnberg, 10 WF 460/96, FamRZ 1997, 215

Anwalt des Kindes 461 f.
→ Verfahrenspfleger

Aufenthaltsbestimmungspflegschaft 409 f.
Zur Regelung über das Umgangsrecht eines Elternteils mit dem ehelichen Kind ist das Familiengericht zuständig, auch wenn eine Aufenthaltsbestimmungspflegschaft für das Jugendamt besteht.
OLG Düsseldorf, 1 UF 76/95, FamRZ 1996, 45

Ausschluss der Rückgabeverpflichtung gem. Art. 13b HKiEntÜ 546 f.
Derjenige, der sich der Rückgabe widersetzt, muss nachweisen, dass die Rückgabe mit der schwerwiegenden Gefahr eines körperlichen oder seelischen Schadens für das Kind verbunden ist oder das Kind auf andere Weise in eine unzumutbare Lage gebracht wird. Es ist nicht entscheidend, wessen Erziehung und Betreuung dem Wohl des Kindes am besten entspricht. Vielmehr kommt es allein darauf an, ob eine schwerwiegende Gefährdung des Kindes durch einen (bestimmten) Aufenthalt eintritt.
OLG Bamberg, FamRZ 1994, 182, 183

Ausschluss des Umgangsrechts 306, 322 f.
Ein völliger Ausschluss des Umgangsrechts kann nur dann in Betracht kommen, wenn eine konkrete Gefährdung des Kindeswohls abzuwehren und andere Maßnahmen als der Ausschluss die Gefährdungsbeseitigung nicht herbeiführen könne.
BGH, FamRZ 1994, 158, 160

Der völlige Ausschluss des Umgangs auf Dauer als der einschneidendste Eingriff darf nur angeordnet werden, wenn der Gefährdung des Kindes durch eine bloße Einschränkung des Umgangsrechtes und dessen sachgerechte Ausgestaltung nicht ausreichend vorgebeugt werden kann.
BGH, FamRZ 1984, 1484

Der nichteheliche Vater hat dann kein Umgangsrecht, wenn das unter Vormundschaft stehende nichteheliche Kind seit ca. fünf Jahren in einer Pflegefamilie lebt, sich dort positiv entwickelt und die Pflegeeltern Antrag auf Adoption gestellt haben. Die Ablehnung des Umgangsrechts entspricht dem Kindeswohl, wenn das Kind, das weder den leiblichen Vater noch die leibliche Mutter kennt, stabile Bindungen entwickelt und sich in den interfamiliären Bindungsmustern sicher fühlen kann.
AG Eschwege, FamRZ 1997, 1108

Außergewöhnliche Belastungen 288
Fahrt- und Telefonkosten zur Ausübung des Besuchsrechts durch den nichtsorgeberechtigten Elternteil gem. § 1634 BGB (§ 1684 BGB) sind nicht außergewöhnlich i. S. d. § 33 Abs. 1 EStG und daher nicht abzugsfähig. Diese Kosten werden durch die Regelungen des Kinderlastenausgleichs abgegolten.
BFH, FamRZ 1997, 21

Begleiteter Umgang 298 f.
Ein unsubstantiiert geäußerter Verdacht eines sexuellen Kindesmissbrauchs ist regelmäßig nicht geeignet, das bestehende Umgangsrecht des verdächtigten Elternteils einzuschränken oder gar auszuschließen.
OLG Brandenburg FamRZ 2002, 414, 415

Beiordnung eines Rechtsanwalts nach Bewilligung von Prozesskostenhilfe
Auch außerhalb des Anwaltszwangs ist einer Partei grds. ein Rechtsanwalt beizuordnen, es sei denn, der Einzelfall sei materiell-rechtlich und prozessual so einfach gelagert und die Partei so geschäftsgewandt, dass anwaltliche Hilfe entbehrlich erscheint. In Kindschaftssachen ist ein solcher Ausnahmefall anzunehmen, wenn zwischen allen Beteiligten Einvernehmen darüber besteht, dass das beklagte Kind nicht vom Kläger abstammt.
OLG Brandenburg, FamRZ 1997, 1285

Biologischer Vater   25
Eine positive Feststellungsklage des (angeblichen) biologischen Vaters ist unzulässig, wenn die Vaterschaft eines anderen Mannes besteht. Das gilt auch dann, wenn die Mutter unverheiratet ist oder mit dem (angeblichen) biologischen Vater längere Zeit zusammengelebt hat. Der (angebliche) biologische Vater kann ein wirksam abgegebenes Vaterschaftsanerkenntnis eines anderen Mannes nicht anfechten. Eine verfassungskonforme Interpretation des geltenden Rechts mit dem Ziel, die biologische Vaterschaft zumindest in Ausnahmefällen zuzulassen, ist abzulehnen.
OLG Köln FamRZ 2002, 480, 481

Brief- und Telefonkontakte   297
Aus dem durch Art. 6 Abs. 2 GG geschützten Umgangsrecht folgt kein Anspruch des Kindesvaters auf telefonische Erreichbarkeit der Kindesmutter, um über eilbedürftige Kindesbelange informieren zu können. Auch die Entscheidung über die Mitteilung der Telefonnummer unterliegt dem Persönlichkeitsrecht der sorgeberechtigten Mutter.
OLG Düsseldorf, FamRZ 1997, 46

Chancengleichheit   287
Es stellt einen Verstoß gegen Art. 2 Abs. 1 i. V. m. Art. 6 Abs. 2 Satz 1 GG dar, wenn dem betreuenden Kindesvater aufgrund des ihm übertragenden Aufenthaltsbestimmungsrechts Unterhaltslasten aufgebürdet werden, die er gerade wegen seiner Kindesbetreuung aufgrund zeitlicher Umgestaltung des Arbeitsverhältnisses nicht mehr hat.
BVerfG, FamRZ 1996, 343, 344

Doppelnamen für Kinder   362
Es ist mit dem Grundgesetz vereinbar, dass gemeinsam sorgeberechtigte Eltern, die keinen Ehenamen führen, zum Geburtsnamen ihres Kindes nur entweder den Namen des Vaters oder den der Mutter, nicht jedoch einen aus ihrer beider Namen zusammengesetzten Doppelnamen bestimmen können.
BVerfG, 30.1.2002, 1 BvL 23/96

Ehelichkeitsanfechtung   322 f.
Die Befugnis des Vaters zum persönlichen Umgang mit seinem drei Jahre alten ehelichen Kind darf nicht schon deshalb ausgeschlossen werden, weil der Vater die Ehelichkeit des Kindes angefochten hat.
BGH, NJW 1988, 1666

Während des noch anhängigen Ehelichkeitsanfechtungsverfahrens steht dem Vater kein Umgangsrecht mit dem Kind zu.
OLG Nürnberg, ZUV 823/87, NJW 1988, 831

Einbenennung von Stiefkindern   161, 358 f.
Eine Stiefeltern-Einbenennung ist gegen den eindeutigen Wortlaut des Gesetzes und bei klarer Verneinung einer Gesetzeslücke „im Wege berichtigender Auslegung" wegen eines Versehens des Gesetzgebers auch zulässig, wenn die elterliche Sorge beiden leiblichen Eltern nach der Trennung verblieben ist.
OLG Hamm, StAZ 2000, 373, 374; BayObLG, FamRZ 2001, 857, 858

Eingeschränktes Umgangsrecht mit einem Kleinkind durch Vermittlung des Jugendamtes 290 f.
Gem. § 1684 BGB kann dem Vater das Recht zum persönlichen Umgang zugesprochen werden, wenn dies dem Wohl des Kindes dient. Der persönliche Umgang des Kindes mit dem Vater ist grds. als nützlich und förderlich für die Kindesentwicklung anzusehen und dient dem Kindeswohl, wenn es seinen leiblichen Vater kennt und persönliche Beziehungen zu ihm hat. Dabei müssen Spannungen zwischen den Kindeseltern grds. unberücksichtigt bleiben. Das persönliche Umgangsrecht kann im Hinblick hierauf dann versagt werden, wenn diese zwischen den Kindeseltern bestehenden Spannungen sich bei einer Gewährung des Umgangsrechts negativ auf das Wohl des Kindes auswirken könnten oder aus anderen Gründen, die Gewährung eines Umgangsrechts sich nachteilig auf das Kind auswirken könnte.

Auch die Tatsache, dass der Kindesvater bisher keinen Kontakt zu dem Kind hatte, ist für sich genommen nicht geeignet, ein Umgangsrecht zu versagen. Denn ansonsten läge es in der Hand der Kindesmutter durch Verweigerung der Kontaktaufnahme die Aufnahme persönlicher Beziehungen zu dem Kind durch den Vater auf Dauer zu unterbinden. Dies entspricht jedoch nicht dem Sinn und Zweck der Regelung des § 1684 BGB. Vielmehr ist die Tatsache, dass der Vater für das Kind ein Fremder ist, bei der Prüfung der Frage zu berücksichtigen, ob die Kontaktaufnahme für das Kind schädlich sein könnte und, wenn dies verneint wird, in welcher Form das Umgangsrecht ausgeübt werden soll. So kommt ein Umgangsrecht für ein Kleinkind, für das der Vater ein Fremder ist, sicher nicht in Betracht. Es kommt jedoch darauf an, inwieweit ein eingeschränktes Umgangsrecht, z. B. in den Räumen des Jugendamtes im Beisein einer dritten Person in Betracht kommt.
LG Duisburg, Beschl. v. 21.10.1997, 22 T 247/97

Erziehungseignung 294, 324
Auch wenn die Jahre zuvor das Kind wahrscheinlich vom Großvater missbraucht worden ist, wäre es aber geradezu schädlich, ein insofern noch unbefangenes Kleinkind durch eine völlige, für das Kind unverständliche Abschottung, von den bis dahin geliebten Großeltern zu traumatisieren. Solange das Kind keine Abneigung oder Angst gegenüber dem Großvater hat, genügt es, ein Alleinsein der beiden zu vermeiden. Dies gilt deshalb dann, wenn nach dem äußeren Eindruck aus dem wahrscheinlichen Vorfall keine evidenten körperlichen oder seelischen Schäden beim Kind verursacht worden sind.
OLG Hamm, FamRZ 1996, 562, 563

Ferienaufenthalt und Unterhalt 287
Bei einer längeren Dauer des Aufenthaltes der Kinder bei dem nichtsorgeberechtigten Elternteil sind allerdings die dabei von ihm erbrachten Naturalleistungen auf die Unterhaltszahlungsansprüche anzurechnen, weil er ansonsten doppelt belastet wäre und der Sorgeberechtigte mangels des Bedarfs der Kinder nicht die Aufwendungen hat, die bestehen, solange die Kinder bei ihm leben. Dabei ist jedoch zu beachten, dass dem Sorgeberechtigten ein Teil der Kosten auch in Zeiten verbleibt, zu denen sich die Kinder bei dem anderen Elternteil aufhalten. Denn auch bei längerer Abwesenheit bleiben die Wohn- und die damit verbundenen Nebenkosten ebenso wie sonstige Aufwendungen, etwa für Kleider, Kindergarten, Schule, Spiele, Bücher usw. bestehen. Diese verbleibenden Aufwendungen machen etwa 1/3 der Lebenshaltungskosten für die Kinder aus.
OLG Hamm, FamRZ 1994, 529

Gefährdung durch Großeltern 294
Bei möglicher Gefährdung des Kindeswohls dadurch, dass der Sorgeberechtigte für das Kind schädliche Besuchskontakte zu den Großeltern gestatten möchte, so reicht als weniger einschneidende Maßnahme aus, dass dem Sorgeberechtigten das Recht entzogen wird, den Umgang des Kindes mit den Großeltern zu bestimmen.
OLG Hamm, NJW-RR 1997, 1301, 1302

Kein Sorgerecht für Kindesvater bei dominierenden Großeltern.
OLG Hamm, FamRZ 1996, 1096

Gemeinsame elterliche Sorge 162 f.

Entzug des gemeinsamen Sorgerechts nicht schon bei mangelnder Aktivität eines Elternteils.
OLG Frankfurt, FamRZ 1996, 889

Unverzichtbare Voraussetzung für das gemeinsame Sorgerecht ist außer der uneingeschränkten Eignung beider Eltern zur Pflege und Erziehung des Kindes der gemeinsame Wille, die Verantwortung auch nach der Scheidung zusammen zu tragen. Gegen den Willen eines Elternteils kann das gemeinsame Sorgerecht von Seiten des Gerichts nicht angeordnet werden.
OLG Hamm, FamRZ 1996, 1097, 1098

Für die Sorgerechtsentscheidung i. S. d. Kindeswohls sind u. a. folgende Kriterien maßgeblich: Möglichkeit und Bereitschaft zur Betreuung und Förderung des Kindes, Kontinuität. Soweit die Religionslehre der Zeugen Jehovas (notwendig) Einfluss auf die Entwicklung der Persönlichkeit des Kindes nimmt, muss die Einzelfallprüfung über eine mögliche Kindeswohlbeeinträchtigung entscheiden.
OLG Düsseldorf, FamRZ 1995, 1511

Gemeinsame elterliche Sorge und Verfassungsrecht 115

Die Regelung des § 1671 Abs. 4 Satz 1 BGB, wonach ein gemeinsames Sorgerecht geschiedener Ehegatten für ihre Kinder selbst dann ausgeschlossen ist, wenn sie willens und geeignet sind, die Elternverantwortung zum Wohle des Kindes weiterhin zusammen zu tragen, verletzt das Elternrecht des Art. 6 Abs. 2 Satz 1 GG.
BVerfGE 61, 358 ff.

Geschäftswert

Der Geschäftswert bei isolierten Sorgerechtsverfahren beträgt gem. § 30 Abs. 2 KO 5.000 DM. § 30 Abs. 2 KO kommt über § 8 Abs. 1 Satz 2 BRAGO zur Anwendung
OLG Brandenburg, FamRZ 1997, 37

Geschwisterbindung 172

Als weiteren Umstand ist auch der Geschwisterbindung zu einem Halbbruder Rechnung zu tragen. Dies darf sicher grds. der Elternbindung nicht vorgezogen werden, ist aber (vorliegend) ein weiterer Gesichtspunkt von allergrößtem Gewicht, der für die Übertragung des Sorgerechts (auf die Mutter) jedenfalls für die Zeit bis zur Rechtskraft der Scheidung spricht.
OLG Hamm, FamRZ 1996, 562, 563

Gewalt in der Erziehung 88

Das Verbot der Gewalt in der Erziehung ist nunmehr gesetzlich geregelt. Die Neuregelung (BGBl. I 2000 S. 1479) begründet für alle Kinder einen Anspruch auf gewaltfreie Erziehung. Für die Rechtspraxis kann dies von erheblicher Bedeutung werden, weil eine Gefährdung des Kindeswohls in Einzelfällen bejaht werden muss, wenn die in der Neuregelung formulierten Vorgaben überschritten werden. Der neue § 1631 Abs. 2 BGB (in Kraft getreten am 3.11.2000) im „Gesetz zur Ächtung der Gewalt in der Erziehung und zur Änderung des Kindesunterhaltsrechts" lautet wie folgt:

„(2) Kinder haben ein Recht auf gewaltfreie Erziehung. Körperliche Bestrafungen, seelische Verletzungen und andere entwürdigende Maßnahmen sind unzulässig."

Gewöhnlicher Aufenthalt eines Kindes bei gemeinsamer elterlicher Sorge 406

Unter gewöhnlichem Aufenthalt ist der Lebensmittelpunkt einer Person zu verstehen, d. h. derjenige Ort, an dem die Person in beruflicher, familiärer und gesellschaftlicher Hinsicht den Schwerpunkt ihrer Bindungen hat (Palandt/Heldrich, BGB, Art. 5 EGBGB Rn. 1. m. w. N.). Die soziale Integration einer Person an dem Aufenthaltsort setzt voraus, dass der Aufenthalt von einer gewissen Dauer ist. Im Sinne einer Faustregel kann im Allgemeinen vom Erwerb eines gewöhnlichen Aufenthalts ausgegangen werden, wenn der Aufenthalt sechs Monate angedauert hat (Palandt/Heldrich, a. a. O., Anh. zu Art. 24 EGBGB Rn. 10 m. w. N.). Ein Aufenthalt kann aber auch schon vor sechs Monaten zum gewöhnlichen Aufenthalt werden, wenn er von vornherein auf Dauer angelegt ist (BGH, FamRZ 1981, 135; Palandt/Heldrich, a. a. O., Anh. zu Art. 24 EGBGB Rn. 11 m. w. N.).

. . . Obwohl es sich bei dem gewöhnlichen Aufenthalt um einen faktischen Begriff handelt, wohnt ihm jedoch auch ein Willenselement inne. Zwar ist nicht der Wille erforderlich, den Aufenthaltsort zum Mittelpunkt oder Schwerpunkt der Lebensverhältnisse zu machen (BGH, FamRZ 1981, 135; 1997, 1070). Kann aber einerseits schon nach einer Aufenthaltsdauer von weit unter sechs Monaten ein gewöhnlicher Aufenthalt erworben werden, wenn der Aufenthalt nach dem Willen der Person bzw. – bei Minderjährigen – des Sorgeberechtigten von Anfang an auf Dauer angelegt ist, dann muss umgekehrt die Tatsache, dass ein Aufenthalt von vornherein eben nicht auf Dauer angelegt ist, auch bei mehr als sechsmonatiger Dauer die Entstehung eines gewöhnlichen Aufenthalts verhindern können. Anderenfalls würde ein Kind in Fällen wie dem vorliegenden immer dann seinen gewöhnlichen Aufenthalt wechseln, wenn es zufällig ein wenig länger als sechs Monate bei einem der beiden Elternteile bliebe. Die daraus folgende Diskontinuität läge weder im Interesse des Kindes noch im Interesse der Eltern. In solchen Fällen verbleibt der gewöhnliche Aufenthalt deshalb dort, wo er sich befand, bevor der ständige Ortswechsel vereinbart wurde, es sei denn, dass im Ausnahmefall besondere Gründe dafür sprechen, dem Aufenthalt trotz seiner nur vorübergehenden Anlage den Charakter eines gewöhnlichen Aufenthalts zuzusprechen.
OLG Rostock, FamRZ 2001, 642, 643

Gleicher Name für später adoptierte Kinder 356

Die Bindungswirkung des § 1617 Abs. 1 Satz 3 BGB betrifft kraft gesetzlicher Verweisung auch später adoptierte Kinder (§ 1757 Abs. 2 Satz 1 BGB).
OLG Hamm, FamRZ 2001, 859, 860

HIV-Infizierung 290, 324

Der Verdacht, ein Elternteil könne HIV-infiziert sein, rechtfertigt es nicht, ihm den persönlichen Kontakt zu einem Kind zu verwehren.
OLG Frankfurt, NJW 1991, 1554

Jugendamt 585 ff.

Gem. § 50 KJHG (SGB VIII) ist das Jugendamt entsprechend seines gesetzlichen Auftrages aus den §§ 49, 49a FGG zur Unterstützung des Gerichts verpflichtet. Dies ergibt sich auch aus der Entstehungsgeschichte des § 50 KJHG.
OLG Oldenburg, NJW-RR 1996, 650

Dem Jugendamt als Aufenthaltbestimmungspfleger obliegt primär die Aufgabe, den Aufenthalt des Kindes zu bestimmen bzw. mit den Beteiligten zu einer einvernehmlichen Lösung des Umgangs des anderen Elternteils mit dem Kind zu gelangen.
OLG Düsseldorf, 15.3.1995, 1 UF 76/95

Auch die Vermittlung eines dem Kindeswohl dienenden Umgangs zwischen dem nichtsorgeberechtigten Elternteil und dem Kind gehört nach den Zielsetzungen des KHJG zu den Aufgaben des Jugendamtes bzw. der privaten Wohlfahrtsverbände und Institutionen, die sich unterstützt durch Spenden und öffentliche Mittel, der Förderung des Kindeswohls widmen sollen. Bei der Frage, ob eine (Umgangs-)Pflegschaft anzuordnen ist, darf nicht von dem fiskalischen Argument eines Jugendamtes ausgegangen werden, dass für ein behütetes Umgangsrecht in der Behördenstruktur, in der man für schlimmere Fälle nur monatlich 60 Minuten Zeit habe, kein Raum sei.
OLG Hamburg, FamRZ 1997, 422 ff.

Kindesentziehung, § 235 Abs. 1 StGB 290 f.

Das Umgangsrecht ist geschützt durch das Recht i. S. d. § 235 StGB. Bloßes Entfernen des Kindes für einen mehrmonatigen Zeitraum ins Ausland mit der Konsequenz der angekündigten Verschiebung von Umgangsrechtsterminen stellt keine List i. S. d. § 235 StGB dar.
StA Karlsruhe, FamRZ 1997, 774

Kindeswille 174

Die Berücksichtigung des Willen des Kindes orientiert sich grds. an seinem Alter. Bei einem Kind unter zehn Jahren soll der Kindeswille keine entscheidungserhebliche Bedeutung haben.
OLG Hamburg, FamRZ 1991, 471

Von dem geäußerten Willen eines 16-jährigen kann grds. nur abgewichen werden, wenn schwerwiegende Gründe gegen ein Verbleib bei einem Elternteil (hier: der Mutter) und für einen Wechsel zum anderen Elternteil (hier: der Vater) sprächen.

Auch wenn der geäußerte Wille eines 9-jährigen Kindes nicht ausschlaggebend ist, so entspräche es nicht dem Kindeswohl, wenn gegen seinen Willen ein Wechsel zum anderen Elternteil erfolgen würde. Eine Trennung von Geschwistern (hier: 9 und 16 Jahre alt) werden dem Kindeswohl ebenfalls nicht dienlich sein.
OLG Frankfurt, FamRZ 1997, 573

Kindeswohlgefährdung 166
→ *Gefährdung durch Großeltern*
→ *Gewalt in der Erziehung*

Einem 42-jährigen Kindesvater, der noch in drei verschiedenen Strafverfahren der Aufsicht und Leitung eines Bewährungshelfers bedarf und mehrfach wegen Betruges, Urkundenfälschung, Unterschlagung und Steuerhinterziehung vorbestraft ist, kann die elterliche Sorge nicht übertragen werden. Der Vater ist nämlich nicht in der Lage, für sein Kind die Erreichung des in Gesetz (§ 1 Abs. 1 KJHG) und in der Verfassung verankerten Erziehungsziele zu gewährleisten. Erziehungsziel ist die Entwicklung des Kindes zu einer eigenverantwortlichen Persönlichkeit innerhalb der sozialen Gemeinschaft, wie sie dem Menschenbild unserer Verfassung entspricht, d. h. das Heranreifen zu einem Menschen, der seine Persönlichkeit in Würde frei, aber innerhalb der menschlichen Gemeinschaft entfaltet.
OLG Bamberg, 7 UF 32/91, FamRZ 1991, 1341, 1342

Allein durch die Zugehörigkeit eines Elternteils zu der Glaubensgemeinschaft der Zeugen Jehovas wird nicht indiziert, dass diesem Elternteil die Erziehungsfähigkeit fehlt.
OLG Hamburg, 15 UF 214/94, FamRZ 1996, 684 (LS m. Anm. Garbe)

Sorgerechtsregelung, wenn ein Elternteil Zeuge Jehovas ist (Belassen des Rechts medizinischer Betreuung bei beiden Elternteilen).
OLG Saarbrücken, 6 WF 72/95, FamRZ 1996, 561

Bei möglicher Gefährdung des Kindeswohls dadurch, dass der Sorgeberechtigte für das Kind schädliche Besuchskontakte zu den Großeltern gestatten möchte, so reicht als weniger einschneidende Maßnahme aus, dass dem Sorgeberechtigten das Recht entzogen wird, den Umgang des Kindes mit den Großeltern zu bestimmen.
OLG Hamm, 9.1.1997, 15 W 342/96, NJW-RR 1997, 1301, 1302

Kollision HKiEntÜ/SorgÜAG

Das inhaltlich ähnliche und häufig relevante Haager Übereinkommen über die zivilrechtlichen Aspekte internationaler Kindesentführung, das gem. § 12 SorgÜAG grds. vorrangig anzuwenden ist, kommt dann nicht zur Anwendung, wenn ein beteiligtes Land dieses Übereinkommen nicht ratifiziert hat.
OLG Frankfurt, FamRZ 1995, 1372

Kontinuitätsgrundsatz 164

Bei gleichzeitiger Erziehungseignung beider Elternteile für ihren fünfjährigen Sohn ist angesichts der Tatsache, dass das gemeinsame Kind seit drei Jahren bei der Mutter lebt und um die Fortsetzung dieser Betreuungssituation für das entwicklungsgewichtige, dauerhafte Vertrauen des Kindes in die Stabilität seiner sozialen Umgebung weiterhin zu gewährleisten, die elterliche Sorge der Mutter zu übertragen. Hierbei ist es im Interesse des Kindes wichtig, dass das gedeihliche Miteinander der Eltern weiterhin möglich bleibt.
OLG Nürnberg, FamRZ 1996, 563

Im Rahmen einer Sorgerechtsentscheidung ist dem Elternteil die Alleinsorge zu übertragen, bei dem die Einheitlichkeit, Gleichmäßigkeit und Stabilität der Erziehungsverhältnisse am besten gewährleistet zu sein scheinen.
OLG Düsseldorf, FamRZ 1995, 1511, 1513

Die elterliche Sorge kann im Einzelfall gemäß dem Kontinuitätsgrundsatz sogar demjenigen Elternteil übertragen werden, der die Bindungen des Kindes zu dem anderen Elternteil unterläuft.
OLG Bamberg, FamRZ 1997, 102

Loyalität 290 f.

Ein Rechtssatz des Inhalts, dass der Sorgeberechtigte den Aufenthalt der Kinder so bestimmen müsse, dass der andere Elternteil sein Umgangsrecht wahrnehmen könne, findet im Gesetz keine Stütze.

Soweit es nur die Rechtspositionen des Personensorgeberechtigten und des Umgangsberechtigten gegeneinander abzuwägen gilt, hat das Interesse des Personensorgeberechtigten an (örtlich) freizügiger Lebensgestaltung (für sich selbst und das Kind) den Vorzug vor der ungehinderten Ausübung des Umgangsrechts.
OLG Karlsruhe, FamRZ 1996, 1094, 1095

Mitwirkungspflichten 283, 286

Das Umgangsrecht des nicht sorgeberechtigten Elternteils steht ebenso wie die elterliche Sorge des anderen Elternteils unter dem Schutz des Art. 6 Abs. 2 Satz 1 GG. Beide Rechtspositionen erwachsen aus dem natürlichen Elternrecht und der damit verbundenen elterlichen Verantwortung und müssen von den Eltern im Verhältnis zueinander respektiert werden. Der sorgeberechtigte Elternteil muss demgemäß den persönlichen Umgang des Kindes mit dem anderen Elternteil ermöglichen.
BVerfG, FamRZ 1995, 86

Neuanbahnung eines Umganges 290 f.

Die Einräumung eines Umgangsrechtes ist materiell und von der Wirkung her von einer nachfolgenden Durchsetzung zu unterscheiden. Dies bedeutet, dass nicht bereits deswegen ein Umgangskontakt ausgeschlossen werden kann, weil hinsichtlich seiner künftigen Durchführung Schwierigkeiten befürchtet werden. Dies gilt insbesondere dann, wenn es von dem Umgangsberechtigten von seiner Persönlichkeit her kein Anlass zu Auseinandersetzungen geben wird.
OLG Karlsruhe, FamRZ 1990, 901, 902

Pflicht zum Umgang 283 ff.

Nach der Neufassung von § 1684 BGB ist der Umgangsberechtigte zum Umgang jetzt auch verpflichtet. Diese Vorschrift erlaubt nach ihrem Wortlaut an sich, einen Umgang auch gegen den Willen des nunmehr nicht nur Berechtigten, sondern zusätzlich verpflichteten Elternteils anzuordnen und den Umgang notfalls mit Zwangsmitteln durchzusetzen.

Der Vater lehnt einen Umgang aber unverbrüchlich ab. Dies geschieht, obwohl er offen zugibt und einsieht, dass dies mit seinen elterlichen Pflichten unvereinbar ist. Gegen einen solchen Willen kann ein Umgang aber nicht angeordnet werden; denn eine fehlende elterliche Fürsorge und Gesinnung kann nicht per Dekret ersetzt und erzwungen werden. Wegen der starren Verweigerungshaltung des Vaters besteht auch nach der Einschätzung des Jugendamtes ferner die Gefahr, dass durch die Anordnung eines Umganges beim Kind Erwartungen auf Kontakte gehegt werden, die der Vater dann enttäuscht, indem er den Umgang nicht wahrnimmt.

Weil ein Antrag auf Regelung des Umgangsrechts an sich nicht einfach zurückgewiesen werden kann, sondern konkret verbeschieden werden muss, hat der Senat erwogen, ob ein Umgang, der nicht zu befürworten ist, nicht ausgeschlossen werden müsste. Ein Ausschluss des Umganges kommt hier jedoch schon deshalb nicht in Betracht, weil es Vater und Kind verwehrt wäre, trotz an sich nicht zu erwartender, aber immerhin nicht völlig undenkbarer besserer Einsicht des Vaters doch wieder gegenseitige Kontakte aufzunehmen. Diese Möglichkeit kann dem Vater und dem Kind in ihrem beiderseitigen Interesse nicht von vornherein abgeschnitten werden.
OLG Nürnberg, FamRZ 2002, 413, 414

Prozesskostenhilfe
Gem. § 14 FGG i. V. m. § 121 Abs. 2 Satz 2 ZPO ist im Interesse der Waffengleichheit bei isoliertem (selbständigem) Sorgerechtsverfahren bei Vorliegen der Voraussetzung für die Bewilligung der Prozesskostenhilfe ohne Einschränkung dem Antragsteller ein Rechtsanwalt beizuordnen, wenn der Gegner bereits durch einen Rechtsanwalt vertreten ist.
KG, FamRZ 1995, 629

Regelmäßig erforderlich ist die Beiordnung im selbständigen Sorgerechtsverfahren.
OLG Düsseldorf, FamRZ 1981, 695

(Größere) Räumliche Entfernung zwischen den Wohnsitzen der Eltern 164
Die Kooperationsfähigkeit und -willigkeit des Vaters wird nicht in Zweifel gezogen. Durch die einvernehmliche Regelung der aufwändigen Umgangskontakte weisen die Parteien in der Praxis ein ausreichendes Maß an Kooperationsbereitschaft auf und die Fähigkeit, ihre persönlichen Konflikte nicht auf die Erziehung des Kindes und den Aufbau und die Festigung der Beziehungen zwischen Vater und Sohn zu übertragen. Auch die von der Mutter für ihren Sorgerechtsantrag zunächst allein ins Feld geführte räumliche Entfernung zwischen den Wohnsitzen der Eltern (hier: Nordseeinsel und Ruhrgebiet) rechtfertigt nicht die Übertragung des Sorgerechts allein auf die Mutter. Durch die Regelung des § 1687 BGB ist sichergestellt, dass die Mutter in den Angelegenheiten des täglichen Lebens allein entscheidungsbefugt ist und keine umständliche Abstimmung mit dem Vater erforderlich ist. Die räumliche Entfernung macht die gemeinsame Sorge deshalb nicht unpraktikabel.

Der Umstand, dass der Vater regelmäßig kostspielige und weite Reisen auf sich nimmt, um den Umgang mit dem Kind zu festigen, indiziert auch, dass er die gemeinsame Verantwortung für das Kind wahrnehmen will.
OLG Hamm, FamRZ 2002, 565, 566

Regelungsverpflichtungen 332
→ *Unterbleiben einer Umgangsregelung*
→ *Pflicht zum Umgang*

Das zur Regelung des Umgangsrechts angerufene Familiengericht muss im Regelfall entweder Umfang und Ausübung der Umgangsbefugnis konkret regeln oder, wenn dies zum Wohl des Kindes erforderlich ist, die Umgangsbefugnis ebenso konkret einschränken oder ausschließen; es darf sich nicht auf die Ablehnung einer gerichtlichen Regelung beschränken.
BGH, FamRZ 1994, 158, 159

Sachverständiger, Aufgaben 488 ff.
Die Aufgabe des gerichtlich eingesetzten Sachverständigen bei einem kinderpsychologischen Gutachten besteht nicht darin, die Eltern zu einigen und mit ihnen eine Therapie zu beginnen. Eine Sachverständigenintervention im Sinne einer Familientherapie als selbständiges Verfahrensziel kann gerichtlich nicht angeordnet werden.
BGH, FamRZ 1994, 158, 160

Sachverständigenkosten 497

Rechtsgrundlage für eine Entscheidung über die Tragung der Sachverständigenkosten ist nicht § 94 Abs. 3 Satz 2 KO, weil diese Vorschrift nur für die Gerichtsgebühren und nicht für gerichtliche Auslagen wie Sachverständigenkosten gem. § 137 KO anzuwenden ist.
OLG Hamm, 6 WF 271/95, FamRZ 1996, 1557, 1558

Schlüssigkeit der Vaterschaftsanfechtungsklage 37

Für die Schlüssigkeit der Anfechtungsklage ist regelmäßig zu verlangen, dass der Mann konkrete Anhaltspunkte für die Annahme darlegt, dass das Kind nicht von ihm abstammt.
OLG Dresden, FamRZ 1997, 1297

Schulwechsel (i. S. d. § 1687 Abs. 1 BGB) 135 f., 183

Die Entscheidung über den Schulwechsel eines Kindes gehört nicht zu den sog. Alltagsfragen gem. § 1687 BGB.
OLG München, FamRZ 1998, S. II

Sexueller Kindesmissbrauch 302, 324 f.
→ *Ausschluss des Umgangsrechts*

Tatsächliche Ausübung des Sorgerechts (Art. 3b HKiEntÜ)

Der Anschein der (gemeinsamen) tatsächlichen Ausübung des Sorgerechts i. S. d. Art. 3b HKiEntÜ besteht nur solange, wie die Kinder ihren Lebensmittelpunkt bei beiden Eltern haben, wie dies regelmäßig nur der Fall ist, wenn die Eltern auch in einer Wohnung zusammenleben und gemeinsam die Geschicke der Kinder zu lenken vermögen. Bei einer Trennung der Eltern ist demgegenüber i. d. R. davon auszugehen, dass die Kinder – besonders wenn sie sich wie hier im Kleinkindalter befinden – nur unter der tatsächlichen Sorge des Elternteils stehen, bei dem sie auch wohnen.

Sinn und Zweck des Haager Übereinkommens ist es nicht, allein die formale Rechtsposition (Sorgerecht eines Elternteils), sondern vielmehr das Recht der Kinder auf Beachtung des Lebensgleichgewichts zu schützen, insbesondere dafür zu sorgen, dass ihre emotionalen, sozialen und anderen Bedingungen, unter denen sich ihr Leben abspielt, tatsächlich nicht beeinträchtigt werden, es sei denn, die Stabilität einer neuen Situation würde aus rechtlichen Gründen gewährleistet.
OLG Düsseldorf, FamRZ 1994, 181

Teilentscheidung 332 f.

Im Einzelfall kann es unzulässig sein, im Umgangsrechtsverfahren eine Teilentscheidung zu treffen. Im Regelfall ist die Ausübung der Umgangsrechtsbefugnis gem. § 1634 Abs. 2 Satz 1 BGB konkret zu regeln. Dies gilt insbesondere dann, wenn es das Jugendamt ablehnt, mit dem Gericht zusammenzuarbeiten, so dass die vom Gericht angeordnete grds. Regelung auf „tönernen Füßen" stehen könnte.
OLG Karlsruhe, FamRZ 1996, 1092, 1093

Übernachtung des Kindes 279

Die Ausgestaltung der Umgangsbefugnis des nichtsorgeberechtigten Elternteils mit dem Kind liegt im tatrichterlichen Ermessen. Was die Häufigkeit des Umgangs betrifft, so verbietet sich von der genannten Zielsetzung her jede Schematisierung. Das nach den Umständen des Einzelfalles zu findende Maß des Umgangs hängt vor allem vom Alter des Kindes ab, der Intensität seiner bisherigen Beziehung zum Umgangsberechtigten, von der Entfernung der Wohnorte der Eltern, aber auch von den sonstigen Interessenbindungen des Kindes und der Eltern ab.

Jedenfalls zur Vermeidung von Nachteilen für die Entwicklung des Kindes (Loyalitätskonflikte wegen des Streites der Eltern hinsichtlich der Übernachtungen usw.) erscheint es grds. erforderlich, bei einem kleineren Kind (vier Jahre) eine Umgangsregelung ohne Übernachtung vorzunehmen.
OLG Hamm, FamRZ 1990, 654, 655

Umgangsrecht und seine Ausgestaltung bei kleinen Kindern 279
→ *Übernachtung des Kindes*

Das Umgangsrecht gibt dem Berechtigten in erster Linie die Befugnis, das Kind in regelmäßigen Zeitabständen zu sehen und zu sprechen. Dabei soll der Umgangsberechtigte dem Kind unbefangen und natürlich entgegentreten können, weshalb der Umgang nicht in Gegenwart des anderen Elternteils oder sonstiger dritter Personen oder an sog. „neutralen" Orten stattzufinden hat.

Aufgrund des geringen Alters des Kindes (hier: zwei Jahre) ist ein Umgangsrecht von wenigen Stunden vor oder nach dem Mittagsschlaf empfehlenswert, wobei dies sogar noch ausgeweitet werden kann, wenn der Umgangsberechtigte allein das Kind versorgen kann. Bei kleineren Kindern bis zu einem Alter von vier Jahren sind Umgangszeiträume mit bis zu vier Stunden ausreichend bemessen (OLG Zweibrücken, FamRZ 1997, 45, 46; OLG Hamm, FamRZ 1990, 654, 65; Oelkers, in: Heintschel/Heinegg/Klein, Handbuch des Fachanwalts Familienrecht, S. 365).
OLG Brandenburg, FamRZ 2002, 414

Unterbleiben einer Umgangsregelung 332

Unter besonderen Umständen – hier: intensiver Briefwechsel zwischen dem nicht sorgeberechtigten Elternteil und dem demnächst erwachsenen Kind – kann eine gerichtliche Umgangsregelung unterbleiben, auch ohne das Umgangsrecht auszuschließen.
OLG Zweibrücken, FamRZ 1993, 728

Untersuchungshaft/Haftanstalt 290

Das für die Haftausgestaltung zuständige Gericht hat Untersuchungsgefangenen Besuche von Ehegatten und Kindern in dem Umfange zu gestatten, die ohne Beeinträchtigung der Ordnung der Anstalt möglich sind. Dies kann bedeuten, dass nach konkreter Einzelfalllage jedenfalls wöchentlich Besuche von mindestens 30 Minuten zuzulassen sind. Dies stellt auch dann keinen Verstoß gegen den allgemeinen Gleichheitsgrundsatz (Art. 3 GG) dar, wenn hierdurch der Umgangsberechtigte in den Genuss einer großzügigeren Besuchsregelung kommen sollte als andere Gefangene, die sich aufgrund eines Haftbefehls des gleichen Gerichts in Untersuchungshaft befinden.
BVerfG, FamRZ 1993, 1296, 1297

Verfahrenspfleger, § 50 FGG 461, 467 f.

In erster Linie ist der Verfahrenspfleger verpflichtet, die rechtlichen Interessen des von ihm vertretenen Kindes wahrzunehmen. Seine Stellung geht aber über die eines Rechtsanwalts hinaus.

Die Höhe der Vergütung hängt entscheidend davon ab, welcher Tätigkeitsumfang erforderlich war. Der Verfahrenspfleger hat die Aufgabe, die Entscheidung des Gerichts durch Wahrnehmung der rechtlichen Interessen des Kindes vorzubereiten und darüber zu wachen, dass die zu beachtenden Interessen des Kindes angemessen zur Geltung kommen. Der zu entfaltende Tätigkeitsumfang kann von Fall zu Fall verscheiden sein und richtet sich nach Ablauf und Dauer des Verfahrens.

Der Verfahrenspfleger hat weder die Kinder zu betreuen noch in Verhandlungen mit den übrigen Beteiligten eine Sorgerechts- oder Umgangsregelung auszuhandeln. Er hat insbesondere nicht die Aufgaben der Jugendhilfe wahrzunehmen, die in die Zuständigkeit der Jugendämter fallen. Soweit zwischen den einzelnen Verfahrenshandlungen des Gerichts ein längerer Zeitraum liegen sollte, etwa weil das Verfahren tatsächlich zum Stillstand gekommen ist, besteht für ihn kein Anlass, anders tätig zu werden, als allenfalls auf eine beschleunigte Fortsetzung des Verfahrens hinzuwirken.

Entscheidendes Abgrenzungskriterium ist, dass dem Verfahrenspfleger keine objektive Sachwalterfunktion zukommt, er vielmehr eine parteiliche Rolle zugunsten des Kindes wahrnimmt und damit die aus Art. 2 und 103 Abs. 1 GG erwachsene Grundrechtsposition des Kindes sichert (vgl. etwa Will, JAmt 2001, 158, 160 ff.: Engelhardt, FamRZ 1999, 85, 86). Soweit danach Sachwalter- und Vermittlertätigkeiten überhaupt in Betracht kommen, haben sich diese Tätigkeiten (wie auch beratende Funktionen) in engsten Grenzen zu halten.

In der Regel kann der Verfahrenspfleger folgende Leistungen vergütungspflichtig erbringen:
1. Unmittelbar nach seiner Bestellung darf er die Akten studieren und auswerten, ein erstes Gespräch mit den Kindern persönlich sowie mit jedem Elternteil führen, wobei er im letzteren Fall zu erwägen hat, ob nicht Telefongespräche ausreichen.

   Weiterhin darf er sich fernmündlich mit dem Jugendamt in Verbindung setzen und sich dort Informationen nach dem Stand des Jugendhilfeverfahrens verschaffen.
2. Vor jedem gerichtlichen Anhörungstermin:

   Er darf ein vorbereitendes Gespräch mit den Kindern vor dem gerichtlichen Termin im Gerichtsgebäude führen.

   Er hat Gelegenheit zu terminsbezogener Vorbereitung. Eine schriftliche Äußerung ist regelmäßig nicht erforderlich, weil das Umgangs- und Sorgerechtsverfahren als FGG-Verfahren nicht der schriftsätzlichen Vorbereitung bedarf. Er kann die gewonnenen Informationen sowie seine Einschätzung in der mündlichen Anhörung vor dem Gericht selbst umfassend vortragen. Diese werden durch Aufnahme in das gerichtliche Protokoll nach dem Ermessen des amtierenden Richters aktenkundig.
3. Er kann an jedem gerichtlichen Termin teilnehmen.
4. Nach jedem Anhörungstermin darf er in einem Gespräch im Gerichtsgebäude den Kindern den Ausgang der gerichtlichen Verhandlung erläutern, soweit ihr Alter dies zulässt, und ihnen Hinweise für den weiteren Ablauf des Verfahrens geben.
5. Soweit das Gericht auf der Grundlage des Anhörungstermins, jedoch zu einem späteren Zeitpunkt eine vorläufige oder abschließende Entscheidung erlässt, darf er diese mit den Kindern erörtern, um sie ihnen verständlich zu machen, wenn die Entscheidung von dem erkennbar gewordenen Kindeswillen abweicht oder die Entscheidung sonst einen schwerwiegenden Eingriff in die Lebensumstände der Kinder mit sich bringt.
6. Sofern das Gericht die Einholung eines familienpsychologischen Gutachtens unter Beteiligung der Kinder anordnet, kommt eine Betreuung der Kinder in dieser Verfahrensphase nur in Ausnahmefällen in Betracht, etwa wenn der Sachverständige zu erkennen gibt, dass er die Beteiligung des Verfahrenspflegers im Rahmen des Begutachtungsverfahrens für erforderlich hält.
7. Der Verfahrenspfleger darf ein Gutachten auswerten und hierzu Stellung nehmen. Einer schriftlichen Stellungnahme an das Gericht bedarf es nur dann, wenn das Gericht zu erkennen gibt, dass es nach Einholung eines Gutachtens ohne weitere persönliche Anhörung der Beteiligten entscheiden wird.
8. Eine Tätigkeit des Verfahrenspflegers in dem Zeitraum, in dem das Gericht und die übrigen Verfahrensbeteiligten, aus welchem Grunde auch immer, untätig bleiben, kommt regelmäßig nicht in Betracht. Bei unangemessen langer Verfahrensdauer können dem Verfahrenspfleger die unter 1. genannten Tätigkeiten noch einmal zur Überprüfung und Aktualisierung seiner Erkenntnisse vergütet werden.
9. Es ist nicht Aufgabe des Verfahrenspflegers, den Sachverhalt durch Einholung von Auskünften Dritter aufzuklären. Soweit er derartige Maßnahmen für erforderlich hält. hat er diese beim Gericht anzuregen.
10. Eine abschließende schriftliche Stellungnahme kommt allenfalls dann in Betracht, wenn das Gericht nicht auf der Grundlage einer Anhörung entscheiden will.

OLG Frankfurt/M., FamRZ 2002, 335 ff.

Um der Funktion als Sprachrohr des Kindes zu genügen, muss der Verfahrenspfleger sich in erster Linie darum bemühen, mit dem Kind, dessen Interessen er zu vertreten hat, in Kontakt zu treten und sein Vertrauen zu gewinnen. Weiter muss er auch Informationen sammeln durch Gespräche mit Bezugspersonen und beteiligten Institutionen (Eltern, Jugendamt, Mitarbeitern der sozialpädagogischen Familienhilfe, Lehrern, Ärzten usw.), damit er die in deren Feststellungen zutage tretenden Kindesinteressen erkennen und vertreten kann. Kinder sind anders als Erwachsene oft aus unterschiedlichsten Gründen, insbesondere aber, um sich nicht gegen wesentliche Bezugspersonen zu stellen, nicht in der Lage, bei direkter Befragung ihre Vorstellungen ehrlich und offen darzustellen.

Der Verfahrenspfleger fungiert auch als Begleiter des Kindes im gerichtlichen Verfahren, für das er bestellt worden ist, z. B. um auf eine kindgerechte Gestaltung des Verfahrens (z. B. Anhörung) hinzuwirken und dem Kind gleichsam als Übersetzer den Gang und das Ergebnis des gerichtlichen Verfahrens verständlich zu machen. Eine schnelle und einverständliche Konfliktlösung ist dabei, da für das Kind am schonendsten, primär im Interesse des Kindes.

Darüber hinausgehende erzieherische, betreuende oder therapeutische Aktivitäten gehören nicht mehr zum Aufgabenkreis des Verfahrenspflegers. Es obliegt ihm auch nicht, gleichsam als minderer Sachverständiger Ermittlungen anzustellen, sowie Empfehlungen und Lösungsvorschläge zu erarbeiten, d. h. in Konkurrenz zu den Institutionen zu treten, die dem Kindeswohl verpflichtet am Verfahren teilnehmen (Gericht, Jugendamt, Sachverständiger). Das stünde im Widerspruch zum Grundgedanken der Interessenvertretung, welche als Parteivertretung des Kindes (Anwalt des Kindes) zu verstehen ist, während dem beim Kindeswohl auch neutral die Bedürfnissee der anderen Beteiligten (insbesondere der Eltern sowie der sonstigen Sorgeberechtigten) mit zu berücksichtigen sind, da diese ebenfalls wesentlich zum Wohl des Kindes beitragen müssen.

OLG München, FamRZ 2002, 563

Verhältnis Sorgerecht zum Umgangsrecht 290

Keine Abhängigkeit der Umgangsbefugnis von Umständen, die zum Sorgerechtsverlust oder zum Scheitern der Ehe geführt haben, – kein Ausschluss der Umgangsbefugnis wegen länger unterbrochenen Kontakts.

OLG Hamm, FamRZ 1996, 424

Verhinderung des Umgangsrechts 166

Fehlende Mitarbeit oder Verhinderung des Umgangsrechts können einen Grund darstellen, die Erziehungseignung der Antragsgegnerin (hier: Mutter) zu verneinen. Das Familiengericht muss aufgrund der Amtsermittlung prüfen, ob die Voraussetzung für eine Änderung der Sorgerechtsentscheidung nach § 1696 BGB vorliegen.

Dabei ist einerseits zu berücksichtigen, dass die Kinder bereits sehr lange keinen Kontakt mehr zum Vater hatten, andererseits nach dem in einem Umgangsrechtsverfahren früher eingeholten Sachverständigengutachten eine volle Erziehungseignung des Vaters nicht von vornherein verneint werden kann.

Das Familiengericht kommt damit nicht umhin, alle notwendigen Ermittlungen selbst anzustellen, wobei die erforderlichen Anhörungen auch im Beisein der Sachverständigen durchgeführt werden können, da insbesondere bisher ein Jugendamtsbericht zu den Verhältnissen beim Vater fehlt.

OLG München, FamRZ 1997, 45

Widerrechtliches Zurückhalten

Für die Qualifizierung eines widerrechtlichen Zurückhaltens i. S. d. Art. 3 HKiEntÜ ist auf den Zeitpunkt des „Verbringens der Kinder" an einen anderen Ort abzustellen. Dessen Widerrechtlichkeit kann nicht durch eine spätere gerichtliche Entscheidung bewirkt werden. Gegenstand des Übereinkommens ist es, Situationen zu begegnen, die sich aus der Anwendung von Gewalt ergeben, um künstliche internationale Zuständigkeitsverbindungen mit der Absicht zu schaffen, das Sorgerecht für ein Kind zu erhalten.

OLG Düsseldorf, FamRZ 1994, 181, 182

Wohl des Kindes bei Adoption 373 f.

Weigern sich die Annehmenden einen HIV-Antikörpertest beizubringen, kann daraus allein nicht schematisch der Schluss gezogen werden, die beantragte Kindesannahme entspräche nicht dem Kindeswohl, der Annahmeantrag sei deshalb zurückzuweisen. Vielmehr ist auch dann unter Abwägung aller Umstände des Einzelfalls zu prüfen, ob eine Adoption dem Kindeswohl entspricht oder nicht.

KG, FamRZ 1991, 1101

Zwangshaft 564 f.

Die Pflicht zur Herausgabe des Kindes ist zwangsläufige Folge der Übertragung des Aufenthaltsbestimmungsrechts und ebenfalls im Wege der einstweiligen Anordnung geboten. Die Anordnung von Zwangshaft beruht auf § 33 Abs. 1 Satz 2, Abs. 3 Satz 2, 4 FGG und kann rechtens sein, wenn nur auf diesem Wege die Befolgung der Anordnung des Gerichts veranlasst werden kann. Einer vorhergehenden Androhung von Zwangshaft bedurfte es angesichts des Umstandes, dass der Antragsgegner jederzeit nach Italien zurückkehren konnte und kann, nicht. Die Dauer der Zwangshaft darf sechs Monate nicht überschreiten (§§ 33 Abs. 3 Satz 5 FGG, 913 ZPO).

OLG Bamberg, FamRZ 1996, 1224, 1226

Zwangsgeldandrohung betreffend Umgangsregelung 564 f.

Die Androhung der Festsetzung eines Zwangsgeldes gem. § 33 Abs. 3 FGG ist zu Recht angedroht, wenn der Sorgeberechtigte die in einer gerichtlichen Verfügung getroffene Regelung über den Umgang des Kindes nicht einhalten will bzw. meint, hierzu nicht verpflichtet zu sein.

Der sorgeberechtigte Vater ist verpflichtet, aufgrund seiner elterlichen Autorität durch geeignete erzieherische Maßnahmen auf die Besuchsverwirklichung hinzuwirken und den Widerstand des Kindes zu überwinden. Dass dies bei sachgerechtem Einsatz der erforderlichen erzieherischen Fähigkeiten auch gelingt, ist jedenfalls bei einem noch nicht zehn Jahre altem Kind anzunehmen.

OLG Brandenburg, FamRZ 1996, 1092

Die Androhung und Festsetzung eines Zwangsgeldes darf nur für den Fall der Verhinderung eines genau bestimmten Umgangsrechts erfolgen.

OLG Düsseldorf, FamRZ 1999, 522

Zwangsvollstreckung 559

Personensorge und Umgangsbefugnis sind selbständige, einander beschränkende Rechte; Gründe gegen die Umgangsregelung sind selbst im Vollstreckungsverfahren grds. unbeachtlich.

OLG Hamburg, FamRZ 1996, 1093

Abschnitt 3: Arbeits- und Beratungshilfen

704 1. Antrag gem. § 1671 Abs. 1 2. Alt. BGB (FGG-Verfahren) (Muster)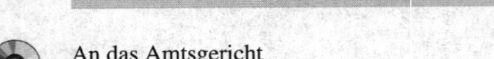

An das Amtsgericht
– Familiengericht –

Antrag

In dem Verfahren des Kindes
. . ., geb. . . .

Beteiligte:
1. Herr . . . Vater, Antragsteller
   Verfahrensbevollmächtigter: Rechtsanwalt . . .,
2. Frau . . . Mutter, Antragsgegnerin
   Verfahrensbevollmächtigter: Rechtsanwalt . . .,
3. Kreis-/Stadt-/Jugendamt

wegen: elterlicher Sorge
Verfahrenswert: (vorläufig) 2.500 €
bestelle ich mich zum Verfahrensbevollmächtigten des Antragstellers und beantrage,
  die gemeinsame elterliche Sorge der Beteiligten für das gemeinsame Kind,
  geb. am . . ., aufzuheben und die Alleinsorge dem Antragsteller zu übertragen.

Begründung:

A.

Die Beteiligten sind nicht miteinander verheiratete Eltern des Kindes . . . . Ihnen steht die elterliche Sorge gemeinsam zu.
Beweis: Anliegende Kopien der Sorgeerklärungen des Notars ,
Urkundenrolle vom . . ./vor dem Jugendamt . . ., Urkunden-Nr. . . .

B.

Der Antrag beruht auf § 1671 BGB.
Die Parteien leben nicht nur vorübergehend getrennt. Die Antragsgegnerin hat der Übertragung der elterlichen Sorge für den noch nicht 14-jährigen auf den Kindesvater bereits zugestimmt. Eine entsprechende Erklärung liegt vor.
Beweis: Anliegende Kopie der Einverständniserklärung vom . . .
Eine besondere Kindeswohlprüfung ist im vorliegenden Fall nicht erforderlich. Gefährdungsumstände i. S. d. § 1666 BGB sind nicht erkennbar.
Beweis: Einholung einer Stellungnahme des Jugendamtes der Stadt . . .
  Anhörung des Sachbearbeiters des Jugendamtes . . .

1. Antrag gem. § 1671 Abs. 1 2. Alt. BGB

Der Antragsteller kann sich den ganzen Tag um sein Kind kümmern, da er aus wirtschaftlichen Gründen einer entlohnten Beschäftigung nicht nachgehen muss. Die Antragsgegnerin möchte ihre berufliche Laufbahn als Lehrerin fortsetzen und ist daher für das Kind nicht in dem notwendigen Umfange verfügbar.

. . .

Rechtsanwalt

705 **2. Antrag auf Herausgabe des Kindes gem. § 1632 BGB (FGG-Verfahren) (Muster)**

An das Amtsgericht
– Familiengericht –

Antrag

In dem Verfahren des Kindes
..., geb. ...
Beteiligte:

1. Herr ... Vater, und
2. Frau ... Mutter, Antragsteller
   Verfahrensbevollmächtigter: Rechtsanwalt ...,
3. Herr ..., Antragsgegner
4. Kreis-/Stadt-/Jugendamt

wegen: Kindesherausgabe

Vorläufiger Gegenstandswert: 2.500 €

bestelle ich mich zum Verfahrensbevollmächtigten der Antragsteller und beantrage,

– wegen Dringlichkeit vorweg im Wege einstweiliger Anordnung ohne persönliche Anhörung, im Übrigen zur Hauptsache – zu beschließen:

1. Die Herausgabe des Kindes ..., geb. ..., an seine Eltern wird angeordnet.
2. Für den Fall der Nichtherausgabe durch den Antragsgegner wird ein Zwangsgeld von ... €, ersatzweise für je ... € ein Tag Zwangshaft angedroht.
3. Der Gerichtsvollzieher wird ersucht, die angeordnete Herausgabe des Kindes zu vollstrecken.
4. Der Gerichtsvollzieher wird ermächtigt, die unter Nr. 1 dieses Antrags beantragte Herausgabe notfalls gegen den Willen des Antragsgegners unter Anwendung von (einfacher) Gewalt zu vollstrecken.
5. Der Gerichtsvollzieher darf die Wohnung des Antragsgegners betreten, wenn dieser die Herausgabe des Kindes und den Zutritt des Gerichtsvollziehers zur Wohnung verhindern sollte.
6. Dem Antragsgegner werden die Kosten des Verfahrens auferlegt.
7. Ferner wird beantragt,
   dem Antragsteller ratenfreie Prozesskostenhilfe unter Beiordnung des Unterzeichners zu bewilligen. Die Erklärung über die persönlichen und wirtschaftlichen Verhältnisse nebst Anlagen liegt diesem Schriftsatz bei/wird nachgereicht.

Begründung:

Das eheliche Kind der Antragsteller wird beim Antragsgegner mit physischer und psychischer Gewalt festgehalten. Es darf die Wohnung des Antragsgegners nicht verlassen. Das Kind wird zum Drogenkonsum angehalten. Der Antragsgegner verweigert den Antragstellern den persönlichen und telefonischen Kontakt zu ihrem Kind.

Es ist bei diesem Sachverhalt damit zu rechnen, dass der Antragsgegner auch dem beauftragten Gerichtsvollzieher den Zutritt zu seiner Wohnung nicht gestatten wird.

...
Rechtsanwalt

3. Übertragung der elterlichen Sorge gem. § 1672 Abs. 1 BGB auf den Kindesvater nach vorhergehender Alleinsorge der Mutter gem. § 1626a BGB (FGG-Verfahren) (Muster)

706

An das Amtsgericht
– Familiengericht –

Antrag

In dem Verfahren des Kindes
..., geb. ...

Beteiligte:
1. Herr ... Vater, Antragsteller
   Verfahrensbevollmächtigter: Rechtsanwalt ...,
2. Frau ... Mutter, Antragsgegnerin
   Verfahrensbevollmächtigter: Rechtsanwalt ...,
3. Kreis-/Stadt-/Jugendamt

wegen: elterlicher Übertragung der elterlichen Sorge gem. § 1672 BGB

Verfahrenswert: (vorläufig) 2.500 €

wird beantragt,
1. die elterliche Sorge für ..., geb. ..., auf den Antragsteller zu übertragen;
2. dem Antragsteller unter Beiordnung des Unterzeichners Prozesskostenhilfe zu bewilligen.

Die Erklärung über die persönlichen und wirtschaftlichen Verhältnisse liegt an/wird nachgereicht.

Die Erfolgsaussicht dieses Antrags ergibt sich aus der nachfolgenden Begründung.

Begründung:
1. Die Beteiligten sind die Eltern des am ... geborenen .... Sie sind nicht miteinander verheiratet.

Beweis: Anliegende Geburtsurkunde des Standesamtes vom ...

2. Die Beteiligten leben getrennt. Sie haben verschiedene Wohnungen seit dem .... Sie wollen auf Dauer unabhängig voneinander ein eigenständiges Leben führen, wie ihre persönliche Anhörung ergeben wird.

Beweis im Übrigen: In Fotokopie anliegende Mietverträge der Beteiligten vom .../
Zeugnis des ... (Vermieter)

3. Die Antragsgegnerin stimmt der begehrten Regelung zu. Dies ergibt sich auch aus der in Fotokopie anliegenden Einverständniserklärung der Antragsgegnerin. Diese Erklärung kann im Original vorgelegt werden.

Die Antragsgegnerin wird ihr Einverständnis im Termin wiederholen.

4. Dieser Antrag entspricht auch dem Kindeswohl. Der Antragsteller hat sein Leben jetzt so eingerichtet, dass er für sein Kind tagsüber durchgehend verfügbar ist und dieses gut versorgen und betreuen kann. Einer entlohnten Beschäftigung muss er nicht nachgehen, weil er aus Einkünften aus Vermietung und Verpachtung seinen Lebensbedarf und den des Kindes hinreichend decken kann.

Die Antragsgegnerin ist inzwischen ganztägig berufstätig. Sie wäre nicht in der Lage, das gemeinsame Kind in ausreichendem Maße zu versorgen und zu betreuen.
5. Die Beteiligten haben sich vom zuständigen Jugendamt beraten lassen. Dieses befürwortet die sorgerechtsändernde Entscheidung, wie die einzuholende Stellungnahme ergeben wird.

. . .

Rechtsanwalt

4. Übertragung der elterlichen Sorge auf einen Elternteil mit Zustimmung des anderen Elternteils unter Zustimmung des über 14-jährigen Kindes (FGG-Verfahren) (Muster)

An das Amtsgericht
– Familiengericht –

Antrag

In dem Verfahren des Kindes
..., geb. ...

Beteiligte:
1. Herr ... Vater, Antragsteller
   Verfahrensbevollmächtigter: Rechtsanwalt ...,
2. Frau ... Mutter, Antragsgegnerin
   Verfahrensbevollmächtigter: Rechtsanwalt ...,
3. Kreis-/Stadt-/Jugendamt ...

wegen Übertragung der elterlichen Sorge

wird beantragt,
1. die elterliche Sorge für ..., geb. ..., auf den Antragsteller zu übertragen;
2. dem Antragsteller unter Beiordnung des Unterzeichners Prozesskostenhilfe zu bewilligen.

Die Erklärung über die persönlichen und wirtschaftlichen Verhältnisse liegt an/wird nachgereicht.
Die Erfolgsaussicht dieses Antrags ergibt sich aus der nachfolgenden Begründung.

Begründung:
1. Der Antrag auf Übertragung der elterlichen Sorge beruht auf § 1671 Abs. 1 und Abs. 2 Ziff. 1 BGB.
   a) Die Beteiligten zu 1) und 2) sind die seit dem ... verheirateten Eltern des über 14-jährigen ..., geb. ...

Beweis: Anliegendes bzw. nachzureichendes Familienstammbuch

   b) Die Kindeseltern leben voneinander getrennt. Sie haben verschiedene Wohnungen seit dem ... Die Trennungszeit beträgt also mehr als drei Monate. Die Trennung ist auf Dauer angelegt, da die Beteiligten entschlossen sind, das Ehescheidungsverfahren durchzuführen, wie ihre persönliche Anhörung ergeben wird. Sie haben ihre Scheidungsabsicht auch in einer bereits fixierten Trennungs- und Scheidungsvereinbarung kundgetan.

Beweis: Anliegende Kopie der Trennungs-/Scheidungsvereinbarung des Notars ... vom ...
   Anliegende Kopien der jeweiligen Mietverträge der Beteiligten

2. ... ist mit der Übertragung der elterlichen Sorge auf den Beteiligten zu 1) einverstanden. Er hat eine enge Beziehung zu ihm und hält sich schon seit einigen Monaten bei ihm auf. Sein Lebensmittelpunkt befindet sich in der ehemaligen ehelichen Wohnung der Eltern in der Nähe der ...-Schule, die er im Augenblick in der ... Klasse mit dem Ziel des ...-Abschlusses/Abiturs besucht. Er kann mit dem Antragsteller über alle persönlichen Belange sprechen und fühlt sich bei ihm geborgen.

... möchte und kann die Beteiligte zu 2) vierzehntägig übers Wochenende besuchen und mit ihr zusammen sein, wie die persönliche Anhörung des Kindes und beider Eltern ergeben wird.
3. Die angestrebte Regelung entspricht deshalb dem Kindeswohl. Die einzuholende Stellungnahme des zuständigen Jugendamtes wird das bestätigen.

...
Rechtsanwältin

5. Antrag auf Umgang mit dem Kind für den außerehelichen Vater, § 1684 Abs. 1, 2. Hs. BGB (FGG-Verfahren) (Muster)

An das Amtsgericht
– Familiengericht –

Antrag

In dem Verfahren des Kindes
   . . ., geb. . . .

Beteiligte:
1. Herr . . . Vater, Antragsteller
   Verfahrensbevollmächtigter: Rechtsanwalt . . .,
2. Frau . . . Mutter, Antragsgegnerin
   Verfahrensbevollmächtigter: Rechtsanwalt . . .,
3. Kreis-/Stadt-/Jugendamt . . .

wegen Regelung des Umganges

wird beantragt,
1. den Umgang des Kindesvaters mit dem . . ., geb. . . ., dahin zu regeln, dass
   der Vater das Kind zunächst an jedem ersten Wochenende im Monat samstags um 10.00 Uhr morgens bei der Mutter abholt und bis 18.00 Uhr abends zu ihr zurückbringt,
   in gleicher Weise ferner an den Feiertagen zu Ostern in den Jahren mit gerader Jahreszahl und Pfingsten in den Jahren mit ungerader Jahreszahl
   sowie am zweiten Weihnachtstag in der Zeit von 12.00 bis 19.00 Uhr
   und in den Sommerferien jährlich zwei Wochen, bei fehlender Einigung der Eltern, jeweils die ersten zwei Wochen der Schulferien,
   das Kind zu sich nimmt;
2. die Beteiligte zu 2) zu verpflichten, den . . . auf die Besuche des Vaters
   vorzubereiten und an ihn zum Zwecke des Umganges herauszugeben;
3. dem Antragsteller unter Beiordnung des Unterzeichners Prozesskostenhilfe zu bewilligen.
   Die Erklärung über die persönlichen und wirtschaftlichen Verhältnisse liegt an/wird nachgereicht.
   Die Erfolgsaussicht dieses Antrags ergibt sich aus der nachfolgenden Begründung.

Begründung:

Die Berechtigung des Antragstellers ergibt sich aus § 1684 Abs. 1 2. Hs. BGB und folgendem Sachverhalt:

Die Beteiligten zu 1) und 2) haben bis . . . zusammengelebt. Der Antragsteller hat die Vaterschaft für sein Kind unmittelbar nach der Geburt anerkannt

Beweis: Urkunde des Jugendamtes . . . vom . . .

und eine intensive Bindung zu seinem Sohn. Diese ist in letzter Zeit etwas reduziert worden, weil die Kindesmutter seit einiger Zeit versuchte, die Besuchsmöglichkeiten des Kindesvaters zu beschneiden oder ganz zu verhindern. Das Kind selbst wünscht Kontakt zum Vater. Das wird eine persönliche Anhörung aller Beteiligten ergeben.

Es darf nicht in der Hand der Kindesmutter liegen, die Beziehung des Kindes zum Vater zu beeinträchtigen. Außerdem benötigt das Kind den Kontakt zum Vater für seine persönliche Entwicklung. Das Aufwachsen und die Auseinandersetzung mit seinem leiblichen Vater gehört zu einer angemessenen Persönlichkeitsentwicklung und entspricht dem Kindeswohl, wie die einzuholende Stellungnahme des Jugendamtes bestätigen wird.

. . .
Rechtsanwältin

6. Antragserwiderung der außerehelichen Mutter auf den Umgangsregelungsantrag des Vaters (FGG-Verfahren) (Muster)

An das Amtsgericht
– Familiengericht –

In dem Verfahren des Kindes
..., geb. ...

Az. ...F.../2000

Beteiligte:
1. Herr ... Vater, Antragsteller
   Verfahrensbevollmächtigter: Rechtsanwalt ...,
2. Frau ... Mutter, Antragsgegnerin
   Verfahrensbevollmächtigter: Rechtsanwalt ...,
3. Kreis-/Stadt-/Jugendamt ...

wegen Regelung des Umganges

wird zum Schriftsatz der Gegenseite vom ... wie folgt Stellung genommen:

Die Beteiligten zu 1) und 2) sind zwar Eltern des am ... geborenen Kindes. Es ist aber nicht richtig, dass sie als nichteheliche Familie zusammengelebt haben. Sie hatten vielmehr zuletzt persönlichen Kontakt, als die Kindesmutter im sechsten Monat schwanger war. Danach haben sich ihre Wege endgültig getrennt. Die Beteiligte zu 2) ist allein sorgeberechtigt und hat die Last der Kindesbetreuung und -erziehung bisher ohne den Antragsteller tragen müssen. Der Kindesvater hat sich für die Belange der Beteiligten zu 2) sowie die Belange des Kindes bisher nicht interessiert. Erstmalig mit seinem Antrag vom ... hat er seine vermeintliche Umgangsberechtigung angemeldet. Zu diesem Zeitpunkt waren seit der Geburt des Kindes etwa ... Jahre vergangen, ohne dass der Antragsteller irgendeinen Kontakt zum Kind herstellte oder herzustellen versucht hatte.
Eine Umgang des Kindes mit dem Beteiligten zu 1) wäre mit dem Kindeswohl unvereinbar. Er würde die derzeitige Persönlichkeitsentwicklung von ... empfindlich stören.
Beweis: (vorsorglich) Einholung eines Sachverständigengutachtens
Der Antragsteller ist für ... ein fremder Mann. Eine Vater-Kind-Beziehung hat niemals bestanden. Das Kind gerade jetzt mit dem ihm fremden Antragsteller als Vater zu konfrontieren, würde das Kind schwer verunsichern. Die Mutter lebt seit ... mit einem neuen Lebenspartner zusammen, von dem sie am ... ein weiteres Kind erwartet und der für das Kind die Vaterstelle eingenommen hat, wie die einzuholende Stellungnahme des Jugendamtes bestätigen wird.
Die Antragsgegnerin erhebt keine Einwände dagegen, den Antragsteller regelmäßig in geeigneten Zeitabständen über die Entwicklung des Kindes zu informieren. Der Antragsteller mag abwarten, bis das Kind so alt ist, dass es seine komplizierte Familiengeschichte verstehen und einen persönlichen Kontakt mit ihm innerlich verkraften kann. Sie beabsichtigt nicht, dem Kind auf Dauer zu verschweigen, dass ihr jetziger Lebenspartner nicht sein leibliche Vater ist.

...
Rechtsanwalt

710 7. Antrag auf Ausschluss des Umgangsrechts, § 1684 BGB (FGG-Verfahren) (Muster)

An das Amtsgericht
– Familiengericht –

Antrag

In dem Verfahren des Kindes
   . . ., geb. . . .

Beteiligte:
   1. Frau . . . Mutter, Antragstellerin
      Verfahrensbevollmächtigter: Rechtsanwalt . . .,
   2. Herr . . . Vater, Antragsgegnerin
      Verfahrensbevollmächtigter: Rechtsanwalt . . .,
   3. Kreis-/Stadt-/Jugendamt . . .

wegen Ausschluss des Umganges

wird beantragt,
   1. das Umgangsrecht für den Antragsgegner mit dem Kind . . ., geb. am . . ., für die Dauer von . . . oder bis zum . . . auszuschließen;
   2. der Antragstellerin unter Beiordnung des Unterzeichners Prozesskostenhilfe zu bewilligen.

Die Erklärung über die persönlichen und wirtschaftlichen Verhältnisse liegt an/wird nachgereicht.

Die Erfolgsaussicht dieses Antrags ergibt sich aus der nachfolgenden Begründung.

Begründung:
Die Ehe der Beteiligten zu 1) und 2) wurde durch Urteil des erkennenden Gerichts vom . . . am . . . rechtskräftig geschieden. Das Sorgerecht für . . . wurde der Mutter übertragen. Durch Vereinbarung vom . . . hatten sich die Eltern über den Umgang des Vaters mit dem Kind geeinigt. Um Beiziehung der Scheidungsakte wird gebeten.

. . .weigert sich seit mehreren Wochen beharrlich, mit ihrem Vater zusammen zu sein. Nur mit allergrößten Mühen war es bei den letzten beiden Besuchsterminen noch möglich, das Kind zum Kontakt mit dem Vater zu bewegen und bei ihm zu bleiben. Der Antragsgegner hat bereits nach etwa . . . Stunden das Kind wieder zurückgebracht, weil es sich massiv gegen ihn auflehnte.

Dieses wird eine persönliche Anhörung der Beteiligten ergeben.

Hintergrund des ablehnenden Verhaltens dürfte sein, dass der Antragsgegner sich bei den Besuchsterminen kaum persönlich um das Kind kümmert, sondern sich mit Fernsehen und Computerspielen beschäftigen lässt. Eine tragfähige Vater-Kind-Beziehung besteht offensichtlich nicht. Der Vater nimmt die Umgangsrechtstermine erkennbar nur wahr, um seine Vaterrolle zum Schein auszufüllen.

7. Antrag auf Ausschluss des Umgangsrechts

Wegen der zunehmenden Entfremdung ist damit zu rechnen, dass . . . zukünftig nur noch mit Gewalt dazu veranlasst werden kann, zum Vater zu gehen. Dies wäre unzulässig und auch mit dem Kindeswohl nicht vereinbar. Der Ausschluss des Umgangsrechtes zunächst für die Dauer von . . . Jahr . . . ist geeignet und erforderlich, um eine schwere Entwicklungsstörung des Kindes zu vermeiden

Beweis: Einholung eines Sachverständigengutachtens

. . .

Rechtsanwältin

711   8. Antrag auf Sorgerechtsänderung, § 1696 BGB (FGG-Verfahren) (Muster)

An das Amtsgericht
– Familiengericht –

Antrag

In dem Verfahren des Kindes
   ..., geb. ...

Beteiligte:

1. Herr ... Vater, Antragsteller
   Verfahrensbevollmächtigter: Rechtsanwalt ...,
2. Frau ... Mutter, Antragsgegnerin
   Verfahrensbevollmächtigter: Rechtsanwalt ...,
3. Kreis-/Stadt-/Jugendamt ...

wegen Sorgerechtsänderung

wird beantragt,

1. den Beschluss des Amtsgerichts-Familiengerichts vom ..., Aktenzeichen ..., aufzuheben und dem Antragsteller die elterliche Sorge für ..., geb. am ..., zu übertragen;
2. dem Antragsteller unter Beiordnung des Unterzeichners Prozesskostenhilfe zu bewilligen.

Die Erklärung über die persönlichen und wirtschaftlichen Verhältnisse liegt an/wird nachgereicht.

Die Erfolgsaussicht dieses Antrags ergibt sich aus der nachfolgenden Begründung.

Begründung:

Seit der Entscheidung des Familiengerichts vom ..., in welchem der Kindesmutter die elterliche Sorge übertragen worden war, haben sich die das Kindeswohl betreffenden Verhältnisse nachhaltig verändert:

Zum damaligen Zeitpunkt hatte die Antragsgegnerin genügend Zeit, sich in dem notwendigen Umfange um das gemeinsame Kind zu kümmern. Sie war damals keiner Beschäftigung nachgegangen oder hatte auch ansonsten keine andere zeitlich belastende Tätigkeit. Doch schon ein halbes Jahr nach dem vorgenannten Beschluss hat die Antragsgegnerin – wie jetzt bekannt wurde – ein Studium der ... aufgenommen, das sie zeitlich jeden Tag sehr stark in Anspruch nimmt, so dass sie das Kind nicht mehr in dem notwendigen Maße versorgen, betreuen und insbesondere nicht medizinisch versorgen kann. Die Antragsgegnerin ist täglich zu verschiedenen Tageszeiten mindestens fünf bis sechs Stunden an der Universität. Demzufolge ist sie nicht in der Lage, die mit der elterlichen Sorge verbundenen Pflichten ausreichend zu erfüllen.

Die Antragsgegnerin hat das Studium der ... aufgenommen. Dies umfasst mindestes bis zu acht Semester. Bisher hat sie nach den vorliegenden Informationen höchstens zwei Semester absolviert, so dass sie in den nächsten drei Jahren nicht mehr – wie bisher – in der Lage sein wird, die notwendige Zeit für das Kind der Beteiligten aufzubringen.

Der Vater ist zur Betreuung des Kindes bereit und dazu auch besser in der Lage, weil er für das Kind weitgehend den ganzen Tag zur Verfügung stehen kann und es daher intensiv versorgen und betreuen kann. Er kann sich konkret auf die Alltagssorgen des Kindes einstellen, es hierbei unterstützen und entsprechend betreuen, ferner mit ihm die Freizeit verbringen und notwendige schulische Probleme durchsprechen. Gerade in den nächsten Jahren, in denen viele neue schulische Situationen auf das Kind zukommen, benötigt das Kind einen häufigen und zuverlässigen Ansprechpartner.

Die derzeitigen Sorgerechtsverhältnisse widersprechen also dem Kindeswohl. Daher ist es geboten, dass der Kindesvater die elterliche Sorge schnellstmöglich übertragen erhält. Das wird die einzuholende Stellungnahme des Jugendamtes bestätigen.

Beweis: (Vorsorglich) Einholung eines kinderpsychologischen Gutachtens

. . .

Rechtsanwalt

Teil 5: Verwandtenunterhalt

Inhaltsverzeichnis

	Rn.
Abschnitt 1: Systematische Erläuterungen	1
A. Grundlagen der Einkommensermittlung	1
I. Allgemeines	2
II. Einkünfte aus nichtselbstständiger Arbeit	6
1. Allgemeine Grundsätze	6
2. Bestandteile des Erwerbseinkommens	9
3. Nettoeinkommen	14
4. Berufliche Aufwendungen	20
a) Kosten der Fahrt zur Arbeitsstelle	21
b) Beiträge zu Berufsverbänden/Gewerkschaften	32
c) Arbeitsmittel	33
d) Kinderbetreuungskosten	34
e) Kosten des Umgangsrechts	35
f) Aufwendungen im Zusammenhang mit einzelnen Einkommensbestandteilen	36
III. Einkünfte aus selbstständiger Tätigkeit	37
1. Bereinigtes Nettoeinkommen	38
2. Feststellung des Gewinns	39
3. Unterhaltsrechtliche Korrekturen	42
a) Praxisrelevante Positionen	42
b) Tatrichterliche Prüfung	46
4. Privatentnahmen als Bemessungsgrundlage	49
5. Prozessuales Vorgehen	51
IV. Einkünfte aus Kapitalvermögen	53
1. Ertragreiche Anlage vorhandenen Vermögens	54
2. Fiktive Zurechnung bei mutwilligem Verbrauch	55
V. Sozialstaatliche Zuwendungen	56
1. Sozialstaatliche Zuwendungen mit Lohnersatzfunktion	57
2. Sozialstaatliche Zuwendungen mit Unterstützungs- und Förderungsfunktion	58
3. Aufwendungen des Empfängers von sozialstaatlichen Leistungen	59
VI. Sozialleistungen infolge eines Körper- oder Gesundheitsschadens § 1610a BGB	60
VII. Versorgungsleistungen für Dritte	63
VIII. Fiktives Einkommen im Unterhaltsrecht	64
IX. Freiwillige Leistungen von Dritten	68
B. Grundlegende Änderungen des Unterhalts minderjähriger Kinder durch das Gesetz zur Vereinheitlichung des Unterhaltsrechts minderjähriger Kinder (Kinderunterhaltsgesetz – KindUG)	70
I. Vorbemerkung	70
II. Regelbetrag und RegelbetragVO	72
III. Festsetzung des Kindesunterhalts	78
1. Statischer Individualunterhalt	82
2. Dynamisierter Unterhalt als Vomhundertsatz des jeweiligen Regelbetrages	83
IV. Anrechnung des Kindergeldes und regelmäßig wiederkehrender kindbezogener Leistungen	88
1. Kindergeld als Steuervergünstigung	88
2. Kindergeldanrechnung	94
3. Anrechnung regelmäßig wiederkehrender kindbezogener Leistungen	108
4. Auskehrung des Kindergeldes an das Kind	111
V. Änderungen in anderen Gesetzen	112
1. Änderungen des Unterhaltsvorschussgesetzes (UVG)	112
2. Änderungen des SGB VIII – Kinder- und Jugendhilfe	116
a) Aufnahme einer Verpflichtungserklärung	116
b) Anspruchsübergang nach § 94 Abs. 3 SGB VIII	117
C. Allgemeine Grundlagen des Individualunterhalts	120
I. Tatbestandliche Voraussetzungen der Unterhaltspflicht	120
II. Prozessuale Besonderheiten	123
III. Bedürftigkeit	125
1. Bedürftigkeit des minderjährigen unverheirateten Kindes	125
a) Erwerbsobliegenheit	126
b) Einkommensanrechnung	127
c) Vermögenseinsatz/-verwertung	129

2. Bedürftigkeit des volljährigen Kindes ... 130
   a) Erwerbsobliegenheit/Eigenverantwortung des volljährigen Kindes ... 130
   b) Einkommensanrechnung ... 132
   c) Wehrdienst/Zivildienst/freiwilliges soziales Jahr/Strafhaft ... 140
   d) Leistungen von Dritten ... 145
   e) Kindergeld ... 146
   f) Vermögenseinsatz/-verwertung ... 147
   g) Wiederaufleben des Unterhaltsanspruchs ... 149
IV. Bemessung des Unterhalts ... 150
   1. Lebensstellung des Kindes ... 150
      a) Lebensstellung des minderjährigen Kindes ... 151
      b) Lebensstellung des volljährig gewordenen Kindes ... 152
      c) Maßgeblichkeit des tatsächlichen Lebensstandards der Eltern ... 153
   2. Unterhaltstabellen ... 155
      a) Richterliche Entscheidungshilfen ... 155
      b) Inhaltliche Ausgestaltung ... 156
         aa) Höher- und Herabstufung ... 157
         bb) Höchstbetragsüberschreitung ... 160
         cc) Kürzung der Tabellenbeträge ... 161
         dd) Wohnbedarf ... 162
         ee) Staatliches Kindergeld ... 163
         ff) Kosten der Kranken- und Pflegeversicherung ... 164
         gg) Stichtagsbezogene Anwendung ... 165
         hh) Behandlung des volljährigen Kindes ... 166
            (1) Unterhaltsbedarf eines im Haushalt eines Elternteils lebenden volljährigen Kindes ... 168
            (2) Unterhaltsbedarf eines volljährigen Kindes mit eigenem Hausstand/im Studium ... 169
            (3) Unterhaltsbedarf eines volljährigen Kindes bei Heimunterbringung ... 170
         ii) Beweislast ... 171
   3. Bar- und Naturalunterhalt ... 174
   4. Bestimmungsrecht der Eltern nach § 1612 Abs. 1 BGB ... 182
      a) Inhaltliche Anforderungen ... 182
      b) Bestimmungsberechtigte ... 186
      c) Wirksamkeit der Bestimmung ... 189
      d) Abänderung der Bestimmung ... 192
   5. Kosten einer angemessenen Vorbildung zu einem Beruf (§ 1610 Abs. 2 BGB) ... 200
   6. Haftung der Eltern nach § 1606 Abs. 3 BGB ... 230
      a) Gleichrangige Haftung ... 230
      b) Einsatzzeitpunkt ... 232
      c) Bedarfsbemessung ... 233
      d) Bestimmung der Haftungsanteile ... 234
      e) Berechnung für volljährige nach § 1603 Abs. 2 Satz 2 BGB privilegierte Kinder ... 237
      f) Zusammentreffen von minderjährigen und privilegierten volljährigen Kindern ... 238
      g) Erwerbsobliegenheit der Eltern ... 239
      h) Ersatzhaftung eines Elternteils ... 240
      i) Beweislast ... 241
      j) Auskunftsanspruch des beklagten Elternteils ... 243
   7. Mehrbedarf und Sonderbedarf ... 244
   8. Prozesskostenvorschuss ... 250
      a) Rechtsnatur ... 250
      b) Anspruchsberechtigung ... 252
      c) Voraussetzungen ... 253
      d) Zeitliche Grenzen ... 257
      e) Rückzahlung des Prozesskostenvorschusses ... 260
      f) Prozesskostenvorschuss und Prozesskostenhilfe ... 262
V. Leistungsfähigkeit des Unterhaltspflichtigen ... 264
   1. Allgemeines ... 264
   2. Unterhaltspflicht gegenüber Ansprüchen minderjähriger unverheirateter und ihnen nach § 1603 Abs. 2 Satz 2 BGB gleichgestellter Kinder ... 266
      a) Das privilegierte volljährige unverheiratete Kind gem. § 1603 Abs. 2 Satz 2 BGB ... 266
      b) Die gesteigerte Unterhaltspflicht ... 281
         aa) Bestimmung der Leistungsfähigkeit durch das tatsächlich erzielte Einkommen des Unterhaltspflichtigen ... 283
            (1) Berücksichtigung aller Einkünfte ... 283
            (2) Abzugsfähigkeit von Schulden ... 288

(bb)	Bestimmung der Leistungsfähigkeit durch die Arbeits- und Erwerbsfähigkeit des Unterhaltspflichtigen	297	
(1)	Erwerbsobliegenheit des Unterhaltspflichtigen	297	
(2)	Leistungsfähigkeit und Arbeitslosigkeit	300	
(3)	Leistungsfähigkeit und Aus-/Weiterbildung	305	
(cc)	Beachtlichkeit verminderter/fehlender Leistungsfähigkeit	308	
(1)	Grundsatz	308	
(2)	Freiwillige Aufgabe einer versicherungspflichtigen Tätigkeit	309	
(3)	Verschuldeter, aber ungewollter Arbeitsplatzverlust	315	
(4)	Beweislast	322	
(dd)	Leistungsfähigkeit des Hausmanns/der Hausfrau in neuer Ehe	323	
(ee)	Gesteigerte Unterhaltspflicht und Selbstbehalt	340	
(ff)	Gesteigerte Unterhaltspflicht und Vermögenseinsatz	344	
(gg)	Gesteigerte Unterhaltspflicht und Einsatz des Erziehungsgeldes	345	
c)	Wegfall der gesteigerten Unterhaltspflicht	346	
d)	Rangfragen des Kindesunterhalts	352	
3.	Unterhaltspflicht gegenüber Ansprüchen volljähriger Kinder	356	
a)	Erwerbsobliegenheit	357	
b)	Eingehung von Verbindlichkeiten	358	
c)	Angemessener Selbstbehalt	359	
d)	Keine Geltung der Grundsätze zur Hausmann-/Hausfrauenrechtsprechung	360	
VI.	Ersatzhaftung und Forderungsübergang	362	
VII.	Verjährung des Unterhaltsanspruchs	364	
1.	Dauer der Verjährung	365	
2.	Beginn der Verjährung	368	
3.	Hemmung der Verjährung	370	
4.	Neubeginn der Verjährung	377	
5.	Vereinbarungen über die Verjährung	380	
6.	Übergangsregelungen	381	
VIII.	Beschränkung und Wegfall des Unterhaltsanspruchs	385	

IX.	Verzicht auf den Unterhaltsanspruch	392	
1.	Verzicht auf künftigen Unterhalt	392	
2.	Verzicht für die Vergangenheit	395	
X.	Freistellungsvereinbarungen der Eltern	396	
1.	Erfüllungsübernahme	396	
2.	Sittenwidrigkeit	397	
3.	Zuständigkeit des Familiengerichts	399	
XI.	Kindesunterhalt und Einigungsvertrag	400	
1.	Bedarfsbemessung	401	
2.	Leistungsfähigkeit des Unterhaltspflichtigen	404	
3.	Umstellung von Titeln	406	
4.	Unterhaltsabfindungen	407	
5.	Abänderung von DDR-Unterhaltstiteln	410	
XII.	Unterhalt für die Vergangenheit	414	
1.	Unterhalt ab Zugang eines Auskunftsverlangens	417	
2.	Unterhalt ab Inverzugsetzung	420	
a)	Bezeichnung der geschuldeten Leistung	425	
b)	Mahnung nach Eintritt der Fälligkeit	431	
c)	Vertretungsprobleme	433	
d)	Zeitliche Grenzen der Mahnung	437	
e)	Wegfall der Mahnungswirkungen	441	
(aa)	Rückwirkende Beseitigung	442	
(bb)	Beendigung für die Zukunft	443	
f)	Entbehrlichkeit der Mahnung	445	
g)	Mahnungssurrogate	452	
aa)	Prozesskostenhilfegesuch	453	
bb)	Sozialhilferechtliche Möglichkeiten	454	
(1)	Bundessozialhilfegesetz	455	
(2)	Unterhaltsvorschussgesetz	457	
(3)	Arbeitsförderungsgesetz	458	
(4)	Ausbildungsförderungsgesetz	459	
h)	Folgen der Mahnung	460	
3.	Unterhalt ab Rechtshängigkeit	462	
4.	Verwirkung des Anspruchs auf Zahlung rückständigen Unterhalts	464	
5.	Ausnahmeregelungen für rückwirkende Unterhaltsforderungen	468	
a)	Sonderbedarf	468	
b)	Rechtliche Hinderungsgründe	469	
c)	Tatsächliche Hinderungsgründe	472	

	d) Stundung/Erlass bei Hinderungsgründen rechtlicher und tatsächlicher Art	473	
XIII.	Auskunftsanspruch bei Verwandten in gerader Linie	474	
	1. Pflicht zur Auskunftserteilung	474	
	2. Auskunftsberechtigte	481	
	3. Inhalt der Auskunftspflicht	484	
	4. Belegpflicht	489	
	5. Eidesstattliche Versicherung	494	
	6. Verspätete Auskunft	495	
	7. Erneute Auskunftspflicht	496	
	8. Prozessuales	501	
	9. Auferlegung von Prozesskosten nach §§ 93d, 269 Abs. 3 Satz 2 ZPO bei Verletzung der Auskunftspflicht	508	
XIV.	Vertretung des Kindes im Prozess	510	
	1. Klageverfahren	510	
	a) Bestehen der Prozessstandschaft	510	
	b) Fortfall der Prozessstandschaft	515	
	c) Prozessstandschaft bei gemeinsamer elterlicher Sorge	518	
	2. Abänderung und Vollstreckung	519	

D. Das Vereinfachte Verfahren über den Unterhalt Minderjähriger — 523
- I. Allgemeine Vorschriften — 523
  - 1. Örtliche Zuständigkeit — 523
  - 2. Prozessuale Auskunftspflicht — 525
  - 3. Einstweilige Anordnung — 528
- II. Vorschriften für das vereinfachte Verfahren — 529
  - 1. Zulässigkeit des vereinfachten Verfahrens — 530
  - 2. Antragsvoraussetzungen — 533
  - 3. Beteiligung des Antragsgegners — 536
  - 4. Einwendungsmöglichkeiten des Antragsgegners — 538
    - a) Einwendungen nach § 648 Abs. 1 ZPO — 539
    - b) Einwendungen nach § 648 Abs. 2 ZPO — 541
  - 5. Verfahrensfortgang bei fehlenden, zurückzuweisenden oder unzulässigen Einwendungen des Unterhaltspflichtigen — 544
  - 6. Verfahrensfortgang bei nicht zurückzuweisenden oder zulässigen Einwendungen des Unterhaltspflichtigen — 546
  - 7. Übergang in das streitige Verfahren — 547
  - 8. Rechtsmittel gegen den Festsetzungsbeschluss — 551
  - 9. Regelunterhalt und Kindschaftsprozess — 552
  - 10. Abänderungsklage nach § 654 ZPO — 555
  - 11. Änderungen der nach §§ 1612b, 1612c BGB anzurechnenden Leistungen — 557
    - a) Neufestsetzung bei Änderung der anzurechnenden Leistungen — 557
    - b) Abänderungsklage nach § 656 ZPO — 561
  - 12. Abgabe von Anträgen und Erklärungen im vereinfachten Verfahren — 563
  - 13. Maschinelle Bearbeitung im vereinfachten Verfahren — 564
  - 14. Vordrucke für das vereinfachte Verfahren — 565
  - 15. Zwangsvollstreckung — 566

E. Übergangsvorschriften des KindUG — 567
- I. Regelbeträge im Beitrittsgebiet — 567
- II. Umstellung von Alttiteln auf die Regelbeträge der RegelbetragVO — 568
  - 1. Grundlagen der Umstellung, Art. 5 § 3 Abs. 1 KindUG — 569
  - 2. Verfahren, Art. 5 § 3 Abs. 2 KindUG — 571
- III. Anpassung von Alttiteln nach dem Unterhaltstitelanpassungsgesetz — 575

F. Unterhalt für das Kind und seine nicht miteinander verheirateten Eltern — 583
- I. Vorbemerkung — 583
- II. Ansprüche der Mutter des nichtehelichen Kindes — 585
  - 1. Unterhaltsanspruch der Mutter nach § 1615l Abs. 1 Satz 1 BGB — 585
  - 2. Anspruch auf die Kosten der Schwangerschaft und der Entbindung nach § 1615l Abs. 1 Satz 2 BGB — 590
  - 3. Unterhaltsanspruch der Mutter wegen Erwerbslosigkeit, sog. erweiterter Unterhaltsanspruch — 593
    - a) Anspruch nach § 1615l Abs. 2 Satz 1 BGB — 593
    - b) Anspruch nach § 1615l Abs. 2 Satz 2 BGB — 594
      - aa) Betreuungsbedürftigkeit des Kindes — 595
      - bb) Anspruchszeitraum — 596
      - cc) Maß des Unterhalts — 600
      - dd) Selbstbehalt des Unterhaltspflichtigen — 606
      - ee) Anspruchskonkurrenz — 608

ff)	Rangverhältnisse	610
gg)	Beweislast	614
hh)	Behandlung von Altfällen	615
III.	Betreuungsunterhalt des Vater nach § 1615l Abs. 4 BGB	616
IV.	Verwirkung	619
V.	Rückständiger Unterhalt	620
VI.	Verjährung	621
VII.	Tod des Vaters	623
VIII.	Vorläufige Sicherstellung des Unterhalts des Kindes, der Mutter, des Vaters	624
	1. Unterhalt des Kindes	624
	2. Unterhalt der Mutter	625
	3. Unterhalt des Vaters	629
IX.	Bisherige Regelung der Unterhaltspflicht gegenüber nichtehelichen Kindern	630
	1. Allgemeines	630
	2. Individualanspruch	631
	a) Übergang des Unterhaltsanspruchs	632
	b) Bemessung des Unterhalts	637
	c) Unterhalt für die Vergangenheit	638
	d) Vereinbarungen für die Zukunft; Abfindungsverträge	639
	3. Regelunterhalt	640
	a) Materiellrechtliche Grundlagen	640
	b) Verfahrensrecht	645
G.	Unterhalt der Eltern	647
I.	Bedürftigkeit der Eltern	647
	1. Anspruchsberechtigung	647
	2. Bedarf	650
	3. Bedürftigkeit	653
	4. Einsatz des Vermögens	655
II.	Leistungsfähigkeit der Kinder	656
	1. Einkünfte und Erwerbsmöglichkeiten	657
	2. Angemessener Unterhaltsbedarf/Selbstbehalt des Kindes	665
	3. Berücksichtigung von Schulden und unterhaltsrechtlich erheblichen Belastungen	683
	4. Berücksichtigung von Unterhaltsansprüchen	686
	5. Vermögensverwertung	690
III.	Anteilige Haftung der Kinder	692
IV.	Vorrang des Ehegattenunterhalts nach §§ 1360, 1360a BGB	695
V.	Wegfall der Unterhaltspflicht	699

Abschnitt 2: Rechtsprechunglexikon – ABC des Unterhaltsrechts — 700

A. ABC des Individualunterhalts ehelicher und außerhalb einer bestehenden Ehe geborener Kinder — 701

B. ABC des Unterhalts für das Kind und seine nicht miteinander verheirateten Eltern — 702

C. ABC des Unterhalts der Eltern — 703

Abschnitt 3: Arbeits- und Beratungshilfen — 704

1. Düsseldorfer Tabelle (Stand: 1.7.2003) — 704
2. Anlage zu Teil A Anmerkung 10 der Düsseldorfer Tabelle (Stand: 1.7.2003) — 705
3. Berliner Tabelle als Vortabelle zur Düsseldorfer Tabelle mit den Kindergeldabzugstabellen für das alte Bundesgebiet und für das Beitrittsgebiet (Stand: 1.7.2003) — 706

Literatur:

Bernreuther, Zur Berücksichtigung von Schulden des Verpflichteten bei der Unterhaltsberechnung, FamRZ 1995, 769; *Bißmeier*, Der Prozeßkostenvorschuß in der familiengerichtlichen Praxis, FamRZ 2002, 863; *Born, W.*, Verlust der Arbeit und Bewerbungsbemühungen – ein Bonus für sorgloses Verhalten?, FamRZ 1995, 523; *Breiholdt*, Zur Verwirkung von Kindesunterhalt, NJW 1993, 305; *Brudermüller*, Solidarität und Subsidiarität im Verwandtenunterhalt, FamRZ 1996, 129 u. 915; *ders.*, Umstellung von Alt-Unterhaltsforderungen aus der ehemaligen DDR, FamRZ 1992, 280; *Brüne*, Informationspflichten im Unterhaltsrecht, FamRZ 1983, 657; *Buchholz*, Zum Unterhaltsbestimmungsrecht der Eltern gegenüber volljährigen Kindern nach § 1612 II BGB, FamRZ 1995, 705; *Büdenbender*, Der Unterhaltsanspruch des Vaters eines nichtehelichen Kindes gegen die Kindesmutter, FamRZ 1998, 129; *Büttner*, Auswirkungen der Pflegeversicherung auf das Unterhaltsrecht, FamRZ 1995, 193; *ders.*, Durchsetzung von Auskunfts- und Rechnungslegungstiteln, FamRZ 1992, 629; *ders.*, Schuldrechtsmodernisierung und Familienrecht, insbesondere Verjährung, Verwirkung und Verzug, FamRZ 2002, 361; *Duderstadt*, Zum Prozeßkostenvorschußanspruch minderjähriger und volljähriger Kinder, FamRZ 1995, 1305; *Ehlers/Arens*, Die einkommensteuerliche Berücksichtigung von Kindern, FamRZ 1996, 385; *Finger*, Beschränkung und Ausschluß der Unterhaltspflicht nach § 1611 Abs. 1 BGB,

FamRZ 1995, 969; *Fischer,* Anm. zu LG Essen, Leistungsfähigkeit einer ihrer Mutter unterhaltspflichtigen Ehefrau, FamRZ 1993, 732; *Gerhardt,* Die neue Kindergeldverrechnung ab 1. 1. 2001, FamRZ 2001, 65;*Gießler,* Erlöschen der elterlichen Prozeßführungsbefugnis und Übergang zum familienrechtlichen Ausgleichsanspruch, FamRZ 1994, 800; *ders.,* Einstweiliger Rechtsschutz beim vereinfachten Verfahren auf Kindesunterhalt, FamRZ 2001, 1269; *Graba,* Zur Mietersparnis im Unterhaltsrecht, FamRZ 1995, 385; *ders.,* Fiktives Einkommen im Unterhaltsrecht, FamRZ 2001, 1257; *ders.,* Die Abänderung von Unterhaltstiteln bei fingierten Verhältnissen, FamRZ 2002, 6; *Greßmann/Rühl,* Zum RegEntwurf eines Kindesunterhaltsgesetzes, DAVorm 1997, 161; *Hauss,* Wege aus der Mangelfallberechnung – Verbraucherinsolvenz und Unterhalt, MDR 2002, 1163; *Heinle,* Unterhaltsanspruch hilfe- bzw. pflegebedürftiger Eltern gegen ihre Kinder, FamRZ 1992, 1337; *Henrich,* Berücksichtigung des Unterhaltsanspruchs gegen den Ehegatten bei Unterhaltsverpflichtung gegenüber Eltern, FamRZ 1992, 589; *Hochgräber,* Zur Vollstreckung von in Prozeßstandschaft von einem Elternteil erwirkten Kindesunterhaltstiteln, FamRZ 1996, 272; *Hoppenz,* Die Pflicht zur ungefragten Information, FamRZ 1989, 337; *Janzen,* Das Kinderrrechteverbesserungsgesetz, FamRZ 2002, 785; *Kalthoener/Büttner,* Die Entwicklung des Unterhaltsrechts bis Anfang 1994, NJW 1994, 1829; *dies.,* Die Entwicklung des Unterhaltsrechts bis Anfang 1997, NJW 1997, 1818; *dies.,* Prozeßkostenhilfe und Beratungshilfe; *Kemnade/Scholz/Zieroth,* FamRZ Buch 1, Familienrecht 1996, S. 280; *Kleinle,* Der Entwurf eines Gesetzes zur Vereinheitlichung des Unterhaltsrechts minderjähriger Kinder (Kindesunterhaltsgesetz) i. d. F. v. 7. März 1996, DAVorm 1996, 813; *Knittel,* Das neue Kindesunterhaltsrecht, DAVorm 1998, 178; *Künkel,* Erneute Änderung des § 91 BSHG, FamRZ 1996, 1509; *ders.,* Unterhaltsrecht und Sozialrecht aus der Sicht des Familienrichters, FamRZ 1991, 14; *Lohmann,* Neue Rechtsprechung des Bundesgerichtshofs zum Familienrecht, 8. Aufl.; *Maurer,* Gemeinsames Sorgerecht nach Scheidung und Streit über den Kindesunterhalt, FamRZ 1993, 263; *ders.,* Kindesunterhalt im Beitrittsgebiet, FamRZ 1994, 337; *Menter,* Der Elternunterhalt, FamRZ 1997, 919; *Miesen,* Der Unterhaltsanspruch des volljährigen Kindes gegen getrenntlebende oder geschiedene Eltern, FamRZ 1991, 125; *Oelkers,* Zur unterhaltsrechtlichen Bedeutung der Ferienarbeit von Schülern und Studenten, FuR 1997, 134; *Perlwitz,* Unterhaltstitel nach § 22 FGB und die Auswirkungen des § 323 Abs. 3 ZPO, FamRZ 1992, 636; *Pieper,* Die Neufassung der Düsseldorfer Tabelle zum 1. 7. 1998, FuR 1998, 101; *Ramsauer/Stallbaum,* BAFöG, 3. Aufl. 1991; *Renn/Niemann,* Die Heranziehung verheirateter Kinder zu Unterhaltsleistungen, FamRZ 1994, 473; *Riegner,* Grundzüge der Nürnberger Tabelle 1996, FamRZ 1996, 988; *Rogner,* Rechtliche Folgen einer Beendigung der Prozeßstandschaft im Unterhaltsprozeß durch Volljährigwerden des Kindes, NJW 1994, 3325; *Roth,* Die aktuelle Bedeutung des Art. 6 V GG für das Recht des nichtehelichen Kindes, FamRZ 1991, 139, 145; *Scholz,* Das Jahressteuergesetz 1997, FamRZ 1997, 274; *ders.,* Das Jahressteuergesetz und die Düsseldorfer Tabelle, Stand: 1. 1. 1996, FamRZ 1996, 65; *ders.,* Die Düsseldorfer Tabelle (Stand 1. 7. 1992), FamRZ 1993, 125; *ders.,* Existenzminimum und Kindergeldverrechnung – Zur Neufassung des § 1612b Abs. 5 BGB, FamRZ 2000, 1541; *ders.,* Die Düseldorfer Tabelle und die Berliner Tabelle (Stand: 1. 7. 2001), FamRZ 2001,1045; *Schütz,* Einschränkung bzw. Wegfall der Unterhaltsverpflichtung bei Kontaktverweigerung, FamRZ 1992, 1138; *Soyka,* Kindergeldverrechnung nach der Neufassung des § 1612b Abs. 5 BGB, FamRZ 2001, 740; *Schwab/Borth,* Handbuch des Scheidungsrechts, 3. Aufl.; *Schwolow,* Grundzüge zum Entwurf des Kindesunterhaltsgesetzes, FuR 1997, 4; *Stoffregen,* Unterhaltsverpflichtung gegenüber pflegebedürftigen Eltern, FamRZ 1996, 1496; *Strohal,* Einflüsse der Rentenreform 2001 auf die Unterhaltsberechnung, FamRZ 2002, 277; *ders.,* Der Vorruhestand im Unterhaltsrecht, FamRZ 1996, 197; *Van Els,* Vorläufige Auskunft im Unterhaltsprozeß, FamRZ 1995, 650; *Vogel,* Unterliegen die Kosten einer Klassenfahrt der Bestimmung des Sonderbedarfs, FamRZ 1991, 1134; *Vossenkämper,* Kindergeldabzug beim Kindesunterhalt ab 1. 1. 2001, FamRZ 2000, 1547; *Wagner,* Zum Referentenentwurf eines Gesetzes zur Vereinheitlichung des Unterhaltsrechts minderjähriger Kinder, FamRZ 1996, 705; *ders.,* Zum Referentenentwurf eines Gesetzes zur Vereinheitlichung des Unterhaltsrechts minderjähriger Kinder, FamRZ 1997, 1513; *Wever/Schilling,* Streitfragen zum Unterhalt nicht miteinander verheirateter Eltern wegen Kindesbetreuung, FamRZ 2002, 581; *Wichmann,* Die Reform des Kindschaftsrecht in der Diskussion, FuR 1996, 161; *ders.,* Steuerrecht und Kindesunterhalt – Zum Jahressteuergesetz 1996 –, FamRZ 1995, 1241; *Wohlgemuth,* Das Kindesunterhaltsgesetz und seine praktischen Auswirkungen – ein schlichter Fall, FamRZ 1997, 471; *dies.,* Quotenhaftung der Eltern beim Volljährigenunterhalt, FamRZ 2001, 321; *dies.,* Auswirkungen des § 1612b Abs. 5 BGB auf den Volljährigen- und Ehegatten-Unterhalt, FamRZ 2001, 742.

Abschnitt 1: Systematische Erläuterungen

A. Grundlagen der Einkommensermittlung

Die Unterhaltsberechnung macht in der Praxis eine sorgfältige Ermittlung des unterhaltsrechtlichen Einkommens der an dem Unterhaltsrechtsverhältnis beteiligten Personen erforderlich. Diese hat am Beginn eines jeden Mandats zu stehen. 1

I. Allgemeines

Als **unterhaltsrechtlich relevantes Einkommen** sind alle Einkünfte heranzuziehen, die dem Berechtigten wie dem Verpflichteten zufließen, gleich welcher Art diese Einkünfte sind und aus welchem Anlass sie erzielt werden (BGH, FamRZ 1982, 250, 251; 1986, 780; 1994, 228, 230). Unterhaltsrechtlich relevante Einkünfte können danach sein: Einkünfte aus Land- und Forstwirtschaft, Gewerbebetrieb, selbständiger Tätigkeit, nichtselbständiger Tätigkeit, Kapitalvermögen, Vermietung und Verpachtung, sonstige Einkünfte nach § 22 EStG (Leibrente BGH, FamRZ 1994, 228), vermögenswerte Vorteile (kostenfreie Nutzung einer Immobilie, Sachbezug: PKW), sozialstaatliche Zuwendungen, Versorgungsleistungen für Dritte. 2

Zu den vermögenswerten Vorteilen rechnet als **Gebrauchsvorteil** i. S. d. § 100 BGB auch der **Wert des mietfreien Wohnens** in einer eigenen Immobilie. Entsprechend den Grundsätzen zum Ehegattenunterhalt kann dieser auch beim Kindesunterhalt bemessen werden. Es ist auf die ersparte ortsübliche Miete für eine dem ehelichen Lebensstandard entsprechende angemessene kleinere Wohnung abzustellen. Diese Bewertung kann noch für eine Übergangszeit nach Rechtskraft der Scheidung maßgeblich sein, wenn die Immobilie beiden Ehegatten gehört, sie deshalb gemeinsam die Verwertung vornehmen müssen und sie neben einem Ehegatten noch durch ein weiteres gemeinsames Kind bewohnt wird (OLG Koblenz, Urt. v. 19. 9. 2001 – 9 UF 62/01 – OLGR 2002, 29). 3

Maßgeblich ist, dass die Einkünfte geeignet sind, den **laufenden Lebensbedarf** des Berechtigten wie des Verpflichteten zu decken. 4

Die Einkommensermittlung ist unabhängig davon, ob es sich um den Anspruch eines Ehegatten oder eines Kindes handelt. Sie hat bei dem Berechtigten und Verpflichteten zudem nach gleichen Grundsätzen zu erfolgen. 5

II. Einkünfte aus nichtselbstständiger Arbeit

1. Allgemeine Grundsätze

Heranzuziehen sind **alle Leistungen,** die dem Erwerbstätigen **aus dem Arbeits- oder Dienstverhältnis** zufließen, unabhängig davon, ob sie laufend oder unregelmäßig erbracht werden(BGH, FamRZ 1980, 342; 1982, 250). 6

Jährlich in vergleichbarer Höhe **wiederkehrende Einkünfte** (Urlaubs- und Weihnachtsgeld) sind auf das Jahr umzurechnen (BGH, FamRZ 1982, 250, 252; 1985, 155, 157). 7

Das Einkommen sollte – **möglichst zeitnah** – bezogen auf den Zeitraum eines Jahres dargestellt werden (BGH, FamRZ 1983, 996). 8

2. Bestandteile des Erwerbseinkommens

9 Darunter fallen alle mit dem Arbeits- oder Dienstverhältnis verbundenen **Zusatzzahlungen** wie Urlaubs- und Weihnachtsgeld, Ortszuschlag, Mehrarbeitsvergütung, Zulagen, Prämien, Deputate, Spesen und Auslösungen.

10 Einkommen aus **Überstunden/Mehrarbeit** findet ebenfalls grds. unterhaltsrechtliche Berücksichtigung (BGH, FamRZ 1980, 984). Es kann aber nach Zumutbarkeitsgesichtspunkten außer Ansatz bleiben (BGH, FamRZ 1982, 779, 780). Dies kann in Fällen erwogen werden, in denen das Maß der Mehrarbeit den in dem jeweiligen Berufszweig üblichen Rahmen in bedeutsamer Weise übersteigt.

11 Vielfach werden an den Arbeitnehmer **Abfindungen für den Verlust der Arbeitsstelle** gezahlt, die je nach Alter und Betriebszugehörigkeit gem. § 3 Nr. 9 EStG steuerfrei, in jedem Fall sozialabgabenfrei sind. Sie dienen dem Ausgleich oder der Milderung des Arbeitsplatzverlustes sowie zur Überbrückung der Übergangszeit bis zum Erwerb eines neuen Arbeitsplatzes. Als Ersatz für Arbeitsverdienst stellen sie anrechenbares Einkommen dar (BGH, FamRZ 2003, 590, 591; 2001, 278, 281; BGH, FamRZ 1987, 359 = NJW 1987, 1554; FamRZ 1982, 250, 251; OLG Frankfurt, NJWE-FER 2001, 280 n. rk. Az. des BGH: XII ZR 92/01; s. auch OLG Frankfurt, FamRZ 2000, 611; OLG Koblenz, NJWE-FER 2000, 137; OLG Dresden, NJWE-FER 1990, 372; OLG Koblenz, FamRZ 1991, 573; OLG Brandenburg, FamRZ 1995, 1220). Dies gilt in gleicher Weise für **Übergangsgebührnisse** und die **Übergangsbeihilfe** eines aus der Bundeswehr ausgeschiedenen Soldaten (BGH, FamRZ 1987, 930, 931). Derartige Leistungen sind im Rahmen einer sparsamen Wirtschaftsführung zur Deckung des Unterhaltsbedarfs der Unterhaltsberechtigten einzusetzen (BGH, FamRZ 1987, 359, 360). So ist der Unterhaltspflichtige in die Lage versetzt, für eine Übergangszeit trotz des weggefallenen Arbeitseinkommens die bisherigen wirtschaftlichen Verhältnisse aufrechtzuerhalten (OLG München, FamRZ 1995, 809).

12 Nach Lage des Falles (Höhe der Abfindung, voraussichtliche Dauer der Arbeitsplatzsuche, Unterhaltsbedarf der Gläubiger) bestimmt sich, auf welchen Zeitraum die Abfindung verteilt werden kann (OLG Braunschweig, FamRZ 1995, 356). Bei älteren Arbeitnehmern kann sie bis auf die Zeit zum voraussichtlichen Rentenbeginn verteilt werden (OLG Hamm, FamRZ 1999, 233; OLG Karlsruhe, FamRZ 2001, 1615 = FuR 2001, 547; in derartigen Fällen ist es gerechtfertigt, die Unterhaltsberechnung nach dem Halbteilungsgrundsatz vorzunehmen und nicht mehr den Erwerbstätigenbonus anzusetzen). Endet die Zeit der Arbeitslosigkeit vor Ablauf der prognostizierten Dauer, für die eine Abfindung umgelegt worden ist, ist der nicht verbrauchte Rest nicht dem Einkommen aus der neuen Erwerbstätigkeit hinzuzurechnen. Er ist wie gewöhnliches Vermögen zu behandeln, dessen in zumutbarer Weise erzielte oder erzielbare Erträgnisse als Einkommen zu betrachten sein können, während die Substanz im Regelfall außer Ansatz bleibt (OLG Frankfurt, NJWE-FER 2001, 280 = OLGR 2001, 262; s. dazu die Revisionsentscheidung des BGH, FamRZ 2003 590, 591; im Fall des gesetzlichen Güterstandes wird eine Abfindung dem Zugewinnausgleich zugeordnet, auch wenn deren Auszahlung nach dem für den Zugewinnausgleich maßgeblichen Stichtag fällt, sofern nur vor dem Stichtag eine gesicherte Position hinsichtlich der Abfindung erworben wurde: BGH, FamRZ 1998, 362). Besteht keine Aussicht auf einen neuen Arbeitsplatz, kann sie auf den Zeitraum von fünf bis sechs Jahren erstreckt werden (OLG Oldenburg, FamRZ 1996, 672; vgl. auch Strohal, FamRZ 1996, 197 ff.).

13 Teile der Abfindung können für **notwendige Anschaffungen** und zur **Tilgung von Schulden** verbraucht werden, sofern nicht unterhaltsbezogenes Verschulden einer Berufung auf den Verbrauch entgegensteht (BGH, FamRZ 1990, 269 = NJW 1990, 709; OLG Celle, FamRZ 1992, 590; OLG Hamm, FamRZ 1997, 1169 = OLGR 1997, 139; OLG München, FamRZ 1995, 809). Es ist ein strenger Maßstab anzulegen. Die Ausgabe für dringend notwendige Anschaffungen, die über die allgemeinen Lebenshaltungskosten nicht finanzierbar sind, ist ohne weiteres nicht leichtfertig. Dies gilt etwa für die Anschaffung eines Computers zur Eingliederung in das Berufsleben (OLG München, FamRZ 1998, 559). Ohne Vorwurf ist der Verbrauch ebenfalls, wenn der Unterhaltspflichtige

die Abfindung in Unkenntnis späterer Unterhaltspflichten zur Tilgung von **Hauslasten** eingesetzt hat (OLG Frankfurt, FamRZ 1996, 871).

3. Nettoeinkommen

Die Unterhaltsberechnung berücksichtigt das Nettoeinkommen, d. h. das Bruttoeinkommen abzüglich der jeweiligen steuerlichen Belastungen und der Sozialabgaben.

Steuern sind grds. in ihrer tatsächlichen Höhe abzusetzen, auch nach dem Wechsel der Steuerklasse (BGH, FamRZ 1980, 984; 1985, 911; 1988, 145, 486). Steuererstattungen/-nachzahlungen sollten nach dem Zu-/Abflussprinzip in dem Jahr berücksichtigt werden, in dem sie anfallen (BGH, FamRZ 1980, 984, 985).

Den Unterhaltspflichtigen trifft jedoch die **Obliegenheit**, Steuervorteile, die er in zumutbarer Weise erzielen könnte, in Anspruch zu nehmen. Dies gilt für die Vorteile aus dem **sog. begrenzten Realsplitting**. Grds. muss der steuerliche Vorteil zeitnah durch Eintragung eines Freibetrages und nicht erst im Nachhinein im Wege der Steuererklärung geltend gemacht werden. Indes kann von dem Unterhaltspflichtigen nur dann die Eintragung eines **Freibetrages** auf der Lohnsteuerkarte verlangt werden, wenn die Unterhaltshöhe betragsmäßig feststeht oder unstreitig ist (BGH, FamRZ 1999, 374; OLG Hamm, FamRZ 2000, 26).

Der durch die Wiederheirat des Unterhaltspflichtigen entstehende **Splittingvorteil** hat den Kindern aus der ersten Ehe in jedem Fall zu verbleiben. Dies gebietet der Gleichrang aller minderjährigen Kinder – gleich aus welcher Ehe – gem. § 1609 Abs. 1 BGB (BGH, FamRZ 1986, 798).

Ohne Verletzung der Unterhaltspflicht gegenüber der geschiedenen Ehefrau und den gemeinsamen Kindern kann der wiederverheiratete Unterhaltspflichtige, dessen Ehefrau ebenfalls erwerbstätig ist, die Steuerklasse IV/IV wählen (OLG Köln, FamRZ 1989, 65). Das Einkommen eines wiederverheirateten Unterhaltspflichtigen, der – im Streitfall durch die **Steuerklassenwahl** IV/IV – gezielt darauf hingewirkt hat, dass Einkünfte erst nachprozessual fließen, kann allerdings fiktiv nach der Steuerklasse III bemessen werden (OLG Hamm, FamRZ 1996, 505).

Neben den bei dem abhängig Beschäftigten anfallenden Sozialabgaben für Krankheit, Alter und Arbeitslosigkeit können auch die Kosten für eine **Risikolebensversicherung** abzugsfähig sein, denn die Versicherung sichert den Unterhaltsanspruch der Kinder für den Fall des Todes des Unterhaltspflichtigen.

4. Berufliche Aufwendungen

Die Erwerbstätigkeit kann mit berufsbedingten Aufwendungen verbunden sein. Sie entsprechen vielfach den sog. Werbungskosten des Steuerrechts. Die Berücksichtigung berufsbedingter Aufwendungen unterliegt tatrichterlichem Ermessen. Es handelt sich bei den Unterhaltsfällen um Massenerscheinungen, die aus Vereinfachungsgründen eine pauschalierende Berechnungsmethode notwendig machen. Sie können **pauschal** mit 5 % abgesetzt werden, berufsbedingte Aufwendungen können auch **konkret** berücksichtigt werden, wenn sie notwendig und angemessen sind (BGH, FamRZ 2002, 536, 537; 2000, 1492, 1493; 1997, 806, 807).

> *Hinweis:*
>
> *Berufliche Aufwendungen werden in der obergerichtlichen Rechtsprechung gestützt auf die jeweiligen Leitlinien unterschiedlich behandelt. Teils wird ein Abzug – pauschal – mit 5 % des jeweiligen Nettoeinkommen vorgenommen, teils wird die konkrete Darlegung verlangt. Im Zweifel sollte danach die konkrete Darlegung möglichst sogleich unter Vorlage von aussagekräftigen Belegen erfolgen.*

a) Kosten der Fahrt zur Arbeitsstelle

21 Berufsbedingte **Fahrtkosten** von und zur Arbeitsstelle mindern das unterhaltsrechtliche Einkommen. Abzugsfähig sind immer die Kosten öffentlicher Verkehrsmittel. Die notwendige Nutzung des eigenen PKW führt zur Abzugsfähigkeit der hierzu erforderlichen Kosten. Die Notwendigkeit der **Nutzung des eigenen Pkw** bedarf jedoch der konkreten Darlegung. Anerkennenswerte Gründe können etwa die ungünstige Lage des Arbeitsplatzes, besondere Arbeitszeiten im Schichtdienst, Außendiensttätigkeit, Einsatz an unterschiedlichen Arbeitsstellen sein. Anderenfalls kann auf die **Nutzung öffentlicher Verkehrsmittel** verwiesen werden (BGH, FamRZ 1982, 360; 1989, 483; OLG Karlsruhe, FuR 2001, 565; OLG Hamm, FamRZ 1996, 958). Dies gilt insbesondere in Mangelfällen. Die Benutzung öffentlicher Verkehrsmittel ist zumutbar, auch wenn dies umständlich ist und einen erheblichen Zeitaufwand erfordert (OLG Brandenburg, FamRZ 1999, 1010 = NJWE-FER 1999, 236 – arbeitstäglicher Zeitaufwand von zweieinhalb bis drei Stunden zumutbar). Die Vorlage eines Fahrplanauszuges reicht allein nicht aus, um darzutun, dass der Arbeitsplatz mit öffentlichen Verkehrsmitteln nicht erreichbar ist (OLG Dresden, FamRZ 2001, 47).

22 Besondere Bedeutung gewinnen die Fahrtkosten, soweit die Leistungsfähigkeit gegenüber Ansprüchen von **minderjährigen unverheirateten** und **volljährigen unverheirateten privilegierten Kindern** (§ 1603 Abs. 2 BGB) zu beurteilen ist. Es sind strenge Anforderungen an die Abzugsfähigkeit zu stellen. Insbesondere müssen triftige Gründe vorliegen, wenn nach der Trennung erhöhte Fahrtkosten durch den Umzug an einen weiter entfernten Ort geltend gemacht werden (OLG Koblenz, NJWE-FER 2000, 80).

23 Nach der Rechtsprechung des BGH ist es grds. angemessen, als Kilometerpauschale den auch sonst in der gerichtlichen Praxis herangezogenen Satz nach § 9 Abs. 3 ZSEG anzusetzen (BGH, FamRZ 1994, 87, 88).

24 Die Leitlinien der Obergerichte sehen unterschiedliche Ansätze vor (Stand: 1. 1. 2002):

- Familiensenate in Süddeutschland: derzeit 0,27 €; so auch OLG Celle; OLG Düsseldorf;
- OLG Brandenburg: 0,22 €; so auch OLG Dresden, OLG Naumburg, OLG Rostock;
- OLG Hamm: 0,24 € bis zu 30 km, jeder weitere km darüber hinaus je 0,09 €;
- OLG Koblenz: 0,21 €;
- OLG Oldenburg: 0,30 €;
- OLG Schleswig: 0,26 €.

25 Vorbehaltlich der Besonderheiten des Einzelfalls kann die monatsdurchschnittliche Höhe der berufsbedingten Fahrtkosten nach folgender Formel ermittelt werden:

> **220 Arbeitstage x gefahrene Kilometer/Tag x Km-Satz : 12 Monate**

Zu beachten ist, dass in diesem Kilometergeld sämtliche mit der Haltung, dem Betrieb, der Steuer, der Versicherung und Wiederbeschaffung eines Pkw verbundenen Kosten enthalten sind. Deshalb verbietet sich der Ansatz eines Betrages von 0,42 DM/Kilometer, wenn bereits die Rate eines Darlehens, das für den Kauf des beruflich genutzten Fahrzeugs aufgenommen wurde, vom Einkommen abgesetzt wurde; im Rahmen der Schätzung nach § 287 ZPO rechtfertigt sich dann nur noch ein Ansatz von 0,15 DM/Kilometer (OLG Hamm, FamRZ 1997, 835).

26 In der Praxis bereitet die Beurteilung in den Fällen Probleme, in denen – wie vielfach derzeit üblich – die **Arbeitsstelle in erheblicher Entfernung zum Wohnort** liegt und der Abzug der Fahrtkosten zu einer gravierenden Minderung der Leistungsfähigkeit führen würde. In derartigen Fällen sind an die Darlegung der Notwendigkeit der Nutzung des eigenen Pkw besonders hohe Anforderungen zu stellen. Der Unterhaltspflichtige ist notfalls darauf zu verweisen, an einen näher

zum Arbeitsplatz liegenden Wohnort zu verziehen. Im Rahmen dieser Beurteilung müssen gleichwohl noch entstehende, nicht vermeidbare Fahrtkosten abgesetzt werden (OLG Koblenz, FamRZ 1994, 1609, 1610). Zudem wird es dem Unterhaltspflichtigen nicht verwehrt werden können, die angefallenen Umzugskosten – auf einen angemessenen Zeitraum verteilt – in Abzug zu bringen. Der Umstand, dass in den Pauschalen auch die Fixkosten enthalten sind, kann bei größeren Entfernungen zur Arbeitsstelle zu einer Reduzierung der abzugsfähigen Fahrtkosten führen, denn die Fixkosten sinken bei höherer Fahrleistung anteilig (OLG Hamm, FamRZ 1997, 836, LS).

Bei sog. **Vielfahrern** rechtfertigt sich bei Benutzung eines Pkw für die Fahrten zur Arbeitsstelle der Ansatz einer Kilometerpauschale von 0,30 DM statt der ansonsten üblichen 0,42 DM (OLG Hamm, FamRZ 2001, 1617). 27

Bei einer einfachen Fahrtstrecke von mehr als 20 km kann eine Kürzung der Kilometerpauschale geboten sein (dazu OLG Hamm, 10. FamS, OLGR 2000, 276 – im entschiedenen Fall von 0,42 DM auf 0,35 DM; OLG Hamm, 13. FamS, FamRZ 1997, 836 – bei längeren Entfernungen sinken auch die festen Fixkosten anteilig; FamRZ 2001, 46). 28

Für ein **Motorrad** rechtfertigt sich der Ansatz von 0,24 DM je gefahrenen Kilometer (OLG Karlsruhe, FuR 2001, 565). 29

Eine über die jahresdurchschnittliche hinausgehende Nutzung des privaten Pkw für die Fahrt zur Arbeitsstelle hat derjenige **darzulegen,** der sich darauf beruft. Der Prozessgegner kann sich nicht auf ein einfaches Bestreiten beschränken, wenn er etwa aus gemeinsamer Zeit Kenntnis von den Arbeitsabläufen hatte (OLG Koblenz, FPR 2002, 66, 67). 30

Erhöhte Fahrtkosten durch den Umzug zu dem neuen Lebenspartner sind anzuerkennen, denn auf Dauer kann nicht in die Lebensführung des Unterhaltspflichtigen eingegriffen werden. Der Abzug kommt auch in Fällen gesteigerter Unterhaltspflicht in Betracht (OLG Hamm, 13. FamS, FamRZ 2001, 46; s. zuvor bereits OLG Hamm, FamRZ 1996, 631). 31

b) Beiträge zu Berufsverbänden/Gewerkschaften

Derartige Beiträge können grds. berücksichtigt werden; sie sollten durch **Belege** nachgewiesen werden. 32

c) Arbeitsmittel

Hierzu zählen Aufwendungen für Berufskleidung, Fachliteratur, ein beruflich genutztes Arbeitszimmer, Fortbildungsveranstaltungen. In der Praxis werden gerade bei diesen Aufwendungen **konkrete Darlegungen** geboten sein. 33

Dies folgt daraus, dass die unterhaltsrechtliche Beurteilung der Abzugsfähigkeit dieser Aufwendungen je nach Art der Unterhaltspflicht und der Leistungsfähigkeit anders als im Steuerrecht vorzunehmen ist (BGH, FamRZ 1989, 483).

d) Kinderbetreuungskosten

Kosten, die ein Erwerbstätiger aufwenden muss, um minderjährige Kinder während seiner beruflichen Abwesenheit betreuen zu lassen, sind abzugsfähig (BGH, FamRZ 1982, 779, 780). 34

e) Kosten des Umgangsrechts

Dem unterhaltsberechtigten Kind können nicht **die üblichen Kosten des Umgangs** einkommensmindernd entgegen gehalten werden, denn diese hat der Elternteil im eigenen und im Interesse des Kindes grds. selbst aufzubringen (OLG Koblenz, FamRZ 2002, 562; vgl. auch OLG Düsseldorf, FamRZ 2001, 1096; s. schon BGH, FamRZ 1995, 215 = NJW 1995, 717: keine Berücksichtigung beim Ehegattenunterhalt). 35

f) Aufwendungen im Zusammenhang mit einzelnen Einkommensbestandteilen

36 Auslösungen für Arbeitseinsätze in größerer Entfernung vom Wohnort, Spesen und Reisekosten sind als unterhaltsrechtlich relevantes Einkommen zu behandeln. Dies gilt jedoch nur insoweit, als die Leistungen des Arbeitgebers über den tatsächlichen Aufwand hinausgehen. Dieser ist danach im Rahmen einer Schätzung nach § 287 Abs. 2 ZPO zu ermitteln.

III. Einkünfte aus selbstständiger Tätigkeit

37 Das unterhaltsrechtlich relevante Einkommen des selbstständig Erwerbstätigen drückt sich in dem erzielten **Gewinn** aus.

1. Bereinigtes Nettoeinkommen

38 Der Gewinn entspricht dem Bruttoeinkommen. Das Nettoeinkommen ergibt sich nach Abzug von **Steuern** in tatsächlich entstandener Höhe und **Vorsorgeaufwendungen** in angemessenem Umfang. Die Angemessenheit der Vorsorgeaufwendungen kann nach dem Anteil bestimmt werden, den auch der abhängig Beschäftigte von seinem Einkommen aufzuwenden hat (vgl. BGH, FamRZ 2003, 860).

2. Feststellung des Gewinns

39 Der Gewinn wird in dem kaufmännischen Jahresabschluss nach § 4 Abs. 1 EStG, der Bilanz und der Gewinn- und Verlustrechnung oder wie bei Freiberuflern und kleinen Gewerbetreibenden üblich in der Einnahmen- und Überschussrechnung nach § 4 Abs. 3 EStG, die als Gewinn den jährlichen Überschuss der Betriebseinnahmen über die Betriebsausgaben erfasst, ausgewiesen.

40 Eine unterhaltsrechtlich verlässliche Beurteilung des Einkommens kann im Hinblick auf **schwankende Einkünfte** i. d. R. nur auf einem mehrjährigen, in vollem Umfang dargestellten Zeitraum beruhen, der **nicht unter drei Jahren** liegen sollte.

> *Hinweis:*
> *Die Beurteilung hat möglichst zeitnah zu erfolgen. Sie sollte daher auf die unmittelbar zurückliegenden Jahre abstellen.*

41 Die vollständige Darstellung unter **Vorlage der Unterlagen** ist für eine sachgerechte Ermittlung des Einkommens notwendig. Dies macht die Vorlage der Einkommensteuererklärungen nebst Anlagen, der zugehörigen Einkommensteuerbescheide, der Jahresabschlüsse mit den Kontennachweisen und den Anlageverzeichnissen unverzichtbar.

3. Unterhaltsrechtliche Korrekturen

a) Praxisrelevante Positionen

42 Die Unterschiede zwischen der an steuerlichen Gesichtspunkten orientierten und der unterhaltsrechtlichen Einkommensermittlung machen nach Lage des Falles eine Kontrolle und Korrektur erforderlich (s. hierzu auch Teil 10 Rn. 301 ff.).

43 Private Ausgaben sind von **Betriebsausgaben** abzugrenzen. Die Kontennachweise geben dazu Erkenntnismöglichkeiten.

44 Eine Vielzahl von steuerspezifischen Absetzungs- und Abschreibungsmöglichkeiten können unterhaltsrechtlich nicht hingenommen werden (BGH, NJW 1980, 2083 = FamRZ 1980, 770, 771; FamRZ 1985, 471, 472).

Die steuerrechtlichen Ansätze für den Wertverzehr des Betriebsvermögens, die **Abschreibung für Abnutzung (AfA)**, sind nach unterhaltsrechtlichen Kriterien zu überprüfen. Die lineare steuerliche Abschreibung nach den sog. AfA–Tabellen für Gegenstände des beweglichen Anlagevermögens kann hingenommen werden, denn sie entspricht regelmäßig dem tatsächlichen Wertverzehr (BGH, FamRZ 2003, 741; OLG Hamm, FamRZ 1986, 1108; OLG Karlsruhe, FamRZ 1990, 1234; OLG Bremen, FamRZ 1995, 935, 936; OLG Köln, FamRZ 1996, 966; OLG Bamberg, FamRZ 1997, 1181). Bei Personenkraftwagen gehobener Ausstattung kann eine gewöhnliche Nutzungsdauer von zehn Jahren zugrunde gelegt werden (OLG Koblenz, Urt. v. 17. 10. 2001 – 9 UF 140/01 – OLGR 2002, 46).

Der Korrektur bedürfen **degressive Abschreibungen und Sonderabschreibungen des Steuerrechts**, soweit sie über den tatsächlichen Wertverzehr hinausgehen (BGH, FamRZ 2003, 741). Unterhaltsrechtlich nicht anzuerkennen ist die Abschreibung auf das nicht bewegliche Anlagevermögen. Bei Einkünften aus Vermietung und Verpachtung wirken sich die Abschreibungen erheblich für den Steuerpflichtigen aus. 45

Abschreibungen für Gebäude berühren das unterhaltsrechtliche maßgebliche Einkommen nicht, denn ihnen liegt nur ein Verschleiß von Gegenständen des Vermögens zugrunde. Die Pauschalen übersteigen vielfach das Ausmaß der Wertminderung. Zudem ist der Ausgleich durch die günstige Entwicklung des Immobilienmarktes zu berücksichtigen. Steuermindernd in Ansatz gebrachte Instandhaltungskosten können unterhaltsrechtlich nur von Bedeutung sein, wenn sie notwendigen Erhaltungsaufwand darstellen und nicht Aufwand für Vermögensbildung, der durch Ausbauten und wertsteigernde Verbesserungen vorgenommen wird (BGH, NJW 1980, 303, 304; FamRZ 1997, 281, 283). Können Abschreibungen anerkannt werden, verbietet sich der zusätzliche Abzug von Tilgungsleistungen vom Einkommen (OLG Düsseldorf, FamRZ 1982, 1108, 1109).

b) Tatrichterliche Prüfung

Der **Tatrichter** hat das Einkommen im Rahmen einer **umfassenden Beweiswürdigung nach § 286 Abs. 1 ZPO** zu ermitteln. Der Vortrag der Parteien hat daher konkret darzulegen, wie sich die Beträge zusammensetzen. Die vorgelegten Unterlagen müssen vollständig und richtig sein. Die Vollständigkeit und Ordnungsmäßigkeit der Buchführung und der darauf aufbauenden steuerrechtlichen Unterlagen zur Gewinnermittlung streiten zunächst für den selbständig Erwerbstätigen. Es bedarf daher konkreter Angriffe des Prozessgegners, um diese Vermutung zu erschüttern. 46

Zur Abgrenzung, welche Positionen für die Unterhaltsberechnung ganz oder teilweise ausscheiden, hat er notfalls einen Sachverständigen hinzuzuziehen. Kann gleichwohl anhand der Unterlagen die Abgrenzung nicht getroffen werden, oder ergeben sich wegen unvollständiger Aufzeichnungen und widersprüchlicher Angaben konkrete Zweifel an dem dargelegten Einkommen, kann der Tatrichter einzelne Positionen nach § 286 ZPO als unwahr zurückweisen oder diese unter Zuhilfenahme von Erfahrungswerten in vergleichbaren Fällen nach § 287 Abs. 2 ZPO schätzen. Die Schätzung setzt voraus, dass die Aufklärung und Beweisaufnahme unverhältnismäßig schwierig ist und zu dem Umfang der Unterhaltsforderung in keinem Verhältnis steht (BGH, NJW-RR 1993, 898 = FamRZ 1993, 789, 792). 47

Können steuerlich anerkannte Abschreibungen und Verluste aus Vermietung und Verpachtung unterhaltsrechtlich keine Anerkennung finden, kommen die erzielten Steuervorteile dem Unterhaltsberechtigten nicht zugute (OLG Koblenz, Urt v. 17. 10. 2001 – 9 UF 140/01 – OLGR 2002, 46). 48

4. Privatentnahmen als Bemessungsgrundlage

Lassen sich Gewinne nicht feststellen, ist das Heranziehen von gebuchten **Privatentnahmen** als Bemessungsgrundlage für das Einkommen nur zu rechtfertigen, wenn der selbständig Erwerbstätige von der Substanz seines Unternehmens gelebt hat und daher der Unterhaltsanspruch nur aus der Substanz des Betriebsvermögens durch weitere Kreditaufnahme zu finanzieren ist. Privatentnahmen sind untaugliche Mittel zur Einkommensbestimmung, wenn das Betriebsvermögen durch 49

Kredite bereits übermäßig belastet und durch Verluste erschöpft ist, mithin eine Substanz nicht (mehr) vorhanden ist (OLG Düsseldorf, FamRZ 1983, 397, 399; OLG Hamm, FamRZ 1997, 674).

50 Privatentnahmen haben jedenfalls **Indizwirkung** für die Höhe des verfügbaren Effektiveinkommens des selbständig Erwerbstätigen. Kann nach Lage des Falles auf Privatentnahmen abgestellt werden, müssen diese noch um die Entnahmen betrieblicher Leistungen ergänzt werden. Abzuziehen sind die im gleichen Zeitraum geleisteten Einlagen in das Betriebsvermögen, die Vorsorgeaufwendungen, die persönlichen Steuern, die Tilgungsbeiträge aus betrieblichen Darlehen (Wendl/Staudigl-Haußleiter, Das Unterhaltsrecht in der familienrichterlichen Praxis, § 1 Rn. 184).

5. Prozessuales Vorgehen

51 Zur Vermeidung von Verzögerungen durch ein vorzuschaltendes Auskunftsverfahren kann der Unterhaltsberechtigte unter Darlegung des bisherigen Konsumverhaltens das anrechenbare Einkommen in bestimmter Höhe behaupten, und zwar gestützt auf ältere Einkommensunterlagen oder nach den Entnahmen (vgl. dazu OLG Hamm, FamRZ 1996, 1216, 1217). Ein ohne weitere Substantiierung gegebener Vortrag kann als **ins Blaue** hinein aufgestellt unbeachtlich bleiben. Substantiiertem Vorbringen muss der Unterhaltspflichtige zur Vermeidung der **Geständnisfiktion des § 138 Abs. 4 ZPO** mit positiven Angaben entgegentreten; er kann sich nicht auf ein einfaches Bestreiten beschränken (BGH, NJW 1987, 1201 = FamRZ 1987, 259).

52 Der Unterhaltspflichtige hat zur Darstellung des Umfangs seiner Leistungsfähigkeit die Einnahmen und Ausgaben so darzustellen, dass die steuerlich beachtlichen Aufwendungen von den unterhaltsrechtlich relevanten abgegrenzt werden können (BGH, NJW 1980, 2083 = FamRZ 1980, 770, 771; FamRZ 1985, 471, 472). Dem wird i. d. R. durch Vorlage der Gewinn- und Verlustrechnungen, der Einkommensteuererklärungen und der Steuerbescheide Genüge getan (BGH, NJW-RR 1993, 898 = FamRZ 1993, 789, 792).

IV. Einkünfte aus Kapitalvermögen

53 Einkünfte aus Kapitalvermögen sind unterhaltsrechtliches Einkommen. Auf die Herkunft des Kapitalvermögens kommt es nicht an (BGH, FamRZ 1985, 354, 356 – Veräußerung des Eigenheims; 1985, 357 – Zugewinnausgleich; 1988, 1031, 1034 – Schmerzensgeld; 1985, 582 – Ersparnis aus laufendem Unterhalt). Einkommen stellen Vermögenserträge indes nur in der nach Abzug von Steuern und notwendigen Beschaffungskosten verbleibenden Höhe dar (BGH, FamRZ 1986, 441, 442).

1. Ertragreiche Anlage vorhandenen Vermögens

54 Das vorhandene Vermögen ist so ertragreich wie möglich und im Blick auf mögliche Anlagerisiken zumutbar zu nutzen und anzulegen (BGH, FamRZ 1988, 145, 149; 604, 607). Wird dem nicht genügt, sind erzielbare Zinseinkünfte fiktiv anzusetzen (BGH, FamRZ 1986, 439, 440; 1988, 604, 607).

2. Fiktive Zurechnung bei mutwilligem Verbrauch

55 Ist das Kapital völlig oder teilweise verbraucht, kommt der Ansatz fiktiver Zinseinkünfte nur in Betracht, wenn sich der Verbrauch des Kapitals als mutwillige Herbeiführung der Bedürftigkeit/Leistungsunfähigkeit i. S. d. § 1579 Nr. 3 BGB darstellt (BGH, FamRZ 1990, 989, 991).

V. Sozialstaatliche Zuwendungen

56 Auch zweckbestimmte Sozialleistungen gelten nach der Rspr. des BGH im Grundsatz als Einkünfte (BGH, FamRZ 1983, 574; 1988, 1031). Sie sind als Einkommen zu behandeln, wenn die Leistungen tatsächlich geeignet sind, zur Deckung des allgemeinen Lebensbedarfs zu dienen. Sozialleistungen können nach ihrer Funktion unterschieden werden.

1. Sozialstaatliche Zuwendungen mit Lohnersatzfunktion

Sozialstaatliche Zuwendungen können Lohnersatzfunktion haben. Sie sind als Einkommen zu berücksichtigen und decken in Höhe ihrer Leistung den unterhaltsrechtlichen Bedarf. Hierzu zählen u. a.: 57

- **Altersrente**
- **Arbeitslosengeld**

  Diese Leistung ist als Einkommen bei dem Unterhaltspflichtigen wie bei dem Unterhaltsberechtigten zu behandeln (BGH, NJW 1994, 1002, 1003; FamRZ 1996, 1067; BSG, FamRZ 1987, 274; OLG Stuttgart, FamRZ 1996, 415).

- **Arbeitslosenhilfe**

  Sie ist wie die Sozialhilfe eine subsidiäre Sozialleistung mit Lohnersatzfunktion (BGH, FamRZ 1996, 1067, 1069). Auf Seiten des **Unterhaltspflichtigen** wird sie gleichwohl als Einkommen behandelt. Auf Seiten des **Unterhaltsberechtigten** wirkt sie sich grds. nicht bedürftigkeitsmindernd aus (BGH, FamRZ 1987, 456 = NJW 1987, 1551; FamRZ 1996, 1067, 1069). Ist die Überleitung des Unterhaltsanspruchs durch das Arbeitsamt unzulässig, ist sie nicht erfolgt und kann auch nicht mehr erfolgen, stellt die Arbeitslosenhilfe Einkommen dar (BGH, FamRZ 1996, 1067, 1070).

- **Erwerbsunfähigkeitsrente**
- **Kurzarbeitergeld**
- **Krankengeld**
- **Streikgeld**

2. Sozialstaatliche Zuwendungen mit Unterstützungs- und Förderungsfunktion

Sozialstaatlichen Zuwendungen kann ferner **Unterstützungs- und Förderungsfunktion** zukommen. Diese Leistungen sind einkommensabhängig und können deshalb gegebenenfalls völlig entfallen. Einkommen sind sie nur, soweit sie nicht subsidiär, also nicht nachrangig gegenüber Unterhaltsansprüchen sind. 58

- **Wohngeld**

  Diese Leistung stellt grds. unterhaltsrechtliches Einkommen dar (BGH, FamRZ 1980, 771; 1982, 587). In der Praxis findet jedoch die Berücksichtigung von Wohngeld überwiegend nicht statt. In unterhaltsrechtlich beachtlichem Umfang ist unzumutbar hoher Wohnaufwand vom Wohngeld abzuziehen. Dies führt vielfach zu der Annahme, dass die Zahlung von Wohngeld gerade Ausdruck tatsächlich vorhandener überhöhter Wohnkosten ist (BGH, FamRZ 1985, 374).

- **Grundrente nach dem BVG nebst Schwerbeschädigten- und Pflegezulage**

  Sie zählt ebenfalls zum Einkommen, kann aber durch den Mehrbedarf des Empfängers teilweise oder völlig aufgezehrt werden (BGH, FamRZ 1981; 338; 1981, 1165).

- **Erziehungsgeld**

  Das Erziehungsgeld soll die Unterhaltsverpflichtungen nicht tangieren. Nach § 9 Satz 1 BErzGG ist es danach **kein Einkommen**. Ausgenommen von der Nichtberücksichtigung sind gem. § 9 Satz 2 BErzGG die Fälle gesteigerter Unterhaltspflicht gem. § 1603 Abs. 2 BGB und der Billigkeitsregeln nach §§ 1361 Abs. 3, 1579, 1611 BGB (dazu: Köhler, FamRZ 1986, 229).

- **Sozialhilfe**

  Sie hat grds. subsidiären Charakter, § 2 Abs. 2 Satz 1 BSHG (BGH, FamRZ 1981, 30; 1983, 574). Dies gilt auch für den Fall, dass der Übergang des Unterhaltsanspruchs auf den Träger der Sozialhilfe ausnahmsweise ausgeschlossen ist, wenn etwa der Unterhaltsanspruch auf der Grundlage eines fiktiven Einkommens aus zumutbarer Erwerbstätigkeit des Unterhaltspflichtigen ermittelt wurde. Der Sozialhilfebezug schließt in diesen Fällen den Unterhaltsanspruch nicht aus. Dem Unterhaltsbegehren für die Vergangenheit, in der Sozialhilfe bezogen wurde, kann in Mangelsituationen der Grundsatz von Treu und Glauben entgegenstehen und eine (Teil-)Anrechnung der Sozialhilfeleistungen rechtfertigen, wenn anderenfalls die Gefahr besteht, dass der Unterhaltspflichtige mit derart hohen Forderungen aus der Vergangenheit belastet würde, dass es ihm voraussichtlich auf die Dauer unmöglich gemacht wird, diese Schulden zu tilgen und daneben noch seinen laufenden Verpflichtungen nachzukommen. Vergangener Unterhalt ist derjenige bis zum Zeitpunkt der Zustellung der Klage. Für die Zukunft setzt sich der Nachrang der Sozialhilfe wieder durch (BGH, FamRZ 1999, 843 = NJW 1999, 2365; FamRZ 2000, 1358, 1359).

- **Leistungen nach dem Unterhaltsvorschussgesetz**

  Sie sind wegen des gesetzlichen Forderungsübergangs gem. § 7 UVG subsidiär (BGH, FamRZ 1986, 878). Der Übergang findet aber ausnahmsweise nicht statt, wenn dem Unterhaltspflichtigen bei Zahlung des Kindesunterhalts weniger als der Bedarf nach dem Sozialhilferecht verbleiben würde (OLG Hamm, NJW-RR 2000, 1462; OLG Düsseldorf, FamRZ 1999, 1020).

- **Pflegegeld**

  Dabei ist zu unterscheiden:

  - Macht der **Pflegebedürftige** geltend, muss er sich das Pflegegeld (hier: Pflegegeld nach dem Landespflegegeldgesetz Rheinland-Pfalz) jedenfalls auf seinen behinderungsbedingten Mehrbedarf anrechnen lassen (BGH, FamRZ 1993, 417, 418).

  - Geht es um Ansprüche der **Pflegeperson,** ist Folgendes zu beachten: § 13 SGB XI hat zum 1. 9. 1999 mit Abs. 6 folgende Änderung erfahren, die Auswirkungen auf das nach § 37 SGB XI (Pflegeversicherung) geleistete und das pauschalierte Pflegegeld nach § 69a Abs. 1 – 3 BSHG hat :

  Wird Pflegegeld nach § 37 oder eine vergleichbare Geldleistung an eine Pflegeperson (§ 19) weitergeleitet, bleibt dies bei der Ermittlung von Unterhaltsansprüchen und Unterhaltsverpflichtungen der Pflegeperson unberücksichtigt. Das gilt nicht

  1. in den Fällen des § 1361 Abs. 3, der §§ 1579, 1603 Abs. 2 und des § 1611 Abs. 1 BGB,

  2. für Unterhaltsansprüche der Pflegeperson, wenn von dieser erwartet werden kann, ihren Unterhaltsbedarf ganz oder teilweise durch eigene Einkünfte zu decken, und der Pflegebedürftige mit dem Unterhaltspflichtigen nicht in gerader Linie verwandt ist.

  Nach der bisherigen Rspr. (vgl. dazu Büttner, FamRZ 1995, 193, 198) wurde gewährtes Pflegegeld mit dem durch die Versorgung des Pflegebedürftigen nicht verbrauchten Teil der **Pflegeperson** für die Zwecke des Unterhaltsrechts als eigenes Einkommen zugerechnet (BGH, FamRZ 1984, 769, 771; 1987, 259, 261). Ähnlich der Regelung in § 9 BErzGG soll mit der gesetzlichen Neuregelung (dazu Büttner, FamRZ 2000, 596) der Anteil des Pflegegeldes nur noch in bestimmten Fällen als Einkommen der Pflegeperson zu behandeln sein. Ist die Pflegeperson unterhaltspflichtig, hat sie den Anteil einzusetzen in den Verwirkungsfällen und bei gesteigerter Unterhaltspflicht (Nr. 1). Macht die Pflegeperson selbst Unterhalt geltend, ist der Vergütungsteil Einkommen, wenn von ihr – ohne die Pflegeleistung – erwartet werden kann, dass sie ihren Unterhaltsbedarf ganz oder teilweise durch eigene Erwerbstätigkeit decken könnte, es sei denn, der Pflegebedürftige ist mit dem der Pflegeperson gegenüber Unterhaltspflichtigen in gerader Linie verwandt (Nr. 2). In dieser Lage – etwa bei Pflege des gemeinsamen behinderten Kindes oder der Schwiegermutter – würde sich der Unterhaltspflichtige widersprüchlich verhalten, wollte er die Pflegeperson auf anderweitige Erwerbstätigkeit verweisen. Die **Höhe des Vergütungsanteils des Pflegegeldes** ist gesetzlich nicht bestimmt. Maßgeblich müssen die Einzelfallumstände sein. In der Rspr. kommt eine pauschalierende Betrachtung vor (OLG Hamm, FamRZ 1999, 852, 853:

1/3; AG Essen, FamRZ 1996, 804:1/4). Wird Pflegegeld als Einkommen der Pflegeperson behandelt, ist der **Erwerbstätigenbonus** zu berücksichtigen (so OLG Braunschweig, FamRZ 1996, 1216).

3. Aufwendungen des Empfängers von sozialstaatlichen Leistungen

Den sozialstaatlichen Zuwendungen stehen vielfach Aufwendungen des Leistungsempfängers gegenüber, deren Abgeltung sie dienen sollen. Wird die Leistung durch die Aufwendungen nicht vollständig aufgezehrt, ist der verbleibende Teil der Zuwendung als Einkommen zu behandeln, denn insoweit steht er zur Befriedigung des allgemeinen Lebensbedarfs zur Verfügung. Der Empfänger derartiger Leistungen hat seinen Mehraufwand ohne die Hilfe einer gesetzlichen Vermutung darzulegen und zu beweisen (BGH, FamRZ 1994, 21, 22 – Fliegeraufwandsentschädigung). 59

VI. Sozialleistungen infolge eines Körper- oder Gesundheitsschadens § 1610a BGB

Der durch das Gesetz zur unterhaltsrechtlichen Berechnung von Aufwendungen für Körper- und Gesundheitsschäden vom 15. 1. 1991 (BGBl. I S. 46) eingeführte **§ 1610a BGB** hat nur für bestimmte Sozialleistungen – nicht generell – eine **Änderung der Darlegungs- und Beweislast** geschaffen, nämlich nur für Sozialleistungen wegen eines Körper- und Gesundheitsschadens (dazu Künkel, FamRZ 1991, 1131). Zugunsten des Leistungsempfängers wird vermutet, dass die Sozialleistungen durch die schadensbedingten Mehraufwendungen aufgezehrt werden. Der **Beweis des Gegenteils** durch den Gegner ist nach § 292 ZPO zulässig. Weist er nach, dass der Bezieher der Sozialleistung keinen oder keinen so hohen Mehrbedarf hat, ist der entsprechende Betrag als Einkommen anzusetzen (OLG Hamm, FamRZ 1991, 1198; zur Widerlegung der Vermutung vgl. OLG Schleswig, FamRZ 1992, 4721 = NJW-RR 1992, 471; OLG Hamm, 12. FamS, FamRZ 1998, 1431; 8. FamS, FamRZ 2000, 114 nur LS). 60

§ 1610a BGB unterfallen u. a. 61

- die Kriegsopferrente und die Grundrente nach § 31 BVG (OLG Hamm, FamRZ 1992, 186),
- der Kleider- und Wäschezuschuss nach § 15 BVG (OLG Hamm, FamRZ 1991, 1199, 1201),
- das Blindengeld (OLG Schleswig, FamRZ 1992, 471),

hingegen nicht 62

- die Berufsschadensausgleichsrente nach § 30 BVG (OLG Hamm, FamRZ 1992, 186),
- die Arbeitsunfall-Rente nach §§ 547, 580 RVO (OLG Schleswig, FamRZ 1993, 712),
- die Erwerbsunfähigkeitsrente nach § 44 SGB VI (OLG Köln, FamRZ 2001, 1524).

VII. Versorgungsleistungen für Dritte

Das **Zusammenleben mit einem neuen Lebensgefährten** führt nicht ohne weiteres zur Minderung des Bedürftigkeit des Ehegatten. Zuwendungen des neuen Partners sind als freiwillige Zuwendungen eines Dritten zu behandeln. Es hängt danach von dem Willen des Partners ab, ob er mit der Zuwendung nur den Ehegatten unterstützen oder ob er den Unterhaltspflichtigen entlasten will (BGH, FamRZ 1993, 417, 419;1995, 1486, 1487). Einkommen wird aber dadurch erzielt, dass der Ehegatte einem neuen Partner in einer eheähnlichen Lebensgemeinschaft Versorgungsleistungen erbringt, ihm den Haushalt führt, ihn und gegebenenfalls auch seine Kinder betreut und versorgt (zur Berücksichtigung dieser Einkünfte im Rahmen der sog. Surrogatrechtsprechung beim Ehegattenunterhalt vgl. BGH, FamRZ 2001, 1693 = NJW 2001, 3779). 63

Leistet der neue Partner finanzielle Beiträge zur Lebensführung, so liegt darin grds. ein Entgelt für die von dem Ehegatten **geleistete** Haushaltsführung und die sonstige Versorgung. Es kommt nicht darauf an, ob die Partner eine entsprechende Vereinbarung getroffen haben (BGH,

FamRZ 1980, 40,41; 665; 668 – Zahlung der Miete der gemeinsam genutzten Wohnung durch den neuen Partner). **Werden keine Zuwendungen gemacht**, kann in entsprechender Anwendung des § 850h Abs. 2 ZPO für die geleisteten Dienste eine angemessene Vergütung in Ansatz gebracht werden (BGH, FamRZ 1980, 665, 668). Voraussetzung der Anrechnung eines fiktiven Entgelts für Versorgungsleistungen ist die **Möglichkeit des Partners, die Leistungen auch zu vergüten** (BGH, FamRZ 1989, 487, 488). Der Umstand, dass der den neuen Partner versorgende Ehegatte vollschichtig erwerbstätig ist, schließt es grds. nicht aus, ein entsprechendes Entgelt bedürftigkeitsmindernd anzurechnen. Versorgungsleistungen können indes nach Lage des Falles als unzumutbar angesehen werden. In Anwendung des § 1577 Abs. 2 BGB ist dann zu entscheiden, ob die Vergütung ganz oder teilweise anzurechnen ist (BGH, FamRZ 1995, 343 = NJW 1995, 962). Die **Höhe** der angemessenen Vergütung ist auszurichten an dem objektiven Wert der erbrachten Leistungen.

Der BGH (FamRZ 1980, 665, 668; 1984, 662, 663) will auf die Richtlinien und Erfahrungssätze abstellen, die zur Bemessung von Schadenersatzansprüchen für die Verletzung oder Tötung von Hausfrauen entwickelt worden sind. In der bisherigen obergerichtlichen Praxis ist vielfach ein Ansatz von bis zu 1.000 DM bei einer vollumfänglichen Versorgung anzutreffen. Ein **Erwerbstätigenbonus** ist hier nicht zu berücksichtigen.

> *Hinweis:*
> *Wer vergütungswürdige Versorgungsleistungen erbringt, hat **darzutun und zu beweisen**, dass und warum dafür nach Lage des Einzelfalles **keine** Vergütung angesetzt werden kann (BGH, FamRZ 1983, 150, 152; 1995, 343, 344). Geschieht dies nicht, ist die Klage abzuweisen.*

VIII. Fiktives Einkommen im Unterhaltsrecht

64 Unterhaltspflichtige und -berechtigte treffen **Obliegenheiten**. Sie sind gehalten, die ihnen zumutbaren Einkünfte zu erzielen. Zu diesem Zweck haben sie ihre Arbeitskraft so gut wie möglich einzusetzen und eine ihnen nach Lage des Einzelfalles zumutbare und mögliche Erwerbstätigkeit auszuüben. Kommen sie dieser Obliegenheit nicht nach, müssen sie sich so behandeln lassen, als ob sie ein Einkommen, das sie bei gutem Willen erzielen könnten, auch tatsächlich hätten (BGH, FamRZ 1995, 158, 159 m. w. N.; vgl. dazu Graba, FamRZ 2001, 1257; ders., FamRZ 2002, 6).

65 Die Voraussetzungen, die zur Zurechnung eines fiktiven Einkommens führen können, sind aus Gründen der Gleichbehandlung für den Unterhaltsberechtigten nicht anders zu beurteilen als für den Unterhaltspflichtigen (BGH, FamRZ 1985, 158, 159). Es gelten jedoch strenge Anforderungen an die Erwerbsobliegenheit des **Unterhaltspflichtigen** im Rahmen des § 1603 Abs. 2 BGB. Der **Unterhaltsberechtigte** muss dafür Sorge tragen, die Unterhaltslast so gering wie möglich zu halten. Er hat alles zu unternehmen, um einen Arbeitsplatz zu finden und den Unterhaltsbedarf durch das dort erzielte Erwerbseinkommen zu decken (BGH, FamRZ 1994, 372). Für ihn gelten etwa beim Nachscheidungsunterhalt strengere Grundsätze als im Rahmen des Trennungsunterhalts.

66 Rechtfertigt sich nach Lage des Einzelfalles die fiktive Zurechnung eines Einkommens, ist es der **tatrichterlichen Schätzung nach § 287 ZPO** vorbehalten, in welcher Höhe Einkommen zugerechnet werden kann. Grundlage der Bewertung ist ein angemessenes Einkommen aus einer den Fähigkeiten entsprechenden gut bezahlten Arbeitsstelle (OLG Düsseldorf, FamRZ 1991, 220). Hierzu werden dem Gericht **geeignete Schätzungsgrundlagen** zu unterbreiten sein (etwa früherer Verdienst, vergleichbare Bruttoentgelte nach den Angaben in statistischen Jahrbüchern oder Tarifverträgen).

67 Kommt es nach Lage des Einzelfalls zur fiktiven Zurechnung eines Erwerbseinkommens, muss auch der maßgebliche **Selbstbehalt** angesetzt werden (OLG Hamm, FamRZ 1995, 438).

IX. Freiwillige Leistungen von Dritten

Freiwillige Leistungen in Geld oder Natur, die von dritten Personen einer Unterhaltspartei erbracht werden, sind nicht als Einkommen zu behandeln. Sie berühren weder die Bedürftigkeit noch die Leistungsfähigkeit des Empfängers. Anderes gilt jedoch, wenn der Dritte seinen Willen zum Ausdruck bringt, mit seinen Leistungen nicht nur den Empfänger sondern auch die andere Unterhaltspartei zu entlasten (BGH, NJW 1980, 124, 126 = FamRZ 1980, 40, 42; NJW-RR 1993, 322 = FamRZ 1993, 417, 419). Leistungen von Familienangehörigen sollen i. d. R. nur dem Zuwendungsempfänger zugedacht sein (BGH, NJW-RR 1990, 578, 580 = FamRZ 1990, 979). 68

Erhält der Unterhaltsberechtigte eine **zweckfreie Vermögenszuwendung** (z. B. Anteile an einem Investment-Fond im Wert von ca. 50.000 DM), ist der Einsatz dieses Vermögens für den Unterhalt gerechtfertigt, selbst wenn es sich um eine Zuwendung eines Dritten handelt (so OLG München, FamRZ 1996, 1433). 69

In Mangelfallsituationen kann erwogen werden, in Anwendung des auch im Unterhaltsrecht geltenden Grundsatzes von Treu und Glauben (BGH, FamRZ 1993, 417 = NJW 1993, 322) aus Billigkeitsgesichtspunkten eine jedenfalls teilweise Anrechnung der Zuwendung auf den Bedarf vorzunehmen (offen gelassen in BGH, FamRZ 1999, 843 = NJW 1999, 2365; so Soergel/Häberle, BGB, § 1581 Rn. 16).

B. Grundlegende Änderungen des Unterhalts minderjähriger Kinder durch das Gesetz zur Vereinheitlichung des Unterhaltsrechts minderjähriger Kinder (Kinderunterhaltsgesetz – KindUG)

I. Vorbemerkung

Im Rahmen der Familienrechtsreform sind mehrere Gesetzesvorhaben Gesetz geworden. So ist u. a. das Gesetz zur Reform des Kindschaftsrechts (Kindschaftsreformgesetz – KindRG) beschlossen worden (BGBl. I S. 2942). Der Bundestag hat am 15. 1. 1998 das Gesetz zur Vereinheitlichung des Unterhaltsrechts minderjähriger Kinder (Kinderunterhaltsgesetz – KindUG) verabschiedet. Es ist am 6. 4. 1998 verkündet worden (BGBl. I S. 666). Alle Reformgesetze traten am 1. 7. 1998 in Kraft. 70

Mit diesem Gesetz hat der Gesetzgeber seine Zielvorstellung umgesetzt, eheliche und nichteheliche Kinder unterhaltsrechtlich gleichzustellen. Nachdem bereits durch das Gesetz zur Reform des Kindschaftsrechts (KindRG) vom 16. 12. 1997 (BGBl. I S. 2942) Änderungen im Bereich der bisherigen besonderen Vorschriften für das nichteheliche Kind und seine Mutter vorgenommen waren, hat das KindUG nunmehr zum Wegfall der §§ 1615b bis 1615k BGB geführt. Darin enthaltene Regelungen haben teilweise Eingang in die allgemeinen Vorschriften gefunden. Als besondere Vorschriften „für das Kind und seine nicht miteinander verheirateten Eltern" sind noch §§ 1615a, 1615l bis 1615o BGB verblieben. Zugleich ist nunmehr allen Kindern die Möglichkeit eröffnet, ihren Unterhalt – individuell bemessen oder als Regelbetrag – auch dynamisch festsetzen zu lassen. Nach wie vor steht es den Kindern jedoch frei, den Unterhalt als statischen Betrag zu verlangen (BT-Drucks. 13/9596 S. 44). Die Dynamisierung schafft eine automatische Anpassung der Unterhaltstitel, die an den Daten der volkswirtschaftlichen Gesamtrechnung ausgerichtet ist (Einzelheiten in § 1612a Abs. 4 und 5 BGB; beachte auch die Übergangsvorschrift des Art. 5 KindUG für das in Art. 3 des Einigungsvertrages genannte Gebiet).

Das Gesetz verbessert durch **erweiterte Auskunftsmöglichkeiten** die Durchsetzung des Unterhaltsanspruchs. Insgesamt will es den Weg zu einem titulierten Unterhalt vereinfachen und beschleunigen. Die erweiterten Möglichkeiten zur Auskunftserlangung sollen auch die Rückgriffsmöglichkeiten nach dem Unterhaltsvorschussgesetz verbessern. 71

Es entscheiden allein die **Familiengerichte** nach § 23b Abs. 1 Nr. 5 GVG i. d. F. des KindRG über alle Streitigkeiten, die die durch Verwandtschaft begründete gesetzliche Unterhaltspflicht betreffen.

II. Regelbetrag und RegelbetragVO

72 Das KindUG verwendet den Begriff des Regelbetrages. Dieser beinhaltet nicht den Regelbedarf oder den Regelunterhalt des bisherigen Unterhaltsrechts. Der Regelbetrag ist vielmehr nur die **Bezugsgröße für die Dynamisierung des Individualunterhalts** (BT-Drucks. 13/9596 S. 44) und hat **Bedeutung für die Zulässigkeit des vereinfachten Verfahrens**.

Die Regelbeträge sind in der Regelbetrag-Verordnung vom 6. 4. 1998 (BGBl. I S. 666, 668) enthalten (abgedruckt in der Gesetzessammlung Schönfelder als Anhang zu § 1612a BGB und bei Palandt, BGB, § 1612a Rn. 18). Sie unterscheidet zwischen den Regelbeträgen des § 1 (alte Länder) und des § 2 RegelbetragVO (das in § 3 des Einigungsvertrages genannte Gebiet). Die RegelbetragVO ist am 1. 7. 1998 in Kraft getreten. Durch Verordnung vom 28. 5. 1999 (BGBl. I S. 1100) ist sie erstmals geändert worden.

73 Nach § 1 der Zweiten Verordnung zur Änderung der RegelbetragVO vom 8. 5. 2001 (BGBl. I S. 842) betragen sie

ab dem 1. 7. 2001 in der

- ersten Altersstufe   366 DM,
- zweiten Altersstufe 444 DM,
- dritten Altersstufe 525 DM,

ab dem 1. 1. 2002 in der

- ersten Altersstufe   188 €,
- zweiten Altersstufe 228 €,
- dritten Altersstufe 269 €.

74 Für das in Art. 3 des Einigungsvertrages genannte Gebiet betragen sie nach § 2 RegelbetragVO entsprechend

ab dem 1. 7. 2001 in der

- ersten Altersstufe   340 DM,
- zweiten Altersstufe 411 DM,
- dritten Altersstufe 487 DM,

ab dem 1. 1. 2002 in der

- ersten Altersstufe   174 €,
- zweiten Altersstufe 211 €,
- dritten Altersstufe 249 €.

75 Nach § 1 der Dritten Verordnung zur Änderung der RegelbetragVO vom 24. 4. 2003, BGBL I S. 546, Abdruck in FamRZ 2003, 811, betragen sie

ab dem 1. 7. 2003 in der

- ersten Altersstufe   199 €,
- zweiten Altersstufe 241 €,
- dritten Altersstufe 284 €.

Für das in Art. 3 des Einigungsvertrages genannte Gebiet betragen sie nach § 2 RegelbetragVO entsprechend in der

- ersten Altersstufe   183 €,
- zweiten Altersstufe   222 €,
- dritten Altersstufe   262 €.

Die Einteilung der **Altersstufen** ist in § 1612a Abs. 3 BGB nach Maßgabe des Alters des Kindes geregelt. Die erste Altersstufe reicht bis zur Vollendung des sechsten Lebensjahres, die zweite vom siebten bis zur Vollendung des zwölften Lebensjahres und die dritte Altersstufe setzt für die Zeit vom dreizehnten Lebensjahr an ein. Der Regelbetrag einer höheren Altersstufe ist **ab dem Beginn des Monats** maßgebend, in dem das Kind das betreffende Lebensjahr vollendet, § 1612a Abs. 3 Satz 2 BGB. Eine taggenaue Berechnung entfällt damit in Zukunft. 76

Entsprechend § 1612a Abs. 4 BGB sind die Regelbeträge erstmals zum 1. 7. 1999 angepasst worden. Die erneute Anpassung wird danach zum 1. 7. jeden zweiten Jahres vorgenommen. Maßgeblich war § 68 SGB VI. Das Ausmaß der Erhöhung richtete sich nach den **Rentenerhöhungen der beiden letzten Jahre**. Durch das Gesetz zur Ächtung der Gewalt in der Erziehung und zur Änderung des Kindesunterhaltsrechts vom 2. 11. 2000 (BGBl. I S. 1479, abgedruckt in FamRZ 2000, 1577), das am 1. 1. 2001 in Kraft getreten ist, hat die bisherige Anpassungsregelung eine Neuregelung erfahren. § 1612 Abs. 4 BGB ist geändert und ein Abs. 5 hinzugefügt worden. Unter Fortschreibung des bisherigen Rechts richtet sich das Ausmaß der Veränderung der Regelbeträge nunmehr nach der Bruttolohn- und der Bruttogehaltssumme je durchschnittlich beschäftigten Arbeitnehmer und der Belastung der Arbeitsentgelte (BT-Drucks. 14/3781 S. 7). In § 1612a Abs. 5 BGB ist ein neues Fortschreibungsverfahren auf der Grundlage von Daten der volkswirtschaftlichen Gesamtrechnung eingeführt worden. Das Bundesministerium der Justiz hat die Regelbetrag-Verordnung durch Rechtsverordnung, die nicht der Zustimmung des Bundesrates bedarf, rechtzeitig anzupassen, § 1612a Abs. 4 Satz 3 BGB. 77

III. Festsetzung des Kindesunterhalts

Nach § 1612 Abs. 1 Satz 1 BGB ist der Unterhalt durch Entrichtung einer Geldrente zu gewähren, die nach Abs. 3 Satz 1 BGB monatlich im Voraus zu zahlen ist. Sie ist grds. **am Monatsersten** zu entrichten (vgl. auch § 1613 Abs. 1 Satz 2 BGB). Die Unterhaltsbeträge sind **auf volle DM aufzurunden**, § 1612a Abs. 2 Satz 2 BGB, **ab 1. 1. 2002 auf volle Euro** (dazu: Gesetz über Fernabsatzverträge und andere Fragen des Verbraucherrechts sowie zur Umstellung von Vorschriften auf Euro v. 27. 6. 2000, BGBl. I S. 897 und S. 1139, in Kraft getreten am 30. 6. 2000; Schwab, FamRZ 2000, 1207) 78

Mit § 1612a BGB wurde die Möglichkeit zur Anpassung von Unterhaltsrenten geschaffen. Diese materiell-rechtliche Bestimmung enthält keine Anspruchsgrundlage des Kindes auf einen bestimmten Unterhalt. Sie gibt dem Kind eine Möglichkeit, seinen Unterhaltsanspruch in einem vereinfachten Verfahren mit einem Dynamisierungseffekt geltend zu machen. Dabei macht es keinen Unterschied, ob der Unterhalt in einem Urteil oder etwa in einer Urkunde nach § 59 SGB VIII tituliert wird. 79

§ 1612a Abs. 1 BGB in der **bis zum 31. 12. 2001** geltenden Fassung bestimmte, dass ein minderjähriges Kind von einem Elternteil, mit dem es nicht in einem Haushalt lebt, den Unterhalt **als Vomhundertsatz eines oder des jeweiligen Regelbetrages** nach der RegelbetragVO verlangen konnte. 80

§ 1612a Abs. 1 BGB ist durch Art. 27 Nr. 1 des Gesetzes zur Einführung des Euro in Rechtspflegegesetzen und in Gesetzen des Straf- und Ordnungswidrigkeitenrechts, zur Änderung der Mahndruckverordnungen sowie zur Änderung weiterer Gesetze vom 13. 12. 2001 (BGBl. I S. 3574) dahin geändert worden, dass die Wörter „eines oder" gestrichen wurden. Damit kann das minder- 81 jährige Kind den Unterhalt **nur noch als Vomhundertsatz des jeweiligen Regelbetrages** verlangen. Insoweit kommen nur noch zwei Möglichkeiten in Betracht:

1. Statischer Individualunterhalt

82 Entsprechend der bislang für den Unterhalt ehelicher Kinder geltenden Regelung kann das Kind den ihm nach den §§ 1601 ff. BGB zustehenden Unterhalt als statischen Unterhalt beanspruchen. Insoweit ergeben sich Änderungen durch die §§ 1612b und c BGB hinsichtlich der Anrechnung des Kindergeldes und der regelmäßig wiederkehrenden kindbezogenen Leistungen.

Diese Variante versperrt dem Kind indes den Vorteil der Dynamisierung. Zudem kann es Abänderung nur unter den Voraussetzungen des § 323 ZPO verlangen.

Der statischen Unterhaltsrente kann indes der Vorzug eingeräumt werden, wenn, etwa im Mangelfall unter Beteiligung von Kindern und Ehegatten, das gesamte verfügbare Einkommen des Unterhaltspflichtigen herangezogen wird. In derartigen Fällen stehen die **Veränderungen in den persönlichen Verhältnissen** der Unterhaltsberechtigten (Wechsel der Altersstufen) im Vordergrund und führen dann jeweils zu einer anderen Verteilung des verfügbaren Einkommens.

2. Dynamisierter Unterhalt als Vomhundertsatz des jeweiligen Regelbetrages

83 *Beispiel:*
Das am 15. 5. 2000 geborene Kind macht für die Zeit ab 1. 1. 2003 gegen den Vater, dessen monatliches anrechenbares Nettoeinkommen 3.700 € beträgt, Unterhalt nach der 11. Einkommensgruppe der Düsseldorfer Tabelle (Stand: 1. 7. 2003) i. H. v. 359 € geltend. Der Unterhalt soll dynamisch und nach den Altersstufen ausgestaltet werden.

Berechnungsweise nach § 1612a Abs. 2 BGB:
Der Prozentsatz ist zunächst nach der Berechnungsvorschrift des § 1612a Abs. 2 BGB zu ermitteln. Dafür gilt folgende Berechnung:
$$359{,}00\ €\ (11.\ EGr.) : 199{,}00\ €\ (1.EGr.) \times 100 = 180{,}40201\ \%$$
§ 1612a Abs. 2 Satz 1 BGB schreibt vor, den Vomhundertsatz auf eine Dezimalstelle zu begrenzen; jede weitere sich ergebende Dezimalstelle wird nicht berücksichtigt. Der Prozentsatz macht dann exakt 180,4 aus.

Da sich bei dieser Berechnung kleine Ungenauigkeiten ergeben
$$199{,}00\ €\ \times\ 180{,}4\ \% = 358{,}996\ €$$
ist der sich bei der Berechnung des Unterhalts ergebende Betrag auf volle €, hier auf
$$359{,}00\ €$$
aufzurunden, § 1612a Abs. 2 Satz 2 BGB.

Diese Berechnung erübrigt sich, wenn der Unterhalt entsprechend den Bedarfsätzen der Düsseldorfer Tabelle verlangt wird. Die Düsseldorfer Tabelle (Stand: 1. 7. 2003) enthält als Arbeitshilfe eine Spalte 5 mit dem Prozentsatz, um den die Richtsätze der jeweiligen Einkommensgruppen von dem Richtsatz der 1. Einkommensgruppe (= Regelsatz) abweichen. Die oben aufgezeigte Berechnung ist aber geboten, wenn andere Unterhaltsbeträge gefordert werden.

Berücksichtigung der jeweiligen Altersstufen
Wechsel in die 2. Altersstufe: 1. 5. 2006
Wechsel in die 3. Altersstufe: 1. 5. 2012
Der Eintritt der Volljährigkeit berührt den Titel grds. nicht, denn er ist nicht auf die Zeit der Minderjährigkeit beschränkt.

Änderung der RegelbetragVO wieder zum 1. 7. 2005:

Für die Zeit bis zum 30. 6. 2005 ist der Zahlbetrag auszuweisen, denn in diesem Zeitraum findet eine Dynamisierung nicht statt (BT-Drucks. 13/7338 S. 26). Die erneute Änderung der RegelbetragVO steht zum 1. 7. 2005 an.

Formulierungsbeispiel: Antrag

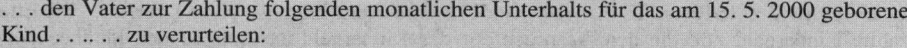

> ... den Vater zur Zahlung folgenden monatlichen Unterhalts für das am 15. 5. 2000 geborene Kind ...... zu verurteilen:
> vom 1. 7. 2003 bis zum 30. 6. 2005 monatlich 282 € (359 € – 77 €),
> vom 1. 7. 2005 bis zum 30. 4. 2006 monatlich 180 % des jeweiligen Regelbetrages der ersten Altersstufe nach § 1 der RegelbetragVO abzüglich hälftig anzurechnender kindbezogener Leistungen für ein erstes Kind,
> vom 1. 5. 2006 bis zum 30. 4. 2012 monatlich 180 % des jeweiligen Regelbetrages der zweiten Altersstufe nach § 1 der RegelbetragVO abzüglich hälftig anzurechnender kindbezogener Leistungen für ein erstes Kind,
> ab 1. 5. 2012 monatlich 180 % des jeweiligen Regelbetrages der dritten Altersstufe nach § 1 der RegelbetragVO abzüglich hälftig anzurechnender kindbezogener Leistungen für ein erstes Kind.

> *Hinweis:*
> *Die Tenorierung muss dem **Bestimmtheitsgebot** entsprechen und nach Möglichkeit **unnötige** Abänderungsverfahren vermeiden.*
>
> *Aufzunehmen ist, ob es sich um den Regelbetrag nach § 1 oder § 2 (Regelbetrag für das in Art. 3 des Einigungsvertrages genannte Gebiet) der RegelbetragVO handelt (OLG Naumburg, Beschl. v. 4. 7. 2001, 8 WF 100/01, FamRZ 2002, 554).*

Soweit keine Änderungen beim **Kindergeld** zu erwarten sind, bestehen gegen eine Bezifferung des anzurechnenden Kindergeldes keine Bedenken. Der derzeit anzurechnende Kindergeldbetrag kann dann konkret ausgewiesen werden (OLG Stuttgart, Beschl. v. 28. 12. 1998, DAVorm 1999, 251). Zweckentsprechend und bedenkenfrei ist eine offene Formulierung, die mögliche Änderungen der Höhe des gesetzlichen Kindergeldes Rechnung trägt und für das jeweilige Kind die maßgebliche Ordnungszahl (1., 2., 3. oder weiteres Kind) angibt (OLG Stuttgart, Beschl. v. 27. 7. 1999, 18 UF 325/99, DAVorm 1999, 772, 773).

Der Gesetzgeber hat nunmehr jedenfalls die **variable Anrechnung** des Kindergeldes anerkannt, wie die Änderung des § 647 Abs. 1 Satz 2 Nr. 1c ZPO zeigt, in dem die Worte „mit dem anzurechnenden Betrag" gestrichen worden sind. Dadurch wurde die Möglichkeit geschaffen, anzurechnendes Kindergeld auch dynamisch zu tenorieren (dazu BT-Drucks. 14/7349 S. 24). Entsprechend sind auch die Antragsvordrucke geändert worden. Es bestehen daher keine Bedenken, auch die Kindergeldanrechnung nach § 1612b Abs. 5 BGB dynamisch zu gestalten. Bei Festsetzung von 100 % des Regelbetrages kann die Anrechnung des Kindergeldes nach folgender **Formel** geschehen: „Auf den Unterhalt ist das jeweilige hälftige Kindergeld für ein erstes Kind anzurechnen, soweit dieses zusammen mit dem Unterhalt 135 % des Regelbetrages übersteigt." (so OLG Düsseldorf, FuR 2002, 284 m. w. N. zum bisherigen Streitstand).

Mit dieser Methode wird erreicht, dass der Unterhalt alle zwei Jahre entsprechend der Änderung der RegelbetragVO angepasst und dem Wechsel in die höheren Altersstufen Rechnung getragen wird. Die bislang gegebene Möglichkeit, Kindesunterhalt als Prozentsatz eines Regelbetrages zu fordern, ist in der Praxis kaum genutzt worden.

IV. Anrechnung des Kindergeldes und regelmäßig wiederkehrender kindbezogener Leistungen

1. Kindergeld als Steuervergünstigung

88 Mit den §§ 1612b, 1612c BGB hat das KindUG eine Anrechnungsregelung für das den Eltern gezahlte Kindergeld und die den Anspruch auf das Kindergeld ausschließenden kindbezogenen Leistungen geschaffen. Anzuwenden sind die §§ 1612b, 1612c BGB sowohl bei dem statisch als auch bei dem dynamisch verlangten Unterhalt.

89 Das Kindergeld ist **keine Sozialleistung** mehr sondern ist als **Steuervergünstigung** ausgestaltet. Die gesetzlichen Regelungen finden sich deshalb im X. Abschnitt des Einkommensteuergesetzes. Das **Bundeskindergeldgesetz** hat nur noch für Eltern Geltung, die in Deutschland nicht steuerpflichtig sind, aber wegen ihrer Bindung an die innerstaatliche Rechtsordnung Kindergeld beziehen.

90 Die Neuregelung fußt auf der Forderung des Bundesverfassungsgerichts (NJW 1992, 3153), das Existenzminimum des Steuerpflichtigen und seiner Familie nicht der Einkommensteuer zu unterwerfen. Das Kindergeld soll die Unterhaltslast der Unterhaltspflichtigen mindern. Die Entlastung vollzieht sich nach § 31 EStG durch die monatliche Zahlung des Kindergeldes oder durch die steuerliche Freistellung eines Einkommensbetrages i. H. d. Existenzminimums des Kindes. Von Amts wegen wird im Rahmen der Einkommensteuerveranlagung geprüft, welche dieser beiden Formen günstiger ist; die dem Steuerpflichtigen günstigere Lösung wird umgesetzt.

91 Die **Anspruchsberechtigung** ist nach § 62 EStG zu beurteilen. Anspruch auf das Kindergeld hat ein Elternteil, soweit er seinen Wohnsitz oder seinen gewöhnlichen Aufenthalt im Inland hat. Die Anspruchsberechtigung eines Ausländers ist nach § 62 Abs. 2 EStG an den Besitz einer Aufenthaltsberechtigung oder Aufenthaltserlaubnis geknüpft.

92 Die **Bezugsberechtigung** ist in § 64 EStG geregelt. Grds. wird das Kindergeld nach § 64 Abs. 1 EStG nur an einen Elternteil gezahlt; dies beruht auf Vereinfachungsgesichtspunkten. In § 64 Abs. 2 EStG ist das **Vorrangprinzip** umgesetzt, das die Bezugsberechtigung in Fällen klärt, in denen mehrere Anspruchsberechtigte vorhanden sind. Von mehreren Bezugsberechtigten erhält nach § 64 Abs. 2 Satz 1 EStG derjenige das Kindergeld, der das Kind in seinen Haushalt aufgenommen hat (**Obhutsprinzip**). Ist ein Kind in den gemeinsamen Haushalt von Eltern, einem Elternteil und dessen Ehegatten, Pflegeeltern oder Großeltern aufgenommen worden, bestimmen diese nach § 64 Abs. 2 Satz 2 EStG den Berechtigten, notfalls auf Antrag das Vormundschaftsgericht. Lebt ein Kind im gemeinsamen Haushalt von Eltern und Großeltern, so wird das Kindergeld vorrangig einem Elternteil gezahlt; es wird an einen Großelternteil gezahlt, wenn der Elternteil gegenüber der zuständigen Stelle auf seinen Vorrang schriftlich verzichtet hat, § 64 Abs. 2 Satz 4 EStG. Ist das Kind nicht in den Haushalt eines Berechtigten aufgenommen, so erhält nach § 64 Abs. 3 EStG das Kindergeld derjenige, der dem Kind eine Unterhaltsrente zahlt. Zahlen mehrere Berechtigte dem Kind eine Unterhaltsrente, so erhält das Kindergeld derjenige, der dem Kind die höchste Unterhaltsrente zahlt. Werden gleich hohe Unterhaltsrenten gezahlt, so bestimmen die Berechtigten untereinander, wer das Kindergeld erhalten soll. Wird eine Bestimmung nicht getroffen oder zahlt keiner der Berechtigten dem Kind Unterhalt, so gilt Abs. 2 Satz 3 und 4 entsprechend.

93 Das Kindergeld führt nicht unmittelbar zur teilweisen Bedarfsdeckung (OLG Braunschweig, FamRZ 1999, 1453; zur alten Rechtslage und Praxis vgl. BGH, FamRZ 1986, 151, 152; FamRZ 1997, 806). Es wird auf seinen Unterhaltsanspruch verrechnet. So vollzieht sich zugleich der familienrechtliche Ausgleich unter den anspruchsberechtigten Elternteilen.

B. IV. Anrechnung des Kindergeldes und regelmäßig wiederkehrender kindbezogener Leistungen

2. Kindergeldanrechnung

Übersicht zur Höhe des Kindergeldes:

94

Kind	1997/1998	1999	2000/2001	2002	2003
1.	220 DM	250 DM	270 DM	154 €	154 €
2.	220 DM	250 DM	270 DM	154 €	154 €
3.	300 DM	30 DM	300 DM	154 €	154 €
4. und weitere	350 DM	350 DM	350 DM	179 €	179 €

Im Gegensatz zu der bisherigen Handhabung, die bei mehreren Kindern das Kindergeld anteilig bei dem Unterhalt berücksichtigte, ist nach § 1612b Abs. 1 BGB das auf das **jeweilige** Kind entfallende Kindergeld anzurechnen (OLG Celle, FamRZ 1999, 1455; s. auch BT-Drucks. 13/7338 S. 29).

95

In Übereinstimmung mit der bisherigen Handhabung steht § 1612 Abs. 4 BGB, wonach die Erhöhung des Kindergeldes durch ein nicht gemeinschaftliches Kind (sog. **Zählkindvorteil**) unberücksichtigt bleibt. Der Zählkindvorteil kommt dem Elternteil zugute, der die Unterhaltslast für nicht gemeinschaftliche Kinder zu tragen hat (BT-Drucks. 13/7338 S. 29, 30). Er ist ausnahmsweise dann für Unterhaltszwecke verfügbares Einkommen, wenn der das erhöhte Kindergeld beziehende Elternteil dem anderweitig betreuten Zählkind keinen Unterhalt gewährt (BGH, FamRZ 1997, 806). Im Mangelfall kann der Zählkindvorteil bei der Leistungsfähigkeit berücksichtigt werden, denn im Rahmen der Billigkeitsprüfung erscheint es gerechtfertigt, den Unterhaltspflichtigen auf den notwendigen Selbstbehalt zu verweisen und ihm nicht noch einen Betrag des Kindergeldes zu belassen (Johannsen/Henrich-Graba, Eherecht, § 1612b Rn. 14: Verteilung auf alle Unterhaltsberechtigten, jedenfalls auf den Kindesunterhalt).

96

§ 1612b BGB setzt die steuerrechtlichen Vorgaben um und geht von folgenden Fallvarianten aus:

97

1. Variante:

Das minderjährige Kind wird von einem Elternteil betreut, dem nach § 64 Abs. 2 Satz 1 EStG wegen des **Vorrangprinzips** das Kindergeld gezahlt wird. Auf den Unterhaltsanspruch des Kindes gegen den barunterhaltspflichtigen Elternteil wird nach der **Grundregel des § 1612b Abs. 1 BGB** das hälftige Kindergeld angerechnet. So wird in einfacher Weise der familienrechtliche Ausgleich unter den Eltern vollzogen.

98

2. Variante:

Tritt die **Barunterhaltspflicht** beider Elternteile ein, erhöht sich der Unterhaltsanspruch gegen den das Kindergeld beziehenden Elternteils um die Hälfte des auf das Kind entfallenden Kindergeldes, § 1612b Abs. 2 BGB.

99

Diese Situation kann eintreten, wenn das Kind volljährig ist oder das minderjährige Kind bei dritten Personen, in einer Einrichtung der Jugendhilfe oder in einem Internat aufwächst.

Die gesetzliche Regelung hat zur Folge, dass das Kindergeld bei dem volljährigen Kind nicht mehr in vollem Umfang bedarfsdeckend wirkt. Die Rspr. (BGH, FamRZ 1986, 151, 152) und die Praxis gingen davon jedoch aus, wenn der das Kindergeld beziehende Elternteil das Kindergeld dem volljährigen Kind zukommen ließ. Ebenso kommt nicht mehr der Ausgleichsmaßstab des § 1606 Abs. 3 BGB zur Anwendung, worauf noch der BGH (FamRZ 1997, 806) jüngst abgehoben hatte. Es gilt der **Grundsatz der hälftigen Anrechnung**, auch wenn der quotale Beitrag eines Elternteils wegen eingeschränkter Leistungsfähigkeit nur gering ist (Schumacher/Grün, FamRZ 1998, 778, 784). Der Grundsatz wird dadurch vollzogen, dass der nach dem vollen Bedarf des Kindes berechnete Haftungsanteil des das gesamte Kindergeld beziehenden Elternteils um das hälftige Kindergeld erhöht wird. Entsprechend reduziert sich der auf den anderen Elternteil entfallende Haftungsanteil um das halbe Kindergeld.

100

Beispiel:

Das volljährige Kind K studiert Jura. Er lebt nicht bei den Eltern. Die Eltern sind vollschichtig erwerbstätig. Der Vater V verfügt über ein anrechenbares Nettoeinkommen von 2.000 € monatlich, die Mutter M über ein solches von 1.200 € monatlich.

Das Kindergeld von 154 € bezieht V. K verlangt Unterhalt ab 1. 7. 2003.

Lösung:

K kann als Studierender, der nicht bei seinen Eltern, auch nicht bei einem Elternteil wohnt, Unterhalt nach einem pauschalierten Bedarf i. H. v. 600 € monatlich fordern (vgl. Anm. 7 Abs. 2 DT, Stand: 1. 7. 2003).

Die Haftungsanteile der Eltern sind nach ihrem verfügbaren Einkommen unter Wahrung ihres angemessenen Eigenbedarfs – hier: 1.000 € nach Anm. 5 Abs. 2 DT, Stand: 1. 7. 2003 – zu bestimmen.

Für den Unterhalt stehen bei V 1.000 € (2.000 € – 1.000 €) und bei M 200 € (1.200 € – 1.000 €), insgesamt 1.200 € zur Verfügung.

V hat dann 83 % (1.000 € : 1.200 €), M 17 % (200 € : 1.200 €) des Unterhalts des K zu tragen.

Der Haftungsanteil des V macht 498 €, derjenige der M 102 € aus.

Der Haftungsanteil des V von 498 € wird um das hälftige Kindergeld von 77 € auf 575 € erhöht, während sich der Zahlbetrag für M um 77 € von 102 € auf 25 € verringert.

M erhält insgesamt 600 €.

101 Lebt das volljährige Kind in dem Haushalt eines Elternteils, der mangels Leistungsfähigkeit nicht zum Barunterhalt beitragen kann, den Unterhaltspflichtigen jedoch durch Naturalleistungen (Wohnungsgewährung, Versorgung) entlastet, verbleibt es bei der hälftigen Beteiligung des das Kindergeld beziehenden Elternteils, denn es ist nicht der Fall gegeben, dass nur ein Elternteil für den Kindesunterhalt aufkommt (so OLG Nürnberg, OLGR-München/Bamberg/Nürnberg 2000, 63, 64; Strauß, FamRZ 1998, 993, 999). Der Elternteil, der mangels Leistungsfähigkeit des anderen Elternteils den vollen Bedarf des volljährigen Kindes mit eigenem Hausstand deckt, kann das gesamte, an ihn nach § 64 Abs. 3 Satz 1 EStG gezahlte Kindergeld behalten (OLG Celle, FamRZ 2001, 568, 569; OLG Düsseldorf, FamRZ 1999, 1452; OLG Schleswig, 4. ZS, FamRZ 2000, 1245; OLG Schleswig, 5. ZS, FamRZ 2000, 1245; OLG Braunschweig, FamRZ 2000, 1246).

3. Variante:

102 In der Fallgestaltung des § 1612b Abs. 3 BGB wirkt das **Kindergeld in vollem Umfang bedarfsdeckend** und verringert den zu leistenden Unterhalt. Hier erhält der barunterhaltspflichtige Elternteil das Kindergeld trotz grundsätzlicher Anspruchsberechtigung nicht, weil er etwa seiner Unterhaltspflicht nicht nachkommt (§ 74 EStG) oder das Kind anderweitig untergebracht ist. Das Kindergeld wird in diesen Fällen an das Kind oder einen Dritten ausgezahlt. Ein Fall des § 1612 Abs. 3 BGB ist gegeben, wenn die barunterhaltspflichtigen Eltern nur eingeschränkt leistungsfähig sind und unter Berücksichtigung der beiderseitigen Leistungen ein über dem Kindergeld liegender ungedeckter Bedarf verbleibt. Die Vorrangigkeit der Bedarfsdeckung durch das Kindergeld ergibt sich aus § 74 EStG, wonach das Kind Anspruch auf Auszahlung hat, wenn die kindergeldberechtigten Eltern ihrer Unterhaltspflicht nicht oder nur eingeschränkt nachkommen können (KG, FuR 2002, 323, 324).

4. Variante:

103 Durch das Gesetz zur Ächtung der Gewalt in der Erziehung und zur Änderung des Kindesunterhaltsrechts vom 2. 11. 2000 (BGBl. I S. 1479, abgedruckt in FamRZ 2000, 1557), das am 1. 1. 2001 in Kraft getreten ist, hat § 1612b Abs. 5 BGB eine Neufassung erhalten. Die Anrechnung des Kindesgeldes unterbleibt, soweit der Unterhaltspflichtige außerstande ist, Unterhalt i. H. v. 135 % des Regelbetrages zu leisten. Zweck des Gesetzes ist es, dem Kind das **Barexistenzminimum** zu sichern, das der Gesetzgeber mit 135 % des Regelbetrages annimmt. Die Regelbeträge sollen

B. IV. Anrechnung des Kindergeldes und regelmäßig wiederkehrender kindbezogener Leistungen

jedoch weiterhin nur eine Rechengröße und nicht den Mindestbedarf darstellen (BT-Drucks. 14/3781 S. 7; vgl. zur Neuregelung Scholz, FamRZ 2000, 1541 ff.; Vossenkämper, FamRZ 2000, 1547, insbesondere die Kinderabzugstabellen auf S. 1548; Benkelberg, MDR 2000, 1405). Nach dieser Begründung hat das Kind weiterhin die **Darlegungs- und Beweislast** für ein entsprechendes Einkommen des Unterhaltspflichtigen, soweit es den Regelbetrag übersteigenden Unterhalt verlangt (s. BGH, FamRZ 2002, 536 = NJW 2002, 1269 mit ausführlicher Auseinandersetzung zu den unterschiedlichen Auffassungen in Rspr. und Literatur).

> *Hinweis:* 104
> *Es gilt folgender* **Grundsatz***:*
> Kindergeld wird nur soweit angerechnet, als das hälftige Kindergeld zusammen mit dem tatsächlich geschuldeten Unterhalt das Barexistenzminimum, das ist der Tabellenbetrag der 6. Einkommensgruppe (EGr.) der Düsseldorfer Tabelle (DT), übersteigt.
> Die **Berechnung** geschieht nach folgender Formel:
> Anrechnungsbetrag = $\frac{1}{2}$ des Kindergeldes + Richtsatz der jeweiligen EGr./tatsächlich geschuldeter Unterhalt ./. Richtsatz der 6. EGr.

Die gesetzliche Regelung verdeutlicht folgendes Beispiel:
Der Unterhaltspflichtige mit einem anrechenbaren Nettoeinkommen von 2.000 € monatlich ist einem 13 Jahre alten Kind gegenüber zur Zahlung von Barunterhalt verpflichtet. Das Kind lebt bei der Mutter, die das Kindergeld von 154 € bezieht. Unterhalt wird ab 1. 7. 2003 gefordert.

Lösung:
Nach einem anrechenbaren Einkommen von 2.000 € bemisst sich der Bedarf des Kindes nach der 5. EGr. und der 3. Altersstufe der DT auf 364 €.

Dem Unterhaltspflichtigen stehen zur Sicherstellung des Kindesunterhalts ausreichende Barmittel zur Verfügung. Der nach § 1603 Abs. 2 BGB gesteigert Unterhaltspflichtige kann auf den notwendigen Selbstbehalt von 840 € verwiesen werden (vgl. Anm. 5 DT, Stand: 1. 7. 2003). 135 % des Regelbetrages nach der 3. Altersstufe der DT machen 384 € aus. Der geschuldete Unterhalt von 364 € bleibt um 20 € hinter dem Regelbetrag der 6. EGr. von 384 € zurück. Die Anrechnung des auf den Barunterhaltspflichtigen entfallenden hälftigen Kindergeldes geschieht nur i. H. v. 57 € (77 € – 20 €). Im Übrigen verbleibt es der betreuenden Mutter.

Berechnung nach der obigen Formel:
77 € + 364 € – 384 € = 57 €

Der Zahlbetrag des Barunterhaltspflichtigen macht dann 307 € (364 € – 57 €) aus. Der betreuenden Mutter stehen der Zahlbetrag von 307 € zuzüglich des vollen Kindergeldes von 154 € insgesamt 461 € für das Kind zur Verfügung. Das sind der Tabellenbetrag der 6. EGr. von 384 € und das anteilige auf sie entfallende Kindergeld von 77 €.

Ein dynamisierter Titel hätte auf Zahlung von 128 % (364 € : 284 € x 100 = 128,1690) des Regelbetrages der 3. Altersstufe abzüglich anzurechnender 57 € Kindergeld zu lauten.

Zur Erleichterung in der Praxis sind in Ergänzung zur Düsseldorfer Tabelle (Euro), ab Stand: 105 1. 1. 2002, (FamRZ 2001, 1512) sowie zur Berliner Tabelle (Euro) ab Stand: 1. 1. 2002 **Kindergeldabzugstabellen** geschaffen worden, die eine oben dargestellte Berechnung erübrigen. Soweit Unterhaltsbeträge in Abweichung von den Werten der jeweiligen Einkommensgruppen verlangt werden, ist auf die übliche Berechnung zurückzugreifen.

106 § 1612b Abs. 5 BGB ist **verfassungsgemäß** (BGH, FamRZ 2003, 445 = NJW 2003, 1177; OLG München, NJW-RR 2001, 1664; OLG Stuttgart, 16. FamS, FamRZ 2002, 177; OLG Düsseldorf, FamRZ 2001, 1096; zu § 1612b Abs. 5 BGB Graba, NJW 2001, 249). Das Bundesverfassungsgericht hat die Außervollzugsetzung der ab 1. 1. 2001 in Kraft getretenen Neuregelung des § 1612 Abs. 5 BGB durch einstweilige Anordnung abgelehnt, da die Antragsteller durch die Anrechnungsregelung nicht in ihrer Existenz gefährdet seien (FamRZ 2001, 541); es hat eine Verfassungsbeschwerde mangels Ausschöpfung des Rechtsweges zu den Fachgerichten nicht zur Entscheidung angenommen (FamRZ 2001, 756).

107 Die **analoge Anwendbarkeit des § 1612b Abs. 5 BGB auf volljährige Kinder** ist umstritten (dafür: OLG Bremen, MDR 2002, 950; OLG Hamm, 2. FamS, OLGR 2003, 98; 8. FamS, FamRZ 2001, 1727; OLG Koblenz Urt. v. 19. 9. 2001 – 9 UF 62/01, FamRZ 2002, 965 = OLGR 2002, 29; Schwab/Borth, Handbuch des Scheidungsrechts, IV, Rn. 1108; a. A. OLG Nürnberg, OLGR 2003, 32 = MDR 2003, 89; OLG Düsseldorf, OLGR 2003, 274; Scholz, FamRZ 2000, 1541, 1546 unter Aufgabe seiner Auffassung in Wendl/Staudigl-Scholz, Das Unterhaltsrecht in der familienrichterlichen Praxis, § 2 Rn. 510; FamRZ 2001, 1045, 1048: allenfalls für privilegierte volljährige Kinder, denen nur ein Elternteil Unterhalt leistet; Palandt/Diederichsen, BGB, § 1612b Rn. 12). Gegen eine analoge Anwendung des § 1612b Abs. 5 BGB auf Unterhaltsansprüche der nach § 1603 Abs. 2 Satz 2 BGB privilegierten volljährigen Kinder spricht, dass in § 1612b Abs. 5 BGB auf die Regelbeträge der RegelbetragVO abgestellt wird. Die Regelbeträge beziehen sich jedoch nur auf minderjährige Kinder. Für die analoge Anwendung spricht, dass § 1612b Abs. 5 BGB sich auf Unterhaltsansprüche bezieht, die durch die gesteigerte Unterhaltspflicht geprägt sind. Dies gilt auch für Ansprüche der privilegierten volljährigen Kinder. Zudem könnte erreicht werden, dass dem Kind ein Sockelbetrag seines Bedarfs gesichert wird (für analoge Anwendung FamRefK/Häußermann, BGB, § 1612b Rn. 15; Wohlgemuth, FamRZ 2001, 743). Im Fall einer analogen Anwendung könnte wie folgt (s. FamRefK/Häußermann, BGB, § 1612b Rn. 15) verfahren werden:

Der Haftungsanteil beider Eltern wird nach Maßgabe des Abs. 5 gekürzt, wenn und soweit die Haftungsanteile beider Eltern zusammen den Tabellenwert für die 4. Altersgruppe der Einkommensgruppe 1 der Düsseldorfer Tabelle nicht übersteigen.

Beispiel:
Der 18 Jahre alte Schüler K lebt im Haushalt der M, die das Kindergeld von 154 € erhält. Über den notwendigen Selbstbehalt hinaus stehen V 160 € und M 90 € zur Verfügung.

Lösungsvorschlag:

Tabellenwert der 4. Altersstufe der DT, Stand 1. 7. 2003:	*327,00 €*
Leistungsfähigkeit von V und M :	*250,00 €*
Anrechnungsfreier Kindergeldanteil:(327,00 € – 250,00 €)	*77,00 €*
Anrechenbarer Kindergeldanteil:(154,00 € – 77,00 €)	*77,00 €*
Je hälftige Beteiligung von V und M:	*38,50 €*
Zahlbetrag des V:(160,00 € – 38,50 €)	*121,50 €*
Zahlbetrag der M: (90,00 € – 38,50 € +154,00 €)	*205,50 €*
K erhält den Tabellenbetrag von	*327,00 €*

3. Anrechnung regelmäßig wiederkehrender kindbezogener Leistungen

108 § 1612b BGB gilt nach § 1612c BGB entsprechend für regelmäßig wiederkehrende kindbezogene Leistungen, soweit sie den Anspruch auf Kindergeld ausschließen. Solche Leistungen sind nach § 65 Abs. 1 Nr. 1 EStG etwa Kinderzulagen aus der gesetzlichen Unfallversicherung oder Kinderzuschüsse aus der gesetzlichen Rentenversicherung sowie dem Kindergeld vergleichbare Leistungen, die im Ausland für Kinder nach § 65 Abs. 1 Nr. 2 und 3 EStG gewährt werden.

Unter die Regelung des § 1612c BGB fallen nicht die kindbezogenen Leistungen, die **nur von einem Elternteil** bezogen werden. Hierzu zählen im Rahmen eines Arbeitsverhältnisses gezahlte Kinderzuschläge sowie die kindbezogenen Anteile im Ortszuschlag. Diese nach Lage des Falles immer unterschiedlichen Nettobeträge stehen einer Berücksichtigung im vereinfachten Verfahren entgegen.

Zu den kindbezogenen Leistungen rechnen auch nicht die **Leistungen, die dem Kind zustehen** und sich entsprechend bedarfsmindernd auswirken. Eine Anrechnung im vereinfachten Verfahren ist nicht vorgesehen. Macht der Unterhaltspflichtige im Rahmen seiner Einwendungsmöglichkeiten den Bezug bedarfsmindernder Leistungen durch das Kind in zulässiger Weise geltend, scheidet die Festsetzung des Unterhalts im vereinfachten Verfahren aus.

4. Auskehrung des Kindergeldes an das Kind

Unter den Voraussetzungen des § 74 Abs. 1 EStG kann das Kind die **Auskehrung des Kindergeldes** beanspruchen. Davon erfasst werden die Fälle, in denen der Kindergeldberechtigte seinen gesetzlichen Unterhaltspflichten nicht nachkommt, er mangels Leistungsfähigkeit nicht unterhaltspflichtig ist oder er nur Unterhalt in geringerem Umfang als das für die Auszahlung in Betracht kommende Kindergeld leisten kann. Das Kind hat keinen Anspruch gegen die Eltern auf Auszahlung an sich (BGH, FamRZ 1985, 1243; 1988, 604).

V. Änderungen in anderen Gesetzen

1. Änderungen des Unterhaltsvorschussgesetzes (UVG)

Die Änderungen stellen sich als **Folgeänderungen** dar. So wird nach § 2 Abs. 1 Satz 1 UVG die Unterhaltsleistung monatlich in Höhe der für Kinder der ersten und zweiten Altersstufe jeweils geltenden Regelbeträge (§ 1 oder 2 RegelbetragVO) gezahlt.

Weitere Regelungen sollen einen **besseren Rückgriff beim Unterhaltspflichtigen** ermöglichen und damit einen höheren Rückfluss der geleisteten Zahlungen. Dies soll erreicht werden durch die **Verbesserung der Auskunftsrechte.** Geht nach § 7 Abs. 1 UVG der Unterhaltsanspruch gegen den Unterhaltspflichtigen auf das Land über, geschieht dies zugleich mit dem **unterhaltsrechtlichen Auskunftsanspruch.** Daneben bleibt der öffentlich-rechtliche Auskunftsanspruch bestehen.

Nach § 6 Abs. 2 UVG haben nunmehr auch **Versicherungsunternehmen,** soweit die Durchführung des UVG es erfordert, auf Verlangen Auskunft über den Wohnort und über die Höhe von Einkünften des Unterhaltspflichtigen zu geben. § 6 Abs. 5 UVG verpflichtet dazu auch die nach § 69 SGB X zur Auskunft befugten Sozialleistungsträger.

§ 7 Abs. 3 Satz 1 UVG hält die mit dem Rückgriff betrauten Stellen zur **rechtzeitigen und vollständigen Durchsetzung** der Ansprüche nach den Bestimmungen des Haushaltsrechts an. Nach § 7 Abs. 4 Satz 1 UVG (vgl. schon § 91 Abs. 3 Satz 2 BSHG) kann die **Klage des Landes auch auf künftige Leistungen** bis zur Höhe der bisherigen monatlichen Aufwendungen erhoben werden, nicht mehr nur für vergangene Zeiträume. Dies setzt allerdings voraus, dass die Unterhaltsleistung voraussichtlich auf längere Zeit gewährt werden muss.

In § 7 Abs. 4 Satz 2 UVG hat der Gesetzgeber nunmehr in Anlehnung an § 91 Abs. 4 BSHG auch für das UVG die Möglichkeit der **Rückübertragung** des Unterhaltsanspruchs an den unterhaltsberechtigten Leistungsempfänger geschaffen. Eine Belastung des Leistungsempfängers mit zusätzlichen Kosten soll nicht stattfinden. Die Formulierung „dadurch selbst belastet wird" stellt sicher, dass sich Dritte, also auch andere vorrangige Leistungsbereiche wie z. B. die PKH, nicht darauf berufen können, dass die UVG-Behörde nachrangig die Kosten übernehmen kann (BT-Drucks. 13/7338 S. 46).

2. Änderungen des SGB VIII – Kinder- und Jugendhilfe

a) Aufnahme einer Verpflichtungserklärung

116 Die Urkundsperson beim Jugendamt ist nach § 59 Abs. 1 Nr. 9 SGB VIII ebenfalls befugt, die im Rahmen des vereinfachten Verfahrens nach § 648 ZPO abzugebende **Verpflichtungserklärung** zu beurkunden. Die unverzügliche Weiterleitung an das Gericht wird durch den entsprechend anzuwendenden § 129a ZPO gewährleistet.

b) Anspruchsübergang nach § 94 Abs. 3 SGB VIII

117 § 94 Abs. 3 SGB VIII sieht die Inanspruchnahme der Eltern vor, wenn Hilfe zur Erziehung (§ 91 Abs. 1 Nr. 4 SGB VIII) oder Eingliederungshilfe für seelisch behinderte Kinder und Jugendliche (§ 91 Abs. 1 Nr. 5 SGB VIII) gewährt wird. Unter den in § 91 Abs. 3 SGB VIII genannten Voraussetzungen findet ein Anspruchsübergang auf den Träger der Jugendhilfe statt. In Anlehnung an die Neuregelung im UVG geht nunmehr **auch der unterhaltsrechtliche Auskunftsanspruch** über, § 91 Abs. 3 Satz 2 SGB VIII.

118 Die Entscheidung über die Ansprüche nach § 91 Abs. 3 Satz 2 und 3 fällt den Zivilgerichten, also den **Familiengerichten** zu, § 91 Abs. 3 Satz 4 SGB VIII.

119 Schließlich trifft § 91 Abs. 4 SGB VIII eine dem § 7 UVG entsprechende Regelung zur **Rückübertragung** des übergegangenen Unterhaltsanspruchs zur gerichtlichen Geltendmachung.

C. Allgemeine Grundlagen des Individualunterhalts

I. Tatbestandliche Voraussetzungen der Unterhaltspflicht

120 Gem. § 1601 BGB sind **Verwandte in gerader Linie** verpflichtet, einander Unterhalt zu gewähren. Die Unterhaltspflicht beruht allein auf der Verwandtschaft in gerader Linie und besteht dem Grunde nach lebenslang (BGH, FamRZ 1984, 682, 683; 1988, 1039, 1040). Beide Eltern sind danach den ehelichen minderjährigen wie volljährigen Kindern unterhaltspflichtig.

121 Die Unterhaltspflicht setzt Bedürftigkeit des Kindes voraus. Nach § 1602 Abs. 1 BGB ist unterhaltsberechtigt nur, wer außerstande ist, sich selbst zu unterhalten. Die Ursache der **Bedürftigkeit des Kindes** ist nicht entscheidend. Die Anspruchsberechtigung endet, sobald das Kind in die Lage versetzt ist, nach und auf der Grundlage einer abgeschlossenen Ausbildung sich selbst zu unterhalten. Wird das Kind erneut bedürftig, kann die Unterhaltspflicht nach Lage des Falles wieder aufleben.

Anspruch hat das Kind auf den **angemessenen Unterhalt,** der den gesamten Lebensbedarf einschließlich der **Kosten einer angemessenen Vorbildung zu einem Beruf** umfasst, § 1610 Abs. 1, 2 BGB.

122 Die Anspruchsberechtigung des Kindes ist zudem von der **Leistungsfähigkeit der Eltern** abhängig. Nach § 1603 Abs. 1 BGB ist nicht unterhaltspflichtig, wer bei Berücksichtigung seiner sonstigen Verpflichtungen außerstande ist, den Unterhalt ohne Gefährdung seines eigenen angemessenen Unterhalts zu gewähren.

II. Prozessuale Besonderheiten

123 Es handelt sich bei dem Unterhalt für minderjährige wie auch für volljährige Kinder um den **gleichen Streitgegenstand,** so dass der Unterhaltstitel weder durch den zwischenzeitlichen Eintritt der Volljährigkeit noch durch die Scheidung der Eltern beeinflusst wird (BGH, FamRZ 1983, 582; KG, FamRZ 1994, 765; OLG Hamm, FamRZ 1993, 353, 354). Es ist allerdings **Abänderungsklage,** nicht Leistungsklage zu erheben, wenn ein Titel nach Volljährigwerden des Kindes an den höheren Bedarf angepasst werden soll (BGH, FamRZ 1984, 682; 1988, 1039, 1040).

Mehrere Unterhaltsberechtigte können ihren Unterhaltsanspruch gegen denselben Unterhaltspflichtigen nicht in einer Summe geltend machen. Die Ansprüche sind aufzuteilen, denn über sie ist je gesondert zu entscheiden (BGH, FamRZ 1981, 541; 1987, 40; OLG München, FamRZ 1994, 836; OLG Hamm, FamRZ 1995, 106).

> *Hinweis:*
> *In der Praxis gewinnt diese Frage Bedeutung im Mangelfall und bei einem Wechsel des Kindes in die höhere Altersstufe.*

III. Bedürftigkeit

1. Bedürftigkeit des minderjährigen unverheirateten Kindes

Nach § 1602 Abs. 2 BGB kann das minderjährige unverheiratete Kind von seinen Eltern, auch wenn es Vermögen hat, die Gewährung von Unterhalt insoweit verlangen, als die Einkünfte seines Vermögens und der Ertrag seiner Arbeit zum Unterhalt nicht ausreichen.

a) Erwerbsobliegenheit

Diese gesetzliche Regelung schließt nicht aus, auch ein minderjähriges Kind einer Erwerbsobliegenheit zu unterwerfen. Im Blick auf den Anspruch auf Ausbildungsunterhalt nach § 1610 Abs. 2 BGB kann sich die Obliegenheit zur Ausübung einer Erwerbstätigkeit erst einstellen, wenn das Kind sich nicht (mehr) in der schulischen oder beruflichen Ausbildung befindet, sei es, dass es diese erst gar nicht beginnt, sei es, dass es sie abbricht. Selbst wenn das Kind sich nicht um eine Ausbildungsstelle bemüht oder in der Ausbildung scheitert, kann daraus nicht entsprechend den allgemeinen Grundsätzen ein fiktives Einkommen angerechnet werden. Dies folgt aus der Regelung des § 1611 Abs. 2 BGB. Danach scheidet eine Beschränkung oder der Wegfall der Unterhaltsverpflichtung von Eltern gegenüber ihren minderjährigen unverheirateten Kindern aus. Wenn schon ein nach § 1611 Abs. 1 BGB erforderliches schweres Fehlverhalten nicht zu Lasten des minderjährigen Kindes wirken soll, muss dies erst recht bei einem leichten Pflichtenverstoß gelten (OLG Hamburg, FamRZ 1995, 959; OLG Stuttgart, FamRZ 1997, 447; Schwab/Borth, Handbuch des Scheidungsrechts, V, Rn. 110; a. A. OLG Karlsruhe, FamRZ 1988, 758; OLG Düsseldorf, FamRZ 1990, 194).

b) Einkommensanrechnung

Die Bedürftigkeit entfällt im Umfang erzielten **eigenen Einkommens.** So sind etwa Ausbildungsvergütungen nach Abzug ausbildungsbedingten Aufwandes anzurechnen. Die Praxis ist uneinheitlich in der Beurteilung, ob ausbildungsbedingter Aufwand pauschal abgezogen werden kann oder es einer konkreten Darlegung bedarf. Die Düsseldorfer Tabelle (Anm. 8, Stand: 1. 1. 2002, FamRZ 2001, 810 und weiterhin ab 1. 7. 2003) kürzt i. d. R. um monatlich 85 €. Zur Vermeidung von Nachteilen sollte substantiiert dargestellt werden, welcher Aufwand entsteht. In Betracht kommen etwa Fahrtkosten zur Ausbildungsstelle und zur berufsbildenden Schule, Ausbildungs- und Schulbedarf.

Wegen der regelmäßigen Gleichwertigkeit des seitens des betreuenden Elternteils gewährten Betreuungsunterhalts und des von dem anderen Elternteil geleisteten Barunterhalts (§ 1606 Abs. 3 Satz 2 BGB) erfolgt die **Anrechnung auf den Barunterhalt** nur zur Hälfte (BGH, FamRZ 1981, 541; 1988, 159).

c) Vermögenseinsatz/-verwertung

Aus § 1602 Abs. 2 BGB leitet sich ab, dass minderjährige Kinder **Einkünfte aus einem Vermögen** zur Minderung ihrer Bedürftigkeit einzusetzen haben. Dies gilt etwa für Zinseinkünfte und den

Vorteil mietfreien Wohnens in einer eigenen Immobilie. Hat das minderjährige Kind Vermögen weggegeben oder eine an sich zumutbare Nutzziehung unterlassen, berechtigt diese Verfahrensweise nicht zur Anrechnung fiktiver Einkünfte. Ein derartiges Verhalten ist nach § 1611 BGB zu beurteilen. Diese Vorschrift schließt in ihrem Geltungsbereich den Rückgriff auf allgemeine Grundsätze aus (BGH, FamRZ 1988, 159, 163).

Die **Vermögensverwertung** wird von dem minderjährigen Kind nicht geschuldet; § 1602 Abs. 2 BGB privilegiert das minderjährige Kind.

2. Bedürftigkeit des volljährigen Kindes

a) Erwerbsobliegenheit/Eigenverantwortung des volljährigen Kindes

130   Das volljährige Kind, das sich nicht in der Ausbildung befindet, ist für sich selbst wie ein Erwachsener verantwortlich. § 1602 Abs. 1 BGB räumt der wirtschaftlichen **Eigenverantwortung des Kindes** den Vorrang vor der Unterhaltspflicht der Eltern aus § 1601 BGB ein (BGH, FamRZ 1985, 273, 1245; 1987, 930). Das volljährige gesunde Kind ist i. d. R. nur bedürftig, wenn und solange es sich in der Ausbildung befindet, § 1610 Abs. 2 BGB. Dementsprechend haben volljährige Kinder, die sich nicht in der Ausbildung befinden, durch Erwerbstätigkeit ihren Lebensunterhalt sicherzustellen (OLG Karlsruhe, FamRZ 1999, 678 nur LS). Ihre **Erwerbsobliegenheit** geht weiter als die von Ehegatten im Verhältnis zueinander. Es gelten ähnlich strenge Maßstäbe wie für Eltern im Verhältnis zu minderjährigen Kindern. Deshalb muss ein volljähriges Kind auch berufsfremde Tätigkeiten und Arbeiten unterhalb seiner gewohnten Lebensstellung aufnehmen, um seinen Lebensunterhalt sicherzustellen (BGH, FamRZ 1985, 1245, 1246; OLG Zweibrücken, FamRZ 1983, 291; 1984, 291; OLG Köln, FamRZ 1983, 942; 1986, 499; OLG Frankfurt, FamRZ 1987, 408; OLG Oldenburg, FamRZ 1991, 1090, 1091; OLG Hamm, FamRZ 1990, 1385).

131   Die **volljährige Mutter eines nichtehelichen Kindes** trifft ebenfalls eine gesteigerte Erwerbsobliegenheit (BGH, FamRZ 1985, 273). Jedenfalls 18 Monate nach der Geburt des Kindes muss sie sich um eine anderweitige Versorgung des Kindes kümmern (OLG Hamm, FamRZ 1996, 1494; OLG Frankfurt, FamRZ 1982, 732; vgl. auch OLG Oldenburg, a. a. O. – Betreuung von drei Kindern). Ihr obliegt es zudem, vor Inanspruchnahme der Eltern den Versuch zu unternehmen, von dem Kindesvater gem. § 1615l BGB Unterhalt zu erlangen (OLG Düsseldorf, FamRZ 1989, 1226, 1228).

b) Einkommensanrechnung

132   **Einkommen des volljährigen Kindes** lässt die Bedürftigkeit ganz oder teilweise entfallen. Es wirkt in vollem Umfang bedarfsmindernd. Dies gilt etwa für die dem Kind gezahlte **Waisenrente** (BGH, FamRZ 1980, 1109).

> *Hinweis:*
> *Der Grenzwert für schädliche eigene Einkünfte und Bezüge des volljährigen Kindes gem. § 32 Abs. 4 Satz 2 EStG beträgt ab 1. 1. 2002 7.188 € für die Jahre 2003 und 2004 7.428 € (in 2001 : 14.040 DM). Zu den Einkünften/Bezügen rechnen bestimmte steuerfreie Gewinne und bestimmte steuerfrei bleibende Einkünfte. Sonderabschreibungen und erhöhte Absetzungen werden ausgegrenzt.*

Bezieht ein in der **Berufsausbildung befindliches Kind** Einkünfte aus nicht selbständiger Erwerbstätigkeit, ist im Rahmen des Bezuges von Kindergeld noch der Arbeitnehmerpauschbetrag von 2000 DM abzusetzen (BFH, FamRZ 2001, 89, 92).

133   **Ausbildungsvergütungen** können bereinigt um ausbildungsbezogene Aufwendungen bedarfsdeckend wirken (BGH, FamRZ 1981, 541, 542). Insoweit gelten die vorgenannten Ausführungen.

Einkünfte aus Schülerarbeit sind grds. als solche aus unzumutbarer Tätigkeit anzusehen. Einen Schüler trifft neben dem Schulbesuch generell keine Erwerbsobliegenheit (OLG Köln, FamRZ 1996, 1101, 1102; KG, FamRZ 1982, 516). Die Anrechenbarkeit richtet sich nach dem entsprechend heranzuziehenden Rechtsgedanken des § 1577 Abs. 2 BGB. 134

Auch wenn sich der Schüler mit den Einkünften „Luxuswünsche" (Auto, Motorrad) erfüllt, erfordert die Billigkeit die teilweise Anrechnung erst dann, wenn der Verpflichtete dartut und beweist, dass ihn die Unterhaltspflicht hart trifft, ihm unterhaltsbezogene Vorteile (Kindergeld, Kindergeldanteil im Ortszuschlag) verloren gehen oder der Unterhaltszeitraum sich verlängert (so OLG Köln, 14. ZS, FamRZ 1996, 1101, 1102). Als bedarfsdeckend kann der Teil der Einkünfte zu behandeln sein, der den Rahmen eines üblichen, auch großzügig bemessenen Taschengeldes wesentlich übersteigt, wobei auch die vermehrten Bedürfnisse eines volljährigen Kindes zu berücksichtigen sind. Darüber hinausgehende Einkünfte können nur dann anrechnungsfrei bleiben, wenn damit besondere, anzuerkennende Bedürfnisse gedeckt werden, die aus den übrigen dem Kind zur Verfügung stehenden Mitteln nicht bestritten werden können (so OLG Köln, 26. ZS, FamRZ 1995, 55, 56). 135

Einkünfte eines Kindes sind insbesondere dann anrechenbar, wenn sie in einer Größenordnung erzielt werden, die den eigenen Bedarf des Kindes decken kann und das dem Unterhaltspflichtigen verbleibende Einkommen übersteigen. (hier: Einkünfte aus Ferienjob in Höhe von 10.000 DM neben Einkünften aus selbstständiger Tätigkeit in einem Musikstudio (OLG Celle, FamRZ 2001, 1640). 136

Einkünfte eines Studenten aus einer neben der Ausbildung ausgeübten Erwerbstätigkeit stellen ebenfalls grds. Einkommen aus überobligationsmäßiger Tätigkeit dar. Die Anrechnung solcher Einkünfte aus unzumutbarer Tätigkeit bestimmt sich auch im Verwandtenunterhaltsrecht nach dem – hier ebenfalls entsprechend heranzuziehenden – Rechtsgedanken des § 1577 Abs. 2 BGB. Danach bleiben Einkünfte anrechnungsfrei, soweit der Pflichtige nicht den vollen Unterhalt leistet, § 1577 Abs. 2 Satz 1 BGB. Darüber hinaus kommt eine Anrechnung insoweit in Betracht, als dies unter Berücksichtigung der beiderseitigen wirtschaftlichen Verhältnisse der Billigkeit entspricht, § 1577 Abs. 2 Satz 2 BGB (BGH, FamRZ 1995, 475, 477; vgl. ferner OLG Karlsruhe, FamRZ 1994, 1278; OLG Hamm, FamRZ 1994, 1279; 1997, 231; OLG Koblenz, FamRZ 1989, 1219; 1996, 382; OLG Schleswig, FamRZ 1996, 814 nur LS). 137

Ob danach generell Einkünfte eines Studenten nicht auf den Regelbedarf des nicht bei den Eltern wohnenden Studenten anzurechnen sind, wenn die Eltern über überdurchschnittliche Einkünfte verfügen (so OLG Hamm, FamRZ 1994, 1279), erscheint fraglich.

Eine Nebentätigkeit kann von einem Studenten ausnahmsweise wohl nur in den Semesterferien zu Beginn der Ausbildung erwartet werden, wenn diese notwendig ist, um die in finanziell beengten Verhältnissen lebenden Eltern zu entlasten (OLG Hamm, FamRZ 1988, 425, 426 – Musikpädagogik-Student hat vier Stunden/Woche Musikunterricht zu erteilen). 138

BAföG-Darlehen sind unter Billigkeitsgesichtspunkten anrechenbares Einkommen des unterhaltsbedürftigen Kindes. Die Kredite sind wegen ihrer Zinsfreiheit, den Rückzahlungsmodalitäten und den Teilerlassmöglichkeiten so günstig, dass es dem Studenten angesichts seiner Zukunftsperspektiven zumutbar ist, sie zur Entlastung der Eltern, die schon erhebliche Leistungen für das Kind erbracht haben, in Anspruch zu nehmen (BGH, FamRZ 1980, 126, 128; 1985, 916). Dagegen sind bloße sog. **Vorausleistungen nach § 36 BAföG** subsidiär und deshalb nicht als Einkommen des Bedürftigen einzusetzen. Die Unterhaltsansprüche des Leistungsempfängers können nach § 37 BAföG übergeleitet und die Leistungen vom Unterhaltsschuldner zurückgefordert werden (BGH, a. a. O.; OLG Düsseldorf, FamRZ 1995, 957). Das Unterhalt begehrende Kind trifft die Obliegenheit, nach Möglichkeit Leistungen nach dem BAföG in Anspruch zu nehmen (OLG Dresden, FuR 1999, 479, 482). Zieht es derartige Leistungen nicht ein, obschon dies in zumutbarer Weise hätte geschehen können, muss es sich so behandeln lassen, als ob diese Leistungen für den Unterhalt zur Verfügung stehen würden. Das Kind sollte danach die Leistungen beantragen und gegebenenfalls auch den Bescheid anfechten. Bei veränderten Verhältnissen kann eine erneute Antragstellung 139 geboten sein. Unterlässt der unterhaltspflichtige Elternteil die gebotene und vom Kind verlangte Mitwirkung an dem Verfahren und unterbleibt die notwendige Unterstützung des Kindes, kann dem Kind ein unterhaltsrechtlicher Vorwurf nicht gemacht werden, wenn Leistungen nicht gewährt werden.

c) Wehrdienst/Zivildienst/freiwilliges soziales Jahr/Strafhaft

140 Das i. d. R. volljährige Kind, welches aufgrund der **Wehrpflicht** Wehrdienst leistet, hat im Normalfall, auch bei günstigen wirtschaftlichen Verhältnissen seiner Eltern, für diese Zeit keinen ergänzenden Unterhaltsanspruch gegen seine Eltern. Ihm stehen nämlich bei gedecktem Wohnbedarf mit dem Wehrsold und der Dezemberzuwendung zur Befriedigung seines Freizeit-, Freizeitkleidungs- und Reisekostenbedarfs Mittel in einer Höhe zur Verfügung, die diejenigen Beträge übersteigen, die ein auswärts studierendes Kind für die gleichen Zwecke aufwenden kann.

141 Im Einzelfall kann ein **besonderer zusätzlicher Unterhaltsbedarf** bestehen, der jedoch konkret dargetan werden muss. Er kann etwa gegeben sein, wenn die Eltern dem Sohn vor dem Wehrdienst die Eingehung von nicht unbedeutenden wiederkehrenden Verpflichtungen ermöglicht haben (z. B. Mitgliedschaft in einem Sportverein, Musikunterricht, Bezug von periodisch erscheinenden Veröffentlichungen) und eine Beendigung der Verpflichtung nicht möglich, wirtschaftlich unvernünftig oder unzumutbar wäre (BGH, FamRZ 1990, 394, 395). An die Darlegungs- und Beweislast für diesen ergänzenden Unterhaltsanspruch sind hohe Anforderungen zu stellen (OLG Hamburg, FamRZ 1987, 409).

142 Bei **Zivildienstleistenden** sind die gleichen Grundsätze maßgeblich, wenn der Zivildienstleistende eine Unterkunft gestellt erhält, seine Wohnkosten also in voller Höhe durch den Bund getragen werden (OLG Hamburg, FamRZ 1987, 409; OLG Hamm, FamRZ 1993, 100). Wer den Zivildienst bei einer Beschäftigungsstelle leistet, die ihm keine dienstliche Unterkunft gewährt, kann wegen des Wohnbedarfs unter Umständen von den Eltern Unterhalt beanspruchen (BGH, FamRZ 1994, 303).

143 Leistet ein Kind ein **freiwilliges soziales Jahr,** besteht i. d. R. schon deshalb kein Unterhaltsanspruch, weil es vielfach an einem erkennbaren Zusammenhang mit einer bestimmten Berufsausbildung steht, wenn es etwa nur zur Überbrückung der Zeit bis zum Studienbeginn absolviert wird (OLG Zweibrücken, NJW-RR 1994, 1225). Das Kind befindet sich dann nicht in einer angemessenen Vorbildung zu einem Beruf. Zudem wird die Bedürftigkeit nicht gegeben sein, wenn die Tätigkeit mit Einkünften verbunden ist.

144 I. d. R. kann von Bedarfsdeckung ebenfalls ausgegangen werden, wenn sich ein Kind in **Strafhaft** befindet. Die Versorgungsleistungen des Staates stellen den Bedarf des Kindes sicher (AG Stuttgart, FamRZ 1996, 955, 956).

d) Leistungen von Dritten

145 Soweit **Leistungen von dritter Seite** erbracht werden, ist zu beachten:

Freiwillige Leistungen Dritter, auf die der Unterhaltsberechtigte keinen Anspruch hat, berühren im allgemeinen seine Bedürftigkeit nicht. Anderes gilt jedoch, wenn der Dritte seinen Willen zum Ausdruck bringt, mit seinen Leistungen den Unterhaltsverpflichteten zu entlasten (BGH, FamRZ 1980, 40, 42; 1993, 417, 419). Erhält der Unterhaltsberechtigte eine **zweckfreie Vermögenszuwendung** (Anteile an einem Investment-Fond im Wert von ca. 50 000 DM), ist der Einsatz dieses Vermögens für den Unterhalt gerechtfertigt, selbst wenn es sich um eine Zuwendung eines Dritten handelt (so OLG München, FamRZ 1996, 1433).

e) Kindergeld

146 Das für ein volljähriges Kind gezahlte **Kindergeld** minderte nach der bisherigen Rspr. die Bedürftigkeit im Umfang der Zahlung, wenn es dem Kind zugewendet wurde (BGH, FamRZ 1986, 151). Davon konnte im Regelfall ausgegangen werden. Als Ausgleichsmaßstab konnte anderenfalls

§ 1606 Abs. 3 BGB herangezogen werden (dazu BGH, FamRZ 1997, 806). Nach dieser Vorschrift konnte den jeweiligen Anteilen der Eltern an der Erfüllung der Unterhaltspflicht auch bei dem Ausgleich des Kindergeldes zwischen ihnen Rechnung getragen werden.

Mit § 1612b BGB hat der Gesetzgeber nunmehr eine Vorschrift in Kraft gesetzt, welche die zuvor dargestellte Rspr. obsolet gemacht hat.

f) Vermögenseinsatz/-verwertung

Das volljährige Kind muss **vorhandenes Vermögen** zur Minderung seiner Bedürftigkeit einsetzen. Dies gilt ohne weiteres, soweit aus dem Vermögen Einkünfte (Zinsen) gezogen werden oder in zumutbarer Weise erzielt werden könnten. Es hat ferner zur Verminderung seiner Bedürftigkeit **Forderungen einzuziehen,** die es in zumutbarer Weise einziehen kann, um so aus dem zugeflossenen Vermögen jedenfalls Erträge erzielen zu können (BGH, FamRZ 1993, 1065, 1067; 1998, 367, 368). Das volljährige, noch nicht in der Ausbildung befindliche Kind hat den Stamm des Vermögens einzusetzen, soweit dies nicht grob unbillig ist (BGH, FamRZ 1998, 367). Es kann daher gehalten sein, vorhandenen Grundbesitz zu beleihen, um durch Kredite den Unterhaltsbedarf bis zum voraussichtlichen Eintritt in das Erwerbsleben zu finanzieren (OLG Bamberg, FamRZ 1999, 876, 877).

147

Dem volljährigen Kind obliegt es zudem, auch den **Vermögensstamm** einzusetzen, wie sich im Umkehrschluss zu § 1602 Abs. 2 BGB ergibt. Inwieweit diese Verpflichtung jedoch greift, ist nach Lage des Einzelfalles im Rahmen einer **umfassenden Zumutbarkeitsabwägung** zu entscheiden, die alle bedeutsamen Umstände und insbesondere auch die Lage der Unterhaltspflichtigen berücksichtigt (BGH, FamRZ 1998, 367, 368 – keine entsprechende Heranziehung des § 1577 Abs. 3 BGB). Danach braucht der Berechtigte den Stamm des Vermögens nicht zu verwerten, soweit die Verwertung unwirtschaftlich oder unter Berücksichtigung der beiderseitigen wirtschaftlichen Verhältnisse unbillig wäre. Unwirtschaftlich ist es nicht, ein Sparguthaben, das gerade für Ausbildungszwecke angelegt worden ist, auf den sog. Notgroschen zu verwerten (BGH, FamRZ 1998, 367, 369; OLG Düsseldorf, FamRZ 1990, 1137). Insoweit können die einzusetzenden Mittel auf die voraussichtliche Ausbildungsdauer umgelegt werden (BGH, FamRZ 1998, 367, 369; OLG Düsseldorf, FamRZ 1985, 1281).

148

g) Wiederaufleben des Unterhaltsanspruchs

Der Unterhaltsanspruch eines volljährigen Kindes kann **wieder aufleben,** wenn etwa die Bedürftigkeit nach erfolgreicher Ausbildung und Tätigkeit im erlernten Beruf infolge einer **krankheitsbedingten Erwerbsunfähigkeit** eintritt. Das Maß des nach § 1610 Abs. 1 BGB zu gewährenden Unterhalts richtet sich zwar nach der Lebensstellung des Bedürftigen, wenn er bereits eine eigene Lebensstellung erlangt hat. Doch muss es berücksichtigt werden, wenn das volljährige Kind wegen der längerfristigen Erwerbsunfähigkeit erneut in die Abhängigkeit von elterlichen Unterhaltszahlungen gerät. Bei durchschnittlichen wirtschaftlichen Verhältnissen der Eltern kann sich eine pauschale Bedarfsbemessung auf den Betrag rechtfertigen lassen, der einem nicht erwerbstätigen Unterhaltsschuldner als notwendiger Selbstbehalt zugestanden wird; Krankenversicherungskosten sind hinzuzurechnen (so OLG Bamberg, FamRZ 1994, 255, 256; vgl. auch OLG Düsseldorf, FamRZ 1989, 1226, 1227).

149

IV. Bemessung des Unterhalts

1. Lebensstellung des Kindes

Für den Verwandtenunterhalt bestimmt § 1610 Abs. 1 BGB, dass sich das Maß des zu gewährenden angemessenen Unterhalts grds. nach der **Lebensstellung des Bedürftigen** bemisst. Kinder ohne Einkünfte haben aber i. d. R. keine eigene unterhaltsrechtlich relevante Lebensstellung, sondern haben an der Lebensstellung der Familie teil. Ihre Lebensstellung ist daher von der dieser Umgebung abzuleiten (BGH, FamRZ 1981, 543, 544; 1983, 473, 474).

150

a) Lebensstellung des minderjährigen Kindes

151 Die **Lebensstellung eines minderjährigen Kindes** getrennt lebender Eltern, das bei einem der Elternteile lebt, versorgt und betreut wird, richtet sich grds. allein nach dem Einkommen des barunterhaltspflichtigen Elternteils, wenn die Einkünfte beider Eltern sich im mittleren Bereich halten und das Einkommen des betreuenden Elternteils nicht höher ist als das des anderen (BGH, FamRZ 1981, 543, 544; 1987, 58; 1989, 176, 177; 1996, 160, 161). Der andere Elternteil leistet beim minderjährigen unverheirateten Kind seinen Beitrag zum Unterhalt durch die Pflege und Erziehung des Kindes (§ 1606 Abs. 3 Satz 2 BGB).

b) Lebensstellung des volljährig gewordenen Kindes

152 Die Lebensstellung des **volljährig gewordenen Kindes** leitet sich zunächst auch weiterhin von den wirtschaftlichen Verhältnissen seiner Eltern ab, bis es durch eigene Einkünfte oder Vermögen zu wirtschaftlicher Selbständigkeit gelangt ist. Der Unterhaltsbedarf kann nach der Summe der Elterneinkommen bemessen werden; dabei kommt eine Begrenzung nach oben in Betracht (BGH, FamRZ 1983, 473, 474; 1986, 151; 1988, 1039, 1040).

c) Maßgeblichkeit des tatsächlichen Lebensstandards der Eltern

153 Der für die Unterhaltsbemessung maßgebende Lebensstandard wird letztlich nur durch **tatsächlich verfügbare Mittel** geprägt. Das minderjährige Kind nimmt danach auch an dem wirtschaftlich geminderten Lebensstandard des barunterhaltspflichtigen Elternteils teil, wenn dessen Einkommen durch unterhaltsrechtlich relevante Verbindlichkeiten gemindert wird. Dies ist Folge seiner wirtschaftlichen Unselbständigkeit und Abhängigkeit von den Einkommensverhältnissen der Eltern (BGH, FamRZ 1996, 160, 161). Soweit der sog. Mindestunterhalt gesichert ist, haben Kinder auch den mit einem Wechsel in eine selbständige Tätigkeit verbundenen – vorübergehenden – Einkommensrückgang mitzutragen. Im Gegensatz zum Ehegattenunterhalt gibt es im Recht des Kindesunterhalts keine sog. **Lebensstandardgarantie** (OLG Zweibrücken, FamRZ 1994, 1488; 1997, 1420; OLG Hamm, FamRZ 1997, 310). Kinder nehmen ebenso an den wirtschaftlichen Folgen aus einer auswärtigen Erwerbstätigkeit (Mehrkosten einer doppelten Haushaltsführung) teil, wenn der Barunterhaltspflichtige aus anerkennenswerten persönlichen Gründen nicht an den Arbeitsort ziehen konnte (OLG Zweibrücken, FamRZ 1997, 837).

154 Aus **fiktiven Mitteln** kann ein Unterhaltsbedarf – wie beim nachehelichen Unterhalt (BGH, FamRZ 1992, 1045, 1047) – nicht hergeleitet werden (BGH, FamRZ 1997, 281, 283; OLG Karlsruhe, FamRZ 1993, 1481, 1482; OLG Zweibrücken, FamRZ 1999, 881). Dies gilt für Fälle, in denen dem Unterhaltspflichtigen diese Einkünfte tatsächlich nie oder jedenfalls nicht nachhaltig zur Verfügung gestanden haben und zu einer Prägung der Lebensstellung des Kindes nicht haben führen können. So liegt es etwa, wenn Einkünfte erst aus der Verwertung von Vermögen und anschließendem Verzehr des erzielten Kapitals fließen (BGH, FamRZ 1997, 281, 283). Dieser Grundsatz schließt indes nicht aus, dass bei Verletzung der Erwerbsobliegenheit Unterhalt auf der Grundlage eines nach den realen Erwerbsmöglichkeiten erzielbaren Einkommens zugesprochen werden kann (Kalthoener/Büttner, NJW 1997, 1818, 1819; vgl. auch OLG Hamm, FamRZ 1996, 629; OLG Zweibrücken, FamRZ 1999, 881 dort bei Vorliegen eines unterhaltsrechtlich leichtfertigen Verhaltens).

2. Unterhaltstabellen

a) Richterliche Entscheidungshilfen

155 Für die Ermittlung des konkreten Bedarfsbetrages hat die Praxis **Tabellen** entwickelt, die den angemessenen Unterhalt im Interesse der Rechtssicherheit und Praktikabilität schematisierend in Gestalt der **Einkommensgruppen** und durch Einteilung in **Altersstufen** bestimmen. Eine gemischte, konkrete/pauschale Berechnung des Bedarfs ist danach nicht zulässig. Die Anwendung

der Tabellen ist vom BGH anerkannt worden. Sie haben indes keine einer Rechtsnorm vergleichbare Verbindlichkeit, ihnen kommt jedoch die Bedeutung einer richterlichen Entscheidungshilfe zu (BGH, FamRZ 1983, 473; 1985, 151; 1987, 257, 258; 1995, 221, 222).

b) Inhaltliche Ausgestaltung

In den Tabellen drücken sich die **wirtschaftlichen Verhältnisse** auf Seiten des Unterhaltsberechtigten wie auf Seiten des Unterhaltspflichtigen aus. Diese Wertung hat Bedeutung für ein auf die Änderung der Bedarfssätze gestütztes Abänderungsbegehren. Es enthält regelmäßig die Behauptung, dass sich die Einkommen und/oder die Lebenshaltungskosten seit der vorausgegangenen Fassung der Tabellen allgemein in einem Maße verändert haben, wie dies der Änderung der Bedarfssätze entspricht (BGH, FamRZ 1995, 221, 222). Der Vortrag ist danach geeignet, eine die Wesentlichkeitsschwelle des § 323 Abs. 1 ZPO übersteigende Veränderung darzutun. 156

aa) Höher- und Herabstufung

Die Tabellen sind auf den Fall zugeschnitten, dass der Unterhaltspflichtige einem Ehegatten und zwei Kindern Unterhalt gewährt. Bei einer geringeren oder größeren Zahl Unterhaltsberechtigter sind daher **Höher- oder Herabstufungen** vorzunehmen. Auch können **Ab- oder Zuschläge** in Höhe eines Zwischenbetrages zu machen sein. Es kommt auf den Einzelfall an, ob eine Höherstufung um eine, zwei oder gar drei Einkommensgruppen angemessen ist. In der obergerichtlichen Praxis besteht keine einheitliche Handhabung (vgl. dazu die jeweiligen Leitlinien der Oberlandesgerichte). Hat der Unterhaltspflichtige lediglich den Unterhalt für ein Kind zu leisten, wird die Höherstufung um zwei Einkommensgruppen zu rechtfertigen sein (BGH, FamRZ 1994, 696; OLG Frankfurt, FamRZ 1990, 658). Ebenso kann dies erwogen werden, wenn der – vielfach – hohe Ehegattenunterhalt nicht anfällt oder später nicht mehr geschuldet wird. Liegt das Einkommen im unteren Grenzbereich einer Einkommensgruppe, wird die Höherstufung nur um eine Einkommensgruppe angemessen sein. 157

In Anwendung von Anm. 6 der Düsseldorfer Tabelle (vgl. Stand 1. 1. 2002 – FamRZ 2001, 810, 811 und weiterhin ab 1. 7 2003) ist darauf zu achten, dass der **Bedarfskontrollbetrag** gewahrt bleibt, der eine ausgewogene und angemessene Verteilung des Einkommens zwischen dem Unterhaltspflichtigen und den unterhaltsberechtigten Kindern gewährleisten soll (OLG Hamm, FamRZ 1995, 1218, 1219; OLG Düsseldorf, FamRZ 1999, 1165 dort zur Beachtung der Bedarfskontrollbeträge auch im Mangelfall gegen OLG Hamm, 12. FamS, FamRZ 1999, 878 = NJW 1998, 3128, wonach im sog. **relativen Mangelfall** die Bedarfskontrollbeträge im Blick auf BGH, FamRZ 1997, 806 = NJW 1997, 1919 nicht mehr zu berücksichtigen seien; zur Notwendigkeit einer Angemessenheitskontrolle im Mangelfall und zur Beachtlichkeit der Bedarfskontrollbeträge als tatrichterliches Hilfsmittel vgl. BGH, FamRZ 2003, 363 = NJW 2003, 1112 – Änderung der Rspr. im absoluten Mangelfall; FamRZ 1992, 539, 541; beachte die jüngste Rspr. des OLG Stuttgart, 18. ZS – FamS, FamRZ 2000, 376 und 377, wonach die Unterschreitung des Bedarfskontrollbetrages hinzunehmen ist, solange das Existenzminimum des Kindes (dazu die Berichte der Bundesregierung vom 2. 2. 1995, BT-Drucks. 13/381, und vom 17. 12. 1997, BT-Drucks. 13/9561, nicht gesichert ist). Ein ausgewogenes Verhältnis besteht nicht, wenn nach Abzug der Tabellenbeträge des Kindesunterhalts – und gegebenenfalls auch des Ehegattenunterhalts – dem Unterhaltspflichtigen der Bedarfskontrollbetrag der Einkommensgruppe nicht mehr verbleibt, der der Kindesunterhalt entnommen ist. Der Kindesunterhalt ist dann auf eine niedrigere Einkommensgruppe herabzusetzen. 158

Beispiel: 159
Der Unterhaltspflichtige hat ein Nettoeinkommen von 2.150 €. Danach ist der Kindesunterhalt für die acht und 14 Jahre alten Kinder (Schüler) sowie ein weiteres, 19 Jahre altes, das Gymnasium besuchende Kind der 6. Einkommensgruppe und der 2., 3., und 4. Altersstufe der Düsseldorfer Tabelle (Stand: 1. 7. 2003) zu entnehmen. Die Bedarfssätze von 326 €, 384 € und

442 €, insgesamt 1.152 €, reduzieren das Einkommen auf noch 998 €. Der Bedarfskontrollbetrag macht in dieser Einkommensgruppe 1.100 € aus und ist nicht gewahrt. Es ist eine **Herabstufung** veranlasst. Die Bedarfssätze sind zunächst der nächstniedrigeren 5. Einkommensgruppe zu entnehmen. Sie betragen 309 €, 364 € und 419 €, insgesamt 1.092 €. Nach ihrem Abzug von dem Nettoeinkommen verbleiben dem Unterhaltspflichtigen 1.058 €. Der Bedarfskontrollbetrag von 1.050 € ist nunmehr gewahrt. Es bedarf keiner weiteren Herabstufung auf die 4. Einkommensgruppe. Der Unterhalt ist nach der 5. Einkommensgruppe zu leisten.

Ist der Unterhaltspflichtige etwa nur dem Ehegatten und einem Kind unterhaltspflichtig, kommt eine **Höherstufung** um eine Einkommensgruppe, bei Unterhaltspflichten lediglich einem Kind gegenüber sogar um 2 Einkommensgruppen in Betracht. Die Angemessenheitsprüfung kann wiederum unter Heranziehung der jeweiligen Bedarfskontrollbeträge erfolgen (OLG Düsseldorf, FamRZ 2000, 1176). Angesichts der Verdichtung der Einkommensgruppen kann eine noch weitergehende Höherstufung gerechtfertigt sein.

bb) Höchstbetragsüberschreitung

160 Die **Höchstbeträge** der Tabellen können bei besonders günstigen Verhältnissen des Unterhaltspflichtigen auch überschritten werden. Eine **Sättigungsgrenze** i. S. einer Kappungsgrenze besteht für den Kindesunterhalt nicht. Der Berechtigte muss aber dann im Einzelnen konkret dartun, aus welchen Gründen und in welchem Umfang sich eine Bedarfserhöhung über den Höchstbetrag hinaus rechtfertigt. Wenn auch an die Darlegungslast keine übertriebenen Anforderungen gestellt werden dürfen, so müssen doch die Bedürfnisse in einem Umfang und für einen zumindest repräsentativen Zeitraum dargelegt werden, dass eine Würdigung der besonderen Verhältnisse des Kindes vorgenommen und eine Abgrenzung zwischen der berechtigten Teilhabe an der besonders günstigen wirtschaftlichen Situation der Eltern und einer – unterhaltsrechtlich unzulässigen- bloßen Teilhabe am Luxus vorgenommen werden kann (BGH, FamRZ 2001, 1603, 1604; 2000, 358 = NJW 2000, 954; dazu Anm. Deisenhöfer, FamRZ 2000, 359; 1983, 473, 474; OLG Frankfurt, FamRZ 1993, 98, 99). Der Bedarf eines Kindes ist nach oben durch seine Situation, durch das Kindsein begrenzt.

cc) Kürzung der Tabellenbeträge

161 Die Unterhaltssätze berücksichtigen die durchschnittlichen **Lebenshaltungskosten** eines minderjährigen Kindes, welches bei einem Elternteil lebt, mithin die Kosten für Wohnung, Nahrung, Krankenvorsorge, Ferien und Freizeit, Pflege musischer und sportlicher Interessen sowie das Taschengeld (BGH, FamRZ 1983, 473).

Der nach diesen Bedarfssätzen ermittelte Barunterhaltsbedarf kann zu kürzen sein, wenn das Kind sich über einen längeren Zeitraum bei dem barunterhaltspflichtigen Elternteil aufhält und ihm gegenüber dort Naturalleistungen erbracht werden. Der Sorgeberechtigte hat nicht die Aufwendungen, die ansonsten bestehen und durch den Barunterhalt ausgeglichen werden sollen. Der Barunterhaltspflichtige ist hingegen doppelt belastet. Gleichwohl verbleiben dem Sorgeberechtigten die Wohn- und Nebenkosten sowie Aufwendungen für Kleidung, Schule, Kindergarten o. Ä., die mit etwa 1/3 der Lebenshaltungskosten für das Kind veranschlagt werden können (so OLG Hamm, FamRZ 1994, 529; KG, FamRZ 1979, 327). Der Aufenthalt des Kindes im Rahmen der Umgangsregelung (Wochenend- und Ferienbesuch) rechtfertigt eine Kürzung allerdings i. d. R. nicht (BGH, FamRZ 1984, 470; OLG Hamm, FamRZ 1994, 529). Dies folgt aus der pauschalierten Natur des Unterhaltsanspruchs. Bedarfsminderungen, die gegenüber dem Umfang der laufenden Unterhaltsverpflichtung nicht besonders ins Gewicht fallen, müssen im Interesse einer Befriedung und Beruhigung des Verhältnisses zwischen den Unterhaltsparteien außer Betracht bleiben.

dd) Wohnbedarf

Ein Teil des Kindesunterhalts kann dem **Wohnbedarf** des Kindes zugerechnet werden (BGH, FamRZ 1989, 1160, 1163; 1992, 423, 424). Ein konkreter Betrag ist in den Tabellenwerten nicht festgelegt. Die Bestimmung ist dem Tatrichter vorbehalten (vgl. dazu: Scholz, FamRZ 1993, 125, 132). Diese Rspr. kann Bedeutung in den Fällen gewinnen, in denen der barunterhaltspflichtige Elternteil im Einvernehmen mit dem Sorgeberechtigten einem Kind durch Wohnungsgewährung (etwa in der ihm gehörenden Wohnung) teilweise Unterhalt in Natur gewährt. Der Richtsatz der Düsseldorfer Tabelle ist um einen entsprechenden Teil zu kürzen, der indes nicht mit dem Mietwert der bewohnten Räume, sondern nur mit einem maßvollen Anteil des sich aus der Tabelle ergebenden Bedarfssatzes zu bemessen ist (OLG Düsseldorf, FamRZ 1994, 1049, 1053; vgl. auch Graba, FamRZ 1995, 385, 389). Bedarfsmindernd wirkt sich ein Wohnvorteil des Kindes ebenso aus, wenn das Kind im eigenen Immobilienvermögen lebt. Bei der Bemessung des Wohnwertes ist der Schutzwürdigkeit des Kindes Rechnung zu tragen. Es verbietet sich der Ansatz eines Wertes, der das Kind zum Verkauf der Immobilie zwingen würde. Das mietfreie Wohnen des Kindes bei dem Sorgeberechtigten mindert den Bedarf nicht. Der Sorgeberechtigte genügt damit der eigenen Unterhaltspflicht; er beabsichtigt regelmäßig keine Entlastung des barunterhaltspflichtigen Elternteils.

162

ee) Staatliches Kindergeld

Das staatliche Kindergeld ist in den Tabellen nicht enthalten. Die Behandlung des Kindergeldes beim Kindesunterhalt folgt aus § 1612b BGB. Dazu wird auf die Darstellung zur Neuregelung durch das Kindesunterhaltsrecht verwiesen (s. oben Rn. 88 ff.).

163

ff) Kosten der Kranken- und Pflegeversicherung

In den Tabellenbeträgen ist ein Beitrag zur **Krankenversicherung/Pflegeversicherung** nicht enthalten. Ist das Kind ausnahmsweise nicht mitversichert, besteht Anspruch auf den Beitrag zur Krankenversicherung/Pflegeversicherung, der gesondert verlangt werden muss; er wird nicht von Amts wegen zugesprochen (OLG Hamm, FamRZ 1990, 541). Die Aufwendungen für die Krankenversicherung und die Pflegeversicherung sind von dem Einkommen des Barunterhaltspflichtigen abzusetzen. Minderjährige Kinder aus erster Ehe können indes verpflichtet sein, sich im Rahmen der Familienversicherung des Vaters beitragsfrei mitversichern zu lassen (OLG Düsseldorf, FamRZ 1994, 396). Es bedarf der **Mahnung des Krankenvorsorgebedarfs.** Diese ist allerdings dann entbehrlich, wenn der Unterhaltspflichtige ohne Vorankündigung die Kinder bei seiner Krankenversicherung abmeldet und so anderweitigen Krankenversicherungsbedarf begründet (OLG Hamm, FamRZ 1995, 1219, 1220). Den Unterhaltspflichtigen kann zudem eine **Schadensersatzverpflichtung** treffen, wenn er den Unterhaltsberechtigten nicht rechtzeitig von seiner Absicht, die von ihm bisher finanzierte Krankenversicherung zu kündigen, in Kenntnis setzt (OLG Koblenz, FamRZ 1989, 1111).

164

gg) Stichtagsbezogene Anwendung

Die Tabellen gelangen **stichtagsbezogen** zur Anwendung. Dies gilt für deren Geltungsdauer wie für die den jeweiligen Altersgruppen zugeordneten Bedarfssätze. Mit der Vollendung des 6., 12. und 18. Lebensjahres findet ein Übergang in die höhere Altersstufe statt (s. jetzt § 1612a Abs. 3 BGB). Vielfach wird in der Praxis dieser Wechsel in die nächsthöhere Altersstufe fehlerhaft, nämlich ein Jahr verspätet, umgesetzt. Das Kind gelangt bereits am Tage seines 6., 12. oder 18. Geburtstages in die höhere Altersstufe. Aus der stichtagsbezogenen Anwendung folgt, dass das Erreichen der nächsten Altersstufe der Tabelle Abänderungsgrund i. S. d. § 323 ZPO sein kann. Dem Abänderungskläger kann nicht entgegengehalten werden, bereits im Zeitpunkt der Vorentscheidung sei eine Änderung der allgemeinen wirtschaftlichen Verhältnisse vorhanden gewesen, wenn sein Unterhalt noch nach der zur Zeit der Vorentscheidung geltenden Tabelle tituliert wurde

165

und sich die Änderung erst in der nach der Vorentscheidung erfolgten Neufassung der Tabelle niedergeschlagen hat (BGH, FamRZ 1995, 221, 224).

Die stichtagsbezogene Anwendung der Tabellen führte bislang dazu, dass der Unterhalt taggenau berechnet wurde. Mit dem Inkrafttreten des KindUG am 1. 7. 1998 wird der nach einer höheren Altersstufe zuzusprechende Unterhalt gem. § 1612a Abs. 3 Satz 2 BGB in der Fassung des KindUG **ab dem Beginn des Monats** zuzusprechen sein, in dem das Kind das betreffende Lebensjahr vollendet.

hh) Behandlung des volljährigen Kindes

166 Nach Eintritt der Volljährigkeit leitet sich die **Lebensstellung des Kindes** zunächst auch weiterhin noch von der seiner Eltern ab, solange es nicht über ein zur wirtschaftlichen Selbständigkeit erforderliches Einkommen oder Vermögen verfügt (BGH, NJW 2002, 2026, 2028; FamRZ 1987, 58, 60; 1988, 1039, 1040; 1997, 281, 284). Der **Bedarf des volljährigen Kindes** wird danach weiterhin von den Einkommensverhältnissen der Eltern bestimmt (BGH, FamRZ 1996, 160, 161 = NJW-RR 1996, 321).

167 Für die Bedarfsbemessung sieht Anm. 7 der Düsseldorfer Tabelle (Stand: 1. 7. 2003) vor, nach der Lebenssituation des Kindes zu unterscheiden:

- Das volljährige Kind lebt noch im Haushalt der Eltern oder eines Elternteils.
- Es befindet sich im Studium, ohne bei seinen Eltern oder einem Elternteil zu wohnen.
- Es führt einen eigenen Haushalt.
- Einen Sonderfall bildet das im Heim untergebrachte Kind.

(1) Unterhaltsbedarf eines im Haushalt eines Elternteils lebenden volljährigen Kindes

168 Der Unterhaltsbedarf eines volljährigen, noch im Haushalt eines Elternteils lebenden Kindes wird von den zusammengerechneten Einkommen beider Elternteile bestimmt. Dies gilt auch für den Fall, dass das Einkommen eines Elternteils unter dem maßgeblichen Selbstbehalt liegt und dieser Elternteil nicht unterhaltspflichtig ist. Der allein unterhaltspflichtige Elternteil schuldet Unterhalt indes nur in der Höhe, die sich nach seinem Einkommen abzüglich des hälftigen Kindergeldes ergibt (so OLG Celle, FuR 2001, 568; a. A. OLG Braunschweig, FamRZ 2000, 1246). Entsprechend den Einkünften beider Elternteile kann der Bedarf den jeweiligen Einkommensgruppen der Düsseldorfer Tabelle entnommen werden. Aus Vereinfachungsgesichtspunkten enthält die Düsseldorfer Tabelle in einer 4. Altersstufe nunmehr zugleich den Bedarfsbetrag des volljährigen Kindes. Er setzt sich aus dem Bedarfsbetrag der 3. Altersstufe und der Differenz zur 2. Altersstufe zusammen. Nach der 4. Altersstufe kann der Bedarf des volljährigen, noch im Elternhaus lebenden Kindes, das sich in einer Lehre befindet, bemessen werden wie auch des volljährigen Schülers, der bei einem Elternteil wohnt (OLG Koblenz, FamRZ 2000, 312).

(2) Unterhaltsbedarf eines volljährigen Kindes mit eigenem Hausstand/im Studium

169 Für ein nicht im Haushalt eines Elternteils lebendes, im Studium befindliches volljähriges Kind kann i. d. R. nach Anm. 7 der Düsseldorfer Tabelle ab 1. 1. 2001 (FamRZ 2001, 810, 811) und weiterhin ab 1. 7. 2003 ein Bedarfssatz von 600 € in Ansatz gebracht werden. Auf diesen Bedarfssatz kann auch für ein an einem anderen Studienort studierendes, bei einem Elternteil lebendes Kind (OLG Dresden, FuR 1999, 479, 482), ebenso für ein Kind mit eigenem Hausstand abgestellt werden.

Wurde der Unterhalt des volljährigen Kindes, das im Haushalt eines Elternteils lebte, angesichts der guten Einkünfte der Eltern nach den höchsten Tabellenwerten bemessen, ergibt sich nach Aufnahme eines Studiums mit auswärtiger Unterbringung eine Bedarfsminderung. Waren nach der Düsseldorfer Tabelle (Stand 1. 7. 2003) zunächst 654 € als Unterhaltsbedarf in Ansatz zu bringen, macht der pauschale Bedarf des Studenten nunmehr nur noch 600 € aus. Im Blick auf gute Einkommensverhältnisse der Eltern und den mit dem Studium verbundenen Mehraufwand kann sich in diesen Fällen eine Fortführung der Bedarfsbemessung in bisheriger Höhe oder gar eine weitere angemessene Erhöhung rechtfertigen (so schon OLG Hamm, 5. FamS, FamRZ 1995, 1005, 1006).

(3) Unterhaltsbedarf eines volljährigen Kindes bei Heimunterbringung

Bei der Heimunterbringung eines volljährigen Kindes richtet sich dessen Bedarf grds. nach den durch die Heimunterbringung anfallenden Kosten (BGH, FamRZ 1986, 48; OLG Oldenburg, FamRZ 1996, 625). 170

ii) Beweislast

Das unterhaltsberechtigte Kind ist grds. zum Nachweis seines Bedarfs darlegungs- und beweispflichtig. Es war der **Beweislast** für die Einkommens- und Vermögensverhältnisse des barunterhaltspflichtigen Elternteils enthoben, wenn es nur den sog. Mindestunterhalt begehrte. In dieser Höhe wurde der Unterhaltsbedarf vom Gesetz zugrunde gelegt, § 1610 Abs. 3 BGB a. F. **§ 1610 Abs. 3 BGB a. F. ist durch das KindUG aufgehoben worden.** Dies war möglich, da § 1612a BGB in der Fassung des KindUG auch den ehelichen Kindern die Möglichkeit einräumt, den Unterhalt entsprechend dem jeweiligen Regelbetrag der RegelbetragVO zu verlangen (BT-Drucks. 13/7338 S. 22, dort noch zu dem im Entwurf vorgesehenen sog. Regelunterhalt). 171

Der BGH (FamRZ 2002, 536 = NJW 2002, 1269; Vorentscheidung: OLG Zweibrücken, 5. ZS – FamS, FamRZ 2000, 765) hat zur Frage des **Mindestbedarfs** eines unterhaltsberechtigten Kindes nach Wegfall des § 1610 Abs. 3 BGB durch das Kindesunterhaltsgesetz vom 6. 4. 1998 zum 1. 7. 1998 (KindUG – BGBl. I S. 666) entschieden, dass es im Unterhaltsrecht seit dem 1. 7. 1998 keine gesetzliche Bestimmung des Mindestbedarfs minderjähriger Kinder mehr gebe. Nach dem im Gesetz zum Ausdruck gekommenen Willen des Gesetzgebers sei der Regelbetrag nicht entsprechend dem früheren Regelunterhalt dem Mindestbedarf gleichzusetzen. Abzulehnen sei die Auffassung, ein Mindestbedarf sei im Blick auf § 645 ZPO i. H. d. Eineinhalbfachen des Regelbetrages festzulegen. Es sei auch nicht geboten, anstelle des nicht mehr definierten Mindestbedarfs auf das von der Bundesregierung auf der Grundlage des Sozialhilfebedarfs ermittelte, steuerfrei zu stellende rechtliche Existenzminimum eines Kindes abzustellen. Auch nach dem 1. 1. 2001, dem Zeitpunkt des Inkrafttretens des Gesetzes zur Ächtung der Gewalt in der Erziehung und zur Änderung des Kindesunterhaltsrechts vom 2. 11. 2000 (BGBl. I S. 1479) und der Änderung des § 1612b Abs. 5 BGB – Unterbleiben der Anrechnung des Kindergeldes, wenn der Unterhaltspflichtige außerstande ist, Unterhalt in Höhe von 135 % des Regelbetrages nach der RegelbetragVO zu leisten –, sei ein Mindestbedarf nicht festgelegt worden, denn § 1612b BGB regele allein die Anrechnung staatlicher kindbezogener Leistungen auf den Kindesunterhalt. Die früher an den kodifizierten Mindestunterhalt geknüpften Folgen nötigten nicht zu einer Festschreibung **des Existenzminimums** als Mindestbedarf. Im Rahmen des einstweiligen Rechtsschutzes könne nach § 644 ZPO im Unterhaltsprozess und nach § 620 ZPO im Scheidungsverfahren Unterhalt im Wege der einstweiligen Anordnung ohne die zeitlichen und betragsmäßigen Beschränkungen der einstweiligen Verfügung – nur Mindestbedarf als Notunterhalt – geltend gemacht werden (OLG Zweibrücken, FamRZ 1999, 662). Im Rahmen der Mangelfallberechnung sei bislang zwar der Mindestbedarf als Einsatzbetrag angezogen worden, doch seien diese Einsatzbeträge, die sich an den Unterhaltssätzen der Düsseldorfer Tabelle orientiert hätten, nur Hilfsmittel für die Unterhaltsbemessung gewesen. Immer sei die Überprüfung des mit ihrer Hilfe gewonnenen Ergebnisses auf seine Angemessenheit und Ausgewogenheit notwendig, gleichgültig, ob es sich um einen Mangelfall handele oder nicht (BGH, FamRZ 2000, 1492, 1493), so dass es einer Festlegung des Mindestbedarfs nicht bedürfe. Der Gesetzgeber habe die rechtliche Situation unterhaltsberechtigter Kinder verbessern und nicht verschlechtern wollen. Deshalb verbleibe es auch bei der bisherigen Rechtslage zur Beweiserleichterung, soweit das Kind den Regelbetrag einfordere; dieses ist von der Darlegungs- und Beweislast für seinen Bedarf und die Leistungsfähigkeit des Unterhaltspflichtigen befreit (Darlegungs- und 172

Beweislast des unterhaltspflichtigen Elternteils für Leistungsfähigkeit auch bei Inanspruchnahme auf Regelbetrag aus übergangenem Recht: BGH, FamRZ 2003, 444). Es könne jedoch kein Wille des Gesetzgebers festgestellt werden, das Kind bis zur Höhe des Existenzminimums vollständig von der Darlegungs- und Beweislast zu befreien (im Ergebnis auch Eschenbruch/Wohlgemuth, Der Unterhaltsprozess, Rn. 3025). Hinsichtlich der Berücksichtigung von Drittverbindlichkeiten des Unterhaltspflichtigen sei wie bisher schon eine umfassende Interessenabwägung vorzunehmen, die berücksichtigen müsse, dass einerseits Verbindlichkeiten nicht schlechthin von einem Abzug vom Einkommen des Unterhaltspflichtigen ausgeschlossen seien und andererseits Kindern, denen der Unterhaltspflichtige nach § 1603 Abs. 2 BGB verschärft hafte, die Möglichkeit fehle, durch eigene Anstrengungen zur Deckung des eigenen Unterhaltsbedarfs beizutragen

173 Wird danach über den Regelbetrag hinaus Unterhalt verlangt, ist das Kind darlegungs- und beweispflichtig für die den verlangten Unterhalt entsprechende Lebensstellung des barunterhaltspflichtigen Elternteils; Kenntnis kann es sich im Wege der Auskunft verschaffen (OLG München, FamRZ 1984, 393; OLG Zweibrücken, FamRZ 1994, 1488).

3. Bar- und Naturalunterhalt

174 Die **Barunterhaltsverpflichtung** des nicht betreuenden Elternteils wird nach § 1612 Abs. 1 Satz 1 BGB durch die **Zahlung einer Geldrente, monatlich im Voraus,** erfüllt, § 1612 Abs. 1 Satz 1, Abs. 3 Satz 1 BGB.

Soweit dem minderjährigen Kind gegenüber **Betreuungsunterhalt** (§ 1606 Abs. 3 Satz 2 BGB) geschuldet wird, umfasst dieser die Pflege, die Erziehung, die freie Kost, die Unterbringung und die Kleidung des minderjährigen Kindes.

> *Hinweis:*
> *Bar- und Betreuungsunterhalt sind grds. gleichwertig.*

175 Nach § 1606 Abs. 3 Satz 2 BGB in der bis zum Inkrafttreten des KindUG geltenden Fassung konnte nur die Mutter die Verpflichtung, zum Unterhalt eines minderjährigen unverheirateten Kindes beizutragen, i. d. R. durch die Pflege und Erziehung des Kindes, erfüllen. Analog sollte diese Bestimmung auch für den Fall gelten, dass der Vater das Kind betreute (OLG Köln, FamRZ 1979, 328, 330; AG Kerpen, FamRZ 1995, 825). Dieser Rspr. hat die durch das KindUG erfolgte Neufassung des § 1606 Abs. 3 Satz 2 BGB Rechnung getragen. Der Wortlaut hebt nunmehr auf **den Elternteil,** der ein minderjähriges Kind betreut, ab.

176 Der betreuende Elternteil kann einen Teil der Betreuung **dritten Personen,** etwa den Großeltern, anderen Verwandten oder sonstigen betreuungswilligen und -fähigen Personen, übertragen, ohne dass die Gleichwertigkeit von Bar- und Betreuungsunterhalt in Frage gestellt ist (BGH, FamRZ 1981, 347). Allerdings darf die Pflege und Erziehung des Kindes nicht in vollem Umfang dritten Personen übertragen werden, so dass nicht einmal ein nennenswerter Rest an eigenen Betreuungsleistungen verbleibt. Der betreuende Elternteil hat die Pflege und Erziehung in eigener Person wahrzunehmen. Daran fehlt es jedoch bei vollständiger Übertragung auf einen Dritten, mag er auch die Leistung freiwillig und unentgeltlich für den sorgeberechtigten Elternteil erbringen (KG, FamRZ 1989, 779; OLG Hamm, FamRZ 1990, 307). Für den Fall haften beide Elternteile für den Barbedarf gem. § 1606 Abs. 3 Satz 1 BGB anteilig nach ihren Erwerbs- und Vermögensverhältnissen. Die Gleichwertigkeit von Bar- und Betreuungsunterhalt besteht ebenfalls nicht mehr für die Zeit nach Eintritt der Volljährigkeit. Ein Betreuungsunterhalt kommt gegenüber volljährigen Kindern i. d. R. nicht mehr in Betracht (BGH, FamRZ 1988, 159, 162; 1994, 696, 698).

Einen **Beitrag zum Barunterhalt** hat der betreuende Elternteil daneben grds. nicht zu leisten, selbst dann nicht, wenn er ganztags berufstätig ist und ein eigenes, den persönlichen Lebensbedarf übersteigendes Einkommen erzielt (BGH, FamRZ 1980, 994).

177

Eine andere Beurteilung rechtfertigt sich indes in den Fällen **der gemeinsamen elterlichen Sorge** und der **jeweils hälftigen Betreuung** des minderjährigen Kindes durch beiderseits berufstätige Eltern. Der Unterhaltsbedarf bemisst sich nach den beiderseitigen Einkünften unter Berücksichtigung eines Mehrbedarfs wegen der Vorhaltekosten von zwei Kinderzimmern. Die Haftungsverteilung erfolgt nach den Grundsätzen zu § 1606 Abs. 3 BGB. Die Gewährung des bei der Betreuung geleisteten Naturalunterhalts ist bei der Bemessung des Kindesunterhalts grds. pauschal mit der Hälfte des jeweils geschuldeten Barunterhalts abzusetzen (OLG Düsseldorf, NJW-RR 2000, 74).

178

Ausnahmsweise muss jedoch eine Beteiligung des betreuenden Elternteils an dem von dem anderen Elternteil geschuldeten Barunterhalt auch dann in Betracht gezogen werden, wenn anderenfalls ein **erhebliches finanzielles Ungleichgewicht** zwischen den Eltern aufträte (BGH, FamRZ 2002, 742 m. Anm. Büttner = FuR 2002, 248 ,250; FamRZ 1998, 286, 288; 1991, 182, 183). Dies erfordert, dass die wirtschaftliche Lage des betreuenden Elternteils besonders günstig ist und seine Einkünfte die des anderen erheblich übersteigen. In dieser Fallkonstellation, die von dem barunterhaltspflichtigen Elternteil darzulegen und zu beweisen wäre (BGH, FuR 2002, 248, 250; FamRZ 1981, 347, 349), kann ein Regelfall nicht mehr angenommen werden. Das Ungleichgewicht besteht noch nicht bei einer Einkommensdifferenz von wenigen 100 DM (so OLG Hamm, FamRZ 1981, 487), auch nicht, wenn dem betreuenden Elternteil bei Leistung des gesamten Barunterhalts noch der angemessene Eigenbedarf verbliebe, der andere den Barunterhalt nur bei Gefährdung seines angemessenen Unterhalts leisten könnte (OLG Düsseldorf, FamRZ 1992, 92), wohl aber bei einem doppelt so hohen Einkommen des betreuenden Elternteils (so OLG Bamberg, FamRZ 1995, 566). Es ist nicht schematisch zu verfahren und auch zu berücksichtigen, wenn der betreuende Elternteil in seinem Haus den Kindern das kostenlose Wohnen stellt (OLG Karlsruhe, FamRZ 1993, 1116).

179

Stellt sich die wirtschaftliche Lage des betreuenden Elternteils in diesem Sinne günstiger dar, greift § 1606 Abs. 3 Satz 2 BGB nicht mehr ein. Es gilt § 1606 Abs. 3 Satz 1 BGB, wonach gleich nahe Verwandte anteilig nach ihren Erwerbs- und Vermögensverhältnissen haften. Wird danach der Bedarf des minderjährigen unverheirateten Kindes nach den zusammengerechneten Einkünften der Eltern bemessen, ist zu beachten, dass dieser um den Anteil des betreuenden Elternteils ergänzte Gesamtbarbedarf während des Heranwachsens und in der Schul- und Ausbildungszeit wesentlich durch das „Kindsein" geprägt ist und nicht unbegrenzt mit dem Einkommen der Eltern steigt (BGH, FamRZ 1983, 473, 474, **keine Teilhabe am Luxus).**

180

Im Blick auf den **Haftungsanteil** des barunterhaltspflichtigen Elternteils ist es nicht zu rechtfertigen, diesen zu höheren Unterhaltsleistungen heranzuziehen, als er nach seinen Einkommensverhältnissen schulden würde. Die guten finanziellen Verhältnisse des betreuenden Elternteils und der durch deren Berücksichtigung erhöhte Bedarf des Kindes dürfen sich nicht zu Lasten des bislang allein barunterhaltspflichtigen Elternteils auswirken (BGH, FamRZ 1984, 39, 40).

181

Der zunächst nur nach finanziellen Gesichtspunkten ermittelte Haftungsanteil des betreuenden Elternteils ist einer wertenden Veränderung zu unterziehen. Er ist durch den von ihm geforderten finanziellen Beitrag und die dem Kind geschuldete Betreuung doppelt belastet. Je nach Umfang der tatsächlich erforderlichen Betreuungsleistungen (Kleinkind, behindertes Kind, fast volljähriges Kind) wird eine **Reduzierung des Haftungsanteils** im Wege tatrichterlicher Beurteilung geboten sein (BGH, FamRZ 1983, 689; zur Berechnungsweise vgl. OLG Bamberg, FamRZ 1995, 566).

4. Bestimmungsrecht der Eltern nach § 1612 Abs. 1 BGB

a) Inhaltliche Anforderungen

182 Unterhalt ist grds. durch Entrichtung einer Geldrente zu gewähren, § 1612 Abs. 1 Satz 1 BGB. Haben Eltern einem unverheirateten Kind Unterhalt zu gewähren, so können sie bestimmen, in welcher Art (Geldrente oder Sachleistungen) und in welcher Zeit im voraus der Unterhalt gewährt werden soll, § 1612 Abs. 2 Satz 1 BGB. Durch das **KindUG** hat auch diese Bestimmung eine Ergänzung erfahren. Dem Satz 1 ist folgender Satzteil angefügt worden: „wobei auf die Belange des Kindes die gebotene Rücksicht zu nehmen ist." Es handelt sich insoweit um eine gesetzliche Klarstellung, die insbesondere im Hinblick auf volljährige unverheiratete Kinder angebracht erscheint (so BT-Drucks. 13/9596 S. 32).

183 Die Unterhaltsbestimmung kann **ausdrücklich, aber auch durch schlüssiges Verhalten** erfolgen; es handelt sich, soweit das volljährige Kind betroffen ist, um eine empfangsbedürftige Willenserklärung (BGH, FamRZ 1983, 369). Sie sollte den Elternwillen **eindeutig** zum Ausdruck bringen.

184 Ihrem Inhalt nach muss eine Bestimmung **den gesamten Lebensbedarf** des unterhaltsberechtigten Kindes umfassen. Eine wirksame Bestimmung liegt deshalb nicht vor, wenn Eltern sich zu einzelnen Betreuungs- und Pflegeleistungen bereit erklären und diese erbringen, die Art der Erfüllung des übrigen Unterhalts aber offen lassen (BGH, FamRZ 1993, 417, 420). In dem entschiedenen Fall hatte die Mutter dem pflegebedürftigen Sohn mit dessen Einverständnis Unterhalt durch persönliche Fürsorge erbracht. Der gesamte Unterhaltsbedarf war jedoch nicht in vollem Umfang gedeckt.

185 **Unterhalt in Natur** stellt es auch dar, wenn dem Kind neben Wohnen und Verpflegung ein Taschengeld und sonstige Barbeträge für Sachaufwendungen gestellt werden. Es besteht indes kein Anspruch darauf, den Unterhalt teilweise in Gestalt einer Geldrente zu erhalten (BGH, FamRZ 1983, 369). Die elterliche Bestimmung muss demgemäß immer neben den Sachleistungen auch die Befriedigung der übrigen Unterhaltsbedürfnisse umfassen (BGH, a. a. O.).

b) Bestimmungsberechtigte

186 Das Bestimmungsrecht gegenüber einem **minderjährigen Kind** steht nach der Trennung dem sorgeberechtigten Elternteil als Teil der Personensorge zu, § 1612 Abs. 2 Satz 3 BGB. Eine während des Zusammenlebens von den Eheleuten stillschweigend getroffene Bestimmung, ihren Kindern Naturalunterhalt zu leisten, verliert mit der Trennung der Eltern ihre Wirksamkeit, da sie nicht mehr durchführbar ist (BGH, FamRZ 1985, 584, 585; 1992, 426, 427).

Üben die Eltern das Sorgerecht nach der Trennung weiterhin gemeinsam aus, müssen sie einverständlich oder mit Hilfe des Familiengerichts gem. § 1628 BGB eine Regelung treffen (BGH, FamRZ 1983, 892, 894).

187 Das Bestimmungsrecht gilt **auch gegenüber unverheirateten volljährigen Kindern,** denn den Eltern muss auch nach Eintritt der Volljährigkeit die Möglichkeit zugestanden werden, ihren Einfluss auf die Lebensführung des Kindes auszuüben (BGH, FamRZ 1981, 250, 251; 1993, 417, 420; 1996, 798, 799). Mit der durch das KindUG vorgenommenen Ergänzung, wonach auf die Belange des Kindes die gebotene Rücksicht zu nehmen ist, wird den Interessen des volljährigen Kindes größeres Gewicht als bisher beizumessen sein.

Gegenüber einem **volljährigen Kind** steht das Bestimmungsrecht i. d. R. dem Elternteil zu, den das Kind auf Barunterhalt in Anspruch nimmt (BGH, FamRZ 1988, 831). Eine wirksame Bestimmung kann auch in einem Unterhaltsrechtsstreit abgegeben werden (dazu BayObLG, Rpfleger 1988, 527; OLG Celle, FamRZ 1997, 966). Werden durch die einseitige Bestimmung Belange des anderen unterhaltspflichtigen Elternteils berührt, kann die Bestimmung unwirksam sein, es sei denn, die Gründe für die einseitige Unterhaltsbestimmung wiegen so schwer, dass in Abwägung der beiderseitigen Interessen diese gleichwohl hinzunehmen ist (BGH, FamRZ 1988, 831; OLG Hamm, FamRZ 1990, 1028).

Haben getrennt lebende Eltern die **Art der Unterhaltsgewährung** für ein Kind, für das die elterliche Sorge nicht geregelt oder welches volljährig ist, **vereinbart,** kann sich ein Elternteil davon nicht ohne besondere Gründe durch eine andere Art der Unterhaltsgewährung lösen (BGH, FamRZ 1983, 892, 895). 188

c) Wirksamkeit der Bestimmung

Die Bestimmung kann **von Anfang an unwirksam** sein. So ist die Verweisung auf Naturalunterhalt nur wirksam, wenn diese Art der Unterhaltsgewährung für das berechtigte Kind tatsächlich erreichbar ist und es nicht ohne eigenes Verschulden außerstande ist, der Unterhaltsbestimmung Folge zu leisten (BGH, FamRZ 1985, 584, 585; 1988, 386; 1992, 426, 427; 1996, 798, 799). So kann von minderjährigen Kindern, die bei der Mutter leben, nicht erwartet werden, dass sie diese auf Wunsch des Vaters verlassen, um bei ihm den Unterhalt in Natur entgegenzunehmen (BGH, FamRZ 1992, 426, 427 in Fortführung von FamRZ 1988, 386). Unwirksam ist ferner eine Bestimmung, bei einem Elternteil Unterhalt in Natur entgegenzunehmen, wenn dem Kind durch die ZVS ein Studienplatz an einem weit entfernten Studienort zugewiesen wurde (BGH, FamRZ 1996, 798). Außer in Fällen rechtlicher oder tatsächlicher Undurchführbarkeit kann die Bindung an die Bestimmung in – strengen Voraussetzungen unterliegenden – **Missbrauchsfällen** (Bestimmung aus sachfremden Motiven oder zu sachfremden Zwecken) entfallen (BGH, FamRZ 1981, 251; 1984, 305; vgl. auch BayObLG, NJW-RR 1989, 1474, 1487; OLG Hamburg, FamRZ 1989, 309; OLG Zweibrücken, FamRZ 1986, 820). 189

Die Bestimmung gegenüber einem volljährigen Kind ist auch dann nicht bindend, wenn sie die Menschenwürde des Kindes oder sein Recht auf freie Entfaltung der Persönlichkeit in verletzender Weise tangiert (OLG Zweibrücken, FamRZ 1988, 205, 206).

Die zunächst wirksame Bestimmung kann **später noch unwirksam werden.** Wird die gewählte Art der Unterhaltsgewährung aus tatsächlichen und rechtlichen Gründen undurchführbar, entfaltet die zunächst wirksame Bestimmung ab diesem Zeitpunkt keine Wirkungen mehr. Der Anspruch auf Barunterhalt lebt wieder auf und kann erneut geltend gemacht werden (BGH, FamRZ 1985, 584, 585; 1996, 798, 799). 190

Eine während der Schulzeit getroffene Bestimmung, Unterhalt in Natur zu gewähren, kann ihre Bedeutung verlieren, wenn das Kind nach der Schulzeit einige Zeit wirtschaftlich selbständig war und auch noch den Zivildienst abgeleistet hat, bevor es in der Folge an einem auswärtigen Studienort das Studium aufnahm. Bei erneuter Inanspruchnahme des Unterhaltspflichtigen nach längerer zeitlicher Unterbrechung gebieten es Rechtsklarheit und -sicherheit, dass er sich erneut zu der Art der Unterhaltsgewährung äußert. Ansonsten hat er den Unterhalt in bar zu leisten (OLG Hamm, FamRZ 1990, 1389).

Die **Nichtinanspruchnahme** des nach § 1612 Abs. 2 Satz 1 BGB angebotenen Naturalunterhalts führt, solange die Bestimmung besteht, zum **Verlust des Unterhaltsanspruchs** (BGH, NJW 1981, 574; OLG Frankfurt, FamRZ 1976, 705; OLG Zweibrücken, FamRZ 1979, 64). 191

d) Abänderung der Bestimmung

Aus besonderen Gründen konnte bis zum 30. 6. 1998 das **Vormundschaftsgericht** (Zuständigkeit des Rechtspflegers nach § 3 Abs. 2a RechtspflG) nach § 1612 Abs. 2 Satz 2 BGB auf **Antrag des Kindes** eine **wirksame** (BayObLG, FamRZ 1989, 1222, 1223) Bestimmung über die Art der Unterhaltsgewährung ändern. Im Rahmen der Kindschaftsrechtsreform ist ab 1. 7. 1998 nunmehr das **Familiengericht** zuständig. Weiterhin gilt die Zuständigkeit des Rechtspflegers nach § 3 Abs. 2a RPflG, solange nicht §§ 14 bis 19b RPflG etwas anderes bestimmen. 192

Es handelt sich um eine Familiensache nach § 621 Abs. 1 Nr. 4 ZPO (BayObLG, NJWE-FER 1999, 318) und ein von einem Unterhaltsrechtsstreit unabhängiges Verfahren (KG, FamRZ 2000, 256; OLG Frankfurt, FamRZ 2000, 1424). Die Abänderung kann daher nicht im Unterhaltsverfahren erfolgen (KG, FamRZ 2000, 256; OLG Hamburg, FamRZ 2000, 246; Büttner/Niepmann,

FamRZ 2000, 2547, 2549), es sei denn, der Richter zieht das Abänderungsverfahren nach § 6 RPflG an sich (OLG Köln, NJW-RR 2001, 1422). Geht es ausschließlich um die Wirksamkeit der elterlichen Bestimmung, entscheidet allein der Rechtspfleger(OLG Hamburg, FamRZ 2000, 246).

Der Rechtspfleger hat den Sachverhalt – nicht zwingend im Rahmen einer mündlichen Erörterung – hinreichend aufzuklären. Ist die **Sachaufklärung** nicht ohne Erörterung mit den Beteiligten möglich, ist es ermessensfehlerhaft, von einer mündlichen Verhandlung abzusehen (OLG Köln, OLGR 2001, 420).

193 Da die bisherige Rspr. ihre Bedeutung damit nicht verlieren dürfte, bezieht die folgende Darstellung die zu § 1612 Abs. 2 Satz 2 BGB bisher ergangene Rspr. ein:

Für eine Anordnung nach § 1612 Abs. 2 Satz 2 BGB ist die Möglichkeit ausreichend, dass ein Unterhaltsanspruch gegen den in Anspruch genommenen Elternteil begründet ist (BayObLG, FamRZ 1979, 950, 951). Ob und in welcher Höhe dieser besteht, hat das Prozessgericht zu entscheiden.

194 Dem Familiengericht obliegt die Inzidenterprüfung, ob die Bestimmung wirksam ist, denn bei einer unwirksamen Bestimmung fehlt dem Abänderungsantrag das Rechtsschutzbedürfnis (BayObLG, FamRZ 1987, 1298, 1301). Über die Wirksamkeit der Bestimmung hat letztlich das Prozeßgericht zu befinden. Deshalb darf nur dann, wenn die Bestimmung offensichtlich unwirksam und die Unwirksamkeit ohne weitere Ermittlungen zweifelsfrei erkennbar war, ein Änderungsantrag ohne Prüfung der besonderen Gründe zurückgewiesen werden (BayObLG, FamRZ 1989, 1222, 1224; NJWE-FER 1999, 318; KG, FamRZ 1989, 780).

195 Die von dem Kind zur Rechtfertigung seines Begehrens vorgebrachten Gründe müssen schwerer wiegen als die Gründe, deretwegen das Gesetz den Eltern das Recht eingeräumt hat, zu bestimmen, dass der Unterhalt in Natur statt durch eine monatliche Geldrente zu gewähren ist (vgl. BayObLG, FamRZ 1987, 1298, 1299; OLG Düsseldorf, FamRZ 1996, 235).

196 Es ist eine **Interessenabwägung** vorzunehmen. Das Kind hat nach § 1618a BGB auf die wirtschaftlichen Interessen der Eltern angemessene Rücksicht zu nehmen wie auch die Eltern nach § 1612 Abs. 2 Satz 1 auf die Belange des Kindes die gebotene Rücksicht walten lassen müssen. Zu beachten sind insoweit, in welcher Lebens- und Familiensituation sich die Beteiligten befinden, ob das Kind noch minderjährig oder bereits volljährig ist, ob sich die Lebenssituation des Kindes durch die von dem in Anspruch genommenen Elternteil getroffene Bestimmung einschneidend verändern würde (BayObLG, NJW-FER 1999, 318, 319).

197 Der Wunsch des Kindes ist allein nicht ausreichend für die Änderung einer Unterhaltsbestimmung (KG, FamRZ 1990, 791, 792). Ebenso wenig reicht ein Rechtsstreit zwischen den Eltern und dem Kind aus (OLG Frankfurt, FamRZ 1979, 955). Versuchen die Eltern jedoch, die Generationskonflikte mit dem in ihrem Haushalt lebenden volljährigen Kind in mehr als nur einem einmaligen Ausnahmefall durch Gewalttätigkeiten zu lösen, kann dieses Verhalten den Änderungsantrag rechtfertigen (OLG Köln, FamRZ 1996, 963). Ausreichend kann eine tiefgreifende Entfremdung zwischen einem Elternteil und dem Kind (dazu OLG Celle, FamRZ 1997, 966; OLG Hamm, FamRZ 2000, 255 nur LS) oder eine tiefe Abneigung zwischen beiden sein, ohne dass es darauf ankommt, ob und gegebenenfalls wem dies als Schuldvorwurf zuzurechnen ist (OLG Hamburg, FamRZ 1990, 1269, 1271). Zu berücksichtigen ist jedoch bei der Einzelwürdigung, ob das festgestellte tiefe Zerwürfnis durch rücksichtsloses oder provozierendes Verhalten des Kindes hervorgerufen wurde (KG, FamRZ 1990, 791). Hat das Kind über mehrere Jahre bei einem Elternteil gelebt, ohne zu dem anderen Kontakt gepflegt zu haben, ist dessen Unterhaltsbestimmung abzuändern, wenn das Kind den Studienort hätte wechseln und in einer weitgehend fremden Familie leben müssen (BayObLG, FamRZ 1989, 1222, 1224).

198 Die **abändernde Entscheidung** des Familiengerichts gilt **ab Rechtskraft.** Sie wirkt grds. nicht zurück (BayObLG, FamRZ 1990, 905, 907). Das Familiengericht kann auf Antrag eine von den Eltern getroffene Bestimmung über die Art der Unterhaltsgewährung auch mit **Rückwirkung** auf den Zeitpunkt der Bekanntgabe des Antrages an den Antragsgegner ändern, wenn besondere Grün-

de, die bei Einleitung des Verfahrens bereits vorgelegen haben müssen, dies rechtfertigen (so BayObLG, FamRZ 1989, 1222, 1224; NJWE-FER 1999, 318, 319; OLG Düsseldorf, FamRZ 1987, 194; 1994, 460, 1996, 235, 236; OLG Hamm, FamRZ 1986, 386, 387; KG, FamRZ 1986, 1033, 1034).

Die Entscheidung zur Änderung einer Unterhaltsbestimmung nach § 1612 Abs. 2 BGB ist seit In-Kraft-Treten des Kindschaftsreformgesetzes mit der befristeten Beschwerde gem. §§ 621a, 621e ZPO anfechtbar (OLG Zweibrücken, OLGR 2002, 279; OLG Frankfurt/M., FamRZ 2000, 1424).

> *Hinweis:*
> *Eines förmlichen Antrages bedarf es nicht. Es reicht aus, wenn die Begründung des Antrages ausweist, dass die die Abänderung rechtfertigenden Gründe bereits bei Antragstellung vorgelegen haben und die Abänderung zum frühestmöglichen Zeitpunkt erstrebt wird (BayObLG, NJW-FER 1999, 318, 319; KG, FamRZ 1990, 791, 793). Eine Änderung auch noch für die Zeit vor der Antragstellung kommt nicht in Betracht (OLG Düsseldorf, FamRZ 1996, 235, 236; OLG Hamm, FamRZ 1986, 386; KG, FamRZ 1986, 1033; OLG Hamburg, FamRZ 1986, 833; OLG Celle, FamRZ 1997, 966, 967).*

Bis zu einer Änderung durch das Familiengericht nach § 1612 Abs. 2 Satz 2 BGB ist das **Prozessgericht** an eine **wirksame Bestimmung gebunden** (BGH, FamRZ 1981, 251; 1984, 305). Eine wirksame Bestimmung der Art der Unterhaltsgewährung führt auch zu einer Bindung des Trägers der Ausbildungsförderung, so dass für diesen Fall ein Anspruch auf Barunterhalt, der nach § 37 Abs. 1 Satz 1 BAföG hätte übergehen können, nicht besteht (BGH, FamRZ 1984, 37, 38; 1996, 798, 799).

5. Kosten einer angemessenen Vorbildung zu einem Beruf (§ 1610 Abs. 2 BGB)

Das Kind hat Anspruch auf **Finanzierung einer angemessenen Vorbildung** zu einem Beruf.

Dieser Anspruch ist als **gesetzlicher Unterhaltsanspruch** nur gegeben, wenn alle tatbestandlichen Voraussetzungen erfüllt sind. Fehlt es daran, kann dies nicht unter Berufung auf Treu und Glauben (§ 242 BGB) ersetzt werden. Ob sich aus der in § 1618a BGB wechselseitig begründeten Pflicht zu Beistand und Rücksichtnahme im Einzelfall ausnahmsweise eine Pflicht zur Zahlung von Unterhalt ergeben kann, hat der BGH offen gelassen. Ein Unterhaltsanspruch kann sich indes aus einer vertraglichen Abrede ergeben, die in dem Versprechen einer Ausstattung gesehen werden kann, das nach § 1624 Abs. 1 BGB der Form des § 518 Abs. 1 Satz 1 BGB nicht bedarf (BGH, FamRZ 2001, 1601, 1602).

Angemessen ist eine Berufsausbildung, die der Begabung und der Fähigkeit des Kindes, seinem Leistungswillen und seinen beachtenswerten Neigungen am besten entspricht und deren Finanzierung sich in den Grenzen der wirtschaftlichen Leistungsfähigkeit der Eltern hält. Geschuldet wird die den Eltern wirtschaftlich zumutbare Finanzierung einer optimalen begabungsbezogenen und den beachtenswerten Neigungen des Kindes entsprechenden Berufsausbildung (BGH, FamRZ 1977, 629; 1989, 853; NJW 1994, 2362).

Die Frage der beruflichen Eignung eines Kindes ist i. d. R. aus der Sicht **bei Beginn der Ausbildung** und den zu dieser Zeit zutage getretenen Anlagen zu beantworten. Bei sog. Spätentwicklern ist es zur Vermeidung unangemessener Benachteiligungen ausnahmsweise gerechtfertigt, auf das Ausbildungsende oder den Beginn der Zweitausbildung abzustellen (BGH, FamRZ 1991, 322, 323; 2000, 420, 421; Kalthoener/Büttner/Niepmann, Die Rechtsprechung zur Höhe des Unterhalts, Rn. 326). Allein das Bestehen des Abiturs zieht nicht zwangsläufig die Pflicht der Eltern zur Finanzierung eines Hochschulstudiums nach sich (BGH, FamRZ 2000, 420, 422).

Die Angemessenheit der Berufsausbildung bedarf insbesondere hinsichtlich einer **weiteren Ausbildung** einer sorgfältigen Prüfung, denn je älter ein Kind wird und je eigenständiger es seine Lebensverhältnisse gestaltet, desto mehr tritt die Elternverantwortung zurück (BGH, FamRZ 1998, 671).

202 Mit diesem Anspruch des Kindes korrespondiert die **Pflicht,** seine Ausbildung mit gehörigem **Fleiß** und gebotener **Zielstrebigkeit** zu betreiben, um sie innerhalb angemessener und üblicher Dauer zu beenden und sich danach selbst zu unterhalten (BGH, FamRZ 1984, 470; 1987, 470; 1993, 1057; OLG Schleswig, FamRZ 1986, 201). Verletzt das Kind **nachhaltig** diese Obliegenheit, führt dies zum Wegfall des Unterhaltsanspruchs, ohne dass die Voraussetzungen des § 1611 Abs. 1 BGB gegeben sein müssen (BGH, FamRZ 1998, 671=NJW 1998, 1555; FamRZ 2001, 757, 758 = NJW 2001, 2170).

203 Aus dem **Gegenseitigkeitsverhältnis** folgt auch, dass sich das Kind nach dem Abgang von der Schule binnen einer angemessenen, an dem Alter, dem Entwicklungsstand und den gesamten Lebensumständen ausgerichteten **Orientierungsphase** für die Aufnahme einer seinen Fähigkeiten und Neigungen entsprechenden Ausbildung entscheidet und diese Ausbildung zielstrebig angeht. Eine zu lange Verzögerung lässt den Unterhaltsanspruch entfallen. Eine Verzögerung von nicht mehr als einem Jahr dürfte nicht schädlich sein, insbesondere dann, wenn dies mit den widrigen Umständen im Elternhaus in Zusammenhang gebracht werden kann. Anderenfalls tritt die Eigenverantwortung in den Vordergrund. Das Kind muss seinen Lebensunterhalt selbst mit ungelernten Tätigkeiten oder aufgrund seiner sonstigen Begabungen und Fertigkeiten verdienen (BGH, FamRZ 1998, 671 = NJW 1998, 1555; OLG Hamm, FamRZ 1989, 1219, 1220; 1995, 1007, 1008). Im Fall eher beengter wirtschaftlicher Verhältnisse kann der Abiturient gehalten sein, während der Überbrückungszeit bis zur Aufnahme des Studiums den Unterhalt durch Erwerbstätigkeit sicherzustellen (OLG, München, FuR 1999, 487).

204 Da ein Anspruch auf Finanzierung nur für eine Ausbildung besteht, die mit den Anlagen und Fähigkeiten des Kindes vereinbar ist (BGH, FamRZ 1989, 853; OLG Koblenz, FamRZ 1991, 108), trägt das Kind die **Darlegungslast,** dass die beabsichtigte Ausbildung nach den zur Zeit der Ausbildung gegebenen Verhältnissen diesen Erfordernissen entspricht. Ist die Ausbildung begonnen, ist zur weiteren Rechtfertigung der Ausbildung der Nachweis des ordnungsgemäßen Ausbildungsganges geboten. Ausreichende, laufende Information des vielfach nur noch als „Zahlstelle" in Anspruch genommenen Elternteils kann manchen Rechtsstreit vermeiden.

205 Im Normalfall besteht nur ein Anspruch des Kindes auf die **Ausbildung in einem Beruf.** Eltern, die ihrem Kind eine angemessene Berufsausbildung finanziert haben, sind ohne Rücksicht auf die Höhe der Kosten, die sie für die Ausbildung haben aufwenden müssen, ihrer Unterhaltspflicht grds. in ausreichendem Maße nachgekommen. Sie sind deshalb nicht verpflichtet, die **Kosten einer zweiten Ausbildung** zu tragen (BGH, FamRZ 2001, 1601; 1992, 170, 171; 1407).

206 Eine **Ausnahme** hat der BGH für Fälle zugelassen, in denen ein Berufswechsel notwendig ist, die erste Ausbildung auf einer deutlichen Fehleinschätzung der Begabung des Kindes beruhte, wobei rechtserheblich nur eine Fehleinschätzung der Begabung des Kindes durch die Eltern, nicht jedoch durch das Kind selbst angesehen werden kann (BGH, FamRZ 1980, 1115; 1992, 1407, 1408), das Kind von den Eltern in einen unbefriedigenden, seiner Begabung und Neigung nicht hinreichend Rechnung tragenden Beruf gedrängt worden war und sich diese Fehleinschätzung schon bis zum Ende der ersten Ausbildung gezeigt hatte (BGH, FamRZ 1980, 1115; 1981, 346). Dass das Kind auf Drängen der Eltern die erste Ausbildung noch beendet, obwohl es während der Ausbildung festgestellt hat, dass diese Ausbildung seinen Fähigkeiten und Neigungen nicht entspricht, führt nicht dazu, dass ein Anspruch auf die Finanzierung einer Zweitausbildung nicht besteht (BGH, FamRZ 1991, 931, 932). Ein Anspruch auf Zweitausbildung ist auch zu bejahen, wenn sich ein Kind, dem von den Eltern eine angemessene Ausbildung zu dem erstrebten Beruf vorenthalten worden ist, zunächst für einen Beruf entschieden hatte, der seiner Begabung und seinen Neigungen nicht entsprach (BGH, FamRZ 1991, 322). Ausnahmsweise ist auch eine Ausbildung zu finanzieren, die sich zweifelsfrei als bloße Weiterbildung darstellt und diese Weiterbildung von vornherein

angestrebt war oder während der ersten Ausbildung eine besondere, die Weiterbildung erfordernde Begabung des Kindes deutlich wurde (BGH, FamRZ 1989, 853, 854).

Nach der Rspr. des BGH gilt, dass es sich bei den sog. **Abitur-Lehre-Studium-Fällen** nicht um eine Zweitausbildung handelt. Ein Kind, das nach dem Abitur bereits eine praktische Ausbildung erlangt hat, hat auch dann einen Anspruch auf die Finanzierung eines anschließenden Hochschulstudiums, wenn dieses nicht von vornherein angestrebt war, sofern das Studium mit der vorausgegangenen praktischen Ausbildung in einem **engen zeitlichen und sachlichen Zusammenhang** steht und die Kosten den Eltern **wirtschaftlich zumutbar** sind (BGH, FamRZ 1989, 853, 855; 1992, 1407, 1408). Dass der Studienentschluss von vornherein oder jedenfalls noch vor Beendigung der Lehre gefasst wird, ist nicht zu verlangen (BGH, FamRZ 1990, 149, 150 unter Aufgabe von BGH, FamRZ 1989, 853, 855). 207

Der **zeitliche Zusammenhang** zwischen Lehre und Studium muss derart bestehen, dass der Auszubildende nach dem Abschluss der Lehre das Studium mit der gebotenen Zielstrebigkeit aufnimmt. Übt er nach dem Abschluss der Lehre den erlernten Beruf aus, obwohl er mit dem Studium beginnen könnte, und wird der Entschluss zum Studium auch sonst nicht erkennbar, wird der Zusammenhang und damit die Einheitlichkeit des Ausbildungsganges aufgehoben. In einem solchen Verhalten kann die Wertung zum Ausdruck kommen, die bisherige Ausbildung als angemessen zu akzeptieren (BGH, NJW 1994, 2362, 2363). Verzögerungen zwischen der Beendigung der Lehre und der Aufnahme des Studiums stehen nicht entgegen, wenn diese auf einem leichten, nicht vorwerfbaren Versagen beruhen (BGH, FamRZ 1990, 149, 150, NJW 1994, 2362, 2363). Verzögert sich die Aufnahme eines Studiums um fünf Jahre nach dem Abitur, kann Ausbildungsunterhalt nur verlangt werden, wenn den Eltern dies in den Grenzen ihrer wirtschaftlichen Leistungsfähigkeit noch zumutbar ist (OLG Stuttgart, FamRZ 1996, 181). 208

Voraussetzung für den gebotenen **engen sachlichen Zusammenhang** ist, dass praktische Ausbildung und Studium derselben Berufssparte angehören oder jedenfalls so zusammenhängen, dass das eine für das andere eine fachliche Ergänzung, Weiterführung oder Vertiefung bedeutet, oder dass die praktische Ausbildung eine sinnvolle Vorbereitung auf das Studium darstellt. 209

Der gebotene enge sachliche Zusammenhang besteht bei einer **Banklehre** und einem **Jurastudium** (BGH, FamRZ 1992, 170, 171; OLG Hamm, NJW-RR 1991, 327), einem **Studium der Wirtschaftswissenschaften** oder einem **Betriebswirtschaftsstudium** (OLG Bremen, FamRZ 1989, 892), ferner bei einer **Lehre zum Bauzeichner** und einem **Architekturstudium** (BGH, FamRZ 1989, 853, 855) sowie bei einer **landwirtschaftlichen Lehre** und einem **Studium der Agrarwissenschaften** (BGH, FamRZ 1990, 149). 210

Zwischen der **Lehre zum Industriekaufmann und** dem **Medizinstudium** besteht kein enger sachlicher Zusammenhang i. S. d. Rspr. (BGH, FamRZ 1991, 1044). Dies gilt in gleicher Weise für die **Lehre zum Industriekaufmann** und dem **Studium des Maschinenbaus,** denn die Ausbildung zum Industriekaufmann hat eine wesentlich andersartige Wissensvermittlung zum Gegenstand als das Studium des Maschinenbaus (BGH, FamRZ 1993, 1057, 1058). In dem vom BGH entschiedenen Fall hatte der klagende Sohn nach Beendigung der Lehre zum Industriekaufmann und Ableistung des Wehrdienstes mit dem Studium begonnen und damit den erforderlichen zeitlichen Zusammenhang zwischen den Ausbildungsabschnitten gewahrt. Nach den Umständen des Streitfalles – Leistungen des Klägers im Abitur mit einem in oberen Leistungsbereich liegenden Notendurchschnitt – hat der BGH dem Berufungsgericht die Prüfung aufgegeben, ob nicht gleichwohl der Vater das Hochschulstudium zu finanzieren habe, denn möglicherweise sei die Lehre zum Industriekaufmann für den Sohn keine angemessene Vorbildung zu einem Beruf gewesen. Dann sei jedoch die grds. Verpflichtung des Vaters gegeben, im Rahmen seiner wirtschaftlichen Leistungsfähigkeit das Studium des Sohnes zu finanzieren. Wenn sich auch Bedenken daraus ergeben könnten, dass der Sohn das Studium nicht mit der gebotenen Zielstrebigkeit aufgenommen habe, weil er zuvor eine Lehre absolviert und die eigene Neigung und Begabung nicht sogleich richtig eingeschätzt habe, so müsse dies nicht die schwerwiegende Folge eines Verlustes des Unterhaltsanspruchs haben. Da die zunächst beabsichtigten Stufen – kaufmännische Lehre und anschließen- 211 des Wirtschaftsstudium – als einheitlicher Ausbildungsgang i. S. d. Senatsrechtsprechung (BGH, FamRZ 1989, 853) anzuerkennen gewesen wären, werde das Verhalten des Sohnes ähnlich wie bei einem Ausbildungswechsel zu beurteilen sein.

Zwischen der Ausbildung zur **„Europa-Sekretärin"** und dem anschließenden Studium mit Abschluss als **Diplom-Volkswirtin** besteht ebenfalls kein sachlicher Zusammenhang (BGH, FamRZ 2001, 1601).

212 Voraussetzung für einen Unterhaltsanspruch ist in den Abitur-Lehre-Studium-Fällen nicht, dass der Entschluss zum Studium bereits zu Beginn der Ausbildung gefasst worden ist. Es reicht aus, dass das Kind seine Entscheidung **sukzessiv** mit dem Erreichen der jeweiligen Ausbildungsstufe trifft und den Entschluss zur Weiterführung der Ausbildung durch ein Studium nach Beendigung der praktischen Ausbildung fasst (BGH, FamRZ 1989, 853, 855; 1992, 170, 172).

213 Ist ein enger sachlicher Zusammenhang zwischen Abitur, Lehre und Studium zu verneinen, so besteht kein Anspruch auf die Finanzierung eines späteren Studiums. Die bereits abgeschlossene Ausbildung stellt sich als diejenige angemessene Ausbildung dar, zu deren Finanzierung die Eltern allein verpflichtet sind. Die Vorstellung des Kindes allein, die von vornherein auf die Ausbildung zu zwei verschiedenen Berufen gerichtet ist, führt nicht zur Zahlungspflicht der Eltern nach § 1610 Abs. 2 BGB auch für beide Ausbildungen. Nur wenn die **weitere Ausbildung als bloße Weiterbildung** anzusehen ist, kann in den Fällen des vorgefassten Plans angenommen werden, dass die Eltern ihre Pflicht, die Kosten einer angemessenen Ausbildung zu tragen, noch nicht vollständig erfüllt haben (BGH, FamRZ 1992, 1407, 1408).

214 Dass der Unterhaltspflichtige frühzeitig von den Berufsplänen des Kindes unterrichtet wird, ist für die Bejahung eines Anspruchs auf Ausbildungsunterhalt grds. nicht notwendig. Allerdings kann es im Rahmen der **Zumutbarkeitsprüfung** von Bedeutung sein, wenn der Unterhaltspflichtige von dem Ausbildungsplan erst nachträglich zu einem Zeitpunkt erfährt, zu dem er nicht mehr damit rechnen musste, zu weiteren Ausbildungskosten herangezogen zu werden (BGH, FamRZ 1989, 853, 855; 1992, 1407, 1408).

215 Eine einheitliche Ausbildung i. S. d. Rspr. liegt auch in den Fällen vor, in denen nach den Ausbildungsgepflogenheiten **in der ehemaligen DDR** nach der Ausbildung zum Facharbeiter mit Abitur ein Studium angeschlossen wurde (OLG Brandenburg, FamRZ 1997, 1107).

216 Eine Übertragung der für die Abitur-Lehre-Studium-Fälle entwickelten Grundsätze auf die Konstellationen, in denen nach dem **Realschulabschluss** eine **Lehre** absolviert und der Besuch der **Fachoberschule** zur Erlangung der Fachhochschulreife und ein **Fachhochschulstudium** angeschlossen wird, hat der BGH abgelehnt (BGH, FamRZ 1991, 320, 321). Von einem einheitlichen Ausbildungsgang kann bei dieser Abfolge nur ausgegangen werden, wenn das Kind von **vornherein,** also bei Beginn der Lehre, die Absicht hatte, nach der Lehre die Fachoberschule zu besuchen und anschließend zu studieren (BGH, FamRZ 1995, 416, 417; OLG Bamberg, FamRZ 1998, 315, 316; a. A. OLG Frankfurt, FamRZ 1995, 244). Die Absicht, über die Lehre hinaus eine berufliche Weiterbildung zu absolvieren, muss nach außen zumindest einem Elternteil gegenüber erkennbar gemacht worden sein (BGH, FamRZ 1991, 320, 321; OLG Hamm, FamRZ 1992, 592).

217 Auch in dieser Konstellation des Ausbildungsganges ist die Wahrung des **zeitlichen Zusammenhangs** der Ausbildungsabschnitte von Bedeutung. Der Anspruch kann entfallen, wenn nach Abschluss der Lehre erst nach einjähriger Berufstätigkeit wieder die Fachoberschule besucht wird (OLG Koblenz, FamRZ 1995, 245, LS; vgl. auch OLG Hamm, FamRZ 1994, 259 – zweieinhalb Jahre zwischen Abschluss der Lehre und Besuch der Abendschule zum Erwerb des Fachabiturs). Eine mehr als 30-monatige Lücke zwischen den Ausbildungsabschnitten widerspricht der Pflicht des Kindes, die Ausbildung zielstrebig zu beginnen und durchzuführen, es sei denn, es liegen nachvollziehbare Gründe für die Verzögerung vor. Solche hat das Unterhalt begehrende Kind darzutun und zu beweisen (OLG Frankfurt, FamRZ 1994, 1611, 1612).

Schließlich gewinnt die Frage der **wirtschaftlichen Zumutbarkeit** der Ausbildungsfinanzierung auch hier wesentliche Bedeutung. Im Rahmen der Zumutbarkeitsprüfung ist eine wirtschaftliche Disposition des Unterhaltspflichtigen zu berücksichtigen, die dieser zu einer Zeit getätigt hat, zu der er über die geplante Ausbildung des Kindes noch nicht informiert war und mit ihr nicht mehr rechnen musste (BGH, FamRZ 1991, 320, 321; OLG Hamm, FamRZ 1990, 196). Es empfiehlt sich also für das Kind, den Ausbildungsgang so früh wie möglich mit beiden Eltern abzusprechen und dies nach Möglichkeit zu dokumentieren. 218

Unterhalt nach § 1610 Abs. 2 BGB kann für die **Studiendauer nur insgesamt bejaht oder verneint** werden. Besteht der Anspruch zu Beginn des Studiums, so dauert dieser jedenfalls bis zu dessen frühestmöglichem Abschluss (BGH, FamRZ 1990, 149; 1998, 671). 219

Das volljährige Kind kann grds. über die **Wahl des Studienfachs** eigenverantwortlich entscheiden (BGH, FamRZ 1996, 798, 799). 220

Nur mit Einverständnis der Eltern kann das Kind ein fachfremdes **Parkstudium** aufnehmen und für diese Zeit Unterhalt beanspruchen (OLG Köln, FamRZ 1981, 809; OLG Koblenz, FamRZ 1991, 108; OLG Frankfurt, FamRZ 1994, 1611, 1612). Ein volljähriges Kind, das zu studieren beabsichtigt, aber für die gewünschte Fachrichtung noch keinen Studienplatz hat, kann darauf verwiesen werden, zu seinem Unterhalt durch Aufnahme einer Erwerbstätigkeit beizutragen (OLG Frankfurt, FamRZ 1990, 789). 221

Das Kind kann auch die (Erst-)Ausbildung wechseln, sofern dafür sachliche Gründe gegeben sind und die damit einhergehende Verzögerung unter Berücksichtigung aller Umstände für den Unterhaltspflichtigen wirtschaftlich zumutbar ist. So kann es liegen, wenn zwischen abgebrochener und aufgenommener Ausbildung ein sachlicher Zusammenhang besteht. Ein früher Wechsel ist eher zumutbar als ein Wechsel nach mehreren Semestern (BGH, FamRZ 2001, 757, 758 = NJW 2001, 2170; FamRZ 2000, 420 = NJW-RR 2000, 593). 222

Die Verpflichtung des Kindes, das Studium zielstrebig durchzuführen, lässt den Unterhaltsanspruch entfallen, wenn das Kind die **Regelstudienzeit**, die einen Anhaltspunkt für eine übliche Studiendauer gibt, erheblich überschreitet (BGH, FamRZ 1987, 470; OLG Hamm, FamRZ 1994, 387, 388; vgl. auch OLG Stuttgart, FamRZ 1996, 1434: Anspruch grds. nur für die Regelstudienzeit). Dies gilt jedoch nicht, wenn die Verzögerung etwa krankheitsbedingt war oder nur auf einem leichten Ausbildungsversagen beruhte (BGH, FamRZ 1998, 671; OLG Hamm, FamRZ 1990, 904). Will das Kind den Anspruch auf Ausbildungsunterhalt nicht verlieren, obliegt ihm die Darlegung, was es im Einzelnen zum Fortgang des Studiums unternimmt (OLG Zweibrücken, FamRZ 1995, 1006). 223

Ein **zeitweiliges Versagen** des Kindes in der Ausbildung lässt den Anspruch ohne weiteres nicht entfallen (BGH, FamRZ 1990, 149, 150). Nach Lage des Falles schadet auch die Wiederholung einer Prüfung oder auch eines Semesters nicht (BGH, FamRZ 1987, 470, 471; OLG Düsseldorf, FamRZ 1981, 298, 299). Das zweimalige Nichtbestehen einer – medizinischen – Zwischenprüfung und der damit verbundene Verlust der Studienberechtigung an der Universität macht die Finanzierung des Weiterstudiums den Eltern aber unzumutbar (OLG Karlsruhe, FamRZ 1994, 1342). 224

Dem Kind steht ein gewisser **Spielraum** bei der selbständigen Auswahl der Lehrveranstaltungen und dem eigenverantwortlichen Aufbau des Studiums zu, sofern dadurch nicht der ordnungsgemäße Abschluss des Studiums innerhalb angemessener Frist gefährdet wird (BGH, FamRZ 1984, 777; 1987, 470, 471; 1992, 1064). 225

Zulässig ist ein Wechsel des Studienortes auch in das **Ausland,** wenn er der Ausbildung dient, insbesondere damit Kenntnisse erworben, vertieft oder erweitert werden, die die fachliche Qualifikation und die Berufsaussichten fördern (BGH, FamRZ 1992, 1064 zum juristischen Auslandssemester).

Ein durch den **Studienortwechsel** bedingter erhöhter Bedarf ist zu tragen, sofern sich die Finanzierung in den Grenzen der wirtschaftlichen Leistungsfähigkeit des Unterhaltspflichtigen hält. Auf den Unterschied der Lebenshaltungskosten an den in Frage stehenden Studienorten kommt es nur in Ausnahmefällen an (BGH, FamRZ 1992, 1064). 226

227 Eine **Promotion** ist ohne weiteres nicht als Bestandteil einer angemessenen Vorbildung zum Beruf anzusehen (OLG Hamm, FamRZ 1990, 904, 905; AG Königstein, FamRZ 1992, 594). Dies kann nach Lage des Einzelfalles anders sein, wenn etwa der Nichtpromovierte in dem gewählten Beruf dem Promovierten i. d. R. unterlegen ist (OLG Karlsruhe, OLGZ 1980, 209).

228 Der Unterhaltsanspruch besteht nach Abschluss der Ausbildung noch weiter für die Zeit der **Arbeitssuche** (OLG Hamm, FamRZ 1990, 904 – im Streitfall drei Monate; enger OLG Hamm, FamRZ 1999, 1163: Das **Anstellungsrisiko** nach Abschluss der Ausbildung trägt das Kind).

229 Unterhalt wird nach Beendigung der Schulausbildung grds. auch für eine zur beruflichen Orientierung und der Suche nach einem Ausbildungsplatz dienende **Überbrückungszeit** geschuldet (OLG Schleswig, FuR 2001, 570, 571).

6. Haftung der Eltern nach § 1606 Abs. 3 BGB

a) Gleichrangige Haftung

230 Die Eltern haften als gleichnahe Verwandte **gleichrangig** nach ihren Erwerbs- und Vermögensverhältnissen, § 1606 Abs. 3 Satz 1 BGB.

Der Elternteil, der ein minderjähriges unverheiratetes Kind betreut, erfüllt seine Verpflichtung, zum Unterhalt des Kindes beizutragen, jedoch i. d. R. durch die Pflege und die Erziehung des Kindes, § 1603 Abs. 3 Satz 2 BGB. Die Beteiligung des betreuenden Elternteils am Barunterhalt scheidet danach i. d. R. aus (s. dazu die Ausführungen unter Rn. 177 ff.). Anders kann es aber auch liegen, wenn das minderjährige Kind von beiden berufstätigen Eltern bei **gemeinsamer elterlicher Sorge** jeweils hälftig betreut wird (vgl. dazu die Berechnungsweise nach OLG Düsseldorf, FamRZ 1999, 1530 nur LS) oder die Betreuung insgesamt Dritten, (Großeltern oder Internatsaufenthalt) übertragen wird (OLG Hamm, NJW-RR 1990, 900).

231 Die Eltern sind bezüglich der beiderseitigen Barunterhaltsverpflichtungen keine Gesamtschuldner. Sie sind **Teilschuldner** und haften nur für den Teil des Unterhalts, der auf sie entfällt (BGH, FamRZ 1989, 499). Ein Elternteil braucht keinen höheren Unterhalt zu zahlen, als er auf der Grundlage seiner Einkünfte in Anwendung der Sätze der Düsseldorfer Tabelle zu zahlen hätte (BGH, FamRZ 1984, 39; OLG Düsseldorf, FamRZ 1999, 1530 nur LS).

b) Einsatzzeitpunkt

232 Nach § 1606 Abs. 3 Satz 2 BGB besteht **Gleichwertigkeit von Barunterhalt und Kindesbetreuung.** Sie gilt jedoch **nur bis zum Eintritt der Volljährigkeit.** § 1606 Abs. 3 Satz 2 BGB findet nach dem Eintritt der Volljährigkeit des Kindes keine entsprechende Anwendung und zwar auch **nicht für eine Übergangszeit.** Vom Eintritt der Volljährigkeit an besteht von Gesetzes wegen kein rechtfertigender Grund mehr, weiterhin nur den bisher allein barunterhaltspflichtigen Elternteil mit dem nunmehr insgesamt als Geldrente zu leistenden Unterhalt zu belasten, wenn auch der andere Elternteil über Einkünfte verfügt, die ihm die Zahlung von Unterhalt ermöglichen (BGH, NJW 2002, 2026, 2027; FamRZ 1994, 696; 698; 1988, 159, 162; 1039, 1040; OLG Hamm, FamRZ 1993, 353; OLG Düsseldorf, FamRZ 1993, 1120 gegen OLG Düsseldorf, FamRZ 1992, 981). Für dieses Ergebnis spricht weiter, dass das volljährige Kind keinen Anspruch darauf hat, dass ihm auf Kosten des barunterhaltspflichtigen Elternteils von dem anderen Elternteil weiter Betreuungsleistungen erbracht werden. Dem Elternteil, der das volljährige Kind in seinem Haushalt weiterhin betreut, obliegt damit ebenfalls die Verpflichtung, anteilig zum Barunterhalt beizutragen (OLG Oldenburg, FamRZ 1996, 366).

Die Verpflichtung des bisher betreuenden Elternteils zur Beteiligung an dem Barunterhalt des volljährig gewordenen Kindes gilt auch für die nach § 1603 Abs. 2 Satz 2 BGB privilegierten volljährigen Kinder (BGH, FamRZ 2002, 815 = NJW 2002, 2026, 2027; OLG Bremen, FamRZ 1999, 1529; OLG Hamm, FamRZ 1999, 1018).

c) Bedarfsbemessung

Haften danach die Eltern, die beide erwerbstätig sind, anteilig nach ihren Erwerbs- und Vermögensverhältnissen, wird bei der Bestimmung des **Unterhaltsbedarfs des volljährigen Kindes** die **Summe der Einkommen beider Elternteile** zugrunde gelegt, selbst wenn das Kind noch im Haushalt eines Elternteils wohnt und dort weiterhin betreut wird (BGH, FamRZ 1994, 696, 698). Zu beachten ist jedoch, dass diese Bemessungsmethode nicht in allen OLG-Bezirken Anwendung findet. Lebt das Kind in einem eigenen Haushalt oder befindet es sich im Studium, wird der angemessene Gesamtunterhaltsbedarf in der Praxis regelmäßig nach einem Pauschalsatz bestimmt. So sieht die Düsseldorfer Tabelle (Stand: 1. 1. 2001, FamRZ 2001, 810, 811 und weiterhin ab 1. 7. 2003) einen pauschalen Betrag von 600 € vor. I. Ü. wird auf die Handhabung nach den jeweiligen unterhaltsrechtlichen Leitlinien verwiesen (s. auch Rn. 166 – 169).

233

d) Bestimmung der Haftungsanteile

Die Unterhaltslast ist zwischen den Eltern entsprechend ihrer Leistungsfähigkeit, also nach den für Unterhaltszwecke tatsächlich zur Verfügung stehenden Mitteln, zu verteilen. Dementsprechend können **unterhaltsrechtlich anzuerkennende Verbindlichkeiten** sowie der **Unterhalt für vorrangig Berechtigte** abgesetzt werden. Der für ein minderjähriges Kind gezahlte Barunterhalt mindert das Einkommen des leistenden Elternteils, denn der Betrag steht für den Unterhalt des Elternteils und des volljährigen Kindes nicht mehr zur Verfügung (BGH, FamRZ 1986, 153, 154). Die Betreuung und Pflege eines minderjährigen Kindes durch einen Elternteil berechtigt indes nicht zum Abzug eines fiktiven Betrages von seinem Einkommen. Tatsächlich wird dieses nicht geschmälert (BGH, FamRZ 1988, 1039, 1041). Die Leistungsfähigkeit des erneut verheirateten Elternteils wird auch durch die Verpflichtung zum Familienunterhalt nach §§ 1360, 1360a BGB gegenüber seiner jetzigen Ehefrau reduziert. Die auf sie entfallende Unterhaltslast hat die Ersparnis durch die gemeinsame Haushaltsführung angemessen zu berücksichtigen (BGH, FamRZ 1989, 499, 503).

234

Die Haftungsanteile der Eltern werden nach der überwiegenden tatrichterlichen Praxis sodann in der Weise ermittelt, dass nach dem **Abzug des angemessenen Eigenbedarfs** das rechnerische Verhältnis der jeweils verbleibenden Einkünfte ermittelt wird (BGH, FamRZ 1986, 153, 154; 1988, 1039, 1041). Nach der Düsseldorfer Tabelle (Stand: 1. 1. 2002, FamRZ 2001, 810 und weiterhin ab 1. 7. 2003) beträgt der angemessene Eigenbedarf i. d. R. mindestens 1.000 €. Darin ist eine Warmmiete von 440 € enthalten. Eine Erhöhung dieses Betrages kann in den Fällen angezeigt sein, in denen die Eltern von einem volljährigen Kind erneut in Anspruch genommen werden und sie sich bereits seit langer Zeit auf den Fortfall der Unterhaltspflicht eingestellt hatten (OLG Karlsruhe, FamRZ 1999, 1532).

235

Berechnungsbeispiel für den Barunterhalt eines volljährigen Kindes:

Einkommen der Eltern:

Nettoeinkommen V:	2.900,00 €
Nettoeinkommen M:	1.600,00 €

Bedarf des Kindes:

Nach den Gesamteinkünften der Eltern von 4.500 € entsprechend der 13. Einkommensgruppe und der 4. Altersstufe der Düsseldorfer Tabelle, Stand: 1. 7. 2003:

654,00 €

Anzurechnendes Einkommen:

z. B. bereinigte Azubi-Vergütung:	252,00 €
ungedeckter Restbedarf:	402,00 €

Zur Verfügung stehendes Einkommen der Eltern nach Abzug des angemessenen Selbstbehalts:

V: 2.900,00 – 1.000,00 =	1.900,00 €
M: € 1.600,00 – € 1.000,00 =	600,00 €
Insgesamt:	2.500,00 €

Berechnung der Quote:

V: 1.900,00 € 2.500,00 €	= 76%
M: 600,00 € 2.500,00 €	= 24%

Anteilige Barbeträge an dem Restbedarf von 402,00 €:

V: 305,52 €, rd. 306,00 €

M: 96,48, € rd. 96,00 €

Anrechnung des Kindergeldes:

Die Anrechnung des Kindergeldes hat nach § 1612b Abs. 2 BGB zu erfolgen.

Bezieht V das Kindergeld von 154 €, erhöht sich sein Zahlbetrag um 77, € auf 383 €. Der Zahlbetrag der M reduziert sich auf 19 €.

Im umgekehrten Fall ergeben sich Zahlbeträge von 229 € für V und 173 € für M.

236 Die Besonderheiten des Einzelfalles können es nahe legen, das so gewonnene rechnerische Ergebnis einer wertenden Überprüfung auf seine **Angemessenheit** zu unterziehen. Besondere Betreuungsleistungen eines Elternteils können etwa zu einer Entlastung bei der Haftungsquote führen (BGH, FamRZ 1985, 917, 919; 1986, 153, 154).

e) Berechnung für volljährige nach § 1603 Abs. 2 Satz 2 BGB privilegierte Kinder

237 Der Haftungsanteil kann wie zuvor berechnet werden, jedoch sind die Elternteile wegen der nach § 1603 Abs. 2 BGB **verschärften Unterhaltspflicht** auch diesen Kindern gegenüber i. d. R. auf den notwendigen Selbstbehalt, im Fall der Erwerbstätigkeit mithin auf 840 € (Anm. 5 der Düsseldorfer Tabelle, Stand: 1. 1. 2002, FamRZ 2001, 810 und weiterhin ab 1. 7. 2003) zu verweisen (OLG Bremen, FamRZ 1999, 1528, 1529), jedenfalls in einer Mangelsituation (so wohl BGH, NJW 2002, 2026, 2029).

f) Zusammentreffen von minderjährigen und privilegierten volljährigen Kindern

238 Wertungsfragen sind zu entscheiden, wenn Unterhaltsansprüche von **privilegierten volljährigen und minderjährigen Kindern** zusammentreffen. Der betreuende Elternteil erfüllt seine Unterhaltspflicht dem minderjährigen Kind gegenüber durch die Betreuungsleistungen, während er dem privilegierten volljährigen Kind anteilig Barunterhalt schuldet. Der andere Elternteil hat für das minderjährige i. d. R. allein Barunterhalt zu leisten und sich anteilig an dem Unterhalt des privilegierten volljährigen Kindes zu beteiligen.

Es unterliegt dem tatrichterlichen Ermessen, in welcher Weise er der unterschiedlichen Belastung der Eltern bei der Bestimmung ihrer Haftungsanteile gem. § 1606 Abs. 3 Satz 1 BGB Rechnung trägt (BGH FamRZ 2002, 815 = BGH, NJW 2002, 2026, 2028).

Folgenden Varianten erscheinen für die Bemessung des Haftungsanteils des beiden Kindern barunterhaltspflichtigen Elternteils erwägenswert:

Als Haftungsmasse wird der sich bis zum notwendigen Selbstbehalt ergebende Betrag herangezogen. Das bei der Ermittlung der Haftungsquote maßgebliche Einkommen wird nur durch Unterhaltszahlungen an vorrangig Berechtigte gemindert (so OLG Hamm, 11. FamS, OLGR 2000, 253).

Beispiel:

V verfügt über ein anrechenbares Nettoeinkommen von 2.700 €, M über ein Nettoeinkommen von 1.800 €. Unterhaltsberechtigt sind die gemeinsamen Kinder K 1, 19 Jahre alt und Schüler an einem Gymnasium, K 2, ebenfalls Schüler und 14 Jahre alt. Das Kindergeld von je 154 € bezieht M, in deren Haushalt die Kinder leben.

Bedarf K 1 nach den zusammengerechneten Einkünften der Eltern von 4.500,00 € entsprechend der 13. Einkommensgruppe und der 4. Altersstufe der DT, Stand: 1. 7. 2003: 654,00 €

Bedarf K 2 nach dem Einkommen des Barunterhaltspflichtigen V i. H. v. 2.700,00 € entsprechend der 8. Einkommensgruppe und der 3. Altersstufe der DT: 426,00 €

Haftung von V und M für den Unterhalt des K 1:

Verfügbares Einkommen der Eltern:

V: 2.700,00 € – 840 € =	1.860,00 €
M: 1.800,00 € – 840 € =	960,00 €

Insgesamt: 2.820,00 €

Haftungsquote:

V: 1.860,00 € : 2.820,00 € = 66 %

M: 960,00 € : 2.820,00 € = 34 %

Zahlbeträge für K 1:

V: 654,00 € x 66 % = gerundet	432,00 €
abzüglich 77,00 € anzurechnendes Kindergeld	355,00 €
M: 654,00 € x 34 % = gerundet	222,00 €
zuzüglich 77,00 € Kindergeld	299,00 €

V hat danach für K1 355 € und für K2 349 € (426 € – 77 €) zu zahlen. Ihm verbleiben 1.996 € (2.700 € – 355 € – 349 €).

Als Haftungsmasse wird das bis zum notwendigen Selbstbehalt nach Abzug des Bedarfsbetrages des minderjährigen Kindes verbleibende Einkommen des dem minderjährigen Kind allein barunterhaltspflichtigen V herangezogen (so wohl OLG Hamm, 13. FamS., FamRZ 1999, 1018, 1019).

Beispiel (Sachverhalt wie vorstehend):

Verfügbares Einkommen der Eltern:

V: 2.700,00 € – 426,00 € – 840,00 € =	1.434,00 €
M:	960,00 €

Insgesamt: 2.394,00 €

Haftungsquote:

V: 1.434,00 € : 2.394,00 € = 60 %

M: 960,00 € : 2.394,00 € = 40 %

Zahlbeträge für K 1:

V: 654,00 € x 60 % = gerundet	392,00 €
abzüglich 77,00 € anzurechnendes Kindergeld, mithin	315,00 €
M: 654,00 € x 40 % = gerundet	262,00 €
zuzüglich 77,00 € Kindergeld, mithin	339,00 €

V hat danach für K1 315 € und für K2 339 € zu zahlen. Ihm verbleiben 2.036 € (2.700 € – 315 € – 349 €).

Als Haftungsmasse wird das bis zum notwendigen Selbstbehalt zur Verfügung stehende Einkommen entsprechend dem Anteil des privilegierten Kindes an dem Gesamtunterhaltsbedarf herangezogen (so FamRefK/Häußermann, BGB, § 1606 Rn. 4; Göppinger/Kodal, Unterhaltsrecht, Rn. 1655 ff.). Diese Berechnungsweise trägt am besten dem Gleichrang der Unterhaltsberechtigten und der Leistungsfähigkeit der Elternteile Rechnung (so für eine Mangelsituation BGH, NJW 2002, 2026, 2029).

Beispiel (Sachverhalt wie vorstehend):

Gesamtunterhaltsbedarf von K 1 und K 2:

654,00 € + 426,00 € = 1.080,00 €

Anteil von K 1: 654,00 € : 1.080,00 € = 60,55 %

Verfügbares Einkommen der Eltern:

V: 2.700,00 € – 840,00 € = 1.860,00 € x 60,55 % = 1.126,00 €

M: 960,00 €

Insgesamt: 2.086,00 €

Haftungsquote:

V: 1.126,00 € : 2.086,00 € = 54 %

M: 960,00 € : 2.086,00 € = 46 %

Zahlbeträge für K 1:

V: 654,00 € x 54 % = gerundet 353,00 €

abzüglich 77,00 € anzurechnendes Kindergeld, mithin 276,00 €

M: 654,00 € x 46 % = gerundet 301,00 €

zuzüglich 77,00 € anteiliges Kindergeld, mithin 378,00 €

V hat für K1 276 € und für K2 349 € zu zahlen. Ihm verbleiben 2.075 € (2.700 € – 276 € – 349 €).

g) Erwerbsobliegenheit der Eltern

239 Beide Elternteile trifft dem volljährigen, noch in der Ausbildung befindlichen Kind gegenüber eine **Erwerbsobliegenheit.** Die erneute Eheschließung, die Haushaltsführung in der neuen Ehe und die Betreuung eines Kindes stehen dem grds. nicht entgegen. Es ist nach Lage des Einzelfalles zu prüfen, ob und in welchem Umfang die Erzielung von Erwerbseinkommen zumutbar ist. Aus einem gegebenenfalls auch fiktiv zuzurechnenden Erwerbseinkommen ist der den angemessenen Selbstbehalt übersteigende Teil zur Ermittlung des Haftungsanteils heranzuziehen. Insoweit kann Bedeutung gewinnen, ob und in welchem Umfang der angemessene Unterhalt durch das Einkommen des Ehemannes bereits gedeckt ist (vgl. OLG Düsseldorf, FamRZ 1992, 1099; OLG Hamm, FamRZ 1999, 1529).

h) Ersatzhaftung eines Elternteils

240 Stehen dem nicht verklagten Elternteil den angemessenen Eigenbedarf übersteigende Einkünfte nicht zur Verfügung, hat der beklagte leistungsfähige Elternteil gegebenenfalls für den – vollen – Unterhalt des volljährigen Kindes allein einzutreten. Dies kann der Fall sein, wenn das volljährige Kind von dem anderen Elternteil selbst mit einem – auf der Zurechnung eines fiktiven Nettoeinkommens beruhenden – Vollstreckungstitel keinen Unterhalt erlangen könnte. So ist es dem Kind nicht zumutbar, in das der Mutter gehörende Hausgrundstück zu vollstrecken, das sein eigentliches Zuhause war und in das es von Zeit zu Zeit zurückkehrt (OLG Koblenz, FamRZ 1989, 307; OLG Karlsruhe, FamRZ 1991, 971, 973). Auf eine lediglich fiktive Leistungsfähigkeit und damit real nicht zur Verfügung stehende Einkünfte des nicht beklagten Elternteils braucht sich das Kind nicht verweisen zu lassen. Darauf kann es nicht zugreifen und davon auch nicht leben. Der Rechtsgedanke des § 1607 Abs. 2

BGB – **Ersatzhaftung** – kommt zum Tragen. Danach tritt an die Stelle eines Unterhaltspflichtigen, gegen den der Unterhaltsanspruch nicht realisiert werden kann, der nach ihm Haftende mit der Möglichkeit des Regresses gegen den anderen Pflichtigen (OLG Frankfurt, FamRZ 1993, 231, 232 – wohl familienrechtlicher Ausgleichsanspruch; 1995, 244, 245; OLG Karlsruhe, FamRZ 1991, 971, 973 – Ersatzhaftung nach § 1607 Abs. 2 BGB; OLG Koblenz, FamRZ 1989, 307, 308; 1996, 756, 757 – familienrechtlicher Ausgleichsanspruch). Eine solche Fallgestaltung ist nicht gegeben, wenn der Taschengeldanspruch des Elternteils gegen den neuen Ehegatten eine Befriedigung des Barunterhaltsanspruchs erlaubt (OLG Düsseldorf, FamRZ 1992, 1099).

i) Beweislast

Das **volljährige Kind** trifft die **Darlegungs- und Beweislast** für die Höhe des Einkommens des nicht am Prozess beteiligten Elternteils, um die Haftungsanteile zu bestimmen (OLG Frankfurt, FamRZ 1987, 839, 840; OLG Hamburg, FamRZ 1982, 627; 1987, 627; OLG Hamm, FamRZ 1987, 744 und 755). Fehlt es daran, ist die Klage unschlüssig. Nichts anderes gilt, soweit etwa das Land als Träger der Ausbildungsförderung aus übergegangenem Recht klagt (OLG Celle, FamRZ 1993, 1235, 1236). Das Kind genügt seiner Darlegungslast zur Berechnung des auf den beklagten Elternteil entfallenden Anteils an der Barunterhaltslast, wenn es dartut, dass es das, was ihm nach der Sachlage möglich und zumutbar war, getan hat, um den Haftungsanteil des anderen Ehegatten zu ermitteln (OLG Frankfurt, FamRZ 1993, 231; 1995, 244, 245). Das volljährige Kind, das die Höhe der Einkünfte beider Eltern darzulegen hat, kann – auch ohne im Wege der Stufenklage vorzugehen – das Einkommen des in Anspruch genommenen Elternteils schätzen und dessen Höhe mit Nichtwissen behaupten. Dem in Anspruch genommenen Elternteil ist dann die Möglichkeit verwehrt, diese Behauptung schlicht zu bestreiten; denn das klagende Kind kennt das Einkommen nicht, aber der Elternteil kennt es, und nähere Angaben sind ihm zuzumuten (BGH, FamRZ 1987, 259, 260; OLG Hamburg, FamRZ 1991, 1092).

241

Legt der auf Zahlung des vollen Bedarfs allein verklagte Elternteil die Grenzen seiner Leistungsfähigkeit nicht dar, kann, auch wenn eine anteilige Haftung des anderen Elternteils in Betracht kommt, sein Haftungsanteil nicht bestimmt werden mit der Folge, dass er den vollen Unterhalt zu zahlen hat (OLG Hamburg, FamRZ 1982, 627, 628). Erhebt der Vater **nach Eintritt der Volljährigkeit** des Kindes Abänderungsklage auf Herabsetzung des Unterhalts, so muss er darlegen und beweisen, in welchem Maße die Mutter für den Unerhalt aufzukommen hat. Nach § 1606 Abs. 3 Satz 1 BGB trifft die Darlegungslast in diesem Punkt den Unterhaltsberechtigten. Bei einer Abänderungsklage geht sie jedoch auf den Unterhaltspflichtigen über, der aus diesem Grunde Herabsetzung des Unterhalts verlangt. Der Abänderungskläger hat die Darlegungslast auch für Tatsachen, die im früheren Verfahren der Gegner zu beweisen hatte (OLG Hamburg, FamRZ 1993, 1475, 1476 gegen KG, FamRZ 1989, 1206; 1994, 765, das darauf abhebt, die Darlegungs- und Beweislast für den Fortbestand des Unterhaltsanspruchs treffe unverändert den Unterhaltsberechtigten, mithin das volljährig gewordene Kind).

242

j) Auskunftsanspruch des beklagten Elternteils

Der auf Unterhalt in Anspruch genommene Elternteil hat gegen den nicht verklagten Elternteil einen aus § 242 BGB herzuleitenden Anspruch auf Auskunft über dessen Einkommens- und Vermögensverhältnisse, wenn er diese zur Berechnung seines Haftungsanteils benötigt (BGH, FamRZ 1988, 268). (S. hierzu Rn. 481 ff.).

243

7. Mehrbedarf und Sonderbedarf

Der nach den Sätzen der Düsseldorfer Tabelle zu bemessende Unterhalt berücksichtigt lediglich den **allgemeinen Lebensbedarf.** Zusätzlicher Lebensbedarf (**sog. Mehrbedarf),** der etwa als krankheitsbedingter Mehrbedarf eines behinderten Kindes (BGH, FamRZ 1983, 689), als schulischer Mehrbedarf durch Besuch einer Privatschule (BGH, FamRZ 1983, 48; OLG Hamm,

244

FamRZ 1997, 960, 961 – Schulgeld für den Besuch einer Privatschule) oder bei Internatsunterbringung (dazu OLG Nürnberg, FamRZ 1993, 837) entstehen kann, ist bei sachlicher Notwendigkeit bedarfserhöhend anzusetzen. Zum Mehrbedarf rechnen ferner die nicht mehr mit den Mitteln der Regelsätze abzugeltenden Kosten des Nachhilfeunterrichts (OLG Zweibrücken, FamRZ 1994, 770) und die Kosten eines Auslandsstudiums (OLG Hamm, FamRZ 1994, 1281).

245 Von diesen regelmäßig anfallenden erhöhten Kosten zu unterscheiden ist der unregelmäßige außergewöhnlich hohe Bedarf (sog. **Sonderbedarf**) i. S. d. § 1613 Abs. 2 Nr. 1 BGB. Es handelt sich um einen überraschenden, der Höhe nach nicht abschätzbaren, einmaligen Bedarf, der deshalb bei dem laufenden Unterhalt nicht angesetzt und von dem Unterhaltsberechtigten nach den Gesamtumständen selbst nicht bestritten werden konnte (BGH, FamRZ 2001, 1603, 1605; 1982, 145; 1983, 29; entgegen BGH, a. a. O. will das OLG Karlsruhe, FamRZ 1997, 967 entscheidend nur darauf abstellen, dass die – unregelmäßigen – Kosten bei der Bemessung der Unterhaltsrente nicht berücksichtigt worden sind).

246 Sonderbedarf sind etwa Umzugskosten (BGH, FamRZ 1983, 29), unvorhergesehene Krankheitskosten (BGH, FamRZ 1983, 29), Kosten einer kieferorthopädischen Behandlung eines zehnjährigen Kindes (OLG Karlsruhe, FamRZ 1992, 1317), Erstausstattung eines Säuglings (OLG Koblenz, FamRZ 1989, 311; OLG Nürnberg, FamRZ 1993, 995; OLG Oldenburg, NJW-RR 1999, 1163), Kosten der Kommunion und Konfirmation in angemessenem Umfang (OLG Karlsruhe, 2 A ZS – FamS, FamRZ 1991, 1349; a. A. 16. ZS – FamS, FamRZ 1991, 1351; 5. Senat – FamS in Freiburg, FamRZ 1995, 1009; OLG Hamm, 3. FamS, FamRZ 1991, 857; 5. FamS, FamRZ 1991, 1352 LS; 2. FamS, FamRZ 1993, 995, 996), Kosten einer Klassenfahrt (OLG Hamm, 2. FamS, FamRZ 1992, 346; 1993, 995; vgl. dazu ferner OLG Hamburg, FamRZ 1991, 109; OLG Braunschweig, FamRZ 1995, 1010; vgl. auch Vogel, FamRZ 1991, 1134); Aufwendungen für Bettersatzbeschaffung wegen einer Staubmilbenallergie (OLG Karlsruhe, FamRZ 1992, 850).

247 Zum Sonderbedarf rechnen hingegen nicht die Anschaffungskosten eines teuren Konzerthorns für die Berufsausbildung (OLG Frankfurt, FamRZ 1995, 631), ebenso wenig die Kosten für den Kauf eines 6.000 DM teuren Klaviers (AG Karlsruhe, FamRZ 1988, 207).

248 In jedem Fall ist die Prüfung geboten, ob die geltend gemachten Kosten aus der **Sicht des objektiven Beobachters** als **notwendig** erscheinen. Die Beteiligung des barunterhaltspflichtigen Elternteils an den Kosten eines halbjährigen Aufenthalts in Nordamerika im Wege des **Schüleraustauschs** kann danach nicht verlangt werden, denn ein solch langer Aufenthalt ist nach wie vor weder üblich noch für eine sinnvolle Ausbildung erforderlich. Insbesondere birgt die Teilnahme für einen weniger leistungsstarken Schüler Risiken, die möglicherweise das Bestehen in anderen Fächern gefährden können (OLG Naumburg, FuR 1999, 476, 477).

249 **Richtige Klageart** für die Geltendmachung von Sonderbedarf ist die **einfache Zusatzklage** (MünchKomm/Köhler, BGB, § 1613 Rn. 10).

> *Hinweis:*
>
> *Sonderbedarf ist **in einer Summe** geltend zu machen (OLG Köln, FamRZ 1986, 593). Sonderbedarf kann für die Vergangenheit nach Maßgabe des § 1613 Abs. 2 Nr. 1 BGB verlangt werden (Anmahnung oder Einreichung der Klage binnen Jahresfrist nach Entstehung).*

8. Prozesskostenvorschuss

a) Rechtsnatur

250 Voraussetzung und Umfang der Prozesskostenvorschusspflicht sind lediglich in § 1360a Abs. 4 BGB enthalten. Auf diese Bestimmung verweist § 1361 Abs. 4 Satz 4 BGB. In den Vorschriften zum Verwandtenunterhalt nach §§ 1601 ff. BGB findet sich ein entsprechender Verweis nicht.

Der Anspruch auf Prozesskostenvorschuss ist **unterhaltsrechtlicher Natur** (BGH, FamRZ 1971, 251
360; 1984, 148; 1990, 491). Seine Rechtfertigung hat der Anspruch in den unterhaltsrechtlichen
Beziehungen zwischen Eltern und Kindern und der besonderen Verantwortung des Unterhaltspflichtigen (Schwab/Borth, Handbuch des Scheidungsrechts, IV, Rn. 65).

b) Anspruchsberechtigung

Die **Prozesskostenvorschusspflicht** minderjährigen Kindern gegenüber wird allgemein bejaht 252
(Kalthoener/Büttner/Niepmann, a. a. O., m. w. N. der Rspr. und Lit. in Fn. 248). Bezüglich der
volljährigen Kinder ist die Frage strittig und durch den BGH (offengelassen in FamRZ 1984, 148)
noch nicht geklärt (verneinend: OLG Stuttgart, FamRZ 1988, 758; OLG Hamm, 13. FamS, FamRZ
1996, 1021; 10. FamS, FamRZ 1995, 1008; KG, FamRZ 1997, 694 LS; bejahend: OVG Münster,
FamRZ 2000, 21 LS.; solange sie nicht durch den Abschluss einer Ausbildung eine selbständige,
von den Eltern nicht mehr abhängige Lebensstellung erreicht haben; OLG Frankfurt, FamRZ 1986,
926; OLG Köln, FamRZ 1986, 1031; 1994, 1409; OLG Hamburg, FamRZ 1990, 1141; OLG Karlsruhe, FamRZ 1989, 534; 1991, 1471; NJW-FER 1999, 267; OLG Düsseldorf, FamRZ 1992, 1320;
OLG Zweibrücken, FamRZ 1996, 891; OLG Nürnberg, FamRZ 1996, 814; OLG Koblenz, FamRZ
1996, 45). Jedenfalls sind Eltern ihren volljährigen Kindern gegenüber dann nicht mehr vorschusspflichtig, wenn das Kind eine von den Eltern unabhängige Lebensstellung erlangt hat (OLG Düsseldorf, FamRZ 1992, 1320).

Eltern volljähriger Kinder haften im Rahmen ihrer Vorschusspflicht grds. nach Maßgabe ihrer Einkommens- und Vermögensverhältnisse (§ 1606 Abs. 3 Satz 1 BGB). Das volljährige Kind hat daher
die Darlegungslast für den von dem jeweiligen Elternteil geschuldeten Anteil des Vorschusses. Ist
der Anteil von einem Elternteil nicht oder nur unter großen Schwierigkeiten zu erlangen, kommt
die Ersatzhaftung nach § 1607 Abs. 2 BGB in Betracht (vgl. Duderstadt, FamRZ 1995, 1305,
1310).

c) Voraussetzungen

Im Unterhaltsrecht unter Verwandten, welches keine Regelung des Anspruchs auf Prozesskosten- 253
vorschuss kennt, ist Voraussetzung, dass es sich um eine **persönlich lebenswichtige Angelegenheit** handelt (BGH, NJW 1964, 2152; Palandt/Diederichs, BGB, § 1610 Rn. 14). Darunter fallen
Unterhaltsverfahren, an denen das Kind auf der Aktiv- oder Passivseite beteiligt ist, auch ein
Prüfungsrechtsstreit hinsichtlich des Bestehens der ersten Wiederholungsprüfung der Ersten
Staatsprüfung für das Lehramt für die Primarstufe als Teil der Ausbildung zum Beruf des Lehrers
(OVG Münster, FamRZ 2000, 21). Eine Vorschusspflicht kommt auch für den Abstammungsprozess in Betracht (OLG Köln, FamRZ 1999, 792 gegen die betreuende Mutter, OLG Koblenz,
FamRZ 1997, 679; a. A. OLG Hamburg, FamRZ 1996, 224 für den Scheinvater).

Der Anspruchsteller muss bei Einleitung des Verfahrens oder zu dem Zeitpunkt, in dem er in das 254
Verfahren verwickelt wird, **bedürftig,** mithin nicht in der Lage sein, die Prozesskosten selbst zu
tragen. Der Anspruchsteller kann auf den Einsatz seines Vermögens verwiesen werden, jedoch
dürfte dies bei minderjährigen Kindern nur ausnahmsweise in Betracht kommen.

Die Inanspruchnahme setzt die **Leistungsfähigkeit** des Pflichtigen voraus. Unterste Grenze ist bei 255
der unterhaltsrechtlich gebotenen Prüfung der angemessene Unterhalt i. S. d. §§ 1581, 1603 BGB
(OLG Koblenz, FamRZ 1986, 284; Schwab/Borth, Handbuch des Scheidungsrechts, IV, Rn. 77).
Auch gegenüber einem minderjährigen Kind kann sich der Pflichtige auf den **angemessenen
Selbstbehalt** berufen, der nach der Düsseldorfer Tabelle 1.000 € beträgt (OLG Köln, FamRZ 1999,
792; Wendl/Staudigl-Scholz, Das Unterhaltsrecht in der familienrichterlichen Praxis, § 6 Rn. 27).
Weitere Kosten des Pflichtigen (Erwerbskosten, Unterhalt, Schulden) sind zu berücksichtigen. Prozesskostenvorschusspflichtig ist nicht, wer selbst Anspruch auf Bewilligung von Prozesskostenhilfe, auch mit Raten, hat (OLG München, FamRZ 1993, 714 unter Aufgabe seiner früheren Meinung
in FamRZ 1987, 303, 304; OLG Düsseldorf, FamRZ 1993, 1474; OLG Karlsruhe, FamRZ 1992,

77; OLG Hamm, FamRZ 1986, 1013; Wendl/Staudigl-Scholz, a. a. O. § 6 Rn. 27). Folgt man der Gegenmeinung (KG, FamRZ 1990, 183, wohl auch OLG Koblenz, FamRZ 1991, 346; OLG Köln, FamRZ 1999, 792), wonach ein Anspruch auf Prozesskostenvorschuss auch dann berücksichtigt werden kann, wenn er nur in Raten durchsetzbar ist, ist dem Antragsteller nicht volle PKH (so OLG Karlsruhe, FamRZ 1987, 1062), sondern PKH mit Zahlungsbestimmungen zu gewähren (OLG Koblenz, FamRZ 1991, 346, in FamRZ 1989, 644 noch offen gelassen).

256 Die Vorschusspflicht muss der **Billigkeit** entsprechen. Dies ist nicht der Fall, wenn die beabsichtigte Rechtsverfolgung keine hinreichende Aussicht auf Erfolg nach dem Maßstab des § 114 ZPO hat (BGH, FamRZ 2001, 1363, 1364 m. w. N., OLG Hamm, FamRZ 1994, 529). Im Interesse der Klarheit und Gleichbehandlung ist es sachgerecht, für den Anspruch auf Prozesskostenvorschuss denselben Maßstab anzulegen, wie er auch für das Prozesskostenhilfeverfahren gilt. Es ist Sache des Unterhaltsberechtigten, die Erfolgsaussichten seines Prozesses schlüssig darzulegen und Beweis anzutreten. Aus Gründen der Billigkeit besteht ein Anspruch auf Prozesskostenvorschuss nicht, wenn der Anspruchsteller eine Ausbildung wählt, für die er nicht geeignet ist, wenn er die Ausbildung nachlässig betreibt oder wenn er sie fortführt, obwohl sich seine mangelnde Eignung endgültig gezeigt hat (OVG Münster, FamRZ 2000, 21).

d) Zeitliche Grenzen

257 **Nach Beendigung des Verfahrens oder der Instanz** kann der Prozesskostenvorschuss nicht mehr verlangt werden, wenn der Anspruch gegenüber dem Pflichtigen noch nicht geltend gemacht war (BGH, FamRZ 1985, 902; OLG Celle, FamRZ 1992, 702; für einen Schadenersatzanspruch bei Schuldnerverzug vor Abschluss der Instanz: OLG Bamberg, FamRZ 1986, 486; OLG Köln, FamRZ 1991, 842: Verzugsschaden; KG, FamRZ 1987, 956). Es empfiehlt sich danach die rechtzeitige gerichtliche Geltendmachung. Ist der Antrag rechtzeitig vor Instanzende gestellt worden, kann der Prozesskostenvorschussanspruch mit den nach §§ 127a, 620 ff. ZPO gegebenen prozessualen Möglichkeiten weiterverfolgt werden. Dies gilt jedenfalls dann, wenn die Unterhaltssache noch nicht durch eine vergleichsweise Regelung oder durch ein rechtskräftiges Urteil mit entsprechenden Kostenregelungen ihr Ende gefunden hat (OLG Karlsruhe, NJWE-FER 1999, 267, 268).

258 Nach Beendigung des Verfahrens kann aus einer einstweiligen Anordnung auf Zahlung eines Prozesskostenvorschusses die **Zwangsvollstreckung** betrieben werden. Dies gilt selbst dann, wenn der Anspruchsberechtigte nach der Entscheidung im Hauptsacheverfahren die Kosten insgesamt zu tragen hat (BGH, FamRZ 1985, 802; 1986, 40, 42).

259 Die **Aufrechnung** des Vorschusspflichtigen mit dessen Kostenerstattungsanspruch aus dem Hauptsacheverfahren ist **nicht statthaft.** Dies folgt wegen der Zweckbindung des Prozesskostenvorschusses jedenfalls aus § 394 BGB i. V. m. § 851 Abs. 1 ZPO, § 399 BGB. Der Anspruch kann nur an den Prozessbevollmächtigten oder das Gericht wegen dessen Kosten übertragen werden (§ 399 BGB); er ist nicht pfändbar (BGH, FamRZ 1985, 802).

e) Rückzahlung des Prozesskostenvorschusses

260 Der Anspruch auf Rückzahlung des Prozesskostenvorschusses leitet sich gleichfalls aus den unterhaltsrechtlichen Vorschriften her. Mangels spezialgesetzlicher Regelung ist dabei der den §§ 1360 ff. BGB zugrundeliegende Rechtsgedanke heranzuziehen, und zwar unter Berücksichtigung des Vorschusscharakters der Leistung (BGH, FamRZ 1971, 360; 1985, 802). Die Rückforderung ist gerechtfertigt, wenn die Voraussetzungen, unter denen der Prozesskostenvorschuss verlangt werden konnte, nicht mehr bestehen, insbesondere weil sich die wirtschaftlichen Verhältnisse des Empfängers wesentlich verbessert haben; ferner, wenn die Rückzahlung aus anderen Gründen der Billigkeit entspricht. Aus Billigkeitsgründen lässt sich die Rückforderung grds. dann rechtfertigen, wenn die Voraussetzungen für die Gewährung des Vorschusses nicht gegeben waren (BGH, FamRZ 1990, 491 in Fortführung von BGH, FamRZ 1971, 360).

> **Hinweis:**
> Die Vorschriften der §§ 814, 818 Abs. 3 BGB greifen nicht ein; es handelt sich nicht um einen bereicherungsrechtlichen Anspruch (BGH, FamRZ 1990, 491, 492).

Die Rückforderung eines Prozesskostenvorschusses richtet sich allein nach materiellem Recht. Im **Kostenfestsetzungsverfahren** kann ein Anspruch auf Rückzahlung nicht durchgesetzt werden, denn dieses hat die einzige Aufgabe, die richterliche Kostengrundentscheidung ziffernmäßig auszufüllen bzw. zu ergänzen (OLG Düsseldorf, FamRZ 1996, 1409; OLG Koblenz, FamRZ 1996, 887; KG, FamRZ 1981, 393; OLG Hamburg, FamRZ 1981, 383; OLG Köln, FamRZ 1980, 567; OLG Stuttgart, FamRZ 1981, 36; OLG Karlsruhe, JurBüro 1981, 1575). Etwas anderes kann gelten, wenn der Vorschussempfänger mit der Anrechnung im Kostenfestsetzungsverfahren einverstanden ist (OLG Düsseldorf, FamRZ 1996, 1409).

f) Prozesskostenvorschuss und Prozesskostenhilfe

Ein Anspruch auf Gewährung von PKH besteht nicht, wenn nach materiellem Recht ein unzweifelhaft bestehender und alsbald durchsetzbarer Anspruch auf Zahlung eines Prozesskostenvorschusses besteht (h. M. vgl. Kalthoener/Büttner, Prozeßkostenhilfe und Beratungshilfe, Rn. 337; OLG Köln, FamRZ 1985, 1067; OLG München, FamRZ 1996, 1021; OLG Düsseldorf, FamRZ 1990, 420). Ein derartiger Anspruch zählt zum Vermögen, welches ein Antragsteller gem. § 115 Abs. 2 ZPO vorrangig zur Bestreitung der Verfahrenskosten einzusetzen hat. Kann der Vorschusspflichtige den Prozesskostenvorschuss nicht auf einmal, sondern nur in Raten zahlen, gilt nichts anderes. Dem Antragsteller sind dann lediglich monatliche Raten nach § 120 ZPO aufzuerlegen nach Maßgabe der Leistungsfähigkeit des Vorschusspflichtigen, unter Berücksichtigung von Billigkeitsgesichtspunkten und in Anwendung der Tabelle zu § 115 Abs. 1 ZPO (OLG Nürnberg, FamRZ 1996, 875). Der Beginn der Ratenzahlung sollte auf den Zeitpunkt festgelegt werden, zu dem der Anspruch auf Prozesskostenvorschuss realisiert werden kann (OLG Nürnberg, FamRZ 1996, 875; OLG Bremen, FamRZ 1984, 919, 920).

In einem PKH-Gesuch ist darzutun, dass der Antragsteller nicht in der Lage ist, die Prozesskosten im Wege eines durchsetzbaren Anspruchs auf Prozesskostenvorschuss zu finanzieren (OLG Köln, FamRZ 1994, 1409).

Das minderjährige Kind kann von dem betreuenden Elternteil bei entsprechender Leistungsfähigkeit einen Prozesskostenvorschuss verlangen, wenn es einen solchen von dem barunterhaltspflichtigen Elternteil nicht erlangen kann (OLG Karlsruhe, FamRZ 1996, 1100).

V. Leistungsfähigkeit des Unterhaltspflichtigen

1. Allgemeines

Unterhaltspflichtig ist nicht, wer bei Berücksichtigung seiner sonstigen Verpflichtungen außerstande ist, ohne Gefährdung seines angemessenen Unterhalts den Unterhalt zu gewähren, § 1603 Abs. 1 BGB.

Die Unterhaltsverpflichtung setzt **Leistungsfähigkeit** voraus, und zwar in dem Zeitraum, für den Unterhalt verlangt wird (BGH, FamRZ 1983, 140). Dies hat Bedeutung für **Rentennachzahlungen**. Sie dürfen nicht dem Einkommen zurückliegender Zeiträume zugerechnet werden, auch wenn sie für diese bestimmt sind (BGH, FamRZ 1985, 155, 157; OLG Nürnberg, FamRZ 1997, 961, 962). **Die nachträgliche Auszahlung des Rentenbeitrages an den Unterhaltspflichtigen** ist wie eine Einmalzahlung zu bewerten und ähnlich den Grundsätzen zur Behandlung einer Abfindung auf einen längeren Zeitraum zu verteilen. Der zu wählende Zeitraum ist abhängig von der Höhe der Zahlung. Dies kann im Einzelfall zu Gunsten des Unterhaltsberechtigten eine Abänderungsmöglichkeit für einen bestehenden Titel schaffen (BGH, FamRZ 1985, 155; zum Vorgehen des Unterhaltspflichtigen bei nachträglicher Zahlung an den Unterhaltsberechtigten vgl. BGH, FamRZ 1983, 574, 575: sog. Darlehenslösung; OLG Düsseldorf, FamRZ 1982, 821: Abtretung der Rentenansprüche).

265 Die Leistungsfähigkeit bestimmt sich vom Grundsatz her nach dem **tatsächlichen Einkommen** des Unterhaltspflichtigen sowie seiner **Arbeits- und Erwerbsfähigkeit** (BGH, FamRZ 1981, 539; 1987, 252).

Die **Beweislast** für fehlende oder geminderte Leistungsfähigkeit trägt der Unterhaltpflichtige (BVerfG, FamRZ 1985, 143, 146).

2. Unterhaltspflicht gegenüber Ansprüchen minderjähriger unverheirateter und ihnen nach § 1603 Abs. 2 Satz 2 BGB gleichgestellter Kinder

a) Das privilegierte volljährige unverheiratete Kind gem. § 1603 Abs. 2 Satz 2 BGB

266 Mit Wirkung vom 1. 7. 1998 hat das KindUG die **gesteigerte Unterhaltspflicht** der Eltern auch auf ihre volljährigen unverheirateten Kinder bis zur Vollendung des 21. Lebensjahres erstreckt, solange sie im Haushalt der Eltern oder eines Elternteils leben und sich in der allgemeinen Schulausbildung befinden. Die zeitliche Beschränkung trägt dem Umstand Rechnung, dass i. d. R. die allgemeine Schulausbildung bis zur Vollendung des 21. Lebensjahres abgeschlossen ist, jedenfalls abgeschlossen sein kann. Die Altersgrenze korrespondiert zudem mit den Bestimmungen des Kinder- und Jugendhilferechts. Volljährige Kinder bis zur Vollendung des 21. Lebensjahres haben Anspruch auf Beratung bei der Geltendmachung von Unterhaltsansprüchen. Die Verpflichtung zur Erfüllung der Unterhaltsansprüche kann durch die Urkundsperson des Jugendamtes nach § 18 Abs. 3 bzw. § 59 Abs. 1 Satz 1 Nr. 3 SGB VIII beurkundet werden. Trotz der rechtlichen Beendigung der elterlichen Sorge ist die Lebensstellung dieser Kinder mit derjenigen von minderjährigen Kindern vergleichbar und rechtfertigt die Gleichstellung im Rahmen des § 1603 Abs. 2 BGB und des § 1609 Abs. 1 BGB (BT-Drucks. 13/7338 S. 21).

267 Privilegiert ist das volljährige Kind nur, wenn es **unverheiratet** ist. So liegt es, wenn das Kind niemals verheiratet war.

268 Das volljährige Kind lebt im **Haushalt der Eltern oder eines Elternteils,** wenn es dort seinen Lebensmittelpunkt hat. Es muss eine Wohn- und Wirtschaftsgemeinschaft in einer gemeinsamen Familienwohnung bestehen (FamRefK/Häußermann, BGB, § 1603 Rn. 6; weitergehend OLG Dresden, NJWE-FER 2001,309: auch Kinder, die bei den Großeltern leben).

269 Das Kind muss sich ferner in der **allgemeinen Schulausbildung** befinden. Im Interesse einer einheitlichen Rechtsanwendung ist es sachgerecht, den Begriff der **allgemeinen Schulausbildung** unter Heranziehung der zu § 2 Abs. 1 Nr. 1 BAföG entwickelten Grundsätze auszulegen (BGH, FamRZ 2002, 815, 816 = NJW 2002, 2026 = FPR 2002, 316; FamRZ 2001, 1068 = NJW 2001, 2633 = FuR 2002, 316; 2001, 1068).

270 Die Schulausbildung muss das Ziel haben, einen allgemeinen Schulabschluss zu erwerben, um nach dem Abschluss eine Berufsausbildung zu beginnen, eine Hochschule oder eine Fachhochschule zu besuchen. Dies ist bei dem Besuch der Hauptschule, der Gesamtschule, der Realschule, des Gymnasiums und der Fachoberschule immer der Fall. So liegt es aber nicht bei dem Besuch einer Schule, die neben allgemeinen Ausbildungsinhalten bereits eine auf ein konkretes Berufsbild bezogene Ausbildung vermittelt. In einer allgemeinen Schulausbildung befindet sich ein Kind bei Besuch einer Fachoberschule, die zur Erlangung der allgemeinen Fachhochschulreife führt. Anzuerkennen ist eine Schulausbildung, in der das Kind in Form von Privat- und Abendkursen unterrichtet wird, um eine staatlich anerkannte allgemeine Schulabschlussprüfung abzulegen.

271 Die **Rechtsform der Schule** ist nicht entscheidend ebenso nicht die Trägerschaft durch Staat, Gemeinden, Kirchen oder Private.

Die Schulausbildung muss die **Zeit und Arbeitskraft des Kindes** voll oder zumindest überwiegend in Anspruch nehmen, so dass eine den Lebensunterhalt sicherstellende Erwerbstätigkeit neben der Schulausbildung nicht möglich ist. Davon kann ausgegangen werden, wenn die Unterrichtszeit 20 Wochenstunden beträgt. 272

Eine anzuerkennende Schulausbildung setzt ferner **die Teilnahme an einem kontrollierten Unterricht** voraus. Stetigkeit und Regelmäßigkeit der Ausbildung müssen schulseitig gewährleistet sein, die Teilnahme darf nicht im Belieben der Schüler stehen. 273

Die Privilegierung setzt nicht voraus, dass sich das Kind über den Eintritt der Volljährigkeit ununterbrochen in der Schulausbildung befunden hat. Eine allgemeine Schulausbildung kann das Kind auch nach einer Unterbrechung einer früher begonnenen schulischen Ausbildung absolvieren. Entscheidend ist, ob sich das volljährige Kind im Unterhaltszeitraum in einer anzuerkennenden Schulausbildung aufhält. 274

In einer allgemeinen Schulausbildung befindet sich ein Kind, bei Besuch einer Fachoberschule, die zum Erreichen der allgemeinen Fachhochschulreife führt (OLG Bremen FamRZ 1999, 79 nur LS). Erfüllt sein können die Voraussetzungen auch bei der Teilnahme an einem Lehrgang der Volkshochschule zum nachträglichen Erwerb des Realschulabschlusses (BGH, FamRZ 2001, 1068). 275

Allgemeine Schulausbildung stellt der Besuch der zweijährigen Höheren Berufsfachschule dar, mit der das Kind den allgemeinen Schulabschluss als Zugangsvoraussetzung für den Besuch einer Fachhochschule erstrebt (BGH, FamRZ 2002, 815 = NJW 2002, 2026; so OLG Hamm, FamRZ 1999, 1528, 1529; a. A. OLG Koblenz, NJWE-FER 2001, 176) 276

Dies ist jedoch immer nach Maßgabe der jeweiligen Bestimmungen zu entscheiden. 277

Berufsschulen und Berufsfachschulen zählen i. d. R. nicht dazu, da sie neben allgemeinen Ausbildungsinhalten bereits berufsbezogene Ausbildungsinhalte vermitteln (OLG Zweibrücken, NJWE-FER 2000, 53). 278

Die Teilnahme an einem Berufsfindungslehrgang rechnet nicht zur allgemeinen Schulausbildung (OLG Hamm, Urt. v. 1. 9. 1999 – 11 UF 3/99). 279

Dies gilt auch für die von den Berufsfachschulen vermittelte Grundbildung in einem Berufsgrundschuljahr. 280

b) Die gesteigerte Unterhaltspflicht

Minderjährigen unverheirateten Kindern und den ihnen gleichgestellten privilegierten volljährigen unverheirateten Kindern gegenüber besteht eine **gesteigerte Unterhaltspflicht.** Bei ihnen scheidet nach ihrem Alter von vornherein jede Möglichkeit aus, durch eigene Anstrengungen zur Deckung ihres Unterhalts beizutragen. Für diese Kinder müssen die Eltern alle verfügbaren Mittel einsetzen (§ 1603 Abs. 2 Satz 1 BGB). 281

Gegenüber **behinderten volljährigen Kindern** und über den gesetzlichen Tatbestand hinaus besteht auch nach dem Inkrafttreten des KindUG die gesteigerte Unterhaltspflicht nicht (BT-Drucks. 13/7338 S. 21). 282

aa) Bestimmung der Leistungsfähigkeit durch das tatsächlich erzielte Einkommen des Unterhaltspflichtigen

(1) Berücksichtigung aller Einkünfte

Die Leistungsfähigkeit des Unterhaltspflichtigen wird grds. durch **alle von ihm erzielten Einkünfte** bestimmt (BGH, FamRZ 1982, 250, 251). 283

Da es im Grundsatz nicht entscheidend ist, woher die die Leistungsfähigkeit des Unterhaltspflichtigen ausmachenden Mittel stammen und auf welchen Zuwendungen sie beruhen, kann auf Leistungen zugegriffen werden, denen nach ihrer Zweckbestimmung auch eine immaterielle Ausgleichsfunktion zukommt. Dazu zählen etwa das anlässlich eines Verkehrsunfalls an den Verletzten 284 gezahlte **Schmerzensgeld** (BGH, FamRZ 1989, 170, 172) und die im Rahmen eines Sozialplans nach § 112 Abs. 2 BetrVG geleistete **Abfindung** (BGH, FamRZ 1982, 250).

Für die Bemessung der Leistungsfähigkeit nach § 1603 Abs. 1 BGB, nicht erst im Rahmen des § 1603 Abs. 2 BGB, ist auch der Umstand der Wiederheirat zu berücksichtigen und zu prüfen, inwieweit der eigene angemessene Lebensbedarf in der neuen Ehe gesichert ist. Das für den Kindesunterhalt und den eigenen Unterhalt zur Verfügung stehende Einkommen kann auf die Hälfte der anrechenbaren Einkommen der neuen Ehegatten – ohne Berücksichtigung eines Erwerbstätigenbonus – veranschlagt werden (BGH, FamRZ 2002, 742 m. Anm. Büttner).

285 Die erweiterte Unterhaltspflicht der Eltern beruht auf der **besonderen familienrechtlichen Verantwortung** von Eltern gegenüber ihren minderjährigen unverheirateten Kindern, jetzt auch gegenüber den privilegierten volljährigen Kindern. Verfügen diese Kinder nicht über die ausreichende Mittel, können sich die Eltern nicht auf die Sicherstellung ihres vollen angemessenen Unterhalts berufen und die Kinder auf den Überrest verweisen. Empfangene **Unterhaltsleistungen** sind zur gleichmäßigen Verwendung für Elternteil und Kind einzusetzen (BGH, FamRZ 1980, 555 = NJW 1980, 934). Sie können im Bereich gesteigerter Unterhaltspflicht eine Barunterhaltspflicht des Empfängers begründen (BGH, FamRZ 1980, 555, 556; OLG Hamm, FamRZ 1988, 1270; 1996, 1234 – den Unterhalt eines volljährigen Kindes betreffend; Wendl/Staudigl-Scholz, Das Unterhaltsrecht in der familienrichterlichen Praxis, § 2 Rn. 148; Schwab/Borth, Handbuch des Scheidungsrechts, IV, Rn. 568). Auf Unterhaltszahlungen kann jedoch nur zugegriffen werden, wenn zumindest der notwendige Eigenbedarf gesichert ist. Ist der betreuende Ehegatte seinerseits in der Lage, den Kindesunterhalt bei Wahrung seines eheangemessenen Bedarfs sicherzustellen, kommt eine Zahlungspflicht des Barunterhaltspflichtigen nicht in Betracht (OLG Hamm, FamRZ 1992, 91, 92). Zu berücksichtigen ist auch, ob die Unterhaltszahlungen der Höhe nach bereits durch den **Vorwegabzug des Kindesunterhalts** beeinflusst sind (OLG Hamm, FamRZ 1992, 91, 92; 1996, 1234).

286 **Freiwillige Leistungen Dritter** an den Unterhaltspflichtigen (Naturalleistungen zur Bedarfsdeckung, wie etwa persönliche Dienstleistungen in Form von Pflege und Betreuung) sind bei der Prüfung seiner Leistungsfähigkeit nur dann zu berücksichtigen, wenn sie nach dem Willen des Dritten nicht allein dem Unterhaltspflichtigen zugute kommen sollen, sondern auch dem Unterhaltsberechtigten (BGH, FamRZ 1995, 537, 539). Soweit keine ausdrückliche Bestimmung des Zuwendenden vorliegt, lässt sie sich vielfach aus den persönlichen Beziehungen der Beteiligten zueinander erschließen.

287 Diese Grundsätze gelten auch für die Vorteile des mietfreien Wohnens im eigenen Haus, die für den Kindesunterhalt heranzuziehendes Einkommen darstellen (OLG Koblenz, OLGR 202, 29; OLG Brandenburg, FamRZ 2002, 981). Deshalb kann ein **Wohnvorteil** – ersparte Mietaufwendungen übersteigen die mit dem Eigentum verbundenen Kosten – der auf einer freiwilligen Zuwendung eines Dritten beruht, außer Ansatz bleiben, insbesondere in dem Fall, dass der Unterhaltspflichtige Unterhalt nach den Bedarfssätzen oberhalb der 1. Einkommensgruppe leistet (OLG Saarbrücken, FamRZ 1999, 396, 397; OLG Bamberg, FamRZ 1996, 628).

(2) Abzugsfähigkeit von Schulden

288 Die Leistungsfähigkeit des Unterhaltspflichtigen kann durch **Schulden** begrenzt oder sogar ausgeschlossen sein. Die von den wirtschaftlichen Verhältnissen des Unterhaltspflichtigen abgeleitete Lebensstellung des Kindes richtet sich nach dessen tatsächlich verfügbaren Mitteln.

289 Im Rahmen der Ermittlung des unterhaltserheblichen Einkommens des Unterhaltspflichtigen sind nicht von vornherein sämtliche, sondern nur unterhaltsrechtlich relevante Schulden mit zu berücksichtigen (BGH, FamRZ 1996, 160, 161).

290 Die Abzugsfähigkeit von Schulden ist im Rahmen einer umfassenden **Interessenabwägung** nach billigem Ermessen zu klären, wobei insbesondere auf den Zweck der Verbindlichkeiten, den Zeitpunkt und die Art der Entstehung, die Kenntnis des Unterhaltspflichtigen von Grund und Höhe der

Unterhaltsschuld Abwägungskriterien sind. Einzubeziehen ist auch die Möglichkeit des Unterhaltspflichtigen, seine Leistungsfähigkeit in zumutbarer Weise ganz oder teilweise wiederherzustellen, sowie ggf. schutzwürdige Belange des Drittgläubigers. Haftet der Unterhaltspflichtige nach § 1603 Abs. 2 Satz 2 BGB verschärft, muss zusätzlich berücksichtigt werden, dass diesen Kindern jede Möglichkeit verschlossen ist, durch eigene Anstrengungen zur Deckung ihres notwendigen Unterhaltsbedarfs beizutragen. Auf Schulden, die leichtfertig für luxuriöse Zwecke oder ohne verständigen Grund eingegangen sind, kann sich der Unterhaltspflichtige grds. nicht berufen (BGH, FamRZ 1982, 157, 158; 1984, 358, 360; 1990, 283; 1992, 797; 1996, 160, 162). Dem Unterhaltspflichtigen ist es auch verwehrt, sich auf Schulden zu berufen, die aus einer von vornherein zum Scheitern verurteilten selbständigen Tätigkeit herrühren (OLG Köln, FamRZ 1994, 1406).

Einer umfassenden Interessenabwägung bedarf es auch für Zins- und Tilgungsleistungen, die zur Finanzierung eines Eigenheims zu entrichten sind. Sie können nicht einkommensmindernd berücksichtigt werden, soweit sie den Wohnkosten entsprechen, die der Unterhaltspflichtige ohne das Vorhandensein von Wohneigentum aufzubringen hätte (BGH, NJW 2002, 2026, 2028). Für die Abzugsfähigkeit der darüber hinausgehenden Verbindlichkeiten bedarf es einer umfassenden Interessenabwägung. Diese Interessenabwägung hat insbesondere auch auf das Unterhaltsinteresse minderjähriger, nunmehr auch privilegierter volljähriger Kinder abzustellen(OLG Hamm, FamRZ 1999, 43). Aufwendungen zur Tilgung eines Kredits sind i. d. R. nicht hinnehmbar, denn sie stellen sich als unzulässige Vermögensbildung zu Lasten des Unterhaltsberechtigten dar. Hingegen können Darlehenszinsen regelmäßig Berücksichtigung finden. 291

Dem Unterhaltsanspruch des minderjährigen Kindes gegenüber ist es zu rechtfertigen, Schulden i. d. R. jedenfalls insoweit außer Betracht zu lassen, als der Regelbetrag unterschritten würde (BGH, FamRZ 1984, 657, 659; 1986, 254, 257 zum bisher sog. Mindestbedarf). Diese Rechtsprechung ist auch auf die sog. privilegierten volljährigen Kinder anwendbar, denn sie fußt auf der gesteigerten Unterhaltspflicht nach § 1603 Abs. 2 BGB. 292

Nach Lage des Einzelfalles kann erwogen werden, eine unterhaltsrechtliche Obliegenheit zur Einleitung eines **Verbraucherinsolvenzverfahrens** anzunehmen. um Leistungsfähigkeit zu schaffen. Dabei ist jedoch zu beachten, dass dieses nicht zwingend zu Vorteilen der Unterhaltsberechtigten führen wird (gegen eine Obliegenheit: OLG Stuttgart, FamRZ 2002, 983; dafür: OLG Düsseldorf, OLGR 2003, 30, 32; OLG Hamm, NJW-RR 2001, 220; AG Nordenham, FamRZ 2002, 896; dazu Anm. Melchers, FamRZ 2002, 897; zu dem Problemkreis vgl. Uhlenbrock, FamRZ 1998, 1473 ff.; Hauss, MDR 2002, 1163). 293

Allerdings kann der Abzug nach Lage des Falles selbst für den Fall gerechtfertigt sein, dass infolge der Berücksichtigung der Schulden die minderjährigen Kinder nicht einmal den sog. Mindestbedarf erhalten (BGH, FamRZ 1986, 254; 1990, 266, 267). Ist nämlich ein unterhaltsrechtlich billigenswerter Grund für die Aufnahme der Schulden gegeben, kann nicht verlangt werden, dass der Unterhaltspflichtige Kindesunterhalt auf Kosten einer durch Zinsen ständig wachsenden Verschuldung leistet (OLG Nürnberg, FamRZ 1997, 312; OLG Hamm, FamRZ 1995, 1217, 1218, 1219; 1996, 629). 294

Von dem Unterhaltspflichtigen ist eine umfassende, möglichst zugleich mit aussagekräftigen Belegen unterlegte Darstellung der Schuldensituation zu verlangen. Er trägt die **Beweislast** für die Umstände, die die Berücksichtigungswürdigkeit ergeben sollen, denn er macht die Minderung seiner Leistungsfähigkeit geltend (BGH, FamRZ 1990, 283, 287; 1992, 797, 798). 295

Beim Kindesunterhalt minderjähriger und ihnen gleichgestellter volljähriger Kinder sind reine vermögensbildende Aufwendungen grds. nicht zu berücksichtigen. So scheidet i. d. R. der Abzug von Lebensversicherungsprämien aus, wenn und soweit durch die Rentenversicherung eine ausreichende altersmäßige Absicherung gegeben ist (OLG München, FuR 1999, 433, 435). 296

(bb) Bestimmung der Leistungsfähigkeit durch die Arbeits- und Erwerbsfähigkeit des Unterhaltspflichtigen

(1) Erwerbsobliegenheit des Unterhaltspflichtigen

297 Die Leistungsfähigkeit des Unterhaltspflichtigen wird nicht allein durch sein tatsächlich vorhandenes Einkommen bestimmt, sondern auch durch seine **Erwerbsfähigkeit**. Ihn trifft, wenn die Einkünfte nicht ausreichen, die Obliegenheit, die ihm zumutbaren Einkünfte zu erzielen. Dies verlangt, die Arbeitskraft so gut wie möglich einzusetzen und eine mögliche Erwerbstätigkeit auszuüben (BGH, FamRZ 1985, 158, 159; 1987, 252, 253; 1993, 1304, 1306).

298 Gem. § 1603 Abs. 2 BGB unterliegen Eltern im Verhältnis zu ihren gemeinsamen minderjährigen unverheirateten Kindern einer erweiterten Unterhaltspflicht. Sie sind verpflichtet, alle verfügbaren Mittel zu ihrem und dem Unterhalt der Kinder gleichmäßig zu verwenden. Dies führt auch dazu, dass an die **Erwerbsobliegenheit** des Unterhaltspflichtigen gesteigerte Anforderungen gestellt werden müssen. Die sich aus § 1603 Abs. 2 BGB ergebende verstärkte Unterhaltspflicht minderjährigen Kindern gegenüber legt dem Unterhaltspflichtigen eine erhöhte Arbeitspflicht unter gesteigerter Ausnutzung seiner Arbeitskraft auf, die es ihm ermöglicht, nicht nur den Mindestbedarf, sondern auch den angemessenen Unterhalt der Kinder sicherzustellen (BGH, FamRZ 2000, 1358, 1359). U. U. verlangt sie in zumutbaren Grenzen einen **Orts- oder Berufswechsel,** wenn er nur auf diese Weise seine Unterhaltspflicht erfüllen kann (BGH, FamRZ 1980, 1113, 1114). Einem Unterhaltspflichtigen, der in den **neuen Ländern** einer vollschichtigen, tarifgerecht bezahlten und seiner Ausbildung sowie seinen Fähigkeiten entsprechenden Erwerbstätigkeit nachgeht, ist es aber nicht zumutbar, zugunsten der Unterhaltssicherung der minderjährigen Kinder in die alten Länder umzuziehen (OLG Naumburg, FamRZ 1997, 311), es sei denn, er hat dort einen Arbeitsplatz konkret in Aussicht (OLG Dresden, FamRZ 1997, 836). Der Unterhaltspflichtige ist zur Aufnahme von Gelegenheits- und Aushilfsarbeiten verpflichtet (BGH, FamRZ 1994, 303). Notfalls sind auch Tätigkeiten in dem nicht erlernten Beruf zu verrichten (OLG Hamm, FamRZ 1995, 438). Ein vollschichtig Erwerbstätiger, der einen seiner Ausbildung und seinen Fähigkeiten entsprechenden Beruf mit mindestens tariflicher Entlohnung ausübt, kann gleichwohl im Rahmen des Möglichen und Zumutbaren gehalten sein, einer zusätzlichen, ihn in zeitlicher Hinsicht maßvoll in Anspruch nehmenden **Nebentätigkeit** nachzugehen (so OLG Nürnberg, FuR 2002, 282; OLG Hamm, 5. FamS, FuR 2001, 559: Hinzuverdienst in den Morgenstunden; Heimarbeit an ansonsten freien Tagen; OLG Hamm, FamRZ 1996, 303; 1994, 1403; 1993, 1118; OLG Koblenz, FamRZ 1991, 1475; OLG Hamburg, FamRZ 1990, 784; OLG Schleswig, FamRZ 1999, 1524: Mehrarbeit von ca. zwei bis drei Stunden pro Woche bei regelmäßiger Arbeitszeit von 38 Stunden; a. A. OLG Naumburg, FamRZ 1997, 310). Dies kommt indes nur in Betracht, wenn die Nebentätigkeit mit der Hauptbeschäftigung vereinbar ist.

Für die Zeit ab 1. 4. 1999 ist ferner zu beachten, dass wegen der Neuregelung der sog. geringfügigen Arbeitsverhältnisse ein abgabenfreier Bezug von Zusatzeinkommen nicht mehr zulässig ist. Bei einer Zweittätigkeit fallen zumindest auch die Sozialabgaben mit einem Arbeitnehmeranteil von 20,5 % an. Der Unterhaltspflichtige, der seit längerem eine gut dotierte, in dem Betrieb nicht erweiterbare **Teilzeittätigkeit** ausübt, muss nicht zugunsten einer ungesicherten anderweitigen Arbeitstätigkeit in vollschichtigem Umfang mit einem niedrigeren Lohn die bisherige Arbeit aufgeben (KG, NJW-FER 2000, 7).

299 Bestehen keine überwiegenden sachliche Gründe für die Vereinbarung von **Altersteilzeit**, die mit erheblicher Reduzierung der Einkünfte verbunden ist, stellt sich dieses Verhalten als unterhaltsrechtlich leichtfertig dar, wenn der Unterhaltspflichtige mit der Minderung der Leistungsfähigkeit gerechnet hat (OLG Hamm, 13. FamS, FamRZ 2001, 1476; s. dazu auch OLG Hamm, FamRZ 2001, 482 = NJW-RR 2001, 433 und FamRZ 1999, 1078).

(2) Leistungsfähigkeit und Arbeitslosigkeit

Beruft sich der Unterhaltspflichtige auf fehlende oder eingeschränkte Leistungsfähigkeit infolge von **Arbeitslosigkeit,** muss er, um seiner Darlegungslast zu genügen, in nachprüfbarer Weise vortragen, welche Schritte er im Einzelnen zu dem Zweck unternommen hat, einen zumutbaren, seinen Fähigkeiten entsprechenden Arbeitsplatz zu finden und sich bietende Erwerbschancen zu nutzen (BGH, FamRZ 2000, 1358, 1360; 1996, 345, 346). Insoweit gelten die gleichen Anforderungen, die die Darlegungslast des Unterhaltsbedürftigen bestimmen (vgl. dazu BGH, FamRZ 1994, 372, 374). Der arbeitslose Unterhaltspflichtige hat neben der **Meldung beim Arbeitsamt** dauernde Anstrengungen zur Erlangung einer Arbeit durch Bewerbungen auf Stellenanzeigen, durch die Aufgabe eigener Annoncen, Vorsprache bei möglichen Arbeitgebern und Bemühungen über den örtlichen Bereich hinaus zu unternehmen (OLG Bremen, FamRZ 1996, 957; OLG Hamm, FamRZ 1996, 957, 958; AG Kerpen, NJW-RR 2000, 75 unter umfassender Einbeziehung der Rspr.), soweit der Kindesunterhalt in Rede steht gegebenenfalls im ganzen Bundesgebiet (OLG Hamm, FamRZ 1997, 356, 357). Er hat für die Arbeitssuche die Zeit aufzuwenden, die ein Erwerbstätiger für seinen Beruf aufwendet (OLG Hamm, FamRZ 1994, 1115; 1996, 629 LS; 1996, 1218). Es können etwa 20 Bewerbungen im Monat verlangt werden (OLG Naumburg, FamRZ 1997, 311). Entscheidend ist, dass die Bemühungen einen von Ernsthaftigkeit getragenen Willen erkennen lassen und sein Bemühen nachhaltig ist (OLG Dresden, FamRZ 1997, 836, 837). Blindbewerbungen können nicht generell als ungeeignet zum Nachweis ernsthafter Bewerbungsbemühungen angesehen werden (OLG Hamm, FamRZ 1996, 1017). In Ermangelung anderer Arbeiten hat der Unterhaltspflichtige auch Gelegenheits- und Aushilfstätigkeiten zu suchen (BGH, FamRZ 1994, 372, 374; OLG Hamburg, FamRZ 1984, 924; OLG Hamm, FamRZ 1996, 958, 959). Zu berücksichtigen ist auch, welche Möglichkeiten dem Unterhaltspflichtigen eröffnet sind. Dem arbeitslosen Hilfsarbeiter kann es danach nicht zum Vorwurf gereichen, wenn er sich lediglich regional an seinem – von hoher Arbeitslosigkeit gekennzeichneten – Wohnort bewirbt und ihm auch ansonsten keine besseren Aussichten aufgezeigt werden können (OLG Hamm, FamRZ 1998, 42, 43 mit Anm. Born; überregionale Bemühungen hingegen erforderlich nach OLG Hamm, OLGR 1997, 232).

Der Unterhaltspflichtige kann, soweit es Art und Schwere der **Krankheit** zulassen, verpflichtet sein, sich bereits während einer Erkrankung um eine Arbeitsstelle zu bemühen (BGH, FamRZ 1994, 372).

Auch während der Dauer der **Arbeitslosigkeit** wird die Leistungsfähigkeit nicht nur durch die Höhe des Arbeitslosengeldes bestimmt, sondern auch durch die Erwerbsfähigkeit. Der nach § 1603 Abs. 2 BGB gesteigerte Unterhaltspflichtige hat zur Sicherstellung des sog. Mindestunterhalts deshalb grds. **Nebentätigkeiten** auszuüben. Dabei entscheidet sich nach den Einzelfallumständen, ob solche am Arbeitsmarkt für den arbeitslosen Unterhaltspflichtigen zur Verfügung stehen. Die **Anrechnung von Nebeneinkünften** richtet sich nach § 141 SGB III. Erlaubt ist eine wöchentliche Arbeitszeit von 14 Stunden. Der Nettoverdienst reduziert sich um entstandene Werbungskosten. Er bleibt i. H. v. 20 % des monatlichen Arbeitslosengeldes, mindestens i. H. v. einem Vierzehntel der monatlichen Bezugsgröße (§ 18 SGB IV) anrechnungsfrei.

Kommt er den Obliegenheiten nicht nach, kann ihm ein Einkommen, das er bei gutem Willen erzielen könnte, – **fiktiv** – zugerechnet werden (BGH, FamRZ 1985, 158; 1994, 372, 373). Für die Zurechnung eines fiktiven Erwerbseinkommens reicht allein jedoch nicht aus, dass der Unterhaltspflichtige die von ihm zu verlangenden Bemühungen unterlässt. Es muss ferner feststehen oder zumindest nicht auszuschließen sein, dass er bei den gebotenen Bemühungen eine **reale Beschäftigungschance** mit einem höheren erzielbaren Einkommen gehabt hätte. Die insoweit für den auf § 1573 Abs. 1 BGB gestützten Unterhaltsanspruch des Ehegatten geltenden Grundsätze gelten entsprechend auch für die Erwerbsobliegenheit eines auf Unterhalt in Anspruch Genommenen (BGH, FamRZ 1994, 372, 374).

Die Beurteilung hat die jeweiligen Verhältnisse auf dem Arbeitsmarkt zu berücksichtigen. Dabei gewinnt die derzeitig schwierige Situation besonderes Gewicht (OLG Schleswig, FamRZ 1998, 1615). Abzuheben ist ferner auf die persönlichen Eigenschaften des Bewerbers wie Alter, Ausbildung, Berufserfahrung, Gesundheitszustand (BGH, FamRZ 1986, 244; 1987, 912; 1994, 372, 374; 1996, 345, 346). Sie hat sich auf die jeweiligen Umstände zu stützen, die von dem Unterhaltspflichtigen konkret dargestellt werden müssen (vgl. OLG Dresden, FamRZ 1996, 1236; OLG Zweibrücken, FamRZ 1999, 881, 882), denn nur dann können sie von dem Unterhaltsberechtigten widerlegt werden. Dabei wird der Vortrag des Unterhaltspflichtigen zum Fehlen einer realen Erwerbschance allein nicht zur Annahme verminderter oder nicht bestehender Leistungsfähigkeit führen können. Erst aus dem Zusammenhang mit ebenfalls darzulegenden erfolglosen Bewerbungsbemühungen wird sich die dem jeweiligen Einzelfall gerecht werdende Beurteilung sachgerecht treffen lassen (OLG Hamm, FamRZ 1999, 1011).

303 Nach den jeweiligen **Einzelfallumständen** ist der Zeitraum zu bemessen, der dem Unterhaltspflichtigen für die Bemühungen um eine neue, seinen Verhältnissen entsprechende Arbeitsstelle zuzubilligen ist. In diesem Zeitraum tritt eine Beschränkung oder der Wegfall der Leistungsfähigkeit ein. Der Unterhaltspflichtige ist bereits vor Beendigung eines Arbeitsverhältnisses gehalten, sich um eine Folgearbeitsstelle zu bemühen. Dies gilt etwa für zeitlich befristete Arbeitsverhältnisse oder in den Fällen, in denen das Arbeitsverhältnis einverständlich zu einem späteren Zeitpunkt aufgehoben wird. In derartigen Situationen weiß der Unterhaltspflichtige um den baldigen Wegfall der seine Unterhaltspflicht tragenden Einkünfte. Ein Zuwarten mit den Bemühungen um eine neue Arbeitsstelle bis zur Beendigung des Arbeitsverhältnisses ist im Interesse der Sicherstellung der Unterhaltspflicht nicht hinnehmbar. Es kann sich dann verbieten, dem Unterhaltspflichtigen noch eine über das Ende des Arbeitsverhältnisses hinausgehende Suchzeit zuzubilligen.

304 Im Rahmen der Zurechnung eines fiktiven Einkommens kann nicht ohne weiteres an das Entgelt angeknüpft werden, das der Unterhaltspflichtige bislang erzielt hat. Entscheidend ist dasjenige, was er bei gebotenen Bemühungen aus dem dann erlangten Arbeitsverhältnis voraussichtlich erhalten würde (OLG Brandenburg, FamRZ 2002, 981; OLG Frankfurt, FamRZ 1995, 1217). Es ist nicht ausgeschlossen, dass aus einer Hilfsarbeitertätigkeit ein Nettoeinkommen von 2.000 DM zu erzielen ist (OLG Hamm, NJWE-FER 1997, 26). Andererseits wird eine krankheitsbedingt nur eingeschränkt einsetzbare Zahnarzthelferin wohl kein höheres Einkommen als rund 1.500 DM netto zuzurechnen sein (OLG Hamm, FamRZ 1998, 1251). Auch können bei dem Ansatz eines fiktiven Einkommens die bislang gezahlten Kreditraten berücksichtigt werden (OLG Hamm, FamRZ 1995, 1203, LS).

Kommt es bei einem arbeitslosen Unterhaltspflichtigen zur Zurechnung fiktiven Erwerbseinkommens, ist auch der für den erwerbstätigen maßgebliche Selbstbehalt zu berücksichtigen (OLG Hamm, FamRZ 1995, 438).

Rechtfertigt sich wegen der Verletzung der Erwerbsobliegenheit die fiktive Zurechnung eines Erwerbseinkommens, das nur die Sicherstellung des Mindestunterhalts erlaubt, scheidet eine Höherstufung wegen geringer Anzahl von Unterhaltsberechtigten aus (OLG Hamm, FamRZ 1996, 629).

(3) Leistungsfähigkeit und Aus-/Weiterbildung

305 Das Interesse des Unterhaltspflichtigen, unter Zurückstellung bestehender Erwerbsmöglichkeiten eine **Aus- oder Weiterbildung** aufzunehmen, hat grds. hinter dem Unterhaltsinteresse der Kinder zurückzutreten (BGH, FamRZ 1983, 140; 1994, 372, 374). Das gilt vor allem dann, wenn der Unterhaltspflichtige bereits über eine Berufsausbildung verfügt, die ihm – wenn auch möglicherweise nach einem zumutbaren Ortswechsel – eine ausreichende Lebensgrundlage bietet (OLG Bremen, FamRZ 1996, 957). Anders kann es liegen, wenn es darum geht, erstmals eine abgeschlossene Berufsausbildung zu erlangen. Dem Unterhaltspflichtigen wird indes zuzumuten sein, seinen Ausbildungswunsch zurückzustellen, wenn er bislang nur ungelernte Tätigkeiten verrichtet hat und

sich der Anlass, seine Arbeits- und Verdienstchancen durch eine Aus- oder Weiterbildung zu verbessern, für ihn nicht verändert hat (BGH, FamRZ 1994, 372).

Der Unterhaltspflichtige, der zum Zwecke einer **Zweitausbildung** seine Erwerbstätigkeit **ohne Rücksicht auf eine bereits bestehende Bedürftigkeit** seiner Familienangehörigen und **ohne deren Einverständnis** aufgegeben hat, muss die Zweitausbildung auch dann abbrechen, wenn sie zwischenzeitlich weiter fortgeschritten ist (BGH, FamRZ 1980, 1113, 1115; 1983, 140).

Hat der Unterhaltspflichtige **mit Einverständnis des gesetzlichen Vertreters und in Abstimmung des finanziellen Lebenszuschnitts** für die weitere Zeit eine Zweitausbildung begonnen, ist er nicht gehalten, darüber hinaus Vorsorge für die studienbedingte Einkommensreduzierung durch vorherige Bildung von Rücklagen zu treffen (BGH, FamRZ 1982, 365, 367). Tritt später nach Aufnahme der Zweitausbildung die Bedürftigkeit der Familienangehörigen ein, müssen sie u. U. den völligen, zeitweisen Wegfall der Unterhaltszahlungen hinnehmen. Dies gilt jedoch nur, wenn die Zweitausbildung bereits weit fortgeschritten ist, nur noch eine verhältnismäßig kurze Zeit bis zu deren Abschluss erfordert und erhöhte Aufstiegs- und Einkommenschancen bietet. Letztlich verbessert sich durch eine solche Zweitausbildung auch die Situation der Unterhaltsberechtigten (BGH, FamRZ 1983, 140). Die Fortführung einer bislang ausgeübten Nebentätigkeit, durch deren Erträgnisse der Unterhalt zumindest teilweise sichergestellt wurde, ist in dieser Ausbildungsphase nicht mehr zumutbar, wenn sie den Abschluss der Ausbildung verzögern und gefährden würde (BGH, FamRZ 1983, 140; 1980, 126, 127 – entschieden für den Unterhaltsberechtigten; OLG Hamm, FamRZ 1992, 469). Eine andere Beurteilung ist zu rechtfertigen, wenn der Unterhaltspflichtige sich noch im Anfangsstadium der Zweitausbildung befindet. Entweder ist die Ausbildung zugunsten der Wiederaufnahme der früher erlernten Erwerbstätigkeit aufzugeben oder neben der Ausbildung eine Erwerbstätigkeit auszuüben (OLG Hamburg, FamRZ 1991, 106; 1992, 106; vgl. auch OLG Bamberg, FamRZ 1989, 93).

306

Neben der **Umschulungsmaßnahme** muss sich der Unterhaltspflichtige um Aushilfstätigkeiten jeder Art bemühen, um jedenfalls den Mindestunterhalt sicherzustellen (OLG Hamm, FamRZ 1995, 756; dahingestellt durch OLG Dresden, FamRZ 1997, 836, 837). Dies kann indes nicht gefordert werden, wenn die Nebentätigkeit den Erfolg der Umschulungsmaßnahme gefährden würde oder die Maßnahme aus zeitlichen Gründen eine Nebentätigkeit nicht gestattet. Wegen der Anrechnung von Einkommen aus Nebentätigkeit auf das Unterhaltsgeld nach §§ 47, 44 AFG wird die Leistungsfähigkeit wohl nicht entscheidend erhöht (BGH, FamRZ 1994, 373, 375).

307

(cc) Beachtlichkeit verminderter/fehlender Leistungsfähigkeit

(1) Grundsatz

Die **Verminderung oder der Wegfall der Leistungsfähigkeit** ist grds. zu beachten. Dies gilt auch dann, wenn der Unterhaltspflichtige sie selbst – auch schuldhaft – herbeigeführt hat. Nur besondere, schwerwiegende Gründe können dem Unterhaltspflichtigen im Einzelfall die Berufung auf eine Leistungsunfähigkeit nach den **Grundsätzen von Treu und Glauben** verwehren (st. Rspr. des BGH, FamRZ 1993, 1055, 1056 m. w. N.). Entsprechend den Voraussetzungen, unter denen ein Unterhaltsberechtigter nach § 1579 Abs. 1 Nr. 3 BGB oder § 1611 Abs. 1 BGB bei selbst verschuldeter Herbeiführung seiner Bedürftigkeit den Unterhaltsanspruch verliert, ist es auch dem Unterhaltspflichtigen versagt, sich auf Leistungsunfähigkeit zu berufen, wenn ihm ein **verantwortungsloses, zumindest leichtfertiges Verhalten** vorzuwerfen ist; eine solche Bewertung wird sich vielfach aus dem Bezug seines Verhaltens zur Unterhaltspflicht ergeben (BGH, FamRZ 2000, 815, 817).

308

(2) Freiwillige Aufgabe einer versicherungspflichtigen Tätigkeit

Die Rspr. des BGH hat diese Grundsätze für die **Fälle freiwilliger Aufgabe einer versicherungspflichtigen Tätigkeit** konkretisiert:

309

310 Einem Ehegatten oder Elternteil ist danach die Berufung auf seine Leistungsunfähigkeit versagt, wenn er eine **gesicherte** und **einkömmliche** Erwerbstätigkeit in einem erlernten Beruf zugunsten einer weiteren Ausbildung aufgegeben hat, ohne den Unterhalt seiner Angehörigen sicherzustellen (BGH, FamRZ 1981, 539, 540).

311 Gleiches gilt, wenn ein Arbeitnehmer eine ihm gebotene Möglichkeit, eine zumutbare andere versicherungspflichtige Arbeit aufzunehmen, nicht wahrgenommen hat und sich statt dessen **ohne Versicherungsschutz** als freier Vertreter betätigt und dann durch einen Arbeitsunfall keine Einkünfte aus Lohnfortzahlung oder Krankengeld erzielt (BGH, FamRZ 1988, 597, 599).

Ohne unterhaltsrechtlich beachtliche Gründe darf der Unterhaltspflichtige ein langjähriges Arbeitsverhältnis **in der Bundesrepublik** nicht aufgeben und ein weniger gut entlohntes Arbeitsverhältnis in Tschechien aufnehmen (OLG Stuttgart, NJWE-FER 1999, 322).

312 Übt die einem minderjährigen Kind unterhaltspflichtige Mutter eine Tätigkeit aus, die es ihr ermöglicht, den **Mindesttabellenunterhalt** zu zahlen, ist es ihr verwehrt, diese Tätigkeit zugunsten einer Ausbildung mit dem Ziel besserer Qualifizierung aufzugeben. Jedenfalls muss sie während der Ausbildung für die Sicherstellung des Unterhalts Vorsorge treffen (OLG Düsseldorf, FamRZ 1995, 755).

313 Die Wahl **selbstständiger Berufsausübung** ist unterhaltsrechtlich schon nicht zu rechtfertigen, wenn eine dauerhafte Verschlechterung der Leistungsfähigkeit aus der ex ante Sicht zu erwarten ist. Vor einem Wechsel hat der geschäftsunerfahrene Unterhaltspflichtige sich deshalb bezüglich der Risiken des geplanten Geschäftsbetriebes zu erkundigen (OLG Köln, FamRZ 1994, 1406). Ist der Wechsel von einer angestellten in eine selbstständige unternehmerische oder freiberufliche Tätigkeit zu akzeptieren, muss grds. auch der damit zunächst verbundene erhebliche Einkommensverlust hingenommen werden; jedoch hat der Unterhaltspflichtige für eine Übergangszeit der zu erwartenden Entwicklung durch Bildung von Rücklagen oder Kreditaufnahmen Rechnung zu tragen (BGH, FamRZ 1987, 372, 374; OLG Hamm, FamRZ 1996, 959).

314 Konnte der Unterhaltspflichtige, der bislang Unterhalt nach Maßgabe einer höheren Einkommensgruppe gezahlt hat, in der Vergangenheit **keine Rücklagen** bilden, die es ihm ermöglicht hätten, auch nach dem Wechsel in die Selbständigkeit den Unterhalt wie bisher zu leisten, kann ihm ein fiktives Einkommen in bisheriger Höhe ohne weiteres nicht zugerechnet werden. Dies setzt den Vorwurf **unterhaltsrechtlicher Leichtfertigkeit** (§ 242 BGB) voraus. Die durch den Wechsel geschaffenen Nachteile haben die Berechtigten im Rahmen des **Zumutbaren** mitzutragen (OLG Hamm, FamRZ 1997, 310). Soweit der Mindestunterhalt gesichert ist, kann der mit dem Wechsel in eine selbstständige Tätigkeit verbundene – vorübergehende – Einkommensrückgang nicht als mutwilliges Verhalten angesehen werden. Im Gegensatz zum Ehegattenunterhalt gibt es im Recht des Kindesunterhalts keine sog. **Lebensstandardgarantie** (OLG Zweibrücken, FamRZ 1994, 1488; 1997, 310; OLG Hamm, FamRZ 1997, 310).

(3) Verschuldeter, aber ungewollter Arbeitsplatzverlust

315 Davon zu unterscheiden ist der **Fall eines zwar selbst verschuldeten, aber doch ungewollten Arbeitsplatzverlustes.**

Die Berufung auf fehlende Leistungsfähigkeit verstößt gegen Treu und Glauben, wenn das für den Verlust der Arbeitsstelle ursächliche Verhalten des Unterhaltspflichtigen sich seinerseits als eine Verletzung seiner Unterhaltspflicht darstellt (BGH, FamRZ 2002, 813, 814).

Die Vorwerfbarkeit einer dadurch entstehenden Einkommensminderung ist auf **schwerwiegende Fälle** zu beschränken und Fälle leichteren Verschuldens sind auszunehmen, zumal wenn sich das Fehlverhalten nicht gegen den Unterhaltsberechtigten gerichtet hat (BGH, FamRZ 1993, 1055, 1056).

Auf die Vorentscheidung des OLG Frankfurt, FamRZ 1993, 203, hat der BGH die Rspr. zur Leistungsfähigkeit bei einem Arbeitsplatzverlust bekräftigt (BGH, FamRZ 1994, 240). In dem entschiedenen Fall war der Unterhaltspflichtige innerhalb kurzer Zeit zweimal, beim zweiten Mal dazu trotz vorheriger Abmahnung durch den Arbeitgeber, unter Alkoholeinfluss an seinem Arbeitsplatz erschienen. Ein in unterhaltsrechtlicher Hinsicht schwerwiegendes Fehlverhalten des Unterhaltspflichtigen haben das OLG Frankfurt und der BGH nach der tatrichterlichen Beurteilung der Persönlichkeit des Klägers verneint, denn bei ihm habe es sich um einen einfach strukturierten jungen Mann gehandelt, der sich offenbar durch unbedachtes und sorgloses Verhalten zu den Gaststättenbesuchen und dem Alkoholgenuss vor Antritt seiner Spätschicht habe hinreißen lassen.

Die maßgebliche **unterhaltsbezogene Leichtfertigkeit** ist nicht gleichbedeutend mit der Voraussetzung des bedingten Vorsatzes. Vielmehr kann auch bewusste Fahrlässigkeit die Voraussetzungen der unterhaltsrechtlichen Leichtfertigkeit erfüllen; dies wird sogar überwiegend der Fall sein (BGH, a. a. O.; FamRZ 1981, 1042, 1044/45 zu § 1579 Nr. 3 BGB). 316

Für den unterhaltsrechtlichen Bezug insbesondere einer **Straftat** reicht es nicht aus, dass sie **für den Arbeitsplatzverlust kausal** geworden ist, ebenso wenig, dass sich der Verlust des Arbeitsplatzes auf den **Lebensstandard** des Täters und seiner unterhaltsberechtigten Angehörigen auswirkt. Notwendig ist, dass die Strafhaft auf einem **Fehlverhalten** beruht, das sich gerade auf seine **Unterhaltspflicht** bezieht. Der objektive Unterhaltsbezug wird nur durch die Strafhaft hergestellt, die auf einer Unterhaltspflichtverletzung gegenüber dem Unterhaltsberechtigten beruht, oder durch eine vorsätzliche Tat, die zu einer vermehrten Bedürftigkeit des Unterhaltsberechtigten infolge der Schädigung seines Vermögens, seines Körpers oder des Todes eines vorrangig Unterhaltspflichtigen geführt hat (BGH, FamRZ 2002, 813, 814 in Fortführung von BGH, FamRZ 1982, 913, 914; Vorentscheidung OLG Stuttgart, FamRZ 2000, 1247). 317

Fehlt es nach Lage des Falles an dem vorstehend beschriebenen objektiven Unterhaltsbezug, kann sich das Verhalten des Täters gleichwohl als eine Verletzung der Unterhaltspflicht darstellen. Dazu bedarf es aber einer auf den Einzelfall bezogenen Wertung dahin, ob die der Tat zugrunde liegenden Vorstellungen und Antriebe sich auch auf die Verminderung der unterhaltsrechtlichen Leistungsfähigkeit als Folge des strafbaren Verhaltens erstreckt haben (BGH, FamRZ 2002, 813, 814; 2000, 815, 816; 1993, 1055, 1057). 318

Der unterhaltsrechtliche Bezug einer Straftat wird nicht durch die bloße **Vorhersehbarkeit** des Arbeitsplatzverlustes hergestellt (BGH, FamRZ 2000, 815, 816). Erforderlich ist, dass der Unterhaltspflichtige seine Leistungsunfähigkeit durch **unterhaltsbezogene Mutwilligkeit** herbeigeführt hat. Insoweit gelten für ihn keine geringere Anforderungen als für den Unterhaltsberechtigten im Rahmen der Anwendung des § 1579 Nr. 3 BGB.

Unterhaltsbezogene Mutwilligkeit lässt sich als **Leichtfertigkeit**, die gewöhnlich bewusste Fahrlässigkeit sein wird, definieren. Sie setzt voraus, dass der Unterhaltspflichtige die Möglichkeit des Eintritts der Leistungsunfähigkeit als Folge seines Verhaltens erkennt und im Bewusstsein dieser Möglichkeit, wenn auch im Vertrauen auf den Nichteintritt jener Folge handelt, wobei er sich unter grober Missachtung dessen, was jedem einleuchten muss, oder in Verantwortungslosigkeit und Rücksichtslosigkeit gegen den Unterhaltsberechtigten über die erkannte Möglichkeit nachteiliger Folgen für seine Leistungsfähigkeit hinwegsetzt (BGH, FamRZ 2002, 813, 814).

Die für die Annahme unterhaltsbezogener Mutwilligkeit erforderliche **innere Einstellung** kann nicht aus dem Umstand abgeleitet werden, dass sich letzlich jeder Straftäter der Entdeckung, der Bestrafung und des Arbeitsplatzverlustes bewusst sein müsste. Richtet sich die Straftat gegen den Unterhaltsberechtigten oder ihm nahestehende Personen, ist dies allein ebenfalls nicht ausreichend. Dem eine Freiheitsstrafe verbüßenden Straftäter ist es nicht generell zu untersagen, sich gegenüber dem Opfer seiner Tat, dem er Unterhalt schuldet, auf Leistungsunfähigkeit zu berufen Vielmehr müssen besondere Umstände hinzutreten, die das strafbare Verhalten – zumindest auch – als eine Verletzung der dem Straftäter obliegenden Unterhaltspflicht erscheinen lassen. (BGH, FamRZ 2002, 813, 814; 1982, 913, 914; zu diesem Problemkreis vgl. auch OLG Düsseldorf, FamRZ 1994,

1049, 1050: Diebstahl einer ca. 50.000 DM teuren Computeranlage und dadurch bedingter Arbeitsplatzverlust; OLG Karlsruhe, FamRZ 1999, 1015 nur LS: Entlassung nach Diebstahl und Verurteilung zu einer Strafe mit Strafaussetzung zur Bewährung ist leichtfertig; OLG Karlsruhe, FamRZ 1998, 45; OLG Koblenz, NJWE-FER 1999, 296: Arbeitsplatzverlust durch Strafhaft wegen sexuellen Missbrauchs des unterhaltsberechtigten Kindes).

319 Das während des Strafvollzuges erwirtschaftete Entgelt ist nicht als unterhaltsrechtliches Einkommen zu bewerten, denn es soll als **Überbrückungsgeld** für die erste Zeit nach der Haftentlassung dem Unterhaltspflichtigen zur Verfügung stehen (BGH, FamRZ 2002, 813, 815; OLG Karlsruhe, FamRZ 1998, 45, 46). Das Hausgeld ist dem Strafgefangenen für notwendige Ausgaben des täglichen Lebens während der Strafhaft zu belassen (BGH, FamRZ 2002, 813, 815).

320 Der wegen **sexuellen Missbrauchs** eines seiner Kinder zu einer mehrjährigen Freiheitsstrafe verurteilte Vater kann sich dem sexuell missbrauchten Kind gegenüber nicht auf Leistungsunfähigkeit berufen, denn insoweit handelt es sich um eine schwere Verfehlung gegen die Gesundheit des Kindes. Die Leistungsunfähigkeit ist jedoch den anderen Geschwisterkindern gegenüber beachtlich (OLG Koblenz, FamRZ 1998, 44 = NJW 1997, 1588; OLG Zweibrücken, FamRZ 1990, 553, 554 dort auch zum unterhaltsrechtlichen Zugriff auf das sog. Hausgeld des Strafgefangenen; vgl. auch BGH, FamRZ 1982, 913, 914).

Unterhaltsrechtlich vorwerfbar handelt der Unterhaltspflichtige, der sich wegen einer allgemein nicht als schwerwiegend angesehenen Erhöhung der Leberwerte und gewissen nutritiven Störungen in das soziale Netz fallen lässt, ohne sich insbesondere in den Zeiten, in denen er nicht „krank gemeldet" war, um eine Wiedereingliederung in das Erwerbsleben zu bemühen (OLG München, FamRZ 1994, 1406).

321 Unterhaltsrechtlich vorwerfbar ist es nicht ohne weiteres, wenn es der Unterhaltspflichtige unterlässt, sich mit der **Kündigungsschutzklage** gegen eine betriebsbedingte Kündigung zu wehren. Zum Vorwurf dürfte wohl nur ein unterlassener Rechtsbehelf gegen eine offensichtlich unbegründete Kündigung gereichen (offengelassen in BGH, FamRZ 1994, 372, 374; OLG Hamm, FamRZ 1996, 1017, 1018; OLG Dresden, FamRZ 1997, 836, 837).

(4) Beweislast

322 Die **Verteilung der Beweislast** ist noch nicht hinreichend geklärt.

Das OLG Düsseldorf, FamRZ 1994, 926, legt dem Unterhaltsberechtigten für unterhaltsrechtlich leichtfertiges Verhalten die Beweislast auf. Gibt der Unterhaltspflichtige konkrete Gründe für seine Leistungsunfähigkeit an, muss der Unterhaltsberechtigte sie widerlegen (so wohl auch OLG Stuttgart, FamRZ 1993, 992, 993). Jedenfalls ist nach den Grundsätzen zur Darlegungs- und Beweislast bei sog. negativen Tatsachen zu fordern, dass der Unterhaltspflichtige die Tatsachen so konkret vorträgt, dass dem Unterhaltsberechtigten eine negative Beweisführung möglich wird.

Das OLG Hamm, FamRZ 1994, 755, überantwortet dem Unterhaltungspflichtigen die Darlegungs- und Beweislast dahin, dass er bei konkreten Vorwürfen die sie tragenden Tatsachen auszuräumen hat.

(dd) Leistungsfähigkeit des Hausmanns/der Hausfrau in neuer Ehe

323 Die Tätigkeit des/der Unterhaltspflichtigen in einer neuen Ehe als **Hausfrau** oder **Hausmann** ohne Arbeits- und Vermögenseinkommen indiziert noch keine Leistungsunfähigkeit im Verhältnis zu minderjährigen unverheirateten Kindern und den ihnen gleichstehenden volljährigen privilegierten Kindern. Er bleibt seiner früheren Familie auch nach Eingehung einer neuen Ehe unterhaltspflichtig.

324 Den **wiederverheirateten** Ehegatten trifft ungeachtet seiner Pflichten aus der neuen Ehe die Obliegenheit zum Nebenerwerb, um zum Unterhalt der minderjährigen unverheirateten und der ihnen gleichgestellten volljährigen Kinder aus früherer Ehe beizutragen. Dies hat der neue Ehegatte im

C. V. Leistungsfähigkeit des Unterhaltspflichtigen

Blick auf § 1356 Abs. 2 BGB zu ermöglichen. Die neuen Partner haben bei der Aufgabenverteilung die beiderseits bekannte Unterhaltslast gegenüber Kindern aus früheren Ehen zu berücksichtigen (BGH, FamRZ 1996, 796; 1986, 668). Die Leistungsfähigkeit des Ehegatten wird durch seine Einkünfte und seine Erwerbsfähigkeit bestimmt. Die Erwerbsobliegenheit bemisst sich nach den bestehenden Unterhaltspflichten.

Für die Leistungsfähigkeit des unterhaltspflichtigen Elternteils sind die realen Verhältnisse maßgebend. Deshalb kann der **Unterhaltsbedarf des unterhaltspflichtigen Ehegatten** nach Lage des Falles außer Ansatz bleiben, da und soweit dieser durch den Unterhalt gesichert ist, den ihm sein Ehegatte nach §§ 1360, 1360a BGB schuldet. An dem Familienunterhalt sind die Ehegatten hälftig zu beteiligen; der Abzug eines Erwerbstätigenbonus zugunsten des allein oder mehr verdienenden Ehegatten kommt nicht in Betracht (BGH, FuR 2002, 248, 249). Bei der Bedarfsbemessung kann die Ersparnis durch gemeinsame Haushaltsführung die Reduzierung des angemessenen Selbstbehalts rechtfertigen (BGH, FuR 2002, 248, 250; FamRZ 1998, 286, 288). 325

Die Tatsache der Wiederheirat des unterhaltspflichtigen Elternteils ist unterhaltsrechtlich beachtlich, wobei gleich bleibt, ob die Leistungsfähigkeit nach § 1603 Abs. 2 oder nach § 1603 Abs. 1 BGB zu beurteilen ist (BGH, FamRZ 2001, 1065, 1067; FuR 2002, 248, 249). Sie kann zu einer Schmälerung des Unterhaltsanspruchs des erstehelichen Kindes führen, etwa durch Hinzutreten weiterer minderjähriger Kinder aus der neuen Ehe des Unterhaltspflichtigen. Sie kann von Vorteil sein, wenn und soweit die neue Ehe zu einer den Unterhaltsbedarf sicherstellenden Unterhaltspflicht des neuen Ehegatten geführt hat. 326

Sind in der neuen Ehe keine Kinder zu betreuen, besteht für den Kindern aus der früheren Ehe unterhaltspflichtigen Ehegatten keine Rechtfertigung, sich auf eine Einschränkung der Leistungsfähigkeit infolge der übernommenen Haushaltsführung zu berufen. Die Erwerbsobliegenheit des Ehegatten beurteilt sich in diesen Fällen nach **§ 1603 Abs. 2 BGB**. Der Ehegatte ist gehalten, durch **zumutbare Nebenerwerbstätigkeit** die für den Unterhalt der Kinder erforderlichen Mittel aufzubringen. Kommt er dieser unterhaltsrechtlichen Obliegenheit vorwerfbar nicht nach, kann in zumutbarer Weise erzielbares Einkommen fiktiv zugerechnet werden. Allerdings muss festgestellt werden, dass der Ehegatte nach seinem Gesundheitszustand und unter Berücksichtigung der Verhältnisse auf dem Arbeitsmarkt imstande ist, einer (Teil-)Erwerbstätigkeit nachzugehen und eine entsprechende Stellung zu finden (BGH, FamRZ 2001, 1065). 327

Für den Umfang der Unterhaltspflicht ist danach entscheidend, ob und in welcher Höhe der Ehegatte Erwerbseinkommen erzielen kann und in welcher Höhe der eigene Unterhaltsbedarf durch den von dem anderen Ehegatten geschuldete Unterhalt nach §§ 1360, 1360a BGB gedeckt ist.

Macht der unterhaltspflichtige Ehegatte geltend, das erzielte Einkommen zur **Deckung des eigenen Bedarfs** zu benötigen, obliegt es ihm, diesen Sachverhalt darzustellen und zu beweisen, denn er macht insoweit fehlende Leistungsfähigkeit geltend. Der Unterhaltspflichtige wird daher einem Vortrag, er finde sein Auskommen durch den Familienunterhalt, den der neue Ehegatte sicherstelle, konkret entgegentreten müssen. 328

Der unterhaltspflichtige Ehegatte ist auch gehalten, ein ihm zustehendes **Taschengeld** für den Unterhalt der Kinder einzusetzen (BGH, FamRZ 2001, 1065, 1068; 1986, 668). 329

Die Kenntnis der Ehegatten von den bestehenden Unterhaltspflichten und die Pflicht der Ehegatten, sich darauf einzustellen, wird nach dieser Rspr. i. d. R. die Berufung auf Leistungsunfähigkeit wegen der Wahl der „Hausmannrolle" ausschließen. 330

Soweit der Unterhaltspflichtige in der neuen Ehe Kinder betreut, entlastet ihn dies nur gegenüber dem neuen Ehegatten und den Kindern aus der neuen Ehe, nicht dagegen gegenüber den Kindern aus der früheren Ehe. Aus dem regelmäßigen **Gleichrang der Kinder** aus der alten und der neuen Ehe, nicht in Anwendung des § 1603 Abs. 2 Satz 1 und 2 BGB, folgt, dass der Unterhaltspflichtige seine Arbeitskraft zum Unterhalt aller Kinder einsetzen muss (BGH, FamRZ 1982, 590, 591; 1987, 472; OLG Stuttgart, FamRZ 1994, 1403). Da der dogmatische Ansatz für die Erwerbsobliegenheit des in der neuen Ehe Kinder betreuenden Ehegatten nicht in § 1603 Abs. 2 Satz 1 und 331

2 BGB liegt, kann der Heranziehung zum Unterhalt nicht mit dem Hinweis auf § 1603 Abs. 2 Satz 3 BGB begegnet werden.

332 Betreut der geschiedene Ehegatte ein oder mehrere Kinder aus neuer Ehe, ist zunächst die von den Ehegatten getroffene **Rollenwahl** unter Zumutbarkeitsgesichtspunkten auf ihre **unterhaltsrechtliche Hinnehmbarkeit** zu prüfen. Es gilt ein strenger, auf enge Ausnahmefälle begrenzter Maßstab, der einen wesentlichen, den Verzicht auf die Aufgabenverteilung unzumutbar machenden Vorteil für die neue Familie voraussetzt. Das Interesse des Unterhaltspflichtigen und seiner neuen Familie muss das Interesse der Unterhaltsberechtigten an der Beibehaltung der bisherigen Unterhaltssicherung **deutlich übersteigen** (BGH, FamRZ 2001, 614, 616). Gegen die Rollenwahl bestehen ohne weiteres keine Bedenken, wenn sich der Familienunterhalt in der neuen Ehe durch die vollschichtige Erwerbstätigkeit des anderen Ehegatten **wesentlich günstiger** gestaltet als es der Fall wäre, wenn dieser die Kindesbetreuung übernehmen würde und der unterhaltspflichtige Elternteil voll erwerbstätig wäre (BGH, FamRZ 2001, 614, 615; 1980, 44). Allerdings hat der BGH die Frage aufgeworfen, ob allein wirtschaftliche Gründe die Rollenwahl rechtfertigen können, wenn auf der einen Seite dadurch eine Erhöhung des Lebensstandards in der neuen Familie bewirkt und auf der anderen Seite durch die Berufung auf Leistungsunfähigkeit die wirtschaftliche Lage der erstehelichen Kinder verschlechtert werde. Zu erwägen sei, ob nicht der unterhaltspflichtige Elternteil – ähnlich den Fällen des zulässigen Berufswechsels – zumutbare Vorsorge zur Sicherstellung des Unterhalts treffen müsse (BGH, FamRZ 1996, 796 = NJW 1996, 1815; 2001, 614, 617).

333 Wirtschaftlich günstiger dürften sich die Verhältnisse in den Fällen darstellen, in denen der nunmehr betreuende Ehegatte in der früheren Ehe ebenfalls die Betreuung der Kinder übernommen hatte oder angesichts seiner Lebens- und Arbeitsbiographie nur geringe, den Familienunterhalt ohnehin nicht sichernde Einkünfte erzielen könnte.

334 Außer den wirtschaftlichen Gesichtspunkten können auch **sonstige Gründe**, die einen erkennbaren Vorteil für die neue Familie mit sich bringen, im Einzelfall einen Rollentausch rechtfertigen. Derartige Gründe müssen jedoch von einem solchen Gewicht sein, dass das Interesse des Unterhaltspflichtigen und seiner neuen Familie an der gewählten Aufgabenverteilung dasjenige der Unterhaltsgläubiger aus der alten Familie an der Beibehaltung der bisherigen Unterhaltssicherung **deutlich überwiegt** (BGH, FamRZ 1987, 252, 254). Der Wunsch des Unterhaltspflichtigen nach einer intensiveren Kindesbeziehung ist als solcher nicht ausreichend (BGH, FamRZ 1996, 796).

335 Im Rahmen der Prüfung der Rollenwahl wird zu berücksichtigen sein, dass dem bislang den Familienunterhalt sicherstellenden Elternteil eher zugemutet werden kann, auch in der neuen Beziehung erwerbstätig zu bleiben. Von Bedeutung kann auch sein, ob die angemessene, kindgerechte Betreuung des Kindes in der neuen Beziehung durch dritte Personen, wenn auch gegen Entgelt, gewährleistet werden kann.

336 Stellen sich die Verhältnisse nicht wirtschaftlich günstiger dar, fehlt es ebenso auch an sonstigen erheblichen Gründen, die die konkrete Rollenwahl in der neuen Ehe rechtfertigen können, ist dem – in der früheren Ehe erwerbstätig gewesenen – Unterhaltspflichtigen weiterhin eine Vollerwerbstätigkeit zuzumuten; er gilt in diesem Umfang als leistungsfähig und ist entsprechend unterhaltspflichtig (BGH, FamRZ 1982, 25; 1987, 472).

Lässt die Sachlage hingegen die Rollenwahl zu, wird der Unterhaltspflichtige gegenüber dem neuen Ehegatten berechtigt und angesichts der Unterhaltsverpflichtungen gehalten sein, trotz der Kinderbetreuung in der neuen Ehe seinen Beitrag zum Familienunterhalt auf das unbedingt notwendige Maß zu beschränken und wenigstens eine **Nebentätigkeit** aufzunehmen, um zum Unterhalt der Kinder aus der früheren Ehe beizutragen (BGH, FamRZ 1980, 44 OLG Köln, FamRZ 1999, 1011, 1112). Darauf hat der neue Ehegatte im Rahmen der Aufgabenverteilung in der neuen Ehe gem. § 1356 Abs. 2 BGB Rücksicht zu nehmen (vgl. zur sog. Hausmann-/Hausfrauenrechtsprechung: BGH, FamRZ 1980, 43; 1982, 25; 1986, 668, 669; 1987, 252; s. auch BVerfG, FamRZ 1996, 343). An dieser Rspr. hat der BGH festgehalten (BGH, FamRZ 1996, 796).

Der BGH hat in diesen Fällen die obere Grenze der **Nebenerwerbsobliegenheit** des unterhaltspflichtigen Ehegatten so bestimmt, dass die unterhaltsberechtigten Kinder aus der früheren Ehe nicht schlechter gestellt werden, als wenn der Elternteil, statt in der neuen Ehe die Rolle des Hausmannes oder der Hausfrau zu übernehmen, erwerbstätig geblieben wäre (BGH, FamRZ 1982, 592; 1987, 472, 474). Dies bedeutet, dass sich der Unterhaltspflichtige durch die Übernahme der Rolle als Hausmann nicht schlechter stellen darf, als wenn er erwerbstätig geblieben wäre (BGH, FamRZ 1996, 796). Andererseits dürfen sich die minderjährigen Kinder aus der früheren Ehe auch nicht besser stehen als bei einer Fortführung der Erwerbstätigkeit des unterhaltspflichtigen Ehegatten. Der im Rahmen der sog. Hausmann-Rechtsprechung in diesen Fällen herangezogene Grundgedanke des § 1609 BGB ergibt, dass der Ehegatte allen Kindern – gleichrangig – zum Unterhalt verpflichtet ist und die Kinder ungeachtet der von dem Ehegatten übernommenen Rolle in der neuen Ehe nicht vor einer Schmälerung ihrer Ansprüche durch den Hinzutritt weiterer Unterhaltsberechtigter geschützt sind (BGH, FamRZ 2001, 1065, 1067; 1987, 472, 474).

337

Im Rahmen dieser Rspr. kann der unterhaltspflichtige Elternteil gehalten sein, das **Erziehungsgeld** als einziges zur Verfügung stehendes Einkommen für den Unterhalt der Kinder aus früherer Ehe einzusetzen, wenn der Unterhalt des unterhaltspflichtigen Elternteils in der neuen Ehe gesichert ist (so OLG Nürnberg, FamRZ 1994, 1402; OLG Frankfurt, FamRZ 1991, 594).

In Abkehr zu seiner bisherigen Rspr. (BGH, FamRZ 1995, 598) wendet der BGH angesichts der Gesetzesänderungen zum 1. 7. 1998 die sog. Hausmann-/Hausfrauenrechtsprechung auch auf **nichteheliche Lebensgemeinschaften** an, wenn etwa der geschiedene Ehegatte ein nichteheliches Kind aus einer neuen Lebensgemeinschaft betreut (BGH, FamRZ 2001, 614; so auch OLG Frankfurt, FamRZ 1992, 979; OLG Düsseldorf, FamRZ 1991, 592; OLG Koblenz, NJW-RR 2001, 4).

338

Der seinen Kindern aus erster Ehe barunterhaltspflichtige, bislang erwerbstätige Vater darf seine Erwerbstätigkeit nicht deshalb aufgeben, weil die neue Lebensgefährtin nicht bereit ist, das aus dieser Beziehung hervorgegangene Kind zu betreuen. Dies gilt selbst dann, wenn der Vater durch Erklärung nach § 1626a BGB das gemeinsame Sorgerecht übernommen hat (OLG München, FamRZ 1999, 1526, 1527). In diesen Fällen muss die Wahl, die Erwerbstätigkeit zugunsten der Betreuung des Kindes aufzugeben, durch entscheidende Belange des anderen Partners gedeckt sein.

339

Der Bedarf des unterhaltspflichtigen Elternteils wird nach Lage des Falles und nach Maßgabe des **§ 1615l Abs. 1, 2 BGB** zu sichern sein.

(ee) Gesteigerte Unterhaltspflicht und Selbstbehalt

Dem Unterhaltspflichtigen müssen auch im Rahmen der gesteigerten Unterhaltspflicht die zur Bestreitung des unentbehrlichen Lebensbedarfs notwendigen Mittel verbleiben (BGH, FamRZ 1991, 182, 184). Jede Unterhaltspflicht hat dort ihre Grenze, wo die Möglichkeit der Fortexistenz des Unterhaltspflichtigen in Frage gestellt würde und ihm nicht mehr die Mittel zur Bestreitung des unentbehrlichen Lebensbedarfs verbleiben würden (BGH, FamRZ 1989, 170, 171). Die gesteigerte Unterhaltspflicht hat Auswirkungen auf die Höhe des **Selbstbehaltes,** der nach der Düsseldorfer Tabelle, ab Stand: 1. 1. 2002 (FamRZ 2001, 810) und weiterhin ab 1. 7. 2003, gegenüber minderjährigen Kindern bei Erwerbstätigkeit des Unterhaltspflichtigen monatlich 840 €, und, wenn der Unterhaltspflichtige nicht erwerbstätig ist, monatlich 730 € beträgt **(sog. notwendiger Selbstbehalt).** Die Unterscheidung in der Höhe des Selbstbehalts beruht darauf, dass dem erwerbstätigen Unterhaltspflichtigen ein Arbeitsanreiz geschaffen und ein Ausgleich für nicht näher belegbare Aufwendungen im Zusammenhang mit der Berufstätigkeit geschaffen werden sollen. Die Arbeitslosigkeit und die Durchführung einer Umschulungsmaßnahme führen nicht ohne weiteres dazu, diesen Unterhaltspflichtigen sogleich auf den Selbstbehalt des nicht Erwerbstätigen zu verweisen. Dieser Satz ist auf Personen zugeschnitten, die **endgültig** aus dem Erwerbsleben ausgeschieden sind. Deren Lebenszuschnitt führt im Verhältnis zu einem Berufstätigen generell zu einem geringeren Unterhaltsbedarf. Vorübergehende Erkrankungen und Arbeitslosigkeit verändern hingegen den

340

Lebensbedarf nicht, sie können ihn noch erhöhen. Solange der Unterhaltspflichtige um den Wiedereintritt in das Berufsleben bemüht ist, kann er sich auf den **Selbstbehalt des Erwerbstätigen** berufen (OLG Düsseldorf, FamRZ 1980, 718; OLG Hamm, FamRZ 1984, 727; 1999, 1015; s. aber KG, FPR 2002, 323: Selbstbehalt des nicht Erwerbstätigen bei längerer Erkrankung; OLG Koblenz, FamRZ 1998, 1616: Selbstbehalt von 1.300 DM bei längerfristiger krankheitsbedingter Arbeitslosigkeit; auch OLG Zweibrücken, FamRZ 2000, 112: Selbstbehalt des Nichterwerbstätigen bei rund halbjähriger Arbeitslosigkeit; OLG Dresden, FamRZ 1999, 1015). Bei Fehlen dieser Intentionen kann der Selbstbehalt des Erwerbstätigen **reduziert** oder gar dem **Selbstbehalt des nicht erwerbstätigen** Unterhaltspflichtigen gleichgesetzt werden. Ungeachtet dessen kommt dies für die Dauer einer Umschulung in Betracht, wenn sich die Lebenshaltungskosten konkret günstiger gestalten (so OLG Köln, FamRZ 1998, 480, 481).

341 Eine wertende Korrektur ist nach Lage des Falles immer möglich, wenngleich es dazu der Feststellung konkreter Ersparnis bedarf (vgl. etwa OLG Celle, FamRZ 1998, 1614, 1615: Reduzierung des Selbstbehalts bei Bestehen einer Wohngemeinschaft mit der zweiten Ehefrau trotz deren Arbeitslosigkeit; OLG Hamm, FamRZ 1999, 1523: Keine Reduzierung, wenn der neue Ehegatte nur Geringverdienereinkünfte besitzt; OLG Frankfurt, FamRZ 1999, 399: regelmäßig Reduzierung um 20 % bei angemessenen Einkünften des Ehegatten; so auch OLG Hamm, 5. FamS, FuR 2001, 559).

342 Nach Anm. 5 der Düsseldorfer Tabelle sind in dem Selbstbehalt von 840 € bis zu 360 € für Unterkunft einschließlich umlagefähiger Nebenkosten und Heizung (**Warmmiete**) enthalten. Der Selbstbehalt kann angemessen erhöht werden, wenn dieser Betrag im Einzelfall erheblich überschritten wird und dies nicht vermeidbar ist. Es handelt sich um eine **Mindestpauschale.** Eine Reduzierung des Selbstbehalts wegen geringerer Mietkosten ist nicht zu rechtfertigen. Die Selbstbehaltsätze sind bereits sehr gering bemessen. Zudem steht es dem Unterhaltspflichtigen frei, für welche Zwecke er die ihm zur Verfügung stehenden Mittel einsetzt (OLG Düsseldorf, DAVorm 1999, 148; OLG Frankfurt, FamRZ 1999, 1522; a. A. OLG Dresden, FamRZ 1999, 1522).

343 Für Unterhaltszwecke zu verwenden ist nur der den **notwendigen Selbstbehalt/Mindestselbstbehalt übersteigende Arbeitserlös.** Die mit dem **notwendigen Selbstbehalt** definierte unterhaltsrechtliche Opfergrenze gilt im Verhältnis der Eltern zu ihren minderjährigen Kindern (vgl. BGH, FamRZ 1987, 472, 473; 1989, 170, 171) und für die Zeit ab Inkrafttreten des KindUG am 1. 7. 1998 nach Maßgabe des dann geltenden § 1603 Abs. 2 BGB ebenso für die volljährigen unverheirateten privilegierten Kinder (OLG Hamm, FamRZ 1999, 1018, 1019). § 1603 Abs. 2 Satz 2 BGB in der Fassung des KindUG erweitert die gesteigerte Unterhaltspflicht auf **volljährige unverheiratete Kinder bis zur Vollendung des 21. Lebensjahres,** solange sie **im Haushalt der Eltern oder eines Elternteils** leben und sich in der **allgemeinen Schulausbildung** befinden. Ihre Lebensstellung ist trotz Beendigung der elterlichen Sorge mit derjenigen minderjähriger Kinder vergleichbar, eine Gleichstellung im Rahmen des § 1603 Abs. 2 BGB erscheint geboten (BT-Drucks. 13/7338 S. 21). Eine Ausdehnung auf weitere Fallgruppen (behinderte Kinder) sieht die gesetzliche Neuregelung aber nicht vor.

(ff) Gesteigerte Unterhaltspflicht und Vermögenseinsatz

344 Auch der **Stamm des Vermögens** muss notfalls angegriffen werden; eine dem § 1581 Satz 2 BGB entsprechende Billigkeitsgrenze gibt es im Verwandtenunterhalt nicht (BGH, FamRZ 1980, 44; 1989, 170; 1993, 1304, 1306). Doch scheidet eine Verwertung des Vermögensstammes aus, wenn diese dem Unterhaltspflichtigen die Nutzung des Vermögensstammes für den eigenen Unterhalt entziehen würde (BGH, FamRZ 1986, 48, 50). Auch im Rahmen des § 1603 Abs. 2 Satz 1 und 2 BGB muss dem Unterhaltspflichtigen der Vermögensstamm in einem Umfang verbleiben, dass sein notwendiger Eigenbedarf unter Einbeziehung etwa zu erwartender zukünftiger Erwerbsmöglichkeiten bis an das – voraussichtliche – Lebensende gesichert bleibt (BGH, FamRZ 1989, 170, 172; OLG Bamberg, FamRZ 1999, 1019).

(gg) Gesteigerte Unterhaltspflicht und Einsatz des Erziehungsgeldes

Nach § 9 BErzGG werden durch die Gewährung des **Erziehungsgeldes** Unterhaltsverpflichtungen nicht berührt. Dies gilt u. a. jedoch nicht in den Fällen des § 1603 Abs. 2 BGB. Besteht die gesteigerte Unterhaltspflicht der Eltern, ist auch das von dem Unterhaltspflichtigen bezogene Erziehungsgeld als dessen unterhaltsrechtliches Einkommen heranzuziehen (OLG Düsseldorf, FamRZ 1991, 592). Es muss aber für die Bemessung des Bedarfs des mit dem Unterhaltspflichtigen verheirateten, das Kind aus zweiter Ehe betreuenden Ehegatten außer Ansatz bleiben, denn die Ausnahmeregelung gilt nur für den unmittelbar Unterhaltspflichtigen.

345

c) Wegfall der gesteigerten Unterhaltspflicht

Die gesteigerte Unterhaltspflicht tritt jedoch nicht ein, wenn ein **anderer unterhaltspflichtiger Verwandter** vorhanden ist, der in der Lage ist, zum Barunterhalt beizutragen (§ 1603 Abs. 2 Satz 3 BGB).

346

Ein solcher anderer Verwandte kann auch der Elternteil sein, der das unterhaltsberechtigte Kind betreut und der seinen Unterhaltsbeitrag i. d. R. durch die Pflege und Erziehung des Kindes leistet (§ 1606 Abs. 3 Satz 2 BGB), sofern dieser seinerseits gem. § 1603 Abs. 1 BGB leistungsfähig ist (BGH, FamRZ 1980, 555, 556; 1981, 543; 1984, 39; 1991, 182, 183).

Der betreuende Elternteil ist, auch wenn er über eigenes Einkommen verfügt, grds. nicht zum Barunterhalt verpflichtet. Hat aber der barunterhaltspflichtige Elternteil wesentlich geringere Einkünfte, so dass seine Inanspruchnahme zu einem erheblichen finanziellen Ungleichgewicht zwischen den Eltern führen würde, kann eine andere Regelung in Betracht kommen (BGH, FamRZ 1981, 347, 348; 543, 544; 1991, 182, 183; 1998, 286, 288).

Bei der Prüfung der Frage, ob der Elternteil, der das Kind betreut, gem. § 1603 Abs. 2 Satz 3 BGB zum Barunterhalt beizutragen hat, darf von seinem Einkommen nicht im Hinblick auf die erbrachten Betreuungsleistungen ein Betrag i. H. d. von dem anderen Teil zu leistenden Barunterhalts nach der Düsseldorfer Tabelle abgesetzt werden. Diese in der Praxis vielfach angewandte Methode wird vom BGH nicht gebilligt, denn zum einen ist der Wert der Betreuungsleistungen rechnerisch nicht mit dem Barunterhalt gleichzusetzen und zum anderen würde durch ein solches Vorgehen die Beurteilung der weiteren Leistungsfähigkeit des betreuenden Elternteils im Hinblick auf § 1603 Abs. 2 Satz 3 BGB verzerrt (BGH, FamRZ 1991, 182, 183).

347

> *Hinweis:*
> *Es ist zunächst vom tatsächlichen anrechenbaren Einkommen des betreuenden Elternteils auszugehen.*

Die **konkret nachgewiesenen Kosten,** die durch die notwendige Betreuung des minderjährigen Kindes während der berufsbedingten Abwesenheit des betreuenden Elternteils entstehen, sind vorweg von seinem Einkommen abzuziehen (BGH, FamRZ 1982, 779). Als abzugsfähig ist auch eine angemessene Vergütung (Schätzung nach § 287 ZPO) für die Betreuung des Kindes aus erster Ehe seitens der neuen Ehefrau anzuerkennen. Die Haushaltsführung schließt die Pflicht zur unentgeltlichen Betreuung eines Stiefkindes nicht ein (BGH, FamRZ 1986, 790). Auch wenn keine konkreten Betreuungskosten entstehen, kann es gerechtfertigt sein, einen Abzug für Betreuungsleistungen (**sog. Betreuungsbonus**) zu machen. Das ist der Fall, wenn die Betreuung des minderjährigen Kindes neben der Erwerbstätigkeit nur unter besonderen Erschwernissen bewerkstelligt werden kann (BGH, FamRZ 1991, 182, 184). Ist der **betreuende Elternteil überobligationsmäßig erwerbstätig,** etwa weil ihn im Hinblick auf das Alter des Kindes eine Erwerbsobliegenheit im Umfang der ausgeübten Tätigkeit nicht trifft, so ist zu erwägen, ob das Einkommen gem. § 242 BGB nur zum Teil anzurechnen ist. Dazu müssen die konkreten Umstände des Einzelfalles ermittelt und in

348

die Beurteilung einbezogen werden. Geklärt werden muss, in welchem Umfang der betreuende Elternteil Einkommen erzielen könnte, ohne überobligationsmäßig erwerbstätig zu sein, welcher Einkommensteil also durch überobligationsmäßige Erwerbstätigkeit erwirtschaftet wird. Dieser erzielte Einkommensteil ist nicht von vornherein unberücksichtigt zu lassen. Es ist vielmehr eine **Quote** zu bilden, bei deren Ermittlung die Interessen beider Eltern gegeneinander abzuwägen sind (BGH, FamRZ 1991, 182, 184).

349 Kommt danach eine Beteiligung auch des betreuenden Elternteils in Betracht, ist das Maß des zu gewährenden Unterhalts i. S. d. § 1610 Abs. 1 BGB zu bestimmen. Bei beiderseitiger Unterhaltspflicht der Eltern wird dies durch die Einkünfte beider Eltern geprägt (OLG Bamberg, FamRZ 1995, 566; OLG Hamm, FamRZ 1991, 104). Es können die für den Unterhalt volljähriger Kinder maßgeblichen Grundsätze (vgl. insoweit BGH, FamRZ 1994, 696) herangezogen werden.

Für die Bemessung der Haftungsanteile ist entsprechend § 1606 Abs. 3 Satz 1 BGB das für Unterhaltszwecke tatsächlich verfügbare Einkommen des jeweiligen Elternteils zu ermitteln. Maßgeblich sind die **Nettoeinkünfte**. Die Abzugsfähigkeit von beruflichen Aufwendungen und Verbindlichkeiten beurteilt sich nach den Grundsätzen, die für den Unterhaltsanspruch minderjähriger Kinder entwickelt worden sind.

Vor Errechnung der Haftungsanteile ist bei den Einkünften der Eltern für deren eigenen Unterhalt ein Sockelbetrag in Ansatz zu bringen. Es gilt der **angemessene, nicht der notwendige Selbstbehalt,** denn dieser greift nur im Rahmen der verschärften Haftung nach § 1603 Abs. 2 Satz 1 und 2 BGB ein. So liegt es jedoch nicht in Anwendung des § 1603 Abs. 2 Satz 3 BGB (BGH, FamRZ 1998, 286, 288; OLG Hamm, FamRZ 1991, 104, 106; im Ergebnis auch OLG Bamberg, FamRZ 1995, 566, 568). Der so ermittelte Haftungsanteil ist schließlich in tatrichterlicher Beurteilung nach Maßgabe der im Einzelfall tatsächlich erforderlichen und zu erbringenden Betreuungsleistungen wertend zu verändern. Für ihren Anteil an dem Unterhalt des minderjährigen Kindes haften die Eltern als **Teilschuldner** (Wendl/Staudigl-Scholz, Das Unterhaltsrecht in der familienrichterlichen Praxis, § 2 Rn. 308).

350 Das Vorliegen der Voraussetzungen des § 1603 Abs. 2 Satz 3 BGB führt lediglich dazu, dass der Unterhaltspflichtige von der erweiterten Unterhaltspflicht entbunden wird. Zur Erfüllung der Unterhaltspflicht gemeinsamen minderjährigen Kindern gegenüber ist er nach wie vor gehalten, einer Erwerbstätigkeit nachzugehen (OLG Schleswig, FamRZ 1994, 1404).

351 Der Unterhaltspflichtige trägt die **Beweislast** für das Vorhandensein anderer Verwandter. Hingegen gehört es zur Beweislast des Unterhaltsberechtigten, dass der andere Elternteil und andere Verwandte nicht leistungsfähig sind (BGH, FamRZ 1982, 590; NJW 1984, 1614).

d) Rangfragen des Kindesunterhalts

352 Reicht das für den Unterhalt zur Verfügung stehende bereinigte Nettoeinkommen des Unterhaltspflichtigen nicht aus, um den Unterhalt aller in Betracht kommenden Unterhaltsberechtigten zu decken, ist in eine **Mangelfallberechnung** einzutreten. Dabei treten Rangfragen i. S. d. §§ 1609, 1582 BGB auf, wenn als Unterhaltsberechtigte neben minderjährigen Kindern aus erster Ehe auch solche aus zweiter Ehe treten und zusätzlich noch Ehegattenunterhalt gegenüber dem geschiedenen Ehegatten/dem Ehegatten aus zweiter Ehe geschuldet wird.

353 Minderjährige unverheiratete eheliche Kinder, gleichgültig, welcher Ehe sie entstammen, stehen im Rang gleich. Dies galt nach der bisherigen Rspr. auch im Verhältnis zu nichtehelichen Kindern (BGH, FamRZ 1992, 797, 798). Das KindUG hat jedoch die Unterscheidung zwischen ehelichen und nichtehelichen Kindern aufgehoben. § 1603 Abs. 2 Satz 2 BGB i. d. F. des KindUG hat ferner den minderjährigen unverheirateten Kindern die **volljährigen unverheirateten Kinder bis zur Vollendung des 21. Lebensjahres** gleichgestellt, solange sie **im Haushalt der Eltern oder eines Elternteils** leben **und** sich in der **allgemeinen Schulausbildung** befinden. Folgerichtig ist durch § 1609 Abs. 1 BGB i. d. F. des KindUG zwischen ihnen ein gleiches Rangverhältnis begründet worden. Ihre Ansprüche bemessen sich nach der materiellen Rechtslage. Dies gilt auch hinsichtlich

des Unterhaltsberechtigten, zu dessen Gunsten bereits ein rechtskräftiger, vollstreckbarer Unterhaltstitel besteht (BGH, FamRZ 1980, 555, 557; 1990, 1091, 1094; 1992, 797, 798).

Gleichrangig sind die Ansprüche der Kinder i. S. d. § 1603 Abs. 2 BGB i. d. F. des KindUG auch mit dem Anspruch des Ehegatten des Unterhaltspflichtigen. Dazu gehört der geschiedene wie der jetzige Ehegatte.

354

Der **Gleichrang** setzt sich durch, wenn nur ein Ehegatte, der geschiedene oder der gegenwärtige, Unterhaltsansprüche gegen den Unterhaltspflichtigen stellt (vgl. OLG Hamm, FamRZ 1993, 1237, 1238; 1996, 629, 630; OLG Köln, FamRZ 1993, 1239). Kollidieren jedoch Unterhaltsansprüche der gem. § 1582 BGB privilegierten geschiedenen Ehefrau und der minderjährigen Kinder mit denen der zweiten Ehefrau, gilt der Gleichrang des § 1609 BGB nur zwischen den Kindern nach § 1603 Abs. 2 BGB i. d. F. des KindUG und dem nach § 1582 BGB bevorrechtigten Ehegatten (BGH, FamRZ 1988, 705 ff.). In diesem Sinn ist der Wertungswiderspruch zu lösen, der sich daraus ergibt, dass ein Ehegatte dem anderen gegenüber i. S. d. § 1582 BGB privilegiert ist und ihm im Rang vorgeht, während die Ansprüche der Kinder gem. § 1609 BGB zu denen der Ehegatten gleichrangig sind.

Nachrangig gegenüber den Ansprüchen minderjähriger unverheirateter Kinder – und den jetzt durch § 1603 Abs. 2 Satz 2 BGB i. d. F. des KindUG gleichgestellten volljährigen Kindern – sowie denen der Ehegatten des Unterhaltspflichtigen sind die Ansprüche volljähriger Kinder, auch wenn diese geistig oder körperlich behindert sind. Maßstab der gesetzlich bestimmten Rangordnung ist nicht die Unterhaltsbedürftigkeit, sondern das Lebensalter (BGH, FamRZ 1984, 683, 685; NJW 1987, 1549, 1550).

355

Die so ausgestalteten Rangverhältnisse wirken sich dahin aus, dass zunächst alle Ansprüche der vorrangig Berechtigten befriedigt werden, bevor ein nachrangig Berechtigter zum Zuge kommen kann.

3. Unterhaltspflicht gegenüber Ansprüchen volljähriger Kinder

Gegenüber Ansprüchen von volljährigen Kindern – mit Ausnahme der nach § 1603 Abs. 2 Satz 2 BGB i. d. F. des KindUG den minderjährigen Kindern gleichgestellten volljährigen Kinder – gilt § 1603 Abs. 1 BGB, wonach nicht unterhaltspflichtig ist, wer bei Berücksichtigung seiner sonstigen Verpflichtungen außerstande ist, ohne Gefährdung seines angemessenen Unterhalts den Unterhalt zu gewähren. Die gesteigerte Unterhaltspflicht nach § 1603 Abs. 2 Satz 1 BGB greift nicht ein. Hieraus leiten sich folgende Konsequenzen ab:

356

a) Erwerbsobliegenheit

Die aus der gesteigerten Unterhaltspflicht gegenüber Ansprüchen minderjähriger unverheirateter und ihnen nach § 1603 Abs. 2 Satz 2 BGB gleichgestellter volljähriger Kinder abgeleiteten Anforderungen an die Erwerbsobliegenheit gelten im Verhältnis zu volljährigen Kindern nicht. Die Unterhaltspflicht wird durch die **allgemeine Obliegenheit**, in zumutbarer Weise Einkünfte zur Sicherstellung des Unterhalts zu erzielen, gekennzeichnet. In aller Regel ist die Ausübung einer vollschichtigen Erwerbstätigkeit geschuldet. Die schuldhafte Verletzung der Erwerbsobliegenheit kann die Zurechnung eines fiktiven Einkommens nach sich ziehen. Ist der andere Elternteil uneingeschränkt leistungsfähig, kann von dem anderen nicht verlangt werden, die bisher ausgeübte, zur Sicherstellung des eigenen Unterhalts ausreichende Erwerbstätigkeit auszuweiten (OLG Dresden, FuR 1999, 479, 484). Die Zurechnung eines fiktiven Einkommen kommt erst für den Fall eines **leichtfertigen, unterhaltsbezogenen Verhaltens** in Betracht. Die fortwirkende Bedürftigkeit des in der Ausbildung befindlichen Kindes versagt den Eltern die Aufgabe einer einträglichen Erwerbstätigkeit zugunsten der Aufnahme einer Fort-/Weiterbildungsmaßnahme.

357

b) Eingehung von Verbindlichkeiten

Fehlende Leistungsfähigkeit ist auch hier unbeachtlich, wenn sich der Unterhaltspflichtige nach Treu und Glauben verantwortungslos oder zumindest leichtfertig verhalten hat. Im Interesse des

358

Ausbildungsanspruchs eines volljährigen studierenden Kindes ist den Eltern abzuverlangen, auf dessen Unterhaltsbedürftigkeit Rücksicht zu nehmen und keine Verbindlichkeiten einzugehen, die ihre Leistungsfähigkeit einschränken oder gar erschöpfen (BGH, FamRZ 1982, 157; OLG Hamburg, FamRZ 1989, 95, 96). Deshalb können sie gehalten sein, den Bau eines Familieneigenheimes bis zum Abschluss der Ausbildung zurückzustellen oder eine Umschuldung/Schuldenstreckung vorzunehmen (OLG Frankfurt, FamRZ 1994, 1611).

c) Angemessener Selbstbehalt

359   Gegenüber Volljährigen greift der **angemessene Selbstbehalt,** nach Anm. 5 der Düsseldorfer Tabelle, Stand: 1. 1. 2002, (FamRZ 2001,810), und weiterhin für die Zeit ab 1. 7. 2003 i. H. v. mindestens 1.000 € monatlich. Eine Unterscheidung zwischen einem erwerbstätigen und einem nicht erwerbstätigen Unterhaltspflichtigen wird dort nicht gemacht (vgl. i. Ü. die jeweiligen unterhaltsrechtlichen Leitlinien und Tabellen der OLG). Der angemessene Selbstbehalt gilt auch beim Ausbildungsunterhalt Volljähriger (BGH, FamRZ 1989, 272). Die Zubilligung eines erhöhten Selbstbehalts lässt sich in Fällen rechtfertigen, in denen die Eltern von einem seit langem erwachsenen Kind erneut in Anspruch genommen werden (OLG Karlsruhe, NJW 1999, 2680 – 25 % über dem angemessenen Selbstbehalt).

d) Keine Geltung der Grundsätze zur Hausmann-/Hausfrauenrechtsprechung

360   Die für die Unterhaltsansprüche minderjähriger, unverheirateter Kinder entwickelten Grundsätze der sog. Hausmann- bzw. Hausfrauenrechtsprechung des BGH finden gegenüber den Ansprüchen volljähriger Kinder **keine Anwendung.** Diese Rspr. hat ihre Grundlage in dem **Gleichrang** der minderjährigen unverheirateten Kinder. Ihnen gegenüber sind volljährige Kinder jedoch gem. § 1609 Abs. 1 BGB nachrangig. Dies gilt auch für volljährige Kinder, die wegen einer körperlichen oder geistigen Behinderung nicht erwerbsfähig sind. Nach dem Wortlaut des § 1609 BGB bestimmt sich das Rangverhältnis ausschließlich nach dem **Alter der Kinder** (BGH, FamRZ 1984, 683, 685; 1987, 472, 473; OLG Hamburg, FamRZ 1998, 41, 42).

361   § 1609 Abs. 1 BGB i. d. F. des KindUG stellt den minderjährigen Kindern volljährige unverheiratete Kinder bis zur Vollendung des 21. Lebensjahres jedoch gleich, solange sie im Haushalt der Eltern oder eines Elternteils leben und sich in der allgemeinen Schulausbildung befinden. Insoweit findet eine Erweiterung des Kreises der bei der Rangfolge zu berücksichtigenden Kinder statt. Die volljährigen Kinder i. S. d. § 1603 Abs. 2 Satz 2 BGB stehen den minderjährigen Kindern im Rang gleich; in ihrem Verhältnis zueinander findet die sog. Hausmann-/Hausfrauenrechtsprechung Anwendung.

VI. Ersatzhaftung und Forderungsübergang

362   Das KindUG hat die Ersatzhaftung und den Forderungsübergang nach § 1607 BGB erweitert. Für den gesamten **Verwandtenunterhalt** gilt, dass bei Leistungsunfähigkeit eines vorrangig haftenden Unterhaltspflichtigen der nach ihm haftende Verwandte den Unterhalt zu gewähren hat, § 1607 Abs. 1 BGB. Das Gleiche gilt, wenn die Rechtsverfolgung gegen einen Verwandten im Inland ausgeschlossen oder erheblich erschwert ist, § 1607 Abs. 2 Satz 1 BGB. Nach der Neufassung des § 1607 Abs. 2 Satz 2 BGB geht der Anspruch gegen einen solchen Verwandten, soweit ein anderer nach Abs. 1 verpflichteter Verwandter den Unterhalt gewährt, auf diesen über.

363   Beim **Kindesunterhalt** hat das KindUG mit § 1607 Abs. 3 BGB einen Forderungsübergang auch für eheliche Kinder gebracht. Dies soll die Bereitschaft anderer Verwandter zur Unterstützung von Mutter und Kind fördern (BT-Drucks. 13/7338 S. 21). Nach dieser Bestimmung geht der Unterhaltsanspruch eines Kindes gegen einen Elternteil, soweit **unter den Voraussetzungen des Abs. 2 Satz 1** (Ausschluss oder erhebliche Erschwernis der Rechtsverfolgung gegenüber einem Verwandten) an Stelle des Elternteils ein anderer, nicht unterhaltspflichtiger Verwandter oder der Ehegatte des anderen Elternteils Unterhalt leistet, auf diesen über. Dies gilt entsprechend, wenn dem Kind

ein Dritter als Vater (**sog. Scheinvater**) Unterhalt gewährt. Werden somit freiwillige Zahlungen geleistet, findet ein Forderungsübergang statt. Die Neufassung umfasst Unterhaltsansprüche gegenüber beiden Elternteilen (BT-Drucks. 13/7338 S. 21).

> *Hinweis:*
>
> *In § 1607 Abs. 4 BGB findet sich die Regelung der bisherigen §§ 1607 Abs. 2 Satz 3, 1615b Abs. 1 Satz 2 BGB wieder. Danach kann der Übergang nicht zum Nachteil der Unterhaltsberechtigten geltend gemacht werden.*

VII. Verjährung des Unterhaltsanspruchs

Das Gesetz zur Modernisierung des Schuldrechts (BGBl. 2001 I S. 3137) in der Fassung des Gesetzesbeschlusses des Deutschen Bundestages vom 11. 10. 2001 (BT-Drucks. 14/7052) ist zum 1. 1. 2002 in Kraft getreten. Dadurch wurde unter anderem der fünfte Abschnitt des 1. Buches des BGB vollkommen neu gefasst. Die §§ 194 bis 218 BGB haben eine grundlegende Umgestaltung des Verjährungsrechts gebracht. Sie wirken sich auch auf das Familienrecht/Unterhaltsrecht aus. 364

1. Dauer der Verjährung

Nach § 195 BGB beträgt die **regelmäßige Verjährungsfrist drei Jahre.** 365

Soweit nichts anderes, wie etwa in §§ 1302, 1378 Abs. 4, 1390 Abs. 3 BGB, bestimmt ist, verjähren familien- und erbrechtliche Ansprüche nach § 197 Abs. 1 Nr. 2 BGB in 30 Jahren.

§ 197 Abs. 2 BGB bestimmt, dass Ansprüche auf wiederkehrende Leistungen/Unterhaltsleistungen nunmehr der regelmäßigen Verjährungsfrist von drei statt bisher vier Jahren unterliegen. Dies gilt auch für Ansprüche wegen Sonderbedarfs (BT-Drucks. 14/6040 S. 107; zur bisherigen Rspr. s. BGHZ 103, 167) und für die Ansprüche nach § 1615l BGB, denn § 1615l Abs. 4 BGB ist durch die Neuregelung aufgehoben worden. 366

Der regelmäßigen Verjährungsfrist dürfte auch der familienrechtliche Ausgleichsanspruch, für den bislang die vierjährige Verjährungsfrist des § 197 BGB a. F. galt (BGH, BGHZ 31, 329; FamRZ 1996, 725, 726) unterfallen.

Rechtskräftig festgestellte Unterhaltsansprüche, also alle Ansprüche bis zur Rechtskraft der Entscheidung, verjähren als familienrechtliche Ansprüche – wie bisher nach § 218 BGB a. F. – nach § 197 Abs. 1 Nr. 3 BGB in 30 Jahren. Bezieht sich der Titel auf künftig fällig werdende regelmäßig wiederkehrende Leistungen, gilt gem. § 197 Abs. 2 2. Alt. BGB die regelmäßige Verjährungsfrist von drei Jahren. Diese Regelung gilt nach § 197 Abs. 1 Nr. 4 BGB auch für Ansprüche aus vollstreckbaren Vergleichen oder vollstreckbaren Urkunden. 367

2. Beginn der Verjährung

Nach § 199 Abs. 1 BGB beginnt **für nicht titulierte Unterhaltsansprüche** die regelmäßige Verjährungsfrist **mit dem Schluss des Jahres**, in dem 368

- der Anspruch entstanden ist, und

- der Gläubiger von den den Anspruch begründenden Umständen und der Person des Schuldners Kenntnis erlangt oder ohne grobe Fahrlässigkeit erlangen müsste.

Im Fall von **in Urteilen, Prozessvergleichen und Urkunden festgestellten Ansprüchen** beginnt gem. § 200 BGB die Verjährung mit der **Rechtskraft der Entscheidung/der Errichtung des vollstreckbaren Titels**, nicht jedoch vor der Entstehung des Anspruchs, § 201 Satz 1 BGB. 369

3. Hemmung der Verjährung

370 Das neue Recht enthält in den §§ 203 bis 213 BGB nur noch Bestimmungen zur **Hemmung der Verjährung**. Sie hat nach § 209 BGB zur Folge, dass der Zeitraum, während dessen die Verjährung gehemmt ist, nicht in die Verjährungsfrist eingerechnet wird.

371 § 203 BGB sieht das **Schweben von Verhandlungen** zwischen dem Schuldner und dem Gläubiger über den Anspruch oder die den Anspruch begründenden Umstände als Hemmungsgrund vor. Wegen der Auslegung dieser Bestimmung wird auf § 852 Abs. 2 BGB abzustellen sein. Die Gesetzesbegründung (BT-Drucks. 14/6040 S. 118) macht dazu keine konkrete Aussagen.

372 Die Hemmung wirkt, bis der eine oder andere Teil die Fortsetzung der Verhandlungen verweigert. In der Praxis wird auf die möglichst schriftliche Fixierung dieses Zeitpunktes besonderes Gewicht gelegt werden müssen.

Die Verjährung tritt in diesen Fällen frühestens drei Monate nach dem Ende der Hemmung ein, § 203 Satz 2 BGB.

373 Die Verjährung wird nach § 204 BGB ferner durch bestimmte **Rechtsverfolgungsmaßnahmen** gehemmt, unter anderem durch **Erhebung der Leistungsklage**, auch in Gestalt der Stufenklage, jedoch nicht allein durch die isolierte Auskunftsklage. Ferner durch Erhebung der **Feststellungsklage** sowie der **Klage auf Erteilung der Vollstreckungsklausel** oder auf **Erlass des Vollstreckungsurteils**, § 204 Abs. 1 Nr. 1 BGB). Die Hemmung der Verjährung tritt überdies ein durch die **Zustellung des Antrages im vereinfachten Verfahren** über den Unterhalt Minderjähriger, § 204 Abs. 1 Nr. 2 BGB, die **Zustellung des Mahnbescheids** im Mahnverfahren, § 204 Abs. 1 Nr. 3 BGB, die **Veranlassung der Bekanntgabe des erstmaligen Antrages auf Gewährung von Prozesskostenhilfe**; wird die Bekanntgabe **demnächst** nach der Einreichung des Antrages veranlasst, so wird die Hemmung der Verjährung bereits mit der Einreichung bewirkt, § 204 Abs. 1 Nr. 14 BGB. Zu letzterem Hemmungsgrund wird zu fordern sein, dass wie bisher (BGH, FamRZ 1995, 797; NJW 1989, 3149) ein ordnungsgemäß begründetes und vollständiges Gesuch einschließlich der Erklärung nach § 117 ZPO rechtzeitig, also vor Ablauf der Verjährung, bei Gericht eingereicht wird und die Partei subjektiv glauben konnte, sie sei bedürftig. Die verjährungshemmende Wirkung eines PKH-Gesuchs endet mit dem Zugang eines ablehnenden Beschlusses, wenn die Partei das rechtzeitig eingeleitete Beschwerdeverfahren freiwillig nicht weiterbetreibt (BGH, FamRZ 1991, 545).

374 Hemmung tritt zudem ein aus **familiären und ähnlichen Gründen**, § 207 BGB. Die Verjährung ist gehemmt bei Ansprüchen zwischen Ehegatten, solange die Ehe besteht, § 207 Abs. 1 Satz 1 BGB. Das Gleiche gilt u. a. auch für Ansprüche zwischen Eltern und Kindern und dem Ehegatten eines Elternteils und dessen Kindern während der Minderjährigkeit der Kinder, § 207 Abs. 1 Nr. 2 BGB. Die Hemmung der Verjährung schließt nicht aus, dass der Unterhaltsanspruch eines minderjährigen Kindes aus besonderen Gründen nach § 242 BGB verwirkt sein kann (BGH, FamRZ 1999, 1422).

375 Die Hemmung endet allerdings wie im bisherigen Recht, wenn der Anspruch gesetzlich, etwa nach § 7 Abs. 1 UVG oder § 91 Abs. 1 BSHG, übergeht (OLG Brandenburg, NJW-RR 2002, 362; OLG Düsseldorf, FamRZ 1981, 308). Mit der Rückübertragung nach § 91 Abs. 4 BSHG an das Kind oder den Ehegatten beginnt sie jedoch wieder (AG Hamburg, DAVorm 1973, 622).

376 Nach § 206 BGB ist die Verjährung auch gehemmt, solange der Gläubiger innerhalb der letzten sechs Monate der Verjährungsfrist durch **höhere Gewalt** – Stillstand der Rechtspflege entspricht höherer Gewalt – an der Rechtsverfolgung gehindert ist.

4. Neubeginn der Verjährung

377 § 212 BGB sieht den **Neubeginn der Verjährung** in voller Länge vor, wenn

- der Schuldner dem Gläubiger gegenüber den Anspruch durch Abschlagszahlungen, Zinszahlung, Sicherheitsleistung oder in anderer Weise anerkennt, oder
- eine gerichtliche oder behördliche Vollstreckungshandlung vorgenommen oder beantragt wird.

In diesen Fällen hat der Schuldner bei dem Gläubiger das Vertrauen geschaffen, den Anspruch nicht geltend machen zu müssen; er ist daher nicht schutzwürdig (BT-Drucks. 14/6040 S. 120). Unter Nr. 2 fällt nicht die Erteilung einer Vollstreckungsklausel und die Titelumschreibung (OLG Brandenburg, JAmt 2001, 376).

Nach § 212 Abs. 2 BGB gilt der Neubeginn der Verjährung **infolge einer Vollstreckungshandlung** als nicht eingetreten, wenn sie auf Antrag des Gläubigers oder wegen Fehlens der gesetzlichen Voraussetzungen aufgehoben wird. 378

Nach § 212 Abs. 3 BGB gilt der Neubeginn der Verjährung **durch den Antrag auf Vornahme einer Vollstreckungshandlung** als nicht eingetreten, wenn dem Antrag nicht stattgegeben oder der Antrag vor der Vollstreckungshandlung zurückgenommen oder die erwirkte Vollstreckungshandlung nach Abs. 2 aufgehoben wird. 379

5. Vereinbarungen über die Verjährung

Nach § 202 Abs. 1 BGB kann die Verjährung bei **Haftung wegen Vorsatzes** nicht im Voraus durch Rechtsgeschäft erleichtert werden. Allerdings gestattet § 202 Abs. 2 BGB Vereinbarungen auch bei familien- und erbrechtlichen Ansprüchen; so sind Abreden über die Verlängerung der Verjährungsfrist bis zur Höchstgrenze von 30 Jahren wirksam. 380

6. Übergangsregelungen

Art. 229 § 5 bis § 7 EGBGB enthalten Überleitungsvorschriften. 381

Nach § 5 Satz 1 EGBGB gelten die neuen gesetzlichen Bestimmungen für Schuldverhältnisse, die nach dem 1. 1. 2002 entstanden sind. Gem. § 5 Satz 2 EGBGB gilt für vor dem 1. 1. 2002 entstandene Dauerschuldverhältnisse das neue Recht erst ab 1. 1. 2003.

§ 6 EGBGB enthält die Überleitungsvorschrift für das Verjährungsrecht. 382
Ist die Verjährung bereits vor dem 1. 1. 2002 eingetreten, bleibt es bei dem alten Recht. Das neue Recht ist nach § 6 Abs. 1 Satz 1 EGBGB nur auf die am 1. 1. 2002 bestehenden und noch nicht verjährten Ansprüche anzuwenden. Beginn, Hemmung, Ablaufhemmung und der Neubeginn der Verjährung bestimmen sich für den Zeitraum vor dem 1. 1. 2002 nach altem Recht, § 6 Abs. 1 Satz 2 EGBGB. Ist die Verjährungsfrist nach neuem Recht kürzer, wird sie von dem 1. 1. 2002 an berechnet, § 6 Abs. 4 Satz 1 EGBGB. Endet die nach altem Recht längere Frist früher als die ab 1. 1. 2002 geltende kürzere Frist, ist die Verjährung mit dem Ablauf der nach altem Recht maßgeblichen Frist vollendet, § 6 Abs. 4 Satz 2 EGBGB.

Beispiel:
Ein Unterhaltsanspruch für November 1999 wäre nach §§ 197, 201 BGB a. F. mit Ablauf des 31. 12. 2002 verjährt. Nach neuem Recht verjährt der Unterhaltsanspruch nach § 197 Abs. 2 BGB in der – kürzeren – regelmäßigen Verjährungsfrist von drei Jahren. Die kürzere Verjährungsfrist beginnt mit dem 1. 1. 2002 und endet am 31. 12. 2004. Die nach altem Recht geltende längere Frist wäre jedoch bereits am 31. 12. 2002 abgelaufen. Demnach ist dieser frühere Zeitpunkt maßgeblich.

Sieht das neue Recht anstelle der Unterbrechung der Verjährung deren Hemmung vor und ist eine vor dem 1. 1. 2002 begonnene Verjährungsfrist zum Stichtag nach altem Recht unterbrochen, diese Unterbrechung zum 31. 12. 2001 auch noch nicht beendet, gilt die Unterbrechung als mit Ablauf des 31. 12. 2001 beendet; die neue Verjährungsfrist ist mit Beginn des 1. 1. 2002 gehemmt, § 6 Abs. 2 EGBGB. 383

§ 6 Ab. 1 Satz 3 EGBGB enthält den Grundsatz, dass altes Recht anzuwenden ist, wenn nach Ablauf des 31. 12. 2001 ein Umstand eintritt, bei dessen Vorliegen nach altem Recht eine vor dem Stichtag eintretende Unterbrechung der Verjährung als nicht erfolgt oder als erfolgt gilt. Wird etwa 384 eine vor dem 31. 12. 2001 erhobene Klage nach dem 1. 1. 2002 zurückgenommen, entfällt die durch die Klage auf der Grundlage alten Rechts bewirkte Unterbrechungswirkung nach § 212 BGB a. F. rückwirkend. Die Verjährung gilt andererseits rückwirkend für Zeiträume vor dem 1. 1. 2002 als durch die Erhebung der ersten Klage unterbrochen, wenn nach Zurücknahme der Klage oder deren Abweisung durch Prozessurteil binnen sechs Monaten erneut Klage erhoben wird.

VIII. Beschränkung und Wegfall des Unterhaltsanspruchs

385 Der Unterhaltsanspruch eines **volljährigen Kindes** kann gem. § 1611 Abs. 1 BGB beschränkt oder ausgeschlossen werden. Es handelt sich um eine **eng auszulegende Ausnahmevorschrift**. In ihrem Geltungsbereich schließt sie den Rückgriff auf allgemeine Grundsätze aus (BGH, FamRZ 1988, 159, 160). Liegen ihre Voraussetzungen vor, wird nur noch **Billigkeitsunterhalt** geschuldet.

386 § 1611 Abs. 1 BGB ist auf die Unterhaltspflicht von Eltern gegenüber minderjährigen unverheirateten Kindern nicht anzuwenden, § 1611 Abs. 2 BGB. Tatbestandliche Handlungen eines minderjährigen Kindes können dem Unterhaltsanspruch des nunmehr volljährigen Kindes nicht entgegengesetzt werden (BGH, FamRZ 1988, 159, 163).

387 Die Schutzwirkung des § 1611 Abs. 2 BGB greift auch zugunsten des minderjährigen Kindes, das die Obliegenheit, einer Ausbildung nachzugehen, verletzt hat; die Unterhaltsverpflichtung des barunterhaltspflichtigen Elternteils besteht fort (OLG Hamburg, FamRZ 1995, 959; OLG Stuttgart, FamRZ 1997, 447; OLG Saarbrücken, FamRZ 2000, 40 m. w. N. auf die insoweit streitigen Auffassungen in Rspr. und Lit.). Demgegenüber hält das OLG Düsseldorf (FamRZ 1990, 194) das minderjährige, arbeitsfähige, nicht in der Ausbildung befindliche Kind für verpflichtet, seinen Unterhaltsbedarf durch Erwerbstätigkeit zu decken.

388 Ein Ausschluss des Unterhalts ist nur in sehr engen Grenzen möglich, u. a., wenn sich der Unterhaltsberechtigte einer **schweren vorsätzlichen Verfehlung gegenüber dem Unterhaltspflichtigen** schuldig gemacht hat. Als Beispiel kommen in Betracht: tätliche Angriffe, ständige grobe Beleidigungen (OLG Hamm, FamRZ 1993, 468) und Bedrohungen, falsche Anschuldigung und Schädigung des Unterhaltspflichtigen in seiner beruflichen und wirtschaftlichen Stellung (OLG Celle, FamRZ 1993, 1235, 1236; OLG Hamm, FamRZ 1993, 468), Herabwürdigung des Ausbildungsstandes des unterhaltspflichtigen Vaters (AG Königstein, FamRZ 1992, 594).

389 Der Tatbestand ist nicht schon erfüllt, wenn das unterhaltsberechtigte Kind jeden **Kontakt** zu den Eltern ablehnt und in einem Brief an die Eltern jegliche Anrede und Höflichkeitsfloskel weglässt. Es müssen **weitere Umstände** hinzutreten. Bei der Abwägung aller Umstände ist auch zu berücksichtigen, ob eigenes Verhalten der Eltern Anlass zu missbilligendem Verhalten des Kindes gegeben hat (BGH, FamRZ 1995, 475, 1991, 322, 323; 1988, 159; vgl. ferner in diesem Zusammenhang OLG Frankfurt, FamRZ 1990, 789; 1993, 1241 mit zahlreichen Rechtsprechungsnachweisen in der Anm.; 1995, 1513 unter Aufgabe von FamRZ 1990, 789; OLG Düsseldorf, FamRZ 1995, 957; OLG Hamm, FamRZ 1995, 1439; OLG Köln, FamRZ 1996, 1101; OLG Bamberg, FamRZ 1992, 717 m. Anm. Ewers, FamRZ 1992, 719, und Schütz, FamRZ 1992, 1138; OLG München, FamRZ 1992, 595; 1996, 737).

390 Das Verschweigen von anrechenbaren Einkünften im Unterhaltsverfahren (Berufsausbildungsbeihilfe des Arbeitsamtes nach § 40 AFG) kann als versuchter Prozessbetrug die Verwirkung rechtfertigen (OLG Hamm, FamRZ 1995, 958; OLG Koblenz, FamRZ 1999, 402).

Die Inanspruchnahme des Unterhaltspflichtigen kann entfallen oder eingeschränkt werden, wenn der Unterhaltsberechtigte durch sein **sittliches Verschulden** bedürftig geworden ist. Dabei handelt es sich um Vorwerfbarkeit von erheblichem Gewicht (BGH, FamRZ 1985, 273, 274). Die Bedürftigkeit muss durch Gründe herbeigeführt worden sein, die bei objektiver Betrachtung sittlich zu missbilligen sind (BGH, FamRZ 1983, 803, 804). Dies kann der Fall sein, wenn die Bedürftigkeit des Unterhaltsberechtigten durch erneuten Drogenkonsum eingetreten ist, nachdem er sich zuvor einer Therapie unterzogen und sich sein Zustand stabilisiert hatte (OLG Celle, FamRZ 1990, 1142).

Werden die Voraussetzungen des § 1611 Abs. 1 BGB nach einer Verurteilung zur Zahlung von 391
Unterhalt erfüllt, kann die Verwirkung durch **Vollstreckungsabwehrklage** geltend gemacht werden (BGH, FamRZ 1987, 259, 261 – dort zur Verwirkung nachehelichen Unterhalts entschieden; OLG Düsseldorf, FamRZ 1981, 883, 884; OLG Koblenz, FamRZ 1999, 402). Für Zeiträume ab Rechtshängigkeit kommt bei Vorliegen von Umständen, die gegenüber fälligen Unterhaltsansprüchen eine Einwendung i. S. d. § 767 ZPO begründen, auch die **Abänderungsklage** mit den gesetzlichen Einschränkungen nach § 323 Abs. 2 und 3 ZPO in Betracht (BGH, FamRZ 1990, 1095 – dort zur Anwendung von § 1579 BGB infolge Verschweigens des Ausbildungsabbruchs im Vorprozess).

IX. Verzicht auf den Unterhaltsanspruch

1. Verzicht auf künftigen Unterhalt

Beim Kindesunterhalt ist gem. § 1614 Abs. 1 BGB ein **Unterhaltsverzicht für zukünftige Forderungen** nicht möglich. Vereinbarungen über den Kindesunterhalt dürfen danach keinen – auch nur teilweisen – Verzicht auf künftigen Unterhalt beinhalten oder auf einen solchen Verzicht hinauslaufen. Entscheidend für die Beurteilung ist nicht der Parteiwille, sondern allein, ob der dem Unterhaltsberechtigten von Gesetzes wegen zustehende Unterhalt **objektiv verkürzt** wurde (BGH, FamRZ 1984, 997). 392

Nach Maßgabe des § 1610 BGB besteht für die Bemessung des Unterhalts ein **Angemessenheitsrahmen,** innerhalb dessen Vereinbarungen über den Kindesunterhalt gestattet sind. In der Unterschreitung der Tabellensätze um mehr als ein Drittel oder im Falle eines Abschlages von 20 % kann ein unzulässiger Teilverzicht liegen (vgl. OLG Düsseldorf, NJWE-FER 2000, 307; OLG Hamm, FuR 2000, 281; OLG Oldenburg, FamRZ 1979, 333; OLG Köln, FamRZ 1983, 750; OLG Celle, FamRZ 1992, 94). Unwirksam ist eine Vereinbarung, die den an sich maßgeblichen Bedarfssatz der Einkommensgruppe 5 um mehr als 120 DM unterschreitet (KG, FamRZ 1997, 627, 628). 393

Es bestehen keine Bedenken gegen eine Vereinbarung, derzufolge das unterhaltsberechtigte Kind auf künftigen Unterhalt i. H. v. 50 DM verzichtet, wenn in dieser Höhe eine Ausbildungsversicherung zugunsten des Kindes bedient und der maßgebliche Tabellensatz nur um bis zu 20 % unterschritten wird (OLG Celle, FamRZ 1992, 94 LS). 394

Ein Unterlassen der Höherstufung ist zulässig (OLG Hamm, FamRZ 1981, 869).

Eine Vereinbarung, die zu einer Erschwernis eines Erhöhungsverlangens nach § 323 ZPO führt, kann zur Annahme eines – unzulässigen – Verzichts führen (BGH, FamRZ 1984, 997, 999).

2. Verzicht für die Vergangenheit

Ein ausdrücklicher oder konkludenter Verzicht auf Unterhalt für die Vergangenheit wird für zulässig erachtet; jedoch sind an die Feststellung des Willens, auf Unterhalt zu verzichten, strenge Anforderungen zu stellen. 395

X. Freistellungsvereinbarungen der Eltern

1. Erfüllungsübernahme

Eine **Freistellung von Unterhaltsansprüchen** – auch solcher von gemeinschaftlichen Kindern – ist rechtlich zulässig. Die Eltern können sich im Verhältnis zueinander über die von ihnen zu leistenden Unterhaltsbeiträge verständigen und grds. auch einen von ihnen von einer Unterhaltsleistung vollständig freistellen. Die Vereinbarung kann bereits vor der Geburt des Kindes und vor der Eheschließung der Parteien getroffen werden (OLG Stuttgart, FamRZ 1992, 716 dort auch zu Fragen der Sittenwidrigkeit derartiger Vereinbarungen). Das Verbot, auf künftigen Unterhalt zu verzichten, steht nicht entgegen, weil der Unterhaltsanspruch des Kindes gegen seine Eltern durch 396 deren Vereinbarung nicht betroffen wird (OLG Stuttgart, FamRZ 1992, 716). Die zwischen den Eltern verabredete Freistellung von Unterhaltsansprüchen gemeinschaftlicher Kinder ist als **Erfüllungsübernahme** anzusehen. Aufgrund einer solchen Abrede kann der vom Kind auf Unterhalt in Anspruch genommene Elternteil vom anderen verlangen, dass er den Anspruch des Kindes befriedigt. Dies kann dadurch geschehen, dass der zur Freistellung verpflichtete Elternteil den Unterhalt unmittelbar an das Kind zahlt oder den Betrag dem anderen Elternteil zur Verfügung stellt (BGH, FamRZ 1986, 444, 445; 1987, 934; 1989, 499; vgl. auch OLG Stuttgart, FamRZ 1992, 716).

2. Sittenwidrigkeit

397 Eine Freistellungsvereinbarung kann gegen die guten Sitten verstoßen und gem. § 138 BGB nichtig sein. Eine derartige Fallkonstellation kann gegeben sein, wenn die Freistellungsvereinbarung mit einem **Verzicht** des anderen Elternteils auf die Ausübung des **Umgangsrechts** (BGH, FamRZ 1984, 778) oder mit einem dem **Kindeswohl nicht entsprechenden Vorschlag** zur elterlichen Sorge verbunden mit der Erlangung wirtschaftlicher Vorteile gekoppelt wird (BGH, FamRZ 1986, 444; vgl. auch OLG Stuttgart, FamRZ 1992, 716).

398 Die die Sittenwidrigkeit ausmachenden Umstände sind von demjenigen Elternteil zu beweisen, der sich auf die Sittenwidrigkeit beruft (BGH, FamRZ 1983, 140; OLG Stuttgart, FamRZ 1992, 716, 717).

3. Zuständigkeit des Familiengerichts

399 Kommt es aus derartigen Vereinbarungen zu Rechtsstreitigkeiten, ist das Familiengericht zuständig (BGH, FamRZ 1978, 672; OLG Stuttgart, FamRZ 1992, 716).

XI. Kindesunterhalt und Einigungsvertrag

400 Seit dem 3. 10. 1990 beurteilt sich der Unterhaltsanspruch eines ehelichen Kindes nach den §§ 1601 ff. BGB. Gem. Art. 234 EGBGB § 1 gilt das Vierte Buch des Bürgerlichen Gesetzbuchs für alle familienrechtlichen Verhältnisse, die am Tag des Wirksamwerdens des Beitritts bestehen, soweit nicht nach den nachfolgenden Vorschriften anderes bestimmt ist.

1. Bedarfsbemessung

401 Im Hinblick auf die geringeren Einkommen in den neuen Bundesländern sind eigene Unterhaltstabellen entwickelt worden:

- Berliner Tabelle ab 1. 1. 1996 als Vortabelle zur Düsseldorfer Tabelle FamRZ 1995, 1325; Stand: 1. 7. 1998, FamRZ 1998, 537; Stand: 1. 7. 1999, FamRZ 1999, 772; Dynamisierungshilfe zur Berliner Tabelle ab 1. 7. 1999, FamRZ 1999, 1571; Stand: 1. 7. 2001, FamRZ 2001, 812; Stand: 1. 1. 2002, FamRZ 2001, 815; s. auch die Hinweise zur Berliner Tabelle von Vossenkämper, FamRZ 2001, 816 ff.

- Unterhaltsleitlinien des Brandenburgischen Oberlandesgerichts, Stand: 1. 1. 1996 FamRZ 1996, 17; Stand: 1. 7. 1998, FamRZ 1998, 883; Stand: 1. 7. 1999, FamRZ 1999, 1043; Stand: 1. 7. 2001/1. 1. 2002, FamRZ 2001, 1202; Kindergeldabzugstabelle FamRZ 2001, 1679

- Unterhaltsleitlinien des Oberlandesgerichts Dresden, Stand: 1. 1. 1996 FamRZ 1996, 20; Stand: 1. 7. 1998, FamRZ 1998, 1224; Stand: 1. 7. 1999, FamRZ 1999, 913; Stand: 1. 1. 2002, FamRZ 2002, 441

- Unterhaltsleitlinien des OLG Naumburg ab 1. 1. 1996 FamRZ 1995, 1555; Stand: 1. 7. 1998, FamRZ 1998, 1015; mit der zum 1. 7. 1998 aktualisierten Unterhaltstabelle, FamRZ 1999, 272; Stand: 1. 7. 1999, FamRZ 1999, 836; Stand: 1. 7. 2001, FamRZ 2001, 966

- Unterhaltsrechtliche Grundsätze des OLG Rostock, Stand: 1. 1. 1996 FamRZ 1996, 24; Stand: 1. 7. 1998, FamRZ 1998, 1016; Stand: 1. 7. 1999, FamRZ 1999, 982; Stand: 1. 7. 2001/1. 1. 2002, FamRZ 2001, 977
- Thüringer Tabelle des OLG Jena, Stand: 1. 1. 1996 FamRZ 1996, 91; die Tabelle gilt über den 1. 7. 1998 weiter, ab 1. 7. 1998 werden die Selbstbehaltsätze im Verwandtenunterhalt nach der Berliner Tabelle, Stand: 1. 7. 1998, FamRZ 1998, 537 übernommen; Thüringer Tabelle, Stand: 1. 7. 1999, FamRZ 1999, 1258; Stand: 1. 7. 2001, FamRZ 2001, 1513; Stand: 1. 1. 2002, FamRZ 2001, 1515.

Der Bedarf eines minderjährigen Kindes, das in den alten Ländern lebt, richtet sich nach der RegelbetragVO. Die Leistungsfähigkeit des in den neuen Ländern lebenden Unterhaltspflichtigen beurteilt sich nach den dortigen Verhältnissen (BGH, FamRZ 1994, 372, 375; KG, FamRZ 1994, 394). 402

Lebt das minderjährige Kind in den neuen Ländern, während der barunterhaltspflichtige Elternteil in den alten Ländern wohnt, folgt der Bedarf aus den am Wohnsitz des Unterhaltspflichtigen geltenden Unterhaltstabellen. Diese orientieren sich am Einkommen des Unterhaltspflichtigen (OLG Frankfurt, FamRZ 1991, 976; OLG München, FamRZ 1991, 977). Zunehmend wird kein Abschlag mehr von den Sätzen der Düsseldorfer Tabelle vorgenommen. Faktisch ist eine geringere Bedarfslage wohl nicht mehr gegeben (OLG Köln, FamRZ 1992, 1215; OLG München, FamRZ 1991, 977; OLG Koblenz, FamRZ 1992, 215; OLG Stuttgart, FamRZ 1992, 215; OLG Frankfurt, FamRZ 1991, 976; a. A. OLG Karlsruhe, FamRZ 1994, 1410). 403

2. Leistungsfähigkeit des Unterhaltspflichtigen

Bei der Bemessung der Leistungsfähigkeit eines Unterhaltspflichtigen, der in den neuen Ländern lebt, ist den für die jeweiligen Länder entwickelten Leitlinien Rechnung zu tragen. Die Selbstbehalte sind nicht einheitlich. 404

Im Grundsatz besteht kein Unterschied hinsichtlich der Beurteilung der Leistungsfähigkeit des im Beitrittsgebiet lebenden Unterhaltspflichtigen. Verminderte Leistungsfähigkeit oder gar der Wegfall der Leistungsfähigkeit durch Arbeitslosigkeit, Aus- und Weiterbildung sowie durch Aufnahme einer selbständigen Tätigkeit sind beachtlich, es sei denn, dem Unterhaltspflichtigen ist nach Treu und Glauben die Berufung auf seine Leistungsunfähigkeit zu versagen (BGH, FamRZ 1994, 372). Allerdings wird die Beurteilung die besonderen örtlichen Verhältnisse einzubeziehen und zu würdigen haben, bevor der Ansatz eines fiktiven Einkommens in Betracht kommt. Im Einzelfall kann der Vorrang der Erstausbildung vor der – auch gesteigerten – Erwerbsobliegenheit nach § 1603 Abs. 2 BGB bestehen (BGH, FamRZ 1994, 372). 405

3. Umstellung von Titeln

Nach Art. 18 Abs. 1 EinigungsV gelten Unterhaltsurteile aus der Zeit vor dem Beitritt der DDR fort (BGH, FamRZ 1994, 372). Nach dem Staatsvertrag zur Währungs-, Wirtschafts- und Sozialunion vom 18. 5. 1990 Anlage I Art. 7 § 1 Abs. 1 (BGBl. II S. 537) sind alle auf Mark lautenden Verbindlichkeiten und Forderungen, die vor dem 1. 7. 1990 begründet wurden, mit der Wirkung auf DM umzustellen, dass der Schuldner für 2 Mark der DDR 1 DM zu zahlen hat. Die Verordnung des Ministerrates der DDR vom 4. 7. 1990 (GBl. DDR I S. 812), wonach Unterhaltsrückstände vor dem 1. 7. 1990 im Verhältnis 1: 1 umgestellt werden sollten, ist unwirksam. Für Forderungen, die nach dem 30. 6. 1990 fällig werden, gilt das Verhältnis 1: 1 (BezG Gera, FamRZ 1992, 851; 1993, 207). 406

4. Unterhaltsabfindungen

Unterhaltsabfindungen, die vielfach im Zusammenhang mit der Ausreise des barunterhaltspflichtigen Elternteils geschlossen wurden, sind unwirksam, wenn sie einen auch teilweisen Verzicht auf 407 den laufenden Unterhalt enthalten, §§ 21 Abs. 1, 46 Abs. 1 Satz 3 DDR-FGB (OLG Koblenz, FamRZ 1994, 1195; OLG Düsseldorf, FamRZ 1994, 1344; LG Oldenburg, FamRZ 1993, 233).

408 Dies gilt in gleicher Weise für Freistellungsklauseln, die zwischen dem gesetzlichen Vertreter des Kindes und dem Unterhaltspflichtigen vereinbart wurden; hierbei handelt es sich um unzulässige **Verträge zu Lasten Dritter** (LG Oldenburg, FamRZ 1993, 233).

409 Die Abfindung ist auf den – vielfach gestiegenen – Bedarf des minderjährigen Kindes anzurechnen. Deckt die Abfindung den zugrunde gelegten Unterhaltszeitraum nicht ab, wird gem. § 242 BGB nach dem Verbrauch der Abfindung eine Anpassung an die veränderten Umstände gerechtfertigt sein (so Schwab/Borth, a. a. O., IV, Rn. 1374; AG Peine, FamRZ 1993, 105; vgl. ferner AG Weilburg, FamRZ 1993, 1354).

5. Abänderung von DDR-Unterhaltstiteln

410 Für die Abänderung rechtskräftiger **Urteile** von Gerichten der DDR gilt ab dem 3. 10. 1990 die Rechtsschutzform des § 323 ZPO. Er verdrängt die Vorschriften der §§ 10 Abs. 1 Nr. 4 DDR-ZPO, 87 i. V. m. 22 DDR-FGB (BGH, FamRZ 1994, 372).

Der Abänderungsmöglichkeit unterliegen auch **gerichtliche Einigungen** i. S. v. § 30 Abs. 3 DDR-FGB, die gem. § 46 Abs. 4 Satz 1 DDR-ZPO in einem Ehescheidungsurteil bestätigt und nach § 83 Abs. 4 DDR-ZPO verbindlich wurden. Sie stehen einem Prozeßvergleich i. S. v. § 794 Abs. 1 Nr. 1 ZPO gleich. Eine Abänderung erfolgt nach § 323 Abs. 4 ZPO in der Form des § 323 Abs. 1 ZPO. Inhaltlich beurteilt sich die Abänderung nach den aus § 242 BGB abgeleiteten Grundsätzen über die Veränderung oder den Wegfall der Geschäftsgrundlage (BGH, FamRZ 1995, 562: Einigung über den nachehelichen Unterhalt). Gleiches gilt für eine gerichtliche Einigung über den Kindesunterhalt.

411 Die Zulässigkeit der Abänderungsklage hat zur Voraussetzung, dass sich die der Verurteilung zugrundeliegenden Verhältnisse der Parteien wesentlich verändert haben. Das ist anzunehmen, denn die wirtschaftlichen Verhältnisse haben gegenüber denen der ehemaligen DDR eine grundlegende Veränderung erfahren. Eine Neufestsetzung kann – ohne Relation zu den früheren Einkommensverhältnissen der Parteien – vorgenommen werden (BGH, FamRZ 1994, 372; Brudermüller, FamRZ 1996, 915).

412 Für eine Abänderungsklage gegen ein Urteil eines Kreisgerichtes der ehemaligen DDR, die einen Unterhaltszeitraum nach dem 3. 10. 1990 betrifft, gilt die **zeitliche Schranke** des § 323 Abs. 3 ZPO. Nach Art. 230 Abs. 2, 234 § 1 EGBGB gilt das Verwandtenunterhaltsrecht nach den §§ 1601 ff. BGB auch in den Beitrittsländern. Materiell-rechtlich konkurrierende Bestimmungen des DDR-FGB sind nicht mehr anzuwenden. Insoweit kann dahinstehen, ob § 323 Abs. 3 ZPO als verfahrensrechtliche Regelung oder materiell-rechtlich zu qualifizieren ist (OLG Karlsruhe, FamRZ 1995, 937, 938; vgl. auch zum Meinungsstand Johannsen/Henrich-Brudermüller, Eherecht, Scheidung, Trennung, Folgen, § 323 ZPO Rn. 107).

413 Der in einem Scheidungsurteil des Kreisgerichts der ehemaligen DDR von einem Elternteil erwirkte Titel über den Kindesunterhalt hat auch **Wirkung für und gegen das Kind;** die in § 43 Satz 2 DDR-FGB enthaltene Regelung entspricht der des § 1629 Abs. 3 BGB (OLG Karlsruhe, FamRZ 1995, 937; vgl. auch OLG Hamm, FamRZ 1988, 639; OLG Frankfurt, FamRZ 1991, 1478).

XII. Unterhalt für die Vergangenheit

414 Für die Vergangenheit kann der Unterhaltsberechtigte **Erfüllung** oder **Schadensersatz wegen Nichterfüllung** nur von dem Zeitpunkt an fordern, zu welchem der Unterhaltspflichtige zum Zwecke der Geltendmachung des Unterhaltsanspruchs aufgefordert worden ist, über seine Einkünfte und sein Vermögen **Auskunft zu erteilen,** zu welchem der Unterhaltspflichtige **in Verzug** gekommen oder der Unterhaltsanspruch **rechtshängig** geworden ist.

Dies folgt für den **Kindesunterhalt** aus § 1613 Abs. 1 BGB in der ab 1. 7. 1998 geltenden Fassung des Kindesunterhaltsgesetzes – KindUG – vom 6. 4. 1998 (BGBl. I S. 666, 667). **415**

Die Neuregelung ist mangels Überleitungsvorschrift nur auf Sachverhalte ab dem Zeitpunkt ihres Inkrafttretens anwendbar.

Diese Bestimmung soll den Unterhaltsberechtigten anhalten, den Unterhalt zeitnah zu fordern, und den Unterhaltspflichtigen gegen hohe Unterhaltsnachforderungen schützen. § 1613 Abs. 1 BGB hat zugleich den Sinn, dem Unterhaltspflichtigen durch die Mahnung deutlich zu machen, dass er von seiner Verpflichtung nicht mehr durch bloße Nichtleistung des Unterhalts frei wird (BGH, FamRZ 1988, 370, 371). **416**

1. Unterhalt ab Zugang eines Auskunftsverlangens

Das KindUG hat die bisherige gesetzliche Regelung um eine weitere Möglichkeit, Unterhalt für die Vergangenheit zu verlangen, ergänzt. Von dem Zeitpunkt an, zu dem der Unterhaltspflichtige **zum Zwecke der Geltendmachung des Unterhaltsanspruchs** aufgefordert worden ist, über seine Einkünfte und sein Vermögen Auskunft zu erteilen, kann Unterhalt beansprucht werden. Es kommt danach darauf an, dass die Auskunft (vgl. § 1605 BGB) zum Zwecke der Geltendmachung des Unterhaltsanspruchs des Kindes erbeten wird. Ein allgemeines Auskunftsverlangen ist nicht ausreichend; es ist dabei auf das Bestimmtheitserfordernis der Mahnung abzustellen. Dem genügt das Auskunftsverlangen nur, wenn es sich auf einen bestimmten Unterhaltsanspruch bezieht (BT-Drucks. 13/7338 S. 53). Ein Auskunftsverlangen über die Einkünfte wird ausreichend sein, wenn nur diese, nicht auch das Vermögen, den Unterhaltsanspruch des Kindes bestimmen. Maßgeblicher Zeitpunkt ist der **Zugang** des Auskunftsbegehrens. **417**

Der Gesetzgeber hat sich von der Vorstellung leiten lassen, dass auch mit dieser Regelung dem Schutz des Unterhaltspflichtigen jedenfalls beim Kindesunterhalt ausreichend Rechnung getragen ist. Er muss von dem Zeitpunkt des Auskunftsverlangens an mit der Inanspruchnahme rechnen und kann gegebenenfalls Rücklagen bilden. Zudem erübrigt die Neuregelung ein zur Vermeidung von Rechtsnachteilen oft überhöhtes Einfordern von Unterhalt und bietet zugleich nach Auskunftserteilung die Möglichkeit einer Einigung außerhalb eines gerichtlichen Verfahrens (BT-Drucks. 13/7388 S. 31). **418**

§ 1613 BGB findet auf den **gesamten Verwandtenunterhalt** und gem. §§ 1360a Abs. 3, 1361 Abs. 4 Satz 4 BGB auf den **Familien- und Trennungsunterhalt** Anwendung. Eine entsprechende Änderung des § 1585b BGB ist nicht erfolgt. Problematisch ist deshalb auch, ob eine Rückwirkung auf den Monatsersten in analoger Anwendung des § 1613 Abs. 1 Satz 2 BGB zu rechtfertigen ist (dafür: Johannsen/Henrich-Büttner, Eherecht, § 1585b BGB Rn. 2; ablehnend Palandt/Brudermüller, BGB, § 1585b Rn. 1; OLG Stuttgart, NJW 2002, 1354, 1355). **419**

2. Unterhalt ab Inverzugsetzung

Exkurs: Neuregelung in §§ 286 Abs. 3, 288, 247 nach dem Gesetz zur Modernisierung des Schuldrechts vom 26. 11. 2001 (BGBl. I S. 3138; s. dazu auch Büttner, FamRZ 2002, 361) **420**

Das o.g. Gesetz ist zum 1. 1. 2002 in Kraft getreten. Es hat mit § 286 Abs. 3 BGB eine Änderung des als unbefriedigend empfundenen Rechts gebracht.

Bei **Entgeltforderungen** tritt Verzug nicht mehr stets erst 30 Tage nach Rechnungsstellung oder einer gleichwertigen Zahlungsaufstellung ein, vielmehr bestimmt die 30-Tages-Frist den **spätesten Verzugseintritt**, § 286 Abs. 3 Satz 1 BGB. **421**

Für **Geldforderungen**, also auch Unterhaltsforderungen und Zugewinnausgleichsforderungen, gilt wieder das alte Mahnungssystem, das durch die 30-Tages-Regelung ergänzt wird. Der Schuldner kommt mit der Mahnung oder am Zahlungstermin sogleich wieder in Verzug. **422**

423 Die **Verzinsung** richtet sich weiterhin nach § 288 Abs. 1 BGB. Der Verzugszinssatz beträgt für das Jahr fünf Prozentpunkte über dem Basiszinssatz. Dessen Anpassung findet nach § 247 BGB nur noch zweimal jährlich statt, zum 1. 1. und 1. 7. Bezugsgröße ist der Zinssatz für die jüngste Hauptrefinanzierungsoperation der Europäischen Zentralbank vor dem ersten Kalendertag des betreffenden Halbjahres.

424 Die **Überleitungsregelungen** sind in Art. 229 § 5 EGBGB enthalten. Danach gilt im Wesentlichen, dass auf Schuldverhältnisse, die vor dem Inkrafttreten entstanden sind, altes Recht Anwendung findet und neues Recht gilt, wenn das Schuldverhältnis nach dem Inkrafttreten entsteht.

Unterhalt für die Vergangenheit kann von dem Zeitpunkt an gefordert werden, in dem der Unterhaltspflichtige in Verzug gekommen ist.

a) Bezeichnung der geschuldeten Leistung

425 In Verzug kommt der Schuldner grds. durch eine **Mahnung,** § 286 Abs. 1 BGB. Die Mahnung muss als ernstliche Aufforderung zur Leistung die geschuldete Leistung genau bezeichnen. Dem Unterhaltspflichtigen muss die Schuld nicht nur ihrem Grunde nach, sondern nach **Umfang** und **Höhe** bekannt gegeben werden. Das macht jedenfalls im Grundsatz eine Bezifferung notwendig (BGH, FamRZ 1984, 163). Es kommt darauf an, dass nach dem Inhalt der Mahnung und den gesamten Umständen des Falles für den Unterhaltspflichtigen klar ist, welchen genauen Unterhaltsbetrag der Gläubiger von ihm fordert. Sind diese Voraussetzungen erfüllt, ist auch eine unbezifferte Mahnung ausreichend. Bei dem Anspruch auf Kindesunterhalt reicht es aber nicht aus, wenn dem Unterhaltspflichtigen das Alter des Kindes und die eigenen Einkommensverhältnisse bekannt sind, so dass er mit fachkundiger Hilfe den Unterhaltsanspruch selbst berechnen kann (BGH, FamRZ 1984, 163).

426 Die Mahnung begründet Verzug nur hinsichtlich des **konkret angemahnten Betrages.** Ein Teil der Rückstände kann danach verloren sein, wenn der Gläubiger, der die Einkommensverhältnisse des Schuldners nicht genau kennt, einen zu geringen Betrag angemahnt hat. Die danach zur Vermeidung eines Regresses gebotene Mahnung eines Betrages, der über den tatsächlich geschuldeten Unterhalt hinaus geht, ist wirksam (BGH, FamRZ 1988, 478, 479). Sie ist als Aufforderung zu sehen, die tatsächlich geschuldete Leistung zu bewirken, zumal kein Zweifel daran besteht, dass ein Unterhaltsberechtigter auch zur Annahme von Minderleistungen bereit ist (BGH, FamRZ 1983, 352, 355). In dem entschiedenen Fall hatte die Klägerin zunächst monatlich 3.000 DM angemahnt, selbst jedoch nur 800 DM monatlich eingeklagt. Selbst das sah der BGH als ausreichend an (a. A. OLG Frankfurt, FamRZ 1987, 1144, 1145).

Wird Unterhalt durch eine **Gläubigermehrheit** gefordert, hat bereits die Mahnung den für jeden Unterhaltsberechtigten beanspruchten Unterhaltsbetrag zu beziffern (OLG Hamm, FamRZ 1997, 1102; 1995, 106).

427 Ein reines – isoliertes – Auskunftsverlangen betreffend die Einkommens- und Vermögensverhältnisse reicht nach der bisherigen höchstrichterlichen Rspr. als Mahnung des Unterhaltsanspruchs nicht aus (BGH, FamRZ 1985, 155, 157; OLG München, FamRZ 1994, 1126, 1127). Eine **Stufenmahnung,** ein entsprechendes PKH-Gesuch wie bei der Stufenklage und die Stufenklage entfalten erst die volle Mahnungswirkung (BGH, FamRZ 1990, 283, 285).

Formulierungsbeispiel:

> ...werden Sie aufgefordert,
> 1. Auskunft zu erteilen für den Zeitraum vom ... bis zum ...
> 2. für die Zeit ab Zugang dieses Schreibens/ ... (konkretes Datum) Trennungsunterhalt/ Nachscheidungsunterhalt und/oder Kindesunterhalt für das Kind/die Kinder in Höhe der sich nach Maßgabe der erbetenen Auskunft jeweils ergebenden Beträge zu zahlen.

Beabsichtigt der Unterhaltsberechtigte, sich zunächst auf eine bezifferte Unterhaltsforderung zu beschränken, jedoch über eine Auskunft zum Einkommen die Möglichkeit einer weitergehenden Forderung abzuklären, begründet das Auskunftsbegehren allein noch keinen Verzug hinsichtlich der **eventuellen Mehrforderung.** Dies gilt jedenfalls außerhalb des Anwendungsbereichs des § 1613 Abs. 1 Satz 1 BGB. Es bedarf der sog. Stufenmahnung, um über den bereits bezifferten Teil des Unterhalts Verzugswirkungen auch hinsichtlich der noch unbestimmten Mehrforderung zu begründen (OLG Braunschweig, FamRZ 1995, 875).   428

Bezieht das Unterhalt fordernde Kind eigenes Einkommen, gerät der unterhaltspflichtige Elternteil durch eine Stufenmahnung nur und erst dann in Verzug, wenn ihm das Einkommen des Kindes mitgeteilt wird. Der pflichtige Elternteil muss in die Lage versetzt werden, die **Unterhaltshöhe zu bestimmen.** Dies kann er erst, wenn er über die ihm bislang nicht bekannten Berechnungselemente – hier: das Einkommen des Kindes – informiert wird. Diese so für den Ehegattenunterhalt vertretene Auffassung (KG, FamRZ 1994, 1344) kann von ihrem Sinn und Zweck deshalb auch auf den Kindesunterhalt übertragen werden.   429

Diese Rspr. wird angesichts der ab 1. 7. 1998 geltenden Neuregelung des § 1613 Abs. 1 BGB für den Kindes- und Verwandtenunterhalt sowie den Familien- und Trennungsunterhaltunterhalt an Bedeutung verlieren. Es steht zu erwarten, dass die Praxis überwiegend von der Regelung Gebrauch machen wird, den Unterhaltspflichtigen zur Erteilung der Auskunft über seine Einkünfte und sein Vermögen aufzufordern, um sich bereits auf diese Weise die Möglichkeit zur Forderung von Unterhalt für die Vergangenheit zu sichern.   430

b) Mahnung nach Eintritt der Fälligkeit

Die Mahnung muss grds. **nach Eintritt der Fälligkeit** erfolgen, § 286 Abs. 1 Satz 1 BGB.   431

Die sich aus der fehlenden Identität des für den Ehegatten verlangten Trennungs- und Nachscheidungsunterhalts ergebenden Probleme (vgl. dazu BGH FamRZ 1981, 242, 243; 1988, 370; 1992, 920) stellen sich für den nach der Trennung geschuldeten Kindesunterhalt nicht. Bei dem Unterhalt für minderjährige wie auch für volljährige Kinder handelt es sich um den gleichen **Streitgegenstand.** Auch ein Unterhaltstitel wird weder durch den zwischenzeitlichen Eintritt der Volljährigkeit noch durch die Scheidung der Eltern beeinflusst (BGH, FamRZ 1983, 582; KG, FamRZ 1994, 765; OLG Hamm, FamRZ 1993, 353, 354).

Wird der Unterhaltspflichtige vor Ablauf der Frist des § 1605 Abs. 2 BGB auf (erhöhten) Unterhalt in Anspruch genommen, werden die Verzugswirkungen für das noch unbezifferte, mit dem noch nicht fälligen Auskunftsanspruch verbundene Leistungsbegehren (Stufenmahnung) nicht ausgelöst. Die vor **Fälligkeit des Auskunftsanspruchs** erfolgte Mahnung ist unwirksam (OLG Düsseldorf, FamRZ 1993, 591).   432

c) Vertretungsprobleme

Wird Unterhalt für ein minderjähriges Kind geltend gemacht, muss der Mahnende zur Vertretung des Kindes befugt sein.   433

Üben die Eltern die **gemeinsame elterliche Sorge** für das Kind aus, so kann der Elternteil, in dessen Obhut sich das Kind befindet, Unterhaltsansprüche des Kindes gegen den anderen Elternteil geltend machen, § 1629 Abs. 2 Satz 2 BGB i. d. F. des Kindschaftsreformgesetzes – KindRG – vom 16. 12. 1997 (BGBl. I S. 2942, 2946). Dieser kann danach, wenn das Kind sich nunmehr in seiner Obhut befindet, den anderen Elternteil auch in Verzug setzen. Diese Vorschrift begründet die **Alleinzuständigkeit** des Elternteils und die uneingeschränkte Befugnis, die Unterhaltsansprüche des Kindes gegen den anderen Elternteil gerichtlich und außergerichtlich geltend zu machen. Liegen die Voraussetzungen des § 1629 Abs. 2 Satz 2 BGB vor, ist es nicht notwendig, dass dem anderen Elternteil das Sorgerecht entzogen wird (BT-Drucks. 13/4899 S. 96).

434 Die Alleinzuständigkeit eines Elternteils wird dadurch begründet, dass sich das Kind in seiner Obhut befindet. Der Begriff in der **Obhut** bezieht sich auf das tatsächliche Betreuungsverhältnis des Kindes (OLG Düsseldorf, FamRZ 1988, 1092; OLG Stuttgart, FamRZ 1995, 1168). Das Obhutsverhältnis wird zugunsten desjenigen Elternteils begründet, der sich zeitlich überwiegend um die Betreuung des Kindes kümmert. Es kommt darauf an, wo sich der **Schwerpunkt** der tatsächlichen Fürsorge und Betreuung befindet (Oelkers, FamRZ 1997, 779, 782). Lässt sich nach Lage des Falles eine eindeutige Bestimmung nicht treffen, hat der Elternteil eine Sorgerechtsregelung zu seinen Gunsten zu erwirken oder die Bestellung eines Pflegers (§ 1909 BGB) herbeizuführen.

435 Hat ein Elternteil die **alleinige elterliche Sorge**, treten Probleme auf, wenn ein **Überwechseln des Kindes** vom allein sorgeberechtigten Elternteil zu dem nicht sorgeberechtigten Elternteil stattfindet und dieser jetzt Barunterhalt verlangt. Zur Lösung sind von den Obergerichten nachstehende Ansätze entwickelt worden:

- Das KG (FamRZ 1989, 537) geht von der Anwendung des **§ 107 BGB** aus. Nach § 107 BGB bedarf ein beschränkt geschäftsfähiges Kind zu einer Willenserklärung, die ihm nur einen **rechtlichen Vorteil** bringt, nicht der Einwilligung seines gesetzlichen Vertreters. Deshalb ist die Mahnung eines Minderjährigen wirksam. Kann das Kind aber annahmen, dann kann es aber auch dem nicht sorgeberechtigten Elternteil – ggf. durch schlüssiges Verhalten – Vollmacht erteilen, die Mahnung für das Kind auszusprechen.

- Das OLG Karlsruhe (FamRZ 1990, 659, 661) knüpft daran an, dass die Mahnung auch **durch einen Vertreter** ausgesprochen werden kann. Bei einem einseitigen Rechtsgeschäft ist die Mahnung ohne Vertretungsmacht nach § 180 Satz 1 BGB unzulässig. Jedoch besteht nach der zweiten Alternative dieser Vorschrift die Ausnahme, dass der Geschäftsgegner einverstanden ist. Sein stillschweigendes Einverständnis liegt vor, wenn der Unterhaltspflichtige das Tätigwerden des nicht sorgeberechtigten Elternteils nicht zurückweist.

- Das OLG Frankfurt (FamRZ 1986, 592) verweist auf die analoge Anwendung des **§ 177 Abs. 1 BGB.** Danach ist die Mahnung schwebend unwirksam. Nach § 184 BGB wird sie mit Genehmigung rückwirkend wirksam. Wird der zunächst nicht sorgeberechtigte Elternteil in der Folge gesetzlicher Vertreter, kann er die Genehmigung – konkludent durch Klageerhebung – aussprechen. Dagegen ist jedoch anzuführen, dass die an sich gegebene Rückwirkung der Genehmigung nicht zum rückwirkend eingetretenen Verzug führt. Den Schuldner trifft nämlich kein Verschulden, wenn er eine rückwirkend eingetretene Leistungspflicht vor Eintritt der Rückwirkung nicht erfüllt (OLG Rostock, NJW 1995, 3127, 3128).

- Nach Auffassung des OLG Bremen (FamRZ 1995, 1515) und des OLG Zweibrücken (FamRZ 1992, 1464) ist die den Kindesunterhalt betreffende Mahnung des nicht sorgeberechtigten Elternteils, in dessen Obhut sich das Kind befindet, **grds. unwirksam** und nur in den Fällen des § 180 Satz 2 BGB genehmigungsfähig. In der bloßen Mahnung ist nicht die Behauptung, gesetzliche oder rechtsgeschäftliche Vertretungsmacht zu besitzen, enthalten.

436 Zu bedenken und zu prüfen ist in diesen Fallkonstellationen, ob nicht die Mahnung entbehrlich sein kann, weil der **Unterhaltspflichtige** die Zahlung des Unterhalts **ernsthaft** und **endgültig verweigert** (dazu BGH, FamRZ 1983, 352, 354; 1993, 1055).

d) Zeitliche Grenzen der Mahnung

437 Ab dem Tag des Zuganges der Mahnung bestand nach der bisherigen höchstrichterlichen Rspr. der Verzug. Es war eine **taggenaue Berechnung** erforderlich (BGH, FamRZ 1990, 283). Eine im Lauf eines Monats erfolgte Mahnung wirkte daher nicht auf den Beginn des Monats zurück. Sie entfaltete auch nicht erst zum Monatsende Wirkungen.

438 Nach § 1613 Abs. 1 Satz 2 BGB i. d. F. des ab 1. 7. 1998 geltenden KindUG vom 6. 4. 1998 (BGBl. I S. 666, 667) wird der Unterhalt **ab dem Ersten des Monats,** in den die bezeichneten Ereignisse (Auskunftsbegehren, Mahnung, Rechtshängigkeit) fallen, geschuldet, wenn der Unterhaltsanspruch dem Grunde nach zu diesem Zeitpunkt bestanden hat. Durch diese Neuregelung sollen die Gerichte entlastet und das Unterhaltsverfahren vereinfacht werden; die tageweise Berechnung des Unterhalts-/Schadensersatzanspruchs entfällt (BT-Drucks. 13/7338 S. 54). Auf den nach materiellem Recht maßgebenden Zeitpunkt stellt auch § 323 Abs. 3 ZPO in Zukunft ab.

Für den **nachehelichen Unterhalt** gilt § 1613 Abs. 1 Satz 2 BGB nicht; maßgeblich ist § 1585b BGB. Ab dem Tag des Zugangs der Mahnung treten insoweit erst die Verzugsfolgen ein. Es ist eine taggenaue Berechnung erforderlich (BGH, FamRZ 1990, 283). 439

Ist der Verzug einmal eingetreten, besteht er weiter. Die Mahnung braucht nicht periodisch wiederholt zu werden. § 1613 Abs. 1 BGB stellt Verzug und Rechtshängigkeit gleich, so dass der einmal begründete Verzug sich auf die **künftig fällig** werdenden, **wiederkehrenden** Unterhaltsforderungen erstreckt, solange die anspruchsbegründenden Voraussetzungen fortbestehen (BGH, FamRZ 1983, 352, 354; 1988, 370, 371). Der BGH (FamRZ 1988, 370, 371) hat dahinstehen lassen, ob eine erneute Mahnung erforderlich werden kann, wenn sich nachfolgend die maßgebenden tatsächlichen Verhältnisse i. S. d. § 323 ZPO wesentlich ändern oder wenn der Unterhaltpflichtige Rückstände zunächst bezahlt, aber erneut säumig wird. Nach Auffassung des OLG Bamberg (FamRZ 1990, 1235) kann die Fortwirkung einer einmaligen Leistungsaufforderung (für den Trennungsunterhalt) nicht unbegrenzt bestehen. Ein Wegfall der wesentlichen Voraussetzungen, die im Zeitpunkt der Mahnung noch bestanden hätten, können eine **erneute Mahnung** notwendig machen. Dazu reicht der Ablauf des Trennungsjahres und der Übergang des minderjährigen Kindes zum Vater aus. 440

e) Wegfall der Mahnungswirkungen

Ob und unter welchen Voraussetzungen die Wirkungen einer einmal ausgesprochenen Mahnung entfallen können, war früher zweifelhaft. Zu unterscheiden ist, ob die bereits eingetretenen Verzugsfolgen **rückwirkend** beseitigt werden sollen oder ob der Verzug **mit Wirkung für die Zukunft** beendet werden bzw. ermäßigt werden soll. 441

(aa) Rückwirkende Beseitigung

Die Mahnung als historischer Vorgang kann nicht durch nachträgliche Rücknahme rückwirkend ungeschehen gemacht werden. Die Situation ist mit einer Kündigung vergleichbar, die ebenfalls nicht widerrufen werden kann. Während beim Dienst- oder Werkvertrag nach einmal erfolgter Kündigung ein neuer Vertrag abgeschlossen wird, können die Folgen des einmal eingetretenen Verzuges nur durch einen **Verzicht** in der Form eines **Erlassvertrages** rückwirkend beseitigt werden (BGH, FamRZ 1983, 352; 1987, 40; 1988, 478; 1995, 725, 726). Es gilt ein allgemeiner Erfahrungssatz, dass der Verzicht auf ein Recht **niemals zu vermuten** ist (BGH, FamRZ 1988, 478, 480; NJW 1984, 1346, 1347). Das OLG Hamm (FamRZ 1989, 310) hat bereits in der Annahme geringerer Unterhaltszahlungen durch die Unterhaltsberechtigte einen solchen Erlassvertrag gesehen. Die Zahlung eines geringeren Betrages stelle das Angebot auf Abschluss eines Erlassvertrages dar, die Untätigkeit der Berechtigten bedeute deren Zustimmung. Diese Auffassung dürfte zweifelhaft sein, da dem Schweigen im bürgerlichen Rechtsverkehr grds. keine Bedeutung zukommt. 442

(bb) Beendigung für die Zukunft

Anders verhält es sich mit der in die Zukunft wirkenden Beendigung des Verzuges: Mahnung und damit Verzug setzen nach § 284 Abs. 1 BGB **Fälligkeit** voraus. Würde diese Regelung uneingeschränkt im Unterhaltsrecht angewandt, müsste monatlich angemahnt werden. Das wird wegen der Besonderheit der Unterhaltsansprüche von der Rspr. **nicht verlangt**. Die Konsequenz daraus ist, dass sich der Unterhaltpflichtige in Höhe eines einmal angemahnten Betrages auch für die Zukunft in Verzug befände, wobei das Ende des Verzuges nicht absehbar wäre, weil die Rechtsfolgen nur durch Erlassvertrag zu beseitigen sind. Der Gläubiger kann aber mit Wirkung für die Zukunft seinen Anspruch ermäßigen, etwa durch eine Mahnung mit geringeren Beträgen oder 443 durch eine teilweise Klagerücknahme (OLG Hamm, FamRZ 1989, 1303; 1990, 520). Vielfach tritt dieses Problem auf, wenn im Rahmen des PKH-Verfahrens die Bewilligung hinter der Unterhaltsforderung zurückbleibt. Die kostenbewusste Partei wird dann den Klageantrag im Rahmen der Prozesskostenbewilligung stellen. Ergeben sich jedoch im Verlauf des weiteren Rechtsstreits Gesichtspunkte, die – auch für den vergangenen Zeitraum – einen weitergehenden Anspruch begründen, kann ggf. nach der Rspr. des OLG Hamm (a. a. O.) der Anspruch wegen des Wegfalls der Mahnungswirkungen durch teilweise Rücknahme der Klageforderung für die Vergangenheit nicht durchgesetzt werden. Für die Zukunft bedarf es wegen der weitergehenden Forderung einer erneuten Mahnung.

444 Um der Wertung zu begegnen, in der teilweisen Rücknahme des Antrages liege konkludent auch eine entsprechende Reduzierung der Mahnungswirkungen für die Zukunft, sollte in derartigen Fällen die Erklärung abgegeben werden, auf die weitergehenden Wirkungen der bisherigen Mahnung trotz der eingeschränkten Antragstellung nicht verzichten zu wollen.

f) Entbehrlichkeit der Mahnung

445 Das zum 1. 1. 2002 in Kraft getretene Schuldrechtsmodernisierungsgesetz (SMG) hat zu einer Kodifizierung auch der bislang schon von der Rspr. entwickelten Grundsätze geführt.

446 Eine Mahnung ist nach § 286 Abs. 2 Nr. 1 BGB entbehrlich, wenn für die Leistung durch Gesetz oder Rechtsgeschäft eine Zeit nach dem Kalender bestimmt ist (**Kalenderfälligkeit**). Dies ist der Fall, wenn die Parteien eine vertragliche Regelung des Unterhaltsanspruchs getroffen haben oder der Unterhalt gerichtlich ausgeurteilt ist (BGH, FamRZ 1983, 352, 354; 1989, 150, 152).

§ 286 Abs. 2 Nr. 2 BGB hat eine Neuregelung dahingehend gebracht, dass die kalendermäßige Bestimmung des Leistungszeitpunktes, die eine Mahnung entbehrlich macht, auch dann vorliegt, wenn ein „Ereignis" vorausgesetzt ist, von dem an sich der angemessene Zeitraum kalendermäßig bestimmen lässt, innerhalb dessen die Leistung spätestens zu erfolgen hat. § 284 Abs. 2 Satz 2 a. F. nannte insoweit nur eine Kündigung.

447 Bei **ernsthafter und endgültiger** Erfüllungsverweigerung bedarf es gleichfalls der Mahnung nicht. Diese von der Rspr. entwickelte Fallgestaltung hat nunmehr durch das SMG Eingang in § 286 Abs. 2 Nr. 3 BGB gefunden. Die bisherige Rspr. ist heranzuziehen (s. insoweit BGH, FamRZ 1983, 352, 354 = NJW 1983, 2318; FamRZ 1993, 1055 = NJW 1993, 1974). Die Erfüllungsverweigerung kann schon darin liegen, dass der Unterhaltspflichtige bisher regelmäßig erbrachte Leistungen unvermittelt einstellt. Eine Rückwirkung kann sich aus der Erfüllungsverweigerung aber nicht ergeben, weil die Erfüllungsverweigerung nicht weiter reichen kann als die Mahnung selbst (BGH, FamRZ 1985, 155, 157). Die Erfüllungsverweigerung vor Eintritt der Fälligkeit soll ebenfalls ausreichen, was für diejenigen Fälle Bedeutung hat, in denen der Unterhaltspflichtige schon vor Rechtskraft der Scheidung erklärt, er werde keinen Geschiedenenunterhalt zahlen (OLG Karlsruhe, FamRZ 1990, 70). Eine ernsthafte und endgültige Erfüllungsverweigerung liegt nicht vor, wenn der Unterhalt nicht gezahlt wird, weil eine erbetene Auskunft noch nicht erteilt ist (OLG Hamm, 8. FamS, Beschl. v. 21. 12. 2000 – 8 WF 508/00, FamRZ 2001, 1616).

448 Nach § 286 Abs. 2 Nr. 4 BGB ist die Mahnung schließlich entbehrlich, wenn aus besonderen Gründen unter Abwägung der beiderseitigen Interessen der **sofortige Eintritt** des Verzuges gerechtfertigt ist. Diese gesetzliche Neuregelung stützt sich auf bereits in der Rspr. anerkannte Fallgruppen (BT-Drucks. 14/6040 S. 146). Einer solchen unterfällt der Unterhaltspflichtige, der sich einer Mahnung entzieht (OLG Köln, NJW-RR 1999, 4 = FamRZ 1999, 531).

449 Anwendbar ist diese Neuregelung auf den Unterhaltspflichtigen im Fall der sog. **Selbstmahnung**. Die Erklärung, grds. zur Zahlung von Unterhalt bereit zu sein, stellt keine Selbstmahnung dar und begründet den Verzug nicht (OLG Frankfurt, FamRZ 2000, 113). Sie liegt jedoch in der Zusage, höhere Unterhaltszahlungen erbringen zu wollen (OLG Köln, FamRZ 2000, 443 = NJW-RR 2000, 73 = DAVorm 1999, 896). Stellt der Unterhaltspflichtige die Zahlungen später ein, liegt darin noch **keine „Rücknahme"** der Selbstmahnung. Eine Selbstmahnung liegt in der Zusage, eine bestimmte

Unterhaltsleistung zu erbringen, selbst wenn der Unterhaltspflichtige diese Zusage mit dem Zusatz „obwohl Bedenken bestehen" versehen hat. Mit einer derartigen Zusage bekennt sich der Unterhaltspflichtige zu seiner Schuld; eine Mahnung ist entbehrlich. Will er sich von seiner Zusage für die Zukunft lösen, weil sich die Verhältnisse zwischenzeitlich geändert haben, muss er von sich aus eine klare und unmissverständliche Herabsetzung des bisher gezahlten Betrages verlangen (OLG Köln, FamRZ 2000, 443 = NJW-RR 2000, 73 = DAVorm 1999, 896).

Ob eine fehlende Mahnung dadurch zu umgehen ist, dass der Unterhaltsberechtigte nicht Unterhalt, sondern **Schadensersatz wegen verweigerter oder verzögerter Auskunft** verlangt, ist höchstrichterlich nicht entschieden (BGH, FamRZ 1984, 163, 164). 450

Das OLG Hamm (FamRZ 1986, 1111) hat einen derartigen Anspruch zwar im Grunde bejaht, seine Realisierung aber an § 254 BGB scheitern lassen: Der Unterhaltsberechtigte habe die Möglichkeit der Stufenklage nach § 254 ZPO und könne damit den Unterhaltsanspruch unabhängig von der Auskunft sofort rechtshängig machen. Mache er hiervon keinen Gebrauch, sei der Schadensersatzanspruch nach § 254 BGB wegen Mitverschuldens ausgeschlossen. Das OLG Bamberg (FamRZ 1990, 1235) vertritt die Auffassung, ein Schadensersatzanspruch wegen Verzuges mit der Auskunft könne grds. keinen Anspruch auf Unterhalt begründen, weil sonst eine Umgehung der besonderen Verzugsvoraussetzungen vorliege. 451

g) Mahnungssurrogate

Von wesentlicher, praktischer Bedeutung sind die Mahnungssurrogate, also Maßnahmen des Unterhaltsberechtigten, mit denen er zumindest **mittelbar** auch eine Mahnung ausspricht. 452

aa) Prozesskostenhilfegesuch

Der Antrag auf Gewährung von **PKH** für eine Stufenklage mit Auskunftsantrag und unbeziffertem Zahlungsantrag gilt als Mahnung (BGH, FamRZ 1990, 283). Die gleiche Wirkung kommt der Zustellung eines Antrages auf **Erlass einer einstweiligen Anordnung** (BGH, FamRZ 1988, 597, 598) bzw. **einstweiligen Verfügung auf Prozesskostenvorschuss** und auf Unterhalt zu. 453

bb) Sozialhilferechtliche Möglichkeiten

Daneben bestehen spezielle **sozialrechtliche Möglichkeiten,** Unterhalt für die Vergangenheit zu verlangen: 454

(1) Bundessozialhilfegesetz

Nach § 91 Abs. 3 Satz 1 BSHG kann der Träger der Sozialhilfe für die Vergangenheit den übergegangenen Unterhalt außer unter den Voraussetzungen des Bürgerlichen Rechts nur von der Zeit an fordern, zu welcher er dem Unterhaltspflichtigen die Gewährung der Hilfe schriftlich mitgeteilt hat. 455

Auch nach der jetzigen Rechtslage bleibt es dabei, dass ein nach den Bestimmungen des Bürgerlichen Rechts begründeter Verzug in zeitlicher und betragsmäßiger Hinsicht zugunsten des Sozialhilfeträgers wirkt. Dem Sozialhilfeträger ist unabhängig davon weiterhin die Möglichkeit gegeben, den Unterhaltspflichtigen in Verzug zu setzen. Indes ist der zeitliche Rahmen beschränkt. Unterhalt kann innerhalb der Grenzen des § 91 BSHG nur von der Zeit an verlangt werden, zu welcher dem Unterhaltspflichtigen eine schriftliche Mitteilung von der Hilfegewährung zugegangen ist. Die sozialhilferechtliche Möglichkeit der Inanspruchnahme für die Vergangenheit ist der Rechtslage des § 1613 BGB angenähert (vgl. Künkel, FamRZ 1996, 1509, 1513). 456

(2) Unterhaltsvorschussgesetz

Das **Unterhaltsvorschussgesetz (UVG)** vom 19. 1. 1994 (BGBl. I S. 165) hat durch das Jahressteuergesetz 1997 (BGBl. 1996 I S. 2079) zum 1. 1. 1997 in § 7 Abs. 2 hinsichtlich der Inanspruch- 457 nahme für die Vergangenheit eine Änderung erfahren. Unter Berücksichtigung der Streichung von § 1615d BGB durch das KindUG heißt es dort:

„Für die Vergangenheit kann der in Abs. 1 bezeichnete Elternteil nur von dem Zeitpunkt an in Anspruch genommen werden, in dem

1. die Voraussetzungen des § 1613 des Bürgerlichen Gesetzbuchs vorgelegen haben oder

2. der in Abs. 1 bezeichnete Elternteil von dem Antrag auf Unterhaltsleistung Kenntnis erhalten hat und er darüber belehrt worden ist, dass er für den geleisteten Unterhalt nach diesem Gesetz in Anspruch genommen werden kann."

(3) Arbeitsförderungsgesetz

458 Das Arbeitsamt konnte nach § 140 Abs. 1 Satz 2, 3 AFG (jetzt SGB III) Unterhaltsansprüche durch Anzeige an den Unterhaltspflichtigen auf sich überleiten (Überleitungsanzeige), wenn es dem Arbeitslosen Arbeitslosenhilfe gewährte. Das AFG sah keine besondere Regelung für die Geltendmachung von Ansprüchen für die Vergangenheit vor. Hier mussten also stets die Voraussetzungen des bürgerlichen Rechts eingreifen. Der Verpflichtete musste wirksam gemahnt sein (Schönefelder/Kranz/Wanka, AFG-Kommentar, § 140 AFG Rn. 7 ff.). Dabei konnte in der Überleitungsanzeige bereits eine Mahnung liegen.

(4) Ausbildungsförderungsgesetz

459 Die Rechtslage im Bereich der **Ausbildungsförderung** ist anders: Nach § 37 Abs. 1 Satz 1 BAföG gehen Unterhaltsansprüche **kraft Gesetzes** auf das Land über, wenn die Ausbildungsförderung als Vorausleistung gewährt wird. Einer Überleitungsanzeige bedarf es insoweit nicht. Das Recht der Ausbildungsförderung sieht folgende Möglichkeit vor, Unterhaltsansprüche für die Vergangenheit geltend zu machen:

Nach § 37 Abs. 4 BAföG können die Eltern des Auszubildenden von dem Zeitpunkt an in Anspruch genommen werden, in dem die Voraussetzungen des bürgerlichen Rechts vorgelegen haben oder die Eltern bei dem Antrag auf Ausbildungsförderung mitgewirkt haben oder von ihm Kenntnis erhalten haben und über die Möglichkeit der Inanspruchnahme belehrt worden sind. Damit ist den Ausbildungsförderungsämtern die Inanspruchnahme für die Vergangenheit erleichtert (Ramsauer/Stallbaum, BAföG, § 37 Rn. 10).

h) Folgen der Mahnung

460 Der eingetretene Verzug hat zwei wesentliche Nebenfolgen:

- Die **Verzinsung** der rückständigen Unterhaltsansprüche und
- die **Erhöhung** des Streitwertes der Unterhaltsklage.

Der in Rückstand geratene Unterhaltsverpflichtete schuldet gem. §§ 286, 288 Abs. 1 BGB Verzugszinsen für den rückständigen Unterhalt, auch für zukünftige Unterhaltsraten ab deren jeweiliger Fälligkeit (BGH, FamRZ 1985, 155, 158; 1987, 352; Johannsen/Henrich-Graba, Eherecht, § 1613 Rn.8; Klinkhammer, in: Eschenbruch, Der Unterhaltsprozess, Rn. 4026; Büttner, FamRZ 2000, 921, 923).

Die Zinshöhe betrug nach § 288 Abs. 1 BGB a. F. 4 %. Ab 1. 5. 2000 gilt ein Zinssatz von 5 % über dem Basiszinssatz der Europäischen Zentralbank. Dies ist die Folge des am 1. 5. 2000 in Kraft getretenen Gesetzes zur Beschleunigung fälliger Zahlungen (ZBG) (BGBl. 2000 I S. 330). Die Anpassung des Basiszinssatzes findet nach § 247 BGB (s. die Neuregelung in §§ 286 Abs. 3, 288, 247 SMG) nur noch zweimal jährlich statt, zum 1. 1. und 1. 7. Bezugsgröße ist der Zinssatz für die jüngste Hauptrefinanzierungsoperation der Europäischen Zentralbank vor dem ersten Kalendertag des betreffenden Halbjahres.

Rechtshängigkeitszinsen – nach § 291 BGB gilt ab 1. 5. 2000 insoweit § 288 Abs. 1 BGB analog – können auch **ohne Eintritt des Verzuges** von der Rechtshängigkeit an verlangt werden (BGH, FamRZ 1987, 352; 1988, 145, 149).

Nach § 17 Abs. 4 GKG i. d. F. des Kostenrechtsänderungsgesetzes 1994 (KostRÄndG 1994) vom 24. 6. 1994 (BGBl. I S. 1326) werden dem **Streitwert** (Jahresbetrag der Unterhaltsforderung) die bei Einreichung der Klage fälligen Beträge hinzugerechnet. Der Einreichung der Klage steht die Einreichung eines Antrages auf Bewilligung der PKH gleich, wenn die Klage alsbald nach Mitteilung der Entscheidung über den Antrag oder über eine eingelegte Beschwerde eingereicht wird. Der im **Einreichungsmonat** zu zahlende Unterhalt gilt deshalb nach der neuen Gesetzeslage als **Rückstand**.

461

3. Unterhalt ab Rechtshängigkeit

Ohne die Voraussetzungen des Verzuges kann laufender Unterhalt für die Vergangenheit verlangt werden, wenn der Unterhaltsanspruch rechtshängig geworden ist, §§ 1585 Abs. 2, 1613 Abs. 1 BGB. Dabei ist **Rechtshängigkeit** in ihrem üblichen Sinne zu verstehen, nämlich Zustellung der beglaubigten Klageabschrift, § 261 ZPO. In den Fällen der **Stufenklage** genügt die Zustellung des unbezifferten Klageantrages. Der Unterhaltsanspruch wird trotz noch fehlender Bezifferung rechtshängig. Dagegen besteht eine Rückwirkung nach § 270 Abs. 3 ZPO nicht vom Zeitpunkt der Zustellung auf den Zeitpunkt der Einreichung der Klageschrift, da § 270 Abs. 3 ZPO nur eine Ausnahmeregelung zum Zweck der Fristwahrung und zum Zweck der Verjährungsunterbrechung ist. Die Mahnungswirkung wird nicht generell vorverlegt.

462

Auf die Jahresfrist des § 1585b Abs. 3 BGB ist § 270 Abs. 3 ZPO, mit Wirkung zum 1. 7. 2002 jetzt § 167 ZPO, zugunsten des Unterhaltsberechtigten indes anwendbar. Die Jahresfrist des § 1585 b Abs. 3 BGB stellt einen gesetzlich geregelten Fall der Verwirkung dar; die Vorschrift enthält eine **Ausschlussfrist**. Auf sie ist deshalb auch § 270 Abs. 3 ZPO anwendbar. Unterhalt kann unter Umständen bis zu einem Jahr vor Anhängigkeit verlangt werden. Im Rahmen der gesetzlich vorgesehenen Vorwirkung der Zustellung kommt es nicht auf die Einreichung eines PKH-Gesuches an, entscheidend ist allein die Einreichung der Klageschrift, sofern deren Zustellung **demnächst** erfolgt. Die Dauer eines vorgeschalteten PKH-Verfahrens ist unmaßgeblich, es sei denn, der Kläger oder sein Prozessbevollmächtigter haben durch nachlässiges Verhalten zu einer nicht nur ganz geringfügigen Verzögerung beigetragen (OLG Düsseldorf, 1. FamS, FamRZ 2002, 327; auch OLG Schleswig, FamRZ 1988, 961).

463

4. Verwirkung des Anspruchs auf Zahlung rückständigen Unterhalts

Davon unabhängig besteht die Möglichkeit der **Verwirkung des Anspruchs auf Zahlung rückständigen Unterhalts** (BGH, NJW 2003, 128; FamRZ 2002, 1698 m. Anm. Klinkhammer; FamRZ 1982, 898 = NJW 1982, 1999; FamRZ 1988, 370 = NJW 1988, 1137).

464

Dies gilt trotz der Hemmung der Verjährung auch für den Unterhaltsanspruch eines minderjährigen Kindes. Es macht grds. keinen Unterschied, ob die Unterhaltsansprüche noch nicht oder bereits tituliert sind (BGH, FamRZ 1999, 1422 = NJW-FER 1999, 269; OLG Brandenburg, NJW-RR 2002, 363; OLG Stuttgart, FamRZ 1999, 859; OLG Frankfurt, FamRZ 1999, 1163; OLG Hamm, FamRZ 1998, 1189; KG, FamRZ 1994, 771; OLG Karlsruhe, FamRZ 1993, 1456, 1457).

Die Geltendmachung eines Anspruchs kann wegen **illoyaler Verspätung** gegen Treu und Glauben (§ 242 BGB) verstoßen, wenn der Unterhaltsberechtigte ihn längere Zeit nicht geltend gemacht hat (**sog. Zeitmoment**) und der Unterhaltspflichtige sich darauf einrichten durfte und auch eingerichtet hat, dass der Unterhaltsberechtigte den Anspruch auch in Zukunft nicht mehr geltend machen werde (**sog. Umstandsmoment**).

Dabei kann das **Zeitmoment** schon vorliegen, wenn die Rückstände Zeitabschnitte betreffen, die länger als ein Jahr zurückliegen. Grds. sind jedoch strenge Anforderungen zustellen (OLG Hamburg, FamRZ 2002, 327).

465 Aus den §§ 1585b Abs. 3, 1613 Abs. 2 Nr. 1 BGB folgt, dass das Gesetz dem **Schuldnerschutz** bei Rückständen für eine mehr als ein Jahr zurückliegende Zeit besondere Beachtung schenkt. Ein Unterhaltsberechtigter, der sich nicht zeitnah um die Durchsetzung seiner Ansprüche bemüht, erweckt den Eindruck, er sei nicht bedürftig. Die über dreijährige Nichtgeltendmachung erfüllt das Zeitmoment (OLG Hamm, FamRZ 1996, 1239). Zahlt der Unterhaltspflichtige mehr als zwei Jahre rügelos den geringeren titulierten Unterhalt, steht der Forderung auf Zahlung des kraft privater Vereinbarung geschuldeten höheren Unterhalts das Zeitmoment entgegen (OLG Naumburg, FamRZ 1996, 1239).

466 Das **Umstandsmoment** kann erfüllt sein, wenn der Unterhaltsberechtigte die Trennungszeit und das Scheidungsverfahren hat verstreichen lassen, ohne nachhaltig Unterhalt zu fordern. Konkrete Vertrauensinvestitionen brauchen bei einem Unterhaltspflichtigen in beschränkten Verhältnissen nicht festgestellt zu werden, weil die Anpassung der Lebensführung an die zur Verfügung stehenden Einkünfte im Allgemeinen dazu führt, dass Ersparnisse bei unerwarteten Unterhaltsnachforderungen nicht zur Verfügung stehen (BGH, FamRZ 1988, 370, 373; OLG Düsseldorf, FamRZ 1994, 771; OLG Hamm, FamRZ 1996, 1239).

> *Hinweis:*
>
> *Die Folgen der Verwirkung können eintreten, auch wenn der Unterhaltsanspruch bereits rechtshängig gemacht worden war, denn nach § 1613 BGB sind Verzug und Rechtshängigkeit in ihrer Wirkung gleichgestellt (OLG Düsseldorf, FamRZ 1989, 776).*

467 **Uneinheitlich** wird die Frage beantwortet, bis zu welchem Zeitpunkt Ansprüche auf Zahlung rückständigen Unterhalts verwirkt sein können. Nach einer Meinung werden diejenigen Ansprüche von der Verwirkung nicht erfasst, welche erst – kürzestens – ein Jahr vor der gerichtlichen Geltendmachung fällig geworden sind (BGH, FamRZ 1988, 370; OLG Düsseldorf, FamRZ 1989, 776, 778). Nach a. A. beseitigt die eingetretene Verwirkung die anspruchsbegründenden Wirkungen von Inverzugsetzung und Rechtshängigkeit bis zu dem Zeitpunkt, zu dem der Unterhaltsanspruch erneut in verzugsbegründender Weise angemahnt oder rechtshängig gemacht wird (OLG Düsseldorf, FamRZ 1999, 239; OLG Hamburg, FamRZ 1990, 1271, 1273; AG Weilburg, FamRZ 1992, 216, 217).

Der Verwirkungstatbestand ist, ohne dass sich eine Partei darauf berufen muss, **von Amts wegen** zu beachten (BGH, NJW 1966, 343; OLG Celle, FamRZ 1989, 1195). Er kann im Falle der Geltendmachung rückständigen Unterhalts grds. eingreifen (BGH, FamRZ 1982, 898).

5. Ausnahmeregelungen für rückwirkende Unterhaltsforderungen

a) Sonderbedarf

468 § 1613 Abs. 2 Nr. 1 BGB i. d. F. des KindUG vom 6. 4. 1998 (BGBl. I S. 666, 667) gewährt dem Unterhaltsberechtigten die Möglichkeit, für die Vergangenheit ohne die Einschränkung nach § 1613 Abs. 1 BGB Erfüllung wegen eines unregelmäßigen außergewöhnlich hohen Bedarfs (**Sonderbedarf**) zu verlangen. Nach Ablauf eines Jahres kann dieser Anspruch jedoch nur geltend gemacht werden, wenn der Unterhaltspflichtige vorher in Verzug gekommen oder der Anspruch rechtshängig geworden ist.

b) Rechtliche Hinderungsgründe

469 Eine Einschränkung der Forderung von Unterhalt für die Vergangenheit besteht auch nicht für einen Zeitraum, in dem der Unterhaltsberechtigte aus **rechtlichen Gründen** an der Geltendmachung des Unterhaltsanspruchs gehindert war. § 1613 Abs. 2 Nr. 2a BGB in der ab 1. 7. 1998 geltenden Fassung des KindUG vom 6. 4. 1998 erfasst insoweit die bisher in § 1615d BGB geregelten

Sachverhalte. Das unterhaltsberechtigte Kind kann von seinem Vater danach die fällig gewordenen Unterhaltsbeträge fordern, bevor die Vaterschaft anerkannt (§ 1594 Abs. 1 BGB) oder rechtskräftig festgestellt (§ 1600d Abs. 4 BGB) war.

§ 1613 Abs. 2 BGB gilt gem. § 1615l Abs. 3 Satz 4 BGB auch für die Ansprüche der Mutter eines nichtehelichen Kindes.

Unabhängig von den Voraussetzungen des § 1613 Abs. 1 BGB können nach § 1613 Abs. 2 Nr. 2a BGB auch **Dritte,** die an Stelle des Unterhaltspflichtigen Unterhalt geleistet haben, den auf sie nach § 1607 Abs. 2, 3 BGB übergegangenen Anspruch geltend machen (BT-Drucks. 13/7338 S. 31).

c) Tatsächliche Hinderungsgründe

Unterhalt kann ferner eingefordert werden für den Zeitraum, in dem der Unterhaltsberechtigte aus **tatsächlichen Gründen,** die **in den Verantwortungsbereich des Unterhaltspflichtigen** fallen, an der Geltendmachung des Unterhaltsanspruchs gehindert war, § 1613 Abs. 2 Nr. 2b BGB i. d. F. des KindUG vom 6. 4. 1998. Tatsächliche Hinderungsgründe dauerhafter oder vorübergehender Art im Verantwortungsbereich des Unterhaltspflichtigen sind etwa gegeben bei einem Auslandsaufenthalt oder bei unbekanntem Aufenthalt.

In den Fällen der tatsächlichen oder rechtlichen Verhinderung an der Geltendmachung des Unterhaltsanspruchs bedarf es daher generell nicht mehr der Inverzugsetzung und der Rechtshängigkeit (BT-Drucks. 13/7338 S. 31).

d) Stundung/Erlass bei Hinderungsgründen rechtlicher und tatsächlicher Art

Der Unterhaltsberechtigte kann Erfüllung nicht, nur in Teilbeträgen oder erst zu einem späteren Zeitpunkt verlangen, soweit die volle oder die sofortige Erfüllung für den Unterhaltspflichtigen eine **unbillige Härte** bedeuten würde. Damit schafft § 1613 Abs. 3 BGB in der ab 1. 7. 1998 geltenden Fassung des KindUG v. 6. 4. 1998 eine Härteregelung, die bislang in § 1615i Abs. 1, 2 BGB a. F. sowie in den §§ 642e, 642f ZPO a. F. enthalten war. Mit der Neuregelung sind jedoch Stundung und Erlass als **materielle Einwendungen** ausgestaltet worden, die der Unterhaltspflichtige – gerichtlich und außergerichtlich – zur Geltung bringen muss. § 1615i BGB a. F. und §§ 642e, 642f ZPO a. F. sind entfallen. Die Regelung in § 1613 Abs. 3 BGB hat Bedeutung in den Fällen, in denen die Unterhaltspflicht erst später festgestellt wird. Das schließt nicht aus, auch in anderen Fällen ausnahmsweise den Unterhalt zu stunden oder zu erlassen. Eine Zeitschranke sieht § 1613 Abs. 3 BGB nicht vor. Der Zeitfaktor ist aber bei der Billigkeitsabwägung zu berücksichtigen. Ein Erlass kommt nur ganz ausnahmsweise in Betracht (BT-Drucks. 13/7338 S. 32). Stundung und Erlass kommen ferner in Betracht, soweit ein Dritter von dem Unterhaltspflichtigen Ersatz verlangt, weil er an Stelle des Unterhaltspflichtigen Unterhalt gewährt hat, § 1613 Abs. 3 Satz 2 BGB i. d. F. des KindUG vom 6. 4. 1998.

XIII. Auskunftsanspruch bei Verwandten in gerader Linie

1. Pflicht zur Auskunftserteilung

Nach § 1605 BGB sind Verwandte in gerader Linie einander verpflichtet, auf Verlangen über ihre Einkünfte und ihr Vermögen Auskunft zu erteilen, soweit dies zur Feststellung eines Unterhaltsanspruchs oder einer Unterhaltsverpflichtung **erforderlich** ist, § 1605 Abs. 1 Satz 1 BGB. Die begehrte Auskunft muss für den Unterhaltsanspruch relevant sein; es genügt, dass die Auskunft für die Bemessung des Unterhalts von Bedeutung sein kann (BGH, FamRZ 1994, 1169, 1170).

Der Auskunftsanspruch ist Ausfluss des Grundsatzes von Treu und Glauben (BGH, FamRZ 1982, 680, 681). Die Auskunft hat den **Zweck,** den Auskunftsberechtigten in die Lage zu versetzen, die Kenntnis über das Einkommen des Unterhaltspflichtigen zu gewinnen, um eine **umfassende** und **sachgerechte Prüfung** und **Beurteilung** seiner **Unterhaltsansprüche** vornehmen zu können. Ausreichende Kenntnis verschafft allen Beteiligten die Möglichkeit, einen Rechtsstreit überhaupt zu vermeiden oder in einem Rechtsstreit die Forderungen zutreffend zu bemessen und begründete Einwendungen vorzubringen.

475 Der Grundsatz von Treu und Glauben verbietet es, die Auskunft noch zu verlangen, wenn feststeht, dass die begehrte Auskunft **den gesetzlichen Unterhaltsanspruch unter keinem Gesichtspunkt beeinflussen kann** (BGH, FamRZ 1982, 996, 997). Sie ist dann entbehrlich, wenn über das Einkommen des Unterhaltspflichtigen so viel feststeht, dass der gesamte Bedarf des unterhaltsberechtigten Kindes voll gedeckt werden kann. Bei überdurchschnittlichen Einkünften des Barunterhaltspflichtigen und Unterhaltszahlungen nach Maßgabe der höchsten Einkommensgruppe ist die Auskunft über weitere Einkommenssteigerungen vielfach deshalb nicht erforderlich, weil der Bedarf des Kindes durch sein **Kindsein geprägt** und **begrenzt** wird, eine Teilhabe am Luxus nicht stattfindet. Eine Auskunft kommt allenfalls in Betracht, wenn das Kind einen über den allgemeinen Bedarf hinausgehenden besonders hohen Unterhaltsbedarf geltend macht und im Einzelnen darlegt (BGH, FamRZ 1983, 473).

476 Handelt es sich um die **Abänderung einer notariellen Unterhaltsvereinbarung oder eines Unterhaltsvergleichs**, entscheidet sich die Frage, ob die begehrte Auskunft den Unterhaltsanspruch beeinflussen kann, ohne weiteres nicht nach der gesetzlichen Regelung. Für die Abänderung sind die Grundsätze über den **Wegfall der Geschäftsgrundlage** heranzuziehen (BGH, FamRZ 1995, 665, 666). Entscheidend ist, welche Verhältnisse zur Grundlage der Einigung gemacht worden sind und wie die Parteien diese bewertet haben. Nach den jeweiligen Verhältnissen ist zu befinden, ob und in welchem Umfang die Auskunft erforderlich ist. Die gesetzliche Regelung wird nur maßgebend, soweit sich nicht Maßstäbe aus der Vereinbarung selbst oder dem zugrunde liegenden Parteiwillen entnehmen lassen (BGH, FamRZ 1997, 811, 813).

477 Der **Verwirkungseinwand** steht der Auskunftspflicht i. d. R. nicht entgegen. Bei Vorliegen des objektiven Verwirkungstatbestandes gestattet das Gesetz (vgl. §§ 1579, 1611 Abs. 1 BGB) im Rahmen der sachverhaltsspezifischen Abwägung die Herabsetzung, die zeitliche Begrenzung oder den Wegfall des Unterhaltsanspruchs. Darüber kann sachgerecht erst befunden werden, wenn die Höhe des Unterhaltsanspruchs festgestellt ist (OLG München, FamRZ 1989, 284, 286).

478 In Ausnahmefällen kann sich daneben aus **Treu** und **Glauben** eine **Pflicht zur ungefragten Information** ergeben (BGH, FamRZ 1997, 483 = NJW 1997, 1439; OLG Hamm, FamRZ 1997, 433; 1994, 1265; OLG Bamberg, FamRZ 1994, 1178). Diese kann sich einstellen, wenn eine für den Unterhaltsanspruch ersichtlich grundlegende Veränderung der wirtschaftlichen Verhältnisse eingetreten und ein Schweigen darüber evident unredlich ist (BGH, FamRZ 1986, 450, 453 = NJW 1986, 1751; FamRZ 1986, 794, 796 = NJW 1986, 2047; FamRZ 1988, 270; 1997, 483 betreffend den Ehegattenunterhalt).

479 Eine erhöhte Pflicht zur Rücksichtnahme auf den anderen Teil wird begründet, wenn der Unterhalt in einem **Unterhaltsvergleich** vereinbart ist. Dies stellt zugleich höhere Anforderungen an die Pflicht zur ungefragten Information (BGH, FamRZ 1997, 483; OLG Hamm, FamRZ 1994, 1265, 1266 zur unaufgeforderten Information über die Erzielung höherer als anrechnungsfrei gelassener Einkünfte).

480 In diesen Fällen können sich aus dem unredlichen Verhalten **Schadensersatzansprüche** nach **§ 826 BGB** ergeben (OLG Bremen, FamRZ 2000, 256), es kann die Voraussetzungen des Verwirkungstatbestandes erfüllen ((BGH, FamRZ 1997, 483) und auch zur Anfechtung eines Vergleichs nach § 123 BGB berechtigen (BGH, NJW 1999, 2804).

2. Auskunftsberechtigte

481 Auskunftsberechtigt sind die **Verwandten in gerader Linie** nach § 1605 BGB, und zwar altersunabhängig (OLG Frankfurt, FamRZ 1985, 481).

Ein Elternteil kann von dem anderen Elternteil über dessen Einkünfte Auskunft beanspruchen, wenn er diese zur Errechnung der Haftungsanteile für den Unterhalt eines volljährigen Kindes benötigt (BGH, FamRZ 1988, 268). Dieser auf § 242 BGB beruhende Auskunftsanspruch besteht dann nicht, wenn der andere Elternteil dem volljährigen Kind gegenüber die Bereitschaft erklärt hat, ihm für den zu führenden Unterhaltsrechtsstreit alle notwendigen Informationen zur Verfügung zu stellen. In einem derartigen Fall benötigt der in Anspruch genommene Elternteil nicht die Auskunft seitens des anderen Elternteils (AG Bayreuth, FamRZ 1992, 715). 482

Kommt die Beteiligung des betreuenden Elternteils abweichend von § 1606 Abs. 3 Satz 2 BGB an dem Barunterhalt eines minderjährigen Kindes in Betracht, besteht ebenfalls ein berechtigtes Interesse des barunterhaltspflichtigen Elternteils an der Kenntnis der Einkommens- und Vermögensverhältnisse des betreuenden Elternteils (OLG Köln, FamRZ 1992, 469, 470). Nach § 91 Abs. 1 Satz 1 BSHG i. d. F. des Gesetzes zur Reform des Sozialhilferechts vom 23. 7. 1996 (BGBl. 1996 I S. 1088) geht der unterhaltsrechtliche Auskunftsanspruch nunmehr zugleich mit dem Unterhaltsanspruch auf den Träger der Sozialhilfe über. Andererseits kann sich aber auch eine Auskunftspflicht des Sozialhilfeträgers aus § 242 BGB ergeben, wenn der Anspruch auf Elternunterhalt auf den Sozialhilfeträger übergegangen ist. Nimmt er ein Kind auf Zahlung in Anspruch, hat dieses Anspruch auf Auskunft über das Einkommen seiner nach § 1606 Abs. 3 Satz 1 BGB ebenfalls haftenden Geschwister, damit es in die Lage versetzt wird, seinen Haftungsanteil zu berechnen (LG Braunschweig, NJWE-FER 1999, 293; s. auch OLG München, NJW FER 2000, 311). 483

3. Inhalt der Auskunftspflicht

Sinn und Zweck der Auskunftspflicht machen die Vorlage einer **systematischen Aufstellung** der erforderlichen Angaben notwendig, die dem Auskunftsberechtigten ohne übermäßigen Aufwand die Berechnung des Unterhaltsanspruchs ermöglicht (BGH, FamRZ 1983, 680). Für den Umfang der Auskunftspflicht ist der Informationsbedarf des Auskunftsberechtigten maßgeblich (OLG München, FamRZ 1993, 202). 484

Der **unselbstständig Erwerbstätige** hat sich über sein tatsächlich erzieltes Einkommen zu erklären. Dazu zählt auch, ob und mit welchem Ergebnis ein Steuererstattungsverfahren durchgeführt wurde. Der Auskunftspflichtige sollte zu einer Stellungnahme angehalten werden, wann ein Steuererstattungsverfahren zuletzt eingeleitet wurde oder aus welchen Gründen ein entsprechendes Verfahren unterblieben ist, um Manipulationen begegnen zu können. 485

Der **selbstständig Gewerbetreibende** hat auf Verlangen Auskunft über seine Einkommensverhältnisse in den zurückliegenden drei Jahren zu erteilen (BGH, FamRZ 1982, 152; 680, 681). Er hat seine Einnahmen und Ausgaben so darzustellen, dass die allein steuerlich beachtlichen Absetzungen und Aufwendungen von solchen abgegrenzt werden können, die unterhaltsrechtlich von Bedeutung sind. Deshalb kann der Auskunftsberechtigte auch verlangen, dass ihm Auskunft über einzelne Titel der Bilanz, der Gewinn- und Verlustrechnung oder der Steuererklärung erteilt wird, um nachvollziehen zu können, wie sich die betreffende Position errechnet (OLG Stuttgart, FamRZ 1991, 84, 85). Er kommt seiner Auskunftspflicht rechtzeitig nach, wenn er den für die Ermittlung seines Einkommens erforderlichen Jahresabschluss innerhalb von sechs Monaten nach Ablauf des Geschäftsjahres, gegebenenfalls mit den notwendigen Erläuterungen, dem Auskunftsberechtigten übermittelt (OLG Bamberg, FamRZ 1989, 423). 486

Die Pflicht zur Auskunftserteilung umfasst auch das **Vermögen,** soweit die Auskunft zur Feststellung eines Unterhaltsanspruchs oder einer Unterhaltsverpflichtung erforderlich ist. Sie wird danach nur geschuldet, wenn der Unterhaltspflichtige ausnahmsweise zum Bestreiten des Unterhalts seinen **Vermögensstamm** einzusetzen hätte (OLG Hamm, FamRZ 1990, 657, 658). Dazu muss durch den Auskunftsberechtigten ausreichender Vortrag gegeben werden. Die Auskunft kann nur auf einen **bestimmten Zeitpunkt** bezogen erteilt werden. Eine Auskunft über den Verbleib oder die Verwendung eines Vermögensgegenstandes scheidet aus (OLG Karlsruhe, FamRZ 1986, 271, 272). Dies kann anders zu beurteilen sein, wenn der Unterhaltspflichtige sich darüber schlüssig 487 werden will, ob er gegen den Unterhaltsberechtigten, dem Vermögenserträge, etwa infolge des Zugewinns, zugeflossen sind, eine **Abänderungsklage** erheben will. Als darlegungspflichtige Partei bedarf er der Kenntnis darüber, ob und wie der Unterhaltsberechtigte mit den Kapitalbeträgen verfahren ist. Nur so ist er in der Lage, gegebenenfalls die Voraussetzungen des § 1579 Nr. 3 BGB zu prüfen und eine Entscheidung über die Einleitung eines Verfahrens nach § 323 ZPO zu treffen (OLG Karlsruhe, FamRZ 1990, 756).

488 Der Unterhaltpflichtige ist dem Unterhalt begehrenden Kind gegenüber verpflichtet, sich über die Höhe und die Anlage des Verkaufserlöses eines Hausgrundstücks zu erklären, denn die Zinseinkünfte stellen unterhaltsrechtliches Einkommen dar und bestimmen den Umfang des Unterhaltsanspruchs des Kindes (OLG Nürnberg, FamRZ 1994, 979).

4. Belegpflicht

489 Über die Höhe der Einkünfte sind auf Verlangen **Belege**, insbesondere Bescheinigungen des Arbeitgebers, vorzulegen, § 1605 Abs. 1 Satz 2 BGB.

490 Von dem Anspruch auf Auskunft ist der auf Vorlage von Belegen zu trennen. Die Trennung lässt das Verlangen auf Auskunft ohne Belege, aber auch das Verlangen von Belegen ohne Auskunft zu. Allerdings geht der Beleganspruch nicht über den Auskunftsanspruch hinaus (OLG München, FamRZ 1993, 202).

491 Der **unselbstständig tätige Unterhaltspflichtige** hat die Lohn- bzw. Gehaltsbescheinigungen i. d. R. für den Jahreszeitraum (letztes Kalenderjahr oder die vergangenen zwölf Monate) vorzulegen. Hinzu kommen ggf. Abrechnungen über Spesen und Auslösungen, Krankengeld, Arbeitslosengeld, Arbeitslosenhilfe oder Rentenbescheide. Ergeben sich Zweifel, ob in diesen Bescheinigungen die tatsächliche Höhe der insgesamt bezogenen Einkünfte erfasst ist, kann die Vorlage des Arbeitsvertrages beansprucht werden (BGH, FamRZ 1994, 28, 29). Dies kommt auch bei einer Beschäftigung im Ausland in Betracht, die mit Spesen, Auslösungen, Auslagenersatz o. Ä. verbunden ist (OLG München, FamRZ 1993, 202, 203). Die Vorlagepflicht umfasst ferner Steuerbescheide, die in dem von der Auskunft umfassten Zeitraum ergangen sind.

492 Im Rahmen eines Auskunftsanspruchs kann von einem **Selbstständigen** die Vorlage von Bilanzen nebst Gewinn- und Verlustrechnungen, der Einkommensteuererklärung und des Einkommensteuerbescheids verlangt werden (BGH, FamRZ 1982, 152; 680, 682; 1983, 996; OLG Stuttgart, FamRZ 1991, 84; OLG München, FamRZ 1993, 202: keine Vorlagepflicht bezüglich einer noch nicht beim Finanzamt eingereichten Einkommensteuererklärung). Nicht ausreichend ist die Gestattung der Einsicht in die maßgeblichen Unterlagen. Die Auskunft ist, wie § 260 BGB zu entnehmen ist, der gem. § 1605 Abs. 1 Satz 3 BGB entsprechend anwendbar ist, **schriftlich** zu erteilen (OLG Schleswig, FamRZ 1981, 53).

493 Bei Zusammenveranlagung mit dem neuen Ehegatten besteht für den Auskunftspflichtigen das Recht, solche Betragsangaben abzudecken oder unkenntlich zu machen, die ausschließlich dessen Lebensverhältnisse betreffen (BGH, FamRZ 1983, 680; vgl. auch OLG Düsseldorf, FamRZ 1991, 1315). Eine Belegpflicht hinsichtlich des **Vermögens** besteht nicht (OLG Hamburg, FamRZ 1985, 394).

5. Eidesstattliche Versicherung

494 Der Auskunftspflichtige hat nach §§ 1605 Abs. Satz 3, 260 Abs. 2 BGB die Vollständigkeit und Richtigkeit der erteilten Auskunft **eidesstattlich** zu versichern, wenn der begründete Verdacht besteht, dass die Auskunft nicht mit der erforderlichen Sorgfalt erteilt wurde. Zuvor sollte aber Gewissheit bestehen, dass auch der Auskunftspflichtige von der Vollständigkeit der Auskunft ausgeht. Anderenfalls ist ihm Gelegenheit zu geben, die Auskunft **zu ergänzen,** wenn etwa erkennbar ist, dass die mangelhafte Auskunft auf unverschuldeter Unkenntnis oder auf einem entschuldbaren Irrtum beruhte (BGH, FamRZ 1984, 144 = NJW 1984, 484).

6. Verspätete Auskunft

Befindet sich der Auskunftspflichtige mit der Erfüllung seiner Auskunftspflicht in **Verzug,** kann er hinsichtlich des daraus entstehenden Schadens **ersatzpflichtig** sein (BGH, FamRZ 1984, 163, 164; 1995, 348, 349; zur Zuständigkeit der Familiengerichte vgl. BGH, FamRZ 1994, 626). Hat der Unterhaltsberechtigte lediglich – **isolierte** – Auskunfts- und nicht sogleich (Abänderungs-) Stufenklage erhoben, kann er trotz Verzuges mit der Auskunftspflicht nicht höheren als bislang titulierten Unterhalt für die Zeit vor Rechtshängigkeit verlangen. Durch die **Abänderungsstufenklage** hätte der Schaden vermieden werden können. Hätte sich nach der Verurteilung zur Auskunft herausgestellt, dass höherer als der titulierte Unterhalt nicht geschuldet war, hätte die Klage auf den **materiell-rechtlichen Kostenerstattungsanspruch** (vgl. BGH, FamRZ 1995, 348) umgestellt werden können.

495

7. Erneute Auskunftspflicht

Vor Ablauf von zwei Jahren kann Auskunft erneut verlangt werden, wenn **glaubhaft** gemacht wird, dass der zur Auskunft Verpflichtete später wesentlich höhere Einkünfte oder weiteres Vermögen erworben hat, § 1605 Abs. 2 BGB.

496

Der **Beginn der Zweijahresfrist** wird unterschiedlich angenommen. Bei einer Verurteilung soll die Frist mit dem Tag der letzten mündlichen Verhandlung beginnen (so OLG Hamburg, FamRZ 1984, 1142) oder mit der Verkündung des Urteils im Vorprozess (so OLG Koblenz, FamRZ 1979,1021). Ist eine vergleichsweise Regelung getroffen worden, kommt es auf den Zeitpunkt des Vergleichsabschlusses an (OLG Hamm, MDR 2002, 96; OLG Stuttgart, FamRZ 1978, 717; OLG Karlsruhe, FamRZ 1991, 1470 m. w. N.; OLG Düsseldorf, FamRZ 1993, 591). Auch soll der Zeitpunkt der letzten Auskunftserteilung maßgeblich sein (OLG Hamm, FamRZ 1992, 595). Schließlich soll es für die Frist bei Auskünften zum Einkommen auf den Ablauf des Zeitraums ankommen, für den die Auskunft erteilt worden ist, und bei Auskünften zum Vermögen auf den der Auskunft zugrunde gelegten Stichtag (Palandt/Diederichsen, BGB, § 1605 Rn. 15).

497

Der **Schutzzweck der Vorschrift** besteht darin, überflüssige Abänderungsklagen gegenüber bestehenden Unterhaltstiteln zu vermeiden, da sich innerhalb eines Zweijahreszeitraums in aller Regel die Einkünfte nicht in dem nach § 323 ZPO vorausgesetzten Umfang ändern (BT-Drucks. 7/650 S. 172).

498

An den Nachweis der Abweichung von dieser Regel durch Glaubhaftmachung i. S. d. § 1605 Abs. 2 BGB sind in den neuen Ländern nicht die gleichen strengen Maßstäbe anzulegen wie in den alten Ländern, denn bei den Lebenshaltungskosten und bei den Einkommen ist im Ostteil Deutschlands ein wesentlich schnellerer Anstieg zu verzeichnen (so BezG Erfurt, FamRZ 1994, 719).

Dem Schutzzweck des § 1605 Abs. 2 BGB widerspricht es nicht, wenn ein Kind nach Ablauf eines bis zum Eintritt der Volljährigkeit befristeten Vergleichs erneut Auskunft und Unterhalt verlangt (OLG Hamm, FamRZ 1990, 657, 658). Auch kann bei **atypischen** Einkommensentwicklungen (Wegfall hoher Schulden) eine vorzeitige Auskunft geschuldet sein (OLG Hamm, FamRZ 1991, 594). Liegt dem Unterhaltsanspruch ein **Mangelfall** zugrunde, sind an das Erfordernis der Wesentlichkeit des § 1605 Abs. 2 BGB geringere Anforderungen zu stellen (OLG Karlsruhe, FamRZ 2000, 1179 = NJWE-FER 2000, 143). Umfasste die Auskunft nur den Beginn einer selbständigen Erwerbstätigkeit, kann ebenfalls vorzeitig Auskunft erbeten werden (OLG Karlsruhe, FamRZ 2000, 1179 = NJWE-FER 2000, 143).

499

Unter dem Begriff des **Erwerbes weiteren Vermögens** ist ein solches gemeint, welches erst **nach der Erteilung** der Auskunft unterhaltsrechtlich relevant wird (OLG Nürnberg, FamRZ 1994, 979). Deshalb kann Auskunft über den Verkaufserlös eines Hausgrundstücks vor Ablauf von zwei Jahren verlangt werden, auch wenn der Kaufpreis bereits vor Schluss der mündlichen Verhandlung in dem vorangegangenen Auskunftsverfahren bekannt war, aber zu diesem Zeitpunkt noch keine wesentlichen Zinseinnahmen aus der Anlage des Verkaufserlöses erzielt wurden (OLG Nürnberg, a. a. O.).

500

8. Prozessuales

501 Bei der Fassung des **Klageantrages** und des **Tenors** eines Auskunftsurteils ist darauf Bedacht zu nehmen, dass die erbetene Auskunft **konkret genug** gefasst wird (OLG Karlsruhe, FamRZ 1983, 631; OLG Frankfurt, FamRZ 1991, 1334). Ansonsten drohen Probleme in der Zwangsvollstreckung. So ist ein Auskunftsverlangen „über die Einkommens- und Vermögensverhältnisse" nicht konkret genug (OLG Frankfurt, FamRZ 1991, 1334). Notwendig ist die Bezeichnung der **Einkommensart**, über die Auskunft zu geben ist, etwa Einkünfte aus nichtselbstständiger Tätigkeit, aus selbstständiger Tätigkeit, aus Kapitalvermögen, aus Renten. Der **Zeitraum** ist zu bestimmen. Dieser ist von besonderer Bedeutung für das Einkommen eines Selbstständigen, welches aus unterhaltsrechtlicher Sicht nach einem Mehrjahresdurchschnitt ermittelt wird. Wird eine Auskunft über die Vermögensverhältnisse geschuldet, ist der **Stichtag** festzulegen.

Formulierungsbeispiele:

Auskunft zu den Einkünften eines Nichtselbstständigen:

... den Beklagten zu verurteilen,

- Auskunft zu erteilen über die Einkünfte aus nichtselbstständiger Tätigkeit für die Zeit vom 1. 1. 2001 bis zum 31. 12. 2001 sowie über eine im Jahr 2001 erhaltene Steuererstattung,
- die Lohn-/Gehaltsabrechnungen der Monate Januar bis Dezember 2001
- sowie einen im Jahr 2001 ergangenen Steuerbescheid vorzulegen.

Auskunft zu den Einkünften aus Vermietung und Verpachtung:

... den Beklagten zu verurteilen,

- Auskunft zu erteilen über die Einkünfte aus Vermietung und Verpachtung im Jahr 2001,
- Anlage V zur Einkommensteuererklärung 2001 vorzulegen.

Auskunft zu den Einkünften eines Selbstständigen:

... den Beklagten zu verurteilen,

- Auskunft zu erteilen über die Einkünfte aus Gewerbebetrieb in den Jahren 1999, 2000, 2001 sowie zu den in den Jahren 1999, 2000, 2001 erzielten Steuererstattungen,
- die Jahresabschlüsse 1999, 2000, 2001, und zwar die Bilanz und die Gewinn- und Verlustrechnung, die Kontennachweise zur Bilanz und zur Gewinn- und Verlustrechnung, die Anlagenverzeichnisse,
- die Einkommensteuererklärungen für die Jahre 1999, 2000, 2001 nebst Anlagen,
- die Einkommensteuerbescheide für 1999, 2000, 2001 vorzulegen.

502 Bei einem **Beleganspruch** sind die verlangten Belege so genau wie möglich zu bezeichnen, damit die Frage, um welche Belege es sich handeln soll, nicht in das Vollstreckungsverfahren verlagert wird (BGH, FamRZ 1983, 454; OLG Stuttgart, FamRZ 1991, 84).

503 Im **Verbundverfahren ist eine isolierte Auskunftsklage nicht möglich.** Der Scheidungsverbund ist auf die Regelung der Scheidungsfolgen bezogen, nicht aber auf Entscheidungen, die diese erst vorbereiten. Geht es dem Antragsteller nur um eine Entscheidung über den Auskunftsanspruch, ist in einem gesonderten Verfahren außerhalb des Scheidungsverbundes zu entscheiden. Erstrebt er hingegen eine Entscheidung zugleich mit der Scheidung, kann er den Weg der Stufenklage beschreiten, auch wenn es sich um die Abänderung eines bereits bestehenden Titels handelt (BGH, FamRZ 1993, 1065; 1997, 811, 812 m. w. N. auf die bisherige Rspr. u. Lit.).

Stellt sich bei einer **Stufenklage** nach der erteilten Auskunft heraus, dass ein **Leistungsanspruch nicht besteht,** tritt insoweit eine Erledigung der Hauptsache nicht ein. Bei einseitiger Erledigungserklärung kommt ein Kostenausspruch zugunsten des Klägers nach § 91 ZPO oder in analoger Anwendung des § 93 ZPO nicht in Betracht. Dem Kläger als Gläubiger eines Anspruchs auf Auskunftserteilung und Rechnungslegung kann gegen den Schuldner der Auskunftsverpflichtung ein unter dem rechtlichen Gesichtspunkt des Verzuges gem. § 286 BGB begründeter **Schadensersatzanspruch** wegen der Kosten einer unbegründeten Klage zustehen, die er infolge der Nichterteilung der Auskunft erhoben hat. Ein solcher Schadensersatzanspruch kann im Wege des Feststellungsantrages in demselben Prozess geltend gemacht werden; eine hierin liegende Klageänderung ist als **sachdienlich** zuzulassen. Die Klage ist begründet, wenn der Gläubiger erst durch die verspätete Auskunftserteilung Klarheit über das Nichtbestehen eines Leistungsanspruchs hatte und der Schuldner schuldhaft seiner Auskunftserteilungspflicht nicht oder nicht rechtzeitig nachgekommen ist (BGH, FamRZ 1995, 348, 349).

504

Bei **übereinstimmender Erledigungserklärung** kann im Rahmen der nach § 91a ZPO zu treffenden Kostenentscheidung das Bestehen eines materiell-rechtlichen Kostenerstattungsanspruchs berücksichtigt werden, wenn sein Bestehen sich ohne besondere Schwierigkeiten feststellen lässt (OLG Koblenz, FamRZ 1996, 882).

Wird die erbetene Auskunft **nach Rechtshängigkeit** einer Stufenklage in einem gegen die Entscheidung über den prozessual selbständigen Auskunftsanspruch gerichteten **Rechtsmittelverfahren** erteilt, kann der Kläger die Hauptsache für erledigt erklären. Schließt sich der Beklagte der Erledigungserklärung nicht an, ist über die **Zulässigkeit** und **Begründetheit** der Auskunftsklage bis zum Eintritt des erledigenden Ereignisses zu befinden, damit das Rechtsmittelverfahren mit der Feststellung über die Erledigung des Auskunftsanspruchs beendet werden kann (BGH, FamRZ 1999, 1197, 1199).

Der **Wert des Auskunftsanspruchs** bestimmt sich nach dem wirtschaftlichen Interesse, das der Auskunftsberechtigte an der Erteilung der Auskunft hat. Er beträgt i. d. R. einen **Bruchteil des Leistungsanspruchs,** den das Gericht gem. § 3 ZPO nach freiem Ermessen zu schätzen hat. Anhaltspunkte können aus dem Tatsachenvortrag des Klägers gewonnen werden. Es ist zu fragen, welche Vorstellungen er sich von dem Wert des Leistungsanspruchs gemacht hat (BGH, FamRZ 1993, 1189). Angemessen kann ein Bruchteil von 1/10 bis zu 1/4 des Leistungsanspruchs sein.

505

Im Fall der Einlegung eines **Rechtsmittels** gegen die Verurteilung zur Erteilung einer Auskunft, zur Rechnungslegung, zur Einsichtgewährung in bestimmte Unterlagen, zur Abgabe einer eidesstattlichen Versicherung oder dergleichen bemisst sich der **Wert des Beschwerdegegenstandes** i. S. d. § 511 Abs. 2 Nr. 1 ZPO nach dem Aufwand an Zeit und Kosten, die die Erfüllung des titulierten Anspruchs erfordert, sowie nach einem etwaigen Geheimhaltungsinteresse des Verurteilten, **nicht** aber nach dem Wert des Auskunftsanspruchs. Das Interesse des Verurteilten an der Vermeidung einer für ihn nachteiligen Kostenentscheidung bleibt außer Betracht (BGH, GrS, FamRZ 1995, 349). Nach Lage des Falles kann die Hinzuziehung eines Steuerberaters oder auch eines Rechtsanwaltes geboten sein. Deren Kosten können als beachtlicher Aufwand berücksichtigt werden (BGH, FamRZ 1993, 1189, 1190). War im maßgeblichen Zeitpunkt der Einlegung des Rechtsmittels die von dem Auskunftspflichtigen vorzulegende Einkommensteuererklärung noch nicht erstellt, sind die Kosten der Erstellung in die Bewertung einzustellen, auch soweit sie später ohnehin angefallen wären (BGH, FamRZ 1993, 306, 307).

506

Wendet sich der Kläger gegen ein Urteil, das seinen zur Vorbereitung einer Unterhaltsklage dienenden unterhaltsrechtlichen Auskunftsanspruch abgewiesen hat, bemisst sich der Rechtsmittelstreitwert nach einem Bruchteil des voraussichtlichen Unterhaltsanspruchs; dessen Wert richtet sich gem. § 9 ZPO nach dem 3,5-fachen Wert des Jahresbezuges (BGH, FamRZ 1997, 546; NJWE-FER 1999, 250).

507 Auch wenn im Rahmen einer Leistungsklage die Bedürftigkeit des Klägers zu prüfen ist, hat der beklagte Unterhaltspflichtige ein **schützenswertes Interesse** daran, das Maß der Bedürftigkeit der klagenden Partei zuverlässig zu ermitteln; das **Rechtsschutzbedürfnis** für eine **Auskunftswiderklage** ist zu bejahen (OLG Koblenz, FamRZ 1993, 1098; a. A. OLG Frankfurt, FamRZ 1987, 839, 840).

9. Auferlegung von Prozesskosten nach §§ 93d, 269 Abs. 3 Satz 2 ZPO bei Verletzung der Auskunftspflicht

508 Die **Neufassung des § 93d ZPO** ermöglicht im Rahmen billigen Ermessens, der in Anspruch genommenen Partei abweichend von §§ 91 bis 93a, 269 Abs. 3 ZPO die Kosten des Rechtsstreits ganz oder teilweise aufzuerlegen, wenn sie ihrer Auskunftspflicht (§§ 1361, 1580, 1605 BGB) nicht oder nicht vollständig nachgekommen ist und sie deshalb Anlass für ein Verfahren gegeben hat, welches die gesetzliche Unterhaltspflicht betrifft. Auf diesem Weg soll die **außergerichtliche Klärung** von Unterhaltsansprüchen verbessert und dem Unterhaltsberechtigten durch die vorgerichtliche Kenntnis der Einkommens- und Vermögensverhältnisse der Weg der Stufenklage erspart werden. Der Auskunftsverpflichtete hat umfassend Auskunft zu erteilen. Sie hat sich auf alle Positionen, die für die Leistungsfähigkeit bedeutsam sind, zu erstrecken, mithin auf alle Abzüge und Belastungen, auch auf weitere vor- und gleichrangige Unterhaltsberechtigte (OLG Köln, FamRZ 2000, 622).

509 In § 269 Abs. 3 Satz 2 ZPO ist der Satz „**oder sie dem Beklagten aus einem anderen Grund aufzuerlegen sind**" eingefügt worden. Damit entfällt trotz Klagerücknahme die Kostentragungspflicht des Klägers, wenn in Anwendung des § 93d ZPO dem Beklagten die Kosten aufzuerlegen sind. Auch der **Kläger** kann in Anwendungsfällen des § 93d ZPO die Klage zurücknehmen und den Kostenantrag nach § 269 Abs. 4 ZPO stellen.

XIV. Vertretung des Kindes im Prozess

1. Klageverfahren

a) Bestehen der Prozessstandschaft

510 Nach § 1629 Abs. 3 Satz 1 BGB kann ein **verheirateter Elternteil** Unterhaltsansprüche des Kindes gegen den anderen Elternteil nur im eigenen Namen geltend machen, solange die Eltern getrennt leben oder eine Ehesache zwischen ihnen anhängig ist. Diese Bestimmung verleiht dem Elternteil die Stellung eines gesetzlichen Prozessstandschafters. Der **prozessführende Elternteil ist Partei**. Die Regelung verfolgt den Zweck, die Kinder nicht in die Streitigkeiten der Eltern hineinzuziehen und eine prozessuale „Frontstellung" gegen den einen oder anderen Elternteil zu vermeiden (BGH, FamRZ 1983, 474).

511 Die Prozessstandschaft ist an die **Vertretungsbefugnis** geknüpft. Diese kann auf einer Entscheidung nach § 1671 BGB beruhen, sie kann sich auch aus § 1629 Abs. 2 BGB ergeben.

512 Nach § 1629 Abs. 2 BGB vertritt, soweit noch keine Sorgerechtsregelung getroffen wurde, der Elternteil das Kind, in dessen **Obhut** es sich befindet. Der Begriff der Obhut bezieht sich auf das tatsächliche Betreuungsverhältnis des Kindes (vgl. dazu OLG Bamberg, FamRZ 1985, 632; OLG Düsseldorf, FamRZ 1988, 1092; OLG Frankfurt, FamRZ 1992, 575).

513 Der berechtigt in Prozessstandschaft klagende Elternteil führt den Unterhaltsprozess bis zu dessen rechtskräftigem Abschluss zu Ende, auch wenn zwischenzeitlich die Ehe rechtskräftig geschieden wurde. Erforderlich ist nur, dass die elterliche Sorge keinem anderen als ihm übertragen wurde (BGH, FamRZ 1990, 283, 284).

Die Prozessstandschaft nach § 1629 Abs. 2 Satz 2 BGB gilt nur für die Dauer des Getrenntlebens und der Anhängigkeit einer Ehesache. Nach Rechtskraft der Scheidung muss daher das Kind im eigenen Namen vertreten durch den gesetzlichen Vertreter Unterhaltsansprüche einklagen.

Die Prozessstandschaft bleibt auch bei Bezug von **ergänzender Sozialhilfe** erhalten, wenn der **Anspruchsübergang nach § 91 Abs. 2 Satz 1 BSHG** dadurch ausgeschlossen ist, dass der Unterhaltsanspruch auf der Zurechnung fiktiven Einkommens aus zumutbarer Erwerbstätigkeit des Unterhaltspflichtigen beruht (BGH, FamRZ 2000, 1358). Der Bezug von Unterhaltsvorschussleistungen führt zum Übergang des Unterhaltsanspruchs nach § 7 Abs. 1 Satz 1 UVG und kann die Prozessstandschaft für Ansprüche **vor Rechtshängigkeit** (§ 265 Abs. 2 ZPO) entfallen lassen. Der Übergang findet aber ausnahmsweise nicht statt, wenn dem Unterhaltspflichtigen bei Zahlung des Kindesunterhalts weniger als der Bedarf nach dem Sozialhilferecht verbleiben würde (OLG Hamm, NJW-RR 2000, 1462; OLG Düsseldorf, FamRZ 1999, 1020). § 91 Abs. 2 Satz 1 BSHG ist analog auf **Unterhaltsvorschussleistungen** nicht anzuwenden (BGH, FamRZ 2001, 619, 621).

514

b) Fortfall der Prozessstandschaft

Im Falle einer Regelung der alleinigen elterlichen Sorge in einer gerichtlichen Sorgerechtsentscheidung bleibt der bisherige Sorgerechtsinhaber auch nach einem Obhutswechsel weiterhin für Unterhaltsklagen prozessführungs- und vertretungsberechtigt. Die Barunterhaltspflicht des anderen Elternteils entfällt jedoch für die Zukunft, da dieser nunmehr gleichwertigen Betreuungsunterhalt leistet (OLG Koblenz, Urt. v. 19. 9. 2001 – 9 UF 164/01, FamRZ 2002, 562).

515

Die Prozessstandschaft entfällt, wenn eine Sorgerechtsentscheidung **geändert** oder bei bisheriger gemeinsamer elterlicher Sorge eine **Sorgerechtsentscheidung nach § 1671 BGB** getroffen wird. Dadurch entfallen die gesetzliche Ermächtigung nach § 1629 Abs. 2 Satz 2 BGB und die darauf beruhende Prozessstandschaft.

516

Sie kann bei gemeinsamer elterlicher Sorge ferner enden, wenn das Obhutsverhältnis nach § 1629 Abs. 2 Satz 2 BGB durch das Überwechseln des Kindes zu dem anderen Elternteil aufgehoben wird.

In diesen Fällen wird die **Klage auf Zahlung von Kindesunterhalt unzulässig,** und zwar auch für die bis dahin aufgelaufenen Unterhaltsrückstände. Rückständigen Unterhalt für die Zeit der Minderjährigkeit kann nur noch das Kind einklagen (OLG München, FamRZ 1996, 422).

Aufwendungen für das Kind können von dem bislang klagenden Elternteil dann nur noch im Rahmen des sog. familienrechtlichen Ausgleichsanspruchs verlangt werden (OLG Hamm, FamRZ 1990, 890).

Die Prozessstandschaft endet **mit dem Eintritt der Volljährigkeit** des Kindes, wobei es keinen Unterschied macht, ob der Kindesunterhalt in einem isolierten Verfahren (BGH, FamRZ 1983, 474, 475) oder im Verbund mit der Scheidung (BGH, FamRZ 1985, 471, 473; 1990, 283, 284) begehrt wird und zwar auch wegen des Unterhalts für die Vergangenheit (BGH, FamRZ 1983, 474). Das volljährig gewordene Kind tritt selbst in den Rechtsstreit ein und erhält damit die Dispositionsmöglichkeit über das Verfahren. Es tritt ein **gesetzlicher Parteiwechsel** ein, der sich automatisch vollzieht und besonderer Prozesserklärungen nicht bedarf (OLG München, FamRZ 1996, 422; Gießler, FamRZ 1994, 800, 802; Rogner, NJW 1994, 3325, 3326; Johannsen/Henrich-Sedemund-Treiber, Eherecht, § 621 ZPO Rn. 58; Bergerfurth, FamRZ 1983, 563; a. A., wonach besondere Prozesserklärungen erforderlich seien: Johannsen/Henrich-Jaeger, Eherecht, § 1629 Rn. 12; Schwab/Maurer, Handbuch des Scheidungsrechts, I, Rn. 515). Nach der hier vertretenen Auffassung führt das jetzt volljährige Kind den Rechtsstreit in dem Stand fort, in dem er sich im Zeitpunkt des Eintritts der Volljährigkeit befand. Der bisher in Prozessstandschaft klagende Elternteil scheidet von selbst aus dem Prozess aus. Es bedarf nicht einer Erledigungserklärung (so aber OLG München, FamRZ 1983, 925; Johannsen/Henrich-Jaeger, Eherecht, § 1629 Rn. 12). Die Abweisung der Klage als unzulässig ist allenfalls geboten, wenn der bisher klagende Elternteil weiterhin als Partei auftritt und seine Anträge aufrechterhält. Zutreffend erscheint jedoch die Auffassung, den bisher klagenden Elternteil wie im Fall einer unzulässigen Nebenintervention (§ 71 ZPO) durch Zwischenurteil als Partei aus dem Rechtsstreit zu verweisen (Gießler, FamRZ 1994, 800, 802).

517

Bei Volljährigwerden nach Urteilserlass vor Rechtskrafteintritt kann das volljährig gewordene Kind selbstständig **Rechtsmittel** einlegen (BGH, FamRZ 1990, 283, 284; OLG Zweibrücken, FamRZ 1989, 194).

c) Prozessstandschaft bei gemeinsamer elterlicher Sorge

518 Bis zur Neuregelung des § 1629 Abs. 2 Satz 2 BGB durch das KindRG war in der Rspr. streitig, ob bei Ausübung der gemeinsamen elterlichen Sorge nach rechtskräftiger Scheidung derjenige Elternteil die Kinder bei Unterhaltsforderungen vertreten konnte, in dessen Obhut sie lebten. Das bejahte die wohl h. M. in analoger Anwendung des § 1629 Abs. 2 Satz 2 BGB (so OLG Frankfurt/M., 1. FamS, FamRZ 1995, 754; OLG Düsseldorf, FamRZ 1994, 767; OLG Karlsruhe, FamRZ 1998, 563; Maurer, FamRZ 1993, 263). Nach a. A. war die Entscheidung des Vormundschaftsgerichts herbeizuführen oder ein Ergänzungspfleger nach §§ 1693, 1909 BGB zu bestellen (so OLG Frankfurt, ZS – FamS in Kassel, FamRZ 1993, 228). § 1629 Abs. 2 Satz 2 BGB in der ab 1. 7. 1998 geltenden Fassung begründet in allen Fällen, in denen die gemeinsame elterliche Sorge besteht, mithin bei bestehender Ehe, nach Auflösung der Ehe und bei unterbliebener Heirat der Eltern, das **Alleinvertretungsrecht** des Elternteils, in dessen Obhut sich das Kind befindet. Es soll wegen der Unterhaltsfrage nicht zu einem vorherigen Entzug der elterlichen Sorge des dem Kind barunterhaltspflichtigen Elternteils kommen. § 1629 Abs. 3 Satz 1 BGB ist jedoch nicht dahin geändert worden, dass mit dem Alleinvertretungsrecht in all diesen Fällen auch die Prozessstandschaft verbunden ist. Sie kommt nur bei miteinander verheirateten Eltern während der Trennungszeit zum Tragen. § 1629 Abs. 3 BGB ist für die Zeit nach Rechtskraft der Scheidung und für nie miteinander verheiratet gewesene Eltern unanwendbar. Der Unterhalt des Kindes muss insoweit durch das Kind vertreten durch den alleinvertretungsberechtigten Elternteil geltend gemacht werden.

2. Abänderung und Vollstreckung

519 Alle von einem Elternteil erwirkten gerichtlichen Entscheidungen und zwischen den Eltern geschlossene gerichtliche Vergleiche wirken für und gegen das Kind, § 1629 Abs. 3 Satz 2 BGB.

Nach Rechtskraft der Scheidung hat sich bei einem in Prozessstandschaft erlangten Titel eine **Abänderungsklage** unabhängig von der Umschreibung des Titels in jedem Fall gegen das Kind zu richten. Auch auf der Aktivseite hat das Kind Parteistellung (OLG Hamm, FamRZ 1990, 1375; OLG Köln, FamRZ 1995, 1503 LS; Palandt/Diederichsen, BGB, § 1629 Rn. 40).

520 Aus einem in Prozessstandschaft für **minderjährige Kinder** erwirkten Titel kann die **Zwangsvollstreckung** auch noch nach Erlöschen der Prozessstandschaft (Rechtskraft der Scheidung) im Namen des Elternteils erfolgen. Der Elternteil ist nach wie vor Titelgläubiger und als solcher zur Vollstreckung berechtigt (OLG Schleswig, FamRZ 1990, 189; KG, FamRZ 1994, 505; OLG Hamburg, FamRZ 1984, 927; a. A. OLG Köln, FamRZ 1985, 626). Das Recht zur Vollstreckung endet jedoch mit dem Verlust der Vertretungsbefugnis, wenn etwa eine andere Sorgerechtsregelung getroffen wurde (OLG Schleswig, a. a. O.), und bei Eintritt der Volljährigkeit (OLG Hamm, FamRZ 1992, 843; OLG Oldenburg, FamRZ 1992, 844).

521 Ist das Kind zwischenzeitlich volljährig geworden und wird seitens des Prozessstandschafters weiterhin vollstreckt, ist die eingetretene Beendigung der Prozessstandschaft mit der **Vollstreckungsgegenklage** (§ 767 ZPO), nicht mit der Klauselerinnerung gem. § 732 ZPO oder der Vollstreckungserinnerung gem. § 766 ZPO geltend zu machen (OLG Brandenburg, FamRZ 1997, 509; OLG Köln, FamRZ 1995, 308; 1985, 626; OLG Hamm, FamRZ 1992, 843; OLG Celle, FamRZ 1992, 842, 843; OLG Oldenburg, FamRZ 1992, 844; OLG Schleswig, FamRZ 1990, 189; OLG München, FamRZ 1990, 653; OLG Frankfurt, FamRZ 1983, 1268).

Das Kind kann im eigenen Namen, vertreten durch den sorgeberechtigten Elternteil, vollstrecken. Hierzu ist die **Titelumschreibung** nach § 727 ZPO erforderlich. Solange nicht die Klausel auf den materiellen Anspruchsinhaber umgeschrieben ist, bleibt der Prozessstandschafter allerdings vollstreckungsbefugt (BGH, FamRZ 1991, 295, 296). Ihm darf die Klausel nur verweigert werden, wenn sich aus dem Titel selbst oder aus sonstigen Umständen zweifelsfrei ergibt, dass die elterliche Vertretungsmacht, etwa bei zwischenzeitlichem Eintritt der Volljährigkeit des Kindes, entfallen ist (OLG Frankfurt, FamRZ 1994, 453). Das minderjährige Kind, dessen Mutter nach § 1629 Abs. 3 BGB einen Unterhaltstitel erwirkt hat, kann nach Beendigung der Prozessstandschaft durch **Rechtskraft der Scheidung** der Ehe der Eltern als Anspruchsinhaber angesehen werden und grds. die Umschreibung des Titels auf seinen Namen verlangen. Zur Vermeidung einer Doppelvollstreckung ist die Anhörung des Schuldners nach § 730 ZPO notwendig (OLG Hamm, Beschl. v. 27. 3. 2000 – 7 W 132/00, FuR 2001, 476; auch OLG Frankfurt, FamRZ 1983, 1268; OLG Köln, FamRZ 1985, 626; Hochgräber, FamRZ 1996, 272).

Vollstreckt ein Elternteil aus einem nach § 1629 Abs. 3 BGB erwirkten Titel, so unterliegen die beigetriebenen Unterhaltsleistungen einer **treuhänderischen Zweckbindung zugunsten des Kindes**. Sie sind nur für den Unterhalt des Kindes zu verwenden. Daraus folgt, dass ein Verfahrensbevollmächtigter gegen den auf Auszahlung der vollstreckten Beträge gerichteten Anspruch eines Elternteils allenfalls mit solchen Gegenforderungen aufrechnen kann, die im Zusammenhang gerade mit dieser seiner prozessualen Stellung und der Durchsetzung des Unterhaltsanspruchs des Kindes erwachsen sind (BGH, FamRZ 1991, 295, 297).

522

D. Das Vereinfachte Verfahren über den Unterhalt Minderjähriger

I. Allgemeine Vorschriften

1. Örtliche Zuständigkeit

Für Verfahren, die die gesetzliche Unterhaltspflicht eines Elternteils oder beider Elternteile gegenüber einem minderjährigen Kind betreffen, ist das Gericht **ausschließlich** zuständig, bei dem das Kind oder der Elternteil, der es gesetzlich vertritt, seinen allgemeinen Gerichtsstand hat, § 642 Abs. 1 Satz 1 ZPO. Kommt es bei Fehlen eines Gerichtsstandes des Kindes auf denjenigen des Elternteiles an, der das Kind gesetzlich vertritt, ist die Regelung des § 1629 Abs. 2 Satz 2 BGB zu beachten. Im Fall gemeinsamer elterlicher Sorge kann der Elternteil, in dessen Obhut sich das Kind befindet, Unterhaltsansprüche des Kindes gegen den anderen Elternteil geltend machen. Das ist der Elternteil, bei dem der Schwerpunkt der tatsächlichen Betreuung liegt.

523

Dies gilt nicht, wenn das Kind oder ein Elternteil seinen allgemeinen Gerichtsstand im **Ausland** hat. Dann greifen die Zuständigkeitsregelungen internationaler Abkommen (BT-Drucks. 13/9596 S. 49). Eine ausschließliche internationale Zuständigkeit soll nicht begründet werden, die Vorschrift ist auf reine Inlandsfälle beschränkt (BT-Drucks. 13/9596 S. 35).

§ 642 ZPO gilt nicht für die Unterhaltsklage eines volljährigen Kindes, auch nicht für das volljährige nach § 1603 Abs. 2 Satz 2 BGB privilegierte Kind (OLG Naumburg, FamRZ 2000, 380).

524

§ 642 Abs. 2 ZPO sieht die Anwendung des § 621 Abs. 2, 3 ZPO vor. Während der Anhängigkeit einer Ehesache oder bei Rechtshängigwerden einer solchen ist die **Entscheidung über den Unterhalt im Verbund** herbeizuführen. Dies gilt nicht, solange der Unterhalt im vereinfachten Verfahren nach §§ 645 bis 660 ZPO geltend gemacht wird. Der Verbund ist aber dann herzustellen, wenn eine Überleitung in das streitige Verfahren stattfindet.

§ 642 Abs. 3 ZPO eröffnet die Möglichkeit eines Elternteils, seinen durch die Ehe begründeten gesetzlichen Unterhaltsanspruch sowie den Anspruch nach § 1615l BGB bei dem Gericht zu erheben, bei dem ein Verfahren – auch ein vereinfachtes Verfahren – über den Unterhalt des Kindes im ersten Rechtszug anhängig ist. Diese Regelung soll der Verfahrensvereinfachung und -verbesserung dienen (BT-Drucks. 13/9596 S. 36).

2. Prozessuale Auskunftspflicht

525 Über die bisherigen Möglichkeiten nach §§ 139, 142, 143, 273, 358a, 377 ZPO hinaus gibt § 643 Abs. 1 BGB nunmehr dem Gericht die Befugnis gegenüber den Parteien eines Unterhaltsrechtsstreits nach § 621 Abs. 1 Nr. 4, 5 und 11 ZPO, von ihnen unter Vorlage entsprechender Belege **Auskunft** über ihre Einkünfte, soweit für den Unterhalt von Bedeutung auch über ihr Vermögen und ihre persönlichen und wirtschaftlichen Verhältnisse zu verlangen. Die Auskunftspflicht umfasst auch die Abzüge und Belastungen, mithin alle Positionen, welche die Leistungsfähigkeit des Unterhaltpflichtigen beeinträchtigen (OLG Köln, NJW-RR 2001, 265). Damit ist eine Verbesserung der Aufklärung der unterhaltsrelevanten Umstände geschaffen, die ebenso zu einer besseren Terminsvorbereitung führen kann.

526 Nach entsprechendem Hinweis an die auskunftspflichtige Partei kann seitens des Gerichts bei unterbliebener oder unvollständiger Auskunft die zur Aufklärung erforderliche Auskunft

- **über die Höhe der Einkünfte**
    - bei Arbeitgebern – auch öffentlich-rechtliche Dienstherrn –,
    - Sozialleistungsträgern (§ 12 SGB I) sowie der Künstlersozialkasse (§§ 37 ff. KSVG),
    - sonstigen Personen oder Stellen, die Leistungen zur Versorgung im Alter und bei verminderter Erwerbsfähigkeit sowie Leistungen zur Entschädigung oder zum Nachteilsausgleich zahlen (§ 69 Abs. 2 Nr. 1, 2 SGB X),
    - Versicherungsunternehmen, soweit sie Leistungen gewähren, die unterhaltsrechtlich beachtlich sind, jedoch keine Versorgung der vorgenannten sonstigen Personen oder Stellen darstellen,
- **über den zuständigen Rentenversicherungsträger und die Versicherungsnummer**
    - bei der Datenstelle der Rentenversicherungsträger,
- **über die Höhe der Einkünfte und das Vermögen**
    - in Rechtsstreitigkeiten, die den **Unterhaltsanspruch eines minderjährigen Kindes** betreffen, bei Finanzämtern

eingeholt werden, § 643 Abs. 2 ZPO.

527 Das Auskunftsrecht beinhaltet die Pflicht der betreffenden Stellen, auf Verlangen Belege vorzulegen. Die umfassend erteilte Auskunft kann notwendige Beweiserhebungen vermeiden und damit Gericht und auskunftspflichtige Stellen entlasten. Den zur Auskunft verpflichteten Personen und Stellen steht **kein Zeugnisverweigerungsrecht** zu, sie können sich auch nicht auf eine **Verschwiegenheitspflicht** berufen, § 643 Abs. 3 Satz 1 ZPO. Mit Ausnahme des Finanzamtes kann das Gericht gegen sie mit den Mitteln des § 390 ZPO vorgehen. Hinsichtlich der Parteien verbleibt es bei den allgemeinen Grundsätzen (BT-Drucks. 13/7338 S. 36).

§ 643 Abs. 4 ZPO stellt klar, dass das Gericht nicht auf die Möglichkeiten nach § 643 Abs. 1, 2, 3 ZPO beschränkt ist. Es kann daneben von den anderen Aufklärungsmöglichkeiten Gebrauch machen.

3. Einstweilige Anordnung

528 Einer Empfehlung der Praxis entsprechend kann das Familiengericht auf Antrag nunmehr **in allen Unterhaltsstreitigkeiten** eine **einstweilige Anordnung** treffen. Voraussetzung ist die Anhängigkeit einer Unterhaltsklage nach § 621 Abs. 1 Nr. 4, 5 oder 11 ZPO oder die Einreichung eines PKH-Gesuches für eine solche Klage. Für das Verfahren gelten die §§ 620a bis 620g ZPO entsprechend. Damit wird die einstweilige Verfügung in diesem Bereich entbehrlich. Sie kann nur noch beantragt werden, wenn der Antragsteller darlegt, dass er das Unterhaltsverfahren in der Hauptsache nicht zeitgleich anhängig machen oder für ein solches Verfahren Prozesskostenhilfe nicht beantragen kann (OLG Koblenz, FamRZ 2000, 362, 363).

Die einstweilige Verfügung kann jedoch noch in Betracht kommen, wenn der Antragsteller **nur auf Auskunftserteilung** klagt, ohne zugleich die Zahlung des Unterhalts geltend zu machen. § 644 ZPO ist seinem Sinn und Zweck nach auf Verfahren anwendbar, in denen der Unterhalt durchgesetzt, die Durchsetzung nicht lediglich durch den Hilfsanspruch – Auskunft nach §§ 1580, 1605 BGB – vorbereitet werden soll (OLG Hamm, FamRZ 2000, 362).

II. Vorschriften für das vereinfachte Verfahren

In den §§ 645 bis 660 ZPO sind die Voraussetzungen und Grundlagen für das vereinfachte Verfahren über den Unterhalt minderjähriger Kinder enthalten. Es gilt für – in der bisherigen Terminologie – nichteheliche Kinder und eheliche Kinder gleichermaßen. Seiner Zweckbestimmung nach soll es für sie einen schnellen Weg zur Erlangung eines Vollstreckungstitels bereiten.

529

Für den Antragsteller und für den Antragsgegner stellt es sich jedoch nicht einfach dar, denn für die sachgerechte Entscheidung, ob der Unterhalt in diesem oder in einem ordentlichen Unterhaltsverfahren durchgesetzt werden soll, sind vielfältige Überlegungen erforderlich. Der Antragsgegner wird vielfach durch die beschränkten Verteidigungsmöglichkeiten und den Formularzwang nicht ohne rechtskundigen Rat auskommen. Im Rahmen der **Prozesskostenhilfe** erscheint die **Beiordnung eines Rechtsanwaltes** durchgängig angezeigt (OLG Schleswig, MDR 2001, 706; OLG Nürnberg FamRZ 2001, 1715; OLG München, FamRZ 1999, 792; a. A. KG, FamRZ 2000, 762; OLG München FamRZ 1999, 1355).

1. Zulässigkeit des vereinfachten Verfahrens

Das vereinfachte Verfahren ist nach § 645 Abs. 1 ZPO an folgende Voraussetzungen geknüpft:

530

- Es ist von einem **Antrag** abhängig.
- Es muss sich um den **Anspruch eines minderjährigen Kindes** gegen den mit dem Kind **nicht in einem Haushalt lebenden Elternteil** handeln.
- Der verlangte Unterhalt übersteigt **vor Anrechnung des Kindergeldes/der kindbezogenen Leistungen nicht das 1,5-fache des Regelbetrages** nach der RegelbetragVO.
- Der Regelunterhalt muss **erstmals** festgesetzt werden, § 645 Abs. 2 ZPO.

Die Gesetz gewordene Fassung verzichtet auf die Regelung eines eigenständigen Anspruchs auf Regelunterhalt. Sie schafft vielmehr für alle Kinder die Möglichkeit, den ihnen nach den §§ 1601 ff. BGB individuell zustehenden Unterhalt bis zur Höhe des 1,5-fachen der Regelbeträge und damit bis zu einem das Existenzminimum im Regelfall deckenden Bedarf im vereinfachten Verfahren titulieren zu lassen (BT-Drucks. 13/9596, S. 36). Die Titulierung ist in den alten Ländern ab 1. 1. 2002 bis zu 282 € in der ersten Altersstufe, bis zu 342 € in der zweiten Altersstufe und bis zu 404 € in der dritten Altersstufe möglich (vgl. Düsseldorfer Tabelle, Stand: 1. 1. 2002, FamRZ 2001, 810). In den neuen Ländern betragen die Werte 262 €, 317 € und 374 € (vgl. Berliner Tabelle, Stand: 1. 1. 2001, FamRZ 2001, 815). Für die Zeit ab 1. 7. 2003 haben sich die Beträge auf 299 €, 362 €, 426 € (vgl. Düsseldorfer Tabelle, Stand: 1. 7. 2003; Berliner Tabelle; Stand: 1. 7. 2003) erhöht.

Im vereinfachten Verfahren kann bei eingeschränkter Leistungsfähigkeit des Unterhaltspflichtigen auch ein **den Regelbetrag unterschreitender Unterhalt** festgesetzt werden (BT-Drucks. 13/9596 S. 36).

Ist das Kind im Zeitpunkt der Beschlussfassung volljährig, findet das vereinfachte Verfahren zur Unterhaltsfestsetzung nicht mehr statt. Die Minderjährigkeit des Kindes ist für § 645 ZPO eine **besondere Verfahrensvoraussetzung** und muss noch im Zeitpunkt der Beschlussfassung gegeben sein(OLG Schleswig, Beschl. v. 31. 7. 2001 – 12 UF 153/01, MDR 2002, 279; OLG Nürnberg, Beschl. v. 1. 12. 1999 – 7 WF 3949/99, OLGR 2000, 77; a. A. OLG Köln, Beschl. v. 29. 9. 1999 – 27 UF 189/99, FamRZ 2000, 678, 679 entscheidend, ob Unterhalt für die Zeit der Minderjährigkeit

531

festgesetzt werden soll; Zöller/Philippi, ZPO, § 645 Rn. 2 i. V. m. § 646 Rn. 11: Minderjährigkeit muss bei Antragstellung gegeben sein, Eintritt der Volljährigkeit während des Verfahrens schadet nicht).

532 § 645 Abs. 2 ZPO ist durch Art. 30 des Gesetzes zur Einführung des Euro in Rechtspflegegesetzen und in Gesetzen des Straf- und Ordnungswidrigkeitenrechts, zur Änderung der Mahndruckverordnungen sowie zur Änderung weiterer Gesetze vom 13. 12. 2001 (BGBl. I S. 3574) dahin geändert worden, dass die Worte „zum Zeitpunkt der Zustellung des Antrags oder einer Mitteilung über seinen Inhalt an den Antragsgegner" eingefügt worden sind. Hinderungsgründe können nur dann das vereinfachte Verfahren blockieren, wenn sie zum Zeitpunkt der Zustellung des Antrags oder einer Mitteilung über seinen Inhalt an den Antragsgegner vorhanden waren. Der Unterhaltspflichtige kann somit nach Zugang des Antrags nicht einseitig durch die Schaffung eines unter dem verlangten Unterhalt liegenden Titels das Verfahren boykottieren (BT-Drucks. 14/7349 S. 24).

2. Antragsvoraussetzungen

533 § 646 Abs. 1 ZPO enthält im Einzelnen die Angaben, die der nach § 645 Abs. 1 ZPO erforderliche Antrag enthalten muss, soll er nicht der Zurückweisung nach § 646 Abs. 2 ZPO unterliegen. Neben den Angaben zu den Parteien, den gesetzlichen Vertretern und Prozessbevollmächtigten, der Bezeichnung des angerufenen Gerichts und der Angabe des Geburtsdatums des Kindes sind insbesondere der Einsatzzeitpunkt des Unterhaltsbegehrens, die Voraussetzungen für die Geltendmachung von Unterhalt für die Vergangenheit (§ 1613 Abs. 1 oder 2 Nr. 2 BGB) sowie die Höhe des verlangten Unterhalts anzugeben. Die Höhe des Unterhalts ist wegen der nach § 645 Abs. 1 ZPO der Höhe nach begrenzten Festsetzungsmöglichkeit erforderlich. Enthalten muss der Antrag Angaben zum Kindergeld und zu kindbezogenen Leistungen, zum Bestehen eines Eltern-Kind-Verhältnisses nach den §§ 1591 bis 1593 BGB, die Erklärung, dass das Kind nicht mit dem Elternteil in einem Haushalt lebt. Ferner bedarf es noch der Erklärung, dass Unterhalt nicht für Zeiträume verlangt wird, für die das Kind Leistungen nach dem BSHG, dem UVG und von Dritten erhalten hat, oder, soweit Unterhalt aus übergangenem Recht oder nach § 91 Abs. 3 Satz 2 BSHG verlangt wird, die Erklärung, dass der beantragte Unterhalt die Leistung an das Kind nicht übersteigt. Der Antragsteller muss letztlich noch erklären, dass die Festsetzung im vereinfachten Verfahren nicht nach § 645 Abs. 2 ZPO ausgeschlossen ist, es sich also um die erstmalige Festsetzung des Regelunterhalts handelt.

534 Art. 30 des Gesetzes zur Einführung des Euro in Rechtspflegegesetzen und in Gesetzen des Straf- und Ordnungswidrigkeitenrechts, zur Änderung der Mahndruckverordnungen sowie zur Änderung weiterer Gesetze vom 13. 12. 2001 (BGBl. I S. 3574) hat mit der neuen Nr. 10 als weiteres Erfordernis die Angabe der Höhe des Kindeseinkommens eingeführt. Dieses kann bedarfsmindernd und anspruchsmindernd Berücksichtigung finden (BT-Drucks. 14/7349 S. 25). Nach der neuen Nr. 11 muss der Antragsteller, auf den Unterhaltsansprüche übergegangen sind, erklären, ob der Anspruch aus eigenem, übergegangenem oder abgetretenem Recht geltend gemacht wird. Die bisherige Nr. 10 ist in erweiterter Form zu Nr. 12, die bisherige Nr. 11 zu Nr. 13 geworden.

535 Fehlt es an einem der Erfordernisse des § 646 Abs. 1 ZPO und des § 645 ZPO, ist der **Antrag zurückzuweisen,** § 646 Abs. 2 ZPO. Jedoch ist dem Antragsteller zuvor die Möglichkeit der Nachbesserung zu geben (BT-Drucks. 13/7338 S. 39). Trotz einer Zurückweisung kann der Antrag – mit den gebotenen Ergänzungen – erneut gestellt werden. Das Gesetz wählt nicht den Weg über ein Rechtsmittel; die Zurückweisung ist **unanfechtbar,** § 646 Abs. 2 Satz 3 ZPO.

3. Beteiligung des Antragsgegners

536 Erst **bei Zulässigkeit des vereinfachten Verfahrens** nach Maßgabe der §§ 645, 646 ZPO verfügt das Gericht die Zustellung des Antrages oder einer Mitteilung über seinen Inhalt an den Antragsgegner, § 647 Abs. 1 Satz 1 ZPO.

Die Zustellung des Antrages oder die Mitteilung über seinen Inhalt ist im Hinblick auf die in Betracht kommende Festsetzung des Unterhalts mit folgenden **Hinweisen** zu verbinden:

- **Beginn und betragsmäßige Höhe des Unterhalts,** insbesondere die Zeiträume nach dem Alter des Kindes, für die die Festsetzung des Unterhalts nach den Regelbeträgen der ersten, zweiten und dritten Altersstufe in Betracht kommt, § 647 Abs. 1 Satz 2 Nr. 1a ZPO im Fall der Dynamisierung nach § 1612a BGB der Vomhundertsatz des jeweiligen Regelbetrages der RegelbetragVO § 647 Abs. 1 Satz 2 Nr. 1b ZPO

Nach Art. 30 des Gesetzes zur Einführung des Euro in Rechtspflegegesetzen und in Gesetzen des Straf- und Ordnungswidrigkeitenrechts, zur Änderung der Mahndruckverordnungen sowie zur Änderung weiterer Gesetze vom 13. 12. 2001 (BGBl. I S. 3574) ist es nach § 647 Abs. 1 Satz 2 Nr. 1c ZPO nicht mehr erforderlich, die nach §§ 1612b, 1612c BGB anzurechnenden **Leistungen mit dem anzurechnenden Betrag** mitzuteilen. Der Mitteilungspflicht unterliegen generell nur noch die nach §§ 1612b, 1612c BGB anzurechnenden Leistungen, § 647 Abs. 1 Satz 2 Nr. 1c ZPO. Damit wird die Möglichkeit eröffnet, das Kindergeld dynamisch zu tenorieren (Zöller/Philippi, ZPO, § 649 Rn. 4).

§ 647 Abs. 1 Satz 2 Nr. 2 ZPO sieht den Hinweis vor, dass das Gericht nicht geprüft hat, ob der verlangte Unterhalt das im Antrag angegebene Kindeseinkommen berücksichtigt. So soll deutlich gemacht werden, dass der Rechtspfleger eine materielle Berechtigung des geltend gemachten Unterhalts nicht prüfen muss (BT-Drucks. 14/7349 S. 26).

- **Möglichkeit zum Erlass eines zur Zwangsvollstreckung geeigneten Festsetzungsbeschlusses** für den Fall, dass nicht innerhalb eines Monats formgerecht Einwendungen erhoben werden, § 647 Abs. 1 Satz 2 Nr. 3 ZPO;
- **Möglichkeit von Einwendungen** nach § 648 Abs. 1 und 2 ZPO unter besonderer Berücksichtigung der Einwendungen zur eingeschränkten oder fehlenden Leistungsfähigkeit und den sich insoweit nach § 648 Abs. 2 Satz 3 ZPO ergebenden Auskunfts- und Belegpflichten, § 647 Abs. 1 Satz 2 Nr. 4 ZPO;
- **Geltendmachung von Einwendungen auf Vordrucken** nach deren Einführung, § 647 Abs. 1 Satz 2 Nr. 5 ZPO.

Nach § 204 Abs. 1 Nr. 2 BGB tritt **Hemmung der Verjährung** durch die Zustellung eines Antrages im vereinfachten Verfahren zur Festsetzung von Unterhalt Minderjähriger ein. § 270 Abs. 3 ZPO (ab 1. 7. 2001 § 167 ZPO) gilt nach § 647 Abs. 2 ZPO entsprechend. Erfolgt daher die Zustellung – des nach §§ 645, 646 Abs. 1 ZPO zulässigen Antrages – demnächst, wird die Verjährung bereits durch die Einreichung des Festsetzungsantrages gehemmt.

537

4. Einwendungsmöglichkeiten des Antragsgegners

Bei den dem Antragsgegner möglichen Einwendungen sind diejenigen nach § 648 Abs. 1 ZPO und jene des § 648 Abs. 2 ZPO zu unterscheiden. Beiden ist jedoch gemeinsam, dass sie **innerhalb eines Monats** ab Zustellung des Antrages oder der Mitteilung über seinen Inhalt erhoben werden sollen, wie sich aus § 649 Abs. 1 Satz 1 ZPO i. V. m. § 647 Abs. 1 Satz 2 Nr. 3 ZPO entnehmen lässt. Allerdings ist dies **keine Ausschlussfrist.** Gem. § 648 Abs. 3 ZPO hat das Gericht noch nach Fristablauf, aber vor Verfügung des Festsetzungsbeschlusses eingehende Einwendungen zu berücksichtigen.

538

Verfügt ist der Festsetzungsbeschluss, sobald das Gericht ihn aus dem inneren Geschäftsbereich zur Kenntnis der Parteien hinausgibt (OLG Frankfurt, FamRZ 2001, 109; vgl. für Mahnverfahren BGH, NJW 1983, 633; a. A. OLG Brandenburg, FamRZ 2001, 1079: Zeitpunkt der Unterschriftsleistung durch den Rechtspfleger; OLG Hamm, FamRZ 2000, 901, 902). Für die **Rechtzeitigkeit** der Einwendungen kommt es auf den Eingang bei Gericht und nicht auf die Kenntniserlangung durch den Rechtspfleger an, denn Verzögerungen durch den Gerichtsbetrieb können nicht zu Lasten des Einwendenden gehen (OLG Köln, FamRZ 2001, 1464). Nach Erlass des Festsetzungsbeschlusses können Einwendungen nach § 648 Abs. 2 ZPO (mangelnde Leistungsfähigkeit, Erfüllung von Unterhaltsansprüchen) nur noch mit der **Korrekturklage** nach § 654 ZPO, nicht mehr mit der sofortigen Beschwerde nach § 652 Abs. 1 ZPO geltend gemacht werden. Gerügt werden kann, dass der Rechtspfleger die rechtzeitig erhobenen Einwendungen unzutreffend behandelt habe (OLG Brandenburg, FamRZ 2002, 545; KG, FamRZ 2002, 546; OLG Hamm, FamRZ 2000, 901; OLG Köln, FamRZ 2000, 680; OLG Stuttgart, OLGR 2001, 378).

a) Einwendungen nach § 648 Abs. 1 ZPO

539 § 648 Abs. 1 ZPO erlaubt folgende Einwendungen:

- gegen die Zulässigkeit des vereinfachten Verfahrens, § 648 Abs. 1 Nr. 1 ZPO, etwa im Hinblick auf die Erfordernisse des § 646 Abs. 1 ZPO;

- gegen den Zeitpunkt, von dem an Unterhalt gezahlt werden soll, § 648 Abs. 1 Nr. 2 ZPO, etwa hinsichtlich der Voraussetzungen des § 1613 Abs. 1 oder 2 Nr. 2 BGB;

- gegen die Höhe des Unterhalts nur nach folgender Maßgabe: falsche Berechnung der nach dem Alter des Kindes zu bestimmenden Zeiträume, für die der Regelunterhalt der ersten, zweiten und dritten Altersstufe festgesetzt werden soll, Abweichung der Regelbeträge von denen der RegelbetragVO, § 648 Abs. 1 Nr. 3a ZPO, Festsetzung nur nach Antrag, § 648 Abs. 1 Nr. 3b ZPO, Fehlende oder falsche Anrechnung der Leistungen nach §§ 1612b, 1612c BGB, § 648 Abs. 1 Nr. 3c ZPO;

- Keine Kostentragung wegen fehlender Veranlassung zur Antragstellung (§ 93 ZPO) bei sofortiger Verpflichtung zur Erfüllung des Unterhaltsanspruchs, § 648 Abs. 1 Satz 2 ZPO. Insoweit trägt der Unterhaltspflichtige die Darlegungs- und Beweislast (OLG Brandenburg, FamRZ 2000, 1159).

Über die **Begründetheit** dieser Einwendungen hat das Gericht zu befinden.

540 Hält es die Einwendungen für nicht begründet, weist es diese mit dem Festsetzungsbeschluss zurück, § 648 Abs. 1 Satz 3 ZPO. Dabei hat sich das Gericht die volle Überzeugung von der Begründetheit oder Unbegründetheit der Einwendungen zu verschaffen, ein Entscheidungs- oder Ermessensspielraum ist dem Gericht nicht eingeräumt. Lediglich bei der Einwendung zum Zeitpunkt, von dem an Unterhalt geltend gemacht wird (§ 648 Abs. 1 Nr. 2 ZPO), kann das Gericht nach pflichtgemäßem Ermessen entscheiden (BT-Drucks. 13/9596 S. 37). Im Gesetz heißt es: „wenn ihm diese nicht begründet erscheint".

Erachtet das Gericht hingegen die Einwendungen für begründet, teilt es dies dem Antragsteller mit, § 650 Satz 1 ZPO. Für den Fortgang des Verfahrens ist dann § 651 Abs. 1 ZPO maßgeblich.

b) Einwendungen nach § 648 Abs. 2 ZPO

541 Diese Vorschrift stellt auf **Einwendungen materieller Art** ab. Unter Einhaltung der vorgeschriebenen Form kann der Antragsgegner sie im Festsetzungsverfahren vorbringen.

Die **Zulässigkeit aller anderen Einwendungen** ist daran geknüpft, dass der Antragsgegner zugleich erklärt, inwieweit er zur Unterhaltsleistung bereit ist und dass er sich insoweit zur Erfüllung des Unterhaltsanspruchs verpflichtet, § 648 Abs. 2 Satz 1 ZPO. Er hat danach eine sog. **Verpflichtungserklärung** abzugeben. Beruft sich der Antragsgegner auf Leistungsunfähigkeit, ist er nicht verpflichtet, nach § 648 Abs. 2 Satz 1 ZPO zu erklären, inwieweit er sich zur Unterhaltszahlung verpflichtet (OLG Hamm, FamRZ 2000, 360; Zöller/Philippi, ZPO, § 648 Rn. 7). Neben dem Notar, den Urkundspersonen des Amtsgerichts (§ 62 Abs. 1 Nr. 2 und 3 BeurkG) kann auch die Urkundsperson des Jugendamtes (§ 59 Abs. 1 Satz 1 Nr. 9 SGB VIII) diese Verpflichtungserklärung aufnehmen. Die Urkundspersonen haben die Verpflichtungserklärung analog § 129a Abs. 2 ZPO **unverzüglich** an das zuständige Gericht zu übersenden oder die Übersendung dem Unterhaltspflichtigen zu überlassen (BT-Drucks. 13/9596 S. 39). Macht der Antragsgegner den Einwand der **Erfüllung** geltend, hat er zugleich zu erklären, inwieweit er geleistet hat, und dass er sich verpflichtet, einen darüber hinausgehenden Unterhaltsrückstand zu begleichen, § 648 Abs. 2 Satz 2 ZPO.

Die Zulässigkeit des Einwandes **fehlender oder eingeschränkter Leistungsfähigkeit** hängt davon ab, dass der Antragsgegner zugleich unter Verwendung des eingeführten Vordrucks Auskunft über seine Einkünfte, sein Vermögen und seine persönlichen und wirtschaftlichen Verhältnisse im Übrigen erteilt und über seine Einkünfte Belege vorlegt, § 648 Abs. 2 Satz 3 ZPO. Erklärt der Unterhaltspflichtige, wegen **insgesamt fehlender** Leistungsfähigkeit Unterhalt nicht zahlen zu wollen, ist dies für die Zulässigkeit der Einwendung ausreichend (OLG Düsseldorf, FamRZ 2002, 765, 766; OLG Bamberg, FamRZ 2001, 108; OLG Brandenburg, FamRZ 2001, 766, 767; OLG Hamm, FamRZ 2000, 360; OLG Dresden, FamRZ 200, 131 = FuR 2000, 135).

542

Die Prüfung des Gerichts erstreckt sich **nicht auf die inhaltliche Richtigkeit** der Einwendungen des Unterhaltspflichtigen. Darüber ist in dem streitigen Verfahren zu entscheiden (Knittel, DAVorm 1998, 178, 185).

Der Antragsgegner kann **unter Beachtung der Erfordernisse des § 648 Abs. 2 Satz 1 ZPO** auch Einwendungen gegen die **Bedürftigkeit des Kindes** erheben, weil dieses etwa über ihm persönlich zustehende unterhaltsrechtlich relevante Einkünfte verfügt. Der Antragsteller hat sich nunmehr zur Höhe des Kindeseinkommens gem. § 646 Abs. 1 Nr. 10 ZPO bereits im Antrag zu erklären. Bei zulässigen Einwendungen dieser Art muss zum streitigen Verfahren übergegangen werden, § 651 ZPO. Über die Leistungen der §§ 1621a, 1612c BGB hinaus findet eine Anrechnung der dem Kind selbst zustehenden Leistungen im vereinfachten Verfahren nicht statt. Es entspricht der Grundkonzeption des vereinfachten Verfahrens, von der **Bedürftigkeit** des Kindes **ohne Prüfung** auszugehen.

543

5. Verfahrensfortgang bei fehlenden, zurückzuweisenden oder unzulässigen Einwendungen des Unterhaltspflichtigen

Das Gericht – zuständig ist der Rechtspfleger – entscheidet nach § 649 ZPO über den Antrag durch einen **Festsetzungsbeschluss**, ohne dass es einer mündlichen Verhandlung bedarf. Es steht im Ermessen des Gerichts, ob nicht nach Lage des Falles, wenn etwa dadurch Unklarheiten problemlos aufgeklärt werden können, die mündliche Verhandlung durchgeführt wird.

544

Der Festsetzungsbeschluss darf erst **nach Ablauf eines Monats** ab Zustellung des Antrages oder einer Mitteilung über seinen Inhalt an den Unterhaltspflichtigen ergehen, § 649 Abs. 1 Satz 1 ZPO. Mit dem Festsetzungsbeschluss wird ein **Zahlungstitel** geschaffen, in dem ausgesprochen wird, dass der Unterhaltspflichtige den festgesetzten Unterhalt an das Kind zu zahlen hat. Die **bisher entstandenen, erstattungsfähigen, ohne weiteres ermittelbaren Kosten** werden festgesetzt. Anderenfalls ist ein gesondertes Kostenfestsetzungsverfahren durchzuführen. Der Festsetzungsbeschluss enthält zugleich eine **Entscheidung über die Einwendungen** des Unterhaltspflichtigen nach § 648 Abs. 1 Satz 3 ZPO (**zurückzuweisende Einwendungen**) und diejenigen nach § 648 Abs. 2 ZPO (**unzulässige Einwendungen**). Im Blick auf die eingeschränkten Rechtsmittelmöglichkeiten nach § 652 Abs. 2 ZPO bedarf es insoweit der Begründung der Entscheidung.

Zur Vermeidung unzulässiger Rechtsmittel enthält § 649 Abs. 3 ZPO eine Hinweispflicht auf die Möglichkeit der Anfechtung des Festsetzungsbeschlusses mit der **sofortigen Beschwerde** und die dort allein zulässigen Einwendungen sowie die Möglichkeit und die Voraussetzungen der gegen den Festsetzungsbeschluss zu richtenden **Abänderungsklage** nach § 654 ZPO. Der angefochtene Unterhaltsfestsetzungsbeschluss ist aufzuheben, das Verfahren an das Amtsgericht zurückzuverweisen, wenn er nicht die gesetzlich vorgeschriebene Rechtsmittelbelehrung enthält (OLG Naumburg, FamRZ 2001, 1464).

545

6. Verfahrensfortgang bei nicht zurückzuweisenden oder zulässigen Einwendungen des Unterhaltspflichtigen

546 Gelangt das Gericht bei der gebotenen Prüfung der vom Unterhaltspflichtigen erhobenen Einwendungen zu dem Ergebnis, dass die Einwendungen nach § 648 Abs. 1 Satz 3 ZPO nicht zurückgewiesen werden können und die Einwendungen nach § 648 Abs. 2 ZPO zulässig sind, erfolgt eine **Mitteilung der Einwendungen** mit dem Ergebnis der gerichtlichen Prüfung an den Antragsteller. Die Mitteilung hat zugleich den Hinweis darauf zu enthalten, dass und in welchem Umfang sich der Unterhaltspflichtige nach § 648 Abs. 2 Satz 1 und 2 ZPO zur Zahlung von Unterhalt verpflichtet hat und insoweit auf seinen Antrag der Unterhalt im vereinfachten Verfahren festgesetzt werden kann, § 650 ZPO. In die Mitteilung an den Antragsteller ist ferner der Hinweis aufzunehmen, dass auf Antrag einer Partei das streitige Verfahren durchgeführt wird, § 651 Abs. 1 Satz 2 ZPO.

> *Hinweis:*
> *Im Blick auf die Frist des § 651 Abs. 3 ZPO sollte eine **förmliche Zustellung** erfolgen.*

7. Übergang in das streitige Verfahren

547 Im Falle des § 650 ZPO wird auf **Antrag** einer Partei das streitige Verfahren durchgeführt. Diese durch Art. 30 des Gesetzes zur Einführung des Euro in Rechtspflegegesetzen und in Gesetzen des Straf- und Ordnungswidrigkeitenrechts, zur Änderung der Mahndruckverordnungen sowie zur Änderung weiterer Gesetze vom 13. 12. 2001 (BGBl. I S. 3574) Neufassung des § 651 Abs. 1 Satz 1 ZPO bedeutet für den Unterhaltspflichtigen, dass er zuvor zulässige oder nicht zurückzuweisende Einwendungen i. S. d. § 648 Abs. 1 oder 2 ZPO erhoben haben muss. Er kann nicht mehr, statt Einwendungen zu erheben, von sich aus das streitige Verfahren beantragen. Es findet kein automatischer Übergang in das streitige Verfahren statt. Kommt es antragsgemäß zum streitigen Verfahren, gelten nach § 651 Abs. 2 bis 5 ZPO **folgende Besonderheiten:**

Es ist wie nach Eingang einer Klage zu verfahren. Die Einwendungen des Unterhaltspflichtigen nach § 648 ZPO gelten als Klageerwiderung, § 651 Abs. 2 ZPO. Das Gericht trifft die nach Lage des Falles gebotenen Vorbereitungen der mündlichen Verhandlung.

548 Die **Rechtshängigkeit des Rechtsstreits** tritt mit dem Zeitpunkt der Zustellung des Festsetzungsantrages nach § 647 Abs. 1 Satz 1 ZPO ein, § 651 Abs. 3 ZPO. Durch Art. 30 des Gesetzes zur Einführung des Euro in Rechtspflegegesetzen und in Gesetzen des Straf- und Ordnungswidrigkeitenrechts, zur Änderung der Mahndruckverordnungen sowie zur Änderung weiterer Gesetze vom 13. 12. 2001 (BGBl. I S. 3574) ist in Abs. 3 die zeitliche Einschränkung auf sechs Monate gestrichen worden. Damit hängt die Neuregelung in Abs. 6 zusammen: „Wird der Antrag auf Durchführung des streitigen Verfahrens nicht vor Ablauf von sechs Monaten nach Zugang der Mitteilung nach § 650 Satz 1 ZPO gestellt, gilt der über den Festsetzungsbeschluss gem. § 650 Satz 2 ZPO oder die Verpflichtungserklärung des Unterhaltspflichtigen gem. § 648 Abs. 2 Satz 1 und 2 ZPO hinausgehende Festsetzungsantrag als zurückgenommen." Die Neuregelung will die **Unklarheit** beseitigen, die sich aus der bisher fehlenden zeitlichen Begrenzung für den Antrag auf Durchführung des streitigen Verfahrens ergab (BT-Drucks. 14/7349 S. 26). Das Verstreichenlassen der Frist von sechs Monaten ließ bislang nur die rückwirkende Rechtshängigkeit entfallen. Erging antragsgemäß ein Beschluss über einen Teil des verlangten Unterhalts, war nicht eindeutig, ab wann hiergegen nur ein Abänderungsverfahren nach § 323 ZPO eröffnet war.

549 Es soll ein **einheitlicher Titel** geschaffen werden, wenn bereits ein Festsetzungsbeschluss nach § 650 Satz 2 ZPO ergangen ist, § 651 Abs. 4 ZPO.

550 Die **Kosten des vereinfachten Verfahrens** werden als Teil der Kosten des streitigen Verfahrens behandelt, § 651 Abs. 5 ZPO.

8. Rechtsmittel gegen den Festsetzungsbeschluss

Der Festsetzungsbeschluss ist von den Parteien mit der **sofortigen Beschwerde** angreifbar, § 652 Abs. 1 ZPO. Es gelten die Bestimmungen der §§ 567 ff. ZPO, insbesondere die Abhilfemöglichkeit des § 572 Abs. 1 ZPO.

551

Im Rahmen dieses Beschwerdeverfahrens sind Einwendungen nur eingeschränkt zulässig. § 652 Abs. 2 ZPO in der Fassung des Art. 30 des Gesetzes zur Einführung des Euro in Rechtspflegegesetzen und in Gesetzen des Straf- und Ordnungswidrigkeitenrechts, zur Änderung der Mahndruckverordnungen sowie zur Änderung weiterer Gesetze vom 13. 12. 2001 (BGBl. I S. 3574) beschreibt nunmehr konkret den Umfang der zulässigen Einwendungen. Nach Satz 1 sind nur noch zulässig die **in § 648 Abs. 1 ZPO bezeichneten Einwendungen,** also Einwendungen hinsichtlich der Berechnung des Unterhalts, die **Zulässigkeit von** Einwendungen nach § 648 Abs. 2 ZPO und die **Unrichtigkeit der Kostenentscheidung oder Kostenfestsetzung,** soweit sie nach allgemeinen Grundsätzen(§ 567 Abs. 2 ZPO, § 11 Abs. 1, 2 RPflG) anfechtbar sind.

Erstmalig kann im Beschwerdeverfahren eingewandt werden, nicht der Vater des unterhaltsbedürftigen Kindes zu sein, denn damit wendet er sich gegen die Zulässigkeit des vereinfachten Verfahrens nach §§ 646 Abs. 1 Nr. 8, 648 Abs. 1 Nr. 1, 652 Abs. 2 ZPO (OLG Brandenburg, FamRZ 2002, 545). Zu den Einwendungen nach § 648 Abs. 1,2 ZPO rechnet **nicht,** eine abweichende außergerichtliche Vereinbarung getroffen zu haben (OLG Naumburg, FamRZ 2000, 360).

Satz 2 stellt eine bislang streitige Rechtsfrage (vgl. die Nachweise bei Zöller/Philippi, ZPO, § 652 Rn. 3) klar. Auf Einwendungen nach § 628 Abs. 2 ZPO, die nicht erhoben waren, bevor der Festsetzungsbeschluss verfügt war, kann die sofortige Beschwerde nicht gestützt werden. Gerügt werden kann, dass der Rechtspfleger die rechtzeitig erhobenen Einwendungen unzutreffend behandelt habe (OLG Brandenburg, FamRZ 2002, 545).

Andere Einwendungen können nur im Wege der **Abänderungsklage** nach § 654 ZPO vorgebracht werden (BT-Drucks. 13/7338 S. 42).

Beiden Parteien steht das Rechtsmittel zu (OLG Zweibrücken, FuR 2001, 519; so auch Zöller/Philippi, ZPO, § 652 Rn. 4). Der Antragsteller ist etwa beschwert und hat eine eigenes Beschwerderecht, wenn der Festsetzungsbeschluss von dem gestellten Antrag abweicht, etwa Unterhaltszeiträume nicht berücksichtigt hat (OLG München, FamRZ 2002, 547;auch FamRefK/Bäumel, ZPO, § 652 Rn. 5). Der Antragsteller ist im Übrigen auch auf die in § 652 ZPO abschließend bezeichneten Einwendungen beschränkt.

9. Regelunterhalt und Kindschaftsprozess

Entsprechend der bis 1998 geltenden gesetzlichen Regelung in § 643 ZPO sieht § 653 ZPO die Möglichkeit vor, dass ein außerhalb einer bestehenden Ehe geborenes Kind die Klage auf Vaterschaftsfeststellung mit dem Antrag verbindet, den Beklagten zugleich zu verurteilen, ihm **Unterhalt i. H. d. Regelbeträge und gem. den Altersstufen der RegelbetragVO,** vermindert oder erhöht um die nach den §§ 1612b, 1612c BGB anzurechnenden Leistungen, zu zahlen. Die Zahlungsverpflichtung setzt wegen der Regelung in § 1613 Abs. 2 Nr. 2a BGB vom Tag der Geburt des Kindes ein. Die rechtliche Verhinderung i. S. d. § 1613 Abs. 2 Nr. 2a BGB folgt aus § 1600d Abs. 4 BGB. Eine Verurteilung über die Regelbeträge hinaus kann in diesem Verfahren nicht stattfinden. Grund dafür ist, dass eine zu erwartende Mehrbelastung der Gerichte durch Abänderungsklagen vermieden werden soll (BT-Drucks. 13/9596 S. 37). Wohl kann das Kind, etwa bei geringerer Leistungsfähigkeit des Beklagten, einen geringeren Unterhalt verlangen, § 653 Abs. 1 Satz 2 ZPO.

552

§ 653 Abs. 1 Satz 3 ZPO schließt aus, dass in diesem Verfahren über die konkrete Höhe des Individualunterhalts gestritten wird (BT-Drucks. 13/7388 S. 42). Die Auseinandersetzung zur Höhe soll dem **Abänderungsverfahren** vorbehalten sein.

553 Im Verfahren des § 653 ZPO ist es dem Inanspruchgenommenen nicht gestattet, den Einwand der **Leistungsunfähigkeit** vorzubringen (OLG Brandenburg, FuR 2001, 521; OLG Hamm, DAVorm 2000, 65; zur alten Rechtslage vgl. OLG Karlsruhe, FamRZ 1993, 712; OLG Stuttgart, FamRZ 1995, 621). Im Verfahren nach § 653 ZPO ist gegenüber der Klage eines Kindes auf Zahlung des Regelbetrages der Einwand der **Erfüllung** nicht zulässig, denn dieses Verfahren soll nach dem Willen des Gesetzgebers von Einwendungen frei gehalten werden (OLG Düsseldorf FamRZ 2001, 1620 n. rkr. – Revision ist eingelegt). Die den Anspruchsgrund betreffenden Einwendungen der **Verjährung und Verwirkung** können jedoch erhaben werden (OLG Brandenburg, FuR 2001, 521).

554 Die Rechtsfolgen der Vaterschaft können erst von dem Zeitpunkt der rechtskräftigen Feststellung der Vaterschaft an geltend gemacht werden. Vor diesem Zeitpunkt wird nach § 653 Abs. 2 ZPO auch die Verurteilung zur Leistung des Unterhalts nicht wirksam. Durch diese Regelung wird § 704 Abs. 2 Satz 2 ZPO gegenstandslos.

10. Abänderungsklage nach § 654 ZPO

555 Nach § 654 Abs. 1 ZPO ist in allen Fällen des vereinfachten Verfahrens die Abänderungsklage (Korrekturklage) vorgesehen, mithin gegen rechtskräftige Festsetzungsbeschlüsse nach § 649 Abs. 1 ZPO und gegen rechtskräftige Unterhaltsfestsetzungen im Verfahren nach § 653 Abs. 1 ZPO.

Die Abänderungsklage ist **nicht an die Voraussetzungen der §§ 323, 767 ZPO** gebunden. Sie kann **auf höheren Unterhalt oder auf Herabsetzung des Unterhalts** gerichtet werden. In **zeitlicher Hinsicht** kann die Abänderung auch auf zurückliegende Zeiträume erstreckt werden (OLG Koblenz, FamRZ 2001, 1079, 1080). Dies gilt – vorbehaltlich der materiell-rechtlichen Voraussetzungen nach § 1613 BGB – uneingeschränkt für den **Unterhaltsberechtigten,** der in diesem Verfahren höheren Unterhalt verlangt.

556 Der **Unterhaltspflichtige,** der eine Herabsetzung des Unterhalts begehrt, kann dieses Ziel nur erreichen, wenn die Abänderungsklage innerhalb eines Monats nach Rechtskraft der Unterhaltsfestsetzung erhoben wird (§ 253 Abs. 1 ZPO). Anderenfalls darf die Abänderung nur für die Zeit nach Erhebung der Klage erfolgen, § 654 Abs. 2 Satz 1 ZPO. Da vielfach die Durchführung des Verfahrens von der Bewilligung von Prozesskostenhilfe abhängig ist, sollte vorsorglich zum Zwecke der Zustellung für die mit einem PKH-Gesuch verbundene Klage der Antrag nach § 65 Abs. 7 Nr. 4 GKG gestellt werden. Bislang ist nicht gesichert, ob die Einreichung des PKH-Gesuchs innerhalb der Monatsfrist die Frist wahrt, wenn die Zustellung **demnächst** erfolgt (so AG Landshut, FamRZ 2000, 41; auch Zöller/Philippi, ZPO, § 654 Rn. 4). Hat der Unterhaltsberechtigte bereits innerhalb der Monatsfrist das Abänderungsverfahren auf Erhöhung des Unterhalts eingeleitet, schadet es dem Unterhaltspflichtigen nicht, wenn er seinerseits zunächst noch kein Verfahren auf Herabsetzung des Unterhalts anhängig macht. Er kann die Abänderung für die Vergangenheit auch dann noch verfolgen, wenn er seine Abänderungsklage bis zur Beendigung des Verfahrens des Unterhaltsberechtigten erhebt, § 654 Abs. 2 Satz 2 ZPO. Damit eine einheitliche Entscheidung über den Unterhalt herbeigeführt werden kann, ordnet das Gericht die **Verbindung gleichzeitig anhängiger Abänderungsklagen** an, § 654 Abs. 3 ZPO.

11. Änderungen der nach §§ 1612b, 1612c BGB anzurechnenden Leistungen

a) Neufestsetzung bei Änderung der anzurechnenden Leistungen

557 Ändert sich ein maßgeblicher Umstand für die Berechnung der nach § 1612b, 1612c BGB anzurechnenden Leistungen, kann ein Vollstreckungstitel, in dem anzurechnende Leistungen – im Tenor, ausreichend auch die Feststellbarkeit in den Urteilsgründen oder im Vergleichstext (OLG

Nürnberg, FamRZ 2002, 181) – festgelegt sind, in einem vereinfachten Verfahren abgeändert werden, § 655 Abs. 1 ZPO. Diese Möglichkeit besteht für Unterhaltstitel des alten und neuen Rechts (BT-Drucks. 13/7338 S. 43).

Das Verfahren nach § 655 ZPO gilt auch für Urteile, Beschlüsse und andere Schuldtitel i. S. d. § 794 ZPO, in den Unterhaltsleistungen für ein minderjähriges Kind nach dem vor dem 1. 1. 2001 geltenden Recht zuerkannt, festgesetzt oder übernommen sind, wegen der zum 1. 1. 2001 in Kraft getretenen Änderung des § 1612b Abs. 5 BGB. Die Anpassung erfolgt nach § 2 Unterhaltstitelanpassungsgesetz (UATG) vom 2. 11. 2000 (BGBl. I S. 1479)jedoch erst ab Antragstellung (zur Frage der Verfassungswidrigkeit von § 2 UATG vgl. OLG Stuttgart, 16. ZS – FamS, FamRZ 2002, 172 und 16. ZS – FamS – 16 UF 105/01, FamRZ 2002, 177 = NJW-RR 2002, 146).

558

Das nur auf § 1612b Abs. 5 BGB gestützte Abänderungsbegehren ist zunächst im vereinfachten Verfahren nach § 655 ZPO zu verfolgen (OLG Nürnberg, NJW-RR 2001, 1229 = NJW 2001, 3346 nur LS).

Das Verfahren setzt einen **Antrag** einer Partei des Unterhaltstitels voraus, dem der abzuändernde Titel beizufügen ist (zur regelmäßig gebotenen **Beiordnung eines Rechtsanwalts** nach § 121 ZPO vgl. OLG München, OLGR 2002, 79; OLG Braunschweig, OLGR 2002, 32). Die Einzelheiten regelt § 655 Abs. 2 ZPO. Die Abänderung der Kindergeldverrechnung im Verfahren nach § 655 ZPO ist nur zwischen den Parteien des abzuändernden Titels zulässig (OLG Bamberg, FamRZ 2002, 593).

Er muss nach § 655 Abs. 6 ZPO den Voraussetzungen des § 646 Abs. 1 Nr. 1 bis 5, 7 ZPO entsprechen, also die dort geforderten Angaben vollumfänglich enthalten. Anderenfalls kann das Gericht nach Anhörung des Antragstellers den Antrag durch unanfechtbaren Beschluss zurückweisen, §§ 655 Abs. 6, 646 Abs. 2 ZPO. Der Antrag kann nur auf **nachträglich entstandene Gründe** gestützt werden, die der Antragsteller in einem früheren Klageverfahren oder vereinfachten Festsetzungsverfahren noch nicht vorbringen konnte, §§ 655 Abs. 6, 323 Abs. 2 ZPO.

Die **Einwendungen des Antragsgegners** in diesem Verfahren sind gem. § 655 Abs. 3 ZPO wiederum beschränkt auf die **Zulässigkeit** des vereinfachten Verfahrens, den **Zeitpunkt** der Abänderung, die **Berechnung** des anzurechnenden Betrages, die **Verfahrenskosten** bei sofortiger Verpflichtung zur Erfüllung und fehlender Veranlassung zur Antragstellung (§ 93 ZPO).

559

Die Sonderregelung des § 648 Abs. 2 Satz 3 ZPO, wonach bei erstmaliger Schaffung eines Titels im vereinfachten Verfahren über den Einwand des Unterhaltspflichtigen zum Nichtzugang des Mahnschreibens/der Aufforderung zur Auskunftserteilung unter geringeren verfahrensrechtlichen Anforderungen als in sonstigen Verfahren entschieden werden kann, findet im vereinfachten Anpassungsverfahren nach § 655 ZPO, in dem der Unterhaltstitel unter Anpassung an die Regelung des § 1612b Abs. 5 BGB abgeändert werden soll, keine Anwendung, denn in § 655 Abs. 6 ZPO ist auf § 648 Abs. 1 Satz 3 ZPO nicht Bezug genommen. Es sind die Voraussetzungen des § 1613 BGB nach den allgemeinen Anforderungen darzulegen und zu beweisen, wenn rückständiger, bislang nicht titulierter Unterhalt verlangt wird (OLG Hamm, OLGR 2002, 119).

Das Gericht kann die **Verbindung mehrerer gleichzeitig anhängiger vereinfachter Verfahren** von anderen Kindern des Antragsgegners anordnen. Es kann die **Aussetzung des Verfahrens** anordnen, wenn gleichzeitig ein Rechtsstreit nach § 323 ZPO oder nach § 654 ZPO, in dem die Änderung der anzurechnenden Leistungen ohnehin berücksichtigt wird, anhängig ist. Damit wird eine Zweigleisigkeit der Verfahren vermieden.

560

Erscheint dem Gericht nach dem Vorbringen des Antragstellers das vereinfachte Verfahren zulässig, verfügt es gem. §§ 655 Abs. 6, 647 ZPO die **Zustellung** des Antrages oder einer Mitteilung über seinen Inhalt an den Antragsgegner. Die zugleich zu gebenden Hinweise sind auf die in diesem Verfahren maßgeblichen Umstände und die nach § 655 Abs. 3 ZPO zulässigen Einwendungen zu erstrecken. Die Entscheidung ergeht durch **Beschluss**. Nach § 655 Abs. 6 ZPO ist insoweit § 649

ZPO entsprechend heranzuziehen. Der Festsetzungsbeschluss ist mit der **sofortigen Beschwerde** und nur mit den Einwendungen des § 655 Abs. 3 ZPO und der Rüge unrichtiger Kostenfestsetzung anfechtbar, § 655 Abs. 5 ZPO.

b) Abänderungsklage nach § 656 ZPO

561   Im Interesse einer einfachen und zügigen Durchführung des Verfahrens nach § 655 ZPO sind Einwendungen nur beschränkt zulässig. § 656 Abs. 1 ZPO stellt jeder Partei deshalb die Möglichkeit zur Verfügung, im Wege der **Klage (Abänderungskorrekturklage)** eine Abänderung des nach § 655 ZPO ergangenen Beschlusses zu verfolgen, wenn der titulierte Betrag wesentlich von demjenigen abweicht, der der Entwicklung der besonderen Verhältnisse der Parteien Rechnung trägt. Die Klage führt also nur zu einer Rückgängigmachung der finanziellen Folgen, die durch den Beschluss nach § 655 ZPO herbeigeführt worden sind. Weitergehende Korrekturen des ursprünglichen Unterhaltstitels können nur mit der Abänderungsklage nach § 323 ZPO durchgesetzt werden.

562   Die **Zulässigkeit der Klage** (besondere Prozessvoraussetzung) ist davon abhängig gemacht, dass sie innerhalb eines Monats nach Zustellung des nach § 655 ZPO ergangenen Beschlusses erhoben wird, § 656 Abs. 2 Satz 1 ZPO.

In diesem Verfahren können die Parteien die in dem vereinfachten Verfahren ausgeschlossenen Einwendungen geltend machen. Es bedarf der Darlegung und des Beweises durch den Abänderungskläger, dass titulierter Betrag und der nach materiellem Recht geschuldete Unterhalt wesentlich voneinander abweichen. Das Kriterium der **Wesentlichkeit** ist nach § 323 Abs. 1 ZPO zu bestimmen (BT-Drucks. 13/7338 S. 44). Die Abänderungsklage ist den Beschränkungen des § 323 Abs. 2 und 3 ZPO **nicht** unterworfen (BT-Drucks. 13/6338 S. 44).

§ 656 Abs. 2 Satz 2 ZPO erklärt § 654 Abs. 2 Satz 2 ZPO und Abs. 3 ZPO für entsprechend anwendbar. Hat eine Partei danach innerhalb der Monatsfrist die Abänderungsklage anhängig gemacht, kann der Gegner seinerseits noch Abänderungsklage bis zur Beendigung dieses Verfahrens erheben. Auf § 654 Abs. 2 Satz 1 ZPO ist nicht verwiesen. Die Abänderung kann daher rückwirkend unbeschränkt erfolgen.

Sind Klagen beider Parteien anhängig, ordnet das Gericht die Verbindung an, §§ 656 Abs. 2 Satz 2, 654 Abs. 3 ZPO. Die Kosten des vereinfachten Verfahrens werden als Teil der Kosten des Abänderungsverfahrens behandelt, § 656 Abs. 3 ZPO.

12. Abgabe von Anträgen und Erklärungen im vereinfachten Verfahren

563   Nach § 657 ZPO können **Anträge und Erklärungen im vereinfachten Verfahren** vor dem Urkundsbeamten der Geschäftsstelle abgegeben werden. Es besteht also **kein Anwaltszwang.** Dies gilt auch für das Beschwerdeverfahren.

13. Maschinelle Bearbeitung im vereinfachten Verfahren

564   § 658 Abs. 1 ZPO erlaubt die maschinelle Bearbeitung im vereinfachten Verfahren. Die entsprechende Anwendung des § 690 Abs. 3 ZPO eröffnet die Möglichkeit der Antragstellung durch Datenträgeraustausch und Datenfernübertragung.

14. Vordrucke für das vereinfachte Verfahren

565   Das BMJ ist ermächtigt, mit Zustimmung des Bundesrates durch RechtsVO einheitliche Vordrucke für die vereinfachten Verfahren einzuführen. Sie betreffen **Anträge und Erklärungen der Parteien.** § 659 Abs. 2 ZPO stellt sicher, dass diese Vordrucke von den Parteien auch verwendet werden. Ohne Verwendung der eingeführten Vordrucke abgegebene Anträge und Erklärungen sind unzulässig (BR-Drucks. 13/7338, S. 44). Zum 1. 1. 2002 sind neue, auf die geänderte Gesetzeslage abgestimmte Vordrucke eingeführt worden.

15. Zwangsvollstreckung

Unter Aufhebung des bisherigen § 794 Abs. 1 Nr. 2b ZPO umfasst der **§ 794 Abs. 1 Nr. 2a ZPO** nunmehr alle Beschlüsse, die in einem vereinfachten Verfahren über den Unterhalt minderjähriger Kinder den Unterhalt festsetzen, einen Unterhaltstitel abändern oder den Antrag zurückweisen.

Der bisherige § 798a ZPO gestattete die Zwangsvollstreckung aus einem Beschluss nach § 641p ZPO erst, wenn der Beschluss mindestens einen Monat vorher zugestellt war. Diese Regelung ist entfallen. Es gilt nunmehr die **einheitliche Wartefrist von zwei Wochen** nach § 798 ZPO.

§ 798a ZPO in seiner jetzigen Fassung erhält die **Vollstreckbarkeit** eines Urteils oder eines Titels nach § 794 ZPO, in dem der Unterhalt nach § 1612a BGB tituliert ist, über das achtzehnte Lebensjahr hinaus. Voraussetzung ist, dass der Unterhaltspflichtige weiterhin Unterhalt zu zahlen hat. Im Wege einer Klage nach § 767 ZPO soll nicht gegen den Titel eingewendet werden können, dass Minderjährigkeit nicht mehr besteht. Das Recht, Abänderungsklage zu erheben, bleibt unberührt (BT-Drucks. 13/7338 S. 45).

E. Übergangsvorschriften des KindUG

I. Regelbeträge im Beitrittsgebiet

Art. 5 § 1 KindUG in der Fassung des Gesetzes vom 2. 11. 2000 (BGBl. I S. 1479) schafft eine Übergangsregelung für die Anpassung der Regelbeträge.

II. Umstellung von Alttiteln auf die Regelbeträge der RegelbetragVO

Art. 5 § 3 Abs. 1 KindUG regelt die Umstellung eines Alttitels (Urteile, Beschlüsse und andere Schuldtitel des § 794 ZPO) über den Unterhalt für ein minderjähriges Kind auf die Regelbeträge der RegelbetragVO. Diese Möglichkeit besteht nur bis zum 30. 6. 2003. Nach Art. 8 Abs. 2 KindUG tritt Art. 5 § 3 am 1. 7. 2003 außer Kraft.

1. Grundlagen der Umstellung, Art. 5 § 3 Abs. 1 KindUG

§ 1612a BGB ist entsprechend anzuwenden. Die bisherige Unterhaltsrente ist für die einzelnen Altersstufen als Vomhundertsatz des jeweiligen Regelbetrages nach der RegelbetragVO festzusetzen. Die Umwandlung kann selbst dann in Prozentsätzen der Regelbeträge der einzelnen Altersstufen vorgenommen werden, wenn in dem Alttitel selbst der Unterhalt nicht nach Altersstufen festgesetzt war (OLG Stuttgart, Beschl. vom 15. 7. 1999 – 15 UF 23/99, DAVorm 1999, 720, 721).

Für die Festsetzung ist sie zunächst um die angerechneten Leistungen nach §§ 1612a, 1612b BGB zu erhöhen. Maßgeblich ist die Grundentscheidung, aus der der Regelunterhalt und der prozentuale Zuschlag zu übernehmen ist (OLG Stuttgart, Beschl. vom 15. 7. 1999 – 15 UF 125/99, DAVorm 1999, 721). Die Rundungsvorschrift nach § 1612a Abs. 2 BGB ist zu beachten.

Alttitel können ohne Begrenzung auf einen Prozentsatz umgeschrieben werden; die 150 %-Grenze des § 645 Abs. 1 ZPO ist nicht maßgebend (BVerfG, NJW 2001, 2160 = FuR 2002, 140; OLG Karlsruhe, DAVorm 2000, 62; OLG Düsseldorf, DAVorm 2000, 63; AG Tempelhof, DAVorm 1999, 788; Zöller/Philippi, ZPO, Anhang nach § 660 Rn. 3).

Der Betrag der anzurechnenden Leistungen ist sodann in dem Beschluss festzulegen und anzurechnen.

Die Hinzurechnung und Festlegung des Betrages der anzurechnenden Leistungen unterbleibt jedoch, wenn sich aus dem abzuändernden Titel die Höhe der bei der Unterhaltsbemessung angerechneten Leistungen nicht entnehmen lässt.

2. Verfahren, Art. 5 § 3 Abs. 2 KindUG

571 Die Umstellung vollzieht sich in einem **vereinfachten Verfahren**. Eine Überleitung in das streitige Verfahren findet nicht statt. **Ausschließlich zuständig** ist das Gericht, bei dem das Kind oder der Elternteil, der es gesetzlich vertritt, seinen allgemeinen Gerichtsstand hat.

Es setzt einen **Antrag** voraus. Der Antrag hat den Erfordernissen des § 646 ZPO zu entsprechen. Er kann – ohne Benutzung der für das Verfahren nach §§ 645 ff. ZPO vorgesehenen Vordrucke – formlos gestellt werden (OLG Naumburg, FamRZ 2001, 1463). In dem Antrag ist ferner zu erklären, dass ein Verfahren, welches die gesetzliche Unterhaltspflicht eines Elternteils oder beider Elternteile gegenüber einem minderjährigen Kind betrifft, nicht anhängig ist. Bei gleichzeitiger Anhängigkeit kann das Verfahren bis zu dessen Erledigung ausgesetzt werden, Art. 5 § 3 Abs. 2 KindUG. Der Antrag kann vor dem Urkundsbeamten der Geschäftsstelle abgegeben werden, unterliegt also nicht dem Anwaltszwang.

572 Die Umstellung eines Unterhaltstitels, der den Unterhalt der 2. Altersstufe tituliert hat, ist nicht geeignet für Art. 5 § 3 KindUG, wenn das Kind bei Antragstellung bereits die 3. Altersstufe erreicht hat (OLG Nürnberg, NJW 2001, 3346). Ein vor dem 1. 7. 1998 errichteter Unterhaltstitel, der keine nach Altersstufen gestaffelte Unterhaltsbeträge enthält, kann in einen dynamischen Titel abgeändert werden, in dem die Regelbeträge auch für die nächst höhere Altersstufe festgesetzt werden (OLG Braunschweig, OLGR 2002, 42; OLG Stuttgart, FamRZ 2000, 1179).

573 Im Blick auf die Regelung in § 1613 Abs. 1 Satz 2 BGB, der entsprechend auf Art. 5 § 3 Abs.1 KindUG anwendbar ist, kann die Festsetzung in Form eines dynamisierten Titels **nur für die Zeit ab Antragstellung** erfolgen (OLG Frankfurt Beschl. vom 13. 3. 2000 – 3 WF 318/99, FuR 2001, 477). Das **Verfahren des Gerichts** bestimmt sich nach § 647 ZPO. Dem Unterhaltspflichtigen stehen **nur die Einwendungen nach § 648 Abs. 1 ZPO** zu. Ausgeschlossene Einwendungen können mit der Abänderungsklage nach § 654 ZPO geltend gemacht werden. Die Entscheidung des Gerichts ergeht nach § 649 ZPO durch **Beschluss**. Gegen die Ablehnung der Dynamisierung des Kindesunterhalts im vereinfachten Verfahren ist die **Erinnerung**, nicht die sofortige Beschwerde gegeben. Dem Antragsteller ist im Anpassungsverfahren die sofortige Beschwerde nach § 652 ZPO nicht eröffnet, vielmehr nur dem Antragsgegner, der mit ihr auch nur rechtshindernde, rechtshemmende und rechtsvernichtende Einwendungen vorbringen kann, Art. 5 § 3 Abs. 2 KindUG, 652 Abs. 1, 2 ZPO (OLG Frankfurt, OLGR 2001, 312).

574 Für die **Zwangsvollstreckung** sind §§ 794 Abs. 1 Nr. 2a, 798, 798a ZPO entsprechend anzuwenden.

III. Anpassung von Alttiteln nach dem Unterhaltstitelanpassungsgesetz

575 Das Gesetz zur Ächtung der Gewalt in der Erziehung und zur Änderung des Kindesunterhaltsgesetzes ist zum 1. 1. 2001 in Kraft getreten (BGBl. I S. 1479, 80; dazu BT-Drucks. 14/3781; BT-Drucks. 519/00; Benkelberg, MDR 2000, 1405; Beinkinstadt, DAVorm 2000, 723). Es hat u. a. zur Änderung des § 1612b Abs. 5 BGB geführt. Danach wird der hälftige Kindergeldanteil nur angerechnet, soweit er zusammen mit dem tatsächlich zu zahlenden Barunterhalt 135 % des Regelbetrages übersteigt. Art. 4 dieses Gesetzes enthält als Unterhaltstitelanpassungsgesetz (UTAG) eine verfahrensrechtliche Übergangsbestimmung zur Anpassung von Alttiteln. § 2 UTAG sieht die Umstellung von Alttiteln über den Kindesunterhalt auf die neue Anrechnungsregelung des § 1612b Abs. 5 BGB vor. Auf der bisherigen Rechtslage beruhende Titel werden im Verfahren nach § 655 ZPO angepasst. § 2 UTAG (Art. 4 des Gesetzes zur Änderung der Gewalt in der Erziehung und zur Änderung des Kindesunterhaltsgesetzes vom 2. 11. 2000) verstößt insoweit gegen das Rechtsstaatsprinzip (Art. 2 Abs. 1 i. V. m. Art. 20 GG), als er eine Anpassung von Unterhaltstiteln, die bisher auf nicht mehr als 100 % des Regelbetrages abzüglich des hälftigen Kindergeldes lauteten, im vereinfachten Verfahren nach § 655 ZPO ermöglicht (so OLG Stuttgart, 16. ZS – FamS, FamRZ 2002, 172 und 16. ZS – FamS, Beschl.v. 19. 10. 2001 – 16 UF 105/01, FamRZ 2002, 177 = NJW-RR 2002, 146).

Die Abänderung kann auf Antrag für die Zeit **ab Antragstellung** vorgenommen werden. Die Abänderung ist nicht davon abhängig, dass sie zu einer wesentlichen Änderung führt. Auch kleinere Anpassungen sind zulässig. 576

Das Verfahren richtet sich gegen den **barunterhaltspflichtigen** Elternteil. Nach § 655 Abs. 2 Satz 1 ZPO ist dem Antrag eine Ausfertigung des abzuändernden Titels beizufügen. Das vereinfachte Unterhaltstitelanpassungsverfahren ist für einen Unterhaltsvergleich nicht eröffnet, in dem keine ausreichenden Feststellungen getroffen sind, ob und in welcher Höhe das Kindergeld zur Anrechnung kommt (OLG Nürnberg, FamRZ 2002, 181). 577

Beruht der Titel noch auf der Rechtslage **vor dem 1. 7. 1998,** kann das Verfahren mit einem Antrag nach Art. 5 § 3 KindUG verbunden werden. 578

Die **Einwendungen** des Antragsgegners sind nur die des § 655 Abs. 3 ZPO. 579

Der Festsetzungsbeschluss unterliegt für den Antragsgegner der Anfechtung durch die sofortige Beschwerde gem. § 655 Abs. 5 ZPO. 580

Führt die Abänderung in dem Verfahren nach § 655 ZPO zu einem festgesetzten Betrag, der wesentlich von dem Unterhalt abweicht, der sich nach Maßgabe der persönlichen Verhältnisse der Parteien ergibt, ist die **Abänderungsklage** nach § 656 ZPO gegeben. Sie ist innerhalb eines Monats nach Zustellung des Abänderungsbeschlusses zu erheben, § 656 Abs. 2 Satz 1 ZPO. Die Zulässigkeit einer Abänderungsklage nach § 323 ZPO ist davon abhängig, dass die wesentliche Änderung auf **anderen Tatsachen** als der Unterhaltsabänderung nach § 655 ZPO beruht. 581

Die Übergangsregelungen nach Art. 4 dieses Gesetzes treten nach Art. 5 Abs. 2 des Gesetzes zur Ächtung der Gewalt in der Erziehung und zur Änderung des Kindesunterhaltsgesetzes fünf Jahre nach dessen Inkrafttreten, am 1. 1. 2006, wieder außer Kraft. Der Gesetzgeber geht davon aus, dass in diesem Zeitraum die überwiegende Anzahl der Titel umgestellt sein wird. Für die Zeit danach unterliegt eine Abänderung den Schranken des § 323 ZPO. 582

F. Unterhalt für das Kind und seine nicht miteinander verheirateten Eltern

I. Vorbemerkung

Das BVerfG hat aus Art. 6 Abs. 5 GG die Verpflichtung des Gesetzgebers abgeleitet, Ungleichbehandlungen zwischen ehelichen und nichtehelichen Kindern zu beseitigen, soweit es hierfür keine sachlichen Gründe gibt (BVerfGE 85, 80 ff. = FamRZ 1992, 157 ff.). Dementsprechend haben Reformbestrebungen eingesetzt (dazu: Wichmann, FuR 1996, 161 ff.). Im Mittelpunkt der Kindschaftsrechtsreform steht das Gesetz zur Reform des Kindschaftsrecht (**Kindschaftsreformgesetz – KindRG**). Gegenstand dieses Gesetzes sind das Abstammungsrecht, das Sorge- und Umgangsrecht, der Betreuungsunterhalt sowie das Namens- und Adoptionsrecht. Zudem sieht das Gesetz eine Änderung der **Zuständigkeit der Familiengerichte** vor (§ 621 Abs. 1 Nr. 11 ZPO); sie sollen künftig über alle durch Ehe oder Verwandtschaft begründeten Unterhaltsansprüche entscheiden. Somit werden die Familiengerichte auch über den Unterhalt der – bislang – nichtehelichen Kinder und den Verwandtenunterhalt mit dem für sie geltenden Instanzenzug befinden. Das KindRG ist am 16. 12. 1997 beschlossen worden. Es ist im BGBl. I S. 2942 veröffentlicht und trat am 1. 7. 1998 in Kraft. 583

Mit dem Gesetz zur Vereinheitlichung des Unterhalts minderjähriger Kinder (**Kindesunterhaltsgesetz – KindUG**) soll das Ziel umgesetzt werden, das Unterhaltsrecht für eheliche und nichteheliche Kinder zu vereinheitlichen (dazu: Gesetzesentwurf der Bundesregierung: BT-Drucks. 13/7338; Beschlussempfehlung und Bericht des Rechtsausschusses des Deutschen Bundestages: BT-Drucks. 13/9596 S. 31; Gesetzesbeschluss des Deutschen Bundestages: BT-Drucks. 13/98; 584

Schwolow, FuR 1997, 4 ff.). Alle Kinder sollen dynamisierte, individuell bemessene Unterhaltsrenten verlangen können. Schließlich soll die Möglichkeit zur Erlangung von Auskünften über die für die Unterhaltsbemessung maßgeblichen Umstände verbessert werden.

Die Neuregelung hat zu einer Abschaffung der besonderen Vorschriften für das nichteheliche Kind geführt. Sie hat zugleich Veränderungen für die Ansprüche nach den bisherigen §§ 1615k und l BGB gebracht.

II. Ansprüche der Mutter des nichtehelichen Kindes

1. Unterhaltsanspruch der Mutter nach § 1615l Abs. 1 Satz 1 BGB

585 Nach § 1615l Abs. 1 Satz 1 BGB hat der Vater der Mutter für die Dauer von sechs Wochen vor und acht Wochen nach der Geburt des Kindes Unterhalt zu gewähren (**sog. kleiner Unterhaltsanspruch**). Diese Regelung bezweckt, die Mutter in dieser Zeit von jeder Erwerbspflicht freizustellen und sie wirtschaftlich abzusichern.

586 Als **Unterhaltsanspruch** setzt er **Bedürftigkeit der Mutter** voraus. In der Praxis bezieht die Mutter vielfach aus dem Arbeitsverhältnis noch Leistungen oder erhält Mutterschaftsgeld. Diese Einkünfte mindern als unterhaltsrechtliches Einkommen die Bedürftigkeit. Für die Mutter besteht die jeden Unterhaltsberechtigen treffende Obliegenheit, mögliche Einkommensquellen zumutbar auszuschöpfen. Lebt die Mutter eines nichtehelichen Kindes mit einem neuen Partner in eheähnlicher Lebensgemeinschaft, ist auf den Anspruch nach § 1615l BGB ein (fiktives) Betreuungsentgelt bedarfsmindernd anzurechnen (LG Oldenburg, FamRZ 1990, 1034).

587 Weitere Tatbestandsvoraussetzung ist lediglich die Schwangerschaft und die Geburt; Kausalität zwischen diesen und der Bedürftigkeit der Mutter ist nicht erforderlich. Dem Anspruch steht nicht entgegen, dass die Mutter etwa wegen der Betreuung ihrer ehelichen Kinder bereits bedürftig ist (BGH, FamRZ 1998, 541 = NJW 1998, 1309, 1310).

588 Umstritten ist, ob die Kosten einer Praxisvertretung der bislang freiberuflich tätigen Mutter zu erstatten sind (bejahend: Büttner, FamRZ 2000, 781, 783; verneinend: Palandt/Diederichsen, BGB, § 1615l Rn. 7; Büdenbender, FamRZ 1998, 130, 132, 134; Wohlgemuth, in: Eschenbruch, Der Unterhaltsprozess, Rn. 3420).

589 Der Unterhaltsanspruch ist ferner nur bei **Leistungsfähigkeit des Vaters** gegeben.

2. Anspruch auf die Kosten der Schwangerschaft und der Entbindung nach § 1615l Abs. 1 Satz 2 BGB

590 Als **Ersatzanspruch eigener Art** stand der Mutter nach § 1615k BGB a. F. Anspruch auf Erstattung der Kosten der Entbindung und, falls infolge der Schwangerschaft oder der Entbindung weitere Kosten notwendig werden, auch der dadurch entstehenden Kosten zu.

591 Die §§ 1615b bis 1615k BGB sind aufgehoben worden. § 1615k BGB a. F. hat Eingang in § 1615l Abs. 1 BGB gefunden. Dem Abs. 1 ist folgender Satz angefügt worden: „Dies gilt auch hinsichtlich der Kosten, die infolge der Schwangerschaft oder der Entbindung außerhalb dieses Zeitraums entstehen."

Konsequenz dieser Neuregelung ist, dass der bisher in § 1615k BGB geregelte Ersatzanspruch eigener Art nunmehr ein **Unterhaltsanspruch** ist, der den Voraussetzungen der Bedürftigkeit und auch der Leistungsfähigkeit unterliegt. Die Änderung trägt auch den Interessen des Kindes Rechnung. Die bislang uneingeschränkte Erstattungspflicht des Vaters für die Entbindungskosten stand vielfach der Erfüllung des Kindesunterhalts entgegen (BT-Drucks. 13/7388 S. 32).

Nach der **Lebensstellung der Mutter** (§§ 1615l Abs. 3 Satz 1, 1610 Abs. 1 BGB) beurteilt sich, welche Kosten als angemessen zu erstatten sind. **Versicherungsleistungen**, die von der Mutter geltend zu machen sind, mindern die Bedürftigkeit (AG Limburg, FamRZ 1987, 1192).

Zu den Entbindungskosten zählen nicht die Kosten einer Babyausstattung (LG Amberg, FamRZ 1997, 964).

3. Unterhaltsanspruch der Mutter wegen Erwerbslosigkeit, sog. erweiterter Unterhaltsanspruch

a) Anspruch nach § 1615l Abs. 2 Satz 1 BGB

Soweit die Mutter einer Erwerbstätigkeit nicht nachgeht, weil sie infolge der Schwangerschaft oder einer durch die Schwangerschaft oder die Entbindung verursachten Krankheit dazu außerstande ist, ist der Vater über den Zeitraum des § 1615l Abs. 1 BGB hinaus verpflichtet, Unterhalt zu gewähren.

In dieser Fallkonstellation muss **Kausalität** – Mitursächlichkeit ist ausreichend – zwischen **unterbliebener Erwerbstätigkeit** und den **Folgen** oder **Komplikationen** der Schwangerschaft oder der Entbindung bestehen. Der Vater soll nur insoweit für den Unterhalt der Mutter aufkommen, als er deren Bedürftigkeit mitverursacht hat. Beruht die Nichtausübung der Erwerbstätigkeit auf anderen Gründen – andere Erkrankung, Betreuung anderer Kinder –, ist der Vater des Kindes deshalb nicht unterhaltspflichtig (BGH, FamRZ 1998, 541, 543 = NJW 1998, 1309, 1311).

b) Anspruch nach § 1615l Abs. 2 Satz 2 BGB

Auf Grund des Schwangeren- und FamHÄndG v. 21. 8. 1995 (BGBl. I S. 1050) hat mit Wirkung zum 1. 10. 1995 die Unterhaltspflicht nach § 1615l Abs. 2 Satz 2 BGB eine durchgreifende Änderung erfahren. Die Unterhaltspflicht besteht danach, **soweit von der Mutter bei gegebener Erwerbsfähigkeit wegen der Pflege oder Erziehung des Kindes eine Erwerbstätigkeit nicht erwartet werden kann.**

aa) Betreuungsbedürftigkeit des Kindes

Die gesetzliche Änderung ist erfolgt, um den nichtehelichen Kindern die gleichen Bedingungen für ihre leibliche und seelische Entwicklung sowie ihre Stellung in der Gesellschaft zu schaffen wie den ehelichen Kindern. Mit der Neufassung sind die Anspruchsvoraussetzungen weitgehend an § 1570 BGB angeglichen worden. Die Mutter muss entgegen der früheren Gesetzeslage (dazu BGH, FamRZ 1985, 273 = NJW 1985, 806) nicht mehr nachweisen, dass sie nicht oder nur beschränkt erwerbstätig ist, „weil das Kind anderweitig nicht versorgt werden kann" (vgl. BT-Drucks. 13/1850 zu Art. 6 S. 24). Voraussetzung ist weiterhin die **Betreuungsbedürftigkeit des Kindes**; darauf, ob ohne die Kindesbetreuung eine Erwerbstätigkeit ausgeübt würde, kommt es nicht mehr an. Das Gesetz will der Mutter diesen nicht immer einfach zu führenden Beweis im Interesse des Kindes ersparen (BGH, NJW 1998, 1309, 1311; OLG Hamm, FamRZ 1997, 632, 633 für den Fall, dass die nichteheliche Mutter als Schülerin schon nicht erwerbstätig war). Der betreuende Elternteil kann i. d. R. nicht mehr auf die Fremdbetreuung verwiesen werden, hat vielmehr das Recht, die Betreuung persönlich wahrzunehmen (KG, NJW-RR 2000, 809, 810).

bb) Anspruchszeitraum

Die Unterhaltsverpflichtung ist auf Grund des Schwangeren- und FamHÄndG v. 21. 8. 1995 (BGBl. I S. 1050) zunächst auf die Zeit **bis spätestens drei Jahre nach der Entbindung** ausgedehnt worden.

597 Das **KindRG** hat zu einer weiteren Besserstellung der Mutter eines „nichtehelichen" Kindes geführt. § 1615l Abs. 2 Satz 3 BGB sah bislang ein Ende der Unterhaltspflicht spätestens drei Jahre nach der Geburt vor. Selbst mit Ablauf dieses Zeitraums endet die Unterhaltspflicht nicht, sofern es insbesondere unter Berücksichtigung der Belange des Kindes unbillig wäre, einen Unterhaltsanspruch nach Ablauf dieser Frist zu versagen. Es kommen kindbezogene und elternbezogene Gründe in Betracht. Der Ausnahmetatbestand (verlängerter Unterhaltsanspruch) ist von der Mutter darzulegen und zu beweisen (Büttner, FamRZ 2000, 781, 783).

598 Diese Neuregelung vermeidet Härten, die durch die zeitliche Befristung eintreten könnten. Ein Anwendungsfall dieser Härteregelung kann sein, dass die Mutter ein behindertes und deshalb auch in zeitlicher Hinsicht besonders betreuungsbedürftiges Kind zu versorgen hat (BT-Drucks. 13/4899 S. 89). Besteht im Verhältnis zu einem gesunden Kind ein erhöhter Betreuungsaufwand der Mutter, ist Unterhalt über den Zeitraum von drei Jahren zu leisten (OLG Düsseldorf, FamRZ 2003, 184; OLG Celle, FamRZ 2002, 636). Allerdings ist die Härteregelung nicht auf diesen Fall beschränkt, sie erlaubt auch eine Anwendung auf andere gleichgewichtige Lebenssachverhalte (BT-Drucks. 13/4899 S. 167; s. auch die Empfehlungen des 13. Deutschen Familiengerichtstages, FamRZ 2000, 273). Angemessen ist die verlängerte Zahlung, wenn die Mutter ihre Berufstätigkeit für zwei Monate zurückstellt, um dem Kind das Eingewöhnen in den Kindergarten zu ermöglichen. Bei verfassungskonformer Auslegung ist die Schwelle für die Entstehung des verlängerten Unterhaltsanspruchs niedrig anzusetzen (OLG Celle, FamRZ 2002, 636).

Sind die Voraussetzungen der Härteregelung bei der Entscheidung nicht gegeben, ist der Betreuungsunterhaltsanspruch im Urteil bis zur Vollendung des dritten Lebensjahres des Kindes zeitlich zu befristen (OLG Oldenburg, NJW-RR 2000, 1249; a. A. wohl OLG Schleswig, FuR 2001, 555, 558: Die Befristung des Unterhaltsanspruchs auf die Zeit bis zum dritten Geburtstag des betreuten Kindes scheidet aus, wenn die Verhältnisse noch nicht genügend überschaubar sind, so dass ein Anspruch noch darüber hinaus in Betracht kommt. Der Vater ist auf die Abänderungsklage zu verweisen; kritisch auch zur regelmäßigen Begrenzung des Anspruchs auf die Dauer von drei Jahren: Büttner, FamRZ 2000, 781).

599 Die Verlängerung des Anspruchszeitraums auf drei Jahre kann bei Geburt eines weiteren, von einem anderen Mann gezeugten Kindes dessen Unterhaltspflicht begründen. Der nach § 1615l Abs. 3 Satz 1 BGB heranzuziehende Grundgedanke des § 1606 Abs. 3 Satz 1 BGB lässt für die Zeiten, in denen sich die Unterhaltspflichten überschneiden, eine anteilige Haftung nach den jeweiligen Erwerbs- und Vermögensverhältnissen der Väter als angemessen erscheinen (vgl. BGH, FamRZ 1998, 541, 543 = NJW 1998, 1309, 1311; DIV-Gutachten v. 31. 1. 1997, in DAVorm 1997, 311, 312).

cc) Maß des Unterhalts

600 Die Lebensstellung der bedürftigen Mutter bestimmt den zu gewährenden Unterhalt. Dies folgt aus der entsprechenden Anwendung der Vorschriften über die Unterhaltspflicht zwischen Verwandten, §§ 1615l Abs. 3 Satz 1, 1610 Abs. 1 BGB. Die Lebensstellung des Vaters ist nicht maßgeblich. § 1615l BGB hat die Zielrichtung, durch die Geburt des Kindes erlittene Nachteile der Mutter auszugleichen (OLG Naumburg, FamRZ 2001, 1321; OLG Zweibrücken, FamRZ 2001, 444; OLG Koblenz, FamRZ 2000, 637). Maßgeblich sind die Einzelfallumstände. Auch die ehelichen Lebensverhältnisse nach § 1578 BGB können die Höhe des Unterhaltsanspruchs nach § 1615l Abs. 2 BGB bestimmen (BGH, FamRZ 1998, 541, 544 = NJW 1998, 1309, 1312). Hat die Mutter mit dem Vater nicht nur kurzfristig zusammen gelebt, bestimmen die wirtschaftlichen Lebensverhältnisse in dieser Lebensgemeinschaft die Lebensstellung der Mutter und damit ihren Bedarf (vgl. die Empfehlungen des 14. Deutschen Familiengerichtstages, FamRZ 2002, 296, 297).

Ein Mindestbedarfsatz von 1.300 DM ist nicht anzuerkennen. Im Regelfall wird es auf das vor der Geburt des Kindes erzielte Einkommen der Unterhaltsberechtigten ankommen (OLG Köln, FamRZ 2001, 1322; OLG Zweibrücken, FamRZ 2001, 414; für Mindestbedarf: OLG Koblenz, NJW 2000, 669; OLG Hamm, FF 2000, 137). 601

Die ab 1. 7. 1998 geltende Düsseldorfer Tabelle (Stand: 1. 7. 1998, FamRZ 1998, 534, 537 = NJW 1998, 1469, 1471) hat als Entscheidungshilfe feste (Mindest-) Bedarfssätze aufgenommen. Sie sieht vor, dass sich der Bedarf der Mutter/des Vaters eines Kindes nach der Lebensstellung des betreuenden Elternteils richtet, er aber mindestens 1.300 DM, bei Erwerbstätigkeit 1.500 DM betragen soll. Ab 1. 7. 2001 betragen die Sätze i. d. R. mindestens 1.425 DM, bei Erwerbstätigkeit 1.640 DM (FamRZ 2001, 806, 809), ab 1. 1. 2002 i. d. R. mindestens 730 €, bei Erwerbstätigkeit 840 € (FamRZ 2001, 809, 812). Diese Sätze gelten ab 1. 7. 2003 fort. 602

Zum Bedarf rechnet die Kranken- und Pflegevorsorge, hingegen nicht die Altersvorsorge (OLG Bremen, FamRZ 2000, 636, 637; Büttner, FamRZ 2000, 781, 784). 603

Zur Bedarfsdeckung ist das **Erziehungsgeld** nur nach Maßgabe des § 9 BErzGG heranzuziehen (so Büttner, FamRZ 2000, 781, 784; s. auch BVerfG, FamRZ 2000, 1149: keine Anrechnung). Die Mutter ist wie ein volljähriges Kind gehalten, zur Minderung der Bedürftigkeit vorhandenes Vermögen zu verwenden (OLG Koblenz, NJW 2000, 669, 670).

Ist die Mutter trotz Betreuungsbedürftigkeit des Kindes erwerbstätig, tritt in Höhe des erzielten Einkommens Bedarfsdeckung ein. Wie allgemein können Betreuungskosten, die eine Erwerbstätigkeit erst ermöglichen, abgesetzt werden. Teile des Einkommens können entsprechend dem Rechtsgedanken des § 1577 Abs. 2 BGB außer Ansatz bleiben (Büttner, FamRZ 2000, 781, 783; s. zur Anwendung des allgemeinen Rechtsgedankens im Verwandtenunterhalt BGH, FamRZ 1995, 475, 477: Einkünfte eines Studenten; a. A. Wohlgemuth, in: Eschenbruch, a. a. O., Rn. 3415). 604

Der Mutter steht zur Durchsetzung ihres eigenen Unterhaltsanspruchs ein **Prozesskostenvorschussanspruch** gegen den Vater des Kindes zu (OLG München, FamRZ 2002, 1219 = MDR 2002, 646). 605

dd) Selbstbehalt des Unterhaltspflichtigen

§ 1615l Abs. 2 BGB begründet **keine gesteigerte Unterhaltspflicht**. Dem Unterhaltspflichtigen kann danach der **angemessene Selbstbehalt** nach den üblichen Tabellen und Richtlinien zugebilligt werden. Der angemessene Selbstbehalt beträgt nach der Düsseldorfer Tabelle, Stand: 1. 7. 1998 (FamRZ 1998, 534 = NJW 1998, 1469, 1471) mindestens 1.800 DM. Ab 1. 7. 2001 ist er auf mindestens monatlich 1.960 DM (FamRZ 2001, 806, 809), ab 1. 1. 2002 auf mindestens 1.000 € erhöht worden (FamRZ 2001, 809, 812). Nach der Berliner Tabelle, Stand: 1. 7. 1998 (FamRZ 1998, 537) ist der angemessene Selbstbehalt im Beitrittsteil des Landes Berlin mit 1.620 DM angesetzt worden. Ab 1. 7. 2001 stellt er sich auf 1.810 DM (FamRZ 2001, 812, 813), ab 1. 1. 2002 auf mindestens 925 € (FamRZ 2001, 815, 816). Ab 1. 7. 2003 gelten diese Beträge fort. 606

Ergibt sich nach der Lebensstellung der betreuenden Mutter ein hoher Bedarf, findet eine Begrenzung der Leistungsfähigkeit nach Maßgabe des Halbteilungsgrundsatzes nicht statt. Der Vater hat Unterhalt auch dann zu leisten, wenn ihm nach diesem Ausgleich weniger verbleibt als der Mutter (so Büttner, FamRZ 2000, 781, 783, 784; a. A. OLG Schleswig, OLGR 1999, 279: 3/7-Quote; Wever, FF 2000, 20, 22; Wohlgemuth, in: Eschenbruch, a. a. O., Rn. 3423). 607

Hinsichtlich der Erwerbsobliegenheit, der Berücksichtigung von Schulden kann auf die Grundsätze zum Volljährigenunterhalt abgestellt werden (s. hierzu die Ausführungen unter Rn. 357 ff.).

ee) Anspruchskonkurrenz

Mit diesen Ansprüchen der ein nichteheliches Kind betreuenden Mutter können weitere in **Anspruchskonkurrenz** treten. So kommt die Unterhaltspflicht der Eltern der Mutter in Betracht. Den Eltern gegenüber kann sich die Mutter zwar auf die Betreuungsbedürftigkeit des Kindes beru- 608 fen, doch muss sie alle Erwerbsmöglichkeiten ausschöpfen, wenn und soweit das Alter des Kindes und die sonstigen Umstände die Einkommenserzielung gestatten (OLG München, OLGR 1999, 74: Erwerbstätigkeit etwa ab eineinhalb bis zwei Jahren; OLG Hamm, FamRZ 1996, 1493: ab 18 Monate).

Nach § 1615l Abs. 3 Satz 2 BGB geht zudem die Verpflichtung des Vaters des Kindes der Verpflichtung der Verwandten der Mutter vor. Vor Inanspruchnahme auf Verwandtenunterhalt durch die volljährige Mutter kann deren Vater sie deshalb auf ihre Obliegenheit verweisen, den Versuch zu unternehmen, von dem Kindesvater gem. § 1615l Abs. 2 BGB Unterhalt zu erlangen, selbst wenn dem Kindesvater nur fiktive Einkünfte zuzurechnen sind, wenn nur der Versuch der Vollstreckung nicht von vornherein aussichtslos ist (OLG Düsseldorf, FamRZ 1989, 1226).

Bei Leistungsunfähigkeit des Vaters besteht ein Ersatzanspruch der Mutter nur gegen ihre, nicht gegen die Eltern des Vaters. Nur die Eltern der Mutter sind nach § 1601 BGB mit ihr verwandt und somit grds. unterhaltspflichtig. Im Fall der Leistungsunfähigkeit des Vaters besteht kein **Rückgriffsanspruch** der Eltern, da eine Unterhaltpflicht nicht bestand. Anderes gilt, wenn die Eltern eingetreten sind, weil der Vater nicht leistete, die Unterhaltspflicht aber auf der Grundlage fiktiver Einkünfte ausgesprochen wurde (OLG Nürnberg, FamRZ 2001, 1322).

609 Eine Anspruchskonkurrenz kann ferner auftreten, wenn der Anspruch gegen den Vater mit einem Unterhaltsanspruch der Mutter gegen den getrennt lebenden oder geschiedenen Ehemann nach §§ 1361, 1596 ff. BGB zusammentrifft. Die überwiegende Rspr. ging bislang von einem Vorrang der Haftung des Vaters vor dem Ehemann aus (OLG Celle, FamRZ 1979, 119; OLG Koblenz, FamRZ 1981, 92; OLG Hamm, FamRZ 1991, 979; 1997, 632; OLG Düsseldorf, FamRZ 1995, 690). Der **BGH** ist dieser Auffassung nicht gefolgt. Die **Aufteilung der Haftung** für den Unterhalt der Mutter ist zwischen dem Ehemann und dem Vater des Kindes in entsprechender Anwendung des § 1606 Abs. 3 Satz 1 BGB vorzunehmen. Diese Bestimmung, die nach § 1615l Abs. 3 Satz 1 BGB herangezogen werden kann, stellt auf die jeweiligen **Erwerbs- und Vermögensverhältnisse** ab; sie ermöglicht es zudem, auch anderen Umständen Rechnung zu tragen und so der jeweiligen Verantwortung des Vaters und des Ehemannes gerecht zu werden. Die Anzahl, das Alter und die Betreuungsbedürftigkeit der Kinder können nach Lage des Falles ein Abweichen von der nach den Erwerbs- und Vermögensverhältnissen ermittelten Haftungsquote rechtfertigen. So kann der Vater in einer seine Haftungsquote übersteigenden Höhe für den Unterhalt der Mutter aufzukommen haben, wenn das Kind besonderer Betreuung bedarf, während die Betreuungsbedürftigkeit der Kinder aus der Ehe eine Erwerbstätigkeit bereits erlauben würde (BGH, FamRZ 1998, 541, 544 = NJW 1998, 1309, 1311). Die in analoger Anwendung des § 1606 Abs. 3 Satz 1 BGB vorzunehmende Haftungsverteilung zwischen dem getrennt lebenden Ehemann und dem Erzeuger eines Kindes kann zur alleinigen Unterhaltspflicht des Erzeugers führen, wenn die bislang vollschichtig erwerbstätige Mutter nur wegen der Betreuung des Kindes nicht mehr erwerbstätig sein kann. Der Anspruch gegen den Ehemann besteht dann nur, soweit der Vater nicht leistungsfähig sein sollte (AG Hannover, FamRZ 2002, 191).

ff) Rangverhältnisse

610 Nach § 1615l Abs. 3 Satz 2 BGB geht die Verpflichtung des Vaters des Kindes der Verpflichtung der Verwandten der Mutter vor.

611 Die Ehefrau und minderjährige unverheiratete sowie ihnen gleichgestellte privilegierte volljährige Kinder des Vaters gehen bei Anwendung des § 1609 BGB der Mutter vor; die Mutter geht den übrigen Verwandten des Vaters vor, § 1615l Abs. 3 Satz 3 BGB.

612 Der Anspruch des nichtehelichen Kindes gegen den Erzeuger geht dem der Mutter vor (OLG Hamm, FamRZ 1997, 632, 633).

613 Der Unterhaltsanspruch einer nichtehelichen Mutter aus § 1615l BGB hat Vorrang vor Ansprüchen volljähriger Kinder aus einer früheren Ehe des Vaters (OLG Celle, FamRZ 1990, 1146).

gg) Beweislast

Verweist der Ehemann im Rahmen des gegen ihn geführten Unterhaltsrechtsstreits auf den Unterhaltsanspruch der Mutter gegen den Vater nach § 1615l BGB, obliegt es der Mutter, die Voraussetzungen des Unterhaltsanspruchs nach § 1615l BGB und die Leistungsfähigkeit des Vaters darzutun. Die notwendige Kenntnis kann sie sich durch eine gegen den Vater zu richtende **Auskunftsklage** nach §§ 1615l Abs. 3 Satz 1, 1605 BGB verschaffen; ein Auskunftsanspruch des Ehemannes gegen den Vater besteht hingegen nicht (BGH, FamRZ, 1998, 541 = NJW 1998, 1309, 1312).

614

hh) Behandlung von Altfällen

Die Begrenzung des Anspruchs der Mutter auf ein Jahr nach der Entbindung ist gem. Art. 11 des **Schwangeren- und Familienhilfegesetzes** v. 21. 8. 1995 entfallen, der Anspruchszeitraum ist auf drei Jahre erweitert worden. Nach dem am 1. 7. 1998 in Kraft getretenen Kindschaftsreformgesetz vom 16. 12. 1997 (BGBl. S. 2942) kann der Anspruch nach § 1615l Abs. 2 Satz 2 BGB in Härtefällen über diesen Zeitraum hinaus bestehen. Die Neuregelung erfasst Fälle, in denen das Kind vor dem Inkrafttreten des Kindschaftsreformgesetzes zum 1. 7. 1998 geboren ist, ebenso diejenigen, in denen die Dreijahresfrist bereits am 1. 7. 1998 abgelaufen war (Graba, FamRZ 1999, 751, 753; Wohlgemuth, in: Eschenbruch, a. a. O., Rn. 3468; s. zur vergleichbaren Problematik bei Inkrafttreten des **Schwangeren- und Familienhilfegesetzes** v. 21. 8. 1995: BGH, FamRZ 1998, 426, 427; KG, FamRZ 2000, 636; LG Arnsberg, FamRZ 1997, 1297, 1298; a. A. OLG Braunschweig, FamRZ 1999, 186, 187).

615

III. Betreuungsunterhalt des Vater nach § 1615l Abs. 4 BGB

Betreuungsunterhalt nach § 1615l Abs. 2 Satz 2 BGB kann nunmehr auch der **Vater** beanspruchen, der das Kind betreut, § 1615l Abs. 4 Satz 1 BGB. Der Anspruch setzt nicht voraus, dass eine Sorgerechtsregelung zugunsten des Vaters getroffen worden ist, vielmehr ist entscheidend die tatsächliche Betreuung (Büdenbender, FamRZ 1998, 129, 134). Dem Unterhaltsanspruch der das Kind betreuenden Mutter kann der Vater nicht damit begegnen, selbst die Betreuung ausüben zu wollen. Die Betreuung durch den Vater setzt das Einverständnis der Mutter voraus.

616

Betreut der Vater das Kind in dem Zeitraum von acht Wochen nach der Geburt, kommt im Wege der teleologischen Auslegung ein Anspruch des Vaters gegen die Mutter in Betracht, obschon § 1615l Abs. 4 Satz 1 BGB nicht auf Abs. 1 verweist (Büdenbender, FamRZ 1998, 129, 133, 138; auch Palandt/Diederichsen, BGB, § 1615l Rn. 19; dagegen Wohlgemuth, in: Eschenbruch, Der Unterhaltsprozess, Rn. 3463).

617

Die Vorschriften über die Unterhaltspflicht zwischen Verwandten, die Bestimmungen zum Rangverhältnis und die sonstigen Regelungen finden entsprechende Anwendung, § 1615l Abs. 4 Satz 2 BGB. Es gelten die zum Anspruchsgrund und zur Anspruchshöhe der Mutter dargelegten Grundsätze (s. hierzu Ausführungen unter Rn. 594 ff.).

618

IV. Verwirkung

§ 1615l Abs. 3 Satz 1 BGB verweist auf die Vorschriften über die Unterhaltspflicht zwischen Verwandten. Die Verwirkung beurteilt sich dementsprechend nach § 1611 Abs. 1 BGB.

619

V. Rückständiger Unterhalt

Nach § 1615l Abs. 3 Satz 4 BGB gilt § 1613 Abs. 2 BGB entsprechend. Die Mutter kann ihre Ansprüche, die nunmehr insgesamt Unterhaltsansprüche darstellen, nach Feststellung der Vater-

620

schaft **rückwirkend** ohne die Voraussetzungen des § 1613 Abs. 1 BGB nach Maßgabe des § 1613 Abs. 2 BGB geltend machen. Die zeitlichen Beschränkungen des § 1613 Abs. 2 Nr. 1 BGB für die Forderung etwaigen Sonderbedarfs sind zu beachten.

VI. Verjährung

621   Durch das am 1. 1. 2002 in Kraft getretene Schuldrechtsmodernisierungsgesetz (BGBl. I 2001 S. 3137) ist § 1615l Abs. 4 BGB in der bisherigen Fassung in Fortfall geraten. Es gilt also nicht mehr die vierjährige Verjährungsfrist. **Familienrechtliche Ansprüche, die regelmäßig wiederkehrende Leistungen oder Unterhaltsleistungen zum Gegenstand haben, verjähren nach § 197 Abs. 2 i. V. m. § 195 BGB in der regelmäßigen Verjährungsfrist von drei Jahren.**

622   Für den **Fristbeginn ist § 199 BGB** maßgeblich. Die Verjährung beginnt mit dem Schluss des Jahres, in dem der Anspruch entstanden ist und der Gläubiger Kenntnis von den den Anspruch begründenden Umständen und der Person des Schuldners hat oder diese erlangen konnte, hätte er sich nicht grob fahrlässig verhalten (subjektives Kenntnismoment).

VII. Tod des Vaters

623   Der Anspruch erlischt nicht mit dem Tod des Vaters, § 1615l Abs. 3 Satz 5 BGB. Es tritt nach § 1967 BGB die Haftung der Erben ein, auch wenn der Vater vor der Geburt des Kindes verstorben ist, § 1615n BGB.

VIII. Vorläufige Sicherstellung des Unterhalts des Kindes, der Mutter, des Vaters

1. Unterhalt des Kindes

624   Nach § 1615o Abs. 1 BGB ist es möglich, durch **einstweilige Verfügung** den Unterhalt des Kindes für die ersten drei Monate sicherzustellen.

Dies setzt nicht voraus, dass die Vaterschaft bereits feststeht. Ausreichend ist, dass der Inanspruchgenommene die Vaterschaft anerkannt hat oder er nach § 1600d Abs. 2 BGB i. d. F. des Kindschaftsreformgesetzes als Vater vermutet wird. Die Voraussetzungen der Vermutung sind glaubhaft zu machen. Hingegen braucht eine Gefährdung des Anspruchs nicht glaubhaft gemacht zu werden, § 1615o Abs. 3 BGB. Der Antrag kann bereits vor der Geburt des Kindes durch die Mutter oder einen für die Leibesfrucht bestellten Pfleger gestellt werden; in diesem Fall kann angeordnet werden, dass der erforderliche Betrag angemessene Zeit vor der Geburt zu hinterlegen ist, § 1615o Abs. 1 Satz 2 BGB.

Die Entscheidung ist nach § 23b Abs. 1 Nr. 13 GVG nunmehr den **Familiengerichten** zugewiesen mit dem Instanzenzug zum OLG. Die ausschließliche Zuständigkeit des Familiengerichts folgt aus § 621 Abs. 1 Nr. 11 ZPO. § 640a Abs. 1 Satz 5 ZPO weist dem Gericht der Abstammungssache auch die Entscheidung über das einstweilige Verfügungsverfahren zu.

2. Unterhalt der Mutter

625   Nach § 1615o Abs. 2 BGB kann auf Antrag der Mutter durch **einstweilige Verfügung** auch angeordnet werden, dass der Mann, der die Vaterschaft anerkannt hat oder der nach § 1600d Abs. 2 BGB als Vater vermutet wird, die nach § 1615l Abs. 1 BGB voraussichtlich zu leistende Beträge an die Mutter zu zahlen hat; auch kann die Hinterlegung eines angemessenen Betrages angeordnet werden.

626   Diese Fassung hat die Vorschrift durch das KindUG erhalten. Das Kindschaftsreformgesetz sah vor, die einstweilige Verfügung auf die nach § 1615k a. F. und nach § 1615l für die ersten drei Monate nach der Geburt des Kindes voraussichtlich zu leistenden Beträge zu erstrecken. Damit

war der Anspruch der Mutter für die Dauer von sechs Wochen vor der Geburt nicht mehr erfasst. Mit der Gesetz gewordenen Fassung ist durch die einstweilige Verfügung der Anspruch nach § 1615l Abs. 1 BGB für die Dauer von sechs Wochen vor und acht Wochen nach der Geburt umfasst. Der Anspruch steht – anders als derjenige nach § 1615l Abs. 2 BGB – der Mutter **ohne Nachweis** besonderer **zusätzlicher Voraussetzungen** zu. Das Familiengericht hat sich nur noch mit diesem Anspruch zu befassen. Die einstweilige Verfügung erstreckt sich in etwa auf den Zeitraum von drei Monaten, für den auch das Kind die Sicherstellung seines Unterhalts im Wege der einstweiligen Verfügung erreichen kann (BT-Drucks. 13/9596 S. 34).

Über diesen Zeitraum hinaus besteht nach § 641d Abs. 1 ZPO jetzt ebenfalls für die Mutter die Möglichkeit, ihren Unterhalt durch **einstweilige Anordnung** regeln zu lassen, sobald ein Rechtsstreit auf Feststellung des Bestehens der Vaterschaft nach § 1600d BGB anhängig oder ein Antrag auf Bewilligung der PKH eingereicht ist. Nach § 1600e Abs. 1 BGB hat auch die Mutter ein eigenes Klagerecht auf Feststellung der Vaterschaft, aus der sich die Erweiterung ihres einstweiligen Rechtsschutzes ableitet. 627

Die Neuregelung in § 641d Abs. 1 ZPO erweitert die Möglichkeiten des einstweiligen Rechtsschutzes. Auch dies ist eine Folge des erweiterten Klagerechts aus § 1600e Abs. 1 BGB. In einem seitens des Kindes nach Maßgabe des § 641d Abs. 1 ZPO eingeleiteten Verfahrens kann neben dem Kind auch die Mutter ihren Anspruch im Wege der einstweiligen Anordnung durchsetzen. Ebenfalls ist der einstweilige Rechtsschutz dem Kind neben der Mutter in einem von ihr eingeleiteten Verfahren möglich (BT-Drucks. 13/4899 S. 127). 628

3. Unterhalt des Vaters

Eine spezialgesetzliche Möglichkeit vorläufigen Rechtsschutzes zugunsten des Kindesvaters ist nicht geschaffen worden. Soweit ein Bedürfnis für eine Regelung zugunsten des Vaters eintritt, kann unter den dafür gültigen Voraussetzungen eine **einstweilige Verfügung** nach § 940 ZPO ergehen (so Büdenbender, FamRZ 1998, 129, 138). 629

IX. Bisherige Regelung der Unterhaltspflicht gegenüber nichtehelichen Kindern

1. Allgemeines

Für die Unterhaltspflicht gegenüber nichtehelichen Kindern galten die **allgemeinen Vorschriften des Verwandtenunterhalts,** § 1615a BGB a. F. Eheliche und nichteheliche Kinder standen sich also unterhaltsrechtlich gleich. Die §§ 1615b ff. BGB enthielten Sonderregelungen, die der besonderen Situation des nichtehelichen Kindes Rechnung tragen sollten. Neben der Möglichkeit, den Unterhalt wie für das eheliche Kind individuell zu berechnen und durchzusetzen, hatte das nichteheliche Kind das Recht, Regelunterhalt als pauschalen Mindestunterhalt in einem vereinfachten Verfahren gem. § 1615f BGB geltend zu machen. 630

Ergänzt wurden die Bestimmungen der §§ 1615a ff. BGB durch die **Sondervorschriften der §§ 642 ff. ZPO** über die Geltendmachung von Regelunterhalt für nichteheliche Kinder.

Der **Rechtsweg** war nicht zum Familiengericht, sondern zum Amtsgericht als allgemeinem Zivilgericht eröffnet, § 23a Nr. 2 GVG. Rechtsmittelgericht war daher das Landgericht, §§ 23a Nr. 2, 72 GVG).

2. Individualanspruch

§ 1615a BGB a. F. erklärte die Bestimmungen des Verwandtenunterhalts unmittelbar auf den Unterhalt des nichtehelichen Kindes für anwendbar. Ohne auf die Geltendmachung des Regelunterhalts verwiesen werden zu können, stand es dem nichtehelichen Kind frei, den Unterhalts- 631 anspruch individuell zu berechnen. Es musste den Unterhaltsanspruch individuell geltend machen, wenn es das 18. Lebensjahr vollendet hat, solange es in den väterlichen Haushalt aufgenommen war oder Sonderbedarf geltend machen wollte. Dies folgte aus § 1615f Abs. 1 Satz 1 BGB a. F.

Der Individualanspruch folgte den allgemeinen Bestimmungen des Verwandtenunterhalts, war also zunächst einmal konkret zu beziffern. Nachfolgende Besonderheiten waren zu beachten:

a) Übergang des Unterhaltsanspruchs

632 Der Unterhaltsanspruch des Kindes gegen den Vater ging, soweit an Stelle des Vaters ein anderer unterhaltspflichtiger Verwandter oder der Ehemann der Mutter dem Kind Unterhalt gewährt, auf diesen über. Dies galt auch, wenn ein Dritter als Vater dem Kind Unterhalt gewährte, § 1615b Abs. 1, 2 BGB a. F.

633 Durch diesen **gesetzlichen Forderungsübergang** hatte der Scheinvater gegen den wirklichen Vater eine Regressmöglichkeit. Der **Höhe** nach erfasste der Übergang den vom wirklichen Vater nach §§ 1615f, g BGB a. F. geschuldeten Unterhalt, hingegen nicht in der Höhe, in der der Scheinvater Unterhalt erbracht hatte (AG Köln, FamRZ 1991, 735). Naturalunterhaltsleistungen waren zu schätzen (AG Köln, a. a. O.). In zeitlicher Hinsicht galt der Forderungsübergang von Geburt oder Unterhaltsleistung an. Im Rahmen des § 1615d BGB konnte der Regress auf Unterhalt für die Vergangenheit erstreckt werden.

634 Zu den zu erstattenden Kosten zählten auch diejenigen des Anfechtungsprozesses, etwa der von dem Scheinvater dem Kind geleistete Prozesskostenvorschuss (dazu: KG, NJW 1971, 197) oder ein sonstiger eigener Kostenaufwand (BGH, FamRZ 1972, 33; 1988, 387; LG Dortmund, FamRZ 1994, 654).

635 Der Rückgriff gegen den wirklichen Vater setzte jedoch voraus, dass die Vaterschaft mit Wirkung für und gegen alle (§ 1600a BGB a. F.) durch Anerkenntnis oder in einem Rechtsstreit, der ausschließlich die Feststellung des Bestehens der nichtehelichen Vaterschaft zum Gegenstand hatte und der den besonderen gesetzlichen Verfahrensvorschriften der §§ 641 bis 641k ZPO a. F. unterlag, festgestellt war; die Klärung der Vaterschaft konnte danach nicht als Vorfrage in einem Regressprozess durchgesetzt werden (BGH, FamRZ 1993, 696, 697). Die Sperrwirkung des § 1600a BGB a. F. stand ebenso entgegen, wenn die Ansprüche auf andere Rechtsgründe (Aufwendungsersatz, Bereicherung) gestützt wurden (BGH, a. a. O.).

636 Die **Verjährung** betrug für den laufenden Unterhalt vier Jahre, für den Sonderbedarf und den Kostenersatz für das Ehelichkeitsanfechtungsverfahren 30 Jahre (BGH, FamRZ 1988, 387, 390). Sie begann nicht vor der Anerkennung oder der gerichtlichen Feststellung der Vaterschaft (BGH, FamRZ 1981, 763).

Der übergegangene Anspruch hatte keinen unterhaltsrechtlichen Charakter. Die **Abtretung und Rückübertragung** auf das Kind waren zulässig (BGH, FamRZ 1982, 50).

Nach § 1615b Abs. 1 Satz 2 BGB a. F. konnte der Übergang nicht zum Nachteil des Kindes geltend gemacht werden.

b) Bemessung des Unterhalts

637 Das nichteheliche Kind konnte Unterhalt beanspruchen, solange es noch keine eigene Lebensstellung erlangt hatte; die Höhe des Unterhalts bemaß sich nach der Lebensstellung beider Eltern, § 1615c BGB a. F. Es entsprach jedoch der h. M., dass der **Unterhalt sich grds. allein nach dem Einkommen des Barunterhaltspflichtigen richtete** (LG Kiel, FamRZ 1994, 262, 263). Die Mutter erfüllte ihre Unterhaltsverpflichtung durch die Pflege und Betreuung des Kindes.

c) Unterhalt für die Vergangenheit

Das nichteheliche Kind konnte Unterhaltsbeträge, die fällig geworden waren, bevor die Vaterschaft anerkannt oder rechtskräftig festgestellt war, auch für die **Vergangenheit** verlangen, § 1615d BGB a. F. Durch diese Regelung war die Inanspruchnahme des Vaters über die Grenzen des § 1613 BGB hinaus eröffnet. Die erhebliche finanzielle Belastung des Vaters konnte durch die Möglichkeit der Stundung gem. § 1615i Abs. 1 BGB a. F. oder des Erlasses nach § 1615i Abs. 2 BGB a. F. abgemildert werden. Diese Regelung galt auch für auf Dritte übergegangene Ansprüche, § 1615i Abs. 3 BGB a. F. Für die nach Anerkenntnis oder rechtskräftiger Feststellung der Vaterschaft fällig gewordenen Unterhaltsansprüche galt § 1613 Abs. 1 BGB (LG München, FamRZ 1974, 473). 638

d) Vereinbarungen für die Zukunft; Abfindungsverträge

§ 1615e BGB a. F. ließ Unterhaltsvereinbarungen über den laufenden zukünftigen Unterhalt nach Art, Höhe und Zeitraum zu. Ebenso konnten Abfindungsverträge geschlossen werden, die der endgültigen Abgeltung der Unterhaltsansprüche des nichtehelichen Kindes gegen den Vater dienten. Im Zweifel erstreckte sich ein solcher Vertrag auch auf die Ansprüche gegen die Verwandten des Vaters, § 1615e Abs. 3 BGB a. F. Ein unentgeltlicher Verzicht für die Zukunft war jedoch nichtig, § 1615e Abs. 1 Satz 2 BGB a. F. 639

War der Berechtigte nicht voll geschäftsfähig, bedurften die Vereinbarungen der **vormundschaftsgerichtlichen Genehmigung.** Der Betreuer des Berechtigten konnte die Vereinbarung ebenfalls nur mit Genehmigung des Vormundschaftsgerichts treffen, § 1615e Abs. 2 BGB a. F.

3. Regelunterhalt

a) Materiellrechtliche Grundlagen

Das minderjährige nichteheliche Kind hatte gegen den Vater Anspruch auf Zahlung mindestens des Regelunterhalts, § 1615f Abs. 1 Satz 1 BGB a. F. Der Regelunterhalt war der zum Unterhalt eines Kindes, das sich in der Pflege seiner Mutter befand, bei einfacher Lebenshaltung im Regelfall erforderliche Betrag (**Regelbedarf**), vermindert um die nach § 1615g BGB a. F. anzurechnenden Beträge, § 1615f Abs. 1 Satz 2 BGB a. F. Der Regelbedarf wurde aufgrund statistischer Erhebungen von der Bundesregierung mit Zustimmung des Bundesrates durch die Verordnung zur Berechnung des Regelunterhalts (RegUnterhV) festgesetzt (§ 1 RegUnterhV, Abdruck im Schönfelder, Deutsche Gesetze, unter Nr. 49a). 640

Für die Zeit ab 1. 1. 1996 betrug der Regelbedarf eines Kindes bis zur Vollendung des sechsten Lebensjahres monatlich 349 DM, vom siebten bis zur Vollendung des zwölften Lebensjahres monatlich 424 DM, vom dreizehnten bis zur Vollendung des achtzehnten Lebensjahres monatlich 502 DM (Fünfte Verordnung über die Anpassung und Erhöhung von Unterhaltsrenten für Minderjährige v. 25. 9. 1995, BGBl. I S. 1190, FamRZ 1995, 1326).

Erstmals ist mit der o. g. Verordnung der Regelbedarf für das Beitrittsgebiet festgesetzt worden. Bislang war dieser in – übereinstimmenden – Verordnungen des Landes Berlin und der neuen Länder geregelt (Stand: 1. 7. 1992; abgedruckt in FamRZ 1992, 766, 1026). Für die Zeit ab 1. 1. 1996 beliefen sich die Beträge in den jeweiligen Altersstufen auf 314 DM, 380 DM und 451 DM. 641

Der Regelbedarf hatte Bedeutung auch für den Unterhalt des ehelichen Kindes. Nach § 1610 Abs. 3 Satz 1 BGB a. F. galt als dessen Bedarf bis zur Vollendung des achtzehnten Lebensjahres mindestens der für ein nichteheliches Kind der entsprechenden Altersstufe festgesetzte Regelbedarf. In der die Praxis beherrschenden Düsseldorfer Tabelle spiegelte sich der Regelbedarf in der ersten Einkommensgruppe der jeweiligen Altersstufen wider. 642

Die Verpflichtung, mindestens den Regelunterhalt zahlen zu müssen, ging bereits von einem niedrigen Einkommen des barunterhaltspflichtigen Vaters aus. Sie unterstellte Leistungsfähigkeit in diesem Umfang. Die Ausnahmevorschrift des § 1615h Abs. 1 BGB a. F. ließ einen **prozentualen Abschlag** vom Regelunterhalt zu, wenn er wesentlich den Betrag überstieg, den der Vater dem 643

Kind ohne Berücksichtigung der Vorschriften über den Regelunterhalt leisten müsste. Im Falle höheren Einkommens und gehobener Lebensstellung kam ein **prozentualer Zuschlag** in Betracht.

644 § 1615g BGB a. F. verfolgte die Entlastung des Vaters durch **Anrechnung von Kindergeld und ähnlichen Leistungen,** die den Regelbedarf des Kindes bereits teilweise sicherstellten. Das Nähere regelten gem. § 1615g Abs. 4 BGB a. F. die §§ 2 – 4 der RegUnterhV.

b) Verfahrensrecht

645 Die Durchsetzung des Anspruchs eines nichtehelichen Kindes gegen den Vater auf Zahlung des Regelunterhalts geschah zunächst in einem Verfahren, welches die **grundlegende Verpflichtung** zum Gegenstand hatte. Das Kind konnte mit der Klage beantragen, den Vater zur Leistung des Regelunterhalts zu verurteilen, § 642 ZPO a. F. Auf eine solche Klage hin, zu deren Schlüssigkeit nur der Vortrag zum Alter des Kindes und zur Anerkennung bzw. rechtskräftigen Feststellung der Vaterschaft gehörte, wurde im Tenor des Urteils die Verurteilung zur Zahlung des Regelunterhalts ausgesprochen. Zu- und Abschläge konnten bereits Gegenstand dieses Verfahrens sein.

Die grundlegende Verpflichtung des Vaters konnte ebenso in einem Vergleich, in einer notariellen Urkunde oder in einer von einem ermächtigten Beamten oder Angestellten der Jugendämter aufgenommenen **Verpflichtungsurkunde** (§ 60 KJHG) festgelegt werden, § 642c ZPO a. F.

646 Regelunterhalt konnte ab Anhängigkeit einer Klage des Kindes auf Feststellung des Bestehens der nichtehelichen Vaterschaft geltend gemacht werden, jedoch nur der Regelunterhalt ohne Zu- und Abschläge sowie ohne Erlass und Stundung rückständiger Unterhaltsbeträge, § 643 ZPO a. F.

Auf Grund eines Urteils oder eines gleichartigen Titels, der einen Ausspruch nach § 642 ZPO a. F. enthielt, wurde sodann der **Betrag des Regelunterhalts** auf Antrag durch Beschluss festgesetzt, § 642a ZPO a. F.

Bei Änderung des Regelbedarfs wurde der Regelunterhalt auf Antrag nach § 642b ZPO a. F. im vereinfachten Verfahren angepasst. Berücksichtigt wurden in diesem Verfahren lediglich die Änderungen der Regelbedarfssätze und der anzurechnenden Leistungen nach § 1615g BGB a. F. (Zöller/Philippi, ZPO, § 642 b Rn. 3).

G. Unterhalt der Eltern

I. Bedürftigkeit der Eltern

1. Anspruchsberechtigung

647 Die Knappheit der öffentlichen Mittel und die große Zahl hilfsbedürftiger alter Menschen führt dazu, dass die Fälle zunehmen, in denen Kinder zur Erfüllung ihrer Unterhaltspflicht gegenüber ihren betagten Eltern herangezogen werden. Vielfach reichen die Leistungen der Pflegeversicherung nicht aus, um die Kosten für die Unterbringung in einem Alten- oder Pflegeheim zu decken. Der Sozialhilfeträger leistet vor und nimmt Rückgriff bei den Kindern (s. dazu die Empfehlungen des Deutschen Vereins für öffentliche und private Fürsorge für die Heranziehung Unterhaltspflichtiger in der Sozialhilfe, FamRZ 2002, 931 ff.). Deren Inanspruchnahme wird allerdings durch das Gesetz über eine bedarfsorientierte Grundsicherung im Alter und bei Erwerbsminderung (GSiG), das als Art. 12 des Altersvermögensgesetzes vom 26. 6. 2001 zum 1. 1. 2003 in Kraft getreten ist (BGBl. I S. 1310) begrenzt. Die Grundsicherung gilt für Personen, die entweder über 65 Jahre alt oder vollständig erwerbsgemindert sind. Nach § 2 Abs. 1 GSiG ist ein Rückgriff bei deren unterhaltspflichtigen Kindern oder Eltern ausgeschlossen, wenn deren jährliches Gesamteinkommen unter 100.000 € liegt.

Nach § 1601 BGB sind Verwandte in gerader Linie verpflichtet, einander Unterhalt zu gewähren. 648
Die Verpflichtung erstreckt sich auf alle in gerader ab- und aufsteigender Linie miteinander Verwandten ohne Rücksicht auf den Grad der Verwandtschaft. Die Verpflichtung ist von ihrer Dauer unbegrenzt.

Die Anspruchsberechtigung der Eltern folgt aus § 1602 Abs. 1 BGB und setzt voraus, dass sie nicht 649
in der Lage sind, sich selbst zu unterhalten.

2. Bedarf

Die Praxis wird von Fallkonstellationen gekennzeichnet, in denen den Eltern laufende Hilfe zum 650
Lebensunterhalt bzw. Hilfe in besonderen Lebenslagen gewährt wird, weil die Einkünfte (Renten o. Ä.) nicht ausreichend sind, um den Unterhaltsbedarf zu decken. Das Maß des einem Elternteil geschuldeten Unterhalts richtet sich nach dessen eigener Lebensstellung. Der angemessene Unterhalt besteht auch bei bescheidenen Lebensverhältnissen zumindest in den Mitteln, durch die das **Existenzminimum** sichergestellt werden kann und die demgemäß die **Untergrenze des Bedarfs** bilden. Zur Ermittlung des Bedarfs kann daher – ohne Rechtsfehler – auf die in den Unterhaltstabellen enthaltenen Eigenbedarfssätze zurückgegriffen werden. Angesetzt werden kann der Betrag als Bedarf, der der jeweiligen Lebenssituation des Elternteils entspricht. Hinzuzurechnen sind die Mittel für die Kranken- und Pflegeversicherung (BGH, Urt. v. 19. 2. 2003 – XII ZR 67/00 – NJW 2003, 1660 = FamRZ 2003, 860; OLG Koblenz, NJW-RR 2002, 940). Es erscheint deshalb gerechtfertigt, die Höhe des Bedarfs auch bei beengten wirtschaftlichen Verhältnissen an den sog. Mindestbedarfssätzen der Tabellen zu orientieren.

Der **Unterhaltsbedarf** kann in den anfallenden, aus dem Renteneinkommen nicht zu deckenden 651
Pflegekosten bestehen (OLG Hamm, FamRZ 1996, 116, 118; AG Rheinbach, FamRZ 1992, 1336 in Anlehnung an BGH, FamRZ 1986, 48, 49). Insoweit handelt es sich nicht um Sonderbedarf i. S. v. § 1613 Abs. 2 BGB, denn sie sind nach der Lebenserfahrung nicht unregelmäßig und außergewöhnlich hoch (LG Hagen, FamRZ 1989, 1330; AG Rheinbach, a. a. O.; LG Duisburg, FamRZ 1991, 1086, 1087; Palandt/Diederichsen, BGB, § 1601 Rn. 6; a. A. AG Hagen, FamRZ 1988, 755). Unterhaltsbedarf kann bestehen in den Kosten für Unterkunft und Verpflegung. Mehrbedarf kann nach § 23 BSHG wegen aufwändiger Ernährung entstehen(OLG Koblenz, NJW-RR 2002, 940, 941). Zum Bedarf rechnet auch ein **angemessenes Taschengeld** hierzu (LG Duisburg, FamRZ 1991, 1086, 1087). Dieses ist i. H. v. rund 228 DM bis 243 DM angemessen (OLG Düsseldorf, NJW 2002, 1353; dazu auch OLG München, FuR 2000, 350; LG Duisburg, FamRZ 1991, 1086, 1087).

Der Unterhaltsanspruch der Eltern gegen ihre Kinder umfasst nicht den Anspruch auf Leistung 652
eines **Prozesskostenvorschusses.** Eine analoge Anwendung des § 1360a Abs. 4 BGB scheidet im Verhältnis von unterhaltspflichtigen Kindern zu unterhaltsberechtigten Eltern aus, weil dieses Unterhaltsverhältnis nicht Ausdruck einer über das normale Maß hinausgehenden Verantwortung der Unterhaltspflichtigen für die Unterhaltsberechtigten ist (OLG München, FamRZ 1993, 821, 822; Zöller/Philippi, ZPO, § 115 Rn. 67d; Palandt/Diederichsen, BGB, § 1610 Rn. 13). Im Verhältnis der Eltern zu den Kindern besteht **kein Anspruch auf Ausbildungskosten** (Palandt/Diederichsen, BGB, § 1610 Rn. 18).

3. Bedürftigkeit

Die Bedürftigkeit entfällt im Umfang tatsächlich vorhandenen oder in zumutbarer Weise erziel- 653
baren Einkommen.

Es besteht eine **gesteigerte Erwerbsobliegenheit**, die derjenigen gegenüber einem minderjährigen 654
Kind vergleichbar ist (Wohlgemuth, in: Eschenbruch, Der Unterhaltsprozess, Rn. 2013).

4. Einsatz des Vermögens

655 Zur Minderung der Bedürftigkeit hat der Unterhaltsberechtigte grds. zunächst sein Vermögen, selbst das **sog. Schonvermögen**, einzusetzen, bevor das Kind auf Unterhalt in Anspruch genommen werden kann (OLG Köln, FamRZ 2001, 437). Eine allgemeine Billigkeitsgrenze besteht beim Verwandtenunterhalt nicht. Inwieweit eine Verwertungspflicht besteht, hat der Tatrichter im Rahmen einer umfassenden Interessenabwägung zu entscheiden (so zum Volljährigenunterhalt BGH, FamRZ 1998, 367). Ein Notgroschen hat dem Unterhaltsberechtigten aber immer zu verbleiben. Dessen Umfang kann nach den Grundsätzen des Sozialhilferechts (§ 88 BSHG) bestimmt werden (s. dazu Schibel, NJW 1998, 3449 ff.).

II. Leistungsfähigkeit der Kinder

656 Im Verhältnis der Kinder zu den Eltern gilt gleichfalls, dass unterhaltspflichtig nicht ist, wer bei Berücksichtigung seiner sonstigen Verpflichtungen außerstande ist, ohne Gefährdung seines angemessenen Unterhalts den Unterhalt zu gewähren, § 1603 Abs. 1 BGB. Diese Vorschrift gewährleistet jedem Unterhaltspflichtigen vorrangig die **Sicherung** seines **eigenen angemessenen Unterhalts;** ihm sollen grds. die Mittel belassen bleiben, die er zur Deckung des seiner Lebensstellung entsprechenden allgemeinen Bedarfs benötigt.

1. Einkünfte und Erwerbsmöglichkeiten

657 Die Leistungsfähigkeit der Kinder im Falle eine Inanspruchnahme durch ihre Eltern wird wie allgemein im Verwandtenunterhalt durch ihre Einkünfte und ihre Erwerbsmöglichkeiten bestimmt. Anzusetzen sind die tatsächlich erzielten oder die in zumutbarer Weise erzielbaren Einkünfte.

658 Zu den Einkünften rechnen auch Gebrauchsvorteile in Gestalt **mietfreien Wohnens** (BGH, Urt. v. 19. 3. 2003 – XII ZR 123/00; OLG Oldenburg, NJW 2000, 524, 525). Bei der Bemessung des Wohnvorteils ist den Besonderheiten des Unterhaltsrechtsverhältnisses Rechnung zu tragen. Dem unterhaltsberechtigten Kind (und seiner Familie) ist die auf Erzielung höherer Einkünfte gerichtete anderweitige Nutzung der Immobilie nicht zumutbar. Die Höhe des Wohnwertes ist danach nicht nach der durch Fremdvermietung erzielbaren objektiven Marktmiete, sondern auf der Grundlage der nach den individuellen Verhältnissen ersparten Mietaufwendungen zu bestimmen. Der Wohnwert mindert sich auch um den in den Darlehensraten enthaltenen Tilgungsanteil, wenn und soweit sich die Verbindlichkeiten und die hieraus resultierenden Annuitäten in einer im Verhältnis zu den vorhandenen Einkünften angemessenen Höhe halten und zu einer Zeit eingegangen wurden, als noch nicht mit der Inanspruchnahme zu rechnen war (BGH, a. a. O.; s. auch OLG Oldenburg, NJW 2000, 524, 525: Bemessung nach dem verfügbaren Einkommen des unterhaltspflichtigen Kindes in Höhe eines Anteil von $1/4$ bis $1/3$ des verfügbaren Einkommens. Sind Ehegatten Miteigentümer der bewohnten Immobilie, ist der Mietwert nur bezogen auf das unterhaltspflichtige Kind anzusetzen).

659 Eine gesteigerte Unterhaltspflicht kennzeichnet das Unterhaltsverhältnis nicht. Es besteht danach nur eine **Erwerbsobliegenheit** nach allgemeinen Grundsätzen.

So besteht eine **Erwerbsobliegenheit des volljährigen, verheirateten, den Haushalt führenden Kindes gegenüber seinen Eltern** nicht. Es ist die Besonderheit des Aszendentenunterhalts zu berücksichtigen. Die Unterhaltsansprüche von Eltern gegenüber ihren volljährigen Kindern stehen nach § 1609 Abs. 1 BGB noch hinter denen von volljährigen Kindern gegenüber ihren Eltern. Es gelten nicht die Grundsätze zur Hausmann-/Hausfrau-Rspr. Die besondere Situation der Kinder ist zu bedenken, die sich ohne weiteres nicht darauf einstellen müssen, ihren Eltern noch unterhaltspflichtig zu werden. Die Ehegestaltungsfreiheit und damit die Rollenwahl in der Ehe ist auch aus verfassungsrechtlicher Sicht hinzunehmen (so Müller, FamRZ 2002, 570; mit Anm. zu OLG Frankfurt, FamRZ 2000, 1391).

Es besteht auch keine Erwerbsobliegenheit des 55 Jahre alten, nur bis 1973 berufstätigen, dann die Kinder und den Haushalt betreuenden Kindes (OLG Köln, FamRZ 2001, 437).

Geringfügige Einkünfte aus einer **Nebentätigkeit,** die neben einer vollschichtigen Erwerbstätigkeit ausgeübt wird, sind für den Unterhalt der Eltern nicht einzusetzen (AG Altena, FamRZ 1993, 835). 660

Bei etwa gleich hohen Einkünften der Ehegatten ist die **Wahl der Steuerklasse V** durch das unterhaltspflichtige Kind unterhaltsrechtlich **nicht hinnehmbar** (OLG Hamm, NJW-RR 2001, 1663, n. rkr.). 661

Das Kind, das lediglich eine geringe Rente bezieht, ist nicht gehalten, den Unterhalt durch Aufnahme eines Darlehen zu finanzieren (OLG Köln, FamRZ 2001, 175). 662

Ist das auf Unterhalt in Anspruch genommene Kind verheiratet und ohne Einkommen, kann nur auf den **Taschengeldanspruch** nach Billigkeit gem. § 850b Abs. 2 ZPO zugegriffen werden, denn nach wohl allgemeiner Auffassung ist **kein „Unterhalt aus Unterhalt"** zu leisten (LG Essen, FamRZ 1993, 731; mit Anm. Fischer, FamRZ 1993, 732; Kalthoener/Büttner, NJW 1994, 1829, 1831). Mittel aus selbst empfangenen Unterhaltsleistungen können nur ausnahmsweise für die Unterhaltsansprüche minderjähriger Kinder herangezogen werden (BGH, FamRZ 1986, 668). 663

Fiktives Einkommen ist im abgeschwächten Unterhaltsverhältnis nur in Ausnahmefällen anzusetzen (OLG Köln, FamRZ 2002,572). So scheidet die fiktive Zurechnung von Mieterträgen aus, wenn diese nicht nachhaltig und nur mit besonderen Bemühungen und persönlicher Beeinträchtigung zu erzielen wären. 664

2. Angemessener Unterhaltsbedarf/Selbstbehalt des Kindes

Wie hoch der angemessene Unterhalt des unterhaltspflichtigen Kindes zu bemessen ist, obliegt der tatrichterlichen Beurteilung des Einzelfalles. Ihm sollen nach dem Zweck des § 1603 Abs. 1 BGB die Mittel belassen werden, die es zur angemessenen Deckung des seiner Lebensstellung entsprechenden allgemeinen Bedarfs benötigt (BGH, FamRZ 1992, 795, 796). Maßgebend ist die Lebensstellung, die dem Einkommen, Vermögen und sozialem Rang des Unterhaltspflichtigen entspricht, umfasst wird der gesamte Lebensbedarf einschließlich einer **angemessenen Altersversorgung.** Für die Altersvorsorge kann in Anlehnung an die Beitragssätze der gesetzlichen Rentenversicherung ein Anteil von etwa 20 % des Bruttoeinkommens als angemessen für die primäre Altersversorgung eines selbständigen oder eines wegen Überschreitens der Beitragsbemessungsgrenze nicht mehr sozialversicherungspflichtig Erwerbstätigen angesehen werden (BGH, Urt. v. 19. 2. 2003 – XII ZR 67/00 – NJW 2003, 1160 = FamRZ 2003, 860). 665

Eine einheitliche Rspr. konnte sich bislang noch nicht herausbilden, denn für Streitigkeiten über den Verwandtenunterhalt war die allgemeine Zivilabteilung des Amtsgerichts zuständig, § 23a Nr. 2 GVG, mit dem Instanzenzug zum Landgericht. Es entschied nicht das Familiengericht mit dem Instanzenzug zum Oberlandesgericht und zum Bundesgerichtshof. Nach § 23b Abs. 1 Satz 2 Nr. 5 GVG i. d. F. des KindRG v. 16. 12. 1997 (BGBl. I S. 2942, 2952) ist nunmehr für die Zeit ab 1. 7. 1998 die Zuständigkeit des **Familiengerichts** um Streitigkeiten, die die durch Verwandtschaft begründete gesetzliche Unterhaltspflicht betreffen, erweitert. Damit ist zugleich die Grundlage für eine einheitliche Ausgestaltung des Verwandtenunterhalts geschaffen. 666

Wie in allen Unterhaltsfällen kann der angemessene Unterhaltsbedarf des unterhaltspflichtigen Kindes im Wege einer gewissen, aus Gründen der Praktikabilität unumgänglichen Pauschalierung bestimmt werden. 667

Im Rahmen der **tatrichterlichen Beurteilung** kann zunächst auf den **angemessenen Selbstbehalt** abgestellt werden, der dem Unterhaltspflichtigen bei durchschnittlichen Einkommensverhältnissen gegenüber einem Unterhaltsbegehren eines volljährigen Kindes als Mindestbetrag gewährt wird. Dieser Mindestbetrag kann um einen **maßvollen Zuschlag** erhöht werden, wenn das Unterhaltsbegehren der Eltern zu beurteilen ist (BGH, FamRZ 1992, 795).

In der Rechtsprechung vor dem 1. 7. 1998 war die Höhe des Zuschlags nicht einheitlich. Der Zuschlag wurde i. H. v. regelmäßig 30 % (so LG Düsseldorf, FamRZ 1998, 50, 51; LG Kiel, FamRZ 1996, 753, 755; LG Münster, FamRZ 1992, 714; 1994, 843 LG Bielefeld, FamRZ 1999, 668

399, 400), ebenso i. H. v. 20 % für angemessen erachtet (so LG Essen, FamRZ 1993, 731; LG Paderborn, FamRZ 1996, 1497). Dem Erfordernis, den Selbstbehalt um einen angemessenen Zuschlag zu erhöhen, wurde auch dadurch Rechnung getragen, dass der Unterhaltpflichtige von dem an sich verteilungsfähigen und für Unterhaltszwecke danach zur Verfügung stehenden Einkommen zugunsten der Eltern maximal 50 % zur Verfügung zu stellen hatte, diesem in jedem Fall jedoch ein „Sockelbetrag" von 2.000 DM als angemessener Selbstbehalt verbleiben musste (so LG Bochum, FamRZ 1994, 841, 842). Ferner wurde der für Unterhaltszwecke zur Verfügung stehende Betrag in analoger Anwendung des § 1609 BGB nach der Zahl der Personen aufgeteilt, die daran teilhaben sollten, etwa der unterhaltsberechtigte Elternteil und der Unterhaltspflichtige (so LG Kiel, FamRZ 1996, 753, 756). In den Jahren 1995 und 1996 sollte dem Unterhaltspflichtigen ein Selbstbehalt von 2.200 DM belassen werden können (OLG Koblenz, NJW-RR 2000, 293).

669 Die Düsseldorfer Tabelle in der ab 1. 7. 1998 geltenden Fassung (FamRZ 1998, 534, 537), die Berliner Tabelle als Vortabelle zur Düsseldorfer Tabelle in der ab 1. 7. 1998 geltenden Fassung (FamRZ 1998, 537, 538) haben den Verwandtenunterhalt erstmals berücksichtigt. Ausgangspunkt war der angemessene Selbstbehalt von unterhaltspflichtigen Eltern im Verhältnis zu ihren volljährigen Kindern, der 1.800 DM betrug. Im Blick auf die Rspr. des BGH (FamRZ 1992, 795) wurde dieser Ausgangsbetrag um einen angemessenen Zuschlag – 25 % – erhöht. In der Düsseldorfer Tabelle wurde danach ein **angemessener Selbstbehalt** des unterhaltspflichtigen Kindes gegenüber den Eltern von **mindestens** 2.250 DM (einschließlich 800 DM Warmmiete) verankert. Die Berliner Tabelle legte einen Betrag von 2.025 DM zugrunde. An diesen Sätzen haben die Tabellen auch für die Zeit ab 1. 7. 1999 festgehalten. Ab 1. 7. 2001 beläuft sich der angemessene Selbstbehalt nach der Düsseldorfer Tabelle (FamRZ 2001, 806, 809) auf mindestens 2.450 DM (einschließlich 860 DM Warmmiete) und nach der Berliner Tabelle (FamRZ 2001, 812, 813) auf mindestens 2.265 DM. Nach der Düsseldorfer Tabelle, Stand: 1. 1. 2002, beträgt der angemessene Selbstbehalt gegenüber den Eltern mindestens monatlich 1.250 € (einschließlich 440 € Warmmiete). Die Berliner Tabelle, Stand: 1. 1. 2002, legt einen Wert von mindestens 1.155 € zugrunde. Diese Beträge gelten weiterhin ab 1. 7. 2003.

670 Dem Ansatz dieser Tabellenwerte ist auch die Rspr. gefolgt (vgl. etwa OLG Koblenz, NJW-RR 2002, 940, 941; OLG Hamm, FamRZ 1999, 1533, 1534; OLG Oldenburg, NJW 2000, 524; s. auch die Regelungen in den jeweiligen Unterhaltsleitlinien).

671 Der nach diesen Unterhaltslinien angesetzte Betrag stellt indes nur die **Untergrenze des angemessenen Bedarfs** dar.

672 Eine weitere Erhöhung im Einzelfall wegen gehobener wirtschaftlicher Verhältnisse oder in Fällen, in denen diese durch wirtschaftliche Dispositionen belastet sind, die zumutbar nicht abgewendet werden können, kann in Betracht gezogen werden (OLG Hamm, FamRZ 1999, 1533, 1534). Eine Erhöhung der Selbstbehaltssätze bzw. eine nur teilweise Heranziehung des Mehreinkommens kann aber unterbleiben, wenn bereits hohe Belastungen berücksichtigt sind (OLG Köln, FamRZ 2002, 572).

673 Andererseits findet allein deshalb keine Herabsetzung des Eigenbedarfs von 2.250 DM statt, weil das unterhaltspflichtige Kind mit seinem Ehemann in einer Wohn- und Wirtschaftsgemeinschaft lebt (so OLG Frankfurt, FamRZ 2000, 1391 = OLGR 2000, 261; OLG Hamm, NJW-RR 2001, 1663, n. rkr.).

674 Der angemessene Eigenbedarf ist danach keine feste Größe, sondern ist nach den Umständen des Einzelfalls, die bei der Inanspruchnahme auf Elternunterhalt vorliegen, veränderlich. Eine spürbare und dauerhafte Senkung seines berufs- und einkommenstypischen Unterhaltsniveaus braucht der Unterhaltspflichtige nicht hinzunehmen, soweit er nicht einen nach den Verhältnissen unangemessenen Aufwand betreibt oder ein Leben in Luxus führt. Von ihm kann nicht verlangt werden, mehr von seinem Einkommen für den Unterhalt der Eltern einzusetzen, als ihm selbst verbleibt.

Damit zu vereinbaren ist, dass die unterhaltsrechtlichen Leitlinien als Selbstbehalt des Kindes nur einen Mindestbetrag ausweisen. Nach welchen Grundsätzen dieser Mindestbetrag zu erhöhen ist, unterliegt letztlich der **tatrichterlichen Bewertung**, die darauf zu überprüfen ist, ob das Ergebnis den anzuwendenden Rechtsgrundsätzen Rechnung trägt und angemessen ist.

Aus Gründen der Rechtssicherheit und Praktikabilität, zur Vermeidung einer ungerechtfertigten Nivellierung unterschiedlicher Verhältnisse und im Interesse eines angemessenen Ausgleichs der Unterhaltsinteressen der Eltern und des Unterhaltspflichtigen kann es grds. nicht als rechtsfehlerhaft angesehen werden, wenn bei der Ermittlung des für den Elternunterhalt einzusetzenden bereinigten Einkommens allein auf einen – etwa hälftigen – Anteil des Betrages abgestellt wird, der den an sich vorgesehenen Mindestselbstbehalt übersteigt (BGH, NJW 2003, 128, 131; zum Selbstbehalt vgl. ferner OLG Koblenz, NJW-RR 2002, 940; OLG Köln, NJW-RR 2002, 74; OLG Hamm, FPR 2002, 211).

Die Höhe des Selbstbehalts ist für **das jeweils in Anspruch genommene Kind** zu bestimmen. 675

Nicht abschließend geklärt ist, wie zu verfahren ist, wenn das unterhaltspflichtige Kind verheiratet ist. 676

Ist das unterhaltspflichtige Kind **ohne eigenes Einkommen** oder übersteigen die anrechenbaren Einkünfte den dem Kind zuzubilligenden Selbstbehalt nicht, scheidet eine Haftung mangels Leistungsfähigkeit aus.

Eine Verpflichtung, wegen des eigenen Lebensbedarfs den Ehegatten in Anspruch zu nehmen, besteht nicht. Der Ehegatte ist auch nicht verpflichtet, dem anderen Geldmittel zur Verfügung zu stellen, damit dieser leistungsfähig wird. Der Ehepartner des unterhaltspflichtigen Kindes darf nicht indirekt zur Finanzierung des Unterhalts der Schwiegereltern, denen gegenüber er **nicht unterhaltspflichtig** ist, herangezogen werden (so OLG Frankfurt, FamRZ 2000, 1391 = OLGR 2000, 261; LG Düsseldorf, FamRZ 1998, 50; LG Bonn, FamRZ 1994, 846; AG Altena, FamRZ 1993, 835). 677

Auf einen sog. Familienselbstbehalt ist nicht abzustellen, weil dies zu einer nicht hinnehmbaren Reduzierung des eheangemessenen Bedarfs der/des – nicht unterhaltspflichtigen – Schwiegertochter/Schwiegersohns führen würde (so OLG Frankfurt FamRZ 2000, 1391 = OLGR 2000, 261 n. rkr., Revision zu XII ZR 224/00; OLG Hamm, Urt. v. 30. 1. 2001 – 3 UF 263/00, NJW-RR 2001, 1663 = OLGR 2001, 79, n. rkr.). 678

Nach Meinung des OLG Frankfurt (FamRZ 2000, 1391 = OLGR 2000, 261, n. rkr., Revision zu XII ZR 224/00) soll aber **ausnahmsweise** die Inanspruchnahme des nicht erwerbstätigen Ehegatten dann gerechtfertigt sein, wenn die Einkommensverhältnisse seines Ehegatten **überdurchschnittlich** gut seien, was bei einem Einkommen von rund 5.000 DM noch nicht der Fall sei. Überdurchschnittlich gute Einkommensverhältnisse lägen erst vor, wenn sie in Höhe der letzten Einkommensgruppe der Düsseldorfer Tabelle zur Verfügung stehen würden, und zwar bereinigt um unterhaltsrechtliche Aufwendungen und Unterhaltsleistungen an vorrangig Unterhaltsberechtigte. Von dem überschießenden Betrag seien nur 5 % für die Leistungsfähigkeit des unterhaltspflichtigen Kindes heranziehbar, um die Beeinträchtigung des Lebenszuschnitts der Familie in hinnehmbaren Umfang zu halten und die verschleierte Schwiegersohnhaftung weitestgehend zu vermeiden (so Müller, FamRZ 2002, 571, 572). 679

Dagegen vertrat das LG Bielefeld (FamRZ 1992, 589) die Auffassung, das gesamte erwirtschaftete Einkommen stehe für die Erfüllung der Unterhaltspflicht gegenüber den Eltern zur Verfügung, wenn das Kind seinen eigenen Unterhalt mit Hilfe seines Unterhaltsanspruchs gegen den anderen Ehegatten decken könne. Vergleichbar judiziert das OLG Hamm (Urt. v. 7. 5. 2001 – 8 UF 411/00, NJW-RR 2001, 1659 = FamRZ 2002, 125 = OLGR 2001, 348, n. rkr., Revision zu XII ZR 218/01), wonach bei vollständiger Sicherung des Familienbedarfs durch den Ehegatten das eigene Einkommen des pflichtigen Kindes/Ehegatten – jedenfalls teilweise – für den Elternunterhalt herangezogen werden könne. 680

Dieser Meinung ist entgegenzuhalten, dass sie die mittelbare Unterhaltsleistung des Ehegatten nicht ausschließt (vgl. Henrich, FamRZ 1992, 590).

681 Zur **mittelbaren Unterhaltspflicht** des Ehegatten kann auch die in einer weiteren Entscheidung des LG Bielefeld (FamRZ 1998, 49, 50) vertretene Auffassung führen, für den Unterhalt der Eltern sei verfügbar das den Familienunterhalt übersteigende Gesamteinkommen der Ehegatten (zu Gunsten des in Anspruch genommenen Ehegatten der Anteil, zu dem er mit seinem Einkommen zum Gesamtfamilieneinkommen beiträgt (so LG Essen, FamRZ 1993, 731, 732; zur Kritik und andersartigen Berechnungsweise vgl. Fischer, FamRZ 1993, 732; s. auch Henrich, FamRZ 1992, 590).

682 Dies gilt auch für die weitere Variante, zum Interessenausgleich zwischen dem unterhaltsrechtlichen Vorrang des Ehegatten des unterhaltspflichtigen Kindes nach § 1609 Abs. 2 BGB und der Unterhaltsverpflichtung den Eltern gegenüber seien nur 50 % des den Selbstbehalt des unterhaltspflichtigen Kindes übersteigenden Betrages als Unterhalt geschuldet (so die Empfehlungen des 13. Deutschen Familiengerichtstages, FamRZ 2000, 274; vgl. Wendl/Staudigl-Pauling, Das Unterhaltsrecht in der familienrichterlichen Praxis, § 2 Rn. 638), die dann noch über dem Selbstbehalt freien Mittel kämen beiden Ehepartnern zugute und milderten so die Beeinträchtigung des unterhaltsrechtlichen Vorrangs des Ehepartners (OLG Hamm, Urt. v. 26. 4. 2001 – 4 UF 277/00, FamRZ 2002, 123 = OLGR 2002, 69, n. rkr., Revision zu XII ZR 149/01).

3. Berücksichtigung von Schulden und unterhaltsrechtlich erheblichen Belastungen

683 Aufwendungen, die der Bedienung von Schulden dienen, können nach Maßgabe einer allgemeinen, die Belange beider Unterhaltsparteien berücksichtigenden Interessenabwägung von den Einkünften des Kindes abgesetzt werden.

684 Ein Unterhaltspflichtiger darf eine **Vermögensbildung** nicht auf Kosten des Unterhaltsberechtigten beginnen, wenn er mit der Inanspruchnahme durch den Unterhaltsberechtigten rechnen muss. Dies ist nach Lage des Einzelfalles zu entscheiden. Gerät ihm die begonnene Vermögensbildung unterhaltsrechtlich nicht zum Vorwurf, darf er sie fortsetzen, wenn ihm ansonsten erhebliche Verluste und ungedeckte Schulden verbleiben würden (OLG München, DAVorm 1999, 895; vgl. dazu auch LG Bielefeld, FamRZ 1999, 399, 400).

685 Ungeachtet der pauschalierenden Bemessung des angemessenen Unterhaltsbedarfs des Kindes gilt, dass dem unterhaltspflichtigen Kind generell **die Mittel zu belassen sind, die es zur Deckung des seiner Lebensstellung entsprechenden allgemeinen Bedarfs benötigt.** Dazu zählen alle Ausgaben, die sich bei dem zur Verfügung stehenden (Familien-)Einkommen in dem Rahmen einer objektiv vernünftigen Lebensführung halten und die Lebensstellung des Kindes schon vor der Inanspruchnahme geprägt haben.

In Betracht kommen **unterhaltsrechtlich erhebliche Belastungen** mit erhöhten Kosten für warmes Wohnen, Rücklagenbildung zur Erhaltung von Wohneigentum, Kosten der Ersatzbeschaffung eines Pkw oder von Hausrat, Aufwendungen für private Altersvorsorge, Versicherungsprämien, Rücklagen für den Familienurlaub, Reparaturen oder aufwändige Heilbehandlungen (vgl. OLG Oldenburg, FamRZ 1991, 1347, 1348; NJW 2000, 524, 526 = FamRZ 2000, 1174 = OLGR 2000, 40; LG Münster, FamRZ 1994, 843, 844; LG Kiel, FamRZ 1996, 753, 755; LG Düsseldorf, FamRZ 1998, 50, 51 mit Anm. Klappert). Eine Rücklage für Hausratsanschaffungen ist nicht abzusetzen (OLG Hamm , OLGR 2002, 69, n. rkr., Revision zu XII ZR 149/01; a. A. wohl OLG Oldenburg, NJW 2000,524 = FamRZ 2000, 1174 = OLGR 2000, 40). Abzugsfähig sind auch angemessene Fahrtkosten für den Besuch der im Pflegeheim untergebrachten Mutter (OLG Köln, FamRZ 2002, 572; a. A. OLG Hamm , OLGR 2002, 69, n. rkr., Revision zu XII ZR 149/01: auch Hundehaltungskosten sind aus dem Selbstbehalt zu bedienen).

4. Berücksichtigung von Unterhaltsansprüchen

Bei der Ermittlung des dem Kind für Unterhaltszwecke zur Verfügung stehenden Einkommens sind ferner die Unterhaltsansprüche vorrangig Berechtigter zu berücksichtigen.

686

In Betracht kommen nach § 1609 Abs. 1 BGB Unterhaltsansprüche von minderjährigen und volljährigen Kindern. Sie können mit den Tabellenbeträgen der Düsseldorfer Tabelle in Ansatz gebracht werden.

687

Das Maß des der Ehefrau des unterhaltspflichtigen Kindes geschuldeten Unterhalts ist nach den individuell ermittelten Lebens-, Einkommens- und Vermögensverhältnissen, die den ehelichen Lebensstandard bestimmen, zu bemessen; der Ehegatte ist nicht von vornherein auf einen Mindestbetrag beschränkt. Wegen des nachrangigen Unterhaltsanspruchs braucht der Ehegatte keine Schmälerung seines angemessenen Anteils am Familienunterhalt hinzunehmen (BGH, Urt. v. 19. 2. 2003 – XII ZR 67/00 – NJW 2003, 1660 = FamRZ 2003, 860).

Die Unterhaltspflicht gegenüber dem mit dem Kind zusammen lebenden Ehegatten kann mit den Bedarfssätzen der Düsseldorfer Tabelle angenommen werden (OLG Köln, FamRZ 2002, 572, 573). Die ab 1. 7. 1998 geltende Düsseldorfer Tabelle (FamRZ 1998, 534, 537), ebenfalls in ihrer Fassung vom 1. 7. 1999 (FamRZ 1999, 766) veranschlagt den angemessenen Unterhalt des mit dem unterhaltspflichtigen Kind zusammen lebenden Ehegatten auf mindestens 1.750 DM (einschließlich 600 DM Warmmiete). Ab 1 .7. 2001 beläuft sich der Betrag auf mindestens 1.860 DM nach der Düsseldorfer Tabelle (FamRZ 2001, 806, 809), und ab 1. 1. 2002 auf mindestens 950 € einschließlich 330 € Warmmiete (FamRZ 2001, 810, 812). Die Düsseldorfer Tabelle schreibt diesen Ansatz auch ab 1. 7. 2003 fort.

688

Anrechenbare eigene Einkünfte des Ehegatten können nach allgemeinen Grundsätzen zur Minderung oder zum Wegfall der Bedürftigkeit führen.

689

5. Vermögensverwertung

Die Unterhaltspflicht des Kindes den Eltern gegenüber kann grds. auch den **Einsatz des Vermögens** erfordern, wenn der Unterhalt aus dem laufenden Einkommen nicht geleistet werden kann (so OLG Koblenz, NJW-RR 2000, 293, 294; AG Höxter, FamRZ 1996, 752). Dieser Grundsatz erfährt jedoch in der Rspr. Abschwächungen. So wird die Verwertung des Vermögens nur soweit verlangt, dass dem Unterhaltspflichtigen noch eine Rücklagenbildung für unvorhergesehene Ausgaben möglich bleibt (so AG Wetter, FamRZ 1991, 852: Rücklage von 20.000 DM zugestanden). Das Vermögen muss auch dann nicht eingesetzt werden, wenn der Unterhaltspflichtige dadurch seinen angemessenen Unterhalt gefährden würde oder darüber hinausgehende, wirtschaftlich nicht vertretbare Nachteile entstehen würden (so OLG Köln, FamRZ 2003, 471; LG Duisburg, FamRZ 1991, 1086, 1088: keine Verwertung des Miteigentums an einem Wohnhaus). Das seinen Eltern unterhaltspflichtige Kind hat sein Vermögen, das im Wesentlichen aus den Rückkaufswerten seiner Lebensversicherung besteht, bis auf einen Freibetrag von 20.000 DM zur Deckung des Unterhaltsbedarfs seines im Altenheim lebenden Vaters einzusetzen (AG Höxter, FamRZ 1996, 752 mit ablehnender Anm. Zieroth, FamRZ 1996, 753). Im Rahmen der Unterhaltspflicht den Eltern gegenüber kann die Pflicht zur Verwertung von Grundbesitz, aus dem kein Einkommen erzielt wird, bestehen (so AG Ansbach, FamRZ 1997, 766). Die Veräußerung einer von dem pflichtigen Kind genutzten Eigentumswohnung kann nicht verlangt werden, auch wenn die Obliegenheit zur Verwertung des Vermögensstammes beim Verwandtenunterhalt tendenziell größer als beim Ehegattenunterhalt ist, denn eine allgemeine Billigkeitsgrenze wie in § 1581 Satz 2 BGB fehlt in § 1603 BGB. Nachträglich zugeflossene Geldmittel durch die Veräußerung der Eigentumswohnung begründen die Leistungsfähigkeit für frühere Zeiträume nicht (OLG Köln, FamRZ 2001, 1475).

690

691 Kommt die Verwertung vorhandenen Vermögens in Betracht, ist es geboten, die voraussichtliche Lebenserwartung des Unterhaltspflichtigen zu prognostizieren und nach statistischen Mitteln zu errechnen (dazu Schibel, NJW 1998, 3449). Der Umfang des Vermögenseinsatzes darf nicht dazu führen, dass der angemessene Unterhalt gefährdet wird. So liegt es nicht, wenn der Unterhalt für die Eltern für die Vergangenheit bis zu deren Tod durch Zahlung eines einmaligen Betrages zu leisten ist und hinreichend Mittel für die Alterssicherung verbleiben (BGH, NJW 2003, 128, 133; OLG Koblenz, NJW-RR 2000, 293, 295).

III. Anteilige Haftung der Kinder

692 Mehrere gleichnahe Verwandte (Geschwister) unterliegen einer **anteiligen Haftung** nach ihren Erwerbs- und Vermögensverhältnissen aus § 1606 Abs. 3 Satz 1 BGB (OLG Koblenz, NJW-RR 2002, 940, 941). Wird lediglich ein Kind von mehreren in Betracht kommenden unterhaltspflichtigen Kindern in Anspruch genommen, bedarf es der Darlegung, dass und aus welchen Gründen die Inanspruchnahme der weiteren Kinder ausscheidet. Ansonsten ist die Klage unschlüssig (LG Kiel, FamRZ 1996, 753, 754, dort auch zum Umfang der Darlegungslast eines Trägers der Sozialhilfe; vgl. auch AG Höxter, FamRZ 1996, 752). In gleicher Weise muss der Unterhaltsberechtigte die fehlende Unterhaltspflicht des geschiedenen Ehegatten darlegen und beweisen (OLG Hamm, FamRZ 1996, 116).

693 Die Sonderverbindung zwischen den Geschwistern, die nach § 1606 Abs. 3 Satz 1 BGB zum Unterhalt ihrer Eltern herangezogen werden, führt zu einer **Auskunftspflicht** untereinander nach § 242 BGB. Ein Auskunftsanspruch nach § 1605 BGB ergibt sich lediglich im Verhältnis der Eltern zu den Kindern, den sie sich zur schlüssigen Begründung ihrer Klage gegen nur eines ihrer Kinder nutzbar machen sollten.

694 Zur Ermittlung der Haftungsquoten kann auf die in der Praxis übliche Verfahrensweise beim Volljährigenunterhalt abgestellt werden (OLG Hamm, FamRZ 1996, 116, 117).

IV. Vorrang des Ehegattenunterhalts nach §§ 1360, 1360a BGB

695 Der **Ehegatte des Pflegebedürftigen** haftet vor den Kindern nach § 1608 BGB. Dessen **Unterhaltsbedarf** bemisst sich im Verhältnis zum Ehegatten ebenfalls nach den Pflegekosten, wenn die Pflege nicht in der Familie erbracht werden kann und enthält ebenfalls den Anspruch auf ein angemessenes Taschengeld.

696 Nach den konkreten Lebensumständen kann der Bedarf unterschiedlich hoch sein und ist nicht auf die Hälfte des Familieneinkommens beschränkt. Das von dem Ehegatten des Pflegebedürftigen bezogene Einkommen aus Grundrente nach § 31 BVG kann grds. herangezogen werden, denn die **gesetzliche Vermutung** des § 1610a BGB gilt beim Familienunterhalt mangels Verweisung in § 1360a Abs. 3 BGB nicht.

697 Dem Ehegatten kann ein **Selbstbehalt** entsprechend dem Trennungsunterhalt zugebilligt werden. Die gebotene unterhaltsrechtliche Solidarität zusammen lebender Ehegatten darf nicht hinter der von getrennt lebenden oder geschiedenen Ehegatten zurückstehen. Deshalb ist dem Ehegatten gegenüber dem pflegebedürftigen Ehegatten nur der **notwendige Selbstbehalt,** eventuell zuzüglich erhöhter, nicht vermeidbarer Wohnkosten zuzubilligen (OLG Düsseldorf, NJW 2002, 1353).

698 Bei einem Zusammenleben in einer nicht ehelichen Lebensgemeinschaft besteht zwar kein Unterhaltsrechtsverhältnis, jedoch können sich **bedarfsdeckende Ersparnisse** aus der gemeinsamen Lebensführung ergeben.

V. Wegfall der Unterhaltspflicht

Die Unterhaltspflicht des Kindes gegenüber seinen Eltern kann nach § 1611 BGB unter den dort genannten Voraussetzungen **entfallen** (zur Verwirkung rückständigen Elternunterhalts vgl. BGH, NJW 2003, 128 im Anschluss an BGHZ 103, 62 = NJW 1988, 1137). Dies gilt namentlich dann, wenn die Eltern sich gegenüber dem Kind einer **schweren Verfehlung** schuldig gemacht haben. Ein solcher Fall ist anzunehmen, wenn der jetzt bedürftige Vater nach der Scheidung über mehrere Jahre keinerlei Kontakt mehr zu dem jetzt auf Unterhalt in Anspruch genommenen, damals erst zwölf Jahre alten Kind gehabt und auch nicht nachgesucht hat. Darin liegt ein grober Mangel an verwandtschaftlicher Gesinnung und menschlicher Rücksichtnahme, der die Inanspruchnahme auf Unterhalt als grob unbillig erscheinen lässt (LG Hannover, FamRZ 1991, 1094). Die Unterhaltsverpflichtung kann auch entfallen, wenn der Vater seine Unterhaltsverpflichtungen und das Sorgerecht dem Kind gegenüber stets vernachlässigt hat (AG Germersheim, FamRZ 1990, 1387; vgl. auch AG Leipzig, FamRZ 1997, 965). In die Gesamtabwägung muss die Pflichterfüllung des Elternteils in der Vergangenheit einfließen (LG Bielefeld, FamRZ 1999, 99, 400). Wenn trotz eines langen Berufslebens nur geringe Rentenanwartschaften begründet worden sind, die den angemessenen Lebensbedarf nicht sicherstellen können, beruht die Bedürftigkeit nicht ohne weiteres auf einem sittlichen Verschulden. Eine einfache Pflichtverletzung, für den eigenen Unterhalt zu sorgen, reicht nicht aus (OLG Koblenz, NJW-RR 2002, 940). Der Elternteil indes, der trotz hoher Einkünfte keine ausreichende Altersvorsorge betrieben hat, kann – auch von einem Kind mit überdurchschnittlichem Einkommen – nur Unterhalt **nach Billigkeit** verlangen; die Höhe des Billigkeitsunterhalts orientiert sich an den **Sozialhilfesätzen** (AG Frankfurt a. M., FPR 2002, 76).

699

Abschnitt 2: Rechtsprechunglexikon – ABC des Unterhaltsrechts

700 Nachfolgend sind in alphabetischer Reihenfolge Stichwörter sowie Kernaussagen einschlägiger Entscheidungen zu speziellen Einzelproblemen dargestellt. Die hinter dem jeweiligen Stichwort abgedruckten Zahlen verweisen auf die Randnummern zu den betreffenden Ausführungen im systematischen Teil, die mit einem Pfeil versehenen Stichwörter verweisen auf weitere Ausführungen im Lexikonteil.

A. ABC des Individualunterhalts ehelicher und außerhalb einer bestehenden Ehe geborener Kinder

Abfindungen 11 ff.

701 Als Ersatz für Arbeitsverdienst stellen sie unterhaltspflichtiges Einkommen dar. Derartige Leistungen sind im Rahmen einer sparsamen Wirtschaftsführung zur Deckung des Unterhaltsbedarfs der Unterhaltsgläubiger einzusetzen.
BGH, FamRZ 1982, 250, 251; 1987, 359, 360; 1990, 372; OLG Frankfurt, NJWE-FER 2001, 280; FamRZ 2000, 611; OLG Koblenz, NJWE-FER 2000,137; FamRZ 1991, 573; OLG Brandenburg, FamRZ 1995, 1220

Der Unterhaltspflichtige kann sich auf einen **Verbrauch** der Abfindung nicht berufen, wenn sich der Verbrauch als unterhaltsbezogen verantwortungslos oder leichtfertig darstellt.
OLG München, FamRZ 1998, 559

Altersstufe 75

Der Regelbetrag einer höheren Altersstufe ist **ab dem Beginn des Monats** maßgebend, in dem das Kind das betreffende Lebensjahr vollendet.

Anrechnung des Kindergeldes und regelmäßig wiederkehrender kindbezogener Leistungen 88 ff.

Das nach § 1612b Abs. 1 BGB auf das **jeweilige** Kind entfallende Kindergeld ist anzurechnen.

Auf den Unterhaltsanspruch des Kindes gegen den barunterhaltspflichtigen Elternteil wird nach der **Grundregel des § 1612b Abs. 1 BGB** das hälftige Kindergeld angerechnet.

Das Kindergeld wirkt bei dem volljährigen Kind und beiderseitiger Barunterhaltspflicht der Eltern nicht mehr in vollem Umfang bedarfsdeckend.

Soweit der Unterhaltspflichtige nicht einmal den Regelbetrag nach der RegelbetragVO leisten (**Mangelfall**) kann, unterbleibt die Anrechnung des Kindergeldes, § 1612b Abs. 4 BGB.

Unter die Regelung des § 1612c BGB fallen nicht die kindbezogenen Leistungen, die **nur von einem Elternteil** bezogen werden. Hierzu zählen im Rahmen eines Arbeitsverhältnisses gezahlte Kinderzuschläge sowie die kindbezogenen Anteile im Ortszuschlag.

Auskunftsanspruch 474 ff.

Die begehrte Auskunft muss für den Unterhaltsanspruch relevant sein; es genügt, dass die Auskunft für die Bemessung des Unterhalts von Bedeutung sein kann.
BGH, FamRZ 1994, 1169, 1170

Der Grundsatz von Treu und Glauben verbietet es, die Auskunft noch zu verlangen, wenn feststeht, dass die begehrte Auskunft **den gesetzlichen Unterhaltsanspruch unter keinem Gesichtspunkt beeinflussen kann.**
BGH, FamRZ 1982, 996, 997

Die Pflicht zur Auskunftserteilung umfasst auch das **Vermögen,** soweit die Auskunft zur Feststellung eines Unterhaltsanspruchs oder einer Unterhaltsverpflichtung erforderlich ist. Sie wird danach nur geschuldet, wenn der Unterhaltspflichtige ausnahmsweise zum Bestreiten des Unterhalts seinen Vermögensstamm einzusetzen hätte.
OLG Hamm, FamRZ 1990, 657, 658

Die Auskunft kann nur auf einen **bestimmten Zeitpunkt** bezogen erteilt werden.

Der von einem volljährigen Kind auf Unterhalt in Anspruch genommene Elternteil hat gegen den nicht verklagten Elternteil einen aus § 242 BGB herzuleitenden Anspruch auf Auskunft über dessen Einkommens- und Vermögensverhältnisse, wenn er diese zur Berechnung seines Haftungsanteils benötigt.
BGH, FamRZ 1988, 268

Kommt die Beteiligung des betreuenden Elternteils abweichend von § 1606 Abs. 3 Satz 2 BGB an dem Barunterhalt eines minderjährigen Kindes in Betracht, besteht ebenfalls ein berechtigtes Interesse des barunterhaltspflichtigen Elternteils an der Kenntnis der Einkommens- und Vermögensverhältnisse des betreuenden Elternteils.
OLG Köln, FamRZ 1992, 469, 470

Sinn und Zweck der Auskunftspflicht machen die Vorlage einer **systematischen Aufstellung** der erforderlichen Angaben notwendig, die dem Berechtigten ohne übermäßigen Aufwand die Berechnung des Unterhaltsanspruchs ermöglicht.
BGH, FamRZ 1983, 680

Über die Höhe der Einkünfte sind auf Verlangen **Belege,** insbesondere Bescheinigungen des Arbeitgebers, vorzulegen, § 1605 Abs. 1 Satz 2 BGB.
Eine Belegpflicht hinsichtlich des **Vermögens** besteht nicht.
OLG Hamburg, FamRZ 1985, 394

Bei der Fassung des **Klageantrages** und des Tenors eines Auskunftsurteils ist darauf Bedacht zu nehmen, dass die erbetene Auskunft konkret genug gefasst wird.
OLG Karlsruhe, FamRZ 1983, 631; OLG Frankfurt, FamRZ 1991, 1334

Stellt sich bei einer **Stufenklage** nach der erteilten Auskunft heraus, dass **ein Leistungsanspruch nicht besteht,** tritt insoweit eine Erledigung der Hauptsache nicht ein. Dem Kläger als Gläubiger eines Anspruchs auf Auskunftserteilung und Rechnungslegung kann gegen den Schuldner der Auskunftsverpflichtung ein unter dem rechtlichen Gesichtspunkt des Verzuges gem. § 286 BGB begründeter Schadensersatzanspruch wegen der Kosten einer unbegründeten Klage zustehen, die er infolge der Nichterteilung der Auskunft erhoben hat. Ein solcher Schadensersatzanspruch kann im Wege des Feststellungsantrages in demselben Prozess geltend gemacht werden; eine hierin liegende Klageänderung ist als sachdienlich zuzulassen. Die Klage ist begründet, wenn der Gläubiger erst durch die verspätete Auskunftserteilung Klarheit über das Nichtbestehen eines Leistungsanspruchs hatte und der Schuldner schuldhaft seiner Auskunftserteilungspflicht nicht oder nicht rechtzeitig nachgekommen ist.
BGH, FamRZ 1995, 348, 349

Vor Ablauf von zwei Jahren kann **Auskunft erneut** verlangt werden, wenn glaubhaft gemacht wird, dass der zur Auskunft Verpflichtete später wesentlich höhere Einkünfte oder weiteres Vermögen erworben hat, § 1605 Abs. 2 BGB. Der **Beginn der Zweijahresfrist** wird unterschiedlich angenommen. Bei einer Verurteilung soll die Frist mit dem Tag der letzten mündlichen Verhandlung beginnen

OLG Hamburg, FamRZ 1984, 1142 (mit der Verkündung des Urteils im Vorprozess, OLG Koblenz, FamRZ 1979, 1021)

Ist eine **vergleichsweise Regelung** getroffen worden, kommt es auf den Zeitpunkt des Vergleichsabschlusses an.

OLG Hamm, MDR 2002, 96; OLG Stuttgart, FamRZ 1978, 717; OLG Karlsruhe, FamRZ 1991, 1470 m. w. N.; OLG Düsseldorf, FamRZ 1993, 59

Macht der Unterhaltsverpflichtete gegenüber dem Jugendamt unrichtige Angaben betr. sein Einkommen mit der Folge, dass jahrelang zu geringer Unterhalt gezahlt wird, so scheidet eine Amtspflichtverletzung jedenfalls dann aus, wenn das Jugendamt den Nachweis führt, dass dem Unterhaltsverpflichteten mehrfach Routinefragen nach seinem Einkommen durch Fragebögen gestellt wurden.

Lediglich konkrete Anhaltspunkte dafür, dass die Angaben des Unterhaltsverpflichteten unrichtig bzw. unvollständig sind, haben eine weitergehende Verpflichtung des Jugendamtes zur Aufklärung der Einkommens- und Vermögensverhältnisse zur Folge.

Durch das unvollständige Ausfüllen der vom Jugendamt übersandten Fragebögen entzieht sich der Unterhaltsverpflichtete teilweise seiner Unterhaltsverpflichtung mit der Folge, dass die Unterhaltsberechtigte diesem gegenüber Schadensersatzansprüche gem. § 823 Abs. 2 BGB i. V. m. § 170 Abs. 1 StGB in gleicher Höhe geltend machen kann, so dass auch aus diesem Grund eine Haftung des Jugendamtes nicht in Betracht kommt.

LG Saarbrücken, FamRZ 2002, 819 f.

Erweitert ein Unterhaltsgläubiger seine Erwerbstätigkeit und vereinbart zunächst eine Probezeit, so hat er dem Unterhaltsschuldner hiervon bereits bei Beginn der Probezeit Mitteilung zu machen, andernfalls sind die Unterhaltszahlungen in diesem Zeitraum zurück zu gewähren.

OLG Koblenz, FamRZ 2002, 235

Auskunftspflicht 474 ff.

Das Gericht hat die Befugnis gegenüber den Parteien eines Unterhaltsrechtsstreits nach § 621 Abs. 1 Nr. 4, 5 und 11 ZPO, von ihnen unter Vorlage entsprechender Belege **Auskunft** über ihre Einkünfte, soweit für den Unterhalt von Bedeutung auch über ihr Vermögen und ihre persönlichen und wirtschaftlichen Verhältnisse zu verlangen. Die Auskunftspflicht umfasst auch die Abzüge und Belastungen, mithin alle Positionen, welche die Leistungsfähigkeit des Unterhaltspflichtigen beeinträchtigen.

OLG Köln, NJW-RR 2001, 26

Auslandsbezug

Nach § 1614 Abs. 2 BGB kann der Unterhaltspflichtige bei erneuter Bedürftigkeit des Berechtigten trotz einer Vorausleistung nochmals zur Leistung von Unterhalt herangezogen werden. Über den in § 760 Abs. 2 BGB genannten Zeitabschnitt – i. d. R. drei Monate – hinaus handelt der Leistende auf eigene Gefahr.

OLG Braunschweig, FamRZ 1996, 965

Berufsbedingte Aufwendungen 20 ff.

Die Berücksichtigung berufsbedingter Aufwendungen unterliegt tatrichterlichem Ermessen. Es handelt sich bei den Unterhaltsfällen um Massenerscheinungen, die aus Vereinfachungsgründen eine pauschalierende Berechnungsmethode notwendig machen. Sie können **pauschal** mit 5 % abgesetzt werden. Berufsbedingte Aufwendungen können auch **konkret** berücksichtigt werden, wenn sie notwendig und angemessen sind.

BGH, FamRZ 2002, 536, 537

Barunterhaltspflicht beider Elternteile 230 ff.

Nach § 1606 Abs. 3 Satz 2 BGB besteht **Gleichwertigkeit von Barunterhalt und Kindesbetreuung.** Sie gilt jedoch **nur bis zum Eintritt der Volljährigkeit.**

BGH, FamRZ 1994, 696

Vom Eintritt der Volljährigkeit an besteht von Gesetzes wegen kein rechtfertigender Grund mehr, weiterhin nur den bisher allein barunterhaltspflichtigen Elternteil mit dem nunmehr insgesamt als Geldrente zu leistenden Unterhalt zu belasten, wenn auch der andere Elternteil über Einkünfte verfügt, die ihm die Zahlung von Unterhalt ermöglichen.
BGH, NJW 2002, 2026, 2027
Die Verpflichtung des bisher betreuenden Elternteils zur Beteiligung an dem Barunterhalt des volljährig gewordenen Kindes gilt auch für die nach § 1603 Abs. 2 Satz 2 BGB **privilegierten volljährigen Kinder.**
BGH, NJW 2002, 2026, 2027; OLG Bremen, FamRZ 1999, 1529; OLG Hamm, FamRZ 1999, 1018
Haften danach die Eltern, die beide erwerbstätig sind, anteilig nach ihren Erwerbs- und Vermögensverhältnissen, wird vielfach bei der Bestimmung des **Unterhaltsbedarfs des volljährigen Kindes** die **Summe der Einkommen beider Elternteile** zugrunde gelegt, selbst wenn das Kind noch im Haushalt eines Elternteils wohnt und dort weiterhin betreut wird.
BGH, FamRZ 1994, 696, 698
Die Haftungsanteile der Eltern werden nach der überwiegenden tatrichterlichen Praxis in der Weise ermittelt, dass nach dem **Abzug des angemessenen Eigenbedarfs/Selbstbehalts** das rechnerische Verhältnis der jeweils verbleibenden Einkünfte ermittelt wird.
BGH, FamRZ 1986, 153, 154; 1988, 1039, 1041
Die Eltern sind **Teilschuldner** und haften nur für den Teil des Unterhalts, der auf sie entfällt.
BGH, FamRZ 1989, 499

Bestimmungsrecht der Eltern 182 ff.

Haben Eltern einem unverheirateten Kind Unterhalt zu gewähren, so können sie bestimmen, in welcher Art (Geldrente oder Sachleistungen) und in welcher Zeit im Voraus der Unterhalt gewährt werden soll, wobei auf die Belange des Kindes die gebotene Rücksicht zu nehmen ist.
Ihrem Inhalt nach muss eine Bestimmung **den gesamten Lebensbedarf** des unterhaltsberechtigten Kindes umfassen.
Das Bestimmungsrecht gegenüber einem **minderjährigen Kind** steht nach der Trennung dem sorgeberechtigten Elternteil als Teil der Personensorge zu, § 1612 Abs. 2 Satz 3 BGB.
Das Bestimmungsrecht gilt **auch gegenüber unverheirateten volljährigen Kindern.**
BGH, FamRZ 1981, 250, 251; 1993, 417, 420; 1996, 798, 799
Gegenüber einem **volljährigen Kind** steht das Bestimmungsrecht i. d. R. dem Elternteil zu, den das Kind auf Barunterhalt in Anspruch nimmt.
BGH, FamRZ 1988, 831
Die Bestimmung kann **von Anfang an unwirksam** sein. So ist die Verweisung auf Naturalunterhalt nur wirksam, wenn diese Art der Unterhaltsgewährung für das berechtigte Kind tatsächlich erreichbar ist und es nicht ohne eigenes Verschulden außerstande ist, der Unterhaltsbestimmung Folge zu leisten.
BGH, FamRZ 1985, 584, 585; 1988, 386; 1996, 798, 799
Die zunächst wirksame Bestimmung kann **später noch unwirksam werden.** Wird die gewählte Art der Unterhaltsgewährung aus tatsächlichen und rechtlichen Gründen undurchführbar, entfaltet die zunächst wirksame Bestimmung ab diesem Zeitpunkt keine Wirkungen mehr.
BGH, FamRZ 1985, 584, 585; 1996, 798, 799
Die **Nichtinanspruchnahme** des nach § 1612 Abs. 2 Satz 1 BGB angebotenen Naturalunterhalts führt, solange die Bestimmung besteht, zum **Verlust des Unterhaltsanspruchs.**
BGH, NJW 1981, 574; OLG Frankfurt, FamRZ 1976, 705; OLG Zweibrücken, FamRZ 1979, 64

Aus besonderen Gründen kann das **Familiengericht** nach § 1612 Abs. 2 Satz 2 BGB auf **Antrag des Kindes** eine **wirksame** (BayObLG, FamRZ 1989, 1222, 1223) Bestimmung über die Art der Unterhaltsgewährung ändern. Bis zu einer Änderung durch das Familiengericht nach § 1612 Abs. 2 Satz 2 BGB ist das **Prozessgericht** an eine **wirksame Bestimmung gebunden.**
BGH, FamRZ 1981, 251; 1984, 305 zum bisherigen Recht

Es handelt sich um eine Familiensache nach § 621 Abs. 1 Nr. 4 ZPO.
BayObLG, NJWE-FER 1999, 318

Überdies um ein von einem Unterhaltsrechtsstreit unabhängiges Verfahren.
KG, FamRZ 2000, 256; OLG Frankfurt, FamRZ 2000, 1424

Die Abänderung kann daher nicht im Unterhaltsverfahren erfolgen.
KG, FamRZ 2000, 256; OLG Hamburg, FamRZ 2000, 246; Büttner/Niepmann, FamRZ 2000, 2547, 2549

Es sei denn, der Richter zieht das Abänderungsverfahren nach § 6 RPflG an sich.
OLG Köln, NJW-RR 2001, 1422

Geht es ausschließlich um die Wirksamkeit der elterlichen Bestimmung, entscheidet allein der Rechtspfleger.
OLG Hamburg, FamRZ 2000, 246

Die Entscheidung zur Änderung einer Unterhaltsbestimmung nach § 1612 Abs. 2 BGB ist seit Inkrafttreten des KindRG mit der befristeten Beschwerde nach §§ 621a, 621e ZPO anfechtbar.
OLG Zweibrücken, OLGR 2002, 279; OLG Frankfurt, FamRZ 2000, 1424

Betreuungskosten 34
Kosten, die ein Erwerbstätiger aufwenden muss, um minderjährige Kinder während seiner beruflichen Abwesenheit betreuen zu lassen, sind abzugsfähig.
BGH, FamRZ 1982, 779, 780

Beweislast 241, 242
Das unterhaltsberechtigte Kind hat die **Beweislast** für die Einkommens- und Vermögensverhältnisse des barunterhaltspflichtigen Elternteils. Da nach der Vorstellung des Gesetzgebers **die Regelbeträge weiterhin als Basiswerte der Unterhaltstabellen** dienen sollen (BT-Drucks. 13/7338 S. 22), wird auch in Zukunft das Kind der Beweislast für die Einkommens- und Vermögensverhältnisse des barunterhaltspflichtigen Elternteils enthoben sein, wenn es den Regelbetrag als Unterhalt verlangt.

Wird darüber hinaus Unterhalt verlangt, ist es darlegungs- und beweispflichtig für die dem verlangten Unterhalt entsprechende Lebensstellung des barunterhaltspflichtigen Elternteils.
BGH, FamRZ 2002, 536 = NJW 2002, 1269; OLG München, FamRZ 1984, 393; OLG Zweibrücken, FamRZ 1994, 1488

Das **volljährige Kind** trifft die **Darlegungs- und Beweislast** für die Höhe des Einkommens des nicht am Prozess beteiligten Elternteils, um die Haftungsanteile zu bestimmen. Fehlt es daran, ist die Klage unschlüssig.
OLG Frankfurt, FamRZ 1987, 839, 840; OLG Hamburg, FamRZ 1982, 627; 1987, 627; OLG Hamm, FamRZ 1987, 744 u. 755

Die **Beweislast** für fehlende oder geminderte Leistungsfähigkeit trägt der Unterhaltspflichtige.

Dynamisierter Unterhalt für alle Altersstufen 80
Das Kind kann nach § 1612a Abs. 1 BGB nur noch verlangen, dass der Unterhalt als Vomhundertsatz des Regelbetrages der **jeweiligen Altersstufe** ausgewiesen wird.

Einigungsvertrag 400 ff.

Seit dem 3. 10. 1990 beurteilt sich der Unterhaltsanspruch eines ehelichen Kindes nach den §§ 1601 ff. BGB. Gem. Art. 234 EGBGB § 1 gilt das Vierte Buch des BGB für alle familienrechtlichen Verhältnisse, die am Tag des Wirksamwerdens des Beitritts bestehen, soweit nicht nach den nachfolgenden Vorschriften anderes bestimmt ist.

Die Leistungsfähigkeit des in den neuen Ländern lebenden Unterhaltspflichtigen beurteilt sich nach den dortigen Verhältnissen.
BGH, FamRZ 194, 372, 375; KG, FamRZ 1994, 394

Bei der Bemessung der **Leistungsfähigkeit eines Unterhaltspflichtigen**, der in den neuen Ländern lebt, wird die Beurteilung die besonderen örtlichen Verhältnisse einzubeziehen und zu würdigen haben, bevor der Ansatz eines fiktiven Einkommens in Betracht kommt. Im Einzelfall kann der Vorrang der Erstausbildung vor der – auch gesteigerten – Erwerbsobliegenheit nach § 1603 Abs. 2 BGB bestehen.
BGH, FamRZ 1994, 372

Einkommen 6 ff.

Als unterhaltsrechtlich relevantes Einkommen sind alle Einkünfte heranzuziehen, die dem Berechtigten wie dem Verpflichteten zufließen, gleich welcher Art diese Einkünfte sind und aus welchem Anlass sie erzielt werden.
BGH, FamRZ 1982, 250, 251; 1986, 780; 1994, 228, 230

Unterhaltsrechtlich relevantes Einkommen sind nur solche Einkünfte, die geeignet sind, den **laufenden Lebensbedarf** des Berechtigten wie des Verpflichteten zu decken.

Jährlich in vergleichbarer Höhe wiederkehrende Einkünfte (Urlaubs- und Weihnachtsgeld) sind auf das Jahr umzurechnen.
BGH, FamRZ 1982, 250, 252; 1985, 155, 157

Das Einkommen sollte – **möglichst zeitnah** – bezogen auf den Zeitraum eines Jahres dargestellt werden.
BGH FamRZ 1983, 996

Das während des Strafvollzuges erwirtschaftete Entgelt ist nicht als unterhaltsrechtliches Einkommen zu bewerten, denn es soll als **Überbrückungsgeld** für die erste Zeit nach der Haftentlassung dem Unterhaltspflichtigen zur Verfügung stehen.
BGH, FamRZ 2002, 813, 815; OLG Karlsruhe, FamRZ 1998, 45, 46

Das **Hausgeld** ist dem Strafgefangenen für notwendige Ausgaben des täglichen Lebens während der Strafhaft zu belassen.
BGH, FamRZ 2002, 813, 815

Einkommensanrechnung 127

Die Bedürftigkeit des **minderjährigen unverheirateten Kindes** entfällt im Umfang erzielten **eigenen Einkommens.** Wegen der regelmäßigen Gleichwertigkeit des seitens des betreuenden Elternteils gewährten Betreuungsunterhalts und des von dem anderen Elternteil geleisteten Barunterhalts (§ 1606 Abs. 3 Satz 2 BGB) erfolgt die **Anrechnung auf den Barunterhalt** nur zur Hälfte.
BGH, FamRZ 1981, 541; 1988, 159

Einkommen des volljährigen Kindes lässt die Bedürftigkeit ganz oder teilweise entfallen. Es wirkt in vollem Umfang bedarfsmindernd.

Einkünfte aus Schülerarbeit sind grds. als solche aus unzumutbarer Tätigkeit anzusehen. Einen Schüler trifft neben dem Schulbesuch generell keine Erwerbsobliegenheit. Die Anrechenbarkeit richtet sich nach dem entsprechend heranzuziehenden Rechtsgedanken des § 1577 Abs. 2 BGB.
OLG Köln, FamRZ 1996, 1101, 1102; KG, FamRZ 1982, 516

Einkünfte eines Studenten aus einer neben der Ausbildung ausgeübten Erwerbstätigkeit stellen ebenfalls grds. Einkommen aus überobligationsmäßiger Tätigkeit dar. Die Anrechnung solcher Einkünfte aus unzumutbarer Tätigkeit bestimmt sich auch im Verwandtenunterhaltsrecht nach dem – hier ebenfalls entsprechend heranzuziehenden – Rechtsgedanken des § 1577 Abs. 2 BGB.
BGH, FamRZ 1995, 475, 477; vgl. ferner OLG Karlsruhe, FamRZ 1994, 1278; OLG Hamm, FamRZ 1994, 1279; 1997, 231; OLG Koblenz, FamRZ 1989, 1219; 1996, 382; OLG Schleswig, FamRZ 1996, 814 nur LS

BAföG-Darlehen sind unter Billigkeitsgesichtspunkten anrechenbares Einkommen des unterhaltsbedürftigen Kindes.

Einkommen des selbständig Erwerbstätigen 37 ff.

Das unterhaltsrechtlich relevante Einkommen des selbständig Erwerbstätigen drückt sich in dem erzielten **Gewinn** aus. Der Gewinn entspricht dem Bruttoeinkommen. Das Nettoeinkommen ergibt sich nach Abzug von **Steuern** in tatsächlich entstandener Höhe und **Vorsorgeaufwendungen** in angemessenem Umfang. Die Angemessenheit der Vorsorgeaufwendungen kann nach dem Anteil bestimmt werden, den auch der abhängig Beschäftigte von seinem Einkommen aufzuwenden hat.

Eine unterhaltsrechtlich verlässliche Beurteilung des Einkommens kann im Hinblick auf **schwankende Einkünfte** i. d. R. nur auf einem mehrjährigen, in vollem Umfang dargestellten Zeitraum beruhen, der **nicht unter drei Jahren** liegen sollte.

Private Ausgaben sind von Betriebsausgaben abzugrenzen.

Die Kontennachweise geben dazu Erkenntnismöglichkeiten.

Steuerspezifische Absetzungs- und Abschreibungsmöglichkeiten müssen auf ihre unterhaltsrechtliche Anerkennungsfähigkeit geprüft werden.
BGH, NJW 1980, 2083 = FamRZ 1980, 770, 771; FamRZ 1985, 471, 472

Der Unterhaltspflichtige hat zur Darstellung des Umfangs seiner Leistungsfähigkeit die Einnahmen und Ausgaben so darzustellen, dass die steuerlich beachtlichen Aufwendungen von den unterhaltsrechtlich relevanten abgegrenzt werden können.
BGH, NJW 1980, 2083 = FamRZ 1980, 770, 771; FamRZ 1985, 471, 472

Privatentnahmen sind als Bemessungsgrundlage für das Einkommen nur zu rechtfertigen, wenn der selbständig Erwerbstätige von der Substanz seines Unternehmens gelebt hat und daher der Unterhaltsanspruch nur aus der Substanz des Betriebsvermögens durch weitere Kreditaufnahme zu finanzieren ist. Privatentnahmen sind untaugliche Mittel zur Einkommensbestimmung, wenn das Betriebsvermögen durch Kredite bereits übermäßig belastet und durch Verluste erschöpft ist, mithin eine Substanz nicht (mehr) vorhanden ist.
OLG Düsseldorf, FamRZ 1983, 397, 399; OLG Hamm, FamRZ 1997, 674

Privatentnahmen haben jedenfalls **Indizwirkung** für die Höhe des verfügbaren Effektiveinkommens des selbständig Erwerbstätigen.

Der **Tatrichter** hat das Einkommen im Rahmen einer **umfassenden Beweiswürdigung nach § 286 Abs. 1 ZPO** zu ermitteln. Der Vortrag der Parteien hat daher konkret darzulegen, wie sich die Einkommensbestandteile zusammensetzen.

Einkünfte aus Kapitalvermögen 53

Einkünfte aus Kapitalvermögen sind unterhaltsrechtliches Einkommen. Auf die Herkunft des Kapitalvermögens kommt es nicht an.
BGH, FamRZ 1985, 354, 356 (Veräußerung des Eigenheims); 1985, 357 (Zugewinnausgleich); 1988, 1031, 1034 (Schmerzensgeld); 1985, 582 (Ersparnis aus laufendem Unterhalt)

Einstweilige Anordnung 528

Das Familiengericht kann auf Antrag **in allen Unterhaltsstreitigkeiten** eine **einstweilige Anordnung** treffen. Voraussetzung ist die Anhängigkeit einer Unterhaltsklage nach § 621 Abs. 1 Nr. 4, 5 oder 11 ZPO oder die Einreichung eines Prozesskostenhilfegesuches für eine solche Klage.

Ersatzhaftung 362
Für den gesamten **Verwandtenunterhalt** gilt, dass bei Leistungsunfähigkeit eines vorrangig haftenden Unterhaltspflichtigen der nach ihm haftende Verwandte den Unterhalt zu gewähren hat, § 1607 Abs. 1 BGB.

Erwerbsobliegenheit des minderjährigen Kindes 126
Selbst wenn das Kind sich nicht um eine Ausbildungsstelle bemüht oder in der Ausbildung scheitert, kann daraus nicht entsprechend den allgemeinen Grundsätzen ein fiktives Einkommen angerechnet werden.
OLG Hamburg, FamRZ 1995, 959; OLG Stuttgart, FamRZ 1997, 447; Schwab/Borth, Handbuch des Scheidungsrechts, V, Rn. 110; a. A. OLG Karlsruhe, FamRZ 1988, 758; OLG Düsseldorf, FamRZ 1990, 194

Erwerbsobliegenheit des volljährigen Kindes 130
Das volljährige Kind, das sich nicht in der Ausbildung befindet, ist für sich selbst wie ein Erwachsener verantwortlich. § 1602 Abs. 1 BGB räumt der wirtschaftlichen **Eigenverantwortung des Kindes** den Vorrang vor der Unterhaltspflicht der Eltern aus § 1601 BGB ein.
BGH, FamRZ 1985, 273, 1245; 1987, 930

Erziehungsgeld
Erziehungsgeld ist nur unter den Voraussetzungen des § 9 Satz 2 BErzGG unterhaltsrechtlich relevantes Einkommen. Im Rahmen der sog. Hausmann-/Hausfrauen-Rechtsprechung kann der unterhaltspflichtige Elternteil gehalten sein, das **Erziehungsgeld** als einziges zur Verfügung stehendes Einkommen für den Unterhalt der Kinder aus früherer Ehe einzusetzen, wenn der Unterhalt des unterhaltspflichtigen Elternteils in der neuen Ehe gesichert ist.
So OLG Nürnberg, FamRZ 1994, 1402; OLG Frankfurt, FamRZ 1991, 594

Fahrtkosten 21
Berufsbedingte **Fahrtkosten** von und zur Arbeitsstelle mindern das unterhaltsrechtliche Einkommen. So sind jedenfalls die Kosten für die Inanspruchnahme öffentlicher Verkehrsmittel abzusetzen. Die Notwendigkeit der Nutzung des eigenen Pkw bedarf jedoch der konkreten Darlegung. Anerkennenswerte Gründe können etwa die ungünstige Lage des Arbeitsplatzes, besondere Arbeitszeiten im Schichtdienst, Außendiensttätigkeit, Einsatz an unterschiedlichen Arbeitsstellen sein.
BGH, FamRZ 1982, 360; 1989, 483; OLG Hamm, FamRZ 1996, 958

Familienrechtlicher Ausgleichsanspruch
Der familienrechtliche Ausgleichsanspruch ist ein **Ausgleichsanspruch eigener Art.** Er ist für Fälle anerkannt, in denen ein Elternteil allein für den Unterhalt eines gemeinsamen ehelichen Kindes aufgekommen ist, obwohl der andere im Innenverhältnis der Eheleute zueinander dem Kind unterhaltspflichtig war.
BGH, FamRZ 1984, 775; 1988, 607, 834; 1989, 850; 1994, 1102

Ein Elternteil kann danach Erstattung seiner Unterhaltsleistungen nicht verlangen, wenn er mit ihnen eine Unterhaltsverpflichtung gegenüber einem ehelichen Kind erfüllt, die ihm zuvor durch rechtskräftige Entscheidung auferlegt wurde.
BGH, FamRZ 1981, 761

Der Ausgleichsanspruch kommt hingegen in Betracht, wenn der vormals sorgeberechtigte Elternteil Erstattung der Aufwendungen begehrt, die er anstelle des barunterhaltspflichtigen Elternteils für einen Zeitraum und in einer Höhe erbracht hat, die der seinerzeit barunterhaltspflichtige Elternteil kraft rechtskräftiger Verurteilung zu leisten hatte, tatsächlich jedoch nicht geleistet hat.
BGH, FamRZ 1989, 850, 851

Es muss ferner feststehen, dass der den Ausgleich fordernde Elternteil zur Zeit der Leistung die Absicht hatte, einen solchen Ausgleich/Ersatz zu beanspruchen.
BGH, FamRZ 1968, 450

Im Wege des familienrechtlichen Ausgleichsanspruchs kann grds. **nur Erstattung geleisteten Barunterhalts,** nicht dagegen Ersatz für geleistete Betreuung verlangt werden.
BGH, FamRZ 1994, 1102

Festsetzung des Kindesunterhalts 78 ff.

Ein minderjähriges Kind kann von einem Elternteil, mit dem es nicht in einem Haushalt lebt, den ihm nach §§ 1601 ff. BGB zustehenden Unterhalt **als statischen oder dynamisierten Unterhalt nach Maßgabe des Vomhundertsatzes des jeweiligen Regelbetrages** nach der Regelbetrag-VO verlangen.

Fiktives Einkommen 64

Den Unterhaltspflichtigen und -berechtigten treffen **Obliegenheiten**. Sie sind gehalten, die ihnen zumutbaren Einkünfte zu erzielen. Zu diesem Zweck haben sie ihre Arbeitskraft so gut wie möglich einzusetzen und eine ihnen nach Lage des Einzelfalles zumutbare und mögliche Erwerbstätigkeit auszuüben. Kommen sie dieser Obliegenheit nicht nach, müssen sie sich so behandeln lassen, als ob sie ein Einkommen, das sie bei gutem Willen erzielen könnten, auch tatsächlich hätten.
BGH, FamRZ 1995, 158, 159 m. w. N.

Es muss aber ferner feststehen oder zumindest nicht auszuschließen sein, dass der Unterhaltspflichtige bei den gebotenen Bemühungen eine **reale Beschäftigungschance** mit einem höheren erzielbaren Einkommen gehabt hätte.
BGH, FamRZ 1985, 158; 1994, 372, 373

Die Beurteilung hat auf die Verhältnisse auf dem Arbeitsmarkt und den persönlichen Eigenschaften des Bewerbers wie Alter, Ausbildung, Berufserfahrung, Gesundheitszustand abzuheben.
BGH, FamRZ 1986, 244; 1987, 912; 1994, 372, 374; 1996, 345, 346

Im Rahmen der Zurechnung eines fiktiven Einkommens ist entscheidend dasjenige, was er bei gebotenen Bemühungen aus dem dann erlangten Arbeitsverhältnis voraussichtlich erhalten würde.
OLG Frankfurt, FamRZ 1995, 1217

Kommt es bei einem arbeitslosen Unterhaltspflichtigen zur Zurechnung fiktiven Erwerbseinkommens, ist auch der für den Erwerbstätigen maßgebliche Selbstbehalt zu berücksichtigen.
OLG Hamm, FamRZ 1995, 438

Freistellungsvereinbarungen der Eltern 396

Eine **Freistellung von Unterhaltsansprüchen** – auch solcher von gemeinschaftlichen Kindern – ist rechtlich zulässig. Das Verbot, auf künftigen Unterhalt zu verzichten, steht nicht dem entgegen, weil der Unterhaltsanspruch des Kindes gegen seine Eltern durch deren Vereinbarung nicht betroffen wird.
OLG Stuttgart, FamRZ 1992, 716

Eine Freistellungsvereinbarung kann gegen die guten Sitten verstoßen und gem. § 138 BGB nichtig sein, wenn sie mit einem Verzicht des anderen Elternteils auf die Ausübung des Umgangsrechts oder mit einem dem Kindeswohl nicht entsprechenden Vorschlag zur elterlichen Sorge verbunden mit der Erlangung wirtschaftlicher Vorteile gekoppelt wird.
BGH, FamRZ 1984, 778; 1986, 444; vgl. auch OLG Stuttgart, FamRZ 1992, 716

Freiwillige Leistungen Dritter 68

Freiwillige Leistungen Dritter an den Unterhaltspflichtigen (Naturalleistungen zur Bedarfsdeckung, wie etwa persönliche Dienstleistungen in Form von Pflege und Betreuung) sind bei der Prüfung seiner Leistungsfähigkeit nur dann zu berücksichtigen, wenn sie nach dem Willen des

Dritten nicht allein dem Unterhaltspflichtigen zugute kommen sollen, sondern auch dem Unterhaltsberechtigten.
BGH, FamRZ 1995, 537, 539

Gesteigerte Unterhaltspflicht 281 ff.

Gem. § 1603 Abs. 2 BGB unterliegen Eltern im Verhältnis zu ihren gemeinsamen minderjährigen unverheirateten und den ihnen gleichgestellten privilegierten volljährigen unverheirateten Kindern gegenüber einer erweiterten Unterhaltspflicht. Dies führt auch dazu, dass an die **Erwerbsobliegenheit** des Unterhaltspflichtigen gesteigerte Anforderungen gestellt werden müssen. Die sich aus § 1603 Abs. 2 BGB ergebende verstärkte Unterhaltspflicht minderjährigen Kindern gegenüber legt dem Unterhaltspflichtigen eine erhöhte Arbeitspflicht unter gesteigerter Ausnutzung seiner Arbeitskraft auf, die es ihm ermöglicht, nicht nur den Mindestbedarf, sondern auch den angemessenen Unterhalt der Kinder sicherzustellen.
BGH, FamRZ 2000, 1358, 1359

Unter Umständen verlangt sie in zumutbaren Grenzen einen Orts- oder Berufswechsel, wenn er nur auf diese Weise seine Unterhaltspflicht erfüllen kann.
BGH, FamRZ 1980, 1113, 1114

Ein vollschichtig Erwerbstätiger, der einen seiner Ausbildung und seinen Fähigkeiten entsprechenden Beruf mit mindestens tariflicher Entlohnung ausübt, kann gleichwohl im Rahmen des Möglichen und Zumutbaren gehalten sein, einer zusätzlichen, ihn in zeitlicher Hinsicht maßvoll in Anspruch nehmenden **Nebentätigkeit** nachzugehen.
So OLG Nürnberg, FuR 2002, 282; OLG Hamm, 5. FamS., FuR 2001, 559: Hinzuverdienst in den Morgenstunden; Heimarbeit an ansonsten freien Tagen

Beruft sich der Unterhaltspflichtige auf fehlende oder eingeschränkte Leistungsfähigkeit infolge von **Arbeitslosigkeit,** muss er, um seiner Darlegungslast zu genügen, in nachprüfbarer Weise vortragen, welche Schritte er im Einzelnen zu dem Zweck unternommen hat, einen zumutbaren, seinen Fähigkeiten entsprechenden Arbeitsplatz zu finden und sich bietende Erwerbschancen zu nutzen.
BGH, FamRZ 1996, 345, 346

Das Interesse des Unterhaltspflichtigen, unter Zurückstellung bestehender Erwerbsmöglichkeiten eine **Aus- oder Weiterbildung** aufzunehmen, hat grds. hinter dem Unterhaltsinteresse der Kinder zurückzutreten.
BGH, FamRZ 1983, 140; 1994, 372, 374

Auch der **Stamm des Vermögens** muss notfalls angegriffen werden; eine dem § 1581 Satz 2 BGB entsprechende Billigkeitsgrenze gibt es im Verwandtenunterhalt nicht.
BGH, FamRZ 1980, 44; 1989, 170; 1993, 1304, 1306

Die gesteigerte Unterhaltspflicht tritt nicht ein, wenn ein **anderer unterhaltspflichtiger Verwandter** vorhanden ist, der in der Lage ist, zum Barunterhalt beizutragen (§ 1603 Abs. 2 Satz 3 BGB). Hat der barunterhaltspflichtige Elternteil wesentlich geringere Einkünfte als der betreuende Elternteil, so dass die Inanspruchnahme des barunterhaltspflichtigen Elternteils zu einem **erheblichen finanziellen Ungleichgewicht** zwischen den Eltern führen würde, kann eine andere Regelung in Betracht kommen.
BGH, FamRZ 1981, 347, 348; 543, 544; 1991, 182, 183

Gläubigermehrheit 124

Mehrere Unterhaltsgläubiger können ihren Unterhaltsanspruch gegen denselben Unterhaltspflichtigen nicht in einer Summe geltend machen. Die Ansprüche sind aufzuteilen, denn über sie ist je gesondert zu entscheiden.
BGH, FamRZ 1981, 541; 1987, 40; OLG München, FamRZ 1994, 836; OLG Hamm, FamRZ 1995, 106

Gleichwertigkeit von Bar- und Naturalunterhalt 174 ff.

Bar- und Betreuungsunterhalt sind grds. gleichwertig. Der andere Elternteil erfüllt seine Verpflichtung, zum Unterhalt eines minderjährigen unverheirateten Kindes beizutragen, i. d. R. durch die Pflege und Erziehung des Kindes.

Die Gleichwertigkeit von Bar- und Betreuungsunterhalt besteht indes nicht mehr für die Zeit nach Eintritt der Volljährigkeit. Ein Betreuungsunterhalt kommt gegenüber volljährigen Kindern i. d. R. nicht mehr in Betracht.
BGH, FamRZ 1988, 159, 162; 1994, 696, 698

Einen **Beitrag zum Barunterhalt** hat der betreuende Elternteil daneben grds. nicht zu leisten. Ausnahmsweise muss jedoch eine Beteiligung des betreuenden Elternteils an dem von dem anderen Elternteil geschuldeten Barunterhalt in Betracht gezogen werden, wenn die wirtschaftliche Lage des betreuenden Elternteils besonders günstig ist und seine Einkünfte die des anderen erheblich übersteigen.
BGH, FuR 2002, 248, 250; FamRZ 1980, 994

Ein Ungleichgewicht besteht noch nicht bei einer Einkommensdifferenz von wenigen 100 DM.
So OLG Hamm, FamRZ 1981, 48

Ein Ungleichgewicht besteht auch dann nicht, wenn dem betreuenden Elternteil bei Leistung des gesamten Barunterhalts noch der angemessene Eigenbedarf verbliebe, der andere den Barunterhalt nur bei Gefährdung seines angemessenen Unterhalts leisten könnte.
OLG Düsseldorf, FamRZ 1992, 92

Ein Ungleichgewicht ist wohl aber bei einem doppelt so hohen Einkommen des betreuenden Elternteils gegeben.
So OLG Bamberg, FamRZ 1995, 566

Grundlagen für das vereinfachte Verfahren 530

Es schafft für alle Kinder die Möglichkeit, den ihnen nach den §§ 1601 ff. BGB individuell zustehenden Unterhalt bis zur Höhe des 1,5-fachen der Regelbeträge und damit bis zu einem das Existenzminimum im Regelfall deckenden Bedarf im vereinfachten Verfahren titulieren zu lassen.

Im vereinfachten Verfahren kann bei eingeschränkter Leistungsfähigkeit des Unterhaltspflichtigen auch ein **den Regelbetrag unterschreitender Unterhalt** festgesetzt werden.
BT-Drucks. 13/9596 S. 36

Hausmann/Hausfrau 323

Die Tätigkeit des Unterhaltspflichtigen in einer neuen Ehe als **Hausfrau** oder **Hausmann** ohne Arbeits- und Vermögenseinkommen indiziert noch keine Leistungsunfähigkeit im Verhältnis zu minderjährigen unverheirateten und der ihnen gleichgestellten volljährigen Kindern aus der früheren Ehe. Aus dem regelmäßigen **Gleichrang der Kinder** aus der alten und der neuen Ehe, nicht in Anwendung des § 1603 Abs. 2 Satz 1 BGB, folgt, dass der Unterhaltspflichtige seine Arbeitskraft zum Unterhalt aller Kinder einsetzen muss.
BGH, FamRZ 2001, 614; 1982, 590, 591; OLG Stuttgart, FamRZ 1994, 1403

Für die Leistungsfähigkeit des unterhaltspflichtigen Elternteils sind die realen Verhältnisse maßgebend. Deshalb kann der **Unterhaltsbedarf des unterhaltspflichtigen Ehegatten** nach Lage des Falles außer Ansatz bleiben, da und soweit dieser durch den Unterhalt gesichert ist, den ihm sein Ehegatte nach §§ 1360,1360a BGB schuldet. An dem Familienunterhalt sind die Ehegatten hälftig zu beteiligen; der Abzug eines Erwerbstätigenbonus zugunsten des allein oder mehr verdienenden Ehegatten kommt nicht in Betracht. Bei der Bedarfsbemessung kann die Ersparnis durch gemeinsame Haushaltsführung die Reduzierung des angemessenen Selbstbehalts rechtfertigen.
BGH, FuR 2002, 248, 250; FamRZ 1998, 286, 288

Die Tatsache der Wiederheirat des unterhaltspflichtigen Elternteils ist unterhaltsrechtlich beachtlich, wobei gleich bleibt, ob die Leistungsfähigkeit nach § 1603 Abs. 2 oder nach § 1603 Abs. 1 BGB zu beurteilen ist. Sie kann zu einer Schmälerung des Unterhaltsanspruchs des erstehelichen Kindes führen, etwa durch Hinzutreten weiterer minderjähriger Kinder aus der neuen Ehe des Unterhaltspflichtigen. Sie kann von Vorteil sein, wenn und soweit die neue Ehe zu einer den Unterhaltsbedarf sicherstellenden Unterhaltspflicht des neuen Ehegatten geführt hat.
BGH, FamRZ 2001, 1065, 1067; FuR 2002, 248, 249

Sind in der neuen Ehe keine Kinder zu betreuen, besteht für den unterhaltspflichtigen Ehemann gegenüber den Kindern aus der früheren Ehe keine Rechtfertigung, sich auf eine Einschränkung der Leistungsfähigkeit infolge der übernommenen Haushaltsführung zu berufen.

Sind in der neuen Ehe Kinder zu betreuen, entlastet dies den Unterhaltspflichtigen nur gegenüber dem neuen Ehegatten und den Kindern aus der neuen Ehe, nicht dagegen gegenüber den Kindern aus der früheren Ehe. In diesem Fall muss die von den Ehegatten getroffene **Rollenwahl** unter Zumutbarkeitsgesichtspunkten unterhaltsrechtlich hinnehmbar sein. Dies kann der Fall sein, wenn sich der Familienunterhalt in der neuen Ehe durch die vollschichtige Erwerbstätigkeit des anderen Ehegatten wesentlich günstiger gestaltet als es der Fall wäre, wenn dieser die Kindesbetreuung übernehmen würde und der unterhaltspflichtige Elternteil voll erwerbstätig wäre. Das Interesse des Unterhaltspflichtigen und seiner neuen Familie muss das Interesse der Unterhaltsberechtigten an der Beibehaltung der bisherigen Unterhaltssicherung deutlich übersteigen.
BGH, FamRZ 2001, 614, 616; 1980, 44

Außer wirtschaftlichen Gesichtspunkten können auch **sonstige Gründe,** die einen erkennbaren Vorteil für die neue Familie mit sich bringen, im Einzelfall einen Rollentausch rechtfertigen. Derartige Gründe müssen jedoch von einem solchen Gewicht sein, dass das Interesse des Unterhaltspflichtigen und seiner neuen Familie an der gewählten Aufgabenverteilung dasjenige der Unterhaltsgläubiger aus der alten Familie an der Beibehaltung der bisherigen Unterhaltssicherung deutlich überwiegt.
BGH, FamRZ 1987, 252, 254; 1996, 796

Der Wunsch des Unterhaltspflichtigen nach einer intensiveren Kindesbeziehung ist als solcher nicht ausreichend.
BGH, FamRZ 1996, 796

Rechtfertigt sich die Rollenwahl, hat der Unterhaltspflichtige trotz der Kinderbetreuung in der neuen Ehe eine **Nebentätigkeit** aufzunehmen, um zum Unterhalt der Kinder aus der früheren Ehe beizutragen.
BGH, FamRZ 1980, 44; 1996, 796

Anderenfalls ist dem – in der früheren Ehe erwerbstätig gewesen – Unterhaltspflichtigen weiterhin eine Vollerwerbstätigkeit zuzumuten; er gilt in diesem Umfang als leistungsfähig und ist entsprechend unterhaltspflichtig.
BGH, FamRZ 2001, 614; 1982, 25; 1987, 472

Der im Rahmen der sog. Hausmann-Rechtsprechung herangezogene Grundgedanke des § 1609 BGB ergibt, dass der Ehegatte allen Kindern – gleichrangig – zum Unterhalt verpflichtet ist und die Kinder ungeachtet der von dem Ehegatten übernommenen Rolle in der neuen Ehe nicht vor einer Schmälerung ihrer Ansprüche durch den Hinzutritt weiterer Unterhaltsberechtigter geschützt sind.
BGH, FamRZ 2001, 1065, 1067; 1987, 472, 474

Die Grundsätze der sog. Hausmann-/Hausfrauen-Rechtsprechung können nunmehr auch für die **nichteheliche Lebensgemeinschaft** herangezogen werden, wenn der geschiedene Ehegatte ein nichteheliches Kind aus einer neuen Lebensgemeinschaft betreut.
So jetzt BGH, FamRZ 2001, 614 unter Aufgabe der früheren gegenteiligen Rspr. in FamRZ 1995, 598; so auch OLG Koblenz, NJW-RR 2001, 4; OLG Frankfurt, FamRZ 1992, 979; OLG Düsseldorf, FamRZ 1991, 592, 593; OLG Karlsruhe, FamRZ 1996, 1238

Die für die Unterhaltsansprüche minderjähriger, unverheirateter Kinder entwickelten Grundsätze der sog. Hausmann- bzw. Hausfrauen-Rechtsprechung des BGH finden **gegenüber den Ansprüchen volljähriger Kinder keine Anwendung.** Die **volljährigen Kinder i. S. d. § 1603 Abs. 2 Satz 2 BGB** stehen den minderjährigen Kindern im Rang gleich; in ihrem Verhältnis zueinander findet die sog. Hausmann-/Hausfrauen-Rechtsprechung Anwendung.

Heimunterbringung 170

Bei der **Heimunterbringung** eines volljährigen Kindes richtet sich dessen Bedarf grds. nach den durch die Heimunterbringung anfallenden Kosten.
BGH, FamRZ 1986, 48; OLG Oldenburg, FamRZ 1996, 625

Kindergeld 88

Das Kindergeld ist keine **Sozialleistung** mehr sondern ist als **Steuervergünstigung** ausgestaltet.

Die **Anspruchsberechtigung** ist nach § 62 EStG zu beurteilen. Anspruch auf das Kindergeld hat ein Elternteil, soweit er einen Wohnsitz oder seinen gewöhnlichen Aufenthalt im Inland hat. Die Anspruchsberechtigung eines Ausländers ist nach § 62 Abs. 2 EStG an den Besitz einer Aufenthaltsberechtigung oder Aufenthaltserlaubnis geknüpft.

Die **Bezugsberechtigung** ist in § 64 EStG geregelt. Grds. wird das Kindergeld nach § 64 Abs. 1 EStG nur an einen Elternteil gezahlt; dies beruht auf Vereinfachungsgesichtspunkten. In § 64 Abs. 2 EStG ist das **Vorrangprinzip** umgesetzt, das die Bezugsberechtigung in Fällen klärt, in denen mehrere Anspruchsberechtigte vorhanden sind. Von mehreren Bezugsberechtigten erhält nach § 64 Abs. 2 Satz 1 EStG derjenige das Kindergeld, der das Kind in seinen Haushalt aufgenommen hat (**Obhutsprinzip**).

Ist das Kind nicht in den Haushalt eines Berechtigten aufgenommen, so erhält nach § 64 Abs. 3 EStG das Kindergeld derjenige, der dem Kind eine Unterhaltsrente zahlt. Zahlen mehrere Berechtigte dem Kind eine Unterhaltsrente, so erhält das Kindergeld derjenige, der dem Kind die höchste Unterhaltsrente zahlt.

Das Kindergeld führt nicht unmittelbar zur teilweisen Bedarfsdeckung. Es wird auf den Unterhaltsanspruch des Kindes verrechnet. So vollzieht sich zugleich der familienrechtliche Ausgleich unter den anspruchsberechtigten Elternteilen.
OLG Braunschweig FamRZ 1999, 1453; zur alten Rechtslage und Praxis vgl. BGH, FamRZ 1986, 151, 152; FamRZ 1997, 806

Mit den §§ 1612b, 1612c BGB hat das KindUG eine **Anrechnungsregelung** für das den Eltern gezahlte Kindergeld und die den Anspruch auf das Kindergeld ausschließenden kindbezogenen Leistungen geschaffen. Anzuwenden sind die §§ 1612b, 1612c BGB sowohl bei dem statisch als auch bei dem dynamisch verlangten Unterhalt.

Nach § 1612b Abs. 1 BGB ist das auf das jeweilige Kind entfallende Kindergeld anzurechnen.
OLG Celle FamRZ 1999,1455; s. auch BT-Drucks. 13/7338 S. 29

Die Erhöhung des Kindergeldes durch ein nicht gemeinschaftliches Kind (**sog. Zählkindvorteil**) bleibt unberücksichtigt.

Kindergeld wird nur soweit angerechnet, als das hälftige Kindergeld zusammen mit dem tatsächlich geschuldeten Unterhalt das Barexistenzminimum, das ist der Tabellenbetrag der 6. Einkommensgruppe (EGr.) der Düsseldorfer Tabelle (DT), übersteigt.

Die Berechnung geschieht nach folgender Formel:

> Anrechnungsbetrag =
> $^1/_2$ des Kindergeldes + Richtsatz der jeweiligen EGr./tatsächlich geschuldeter Unterhalt ./. Richtsatz der 6. EGr.

Unter den Voraussetzungen des § 74 Abs. 1 EStG kann das Kind die **Auskehrung des Kindergeldes** beanspruchen.

§ 1612b BGB gilt nach § 1612c BGB entsprechend **für regelmäßig wiederkehrende kindbezogene** Leistungen, soweit sie den Anspruch auf Kindergeld ausschließen. Solche Leistungen sind nach § 65 Abs. 1 Nr. 1 EStG etwa Kinderzulagen aus der gesetzlichen Unfallversicherung oder Kinderzuschüsse aus der gesetzlichen Rentenversicherung sowie dem Kindergeld vergleichbare Leistungen, die im Ausland für Kinder nach § 65 Abs. 1 Nr. 2 und 3 EStG gewährt werden.

Zu den kindbezogenen Leistungen rechnen auch nicht die Leistungen, die dem Kind zustehen und sich entsprechend bedarfsmindernd auswirken.

Kosten des Umgangsrechts 35

Dem unterhaltsberechtigten Kind können nicht die üblichen Kosten des Umgangs einkommensmindernd entgegen gehalten werden, denn diese hat der Elternteil im eigenen und im Interesse des Kindes grds. selbst aufzubringen.
OLG Koblenz, FamRZ 2002, 562; vgl. auch OLG Düsseldorf, FamRZ 2001, 1096; s. schon BGH, FamRZ 1995, 215 = NJW 1995, 717: keine Berücksichtigung beim Ehegattenunterhalt

Kosten einer angemessenen Vorbildung zu einem Beruf 200 ff.

Angemessen ist eine Berufsausbildung, die der Begabung und der Fähigkeit des Kindes, seinem Leistungswillen und seinen beachtenswerten Neigungen am besten entspricht und deren Finanzierung sich in den Grenzen der wirtschaftlichen Leistungsfähigkeit der Eltern hält.
BGH, FamRZ 1977, 629; 1989, 853; NJW 1994, 2362

Der Anspruch des Kindes steht in einem Gegenseitigkeitsverhältnis zu der **Pflicht,** seine Ausbildung mit gehörigem **Fleiß** und gebotener **Zielstrebigkeit** zu betreiben, um sie innerhalb angemessener und üblicher Dauer zu beenden und sich danach selbst zu unterhalten. Verletzt das Kind **nachhaltig** diese Obliegenheit, führt dies zum Wegfall des Unterhaltsanspruchs, ohne dass die Voraussetzungen des § 1611 Abs. 1 BGB gegeben sein müssen.
BGH, FamRZ 1998, 671

Aus dem **Gegenseitigkeitsverhältnis** folgt auch, dass sich das Kind nach dem Abgang von der Schule binnen einer angemessenen, an dem Alter, dem Entwicklungsstand und den gesamten Lebensumständen ausgerichteten **Orientierungsphase** für die Aufnahme einer seinen Fähigkeiten und Neigungen entsprechenden Ausbildung entscheidet und diese Ausbildung zielstrebig angeht.
BGH, FamRZ 1998, 671; OLG Hamm, FamRZ 1995, 1007, 1008

Das Kind trägt die **Darlegungslast,** dass die beabsichtigte Ausbildung nach den zur Zeit der Ausbildung gegebenen Verhältnissen den Erfordernissen entspricht.

Im Normalfall besteht nur ein Anspruch des Kindes auf die **Ausbildung in einem Beruf.**

In den sog. **Abitur-Lehre-Studium-Fällen** handelt es sich nicht um eine Zweitausbildung. Das Studium muss aber mit der vorausgegangenen praktischen Ausbildung in einem **engen zeitlichen und sachlichen Zusammenhang** stehen **und** die **Kosten** müssen den Eltern **wirtschaftlich zumutbar** sein.
BGH, FamRZ 2001, 1601; 1989, 853, 855; 1992, 1407, 1408

Eine einheitliche Ausbildung i. S. d. Rspr. liegt auch in den Fällen vor, in denen nach den Ausbildungsgepflogenheiten **in der ehemaligen DDR** nach der Ausbildung zum Facharbeiter mit Abitur ein Studium angeschlossen wurde.
OLG Brandenburg, FamRZ 1997, 1107

Eine Übertragung der für die Fälle „Abitur-Lehre-Studium" entwickelten Grundsätze auf die Fälle, in denen nach dem **Realschulabschluss** eine **Lehre** absolviert und der Besuch der **Fachoberschule** zur Erlangung der Fachhochschulreife und ein **Fachhochschulstudium** angeschlossen wird, findet nicht statt. Von einem einheitlichen Ausbildungsgang kann bei dieser Abfolge nur ausgegangen

werden, wenn das Kind von vornherein, also bei Beginn der Lehre, die Absicht hatte, nach der Lehre die Fachoberschule zu besuchen und anschließend zu studieren.
BGH, FamRZ 1991, 320, 321; 1995, 416, 417; OLG Bamberg, FamRZ 1998, 315, 316

Unterhalt nach § 1610 Abs. 2 BGB kann für die **Studiendauer nur insgesamt bejaht oder verneint** werden. Besteht der Anspruch zu Beginn des Studiums, so dauert dieser jedenfalls bis zu dessen frühestmöglichem Abschluss.
BGH, FamRZ 1990, 149; 1998, 671

Das Kind kann auch die **(Erst-)Ausbildung wechseln**, sofern dafür sachliche Gründe gegeben sind und die damit einhergehende Verzögerung unter Berücksichtigung aller Umstände für den Unterhaltspflichtigen wirtschaftlich zumutbar ist. So kann es liegen, wenn zwischen abgebrochener und aufgenommener Ausbildung ein sachlicher Zusammenhang besteht. Ein früher Wechsel ist eher zumutbar als ein Wechsel nach mehreren Semestern.
BGH, FamRZ 2001, 757, 758 = NJW 2001, 2170; FamRZ 2000, 420 = NJW-RR 2000, 593

Kündigungsschutzklage 321

Unterhaltsrechtlich vorwerfbar ist es nicht ohne Weiteres, wenn es der Unterhaltspflichtige unterlässt, sich mit der **Kündigungsschutzklage** gegen eine betriebsbedingte Kündigung zu wehren. Zum Vorwurf dürfte wohl nur ein unterlassener Rechtsbehelf gegen eine offensichtlich unbegründete Kündigung gereichen.

Offen gelassen in BGH, FamRZ 1994, 372, 374; OLG Hamm, FamRZ 1996, 1017, 1018; OLG Dresden, FamRZ 1997, 836, 837

Lebensstellung des Kindes 150 ff.

Kinder ohne Einkünfte haben i. d. R. keine eigene unterhaltsrechtlich relevante Lebensstellung, sondern haben an der Lebensstellung der Familie teil. Ihre Lebensstellung ist daher von der dieser Umgebung abzuleiten.
BGH, FamRZ 1981, 543, 544; 1983, 473, 474

Die **Lebensstellung eines minderjährigen Kindes** getrennt lebender Eltern, das bei einem der Elternteile lebt, versorgt und betreut wird, richtet sich grds. allein nach dem Einkommen des barunterhaltspflichtigen Elternteils, wenn die Einkünfte beider Eltern sich im mittleren Bereich halten und das Einkommen des betreuenden Elternteils nicht höher ist als das des anderen.
BGH, FamRZ 1981, 543, 544; 1987, 58; 1989, 176, 177; 1996, 160, 161

Die Lebensstellung des **volljährig gewordenen Kindes** leitet sich zunächst auch weiterhin von den wirtschaftlichen Verhältnissen seiner Eltern ab, bis es durch eigene Einkünfte oder Vermögen zu wirtschaftlicher Selbständigkeit gelangt ist. Der Unterhaltsbedarf kann nach der Summe der Elterneinkommen bemessen werden; dabei kommt eine Begrenzung nach oben in Betracht.
BGH, FamRZ 1983, 473, 474; 1986, 151; 1988, 1039, 1040

Der Bedarf eines Kindes ist nach oben durch seine Situation, durch das Kindsein begrenzt. Es findet über den Unterhalt keine Teilhabe an besonders guten wirtschaftlichen Verhältnissen der Eltern statt.
BGH, FamRZ 1987, 58

Der für die Unterhaltsbemessung maßgebende Lebensstandard wird letztlich nur durch **tatsächlich verfügbare Mittel** geprägt. Das minderjährige Kind nimmt danach auch an dem wirtschaftlich geminderten Lebensstandard des barunterhaltspflichtigen Elternteils teil, wenn dessen Einkommen durch unterhaltsrechtlich relevante Verbindlichkeiten gemindert wird. Dies ist Folge seiner wirtschaftlichen Unselbständigkeit und Abhängigkeit von den Einkommensverhältnissen der Eltern (BGH, FamRZ 1996, 160, 161).

Aus **fiktiven Mitteln** kann ein Unterhaltsbedarf – wie beim nachehelichen Unterhalt – nicht hergeleitet werden.
BGH, FamRZ 1992, 1045, 1047; BGH, FamRZ 1997, 281, 283; OLG Karlsruhe, FamRZ 1993, 1481, 1482; OLG Zweibrücken, FamRZ 1999, 881

Leistungsfähigkeit der Eltern 308 ff.

Die Unterhaltsverpflichtung setzt **Leistungsfähigkeit** voraus, und zwar in dem Zeitraum, für den Unterhalt verlangt wird.
BGH, FamRZ 1983, 140

Die Leistungsfähigkeit des Unterhaltspflichtigen wird grds. durch **alle von ihm erzielten Einkünfte** bestimmt.
BGH, FamRZ 1982, 250, 251

Die **Verminderung oder der Wegfall der Leistungsfähigkeit** ist grds. zu beachten. Dies gilt auch dann, wenn der Unterhaltspflichtige sie selbst – auch schuldhaft – herbeigeführt hat. Nur besondere, schwerwiegende Gründe können dem Unterhaltspflichtigen im Einzelfall die Berufung auf eine Leistungsunfähigkeit nach den **Grundsätzen von Treu und Glauben** verwehren. Es ist aber dem Unterhaltspflichtigen versagt, sich auf Leistungsunfähigkeit zu berufen, wenn ihm ein **verantwortungsloses, zumindest leichtfertiges Verhalten** vorzuwerfen ist; eine solche Bewertung wird sich vielfach aus dem Bezug seines Verhaltens zur Unterhaltspflicht ergeben.
BGH, FamRZ 1993, 1055, 1056 m. w. N. (st. Rspr.)

Im **Fall eines zwar selbst verschuldeten, aber doch ungewollten Arbeitsplatzverlustes** ist die Vorwerfbarkeit einer dadurch entstehenden Einkommensminderung auf schwerwiegende Fälle zu beschränken. Fälle leichteren Verschuldens sind auszunehmen, zumal wenn sich das Fehlverhalten nicht gegen den Unterhaltsberechtigten gerichtet hat.
BGH, FamRZ 1993, 1055, 1056

Die Berufung auf fehlende Leistungsfähigkeit verstößt gegen Treu und Glauben, wenn das für den Verlust der Arbeitsstelle ursächliche Verhalten des Unterhaltspflichtigen sich seinerseits als eine Verletzung seiner Unterhaltspflicht darstellt.
BGH, FamRZ 2002 ,813, 814

Es ist auch einem Strafgefangenen nicht verwehrt, sich auf die durch die Haft eingetretene Leistungsunfähigkeit zu berufen, soweit er nicht gerade wegen einer Verletzung seiner Unterhaltspflicht oder wegen schwerer Verfehlungen gegen das Leben oder die Gesundheit des Unterhaltsberechtigten oder seiner Angehörigen eine Freiheitsstrafe verbüßt.
BGH, FamRZ 1982, 792, 794; 913, 914; OLG Karlsruhe, FamRZ 1998, 45

Für den unterhaltsrechtlichen Bezug einer **Straftat** reicht es nicht aus, dass sie für den Arbeitsplatzverlust kausal geworden ist. Es bedarf vielmehr einer auf den Einzelfall bezogenen Wertung dahin, ob die der Tat zugrunde liegenden Vorstellungen und Antriebe sich auch auf die Verminderung der unterhaltsrechtlichen Leistungsfähigkeit als Folge des strafbaren Verhaltens erstreckt haben.
BGH, FamRZ 2002,813;1993, 1055, 1057; 1982,913

Mehrbedarf 244

Zusätzlicher Lebensbedarf **(sog. Mehrbedarf),** der etwa als krankheitsbedingter Mehrbedarf eines behinderten Kindes, als schulischer Mehrbedarf durch Besuch einer Privatschule oder bei Internatsunterbringung entstehen kann, ist bei sachlicher Notwendigkeit bedarfserhöhend anzusetzen.
BGH, FamRZ 1983, 689; 1983, 48; OLG Hamm, FamRZ 1997, 960, 961: Schulgeld für den Besuch einer Privatschule; OLG Nürnberg, FamRZ 1993, 837

Privilegierung des volljährigen unverheirateten Kindes 266

Privilegiert sind volljährige unverheiratete Kinder bis zur Vollendung des 21. Lebensjahrs, solange sie im Haushalt der Eltern oder eines Elternteils leben und sich in der allgemeinen Schulausbildung befinden.

Trotz der rechtlichen Beendigung der elterlichen Sorge ist die Lebensstellung dieser Kinder mit derjenigen von minderjährigen Kindern vergleichbar und rechtfertigt die Gleichstellung im Rahmen des § 1603 Abs. 2 BGB und des § 1609 Abs. 1 BGB.
BT-Drucks. 13/7338 S. 21

Im Interesse einer einheitlichen Rechtsanwendung ist es sachgerecht, den Begriff der **allgemeinen Schulausbildung** unter Heranziehung der zu § 2 Abs. 1 Nr. 1 BAföG entwickelten Grundsätze auszulegen. Die Schulausbildung muss das Ziel haben, einen allgemeinen Schulabschluss zu erwerben, um nach dem Abschluss eine Berufsausbildung zu beginnen, eine Hochschule oder eine Fachhochschule zu besuchen. Dies ist bei dem Besuch der Hauptschule, der Gesamtschule, der Realschule, des Gymnasiums und der Fachoberschule immer der Fall. Berufsschulen und Berufsfachschulen zählen i. d. R. nicht dazu, da sie neben allgemeinen Ausbildungsinhalten bereits berufsbezogene Ausbildungsinhalte vermitteln.
OLG Zweibrücken, NJWE-FER 2000, 53

Die Schulausbildung muss die **Zeit und Arbeitskraft des Kindes** voll oder zumindest überwiegend in Anspruch nehmen, so dass eine den Lebensunterhalt sicherstellende Erwerbstätigkeit neben der Schulausbildung nicht möglich ist. Eine anzuerkennende Schulausbildung setzt ferner **die Teilnahme an einem kontrollierten Unterricht** voraus, Stetigkeit und Regelmäßigkeit der Ausbildung müssen schulseitig gewährleistet sein, die Teilnahme darf nicht im Belieben der Schüler stehen.
BGH, FamRZ 2002, 815, 816 = FuR 2002, 316; 2001, 1068

Prozess, Erstattungsfähigkeit von Detektivkosten

Detektivkosten der auf Zahlung von Unterhalt in Anspruch genommenen Partei sind erstattungsfähig, wenn sie sich gemessen an den wirtschaftlichen Verhältnissen der Parteien und an der Bedeutung des Streitgegenstandes, in vernünftigen Grenzen halten und prozessbezogen waren.

Unerheblich ist, ob das Familiengericht sein Urteil auf den im Prozess eingeführten Ermittlungsbericht der Detektei gestützt hat.
OLG Frankfurt/M., FF 2002, 142

Prozesskosten 508

Die in Anspruch genommene Partei hat die Kosten des Rechtsstreits ganz oder teilweise zu tragen, wenn sie ihrer **Auskunftspflicht** (§§ 1361, 1580, 1605 BGB) nicht oder nicht vollständig nachgekommen ist und sie deshalb Anlass für ein Verfahren gegeben hat, welches die gesetzliche Unterhaltspflicht betrifft, § 93d ZPO.

Nach **§ 269 Abs. 3 Satz 2 ZPO** entfällt trotz Klagerücknahme die Kostentragungspflicht des Klägers, wenn in Anwendung des § 93d ZPO dem Beklagten die Kosten aufzuerlegen sind.

Prozesskostenvorschuss 250 ff.

Der Anspruch auf Prozesskostenvorschuss ist **unterhaltsrechtlicher Natur.**
BGH, FamRZ 1971, 360; 1984, 148; 1990, 491

Die **Prozesskostenvorschusspflicht** minderjährigen Kindern gegenüber wird allgemein bejaht. Bezüglich der volljährigen Kinder ist die Frage strittig.

Der Anspruch setzt voraus, dass es sich um eine **persönlich lebenswichtige Angelegenheit** handelt, der Anspruchsteller bei Einleitung des Verfahrens oder zu dem Zeitpunkt, in dem er in das Verfahren verwickelt wird, **bedürftig,** mithin nicht in der Lage ist, die Prozesskosten selbst zu tragen und die **Leistungsfähigkeit** des Pflichtigen gegeben ist.

Die Vorschusspflicht muss der **Billigkeit** entsprechen. Dies ist nicht der Fall, wenn die beabsichtigte Rechtsverfolgung keine hinreichende Aussicht auf Erfolg nach dem Maßstab des § 114 ZPO hat. Im Interesse der Klarheit und Gleichbehandlung ist es sachgerecht, für den Anspruch auf Prozesskostenvorschuss denselben Maßstab anzulegen, wie er auch für das Prozesskostenhilfeverfahren gilt.
BGH, FamRZ 2001, 1363, 1364 m. w. N.; OLG Hamm, FamRZ 1994, 529

Nach **Beendigung des Verfahrens** oder der Instanz kann der Prozesskostenvorschuss nicht mehr verlangt werden, wenn der Anspruch gegenüber dem Pflichtigen noch nicht geltend gemacht war.
BGH, FamRZ 1985, 802, 902; OLG Celle, FamRZ 1992, 702

Nach Beendigung des Verfahrens kann aus einer einstweiligen Anordnung auf Zahlung eines Prozesskostenvorschusses die **Zwangsvollstreckung** betrieben werden.
BGH, FamRZ 1985, 802; 1986, 40, 42

Der Anspruch auf **Rückzahlung** eines Prozesskostenvorschusses ist gerechtfertigt, wenn die Voraussetzungen, unter denen er verlangt werden konnte, nicht mehr bestehen. Aus Billigkeitsgründen lässt sich die Rückforderung grds. dann rechtfertigen, wenn die Voraussetzungen für die Gewährung des Vorschusses nicht gegeben waren.
BGH, FamRZ 1990, 491 in Fortführung von BGH, FamRZ 1971, 360

Die Prozesskostenhilfebedürftigkeit besteht nicht, wenn nach materiellem Recht ein unzweifelhaft bestehender und alsbald durchsetzbarer Anspruch auf Zahlung eines Prozesskostenvorschusses besteht.
OLG Köln, FamRZ 1985, 1067; OLG München, FamRZ 1996, 1021; OLG Düsseldorf, FamRZ 1990, 420

Prozessstandschaft   510 ff.

Nach § 1629 Abs. 3 Satz 1 BGB kann ein Elternteil Unterhaltsansprüche des Kindes gegen den anderen Elternteil nur **im eigenen Namen** geltend machen, solange die Eltern getrennt leben oder eine Ehesache zwischen ihnen anhängig ist.

Nach § 1629 Abs. 2 Satz 2 BGB vertritt, soweit keine Sorgerechtsregelung getroffen wurde, der Elternteil das Kind, in dessen **Obhut** es sich befindet. Der Begriff der Obhut bezieht sich auf das tatsächliche Betreuungsverhältnis des Kindes.
Vgl. dazu OLG Bamberg, FamRZ 1998, 632; OLG Düsseldorf, FamRZ 1988, 1092; OLG Frankfurt, FamRZ 1992, 575

Die Prozessstandschaft kann entfallen, wenn eine Sorgerechtsentscheidung getroffen wird oder wenn das Obhutsverhältnis nach § 1629 Abs. 2 Satz 2 BGB durch das Überwechseln des Kindes zu dem anderen Elternteil aufgehoben wird. In diesen Fällen wird die **Klage auf Zahlung von Kindesunterhalt unzulässig,** und zwar auch für die bis dahin aufgelaufenen Unterhaltsrückstände.

Die Prozessstandschaft endet **mit dem Eintritt der Volljährigkeit** des Kindes.

Das volljährig gewordene Kind tritt selbst in den Rechtsstreit ein und erhält damit die Dispositionsmöglichkeit über das Verfahren.

Bei Volljährigwerden nach Urteilserlass vor Rechtskrafteintritt kann das volljährig gewordene Kind selbständig **Rechtsmittel** einlegen.
BGH, FamRZ 1990, 283, 284; OLG Zweibrücken, FamRZ 1989, 194

Nach Rechtskraft der Scheidung hat sich bei einem in Prozessstandschaft erlangten Titel eine **Abänderungsklage** unabhängig von der Umschreibung des Titels in jedem Fall gegen das Kind zu richten. Auch auf der Aktivseite hat das Kind Parteistellung.
OLG Hamm, FamRZ 1990, 1375; OLG Köln, FamRZ 1995, 1503 (LS)

Aus einem in Prozessstandschaft für minderjährige Kinder erwirkten Titel kann die **Zwangsvollstreckung** auch noch **nach Erlöschen der Prozessstandschaft** (Rechtskraft der Scheidung) im Namen des Elternteils erfolgen. Der Elternteil ist nach wie vor Titelgläubiger und als solcher zur Vollstreckung berechtigt.
OLG Schleswig, FamRZ 1990, 189; KG, FamRZ 1994, 505; OLG Hamburg, FamRZ 1984, 927; a. A. OLG Köln, FamRZ 1985, 626

Das Recht zur Vollstreckung endet jedoch mit dem Verlust der Vertretungsbefugnis, wenn etwa eine andere Sorgerechtsregelung getroffen wurde und bei Eintritt der Volljährigkeit.
OLG Hamm, FamRZ 1992, 843; OLG Oldenburg, FamRZ 1992, 844

Die eingetretene Beendigung der Prozessstandschaft ist mit der **Vollstreckungsgegenklage** geltend zu machen.

OLG Brandenburg, FamRZ 1997, 509; OLG Köln, FamRZ 1995, 308; 1985, 626; OLG Hamm, FamRZ 1992, 843; OLG Celle, FamRZ 1992, 842, 843; OLG Oldenburg, FamRZ 1992, 844; OLG Schleswig, FamRZ 1990, 189; OLG München, FamRZ 1990, 653; OLG Frankfurt, FamRZ 1983, 1268

Rangfragen des Kindesunterhalts 352

Minderjährige unverheiratete Kinder stehen im Rang gleich. § 1603 Abs. 2 Satz 2 BGB in der Fassung des KindUG hat ferner den minderjährigen unverheirateten Kindern die volljährigen unverheirateten Kinder bis zur Vollendung des 21. Lebensjahres gleichgestellt, solange sie im Haushalt der Eltern oder eines Elternteils leben und sich in der allgemeinen Schulausbildung befinden.

Gleichrangig sind die Ansprüche der Kinder i. S. d. § 1603 Abs. 2 BGB in der Fassung des KindUG auch mit dem Anspruch des Ehegatten des Unterhaltspflichtigen. Dazu gehört der geschiedene wie der jetzige Ehegatte.

Kollidieren jedoch Unterhaltsansprüche der gem. § 1582 BGB privilegierten geschiedenen Ehefrau und der minderjährigen Kinder mit denen der zweiten Ehefrau, gilt der Gleichrang des § 1609 BGB nur zwischen den Kindern nach § 1603 Abs. 2 BGB in der Fassung des KindUG und dem nach § 1582 BGB bevorrechtigten Ehegatten.
BGH, FamRZ 1988, 705

Die Ansprüche bemessen sich nach der materiellen Rechtslage. Dies gilt auch hinsichtlich des Unterhaltsberechtigten, zu dessen Gunsten bereits ein rechtskräftiger, vollstreckbarer Unterhaltstitel besteht.
BGH, FamRZ 1980, 555, 557; 1990, 1091, 1094; 1992, 797, 798

Nachrangig gegenüber den Ansprüchen minderjähriger unverheirateter Kinder – und den jetzt durch § 1603 Abs. 2 Satz 2 BGB in der Fassung des KindUG gleichgestellten volljährigen Kindern – sowie denen der Ehegatten des Unterhaltspflichtigen sind die Ansprüche volljähriger Kinder.
BGH, FamRZ 1984, 683, 685; NJW 1987, 1549, 1550

Realsplitting 16

Den Unterhaltspflichtigen trifft die Obliegenheit, Steuervorteile, die er in zumutbarer Weise erzielen könnte, in Anspruch zu nehmen. Dies gilt für die Vorteile aus dem **sog. begrenzten Realsplitting**. Grds. muss der steuerliche Vorteil zeitnah durch Eintragung eines Freibetrages und nicht erst im Nachhinein im Wege der Steuererklärung geltend gemacht werden. Indes kann von dem Unterhaltspflichtigen nur dann die Eintragung eines **Freibetrages** auf der Lohnsteuerkarte verlangt werden, wenn die Unterhaltshöhe betragsmäßig feststeht oder unstreitig ist.
BGH, FamRZ 1999, 374; OLG Hamm, FamRZ 2000, 26

Rechtsmittel gegen den Festsetzungsbeschluss 551

Der Festsetzungsbeschluss ist von den Parteien mit der **sofortigen Beschwerde** angreifbar, § 652 Abs. 1 ZPO.

Regelbetrag 72 ff.

Der Regelbetrag beinhaltet nicht den Regelbedarf oder den Regelunterhalt des bisherigen Unterhaltsrechts. Der Regelbetrag ist vielmehr nur die **Bezugsgröße für die Dynamisierung des Individualunterhalts** (BT-Drucks. 13/9596 S. 44) und hat **Bedeutung für die Zulässigkeit des vereinfachten Verfahrens.**

Regelunterhalt und Kindschaftsprozess 552

Ein außerhalb einer bestehenden Ehe geborenes Kind kann die Klage auf Vaterschaftsfeststellung mit dem Antrag verbinden, den Beklagten zugleich zu verurteilen, ihm **Unterhalt in Höhe der Regelbeträge und gem. den Altersstufen der Regelbetrag-VO,** vermindert oder erhöht um die nach den §§ 1612b, 1612c BGB anzurechnenden Leistungen, zu zahlen.

Schulden 288

Die **Leistungsfähigkeit des Unterhaltspflichtigen** kann durch **Schulden** begrenzt oder sogar ausgeschlossen sein.

Die Abzugsfähigkeit von Schulden ist im Rahmen einer umfassenden **Interessenabwägung** nach billigem Ermessen zu klären, wobei insbesondere auf den Zweck der Verbindlichkeiten, den Zeitpunkt und die Art der Entstehung, die Kenntnis des Unterhaltspflichtigen von Grund und Höhe der Unterhaltsschuld Abwägungskriterien sind.
BGH, FamRZ 1996, 160, 161

Auf Schulden, die leichtfertig, für luxuriöse Zwecke oder ohne verständigen Grund eingegangen sind, kann sich der Unterhaltspflichtige grds. nicht berufen.
BGH, FamRZ 1982, 157, 158; 1984, 358, 360; 1990, 283; 1992, 797; 1996, 160, 162

Dem Unterhaltsanspruch des minderjährigen Kindes gegenüber ist es zu rechtfertigen, Schulden i. d. R. jedenfalls insoweit außer Betracht zu lassen, als der **Regelbetrag** unterschritten würde. Allerdings kann der Abzug nach Lage des Falles selbst für den Fall gerechtfertigt sein, dass infolge der Berücksichtigung der Schulden die minderjährigen Kinder nicht einmal den **Regelbetrag** erhalten.
BGH, FamRZ 1984, 657, 659; 1986, 254, 257; 1990, 266, 267 zum bisher sog. Mindestbedarf
Diese Rspr. ist auch auf die sog. privilegierten volljährigen Kinder anwendbar, denn sie fußt auf der gesteigerten Unterhaltspflicht nach § 1603 Abs. 2 BGB.

Nach Lage des Einzelfalles kann erwogen werden, eine unterhaltsrechtliche Obliegenheit zur Einleitung eines **Verbraucherinsolvenzverfahrens** anzunehmen, um Leistungsfähigkeit zu schaffen. Dabei ist jedoch zu beachten, dass dieses nicht zwingend zu Vorteilen der Unterhaltsberechtigten führen wird.
Gegen eine Obliegenheit: OLG Stuttgart, FamRZ 2002, 983; dafür: AG Nordenham, FamRZ 2002, 896; dazu Anm. Melchers, FamRZ 2002, 897; zu dem Problemkreis vgl. Uhlenbrock, FamRZ 1998, 1473 ff.

Von dem Unterhaltspflichtigen ist eine umfassende, möglichst zugleich mit aussagekräftigen Belegen unterlegte Darstellung der Schuldensituation zu verlangen. Er trägt die **Beweislast** für die Umstände, die die Berücksichtigungswürdigkeit ergeben sollen, denn er macht die Minderung seiner Leistungsfähigkeit geltend.
BGH, FamRZ 1990, 283, 287; 1992, 797, 798

Einer umfassenden Interessenabwägung bedarf es auch für **Zins- und Tilgungsleistungen**, die zur **Finanzierung eines Eigenheims** zu entrichten sind. Sie können nicht einkommensmindernd berücksichtigt werden, soweit sie den Wohnkosten entsprechen, die der Unterhaltspflichtige ohne das Vorhandensein von Wohneigentum aufzubringen hätte.
BGH, NJW 2002, 2026, 2028

Für die Abzugsfähigkeit der darüber hinausgehenden Verbindlichkeiten bedarf es einer umfassenden **Interessenabwägung.** Diese Interessenabwägung hat insbesondere auch auf das Unterhaltsinteresse minderjähriger, nunmehr auch privilegierter volljähriger Kinder abzustellen.
OLG Hamm, FamRZ 1999, 43

Selbstbehalt 340

Dem Unterhaltspflichtigen müssen auch im Rahmen der gesteigerten Unterhaltspflicht die zur Bestreitung des unentbehrlichen Lebensbedarfs notwendigen Mittel verbleiben (**sog. notwendiger Selbstbehalt**).
BGH, FamRZ 1991, 182, 184

Für Unterhaltszwecke zu verwenden ist nur der den **notwendigen Selbstbehalt/Mindestselbstbehalt übersteigende Arbeitserlös.**

Die mit dem **notwendigen Selbstbehalt** definierte unterhaltsrechtliche Opfergrenze gilt im Verhältnis der Eltern zu ihren minderjährigen Kindern und für die Zeit ab Inkrafttreten des KindUG am 1. 7. 1998 nach Maßgabe des dann geltenden § 1603 Abs. 2 BGB ebenso für privilegierte voll-

jährige Kinder. § 1603 Abs. 2 BGB in der Fassung des KindUG erweitert die gesteigerte Unterhaltspflicht auf **volljährige unverheiratete Kinder bis zur Vollendung des 21. Lebensjahres,** solange sie **im Haushalt der Eltern oder eines Elternteils** leben und sich in der **allgemeinen Schulausbildung** befinden. Ihre Lebensstellung ist trotz Beendigung der elterlichen Sorge mit derjenigen minderjähriger Kinder vergleichbar, eine Gleichstellung im Rahmen des § 1603 Abs. 2 BGB erscheint geboten.
BT-Drucks. 13/7338 S. 21

Eine Ausdehnung auf weitere Fallgruppen (behinderte Kinder) sieht die gesetzliche Neuregelung aber nicht vor.

Gegenüber Ansprüchen von volljährigen, nicht privilegierten Kindern können sich die Eltern auf den **angemessenen Selbstbehalt** berufen.

Sonderbedarf 468

Von dem regelmäßig anfallenden Mehrbedarf zu unterscheiden ist der unregelmäßige außergewöhnlich hohe Bedarf (**sog. Sonderbedarf**) i. S. d. § 1613 Abs. 2 Nr. 1 BGB. Sonderbedarf sind etwa Umzugskosten *(BGH, FamRZ 1983, 29)*, unvorhergesehene Krankheitskosten *(BGH, FamRZ 1983, 29)*, Kosten einer kieferorthopädischen Behandlung eines zehnjährigen Kindes *(OLG Karlsruhe, FamRZ 1992, 1317)*, Erstausstattung eines Säuglings *(OLG Koblenz, FamRZ 1989, 311; OLG Nürnberg, FamRZ 1993, 995)*, Kosten der Kommunion und Konfirmation in angemessenem Umfang *(OLG Karlsruhe, 2 A ZS – FamS, FamRZ 1991, 1349; a. A. 16. ZS – FamS, FamRZ 1991, 1351; 5. Senat – FamS – in Freiburg, FamRZ 1995, 1009; OLG Hamm, 3. FamS, FamRZ 1991, 857; 5. FamS, FamRZ 1991, 1352 LS; 2. FamS, FamRZ 1993, 995, 996)*, Kosten einer Klassenfahrt *(OLG Hamm, 2. FamS, FamRZ 1992, 346; 1993, 995; vgl. dazu ferner OLG Hamburg, FamRZ 1991, 109; OLG Braunschweig, FamRZ 1995, 1010; vgl. auch Vogel, FamRZ 1991, 1134)*; Aufwendungen für Bettersatzbeschaffung wegen einer Staubmilbenallergie *(OLG Karlsruhe, FamRZ 1992, 850)*.

Richtige Klageart für die Geltendmachung von Sonderbedarf ist die **einfache Zusatzklage.**

Sozialleistungen infolge eines Körper- oder Gesundheitsschadens 60

Zugunsten des Leistungsempfängers wird vermutet, dass die Sozialleistungen nach § 1610a BGB durch die schadensbedingten Mehraufwendungen aufgezehrt werden. Der Beweis des Gegenteils durch den Gegner ist nach § 292 ZPO zulässig.
OLG Hamm, FamRZ 1991, 1198; zur Widerlegung der Vermutung vgl. OLG Schleswig, FamRZ 1992, 4721 = NJW-RR 1992, 471; OLG Hamm, 12. FamS, FamRZ 1998, 1431; 8. FamS, FamRZ 2000, 114 nur LS

Sozialstaatliche Zuwendungen 56

Zweckbestimmte Sozialleistungen gelten nach der Rspr. des BGH im Grundsatz als Einkünfte. Sie sind als Einkommen zu behandeln, wenn die Leistungen tatsächlich geeignet sind, zur Deckung des allgemeinen Lebensbedarfs zu dienen.
BGH, FamRZ 1983, 574; 1988, 1031

Splittingvorteil 17

Der durch die Wiederheirat des Unterhaltspflichtigen entstehende **Splittingvorteil** hat den Kindern aus der ersten Ehe in jedem Fall zu verbleiben. Dies gebietet der Gleichrang aller minderjährigen Kinder – gleich aus welcher Ehe – gem. § 1609 Abs. 1 BGB.
BGH, FamRZ 1986, 798

Steuern 14

Die in dem maßgeblichen Kalenderjahr zu entrichtenden **Steuern** mindern das für den Unterhalt zur Verfügung stehende Einkommen des Unterhaltspflichtigen.

Er ist jedoch gehalten, Steuervorteile, die er in zumutbarer Weise erzielen könnte, in Anspruch zu nehmen.

Übergangsgebührnisse/Übergangsbeihilfe

Die für die Abfindung maßgeblichen Grundsätze gelten in gleicher Weise für **Übergangsgebührnisse** und die **Übergangsbeihilfe** eines aus der Bundeswehr ausgeschiedenen Soldaten.
BGH, FamRZ 1987, 930, 931

Überstunden/Mehrarbeit   10

Einkommen aus **Überstunden/Mehrarbeit** findet ebenfalls grds. unterhaltsrechtliche Berücksichtigung. Es kann aber nach Zumutbarkeitsgesichtspunkten außer Ansatz bleiben.
BGH, FamRZ 1980, 984; 1982, 779, 780

Ungefragte Information   478

In Ausnahmefällen kann sich aus Treu und Glauben eine **Pflicht zur ungefragten Information** ergeben. Diese kann sich einstellen, wenn eine für den Unterhaltsanspruch ersichtlich grundlegende Veränderung der wirtschaftlichen Verhältnisse eingetreten und ein Schweigen darüber evident unredlich ist.
BGH, FamRZ 1986, 450, 453; 794, 796; 1988, 270; 1997, 483 betreffend den Ehegattenunterhalt; FamRZ 1997, 483 = NJW 1997, 1439; OLG Hamm, FamRZ 1997, 433; 1994, 1265; OLG Bamberg, FamRZ 1994, 1178

In diesen Fällen können sich aus dem unredlichen Verhalten Schadensersatzansprüche nach § 826 BGB ergeben.
OLG Bremen, FamRZ 2000, 256

Dieses Verhalten kann die Voraussetzungen des Verwirkungstatbestandes erfüllen.
BGH, FamRZ 1997, 483

Es kann auch zur Anfechtung eines Vergleichs nach § 123 BGB berechtigen.
BGH, NJW 1999, 2804

Unterhalt für die Vergangenheit   414 ff.

Nach § 1613 Abs. 1 Satz 1 BGB kann der Unterhaltsberechtigte für die **Vergangenheit** Erfüllung oder Schadensersatz wegen Nichterfüllung nur **von dem Zeitpunkt** an fordern, zu welchem der Unterhaltspflichtige zum Zwecke der Geltendmachung des Unterhaltsanspruchs aufgefordert worden ist, über seine Einkünfte und sein Vermögen Auskunft zu erteilen, zu welchem der Unterhaltspflichtige in Verzug gekommen oder der Unterhaltsanspruch rechtshängig geworden ist.

§ 1613 BGB findet auf den gesamten Verwandtenunterhalt und gem. §§ 1360a Abs. 3, 1361 Abs. 4 Satz 4 BGB auf den Familien- und Trennungsunterhalt Anwendung. Eine entsprechende Änderung des § 1585b BGB ist nicht erfolgt.

Die Mahnung muss als ernstliche Aufforderung zur Leistung die geschuldete Leistung genau bezeichnen.
BGH, FamRZ 1984, 163

Eine **Stufenmahnung,** ein entsprechendes PKH-Gesuch wie bei der Stufenklage und die Stufenklage entfalten erst die volle Mahnungswirkung.
BGH, FamRZ 1990, 283, 285

Der Mahnung kommen das **Prozesskostenhilfegesuch,** die Zustellung eines Antrages auf **Erlass einer einstweiligen Anordnung** bzw. **einstweiligen Verfügung auf Prozesskostenvorschuss** und **sozialrechtliche Möglichkeiten** (§ 91 BSHG, § 7 Abs. 2 UVG, § 140 AFG, § 37 Abs. 4 BAföG) gleich.

Die Mahnung begründet Verzug nur hinsichtlich des **konkret angemahnten Betrages.** Sie muss grds. **nach Eintritt der Fälligkeit** erfolgen.

Wird Unterhalt durch eine **Gläubigermehrheit** gefordert, hat bereits die Mahnung den für jeden Unterhaltsgläubiger beanspruchten Unterhaltsbetrag zu beziffern.
OLG Hamm, FamRZ 1997, 1102; 1995, 106

Wird Unterhalt für ein minderjähriges Kind geltend gemacht, muss der Mahnende **zur Vertretung des Kindes** befugt sein. Üben die Eltern die **gemeinsame elterliche Sorge** für das Kind aus, so kann der Elternteil, in dessen Obhut sich das Kind befindet, Unterhaltsansprüche des Kindes gegen den anderen Elternteil geltend machen, § 1629 Abs. 2 Satz 2 BGB.
OLG Düsseldorf, FamRZ 1988, 1092; OLG Stuttgart, FamRZ 1995, 1168

Nach § 1613 Abs. 1 Satz 2 BGB in der Fassung des ab 1. 7. 1998 geltenden KindUG v. 6. 4. 1998 (BGBl. I S. 666, 667) wird der Unterhalt **ab dem Ersten des Monats,** in den die bezeichneten Ereignisse (Auskunftsbegehren, Mahnung, Rechtshängigkeit) fallen, geschuldet, wenn der Unterhaltsanspruch **dem Grunde nach** zu diesem Zeitpunkt bestanden hat.

Die Folgen des einmal eingetretenen Verzuges können nur durch einen Verzicht in der Form eines **Erlassvertrages** rückwirkend beseitigt werden.
BGH, FamRZ 1983, 352; 1987, 40; 1988, 478; 1995, 725, 726

Der Gläubiger kann **mit Wirkung für die Zukunft** seinen Anspruch ermäßigen, etwa durch eine Mahnung mit geringeren Beträgen oder durch eine teilweise Klagerücknahme.
OLG Hamm, FamRZ 1989, 1303; 1990, 520

Die Mahnung war nach der bisherigen Rspr. in den Fällen der **Kalenderfälligkeit** und **Erfüllungsverweigerung,** wenn der Schuldner **ernsthaft und endgültig** die Leistung verweigert, nach allgemeinen Erwägungen entbehrlich.
BGH, FamRZ 1983, 352, 354; 1993, 1055

Das zum 1. 1. 2002 in Kraft getretene SMG hat mit § 286 Abs. 2 BGB zu einer Kodifizierung der schon von der Rspr. entwickelten Grundsätze geführt. Anwendbar ist diese Neuregelung auf den Unterhaltspflichtigen im Fall der sog. Selbstmahnung.

Ohne die Voraussetzungen des Verzuges kann laufender Unterhalt für die Vergangenheit verlangt werden, wenn der Unterhaltsanspruch rechtshängig geworden ist, §§ 1585 Abs. 2, 1613 Abs. 1 BGB. Dabei ist **Rechtshängigkeit** in ihrem üblichen Sinne zu verstehen, nämlich Zustellung der beglaubigten Klageabschrift, § 261 ZPO.

Davon unabhängig besteht die Möglichkeit der **Verwirkung des Anspruchs auf Zahlung rückständigen Unterhalts.**
BGH, FamRZ 1982, 898; 1988, 370

Sonderbedarf kann nach § 1613 Abs. 2 Nr. 1 BGB in der Fassung des KindUG v. 6. 4. 1998 (BGBl. I S. 666, 667) für die Vergangenheit ohne die Einschränkung nach § 1613 Abs. 1 BGB verlangt werden. Nach Ablauf eines Jahres kann dieser Anspruch jedoch nur geltend gemacht werden, wenn der Unterhaltspflichtige vorher in Verzug gekommen oder der Anspruch rechtshängig geworden ist.

Eine Einschränkung der Forderung von Unterhalt für die Vergangenheit besteht auch nicht für einen Zeitraum, in dem der Unterhaltsberechtigte aus **rechtlichen Gründen** an der Geltendmachung des Unterhaltsanspruchs gehindert war.

Unterhalt kann ferner eingefordert werden für den Zeitraum, in dem der Unterhaltsberechtigte aus **tatsächlichen Gründen, die in den Verantwortungsbereich des Unterhaltspflichtigen** fallen, an der Geltendmachung des Unterhaltsanspruchs gehindert war.

Der Unterhaltsberechtigte kann Erfüllung nicht, nur in Teilbeträgen oder erst zu einem späteren Zeitpunkt verlangen, soweit die volle oder die sofortige Erfüllung für den Unterhaltspflichtigen eine **unbillige Härte** bedeuten würde. § 1613 Abs. 3 BGB in der ab 1. 7. 1998 geltenden Fassung des KindUG v. 6. 4. 1998 schafft eine Härteregelung. Stundung und Erlass sind als **materielle Einwendungen** ausgestaltet worden, die der Unterhaltspflichtige – gerichtlich und außergerichtlich – zur Geltung bringen muss.

Unterhaltsabfindungen 392

Unterhaltsabfindungen, die vielfach im Zusammenhang mit der Ausreise des barunterhaltspflichtigen Elternteils geschlossen wurden, sind unwirksam, wenn sie einen auch teilweisen Verzicht auf den laufenden Unterhalt enthalten, §§ 21 Abs. 1, 46 Abs. 1 Satz 3 FGB.
OLG Koblenz, FamRZ 1994, 1195; OLG Düsseldorf, FamRZ 1994, 1344; OLG Oldenburg, FamRZ 1993, 233

Unterhaltstabellen 155 ff.

Die Tabellen haben keine einer Rechtsnorm vergleichbare Verbindlichkeit, ihnen kommt jedoch die Bedeutung einer **richterlichen Entscheidungshilfe** zu.
BGH, FamRZ 1983, 473; 1985, 151; 1987, 257, 258; 1995, 221, 222

In den Tabellenbeträgen ist ein Beitrag zur **Krankenversicherung/Pflegeversicherung** nicht enthalten. Ist das Kind ausnahmsweise nicht mitversichert, besteht Anspruch auf den Beitrag zur Krankenversicherung/Pflegeversicherung, der gesondert verlangt werden muss; er wird nicht von Amts wegen zugesprochen.
OLG Hamm, FamRZ 1990, 541

Der **Bedarfskontrollbetrag** soll eine ausgewogene und angemessene Verteilung des Einkommens zwischen dem Unterhaltspflichtigen und den unterhaltsberechtigten Kindern gewährleisten.
OLG Hamm, FamRZ 1995, 1218, 1219; OLG Düsseldorf, FamRZ 1999, 1165 dort zur Beachtung der Bedarfskontrollbeträge auch im Mangelfall

Die **Höchstbeträge** der Tabellen können bei besonders günstigen Verhältnissen des Unterhaltspflichtigen auch überschritten werden. Eine **Sättigungsgrenze** i. S. einer Kappungsgrenze besteht für den Kindesunterhalt nicht. Der Berechtigte muss aber dann im Einzelnen konkret dartun, aus welchen Gründen und in welchem Umfang sich eine Bedarfserhöhung über den Höchstbetrag hinaus rechtfertigt.
BGH, FamRZ 2001, 1603, 1604; 2000, 358 = NJW 2000, 954

Unterhaltsvorschussgesetz 112 ff.

Geht nach § 7 Abs. 1 UVG der Unterhaltsanspruch gegen den Unterhaltspflichtigen auf das Land über, geschieht dies zugleich mit dem **unterhaltsrechtlichen Auskunftsanspruch.** Daneben bleibt der öffentlich-rechtliche Auskunftsanspruch bestehen.

In § 7 Abs. 4 Satz 2 UVG hat der Gesetzgeber nunmehr in Anlehnung an § 91 Abs. 4 BSHG auch für das UVG die Möglichkeit der **Rückübertragung** des Unterhaltsanspruchs an den unterhaltsberechtigten Leistungsempfänger geschaffen.

Verjährung des Unterhaltsanspruchs 364 ff.

Nach § 195 BGB beträgt die **regelmäßige Verjährungsfrist drei Jahre**. § 197 Abs. 2 BGB bestimmt, dass Ansprüche auf wiederkehrende Leistungen/Unterhaltsleistungen nunmehr der regelmäßigen Verjährungsfrist von drei statt bisher vier Jahren unterliegen. Dies gilt auch für Ansprüche wegen Sonderbedarfs (BT-Drucks. 14/6040 S. 107; zur bisherigen Rspr. s. BGHZ 103, 167) und für die Ansprüche nach § 1615l BGB, denn § 1615l Abs. 4 BGB ist durch die Neuregelung aufgehoben worden.

Rechtskräftig festgestellte Unterhaltsansprüche, also alle Ansprüche bis zur Rechtskraft der Entscheidung, verjähren als familienrechtliche Ansprüche – wie bisher nach § 218 BGB a. F. – gem. § 197 Abs. 1 Nr. 3 BGB in 30 Jahren. Bezieht sich der Titel auf künftig fällig werdende regelmäßig wiederkehrende Leistungen, gilt gem. § 197 Abs. 2 2. Alt. BGB die regelmäßige Verjährungsfrist von drei Jahren. Diese Regelung gilt nach § 197 Abs. 1 Nr. 4 BGB auch für Ansprüche aus vollstreckbaren Vergleichen oder vollstreckbaren Urkunden.

Hemmung der Verjährung tritt nach § 204 BGB durch bestimmte **Rechtsverfolgungsmaßnahmen** ein. U. a. durch **Erhebung der Leistungsklage**, auch in Gestalt der Stufenklage, jedoch nicht allein durch die isolierte Auskunftsklage. Ferner durch Erhebung der **Feststellungsklage** sowie der **Klage auf Erteilung der Vollstreckungsklausel** oder auf **Erlass des Vollstreckungsurteils**, § 204 Abs. 1 Nr. 1 BGB. Die Hemmung der Verjährung tritt überdies ein durch die **Zustellung des Antrages im vereinfachten Verfahren** über den Unterhalt Minderjähriger, § 204 Abs. 1 Nr. 2 BGB, die **Zustellung des Mahnbescheids** im Mahnverfahren, § 204 Abs. 1 Nr. 3 BGB, die **Veranlassung der Bekanntgabe des erstmaligen Antrages auf Gewährung von Prozesskostenhilfe**; wird die Bekanntgabe demnächst nach der Einreichung des Antrages veranlasst, so wird die Hemmung der Verjährung bereits mit der Einreichung bewirkt, § 204 Abs. 1 Nr. 14 BGB.

Die **Stufenklage** führt zur Hemmung der Verjährung des zunächst noch unbestimmten Leistungsanspruches nur in der Höhe, in der dieser Anspruch nach Erfüllung der seiner Vorbereitung dienenden Hilfsansprüche beziffert wird.
BGH, FamRZ 1992, 1163

Neubeginn der Verjährung tritt nach § 212 BGB in voller Länge ein, wenn der Schuldner dem Gläubiger gegenüber den Anspruch durch Abschlagszahlungen, Zinszahlung, Sicherheitsleistung oder in anderer Weise anerkennt, oder eine gerichtliche oder behördliche Vollstreckungshandlung vorgenommen oder beantragt wird.

Vermögenseinsatz/Vermögensverwertung 129

Die **Vermögensverwertung** wird von dem **minderjährigen Kind** nicht geschuldet; § 1602 Abs. 2 BGB privilegiert das minderjährige Kind.

Aus § 1602 Abs. 2 BGB leitet sich ab, dass minderjährige Kinder **Einkünfte aus einem Vermögen** zur Minderung ihrer Bedürftigkeit einzusetzen haben. Dies gilt etwa für Zinseinkünfte und den Vorteil mietfreien Wohnens in einer eigenen Immobilie.

Das **volljährige Kind** muss **vorhandenes Vermögen** zur Minderung seiner Bedürftigkeit einsetzen. Es hat ferner zur Verminderung seiner Bedürftigkeit **Forderungen einzuziehen,** die es in zumutbarer Weise einziehen kann, um so aus dem zugeflossenen Vermögen jedenfalls Erträge erzielen zu können.
BGH, FamRZ 1993, 1065, 1067; 1998, 367, 368

Dem **volljährigen Kind** obliegt es zudem, auch den **Vermögensstamm** einzusetzen, wie sich im Umkehrschluss zu § 1603 Abs. 2 BGB ergibt. Inwieweit diese Verpflichtung jedoch greift, ist nach Lage des Einzelfalles im Rahmen einer **umfassenden Zumutbarkeitsabwägung** zu entscheiden, die alle bedeutsamen Umstände und insbesondere auch die Lage des Unterhaltspflichtigen berücksichtigt.
BGH, FamRZ 1998, 367, 368: keine entsprechende Heranziehung des § 1577 Abs. 3 BGB

Verpflichtungserklärung

Die Urkundsperson beim Jugendamt ist nach § 59 Abs. 1 Nr. 9 SGB VIII ebenfalls befugt, die im Rahmen des vereinfachten Verfahrens nach § 648 ZPO abzugebende **Verpflichtungserklärung** zu beurkunden. Die unverzügliche Weiterleitung an das Gericht wird durch den entsprechend anzuwendenden § 129a ZPO gewährleistet.

Versorgungsleistungen für Dritte 63

Werden dem Dritten gegenüber vergütungswürdige Versorgungsleistungen erbracht, kann in entsprechender Anwendung des § 850h Abs. 2 ZPO für die geleisteten Dienste eine angemessene Vergütung in Ansatz gebracht werden. Voraussetzung der Anrechnung eines fiktiven Entgelts für Versorgungsleistungen ist die **Möglichkeit des Partners, die Leistungen auch zu vergüten.**
BGH, FamRZ 1980, 665, 668; 1989, 487, 488

Wer vergütungswürdige Versorgungsleistungen erbringt, hat **darzutun und zu beweisen**, dass und warum dafür nach Lage des Einzelfalles **keine** Vergütung angesetzt werden kann.
BGH, FamRZ 1983, 150, 152; 1995, 343, 344

Verwirkung des Unterhaltsanspruchs 385 ff.

§ 1611 Abs. 1 BGB ist auf die Unterhaltspflicht von Eltern gegenüber minderjährigen unverheirateten Kindern nicht anzuwenden, § 1611 Abs. 2 BGB. Tatbestandliche Handlungen eines minderjährigen Kindes können dem Unterhaltsanspruch des nunmehr volljährigen Kindes nicht entgegengesetzt werden.
BGH, FamRZ 1988, 159, 163

Ein Ausschluss des Unterhalts ist nur in sehr engen Grenzen möglich, u. a., wenn sich der Unterhaltsberechtigte einer **schweren vorsätzlichen Verfehlung gegenüber dem Unterhaltspflichtigen** schuldig gemacht hat.
Der Tatbestand ist nicht schon erfüllt, wenn das unterhaltsberechtigte Kind jeden **Kontakt zu den Eltern** ablehnt.
BGH, FamRZ 1995, 475

Das Verschweigen von anrechenbaren Einkünften im Unterhaltsverfahren (Berufsausbildungsbeihilfe des Arbeitsamtes nach § 40 AFG) kann als versuchter Prozessbetrug die Verwirkung rechtfertigen.
OLG Hamm, FamRZ 1995, 958; OLG Koblenz, FamRZ 1999, 402

Werden die Voraussetzungen des § 1611 Abs. 1 BGB nach einer Verurteilung zur Zahlung von Unterhalt erfüllt, kann die Verwirkung durch **Vollstreckungsabwehrklage** geltend gemacht werden.
BGH, FamRZ 1987, 259, 261: dort zur Verwirkung nachehelichen Unterhalts entschieden; OLG Düsseldorf, FamRZ 1981, 883, 884; OLG Koblenz, FamRZ 1999, 402

Für Zeiträume ab Rechtshängigkeit kommt bei Vorliegen von Umständen, die gegenüber fälligen Unterhaltsansprüchen eine Einwendung i. S. d. § 767 ZPO begründen, auch die **Abänderungsklage** mit den gesetzlichen Einschränkungen nach § 323 Abs. 2 und 3 ZPO in Betracht.
BGH, FamRZ 1990, 1095: dort zur Anwendung von § 1579 BGB infolge Verschweigens des Ausbildungsabbruchs im Vorprozess

Verzicht auf den Unterhaltsanspruch 392 ff.

Vereinbarungen über den Kindesunterhalt dürfen keinen – auch nur teilweisen – Verzicht auf künftigen Unterhalt beinhalten oder auf einen solchen Verzicht hinauslaufen. Entscheidend für die Beurteilung ist nicht der Parteiwille, sondern allein, ob der dem Unterhaltsberechtigten von Gesetzes wegen zustehende Unterhalt **objektiv verkürzt** wurde.
BGH, FamRZ 1984, 997

In der Unterschreitung der Tabellensätze um mehr als ein Drittel oder im Falle eines Abschlages von 20 % kann ein unzulässiger Teilverzicht liegen.
OLG Oldenburg, FamRZ 1979, 333; OLG Köln, FamRZ 1983, 750; OLG Celle, FamRZ 1992, 94

Ein Unterlassen der Höherstufung ist zulässig.
OLG Hamm, FamRZ 1981, 869

Ein ausdrücklicher oder konkludenter Verzicht auf Unterhalt für die Vergangenheit ist zulässig.

Wehrdienst/Zivildienst 140

Das i. d. R. volljährige Kind, welches aufgrund der **Wehrpflicht** Wehrdienst leistet, hat im Normalfall, auch bei günstigen wirtschaftlichen Verhältnissen seiner Eltern, für diese Zeit keinen ergänzenden Unterhaltsanspruch gegen seine Eltern.

Bei **Zivildienstleistenden** sind die gleichen Grundsätze maßgeblich, wenn der Zivildienstleistende eine Unterkunft gestellt erhält, seine Wohnkosten also in voller Höhe durch den Bund getragen werden.
OLG Hamburg, FamRZ 1987, 409; OLG Hamm, FamRZ 1993, 100

Wiederaufleben des Unterhaltsanspruchs 149

Der Unterhaltsanspruch eines volljährigen Kindes kann **wieder aufleben**, wenn etwa die Bedürftigkeit nach erfolgreicher Ausbildung und Tätigkeit im erlernten Beruf infolge einer krankheitsbedingten Erwerbsunfähigkeit eintritt.

Wohnbedarf 162

Ein Teil des Kindesunterhalts kann dem **Wohnbedarf** des Kindes zugerechnet werden. Bedarfsmindernd wirkt sich ein Wohnvorteil des Kindes aus, wenn das Kind im eigenen Immobilienvermögen lebt. Bei der Bemessung des Wohnwertes ist der Schutzwürdigkeit des Kindes Rechnung zu tragen. Es verbietet sich der Ansatz eines Wertes, der das Kind zum Verkauf der Immobilie zwingen würde.
BGH, FamRZ 1989, 1160, 1163; 1992, 423, 424

Zählkindvorteil 96

Die Erhöhung des Kindergeldes durch ein nicht gemeinschaftliches Kind bleibt unberücksichtigt.

B. ABC des Unterhalts für das Kind und seine nicht miteinander verheirateten Eltern

Altfälle 615

702   Nach dem am 1. 7. 1998 In-Kraft-Treten KindRG v. 16. 12. 1997 (BGBl. I S. 2942) kann der Anspruch nach § 1615l Abs. 2 Satz 2 BGB in Härtefällen über den Zeitraum von drei Jahren hinaus bestehen. Die Neuregelung erfasst Fälle, in denen das Kind vor dem Inkrafttreten des KindRG zum 1. 7. 1998 geboren ist, ebenso diejenigen, in denen die Dreijahresfrist bereits am 1. 7. 1998 abgelaufen war.
Graba, FamRZ 1999, 751, 753; Wohlgemuth, in: Eschenbruch, a. a. O., Rn. 3468; s. zur vergleichbaren Problematik bei In-Kraft-Treten des **Schwangeren- und Familienhilfegesetzes** *v. 21. 8. 1995: BGH, FamRZ 1998, 426, 427; KG, FamRZ 2000, 636; LG Arnsberg, FamRZ 1997, 1297, 1298; a. A. OLG Braunschweig, FamRZ 1999, 186, 187*

Anspruchskonkurrenz 608

Mit den Ansprüchen der nichtehelichen Mutter können weitere in Anspruchskonkurrenz treten. So kommt die Unterhaltspflicht der Eltern der Mutter in Betracht. Den Eltern gegenüber kann sich die Mutter zwar auf die Betreuungsbedürftigkeit des Kindes berufen, doch muss sie alle Erwerbsmöglichkeiten ausschöpfen, wenn und soweit das Alter des Kindes und die sonstigen Umstände die Einkommenserzielung gestatten.
OLG München, OLGR 1999, 74: Erwerbstätigkeit etwa ab eineinhalb bis zwei Jahren, OLG Hamm, FamRZ 1996, 1493: ab 18 Monate

Die Aufteilung der Haftung für den Unterhalt der Mutter ist zwischen dem Ehemann und dem Vater des Kindes in analoger Anwendung des § 1606 Abs. 3 Satz 1 BGB vorzunehmen.
BGH, FamRZ 1998, 541 = NJW 1998, 1309, 1312

Bedarf 600

Die **Lebensstellung der bedürftigen Mutter** bestimmt den zu gewährenden Unterhalt. Die Lebensstellung des Vaters ist nicht maßgeblich. § 1615l BGB hat die Zielrichtung, durch die Geburt des Kindes erlittene Nachteile der Mutter auszugleichen.
OLG Naumburg, FamRZ 2001, 1321; OLG Zweibrücken, FamRZ 2001, 444; OLG Koblenz, FamRZ 2000, 637

Maßgeblich sind die Einzelfallumstände. Auch die **ehelichen Lebensverhältnisse** nach § 1578 BGB können die Höhe des Unterhaltsanspruchs nach § 1615l Abs. 2 BGB bestimmen.
BGH, FamRZ 1998, 541, 544 = NJW 1998, 1309, 1312

Hat die Mutter mit dem Vater nicht nur kurzfristig zusammen gelebt, bestimmen die wirtschaftlichen Lebensverhältnisse in dieser **nichtehelichen Lebensgemeinschaft** die Lebensstellung der Mutter und damit ihren Bedarf.
Vgl. die Empfehlungen des 14. Deutschen Familiengerichtstages, FamRZ 2002, 296, 297

Ein **Mindestbedarfsatz** von 1.300 DM ist nicht anzuerkennen. Im Regelfall wird es auf das vor der Geburt des Kindes erzielte Einkommen der Unterhaltsberechtigten ankommen.
OLG Köln, FamRZ 2001, 1322; OLG Zweibrücken, FamRZ 2001, 414; für Mindestbedarf OLG Koblenz, NJW 2000, 669; OLG Hamm, FF 2000, 137

Zum Bedarf rechnet die **Kranken- und Pflegevorsorge**, hingegen nicht die **Altersvorsorge**.
OLG Bremen, FamRZ 2000, 636, 637, Büttner, FamRZ 2000, 781, 784

Bedürftigkeit 585

Nach § 1615l Abs. 1 Satz 1 BGB hat der Vater der Mutter für die Dauer von sechs Wochen vor und acht Wochen nach der Geburt des Kindes Unterhalt zu gewähren (**sog. kleiner Unterhaltsanspruch**). Als **Unterhaltsanspruch** setzt er **Bedürftigkeit der Mutter** voraus. Leistungen aus dem Arbeitsverhältnis oder Mutterschaftsgeld mindern die Bedürftigkeit.
Lebt die Mutter eines nichtehelichen Kindes mit einem neuen Partner in eheähnlicher Lebensgemeinschaft, ist auf den Anspruch nach § 1615l BGB ein (fiktives) Betreuungsentgelt bedarfsmindernd anzurechnen,
LG Oldenburg, FamRZ 1990, 1034

Im Rahmen des Anspruchs nach § 1615l Abs. 1 Satz 2 BGB mindern **Versicherungsleistungen**, die von der Mutter geltend zu machen sind, die Bedürftigkeit.
AG Limburg, FamRZ 1987, 1192

Betreuungskosten 604

Ist die Mutter trotz Betreuungsbedürftigkeit des Kindes erwerbstätig, tritt i. H. d. erzielten Einkommens Bedarfsdeckung ein. Wie allgemein können Kosten, die eine Erwerbstätigkeit erst ermöglichen, abgesetzt werden. Teile des Einkommens können entsprechend dem Rechtsgedanken des § 1577 Abs. 2 BGB außer Ansatz bleiben.
Büttner, FamRZ 2000, 781, 783; s. zur Anwendung des allgemeinen Rechtsgedankens im Verwandtenunterhalt: BGH, FamRZ 1995, 475, 477: Einkünfte eines Studenten; a. A. Wohlgemuth, in: Eschenbruch, Der Unterhaltsprozess, Rn. 3415

Beweislast 614

Verweist der Ehemann im Rahmen des gegen ihn geführten Unterhaltsrechtsstreits auf den Unterhaltsanspruch der Mutter gegen den Vater nach § 1615l BGB, obliegt es der **Mutter**, die Voraussetzungen des Unterhaltsanspruchs nach § 1615l BGB und die Leistungsfähigkeit des Vaters darzutun. Die notwendige Kenntnis kann sie sich durch eine gegen den Vater zu richtende Auskunftsklage nach §§ 1615 Abs. 3 Satz 1, 1605 BGB verschaffen; ein **Auskunftsanspruch** des Ehemannes gegen den Vater besteht hingegen nicht
BGH, FamRZ 1998, 541 = NJW 1998, 1309, 1312

Entbindungskosten 590

Als Ersatzanspruch eigener Art steht der Mutter nach § 1615k BGB Anspruch auf Erstattung der Kosten der Entbindung und, falls infolge der Schwangerschaft oder der Entbindung weitere Kosten notwendig werden, auch der dadurch entstehenden Kosten zu.

Ersatzanspruch 608

Bei **Leistungsunfähigkeit des Vaters** besteht ein Ersatzanspruch der Mutter nur gegen ihre, nicht gegen die Eltern des Vaters. Nur die Eltern der Mutter sind nach § 1601 BGB mit ihr verwandt und somit grds. unterhaltspflichtig.

Im Fall der **Leistungsunfähigkeit des Vaters** besteht kein **Rückgriffsanspruch der Eltern**, da eine Unterhaltspflicht nicht bestand. Anderes gilt, wenn die Eltern eingetreten sind, weil der Vater nicht leistete, die Unterhaltspflicht aber auf der Grundlage fiktiver Einkünfte ausgesprochen wurde.

OLG Nürnberg, FamRZ 2001, 1322

Erwerbslosigkeit wegen Kindesbetreuung 595

Voraussetzung des § 1615l Abs. 2 Satz 2 BGB ist die **Betreuungsbedürftigkeit des Kindes**; darauf, ob ohne die Kindesbetreuung eine Erwerbstätigkeit ausgeübt würde, kommt es nicht mehr an. Das Gesetz will der Mutter diesen nicht immer einfach zu führenden Beweis im Interesse des Kindes ersparen.

BGH, NJW 1998, 1309, 1311; OLG Hamm, FamRZ 1997, 632, 633 für den Fall, dass die nichteheliche Mutter als Schülerin schon nicht erwerbstätig war

Der betreuende Elternteil kann i. d. R. nicht mehr auf die Fremdbetreuung verwiesen werden, hat vielmehr das Recht, die Betreuung persönlich wahrzunehmen.

KG, NJW-RR 2000, 809, 810

Die Unterhaltspflicht kann über den Zeitraum von drei Jahren hinausgehen, sofern es insbesondere unter Berücksichtigung der Belange des Kindes unbillig wäre, einen Unterhaltsanspruch nach Ablauf dieser Frist zu versagen. Der Ausnahmetatbestand (verlängerter Unterhaltsanspruch) ist von der Mutter darzulegen und zu beweisen.

Bei verfassungskonformer Auslegung ist die Schwelle für die Entstehung des verlängerten Unterhaltsanspruchs niedrig anzusetzen.

OLG Celle, FamRZ 2002, 636

Sind die Voraussetzungen der Härteregelung bei der Entscheidung nicht gegeben, ist der Betreuungsunterhaltsanspruch im Urteil bis zur Vollendung des dritten Lebensjahres des Kindes zeitlich zu befristen.

OLG Oldenburg, NJW-RR 2000, 1249

Die Befristung des Unterhaltsanspruchs auf die Zeit bis zum dritten Geburtstag des betreuten Kindes scheidet aus, wenn die Verhältnisse noch nicht genügend überschaubar sind, so dass ein Anspruch noch darüber hinaus in Betracht kommt. Der Vater ist auf die Abänderungsklage zu verweisen.

So OLG Schleswig, FuR 2001, 555, 558

Die Verlängerung des Anspruchszeitraums auf drei Jahre kann bei Geburt eines weiteren, von einem anderen Mann gezeugten Kindes dessen Unterhaltspflicht begründen. Der nach § 1615l Abs. 3 Satz 1 BGB heranzuziehende **Grundgedanke des § 1606 Abs. 3 Satz 1 BGB** lässt für die Zeiten, in denen sich die Unterhaltspflichten überschneiden, eine anteilige Haftung nach den jeweiligen Erwerbs- und Vermögensverhältnissen der Väter als angemessen erscheinen.

Vgl. BGH, FamRZ 1998, 541, 543 = NJW 1998, 1309, 1311; DIV-Gutachten v. 31. 1. 1997, in DAVorm 1997, 311, 312

Auch der betreuende **Vater** kann Unterhalt beanspruchen. Der Anspruch setzt nicht voraus, dass eine Sorgerechtsregelung zugunsten des Vaters getroffen worden ist, vielmehr ist entscheidend die **tatsächliche Betreuung**.
Büdenbender, FamRZ 1998, 129, 134

Erwerbslosigkeit wegen Krankeit 593
Voraussetzung des Anspruchs nach § 1615l Abs. 2 Satz 1 BGB ist Kausalität – Mitursächlichkeit ist ausreichend – zwischen unterbliebener Erwerbstätigkeit und den Folgen oder Komplikationen der Schwangerschaft oder der Entbindung. Der Vater soll nur insoweit für den Unterhalt der Mutter aufkommen, als er deren Bedürftigkeit mitverursacht hat. Beruht die Nichtausübung der Erwerbstätigkeit auf anderen Gründen – andere Erkrankung, Betreuung anderer Kinder, ist der Vater des Kindes deshalb nicht unterhaltspflichtig.
BGH, FamRZ 1998, 541, 543 = NJW 1998, 1309, 1311

Erwerbsobliegenheit
Hinsichtlich der Erwerbsobliegenheit kann auf die Grundsätze zum Volljährigenunterhalt abgestellt werden.

Erziehungsgeld 603
Zur Bedarfsdeckung ist das **Erziehungsgeld** nur nach Maßgabe des § 9 BErzGG heranzuziehen.
So Büttner, FamRZ 2000, 781, 784; s. auch BVerfG, FamRZ 2000, 1149: keine Anrechnung

Kosten der Schwangerschaft und der Entbindung 590
Der bisher in § 1615k BGB, nunmehr in § 1615l Abs. 1 Satz 2 BGB geregelte Anspruch ist jetzt ein Unterhaltsanspruch, der den Voraussetzungen der Bedürftigkeit und Leistungsfähigkeit unterliegt.

Leistungsfähigkeit des Unterhaltspflichtigen 607
Ergibt sich nach der Lebensstellung der betreuenden Mutter ein hoher Bedarf, findet eine Begrenzung der Leistungsfähigkeit nach Maßgabe des **Halbteilungsgrundsatze**s nicht statt. Der Vater hat Unterhalt auch dann zu leisten, wenn ihm nach diesem Ausgleich weniger verbleibt als der Mutter.
So Büttner, FamRZ 2000, 781, 783, 784; a. A. OLG Schleswig, OLGR 1999, 279: 3/7-Quote; Wever, FF 2000, 20, 22; Wohlgemuth, in: Eschenbruch, Der Unterhaltsprozess, Rn. 3423.

Prozesskostenvorschussanspruch 605
Der Mutter steht zur Durchsetzung ihres eigenen Unterhaltsanspruchs ein **Prozesskostenvorschussanspruch** gegen den Vater des Kindes zu.
OLG München, MDR 2002, 646

Rangverhältnisse 610
Der Anspruch des nichtehelichen Kindes gegen den Erzeuger geht dem der Mutter vor.
OLG Hamm, FamRZ 1997, 632, 633

Die Ehefrau und minderjährige unverheiratete sowie ihnen gleichgestellte privilegierte volljährige Kinder des Vaters gehen bei Anwendung des § 1609 BGB der Mutter vor; die Mutter geht den übrigen Verwandten des Vaters vor, § 1615l Abs. 3 Satz 3 BGB.

Der Unterhaltsanspruch einer nichtehelichen Mutter aus § 1615l BGB hat Vorrang vor Ansprüchen volljähriger Kinder aus einer früheren Ehe des Vaters.
OLG Celle, FamRZ 1990, 1146

Rückständiger Unterhalt 620
Nach § 1615l Abs. 3 Satz 4 BGB gilt § 1613 Abs. 2 BGB entsprechend. Die Mutter kann ihre Ansprüche, die nunmehr insgesamt Unterhaltsansprüche darstellen, nach Feststellung der Vaterschaft **rückwirkend** ohne die Voraussetzungen des § 1613 Abs. 1 BGB nach Maßgabe des § 1613

Abs. 2 BGB geltend machen. Die zeitlichen Beschränkungen des § 1613 Abs. 2 Nr. 1 BGB für die Forderung etwaigen Sonderbedarfs sind zu beachten.

Schulden 607

Hinsichtlich der Berücksichtigung von Schulden kann auf die Grundsätze zum Volljährigenunterhalt abgestellt werden.

Selbstbehalt des Unterhaltspflichtigen 606

§ 1615l Abs. 2 BGB begründet **keine gesteigerte Unterhaltspflicht**. Dem Unterhaltspflichtigen kann danach der **angemessene Selbstbehalt** nach den üblichen Tabellen und Richtlinien zugebilligt werden.

Sicherstellung des Unterhalts des Kindes 624

Der Unterhalt des Kindes kann für die ersten drei Monate durch einstweilige Verfügung sichergestellt werden, § 1615o Abs. 1 BGB.

Sicherstellung des Unterhalts der Mutter 625 ff.

Auf Antrag der Mutter kann durch einstweilige Verfügung angeordnet werden, dass der Mann, der die Vaterschaft anerkannt hat oder der nach § 1600d Abs. 2 BGB als Vater vermutet wird, die nach § 1615l Abs. 1 BGB voraussichtlich zu leistenden Beträge an die Mutter zu zahlen hat, § 1615o Abs. 2 BGB.

Verjährung 621

Durch das am 1. 1. 2002 in Kraft getretene SMG (BGBl. I 2001 S. 3137) ist § 1615l Abs. 4 BGB in der bisherigen Fassung in Fortfall geraten. Es gilt also nicht mehr die vierjährige Verjährungsfrist. Familienrechtliche Ansprüche, die regelmäßig wiederkehrende Leistungen oder Unterhaltsleistungen zum Gegenstand haben, verjähren nach § 197 Abs. 2 i. V. m. § 195 BGB in der **regelmäßigen Verjährungsfrist von drei Jahren**.

Vermögenseinsatz

Die Mutter ist wie ein volljähriges Kind gehalten, zur Minderung der Bedürftigkeit **vorhandenes Vermögen** zu verwenden.
OLG Koblenz, NJW 2000, 669, 670

Verwirkung 619

§ 1615l Abs. 3 Satz 1 BGB verweist auf die Vorschriften über die Unterhaltspflicht zwischen Verwandten. Die Verwirkung beurteilt sich dementsprechend nach § 1611 Abs. 1 BGB.

C. ABC des Unterhalts der Eltern

Anteilige Haftung der Kinder 692 ff.

703 Kinder haften nach ihren Erwerbs- und Vermögensverhältnissen gem. § 1606 Abs. 3 Satz 1 BGB.
OLG Koblenz, NJW-RR 2002, 940, 941

Wird lediglich ein Kind von mehreren in Betracht kommenden unterhaltspflichtigen Kindern in Anspruch genommen, bedarf es der Darlegung, dass und aus welchen Gründen die Inanspruchnahme der weiteren Kinder ausscheidet. Ansonsten ist die Klage unschlüssig.
LG Kiel, FamRZ 1996, 753, 754 dort auch zum Umfang der Darlegungslast eines Trägers der Sozialhilfe; vgl. auch AG Höxter, FamRZ 1996, 752

In gleicher Weise muss der Berechtigte die fehlende Unterhaltspflicht des geschiedenen Ehegatten darlegen und beweisen.
OLG Hamm, FamRZ 1996, 116

Zur Ermittlung der **Haftungsquoten** kann auf die in der Praxis übliche Verfahrensweise beim Volljährigenunterhalt abgestellt werden.
OLG Hamm, FamRZ 1996, 116, 117

Ausbildungskosten 652

Im Verhältnis der Eltern zu den Kindern besteht kein Anspruch auf Ausbildungskosten.
Palandt/Diederichsen, BGB, § 1610 Rn. 18

Auskunftspflicht 693

Im Rahmen der Auskunft über Einkommens- und Vermögensverhältnisse haben Geschwister einander auch Auskunft über das Einkommen des jeweiligen Ehegatten zu geben, soweit dies für die Berechnung der eigenen Haftung für den Unterhalt der Eltern erforderlich ist.

Dagegen besteht kein unmittelbarer Auskunftsanspruch gegen Schwager oder Schwägerin über deren Einkommens- und Vermögensverhältnisse.
OLG München, 3. FamS, FamRZ 2002, 50

Die Sonderverbindung zwischen den Geschwistern, die nach § 1606 Abs. 3 Satz 1 BGB zum Unterhalt ihrer Eltern herangezogen werden, führt zu einer **Auskunftspflicht** untereinander nach § 242 BGB. Ein Auskunftsanspruch nach § 1605 BGB ergibt sich lediglich im Verhältnis der Eltern zu den Kindern, den sie sich zur schlüssigen Begründung ihrer Klage gegen nur eines ihrer Kinder nutzbar machen sollten.

Bedarf 650 ff.

Der Bedarf der Eltern bestimmt sich nach deren **konkreter Lebensstellung**.
OLG Koblenz, NJW-RR 2002, 940

Es erscheint jedoch gerechtfertigt, die Höhe des Bedarfs auch bei beengten wirtschaftlichen Verhältnissen an den sog. **Mindestbedarfssätzen** der Tabellen zu orientieren.

Der Unterhaltsbedarf kann in den anfallenden, aus dem Renteneinkommen nicht zu deckenden **Pflegekosten** bestehen.
OLG Hamm, FamRZ 1996, 116, 118; AG Rheinbach, FamRZ 1992, 1336 in Anlehnung an BGH, FamRZ 1986, 48, 49

Unterhaltsbedarf kann bestehen in den **Kosten für Unterkunft und Verpflegung**. Mehrbedarf kann nach § 23 BSHG wegen aufwändiger Ernährung entstehen.
OLG Koblenz, NJW-RR 2002, 940, 941

Zum Bedarf rechnet auch ein **angemessenes Taschengeld** hierzu. Dieses ist i. H. v. rund 228 DM bis 243 DM angemessen.
OLG Düsseldorf, NJW 2002, 1353; dazu auch OLG München, FuR 2000, 350; LG Duisburg, FamRZ 1991, 1086, 1087; LG Duisburg, FamRZ 1991, 1086, 1087

Bedürftigkeit der Eltern 653

Die Anspruchsberechtigung der Eltern folgt aus § 1602 Abs. 1 BGB und setzt voraus, dass sie nicht in der Lage sind, sich selbst zu unterhalten. Die Bedürftigkeit entfällt im Umfang tatsächlich vorhandenen oder in zumutbarer Weise erzielbaren Einkommen.

Fiktives Einkommen 664

Fiktives Einkommen ist im abgeschwächten Unterhaltsverhältnis nur in Ausnahmefällen anzusetzen.
OLG Köln, FamRZ 2002, 572

Leistungsfähigkeit der Kinder 656 ff.

Die Leistungsfähigkeit der Kinder im Falle einer Inanspruchnahme durch ihre Eltern wird wie allgemein im Verwandtenunterhalt durch ihre **Einkünfte und ihre Erwerbsmöglichkeiten** bestimmt. Anzusetzen sind die tatsächlich erzielten oder die in zumutbarer Weise erzielbaren Einkünfte.

Im Verhältnis der Kinder zu den Eltern gilt gleichfalls, dass unterhaltspflichtig nicht ist, wer bei Berücksichtigung seiner sonstigen Verpflichtungen außerstande ist, ohne Gefährdung seines **angemessenen Unterhalts** den Unterhalt zu gewähren, § 1603 Abs. 1 BGB. Diese Vorschrift gewährleistet jedem Unterhaltspflichtigen vorrangig die Sicherung seines eigenen angemessenen Unterhalts; ihm sollen grds. die Mittel belassen bleiben, die er zur Deckung des seiner Lebensstellung entsprechenden allgemeinen Bedarfs benötigt.

Eine gesteigerte Unterhaltspflicht kennzeichnet das Unterhaltsverhältnis nicht. Es besteht danach nur eine **Erwerbsobliegenheit** nach allgemeinen Grundsätzen. Die besondere Situation der Kinder ist zu bedenken, die sich ohne weiteres nicht darauf einstellen müssen, ihren Eltern noch unterhaltspflichtig zu werden. Die Ehegestaltungsfreiheit und damit die Rollenwahl in der Ehe ist auch aus verfassungsrechtlicher Sicht hinzunehmen.
So Müller, FamRZ 2002, 570 Anm. zu OLG Frankfurt, FamRZ 2000, 1391

Es besteht auch keine Erwerbsobliegenheit des 55 Jahre alten, nur bis 1973 berufstätigen, dann die Kinder und den Haushalt betreuenden Kindes.
OLG Köln, FamRZ 2001, 43

Geringfügige Einkünfte aus einer **Nebentätigkeit,** die neben einer vollschichtigen Erwerbstätigkeit ausgeübt wird, sind für den Unterhalt der Eltern nicht einzusetzen.
AG Altena, FamRZ 1993, 835

Mietfreies Wohnen 658

Zu den Einkünften rechnen auch Gebrauchsvorteile in Gestalt **mietfreien Wohnens.** Die Höhe des Wohnwertes ist nicht nach der durch Fremdvermietung erzielbaren Miete, sondern nach dem verfügbaren Einkommen des unterhaltspflichtigen Kindes zu bemessen. In Betracht kommt als angemessener Mietwert ein Anteil von $^1/_4$ bis $^1/_3$ des verfügbaren Einkommens. Sind Ehegatten Miteigentümer der bewohnten Immobilie, ist der Mietwert nur bezogen auf das unterhaltspflichtige Kind anzusetzen.
OLG Oldenburg, NJW 2000, 524, 52

Prozesskostenvorschuss 652

Der Unterhaltsanspruch der Eltern gegen ihre Kinder umfasst nicht den Anspruch auf Leistung eines **Prozesskostenvorschusses.** Eine analoge Anwendung des § 1360a Abs. 4 BGB scheidet im Verhältnis von unterhaltspflichtigen Kindern zu unterhaltsberechtigten Eltern aus, weil dieses Unterhaltsverhältnis nicht Ausdruck einer über das normale Maß hinausgehenden Verantwortung der Unterhaltspflichtigen für die Unterhaltsberechtigten ist.
OLG München, FamRZ 1993, 821, 822; Zöller/Philippi, ZPO, § 115 Rn. 67d; Palandt/Diederichsen, BGB, § 1610 Rn. 13

Schulden 683

Aufwendungen, die der Bedienung von Schulden dienen, können nach Maßgabe einer allgemeinen, die Belange beider Unterhaltsparteien berücksichtigenden Interessenabwägung von den Einkünften des Kindes abgesetzt werden.

Selbstbehalt des Kindes 665 ff.

Die Höhe des **angemessenen Selbstbehalts des unterhaltspflichtigen Kindes** zu bestimmen, obliegt der tatrichterlichen Beurteilung des Einzelfalles.
BGH, FamRZ 1992, 795, 796

Ab 1. 7. 2001 beläuft sich der **angemessene Selbstbehalt** nach der Düsseldorfer Tabelle FamRZ 2001, 806, 809) auf mindestens 2.450 DM (einschließlich 860 DM Warmmiete) und nach der Berliner Tabelle (FamRZ 2001, 812, 813) auf mindestens 2.265 DM. Nach der Düsseldorfer Tabelle, Stand: 1. 1. 2002, beträgt der angemessenen Selbstbehalt gegenüber den Eltern mindestens monatlich 1.250 € (einschließlich 440 € Warmmiete). Die Berliner Tabelle, Stand: 1. 1. 2002, legt einen Wert von mindestens 1155 € zugrunde.

Eine weitere Erhöhung im Einzelfall wegen gehobener wirtschaftlicher Verhältnisse oder in Fällen, in denen diese durch wirtschaftliche Dispositionen belastet sind, die zumutbar nicht abgewendet werden können, kann in Betracht gezogen werden.
OLG Hamm, FamRZ 1999, 1533, 1534

Dem unterhaltspflichtigen Kind sind generell **die Mittel zu belassen, die es zur Deckung des seiner Lebensstellung entsprechenden allgemeinen Bedarfs benötigt.** Dazu zählen alle Ausgaben, die sich bei dem zur Verfügung stehenden (Familien-)Einkommen in dem Rahmen einer objektiv vernünftigen Lebensführung halten und die Lebensstellung des Kindes schon vor der Inanspruchnahme geprägt haben.

In Betracht kommen **unterhaltsrechtlich erhebliche Belastungen** mit erhöhten Kosten für warmes Wohnen, Rücklagenbildung zur Erhaltung von Wohneigentum, Kosten der Ersatzbeschaffung eines Pkw oder von Hausrat, Aufwendungen für private Altersvorsorge, Versicherungsprämien, Rücklagen für den Familienurlaub, Reparaturen oder aufwändige Heilbehandlungen.
Vgl. OLG Oldenburg, FamRZ 1991, 1347, 1348; NJW 2000, 524, 526 = FamRZ 2000, 1174 = OLGR 2000, 40; LG Münster, FamRZ 1994, 843, 844; LG Kiel, FamRZ 1996, 753, 755; LG Düsseldorf, FamRZ 1998, 50, 51 mit Anm. Klappert

Eine Rücklage für **Hausratsanschaffungen** ist nicht abzusetzen.
OLG Hamm, OLGR 2002, 69, n. rkr., Revision zu XII ZR 149/01; a. A. wohl OLG Oldenburg, NJW 2000, 524 = FamRZ 2000, 1174 = OLGR 2000, 40

Abzugsfähig sind auch angemessene Fahrtkosten für den Besuch der im Pflegeheim untergebrachten Mutter.
OLG Köln, FamRZ 2002, 572; a. A. OLG Hamm, OLGR 2002, 69 n. rkr., Revision zu XII ZR 149/01, auch Hundehaltungskosten sind aus dem Selbstbehalt zu bedienen

Ist das **unterhaltspflichtige Kind verheiratet und ohne eigenes Einkommen oder übersteigen die anrechenbaren Einkünfte den dem Kind zuzubilligenden Selbstbehalt nicht,** scheidet eine Haftung mangels Leistungsfähigkeit aus. Eine Verpflichtung, wegen des eigenen Lebensbedarfs den Ehegatten in Anspruch zu nehmen, besteht nicht, der Ehegatte ist auch nicht verpflichtet, dem anderen Geldmittel zur Verfügung zu stellen, damit dieser leistungsfähig wird. Der Ehepartner des unterhaltspflichtigen Kindes darf nicht indirekt zur Finanzierung des Unterhalts der Schwiegereltern, denen gegenüber er nicht unterhaltspflichtig ist, herangezogen werden **(keine mittelbare Unterhaltspflicht).**
So OLG Frankfurt, FamRZ 2000, 1391 = OLGR 2000, 261; LG Düsseldorf, FamRZ 1998, 50; LG Bonn, FamRZ 1994, 846; AG Altena, FamRZ 1993, 835

Auf einen sog. **Familienselbstbehalt** ist nicht abzustellen, weil dies zu einer nicht hinnehmbaren Reduzierung des eheangemessenen Bedarfs der/des – nicht unterhaltspflichtigen – Schwiegertochter/Schwiegersohns führen würde.
So OLG Frankfurt, FamRZ 2000, 1391 = OLGR 2000, 261, n. rkr., Revision zu XII ZR 224/00; OLG Hamm, Urt. v. 30. 1. 2001 – 3 UF 263/00, NJW-RR 2001, 1663 = OLGR 2001, 79, n. rkr.

Dieser Problemkreis ist noch höchst streitig.
S. dazu ferner OLG Frankfurt, FamRZ 2000, 1391 = OLGR 2000, 261, n. rkr., Revision zu XII ZR 224/00; OLG Hamm, Urt. v. 7. 5. 2001 – 8 UF 411/00, NJW-RR 2001, 1659 = FamRZ 2002, 125 = OLGR 2001, 348, n. rkr., Revision zu XII ZR 218/01; OLG Hamm, Urt. v. 26. 4. 2001 – 4 UF 277/00, FamRZ 2002, 123 = OLGR 2002,69, n. rkr., Revision zu XII ZR 149/01

Taschengeldanspruch 663

Ist das auf Unterhalt in Anspruch genommene Kind verheiratet und ohne Einkommen, kann nur auf das Taschengeld nach Billigkeit gem. § 850b Abs. 2 ZPO zugegriffen werden, denn nach wohl allgemeiner Auffassung ist kein „**Unterhalt aus Unterhalt**" zu leisten.
LG Essen, FamRZ 1993, 731 n. rkr.; Anm. Fischer; Kalthoener/Büttner, NJW 1994, 1829, 1831

Unterhaltsleistungen

Mittel aus **selbst empfangenen Unterhaltsleistungen** können nur ausnahmsweise für die Unterhaltsansprüche minderjähriger Kinder herangezogen werden.
BGH, FamRZ 1986, 668

Unterhaltsansprüche vorrangig Berechtigter 686 ff.

Bei der Ermittlung des dem Kind für Unterhaltszwecke zur Verfügung stehenden Einkommens sind ferner die **Unterhaltsansprüche vorrangig Berechtigter** zu berücksichtigen.

In Betracht kommen nach § 1609 Abs. 1 BGB Unterhaltsansprüche von minderjährigen und volljährigen Kindern. Sie können mit den Tabellenbeträgen der Düsseldorfer Tabelle in Ansatz gebracht werden.

Die Unterhaltspflicht gegenüber dem mit dem Kind zusammen lebenden Ehegatten kann mit den Bedarfssätzen der Düsseldorfer Tabelle angenommen werden.
OLG Köln, FamRZ 2002, 572, 573

Ab 1. 7. 2001 beläuft sich der Betrag auf mindestens 1.860 DM nach der Düsseldorfer Tabelle (FamRZ 2001, 806, 809), und ab 1. 1. 2002 auf mindestens 950 € einschließlich 330 € Warmmiete (FamRZ 2001, 810, 812).

Anrechenbare eigene Einkünfte des Ehegatten können nach allgemeinen Grundsätzen zur Minderung oder den Wegfall der Bedürftigkeit führen.

Vermögensbildung des Unterhaltspflichtigen 684

Ein Unterhaltspflichtiger darf eine **Vermögensbildung** nicht auf Kosten des Unterhaltsberechtigten beginnen, wenn er mit der Inanspruchnahme durch den Unterhaltsberechtigten rechnen muss. Gerät ihm die begonnene Vermögensbildung unterhaltsrechtlich nicht zum Vorwurf, darf er sie fortsetzen, wenn ihm ansonsten erhebliche Verluste und ungedeckte Schulden verbleiben würden.
OLG München, DAVorm 1999, 895; vgl. dazu auch LG Bielefeld, FamRZ 1999, 399, 400; s. auch LG Kiel, FamRZ 1996, 753, 755

Vermögensverwertung durch den Unterhaltsberechtigten 655

Zur Minderung der Bedürftigkeit hat der Unterhaltsberechtigte grds. zunächst sein Vermögen, selbst das **sog. Schonvermögen**, einzusetzen, bevor das Kind auf Unterhalt in Anspruch genommen werden kann.
OLG Köln, FamRZ 2001, 437

Eine **allgemeine Billigkeitsgrenze** besteht beim Verwandtenunterhalt nicht. Inwieweit eine Verwertungspflicht besteht, hat der Tatrichter im Rahmen einer **umfassenden Interessenabwägung** zu entscheiden.
So zum Volljährigenunterhalt BGH, FamRZ 1998, 367

Ein **Notgroschen** hat dem Unterhaltsberechtigten aber immer zu verbleiben. Dessen Umfang kann nach den Grundsätzen des Sozialhilferechts (§ 88 BSHG) bestimmt werden.
S. dazu Schibel, NJW 1998, 3449 ff.

Vermögensverwertung durch das unterhaltspflichtige Kind 690

Die Veräußerung einer von dem pflichtigen Kind genutzten Eigentumswohnung kann nicht verlangt werden, auch wenn die Obliegenheit zur Verwertung des Vermögensstammes beim Verwandtenunterhalt tendenziell größer als beim Ehegattenunterhalt ist, denn eine allgemeine Billigkeitsgrenze wie in § 1581 Satz 2 BGB fehlt in § 1603 BGB. Nachträglich zugeflossene Geldmittel durch die Veräußerung der Eigentumswohnung begründen die Leistungsfähigkeit für frühere Zeiträume nicht.
OLG Köln FamRZ 2001, 1475

Kommt die Verwertung vorhandenen Vermögens in Betracht, ist es geboten, die voraussichtliche Lebenserwartung des Unterhaltspflichtigen zu prognostizieren und nach statistischen Mitteln zu errechnen.
Dazu Schibel, NJW 1998, 3449

Verwirkung 699

Die Unterhaltspflicht des Kindes gegenüber seinen Eltern kann nach § 1611 BGB unter den dort genannten Voraussetzungen entfallen.

Einzelfälle:

Der jetzt bedürftige Vater hat nach der Scheidung über mehrere Jahre keinerlei Kontakt mehr zu dem jetzt auf Unterhalt in Anspruch genommenen, damals erst zwölf Jahre alten Kind gehabt und auch nicht nachgesucht.
LG Hannover, FamRZ 1991, 1094

Der Vater hat seine Unterhaltsverpflichtungen und das Sorgerecht dem Kind gegenüber stets vernachlässigt hat.
AG Germersheim, FamRZ 1990, 1387; vgl. auch AG Leipzig, FamRZ 1997, 965

Der Elternteil, der **trotz hoher Einkünfte** keine ausreichende Altersvorsorge betrieben hat, kann – auch von einem Kind mit überdurchschnittlichem Einkommen – nur Unterhalt nach Billigkeit verlangen; die Höhe des Billigkeitsunterhalts orientiert sich an den Sozialhilfesätzen.
AG Frankfurt/M., FPR 2002, 76

Eine **einfache Pflichtverletzung,** für den eigenen Unterhalt zu sorgen, reicht nicht aus.
OLG Koblenz, NJW-RR 2002, 940

Abschnitt 3: Arbeits- und Beratungshilfen

1. Düsseldorfer Tabelle (Stand: 1.7.2003)[1]

A. Kindesunterhalt

Nettoeinkommen des Barunterhaltspflichtigen (Anm. 3, 4)	Altersstufen in Jahren (§ 1612a Abs. 3 BGB)				Vomhundertsatz	Bedarfskontrollbetrag (Anm. 6)
	0 – 5	6 – 11	12 – 17	ab 18		
Alle Beträge in Euro						
1. bis 1300	199	241	284	327	100	730/840
2. 1300 – 1500	213	258	304	350	107	900
3. 1500 – 1700	227	275	324	373	114	950
4. 1700 – 1900	241	292	344	396	121	1000
5. 1900 – 2100	255	309	364	419	128	1050
6. 2100 – 2300	269	326	384	442	135	1100
7. 2300 – 2500	283	343	404	465	142	1150
8. 2500 – 2800	299	362	426	491	150	1200
9. 2800 – 3200	319	386	455	524	160	1300
10. 3200 – 3600	339	410	483	556	170	1400
11. 3600 – 4000	359	434	512	589	180	1500
12. 4000 – 4400	379	458	540	622	190	1600
13. 4400 – 4800	398	482	568	654	200	1700
über 4800	nach den Umständen des Falles					

Anmerkungen:

1. Die Tabelle hat keine Gesetzeskraft, sondern stellt eine Richtlinie dar. Sie weist monatliche Unterhaltsrichtsätze aus, bezogen auf einen gegenüber einem Ehegatten und zwei Kindern Unterhaltspflichtigen.

   Bei einer größeren/geringeren Anzahl Unterhaltsberechtigter sind **Ab- oder Zuschläge** durch Einstufung in niedrigere/höhere Gruppen angemessen. Anm. 6 ist zu beachten. Zur Deckung des notwendigen Mindestbedarfs aller Beteiligten – einschließlich des Ehegatten – ist ggf. eine Herabstufung bis in die unterste Tabellengruppe vorzunehmen. Reicht das verfügbare Einkommen auch dann nicht aus, erfolgt eine Mangelberechnung nach Abschnitt C.

2. Die Richtsätze der 1. Einkommensgruppe entsprechen dem **Regelbetrag in Euro** nach der Regelbetrag VO West in der ab 1. 7. 2003 geltenden Fassung. Der Vomhundertsatz drückt die Steigerung des Richtsatzes der jeweiligen Einkommensgruppe gegenüber dem Regelbetrag

---

[1] Die neue Tabelle nebst Anmerkungen beruht auf Koordinierungsgesprächen, die zwischen Richtern der Familiensenate der Oberlandesgerichte Düsseldorf, Köln und Hamm sowie der Unterhaltskommission des Deutschen Familiengerichtstages e.V. unter Berücksichtigung des Ergebnisses einer Umfrage bei allen Oberlandesgerichten stattgefunder haben.

(= 1. Einkommensgruppe) aus. Die durch Multiplikation des Regelbetrages mit dem Vomhundertsatz errechneten Richtsätze sind entsprechend § 1612a Abs. 2 BGB aufgerundet.

3. **Berufsbedingte Aufwendungen,** die sich von den privaten Lebenshaltungskosten nach objektiven Merkmalen eindeutig abgrenzen lassen, sind vom Einkommen abzuziehen, wobei bei entsprechenden Anhaltspunkten eine Pauschale von 5 % des Nettoeinkommens – mindestens 50 €, bei geringfügiger Teilzeitarbeit auch weniger, und höchstens 150 € monatlich – geschätzt werden kann. Übersteigen die berufsbedingten Aufwendungen die Pauschale, sind sie insgesamt nachzuweisen.

4. Berücksichtigungsfähige **Schulden** sind i. d. R. vom Einkommen abzuziehen.

5. Der **notwendige Eigenbedarf (Selbstbehalt)**
   – gegenüber minderjährigen unverheirateten Kindern,
   – gegenüber volljährigen unverheirateten Kindern bis zur Vollendung des 21. Lebensjahres, die im Haushalt der Eltern oder eines Elternteils leben und sich in der allgemeinen Schulausbildung befinden,

   beträgt beim nicht erwerbstätigen Unterhaltspflichtigen monatlich 730 €, beim erwerbstätigen Unterhaltspflichtigen monatlich 840 €. Hierin sind bis 360 € für Unterkunft einschließlich umlagefähiger Nebenkosten und Heizung (Warmmiete) enthalten. Der Selbstbehalt kann angemessen erhöht werden, wenn dieser Betrag im Einzelfall erheblich überschritten wird und dies nicht vermeidbar ist.

   Der **angemessene Eigenbedarf,** insbesondere gegenüber anderen volljährigen Kindern, beträgt i. d. R. mindestens monatlich 1.000 €. Darin ist eine Warmmiete bis 440 € enthalten.

6. Der **Bedarfskontrollbetrag** des Unterhaltspflichtigen ab Gruppe 2 ist nicht identisch mit dem Eigenbedarf. Er soll eine ausgewogene Verteilung des Einkommens zwischen dem Unterhaltspflichtigen und den unterhaltsberechtigten Kindern gewährleisten. Wird er unter Berücksichtigung auch des Ehegattenunterhalts (vgl. auch B V und VI) unterschritten, ist der Tabellenbetrag der nächst niedrigeren Gruppe, deren Bedarfskontrollbetrag nicht unterschritten wird, anzusetzen.

7. Bei **volljährigen Kindern,** die noch im Haushalt der Eltern oder eines Elternteils wohnen, bemißt sich der Unterhalt nach der 4. Altersstufe der Tabelle.

   Der angemessene Gesamtunterhaltsbedarf eines **Studierenden,** der nicht bei seinen Eltern oder einem Elternteil wohnt, beträgt i. d. R. monatlich 600 €. Dieser Bedarfssatz kann auch für ein Kind mit eigenem Haushalt angesetzt werden.

8. Die **Ausbildungsvergütung** eines in der Berufsausbildung stehenden Kindes, das im Haushalt der Eltern oder eines Elternteils wohnt, ist vor ihrer Anrechnung i. d. R. um einen ausbildungsbedingten Mehrbedarf von monatlich 85 € zu kürzen.

9. In den Unterhaltsbeträgen (Anm. 1 und 7) sind **Beiträge zur Kranken- und Pflegeversicherung** nicht enthalten.

10. Das auf das jeweilige Kind entfallende **Kindergeld** ist nach § 1612b Abs. 1 BGB grds. zur Hälfte auf den Tabellenunterhalt anzurechnen. Die Anrechnung des Kindergeldes unterbleibt, soweit der Unterhaltspflichtige außerstande ist, Unterhalt i. H. v. von 135% des Regelbetrages (vgl. Abschnitt A Anm. 2) zu leisten, soweit das Kind also nicht wenigstens den Richtsatz der 6. Einkommensgruppe abzüglich des hälftigen Kindergeldes erhält (§ 1612b Abs. 5 BGB).

    Das bis zur Einkommensgruppe 6 anzurechnende Kindergeld kann nach folgender Formel berechnet werden: Anrechnungsbetrag = $^1/_2$ des Kindergeldes + Richtsatz der jeweiligen Einkommensgruppe – Richtsatz der 6. Einkommensgruppe (135 % des Regelbetrages). Bei einem Negativsaldo entfällt die Anrechnung. Die Einzelheiten ergeben sich aus der Anlage zu dieser Tabelle.

B. Ehegattenunterhalt

I. Monatliche Unterhaltsrichtsätze des berechtigten Ehegatten ohne unterhaltsberechtigte Kinder (§§ 1361, 1569, 1578, 1581 BGB):

1. gegen einen **erwerbstätigen Unterhaltspflichtigen:**

   a) wenn der Berechtigte kein Einkommen hat:

   $3/7$ des anrechenbaren Erwerbseinkommens zuzüglich $1/2$ der anrechenbaren sonstigen Einkünfte des Pflichtigen, nach oben begrenzt durch den vollen Unterhalt, gemessen an den zu berücksichtigenden ehelichen Verhältnissen;

   b) wenn der Berechtigte ebenfalls Einkommen hat:

   $3/7$ der Differenz zwischen den anrechenbaren Erwerbseinkommen der Ehegatten, insgesamt begrenzt durch den vollen ehelichen Bedarf; für sonstige anrechenbare Einkünfte gilt der Halbteilungsgrundsatz

   c) wenn der Berechtigte erwerbstätig ist, obwohl ihn keine Erwerbsobliegenheit trifft:

   gem. § 1577 Abs. 2 BGB;

2. gegen einen **nicht erwerbstätigen Unterhaltspflichtigen** (z. B. Rentner):

   wie zu 1a, b oder c, jedoch 50 %.

II. Fortgeltung früheren Rechts:

1. Monatliche Unterhaltsrichtsätze des nach dem Ehegesetz berechtigten Ehegatten **ohne unterhaltsberechtigte Kinder:**

   a) §§ 58, 59 EheG: i. d. R. wie I,

   b) § 60 EheG: i. d. R. 1/2 des Unterhalts zu I,

   c) § 61 EheG: nach Billigkeit bis zu den Sätzen I.

2. Bei Ehegatten, die vor dem 3.10.1990 in der früheren DDR geschieden worden sind, ist das DDR-FGB i. V. m. dem Einigungsvertrag zu berücksichtigen (Art. 234 § 5 EGBGB).

III. Monatliche Unterhaltsrichtsätze des berechtigten Ehegatten, wenn die ehelichen Lebensverhältnisse durch Unterhaltspflichten gegenüber Kindern geprägt werden:

Wie zu I bzw. II 1, jedoch wird grds. der Kindesunterhalt (Tabellenbetrag ohne Abzug von Kindergeld) vorab vom Nettoeinkommen abgezogen. Führt dies zu einem Missverhältnis zwischen Kindes- und Ehegattenunterhalt, ist der Ehegattenunterhalt nach den Grundsätzen der Entscheidung des BGH vom 22. 1. 2003 (FamRZ 2003, 363 ff.) zu ermitteln.

IV. Monatlicher notwendiger Eigenbedarf (Selbstbehalt) gegenüber dem getrennt lebenden und dem geschiedenen Berechtigten:

1. wenn der Unterhaltspflichtige **erwerbstätig** ist: 840 €

2. wenn der Unterhaltspflichtige **nicht erwerbstätig** ist: 730 €

Dem geschiedenen Unterhaltspflichtigen ist nach Maßgabe des § 1581 BGB u. U. ein höherer Betrag zu belassen.

V. Monatlicher notwendiger Eigenbedarf (Existenzminimum) des unterhaltsberechtigten Ehegatten einschließlich des trennungsbedingten Mehrbedarfs i. d. R.:

1. falls erwerbstätig: 840 €

2. falls nicht erwerbstätig: 730 €

VI. Monatlicher notwendiger Eigenbedarf (Existenzminimum) des Ehegatten, der in einem **gemeinsamen Haushalt mit dem Unterhaltspflichtigen lebt:**

1. falls erwerbstätig: 615 €

2. falls nicht erwerbstätig: 535 €.

1. Düsseldorfer Tabelle (Stand: 1.7.2003)

Anmerkung zu I-III:

Hinsichtlich berufsbedingter Aufwendungen und berücksichtigungsfähiger Schulden gelten Anmerkungen A. 3 und 4 – auch für den erwerbstätigen Unterhaltsberechtigten – entsprechend. Diejenigen berufsbedingten Aufwendungen, die sich nicht nach objektiven Merkmalen eindeutig von den privaten Lebenshaltungskosten abgrenzen lassen, sind pauschal im Erwerbstätigenbonus von 1/7 enthalten.

C. Mangelfälle

Reicht das Einkommen zur Deckung des Bedarfs des Unterhaltspflichtigen und der gleichrangigen Unterhaltsberechtigten nicht aus (sog. Mangelfälle), ist die nach Abzug des notwendigen Eigenbedarfs (Selbstbehalts) des Unterhaltspflichtigen verbleibende Verteilungsmasse auf die Unterhaltsberechtigten im Verhältnis ihrer jeweiligen Einsatzbeträge gleichmäßig zu verteilen.

Der Einsatzbetrag für den **Kindesunterhalt** entspricht dem Existenzminimum. Dies ist zur Zeit der Tabellenbetrag der 6. Einkommensgruppe gem. § 1612b Abs. 5 BGB.

Der Einsatzbetrag für den **Ehegattenunterhalt** wird ebenfalls mit dem Existenzminimum angesetzt. Dies entspricht bei getrennt lebenden oder geschiedenen Ehegatten dem notwendigen Eigenbedarf gem. B V der Düsseldorfer Tabelle und bei dem mit Unterhaltspflichtigen zusammenlebenden Ehegatten dem Selbstbehalt gem. B VI der Düsseldorfer Tabelle.

Das im Rahmen der Mangelfallberechnung gefundene Ergebnis ist zu korrigieren, wenn die errechneten Beträge über den ohne Mangelfall ermittelten Beträgen liegen (BGH, Urt. vom 22. 1. 2003, FamRZ 2003, 363 ff.).

Beispiel:

Bereinigtes Nettoeinkommen des Unterhaltspflichtigen (M): 1.300 €. Unterhalt für zwei unterhaltsberechtigte Kinder im Alter von sieben Jahren (K1) und fünf Jahren (K2), die bei der ebenfalls unterhaltsberechtigten geschiedenen nicht erwerbstätigen Ehefrau und Mutter (F) leben. F bezieht das Kindergeld.

Notwendiger Eigenbedarf des M:	*840 €,*
Verteilungsmasse: 1.300 € – 840 € =	*460 €,*
Notwendiger Gesamtbedarf der Unterhaltsberechtigten:	
326 € (K 1) + 269 € (K 2) + 730 € (F) =	*1.325 €.*

Unterhalt:

K 1: 326 x 460 : 1.325 =   113,18 €
K 2: 269 x 460 : 1.325 =   93,39 €
F: 730 x 460 : 1.325 =   253,43 €.

Eine Korrektur dieser Beträge ist nicht veranlasst.

Kindergeld wird nicht angerechnet (§ 1612 b Abs. 5 BGB).

D. Verwandtenunterhalt und Unterhalt nach § 1615l BGB

1. **Angemessener Selbstbehalt gegenüber den Eltern:** mindestens monatlich 1.250 € (einschließlich 440 € Warmmiete) zuzüglich der Hälfte des darüber hinausgehenden Einkommens. Der angemessene Unterhalt des mit dem Unterhaltspflichtigen zusammenlebenden Ehegatten bemisst sich nach den ehelichen Lebensverhältnissen (Halbteilungsgrundsatz), beträgt jedoch mindesten 950 € (einschließlich 330 € Warmmiete).

2. **Bedarf der Mutter und des Vaters eines nichtehelichen Kindes** (§ 1615 l Abs. 1, 2, 5 BGB): nach der Lebensstellung des betreuenden Elternteils, in der Regel mindestens 730 €, bei Erwerbstätigkeit 840 €.

Angemessener Selbstbehalt gegenüber der Mutter und dem Vater eines nichtehelichen Kindes (§§ 1615 l Abs. 3 Satz 1, 5, 1603 Abs. 1 BGB): mindestens monatlich 1.000 €.

2. Anlage zu Teil A Anmerkung 10 der Düsseldorfer Tabelle (Stand: 1.7.2003)

Kindergeldanrechnung nach § 1612b Abs. 5 BGB

1) Anrechnung des (hälftigen) Kindergeldes für das 1. bis 3. Kind von je 77 €

Einkommensgruppe	0 – 5 Jahre	6 – 11 Jahre	12 – 17 Jahre
1 = 100 %	199 – 7 = 192	241 – 0 = 241	284 – 0 = 284
2 = 107 %	213 – 21 = 192	258 – 9 = 249	304 – 0 = 304
3 = 114 %	227 – 35 = 192	275 – 26 = 249	324 – 17 = 307
4 = 121 %	241 – 49 = 192	292 – 43 = 249	344 – 37 = 307
5 = 128 %	255 – 63 = 192	309 – 60 = 249	364 – 57 = 307
6 = 135 %	269 – 77 = 192	326 – 77 = 249	384 – 77 = 307

2) Anrechnung des (hälftigen) Kindergeldes für das 4. Kind und jedes weitere Kind von je 89,50 €

Einkommensgruppe	0 – 5 Jahre	6 – 11 Jahre	12 – 17 Jahre
1 = 100 %	199 – 19,50 = 179,50	241 – 4,50 = 236,50	284 – 0 = 284
2 = 107 %	213 – 33,50 = 179,50	258 – 21,50 = 236,50	304 – 9,50 = 294,50
3 = 114 %	227 – 47,50 = 179,50	275 – 38,50 = 236,50	324 – 29,50 = 294,50
4 = 121 %	241 – 61,50 = 179,50	292 – 55,50 = 236,50	344 – 49,50 = 294,50
5 = 128 %	255 – 75,50 = 179,50	309 – 72,50 = 236,50	364 – 69,50 = 294,50
6 = 135 %	269 – 89,50 = 179,50	326 – 89,50 = 236,50	384 – 89,50 = 294,50

Das anzurechnende Kindergeld kann auch nach folgender Formel berechnet werden: Anrechnungsbetrag = 1/2 des Kindergeldes + Richtsatz der jeweiligen Einkommensgruppe – Richtsatz der 6. Einkommensgruppe (135 % des Regelbetrages). Bei einem Negativsaldo entfällt die Anrechnung. Ab Einkommensgruppe 6 wird stets das Kindergeld zur Hälfte auf den sich aus der Tabelle ergebenden Unterhalt angerechnet (§ 1612b Abs. 1 BGB).

3. Berliner Tabelle als Vortabelle zur Düsseldorfer Tabelle mit den Kindergeldabzugstabellen für das alte Bundesgebiet und für das Beitrittsgebiet (Stand: 1. 7. 2003)

Internet: www.berlin.de/senjust/gerichte/ag/famr_formulare.html

Die Tabelle geht aus von den in Art. 1 § 2 der Dritten Verordnung zur Änderung der Regelbetrag-Verordnung vom 24. 4. 2003 festgesetzten Regelbeträgen ab 1. 7. 2003 für das in Art. 3 des Einigungsvertrages genannte Gebiet (BGBl I 2003, 546) und nennt in Ergänzung der Düsseldorfer Tabelle (Stand: 1. 7. 2003) die monatlichen Unterhaltsrichtsätze der im Beitrittsteil des Landes

3. Berliner Tabelle (Stand: 1.7.2003)

Berlin wohnenden unverheirateten Kinder, deren Unterhaltsschuldner gegenüber insgesamt drei Personen (einem Ehegatten und zwei Kindern) unterhaltspflichtig ist und ebenfalls im Beitrittsteil wohnt.

Die Vomhundertsätze Ost ab Gruppe b) sind gem. § 1612a Abs. 2 Satz 1 BGB zu errechnen (z. B. 191 € : 183 € = 104,3 %). Die **135 %-Grenze Ost** für die Kindergeldanrechnung nach § 1612b Abs. 5 BGB beträgt in den drei Altersstufen 248 € bzw. 300 € bzw. 354 €.

Die **150 %-Grenze Ost** für das Vereinfachte Verfahren (§ 645 Abs. 1 ZPO) beläuft sich in den drei Altersstufen auf 275 € bzw. 333 € bzw. 393 €.

Altersstufen in Jahren (Der Regelbetrag einer höheren Altersstufe ist ab dem Beginn des Monats maßgebend, in den der 6. bzw. 12. Geburtstag fällt.)	0 – 5 (Geburt bis 6. Geburtstag)	6 – 11 (6. bis 12. Geburtstag)	12 – 17 [- 20*] (12. bis 18. Geburtstag) * [18. bis 21. Geburtstag, wenn noch in der allg. Schulausbildung und im Elternhaushalt lebend]	Vomhundertsatz Ost	Vomhundertsatz West
Nettoeinkommen des Barunterhaltspflichtigen	\multicolumn{5}{c}{Alle Beträge in Euro}				
		Gruppe			
a) bis 1.000	183	222	262	**100**	
b) 1.000 – 1.150	191	232	273		
ab 1.150	\multicolumn{5}{c}{wie Düsseldorfer Tabelle (aber ohne 4. Altersstufe und ohne Bedarfskontrollbetrag)}				
		Gruppe			
1 bis 1300	199	241	284		**100**
2 1.300 – 1.500	213	258	304		107
3 1.500 – 1.700	227	275	324		114
4 1.700 – 1.900	241	292	344		121
5 1.900 – 2.100	255	309	364		128
6 2.100 – 2.300	269	326	384		**135**
7 2.300 – 2.500	283	343	404		142
8 2.500 – 2.800	299	362	426		**150**
9 2.800 – 3.200	319	386	455		160
10 3.200 – 3.600	339	410	483		170
11 3.600 – 4.000	359	434	512		180
12 4.000 – 4.400	379	458	540		190
13 4.400 – 4.800	398	482	568		200
über 4.800	\multicolumn{5}{c}{nach den Umständen des Falles}				

Anmerkungen zur Berliner Tabelle:

		Ost:	West:
I.	Der notwendige monatliche *Selbstbehalt* des Unterhaltspflichtigen beträgt gegenüber *minderjährigen Kindern und gleichgestellten vollj. Schülern**		
	1. wenn der Unterhaltspflichtige erwerbstätig ist:	775 €	840 €
	2. wenn der Unterhaltspflichtige nicht erwerbstätig ist:	675 €	730 €
II.	Der angemessene monatliche *Selbstbehalt* des Unterhaltspflichtigen beträgt gegenüber *volljährigen Kindern*		
	1. wenn der Unterhaltspflichtige erwerbstätig ist:	925 €	1.000 €
	2. wenn der Unterhaltspflichtige nicht erwerbstätig ist:	825 €	890 €
III.	Der angemessene monatl. *Selbstbehalt* des Unterhaltspflichtigen beträgt gegenüber dem *getrenntlebenden* und dem *geschiedenen Ehegatten*		
	1. wenn der Unterhaltspflichtige erwerbstätig ist:	880 €	950 €
	2. wenn der Unterhaltspflichtige nicht erwerbstätig ist:	775 €	840 €
IV.	Der angemessene *Bedarf* (samt Wohnbedarfs und üblicher berufsbedingter Aufwendungen, aber ohne Beiträge zur Kranken- und Pflegeversicherung) eines *volljährigen Kindes*, welches nicht gem. § 1603 Abs. 2 Satz 2 BGB gleichgestellt ist, beträgt i. d. R. monatlich:	555 €	600 €
V.	Der angemessene *Selbstbehalt* des Unterhaltspflichtigen gegenüber *seinen Eltern* beträgt mindestens monatlich: zuzüglich der Hälfte des darüber hinausgehenden Einkommens	1.155 €	1.250 €
VI.	Der angemessene *Selbstbehalt* des Unterhaltspflichtigen gegenüber der *Mutter* oder dem *Vater* i.S.v. § 1615l BGB beträgt mindestens monatlich:	925 €	1.000 €.
	Der Bedarf der Mutter bzw. des Vaters eines nichtehelichen Kindes besteht in der Regel mindestens in Höhe der zu I. genannten Beträge.		
VII.	Der Einsatzbetrag im Mangelfall beträgt bei dem mit dem Unterhaltspflichtigen zusammenlebenden Ehegatten		
	1. bei Erwerbstätigkeit des Ehegatten:	565 €	615 €
	2. bei Nichterwerbstätigkeit des Ehegatten:	495 €	535 €

Die *Berliner Tabelle* ist anzuwenden, wenn sowohl der Unterhaltsgläubiger als auch der Unterhaltsschuldner im Beitrittsgebiet wohnen. Sie ist nur differenziert anzuwenden in den sog. Ost-West-Fällen, in denen nicht alle Beteiligten im Beitrittsgebiet wohnen. In diesen Mischfällen ist wegen der Regelbeträge der Kinder nach Gruppe a oder Gruppe 1 und wegen des Bedarfs laut Anmerkung IV auf den Kindeswohnsitz und wegen des Selbstbehalts des Unterhaltspflichtigen auf dessen Wohnsitz abzustellen.

Die grds. hälftige **Anrechnung von Kindergeld** auf den Tabellenunterhalt erfolgt nur noch insoweit, als das hälftige Kindergeld zusammen mit dem geschuldeten Tabellenbedarfsbetrag der Düsseldorfer Tabelle (DT) bzw. der Berliner Tabelle (BT) den jeweils geltenden **135 %igen Regel-**

3. Berliner Tabelle (Stand: 1.7.2003)

betrag übersteigt (§ 1612b Abs. 1 und 5 BGB). Der Kindergeldabzug berechnet sich mit folgender **Formel:**

Hälftiges Kindergeld (dieses beträgt ab 1. 1. 2002 **77 €** für das 1. bis 3. Kind sowie **89,50 €** für das 4. und jedes weitere Kind, BGBl I 2001, S. 2074, 2077 f.) **+ Unterhaltsbedarfsbetrag – 135 %iger Regelbetrag West bzw. Ost** (nach dem Wohnsitz des Kindes und seiner Altersstufe) = **anzurechnendes Kindergeld** (bei einem Negativsaldo entfällt die Anrechnung).

Daraus ergibt sich die folgende **Kindergeldabzugstabelle** (Tabellenbedarfsbetrag – Kindergeldabzug = Zahlbetrag) für das **alte Bundesgebiet** bis zur Gruppe 6 der DT (135 %-Grenze West):

Kind	Gruppe der DT	1. Altersstufe	2. Altersstufe	3. Altersstufe
1. bis 3. Kind	1 [bis 1.300]	199 – 7 = 192	241 – 0 = 241	284 – 0 = 284
ab 4. Kind	1	199 – 19,50 = 179,50	241 – 4,50 = 236,50	284 – 0 = 284
1. bis 3. Kind	2 [1.300 – 1.500]	213 – 21 = 192	258 – 9 = 249	304 – 0 = 304
ab 4. Kind	2	213 – 33,50 = 179,50	258 – 21,50 = 236,50	304 – 9,50 = 294,50
1. bis 3. Kind	3 [1.500 – 1.700]	227 – 35 = 192	275 – 26 = 249	324 – 17 = 307
ab 4. Kind	3	227 – 47,50 = 179,50	275 – 38,50 = 236,50	324 – 29,50 = 294,50
1. bis 3. Kind	4 [1.700 – 1.900]	241 – 49 = 192	292 – 43 = 249	344 – 37 = 307
ab 4. Kind	4	241 – 61,50 = 179,50	292 – 55,50 = 236,50	344 – 49,50 = 294,50
1. bis 3. Kind	5 [1.900 – 2.100]	255 – 63 = 192	309 – 60 = 249	364 – 57 = 307
ab 4. Kind	5	255 – 75,50 = 179,50	309 – 72,50 = 236,50	364 – 69,50 = 294,50
1. bis 3. Kind	6 [2.100 – 2.300]	269 – 77 = 192	326 – 77 = 249	384 – 77 = 307
ab 4. Kind	6	269 – 89,50 = 179,50	326 – 89,50 = 236,50	384 – 89,50 = 294,50

Die **Kindergeldabzugstabelle** für das **Beitrittsgebiet** bis zur 135 %-Grenze Ost als Anlage zur Berliner Tabelle ist:

Kind	Gruppe der BT	1. Altersstufe	2. Altersstufe	3. Altersstufe
1. bis 3. Kind	a) [bis 1.000]	183 – 12 = 171	222 – 0 = 222	262 – 0 = 262
ab 4. Kind	a)	183 – 24,50 = 158,50	222 – 11,50 = 210,50	262 – 0 = 262
1. bis 3. Kind	b) [1.000 – 1.150]	191 – 20 = 171	232 – 9 = 223	273 – 0 = 273
ab 4. Kind	b)	191 – 32,50 = 158,50	232 – 21,50 = 210,50	273 – 8,50 = 264,50
1. bis 3. Kind	1 [bis 1.300]	199 – 28 = 171	241 – 18 = 223	284 – 7 = 277
ab 4. Kind	1	199 – 40,50 = 158,50	241 – 30,50 = 210,50	284 – 19,50 = 264,50
1. bis 3. Kind	2 [1.300 – 1.500]	213 – 42 = 171	258 – 35 = 223	304 – 27 = 277
ab 4. Kind	2	213 – 54,50 = 158,50	258 – 47,50 = 210,50	304 – 39,50 = 264,50
1. bis 3. Kind	3 [1.500 – 1.700]	227 – 56 = 171	275 – 52 = 223	324 – 47 = 277
ab 4. Kind	3	227 – 68,50 = 158,50	275 – 64,50 = 210,50	324 – 59,50 = 264,50
1. bis 3. Kind	4 [1.700 – 1.900]	241 – 70 = 171	292 – 69 = 223	344 – 67 = 277
ab 4. Kind	4	241 – 82,50 = 158,50	292 – 81,50 = 210,50	344 – 79,50 = 264,50
1. bis 3. Kind	135 %-Grenze Ost	248 – 77 = 171	300 – 77 = 223	354 – 77 = 277
ab 4. Kind	135 %-Grenze Ost	248 – 89,50 = 158,50	300 – 89,50 = 210,50	354 – 89,50 = 264,50

(Verfasst in Abstimmung mit der Unterhaltskommission des DFGT u. mit dem Kammergericht und mitgeteilt von RiAG *Rudolf Vossenkämper*, Berlin)

Teil 6: Familien- und Ehegattenunterhalt

Inhaltsverzeichnis

	Rn.
Abschnitt 1: Systematische Erläuterungen	1
A. Übersicht	1
B. Familienunterhalt	2
C. Ehegattenunterhalt für die Zeit der Trennung	6
I. Verhältnis zu den anderen Unterhaltsansprüchen des Ehegatten	6
1. Abgrenzung zum Anspruch auf Familienunterhalt	6
2. Abgrenzung zum Anspruch auf Geschiedenenunterhalt	9
II. Anspruchsvoraussetzungen des Trennungsunterhaltes nach § 1361 BGB	11
1. Bestand einer Ehe	12
2. Getrenntleben der Eheleute	13
3. Bedarf des Unterhaltsberechtigten	17
4. Bedürftigkeit des Unterhaltsberechtigten	24
a) Tatsächliche Einkünfte des Berechtigten	25
b) Hypothetische Einkünfte des Berechtigten bei Verletzung einer Erwerbsobliegenheit	32
aa) Umfang der Erwerbsobliegenheit	33
(1) Aufnahme einer Erwerbstätigkeit und Kindesbetreuung	43
(2) Fortsetzung einer bereits ausgeübten Erwerbstätigkeit und Kindesbetreuung	48
bb) Höhe der anzurechnenden hypothetischen Einkünfte	50
c) Einsatz des Vermögens	53
5. Leistungsfähigkeit des Unterhaltspflichtigen	60
6. Berechnung des Unterhaltes	61
7. Altersvorsorgeunterhalt	62
8. Krankenvorsorge	63
9. Ausbildungsunterhalt aus § 1361 BGB	64
III. Kein Verzicht auf Trennungsunterhaltsanspruch	66

	Rn.
IV. Erlöschen des Trennungsunterhaltsanspruches bei Versöhnung der Eheleute	67
V. Geltendmachung von Rückständen beim Trennungsunterhalt	68
VI. Verwirkung des Anspruchs auf Trennungsunterhalt	69
VII. Trennungsunterhalt bei Beteiligung ausländischer Ehegatten	71
VIII. Versicherungsfragen während der Trennungszeit	72
D. Ehegattenunterhalt für die Zeit nach der Rechtskraft der Scheidung	76
I. Überblick über die gesetzlichen Tatbestände des Geschiedenenunterhaltes	81
II. Rechtskräftige Scheidung einer Ehe	82
III. Unterhaltstatbestände	83
1. § 1570 BGB (Unterhalt wegen Kindesbetreuung)	83
a) Gemeinschaftliche Kinder	84
b) Berechtigte Betreuung des Kindes	85
c) Erwerbsobliegenheit	89
2. § 1571 BGB (Unterhalt wegen Alters)	100
3. § 1572 BGB (Unterhalt wegen Krankheit)	103
4. § 1573 Abs. 1 BGB (Unterhalt bis zur Erlangung angemessener Erwerbstätigkeit)	113
5. § 1573 Abs. 2 BGB (Aufstockungsunterhalt)	121
6. § 1573 Abs. 4 BGB (Anspruch bei Wegfall einer Erwerbstätigkeit)	124
7. § 1573 Abs. 5 BGB (zeitliche Begrenzung)	130
8. § 1575 BGB (Unterhalt wegen Ausbildung)	133
9. § 1576 BGB (Billigkeitsunterhalt)	137
10. § 1577 Abs. 4 BGB (Nachhaltige Sicherung durch Einkünfte aus dem Vermögen)	140
11. § 1578 Abs. 2 und 3 BGB (Vorsorgeunterhalt)	141
a) § 1578 Abs. 3 BGB (Altersvorsorgeunterhalt)	147
b) § 1578 Abs. 2 BGB (Krankenvorsorgeunterhalt)	151

c) Pflegevorsorgeunterhalt	155	V. Ausschluss des Ehegattenunterhalts nach § 1579 BGB	312
12. Bedarf des unterhaltsberechtigten Ehegatten nach den ehelichen Lebensverhältnissen	156	1. Grds. Gesichtspunkte	312
		a) Kein endgültiger Verlust des Unterhaltsanspruches	313
a) Eheliche Lebensverhältnisse	156	b) Grobe Unbilligkeit	317
b) Bemessungskriterien für die ehelichen Lebensverhältnisse	159	c) Prozessuale Fragen	323
c) Speziell der Wert der Haushaltsführung und Surrogatseinkommen	166	2. Einzelne Tatbestände des § 1579 BGB	324
		a) § 1579 Nr. 1 BGB: kurze Ehedauer	324
d) Zeitpunkt für die Feststellung der ehelichen Lebensverhältnisse	173	b) § 1579 Nr. 2 BGB: Verbrechen oder schweres vorsätzliches Vergehen	326
13. Bedürftigkeit des Unterhaltsberechtigten	181	c) § 1579 Nr. 3 BGB: mutwilliges Herbeiführen der Bedürftigkeit	332
14. Leistungsfähigkeit des Unterhaltspflichtigen	182		
a) Zeitraum für die Einkommensermittlung	187	d) § 1579 Nr. 4 BGB: Verletzung von Vermögensinteressen	334
b) Anzurechnende Einkommenspositionen	188	e) § 1579 Nr. 5 BGB: Verletzung der Pflicht, zum Familienunterhalt beizutragen	336
c) Abzugspositionen beim Unterhalt	239	f) § 1579 Nr. 6 BGB: schwerwiegendes Fehlverhalten	337
d) Einkommensermittlung bei Selbstständigen	261	g) § 1579 Nr. 7 BGB: anderer schwerwiegender Grund (Auffangtatbestand)	342
aa) Maßgeblicher Zeitraum	262		
bb) Auskunft	263	aa) Neue Partnerschaft als Verwirkungsgrund	343
cc) Möglichkeiten der Steuerung/Manipulation des Einkommens	264	bb) Neue Partnerschaft und hypothetische Einkünfte	354
dd) Ansatzpunkte für die Einkommensermittlung	265	cc) Kurzes Zusammenleben	358
ee) Abschreibungen (AfA)	268	dd) Verschweigen von unterhaltsrelevanten Tatsachen	359
ff) Einzelne Einnahmen und Ausgabepositionen bei Selbstständigen	273	ee) Keine Empfängnisverhütung	363
gg) Anrechnung fiktiver (hypothetischer) Einkünfte aus einem abhängigen Beschäftigungsverhältnis	281	ff) Behinderung des Umgangsrechts	364
		E. Sonderfälle bei allen Formen des Ehegattenunterhalts	365
hh) Sonderfall: Aufnahme einer selbstständigen Tätigkeit	284	I. Sonderfall Arbeitslosigkeit	365
15. Selbstbehalt	285	II. Wechsel der Arbeitsstelle	372
16. Berechnung des Unterhaltes (Quotenbedarf, Erwerbstätigenbonus)	289	III. Kurzarbeit	373
		IV. Hypothetische, fiktive Einkünfte	374
		V. Mangelfall	378
		1. Darstellung der Problematik	378
17. Berechnungsbeispiele für die Unterhaltsberechung	301	a) Bisherige Rechtsprechung	380
18. Scheidungsunterhalt bei Beteiligung ausländischer Ehegatten und bei Scheidung deutscher Staatsbürger im Ausland	302	b) Neue Rechtsprechung des BGH seit 1. 1. 2003	381
		2. Berechnungsbeispiele nach der neuen BGH-Rechtsprechung	384
IV. Zeitliche Begrenzung des Unterhaltsanspruchs nach Scheidung gem. § 1578 Abs. 1 Satz 2 BGB	303	3. Abschließende Überprüfung des Ergebnisses auf Billigkeit	386
		4. Quotentabellen zum Mangelfall	387
		VI. Wohnwert als anzurechnender Vorteil (Wohnvorteil)	389

1. Unterhaltsrechtliche Relevanz des Wohnens in der eigenen Wohnung	390	
2. Höhe des Wohnwerts im Unterhaltsverfahren	401	
3. Berücksichtigung der Belastungen	405	
4. Auswirkungen des Verbleibs des Berechtigten in der Wohnung	410	
5. Auswirkungen des Verkaufs der Wohnung	416	
6. Konkrete Berechnungsbeispiele	419	
a) Ausgangssituation	420	
b) Trennung der Eheleute innerhalb des Hauses	421	
c) Nutzung des Hauses durch die unterhaltsberechtigte Ehefrau	422	
d) Nutzung des Hauses durch den unterhaltspflichtigen Ehemann	423	
e) Situation nach dem Verkauf des Hauses bzw. der Wohnung	424	
VII. Verwertung des Vermögens	425	
VIII. Schulden, Verbindlichkeiten	431	
1. Relevanz der Schulden für den Ehegattenunterhalt	431	
a) Zeitpunkt der Kreditaufnahme	436	
b) Zweck der Kreditaufnahme und Verwendung des Geldes	440	
c) Unterhaltslasten	443	
d) Schuldverpflichtungen des Berechtigten	444	
e) Darlegungs- und Beweislast	445	
2. Vernünftiger Tilgungsplan	446	
3. Möglichkeit der Restschuldbefreiung	450	
IX. Sonderbedarf	451	
X. Prozesskostenvorschuss als besondere Bedarfsposition	455	
XI. Steuerfragen (Realsplitting und Sonderausgabenabzug)	474	
XII. Sonderfall: beide Ehegatten betreuen ein Kind	493	

F. Festlegung und Durchsetzung des Unterhaltsanspruchs — 501
I. Fälligkeit des Unterhaltsanspruchs — 501
II. Verzug — 502
III. Geltendmachung von Unterhaltsrückständen — 517
IV. Unterhaltsverzicht — 518
V. Verwirkung von Unterhaltsrückständen — 526
VI. Verjährung der Unterhaltsansprüche — 536
VII. Aufrechnungsverbot § 394 BGB — 538
VIII. Zurückbehaltungsrecht gegenüber Unterhaltsforderung — 539
IX. Tod des Unterhaltsberechtigten oder des Unterhaltspflichtigen — 540
X. Erlöschen durch Wiederheirat — 542
XI. Freiwillige Zahlung und Titulierung — 543
XII. Festlegung und Durchsetzung von Ehegattenunterhaltsansprüchen — 551
    1. Unterhaltsfestsetzung durch Vereinbarung (Vergleich) — 552
    2. Gerichtliche Durchsetzung von Unterhaltsansprüchen — 557
       a) Zahlungsklage/Leistungsklage — 558
       b) Nachforderungsklage — 562
       c) Abänderungsklage — 563
       d) Einstweilige Anordnung zum Unterhalt — 564
       e) Einstweilige Verfügung — 571
       f) Gerichtliche Zuständigkeit — 572

G. Auskunftsanspruch gem. § 1580 BGB — 573

Abschnitt 2: Arbeits- und Beratungshilfen — 576

1. Erläuterungen zur Benutzung der Quotentabellen für die Verteilung im Mangelfall — 576
2. Tabellen mit Selbstbehaltsatz für die Ehefrau i.H.v. 650 € (Düsseldorfer Tabelle Stand: 1.7.2003) — 577
    a) Übersichtstabelle für Mangelfälle mit einem Kind und einem Ehegatten — 577
    b) Übersichtstabelle für Mangelfälle mit zwei Kindern und einem Ehegatten — 577
    c) Übersichtstabelle für Mangelfälle mit drei Kindern und einem Ehegatten — 577
       aa) Jüngstes Kind unter 6 Jahren — 577
       bb) Jüngstes Kind 6 bis 11 Jahre alt — 577
       cc) Jüngstes Kind 12 bis 17 Jahre alt — 577
3. Tabellen mit Selbstbehaltsatz für die Ehefrau i.H.v. 675 € (Düsseldorfer Tabelle Stand: 1.7.2003) — 578
    a) Übersichtstabelle für Mangelfälle mit einem Kind und einem Ehegatten — 578
    b) Übersichtstabelle für Mangelfälle mit zwei Kindern und einem Ehegatten — 578
    c) Übersichtstabelle für Mangelfälle mit drei Kindern und einem Ehegatten — 578

Teil 6: Familien- und Ehegattenunterhalt

aa)	Jüngstes Kind unter 6 Jahren	578	
bb)	Jüngstes Kind 6 bis 11 Jahre alt	578	
cc)	Jüngstes Kind 12 bis 17 Jahre alt	578	

4. Tabellen mit Selbstbehaltsatz für die Ehefrau i.H.v. 730 € (Düsseldorfer Tabelle Stand: 1.7.2003) 579
   a) Übersichtstabelle für Mangelfälle mit einem Kind und einem Ehegatten 579
   b) Übersichtstabelle für Mangelfälle mit zwei Kindern und einem Ehegatten 579
   c) Übersichtstabelle für Mangelfälle mit drei Kindern und einem Ehegatten 579
      aa) Jüngstes Kind unter 6 Jahren 579
      bb) Jüngstes Kind 6 bis 11 Jahre alt 579
      cc) Jüngstes Kind 12 bis 17 Jahre alt 579

5. Tabellen mit Selbstbehaltsatz für die Ehefrau i.H.v. 750 € (Düsseldorfer Tabelle Stand: 1.7.2003) 580
   a) Übersichtstabelle für Mangelfälle mit einem Kind und einem Ehegatten 580
   b) Übersichtstabelle für Mangelfälle mit zwei Kindern und einem Ehegatten 580
   c) Übersichtstabelle für Mangelfälle mit drei Kindern und einem Ehegatten 580
      aa) Jüngstes Kind unter 6 Jahren 580
      bb) Jüngstes Kind 6 bis 11 Jahre alt 580
      cc) Jüngstes Kind 12 bis 17 Jahre alt 580

6. Tabellen mit Selbstbehaltsatz für die Ehefrau i.H.v. 775 € (Düsseldorfer Tabelle Stand: 1.7.2003) 581
   a) Übersichtstabelle für Mangelfälle mit einem Kind und einem Ehegatten 581
   b) Übersichtstabelle für Mangelfälle mit zwei Kindern und einem Ehegatten 581
   c) Übersichtstabelle für Mangelfälle mit drei Kindern und einem Ehegatten 581
      aa) Jüngstes Kind unter 6 Jahren 581
      bb) Jüngstes Kind 6 bis 11 Jahre alt 581
      cc) Jüngstes Kind 12 bis 17 Jahre alt 581

7. Tabellen mit Selbstbehaltsatz für die Ehefrau i.H.v. 780 € (Düsseldorfer Tabelle Stand: 1.7.2003) 582
   a) Übersichtstabelle für Mangelfälle mit einem Kind und einem Ehegatten 582
   b) Übersichtstabelle für Mangelfälle mit zwei Kindern und einem Ehegatten 582
   c) Übersichtstabelle für Mangelfälle mit drei Kindern und einem Ehegatten 582
      aa) Jüngstes Kind unter 6 Jahren 582
      bb) Jüngstes Kind 6 bis 11 Jahre alt 582
      cc) Jüngstes Kind 12 bis 17 Jahre alt 582

8. Tabellen mit Selbstbehaltsatz für die Ehefrau i.H.v. 810 € (Düsseldorfer Tabelle Stand: 1.7.2003) 583
   a) Übersichtstabelle für Mangelfälle mit einem Kind und einem Ehegatten 583
   b) Übersichtstabelle für Mangelfälle mit zwei Kindern und einem Ehegatten 583
   c) Übersichtstabelle für Mangelfälle mit drei Kindern und einem Ehegatten 583
      aa) Jüngstes Kind unter 6 Jahren 583
      bb) Jüngstes Kind 6 bis 11 Jahre alt 583
      cc) Jüngstes Kind 12 bis 17 Jahre alt 583

9. Tabellen mit Selbstbehaltsatz für die Ehefrau i.H.v. 825 € (Düsseldorfer Tabelle Stand: 1.7.2003) 584
   a) Übersichtstabelle für Mangelfälle mit einem Kind und einem Ehegatten 584
   b) Übersichtstabelle für Mangelfälle mit zwei Kindern und einem Ehegatten 584
   c) Übersichtstabelle für Mangelfälle mit drei Kindern und einem Ehegatten 584
      aa) Jüngstes Kind unter 6 Jahren 584
      bb) Jüngstes Kind 6 bis 11 Jahre alt 584
      cc) Jüngstes Kind 12 bis 17 Jahre alt 584

10. Tabellen mit Selbstbehaltsatz für
die Ehefrau i.H.v. 840 € (Düsseldorfer Tabelle Stand: 1.7.2003) 585
   a) Übersichtstabelle für Mangelfälle mit einem Kind und einem Ehegatten 585
   b) Übersichtstabelle für Mangelfälle mit zwei Kindern und einem Ehegatten 585
   c) Übersichtstabelle für Mangelfälle mit drei Kindern und einem Ehegatten 585
      aa) Jüngstes Kind unter 6 Jahren 585
      bb) Jüngstes Kind 6 bis 11 Jahre alt 585
      cc) Jüngstes Kind 12 bis 17 Jahre alt 585

11. Tabellen mit Selbstbehaltsatz für die Ehefrau i.H.v. 880 € (Düsseldorfer Tabelle Stand: 1.7.2003) 586
   a) Übersichtstabelle für Mangelfälle mit einem Kind und einem Ehegatten 586
   b) Übersichtstabelle für Mangelfälle mit zwei Kindern und einem Ehegatten 586
   c) Übersichtstabelle für Mangelfälle mit drei Kindern und einem Ehegatten 586
      aa) Jüngstes Kind unter 6 Jahren 586
      bb) Jüngstes Kind 6 bis 11 Jahre alt 586
      cc) Jüngstes Kind 12 bis 17 Jahre alt 586

12. Tabellen mit Selbstbehaltsatz für die Ehefrau i.H.v. 890 € (Düsseldorfer Tabelle Stand: 1.7.2003) 587
   a) Übersichtstabelle für Mangelfälle mit einem Kind und einem Ehegatten 587
   b) Übersichtstabelle für Mangelfälle mit zwei Kindern und einem Ehegatten 587
   c) Übersichtstabelle für Mangelfälle mit drei Kindern und einem Ehegatten 587
      aa) Jüngstes Kind unter 6 Jahren 587
      bb) Jüngstes Kind 6 bis 11 Jahre alt 587
      cc) Jüngstes Kind 12 bis 17 Jahre alt 587

13. Tabellen mit Selbstbehaltsatz für die Ehefrau i.H.v. 920 € (Düsseldorfer Tabelle Stand: 1.7.2003) 588
   a) Übersichtstabelle für Mangelfälle mit einem Kind und einem Ehegatten 588
   b) Übersichtstabelle für Mangelfälle mit zwei Kindern und einem Ehegatten 588
   c) Übersichtstabelle für Mangelfälle mit drei Kindern und einem Ehegatten 588
      aa) Jüngstes Kind unter 6 Jahren 588
      bb) Jüngstes Kind 6 bis 11 Jahre alt 588
      cc) Jüngstes Kind 12 bis 17 Jahre alt 588

14. Tabellen mit Selbstbehaltsatz für die Ehefrau i.H.v. 925 € (Düsseldorfer Tabelle Stand: 1.7.2003) 589
   a) Übersichtstabelle für Mangelfälle mit einem Kind und einem Ehegatten 589
   b) Übersichtstabelle für Mangelfälle mit zwei Kindern und einem Ehegatten 589
   c) Übersichtstabelle für Mangelfälle mit drei Kindern und einem Ehegatten 589
      aa) Jüngstes Kind unter 6 Jahren 589
      bb) Jüngstes Kind 6 bis 11 Jahre alt 589
      cc) Jüngstes Kind 12 bis 17 Jahre alt 589

15. Tabellen mit Selbstbehaltsatz für die Ehefrau i.H.v. 950 € (Düsseldorfer Tabelle Stand: 1.7.2003) 590
   a) Übersichtstabelle für Mangelfälle mit einem Kind und einem Ehegatten 590
   b) Übersichtstabelle für Mangelfälle mit zwei Kindern und einem Ehegatten 590
   c) Übersichtstabelle für Mangelfälle mit drei Kindern und einem Ehegatten 590
      aa) Jüngstes Kind unter 6 Jahren 590
      bb) Jüngstes Kind 6 bis 11 Jahre alt 590
      cc) Jüngstes Kind 12 bis 17 Jahre alt 590

16. Tabellen mit Selbstbehaltsatz für die Ehefrau i.H.v. 1.000 € (Düsseldorfer Tabelle Stand: 1.7.2003) 591
   a) Übersichtstabelle für Mangelfälle mit einem Kind und einem Ehegatten 591

b)	Übersichtstabelle für Mangelfälle mit zwei Kindern und einem Ehegatten	591	aa)	Jüngstes Kind unter 6 Jahren	591
			bb)	Jüngstes Kind 6 bis 11 Jahre alt	591
c)	Übersichtstabelle für Mangelfälle mit drei Kindern und einem Ehegatten	591	cc)	Jüngstes Kind 12 bis 17 Jahre alt	591

Literatur:

Arens/Ehlers/Spieker, Steuerfragen zum Ehe- und Scheidungsrecht, 2. Aufl., 2001; *Bergschneider,* Anm. zu OLG München, FamRZ 2003, 35, FamRZ 2003, 38; *ders.,* Anm. zu BGH XII. ZS, Urteil v. 12. 6. 2002 – XII ZR 288/00, FamRZ 2002, 1024, FamRZ 2002, 1181; *ders.,* Anm. zu BGH, Urt. v. 20. 3. 2002 – XII ZR 159/00 (Kein Trennungsunterhalt bei Zusammenleben mit homosexuellen Partnern), FamRZ 2002, 951; *ders.,* Anm. zu: OLG Köln, Urt. v. 21. 5. 1999 – 4 UF 245/98 (Wirksamer Verzicht auf Trennungsunterhalt), FamRZ 2000, 609; *ders.,* Zur Inhaltskontrolle bei Eheverträgen. Das Urteil des BVerfG und seine Konsequenzen für die Praxis. Anm. zu: BVerfG, Urt. v. 6. 2. 2001 – 1 BvR 12/92, FamRZ 2001, 1337; *Beunings,* Die Änderung der Rechtsprechung zur Bemessung des nachehelichen Unterhalts als Abänderungsgrund, NJW 2003, 568; *Bißmaier,* Die Berücksichtigung von Berufskosten bei der Unterhaltsberechnung, FamRZ 2002, 1448; *ders.,* Der Prozeßkostenvorschuß in der familiengerichtlichen Praxis, FamRZ 2002, 863; *Born,* Bestrafung durch die Hintertür? – Die unterhaltsrechtliche Behandlung geldwerter Versorgungsleistungen nach der neuen Hausfrauen-Rechtsprechung, Besprechung von OLG Oldenburg, FamRZ 2002, 1488, und AmtsG Neuwied, FamRZ 2002, 1628, FamRZ 2002, 1603; *ders.,* Anm. zu BGH, Urt. v. 21. 2. 2001 – XII ZR 34/99, MDR 2001, 693; *ders.,* Ist der Fleißige der Dumme? – Überobligationsmäßige Einkünfte in der unterhaltsrechtlichen Praxis, FamRZ 1997, 129; *Borth,* Die Entscheidung des BGH v. 13. 6. 2001 zum nachehelichen Unterhalt, (Anm. zu: BGH, Urt. v. 13. 6. 2001 – XII ZR 343/99), FamRZ 2001, 1653; *Brudermüller,* Zeitliche Begrenzung des Unterhaltsanspruchs (§§ 1573 Abs. 5, 1578 Abs. 1 Satz 2 BGB), FamRZ 1998, 649; *Büttner,* Zur Berücksichtigung freiwilliger Leistungen Dritter im Unterhaltsrecht, FamRZ 2002, 1445; *ders.,* Sind die Bedenken gegen die Rechtsprechung des BGH und BVerfG zu den ehelichen Lebensverhältnissen gerechtfertigt?, FamRZ 2003, 641; *ders.,* Anm. zu: BGH, Urt. v. 6. 2. 2002 – XII ZR 20/00 (Kein Mindestbedarf des unterhaltsberechtigten Kindes), FamRZ 2002, 542; *ders.,* Schuldrechtsmodernisierung und Familienrecht, insbesondere Verjährung, Verwirkung und Verzug, FamRZ 2002, 361; *ders.,* Wie ist Pflegegeld bei Unterhaltsansprüchen zu berücksichtigen?, FamRZ 2000, 596; *ders.,* Anm. zu BGH, XII. ZS, Urteil v. 5. 9. 2001 – XII ZR 336/99, FamRZ 2001, 1693; *ders.,* Auswirkungen der Pflegeversicherung auf das Unterhaltsrecht, FamRZ 1995, 193; *Büttner/Niepmann,* Die Entwicklung des Unterhaltsrechts seit Mitte 2001, NJW 2002, 2283; *dies.,* Die Entwicklung des Unterhaltsrechts seit Mitte 2000, NJW 2001, 2215; *Deisenhofer,* Anm. zu: OLG Köln, Urt. v. 21. 5. 1999 – 4 UF 245/98 – (Wirksamer Verzicht auf Trennungsunterhalt), FamRZ 2000, 1368; *Duderstadt,* Die doppelte Kindesunterhaltslast, FamRZ 2003, 70; *Ewers,* Schwarzer Peter (§§ 36 Nr. 6 ZPO, 5, 46 Abs. 2 FGG), FamRZ 1999, 74; *Fischer/Winkelmann/Maier,* Fiktive Steuerberechnung und/oder faktische Steuerlast bei Selbständigen? – Zu Blaese, Fiktive Steuerberechnung oder konkrete Steuerzahlung bei Selbständigen, FamRZ 1994, 216, FamRZ 1995, 79; *dies.,* Ermittlung der unterhaltsrechtlich anrechenbaren Steuerlast bei Selbständigen: Faktische Steuerzahlung versus fiktive Steuerberechnung?, FamRZ 1993, 880; *Flieser/Hartl,* Sozialhilferechtliche Bedeutung der Unterhaltsverteilung im Mangelfall, FamRZ 2000, 335; *Gerhards,* Das Verhältnis der Regeln über den Gesamtschuldnerausgleich zwischen Ehegatten zu den Vorschriften über den Zugewinnausgleich, FamRZ 2001, 561; *Gerhardt,* Die Veräußerung des Eigenheims beim Ehegattenunterhalt, FamRZ 2003, 414; *ders.,* Neubewertung der ehelichen Lebensverhältnisse, FamRZ 2003, 272; *Gerhardt, R.,* Eheliche Lebensverhältnisse bei Kinderbetreuung und Haushaltsführung, FamRZ 2000, 134; *ders.,* Wohnwert und „Drittelobergrenze" bei der Unterhaltsberechnung, FamRZ 1993, 1139; *Graba,* Zur Neuregelung der Kindergeldanrechnung nach dem Gesetz zur Ächtung der Gewalt in der Erziehung und zur Änderung des Kinderunterhalts, NJW 2001, 249; *ders.,* Zum Unterhalt der Hausfrau nach den ehelichen Lebensverhältnissen, FamRZ 1999, 1115; *ders.,* Zur Mieterspanis im Unterhaltsrecht, FamRZ 1995, 385; *ders.,* Mietfreies Wohnen und Unterhalt, FamRZ 1985, 657; *Gutdeutsch,* Vorsorgeunterhalt und Pflegeversicherung, FamRZ 1994, 878; *Hahne,* Das Familienheim im Falle von Trennung und Scheidung, FF 1999, 99; *Hambitzer,* Die Vererblichkeit von Unterhaltsansprüchen gemäß § 1586b BGB und ihre vertragliche Abdingbarkeit, FPR 2003, 157; *Hauß,* Wege aus der Mangelfallberechnung – Verbraucherinsolvenz und Unterhalt, MDR 2002, 1163; *Heinke,* Zustimmungspflicht und Nachteilsausgleich beim Realsplitting, ZFE 2002, 110; *Huber,* Die Ehewohnung in der Trennungszeit – Nutzungsvergütung oder Trennungsunterhalt?, FamRZ 2000, 129; *Kemper,* Unterhaltsrechtlich notwendige Gewinnkorrekturen (2), FuR 2002, 122; *ders.,* Abnutzbare Wirtschaftsgüter des Anlagevermögens im Steuerrecht und im Unterhaltsrecht, Teil 1 FUR 2003, 113, Teil 2 FUR 2003, 168; *ders.,* Unterhaltsrechtlich notwendige Gewinnkorrekturen. Kontrollbedürftige Posten im steuerlichen Jahresabschluss (1), FuR 2002, 55; *Kindermann,* Die Aufteilung einer Steuererstattung zwischen den zusammenveranlagten Ehegatten, ZFE 2002, 10; *ders.,* Anspruch auf nachehelichen Unterhalt trotz Pflichtverzicht?, ZFE 2003, 175; *Kleffmann,* Die Entwicklung des materiellen Unterhalts im Jahre 2002, (2), FuR 2002, 160; *ders.,* Der Selbständige im Unterhaltsprozeß, FuR 1994, 159; *Kleinwegener,* Der Scheinvater-Regress, ZFE 2002, 276; *Knops,* Der familienrechtliche Prozeßkostenvorschuß, NJW 1993, 1237; *Krause,* Erziehungsgeld als Einkommen im Sinne des Unterhaltsrechts, FamRZ 2002, 1452; *Kunigk,* Die Bedarfsberechnung beim Kindesunterhalt durch Verdoppelung der Tabellenbeträge, FamRZ 2002, 923; *Künkel,* Der neue § 1610a BGB, FamRZ 1991, 1131; *Langenfeld,* Vereinbarungen zur zeitlichen und höhenmäßigen Begrenzung des Unterhalts, FPR 2003, 155; *Laumen/Bülow/Hepting/Baumgärtel,* Handbuch der Beweislast im Privatrecht, Band 2: BGB Sachenrecht, Familienrecht, Erbrecht im Recht der EG, UN-Kaufrecht, 2. Aufl., 1999; *Luthin,* Mindestbedarf, des minderjährigen unverheirateten Kindes, FamRZ 2001, 334; *Maier,* Die gleiche Teilhabe der Ehegatten am gemeinsam Erwirtschafteten im Unterhaltsrecht, NJW 2002, 3359; *Melchers,* Anm. zu: AG Nordenham, Urt. v. 16. 1. 2002 – 4 F 260/01 UEUK – (Verbraucherinsolvenz: Wenn Unterhalt nicht voll gezahlt werden kann), FamRZ 2002, 897; *ders.,* Obliegenheit zur Privatinsolvenz in Mangellagen, FUR 2003, 145; *Melchers/Hauß,* Unterhalt und Verbraucherinsolvenz, 2003; *Meyer-Götz,* Familien- und Ortszuschlag bei Angestellten und Beamten und seine Auswirkung auf die Unterhaltsberechnung, ZFE 2002, 306; *Mlecko,* Das Urteil des BGH v. 22. 1. 2003 zur Berücksichtigung der Einkünfte aus unzumutbarer Erwerbstätigkeit neben Kinderbetreuung, ZFE 2003, 137; *Müller,* Anm. zu KG, 3. ZS – FamS., Urt. v. 1. 2. 2002 – 3 UF 184/01, FamRZ 2002, 1406; *ders.,* Die eheähnliche Gemeinschaft Gleichgeschlechtlicher, Härtegrund nach § 1579 Nr. 7 BGB?, FuR 2002, 441 – 443; *ders.,* Rente und Unterhalt. Das zweifache Surrogat des BGH, FuR 2002, 195; [] *Oelkers,* Die neue Rechtsprechung zu § 1579 BGB im Überblick, FamRZ 1996, 257; *Oelkers/Kraeft,* Der Mangelfall im Spiegel der Leitlinie der Oberlandesgerichte – eine kritische Bestandsaufnahme, FamRZ 1999, 1476; *Rauscher,* Die Haushaltsführung beim „Neuen" als Surrogat? (Zur Kritik des OLG Oldenburg an der Surrogatthese des BGH), FuR 2002, 337; *Röthel,* Richterliche Inhaltskontrolle von Eheverträgen, (Anm. zu: BVerfG, Urt. v. 6. 2. 2001 – 1 BvR 12/92), NJW 2001, 1334; *Sartorius,* Rechtsfragen der Familienversicherung, ZFE 2003, 6; *Schneider/Herget,* Streitwertkommentar für den Zivilprozeß, 11. Aufl. 1997; *Scholz,* Anm. zu BGH 22. 1. 2003 XII ZR 2/00, FamRZ 2003, 514; *ders.,* Von der Anrechnungs- zur Differenzmethode – Wirft das Urteil des BGH v. 13. 6. 2001 neue Gerechtigkeitsprobleme auf?, FamRZ 2003, 265; *ders.,* Anm. zu BGH, XII. ZS, Urteil v. 19.7.2000,- XII ZR 161/98, FamRZ 2000, 1492; *ders.,* Anm. zu: BGH, Urt. v. 13. 6. 2001 – XII ZR 343/99 (Änderung der Rechtsprechung zur sog. Anrechnungsmethode), FamRZ 2001, 1061; *ders.,* Existenzminimum und Kindergeldverrechnung – zur Neufassung des § 1612b Abs. 5 BGB, FamRZ 2000, 1541; *Schubert,* Wirksamkeit von Unterhaltsverzichts- und Freistellungserklärungen. Zugl. Anm. zu: BVerfG, Urt. v. 6. 2. 2001 – 1 BvR 12/92, FamRZ 2001, 733; *Schürmann,* Die Entnahmen – Einblicke in die Lebensverhältnisse, FamRZ 2002, 1150; *Schürmann/Weinreich,* Schulden bei Trennung und Scheidung, FUR 2003, 6, 60; *dies.,* Schulden bei Trennung und Scheidung, Teil 3: Zugewinn und Unterhalt, FUR 2003, 173; *Schwab,* Anm. zu BGH Urt. v. 24. 10. 2001 – XII ZR 286/99, FamRZ 2002, 92; *Schwackenberg,* Grenzen familienrechtlicher Vereinbarungen, ZFE 2002, 38; *Schwolow,* Streitwert/Gegenstandswerte in Familiensachen. Alphabetische Darstellung der wesentlichen Werte, FuR 2003, 307; *Soyka,* Surrogat und Vermögenseinkünfte, FuR 2003, 1; *Stocker,* Der Betreuungsbonus nach Änderung der Rechtsprechung des BGH, ZFE 2003, 38; *Strohal,* Jahreswagen und Unterhalt, FamRZ 1995, 459; *Uhlenbruck,* Insolvenzrechtsreform: Flucht des Schuldners aus dem „Modernen Schuldturm" auf Kosten der Unterhaltsberechtigten?, FamRZ 1998, 1473; *Viefhues,* ABC zum Sonderbedarf, ZFE 2003, 41; *Viefhues/Kleinwegener,* Aktuelle Änderung der Rechtsprechung des BGH zum Mangelfall, ZFE 2003, 100; *van Bühren,* Familienrechtliche Probleme im Versicherungsrecht, MDR 2002, 1410 – 1414; *Waldner,* Rechtsprechungsänderung und Abänderungsklage, FÜR 2003, 188; *Wellenhofer-Klein,* Unterhaltsrechtliche Risiken in der Lebensgestaltung bei Trennung/Scheidung für den Unterhaltsbedürftigen, FPR 2003, 163; *Wever,* Das große Familiengericht – Zuständigkeit für alle vermögensrechtlichen Streitigkeiten der Ehegatten?, FamRZ 2001, 268; *ders.,* Vermögensauseinandersetzung der Ehegatten außerhalb des Güterrechts, 3. Aufl. 2002; *Wohlfahrt,* Änderungen bei der Kindesunterhaltsberechnung zum 1. 1. 2001; durch § 1612b Abs. 5 BGB n. F., FF 2001, 2. *Norpoth,* Der Unterhaltsbedarf bei überdurchschnittlichen Einkommensverhältnissen – Bemessung nach den konkreten Lebensverhältnissen, ZFE 2003, 179;]

Abschnitt 1: Systematische Erläuterungen

A. Übersicht

Der Unterhalt des Ehegatten ist je nach dem zugrundeliegenden Grundverhältnis 1

- Familienunterhalt nach §§ 1360 ff. BGB,
- Trennungsunterhalt nach § 1361 BGB oder
- nachehelicher Unterhalt in §§ 1569 bis 1586b BGB.

Für den jeweiligen Unterhaltsanspruch sind folgende Voraussetzungen erforderlich

- eine gesetzliche Anspruchsgrundlage,
- Bedarf des Unterhaltsberechtigten,
- Bedürftigkeit des Unterhaltsberechtigten,
- Leistungsfähigkeit des Unterhaltspflichtigen
- kein Verlust des Anspruchs z. B. durch Ausschlusstatbestände.

B. Familienunterhalt

2 Der **Familienunterhalt** hat in der familienrechtlichen Praxis fast keine Bedeutung.

Jeder Ehegatte hat für den Unterhalt der Familie seine Arbeitskraft und sein Vermögen einzusetzen. Dabei muss nicht jeder in gleicher Weise tätig werden, sondern es hängt von den persönlichen Fähigkeiten und von der zwischen den Ehegatten gewählten Verteilung der Aufgaben ab (§ 1360 BGB). Führt ein Ehegatte den Haushalt, dann gilt die Haushaltsführung als gleichwertiger Beitrag zum Familienunterhalt (§ 1360 Satz 2 BGB).

3 Der Familienunterhalt ist gesetzlich ausgestaltet als **Teilhabeanspruch** beider Ehegatten für sich und die Kinder an den gemeinsam erwirtschafteten Einkünften. Der Familienunterhalt richtet sich nach den die ehelichen Lebensverhältnisse prägenden Einkommens- und Vermögensverhältnissen und dem jeweiligen Lebenszuschnitt der Ehegatten.

4 Nach § 1360a Abs. 2 Satz 2 BGB hat der erwerbstätige Ehegatte dem den Haushalt führenden Ehegatten ausreichende Barmittel als sog. **Wirtschaftsgeld** zur Verfügung zu stellen. Dies dient dazu, die mit der Haushaltsführung und der Versorgung der Familie verbundenen notwendigen Kosten abzudecken. Diese Geld verwaltet der haushaltsführende Ehegatte treuhänderisch und ist gehalten, die Mittel bestimmungsgemäß zu verwenden. Ein erwirtschafteter Überschuss ist nur mit Zustimmung des anderen Ehegatten zu verwenden und geht nicht in das Vermögen des haushaltsführenden Ehegatten über (OLG Hamm, FamRZ 1988, 947; OLG Hamburg, FamRZ 1984, 583).

Der Familienunterhalt ist rechtlich nicht identisch mit dem Ehegattenunterhalt nach Trennung und Scheidung gem. §§ 1361, 1569 ff. BGB und lässt sich auch nicht nach den dazu entwickelten Grundsätzen bemessen (BGH, FamRZ 1995, 537). Der Anspruch auf Wirtschaftsgeld erlischt mit der Trennung der Eheleute, und zwar auch hinsichtlich bereits **vergangener Zeiträume**.

5 Zur Befriedigung von Privatinteressen des haushaltführenden Ehegatten dient das **Taschengeld**, das der den Haushalt führende Ehegatte als selbständigen Teil des Anspruches auf Familienunterhalt nach §§ 1360, 1360a BGB verlangen kann (OLG Zweibrücken, FamRZ 2001, 1470; OLG Nürnberg, FamRZ 1999, 505; OLG Stuttgart, FamRZ 1997, 1494). Der Ehegatte, der eigenes Einkommen hat, hat allerdings keinen Anspruch auf Taschengeld, dagegen der Ehegatte in einer sog. Zuverdienerehe (BGH, FamRZ 1998, 608; OLG Frankfurt, FamRZ 2001, 1477). Ein Taschengeldanspruch scheidet aus, wenn das Familieneinkommen nur zur Deckung des notwendigen Bedarfs der Familienmitglieder ausreicht (BGH, FamRZ 1998, 608).

Als angemessenes Taschengeld werden **5 bis 7 % des Einkommens** des Ehegatten angesehen (BGH, FamRZ 1998, 608; OLG Frankfurt, FamRZ 1991, 727, 729; OLG Hamm, NJW-RR 1990, 1224 m. w. N; OLG Frankfurt, Rpfleger 1996, 77;). Das Taschengeld ist im Rahmen des § 850b Satz 2 ZPO **pfändbar** (OLG Celle, NJW 1991, 1960; einschränkend OLG Nürnberg, FamRZ 1999, 505; a. A. AG Rendsburg, FamRZ 2001, 560; zur Verwertung s. AG Ludwigsburg, FamRZ 2001, 1627).

C. Ehegattenunterhalt für die Zeit der Trennung

I. Verhältnis zu den anderen Unterhaltsansprüchen des Ehegatten

1. Abgrenzung zum Anspruch auf Familienunterhalt

6 Die während der ehelichen Lebensgemeinschaft bestandene Aufteilung der gegenseitigen Pflichten der Ehegatten wird durch die Trennung beendet. Der während der ehelichen Lebensgemeinschaft bestehende gegenseitige Teilhabeanspruch der Ehegatten (für sich und die Kinder) aus § 1360 Satz 1 BGB endet damit. Nach Trennung der Eheleute besteht grds. auch für einen vor der Trennung liegenden Zeitraum kein Anspruch auf Wirtschaftsgeld mehr (OLG Hamm, FamRZ 1988, 947).

Der Familienverband wird durch die Trennung der Ehegatten aufgelöst. Danach besteht anstelle des wechselseitigen Anspruchs nur noch ein einseitiger Anspruch des bedürftigen Ehegatten gegen den anderen auf Trennungsunterhalt (Getrenntlebensunterhalt) nach § 1361 BGB. Auch diese beiden Ansprüche sind rechtlich nicht identisch, da sie auf **anderen Anspruchsgrundlagen** beruhen (OLG Düsseldorf, FamRZ 1992, 943; OLG Hamm, FamRZ 1988, 947). 7

Heben die Eheleute die Trennung für längere Zeit wieder auf und versöhnen sich, so können folglich aus einem Titel auf Trennungsunterhalt keine Rechte – etwa auf Familienunterhalt – hergeleitet werden (OLG Hamm, FamRZ 1999, 30). Wird danach erneut die Trennung herbeigeführt, muss auch ein neuer Titel über Trennungsunterhalt erwirkt werden. Dies gilt aber nicht bei bloßen – erfolglosen – Versöhnungsversuchen (vgl. unten Rn. 15). 8

2. Abgrenzung zum Anspruch auf Geschiedenenunterhalt

Beim Ehegattenunterhalt wird materiell-rechtlich und auch prozessual weiterhin auch streng zwischen dem Trennungsunterhalt aus § 1361 BGB und dem Geschiedenenunterhalt nach Rechtskraft der Scheidung (Scheidungsunterhalt) nach §§ 1569 ff. BGB unterschieden. Trennungsunterhalt kann nur beansprucht werden ab dem Zeitpunkt der Trennung der Parteien bis zur Rechtskraft des Scheidungsurteils. Geschiedenenunterhalt (Scheidungsunterhalt) ist dagegen ab Rechtskraft der Scheidung zu zahlen. 9

Diese sog. **Nichtidentität** (BGH, FamRZ 1980, 1089; FamRZ 1982, 244, 247) hat in der Praxis weitreichende Auswirkungen: 10

- Eine für den Trennungsunterhalt erklärte Mahnung wirkt daher wegen der unterschiedlichen Streitgegenstände nicht automatisch auf den nachehelichen Unterhalt fort. Eine Mahnung wegen nachehelichen Unterhalts, die vor dem Eintritt der Rechtskraft des Scheidungsanspruchs erfolgt, begründet keinen Verzug, weil noch kein fälliger gesetzlicher Anspruch vorliegt (BGH, FamRZ 1988, 700; BGH, FamRZ 1992, 920 f.; OLG Hamm, NJW-RR 2001, 433).
- Ein Unterhaltstitel, der über Trennungsunterhalt erlangt worden ist, endet i.d.R. automatisch mit der Rechtskraft der Scheidung! Die **prozessualen Konsequenzen** daraus sind weitreichend:
  - Für den Zeitraum ab Rechtskraft der Scheidung benötigt der Unterhaltsberechtigte einen neuen Vollstreckungstitel!
  - Wird dennoch weiter aus dem alten Titel für Zeiträume nach Rechtskraft der Scheidung vollstreckt, so kann der Unterhaltspflichtige dagegen mit der Vollstreckungsgegenklage nach § 767 ZPO vorgehen, weil der dem Titel zugrundegelegte materiell-rechtliche Anspruch auf Trennungsunterhalt aus § 1361 BGB nach der Rechtskraft der Scheidung nicht mehr besteht. Die Zahlungspflicht endet dabei genau mit dem Tag der Rechtskraft des Scheidungsurteils, nicht mit dem Ablauf des Monats (BGH, FamRZ 1988, 370, 372; BGH, FamRZ 1984, 265).
  - Das Urteil über den Trennungsunterhalt nach Rechtskraft der Scheidung kann nicht im Wege der Abänderungsklage gem. § 323 ZPO abgeändert werden.
- Auch wenn zum Trennungsunterhalt Auskunft erteilt wurde, besteht dennoch ungeachtet der Zeitschranke des § 1605 Abs. 2 BGB ein Auskunftsanspruch zur Geltendmachung des nachehelichen Unterhaltes (OLG Köln, FPR 2003, 129).

II. Anspruchsvoraussetzungen des Trennungsunterhaltes nach § 1361 BGB

Anspruchsvoraussetzungen für den Trennungsunterhalt nach § 1361 BGB sind: 11

- Bestand einer Ehe (eine ähnliche Vorschrift für Partner von Lebenspartnerschaften enthält § 12 LPartG),
- Getrenntleben der Eheleute,

- Bedarf des Unterhaltsberechtigten,
- Bedürftigkeit des Unterhaltsberechtigten,
- Leistungsfähigkeit des Unterhaltspflichtigen,
- kein Verlust des Anspruchs z. B. durch Ausschlusstatbestände.

1. Bestand einer Ehe

12 Grds. reicht für Ansprüche aus § 1361 BGB der formale Bestand einer Ehe. Dabei kommt es für die Anwendung von § 1361 BGB nicht darauf an, ob die Ehegatten die eheliche Lebensgemeinschaft jemals aufgenommen haben oder ob dies geplant war. Es kommt auch nicht darauf an, ob die Eheleute während ihres Zusammenlebens eine wirtschaftliche Einheit gebildet oder aus getrennten Kassen gelebt haben (BGH, FamRZ 1980, 876; BGH, FamRZ 1989, 838; BGH, FamRZ 1985, 376). Auch sog „Scheinehen" oder „Aufenthaltsehen" fallen unter § 1361 BGB (OLG München, FamRZ 1994, 1108). Allerdings ist in diesen Fällen Verwirkung gem. §§ 1579 Nr. 7, 1361 Abs. 3 BGB zu prüfen (BGH, FamRZ 1994, 558).

2. Getrenntleben der Eheleute

13 Für die Frage des Getrenntlebens gelten die zur Trennung i. S. d. Scheidungsrechts nach § 1567 entwickelten Grundsätze.

Danach ist eine **Trennung** zweifelsfrei gegeben, wenn die Eheleute bereits für die Dauer eines Jahres **getrennte Wohnungen** haben. Auch eine Trennung innerhalb der Ehewohnung ist möglich. Ehegatten leben innerhalb der Ehewohnung getrennt, wenn sie nicht mehr zusammen wirtschaften, schlafen und essen. Verbleibende Gemeinsamkeiten, z. B. das dem trennungswilligen Teil aufgedrängte Putzen der Wohnung und Waschen der Wäsche, ändern daran nichts, wenn sie bei einer Gesamtwürdigung **unwesentlich** erscheinen (OLG München, MDR 1998, 51). Ebenso sind Kontakte durch das Umgangsrecht mit dem Kind unschädlich (OLG Köln, FamRZ 2002, 1341).

14 **Innerhalb der Ehewohnung** kann die Trennung ebenfalls herbeigeführt werden, wenn keine gegenseitigen Versorgungsleistungen erbracht werden und getrennt genächtigt wird (OLG München, FamRZ 2001, 1457).

Leben die Eheleute **aus anderen Gründen getrennt** (z. B. bei Strafhaft eines Partners), dann beginnt die Trennung, wenn sich einer der Partner dezidiert von dem anderen abwendet. Dies erfolgt i. d. R. durch eine – mündliche oder schriftliche – **Erklärung** (OLG Hamm, FamRZ 1990, 166). Der Bewusstseinsverlust eines Partners allein reicht nicht aus, vielmehr muss der Verlust der ehelichen Gesinnung gesondert festgestellt werden (OLG Frankfurt, OLGReport Frankfurt 2002, 1933 = ZFE 2002, 295).

15 Erfolglos gebliebene **Versöhnungsversuche** unterbrechen dabei die Trennungszeit nicht. Diese Versöhnungsversuche dürfen aber den Zeitrahmen von insgesamt drei bis vier Monaten nicht überschreiten (OLG Köln, FamRZ 1982, 1015; OLG Düsseldorf, FamRZ 1995, 96).

16 Der Anspruch auf Trennungsunterhalt beginnt mit der vollständigen Trennung der Ehegatten. Lediglich der als Teil des Trennungsunterhaltes geschuldete Altersvorsorgeunterhalt gem. § 1361 Abs. 1 Satz 2 BGB beginnt erst ab **Rechtshängigkeit** des Scheidungsverfahrens. Dies hat seinen Grund darin, dass der Ehegatte über den Versorgungsausgleich bis zum Ende der Ehezeit gem. § 1587 Abs. 2 BGB an den Anwartschaften des anderen Ehegatten partizipiert, also bis zum Ende des Monats, der der Rechtshängigkeit des Scheidungsantrages vorausgeht.

3. Bedarf des Unterhaltsberechtigten

17 Verlangt werden kann nach dem Gesetzeswortlaut der nach den Lebensverhältnissen und den Erwerbs- und Vermögensverhältnissen der Ehegatten angemessene Unterhalt. Der Begriff des angemessenen Unterhalts umfasst auch die Kontrolle des Unterhaltsanspruchs am Maßstab der

Bedürftigkeit des Berechtigten und der Leistungsfähigkeit des Verpflichteten. Ein Anspruch auf Trennungsunterhalt besteht demnach nur, wenn der Berechtigte **bedürftig** und der Verpflichtete **leistungsfähig** ist. (s. dazu unten Rn. 24, 60 sowie 181 ff.).

Diese allgemeinen Grundsätze des Unterhaltsrechts sind zwar auch beim Trennungsunterhalt nicht ausdrücklich normiert, werden aber dennoch auch hier vorausgesetzt. Die für den nachehelichen Unterhalt geltenden Vorschriften § 1577 und § 1581 BGB sind daher anknüpfend an die Lebensverhältnisse der Parteien und den daraus herzuleitenden Unterhaltsbedarf bereits beim Trennungsunterhalt anzuwenden. Anerkannt ist weiterhin, dass der nacheheliche Unterhalt Mindestvoraussetzungen formuliert, die beim Trennungsunterhalt nicht unterschritten werden dürfen (Bamberger/Roth/Beutler, BGB, § 1361 Rn. 12).

Zum angemessenen Unterhalt zählen insbesondere Aufwendungen für Wohnen, Verpflegung und Kleidung, Freizeitgestaltung, Erholung und gesellschaftliche Anlässe (zur Vorsorge für den Krankheitsfall und das Alter s. unten Rn. 141). Die Gründe, die zur Trennung geführt haben, sind dabei ohne Belang. **18**

Unter Lebensverhältnissen ist zunächst der von ihnen vor der Trennung erreichte Lebensstandard zu verstehen (vgl. § 1360a Abs. 1 BGB). Diesem Standard gebührt grds. Bestandsschutz. Dabei gibt es weder eine Begrenzung nach oben („Sättigungsgrenze"), wenn der Standard der ehelichen Lebensverhältnisse aufgrund eines überdurchschnittlichen Einkommens sehr hoch war (BGH, FamRZ 1994, 1169). Auch ein pauschaler Mindestrichtsatz als untere Grenze ist nicht anzuerkennen (BGH, FamRZ 1995, 346; für den Kindesunterhalt BGH, ZFE 2002, 192). **19**

Zwar führt bereits die Trennung zu einer gesteigerten Eigenverantwortung der Ehegatten, ihren Bedarf selber zu decken. Allerdings besteht das formale Band der Ehe noch fort; auch ist eine Versöhnung der Eheleute nicht ausgeschlossen. Daher soll der wirtschaftlich schwächere Ehegatte im Vertrauen auf den Fortbestand der gemeinsamen Planungen geschützt werden. Es gilt daher – zumindest für eine bestimmte Übergangszeit – eine solche **Bestandsgarantie.** **20**

Zu beachten ist aber immer, dass diese Bestandsgarantie auch zu Lasten des Berechtigten Wirkungen entfaltet, denn eine Besserstellung gegenüber der Zeit des Bestehens der ehelichen Lebensgemeinschaft soll nicht erfolgen (Erman/Heckelmann, BGB, § 1361 Rn. 8). In der Praxis wird dies immer dann relevant, wenn ein Ehegatte nach der Trennung finanziell besser stehen will und z. B. während der Ehe bestehende Belastungen nicht mehr gegen sich gelten lassen will. Die Bestandsgarantie verhindert aber auch die einseitige Loslösung von negativen Faktoren. Was die Ehegatten an Arbeitseinsatz und getragenen Belastungen lange Zeit für zumutbar gehalten haben, kann kein Ehegatte nach der Trennung einseitig und zum eigenen Vorteil als unzumutbar deklarieren. **21**

Der Unterhalt umfasst den **gesamten Lebensbedarf** des Ehegatten. Zum Unterhalt gehören neben Aufwendungen für den Lebensbedarf (Wohnung, Nahrung und Kleidung. Aufwendungen für Teilnahme am kulturellen oder politischen Leben) auch die Kosten der Krankenversicherung (BGH, NJW 1983, 1554, 2937), der Anspruch auf einen Prozesskostenvorschuss (§ 1361 Abs. 4 Satz 4, § 1360a Abs. 4 BGB, s. unten Rn. 455) und vom Eintritt der Rechtshängigkeit des Scheidungsverfahrens an auch der Vorsorgeunterhalt (§ 1361 Abs. 1 Satz 2 BGB). Dieser beinhaltet die Kosten einer angemessenen Versicherung für den Fall des Alters sowie der Berufs- oder Erwerbsunfähigkeit. Die Höhe des Unterhalts richtet sich nach den ehelichen Lebensverhältnissen, die letztlich entscheidend bestimmt werden durch das Gesamteinkommen bis zur Scheidung. Veränderungen zwischen Trennung und Scheidung sind dabei zu berücksichtigen, soweit sie nicht auf einer unerwarteten, vom Normalverlauf erheblich abweichenden Entwicklung beruhen (BGH, FamRZ 1983, 352; BGH, FamRZ 1986, 783). **22**

Die **Darlegungs- und Beweislast** für die Ausgestaltung der ehelichen Lebensverhältnisse trägt der Unterhaltsgläubiger (BGH, FamRZ 1990, 1085; OLG Karlsruhe, FamRZ 1997, 1011; OLG Hamm, FamRZ 1996, 1216). **23**

4. Bedürftigkeit des Unterhaltsberechtigten

24 Bedürftig ist eine Person, wenn und soweit sie nicht in der Lage ist, ihren Bedarf selbst zu befriedigen. Bedürftig ist der Unterhaltsberechtigte folglich, soweit sein Bedarf nicht gedeckt ist.

Beispiel:
Die F hat einen Bedarf von 800 €. Sie verfügt über eigene Einkünfte von 250 €. Ihr ungedeckter Restbedarf und damit ihre Bedürftigkeit beträgt noch 550 €.

Bei der Deckung der Bedürftigkeit des Berechtigten aus eigener Kraft kommen im Einzelnen in Betracht:

- tatsächliche Einkünfte der Berechtigten,
- hypothetische Einkünfte der Berechtigten,
- die Verwertung des eigenen Vermögens der Berechtigten.

a) Tatsächliche Einkünfte des Berechtigten

25 Für die Feststellung der Einkünfte des Berechtigten gelten die gleichen Grundsätze wie bei Verpflichteten (s. hierzu Rn. 182).

Beim **Arbeitslosengeld** erfolgt auch dann eine volle Anrechung, wenn die Unterhaltsberechtigte neben der Betreuung eines Kindes Arbeitslosengeld bezieht, da es sich nicht um ein Einkommen aus unzumutbarer Tätigkeit handelt (OLG Düsseldorf, FamRZ 2002, 99).

Arbeitslosenhilfe wirkt sich beim Unterhaltsberechtigten – anders als beim Verpflichteten – grds. nicht bedürftigkeitsmindernd aus, sondern ist wie Sozialhilfe zu behandeln (BGH, NJW 1987, 1551; BGH, FamRZ 1996, 1067, 1069) und ist auch subsidiär gegenüber Unterhaltsansprüchen z. B. gegen Ehegatten (BGH, FamRZ 1987, 456). Anders als die Sozialhilfe geht die Arbeitslosenhilfe aber nicht kraft Gesetzes auf den Leistungsträger über, sondern es besteht gem. § 203 SGB III – wie gem. § 95 SGB VIII bei der Jugendhilfe – eine Überleitungsmöglichkeit der Behörde. Ist die Überleitung des Unterhaltsanspruchs durch das Arbeitsamt unzulässig, ist sie nicht erfolgt und kann auch nicht mehr erfolgen, in diesem Fall stellt die Arbeitslosenhilfe ausnahmsweise Einkommen dar (BGH, FamRZ 1996, 1067, 1070).

Beim **Pflegegeld** ist zu differenzieren:

- Bezieht der **Unterhaltsberechtigte selbst** Sozialleistungen wie Pflegegeld, Blindengeld so wird nach §§ 1610a, 1361 Abs. 1 Satz 1, 1578a BGB vermutet, dass sie die Kosten erhöhter Aufwendungen decken. Diese **Beweislastumkehr** kann der Gegner aber widerlegen, indem er nachweist, dass der Empfänger der Sozialleistung keinen oder keinen so hohen Mehrbedarf hat. Dann ist der entsprechende Betrag als Einkommen anzusetzen (BGH, FamRZ 1994, 21; Künkel, FamRZ 1991, 1131).

- **Pflegt der unterhaltsberechtigte Ehegatte eine andere Person** und bezieht er dafür Pflegegeld, dann ist es nur unter den Voraussetzungen des § 13 Abs. 6 SGB XI als Einkommen anzusetzen. Das ist dann der Fall, wenn der Anspruch nach §§ 1579, 1611 BGB verwirkt ist, wenn es um die Leistungsfähigkeit gegenüber einem minderjährigen Kind nach § 1603 Abs. 2 BGB geht oder wenn beim Ehegattenunterhalt eine Erwerbsobliegenheit besteht (Büttner, FamRZ 2000, 596) .

- Wird vom **Unterhaltsberechtigten** ein Kind gepflegt oder betreut, dann steht das Pflege- und Erziehungsgeld nach §§ 23 Abs. 3, 39 SGB VIII (zum Erziehungsgeld gem. § 9 BErzGG s. Krause, FamRZ 2002, 1452) an sich dem Kind zu. Die Rspr. geht aber davon aus, dass es nicht vollständig für eine angemessene Versorgung des Kindes verbraucht wird und damit der überschießende Teil als Einkommen der Pflegeperson anzusetzen ist (BGH, FamRZ 1984, 769, 771), und zwar im Zweifel zu 1/3 (Büttner FamRZ 1995, 193, 198).

Freiwillige Leistungen Dritter beseitigen die unterhaltsrechtliche Bedürftigkeit des Unterhaltsberechtigten nicht, es sei denn, der Dritte will mit seinen Zuwendungen den Unterhaltsschuldner entlasten (BGH, FamRZ 1993, 417, 419). Bei Leistungen aus dem Familienkreis spricht eine **tatsächliche Vermutung** dafür, dass damit nur der begünstigte Angehörige entlastet werden soll (BGH, FamRZ 1990, 979, 981). Dies gilt auch dann, wenn die freiwillige Zuwendung in der mietfreien Überlassung der Wohnung besteht (OLG Hamm, FamRZ 2000, 428). Umstritten ist, ob dies bei freiwilligen Leistungen des nichtehelichen Lebensgefährten ebenfalls gelten soll, wenn hierfür der Unterhaltsberechtigte keine Versorgungsleistungen erbringt (bejahend OLG Koblenz, FamRZ 1991, 1469, ablehnend OLG Celle, FamRZ 1993, 352).

In der Praxis stellt sich beim Ehegattenunterhalt speziell vielfach die Frage, ob der Berechtigte mehr arbeitet, als von ihm geschuldet wird. Bei der Bewertung eines solchen **freiwilligen, überobligatorischen Arbeitseinsatzes** sind zwei Frage zu unterscheiden:

- In welchem Umfang ist die betreffende Person zur Erwerbstätigkeit verpflichtet und wie weit liegt überobligatorischer Arbeitseinsatz vor?
- Wird das Einkommen aus der überobligatorischen Tätigkeit angerechnet und – falls ja – mit welchem Anteil?

Die erste Frage deckt sich mit der Fragestellung nach der grds. Erwerbsobliegenheit eines getrenntlebenden Ehegatten (s. unten Rn. 33 ff.).

Sehr umstritten ist die Anschlussfrage, ob der unterhaltsberechtigte Ehegatte, der einer Erwerbstätigkeit nachgeht, ohne dazu nach § 1361 Abs. 2 BGB verpflichtet zu sein, sich das daraus erzielte Einkommen als bedarfsdeckend anrechnen lassen muss. Das Einkommen aus **überobligatorischer Tätigkeit** – vielfach wird auch von Einkommen aus **unzumutbarer Tätigkeit** gesprochen, bildet den Gegensatz zum fiktiven Einkommen, das bei einem Verstoß gegen die Erwerbsobliegenheit angesetzt wird. Es handelt sich hierbei demnach um Einkünfte, die erzielt werden, obwohl eine Erwerbsobliegenheit nicht oder nicht in dem ausgeübten Umfang besteht.

Überwiegend wird dabei eine Anrechnung generell abgelehnt (BGH, FamRZ 1998, 1501; OLG Köln, FamRZ 1994, 897; OLG München, FamRZ 1996, 169; OLG Stuttgart, FamRZ 1990, 753).

Eine andere Meinung verneint die Anrechnung nur dann, wenn der Unterhaltspflichtige seinen Zahlungsverpflichtungen nicht nachkommt und der Berechtigte daher zur Erwerbstätigkeit gezwungen ist, um eine Notsituation abzuwenden (OLG Köln, NJW-RR 1998, 1300; OLG Nürnberg, MDR 1980, 401). Dagegen wird teilweise eine volle Anrechnung bejaht, wenn der Pflichtige regelmäßig Unterhalt zahlt. Zu beachten ist aber, dass beim getrennt lebenden Unterhaltspflichtigen nach der ausdrücklichen Regelung des § 1577 Abs. 2 Satz 2 BGB nur dann vom Gesetz eine Anrechnung vorgesehen ist, wenn dies unter Berücksichtigung der beiderseitigen wirtschaftlichen Verhältnisse der Billigkeit entspricht. § 1577 Abs. 2 BGB unterscheidet in Satz 1 zwischen anrechnungsfreiem und in Satz 2 unter Billigkeitsabwägungen anzurechnendem Einkommen des Berechtigten aus unzumutbarer Tätigkeit. Daher ist es angeraten, auch im Rahmen des Trennungsunterhalts die **Anrechnung nur entsprechend dem Billigkeitsmaßstab des § 1577 Abs. 2 Satz 2 BGB** vorzunehmen (OLG Hamm, FamRZ 1995, 606). Soweit eine Anrechnung erfolgt, beseitigt das Einkommen aus unzumutbarer Tätigkeit beim Berechtigten die Bedürftigkeit.

Die **Höhe der Anrechnung** ist dann nach Billigkeit vorzunehmen. In der Rspr. ist dabei eine hälftige Anrechnung (OLG Frankfurt/M., FamRZ 1980, 144) ebenso vertreten wie eine weiter differenzierte und kaum noch praktikable Aufspaltung dergestalt, dass von der Hälfte des Einkommens des Pflichtigen das nicht um berufsbedingte Aufwendungen und nicht um den Erwerbstätigenbonus bereinigte Nettoeinkommen des Unterhaltsberechtigten zu 3/14 abgezogen wird und dass zusätzlich die berufsbedingten Aufwendungen des Unterhaltsberechtigten zu 2/7 abgezogen werden (OLG Braunschweig, FamRZ 1997, 355).

b) Hypothetische Einkünfte des Berechtigten bei Verletzung einer Erwerbsobliegenheit

32   Arbeitet der Berechtigte nicht, so stellt sich die Frage, ob er damit eine **unterhaltsrechtliche Erwerbsobliegenheit verletzt**, weil er – in einem bestimmten Umfang – zur Erwerbstätigkeit verpflichtet ist. Diese Verletzung einer unterhaltsrechtlichen Obliegenheit führt zur Anrechnung hypothetischer Einkünfte. Die entscheidenden Fragestellungen sind hier:

- Besteht eine unterhaltsrechtliche Erwerbsobliegenheit und in welchem Umfang ist danach eine Erwerbstätigkeit auszuüben (Umfang der Erwerbsobliegenheit)?
- Welche Einkünfte könnte der Erwerbsverpflichtete daraus erzielen (Höhe der anzurechnenden hypothetischen Einkünfte)?

aa) Umfang der Erwerbsobliegenheit

33   Nach § 1361 Abs. 2 BGB kann ein nicht erwerbstätiger Ehegatte nur dann darauf verwiesen werden, seinen Unterhalt durch eigene Erwerbstätigkeit selbst zu verdienen, wenn dies von ihm nach seinen persönlichen Verhältnissen, insbesondere wegen einer **früheren Erwerbstätigkeit** unter Berücksichtigung der **Dauer der Ehe**, und nach den **wirtschaftlichen Verhältnissen beider Ehegatten** erwartet werden kann. Die Vorschrift schränkt damit die Erwerbsobliegenheit des nicht erwerbstätigen Ehegatten während der Trennung ein. Der Maßstab ist enger als der einer angemessenen Erwerbstätigkeit in § 1574 Abs. 2 BGB (BGH, NJW 1989, 2809; BGH, FamRZ 1991, 416). Das im Gesetz aufgeführte Beispiel einer „**früheren Erwerbstätigkeit**" als Präzisierung der persönlichen Verhältnisse ist auch nicht mit dem Begriff der nachehelichen „**angemessenen Erwerbstätigkeit**" nach § 1574 BGB identisch (BGH, NJW 1981, 978). Auch in diesem Punkt unterscheidet sich der Trennungsunterhalt wesentlich vom nachehelichen Unterhalt (BGH, FamRZ 1986, 1085).

34   Aus der oben beschriebenen Bestandsgarantie folgt also, dass sich die Frage nach dem Umfang einer Erwerbstätigkeit aus den **bisherigen ehelichen Lebensverhältnissen** ableitet. Eine Verpflichtung zur Vollzeitbeschäftigung entsteht damit **nicht automatisch** nach der Trennung.

35   Auch hier soll der berechtigte Ehegatte – zumindest für die Dauer einer **Übergangszeit** – während der Trennung vor nachteiligen Veränderungen geschützt werden. Auch die Dauer der Trennung, die vom Gesetz nicht ausdrücklich erwähnt wird, ist daher **als Maßstab** zu beachten. Dabei schreibt das Gesetz keine festen zeitlichen Vorgaben vor. Ab welchem Zeitraum nach der Trennung die Aufnahme einer Erwerbstätigkeit verlangt werden kann, ist vielmehr nach den Umständen im konkreten Einzelfall zu entscheiden.

36   Schon wegen § 1565 Abs. 2 BGB wird die Obliegenheit zur Aufnahme einer Erwerbstätigkeit **im ersten Trennungsjahr** i. a. R. zu verneinen sein, wenn vor der Trennung keiner Erwerbsarbeit nachgegangen wurde (BGH, NJW 2001, 973; OLG Bremen, NJW-FER 2000, 76). Ob pauschal **nach Ablauf des ersten Trennungsjahrs** die für den geschiedenen Ehegatten bestehenden Obliegenheiten entsprechend herangezogen werden können, erscheint zweifelhaft, denn damit würde Trennung und Scheidung gleichgesetzt werden, was aber der vorläufigen Funktion der Trennung widerspricht (vgl. Bamberger/Roth/Beutler, BGB, § 1361 Rn. 14 m. w. N.; vgl. auch OLG Köln, FamRZ 2002, 1627). Mit zunehmender Dauer und Verfestigung der Trennung werden die Anforderungen an eine **ernsthafte Arbeitssuche** immer strenger, wobei es für den Einzelfall auf das Gewicht der anderen Faktoren der persönlichen Verhältnisse ankommt. Dazu zählen vor allem die **frühere Erwerbstätigkeit** des Ehegatten und die **Dauer der Ehe** (KG, FamRZ 1991, 1188) sowie die **wirtschaftlichen Verhältnisse** beider Ehegatten. Bei einer besonders kurzen Ehedauer kann sich der Ehegatte nicht auf einen durch die Ehe erlangten privilegierten Status berufen (BGH, NJW 1979, 1452). **Nach zweijähriger Trennung** wird i. a. R. mit intensiver Arbeitssuche begonnen werden müssen, falls die sonstigen Voraussetzungen der Erwerbsobliegenheit zu bejahen sind.

Die Frage der **Kindesbetreuung** wird vom Gesetz zwar nicht konkret erwähnt, ist aber über das Tatbestandsmerkmal der persönlichen Verhältnisse zu berücksichtigen.

Zu den persönlichen Verhältnisse des berechtigten Ehegatten gehört daneben auch seine **berufliche Vorbildung**, sein **Lebensalter**, sein **Gesundheitszustand** sowie der **Zeitpunkt der letzten Berufstätigkeit**. Beim zuzubilligenden Übergangszeitraum ist demnach der zeitliche Abstand zu einer früheren Berufstätigkeit (OLG Koblenz, FamRZ 1994, 1253) ebenso zu berücksichtigen wie die Möglichkeit, eine ausgeübte Teilzeitarbeit auszuweiten (OLG München, FamRZ 1993, 328). Zu berücksichtigen bei der Bemessung der Übergangsphase ist dabei ggf. auch der Zeitraum für entsprechende notwendige Wiedereingliederungsmaßnahmen ins Berufsleben sowie der angemessene Zeitrahmen für die Suche nach einem Arbeitsplatz.

37

Aber auch die **wirtschaftlichen Verhältnisse des Unterhaltspflichtigen** spielen eine Rolle, da das Gesetz hier beide Ehegatten ausdrücklich erwähnt. Im Einzelfall kann sich demnach auch aus besonders engen wirtschaftlichen Verhältnissen des Unterhaltspflichtigen z. B. wegen Schuldentilgung eine erhöhte Erwerbsobliegenheit des unterhaltsberechtigten Ehegatten ergeben (OLG Hamm, FamRZ 1997, 95; OLG Koblenz, FamRZ 1994, 1253; OLG Bamberg, NJW 1993, 601; BGH, NJW 1982, 232). Bei besonders günstigen wirtschaftlichen Verhältnissen ist dagegen die Frage der Erwerbsobliegenheiten großzügiger zu beurteilen (BGH, FamRZ 1990, 283).

38

Konkret zeigt sich dies daran, dass auch der getrenntlebende **kinderlose Ehegatte**, der bisher nicht berufstätig war, nach § 1361 Abs. 2 BGB nur unter engeren Voraussetzungen auf eine Erwerbstätigkeit verwiesen werden kann (BGH, FamRZ 2001, 350).

39

Für die **Bemessung der Übergangsfrist** bestehen folgende Grundregeln:

Im ersten Trennungsjahr besteht noch keine Obliegenheit für den im Zeitpunkt der Trennung längere Zeit nicht erwerbstätigen Ehegatten gem. § 1361 Abs. 2 BGB, eine Erwerbstätigkeit neu aufzunehmen oder eine bislang ausgeübte Erwerbstätigkeit weiter auszudehnen. **Je kürzer** die gemeinsame Ehezeit war, desto eher ist eine Erwerbstätigkeit **zumutbar**. Deutliche Ausnahmen können daher bei einer sehr kurzen Ehe gelten, da dort das Vertrauen auf den Fortbestand der ehelichen Lebensverhältnisse i. d. R. nicht als sonderlich schützenswert angesehen werden kann. Auf der anderen Seite kann sich die Übergangszeit bei einer **langen Ehe** auch **deutlich verlängern** (KG, FamRZ 1991, 1188). Mit zunehmender Verfestigung der Trennung ändert sich dies aber deutlich und die Erwerbsobliegenheit des getrenntlebenden unterhaltsberechtigten Ehegatten nähert sich den Maßstäben des nachehelichen Unterhalts an, der von einer gesteigerten Eigenverantwortung der Ehegatten ausgeht (ausführlich: BGH, FamRZ 1990, 283, 286). Allerdings sind auch bei längerer Trennung die persönlichen Verhältnisse des Ehegatten (berufliche Vorbildung, Betreuung der Kinder, Lebensalter, Gesundheitszustand, Zeitpunkt der letzten Berufstätigkeit) zu berücksichtigen. Die **Zumutbarkeitskriterien** bei Krankheit und fortgeschrittenem Alter des Unterhaltsberechtigten decken sich weitgehend mit denen beim Alters- und Krankheitsunterhalt nach Scheidung (§§ 1571, 1572 BGB).

Einige Entscheidungen für den Fall der **kinderlosen Ehen**:

40

- Erwerbsobliegenheit nach einer Trennungsdauer von 15 Monaten (BGH, FamRZ 1990, 283).
- Erwerbsobliegenheit nach einer langjährigen kinderlosen Hausfrauenehe nach zwei Jahren Trennungszeit (KG, FamRZ 1991, 1188).
- Erwerbsobliegenheit bei einer kurzen kinderlosen schon vor Ablauf des Trennungsjahres angenommen (OLG Köln, FamRZ 1996, 1215; OLG Hamm, FamRZ 1997, 1536).
- Erwerbsobliegenheit bei einer sehr jungen Ehefrau ohne Berufserfahrung nach einer Umgewöhnungsphase von einem halben Jahr (OLG Hamm, FamRZ 1997, 1536).
- keine Erwerbsobliegenheit vor Ablauf des Trennungsjahres nach zehnjähriger Ehe (OLG Koblenz, NJW 2003, 1816).

Auch bei **ungünstigen wirtschaftlichen Verhältnissen** beider Ehegatten wie z. B. einer hohen Verschuldung aus der Zeit des Zusammenlebens kann eine gesteigerte Erwerbsobliegenheit schon nach kurzer Trennungszeit gegeben sein. Begründet wird dies damit, dass auch bei Fortdauer der ehelichen Lebensgemeinschaft angesichts der drückenden Schuldenlast eine Erwerbstätigkeit beider Ehepartner nahegelegen hätte (BGH, FamRZ 1982, 23). So kann eine Erwerbsobliegenheit bereits vor Ablauf des Trennungsjahres für eine 23-jährige Ehefrau bei nur zweieinhalbjährigem Zusammenleben der Ehegatten bei beengten wirtschaftlichen Verhältnissen der Ehegatten sogar trotz Betreuung eines drei Jahre alten Kindes bestehen (BGH, FamRZ 2001, 350).

Eine längere Übergangsphase ist nach einer **langjährigen Berufspause** anzuerkennen (OLG Koblenz, FamRZ 1994, 1253).

41 Speziell die Frage der **Erwerbstätigkeit neben der Betreuung von Kindern** ist in der Praxis von besonderer Bedeutung. Die Maßstäbe über die Erwerbsobliegenheiten bei Kindesbetreuung beim Trennungsunterhalt sind wegen der Bestandsgarantie insgesamt differenzierter zu betrachten als beim Geschiedenenunterhalt. Bei der Kindesbetreuung im Trennungszeitpunkt scheidet die Aufnahme einer Erwerbsobliegenheit aus, wenn nach den für den nachehelichen Unterhalt geltenden Grundsätzen im Hinblick auf Zahl und Alter der Kinder eine Erwerbsobliegenheit entfällt. Wird dagegen **bereits** eine Erwerbstätigkeit **ausgeübt**, so kann die Fortsetzung dieser Erwerbstätigkeit möglicherweise während der Trennungszeit – anders als nach der Scheidung – zumutbar sein.

42 Zu beachten ist dabei, dass beim Trennungsunterhalt – anders als beim Scheidungsunterhalt gem. § 1570 BGB – nicht nur die Betreuung gemeinsamer – in der Ehe geborener (§§ 1591, 1592 Nr. 1 BGB) oder gemeinschaftlich adoptierter (§ 1754 Abs. 1 BGB) – Kinder nach der Trennung von Bedeutung ist. Vielmehr ist auch die **Betreuung eines nicht gemeinschaftlichen Kindes** relevant, soweit diese Betreuung bereits während des Zusammenlebens der Eheleute erfolgt ist und mithin zu den bisherigen persönlichen Verhältnissen dieses Ehegatten gehörte. Dabei ist es gleichgültig, ob es sich um eigene Kinder eines Ehepartners handelt (BGH, FamRZ 1981, 17; OLG Schleswig, FamRZ 1996, 489) oder um Pflegekinder (BGH, FamRZ 1979, 569, 571). Die Kindesbetreuung durch den Unterhalt begehrenden Elternteil muss allerdings auch mit der Sorgerechtsregelung übereinstimmen (OLG Frankfurt, FamRZ 1995, 233).

(1) Aufnahme einer Erwerbstätigkeit und Kindesbetreuung

43 Bei der Frage der **Aufnahme einer Erwerbstätigkeit trotz Kindesbetreuung** kommt es letztlich entscheidend auf den erforderlichen Umfang der Kindesbetreuung an. Diese ist primär vom Alter des Kindes abhängig, aber auch andere Gesichtspunkte können eine Rolle spielen. Dabei kommt es auf alle Umstände des Einzelfalls an. Problemkinder können die Erwerbsobliegenheit mindern oder ausschließen, andererseits können günstige Betreuungsmöglichkeiten z. B. durch die Großeltern die Zumutbarkeit für die Arbeitsaufnahme erhöhen. Bei größeren Kindern ist generell die Notwendigkeit der Betreuung nicht für den ganzen Tag gegeben, so dass eine Teilzeiterwerbstätigkeit des betreuenden Elternteils zuzumuten ist.

44 Zu dieser Fragestellung existiert eine umfangreiche, fast nicht mehr übersehbare **Rspr.** Grds. wird eine **Erwerbsobliegenheit** in den folgenden Fällen vollständig **verneint**:

- Bei der Betreuung **eines** Kindes
  - das noch nicht schulpflichtig ist (BGH, FamRZ 1998, 1501 f.),
  - bis zum Alter von acht Jahren (BGH, FamRZ 1992, 1045, 1046),
  - bis zum Erreichen der dritten Grundschulklasse (OLG Hamm, FamRZ 1997, 1073),
  - bei einem Kind bis zur Beendigung der Grundschule (OLG Hamm, FamRZ 1994, 1115; OLG Koblenz, FamRZ 2001, 1617).
- Bei der Betreuung von **mehreren** Kindern
  - bis zum Alter des jüngsten von zwei Kindern von 14 Jahren (BGH, FamRZ 1990, 989, 991; FamRZ 1996, 1067),
  - bei drei Kindern abhängig von den Umständen bis zu 18 Jahren (BGH, FamRZ 1990, 283),

- bei der Betreuung von drei Kindern im Alter von neun bzw. zwölf Jahren (OLG Zweibrücken, FamRZ 2001, 228),
- bei vier Kindern, wenn das jüngste noch nicht das 15. Lebensjahr vollendet hat (OLG Hamm, FamRZ 1998, 243).

Ausnahmen sind aber auch hier anerkannt worden:
- **Problemkindfälle**
  In welchem Umfang die Betreuungsbedürftigkeit eines Kindes die Erwerbstätigkeit hindert, bestimmt sich bei einem sog. „**Problemkind**" u. a. auch nach den besonderen Umständen in der Person des Kindes. Die Betreuungsbedürftigkeit ist nach **objektiven Kriterien** zu ermitteln, wobei von Bedeutung sein können insbesondere das Alter, der Gesundheitszustand und der Entwicklungszustand. Sie wird nicht durch eine bestimmte Altersgrenze begrenzt (BGH, FamRZ 1984, 769 = NJW 1984, 2355; OLG Celle, FamRZ 1987, 1038). Einzelfälle hierzu:
  - Bei der Betreuung eines mehr als zwölfjährigen Kindes, das in die „rechte Szene" abzurutschen drohte ist ein erhöhter Betreuungsaufwand anzuerkennen (OLG Zweibrücken, FamRZ 2000, 1366).
  - Bei über das übliche Maß hinausgehender Betreuungsbedürftigkeit eines Kindes z. B. wegen psychischer Probleme, die sich durch die Pubertät oder aufgrund der Elterntrennung ergeben können (BGH, FamRZ 1985, 50; OLG Celle, FamRZ 1987, 1038, OLG Hamm, FamRZ 1994, 963).
- **Beengte wirtschaftliche Verhältnisse der Eheleute**
  - Erwerbsobliegenheit bereits vor Ablauf des Trennungsjahres für eine 23-jährige Ehefrau bei nur zweieinhalbjährigem Zusammenleben der Ehegatten trotz Betreuung eines drei Jahre alten Kindes wegen beengter wirtschaftlicher Verhältnisse der Ehegatten (BGH, FamRZ 2001, 350).
  - Bei der Betreuung von drei schulpflichtigen Kindern im Alter von zehn bis vierzehn Jahren scheidet zumindest in beengten wirtschaftlichen Verhältnisse eine Erwerbsobliegenheit der Ehefrau nicht von vornherein aus (OLG Hamm, FamRZ 2001, 627).

Eine **teilweise Erwerbsobliegenheit,** die aber nicht den Umfang einer Halbtagsarbeit erreichen muss, wird in den folgenden Fällen angenommen: 45
- Bei einem Kind ab Beginn des dritten Schuljahres (OLG Hamm, FamRZ 1997, 1073).
- Bei einem Kind im Alter von neun bis fünfzehn Jahren (BGH, FamRZ 1980, 771; OLG Hamm, OLGR 1996, 262; OLG Zweibrücken, FamRZ 2001, 833)
- und bei zwei Kindern bis 18 Jahren (OLG Düsseldorf, FamRZ 1987, 1254).
- Bei Betreuung von zwei zehn und vierzehn Jahre alten Kindern ist die teilschichtige Erwerbstätigkeit einer geschiedenen Ehefrau bei einem Verdienst von netto rund 788 DM jedenfalls dann nicht überobligationsmäßig, wenn die Arbeitszeit frei bestimmt werden kann und beengte wirtschaftliche Verhältnisse der Parteien vorliegen (OLG Hamm, FamRZ 1999, 235).

Dagegen wird eine Obliegenheit zur **vollschichtigen** Erwerbstätigkeit angenommen 46
- bei der Betreuung eines Kindes ab 15 bis 16 Jahren (BGH, FamRZ 1990, 496; OLG Celle, FamRZ 1994, 963),
- bei der Versorgung mehrerer volljährigen Kinder, da bei volljährigen Kindern grds. kein Betreuungsaufwand anerkannt werden kann.

Zu beachten ist dabei immer, dass hier keine pauschale Festlegung erfolgen kann, sondern immer die Besonderheiten des Einzelfalles hinreichend zu berücksichtigen sind. Es bedarf daher der konkreten Feststellung, in welchem zeitlichen Umfang jeweils eine Erwerbstätigkeit in Betracht kommt, um daneben die notwendige Betreuung der Kinder (außerhalb der Schulzeiten) sicherzustellen. Hierbei kommt es auf die **Umstände des Einzelfalls** an, wie etwa die Arbeitszeiten, 47 deren flexible Gestaltungsmöglichkeit, die Betreuungszeiten in Kindergarten und Schule, die Möglichkeiten der Betreuung durch Dritte usw. (OLG Braunschweig, FamRZ 2001, 626). Diese Einzelheiten sind im anwaltlichen Sachvortrag immer **ausreichend detailliert** darzustellen.

(2) Fortsetzung einer bereits ausgeübten Erwerbstätigkeit und Kindesbetreuung

48 Strengere Grundsätze können gelten für die Fortsetzung einer bereits ausgeübten Erwerbstätigkeit, wenn also bereits während der Zeit des Zusammenlebens trotz der Kindesbetreuung gearbeitet worden ist (BGH, NJW 1998, 2822; OLG Köln, FamRZ 1999, 114). Hat der unterhaltsberechtigte Ehegatte bereits vor der Trennung eine Erwerbstätigkeit ausgeübt, so ist er grds. auch nach der Trennung gehalten, diese Erwerbstätigkeit weiter auszuüben. Was die Parteien während des Zusammenlebens lange Zeit für zumutbar gehalten haben, kann nicht später – zum eigenen Vorteil – als unzumutbar deklariert werden. Bei langfristig erzielten Einkünften wird daher selten von einer Unzumutbarkeit ausgegangen werden können.

Die Regeln für die **Fortsetzung einer Erwerbstätigkeit** sind daher weitaus strenger als die Anforderungen an die Neuaufnahme einer beruflichen Tätigkeit. Zwar kann derjenige, der einer Tätigkeit nachkommt, zu der er nicht verpflichtet ist, sie grds. jederzeit einschränken oder beenden (BGH, FamRZ 1983, 146, 149). Dabei kann aber vielfach die Tatsache, dass die Erwerbstätigkeit tatsächlich ausgeübt worden ist, als Indiz dafür angesehen werden, dass dies nach den konkreten Umständen des Einzelfalles gerade nicht unzumutbar ist. Somit sind bei Doppelverdienerehen die Ehegatten nach der Trennung auch im Regelfall gehalten, die Erwerbstätigkeit fortzuführen (OLG Hamm, FamRZ 1979, 508). Übt ein Ehegatte während der Trennungszeit eine Tätigkeit aus, die nicht überobligatorisch ist, so darf diese nicht ohne besonderen Grund aufgegeben werden.

49 Aber auch hier sind **Ausnahmen** möglich:

- Wurde die Erwerbstätigkeit **neben** der Kinderbetreuung ausgeübt, so ist im konkreten Fall zu prüfen, ob bisher der andere Ehegatte durch zeitweise Betreuung der Kinder diese Erwerbstätigkeit überhaupt erst ermöglicht hat und wie der Wegfall dieser Mitbetreuung jetzt aufgefangen werden kann.

- Waren beide kinderlose Ehegatten im Zeitpunkt der Trennung erwerbstätig, so kann die Fortsetzung der Erwerbstätigkeit ausnahmsweise **unzumutbar** sein, wenn es sich um die Mitarbeit in dem Betrieb des Ehegatten handelt (Johannsen/Henrich-Büttner, Eherecht, § 1361 Rn. 21).

- Bei der Frage, ob die **Ausweitung einer ausgeübten Teilzeittätigkeit** durch Aufgabe der bisherigen Teilzeitstelle und Suche einer neuen Vollzeitstelle zumutbar ist, ist in Zeiten hoher Arbeitslosigkeit das hohe Arbeitsplatzrisiko zu berücksichtigen (OLG München, OLG-Report 1992, 216).

bb) Höhe der anzurechnenden hypothetischen Einkünfte

50 Für die **Frage der Bedürftigkeit** des Unterhaltsberechtigten kommt es nicht allein auf sein tatsächlich vorhandenes Einkommen an, sondern auch auf seine Erwerbsfähigkeit. Selbst wenn eine Person folglich kein reales Einkommen erzielt, bedeutet das nicht, dass dies auch bei der Unterhaltsberechnung in gleicher Weise akzeptiert wird. Vielmehr werden im Unterhaltsrecht vielfach **hypothetische, fiktive Einkünfte angerechnet**, die die betreffende Person **erzielen könnte, wenn sie ihren Obliegenheiten in ausreichendem Maße nachkäme**. Dies gilt sowohl für Unterhaltspflichtige als auch für Unterhaltsberechtigte. Wenn also für den unterhaltsberechtigten Ehegatten die Obliegenheit bejaht wird, durch eine – vollschichtige oder auch nur stundenweise – Erwerbstätigkeit eigenes Einkommen zu erzielen und kommt der Berechtigte dieser Obliegenheit nicht nach, so muss er sich so behandeln lassen, als ob er das Einkommen, das er bei gutem Willen durch eine zumutbare Erwerbstätigkeit erzielen könnte, tatsächlich hätte. Es ist in diesem Fall ein fiktives Einkommen anzusetzen (BGH, FamRZ 1993, 789 ff.; BGH, FamRZ 1996, 345; BGH, FamRZ 1998, 357, 359).

Die Höhe der erzielbaren Einkünfte **schätzt** das Familiengericht **nach § 287 ZPO**. 51

Es ist darauf abzustellen, welches Nettoeinkommen unter Berücksichtigung des Arbeitsmarkts und den persönlichen Eigenschaften des Bewerbers (Alter, Ausbildung, Berufserfahrung, Gesundheitszustand) erzielt werden könnte (BGH, FamRZ 1996, 345). In der Rspr. sind folgende Fälle entschieden worden (nach Kleffmann, in: Scholz/Stein, Praxishandbuch Familienrecht, Teil G Rn. 100):

- KFZ-Schlosser monatlich netto 2.350 DM (ca. 1.200 €),
- ungelernter Hilfsarbeiter bei Steuerklasse I monatlich 2.200 DM netto (= ca. 1.150 €; vgl. OLG Hamm, FamRZ 2001, 566),
- ungelernter Hilfsarbeiter brutto 3.000 DM (= ca. 1.535 €),
- Bürogehilfin bei halbschichtiger Tätigkeit netto 1.300 DM (= ca. 665 €) monatlich.

Die Frage, ob und ggf. in welchem Umfang die Ehefrau eine Erwerbstätigkeit weiter ausüben oder 52 neu aufnehmen muss und wie viel monatliches Einkommen sie hieraus erzielen kann, stellt sich in der familienrechtlichen Praxis sehr häufig. Hier bieten sich im praktischen Fall – je nach Mandantenrolle – erhebliche Ansätze für eine erfolgreiche anwaltliche Argumentation. Es handelt sich hierbei um **Bewertungsfragen**, bei denen das Familiengericht letztlich einen breiten Spielraum hat. Der Anwalt sollte daher für seinen Mandanten die für diese Schätzung relevanten Umstände substantiiert vortragen. Erforderlich ist dazu, bereits im Beratungsgespräch mit seiner Partei diese Umstände möglichst genau zu erfragen. Dazu gehören vor allem die erforderlichen Details über die berufliche Qualifikation des Mandanten.

Die **Darlegungs- und Beweislast** für die anspruchsbegründenden Voraussetzungen liegen beim Unterhaltsberechtigten als Anspruchsteller; dazu gehören sowohl die **Höhe** des Bedarfs als auch der **Umfang** der Bedürftigkeit (BGH, FamRZ 1990, 1085).

c) Einsatz des Vermögens

Bei der Frage, ob das Vermögen zur Deckung des eigenen Bedarfes und damit zur vollständigen 53 oder teilweisen Senkung der Bedürftigkeit des Unterhaltsberechtigten heranzuziehen ist, muss zwischen dem **Stamm des Vermögens** (dem eigentlichen Kapital) und den **Erträgen** daraus unterschieden werden.

Verfügt der unterhaltsberechtigte Ehegatte über eigenes **Vermögen**, so sind die **Erträge** daraus grds. zur Bedarfsdeckung einzusetzen.

Solche Erträge können z. B. sein: 54

- Zinsen aus Sparguthaben und Festgeldanlagen usw.,
- Dividenden aus Aktien und Fonds,
- Pachtzinsen und Mieteinkünfte (speziell zum Wohnvorteil s. unten Rn. 389),
- Erträge aus Firmenbeteiligungen.

Dies ist für den Trennungsunterhalt nicht gesetzlich normiert, folgt aber aus dem Grundsatz, dass unterhaltsbedürftig nur derjenige ist, der sich nicht selbst unterhalten kann. Auf die Herkunft des Vermögens kommt es dabei nicht an. Anzurechnen sind daher auch Erträge aus einer Leibrente (BGH, NJW 1994, 935), einem Zugewinnausgleichsvermögen (BGH, FamRZ 1987, 912; OLG Bamberg, FamRZ 1992, 1305), einer bei Trennung aufgeteilten Lebensversicherung (OLG Köln, FamRZ 1998, 1500) oder einer gesellschaftsrechtlichen Abfindung (BGH, NJW 2001, 3777; vgl. auch OLG Karlsruhe, OLG-Report 2002, 108). Dies gilt auch dann, wenn es sich um eine Schenkung (OLG Köln, NJW 2003, 438) oder die sonstige Zuwendung eines Dritten handelt (OLG München, FamRZ 1996,1433). Ob dies bei Zinseinkünften aus der Anlage eines Schmerzensgeldes ebenfalls gilt, ist umstritten (OLG Karlsruhe, FamRZ 2002, 750; BGH, FamRZ 1988, 1031; dagegen unter Hinweis auf § 1610a BGB Kalthoener/Büttner/Niepmann, Die Rechtsprechung zur Höhe des Unterhalts, Rn. 499 m. w. N.). Dagegen ist die Verwertung des Kapitalbetrages eines **Schmerzensgeldes** unbillig, da es dem Ausgleich des immateriellen Schadens dient und zur beliebigen Verwendung des Empfängers bestimmt ist.

Die Erträge sind, auch wenn sie jährlich nachträglich gezahlt werden, als laufende monatliche Einkünfte anzusehen und entsprechend umzurechnen (BGH, FamRZ 1988, 1145).

Abzuziehen sind **Steuern und Werbungskosten** (BGH, FamRZ 1986, 441, 442; OLG München, FamRZ 1994, 1459), nicht aber ein Inflationsausgleich (BGH, NJW 1992, 1044).

55 Unstreitig können die Erträge angerechnet werden, soweit sie tatsächlich erzielt worden sind. Problematisch ist, ob bereits während der Trennungszeit eine **Obliegenheit** besteht, das **Vermögen umzuschichten**, um eine günstigere Verzinsung zu erreichen.

Die Obliegenheit, das Vermögen umzuschichten und ertragreicher anzulegen, kann in der Trennungszeit dann in Betracht kommen, wenn überhaupt keine Erträge erzielt werden oder die Erträge deutlich unter denjenigen liegen, die bei risikoloser Anlage üblicherweise erzielt werden können (BGH, NJW 1992, 1044; OLG München, FamRZ 2000, 26; OLG Stuttgart, FamRZ 1993, 559) und wenn auch sonst kein schutzwürdiges Interesse an der gewählten Anlageform besteht. Insbesondere bei Wohneigentum verbleibt aber dem Vermögensinhaber ein **erheblicher Entscheidungsspielraum**, selbst wenn sich die bisherige Anlageform als wenig wirtschaftlich erwiesen hat (BGH, NJW 2001, 2259). Eine Verpflichtung zu einer mit hohen Risiken verbundenen Anlage besteht nicht (BGH, FamRZ 1998, 87; OLG Düsseldorf, FamRZ 1996, 1418).

Auf der anderen Seite darf das Vermögen nicht so umgeschichtet werden, dass erhebliche Einkommensverluste ausgelöst werden (OLG Hamm, FamRZ 1999, 724).

56 Gar nicht genutztes Vermögen – wie z. B. ein leerstehendes Haus – muss genutzt werden; denn auch solche Einkünfte mindern die Bedürftigkeit, die zwar tatsächlich nicht gezogen werden aber in zumutbarer Weise erzielt werden könnten; in diesem Fall sind fiktive Einkünfte anzurechnen (BGH, NJW 1986, 1340; OLG Hamm, FamRZ 1998, 292). Den berechtigten Ehegatten trifft daher auch die Obliegenheit, den Erlös aus dem Verkauf eines in der Ehezeit als Familienwohnung genutzten gemeinsamen Anwesens zinsgünstig anzulegen (BGH, NJW 1998, 753; kritisch hiergegen Kalthoener/Büttner/Niepmann, Die Rechtsprechung zur Höhe des Unterhalts, Rn. 520). Die Höhe des fiktiven Zinssatzes richtet sich nach der Marktsituation zum Anlagezeitpunkt (OLG Düsseldorf, FamRZ 1996, 734; OLG Braunschweig, OLG-Report 1996, 117) und – im Normalfall – nach einem durchschnittlichen Anlagezeitraum (OLG Oldenburg, NJW-RR 1995, 435: vier Jahre). Die erzielbaren Einkünfte sind entsprechend zu schätzen (§ 287 ZPO). Ein Teil des Kapitals darf jedoch als Notgroschen oder für notwendige Anschaffungen kurzfristig verfügbar bleiben.

57 Wird das **Vermögen** ganz oder teilweise **verbraucht** – z. B. durch Verschwendung oder Fehlspekulation –, so kann dies nur über eine entsprechende Anwendung des § 1579 Nr. 3 BGB beim Berechtigten zum Ansatz fiktiver Zinseinkünfte und damit zur Reduzierung seiner Unterhaltsbedürftigkeit führen, wenn diese Vermögensdisposition als mutwillige Herbeiführung der Leistungsunfähigkeit angesehen werden kann (BGH, FamRZ 1990, 989, 991; BGH, FamRZ 1988, 145; OLG Hamm, NJW-RR 1998, 728).

58 In der Praxis wird in diesem Zusammenhang immer die Frage akut, ob der Vermögensinhaber von diesem Geld nach der Trennung Möbel und andere Einrichtungsgegenstände kaufen durfte, statt damit seinen laufenden Unterhaltsbedarf selbst zu decken. Auch hier gilt, dass der bedürftige Ehegatte einen gewissen Ermessensspielraum hat, das Kapital zu verwenden. Allerdings wird man sich auch hier an den bisherigen ehelichen Lebensverhältnissen orientieren und den **Gedanken der Bestandsgarantie** heranziehen müssen. Damit scheidet die Verwendung des Geldes für die Anschaffung von Einrichtungsgegenständen aus, die deutlich **über** den bisherigen Lebensumständen liegen. Auch kann dem bedürftigen Ehegatten durchaus zugemutet werden, einen Teil des bisherigen gemeinsamen ehelichen Hausrates zu nutzen und notfalls entsprechende Ansprüche gegen den anderen Ehegatten durchzusetzen (zum Hausratsverfahren s. im Einzelnen Teil 3 Rn. 434 ff.).

C. II. Anspruchsvoraussetzungen des Trennungsunterhaltes nach § 1361 BGB

Der Einsatz des **Vermögensstamms** ist dem getrenntlebenden Ehegatten zur Deckung seiner Lebensbedürfnisse i. d. R. während der Trennung nicht zumutbar. Denn § 1577 Abs. 3 BGB ist auf den Getrenntlebensunterhalt **nicht entsprechend** anzuwenden. Der noch vorläufige Charakter der Trennung führt dazu, dass auch keine endgültigen Vermögensdispositionen erwartet werden können. 59

5. Leistungsfähigkeit des Unterhaltspflichtigen

Die Leistungsfähigkeit des Verpflichteten ist neben der Bedürftigkeit des Berechtigten weitere Voraussetzung für Grund und Höhe des Unterhaltsanspruchs (§§ 1603, 1581 BGB). Dabei gelten beim Trennungsunterhalt die gleichen Grundsätze wie beim Geschiedenenunterhalt. Die Leistungsfähigkeit des Unterhaltspflichtigen ist dort umfassend erörtert (s. unten Rn. 182 ff.; s. auch Teil 5 Rn. 120 ff. zum Kindesunterhalt). 60

6. Berechnung des Unterhaltes

Die Berechnung des Unterhalts nach den ehelichen Lebensverhältnissen erfolgt auf der Grundlage des **Bedarfs,** wie er durch die Lebensverhältnisse zur **Zeit des Zusammenlebens** der Eheleute bestimmt wurde. Da die Ehegatten während der Trennung bis zur Rechtskraft der Scheidung an der Entwicklung ihrer gegenseitigen Lebensverhältnisse grds. teilnehmen (BGH, NJW 1999, 717), kann in der Praxis im Regelfall auf die aktuelle finanzielle Situation abgestellt werden. 61

In der Praxis wird der Bedarf nach den ehelichen Lebensverhältnissen aber durch den **Quotenbedarf** konkretisiert, der aus einem rechnerischen Anteil an der Einkommensdifferenz der Parteien besteht. Die Berechnungsweise entspricht derjenigen beim Geschiedenenunterhalt (s. unten Rn. 289; zu **den Versicherungsfragen während der Trennungszeit s. unten Rn. 72).**

7. Altersvorsorgeunterhalt

Vom Zeitpunkt der Rechtshängigkeit des Scheidungsantrages an kann zusätzlicher **Altersvorsorgeunterhalt** gem. § 1361 Abs. 1 Satz 2 BGB gefordert werden, um eine lückenlose Alterssicherung des Berechtigten sicherzustellen, denn mit diesem Datum endet die über den Versorgungsausgleich gewährte Beteiligung an der Altersversorgung des Ehepartners. Der Anspruch entsteht also nicht schon mit der Trennung, sondern erst mit der **Zustellung des Scheidungsantrages.** Der Anspruch auf Altersvorsorge ist unselbständiger Teil des einheitlichen Anspruches auf Trennungsunterhalt. Die Leistungsfähigkeit des Unterhaltspflichtigen ist daher für Elementar- und Vorsorgeunterhalt einheitlich zu beurteilen (BGH, MDR 1983, 38). Allerdings muss bei beiden Ehegatten der Mindestbedarf gesichert sein, ehe ein gesonderter Vorsorgeunterhalt in Betracht kommt (**Vorrang des Elementarunterhaltes),** so dass in Mangelfällen der Anspruch auf laufenden Unterhalt nach § 1361 Satz 1 BGB wegen der dringenden Bedürfnislage Vorrang hat vor dem Anspruchsbestandteil auf Altersvorsorge. 62

Der Vorsorgeunterhalt wird nach dem Beitragssatz in der gesetzlichen Rentenversicherung bemessen. Dazu ist der einem Nettoeinkommen entsprechende Basisunterhalt in eine Bruttobemessungsgrundlage umzurechnen, da auch der Rentenversicherungsbeitrag von einem Bruttoverdienst berechnet wird. Nach der vom BGH (FamRZ 1982, 465; 1983, 888) gebilligten **Bremer Tabelle** zur Berechnung des Vorsorgeunterhalts (FamRZ 2003, 78; FamRZ 2002, 80; FamRZ 2001, 80; FamRZ 2000, 142) ergibt sich durch dort abzulesenden Zuschlag auf den Basisunterhalt eine bestimmte Bruttobemessungsgrundlage. Hieraus ist mit Hilfe des aktuellen Beitragssatzes für die gesetzlichen Rentenversicherung der Vorsorgeunterhalt betragsmäßig auszurechnen.

Der Anspruch richtet sich auf Zahlung des errechneten Betrags. Der Berechtigte hat auf Verlangen einen Verwendungsnachweis zu erbringen und darf den gezahlten Gesamtunterhalt nicht nach Belieben auf Elementar- und Vorsorgeunterhalt aufteilen (BGH, FamRZ 1982, 887). Bei nachweislich zweckwidriger Verwendung kommt die Zahlung direkt auf ein Versicherungskonto in Betracht (OLG Hamm, FamRZ 1991, 1056). Zum Altersvorsorgeunterhalt nach Scheidung s. unten Rn. 147.

8. Krankenvorsorge

63 Ist eine Mitversicherung des getrenntlebenden Ehegatte in der gesetzlichen **Krankenversicherung** des Ehepartners nicht mehr gegeben, können die Krankenversicherungskosten als **zusätzlicher Bedarf** gegen den barunterhaltspflichtigen Ehegatten geltend gemacht werden.

9. Ausbildungsunterhalt aus § 1361 BGB

64 Einen **Ausbildungsanspruch** während des Getrenntlebens hat der BGH, nach den Kriterien bejaht, nach denen er sich für den nachehelichen Unterhalt gem. § 1573 Abs. 1 i. V. m. § 1574 Abs. 3 BGB begründen lässt, ferner im Vorgriff auf die Voraussetzungen des § 1575 BGB, also bei Ausbildungsabbruch wegen der Ehe (BGH, FamRZ 2001, 350). Entscheidend ist danach in den meisten Fällen, ob die Aufnahme einer Ausbildung für die Ausübung einer angemessenen Erwerbstätigkeit **erforderlich** ist oder ob auch eine unqualifizierte Tätigkeit den ehelichen Lebensverhältnissen entspricht.

65 Muss sich ein Ehepartner folglich bereits während der Trennungszeit auf ein endgültiges Scheitern der Ehe einstellen, so ist es durchaus sachgerecht, wenn dieser Partner im Interesse seiner späteren wirtschaftlichen Unabhängigkeit eine Ausbildung aufnimmt, die zur Ausübung einer angemessenen Erwerbstätigkeit führen soll (BGH, FamRZ 1988, 1145; BGH, FamRZ 1985, 782; OLG Hamm, FamRZ 1995, 170). Ein Anspruch auf Ausbildungsunterhalt kann demnach während des Getrenntlebens in Betracht kommen, wenn die Ehe zerrüttet und die Trennung endgültig ist, so dass der Ehegatte sich auf die neue Lage einstellen und nach seinen Möglichkeiten um eine (Wieder-)Eingliederung in das Erwerbsleben bemühen muss. Die Verschärfung des Zumutbarkeitsmaßstabs, welcher der unterhaltsberechtigte Ehegatte unter diesen Umständen im Rahmen von § 1361 Abs. 2 BGB unterliegt und die eine weitergehende Annäherung an die Anforderungen des nachehelichen Unterhaltsrechts bewirkt, kann im Einzelfall sogar dazu führen, dass – wie es § 1574 Abs. 3 BGB für die Zeit nach der Scheidung vorsieht – der bedürftige Ehegatte sich einer zur Erlangung einer angemessenen Erwerbstätigkeit erforderlichen Ausbildung unterziehen muss. Bei entsprechender Dauer des Getrenntlebens oder wenn die Trennung auf Scheidung abzielt, kann der Ehegatte also im Interesse seiner wirtschaftlichen Selbständigkeit aber auch dann eine zur Ausübung einer angemessenen Erwerbstätigkeit erforderliche Ausbildung aufnehmen, wenn ihn noch keine entsprechende Obliegenheit trifft. Denn dies kommt der **gesetzlichen Zielvorstellung** der Eigenverantwortung entgegen und entspricht regelmäßig auch den Interessen des Ehepartners, wenn der Ehegatte sich frühzeitig um eine (Wieder-)Eingliederung in das Erwerbsleben bemüht (BGH, FamRZ 2001, 351).

III. Kein Verzicht auf Trennungsunterhaltsanspruch

66 Auf **Trennungsunterhalt** kann für die Zukunft **nicht verzichtet** werden (Arg. aus § 1585c BGB). Dies kann auch nicht dadurch umgangen werden, dass ein pactum de non petendo geschlossen wird (Bergschneider, FamRZ 2000, 609; Deisenhofer, FamRZ 2000, 1368). Die Grenze zwischen unzulässigem Verzicht und zulässiger Vereinbarung zur Höhe wird bei einer Toleranzgrenze von 20 – 33 % des Bedarfes gezogen (OLG Hamm, FuR 2002, 280; Kalthoener/Büttner/Niepmann, Die Rechtsprechung zur Höhe des Unterhalts, Rn. 133 m. w. N.). Auch Abfindungsvereinbarungen, die Trennungsunterhalt umfassen, sind daher problematisch.

IV. Erlöschen des Trennungsunterhaltsanspruches bei Versöhnung der Eheleute

67 Bei einer erfolgreichen Versöhnung **erlischt** der Anspruch auf **Trennungsunterhalt** und damit auch der diesen Anspruch regelnde **Titel** (OLG Düsseldorf, NJW 1992, 2166).

V. Geltendmachung von Rückständen beim Trennungsunterhalt

Rückständiger Scheidungsunterhalt muss gem. § 1585b Abs. 3 BGB innerhalb eines Jahres eingeklagt werden (s. dazu unten Rn. 517). Die Vorschrift gilt jedoch nicht für den Trennungsunterhalt; auch eine analoge Anwendung scheidet aus (OLG Schleswig, FamRZ 2000, 1367). 68

VI. Verwirkung des Anspruchs auf Trennungsunterhalt

Der Anspruch auf Trennungsunterhalt kann gem. § 1361 Abs. 3 i. V. m. § 1579 Nr. 2 bis 7 BGB wegen **grober Unbilligkeit** herabgesetzt, **zeitlich begrenzt** werden oder **völlig wegfallen**. Die bloße Trennung reicht aber als Härtegrund nicht aus (OLG Köln, FamRZ 2002, 1628). 69

Nicht anwendbar ist beim Trennungsunterhalt gem. § 1361 Abs. 3 BGB der Ausschlussgrund der kurzen Ehe (§ 1579 Nr. 1 BGB). In § 1361 Abs. 3 BGB hat der Gesetzgeber für den Trennungsunterhalt lediglich die entsprechende Anwendbarkeit der Vorschriften des § 1579 Nr. 2 bis 7 BGB vorgesehen (OLG Hamm, FamRZ 1997, 417; s. unten Rn. 312). 70

Dabei kann bereits die Inanspruchnahme von Trennungsunterhalt in entsprechender Anwendung des § 1579 Nr. 7 BGB unzumutbar sein, wenn der Unterhaltsberechtigte eine länger dauernde Beziehung zu einem anderen Partner eingegangen ist, die sich in einem solchen Maße verfestigt hat, dass sie als eheähnlich anzusehen ist (BGH, FamRZ 2002, 810 m. Anm. Bergschneider, FamRZ 2002, 951) und solange sie besteht, die Unterhaltszahlung des getrenntlebenden Ehegatten ganz unzumutbar erscheinen lässt oder wenigstens zu einer Herabsetzung des Unterhalts führt.

VII. Trennungsunterhalt bei Beteiligung ausländischer Ehegatten

Bei **ausländischen Beteiligten** kommt es für das auf den **Trennungsunterhalt** anwendbare Recht gem. Art. 18 Abs. 1 Satz 1 EGBGB bzw. dem wortgleichen Art. 4 des Haager Übereinkommens über das auf Unterhaltspflichten anwendbare Recht v. 2. 10. 1973 auf das für den gewöhnlichen Aufenthaltsort des Unterhaltsberechtigten maßgebende Recht an. Insbesondere in den Fällen der (einseitigen) dauerhaften Rückkehr eines ausländischen Ehepartners in sein Heimatland kann daher dieses Recht maßgebend sein, auch wenn die Ehe in Deutschland geschlossen und geführt worden ist (BGH, FamRZ 2001, 412). Problematisch sind Fälle, in denen nach deutschem Recht ein Unterhaltsanspruch nicht gegeben wäre, da der Ehepartner, der den gemeinsamen Aufenthaltsort einseitig verlassen hat, dadurch möglicherweise unterhaltsrechtlich besser stehen kann (so OLG Köln, FamRZ 1999, 93 als Vorinstanz zu BGH, FamRZ 2001, 412). 71

VIII. Versicherungsfragen während der Trennungszeit

Grds. bleibt der getrenntlebende Ehegatte in der gesetzlichen **Krankenversicherung** des Ehepartners bis zur **Rechtskraft der Scheidung** mitversichert. Diese **Mitversicherung** endet aber dann, wenn die Eigeneinkünfte 325 € übersteigen. Wird das Realsplitting in Anspruch genommen, ist der gezahlte Unterhalt als anzurechnendes Einkommen hier mit zu berücksichtigen. 72

Es kann daher sinnvoller sein, anstelle des Realsplittings die **Unterhaltsleistungen** an den Ehegatten als **außergewöhnliche Belastungen** nach § 33a EStG geltend zu machen. Dies ist – ohne Einverständnis des Empfängers – bis zu einem Jahresbetrag von 7.188 € jährlich (2002) möglich und reicht in vielen Fällen aus, die Unterhaltszahlungen voll steuerlich abzusetzen. Hierdurch wird die nachteilige Folge für die Krankenversicherung nicht ausgelöst. (Einzelheiten zum Abzug von **Unterhaltsleistungen** an den Ehegatten als **außergewöhnliche Belastungen** nach § 33a EStG s. Teil 10, Rn. 361 ff.). 73

74 Ist eine Mitversicherung nicht mehr gegeben, können die **Krankenversicherungskosten** als zusätzlicher Bedarf gegen den barunterhaltspflichtigen Ehegatten geltend gemacht werden.

75 Ausführlich zu den Rechtsfragen der Familienversicherung vgl. Sartorius, ZFE 2003, 6 f. und zu den familienrechtlichen Problemen im Versicherungsrecht van Bühren, MDR 2002, 1410.

D. Ehegattenunterhalt für die Zeit nach der Rechtskraft der Scheidung

76 Genau am Tage der **Rechtskraft der Scheidung** entsteht bei Vorliegen der gesetzlichen Voraussetzungen ein neuer Unterhaltsanspruch, der auf Zahlung einer nachehelichen Unterhaltsrente gerichtet ist. Seine Voraussetzungen sind in §§ 1569 ff. BGB geregelt.

Zwischen Trennungs- und Nachscheidungsunterhalt besteht keine Identität (BGH, FamRZ 1981, 242). Der während des Getrenntlebens in der Ehe bestehende Unterhaltsanspruch erlischt deshalb mit der Scheidung der Ehe (zu den Einzelheiten der Abgrenzung zum Anspruch auf Geschiedenenunterhalt s. oben Rn. 9).

77 Ein vor der Scheidung geschlossener Vergleich kann sowohl den Trennungs- als auch den nachehelichen Unterhalt zum Gegenstand haben, sofern dies dem erkennbaren Parteiwillen entspricht. Wenn ein solcher Parteiwille nicht zweifelsfrei festgestellt werden kann, ist im Zweifel nur ein Vergleich über den Getrenntlebensunterhalt anzunehmen (OLG Hamm, FamRZ 1981, 1074). Die Darlegungs- und Beweislast dafür, dass eine Unterhaltsvereinbarung sowohl den Trennungs- als auch den Scheidungsunterhalt beinhaltet, trägt derjenige, der eine solche Ausnahme von der Regel behauptet.

78 Der Anspruch auf Trennungsunterhalt endet einen Tag vor der Rechtskraft der Ehescheidung. Eine monatsbezogene Abgrenzung der unterschiedlichen Unterhaltsansprüche ist **nicht zulässig** (BGH, FamRZ 1994, 241, 242; BGH, FamRZ 1988, 370; OLG Köln, FamRZ 2002, 326).

79 Der Unterhalt umfasst einmal den **Elementarunterhalt** (§ 1578 Abs. 1 BGB), der zur Deckung der im täglichen Leben normalerweise auftretenden Bedürfnisse dient. Er enthält alle Aufwendungen, die regelmäßig anfallen und die für die Eheleute nach dem gewöhnlichen Verlauf des Alltags vorhersehbar sind. Darüber hinaus gibt es noch besondere Unterhaltsteile, die im laufenden Unterhalt nicht enthalten sind

- **Krankheitsvorsorgeunterhalt** (§ 1578 Abs. 2 BGB) und den
- **Altersvorsorgeunterhalt** (§ 1578 Abs. 3 BGB; s. unten Rn. 147) sowie den
- **Sonderbedarf** (§§ 1585b, 1613 Abs. 2 BGB; s. unten Rn. 451).

80 Nach der Scheidung gilt grds. der Gedanke der **wirtschaftlichen Eigenverantwortung** der geschiedenen Ehegatten. Jeder Ehegatte soll selbst für seinen Unterhalt sorgen (§ 1569 BGB). Lediglich in bestimmten, vom Gesetz genau definierten Bedürfnislagen wird vom Gesetz abweichend von diesem Grundsatz ein Unterhaltsanspruch eingeräumt.

I. Überblick über die gesetzlichen Tatbestände des Geschiedenenunterhaltes

81 Anspruchsvoraussetzungen für den **Geschiedenenunterhalt** nach §§ 1569 ff. BGB sind:
- Rechtskräftige Scheidung einer Ehe,
- Erfüllung der Voraussetzungen eines Unterhaltstabestandes,
- Bedarf des Unterhaltsberechtigten,

- Bedürftigkeit des Unterhaltsberechtigten,
- Leistungsfähigkeit des Unterhaltspflichtigen,
- kein Verlust des Anspruchs z. B. durch Ausschlusstatbestände.

II. Rechtskräftige Scheidung einer Ehe

Das genaue **Datum der Rechtskraft** der Scheidung lässt sich dem vom Gericht auf das zugestellte Scheidungsurteil gesetzten Rechtskraftvermerk entnehmen. 82

Die Vorschriften über den Geschiedenenunterhalt gelten gem. § 1318 Abs. 2 BGB entsprechend auch bei Aufhebung der Ehe.

III. Unterhaltstatbestände

1. § 1570 BGB (Unterhalt wegen Kindesbetreuung)

Voraussetzung des in der Praxis wichtigsten Unterhaltsanspruchs nach § 1570 BGB ist, dass 83
- ein geschiedener Ehegatte ein gemeinschaftliches Kind pflegt oder erzieht und
- von ihm aus diesem Grunde keine oder keine volle Erwerbstätigkeit erwartet werden kann.

a) Gemeinschaftliche Kinder

Gemeinschaftliche Kinder sind eheliche Kinder, nicht aber Pflegekinder und voreheliche Kinder 84
nur eines Ehegatten. Abzustellen ist auf die tatsächliche Pflege oder Erziehung des Kindes, so dass der Anspruch bei Heim- oder Internatsaufenthalt des Kindes ausscheidet.

Scheineheliche Kinder, mithin solche Kinder, die bis zum Zeitpunkt der Scheidung geboren wurden, gelten gem. § 1592 Nr. 1 BGB bis zur rechtskräftigen Feststellung der Vaterschaft eines anderen Mannes als gemeinschaftliche Kinder. Dies gilt auch dann, wenn zwischen den Eheleuten unstreitig ist, dass das Kind nicht von dem Ehemann abstammt (vgl. hierzu BGH, FamRZ 1998, 426). Zum Regress des Scheinvaters gegen den leiblichen Vater vgl. Kleinwegener, ZFE 2002, 276.

Stiefkinder gelten dagegen nicht als gemeinschaftliche Kinder i. S. d. Unterhaltstatbestandes. In diesen Fällen kommt allenfalls ein Unterhaltsanspruch gem. § 1576 BGB in Betracht (BGH, FamRZ 1984, 361). Gleiches gilt auch für von beiden Ehegatten gemeinschaftlich aufgenommene **Pflegekinder** sowie **voreheliche Kinder** nur eines Ehepartners. Damit unterscheidet sich der Schutzbereich des § 1570 BGB vom Anspruch auf Trennungsunterhalt.

b) Berechtigte Betreuung des Kindes

Die **Betreuung** des Kindes muss **rechtmäßig** sein (BGH, FamRZ 1987, 1238). Diese Voraussetzungen liegen regelmäßig dann vor, wenn die Betreuung 85
- einer **gerichtlichen Entscheidung** entspricht (BGH, FamRZ 1983, 142) oder
- im **Einverständnis** mit dem anderen Elternteil ausgeübt wird (BGH, FamRZ 1983, 142).

Beim **gemeinsamen Sorgerecht** kommt es entscheidend auf die Vereinbarung der Eltern an. Dabei 86
hängt ein Betreuungsunterhaltsanspruch letztlich davon ab, **in wessen Obhut** sich das Kind vereinbarungsgemäß **überwiegend** befindet und in welchem Umfang dieser Elternteil durch die Betreuung des Kindes zeitlich gebunden ist. Betreuen beide Eltern das Kind, dürfte derjenige Elternteil anspruchsberechtigt sein, bei dem sich das Kind überwiegend aufhält. Es muss also im gerichtlichen Verfahren über den Ehegattenunterhalt bei gemeinsamer elterlicher Sorge dargelegt werden, wie die Kinderbetreuung ausgestaltet ist.

87 Die Betreuung des Kindes **gegen den Willen des unterhaltsverpflichteten Elternteiles** rechtfertigt ebenso wie die Betreuung abweichend von einer gerichtlichen Regelung des Sorgerechts keinen Unterhaltsanspruch aus § 1570 BGB (BGH, NJW 1980, 1686).

88 Das Kind muss objektiv **betreuungsbedürftig** sein und deswegen muss der betreuende Ehegatte einer Erwerbstätigkeit nicht oder nur teilweise nachgehen können. Eine bloße **vorübergehende Reduzierung** der Pflege und Erziehungsleistungen des berechtigten Ehegatten beeinträchtigt den Unterhaltsanspruch nach § 1570 BGB nicht (BGH, FamRZ 1987, 252). Auch wenn die Betreuung des Kindes teilweise durch Dritte in Kindergarten, Vorschule vorgenommen wird oder eine Unterstützung von Familienangehörigen erfolgt, wirkt sich dies auf den Unterhaltsanspruch nicht aus. Denn die freiwillige Leistung des Familienangehörigen soll nicht dazu dienen, den Unterhaltspflichtigen zu entlasten. Dagegen entfällt ein Unterhaltsanspruch nach § 1570, wenn das Kind dauerhaft in einem Internat, einem Heim oder einer Pflegefamilie untergebracht ist (Wendl/Staudigl-Pauling, Das Unterhaltsrecht in der familienrichterlichen Praxis, § 4 Rn. 67; Eschenbruch, in: Eschenbruch, Der Unterhaltsprozess, Rn. 1074 m. w. N.).

c) Erwerbsobliegenheit

89 Für die Frage der Erwerbsobliegenheit sind die oben zum Trennungsunterhalt dargestellten Grundsätze auch für den Geschiedenenunterhalt von Bedeutung (s. Rn. 33).

90 Weitere gesetzliche Voraussetzung ist, dass von dem anspruchstellenden Ehegatten wegen der Kindesbetreuung **keine oder keine volle Erwerbstätigkeit** erwartet werden kann.

Dabei ist nicht entscheidend, ob die **Kindesbetreuung die einzige Ursache** für den Berechtigten ist, von einer Erwerbstätigkeit abzusehen. Es ist vielmehr ausreichend, wenn nach **objektiven Gesichtspunkten** von dem berechtigten Ehegatten **keine Erwerbstätigkeit** erwartet werden kann und die Nichtaufnahme der Erwerbstätigkeit hierdurch mitverursacht worden ist (OLG Hamm, NJW-RR 1994, 837). Es kann daher auch zu einer „Anspruchsmischung" aus Unterhalts wegen Kindesbetreuung und Krankheit kommen, wenn erst das Zusammenwirken beider Faktoren die eigene Erwerbstätigkeit des Unterhaltsberechtigten verhindert.

91 In der Praxis wird vor allem gestritten über die **Erwerbsobliegenheit** des unterhaltsberechtigten Ehegatten, die i. R. d. § 1570 BGB entscheidend von der Frage der Kindesbetreuung abhängig ist.

Für die **Erwerbsobliegenheit** trotz Kindesbetreuung kommt es insbesondere auf das Alter und die Zahl der Kinder sowie deren körperliche und geistige Entwicklung an, auf die Erwerbsmöglichkeiten des betreuenden Elternteils und auf die wirtschaftlichen Verhältnisse beider Eltern (BGH, FamRZ 1990, 283; BGH, FamRZ 1985, 50). Von Bedeutung sind aber auch die persönlichen Möglichkeiten des betreuenden Elternteils, neben der Kinderversorgung einer Erwerbstätigkeit nachzugehen (BGH, FamRZ 1997, 873).

Bei diesen Bewertungsfragen kommt es letztlich entscheidend auf die Umstände des Einzelfalles an, die im gerichtlichen Verfahren vorgetragen werden müssen.

92 Dabei kann nach der Rspr. von folgenden Maßstäben ausgegangen werden:

- Erwerbsobliegenheit bei der **Betreuung eines Kindes**
  - Bis zum **Alter von acht Jahren** besteht i. d. R. keine Erwerbsobliegenheit, und zwar auch dann, wenn eine „verlässliche Grundschule" zur Verfügung steht (AG Besigheim, FamRZ 2002, 671). Wer sich auf eine Abweichung von diesem generellen Erfahrungssatz behaupten will, muss die Umstände des Einzelfalles darlegen und beweisen (BGH, FamRZ 1997, 873). Bei wirtschaftlich engen Verhältnissen wird man eher eine frühzeitige Erwerbsobliegenheit bejahen können (OLG Hamm, FamRZ 1997, 1073; OLG Hamm, FamRZ 1997, 1016).
  - Im **Alter zwischen acht und elf Jahren** ist entscheidend das konkrete Ausmaß des Betreuungsbedürfnisses des Kindes sowie die wirtschaftlichen Verhältnisse der Eltern und die konkreten Arbeitsmarktchancen des betreuenden Elternteils. Die Unterhaltsleitlinien der Oberlandesgerichte enthalten hier unterschiedliche Bewertungen.

- Im **Alter zwischen elf und fünfzehn Jahren** ist regelmäßig eine Teilzeitbeschäftigung zumutbar (BGH, NJW 1997, 1851). Diese Teilzeittätigkeit muss nicht zwingend den Umfang einer Halbtagstätigkeit erreichen. Allerdings ist bei normaler Entwicklung der Kinder die Teilzeittätigkeit mit fortschreitendem Kindesalter zu steigern und wird regelmäßig ab Beginn des Besuchs der 5. Klasse durch das Kind den Umfang einer Halbtagstätigkeit erreichen müssen (OLG München, FamRZ 2000, 24).
- Ab **fünfzehn Jahren** besteht grds. die Obliegenheit zur vollschichtigen Erwerbstätigkeit (BGH, FamRZ 1997, 873; BGH, NJW 1990, 2752).

- Erwerbsobliegenheit bei der **Betreuung mehrerer Kinder:**
  Werden zwei oder mehr Kinder betreut, so wächst naturgemäß der Betreuungsaufwand mit der Folge, dass daneben eine Erwerbstätigkeit nur in geringerem Umfang zumutbar ist. Auch hier bedarf es einer umfassenden Würdigung aller wesentlichen Umstände.
  - Bei der Betreuung **von zwei Kindern unter vierzehn Jahren** wird überwiegend eine Erwerbsobliegenheit abgelehnt (BGH, FamRZ 1997, 873; BGH, FamRZ 1996, 1067; BGH, FamRZ 1984, 662; OLG Frankfurt, FamRZ 1982, 818). Bei beengten wirtschaftlichen Verhältnissen kann aber auch hier ein strengerer Maßstab angemessen sein.
  - Bei der Betreuung von **zwei Kindern im Alter bis zu achtzehn Jahren** ist dagegen von einer zumindest teilschichtigen Erwerbstätigkeit auszugehen.

Dabei ist der Unterhaltsberechtigte jedoch schon **vor Ablauf** dieser Phase gehalten, sich eine entsprechende Arbeitsstelle zu suchen, wenn das Ende der Betreuungszeit zeitlich abzusehen ist (BGH, FamRZ 1995, 871). Der Unterhaltsberechtigte kann daher i. d. R. nicht durch Hinweis auf bislang erfolglose Bemühungen, die erst nach Ablauf der Erziehungsphase eingesetzt haben, den Zeitraum „strecken".

Hat der unterhaltsberechtigte Ehegatte bereits während der Ehe neben der Kindesbetreuung gearbeitet, geht es nicht um die **Neuaufnahme**, sondern um die **Fortsetzung** einer Erwerbstätigkeit. Dann sind bei der Zumutbarkeit strengere Maßstäbe anzulegen. Allerdings ist immer auch zu fragen, ob früher der andere Ehegatte durch zeitweise Betreuung der Kinder eine Erwerbstätigkeit ermöglicht hat.

Nach Ablauf des durch § 1570 BGB zeitlich befristeten Unterhaltsanspruchs kann u. U. ein Anspruch auf Billigkeitsunterhalt gem. § 1576 BGB in Betracht kommen, der nicht eine ehebedingte Bedürfnislage voraussetzt.

Die **Beweislast** hat der Unterhaltsgläubiger. Es muss auch nachgewiesen werden, dass die Pflege und Betreuungsbedürftigkeit des Kindes eine Erwerbstätigkeit nicht erwarten lassen (Erman/Dieckmann, BGB, § 1571 Rn. 20).

Wird eine Erwerbsobliegenheit bejaht, dann ist zu beachten, dass i. R. d. Ehegattenunterhaltes nur eine **Erwerbstätigkeit angemessen** ist die der Ausbildung, den Fähigkeiten, dem Lebensalter und dem Gesundheitszustand des geschiedenen Ehegatten sowie den ehelichen Lebensverhältnissen entspricht; bei den ehelichen Lebensverhältnissen sind gem. § 1574 Abs. 2 BGB die Dauer der Ehe und die Dauer der Pflege oder Erziehung eines gemeinschaftlichen Kindes zu berücksichtigen (OLG Karlsruhe, FamRZ 2002, 1566; OLG Karlsruhe, FamRZ 2002, 1567). Diese Zumutbarkeitskriterien sind **nicht abschließend.** Vielmehr können in die Gesamtwürdigung auch weitere Gesichtspunkte einbezogen werden wie z. B. die Entfernung einer möglichen Arbeitsstelle, Verkehrsverbindungsmöglichkeiten oder die ungünstige Arbeitsmarktlage für bestimmte Erwerbstätigkeiten (BGH, FamRZ 1986, 553). Insgesamt soll damit der nichterwerbstätige Ehegatte nach der Scheidung vor einem sozialen Abstieg bewahrt werden (KG, FamRZ 1984, 898). Dabei kann nach Scheidung der Ehe ein Ehegatte regelmäßig nicht auf seinen Ausbildungs- und Berufsstatus, den er bei Beginn der Ehe innehatte, zurückgeworfen werden, wenn er diesen während der Ehe i. S. einer Statusverbesserung hinter sich gelassen hat (OLG Hamm, FamRZ 1993, 917 unter Hinweis auf BGH, NJW 1983, 1483; OLG Koblenz, FamRZ 1990, 751).

97 Die ehelichen Lebensverhältnisse können entscheidenden Einfluss auf die Frage der angemessenen Erwerbstätigkeit haben. Hat der Ehegatte trotz gehobener wirtschaftlicher Verhältnisse in der Ehe in einem nicht hoch qualifizierten Beruf gearbeitet, ist ihm eine derartige Tätigkeit auch nach der Scheidung zumutbar (OLG Hamm, FamRZ 1997, 1076). Dagegen ist die bisher nicht berufstätige Frau eines Betriebsleiters nicht verpflichtet, eine Stelle als Verkaufshilfe anzunehmen (BGH, NJW-RR 1992, 1282). Im Mangelfall gelten strengere Anforderungen an die Erwerbsobliegenheit (BGH, FamRZ 1983, 569; zum Mangelfall s. ausführlich unten Rn. 378).

98 Die dargestellten Grundsätze, wann bei Kinderbetreuung eine Erwerbstätigkeit aufzunehmen ist, bedeuten nicht, dass ein früherer Eintritt ins Berufsleben automatisch überobligatorisch ist, sondern nur, wann bei Kinderbetreuung nach dem Grundsatz der Eigenverantwortung gem. § 1569 BGB spätestens gearbeitet werden muss. Es bleibt aber selbstverständlich jedem einzelnen Bedürftigen überlassen, im Rahmen seiner individuellen Lebensplanung die Berufstätigkeit früher **aufzunehmen** (Gerhardt, FamRZ 2003, 274 m. w. N.).

99 Wird eine Tätigkeit bereits zu einem Zeitpunkt ausgeübt, zu dem die oben beschriebenen Grenzen noch nicht überschritten ist, so ist immer genau zu prüfen, ob es sich um eine überobligatorische Tätigkeit handelt. Wird diese Tätigkeit dabei aus freien Stücken ausgeübt, handelt es sich um ein Einkommen aus **zumutbarer** Tätigkeit, wird sie aus Not ausgeübt, aus **unzumutbarer** Tätigkeit (BGH, FamRZ 1990, 492; BGH, FamRZ 1998, 1501). Dies gilt nach der geänderten Rspr. des BGH auch für eine erst nach Trennung oder Scheidung aufgenommene oder ausgeweitete Tätigkeit.

2. § 1571 BGB (Unterhalt wegen Alters)

100 Dieser – in der anwaltlichen und gerichtlichen Praxis selten vorkommende – Anspruch kommt auch in Betracht, wenn **das allgemeine Rentenalter von 65 Jahren noch nicht erreicht ist**, aber eine angemessene Erwerbstätigkeit nicht mehr erwartet werden kann. Dies ist insbesondere dann der Fall, wenn aufgrund des konkreten Lebensalters eine berufliche Perspektive nicht mehr besteht und eine Ausbildung, Fortbildung oder Umschulung nicht mehr sinnvoll ist.

Wichtig ist hier, dass die Tatbestandsvoraussetzungen zum **Einsatzzeitpunkt** des § 1571 BGB gegeben sein müssen, nämlich

- bei der Scheidung,
- bei der Beendigung der Pflege oder Erziehung eines gemeinschaftlichen Kindes,
- beim Wegfall der Voraussetzungen des § 1572 BGB oder
- beim Wegfall der Voraussetzungen des § 1573 BGB.

101 Allein der Rentenbezug einer Frau aufgrund des Erreichens einer flexiblen Altersgrenze lässt aber ihre Erwerbsobliegenheit im Verhältnis zum Unterhaltspflichtigen nicht entfallen (OLG Koblenz, NJW-FER 2000, 108; ebenso OLG Hamm, NJW 1999, 2976 für den Pflichtigen). Solche öffentlich-rechtlichen oder arbeitsmarktpolitisch vorgezogenen Altersgrenzen haben **nicht** die Aufgabe, die Arbeitsobliegenheit im Verhältnis der Ehegatten untereinander zu regeln. In diesen Fällen kann daher nicht einfach unter Verweisung auf den vorzeitigen Ruhestand Altersunterhalt in Anspruch genommen werden, auch wenn vielfach der Arbeitsmarkt und der Gesundheitszustand die Aufnahme einer neuen Stelle oder die Beibehaltung der bisherigen Beschäftigung ausschließen werden.

102 Bedeutsam kann dabei sein, dass der Berechtigte gem. § 34 Abs. 3 Satz 1 SGB VI neben der Rente Einkünfte aus geringfügigen Beschäftigungsverhältnissen anrechnungsfrei erzielen darf. Der Berechtigte muss daher darlegen und ggf. nachweisen, dass auch solche nicht zu finden oder zumutbar sind.

Solange das Rentenverfahren läuft und über die Bewilligung der Rente noch nicht entschieden ist, besteht aktuell Leistungsunfähigkeit des Berechtigten. Wird später eine Rente bewilligt, so geschieht dies aber regelmäßig **rückwirkend** auf den Zeitpunkt der Antragstellung. Während des laufenden Rentenverfahrens kann der Pflichtige den Unterhalt ggf. als zins- und tilgungsfreies Darlehen anbieten. Die Rückzahlung erfolgt dann aus der Rentennachzahlung (BGH, NJW 1983, 1481); den Anspruch auf Rentenzahlung kann sich der Pflichtige nach § 53 Abs. 2 Satz 1 SGB I abtreten lassen.

3. § 1572 BGB (Unterhalt wegen Krankheit)

§ 1572 BGB ist Anspruchsgrundlage, wenn der berechtigte Ehegatte wegen **Krankheit** oder **anderer Gebrechen** ganz oder teilweise nicht arbeiten kann. Unerheblich ist, ob die Krankheit vor oder während der Ehe entstanden ist. Ist wegen der Krankheit nur eine Teilerwerbstätigkeit möglich, so kommt ein Anspruch auf Teilunterhalt aus § 1572 BGB in Betracht. Die Vorschrift greift auch bei **vorübergehenden Erkrankungen** ein. 103

Die Krankheit muss **kausal für die Nichtaufnahme einer Erwerbstätigkeit** sein. Zum Nachweis einer vollen oder teilweisen Erwerbsunfähigkeit ist i. a. R. ein Sachverständigengutachten einzuholen; ärztliche Atteste reichen regelmäßig nicht aus. 104

Bezieht der Berechtigte eine **Erwerbsunfähigkeitsrente**, so ist dies ein Indiz für eine Krankheit (OLG Brandenburg, FamRZ 1996, 866). Dann ist allerdings möglich, dass dem Ehepartner aufgrund der im Versorgungsausgleich übertragenen Anwartschaften eine Erwerbsunfähigkeitsrente zustehen kann. Es gehört aber zu den unterhaltsrechtlichen Obliegenheiten, die Unterhaltslast soweit wie möglich zu verringern. Hieraus folgt die Verpflichtung, eine Rente zu beantragen, falls hierauf ein gesetzlicher Anspruch besteht. Um nicht erst **im Prozess** mit dem Einwand konfrontiert zu werden, diese Möglichkeiten versäumt zu haben, ist es ratsam, diese Frage **vor** Einleitung eines Prozesses zu klären. 105

Auch hier müssen die Tatbestandsvoraussetzungen zum **Einsatzzeitpunkt** gegeben sein. Als mögliche Anknüpfungspunkte nennt § 1572 BGB den Zeitpunkt 106

- der Scheidung,
- der Beendigung der Pflege oder Erziehung eines gemeinschaftlichen Kindes,
- der Beendigung einer Ausbildung, Fortbildung oder Umschulung oder
- des Wegfalls der Voraussetzungen des § 1573 BGB (Anschlussunterhalt).

Der Anspruch auf **Anschlussunterhalt** nach BGB § 1572 Nr. 4 BGB setzt voraus, dass der Tatbestand eines Unterhaltsanspruchs nach BGB § 1573 bis zum Einsatzzeitpunkt durchgehend erfüllt war (BGH, NJW 2001, 3260, 3261). Dabei kann auch ein Anspruch nur auf **Teilunterhalt** bestehen, wenn der weggefallene Anspruch nur einen Teil des vollen Bedarfs deckt. Maßgebend für die Bemessung des Teilanschlussunterhalts nach §§ 1572 Nr. 4, 1573 Abs. 4 BGB ist die Quote des nach Maßgabe der ehelichen Lebensverhältnisse ungedeckten Bedarfs des Unterhaltsberechtigten in dem Zeitpunkt, in dem sein Unterhalt im übrigen nachhaltig gesichert war (BGH, a. a. O.).

Tritt die Erwerbsunfähigkeit erst einige Zeit nach der Scheidung oder nach Wegfall der Kinderbetreuung oder Ausbildung ein, kommt Krankheitsunterhalt nicht mehr in Betracht. Ausreichend ist allerdings, wenn die Krankheit zu diesem Zeitpunkt **latent vorhanden** ist und in nahem Zusammenhang damit ausbricht und zur Erwerbsunfähigkeit führt (BGH, NJW 2001, 3260, 3261 = FamRZ 2001, 1291; OLG Hamm, FamRZ 2002, 1564). War die Krankheit (oder andere Gebrechen oder Schwächen) des unterhaltsberechtigten Ehegatten bereits zum Zeitpunkt der Scheidung ausgebrochen und hatte zu einer teilweisen Erwerbsunfähigkeit geführt, so führt der Eintritt der völligen Erwerbsunfähigkeit infolge der Verschlimmerung der Krankheit ca. ein Jahr nach Rechtskraft der Scheidung nicht zu einem Ausschluss des Unterhaltsanspruchs (KG, FamRZ 2002, 460). 107

Scheitert die Zubilligung eines Unterhalts wegen Krankheit lediglich am Einsatzzeitpunkt, so kommt nachehelicher Unterhalt aus Billigkeitsgründen nach § 1576 BGB in Betracht (OLG Zweibrücken, FamRZ 2002, 821; vgl. auch BGH, NJW 1987, 2229).

108 Insgesamt ist erforderlich, dass der **Anspruch ausreichend substantiiert** wird. Der Unterhalt begehrende Ehegatte muss hierzu im Einzelnen die Krankheiten, an denen er leidet, angeben und vortragen, inwiefern sich diese auf seine Erwerbsfähigkeit auswirken. Er darf sich nicht generell auf eine Erwerbsunfähigkeit berufen, sondern ist auch im Hinblick auf die Möglichkeit einer Teilerwerbsfähigkeit gehalten, Art und Umfang der gesundheitlichen Beeinträchtigungen oder Leiden darzulegen. Dabei ist zu berücksichtigen, dass viele Erwerbstätige trotz gesundheitlicher Beschwerden und Abnutzungserscheinungen ihre Arbeit verrichten. Lediglich zu behaupten, die Mandantin sei krank und könne nicht arbeiten, reicht daher nicht aus. Auch der Antrag auf ein Sachverständigengutachten hilft nicht, sondern ist ohne zugrunde liegenden substantiierten Sachvortrag als Ausforschungsbeweisantrag unzulässig.

109 Darüber hinaus bezieht sich die **Darlegungslast** gerade auch auf das Bestehen des Anspruchs zu dem maßgebenden Einsatzzeitpunkt (BGH, NJW 2001, 3260, 3261).

110 Zudem wird vom Unterhaltsberechtigten gefordert, das er alle Anstrengungen unternimmt, seine Leistungsfähigkeit soweit wie möglich wiederherzustellen. Es besteht eine **unterhaltsrechtliche Obliegenheit zur Behandlung der Krankheit**, wenn diese relativ gefahrlos möglich ist und aussichtsreich ist. Bei Suchterkrankungen (Alkohol, Drogen) besteht diese Behandlungsobliegenheit generell (KG, FamRZ 2001, 1617). Der geschiedene Ehegatte hat die sich aus seiner Alkoholerkrankung ergebende Erwerbsunfähigkeit und die damit einher gehende Bedürftigkeit nicht verschuldet, wenn er zum Einsatzzeitpunkt fähig und in der Lage war, seine Erkrankung und deren Behandlungsbedürftigkeit zu erkennen und sich allen angebotenen Behandlungsmöglichkeiten unterzogen hat (OLGReport Schleswig 2001, 248). War der Unterhaltsberechtigte, dessen überwiegend psychisch bedingten Krankheitssymptome zur völligen Erwerbsunfähigkeit geführt haben, krankheitsbedingt zur Durchführung von Heilmaßnahmen aufgrund fehlender Therapieeinsicht nicht in der Lage, kann ihm dies unterhaltsrechtlich nicht in der Weise angelastet werden, dass ihm ein Unterhaltsanspruch wegen mutwilliger Herbeiführung der Bedürftigkeit zu versagen wäre (KG, FamRZ 2002, 460).

111 Dies gilt auch für die Fälle der **Unterhaltsneurose**. Darunter versteht man einen Zustand, in dem der Unterhaltsberechtigte sich aus psychischen Gründen für arbeitsunfähig hält, weil er auf den Bezug von Unterhalt fixiert ist. Dabei handelt es sich um eine charakterliche Fehlhaltung, die in unangemessenen Wunsch- und Begehrenstendenzen wurzelt (OLG Düsseldorf, FamRZ 1990, 68). Dabei ist nicht auszuschließen, dass sich die Chancen auf eine Gesundung verbessern, wenn der Berechtigte von dieser Fixierung auf den Unterhaltsanspruch abgebracht wird und selbst eine Arbeit aufnimmt. Wenn der Berechtigte sich dieser Neurose dagegen hingibt, kann das rechtlich sogar zu einem Unterhaltsausschluss wegen **mutwilliger Herbeiführung** der Bedürftigkeit nach § 1579 Nr. 3 BGB führen (OLG Hamburg, FamRZ 1982, 702; OLG Düsseldorf, NJW-RR 1989, 1157; FamRZ 1990, 68). Entsprechendes gilt auch für depressive Reaktionen nach der Trennung (OLG Hamm, FamRZ 1995, 996). Lediglich dann, wenn die Willens- und Steuerungsfähigkeit des Betroffenen ausgeschlossen oder stark eingeschränkt sind, kann dieser Zustand einer Krankheit gleichgestellt werden.

112 Wird eine Erwerbsobliegenheit bejaht, dann ist zu beachten, dass i. R. d. Ehegattenunterhaltes nur eine **Tätigkeit angemessen** ist (s. dazu oben Rn. 33), die auch dem gesundheitlichen Zustand des geschiedenen Ehegatten entspricht (§ 1574 Abs. 2 BGB; vgl. hierzu BGH, NJW 1994, 190).

4. § 1573 Abs. 1 BGB (Unterhalt bis zur Erlangung angemessener Erwerbstätigkeit)

113 § 1573 Abs. 1 BGB deckt den Fall ab, dass der geschiedene Ehegatte nach der Scheidung trotz seiner Bemühungen im Erwerbsleben keine angemessene Stelle findet. Der Anspruch aus § 1573 BGB auf **Unterhalt wegen Erwerbslosigkeit** ist **subsidiär** zu den zuvor dargestellten Ansprüchen. Zwar gilt auch hier das Gebot der wirtschaftlichen Eigenverantwortung aus § 1569 BGB. Die Vorschrift soll den Bedürftigen nach der Scheidung vor dem sozialen Abstieg schützen. Je länger die Ehe gedauert hat, desto mehr tritt dabei der voreheliche Status zurück.

Mit dieser Regelung wird dem Unterhaltsverpflichteten praktisch das **Arbeitsplatzrisiko** aufgebürdet. Berücksichtigt man weiterhin noch den Gedanken der Lebensstandardgarantie, nach dem einem sozial schwächeren Ehegatten auch nach Scheitern der Ehe das in der Ehe gemeinsam erreichte Lebensniveau erhalten bleiben soll, so kann dies zu einer langfristigen Bindung führen. Zu beachten ist daher immer, dass der Unterhaltsanspruch nach § 1573 Abs. 5 BGB unter Billigkeitsgesichtspunkten zeitlich begrenzt werden kann.

114

Maßgeblich für den Anspruch aus § 1573 BGB ist, dass der unterhaltsberechtigte Ehegatte **keine angemessene Erwerbstätigkeit** zu finden vermag, also eine solche Tätigkeit, die der Ausbildung, den Fähigkeiten, dem Lebensalter und dem Gesundheitszustand des geschiedenen Ehegatten sowie den ehelichen Lebensverhältnissen entspricht; bei den ehelichen Lebensverhältnissen sind die Dauer der Ehe und die Dauer der Pflege oder Erziehung eines gemeinschaftlichen Kindes zu berücksichtigen (§ 1574 Abs. 2 BGB).

115

Die Vorschrift erfasst damit nicht nur die Fälle, in denen der Berechtigte gar keine Arbeit findet, sondern greift auch ein, wenn eine Tätigkeit ausgeübt wird, die aber nicht angemessen i. S. d. oben dargelegten Grundsätze ist. Hierbei ist nicht entscheidend, ob er in der gemeinsamen Ehezeit überhaupt eine Erwerbstätigkeit ausgeübt hat (BGH, NJW 1980, 393). Die Voraussetzungen des § 1573 Abs. 1 BGB sind auch erfüllt, wenn der Ehegatte während der Ehe eine nicht angemessene Erwerbstätigkeit ausübt und diese in Ansehung der Scheidung aufgibt.

116

Nach § 1573 Abs. 1 BGB kann auch Unterhalt verlangt werden, solange sich der geschiedene Ehegatte mit der Aussicht auf einen erfolgreichen Abschluss **ausbilden, umschulen** oder **fortbilden** lässt, wenn er ohne die dort aufgenommene und noch abzuschließende Ausbildung eine angemessene Erwerbstätigkeit nicht zu finden vermag (OLG Hamm, FamRZ 1993, 917). Der bedürftige Ehegatte erfüllt damit auch seine Obliegenheit aus § 1574 Abs. 3 BGB. Ein bestehender Ausbildungsunterhaltsanspruch aus § 1575 BGB geht allerdings diesem Anspruch aus § 1573 BGB vor.

117

Dieser Anspruch besteht für die Dauer der Ausbildung. Unterhaltsrechtlich unterstützt wird aber – ebenso wie bei § 1575 BGB – nur eine solche Ausbildung, die den ehelichen Lebensverhältnissen und auch ggf. der Ausbildung entspricht, die der Ehegatte infolge der Eheschließung und der Kindererziehung nicht zu Ende geführt hat (OLG Frankfurt, FamRZ 1995, 879).

118

Dabei trifft den Unterhaltsberechtigten die volle **Darlegungs- und Beweislast** für seine Bedürftigkeit. Er muss daher in nachprüfbarer Weise ausführen und belegen, welche Schritte er im Einzelnen unternommen hat, um einen angemessenen Arbeitsplatz zu finden. Zweifel an der Ernsthaftigkeit seiner Bemühungen gehen zu seinen Lasten (BGH, NJW 1986, 718).

119

Dieser Anspruch **endet** mit der Aufnahme einer (ersten) angemessenen Erwerbstätigkeit nach der Scheidung, die zur Deckung des Unterhalts ausreicht (BGH, FamRZ 1985, 791). Der Anspruch aus § 1573 Abs. 1 BGB lebt jedoch dann wieder auf, wenn die Einkünfte aus der angemessenen Erwerbstätigkeit wegfallen, weil es dem Berechtigten trotz seiner Bemühungen nicht gelungen war, den Unterhalt durch diese aufgenommene Erwerbstätigkeit nachhaltig zu sichern.

120

5. § 1573 Abs. 2 BGB (Aufstockungsunterhalt)

Übt der berechtigte Ehegatte zwar eine angemessene Erwerbstätigkeit aus, reichen die daraus erzielten Einkünfte aber nicht aus, um den vollen Unterhalt zu decken, so besteht nach § 1573 Abs. 2 BGB ein Anspruch auf Aufstockungsunterhalt. Dabei müssen die Einsatzzeitpunkte nach § 1573 Abs. 1 BGB eingehalten sein (OLG Zweibrücken, FamRZ 2002, 1565; OLG Hamm, FamRZ 1994, 1392).

121

Ein solcher Aufstockungsunterhaltsanspruch setzt nicht voraus, dass die angemessene Erwerbstätigkeit tatsächlich ausgeübt wird, sondern kann auch zugebilligt werden, wenn wegen Verstoßes gegen die Erwerbsobliegenheit ein fiktives Einkommen angesetzt wird (BGH, FamRZ 1988, 927). Die Differenz des fiktiven Einkommens zum vollen Unterhalt kann als Aufstockungsunterhalt geltend gemacht werden.

122 Der Unterhaltsberechtigte hat auch hier die **Darlegungs- und Beweislast** für die Anspruchsvoraussetzungen einschließlich der Höhe seines vollen Unterhaltes und der Höhe seines eigenen anrechenbaren Einkommens.

> *Beispiel:*
>
> *Der volle Bedarf des bedürftigen Ehegatten beträgt 1.400 €, der unterhaltsrechtlich relevante Verdienst beträgt aber nur 1.000 €. Der Aufstockungsunterhalt nach § 1573 Abs. 2 BGB beträgt dann 400 €.*

123 Bei nur geringfügigen Einkommensunterschieden bis zu 10 % kommt ein solcher Anspruch nicht in Betracht, wobei die genaue Grenzziehung umstritten ist. Bei Beträgen unter 50 € (=100 DM) dürfte der Anspruch ausscheiden (OLG München, FamRZ 1997, 425; OLG Düsseldorf, FamRZ 1996, 947; OLG Frankfurt, FamRZ 1997, 425).

6. § 1573 Abs. 4 BGB (Anspruch bei Wegfall einer Erwerbstätigkeit)

124 § 1573 Abs. 4 BGB **verschiebt den Einsatzzeitpunkt** und regelt die Fälle, in denen der Berechtigte vorübergehend in der Lage war, seinen Unterhalt selbst zu sichern, diese Sicherung jedoch nicht als nachhaltig angesehen werden kann. Eine nachhaltige eigene Sicherung des Unterhaltes kann erst bejaht werden, wenn unter Würdigung aller Umstände davon auszugehen ist, dass ein Dauerarbeitsplatz erreicht werden konnte (zur Sicherung des Unterhalts durch Vermögenseinkünfte s. § 1577 Abs. 4 BGB und unten Rn.140).

125 Für die Frage, ob eine nachhaltige Sicherung des Unterhaltes vorliegt, kommt es darauf an, ob die Erwerbstätigkeit des geschiedenen Ehegatten im Rahmen einer objektiv vorausschauenden **Prognose** mit einer gewissen Sicherheit als dauerhaft angesehen werden konnte oder ob befürchtet werden musste, dass der Bedürftige in absehbarer Zeit diese wieder verlieren würde durch Umstände, die außerhalb seiner eigenen Entschlussfreiheit liegen (BGH, NJW 1988, 2034; OLG Hamm, FamRZ 1999, 230; OLG Düsseldorf, FamRZ 1998, 1519; OLG Köln, FamRZ 1998, 1434; OLG Koblenz, FamRZ 1986, 471). Die **Darlegungs-** und **Beweislast** dafür, dass eine nachhaltige Sicherung des Unterhaltes nicht zu erreichen war, trägt der **Unterhaltsgläubiger**.

126 Der Anspruch aus § 1573 Abs. 4 BGB setzt danach voraus, dass eine bei Scheidung bestehende Erwerbstätigkeit nach objektivem Maßstab nicht nachhaltig gesichert war wie z. B. bei einem Arbeitsverhältnis auf Probe oder bei einer zeitlich befristeten Arbeitsbeschaffungsmaßnahme (OLG Frankfurt, FamRZ 1987, 689).

127 Diese Voraussetzungen liegen aber nicht vor, wenn ein festes Arbeitsverhältnis kurz nach der Scheidung gekündigt wird (OLG Bamberg, FamRZ 1997, 819) oder der Arbeitgeber unerwartet in Konkurs geht (OLG Hamm, FamRZ 1997, 821). Sah es demzufolge so aus, als werde die Tätigkeit auf Dauer ausgeübt werden können und musste nicht befürchtet werden, der Ehegatte werde infolge äußerer Umstände alsbald wieder erwerbslos werden, trägt der wieder bedürftig gewordene Ehegatte das Risiko der Arbeitslosigkeit allein (entsprechend dem in § 1569 BGB normierten **Grundsatz der Eigenverantwortlichkeit**). Demnach scheidet bei Arbeitslosigkeit in größerem zeitlichen Abstand zur Scheidung der Anspruch aus. So rechtfertigt es der erst vier Jahre nach der Ehescheidung eintretende Verlust des Arbeitsplatzes nicht, einen Unterhaltsanspruch wegen fehlender Sicherung des Unterhalts zu bejahen (OLG Dresden, FamRZ 2001, 833).

128 War der Unterhalt nur **teilweise nachhaltig** gesichert, bleibt es in dieser Höhe bei der Eigenverantwortlichkeit, im Übrigen besteht ein Unterhaltsanspruch aus § 1573 Abs. 4 BGB.

129 Auch beim Aufstockungsunterhalt besteht die Möglichkeit der **zeitlichen Begrenzung** des Anspruchs nach § 1573 Abs. 5 BGB.

7. § 1573 Abs. 5 BGB (zeitliche Begrenzung)

§ 1573 Abs. 5 BGB gibt dem Gericht die Möglichkeit, den Anspruch aus 1573 Abs. 1 bis Abs. 3 BGB **zeitlich** zu **begrenzen**, und zwar insbesondere unter Berücksichtigung der Dauer der Ehe sowie der Gestaltung von Haushaltsführung und Erwerbstätigkeit. Dies gilt aber nicht für vertraglichen Unterhalt (BGH, NJW 1995, 1891). Nicht zeitlich begrenzbar nach § 1573 Abs. 5 BGB sind demnach die Unterhaltsansprüche gem. §§ 1570, 1571 und insbesondere nach 1572 BGB (BGH, FamRZ 1995, 1405). Für die letztgenannten Unterhaltstatbestände kommt allenfalls eine zeitliche Begrenzung nach § 1578 BGB oder unter Billigkeitsgesichtspunkten auch nach § 1579 BGB in Betracht.   130

Als **Dauer der Ehe** zählt dabei der Zeitraum von der Heirat bis zur Rechtshängigkeit des Scheidungsverfahrens; die Dauer der Kindesbetreuung ist zusätzlich zu berücksichtigen. Dabei hat eine umfassende und eingehende Billigkeitsabwägung stattzufinden. Die Begrenzung dürfte unbillig sein bei Nachteilen infolge der Kindesbetreuung. Außerdem ist die Relation zwischen Unterhaltshöhe und Einkommen des Pflichtigen zu prüfen. Allerdings verlangt die Norm keine grobe Unbilligkeit (BGH, FamRZ 1990, 492; OLG Düsseldorf, FamRZ 1996, 1416). Auch ist eine Kombination mit der Befristung nach § 1578 Abs. 1 BGB möglich (so BGH, FamRZ 2001, 986, 991).   131

Auch bei einer **relativ langen Ehedauer** kann im Einzelfall nach der Rspr. noch eine zeitliche Begrenzung eingreifen (umfangreiche Nachweise über die sehr stark differierende Rspr. bei Kleffmann, in: Scholz/Stein, Praxishandbuch Familienrecht, Teil H Rn. 163 und Eschenbruch in: Eschenbruch, Der Unterhaltsprozess, Rn. 1419). Allerdings ist eine zeitliche Begrenzung bei einer Ehedauer von mehr als zehn Jahren eher die Ausnahme (OLG Köln, NJW-RR 1993, 566). Ausnahmsweise kann auch bei einer langen Ehedauer eine zeitliche Begrenzung in Betracht kommen, wenn keine ehebedingten Nachteile ersichtlich sind, keine Kinder aus der Ehe hervorgegangen sind, beide Ehepartner in der Ehe ständig arbeiteten und diese noch sehr jung sind. Entscheidungen liegen vor für eine Ehedauer von

- 10 Jahren (BGH, FamRZ 1990, 857)
- 16 Jahren (OLG Hamm, FamRZ 1995, 1204)
- 18 Jahren (OLG Köln, NJW-RR 1995, 1157; OLG München, NJW-RR 2000, 1243)

Die zeitliche Begrenzung oder Kürzung des Unterhaltsanspruchs nach § 1573 Abs. 5 BGB ist, wenn zur Zeit des Ersturteils die Voraussetzungen noch nicht vorlagen (und auch nicht zuverlässig vorhergesehen werden konnten), mit der **Abänderungsklage** nach § 323 ZPO geltend zu machen, nicht mit der Vollstreckungsgegenklage nach § 767 ZPO (BGH, FamRZ 2001, 905).   132

8. § 1575 BGB (Unterhalt wegen Ausbildung)

Der Unterhaltsanspruch aus § 1575 BGB dient dazu, ehebedingte Nachteile auszugleichen.   133

Der Unterhaltsanspruch auf **Ausbildungsunterhalt** bzw. **Fortbildungsunterhalt** nach § 1575 BGB umfasst nur die Fälle, in denen es um den Ausgleich **ehebedingter Nachteile** durch versäumte Ausbildungsmöglichkeiten geht. Ehebedingt sind diese Nachteile dann, wenn in Erwartung der Ehe oder während der Ehe Ausbildungsmöglichkeiten versäumt worden sind. Er besteht nicht, wenn die Ausbildung erst während der Trennungszeit aufgenommen worden ist (BGH, FamRZ 1984, 561). Hat der Ehegatte die Ausbildung im Zusammenhang mit der Eheschließung oder während der Ehe abgebrochen, so ist davon auszugehen, dass der Abbruch der Ausbildung ehebedingt war (BGH, FamRZ 1980, 126; OLG Köln, FamRZ 1996, 1215). Bei einem Abbruch der Ausbildung bereits vor der Heirat muss dagegen der Berechtigte Gründe für den Abbruch darlegen und beweisen.

Die Vorschrift unterscheidet zwischen **Ausbildung** i. S. einer Erstausbildung (§ 1575 Abs. 1 BGB), **Fortbildung** und **Umschulung** (§ 1575 Abs. 2 BGB). Voraussetzung für diesen Unterhaltsanspruch ist, dass infolge der Ehe tatsächlich **konkrete** berufliche Nachteile eingetreten sind, die durch eine Fortbildungsmaßnahme ausgeglichen werden können. Typischer Anwendungsfall ist   134 die Ehefrau, die wegen der Betreuung gemeinsamer Kinder längere Zeit nicht berufstätig war, deshalb nicht mehr auf dem aktuellen Wissensstand in ihrem zuletzt ausgeübten Beruf ist und aus diesem Grunde naturgemäß Schwierigkeiten hat, sich wieder in das Erwerbsleben einzugliedern und so ihrer wirtschaftlichen Eigenverantwortung gerecht zu werden.

135 Ziel des Anspruchs ist es deshalb, dem bedürftigen Ehegatten eine angemessene Erwerbstätigkeit zu ermöglichen (BGH, FamRZ 1985, 782). Der Unterhaltsberechtigte muss daher eine Ausbildung **sobald wie möglich** nach der Scheidung oder dem Ende des Betreuungs- oder Krankheitsunterhalts aufgenommen haben (OLG Köln, FamRZ 1996, 867), die **notwendig** ist, um eine **angemessene Erwerbstätigkeit** zu erlangen, die seinen Unterhalt nachhaltig sichert. Die Ausbildung darf nicht von vornherein aussichtslos sein, sondern muss nach ihrem erfolgreichen Abschluss konkrete Berufsaussichten eröffnen.

136 Außerdem muss ein **Abschluss** der Ausbildung innerhalb normaler Ausbildungszeit zu erwarten sein. Der Ausbildungsunterhaltsanspruch ist daher auf die Zeit beschränkt, in der die erstrebte Ausbildung regelmäßig abgeschlossen wird. Nach Abschluss der Ausbildung kann eine Orientierungsphase von drei Monaten zuzubilligen sein, in der eine angemessene Arbeitsstelle gefunden werden muss (OLG Düsseldorf, FamRZ 1987, 708). Die **Darlegungs- und Beweislast** auch für diese anspruchsbegründenden Voraussetzungen des Ausbildungsanspruchs trägt der **Berechtigte**.

9. § 1576 BGB (Billigkeitsunterhalt)

137 Der Billigkeitsunterhalt aus § 1576 BGB ist subsidiär und als Ausnahmeregelung eng auszulegen. Ausnahmsweise kann nach diesem Auffangtatbestand Unterhalt dann verlangt werden, wenn schwerwiegende Gründe für die Unterhaltsbedürftigkeit und für die Mitverantwortung der Ehegatten gegeben sind, etwa bei aufopferungsvoller Pflege eines Angehörigen oder bei besonderen Opfern für den Aufbau der gemeinsamen Existenz oder in Zeiten der Krankheit und Not. Dieser – praktisch sehr selten gegebene – Tatbestand ist z. B. auch anwendbar bei der Betreuung nichtgemeinschaftlicher Kinder, die bereits in der Ehe mitversorgt wurden (BGH, FamRZ 1984, 769; OLG Düsseldorf, FamRZ 1987, 1254), allerdings nicht, wenn das Pflegekind erst kurz vor dem Scheitern der Ehe ins Haus genommen wurde (OLG Hamm, FamRZ 1996, 1417).

Die Versagung des Unterhaltsanspruchs muss unter Berücksichtigung der Belange beider Ehegatten **grob unbillig** sein. In die Billigkeitsprüfung sind sämtliche Umstände des konkreten Falles einzubeziehen.

138 Einer Unterhaltsberechtigten kann neben dem Teilanspruch aus § 1572 Nr. 4 BGB noch ein ergänzender Anspruch aus § 1576 BGB zustehen, wenn nach langer Ehe ein Krankheitsunterhalt gem. § 1572 Nr. 4 BGB im Anschluss an einen Aufstockungsunterhaltsanspruch nicht in voller Höhe besteht und die Versagung des Unterhalts nach einer 30-jährigen Ehe grob unbillig wäre (OLG Zweibrücken, FamRZ 2002, 821).

139 Allein die fehlende soziale Absicherung des bedürftigen Ehepartners reicht aber nicht aus, einen Anspruch auf Billigkeitsunterhalt zu bejahen (OLG Hamm, FamRZ 1999, 230).

10. § 1577 Abs. 4 BGB (Nachhaltige Sicherung durch Einkünfte aus dem Vermögen)

140 Der Ehegatte, dessen Unterhalt bei der Scheidung **durch sein eigenes Vermögen** nachhaltig **gesichert** war, kann später, falls das Vermögen nachträglich wegfällt, keinen Unterhalt verlangen (§ 1577 Abs. 4 Satz 1 BGB). Insoweit greift der **Grundsatz der Eigenverantwortlichkeit** durch; der frühere Ehegatte hat bei erneuter Bedürftigkeit des anderen dessen weiteres Lebensrisiko nicht mit zutragen. Das gilt aber nach § 1577 Abs. 4 Satz 2 BGB nicht, wenn **gemeinschaftliche Kinder** betreut werden und zur Zeit des Vermögenswegfalls wegen der Kinderbetreuung von dem Unterhaltsbedürftigen eine Erwerbstätigkeit nicht erwartet werden kann.

11. § 1578 Abs. 2 und 3 BGB (Vorsorgeunterhalt)

Grds. umfasst der Unterhaltsanspruch neben dem Elementarunterhalt auch die Kosten einer angemessenen **Krankenversicherung** (§ 1578 Abs. 2 BGB) und **Altersvorsorge** (§ 1578 Abs. 3 BGB), sofern der Unterhaltspflichtige hierzu neben der Zahlung des Basisunterhaltes in der Lage ist. Die Unterhaltsteile Krankheitsvorsorgeunterhalt und Altersvorsorgeunterhalt sind im **laufenden Unterhalt** nicht enthalten. Es handelt sich um **besondere Teile** des einheitlichen Unterhaltsanspruchs des Berechtigten (BGH, NJW 1982, 1873). Die beiden Unterhaltsteile sind daher im Klageantrag mit einem konkreten Betrag (OLG Hamm, FamRZ 2000, 1220) **gesondert** geltend zu machen und vom Gericht auch im Tenor gesondert auszuweisen (BGH, NJW 1982, 1986; BGH, NJW 1981, 1556). Ist der Elementarunterhalt auf andere Weise gedeckt, kann sich der Berechtigte auch darauf beschränken, ausschließlich Vorsorgeunterhalt zu verlangen (BGH, NJW 1982, 1873).

141

Wurde in der Ehezeit eine private Kranken- oder Zusatzversicherung unterhalten, ist diese den ehelichen Lebensverhältnissen zuzurechnen. Sie ist auch nach dem Renteneintritt der Eheleute als angemessene Vorsorge anzuerkennen (BGH, NJW 2002, 436).

142

Ist neben dem Altersvorsorgeunterhalt Krankenvorsorgeunterhalt zu zahlen, ist der Gesamtelementarunterhalt nach Abzug von Kranken- und Altersvorsorgeunterhalt neu zu berechnen. Bei mangelnder Leistungsfähigkeit ist der Vorsorgeunterhalt **subsidiär** gegenüber dem Elementarunterhalt, da in erster Linie der tägliche Lebensbedarf sichergestellt werden muss (BGH, FamRZ 1981, 442). Dies hat zur Folge, dass bei wirtschaftlich engen Verhältnissen der Vorsorgeunterhalt regelmäßig nicht zum Zuge kommt. Im Mangelfall (dazu s. unten Rn. 378) geht der Krankenvorsorgeunterhalt dem Altersvorsorgeunterhalt und der Elementarunterhalt beiden vor (s. § 1581 BGB).

143

Ein Anspruch auf **Altersvorsorgeunterhalt entfällt,** wenn der Vorsorgebedarf bereits durch eigene Einkünfte (BGH, NJW 1992, 1044) oder Anrechnungszeiten (BGH, NJW 2000, 284; BGH, NJW 1981, 1556) gedeckt ist oder den des Verpflichteten übersteigt oder wenn der Berechtigte 65 Jahre alt ist (OLG Frankfurt/M., FamRZ 1990, 1363).

144

Kranken- wie Altersvorsorgeunterhalt sind **an den Berechtigten selbst zu zahlen**. Unterhaltsleistungen, die für einen bestimmten, besonderen Bedarf gefordert und gezahlt werden, müssen auch hierfür verwandt werden. Wer z. B. Altersvorsorgeunterhalt bezieht, muss diese Zahlungen auch für seine Alterssicherung anlegen. Geschieht dies nicht, werden später fiktive Einkünfte angerechnet (OLG Koblenz, Urt. v. 26. 9. 2001, 9 UF 535/00, OLGR-KSZ 2002, 9). Hat allerdings der Berechtigte in der Vergangenheit Vorsorgeunterhalt nicht bestimmungsgemäß verwendet, kann es treuwidrig sein, weiterhin Zahlung an sich selbst zu verlangen. In diesem Fall hat der Berechtigte direkte Zahlung auf das Versicherungskonto zu beantragen (BGH, NJW 1987, 2229; BGH, NJW 1983, 1547, 1548).

145

Zulässig ist auch, den Elementar- und den Vorsorgeunterhalt in **getrennten Verfahren** einzuklagen (BGH, NJW 1983, 1547). Dann muss aber deutlich gemacht werden, dass nur ein Teil des Gesamtunterhalts geltend gemacht und die Nachforderung z. B. des Vorsorgeunterhalts vorbehalten bleibt. Wird dagegen die Geltendmachung des Altersvorsorgeunterhaltes im ersten Prozess vergessen, so kann dies **nicht** im Wege der Abänderungsklage nachgeholt werden.

146

a) § 1578 Abs. 3 BGB (Altersvorsorgeunterhalt)

Altersvorsorgeunterhalt knüpft an den Elementarunterhalt an und ist grds. bis zur Vollendung des 65. Lebensjahrs zu zahlen, denn bis zu diesem Zeitpunkt können grds. Rentenanwartschaften begründet werden (OLG Frankfurt, FamRZ 1990, 1363). Der schon früher einsetzende Bezug einer Erwerbsunfähigkeitsrente ändert daran nichts, sondern es muss in der Sache geprüft werden, ob die Altersversorgung des Berechtigten schon die des Verpflichteten erreicht (BGH, NJW 2000, 284, 187; BGH, NJW 1081, 1556). Einkünfte des Berechtigten, die nicht aus Erwerbstätigkeit stammen (wie Kapitaleinkünfte, Mieten, Gebrauchsvorteile) sind für die Berechnung seines Altersvorsorgeunterhalts außer Betracht zu lassen, denn sie sind ihrer Art nach selbst zu Altersvorsorge geeignet. Bei geringfügiger Beschäftigung (Gesetz zur Neuregelung der geringfügigen Beschäftigungs-

147

verhältnisse v. 24. 3. 1999, BGBl. 1999 I S. 388 i. d. F. des zweiten Gesetzes für moderne Dienstleistungen am Arbeitsmarkt v. 23. 12. 2002, BGBl. 2002 I S. 4621) kann Altersvorsorgeunterhalt nach den verbliebenen Baruntherhaltsbeträgen und i. H. v. 7,5 % Aufstockung zur Erlangung von Rentenanwartschaften aus der geringfügigen Beschäftigung bestehen (OLG Celle, FamRZ 2000, 1153). (Zur Berechnung des Vorsorgeunterhalts bei der Anwendung der Differenzmethode jetzt BGH, FamRZ 2003, 590.)

148 Die Höhe wird stufenweise errechnet. In der grundlegenden Entscheidung zur Bemessung des Altersvorsorgeunterhalts (BGH, FamRZ 1981, 442) hat der BGH, ausgeführt, dass der Betrag so ermittelt wird, als sei der Elementarunterhalt ein Erwerbseinkommen und der Vorsorgeunterhalt ein hierauf zu ermittelnder Rentenversicherungsbeitrag. Vor allem wegen des Halbteilungsgrundsatzes, der dem Verpflichteten insgesamt mindestens die Hälfte der Einkünfte belassen soll, ist der Altersvorsorgeunterhalt nicht dem zunächst errechneten Elementarunterhalt hinzu zu addieren. Vielmehr ist er vom Gesamtbedarf abzuziehen und der Elementarunterhalt in einem zweiten Durchgang neu zu berechnen.

149 Für die zahlenmäßige Umsetzung ist die **Bremer Tabelle** entwickelt worden (zuletzt veröffentlicht in FamRZ 2003, 78) die regelmäßig aktualisiert wird und vom BGH, akzeptiert ist (vgl. BGH, FamRZ 1988, 1148; BGH, FamRZ 1999, 372).

150 Die Berechnung ist im Einzelnen wie folgt vorzunehmen:

1. Der aus dem Einkommen der Parteien berechnete Unterhalt wird um den für diesen Betrag in der Tabelle vorgesehenen Prozentsatz erhöht.

2. Der erhöhte Betrag wird mit dem Beitragssatz der gesetzlichen Rentenversicherung multipliziert. Das Ergebnis ist der Vorsorgeunterhalt.

3. Daran schließt sich meist eine Neuberechnung des Elementarunterhalts an, hierfür wird der Vorsorgeunterhalt als Belastung vom Einkommen des Pflichtigen vorweg abgezogen.

Diese zweite Berechnung des Elementarunterhalts unterbleibt, wenn der Vorsorgenunterhalt aus nicht prägendem Einkommen, welches der Pflichtige erzielt oder welches ihm nach der Anrechnungsmethode zu Gute kommt, gedeckt werden kann.

Beispiel:

Das prägende Einkommen des Unterhaltspflichtigen beträgt 2.100 €, davon stehen nach der ***Düsseldorfer Tabelle*** *dem Unterhaltsberechtigten 3/7, also 900 € zu. Für den Betrag von 900 € liefert die ab 1. 1. 2003 geltende* ***Bremer Tabelle*** *den Zuschlag von 20 %. Die Bemessungsgrundlage des Altersvorsorgeunterhalts beträgt deshalb 900 € + 20 % = 1080 €. Der Beitragssatz der gesetzlichen Rentenversicherung beträgt im Jahr 2003 19,5 %. Damit errechnet sich ein Altersvorsorgeunterhalt von 1080 €* 19,5 % = 210,60 €.*

b) § 1578 Abs. 2 BGB (Krankenvorsorgeunterhalt)

151 Neben dem Altersvorsorgeunterhalt wird auch ein angemessener **Krankenversicherungsbeitrag** geschuldet (§ 1578 Abs. 2 BGB), der wegen seiner ständig aktuellen Bedeutung dem Elementarunterhalt gegenüber **nicht nachrangig** ist (BGH, FamRZ 1989, 483; OLG München, FamRZ 1998, 553).

152 Nach der Scheidung entfällt die Mitversicherung in der gesetzlichen Krankenversicherung (Familienversicherung) des Unterhaltspflichtigen. Daher besteht das Recht des bedürftigen Ehegatten, sich in der gesetzlichen Krankenversicherung freiwillig weiterzuversichern. Der Beitritt muss innerhalb von drei Monaten nach Rechtskraft der Scheidung angezeigt werden (§§ 9 Abs. 1 Nr. 2 und Abs. 2, 10, 188 SGB V).

153 Die Berechnung ist davon abhängig, ob der Berechtigte privatversichert oder einer gesetzlichen Krankenversicherung beigetreten ist.

Bei einer **Privatversicherung** bemisst sich der Krankenunterhalt nach den tatsächlichen Kosten, bei der **gesetzlichen Krankenversicherung** nach einem entsprechenden Prozentsatz des Elementarunterhalts, der als Bemessungsgrundlage anstelle des Bruttoeinkommens tritt. Bezieht der Berechtigte Rente, so muss der Berechtigte für die Krankenversicherung einen Prozentsatz des aus Unterhalt und Rente bestehenden Einkommens aufwenden (BGH, NJW-FER 1998, 241); das zugrunde liegende Bruttoeinkommen ist daher entsprechend zu erhöhen. In einem zweiten Berechnungsschritt ist der Krankenvorsorgeunterhalt vom bedarfsprägenden Einkommen des Verpflichteten abzuziehen und der endgültige Elementarunterhalt nach dem bereinigten Einkommen zu berechnen.

Bei bereits bestehender (Teil-)Erwerbstätigkeit entfällt ein Anspruch auf Krankenvorsorgeunterhalt, da der Krankenversicherungsschutz in der gesetzlichen Sozialversicherung unabhängig vom Beitragssatz besteht (OLG Düsseldorf, FamRZ 1991, 806); dies soll auch bei der Fiktion einer Erwerbstätigkeit gelten (OLG Dresden, FamRZ 1999, 232). Es kann aber dann ein Anspruch auf eine private Zusatzversicherung bestehen (OLG Köln, FamRZ 1993, 711). 154

c) Pflegevorsorgeunterhalt

Bei dem Anspruch auf Zahlung der **Beiträge für die Pflegeversicherung** handelt es sich um eine eigenständige Position des Vorsorgeunterhalts, der wie der Krankenversicherungsunterhalt zusätzlich zum Elementarunterhalt geschuldet wird (OLG Schleswig, FamRZ 1996, 217). Denn da sich das Risiko der Pflegebedürftigkeit ebenso wie das der Krankheit jederzeit verwirklichen kann, ist es gerechtfertigt, den **Pflegevorsorgeunterhalt** dem Krankenvorsorgeunterhalt gleichzustellen und ihn ebenfalls als Teil des Lebensbedarfs des Unterhaltsberechtigten anzusehen (OLG Saarbrücken, FamRZ 1999, 382; Büttner, FamRZ 1995, 193). Hergeleitet wird dieser Anspruch ebenfalls aus § 1574 Abs. 2 BGB (vgl. OLG Dresden, FamRZ 1999, 332; auch BGH, FamRZ 1999, 372 spricht vom „Kranken- und Pflegevorsorgeunterhalt"). 155

12. Bedarf des unterhaltsberechtigten Ehegatten nach den ehelichen Lebensverhältnissen

a) Eheliche Lebensverhältnisse

Das Maß des Ehegattenunterhaltes bestimmt sich gem. § 1578 BGB nach den **ehelichen Lebensverhältnissen**, die die Obergrenze für den Unterhaltsbedarf darstellen. Zweck dieser Vorschrift ist eine gewisse Lebensstandardgarantie (BVerfG, FamRZ 1981,745,751; BGH, NJW 1983 1733). Da beide Ehegatten in gleicher Weise am ehelichen Lebensstandard teilhaben sollen, sind die ehelichen Lebensverhältnisse für **beide Ehegatten gleich.** Mit den ehelichen Lebensverhältnissen sind diejenigen Verhältnisse gemeint, die für den Lebenszuschnitt in der Ehe **prägend** waren. 156

Der Bedarf wird damit konkret im Einzelfall bestimmt. Der BGH hat die Annahme eines festen, **abstrakten Mindestbedarfes**, der vom Maßstab der ehelichen Lebensverhältnisse losgelöst ist, **abgelehnt** (BGH, FamRZ 1995, 346, BGH, FamRZ 472, 667; BGH, NJW 1995,963; für den Kindesunterhalt BGH, FamRZ 2002, 536), während einzelne Oberlandesgerichte dies befürwortet haben (OLG Hamm, FamRZ 1995, 173;OLG Koblenz, FamRZ 1995, 605; OLG Düsseldorf, FamRZ 1996, 167). Zu den Ausnahmeregelungen beim Mangelfall nach der neuen BGH-Entscheidung v. 20. 1. 2003 s. unten Rn. 378. 157

Bei Wohnsitz des Ehegatten im **Ausland** ist u. U. eine Bedarfskorrektur vorzunehmen (Krause, FamRZ 2002, 145 mit Berechnungsbeispielen).

Maßgeblicher Zeitpunkt für die Bewertung der ehelichen Lebensverhältnisse ist dabei der **Zeitpunkt der Scheidung**; an der weiteren Entwicklung ihrer gegenseitigen Lebensverhältnisse nehmen die Eheleute aber teil, soweit es sich um eine normale, vorhersehbare Entwicklung handelt. Eine **nach der Scheidung** eintretende Entwicklung kann daher unter diesen Voraussetzungen den ehelichen Lebensverhältnissen zugerechnet werden, auch eine mit Wahrscheinlichkeit zu erwartende Beförderung, so dass der Ehegattenunterhalt nach dem höheren Gehalt bemessen wird. Aus- 158 nahmen bilden dagegen eine vom Normalverlauf abweichende ungewöhnliche Karriere. Dabei sind auch Fallgestaltungen möglich, in denen eine nach der Scheidung eintretende Einkommensverminderung Auswirkungen auf die Bedarfsbemessung haben können (BGH, FamRZ 2002, 590; BGH, FamRZ 2003, 848). Die **ehelichen Lebensverhältnisse** sind also nicht statisch zum Zeitpunkt der Scheidung unveränderbar festgelegt und bleiben unverändert bestehen, sondern sind eher dynamisch zu verstehen. Auch bei einer intakten Ehe nehmen beide Eheleute an den Schwankungen der finanziellen Verhältnisse teil, wie diese durch positive Veränderungen wie Beförderung, Wegfall von Unterhaltslasten oder Schulden, aber auch Einkommensverminderungen durch Arbeitslosigkeit, Erkrankung oder Eintritt ins Rentenalter eintreten können. Die „Bestandsgarantie" der ehelichen Lebensverhältnisse ist also eher als Garantie der Beteiligung an einer durchaus dynamischen Entwicklung zu sehen, und zwar auch dann, wenn ein Einkommensrückgang nicht schon während bestehender Ehe vorauszusehen war. Damit ist der Bedarf nach den ehelichen Lebensverhältnissen keine Konstante, sondern kann sich laufend nach oben oder unten verändern. Diese Veränderungen sind also nicht erst bei der Leistungsfähigkeit des Pflichtigen zu berücksichtigen.

b) Bemessungskriterien für die ehelichen Lebensverhältnisse

159   **Prägend** für die ehelichen Lebensverhältnisse ist mithin das Einkommen, das bis zur Ehescheidung **nachhaltig** erreicht worden ist (BGH, FamRZ 1985, 161, 162). Lebensverhältnisse und Lebensstellung bemessen sich nach den wirtschaftlichen Lebensverhältnissen und damit den Einkommens- und Vermögensverhältnissen. Abzustellen ist mithin auf die Summe der finanziellen Mittel, die den Eheleuten zur Verfügung gestanden haben.

Die wichtigsten Faktoren sind in der Praxis:

- **Einkünfte aus Erwerbstätigkeit** (s. dazu unten Rn. 188),
- **Einkünfte aus Kapitalvermögen** und
- **Nutzungswert einer eigenen Wohnung** (s. dazu unten Rn. 389).

160   Abzurechnen sind **Steuern** (s. unten Rn. 250), **Vorsorgeaufwendungen** (s. unten Rn. 259) usw., denn nur in Höhe des Restbetrages standen die Finanzmittel während der Ehe tatsächlich zur Verfügung. Das Gleiche gilt für **Schuldenbelastungen** (s. dazu unten Rn. 431). Wurde während des Zusammenlebens (das Unterhaltsrecht kennt im Gegensatz zum Güterrecht und Versorgungsausgleich keine „Ehezeit") eine private Kranken- oder Zusatzversicherung unterhalten, ist diese als Ausdruck der ehelichen Lebensverhältnisse auch nach dem Renteneintritt der Eheleute als angemessene Vorsorge anzuerkennen (BGH, NJW 2002,436).

161   Ebenfalls vorweg abzuziehen sind die **Unterhaltslasten** für gemeinschaftliche, vor- oder nichteheliche Kinder (BGH, FamRZ 1997, 806; KG, FamRZ 1988, 720).

162   Zwar sind nach § 1609 BGB die Unterhaltsansprüche von minderjährigen Kindern und Ehegatten gleichrangig. Jedoch standen diese Mittel für den Ehegattenunterhalt nicht zur Verfügung (BGH, FamRZ 1990, 979). Daher erfolgt regelmäßig auch bei der Berechnung des Ehegattenunterhaltes ein Vorwegabzug des Kindesunterhalts, so dass die nachrangig Berechtigten ihre Ansprüche nur aus den verbleibenden Mitteln befriedigen können.

163   Das gilt auch für Unterhaltslasten für nichteheliche Kinder, die vor oder während der Ehe geboren worden sind (voreheliche oder außereheliche Kinder), nicht aber die nachehelichen Kinder. Denn hat der Unterhaltsverpflichtete bereits während der intakten Ehe Unterhalt für ein nichteheliches Kind gezahlt, so haben die Unterhaltszahlungen für das nichteheliche Kind bereits die ehelichen Lebensverhältnisse mitgeprägt. Konsequenz des Abstellens auf den Zeitpunkt der Rechtskraft der Scheidung ist, dass bei den Unterhaltslasten nur vor Rechtskraft der Scheidung geborene Kinder als prägend zu berücksichtigen sind, dabei dann aber auch Ehebruchskinder (BGH, NJW 1994, 90). Damit sind Unterhaltslasten wegen der Geburt eines Kindes nach der Scheidung nicht prägend, da sie **nicht in der Ehe angelegt** waren (OLG Frankfurt, NJW 1999, 2374). Auch Unterhaltslasten für pflegebedürftige Eltern sind nur dann zu berücksichtigen, wenn dies absehbar war (OLG Hamm, NJW-FER 1998, 25).

Allerdings ist der Kindesunterhalt eine veränderliche Größe und die Veränderungen sind bereits in der Ehe angelegt. Daher passen sich die ehelichen Lebensverhältnisse dem jeweiligen Stand des Kindesunterhaltes an (BGH, FamRZ 1990, 1090). Folglich erhöht sich der Bedarf des Ehegatten, wenn der **Kindesunterhaltsanspruch** wegen finanzieller Eigenständigkeit des Kindes später **wegfällt** (BGH, NJW 1990, 2886). Entsprechendes kann für den **Wegfall von Verbindlichkeiten** gelten. 164

Derartige Unterhaltsbelastungen berücksichtigt das Familiengericht aber nur, wenn diese auch im Verfahren substantiiert **vorgetragen werden**. Die Zahlungen sind im Bestreitensfall **nachzuweisen**! 165

c) Speziell der Wert der Haushaltsführung und Surrogatseinkommen

Der Wert der **Haushaltsführung** des nicht berufstätigen Ehegatten ist früher in ständiger Rspr. nicht berücksichtigt worden (BGH, FamRZ 1985, 163). Hier hat sich jedoch die **Rspr. des BGH geändert** (BGH v. 13. 6. 2001, NJW 2001, 2254 = FamRZ 2001, 986 = MDR 2001, 991; Scholz, FamRZ 2001, 1061; Scholz, FamRZ 2003, 265; Büttner, FamRZ 2003, 641; Gerhard, FamRZ 2003, 272; Soyka, FuR 2003, 1) und auch bei der Bemessung der ehelichen Lebensverhältnisse der Gleichwertigkeit von Erwerbstätigkeit und Haushaltsführung in der Ehe Rechnung getragen. Die ehelichen Lebensverhältnisse werden daher nicht nur durch die Erwerbseinkünfte des berufstätigen Ehegatten, sondern auch durch den wirtschaftlichen Wert des Haushaltsführung bestimmt. Die Berechnung im Einzelfall löst jedoch nicht unbeträchtliche Schwierigkeiten aus (vgl. zur Darstellung der Lösungsansätze BGH, NJW 2001, 2254, 2257 f., wobei der BGH eine abschließende Entscheidung hier weitgehend offen gelassen hat). Jedenfalls in den Fällen, in denen der unterhaltsberechtigte Ehegatte nach der Scheidung ein Einkommen erzielt oder erzielen kann, welches gleichsam als **Surrogat des wirtschaftlichen Wertes seiner bisherigen Tätigkeit als Hausfrau** angesehen werden kann, ist dieses Einkommen in die Berechnung nach der Differenzmethode einzubeziehen. Der Wert seiner Haushaltsleistungen spiegelt sich dann in dem daraus erzielten oder erzielbaren Einkommen wieder (BGH, NJW 2001, 2254, 2258; BGH, NJW 2001, 3260, 3262). Dies bezieht sich auch auf Fälle, in denen der Ehegatte durch überobligatorischen Einsatz und eine unzumutbare Tätigkeit Einkommen erzielt hat; auch dieses ist nach der neuen Rspr. als eheprägend zu berücksichtigen (BGH, NJW 2001, 3618, 3621). 166

Die Rspr. des BGH ist durch das BVerfG bestätigt worden (BVerfG, FamRZ 2002, 527 = ZFE 2002, 131; dazu Maier, NJW 2002, 3359). Das BVerfG erteilt darin jeder Monetarisierung der Hausfrauentätigkeit eine Absage. Unabhängig vom Umfang der Arbeit (Größe des Haushaltes, Anzahl der Kinder) ist sie aufgrund der Entscheidung der Ehepartner als gleichwertig anzusehen. Folglich ist **jede Tätigkeit,** die an die Stelle der Haushaltsführung tritt, relevant.

Die Änderung der Rspr. des BGH kann im Wege der **Abänderungsklage** durchgesetzt werden (vgl. Beunings, NJW 2003, 568 m. w. N.) 167

Ebenfalls als ein solches **Surrogateinkommen** angesehen, folglich **bereits in die Bemessung des Bedarfes einzubeziehen** und nach der **Differenzmethode** zu behandeln sind (ausführlich Maier, NJW 2002, 3359):

- **Erwerbseinkommen**
  - Erwerbseinkommen, das auch schon vor der Trennung bezogen wurde (OLG Karlsruhe, FamRZ 2002, 820),
  - Erwerbseinkommen aus einer zwischen Trennung und Scheidung aufgenommenen Tätigkeit (OLG Karlsruhe, FRP 2002, 149),
  - Erwerbseinkommen aus einer nach Trennung zu einer Vollzeittätigkeit ausgeweiteten Halbtagstätigkeit, da die nach der Trennung auf eine Ganztagstätigkeit ausgeweitete Erwerbstätigkeit den ehelichen Lebensverhältnissen entspricht (OLG Düsseldorf, FamRZ 2002, 1628),
  - Erwerbseinkommen aus einer nach Scheidung aufgenommenen Tätigkeit.

- Die Behandlung des **Erwerbseinkommens aus unzumutbarer Arbeit** ist noch nicht abschließend geklärt:
  - Der BGH hat diese Einkünfte als nichtprägend angesehen (BGH, FamRZ 1985, 360).
  - Nach der Änderung der Rspr. des BGH hat die Literatur die Schlussfolgerung gezogen, auch diese während der Ehe erzielten Einkünfte seien als bedarfsprägend anzusehen (Kalthoener/Büttner/Niepmann, Die Rechsprechung zur Höhe des Unterhalts, Rn. 61; Scholz, FamRZ 2003, 269 unter Hinweis auf BGH, FamRZ 2001, 1687, 1691; OLG Köln, FamRZ 2002, 463, OLG Karlsruhe, FamRZ 2002, 820, stärker differenzierend Gerhardt, FamRZ 2003, 274).
  - Nunmehr hat der BGH in seinem Urteil v. 22. 1. 2003 – XII ZR 186/01 (FamRZ 2003, 590 m. Anmerkung Mleczko, ZFE 2003, 137) unter ausdrücklicher Bezugnahme auf seine Entscheidung in FamRZ 1983, 146, 149 festgestellt, dass bei Anwendung der Differenzmethode dem die ehelichen Lebensverhältnisse prägenden Einkommen des Unterhaltspflichtigen den wirtschaftliche Wert der Haushaltstätigkeit der Unterhaltsberechtigten hinzuzurechnen sei, und zwar i. H. d. von ihr nicht überobligationsmäßig erzielten und nur insoweit prägenden bereinigten Nettoeinkommens abzüglich Erwerbstätigenbonus. Soweit ein Anspruch auf Aufstockungsunterhalt in Betracht kommt, sei weiter unter Billigkeitsgesichtspunkten (§ 1577 Abs. 2 BGB) zu prüfen, ob und ggf. in welchem Umfang der von der Unterhaltsberechtigten überobligationsmäßig erzielte Teil ihres Einkommens ebenfalls als bedarfsdeckend anzurechnen ist.
- **Erwerbseinkommen** aus einer Arbeit, die nach der Trennung oder Scheidung an die Stelle einer bisher ohne Ertrag ausgeübten Arbeit getreten ist (Büttner/Niepmann, NJW 2002, 2286; a. A. OLG Frankfurt, OLG Report 2002, 22).
- **Erwerbseinkommen** aus Schwarzarbeit oder Schwarzgeld (OLG Zweibrücken, OLG Report 2002, 106), jedoch nur für die Vergangenheit (s. dazu unten Rn. 217).
- **Lohnersatzleistungen** für bisheriges Erwerbseinkommen, das als Surrogat für die Haushaltstätigkeit angesehen worden ist (Arbeitslosengeld, Krankengeld usw.; vgl. Kleffmann, FuR 2002, 160, 162).
- **Geldwerte Versorgungsleistungen**, die der Ehegatte einem neuen Partner gegenüber erbringt:
  - Diese Leistungen werden ebenfalls als Surrogat für die frühere Haushaltstätigkeit in der Familie anzusehen und sind nicht anders zu beurteilen, als ob die Ehefrau eine bezahlte Tätigkeit als Haushälterin bei Dritten annähme (BGH, NJW 2001, 3779 = FamRZ 2001, 1693 m. Anm. Büttner; OLG Hamm, FamRZ 2002, 1627; a. A. OLG Oldenburg, FamRZ 2002, 1488 mit zustimmender Anm. Rauscher, FuR 2002, 337, kritisch auch Scholz, FamRZ 2003, 265, 270 und Gerhardt, FamRZ 2003, 272, 274).
  - Etwas anderes gilt aber dann, wenn die Versorgungsleistungen neben einer vollen Berufstätigkeit erbracht werden, da das Surrogat in diesem Fall durch die Berufstätigkeit bereits ausgeschöpft ist (Büttner, FamRZ 2001, 1693; Kleffmann, FuR 2002, 160, 162; Gerhardt, FamRZ 2003, 274).
- **Hypothetisches Einkommen**, das ein unterhaltsberechtigter Ehegatte bei Beachtung der ihm obliegenden Erwerbspflicht unter zumutbarem Einsatz hätte erzielen können (BGH, ZFE 2003, 122).
- **Vermögenseinkommen**

  Bei Vermögenseinkünften greift der Surrogationsgedanke dann durch, wenn
  - während intakter Ehe eine Einkommensquelle vorhanden war, wobei ohne Bedeutung ist, ob und in welcher Höhe daraus Einkünfte erwirtschaftet worden sind,
  - diese Einkommensquelle nach Trennung oder Scheidung weggefallen ist und

- ursächlich durch den Wegfall auf Seiten des Unterhaltsberechtigten oder -pflichtigen eine neue Einkommensquelle entstanden ist, aus der Erträge zu erzielen sind.

Die daraus erzielten oder erzielbaren Vermögenserträge treten dann im Wege des Surrogats an die Stelle der früheren Einkommensquelle und bestimmen in gleicher Weise die ehelichen Lebensverhältnisse (BGH, FamRZ 2001, 986; BGH, FamRZ 2001, 1041). Dabei ist unerheblich, ob die nach der Trennung oder Scheidung daraus erzielten Einkünfte höher sind als die während der Ehe vorhanden gewesenen Erträge. Es erfolgt also keine Deckelung der ehelichen Lebensverhältnisse durch die während der Ehe tatsächlich erwirtschafteten Einkünfte (Soyka, FuR 2003, 1). Im Einzelnen bedeutet dies:

- **Vermögenseinkommen**, auch aus mietfreiem Wohnen, das schon vor der Trennung bzw. Scheidung bezogen wurde, (zum Wohnwert s. unten Rn. 389)

- **Vermögenseinkommen** nach Durchführung des Zugewinnausgleichs, das sich als Surrogat des schon in der Ehe vorhandenen Vermögens darstellt,

- **Zinseinkünfte** aus der Anlage des einem Ehegatten verbliebenen Zugewinnausgleichsbetrages (OLG Saarbrücken, OLGReport Saarbrücken 2002, 473).

- Die Zinsen aus der Anlage des **Verkaufserlöses der gemeinsamen Eigentumswohnung**, deren Wohnwert den Eheleuten je zur Hälfte zuzurechnen war, werden demnach beim Unterhaltsberechtigten und beim Unterhaltsverpflichteten als Surrogat bedarfsbestimmend berücksichtigt. Dies gilt auch, soweit sie den Wohnwert übersteigen. Auch der nach der Veräußerung den Wohnvorteil übersteigende **Zinsgewinn** wird folglich nach der Differenztheorie behandelt (BGH, FamRZ 2002, 88, 91 = NJW 2002, 436; BGH, FamRZ 2001, 1140). Dabei muss klargestellt werden, dass diese Zinsen **kein Surrogat** für Wert der Familien- und Haushaltsführungsarbeit sind, weil sie damit in **keinem Zusammenhang** stehen. Gleichwohl waren sie als eheprägend und damit bedarfsbestimmend zu berücksichtigen, allerdings als Surrogat des eheprägenden, aber nicht mehr vorhandenen Wohnwerts.

- Etwas anderes gilt jedoch dann, wenn das Haus nicht verkauft, sondern vom unterhaltspflichtigen Ehegatten übernommen wird, in dem er ein Darlehen aufnimmt und den unterhaltsberechtigten Ehegatten mit einem Kapitalbetrag auszahlt. Bei der Bedarfsbemessung wird hier der dem Unterhaltspflichtigen verbleibende Wohnvorteil angerechnet. Beim Unterhaltsberechtigten werden die Zinsen aus dem erhaltenen Kapitalbetrag als Einkünfte abgezogen. Der Pflichtige kann aber die Darlehenszinsen nicht unterhaltsrechtlich geltend machen (ausführlich zu derartigen Problemstellungen Soyka, FuR 2003, 1).

- Zinseinkünfte aus einer erst **nach der Ehe** angefallenen Erbschaft stellen dagegen Einkommen dar, dass die Lebensverhältnisse nicht geprägt hat und können folglich nicht an die Stelle der Hausarbeit treten. Sie sind daher **nicht** nach der Differenzmethode zu berücksichtigen, sondern auf den Bedarf anzurechnen (Scholz, FamRZ 2003, 265, 268; a. A. Born, FamRZ 2002, 1603, 1609; Graba, FamRZ 1999, 1115).

- **Renteneinkünfte**
  - **Renteneinkünfte**, die der Ehegatte erst nach der Ehe bezieht, und zwar ohne Unterscheidung danach, ob diese Rente auf eigenen (ehelich oder vorehelich) erworbenen Anwartschaften oder auf den durch Versorgungsausgleich übertragenen Anwartschaften beruht (BGH, FamRZ 2002, 88, 91 = NJW 2002, 436 in Abweichung von BGH, FamRZ 1988, 817; OLG Koblenz, OLG Report 2002, 9; Müller, FuR 2002, 195; Gerhardt, FamRZ 2003, 274; anders KG, FamRZ 2002, 460 m. Anm. Müller, FamRZ 2002, 1406; Scholz, FamRZ 2003, 265, 269), und zwar selbst dann, wenn nur der Unterhaltsberechtigte Rente bezieht, während der Unterhaltspflichtige noch über Erwerbseinkommen verfügt (BGH, FF 2002, 139).

- Die Heranziehung auch der **Rentenanteile**, die auf vorehelicher Erwerbstätigkeit beruht, entspricht der Gleichbehandlung mit dem Unterhaltspflichtigen. Denn auch dort wird die **gesamte Rente** als Maßstab für die unterhaltsrechtliche Leistungsfähigkeit herangezogen und nicht nur der Teil, den der Pflichtige während der Ehe erwirtschaftet hat.

- Eine **Ausnahme** macht der BGH aber bei Renteneinkünften, die auf vom anderen Ehegatten gezahltem **Vorsorgeunterhalt** beruhen (BGH, FamRZ 2003, 852 m. abl. Anm. Grabe). Für diese soll weiterhin die Anrechnungsmethode gelten.

168 *Hinweis:*
*Der Wert der Haushaltsleistungen stellt also insoweit eine **ruhende Bedarfsposition** dar. Solange demnach tatsächlich kein Surrogateinkommen erzielt wird, wird der Bedarf nur auf der **Basis der vorhandenen Einkünfte** der Eheleute ermittelt; der Wert der Haushaltsleistungen führt hier nicht zu einer Bedarfserhöhung. Wird jedoch tatsächlich Surrogateinkommen erzielt, dann ist dieses **unabhängig vom Zeitpunkt** anzurechnen, von dem an der Ehegatte dieses Einkommen erzielt.*

169 Die neue Rspr. des BGH führt de facto zu einer verstärkten Haftung des leistungsfähigen geschiedenen Ehepartners. Ein notwendiges **Korrektiv** kann die **zeitliche Befristung des Unterhaltsanspruchs** gem. § 1573 Abs. 5 BGB oder eine Begrenzung nach § 1578 Abs. 1 Satz 2 BGB bieten, wenn eine dauerhafte Beteiligung an den ehelichen Lebensverhältnissen unbillig ist. Der Grundsatz der Eigenverantwortlichkeit nach der Ehe und der Schutz des Verpflichteten vor einer zu langen und zu hohen Inanspruchnahme kann auch bei Anwendung der Differenztheorie verwirklicht werden, wenn deutlich gemacht wird, dass eine weitergehende Bedürftigkeit eben nicht mehr ehebedingt ist und damit die Unterhaltszahlungen die Grenze der Billigkeit überschreiten.

170 In der Literatur wird beanstandet, dass in der Praxis von diesen vom BGH ausdrücklich erwähnten Begrenzungsmöglichkeiten zu wenig Gebrauch gemacht werde (Gerhard, FamRZ 2000, 134, 136; Büttner/Niepmann, NJW 2002, 2283, 2289). Wegen der prozessualen Besonderheiten muss aber eine solche Begrenzung **bereits im Erstprozess geltend gemacht werden** (s. unten Rn. 309).

171 Die **Änderung der Rspr.** des BGH durch das Urteil v. 13. 6. 2001 kann als Grundlage für eine **Abänderungsklage** nach § 323 ZPO genommen werden (OLG Düsseldorf, FamRZ 2002, 1574 = ZFE 2002, 384; OLG Köln, FPR 2003, 86; Gerhardt, FamRZ 2003, 275, Beunings, NJW 2003, 568).

172 Dabei kann bei einem abzuändernden Vergleich eine **rückwirkende Änderung** nur von 7/2001 an erreicht werden, da der juristische Grund zur Abänderung der Unterhaltsbemessung erst mit der Verkündung des BGH-Urteils v. 13. 6. 2001 eingetreten ist (BGH, FamRZ 2003, 519 m. krit. Anm. Büttner; Mleczko, ZFE, 2003, 137). Die Betroffenen, die **vor** diesem Urteil zum Unterhalt an ihre geschiedenen Partner verpflichtet sind, genießen nach Ansicht des BGH **Vertrauensschutz** und dürfen daher nicht rückwirkend mit höheren Ansprüchen belastet werden.

d) Zeitpunkt für die Feststellung der ehelichen Lebensverhältnisse

173 Schlusspunkt für die Entwicklung der ehelichen Lebensverhältnisse ist die **Rechtskraft der Scheidung** und nicht der Zeitpunkt der Trennung (BGH, FamRZ 1994, 935; BVerfG, FamRZ 1993, 171). Denn erst mit der Scheidung tritt endgültig eine Zäsur in der beiderseitigen Teilhabe der Ehegatten an den wirtschaftlichen Verhältnissen ein (BGH, FamRZ 1985, 471). Soweit im Verbundverfahren die künftige Einkommensentwicklung bis zur Rechtskraft der Scheidung nicht prognostiziert werden kann, ist die letzte mündliche Verhandlung maßgebend (BGH, FamRZ 1982, 892).

Entwicklungen nach der Scheidung sind daher grds. unbeachtlich (BGH, NJW 1999, 717). Allerdings können berufliche und wirtschaftliche Dispositionen, die der Unterhaltspflichtige **zwischen Trennung und Scheidung** unter Verletzung seiner Erwerbsobliegenheit getroffen hat, keinen Einfluss auf die maßgeblichen ehelichen Lebensverhältnisse nehmen. In solch einem Fall sind eheliche Lebensverhältnisse dann nach dem erzielbaren Einkommen zu bemessen (BGH, FamRZ 1992,1045). Zwar ist grds. auch die Entwicklung zwischen Trennung und Scheidung für die Beurteilung der Verhältnisse von Bedeutung (BGH, FamRZ 1985, 471, 472), jedoch sind bereits im Zeitraum zwischen Trennung und Scheidung solche Umstände außer Betracht zu lassen, die eine unerwartete und vom Normalverlauf abweichende Entwicklung darstellen, und zwar gleichgültig, ob sie zu einer Erhöhung oder Verringerung der Einkünfte führen (BGH, FamRZ 1982, 576; BGH, FamRZ 1983, 352).

174

Einkommensveränderungen, die **nach der Scheidung** eintreten, sind grds. nicht zu berücksichtigen, es sei denn, sie waren im Zeitpunkt der Scheidung mit **hoher Wahrscheinlichkeit** zu erwarten und diese Erwartung hat die ehelichen Lebensverhältnisse bereits **geprägt** (BGH, NJW 1999, 717; BGH, FamRZ 1990, 1091), also bereits während der Zeit der Ehe angelegt waren. An der weiteren Entwicklung ihrer gegenseitigen Lebensverhältnisse nehmen die Eheleute damit teil, soweit es sich um eine normale, vorhersehbare Entwicklung handelt. Unter diesen Voraussetzungen kann auch eine nachträgliche Veränderung den ehelichen Lebensverhältnissen zugerechnet werden, auch eine mit Wahrscheinlichkeit zu erwartende Beförderung, so dass der Ehegattenunterhalt nach dem höheren Gehalt bemessen wird. Ausnahmen bilden dagegen eine vom Normalverlauf abweichende ungewöhnliche Karriere. Die Entscheidung, ob eine vorhersehbare Entwicklung vorliegt, kann im Einzelfall erhebliche Schwierigkeiten machen.

175

Ob Veränderungen zwischen Trennung und Scheidung noch berücksichtigt werden, hängt demzufolge davon ab, ob es sich noch um **normale Entwicklungen** (während der Ehe geplant und voraussehbar) handelt oder um einen außergewöhnlichen, unvorhersehbaren Verlauf.

176

Nachträgliche Entwicklungen gelten dann noch als **prägend,**

177

- wenn die spätere Entwicklung in der Ehe angelegt war,
- sie zum Scheidungszeitpunkt mit hoher Wahrscheinlichkeit zu erwarten war,
- die Eheleute ihren Lebenszuschnitt auf die künftige Entwicklung eingerichtet hatten,
- ein enger zeitlicher Zusammenhang mit der Scheidung besteht.

Beispiel 1:
Während der Ehe hat der Mann studiert, während die Frau den Lebensunterhalt für die Familie durch Erwerbstätigkeit verdient hat. Erst nach der Scheidung schließt der Mann sein Studium ab und verdient jetzt in seinem neuen Beruf gutes Geld.
*Hier werden die ehelichen Lebensverhältnisse durch die **Erwartung** geprägt, dass das Studium des Mannes erfolgreich abgeschlossen wird und der Familienunterhalt dann durch sein Einkommen sichergestellt wird. Daher bemisst sich der Bedarf nach den jetzigen Einkommensverhältnissen des Mannes.*

Beispiel 2:
Der Mann ist als angestellter Handwerksmeister in einem Handwerksbetrieb tätig. Nach der Scheidung stirbt der Inhaber des Betriebes und der Ehemann wird von den Erben gebeten, die Geschäftsführung zu übernehmen.
In diesem Fall liegt eine unvorhergesehene Entwicklung vor. Der Unterhaltsbedarf bemisst sich daher nur nach seinem früheren Einkommen als angestellter Meister.

Lediglich solche Einkünfte, die nicht ehebedingt sind und die ehelichen Lebensverhältnisse nicht geprägt haben, werden weiterhin nach der **Abzugsmethode** behandelt. Dies sind nach der Rspr. noch:

178

- Mehreinkünfte aus einem **Karrieresprung** nach Trennung und Scheidung (BGH, FamRZ 2001, 986; OLG Köln, FamRZ 2001, 1374).

Als **nicht prägend** angesehen worden sind:

- Eine fünf Jahre nach der Scheidung erfolgte Leistungsbeförderung von A 12 nach A 13 (OLG Hamm, FamRZ 1997, 1079).

- Die Beförderung eines Richters von der Besoldungsstufe R 2 (Richter am Oberlandesgericht oder Vorsitzender Richter am Landgericht) nach R 3 (Vorsitzender Richter am Oberlandesgericht; vgl. OLG Celle, FamRZ 1999, 858).

- Ein nicht geplanter Beschäftigungswechsel (vom Beamten zum Angestellten bei der Telekom) fast zwei Jahre nach der Scheidung (OLG Koblenz, FamRZ 1997, 371).

- Der Aufstieg eines kaufmännischen Sachbearbeiters zum Abteilungsleiter drei Jahre nach der Scheidung (OLG Hamm, FamRZ 1990, 65).

- Der mehr als zwei Jahre nach der Scheidung erfolgte Aufstieg vom Verkaufsleiter einer Firma zum Geschäftsführer mit einer Steigerung des Einkommens von ca. 12.000 DM brutto auf ca. 15.900 DM brutto (OLG München, FamRZ 1997, 613).

- Der mit einer Einkommensverbesserung verbundene Wechsel eines Kraftfahrers vom Nahverkehr in den Fernverkehr ist dagegen **keine** ungewöhnliche, einen **Karrieresprung** darstellende Entwicklung (OLG Köln, FamRZ 2001, 1374).

- Einkommen aus **Erbschaft** oder **Schenkung** nach Trennung und Scheidung.

- **Vermögenseinkommen**, das während des Zusammenlebens **nicht** zum **Konsum** verbraucht worden ist. Die ehelichen Lebensverhältnisse werden nur durch das bei vernünftiger Betrachtung und konkreter Praxis in der Ehe zum Verbrauch bestimmte Einkommen geprägt, nicht durch das zur Vermögensbildung eingesetzte Vermögen. Bei hohen Einkünften kann daher die Quotenzumessung nicht mehr gelten, sondern der Unterhalt ist konkret zu berechnen (Einzelheiten zum Quotenunterhalt s. unten Rn. 289).

179 Grds. ist dabei zu beachten, dass die Scheidung den Endpunkt für die Entwicklung der ehelichen Lebensverhältnisse setzt und damit weitaus stärker als nach der Trennung der Grundsatz der wirtschaftlichen Eigenverantwortung jedes Ehegatten gilt (BGH, NJW 1987, 58). Damit kann Einkommen bei beiden geschiedenen Eheleuten, das durch die Aufnahme einer Tätigkeit nach der Scheidung erzielt wird und nicht in unmittelbarem Zusammenhang mit ihr steht, die ehelichen Lebensverhältnisse nicht mehr prägen (BGH, NJW 1988, 2101). Ausnahmen gelten dann, wenn die entsprechende berufliche Tätigkeit bereits vor der Scheidung geplant war und die Umsetzung dieses Planes in engem zeitlichem Zusammenhang mit der Scheidung erfolgte (BGH, FamRZ 1986, 459; OLG Hamburg, FamRZ 1986, 1212). Wird daher eine Erwerbstätigkeit erst zwei Jahre nach der Scheidung aufgenommen, so ist **kein eheprägender Zusammenhang** mehr anzuerkennen (BGH, FamRZ 1986, 459).

180 Die **Darlegungs- und Beweislast** für die anspruchsbegründenden Voraussetzungen liegen beim Unterhaltsberechtigten als **Anspruchsteller**; dazu gehören sowohl die Höhe des Bedarfs als auch der Umfang der Bedürftigkeit und dementsprechend auch die Einzelheiten der ehelichen Lebensverhältnisse (BGH, FamRZ 1990, 1085). Es müssen sämtliche relevanten Umstände im gerichtlichen Verfahren substantiiert vorgetragen werden. Dazu gehört für den Anspruchsteller auch die substantiierte Darlegung und ggf. der Nachweis, dass die maßgeblichen Umstände bereits **in der Ehe** angelegt waren.

13. Bedürftigkeit des Unterhaltsberechtigten

181 Auch beim Unterhalt nach Scheidung kann der berechtigte Ehegatte nur dann Unterhalt verlangen, wenn er bedürftig ist. **Bedürftig** ist der Unterhaltsberechtigte nur, soweit sein Bedarf nicht durch eigene Einkünfte gedeckt ist. Einzelheiten hierzu oben beim Trennungunterhalt Rn. 24.

14. Leistungsfähigkeit des Unterhaltspflichtigen

Leistungsfähigkeit bedeutet, dass der Pflichtige in der Lage sein muss, außer seinen eigenen Bedürfnissen und der Erfüllung unterhaltsrechtlich relevanter Verpflichtungen mit den tatsächlich verfügbaren oder zumutbar erzielbaren Geldmitteln auch den anerkennenswerten Bedarf des Berechtigten zu befriedigen (s. hierzu die Ausführungen zum Kindesunterhalt in Teil 5).

182

Die **maßgeblichen Faktoren für die Leistungsfähigkeit** im Rahmen des Ehegattenunterhaltes sind:

- Die **finanziellen Mittel**, über die der Verpflichtete verfügt oder die er sich bei zumutbarem Einsatz verschaffen könnte,
- die sonstigen finanziellen **Verpflichtungen** des Unterhaltsschuldners. Hierzu gehören sowohl seine weiteren Unterhaltspflichten als auch sonst unterhaltsrechtlich anzuerkennende Schulden und
- die Höhe des anzuerkennenden eigenen **Bedarfes** des Unterhaltspflichtigen.

Die Leistungsfähigkeit bestimmt sich nach seinen gesamten wirtschaftlichen Verhältnissen. Nach § 1581 Satz 1 BGB kommt es auf die gesamten Erwerbs- und Vermögensverhältnisse an.

183

Nach der Rspr. des BGH hat der Unterhaltspflichtige die **Darlegungs- und Beweislast** für die Umstände, aus denen sich seine fehlende oder eingeschränkte Leistungsfähigkeit ergeben soll (BGH, FamRZ 1998, 357; BGH, FamRZ 1990, 283, 287; OLG Karlsruhe, FamRZ 1997, 1011).

184

Der Unterhaltspflichtige ist zur **Auskunft** verpflichtet. Auch kann das Familiengericht nach § 643 Abs. 1 ZPO in allen Unterhaltsverfahren von Amts wegen von jeder Prozesspartei Auskunft zum Einkommen und – soweit erforderlich – auch zum Vermögen verlangen und Belege anfordern. Kommt die Partei dieser Aufforderung nicht nach, kann das Gericht selbst unmittelbar beim Arbeitgeber, Finanzamt usw. Auskünfte einholen (§ 643 Abs. 2 ZPO).

185

Da die Ehegatten während der Trennung bis zur Rechtskraft der Scheidung an der **Entwicklung ihrer gegenseitigen Lebensverhältnisse** grds. teilnehmen (BGH, NJW 1999, 717), und zwar auch dann, wenn sie von Anfang getrennt gelebt haben (BGH, NJW 1985, 1345), kann in der Praxis im Regelfall auf die aktuelle finanzielle Situation abgestellt werden.

186

a) Zeitraum für die Einkommensermittlung

Zur Ermittlung der unterhaltsrechtlichen Leistungsfähigkeit wird regelmäßig ein **Durchschnittswert** aus dem Einkommen eines längeren Zeitraumes errechnet. Bei **Lohn- und Gehaltsempfängern** wird dabei das **Durchschnittseinkommen aus zwölf zusammenhängenden Monaten** gebildet (BGH, NJW 1983, 2243; BGH, FamRZ 1983, 996). In die Berechnung des Durchschnitts fließen folglich auch Weihnachts- und Urlaubsgeld in der gezahlten Höhe ein. Einkünfte, die für einen längeren Zeitraum bezogen werden wie z. B. Weihnachtsgeld, aber auch Abfindungen, Tantiemen, müssen auf diesen längeren Zeitraum aufgeteilt werden.

187

(Zu den Besonderheiten der Einkommensermittlung bei **Selbstständigen** s. unten Rn. 261).

b) Anzurechnende Einkommenspositionen

Zur Feststellung der unterhaltsrechtlichen Leistungsfähigkeit sind **alle tatsächlich erzielten Einkünfte** heranzuziehen, gleich welcher Art diese Einkünfte sind und aus welchem Anlass sie erzielt werden (BGH, FamRZ 1994, 21; BGH, FamRZ 1996, 780).

188

In der Praxis sind dies in erster Linie Einkünfte aus nichtselbständiger Tätigkeit (Lohn, Gehalt). Unterhaltsrechtlich relevante Einkünfte sind aber auch Einkünfte aus Land- und Forstwirtschaft, Gewerbebetrieb, selbständiger Tätigkeit, Kapitalvermögen, Vermietung und Verpachtung. Zu denken ist aber auch z. B. an eine Leibrente (BGH, FamRZ 1994, 228), vermögenswerte Vorteile wie z. B. kostenfreie Nutzung eines Fahrzeuges oder einer Immobilie und sozialstaatliche Zuwendungen sowie hypothetische Einkünfte z. B. im Falle der Versorgungsleistungen für Dritte.

189

Im Einzelnen fallen in der Praxis die folgenden Einkommenspositionen an:

- **Abfindungen**

190 Abfindungen als Kapitalzahlungen können sowohl im Zugewinn (BGH, FamRZ 1998, 362) als auch im Unterhalt Berücksichtigung finden.

Vor allem bei beengten wirtschaftlichen Verhältnissen kann eine Abfindung im Rahmen einer sparsamen Wirtschaftsführung als Ersatz für Arbeitsverdienst unterhaltspflichtiges Einkommen sein (BGH, NJW 1990, 709). Der ausgezahlte Betrag ist dabei auf einen längeren Zeitraum zu verteilen, wobei die Umstände des Einzelfalles zu berücksichtigen sind (BGH, NJW 1992, 822; BGH, FamRZ 1987, 559). Der Zeitraum kann einige Jahre betragen. Dabei ist zu berücksichtigen, für welchen Zeitraum die Abfindung gezahlt worden ist und welche Zeit der Erwerbslosigkeit damit überbrückt werden soll (OLG Frankfurt, FamRZ 2000, 611). Ist abzusehen, dass für einen bestimmten zukünftigen Zeitraum Unterhalt gezahlt werden soll, so ist die Abfindung entsprechend auf diese Zeit zu verteilen. Bei ungewisser wirtschaftlicher Zukunft des Unterhaltspflichtigen – insbesondere bei höherem Lebensalter – kann eine Verteilung auf bis zu sechs Jahre angemessen sein (OLG Oldenburg, FamRZ 1996, 672). Wird die Abfindung vorzeitig verbraucht, so soll dies nur bei leichtfertigem Verhalten dem Pflichtigen angelastet werden können (OLG Celle, FamRZ 1992, 590). Wird mit dem Geld ein Kredit vorzeitig abgelöst, so ist dies insbesondere wegen der damit verbundenen Verringerung der laufenden Belastungen i. d. R. wirtschaftlich vertretbar (OLG Hamm, FamRZ 1997, 1169).

Bezieht der Arbeitnehmer keine Abfindung, so ist er dennoch möglicherweise gehalten, eine Abfindung einzuklagen. (OLG Hamburg, FamRZ 1998, 619).

- **Arbeitnehmersparzulage und vermögenswirksame Leistungen**

191 (S. unten Ausführungen zu Vermögenswirksamen Leistungen Rn. 255).

- **Arbeitslosengeld und Arbeitslosenhilfe**

192 **Arbeitslosengeld** ist als Lohnersatzleistung unterhaltsrechtliches Einkommen, und zwar sowohl beim Verpflichteten als auch beim Berechtigten. Denn beim Arbeitslosengeld handelt es sich nicht um eine Sozialleistung, sondern um einen unabhängig von vorhandenem Vermögen bestehenden Versicherungsanspruch (BGH, NJW 1994, 1002; BGH, FamRZ 1996, 1067; OLG Stuttgart, FamRZ 1996,415). Auch dann erfolgt eine volle Anrechnung, wenn die Unterhaltsberechtigte neben der Betreuung eines Kindes Arbeitslosengeld bezieht, da es sich nicht um ein Einkommen aus unzumutbarer Tätigkeit handelt (OLG Düsseldorf, FamRZ 2002, 99).

193 **Arbeitslosenhilfe** ist zwar wie die Sozialhilfe eine subsidiäre Sozialleistung mit Lohnersatzfunktion (BGH, FamRZ 1996, 1067, 1069), wird jedoch beim Unterhaltspflichtigen dennoch als Einkommen behandelt. In der Praxis hat dies allerdings kaum Bedeutung, da die bezogene Sozialhilfen i. a. R. unter dem Selbstbehalt liegt.

Zur Anrechnung **hypothetischer Einkünfte bei Arbeitslosigkeit** im Falle der Verletzung einer unterhaltsrechtlichen Obliegenheit s. unten Rn. 365.

- **Aufwandsentschädigungen**

194 **Aufwandsentschädigungen** und Sitzungsgelder z. B. der Abgeordneten sind zu berücksichtigen, soweit sie die nachgewiesenen notwendigen Aufwendungen (an ihre Partei sowie Fahrgeld, Verzehr) übersteigen (BGH, FamRZ 1986, 780; BGH, FamRZ 1983, 672). Der notwendige Aufwand kann ggf. nach § 287 ZPO geschätzt werden (OLG Stuttgart, FamRZ 1994, 1251).

- **Auslösung**

195 S. unten Ausführungen zu Spesen Rn. 220.

- **Erwerbsunfähigkeitsrente**

Erwerbsunfähigkeitsrente zählt als Einkommen. Auch die einem Ehegatten erst nach der Scheidung bewilligte Erwerbsunfähigkeitsrente ist bei der Bemessung des nachehelichen Unterhaltes, die nach den ehelichen Lebensverhältnissen im Zeitpunkt der Rechtskraft des Scheidungsurteils zu erfolgen hat, zu berücksichtigen. Sie stellt ein Surrogat für die in der Ehe ausgeübte Erwerbstätigkeit oder auch Haushaltsführungstätigkeit dar. Das gilt auch für den Teil der Rente, der auf dem Versorgungsausgleich beruht (Einzelheiten dazu s. oben Rn. 167 a. E.). 196

- **Erziehungsgeld**

Das **Erziehungsgeld,** das für alle ab 1. 1. 1986 geborenen Kinder an den betreuenden Elternteil gezahlt wird, stellt nach dem Willen des Gesetzgebers eine Anerkennung der Gesellschaft für die elterliche Erziehungsleistung dar. Es soll die persönliche Betreuung durch einen Elternteil in den ersten Lebensmonaten des Kindes ermöglichen und erleichtern. § 9 BErzGG regelt, dass Unterhaltsverpflichtungen durch die Gewährung des Erziehungsgeldes **nicht berührt** werden. Dies gilt jedoch nicht in den Fällen des § 1361 Abs. 3, der §§ 1579, 1603 Abs. 2 und des § 1611 Abs. 1 des BGB. 197

Damit hat der Gesetzgeber deutlich gemacht, dass der betreuende Elternteil wegen des Bezuges von Erziehungsgeld mehr Mittel für seinen Lebensunterhalt zur Verfügung hat als der Unterhaltsschuldner. Der Unterhaltspflichtige ist nicht berechtigt, Unterhaltszahlungen wegen des Bezuges von Erziehungsgeld durch den Unterhaltsberechtigten zu kürzen oder einzustellen (OLG Hamm, FamRZ 1995, 805, 806). Dies gilt jedoch auch dann, wenn der Unterhaltspflichtige Erziehungsgeld bezieht. Auch hier bleibt das Erziehungsgeld außer Betracht (BGH, NJW 1989, 286, 288; OLG Düsseldorf, FamRZ 1989, 1226; Ausnahmen gelten beim Kindesunterhalt vgl. OLG Hamm, FamRZ 2000, 908; OLG Koblenz, FamRZ 2000, 687; OLG Thüringen, NJW 1999, 1526).

Auch das Vorliegen der Tatbestandsvoraussetzungen des § 1579 BGB kann nach § 9 Abs. 1 Satz 2 BErzGG dazu führen, dass Erziehungsgeld im Rahmen der vorzunehmenden Billigkeitsabwägung als Einkommen gewertet wird (OLG Nürnberg, FamRZ 1995, 674). 198

- **Familien- und Ortszuschlag bei Angestellten und Beamten**

S. hierzu Ausführungen zum Ortszuschlag Rn. 206. 199

- **Freibeträge**

Steuerliche **Freibeträge** führen zu einer Erhöhung des Nettoeinkommens. Wer zum Unterhalt verpflichtet ist, muss dafür Sorge tragen, dass sein laufendes Arbeitseinkommen nicht durch eine unnötig hohe Steuerbelastung geschmälert wird. Dies gilt entsprechend auch für den Unterhaltsberechtigten bei der Bemessung seiner Bedürftigkeit. Daher können zumutbar erzielbare Steuervorteile wie tatsächlich erzieltes Einkommen behandelt werden, wenn diese unterhaltsrechtliche Obliegenheit zur Inanspruchnahme der Freibeträge verletzt wird. Gleichgültig ist dabei, ob diese Steuervorteile durch Voreintragung von Freibeträgen auf der Lohnsteuerkarte (OLG Bremen, FamRZ 1998, 1180; OLG Koblenz, NJW-RR 2002, 364) oder durch spätere Rückzahlung von viel gezahlter Steuern durch Inanspruchnahme steuerliche Freibeträge und Pauschalen im Rahmen von Lohnsteuerjahresausgleich oder Einkommensteuerveranlagung erzielt werden können. Es handelt sich im Ergebnis um Mehreinkommen infolge geringerer Steuerlast und ist deshalb **unterhaltsrechtlich relevant.** Zu denken ist dabei z. B. an die Pauschbeträge für Körperbehinderung; erhöhte Werbungskosten oder erhöhte Sonderausgaben. S. hierzu Ausführungen zu dem Stichwort Steuervorteile Rn. 222, 474. 200

- **Freiwillige Leistungen Dritter**

Freiwillige Leistungen Dritter werden nur dann angerechnet, wenn dies dem Willen des Dritten entspricht, wenn folglich die Zuwendung nicht nur dem Unterhaltspflichtigen, sondern auch dessen Unterhaltsberechtigten zugute kommen soll. Es kommt in jedem Fall auf die Willensrichtung des Leistenden an. Eine **derartige Absicht** des Zuwendenden kann sich, auch wenn sie nicht ausdrück- 201 lich erklärt wurde, schlüssig aus dem Verwandtschaftsverhältnis oder den persönlichen Beziehungen der Beteiligten ergeben (BGH, FamRZ 1995, 537, 539). Im Regelfall wird aber nicht anzunehmen sein, dass der Dritte – in der Praxis z. B. die Eltern oder Verwandte – Leistungen zuwenden, um den anderen Ehegatten damit über den Umweg des Unterhaltsrechts mittelbar zu unterstützen (BGH, FamRZ 1993, 417,419), denn es soll verhindert werden, dass der Dritte indirekt zum Unterhalt herangezogen wird. Bei Leistungen aus dem Familienkreis spricht eine **tatsächliche Vermutung** dafür, dass diese dem begünstigten Angehörigen allein zugute kommen soll(BGH, FamRZ 1990, 979, 981). Zu beachten ist aber, dass freiwillige Leistungen möglicherweise **verdeckte Gegenleistungen** z. B. für Haushaltsführung sein können (Büttner, FamRZ 2002, 1445).

- **Kapitaleinkünfte**

202 S. hierzu Ausführungen zu Vermögenserträgen Rn. 227.

- **Krankengeld**

203 **Krankengeld** ist als Lohnersatzleistung unterhaltsrechtliches Einkommen (OLG Bremen, FamRZ 1991, 86), denn es ist eine Geldleistung der Krankenversicherung mit dem Zweck, den durch die Arbeitsunfähigkeit ausfallenden Lohn ganz oder teilweise zu ersetzen. Es handelt sich mithin um eine Sozialleistung **mit Lohnersatzfunktion**, die anders zu behandeln ist als Sozialleistungen zur Deckung eines schadensbedingten Mehraufwands bei einem Körper- oder Gesundheitsschaden, die unterhaltsrechtlich nach § 1610a BGB unberücksichtigt bleibt (OLG Köln, FamRZ 2001, 177). Besteht jedoch infolge der Krankheit ein erhöhter Bedarf, so ist insoweit dort ein angemessener Beitrag hierfür zuzuschlagen.

- **Mieteinkünfte**

204 **Einkünfte aus der Vermietung** sind nach Abzug notwendiger Ausgaben in vollem Umfang anzurechnen. Hierbei können auch tatsächlich nicht erzielte Mieteinkünfte von Bedeutung sein. Denn der Unterhaltsverpflichtete ist nach der Scheidung der Ehe gehalten, vorhandenes Vermögen möglichst ertragreich anzulegen. Das schließt es in der Regel aus, ein ihm gehörendes Wohnhaus unentgeltlich einem Verwandten zur Verfügung zu stellen mit der Folge, dass die erzielbare Marktmiete als hypothetisches Einkommen anzurechnen ist (OLG Hamm, ZFE 2003, 221).

- **Nebentätigkeiten**

205 Bei Einkünften aus **Nebentätigkeiten** ist zu differenzieren. Nebentätigkeiten, die zusätzlich zu einer vollschichtigen Arbeitstätigkeit ausgeübt werden, sind grds. überobligatorisch und deshalb nur beim Mangelfall einzusetzen (BGH, NJW 1985, 907; OLG Hamm, FamRZ 1999, 43; OLG Nürnberg, ZFE 2002, 134). In bestimmten Berufen sind jedoch Nebeneinkünfte häufiger wie z. B. aus Gutachtertätigkeit. So gehören zum unterhaltspflichtigen Einkommen eines Oberarztes auch seine Nebeneinkünfte aus einer „Poolbeteiligung" und einem Patent ebenso wie Einnahmen aus Vortragstätigkeit, Publikationen und aus Honoraren für Befundberichte und Gutachten, die aus seiner beruflichen Tätigkeit folgen und ebenfalls Teil seines – die Ehe prägenden – Berufsbildes sind (OLG Köln, FamRZ 1999, 113).

- **Ortszuschlag bei Beamten und Angestellten im öffentlichen Dienst**

206 Der **Ortszuschlag** bei Beamten und Angestellten im öffentlichen Dienst ist ebenso wie der Familienzuschlag grds. Teil des Einkommens (BGH, NJW 1984, 1438; ausführlich zu den Einzelheiten s. Meyer-Görtz, ZFE 2002, 302 ff. mit zahlreichen Berechnungsbeispielen).

- **Pachteinkünfte**

207 **Pachteinnahmen** sind ebenfalls anzurechnen. Auch hier sind die notwendigen Ausgaben vorab abzuziehen.

- **Pflegegeld**

Pflegegeld kann nach der Rspr. grds. anrechenbares Einkommen sein, es kann den angemessenen Bedarf der Eheleute während des Zusammenlebens geprägt haben oder die Bedürftigkeit des Unterhaltsberechtigten mindern oder die Leistungsfähigkeit des Unterhaltspflichtigen erhöhen (BGH, FamRZ 1986, 933; OLG Hamm, FamRZ 1998, 1430: a. A. OLG Braunschweig, OLGZ 1996, 140). Konkret ist beim Pflegegeld jedoch zu **differenzieren**: 208

- Bezieht der **Unterhaltspflichtige selbst** Sozialleistungen wie Pflegegeld, Blindengeld so wird nach §§ 1610a, 1361 Abs. 1 Satz 1, 1578a BGB vermutet, dass sie die Kosten erhöhter Aufwendungen decken. Diese Beweislastumkehr kann der Gegner aber widerlegen, indem er nachweist, dass der Empfänger der Sozialleistung keinen oder keinen so hohen Mehrbedarf hat. Dann ist der entsprechende Betrag als Einkommen anzusetzen (BGH, FamRZ 1994, 21; Künkel, FamRZ 1991, 1131).

- **Pflegt der unterhaltspflichtige Ehegatte eine andere Person** und bezieht er dafür Pflegegeld, dann ist es nur unter den Voraussetzungen des § 13 Abs. 6 SGB XI als Einkommen anzusetzen. Das ist dann der Fall, wenn der Anspruch nach §§ 1579, 1611 BGB verwirkt ist, wenn es um die Leistungsfähigkeit gegenüber einem minderjährigen Kind nach § 1603 Abs. 2 BGB geht oder wenn beim Ehegattenunterhalt eine Erwerbsobliegenheit besteht (Büttner, FamRZ 2000, 596; OLG Koblenz, FamRZ 2000, 826). Problematisch ist hierbei die unterschiedliche Behandlung des Pflegegeldes in den Fällen, in denen die Pflegeperson selbst in Anspruch genommen wird und in den Fällen, in denen sie selbst Unterhaltsansprüche geltend macht. Während sich die Pflegeperson gegenüber ihren Unterhaltsberechtigten auf die Nichtanrechenbarkeit von Pflegegeld für jeden Fall von Pflege berufen kann, wird dagegen bei der Pflegeperson, die selbst Unterhaltsansprüche geltend macht, nur dann das Pflegegeld nicht angerechnet, wenn sie nahe Angehörige des Unterhaltspflichtigen versorgt (vgl. Büttner, a. a. O.).

- Wird vom **Unterhaltsberechtigten** ein Kind gepflegt oder betreut, dann steht das Pflege- und Erziehungsgeld §§ 23 Abs. 3, 39 SGB VIII (zum Erziehungsgeld gem. § 9 BErzGG s. Krause, FamRZ 2002, 1452) an sich dem Kind zu. Die Rspr. geht aber davon aus, dass es nicht vollständig für eine angemessene Versorgung des Kindes verbraucht wird, sondern ein Teil der Zahlung den Bedarf des Pflegekindes übersteigt und als Anreiz für die Übernahme der Betreuung geleistet wird. Dieser überschießende Teil ist als Einkommen der Pflegeperson anzusetzen (BGH, FamRZ 1984, 769, 771), und zwar im Zweifel zu 1/3 (OLG Hamm, FamRZ 1999, 852; Büttner, FamRZ 1995, 193, 198).

- **Prämien**

Prämien wie z. B. Leistungsprämien sind als anrechenbares Einkommen auf einen angemessenen Zeitraum zu verteilen (BGH, FamRZ 1982, 50). 209

- **Rentenzahlungen und Altersruhegelder**

Renten aus der gesetzlichen Rentenversicherung und **Pensionen** oder sonstige **Ruhestandsbezüge** sind als normales Einkommen zu behandeln, da sie anstelle des früheren Gehaltes oder Arbeitslohns gezahlt wird und zur Deckung des Lebensunterhalt vorgesehen ist. Etwas anderes gilt gem. §§ 1578a i. V. m. § 1610a BGB bei Renten für Körper- oder Gesundheitsschäden. Bei diesen wird gesetzlich vermutet, dass die gezahlte Rente nicht höher ist als die Aufwendungen, die aufgrund der Behinderung anfallen. Diese Rentenzahlungen dienen daher im Regelfall nur dazu, den besonderen Bedarf zu decken und zählen folglich unterhaltsrechtlich nicht zum normalen Einkommen. Es ist jedoch möglich, den Gegenbeweis zu erbringen, dass die Sozialleistung für Unterhaltszwecke zur Verfügung steht, da es sich um eine widerlegbare Vermutung handelt. 210

Ebenso zählt eine **Pflegezulage** zur Rente nicht als anrechenbares Einkommen, da sie zur Deckung des allgemeinen Lebensbedarfs des Unterhaltsberechtigten regelmäßig nicht zur Verfügung steht, sondern zusätzlichen Aufwand abdecken soll.

211 Demgegenüber gehören **Rentenzahlungen** aufgrund von **Altersteilzeit** oder **Vorruhestandsregelung** zum Einkommen. Aufgrund des Eintritts in den Vorruhestand vermindert sich jedoch i. a. R. das erzielte Gesamteinkommen. Daher kann ein Verstoß gegen eine unterhaltsrechtliche Obliegenheit gegeben sein, da bei der Wahl von bestehenden Gestaltungsmöglichkeiten auf die unterhaltsrechtlichen Belange Rücksicht zu nehmen ist (OLG Hamm, FamRZ 1999,1078). Ist ein solcher Verstoß zu bejahen, kommt es für die Unterhaltsberechnung nicht auf das tatsächlich erzielte geringere Einkommen an. Vielmehr muss der Unterhaltspflichtige sich das bisherige Einkommen fiktiv zurechnen lassen.

212 Wird der Arbeitsplatz infolge **Berufsunfähigkeit** gekündigt, so kann u. U. eine unterhaltsrechtliche Obliegenheit bestehen, Ansprüche auf Abfindung gegen den Arbeitgeber geltend zu machen (OLG Hamburg, FamRZ 1998,619).

213 **Rentenzahlungen**, die erst **nach der Scheidung** erfolgen, berühren dennoch die ehelichen Lebensverhältnisse, da sie als Surrogat für eine frühere Erwerbstätigkeit aufgefasst werden müssen (s. dazu oben Rn. 167 a. E.).

- **Sabbatjahr**

214 Ein Beamter, der aufgrund der sog. **Sabbatjahr-Regelung** reduzierte Bezüge erhält, muss sich so behandeln lassen, als erhalte er volle Bezüge (OLG Schleswig, FamRZ 2002, 1190).

- **Sachbezüge**

215 Auch **Sachbezüge** sind unterhaltsrechtlich relevantes Einkommen. Dazu gehört z. B. die Nutzung eines **Dienst- oder Firmenwagens**, soweit damit private Aufwendungen erspart werden. Der unterhaltsrechtlich anzurechnende Betrag ist nach § 287 ZPO zu schätzen. Maßstab kann der Betrag sein, der durch die Haltung eines eigenen Pkw entstehen würde (OLG Köln, FamRZ 1981, 489); auch die Sachbezugsverordnung kann als Grundlage herangezogen werden (OLG Hamburg, FamRZ 1987, 1044, 1045). Eine Einkommenssteigerung kann jedoch nur dann angenommen werden, wenn konkret Aufwendungen erspart werden. Dies ist dann der Fall, wenn ohne die Nutzungsmöglichkeit des firmeneigenen Fahrzeuges selbst ein Pkw angeschafft bzw. von Fall zu Fall ein Pkw angemietet bzw. ein Taxi benutzt werden müsste (OLG Karlsruhe, FamRZ 1990, 533, 534). Entscheidend ist also, ob der Betreffende privat auf die Nutzung eines Fahrzeuges angewiesen ist.

Als unterhaltspflichtiges Einkommen zählt aber auch der vom Arbeitgeber eingeräumte Vorteil des verbilligten Erwerbs von Fahrzeugen, die später als **Jahreswagen** mit Gewinn verkauft werden können (Strohal, FamRZ 1995, 459).

(Speziell zum Wohnvorteil s. unten Rn. 389).

- **Schlechtwettergeld**

216 **Schlechtwettergeld** ist als Einkommensersatz unterhaltserheblich.

- **Schwarzarbeit**

217 Bei Einkünften aus **Schwarzarbeit** ist umstritten, ob und ggf. in welchem Umfang dieses Geld als unterhaltsrechtliches Einkommen anzuerkennen ist. Zwar besteht ein Verbot der Schwarzarbeit, um die Allgemeinheit vor Steuerhinterziehung und Verkürzung von Sozialabgaben zu schützen. Zivilrechtlich steht dem Schwarzarbeiter aber nach der Rspr. des BGH ein einklagbarer Anspruch in Höhe des Wertes seiner geleisteten Arbeit zu (BGH, NJW 1990, 2542). Der aus Schwarzarbeit erzielte Anspruch und das in der Vergangenheit konkret erzielte Einkommen sind daher als unterhaltsrechtlich relevantes Einkommen anzusehen. Sie sind jedoch zu bereinigen um fiktive Steuern und Sozialabgaben, da sonst eine unterhaltsrechtliche Teilhabe an gesetzeswidrig erzielten Vorteilen hergestellt wird.

Problematisch ist allerdings, wenn die Schwarzarbeit **neben einer vollschichtigen Tätigkeit** ausgeübt worden ist. Dann handelt es sich i. a. R. um eine überobligatorische Tätigkeit, es sei denn, die Schwarzarbeit wurde bereits während der Zeit des Zusammenlebens ausgeübt und diese Einkünfte haben daher die ehelichen Lebensverhältnisse nachhaltig geprägt.

Für die **Zukunft** können Einkünfte aus Schwarzarbeit jedoch nicht angerechnet werden, da der Bezieher nicht zu weiterer ungesetzlicher Tätigkeit verpflichtet werden kann und daher die Schwarzarbeit jederzeit eingestellt werden kann, ohne eine unterhaltsrechtlichen Obliegenheit zu verletzen Mittendorf, in: Eschenbruch, Der Unterhaltsprozess, Rn. 6056 m. w. N.)

- **Soldatenversorgung**

Leistungen nach dem **Soldatenversorgungsgesetz**, **Übergangsgebührnisse** und **Übergangsbeihilfen** (BGH, FamRZ 1987, 930) oder Fliegerzulagen (BGH, FamRZ 1994, 21) sind voll anzurechnende Einnahmen. 218

- **Sozialhilfe**

Sozialhilfe ist kein unterhaltsrechtliches Einkommen. 219

- **Spesen, Fahrtkostenerstattungen und Auslösungen**

Spesen, Fahrtkostenerstattungen und Auslösungen werden ebenso wie Trennungsgelder, **Trennungsentschädigungen** und Montageprämien gezahlt für Aufwendungen, die bei Geschäfts- bzw. Dienstreisen oder -fahrten entstehen, z. B. Fahrtkosten, Verpflegungsmehraufwand und Übernachtungskosten. Viele Arbeitgeber zahlen wegen der steuerlichen und sozialversicherungsrechtlichen Begünstigung dieser Zahlungen hier mehr, als dem tatsächlichen Aufwand entspricht. In diesem Umfang sind die Zahlungen tatsächlich **verschleiertes Arbeitseinkommen.** 220

Für die unterhaltsrechtliche Anrechnung kommt es darauf an, ob die Spesen bzw. Auslösungen durch die tatsächlichen Aufwendungen voll aufgezehrt werden. Soweit dies nicht der Fall ist, wird der die Aufwendungen übersteigende Teil der Zahlungen als Einkommen des Empfängers angerechnet (BGH, FamRZ 1988, 159; BGH, FamRZ 1990, 266; OLG Frankfurt, FamRZ 1994, 1031; BGH, FamRZ 1986, 780 sowie OLG Stuttgart, FamRZ 1994, 1251 und OLG Bamberg, FamRZ 1986, 1144: für die Kostenpauschale der Abgeordneten). Für die Nichtanrechnung als Einkommen ist der konkrete vom Empfänger darzulegende und gegebenenfalls nach § 287 ZPO zu schätzende Mehraufwand maßgebend. Die meisten Unterhaltsrichtlinien gehen pauschal davon aus, dass Spesen und Auslösungen i. d. R. als Einkommen gelten oder pauschal zu 1/3 dem Einkommen hinzugerechnet werden, soweit nicht nachgewiesen wird, dass die Zulagen notwendigerweise in weitergehendem Umfang verbraucht werden und keine häusliche Ersparnis eintritt. Die Beweislast liegt damit beim **Bezieher** der Spesen bzw. Auslösung.

- **Steuerrückzahlungen**

Werden Steuervorteile bei der Einkommenssteuerveranlagung oder im Rahmen von Lohnsteuerjahresausgleich geltend gemacht, erfolgt später eine Rückzahlung von zu viel gezahlten Steuern. Diese Rückzahlung ist unterhaltsrechtlich anzurechnendes Einkommen, und zwar in dem Kalenderjahr, in dem sie dem Betreffenden tatsächlich zufließt (BGH, FamRZ 1985, 155, 156; FamRZ 1988, 720, 721; KG, FamRZ 1988, 270, 271.; OLG Koblenz, FamRZ 1988, 402, 403) und ist für die Unterhaltsberechnung auf zwölf Monate umzulegen. Der Erwerbstätigenbonus (s. Rn. 289) erstreckt sich auch auf eine Steuererstattung, soweit sie aus einer Erwerbstätigkeit stammt (OLG München, FamRZ 1993, 328; s. oben Ausführungen zum Stichwort Freibeträge Rn. 200). 221

Ausführungen zur Aufteilung von Rückerstattungen zwischen den Eheleuten findet sich gesondert im Teil Steuern/Realsplitting Rn. 474.

- **Steuervorteile**

Steuervorteile, die der Steuerpflichtige in zumutbarer Weise erzielen kann, sind dem Einkommen fiktiv hinzuzurechnen (BGH, FamRZ 1983, 670, 673). 222

Dies gilt auch dann, wenn sie durch wirtschaftliche oder persönliche Lebensgestaltung – etwa eine **neue Eheschließung**, weitere nicht gemeinschaftliche Kinder –, die keinen Bezug zum Unterhaltsberechtigten hat, eintreten. Damit kommt auch der Steuervorteil aus einer erneuten Heirat nach seiner Zweckbestimmung nicht allein der neuen Familie zugute, sondern auch dem früheren Ehegatten (BGH, FamRZ 1980, 984; BGH, NJW 1985, 2268; OLG Hamm, FamRZ 2000, 311) und den

Kindern aus der vorherigen Ehe (BGH, NJW 1986, 2758; BGH, NJW 1988, 148; OLG Hamm, FamRZ 1999, 42). Heiratet der Unterhaltspflichtige erneut, hat er die Möglichkeit, durch Wahl der Steuerklasse (III, IV, V) mit seinem neuen Ehegatten Einfluss auf das Nettoeinkommen zu nehmen. Eine **Steuerklassenwahl** die den Steuervorteil allein dem neuen Ehepartner zuweist, muss daher unterhaltsrechtlich korrigiert werden.

223 Der BGH stellt auf die tatsächliche Steuerbelastung ab und nimmt zur Verhinderung von Manipulationen eine Korrektur entsprechend dem Rechtsgedanken des § 650h ZPO vor (BGH, NJW 1970, 124; BGH, NJW 1980, 2252; BGH, FamRZ 1983, 152). Der Ansicht, dass der Steuervorteil aus der neuen Ehe nur der neuen Ehe zugute kommen solle, ist der BGH jedenfalls nicht gefolgt. Bei der notwendigen fiktiven Steuerberechnung ist dann grds. auf die Steuerklasse I bzw. IV abzustellen (Mittendorf, in: Eschenbruch, Der Unterhaltsprozess, Rn. 6445 m. w. N.) Wenn jedoch der geschiedene Ehegatte dem neuen Ehegatten nach § 1582 Abs. 1 BGB vorgeht, kann zur Vermeidung unbilliger Ergebnisse nach § 1579 Nr. 7 BGB der Unterhaltsanspruch des geschiedenen Ehegatten gekürzt werden (BGH, NJW 1985, 2268; BGH, NJW 1988, 486; BGH, NJW-RR 1990, 581; BGH, FamRZ 1990, 1092).

224 **Steuervorteile, die erst durch Aufwendungen ermöglicht worden sind, gelten nur dann als** unterhaltsrechtliches Einkommen, wenn der Aufwand selbst als abzugsfähige Belastung anerkannt wird. Werden demnach z. B. im Zusammenhang mit der Anrechung des Wohnwertes auch Belastungen unterhaltsrechtlich anerkannt, sind die daraus entstehenden Steuervorteile unterhaltsrechtlich relevant. Ist dies dagegen nicht der Fall wie z. B. bei Investitionen in ein Bauherrenmodell oder sonstigen Aufwendungen oder Verlusten im Zusammenhang mit der Vermietung einer Eigentumswohnung, verbleibt die Steuerersparnis beim Pflichtigen (BGH, FamRZ 1987, 36; BGH, FamRZ 1990, 983; OLG Braunschweig, FamRZ 1999, 1453).

(S. oben Ausführungen zum Stichwort Freibeträge Rn. 200; Realsplitting s. Rn. 474).

- **Strafgefangene**

225 Haus- und Überbrückungsgeld von **Strafgefangenen** sind als notwendiger Selbstbehalt zu belassen. Soweit dieser Eigenbedarf aber gedeckt wird, ist der übersteigende als Einkommen zu behandeln (Kalthoener/Büttner/Niepmann, Die Rechtsprechung zur Höhe des Unterhalts, Rn. 758 ff.).

Ein **Strafgefangener** hat keine Möglichkeit, weitergehende Einkommen zu erzielen. Zwar hat er seine Situation selbst zu verantworten, dennoch geht der BGH grds. von seiner **Leistungsunfähigkeit** aus. Ein fingiertes Einkommen ist lediglich dann anzunehmen, wenn die Strafhaft auf einer **unterhaltsbezogenen** Verantwortungslosigkeit oder Leichtfertigkeit beruht. Dies ist lediglich bei einer Strafe wegen Unterhaltspflichtverletzung der Fall. Bei einer gegen die Unterhaltsberechtigte gerichteten sexuellen Straftat hat der BGH die Unterhaltsbezogenheit dagegen verneint, weil ein derartiger Täter sich regelmäßig keine Gedanken darüber mache, dass er wegen der Tat seine Arbeit verlieren und keinen Unterhalt zahlen könne (BGH, FamRZ 2002, 813 = ZFE 2002, 227).

- **Trinkgeld**

226 **Trinkgelder** sind unterhaltspflichtiges Einkommen; dies gilt auch für die Anteile an einem gemeinschaftlichen Trinkgeldtopf. Das Trinkgeld kann gem. § 287 ZPO vom Gericht geschätzt werden. Hierzu aus der Rspr. einige Beispiele:

- Trinkgeld eines Taxifahrers 180 DM monatlich (LG Osnabrück, FamRZ 1999, 946),
- Trinkgeld als ganztägig arbeitende Bedienung in einem Cafe 150 DM monatlich (OLG München, FamRZ 1993, 328),
- Trinkgeld 50 DM monatlich bei einer Halbtagstätigkeit als Serviererin (OLG Hamburg, FamRZ 1992, 1308).

Eine Schätzung ist aber dann nicht zulässig, wenn **konkrete Beweisangebote** vorliegen (BGH, NJW 1991, 697).

- **Vermögenserträge**

Auch **Einkünfte aus dem Vermögen** sind nach Abzug von Steuern und notwendigen Beschaffungskosten anzurechnen. Dies gilt gleichgültig, ob es sich um Erträge aus Grundvermögen, Kapitalerträge oder Dividenden handelt. 227

Speziell zur Behandlung von Einkünften aus der **Beteiligung** an einer Personen- oder Kapitalgesellschaft s. Fischer-Winkelmann/Maier, FamRZ 1996, 1391.

Einzelheiten s. unten „Einsatz des Vermögens" Rn. 425 und bei der Bedürftigkeit/Trennungsunterhalt Rn. 53.

- **Weihnachtsgeld**

Weihnachtsgeld ist unterhaltspflichtiges Einkommen und auf ein Jahr zu verteilen (BGH, NJW 1985, 822). 228

- **Wohngeld**

Wohngeld ist als Einkommen nur anzurechnen, soweit ihm nicht unvermeidbar hohe Kosten der Wohnung gegenüberstehen. Die Schwierigkeit dieses Nachweises führt in der Praxis überwiegend zur Nichtanrechnung (BGH, NJW 1984, 374; BGH, FamRZ 1998, 1501, 1503). 229

- **Wohnwert als anzurechnender Vorteil**

Von besonderer praktischer Bedeutung ist der **Wohnwert** (Wohnvorteil) von selbst genutztem eigenen Haus oder eigener Wohnung. Die hier in der Praxis auftretenden Fragen werden in einem gesonderten Abschnitt erörtert (s. Rn. 389). 230

- **Übergangsgebührnisse**

Übergangsgebührnisse und **Übergangsbeihilfe** für einen Zeitsoldaten sind für den Unterhalt einzusetzen (BGH, FamRZ 1987, 930). 231

- **Überstunden**

Geleistete **Überstunden** gehören in bestimmtem Umfange nach der Lebensanschauung noch zum normalen Arbeitsumfang und das daraus tatsächlich gezahlte Entgelt ist daher unterhaltsrechtlich auch anzurechnen. Als „**normal**" i. d. S. gelten Überstunden dann, wenn sie **geringen Umfanges** sind oder – **berufstypisch** – das im Beruf des Unterhaltsschuldners übliche Maß nicht übersteigen (BGH, NJW 1982, 2502; BGH, NJW 1980, 2251) und regelmäßig anfallen (BGH, NJW 1983, 2321), also einen typischen regulären und untrennbaren Bestandteil des ausgeübten Berufs darstellen (BGH, NJW 1982, 2502). 232

Dabei zählen die Überstundenentgelte zum anrechenbaren Einkommen, wenn sie die übliche Arbeitszeit um nicht mehr als 10 % übersteigen (OLG Köln, FamRZ 1984, 1108). In einzelnen Berufszweigen wie z. B. bei Berufskraftfahrern sind höhere Überstundenanteile bis zu 25 % der normalen Arbeitszeit als berufstypisch anzusehen (OLG Hamm, FamRZ 2000, 605). Das Mehreinkommen eines Assistenzarztes durch erhebliche Bereitschaftsdienste (50 – 88 Stunden monatlich) ist als berufstypisch voll bei der Unterhaltsbemessung zu berücksichtigen (OLG Hamburg, FamRZ 1986, 1212). Dies bedeutet aber nicht, dass es eine unterhaltsrechtliche Obliegenheit zur Ableistung von Überstunden gibt, wenn sie tatsächlich nicht abgeleistet werden. 233

Dies gilt unabhängig davon, ob diese Zahlungen ganz oder teilweise steuerfrei gewährt werden. Wenn Überstunden weit über diesen Wert hinaus geleistet werden, stellt sich die Frage ob diese Zahlungen als **Einkünfte aus unzumutbarer Arbeit** anzusehen sind, die unter Berücksichtigung der Interessen der Beteiligten nach Treu und Glauben anzurechnen sind (BGH, FamRZ 1980, 984). Hohe Kreditverpflichtungen, die die Eheleute vor der Trennung aufgenommen und im Wesentlichen mit den Einkünften aus Überstunden finanziert haben, können dazu verpflichten, weiterhin Überstunden im bisherigen Umfang zu erbringen (OLG Düsseldorf, FamRZ 1981, 31). Gleiches gilt bei hohen Unterhaltsverpflichtungen (OLG Hamm, FamRZ 2001, 565: neun Kinder; OLG Schleswig, FamRZ 1999, 1425). Auf der anderen Seite ist bei diesen Billigkeitsüberlegungen zu berück- 234 sichtigen, wenn der Unterhaltsberechtigten bereits ein deutlich über dem Mindestbedarf liegender Unterhaltsbetrag zur Verfügung steht (OLG Stuttgart, FamRZ 1995, 1488).

235 Den Pflichtigen trifft **die Darlegungs-** und **Beweislast** dafür, dass von Arbeitgeberseite her keine Überstunden mehr möglich sind.

236 Die Parteien eines Arbeitsvertrages können auch durch Vereinbarung festlegen, dass Überstunden durch **Freizeitausgleich** abgegolten werden können. Hierdurch kommt es zu einer Verminderung des laufenden Einkommens. Der **Freizeitausgleich** für anrechenbare Überstunden kann dann mit dem hypothetischen Einkommen in die Unterhaltsberechnung einfließen (Einzelheiten: Fiedler, ZFE 2002, 108).

- **Urlaubsgeld**

237 **Urlaubsgeld** ist anrechenbares Einkommen und auf ein Jahr zu verteilen.

- **Zählkindervorteil**

238 Während der **Zählkindervorteil** nach Auffassung des BGH zunächst als Einkommen angesehen worden ist (BGH, FamRZ 1990, 979; BGH, FamRZ 1992, 539), ist dies jetzt nach der gesetzlichen Regelung in § 1612 Abs. 4 BGB **nicht mehr** anzurechnen.

c) **Abzugspositionen beim Unterhalt**

239 Maßstab für die Berechnung des Unterhaltes ist das sog. **bereinigte Nettoeinkommen** des Unterhaltspflichtigen. Es sind folglich nicht nur die Einkünfte heranzuziehen, sondern auch anfallende Abzugspositionen zu berücksichtigen.

- **Altersvorsorge**

240 Angemessener Aufwand für die **Altersvorsorge** ist anzuerkennen (s. Sozialversicherungsbeiträge Rn. 248). Dabei wird dieser Aufwand durch die Zahlungen in die gesetzliche Rentenversicherung abgedeckt, so dass nach bisheriger **Rechtsprechung** neben der gesetzlichen Sozialversicherung keine weitere private Vorsorge, wie etwa zur Altersversorgung durch private Lebensversicherungen anzuerkennen war (OLG München, FuR 1999, 433, 435). Etwas anderes ist nur bei sehr guten finanziellen Verhältnissen bejaht worden (OLG München, FuR 1999, 369). Jedenfalls werden Lebensversicherungsbeiträge, die nicht der Altersvorsorge, sondern zum Zwecke der Darlehenstilgung (wie z. B. zur Finanzierung der Einrichtung einer Zahnarztpraxis) dienen, nicht von seinem Einkommen abgezogen (OLG Hamm, FamRZ 1991, 1310).

241 Möglicherweise wird hier in der Rspr. ein Umdenken einsetzen müssen bei Vermögensbildungen, die ausdrücklich zur Ergänzung der – als nicht mehr ausreichend erkannten – gesetzlichen Rentenversicherung abgeschlossen worden sind und daher z. B. im Rahmen der „Riesterrente" anerkannt werden.

242 Wird dem Versicherten im Rahmen des Versorgungsausgleichs ein Teil seiner Anwartschaften genommen, so besteht zudem ein Interesse daran, diesen Verlust durch Einzahlungen wieder auszugleichen. Diese Zahlungen kann der Versicherte aber unterhaltsrechtlich nicht einkommensmindernd in Abzug bringen (OLG Bamberg, FamRZ 1990, 1138), da sonst das Ergebnis des Versorgungsausgleichs unterhaltsrechtlich umgekehrt werden würde.

- **Berufsbedingte Aufwendungen**

243 Einige Oberlandesgerichte erkennen bei Berufstätigen ohne Nachweis eine **Pauschale** von 5 % der Einkünfte – unter Beachtung von Mindest- und Höchstwerten – als **berufsbedingten Aufwand** an (Arbeitnehmerpauschale). Der BGH hat Pauschalen in dieser Höhe nicht beanstandet (BGH, NJW 1992, 1621, vgl. auch BGH, FamRZ 2002, 536). Dabei wird die Pauschale i. a. R. zusätzlich neben dem Erwerbstätigkeitsbonus (s. dazu unten Rn. 289 ff.) angewandt (OLG Düsseldorf, FamRZ 1994, 1049, 1051.) Die Pauschale soll den tatsächlichen, konkret bezifferbaren Aufwand decken, während der Erwerbstätigkeitsbonus die Aufwendungen ausgleichen soll, die sich nicht eindeutig von den privaten Lebenshaltungskosten abgrenzen lassen.

Andere Oberlandesgerichte verlangen eine substantiierte Darlegung der einzelnen Positionen der berufsbedingten Aufwendungen, die dann konkret festgelegt werden vgl. ausführlich Bißmaier, FamRZ 2002, 1448).

- **Fahrtkosten**

Bei der konkreten Berechnung von notwendigen berufsbedingten **Fahrtkosten** wird bei der Benutzung eines **Kraftfahrzeuges** bislang üblicherweise von den Gerichten in Anlehnung an die Vorschrift des § 9 Abs. 3 des Gesetzes über die Entschädigung von Zeugen und Sachverständigen (ZuSEG) ein Satz von 0,40 DM (bzw. 0,21 €) pro tatsächlich gefahrenem km angesetzt, mit dem aber sämtliche Kosten des Fahrzeuges einschließlich der Anschaffungskosten und evtl. Kreditkosten abgegolten sind (BGH, FamRZ 1994, 87); andere Gerichte erkennen nur 0,30 DM oder 0,35 DM pro km an (Büttner/Niepmann, NJW 2001, 2225).

244

Bei **Selbstständigen** sind Fahrtkosten nicht abzusetzen, denn sie sind in die betrieblichen Kosten einzuordnen und stellen lediglich eine Position der Einnahme/Überschussrechnung dar.

Werden **öffentliche Verkehrsmittel** benutzt, so gelten die tatsächlich aufgewandten Kosten. Ein Unterhaltpflichtiger kann aber nicht ohne weiteres dazu angehalten werden, öffentliche Verkehrsmittel anstelle seines Kraftfahrzeuges zu benutzen. Hier kommt es vielmehr auf die **tatsächlichen Umstände** (Verkehrsverbindung, Zeitaufwand) an. Fallen über längere Zeiträume erhebliche Mehrkosten durch die Benutzung des PKW an, wird man aber über einen Wohnsitzwechsel des Unterhaltpflichtigen nachdenken müssen. Ggf. sind dann die anzurechnenden Kosten entsprechend zu beschränken (BGH, FamRZ 1998, 1501).

- **Krankenversicherungsbeiträge**

Aufwendungen für die **Krankenvorsorge** sind in angemessenem Umfang anzuerkennen. (S. Ausführungen zum Stichwort Sozialversicherungsbeiträge Rn. 248).

245

- **Lebensversicherungsbeiträge**

Lebensversicherungen dienen der Vermögensbildung, so dass sie grds. unterhaltsrechtlich nicht berücksichtigt werden können. (Zur Riester-Rente s. Altersvorsorge Rn. 241).

246

- **Pflegeversicherung**

Aufwendungen für die **Pflegeversicherung** gehören zur Krankheitsvorsorge. Sie sind daher auch als unterhaltsrechtlich relevanter Abzugsposten anzuerkennen (Büttner, FamRZ 1995, 193; Gutdeutsch, FamRZ 1994, 878).

247

- **Sozialversicherungsbeiträge**

Ebenfalls abzuziehen sind die gesetzlichen **Sozialabgaben**, also die Beiträge zur Rentenversicherung, Krankenversicherung, Arbeitslosenversicherung und Pflegeversicherung. Entsprechendes gilt für notwendige Vorsorgeaufwendungen wie z. B. Beiträge zu einer betrieblichen Altersversorgung oder zusätzlichen privaten Altersversorgung (Stichwort „Riester-Rente").

248

Die **Beitragssätze** für **Rentenversicherung, Arbeitslosenversicherung** und **Pflegeversicherung** werden jährlich bundeseinheitlich festgesetzt. Bei den **Krankenversicherungsbeiträgen** ist darauf zu achten, den korrekten Beitragssatz der Krankenversicherung anzusetzen! Um das bereinigte Einkommen genau feststellen zu können, muss die Krankenkasse des Betroffenen und deren aktuellen Beitragssatz bekannt sein.

Für die ehelichen Lebensverhältnisse sind auch die **Zusatzversicherungen** für Kranken- und Unfallvorsorge zu berücksichtigen (BGH, NJW 2002, 436, 439).

Selbstständige haben an der gesetzlichen Rentenversicherung keinen Anteil. Ihnen ist aber gleichwohl eine angemessene Versicherung gegen Krankheit und Erwerbsunfähigkeit sowie eine Vorsorge für das Alter zuzubilligen. In der Praxis geht der Streit meist um die Höhe der anzuerkennenden Aufwendungen. Vielfach wird als Richtschnur eine soziale Absicherung anerkannt, für die doppelten Beträge der entsprechenden gesetzlichen Versicherungen aufgewandt wird. Doppelte

249

Beträge werden deshalb zugrundegelegt, weil der Selbständige – anders als der Arbeitnehmer – auch die Arbeitgeberanteile für die angemessene Altersversorgung selbst aufbringen muss. Jedenfalls soll ein Selbständiger mindestens 20 % des Nettoeinkommens für Rentenersicherungen absetzen können (OLG Frankfurt/M., FamRZ 1989, 1300, 1301; differenzierend LG Detmold, FamRZ 1998, 47, 48).

- **Steuern und Solidaritätszuschlag**

250 Abzuziehen sind daher die gesetzlichen **Steuern** (Einkommen- und Kirchensteuer, soweit Kirchensteuerpflicht besteht) sowie der **Solidaritätszuschlag**. Freibeträge und Steuervorteile müssen dabei ausgeschöpft werden (s. oben Freibeträge Rn. 200 und Steuervorteile Rn. 222). Ist im Falle der Wiederverheiratung eine **Steuerklassenwahl** erfolgt, die allein dem neuen Ehepartner den Steuervorteil zuweist, so ist dies unterhaltsrechtlich zu korrigieren (s. oben Ausführungen zu dem Stichwort Steuervorteil Rn. 222).

251 Dabei ist umstritten, ob die steuerliche Belastung

- in der **tatsächlich angefallenen** Höhe (sog. In-Prinzip) oder
- in der nach der **steuerrechtlich korrekten** vorzunehmenden Veranlagung zu entrichtenden Höhe (sog. Für-Prinzip)

anzurechnen ist.

Hintergrund dieser Frage ist die eine faktische Situation des Einkommensteuerrechts. Normalerweise wird das Einkommen des verheirateten Unterhaltpflichtigen nach Steuerklasse III versteuert. Trennen sich aber die Eheleute, so gilt ab 1. 1. des auf den Trennungstag folgenden Jahres Steuerklasse I. Dies hat eine erhebliche Steuermehrbelastung zur Folge.

Beispiel:
Die Eheleute trennen sich zum 15. 10. 2001. Dann gilt ab 1. 1. 2002 nicht mehr Steuerklasse III, sondern Steuerklasse I. Bei einem Bruttoeinkommen von monatlich 2.500 € erhöht sich die Lohnsteuerbelastung von 181 € auf 448,75 €. Entsprechend steigen auch Kirchensteuern und Solidaritätszuschlag.

252 Im Unterhaltsverfahren liegen nun regelmäßig Gehaltsbescheinigungen des letzten Jahres des Zusammenlebens vor – somit basierend auf Steuerklasse III. Wird danach die Leistungsfähigkeit des Unterhaltspflichtigen festgelegt, so liegt diese Bewertung – wie das Beispiel zeigt – weit über der tatsächlichen Einkommenslage. Er müsste damit weit mehr an Unterhalt zahlen, als er nach dem Einkommen schuldet, dass rückwirkend vom Finanzamt für das entsprechende Jahr festgesetzt werden wird.

253 Zwar hat der BGH (BGH, FamRZ 1991, 304; FamRZ 1991, 670; FamRZ 1990, 981; BGH, FamRZ 1990, 501; kritisch Fischer-Winkelmann/Maier, FamRZ 1995, 79 und FamRZ 1993, 880) sich grds. für das In-Prinzip entschieden und eine fiktive Steuerberechnung wegen der damit verbundenen Risiken abgelehnt. Wegen der sich in der Praxis daraus ergebenden Schwierigkeiten gehen die Familiengerichte vielfach anders vor und rechnen selbst die Steuerbelastung auf die aktuellen Werte nach der jetzt korrekten Steuerklasse um. Denn sonst muss nach der endgültigen Steuerfestsetzung durch den Jahres-Einkommensteuerbescheid der Unterhalt im Wege der Abänderungsklage neu festgesetzt werden. Dies löst nicht nur neue Kosten aus, sondern birgt auch das Risiko, dass die Änderung unter 10 % beträgt und damit an der Wesentlichkeitsgrenze des § 323 ZPO scheitert.

Das Problem stellt sich in gleicher Weise hinsichtlich der Freibeträge und Steuervorteile, wenn diese nicht auf der Lohnsteuerkarte eingetragen worden sind. Der Arbeitgeber ermittelt aufgrund der in der Steuerkarte eingetragenen Steuerklasse und Freibeträge den monatlichen Steuersatz und führt diesen an das Finanzamt ab. Es handelt sich aber dabei lediglich um eine **vorläufige Steuerfestsetzung**, die über den **Lohnsteuerjahresausgleich** oder die **Einkommensteuerfestsetzung** nach oben oder nach unten korrigiert werden kann. Daraus ergeben sich entweder Nachzahlungspflichten oder Erstattungsansprüche des Steuerpflichtigen, die sich auch auf das unterhaltsrechtlich relevante Einkommen auswirken. Allerdings werden diese Zahlungen erst im Folgejahr fällig und werden nach der Rechtsprechung des BGH (BGH, FamRZ 1986, 153), der auch die meisten Oberlandesgerichte in ihren Leitlinien gefolgt sind, erst im Jahr der tatsächlichen Zahlung bei der Feststellung des unterhaltsrechtlich relevanten Einkommens berücksichtigt.

- **Schulden/Verbindlichkeiten**

S. hierzu die gesonderten Erörterungen ab Rn. 431. 254

- **Vermögenswirksame Leistungen und Arbeitnehmersparzulagen**

Wenn ein Arbeitnehmer **vermögenswirksam spart,** überführt er vermögenswirksame Leistungen, 255 die in seiner Gehaltsabrechnung als Abzüge erscheinen, in eine steuerlich begünstigte Anlageform. Dabei werden mithin Teile des Gehaltes oder Lohns vom Arbeitgeber einbehalten und – zusammen mit bestimmten Zulagen – in einem Bausparvertrag oder einen besonderen Sparvertrag eingezahlt. Dieses Geld steht aber dem Arbeitnehmer nach einer zeitlichen Verzögerung voll zur Verfügung. Ebenso wie andere Rücklagen zur Vermögensbildung können daher diese Zahlungen im Unterhaltsrechtsverhältnis keine Berücksichtigung finden. Die Erfüllung der Unterhaltspflicht **geht der Bildung eigenen Vermögens vor.** Vermögenswirksame Leistungen des Verpflichteten können also unterhaltsrechtlich dem Berechtigten nicht entgegengehalten werden (BGH, FamRZ 1992, 797; OLG Düsseldorf, FamRZ 1994, 1049; OLG Hamburg, FamRZ 1997, 574; OLG Frankfurt/M., FamRZ 1977, 800). Da sie in den Gehaltsauskünften und Lohnbescheinigungen i. a. R. vor der Ermittlung des Nettoeinkommens in Abzug gebracht worden sind, müssen sie für die Unterhaltsberechnung wieder hinzugerechnet werden.

Jedoch können die vom Arbeitgeber freiwillig oder im Rahmen tariflicher Zusagen geleisteten 256 **Arbeitnehmersparzulagen** nicht als unterhaltsrechtlich relevantes Einkommen angesehen werden. Das Gleiche gilt für **staatliche Sparzulagen,** die eben nur mit der **Zielrichtung der Vermögensbildung** und nicht zur Deckung des laufenden normalen Lebensbedarfes geleistet werden. Bei der Unterhaltsberechnung sind daher nach den meisten Unterhaltsrichtlinien der OLG etwaige Zusatzleistungen des Arbeitgebers für die vermögenswirksame Anlage sowie die staatliche Sparzulage dem Unterhaltspflichtigen – und ggf. auch dem Unterhaltsberechtigten – voll zu belassen (BGH, FamRZ 1992, 797; vgl. Hammer Leitlinien, FamRZ 2001, 1121 Nr. I 6; Leitlinien des OLG Oldenburg, FamRZ 2001, 972; OLG Köln, FamRZ 1999, 1049 Nr. 45; a. A. Leitlinien des KG, FamRZ 2001, 1126 Nr. 14).

Allerdings wird dies in verschiedenen Unterhaltsleitlinien dahingehend eingeschränkt, dass dem 257 Arbeitnehmer unterhaltsrechtlich nur die **Nettoquote** der vom Arbeitgeber gezahlten Zusatzleistungen zu belassen ist (so z. B. Hammer Leitlinien Nr. I 5; OLG Düsseldorf, FamRZ 1986, 1002). Diese Nettoquote errechnet sich aus dem Verhältnis des Nettoeinkommens zu Bruttoeinkommen des Arbeitnehmers.

Beispiel:

Bruttoeinkommen des Arbeitnehmers jährlich	*63.179,58 €*
Nettoeinkommen nach Abzug von Steuern und Sozialabgaben	*33.617,91 €*
Nettoquote	*53 %*
Zulagen des Arbeitgebers zur Vermögensbildung 40 € monatlich = jährlich	*480,00 €*
anzurechnen mit der Nettoquote (53 %) jährlich	*254,40 €*
monatlich	*21,20 €*

Unterhaltsrechtlich relevant ist mithin nicht die tatsächlich gezahlte Zulage von monatlich 40 €, sondern nur der Nettoanteil von 21,20 €. Dies lässt sich damit begründen, dass der Arbeitnehmer auf die erhaltenen 40 € Steuern und Sozialabgaben entrichten muss und ihm tatsächlich daher nur 21,20 € zur Unterstützung der eigenen Vermögensbildung zur Verfügung stehen.

In der Praxis ist genau zu prüfen, welche Beträge bereits in der Gehaltsabrechnung enthalten sind. 258 Das unterhaltsrechtlich relevante Einkommen ist dann z. B. wie folgt zu berechnen:

Nettoeinkommen gem. Gehaltsabrechnung monatlich	2.350,00 €
vom Arbeitgeber abgeführte vermögenswirksame Leistung hinzuzurechnen	+80,00 €
vom Arbeitgeber gezahlte Zulagen 40 € herauszurechnen mit Nettoquote (53%)	-21,20 €
staatliche Zulage (soweit in Gehaltsabrechnung enthalten) voll herauszurechnen	-13,00 €
unterhaltsrechtlich relevanten Einkommens	2.395,80 €

- **Vorsorgeaufwendungen**

259   Angemessener Aufwand für die Kranken- und Altersvorsorge sind anzuerkennen (s. Stichwort Sozialversicherungsbeiträge Rn. 248).

- **Werbungskosten**

260   Werbungskosten sind berufsbedingter Aufwand; s. oben Rn. 243.

d) Einkommensermittlung bei Selbstständigen

261   Die Einkommensermittlung bei Selbstständigen (Unternehmern, Freiberuflern) bietet in der Praxis besondere Schwierigkeiten.

aa) Maßgeblicher Zeitraum

262   Bei **Selbstständigen** wird für die Feststellung des durchschnittlichen Einkommens generell ein längerer **Zeitraum von drei bis fünf Jahren** zugrunde gelegt (BGH, FamRZ 1982, 152; OLG Köln, NJW-RR 1995, 1157; BVerfG, FamRZ 1993, 169).

Grund für diese Verfahrensweise ist einmal die Tatsache, dass die Einkünfte eines Selbstständigen aufgrund wirtschaftlicher Gegebenheiten stark schwanken können. Der Selbstständige hat aber auch eine Reihe von **Möglichkeiten**, sein **reales Einkommen zu beeinflussen**. So braucht z. B. ein Handwerker nur einige Wochen keine Rechnungen zu schreiben, um seine Einkünfte nachhaltig zu senken. Die Anschaffung einer teuren Maschine oder eines Firmenwagens drückt kräftig auf den Gewinn. Er kann befreundete Geschäftspartner bitten, Rechnungen für Leistungen zu stellen, die erst im nächsten Jahr erbracht werden. Die Bezahlung dieser Rechung senkt den Gewinn schon des laufenden Jahres. Auch kann der mit der Trennung verbundene Stress natürlich dazu führen, dass der Unterhaltspflichtige seinen Geschäften nicht mehr in früherem Umfang nachgehen kann.

Indem die Rspr. bei Selbstständigen nicht auf das Einkommen eines Jahres, sondern der letzten drei oder gar fünf Jahre abstellt, wird versucht, derartige **Manipulationsmöglichkeiten** zu reduzieren. Damit wird auch dem in der Praxis immer wieder zu beobachtenden Phänomen entgegengewirkt, dass die Einkünfte selbstständiger Unterhaltspflichtiger im nahen zeitlichen Zusammenhang mit Trennung und Scheidung geradezu dramatisch Einbrüche zu verzeichnen haben und vielfach fast die Insolvenz des Betriebes zu drohen scheint.

bb) Auskunft

263   Gerade bei Selbstständigen ist es daher sehr wichtig, sich umfassend **Auskunft** erteilen zu lassen. Wegen dieser zeitlichen Schwankungsbreite sollte man sich daher immer die detaillierten Unterlagen der letzten drei oder besser fünf Wirtschaftjahre geben lassen und sorgfältig hinsichtlich der Einzelposten überprüfen. An **Unterlagen** sollten vorgelegt werden:

- die Einnahmeüberschussrechnung,
- die Bilanz, soweit bilanziert wird,
- die betriebswirtschaftliche Auswertung (BWA),
- die Summen- und Saldenliste,
- die Umsatzsteuervoranmeldung,
- die Umsatzsteuerbescheide,

- die Einkommensteuerbescheide,
- die dazugehörigen Einkommensteuererklärungen.

cc) Möglichkeiten der Steuerung/Manipulation des Einkommens

Durch folgende Möglichkeiten kann der Selbstständige sein aktuelles Einkommen weiter beeinflussen: 264

- durch **Vorauszahlungen** auf das nächste Kalenderjahr,

    Beispiel:
    Der Gewerbetreibende zahlt den Pachtzins des nächsten Jahres für seine Montagehalle bereits im laufenden Jahr.

- durch **Rückstellungen** z. B. für Schadensersatzansprüche,
- durch **Forderungen**, die **nicht eingezogen** werden oder
- durch die **Ansparabschreibung** nach § 7g EStG.

Nach dieser Vorschrift können unabhängig von konkreten Investitionsplänen Rücklagen gebildet werden für Anschaffungen, die erst im nächsten oder übernächsten Wirtschaftsjahr getätigt werden sollen. Diese Beträge werden steuerrechtlich wie echte Abschreibungen behandelt und senken die Steuerlast im Vorgriff auf die zukünftige Ausgabe des Geldes für die beabsichtigte Anschaffung. Wird die Anschaffung nicht getätigt, wird die Rücklage aufgelöst und dem Gewinn wieder zugeführt (OLG Hamm, FamRZ 2002, 887) – allerdings erst im folgenden oder übernächsten Kalenderjahr. Auf diese Weise lassen sich Gelder auf dem Papier „in die Zukunft" transportieren und damit aus dem Bereich des Zeitraumes verschieben, der für die Unterhaltsbemessung zugrunde gelegt wird.

dd) Ansatzpunkte für die Einkommensermittlung

Ein erster Überblick über die Einkünfte des Selbstständigen lässt sich aus der **Bilanz** verschaffen. 265
Jedoch sind die dort ausgewiesenen Gewinne und Abzugspositionen unterhalterechtlich zu korrigieren (vgl. dazu ausführlich Kemper, FuR 2002, 55, FuR 2002, 122 und FuR 2002, 145).

Einen Ansatzpunkt für die Einkommensbemessung bei Selbstständigen bieten in der Praxis die aus 266
dem Betrieb getätigten **Entnahmen** (OLG Hamm, FamRZ 1996, 1216; Kleffmann, FuR 1994, 159 ff.; LG Hamburg, FamRZ 1997, 1102, ablehnend OLG Dresden, FamRZ 1999, 850; ausführlich Schürmann, FamRZ 2002, 1150; vgl. auch OLG Koblenz, FamRZ 2001, 1239 und OLG Hamm, FamRZ 1997, 674). Diese Privatentnahmen können im Unterhaltsprozess allerdings nur ein **Hilfsmittel** und **Indiz** sein, um das tatsächliche unterhaltsrechtlich relevante Einkommen festzustellen. Denn die Entnahmen stellen keine echten Einkünfte dar, sondern bedeuten steuerrechtlich einen Substanzentzug. Damit scheiden die Entnahmen als Maßstab aus, wenn das Betriebsvermögen durch Kredite bereits übermäßig belastet und durch Verluste so weit erschöpft ist, dass keine Vermögenssubstanz mehr vorhanden ist (OLG Hamm, FamRZ 1997, 674). Auch sind ggf. erfolgte Privateinlagen gegenzurechnen. An die Entnahmen wird in der Praxis immer dann angeknüpft, wenn konkrete Hinweise auf Manipulationen des steuerlichen Einkommens vorhanden sind. Auch kann bei der Unterhaltsfestsetzung für die Vergangenheit damit argumentiert werden, dass die Privatentnahmen tatsächlich zur Verfügung gestanden haben, um den gesamten Lebensbedarf zu decken und damit den tatsächlichen Lebenszuschnitt bestimmt haben.

Zu beachten ist dabei auch, dass die **Privatentnahmen** lediglich als **Bruttoeinkommen** behandelt werden können, also noch um die persönlichen Steuern und die angemessenen Vorsorgeaufwendungen bereinigt werden müssen (OLG Düsseldorf, FamRZ 1983, 397).

Auch kann eine Überprüfung anhand der **Branchendurchschnittsumsätze und Erträge** vor- 267
genommen werden.

ee) Abschreibungen (AfA)

268 Die **steuerlichen Abschreibungssätze** (AfA) sind unterhaltsrechtlich jedenfalls nicht voll zu akzeptieren, da sie nicht dem tatsächlichen Wertverlust entsprechen. Die Abschreibungssätze basieren allein auf steuerlichen Gesichtspunkten; es steht ihnen aber kein gleich hoher realer Wertverlust gegenüber (BGH, FamRZ 1980, 770; Kemper, FuR 2003, 168). Das sich aus den Steuerunterlagen ergebende steuerrechtlich relevante Einkommen ist daher nur als unterhaltsrechtliches **Mindesteinkommen** anzusehen (BGH, FamRZ 1982, 680, 681).

Abzustellen ist dabei immer auf den realen Einsatzzeitraum des betreffenden Wirtschaftsgutes. Teilweise wird unterhaltsrechtlich im Weg der Schätzung nach § 287 ZPO eine Reduzierung auf nur 2/3 der Abschreibungspositionen vorgenommen (OLG Hamm, FamRZ 1999, 1349). Zugrunde gelegt werden können dabei grds. die sog. AfA-Tabellen (OLG Hamm, FamRZ 1999, 1349; zur Behandlung von Sonderabschreibungen und Subventionszulagen vgl. BGH, FamRZ 2003, 741 m. krit. Anm. Gesken, FamRZ 2003, 744).

269 **Abschreibungen bei Gebäuden** werden anerkannt, soweit es sich um die eigene Wohnung handelt, nicht dagegen, wenn es sich um ein Renditeobjekt handelt (OLG Hamm, FamRZ 1999, 1349). **Instandsetzungskosten** sind unterhaltsrechtlich nur berücksichtigungsfähig, soweit es sich um notwendige Erhaltungskosten handelt. Nicht abzugsfähig ist dagegen der Aufwand, der eigentlich auf eine Vermögensbildung gerichtet ist wie für Ausbauten und wertsteigernde Verbesserungen (BGH, FamRZ 1997, 281).

270 Die **Darlegungslast** für die Behauptung, dass eine Abschreibung ganz oder teilweise als einkommensmindernd zu berücksichtigen ist, hat der **Selbstständige**. Der Selbstständige muss daher auch darlegen, warum die Investitionen in dieses Wirtschaftsgut für den Erhalt und die Fortführung des Betriebes notwendig waren, denn unterhaltsrechtlich sind unnötige Investitionen nicht mitzufinanzieren. Darzulegen ist auch, wie lange das Wirtschaftsgut, das der Selbstständige steuerrechtlich abschreibt, zu gebrauchen ist (Lebensdauer und technische Verwendbarkeit des Wirtschaftsgutes).

271 Der Selbstständige sollte sich aber nicht auf einen pauschalen Sachvortrag beschränken (OLG Koblenz, FamRZ 2000, 605). Vielmehr ist er gehalten, **detaillierte Abschreibungslisten** vorzulegen, aus denen sich für die einzelnen Gegenstände die jeweilige Abschreibung ergibt. Damit hat er seiner Darlegungslast entsprochen; der Gegner ist dann gehalten, diesen Sachvortrag substantiiert anzugreifen. Entspricht sein Vortrag diesen Anforderungen nicht, dann muss er hinnehmen, dass mit pauschalen Abschlägen gearbeitet wird.

272 Wird im Unterhaltsverfahren nur ein **reduzierter Abschreibungssatz** akzeptiert, so ist zu beachten, dass sich daraus eine **längere Abschreibungsdauer** ergibt. Die – reduzierte – Abschreibung ist daher unterhaltsrechtlich länger anzurechnen als dies steuerrechtlich der Fall wäre. Der juristische Berater eines Selbstständigen ist deshalb gehalten, diese „**Fernwirkungen**" im Augen zu behalten und bei späteren Unterhaltsberechnungen – in nachfolgenden Zahlungsverfahren oder auch Abänderungsprozessen – einzubringen.

> *Beispiel:*
>
> *Der Unternehmer kauft einen Firmenwagen zum Preise von 50.000 €, den er steuerrechtlich auf fünf Jahre mit 10.000 € pro Jahr abschreiben kann. Das Gericht erkennt im Unterhaltsrechtsstreit nur eine reduzierte Abschreibung von 5.000 € jährlich an. Damit erhöht sich unterhaltsrechtlich der Abschreibungszeitraum auf zehn Jahre unabhängig von der tatsächlichen steuerlichen Bewertung. Damit kann der Selbstständige auch in den nächsten neun Jahren jeweils 5.000 € unterhaltsrechtlich als Abschreibung ansetzen, auch wenn diese nach Ablauf von fünf Jahren – wegen Auslaufens der steuerlichen Abschreibungsfristen – in den Unterlagen des Selbstständigen nicht mehr auftaucht.*

ff) Einzelne Einnahmen und Ausgabepositionen bei Selbstständigen

Die vom Gewerbetreibenden oder Freiberufler regelmäßig erbrachten **Tilgungsleistungen** auf bestehende Kredite sowie die Kreditentwicklung sollten über mehrere Jahre vergleichend betrachtet werden. Dabei ist davon auszugehen, dass die Kredite grds. aufgenommen werden, um Investitionen zu ermöglichen, die wiederum zu neuen, erhöhten Abschreibungen führen. Die Entwicklung der Kredite und die Tilgungsleistungen sollten also zu den eingesetzten Abschreibungssätzen passen. Sind hier größere Abweichungen festzustellen, besteht Grund zum Misstrauen. 273

Bei **Leasingraten** ist eine Angemessenheitsprüfung vorzunehmen. Dabei ist einmal auf die berufliche Position abzustellen, zum anderen auf das Verhältnis der Raten zu den Einkünften. 274

Durch den Vergleich über mehrere Jahre können auch plötzliche Steigerung der **Personalkosten** oder bei den **Fremdleistungen** aufgedeckt werden. Bleibt der Umsatz gleich, so muss der Unterhaltspflichtige schon besondere Gründe für eine solche Kostenerhöhung anführen können. In der Praxis besteht auch vielfach Anlass zu der Prüfung, ob etwa ein neuer Lebensgefährte oder neuer Ehepartner Gehalt bezieht, ohne entsprechende Arbeitsleistungen in dem Betrieb zu erbringen. 275

In der Gewinn- und Verlustrechnung ausgewiesene **Reise- und Bewirtungskosten** des Selbstständigen werden unterhaltsrechtlich regelmäßig nicht anerkannt (vgl. Kalthoener/Büttner/Niepmann, Die Rechtsprechung zur Höhe des Unterhalts, Rn. 943 m. w. N.), da es sich um Aufwendungen handelt, die ein abhängig Beschäftigter nicht geltend machen kann. Auch muss der Selbstständige sich auch Privatanteile am **Telefon**, am **Porto** und an der **Kfz-Nutzung** zurechnen lassen. In der Rspr. wird hier eine Anrechnung von 35 % bis 50 % der entstandenen Kosten vertreten. 276

Häufig wird bei der Berechnung des Unterhalts auch **Schwarzgeld** behauptet. Natürlich tauchen diese Beträge nicht in den Unterlagen des Gewerbetreibenden auf. Nicht registrierte Einkünfte lassen sich aber u. U. durch einen Vergleich mit dem Zugewinn nachvollziehen. Haben die Eheleute nur ein geringes Anfangsvermögen gehabt und auch durch Erbschaft oder Schenkung keine zusätzlichen Vermögenswerte erlangt, dann muss das am Ende bestehende Vermögen in der Ehe erwirtschaftet worden sein. Deckt sich dies nicht mit den offiziellen Angaben über das während der Ehe erzielte Einkommen, dann kann angenommen werden, dass die restlichen Beträge „schwarz" erworben worden sind. 277

Vorsorgeaufwendungen für die Alters- und Krankenvorsorge sind beim Selbstständigen ebenfalls anzuerkennen (s hierzu oben Ausführungen zu den Sozialversicherungsbeiträgen Rn. 248). 278

Die grds. **Darlegungs- und Beweislast** des Unterhaltspflichtigen für die eingeschränkte Leistungsfähigkeit ist zu beachten. Zur Darlegung seiner Leistungsfähigkeit genügt es nicht, wenn der Selbstständige lediglich sein steuerliches Einkommen aufzeigt (BGH, FamRZ 1998, 357; OLG Hamm, FamRZ 1999, 1216; OLG Koblenz, FamRZ 2000, 605, weitergehend für das PKH-Verfahren OLG Brandenburg, FamRZ 1998, 1301).

Ist eine weitere Aufklärung unverhältnismäßig schwierig und stehen insbesondere die zu erwartenden Kosten eines **betriebswirtschaftlichen Gutachtens** in keinem Verhältnis zur Unterhaltsforderung, kann ggf. eine **Schätzung nach § 287 ZPO** in Betracht kommen (BGH, FamRZ 1993, 789 ff.). 279

Es empfiehlt sich daher ein **umfassender detaillierter Sachvortrag** der maßgeblichen Fakten, damit das Gericht eine ausreichende Tatsachenbasis für die vorzunehmende Schätzung hat. Legt der Unterhaltsberechtigte plausibel ein bestimmtes Einkommen z. B. anhand des bisherigen Konsumverhaltens, der Hausbelastungen, der Urlaubsgewohnheiten dar, so darf sich der Verpflichtete nicht auf bloßes Bestreiten beschränken. Um dieser Darlegungslast wirksam entgegenzutreten, ist der Unterhaltspflichtige verpflichtet, seine Einkommensverhältnisse im Einzelnen darzulegen und notfalls zu beweisen. Denn grds. ist die Partei darlegungspflichtig, die Zugang zu den relevanten Daten hat. 280

gg) Anrechnung fiktiver (hypothetischer) Einkünfte aus einem abhängigen Beschäftigungsverhältnis

281 Verdient der Selbstständige in seiner Tätigkeit weniger, als er aufgrund seiner Ausbildung in einem abhängigen Beschäftigungsverhältnis verdienen würde, so kommt auch die Anrechnung **hypothetischer (fiktiver) Einkünfte** in Betracht (OLG Koblenz, FamRZ 2000, 288; OLG Schleswig, FamRZ 1998, 1180; OLG Stuttgart, FamRZ 1991, 1059). In solchen Fällen gehen die Familiengerichte dazu über, ein fiktives Einkommen zugrunde zu legen.

282 Anerkannt ist in den obergerichtlichen Rspr. ebenfalls, dass eine andere Tätigkeit aufgenommen werden muss, wenn sich die selbstständige Tätigkeit über längere Zeit als finanziell nicht tragfähig erweist (OLG Düsseldorf, FamRZ 1997, 1078; OLG Hamm, NJW-RR 1995, 1283; OLG Zweibrücken, NJW 1992, 1901, 1904; OLG Hamm, FamRZ 1992, 970). So ist auch die Verpflichtung zur Aufnahme einer Nebentätigkeit bejaht worden, denn dauerhaft an einer nicht auskömmlichen Tätigkeit als Landwirt festgehalten wird; allerdings ist zu prüfen, ob auf dem Arbeitsmarkt mit einer angemessenen Beschäftigung gerechnet werden kann (BGH, FamRZ 1998, 357, 359).

Die Überlegungsfrist bei nachhaltig unrentablem Geschäftsbetrieb und regelmäßigen Verlusten wird von den Gerichten unterschiedlich bewertet:

- zwei Jahre (OLG Dresden, FamRZ 1999, 396; OLG Düsseldorf, FamRZ 1997, 1078; OLG München, MDR 1998, 658),
- drei Jahre (OLG Koblenz, FamRZ 2000, 288; AG Besigheim, FamRZ 2000, 1429),
- vier Jahre (OLG Koblenz, FamRZ 2000, 288),
- mehrere Jahre (OLG Schleswig, FamRZ 1998, 1180).

283 Die Höhe der erzielbaren Einkünfte **schätzt** das Familiengericht **nach § 287 ZPO** (s. unten Rn. 374).

hh) Sonderfall: Aufnahme einer selbstständigen Tätigkeit

284 Zwar ist ein **Wechsel** aus einem abhängigen Arbeitsverhältnis **in die Selbstständigkeit** unterhaltsrechtlich nicht vorwerfbar. Bei der Aufnahme einer selbstständigen Tätigkeit ist aber regelmäßig eine Anlaufphase erforderlich, in der noch keine Einkünfte oder sogar Verluste anfallen. Daher muss für eine Übergangszeit mit finanziellen Einschränkungen gerechnet werden. Wer sich aber selbstständig macht, ohne zuvor den Unterhalt zumindest für eine Übergangsfrist von zwei bis drei Jahren durch Bildung von Rücklagen oder Darlehensaufnahme sicherzustellen, handelt leichtfertig und kann den Unterhaltsberechtigten regelmäßig die Verminderung des Einkommens oder die Verluste nicht entgegenhalten (BGH, FamRZ 1987, 372, 374; BGH, FamRZ 1982, 365; OLG Hamm, FamRZ 1996, 959; OLG Frankfurt, NJW-RR 1990, 1477).

15. Selbstbehalt

285 Die Festlegung des Unterhaltes nach Quoten findet nach unten dort eine Grenze, wo der Unterhaltsverpflichtete selbst nicht mehr das für seine eigene Lebensführung Erforderliche behält (**Selbstbehalt**). Darunter ist der Betrag zu verstehen, der dem Unterhaltspflichtigen verbleiben muss, um ihm eine Existenz in einfachsten Verhältnissen zu ermöglichen (BGH, NJW 1984, 1614; FamRZ 1985, 1243, 1244 = NJW 1986, 186, 187; BGH, NJW 1990, 1172 = FamRZ 1990, 260).

286 Der Selbstbehalt wird in den Unterhaltstabellen der OLG unterschiedlich festgesetzt. Nach der Düsseldorfer Tabelle beträgt er seit dem 1. 1. 2002 (unverändert geblieben zum 1. 7. 2003) bei einem erwerbstätigen Unterhaltspflichtigen gegenüber dem getrenntlebenden Ehegatten **840 €**, während für die östlichen Bundesländern von den dort zuständigen Oberlandesgerichten teilweise **750 €**, teilweise **855 €** angesetzt werden.

Wird der Selbstbehalt des Unterhaltspflichtigen nach Abzug aller Unterhaltsverpflichtungen von seinem bereinigten Einkommen unterschritten, liegt ein Mangelfall vor. (S. Ausführungen zum Mangelfall mit Berechnungsbeispielen unter Rn. 576 f.)

In einigen **Sonderfällen** scheidet die **Berufung auf die Unterschreitung** des Selbstbehaltes aus. 287
So ist einem aus der ersten Ehe seinem minderjährigen Kind gegenüber unterhaltspflichtigen
Vater, der in einer nichtehelichen Lebensgemeinschaft die Betreuung eines minderjährigen Kindes
übernommen hatte, In Anwendung der „Hausmann-Rechtsprechung" des BGH verwehrt worden,
sich auf mangelnde Leistungsfähigkeit zu berufen. Seine Leistungsfähigkeit ist fiktiv nach seinem
letzten Erwerbseinkommen berechnet worden (OLG Köln, NJW 2000, 2117). Ähnlich ist einer
wiederverheirateten und in der neuen Ehe ein minderjähriges Kind versorgenden Mutter, deren
Eigenbedarf auf Grund des Einkommens ihres neuen Ehemannes gedeckt ist, verwehrt worden,
gegenüber ihrem minderjährigen Kind aus erster Ehe sich hinsichtlich ihrer eigenen Einkünfte auf
einen Selbstbehalt zu berufen (OLG Celle, FamRZ 2000, 1430). Dagegen wenden einzelne
Gerichte in derartigen Fällen einen verminderten Selbstbehaltsatz an (OLG Frankfurt, FamRZ
1999, 399, OLG Hamm, FamRZ 1999, 42).

Entsprechend ist bei der Inanspruchnahme auf Zahlung von Kindesunterhalt der notwendige 288
Selbstbehalt reduziert worden, wenn der Unterhaltsverpflichtete mit einem neuen Ehepartner in
häuslicher Gemeinschaft lebt (OLG Hamm, FamRZ 2000, 311). Ebenso ist nach Ansicht des OLG
Koblenz zumindest dann auch beim Ehegattenunterhalt zu verfahren und der Selbstbehalt um mindestens 150 € monatlich zu kürzen, wenn der unterhaltsberechtigte Ehegatte ähnlich hilflos ist wie
ein Kind, weil er wegen der Betreuung eines minderjährigen Kindes an der Erwerbstätigkeit gehindert ist (OLG Koblenz, FamRZ 2003, 313).

16. Berechnung des Unterhaltes (Quotenbedarf, Erwerbstätigenbonus)

Die Berechnung des Unterhalts nach den ehelichen Lebensverhältnissen erfolgt auf der Grundlage 289
des **Bedarfs,** wie er durch die Lebensverhältnisse zur **Zeit des Zusammenlebens** der Eheleute
bestimmt wurde.

In der Praxis wird dies aber durch den **Quotenbedarf** konkretisiert, der aus einem rechnerischen
Anteil an der aktuellen Einkommensdifferenz der Parteien besteht. Nur bei außergewöhnlich hohen
Einkommensverhältnissen wird eine **konkrete Berechnung** des Unterhaltes vorgenommen. Dies
beruht auf der Überlegung, dass bei einer normalen finanziellen Situation die wirtschaftlichen Verhältnisse der Eheleute entscheidend durch die Einkünfte bestimmt worden sind. Auf das aktuelle
Einkommen wird deswegen abgestellt, weil i. a. R. davon auszugehen ist, dass keine unvorhersehbaren oder ungewöhnlichen Veränderungen der Einkommenssituation vorgekommen sind. Bei normalen oder unterdurchschnittlichen finanziellen Verhältnissen wird daher in der Praxis meist direkt
eine **abstrakte Unterhaltsberechnung nach Quoten** auf der Basis der aktuellen Einkommensverhältnisse durchgeführt.

Das Abstellen auf die **aktuellen Einkommensverhältnisse** ist im Normalfall unproblematisch. 290
Während der Trennung bis zur Rechtskraft der Scheidung nehmen die Ehegatten ohnehin grds. an
der Entwicklung ihrer gegenseitigen Lebensverhältnisse teil (BGH, NJW 1999, 717). Sofern nach
der Scheidung die wirtschaftliche Entwicklung der geschiedenen Eheleute in vorsehbaren Bah-
nen verläuft, bestehen ebenfalls keine Bedenken, da die aktuellen Verhältnisse bereits in der Ehe
angelegt waren. Erst wenn diese Entwicklung einen außergewöhnlichen, unvorhersehbaren Verlauf genommen hat, kann nicht mehr entscheidend auf das aktuelle Einkommen abgestellt werden
(s. Rn. 173 ff.).

Nach der Rspr. des BGH gilt für Ehegattenunterhalt der **Halbteilungsgrundsatz,** wonach das den 291
Eheleuten zur Verfügung stehende Einkommen im Prinzip jedem einzelnen Ehegatten zur Hälfte
zusteht. Auch der Quotenbedarf geht von der **Halbteilung** der Differenz des beiderseitigen Einkommens der Ehegatten aus, die der Rollensymmetrie des Ehegattenunterhalts entspricht.

Bei Erwerbseinkommen wird dieser Grundsatz jedoch durch den **Erwerbstätigenbonus** modifi- 292
ziert. Dem Erwerbstätigen wird ein maßvoller Anteil seines Nettoeinkommens vorab zur eigenen
Verfügung zu belassen (BGH, FamRZ 1990, 503; 1991, 304), der also bei der Unterhaltsberechung
im Ergebnis unberücksichtigt bleibt. Dieser anrechnungsfreie Anteil soll dem Erwerbstätigen einen

Ausgleich für die mit der Berufstätigkeit verbundenen Mehraufwendungen bieten. Er dient damit der **Erhaltung der Arbeitskraft** und **Arbeitsfreude** und soll den Erwerbstätigen zur Fortsetzung seiner Erwerbstätigkeit motivieren (BGH, FamRZ 2000, 1492).

293 Dieser **Erwerbstätigenbonus** soll demgemäß eine Anreizfunktion zugunsten eines Erwerbstätigen ausüben. Dieser Bonus ist daher **nur bei Erwerbseinkünften**, nicht aber bei Kapital- oder Mieteinnahmen anzusetzen (BGH, FamRZ 1990, 989; BGH, FamRZ 1991, 1163).

294 Die **Anrechnung** geschieht in der Weise, dass eine bestimmte Quote dieser begünstigten Einkünfte **anrechnungsfrei** verbleiben. An dem Restbetrag ist der andere Ehegatte mit der Hälfte zu beteiligen.

295 Die **Höhe der Quote** wird in den **Unterhaltsleitlinien der einzelnen OLG** nicht einheitlich festgesetzt. Der BGH hat einen Erwerbstätigenbonus von 1/7 – so wie er in der Düsseldorfer Tabelle zugrundegelegt wird – nicht beanstandet (BGH, FamRZ 1988, 265, 267; FamRZ 2000, 1492). Die Leitlinien der süddeutschen Oberlandesgerichte rechnen dagegen nur mit 10 % (FamRZ 2001, 1433). Der BGH hat in seinen Entscheidungen jedoch hervorgehoben, dass die Höhe des Erwerbstätigenbonus allein **im Ermessen** des Tatrichters liegt (BGH, NJW 2001, 3619; BGH, FamRZ 2000, 1492; BGH, NJW 1998, 2821).

296 Nicht einheitlich beantwortet wird auch die Frage, ob der **Erwerbstätigenbonus neben einem pauschalen Ansatz von berufbedingten Aufwendungen** Berücksichtigung finden kann. Einige OLG erkennen bei Berufstätigen ohne Nachweis eine Pauschale von 5 % der Einkünfte – unter Beachtung von Mindest- und Höchstwerten – als berufsbedingten Aufwand an. Auch hier ist die Frage, ob diese Pauschale **neben** dem Erwerbstätigenbonus anzusetzen ist, allein Sache des **tatrichterlichen Ermessens** (BGH, NJW 2001, 3619; BGH, FamRZ 2000, 1492; BGH, NJW 1998, 2821). Das OLG Düsseldorf wendet den Erwerbstätigkeitsbonus neben einer Pauschale an (OLG Düsseldorf, FamRZ 1994, 1049, 1051; gebilligt von BGH, FamRZ 2000, 1492 m. Anm. Schulz). Dabei soll die Pauschale den tatsächlichen, konkret bezifferbaren Aufwand decken und der Erwerbstätigkeitsbonus die Aufwendungen ausgleichen, die sich **nicht eindeutig** von den privaten Lebenshaltungskosten abgrenzen lassen.

297 Zu berücksichtigen ist dabei weiterhin, dass die **Unterhaltsansprüche minderjähriger oder privilegiert volljähriger ehelicher Kinder** aus § 1603 BGB mit dem Tabellenbetrag der Düsseldorfer Tabelle zuvor vom bereinigten Einkommen des Elternteils **abgezogen** werden, der auch tatsächlich Barunterhalt zahlt.

Fraglich ist aber, ob auch der **Unterhalt volljähriger Kinder**, der nach § 1609 Abs. 1 BGB nachrangig ist, vorweg zu berücksichtigen ist. Dies dürfte akzeptiert werden könne, wenn die Unterhaltslast für das volljährige Kind bereits die ehelichen Lebensverhältnisse geprägt hat (BGH, FamRZ 1985, 912; BGH, FamRZ 1990, 258; Eschenbruch in: Eschenbruch, Der Unterhaltsprozess, Rn. 1245).

298 Verfügt allein der unterhaltspflichtige Ehegatte über Einkommen, dann bemisst sich der Unterhaltsanspruch allein nach diesem Betrag. Der **Erwerbstätigenbonus** wird dadurch gesichert, dass dem Unterhaltspflichtigen 4/7 verbleiben und dem Unterhaltsberechtigten 3/7 zustehen.

299 Aber auch dem erwerbstätigen **Unterhaltsberechtigten** ist aus Gründen der Gleichbehandlung ein entsprechender Teil seines Einkommens anrechnungsfrei zu belassen (BGH, FamRZ NJW 1988, 2034). Erzielen also beide Ehegatten Einkommen aus Erwerbstätigkeit und haben diese Einkünfte bereits die ehelichen Lebensverhältnisse geprägt, so wird nach der **Differenzmethode** die Differenz der bereinigten Einkünfte beider Eheleute gebildet und hieraus mit Hilfe der **Quote** der Unterhaltsanspruch des Berechtigten errechnet. Dem Berechtigten stehen dabei dann 3/7 zu, dem Verpflichteten 4/7, so dass der **Erwerbstätigenbonus** von 1/7 hier bei der Differenz berücksichtigt wird.

Einige OLG wenden jedoch anstelle der 3/7 – 4/7-Quoten eine 2/5 – 3/5-Verteilung an. Die obergerichtlichen Leitlinien haben allerdings nach der Rspr. des BGH nur Orientierungscharakter und ändern nichts an der Aufgabe der Gesetzesauslegung in eigener Verantwortung des Gerichts (BGH, NJW 1984, 1813).

Bei **gehobenen Einkommensverhältnissen** ist der Unterhalt dagegen nicht nach einer Quote des Einkommens, sondern nach dem **konkret zu ermittelnden Bedarf** zuzuerkennen (BGH, FamRZ 1994, 169, 1170; OLG Köln, FamRZ 2002, 325; OLG Karlsruhe, NJW-RR 2000, 1026; Norpoth, ZFE 2003, 179). Denn einerseits gibt es keine Sättigungsgrenze, die den nachehelichen Unterhalt nach oben begrenzen würde. Auf der anderen Seite entspricht es der Lebenserfahrung, dass bei weit überdurchschnittlichen Lebensverhältnissen nicht alle verfügbaren Mittel für den Konsum verwandt werden, sondern mehr oder weniger planvoll zur Vermögensbildung verwendet werden. Die Berechnungsmethode nach einer Quote aus der Differenz der beiderseitigen Einkommen ist folglich nur auf einfache und mittlere Verhältnisse zugeschnitten, in denen nahezu die gesamten Einkünfte zur Lebensführung eingesetzt werden (OLG Köln, FamRZ 1998, 1170).

300

Eine **quotenmäßige Berechnungsmethode** ist aber nur dann gerechtfertigt, wenn die erzielten Einkünfte nahezu vollständig für den Lebensbedarf verbraucht werden. Einkünfte, die der **Vermögensbildung** zugeführt wurden, bleiben jedoch bei der Bedarfsbestimmung außer Betracht (OLG Koblenz, FamRZ 2000, 605). Das Maß des Unterhalts richtet sich in diesen Fällen nach den spezifischen, besonders günstigen Lebensverhältnissen. Da der Unterhaltsberechtigte beanspruchen kann, auch grds. weiterhin an dem in der Ehe geübten hohen Lebensstandard teilzuhaben, bestimmt sich die Höhe ihres Unterhaltsanspruchs danach, in welchem Umfang das Familieneinkommen während des Zusammenlebens der Parteien für den allgemeinen Lebensunterhalt verwendet wurde (vgl. BGH, FamRZ 1994, 1169). Der **Unterhaltsbedarf** muss hier **konkret ermittelt werden** (OLG Köln, FamRZ 2002, 326; OLG Frankfurt/M., FamRZ 1997, 353; OLG Hamm, FamRZ 1992, 1175; OLG Köln, FamRZ 1982, 322). Dazu müssen die Aufwendungen nachvollzogen werden, die für die Aufrechterhaltung des von den Eheleuten erreichten Lebensstandards erforderlich sind. Maßgebend ist dabei der Lebenszuschnitt, den vermögende Ehegatten im Regelfall **vernünftigerweise** wählen (BGH, FamRZ 1994, 1171). Dazu gehören neben den Kosten für den allgemeinen Lebensbedarf die Aufwendungen für Wohnen einschließlich Nebenkosten und Telefon, Kleidung, Körperpflege sowie Friseur und Kosmetik, Haushaltshilfe, Unterhaltung eines angemessenen Kraftfahrzeugs, sportliche Betätigung, Hobbys und Restaurantbesuche, Teilnahme an kulturellen Veranstaltungen, Zeitschriften, Urlaub. Anzuknüpfen ist dabei an den Verbrauch während der Ehe. Auch Aufwendungen für Alters- und Krankheitsvorsorge sind in angemessenem Umfang zu berücksichtigen.

Der Unterhaltsberechtigte muss seine einzelnen Bedarfspositionen so konkret vortragen, dass das Gericht in die Lage versetzt wird, den Gesamtbedarf nach § 287 ZPO zu schätzen. Den Bedarf für die Frau eines Selbständigen mit einem monatlichen Einkommen zwischen 12.000 und 17.000 DM hat das OLG Köln (FamRZ 2002, 326) beispielsweise auf 4.500 DM geschätzt.

17. Berechnungsbeispiele für die Unterhaltsberechung

Der Unterhalt wird grds. als Quote des verfügbaren Einkommens errechnet.

301

Beispiel 1:

Der Unterhaltspflichtige verfügt über ein durchschnittliches bereinigtes Nettoeinkommen von monatlich 2.980 €. Der Unterhaltsanspruch des nicht erwerbstätigen unterhaltsberechtigten Ehegatten beträgt davon 3/7 = 1.277,14 €.

Beispiel 2:

Der geschiedene Ehemann ist den Kindern Timo, 14 Jahre alt und Sandra, 7 Jahre alt zum Unterhalt verpflichtet. Außerdem soll er Unterhalt für die Ehefrau zahlen, die die Kinder betreut. Sein durchschnittliches monatliches bereinigtes Nettoeinkommen beträgt 2.980 €. Der Ehegattenunterhalt errechnet sich danach wie folgt:

bereinigtes Nettoeinkommen	2.980,00 €
Tabellenunterhalt Timo (14 Jahre)	455,00 €
Tabellenunterhalt Sandra (7 Jahre)	386,00 €

Teil 6 Abschnitt 1: D. Ehegattenunterhalt für die Zeit nach der Rechtskraft der Scheidung

Resteinkommen	2.139,00 €
Ehegattenunterhalt (3/7-Quote)	916,71 €

Dem Unterhaltspflichtigen verbleiben 1222,29 € , so dass kein Mangelfall vorliegt, denn der Selbstbehalt von 840 € ist gewahrt.

Beispiel 3:
Der Unterhaltspflichtige verfügt über ein durchschnittliches bereinigtes Nettoeinkommen von monatlich 2.573 €, der Unterhaltsberechtigte von 1.175,33 €. Der Ehegattenunterhalt errechnet sich wie folgt:

bereinigtes Nettoeinkommen des Pflichtigen	2.573,00 €
bereinigtes Nettoeinkommen des Berechtigten	-1.175,33 €
Differenz	1.397,67 €
Ehegattenunterhalt (3/7-Quote)	599,00 €

Nach Berücksichtigung der Unterhaltszahlung führt dies zu folgendem Ergebnis:

verbleibendes Einkommen des Pflichtigen	1.974,00 €
Gesamteinkommen des Berechtigten	1.774,33 €

Beispiel 4:
Der Unterhaltspflichtige verfügt über ein durchschnittliches bereinigtes Nettoeinkommen aus Erwerbstätigkeit von monatlich 2.573 €, zusätzlich aber noch über Kapitaleinkünfte i. H. v. monatlich 150 €. Der Unterhaltsberechtigte hat kein Einkommen.

Erwerbseinkommen des Pflichtigen	2.573,00 €
davon 6/7 anzurechnen (Erwerbstätigenbonus)	2.205,43 €
Kapitaleinkünfte des Pflichtigen	150,00 €
Summe	2.355,43 €
Unterhaltsanspruch des Berechtigten (davon 1/2)	1.177,71 €

Beispiel 5:
Der Unterhaltspflichtige verfügt über ein durchschnittliches bereinigtes Nettoeinkommen aus Erwerbstätigkeit von monatlich 2.573 €, der Unterhaltsberechtigte von 1.175,33 €. Zusätzlich erzielt der Unterhaltspflichtige noch Kapitaleinkünfte i. H. v. monatlich 150 €.

Erwerbseinkommen des Pflichtigen	2.573,00 €
davon 6/7 anzurechnen (Erwerbstätigenbonus)	2.205,43 €
Kapitaleinkünfte des Pflichtigen	150,00 €
Summe der Einkünfte des Pflichtigen	2.355,43 €
Erwerbseinkommen des Berechtigten	1.175,33 €
davon 6/7 anzurechnen (Erwerbstätigenbonus)	1.007,43 €
Differenz der beiderseitigen Einkünfte (2.355,43 € − 1.007,43 €)	1.348,00 €
Unterhaltsanspruch des Berechtigten (1/2 der Differenz)	674,00 €
verbleibendes Einkommen des Pflichtigen	2.049,00 €
(2.573,00 € + 150 € − 674,00 €)	
Gesamteinkommen des Berechtigten	1.849,33 €
(1.175,33 € + 674,00 €)	

Beispiel 6:
Der Unterhaltspflichtige verfügt über ein durchschnittliches bereinigtes Nettoeinkommen von monatlich 2.573 €, der unterhaltsberechtigte Ehegatte hat während der Ehe nicht gearbeitet und erzielt nach der Scheidung ein Einkommen von 1.175,33 €.

Nach der überholten **Anrechungsmethode** wurde der Ehegattenunterhalt wie folgt festgesetzt:

bereinigtes Nettoeinkommen des Pflichtigen	2.573,00 €
Ehegattenunterhalt (3/7-Quote)	1.102,71 €
bereinigtes Nettoeinkommen des Berechtigten	-1.175,33 €
Restunterhaltsanspruch	-72,62 €

Der Unterhalt wurde hier allein aus dem Einkommen des Pflichtigen errechnet. Davon wurde das Einkommen des Berechtigten abgezogen. Der Restbetrag war der Unterhaltsanspruch. Wenn – wie hier – der Restbetrag negativ wurde, stand kein Unterhaltsanspruch zu.

Nunmehr rechnet man auch hier nach der **Differenzmethode** (vgl. BGH, NJW 2001, 2254)

bereinigtes Nettoeinkommen des Pflichtigen	2.573,00 €
bereinigtes Nettoeinkommen des Berechtigten	-1.175,33 €
Differenz	1.397,67 €
Ehegattenunterhalt (3/7-Quote)	599,00 €

Die neue Rspr. führt zu einer erheblichen Verbesserung zugunsten des unterhaltsberechtigten Ehegatten:

Unterhalt nach Anrechnungsmethode	0,00 €
Unterhalt nach Differenzmethode	599,00 €
Unterschiedsbetrag	599,00 €
insgesamt verbleiben dem Unterhaltspflichtigen	1.974,00 €
insgesamt verbleiben dem Unterhaltsberechtigten	1.774,33 €

Zu den Möglichkeiten **der Korrektur über eine zeitliche Befristung des Unterhaltsanspruches** s. oben Rn. 169 ff. und unten Rn. 302 ff.

18. Scheidungsunterhalt bei Beteiligung ausländischer Ehegatten und bei Scheidung deutscher Staatsbürger im Ausland

Wegen der Besonderheiten aus dem Geltungsbereich des Internationalen Privatrechts, die gelten, wenn

- deutsche Staatsbürger im Ausland geschieden wurden und
- ausländische Mitbürger sich im Inland scheiden lassen oder im Ausland geschieden worden sind

ist auf die Ausführungen in Teil 13 des Buches zu verweisen.

Grds. gilt dabei, dass der Geschiedenenunterhalt dem Recht folgt, nach dem Ehescheidung durchzuführen ist (Art. 18 EGBGB).

Wurde die Ehe im Ausland geschieden, kann grds. nur dann Scheidungsunterhalt eingeklagt werden, wenn die Scheidung in der BRD anerkannt worden ist (BGH, FamRZ 1991, 925). Besonderheiten gelten in denjenigen Verfahren, in denen eine Anerkennung nicht erforderlich ist wie z. B. nach der EheEuGVVO.

Kennt das der Scheidung zugrundeliegende ausländische Recht keinen Geschiedenenunterhalt, dann haben die deutschen Gerichte diesen Ausschluss zu respektieren.

IV. Zeitliche Begrenzung des Unterhaltsanspruchs nach Scheidung gem. § 1578 Abs. 1 Satz 2 BGB

302

Die Bemessung des Unterhalts nach den ehelichen Lebensverhältnissen kann nach § 1578 Abs. 1 Satz 2 BGB **zeitlich begrenzt** und danach auf den **angemessenen Lebensbedarf** abgesenkt werden (dazu Brudermüller, FamRZ 1998, 649). Dabei setzt die Begrenzung des vollen Unterhalts

303

durch die Herabsetzung auf den angemessenen Lebensbedarf eine **Billigkeitsabwägung** voraus. Maßstab für die **Billigkeitsprüfung** ist das Verhältnis des vollen Unterhalts nach den ehelichen Lebensverhältnissen zu den Mitteln, die dem Verpflichtenden verbleiben (BGH, NJW 1987, 1555). Abzustellen ist auf die durch die Ehe eingetretene wirtschaftliche Abhängigkeit des Berechtigten vom Verpflichteten; zu berücksichtigen sind dabei die Dauer der Ehe, die Gestaltung der Haushaltsführung und Erwerbstätigkeit sowie die Kindesbetreuung (BGH, NJW 1990, 2810). Die Befristung des nachehelichen Unterhalts nach § 1578 Abs.1 Satz 2 BGB kommt daher nur in Betracht, wenn nach Ehedauer, erlittenen ehebedingten Nachteilen, Alter und Gesundheitszustand der Unterhaltsberechtigten sowie der Gestaltung von Haushaltsführung und Erwerbstätigkeit eine zeitlich unbegrenzte Bemessung des Unterhalts nach den ehelichen Lebensverhältnissen unangemessen wäre (BGH, FamRZ 2001, 905).

304 Bei der Frage der **Ehedauer** kommt es auf die Zeit zwischen **Eheschließung** und **Rechtshängigkeit** des **Scheidungsantrags** an (BGH, NJW 1986, 2833; BGH, FamRZ 1990, 857, 859; OLG Hamburg, FamRZ 1998, 295).

305 Zulässig ist nur eine Begrenzung auf den **angemessenen Lebensbedarf**, das ist mehr als das Existenzminimum oder der notwendige Bedarf, aber weniger als der volle Bedarf nach § 1578 BGB. Nach Ansicht des BGH bildet der **voreheliche Lebensstandard** einen Maßstab, der nicht unterschritten werden sollte (BGH, NJW 1986, 2832; ablehnend Brudermüller, FamRZ 1998, 649).

306 Diese Begrenzungsmöglichkeit dürfte in der Praxis noch an Bedeutung gewinnen (Gerhardt, FamRZ 2000, 134). Die oben unter Rn. 166 ff. dargestellte **Surrogats-Rechtsprechung** des BGH führt mit der Anwendung der Differenzmethode zu einer deutlich stärkeren Belastung der Unterhaltspflichtigen. Der BGH hat in diesem Zusammenhang ausdrücklich darauf hingewiesen, dass bei Anwendung der Differenzmethode eine Entlastung durch die **zeitliche Begrenzung des Unterhalts** gem. § 1573 Abs. 5 BGB oder durch eine **Begrenzung der Zeit und der Höhe** gem. § 1578 Abs. 1 Satz 2 BGB möglich ist. Diese Vorschriften sollen die sachlich nicht mehr gerechtfertigte Teilhabe am ehelichen Lebensstandard begrenzen, bieten demnach eine Korrekturmöglichkeit, wenn eine dauerhafte Beteiligung an den ehelichen Lebensverhältnissen unbillig ist. In der Praxis wird von diesen Begrenzungsmöglichkeiten, die in zahlreichen Fällen auf die Prüfung hinauslaufen, ob die Bedürftigkeit tatsächlich heute **noch wirklich „ehebedingt"** ist, bisher zu wenig Gebrauch gemacht. Denn je weniger die Bedürftigkeit des Berechtigten noch auf ehebedingte Nachteile zurückzuführen ist, desto eher kommt eine zeitliche Begrenzung des Unterhaltes in Betracht. § 1578 BGB ermöglicht allerdings keinen vollständigen Wegfall des Unterhaltsanspruchs (BGH, NJW 1999, 1630).

307 Nach **langer Ehedauer** oder **langer Kindesbetreuung** kommt eine Herabsetzung des Unterhalts nicht in Betracht. Nach langer Ehe soll z. B. eine Frau nicht auf den vorehelichen Status zurückfallen, zumal sie regelmäßig zur Verbesserung der ehelichen Lebensverhältnisse beigetragen hat (OLG Hamm, FamRZ 1993, 970). In der Rspr. sind zu diesem Fragenkreis folgende Fälle entschieden worden:

- Eine **Herabsetzung** ist **abgelehnt** worden
  - nach 20-jähriger Ehe: Eine Frau, die jahrelang für die gesamte Buchführung für mehrere Filialen zuständig war, muss nicht wieder als Angestellte arbeiten (BGH, FamRZ 1988, 1145).
  - Eine zeitliche Begrenzung des Unterhalts ist ausgeschlossen nach 32-jähriger Ehe (BGH, FamRZ 1987, 691).

- **Kein Ausschluss** der Begrenzung besteht bei einer Ehedauer von
  - neun Jahren (OLG Düsseldorf, FamRZ 1992, 951; OLG Hamm, FamRZ 1986, 908),
  - zehn Jahren (BGH, FamRZ 1990, 857),
  - zwölf Jahren (OLG Köln, FamRZ 1993, 565),
  - 16 Jahren (OLG Hamm, FamRZ 1995, 1204),

– nach 18-jähriger Ehe bei unregelmäßiger Beschäftigung Beschränkung auf fünf Jahre Unterhalt (OLG Köln, NJW-RR 1995, 1157).

Einige Gerichte sind auch dazu übergegangen, die Länge der zeitlichen Begrenzung nach der Ehedauer vorzunehmen (OLG Hamburg, FamRZ 1987, 1250; OLG Hamm, FamRZ 1986, 908). Das Gesetz bietet hierfür keinen Anhaltspunkt.

Die **Darlegungslast** für die Voraussetzungen einer solchen Befristung hat der **Unterhaltspflichtige**. Dabei müssen diese Umstände bereits im **ersten Unterhaltsprozess** vorgebracht werden, sofern – wie im Normalfall – die maßgeblichen Umstände bereits abzusehen sind. Dem Unterhaltspflichtigen droht damit in einschlägigen Fällen der endgültige Verlust von Rechten, wenn nicht im Erstprozess bereits entsprechender Sachvortrag in das Verfahren eingebracht wird.

Es geht nicht, den Fristablauf erst abzuwarten, um dann dem Unterhaltsanspruch die inzwischen eingetretene Begrenzung aus Gründen der Billigkeit entgegenzusetzen. Denn es ist regelmäßig bereits bei der Scheidung der Ehegatten erkennbar, ob die Voraussetzungen für eine Herabsetzung oder zeitliche Begrenzung des Unterhalts gegeben sind.

Deshalb ist bereits bei der **erstmaligen Entscheidung** über den nachehelichen Unterhalt über diese Frage zu entscheiden (BGH, FamRZ 2001, 905), sie kann nicht einer Abänderungsklage überlassen werden. Denn soweit die betreffenden Gründe schon zuvor eingetreten oder zuverlässig vorauszusehen waren, liegt **keine nachträgliche Abänderung** vor. Nicht entscheidend ist dabei, ob die schon vor der letzten mündlichen Verhandlung im Ausgangsverfahren tatsächlich vorliegenden Gründe bereits Gegenstand richterlicher Beurteilung waren. Denn die zeitliche Begrenzung des Unterhalts aus Gründen der Billigkeit kann **nicht** in einer **Abänderungsklage** nach § 323 ZPO durchgesetzt werden (BGH, FamRZ 2001, 905). Nur dann, wenn ausnahmsweise die Situation im Erstverfahren nicht vollständig überblickt werden konnte und sich die Umstände der Begrenzung erst nachträglich konkretisiert haben, ist die Berücksichtigung im Abänderungsverfahren möglich (OLG Hamm, FamRZ 1994, 1392). Die zeitliche Begrenzung des Unterhaltsanspruchs nach den §§ 1573 Abs. 5, 1578 Abs. 1 Satz 2 BGB ist auch **keine** rechtsvernichtende Einwendung, die mittels **Vollstreckungsgegenklage** gem. § 767 ZPO geltend gemacht werden könnte (BGH, FamRZ 2001, 905).

V. Ausschluss des Ehegattenunterhalts nach § 1579 BGB

1. Grds. Gesichtspunkte

Ein Ausschluss des Unterhaltsanspruchs eines **Ehegatten** ist aus dem Gesichtspunkt der Verwirkung gem. § 1579 BGB möglich. Dabei ist eine **zweistufige Billigkeitsabwägung** vorzunehmen:

- die Inanspruchnahme des Pflichtigen muss unter Berücksichtigung der Belange eines gemeinschaftlichen Kindes **grob unbillig** sein und
- es muss einer der gesetzlich geregelten **Härtegründe** vorliegen.

a) Kein endgültiger Verlust des Unterhaltsanspruches

Zwar wird in der Praxis regelmäßig von Verwirkung gesprochen. Verwirkung ist aber der endgültige Verlust eines Rechtes. Bei § 1579 BGB kann aber nach dem Wortlaut der Unterhaltsanspruch versagt, zeitlich begrenzt oder herabgesetzt werden. Die Rechtsfolge ist also **nicht zwingend** ein vollständiger Ausschluss des Unterhaltsanspruches. Vielmehr ist eine flexible Antwort auf das Fehlverhalten gefordert. Daher kann der Unterhaltsanspruch

- **ausgeschlossen,**
- **in der Höhe reduziert** oder
- **zeitlich begrenzt** werden.

314 Im Rahmen der Billigkeitsabwägungen kann auch Einkommen, das sonst nicht angerechnet wird, als Einkommen angerechnet werden, wie § 9 Abs. 1 Satz 2 BErzGG für den Fall des Erziehungsgelds zeigt (OLG Nürnberg, FamRZ 1995, 674).

315 Ein Ausschluss des Unterhalts muss **nicht unbedingt endgültig** sein. Wenn sich der Unterhaltsberechtigte von seinem neuen Partner wieder trennt, kann der Unterhaltsanspruch nach einer erneuten Zumutbarkeitsprüfung grds. **wieder aufleben** oder in vollem Umfang bestehen, wenn er der Höhe nach begrenzt worden ist (BGH, FamRZ 1987, 1238; BGH, NJW 1987, 3129; BGH, NJW 722, 724; Oelkers, FamRZ 1996, 257).

Der gem. § 1586b BGB in Anspruch genommene Erbe kann sich auf den Verwirkungstatbestand des § 1579 BGB berufen (BGH, FamRZ 2003, 521).

316 Auch steht die Verwirkung der Unterhaltsansprüche des den Vorschuss begehrenden Ehegatten nach § 1579 BGB nicht zwingend einem Anspruch auf Prozesskostenvorschuss in einer Ehesache entgegen (OLG Zweibrücken, FamRZ 2001, 1149).

b) Grobe Unbilligkeit

317 Weitere Voraussetzung ist, dass die Inanspruchnahme des Verpflichteten **grob unbillig** wäre. Dabei kommt es folglich nicht alleine auf die Interessen des Berechtigten an, sondern auch darauf, ob die volle oder teilweise Inanspruchnahme des Verpflichteten in einem groben Widerspruch zum Billig- und Gerechtigkeitsempfinden steht (BGH, FamRZ 2002, 23, OLG Frankfurt, FamRZ 1991, 823). Dazu bedarf es einer **umfassenden Abwägung aller Umstände des Einzelfalles** (BGH, FamRZ 2002, 810; BGH, FamRZ 1999, 710). Betreut der Unterhaltsberechtigte ein minderjähriges gemeinsames Kind, dann ist bei der vorzunehmenden Billigkeitsabwägung das **Kindeswohl vorrangig** zu berücksichtigen (BGH, FamRZ 1984, 154).

318 Die wichtigsten Beurteilungsmaßstäbe für die **Zumutbarkeitsabwägungen** sind

- die Erfordernisse des Kindeswohls,
- der Grundsatz der Verhältnismäßigkeit mit Vorrang des Kindeswohls sowie
- die sonstigen persönlichen und wirtschaftlichen Verhältnisse der Eheleute.

319 Bei der Billigkeitsabwägung sind daher auch die **wirtschaftlichen Verhältnisse des Verpflichteten** und die Auswirkungen der Unterhaltszahlungspflicht zu beachten (BGH, NJW 1983, 2243; BGH, NJW 1992, 2477). Darüber hinaus sind auch andere Faktoren zu berücksichtigen wie z. B.:

- wie die Schwere der in § 1579 BGB sanktionierten Verfehlung vom Unterhaltspflichtigen empfunden wurde (KG, FamRZ 1992, 571),
- ein eventuelles „Mitverschulden" oder sonstiges Fehlverhalten des Pflichtigen,
- die Dauer der Ehe,
- das Alter der Parteien und
- letztlich auch die Frage, ob und in welchem Umfang die Bedürftigkeit auf die Ehe und speziell die Kinderbetreuung zurückzuführen ist (BGH, FamRZ 1989, 1054).

320 Auch die Frage, **wann der Verwirkungsgrund** im Streit über den Unterhalt **geltend gemacht worden ist**, ist von Bedeutung. In einem längeren Abwarten kann auch eine Billigung gesehen werden, die zur Verwirkung der Berufung auf den Tatbestand des § 1579 BGB führt (vgl. KG, FamRZ 1992, 571 und Wendl/Staudigl-Gerhardt, Das Unterhaltsrecht in der familienrichterlichen Praxis, § 4 Rn. 622 a. A. OLG Hamm, FamRZ 2003, 877). Die Verzeihung eines Fehlverhalten (Eschenbruch, in: Eschenbruch, Der Unterhaltsprozess, Rn. 1572 m. w. N.; OLG Düsseldorf, FamRZ 1997, 1169; OLG Bamberg, NJW-FER 1999, 78) schließt die Anwendung des § 1579 BGB ebenso aus wie eine nach Kenntnis des Verwirkungsgrundes geschlossene Unterhaltsvereinbarung (OLG Düsseldorf, FamRZ 2001, 835).

Auf Seiten des **Berechtigten** kommt es darauf an, wie sehr er zur Sicherung seines Bedarfes **auf** 321
den Unterhalt angewiesen ist. Bei der Abwägung können in diesem Zusammenhang Einkünfte
herangezogen werden, die bei der Einkommensberechnung ansonsten keine Anrechnung finden wie
z. B. Zuwendungen Dritter oder das Erziehungsgeld (OLG Koblenz, NJW-RR 1997, 1229; OLG
Hamm, NJW-FER 1997, 218). Lässt sich der Berechtigte freiwillig hypothetische Einkünfte für
die Betreuung eines neuen Partners anrechnen, so ist dies für die Verwirkung bei der Frage der
Zumutbarkeit zu berücksichtigen (OLG Köln, ZFE 2003, 155).

Die **Darlegungs- und Beweislast** für die Tatbestandsvoraussetzungen der Verwirkung obliegt dem 322
Unterhaltspflichtigen (OLG Köln, FamRZ 2003, 767). Dabei sind die maßgeblichen Umstände
bereits im Erstprozess geltend zu machen und rechtfertigen keine Abänderungsklage.

Werden konkrete Gegenvorwürfe vorgebracht, um die Einseitigkeit des Fehlverhaltens zu widerlegen, so trägt der Verpflichtete die Beweislast, dass diese Vorwürfe nicht zutreffen.

Gerade bei Verfahren, in denen § 1579 BGB berührt wird, ist die Frage der anwaltlichen Beratung
und der taktischen Überlegungen zur Prozessführung von entscheidender Bedeutung (vgl. dazu
Wellenhofer-Klein, FPR 2003, 163 und umfassend Viefhues, Fehlerquellen im familiengerichtlichen Verfahren, 2003, Rn. 33 ff. und Rn. 535 ff.).

c) Prozessuale Fragen

Die Voraussetzungen des Verwirkungstatbestandes müssen grds. bereits **im Erstprozess fest-** 323
gestellt werden. Ist schon beim zugrunde liegenden Zahlungsverfahren die Frage des § 1579 BGB
Gegenstand des Streites gewesen und konnten lediglich die Voraussetzungen des § 1579 BGB nicht
nachgewiesen werden, so reichen neue Beweise nicht aus zur Rechtfertigung eines Abänderungsverfahrens. Ausnahmen gelten nur dann, wenn noch nicht alle Tatbestandsvoraussetzungen vorlagen (OLG Köln, FamRZ **1998, 1236**) bzw. wenn der Verpflichtete sich zunächst freiwillig verpflichtet hatte (OLG Frankfurt, FamRZ 1999, 237).

2. Einzelne Tatbestände des § 1579 BGB

a) § 1579 Nr. 1 BGB: kurze Ehedauer

Die **Dauer der Ehe** wird gerechnet von der Eheschließung bis zur Zustellung des Scheidungsantra- 324
ges (BGH, FamRZ 1995, 1405). Dies gilt auch dann, wenn der Scheidungsantrag vor Ablauf des
Trennungsjahres gestellt worden ist. Die Gründe hierfür sind im Rahmen der Billigkeitsprüfung zu
berücksichtigen (OLG Schleswig, FamRZ 2003, 763). Die Zeit der Betreuung eines gemeinsamen
Kindes soll nach dem Gesetzeswortlaut der Ehedauer hinzugerechnet werden. Da aber dann der
Tatbestand des § 1579 Nr. 1 BGB kaum jemals in Kinderbetreuungsfällen anwendbar wäre, ist
nicht die Betreuungszeit der Ehedauer insgesamt hinzuzurechnen, sondern bei Bejahung der kurzen
Ehedauer lediglich **im Rahmen der Billigkeit** zu berücksichtigen (BVerfG, NJW 1989, 2807;
BGH, NJW 1990, 847; OLG Köln, FamRZ 1990, 1241).

Auf die Dauer des Zusammenlebens kommt es nicht an (BGH, NJW 1980, 2247). Leben jedoch
die Eheleute über viele Jahre getrennt, kann § 1579 Nr. 7 BGB einschlägig sein (s. oben Rn. 358).

Für die Frage, ob eine Ehe nur von kurzer Dauer war, kommt es auf alle Umstände des Einzelfalles 325
an und insbesondere darauf, inwieweit die Lebenspositionen der Ehegatten miteinander verflochten
waren (BGH, FamRZ 1999, 710). Eine **kurze** Ehe liegt regelmäßig vor, wenn sie **nicht länger als**
drei Jahre gedauert hat (OLG München, FamRZ 1996, 1078; OLG Karlsruhe, FamRZ 1979, 705;
KG, FamRZ 1981, 157). Hat die Ehe weniger als drei Jahre gedauert, so kommt es darauf an, ob
die Eheleute ihre Lebensverhältnisse bereits nach kurzer Zeit entscheidend auf die gemeinsame
Lebensführung eingestellt haben (BGH, NJW 1982, 2064; OLG Köln, FamRZ 1985, 1046). Denn
nach kurzer Ehe sind regelmäßig noch keine ehebedingten Nachteile in der Lebensführung eingetreten. Bei einer Ehedauer von mehr als drei Jahren liegt regelmäßig keine kurze Ehe mehr vor
(BGH, FamRZ 1995, 1405).

b) § 1579 Nr. 2 BGB: Verbrechen oder schweres vorsätzliches Vergehen

326 Eine schwere Straftat des Unterhaltsberechtigten, die sich gegen den Unterhaltspflichtigen oder einen seiner Angehörigen richtet, kann den Verlust der Unterhaltsansprüche zur Folge haben. Erforderlich ist ein **schuldhaftes Handeln** des Täters, wobei auch **verminderte Schuldfähigkeit** ausreichen kann (OLG Hamm, FamRZ 2002, 242; OLG Hamm, NJW 1990, 1119).

327 Dabei muss es sich aber um **wirklich gravierende Straftaten** handeln. Reibereien am Rande der strafrechtlichen Relevanz, die gerade in kriselnden Ehen nicht selten sind, reichen nicht aus. **Körperverletzungen** zwischen Ehegatten müssen über das „übliche Maß ehelicher Auseinandersetzungen" hinausgehen (OLG Koblenz, FamRZ 1998, 745: Verurteilung wegen gefährlicher Körperverletzung zu einer Freiheitsstrafe von sechs Monaten auf Bewährung wegen eines dreifachen Schlages mit einer Eisenstange gegen Kopf und Schulter). Schwere Verletzung gegenüber Angehörigen sind z. B. sexuelle Verfehlungen gegenüber der Stieftochter (OLG Hamm, FamRZ 1990, 887).

328 Auch eine **Falschaussage** in einem Ehelichkeitsanfechtungsprozess kann die Verwirkung eines Unterhaltsanspruchs zur Folge haben (OLG Bremen, FamRZ 1981, 953). (S. auch **Kindesunterschiebung** bei § 1579 Nr. 6 BGB unten Rn. 340).

329 Ein Verwirkungsgrund gem. § 1579 Nr. 2 BGB **wegen versuchten Prozessbetruges** kann auch vorliegen, wenn der Unterhaltsberechtigte im **Zugewinnausgleichsverfahren** unter Beweisantritt wahrheitswidrig eine angeblich sein Endvermögen mindernde Darlehensverbindlichkeit behauptet, deren Berücksichtigung zu einem Ausgleichsanspruch gegen den Unterhaltspflichtigen führen würde. Dabei beginnt der Versuch des Prozessbetrugs bereits mit der **Einreichung** bewusst unwahren Parteivorbringens **bei Gericht** (OLG Köln, FamRZ 2003, 678).

330 Unter § 1579 Nr. 2 BGB fällt das **Verschweigen eigener Einkünfte**, das als „schweres vorsätzliches Vergehen" bewertet wird (BGH, NJW 1997, 1439; OLG Karlsruhe, FamRZ 2002, 1037); dies gilt auch für falsche Angaben des Berechtigten im Unterhaltsprozess zu den eigenen Erwerbsmöglichkeiten (OLG Düsseldorf, FamRZ 1989, 61). Unter diese Norm fällt auch die Nichtmitteilung von inzwischen bestehenden Lebensgemeinschaften (BGH, NJW 1997, 1439; OLG Frankfurt, FuR 2002, 83). Dabei ist jedoch unter Beachtung aller Umstände des Einzelfalles und vor allem der Belange des Kindeswohls zu prüfen, ob der Grundsatz der Verhältnismäßigkeit gewahrt ist, so dass nicht zwingend ein Wegfall des Unterhaltsanspruchs aus dem Vergehen abzuleiten ist. Bei Kindesbetreuung soll daher die Verweisung auf die Sozialhilfe ausgeschlossen sein (OLG Saarbrücken, OLGReport 2002, 342).

331 Bei Verschweigen monatlicher Einkünfte von 177 DM ist eine Kürzung des Unterhaltsanspruchs von ca. 1.050 DM um 1/3, also monatlich um rund 350 DM als angemessen angesehen worden (OLG Hamm, FamRZ 2000, 1367; vgl. auch OLG Karlsruhe, FamRZ 2002, 1037; OLG Bamberg, OLGReport 2001, 96).

Ein Verstoß gegen § 1579 Nr. 2 BGB **wirkt nicht auf Unterhaltsansprüche für die Zeit vor dem Fehlverhalten zurück** (BGH, FamRZ 1984, 34).

c) § 1579 Nr. 3 BGB: mutwilliges Herbeiführen der Bedürftigkeit

332 Mutwillig führt seine Bedürftigkeit herbei, wer dies **vorsätzlich** oder **unterhaltsbezogen leichtfertig** tut (BGH, FamRZ 1990, 989, 991). Dies ist z. B. dann der Fall, wenn der Bedürftige über Einkünfte erbringendes Vermögen verfügt hat, dieses aber leichtfertig verbraucht hat. Dies gilt aber nicht bei einer **berechtigten Zweckverwendung** (BGH, NJW 1990, 3274; BGH, NJW 1990, 1538; OLG Frankfurt, FamRZ 1990, 62), so dass diese Voraussetzungen in der Praxis schwer nachzuweisen sein werden. Entsprechendes gilt auch, wenn Vorsorgeunterhalt **zweckwidrig** nicht zum Aufbau einer **sozialen Absicherung** eingesetzt worden ist (BGH, FamRZ 1989, 483; BGH, NJW 1987, 2229).

Die Voraussetzungen liegen aber auch dann vor, wenn der Bedürftige angesichts der bevorstehenden Scheidung seine bis dahin ausgeübte Erwerbstätigkeit aufgibt, um nach der Scheidung Unterhalt zu verlangen, und zwar besonders dann, wenn Arbeitsscheue oder Selbstverwirklichungstendenzen Grund hierfür waren (OLG Köln, FamRZ 1985, 930). Auch wenn sich der Bedürftige erfolgversprechenden Ausbildungsmaßnahmen für eine angemessene Erwerbstätigkeit nach der Ehe mutwillig verschließt (BGH, NJW 1986, 985; enger BGH, NJW-RR 1992, 1282). Der Wechsel in den Vorruhestand ohne Veranlassung durch gesundheitliche Gründe kann u. U. auch eine mutwillige Herbeiführung der Bedürftigkeit sein (Eschenbruch, in: Eschenbruch, Der Unterhaltsprozess, Rn. 1604 m. w. N.). 333

d) § 1579 Nr. 4 BGB: Verletzung von Vermögensinteressen

Das **mutwillige Hinwegsetzen über schwerwiegende Vermögensinteressen** erfordert ein **leichtfertiges Verhalten des Unterhaltsberechtigten** (BGH, FamRZ 2002, 23). Hier gibt es folgende Fallgruppen: 334

- Anerkannt ist, dass **Anschwärzen beim Arbeitgeber** wegen der damit verbundenen Gefährdung des Arbeitsplatzes diese Voraussetzungen erfüllen kann (OLG Hamm, FamRZ 1987, 946; OLG Düsseldorf, FamRZ 1996, 1418; OLG Hamm, FamRZ 1997, 356; OLG Düsseldorf, FamRZ 1997, 418)

- Auch bei einer **Strafanzeige** werden Vermögensinteressen des Unterhaltspflichtigen gefährdet wegen der Minderung des Ansehens in der Öffentlichkeit und der möglichen Bestrafung (OLG Koblenz, FamRZ 1991, 1312; OLG Bamberg, FamRZ 1987, 1264). Die Anwendung des Verwirkungstatbestandes scheidet aber dann aus, wenn sich die Straftat gegen den Berechtigten oder ein Kind gerichtet hat (Kühner, in: Scholz/Stein, Praxishandbuch Familienrecht, Teil H Rn. 304). Ebenso wird der Härtegrund verneint, wenn die Anzeige im öffentlichen Interesse liegt (OLG Bamberg, FamRZ 1987, 1264).

- Zu einer **Selbstanzeige** wegen Beteiligung an einer Straftat ist der Bedürftige immer berechtigt, ohne dass der Verwirkungstatbestand eingreift (Schwab, Handbuch des Scheidungsrechts, IV, Rn. 462 m. w. N.; Wendl/Staudigl-Gerhardt, Das Unterhaltsrecht in der familienrichterlichen Praxis, Rn. 698 ff.).

- Eine **Selbstanzeige an das Finanzamt**, die lediglich den Ehepartner mittelbar mitbelastet, führt nicht zu einer Verwirkung des Unterhaltsanspruches (OLG Koblenz, ZFE 2002, 228). Bei **Steuerdelikten** wird ggf. eine vorherige **Hinweispflicht** an den davon mittelbar betroffenen Ehegatten bejaht, um diesem die Chance zu geben, seinerseits eine Selbstanzeige zu stellen.

- Macht der Unterhaltsberechtigte einen Ausbildungsunterhaltsanspruch geltend, obwohl die **Ausbildung bereits abgebrochen** worden ist, so greift § 1579 Nr. 4 BGB ein (BGH, FamRZ 1990, 1095).

- Das **Verschweigen von Einkünften** des Unterhaltsberechtigten wird teilweise auch unter § 1579 Nr. 4 BGB gefasst (OLG Karlsruhe, FamRZ 2002, 1037; s. auch oben zu § 1579 Nr. 2 BGB).

- Die **Vereitelung oder Verzögerung von Maßnahmen der Vermögensverwertung** im Rahmen scheidungsbedingter Auseinandersetzungen (Bamberger/Roth/Beutler, BGB, § 1579 Rn. 15).

- Die **Nichtzustimmung zur steuerlichen Zusammenveranlagung** kann bei hinreichender Intensität der Obliegenheitsverletzung ein Verstoß sein (OLG Celle, FamRZ 1994, 1324).

- Eine **künstliche** (extrakorporale) **Befruchtung** ohne Einverständnis des Ehemannes ist dagegen **nicht** als mutwilliger Verstoß gegen Vermögensinteressen angesehen worden (BGH, NJW 2001, 1798 m. Anm. Born, MDR 2001, 692).

Auch ein Verstoß gegen § 1579 Nr. 4 BGB wirkt nicht auf Unterhaltsansprüche für die Zeit vor dem Fehlverhalten zurück (BGH, FamRZ 1984, 34). 335

e) § 1579 Nr. 5 BGB: Verletzung der Pflicht, zum Familienunterhalt beizutragen

336 Die Verletzung bezieht sich auf den Familienunterhalt und damit auf die Zeit **vor der Trennung**. Erforderlich ist ein subjektiv und objektiv **erhebliches Gewicht** des Verstoßes. Allein die Vernachlässigung des Haushaltes reicht dazu nicht aus (Eschenbruch, in: Eschenbruch, Der Unterhaltsprozess, Rn. 1618 m. w. N.). Längere Zeit hindurch ist **ab einem Jahr** anzunehmen (OLG Celle, FamRZ 1981, 576).

f) § 1579 Nr. 6 BGB: schwerwiegendes Fehlverhalten

337 Es muss sich dabei um ein **offensichtlich schwerwiegendes und einseitiges Fehlverhalten** des Unterhaltsberechtigten handeln.

Hauptanwendungsfall ist der **einseitige Ausbruch aus der Ehe**. Erhebliche Probleme für die Praxis werden dadurch aufgeworfen, dass das Fehlverhalten eine **wesentliche Ursache** für das Scheitern der Ehe sein muss und diese daher nicht schon vorher gescheitert gewesen sein darf, die Parteien sich nicht bereits von den ehelichen Bindungen losgesagt haben (BGH, NJW 1986, 722).

338 Die Aufnahme einer eheähnlichen Lebensgemeinschaft ist dabei für die Annahme eines Fehlverhaltens nicht erforderlich, aber ausreichend (BGH, NJW 1989, 1083; BGH, NJW 1989, 1279; OLG Hamm, FamRZ 1994, 963). Auch intime Kontakte zu wechselnden Partnern (OLG Celle, FamRZ 1987, 603) sowie die gewerbsmäßige Ausübung von Telefonsex (OLG Karlsruhe, FamRZ 1995, 1488) sind als Härtegrund bewertet worden.

339 Gegen den Vorwurf der Einseitigkeit des Fehlverhaltens muss der Berechtigte **konkrete Gegenvorwürfe** von einigem Gewicht vorbringen, die der Pflichtige sodann zu widerlegen hat (BGH, FamRZ 1982, 463).

In der Praxis wird bei den Fällen der **Hinwendung zu einem neuen Partner** nicht immer genau zwischen § 1579 Nr. 6 BGB und § 1579 Nr. 7 BGB unterschieden. Diese Fälle werden daher hier auch einheitlich bei § 1579 Nr. 7 BGB behandelt.

340 § 1579 Nr. 6 BGB ist einschlägig bei den Fällen der sog. **Kindesunterschiebung**.

Als Kindesunterschiebung wird es bezeichnet, wenn eine Frau ein außerehelich gezeugtes Kind eines anderen Mannes gegenüber dem Ehemann als gemeinsames Kind ausgibt. Zumindest dann, wenn der Umstand der Außerehelichkeit des Kindes geleugnet wird, kann ein solches Verhalten als offensichtlich schweres, eindeutig beim Unterhaltsberechtigten liegendes Fehlverhalten angesehen werden (OLG Köln, FamRZ 1998, 749; OLG Brandenburg, FuR 2001, 382). Dabei reicht bedingter Vorsatz aus (OLG Oldenburg, FamRZ 1991, 448). Als gravierendes Fehlverhalten wird insbesondere angesehen, wenn der Ehemann von einer Ehelichkeitsanfechtung abgehalten wird (BGH, NJW 1985, 428; BGH, FamRZ 1985, 267).

341 Zur Behinderung von Umgangskontakten mit dem gemeinsamen Kind s. unten Rn. 364.

g) § 1579 Nr. 7 BGB: anderer schwerwiegender Grund (Auffangtatbestand)

342 § 1579 Nr. 7 BGB stellt eine **Auffangvorschrift** dar, unter die in der Praxis unterschiedliche Fallgruppen des Fehlverhaltens subsumiert werden.

aa) Neue Partnerschaft als Verwirkungsgrund

343 Hauptanwendungsfall in der Praxis ist die **Eingehung einer neuen Partnerschaft**. Ein solcher Ausschluss ist auch **schon beim Trennungsunterhalt** möglich (BGH, FamRZ 2002, 810 m. Anm. Bergschneider, FamRZ 2002, 951). Die bloße Trennung reicht aber als Härtegrund nicht aus (OLG Köln, FamRZ 2002, 1628).

Dabei sind **unterschiedliche Ansatzpunkte** für eine Verwirkung des Unterhaltsanspruches gegeben:

In der neuen Beziehung kann eine sog. **sozio-ökonomische Gemeinschaft** gesehen werden, in der 344
bei gemeinsamen Wirtschaften in einem Haushalt mit einem leistungsfähigen Partner der Ehegatte
sein Auskommen findet.

Voraussetzung ist hier, dass der neue Partner ausreichend leistungsfähig ist (BGH, FamRZ 1989,
487), so dass die soziale Absicherung des Ehegatten durch die **Wirtschaftsgemeinschaft** in der
neuen Beziehung auch tatsächlich sichergestellt ist (BGH, FamRZ 1983, 569).

Der Berechtigte **heiratet** nur deshalb **nicht**, weil er den Unterhaltsanspruch nicht verlieren will; 345
nachvollziehbare, sachliche Gründe für das Absehen bestehen dagegen nicht (BGH, FamRZ 1995,
540). Entsprechendes muss nach Einführung des LPartG auch für gleichgeschlechtliche eheähnliche Partnerschaften gelten (vgl. dazu auch Müller, FuR 2002, 441).

Es besteht **ein auf Dauer angelegtes Verhältnis**, das gleichsam an die Stelle einer Ehe tritt und 346
bei der die Partner in der Öffentlichkeit wie ein Ehepaar in Erscheinung treten (BGH, FamRZ
1997, 671; BGH, FamRZ 1989, 487; OLG Schleswig, MDR 2002, 1252) unabhängig davon, ob
auch eine sexuelle Beziehung entstanden ist (BGH, FamRZ 2002, 810, 812; BGH, FamRZ 1989,
487). Dies ist dann der Fall, wenn sich die **Beziehung** in einem solchen Maße **verfestigt** hat, dass
sie als eheähnliche Verbindung anzusehen und damit gleichsam an die Stelle einer Ehe getreten ist.
Eine solche Verfestigung der Beziehung wird i. d. R. erst bei einem Zusammenleben **von zwei bis
drei Jahren** angenommen (BGH, FamRZ 2002, 810, 811; BGH, FamRZ 1997, 671). Geht aus der
Beziehung ein Kind hervor, kann auch ein kürzerer Zeitraum ausreichen (OLG Köln, FamRZ
1998, 1236). Das Gleiche gilt auch, wenn sich die Beziehung auf andere Weise – wie z. B. durch
den Kauf und Bezug eines gemeinsamen Hauses – verfestigt hat (OLG Hamburg, FamRZ 2002,
1038). Allerdings kann das Kriseln in der neuen Beziehung der Annahme der Verwirkung entgegenstehen (OLG Köln, ZFE 2003, 155).

Lässt sich der Beginn des Zusammenlebens nicht feststellen, dann ergeht die Entscheidung nach 347
den Regeln der Beweislast und trifft die Anspruchstellerin (OLG Hamm, FamRZ 2002, 1627).

Für die Auswirkungen der fortbestehenden Unterhaltsbelastung auf den Unterhaltsverpflichteten 348
macht es dabei **keinen Unterschied,** ob die neuen Partner miteinander die Ehe schließen könnten
oder nicht, so dass auch eine **gleichgeschlechtliche** Beziehung ausreicht. Ob es sich dabei um ein
sexuelles Verhältnis handelt oder nicht, ist für die Frage dieser Anrechnung **unerheblich** (BGH,
FamRZ 2002, 951 m. Anm. Bergschneider). Auch die umfassende Pflege und Betreuung eines
kranken oder behinderten Partners durch einen neuen Lebensgefährten reicht aus (OLG Köln,
FamRZ 2003, 236)

Dabei setzt die Annahme einer Lebensgemeinschaft **nicht zwingend** voraus, dass die Partner 349
räumlich zusammenleben und einen **gemeinsamen Haushalt** führen (BGH, FamRZ 2002, 23;
OLG Frankfurt, FamRZ 2003, 99; OLG Hamm, FamRZ 2003, 455; OLG Hamm, FamRZ 2003,
877; OLG Frankfurt, FamRZ 2002, 1038; OLG Saarbrücken, OLGReport Saarbrücken 2002, 245;
OLG Koblenz, FamRZ 2000, 1372; Schwab, FamRZ 2002, 92). Eine ständige gegenseitige Hilfe
und Unterstützung im Alltag, verbunden mit gemeinsamer Freizeitgestaltung und getragen von
einem vertrauensvollen freundschaftlichen Verhältnis und vor dem Hintergrund einer langfristigen
gemeinsamen Zukunftsplanung reichen aus. Dies kann sich z. B. aus der Nutzung des für gemeinschaftliche Zwecke erworbenen Grundstücks und der gemeinsamen Lastentragung hierfür ergeben,
die über eine bloße Freundschaft weit hinausgeht. Ein derartiges Verhältnis kommt in seiner persönlichen und wirtschaftlichen Ausprägung und Intensität einem eheähnlichen Verhältnis gleich.

Es kommt für das Vorliegen des Verwirkungstatbestandes nicht auf die wirtschaftlichen Verhält- 350
nisse des Partners an, diese sind jedoch bei der anschließend gebotenen Billigkeitsabwägung zu
berücksichtigen (BGH, FamRZ 1997, 671).

Auch die **Fortdauer** einer Partnerschaft **nach der Scheidung,** die während bestehender Ehe gegen 351
§ 1579 Nr. 6 BGB verstoßen hatte, stellt einen Verstoß gegen § 1579 Nr. 7 BGB dar (BGH, FamRZ
2002, 810, 811 und FamRZ 1984, 154; Wendl/Staudigl-Gerhardt, Das Unterhaltsrecht in der familienrichterlichen Praxis, § 4 Rn. 749).

352 Der **Nachweis** der Voraussetzungen des § 1579 Nr. 7 BGB ist in der Praxis meist schwierig. Notfalls kann auch ein **Detektiv** eingeschaltet werden. Die hierfür anfallenden Kosten sind dann als **notwendige Kosten gem. § 91 ZPO** zu ersetzen, wenn die Ermittlungen in den Prozess eingeführt worden sind, sie aus der Sicht des Auftraggebers zur Erhärtung eines konkreten Verdachts erforderlich waren, sie prozessbezogen und die daraus resultierenden Kosten nicht unverhältnismäßig hoch sind (OLG Koblenz, ZFE 2002, 325; OLG Zweibrücken, JurBüro 1992, 471). Tragen die Ermittlungen des Detektivs dazu bei, eine Unterhaltspflicht zu beseitigen, waren die Aufwendungen gut angelegt.

353 Die Voraussetzungen des Verwirkungstatbestandes müssen grds. bereits **im Erstprozess festgestellt werden**. Ist der Unterhalt bereits einmal durch Urteil festgesetzt worden, so kann § 1579 BGB nur in **Ausnahmefällen** später noch eingewandt werden kann:

- Ändert sich die tatsächliche Situation dadurch, dass eine neue Beziehung sich i. S. d. Rspr. verfestigt, so ist dieser geänderte Umstand Grund für eine Abänderungsklage.

- Ist dagegen schon beim zugrunde liegenden Zahlungsverfahren die Frage des § 1579 BGB Gegenstand des Streites gewesen und konnten lediglich die Voraussetzungen des § 1579 BGB nicht nachgewiesen werden, so reichen neue Beweise nicht aus zur Rechtfertigung eines Abänderungsverfahrens (s. oben Rn. 323).

- Jedoch kann der für Unterhaltsschulden **haftende Erbe** diesen Einwand erstmalig geltend machen (OLG Koblenz, FamRZ 2002, 1038).

bb) Neue Partnerschaft und hypothetische Einkünfte

354 Die Praxis tut sich allerdings vielfach schwer mit der Annahme eines Unterhaltsausschlusses, sondern geht vielfach den Weg der **Anrechnung hypothetischer Einkünfte** aufgrund der dem neuen Partner gegenüber erbrachten geldwerten **Betreuungs- und Versorgungsleistungen**. Hierbei wird die Höhe des anzurechnenden Betrages i. d. R. nach **§ 287 ZPO** geschätzt. Voraussetzung ist hier allerdings die wirtschaftliche Leistungsfähigkeit des neuen Partners.

355 Für die **Bewertung** hat die Rspr. folgende Anhaltspunkte entwickelt:

- die Vollversorgung eines Partners wird mit bis zu 500 € monatlich berücksichtigt;

- die gleichzeitige Betreuung von Kindern macht die Vollversorgung nicht unmöglich, schränkt sie aber ein;

- übt der Unterhaltsberechtigte eine Vollerwerbstätigkeit aus, kommt eine zusätzliche Anrechnung eines hypothetischen Einkommens aus der Partnerversorgung nur nach § 1577 Abs. 2 BGB in Betracht;

- auch die Haushaltsführung für volljährige Kinder ist mit einem hypothetischen Einkommen anzurechnen (OLG Koblenz, FamRZ 1997, 1079).

356 Nach der neuen Rspr. des BGH zum **Einkommenssurrogat** (BGH, NJW 2001, 2254; s. oben Rn. 166) ist dieses hypothetische Einkommen bereits bei der Bedarfsberechnung zu berücksichtigen.

357 Aus der grds. **Beweislastverteilung** ergibt sich Folgendes:

- Wendet der Unterhaltspflichtige ein, der Unterhaltsberechtigte erbringe einem neuen Partner Haushaltsleistungen, dann obliegt es dem **Unterhaltsberechtigten,** die wirtschaftliche Lage des Partners sowie den Umfang der erbrachten Haushaltsleistungen darzulegen und zu beweisen.

- Unterbleibt dies, ist die Klage abzuweisen, da weder Bedarf noch Bedürftigkeit bestimmt werden können (Borth, FamRB 2002, 5).

cc) Kurzes Zusammenleben

Während es bei § 1579 Nr. 1 BGB auf die Dauer des Zusammenlebens nicht ankommt (BGH, NJW 1980, 2247), kann die Kürze des tatsächlichen Zusammenleben ein Verwirkungsgrund nach Nr. 7 sein (BGH, FamRZ 1988, 930; OLG Celle, FamRZ 1990, 519; OLG Nürnberg, FamRZ 2003, 874; AG Münster, FamRZ 2003, 875). 358

dd) Verschweigen von unterhaltsrelevanten Tatsachen

Auch das **Verschweigen eigenen Einkommens** i. V. m. vermögensgefährdenden Handlungen (OLG Hamm, FamRZ 2002, 242) wie auch Eingriffe in das Eigentum und persönliche Diskriminierungen gegenüber unbeteiligten Dritten (OLG Oldenburg, FamRZ 2002, 243) stellen ein erhebliches Fehlverhalten dar, das eine Kürzung des Unterhaltsanspruches rechtfertigt. Dabei wird dieses Fehlverhalten teilweise auch unter § 1579 Nr. 2 oder Nr. 4 BGB subsumiert (s. dazu oben Rn. 331, 334). 359

Im Unterhaltsrechtsverhältnis besteht neben der aus § 1605 BGB abgeleiteten **Auskunftspflicht** eine aus § 242 BGB hergeleitete **Offenbarungspflicht**, deren Verletzung zum Ausschluss von Unterhaltsansprüchen führen kann. So z. B. dann, wenn das Schweigen des Bedürftigen als in hohem Maße **sittenwidrig** anzusehen ist, weil der Pflichtige aufgrund des vorangegangenen Verhaltens des Bedürftigen oder nach der Lebenserfahrung keine Veranlassung hatte, seinerseits eine Auskunft zu fordern (BGH, NJW 1986, 2049; OLG Karlsruhe, FamRZ 2002, 1037). 360

Bei geschlossenen **Unterhaltsvergleichen** erhöht sich die Pflicht zur Rücksichtnahme auf die Belange des anderen Teils. Deshalb besteht eine Pflicht zur ungefragten Information, wenn vereinbart worden ist, der Bedürftige dürfe ein bestimmtes Einkommen anrechnungsfrei hinzuverdienen und sein tatsächlicher Verdienst überschreitet diese Grenze deutlich (BGH, FamRZ 1997, 483).

In der Praxis relevant sind dabei die folgenden Fälle:
- der Wegfall unterhaltsbegründender Umstände wie z. B. die Beendigung der Schulausbildung oder des Studiums bei einem unterhaltsberechtigten volljährigen Kind,
- die Wiederheirat der früheren Ehegatten,
- die Wiederaufnahme einer Erwerbstätigkeit oder
- die Ausweitung der beruflichen Tätigkeit des Bedürftigen.

Verschweigt der Unterhaltsschuldner eine deutlich über der Wesentlichkeitsgrenze des § 323 Abs. 1 ZPO liegende grundlegende **Verbesserung seiner Einkommens- und Vermögensverhältnisse** in evident unredlicher Weise, so setzt er sich einem **Schadensersatzanspruch nach § 826 BGB** aus (BGH, FamRZ 1988, 270, 271 = NJW 1988, 1965; FamRZ 1986, 794 = NJW 1986, 2047; OLG Hamm, FamRZ 1990, 405, 406). Ein Unterhaltsgläubiger, der durch ein solches Verschweigen oder durch unrichtige Angaben versucht, sich einen nicht unerheblichen wirtschaftlichen Vorteil zu schaffen, gefährdet zudem seinen Unterhaltsanspruch (OLG Hamburg, FamRZ 1987, 1044: Verschweigen des unmittelbar bevorstehenden Abschluss eines Arbeitsvertrages; OLG Koblenz, FamRZ 1987, 1156: Verschweigen des eheähnliche Zusammenleben mit einem neuen Partner). 361

Das gilt vor allem **bei Verschweigen von neu hinzugetretenen Einkünften in einem laufenden Verfahren** (BGH, NJW 1997,1439; OLG Koblenz, FamRZ 1997, 371). Eine Mitteilungspflicht besteht demnach auch für eine erhebliche Erweiterung einer Erwerbstätigkeit, und zwar bereits bei Beginn einer Probezeit (OLG Koblenz, FamRZ 2002, 325). 362

ee) Keine Empfängnisverhütung

Absprachen von Partnern über die Benutzung von Empfängnisverhütungsmitteln sind nicht i. d. S. verbindlich, dass die Verletzung der Absprache mit der Folge der Schwangerschaft unter Ehegatten einen Grund zum Ausschluss des Unterhalts gem. § 1579 BGB darstellt (BGH, FamRZ 2001, 541). 363

ff) Behinderung des Umgangsrechts

364 Auch die **Behinderung des Umgangsrechts** kann die Voraussetzungen des § 1579 Nr. 7 BGB erfüllen (Eschenbruch, in: Eschenbruch, Der Unterhaltsprozess, Rn. 1634, m. w. N.; OLG München, FamRZ 1998, 750 und OLG Schleswig, OLGReport Schleswig 2002, 284 wenden Nr. 6 an), wobei die Ansprüche nach Beendigung der Behinderungen wieder aufleben.

E. Sonderfälle bei allen Formen des Ehegattenunterhalts

I. Sonderfall Arbeitslosigkeit

365 Grds. besteht eine **Erwerbsobliegenheit** eines Unterhaltspflichtigen. Daher **entlastet Arbeitslosigkeit** im Regelfall **nicht** von der Unterhaltsverpflichtung (BGH, FamRZ 2000, 1358; BGH, FamRZ 1996, 345). Daraus ergeben sich eine Reihe von unterhaltsrechtlichen Konsequenzen.

366 Wird ein Arbeitnehmer **gekündigt**, so ist er unterhaltsrechtlich verpflichtet, auch arbeitsrechtliche Maßnahmen zu ergreifen, um seine Arbeitsstelle zu erhalten oder zumindest eine Einigung mit dem Arbeitgeber zu erreichen. Er hat darzulegen, dass eine Kündigungsschutzklage keine hinreichende Aussicht auf Erfolg gehabt hätte; andernfalls ist er als **fiktiv leistungsfähig** anzusehen (OLG Hamm, FamRZ 2002, 1427).

367 Aus dem Gesichtspunkt der allgemeinen Erwerbsobliegenheit ist der Unterhaltspflichtige weiter gehalten, sich um einen neuen Arbeitsplatz zu bemühen, sobald ihm die Kündigung des Arbeitsplatzes **bekannt** wird. Setzen die Bemühungen erst mit dem **Ablauf der Kündigungsfrist** oder mit der **tatsächlichen Beendigung** des Arbeitsverhältnisses ein, so kommen sie schon zu spät.

368 An den **Nachweis zur erfolglosen Arbeitsplatzsuche** werden in der Praxis hohe Anforderungen gestellt. Es ist eine **substantiierte Darlegung** der **Erwerbsbemühungen** erforderlich, wobei ggf. entsprechende Unterlagen vorzulegen sind:

- Die Meldung beim Arbeitsamt ist erforderlich, aber keinesfalls ausreichend. Dabei sollte das genaue Datum der Meldung beim Arbeitsamt als arbeitssuchend mitgeteilt werden und evtl. Einschränkungen für bestimmte Tätigkeitsbereiche, die das Arbeitsamt vorgenommen hat.

- Erforderlich sind Meldungen auf Stellenanzeigen sowie schriftliche Bewerbungen auf Anzeigen (KG, FamRZ 2002, 1428), die auch nachzuweisen sind. Mündliche Bewerbungen sind in der Praxis problematisch, da sie nicht immer nachgewiesen werden können. Das schlichte Angebot des Zeugensbeweises des Arbeitgebers reicht ohne nähere Substantiierung nicht aus. Daher sollte konkret eine Kopie der Anzeige, des Bewerbungsschreibens und der Antwort vorgelegt werden. Bei mündlichen Bewerbungen sind zumindest neben der Adresse der Firma das genaue Datum und der Name des Gesprächspartners festzuhalten sowie die Art der Arbeitsstelle.

- Bewerbungen „ins Blaue" hinein sind unzureichend.

- Auch auf den Inhalt der Bewerbung kommt es an: sie muss ausreichend konkret und darf nicht abschreckend sein.

- Bei qualifizierten Berufen können auch eigene Anzeigen des Arbeitspflichtigen geboten sein.

- Der örtliche Bereich, in dem die Arbeitssuche betrieben werden muss, richtet sich nach den anerkennenswerten örtlichen Bindungen und kann sich u. U. auf ganz Deutschland erstrecken. Anerkennenswerte Bindungen sind dabei z. B. die Gebundenheit der übrigen Familienmitglieder, die Wohnung der Eltern, das eigene Haus. Je jünger der Unterhaltspflichtige, desto geringer sind entsprechende Bindungen anzuerkennen.

- Auch an die Intensität der Arbeitssuche werden hohe Anforderungen gestellt: Auszugehen ist hierbei von monatlich bis zu 20 erfolgversprechenden Bewerbungen mit Abweichungen je nach Arbeitsmarktlage und Art der zumutbaren Tätigkeit (OLG Koblenz, FamRZ 2000, 313;

OLG Bamberg, FamRZ 1998, 289; OLG Naumburg, FamRZ 1997, 311). Einige Gerichte fordern eine eigenständige Arbeitsuche im Umfang einer Vollzeitbeschäftigung (OLG Frankfurt/M., FamRZ 2001, 629). Im Einzelfall können auch acht Bewerbungen im Monat in einem längeren Zeitraum noch ausreichen (OLG Karlsruhe, FamRZ 2002, 1567).

- Bei verschärfter Unterhaltspflicht müssen auch Aushilfs- und Gelegenheitsjobs gesucht werden (BGH, FamRZ 1994, 372, 374).
- Der Arbeitslose muss auch seine Chancen auf dem Arbeitsmarkt aktiv steigern. So ist ein Langzeitarbeitsloser gehalten, berufsfördernde Maßnahmen mitzumachen und den Beruf zu wechseln (OLG Hamm, FamRZ 95, 438). Dabei besteht bereits während einer laufenden Umschulung die Obliegenheit, sich um einen Arbeitsplatz zu bemühen (BGH, FamRZ 1999, 843).
- Die Berufung auf das fortgeschrittene Alter des Arbeitslosen allein reicht i. d. R. nicht aus. So hat die Rspr. eine Erwerbsobliegenheit bei einem 58 Jahre alten erkrankten Mann mit 100 % Minderung der Erwerbsfähigkeit bejaht (OLG Saarbrücken, OLG Report Saarbrücken 2002, 74); jedoch verneint bei einem 60 Jahre alten, krankheitsbelasteten Mann (OLG Hamm, NJW-RR 1998, 724).
- Die Bewerbungen sind fortlaufend und regelmäßig vorzunehmen. Es reicht nicht aus, sich lediglich vorübergehend über einen gewissen Zeitraum regelmäßig zu bewerben!

Die Konsequenz unzureichender Bemühungen ist die **Anrechnung hypothetischer Einkünfte** (s. dazu unten Rn. 374).

Der BGH (BGH, NJW 1996, 517; BGH, FamRZ 1994, 372) hat die von den Untergerichten aufgestellten hohen Anforderungen teilweise relativiert und deutlich gemacht, dass es nicht allein auf die subjektiven Bemühungen des Arbeitslosen ankomme, sondern auch Feststellungen zu den objektiven Rahmenbedingungen getroffen werden müssten und hierbei die Verhältnisse auf dem Arbeitsmarkt sowie die persönlichen Eigenschaften des Bewerbers (Alter, Ausbildung, Berufserfahrung und Gesundheitszustand) aufgeführt (zur Frage der realen Beschäftigungschance von rund 50 Jahre alten, jahrelang nicht mehr erwerbstätigen Frauen s. OLG Karlsruhe, FamRZ 2002, 1566 und OLG Karlsruhe, FamRZ 2002, 1567).

Die fehlende objektive Möglichkeit, eine Arbeit zu finden, kann folglich durchaus dargetan werden, auch wenn hieran besonders hohe Anforderungen gestellt werden.

II. Wechsel der Arbeitsstelle

Verdient ein Arbeitnehmer bei einem **Wechsel seiner Arbeitsstelle** weniger als bisher, so stellt sich die Frage, ob er dennoch weiterhin nach seinem bisherigen Einkommen zu Unterhaltszahlungen verpflichtet ist. Dies ist nur dann der Fall, wenn der Arbeitnehmer durch den Arbeitsplatzwechsel gegen **unterhaltsrechtliche Obliegenheiten** verstoßen hat. Ein solcher Verstoß ist nicht gegeben:

- wenn er lediglich der unverschuldeten Kündigung seiner bisherigen Stelle zuvorgekommen ist,
- wenn die Arbeitsverhältnisse im Hinblick auf die Betreuung der Kinder umgestellt werden, denn bei der Anrechnung fiktiver Einkünfte soll der Bedeutung und Tragweite des Elternrechts Rechnung getragen werden (BVerfG, FamRZ 1996, 343);
- wenn der unterhaltspflichtige Vater sein Arbeitsverhältnis kündigt oder reduziert, um im Sorgerechtsverfahren bessere Chancen zu haben (BGH, FamRZ 1985, 158; OLG Frankfurt, FamRZ 1987, 1144).

Führt eine betriebliche **Umstrukturierung** zu einem Arbeitsplatz mit geringerem Einkommen, so kann die Obliegenheit bestehen, einen besser bezahlten Arbeitsplatz zu suchen (OLG Hamm, FamRZ 2003, 177).

III. Kurzarbeit

373 Nicht nur vorübergehende Kurzarbeit ist mit den damit verbundenen Einkommensrückgängen bei der Leistungsfähigkeit zu berücksichtigen. Erst nach ca. einem Jahr ist der Unterhaltspflichtige verpflichtet, nach einem anderen Arbeitsplatz zu suchen (OLG Köln, NJW 2003, 438).

IV. Hypothetische, fiktive Einkünfte

374 Sowohl die Bedürftigkeit des Unterhaltsberechtigten als auch die Leistungsfähigkeit des Pflichtigen wird nicht allein durch sein tatsächlich vorhandenes Einkommen bestimmt, sondern auch durch seine **Erwerbsfähigkeit**. Selbst wenn eine Person also kein reales Einkommen erzielt, bedeutet das nicht, dass dies auch bei der Unterhaltsberechnung in gleicher Weise akzeptiert wird. Vielmehr werden im Unterhaltsrecht vielfach **hypothetische, fiktive Einkünfte angerechnet**, die die betreffende Person **erzielen könnte, wenn sie ihren Obliegenheiten in ausreichendem Maße nachkäme**. Dies gilt ebenso für Unterhaltspflichtige als auch für Unterhaltsberechtigte. Wenn dementsprechend für den unterhaltsberechtigten Ehegatte die Obliegenheit bejaht wird, durch eine – vollschichtige oder auch nur stundenweise – Erwerbstätigkeit eigenes Einkommen zu erzielen und kommt der Berechtigte dieser Obliegenheit nicht nach, so muss er sich so behandeln lassen, als ob er das Einkommen, das er bei gutem Willen durch eine zumutbare Erwerbstätigkeit erzielen könnte, tatsächlich hätte. Es ist in diesem Fall ein fiktives Einkommen anzusetzen (BGH, FamRZ 1993, 789 ff.; BGH, FamRZ 1996, 345; BGH, FamRZ 1998, 357, 359).

375 **Praktische Anwendungsfälle** für diese Rspr. zur Anrechung hypothetischer Einkünfte bei der Verletzung von Erwerbsobliegenheiten sind **nichterwerbstätige Ehegatten**,

- die im Zusammenhang mit der **Betreuung von Kindern** zu einer teilweisen oder vollschichtigen Erwerbstätigkeit verpflichtet sind (s. oben Ausführungen zum Trennungs- und Geschiedenenunterhalt Rn. 33).

- **Arbeitslose**, die sich nicht in ausreichendem Maße um eine Erwerbstätigkeit bemüht haben (s. oben Rn. 365).

Dabei kommt die Anrechnung fiktiver Einkünfte sowohl beim **Berechtigten** als auch beim **Unterhaltspflichtigen** in Betracht.

Die Höhe der erzielbaren Einkünfte **schätzt** das Familiengericht **nach § 287 ZPO**.

Es ist darauf abzustellen, welches Nettoeinkommen unter Berücksichtigung des Arbeitsmarkts und den persönlichen Eigenschaften des Bewerbers (Alter, Ausbildung, Berufserfahrung, Gesundheitszustand) erzielt werden könnte (BGH, FamRZ 1996, 345). In der Rspr. sind folgende Fälle entschieden worden (Kleffmann, in: Scholz/Stein, Praxishandbuch Familienrecht, Teil G Rn. 100):

- KFZ-Schlosser monatlich netto 2.350 DM (ca. 1.200 €),
- ungelernter Hilfsarbeiter bei Steuerklasse I monatlich 2.200 DM netto (= ca. 1.150 €; vgl. OLG Hamm, FamRZ 2001, 566),
- ungelernter Hilfsarbeiter brutto 3.000 DM (= ca. 1.535 €),
- Bürogehilfin bei halbschichtiger Tätigkeit netto 1.300 DM (= ca. 665 €) monatlich.

376 Die Frage, ob und ggf. in welchem Umfang die Ehefrau eine Erwerbstätigkeit weiter ausüben oder neu aufnehmen muss und wie viel monatliches Einkommen sie hieraus erzielen kann, stellt sich in der familienrechtlichen Praxis sehr häufig. Hier bieten sich im praktischen Fall – je nach Mandantenrolle – erhebliche Ansätze für eine erfolgreiche anwaltliche Argumentation. Es handelt sich hierbei um **Bewertungsfragen**, bei denen das Familiengericht letztlich einen breiten Spielraum hat. Der Anwalt sollte daher für seinen Mandanten die für diese Schätzung relevanten Umstände substantiiert vortragen. Erforderlich ist dazu, bereits im Beratungsgespräch mit seiner Partei diese Umstände möglichst genau zu erfragen. Dazu gehören vor allem die erforderlichen Details über die berufliche Qualifikation des Mandanten.

Die **Darlegungs- und Beweislast** für die anspruchsbegründenden Voraussetzungen liegen beim **Unterhaltsberechtigten** als Anspruchsteller; dazu gehören sowohl die Höhe des Bedarfs als auch der Umfang der Bedürftigkeit (BGH, FamRZ 1990, 1085).

V. Mangelfall

1. Darstellung der Problematik

Am Ende einer jeden Unterhaltsberechnung bei den unteren Einkommensstufen ist zu prüfen, ob der **notwendige Selbstbehalt** des Unterhaltspflichtigen nach Abzug aller Unterhaltsverbindlichkeiten gewährleistet ist. Ist der **notwendige Selbstbehalt** von **derzeit 840 €** unterschritten, ist eine **Mangelfallberechnung** vorzunehmen.

Beim **Mangelfall** reicht also das Einkommen des Pflichtigen nicht aus, die Ansprüche aller Unterhaltsberechtigten zu decken. Das über den Selbstbehalt hinausgehende Nettoeinkommen muss dann für alle Berechtigten zur Verfügung gestellt werden. Dieser Betrag wird nach dem Maß der einzelnen Ansprüche verhältnismäßig geteilt. Nach der in § 1609 Abs. 2 BGB geregelten Rangfolge sind in diese Mangelfallberechnung neben dem Ehegatten auch die minderjährigen und die privilegierten volljährigen Kinder i. S. d. § 1603 Abs. 2 BGB einzubeziehen, nicht aber die sonstigen, nicht privilegierten volljährigen Kinder, die gem. § 1603 Abs. 2 Satz 2 BGB nach der Scheidung der Ehe nachrangig sind (zu den sozialhilferechtlichen Auswirkungen der Unterhaltsverteilung im Mangelfall vgl. Flieser-Hartl, FamRZ 2000, 335).

- Dabei ist im **ersten Schritt** zu errechnen, wie viel Geld nach Abzug des Selbstbehaltes für den Unterhalt zur Verfügung steht (die sog. **Verteilungsmasse**).
- Im **zweiten Schritt** muss dann festgelegt werden, welche Unterhaltsbeträge anteilig zu decken sind, demnach die **Einsatzbeträge** anzusetzen.
- Aus dem Verhältnis dieser Einsatzbeträge wird dann im **dritten Schritt** für jeden Unterhaltsanspruch eine **Quote** errechnet. Zum Schluss wird aus der Verteilungsmasse mit Hilfe dieser Quote der **jeweilige Betrag** errechnet, den der Unterhaltsberechtigte erhält

Die für das Ergebnis entscheidende Frage ist, **welche Einsatzbeträge** für Kinder und Ehegatten zugrunde gelegt werden.

a) Bisherige Rechtsprechung

Bei der Mangelfallsberechnung werden bisher für die **Kinder** die ihrem Alter entsprechenden **Tabellenbeträge aus der untersten Einkommensgruppe** der Düsseldorfer Tabelle herangezogen. Beim **Ehegattenunterhalt** wurde der zuvor **konkret errechnete Bedarf nach den ehelichen Lebensverhältnissen eingesetzt** und nicht ein fester Mindestbestbedarfssatz (bisherige ständige Rspr. des BGH; vgl. BGH, FamRZ 1988, 705; BGH, FamRZ 1992, 539; a. A. zahlreiche OLG wie z. B. OLG Nürnberg, OLGReport 2000, 5; OLG Karlsruhe, FamRZ 1993, 708 und OLG Bamberg, FamRZ 1993, 1093 und Literaturstimmen; vgl. umfassend Wolgemuth, in: Eschenbruch, Der Unterhaltsprozess, Rn. 3123 ff.).

b) Neue Rechtsprechung des BGH seit 1. 1. 2003

Der BGH hat im Urteil v. 22. 1. 2003 – XII ZR 2/00 – jetzt unter ausdrücklicher Aufgabe seiner bisherigen Rspr. **geänderte Vorgaben für die Mangelfallberechnung** gemacht (XII ZR 2/00, FamRZ 2003, 363; vgl. ausführlich zur Begründung und zu den Konsequenzen der Entscheidung Viefhues/Kleinwegener, ZFE 2003, 100, 101 und ZFE 2003, 130; Scholz, FamRZ 2003, 514; Graba, FPR 2003, 252).

- Im absoluten Mangelfall ist für den **unterhaltsberechtigten Ehegatten** der seiner jeweiligen Lebenssituation entsprechende **notwendige Eigenbedarf** als Einsatzbetrag in die Mangelverteilung einzustellen.
- Für **(gleichrangige) Kinder** ist insoweit **ein Betrag i. H. v. 135 % des Regelbetrags** nach der RegelbetragVO zugrunde zu legen.

382 In seiner Begründung führt der BGH aus, es sei sachgerecht, bei der Bestimmung des Einsatzbetrages an die Überlegung anzuknüpfen, dass der Bedarf der Familie bei bestehender Lebens- und Unterhaltsgemeinschaft aus den zur Verfügung stehenden Mitteln bestritten worden ist, ein vorliegender Mangel deshalb i. d. R. von allen Familienmitgliedern getragen worden ist. Die Familie musste mit den vorhandenen Mitteln auskommen und hat das – erforderlichenfalls unter Hinnahme von Einschränkungen – auch geschafft, so dass regelmäßig das Existenzminimum gewahrt gewesen sein dürfte. Wenn nach Trennung oder Scheidung dem Unterhaltsverpflichteten selbst aber jedenfalls der an dem sozialhilferechtlichen Existenzminimum ausgerichtete notwendige Selbstbehalt zu verbleiben hat, erscheint es angemessen und sachgerecht, auch den der jeweiligen Lebenssituation des unterhaltsberechtigten **Ehegatten** entsprechenden **Eigenbedarf** in die Mangelverteilung einzustellen.

383 Konsequenz der Berücksichtigung des Mindestbedarfes als Einsatzbetrag für die Ehefrau ist aber, dass dann für die zu berücksichtigenden **Kinder** vom Ansatz her nichts anderes gelten kann und damit ein unter dem Existenzminimum liegender Einsatzbetrag ausscheidet. Es sei damit nicht angemessen, den Kindesunterhalt lediglich i. H. d. Regelbeträge anzusetzen, die erheblich unter dem Existenzminimum angesiedelt sind (so aber Büttner, FamRZ 2002, 542; Graba, NJW 2001, 249, 253 f.; Oelkers/Kraeft, FamRZ 1999, 1476, 1486). Aus Gründen der vereinfachten Handhabung sei es gerechtfertigt, den **pauschalen Satz von 135 % des Regelbetrages** nach der RegelbetragVO auch für das in die Mangelverteilung einzustellende Existenzminimum von Kindern heranzuziehen (ebenso Luthin/Schumacher, Handbuch des Unterhaltsrechts, Rn. 3322; Unterhaltsrechtliche Hinweise des OLG Stuttgart, Stand: 1. 7. 2000, FamRZ 2001, 979, 980 unter III; vgl. auch Scholz, FamRZ 2000, 1541, 1545; Göppinger/Kodal, a. a. O. Rn. 1640; Luthin, FamRZ 2001, 334, 336; Wohlfahrt, FF 2001, 2, 8).

2. Berechnungsbeispiele nach der neuen BGH-Rechtsprechung

384 Die Auswirkungen der neuen BGH-Rspr. sollen anhand eines konkreten Beispielsfalles verdeutlicht werden:

Beispiel:

Bereinigtes Nettoeinkommen des Unterhaltspflichtigen	1.400,00 €
Unterhalt erste Kind (acht Jahre alt)	-258,00 €
Unterhalt zweite Kind (zehn Jahre alt)	-258,00 €
Resteinkommen	884,00 €
davon 3/7-Quote für den Ehegattenunterhalt	378,86 €
Gesamtunterhaltsansprüche	894,86 €
Rest für den Pflichtigen	505,14 €
Selbstbehalt	840,00 €
Der Selbstbehalt ist unterschritten um	-334,86 €

385 Nach der neuen Rspr. des BGH wird bei den Kindern jetzt nicht mehr der unterste Tabellenbetrag genommen, sondern der Betrag der 6. Gruppe der Düsseldorfer Tabelle, der dem 135 %igen Regelbetragssatz entspricht. Bei der Ehefrau einzusetzen ist der notwendige Selbstbehalt für eine nicht erwerbstätige Person, die nicht in einem gemeinsamen Haushalt mit dem Unterhaltspflichtigen zusammenlebt (folglich nach der Düsseldorfer Tabelle Stand: 1. 7. 2003 ein Betrag von 730 €).

Beispiel:

	Einsatzbetrag	Anteil
Einsatzbetrag für das erste Kind	326,00 €	23,6%
Einsatzbetrag für das zweite Kind	326,00 €	23,6%
Einsatz für die Ehefrau Frau	730,00 €	52,8%
Gesamtbedarf	1.382,00 €	100,0%

Die Verteilungsmasse von 1.400 € ./. 840 € = 560 € ist in diesem Verhältnis auf Frau und Kinder aufzuteilen. Die Ehefrau erhält danach 295,80 €, während den Kindern jeweils 132,10 € zustehen.

3. Abschließende Überprüfung des Ergebnisses auf Billigkeit

Der BGH hat weiter betont, dass eine abschließende Überprüfung des im Rahmen der Mangelverteilung gewonnenen Ergebnisses auf seine **Angemessenheit im Einzelfall** vorzunehmen sei. Dabei müsse darauf geachtet werden, dass die Aufteilung des verfügbaren Einkommens auf die minderjährigen Kinder und den Ehegatten insgesamt angemessen und billig ist. Diese Beurteilung umfasst, insbesondere bei der Berechnung mit – unterhaltsrechtlich grds. nicht geschuldeten – Bedarfssätzen in Höhe des jeweiligen Existenzminimums, auch eine **Kontrolle** dahingehend, ob die Ehefrau oder die Kinder sich **aufgrund der Mangelfallberechnung etwa besser stehen als ohne Vorliegen eines Mangelfalles**, was nicht als ausgewogenes Ergebnis angesehen werden könnte (ausführlich hierzu Viefhues/Kleinwegener, ZFE 2003, 100 und ZFE 2003, 130; Scholz, FamRZ 2003, 514, 515).

386

4. Quotentabellen zum Mangelfall

Die geänderte Rspr. des BGH hat zur Konsequenz, dass dann, wenn ein Mangelfall vorliegt, die Verteilungsverhältnisse im Einzelfall nicht mehr vom Einkommen **abhängig** sind, sondern nur noch **von der konkreten Familienstruktur**.

387

Bisher war der in die Berechnung einzustellende Anteil der Ehefrau aufgrund der finanziellen Verhältnisse des Unterhaltspflichtigen **konkret** zu errechnen. Daher kam in jedem Einzelfall ein individueller Einsatzbetrag für die Ehefrau zur Anwendung. Folglich musste auch jeweils das Verteilungsverhältnis zwischen Ehefrau und Kindern in jedem Fall individuell errechnet werden.

Nach der neuen Rspr. des BGH wird bei der Ehefrau ein fester Betrag eingesetzt. Da bei den Kindern ebenfalls ein fester Betrag heranzuziehen ist – nämlich der Betrag der 6. Tabellenstufe der Düsseldorfer Tabelle, richtet sich die Quote letztlich nur nach Zahl und Alter der Kinder und damit nach der konkreten Familienstruktur. Die zugrunde liegenden Werte sind lediglich abhängig von den für den maßgeblichen Zeitpunkt geltenden Beträgen für den Kindesunterhalt nach der Düsseldorfer Tabelle und dem Selbstbehaltsatz für den Ehegatten.

Die Arbeit des Familienrechtlers kann daher durch die unter Rn. 577 abgedruckten **Quotentabellen für die Verteilung im Mangelfall** stark vereinfacht werden.

388

VI. Wohnwert als anzurechnender Vorteil (Wohnvorteil)

Von besonderer praktischer Bedeutung ist der **Wohnwert** eines selbst genutzten eigenen Hauses oder einer eigenen Wohnung. Hier stellen sich in der Praxis folgende Fragen:

389

- Unter welchen Umständen ist die Tatsache des Wohnens in der eigenen Wohnung überhaupt unterhaltsrechtlich beachtlich?
- Wie hoch ist der Wohnwert im Unterhaltsverfahren anzusetzen?

- Sind die Belastungen für Haus bzw. Wohnung zu berücksichtigen?
- Wie ist die Situation, wenn der Bedürftige – also in der Praxis Frau und Kinder – in der Wohnung verbleiben?
- Was geschieht, wenn die Wohnung verkauft wird?
- Wie wird der Unterhalt letztlich errechnet (konkrete Berechnungsbeispiele)?

Ein Wohnwert kann dem Unterhaltsschuldner jedoch dann nicht zugerechnet werden, wenn er zwar im Eigenheim lebt, seinen Eltern jedoch insgesamt daran ein lebenslanges Nießbrauchsrecht zusteht. Es handelt sich dann bei der Überlassung der Wohnung lediglich um eine jederzeit ohne Angabe von Gründen frei widerrufbare freiwillige Leistung Dritter ohne Einkommenscharakter (OLG Koblenz, FamRZ 2003, 534).

Überlässt der Unterhaltspflichtige jedoch ein ihm gehörendes Wohnhaus unentgeltlich einem Verwandten, so wird die erzielbare Marktmiete als hypothetisches Einkommen anzurechnen sein, denn der Unterhaltsverpflichtete ist gehalten, vorhandenes Vermögen möglichst ertragreich anzulegen (OLG Hamm, ZFE 2003, 221).

1. Unterhaltsrechtliche Relevanz des Wohnens in der eigenen Wohnung

390 Haben die Eheleute während der Zeit ihres Zusammenlebens ein Haus gebaut oder eine Eigentumswohnung erworben, so diente dies dazu, eine angemessene **Wohnung für die gesamte Familie** zu schaffen. Die eigene Wohnung hat damit die **ehelichen Lebensverhältnisse geprägt**, und zwar sowohl hinsichtlich der Nutzungsmöglichkeiten und damit des Nutzungswertes als Aktivposten als auch hinsichtlich der dafür regelmäßig zu tragenden Lasten auf der Passivseite. Das mietfreie Wohnen ist daher unterhaltsrechtlich relevantes Einkommen, soweit die ersparte Miete die Kosten übersteigt.

391 Die Schaffung eines eigenen Hauses oder einer eigenen Eigentumswohnung war zudem auch eine auf lange Sicht angelegte und von den Eheleuten **einvernehmlich geplante Maßnahme der Vermögensbildung**, denn die Eheleute haben sich meist von dem Gedanken leiten lassen, dass Eigentum zu schaffen billiger ist als Miete zu zahlen.

392 Diese **gemeinsame Lebensplanung** gerät jedoch mit der Trennung der Partner und späteren Scheidung der Ehe ins Wanken. In der Praxis endet dies damit, dass die Wohnung oder das Haus entweder verkauft und der verbleibende Erlös geteilt wird oder ein Ehegatte das Objekt übernimmt, und den anderen auszahlt. Bis zu diesem Zeitpunkt, der mitunter erst einige Jahre nach dem Trennungstage eintritt, ist aber das gemeinsame Eigenheim bzw. die gemeinsame Eigentumswohnung mit all seinen Aktiva und Passiva noch wirtschaftlicher Fakt und kann auch unterhaltsrechtlich nicht ignoriert werden.

393 Die **Trennung** der Eheleute – und der damit verbundene Auszug eines Ehegatten – löst dagegen diese gemeinsame Lebensplanung nicht mit sofortiger Wirkung auf. Deshalb kann nicht verlangt werden, dass die Ehewohnung sofort veräußert wird. Denn derjenige Ehepartner, der nach der Trennung noch in der Wohnung verbleibt und die Kosten der Wohnung trägt, handelt ja gerade im Interesse der gesamten Familie, um ggf. auch eine Versöhnung und eine Rückkehr der übrigen Familie in die Ehewohnung überhaupt möglich zu machen.

394 Etwas anderes gilt dann, wenn das Scheitern der Ehe durch die **Scheidung** bereits festgestellt worden ist, denn mit dem Tage der **Rechtskraft der Scheidung** steht das Ende der gemeinsamen Lebensplanung unbestreitbar fest. Dann handelt der in der Wohnung verbliebene Ehegatte nicht mehr im Interesse der Gesamtfamilie, sondern nur noch in seinem **eigenen wirtschaftlichen Interesse**. Nach der Scheidung der Ehe besteht demnach grds. keine Veranlassung mehr, ein zu großes Haus oder eine zu große Wohnung zu behalten. Vielmehr trifft den Ehegatten nun grds. **unterhaltsrechtlich** die Obliegenheit – unter Beachtung von Zumutbarkeitsgesichtspunkten und nach Abwägung der beiderseitigen Interessen –, eine wirtschaftlich angemessene Nutzung des für ihn zu großen Hauses zu verwirklichen (BGH, FamRZ 2000, 950; BGH, FamRZ 1990, 269).

Nicht abschließend geklärt ist, ob dies **auch vor der Rechtskraft der Scheidung** bereits nach längerer Trennungszeit gelten kann: 395

- Für den Ansatz, generell auf die **Einleitung des Scheidungsverfahrens** abzustellen spricht, dass durch die **Zustellung des Scheidungsantrages** der Stichtag für den Zugewinnausgleich festgelegt wird (§ 1384 BGB) und nachträgliche Vermögenstransaktionen nicht mehr ausgeglichen werden.

- Spätestens dann, wenn ein **Scheidungsverfahren eingeleitet** worden ist und die Gegenseite ihr **Einverständnis zur Scheidung erklärt** hat, steht für beide Parteien jedenfalls fest, dass die Ehe aufgelöst werden wird. Von diesem Zeitpunkt an handelt der in der Wohnung verbleibende Ehegatte praktisch nicht mehr im Interesse der Gesamtfamilie. Ist die Ehe erkennbar gescheitert, muss der unterhaltspflichtige Ehegatte auch der Verwertung des Hauses zustimmen (OLG Karlsruhe, NJW 1990, 2070).

- Durchaus vertretbar erscheint es auch, eine solche Zäsur schon für den wesentlich früher liegenden Zeitpunkt anzunehmen, in dem beide **Ehegatten** sich gegenseitig das endgültige **Scheitern der Ehe** und die feste **Absicht, die Scheidung durchzuführen, erklären**.

Besteht eine solche Verwertungsobliegenheit, wird dieser aber nicht nachgekommen, so kann aufgrund der **Verletzung dieser Verwertungsobliegenheit** in der Unterhaltsberechnung hypothetisch davon ausgegangen werden, das Haus bzw. die Wohnung sei verwertet. Allerdings kann über den o.g. Zeitpunkt hinausgehend noch eine Übergangsfrist eingeräumt werden, innerhalb der das Haus sinnvoll veräußert werden kann (OLG Karlsruhe, NJW 1990, 2070, 2071). 396

Zu beachten ist dabei aber, dass bei einem Verkauf des Hauses bzw. der Eigentumswohnung **beide Ehegatten als Miteigentümer mitwirken** müssen. Verzögert sich die Verwertung, weil die Eheleute sich über den Verkaufspreis nicht einigen können oder verhindert einer der Ehegatten sogar die Verwertung, so kann dann nicht der Vorwurf der Verletzung der Verwertungsobliegenheit hergeleitet werden. Es bedarf also hier eines **aktiven Tätigwerdens** auch des Ehegatten, der sich auf die Verletzung der Verwertungsobliegenheit berufen will. Wird um den Wert gestritten, so muss er ggf. selbständig den Wert ermitteln und notfalls auch einen Makler beauftragen. Lehrt der andere Ehegatte dann die Wertermittlung ab oder beanstandet diese ohne fundierte Einwendungen und ohne seinerseits ausreichende Aktivitäten zu entfalten, kann darin ein Verstoß gegen die Verwertungsobliegenheiten zu sehen sein (Wolgemuth, in: Eschenbruch, Der Unterhaltsprozess, Rn. 6184). Er muss sich dann nach dem allgemeinen Rechtsgrundsatz von **Treu und Glauben** (§ 242 BGB) so behandeln lassen, als sei das Objekt verwertet und der objektive Wert des Hausgrundstückes inzwischen zwischen den Parteien aufgeteilt worden (OLG Frankfurt/M., FamRZ 1992, 823).

Die **Belange** des **Unterhaltsberechtigten** und des **Unterhaltspflichtigen** sind bereits bei dieser Frage, wann die Verwertung erfolgen muss, **gegeneinander abzuwägen**. Zu berücksichtigen sind dabei auch die Belange der **Kinder**, die mit in der Wohnung leben. 397

Dabei kommt es folglich nicht allein auf die formelle Seite (Miteigentum, Rechtskraft der Scheidung) an, sondern auch auf **wirtschaftliche Gesichtspunkte**. Ist abzusehen, dass keiner der Ehegatten die Wohnung oder das Haus wirtschaftlich alleine halten kann, dann führt dieser wirtschaftliche Zwang unweigerlich zum Verkauf der Wohnung. Ein zu langes Abwarten ist i. a. R. auch **wirtschaftlich nicht sachgerecht.** Dies gilt vor allem dann, wenn die Schuldenbelastungen hoch sind und hohe Zinsbelastungen letztlich zu Lasten des Unterhalts gehen. Aus diesem Gesichtspunkt kann schon sehr frühzeitig eine Verwertungsobliegenheit entstehen, wenn eine Versöhnung der Eheleute abgeschlossen ist.

Die Obliegenheit, eine **wirtschaftlich angemessene Nutzung des für ihn zu großen Hauses** zu verwirklichen (**Verwertungsobliegenheit**) gilt nicht uneingeschränkt, sondern es sind **Zumutbarkeitsgesichtspunkte** zu beachten und die beiderseitigen Interessen gegeneinander abzuwägen (BGH, FamRZ 2000, 950; Graba, FamRZ 1995, 385; OLG Celle, FamRZ 2002, 887). 398

So kann auch **nach Rechtskraft der Scheidung** der Verkauf der Wohnung noch weiter hinausgeschoben werden, wenn **besondere Umstände** dies erfordern. Ist z. B. die Wohnung behindertengerecht ausgebaut und ist der behinderte Ehegatte deshalb in der Wohnung verblieben, so ist ihm eine **Übergangszeit** einzuräumen, in der er intensive Bemühungen um eine andere angemessene Wohnung durchführen muss (OLG Hamm, FamRZ 2001, 103).

399 Ist der Unterhalt unabhängig von der Verwertung der Wohnung gesichert, weil die Eheleute in gehobenen finanziellen Verhältnissen leben und geht es lediglich um die vermögensrechtliche Auseinandersetzung der Eheleute, so kann ein längerer Zeitraum für die Verwertung eingeräumt werden (Wolgemuth, in: Eschenbruch, Der Unterhaltsprozess, Rn. 6184).

400 Die Verwertung muss dabei nicht notwendig im Verkauf des Hauses bestehen, denkbar ist auch die **Vermietung**. Denn die Verpflichtung zur vollen Nutzung des Vermögens und ggf. zur Vermögensumschichtung kann auch dadurch erfüllt werden, dass der nutzende Ehegatte selbst in eine billigere kleinere Wohnung zieht und dadurch den Weg frei macht zur Einkommenserzielung durch Vermietung der Wohnung (BGH, FamRZ 1998, 899, 901). Soll z. B. das Haus als Wertobjekt für die Kinder erhalten bleiben, so gebietet die Verwertungsobliegenheit deshalb, das gesamte Objekt zu vermieten oder aber, wenn ein Ehegatte aus eigenem Interesse in dem Haus verbleibt, zumindest einzelne Räume zu vermieten. Eine Vermietung ist auch dann sachgerecht und erforderlich, wenn längerfristig kein Verkauf des Objektes möglich oder wirtschaftlich sinnvoll ist wie z. B. bei deutlich gefallenen Grundstückspreisen. Auch bei Rentnern im fortgeschrittenen Alter kann ausnahmsweise von einer Unzumutbarkeit eines Verkaufs oder einer Vermietung ausgegangen werden.

2. Höhe des Wohnwerts im Unterhaltsverfahren

401 Das **mietfreie Wohnen** ist nach ständiger Rspr. ein **Gebrauchsvorteil** und damit als **unterhaltsrechtlich relevantes Einkommen** anzurechnen (BGH, FamRZ 1986, 439, 440). Als Wohnwert ist dabei die **objektive Marktmiete** anzusetzen (BGH, FamRZ 1998, 87; BGH, FamRZ 2000, 950), wobei die Gerichte vielfach eine Schätzung nach § 287 Abs. 2 ZPO vornehmen. Zu beachten ist dabei, dass es sich beim Wohnvorteil nicht um Einkünfte aus Erwerbstätigkeit handelt und daher darauf der **Erwerbstätigenbonus nicht anzuwenden** ist (BGH, FamRZ 1990, 989).

402 Nach den oben dargestellten grds. Überlegungen kann jedoch nicht ohne weiteres der volle Nutzwert zugrunde gelegt werden, der sich aus dem tatsächlichen, objektiven Mietwert nach Abzug der zu erbringenden „Hauslasten" ergäbe. In der Zeit vor Entstehung der Verwertungsobliegenheit wohnt nämlich der Nutzer der Wohnung in Räumlichkeiten, die auf die Gesamtfamilie zugeschnitten waren, also für ihn schlichtweg zu groß sind. Er nutzt diese zu große Wohnung aber nicht aus Eigeninteresse, sondern, weil der Auszug bzw. der Verkauf der Wohnung noch nicht erforderlich bzw. zumutbar ist. Es handelt sich mithin um zeitweise **„totes Kapital"** (Maier, NJW 2002, 3362; Graba, FamRZ 1985, 657 ff.; BGH, FamRZ 1998, 899, 901). Speziell während des **Getrenntlebens** ist es einem Ehegatten i. d. R. nicht zumutbar, das frühere Familienheim, das er inzwischen allein bewohnt, zur Steigerung seiner Einkünfte (etwa durch Vermietung) anderweitig zu verwerten, damit eine Wiederherstellung der ehelichen Lebensgemeinschaft, die in dieser Zeit noch nicht ausgeschlossen ist, nicht zusätzlich erschwert wird (BGH, FamRZ 2000, 950; BGH, FamRZ 1989, 1160, 1161). Unterhaltsrechtlich angerechnet werden kann ihm daher gerechterweise nur **die Wohnfläche, die seinen persönlichen Verhältnissen angemessen ist**. Hinsichtlich der „überschießender" Wohnungsgröße liegt de facto also ein „aufgedrängter Vorteil" vor. Im Rahmen der Unterhaltsberechnung ist mithin nur der sog. **angemessene Wohnkostenaufwand als geldwerter Vorteil anzurechnen**. In der Praxis wird dieser oft auf 1/2 bis 2/3 des Marktwertes der Gesamtwohnung geschätzt. Die früher in der Rspr. und Literatur angewandte Drittelobergrenze ist vom BGH ausdrücklich abgelehnt worden (BGH, FamRZ 1998, 899, 901).

403 Etwas anders gilt aber, wenn ein **neuer Lebensgefährte** in die Wohnung einzieht. Dann bleibt es bei der objektiven Marktmiete (Gerhardt, in: Gerhardt/v. Heintschel/Heinegg/Klein, Handbuch des Fachanwalts Familienrechts, Teil 6 Rn. 41a; OLG Koblenz, NJW 2003,1816).

Beim **nachehelichen Unterhalt** ist der **Wohnvorteil mit dem** Gesamtnutzungswert anzusetzen, d. h. es ist auf die **objektive Marktmiete** abzustellen (BGH, FamRZ 2000, 950). Im Gegensatz zur Trennung trifft den Nutzungsberechtigten demnach eine **Obliegenheit zur wirtschaftlich angemessenen Nutzung** des für ihn zu großen Hauses, so dass er sich Einkünfte aus Teilvermietung zum Wohnvorteil hinzurechnen und ggf. sogar einer zumutbaren Vollvermietung anrechnen lassen muss. Ist eine Teil- oder Vollvermietung nicht zumutbar, ist der Wohnvorteil – ähnlich wie beim Trennungsunterhalt – nach dem **Mietzins auf dem örtlichen Wohnungsmarkt** für eine dem ehelichen Lebensstandard entsprechende angemessene kleinere Wohnung zu berechnen (BGH, FamRZ 2000, 950).

404

3. Berücksichtigung der Belastungen

Abgezogen und damit unterhaltsrechtlich berücksichtigt werden:

405

- **Zinsen** (BGH, FamRZ 1998, 88);
- **verbrauchsunabhängige Nebenkosten** wie Grundsteuern, Hausversicherungen (BGH, FamRZ 2000, 351; BGH, FamRZ 1998, 899);
- **notwendige Instandhaltungskosten** für die Beseitigung unaufschiebbarer Mängel als Lasten des Grundeigentums. Abzustellen ist dabei immer auf den Einzelfall. Bei Eigentumswohnanlagen wird man wegen der dort bestehenden generellen Rücklagenpflicht einen großzügigen Maßstab anzulegen haben, bei Einzelobjekten dagegen mehr auf die konkret anfallenden Kosten und die hierfür notwendigen Rücklagen abstellen;
- **Instandhaltungsrücklagen** vor allem in Fällen, in denen sich die **Kosten für die Instandhaltungsmaßnahme** voraussichtlich in einem Rahmen halten werden, der dadurch aufgebracht werden kann und nicht die Inanspruchnahme eines Kredits erfordert (BGH, FamRZ 2000, 351);
- **Zins- und Tilgungsaufwendungen** für Kredite, die zur Finanzierung notwendiger Instandhaltungskosten aufgenommen werden (BGH, FamRZ 2000, 351; BGH, FamRZ 1997, 281);
- **Hausverwalterkosten**.

Nicht abgezogen werden können:

406

- **verbrauchsabhängige** Nebenkosten wie Heizung, Strom, Wasser, Abwasser Müllabfuhr usw., da sie zu den allgemeinen Lebenshaltungskosten zu rechnen sind.
- Ausgaben für **wertsteigernde** Ausbauten und Modernisierungen, da es sich um vermögensbildende Maßnahmen handelt (BGH, FamRZ 1997, 281; BGH, FamRZ 2000, 351).
- Kosten einer allgemeinen Renovierung z. B. nach dem Auszug des Partners.

Bei allgemeinen **Tilgungsleistungen** ist eine umfassende Interessenabwägung vorzunehmen (BGH, NJW 1991, 2703). Entscheidend ist, dass Tilgungsleistungen als Abbau von Schulden, die auf dem Haus oder der Wohnung lasten, zu einem Vermögenszuwachs führen. Grds. kann aber der Unterhaltsverpflichtete zu Lasten des Unterhaltsberechtigten **keine Vermögensbildung** betreiben (BGH, FamRZ 1998, 88). Dies gilt insbesondere dann, wenn der Berechtigte an dem Vermögenszuwachs nicht teilhaben wird (BGH, FamRZ 1987, 36).

407

Im Ergebnis ist daher **zeitabhängig zu differenzieren,** (ausführlich Kleffmann, in: Scholz/Stein, Praxishandbuch Familienrecht, Teil G Rn. 72) wobei auch der Güterstand der Eheleute und die Eigentumssituation an der Wohnung zu beachten sind:

408

- Tilgungsleistungen **während des (ersten) Trennungsjahres** dienen noch der Sicherung des Familienheimes als räumliche Lebensgrundlage der noch nicht endgültig gescheiterten Ehe und sind daher bei der Unterhaltsberechnung zu berücksichtigen. Über den Zugewinnausgleich nimmt der Ehegatte i. a. R. auch an dieser Vermögensmehrung teil.

- Bei Tilgungsleistungen **nach Ablauf des (ersten) Trennungsjahres bis zur Einreichung des Scheidungsantrags** ist einerseits zu sehen, dass der Stichtag für den Zugewinn noch nicht eingetreten ist, der andere Ehegatte also noch an den Tilgungsleistungen teilnehmen wird. Andererseits scheidet eine Anrechnung aus, wenn der angemessene Unterhalt deswegen nicht sichergestellt werden kann (BGH, NJW 2001, 2259).
- Tilgungsleistungen **nach Zustellung des Scheidungsantrages bis zur Rechtskraft der Scheidung** sind i. a. R. nicht mehr zu berücksichtigen, da sie nach dem Stichtag für den Zugewinn liegen und das Ende der Ehe auch fast mit Sicherheit abzusehen ist. Haben die Eheleute im Güterstand der Zugewinngemeinschaft gelebt, nimmt nach dem Stichtag der andere Ehegatte ab Rechtshängigkeit des Scheidungsantrages nicht mehr an der Wertsteigerung teil, die durch die Rückführung der Belastungen eintritt. Über den Unterhalt soll aber nicht die Vermögensbildung des Partners finanziert werden (BGH, FamRZ 2000, 950). Anders ist die Situation aber, wenn das Objekt im gemeinsamem Eigentum beider Eheleute steht. Hier kommt die Schuldentilgung auf gemeinschaftlich aufgenommene Darlehen bis zur Veräußerung des Objektes anteilig beiden Eheleuten zugute (Hahne, FF 1999, 99; Wendl/Staudigl-Gerhardt, Das Unterhaltsrecht in der familienrichterlichen Praxis, § 1 Rn. 243 ff.).
- Tilgungsleistungen **nach Rechtskraft der Scheidung** sind reine einseitige Vermögensbildung und daher nicht anzurechnen.

409 Werden die Tilgungsleistungen durch staatliche Fördermittel nach dem **EigenheimzulagenG** gefördert, sollen die Tilgungsleistungen aber nach Ansicht des OLG München vorab um die vom Staat gewährten Fördermittel gekürzt werden (OLG München, FamRZ 1999, 251).

Übersteigen die Abzahlungen den Wohnwert und ist dies nach einem objektiven Maßstab angemessen, ist ein negativer Wohnwert zu bilden (eingehend Wendl/Staudigl-Gerhardt, Das Unterhaltsrecht in der familienrichterlichen Praxis, § 1 Rn. 254).

4. Auswirkungen des Verbleibs des Berechtigten in der Wohnung

410 Vielfach verbleibt in der Praxis der Bedürftige – Frau und ggf. die Kinder – in der Wohnung. Wohnt der **Berechtigte** unentgeltlich im familieneigenen Haus oder in der eigenen Wohnung, so ist auch hier dieser geldwerte Vorteil zu berücksichtigen. Man kann dann von einer **Naturaldeckung des Wohnbedarfes** durch den Verpflichteten sprechen. Es gelten hier aber auch die Ausführungen über die **Angemessenheit** entsprechend, so dass die Höhe des anzurechnenden Wohnwertes ggf. zu begrenzen ist.

411 Bewohnt der unterhaltsberechtigte Ehegatte die **Wohnung zusammen mit den Kindern**, dann ist umstritten, ob eine **Anrechnung auch auf den Kindesunterhalt** erfolgen darf. Die überwiegende Ansicht geht davon aus, dass der Unterhaltsbedarf der Kinder ungeachtet des Wohnvorteils allein nach der Düsseldorfer Tabelle festgesetzt und lediglich der dem Ehegatten anzurechnende Wohnvorteil im Hinblick auf die Mitnutzung durch die Kinder erhöht wird (BGH, FamRZ 1992, 423; OLG München, FamRZ 1998, 424; OLG Koblenz, ZFE 2002, 351 = FamRZ 2003, 184; a. A. OLG Düsseldorf, FamRZ 1994, 1049).

412 Möglich ist auch, dass die Eheleute eine Lösung über die **Zahlung einer Nutzungsentschädigung** finden. Allerdings kann keine doppelte Anrechnung erfolgen; entweder wird eine Nutzungsentschädigung gezahlt oder der Nutzungsvorteil unterhaltsrechtlich ausgeglichen. Wird bereits bei der Bemessung des Unterhalts ein Wohnwert bedarfserhöhend berücksichtigt, schließt dies eine gesonderte Nutzungsentschädigung aus, weil der Wohnwert bereits eine Regelung über den Nutzungswert des dem Ausziehenden gehörenden, aber vom anderen Ehegatten genützten Miteigentums beinhaltet (OLG Celle, NJW 2000, 1425; Gerhardt, FamRZ 1993, 1139, 1141; Huber, FamRZ 2000, 129; OLG Zweibrücken, FamRZ 2002, 1341).

413 Eine solche Regelung über den Ausgleich der **Nutzungen** kann auch im Rahmen eines **familiengerichtlichen Wohnungszuweisungsverfahrens** nach §§ 1361b Abs. 3 Satz 2 BGB, 3, 5 Abs. 2 HausratsVO getroffen werden.

Ein Anspruch auf Nutzungsentschädigung gegen die in die Wohnung eingezogenen neue Lebensgefährtin besteht jedoch nicht (LG Bielfeld, FamRZ 2003, 158). 414

Ein Vorrang der Regelungen im Unterhaltsverfahren gilt auch für den **Ausgleich der Lasten**, die unter getrennt lebenden Ehegatten nach **§§ 748, 426 BGB** erfolgen können (OLG Köln, FamRZ 1992, 832). Problematisch ist in diesem Zusammenhang jedoch, dass für derartige Ausgleichsansprüche der Ehegatten der Rechtsweg zu den allgemeinen Zivilgerichten gegeben ist (OLG Brandenburg, FamRZ 2001, 427; BGH, FamRZ 1978, 496; a. A. wohl OLG München, FamRZ 1999, 1270), während für die Höhe des Unterhalts, die nicht ohne Berücksichtigung des Nutzungswerts ermittelt werden kann, das Familiengericht zuständig ist (vgl. hierzu Wever, FamRZ 2001, 286 und Gerhards, FamRZ 2001, 661). 415

5. Auswirkungen des Verkaufs der Wohnung

Wird die Wohnung veräußert, dann entfällt der Wohnwert, da keiner der Ehegatten mehr Nutzungsvorteile hat. Durch die Veräußerung und die ggf. bei Miteigentum vorzunehmende Vermögensauseinandersetzung zwischen den Ehegatten wird **Kapital** gebildet, was sich unterhaltsrechtlich durch **Zinseinkünfte** auswirkt. An die Stelle des Wohnvorteils treten dann als **Surrogat** die **Zinseinkünfte**, die aus dem Veräußerungserlös erzielt werden (BGH, NJW 2001, 2259; ausführlich Gerhardt, FamRZ 2003, 414; zum Sonderfall der Veräußerung eines Miteigentumsanteils an den anderen Ehegatten Maier, NJW 2002, 3359, 3362). Es besteht jedoch die Obliegenheit, Kapital aus Hausverkauf zur Tilgung anderer Schulden zu verwenden (OLG Köln, ZFE 2003, 155). 416

Nach Ansicht des OLG Koblenz sind nach der Veräußerung des Wohnungseigentums und Verteilung des Kapitals anzurechnende Zinserträge im Rahmen einer wertenden Vorgehensweise auf Seiten beider Ehegatten nur in gleicher Höhe in die Berechnung einzustellen, um Missbräuche durch einseitigen Verbrauch des Kapitals zu vermeiden (OLG Koblenz, NJW 2002, 1886). 417

Ist die Veräußerung aber unterhaltsrechtlich anzuerkennen, kann sich der Bedarf des Berechtigten daher noch nach Rechtskraft der Ehescheidung verändern. Erfolgt demnach die **Veräußerung mit Verlusten**, sind diese von beiden Ehepartnern zu tragen, da sich nicht nur die Leistungsfähigkeit des Pflichtigen, sondern auch der unterhaltsrechtliche Bedarf des Berechtigten verringert (Borth, FamRZ 2001, 1659). Bei einer Überschuldung des während der Ehe erworbenen Wohneigentums kommt ein negativer Wohnwert zustande, der ebenfalls als eheprägend anzusehen ist (OLG Koblenz, FamRZ 2002, 1885 unter Berufung auf BGH, NJW 2002, 436). 418

6. Konkrete Berechnungsbeispiele

Die zuvor dargelegten grds. rechtlichen Überlegungen müssen aber in der Praxis in ein konkretes Rechenwerk umgesetzt werden. Die Vorgehensweise soll hier anhand einiger **Berechnungsbeispiele** erläutert werden. 419

a) Ausgangssituation

Beispiel: 420

Erwerbseinkommen Ehemann	2.000,00 €
Erwerbseinkommen Ehefrau	600,00 €
angemessener monatlicher Mietwert des gemeinsamen Hauses	750,00 €
Monatliche Aufwendungen (vom Ehemann bezahlt)	
Zins und Tilgung	400,00 €
verbrauchsunabhängige Kosten	100,00 €
verbrauchsabhängige Kosten	175,00 €
Instandhaltung	100,00 €

Die Wohnung wir später veräußert. Beiden Eheleuten verbleibt ein Verkaufserlös von jeweils 40.000 €, der mit 5 % angelegt werden kann. Monatlich resultiert hieraus ein Zinserlös von 166,67 €.

b) Trennung der Eheleute innerhalb des Hauses

421 *Beispiel:*

Die Eheleute trennen sich, bleiben aber noch innerhalb des Hauses wohnen. Der Ehemann trägt weiterhin die Belastungen des Hauses. Der Ehegattenunterhalt berechnet sich folgendermaßen:

Erwerbseinkommen Ehemann		6/7 von	2.000,00 €	1.714,29 €
Erwerbseinkommen Ehefrau		6/7 von	600,00 €	514,29 €
Gesamteinkommen				2.228,57 €
Bedarf der Ehefrau		1/2 von	2.228,57 €	1.114,29 €
abzgl. Erwerbseinkommen der Frau zu 6/7				-514,29 €
abzgl. 1/2 der vom Mann getragenen Aufwendungen				
	Zins und Tilgung		400,00 €	-200,00 €
	verbrauchsunabhängige Kosten		100,00 €	-50,00 €
	verbrauchsabhängige Kosten		175,00 €	-87,50 €
	Instandhaltung		100,00 €	-50,00 €
ungedeckter Bedarf = verbleibender Barunterhaltsanspruch der Frau				212,50 €

Kontrollrechnung

	Mann	Frau
eigenes Einkommen	2.000,00 €	600,00 €
Unterhalt	-212,50 €	212,50 €
Hauskosten	-775,00 €	0,00 €
Barbetrag	1.012,50 €	812,50 €
gedeckter Wohnbedarf	375,00 €	375,00 €
insgesamt	1.387,50 €	1.187,50 €
Differenz		- 200,00 €

Die Kontrollrechnung zeigt, dass letztlich der unterhaltsberechtigten Frau 200 € weniger verbleiben als dem unterhaltspflichtigen Mann.

c) Nutzung des Hauses durch die unterhaltsberechtigte Ehefrau

Beispiel:

Der unterhaltspflichtige Ehemann verlässt die Wohnung, die unterhaltsberechtigte Ehefrau benutzt das Haus alleine. Der Ehemann trägt weiterhin die Belastungen des Hauses mit Ausnahme der verbrauchsabhängigen Kosten. Für diese Fallgestaltung berechnet man den Ehegattenunterhalt wie folgt:

Erwerbseinkommen Ehemann	6/7 von	2.000,00 €	1.714,29 €
abzgl. der vom Mann getragenen Aufwendungen			
Zins und Tilgung			-400,00 €
verbrauchsunabhängige Kosten			-100,00 €
verbrauchsabhängige Kosten			0,00 €
Instandhaltung			-100,00 €
bereinigtes Einkommen des Mannes			1.114,29 €
Erwerbseinkommen Ehefrau	6/7 von	600,00 €	514,29 €
angemessener Wohnwert orientiert am Bedarf der Frau			400,00 €
Gesamtbedarf			2.028,57 €
Bedarf der Frau (davon 1/2)			1.014,29 €
abzgl. Erwerbseinkommen der Ehefrau	6/7 von	600,00 €	-514,29 €
abzgl. gedeckter Wohnbedarf der Frau (voll)			-400,00 €
ungedeckter Bedarf = verbleibender Barunterhaltsanspruch der Frau			100,00 €

Veränderungen gegenüber der Fallsituation bei gemeinsamer Nutzung ergeben sich in zwei Punkten:

Die verbrauchsabhängigen Kosten muss die Ehefrau aus ihren eigenen Finanzmitteln decken, da diese nach dem Auszug des Mannes voll zu ihrem eigenen Bedarf gehören.

Beim Nutzungswert der Wohnung kann nur der Betrag angerechnet werden, der dem angemessenen Wohnbedarf der Ehefrau entspricht, also im Beispiel statt 750 € jetzt nur noch 400 €.

Kontrollrechnung

	Mann	Frau
eigenes Einkommen	2.000,00 €	600,00 €
Unterhalt	-100,00 €	100,00 €
Hauskosten	-600,00 €	0,00 €
Barbetrag	1.300,00 €	700,00 €
gedeckter Wohnbedarf	0,00 €	400,00 €
insgesamt	1.300,00 €	1.100,00 €
Differenz		200,00 €

Die Kontrollrechnung zeigt, dass auch hier letztlich der unterhaltsberechtigten Frau 200 € weniger verbleiben als dem unterhaltspflichtigen Mann.

d) Nutzung des Hauses durch den unterhaltspflichtigen Ehemann

423 **Beispiel:**

Der unterhaltspflichtige Ehemann bleibt in der Wohnung, die unterhaltsberechtigte Ehefrau zieht aus. Der Ehemann trägt weiterhin die Belastungen des Hauses einschließlich der verbrauchsabhängigen Kosten. Für diese Fallgestaltung berechnet man den Ehegattenunterhalt wie folgt:

Erwerbseinkommen Ehemann		6/7 von	2.000,00 €	1.714,29 €
abzgl. der vom Mann getragenen Aufwendungen				
	Zins und Tilgung			-400,00 €
	verbrauchsunabhängige Kosten			-100,00 €
	verbrauchsabhängige Kosten			0,00 €
	Instandhaltung			-100,00 €
bereinigtes Einkommen des Mannes				1.114,29 €
Erwerbseinkommen Ehefrau		6/7 von	600,00 €	514,29 €
angemessener Wohnwert orientiert am Bedarf des Mannes				500,00 €
Gesamtbedarf				2.128,57 €
Bedarf der Frau (davon 1/2)				1.064,29 €
abzgl. Erwerbseinkommen der Ehefrau		6/7 von	600,00 €	-514,29 €
abzgl. gedeckter Wohnbedarf der Ehefrau				0,00 €
ungedeckter Bedarf = verbleibender Barunterhaltsanspruch der Frau				550,00 €

Im Gegensatz zur Fallsituation bei der Nutzung der Wohnung durch die unterhaltsberechtigte Ehefrau ist bei der Nutzung durch den Unterhaltspflichtigen auf folgende Punkte hinzuweisen:

- Die verbrauchsabhängigen Kosten trägt zwar der Ehemann, kann sie aber unterhaltsrechtlich der Ehefrau nicht entgegenhalten, da sie allein seinen eigenen Lebensbedarf betreffen.
- Der angemessene Wohnbedarf des Unterhaltspflichtigen ist nicht automatisch identisch mit dem Wohnbedarf der Unterhaltsberechtigten und daher hier zur Veranschaulichung ausdrücklich abweichend festgesetzt worden.

Kontrollrechnung

	Mann	Frau
eigenes Einkommen	2.000,00 €	600,00 €
Unterhalt	-550,00 €	550,00 €
Hauskosten	-600,00 €	0,00 €
Barbetrag	850,00 €	1.150,00 €
gedeckter Wohnbedarf	500,00 €	0,00 €
insgesamt	1.350,00 €	1.150,00 €
Differenz		200,00 €

Die Kontrollrechnung zeigt auch bei dieser Fallgestaltung, dass der unterhaltsberechtigten Frau 200 € weniger verbleibt als dem unterhaltspflichtigen Mann. Durch das gleiche Ergebnis der Kontrollrechnung wird deutlich gemacht, dass der Wohnvorteil unabhängig von der Frage, welchem Ehegatten er zugute kommt, letztlich unterhaltsrechtlich neutral bleibt.

e) **Situation nach dem Verkauf des Hauses bzw. der Wohnung**

Beispiel: 424

Die Wohnung wird später veräußert. Beiden Eheleuten verbleibt ein Verkaufserlös von jeweils 40.000 €, der mit 5% angelegt werden kann. Monatlich resultiert hieraus ein Zinserlös für jeden Ehegatten von je 166,67 €, zusammen folglich 333,33 €.

Erwerbseinkommen Ehemann	6/7 von	2.000,00 €	1.714,29 €
Erwerbseinkommen Ehefrau	6/7 von	600,00 €	514,29 €
Zinserlös als Surrogat des Wohnwertes			333,33 €
Gesamteinkommen			2.561,90 €
Bedarf Ehefrau	1/2 davon		1.280,95 €
abzgl. Erwerbseinkommen der Frau	6/7 von	600,00 €	514,29 €
abzüglich Zinserlös der Frau			-166,67 €
ungedeckter Bedarf = verbleibender Barunterhaltsanspruch der Frau			600,00 €

Nach dem Verkauf des Objektes sind keine Aufwendungen mehr zu tragen.

Die Zinsen aus dem verbleibenden Erlös aus dem Verkauf des Hauses sind als Surrogat des bisherigen Wohnwertes anzusehen. Sie erhöhen den Bedarf der beiden Eheleute und werden bei jedem Ehegatten mit dem ihm zuzurechnenden hälftigen Anteil auch bedarfsdeckend angerechnet.

Kontrollrechnung

	Mann	Frau
eigenes Einkommen	2.000,00 €	600,00 €
Unterhalt	-600,00 €	600,00 €
Zinserlös	166,67 €	166,67 €
Barbetrag	1.566,67 €	1.366,67 €
gedeckter Wohnbedarf	0,00 €	0,00 €
insgesamt	1.566,67 €	1.366,67 €
Differenz		200,00 €

VII. Verwertung des Vermögens

Nach § 1577 Abs. 1 BGB hat der **Berechtigte** neben seinen Erträgen aus seinem Vermögen vor einer Inanspruchnahme des Verpflichteten auch **den Stamm seines Vermögens** zur Deckung seines Unterhaltsbedarfs einzusetzen. Denn der Unterhaltsanspruch setzt voraus, dass der Berechtigte außerstande ist, sich selbst zu unterhalten.

425

426 **Grenzen der Verwertung** des Vermögens zu Unterhaltszwecken sieht das Gesetz **für den Berechtigten in § 1577 Abs. 3 BGB** vor. Danach entfällt eine Pflicht zur Vermögensverwertung, soweit sie **unwirtschaftlich** oder unter Berücksichtigung der beiderseitigen wirtschaftlichen Belange **unbillig** wäre. Unwirtschaftlich ist die Veräußerung von Vermögenswerten, sofern auf längere Sicht der Ertrag daraus den Unterhalt des Berechtigten bzw. die Leistungsfähigkeit des Verpflichteten besser gewährleistet als der erzielbare Erlös.

427 Die **Unwirtschaftlichkeit** liegt noch nicht darin, dass der Verbrauch des Vermögens zum Verlust der darin begründeten Quelle für die Vermögenserträge führt, da sonst nie eine Pflicht zur Verwertung des Vermögensstammes gegeben wäre. Auch die Tatsachen, dass bei einer sofortigen Verwertung künftige Werterhöhungen durch Preissteigerung nicht ausgenutzt werden können, reicht nicht aus (BGH, FamRZ 1980, 43). Unwirtschaftlichkeit ist jedoch zu bejahen, wenn der Vermögensgegenstand zu einem erheblich unter dem Verkehrswert liegenden Preis verkauft werden müsste. Jedoch müssen unwirtschaftliche Anlageformen zugunsten ertragreicherer umgeschichtet werden (BGH, NJW 1992, 1046; BGH, NJW 1998, 754). Die Verwertung von Aktien ist unwirtschaftlich, wenn gerade eine Krise herrscht, die ihren Wert erheblich reduziert hat, jedoch abzusehen ist, dass ihre Bewertung sich bald verbessern wird.

428 Bei der vorzunehmenden **Abwägung** sind die Verhältnisse beider Ehegatten, also auch Einkommen und Vermögen des Schuldners zu beachten (BGH, FamRZ 1985, 354; BGH, NJW 1985, 907, 908; OLG Düsseldorf, FamRZ 1996, 734). In diesem Zusammenhang darf auch die Frage nicht vernachlässigt werden, ob es sich noch um Trennungsunterhalt oder Scheidungsunterhalt handelt. Denn ebenso wie die Verwertung des Wohneigentums noch während der Trennungszeit strengeren Regeln unterliegt als nach der Scheidung gelten diese Gesichtspunkte auch bei der Verwertung anderer Vermögensposten (s. dazu Rn. 390).

429 Auch hinsichtlich der **Verwendung des Erlöses** aus verwertetem Vermögen bestehen unterhaltsrechtliche Grenzen. So ist die unterhaltsrechtliche Obliegenheit anerkannt, Kapital aus Hausverkauf zur Tilgung anderer Schulden zu verwenden. Geschieht dies nicht und wird das Vermögen für andere Verwendungszwecke ausgegeben, kann derzeit eine fiktive Verzinsung von 3,5% zugrundegelegt werden (OLG Köln, ZFE 2003, 155).

430 Entsprechende Grenzen ergeben sich für den **Verpflichteten** aus § 1581 Satz 2 BGB.

VIII. Schulden, Verbindlichkeiten

1. Relevanz der Schulden für den Ehegattenunterhalt

431 Zahlreiche Bundesbürger haben ihren **Lebensstandard mit Krediten finanziert**. Nicht nur für Wohneigentum, sondern auch für Wohnungseinrichtungen, Autos, Urlaube und sonstige Dinge des alltäglichen Lebensbedarfes werden Darlehen aufgenommen. Die familienrechtliche Praxis zeigt, dass viele Eheleute mehr Schulden haben, als ihren Einkommensverhältnissen angemessen ist.

Kommt es nun bei Trennung und Scheidung zu zusätzlichen Belastungen durch doppelten Wohnaufwand, Unterhaltszahlungen und höhere Steuerbelastungen wegen des Steuerklassenwechsels, werden die Schulden besonders lästig. Bei der Unterhaltsberechnung spitzt sich dies dann auf die Frage zu, ob die Schuldenbelastungen – ggf. in welcher Höhe – auch unterhaltsrechtlich von Bedeutung sind. Die neuen seit dem 1. 1. 2002 erhöhten Pfändungsfreigrenzen, die zu einer geringeren Durchsetzbarkeit von Kreditforderungen führen, dürften die Wahrung der Interessen der Zahlungspflichtigen ebenso wie der Unterhaltsberechtigten erleichtern.

432 Im Allgemeinen stellt sich die Frage der Anrechenbarkeit allein beim Unterhaltsschuldner, da nur er aus seinem laufenden Einkommen vorhandene Kredite bezahlen wird. Soweit der Berechtigte eigenes Einkommen hat, gelten für ihn die gleichen Grundsätze.

Ebenso wie die Arbeitskraft beider Eheleute mit dem daraus erzielten Einkommen als wesentliche **433**
Einkommensquelle die ehelichen Lebensverhältnisse bestimmt hat, prägen folgerichtig auch die
aus der Arbeitskraft oder einer anderen Einkommensquelle gezahlten Aufwendungen. Diese Aufwendungen sind das Ergebnis einer von beiden Ehegatten gewählten Disposition, nämlich eines
geübten Konsums oder eines Konsumverzichts, wenn Einkommensteile gespart und daraus Vermögen gebildet wurde (Maier, NJW 2002, 3359, 3362). Daraus folgt, dass kein Ehegatte sich einseitig aus diesen Verpflichtungen befreien kann. Denn den geschaffenen „Lebensstandard auf
Pump" kann ein Ehegatte nicht eigenmächtig zu Lasten des anderen aufrechterhalten. Das folgt
auch aus der oben beschriebenen **Bestandsgarantie,** die auch zu Lasten des Berechtigten Wirkungen entfaltet und eine Besserstellung gegenüber der Zeit des Bestehens der ehelichen Lebensgemeinschaft verhindert.

Prägend für die ehelichen Lebensverhältnisse sind daher auch beim Ehegattenunterhalt **Schuldenbelastungen**, soweit diese Verbindlichkeiten ehebedingt sind, d. h. bis zur Trennung einvernehmlich bestanden haben.

Zu **Schuldenbelastungen**, die im Zusammenhang mit dem Erwerb von **Wohneigentum** aufgenommen worden sind, s. oben beim Wohnvorteil Rn. 405. Unterhaltsretlich besteht die Obliegenheit, **434**
Kapital aus Hausverkauf zur Tilgung anderer Schulden zu verwenden (OLG Köln, ZFE 2003, 155).

Soweit eine Regelung des Ausgleichs der Schuldenbelastungen über den Unterhalt erfolgt, ist diese **435**
auch beim **Gesamtschuldnerausgleich** nach § 426 BGB zu beachten (OLG Zweibrücken, FamRZ
2002, 1341; vgl. auch oben Rn. 412).

Der in der Praxis vorherrschende Ansatz, den Ausgleich der Schuldenbelastungen allein über die
Berechung des Unterhaltes festzusetzen, ist jedoch nicht ohne Kritik geblieben. Denn auch bei den
gemeinsam aufgenommenen Schuldverpflichtungen kann ein Einzelausgleich über die Vorschrift
des § 426 BGB (**Gesamtschuldnerausgleich**) vorgenommen werden. Bei dem alleinigen Ausgleich über den Unterhalt kann daher insgesamt ein unbilliges Ergebnis eintreten, wenn es sich um
Schulden handelt, die im Innenverhältnis **allein dem Unterhaltsberechtigten** Ehegatten zuzuordnen sind (ausführlich dazu Schürmann/Weinreich, FuR 2003, 6).

a) Zeitpunkt der Kreditaufnahme

Folglich sind Ratenverpflichtungen, die **während der Ehe aufgenommen worden** sind, grds. in **436**
voller Höhe – folglich mit Zins- und Tilgungsanteil abzuziehen – da sie die ehelichen Lebensverhältnisse der Parteien beeinträchtigt haben (BGH, FamRZ 1985, 911; BGH, NJW 1998, 2821; KG,
FamRZ 1991, 808, 809; OLG Hamm, FamRZ 1994, 446; OLG München, FamRZ 1995, 232).
Maßgebend ist dabei allein, ob sie mit **ausdrücklicher** oder **stillschweigender Billigung** des Ehepartners begründet oder auch in die Ehe mitgebracht wurden (BGH, NJW 1998, 2821; OLG München, FamRZ 1995, 232).

Schulden, die **nach der Trennung entstanden** sind, können dagegen bei der Bildung des bereinig- **437**
ten Nettoeinkommens zur **Berechnung des Unterhaltsbedarfs** nicht abgezogen werden, da sie
die ehelichen Lebensverhältnisse nicht geprägt haben (BGH, FamRZ 1986, 436, 437; OLG München,
FamRZ 1994, 898). Wenn also der Unterhaltspflichtige erst **nach der Trennung** Kreditbelastungen aufnimmt, so können diese i. a. R. nicht in Abzug gebracht werden, da der Unterhalspflichtige
ja seine finanzielle Situation und seine Unterhaltsverpflichtungen kennt. Spezielle Darlehen zur
Finanzierung der Zugewinnausgleichsansprüche können nicht abgezogen werden (BGH, FamRZ
2000, 950). Nicht zu berücksichtigen sind auch die im Rahmen der Prozesskostenhilfe zu zahlenden Raten oder Scheidungskosten.

438 **Neubelastungen** sind nur dann **prägend** für die ehelichen Lebensverhältnisse, wenn sie in der Ehe angelegt waren. Werden demnach nach der Trennung neue Verbindlichkeiten aufgenommen, die zur Ablösung ehebedingter Verbindlichkeiten dienen, so sind sie in dieser Höhe abzugsfähig.

439 Ausnahmen werden auch teilweise bei Schuldverbindlichkeiten gemacht, die nach der Trennung aufgenommen werden, um **Hausratsgegenstände** anzuschaffen. Einige Gerichte lehnen die Abzugsfähigkeit generell ab und verweisen auf die Möglichkeit, sich im Hausratsverfahren Gegenstände zuteilen zu lassen. Andere Gerichte erkennen nachträgliche Schuldbelastungen hier an, wenn die Kreditaufnahme wirklich unvermeidlich war und dringend notwendige Gegenstände angeschafft worden sind (BGH, FamRZ 1998, 1501; OLG Köln, FamRZ 2000, 1434; OLG Hamm, FamRZ 1999, 853; AG Beckum, FamRZ 2000, 24). Dabei ist auch die Möglichkeit der günstigen Anschaffung von gebrauchten Möbeln zu prüfen.

b) Zweck der Kreditaufnahme und Verwendung des Geldes

440 Bei **ehebedingten Verbindlichkeiten** ist unerheblich, **welcher Ehegatte** die Kreditverbindlichkeiten eingegangen ist und wofür das Geld ausgegeben worden ist. Lediglich bei solchen Verbindlichkeiten, die leichtfertig, für luxuriöse Zwecke oder ohne verständlichen Grund eingegangen wurden, kann die Abzugsfähigkeit verweigert werden (BGH, FamRZ 1996, 160; OLG Karlsruhe, OLGReport 2002, 105). Hierunter fallen z. B. Kredite für Spielschulden oder einseitige teure Hobbys (OLG Hamm, FamRZ 1997, 1405).

441 Fraglich ist, ob eine Anrechnung der Darlehensverbindlichkeiten davon abhängt, dass der dadurch belastete Ehegatte auch noch die **Nutzungen der damit verbundenen Gegenstände** hat. Teilweise wird es als unbeachtlich angesehen, wer die mit dem Darlehen angeschafften Vermögensgegenstände (Möbel, Auto) nach der Trennung erhalten hat (Gerhardt/v. Heintschel/Heinegg/Klein, Handbuch des Fachanwalts Familienrecht, Teil 6 Rn. 84).

Nach der Surrogat-Rechtsprechung des BGH (s. oben Rn. 166) bestehen aber Zweifel, ob dies noch so gelten kann. Maier (NJW 2002, 3359, 3362) geht für den Fall, dass z. B. der Pkw nach der Trennung nur noch von einem Ehegatten genutzt wird, davon aus, dass dann der Kapitalwert dieses Gebrauchsguts, das bislang unterhaltsrechtlich unbeachtet blieb und die ehelichen Lebensverhältnisse als stille Reserve bestimmte, aufzulösen ist. Die daraus fließenden Nutzungen sind wie beim Mietvorteil zu bewerten (s. oben Rn. 389 ff.). Diesem Nutzungsvorteil stehen die Kosten der Finanzierung des Gebrauchsgutes gegenüber. Diese Ansicht geht folglich bei Gebrauchgütern ebenso vor wie bei der Frage der Anrechnung des Wohnvorteils (dazu s. oben Rn. 405 ff.). Die Frage der Nutzung des mit dem Kredit beschafften Gegenstandes kann jedenfalls im Rahmen der Interessenabwägung Berücksichtigung finden (Kalthoener/Büttner/Niepmann, Die Rechtsprechung zu Höhe des Unterhalts, Rn. 1004).

442 Verbindlichkeiten, die allein der **Vermögensbildung** dienen, sind beim Bedarf nur zu berücksichtigen, wenn sie nach einem objektiven Maßstab angemessen sind und die ehelichen Lebensverhältnisse geprägt haben. Dagegen ist ein Konsumverzicht zugunsten vermögensbildender Ausgaben nicht mehr beachtlich (BGH, NJW 1984, 1237; BGH, NJW 1987, 36).

c) Unterhaltslasten

443 Die **Unterhaltslasten** für vor- oder nichteheliche Kinder (BGH, FamRZ 1997, 806; KG, FamRZ 1988, 720) sind ebenfalls unterhaltrechtlich beachtlich, da sie bereits die **ehelichen Lebensverhältnisse mitgeprägt** haben. Konsequenz des Abstellens auf den Zeitpunkt der Rechtskraft der Scheidung ist, dass bei den Unterhaltslasten nur **vor Rechtskraft** der Scheidung geborene Kinder als **prägend** zu berücksichtigen sind, dabei dann aber auch Ehebruchskinder (BGH, NJW 1994, 90). Damit sind Unterhaltslasten wegen der Geburt eines Kindes **nach der Scheidung** nicht prägend, da sie nicht in der Ehe angelegt waren (OLG Frankfurt, NJW 1999, 2374). Auch Unterhaltslasten für pflegebedürftige Eltern sind nur dann zu berücksichtigen, wenn dies absehbar war (OLG Hamm, NJW-FER 1998, 25).

d) Schuldverpflichtungen des Berechtigten

Zahlt der Berechtigte **nach der Trennung** einen eheprägenden Kredit ab, so ist auch dies unterhaltsrechtlich zu beachten und kürzt auf der Bedürftigkeitsstufe sein Einkommen. Nichtprägende Schulden sind dagegen bei ihm weder auf der Bedarfs- noch auf der Bedürftigkeitsstufe abzuziehen, da sonst der Pflichtige über einen höheren Unterhalt die neuen Schulden des Bedürftigen mitfinanzieren müsste (BGH, FamRZ 1985, 902). 444

e) Darlegungs- und Beweislast

Die **Darlegungs- und Beweislast** für berücksichtigungswürdige Schulden des Unterhaltspflichtigen trägt der Unterhaltsschuldner (BGH, FamRZ 1990, 283). 445

2. Vernünftiger Tilgungsplan

Die Rückzahlung hat nach einem **vernünftigen Tilgungsplan** in angemessenen Raten zu erfolgen (BGH, FamRZ 1987, 36). Aber auch hier gelten die prägenden Fakten der ehelichen Lebensverhältnisse. Daher sind i. d. R. die während der Zeit des Zusammenlebens gezahlten Raten in gleicher Höhe weiter zu zahlen. 446

Allerdings kann bei recht engen finanziellen Verhältnissen gefragt werden, ob der Unterhaltspflichtige, der auch die Schulden tilgt, nicht gehalten ist, die monatlichen Raten zu strecken und dann höheren Unterhalt zu zahlen. Abzuwägen ist hier das Interesse des Unterhaltspflichtigen, die Schulden in absehbarer Zeit zu tilgen gegen das Interesse der Unterhaltsberechtigten an möglichst hohen Zahlbeträgen. 447

Zur **Herabsetzung der Darlehensraten** ist jedoch das Einverständnis des Kreditgebers erforderlich. Im Hinblick auf die Darlegungs- und Beweislast des Unterhaltsschuldners sollte dieser im Unterhaltsverfahren darlegen und ggf. nachweisen, dass er sich erfolglos beim Kreditgeber um eine Reduzierung der monatlichen Belastungen bemüht hat. Er kann in diesem Zusammenhang auch darlegen, welche Auswirkungen die Herabsetzung der monatlichen Zahlungen auf die Tilgungsdauer haben wird. Je geringer die monatlichen Zahlungen ausfallen, desto mehr werden nur Zinsen gezahlt und desto geringer ist der Anteil der Tilgungen. Der Schuldner hat aber auch ein legitimes Interesse daran, das Darlehen so schnell wie möglich zu tilgen und nicht lebenslänglich Schuldner einer Bank zu sein. 448

Ist der Unterhaltspflichtige völlig überschuldet, dann kommt Unterhalt nur im Rahmen der **gesetzlichen Pfändungsfreigrenzen** in betracht (OLG Celle, FamRZ 2002, 887; vgl. auch OLG Koblenz, FamRZ 2001, 1239). 449

3. Möglichkeit der Restschuldbefreiung

Im Zusammenhang mit der Überschuldung einer Privatperson stellt sich die Frage nach der Möglichkeit der Schuldenreduzierung über die **Restschuldbefreiung der Verbraucherinsolvenz** (zu dem Problemkreis vgl. Uhlenbrock, FamRZ 1998, 1473). 450

- In jüngster Zeit wird vereinzelt die Ansicht vertreten, der Unterhaltsschuldner verletzte eine Obliegenheit, wenn er diesen Weg nicht gehe (OLG Dresden, ZFE 2003, 153; AG Nordenham, FamRZ 2002, 896 m. Anm. Melchers; Melchers, FuR 2003, 145; ausführlich Hauß, MDR 2002, 1163 und Melchers/Hauß, Unterhalt und Verbraucherinsolvenz, 2003; Kalthoener/Büttner/Niepmann, Die Rechtsprechung zur Höhe des Unterhalts, Rn. 113b a. E.).

- Das OLG Hamm (OLG Hamm, FamRZ 2001, 441) hat im Falle von hohen ehebedingten Schulden vom Unterhaltspflichtigen verlangt, auch die Möglichkeit eines Vorgehens nach §§ 258 ff. InsO FuR 2003, 145 in Betracht zu ziehen, denn in einem solchen Verfahren verbliebe dem Unterhaltsschuldner immerhin der pfändungsfreie Teil seines Nettoeinkommens. Dementsprechend wurden die Kreditraten nicht in vollem Umfang einkommensmindernd berücksichtigt.

- Das OLG Stuttgart(FamRZ 2002, 983) hat eine Obliegenheit des Unterhaltsschuldners zur **Verbraucherinsolvenz** verneint, jetzt aber zumindest kein Unterhalt der minderjährigen Kinder bejaht (OLG Stuttgart, ZFE 2003, 222).

- Das in früheren Entscheidungen erwähnte Hindernis des Kostenvorschusses ist jedenfalls durch die in §§ 4 ff. InsO neu geregelte Stundungsmöglichkeit der Verfahrenskosten beseitigt. Danach werden dem Schuldner die Verfahrenskosten gestundet. Meist wird sich dann nach Ablauf von vier Jahren (§ 4b Abs. 2 Satz 4 InsO) ergeben, dass der Schuldner seitens der Staatskasse überhaupt nicht in Anspruch genommen werden kann. Kostengesichtspunkte können einen verständigen Unterhaltsschuldner daher im Regelfall nicht (mehr) davon abhalten, das Insolvenzverfahren einzuleiten (OLG Dresden s. oben).

IX. Sonderbedarf

451 **Sonderbedarf** liegt nach der Legaldefinition des § 1613 Abs. 2 Nr. 1 BGB bei einem **unregelmäßigen außergewöhnlich hohen Bedarf** vor. Es muss sich also um einen Bedarf handeln, der überraschend und der Höhe nach nicht abschätzbar ist, so dass er bei der Bemessung der laufenden Unterhaltsrente nicht berücksichtigt werden konnte und in den Sätzen der Düsseldorfer Tabelle für den Kindesunterhalt nicht enthalten ist. Er ist folglich dadurch gekennzeichnet, dass er **unvorhersehbar** eintritt und im Verhältnis zu regelmäßigen laufenden Unterhalt **unverhältnismäßig hoch** ist und folglich nicht von den laufenden Zahlungen angespart werden kann. Letztlich liegt dahinter die juristische Wertung, ob dieser Bedarf aus den regelmäßigen Zahlungen des Tabellenunterhaltes gedeckt werden kann oder nicht. Wenn also ohnehin aus dem verfügbaren Einkommen keine Rücklage hätte gebildet werden kann, hat das Merkmal der Vorhersehbarkeit der Ausgabe (mit entsprechender Ansparmöglichkeit) nicht mehr die entscheidende Bedeutung (OLG Hamm, FamRZ 1992, 346, OLG Hamm, FamRZ 1993, 996).

452 Handelt es sich nicht um einen einmaligen Aufwand, sondern um eine laufende Bedarfssteigerung wie z. B. durch eine länger dauernde Erkrankung, so liegt **Mehrbedarf** vor (BGH, FamRZ 2001, 1603; OLG Düsseldorf, FamRZ 2001, 444).

453 Die weitaus überwiegende Zahl der gerichtlichen Entscheidungen zum Sonderbedarf betrifft den Kindesunterhalt wie z. B. Nachhilfestunden, Klassenfahrten, Kommunion und Konfirmation und Auslandsstudium (vgl. Viefhues, ABC zum Sonderbedarf, ZFE 2003, 41).

Sonderbedarf ist beim Ehegattenunterhalt in folgenden Fällen **bejaht** worden:

- **Ärztliche Behandlungskosten** größeren Umfangs stellen unterhaltsrechtlich Sonderbedarf dar (BGH, FamRZ 1992, 291).

- Die Kosten für eine elf Monate dauernde Betreuung der Ehefrau sind Sonderbedarf (OLG Koblenz, FPR 2002, 310).

- Aufwendungen für **Bettersatzbeschaffung** wegen **Staubmilbenallergie** sind Sonderbedarf i. S. d. § 1613 Abs. 2 BGB (OLG Karlsruhe, FamRZ 1992, 850).

- Die bei einem wegen der **Allergie** entstehenden besonderen Kosten sind Sonderbedarf (AG Weilburg, FamRZ 2001, 785).

- Notwendige **Umzugskosten** sind Sonderbedarf, aber nur in der erforderlichen Höhe (OLG München, FamRZ 1996, 1411).

Sonderbedarf wurde **verneint**:

- Kosten eines dauerhaften **Heimaufenthalts** sind kein Sonderbedarf (OLG Hamm, FamRZ 1996, 1218).

- Die Kosten einer **Namensänderung** sind kein Sonderbedarf (OLG Hamburg, FamRZ 1992, 212).

- Die Teilnahme an **sportlichen Betätigungen** (Tanzsport, Reitsport, Jiu-Jitsu) hat der Barunterhaltspflichtige nicht zusätzlich zu finanzieren (OLG Braunschweig, FamRZ 1995, 1010).
- Die Kosten einer **Urlaubsreise** sind kein Sonderbedarf (OLG Frankfurt, FamRZ 1990, 436).

Ob beim Sonderbedarf der Bedürftige den Stamm seines Vermögens für den Sonderbedarf angreifen musste, ist eine **Billigkeitsentscheidung**. Hierbei kann darauf abgestellt werden, ob der Unterhaltspflichtige ein erheblich höheres Vermögen besitzen muss als der Unterhaltsberechtigte und außerdem einkommensstark ist (OLG Koblenz, FPR 2002, 310). 454

X. Prozesskostenvorschuss als besondere Bedarfsposition

Der Familienunterhalt umfasst auch den Anspruch auf **Prozesskostenvorschuss** (ausführlich Bißmaier, FamRZ 2002, 863) für einen Rechtsstreit, der eine persönliche Angelegenheit betrifft. Dieser Anspruch ergibt sich für **getrenntlebende Ehegatten** aus § 1361 Abs. 4 Satz 4 BGB. Prozesskostenvorschussansprüche eines **geschiedenen Ehegatten** bestehen **nicht** (BGH, FamRZ 1990, 280, 282). Dabei ist die Bezeichnung „Vorschuss" missverständlich, da i. a. R. eine Rückforderung ausscheidet. 455

Wird in einer Familiensache **Prozesskostenhilfe** beantragt, so ist zunächst zu prüfen, ob nicht ein Anspruch auf Prozesskostenvorschuss besteht, der die Bedürftigkeit als Voraussetzung der Bewilligung der Prozesskostenhilfe entfallen lässt. Ein realisierbarer Anspruch auf **Prozesskostenvorschuss** ist einzusetzendes Vermögen i. s. d. Prozesskostenhilfe (Zöller/Philippi, a. a. O., Rn. 67 zu § 115 ZPO m. w. N.) und ist damit **vorrangig vor der staatlichen Prozesskostenhilfe** zu realisieren! 456

Die **Rechtsverfolgung** muss **Aussicht auf Erfolg haben** (BGH, FamRZ 2001, 1363) es gilt demnach hier der gleiche Prüfungsmaßstab wie bei der Entscheidung des Gerichts über die Prozesskostenhilfe. Einem Anspruch auf Prozesskostenvorschuss in einer Ehesache steht jedoch nicht zwingend entgegen, dass Unterhaltsansprüche des den Vorschuss begehrenden Ehegatten nach § 1579 BGB verwirkt sind (OLG Zweibrücken, FamRZ 2001, 1149). 457

Soweit der Anspruch auf Prozesskostenvorschuss im Wege einer **einstweiligen Anordnung** durchgesetzt werden muss, gelten hier die Grundsätze des **summarischen Verfahrens;** es ist regelmäßig nur die Glaubhaftmachung der tatsächlichen Voraussetzungen erforderlich.

Der Prozesskostenvorschuss kann auch verweigert werden, wenn die **Rechtsverfolgung mutwillig** ist. Dies ist z. B. dann der Fall, wenn es erkennbar aussichtslos ist, den zu erwirkenden Vollstreckungstitel auch tatsächlich zu vollstrecken. 458

Der Anspruch setzt zum einen die **Bedürftigkeit** des Berechtigten, zum anderen die **Leistungsfähigkeit** des verpflichteten Ehegatten voraus. Für beides ist der Gesichtspunkt der Billigkeit maßgebend (vgl. Palandt/Brudermüller, BGB, § 1360a Rn. 11 f. und 15; Staudinger/Hübner/Voppel, BGB, § 1360a Rn. 74 und 75).

Der **Berechtigte** muss demnach **außerstande sein, die Kosten des Rechtsstreites selbst zu tragen**. Dabei muss er grds. nur bereit stehende Mittel einsetzen. Angemessene Rücklagen für Notzeiten brauchen nicht angetastet werden. Seine Bedürftigkeit kann aber dann ausscheiden, wenn er in der Lage ist, die benötigten Mittel für einen vorhersehbaren Prozess über einen zumutbaren Zeitraum anzusparen. Grds. muss der Berechtigte auch **eigenes Vermögen** einsetzen, soweit es **verfügbar** ist. Grundvermögen muss jedoch nicht veräußert werden; es kann aber u. U. verlangt werden, Grundbesitz zu belasten. 459

Danach ist ein Anspruch ausgeschlossen, wenn ein nicht unerhebliches **eigenes Einkommen** zur Verfügung steht, mag auch der Verpflichtete über ein höheres Einkommen verfügen (OLG Hamm, NJW-RR 1990, 1286; AG Warendorf, FamRZ 1999, 165; Staudinger/Hübner/Voppel BGB, § 1360a Rn. 74). Aus Gründen der Billigkeit ist die Bedürftigkeit allerdings auch unter Berücksichtigung der **Leistungsfähigkeit** des Verpflichteten zu beurteilen: je leistungsfähiger der verpflich- 460 tete Ehegatte ist, um so geringere Anforderungen sind an die Bedürftigkeit des anderen zu stellen (Palandt/Brudermüller, BGB, § 1360a Rn. 11; Staudinger/Hübner/Voppel, BGB, § 1360a Rn. 74). Vielfach wird vertreten, dass beim Ehegattenunterhalt ein Anspruch auf Prozesskostenvorschuss i. d. R. ausscheide, wenn der Unterhalt nach Quoten bemessen wird und kein zusätzliches, nicht prägendes Einkommen vorhanden ist (Wendl/Staudigl-Scholz, Das Unterhaltsrecht in der familienrichterlichen Praxis, § 6 Rn. 27 i. V. m. 11 f.)

461 Der **Verpflichtete** muss zudem **leistungsfähig** sein. Dies bedeutet in der Praxis, dass er erst einmal in der Lage sein muss, seine normalen Unterhaltsverpflichtungen zu decken, bevor er zu zusätzlichen Zahlungen von Prozesskostenvorschuss verpflichtet werden kann.

462 Dagegen geht das OLG Düsseldorf (FamRZ 1999, 44) offenbar von einem Vorrang des Prozesskostenvorschusses aus, wenn dort bei der Berechnung von Trennungs- und Kindesunterhalt ein vom Unterhaltsverpflichteten nach § 127a ZPO gezahlter Prozesskostenvorschuss anteilig – auf ein Jahr umgelegt – vom maßgeblichen Nettoeinkommen abgezogen und der Unterhaltsanspruch aus diesem insoweit korrigierten Einkommen errechnet wird. Dies ist aber rechtssystematisch nicht haltbar, denn der Prozesskostenvorschuss ist ein gesetzlich besonders geregelter Fall des Sonderbedarfes (vgl. Wohlgemuth, in: Eschenbruch, Der Unterhaltsprozess, Rn. 3039 m. w. N.; OLG Zweibrücken, FamRZ 2001, 1149) und Sonderbedarf grds. nur dann geschuldet wird, wenn über die Zahlung des normalen Quotenunterhaltes hinausgehend noch eine weitergehende Leistungsfähigkeit besteht. Demnach ist der normale Unterhalt vorrangig und kann nicht zugunsten des Prozesskostenvorschusses reduziert werden.

463 Ist dem **Verpflichteten selbst ratenfreie Prozesskostenhilfe** bewilligt worden, ist er vor Ansprüchen der Gegenseite auf Prozesskostenvorschuss i. a. R. sicher (OLG Düsseldorf, FamRZ 1993, 1474; OLG Oldenburg, FamRZ 1994,113).

464 Umstritten ist, ob dies auch dann gilt, wenn der **Verpflichtete** nach den Maßstäben des § 115 Abs. 1 ZPO zu **Ratenzahlungen** herangezogen werden könnte. Es wird teilweise vertreten, es sei verfehlt, dem Unterhaltspflichtigen aufzuerlegen, den Prozesskostenvorschuss in Raten zu entrichten, und gleichzeitig dem Unterhaltsberechtigten Prozesskostenhilfe gegen Raten i. H. d. Zahlungen auf den Prozesskostenvorschuss zu bewilligen (Wendl/Staudigl-Scholz, Das Unterhaltsrecht in der familienrichterlichen Praxis, § 6 Rn. 27; BSozG in Rpfleger 1994, 304 f.; Zöller/Philippi, ZPO, § 115 Rn. 70; OLG Brandenburg, FamRZ 2002, 1414). Die Gegenansicht will in den Fällen, in denen der Unterhaltspflichtige nicht in der Lage ist, die gesamten Gerichts- und Rechtsanwaltskosten in einem Betrag aufzubringen, prüfen, ob er den Vorschuss ratenweise ohne Gefährdung seines eigenen angemessenen Selbstbehaltes leisten kann und dann dem Berechtigten Prozesskostenhilfe nur mit entsprechenden Ratenzahlungsanordnungen zu gewähren ist (OLG Koblenz, FamRZ 1991, 346 f.; OLG Nürnberg, FamRZ 1996, 875; OLG Zweibrücken, FamRZ 1997, 757 f.; OLG Köln, FamRZ 1999, 792; Baumbach/Lauterbach/Hartmann, ZPO, § 114 Rn. 6; Thomas/Putzo/Reichold, ZPO, § 115 Rn. 19; Rotax/Reinken, Praxis des Familienrechts, Teil 5 Rn. 250 ff.). Konsequenz ist, dass dem Vorschusspflichtigen auf Basis der dem Grunde nach bestehenden Pflicht Gerichts- und Anwaltsgebühren nicht in Form einer einmaligen Zahlung leisten muss, sondern er seinerseits den Bedürftigen von den Ratenzahlungsverpflichtungen entlasten muss, indem er die zur Erfüllung der dem Gericht gegenüber bestehenden Ratenzahlungsverpflichtung benötigten Geldbeträge seinerseits monatlich zur Verfügung stellen kann. Eine weitergehendere Ratenzahlungsbelastung, als sie nach § 115 Abs. 1 ZPO in Betracht kommt, darf dabei aber insgesamt nicht erfolgen. Denn es würde dem unterhaltsrechtlichen Maßstab der Billigkeit widersprechen, wenn der Unterhaltspflichtige in größerem Maße in Anspruch genommen würde, als er bei eigener Prozessführung belastet werden könnte.

465 Die **Darlegungs- und Beweislast** obliegt insoweit dem Anspruchsteller. Dieser hat seine Bedürftigkeit sowie die tatsächlichen Umstände darzulegen und zu beweisen, aus denen sich die Billigkeit der Vorschusszahlung ergibt (Pruskowski, in: Baumgärtel, Handbuch der Beweislast, Band 2,

§ 1360a Rn. 3). Dazu gehört auch die Darlegung, dass ein Anspruch auf Prozesskostenvorschuss gegen den anderen Ehegatten nicht besteht oder nicht durchsetzbar ist (OLG Koblenz, FuR 2002, 371).

Verlangt werden können die für die gerichtliche Verfolgung des Anspruchs erforderlichen **angemessenen Kosten**; hier hat der Anwalt eine **detaillierte Gebührenrechung** zu erstellen. Da es sich um einen Vorschuss handelt, können bereits angefallene Gebühren nicht mehr verlangt werden (BGH, FamRZ 1985, 902). Nach Beendigung des Prozesses kann der Anspruch nicht mehr verlangt werden, wenn er nicht rechtzeitig vorher geltend gemacht worden ist (OLG Nürnberg, FamRZ 1998, 489)   466

Der Anspruch auf Zahlung eines Prozesskostenvorschusses wird insbesondere durch einen Antrag auf Erlass einer **einstweiligen Anordnung** geltend gemacht. Für Ehesachen ist dies in § 620 Nr. 9 ZPO geregelt, für Unterhaltssachen in § 127a ZPO, ferner in § 621f ZPO. Die Vorschriften über die einstweilige Anordnung bilden eine die einstweilige Verfügung **ausschließende Sonderregelung**, so dass für den Erlass einer einstweiligen Verfügung **das Rechtsschutzbedürfnis** fehlt (Zöller/Phillipi, ZPO, § 621f Rn. 14; Knops, NJW 1993, 1242). Zuständig ist das Gericht des ersten Rechtszuges und – wenn die Ehesache in der Berufung anhängig ist – das Berufungsgericht.   467

Die **Rückforderung** der gezahlten Prozesskosten ist im Regelfall **kaum möglich**. Denn der Prozesskostenvorschuss ist als da Bestandteil des Unterhaltsanspruchs grds. nicht zurückzuzahlen oder abzurechnen. Auch wenn der Unterhaltsberechtigte, der einen Vorschuss erhalten hat, den Prozess gegen den Vorschusspflichtigen verliert und ihm daher die Kosten des Verfahrens auferlegt worden sind, folgt daraus nicht ohne weiteres die Pflicht zur Rückzahlung. Angesichts der Unsicherheit der Rückforderungsansprüche sollte man daher auf andere Weise versuchen, Prozesskostenvorschussansprüchen zuvorzukommen, indem der Vorschusspflichtige z. B. eine Abschlagszahlung auf den bevorstehenden Zugewinnausgleich leistet und so den anderen Ehegatten in die Lage versetzt, die Prozesskosten aus eigenen Mitteln zu tragen.   468

Die Rückzahlung des geleisteten Prozesskostenvorschusses wird nur nach **Billigkeitsgesichtspunkten** geschuldet (BGH, FamRZ 1985, 802). Die §§ 814, 818 Abs. 3 BGB gelten nicht, weil der Rückforderungsanspruch ein Anspruch **eigener Art** ist und nicht aus dem Bereicherungsrecht abzuleiten ist. Der Prozesskostenvorschuss kann demnach nur zurückgefordert werden, wenn die Voraussetzungen, unter denen er verlangt werden konnte, **nicht mehr bestehen,** insbesondere weil sich die wirtschaftlichen Verhältnisse des Empfängers wesentlich gebessert haben; ferner, wenn die Rückzahlung aus anderen Gründen der Billigkeit entspricht (BGH, FamRZ 1971, 360, 361; BGH, FamRZ 1990, 491). Eine Rückforderung hat also z. B. dann Aussicht auf Erfolg, wenn der andere Ehegatte im Zugewinn oder im Rahmen der sonstigen Vermögensauseinandersetzungen einen größeren Betrag erhalten hat und sich auf diese Weise seine finanziellen Verhältnisse gebessert haben.   469

Der Rückzahlungsanspruch ist ein **familienrechtlicher Anspruch** eigener Art (BGH, FamRZ 1990, 491).   470

Aus einer einstweiligen Anordnung auf Prozesskostenvorschuss kann auch nach Beendigung des Prozesses und ungeachtet der ergangenen Kostenentscheidung vollstreckt werden (BGH, FamRZ 1985, 802; Klinkhammer, in: Eschenbruch, Der Unterhaltsprozess, Rn. 5180 m. w. N.). Die in der Hauptsache ergangene Kostenentscheidung stellt keine die zuvor ergangene einstweilige Anordnung außer Kraft setzende anderweitige Regelung i.S.d. § 620f ZPO dar, die die einstweilige Anordnung zum Prozesskostenvorschuss unwirksam machen könnte.   471

Die Berücksichtigung (Anrechnung) des gezahlten Prozesskostenvorschusses im **Kostenfestsetzungsverfahren** wird überwiegend abgelehnt (OLG Düsseldorf, FamRZ 1996, 1409; OLG Oldenburg, FamRZ 1996, 445; OLG Koblenz, FamRZ 1996, 887; a. A. OLG Celle, FamRZ 1985, 731), da die Kostenentscheidung nur die prozessuale Kostentragungspflicht betrifft und allein auf der Tatsache des Unterliegens beruht (BGH, FamRZ 1985, 802). Zur Frage, ob und ggf. wie der Prozesskostenvorschusses zu verrechnen ist, wenn aufgrund der Kostengrundentscheidung oder der   472

Kostenvereinbarung im Prozessvergleich die Erstattungsansprüche gequotelt wurden vgl. OLG München, FamRZ 1994, 1605 mit umfassender Darstellung des Streitstandes sowie OLG Köln, OLG-Report 2002, 143 und KG, OLG-Report 2002, 158.

473 Angesichts der z. T. differierenden Rechtsansichten empfiehlt es sich im Falle eines **Vergleichsschlusses** dringend, die Anrechenbarkeit des Vorschusses auf die Kostenerstattungsforderung ausdrücklich zu regeln.

XI. Steuerfragen (Realsplitting und Sonderausgabenabzug)

474 Die allgemeine unterhaltsrechtliche Obliegenheit, mögliche Einkünfte auch tatsächlich zu erzielen, führt dazu, dass im Unterhaltsrecht auch die Klärung **steuerlicher Vorteile** eine Rolle spielt.

Die steuerliche Behandlung der Ehegatten wird in Teil 10, Rn. 77 ff. behandelt; die Auswirkungen von Trennung und Scheidung auf die steuerliche Behandlung dort Rn. 163 f. Speziell mit den einkommensteuerlichen Wirkungen von Unterhalt befassen sich die Ausführungen Rn. 301 ff.

475 Den Steuervorteil des **Realsplittings** kann den Unterhaltspflichtige nur mit Zustimmung des Unterhaltsberechtigten ausnutzen. Der Unterhaltsberechtigte muss dazu seine Zustimmung zu diesem Verfahren erteilen; diese wird üblicherweise durch Unterzeichnung der **Anlage „U"** zur Einkommensteuererklärung erteilt. Der unterhaltsberechtigte Ehegatte ist **zur Zustimmung verpflichtet**, wenn ihm die **Nachteile**, die er durch die Versteuerung des Unterhaltes erleidet, **ersetzt werden** (BGH, NJW 2002, 2317; OLG Hamm, FamRZ 1998, 241; OLG Hamm, FamRZ 2001, 98; ausführlich Heinke, ZFE 2002, 110). Damit kann der Unterhaltspflichtige diese Abzugsmöglichkeit erst in seiner **Jahressteuererklärung** geltend machen, so dass sich dieser Vorteil erst im nächsten Jahr durch die dann ausgezahlte Steuererstattung realisiert. Dieser Erstattungsbetrag kann dann in das Einkommen dieses Jahres eingerechnet werden.

476 Um dieser Verzögerung zu entgehen, kann der Unterhaltsbetrag auch als **Freibetrag in die Steuerkarte eingetragen werden**. Damit werden schon die monatlichen Steuerbelastungen vermindert und das Nettoeinkommen steigt. Damit führt die steuerliche Abzugsfähigkeit von Unterhaltszahlungen zu einer **Erhöhung** des laufenden bereinigten Einkommens des Unterhaltspflichtigen und folglich zu einem höheren Unterhaltsanspruch.

477 Unterhaltsleistungen an eine Person aufgrund gesetzlicher Unterhaltspflicht können auch als **außergewöhnliche Belastung gem. § 33a Abs. 1 EStG** vom Einkommen abgesetzt werden; hierzu zählt auch der auf gesetzlicher Grundlage beruhende, vertraglich ausgestaltete **Ehegattenunterhaltsanspruch**. Die Vorschrift lässt aber nur Unterhaltsleistungen an Personen, die nach **inländischen** Maßstäben gesetzlich unterhaltsberechtigt sind, zum Abzug als außergewöhnliche Belastung zu. Daher berechtigen Unterhaltsleistungen aufgrund Verpflichtung nach **ausländischem Recht nicht** zum Steuerabzug (BFH, Urt. v. 4. 7. 2002 – III R 8/01).

478 Die Person, die den Unterhalt bezieht, muss diesem Abzug **nicht zustimmen**, denn der Unterhalt wird dort nicht als Einkommen versteuert. Der gezahlte Unterhalt ist bis zu einem Jahreshöchstbetrag von 7.188 € (für das Jahr 2002 und 2003, bis 2001: 14.040 DM) absetzbar, wenn der unterhaltsberechtigte Ehegatte keine 624 € (1.200 DM) p.a. übersteigenden Einkünfte und nur geringes Vermögen hat, wobei Barvermögen bis 30.000 DM bzw. ein kleines selbstgenutztes Einfamilienhaus unschädlich sein sollen. Einkommen der Berechtigten, das den Freibetrag überschreitet, mindert den abzuziehenden Unterhaltsbetrag. Zu beachten ist, dass eine monatsanteilige Berücksichtigung von Unterhaltszahlungen und eigenen Einkünften zu erfolgen hat (§ 33a Abs. 4 EStG).

479 Soweit die steuerlichen Vorteile nicht in die Unterhaltsberechnung einfließen, stellt sich in der Praxis die Frage nach der **Aufteilung von Steuererstattungen**.

480 Entsprechendes gilt auch, wenn die Ehegatten eine **gemeinsame Steuererklärung** abgegeben haben und vom Finanzamt Beträge erstattet werden.

Zu prüfen ist dabei immer, ob die Eheleute nicht durch langjährige Übung eine **bestimmte Verfahrensweise konkludent vereinbart** haben. So findet nach Ansicht des BGH jedenfalls kein nachträglicher Nachteilsausgleich statt für die Zeiträume während der Ehe, in denen die Eheleute aufgrund Vereinbarung die Steuerklassenwahl III und V getroffen hatten (BGH, FamRZ 2002, 1024 = NJW 2002, 2317 m. Anm. Bergschneider, FamRZ 2002, 1181). 481

Für die **Zusammenveranlagung** hat der BGH folgende **Grundsätze** aufgestellt: 482

- Der durch die Zusammenveranlagung steuerliche Nachteile erleidende Ehepartner muss der Zusammenveranlagung ohne Entschädigung zustimmen, soweit es um einen Zeitraum geht, in dem die Eheleute **gemeinsam gelebt** haben.

- Bei Trennung der Parteien im Laufe des Jahres ist der steuerliche Nachteil des Gatten allenfalls **für den Trennungszeitraum** auszugleichen und zwar im Verhältnis der Trennungszeit zur Zeit des Zusammenlebens. Haben sich die Eheleute also z. B. am 1.9. des Jahres getrennt, ist nur ein Ausgleich für ein Vierteljahr vorzunehmen.

- Der steuerlicher Nachteil wird auch für solche Zeiten nicht ausgeglichen, für die **Unterhaltsansprüche** geltend gemacht werden, wenn diese auf der Grundlage des durch die Steuerklassenwahl und die Zusammenveranlagung begründeten erhöhten Nettoeinkommens des Unterhaltspflichtigen berechnet worden sind.

- Der **steuerliche Vorteil** des Ehepartners mit der besseren Steuerklasse wird auch nach Eintreten des Getrenntlebens nicht an den anderen Ehepartner verteilt. Der Unterhalt hat hier als familienrechtliches Ausgleichsinstitut für laufende Einkünfte Vorrang, so dass für eine Verteilung des Steuervorteils **keine Anspruchsgrundlagen** erkennbar sind.

Es bleiben daher für einen **Nachteilsausgleich** nur die Fälle übrig, in denen nach vollzogener Trennung der Parteien durch die Zusammenveranlagung einem Ehepartner steuerliche Nachteile entstehen, die nicht durch Unterhaltszahlungen kompensiert werden. 483

Die **Aufteilung von Erstattungszahlungen** des Finanzamtes ist in Rspr. und Literatur stark umstritten (ausführlich und mit Berechnungsbeispielen Kindermann, ZFE 2002, 11). Es werden die folgenden Modelle vertreten: 484

- Der Erstattungsbetrag wird zwischen den Eheleuten **hälftig** geteilt. Dieser Ansatz berücksichtigt aber nicht, welcher Ehegatte durch seine Einkünfte die Voraussetzungen für die Steuererstattung erbracht hat.

- Der Erstattungsbetrag wird nach der **materiellen Erstattungsberechtigung** nach § 37 Abs. 2 AO aufgeteilt (OLG Düsseldorf, NJW-RR 1992, 1476; OLG Düsseldorf, FamRZ 1993, 70; OLG Hamm, FamRZ 2002, 98; LG Stuttgart, FamRZ 1998, 241). De facto wird hier auf das Verhältnis der Steuervorauszahlungen abgestellt. Berücksichtigt wird aber nicht, welcher Ehegatte durch welche Aufwendungen die Steuererstattung veranlasst hat.

- Der Erstattungsbetrag wird nach dem **Verhältnis der Bruttoeinkommen** aufgeteilt. Die Lösung ist rechnerisch einfach. Berücksichtigt wird aber nicht, welcher Ehegatte bislang – z. B. wegen Wahl der Steuerklasse V – höhere Steuern gezahlt hat, denn die gezahlten Steuern bleiben außer Ansatz.

- Der Erstattungsbetrag wird nach dem Verhältnis derjenigen Beträge aufgeteilt, die sich bei einer **fiktiven getrennten Veranlagung der Ehegatten nach Steuerklasse I** ergeben würden (OLG Hamm, FamRZ 1998, 1166, 1167; OLG Köln, FamRZ 1995, 55; AG Bremen, Streit 2001, 32 f.).
Bei dieser Berechnung, die allerdings mit Berechnungsaufwand verbunden ist, werden sowohl die Einkünfte als auch die steuerlich abzugsfähigen Aufwendungen demjenigen Ehegatten zugerechnet, der sie auch verursacht hat.

485 Bei an das Finanzamt entrichteten **Zahlungen auf Steuerschulden** kommt es auf die konkrete **Tilgungsbestimmung** an. Erfolgt keine Bestimmung, gilt die folgende Faustregel:

- Zahlungen während **intakter Ehe** erfolgen auf die Einkommensteuerschuld beider Ehegatten,
- Zahlungen während der **Trennung** und nach der **Scheidung** erfolgen auf die Einkommensteuerschuld des Zahlenden.

486 In der Praxis ist auch die Frage relevant, ob und wie ein getrennt lebender oder geschiedener Ehegatte **eine gemeinsame Veranlagung bzw. die Zustimmung zum Realsplitting durchsetzen** kann.

487 Die **familienrechtliche Pflicht,** der Zusammenveranlagung zuzustimmen (BGH, NJW 1997, 378; OLG Hamm, FamRZ 1991, 1070; OLG Karlsruhe, FamRZ 1991, 441), ist Ausfluss der allgemeinen Verpflichtung der Ehegatten untereinander, die finanziellen Lasten des anderen Teils nach Möglichkeit zu verringern, soweit dies ohne Verletzung eigener Interessen möglich ist (BGH, NJW 1977, 378; BGH, NJW 1983, 1545). Auch nach Trennung und Scheidung der Ehe bliebt diese Pflicht als nachwirkende Verantwortung bestehen (BGH, NJW 1977, 378; OLG Hamm, FamRZ 1998, 241; OLG Hamm, FamRZ 2001, 98).

Verweigert der Ehegatte die **Zustimmung** zur Zusammenveranlagung, so kann sie durch **Klage nach § 894 ZPO** herbeigeführt werden.

488 Umstritten ist die Frage der **Zuständigkeit**. Dabei wird teilweise zwischen der Zustimmung zur gemeinsamen Veranlagung und zum Realsplitting unterschieden:

- Beim **Realsplitting** wird die Pflicht zur Zustimmung als unterhaltsrechtliche Nebenpflicht angesehen, so dass sich daraus die Zuständigkeit des **Familiengerichts** ergibt (OLG Hamm, FamRZ 1987, 489; OLG Köln, FamRZ 1985, 1232; OLG Zweibrücken, FamRZ 1987, 1275; OLG Köln, FamRZ 1986, 1111; Thomas/Putzo, ZPO, § 621 Rn. 28; Zöller/Phillipi, ZPO, § 621 Rn. 43; Wever, Vermögensauseinandersetzung der Ehegatten außerhalb des Güterrechts, Rn. 605; Mittendorf, in: Eschenbruch, Der Unterhaltsprozess, Rn. 6476 m. w. N.)
- Die Zustimmung zur **gemeinsamen Veranlagung** ist dagegen keine Familiensache, weil sie ja auf dem tatsächlichen Zusammenleben beruht, so dass die ordentlichen **Zivilgerichte** zuständig sind (OLG Stuttgart, FamRZ 1992, 1447; OLG Hamm, FamRZ 1991, 1070; OLG Düsseldorf, FamRZ 1990, 160; Bergschneider, FamRZ 2002, 1182; Wever, Vermögensauseinandersetzung der Ehegatten außerhalb des Güterrechts, Rn. 594; Arens-Ehlers/Spieker, Steuerfragen zum Ehe- und Scheidungsrecht, Rn. 17; Ewers, FamRZ 1999, 74).

Die Verurteilung, der steuerlichen Zusammenveranlagung zuzustimmen, ist nicht durch Zwangsgeld (§ 888 ZPO) zu vollstrecken, sondern die Zustimmungserklärung gilt gem. § 894 ZPO mit der Rechtskraft des Urteils als abgegeben (BGH, FamRZ 1998, 953). Die Zustimmung zu dem begrenzten Realsplitting stellt eine **öffentlich-rechtliche Willenserklärung** dar, die mit der rechtskräftigen Verurteilung hierzu gem. § 894 ZPO als abgegeben gilt (BFH, FamRZ 1989, 738).

489 Die Zustimmung braucht jedoch nur **Zug um Zug gegen Freistellung von steuerlichen Nachteilen** erteilt werden, weil sie nur dann zumutbar ist (OLG Hamm, FamRZ 1998, 241; OLG Hamm, FamRZ 2001, 98) Der Zustimmende hat einen Anspruch auf eine **rechtsverbindliche Freistellungsverpflichtung**, die – schon aus Gründen des Beweises – schriftlich erteilt werden muss. Dies kann auch im Rahmen eines prozessualen Schriftsatzes erfolgen. Ein weitergehender Anspruch auf Erteilung der Zustimmung in Form der Unterzeichnung des Vordrucks „Anlage U" besteht dagegen nicht, denn die Zustimmung bedarf keiner besonderen Form, sondern es genügt, dass sie nachweisbar – etwa schriftlich oder zur Niederschrift des Finanzamts – erklärt wird (BGH, FamRZ 1998, 953).

490 Bestehen konkrete Anhaltspunkte dafür, dass der Unterhaltsschuldner diese Verpflichtung nicht erfüllen kann oder will, kann der Unterhaltsberechtigte beim Realsplitting **Sicherheitsleistung** verlangen (BGH, FamRZ 1984, 576), nicht aber bei der gemeinsamen Veranlagung (BGH, FamRZ 2002, 1024 = NJW 2002, 2317 m. Anm. Bergschneider, FamRZ 2002, 1181).

Der Anspruchsberechtigte kann die Zustimmung zur gemeinsamen Veranlagung **nicht** von einer **Beteiligung** an den Vorteilen abhängig machen (BGH, NJW 1977, 378; Mittendorf, in: Eschenbruch, Der Unterhaltsprozess, Rn. 6467; Wever, Vermögensauseinandersetzung der Ehegatten außerhalb des Güterrechts, Rn. 573 und Rn. 592; Kalthoener/Büttner/Niepmann, Die Rechtsprechung zur Höhe des Unterhalts, Rn. 865). 491

Der **Streitwert** für die Klage auf Zustimmung zur gemeinsamen Veranlagung bzw. zum begrenzten Realsplitting richtet sich nach der dadurch erstrebten Steuerersparnis (OLG München, OLGReport München 1995, 72; vgl. aber auch OLG Frankfurt, FamRZ 1988, 963, das für den Beschwerdewert auf die Belastungen des Zustimmungspflichtigen abstellt). 492

XII. Sonderfall: beide Ehegatten betreuen ein Kind

Besondere Probleme tauchen beim Ehegattenunterhalt auf, wenn **beide Ehegatten ein gemeinsames kleines Kind betreuen** oder ein Ehegatte das Kind betreut und der andere Ehegatte z. B. wegen Krankheit unterhaltsbedürftig ist. Bei dieser Situation sind eigentlich beide Ehegatten unterhaltsberechtigt und sind nicht verpflichtet, eine Erwerbstätigkeit auszuüben. Geht nun der kindesbetreuende Ehegatte einer Erwerbstätigkeit nach, so ist er wirtschaftlich leistungsfähig. Fraglich und höchst umstritten ist aber, **in welchem Umfang** er zur Zahlung von Ehegattenunterhalt herangezogen werden kann (zum Problem vgl. Kunigk, FamRZ 2002, 923; Stocker, ZFE 2003, 38 und Duderstadt, FamRZ 2003, 70) 493

Wird für das von diesem erwerbstätigen Ehegatten betreute Kind vom anderen Ehegatten kein Kindesunterhalt gezahlt, so besteht zumindest weitgehend Einigkeit, zu Gunsten des erwerbstätigen Ehegatten den **Tabellenbetrag des Kindesunterhaltes** in Abzug zu bringen, der ja dazu dient, den realen Umfang des finanziellen Aufwandes für den Unterhalt des Kindes abzudecken. 494

Sehr umstritten ist aber bereits, wie der weiteren Tatsache Rechnung getragen werden soll, dass dieser Ehegatte nicht nur den Barunterhalt des Kindes sicherstellt, sondern auch die **Betreuung** übernimmt – und zwar neben seiner vollschichtigen Erwerbstätigkeit. Hier werden unterschiedliche Lösungsansätze vertreten: 495

- weiterer **Abzug des konkreten nachgewiesenen zusätzlichen Betreuungsaufwandes**, den der Erwerbstätige hat wie z. B. durch Kinderhort, Kinderfrau usw. (BGH, FamRZ 1991, 182; OLG Hamm, FamRZ 1995, 1418; OLG Köln, FamRZ 1995, 1582),

- weiterer **Abzug eines abstrakten Betreuungsbonus**, der aber unterhalb des Tabellenbetrages liegt (z. B. OLG, Köln FamRZ 2002, 463; Büttner/Niepmann, NJW 2001, 2224; BGH, FamRZ 2001, 352; BGH, FamRZ 1986, 790; OLG Hamm, FamRZ 1998, 1586; OLG Zweibrücken, FamRZ 1999, 852 m. w. N.).
  oder

- zusätzlicher **Abzug des gleichen Tabellenbetrages**, der nach der Düsseldorfer Tabelle für den Barunterhalt zu veranschlagen ist.

Einzelne Gerichte geben dem Zahlungspflichtigen ein **Wahlrecht,** einen abstrakten Bonus oder die konkreten Aufwendungen in Ansatz zu bringen; andere Gerichte gewähren den Bonus und ziehen ggf. zusätzlich konkrete Unkosten ab (vgl. die Übersicht bei Mittendorf, in: Eschenbruch, Der Unterhaltsprozess, Rn. 6120 m. w. N.). Insgesamt ist die Rechtsprechung sehr uneinheitlich und wenig zufriedenstellend (kritisch auch Duderstadt, FamRZ 2003, 70). 496

In seiner Entscheidung zur Anrechnungsmethode (BGH, FamRZ 2001, 986; bestätigt durch BVerfG, FamRZ 2002, 527) hat der BGH die Hausfrauentätigkeit und die Erwerbstätigkeit **wirtschaftlich gleichgestellt** und dabei auch ausdrücklich Bezug genommen auf § 1606 Abs. 3 Satz 2 BGB, in dem die Gleichwertigkeit von Betreuungsleistung und Unterhaltsleistung durch Zahlung für das Kind festgestellt wird. In dieser Entscheidung stellt der BGH, fest, dass die Hausfrauentätigkeit einer nach der Trennung aufgenommenen Tätigkeit geldmäßig gleichwertig ist. Das BVerfG (FamRZ 2002, 527) setzt ebenfalls Haushaltsführung und Kindesbetreuung als **gleichwertige Unterhaltsbeiträge** für das Familienleben neben die Erwerbstätigkeit. Übersetzt man diese Gedanken der Gleichwertigkeit von Erwerbstätigkeit einerseits und Haushaltsführung und Kindesbetreuung andererseits auf den Betreuungsbonus, so ergibt sich danach folgender Schluss: Wenn daher nach der Rspr. des BGH, die Kindesbetreuung der Gewährung von Barunterhalt gleichzusetzen ist und das Einkommen, das der Ehegatte nach der Scheidung erzielt oder erzielen kann, „gleichsam als Surrogat des wirtschaftlichen Wertes einer bisherigen Tätigkeit" der Haushaltsführung und Kindesbetreuung angesehen werden kann, so ist für einen unterschiedlichen wertmäßigen Ansatz von Barunterhalt und Betreuungsunterhalt kein Raum. Vielmehr muss die Betreuungsleistung, die der zusätzlich erwerbstätige Ehegatte erbringt, **mindestens mit dem gleichen Wert angesetzt werden, der sich ergeben, würde, wenn er barunterhaltspflichtig wäre, also mit dem – zusätzlichen – Tabellenbetrag nach der Düsseldorfer Tabelle** (Stocker, ZFE 2003, 38). Im Ergebnis ist daher der Tabellenbetrag des Kindesunterhaltes doppelt in Abzug zu bringen.

497 Diese hier erörterte Frage berücksichtigt allein die Tatsache, dass der Erwerbstätige den **gesamten Unterhalt** des von ihm versorgten Kindes sicherstellt, nämlich den Betreuungs- bzw. Naturalunterhalt und den Barunterhalt. Die Anrechnung ist demnach Ausgleich für diese konkreten Unterhaltslasten gegenüber dem Kind. Davon zu trennen ist der zusätzliche Gesichtspunkt, dass der hier auf Ehegattenunterhaltszahlungen in Anspruch genommene Ehegatte erwerbstätig ist, obwohl er nicht zu einer Erwerbstätigkeit verpflichtet wäre. Denn diesen Betreuungsbonus könnte auch ein Elternteil verlangen, der seine Einkünfte und mithin seine unterhaltsrechtliche Leistungsfähigkeit nicht aus Erwerbstätigkeit bezieht, sondern aus Kapitalerträgen.

498 Dies zeigt auch ein Vergleich mit der Situation eines Unterhaltsberechtigten. Denn auch ein Elternteil, der wegen Kindesbetreuung Unterhalt nach § 1570 BGB beansprucht, bezieht einen höheren Unterhalt als den Tabellenbetrag des Kindes. Arbeitet er zusätzlich, wird der Maßstab des § 1577 Abs. 2 BGB an seinem vollen Einkommen und an seinen Bedarf angelegt, nicht an den wesentlich niedrigeren Betrag für die Kindesbetreuung. Auf der Seite eines Unterhaltsberechtigten, der ein Kind betreut, ist nach dem Gesetz diese Kindesbetreuung also „soviel wert", ihn von jeder Erwerbstätigkeit freizustellen und ihm aufgrund der bloßen Kindesbetreuung einen Unterhaltsanspruch in Höhe seines eigenen Bedarfes nach den ehelichen Lebensverhältnissen zuzubilligen. Dann kann es aus Gründen der Gleichbehandlung auf der anderen Seite beim Unterhaltsberechtigten nicht ausreichen, ihn mit einem vergleichsweise geringen Pauschalbetrag für die Kindesbetreuung abzufinden.

499 Bei einem Ehegatten, der zu einer Erwerbstätigkeit angesichts der Kindesbetreuung im Wesentlichen nicht verpflichtet ist, stellen sich die nach Abzug des Kindesunterhalts verbleibenden Einkünfte daher **grds. als Einkünfte aus überobligatorischer Tätigkeit dar** und sind daher nur entsprechend § 1577 Abs. 2 BGB zu berücksichtigen (OLG Köln, FamRZ 2002, 463, 464; Günther/Hein, Familiensachen in der Anwaltspraxis, § 14 Rn. 12 m. w. N.; vgl. auch Born, FamRZ 1007, 129 ff.; Duderstadt, FamRZ 2003, 70; zur Behandlung eines überobligatorischen Einsatzes beim Berechtigten vgl. BGH, FamRZ 2003, 519; Mleczko, ZFE 2003, 137, 140).

500 Die gesetzliche Regelung des § 1577 BGB ist sowohl auf den Bedarf als auch auf die Leistungsfähigkeit sinngemäß anzuwenden (BGH, FamRZ 1995, 475). Der Umfang der Anrechnung erfolgt nach Billigkeit; wobei i. d. R. eine Anrechnung zu 50 % angenommen wird (OLG Hamm, FamRZ 1996, 488; Wohlgemuth, in: Eschenbruch, Der Unterhaltsprozess, Rn. 3129 m. w. N., OLG Köln, FamRZ 2002, 463, 464; vgl. auch OLG Hamm, FamRZ 2002, 1708 = NJW 2003, 223).

F. Festlegung und Durchsetzung des Unterhaltsanspruchs

I. Fälligkeit des Unterhaltsanspruchs

Der Unterhalt ist in Form einer **Geldrente** zu gewähren (§ 1612 Abs.1 Satz 1 BGB). Der Unterhalt ist **monatlich im Voraus** zu zahlen (§§ 1612 Abs. 3 Satz1, 1585 Abs. 1 Satz 2, 1361 Abs. 4 Satz 2 BGB). Der Unterhaltsberechtigte muss am Ersten des Monats über den Unterhalt für den gesamten Monat verfügen können. 501

Vor dem Eintritt der Rechtskraft des Scheidungsanspruchs ist der Anspruch auf Geschiedenenunterhalt noch nicht fällig.

II. Verzug

Unterhalt für die Vergangenheit kann der Berechtigte nicht generell, sondern nur **ab Rechtshängigkeit oder ab Verzug fordern** (§ 1585b Abs. 2 BGB für den Ehegattenunterhalt). 502

Dagegen kann **Sonderbedarf** ohne Verzug **rückwirkend** verlangt werden. 503

Verzug setzt nach § 286 Abs. 1 Satz 1 BGB eine **wirksame Mahnung des Unterhaltsberechtigten** voraus. Die Mahnung muss **nach Fälligkeit** ausgesprochen werden, sie ist eine nicht formgebundene, einseitig empfangsbedürftige Willenerklärung. Es genügt, wenn der Gläubiger **unzweideutig zum Ausdruck bringt**, dass er die geschuldete Leistung verlangt (BGH, NJW 1998, 2132). Die Verpflichtung zur Unterhaltsleistung und dessen Fälligkeit ergeben sich **unmittelbar aus dem Gesetz** (OLG Bamberg, FamRZ 1990, 1235, 1236). Daher liegt in der Aufforderung zur Zahlung eines konkreten Unterhalts ab einem bestimmten Zeitpunkt mit der Konkretisierung des gesetzlichen Anspruchs **bereits die Mahnung nach Fälligkeit**. Da es sich beim Unterhalt um eine **wiederkehrende Leistung** handelt, muss die Mahnung auch nicht laufend wiederholt werden (BGH, FamRZ 1988, 370, 371). Die Mahnung ist an keine spezielle Form gebunden, kann daher auch mündlich erfolgen (BGH, FamRZ 1993, 1055). Allerdings sind mündliche Mahnungen i. a. R. im Streitfall nur schwer nachzuweisen. 504

Eine **wirksame Mahnung** erfordert, dass die **Leistungsaufforderung bestimmt und eindeutig** ist. Verzug tritt nur ein, wenn dem Verpflichteten seine Schuld nicht in ihrer Existenz, sondern auch nach ihrem Umfang, also **nach der Höhe** des geschuldeten Betrages, bekannt ist (BGH, FamRZ 1984, 163). Im Mahnschreiben müssen daher genaue Angaben enthalten sein, warum, ab wann und in welcher Höhe Unterhalt zu zahlen ist. Nicht ausreichend ist, wenn z. B. nur Zahlung des dem Einkommen entsprechenden Unterhalts begehrt wird. Fehlt bei der Forderung laufender Unterhaltsleistungen das **Datum** des Zahlungsbeginns, so ist zweifelhaft, ob überhaupt eine wirksame Mahnung vorliegt und ggf. zu welchem Zeitpunkt genau Verzug eingetreten ist (OLG Karlsruhe, FamRZ 1998, 742). 505

Etwas anderes gilt nur im Anwendungsbereich des § 1613 BGB, wenn die Zahlungsaufforderung mit einem **Auskunftsbegehren** verbunden worden ist. § 1613 BGB gilt nur für den **Trennungsunterhalt**, jedoch **nicht** für den **Geschiedenenunterhalt**. Für die Trennungszeit kann damit Unterhalt für die Vergangenheit auch **bereits ab dem Auskunftsbegehren**, das zum Zwecke der Geltendmachung eines Unterhaltsanspruches verlangt wurde, beantragt werden. Außerdem wird hier der Unterhalt **ab dem Ersten des Monats,** in dem das Verzugs- oder Auskunftsschreiben zuging bzw. die Klage rechtshängig wurde, geschuldet. Eine Quotelung nach einzelnen Tagen ist daher nicht erforderlich. 506

Unabhängig vom Verzug kann die Durchsetzung von **Unterhaltsrückstand** bei Zeitablauf aber auch aus Gründen der **Verwirkung** unmöglich sein (dazu s. unten Rn. 526). 507

Beim **nachehelichen Unterhalt** tritt Verzug dagegen erst ab **Zugang der Mahnung** ein, nicht rückwirkend für den gesamten Monat oder ab dem ersten Tag des folgenden Monats, da hier § 1613 BGB nicht gilt (BGH, FamRZ 1990, 283, 284). Eine Mahnung der Unterhaltszahlungen ist 508 aber auch ohne Bezifferung des Anspruchs wirksam, wenn – wie mit einer Stufenklage – Auskunft über die wirtschaftlichen Verhältnisse des Unterhaltsschuldners und Zahlung des sich daraus ergebenden Unterhalts verlangt wird (sog. **Stufenmahnung**). Denn der Unterhaltsgläubiger kann ohne Auskunft seinen Anspruch nicht beziffern, der Unterhaltsschuldner kann aber nach Treu und Glauben keine Vorteile daraus ziehen, wenn er die Auskunft bisher nicht erteilt hat (BGH, FamRZ 1990, 283, 285). Allerdings muss der Schuldner auch mit der Auskunft in Verzug sein (OLG Düsseldorf, FamRZ 1993, 591).

509 Eine für den **Trennungsunterhalt** erklärte **Mahnung wirkt** daher wegen der unterschiedlichen Streitgegenstände **nicht** automatisch **auf den nachehelichen Unterhalt** fort. Eine Mahnung wegen nachehelichen Unterhalts, die vor dem Eintritt der Rechtskraft des Scheidungsanspruchs erfolgt, begründet keinen Verzug, weil noch kein fälliger gesetzlicher Anspruch vorliegt (BGH, FamRZ 1992, 920 f.; OLG Hamm, FamRZ 1998, 1512; OLG Hamm, NJW-RR 2001, 433).

510 Eine **zu hohe Unterhaltsforderung** beseitigt wegen der Schwierigkeiten bei der Berechnung einer Unterhaltsforderung die Wirksamkeit der Mahnung nicht. Verzug tritt dann in Höhe der **tatsächlich geschuldeten** Leistung ein (BGH, FamRZ 1983, 352, 355). Eine **zu niedrige Forderung** begründet Verzug nur in dieser Höhe (BGH, FamRZ 1990, 283, 285).

Wird bei einer erneuten Mahnung **die Unterhaltsforderung reduziert** oder eine bereits eingereichte Klage teilweise zurückgenommen, besteht ab diesem Zeitpunkt Verzug nur mehr für den reduzierten Unterhalt (OLG Hamm, FamRZ 1989, 1303).

511 Die Übersendung eines **Prozesskostenhilfeantrags** an den Beklagten oder die Zustellung eines Antrags auf Erlass einer **einstweiligen Anordnung** oder Verfügung stehen der Mahnung gleich (BGH, FamRZ 1983, 352, 354; BGH, FamRZ 1990, 283, 285).

512 **Verzug ohne Mahnung** nach § 286 Abs. 2 Satz 1 BGB (**Kalenderfälligkeit**) setzt beim Unterhalt voraus, dass dem Verpflichteten seine Schuld nach Grund und Höhe bekannt ist. Unterhaltsforderungen fallen nach ständiger Rspr. aber nicht darunter (BGH, FamRZ 1990, 283; (Klinkhammer, in: Eschenbruch, Der Unterhaltsprozess, Rn. 5021 m. w. N.). Eine kalendermäßig bestimmte Fälligkeit liegt dagegen vor, wenn konkrete Unterhaltszahlungen vertraglich vereinbart oder in einem Urteil zugesprochen worden sind. Verzug ohne Mahnung tritt also ein bei vereinbarten oder freiwillig bezahlten Unterhaltsleistungen, wenn der Schuldner diese plötzlich einstellt (BGH, FamRZ 1983, 352, 354; 1989, 150, 152) oder bei Reduzierung eines zunächst zugesagten Unterhalts (OLG Köln, FamRZ 2000, 443).

513 Nach Treu und Glauben ist eine **Mahnung entbehrlich**, wenn der Schuldner die Unterhaltsleistung **eindeutig und endgültig verweigert**. Dann tritt Verzug ab dem Zeitpunkt der Erfüllungsverweigerung ein (BGH, FamRZ 1983, 352; 1985, 155, 158). Reagiert der Verpflichtete lediglich auf eine Zahlungsaufforderung nicht, kann darin allein noch keine Unterhaltsverweigerung gesehen werden, die den Verzug entbehrlich macht (BGH, FamRZ 1983, 352, 354; BGH, FamRZ 1985, 155, 158). Eine endgültige Erfüllungsverweigerung wird daher in der Praxis meist nur anzunehmen sein, wenn der Pflichtige bereits eine Auskunft zum Einkommen ablehnt mit dem Hinweis, er schulde keinen Unterhalt, oder eine geforderte Unterhaltserhöhung ablehnt. Eine solche „**Selbstmahnung**" kann auch dann vorliegen, wenn der Unterhaltsschuldner regelmäßige Zahlungen von sich aus ohne berechtigenden Grund einstellt (OLG Brandenburg, FamRZ 2002, 960).

514 Unterhaltsforderungen sind zu **verzinsen**. Zinsen können in jedem Fall ab Rechtshängigkeit, aber bei Vorliegen der Voraussetzungen des § 286 BGB ab Verzug des Schuldners geltend gemacht werden.

515 Nach § 288 BGB ist auf eine Geldschuld während des Verzuges ein Zinssatz **von fünf Prozentpunkten über dem Basiszinssatz** zu entrichten. Der Basiszinssatz ergibt sich aus § 247 BGB, er wird turnusmäßig von der Europäischen Zentralbank der wirtschaftlichen Entwicklung angepasst.

Die **Basiszinssätze** belaufen sich für die Zeiträume:

vom 1. 5. 2000 bis 31. 8. 2000	auf 3,42 %
vom 1. 9. 2000 bis 31. 8. 2001	auf 4,26 %
vom 1. 9. 2001 bis 31. 12. 2001	auf 3,62 %
vom 1. 1. 2002 bis 30. 6. 2002	auf 2,57 %
vom 1. 7. 2002 bis 31. 12. 2002	auf 2,47 %
vom 1. 1. 2003 bis 30. 6. 2003	auf 1,97 %

In der Praxis wird gelegentlich neben rückständigem und laufenden Unterhalt auch schon **künftige Verzinsung** verlangt mit der Begründung, dass der Schuldner immer säumig war und es dem Berechtigten nicht zuzumuten ist, künftige Verzugszinsen immer noch wieder gesondert einzuklagen, obwohl jetzt schon feststünde, dass der titulierte Unterhalt vollstreckt werden müsse. Weiter wird darauf verwiesen, dass die Verzugszinsen nicht als Kosten der Zwangsvollstreckung i. S. d. § 788 ZPO eingetrieben werden können.

516

Fraglich ist dabei, ob die Voraussetzungen des Verzuges mit den künftigen regelmäßig wiederkehrenden Unterhaltszahlungsverpflichtungen bereits im Zeitpunkt der jetzigen Titulierung vorliegen. Grds. setzt der Verzug eine Mahnung voraus, die einmal ausgesprochene Mahnung wirkt jedoch für die Zukunft fort und braucht nicht monatlich wiederholt werden (BGH, NJW 1988, 1137). Bei einer titulierten Zahlungsverpflichtung liegen zudem die Voraussetzungen des Verzugs ohne Mahnung durch Kalenderfälligkeit nach § 286 Abs. 2 Satz 1 BGB vor, da dem Pflichtigen im Titel seine Schuld nach Grund und Höhe vorgegeben wird. Demnach ist bei Titulierung des Unterhaltes eine Mahnung nicht erforderlich, und zwar auch bei Titulierung durch eine einstweilige Anordnung oder einen Prozessvergleich (Kalthoener/Büttner/Niepmann, Die Rechtsprechung zur Höhe des Unterhalts, Rn. 227 unter Hinweis auf OLG Hamm, OLGReport 1995, 166; OLG München, FamRZ 1995, 1293). Auch aus Gründen des Schuldnerschutzes bestehen keine Bedenken gegen eine Titulierung zukünftiger Zinsansprüche, denn der Schuldner kann durch rechtzeitige Zahlung des jeweils fälligen Monatsbetrages der Zinspflicht ohne Schwierigkeiten entgehen.

III. Geltendmachung von Unterhaltsrückständen

Rückständiger Unterhalt muss innerhalb eines Jahres eingeklagt werden (§ 1585b Abs. 3 BGB), es sei denn, der Verpflichtete hat sich der Leistung absichtlich entzogen. Abzustellen ist bei der Berechnung der Jahresfrist des § 1585b BGB auf die **Rechtshängigkeit der Klage,** nicht auf den Eingang oder die Zuleitung des Prozesskostenhilfegesuches an den Gegner. Rechtliche Bedenken gegen die Wirksamkeit der Vorschrift bestehen nicht (OLG Schleswig, FamRZ 1988, 961). Allerdings ist auf die Jahresfrist § 270 Abs. 3 ZPO a.F. (jetzt § 167 ZPO) anwendbar (OLG Düsseldorf, FamRZ 2002, 327).

517

IV. Unterhaltsverzicht

Durch Unterhaltsvereinbarung kann grds. auf **zukünftigen Ehegattenunterhalt ab Scheidung verzichtet** werden (§ 1585c BGB), **nicht aber auf Trennungsunterhalt** (§§ 1360a Abs. 3, 1361 Abs. 4 BGB i. V. m. § 1614 BGB vgl. auch § 1585c BGB; a. A. aber wohl OLG Hamm, RNotZ 2001, 49).

518

Zulässig sind aber **Vereinbarungen zur Höhe des Unterhaltes**, wobei im Einzelfall die Abgrenzung zum **Teilverzicht** problematisch sein kann. Die Grenze zwischen unzulässigem Verzicht und zulässiger Vereinbarung zur Höhe wird bei einer Toleranzgrenze von 20 – 33 % des Bedarfes gezogen (OLG Hamm, FamRZ 2002, 1023; Kalthoener/Büttner/Niepmann, Die Rechtsprechung

519

zur Höhe des Unterhalts, Rn. 133 m. w. N.). Das Verbot eines Verzichtes kann auch nicht dadurch umgangen werden, dass ein pactum de non petendo geschlossen wird (Bergschneider, FamRZ 2000, 609; Deisenhofer, FamRZ 2000, 1368).

520 Das BVerfG hat in mehreren Entscheidungen grundlegende Feststellungen zur **Sittenwidrigkeit von Eheverträgen** (§ 138 BGB) gemacht (BVerfG, NJW 2001, 957; BVerfG, NJW 2001, 2248), die gerade auch bei Unterhaltsverzichten über den Geschiedenenunterhalt von Bedeutung sind (OLG Frankfurt, ZFE 2002, 349; OLG Brandenburg, FamRZ 2003, 764; OLG Köln, FamRZ 2003, 767; Röthel, NJW 2001, 1334; Schubert, FamRZ 2001, 733; Bergschneider, FamRZ 2001, 1337; Schwackenberg, ZFE 2002, 38; Langenfeld, FPR 2003, 155).

Diese Entscheidungen des BVerfG betrafen Fälle, in denen die Ehefrau vor Eheschließung auf entsprechenden Druck des anderen Teils jeweils auf nachehelichen Unterhalt, Zugewinn und Versorgungsausgleich verzichtet und zusätzlich in einem Fall noch den späteren Ehemann von Unterhaltsansprüchen des gemeinsamen Kindes freigestellt hatte. Hier hatte das BVerfG ein Ungleichgewicht der vertragsschließenden Parteien als auch eine inhaltliche Unbilligkeit mit Blick auf den Verzicht auf alle Rechte aus der Ehe festgestellt. Die besondere Situation der schwangeren Frau vor beabsichtigter Eheschließung als Position wirtschaftlicher Unterlegenheit eröffnete danach den Weg einer stärkeren richterlichen Inhaltskontrolle des Ehevertrages, wobei der Totalverzicht auf alle Rechte nur selten dieser Kontrolle standhalten würde.

521 Noch strengere Maßstäbe legt das OLG München (FamRZ 2003, 35, n. rkr. m. kritischer Anm. Bergschneider) an den Tag, das sich lediglich auf objektive Kriterien der Ungleichgewichtung stützt.

522 Ein Verzicht kann zudem unabhängig von der Verteilung der Risiken zwischen den Eheleuten nach § 138 BGB sittenwidrig sein, wenn der **Verzicht zu Lasten Dritter,** etwa **des Sozialamts** gehen würde (BSG, FamRZ 1983, 583; OLG Köln, FamRZ 2003, 767; vgl. aber BGH, NJW 1992, 3165).

523 Auch die Vereinbarung einer **Abfindung** ist möglich. Ein **Abfindungsvertrag** hat i. d. R. zwei Komponenten. Darin wird einerseits für einen bestimmten Zeitpunkt die Höhe des Unterhaltsanspruchs ermittelt, sodann die Summe der für eine bestimmte Zeitspanne gegebenen Unterhaltsforderungen gebildet und mit einer Gesamtzahlung abgegolten.

524 Andererseits ist mit einer Abfindungsregelung regelmäßig aber auch ein Verzicht auf einen Teil der Unterhaltsansprüche verbunden. Meist wird dabei auch ausdrücklich in der Vereinbarung klargestellt, dass für bestimmte Zeiträume keine oder keine weitergehenden Unterhaltsansprüche bestehen. Ein solcher Verzicht kann möglicherweise die **Wirksamkeit der Vereinbarung** in Frage stellen. Speziell bei Abfindungsvereinbarungen über Trennungsunterhalt muss daher geprüft werden, ob die Gesamtregelung, die ja im Ergebnis einen Teilverzicht enthält, sich noch im Rahmen der Ausgestaltung der gesetzlich gegebenen Unterhaltsansprüche bewegt.

525 Keine Bedenken gibt es gegen einen Verzicht für **in der Vergangenheit entstandene** Unterhaltsansprüche. In diesem Rahmen ist auch ein (ausdrücklicher oder stillschweigender) Unterhaltsverzicht für die Vergangenheit zulässig.

V. Verwirkung von Unterhaltsrückständen

526 § 1585b Abs. 3 BGB schließt die Geltendmachung des Unterhaltes für einen mehr als ein Jahr vor Rechtshängigkeit liegenden Zeitraum weitestgehend aus. Dabei reicht die bloße Zustellung eines Prozesskostenhilfegesuches nicht aus.

527 Ein Recht ist jedoch darüber hinaus **verwirkt**, wenn sich der Schuldner wegen der Untätigkeit seines Gläubigers über einen gewissen Zeitraum hin bei objektiver Beurteilung darauf einrichten darf und eingerichtet hat, dieser werde sein Recht nicht mehr geltend machen, so dass die verspätete Geltendmachung gegen Treu und Glauben verstößt (BGH, NJW-RR 1992, 1240). Zu dem Zeitablauf müssen besondere, auf dem Verhalten des Berechtigten beruhende Umstände hinzutreten, die das Vertrauen des Verpflichteten rechtfertigen, der Berechtigte werde seinen Anspruch nicht

mehr geltend machen (BGH, NJW 2001, 1649; BGH, FamRZ 2003, 449 m. Anm. Büttner). Auch rückständiger Unterhalt unterliegt damit grds. dem Einwand der **Verwirkung** (§ 242 BGB), wenn sich seine Geltendmachung unter dem Gesichtspunkt illoyal verspäteter Rechtsausübung als unzulässig darstellt (BGH, FuR 2000, 91; BGHZ 84, 280, 283; BGH, FamRZ 1988, 478, 480; BGH, FamRZ 1999, 1422; OLG Koblenz, OLGReport 2001, 51; Büttner, FamRZ 2002, 364).

Voraussetzung hierfür ist, dass der Gläubiger den Unterhaltsanspruch längere Zeit nicht geltend macht (**Zeitmoment**) und beim Schuldner den Eindruck erweckt, er werde diesen Anspruch nicht mehr geltend machen (**Umstandsmoment**). Neben dem reinen Zeitablauf müssen daher immer auch besondere Umstände hinzutreten (Büttner, FamRZ 2002, 365). 528

Bei der Bemessung des „**Zeitmomentes**" ist nach der Rspr. des BGH, (BGH, FamRZ 1988, 370) im Allgemeinen von einem Jahr auszugehen. Nachehelicher Unterhalt kann gem. § 1585b Abs. 3 BGB für eine mehr als ein Jahr vor Rechtshängigkeit liegende Zeit nur verlangt werden, wenn sich der Verpflichtete der Leistung absichtlich entzogen hat. Nach § 1615i Abs. 2 Satz 1 BGB a. F. konnten rückständige Unterhaltsbeträge für ein nichteheliches Kind, die länger als ein Jahr vor Anerkennung der Vaterschaft oder Erhebung der Klage auf Feststellung der Vaterschaft fällig geworden waren, zur Vermeidung unbilliger Härten auf Antrag erlassen werden. Daraus folgt, dass das Gesetz bei Unterhaltsrückständen für eine mehr als ein Jahr zurückliegende Zeit dem Schuldnerschutz besondere Beachtung beimisst.

Von einem Unterhaltsgläubiger, der lebensnotwendig auf Unterhaltsleistungen angewiesen ist, muss eher als von einem Gläubiger anderer Forderungen erwartet werden, dass er sich **zeitnah** um die Durchsetzung des Anspruchs bemüht. Andernfalls können Unterhaltsrückstände zu einer erdrückenden Schuldenlast anwachsen. Abgesehen davon sind im Unterhaltsrechtsstreit die für die Bemessung des Unterhalts maßgeblichen Einkommensverhältnisse der Parteien nach längerer Zeit oft nur schwer aufklärbar. Diese Gründe, die eine möglichst zeitnahe Geltendmachung von Unterhalt nahe legen, sind so gewichtig, dass das Zeitmoment der Verwirkung auch dann erfüllt sein kann, wenn die Rückstände Zeitabschnitte betreffen, die etwas mehr ein Jahr zurückliegen. Denn nach den gesetzlichen Bestimmungen der §§ 1585b Abs. 3, 1613 Abs. 2 Nr. 1 BGB verdient der **Gesichtspunkt des Schuldnerschutzes** bei Unterhaltsrückständen für eine mehr als ein Jahr zurückliegende Zeit besondere Beachtung. Diesem Rechtsgedanken kann im Rahmen der Bemessung des Zeitmoments in der Weise Rechnung getragen werden, dass das Verstreicherlassen einer Frist von mehr als einem Jahr ausreichen kann (BGHZ 103, 62, 68 ff.; BGH, NJW 2003, 128; OLG Hamm, FamRZ 2000, 1173; OLG Brandenburg, FamRZ 2002, 960; OLG München, FamRZ 2002, 1039). 529

Das „**Umstandsmoment**" ist gegeben, wenn der Schuldner aufgrund des Verhaltens des Gläubigers davon ausgehen durfte, dass er nicht auf Zahlung in Anspruch genommen werde. Dies ist z. B. der Fall, wenn er Auskünfte erteilt hat und diese Auskünfte nicht zeitnah in ein Unterhaltsverlangen umgesetzt worden sind. 530

Denn erfahrungsgemäß pflegt ein Unterhaltsverpflichteter seine Lebensführung an die ihm zur Verfügung stehenden Einkünfte anzupassen. Wird er dann in größerem zeitlichen Abstand auf Zahlung von Unterhaltsrückständen in Anspruch genommen, muss er in erheblichem Umfang auf seine Ersparnisse zurückgreifen. Im Regelfall braucht er nach Treu und Glauben damit jedoch nicht zu rechnen (BGH, NJW 2003, 128). 531

Unerheblich ist dabei, ob der Schuldner mit dem Unterhalt überhaupt in Verzug war, denn die Verwirkung ergreift gerade auch fällige Ansprüche, mit denen der Schuldner in Verzug ist. Allerdings kann ein Unterhaltsanspruch nicht verwirkt sein, bevor er überhaupt fällig geworden ist. Daher sind die einschlägigen Zeiträume u. U. differenziert zu prüfen. 532

Im Übrigen ist bei einem längeren Getrenntleben von Eheleuten zu beachten, dass diese Tatsache als Umstandsmoment unbeachtlich ist, solange kein **Trennungsunterhalt** nach Maßgabe von § 1613 BGB geltend gemacht wird. Denn ein Anspruch kann erst verwirken, wenn er entstanden ist. Wird ein Anspruch also nach Jahren der Trennung erstmals geltend gemacht, kann in dieser 533

Tatsache allein keine Verwirkung erkannt werden. Erst von dem Zeitpunkt der Geltendmachung an sind Zeit- und Umstandsmoment zu berücksichtigen, weil das Stammrecht durch jahrelange Nichtgeltendmachung nicht verwirkt wird (BGHZ 84, 282).

534 Eine Verwirkung ist ebenfalls eingetreten, wenn der Unterhaltsgläubiger eine mit Gründen versehene Kürzung der laufenden Zahlungen des Unterhaltsschuldners hinnimmt; dabei brauchen die Gründe für die Kürzung nicht einmal schlüssig sein (OLG Karlsruhe, FamRZ 2002, 1039).

535 Dagegen ist an die **Verwirkung bereits titulierter Unterhaltsansprüche** ein strengerer Maßstab zu stellen (OLG Karlsruhe, FamRZ 1993, 1456; OLG Hamm, FamRZ 1998, 189; OLG Stuttgart, FamRZ 1999, 859; OLG Hamburg, FamRZ 2002, 327; OLG München, FamRZ 2002, 1039; a. A. KG, FamRZ 1994, 771; vgl. auch BGH, FamRZ 1999, 1422).

VI. Verjährung der Unterhaltsansprüche

536 Die durch das SMG eingeführte regelmäßige **Verjährungsfrist von drei Jahren** gilt generell auch für Unterhaltsansprüche (§ 197 Abs. 2 BGB), und zwar **gerechnet ab Schluss des Jahres, in denen sie entstanden sind** (§ 199 Abs. 1 Nr. 1 BGB). Dies ist auch auf den Sonderbedarf anzuwenden.

537 Rechtskräftig festgestellte Ansprüche verjähren im Allgemeinen erst **30 Jahre** nach Eintritt der Rechtskraft. Dies gilt gem. § 197 Abs. 1 Nr. 3 BGB auch für **titulierte Ansprüche** auf **Unterhaltsrückstand**. Titulierte Ansprüche auf **zukünftigen Unterhalt** verjähren dagegen **nach drei Jahren** (§§ 197 Abs. 1 Nr. 3, Abs. 2, 195 BGB; vgl. Büttner, FamRZ 2002, 363; Weinreich, FuR 2003, 16). Der Neubeginn der Verjährung kann nach § 212 Abs. 1 Nr. 2 BGB durch Vollstreckung herbeigeführt werden.

Auf die **Einrede** der Verjährung muss sich der Unterhaltsschuldner **ausdrücklich berufen.**

Die **Verjährung** kann durch Erhebung der **Stufenklage** gehemmt werden. Die Verjährungsfrist beginnt neu, wenn der Schuldner dem Gläubiger gegenüber die Forderung durch Abschlagszahlung oder in anderer Weise anerkannt hat (§ 212 Abs. 1 BGB).

In Vergleichen kann die Verjährungsfrist verlängert werden, jedoch nicht über 30 Jahre hinausgehend (§ 202b Abs. 2 BGB).

VII. Aufrechnungsverbot § 394 BGB

538 Unterhaltsansprüche sind nach § 850b Abs.1 ZPO unpfändbar, so dass der Aufrechnung gegen eine Unterhaltsforderung regelmäßig § 394 BGB entgegensteht. Das Aufrechnungsverbot erfasst sämtliche Ansprüche, die im Rahmen und aufgrund einer **gesetzlichen Unterhaltspflicht** bestehen, und gilt auch für **Unterhaltsrückstände** (OLG Karlsruhe, FamRZ 2003, 33) und **Sonderbedarf** sowie für den **Freistellungsanspruch** von der steuerlichen Zusatzbelastung aus der Durchführung des **Realsplittings** gem. § 10 EStG und für **Verzugszinsen** wegen verspäteter Unterhaltszahlungen und den Anspruch auf **Prozesskostenvorschuss** (Einzelheiten s. hierzu unter Teil 7 Rn. 6 ff.). Ausnahmen gelten nur bei arglistigem Verhalten.

VIII. Zurückbehaltungsrecht gegenüber Unterhaltsforderung

539 Die Ausübung eines Zurückbehaltungsrechts nach § 273 BGB gegenüber einer Forderung auf Unterhalt ist grds. **unzulässig** (OLG Hamm, NJW-RR 1996, 4). Denn der Zweck des Unterhalts ist es, die aktuelle Existenz des Gläubigers sicherzustellen. Aus der Natur dieses Schuldverhältnisses ergibt sich damit ein **Verbot des Zurückbehaltungsrechts.** Zwar bedeuten gesetzliche Aufrechnungsverbote nicht in jedem Fall, dass ein Zurückbehaltungsrecht ebenfalls unzulässig ist, aber wenn das Zurückbehaltungsrecht in seiner Wirkung der Aufrechnung gleichkommt, ist es ebenfalls ausgeschlossen (BGH, NJW 1984,129).

IX. Tod des Unterhaltsberechtigten oder des Unterhaltspflichtigen

Da Unterhaltsansprüche **höchstpersönliche** Ansprüche sind, bestehen sie grds. nicht über den Tod des Berechtigten oder Verpflichteten hinaus (§ 1360a Abs. 3 BGB i. V. m. § 1615 Abs. 1 BGB). Der Erbe des **berechtigten Ehegatten** hat folglich nach dessen Tod **keinen Anspruch**.

Gem. § 1586b BGB geht mit dem **Tod des verpflichteten Ehegatten** dessen Unterhaltspflicht gegenüber dem geschiedenen Ehegatten auf den Erben als Nachlassverbindlichkeit über, wobei die Leistungsfähigkeit nach § 1581 BGB keine Rolle mehr spielt (zum auf § 1579 BGB gestützten Verwirkungseinwand des Erben: BGH, FamRZ 2003, 521). Der Erbe haftet jedoch höchsten bis zu dem Betrag, der dem Pflichtteil entspricht, welcher dem Berechtigten zustände, wenn die Ehe nicht geschieden worden wäre. Abzustellen ist dabei auf den Wert des Nachlasses zur Zeit des Erbfalls, so dass nachträgliche Wertverminderungen unerheblich sind. Für derartige Wertverminderungen kann die Dürftigkeit des Nachlasses gem. § 780 ZPO geltend gemacht werden (BGH, NJW 2001, 828).

Eine zwischen dem geschiedenen Ehegatten und dem Erblasser geschlossene **Unterhaltsvereinbarung** bindet den Erben gem. § 1586b Abs. 1 BGB jedenfalls dann, wenn es sich um eine den gesetzlichen Unterhaltsanspruch lediglich konkretisierende Vereinbarung handelt (CLG Koblenz, NJW 2003, 439).

Zur Berücksichtigung von Pflichtteilsergänzungsansprüchen s. BGH, FamRZ 2003, 849. Mit der vertraglichen Abdingbarkeit der passiven Vererblichkeit der Ansprüche auf Geschiedenenunterhalt befasst sich Hambitzer, FÜR 2003, 157. Die Frage, ob ein Unterhaltsanspruch trotz Pflichtteilsverzichts gegeben ist, erörtert Kindermann, ZFE 2003, 849.

X. Erlöschen durch Wiederheirat

Heiratet der Unterhaltsberechtigte erneut, **erlischt** der Anspruch auf nachehelichen Unterhaltsanspruch (§ 1586 Abs. 1 BGB). Der erloschene Unterhaltsanspruch lebt grds. nicht wieder auf, wenn die neue Ehe durch Tod, Aufhebung oder Scheidung aufgelöst wird. Eine Ausnahme ergibt sich nur aus § 1586a BGB, wenn aus der früheren Ehe ein Kind zu versorgen ist.

Ist in einer Unterhaltsvereinbarung die Zahlung einer Unterhaltsrente bis zum Tode des Berechtigten festgelegt, so erlischt dieser Anspruch nicht durch die Wiederheirat (OLG Koblenz, FamRZ 2002, 1040).

XI. Freiwillige Zahlung und Titulierung

Bei **Unterhaltsstreitigkeiten** geht es vielfach nicht um den Grund des Anspruchs, sondern lediglich **um die Höhe**. Ein bestimmter Betrag wird freiwillig gezahlt; die Gegenseite verlangt aber eine höhere Zahlung. Hier sind für beide Seiten die besonderen **prozessualen** Gegebenheiten zu beachten.

Grds. besteht auch bei regelmäßiger und pünktlicher freiwilliger Zahlung ein **Rechtsschutzbedürfnis auf Titulierung des Unterhalts**. Dies gilt erst recht, wenn nur Teilbeträge des geforderten Unterhalts gezahlt werden.

Der Unterhaltsberechtigte sollte jedoch den Pflichtigen auf jeden Fall vor einer Klage **auffordern**, über die freiwilligen Zahlungen auch freiwillig einen Titel vor dem Notar zu erstellen. Der Titel muss dann dem Berechtigten auch zur Verfügung gestellt werden, damit dieser bei Nichtzahlung daraus vollstrecken kann.

Umstritten ist die Frage, wer die **Kosten für den freiwilligen Titel** zu tragen hat:

- Nach einer vertretenen Auffassung müsse der **Pflichtige** die Kosten übernehmen (OLG Düsseldorf, 3. FamS, FamRZ 1990, 1369; OLG Karlsruhe, FamRZ 1984, 1584) oder

- der **Berechtigte** die Übernahme der Kosten zusagen, da der Gläubiger keinen Anspruch auf Übernahme der Kosten habe (OLG Stuttgart, FamRZ 2001, 1381; OLG Hamm, FamRZ 1992, 831; KG, FamRZ 1988, 518; OLG Düsseldorf, FamRZ 1994, 217; OLG Frankfurt, FamRZ 1998, 445; OLG Nürnberg, FamRZ 1993, 1333).

547 Diese Frage hat vor allem Auswirkungen darauf, ob der Pflichtige sich später auf ein sofortiges Anerkenntnis berufen kann. Auch wenn er dann die Klageforderung anerkennt, liegt **kein sofortiges Anerkenntnis** vor, wenn er durch seine unberechtigte Weigerung der Titulierung **zur Klage Veranlassung** gegeben hat. Ist dagegen die Aufforderung nicht ordnungsgemäß erfolgt, hat der Pflichtige keine Veranlassung zur Klage gegeben und kann mit der kostengünstigen Folge des § 93 ZPO noch im Klageverfahren sofort anerkennen.

548 Wird nur ein **Sockelbetrag** gezahlt, fehlt eine vorprozessuale Aufforderung des Gläubigers, diesen Sockelbetrag anzuerkennen und wird anschließend der gesamte geforderte Unterhalt gerichtlich eingeklagt, so ist bei einem Anerkenntnis des bislang freiwillig gezahlten Sockelbetrags durch den Pflichtigen umstritten, ob darin ein **sofortiges** Anerkenntnis gem. § 93 ZPO zu sehen ist:

- Teilweise wird Klageveranlassung **bejaht** und damit die Anwendung des § 93 ZPO ausgeschlossen (OLG Köln, NJW-RR 1998, 1703; OLG Düsseldorf, FamRZ 1991, 1207; OLG Koblenz, FamRZ 1986, 826; Zöller/Hergeth, ZPO, § 93 Rn. 6; Baumbach/Lauterbach/Albers/Hartmann, ZPO, § 93 Rn. 62).

- Die Gegenansicht **verneint** eine Klageveranlassung und wendet damit § 93 zugunsten des Anerkennenden an (OLG Düsseldorf, FamRZ 1994, 117; OLG Stuttgart, NJW-RR 2001, 1010; Thomas/Putzo, ZPO, § 93 Rn. 7b; OLG Köln, FamRZ 2003, 102; OLG Hamm, FamRZ 1993, 712 und OLG Bremen, FamRZ 1989, 876 – beide für den Fall der Geringfügigkeit des streitigen Spitzenbetrages; Göppinger/Wax, Unterhaltsrecht, Rn. 2107).

549 Wird dagegen **nur der Spitzenbetrag in der Klage anhängig gemacht** und in dem Urteil eine Unterhaltsrente über einen freiwillig gezahlten Betrag hinaus zugesprochen, dann entscheidet das Gericht nur über eine **Teilklage**, also nur über den Spitzenbetrag und nicht auch über den freiwilligen Teil (BGH, FamRZ 1995, 729; BGH, NJW 1993, 1995). Bis zur Höhe des freiwillig gezahlten Betrages handelt es sich lediglich um ein **vorgreifliches Rechtsverhältnis**, nicht aber um den Streitgegenstand des Verfahrens. Die Rechtskraft des Verfahrens erstreckt sich auch nur auf den titulierten Spitzenbetrag (BGH, NJW 1985, 1340).

550 Kommt es später zum Streit über den Sockelbetrag, hat das zur Folge, dass der Schuldner die Zahlungen einstellen kann, ohne Vollstreckungsmaßnahmen befürchten zu müssen. Will der Gläubiger den Sockelbetrag titulieren lassen, so ist dies nur mit einer **Nachforderungsklage** als besonderer Form der Leistungsklage möglich (BGH, NJW 1993, 1995). Für eine **Abänderungsklage** ist dagegen erst dann Raum, wenn der Gesamtbetrag tituliert und danach eine **Abänderungslage** gegeben ist (BGH, NJW 1991, 429).

XII. Festlegung und Durchsetzung von Ehegattenunterhaltsansprüchen

551 Die bloße Existenz eines Anspruches auf Ehegattenunterhalt allein gibt dem Berechtigten nichts; vielmehr muss der Anspruch auch konkret hinsichtlich **Betrag und Zeitraum festgelegt** werden. Zudem muss der Unterhaltsanspruch durch einen **vollstreckbaren Titel** abgesichert werden, um die Vollstreckung zu ermöglichen. Hier gibt es in der Praxis unterschiedliche Möglichkeiten, den gegebenen Anspruch festzusetzen und durchsetzbar abzusichern.

1. Unterhaltsfestsetzung durch Vereinbarung (Vergleich)

552 Die Parteien können den gesetzlich bestehenden Unterhaltsanspruch durch eine **Vereinbarung** konkretisieren und modifizieren. Die getroffenen Regelungen müssen jedoch eindeutig, gesetzmäßig, praktikabel und vollstreckungsfähig und auch vollstreckbar sein. Die **Unwirksamkeit** einer Vereinbarung kann sich aus einem unzulässigen Verzicht ergeben (s. oben Rn. 518).

Eine Unterhaltsvereinbarung kommt als Vertrag gem. §§ 145 ff. BGB durch **Angebot und Annahme** zustande. Daran sind jedoch strenge Maßstäbe anzulegen, es genügt nicht, dass ein Teil zahlt und der andere schweigend annimmt. In einer lediglich bestätigenden Erklärung des Ehemanns, die Ehefrau erhalte seit einem bestimmten Datum einen bestimmten Unterhaltsbetrag, liegt kein Angebot auf Abschluss einer Vereinbarung (OLG Brandenburg, FamRZ 2002, 960). 553

In Unterhaltsvereinbarungen kann in zulässiger Weise eine **Wertsicherungsklausel** eingebaut werden. Eine solche Wertsicherungsklausel legt eine bestimmte Steigerung des festgelegten Unterhaltsbetrages fest und kann z. B. bezogen werden auf den Diskontsatz der Europäischen Zentralbank oder aber auch auf die Entwicklung einer bestimmten Gehalts- oder Besoldungsgruppe. Wertsicherungsklauseln können genehmigungspflichtig sein (§ 3 Satz 2 WährungsG). 554

Bei einem **Vergleich** über Unterhaltszahlungen ist es schon im Hinblick auf die durch **§ 323 ZPO** beschränkten Abänderungsmöglichkeiten dringend geboten, die **Grundlagen der Vereinbarung** mit in den Text aufzunehmen. Im Text der Vereinbarung sollte daher unbedingt festgehalten werden, welches **Einkommen** beim Schuldner unterstellt wurde, welches beim **Gläubiger** und welche **Abzüge** und **Belastungen** berücksichtigt wurden. 555

Geregelt werden sollte auch eindeutig, unter welchen Voraussetzungen die **Unterhaltsverpflichtung** endet. Ist in einer Unterhaltsvereinbarung die Zahlung einer Unterhaltsrente bis zum Tode des Berechtigten festgelegt, so erlischt dieser Anspruch nicht durch die Wiederheirat (OLG Koblenz, FamRZ 2002, 1040). 556

2. Gerichtliche Durchsetzung von Unterhaltsansprüchen

Der Unterhalt kann gerichtlich erstmalig durchgesetzt werden durch eine **Leistungsklage** oder einer **einstweiligen Regelung**. Spätere Abänderungen einer bereits titulierten Unterhaltsleistung erfolgen durch **Abänderungsklage** gem. § 323 ZPO. 557
Die vorläufigen Festsetzungen des Unterhalts durch **einstweilige Anordnung** und **einstweilige Verfügung** sind umfassend erläutert in Teil 7 Rn. 94 ff.

a) Zahlungsklage/Leistungsklage

Im Regelfall wird eine Klage auf Zahlung eines **bestimmten Betrages** erhoben. Dies kann einmal ein bereits aufgelaufener Unterhaltsrückstand sein. 558

Formulierungsbeispiel:

> ... zu verurteilen, rückständigen Ehegattenunterhalt für den Zeitraum vom Februar 2002 bis November 2002 i. H. v. insgesamt 3.123 € zu zahlen.

oder sich auf einen zukünftigen Zeitraum beziehen und auf einen festen monatlichen Betrag gerichtet werden.

Formulierungsbeispiel:

> ... zu verurteilen, Ehegattenunterhalt ab Februar 2003 i. H. v. monatlich 450 € zu zahlen.

Bei der Durchsetzung von **Unterhaltsrückständen** muss in der Klageschrift die im Tenor aufgeführte Summe genau aufgeschlüsselt werden. Dazu gehört 559
- der für die fraglichen Monate jeweils geschuldete **Unterhaltsbetrag** sowie
- eine Auflistung der für diesen Zeitraum geleisteten freiwilligen **Zahlungen** des Unterhaltspflichtigen.

560 In laufenden Prozessen bliebt die **Verrechnung** von Überzahlungen und Nachzahlungen zulässig, da es sich insoweit um eine Saldierung und keine Aufrechnung handelt und folglich das Aufrechnungsverbot des § 394 BGB nicht gilt (Gerhardt, in: Heintschel/Heinegg/Klein, Handbuch des Fachanwalts Familienrecht, Teil 6 Rn. 18).

Der **Streitwert** bemisst sich nach § 17 Abs. 1 GKG nach dem **Jahresbetrag** des geltend gemachten Unterhalts; hinzuzurechnen sind **Unterhaltsrückstände** für den Zeitraum vor der Klageeinreichung bzw. vor der Einreichung des Prozesskostenhilfeantrages (§ 17 Abs. 4 GKG).

561 Bei der **Stufenklage** ist der Streitwert einheitlich nach dem höchsten Wert der mit der Stufenklage geltend gemachten und mit ihr verbundenen Ansprüche festzusetzen (§ 18 GKG). Der Leistungsanspruch ist ausnahmslos der höherwertige Anspruch, da die Ansprüche auf Auskunftserteilung und ggf. eidesstattliche Versicherung den Zahlungsanspruch **nur vorbereiten,** so dass der erwartete Leistungsanspruch stets die Obergrenze für die anderen Ansprüche bildet (Schwolow, FuR 2002, 307, 311; Schneider/Herget, Streitwertkommentar für den Zivilprozeß, Rn. 4253 ff.). Solange über den Zahlungsanspruch nicht erkannt ist, muss der Streitwert nach § 3 ZPO geschätzt werden, wobei auf die Erwartungen des Klägers zu Beginn der Instanz abzustellen ist und zwar unabhängig davon, ob der Kläger die Stufenklage nach Auskunftserteilung zurücknimmt oder nicht weiterbetreibt. I. d. R. verursacht deshalb das Auskunftsbegehren in der Stufenklage keine gesonderten Kosten.

b) Nachforderungsklage

562 Wenn bereits ein Zahlungstitel besteht, ist eine **Nachforderungsklage** nur dann zulässig, wenn in dem ersten Titel die geltend gemachte Forderung ausdrücklich als Teilforderung bezeichnet worden ist. Dagegen spricht jedoch im Regelfall eine Vermutung. Besteht dagegen noch kein Titel, ist aber ein Teilbetrag freiwillig gezahlt worden, können rückwirkend höhere Zahlungen verlangt werden, soweit der Zahlungspflichtige in Verzug gesetzt worden ist (BGHZ 94, 147; OLG Hamm, FamRZ 1990, 300; OLG Düsseldorf, FamRZ 1981, 59).

c) Abänderungsklage

563 Besteht bereits ein Unterhaltstitel, dann muss sowohl für die Erhöhung als auch die Herabsetzung der Zahlungsverpflichtung eine Abänderungsklage gem. § 323 ZPO erhoben werden.

d) Einstweilige Anordnung zum Unterhalt

564 Unterhaltsansprüche eines Ehegatten können auch im Wege der **einstweiligen Anordnung** durchgesetzt werden. Voraussetzung ist immer ein **Hauptsacheverfahren;** hier muss mindestens ein Antrag auf Prozesskostenhilfe eingereicht worden sein. Dieses **Hauptsacheverfahren** kann sein:

- ein **Eheverfahren** (§ 620a Abs. 2 Satz 1 ZPO i. V. m. § 620 Nr. 6 ZPO),
- eine **Unterhaltsklage** (§ 644 ZPO); hier können Ansprüche auf ehelichen Unterhalt (§ 621 Abs. 1 Nr. 5 ZPO) durchgesetzt werden.

565 Der **Gegenstandswert** der einstweiligen Anordnung richtet sich nach dem sechsmonatigen Unterhaltsbetrag (§ 20 Abs. 2 Satz 1 GKG).

566 Über den Antrag auf einstweilige Anordnung entscheidet das Gericht durch **Beschluss** (§ 620a Abs. 1 ZPO n. F.). Es gelten die Grundsätze des **summarischen Verfahrens.**

567 Die tatsächlichen Angaben, die im Antrag auf einstweilige Anordnung aufgeführt werden, müssen **glaubhaft gemacht** werden. Dies geschieht i. d. R. durch eidesstattliche Versicherung oder durch Vorlage von Gehaltsbescheinigungen.

Für das Verfahren der einstweiligen Anordnung muss ggf. gesondert **Prozesskostenhilfe** beantragt werden, da die Prozesskostenhilfeentscheidung zur Hauptsache nicht zwingend das zusätzliche Verfahren der einstweiligen Anordnung umfasst.

Die Entscheidung über den Antrag kann das Familiengericht ohne mündliche Verhandlung treffen; zuvor ist aber der Gegenseite rechtliches Gehör zu gewähren. Hat das Gericht ohne mündliche Verhandlung entschieden, ist der Antrag auf mündliche Verhandlung nach § 620b ZPO zulässig. Die danach ergehende Entscheidung ist **unanfechtbar** (§ 620c Satz 2 ZPO). 568

Das Familiengericht kann aber statt dessen nach Eingang des Antrages sofort eine mündliche Verhandlung anberaumen. Die daraufhin ergehende Entscheidung ist unanfechtbar. 569

Einstweilige Anordnungen treten nach § 620f ZPO **außer Kraft**, wenn eine anderweitige Regelung ergeht. Als solche anderweitige Regelungen kommen in Betracht: 570

- ein Unterhaltsvergleich,
- eine gerichtliche Entscheidung durch Zahlungsklage oder
- eine gerichtliche Entscheidung durch negative Feststellungsklage. Für diese negative Feststellungsklage besteht keine § 323 ZPO entsprechende Einschränkung, dass die Feststellung erst ab Rechtshängigkeit der Klage oder Verzug des Gläubigers mit dem Verzicht auf seine Rechte aus der einstweiligen Anordnung begehrt werden könnte (hierzu OLG Brandenburg, FamRZ 2002, 1497),
- dagegen ist eine Abänderungsklage unzulässig (OLG Zweibrücken, OLGReport 2000, 533).

e) Einstweilige Verfügung

Da die einstweilige Anordnung in Familiensachen eine abschließende Sonderregelung darstellt, die der einstweiligen Verfügung vorgeht, kommt eine **einstweilige Verfügungen auf Notunterhalt** gem. § 940 ZPO nur noch in Ausnahmefällen in Betracht, wenn ein Hauptsachverfahren nicht anhängig gemacht werden kann (OLG Nürnberg, FamRZ 1999, 30; OLG Köln, FamRZ 1999, 661). Praktische Anwendungsfälle dafür gibt es kaum. 571

f) Gerichtliche Zuständigkeit

Für **Unterhaltsklagen** gilt folgende Zuständigkeitsregelung: 572

- Bei **Anhängigkeit einer Ehesache** ist für Rechtsstreitigkeiten zum Ehegattenunterhalt die ausschließliche Zuständigkeit des **Gerichts der Ehesache** gegeben (§ 621 Abs. 2 Satz 1 ZPO).
- Ohne Anhängigkeit einer Ehesache ist für den Unterhalt des minderjährigen Kindes die ausschließliche Zuständigkeit des **Gerichts am Wohnsitz des betreuenden Elternteils** begründet (§ 642 Abs. 1 ZPO); in diesem Fall kann dort auch Ehegattenunterhalt eingeklagt werden (§ 642 Abs. 3 ZPO). Diese Zuständigkeitsregelung gilt nicht für die Ansprüche privilegierter Volljähriger (§1603 Abs. 2 Satz 2 BGB).
- In den übrigen Fällen richtet sich die Zuständigkeit nach den **allgemeinen Regeln**.

G. Auskunftsanspruch gem. § 1580 BGB

Aus § 1580 BGB i. V. m. § 1605 BGB ergibt sich ein Auskunftsanspruch des Ehegatten. Die Auskunft kann nur verlangt werden, soweit dies zur Feststellung des Bestehens oder der Höhe des Unterhaltsanspruches überhaupt erforderlich ist. Folglich müssen die **materiell-rechtlichen Voraussetzungen des Unterhaltsanspruchs gegeben sein,** die von den wirtschaftlichen Verhältnissen der Parteien unabhängig sind (BGH, NJW 1983, 279, 281). Der **Auskunftsanspruch scheidet** generell dann **aus**, wenn eine Ausgleichsforderung des Auskunftsbegehrenden schon dem Grunde nach **nicht gegeben sein kann** (BGH, FamRZ 1983, 157, 158; NJW 1985, 384, 385; NJW 1995, 1157, 1158; Staudinger/Thiele, BGB, § 1379 Rn. 10; OLG Düsseldorf, FamRZ 1998, 1191). 573

Teil 6 Abschnitt 1: G. Auskunftsanspruch gem. § 1580 BGB

Liegt folglich z. B. ein wirksamer Unterhaltsverzicht vor, besteht auch keine Auskunftspflicht (BGH, FamRZ 1994, 1169; OLG Saarbrücken, OLGReport Saarbrücken 2002, 172).

574 Gegenüber einem Auskunftsanspruch kann **kein Zurückbehaltungsrecht** geltend gemacht werden (Palandt/Diederichsen, BGB, § 1605 Rn. 2; OLG Stuttgart, FamRZ 1994, 273; OLG Brandenburg, FamRZ 2002, 1270).

575 Eine **wiederholte Auskunft** muss nach § 1605 Abs. 2 BGB vor Ablauf von zwei Jahren nur erteilt werden, wenn glaubhaft gemacht wird, dass der zur Auskunft verpflichtete später wesentlich höheres Einkommen oder weiteres Vermögen erworben hat. Die Frist beginnt mit der letzten mündlichen Verhandlung im Vorprozess oder einem abgeschlossenen Vergleich. Die Sperrwirkung des § 1605 Abs. 2 BGB greift allerdings nicht ein, wenn Auskunft zum Trennungsunterhalt verlangt worden ist und vor Ablauf der Zweijahresfrist erneut Auskunft zum Scheidungsunterhalt geltend gemacht wird (OLG Düsseldorf, FamRZ 2001, 1038; Eschenbruch, in: Eschenbruch, Der Unterhaltsprozess, Rn. 1052).

Der **Streitwert** des Auskunftsanspruches richtet sich nach dem Interesse des Klägers an der Vorbereitung des Hauptanspruchs; daher ist für die Streitwertfestsetzung entscheidend, dass hier **entsprechender Sachvortrag** gebracht wird.

Wegen der Einzelheiten des Auskunftsanspruchs und seiner prozessualen Durchsetzung vgl. Teil 7, Rn. 159 ff.

Abschnitt 2: Arbeits- und Beratungshilfen

1. Erläuterungen zur Benutzung der Quotentabellen für die Verteilung im Mangelfall

Die nachfolgend abgedruckten Tabellen sollen die Berechnungen im Mangelfall nach der neuen Rechtsprechung des Bundesgerichtshofes (s. oben Rn. 375 ff.). erleichtern. Die Zahlenwerte basieren auf den Kindesunterhaltsbeträgen der **Düsseldorfer Tabelle vom 1.7.2003.** Die Tabellen unterscheiden sich hinsichtlich des zugrundeliegenden Selbstbehalts für den Ehegatten und sind zusammengestellt für die folgenden Beträge des Ehegattenselbstbehalts:

650 €	675 €	**730 €**	750 €	775 €	780 €	810 €
Rn. 577	Rn. 578	**Rn. 579**	Rn. 580	Rn. 581	Rn. 582	Rn. 583

840 €	880 €	890 €	920 €	925 €	950 €	1000 €
Rn. 584	Rn. 585	Rn. 586	Rn. 587	Rn. 588	Rn. 589	Rn. 590

1. Schritt: Festlegung des anzuwendenden Selbstbehaltsatzes für den Ehegattenunterhalt

Die nachfolgenden Tabellen sind unterteilt nach dem maßgeblichen **Selbstbehaltsatz** für den Ehegatten. Es ist also der Tabellenbereich konkret anzuwenden, der dem vom zuständigen OLG zugrunde gelegten Selbstbehaltsatz entspricht. Für die praktische Arbeit ist zu empfehlen, sich die Tabelle mit dem vom zuständigen OLG angewandten **Selbstbehaltssatz** zu kopieren oder von der CD auszudrucken und griffbereit auf den Schreibtisch zu legen. Die **praktisch wichtigste Tabelle** dürfte die Tabelle **mit 730 € Selbstbehalt** sein, der von den meisten OLG zugrunde gelegt wird (Rn. 579).

2. Schritt: Tabelle zur vorhandenen Kinderzahl aufschlagen

Die Tabellen decken die Varianten des Mangelfalles mit eins, zwei oder drei Kindern und jeweils mit einem unterhaltsberechtigten Ehegatten ab.

Die Düsseldorfer Tabelle unterscheidet hinsichtlich der Sätze für den Kindesunterhalt die Altersbereiche 0 bis 5 Jahre, 6 bis 11 Jahre, 12 bis 17 Jahre und über 18 Jahre, wobei in der letzten Stufe nur die sog. privilegierten Volljährigen gleichrangig sind.

Aus der Tabelle sind die jeweils maßgeblichen Werte abzulesen.

Beispiel 1:

Unterhaltspflicht besteht gegenüber einem Kind im Alter von 16 Jahren und der Selbstbehalt beläuft sich auf 730 €.

- ein Kind, 16 Jahre alt
- Selbstbehaltsatz für den Ehegatten 730 €

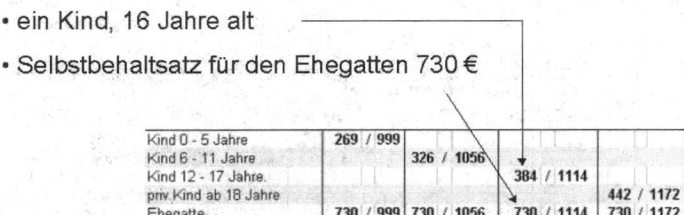

Teil 6 Abschnitt 2: Arbeits- und Beratungshilfen

Für das 16 Jahre alte Kind ergibt sich ein Wert von 384 €/1114 €, für den unterhaltsberechtigten Ehegatten von 730 €/1114 €. Diese aus der Tabelle abgelesenen Werte sind mit der Verteilungsmasse zu multiplizieren, um den im Mangelfall konkret zu zahlenden Unterhaltsbetrag zu ermitteln.

Verfügt also z. B. der Unterhaltspflichtige über eine Verteilungsmasse von 620 €, so ergeben sich daraus die folgenden Zahlbeträge:

Kindesunterhalt	(620 € * 384 € ./. 1114 €)	= 213,72 €
Ehegattenunterhalt	(620 € * 730 € ./. 1114 €)	= 406,28 €

Beispiel 2:
Unterhaltspflicht besteht gegenüber zwei Kindern im Alter von 9 und 15 Jahren und der Ehefrau. Zur Verteilung stehen 723 € an.

- ein Kind, 16 Jahre alt
- Selbstbehaltsatz für den Ehegatten 730 €

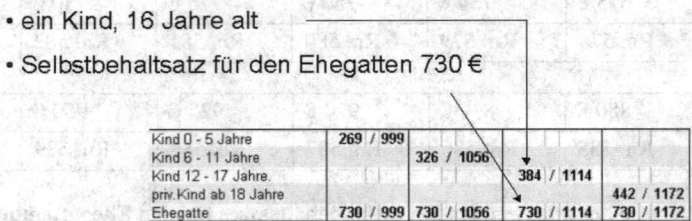

Die aus der Tabelle abgelesenen Werte sind mit der Verteilungsmasse zu multiplizieren, um den Zahlbetrag zu erhalten:

Kindesunterhalt (4 Jahre)	(723 € * 269 € ./. 1441 €)	134,97 €
Kindesunterhalt (19 Jahre)	(723 € * 442 € ./. 1441 €)	221,77 €
Ehegattenunterhalt	(723 € * 730 € ./. 1441 €)	366,27 €

Beispiel 3:
*Es sind **drei unterhaltsberechtigte Kinder** vorhanden im Alter von 4, 9 und 13 Jahren und die Ehefrau. Zur Verteilung stehen 677 € an.*
Bei der Arbeit mit dieser Tabelle ist vom jüngsten Kind auszugehen.

- jüngstes Kind 4 Jahre
- zweites Kind 8 Jahre
- drittes Kind 13 Jahre
- Ehefrau

Kind 0 - 5 Jahre	269 / 1594	269 / 1652	269 / 1710	269 / 1651	269 / 1767	269 / 1883	269 / 1709	269 / 1767
Kind 0 - 5 Jahre	269 / 1594	269 / 1652	269 / 1710					
Kind 0 - 5 Jahre								
Kind 6 - 11 Jahre	326 / 1594			326 / 1651			326 / 1709	326 / 1767
Kind 6 - 11 Jahre				326 / 1651				
Kind 6 - 11 Jahre								
Kind 12 - 17 Jahre		384 / 1652			384 / 1767		384 / 1709	
Kind 12 - 17 Jahre					384 / 1767			
Kind 12 - 17 Jahre								
priv.Kind ab 18 Jahre			442 / 1710			442 / 1883		442 / 1767
priv.Kind ab 18 Jahre						442 / 1883		
priv.Kind ab 18 Jahre								
Ehegatte	730 / 1594	730 / 1652	730 / 1710	730 / 1651	730 / 1767	730 / 1883	730 / 1709	730 / 1767

2. Tabellen mit Selbstbehaltsatz i.H.v. 650 €

Die aus der Tabelle abgelesenen Werte sind mit der Verteilungsmasse zu multiplizieren, um den Zahlbetrag zu erhalten:

Kindesunterhalt (4 Jahre)	(677 € * 269 € ./. 1709 €)	106,56 €
Kindesunterhalt (8 Jahre)	(677 € * 326 € ./. 1709 €)	129,14 €
Kindesunterhalt (13 Jahre)	(677 € * 384 € ./. 1709 €)	152,12 €
Ehegattenunterhalt	(677 € * 730 € ./. 1709 €)	289,18 €

2. Tabellen mit Selbstbehaltsatz für die Ehefrau i. H. v. 650 € (Düsseldorfer Tabelle Stand: 1.7.2003)

a) Übersichtstabelle für Mangelfälle mit einem Kind und einem Ehegatten

Kind 0 – 5 Jahre	269 / 919			
Kind 6 – 11 Jahre		326 / 976		
Kind 12 – 17 Jahre			384 / 1034	
priv. Kind ab 18 Jahre				442 / 1092
Ehegatte	650 / 919	650 / 976	650 / 1034	650 / 1092

b) Übersichtstabelle für Mangelfälle mit zwei Kindern und einem Ehegatten

	1	2	3	4	5	6	7	8	9
Kind 0 – 5 Jahre	269 / 1245	269 / 1303	269 / 1361			269 / 1188			
Kind 0 – 5 Jahre						269 / 1188			
Kind 6 – 11 Jahre	326 / 1245			326 / 1360	326 / 1418		326 / 1302		
Kind 6 – 11 Jahre							326 / 1302		
Kind 12 – 17 Jahre		384 / 1303		384 / 1360		384 / 1476		384 / 1418	
Kind 12 – 17 Jahre								384 / 1418	
priv. Kind ab 18 Jahre			442 / 1361		442 / 1418	442 / 1476			442 / 1534
priv. Kind ab 18 Jahre									442 / 1534
Ehegatte	650 / 1245	650 / 1303	650 / 1361	650 / 1360	650 / 1418	650 / 1476	650 / 1188	650 / 1302	650 / 1418	650 / 1534

c) **Übersichtstabelle für Mangelfälle mit drei Kindern und einem Ehegatten**

aa) **Jüngstes Kind unter 6 Jahren**

Kind 0 – 5 Jahre	269 / 1514	269 / 1572	269 / 1630	269 / 1571	269 / 1687	269 / 1803	269 / 1629	269 / 1687	269 / 1745	269 / 1457
Kind 0 – 5 Jahre	269 / 1514	269 / 1572	269 / 1630							269 / 1457
Kind 0 – 5 Jahre										269 / 1457
Kind 6 – 11 Jahre	326 / 1514			326 / 1571			326 / 1629	326 / 1687		
Kind 6 – 11 Jahre				326 / 1571						
Kind 6 – 11 Jahre										
Kind 12 – 17 Jahre		384 / 1572			384 / 1687		384 / 1629		384 / 1745	
Kind 12 – 17 Jahre					384 / 1687					
Kind 12 – 17 Jahre										
priv. Kind ab 18 Jahre			442 / 1630			442 / 1803		442 / 1687	442 / 1745	
priv. Kind ab 18 Jahre						442 / 1803				
priv. Kind ab 18 Jahre										
Ehegatte	650 / 1514	650 / 1572	650 / 1630	650 / 1571	650 / 1687	650 / 1803	650 / 1629	650 / 1687	650 / 1745	650 / 1457

bb) **Jüngstes Kind 6 bis 11 Jahre alt**

Kind 0 – 5 Jahre						
Kind 0 – 5 Jahre						
Kind 0 – 5 Jahre						
Kind 6 – 11 Jahre	326 / 1686	326 / 1744	326 / 1802	326 / 1628	326 / 1744	326 / 1860
Kind 6 – 11 Jahre	326 / 1686			326 / 1628	326 / 1744	
Kind 6 – 11 Jahre				326 / 1628		
Kind 12 – 17 Jahre	384 / 1686	384 / 1744	384 / 1802			
Kind 12 – 17 Jahre		384 / 1744				

Kind 12 – 17 Jahre							
priv. Kind ab 18 Jahre			442 / 1802		442 / 1744	442 / 1860
priv. Kind ab 18 Jahre						442 / 1860
priv. Kind ab 18 Jahre						
Ehegatte	650 / 1686	650 / 1744	650 / 1802	650 / 1628	650 / 1744	650 / 1860

cc) Jüngstes Kind 12 bis 17 Jahre alt

Kind 0 – 5 Jahre				
Kind 0 – 5 Jahre				
Kind 0 – 5 Jahre				
Kind 6 – 11 Jahre				
Kind 6 – 11 Jahre				
Kind 6 – 11 Jahre				
Kind 12 – 17 Jahre	384 / 1860	384 / 1802	384 / 1918
Kind 12 – 17 Jahre	384 / 1860	384 / 1802	
Kind 12 – 17 Jahre		384 / 1802	
priv. Kind ab 18 Jahre	442 / 1860		442 / 1918
priv. Kind ab 18 Jahre			442 / 1918
priv. Kind ab 18 Jahre			
Ehegatte	650 / 1860	650 / 1802	650 / 1918

3. Tabellen mit Selbstbehaltsatz für die Ehefrau i. H. v. 675 € (Düsseldorfer Tabelle Stand: 1.7.2003)

a) Übersichtstabelle für Mangelfälle mit einem Kind und einem Ehegatten

Kind 0 – 5 Jahre	269 / 944			
Kind 6 – 11 Jahre		326 / 1001		
Kind 12 – 17 Jahre			384 / 1059	
priv. Kind ab 18 Jahre				442 / 1117
Ehegatte	675 / 944	675 / 1001	675 / 1059	675 / 1117

Teil 6 Abschnitt 2: Arbeits- und Beratungshilfen

b) Übersichtstabelle für Mangelfälle mit zwei Kindern und einem Ehegatten

Kind 0 – 5 Jahre	269 / 1270	269 / 1328	269 / 1386				269 / 1213			
Kind 0 – 5 Jahre							269 / 1213			
Kind 6 – 11 Jahre	326 / 1270			326 / 1385	326 / 1443		326 / 1327			
Kind 6 – 11 Jahre							326 / 1327			
Kind 12 – 17 Jahre		384 / 1328		384 / 1385		384 / 1501		384 / 1443		
Kind 12 – 17 Jahre								384 / 1443		
priv. Kind ab 18 Jahre			442 / 1386		442 / 1443	442 / 1501				442 / 1559
priv. Kind ab 18 Jahre										442 / 1559
Ehegatte	675 / 1270	675 / 1328	675 / 1386	675 / 1385	675 / 1443	675 / 1501	675 / 1213	675 / 1327	675 / 1443	675 / 1559

c) Übersichtstabelle für Mangelfälle mit drei Kindern und einem Ehegatten

aa) Jüngstes Kind unter 6 Jahren

Kind 0 – 5 Jahre	269 / 1539	269 / 1597	269 / 1655	269 / 1596	269 / 1712	269 / 1828	269 / 1654	269 / 1712	269 / 1770	269 / 1482
Kind 0 – 5 Jahre	269 / 1539	269 / 1597	269 / 1655							269 / 1482
Kind 0 – 5 Jahre										269 / 1482
Kind 6 – 11 Jahre	326 / 1539			326 / 1596			326 / 1654	326 / 1712		
Kind 6 – 11 Jahre				326 / 1596						
Kind 6 – 11 Jahre										

Kind 12 – 17 Jahre		384 / 1597			384 / 1712		384 / 1654		384 / 1770	
Kind 12 – 17 Jahre					384 / 1712					
Kind 12 – 17 Jahre										
priv. Kind ab 18 Jahre			442 / 1655			442 / 1828		442 / 1712	442 / 1770	
priv. Kind ab 18 Jahre						442 / 1828				
priv. Kind ab 18 Jahre										
Ehegatte	675 / 1539	675 / 1597	675 / 1655	675 / 1596	675 / 1712	675 / 1828	675 / 1654	675 / 1712	675 / 1770	675 / 1827

bb) Jüngstes Kind 6 bis 11 Jahre alt

Kind 0 – 5 Jahre						
Kind 0 – 5 Jahre						
Kind 0 – 5 Jahre						
Kind 6 – 11 Jahre	326 / 1711	326 / 1769	326 / 1827	326 / 1653	326 / 1769	326 / 1885
Kind 6 – 11 Jahre	326 / 1711			326 / 1653	326 / 1769	
Kind 6 – 11 Jahre				326 / 1653		
Kind 12 – 17 Jahre	384 / 1711	384 / 1769	384 / 1827			
Kind 12 – 17 Jahre		384 / 1769				
Kind 12 – 17 Jahre						
priv. Kind ab 18 Jahre			442 / 1827		442 / 1769	442 / 1885
priv. Kind ab 18 Jahre						442 / 1885
priv. Kind ab 18 Jahre						
Ehegatte	675 / 1711	675 / 1769	675 / 1827	675 / 1653	675 / 1769	675 / 1885

cc) Jüngstes Kind 12 bis 17 Jahre alt

Kind 0 – 5 Jahre			
Kind 0 – 5 Jahre			
Kind 0 – 5 Jahre			
Kind 6 – 11 Jahre			
Kind 6 – 11 Jahre			
Kind 6 – 11 Jahre			
Kind 12 – 17 Jahre	384 / 1885	384 / 1827	384 / 1943
Kind 12 – 17 Jahre	384 / 1885	384 / 1827	
Kind 12 – 17 Jahre		384 / 1827	
priv. Kind ab 18 Jahre	442 / 1885		442 / 1943
priv. Kind ab 18 Jahre			442 / 1943
priv. Kind ab 18 Jahre			442 / 1943
Ehegatte	675 / 1885	675 / 1827	675 / 1943

579   **4. Tabellen mit Selbstbehaltsatz für die Ehefrau i. H. v. 730 €**
       (Düsseldorfer Tabelle Stand: 1.7.2003)

a) Übersichtstabelle für Mangelfälle mit einem Kind und einem Ehegatten

Kind 0 – 5 Jahre	269 / 999			
Kind 6 – 11 Jahre		326 / 1056		
Kind 12 – 17 Jahre			384 / 1114	
priv. Kind ab 18 Jahre				442 / 1172
Ehegatte	730 / 999	730 / 1056	730 / 1114	730 / 1172

b) Übersichtstabelle für Mangelfälle mit zwei Kindern und einem Ehegatten

Kind 0 – 5 Jahre	269 / 1325	269 / 1383	269 / 1441			269 / 1268		
Kind 0 – 5 Jahre						269 / 1268		
Kind 6 – 11 Jahre	326 / 1325			326 / 1440	326 / 1498		326 / 1382	
Kind 6 – 11 Jahre							326 / 1382	–

4. *Tabellen mit Selbstbehaltsatz i.H.v. 730 €*

Kind 12 – 17 Jahre		384 / 1383		384 / 1440		384 / 1556			334 / 1498	
Kind 12 – 17 Jahre									334 / 1498	
priv. Kind ab 18 Jahre			442 / 1441		442 / 1498	442 / 1556				442 / 1614
priv. Kind ab 18 Jahre										442 / 1614
Ehegatte	730 / 1325	730 / 1383	730 / 1441	730 / 1440	730 / 1498	730 / 1556	730 / 1268	730 / 1382	730 / 1498	730 / 1614

c) Übersichtstabelle für Mangelfälle mit drei Kindern und einem Ehegatten

aa) Jüngstes Kind unter 6 Jahren

Kind 0 – 5 Jahre	269 / 1594	269 / 1652	269 / 1710	269 / 1651	269 / 1767	269 / 1883	269 / 1709	269 / 1767	269 / 1825	269 / 1537
Kind 0 – 5 Jahre	269 / 1594	269 / 1652	269 / 1710							269 / 1537
Kind 0 – 5 Jahre										269 / 1537
Kind 6 – 11 Jahre	326 / 1594			326 / 1651			326 / 1709	326 / 1767		
Kind 6 – 11 Jahre				326 / 1651						
Kind 6 – 11 Jahre										
Kind 12 – 17 Jahre		384 / 1652			384 / 1767		384 / 1709		384 / 1825	
Kind 12 – 17 Jahre					384 / 1767					
Kind 12 – 17 Jahre										
priv. Kind ab 18 Jahre			442 / 1710			442 / 1883		442 / 1767	442 / 1825	
priv. Kind ab 18 Jahre						442 / 1883				
priv. Kind ab 18 Jahre										
Ehegatte	730 / 1594	730 / 1652	730 / 1710	730 / 1651	730 / 1767	730 / 1883	730 / 1709	730 / 1767	730 / 1825	730 / 1537

Teil 6 Abschnitt 2: Arbeits- und Beratungshilfen

bb) Jüngstes Kind 6 bis 11 Jahre alt

Kind 0 – 5 Jahre						
Kind 0 – 5 Jahre						
Kind 0 – 5 Jahre						
Kind 6 – 11 Jahre	326 / 1766	326 / 1824	326 / 1882	326 / 1708	326 / 1824	326 / 1940
Kind 6 – 11 Jahre	326 / 1766			326 / 1708	326 / 1824	
Kind 6 – 11 Jahre				326 / 1708		
Kind 12 – 17 Jahre	384 / 1766	384 / 1824	384 / 1882			
Kind 12 – 17 Jahre		384 / 1824				
Kind 12 – 17 Jahre						
priv. Kind ab 18 Jahre			442 / 1882		442 / 1824	442 / 1940
priv. Kind ab 18 Jahre						442 / 1940
priv. Kind ab 18 Jahre						
Ehegatte	730 / 1766	730 / 1824	730 / 1882	730 / 1708	730 / 1824	730 / 1940

cc) Jüngstes Kind 12 bis 17 Jahre alt

Kind 0 – 5 Jahre				
Kind 0 – 5 Jahre				
Kind 0 – 5 Jahre				
Kind 6 – 11 Jahre				
Kind 6 – 11 Jahre				
Kind 6 – 11 Jahre				
Kind 12 – 17 Jahre	384 / 1940		384 / 1882	384 / 1998
Kind 12 – 17 Jahre	384 / 1940		384 / 1882	
Kind 12 – 17 Jahre			384 / 1882	
priv. Kind ab 18 Jahre	442 / 1940			442 / 1998
priv. Kind ab 18 Jahre				442 / 1998
priv. Kind ab 18 Jahre				
Ehegatte	730 / 1940		730 / 1882	730 / 1998

5. Tabellen mit Selbstbehaltsatz für die Ehefrau i. H. v. 750 € (Düsseldorfer Tabelle Stand: 1.7.2003)

580

a) Übersichtstabelle für Mangelfälle mit einem Kind und einem Ehegatten

Kind 0 – 5 Jahre	269 / 1019			
Kind 6 – 11 Jahre		326 / 1076		
Kind 12 – 17 Jahre			384 / 1134	
priv. Kind ab 18 Jahre				442 / 1192
Ehegatte	750 / 1019	750 / 1076	750 / 1134	750 / 1192

b) Übersichtstabelle für Mangelfälle mit zwei Kindern und einem Ehegatten

Kind 0 – 5 Jahre	269 / 1345	269 / 1403	269 / 1461			269 / 1288			
Kind 0 – 5 Jahre						269 / 1288			
Kind 6 – 11 Jahre	326 / 1345		326 / 1460	326 / 1518		326 / 1402			
Kind 6 – 11 Jahre						326 / 1402			
Kind 12 – 17 Jahre		384 / 1403	384 / 1460		384 / 1576		384 / 1518		
Kind 12 – 17 Jahre							384 / 1518		
priv. Kind ab 18 Jahre		442 / 1461		442 / 1518	442 / 1576				442 / 1634
priv. Kind ab 18 Jahre									442 / 1634
Ehegatte	750 / 1345	750 / 1403	750 / 1461	750 / 1460	750 / 1518	750 / 1576	750 / 1288	750 / 1402	750 / 1518	750 / 1634

c) Übersichtstabelle für Mangelfälle mit drei Kindern und einem Ehegatten

aa) Jüngstes Kind unter 6 Jahren

Kind 0 – 5 Jahre	269 / 1614	269 / 1672	269 / 1730	269 / 1671	269 / 1787	269 / 1903	269 / 1729	269 / 1787	269 / 1845	269 / 1557
Kind 0 – 5 Jahre	269 / 1614	269 / 1672	269 / 1730							269 / 1557
Kind 0 – 5 Jahre										269 / 1557

Kind 6 – 11 Jahre	326 / 1614			326 / 1671			326 / 1729	326 / 1787		
Kind 6 – 11 Jahre				326 / 1671						
Kind 6 – 11 Jahre										
Kind 12 – 17 Jahre		384 / 1672			384 / 1787		384 / 1729		384 / 1845	
Kind 12 – 17 Jahre					384 / 1787					
Kind 12 – 17 Jahre										
priv. Kind ab 18 Jahre			442 / 1730			442 / 1903		442 / 1787	442 / 1845	
priv. Kind ab 18 Jahre						442 / 1903				
priv. Kind ab 18 Jahre										
Ehegatte	750 / 1614	750 / 1672	750 / 1730	750 / 1671	750 / 1787	750 / 1903	750 / 1729	750 / 1787	750 / 1845	750 / 1557

bb) Jüngstes Kind 6 bis 11 Jahre alt

Kind 0 – 5 Jahre						
Kind 0 – 5 Jahre						
Kind 0 – 5 Jahre						
Kind 6 – 11 Jahre	326 / 1786	326 / 1844	326 / 1902	326 / 1728	326 / 1844	326 / 1960
Kind 6 – 11 Jahre	326 / 1786			326 / 1728	326 / 1844	
Kind 6 – 11 Jahre				326 / 1728		
Kind 12 – 17 Jahre	384 / 1786	384 / 1844	384 / 1902			
Kind 12 – 17 Jahre		384 / 1844				
Kind 12 – 17 Jahre						
priv. Kind ab 18 Jahre			442 / 1902		442 / 1844	442 / 1960
priv. Kind ab 18 Jahre						442 / 1960
priv. Kind ab 18 Jahre						
Ehegatte	750 / 1786	750 / 1844	750 / 1902	750 / 1728	750 / 1844	750 / 1960

cc) Jüngstes Kind 12 bis 17 Jahre alt

Kind 0 – 5 Jahre			
Kind 0 – 5 Jahre			
Kind 0 – 5 Jahre			
Kind 6 – 11 Jahre			
Kind 6 – 11 Jahre			
Kind 6 – 11 Jahre			
Kind 12 – 17 Jahre	384 / 1960	384 / 1902	384 / 2018
Kind 12 – 17 Jahre	384 / 1960	384 / 1902	
Kind 12 – 17 Jahre		384 / 1902	
priv. Kind ab 18 Jahre	442 / 1960		442 / 2018
priv. Kind ab 18 Jahre			442 / 2018
priv. Kind ab 18 Jahre			
Ehegatte	750 / 1960	750 / 1902	750 / 2018

6. Tabellen mit Selbstbehaltsatz für die Ehefrau i. H. v. 775 € (Düsseldorfer Tabelle Stand: 1.7.2003)

a) Übersichtstabelle für Mangelfälle mit einem Kind und einem Ehegatten

Kind 0 – 5 Jahre	269 / 1044			
Kind 6 – 11 Jahre		326 / 1101		
Kind 12 – 17 Jahre			384 / 1159	
priv. Kind ab 18 Jahre				442 / 1217
Ehegatte	775 / 1044	775 / 1101	775 / 1159	775 / 1217

b) Übersichtstabelle für Mangelfälle mit zwei Kindern und einem Ehegatten

Kind 0 – 5 Jahre	269 / 1370	269 / 1428	269 / 1486			269 / 1313		
Kind 0 – 5 Jahre						269 / 1313		
Kind 6 – 11 Jahre	326 / 1370			326 / 1485	326 / 1543	326 / 1427		
Kind 6 – 11 Jahre						326 / 1427		

Teil 6 Abschnitt 2: Arbeits- und Beratungshilfen

Kind 12 – 17 Jahre		384 / 1428		384 / 1485		384 / 1601			384 / 1543	
Kind 12 – 17 Jahre									384 / 1543	
priv. Kind ab 18 Jahre			442 / 1486		442 / 1543	442 / 1601				442 / 1659
priv. Kind ab 18 Jahre										442 / 1659
Ehegatte	775 / 1370	775 / 1428	775 / 1486	775 / 1485	775 / 1543	775 / 1601	775 / 1313	775 / 1427	775 / 1543	775 / 1659

c) Übersichtstabelle für Mangelfälle mit drei Kindern und einem Ehegatten

aa) Jüngstes Kind unter 6 Jahren

Kind 0 – 5 Jahre	269 / 1639	269 / 1697	269 / 1755	269 / 1696	269 / 1812	269 / 1928	269 / 1754	269 / 1812	269 / 1870	269 / 1582
Kind 0 – 5 Jahre	269 / 1639	269 / 1697	269 / 1755							269 / 1582
Kind 0 – 5 Jahre										269 / 1582
Kind 6 – 11 Jahre	326 / 1639			326 / 1696			326 / 1754	326 / 1812		
Kind 6 – 11 Jahre				326 / 1696			326 / 1754	326 / 1812		
Kind 6 – 11 Jahre										
Kind 12 – 17 Jahre		384 / 1697			384 / 1812		384 / 1754		384 / 1870	
Kind 12 – 17 Jahre					384 / 1812					
Kind 12 – 17 Jahre										
priv. Kind ab 18 Jahre			442 / 1755			442 / 1928		442 / 1812	442 / 1870	
priv. Kind ab 18 Jahre						442 / 1928				
priv. Kind ab 18 Jahre										
Ehegatte	775 / 1639	775 / 1697	775 / 1755	775 / 1696	775 / 1812	775 / 1928	775 / 1754	775 / 1812	775 / 1870	775 / 1582

bb) Jüngstes Kind 6 bis 11 Jahre alt

Kind 0 – 5 Jahre										
Kind 0 – 5 Jahre										
Kind 0 – 5 Jahre										

6. *Tabellen mit Selbstbehaltsatz i.H.v. 775 €*

Kind 6 – 11 Jahre	326 / 1811	326 / 1869	326 / 1927	326 / 1753	326 / 1869	326 / 1985
Kind 6 – 11 Jahre	326 / 1811			326 / 1753	326 / 1869	
Kind 6 – 11 Jahre				326 / 1753		
Kind 12 – 17 Jahre	384 / 1811	384 / 1869	384 / 1927			
Kind 12 – 17 Jahre		384 / 1869				
Kind 12 – 17 Jahre						
priv. Kind ab 18 Jahre			442 / 1927		442 / 1869	442 / 1985
priv. Kind ab 18 Jahre						442 / 1985
priv. Kind ab 18 Jahre						
Ehegatte	775 / 1811	775 / 1869	775 / 1927	775 / 1753	775 / 1869	775 / 1985

cc) **Jüngstes Kind 12 bis 17 Jahre alt**

Kind 0 – 5 Jahre				
Kind 0 – 5 Jahre				
Kind 0 – 5 Jahre				
Kind 6 – 11 Jahre				
Kind 6 – 11 Jahre				
Kind 6 – 11 Jahre				
Kind 12 – 17 Jahre	384 / 1985		384 / 1927	384 / 2043
Kind 12 – 17 Jahre	384 / 1985		384 / 1927	
Kind 12 – 17 Jahre			384 / 1927	
priv. Kind ab 18 Jahre	442 / 1985			442 / 2043
priv. Kind ab 18 Jahre				442 / 2043
priv. Kind ab 18 Jahre				
Ehegatte	775 / 1985		775 / 1927	775 / 2043

7. Tabellen mit Selbstbehaltsatz für die Ehefrau i. H. v. 780 €
(Düsseldorfer Tabelle Stand: 1.7.2003)

a) Übersichtstabelle für Mangelfälle mit einem Kind und einem Ehegatten

Kind 0 – 5 Jahre	269 / 1049			
Kind 6 – 11 Jahre		326 / 1106		
Kind 12 – 17 Jahre			384 / 1164	
priv. Kind ab 18 Jahre				442 / 1222
Ehegatte	780 / 1049	780 / 1106	780 / 1164	780 / 1222

b) Übersichtstabelle für Mangelfälle mit zwei Kindern und einem Ehegatten

Kind 0 – 5 Jahre	269 / 1375	269 / 1433	269 / 1491				269 / 1318			
Kind 0 – 5 Jahre							269 / 1318			
Kind 6 – 11 Jahre	326 / 1375			326 / 1490	326 / 1548			326 / 1432		
Kind 6 – 11 Jahre								326 / 1432		
Kind 12 – 17 Jahre		384 / 1433		384 / 1490		384 / 1606			384 / 1548	
Kind 12 – 17 Jahre									384 / 1548	
priv. Kind ab 18 Jahre			442 / 1491		442 / 1548	442 / 1606				442 / 1664
priv. Kind ab 18 Jahre										442 / 1664
Ehegatte	780 / 1375	780 / 1433	780 / 1491	780 / 1490	780 / 1548	780 / 1606	780 / 1318	780 / 1432	780 / 1548	780 / 1664

c) Übersichtstabelle für Mangelfälle mit drei Kindern und einem Ehegatten

aa) Jüngstes Kind unter 6 Jahren

Kind 0 – 5 Jahre	269 / 1644	269 / 1702	269 / 1760	269 / 1701	269 / 1817	269 / 1933	269 / 1759	269 / 1817	269 / 1875	269 / 1587
Kind 0 – 5 Jahre	269 / 1644	269 / 1702	269 / 1760							269 / 1587
Kind 0 – 5 Jahre										269 / 1587

7. Tabellen mit Selbstbehaltsatz i.H.v. 780 €

Kind 6 – 11 Jahre	326 / 1644			326 / 1701			326 / 1759	326 / 1817		
Kind 6 – 11 Jahre				326 / 1701						
Kind 6 – 11 Jahre										
Kind 12 – 17 Jahre		384 / 1702			384 / 1817		384 / 1759		384 / 1875	
Kind 12 – 17 Jahre					384 / 1817					
Kind 12 – 17 Jahre										
priv. Kind ab 18 Jahre			442 / 1760			442 / 1933		442 / 1817	442 / 1875	
priv. Kind ab 18 Jahre						442 / 1933				
priv. Kind ab 18 Jahre										
Ehegatte	780 / 1644	780 / 1702	780 / 1760	780 / 1701	780 / 1817	780 / 1933	780 / 1759	780 / 1817	780 / 1875	780 / 1587

bb) **Jüngstes Kind 6 bis 11 Jahre alt**

Kind 0 – 5 Jahre						
Kind 0 – 5 Jahre						
Kind 0 – 5 Jahre						
Kind 6 – 11 Jahre	326 / 1816	326 / 1874	326 / 1932	326 / 1758	326 / 1874	326 / 1990
Kind 6 – 11 Jahre	326 / 1816			326 / 1758	326 / 1874	
Kind 6 – 11 Jahre				326 / 1758		
Kind 12 – 17 Jahre	384 / 1816	384 / 1874	384 / 1932			
Kind 12 – 17 Jahre		384 / 1874				
Kind 12 – 17 Jahre						
priv. Kind ab 18 Jahre			442 / 1932		442 / 1874	442 / 1990
priv. Kind ab 18 Jahre						442 / 1990
priv. Kind ab 18 Jahre						
Ehegatte	780 / 1816	780 / 1874	780 / 1932	780 / 1758	780 / 1874	780 / 1990

cc) Jüngstes Kind 12 bis 17 Jahre alt

Kind 0 – 5 Jahre			
Kind 0 – 5 Jahre			
Kind 0 – 5 Jahre			
Kind 6 – 11 Jahre			
Kind 6 – 11 Jahre			
Kind 6 – 11 Jahre			
Kind 12 – 17 Jahre	**384 / 1990**	**384 / 1932**	**384 / 2048**
Kind 12 – 17 Jahre	**384 / 1990**	**384 / 1932**	
Kind 12 – 17 Jahre		**384 / 1932**	
priv. Kind ab 18 Jahre	**442 / 1990**		**442 / 2048**
priv. Kind ab 18 Jahre			**442 / 2048**
priv. Kind ab 18 Jahre			
Ehegatte	**780 / 1990**	**780 / 1932**	**780 / 2048**

8. Tabellen mit Selbstbehaltsatz für die Ehefrau i. H. v. 810 € (Düsseldorfer Tabelle Stand: 1.7.2003)

a) Übersichtstabelle für Mangelfälle mit einem Kind und einem Ehegatten

Kind 0 – 5 Jahre	269 / 1079			
Kind 6 – 11 Jahre		326 / 1136		
Kind 12 – 17 Jahre			384 / 1194	
priv. Kind ab 18 Jahre				442 / 1252
Ehegatte	810 / 1079	810 / 1136	810 / 1194	810 / 1252

b) Übersichtstabelle für Mangelfälle mit zwei Kindern und einem Ehegatten

Kind 0 – 5 Jahre	269 / 1405	269 / 1463	269 / 1521				269 / 1348		
Kind 0 – 5 Jahre							269 / 1348		
Kind 6 – 11 Jahre	326 / 1405		326 / 1520	326 / 1578			326 / 1462		
Kind 6 – 11 Jahre							326 / 1462		
Kind 12 – 17 Jahre		384 / 1463	384 / 1520		384 / 1636			384 / 1578	
Kind 12 – 17 Jahre								384 / 1578	
priv. Kind ab 18 Jahre		442 / 1521		442 / 1578	442 / 1636				442 / 1694
priv. Kind ab 18 Jahre									442 / 1694
Ehegatte	810 / 1405	810 / 1463	810 / 1521	810 / 1520	810 / 1578	810 / 1636	810 / 1348	810 / 1462	810 / 1578	810 / 1694

c) Übersichtstabelle für Mangelfälle mit drei Kindern und einem Ehegatten

aa) Jüngstes Kind unter 6 Jahren

Kind 0 – 5 Jahre	269 / 1674	269 / 1732	269 / 1790	269 / 1731	269 / 1847	269 / 1963	269 / 1789	269 / 1847	269 / 1905	269 / 1617
Kind 0 – 5 Jahre	269 / 1674	269 / 1732	269 / 1790							269 / 1617
Kind 0 – 5 Jahre										269 / 1617

Kind 6 – 11 Jahre	326 / 1674			326 / 1731			326 / 1789	326 / 1847		
Kind 6 – 11 Jahre				326 / 1731						
Kind 6 – 11 Jahre										
Kind 12 – 17 Jahre		384 / 1732			384 / 1847		384 / 1789		384 / 1905	
Kind 12 – 17 Jahre					384 / 1847					
Kind 12 – 17 Jahre										
priv. Kind ab 18 Jahre			442 / 1790			442 / 1963		442 / 1847	442 / 1905	
priv. Kind ab 18 Jahre						442 / 1963				
priv. Kind ab 18 Jahre										
Ehegatte	810 / 1674	810 / 1732	810 / 1790	810 / 1731	810 / 1847	810 / 1963	810 / 1789	810 / 1847	810 / 1905	810 / 1617

bb) Jüngstes Kind 6 bis 11 Jahre alt

Kind 0 – 5 Jahre						
Kind 0 – 5 Jahre						
Kind 0 – 5 Jahre						
Kind 6 – 11 Jahre	326 / 1846	326 / 1904	326 / 1962	326 / 1788	326 / 1904	326 / 2020
Kind 6 – 11 Jahre	326 / 1846			326 / 1788	326 / 1904	
Kind 6 – 11 Jahre				326 / 1788		
Kind 12 – 17 Jahre	384 / 1846	384 / 1904	384 / 1962			
Kind 12 – 17 Jahre		384 / 1904				
Kind 12 – 17 Jahre						
priv. Kind ab 18 Jahre			442 / 1962		442 / 1904	442 / 2020
priv. Kind ab 18 Jahre						442 / 2020
priv. Kind ab 18 Jahre						
Ehegatte	810 / 1846	810 / 1904	810 / 1962	810 / 1788	810 / 1904	810 / 2020

cc) Jüngstes Kind 12 bis 17 Jahre alt

Kind 0 – 5 Jahre			
Kind 0 – 5 Jahre			
Kind 0 – 5 Jahre			
Kind 6 – 11 Jahre			
Kind 6 – 11 Jahre			
Kind 6 – 11 Jahre			
Kind 12 – 17 Jahre	**384 / 2020**	**384 / 1962**	**384 / 2078**
Kind 12 – 17 Jahre	**384 / 2020**	**384 / 1962**	
Kind 12 – 17 Jahre		**384 / 1962**	
priv. Kind ab 18 Jahre	**442 / 2020**		**442 / 2078**
priv. Kind ab 18 Jahre			**442 / 2078**
priv. Kind ab 18 Jahre			
Ehegatte	**810 / 2020**	**810 / 1962**	**810 / 2078**

Teil 6 Abschnitt 2: Arbeits- und Beratungshilfen

584   **9. Tabellen mit Selbstbehaltsatz für die Ehefrau i. H. v. 825 €**
       (Düsseldorfer Tabelle Stand: 1.7.2003)

a) **Übersichtstabelle für Mangelfälle mit einem Kind und einem Ehegatten**

Kind 0 – 5 Jahre	269 / 1094			
Kind 6 – 11 Jahre		326 / 1151		
Kind 12 – 17 Jahre			384 / 1209	
priv. Kind ab 18 Jahre				442 / 1267
Ehegatte	825 / 1094	825 / 1151	825 / 1209	825 / 1267

b) **Übersichtstabelle für Mangelfälle mit zwei Kindern und einem Ehegatten**

Kind 0 – 5 Jahre	269 / 1420	269 / 1478	269 / 1536			269 / 1363			
Kind 0 – 5 Jahre						269 / 1363			
Kind 6 – 11 Jahre	326 / 1420			326 / 1535	326 / 1593		326 / 1477		
Kind 6 – 11 Jahre							326 / 1477		
Kind 12 – 17 Jahre		384 / 1478		384 / 1535		384 / 1651		384 / 1593	
Kind 12 – 17 Jahre								384 / 1593	
priv. Kind ab 18 Jahre			442 / 1536		442 / 1593	442 / 1651			442 / 1709
priv. Kind ab 18 Jahre									442 / 1709
Ehegatte	825 / 1420	825 / 1478	825 / 1536	825 / 1535	825 / 1593	825 / 1651	825 / 1363	825 / 1477	825 / 1593	825 / 1709

c) **Übersichtstabelle für Mangelfälle mit drei Kindern und einem Ehegatten**

aa) **Jüngstes Kind unter 6 Jahren**

Kind 0 – 5 Jahre	269 / 1689	269 / 1747	269 / 1805	269 / 1746	269 / 1862	269 / 1978	269 / 1804	269 / 1862	269 / 1920	269 / 1632
Kind 0 – 5 Jahre	269 / 1689	269 / 1747	269 / 1805							269 / 1632
Kind 0 – 5 Jahre										269 / 1632

9. Tabellen mit Selbstbehaltsatz i.H.v. 825 €

Kind 6 – 11 Jahre	326 / 1689			326 / 1746			326 / 1804	326 / 1862		
Kind 6 – 11 Jahre				326 / 1746						
Kind 6 – 11 Jahre										
Kind 12 – 17 Jahre		384 / 1747			384 / 1862		384 / 1804		384 / 1920	
Kind 12 – 17 Jahre					384 / 1862					
Kind 12 – 17 Jahre										
priv. Kind ab 18 Jahre			442 / 1805			442 / 1978		442 / 1862	442 / 1920	
priv. Kind ab 18 Jahre						442 / 1978				
priv. Kind ab 18 Jahre										
Ehegatte	825 / 1689	825 / 1747	825 / 1805	825 / 1746	825 / 1862	825 / 1978	825 / 1804	825 / 1862	825 / 1920	825 / 1632

bb) Jüngstes Kind 6 bis 11 Jahre alt

Kind 0 – 5 Jahre						
Kind 0 – 5 Jahre						
Kind 0 – 5 Jahre						
Kind 6 – 11 Jahre	326 / 1861	326 / 1919	326 / 1977	326 / 1803	326 / 1919	326 / 2035
Kind 6 – 11 Jahre	326 / 1861			326 / 1803	326 / 1919	
Kind 6 – 11 Jahre				326 / 1803		
Kind 12 – 17 Jahre	384 / 1861	384 / 1919	384 / 1977			
Kind 12 – 17 Jahre		384 / 1919				
Kind 12 – 17 Jahre						
priv. Kind ab 18 Jahre			442 / 1977		442 / 1919	442 / 2035
priv. Kind ab 18 Jahre						442 / 2035
priv. Kind ab 18 Jahre						
Ehegatte	825 / 1861	825 / 1919	825 / 1977	825 / 1803	825 / 1919	825 / 2035

cc) Jüngstes Kind 12 bis 17 Jahre alt

Kind 0 – 5 Jahre			
Kind 0 – 5 Jahre			
Kind 0 – 5 Jahre			
Kind 6 – 11 Jahre			
Kind 6 – 11 Jahre			
Kind 6 – 11 Jahre			
Kind 12 – 17 Jahre	384 / 2035	384 / 1977	384 / 2093
Kind 12 – 17 Jahre	384 / 2035	384 / 1977	
Kind 12 – 17 Jahre		384 / 1977	
priv. Kind ab 18 Jahre	442 / 2035		442 / 2093
priv. Kind ab 18 Jahre			442 / 2093
priv. Kind ab 18 Jahre			
Ehegatte	825 / 2035	825 / 1977	825 / 2093

585

10. Tabellen mit Selbstbehaltsatz für die Ehefrau i. H. v. 840 € (Düsseldorfer Tabelle Stand: 1.7.2003)

a) Übersichtstabelle für Mangelfälle mit einem Kind und einem Ehegatten

Kind 0 – 5 Jahre	269 / 1109			
Kind 6 – 11 Jahre		326 / 1166		
Kind 12 – 17 Jahre			384 / 1224	
priv. Kind ab 18 Jahre				442 / 1282
Ehegatte	840 / 1109	840 / 1166	840 / 1224	840 / 1282

b) Übersichtstabelle für Mangelfälle mit zwei Kindern und einem Ehegatten

Kind 0 – 5 Jahre	269 / 1435	269 / 1493	269 / 1551			269 / 1378		
Kind 0 – 5 Jahre						269 / 1378		
Kind 6 – 11 Jahre	326 / 1435			326 / 1550	326 / 1608		326 / 1492	
Kind 6 – 11 Jahre							326 / 1492	

Kind 12 – 17 Jahre		384 / 1493		384 / 1550		384 / 1666			384 / 1608	
Kind 12 – 17 Jahre									384 / 1608	
priv. Kind ab 18 Jahre			442 / 1551		442 / 1608	442 / 1666				442 / 1724
priv. Kind ab 18 Jahre										442 / 1724
Ehegatte	840 / 1435	840 / 1493	840 / 1551	840 / 1550	840 / 1608	840 / 1666	840 / 1378	840 / 1492	840 / 1608	840 / 1724

c) Übersichtstabelle für Mangelfälle mit drei Kindern und einem Ehegatten

aa) Jüngstes Kind unter 6 Jahren

Kind 0 – 5 Jahre	269 / 1704	269 / 1762	269 / 1820	269 / 1761	269 / 1877	269 / 1993	269 / 1819	269 / 1877	269 / 1935	269 / 1647
Kind 0 – 5 Jahre	269 / 1704	269 / 1762	269 / 1820							269 / 1647
Kind 0 – 5 Jahre										269 / 1647
Kind 6 – 11 Jahre	326 / 1704			326 / 1761			326 / 1819	326 / 1877		
Kind 6 – 11 Jahre				326 / 1761						
Kind 6 – 11 Jahre										
Kind 12 – 17 Jahre		384 / 1762			384 / 1877		384 / 1819		384 / 1935	
Kind 12 – 17 Jahre					384 / 1877					
Kind 12 – 17 Jahre										
priv. Kind ab 18 Jahre			442 / 1820			442 / 1993		442 / 1877	442 / 1935	
priv. Kind ab 18 Jahre						442 / 1993				
priv. Kind ab 18 Jahre										
Ehegatte	840 / 1704	840 / 1762	840 / 1820	840 / 1761	840 / 1877	840 / 1993	840 / 1819	840 / 1877	840 / 1935	840 / 1647

bb) Jüngstes Kind 6 bis 11 Jahre alt

Kind 0 – 5 Jahre Kind 0 – 5 Jahre Kind 0 – 5 Jahre						
Kind 6 – 11 Jahre	326 / 1876	326 / 1934	326 / 1992	326 / 1818	326 / 1934	326 / 2050
Kind 6 – 11 Jahre	326 / 1876			326 / 1818	326 / 1934	
Kind 6 – 11 Jahre				326 / 1818		
Kind 12 – 17 Jahre	384 / 1876	384 / 1934	384 / 1992			
Kind 12 – 17 Jahre		384 / 1934				
Kind 12 – 17 Jahre						
priv. Kind ab 18 Jahre			442 / 1992		442 / 1934	442 / 2050
priv. Kind ab 18 Jahre						442 / 2050
priv. Kind ab 18 Jahre						
Ehegatte	840 / 1876	840 / 1934	840 / 1992	840 / 1818	840 / 1934	840 / 2050

cc) Jüngstes Kind 12 bis 17 Jahre alt

Kind 0 – 5 Jahre Kind 0 – 5 Jahre Kind 0 – 5 Jahre				
Kind 6 – 11 Jahre Kind 6 – 11 Jahre Kind 6 – 11 Jahre				
Kind 12 – 17 Jahre		384 / 2050	384 / 1992	384 / 2108
Kind 12 – 17 Jahre		384 / 2050	384 / 1992	
Kind 12 – 17 Jahre			384 / 1992	
priv. Kind ab 18 Jahre		442 / 2050		442 / 2108
priv. Kind ab 18 Jahre				442 / 2108
priv. Kind ab 18 Jahre				
Ehegatte		840 / 2050	840 / 1992	840 / 2108

11. Tabellen mit Selbstbehaltsatz für die Ehefrau i. H. v. 880 € (Düsseldorfer Tabelle Stand: 1.7.2003)

a) Übersichtstabelle für Mangelfälle mit einem Kind und einem Ehegatten

Kind 0 – 5 Jahre	269 / 1149			
Kind 6 – 11 Jahre		326 / 1206		
Kind 12 – 17 Jahre			384 / 1264	
priv. Kind ab 18 Jahre				442 / 1322
Ehegatte	880 / 1149	880 / 1206	880 / 1264	880 / 1322

b) Übersichtstabelle für Mangelfälle mit zwei Kindern und einem Ehegatten

Kind 0 – 5 Jahre	269 / 1475	269 / 1533	269 / 1591			269 / 1418			
Kind 0 – 5 Jahre						269 / 1418			
Kind 6 – 11 Jahre	326 / 1475		326 / 1590	326 / 1648		326 / 1532			
Kind 6 – 11 Jahre						326 / 1532			
Kind 12 – 17 Jahre		384 / 1533		384 / 1590	384 / 1706		384 / 1648		
Kind 12 – 17 Jahre	384 / 1648								
priv. Kind ab 18 Jahre			442 / 1591		442 / 1648	442 / 1706			442 / 1764
priv. Kind ab 18 Jahre									442 / 1764
Ehegatte	880 / 1475	880 / 1533	880 / 1591	880 / 1590	880 / 1648	880 / 1706	880 / 1418	880 / 1532	880 / 1648	880 / 1764

c) Übersichtstabelle für Mangelfälle mit drei Kindern und einem Ehegatten
aa) Jüngstes Kind unter 6 Jahren

Kind 0 – 5 Jahre	269 / 1744	269 / 1802	269 / 1860	269 / 1801	269 / 1917	269 / 2033	269 / 1859	269 / 1917	269 / 1975	269 / 1687
Kind 0 – 5 Jahre	269 / 1744	269 / 1802	269 / 1860							269 / 1687
Kind 0 – 5 Jahre										269 / 1687

Kind 6 – 11 Jahre	326 / 1744			326 / 1801			326 / 1859	326 / 1917		
Kind 6 – 11 Jahre				326 / 1801						
Kind 6 – 11 Jahre										
Kind 12 – 17 Jahre		384 / 1802			384 / 1917		384 / 1859		384 / 1975	
Kind 12 – 17 Jahre					384 / 1917					
Kind 12 – 17 Jahre										
priv. Kind ab 18 Jahre			442 / 1860			442 / 2033		442 / 1917	442 / 1975	
priv. Kind ab 18 Jahre						442 / 2033				
priv. Kind ab 18 Jahre										
Ehegatte	880 / 1744	880 / 1802	880 / 1860	880 / 1801	880 / 1917	880 / 2033	880 / 1859	880 / 1917	880 / 1975	880 / 1687

bb) Jüngstes Kind 6 bis 11 Jahre alt

Kind 0 – 5 Jahre						
Kind 0 – 5 Jahre						
Kind 0 – 5 Jahre						
Kind 6 – 11 Jahre	326 / 1916	326 / 1974	326 / 2032	326 / 1858	326 / 1974	326 / 2090
Kind 6 – 11 Jahre	326 / 1916			326 / 1858	326 / 1974	
Kind 6 – 11 Jahre				326 / 1858		
Kind 12 – 17 Jahre	384 / 1916	384 / 1974	384 / 2032			
Kind 12 – 17 Jahre		384 / 1974				
Kind 12 – 17 Jahre						
priv. Kind ab 18 Jahre			442 / 2032		442 / 1974	442 / 2090
priv. Kind ab 18 Jahre						442 / 2090
priv. Kind ab 18 Jahre						
Ehegatte	880 / 1916	880 / 1974	880 / 2032	880 / 1858	880 / 1974	880 / 2090

cc) **Jüngstes Kind 12 bis 17 Jahre alt**

Kind 0 – 5 Jahre			
Kind 0 – 5 Jahre			
Kind 0 – 5 Jahre			
Kind 6 – 11 Jahre			
Kind 6 – 11 Jahre			
Kind 6 – 11 Jahre			
Kind 12 – 17 Jahre	384 / 2090	384 / 2032	384 / 2148
Kind 12 – 17 Jahre	384 / 2090	384 / 2032	
Kind 12 – 17 Jahre		384 / 2032	
priv. Kind ab 18 Jahre	442 / 2090		442 / 2148
priv. Kind ab 18 Jahre			442 / 2148
priv. Kind ab 18 Jahre			
Ehegatte	880 / 2090	880 / 2032	880 / 2148

12. Tabellen mit Selbstbehaltsatz für die Ehefrau i.H. v. 890 € (Düsseldorfer Tabelle Stand: 1.7.2003)

a) **Übersichtstabelle für Mangelfälle mit einem Kind und einem Ehegatten**

Kind 0 – 5 Jahre	269 / 1159			
Kind 6 – 11 Jahre		326 / 1216		
Kind 12 – 17 Jahre			384 / 1274	
priv. Kind ab 18 Jahre				442 / 1332
Ehegatte	890 / 1159	890 / 1216	890 / 1274	890 / 1332

b) **Übersichtstabelle für Mangelfälle mit zwei Kindern und einem Ehegatten**

Kind 0 – 5 Jahre	269 / 1485	269 / 1543	269 / 1601			269 / 1428		
Kind 0 – 5 Jahre						269 / 1428		
Kind 6 – 11 Jahre	326 / 1485			326 / 1600	326 / 1658		326 / 1542	
Kind 6 – 11 Jahre							326 / 1542	

Kind 12 – 17 Jahre		384 / 1543		384 / 1600		384 / 1716			384 / 1658	
Kind 12 – 17 Jahre									384 / 1658	
priv. Kind ab 18 Jahre			442 / 1601		442 / 1658	442 / 1716				442 / 1774
priv. Kind ab 18 Jahre										442 / 1774
Ehegatte	890 / 1485	890 / 1543	890 / 1601	890 / 1600	890 / 1658	890 / 1716	890 / 1428	890 / 1542	890 / 1658	890 / 1774

c) Übersichtstabelle für Mangelfälle mit drei Kindern und einem Ehegatten

aa) Jüngstes Kind unter 6 Jahren

Kind 0 – 5 Jahre	269 / 1754	269 / 1812	269 / 1870	269 / 1811	269 / 1927	269 / 2043	269 / 1869	269 / 1927	269 / 1985	269 / 1697
Kind 0 – 5 Jahre	269 / 1754	269 / 1812	269 / 1870							269 / 1697
Kind 0 – 5 Jahre										269 / 1697
Kind 6 – 11 Jahre	326 / 1754			326 / 1811			326 / 1869	326 / 1927		
Kind 6 – 11 Jahre				326 / 1811						
Kind 6 – 11 Jahre										
Kind 12 – 17 Jahre		384 / 1812			384 / 1927		384 / 1869		384 / 1985	
Kind 12 – 17 Jahre					384 / 1927					
Kind 12 – 17 Jahre										
priv. Kind ab 18 Jahre			442 / 1870		442 / 2043			442 / 1927	442 / 1985	
priv. Kind ab 18 Jahre						442 / 2043				
priv. Kind ab 18 Jahre										
Ehegatte	890 / 1754	890 / 1812	890 / 1870	890 / 1811	890 / 1927	890 / 2043	890 / 1869	890 / 1927	890 / 1985	890 / 1697

bb) Jüngstes Kind 6 bis 11 Jahre alt

Kind 0 – 5 Jahre						
Kind 0 – 5 Jahre						
Kind 0 – 5 Jahre						
Kind 6 – 11 Jahre	326 / 1926	326 / 1984	326 / 2042	326 / 1868	326 / 1984	326 / 2100
Kind 6 – 11 Jahre	326 / 1926			326 / 1868	326 / 1984	
Kind 6 – 11 Jahre				326 / 1868		
Kind 12 – 17 Jahre	384 / 1926	384 / 1984	384 / 2042			
Kind 12 – 17 Jahre		384 / 1984				
Kind 12 – 17 Jahre						
priv. Kind ab 18 Jahre			442 / 2042		442 / 1984	442 / 2100
priv. Kind ab 18 Jahre						442 / 2100
priv. Kind ab 18 Jahre						
Ehegatte	890 / 1926	890 / 1984	890 / 2042	890 / 1868	890 / 1984	890 / 2100

cc) Jüngstes Kind 12 bis 17 Jahre alt

Kind 0 – 5 Jahre				
Kind 0 – 5 Jahre				
Kind 0 – 5 Jahre				
Kind 6 – 11 Jahre				
Kind 6 – 11 Jahre				
Kind 6 – 11 Jahre				
Kind 12 – 17 Jahre	384 / 2100	384 / 2042		384 / 2158
Kind 12 – 17 Jahre	384 / 2100	384 / 2042		
Kind 12 – 17 Jahre		384 / 2042		
priv. Kind ab 18 Jahre	442 / 2100			442 / 2158
priv. Kind ab 18 Jahre				442 / 2158
priv. Kind ab 18 Jahre				
Ehegatte	890 / 2100	890 / 2042		890 / 2158

Teil 6 Abschnitt 2: Arbeits- und Beratungshilfen

588 **13. Tabellen mit Selbstbehaltsatz für die Ehefrau i. H. v. 920 €**
     (Düsseldorfer Tabelle Stand: 1.7.2003)

a) Übersichtstabelle für Mangelfälle mit einem Kind und einem Ehegatten

Kind 0 – 5 Jahre	269 / 1189			
Kind 6 – 11 Jahre		326 / 1246		
Kind 12 – 17 Jahre			384 / 1304	
priv. Kind ab 18 Jahre				442 / 1362
Ehegatte	920 / 1189	920 / 1246	920 / 1304	920 / 1362

b) Übersichtstabelle für Mangelfälle mit zwei Kindern und einem Ehegatten

Kind 0 – 5 Jahre	269 / 1515	269 / 1573	269 / 1631			269 / 1458		
Kind 0 – 5 Jahre						269 / 1458		
Kind 6 – 11 Jahre	326 / 1515		326 / 1630	326 / 1688		326 / 1572		
Kind 6 – 11 Jahre						326 / 1572		
Kind 12 – 17 Jahre		384 / 1573	384 / 1630		384 / 1746		384 / 1688	
Kind 12 – 17 Jahre							384 / 1688	
priv. Kind ab 18 Jahre			442 / 1631	442 / 1688	442 / 1746			442 / 1804
priv. Kind ab 18 Jahre								442 / 1804
Ehegatte	920 / 1515	920 / 1573	920 / 1631	920 / 1630	920 / 1688	920 / 1746	920 / 1458	920 / 1572	920 / 1688	920 / 1804

c) Übersichtstabelle für Mangelfälle mit drei Kindern und einem Ehegatten

aa) Jüngstes Kind unter 6 Jahren

Kind 0 – 5 Jahre	269 / 1784	269 / 1842	269 / 1900	269 / 1841	269 / 1957	269 / 2073	269 / 1899	269 / 1957	269 / 2015	269 / 1727
Kind 0 – 5 Jahre	269 / 1784	269 / 1842	269 / 1900							269 / 1727
Kind 0 – 5 Jahre										269 / 1727

804 *Viefhues*

12. Tabellen mit Selbstbehaltsatz i.H.v. 920 €

Kind 6 – 11 Jahre	326 / 1784		326 / 1841		326 / 1899	326 / 1957			
Kind 6 – 11 Jahre			326 / 1841						
Kind 6 – 11 Jahre									
Kind 12 – 17 Jahre		384 / 1842		384 / 1957		384 / 1899		384 / 2015	
Kind 12 – 17 Jahre				384 / 1957					
Kind 12 – 17 Jahre									
priv. Kind ab 18 Jahre			442 / 1900		442 / 2073		442 / 1957	442 / 2015	
priv. Kind ab 18 Jahre					442 / 2073				
priv. Kind ab 18 Jahre									
Ehegatte	920 / 1784	920 / 1842	920 / 1900	920 / 1841	920 / 1957	920 / 2073	920 / 1899	920 / 1957	920 / 2015	920 / 1727

bb) Jüngstes Kind 6 bis 11 Jahre alt

Kind 0 – 5 Jahre						
Kind 0 – 5 Jahre						
Kind 0 – 5 Jahre						
Kind 6 – 11 Jahre	326 / 1956	326 / 2014	326 / 2072	326 / 1898	326 / 2014	326 / 2130
Kind 6 – 11 Jahre	326 / 1956			326 / 1898	326 / 2014	
Kind 6 – 11 Jahre				326 / 1898		
Kind 12 – 17 Jahre	384 / 1956	384 / 2014	384 / 2072			
Kind 12 – 17 Jahre		384 / 2014				
Kind 12 – 17 Jahre						
priv. Kind ab 18 Jahre			442 / 2072		442 / 2014	442 / 2130
priv. Kind ab 18 Jahre						442 / 2130
priv. Kind ab 18 Jahre						
Ehegatte	920 / 1956	920 / 2014	920 / 2072	920 / 1898	920 / 2014	920 / 2130

cc) Jüngstes Kind 12 bis 17 Jahre alt

Kind 0 – 5 Jahre				
Kind 0 – 5 Jahre				
Kind 0 – 5 Jahre				
Kind 6 – 11 Jahre				
Kind 6 – 11 Jahre				
Kind 6 – 11 Jahre				
Kind 12 – 17 Jahre	384 / 2130	384 / 2072		384 / 2188
Kind 12 – 17 Jahre	384 / 2130	384 / 2072		
Kind 12 – 17 Jahre		384 / 2072		
priv. Kind ab 18 Jahre	442 / 2130			442 / 2188
priv. Kind ab 18 Jahre				442 / 2188
priv. Kind ab 18 Jahre				
Ehegatte	920 / 2130	920 / 2072		920 / 2188

589   **14. Tabellen mit Selbstbehaltsatz für die Ehefrau i. H. v. 925 €**
            (Düsseldorfer Tabelle Stand: 1.7.2003)

a) Übersichtstabelle für Mangelfälle mit einem Kind und einem Ehegatten

Kind 0 – 5 Jahre	269 / 1194			
Kind 6 – 11 Jahre		326 / 1251		
Kind 12 – 17 Jahre			384 / 1309	
priv. Kind ab 18 Jahre				442 / 1367
Ehegatte	925 / 1194	925 / 1251	925 / 1309	925 / 1367

b) Übersichtstabelle für Mangelfälle mit zwei Kindern und einem Ehegatten

Kind 0 – 5 Jahre	269 / 1520	269 / 1578	269 / 1636		269 / 1463		
Kind 0 – 5 Jahre					269 / 1463		
Kind 6 – 11 Jahre	326 / 1520		326 / 1635	326 / 1693	326 / 1577		
Kind 6 – 11 Jahre					326 / 1577		

14. Tabellen mit Selbstbehaltsatz i.H.v. 925 €

Kind 12 – 17 Jahre		384 / 1578		384 / 1635		384 / 1751			384 / 1693	
Kind 12 – 17 Jahre									384 / 1693	
priv. Kind ab 18 Jahre			442 / 1636		442 / 1693	442 / 1751				442 / 1809
priv. Kind ab 18 Jahre										442 / 1809
Ehegatte	925 / 1520	925 / 1578	925 / 1636	925 / 1635	925 / 1693	925 / 1751	925 / 1463	925 / 1577	925 / 1693	925 / 1809

c) Übersichtstabelle für Mangelfälle mit drei Kindern und einem Ehegatten

aa) Jüngstes Kind unter 6 Jahren

Kind 0 – 5 Jahre	269 / 1789	269 / 1847	269 / 1905	269 / 1846	269 / 1962	269 / 2078	269 / 1904	269 / 1962	269 / 2020	269 / 1732
Kind 0 – 5 Jahre	269 / 1789	269 / 1847	269 / 1905							269 / 1732
Kind 0 – 5 Jahre										269 / 1732
Kind 6 – 11 Jahre	326 / 1789			326 / 1846			326 / 1904	326 / 1962		
Kind 6 – 11 Jahre				326 / 1846						
Kind 6 – 11 Jahre										
Kind 12 – 17 Jahre		384 / 1847			384 / 1962		384 / 1904		384 / 2020	
Kind 12 – 17 Jahre					384 / 1962					
Kind 12 – 17 Jahre										
priv. Kind ab 18 Jahre			442 / 1905			442 / 2078		442 / 1962	442 / 2020	
priv. Kind ab 18 Jahre						442 / 2078				
priv. Kind ab 18 Jahre										
Ehegatte	925 / 1789	925 / 1847	925 / 1905	925 / 1846	925 / 1962	925 / 2078	925 / 1904	925 / 1962	925 / 2020	925 / 1732

bb) Jüngstes Kind 6 bis 11 Jahre alt

Kind 0 – 5 Jahre						
Kind 0 – 5 Jahre						
Kind 0 – 5 Jahre						
Kind 6 – 11 Jahre	326 / 1961	326 / 2019	326 / 2077	326 / 1903	326 / 2019	326 / 2135
Kind 6 – 11 Jahre	326 / 1961			326 / 1903	326 / 2019	
Kind 6 – 11 Jahre				326 / 1903		
Kind 12 – 17 Jahre	384 / 1961	384 / 2019	384 / 2077			
Kind 12 – 17 Jahre		384 / 2019				
Kind 12 – 17 Jahre						
priv. Kind ab 18 Jahre			442 / 2077		442 / 2019	442 / 2135
priv. Kind ab 18 Jahre						442 / 2135
priv. Kind ab 18 Jahre						
Ehegatte	925 / 1961	925 / 2019	925 / 2077	925 / 1903	925 / 2019	925 / 2135

cc) Jüngstes Kind 12 bis 17 Jahre alt

Kind 0 – 5 Jahre				
Kind 0 – 5 Jahre				
Kind 0 – 5 Jahre				
Kind 6 – 11 Jahre				
Kind 6 – 11 Jahre				
Kind 6 – 11 Jahre				
Kind 12 – 17 Jahre	384 / 2135	384 / 2077		384 / 2193
Kind 12 – 17 Jahre	384 / 2135	384 / 2077		
Kind 12 – 17 Jahre		384 / 2077		
priv. Kind ab 18 Jahre	442 / 2135			442 / 2193
priv. Kind ab 18 Jahre				442 / 2193
priv. Kind ab 18 Jahre				
Ehegatte	925 / 2135	925 / 2077		425 / 2193

15. Tabellen mit Selbstbehaltsatz für die Ehefrau i. H. v. 950 € (Düsseldorfer Tabelle Stand: 1.7.2003)

590

a) Übersichtstabelle für Mangelfälle mit einem Kind und einem Ehegatten

Kind 0 – 5 Jahre	269 / 1219			
Kind 6 – 11 Jahre		326 / 1276		
Kind 12 – 17 Jahre			384 / 1334	
priv. Kind ab 18 Jahre				442 / 1392
Ehegatte	950 / 1219	950 / 1276	950 / 1334	950 / 1392

b) Übersichtstabelle für Mangelfälle mit zwei Kindern und einem Ehegatten

Kind 0 – 5 Jahre	269 / 1545	269 / 1603	269 / 1661			269 / 1488			
Kind 0 – 5 Jahre						269 / 1488			
Kind 6 – 11 Jahre	326 / 1545		326 / 1660	326 / 1718			326 / 1602		
Kind 6 – 11 Jahre							326 / 1602		
Kind 12 – 17 Jahre		384 / 1603		384 / 1660		384 / 1776		384 / 1718	
Kind 12 – 17 Jahre								384 / 1718	
priv. Kind ab 18 Jahre			442 / 1661		442 / 1718	442 / 1776			442 / 1834
priv. Kind ab 18 Jahre									442 / 1834
Ehegatte	950 / 1545	950 / 1603	950 / 1661	950 / 1660	950 / 1718	950 / 1776	950 / 1488	950 / 1602	950 / 1718	950 / 1834

c) Übersichtstabelle für Mangelfälle mit drei Kindern und einem Ehegatten

aa) Jüngstes Kind unter 6 Jahren

Kind 0 – 5 Jahre	269 / 1814	269 / 1872	269 / 1930	269 / 1871	269 / 1987	269 / 2103	269 / 1929	269 / 1987	269 / 2045	269 / 1757
Kind 0 – 5 Jahre	269 / 1814	269 / 1872	269 / 1930							269 / 1757
Kind 0 – 5 Jahre										269 / 1757

Teil 6 Abschnitt 2: Arbeits- und Beratungshilfen

Kind 6 – 11 Jahre	326 / 1814	326 / 1871	326 / 1929	326 / 1987						
Kind 6 – 11 Jahre	326 / 1871									
Kind 6 – 11 Jahre										
Kind 12 – 17 Jahre	384 / 1872	384 / 1987	384 / 1929	384 / 2045						
Kind 12 – 17 Jahre	384 / 1987									
Kind 12 – 17 Jahre										
priv. Kind ab 18 Jahre	442 / 1930	442 / 2103	442 / 1987	442 / 2045						
priv. Kind ab 18 Jahre	442 / 2103									
priv. Kind ab 18 Jahre										
Ehegatte	950 / 1814	950 / 1872	950 / 1930	950 / 1871	950 / 1987	950 / 2103	950 / 1929	950 / 1987	950 / 2045	950 / 1757

bb) Jüngstes Kind 6 bis 11 Jahre alt

Kind 0 – 5 Jahre						
Kind 0 – 5 Jahre						
Kind 0 – 5 Jahre						
Kind 6 – 11 Jahre	326 / 1986	326 / 2044	326 / 2102	326 / 1928	326 / 2044	326 / 2160
Kind 6 – 11 Jahre	326 / 1986			326 / 1928	326 / 2044	
Kind 6 – 11 Jahre				326 / 1928		
Kind 12 – 17 Jahre	384 / 1986	384 / 2044	384 / 2102			
Kind 12 – 17 Jahre		384 / 2044				
Kind 12 – 17 Jahre						
priv. Kind ab 18 Jahre			442 / 2102		442 / 2044	442 / 2160
priv. Kind ab 18 Jahre						442 / 2160
priv. Kind ab 18 Jahre						
Ehegatte	950 / 1986	950 / 2044	950 / 2102	950 / 1928	950 / 2044	950 / 2160

cc) Jüngstes Kind 12 bis 17 Jahre alt

Kind 0 – 5 Jahre				
Kind 0 – 5 Jahre				
Kind 0 – 5 Jahre				
Kind 6 – 11 Jahre				
Kind 6 – 11 Jahre				
Kind 6 – 11 Jahre				
Kind 12 – 17 Jahre	384 / 2160		384 / 2102	384 / 2218
Kind 12 – 17 Jahre	384 / 2160		384 / 2102	
Kind 12 – 17 Jahre			384 / 2102	
priv. Kind ab 18 Jahre	442 / 2160			442 / 2218
priv. Kind ab 18 Jahre				442 / 2218
priv. Kind ab 18 Jahre				
Ehegatte	950 / 2160		950 / 2102	950 / 2218

16. Tabellen mit Selbstbehaltsatz für die Ehefrau i. H. v. 1.000 € (Düsseldorfer Tabelle Stand: 1.7.2003)

a) Übersichtstabelle für Mangelfälle mit einem Kind und einem Ehegatten

Kind 0 – 5 Jahre	269 / 1269			
Kind 6 – 11 Jahre		326 / 1326		
Kind 12 – 17 Jahre			384 / 1384	
priv. Kind ab 18 Jahre				442 / 1442
Ehegatte	1000 / 1269	1000 / 1326	1000 / 1384	1000 / 1442

b) Übersichtstabelle für Mangelfälle mit zwei Kindern und einem Ehegatten

Kind 0 – 5 Jahre	269 / 1595	269 / 1653	269 / 1711		269 / 1538		
Kind 0 – 5 Jahre					269 / 1538		
Kind 6 – 11 Jahre	326 / 1595		326 / 1710	326 / 1768	326 / 1652		
Kind 6 – 11 Jahre					326 / 1652		

Kind 12 – 17 Jahre		384 / 1653		384 / 1710		384 / 1826			384 / 1768	
Kind 12 – 17 Jahre									384 / 1768	
priv. Kind ab 18 Jahre			442 / 1711		442 / 1768	442 / 1826				442 / 1884
priv. Kind ab 18 Jahre										442 / 1884
Ehegatte	1000/ 1595	1000/ 1653	1000/ 1711	1000/ 1710	1000/ 1768	1000/ 1826	1000/ 1538	1000/ 1652	1000/ 1768	1000/ 1884

c) **Übersichtstabelle für Mangelfälle mit drei Kindern und einem Ehegatten**

aa) **Jüngstes Kind unter 6 Jahren**

Kind 0 – 5 Jahre	269 / 1864	269 / 1922	269 / 1980	269 / 1921	269 / 2037	269 / 2153	269 / 1979	269 / 2037	269 / 2095	269 / 1887
Kind 0 – 5 Jahre	269 / 1864	269 / 1922	269 / 1980							269 / 1887
Kind 0 – 5 Jahre										269 / 1887
Kind 6 – 11 Jahre	326 / 1864			326 / 1921			326 / 1979	326 / 2037		
Kind 6 – 11 Jahre				326 / 1921						
Kind 6 – 11 Jahre										
Kind 12 – 17 Jahre		384 / 1922			384 / 2037		384 / 1979		384 / 2095	
Kind 12 – 17 Jahre					384 / 2037					
Kind 12 – 17 Jahre										
priv. Kind ab 18 Jahre			442 / 1980			442 / 2153		442 / 2037	442 / 2095	
priv. Kind ab 18 Jahre						442 / 2153				
priv. Kind ab 18 Jahre										
Ehegatte	1000/ 1864	1000/ 1922	1000/ 1980	1000/ 1921	1000/ 2037	1000/ 2153	1000/ 1979	1000/ 2037	1000/ 2095	1000/ 1887

bb) Jüngstes Kind 6 bis 11 Jahre alt

Kind 0 – 5 Jahre						
Kind 0 – 5 Jahre						
Kind 0 – 5 Jahre						
Kind 6 – 11 Jahre	326 / 2036	326 / 2094	326 / 2152	326 / 1978	326 / 2094	326 / 2210
Kind 6 – 11 Jahre	326 / 2036			326 / 1978	326 / 2094	
Kind 6 – 11 Jahre				326 / 1978		
Kind 12 – 17 Jahre	384 / 2036	384 / 2094	384 / 2152			
Kind 12 – 17 Jahre		384 / 2094				
Kind 12 – 17 Jahre						
priv. Kind ab 18 Jahre			442 / 2152		442 / 2094	442 / 2210
priv. Kind ab 18 Jahre						442 / 2210
priv. Kind ab 18 Jahre						
Ehegatte	1000 / 2036	1000 / 2094	1000 / 2152	1000 / 1978	1000 / 2094	1000 / 2210

cc) Jüngstes Kind 12 bis 17 Jahre alt

Kind 0 – 5 Jahre				
Kind 0 – 5 Jahre				
Kind 0 – 5 Jahre				
Kind 6 – 11 Jahre				
Kind 6 – 11 Jahre				
Kind 6 – 11 Jahre				
Kind 12 – 17 Jahre	384 / 2210		384 / 2152	384 / 2268
Kind 12 – 17 Jahre	384 / 2210		384 / 2152	
Kind 12 – 17 Jahre			384 / 2152	
priv. Kind ab 18 Jahre	442 / 2210			442 / 2268
priv. Kind ab 18 Jahre				442 / 2268
priv. Kind ab 18 Jahre				
Ehegatte	1000 / 2210		1000 / 2152	1000 / 2268

Teil 7: Verfahrensfragen im Unterhaltsrecht

Inhaltsverzeichnis

	Rn.
Abschnitt 1: Systematische Erläuterungen	1
A. Aufrechnung, Abtretung und gesetzlicher Forderungsübergang bei Unterhaltsforderungen	1
I. Aufrechnung	1
1. Allgemeine Grundsätze und Interessenlage	1
2. Aufrechnung mit einer Unterhaltsforderung	2
a) Gegenseitigkeit	3
b) Gleichartigkeit	4
c) Fälligkeit	5
3. Aufrechnung gegen eine Unterhaltsforderung	6
a) Grundsätzliche Besonderheit	6
b) Aufrechnungsverbot	7
c) Übergegangene Forderungen	8
d) Arglisteinwand	9
e) Aufrechnung und Bereicherungsanspruch	12
f) Künftige Fälligkeit	13
g) Sonderproblem: Bankkonten	14
h) Zurückbehaltungsrecht	17
4. Aufrechnungsverträge	18
II. Abtretung	21
1. Naturalleistungen	23
2. Unpfändbare Forderungen	24
3. Sonderfälle	25
4. Übergegangene Forderungen	27
5. Künftige Forderungen	29
III. Gesetzlicher Forderungsübergang	30
1. Allgemeine Grundsätze	30
2. Rechtslage beim Bezug von Leistungen nach dem BSHG	32
a) Nachrangigkeit der Sozialhilfeleistungen	32
b) Rechtslage bis zum 27. 6. 1993	35
c) Rechtslage ab dem 27. 6. 1993	36
aa) Allgemeines	37
bb) Übergang der Ansprüche gem. § 91 Abs. 1 BSHG	42
cc) Einschränkung des Übergangs zum Schuldnerschutz	51
dd) Gerichtliche Geltendmachung	63

	Rn.
3. Rechtslage beim Bezug anderer staatlicher Leistungen	67
a) Leistungen nach dem UVG	67
b) Leistungen nach dem BAföG	76
c) Leistungen nach dem AFG/SGB III	81
d) Leistungen nach KJHG/SGB VIII	84
e) Leistungen nach dem BVG	85
f) Leistungen nach dem WoGG	86
4. Fälle gesetzlichen Forderungsübergangs nach bürgerlichem Recht	87
a) Beachtung der Rangverhältnisse	87
b) Sonstiges	90
5. Pfändungsvorrecht gem. § 850d ZPO bei übergegangener Unterhaltsforderung	93
B. Vorläufige Regelungen bei Unterhaltsansprüchen	94
I. Vorbemerkung	94
II. Einstweilige Anordnungen	95
1. Gegenstand einstweiliger Anordnungen	95
2. Zulässigkeitsvoraussetzungen einstweiliger Anordnungen	100
3. Verfahren und Entscheidung	104
4. Wirkung einstweiliger Anordnungen	105
5. Änderung, Aufhebung und Anfechtung einstweiliger Anordnungen	106
6. Geltungsdauer einstweiliger Anordnungen	109
7. Kosten und Gebühren bei einstweiligen Anordnungen	114
III. Einstweilige Verfügungen	118
C. Rangverhältnisse von Unterhaltsberechtigten	126
I. Allgemeines	126
II. Bedeutung und Inhalt der Rangverhältnisse	127
1. Inhalt	127
2. Rangregelung der §§ 1609, 1615l Abs. 3 Satz 2 BGB, § 16 Abs. 3 LPartG	129

a) Inhalt	129	
b) Berechnung gleichrangiger Ansprüche	135	
c) Besonderheiten	136	
aa) Vorwegabzug von Kindes- und Elternunterhalt	136	
bb) Nebenerwerbsobliegenheit	137	
III. Zusammentreffen von Ansprüchen eines geschiedenen und eines neuen Ehegatten	138	
1. Allgemeines	138	
2. Rangregelung	142	
a) Gleichrangigkeit beider Ehegatten	142	
b) Vorrang des geschiedenen Ehegatten	144	
c) Rangverhältnisse zwischen Ehegatten und minderjährigen Kindern	147	
IV. Familienrechtlicher Ausgleichsanspruch wegen Unterhalts	148	
1. Allgemeines	148	
2. Rechtsnatur	149	
3. Einzelprobleme	151	
D. Auskunftsansprüche im Unterhaltsrecht	159	
I. Gesetzliche Grundlagen	159	
II. Auskunftsberechtigte	163	
1. Auskunftsberechtigung aufgrund Verwandtschaft in gerader Linie, §§ 1605, 1589 BGB	163	
2. Wechselseitige Ehegattenauskunft während bestehender Ehe	164	
3. Auskunftsberechtigungen zwischen getrennt lebenden Eheleuten, §§ 1605, 1361 Abs. 4 Satz 3 BGB	165	
4. Auskunftsberechtigung/-verpflichtung zwischen geschiedenen Eheleuten, § 1580 BGB	166	
5. Verpflichtung zur ungefragten Information	167	
III. Auskunftsgegenstand	169	
1. Einkommen/Einkünfte	169	
2. Vermögen	175	
IV. Zeiträume für die Auskunftserteilung	178	
1. Abhängig Beschäftigte	178	
2. Selbstständige	179	
V. Belegpflicht	180	
1. Abhängig Beschäftigte	180	
2. Selbstständige	181	
VI. Auskünfte über sog. nichtwirtschaftliche Umstände des Unterhaltsschuldners	182	
E. Abänderung von Unterhaltstiteln	183	
I. Allgemeines	183	
1. Rechtsnatur der Abänderungsklage	184	
2. Abänderbare Schuldtitel	185	
II. Verhältnis zu anderen Klagearten	186	
1. Vollstreckungsgegenklage	186	
a) Abänderungsklage	187	
b) Vollstreckungsgegenklage	189	
c) Abänderungs- und Vollstreckungsgegenklage	190	
2. Leistungsklage	192	
a) Klageabweisendes Ersturteil	192	
b) Teilurteil	195	
c) Umdeutung	201	
aa) Umdeutung einer Leistungsklage in eine Abänderungsklage	202	
bb) Umdeutung einer Abänderungsklage in eine Leistungsklage	206	
cc) Umdeutung einer Vollstreckungsgegenklage in eine Abänderungsklage	207	
d) Erforderlichkeit einer Leistungsklage	208	
III. Wesentliche Veränderung der Verhältnisse	209	
1. Veränderung der tatsächlichen Verhältnisse	210	
2. Wesentlichkeit der Veränderung	215	
IV. Entsprechende Abänderung	217	
1. Allgemeine Grundsätze	217	
2. Umfang der Bindung	219	
a) Bindung an festgestellte Tatsachen	219	
b) Bindung an die Bewertung festgestellter Tatsachen	222	
c) Keine Feststellbarkeit von Grundlagen	225	
3. Bindungswirkung von Anerkenntnisurteilen	226	
4. Bindungswirkung von Versäumnisurteilen	227	
V. Präklusion nach § 323 Abs. 2 ZPO	228	
1. Maßgeblicher Zeitpunkt	229	
2. Nachträgliche Veränderung	230	
3. Folgerungen aus dem Regelungszweck des § 323 Abs. 2 ZPO	231	
a) Erstverfahren nach § 258 ZPO	232	
b) Abänderungsverfahren nach § 323 ZPO	234	
4. Präklusion des Abänderungsklägers	236	
5. Präklusion des Abänderungsbeklagten	241	

VI.	Zeitschranke des § 323 Abs. 3 ZPO	242	
1.	Abänderung eines Urteils	242	
a)	Abänderungszeitpunkt nach § 323 Abs. 3 Satz 1 ZPO	242	
b)	Abänderungszeitpunkt nach § 323 Abs. 3 Satz 2 ZPO	250	
2.	Abänderung von Vergleichen und anderen Unterhaltstiteln	254	
VII.	Besonderheiten bei der Abänderung von anderen Unterhaltstiteln	257	
1.	Abänderung von Unterhaltsvergleichen	257	
a)	Abänderung nach materiellem Recht	257	
b)	Beachtung der Grundlagen des Vergleichs	260	
c)	Unanwendbarkeit des § 323 Abs. 2 ZPO	262	
d)	Rückwirkende Abänderung	263	
e)	Beweislast	266	
2.	Anpassung von vollstreckbaren Urkunden	267	
3.	Anpassung von Schuldtiteln nach § 794 Abs. 1 Nr. 2a ZPO	275	
4.	Anpassung von privatschriftlichen Vereinbarungen	278	
5.	Anpassung von einstweiligen Anordnungen und von im Anordnungsverfahren geschlossenen Vergleichen	280	
a)	Vorläufige Regelung	280	
b)	Feststellung der Höhe des Unterhalts	281	
c)	Rückforderung überhöht titulierten Unterhalts	283	
VIII.	Abänderung von Titeln nach DDR-Recht	284	
1.	Rechtsschutzform des § 323 ZPO	284	
a)	Abänderung von Urteilen	284	
b)	Abänderung von gerichtlichen Einigungen	285	
2.	Wirkung der Unterhaltstitel	286	
3.	Wesentliche Veränderungen	287	
4.	Bindungswirkung	288	
5.	Materielles Recht	289	
IX.	Abänderung von ausländischen Unterhaltstiteln	290	
1.	Formelle Grundlagen der Abänderung	290	
a)	Anzuerkennende Unterhaltstitel	290	
b)	Abänderbarkeit nach dem Recht des Urteilsstaates	291	
c)	Zuständigkeit der deutschen Gerichte	292	
d)	Anderweitige ausländische Rechtshängigkeit	293	
	e) Richtige Klageart	294	
	f) Prozessführungsbefugnis	295	
2.	Materielle Grundlagen einer Abänderung	296	
X.	Abänderungsverfahren	299	
1.	Zuständigkeit	299	
a)	Örtliche Zuständigkeit	299	
b)	Sachliche Zuständigkeit	302	
c)	Zuständigkeit des Familiengerichts	303	
d)	Anderweitige Rechtshängigkeit	304	
2.	Parteien des Abänderungsrechtsstreits	305	
3.	Zulässigkeit der Abänderungsklage	308	
4.	Rechtsschutzbedürfnis	309	
5.	Stufenklage	310	
6.	Widerklage	311	
7.	Abänderungsklage und Rückforderungsklage	312	
8.	Einstweilige Einstellung der Zwangsvollstreckung	313	
9.	Beweislast	315	
F.	**Vollstreckung von Unterhaltstiteln**	321	
I.	Einleitung	321	
1.	Begriff und Funktion des Vollstreckungsverfahrens	321	
2.	Umfang der Zwangsvollstreckung	322	
3.	Allgemeine Rechte des Gläubigers und des Schuldners	325	
4.	Voraussetzungen der Zwangsvollstreckung	327	
a)	Titel	328	
b)	Klausel	330	
c)	Zustellung	333	
d)	Sicherheitsleistung	338	
e)	Vollstreckung Zug um Zug	339	
f)	Eintritt eines Kalendertages	340	
	aa) Allgemeines	340	
	bb) Vorratspfändung	341	
	cc) Vorauspfändung	344	
II.	Vollstreckungshinweise	346	
1.	Allgemeines	346	
2.	Zustellung von Titeln im Parteibetrieb	347	
3.	Eidesstattliche Versicherung ohne Unpfändbarkeitsbescheinigung	348	
a)	Zur Glaubhaftmachung geeignete Tatsachen	349	
b)	Umfangreiches Fragerecht des Gläubigers	350	
III.	Zwangsvollstreckung wegen Unterhaltsforderungen in Forderungen	353	
1.	Pfändungs- und Überweisungsbeschluss	353	

a) Terminologie	353
b) Rangfolge	354
c) Pfändung	356
d) Überweisung	360
e) Stellung des Drittschuldners	362
f) Vorpfändung	364
g) Zustellung	365
2. Pfändung von Arbeitseinkommen	368
a) Pfändungsschutz	368
b) Begriff des Arbeitseinkommens	369
c) Berechnung der Pfändungsgrenze	370
aa) Mehrere Arbeitseinkommen eines Schuldners	373
bb) Zusammenrechnung von Arbeitseinkommen mit Sozialleistungen	375
cc) Zusammenrechnung von Geld- und Sachleistungen	376
3. Zusammentreffen von Lohnabtretung und Lohnpfändung	377
4. Strenge Lohnpfändung	387
a) Pfändungsgrenzen	388
b) Rangfolge mehrerer Unterhaltsberechtigter	396
c) Pfändungsverfahren	397
d) Zusammentreffen mehrerer Pfändungen	400
e) Zusammentreffen von „Normalgläubiger" und Unterhaltsgläubiger	401
f) Verrechnung von Unterhaltsansprüchen	402
g) Verteilungsverfahren	406

Abschnitt 2: Rechtsprechungslexikon — 413

A. ABC der Rangverhältnisse von Unterhaltsberechtigten und des familienrechtlichen Ausgleichsanspruchs wegen Unterhalts — 413

B. ABC der Abänderung von Unterhaltstiteln — 414

C. ABC der Vollstreckung von Unterhaltstiteln — 415

Abschnitt 3: Arbeits- und Beratungshilfen — 416

1. Abtretung einer Unterhaltsforderung (Muster) — 416
2. Aufrechnung mit einer Unterhaltsforderung (Muster) — 417
3. Stufenklage gegen einen abhängig Beschäftigten (Muster) — 418
4. Auskunftsklage gegen einen Selbstständigen (Muster) — 419
5. Vereinbarung über die Rückübertragung eines Unterhaltsanspruches zur gerichtlichen Geltendmachung durch den Hilfeempfänger gem. § 91 Abs. 4 BSHG (Muster) — 420
6. Antrag auf Erlass einer einstweiligen Anordnung wegen Ehegatten- und Kindesunterhalt gem. § 620 Satz 1 Nr. 4 und 6 ZPO (Muster) — 421

Literatur:

Arens/Ehlers/Spieker, Steuerfragen zum Ehe- und Scheidungsrecht, 2. Aufl., 2001; *Behr,* „Vollstreckungsblitzlichter", JurBüro 1997, 67; *ders.,* Nachbesserung aktuell – eine Rechtsprechungsübersicht, JurBüro 1996, 457; *ders.,* Kosten des erfolglos geführten Drittschuldnerprozesses, JurBüro 1994, 257; *Braun,* Die „Änderung" der für die Verurteilung maßgeblichen Verhältnisse – Überlegungen zur Interpretation von § 323 I ZPO, FamRZ 1994, 1145; *Brudermüller,* Zur Abänderbarkeit von DDR-Unterhaltstiteln, FamRZ 1995, 915; *Büttner,* Unterhalt und Zwangsvollstreckung, FamRZ 1994, 1433; *ders.,* Die Entwicklung des Unterhaltsrechts bis Anfang 1999, NJW 1999, 2315; *Coester,* Die Bedeutung des Kindes- und Jugendhilfegesetzes (KJHG) für das Familienrecht, FamRZ 1991, 253; *ders.,* Sorgerecht bei Elternscheidung und KJHG, FamRZ 1992, 617; *Derleder/Bartels,* Die Neuordnung des Unterhaltsprozesses bei Sozialhilfebezug, FamRZ 1995, 1111; *Dieckmann,* Die Unterhaltsansprüche geschiedener und getrennt lebender Ehegatten nach dem EheRG vom 14.6.1976, FamRZ 1977, 161; *Diederichsen,* Ehegattenunterhalt im Anschluß an die Ehescheidung nach dem 1. EheRG, NJW 1977, 361; *Dokumentation:* Empfehlungen des Deutschen Vereins für öffentliche und private Fürsorge für die Heranziehung Unterhaltspflichtiger in der Sozialhilfe, FamRZ 1995, 1327; 2000, 788; *ders.,* Zur Höhe des nach § 91 BSHG übergegangenen Unterhaltsanspruchs, FamRZ 1995, 772; *Gießler,* Richterliche Vorausprüfungs- und Begründungspflicht bei Entscheidungen des einstweiligen Rechtsschutzes, FamRZ 1999, 695; *ders.,* Probleme – kurz beleuchtet: Vorläufiger Rechtsschutz wegen Ehegattenunterhalts für die Zeit nach Scheidungsrechtskraft – Bemerkungen zu den Ausführungen von Mörsch in FamRZ 1986, 629, FamRZ 1986, 958; *Gottwald,* Anmerkung zu: OLG Dresden, Beschl. v. 5.3.1996 – 10 WF 7/96, Rückwirkungsverbot unterliegt nicht der Parteidisposition/Veranlassung zur Erhebung der Abänderungsklage, FamRZ 1996, 1090; *Graba,* Anmerkungen zu: BGH, Urt. v. 29.1.1992 – XII ZR 239/90 –, Unterhaltsberechnung im Mangelfall, FamRZ 1992, 541; *Greiba,* Die Abänderung von Unterhaltstiteln, 2. Aufl., 2000; *Griesche,* Familiengerichtsbarkeit, 1992; *Gutdeutsch,* Vorschläge zur Bedarfsbemessung und Kürzung nach § 1581 BGB bei gleichrangigen Unterhaltsansprüchen von Ehegatten, FamRZ 1995, 327; *Hampel,* Unterhalt und Sozialhilfe. Zur Problematik des § 91 Abs. 2 Satz 2 BSHG, FamRZ 1996, 513; *ders.,* Bemessung des Unterhalts gleichrangig berechtigter Ehegatten, FamRZ 1995, 1177; *Heiß/Born,* Unterhaltsrecht. Ein Handbuch für die Praxis, 5. Aufl. 2002; *Helwich,* Pfändung des Arbeitseinkommens, 3. Aufl. 1999; *ders.,* Internationales Familienrecht, 1. Aufl. 1989; *Henze,* Fragen der Lohnpfändung, Rpfleger 1980, 456; *Hoppenz,* Kindesunterhalt als verdeckter familienrechtlicher Ausgleich, FamRZ 1985, 437; *Hornung,* Neues Recht zur Pfändung laufender Sozialgeldleistungen, Rpfleger 1994, 442; *Kamann,* Der BGH und der Rollentausch in Zweithe, BJ 1996, 324; *Klauser,* Beweismaß im Unterhaltsprozeß, MDR 1982, 529; *Klinkhammer,* Die bedarfsorientierte Grundsicherung nach dem GSiG und ihre Auswirkungen auf den Unterhalt, FamRZ 2002, 997; *Künkel,* Unterhaltsrecht und Sozialrecht aus der Sicht des Familienrichters, FamRZ 1991, 14; *ders.,* Erneute Änderung des § 91 BSHG, FamRZ 1996, 1509; *ders.,* Unterhalt und Sozialhilfe, FamRZ 1994, 540; *Ludwig,* Anmerkung zu: BGH, Urt. v. 5.9.2001 – XII ZR 108/00 – (Abänderung von Prozessvergleichen bei Änderung der Rechtsprechung), FamRZ 2002, 230; *ders.,* Anmerkung zu: OLG Hamm, Urt. v. 19.12.1997 – 5 UF 111/97 – und OLG Naumburg, Beschl. v. 15.7.1998 – 9 W 81/97 – (Aufrechnung im Unterhaltsrecht), FamRZ 1999, 1659; *Maurer,* Versäumnisurteil und Abänderungsklage, FamRZ 1989, 445; *ders.,* Kindesunterhalt im Beitrittsgebiet, FamRZ 1994, 337; *Müller, H.,* Aufrechnung gegen unpfändbare Forderungen. Anmerkung zu: BGH, Urt. v. 22.4.1959 – IV ZR 255/48 – = BGHZ 30, 36, JZ 1963, 437; *Münder,* Zum Übergang von Unterhaltsansprüchen im Sozialhilferecht, NJW 1994, 494; *ders.,* Der sozialhilferechtliche Übergang von Ansprüchen gegen zivilrechtlich Unterhaltspflichtige, NJW 2001, 2001; *ders.,* Das Gesetz über eine bedarfsorientierte Grundsicherung im Alter und bei Erwerbsminderung, NJW 2002, 3661; *ders.,* Unterschiede zwischen zivilrechtlichem Unterhaltsanspruch und sozialrechtlichen Regelungen, NJW 1990, 2031; *Muschele,* Das Recht der Eingetragenen Lebenspartnerschaft, 1. Aufl., 2001; *Pauly,* Die Räumungsvollstreckung gegen nicht am Mietvertrag beteiligte Personen – zugleich eine Besprechung von OLG Düsseldorf, Beschl. vom 27.5.1998 – 3 W 192/98, DGVZ 2000, 17; *Rauscher,* Auswirkungen der Hausfrauen-Unterhaltsentscheidung des BGH auf Alttitel, FuR 2001, 43; *Roth,* Der familienrechtliche Ausgleichsanspruch, FamRZ 1994, 793; *Scholz,* Zur Neufassung des § 91 BSHG, FamRZ 1994, 1; *ders.,* Anmerkung zu: BGH, Urt. v. 20.5.1994 – XII ZR 78/93. Zum familienrechtlichen Ausgleichsanspruch, wenn neben Bar- auch Betreuungsunterhalt geleistet wird, FamRZ 1994, 1314; *Seetzen,* Sozialhilfeleistung und Unterhaltsprozeß, NJW 1978, 1350; *Siller* Unwirksamkeit von Gebührenklauseln für die Bearbeitung von Pfändungen gegen Bankkunden, ZIP 2000, 16; *Steymans,* Keine doppelte Bedarfsdeckung beim Unterhalt aufgrund fiktiver Einkünfte des Unterhaltspflichtigen und Sozialhilfebezug des Unterhaltsberechtigten. Erwiderung zum Beitrag von Zeranski, FamRZ 2000, 1057; *Stöber,* Forderungspfändung, 12. Aufl. 1998; *van Els,* Die zeitliche Begrenzung der einstweiligen Anordnung bei Anhängigkeit einer Ehesache, FamRZ 1990, 581; *ders.,* Anmerkung zu: AG Tempelhof-Kreuzberg, Beschl. v. 2.3.2000 – 134 F 14207/99 – und AG Tempelhof-Kreuzberg, Beschl. v. 7.9.2000 – 178 F 16512/99 SH I –, FamRZ 2002, 617; *Waldner,* Rechtsprechungsänderung und Abänderungsklage, FPR 2003, 188; *Waltermann,* Forderungsübergang auf Sozialleistungsträger, NJW 1996, 1644; *Wiesner,* Änderungen im Kinder- und Jugendhilferecht, FamRZ 1993, 497; *Wohlfahrt,* Aufrechnung gegen Unterhaltsansprüche mit Rückzahlungsansprüchen aus Unterhaltsüberzahlungen, FamRZ 2001, 1185; *Zeranski,* Zum rechtlichen Schicksal eines auf fiktiven Einkommen beruhenden Unterhaltsanspruchs nach Gewährung von Sozialhilfe an den Unterhaltsberechtigten, (zugl. Anmerkung zu: BGH, Urt. v. 17.3.1999 – XII ZR 139/92 –, und BGH, Urt. v. 11.3.1998 – XII ZR 190/96 –), FamRZ 2000, 1057.

Abschnitt 1: Systematische Erläuterungen

A. Aufrechnung, Abtretung und gesetzlicher Forderungsübergang bei Unterhaltsforderungen

I. Aufrechnung

1. Allgemeine Grundsätze und Interessenlage

Mit der Aufrechnung will der Schuldner einer Forderung durch einseitige Erklärung die Tilgung der gegen ihn gerichteten Forderung erreichen, indem er sie mit einer ihm zustehenden, gegen seinen Gläubiger gerichteten Forderung verrechnet. Damit ist eine allgemeine Voraussetzung der Aufrechnung bereits angesprochen, die **Gegenseitigkeit**. Durch die Aufrechnung werden die beiden an ihr beteiligten Forderungen getilgt, soweit sie sich in gleicher Höhe gegenüberstehen. Die Aufrechnung gibt damit dem Schuldner, der sie erklärt, nicht nur die Möglichkeit, die gegen ihn gerichtete Forderung zu erfüllen, sondern außerdem die Möglichkeit, seine eigene Forderung im Wege der Selbsthilfe durchzusetzen (vgl. BGH, NJW 1987, 2997). Die Aufrechnung ist deshalb für den Schuldner von **besonderem Interesse,** wenn sich sein Gläubiger in schlechten finanziellen

1

Verhältnissen befindet und er deshalb befürchten muss, seine eigene Forderung gegen diesen Gläubiger ohne die Möglichkeit der Aufrechnung nicht durchsetzen zu können. Aus diesem Grunde ist gerade für den Unterhaltsschuldner die Frage wichtig, ob er sich durch Aufrechnung von seiner Unterhaltsschuld befreien kann, da der Unterhaltsgläubiger angesichts seiner finanziellen Lage, die seine Bedürftigkeit und damit seinen Unterhaltsanspruch begründet hat, oft nicht in der Lage ist, die gegen ihn gerichtete Forderung freiwillig zu erfüllen und auch eine Zwangsvollstreckung gegen ihn zumeist auf absehbare Zeit aussichtslos ist. Andererseits ist auch nicht ausgeschlossen, dass der Unterhaltsgläubiger im Einzelfall ein besonderes Interesse daran hat, sich unter Verwendung seiner Unterhaltsforderung durch Aufrechnung von einer ihm lästigen Forderung seines Unterhaltsschuldners zu befreien. Er ist jedoch **besonders schutzbedürftig,** wenn er den geschuldeten Unterhalt benötigt, um seinen Lebensunterhalt überhaupt bestreiten zu können. In diesem Falle liegt der Schutz des Unterhaltsgläubigers auch im allgemeinen **Interesse der Rechtsgemeinschaft**, die in die Gefahr kommen kann, für den Lebensunterhalt des Unterhaltsgläubigers, der seine Unterhaltsforderung zur Tilgung von Schulden verwendet hat, aufkommen zu müssen. Aus diesen Gegebenheiten rechtfertigen sich die nachfolgend dargestellten **Einschränkungen** bei der Zulässigkeit der Aufrechnung, wenn an ihr eine Unterhaltsforderung beteiligt ist. Aus den gesetzlichen Vorschriften über die Aufrechnung ergibt sich, dass deren Zulässigkeit **unterschiedlich** zu beurteilen ist, je nachdem, ob mit einer Unterhaltsforderung oder gegen eine Unterhaltsforderung aufgerechnet werden soll, also der Unterhaltsgläubiger oder der Unterhaltsschuldner die Aufrechnung erklären will; diese beiden Fälle müssen deshalb stets unterschieden werden.

2. Aufrechnung mit einer Unterhaltsforderung

2 Trotz der besonderen Schutzbedürftigkeit des Unterhaltsgläubigers unterliegt die Zulässigkeit der Aufrechnung mit einer Unterhaltsforderung **keinen** gesetzlichen Einschränkungen; das **Aufrechnungsverbot in § 394 BGB** gilt für sie nach dem eindeutigen Wortlaut der Vorschrift nicht (vgl. BGH, FamRZ 1996, 1067; Palandt/Heinrichs, BGB, § 394 Rn. 1). Dass die Unterhaltsforderung im Regelfall dem Zweck dient, den Lebensunterhalt des Unterhaltsgläubigers zu sichern, steht einer Verwendung der Unterhaltsforderung durch den Unterhaltsgläubiger zur Aufrechnung und damit zur Tilgung anderer Verbindlichkeiten nicht entgegen, da auch Forderungen, die einer besonderen Zweckbindung unterliegen, zur Aufrechnung benutzt und damit zweckentfremdet werden dürfen (vgl. BGHZ 54, 246). Der Unterhaltsgläubiger kann damit frei entscheiden, ob er mit seiner Unterhaltsforderung seinen Lebensunterhalt bestreiten oder die Forderung zur Tilgung von Verbindlichkeiten einsetzen will. Die Aufrechnung mit einer Unterhaltsforderung ist zulässig, wenn die allgemeinen Voraussetzungen der Aufrechnung vorliegen, nämlich die **Gegenseitigkeit** und **Gleichartigkeit** der Forderungen, die volle **Wirksamkeit** und **Fälligkeit** der Forderung, mit der aufgerechnet werden soll, sowie die **Erfüllbarkeit** der Forderung, gegen die aufgerechnet werden soll (vgl. im Einzelnen Palandt/Heinrichs, BGB, § 387 Rn. 4 – 12 m. w. N.).

a) Gegenseitigkeit

3 Bei der **Gegenseitigkeit** der Forderungen ist zu beachten, dass mit der Forderung eines Dritten selbst dann nicht aufgerechnet werden kann, wenn der Dritte in die Aufrechnung eingewilligt hat (vgl. BGH, NJW-RR 1988, 1150). Gem. § 1629 Abs. 2 Satz 2 u. Abs. 3 BGB muss der Unterhaltsanspruch des Kindes, dessen Eltern miteinander verheiratet sind, während der Zeit, in der seine Eltern getrennt leben oder zwischen ihnen eine Ehesache anhängig ist, von dem Elternteil, in dessen Obhut sich das Kind befindet, **im eigenen Namen** gegen den anderen Elternteil geltend gemacht werden. Dies gilt auch dann, wenn der Unterhaltsanspruch außerhalb des Ehescheidungsverfahrens zwischen den Eltern geltend gemacht wird (vgl. BGH, NJW 1983, 2084). Damit wird der Unterhaltsanspruch des Kindes jedoch nicht zu einem Unterhaltsanspruch des Elternteils, der ihn geltend machen kann; dieser macht vielmehr lediglich einen fremden Unterhaltsanspruch in **Prozessstandschaft** geltend. Der Elternteil, der den Unterhaltsanspruch des Kindes in eigenem Namen geltend macht, kann deshalb mit dieser Forderung nicht gegen eine Forderung aufrechnen,

die sich **gegen ihn selbst** richtet. Dass der Unterhaltsschuldner gegen die Unterhaltsforderung des Kindes nicht mit einer eigenen Forderung aufrechnen kann, die sich gegen den Elternteil richtet, der die Unterhaltsforderung des Kindes in eigenem Namen geltend macht, versteht sich von selbst.

b) Gleichartigkeit

Bei der **Gleichartigkeit** ist zu beachten, dass Forderungen in **unterschiedlicher Währung** als nicht gleichartig gelten (vgl. RGZ 106, 99; KG, NJW 1988, 2181). Forderungen in den europäischen Währungen, die am 1. 1. 1999 durch den **EURO** ersetzt worden sind, jedoch für eine Übergangszeit neben dem EURO weiter benutzt werden konnten, waren nach der EU-Verordnung über die Einführung des EURO während der Übergangszeit grds. als gleichartig i. S. d. nationalen Aufrechnungsvorschriften anzusehen. Bei Forderungen in unterschiedlicher Währung ist eine Aufrechnung nur möglich, wenn der Schuldner, der aufrechnen will, gem. § 244 Abs. 1 BGB berechtigt ist, seine Schuld auch in anderer Währung zu begleichen, und dadurch beide Forderungen in derselben Währung erfüllt werden können (vgl. RGZ, a. a. O.; RGZ 167, 62; OLG Frankfurt/M., NJW 1967, 501). Wenn der Unterhaltsgläubiger und der Unterhaltsschuldner in unterschiedlichen **Währungsgebieten** leben, kann grds. der Unterhaltsgläubiger **wählen**, ob er den ihm zustehenden Unterhalt in der Währung seines gewöhnlichen Aufenthaltsortes oder in der Währung des gewöhnlichen Aufenthaltsortes des Unterhaltsschuldners verlangt. Dieses **Wahlrecht** besteht jedoch nicht, wenn der Unterhaltsschuldner ein besonderes Interesse daran hat, die Unterhaltsschuld in der Währung des gewöhnlichen Aufenthaltsortes des Unterhaltsgläubigers erfüllen zu können, etwa wenn er dort belegenes Vermögen zur Erfüllung einsetzen will. Es besteht jedoch auch in diesem Falle, wenn besondere Gründe auf Seiten des Unterhaltsgläubigers diesem Anliegen des Schuldners entgegenstehen, etwa wenn devisenrechtliche Beschränkungen beachtet werden müssen oder die Währung am Aufenthaltsort des Unterhaltsgläubigers einem besonderen Kaufkraftverlust unterliegt (vgl. BGH, FamRZ 1990, 993; 1992, 1063).

c) Fälligkeit

Da die Forderung, mit der aufgerechnet werden soll, voll wirksam und **fällig** sein muss, kann nur mit einer Unterhaltsforderung aufgerechnet werden, die für die Vergangenheit besteht sowie für den gesamten Monat, in dem die Aufrechnung erklärt wird; gem. §§ 1585 Abs. 1, 1612 Abs. 3 BGB ist nämlich die Unterhaltsrente monatlich im Voraus zu zahlen, so dass der Unterhalt für den laufenden Monat **bereits am ersten Tag des jeweiligen Monats fällig** wird.

3. Aufrechnung gegen eine Unterhaltsforderung

a) Grundsätzliche Besonderheit

Will der Unterhaltsschuldner mit einer eigenen Forderung gegen die Unterhaltsforderung seines Gläubigers aufrechnen, ist § 394 BGB zu beachten; nach ihm kann gegen eine Forderung nicht aufgerechnet werden, wenn und soweit die Forderung **nicht pfändbar** ist. Gem. § 850b Abs. 1 und 2 ZPO sind „Unterhaltsrenten, die auf einer gesetzlichen Vorschrift beruhen" zwar nicht stets und in vollem Umfange unpfändbar; ihre Pfändung ist jedoch nur in den für Arbeitseinkommen geltenden Grenzen zulässig und dies auch nur dann, wenn außerdem die **besonderen Voraussetzungen gem. § 850b Abs. 2 ZPO** vorliegen, nämlich die Vollstreckung in das sonstige bewegliche Vermögen des Schuldners nicht zur vollständigen Befriedigung des Gläubigers geführt hat oder führen wird und die Pfändung nach den Umständen des Falles, insbesondere nach der Art des beizutreibenden Anspruches und der Höhe der Unterhaltsbezüge, der Billigkeit entspricht. Wegen § 850b Abs. 3 ZPO wird jedoch allgemein angenommen, dass die in § 850b Abs. 1 ZPO angegebenen Bezüge in voller Höhe **unpfändbar** sind, solange das zuständige Vollstreckungsgericht nicht die Pfändung dieser Bezüge nach Prüfung der besonderen Voraussetzungen gem. § 850b Abs. 2 ZPO zugelassen hat (vgl. BGH, NJW 1970, 282; OLG Düsseldorf, FamRZ 1981, 970 u. 1982, 498; Stein/Jonas/

Brehm, ZPO, § 850b Rn. 2 u. 34). Der Aufrechnung gegen eine Unterhaltsforderung steht damit regelmäßig das **Aufrechnungsverbot** gem. § 394 BGB entgegen.

b) Aufrechnungsverbot

7   Dieses Aufrechnungsverbot gilt über den eigentlichen Wortlaut von § 850b Abs. 1 Nr. 2 ZPO hinaus nicht nur für den gesetzlichen Anspruch auf laufenden Unterhalt in Form einer monatlich zu zahlenden Rente, sondern für **sämtliche Ansprüche,** die im Rahmen und aufgrund einer gesetzlichen Unterhaltsverpflichtung bestehen; es gilt deshalb nach der Rspr. auch für Ansprüche aus einer **Unterhaltsvereinbarung**, wenn mit ihr ein gesetzlicher Unterhaltsanspruch lediglich nach Höhe, Dauer und Art der Unterhaltsgewährung festgelegt und im Einzelnen geregelt wird (vgl. BGHZ 31, 218 u. FamRZ 1979, 220), ebenso für den Anspruch auf eine **einmalige Zahlung**, sei es einen **rückständigen Unterhaltsbetrag** oder einen **Sonderbedarf** (vgl. BGH, a. a. O. und FamRZ 1997, 544; OLG Düsseldorf, FamRZ 1982, 498), außerdem für den Anspruch auf **Freistellung** von der steuerlichen Zusatzbelastung aus der Durchführung des steuerlichen Realsplittings gem. § 10 Abs. 1 Nr. 1 EStG bzw. auf **Erstattung** des insoweit vom Unterhaltsgläubiger schon gezahlten Steuerbetrages (BGH, FamRZ 1997, 544), schließlich für den Anspruch auf **Verzugszinsen** wegen nicht rechtzeitig geleisteter Unterhaltszahlungen (OLG Hamm, FamRZ 1988, 952) und den Anspruch auf **Prozesskostenvorschuss** (OLG Karlsruhe, FamRZ 1984, 1090), ferner sogar für den Anspruch auf eine einmalige **Abfindung,** mit der sowohl Unterhaltsrückstände als auch künftige Unterhaltsansprüche abgegolten werden sollen (vgl. OLG Bamberg, FamRZ 1996, 1487) und für einen **Schadensersatzanspruch** gegen den Unterhaltsschuldner gem. § 826 BGB, wenn dieser in sittenwidriger Weise den Unterhaltsanspruch vernichtet hat (vgl. KG, NJW 1955, 1112).

c) Übergegangene Forderungen

8   Allerdings gilt dieses Aufrechnungsverbot nicht mehr, wenn die Unterhaltsforderung nicht mehr dem ursprünglichen Unterhaltsgläubiger zusteht, etwa wenn sie **abgetreten** oder aufgrund einer gesetzlichen Vorschrift auf einen Dritten, z. B. einen Träger der Sozialversicherung oder der Sozialhilfe **übergegangen** ist, der mit seinen Leistungen den Lebensunterhalt des ursprünglichen Unterhaltsgläubigers sichergestellt hat, da dieses der Schutzzweck der §§ 394 BGB, 850b Abs. 1 Nr. 2 ZPO nicht erfordert (vgl. BGH, NJW 1961, 1966 u. 1982, 515; LG Heilbronn, NJW-RR 1990, 197; a. A. BAG, DB 1979, 1848; 1985, 499 für den Übergang auf einen Sozialversicherungsträger; AG Gummersbach, FamRZ 1998, 177 für den Übergang auf den Sozialhilfeträger). Deshalb kann der Unterhaltsschuldner die übergegangene Unterhaltsforderung durch Aufrechnung mit einer eigenen Forderung gegen den ursprünglichen Unterhaltsgläubiger aus einem **anderen Rechtsgrund**, z. B. mit einem Anspruch auf Zugewinnausgleich, einem Ausgleichsanspruch wegen Zahlungen auf gemeinsame Verbindlichkeiten gem. § 426 BGB, einem Kostenerstattungsanspruch aus einem gerichtlichen Verfahren, einem Anspruch auf Nutzungsentschädigung wegen der Benutzung eines im gemeinsamen Eigentum stehenden Hauses oder einer Eigentumswohnung, aber auch einem Anspruch auf Darlehensrückzahlung tilgen, wenn dies nicht ausnahmsweise durch § 406 BGB ausgeschlossen ist.

d) Arglisteinwand

9   Die Geltendmachung des Aufrechnungsverbotes aus § 394 BGB durch den Unterhaltsgläubiger kann in besonderen Fällen durch den **Arglisteinwand** ausgeschlossen sein. Dieser ist nach allgemeiner Ansicht begründet, wenn der Unterhaltsschuldner mit einer Forderung gegen den Unterhaltsgläubiger aus einer **vorsätzlichen, unerlaubten Handlung** aufrechnen kann, die von diesem im Rahmen des **Unterhaltsverhältnisses** begangen worden ist, etwa wenn der Unterhaltsgläubiger den Unterhaltsschuldner durch Prozessbetrug geschädigt hat (vgl. BGH, NJW 1959, 1275; FamRZ 1969, 210; NJW 1993, 2105).

Streitig ist, ob aufgrund des Arglisteinwandes auch die Aufrechnung mit einem Schadensersatzanspruch aus vorsätzlicher, unerlaubter Handlung zuzulassen ist, wenn die unerlaubte Handlung **außerhalb** des Unterhaltsverhältnisses begangen worden ist, etwa mit einem Schadensersatzanspruch aus vorsätzlicher **Körperverletzung**, oder ob sogar mit einem Schadensersatzanspruch aus vorsätzlicher **Vertragsverletzung** gegen eine Unterhaltsforderung aufgerechnet werden darf; nach überwiegender Ansicht ist in all diesen Fällen die Aufrechnung gem. § 394 BGB ausgeschlossen (vgl. BGH, NJW 1959, 1275; Staudinger/Kuckuck, BGB, § 394 Rn. 31 m. w. N.; Müller, JZ 1963, 437; a. A. RGRK/Weber, BGB, § 394 Rn. 27; MüKo/von Feldmann, BGB, § 394 Rn. 10; Soergel/Zeiss, BGB, § 394 Rn. 5).

Auch in den Fällen, in denen der Geltung des Aufrechnungsverbotes aus § 394 BGB grds. der Arglisteinwand entgegensteht, ist die Aufrechnung gegen eine Unterhaltsforderung jedoch nicht einschränkungslos zulässig. Weil dieses Aufrechnungsverbot nicht nur im Interesse des Unterhaltsgläubigers, sondern auch im **Interesse der Allgemeinheit** besteht, da es die Lebensgrundlage des Unterhaltsgläubigers sichern und damit auch die Gefahr vermeiden soll, dass der Unterhaltsgläubiger auf öffentliche Hilfe angewiesen ist, muss dem Unterhaltsgläubiger auch in diesen Fällen das **Existenzminimum** aufrechnungsfrei belassen werden (vgl. BGH, NJW 1993, 2105 m. w. N.). Dieses Existenzminimum ist beim Unterhaltsanspruch zwischen Ehegatten nach den Grundsätzen zu ermitteln, die im Unterhaltsrecht für den notwendigen **Selbstbehalt** des Unterhaltsgläubigers gelten; es liegt damit im Regelfall etwas über den Sozialhilfesätzen (vgl. BGH, a. a. O.). Wie dieses Existenzminimum beim Unterhaltsanspruch minderjähriger Kinder zu bestimmen ist, ist äußerst streitig. Überwiegend wird aus der zum 1. 1. 2001 geänderten Fassung von § 1612b Abs. 5 BGB über die Kindergeldanrechnung gefolgert, dass sich das Existenzminimum auf 135 % des Regelbetrages nach der RegelbetragVO beläuft (vgl. Palandt/Diederichsen, BGB, §1612a Rn. 3 m. w. N.; ablehnend nach BGH, FamRZ 2002, 536; einschränkend jetzt BGH, FamRZ 2003, 363, 366). Schon aus praktischen Gründen sollte von diesen Beträgen auch im vorstehend beschriebenen Zusammenhang ausgegangen werden. Dies bedeutet jedoch nicht, dass von der Unterhaltsforderung in jedem Falle ein Betrag in Höhe dieses Existenzminimums aufrechnungsfrei bleiben muss. Hat der Unterhaltsgläubiger geringe **Einkünfte** aus eigener Erwerbstätigkeit oder anderen Einkommensquellen, etwa aus Sparvermögen oder vermietbarem Grundbesitz, mindern diese Einkünfte das dem Unterhaltsgläubiger aufrechnungsfrei zu belassende Existenzminimum (BGH, a. a. O.).

e) Aufrechnung und Bereicherungsanspruch

Str. ist außerdem, ob das Aufrechnungsverbot aus § 394 BGB auch dann zu beachten ist, wenn gegen eine Unterhaltsforderung mit Ansprüchen auf Rückzahlung von für andere Zeiträume **zuviel gezahltem Unterhalt** aufgerechnet werden soll. Ein solcher **Rückzahlungsanspruch** kann sich i. d. R. nur auf § 812 BGB stützen (vgl. BGHZ 93, 183 u. 118, 383). Es erscheint nicht gerechtfertigt, für die Aufrechnung mit einem solchen Bereicherungsanspruch des Unterhaltsschuldners die Anwendung des Aufrechnungsverbotes aus § 394 BGB auszuschließen (ebenso MüKo/von Feldmann, BGB, § 394 Rn. 5 m. w. N.; Soergel/Zeiss, BGB, § 394 Rn. 3; Wendl/Staudigl/Haußleiter, Das Unterhaltsrecht in der familienrichterlichen Praxis, § 6 Rn. 311; a. A. wohl BGH, FamRZ 1985, 908, 910 ohne besondere Begründung). Nach einer neuen Ansicht in der Rspr. ist das Aufrechnungsverbot aus § 394 BGB nicht mehr zu beachten, wenn der Anspruch auf Rückzahlung zuviel gezahlten Unterhalts auch auf einen **Schadensersatzanspruch gem. § 717 Abs. 2 ZPO** gestützt werden kann, da Treu und Glauben gebieten soll, dem Unterhaltsschuldner in diesem Fall die Aufrechnung mit seinem Rückzahlungsanspruch gegen den Unterhaltsanspruch des Unterhaltsgläubigers für einen anderen Zeitraum zu gestatten, weil durch die Aufrechnung lediglich der tatsächlich geschuldete Zustand hergestellt werde und der Unterhaltsgläubiger durch die Aufrechnung nur so gestellt werde, als habe er durch die zu Unrecht beigetriebenen Beträge einen Unterhaltsvorschuss für künftige Unterhaltsansprüche erhalten (vgl. OLG Hamm, FamRZ 1999, 436; OLG Naumburg, FamRZ 1999, 437). Auch dies ist abzulehnen, weil weder eine vorsätzliche Schadenszufügung durch den Unterhaltsgläubiger vorliegt, da er auf die Richtigkeit des vorläufig vollstreckbaren Urteils vertraut hatte, noch durch Zwangsvollstreckung beigetriebene Beträge als Unterhaltsvorschuss für andere Zeiträume angesehen werden können und jede Aufrechnung durch Verrechnung der sich gegenüberstehenden Forderungen den tatsächlich geschuldeten Zustand herstellt (vgl. Ludwig, FamRZ 1999, 1659; ebenso Wohlfarth, FamRZ, 2001, 1185; Wendl/Staudigl/Haußleiter, a. a. O.).

f) Künftige Fälligkeit

13 Die Forderung, gegen die aufgerechnet werden soll, muss nicht fällig, jedoch **bereits erfüllbar** sein; deshalb kann **grds. auch gegen erst künftig fällig werdende Forderungen** aufgerechnet werden. Für den Unterhaltsanspruch der Kinder und sonstigen Verwandten sowie den Unterhaltsanspruch des getrennt lebenden Ehegatten ergibt sich allerdings aus §§ 760 Abs. 2, 1360a Abs. 3, 1361 Abs. 4, 1614 Abs. 2 BGB, dass Vorausleistungen auf künftig fällig werdende Unterhaltsbeträge den Unterhaltsanspruch nur für einen begrenzten Zeitraum endgültig tilgen können. Für den Unterhaltsanspruch des geschiedenen Ehegatten fehlt eine entsprechende gesetzliche Regelung. Dennoch ist der BGH gegen eine im Schrifttum überwiegend vertretene Auffassung nicht davon ausgegangen, dass der Unterhaltsanspruch des geschiedenen Ehegatten durch Vorauszahlungen für einen beliebigen Zeitraum im Voraus erfüllt und endgültig getilgt werden kann, sondern meint, dass der Unterhaltsgläubiger wegen des **besonderen Zweckes** des Unterhaltsanspruches, den laufenden Lebensbedarf im jeweiligen Zeitabschnitt zu sichern, ein schutzwürdiges, rechtliches Interesse daran hat, die geschuldete Unterhaltsleistung nicht für einen überlangen Zeitraum im Voraus entgegennehmen zu müssen, und hat den Zeitraum, in dem Vorauszahlungen auf den Unterhaltsanspruch eines geschiedenen Ehegatten stets Tilgungswirkung haben, **auf sechs Monate begrenzt** (vgl. BGH, NJW 1993, 2105 m. w. N.). Deshalb kann, auch wenn das Aufrechnungsverbot aus § 394 BGB nicht entgegensteht, gegen eine **noch nicht fällige** Unterhaltsforderung eines ehelichen Kindes, eines sonstigen Verwandten oder des getrennt lebenden Ehegatten allenfalls für einen Zeitraum von **drei Monaten,** gegen eine Unterhaltsforderung des geschiedenen Ehegatten allenfalls für einen Zeitraum von **sechs Monaten** in die Zukunft aufgerechnet werden. Soll sich die Aufrechnung auf einen längeren zukünftigen Zeitraum beziehen, muss die entsprechende Aufrechnungserklärung jeweils nach Ablauf eines Zeitraumes von drei bzw. sechs Monaten wiederholt werden. Hierzu reicht es jedoch aus, wenn der Unterhaltsschuldner nach erklärter Aufrechnung in den sich aus diesen Zeiträumen ergebenden Abständen den **Willen zum Ausdruck bringt**, dass er an der Aufrechnung **festhalten** will (vgl. BGH, a. a. O. sowie NJW 1972, 154).

g) Sonderproblem: Bankkonten

14 Kaum behandelt wurde bisher die Frage, ob der Unterhaltsgläubiger noch Pfändungs- und Aufrechnungsschutz genießt, wenn der ihm geschuldete Unterhaltsbetrag auf ein **Bankkonto** überwiesen worden ist und der Unterhaltsgläubiger aus dem Girovertrag mit seiner Bank Anspruch auf Gutschrift und Auszahlung des überwiesenen Betrages erworben hat. Das Landgericht in Bonn hatte sich mit einem Fall zu befassen, in dem der Unterhaltsschuldner wegen eines Kostenerstattungsanspruches das jeweilige **Guthaben** des Unterhaltsgläubigers auf dessen Bankkonto **gepfändet** und danach den geschuldeten rückständigen Unterhaltsbetrag auf dieses Bankkonto überwiesen hatte. Es hat entschieden, dass der Unterhaltsschuldner den auf diese Weise zur Erfüllung seiner Forderung gegen den Unterhaltsgläubiger erlangten Betrag an diesen zurückzahlen muss, weil er diesen Betrag durch **treuwidrige Umgehung** des Aufrechnungsverbotes aus § 394 BGB und deshalb **ohne Rechtsgrund** erlangt habe (vgl. LG Bonn, FamRZ 1996, 1486). Dies ist im Ergebnis sicher richtig. Allerdings war auch auszugehen, dass der Unterhaltsschuldner seine Schuld durch die Überweisung auf das Bankkonto, dessen jeweiliges Guthaben er selbst gepfändet hatte, gar nicht erfüllen konnte. Auch wenn man mit der h. M. die Banküberweisung als Erfüllung der Schuld und nicht lediglich als Leistung an Erfüllungs statt ansieht (vgl. Palandt/Heinrichs, BGB, § 362 Rn. 9 m. w. N.), hat die Zahlung durch Banküberweisung nur dann **Erfüllungswirkung,** wenn der Schuldner aufgrund des bisherigen Verhaltens des Gläubigers davon ausgehen durfte, dieser sei

mit einer Überweisung des geschuldeten Betrages auf das Bankkonto anstatt einer Barzahlung **einverstanden** (vgl. BGHZ 98, 30; Palandt/Heinrichs, BGB, § 362 Rn. 8 m. w. N.). Dieses Einverständnis wird regelmäßig **fehlen,** wenn das jeweilige Guthaben auf dem Bankkonto bereits von einem Gläubiger, der eine Forderung gegen den Unterhaltsgläubiger besitzt, gepfändet worden ist. Dies gilt erst recht, wenn der Unterhaltsschuldner selbst dieses Guthaben wegen einer anderen Forderung gegen den Unterhaltsgläubiger gepfändet hat. Es kann auch fehlen, wenn das Bankkonto des Unterhaltsgläubigers bereits einen hohen Debetsaldo aufweist und dieser deshalb befürchten muss, dass die Bank den als Unterhalt überwiesenen Betrag zur Tilgung dieses Debetsaldos verwendet.

Wenn die Unterhaltsforderung durch Banküberweisung erfüllt werden durfte, ist sie durch Überweisung des geschuldeten Betrages untergegangen. Dem Unterhaltsgläubiger steht nur noch der Anspruch auf Gutschrift des überwiesenen Betrages und Auszahlung des sich zu seinen Gunsten ergebenden Saldos gegen die Bank zu (vgl. Baumbach/Hopt, HGB, Anh. 7: Bankgeschäfte, Rn. C 13 – 21 m. w. N.). Bei diesen Ansprüchen handelt es sich nicht um Ansprüche, für die der **Pfändungsschutz** gem. § 850b Abs. 1 ZPO gilt. Die Bank wird deshalb durch § 394 BGB, § 850b ZPO nicht daran gehindert, mit ihren Ansprüchen aus dem Girovertrag wegen der Geschäftsbesorgung für den Unterhaltsgläubiger gegen dessen Anspruch auf Auszahlung des überwiesenen und gutgeschriebenen Unterhaltsbetrages aufzurechnen. Es handelt sich insoweit allerdings nicht lediglich um eine Verrechnung von unselbständigen Rechnungsposten zur Ermittlung der Anspruchshöhe, bei der Aufrechnungsverbote nicht anwendbar sind (vgl. insoweit BGH, NJW 1962, 1909; OLG Hamm, NJW 1970, 2269; Palandt/Heinrichs, BGB, § 387 Rn. 2), sondern um eine Aufrechnung, da die Einzelansprüche aus dem Girovertrag neben dem Saldoanspruch weiterbestehen und lediglich ihre Durchsetzbarkeit aufgehoben ist (vgl. insoweit Baumbach/Hopt, HGB, § 355 Rn. 7 m. w. N.).

15

Gem. § 850k ZPO kann der Unterhaltsgläubiger jedoch durch entsprechenden Antrag beim Vollstreckungsgericht erreichen, dass die **Pfändung eines Bankguthabens,** das durch Überweisung von in § 850b ZPO genannten Bezügen, also auch von gesetzlich geschuldeten Unterhaltsrenten, gebildet worden ist, aufgehoben wird, soweit das Guthaben der Höhe nach dem Betrag dieser Bezüge entspricht, der für die Zeit von der Pfändung bis zum nächsten Zahlungstermin gezahlt worden ist und ohne Bezahlung nicht pfändbar wäre. Dieser Pfändungsschutz gilt allerdings nur für Guthaben aus **wiederkehrenden Bezügen**, nicht für Guthaben aus einmaligen Zahlungen, deshalb auch nicht für Guthaben, die durch Einziehung von **Unterhaltsrückständen** im Wege der Zwangsvollstreckung gebildet worden sind (vgl. BGH, NJW 1991, 839; Zöller/Stöber, ZPO, § 850k Rn. 5). Soweit der Unterhaltsgläubiger gem. § 850k ZPO Pfändungsschutz beanspruchen kann, wird man davon ausgehen dürfen, dass der Anspruch auf Auszahlung des Guthabens gegen die Bank auch als **unpfändbar** i. S. v. § 394 BGB anzusehen ist, obwohl im Gegensatz zu der Regelung in § 850b ZPO die Pfändung nicht erst durch das Vollstreckungsgericht zugelassen werden muss, sondern lediglich auf Antrag des Kontoinhabers vom Vollstreckungsgericht wieder aufgehoben werden kann. Dann ist es der Bank gem. § 394 BGB untersagt, mit ihren Ansprüchen aus dem Girovertrag gegen ein Guthaben des Unterhaltsgläubigers aufzurechnen, für das dieser Pfändungsschutz gem. § 850k ZPO verlangen könnte, wenn ein anderer Gläubiger dieses Guthaben pfänden würde; sie muss also den entsprechenden Betrag an den Unterhaltsgläubiger auch dann **auszahlen,** wenn dessen Bankkonto einen **Debetsaldo** aufweist, den der Unterhaltsgläubiger eigentlich ausgleichen müsste. Anderenfalls wäre der Schutz, den § 850k ZPO dem Kontoinhaber gewähren will, **unvollständig** und in vielen Fällen nicht erreichbar.

16

h) Zurückbehaltungsrecht

Soweit nach den vorstehenden Ausführungen die Aufrechnung gegen eine Unterhaltsforderung nicht zulässig ist, kann gegenüber der Unterhaltsforderung auch **kein Zurückbehaltungsrecht** wegen anderer Forderungen des Unterhaltsschuldners geltend gemacht werden, da das Zurückbehaltungsrecht die gleiche Wirkung wie eine Aufrechnung hätte (Soergel/Zeiss, BGB, § 394 Rn. 1; MüKo/von Feldmann, BGB, § 394 Rn. 4; RGRK/Weber, BGB, § 394 Rn. 23).

17

4. Aufrechnungsverträge

18 Nach allgemeiner Auffassung kann die Aufrechnung auch durch **Vertrag** vereinbart und vollzogen werden. Die allgemeinen Voraussetzungen der einseitigen Aufrechnung müssen bei solchen Verträgen nicht vorliegen. Insbesondere ist **Gegenseitigkeit** der beiden Forderungen **nicht erforderlich**, so dass auch die Forderung eines **Dritten** verwendet werden kann, wenn der Vertragspartner, der sie verwenden will, über die Forderung verfügen kann (vgl. RGZ 72, 377; BGH, NJW 1985, 2409; MüKo/von Feldmann, BGB, § 387 Rn. 32; Palandt/Heinrichs, BGB, § 387 Rn. 20).

19 Soweit der Unterhaltsanspruch des Kindes gem. § 1629 Abs. 2 und 3 BGB von einem Elternteil in eigenem Namen geltend gemacht werden muss, kann dieser Elternteil mit dem Unterhaltsschuldner deshalb auch vereinbaren, dass mit dem Unterhaltsanspruch des Kindes gegen eine Forderung des Unterhaltsschuldners aufgerechnet wird, die sich nicht gegen das Kind, sondern gegen den Elternteil selbst richtet.

20 Auch **ungleichartige**, z. B. auf unterschiedliche Währungen lautende Forderungen können durch Vertrag gegeneinander aufgerechnet werden (vgl. MüKo/von Feldmann, a. a. O., m. w. N.; Palandt/Heinrichs, a. a. O.). An sich können beim Aufrechnungsvertrag auch die **Fälligkeit** und **Erfüllbarkeit** der beteiligten Forderungen fehlen (vgl. RGZ 104, 188; BGH, NJW 1970, 42; Palandt/Heinrichs, BGB, § 387 Rn. 20). Insoweit gilt jedoch bei **Unterhaltsforderungen** eine **Ausnahme**. Da für Unterhaltsforderungen zum Schutz des Unterhaltsgläubigers das Aufrechnungsverbot aus § 394 BGB gilt, kann beim Aufrechnungsvertrag auf Fälligkeit und Erfüllbarkeit nur für die Forderung verzichtet werden, die **keine** Unterhaltsforderung ist. Dagegen verbietet § 394 BGB, dass in einem Aufrechnungsvertrag mit einer oder gegen eine noch nicht fällige Unterhaltsforderung aufgerechnet wird. Bereits fällige Unterhaltsforderungen sind nur deshalb nicht betroffen, weil der Unterhaltsgläubiger über seine Forderung frei verfügen kann und deshalb mit der Forderung auch einseitig gegen die gegen ihn gerichtete Forderung aufrechnen könnte (vgl. Soergel/Zeiss, BGB, § 394 Rn. 1; MüKo/von Feldmann, BGB, § 394 Rn. 6; RGRK/Weber, BGB, § 394 Rn. 32).

II. Abtretung

21 Die Abtretung ist ein **Verfügungsvertrag**, der bewirkt, dass die Forderung ohne weitere Handlungen vom bisherigen auf den neuen Gläubiger übergeht. Eine Mitwirkung des Schuldners bei der Abtretung ist nicht erforderlich; die Abtretung bedarf auch nicht seiner **Zustimmung** (vgl. Soergel/Zeiss, BGB, § 398 Rn. 1; Palandt/Heinrichs, BGB, § 398 Rn. 3 und 4). Zwischen dem Schuldner und dem ursprünglichen Gläubiger kann jedoch **vereinbart** werden, dass die Wirksamkeit der Abtretung von besonderen Erfordernissen, etwa der Zustimmung des Schuldners oder einer Abtretungsanzeige an den Schuldner abhängt (vgl. Palandt/Heinrichs, BGB, § 399 Rn. 8 m. w. N.).

22 Der Abtretungsvertrag kann, wenn keine bestimmte Form gesetzlich vorgeschrieben oder zwischen dem Schuldner und dem ursprünglichen Gläubiger vereinbart worden ist, **formfrei** geschlossen werden; auch eine stillschweigende Abtretung ist dann möglich (vgl. BGH, MDR 67, 398; Soergel/Zeiss, BGB, § 398 Rn. 1, 2; Palandt/Heinrichs, BGB, § 398 Rn. 7).

Für die Abtretung einer Unterhaltsforderung gelten jedoch die folgenden **Besonderheiten:**

1. Naturalleistungen

23 Haben Eltern unverheirateter Kinder gem. § 1612 Abs. 2 BGB in wirksamer Weise bestimmt, dass sie den Unterhalt in **anderer Weise** als durch Zahlung einer monatlichen Unterhaltsrente gewähren, kann das unterhaltsberechtigte Kind, auch wenn es volljährig ist, den Unterhaltsanspruch gegen seine Eltern nicht abtreten. Die Abtretung eines solchen Unterhaltsanspruches ist durch § 399 BGB ausgeschlossen, weil sich der **Inhalt** des Anspruches **ändern** würde, wenn die Eltern ihre Naturalleistungen zur Unterhaltsgewährung, z. B. Wohnungsgewährung oder die Verpflegung im gemeinsamen Haushalt einer anderen Person als ihrem eigenen Kind zukommen lassen müssten (vgl. Staudinger/Kaduk, BGB, § 399 Rn. 57; Palandt/Heinrichs, BGB, § 399 Rn. 4).

2. Unpfändbare Forderungen

Nach § 400 BGB ist die Abtretung einer Forderung ausgeschlossen, soweit diese Forderung nicht der Pfändung unterworfen ist. Für solche Forderungen schließt § 1274 Abs. 2 BGB auch die rechtsgeschäftliche Verpfändung durch den Gläubiger aus. Aufgrund der Regelungen in § 850b Abs. 1 und 2 ZPO sind Unterhaltsforderungen als unpfändbar anzusehen. Deshalb ist die **Abtretung** oder rechtsgeschäftliche **Verpfändung** einer Unterhaltsforderung i. d. R. **nicht möglich** (vgl. Staudinger/Kaduk, BGB, § 400 Rn. 3 und 8; MüKo/Roth, BGB, § 399 Rn. 9; Palandt/Heinrichs, BGB, § 399 Rn. 4). Da dieses Abtretungs- und Verpfändungsverbot auf der Unpfändbarkeit der Unterhaltsforderung beruht, besteht es ebenso wie dieser Pfändungsschutz nicht lediglich im Interesse des Unterhaltsgläubigers, sondern auch im **Interesse der Allgemeinheit**. Es darf deshalb nicht durch Vereinbarungen umgangen werden, die im Ergebnis einer Abtretung gleichkommen. Unzulässig ist deshalb auch die Erteilung einer **Einziehungsermächtigung** durch den Unterhaltsgläubiger, auch wenn diese lediglich widerruflich erteilt wird (vgl. RGZ 146, 398 und BGHZ 4, 153) oder eine Vereinbarung über die **Verwaltung** der Unterhaltsforderung durch eine andere Person zum Zwecke der Befriedigung von anderen Gläubigern (vgl. OLG Celle, OLGZ 71, 345; Palandt/Heinrichs, BGB, § 400 Rn. 1).

24

Ebenso wie das Aufrechnungsverbot gem. § 394 BGB gilt auch das Abtretungsverbot gem. § 400 BGB nicht nur für den gesetzlichen Anspruch auf Zahlung einer laufenden Unterhaltsrente, sondern für **sämtliche** Ansprüche, die im Rahmen und aufgrund einer gesetzlichen Unterhaltsverpflichtung bestehen (vgl. Rn. 7).

3. Sonderfälle

Das Abtretungsverbot gem. § 400 BGB ist jedoch nach seinem Zweck **unanwendbar,** wenn die Abtretung an eine Person oder Institution erfolgt, von der der Unterhaltsgläubiger aufgrund gesetzlicher oder vertraglicher Verpflichtung eine seinem Unterhaltsanspruch **wirtschaftlich gleichwertige Leistung** erhalten hat oder erhalten wird, also eine Leistung, durch die in gleicher Weise wie durch die Unterhaltsforderung die Lebensbedürfnisse des Unterhaltsgläubigers bestritten worden sind oder werden (vgl. BGHZ 4, 153; 13, 360 und 21, 112; OLG Köln, FamRZ 1995, 308; MüKo/Roth, BGB, § 400 Rn. 4; Palandt/Heinrichs, BGB, § 400 Rn. 3). Soweit allerdings die Ersatzleistung im Zeitpunkt der Abtretung noch nicht erbracht worden ist, ist die Abtretung nur zulässig, wenn sie unter der **aufschiebenden Bedingung** des Empfangs der Ersatzleistung erfolgt (vgl. BAG, NJW 1980, 1642; Staudinger/Kaduk, BGB, § 400 Rn. 18 m. w. N.; MüKo/Roth, BGB, § 400 Rn. 4).

25

Die Abtretung einer Unterhaltsforderung an einen **Arzt** zur Bestreitung der Kosten für die Behandlung des Unterhaltsgläubigers wird wegen **fehlender wirtschaftlicher Gleichwertigkeit** der beiden Leistungen als unzulässig angesehen (vgl. LG München, NJW 1976, 1796; Staudinger/Kaduk, BGB, § 400 Rn. 20; MüKo/Roth, BGB, § 400 Rn. 4); sie ist ausnahmsweise zulässig, wenn die Behandlungskosten als **Sonderbedarf** i. S. v. § 1613 Abs. 2 BGB anzusehen sind und der Unterhaltsgläubiger lediglich den Anspruch auf Erfüllung dieses Sonderbedarfes an den Arzt abtritt (vgl. LG Frankenthal, NJW-RR 1989, 1352 für die Kosten orthopädischer Schuhe).

26

4. Übergegangene Forderungen

Ist die Unterhaltsforderung vom ursprünglichen Gläubiger aufgrund gesetzlicher Bestimmung oder durch zulässige und wirksame Abtretung auf einen anderen Rechtsträger **übergegangen,** kann sie von diesem Rechtsträger **ohne** jede **Einschränkung** weiter abgetreten werden; das Abtretungsverbot aus § 400 BGB gilt für diese weitere Abtretung nicht mehr, da der neue Gläubiger der Unterhaltsforderung **nicht schutzbedürftig** ist (vgl. BGHZ 35, 327; BGH, Rpfleger 1982, 64; MüKo/Roth, BGB, § 400 Rn. 5; Palandt/Heinrichs, BGB, § 400 Rn. 3).

27

28 Besondere Probleme ergeben sich, wenn eine Unterhaltsforderung, die aufgrund gesetzlicher Regelung vom Unterhaltsgläubiger, der Sozialhilfeleistungen empfängt, auf den **Träger der Sozialhilfe** übergegangen ist, von dem Träger der Sozialhilfe wieder an den ursprünglichen Unterhaltsgläubiger abgetreten werden soll, damit dieser sie gegenüber dem Unterhaltsschuldner gerichtlich geltend machen kann. Diese Probleme werden innerhalb der Ausführungen zum gesetzlichen Forderungsübergang bei Unterhaltsforderungen dargestellt (vgl. Rn. 64 ff., 71).

5. Künftige Forderungen

29 Nach allgemeiner Ansicht können auch **künftige** Forderungen schon abgetreten werden (vgl. Staudinger/Kaduk, BGB, § 398 Rn. 43 und Palandt/Heinrichs, BGB, § 398 Rn. 11, jeweils m. w. N.). Dies kann allerdings für Unterhaltsforderungen nicht einschränkungslos gelten. Soweit nicht schon das Abtretungsverbot aus § 400 BGB entgegensteht, können sie nur abgetreten werden, soweit sie vom Unterhaltsschuldner im Voraus erfüllt und endgültig getilgt werden können, weil der Unterhaltsgläubiger nur in diesem zeitlichen Rahmen über die künftige Unterhaltsforderung verfügen kann (vgl. Rn. 13).

III. Gesetzlicher Forderungsübergang

1. Allgemeine Grundsätze

30 Personen, die wegen ihrer besonderen Lage, z. B. wegen körperlicher oder geistiger Gebrechen, ihren Lebensunterhalt aus eigenem Einkommen oder Vermögen nicht bestreiten können, haben wegen des **Sozialstaatsprinzips** Anspruch auf **staatliche Hilfe;** der Staat muss ihnen die Mindestvoraussetzungen für ein menschenwürdiges Leben gewährleisten (vgl. BVerfG, NJW 1975, 1691). Die Einzelheiten dieser Hilfe sind in verschiedenen Gesetzen geregelt, vor allem im BSHG, UVG, BaföG, SGB III, SGB VIII (früher AFG u. KJHG), BVG und WohngeldG.

Die staatlichen Leistungen treten in **Konkurrenz** zu den Unterhaltsansprüchen des Privatrechts; beide setzen Bedürftigkeit des Anspruchstellers voraus und sollen diese beheben. Die Leistungsgesetze müssen deshalb auch die Frage des Rangverhältnisses zwischen dem Anspruch auf staatliche Hilfe und etwaigen Unterhaltsansprüchen des Hilfeempfängers regeln. Dieses **Rangverhältnis** entscheidet sich danach, ob die Deckung eines bestimmten Bedarfs in einer besonderen Lebenslage in erster Linie als staatliche Aufgabe oder als Aufgabe der nächsten Angehörigen des Bedürftigen anzusehen ist.

31 Bestimmt das jeweilige Leistungsgesetz, dass die staatliche Leistung lediglich als **nachrangige** Hilfe gewährt werden soll, wie dies u. a. bei der Sozialhilfe, dem Unterhaltsvorschuss, bestimmten Pflegegeldern nach dem Jugendhilferecht, der Arbeitslosenhilfe und der Ausbildungsförderung der Fall ist, bleibt der Unterhaltsanspruch des Hilfeempfängers trotz des Anspruchs auf staatliche Hilfe **bestehen.** Damit der Hilfeempfänger nicht Leistungen über seine eigentliche Bedürftigkeit hinaus erhält, bestimmen die Leistungsgesetze in solchen Fällen auch, dass der Unterhaltsanspruch des Hilfeempfängers i. H. d. Beträge, die er als staatliche Hilfe erhält, **auf die staatliche Stelle übertragen** wird, die die Hilfe gewährt, damit diese mit den Leistungen des Unterhaltsschuldners ihre Ausgaben für die staatliche Hilfe wieder abdecken kann (vgl. im Einzelnen Künkel, FamRZ 1991, 14 ff.; Staudinger/Kappe, BGB, Vorb. vor § 1601 Rn. 155 – 201).

2. Rechtslage beim Bezug von Leistungen nach dem BSHG

a) Nachrangigkeit der Sozialhilfeleistungen

32 Gem. § 2 Abs. 1 BSHG erhält Sozialhilfe nicht, wer die erforderliche Hilfe von seinen Angehörigen erhält. § 2 Abs. 2 BSHG bestimmt, dass Unterhaltsverpflichtungen durch die Regelungen des BSHG nicht berührt werden. Damit ist die **Nachrangigkeit der Sozialhilfeleistungen** im Gesetz eindeutig festgelegt. Folgerichtig sehen §§ 90, 91 BSHG vor, dass Unterhaltsansprüche des Hilfe-

empfängers unter bestimmten Voraussetzungen auf den Träger der Sozialhilfe übergehen sollen. Dieser Anspruchsübergang ist allerdings gem. § 91 Abs. 1 BSHG bei Unterhaltsansprüchen gegen **Verwandte** auf die Unterhaltsschuldner beschränkt, die mit dem Hilfeempfänger **im ersten Grad** verwandt sind; Unterhaltsansprüche gegen Enkel oder Großeltern des Hilfeempfängers oder noch entferntere Verwandte sollen nicht auf den Träger der Sozialhilfe übergehen.

Streitig ist, wie sich bei diesen Unterhaltsansprüchen die Nachrangigkeit der Sozialhilfeleistungen auswirkt. Nach h. M. können auch diese Unterhaltsschuldner dem Unterhaltsgläubiger **nicht entgegenhalten,** ein Unterhaltsanspruch bestehe nicht, weil der Unterhaltsgläubiger Sozialhilfe beanspruchen könne und deshalb eine Bedürftigkeit nicht bestehe (vgl. BGH, FamRZ 1992, 41 und 1993, 417; Göppinger/Wax/van Els, Unterhaltsrecht, Rn. 1647 m. w. N.; Staudinger/Kappe, BGB, § 1602 Rn. 76 m. w. N.). Soweit der Unterhaltsgläubiger jedoch schon Sozialhilfeleistungen erhalten hat, kann er den Unterhaltsanspruch, der nicht auf den Träger der Sozialhilfe übergehen konnte, auch selbst nicht weiter geltend machen. Die Sozialhilfeleistungen haben auch diesen Unterhaltsanspruch **erfüllt** (vgl. OLG Hamburg, FamRZ 1992, 713; OLG Köln, FamRZ 1997, 1101; Kalthoener/Büttner/Niepmann, Die Rechtsprechung zur Höhe des Unterhalts, Rn. 565; Hampel, FamRZ 1996, 513). Nach a. A. kann dem Unterhaltsgläubiger jedenfalls vom Unterhaltsschuldner der **Einwand unzulässiger Rechtsausübung** entgegengehalten werden, soweit er Erfüllung seines Unterhaltsanspruches verlangt, obwohl sein Bedarf durch Sozialhilfeleistungen bereits gedeckt worden ist und er deshalb eine Doppelzahlung erstrebt (vgl. BGH, FamRZ 1993, 417; Wendl/Staudigl/Scholz, Das Unterhaltsrecht in der familienrechtlichen Praxis, § 6 Rn. 567 – 569). Aufgrund einer neuen Entscheidung des BGH ist allerdings zweifelhaft, ob dies weiterhin ohne Einschränkungen gelten kann (vgl. Rn. 61). 33

Der Unterhaltsgläubiger hat jedoch **kein Wahlrecht,** ob er zur Deckung seines Bedarfes Sozialhilfe in Anspruch nehmen und seine entfernten Verwandten schonen will oder ob er von diesen Unterhalt fordert und auf Sozialhilfeleistungen verzichtet (vgl. Staudinger/Kappe, BGB, § 1602 Rn. 76 u. 77; Göppinger/Wax/van Els, Unterhaltsrecht, Rn. 1647; Kalthoener/Büttner/Niepmann, Die Rechtsprechung zur Höhe des Unterhalts, Rn. 565; a. A. Uhlenbruch, FamRZ 1982, 664). Da jedoch regelmäßig die Voraussetzungen eines Unterhaltsanspruches gegen diese entfernten Verwandten und die Möglichkeit, einen Unterhaltsanspruch bei diesen auch durchzusetzen, nicht so eindeutig vorliegen werden, dass der Träger der Sozialhilfe die bei ihm beantragten Leistungen unter Hinweis auf diese Unterhaltsansprüche ablehnen könnte, verfügt der Hilfsbedürftige im Regelfall doch über eine **tatsächliche Wahlmöglichkeit,** ob er seinen Lebensbedarf durch Sozialhilfeleistungen oder durch Unterhaltszahlungen dieser entfernten Verwandten bestreiten will. 34

b) Rechtslage bis zum 27. 6. 1993

Bis zum 27. 6. 1993 bestimmten die §§ 90, 91 BSHG, dass der Sozialhilfeträger den Unterhaltsanspruch des Hilfeempfängers durch **schriftliche Anzeige** gegenüber dem Unterhaltsschuldner für die Zeit, in der der Sozialhilfeträger die Hilfe gewährt, auf sich **übertragen** konnte. Die praktische Bedeutung dieser Regelungen heute ist jedoch nur noch gering. 35

c) Rechtslage ab dem 27. 6. 1993

Durch Gesetz v. 23. 6. 1993 (BGBl. 1993 I S. 944) sind die Regelungen in § 91 BSHG mit Wirkung **ab dem 27. 6. 1993** völlig umgestaltet und der schon gem. § 37 BAföG und § 7 UVG bestehenden Gesetzeslage angeglichen worden (vgl. im Einzelnen Scholz, FamRZ 1994, 1; Münder, NJW 1994, 494; Künkel, FamRZ 1994, 540; Waltermann, NJW 1996, 1644 sowie Hampel, FamRZ 1996, 513). Diese neuen Regelungen sind durch Gesetz v. 23. 7. 1996 (BGBl. 1996 I S. 1088) mit Wirkung **ab dem 1. 8. 1996** wiederum in allen vier Absätzen geändert worden (vgl. zu diesen Änderungen Künkel, FamRZ 1996, 1509). Durch das im Juni 2001 verabschiedete SGB IX (BGBl. 2001 I S. 1046 ff.) ist § 91 BSHG mit Wirkung ab dem 1. 1. 2002 nochmals geändert worden (vgl. hierzu Rn. 60 a. E.). Am 1. 1. 2003 ist außerdem das **Gesetz über eine bedarfsorientierte Grundsicherung im Alter und bei Erwerbsminderung** in Kraft getreten (BGBl. 2001 I S. 1310, 1335 36 sowie 2002 I S. 1462, 2690). Seine neuen Regelungen sollen an dieser Stelle bereits kurz dargestellt werden. Das Gesetz führt eine **neue, eigenständige Sozialleistung** ein. Grund für deren Einführung war insbesondere die Furcht älterer Menschen vor dem Rückgriff der Sozialhilfeträger auf die Unterhaltsansprüche gegen ihre Kinder, die diese Menschen häufig davon abgehalten hat, ihnen zustehende Sozialhilfeleistungen zu beantragen. Anspruchsberechtigt sind volljährige Personen, die wenigstens 65 Jahre alt oder auf Dauer voll erwerbsgemindert i. S. v. § 43 Abs. 2 SGB VI sind (vgl. § 1 GSiG). Der Anspruch setzt voraus, dass die Person ihren Lebensunterhalt nicht aus ihrem Einkommen und Vermögen beschaffen kann (vgl. § 2 GSiG). Neben dem eigenen Einkommen und Vermögen des Anspruchstellers ist auch das Einkommen und Vermögen seines mit ihm zusammenlebenden Ehegatten oder Partners in einer eheähnlichen Lebensgemeinschaft zu berücksichtigen. Der gleichgeschlechtliche Partner einer eingetragenen Lebenspartnerschaft wird im Gesetz nicht erwähnt, so dass zweifelhaft ist, ob sein Einkommen und Vermögen berücksichtigt werden kann. Die Leistungen nach dem Gesetz entsprechen weitgehend der Sozialhilfe (vgl. § 3 GSiG); gewährt werden ein Regelsatz zzgl. eines pauschalen Zuschlags von 15 % für einmalige Leistungen sowie zusätzliche Hilfen für die Kosten der Unterkunft und Heizung, ggf. auch ein pauschaler Zuschlag für den Mehrbedarf als Schwerbehinderter. In besonderen Fällen kann zusätzlich noch ein Anspruch auf ergänzende Sozialhilfe bestehen, z. B. unter den Voraussetzungen von § 15a BSHG. Zum Einkommen und Vermögen des Anspruchstellers gehören grds. auch **Unterhaltszahlungen**, die dieser erhält, sowie dessen **Unterhaltsansprüche**. Tatsächlich geleistete Unterhaltszahlungen sind stets zu berücksichtigen, unabhängig davon, wer sie leistet und ob sie auf einer gesetzlichen Verpflichtung beruhen; sie beseitigen oder mindern den Leistungsanspruch. Hinsichtlich der Unterhaltsansprüche bestimmt § 2 Abs. 1 Satz 3 GSiG, dass solche gegen **Eltern** und **Kinder** unberücksichtigt bleiben, sofern deren jährliches Gesamteinkommen nach § 16 SGB IV (das ist die Summe der Einkünfte des Einkommensteuerrechts) unter 100.000 € liegt. Es besteht eine widerlegbare Vermutung dafür, dass diese Einkommensgrenze nicht überschritten wird. Erst wenn für das Gegenteil hinreichende Anhaltspunkte vorliegen, kann der Grundsicherungsträger auch von den Eltern bzw. Kindern des Anspruchstellers Auskunft über deren Einkommen und Vermögen verlangen (vgl. § 2 Abs. 2 GSiG). Unterhaltsansprüche gegen Verwandte **zweiten oder höheren Grades** bleiben entsprechend § 91 Abs. 1 Satz 3 BSHG ebenfalls unberücksichtigt, ohne dass für diese eine Einkommensgrenze gilt; dass eine diesbezügliche Regelung im GSiG fehlt, stellt eine planwidrige Gesetzeslücke dar, die sich aus der Entstehungsgeschichte des GSiG erklärt. Soweit die Unterhaltsansprüche gegen diese Personen nicht zu berücksichtigen sind, stellen die Leistungen nach dem GSiG eine **vorrangige staatliche Leistung** dar, die die Unterhaltsbedürftigkeit des Anspruchstellers gegenüber diesen Personen aufhebt oder mindert; diese Personen können als Unterhaltsschuldner den Anspruchsteller darauf verweisen, die staatliche Leistung in Anspruch zu nehmen und dadurch seine Unterhaltsbedürftigkeit ihnen gegenüber zu beheben bzw. zu mindern. Soweit Unterhaltsansprüche beim Einkommen und Vermögen des Anspruchstellers zu berücksichtigen sind (das sind insbesondere die Unterhaltsansprüche gegen den getrennt lebenden oder geschiedenen **Ehegatten** oder den **Partner** einer eingetragenen, gleichgeschlechtlichen Lebenspartnerschaft), sind sie gegenüber den Leistungen des GSiG vorrangig und beseitigen oder mindern die Anspruchsberechtigung des Anspruchstellers nach diesem Gesetz. Schwierigkeiten für das Verhältnis zwischen den Leistungen nach diesem Gesetz und zu berücksichtigenden Unterhaltsansprüchen ergeben sich, wenn diese Unterhaltsansprüche nach Grund oder Höhe noch nicht feststehen, z. B. noch nicht tituliert sind oder ihre Erfüllung ungewiss, z. B. im Wege der Zwangsvollstreckung zur Zeit nicht durchsetzbar sind. Das GSiG kennt nämlich **keinen Übergang** dieser Unterhaltsansprüche auf den Grundsicherungsträger für den Fall, dass dieser Leistungen erbringt, die nicht zu bewirken wären, wenn der Unterhaltsanspruch bestünde bzw. erfüllt würde. Nach bisher h. M. sind diese Schwierigkeiten dadurch zu beseitigen, dass auch bei nach Grund oder Höhe noch ungewissen bzw. zur Zeit nicht durchsetzbaren, an sich zu berücksichtigenden Unterhaltsansprüchen der Anspruch auf Leistungen nach dem GSiG versagt und der Anspruchsteller **auf Sozialhilfe verwiesen** wird. Bei Gewährung von Sozialhilfe gehen nämlich auch die ungewissen oder noch nicht durchsetzbaren Unterhaltsansprüche i. d. R. gem. § 91 BSHG auf den leistenden Sozialhilfeträger über (vgl. Rn. 37 ff.). Im Einzelnen wird zu den Regelungen des GSiG und ihrer Bedeutung für Unterhaltsansprüche des Anspruchstellers ergänzend verwiesen auf: Münder, NJW 2002, 3661 ff.; Klinkhammer, FamRZ 2002, 997 ff. und Steymans, FamRZ 2002, 1687 ff.

aa) Allgemeines

Nach der ab dem 27. 6. 1993 geltenden Gesetzeslage gehen Unterhaltsansprüche des Hilfeempfängers gegen den Ehegatten oder Verwandte ersten Grades **kraft Gesetzes** auf den Sozialhilfeträger über. Die Regelung gem. § 90 BSHG über die Überleitung von Ansprüchen durch den Sozialhilfeträger gilt nur noch für Ansprüche weiter, die **keine** Unterhaltsansprüche sind, z. B. für den Anspruch auf Herausgabe eines Geschenks gem. § 528 BGB (vgl. BGHZ 125, 283), den vertraglichen Anspruch auf Unterhaltsgewährung als Gegenleistung für die Übertragung von Vermögensgegenständen (vgl. BVerwG, NJW 1994, 64), einen Schadensersatzanspruch auf Ersatz für entzogene Unterhaltsleistungen gem. § 844 Abs. 2 BGB (vgl. BGH, NJW 1992, 115) oder den Anspruch der Mutter eines nichtehelichen Kindes auf Erstattung der Entbindungskosten gem. § 1615k BGB i. d. F. bis zum 30. 6. 1998 (vgl. BVerwG, NJW 1990, 401). Der Forderungsübergang erfolgt auch, wenn die Sozialhilfe lediglich als **Darlehen** gewährt wird. Der Sozialhilfeträger ist in diesem Fall verpflichtet, zunächst den Unterhaltsschuldner durch Geltendmachung der übergegangenen Forderung zur Erstattung seiner Aufwendungen heranzuziehen. Gelingt dies, kann er vom Hilfeempfänger nicht mehr Rückzahlung des Darlehens verlangen. Gelingt dies wegen Versäumnissen des Sozialhilfeträgers nicht, kann dem Darlehensrückzahlungsanspruch vom Hilfeempfänger der **Einwand unzulässiger Rechtsausübung** entgegengehalten werden (vgl. OLG Hamm, FamRZ 2001, 1237). 37

Der Forderungsübergang gilt auch für Unterhaltsansprüche, die in der Zeit **vor dem 27. 6. 1993 entstanden** sind, jedoch vom Sozialhilfeträger noch nicht übergeleitet worden waren (vgl. BGH, NJW 1995, 3391 m. w. N.). Waren diese Unterhaltsansprüche jedoch vom Hilfeempfänger **bereits rechtshängig** gemacht worden, bewirkt der Forderungsübergang nach Rechtshängigkeit wie in allen anderen derartigen Fällen lediglich, dass der Hilfeempfänger die Klage auf Zahlung an den Sozialhilfeträger umstellen muss, soweit der Unterhaltsanspruch übergegangen ist (vgl. BGH, FamRZ 1995, 1131; OLG Karlsruhe, NJW-RR 1995, 1285; OLG Hamm, FamRZ 1997, 1405); der Hilfeempfänger kann und muss gem. §§ 265, 325 ZPO den Rechtsstreit weiterführen. Bestand für diese Unterhaltsansprüche bereits ein **Vollstreckungstitel** zu Gunsten des Hilfeempfängers, kann der Sozialhilfeträger gem. § 727 ZPO beantragen, dass ihm als Rechtsnachfolger des Hilfeempfängers eine vollstreckbare Ausfertigung erteilt wird (OLG Stuttgart, FamRZ 1981, 596 u. OLG Hamm, FamRZ 1981, 915 für den bis zum 27. 6. 1993 bestehenden Rechtszustand; OLG Düsseldorf, FamRZ 1997, 826). 38

Zum **Nachweis der Rechtsnachfolge** durch öffentliche oder öffentlich beglaubigte Urkunden gem. § 727 ZPO genügt eine Aufstellung des Sozialhilfeträgers über die Aufwendungen für den Hilfeempfänger, in der die monatlichen Leistungen im Einzelnen angegeben und aufgelistet werden (vgl. OLG Zweibrücken, FamRZ 1997, 1092; a. A. OLG Hamburg, FamRZ 1997, 1489). 39

Mit einer derartigen Aufstellung erklärt der Sozialhilfeträger als Behörde gem. § 418 ZPO, dass die aufgelisteten Sozialhilfeleistungen bewilligt und ausgezahlt worden sind. Der Vorlage von Zahlungsbelegen für die Auszahlungen bedarf es deshalb nicht; sie wären im Regelfall auch keine öffentlichen oder öffentlich beglaubigten Urkunden. 40

Infolge des Forderungsüberganges kraft Gesetzes ist seit dem 27. 6. 1993 im Verfahren über den Unterhaltsanspruch von den **Familiengerichten** zu überprüfen, ob es zum Forderungsübergang auf den Sozialhilfeträger gekommen ist; es geht insoweit um die allgemeine, zivilrechtliche Frage, wer **Gläubiger** des rechtshängigen Anspruchs ist. Eine Überprüfung des Forderungsübergangs im Widerspruchsverfahren oder durch Klage vor dem Verwaltungsgericht findet nicht mehr statt; dies wird durch § 91 Abs. 4 BSHG lediglich klargestellt (vgl. Münder, NJW 1994, 494; Künkel, FamRZ 1994, 540; Heiß/Hußmann, Unterhaltsrecht, Kap. 16, S. 5). Streitig ist, ob der Forderungsübergang 41 auch voraussetzt, dass die Sozialhilfe **zu Recht** geleistet worden ist bzw. wird (so Münder, NJW 2001, 2201; a. A. Heiß/Hußmann, Unterhaltsrecht, Kap. 16, S. 12; Göppinger/Wax/van Els, Unterhaltsrecht, Rn. 1731; Wendl/Staudigl/Scholz, Das Unterhaltsrecht in der familienrechtlichen Praxis, § 6 Rn. 503). Die Streitfrage hat m. E. nur theoretische Bedeutung. War der Hilfeempfänger in Wirklichkeit nicht bedürftig, so dass ihm die Sozialhilfe hätte verweigert werden müssen, bestand auch kein Unterhaltsanspruch, der übergehen konnte.

bb) Übergang der Ansprüche gem. § 91 Abs. 1 BSHG

42 Gem. § 91 Abs. 1 BSHG geht der Unterhaltsanspruch auf den Sozialhilfeträger über, der dem Unterhaltsgläubiger die Hilfe gewährt; dies ist je nach Art der gewährten Hilfe entweder der **örtliche Träger** gem. § 96 Abs. 1 BSHG oder der vom jeweiligen Bundesland bestimmte **überörtliche Träger** gem. § 96 Abs. 2 BSHG, dessen Aufgaben sich im Wesentlichen aus § 100 BSHG ergeben (vgl. im Einzelnen Heiß/Hußmann, a. a. O.).

43 Der Unterhaltsanspruch geht nur **bis zur Höhe der Aufwendungen** des Sozialhilfeträgers auf diesen über. Weitergehende Unterhaltsansprüche verbleiben beim Hilfeempfänger. Die **Ermittlung der Aufwendungen,** wegen denen der Forderungsübergang überhaupt erfolgen kann, und ihrer Höhe, durch die der Forderungsübergang begrenzt wird, ist nicht immer einfach. Deshalb wird es für zulässig gehalten, dass der Hilfeempfänger für die Zeit **ab Rechtshängigkeit** in vollem Umfang Zahlung an den Sozialhilfeträger verlangt, wenn die Höhe der im Einzelnen gezahlten Sozialhilfe ungewiss und nur unter Schwierigkeiten feststellbar ist (OLG Hamm, FamRZ 1997, 1405). Aus den allgemeinen Grundsätzen, die die Nachrangigkeit der Sozialhilfeleistungen begründen, ergibt sich auch, dass solche Aufwendungen für Hilfeleistungen beim Forderungsübergang **unberücksichtigt** bleiben müssen, die über eine Unterhaltsgewährung nach bürgerlichem Recht hinausgehen. Dies kann bei Hilfen gem. §§ 15a, 30, 37a, 37b, 40 Abs. 1 Nr. 6, 40 Abs. 2 u. 70 BSHG in Betracht kommen, wenn der Hilfeempfänger entsprechende Zahlungen vom Unterhaltsschuldner als Unterhaltsleistungen nicht hätte verlangen können (vgl. Münder, NJW 1990, 2031 und NJW 2001, 2201; Künkel, FamRZ 1994, 540; Hampel, FamRZ 1996, 513). Keine Schwierigkeiten ergeben sich, wenn **Hilfe zum Lebensunterhalt** gem. §§ 11 ff. BSHG gewährt wird, weil diese Leistungen wie der geschuldete Unterhalt den laufenden Unterhaltsbedarf des Hilfeempfängers in dem Zeitraum, für den sie gezahlt werden, decken sollen.

44 **Einmalige Leistungen** gem. § 21 BSHG, z. B. Zahlungen zur Beschaffung von Bekleidung, Hausrat oder Heizmaterial oder zur Deckung der Kosten für die Wohnungsinstandhaltung müssen auf einen längeren Zeitraum verteilt werden. Die Länge dieses Verteilungszeitraumes ist umstritten (vgl. im Einzelnen OLG Hamburg, FamRZ 1991, 1298; Münder, NJW 1994, 494; Künkel, FamRZ 1994, 540; Fröhlich, FamRZ 1995, 772). Ein längerer **Verteilungszeitraum** als der eines Jahres wird nicht in Betracht kommen. Dem praktischen Bedürfnis nach einem eindeutigen Verteilungsmaßstab wird Rechnung getragen, wenn solche einmaligen Leistungen in entsprechender Anwendung von § 21 Abs. 2 BSHG auf den Monat der Auszahlung und die nachfolgenden sechs Monate verteilt werden, es sei denn, dass sich aus der Zweckbestimmung und Höhe der einmaligen Leistungen eindeutig ein kürzerer Verteilungszeitraum ableiten lässt (ebenso Heiß/Hußmann, Unterhaltsrecht, Kap. 16, S. 16). Leistungen zur Deckung der **Unterkunftskosten für mehrere Personen** einer Bedarfsgemeinschaft, die vom Sozialhilfeträger nicht auf die einzelnen Personen aufgeteilt worden sind, sind nach Kopfteilen aufzuteilen (vgl. BVerwG, NJW 1989, 313; Heiß/Hußmann, Unterhaltsrecht, Kap. 16, S. 17, 18 m. w. N.) oder im Verhältnis von 2: 1, wenn sie zwischen Erwachsenen und minderjährigen Kindern, die in einer Haushaltsgemeinschaft leben, aufgeteilt werden müssen (vgl. Künkel, FamRZ 1994, 540).

45 Der Forderungsübergang erfolgt für die Zeit der Hilfegewährung; Hilfegewährung und übergehender Unterhaltsanspruch müssen sich deshalb **zeitlich entsprechen.** Als Zeitpunkt des Beginns der Hilfegewährung ist der Zeitpunkt anzusehen, in dem die Hilfeleistung vom Sozialhilfeträger formlos oder durch Bescheid bewilligt worden ist (vgl. BGH, NJW 1986, 724 und 1992, 1393; Heiß/ Hußmann, Unterhaltsrecht, Kap. 16, S. 19). Erfolgt die Hilfegewährung durch **Sachleistungen,**

z. B. durch Heimunterbringung oder Krankenhilfe gem. § 37 BSHG, kommt es für den Forderungsübergang ebenfalls auf den Zeitpunkt der Leistungsbewilligung, z. B. den Zeitpunkt der Ausstellung des Behandlungsscheines durch das Sozialamt bei Krankenhilfe, und nicht auf den Zeitpunkt an, in dem der Sozialhilfeträger Zahlungen für den Hilfeempfänger leisten muss (vgl. Heiß/Hußmann, a. a. O.).

Der Forderungsübergang ist auf die Zeit der Hilfegewährung begrenzt. Wird die Hilfe für einen kurzen Zeitraum **unterbrochen** und danach erneut gewährt, geht der Unterhaltsanspruch für die Zeit, in der keine Hilfe gewährt wurde, nicht auf den Sozialhilfeträger über. Da der Forderungsübergang kraft Gesetzes eintritt, bedurfte es einer Regelung wie in § 90 Abs. 2 BSHG für Unterhaltsansprüche nicht mehr (vgl. Künkel, FamRZ 1994, 540). 46

§ 91 Abs. 1 Satz 2 BSHG, nach dem der Forderungsübergang ausgeschlossen ist, soweit der Unterhaltsanspruch vom Unterhaltsschuldner **durch laufende Zahlung** erfüllt wird, hat nur die klarstellende Bedeutung, dass der Unterhaltsschuldner die Möglichkeit hat, den **gegenwärtigen und zukünftigen** Unterhaltsanspruch des Hilfeempfängers bei Fälligkeit durch Zahlungen an diesen zu erfüllen, obwohl der Sozialhilfeträger gem. § 91 Abs. 3 BSHG gegen ihn auch Klage auf zukünftige Leistung erheben kann (vgl. Heiß/Hußmann, Unterhaltsrecht, Kap. 16, S. 19 – 22). Da der Forderungsübergang auf die Zeit der Hilfegewährung begrenzt ist, kann der Unterhaltsanspruch des Hilfeempfängers für künftige Zeiträume, für die er noch keine Hilfe vom Sozialhilfeträger erhalten hat, noch nicht auf den Sozialhilfeträger übergegangen sein, so dass der Unterhaltsschuldner gegenüber dem wirklichen Unterhaltsgläubiger erfüllt, wenn er den geschuldeten Unterhalt bei Fälligkeit an den Hilfeempfänger zahlt. Soweit der Unterhaltsschuldner **rückständige Unterhaltsbeträge** an den Hilfeempfänger zahlt, obwohl dieser für denselben Zeitraum Sozialhilfeleistungen bezogen hat, befreit ihn diese Zahlung gem. §§ 407 Abs. 1, 412 BGB von seiner Unterhaltsschuld, wenn ihm der Sozialhilfebezug durch den ursprünglichen Unterhaltsgläubiger und damit der Forderungsübergang im Zeitpunkt der Zahlung **nicht bekannt** war, insbesondere die Hilfegewährung nicht durch den Sozialhilfeträger angezeigt worden war. An die Kenntnis des Unterhaltsschuldners von dem Forderungsübergang sind keine hohen Anforderungen zu stellen (vgl. BGH NJW 1984, 607). § 91 Abs. 1 Satz 2 BSHG hat nicht die Bedeutung, dem Unterhaltsschuldner über die Regelung in §§ 407 Abs. 1, 412 BGB hinaus die Möglichkeit zu verschaffen, rückständige Unterhaltsbeträge trotz des Forderungsüberganges noch mit befreiender Wirkung an den ursprünglichen Unterhaltsgläubiger zahlen und den Sozialhilfeträger auf den Rückzahlungsanspruch gegen den Hilfeempfänger verweisen zu können (vgl. Heiß/Hußmann, a. a. O.; a. A. Scholz, FamRZ 1994, 1; Künkel, FamRZ 1994, 540; Derleder/Bartels, FamRZ 1995, 1111); dies ergibt sich bereits daraus, dass im Zeitpunkt der Zahlung des rückständigen Unterhaltsbetrages der Forderungsübergang schon eingetreten war, also nicht mehr ausgeschlossen werden kann. 47

§ 91 Abs. 1 Satz 3 BSHG schließt den Forderungsübergang aus, wenn der Unterhaltsschuldner zum Kreis der in §§ 11 Abs. 1 und 28 BSHG benannten Personen gehört; dies sind der nicht getrennt lebende Ehegatte des Hilfeempfängers, die minderjährigen Kinder des Hilfeempfängers oder seines Ehegatten, wenn sie mit diesen in einem Haushalt leben, sowie die außerhalb dieses Haushaltes lebenden, minderjährigen Kinder des Hilfeempfängers, die in einer Bedarfsgemeinschaft mit dem Hilfeempfänger leben, weil sie ihren Lebensunterhalt nicht selbst sicherstellen können. Gegenüber diesen Personen kann allenfalls ein **öffentlich-rechtlicher** Anspruch des Sozialhilfeträgers auf Aufwendungsersatz gem. §§ 11 Abs. 2, 29 Satz 2 und 43 Abs. 1 BSHG bestehen (vgl. Künkel, FamRZ 1994, 540; Heiß/Hußmann, Unterhaltsrecht, Kap. 16, S. 22, 23). 48

Gem. **§ 91 Abs. 1 Satz 3 2. Hs. BSHG** geht der Unterhaltsanspruch einer Schwangeren oder einer, ein noch nicht sechs Jahre altes, leibliches Kind betreuenden Hilfeempfängerin gegen ihre Eltern nicht auf den Sozialhilfeträger über. Diese Regelung geht auf eine Entscheidung des BVerfG zur Straflosigkeit des Schwangerschaftsabbruches zurück (vgl. BVerfG, NJW 1993, 1751) und soll der Schwangeren die Entscheidung für die Austragung des Kindes erleichtern. Der Ausschluss des For- 49 derungsübergangs gilt jedoch allgemein, also auch, wenn die Hilfeempfängerin einen Schwangerschaftsabbruch niemals erwogen hat (vgl. Künkel, FamRZ 1994, 540; Heiß/Hußmann, Unterhaltsrecht, Kap. 16, S. 25).

50   § 91 Abs. 1 Satz 4 BSHG verweist außerdem auf **§ 90 Abs. 4 BSHG** und schließt damit den Forderungsübergang aus, wenn der Hilfeempfänger neben der Hilfe zum Lebensunterhalt eine Entschädigung für Mehraufwendungen bei Arbeitsleistungen gem. §§ 19 Abs. 2 u. 20 Abs. 2 BSHG erhält. Weil die Regelung in § 90 Abs. 4 BSHG den Hilfeempfänger wegen des Einsatzes seiner Arbeitskraft besser stellen will als andere Hilfeempfänger, bezieht sich der Ausschluss des Forderungsüberganges auf die **gesamte Sozialhilfeleistung**, nicht nur auf die Entschädigung für Mehraufwendungen (vgl. Heiß/Hußmann, Unterhaltsrecht, Kap. 16, S. 26).

cc) Einschränkung des Übergangs zum Schuldnerschutz

51   **§ 91 Abs. 2 Satz 1 BSHG** schränkt den Forderungsübergang zum Schutz des Unterhaltsschuldners weiter ein. Die Regelung bewirkt, dass der Unterhaltsschuldner gegenüber dem Sozialhilfeträger sein Einkommen und Vermögen zur Erfüllung seiner Unterhaltspflicht gegenüber dem Hilfeempfänger nicht in weitergehendem Umfange einsetzen muss, als es ein Hilfeempfänger in gleicher Lage müsste, der selbst Sozialhilfeleistungen beanspruchen will. Die Regelung verhindert damit, dass der Unterhaltsschuldner durch Erfüllung der auf den Sozialhilfeträger übergegangenen Unterhaltsansprüche des Hilfeempfängers in seiner wirtschaftlichen Lage derart eingeschränkt werden kann, dass er selbst Sozialhilfeleistungen beanspruchen könnte, und verwirklicht damit einen **allgemeinen sozialhilferechtlichen Grundsatz,** der auch aus Art. 1 und 20 GG folgt (vgl. Künkel, FamRZ 1991, 14; 1994, 540 u. 1996, 1509 m. w. N.; Fröhlich, FamRZ 1995, 772; Hampel, FamRZ 1996, 513 m. w. N.). Wegen dieses Grundsatzes und der sich daraus ergebenden Regelung in § 91 Abs. 2 Satz 1 BSHG sind seit dem 27. 6. 1993 in zivilgerichtlichen Verfahren über einen Unterhaltsanspruch bei Bezug von Sozialhilfeleistungen durch den ursprünglichen Unterhaltsgläubiger die verwaltungsrechtlichen Vorschriften über den Einsatz von Einkommen und Vermögen bei der Berechnung des Sozialhilfeanspruches zu beachten und ggf. schwierige **sozialhilferechtliche Vergleichsberechnungen** anzustellen (vgl. Münder, NJW 1994, 494; Künkel, a. a. O.; Hampel, a. a. O. sowie Heiß/Hußmann, Unterhaltsrecht, Kap. 16, S. 32 – 59 mit zahlreichen Beispielrechnungen; s. auch OLG Koblenz, FamRZ 1998, 1513; OLG Düsseldorf, FamRZ 1999, 127 und OLG Saarbrücken, FamRZ 1999, 1024); die Klage des Sozialhilfeträgers wegen einer auf ihn übergegangenen Unterhaltsforderung ist nur **schlüssig**, wenn diese öffentlich-rechtliche Vergleichsberechnung dargestellt wird (OLG Saarbrücken, a. a. O.). Im Einzelnen ist Folgendes zu beachten:

52   Ein Forderungsübergang scheidet zunächst immer dann aus, wenn dem Unterhaltsschuldner nicht einmal der ihm gegen den Hilfeempfänger zustehende **unterhaltsrechtliche Selbstbehalt** verbleiben würde, da in diesem Falle ein Unterhaltsanspruch wegen fehlender Leistungsfähigkeit des Unterhaltsschuldners gar nicht besteht (vgl. Künkel, FamRZ 1994, 540; Hampel, FamRZ 1996, 513; Heiß/Hußmann, Unterhaltsrecht, Kap. 16, S. 41). Durch sozialhilferechtliche Vergleichsberechnungen ist deshalb nur zu ermitteln, ob dem Unterhaltsschuldner auch noch **ein weiterer Teil seines Einkommens oder Vermögens** belassen werden muss, den er ohne die Hilfegewährung nach dem Unterhaltsrecht zur Erfüllung seiner Unterhaltspflicht gegenüber dem Hilfeempfänger einsetzen müsste. Bei der Festlegung des notwendigen Selbstbehaltes des Unterhaltsschuldners, der z. B. nach der Düsseldorfer Tabelle seit dem 1. 1. 1996 monatlich 1.300 DM für einen nicht erwerbstätigen Unterhaltsschuldner und 1.500 DM für einen erwerbstätigen Unterhaltsschuldner beträgt (die Beträge haben sich zum 1. 7. 1999 nicht erhöht, sondern sind erst zum 1. 7. 2001 auf 1.425 DM bzw. 1.640 DM angehoben worden und belaufen sich seit dem 1. 1. 2002 auf 730 € bzw. 840 €), werden jedoch regelmäßig die geltenden Sozialhilfesätze und der Grundsatz, dass dieser Selbstbehalt nicht unterhalb der für den Unterhaltsschuldner geltenden Sozialhilfesätze liegen darf, bereits berücksichtigt; i. d. R. kann deshalb die sozialhilferechtliche Vergleichsberechnung nicht zu dem Ergebnis führen, dass dem Unterhaltsschuldner von seinem Einkommen gegenüber dem Sozialhilfeträger ein höherer Teil verbleiben muss als gegenüber dem Hilfeempfänger selbst wegen

des Selbstbehaltes (vgl. Hampel, FamRZ 1996, 513; Künkel, FamRZ 1996, 1509). **Ausnahmen** von diesem Grundsatz ergeben sich nur bei besonderen Fallgestaltungen, die nunmehr dargestellt werden.

Da die Bestimmungen des vierten Abschnitts des BSHG, auf die § 91 Abs. 2 Satz 1 BSHG verweist, zum einen Teil sowohl für die Hilfe zum Lebensunterhalt als auch für die Hilfe in besonderen Lebenslagen gelten, zum anderen Teil – nämlich die §§ 79 – 87 BSHG – dagegen ausschließlich für die Hilfegewährung in besonderen Lebenslagen, und der Unterhaltsschuldner mit dem Hilfeempfänger verglichen werden soll, ist für die Vergleichsberechnung zunächst danach zu **unterscheiden,** ob der Hilfeempfänger Hilfe zum Lebensunterhalt oder lediglich Hilfe in besonderer Lebenslage erhält (vgl. Künkel, FamRZ 1994, 514; Hampel, FamRZ 1996, 513). 53

Wird **Hilfe zum Lebensunterhalt** gewährt, sind für die Vergleichsberechnung nur die §§ 76–78, 88 und 89 BSHG maßgebend. Sie bestimmen, dass **gewisse Einkünfte und Vermögensbestandteile unberücksichtigt** bleiben, insbesondere die Grundrente nach dem BVG und vergleichbare Renten oder Beihilfen nach dem BEG, öffentlich-rechtliche Leistungen mit besonderer Zweckbestimmung, soweit die gewährte Sozialhilfe nicht demselben Zweck dient, und Zuwendungen der freien Wohlfahrtspflege; ferner das Schmerzensgeld gem. § 847 BGB und als Vermögensgegenstände das Familieneigenheim in angemessener Größe oder kleine Barbeträge oder Bankguthaben gem. § 88 Abs. 2 Nr. 8 BSHG. Deren Höhe wird durch Rechtsverordnung gem. § 88 Abs. 4 BSHG festgesetzt und darf bei Gewährung von Hilfe zum Lebensunterhalt zur Zeit 54

- für einen nicht verheirateten, noch nicht 60 Jahre alten Hilfeempfänger 2.500 DM;
- für einen älteren oder erwerbsunfähigen Hilfeempfänger 4.500 DM;
- für den mit dem Hilfeempfänger zusammenlebenden Ehegatten weitere 1.200 DM;
- für jede weitere unterhaltsberechtigte Person weitere 500 DM

im Regelfall nicht übersteigen (vgl. Hampel, FamRZ 1996, 513; Heiß/Hußmann, Unterhaltsrecht, Kap. 16, S. 41 – 59 und Kap. 51, S. 51, 52 sowie OVG Münster, NJW 1997, 2900 zum verwertbaren Vermögen i. S. v. § 88 Abs. 1 BSHG m. w. N.). In bestimmten Fällen kann außerdem der **sozialhilferechtliche Bedarf** des Unterhaltsschuldners über seinem unterhaltsrechtlichen Selbstbehalt liegen, wenn man nicht annimmt, dass die besonderen Umstände des Falles auch diesen Selbstbehalt entsprechend erhöhen. Dieses gilt z. B. bei Unterhaltsschuldnern, die älter als 65 Jahre oder erwerbsunfähig sind, bei Schwangeren bis zur zwölften Schwangerschaftswoche oder alleinerziehenden Elternteilen mit einem oder mehreren Kindern geringen Alters sowie bei besonders hohen Unterkunftskosten, wenn dem Unterhaltsschuldner Maßnahmen zur Senkung dieser Kosten, z. B. ein Wohnungswechsel oder eine Untervermietung von Wohnungsteilen nicht zumutbar sind (vgl. Hampel, a. a. O.; Heiß/Hußmann, a. a. O.).

Durch die Gesetzesänderung zum 1. 8. 1996 ist in die Regelung in § 91 Abs. 2 Satz 1 BSHG eingefügt worden, dass § 76 Abs. 2a BSHG nicht mehr anzuwenden ist und außerdem § 76 Abs. 2a BSHG geändert worden. Es geht bei § 76 Abs. 2a BSHG um einen **zusätzlichen** sozialhilferechtlichen **Freibetrag für Erwerbstätige** in angemessener, nicht genau festgelegter Höhe. Dieser Freibetrag soll dem Unterhaltsschuldner im Gegensatz zum Hilfeempfänger bei der sozialhilferechtlichen Vergleichsberechnung **ab dem 1. 8. 1996 nicht mehr** zugebilligt werden. Der durch sozialhilferechtliche Vergleichsberechnung zu ermittelnde Mindestbedarf des Unterhaltsschuldners setzt sich dann nur noch aus dem Regelsatz für laufende Leistungen zum Lebensunterhalt gem. § 22 BSHG, einem etwaigen Mehrbedarfszuschlag gem. § 23 BSHG bei Erwerbsunfähigen oder über 65 Jahre alten Personen mit nachweislicher Gehbehinderung, den Kosten für Unterkunft und Heizung gem. § 3 RegelsatzVO sowie einmaligen Leistungen der Hilfe zum Lebensunterhalt gem. § 21 Abs. 1 BSHG, die für die Vergleichsberechnung pauschal mit 20 % des jeweiligen Regelsatzes angesetzt werden können, zusammen (vgl. Künkel, FamRZ 1996, 1509). Die Folgen des Wegfalls des zusätzlichen Freibetrages für Erwerbstätige gem. § 76 Abs. 2a BSHG beim Unterhaltsschuldner werden jedoch dadurch gemildert, dass der notwendige Selbstbehalt des Unterhaltsschuldners entsprechend der Düsseldorfer Tabelle bei Erwerbstätigkeit um wenigstens 200 DM 55 bzw. 110 € über dem Selbstbehalt eines nicht erwerbstätigen Unterhaltsschuldners liegt (vgl. Künkel, a. a. O.; zweifelnd Heiß/Hußmann, Unterhaltsrecht, Kap. 16, S. 48 – 50). Gem. §§ 76 Abs. 2a, 85 Abs. 2 BSHG in der ab dem 1. 8. 1996 geltenden Fassung steht jedoch Hilfeempfängern, die stationär in einer Anstalt, einem Heim oder einer gleichartigen Einrichtung untergebracht sind und Hilfe in einer besonderen Lebenslage erhalten, ein besonderer Freibetrag bei Erwerbstätigkeit zu. Ein derartiger Freibetrag steht auch einem Unterhaltsschuldner zu, der in einer Anstalt, einem Heim oder einer gleichartigen Einrichtung untergebracht ist und einer entgeltlichen Erwerbstätigkeit nachgeht, da die Anwendung von § 85 Abs. 2 BSHG in § 91 Abs. 2 Satz 1 BSHG nicht ausgeschlossen worden ist (vgl. Künkel, a. a. O.). Nach nunmehr h. M. darf bei der Vergleichsberechnung lediglich das tatsächliche Einkommen des Unterhaltsschuldners berücksichtigt werden; **fiktives Einkommen,** das bei der Berechnung des Unterhaltsanspruchs des Hilfeempfängers berücksichtigt worden ist, bleibt dagegen unberücksichtigt. Ein Unterhaltsanspruch des Hilfeempfängers, der lediglich auf fiktivem Einkommen des Unterhaltsschuldners beruht, geht deshalb nicht auf den Sozialhilfeträger über (vgl. BGH, FamRZ 1998, 818 m. w. N.; OLG Düsseldorf, NJW 1998, 1502). Allerdings soll neben dem tatsächlichen Einkommen des Unterhaltsschuldners auch das Einkommen seines nichtehelichen Lebenspartners entsprechend § 122 BSHG sowie das Einkommen seiner mit ihm in Bedarfsgemeinschaft gem. § 11 Abs. 1 Satz 2 BSHG lebenden Angehörigen zu berücksichtigen sein (vgl. OLG Düsseldorf, FamRZ 1999, 886). Dies würde jedoch voraussetzen, dass auch deren notwendiger Unterhaltsbedarf bei der Vergleichsberechnung zu berücksichtigen ist, und zwar auch dann, wenn sie nicht über eigenes Einkommen verfügen, da eine unterschiedliche Behandlung nicht gerechtfertigt wäre (vgl. hierzu Rn. 56). Der BGH hat nunmehr entschieden, dass der Unterhaltsgläubiger den Unterhaltsanspruch, der auf fiktivem Einkommen des Unterhaltsschuldners beruht und deshalb nicht auf den Sozialhilfeträger übergegangen ist, in bestimmten Fällen auch wegen der Beträge weiter geltend machen darf, die er als Sozialhilfeleistungen erhalten hat (vgl. hierzu Rn. 61). Hat allerdings der Unterhaltsschuldner, dessen Unterhaltslast auf der Basis eines fiktiven Einkommens berechnet worden ist, tatsächliches Einkommen in einer Höhe, die seinen fiktiven sozialhilferechtlichen Bedarf übersteigt, geht die Unterhaltsforderung in Höhe dieses Betrages auf den Sozialhilfeträger über (vgl. OLG Hamm, FamRZ 2002, 751).

56 Die Empfehlungen des Deutschen Vereins für die Heranziehung Unterhaltspflichtiger in der Sozialhilfe (vgl. FamRZ 1995, 1327 ff. und 2000, 788 ff., 798) sehen vor, bei der Vergleichsberechnung auch den notwendigen **Unterhaltsbedarf** der mit dem Unterhaltsschuldner **in Bedarfsgemeinschaft** gem. § 11 Abs. 1 Satz 2 BSHG zusammenlebenden Personen vom Einkommen des Unterhaltsschuldners abzuziehen. Dieser Vorschlag ist abzulehnen (vgl. Hampel, FamRZ 1996, 513; Heiß/Hußmann, Unterhaltsrecht, Kap. 16, S. 52, 53). Es wird zu Recht darauf hingewiesen, dass dieser Vorschlag zu einem Vorrang der Deckung des Unterhaltsbedarfes der im Haushalt des Unterhaltsschuldners lebenden Personen gegenüber dem Unterhaltsbedarf des Hilfeempfängers führen würde, der im Gesetz nicht vorgesehen und nicht gerechtfertigt ist; der **Rang der Unterhaltsansprüche** verschiedener Personen bestimmt sich ausschließlich nach dem bürgerlichen Recht, nämlich nach §§ 1582, 1609 BGB (vgl. auch BGH, FamRZ 1996, 1272).

57 Weitergehende Einschränkungen des Forderungsüberganges ergeben sich, wenn der Hilfeempfänger lediglich **Hilfe in besonderer Lebenslage** erhält, da in diesem Falle die §§ 79 – 87 BSHG **zusätzliche Freibeträge** beim Einkommen des Unterhaltsschuldners gewähren. Diese Freibeträge setzen sich zusammen aus einem erhöhten Grundbetrag für den Unterhaltsschuldner, den gesamten Kosten der Unterkunft, soweit sie den im Einzelfall angemessenen Umfang nicht übersteigen, sowie einem Familienzuschlag i. H. v. 80 % des einem Haushaltsvorstand zustehenden Regelsatzes für den nicht getrennt lebenden Ehegatten des Unterhaltsschuldners und jede weitere Person, der der Unterhaltsschuldner oder dessen nicht getrennt lebender Ehegatte Unterhalt gewähren müssen, mit Ausnahme des Hilfeempfängers. Bei dieser Vergleichsberechnung ist allerdings nicht nur das Einkommen des Unterhaltsschuldners, sondern auch etwaiges Einkommen des bei ihm lebenden Ehegatten zu berücksichtigen. Andererseits wird der Familienzuschlag auch für Personen gewährt,

deren Unterhaltsansprüche gegenüber dem Unterhaltsanspruch des Hilfeempfängers gem. §§ 1582, 1609 BGB nachrangig sind oder die vom Unterhaltsschuldner selbst keinen Unterhalt verlangen können. Voraussetzung ist nur, dass diese Personen vom Unterhaltsschuldner oder seinem bei ihm lebenden Ehegatten tatsächlich überwiegend unterhalten worden sind; sie müssen nicht im Haushalt des Unterhaltsschuldners und seines Ehegatten leben.

Über die in § 79 BSHG geregelten, allgemeinen Freibeträge hinaus gewährt § 81 BSHG einen **erhöhten Freibetrag für bestimmte Hilfen,** nämlich bestimmte Maßnahmen und Hilfen für Behinderte, Blinde und Pflegebedürftige. Soweit das maßgebliche Einkommen des Unterhaltsschuldners und seines bei ihm lebenden Ehegatten die in §§ 79, 81 BSHG bestimmten Freibeträge **überschreitet,** ist es gem. § 84 BSHG nicht in vollem, sondern **lediglich in angemessenem Umfang** zur Erfüllung des auf den Sozialhilfeträger übergegangenen Unterhaltsanspruchs des Hilfeempfängers heranzuziehen. Dieser angemessene Umfang wird in § 84 Abs. 1 Satz 2 BSHG nur allgemein bestimmt; er soll sich nach dem Bedarf des Unterhaltsschuldners, der Dauer und Höhe der hierfür erforderlichen Aufwendungen und den besonderen Belastungen des Unterhaltsschuldners und seiner unterhaltsberechtigten Angehörigen mit Ausnahme des Hilfeempfängers richten. Es handelt sich insoweit um einen **unbestimmten Rechtsbegriff,** dessen Anwendung durch den Sozialhilfeträger vom Gericht uneingeschränkt überprüft werden kann (vgl. BVerwG, FamRZ 1995, 1350). Im Regelfall wird die Heranziehung von 50 % des die Freibeträge übersteigenden Einkommens nicht zu beanstanden sein (vgl. Hampel, FamRZ 1996, 513; Heiß/Hußmann, Unterhaltsrecht, Kap. 16, S. 38). 58

Will der Unterhaltsschuldner bei dieser Angemessenheitsprüfung **einmalige Ausgaben** zur Beschaffung langlebiger Bedarfsgegenstände geltend machen, ist § 84 Abs. 3 BSHG zu beachten. Ausnahmsweise kann Einkommen unterhalb der aus §§ 79, 81 BSHG ergebenden Freibeträge herangezogen werden, wenn die Voraussetzungen in § 85 Nr. 1, 2 und 3 Satz 1 BSHG vorliegen. Die Anwendung von § 85 Nr. 3 Satz 2 BSHG ist nach § 92 Abs. 2 BSHG ausgeschlossen (vgl. zu allem Hampel, FamRZ 1996, 513; Heiß/Hußmann, Unterhaltsrecht, Kap. 16, S. 33 – 41). 59

§ 91 Abs. 2 Satz 2 BSHG enthält **allgemeine Härteregelungen,** die den bis zum 27. 6. 1993 geltenden Härteregelungen im Wesentlichen entsprechen. Auch insoweit liegen **unbestimmte Rechtsbegriffe** vor, deren Anwendung durch den Sozialhilfeträger vom Zivilgericht im Verfahren über den auf diesen übergegangenen Unterhaltsanspruch in vollem Umfange überprüft werden kann (vgl. Münder, NJW 1994, 494; Heiß/Hußmann, Unterhaltsrecht, Kap. 16, S. 27). Obwohl die allgemeine Härteregelung nunmehr eine „**unbillige Härte**" verlangt, wird man die bis zum 27. 6. 1993 geltenden Grundsätze weiter anwenden können. Es genügt eine Härte, die weniger schwerwiegend ist als die Umstände, unter denen der Unterhaltsanspruch nach bürgerlichem Recht verwirkt ist (vgl. insoweit §§ 1361 Abs. 3, 1579, 1611 BGB), da in diesen Fällen schon kein Unterhaltsanspruch besteht, der auf den Sozialhilfeträger übergehen könnte. **Härtegründe** können sich sowohl aus der Person, dem Verhalten oder der Lage des Hilfeempfängers als auch der Person, dem Verhalten oder der Lage des Unterhaltsschuldners ergeben (vgl. die Beispiele bei Künkel, FamRZ 1994, 540 und Heiß/Hußmann, Unterhaltsrecht, Kap. 16, S. 27 – 29). Nach **§ 91 Abs. 2 Satz 2 BSHG** soll ein Härtefall i. d. R. vorliegen, wenn Eltern wegen des Unterhaltsanspruches ihres Kindes herangezogen werden sollen, das älter als 21 Jahre ist und Eingliederungshilfe für Behinderte gem. §§ 39 ff. BSHG oder Pflegehilfe gem. §§ 68 ff. BSHG erhält; auch insoweit ist jedoch eine Prüfung im Einzelfall erforderlich (vgl. OLG Köln, FamRZ 1997, 53 und FamRZ 2000, 1242). Die Regelung schließt außerdem nicht aus, dass in vergleichbaren Fällen auch die Heranziehung von Eltern eines Kindes, das noch nicht 21 Jahre alt ist, als allgemeine Härte angesehen werden kann (vgl. Künkel, a. a. O.; Heiß/Hußmann, Unterhaltsrecht, Kap. 16, S. 30, 31). Dasselbe gilt, wenn Eltern ihr behindertes Kind im eigenen Haushalt pflegen und für dieses Kind Hilfe zum Lebensunterhalt erhalten (vgl. Heiß/Hußmann, a. a. O.; a. BVerwG, NJW 1993, 150; vgl. auch OLG Koblenz, FamRZ 2001, 1237). Die ab dem 1. 1. 2002 geltende **Neufassung** von § 91 Abs. 2 BSHG mit den neuen Sätzen 3 – 5 (vgl. Rn. 36) ändert den Ausschluss des Forderungsübergangs bei Unterhaltsansprüchen von Kindern, die die Eingliederungshilfe für behinderte Menschen 60 oder die Pflegehilfe **in vollstationären Einrichtungen** erhalten. Ist das Kind älter als 18 Jahre, aber noch nicht 27 Jahre alt, wird der Forderungsübergang auf einen monatlichen Betrag von 26 € festgeschrieben; es erfolgt keine Einkommens- und Vermögensprüfung bei den Eltern. Die Eltern können allerdings diese Prüfung beantragen, wenn sie glauben, nicht einmal Unterhalt in dieser Höhe für ihr Kind aufbringen zu können. Für andere Kinder gelten die bisherigen Grundsätze über Härtefälle weiter mit der Maßgabe, dass das Alter bei Kindern, die die Eingliederungshilfe oder Pflegehilfe erhalten, auf die Vollendung des 18. Lebensjahres herabgesetzt worden ist.

61 Bisher wurde angenommen, dass in allen vorstehend behandelten Fällen, in denen ein Forderungsübergang auf den Sozialhilfeträger ausgeschlossen ist, der Unterhaltsanspruch des Hilfeempfängers durch die erhaltenen Sozialhilfeleistungen **erfüllt** wird (vgl. u. a. OLG Köln, FamRZ 1997, 1101; Fröhlich, FamRZ 1998, 758 m. w. N.; Hampel, FamRZ 1996, 513 m. w. N.) oder jedenfalls einer Geltendmachung des Unterhaltsanspruchs durch den Hilfeempfänger selbst der Einwand treuwidrigen Verhaltens und **unzulässiger Rechtsausübung** entgegensteht, damit eine doppelte Zahlung der zum Lebensunterhalt notwendigen Beträge an den Hilfeempfänger vermieden wird (vgl. BGH, FamRZ 1993, 417; Wendl/Staudigl/Scholz, Das Unterhaltsrecht in der familienrechtlichen Praxis, § 6 Rn. 567 – 569). Der BGH hat sich später mit dieser Frage erneut befasst in einem Fall, in dem der Unterhaltsanspruch nicht auf den Sozialhilfeträger übergehen konnte, weil er auf fiktivem Einkommen des Unterhaltsschuldners beruhte (vgl. Rn. 55 a. E.). Er hat entschieden, dass Sozialhilfeleistungen wegen ihrer Nachrangigkeit den Unterhaltsanspruch des Hilfeempfängers **niemals erfüllen** können, da ihnen keine bedarfsdeckende Wirkung im unterhaltsrechtlichen Sinne zukommt. Die Geltendmachung des Unterhaltsanspruchs durch den Hilfeempfänger ohne Berücksichtigung der erhaltenen Sozialhilfeleistungen kann nach dieser Entscheidung des BGH auch nur **ausnahmsweise** eine treuwidrige und damit **unzulässige Rechtsausübung** darstellen. Dies kommt nur für Unterhaltsansprüche in Betracht, die vor der Rechtshängigkeit der Unterhaltsklage des Hilfeempfängers gegen den Unterhaltsschuldner fällig geworden sind; auch für solche Ansprüche jedoch nur in Mangelfällen, in denen auch freiwillige Leistungen Dritter auf den Unterhaltsbedarf angerechnet werden können, obwohl sie nicht zur Entlastung des Unterhaltsschuldners von dem Dritten gewährt worden sind (vgl. BGH, FamRZ 1999, 843 und 2000, 358). Später hat der BGH ausgeführt, dass der Einwand unzulässiger Rechtsausübung gegenüber dem Anspruch des Hilfeempfängers auf rückständigen Unterhalt für die Zeit vor Rechtshängigkeit insbesondere zu erwägen sei, wenn der Unterhaltsschuldner anderenfalls mit derart hohen Forderungen aus der Vergangenheit belastet werde, dass es ihm voraussichtlich auf Dauer unmöglich sei, diese Schulden zu tilgen und daneben seinen laufenden Verpflichtungen nachzukommen (vgl. BGH, FamRZ 2001, 619). Diese Rechtsprechung des BGH hat Kritik erfahren. Ihr Ergebnis wird insbesondere deshalb als unangemessen angesehen, weil der Hilfeempfänger in die Lage versetzt wird, neben den Sozialhilfeleistungen auch noch Unterhaltsleistungen seines Schuldners zu erlangen, sein Lebensunterhalt also letztlich doppelt gedeckt wird und der Sozialhilfeträger keine Erstattung seiner Hilfeleistungen durch den Unterhaltsschuldner erhält, da er keinen Anspruch auf Rückerstattung der bezogenen Hilfeleistungen durch den Hilfeempfänger hat (vgl. Zeranski, FamRZ 2000, 1057; Münder, NJW 2001, 2201). Nach Zeranski erlischt der Unterhaltsanspruch auch in diesem Falle mit dem Empfang der Sozialhilfe durch den Unterhaltsgläubiger; der Sozialhilfeträger kann jedoch gem. § 92a BSHG Kostenersatz vom Unterhaltsschuldner verlangen, weil dieser nicht schutzwürdig ist, sondern seine Erwerbsobliegenheit verletzt hat (a. A. Steymanns, FamRZ 2001, 672). Demgegenüber meint Münder, dass auch in diesem Fall ein Forderungsübergang auf den Sozialhilfeträger erfolgen muss, dieser jedoch die übergegangene Unterhaltsforderung so lange nicht geltend machen kann, wie der Unterhaltsschuldner nur fiktiv leistungsfähig ist. Die vorstehenden Ausführungen belegen, dass die Frage, ob auch in allen anderen Fällen, in denen der Anspruchsübergang auf den Sozialhilfeträger ausgeschlossen ist, der Einwand treuwidriger und unzulässiger Rechtsausübung der Unterhaltsklage des Hilfeempfängers lediglich mit diesen Einschränkungen entgegengehalten werden kann, noch nicht hinreichend geklärt ist, da der BGH seine diesbezüglichen Ausführungen ausdrücklich auf den Fall bezogen hat, dass der Anspruchsübergang wegen der Zurechnung fiktiver Einkünfte beim Unterhaltsschuldner unterbleibt (vgl. BGH, a. a. O.). Soweit

der Anspruchsübergang unterbleibt, weil der Unterhaltsschuldner aus sozialpolitischen Gründen und zur Vermeidung von Härten vor einer Inanspruchnahme durch den Sozialhilfeträger geschützt werden soll, ist denkbar, die Sozialhilfeleistungen einer freiwilligen Leistung Dritter gleichzusetzen, die zumindest auch den Unterhaltsschuldner entlasten soll; der Ausschluss bzw. die Einschränkung des Forderungsübergangs auf den Sozialhilfeträger beruhen in diesen Fällen auf einer gewollten sozialpolitischen Entscheidung, die dahin gedeutet werden kann, dass der Gesetzgeber das Prinzip der Nachrangigkeit der Sozialhilfe in diesen Fällen nicht aufrechterhalten wollte (vgl. Münder, NJW 2001, 2201; Büttner, NJW 1999, 2315, 2321).

Nach bürgerlichem Recht (vgl. §§ 1585b Abs. 2, 1613 Abs. 1 BGB) kann der Sozialhilfeträger den auf ihn übergegangenen Unterhaltsanspruch **für die zurückliegende Zeit** nur geltend machen, wenn sich der Unterhaltsschuldner bereits gegenüber dem Hilfeempfänger in Verzug befunden hatte oder – ab dem 1. 7. 1998 – von dem Unterhaltsgläubiger zur Auskunft über sein Einkommen und Vermögen aufgefordert war. **§ 91 Abs. 3 BSHG** erweitert diese Möglichkeit. Er bestimmte in der seit dem 27. 6. 1993 geltenden Fassung, dass diese Möglichkeit schon für die Zeit ab Beginn der Hilfegewährung besteht, wenn dem Unterhaltsschuldner der Hilfebedarf vom Sozialhilfeträger nach Kenntnis von der Bedarfslage unverzüglich mitgeteilt worden war, somit im Falle rückwirkender Hilfebewilligung, u. U. sogar schon für die Zeit **vor der Hilfebewilligung** (vgl. Künkel, FamRZ 1994, 540). Die Regelung ist für die Zeit **ab dem 1. 8. 1996 geändert** worden und bestimmt nunmehr, dass die Geltendmachung des übergegangenen Unterhaltsanspruches für die zurückliegende Zeit durch den Sozialhilfeträger bei fehlendem Verzug des Unterhaltsschuldners frühestens ab dem Zeitpunkt erfolgen darf, in dem der Unterhaltsschuldner die **schriftliche Mitteilung** des Sozialhilfeträgers von der Hilfegewährung erhalten hat, was eine vorangegangene Bewilligung der Hilfe durch den Sozialhilfeträger gegenüber dem Hilfeempfänger voraussetzt (vgl. Künkel, FamRZ 1996, 1509; Heiß/Hußmann, Unterhaltsrecht, Kap. 16, S. 59 – 62). Schwierigkeiten ergeben sich, wenn der Sozialhilfeträger vor Bewilligung der Hilfe bereits Vorausleistungen an den Hilfeempfänger erbracht hat. Wegen dieser **Vorausleistungen** vor Hilfebewilligung kann der Unterhaltsanspruch des Hilfeempfängers nicht auf den Sozialhilfeträger übergehen, wenn noch kein Verzug des Unterhaltsschuldners bestanden hat (vgl. BGH, FamRZ 1985, 793 zu der bis zum 27. 6. 1993 geltenden Rechtslage; Münder, NJW 2001, 2201, 2205).

dd) Gerichtliche Geltendmachung

Gem. **§ 91 Abs. 3 Satz 2 BSHG** kann neben dem Hilfeempfänger auch der Sozialhilfeträger den Anspruch auf künftige Unterhaltsleistungen gerichtlich geltend machen, wenn er die Hilfe voraussichtlich auf längere Dauer gewähren muss. Da in diesem Falle vom Sozialhilfeträger noch keine Sozialhilfe geleistet worden ist und deshalb noch **kein Forderungsübergang** erfolgt ist, liegt ein Fall der **gesetzlichen Prozessstandschaft** des Sozialhilfeträgers vor, die in ein Gläubigerrecht des Sozialhilfeträgers übergeht, soweit im Laufe des Rechtsstreites der Anspruch auf künftige Unterhaltsleistungen zum Anspruch auf rückständigen Unterhalt wird. Wird der Unterhaltsschuldner auf die Klage des Sozialhilfeträgers zur Zahlung künftigen Unterhaltes an diesen verurteilt, muss im Urteil jedoch aufgenommen werden, dass die Verurteilung unter der **Bedingung** steht, dass künftig Sozialhilfe i. H. d. zugesprochenen Beträge an den **Hilfeempfänger** geleistet wird (vgl. OLG Celle, FamRZ 1997, 1074).

Lange Zeit war umstritten, ob dem Hilfeempfänger durch **Abtretung** oder Erteilung einer **Einziehungsermächtigung** vom Sozialhilfeträger die Möglichkeit eröffnet werden durfte, den bereits übergegangenen Unterhaltsanspruch wieder selbst gegen den Unterhaltsschuldner rechtshängig zu machen. Der BGH hatte schon früh angedeutet, dass er eine solche Rückabtretung für unzulässig halten könnte (vgl. BGH, FamRZ 1994, 829). Dennoch war in der Rspr. der Oberlandesgerichte und im Schrifttum weiter heftig umstritten, ob eine treuhänderische Rückabtretung von gem. § 91 BSHG übergegangenen Unterhaltsansprüchen auf den Hilfeempfänger zum Zwecke der gerichtlichen Geltendmachung oder die Erteilung einer Einziehungsermächtigung für solche Unterhaltsansprüche an den Hilfeempfänger zulässig waren. Der BGH hat schließlich entschieden, dass weder die treuhänderische Rückabtretung noch die Erteilung einer Einziehungsermächtigung zulässig und wirksam sind und der Hilfeempfänger damit **in keinem Fall befugt** ist, Unterhaltsansprüche, die bereits vor Rechtshängigkeit der Klage gem. § 91 BSHG auf den Sozialhilfeträger übergegangen waren, selbst gegenüber dem Unterhaltsschuldner gerichtlich geltend zu machen (vgl. BGH, FamRZ 1996, 1203 u. 1207 m. w. N. zum damaligen Meinungsstand).

65 Durch die am 1. 8. 1996 wirksam gewordene Änderung der §§ 17 Abs. 2, 91 Abs. 4 BSHG ist **nunmehr** bestimmt, dass der Sozialhilfeträger den auf ihn übergegangenen Unterhaltsanspruch auf den Hilfeempfänger zur gerichtlichen Geltendmachung durch diesen **rückübertragen** und später wieder an sich abtreten lassen darf, wenn der Hilfeempfänger mit diesem Vorhaben einverstanden ist; er muss allerdings die dem Hilfeempfänger hierdurch entstehende **Kostenbelastung übernehmen** (vgl. Künkel, FamRZ 1996, 1509). Da sich die Kostenübernahmeverpflichtung aus dem **Gesetz** ergibt, muss sie nicht in die Rückübertragungsvereinbarung übernommen werden, damit diese wirksam ist (vgl. OLG Köln, FamRZ 1997, 297; OLG Koblenz, FamRZ 1997, 1086; a.A. OLG Hamm, FamRZ 1998, 174 und 2000, 1222). Eine **Pflicht** des Hilfeempfängers, in dieser Weise an der gerichtlichen Geltendmachung seiner auf den Sozialhilfeträger übergegangenen Unterhaltsansprüche mitzuwirken, besteht allerdings nicht (vgl. Künkel, a. a. O.; Heiß/Hußmann, Unterhaltsrecht, Kap. 16, S. 65). Die neue gesetzliche Regelung wirkt jedoch nicht auf die Zeit vor dem 1. 8. 1996 zurück. Vor dem 1. 8. 1996 zwischen dem Sozialhilfeträger und dem Hilfeempfänger vereinbarte Abtretungen bleiben unwirksam; sie müssen **nach dem 1. 8. 1996** gem. § 141 BGB **erneut vereinbart** werden (vgl. BGH, FamRZ 1997, 608; OLG Düsseldorf und OLG Frankfurt/M., jeweils FamRZ 1997, 501; OLG Hamm, FamRZ 1998, 1072; Künkel, FamRZ 1996, 1509). Da gem. § 91 Abs. 4 BSHG lediglich die Abtretung des übergegangenen Unterhaltsanspruches an den Hilfeempfänger zulässig ist, wird man davon ausgehen müssen, dass die Erteilung einer bloßen **Einziehungsermächtigung** an den Hilfeempfänger auch **nach dem 1. 8. 1996** aus den bis dahin geltenden Gründen weiter unzulässig und unwirksam ist (vgl. Künkel, FamRZ 1996, 1509; Wendl/Staudigl/Scholz, Das Unterhaltsrecht in der familienrechtlichen Praxis, § 6 Rn. 560). Es besteht auch kein praktisches Bedürfnis, sie nunmehr neben der möglichen Rückabtretung des Unterhaltsanspruches an den Hilfeempfänger auch noch zuzulassen; der Sozialhilfeträger muss sich entscheiden, ob er den auf ihn übergegangenen Unterhaltsanspruch selbst gerichtlich geltend machen will oder ob er durch entsprechende Rückabtretung die gerichtliche Geltendmachung dem Hilfeempfänger überlassen will.

Dem Hilfeempfänger wird für die gerichtliche Geltendmachung des übergegangenen und wieder an ihn abgetretenen Unterhaltsanspruches **Prozesskostenhilfe** jedenfalls dann bewilligt werden können, wenn er diesen Anspruch **zusammen** mit dem ihm verbliebenen Anspruch auf Unterhaltsgewährung über die empfangenen Sozialhilfeleistungen hinaus oder auf künftige Unterhaltsleistungen gerichtlich geltend macht (vgl. OLG Köln, FamRZ 1997, 297; OLG Saarbrücken, FamRZ 1997, 617; OLG Celle, FamRZ 1997, 1088; OLG Nürnberg, NJW 1999, 2376; Künkel, a. a. O.; Heiß/Hußmann, Unterhaltsrecht, Kap. 16, S. 65, 66). Dagegen scheidet die Bewilligung von Prozesskostenhilfe aus, wenn der Hilfeempfänger lediglich aufgrund der mit dem Sozialhilfeträger vereinbarten Rückabtretung den Anspruch auf rückständigen Unterhalt im Umfang der von ihm bezogenen Sozialhilfeleistungen gerichtlich geltend macht (vgl. OLG Hamm, FamRZ 1997, 275; ebenso wohl auch Künkel, FamRZ 1996, 1509; a. A. Heiß/Hußmann, Unterhaltsrecht, Kap. 16, S. 66). Da gem. § 91 Abs. 4 Satz 2 BSHG die insoweit entstehenden Kosten vom Sozialhilfeträger übernommen werden müssen, fehlt es in diesem Falle bereits am Unvermögen des Hilfeempfängers, die Kosten seiner Prozessführung selbst aufzubringen; er hat Anspruch auf Kostenerstattung und damit auch Anspruch auf entsprechenden Kostenvorschuss gegen den Sozialhilfeträger (a. A. allerdings OLG Köln, FamRZ 1997, 297, vgl. auch Münder, NJW 2001, 2201, 2210 m. w. N.). Jedenfalls kann der Hilfeempfänger vom Unterhaltsschuldner keinen **Prozesskostenvorschuss** für die gerichtliche Geltendmachung eines Unterhaltsanspruches verlangen, der auf den Sozialhilfeträger übergegangen war und von diesem zur gerichtlichen Geltendmachung wieder an den Hilfeempfänger abgetreten worden ist, da eine derartige Kostenbelastung des Unterhaltsschuldners **nicht der Billigkeit** entsprechen würde (vgl. AG Mosbach, FamRZ 1997, 1090).

Nach der bis zum 1. 8. 1996 geltenden Rechtslage ging neben dem Unterhaltsanspruch des Hilfeempfängers nicht auch dessen **Auskunftsanspruch** gegen den Unterhaltsschuldner auf den Sozialhilfeträger über; dieser war auf den Auskunftsanspruch gem. § 116 Abs. 1 BSHG beschränkt, wie dies schon der bis zum 27. 3. 1993 geltenden Rechtslage in Bezug auf die Überleitungsmöglichkeiten des Sozialhilfeträgers entsprochen hatte (vgl. OLG Frankfurt/M., FamRZ 1994, 1427). Mit Wirkung ab dem 1. 8. 1996 ist **§ 91 Abs. 1 Satz 1 BSHG** dahin geändert worden, dass mit dem Unterhaltsanspruch auch der unterhaltsrechtliche Auskunftsanspruch des Hilfeempfängers gegen den Unterhaltsschuldner auf den Sozialhilfeträger übergeht (vgl. Künkel, FamRZ 1996, 1509). Außerdem ist das weiter bestehende **Auskunftsrecht** des Sozialhilfeträgers **gem. § 116 BSHG** dahin erweitert worden, dass dieser die Auskünfte nunmehr nicht nur vom Unterhaltsschuldner selbst, sondern auch von dem mit diesem zusammenlebenden Ehegatten sowie den Personen verlangen kann, von denen gem. § 116 BSHG vermutet wird, dass sie dem Unterhaltsschuldner Leistungen zu dessen Lebensunterhalt gewähren; dies sind Verwandte und Verschwägerte des Unterhaltsschuldners, die mit diesem in einer Haushaltsgemeinschaft leben (vgl. Künkel, a. a. O.; Heiß/Hußmann, Unterhaltsrecht, Kap. 16, S. 62, 63). Dieses Auskunftsrecht des Sozialhilfeträgers besteht außerdem gegenüber dem **Arbeitgeber** der auskunftspflichtigen Person sowie gem. § 21 Abs. 4 SGB X gegenüber den für die auskunftspflichtige Personen zuständigen **Finanzbehörden**. Es kann gegen die auskunftspflichtigen Personen mit **Zwangsmaßnahmen** nach den Verwaltungsvollstreckungsgesetzen der Länder durchgesetzt werden, muss also nicht wie der Auskunftsanspruch des Unterhaltsgläubigers mittels Klage geltend gemacht werden (vgl. Heiß/Hußmann, a. a. O.). Neben dem mit dem Unterhaltsanspruch auf den Sozialhilfeträger übergegangenen unterhaltsrechtlichen Auskunftsanspruch verbleibt allerdings dem **Hilfeempfänger** ein **eigener** unterhaltsrechtlicher Auskunftsanspruch, wenn er einen ihm verbliebenen Anspruch auf über die erhaltenen Sozialhilfeleistungen hinausgehende Unterhaltsbeträge für die Vergangenheit oder den ihm verbliebenen Anspruch auf zukünftige Unterhaltsleistungen gegenüber dem Unterhaltsschuldner geltend machen will (vgl. KG, FamRZ 1997, 1405). Der Unterhaltsschuldner muss in diesem Falle dem Sozialhilfeträger und dem Hilfeempfänger die nach Unterhaltsrecht geschuldete Auskunft erteilen.

3. Rechtslage beim Bezug anderer staatlicher Leistungen

a) Leistungen nach dem UVG

Nach §§ 1 und 2 UVG (vgl. die neue Bekanntmachung BGBl. 2002 I S. 2 ff.) erhalten Kinder unter zwölf Jahren – bis zum 31. 12. 1992 unter sechs Jahren – **Unterhaltsvorschuss** oder **Unterhaltsausfallleistung** i. H. d. Regelbedarfs für nichteheliche Kinder – ab dem 1. 7. 1998 i. H. d. Regelbeträge für Kinder der ersten bzw. zweiten Altersstufe entsprechend § 1612a Abs. 1 BGB – abzüglich des halben Kindergelds für das erste Kind, wenn sie bei einem allein stehenden Elternteil leben und von dem anderen Elternteil keinen oder keinen regelmäßigen Unterhalt erhalten oder wenn dieser verstorben ist und kein Anspruch auf Waisengeld in entsprechender Höhe besteht. Die Leistung wird gem. § 8 UVG von den **Ländern** im Auftrag des Bundes gewährt. **Zweck** der Leistung ist, den Schwierigkeiten zu begegnen, die allein stehenden Elternteilen und den bei ihnen lebenden Kindern entstehen, wenn der andere Elternteil seiner Unterhaltspflicht gegenüber dem Kind nicht nachkommt.

Anspruch auf Leistung besteht nun für **längstens 72 Monate**; bis zum 31. 12. 1992 waren es lediglich 36 Monate. Anspruchsinhaber ist das **Kind** selbst. Das Vermögen des Kindes und Unterhaltsleistungen des Elternteils, bei dem das Kind lebt oder anderer Verwandter außer dem anderen Elternteil bleiben **unberücksichtigt** (vgl. im Einzelnen Staudinger/Kappe, BGB, Vorb. vor § 1601 Rn. 169 – 173 und § 1602 Rn. 98, 99; Palandt/Diederichsen, BGB, Einf. vor § 1601 Rn. 44; Wendl/Staudigl/Scholz, Das Unterhaltsrecht in der familienrechtlichen Praxis, § 6 Rn. 575 – 578).

69 Aus der Regelung der Anspruchsvoraussetzungen ergibt sich, dass es sich um eine nachrangige staatliche Leistung handelt. Folgerichtig bestimmt § 7 UVG, dass ein Unterhaltsanspruch des Kindes gegen den anderen Elternteil für die Zeit, für die es die staatliche Leistung erhält, i. H. d. Leistung auf das Land übergeht. Es liegt wie bei § 91 BSHG in der ab dem 27. 6. 1993 geltenden Fassung ein **Forderungsübergang kraft Gesetzes** vor, so dass auf die Ausführungen zu jenem Forderungsübergang verwiesen werden kann. Ein etwaiger Unterhaltsanspruch des Kindes gegen seine **anderen Verwandten**, z. B. gegen seine Großeltern, geht dagegen nicht über. Ob das Kind ihn selbst geltend machen kann, soweit sein Unterhaltsbedarf durch den Unterhaltsvorschuss gedeckt worden ist, ist bisher – soweit ersichtlich – noch nicht erörtert worden. Auf die diesbezügliche Problematik zu § 91 BSHG wird verwiesen (vgl. Rn. 61). Erhält das Kind neben Leistungen nach dem UVG auch noch Sozialhilfe – der Regelsatz der Sozialhilfe liegt regelmäßig über den Beträgen, die nach dem UVG gezahlt werden –, **geht** der nach § 7 UVG übergegangene Forderungsteil dem nach § 91 BSHG auf den Sozialhilfeträger übergegangene Forderungsteil **vor** (vgl. OLG Düsseldorf, FamRZ 1996, 167, 169).

70 § 7 UVG enthält keine Einschränkungen des Forderungsüberganges zum Schuldnerschutz entsprechend den Regelungen in § 91 Abs. 1 und 2 BSHG. Der BGH hat auch eine analoge Anwendung von § 91 Abs. 2 BSHG im Rahmen des Forderungsübergangs nach § 7 UVG abgelehnt (vgl. BGH, FamRZ 2001, 619, 621; a. A. noch OLG Düsseldorf, FamRZ 1999, 1020 und OLG Nürnberg, FamRZ 1999, 1021). Dementsprechend wird der Anspruchsübergang nicht dadurch ausgeschlossen, dass der Unterhaltsanspruch auf der Berücksichtigung fiktiven Einkommens beim Unterhaltsschuldner beruht. Dem Anspruchsübergang kann auch nicht entgegengehalten werden, dass der Unterhaltsschuldner durch die Unterhaltsleistung selbst sozialhilfebedürftig würde; eine sozialhilferechtliche Vergleichsberechung ist deshalb **nicht** durchzuführen (vgl. BGH, a. a. O. und FamRZ 1990, 849). Erst wenn der Unterhaltsschuldner seinen **eigenen, notwendigen Lebensbedarf** mit dem von ihm erzielbaren Einkommen nicht mehr decken kann, fehlt es an einem Unterhaltsanspruch des Kindes, der gem. § 7 UVG auf das Land übergehen könnte.

71 Die **Rückübertragung** des auf das Land übergegangenen Unterhaltsanspruches auf das Kind oder die Erteilung einer **Einziehungsermächtigung** für das Kind zum Zweck der gerichtlichen Geltendmachung des Unterhaltsanspruches gegenüber dem Unterhaltsschuldner waren bis zum 1. 8. 1996 nach der Rspr. des BGH aus denselben Gründen wie bei gem. § 91 BSHG auf den Sozialhilfeträger übergegangenen Unterhaltsansprüchen **unzulässig** und **unwirksam** (OLG Hamm, FamRZ 1997, 822). Durch das Gesetz vom 23. 7. 1996 ist § 7 UVG nicht um eine § 91 Abs. 4 Satz 1 BSHG entsprechende Regelung erweitert worden. **Streitig** war deshalb lange, ob dennoch ab dem 1. 8. 1996 die Rückabtretung des gem. § 7 UVG auf das Land übergegangenen Unterhaltsanspruches auf das Kind zum Zwecke der gerichtlichen Geltendmachung durch dieses in **entsprechender Anwendung von § 91 Abs. 4 Satz 1 BSHG** möglich war (dagegen OLG Nürnberg, NJW 1997, 2247; OLG Hamm, FamRZ 1997, 1223 und FamRZ 1998, 174; KG, FamRZ 1998, 30; OLG Brandenburg, FamRZ 1998, 1121; dafür OLG Köln, FamRZ 1997, 1117; OLG Schleswig, MDR 1997, 368; OLG Hamm, FamRZ 1998, 30 mit Anm. Born und FamRZ 1998, 1251). Der BGH hat sich dann für die entsprechende Anwendung ausgesprochen (vgl. BGH, FamRZ 2000, 221), so dass der Meinungsstreit in der Rspr. entschieden ist. Es fehlte in § 7 UVG auch eine Bestimmung, die es dem Land entsprechend der Regelung in § 91 Abs. 3 Satz 2 BSHG erlaubte, den Anspruch auf **künftige Unterhaltsleistungen** selbst gerichtlich geltend zu machen, wenn es die Leistungen nach dem UVG voraussichtlich auf längere Dauer gewähren muss. Auch insoweit ist eine **entsprechende Anwendung von § 91 Abs. 3 Satz 2 BSHG** auf den gem. § 7 UVG übergegangenen Unterhaltsanspruch nach den Erwägungen, die der BGH in der vorstehend erwähnten Entscheidung angestellt hat, zu bejahen (dafür auch schon OLG Naumburg, FamRZ 1996, 675). Durch das KindUG vom 6. 4. 1998 (BGBl. 1998 I S. 666) ist mit Wirkung **ab dem 1. 7. 1998** ein neuer Abs. 4 in § 7 UVG eingefügt worden, der es dem Land, das die Leistungen für das Kind gewährt, gesetzlich gestattet, den Anspruch des Kindes auf zukünftige Unterhaltsleistungen selbst gegen den Unterhaltsschuldner gerichtlich geltend zu machen, wenn es seine Leistungen für das Kind voraussichtlich auf längere Zeit gewähren muss, und den übergegangenen Unterhaltsanspruch zum Zweck der gerichtlichen Geltendmachung wieder auf das Kind zu übertragen, wobei es die dem Kind hierdurch entstehenden Kosten übernehmen muss. Damit haben sich die vorstehend erörterten Streitfragen **für die Zeit ab dem 1. 7. 1998** endgültig erledigt.

§ 7 Abs. 2 UVG gestattet es dem Land, den übergegangenen Anspruch auf **rückständigen Unterhalt** gegenüber dem Unterhaltsschuldner auch dann geltend zu machen, wenn der Geltendmachung des Unterhaltsanspruches durch das Kind selbst an sich die Regelung des § 1613 Abs. 1 BGB entgegenstehen würde. Voraussetzung hierfür war **bis zum 31. 12. 1996** allerdings, dass dem Unterhaltsschuldner die Bewilligung der Leistung für das Kind **unverzüglich schriftlich mitgeteilt** worden ist. Es bestand somit die Rechtslage, die in der Zeit vom 27. 6. 1993 bis zum 31. 7. 1996 gem. § 91 Abs. 3 BSHG auch für auf den Sozialhilfeträger übergegangene Unterhaltsansprüche bestanden hat. Allerdings sollte hier der Anspruch auf Unterhalt nicht auch für die Zeit vor Erlass des Bewilligungsbescheides über die Unterhaltsleistung geltend gemacht werden dürfen, wenn sie bereits ab Antragstellung und vor der endgültigen Bewilligung ausgezahlt worden war (vgl. OLG Oldenburg, FamRZ 1994, 1557). Eine Änderung der Regelung in § 7 Abs. 2 UVG dahin, dass die Geltendmachung des übergegangenen Unterhaltsanspruches für die zurückliegende Zeit durch das Land bei fehlenden Voraussetzungen des § 1613 Abs. 1 BGB frühestens ab dem Zeitpunkt erfolgen darf, in dem der Unterhaltsschuldner die schriftliche Mitteilung von der Bewilligung der Leistung für sein Kind erhalten hat, war zunächst nicht erfolgt, so dass **ab dem 1. 8. 1996** die Regelung in § 7 Abs. 2 UVG von der Regelung in § 91 Abs. 3 Satz 1 BSHG geringfügig abwich.

72

Durch das **Jahressteuergesetz 1997** vom 20. 12. 1996 (BGBl. 1996 I S. 2049) ist § 7 Abs. 2 UVG mit Wirkung **ab dem 1. 1. 1997** neu gefasst worden. Seitdem kann der Unterhaltsschuldner – ohne die Voraussetzungen des § 1613 Abs. 1 BGB – auf rückständigen Unterhalt erst ab dem Zeitpunkt in Anspruch genommen werden, in dem er von dem Antrag auf Unterhaltsleistung **Kenntnis erhalten** hat und darüber **belehrt** worden ist, dass er für den geleisteten Unterhalt nach dem UVG in Anspruch genommen werden kann. Die neue Regelung entspricht damit der Regelung in § 37 Abs. 4 BAföG. Wie bei dieser Regelung muss der Unterhaltsschuldner die Kenntnis von dem Antrag auf Unterhaltsleistung und die vorgeschriebene Belehrung durch die für die Bewilligung und Auszahlung der Unterhaltsleistung **zuständige Behörde** erhalten (vgl. Staudinger/Kappe, BGB, § 1613 Rn. 65); eine anderweitige Mitteilung und Belehrung, etwa durch den anderen Elternteil, der den Antrag auf Unterhaltsleistung gestellt hat, reicht nicht aus.

73

§ 7 Abs. 3 Satz 2 UVG bestimmt, dass der Forderungsübergang **nicht zum Nachteil des Kindes** geltend gemacht werden kann, wenn das Kind für eine spätere Zeit Unterhalt von demselben Unterhaltsschuldner verlangt. Es handelt sich bei dieser Regelung allerdings lediglich um ein **Durchsetzungsverbot**, das erst bei der Zwangsvollstreckung gegen den Unterhaltsschuldner wegen des auf das Land übergegangenen und des beim Kind verbliebenen Unterhaltsanspruches gegen denselben Unterhaltsschuldner zu berücksichtigen ist (vgl. Staudinger/Kappe, BGB, § 1607 Rn. 42 – 44 m. w. N.).

74

Die Regelung in § 7 UVG bestimmte **bis zum 1. 7. 1998** nicht, dass mit dem Unterhaltsanspruch des Kindes auch dessen unterhaltsrechtlicher **Auskunftsanspruch** gegen den Unterhaltsschuldner auf das Land übergeht. Das Land hatte jedoch gem. § 6 UVG einen eigenen Auskunftsanspruch gegen den Unterhaltsschuldner und dessen Arbeitgeber, so dass es den unterhaltsrechtlichen Auskunftsanspruch des Kindes zur Prüfung und Durchsetzung des übergegangenen Unterhaltsanspruches nicht benötigte. Für die Zeit **ab dem 1. 7. 1998** geht gem. § 7 Abs. 1 Satz 2 UVG auch der unterhaltsrechtliche Auskunftsanspruch des Kindes auf das Land über, so dass auch eine **Stufenklage** des Landes möglich ist. Der daneben weiterhin bestehende Auskunftsanspruch gem. § 6 UVG richtet sich nunmehr auch gegen Sozialleistungs- und Sozialversicherungsträger, z. B. Arbeitsämter, Familienkassen und sonstige Dienststellen der Arbeitsverwaltung sowie Berufsgenossenschaften und Rentenversicherungsträger.

75

Soweit gem. § 7 UVG ein Unterhaltsanspruch des Kindes auf das Land übergeht, für den zu Gunsten des Kindes bereits ein **Vollstreckungstitel** bestand, kommt gem. § 727 ZPO die Erteilung einer vollstreckbaren Ausfertigung für das Land als **Rechtsnachfolger** des Kindes gem. § 727 ZPO in Betracht (vgl. OLG Düsseldorf, FamRZ 1997, 826).

b) Leistungen nach dem BAföG

76 Nach dem in der Vergangenheit in seinen einzelnen Vorschriften wiederholt geänderten BAföG (vgl. BGBl. 1983 I S. 645; 1990 I S. 936; 1991 I S. 1732 und 1995 I S. 1250, 1408) erhalten bestimmte **Schüler** und **Studenten** staatliche Hilfe zur Bestreitung ihres Lebensunterhalts und der Kosten für eine ihrer Neigung, Eignung und Leistung entsprechende Ausbildung, wenn ihnen die hierfür notwendigen finanziellen Mittel anderweitig nicht zur Verfügung stehen. Die Leistungen werden als **Zuschuss,** bei Studenten jedoch zum Teil auch lediglich als **Darlehen** gewährt. Ihre Höhe richtet sich nach festgelegten Pauschalbeträgen für die einzelnen Bereiche des Lebens- und Ausbildungsbedarfs. Auf diesen Bedarf wird das Einkommen und Vermögen des Auszubildenden, seines nicht getrennt lebenden Ehegatten und – von einigen Ausnahmen abgesehen – auch das **Einkommen und Vermögen seiner Eltern angerechnet,** soweit bestimmte Freibeträge überschritten werden. Der hierdurch nicht gedeckte Teil des pauschalen Bedarfs wird als staatliche Leistung gewährt.

77 Soweit die Anrechnung von Einkommen und Vermögen der Eltern des Auszubildenden erfolgt oder ausnahmsweise unterbleiben muss, bleibt die Unterhaltpflicht der Eltern gegenüber dem Auszubildenden unberücksichtigt; die staatliche Leistung ist **dann vorrangig** und mindert die Unterhaltsbedürftigkeit des Auszubildenden im Verhältnis zu seinen Eltern.

78 Erhält dagegen der Auszubildende den aufgrund des Einkommens und Vermögens seiner Eltern angerechneten Betrag von diesen **nicht als Unterhalt** und ist dadurch seine Ausbildung gefährdet, wird dieser Betrag als **zusätzliche staatliche Leistung** gezahlt. Nur in diesem Falle und nur i. H. dieses Betrages geht ein Unterhaltsanspruch des Auszubildenden gegen seine Eltern gem. § 37 BAföG auf das Land als Träger der Ausbildungsförderung über (vgl. Staudinger/Kappe, BGB, Vorb. vor § 1601 Rn. 188 – 196 und § 1602 Rn. 83 – 89, jeweils m. w. N.; Wendl/Staudigl/Scholz, Das Unterhaltsrecht in der familienrechtlichen Praxis, § 6 Rn. 585 – 592 m. w. N.). Es findet wie bei § 91 BSHG in der ab dem 27. 6. 1993 geltenden Fassung und bei § 7 UVG ein **Forderungsübergang kraft Gesetzes** statt, so dass auf die Ausführungen zu § 91 BSHG und § 7 UVG verwiesen werden kann. Dies gilt jedoch nur für den gesetzlichen Unterhaltsanspruch oder einen vertraglichen Unterhaltsanspruch, der dem gesetzlichen Unterhaltsanspruch im Wesentlichen entspricht und ihn lediglich näher ausgestaltet (vgl. BGH, FamRZ 1989, 499). Haben die Eltern wirksam bestimmt, dass sie ihrem Kind den Unterhalt in ihrem Haushalt durch **Naturalleistungen** gewähren (vgl. § 1612 Abs. 2 BGB), findet **kein** Forderungsübergang statt, da nur ein Anspruch auf Barunterhalt übergehen könnte (vgl. BGH, FamRZ 1996, 798).

79 Einschränkungen aus Gründen des Schuldnerschutzes kommen nicht in Betracht, weil der **Schuldnerschutz** bereits durch die Vorschriften über die Anrechnung von Einkommen und Vermögen der Eltern gewährleistet ist. Die Eltern können auch nicht einwenden, dass die Gewährung der Ausbildungsförderung für ihr Kind **nicht rechtmäßig** gewesen ist (vgl. BGH, FamRZ 1996, 798). Eine **Rückübertragung** des übergegangenen Unterhaltsanspruches auf den Auszubildenden zum Zwecke der gerichtlichen Geltendmachung gegen dessen Eltern ist aus den bei § 91 BSHG und § 7 UVG dargestellten Gründen unzulässig und unwirksam (vgl. Rn. 64, 71), da eine gesetzliche Regelung, die sie zulässt, immer noch fehlt.

80 Nach § 37 Abs. 4 BAföG kann der übergegangene Anspruch auf **rückständigen Unterhalt** gegenüber den Eltern bei fehlendem Verzug der Eltern über § 1613 Abs. 1 BGB hinaus von dem Zeitpunkt an geltend gemacht werden, in dem die Eltern von dem Antrag auf Ausbildungsförderung **Kenntnis erlangt** oder sogar gegenüber dem zuständigen Amt daran **mitgewirkt** haben; jedenfalls bei bloßer Kenntnis der Eltern von diesem Antrag ohne eigene Mitwirkung an ihm müssen sie

außerdem von dem **zuständigen Amt** über die Möglichkeiten ihrer Inanspruchnahme **belehrt** worden sein (vgl. Staudinger/Kappe, BGB, § 1613 Rn. 61 – 65 m. w. N; Wendl/Staudigl/Scholz, Das Unterhaltsrecht in der familienrechtlichen Praxis, § 6 Rn. 590). Der unterhaltsrechtliche **Auskunftsanspruch** geht seit der Gesetzesänderung vom 24. 7. 1995 mit dem Unterhaltsanspruch auf das Land über (a. A. noch BGH, NJW 1991, 1235).

c) Leistungen nach dem AFG/SGB III

Nach §§ 134 ff. AFG (vgl. BGBl. 1969 I S. 582; zuletzt BGBl. 1997 I S. 968) – ab dem 1. 1. 1998 gelten stattdessen die §§ 190 ff. SGB III, die im Wesentlichen inhaltsgleich sind – erhalten Arbeitslose ohne Anspruch auf Arbeitslosengeld **Arbeitslosenhilfe,** soweit sie ihren Lebensunterhalt und den Lebensunterhalt ihres Ehegatten und ihrer Kinder nicht selbst bestreiten können. Dabei sind Unterhaltsansprüche gegen den getrennt lebenden oder geschiedenen Ehegatten des Arbeitslosen oder dessen Verwandte ersten Grades als Einkommen des Arbeitslosen zu berücksichtigen. Erhält der Arbeitslose den ihm zustehenden Unterhalt von diesen Personen nicht, wird Arbeitslosenhilfe ohne Berücksichtigung dieses Einkommens gewährt. Zeigt das Arbeitsamt diesen Unterhaltsschuldnern die Gewährung der Arbeitslosenhilfe gem. § 140 Abs. 1 Satz 2 AFG bzw. § 203 Abs. 1 Satz 2 SGB III unverzüglich an, wird der Unterhaltsanspruch gegen diese durch die Anzeige i. H. d. Mehraufwendungen, die bei Berücksichtigung der Unterhaltsleistungen nicht angefallen wären, auf den Bund **übergeleitet.** Die Regelung entspricht §§ 90, 91 BSHG in der bis zum 27. 6. 1993 geltenden Fassung, so dass auf die diesbezüglichen Regelungen verwiesen werden kann. Im Gegensatz zu § 91 Abs. 2 BSHG ist jedoch eine **rückwirkende Inanspruchnahme** des Unterhaltsschuldners ohne die Voraussetzungen der §§ 1585b Abs. 2, 1613 Abs. 1 BGB nicht möglich. Soweit Unterhaltsansprüche des Arbeitslosen bei Gewährung der Arbeitslosenhilfe nicht zu berücksichtigen sind, weil sie nur gegen entfernte Verwandte bestehen, oder eine Überleitung nicht erfolgt, weil die unverzügliche Anzeige der Gewährung von Arbeitslosenhilfe unterblieben ist, ist die gewährte Arbeitslosenhilfe als Einkommen des Arbeitslosen anzusehen und mindert dessen Unterhaltsbedürftigkeit; insoweit ist sie damit **vorrangig** gegenüber etwaigen Unterhaltsansprüchen des Arbeitslosen (vgl. BGH, FamRZ 1987, 456 u. 1996, 1067; Staudinger/Kappe, BGB, Vorb. vor § 1601 Rn. 165 – 168, § 1602 Rn. 78 – 82 und § 1613 Rn. 68, jeweils m. w. N.; Göppinger/ Wax/van Els, Unterhaltsrecht, Rn. 1766; Wendl/Staudigl/Scholz, Das Unterhaltsrecht in der familienrechtlichen Praxis, § 6 Rn. 593 – 599).

81

Nach **§ 40 AFG bzw. §§ 59 ff. SGB III** erhalten Auszubildende, die nicht bei ihren Eltern wohnen, eine **Beihilfe** für eine berufliche Ausbildung, soweit ihnen die hierfür erforderlichen finanziellen Mittel anderweitig nicht zur Verfügung stehen. Die Beihilfe wird ohne Rücksicht auf bestehende Unterhaltsansprüche des Auszubildenden gegen dessen Eltern gewährt, wenn dieser den geschuldeten Unterhalt nicht erhält. In diesem Falle konnte der Unterhaltsanspruch gegen die Eltern des Auszubildenden entsprechend § 140 Abs. 1 Satz 2 bis 4 AFG ebenfalls auf den Bund **übergeleitet** werden. Seit dem **1. 1. 1998** gilt insoweit **§ 72 SGB III.** Er bestimmt, dass der Unterhaltsanspruch des Auszubildenden mit der Zahlung der Beihilfe und zusammen mit dem unterhaltsrechtlichen Auskunftsanspruch von Gesetzes wegen übergeht, und zwar i. H. d. gem. § 71 SGB III anrechenbaren Unterhaltsbetrages, den der Auszubildende tatsächlich von seinen Eltern nicht erhält. Die Förderung ist den Eltern allerdings anzuzeigen. Der übergegangene Unterhaltsanspruch kann für die Vergangenheit bei fehlendem Verzug der Eltern über § 1613 Abs. 1 BGB hinaus unter den Voraussetzungen geltend gemacht werden, die § 37 Abs. 4 BaföG entsprechen (vgl. Rn. 80). Sogar eine **Rückübertragung** zur gerichtlichen Geltendmachung durch den Auszubildenden ist hier zulässig (vgl. § 72 Abs. 4 SGB III).

82

Gegenüber Unterhaltsansprüchen des Auszubildenden gegen andere Verwandte ist die gewährte Berufsausbildungsbeihilfe dagegen **vorrangig** und mindert die Bedürftigkeit des Auszubildenden (vgl. BGH, FamRZ 1986, 151; OLG Oldenburg, FamRZ 1989, 531; Staudinger/Kappe, BGB, Vorb. vor § 1601 Rn. 197 – 201, § 1602 Rn. 90 – 94, jeweils m. w. N.).

83

d) Leistungen nach KJHG/SGB VIII

84 Bei bestimmen Hilfen für junge Volljährige kommt eine **Überleitung von Unterhaltsansprüchen** gegen deren Eltern auf den Träger der Jugendhilfe in Betracht. In Ausnahmefällen kann außerdem der Unterhaltsanspruch eines minderjährigen Jugendlichen gegen seine Eltern **kraft Gesetzes** auf den Träger der Jugendhilfe übergehen. Die entsprechenden Regelungen finden sich in **§§ 94, 95 KJHG** bzw. **in §§ 94, 95, 96 SGB VIII.** Soweit eine Überleitung vorgesehen ist, wird sie durch **schriftliche Anzeige** gegenüber dem Unterhaltsschuldner bewirkt; es kann auf die Regelungen in §§ 90, 91 BSHG in der bis zum 27. 6. 1993 geltenden Fassung verwiesen werden. Für den Forderungsübergang kraft Gesetzes gilt, was zu §§ 7 UVG und 37 BAföG ausgeführt ist (vgl. BGH, FamRZ 1992, 306; OLG Hamm, FamRZ 1996, 629, Staudinger/Kappe, BGB, Vorb. vor § 1601 Rn. 185, 186, § 1602 Rn. 95 – 97; Göppinger/Wax/van Els, Unterhaltsrecht, Rn. 1764; Coester, FamRZ 1991, 253 und 1992, 617; Wiesner, FamRZ 1993, 497). Mit Wirkung **ab dem 1. 7. 1998** bestimmt der eingefügte § 94 Abs. 4 SGB VIII, dass der auf den Träger der Jugendhilfe übergegangene Unterhaltsanspruch zur gerichtlichen Geltendmachung wieder auf das Kind bzw. den Jugendlichen zurückübertragen werden darf, wobei die Kosten, mit denen das Kind bzw. der Jugendliche dadurch belastet wird, jedoch vom Jugendhilfeträger übernommen werden müssen. Auch der unterhaltsrechtliche **Auskunftsanspruch** geht seither auf den Träger der Jugendhilfe über (vgl. § 94 Abs. 3 SGB III).

e) Leistungen nach dem BVG

85 Leistungen der **Kriegsopferfürsorge** gem. §§ 25 ff. BVG (vgl. z. B. BGBl. 1989 I S. 2261) werden nur gewährt, wenn der Beschädigte seinen besonderen Bedarf nicht aus eigenem Einkommen und Vermögen decken kann. Zu diesem Einkommen gehören auch Unterhaltsansprüche. Durch Gesetz vom 23. 6. 1993 (BGBl. 1993 I S. 944) wurde **§ 27h BVG** eingefügt, der nunmehr den Übergang von Unterhaltsansprüchen des Leistungsempfängers auf den Träger der Kriegsopferfürsorge regelt; die Regelung entspricht inhaltlich der Regelung in § 91 BSHG, die schon erläutert worden ist (vgl. Staudinger/Kappe, BGB, § 1602 Rn. 100; Göppinger/Wax/van Els, Unterhaltsrecht, Rn. 1765).

f) Leistungen nach dem WoGG

86 Eine Überleitung von Unterhaltsansprüchen wegen der Gewährung von **Wohngeld** ist im WoGG (vgl. BGBl. 1991 I S. 1433 und 1992 I S. 297) nicht vorgesehen. Wohngeld ist unter bestimmten Voraussetzungen sowohl beim Unterhaltsgläubiger als auch beim Unterhaltsschuldner als Einkommen zu berücksichtigen; es ist jedenfalls **keine nachrangige staatliche Leistung** (vgl. im Einzelnen Staudinger/Kappe, BGB, Vorb. vor § 1601 Rn. 162 – 164, § 1602 Rn. 54 und § 1603 Rn. 85, jeweils m. w. N.; Göppinger/Wax/Strohal, Unterhaltsrecht, Rn. 594; Kalthoener/Büttner/Niepmann, Die Rechtsprechung zur Höhe des Unterhalts, Rn. 846 – 848 m. w. N.).

4. Fälle gesetzlichen Forderungsübergangs nach bürgerlichem Recht

a) Beachtung der Rangverhältnisse

87 § 1607 Abs. 2 Satz 1 BGB begründet eine Unterhaltspflicht nachrangiger Unterhaltsschuldner, wenn die gerichtliche Geltendmachung oder die Durchsetzung eines Unterhaltsanspruches gegen einen vorrangig verpflichteten Unterhaltsschuldner im Wege der Zwangsvollstreckung im Inland ausgeschlossen oder erheblich erschwert ist. Es handelt sich bei dieser **Ersatzhaftung** um eine eigene Verbindlichkeit des **nachrangig verpflichteten Unterhaltsschuldners** gegenüber dem Unterhaltsgläubiger, die neben die Unterhaltsverpflichtung des vorrangig haftenden Unterhaltsschuldners tritt (vgl. Staudinger/Kappe, BGB, § 1607 Rn. 8 m. w. N.; Palandt/Diederichsen, BGB, § 1607 Rn. 10). Dessen Unterhaltsverpflichtung kann deshalb gem. § 1607 Abs. 2 Satz 2 BGB auf den nachrangig verpflichteten Unterhaltsschuldner übergehen, soweit dieser dem Unterhaltsgläubiger Unterhalt gewährt.

Dasselbe gilt, wenn **ein Elternteil** den **gesamten Unterhalt** für ein gemeinsames Kind leistet, weil 88
die Geltendmachung oder Durchsetzung des Unterhaltsanspruches gegen den anderen Elternteil in
dieser Weise beeinträchtigt ist (vgl. BGH, NJW 1968, 1780 u. 1989, 2816; Staudinger/Kappe,
BGB, § 1607 Rn. 25 m. w. N.; MüKo/Luthin, BGB, § 1607 Rn. 5). Besteht die Ehe zwischen den
Eltern noch, gilt dies nach überwiegender Ansicht wegen § 1360b BGB jedoch nur, wenn der
Unterhalt gewährende Elternteil die Absicht hatte, von dem anderen Elternteil Ersatz zu verlangen
(vgl. BGH, NJW 1968, 1780; MüKo/Luthin, BGB, § 1607 Rn. 15; a. A. Staudinger/Kappe, BGB,
§ 1607 Rn. 25). Der **Forderungsübergang kraft Gesetzes** ist der Höhe nach auf die Unterhaltsleistungen des nachrangig verpflichteten Unterhaltsschuldners beschränkt (vgl. Staudinger/Kappe,
BGB, § 1607 Rn. 28). Nach der Rspr. des BGH bleibt der übergegangene Anspruch ein Unterhaltsanspruch (vgl. zuletzt BGH, NJW 1982, 515). Nach der h. M. im Schrifttum verliert er dagegen
seinen unterhaltsrechtlichen Charakter. Weitgehende Einigkeit besteht jedoch darüber, dass er
gepfändet, verpfändet und abgetreten sowie gegen ihn aufgerechnet werden kann (vgl. BGH, a. a.
O.; Staudinger/Kappe, BGB, § 1607 Rn. 29 m. w. N.; MüKo/Luthin, BGB, § 1607 Rn. 8; Palandt/
Diederichsen, BGB, § 1607 Rn. 13).

Gem. § 401 BGB geht mit dem Unterhaltsanspruch auch der **Auskunftsanspruch** des ursprüng- 89
lichen Unterhaltsgläubigers gem. § 1605 BGB auf den nachrangig verpflichteten Unterhaltsschuldner über (vgl. Staudinger/Kappe, BGB, § 1605 Rn. 4 m. w. N.). Nach h. M. ist **§ 1613 Abs. 1 BGB**
auch auf den übergegangenen Anspruch **ohne Einschränkung** anzuwenden (vgl. Staudinger/Kap-
pe, BGB, § 1607 Rn. 32 m. w. N.; MüKo/Luthin, BGB, § 1607 Rn. 8 m. w. N.). Allerdings genügt
es, wenn der ursprüngliche Unterhaltsgläubiger die Voraussetzungen von § 1613 Abs. 1 BGB
gegenüber dem vorrangig verpflichteten Unterhaltsschuldner geschaffen hatte (vgl. MüKo/Luthin,
a. a. O.). Gem. § 1607 Abs. 2 Satz 3 BGB – ab dem 1. 7. 1998: § 1607 Abs. 4 BGB – kann der Forderungsübergang **nicht zum Nachteil** des ursprünglichen Unterhaltsgläubigers geltend gemacht
werden. Der Vorrang des ursprünglichen Unterhaltsgläubigers wirkt sich aus, wenn der Unterhaltsschuldner nicht in der Lage ist, beide Ansprüche zu erfüllen. Etwaige Sicherheiten decken zuerst
den Unterhaltsanspruch des ursprünglichen Unterhaltsgläubigers. Im Übrigen wirkt sich die Nachrangigkeit des übergegangenen Unterhaltsanspruches im Wesentlichen als **Durchsetzungsverbot**
aus, das bei der Zwangsvollstreckung wegen der beiden Unterhaltsansprüche zu beachten ist (vgl.
Staudinger/Kappe, BGB, § 1607 Rn. 41 – 44 m. w. N.). Außerdem darf bei einer späteren Klage
des Unterhaltsgläubigers gegen den vorrangig verpflichteten Unterhaltsschuldner wegen Unterhalts
für einen anderen Zeitraum dessen Ersatzpflicht gegenüber dem nachrangig haftenden Verwandten
gem. § 1607 BGB nicht als die **Leistungsfähigkeit mindernder** Umstand berücksichtigt werden
(vgl. Staudinger/Kappe, a. a. O.; MüKo/Luthin, BGB, § 1607 Rn. 9; Palandt/Diederichsen, BGB,
§ 1607 Rn. 19). Steht jedoch die Leistungsunfähigkeit des vorrangig verpflichteten Unterhaltsschuldners bereits fest, kann das Benachteiligungsverbot **ausnahmsweise** auch bereits bei der Entscheidung über die Ersatzhaftungsklage des nachrangig haftenden Verwandten berücksichtigt werden und zur **Klageabweisung** führen (vgl. KG, FamRZ 2000, 441; Palandt/Diederichsen, a. a. O.)

b) Sonstiges

Gem. § 1615b Abs. 1 und 2 BGB a. F. ging der Unterhaltsanspruch **des nichtehelichen Kindes** 90
gegen seinen wirklichen Vater kraft Gesetzes auf einen anderen unterhaltspflichtigen Verwandten
des Kindes, auf den Ehemann der Mutter und Stiefvater des Kindes oder den Scheinvater des Kindes, der diesem Unterhalt gewähren musste, über, soweit diese Unterhalt für das Kind leisteten
(vgl. Staudinger/Kappe, BGB § 1615b Rn. 18 – 29 m. w. N; MüKo/Köhler, BGB, § 1607 Rn. 1 und
2). Die Rechtslage entsprach der bei § 1607 Abs. 2 BGB, so dass auf die diesbezüglichen Ausführungen verwiesen werden kann.

Allerdings erweiterte **§ 1615d BGB** die Möglichkeiten zur Geltendmachung von rückständigem 91
Unterhalt für die Vergangenheit durch das Kind gegenüber seinem wirklichen Vater über § 1613
Abs. 1 BGB hinaus; die Regelung war auch auf den übergegangenen Unterhaltsanspruch **anwend-
bar** (vgl. Staudinger/Kappe, BGB, § 1615b Rn. 35, 36; MüKo/Köhler, BGB, § 1607 Rn. 4). War

der Unterhalt als **Naturalleistung** gewährt worden, war für den Forderungsübergang die Höhe des gewährten Unterhaltes in einem Geldbetrag zu schätzen (vgl. MüKo/Köhler, BGB, § 1607 Rn. 7).

92 Durch das KindUG (vgl. Rn. 71) sind die §§ 1615b und 1615d BGB mit Wirkung ab dem **1. 7. 1998** aufgehoben worden. Stattdessen ist **§ 1607 Abs. 3 BGB** eingefügt worden. Mit ihm ist die bisherige Regelung in § 1615b Abs. 1 und 2 BGB für sämtliche, auch volljährige Kinder übernommen worden, um die Bereitschaft nicht unterhaltspflichtiger Verwandter und weiterer Personen zur Unterstützung des Kindes zu fördern. Der Anspruchsübergang hängt allerdings nunmehr davon ab, dass bezüglich des Anspruchs gegen den Unterhaltsschuldner § 1607 Abs. 2 Satz 1 BGB gegeben ist. Eine § 1615d BGB vergleichbare Regelung gibt es ab dem 1. 7. 1998 nicht mehr. Allerdings geht die Forderung auch auf Personen über, die **keine** Unterhaltspflicht gegenüber dem Kind haben oder mehr Unterhalt leisten, als sie schulden würden, z. B. Onkel, Tante, Geschwister oder Stiefeltern des Kindes. **Anspruchsgegner** des Ersatzhaftungsanspruchs ist nur der Mann, dessen Vaterschaft unstreitig oder anerkannt bzw. gerichtlich festgestellt worden ist (vgl. Palandt/Diederichsen, BGB, § 1607 Rn. 16 m. w. N.). Als **Vater** i. S. v. § 1607 Abs. 3 Satz 2 BGB leistet Unterhalt auch ein Mann, der wegen seiner Beziehung zur Mutter des Kindes irrtümlich glaubt, dessen Vater zu sein, obwohl seine Vaterschaft weder von ihm anerkannt noch – zu Unrecht – gerichtlich festgestellt worden ist (vgl. Palandt/Diederichsen, a. a. O.). Ob er den Ersatzhaftungsanspruch gegen den **wirklichen** Vater nur geltend machen kann, wenn bei diesem die Rechtsverfolgungsschwierigkeiten gem. § 1607 Abs. 2 Satz 1 BGB vorgelegen haben, ist noch ungeklärt (dagegen Palandt/Diederichsen, BGB, § 1607 Rn. 17).

5. Pfändungsvorrecht gem. § 850d ZPO bei übergegangener Unterhaltsforderung

93 Ob das Pfändungsvorrecht des Unterhaltsgläubigers gem. **§ 850d ZPO** noch gilt, wenn der Unterhaltsanspruch vom ursprünglichen Unterhaltsgläubiger auf einen anderen Gläubiger übergegangen ist, ist streitig, wird jedoch für die vorstehend behandelten Fälle des Forderungsüberganges überwiegend bejaht (vgl. Staudinger/Kappe, BGB, § 1607 Rn. 34 m. w. N.; MüKo/Smid, ZPO, § 850d Rn. 6 m. w. N.).

B. Vorläufige Regelungen bei Unterhaltsansprüchen

I. Vorbemerkung

94 Eine Person, die zur Bestreitung ihres Lebensunterhalts auf fremde Hilfe angewiesen ist und deshalb von ihrem Ehegatten oder einem Verwandten Unterhalt verlangen will, benötigt die ihr zustehende Hilfe möglichst schnell. Dass sie **schnelle Hilfe** erlangen kann, liegt nicht nur in ihrem eigenen, sondern auch im **öffentlichen Interesse,** da oft die Unterstützung, die ihr von ihrem Ehegatten oder ihren Verwandten verweigert wird, bis zur rechtlichen Klärung des Unterhaltsanspruches von staatlichen Stellen, z. B. als Sozialhilfe gewährt werden muss. Familiengerichtliche Verfahren zur Klärung eines Unterhaltsanspruchs können bis zum rechtskräftigen Abschluss und sogar bis zum Abschluss im ersten Rechtszug und bis zur Schaffung eines ersten Vollstreckungstitels für den Unterhaltsgläubiger **erhebliche Zeit** beanspruchen. Die dadurch entstehenden Verzögerungen bei der Durchsetzung eines Unterhaltsanspruchs können bis zum endgültigen Verlust des in einem langwierigen Rechtsstreit erstrittenen Unterhaltsanspruchs führen; z. B. ist der Unterhaltsschuldner nicht selten außerstande, den aufgelaufenen Unterhaltsrückstand überhaupt noch zu begleichen, weil er während des laufenden Rechtsstreits keine Vorsorge für die spätere Erfüllung des gegen ihn geltend gemachten Unterhaltsanspruchs getroffen hat und sein laufendes Einkommen und sein Vermögen gerade ausreichen, die in Gegenwart und Zukunft geschuldeten Unterhaltsbeträge zu bezahlen. Dies belegt, welche Bedeutung der Frage zukommt, ob, auf welche

Weise und unter welchen Voraussetzungen am Beginn eines Streites über einen Unterhaltsanspruch eine vorläufige gerichtliche Regelung dieses Unterhaltsanspruches erreicht werden kann.

II. Einstweilige Anordnungen

1. Gegenstand einstweiliger Anordnungen

Im Rahmen einer **Ehesache** gem. § 606 Abs. 1 ZPO kann gem. § 620 Satz 1 Nr. 4 ZPO die Unterhaltspflicht eines Ehegatten gegenüber einem **minderjährigen Kind** der Eheleute durch das Gericht einstweilig geregelt werden. Der Unterhaltsanspruch eines volljährigen Kindes der Eheleute kann auf diese Weise nicht geregelt werden. Diesen Kindern blieb bis zum 1. 7. 1998 nur die Möglichkeit einer einstweiligen Verfügung gem. § 940 ZPO oder die selbstständige Klage außerhalb der Ehesache (Baumbach/Lauterbach/Albers, ZPO, § 620 Rn. 12; Thomas/Putzo, ZPO, § 620 Rn. 18). Zwar stehen gem. § 1603 Abs. 2 Satz 2 BGB seit dem 1. 7. 1998 volljährige Kinder, die noch nicht 21 Jahre alt sind, im elterlichen Haushalt leben und sich in der allgemeinen Schulausbildung befinden, den minderjährigen Kindern gleich. Diese Gleichstellung bezieht sich jedoch nur auf die gesteigerte Unterhaltspflicht der Eltern gem. § 1603 Abs. 2 Satz 1 BGB, nicht auf ihre verfahrensrechtliche Stellung im Rahmen einer Ehesache zwischen ihren Eltern (wie hier Baumbach/Lauterbach/Albers, a. a. O.; a. A. Thomas/Putzo, a. a. O.). Für volljährige Kinder fehlt nämlich auch die **Vertretungsmacht** des einen Elternteils gem. § 1629 Abs. 3 BGB, die es ihm ermöglicht, in der Ehesache den erforderlichen Antrag auf einstweilige Anordnung gem. § 620 Satz 1 Nr. 4 ZPO zu stellen.

95

Gem. § 620 Satz 1 Nr. 6 ZPO kann im Rahmen der **Ehesache** auch die Unterhaltspflicht **zwischen den Ehegatten** selbst durch das Gericht einstweilig geregelt werden. Sowohl bei der Regelung der Unterhaltspflicht zwischen den Ehegatten als auch bei der Regelung der Unterhaltspflicht gegenüber einem minderjährigen Kind kann der Unterhaltsanspruch nur **für die Zeit ab der Antragstellung,** nicht jedoch auch für die bis dahin schon vergangene Zeit durch einstweilige Anordnung geregelt werden (Baumbach/Lauterbach/Albers, ZPO, § 620 Rn. 17; Thomas/Putzo, ZPO, § 620 Rn. 20; van Els, FamRZ 1990, 581 m. w. N.). Nach nunmehr überwiegender Ansicht kann im Wege einstweiliger Anordnung nicht nur Unterhaltszahlung verlangt werden, sondern auch – etwa mit einem Stufenantrag – ein **Auskunftsanspruch** gem. §§ 1361, 1605 BGB geltend gemacht werden (Zöller/Philippi, ZPO, § 620 Rn. 63 m. w. N.; Baumbach/Lauterbach/Albers, ZPO, § 620 Rn. 16 m. w. N.).

96

> *Hinweis:*
> *Seit dem 1. 7. 1998 ermöglicht § 644 ZPO eine vorläufige Unterhaltsregelung durch einstweilige Anordnung auch in Verfahren vor den Familiengerichten nach § 621 Abs. 1 Nr. 4, 5 und 11 ZPO, also in sämtlichen Verfahren über **Unterhaltsklagen,** die Familiensachen sind, nämlich Klagen wegen einer durch Verwandtschaft oder Ehe begründeten Unterhaltspflicht sowie wegen der Unterhaltspflicht gegenüber der Mutter eines Kindes, die mit dem Vater des Kindes nicht verheiratet ist, gem. §§ 1615l und 1615m BGB. Das Verfahren bei derartigen einstweiligen Anordnungen richtet sich ebenso wie das Verfahren bei einstweiligen Anordnungen in einer Ehesache nach §§ 620a – g ZPO.*

Schließlich erlaubt § 641d ZPO, dass schon in dem Rechtsstreit auf **Feststellung** des Bestehens der **Vaterschaft** nach § 1600d BGB, nämlich der Vaterschaft für ein Kind, dessen Mutter im Zeitpunkt der Geburt nicht verheiratet war (vgl. § 1592 Nr. 1 BGB), auf Antrag des Kindes oder der Mutter deren jeweiliger Unterhaltsanspruch gegen den als Vater in Anspruch genommenen Mann durch einstweilige Anordnung gesichert oder sogar vorläufig geregelt wird, obwohl dessen Vaterschaft noch nicht erwiesen ist. Das Verfahren über solche Anträge ist in den §§ 641d – g ZPO selbststän-

97

dig geregelt; die Regelungen weichen teilweise von denen in §§ 620a – f ZPO ab (vgl. hierzu Baumbach/Lauterbach/Albers, ZPO, § 641d Rn. 2 – 6 m. w. N.).

98 Bei einstweiligen Anordnungen gem. § 620 Satz 1 Nr. 4 und 6 ZPO kann nach h. M. der **volle,** nach materiellem Recht geschuldete **Unterhaltsbetrag** verlangt und zugesprochen werden (vgl. BVerfG, FamRZ 1980, 872; Zöller/Philippi, ZPO, § 620 Rn. 52 und 61; MüKo/Finger, ZPO, § 620 Rn. 35 und 37). Dies gilt nach nunmehr wohl h. M. auch für einstweilige Anordnungen gem. § 644 ZPO; eine Beschränkung des Unterhaltsbetrages auf die Regelbeträge abzüglich anteiligen Kindergeldes beim Kindesunterhalt oder einen Mindestbedarf i. H. d. Ehegattenselbstbehaltes nach der Düsseldorfer Tabelle beim Ehegattenunterhalt ist abzulehnen (OLG Zweibrücken, FamRZ 1999, 662; Baumbach/Lauterbach/Albers, ZPO, § 644 Rn. 3; Büttner, NJW 1999, 2326 m. w. N.; van Els, FamRZ 2002, 617 m. w. N.; a. A. AG Marburg, FamRZ 1999, 660 und AG Groß-Gerau, FamRZ 1999, 661).

99 Einstweilige Anordnungen in der Ehesache gem. § 620 ZPO können nur zur **erstmaligen Regelung** eines Unterhaltsanspruchs beantragt und erlassen werden. Liegt bereits eine endgültige, vollstreckbare Regelung des Kindes- oder des Ehegattenunterhalts in Form eines Urteils, eines Vergleichs, eines Beschlusses gem. § 794 Abs. 1 Nr. 2a ZPO oder einer Urkunde gem. § 794 Abs. 1 Nr. 5 ZPO vor, kann die **Erhöhung** des festgelegten Unterhaltsbetrages und damit die Abänderung dieser Regelung zugunsten des Unterhaltsgläubigers durch einstweilige Anordnung im Rahmen der Ehesache nicht erfolgen (MüKo/Finger, ZPO, § 620 Rn. 46 m. w. N.; Zöller/Philippi, ZPO, § 620 Rn. 18, 20 m. w. N.). Der Unterhaltsgläubiger kann die Erhöhung des festgelegten Unterhaltsbetrages nur durch selbstständige Abänderungsklage gem. § 323 ZPO erreichen. Innerhalb dieses selbstständigen Klageverfahrens kann dann allerdings auch eine einstweilige Anordnung gem. § 644 ZPO ergehen, die den früher festgelegten Unterhaltsbetrag einstweilen erhöht (MüKo/Finger, a. a. O.; Zöller/Philippi, a. a. O., Rn. 20). Eine **Herabsetzung** des früher festgelegten Unterhaltsbetrages und damit eine Abänderung der früheren Regelung zugunsten des Unterhaltsschuldners kann durch einstweilige Anordnung gem. §§ 620, 644 ZPO nicht erfolgen. Der Unterhaltsschuldner kann Abänderungsklage gem. § 323 ZPO, Vollstreckungsabwehrklage gem. § 767 ZPO oder negative Feststellungsklage in Bezug auf seine Unterhaltspflicht erheben; in diesen Verfahren kann er die einstweilige Einstellung der Zwangsvollstreckung aus der früheren Regelung gem. §§ 707, 719, 769 ZPO erreichen, so dass für eine einstweilige Anordnung auf Herabsetzung des früher festgelegten Unterhalts kein Rechtsschutzbedürfnis besteht (Zöller/Philippi, a. a. O., Rn. 21).

2. Zulässigkeitsvoraussetzungen einstweiliger Anordnungen

100 Einstweilige Anordnungen gem. § 620 Satz 1 Nr. 4 und 6 ZPO ergehen nicht von Amts wegen, sondern **nur auf Antrag** eines Ehegatten. Der Antrag auf Regelung des Kindesunterhaltes ist von dem Ehegatten zu stellen, dem gem. § 1629 Abs. 2 Satz 2, Abs. 3 Satz 1 BGB die Geltendmachung des Anspruchs obliegt. Auch einstweilige Anordnungen gem. § 644 ZPO ergehen nur auf Antrag des Klägers. Der Antrag auf Erlass einer einstweiligen Anordnung zur Regelung eines Unterhaltsanspruches muss einen hinreichend **bestimmten Sachantrag** enthalten; es ist also **nicht zulässig,** die Höhe des Unterhaltsbetrages in das Ermessen des Gerichts zu stellen (Zöller/Philippi, ZPO, § 620 Rn. 3; MüKo/Finger, ZPO, § 620 Rn. 41). Außerdem muss – bei einstweiligen Anordnungen gem. § 620 Satz 1 Nr. 4 und 6 ZPO – eine Ehesache gem. § 606 Abs. 1 ZPO, im Regelfall also ein Ehescheidungsverfahren bzw. – bei einstweiligen Anordnungen gem. § 644 ZPO – die Unterhaltsklage **anhängig** sein. Es genügt insoweit die Einreichung der Antrags- oder Klageschrift beim Gericht; Zustellung an den Gegner ist nicht erforderlich. Ausreichend ist jedoch auch schon, dass ein Antrag auf Bewilligung von Prozesskostenhilfe für die Ehesache oder die Unterhaltsklage beim Gericht eingereicht ist. Der Antrag auf Erlass der einstweiligen Anordnung kann gem. § 620a Abs. 1 ZPO auch zu Protokoll der Geschäftsstelle erklärt werden, so dass für den Antrag selbst **kein Anwaltszwang** besteht; Anwaltszwang besteht jedoch, wenn im Rahmen der Ehesache über den Antrag auf Erlass einer einstweiligen Anordnung mündlich verhandelt wird (Baumbach/Lauterbach/Albers, ZPO, § 620a Rn. 6 m. w. N.; Zöller/Philippi, ZPO, § 620a Rn. 9 und 9a m. w. N.).

Dabei kann es im Einzelfall schwierig sein, den Zeitpunkt festzulegen, in dem das schriftliche Verfahren über den Antrag, für das kein Anwaltszwang besteht, endet und das Verfahren zur mündlichen Verhandlung über den Antrag beginnt, für das Anwaltszwang besteht. Bei den einstweiligen Anordnungen gem. § 620 ZPO kann der Antrag auch von dem Ehegatten gestellt werden, der die Ehesache nicht anhängig gemacht hat (Thomas/Putzo, ZPO, § 620a Rn. 8). Ist die **Ehesache rechtskräftig erledigt,** z. B. die Ehescheidung rechtskräftig geworden, kann ein Antrag auf einstweilige Anordnung gem. § 620 ZPO nicht mehr gestellt werden, selbst wenn noch die Folgesache auf Regelung des Ehegattenunterhalts oder des Unterhalts gemeinsamer minderjähriger Kinder anhängig geblieben und nicht rechtskräftig erledigt ist (Baumbach/Lauterbach/Albers, ZPO, § 620a Rn. 5 m. w. N.; Zöller/Philippi, ZPO, § 620a Rn. 3 und 3a m. w. N.). War der Antrag jedoch schon vor rechtskräftiger Erledigung der Ehesache gestellt worden, darf und muss über ihn noch entschieden werden, es sei denn, der Antrag in der Ehesache wäre zurückgenommen oder rechtskräftig abgewiesen worden, da in diesen Fällen gem. § 620f ZPO sogar schon ergangene einstweilige Anordnungen außer Kraft treten würden (vgl. Baumbach/Lauterbach/Albers, a. a. O.; Zöller/Philippi, ZPO, § 620a Rn. 4; jeweils m. w. N.). Zu beachten ist jedoch, dass seit dem 1. 7. 1998 einstweilige Anordnungen zur Regelung eines Unterhaltsanspruches gem. § 644 ZPO beantragt werden und ergehen können, wenn die Ehescheidung rechtskräftig geworden ist, jedoch die **Folgesache** auf Regelung des Ehegattenunterhaltes oder des Unterhaltes gemeinsamer minderjähriger Kinder anhängig geblieben und noch nicht rechtskräftig erledigt ist (Zöller/Philippi, ZPO, § 620 Rn. 32).

Örtlich und sachlich **zuständig** ist jeweils das Gericht, bei dem die Hauptsache anhängig ist. Für einstweilige Anordnungen im Rahmen einer Ehesache gelten die folgenden **Besonderheiten:** 101

Ist die Ehesache beim **Berufungsgericht** – gem. § 119 GVG dem OLG – anhängig, muss die einstweilige Anordnung bei ihm beantragt und von ihm erlassen werden. Dasselbe gilt, wenn nach einer Entscheidung in der Ehesache nur noch das Verfahren über den Unterhaltsanspruch, der einstweilig geregelt werden soll, bei ihm als Folgesache anhängig ist oder vor dem BGH als Revisionsgericht schwebt (vgl. § 620a Abs. 4 ZPO). Ist allerdings das Berufungsverfahren in der Ehesache abgeschlossen und gegen diese Entscheidung **Revision** beim BGH eingelegt und wird erst jetzt eine einstweilige Anordnung zur Regelung des Kindes- oder Ehegattenunterhaltes gem. § 620 Satz 1 Nr. 4 oder 6 ZPO beantragt, ist wiederum das Familiengericht als Gericht des ersten Rechtszugs für den Antrag und die Entscheidung zuständig (BGH, NJW 1980, 1392). Betrifft jedoch die Revision die Entscheidung des OLG über die Folgesachen des Kindes- oder Ehegattenunterhaltes, soll die Zuständigkeit des OLG wegen der größeren Sachnähe erhalten bleiben (OLG Karlsruhe, FamRZ 1992, 1454; Zöller/Philippi, ZPO, § 620a Rn. 16). Das Familiengericht ist auch noch zuständig, wenn zwar in der Ehesache bereits Berufung zum OLG eingelegt worden ist, mangels eines Berufungsantrages und einer Berufungsbegründung jedoch nicht erkennbar ist, in welchem Umfang das verkündete Verbundurteil angefochten werden soll (OLG Frankfurt/M., FamRZ 1992, 579; Zöller/Philippi, ZPO, § 620a Rn. 11). Wird die einstweilige Anordnung in der Ehesache noch beim Familiengericht des ersten Rechtszuges beantragt und gelangt die Ehesache vor der Entscheidung über den Antrag durch Berufungseinlegung gegen das Verbundurteil in der Ehesache zum OLG, bleibt die Zuständigkeit des Familiengerichtes erhalten (BGH, FamRZ 1980, 670). 102

Einstweilige Anordnungen dürfen nur ergehen, wenn ein **Regelungsbedürfnis** besteht, wobei allerdings keine besondere Eilbedürftigkeit vorliegen muss. Ein Regelungsbedürfnis fehlt z. B., wenn der Antrag in der Ehesache oder die Unterhaltsklage offensichtlich unzulässig oder unbegründet ist, wenn der geforderte Unterhalt bisher pünktlich und ordnungsgemäß gezahlt worden ist oder wenn beim Unterhaltsschuldner keine Vollstreckungsmöglichkeit erkennbar ist; dagegen nicht, wenn lediglich über die Höhe des geschuldeten Unterhaltsbetrages gestritten und auch für den bisher freiwillig gezahlten Teilbetrag eine Regelung durch einstweilige Anordnung verlangt wird oder wenn der Unterhaltsbedarf des Antragstellers durch Sozialhilfe oder vergleichbare staatliche Leistungen gesichert ist (Baumbach/Lauterbach/Albers, ZPO, § 620 Rn. 6 u. 16 m .w. N.). 103

3. Verfahren und Entscheidung

104 Über den Antrag kann **ohne mündliche Verhandlung** entschieden werden (vgl. § 620a Abs. 1 ZPO). Der Antragsteller soll die Voraussetzungen für die einstweilige Anordnung **glaubhaft machen** (vgl. § 620a Abs. 2 Satz 2 ZPO). Die Voraussetzungen für die einstweilige Anordnung ergeben sich ausschließlich aus dem **materiellen Unterhaltsrecht;** es ist deshalb vor der Entscheidung über den Antrag zu prüfen, ob die tatbestandlichen Voraussetzungen des Unterhaltsanspruches nach dem glaubhaft gemachten Sachvortrag des Antragstellers vorliegen, insbesondere **Unterhaltsbedürftigkeit** und **Leistungsfähigkeit** gegeben sind (MüKo/Finger, ZPO, § 620 Rn. 10; Baumbach/Lauterbach/Albers, ZPO, § 620 Rn. 2; Zöller/Philippi, ZPO, § 620 Rn. 6 u. 7). Einstweilige Anordnungen, die der materiellen Rechtslage widersprechen, dürfen nicht ergehen. Dem Antragsgegner ist **rechtliches Gehör** zu gewähren, bevor gegen ihn eine Zahlungspflicht festgelegt wird. Streitig ist, ob zu seinen Lasten § 138 Abs. 3 ZPO angewendet werden kann, wenn er sich zu dem gegen ihn gerichteten Antrag nicht äußert; dies muss möglich sein, da auch im Hauptsacheverfahren über den Unterhaltsanspruch der **Untersuchungsgrundsatz** nicht gilt (Zöller/Philippi, ZPO, § 620a Rn. 21 u. 27 m. w. N.; a. A. Baumbach/Lauterbach/Albers, ZPO, § 620a Rn. 10 m. w. N.). Ob eine **Beweisaufnahme** durchgeführt wird, liegt im pflichtgemäßen Ermessen des Gerichtes (OLG Düsseldorf, FamRZ 1995, 183; Baumbach/Lauterbach/Albers, a. a. O.). Eine für die Hauptsache bewilligte **Prozesskostenhilfe** erstreckt sich nicht auf das Verfahren der einstweiligen Anordnung; sie muss deshalb für dieses Verfahren gesondert beantragt und bewilligt werden (Zöller/Philippi, ZPO, § 620a Rn. 20; Baumbach/Lauterbach/Albers, ZPO, § 620a Rn. 6; jeweils m. w. N.). Die Entscheidung ergeht durch **Beschluss,** der verkündet werden muss, wenn er aufgrund mündlicher Verhandlung ergeht (vgl. § 329 Abs. 1 Satz 1 ZPO), ansonsten den Parteien sogar formlos mitgeteilt werden kann und nicht zugestellt werden muss (vgl. § 329 Abs. 2 ZPO). Das Gericht ist an den Antrag **gebunden** und darf deshalb keinen höheren Unterhaltsbetrag festlegen, als vom Antragsteller verlangt worden ist (Zöller/Philippi, ZPO, § 620a Rn. 30a). Eine **Begründung** der Entscheidung ist nur in besonderen Fällen erforderlich, jedoch stets zweckmäßig (Gießler, FamRZ 1999, 695 m. w. N.; Zöller/Philippi, ZPO, § 620d Rn. 3, 4). Das Verfahren kann auch durch **Vergleich** beendet werden. Ob ein solcher Vergleich lediglich eine vorläufige Regelung darstellt, die das Verfahren der einstweiligen Anordnung beenden soll, oder eine endgültige Regelung in der Hauptsache beinhaltet, ist durch Auslegung zu ermitteln; im Zweifel ist von einer vorläufigen Regelung auszugehen, die keine weitergehenden Wirkungen entfaltet als eine einstweilige Anordnung (BGH, FamRZ 1983, 892 und 1991, 1175; Zöller/Philippi, ZPO, § 620f Rn. 10 m. w. N.).

4. Wirkung einstweiliger Anordnungen

105 Einstweilige Anordnungen erwachsen **nicht in materieller Rechtskraft;** sie sollen den Verfahrensgegenstand nur vorläufig regeln, um einen regellosen Zustand zu verhindern, jedoch nicht auf Dauer wirken und keine endgültige Regelung schaffen (OLG Stuttgart, FamRZ 1992, 1195; KG, FamRZ 1991, 1327). Deshalb ist, auch wenn der Kindes- oder der Ehegattenunterhalt durch einstweilige Anordnung in der Ehesache geregelt ist, eine selbstständige **Klage** wegen des Kindes- oder des Ehegattenunterhaltes **stets möglich** (BGH, FamRZ 1983, 355; MüKo/Finger, ZPO, § 620 Rn. 45 u. 48; Zöller/Philippi, ZPO, § 620 Rn. 13). Auch der Unterhaltsschuldner, dem durch eine einstweilige Anordnung in einer Ehesache eine Unterhaltszahlung aufgegeben worden ist, kann stets selbstständige Klage auf Feststellung erheben, dass er keinen oder nur geringeren Unterhalt schuldet (BGH, a. a. O.; Zöller/Philippi, a. a. O.). Er kann außerdem Vollstreckungsabwehrklage gem. § 767 ZPO erheben, wenn er geltend machen will, den durch einstweilige Anordnung festgelegten Unterhalt bezahlt zu haben; er kann nicht darauf verwiesen werden, diesen Einwand im Verfahren der einstweiligen Anordnung, etwa durch einen Aufhebungs- oder Änderungsantrag gem. § 620b ZPO geltend zu machen (Zöller/Philippi, ZPO, § 620 Rn. 17 m. w. N.). Wird durch einstweilige Anordnung in der Ehesache der Kindesunterhalt geregelt, wirkt die Entscheidung gem. § 1629 Abs. 3 Satz 2 BGB auch **für und gegen das Kind** (BGH, FamRZ 1986, 879; Baum-

bach/Lauterbach/Albers, ZPO, § 620 Rn. 12 m. w. N.). Wird das Kind vor der Entscheidung über den Antrag auf Erlass der einstweiligen Anordnung volljährig, tritt es hinsichtlich des bis zur **Volljährigkeit** geschuldeten Unterhalts selbst in das Verfahren ein; hinsichtlich des Unterhalts für die Zeit ab der Volljährigkeit hat sich das Verfahren erledigt (Baumbach/Lauterbach/Albers, ZPO, § 620 Rn. 12). Dass aus einstweiligen Anordnungen die **Zwangsvollstreckung** betrieben werden kann, ergibt sich aus § 794 Abs. 1 Nr. 3a ZPO; die Erteilung einer besonderen Vollstreckungsklausel ist nach überwiegender Ansicht entsprechend § 929 Abs. 1 ZPO nicht erforderlich (MüKo/Finger, ZPO, § 620 Rn. 44 m. w. N.; Zöller/Philippi, ZPO, § 620a Rn. 33 m. w. N.). Stellt sich später im ordentlichen Verfahren heraus, dass die einstweilige Anordnung zu Unrecht ergangen war und der festgelegte Unterhaltsbetrag nicht geschuldet wurde, kann der Unterhaltsschuldner den auf die einstweilige Anordnung gezahlten Unterhalt mit der **Bereicherungsklage** zurückfordern, ohne dass es zuvor einer Aufhebung oder Änderung der einstweiligen Anordnung bedarf; ein **Schadensersatzanspruch** in entsprechender Anwendung von § 945 ZPO besteht dagegen nach h. M. nicht (MüKo/Finger, ZPO, § 620 Rn. 54 u. 55 m. w. N.; Zöller/Philippi, ZPO, § 620f Rn. 25 u. 26 m. w. N.). Nach h. M. kann der Unterhaltsgläubiger sich gegenüber der Rückzahlungspflicht auf § 818 Abs. 3 ZPO berufen und geltend machen, er habe die erhaltenen Unterhaltsbeträge verbraucht; eine **verschärfte Haftung** des Unerhaltsgläubigers gem. § 820 Abs. 1 BGB wird überwiegend abgelehnt (MüKo/Finger, ZPO, § 620 Rn. 55 m. w. N.; a. A. Zöller/Philippi, ZPO, § 620f Rn. 26 m. w. N.). Dieser Auffassung ist nunmehr auch der BGH (FamRZ 2000, 751). Er meint, **ausreichender Schutz** des Unterhaltsschuldners gegen den Verlust seines Anspruchs auf Rückzahlung nicht geschuldeten Unterhalts sei dadurch gewährleistet, dass dieser mit der negativen Feststellungsklage den Antrag auf einstweilige Einstellung der Zwangsvollstreckung aus der einstweiligen Anordnung verbinden bzw. sogar gleichzeitig Klage auf – z. T. künftige – Rückzahlung der nach der einstweiligen Anordnung zu zahlenden Unterhaltsbeträge erheben könne, und empfiehlt dem Unterhaltsschuldner schließlich, gegenüber dem Unterhaltsgläubiger zu erklären, dass er die Unterhaltsbeträge als zins- und tilgungsfreies **Darlehen** gewähre und sich verpflichte, auf die Rückzahlung des Darlehens zu verzichten, falls es bei dem in der einstweiligen Anordnung zugesprochenen Unterhalt verbleiben sollte, der Unterhaltsgläubiger sei nach Treu und Glauben verpflichtet, sich auf eine solche Gestaltung einzulassen (vgl. BGH, a. a. O., S. 753). Dem Unterhaltsschuldner einer einstweiligen Anordnung kann nur empfohlen werden, vorsorglich **in jedem Fall diese Erklärung** gegenüber dem Unterhaltsgläubiger abzugeben.

5. Änderung, Aufhebung und Anfechtung einstweiliger Anordnungen

Da einstweilige Anordnungen keine materielle Rechtskraft erlangen, können sie vom Gericht auf Antrag **jederzeit aufgehoben oder abgeändert** werden (vgl. § 620b Abs. 1 Satz 1 ZPO). Jedenfalls soweit einstweilige Anordnungen einen Unterhaltsanspruch regeln, reicht für ihre Aufhebung oder Abänderung eine abweichende Beurteilung des bisherigen Sachverhaltes aus. Es ist nicht erforderlich, dass mit dem Antrag auf Aufhebung oder Änderung der einstweiligen Anordnung **neue Tatsachen** vorgetragen oder neue Mittel der Glaubhaftmachung bisheriger Tatsachen angegeben und beigebracht werden (MüKo/Finger, ZPO, § 620b Rn. 4 u. 5 m. w. N.; Baumbach/Lauterbach/Albers, ZPO, § 620b Rn. 1 m. w. N.) Wiederholte Aufhebungs- oder Abänderungsanträge gem. § 620b ZPO ohne neue Ausführungen in tatsächlicher oder rechtlicher Hinsicht können allerdings wegen **missbräuchlicher Rechtsausübung** zurückgewiesen werden. In Ehesachen gelten für einen Antrag gem. § 620b Abs. 1 ZPO allerdings zeitliche Grenzen, die den unter Rn. 100 dargestellten **zeitlichen Grenzen** für den Antrag auf Erlass einer einstweiligen Anordnung entsprechen (vgl. Baumbach/Lauterbach/Albers, ZPO, § 620b Rn. 3; Zöller/Philippi, ZPO, § 620b Rn. 6). Auch die **Zuständigkeit** entspricht der Zuständigkeit für den Antrag auf Erlass der einstweiligen Anordnung ohne Rücksicht darauf, welches Gericht die einstweilige Anordnung erlassen hatte; dies stellt § 620b Abs. 3 ZPO klar. Hatte das OLG als Berufungsgericht die einstweilige Anordnung erlassen und hat es später die Ehesache oder die Folgesache, in der die einstweilige Anordnung ergangen war, an das Familiengericht zurückverwiesen, ist der Aufhebungs- oder Abänderungsantrag beim Familiengericht einzureichen (OLG Köln, FamRZ 1979, 529; Zöller/Philippi, ZPO, § 620b Rn. 9). Das weitere Verfahren über den Antrag auf Aufhebung oder Abänderung der einstweiligen Anordnung richtet sich wieder nach § 620a ZPO. Die Entscheidung ist nunmehr gem. § 620d ZPO stets zu begründen. Die Aufhebung oder Änderung kann nicht nur für die Zukunft, sondern auch **mit Rückwirkung** auf einen Zeitpunkt in der Vergangenheit bis zur Einreichung des Antrags auf Erlass der einstweiligen Anordnung erfolgen, wobei im Falle einer Erhöhung des Unterhaltsbetrages jedoch zu prüfen ist, ob in der Vergangenheit Verzug des Unterhaltsschuldners i. H. d. neuen, erhöhten Unterhaltsbetrages vorlag (vgl. MüKo/Finger, ZPO, § 620b Rn. 10; Baumbach/Lauterbach/Albers, ZPO, § 620b Rn. 6). Eine Entscheidung, dass der Unterhaltsgläubiger den aufgrund früherer einstweiliger Anordnung zu Unrecht erhaltenen Unterhalt an den Unterhaltsschuldner **zurückzahlen** muss, kann im Verfahren gem. § 620b ZPO nicht ergehen (Zöller/Philippi, ZPO, § 620b Rn. 3). Das Gericht kann die **Vollziehung** einer früher ergangenen einstweiligen Anordnung jedoch bis zur Entscheidung über den Aufhebungs- bzw. Abänderungsantrag gem. § 620e ZPO aussetzen.

107 Ist die Entscheidung über den Antrag auf Erlass einer einstweiligen Anordnung gem. § 620a Abs. 1 Satz 1 ZPO ohne mündliche Verhandlung ergangen, kann gem. **§ 620b Abs. 2 ZPO** stets beantragt werden, dass aufgrund mündlicher Verhandlung erneut entschieden wird. Überwiegend wird angenommen, dass nur dieser Antrag gestellt werden kann, wenn die erste Entscheidung über den Antrag auf Erlass einer einstweiligen Anordnung ohne mündliche Verhandlung ergangen ist, und in diesem Falle noch kein Aufhebungs- oder Abänderungsantrag gem. § 620b Abs. 1 ZPO gestellt werden kann (Zöller/Philippi, ZPO, § 620b Rn. 2a; Baumbach/Lauterbach/Albers, ZPO, § 620b Rn. 8). Da der Antrag auf erneute Entscheidung nach mündlicher Verhandlung gerichtet ist, ist für ihn eine Änderung der tatsächlichen oder rechtlichen Verhältnisse gegenüber der ohne mündliche Verhandlung ergangenen Entscheidung selbstverständlich nicht zu fordern (KG, FamRZ 1991, 1328; Baumbach/Lauterbach/Albers, ZPO, § 620b Rn. 8). Nach überwiegender Ansicht besteht schon für diesen Antrag im Rahmen einer Ehesache **Anwaltszwang**, da er auf eine mündliche Verhandlung gerichtet ist (Zöller/Philippi, ZPO, § 620b Rn. 15 m. w. N.; a. A. Baumbach/Lauterbach/Albers, a. a. O.). Für die Zuständigkeit und das Verfahren gilt wiederum § 620a ZPO. Die Entscheidung ist gem. § 620d ZPO stets zu begründen. Aussetzung der Vollziehung einer ohne mündliche Verhandlung ergangenen einstweiligen Anordnung bis zur erneuten Entscheidung aufgrund mündlicher Verhandlung ist nach § 620e ZPO wiederum möglich.

108 Bei einstweiligen Anordnungen zur Regelung eines Unterhaltsanspruches ist eine **sofortige Beschwerde** gegen die gem. §§ 620a und 620b ZPO ergangenen Entscheidungen durch § 620c ZPO ausgeschlossen; die Entscheidungen sind vielmehr **unanfechtbar**, wenn Anträge auf erneute Entscheidung nach mündlicher Verhandlung oder Aufhebung bzw. Änderung gem. § 620b ZPO erfolglos geblieben sind. Auch eine **Abänderungsklage** gem. § 323 ZPO kommt wegen fehlender materieller Rechtskraft der einstweiligen Anordnung nicht in Betracht (BGH, FamRZ 1983, 355; Zöller/Philippi, ZPO, § 620b Rn. 19). Die einzige Möglichkeit, eine abweichende Entscheidung über den Unterhaltsanspruch zu erreichen, ist die Klage im selbstständigen Verfahren auf Zahlung von Unterhalt oder auf Feststellung, dass eine entsprechende Unterhaltspflicht nicht besteht, die wegen fehlender materieller Rechtskraft der Regelung in der einstweiligen Anordnung stets zulässig ist. In eng begrenzten Ausnahmefällen wird jedoch entgegen der gesetzlichen Regelung in § 620c ZPO eine sofortige Beschwerde wegen **„greifbarer Gesetzwidrigkeit"** für zulässig gehalten, allerdings nur dann, wenn die Entscheidung mit der geltenden Rechtsordnung schlechthin unvereinbar ist, weil sie jeder gesetzlichen Grundlage entbehrt oder ihrem Inhalt nach dem Gesetz fremd ist (vgl. Zöller/Philippi, ZPO, § 620c Rn. 12 und 13 m. w. N. und Beispielen aus der Rspr.). Es genügt allerdings nicht, dass das rechtliche Gehör verweigert wurde (Zöller/Philippi, a. a. O., Rn. 13a m. w. N.); dies schon deshalb nicht, weil dieser Fehler durch einen Antrag gem. § 620b ZPO gerügt und auf diesen Antrag vom Gericht behoben werden kann.

6. Geltungsdauer einstweiliger Anordnungen

Einstweilige Anordnungen, die in einer Ehesache ergangen sind, treten gem. § 620f Abs. 1 ZPO **außer Kraft,** wenn der Antrag in der Ehesache wirksam zurückgenommen oder rechtskräftig abgewiesen worden ist oder sich die Ehesache gem. § 619 ZPO in der Hauptsache erledigt hat, weil einer der Ehegatten vor rechtskräftiger Entscheidung in der Ehesache gestorben ist. Einstweilige Anordnungen gem. § 644 ZPO treten in entsprechender Anwendung von § 620f Abs. 1 ZPO außer Kraft, wenn die Klage wirksam zurückgenommen oder rechtskräftig abgewiesen worden ist. Sind sie in einer Ehesache ergangen, verlieren sie ihre Wirkung in diesen Fällen jedoch **nur für die Zukunft,** nicht auch für die **Vergangenheit,** so dass vorher fällig gewordene Unterhaltsansprüche weiter erfüllt werden müssen und wegen ihnen weiter die Zwangsvollstreckung aus der nunmehr außer Kraft getretenen einstweiligen Anordnung betrieben werden kann (MüKo/Finger, ZPO, § 620f Rn. 10 m. w. N.; Zöller/Philippi, ZPO, § 620f Rn. 4 m. w. N.). Ist für die Antragsrücknahme die **Zustimmung** des Antragsgegners erforderlich (vgl. § 269 Abs. 1 ZPO), endet die Wirkung der einstweiligen Anordnung erst, wenn die Zustimmung des Antragsgegners beim Gericht eingegangen ist (Zöller/Philippi, ZPO, § 620f Rn. 5). Die Streitfrage, ob im Fall der Antragsrücknahme in der Ehesache die einstweilige Anordnung auch dann außer Kraft tritt, wenn dem Ehegatten gem. § 626 Abs. 2 ZPO gestattet worden ist, die Folgesache über den Unterhaltsanspruch als selbstständige Familiensache fortzuführen (vgl. hierzu MüKo/Finger, ZPO, § 620f Rn. 4 u. 6; Zöller/Philippi, ZPO, § 620f Rn. 7; jeweils m. w. N.), hat ihre praktische Bedeutung seit dem 1. 7. 1998 weitgehend verloren, da in der fortgeführten Unterhaltssache eine neue einstweilige Anordnung gem. § 644 ZPO mit entsprechender Regelung ergehen kann (Zöller/Philippi, a. a. O.). Da einstweilige Anordnungen schon beantragt und erlassen werden können, wenn lediglich ein **Prozesskostenhilfeantrag** für die Ehesache oder die Unterhaltsklage eingereicht ist, ohne dass die Ehesache oder die Unterhaltsklage selbst schon anhängig sein muss, treten einstweilige Anordnungen, die bei diesem Verfahrensstand erlassen worden sind, außer Kraft, wenn der Prozesskostenhilfeantrag zurückgenommen oder zurückgewiesen worden ist und in diesem Zeitpunkt die Ehesache oder die Unterhaltsklage immer noch nicht anhängig ist (vgl. Zöller/Philippi, ZPO, § 620f Rn. 9a m. w. N.). Wird gegen die Zurückweisung des Prozesskostenhilfeantrags **Beschwerde** eingelegt, verliert die einstweilige Anordnung ihre Wirkung nach überwiegender Ansicht allerdings erst, wenn auch diese Beschwerde zurückgewiesen worden ist (Zöller/Philippi, a. a. O.; a. A. OLG Stuttgart, FamRZ 1984, 720). Berufungsurteile des OLG in einer Ehe- oder Unterhaltssache werden nach h. M. erst rechtskräftig, wenn die **Revisionsfrist** abgelaufen oder über eine eingelegte Revision **entschieden** worden ist; dies auch in dem Fall, dass die Revision vom OLG nicht zugelassen worden war und deshalb wegen Unzulässigkeit verworfen wurde (Zöller/Philippi, ZPO, § 629d Rn. 7 m. w. N.).

109

Wird durch einstweilige Anordnung gem. § 620 Satz 1 Nr. 6 ZPO der Anspruch eines Ehegatten auf Unterhalt für die Trennungszeit vorläufig geregelt, tritt diese Regelung nicht schon dann außer Kraft, wenn die **Ehe rechtskräftig geschieden** ist, obwohl nach der Rspr. des BGH, der die Praxis inzwischen folgt, zwischen dem Anspruch auf Unterhalt für die Trennungszeit und dem Anspruch auf Unterhalt für die Zeit nach rechtskräftiger Ehescheidung keine Identität besteht, sondern der Anspruch auf Unterhalt für die Trennungszeit ohne weiteres erlischt, wenn die Ehe rechtskräftig geschieden ist (Palandt/Brudermüller, BGB, § 1569 Rn. 10). Der durch einstweilige Anordnung festgelegte Unterhaltsbetrag muss vielmehr von dem Ehegatten, der ihn zahlen soll. auch für die **Zeit nach rechtskräftiger Ehescheidung** zunächst weiter gezahlt werden, denn es soll vermieden werden, dass mit dem Eintritt der Rechtskraft der Ehescheidung bezüglich des Unterhalts ein regelungsloser Zustand eintritt (BGH, FamRZ 1981, 242; Zöller/Philippi, ZPO, § 620f Rn. 2; Baumbach/Lauterbach/Albers, ZPO, § 620f Rn. 1 m. w. N.). Dieser kann mit der Begründung, die Ehe sei nunmehr rechtskräftig geschieden, gegenüber der durch einstweilige Anordnung festgelegten Unterhaltsverpflichtung weder Vollstreckungsabwehrklage gem. § 767 ZPO noch negative Feststellungsklage erheben. Auch einstweilige Anordnungen gem. § 620 Satz 1 Nr. 4 ZPO zur Regelung des Unterhaltsanspruchs gemeinsamer minderjähriger Kinder wirken über den Zeitpunkt der

110

Rechtskraft der Ehescheidung hinaus (Zöller/Philippi, ZPO, § 620f Rn. 3). Eine **einstweilige Anordnung gem. § 644 ZPO** im Verfahren über die Klage eines Ehegatten auf Trennungsunterhalt muss dagegen außer Kraft treten, sobald die Ehe rechtskräftig geschieden ist, da Streitgegenstand des gesamten Verfahrens lediglich der Unterhaltsanspruch für die Trennungszeit ist und die einstweilige Anordnung in diesem Verfahren keine weitergehende zeitliche Wirkung haben kann als ein Urteil, das später in dem Verfahren über die Klage ergeht (a. A. allerdings Zöller/Philippi, ZPO, § 644 Rn. 12b, der nur Vollstreckungsabwehrklage für möglich hält).

Wird das Anordnungsverfahren nicht durch gerichtliche Entscheidung, sondern durch einen **Vergleich** beendet und sollte dieser Vergleich lediglich die Wirkung einer einstweiligen Anordnung haben und noch keine endgültige Unterhaltsregelung begründen, wirkt dieser Vergleich nur solange, wie auch eine entsprechende einstweilige Anordnung gewirkt hätte (BGH, FamRZ 1983, 892 und 1991, 1175; MüKo/Finger, ZPO, § 620 Rn. 43; Zöller/Philippi, ZPO, § 620f Rn. 10 m. w. N.).

111 Einstweilige Anordnungen gem. §§ 620 Satz 1 Nr. 4 u. 6, 644 ZPO verlieren gem. § 620f ZPO ihre Wirkung, sobald der Unterhaltsanspruch anderweitig geregelt und diese **anderweitige Regelung** wirksam geworden ist. Als anderweitige Regelung in diesem Sinne kommen sowohl Vereinbarungen, z. B. ein Scheidungsfolgen- oder Unterhaltsvergleich, als auch gerichtliche Entscheidungen in Betracht, wenn sie den Unterhaltsanspruch, der Gegenstand der einstweiligen Anordnung ist, **endgültig** regeln. **Gerichtliche Entscheidungen** in diesem Sinne sind Urteile auf Zahlung oder Klageabweisung und/oder auf Rückzahlung nicht geschuldeten Unterhalts sowie Urteile, in denen festgestellt wird, dass eine bestimmte Unterhaltsschuld nicht besteht (BGH, FamRZ 1983, 355 und 892; 1984, 767 und 1987, 682; Zöller/Philippi, ZPO, § 620f Rn. 13 sowie 16 – 16b; Baumbach/Lauterbach/Albers, ZPO, § 620f Rn. 3). Innerhalb dieser gerichtlichen Verfahren kann auch die **Zwangsvollstreckung** aus der einstweiligen Anordnung in entsprechender Anwendung von §§ 707, 719, 769 ZPO **einstweilen eingestellt** werden, und zwar auch dann, wenn der Unterhaltsgläubiger Zahlungsklage erhoben und der Unterhaltsschuldner Klageabweisung beantragt hat und in diesem Verfahren die vorläufige Einstellung der Zwangsvollstreckung aus der zugunsten des Klägers und Unterhaltsgläubigers ergangenen, einstweiligen Anordnung beantragt (OLG Frankfurt/M., FamRZ 1990, 767; Zöller/Philippi, ZPO, § 620f Rn. 15 m. w. N.; MüKo/Finger, ZPO, § 620 Rn. 51). Die Einstellung der Zwangsvollstreckung aus der einstweiligen Anordnung kann in einem solchen Verfahren auch dann erfolgen, wenn die Ehesache zwischen den Parteien noch nicht erledigt ist; der Unterhaltsschuldner ist nicht auf Anträge gem. § 620b ZPO in der Ehesache beschränkt (OLG Stuttgart, FamRZ 1992, 203; MüKo/Finger, ZPO, § 620 Rn. 51 m. w. N.; Zöller/Philippi, ZPO, § 620f Rn. 15b).

112 Die gerichtliche Entscheidung in diesen Verfahren setzt die einstweilige Anordnung erst außer Kraft, wenn sie **wirksam** geworden ist. Urteile, durch die die Unterhaltsklage abgewiesen oder festgestellt worden ist, dass eine Unterhaltspflicht entsprechend der einstweiligen Anordnung nicht besteht, werden erst mit dem Eintritt ihrer **Rechtskraft** i. S. v. § 620f ZPO wirksam (BGH, FamRZ 1991, 180; Zöller/Philippi, ZPO, § 620f Rn. 21 m. w. N.; Baumbach/Lauterbach/Albers, ZPO, § 620 Rn. 4). Streitig war lange, ob dies auch für Urteile gilt, die zu Unterhaltszahlungen verurteilen. Für solche Urteile wurde teilweise angenommen, dass ihre Wirksamkeit i. S. v. § 620f ZPO schon vor der Rechtskraft eintritt, nämlich sobald sie für ohne Sicherheitsleistung **vorläufig vollstreckbar** erklärt worden sind und der Unterhaltsschuldner die Zwangsvollstreckung durch Sicherheitsleistung nicht mehr abwenden kann (vgl. Zöller/Philippi, ZPO, § 620f Rn. 21 m. w. N.; MüKo/Finger, ZPO, § 620f Rn. 17; Baumbach/Lauterbach/Albers, ZPO, § 620f Rn. 4). Der BGH hat inzwischen entschieden, dass auch in diesem Fall erst das **rechtskräftige** Unterhaltsurteil die einstweilige Anordnung außer Kraft setzt (BGH, FamRZ 2000, 751, 752; ebenso Zöller/Philippi, ZPO, § 620f Rn. 22; Baumbach/Lauterbach/Albers, ZPO, § 620f Rn. 4).

113 Gem. § 620f Abs. 1 Satz 2 und Abs. 2 ZPO kann das Gericht, das die einstweilige Anordnung erlassen hat, auf Antrag durch **Beschluss** aussprechen, dass die einstweilige Anordnung außer Kraft getreten ist, damit der Unterhaltsschuldner vor einer weiteren Zwangsvollstreckung aus der wirkungslos gewordenen einstweiligen Anordnung geschützt werden kann (vgl. § 775 Nr. 1 ZPO).

7. Kosten und Gebühren bei einstweiligen Anordnungen

Grds. enthält die Entscheidung über einen Antrag auf Erlass einer einstweiligen Anordnung **keine Kostenentscheidung**, weil gem. § 620g ZPO die Kosten des Anordnungsverfahrens als Teil der Kosten des **Hauptverfahrens** gelten und die Kostenentscheidung im Hauptverfahren deshalb auch die Kostentragungspflicht bezüglich der Kosten des Anordnungsverfahrens regelt. Dabei sind in Ehesachen gem. § 93a ZPO die Verfahrenskosten grds. **gegeneinander aufzuheben**. Dies gilt auch dann, wenn das Anordnungsverfahren durch Vergleich beendet worden ist und der Vergleich keine Kostenregelung enthält, wenn der Antrag für erledigt erklärt worden ist oder wenn er zurückgenommen oder abgewiesen worden ist. Nur in **Ausnahmefällen** können in entsprechender Anwendung von § 96 ZPO die Kosten des Anordnungsverfahrens insgesamt dem Antragsteller auferlegt werden; dies setzt voraus, dass der Antragsteller erkennen konnte, dass sein Antrag **offensichtlich** unzulässig oder unbegründet war (MüKo/Finger, ZPO, § 620g Rn. 6; Baumbach/Lauterbach/Albers, ZPO, § 620g Rn. 2; Zöller/Philippi, ZPO, § 620g Rn. 6). In Abweichung von § 620g ZPO muss eine Kostenentscheidung im Anordnungsverfahren ergehen, wenn die Entscheidung im Anordnungsverfahren nach der Entscheidung im Hauptverfahren ergeht, das Hauptverfahren zwar anhängig, jedoch nicht rechtshängig geworden ist oder lediglich ein Antrag auf Bewilligung von Prozesskostenhilfe für das Hauptverfahren eingereicht worden war (Baumbach/Lauterbach/Albers, ZPO, § 620g Rn. 2 m. w. N., Zöller/Philippi, ZPO, § 620g Rn. 7).

114

Die **Gerichtsgebühren** für das Anordnungsverfahren ergeben sich aus Nr. 1701 des Kostenverzeichnisses zum GKG. Es entstehen 0,5 Gerichtsgebühren, wenn eine gerichtliche Entscheidung über den Antrag ergeht. Endet das Verfahren ohne Entscheidung des Gerichtes, fallen keine Gerichtsgebühren an.

115

Der **Streitwert** des Anordnungsverfahrens wird gem. **§ 20 Abs. 2 GKG** berechnet und beläuft sich auf den Betrag, der als Unterhalt für sechs Monate gefordert worden ist; da die einstweilige Anordnung erst für die Zeit ab Einreichung des Antrags ergehen kann, kommen im Regelfall keine Rückstandsbeträge hinzu (vgl. MüKo/Finger, ZPO, § 620g Rn. 17).

116

Für die **Rechtsanwaltsgebühren** gilt **§ 41 Abs. 1 Satz 2 BRAGO**. Es können sämtliche Gebühren gem. § 31 BRAGO entstehen. Die Rechtsanwaltsgebühren fallen für sämtliche Anordnungsverfahren nur einmal an; deshalb muss für die Gebührenberechnung der Streitwert sämtlicher Verfahren zusammengezählt werden (MüKo/Finger, ZPO, § 620g Rn. 23; Zöller/Philippi, ZPO, § 620a Rn. 35). Ist das OLG als Berufungsgericht für die Entscheidung zuständig, kann der Rechtsanwalt die erhöhten Gebühren gem. § 11 Abs. 1 Satz 2 BRAGO verlangen (MüKo/Finger, a. a. O.; Zöller/Philippi, a. a. O.).

117

III. Einstweilige Verfügungen

Seit dem 1. 7. 1998 hat die einstweilige Verfügung ihre **praktische Bedeutung** für die vorläufige Regelung von Unterhaltsansprüchen nahezu vollständig **verloren**. Schon vor dem 1. 7. 1998 hatte sich die Meinung durchgesetzt, dass § 620 Nr. 4 und 6 ZPO, der die Möglichkeit eröffnet, im Rahmen einer Ehesache die Unterhaltspflicht eines Ehegatten gegenüber einem gemeinsamen minderjährigen Kind und die Unterhaltspflicht zwischen den Ehegatten vorläufig regeln zu lassen, eine gesetzliche **Sondervorschrift** darstellt, die einen Antrag auf Erlass einer einstweiligen Verfügung zur vorläufigen Regelung dieser Unterhaltsansprüche unzulässig macht (BGH, FamRZ 1979, 472; Gießler, FamRZ 1986, 558, 559 Rn. 10 m. w. N.). Nachdem seit dem 1. 7. 1998 wegen § 644 ZPO die Möglichkeit besteht, in sämtlichen Verfahren über Unterhaltsansprüche, die Familiensachen sind, die streitgegenständlichen Unterhaltsansprüche durch **einstweilige Anordnung** vorläufig zu regeln, wird allgemein angenommen, dass auch in diesen Fällen für eine Regelung des Unterhaltsanspruchs durch einstweilige Verfügung **kein Rechtsschutzbedürfnis** mehr besteht und der Verfügungsantrag deshalb unzulässig ist. Dies gilt nicht erst, wenn die Unterhaltsklage eingereicht oder der Antrag auf Bewilligung von Prozesskostenhilfe für die Unterhaltsklage gestellt ist und deshalb der Antrag auf einstweilige Anordnung jederzeit gestellt werden kann, sondern bereits,

118

wenn die Unterhaltsklage eingereicht bzw. der Prozesskostenhilfeantrag gestellt werden könnte, weil Hindernisse nicht entgegenstehen (OLG Nürnberg, FamRZ 1999, 30; OLG Köln, FamRZ 1999, 661; OLG Zweibrücken, FamRZ 1999, 662; OLG Koblenz, FamRZ 2000, 362; OLG Hamm, FamRZ 2001, 358). Fälle, in denen der Unterhaltsgläubiger, der eine vorläufige Regelung seines Unterhaltsanspruches benötigt und erstrebt, wegen dieses Unterhaltsanspruchs nicht einmal einen Antrag auf Bewilligung von Prozesskostenhilfe für eine entsprechende Klage gegen den Unterhaltsschuldner einreichen kann bzw. ihm dies nicht zumutbar ist, gibt es kaum. Zu denken ist daran, dass ein minderjähriges Kind seinen Unterhaltsanspruch schon im **vereinfachten Verfahren** gem. §§ 645 ff. ZPO geltend macht, weil dieses Verfahren gem. § 645 Abs. 2 ZPO durch Klageeinreichung unzulässig würde. Die bloße Möglichkeit, diesen Unterhaltsanspruch auch im vereinfachten Verfahren gem. §§ 645 ff. ZPO geltend machen zu können, kann dagegen ein Rechtsschutzbedürfnis für eine einstweilige Verfügung nicht begründen, da es nach dem Gesetz auch bei der erstmaligen Festsetzung des Unterhalts keinen Vorrang des vereinfachten Verfahrens vor dem Klageverfahren gibt. Allerdings soll Prozesskostenhilfe für eine Klage auf Kindesunterhalt nicht bewilligt werden dürfen, wenn der Unterhaltsanspruch auch im vereinfachten Verfahren gem. §§ 645 ff. ZPO geltend gemacht werden kann (OLG Hamm, FamRZ 1999, 995 und 1213). Dies kann jedoch nicht gelten, wenn das Kind auch eine vorläufige Regelung seines Unterhaltsanspruchs erstrebt, da es nicht einfacher, schneller und kostengünstiger ist, das Kind in einem solchen Fall auf das vereinfachte Verfahren gem. §§ 645 ff. ZPO und das Verfahren der einstweiligen Verfügung zur vorläufigen Regelung seines Unterhaltsanspruches zu verweisen, zumal da es ohnehin stets von der Verteidigung des Unterhaltsschuldners abhängt, ob nicht ins streitige Verfahren übergegangen werden muss (vgl. §§ 648 Abs. 2, 650, 651 ZPO), was stets erforderlich ist, wenn der Unterhaltsschuldner fehlende Leistungsfähigkeit einwendet. Auch die Möglichkeit, den Unterhaltsanspruch später in einem umfassenden **Vergleich** mit dem Unterhaltsschuldner endgültig regeln zu können, macht die Einreichung einer Klage oder eines Prozesskostenhilfeantrags wegen dieses Unterhaltsanspruchs **nicht unzumutbar**. Schließlich könnte der Unterhaltsbetrag, der mit der einstweiligen Verfügung verlangt werden soll, auch im Wege einer **Stufenklage** als vorläufiger Mindestbetrag geltend gemacht werden, wenn der Unterhaltsgläubiger wegen fehlender Auskunft des Unterhaltsschuldners über dessen Einkommen und Vermögen seinen Unterhaltsanspruch noch **nicht endgültig beziffern** kann (ebenso OLG Hamm, a. a. O.). Auch in diesen Fällen schließt deshalb die Möglichkeit der einstweiligen Anordnung gem. § 644 ZPO die einstweilige Verfügung aus (a. A. Gießler, in: Finke/Garbe, Familienrecht, § 7 Rn. 205). Im Übrigen kommen für eine einstweilige Verfügung wegen eines Unterhaltsanspruchs seit dem 1. 7. 1998 nur noch die Fälle in Betracht, die **keine Familiensachen** gem. § 621 Abs. 1 Nr. 4, 5 und 11 ZPO sind, z. B. ein ausschließlich auf vertraglicher Vereinbarung beruhender Unterhaltsanspruch eines vor dem 1. 7. 1977 schuldig geschiedenen Ehegatten (BGH, FamRZ 1978, 674) oder eines Kindes gegen seinen Stiefvater bzw. den Ehemann seiner Mutter, der mit einer Fremdinsemination einverstanden gewesen war, später jedoch gerichtlich hatte feststellen lassen, dass das Kind nicht von ihm abstammt (OLG Düsseldorf, FamRZ 1987, 166; BGH, FamRZ 1995, 861 und 1272). Weitere einstweilige Verfügungen wegen eines Unterhaltsanspruchs sind gem. **§ 1615o ZPO** zulässig, solange noch keine Regelung durch einstweilige Anordnung gem. § 641d ZPO erfolgen kann (vgl. hierzu Palandt/Diederichsen, BGB, § 1615o Rn. 1 – 4).

119 Wenn eine einstweilige Verfügung auf Zahlung von Unterhalt als Leistungsverfügung gem. § 940 ZPO ausnahmsweise zulässig ist, müssen die folgenden **Besonderheiten** beachtet werden:

120 Ein **Verfügungsgrund** liegt nur vor, wenn sich der Unterhaltsgläubiger in einer **besonderen Notlage** befindet, die auf andere Weise nicht beseitigt werden kann; hieran sind strenge Anforderungen zu stellen. Streitig ist insoweit insbesondere, ob **staatliche Leistungen** wie Sozialhilfe, Arbeitslosenhilfe, Erziehungsgeld oder BAföG eine derartige Notlage ausschließen. Dabei wird in der Rspr. und im Schrifttum sowohl zwischen den einzelnen staatlichen Leistungen als auch danach unterschieden, ob der Unterhaltsgläubiger die staatliche Leistung bereits erhält oder lediglich die Möglichkeit hätte, die staatliche Leistung zu beziehen. Nach h. M. schließen nur **tatsäch-**

lich gewährte Leistungen die Notlage des Unterhaltsgläubigers aus. Nach wohl noch überwiegender Ansicht in der Rspr. ist auch beim tatsächlichen Bezug von Sozialhilfe im Gegensatz zum Bezug der anderen staatlichen Leistungen ein Antrag auf Erlass einer einstweiligen Verfügung wegen eines Unterhaltsanspruches möglich. Diese Ansicht ist allerdings für die Zeit ab dem 27. 6. 1993 schon deshalb bedenklich, weil der Unterhaltsanspruch des Verfügungsklägers ab diesem Zeitpunkt in Höhe der erhaltenen Sozialhilfeleistungen **kraft Gesetzes** auf den Sozialhilfeträger übergeht, soweit er sich gegen den Ehegatten oder Verwandte ersten Grades richtet (vgl. hierzu Rn. 37 ff.). Der Sozialhilfeträger könnte für den auf ihn übergegangenen Unterhaltsanspruch **keine vorläufige Regelung** durch einstweilige Verfügung verlangen; ein besonderes Bedürfnis dafür, dass der Hilfeempfänger eine vorläufige Regelung seines Unterhaltsanspruches durch einstweilige Verfügung erreichen kann, obwohl die Unterhaltszahlung wegen der bezogenen Sozialhilfe nicht an ihn, sondern an den Sozialhilfeträger erfolgen müsste, ist nicht ersichtlich. Streitig ist außerdem, ob **freiwillige Leistungen Dritter** die Notlage des Unterhaltsgläubigers beseitigen oder vermindern und deshalb eine einstweilige Verfügung auf Unterhaltszahlungen ausschließen; eine h. M. hat sich insoweit bisher nicht herausgebildet. Ein Verfügungsgrund soll außerdem fehlen, wenn der Unterhaltsgläubiger es über einen **längeren Zeitraum** versäumt hat, seinen nicht erfüllten Unterhaltsanspruch durch Klage im ordentlichen Verfahren geltend zu machen.

Mit der einstweiligen Verfügung kann der Unterhaltsanspruch nur für die **Zukunft**, nämlich für die Zeit ab dem Eingang des Verfügungsantrags beim Gericht geltend gemacht werden; eine **Ausnahme** von diesem Grundsatz soll allerdings gelten, wenn der Unterhaltsgläubiger in der Vergangenheit seinen Unterhaltsbedarf durch Aufnahme eines Darlehens gedeckt hat und dieses Darlehen immer noch zurückzahlen muss. 121

Die **Dauer** der Unterhaltsregelung durch einstweilige Verfügung ist nach h. M. regelmäßig auf einen Zeitraum von sechs Monaten ab Eingang des Verfügungsantrages beim Gericht zu begrenzen; die Ansicht, dass in besonderen Fällen ein Regelungszeitraum von bis zu zwei Jahren in Betracht kommt oder sogar eine zeitlich unbeschränkte einstweilige Verfügung erlassen werden kann, hat sich nicht durchsetzen können. Ein **neuer Verfügungsantrag** nach Ablauf des Zeitraums von sechs Monaten ist nach der h. M. nur zulässig, wenn der Unterhaltsgläubiger geltend machen kann, es sei ihm **ohne eigenes Verschulden** nicht möglich gewesen, innerhalb dieses Zeitraumes einen Vollstreckungstitel für seinen Unterhaltsanspruch im Hauptsacheverfahren zu erlangen. 122

Der **Höhe** nach ist der Unterhaltsanspruch in der einstweiligen Verfügung auf den **Notunterhalt** zu beschränken; dies ist für Kinder der Tabellensatz nach der untersten Einkommensgruppe der jeweiligen Unterhaltstabelle und für Ehegatten ein Unterhaltsbetrag als Mindestbedarf, der dem notwendigen Selbstbehalt des erwerbslosen Unterhaltsschuldners gegenüber seinen minderjährigen Kindern oder seinem Ehegatten nach den geltenden Unterhaltstabellen oder Unterhaltsleitlinien entspricht. 123

Die einstweilige Verfügung ist mit ihrem Erlass **vollstreckbar** und muss **keine Vollstreckungsklausel** enthalten (vgl. §§ 929 Abs. 1, 936 ZPO). Sie muss allerdings innerhalb eines Monats nach Verkündung oder Zustellung an den Verfügungskläger und Unterhaltsgläubiger von diesem vollzogen werden (vgl. §§ 929 Abs. 2, 936 ZPO). Streitig ist, ob **Vollzug** die Einleitung der Zwangsvollstreckung gegen den Unterhaltsschuldner erfordert oder, wie die wohl überwiegende Ansicht annimmt, die Parteizustellung durch den Verfügungskläger und Unterhaltsgläubiger ausreicht oder sogar die bloße Amtszustellung durch das Gericht an den Verfügungsbeklagten und Unterhaltsschuldner genügt. Richtigerweise sollte die einmalige Vollziehung der einstweiligen Verfügung durch den Verfügungskläger und Unterhaltsgläubiger genügen; diesem würde die Durchsetzung seines Unterhaltsanspruches unangemessen erschwert, wenn er für später fällig werdende **Teilleistungen** die ergangene einstweilige Verfügung innerhalb der Monatsfrist erneut vollziehen müsste. Dann muss jedoch andererseits auch angenommen werden, dass die Versäumung der Vollziehungsfrist nach Erlass der einstweiligen Verfügung diese insgesamt **wirkungslos macht** und dem Verfügungsbeklagten und Unterhaltsschuldner die Möglichkeit gibt, die gesamte einstweilige Verfügung durch Widerspruch oder Antrag gem. § 927 ZPO aufheben zu lassen; dies bedeutet, dass 124 auch wegen Teilleistungen, die erst nach Versäumung der Vollziehungsfrist fällig werden, die einstweilige Verfügung **nicht mehr vollzogen** und durchgesetzt werden kann. Allerdings sind auch diese Fragen in Rspr. und Schrifttum heftig umstritten. Wegen des **Meinungsstandes** bei sämtlichen Streitfragen zur einstweiligen Verfügung wegen eines Unterhaltsanspruches, die wegen ihrer geringen praktischen Bedeutung für die Zeit ab dem 1. 7. 1998 mit den vorstehenden Ausführungen nur in einem Überblick dargestellt worden sind, wird ergänzend auf die Ausführungen in dem folgenden Schrifttum verwiesen: Niepmann, in: Rahm/Künkel, Handbuch des Familiengerichtsverfahrens, VI, Rn. 91 – 98; Luthin, in: Heiß/Born, Handbuch des Unterhaltsrechts, Kapitel 25, Abschnitt B und Zöller/Vollkommer, ZPO, § 940 Rn. 8.

125 Ansonsten gelten für das Verfügungsverfahren bei Unterhaltsansprüchen die allgemeinen Vorschriften. **Sachlich zuständig** ist stets das Amtsgericht (vgl. § 23a Nr. 2 und 3 GVG), und zwar das Familiengericht, wenn es um eine Familiensache gem. § 23b Abs. 1 Satz 2 Nr. 5 und 6 GVG geht, sonst die allgemeine Zivilprozessabteilung. **Örtlich zuständig** ist das Gericht der Hauptsache (vgl. § 937 Abs. 1 ZPO); dies ist bei den erwähnten Familiensachen während der Anhängigkeit einer Ehesache ausschließlich das Familiengericht, bei dem die Ehesache im ersten Rechtszug anhängig ist oder war (vgl. § 621 Abs. 2 Satz 1 ZPO). Die **Darlegungs- und Beweislast** für den **Verfügungsgrund** liegt beim Verfügungskläger. Die Darlegungs- und Beweislast für den **Verfügungsanspruch**, also den Unterhaltsanspruch selbst, folgt den Regeln, die für die Unterhaltsklage gelten würden, liegt also teilweise, etwa hinsichtlich der fehlenden Leistungsfähigkeit oder der Voraussetzungen einer Unterhaltsverwirkung gem. § 1579 BGB, beim Verfügungsbeklagten und Unterhaltsschuldner. Es genügt die **Glaubhaftmachung** der anspruchsbegründenden Voraussetzungen und der anspruchsvernichtenden Einwendungen. An die Glaubhaftmachung sind keine zu geringen Anforderungen zu stellen; nicht immer genügt eine überwiegende Wahrscheinlichkeit dafür, dass sie vorliegen (Zöller/Vollkommer, ZPO, § 935 Rn. 8 m. w. N.).

C. Rangverhältnisse von Unterhaltsberechtigten

I. Allgemeines

126 Sind mehrere Unterhaltsberechtigte vorhanden, können sich **Konkurrenzfragen** stellen. Sie werden durch Rangregelungen beantwortet. Dabei wird im Allgemeinen angenommen, dass die Rangordnung ohne praktische Bedeutung ist, wenn der Verpflichtete alle geltend gemachten Ansprüche befriedigen kann (Griesche, in: FamGB, § 1609 BGB, Rn. 1), sich die Rangverhältnisse – dem Wortlaut der §§ 1582, 1609, 1615l BGB folgend – deshalb erst im Mangelfall aktualisieren (Wendl/Staudigl/Gutdeutsch, Das Unterhaltsrecht in der familienrechtlichen Praxis, § 5 Rn. 36), wenn also die Leistungsfähigkeit zur Befriedigung des angemessenen Bedarfs aller Unterhaltsberechtigten nicht ausreicht (MüKo/Born, BGB, § 1609 Rn. 3). Die in der **Rangregelung enthaltene Wertung** muss unter Umständen aber bereits bei der **Bedarfsberechnung** – positiv oder negativ – berücksichtigt werden. So wird bei voller Leistungsfähigkeit der angemessene Unterhalt des getrennt lebenden und geschiedenen Ehegatten erst nach Abzug der gleichrangigen Unterhaltsansprüche gemeinsamer minderjähriger und – unter bestimmten Voraussetzungen – sogar nachrangiger Unterhaltsansprüche gemeinsamer volljähriger Kinder ermittelt (BGH, FamRZ 1986, 553; kritisch dazu MüKo/Born, a. a. O., Rn. 22, 60). In der Rangfolge drückt sich außerdem die unterschiedliche Stärke eines Unterhaltsanspruchs aus, was wiederum Einfluss auf die Opfergrenze des Schuldners hat. So muss der angemessene Bedarf des Verpflichteten gem. § 1603 BGB gegenüber Eltern höher als gegenüber anderen vorrangigen Unterhaltsgläubigern (Kinder, Ehegatten u. s. w.) angesetzt werden (BGH, FamRZ 2002, 1698, 1701). Die Rangverhältnisse gelten auch für das **Zwangsvollstreckungsverfahren** (LG Erfurt, FamRZ 1997, 510; LG Duisburg, FamRZ 1999, 109).

II. Bedeutung und Inhalt der Rangverhältnisse

1. Inhalt

Die Rechtsfolge der Rangordnung besteht darin, dass **nachrangige Unterhaltsberechtigte** erst zum Zuge kommen, wenn der Bedarf, d. h. der **angemessene Unterhalt aller Vorrangigen, befriedigt** worden ist. Dies gilt selbst dann, wenn der nachrangige Unterhaltsgläubiger einen **Unterhaltstitel** besitzt (BGH, FamRZ 1980, 555). In einem solchen Fall ist der Unterhaltsverpflichtete gehalten, gegen den nachrangigen Gläubiger die **Abänderungsklage** nach § 323 ZPO zu erheben. Dabei ist indes zu beachten, dass dies nur Erfolg verspricht, wenn die Nachrangigkeit nicht schon im vorausgegangenen Rechtsstreit hätte vorgebracht werden können (OLG Oldenburg, FamRZ 1996, 366). Hat der Unterhaltsschuldner den titulierten Anspruch bis zu dem Zeitpunkt erfüllt, von dem an wegen der Sperre des § 323 Abs. 3 ZPO eine Titeländerung erst möglich ist, ist seine Leistungsfähigkeit im Verhältnis zum bevorrechtigten Unterhaltsgläubiger gleichwohl so zu beurteilen, als wenn er keinen Unterhalt an den Titelgläubiger gezahlt hätte. Er bleibt dann auf einen rechtlich zweifelhaften **Bereicherungsanspruch** gegen den Titelgläubiger beschränkt, der darüber hinaus in aller Regel wegen dessen Zahlungsunfähigkeit nicht durchsetzbar ist (OLG Düsseldorf, FamRZ 1982, 526). 127

Die Rangverhältnisse wirken sich nur dann aus, wenn Unterhaltsberechtigte ihre **Ansprüche geltend machen.** Das bloße Vorhandensein von Berechtigten berührt die Leistungsfähigkeit des Unterhaltsverpflichteten nicht (OLG Hamm, FamRZ 1996, 629; Griesche, a. a. O., Rn. 16; a. A. AG Detmold, FamRZ 1997, 447). 128

2. Rangregelung der §§ 1609, 1615l Abs. 3 Satz 2 BGB, § 16 Abs. 3 LPartG

a) Inhalt

Im Mangelfall besteht **innerhalb jeder Rangstufe** grds. **Gleichrang.** Eine Modifikation ergibt sich bei mehreren unterhaltsberechtigten Ehegatten. 129

Nach § 1609 Abs. 1 Satz 1 BGB sind **minderjährige unverheiratete Kinder** wegen ihrer erhöhten Schutzbedürftigkeit erstrangig zu befriedigen. Ihnen stehen volljährige unverheiratete Kinder bis zur Vollendung des 21. Lebensjahres gleich, solange sie im Haushalt der Eltern oder eines Elternteils leben und sich in der allgemeinen Schulausbildung befinden (§§ 1603 Abs. 1 Satz 2, 1609 Abs. 1 Satz 1 BGB). Zwischen Kindern verheirateter und nicht verheirateter Eltern sowie **adoptierten Kindern** besteht **kein Unterschied** (BGH, FamRZ 1983, 378; OLG Hamm, FamRZ 1992, 321). Das vom Unterhaltspflichtigen betreute Kind hat gegenüber den anderen Kindern keine Vorrangstellung (OLG Köln, FamRZ 1995, 613). Die Rangverhältnisse unterscheiden nicht nach der Haushaltszugehörigkeit der Berechtigten (BGH, FamRZ 1996, 1272).

Ehegatten haben nach § 1609 Abs. 2 Satz 1 BGB denselben Rang. Dass die neue Familie des Unterhaltsverpflichteten bei Erfüllung des Unterhaltsanspruchs des geschiedenen Ehegatten unterhalb der „Sozialhilfeschwelle" leben muss, rechtfertigt für sich nicht, den Unterhaltsanspruch gegenüber den mit dem Unterhaltspflichtigen in Haushaltsgemeinschaft lebenden gleichrangigen Familienangehörigen zu kürzen (BGH, FamRZ 1996, 1272). **Zweifelhaft** erscheint es, aus der Gleichrangigkeit eine **gesteigerte Erwerbspflicht** nach § 1603 Abs. 2 Satz 1 BGB auch gegenüber den Unterhaltsansprüchen der Mutter von minderjährigen unterhaltsberechtigten Kindern abzuleiten (so OLG Hamm, FamRZ 1996, 1218; OLG Karlsruhe, FamRZ 1998, 560). 130

Es folgt der **Unterhaltsanspruch** der nicht mit dem Vater des Kindes verheirateten Mutter gegen diesen nach § 1615l Abs. 3 Satz 2 BGB (OLG Celle, FamRZ 1990, 1146; Staudinger/Engler, BGB, § 1615l Rn. 57; MüKo/Born, BGB, § 1615l Rn. 40). Angesichts der Erweiterung sowohl der Anspruchsvoraussetzungen als auch der zeitlichen Befristung durch das Schwangeren- und Familienhilfeänderungsgesetz vom 21. 8. 1995 (BGBl. 1995 I S. 1050) und seiner zusätzlichen Ausdehnung durch das Gesetz zur Reform des Kindschaftsrechts (§ 1615l Abs. 2 Satz 3 BGB) wird 131 dieser Bestimmung künftig größere Bedeutung zukommen. Dies gilt insbesondere im Hinblick darauf, dass in den neuen Bundesländern die Zahl der Kinder verheirateter und nicht verheirateter Eltern annähernd gleich ist.

132 Danach rangieren **minderjährige verheiratete und volljährige Kinder**. Der Nachrang gilt auch für das **behinderte volljährige Kind;** es kann den minderjährigen Kindern nicht gleichgestellt werden (BGH, FamRZ 1984, 683; 1987, 472; a. A. AG Altena, FamRZ 1985, 196).

133 Nach § 1609 Abs. 1 BGB folgen Enkel, Urenkel usw. gleichrangig untereinander. Eltern, Großeltern, Urgroßeltern usw. stehen in gestaffelter Stufung an letzter Stelle.

134 Den Rang der Unterhaltsansprüche mehrerer **Lebenspartner** (vgl. Weber, Teil 11 Rn. 73 f.) nach Aufhebung der Lebenspartnerschaft bestimmt § 16 Abs. 3 LPartG ähnlich wie § 1582 BGB, nämlich **Vorrang** des früheren Lebenspartners. Seine Ansprüche sind denen von Kindern, geschiedenen oder neuen Ehegatten sowie denen eines nicht verheirateten Elternteils nach § 1615l BGB gegenüber nachrangig und haben Vorrang gegenüber Ansprüchen der sonstigen Abkömmlinge (Enkel, Urenkel) sowie der Verwandten aufsteigender Linie (Eltern, Großeltern, Urgroßeltern). Anders als für Ehegatten besteht also **kein Gleichrang** mit minderjährigen und ihnen gleichgestellten Kindern und **Nachrang** gegenüber volljährigen Kindern.

Für die Ansprüche während bestehender Lebenspartnerschaft und den Trennungsunterhalt fehlen gesetzliche Regelungen. Aus der Gleichrangigkeit von ehelichem und nachehelichem Unterhalt und der parallel dazu unterstellten Gleichrangigkeit von partnerschaftlichen und nachpartnerschaftlichen Unterhalt wird der Schluss gezogen (Muscheler, Das Recht der Eingetragenen Lebenspartnerschaft, Rn. 109), dass § 16 Abs. 3 LPartG auch für diese Fälle gilt.

b) Berechnung gleichrangiger Ansprüche

135 Die Ansprüche gleichrangiger Gläubiger sind bei eingeschränkter Leistungsfähigkeit des Schuldners in einer **zweistufigen Mangelfallberechnung** im Verhältnis der vollen Unterhaltsbeträge zu kürzen (BGH, FamRZ 1979, 692; 1983, 678). Für die Ermittlung des vollen Unterhalts des geschiedenen Ehegatten in der ersten Berechnungsstufe ist nach der Rspr. des BGH auch dann kein **Mindestbedarf** anzusetzen, wenn der **Quotenunterhalt** das **Existenzminimum** unterschreitet (BGH, FamRZ 1988, 705; 1992, 539, 678; dagegen eine Vielzahl von OLG, z. B. OLG Karlsruhe, FamRZ 1993, 708). Allerdings hat der BGH (FamRZ 2001, 1065, 1066) nicht beanstandet, dass das Berufungsgericht bei der Prüfung der Leistungsfähigkeit eines Unterhaltsschuldners für dessen Ehefrau einen Mindestbedarf berücksichtigt hat. Bei **unterschiedlichen Opfergrenzen** (§§ 1603, 1581 BGB) ist die **Differenz zwischen den Selbstbehalten** verhältnismäßig auf die **minderjährigen Kinder** zu verteilen, denen gegenüber der Schuldner gesteigert unterhaltspflichtig ist (BGH, FamRZ 1992, 539; OLG Braunschweig, FamRZ 1995, 357; a. A. OLG Braunschweig, FamRZ 1993, 66, das im Mangelfall einen gleich hohen Selbstbehalt annimmt; Rechenbeispiele bei Griesche, in: FamGB, § 1609 BGB, Rn. 13; zur Berechnung im Einzelnen mit zahlreichen Rechenbeispielen Wendl/Staudigl/Gutdeutsch, a. a. O., § 5 Rn. 58 ff.; Graba, FamRZ 1992, 544; OLG Hamm, FamRZ 1996, 631).

c) Besonderheiten

aa) Vorwegabzug von Kindes- und Elternunterhalt

136 Trotz Gleichrangigkeit oder Nachrangigkeit wird für die Ermittlung des Ehegattenunterhalts der Unterhalt **gemeinsamer minderjähriger** und in der **Ausbildung** befindlicher **volljähriger Kinder** sowie der aufgrund einer Verpflichtung gezahlte **Elternunterhalt vorab** vom Einkommen des Unterhaltsverpflichteten **abgezogen** (BGH, FamRZ 1990, 979, 980 m. w. N.; FamRZ 2003, 860, 866). Aber auch der Unterhalt für ein **Kind nur des Unterhaltsverpflichteten** findet Berücksichtigung, wenn er dafür bereits während der Ehe aufkam (BGH, FamRZ 1984, 151, 153), oder wenn die Unterhaltspflicht gegenüber einem **während der Ehe**, aber **nach der Trennung** geborenen **nichtehelichen Kind** besteht (BGH, FamRZ 1994, 87; 1999, 367 m. krit. Anm. Graba; 2000, 1492,

1493; OLG Koblenz, FamRZ 1998, 1584 m. Anm. Schumacher; OLG München, FamRZ 1999, 511; a. A. KG, FamRZ 1988, 72). Der Nachrang eines volljährigen Kindes bleibt unberücksichtigt, wenn dessen Anwesenheit dem nach § 1603 Abs. 2 BGB gesteigert unterhaltspflichtigen Elternteil die volle Berufstätigkeit ermöglicht (OLG Hamm, FamRZ 1999, 1011). Dagegen darf der Unterhalt für ein Kind aus einer **späteren Ehe** nicht abgesetzt werden (BGH, FamRZ 1987, 456). Ein Vorwegabzug kommt aber nur dann in Betracht, wenn der Schuldner voll leistungsfähig ist. Auf der anderen Seite mindert seinem getrennt lebenden **unterhaltsberechtigten Ehegatten** für ein **Kind aus dessen früherer Ehe** sein anrechenbares Einkommen, wenn er diesen Unterhalt schon **während des Bestehens der ehelichen Lebensgemeinschaft** gezahlt hatte (BGH, FamRZ 1991, 1163). **Dies gilt in gleicher Weise, wenn während der Trennungszeit ein außereheliches Kind des Unterhaltsberechtigten geboren wird** (KG, FamRZ 2001, 29, 30). Der rangwidrige Vorwegabzug wird zum einen mit den insoweit geprägten **ehelichen Lebensverhältnissen** (BGH, FamRZ 1987, 456; 1991, 1163; 2003, 860, 866) und zum anderen mit einer tatsächlichen oder fingierten **vertraglichen Abänderung** der Rangverhältnisse begründet (BGH, FamRZ 1981, 341).

bb) Nebenerwerbsobliegenheit

Die Gleichrangigkeit aller minderjährigen Kinder verbietet dem barunterhaltspflichtigen Elternteil, sich in einer neuen Ehe auf die Betreuung der Kinder aus dieser Ehe zu beschränken. Ihn trifft zumindest eine **Nebenerwerbsobliegenheit** (BGH, FamRZ 1987, 270; 1996, 796; OLG Köln, FamRZ 1999, 1011). Sie endet mit der **Volljährigkeit** des unterhaltsberechtigten Kindes (BGH, FamRZ 1987, 472), nach der Neufassung des § 1603 Abs. 2 Satz 2 BGB u. U. aber erst mit Vollendung des 21. Lebensjahres. Im Hinblick auf die Erweiterung des Unterhaltsanspruchs der Mutter eines nichtehelichen Kindes gegen den Vater nach § 1615l BGB durch das Schwangeren- und Familienhilfeänderungsgesetz von 1995 und das Kindschaftsreformgesetz von 1998 hat der **BGH seine frühere Rspr.** (BGH, FamRZ 1995, 598) geändert und seine sog. „Hausmann-Rechtsprechung" auf den Unterhaltsverpflichteten, der in nichtehelicher Lebensgemeinschaft mit einem anderen Partner zusammenlebt und ein aus dieser Beziehung stammendes Kind betreut, ausgedehnt (BGH, FamRZ 2001, 614 m. Anm. Büttner). Zugleich hat er die **Voraussetzungen für einen** unterhaltsrechtlich anzuerkennenden **Rollenwechsel** mit der Verpflichtung zur Nebentätigkeit präzisiert: **wesentlich günstigere Einkommenssituation der neuen „Familie" durch die Übernahme der Hausmannrolle, fehlende Möglichkeit der Kinderbetreuung durch Dritte und deutlich überwiegendes Interesse der neuen „Familie" gegenüber der Beibehaltung der bisherigen Unterhaltssicherung des barunterhaltsberechtigten Kindes.** Bei einem obliegenheitsgemäßen „Rollenwechsel" ist der Unterhaltsanspruch auf den Betrag zu begrenzen, der bei einer fiktiven vollschichtigen Erwerbstätigkeit des Unterhaltsschuldners geschuldet wäre (OLG Frankfurt/M., FamRZ 2001, 1477). **Der minderjährigen Kindern aus einer früheren Ehe gegenüber unterhaltspflichtige Elternteil darf sich nicht auf die Haushaltsführung in einer neuen Ehe beschränken, wenn diese Ehe kinderlos ist.** Er muss sich dann ggf. fiktive Einkünfte zurechnen lassen, wobei zu berücksichtigen ist, dass er nach seinem Gesundheitszustand und unter Berücksichtigung der Lage auf dem Arbeitsmarkt imstande sein muss, einer (Teil-)Erwerbstätigkeit nachzugehen und eine entsprechende Stellung zu finden (BGH, FamRZ 2001, 1065 mit Anm. Büttner).

III. Zusammentreffen von Ansprüchen eines geschiedenen und eines neuen Ehegatten

1. Allgemeines

Die Anspruchskonkurrenz zwischen geschiedenem und neuem Ehegatten nach **Wiederheirat** des unterhaltspflichtigen Ehegatten, dessen **Leistungsfähigkeit eingeschränkt** ist, regelt § 1582 BGB und zwar im Ergebnis zugunsten des geschiedenen Ehegatten. Die Vereinbarkeit der Vorschrift mit Art. 6 GG ist von Anfang an in Zweifel gezogen worden (OLG Schleswig, FamRZ 1983, 282;

Griesche, in: FamGB, § 1582 BGB, Rn. 2, 3; Palandt/Brudermüller, BGB, § 1582 Rn. 3 m. w. N.). Das BVerfG hat jedoch die **Verfassungskonformität** für den Fall bejaht, dass beide Ehegatten Kinder betreuen (FamRZ 1984, 346 = NJW 1984, 1523). Der BGH ist dem auch in anderen Anwendungsbereichen der Vorschrift gefolgt (FamRZ 1986, 790; 1987, 790).

139 Die Vorschrift ist auch im Falle der **Mehrfachscheidung** anwendbar (AG Bochum, FamRZ 1990, 1003). Sie gilt jedoch nicht für **vor dem 1. 7. 1977** geschiedene Ehen (einhellige Rspr. der OLG, zuletzt OLG München, FamRZ 1989, 1303).

140 Nur ausnahmsweise kann die starre Vorrangregelung unter Heranziehung der **Härteregelung** des § 1579 Nr. 7 BGB **abgemildert** werden (BGH, FamRZ 1988, 705). Sie lässt im Übrigen für **Billigkeitserwägungen** keinen Raum (BGH, FamRZ 1985, 911).

141 Die der Rangregelung zugrunde liegende Wertung muss auch über den eigentlichen Anwendungsbereich hinaus beachtet werden. So darf der Unterhaltsschuldner keine im Widerspruch dazu stehende Entscheidung treffen, z. B. durch Aufgabe der Erwerbstätigkeit zugunsten der Kindesbetreuung nach Wiederheirat den Betreuungsunterhaltsanspruch des geschiedenen Ehegatten verkürzen (BGH, FamRZ 1996, 796; kritisch Kamann, BJ 1996, 324).

2. Rangregelung

a) Gleichrangigkeit beider Ehegatten

142 Beide Ehegatten sind **gleichrangig,** wenn der neue Ehegatte im hypothetischen Scheidungsfall unterhaltsberechtigt wäre und der Anspruch des geschiedenen Ehegatten **nicht** auf §§ 1570, 1576 BGB beruht oder die geschiedene Ehe **nicht** von langer Dauer war (OLG Oldenburg, FamRZ 1999, 518). Dies ergibt sich zwar nicht unmittelbar aus § 1582 BGB, wohl aber aus der **Nichtregelung** in § 1582 Abs. 1 BGB und mittelbar aus dem Verweis in § 1582 Abs. 2 BGB auf § 1609 BGB, wo in Abs. 2 Satz 1 der Gleichrang zwischen dem Ehegatten und den minderjährigen und ihnen nach § 1603 Abs. 2 Satz 1 BGB gleichgestellten Kindern festgelegt ist.

143 Dass damit der geschiedene und der verheiratete Ehegatte gemeint ist, folgt wiederum aus der Differenzierung in § 1609 Abs. 2 Satz 2 BGB (einhellige Auffassung z. B. BGH, FamRZ 1983, 680; vgl. i. Ü. Hampel, FamRZ 1995, 1177 Fn. 1 m. w. N.; zur **Unterhaltsberechnung** s. Gutdeutsch, FamRZ 1995, 327; Hampel, a. a. O.).

b) Vorrang des geschiedenen Ehegatten

144 § 1582 Abs. 1 Satz 1 BGB räumt dem geschiedenen Ehegatten den Vorrang ein, sofern der neue Ehegatte im Scheidungsfall nicht unterhaltsberechtigt wäre. Die Ausklammerung des § 1575 BGB (**Ausbildungsunterhalt**) beruht darauf, dass die dafür erforderliche hypothetische Betrachtungsweise bei bestehender Ehe nicht möglich ist (Griesche, in: FamGB, a. a. O., Rn. 5 m. w. N.).

145 Gegenüber dem hypothetischen Anspruch des verheirateten Ehegatten auf nachehelichen Unterhalt behält der geschiedene Ehegatte den **Vorrang** nach § 1582 Abs. 1 Satz 2 BGB, wenn ihm Unterhalt wegen **Kindesbetreuung** (§ 1570 BGB), aus **Billigkeitsgründen** (§ 1576 BGB) oder wegen **langer Ehedauer** zusteht. Dabei verlängert sich die Ehedauer nach § 1582 Abs. 1 Satz 3 um die Zeit, in der der geschiedene Ehegatte wegen Kindesbetreuung unterhaltsberechtigt war.

146 **Ehedauer** ist die Zeit zwischen Eheschließung und Rechtshängigkeit des Scheidungsantrags (BGH, FamRZ 1983, 886; 1985, 362). Ab 15 Jahren sichert die Ehedauer den Vorrang (st. Rspr. des BGH, zuletzt FamRZ 1987, 916). Erreicht die Ehedauer nicht ganz 15 Jahre, kommt es auf die Umstände des Einzelfalles an (BGH, FamRZ 1983, 886; OLG Koblenz, FamRZ 1983, 281; a. A. OLG Hamm, FamRZ 1982, 70 – absoluter Vorrang schon nach 14 Jahren); acht oder zehn Jahre sind noch nicht lang genug (BGH, FamRZ 1983, 678; OLG Hamburg, FamRZ 1993, 1453).

c) Rangverhältnisse zwischen Ehegatten und minderjährigen Kindern

Nach § 1582 Abs. 2 BGB bleibt § 1609 BGB unberührt. Danach besteht zwischen **allen minder-** **jährigen und ihnen nach § 1603 Abs. 2 Satz 2 BGB gleichgestellten Kindern** und **beiden Ehe-** **gatten Gleichrang**. Gebührt dem geschiedenen Ehegatten gegenüber dem neuen Ehegatten der **Vorrang**, wirft dies Berechnungsprobleme auf, die nicht sachgerecht gelöst werden können (vgl. Dieckmann, FamRZ 1977, 161). Der BGH hat deshalb für diesen Fall § 1609 Abs. 2 Satz 1 BGB i. d. S. einschränkend ausgelegt, dass der dort vorgesehene unterhaltsrechtliche **Gleichrang** mit den Kindern nur für den **geschiedenen Ehegatten** gilt (BGHZ 104, 158 = FamRZ 1988, 705 = NJW 1988, 1722). 147

IV. Familienrechtlicher Ausgleichsanspruch wegen Unterhalts

1. Allgemeines

Schon vor In-Kraft-Treten des 1. EheRG hat der BGH für Fälle, in denen ein Elternteil **allein für** **den Unterhalt** eines gemeinsamen Kindes aufgekommen ist, obwohl auch der **andere** dem Kind **unterhaltspflichtig** war, einen **Ausgleichsanspruch** zugebilligt, weil sich dies „aus der naturgegebenen Notwendigkeit" ergebe, „die Unterhaltslast im Innenverhältnis zwischen ihnen entsprechend ihrem Leistungsvermögen gerecht zu verteilen" (BGHZ 31, 329 = FamRZ 1960, 194; 50, 266 = FamRZ 1968, 450). Diese Rspr. ist seit dem 1. 7. 1977 weiterentwickelt und auf den **Kindergeldausgleich** ausgedehnt worden (BGH, FamRZ 1988, 834). Die **Rechtsnatur** des Anspruchs ist höchstrichterlich nach wie vor **ungeklärt**. In Frage kommen **Geschäftsführung** **ohne Auftrag, ungerechtfertigte Bereicherung** oder ein Anspruch **sui generis**. Ein Erstattungsanspruch kann jedenfalls auf solche Rechtsgrundlagen **nicht** gestützt werden, wenn die Voraussetzungen eines familienrechtlichen Ausgleichsanspruchs nicht gegeben sind (BGH, FamRZ 1994, 1104). 148

2. Rechtsnatur

Einigkeit besteht darüber, dass es sich um **keinen Unterhaltsanspruch** handelt (BGH, FamRZ 1980, 346; 1984, 776; OLG Düsseldorf, FamRZ 1981, 303; Hoppenz, FamRZ 1985, 439), er jedoch in weiten Bereichen (§§ 197, 1603, 1613 BGB) **wie ein Unterhaltsanspruch** bewertet wird. Andererseits fehlen ihm nur Unterhaltsansprüchen zukommende **Vorrechte** (Hoppenz, a. a. O.; Roth, FamRZ 1994, 797) wie z. B. weitgehende Unpfändbarkeit (§ 850 Abs. 1 Nr. 2 ZPO), Unübertragbarkeit (§ 400 BGB), Unverpfändbarkeit (§ 1274 Abs. 2 BGB) und Schutz gegen Aufrechnung (§ 394 Satz 1 BGB). 149

Die rechtsdogmatische Entwicklung scheint noch nicht abgeschlossen, wie insbesondere die Kritik (Scholz, FamRZ 1994, 1314) an dem Urteil des BGH v. 25. 5. 1994 (FamRZ 1994, 1103 = NJW 1994, 2234) zeigt. In der Lit. wird teilweise die Auffassung vertreten, dass für einen selbstständigen familienrechtlichen Ausgleichsanspruch angesichts des vorhandenen gesetzlichen Instrumentariums keine Notwendigkeit bestehe (Roth, a. a. O.). 150

3. Einzelprobleme

Prozessual handelt es sich um eine **Familiensache** i. S. d. § 23b Abs. 1 Nr. 5 GVG (BGH, FamRZ 1978, 770). Die Beschränkung auf den Ausgleich für den Unterhalt für eheliche Kinder ist nach der Neufassung des § 23b Abs. 1 Nr. 5 GVG durch das KindRG von 1998 gegenstandslos. Dies gilt auch für den **Kindergeldausgleich** (BGH, FamRZ 1980, 345; Hoppenz, a. a. O.), der seitdem auch Familiensache ist, wenn es sich um den Unterhalt für ein nicht gemeinschaftliches (früher nichteheliches) Kind handelt (anders nach der Rechtslage vor dem 1. 7. 1998 – LG Kiel, FamRZ 1994, 653). 151

152 Der Anspruch beruht auf der **Unterhaltspflicht beider Eltern** gegenüber einem gemeinsamen Kind. Dabei kann es sich auch um ein volljähriges Kind handeln (OLG Köln, FamRZ 1999, 1276). Der BGH hat die nach der Einführung des Gleichberechtigungsgesetzes genannte Begründung für seine Notwendigkeit, nämlich die Unterhaltslast zwischen den Eltern entsprechend ihrem **Leistungsvermögen** gerecht zu verteilen, auch später weiter verwendet (BGH, FamRZ 1989, 850 m. w. N.; 1994, 1102). Soweit eine eigene Unterhaltsverpflichtung erfüllt wird, scheidet ein Ausgleichsanspruch aus. Unabhängig von der materiellen Rechtslage reicht es dafür aus, dass die eigene Verpflichtung auf einer rechtskräftigen Entscheidung beruht, weil sonst im Ausgleichsprozess zwischen den Eltern erneut über die bereits im Unterhaltsrechtsstreit (mit-)geprüfte Frage zu entscheiden wäre, in welchem Verhältnis sich einerseits der Vater und andererseits die Mutter nach ihren Erwerbs- und Vermögensverhältnissen anteilig am Unterhalt der Kinder zu beteiligen haben (BGH, FamRZ 1981, 761; 1989, 85; 1994, 1102). Ist der Ausgleichsanspruch durch Zahlung an das Kind mit befreiender Wirkung auch gegenüber dem ausgleichsberechtigten Elternteil erloschen, tritt an seine Stelle ein **Bereicherungsanspruch** nach § 816 Abs. 2 BGB (OLG Düsseldorf, NJW-RR 1991, 1027), dessen dogmatische Begründung allerdings zweifelhaft ist (Roth, a. a. O., 796).

153 Der Ausgleichsanspruch umfasst nur die Erstattung geleisteten Barunterhalts, **nicht** dagegen Ersatz für geleistete **Betreuung** (BGH, FamRZ 1994, 1102 = NJW 1994, 2234; OLG Koblenz, FamRZ 1997, 368, 369)). Mit Recht wird insoweit die mangelnde Unterscheidung zwischen **Betreuungs-** und **Naturalunterhalt** kritisiert (Scholz, FamRZ 1994, 1314).

154 Für die Zeit des **Getrenntlebens** ist Voraussetzung des Anspruchs, dass bei der Unterhaltsgewährung die **Absicht** bestand, von dem anderen einen Ausgleich zu verlangen (BGHZ 50, 266 = FamRZ 1960, 450). Ob dies auch **für den Fall** der **Scheidung** gilt, hat der BGH offen gelassen (BGH, FamRZ 1981, 761; 1984, 775; 1989, 850). Nach der Auffassung mehrerer Oberlandesgerichte (OLG Hamm, FamRZ 1994, 457; OLG Koblenz, FamRZ 1997, 368 f.) muss diese Voraussetzung auch dann gegeben sein, bedarf aber keines besonderen Nachweises.

155 Einen familienrechtlichen Ausgleichsanspruch hat auch der Ehegatte, der den Unterhalt für das **nicht gemeinschaftliche Kind** des anderen Ehegatten aufgebracht hat (LG Kiel, FamRZ 1994, 653). Soweit auf die erbrachte Betreuung abgestellt wird, steht die Entscheidung allerdings im Widerspruch zur Rspr. des BGH (FamRZ 1994, 1102).

156 Aus Gründen des **Schuldnerschutzes** kann der Ausgleichsberechtigte in entsprechender Anwendung des § 1613 Abs. 1 BGB für die Vergangenheit Erfüllung erst von der Zeit an verlangen, zu welcher der Verpflichtete mit der Erfüllung des Ausgleichsanspruchs in **Verzug** gekommen oder dieser Anspruch **rechtshängig** geworden ist (BGH, FamRZ 1984, 775; FamRZ 1988, 834; 1989, 850; OLG Düsseldorf, FamRZ 1981, 303, OLG Köln, FamRZ 2003, 251). Das berechtigte Interesse des ausgleichspflichtigen Elternteils, sich nicht unverhofft hohen Verbindlichkeiten gegenüberzusehen, wird aber auch dann nicht beeinträchtigt, wenn seiner Inanspruchnahme die Rechtshängigkeit des **Unterhaltsbegehrens** des **Kindes** vorausgegangen ist (BGH, FamRZ 1989, 850; AG Eschwege, FamRZ 1996, 964).

157 Der Ausgleichsanspruch **verjährt** in drei Jahren (§§ 195, 197 Abs. 2 BGB), früher in vier Jahren (BGHZ 31, 329 = FamRZ 1960, 194; FamRZ 1996, 725, 726) und ist gegenüber Unterhaltsansprüchen **nachrangig** (Hoppenz, a. a. O., S. 439).

158 Die **Leistung des ausgleichsberechtigten Elternteils hat Erfüllungswirkung** i. S. d. § 267 Abs. 1 BGB, so dass der Unterhaltsschuldner vor einer doppelten Inanspruchnahme geschützt ist (OLG Karlsruhe, FamRZ 1998, 1190).

D. Auskunftsansprüche im Unterhaltsrecht

I. Gesetzliche Grundlagen

Grundlegende Vorschrift für die Auskunftspflicht ist **§ 1605 BGB**. Hiernach sind **Verwandte in gerader Linie** einander verpflichtet, auf Verlangen über ihre Einkünfte und ihr Vermögen Auskunft zu erteilen, soweit dies zur Feststellung eines Unterhaltsanspruchs oder einer Unterhaltsverpflichtung erforderlich ist. Das Gesetz regelt ausdrücklich, dass auf Verlangen **Belege**, insbesondere Bescheinigungen des Arbeitgebers, vorzulegen sind. Der Verweis in § 1605 Abs. 1 Satz 3 BGB auf §§ 260, 261 BGB verpflichtet den Unterhaltsschuldner, dem Berechtigten zunächst ein Verzeichnis seiner Einkünfte und Ausgaben vorzulegen und regelt ferner, dass der Unterhaltsschuldner eine **eidesstattliche Versicherung** abzugeben hat, wenn er bei der Verzeichniserstellung nicht die erforderliche Sorgfalt anwendet.

159

Gem. § 1605 Abs. 2 BGB hat der Unterhaltsschuldner die Auskunftsverpflichtung **auf Verlangen alle zwei Jahre** zu erfüllen. Vor Ablauf von zwei Jahren kann der Auskunftsgläubiger Auskunft nur verlangen, wenn er besondere Umstände glaubhaft macht.

160

Weitere Anspruchsgrundlage für die Auskunftserteilung ist **§ 1580 BGB**. Diese Vorschrift regelt die **wechselseitige Auskunftsverpflichtung** der **geschiedenen Ehegatten**. Wegen der Grundsätze zur Auskunftspflicht nimmt § 1580 BGB Bezug auf § 1605 BGB.

161

Der Unterhaltsschuldner kann auch gem. §§ 242, 1579 Nr. 2 BGB nach Treu und Glauben verpflichtet sein, **ungefragt** Auskunft über seine Einkommensverhältnisse zu erteilen. Eine solche Verpflichtung kann z. B. dann gegeben sein, wenn geschiedene Ehegatten in einem Unterhaltsvergleich vereinbart haben, dass ein bestimmter monatlicher Nettoverdienst des Berechtigten anrechnungsfrei bleiben soll und wenn der Verdienst diese Grenze deutlich übersteigt (vgl. hierzu BGH, FamRZ 1997, 483).

162

II. Auskunftsberechtigte

1. Auskunftsberechtigung aufgrund Verwandtschaft in gerader Linie, §§ 1605, 1589 BGB

Eine entsprechende Auskunftsberechtigung besteht **wechselseitig** und zwar unabhängig davon, welcher Verwandte einen Unterhaltsanspruch geltend macht. Denn der Auskunftsanspruch verfolgt vorrangig den Zweck, Klarheit über Leistungsfähigkeit und Bedürftigkeit der Beteiligten zu verschaffen. Demzufolge ergeben sich die nachfolgenden maßgeblichen **Auskunftsrechtsverhältnisse:**

163

- minderjährige Kinder gegenüber ihren Eltern,
- Eltern/Elternteil gegenüber dem volljährigen Kind,
- volljährige Kinder gegenüber ihren Eltern/Elternteil,
- Enkelkinder gegenüber den Großeltern bei Ersatzhaftung nach Ausfall der Eltern.

2. Wechselseitige Ehegattenauskunft während bestehender Ehe

Während einer bestehenden Ehe sind folgende **Auskunftsansprüche** zu beachten:

164

- Auskunft gem. § 1353 BGB wegen Wirtschafts- und Haushaltsgeld (vgl. OLG Karlsruhe, FamRZ 1990, 161, 162),
- Auskunftsanspruch gem. § 1353 BGB wegen Taschengeldanspruch,
- Auskunft der Eheleute untereinander zur Vorbereitung der Trennung (vgl. Kalthoener/Büttner/Niepmann, a. a. O., Rn. 590).

3. Auskunftsberechtigungen zwischen getrennt lebenden Eheleuten, §§ 1605, 1361 Abs. 4 Satz 3 BGB

165 Der in entlohnter Beschäftigung stehende Ehemann hat z. B. die Verpflichtung, seine **aktuellen Einkommensverhältnisse** darzulegen, damit seine Ehefrau den ihr zustehenden Unterhaltsanspruch berechnen kann. Der Ehemann kann ein Zurückbehaltungsrecht nicht geltend machen. Er muss also unabhängig von der Auskunftserteilung der Ehefrau seine Einkommensverhältnisse darlegen.

Die unterhaltsberechtigte Ehefrau ist verpflichtet, ihre Einkünfte oder sonstigen Zuwendungen offen zu legen. Diese gilt auch für Einkünfte, die sie erst aufgrund der Trennung der Eheleute erzielt. Auch sie kann ihrerseits ein Zurückbehaltungsrecht nicht geltend machen bzw. ihre Auskunft nicht davon abhängig machen, dass der Ehemann seine Einkommensverhältnisse zuerst darlegt.

4. Auskunftsberechtigung/-verpflichtung zwischen geschiedenen Eheleuten, § 1580 BGB

166 Gem. § 1580 BGB sind die geschiedenen Eheleute einander verpflichtet, auf Verlangen über ihre Einkünfte und ihr Vermögen Auskunft zu erteilen. Es gelten hier wegen der Auskunftsverpflichtungen bzw. der Auskunftsberechtigungen dieselben Grundsätze aus § 1605 BGB.

5. Verpflichtung zur ungefragten Information

167 Nachdem ein Unterhaltsrechtsverhältnis inhaltlich begründet worden ist und sich die Verhältnisse zwischenzeitlich verändern, kann sich so für den Begünstigten eine Verpflichtung ergeben, die **neuen Einkommensverhältnisse** ungefragt zu offenbaren. Dies soll nach der Rspr. im Einzelfall dann geboten sein, wenn das Schweigen über die auf Seiten der Unterhaltsberechtigten eingetretenen wirtschaftlichen Veränderung **evident unredlich** erscheint (vgl. OLG Oldenburg, FamRZ 1996, 804). Zur Information im laufenden Unterhaltsprozess: BGH, FamRZ 2000, 231; wegen besonderer Treuepflicht bei Unterhaltsvereinbarungen vgl. BGH, FamRZ 1997, 483.

Voraussetzungen für diese **Informationspflicht** sind im Wesentlichen:

- Der Unterhaltsschuldner hatte aufgrund vorangegangenen Tuns des Unterhaltsgläubigers keine Veranlassung, wegen der günstigen Veränderung der Einkommensverhältnisse beim anderen Teil (Ehegatten) Nachforschungen anzustellen;
- der Unterhaltsgläubiger hat weiterhin unbeanstandet Unterhaltszahlungen entgegengenommen.

Diese Grundsätze sind durch die neue Rspr. bestätigt worden. Das OLG Düsseldorf sieht eine eindeutige Verpflichtung des geschiedenen Unterhaltsberechtigten, den Unterhaltpflichtigen unaufgefordert über die positive Entwicklung seiner Einkommens- und Vermögensverhältnisse zu informieren, soweit die Änderung der Einkommensverhältnisse Auswirkungen auf die Unterhaltspflicht haben kann (OLG Düsseldorf, MDR 2002, 279). In dem entschiedenen Fall hatte sich das im Zusammenhang mit der Scheidung festgestellte Einkommen der damals unterhaltsberechtigten Ehefrau erheblich verbessert und es wäre nach den maßgeblichen Rechtsgrundsätzen in den Jahren 1997 und 1998 ein Geschiedenenunterhaltsanspruch entfallen.

168 In dem Verschweigen eigener Einkünfte kann eine sittenwidrige Ausnutzung der Verhältnisse liegen. Dies kann zu einer **Schadensersatzforderung** nach § 826 BGB des Unterhaltsschuldners führen (vgl. hierzu im Einzelnen z. B. OLG Hamm, FamRZ 1996, 809; OLG Düsseldorf, FamRZ 1995, 741; OLG Bamberg, FamRZ 1990, 755).

III. Auskunftsgegenstand

1. Einkommen/Einkünfte

Vom steuerrechtlichen Einkommen zu unterscheiden ist das unterhaltsrechtliche Einkommen. Beim unterhaltsrechtlichen Einkommen gilt der Grundsatz, dass sämtliche Mittel, die dem Unterhaltsschuldner zur Verfügung stehen, als Einkommen einzustufen sind (vgl. BGH, FamRZ 1980, 984, 985).

169

Unterhaltsrechtliches Einkommen ist zu **bereinigen** um die entsprechenden Abzugspositionen, z. B. berufsbedingte Aufwendungen, ehebedingte oder ansonsten begründbare Verbindlichkeiten je nach Unterhaltsrechtsverhältnis. Hierzu gehören auch zur Totalabgeltung bei Kraftfahrzeugkosten Kilometerpauschalen zwischen derzeit 0,21 € und 0,26 € (überwiegend aber wohl 0,21 €) pro gefahrenem Kilometer. Mit entsprechenden Pauschalsätzen sind bei der **Kraftfahrzeugnutzung** sowohl die Finanzierungskosten (z. B.: Kredit) als auch die Betriebskosten abgegolten. Diese Praxis dient der Vereinfachung.

Einkünfte aus **abhängiger Beschäftigung** (Grundgehalt) beinhalten entgeltliche Leistungen, die ein abhängig Beschäftigter als Gegenleistung für seine Arbeitsleistungen vom Arbeitgeber erhält. Einkünfte darüber hinaus sind u. a. folgende **Vermögensvorteile**:

170

- Zuschläge und Sachleistungen zum Grundgehalt,
- Urlaubsgeld/Weihnachtsgeld/Trinkgeld/Essensgeldzuschuss,
- Tantiemen,
- Auslandszuschlag/Kaufkraftausgleich,
- Zuschüsse für den privaten Telefonanschluss,
- Kleiderzulage/Schmutzzulage,
- Einkaufsbonus/Jubiläumszuwendungen,
- Lohnersatzleistungen,
- Renten,
- Überstunden, wenn sie berufstypisch anfallen,
- Vermögenswirksame Leistungen,
- Abfindungen,
- Wohnwert (mietfreies Wohnen),
- BAföG-Leistungen,
- Einkünfte aus unzumutbarer Erwerbstätigkeit,
- Vermögensvorteil aus Jahreswagen,
- Verletztenrente aus der gesetzlichen Unfallversicherung,
- Wohngeld,
- Einkünfte aus Schwarzarbeit, jedoch nur für die Vergangenheit, nicht für die Zukunft (vgl. Kalthoener/Büttner/Niepmann, Die Rechtsprechung zur Höhe des Unterhalts, Rn. 693 ff.; Palandt/Diederichsen, BGB, § 1603 Rn. 5 ff.),
- Steuererstattungen (vgl. OLG Düsseldorf, FamRZ 1991, 1315),
- Trinkgelder,
- Zuschüsse zur Krankenversicherung bei privater Krankenversicherung,
- (fiktives) Entgelt beim Unterhaltsberechtigten, der für neuen Lebenspartner Leistungen erbringt (Haushalt, Wäsche usw.).

171 Maßgeblicher Einstieg zur Berechnung des unterhaltsrechtsrelevanten Nettoeinkommens sind zunächst die verschiedenen **Einkunftsarten** nach dem EStG sowie das vorhandene Bruttoeinkommen, welches um die Steuern sowie den Vorsorgeaufwand bereinigt wird. Das insoweit zu ermittelnde zu versteuernde Einkommen orientiert sich an den sog. **sieben Einkunftsarten** gem. § 2 Abs. 1 bis 7 EStG, die als abschließende Aufzählung der Besteuerung unterliegen. Dieses sind Einkünfte aus:

- Land- und Forstwirtschaft,
- Gewerbebetrieb,
- selbstständiger Arbeit,
- nichtselbstständiger Arbeit,
- Kapitalvermögen,
- Vermietung und Verpachtung,
- Sonstige i. S. d. § 22 EStG.

172 Auszugehen ist also von dem **durchschnittlichen Bruttoeinkommen** gem. den vorstehenden Einkunftsarten. Die Berechnung des anrechenbaren Nettoeinkommens ergibt sich grobstrukturell aus dem nachfolgenden Schema:

Bruttoeinkommen

./. Steuerlast

./. Vorsorgeaufwendungen:

- Altersvorsorge (Rentenversicherung),
- Krankenvorsorge (Krankenversicherung),
- Arbeitslosenvorsorge (Arbeitslosenversicherung),
- Pflegevorsorgeunterhalt (Pflegeversicherung = 1,7 % vom Bruttoeinkommen).

173 Die Auskunft über die Einkünfte von abhängig Beschäftigten erfordert i. d. R. eine systematische Aufstellung, geordnet nach **Brutto- und Nettoeinkommen.**

174 Diese müssen übersichtlich und verständlich sein und die vorstehenden Positionen ausweisen. Dem Unterhaltsgläubiger muss hierdurch die Möglichkeit eröffnet werden, ohne außergewöhnlichen Arbeitsaufwand das unterhaltsrechtsrelevante Einkommen zu ermitteln und zu beziffern und demzufolge seinen eigenen Unterhaltsanspruch zu berechnen (vgl. BGH, FamRZ 1983, 996, 998 = NJW 1983, 2243).

2. Vermögen

175 Bei der sog. Vermögensauskunft steht im Mittelpunkt die Auskunftserteilung über **Kapitalerträge** bzw. **Erträge aus der Nutzung von Eigentum.** Hierzu zählen:

- Einkünfte aus Vermietung,
- Einkünfte aus Verpachtung,
- Einkünfte aus Firmenbeteiligungen,
- Zinserträge aus Kapital.

Die Auskunftspflicht über **vorhandenes Vermögen** bezieht sich nur auf Vermögen zum Jetzt-Zeitpunkt. Eine Auskunft über den Verbleib oder die Verwendung eines Vermögensgegenstandes soll nicht zulässig sein (vgl. z. B. OLG Düsseldorf, FamRZ 1981, 893). 176

Von diesem Grundsatz sind aber berechtigte Ausnahmen zuzulassen. Diese sind dann anzunehmen, wenn es z. B. für den Unterhaltspflichtigen darum geht, abzuklären, ob auf Seiten des Unterhaltsberechtigten zwischenzeitlich sich seine Verhältnisse so verändert haben, dass die von ihm bisher geschuldete Unterhaltsleistung wegfallen kann. Deswegen kann es für den Unterhaltspflichtigen wissenswert sein, wie der Unterhaltsberechtigte in der Vergangenheit mit den ihm zugeflossenen Kapitalerträgen im Einzelnen verfahren hat. Um darüber Kenntnis erlangen zu können, wäre der Unterhaltspflichtige auf Angaben des Unterhaltsberechtigten angewiesen. Dies gilt gerade für Angaben über sein unterhaltsrechtlich bedeutsames Verhalten in einem Zeitraum in der **Vergangenheit** (vgl. zu einem entsprechenden Fall: OLG Karlsruhe, FamRZ 1990, 756, 757). 177

IV. Zeiträume für die Auskunftserteilung

1. Abhängig Beschäftigte

Der Zeitraum, für den Auskunft zu erteilen ist, erstreckt sich bei abhängig Beschäftigten auf die Zeit der **letzten zwölf Monate,** beginnend mit dem Zeitraum des Auskunftsverlangens oder mit der Rechtshängigkeit der Klage (vgl. BGH, NJW 1983, 2243). 178

2. Selbstständige

Bei Selbständigen ist i. d. R. eine Auskunft über das Durchschnittseinkommen der **letzten drei Jahre** zu verlangen. Die oberste Grenze des Zeitraums, für welchen Auskunft über die Einkünfte verlangt werden kann, sind fünf Jahre (vgl. BGH, FamRZ 1988, 268, 270; BGH, FamRZ 1982, 680, 681; OLG München, FamRZ 1995, 678, 679; BGH, FamRZ 1985, 909, 911 zur Verlängerung des Zeitraums bei schwankenden Einkünften). 179

V. Belegpflicht

1. Abhängig Beschäftigte

Belegpflichten bestehen insoweit hinsichtlich 180

- Gehaltsabrechnungen und Lohnbescheinigungen,
- Einkommensteuerbescheiden,
- dem Arbeitsvertrag ausnahmsweise, wenn Dienstabrechnung nicht vorhanden (vgl. BGH, FamRZ 1994, 28),
- Einkommensteuererklärungen.

2. Selbstständige

Die **Vorlagepflicht** bei selbstständig Tätigen ist relativ umfassend. Nachfolgende Belege müssen auf Verlangen vorgelegt werden: 181

- Bilanzen,
- Einnahme-Überschussrechnungen gem. § 4 Abs. 3 EStG,
- Gewinnfeststellungsbescheide, § 180 Abs. 1 AO,
- Gewinn- und Verlust-Rechnungen,

- Umsatzsteuererklärungen,
- Umsatzsteuerbescheide.

Zum Umfang des Auskunftsanspruchs gegen einen Selbstständigen vgl. die instruktive Entscheidung des KG, FamRZ 1997, 360, 361).

VI. Auskünfte über sog. nichtwirtschaftliche Umstände des Unterhaltsschuldners

182 Grds. ist der Unterhaltsschuldner nur verpflichtet, seine Einkommensquellen offen zu legen, die dem Unterhaltsberechtigten die Möglichkeit verschaffen, seinen Unterhaltsanspruch zu berechnen. Zu diesen Einkommensquellen gehören laufende Einkünfte und Vermögen. Daher soll sich die Verpflichtung zur Auskunftserteilung nicht weitergehend erstrecken auf persönliche Umstände, die auch Einfluss auf die Bedürftigkeit oder Leistungsfähigkeit haben, z. B. Eheschließung, Ehescheidung oder Geburt eines Kindes.

Demzufolge gehören zu diesen **persönlichen Umständen,** die nicht Gegenstand einer Auskunftsverpflichtung sein sollen, auch etwa die **Bemühungen zur Erlangung eines neuen Arbeitsplatzes** (vgl. hierzu abwägende Entscheidung des OLG Düsseldorf, FamRZ 1997, 361 – 363; str., a. A. im Einzelfall: OLG Schleswig, FamRZ 1982, 1018; OLG Braunschweig, FamRZ 1987, 284; OLG Bamberg, FamRZ 1986, 492; vgl. weitergehend Lange, MDR 1965, 95).

E. Abänderung von Unterhaltstiteln

I. Allgemeines

183 Hat der Gläubiger einen bereits bestehenden Anspruch, aus dem sich künftig wiederkehrende Leistungen ergeben, gewährt § 258 ZPO die Möglichkeit, auch wegen der erst nach Erlass des Urteils fällig werdenden Leistungen Klage auf künftige Entrichtung zu erheben. Die Entscheidung gründet sich auf eine Prognose der zukünftigen Entwicklung. Über § 323 ZPO kann ein derartiges Urteil bei **veränderten Verhältnissen** angepasst werden.

1. Rechtsnatur der Abänderungsklage

184 Die Abänderungsklage ist eine **prozessuale Gestaltungsklage.** Sie gibt einen prozessualen Rechtsbehelf zur Beseitigung der materiellen Rechtskraft eines früheren Urteils nach § 258 ZPO. Die Rechtskraft einer derartigen Prognoseentscheidung zeitigt Wirkung für die Zukunft. Stellt sich die Prognose ab einem bestimmten Zeitpunkt als falsch heraus, ermöglicht die Klage nach § 323 ZPO die Abänderung der Vorentscheidung und die Anpassung an die gewandelten Verhältnisse aus Gründen der Gerechtigkeit und Billigkeit (BGH, FamRZ 1982, 259; 1984, 470; 1985, 376; OLG Karlsruhe, FamRZ 1995, 893, 894).

Die Abänderung darf nicht weiter gehen, als dies im Blick mit die geänderten Verhältnisse notwendig erscheint. Die Abänderungsklage lässt **keine** neuerliche **Wertung** des alten Sachverhalts zu, eröffnet auch nicht die Möglichkeit, gegen den Grund des Anspruchs **Einwendungen** zu erheben oder diesen neu zur Nachprüfung zu stellen (BGH, NJW 1979, 1656 = FamRZ 1979, 694; NJW-RR 2001, 937 = FamRZ 2001, 1364). Die Bindungswirkung des Urteils kann nur insoweit beseitigt werden, als sich dies aufgrund der veränderten Verhältnisse rechtfertigt. Die sich aus der **Rechtskraft** ergebende Bindungswirkung schließt ohne eine beachtliche Änderung der das Ersturteil bestimmenden Verhältnisse eine Abänderung auch für den Fall aus, dass im Ersturteil unrichtig entschieden wurde.

2. Abänderbare Schuldtitel

Nach § 323 Abs. 1 ZPO unterliegen alle Verurteilungen zu künftig wiederkehrender Leistungen der Abänderung. Erforderlich ist ein zur Zwangsvollstreckung geeigneter Titel aus dem Vorprozess (OLG Frankfurt/M., FamRZ 1985, 303; OLG Zweibrücken, NJWE-FER 2000, 19: Ein zur Zahlung von Familienunterhalt verpflichtender Vergleich ist außerhalb des Anwendungsbereichs des § 1360 BGB ein unwirksamer Vollstreckungstitel).

185

Die Abänderungsklage kann sich danach richten gegen:

- Urteile, Teilurteile, Anerkenntnisurteile,
- Versäumnisurteile, gegen die der Einspruch nicht oder nicht mehr zulässig ist (OLG Hamm, FamRZ 1992, 1201),
- ein Urteil, das eine Unterhaltspflicht auf eine negative Feststellungsklage hin feststellt (OLG Hamm, FamRZ 1994, 387),
- anzuerkennende ausländische Urteile (BGH, NJW 1983, 1976; OLG Karlsruhe, FamRZ 1999, 309),
- gerichtliche Vergleiche (§§ 323 Abs. 4, 794 Abs. 1 Nr. 1 ZPO); ihnen stehen nach § 46 Abs. 4 Satz 1 ZPO/DDR in einem Ehescheidungsurteil eines Gerichts der ehemaligen DDR bestätigte und nach § 83 Abs. 4 ZPO/DDR verbindlich gewordene gerichtliche Einigungen über nachehelichen Unterhalt und Kindesunterhalt gleich (BGH, FamRZ 1994, 562; 1995, 544),
- Schiedssprüche (§ 1054 ZPO), Schiedsvergleiche (§ 1053 ZPO), für vollstreckbar erklärte Anwaltsvergleiche (§§ 796a – 796c ZPO),
- Titel nach §§ 323 Abs. 4, 794 Abs. 1 Nr. 2a ZPO, Beschlüsse, die in einem vereinfachten Verfahren über den Unterhalt Minderjähriger den Unterhalt festsetzen, einen Unterhaltstitel abändern oder den Antrag zurückweisen; auch Beschlüsse nach § 641p ZPO a. F., sofern über eine gegen diesen Beschluss eingelegte sofortige Beschwerde entschieden oder die Beschwerdefrist ungenutzt abgelaufen, schließlich auch die Frist für eine Anpassungskorrektur nach § 641q ZPO a. F. ungenutzt verstrichen ist (OLG Saarbrücken, FamRZ 2000, 40).
- vollstreckbare Urkunden nach §§ 323 Abs. 4, 794 Abs. 1 Nr. 5 ZPO: Für Urkunden, die vor dem 1. 1. 1999 errichtet wurden, ist Nr. 5 in der früheren Fassung anzuwenden (Art. 3 Abs. 4 der 2. ZwVNovelle, BGBl. 1997 I S. 3039, 3046),
- vollstreckbare Urkunden nach §§ 59, 60 SGB VIII – vom Jugendamt errichtete Urkunden über den Unterhalt minderjähriger und volljähriger Kinder bis zum 21. Lebensjahr (BGH, FamRZ 1982, 915; 1984, 997; OLG Dresden, FuR 1999, 479, 481).

Der Abänderungsklage unterliegen nicht:

- einstweilige Anordnungen nach § 620 Nr. 4 u. 6 ZPO und im Anordnungsverfahren geschlossene Vergleiche (BGH, NJW 1983, 1330, 1331; OLG Bremen, FamRZ 2000, 165; s. aber OLG Brandenburg, FamRZ 2000, 1377: § 323 ZPO gilt für den im einstweiligen Anordnungsverfahren geschlossenen Vergleich, soweit er eine endgültige Regelung enthält),
- einstweilige Verfügungen (OLG Zweibrücken, FamRZ 1983, 415),
- privatschriftliche Vereinbarungen (OLG Zweibrücken, FamRZ 1982, 303).

II. Verhältnis zu anderen Klagearten

1. Vollstreckungsgegenklage

Problematisch ist insbesondere die Abgrenzung der Klagen nach § 323 ZPO und § 767 ZPO. Ihr kommt große praktische Bedeutung zu, was in ihren unterschiedlichen Voraussetzungen begründet liegt.

186

Die Klage nach § 323 ZPO setzt eine **wesentliche nachträgliche** Veränderung der Verhältnisse voraus. Zudem kann die Abänderung erst **ab Zustellung** der Klage erfolgen. Demgegenüber eröffnet die Klage nach § 767 ZPO ohne das Erfordernis einer wesentlichen nachträglichen Veränderung und ohne die zeitliche Begrenzung die Möglichkeit, sich von der Verpflichtung zur Unterhaltszahlung für Vergangenheit und Zukunft zu befreien.

Dazu hat sich unter kritischer Begleitung durch das Schrifttum (dazu umfassend Graba, Die Abänderung von Unterhaltstiteln, Rn. 130 ff.) folgende Rspr. des BGH entwickelt.

a) Abänderungsklage

187 Veränderungen des Unterhaltsanspruchs, die auf dem Einfluss der stets wandelbaren **wirtschaftlichen Verhältnisse** auf die Unterhaltspflicht beruhen, führen zur Abänderungsklage (BGH, FamRZ 1986, 794, 795; 1991, 1075).

Fallkonstellationen:

- Erhöhung oder Verringerung des Bedarfs durch:
  - Einkommensveränderungen,
  - Zusammenleben mit einem neuen Lebensgefährten,
  - Altersbedingte Bedarfssteigerung eines Kindes,
  - Änderungen der Tabellen (BGH, FamRZ 1995, 221),
- Erhöhung oder Verringerung der Leistungsfähigkeit durch:
  - Einkommensveränderungen,
  - Hinzutreten weiterer Unterhaltspflichten,
- Veränderungen bedarfsprägender Umstände durch:
  - Wegfall von Unterhaltspflichten,
  - Aufnahme einer Erwerbstätigkeit seitens des Berechtigten,
  - Zukünftige Zahlung titulierten, vom Unterhaltsberechtigten zweckwidrig verbrauchten Vorsorgeunterhalts unmittelbar an den Versicherungsträger (BGH, FamRZ 1987, 684),
  - Zeitliche Begrenzung des Unterhaltsanspruchs nach § 1573 Abs. 5 oder § 1578 Abs. 1 Satz 2 BGB (BGH, NJW 2000, 37). Sind die Gründe für eine Begrenzung bereits im Vorverfahren eingetreten oder zuverlässig vorauszusehen, müssen sie zur Vermeidung einer Präklusion im Ausgangsverfahren vorgetragen werden.

188 Von derartigen Veränderungen können der Unterhaltsberechtigte wie der Unterhaltspflichtige betroffen sein. Beiden ist die Möglichkeit der Änderung des Titels eröffnet. Indes verhindert in der Praxis vielfach die Zeitschranke des § 323 Abs. 3 ZPO im Fall der Titulierung des Unterhalts in einem Urteil die zeitnahe Durchsetzung der veränderten Umstände auf Seiten des Unterhaltspflichtigen. Der Unterhaltsberechtigte hat darauf zu achten, möglichst umgehend die Voraussetzungen des § 323 Abs. 4 Satz 2 ZPO zu schaffen.

b) Vollstreckungsgegenklage

189 Die Vollstreckungsgegenklage nach § 767 ZPO ist hingegen die richtige Klage, um die Vollstreckbarkeit des Urteils zu beseitigen. Mit ihr werden **rechtsvernichtende** oder **rechtshemmende Einwendungen** seitens des Unterhaltspflichtigen geltend gemacht.

Fallkonstellationen:

- Erfüllung des Unterhaltsanspruchs,
- Unterhaltsverzicht nach Titulierung,
- Titel allein zum Trennungsunterhalt bei Vollstreckung nach Rechtskraft der Scheidung,

- Vollstreckung durch einen Elternteil nach Wegfall der Prozessstandschaft infolge des Eintritts der Volljährigkeit des Kindes (OLG Hamm, FamRZ 1992, 843; OLG Köln, FamRZ 1995, 308); zu beachten ist, dass auch nach Einführung des § 642 Abs. 1 ZPO im Jahre 1998 für eine **Klage nach § 767 ZPO** gegen einen Unterhaltstitel eines minderjährigen Kindes das Gericht des ersten Rechtszuges des Verfahrens ausschließlich (§§ 767 Abs. 1, 802 ZPO) zuständig ist, das zu dem angegriffenen Titel geführt hat (BGH, NJW 2002, 444),
- Erfüllung der Unterhaltspflicht bei Aufenthalt der Kinder im Haushalt des barunterhaltspflichtigen Elternteils während eines Teils der Ferien (BGH, FamRZ 1984, 470, 471),
- Verwirkung nur in den – wohl eher seltenen – Fällen, in denen der Einwand der Verwirkung, würde der Unterhaltspflichtige damit durchdringen, Unterhaltsansprüche **vollständig ausschließen** würde (so BGH, FamRZ 1991, 1175 = NJW-RR 1991, 1154 zu § 66 EheG); da aber auch der zeitlich begrenzte Ausschluss und die zeitlich begrenzte Herabsetzung in Betracht kommen können, ist der Einwand der Verwirkung i. d. R. im Wege der Klage nach § 323 ZPO geltend zu machen (OLG Köln, NJWE-FER 2001, 276 = FuR 2001, 515),
- Arglisteinwand, wenn der Unterhaltsberechtigte sich durch die Entgegennahme des Unterhalts nach § 826 BGB schadensersatzpflichtig gemacht hätte.

c) Abänderungs- und Vollstreckungsgegenklage

Der **nachträgliche Rentenbezug** des Unterhaltsberechtigten als Folge des Versorgungsausgleichs mindert dessen Bedürftigkeit. Der Rentenbezug stellt sich als eine Änderung in den wirtschaftlichen Verhältnissen dar. Daraus folgt, dass der Anwendungsbereich des § 323 ZPO betroffen ist (BGH, FamRZ 1989, 159, 161). Bezieht der Unterhaltspflichtige selbst eine Rente oder eine Versorgung, die jetzt um den Betrag aus dem Versorgungsausgleich gekürzt wird, setzt durch die etwa gleich hohen Rentenzahlungen an den Unterhaltsberechtigten ein der Erfüllung **wirtschaftlich gleichkommender** Vorgang ein, der dem Anwendungsbereich des § 767 ZPO zugeordnet werden kann (BGH, FamRZ 1982, 470; 1989, 159, 161).

In einem solchen Fall kann der Unterhaltspflichtige den fälligen Unterhaltsansprüchen des Unterhaltsberechtigten **den Einwand der Erfüllung** stets entgegensetzen. Soweit eine Abänderung an der Zeitschranke des § 323 Abs. 3 ZPO scheitert, kann dies mit der Klage nach § 767 ZPO geschehen (BGH, FamRZ 1989, 159, 161). Für Zeiträume **ab Rechtshängigkeit** ist – auch – eine Abänderung nach § 323 ZPO zulässig (BGH, FamRZ 1989, 159, 160). Umstände, die gegenüber fälligen Unterhaltsansprüchen eine **Einwendung nach § 767 ZPO** begründen, rechtfertigen für die Zeit ab Rechtshängigkeit – auch – eine Abänderungsklage gem. § 323 ZPO (BGH, FamRZ 1989, 159, 160). Eine Herabsetzung des Ehegattenunterhalts nach § 1579 BGB kann mit den Einschränkungen des § 323 Abs. 2 u. 3 ZPO deshalb auch mit der Abänderungsklage geltend gemacht werden (BGH, FamRZ 1990, 1095).

Soweit eine **Verbindung** von Abänderungs- und Vollstreckungsgegenklage nach § 260 ZPO zulässig ist, kann das Klagebegehren in einen **Haupt- und Hilfsantrag** gefasst werden (BGH, FamRZ 1979, 573, 575).

2. Leistungsklage

a) Klageabweisendes Ersturteil

Die rechtskräftige – vollständige – **Abweisung** eines Anspruchs auf laufenden Unterhalt wegen **fehlender Bedürftigkeit** entfaltet keine Rechtskraftwirkungen für die Zukunft. Rechtskräftig entschieden ist lediglich, dass bis zur letzten Verhandlung in der Tatsacheninstanz ein Anspruch auf Unterhalt nicht bestand. Treten die Voraussetzungen des Unterhaltsanspruchs danach ein, kann dieser im Wege der **Leistungsklage** eingefordert werden (BGH, FamRZ 1982, 259; 1984, 1001, 1003; 1985, 376, 377; 1990, 863, 864). Dies gilt in gleicher Weise, wenn die Unterhaltsklage wegen **fehlender Leistungsfähigkeit** abgewiesen wurde.

193 Die **Leistungsklage** ist auch dann die richtige Klageart, wenn Gegenstand des Rechtsstreits eine über einen freiwillig gezahlten Betrag hinausgehende **Mehrforderung** war und diese Klage abgewiesen wurde. Der bejahte oder unterstellte Unterhaltsanspruch i. H. d. freiwilligen Zahlung wird von der prozessualen Wirkung des abweisenden Urteils nicht umfasst (BGH, FamRZ 1982, 479).

Die Leistungsklage ist zu erheben, wenn der Anspruch eines Ehegatten auf Zahlung von Trennungsunterhalt tituliert wurde, die Eheleute danach erneut längere Zeit zusammengelebt haben, um sich dann erneut dauerhaft zu trennen. Das **längerfristige Zusammenleben** führt zu einem Erlöschen des titulierten Anspruchs auf Trennungsunterhalt. Der durch die erneute Trennung wieder auflebende Anspruch auf Trennungsunterhalt kann mit der Leistungsklage geltend gemacht werden (OLG Hamm, FamRZ 1999, 30; OLG Stuttgart, FamRZ 1982, 1012; OLG Düsseldorf, FamRZ 1992, 943). Der etwa titulierte Kindesunterhalt bedarf keiner erneuten Titulierung. Er ist nicht für die Zukunft weggefallen, lediglich während des Zusammenlebens durch Gewährung von Familienunterhalt erfüllt worden (BGH, FamRZ 1997, 281; OLG Hamm, FamRZ 1999, 30, 31).

194 Die Leistungsklage ist nicht die richtige Klageart, wenn auf eine Abänderungsklage hin der bislang in bestimmter Höhe titulierte Unterhaltsanspruch in Fortfall gerät, weil es – für die Zukunft – an einer Voraussetzung des Unterhaltsanspruchs fehlt. Ein derartiges Urteil enthält eine Prognoseentscheidung. Eine Korrektur ist in diesem Fall nur mittels der Abänderungsklage möglich (BGH, FamRZ 1985, 376; OLG Zweibrücken, FamRZ 1992, 974). Dies gilt ebenso für ein Erhöhungsverlangen, das sich gegen ein Urteil richtet, welches den Antrag abgewiesen hat, den Unterhaltspflichtigen zur Zahlung eines höheren Betrages als bislang schon tituliert zu verurteilen (OLG Dresden, FuR 1999, 479, 481).

b) Teilurteil

195 Unterhalt wird regelmäßig in voller Höhe eingeklagt. Deshalb spricht im Unterhaltsprozess eine **Vermutung** gegen eine Teilklage mit der Folge, dass der Kläger entweder ausdrücklich einen Teilanspruch geltend machen oder sich wenigstens erkennbar eine **Nachforderung** vorbehalten muss (BGH, FamRZ 1984, 374, 376; 1984, 772; 1985, 690; 1991, 320).

196 Insoweit stellt sich die Situation im Unterhaltsprozess ausnahmsweise anders dar als in anderen Fällen, in denen der Kläger mit einem bezifferten Antrag einen Teilanspruch einfordert. Es ist in der Rspr. als Grundsatz anerkannt, dass der Kläger sich im Erstprozess weitergehende Ansprüche nicht vorbehalten muss, wenn er einen bezifferten Anspruch geltend macht. Die Rechtskraft eines Urteils erfasst nur den im Prozess geltend gemachten Anspruch, der nach § 308 ZPO durch den Klageantrag beschränkt wird. Die Rechtskraft erstreckt sich **nicht** auf den **nicht eingeklagten Rest** eines teilbaren Anspruchs oder auf **andere Ansprüche** aus dem gleichen Sachverhalt, selbst wenn sich das Urteil darüber auslässt (BGH, FamRZ 1985, 371; 1994, 1095, 1096 m. w. N.; 1996, 853 – Teilklage im Zugewinnausgleich).

197 Hat der Kläger in einem Unterhaltsrechtsstreit einen derartigen Vorbehalt der Nachforderung gemacht oder den Anspruch als Teilanspruch bezeichnet, kann er die **Nachforderungsklage** erheben, die den Beschränkungen des § 323 ZPO nicht unterliegt. Erst wenn der volle Unterhalt tituliert ist, ist Raum für eine Abänderungsklage (BGH, FamRZ 1998, 99, 100).

198 Um einen Teilanspruch handelt es sich ebenfalls, wenn der Kläger Unterhalt über einen freiwillig gezahlten Betrag hinaus verlangt. Ein auf dieses Klagebegehren ergehendes Urteil entscheidet über den sog. **Spitzenbetrag;** es stellt nicht rechtskräftig auch das Bestehen eines Unterhaltsanspruchs im Umfang der freiwilligen Zahlungen (**sog. Sockelbetrag**) fest (BGH, FamRZ 1985, 371; 1986, 661, 662; 1991, 320; 1995, 729: dort auch zum Umfang der Beschwer nach § 511a Abs. 1 ZPO, wenn der Unterhaltspflichtige sich auch hinsichtlich des bisher freiwillig gezahlten Betrages nicht mehr für leistungsfähig hält). Mit der danach möglichen Nachforderungsklage kann der Unterhaltsberechtigte sogar mehr fordern, als die Summe des nicht titulierten **Sockelbetrages** und des bereits titulierten Spitzenbetrages ausmacht (BGH, FamRZ 1985, 371; 1991, 320). Allerdings ist der Unterhaltsberechtigte in einem solchen Verfahren allen Risiken eines Erstverfahrens ausgesetzt.

Macht der Unterhaltsberechtigte **Quotenunterhalt** geltend, kann nicht ohne weiteres von einer Teilklage ausgegangen werden, weil er es unterlässt, den nach § 1578 Abs. 2, 3 BGB in Betracht kommenden Vorsorgeunterhalt einzufordern. Von Amts wegen wird dieser nicht zugesprochen. Die Forderung steht im **Ermessen des Unterhaltsberechtigten** (BGH, FamRZ 1982, 887, 890). Ohne erkennbaren Vorbehalt schließt dies die Nachforderung von Vorsorgeunterhalt aus (BGH, FamRZ 1985, 690). Der Unterhaltsberechtigte kann Vorsorgeunterhalt wegen § 323 Abs. 3 ZPO nur mit Wirkung für die **Zukunft** und erst dann verlangen, wenn sich die seinerzeit maßgeblichen Verhältnisse wesentlich geändert haben, mithin die Abänderungsklage im Übrigen eröffnet ist (BGH, FamRZ 1985, 690). 199

Eine Teilklage erhebt ohne weiteres der Unterhaltsberechtigte auch nicht, wenn er mit der Klage nicht seinen gesamten, an sich berücksichtigungsfähigen Unterhaltsbedarf oder sonst einen hinter dem ihm zustehenden Unterhalt zurückbleibenden Rentenbetrag geltend macht. Wird ihm der Klagebetrag durch nicht mehr anfechtbares Urteil zugesprochen, ist ihm die Nachforderung verwehrt. Auch in dieser Fallkonstellation kann er den vollen Unterhaltsanspruch erst dann durchsetzen, wenn eine Abänderungssituation eingetreten ist, die ihn zur Klage nach § 323 ZPO berechtigt (BGH, FamRZ 1997, 281, 283; 1987, 259, 262; 1985, 690, 691; OLG Hamm, FamRZ 1999, 677, 678). 200

c) Umdeutung

Die vielfach schwierige Abgrenzung der Leistungsklage von der Abänderungsklage kann den Kläger, der die Rechtslage nicht überschaut, dazu veranlassen, die unzutreffende Klageart zu wählen. Ergibt sich sodann, dass er einem **Rechtsirrtum** unterlegen ist, ist zu entscheiden, ob die Klage entsprechend dem geänderten Begehren des Klägers in die an sich zulässige Klageart **umgedeutet** werden kann. 201

Dem steht nicht bereits entgegen, dass eine Partei i. d. R. an ihren ihr ungünstigen verfahrensrechtlichen Erklärungen festzuhalten hat. Dazu besteht keine Rechtfertigung, wenn sie bei ihrer Erklärung einem Irrtum zum Opfer gefallen ist (BGH, FamRZ 1997, 281, 282; NJW 1962, 1820).

aa) Umdeutung einer Leistungsklage in eine Abänderungsklage

Eine auf Zahlung von Unterhalt gerichtete Leistungsklage kann in eine Abänderungsklage umgedeutet werden. Dies kommt in Betracht, wenn eine fehlerhafte Prozesshandlung – hier: Erhebung einer Leistungsklage – wegen ihrer **Eindeutigkeit** und **Klarheit** einer berichtigenden Auslegung nicht zugänglich ist, sie aber den Voraussetzungen einer anderen Prozesshandlung, den gleichen Zwecken dienenden entspricht, die prozessual zulässig ist. Ein entsprechender Parteiwille muss erkennbar sein, ein schutzwürdiges Interesse des Gegners darf nicht entgegenstehen (BGH, FamRZ 1997, 281, 282; 1992, 298, 299; 1060, 1061; OLG Celle, FamRZ 1993, 838). 202

Die erhobene Leistungsklage erfüllt dann die Voraussetzungen einer Abänderungsklage, wenn der Kläger Tatsachen behauptet, die eine **wesentliche Veränderung** derjenigen Verhältnisse ergeben, die für die Verurteilung zu den Leistungen, für die Höhe und die Dauer ihrer Entrichtung maßgebend waren (BGH, FamRZ 1992, 298, 290; 1984, 353, 355; daran fehlte es in BGH, NJW 1985, 1345, 1346).

Schutzwürdige Belange des Gegners stehen nicht entgegen, wenn er sich auch gegen eine – sogleich erhobene – Abänderungsklage nicht anders verteidigt hätte. Der Gegner, der sich gegen die Umdeutung wehren will, hat danach darzutun, dass ihm jedenfalls in einem Teilbereich die Verteidigungsmöglichkeit beschnitten ist. Das erhöhte Unterhaltsverlangen zerstört auch das Vertrauen des Gegners auf den Bestand der bisherigen Unterhaltsregelung. 203

Dass der das Abänderungsbegehren kennzeichnende Antrag bislang nicht gestellt ist, schadet nicht. Gem. § 139 ZPO hat das Gericht in diesen Fällen auf sachgerechte Antragstellung hinzuwirken.

204 Die Umdeutung in eine Abänderungsklage führt zur Abänderung des Titels für die Zeit **ab Zustellung der Leistungsklage**. Die erhobene Klage ist von Anfang an als Abänderungsklage zu betrachten (BGH, FamRZ 1992, 298, 299).

205 Eine Umdeutung ist auch noch in der Berufungsinstanz zulässig. Die darin liegende **Klageänderung** ist i. d. R. auch als **sachdienlich** zu behandeln (OLG Zweibrücken, FamRZ 1997, 837, 838). Wer jedoch in zurechenbarer Verkennung der Rechtslage anstatt einer Abänderungsklage eine erfolgreiche Erstklage erhebt und wegen der Klageänderung auch in zweiter Instanz obsiegt, kann nach § 97 Abs. 2 ZPO mit den Kosten der erfolgreichen Abwehr des Rechtsmittels belastet werden (OLG Zweibrücken, FamRZ 1997, 837, 839).

bb) Umdeutung einer Abänderungsklage in eine Leistungsklage

206 Erweist sich die Durchführung einer erhobenen Abänderungsklage als **unzulässig**, weil ein Titel zugunsten des Klägers nicht besteht, kann nach Maßgabe der o. g. Ausführungen die Umdeutung in eine Leistungsklage gerechtfertigt sein (BGH, FamRZ 1983, 892, 893).

cc) Umdeutung einer Vollstreckungsgegenklage in eine Abänderungsklage

207 Die Umdeutung einer Vollstreckungsabwehrklage in eine Abänderungsklage ist ebenfalls möglich (OLG Bamberg, FamRZ 1999, 942, 943).

d) Erforderlichkeit einer Leistungsklage

208 Die Abgrenzung von Leistungsklage und Abänderungsklage stellt sich nicht, wenn der **Ehegattenunterhalt** für die Zeit der Trennung nach § 1361 BGB in einem Urteil tituliert ist und der Unterhaltsberechtigte den Unterhalt für die Zeit nach Rechtskraft der Scheidung geltend macht. Es besteht **keine Identität** des **Streitgegenstandes** (BGH, FamRZ 1981, 242). Der Unterhaltsberechtigte muss den Unterhaltsanspruch nach §§ 1569, 1578 BGB mittels neuer Leistungsklage durchsetzen.

Anderes gilt jedoch, wenn der **Unterhalt eines Kindes** tituliert ist. Dessen Unterhaltsanspruch wird weder durch die Rechtskraft der Scheidung noch durch den Eintritt der Volljährigkeit verändert; es ist Abänderungsklage zu erheben, wenn sich die maßgeblichen Tatsachen wesentlich verändert haben (BGH, FamRZ 1984, 682).

III. Wesentliche Veränderung der Verhältnisse

209 Die Begründetheit der Abänderungsklage hängt davon ab, ob sich die **tatsächlichen** Verhältnisse, die dem bisherigen Unterhaltstitel zugrunde lagen, wesentlich verändert haben.

1. Veränderung der tatsächlichen Verhältnisse

210 Es muss eine Veränderung in den tatsächlichen Verhältnissen **bereits eingetreten** sein. Die Abänderungsklage kann nicht darauf gestützt werden, dass mit einer Änderung zu rechnen ist, wie etwa dem bevorstehenden Eintritt des Unterhaltsberechtigten in das Rentenalter und dem damit verbundenen Bezug einer Altersrente (BGH, FamRZ 1993, 941, 942).

Die maßgeblichen Veränderungen können sich auf die **persönlichen Verhältnisse** des Unterhaltsberechtigten wie des Unterhaltspflichtigen beziehen.

211 So verändert das Vorrücken in eine höhere Altersstufe der **Düsseldorfer Tabelle** den Bedarf des minderjährigen Kindes (OLG Hamburg, FamRZ 1989, 855). Das Abänderungsbegehren, das sich auf die Änderung der Bedarfssätze der Düsseldorfer Tabelle stützt, beinhaltet zugleich den beachtlichen Vortrag, dass sich entsprechend zugleich die Einkommen und/oder die Lebenshaltungskosten verändert haben (BGH, FamRZ 1995, 221, 222). Eine Änderung bedeutet auch der Bezug von anzurechnenden Einkünften des Unterhaltsberechtigten. Durch den Eintritt der Volljährigkeit eines

Kindes kann zugleich eine Änderung eintreten, etwa im Rahmen des Bedarfs des unterhaltsberechtigten Kindes oder auch bei dem bislang allein unterhaltspflichtigen Elternteil; zu seinen Gunsten kann sich die nunmehr beiderseitige Unterhaltspflicht der Eltern auswirken. Bedeutsam kann ferner die Verfestigung einer sozio-ökonomischen Gemeinschaft des unterhaltsberechtigten Ehegatten mit einem neuen Lebenspartner sein (BGH, FamRZ 1990, 1095; 2002, 23; 810; dazu auch OLG Hamm, FamRZ 1987, 1265, 1266; OLG Düsseldorf, FamRZ 1994, 170, 172). Verwendet der Unterhaltsberechtigte durch Urteil zugesprochenen Vorsorgeunterhalt nicht bestimmungsgemäß, ist dies eine Tatsache, die die Abänderungsklage rechtfertigen kann (BGH, FamRZ 1987, 684). Die **Minderung der Bedürftigkeit** durch den Bezug einer auf dem Versorgungsausgleich beruhenden Rente kann für Zeiträume ab Rechtshängigkeit die Abänderung begründen. Da die Rentenzahlungen einen der Erfüllung wirtschaftlich gleichkommenden Vorgang darstellen, kommt für die Zeit vor Rechtshängigkeit die Klage nach § 767 ZPO in Betracht (BGH, FamRZ 1989, 159).

Nachträglicher Einkommenserwerb, Einkommenssteigerungen und -minderungen des Unterhaltspflichtigen stellen in seiner Person liegende tatsächliche Veränderungen dar. 212

Beruft sich der Unterhaltspflichtige auf eine nachträglich eingetretene Minderung der zuvor gegebenen Leistungsfähigkeit, trägt er die volle Darlegungs- und Beweislast für den Wegfall oder die Reduzierung der Einkünfte (OLG Dresden, FamRZ 1999, 1528). Es bedarf daher umfassender Darlegung der Veränderungen. Die – **fiktive** – **Zurechnung eines Einkommens im Vorurteil** macht zur Begründetheit eines auf Reduzierung oder gar den Wegfall der titulierten Unterhaltspflicht gerichteten Abänderungsbegehrens die Darlegung und den Beweis erforderlich, dass sich der Unterhaltspflichtige in der unterhaltsrechtlich gebotenen Weise nach Erlass des Vorurteils – vergeblich – um eine Erwerbstätigkeit mit einem angemessenen Einkommen bemüht hat.

Beachtlich sind ferner der **Wegfall** oder das **Entstehen** von **Unterhaltsverpflichtungen** (Ehefrau, Kinder aus zweiter Ehe). Die durch den Eintritt der Erwerbsunfähigkeit entstandene Unterhaltspflicht gegenüber dem neuen Ehegatten ist allerdings dann kein die Abänderung tragender Grund, wenn der neue Ehegatte in Anwendung des § 1582 Abs. 1 BGB dem geschiedenen Ehegatten gegenüber nachrangig ist (BGH, FamRZ 1987, 916).

Eine grds. Gesetzesänderung kann die Abänderung nach § 323 Abs. 1 ZPO begründen (verneinend 213 zu § 1610a BGB: OLG Bamberg, FamRZ 1992, 185). Dem kommt gleich, wenn das BVerfG zur Vermeidung verfassungswidriger Ergebnisse ein anderes Verständnis einer gesetzlichen Bestimmung für geboten erklärt hat (BGH, FamRZ 1990, 1091, 1094).

So hat das BVerfG (FamRZ 2002, 527 = NJW 2002, 1185) die bisherige Rspr., nach der der wirtschaftliche Wert der Haushaltsführung und Kinderbetreuung durch den nicht voll erwerbstätigen Ehegatten als nicht prägend für die ehelichen Lebensverhältnisse i. S. d. § 1578 Abs. 1 BGB angesehen wurde, als Verstoß gegen Art. 6 Abs. 1 GG i. V. m. Art. 3 Abs. 2 GG bewertet. Danach ist auch die Abänderung eines Unterhaltsurteils, gestützt auf dieses Verständnis des § 1578 Abs. 1 BGB, zulässig (OLG Düsseldorf, FamRZ 2002, 1574; OLG Köln, Beschl. v. 7. 5. 2002 – 26 WF 78/02, FamRZ 2003, 460 = FF 2002, 215; OLG Hamm, 3. FamS, FamRZ 2003, 50; a. A. wohl OLG Hamm, 2. FamS, FamRZ 2002, 1269; offen gelassen von BGH, FamRZ 2001, 1687).

Abänderungsgrund für ein **Unterhaltsurteil** kann die Änderung einer gefestigten höchstrichterlichen Rspr. **nicht** sein (str., offen gelassen in BGH, FamRZ 1990, 1091, 1094; 1994, 1095; auch in NJW 2001, 3618 = FamRZ 2001, 1687; für die Abänderbarkeit Rauscher, FuR 2001, 438, 440). Dies gilt jedoch nicht für den Fall der Abänderung eines **Vergleichs**. Änderungen einer gefestigten höchstrichterlichen Rspr. können zu Störungen der vertraglichen Vereinbarungen führen. Beim Abschluss der Vereinbarung kann ein beiderseitiger Rechtsirrtum das Fehlen der Geschäftsgrundlage bedeuten und die Anpassung der Vereinbarung rechtfertigen (BGH, FamRZ 1983, 569, 573). Haben die Parteien sich an der höchstrichterlichen Rspr. orientiert und diese wie eine Tatsache zur Grundlage ihrer vergleichsweisen Regelung gemacht, eröffnet die Änderung der höchstrichterlichen Rspr. die Abänderung (BGH, NJW 2001, 2259 = FamRZ 2001, 1142; NJW 2001, 3618 = FamRZ 2001, 1687 = FuR 2001, 426: Änderung der Bemessung des nachehelichen Unterhalts nach 214

§ 1578 BGB; Anm. Ludwig, FamRZ 2002, 230). Zu beachten ist, dass die Abänderung erst von dem Zeitpunkt der Änderung der Rspr., in den zuvor genannten Entscheidungen des BGH ab 13. 6. 2001, möglich ist (BGH, FamRZ 2003, 518; a. A. Büttner, FamRZ 2003, 521, der aus der Entscheidung des BVerfG, FamRZ 2002, 527, die von der Verfassungswidrigkeit der früheren Rspr. zur Anrechnungsmethode die auch über den 13. 6. 2001 hinausgehende rückwirkende Abänderung herleitet).

2. Wesentlichkeit der Veränderung

215 Wesentlich ist eine Änderung der Verhältnisse, wenn sie **nach Maßgabe des materiellen Rechts** zu einer anderen Beurteilung des Bestehens, der Höhe oder der Dauer des Anspruchs führt, und zwar in einer nicht unerheblichen Weise (BGH, FamRZ 1984, 353, 355).

Anhaltspunkt für eine wesentliche Veränderung der Verhältnisse i. S. d. § 323 Abs. 1 ZPO ist in der Praxis die Veränderung **des bisherigen Unterhaltsbetrages** mit wenigstens rund 10 %.

216 Betrifft das Abänderungsbegehren einen **Vergleich**, kann auf diese schematisierende Praxis nicht zurückgegriffen werden. Die Abänderung beurteilt sich nach § 242 BGB. Die an den jeweiligen Verhältnissen des Einzelfalles auszurichtende Beurteilung kann schon vor Erreichen oder Überschreiten der **Schwelle von 10 %** eine Abänderung rechtfertigen; dies kommt insbesondere bei wirtschaftlich beengten Verhältnissen in Betracht (BGH, FamRZ 1992, 539; OLG Stuttgart, FamRZ 2000, 377).

IV. Entsprechende Abänderung

1. Allgemeine Grundsätze

217 Nach § 323 Abs. 1 ZPO kann der Abänderungskläger unter den dort genannten weiteren Voraussetzungen im Wege der Klage eine entsprechende Abänderung des Urteils verlangen. Die Abänderungsklage sichert nur die **Korrektur** einer **Prognoseentscheidung**. Sie hat nicht die Behebung von Fehlern des Vorurteils zum Ziel (BGH, NJW-RR 1992, 1091, 1092), anders als nach § 10 VAHRG.

218 Die **Abänderungsentscheidung** ergeht danach in einer unter Wahrung der Grundlagen des abzuändernden Titels vorzunehmenden Anpassung des Unterhalts an die veränderten Verhältnisse. § 323 ZPO erlaubt keine freie, von der bisherigen Höhe unabhängige Neufestsetzung des Unterhalts oder eine abweichende Beurteilung der Verhältnisse, die bereits im **Ersturteil eine Beurteilung** erfahren haben. Es kommt darauf an, welche Umstände der Richter in dem früheren Verfahren festgestellt und welchen er für die Unterhaltsbemessung Bedeutung beigemessen hat. Auf dieser durch Auslegung zu ermittelnden Grundlage ist unter Berücksichtigung der neuen Verhältnisse festzustellen, welche Veränderungen in diesen Umständen eingetreten sind und welche Auswirkungen sich daraus für die Höhe des Unterhalts ergeben (BGH, FamRZ 1984, 374; 1986, 790; 1990, 280, 281; 1994, 1100, 1101; 1997, 281, 283).

Die Beurteilung hat von den Bewertungen der abzuändernden Entscheidung auszugehen. Ist dies ein Urteil, welches einen Vergleich abgeändert hat, kommt es darauf an, welche Bewertung in dem Urteil hinsichtlich der Vergleichsgrundlagen stattgefunden hat (OLG Hamm, FamRZ 1992, 1322 nur LS).

2. Umfang der Bindung

a) Bindung an festgestellte Tatsachen

219 Im Abänderungsrechtsstreit besteht eine Bindung an die im Vorurteil festgestellten Tatsachen. Die rechtliche Bindung kann etwa die Ermittlung der **Einkommensverhältnisse** und die Bestimmung der dabei zu berücksichtigenden Ab- und Zuschläge, die **Einbeziehung fiktiver Einkünfte** oder besonderer Belastungen, zudem Feststellungen zur Arbeitsfähigkeit, zur Bedürftigkeit oder zur Berücksichtigung weiterer Unterhaltspflichtiger oder Unterhaltsberechtigter betreffen (BGH, FamRZ 1984, 374).

Bei der Unterhaltsberechnung besteht im Abänderungsverfahren zwar eine Bindung dahin, dass ein im Vorverfahren in die Unterhaltsberechnung eingeflossener Wohnvorteil auch bei der Neubemessung berücksichtigt werden muss, jedoch ist das Gericht nicht an die **Berechnungsweise** des Vorurteils gebunden (BGH, FamRZ 1994, 1100, 1102). 220

Den von der unterhaltsrechtlichen Praxis entwickelten Unterhaltsrichtlinien und -tabellen, Verteilungsschlüsseln oder sonstigen Berechnungsmethoden kommt **keine Bindungswirkung** zu, denn sie stellen keine beizubehaltenden Urteilselemente, sondern nur Hilfsmittel zur Ausfüllung der unbestimmten Rechtsbegriffe „angemessener Unterhalt" oder „Unterhalt nach den ehelichen Lebensverhältnissen" dar (BGH, FamRZ 1984, 374; 1994, 1100, 1101). 221

Dies gilt in gleicher Weise für die Richtlinien, die einer Unterhaltsbemessung für ein Kind in einem Urteil eines Kreisgerichts der ehemaligen **DDR** zugrundegelegt waren (BGH, FamRZ 1997, 281, 283).

Zu den beizubehaltenden Grundlagen zählt auch nicht die Art und Höhe der Besteuerung; das Einkommen ist nach Abzug der **jeweils maßgeblichen Steuern** zugrunde zu legen (BGH, FamRZ 1990, 981).

b) Bindung an die Bewertung festgestellter Tatsachen

Im Abänderungsrechtsstreit besteht aus Rechtskraftgründen eine Bindung ebenfalls an die Bewertung von festgestellten Tatsachen, selbst wenn diese nicht der höchstrichterlichen Rspr. entspricht (BGH, FamRZ 1990, 981, 984). 222

Ist in dem Vorurteil dem Unterhaltspflichtigen ein **fiktives Erwerbseinkommen** zugerechnet worden, so ist grds. auch im Abänderungsrechtsstreit die Bindung an diese Bewertung gegeben. Die Bindung an diese Fiktion endet nicht einfach durch Zeitablauf. Im Abänderungsverfahren kann der Fortschreibung der Fiktion jedoch mit dem – konkret darzulegenden und zu beweisenden – Vortrag begegnet werden, dass sich die Umstände, die nach § 242 BGB zur Zurechnung eines fiktiven Einkommens geführt haben, zwischenzeitlich wesentlich geändert haben (OLG Hamm, FamRZ 1997, 889, 890). Von Bedeutung kann insoweit sein, wenn der Abänderungskläger eine seiner Qualifikation, seinen Fähigkeiten und Neigungen entsprechende Arbeitsstelle gefunden hat, die aber nicht zu einem Einkommen in der fiktiv zugerechneten Höhe geführt hat. Gegen die Fortführung der Fiktion kann auch sprechen, dass der Abänderungskläger sich nach dem Vorurteil über einen längeren Zeitraum intensiv, nachhaltig und redlich, jedoch erfolglos um eine Arbeitsstelle bemüht hat (Kalthoener/Büttner/Niepmann, Die Rechtsprechung zur Höhe des Unterhalts, Rn. 635: Zeitraum von zwei bis drei Jahren). Die Fiktion kann dann ebenfalls nicht mehr aufrechterhalten werden, wenn inzwischen feststeht, dass das fingierte Einkommen aufgrund veränderter Umstände jetzt nicht mehr zur Verfügung steht. Dies gilt etwa, wenn der Unterhaltspflichtige, dem im Säumnisverfahren ein fiktives Einkommen von 5.000 DM zugerechnet wurde, nunmehr eine Erwerbsunfähigkeitsrente von 1.350 DM bezieht (OLG Frankfurt/M., FamRZ 1995, 735). 223

Hat das BVerfG zur Vermeidung verfassungswidriger Ergebnisse ein anderes Verständnis einer gesetzlichen Vorschrift (hier: § 1579 Nr. 1 BGB) für geboten erklärt, besteht **keine Bindung** an die Bewertung in dem abzuändernden Urteil (BGH, FamRZ 1990, 1091).

Dem Abänderungskläger, dem die Abänderung aus **anderen Gründen** eröffnet ist, ist es nicht versagt, nunmehr den vollen Unterhalt geltend zu machen, obschon in dem abzuändernden Titel antragsgemäß – ohne die Klageforderung als Teilunterhalt zu bezeichnen – Unterhalt in geringerer Höhe tituliert worden ist, als es nach den seinerzeit vom Gericht zur Ermittlung des angemessenen Unterhalts verwendeten Richtlinien möglich gewesen wäre. Der Kläger kann für ein späteres Abänderungsverfahren nicht daran gebunden werden, wie genau er mit seinem Begehren die Beurteilung des Gerichts getroffen hat (BGH, FamRZ 1984, 374; 1987, 456). 224

Mit den **Grundsätzen der Billigkeit** ist ebenso nicht vereinbar, dem Abänderungskläger in einem späteren Abänderungsverfahren die Möglichkeit zu verwehren, den im Vorverfahren nicht geforderten Vorsorgeunterhalt mit Wirkung für die Zukunft zu verlangen (BGH, FamRZ 1985, 690).

c) Keine Feststellbarkeit von Grundlagen

225 Die Bindungen gehen indes nur so weit, als die Grundlagen in dem abzuändernden Titel festgestellt sind. Enthält der abzuändernde Titel keine Feststellungen zu den ehelichen Lebensverhältnissen, ist der angemessene Unterhalt zu bestimmen (BGH, FamRZ 1992, 539, 540).

Davon zu unterscheiden ist die Fallkonstellation, in der der Abänderungskläger, etwa wegen Schwierigkeiten bei der Informationsbeschaffung, die Grundlagen der Vorentscheidung nicht ausreichend darlegen kann. Es ist grds. Aufgabe des Abänderungsklägers, die Grundlagen der abzuändernden Entscheidung und die insoweit eingetretenen Veränderungen darzutun. Erst wenn die für die Verurteilung maßgeblichen Verhältnisse objektiv nicht feststellbar sind, kann dies dazu führen, die Abänderungsklage wie eine Erstklage **ohne Bindung an das Vorurteil** zu behandeln (OLG Hamm, FamRZ 1994, 763, 764; OLG Köln, FamRZ 1981, 997 für ein abzuänderndes Anerkenntnisurteil).

3. Bindungswirkung von Anerkenntnisurteilen

226 Auch Anerkenntnisurteilen kommt für ein nachfolgendes Abänderungsverfahren Bindungswirkung zu (OLG Hamm, FamRZ 1992, 1201; 1997, 890; NJW-RR 1998, 222; a. A. OLG Bamberg, FamRZ 1986, 702; s. aber OLG Bamberg, FamRZ 2001, 556, das eine freie Abänderbarkeit verneint, wenn der Anerkennende an der Ermittlung der maßgeblichen ehelichen Lebensverhältnisse im Vorprozess mitgewirkt hat und sich die zugrunde gelegten Lebensverhältnisse im Abänderungsverfahren eindeutig feststellen lassen). Allerdings beruht es nicht auf gerichtlich festgestellten Tatsachen. Es ergeht auf ein Anerkenntnis des Beklagten, einer reinen Prozesshandlung, und einem Antrag des Klägers auf Erlass des Anerkenntnisurteils nach Maßgabe des Anerkenntnisses. Dem Anerkenntnisurteil kann danach nicht der Vortrag des Klägers zu den **tatsächlichen Verhältnissen** zum Zeitpunkt der Abgabe des Anerkenntnisses unterlegt werden. Die Bindung wirkt sich dahin aus, dass es für die Abänderung auf die tatsächlichen Verhältnisse zur Zeit des Ergehens des Anerkenntnisurteils und diejenigen zum Zeitpunkt der Rechtshängigkeit der Abänderungsklage ankommt. Die früheren Verhältnisse müssen sich in einer die begehrte Abänderung rechtfertigenden Weise verändert haben. Die Darlegungs- und Beweislast trifft den Abänderungskläger (OLG Hamm, FamRZ 1992, 1201). Der Abänderungskläger kann sich nicht auf einen Gesichtspunkt oder einzelne Bemessungsfaktoren beschränken, er hat darzulegen, dass die nachgesuchte Abänderung unter Berücksichtigung aller maßgebenden Verhältnisse geboten ist.

Der Unterhaltpflichtige kann ein **prozessuales Anerkenntnis** (§ 307 ZPO) nicht wegen Irrtums anfechten oder es nach § 290 ZPO widerrufen (BGH, FamRZ 1981, 862; OLG Schleswig, FamRZ 1993, 577). Er kann sich von ihm nur lösen, wenn es von einem **Restitutionsgrund i. S. d. § 580 ZPO** betroffen ist, wenn sich die ihm zugrundeliegenden Verhältnisse nach Maßgabe des § 323 ZPO nachträglich wesentlich verändert haben oder § 242 BGB einer Bindung an das bisherige Anerkenntnis entgegensteht, d. h. unter den Voraussetzungen, unter denen die Rspr. die Ausnutzung eines unrichtigen Titels nach § 826 BGB als sittenwidrig ansieht (BGH, FamRZ 1981, 862; OLG Hamm, NJW-RR 1998, 222). Die Anwendung des § 242 BGB kommt nicht in Betracht, wenn das nach Auffassung des Unterhaltspflichtigen unrichtige Anerkenntnis auf einer nachlässigen Prozessführung beruht (OLG Hamm, FamRZ 1993, 78).

4. Bindungswirkung von Versäumnisurteilen

227 Ist der Unterhalt in einem gegen den Unterhaltspflichtigen ergangenen Versäumnisurteil tituliert, kommt es im Fall einer vom Unterhaltspflichtigen begehrten Abänderung nach wohl überwiegender Auffassung darauf an, ob und wie sich die tatsächlichen Verhältnisse nachträglich verändert haben (so OLG Karlsruhe, FamRZ 1983, 624, 625; OLG Hamm, FamRZ 1984, 1123, 1125; 1987, 1286, 1287; 1990, 772, 773; 1997, 433; OLG Oldenburg, FamRZ 1990, 188; Zöller/Vollkommer, ZPO, § 323 Rn. 31; offen gelassen von BGH, FamRZ 1996, 345, 347). Eine andere Meinung hebt darauf ab, ob eine Veränderung der vorgetragenen und damit nach § 331 Abs. 1 ZPO zugestande-

nen Verhältnisse eingetreten ist (OLG Stuttgart, FamRZ 1982, 91, 92; OLG Zweibrücken, FamRZ 1983, 291; Graba, Die Abänderung von Unterhaltstiteln, Rn. 269 m. w. N.; Braun, FamRZ 1994, 1145, 1148; differenzierend Maurer, FamRZ 1989, 445, 447).

V. Präklusion nach § 323 Abs. 2 ZPO

Nach § 323 Abs. 2 ZPO ist die Abänderungsklage nur insoweit zulässig, als die Gründe, auf die sie gestützt wird, erst nach dem Schluss der mündlichen Verhandlung, in der eine Erweiterung des Klageantrages oder die Geltendmachung von Einwendungen spätestens hätte erfolgen müssen, entstanden sind und durch Einspruch nicht mehr geltend gemacht werden können. 228

1. Maßgeblicher Zeitpunkt

Maßgebender Zeitpunkt ist der **Schluss der mündlichen Verhandlung** der letzten Tatsacheninstanz. Dies kann der Schluss der mündlichen Verhandlung erster Instanz sein. Dabei bleibt es auch, wenn zunächst Berufung eingelegt, diese aber vor der Verhandlung zurückgenommen wurde (BGH, FamRZ 1988, 493). Es ist die letzte Tatsachenverhandlung in der Berufungsinstanz maßgeblich, wenn eine solche stattgefunden hat (BGH, FamRZ 1986, 43; 1993, 941, 942). 229

Im Falle eines **Versäumnisurteils** kommt es auf den Zeitpunkt des Ablaufs der Einspruchsfrist an, denn vorher entstandene Tatsachen können nur mit dem Einspruch geltend gemacht werden (BGH, FamRZ 1982, 792, 793).

Bei mehreren aufeinander folgenden Abänderungsprozessen, die zu einer Abänderung geführt haben, ist für die Zeitschranke des § 323 Abs. 2 ZPO der Schluss der Tatsachenverhandlung des letzten Abänderungsverfahrens maßgeblich (BGH, FamRZ 1995, 221, 223; 1998, 99, 100).

2. Nachträgliche Veränderung

Die Tatsachen müssen nach dem maßgeblichen Zeitpunkt entstanden sein. Es kommt nicht darauf an, ob sie im Erstverfahren vorausschauend hätten berücksichtigt werden können (BGH, FamRZ 1995, 221, 223 – Änderungen der Richtsätze der Düsseldorfer Tabelle; OLG Bamberg, FamRZ 1990, 187 – bevorstehende Vollendung des zwölften Lebensjahres eines unterhaltsberechtigten Kindes). Bezog der Unterhaltspflichtige zur Zeit der letzten mündlichen Verhandlung die um den Versorgungsausgleich gekürzte Rente, kann die Abänderung auf die nach einem Verfahren gem. §§ 5, 9 VAHRG eingetretene Erhöhung der Rente gestützt werden, auch wenn der Antrag bereits während des Vorprozesses hätte gestellt werden können. Entscheidend ist, dass die Unterhaltsverpflichtung im Vorprozess nach der geminderten Rente bemessen wurde (OLG Köln, FamRZ 2000, 38). 230

3. Folgerungen aus dem Regelungszweck des § 323 Abs. 2 ZPO

Die Klage nach § 323 ZPO ist nicht auf Fälle beschränkt, in denen eine Rechtskraftwirkung beseitigt werden muss. Nach § 323 ZPO ist jedes Verlangen nach Änderung eines Rentenurteils i. S. einer Anpassung an veränderte Verhältnisse ohne Rücksicht darauf zu beurteilen, ob im Einzelfall eine Rechtskraftwirkung besteht. Die gesetzliche Regelung nach § 323 Abs. 2 ZPO dient insbesondere der Absicherung der Rechtskraft unanfechtbar gewordener Entscheidungen und errichtet eine Zeitschranke für die Berücksichtigung von Abänderungsgründen (BGH, FamRZ 1984, 997, 998; 1993, 941, 942). 231

a) Erstverfahren nach § 258 ZPO

§ 323 Abs. 2 ZPO hält die Parteien an, die den Unterhaltsanspruch beeinflussenden Umstände bereits im Ausgangsprozess (Erstverfahren nach § 258 ZPO) zur Geltung zu bringen. Dies gilt unabhängig von der Parteistellung und der Zielrichtung des Rechtsstreits (BGH, FamRZ 1998, 99, 100). 232

In aller Regel ist bereits im Erstverfahren eine Entscheidung über eine zeitliche Begrenzung des Unterhaltsanspruchs nach § 1573 Abs. 5 BGB sowie die Herabsetzung des Unterhalts auf den angemessenen Bedarf nach § 1578 Abs. 1 Satz 2 BGB veranlasst, wenn die maßgeblichen Tatsachen bereits eingetreten oder zuverlässig voraussehbar sind (BGH, NJWE-FER 2001, 25 – kein Fall der Vollstreckungsgegenklage; FamRZ 1986, 886, 888; zur Berücksichtigung im Abänderungsverfahren vgl. BGH, FamRZ 1995, 665, 666).

Ein Unterhaltsberechtigter ist danach in einem Berufungsverfahren, in dem der Unterhaltspflichtige die Reduzierung des erstinstanzlich ausgeurteilten Unterhalts erstrebt, gehalten, zur **Vermeidung einer Präklusion** etwaige den Unterhalt erhöhende Umstände im Wege der Anschließung an die gegnerische Berufung geltend zu machen (BGH, FamRZ 1986, 43; 1988, 601; 1998, 99, 100). Anders verhält es sich, wenn ein in erster Instanz ergangenes Teilurteil rechtskräftig geworden ist und sich in dem Berufungsverfahren über das Schlussurteil Umstände einstellen, die zur Abänderung des Teilurteils berechtigen würden. Für diesen Fall besteht die Möglichkeit, die Umstände entweder mittels Abänderungswiderklage im Rahmen des laufenden Berufungsverfahrens oder mittels einer Abänderungsklage in einem neuen Verfahren geltend zu machen (BGH, FamRZ 1993, 941, 943). Die Wahl zwischen der Einlegung der Berufung und der Einleitung eines Abänderungsverfahrens hat die Partei auch, wenn die Tatsachen nach dem Schluss der mündlichen Verhandlung erster Instanz, jedoch vor Ablauf der Berufungsfrist eingetreten sind (BGH, FamRZ 1986, 43).

233 Dem Abänderungskläger ist es danach versagt, die Rechtskraft eines Rentenurteils allein mit **sog. Alttatsachen** zu beseitigen, um das kontradiktorische Gegenteil der im Ausgangsurteil festgestellten Rechtsfolge zu erreichen.

b) Abänderungsverfahren nach § 323 ZPO

234 Auch für ein Verfahren, das die Abänderung eines bereits abgeänderten Rentenurteils betrifft, gilt, dass jede Partei in diesem Verfahren unabhängig von dessen Zielrichtung und der Parteistellung die bereits bestehenden Tatsachen geltend machen muss. Unterlässt dies eine Partei, ist es ihr verwehrt, eine Abänderung in einem neuen Abänderungsverfahren auf diese zur Zeit des Vorprozesses bereits entstandenen, jedoch nicht geltend gemachten Umstände zu stützen. Dadurch soll vermieden werden, dass Abänderungsprozesse mit **gegenläufigen Zielrichtungen** nacheinander geführt werden können. Auch sollen nicht gleichzeitig Abänderungsprozesse mit gegenläufigen Zielen bei **verschiedenen Gerichten** eingeleitet werden können. Letzterem begegnet § 261 Abs. 3 Nr. 1 ZPO, denn dem zeitlich später rechtshängig gewordenen Verfahren steht die Rechtshängigkeit des früher rechtshängig gemachten entgegen. Gegenstand einer zulässig eingeleiteten Abänderungsklage soll stets der volle Unterhalt sein und nicht allein die Frage, ob sich nach den veränderten Verhältnissen eine Erhöhung oder Reduzierung des Unterhalts rechtfertigt (BGH, FamRZ 1997, 488).

235 Bei der Auslegung des Begriffs „**Einwendung**" ist in einer derartigen Verfahrenssituation nicht am Wortlaut zu haften. Zu fragen ist, welche verfahrensrechtlichen Mittel der Partei eines vorausgegangenen Abänderungsverfahrens zu Gebote standen, um ihren der Gegenpartei gegenläufigen Standpunkt durchzusetzen. So kann die Erhebung einer **Abänderungswiderklage** zumutbar sein, deren Sachdienlichkeit sich aus dem Anliegen, aufeinanderfolgende Abänderungsverfahren zu vermeiden, ergibt. Da § 323 Abs. 2 ZPO nicht der Parteidisposition unterliegt, sind alle entstandenen Tatsachen vorzutragen; der Vorbehalt, einzelne Tatsachen in einem weiteren Abänderungsverfahren vorzubringen, ist unerheblich (BGH, FamRZ 1998, 43).

4. Präklusion des Abänderungsklägers

236 § 323 Abs. 2 ZPO regelt seinem Wortlaut nach allein die Berücksichtigung **klagebegründender Tatsachen** und errichtet insoweit eine Zeitschranke für den Abänderungskläger. Der Abänderungskläger kann sich zur Begründung seiner Klage nicht allein auf Tatsachen stützen, die vor dem Schluss der letzten Tatsachenverhandlung im Vorprozess entstanden waren (**sog. Alttatsachen**).

Dies gilt selbst dann, wenn diese dort nicht vorgetragen worden und deshalb auch nicht Gegenstand der gerichtlichen Beurteilung waren (BGH, FamRZ 1987, 259, 262).

Zu Lasten des Abänderungsklägers kann § 323 Abs. 2 ZPO jedoch nicht uneingeschränkt angewendet werden, wenn durch die Berücksichtigung einer sog. Alttatsache **keine Rechtskraftwirkung** beseitigt werden soll (sog. erweiterter Anwendungsbereich des § 323 ZPO, dazu: BGH, BGHZ 34, 110, 116; BGHZ 98, 353, 357 = FamRZ 1987, 259). So lag es in einem Fall, in dem sich der jetzige Abänderungskläger gegen das auf Erhöhung des titulierten Ehegattenunterhalts gerichtete Abänderungsbegehren bereits mit seinem Klageabweisungsantrag durchgesetzt hatte, ohne seinerseits gestützt auf den veränderten Umstand (Eintritt einer bisher nicht bestehenden vollen Erwerbsfähigkeit der Unterhaltsberechtigten) eine Reduzierung des titulierten Ehegattenunterhalts anzustreben. Bei dieser Sachlage musste durch die Berücksichtigung dieser Alttatsache keine Rechtskraftwirkung des Vorurteils beseitigt werden. In dem schon wegen der wesentlichen Veränderung der im Vorprozess zugrunde gelegten Umstände neu eröffneten Abänderungsverfahren ist der jetzige Abänderungskläger auch mit der Alttatsache nicht präkludiert (BGH, FamRZ 1987, 259; 1998, 99, 101). 237

Der Abänderungskläger ist durch § 323 Abs. 2 ZPO ebenfalls nicht gehindert, das Abänderungsbegehren auf die Änderung der Richtsätze der Düsseldorfer Tabelle zu stützen, auch wenn die Änderungen der wirtschaftlichen Verhältnisse schon vor der letzten Verhandlung im Vorprozess eingetreten waren, aber dort wegen der Anwendung der seinerzeit maßgeblichen Richtsätze der Tabelle noch keine Berücksichtigung gefunden haben. Die **Änderungen der Düsseldorfer Tabelle** sind wie eine am jeweiligen Stichtag eingetretene Veränderung der tatsächlichen wirtschaftlichen Veränderungen zu behandeln (BGH, FamRZ 1995, 221, 223). 238

Wurde der Unterhaltsanspruch des geschiedenen Ehegatten im Vorprozess nach den tatsächlichen, durch den Versorgungsausgleich gekürzten Bezügen des Unterhaltspflichtigen bemessen, ist der unterhaltsberechtigte Ehegatte in einem Abänderungsverfahren nicht gehindert, sich auf die nachträglich durch Antragstellung nach §§ 5, 9 VAHRG erhöhten Versorgungsbezüge des Unterhaltspflichtigen zu berufen (OLG Köln, FamRZ 2000, 38, 39).

Präkludiert ist der Abänderungskläger ferner nicht, wenn die Gründe nicht mit der mündlichen Verhandlung des Vorprozesses ein Ende gefunden haben, sondern darüber hinaus fortwirken. So liegt es, wenn sich ein prozessbetrügerisches Verschweigen von Einkünften in einem Vorprozess auch noch nach dessen Ende verfestigt (BGH, FamRZ 1990, 1095, 1096). 239

Der nach § 1573 BGB zur Zahlung von Ehegattenunterhalt verurteilte Abänderungskläger kann einem nunmehr auf § 1572 BGB gestützten Unterhaltsbegehren die im Vorprozess nicht erhobene Einwendung nach § 1579 Nr. 1 BGB entgegenhalten. Dies beruht auf dem erheblichen Unterschied beider Anspruchsgrundlagen. Wegen der Dauer der Unterhaltspflicht kann es gerechtfertigt sein, unter Billigkeitsgesichtspunkten zwar Unterhalt nach § 1573 BGB vorübergehend zuzusprechen, jedoch nicht – vielfach zeitlich unbeschränkt – nach § 1572 BGB (OLG Hamm, FamRZ 1992, 842). 240

5. Präklusion des Abänderungsbeklagten

§ 323 Abs. 2 ZPO hat nicht zum Ziel, die Rechtsverteidigung des Abänderungsbeklagten einzuschränken. Ein gegen die Abänderungsklage gerichtetes Verteidigungsvorbringen, das sich auf Tatsachen stützt, die bereits vor Schluss der Tatsachenverhandlung des Vorprozesses bestanden haben, ist nicht ausgeschlossen; damit wird nicht eine Abweichung von der früher in dem Vorprozess festgestellten Rechtsfolge erstrebt, sondern gerade an der Vorentscheidung festgehalten (BGH, FamRZ 1987, 259). 241

VI. Zeitschranke des § 323 Abs. 3 ZPO

1. Abänderung eines Urteils

a) Abänderungszeitpunkt nach § 323 Abs. 3 Satz 1 ZPO

242 Nach § 323 Abs. 3 Satz 1 ZPO darf ein Urteil nur für die Zeit **nach Erhebung der Klage** abgeändert werden. Die Erhebung der Klage erfolgt durch die Zustellung der Klageschrift, § 253 Abs. 1 ZPO.

243 Unter Klage i. S. d. § 323 Abs. 3 Satz 1 ZPO ist auch die Klage in Gestalt der **Stufenklage** nach § 254 ZPO zu verstehen (BGH, FamRZ 1986, 560, 561). Ausreichend ist bereits die Erhebung der ersten Stufe (OLG Düsseldorf, FamRZ 1987, 1281).

244 Der Zugang eines alleinigen PKH-Gesuchs bei dem Gegner bedeutet nicht die Zustellung nach § 323 Abs. 3 Satz 1 ZPO (BGH, FamRZ 1982, 365; OLG Dresden FamRZ 1998, 566 m. w. N.; Baumbach/Lauterbach/Hartmann, ZPO, § 323 Rn. 59, 60; a. A. Zöller/Vollkommer, ZPO, § 323 Rn. 35: Zugang des Antrages an den Gegner maßgeblich als Konsequenz aus der Gleichstellung gem. § 204 Abs. 1 Nr. 14 BGB).

245 Vielfach wird das PKH-Gesuch mit der Klageschrift verbunden. Werden Gesuch und Klage an den Gegner zugestellt und kommt dabei nicht hinreichend zum Ausdruck, dass die Zustellung nur der Übermittlung des in der Klageschrift enthaltenen PKH-Gesuchs diente, ist auch die Klage zugestellt (BGH, FamRZ 1987, 362, 364 zur Zustellung eines Scheidungsantrages; FamRZ 1990, 496).

246 Die vor Zustellung der Klage erbetene Entscheidung über die Prozesskostenhilfe kann im Blick auf die Zeitschranke des § 323 Abs. 3 Satz 1 ZPO zu erheblichen Nachteilen für den die Reduzierung der Unterhaltsverpflichtung begehrenden Abänderungskläger führen. Nach § 65 Abs. 7 Nr. 4 GKG besteht jedoch die Möglichkeit zu beantragen, die Klage solle sogleich zugestellt werden, auch ohne dass der Kostenvorschuss an die Gerichtskasse gezahlt wird. Dazu muss glaubhaft gemacht werden, dass eine Verzögerung dem Antragsteller einen nicht oder nur schwer zu ersetzenden Schaden bringen würde; zur Glaubhaftmachung genügt in diesem Falle die Erklärung des zum Prozessbevollmächtigten bestellten Rechtsanwalts. Die Befreiung kann allerdings nicht erfolgen, wenn die beabsichtigte Rechtsverfolgung aussichtslos oder mutwillig erscheint.

247 Ab dem Tag der Zustellung kann die Abänderung erfolgen. Eine **Vorwirkung** auf den Einreichungszeitpunkt gem. § 167 ZPO findet nicht statt (OLG Köln FamRZ 1987, 618). Es ist eine **taggenaue Betrachtung** geboten (BGH, FamRZ 1990, 269, 270). Auf den jeweiligen Zeitpunkt der Zustellung kommt es auch an, wenn in einem rechtshängigen Abänderungsverfahren das Begehren erweitert werden soll.

248 Findet in einem Abänderungsverfahren ein Parteiwechsel statt, bleibt es hinsichtlich des Zeitpunktes nach § 323 Abs. 3 ZPO bei der ursprünglichen Klageerhebung (Zöller/Vollkommer, ZPO, § 323 Rn. 42; Baumbach/Lauterbach/Hartmann, ZPO, § 323 Rn. 61). Dies kann Bedeutung erlangen, wenn etwa die Prozessstandschaft des bislang den Rechtsstreit führenden Elternteils wegfällt und das Kind den Rechtsstreit fortführt.

249 Der Zeitpunkt der Erhebung einer **unselbstständigen Anschlussberufung** steht der Zustellung der Abänderungsklage gleich, wenn die Anschlussberufung nach § 524 Abs. 4 ZPO ihre Wirkung verloren hat, weil die Berufung zurückgenommen, verworfen oder durch Beschluss zurückgewiesen worden ist (BGH, FamRZ 1988, 601 – sog. **Vorwirkung**). In diesen Fällen ist es notwendig, die Abänderungsklage in engem zeitlichen Zusammenhang mit der Rücknahme der Hauptberufung zu erheben (BGH, FamRZ 1988, 601 = NJW 1988, 1735). Der Abänderungskläger kann sich in einem Abänderungsverfahren nur dann auf die sog. Vorwirkung berufen, wenn er die Abänderungsklage mit einer nach dem erstinstanzlichen Urteil im Ursprungsverfahren eingetretenen Änderung der Verhältnisse begründen kann. Eine Abänderungsklage ist unzulässig, wenn der Abänderungskläger sich nur auf Tatsachen stützt, die er im Rahmen seiner unselbstständigen – nach Rücknahme der Berufung wirkungslosen – Anschlussberufung im Ursprungsverfahren gegen die Richtigkeit des

Urteils vorgebracht hat (OLG Hamm, FamRZ 2001, 557). Um die Richtigkeit des Urteils erfolgreich bekämpfen zu können, wäre die Einlegung eines selbstständigen Rechtsmittels notwendig gewesen.

Das Rückwirkungsverbot des § 323 Abs. 3 ZPO unterliegt nicht der Parteidisposition (OLG Dresden, FamRZ 1996, 1089, 1090, mit kritischer Anm. Gottwald, FamRZ 1996, 1090).

b) Abänderungszeitpunkt nach § 323 Abs. 3 Satz 2 ZPO

Durch das am 1. 7. 1998 in Kraft getretene KindUG hat § 323 Abs. 3 ZPO mit Satz 2 folgende Ergänzung erfahren: 250

„Dies gilt nicht, soweit die Abänderung nach § 1360a Abs. 3, § 1361 Abs. 4 Satz 4, § 1585b Abs. 2, § 1613 Abs. 1 des Bürgerlichen Gesetzbuchs zu einem früheren Zeitpunkt verlangt werden kann." 251

Die Regelung steht in Zusammenhang mit dem durch das KindUG ebenfalls abgeänderten § 1613 Abs. 1 BGB. Nach dieser Bestimmung kann Unterhalt für die **Vergangenheit** nunmehr auch schon von dem **Zeitpunkt** geltend gemacht werden, in dem dem Unterhaltspflichtigen ein Verlangen, zum Zwecke der Geltendmachung von Unterhaltsansprüchen Auskunft über seine Einkünfte und sein Vermögen zu erteilen, zugegangen ist. Unterhalt wird zudem ab dem ersten des Monats, in den die bezeichneten Ereignisse (Verlangen nach Auskunft, Mahnung, Rechtshängigkeit) fallen, geschuldet, wenn der Unterhaltsanspruch dem Grunde nach zu diesem Zeitpunkt bestanden hat. Nach Maßgabe des materiellen Rechts ist auch die Abänderung des Urteils möglich. Damit **scheitert** für den Unterhaltsberechtigten die Realisierung eines Teils des Unterhaltsanspruchs **nicht** mehr an der **Zeitschranke** des § 323 Abs. 3 ZPO. Die Neuregelung beugt ferner einer vorschnellen Erhebung einer Abänderungsklage vor, die bei nur hinhaltender Erfüllung der Auskunftspflicht zur Vermeidung der Folgen des § 323 Abs. 3 ZPO veranlasst war (BT-Drucks. 13/7338 v. 25. 3. 1997 – Einzelbegründung zu Art. 2, Nr. 4, Buchst. a). 252

Als **punktuell begrenzte Ausnahmeregelung** wirkt sich die Lockerung der Zeitschranke nur zugunsten des Unterhaltsberechtigten aus. Nach § 323 Abs. 3 Satz 2 kommt die Abänderung bereits ab dem Zeitpunkt in Betracht, zu dem nach materieller Rechtslage das Unterhaltsbegehren gerechtfertigt ist. Für den Verwandtenunterhalt nach §§ 1601 ff. BGB und kraft Verweisung auch für den Familienunterhalt nach § 1360a BGB, den Trennungsunterhalt nach § 1361 BGB, den Unterhalt der Mutter und des Vaters nach § 1615l BGB kann die Anwendung des § 1613 Abs. 1 BGB zu einer Abänderung ab Beginn des Monats führen, in dem der Zugang eines den Erfordernissen dieser Vorschrift entsprechenden Auskunftsbegehrens erfolgte. 253

Nach §§ 323 Abs. 4, 794 Abs. 1 Nr. 2a ZPO gilt die Aufhebung der Zeitschranke auch für alle Beschlüsse, die nach altem und neuem Recht in einem vereinfachten Verfahren über den Unterhalt Minderjähriger den Unterhalt festsetzen, einen Unterhaltstitel abändern oder den Antrag zurückweisen, soweit nicht durch §§ 654, 656 ZPO anderes bestimmt ist.

Für ein auf **Herabsetzung des in einem Urteil titulierten Unterhalts** gerichtetes Abänderungsbegehren gilt die Zeitschranke des § 323 Abs. 3 ZPO weiterhin, denn auf § 1613 Abs. 1 BGB ist in § 1585b Abs. 2 BGB nicht verwiesen.

2. Abänderung von Vergleichen und anderen Unterhaltstiteln

§ 323 Abs. 3 ZPO findet auf die Abänderung von Prozessvergleichen und anderer in § 323 Abs. 4 ZPO genannter Unterhaltstitel keine Anwendung (BGH, FamRZ 1983, 22; 1984, 997, 998: Jugendamtsurkunde; FamRZ 1989, 172, 173; 1990, 989, 990: notarielle Urkunde; OLG Koblenz, NJW-FER 1998, 123: gerichtlicher Vergleich). 254

Die Zeitschranke ist indes zu beachten, wenn bereits über die Abänderung eines Prozessvergleichs ein Urteil ergangen ist und nunmehr erneut Abänderungsklage erhoben wird. Mit der Abweisung der Abänderungsklage wird der Prozessvergleich bestätigt und festgestellt, dass bezüglich des Prozessvergleichs kein Gestaltungsgrund besteht. In dem Urteil ist eine Verurteilung zu künftig fällig 255 werdenden Leistungen i. S. d. § 323 Abs. 1 ZPO zu sehen (so wohl auch aus OLG Koblenz, NJW-RR 1999, 1680, 1681 abzuleiten; a. A. OLG Hamm, FamRZ 1995, 1152, 1153; OLG Karlsruhe, FamRZ 1995, 893, 894 zu § 323 Abs. 3 ZPO).

256   Der möglichen **rückwirkenden Abänderung** verbunden mit einer Herabsetzung der titulierten Unterhaltspflicht steht ein **Vertrauensschutz** des Abänderungsbeklagten nicht entgegen. Dem Vertrauensschutz des Titelgläubigers trägt § 818 Abs. 3 BGB hinreichend Rechnung. Er kann sich dem Verlangen auf Rückzahlung überzahlten Unterhalts gegenüber auf den Wegfall der Bereicherung berufen. Es ist auch nicht erforderlich, dass der Unterhaltspflichtige den Unterhaltsberechtigten mit einem Verzicht auf die Rechte aus dem Unterhaltstitel in Verzug gesetzt hat (BGH, FamRZ 1990, 889, 890; 1989, 850; OLG Hamburg, FamRZ 1993, 1453, 1456). Es bedarf keiner negativen Mahnung. Eine **Heraufsetzung der titulierten Unterhaltspflicht** setzt allerdings eine an den Unterhaltspflichtigen gerichtete verzugsbegründende Mahnung (OLG Hamburg, FamRZ 1993, 1453, 1456) oder ein Auskunftsverlangen nach § 1613 Abs. 1 BGB voraus.

VII. Besonderheiten bei der Abänderung von anderen Unterhaltstiteln

1. Abänderung von Unterhaltsvergleichen

a) Abänderung nach materiellem Recht

257   Handelt es sich bei dem Unterhaltstitel um einen Prozessvergleich, vollzieht sich die Anpassung an die veränderten Umstände gem. §§ 323 Abs. 4, 794 Abs. 1 Nr. 1 ZPO wie bei sonstigen privatrechtlichen Rechtsgeschäften, insbesondere außergerichtlichen Vergleichen, allein nach den Regeln des **materiellen Rechts**, wenn auch in der Form des § 323 Abs. 1 ZPO. Heranzuziehen sind die aus **§ 242 BGB** abgeleiteten Grundsätze über die Veränderung oder den Fortfall der Geschäftsgrundlage (BGH, FamRZ 1983, 22, 24; 1985, 362; 1986, 790; 1992, 539; 1995, 665, 666; 2001, 1687 = NJW 2001, 3618); seit In-Kraft-Treten des SMG am 1.1.2002 sind diese Grundsätze in § 313 BGB normiert. Geltungsgrund von gerichtlichen Vergleichen ist allein der **Parteiwille**. Deshalb ist er auch maßgeblich für die Beurteilung, welche Verhältnisse zur Grundlage des Vergleichs zählen und wie die Parteien diese Verhältnisse bewerten.

258   Die zur Abänderung von Urteilen aufgestellten Regeln lassen sich nicht ohne weiteres auf die Abänderung von Prozessvergleichen übertragen. Nach dem materiellen Recht kommt es darauf an, ob die Veränderung rechtlich erheblich ist. Rechtliche Bedeutung gewinnt eine Veränderung, wenn sie zu einer solchen **Störung der Geschäftsgrundlage** führt, dass das Festhalten an dem Vertrag einen Verstoß gegen **Treu und Glauben** darstellt, die weitere Bindung an das vertraglich Vereinbarte mithin für die die Abänderung begehrende Partei unzumutbar erscheint, ferner, dass die Abstandnahme von der vertraglichen Regelung auch der anderen Partei zumutbar ist (BGH, FamRZ 1986, 790; 2001, 1687 = NJW 2001, 3618). Dies hat der Tatrichter aufgrund einer an den Verhältnissen des Falles und den Interessen der Parteien ausgerichteten, umfassenden Würdigung aller Umstände zu prüfen. Zu berücksichtigen ist auch, ob die im Vergleich insgesamt getroffenen Regelungen noch in einem ausgewogenen Verhältnis zueinander stehen.

Diese Prüfung erlaubt keine schematisierende Beurteilung. Deshalb kann die **Opfergrenze** bereits überschritten sein, wenn die in der Praxis bei der Abänderung von Urteilen für die Wesentlichkeitsgrenze vielfach angezogene Schwelle von 10 % noch nicht erreicht oder überschritten ist. Dies kann etwa bei beengten wirtschaftlichen Verhältnissen der Fall sein (BGH, FamRZ 1986, 790, 791; 1992, 539). Das Festhalten an dem titulierten Unterhalt kann – unabhängig von der Höhe der beantragten Veränderung – auch unzumutbar sein, wenn dieser das Existenzminimum (dazu die Berichte der Bundesregierung v. 2. 2. 1995, BT-Drucks. 13/381 und v. 17. 12. 1997, BT-Drucks. 13/9561) nicht sichert (OLG Stuttgart, 18. ZS – FamS, FamRZ 2000, 377, 378).

Störungen einer vertraglichen Vereinbarung können eintreten durch Veränderungen in den **individuellen** Verhältnissen. So liegt es, wenn ein unterhaltsberechtigter Ehegatte rückwirkend eine Erwerbsunfähigkeitsrente erhält und die Versorgungsbezüge des Unterhaltspflichtigen deshalb rückwirkend abgeändert werden (OLG Koblenz, NJW-FER 1998, 123).

In Betracht kommen ferner eine Änderung des Gesetzeslage und die ihr gleichkommende verfassungskonforme Auslegung einer Norm durch das Bundesverfassungsgericht (BGH, FamRZ 1990, 1091, 1094; 2001, 1687 = NJW 2001, 3618) sowie Veränderungen in einer gefestigten höchstrichterlichen Rspr. Die Änderung einer gefestigten Rspr. der Instanzgerichte ist nicht ausreichend, es sei denn, die Parteien haben eine nur in ihrem Oberlandesgerichtsbezirk vertretene Rechtsauffassung zugrunde gelegt, die mit erheblichen Auswirkungen auf die vertragliche Regelung aufgegeben wird (BGH, FamRZ 2001, 1687 = NJW 2001, 3618). Die Anpassung kann erforderlich sein, wenn beide Parteien beim Abschluss der Vereinbarung einem beiderseitigen Irrtum über die Rechtslage erlegen sind und sie ohne diesen Rechtsirrtum die Vereinbarung nicht oder nicht mit diesem Inhalt geschlossen hätten. Die Anpassung kann auch erfolgen, wenn die Parteien die Vereinbarung auf den Fortbestand einer bestimmten Rechtslage aufgebaut haben (BGH, FamRZ 1983, 569, 573; 1994, 562, 564; 1995, 665, 666).

Bloße Veränderungen der rechtlichen Beurteilung bereits bekannter und im früheren Verfahren gewürdigter tatsächlicher Verhältnisse können eine Abänderung nicht rechtfertigen. Die Abänderung dient nur der Korrektur einer fehlgeschlagenen Prognose, nicht aber der Beseitigung von Fehlern; dies ist nur durch eine Rechtsmittel möglich (BGH, FamRZ 1983, 260, 263; NJW-RR 1986, 938, 939; FamRZ 1990, 981, 984; NJW-RR 1992, 1091, 1092).

Streiten die Parteien jedoch bereits um die **Wirksamkeit des Vergleichs,** ist die Abänderungsklage die falsche Klageart. Der Streit ist durch Fortsetzung des **alten Verfahrens** zu entscheiden (OLG Köln, FamRZ 1999, 943).

b) Beachtung der Grundlagen des Vergleichs

Bei der Ermittlung der Höhe der in dem Abänderungsverfahren neu festzusetzenden Unterhaltsrenten sind die Grundlagen zu beachten, die für die Höhe des bislang titulierten Unterhalts maßgebend waren. Welche Verhältnisse zur Grundlage des Vergleichs gehören und wie die Parteien sie seinerzeit bewerteten, entscheidet sich nach dem von den Parteien in dem Vergleich niedergelegten Willen. Diese Grundlagen hat der Tatrichter durch **Auslegung** zu ermitteln. Unter Berücksichtigung der gesamten neuen Verhältnissen hat er sodann festzustellen, welche Änderung in den maßgeblichen Verhältnissen stattgefunden hat und welche Auswirkungen sich daraus für die Höhe des Unterhalts ergeben (BGH, FamRZ 1988, 156; 1992, 539).

Haben sich jedoch die Grundlagen so tiefgreifend geändert, dass dem Parteiwillen für die vorzunehmende Abänderung keine hinreichenden Anhaltspunkte mehr entnommen werden können, kann die Anpassung ausnahmsweise ohne die – unbrauchbar gewordenen – Grundlagen des Vergleichs wie bei einer Erstfestsetzung des Unterhalts nach den gesetzlichen Vorschriften vorgenommen werden. Dies macht indes die Prüfung nicht überflüssig, ob dem Vergleich nicht noch Elemente entnommen werden können, die trotz der tiefgreifenden Änderung nach dem Parteiwillen weiterwirken sollen (BGH, FamRZ 1994, 696, 698).

Eine unbewusste, durch die Veränderung rechtlicher Umstände herbeigeführte **Regelungslücke** in einem gerichtlichen Vergleich ist durch die Heranziehung des **positiven Gesetzesrechts** zu schließen (OLG Saarbrücken, FamRZ 1999, 382: Neuregelung zur Pflegeversicherung).

c) Unanwendbarkeit des § 323 Abs. 2 ZPO

Die Zeitschranke des § 323 Abs. 2 ZPO greift im Fall der Abänderung eines Vergleichs nicht. § 323 Abs. 2 ZPO soll die Rechtskraftwirkung unanfechtbar gewordener Entscheidungen sichern. Bei gerichtlichen Vergleichen kommt dieser Zweck nicht in Betracht (BGH, FamRZ 1995, 221, 223). Damit können zur Rechtfertigung des Abänderungsbegehrens grds. auch Umstände herangezogen werden, die schon **im Zeitpunkt** des Vergleichsschlusses vorhanden waren. Maßgeblich ist, ob dieser Umstand nach den Regeln über den Fortfall der Geschäftsgrundlage Bedeutung gewinnen kann. Haben die Parteien in einem gerichtlichen Vergleich eine Tatsache bereits bewertet, kann sich der Abänderungsbeklagte auch zur Aufrechterhaltung des Titels nicht von dieser Bewertung nachträglich lösen (OLG Hamm, FamRZ 1999, 1510, 1511).

d) Rückwirkende Abänderung

263 Der Große Senat des BGH für Zivilsachen hat entgegen dem Wortlaut des Gesetzes entschieden, dass die Abänderungsklage nicht den Schranken des § 323 Abs. 3 ZPO unterliegt (BGHZ 85, 64 = FamRZ 1983, 22 = NJW 1983, 228). Vergleiche unterliegen als Verträge inhaltlich der Abänderung nach dem materiell-rechtlichen Grundlagen über den Wegfall der Geschäftsgrundlage und sind daher auch für die Zeit vor Klageerhebung abänderbar (BGH, FamRZ 1990, 989; 1991, 542). Es ist danach eine rückwirkende Abänderung möglich. Eine **rückwirkende Änderung eines Prozessvergleichs,** in dem die Parteien die Unterhaltsberechnung für den Nachscheidungsunterhalt nach der Anrechnungsmethode vorgenommen haben, ohne diese Berechnungsmethode vereinbarungsgemäß zu einer auch im Abänderungsverfahren bindenden Grundlage festgeschrieben zu haben, kommt nicht in Betracht. Der Abänderungsgrund der **geänderten höchstrichterlichen Rspr.,** der zur Anwendung der Differenzmethode führt, trat erst mit Verkündung des Urteils v. 13. 6. 2001 (BGH in BGHZ 148, 105 = FamRZ 2001, 986 = NJW 2001, 2254) ein und kann – wie eine erst zu diesem Zeitpunkt in Kraft tretende Gesetzesänderung – erst für die darauf folgende Zeit berücksichtigt werden. Der auf der Anwendung der Anrechnungsmethode beruhende Vergleich stellt einen Vertrauenstatbestand für beide Parteien dar, in den die Änderung der höchstrichterlichen Rspr. grds. nicht rückwirkend zu Lasten des Unterhaltspflichtigen eingreifen kann (BGH, FamRZ 2003, 518 = NJW 2003, 1181 im Anschluss an BGH in BGHZ 148, 368 = FamRZ 2001, 1687; Anm. Büttner, FamRZ 2003, 520, 521; zu Rechtsprechungsänderung und Abänderungsklage auch Waldner, FPR 2003, 188).

264 Eine **sog. negative Mahnung,** durch die der Unterhaltsberechtigte mit einem Verzicht auf die Rechte aus dem bisherigen Unterhaltstitel in Verzug gekommen ist, ist nicht notwendig. Dem Vertrauensschutz des Titelgläubigers wird durch die Regelung des § 818 Abs. 3 BGB hinreichend Rechnung getragen. Selbst wenn im Einzelfall das Vertrauen des Titelgläubigers in den Fortbestand des Titels schutzwürdig erscheinen kann, gilt dies jedenfalls nicht für einen Titelgläubiger, der die sich aus dem Vergleich ergebenden vertraglichen Treuepflichten (dazu BGH, FamRZ 1997, 483) verletzt, indem er den Unterhaltspflichtigen nicht über geänderte wirtschaftliche Verhältnisse informiert (OLG Hamm, FamRZ 1999, 1163).

Das Verlangen nach höherem Unterhalt setzt eine verzugsbegründende Mahnung oder ein Auskunftsverlangen nach § 1613 Abs. 1 BGB voraus.

Stützt sich das Abänderungsbegehren indes auf die Änderung einer gefestigten höchstrichterlichen Rspr., kann diese ebenso wie eine veränderte Rechtslage erst ab dem Zeitpunkt berücksichtigt werden, zu dem sie eingetreten ist (BGH, FamRZ 2001, 1687 = NJW 2001, 3618).

265 Die Schranke des § 323 Abs. 3 ZPO greift jedoch in den Fällen, in denen ein Prozessvergleich in einem früheren Abänderungsverfahren durch Urteil abgeändert worden ist (BGH, FamRZ 1995, 221, 223). Dem ist nicht der Fall vergleichbar, dass Gegenstand eines Abänderungsverfahrens ein Prozessvergleich war und die Abänderungsklage abgewiesen wurde (str. vgl. dazu BGH, FamRZ 1995, 221, 223 m. w. N. zum Meinungsstreit; für rückwirkende Abänderbarkeit, wenn der Umstand in dem früheren Verfahren noch nicht berücksichtigt werden konnte: OLG Koblenz, NJW-FER 1998, 123).

e) Beweislast

Der Abänderungskläger, der sich auf einen Abänderungsgrund (den Wegfall der Geschäftsgrundlage, vgl. § 313 BGB n. F.) beruft, trägt die **Beweislast** für die dazu erforderlichen tatsächlichen Voraussetzungen (BGH, FamRZ 1987, 259, 260; 1995, 665, 666; OLG Hamburg, FamRZ 2002, 465). Dies stellt den Abänderungskläger in der Praxis vor schwierige Darlegungsprobleme. Im Interesse der Parteien sollten die Grundlagen des Vergleichs im Erst- wie in jedem weiteren Abänderungsverfahren ausreichend dokumentiert werden. Ein Rechtsanwalt, der bei der Abfassung eines Vergleichs mitwirkt, muss zur Vermeidung von Haftungsfolgen bei der Abfassung des Vergleichstextes für eine vollständige und richtige Niederlegung des Willens seines Mandanten und für einen möglichst **eindeutigen** und nicht erst durch Auslegung bedürftigen Wortlaut sorgen (BGH, NJW 2002, 1048).

266

2. Anpassung von vollstreckbaren Urkunden

Wie § 323 Abs. 4 ZPO klarstellt, richtet sich die Abänderungsklage auch gegen einseitig errichtete notarielle Urkunden, in denen sich der Unterhaltspflichtige der sofortigen Zwangsvollstreckung unterworfen hat, § 794 Abs. 1 Nr. 5 ZPO. Diesen Vollstreckungstiteln stehen zu Protokoll des Jugendamtes nach §§ 59, 60 KJHG errichtete Urkunden gleich (BGH, FamRZ 1984, 937, noch zu §§ 49, 50 JWG).

267

Das statthafte **Abänderungsbegehren des Unterhaltspflichtigen** ist materiell nach den analog heranzuziehenden Grundsätzen über den Wegfall der Geschäftsgrundlage (§ 313 BGB n. F.) zu beurteilen.

268

Der **Unterhaltsberechtigte** hat die Möglichkeit, die Abänderung der in einer einseitigen Urkunde titulierten Unterhaltsleistung im Wege der Abänderungsklage durchzusetzen (BGH, FamRZ 1984, 997; OLG Hamm, FamRZ 1999, 794). Str. und vom BGH offen gelassen (BGH, FamRZ 1980, 342, 343; 1984, 997; 1989, 172, 174) ist, ob der Unterhaltsberechtigte, der einen höheren Unterhalt als bislang tituliert einfordern will, statt dessen wahlweise auch die **Leistungsklage** erheben kann (ablehnend: Baumbach/Lauterbach/Hartmann, ZPO, § 323 Rn. 78; OLG Köln, NJW-RR 1993, 394; bejahend: Zöller/Vollkommer, ZPO, § 323 Rn. 47; OLG Stuttgart, FamRZ 1980, 919; AG Charlottenburg, FamRZ 1991, 858, 859).

269

Das OLG Zweibrücken (FamRZ 1992, 840, 841; 1997, 837, 838) gestattet dem Unterhaltsberechtigten die Erhebung einer Leistungsklage, wenn er sich auf die Annahme der Erklärung des Unterhaltspflichtigen beschränkt hat, ohne sich durch die Erklärung seines Einverständnisses mit dem zugesagten Unterhalt zu binden. Die Abänderungsklage ist hingegen die richtige Klageart, wenn der Unterhaltsberechtigte die zugesagte Unterhaltsleistung als genügend erachtet hat und nunmehr wegen veränderter Verhältnisse eine Erhöhung der Unterhaltsleistung beansprucht (so wohl auch Schwab/Maurer, Handbuch des Scheidungsrechts, I, Rn. 1041).

270

Hinsichtlich der **materiellen Grundlagen** ist zu **unterscheiden:**

271

Zu beurteilen ist das Begehren nach den Grundsätzen über den Wegfall der Geschäftsgrundlage (s. § 313 BGB n. F.), wenn sich aus der Urkunde oder dem Parteivortrag eine für beide Parteien verbindliche Vereinbarung über die Grundlagen der Unterhaltsbemessung entnehmen lässt. Dies dürfte nur in wenigen Fällen einseitig errichteter Urkunden der Fall sein. Lassen sich die vorgenannten Feststellungen nicht treffen, kann der Unterhaltsberechtigte eine Neufestsetzung nach den gesetzlichen Bestimmungen verlangen.

Der Unterhaltsberechtigte kann den vollen Unterhalt im Klagewege durchsetzen, selbst wenn er hinsichtlich eines Teilbetrages (Sockelbetrag) bereits über einen Vollstreckungstitel nach § 794 Abs. 1 Nr. 5 ZPO verfügt. Auch bei einem Streit über eine – nur geringfügige – Unterhaltsspitze besteht ein **Rechtsschutzbedürfnis,** den gesamten Unterhalt für die Zukunft titulieren zu lassen (so OLG Düsseldorf, 3. FamS, FamRZ 1990, 1369; 1991, 1207; auch bei regelmäßiger und rechtzeitiger Zahlung, BGH, FamRZ 1998, 1165).

272

273 Der Unterhaltberechtigte kann den Unterhaltspflichtigen, der auf die Aufforderung über einen Teilbetrag des Unterhalts eine vollstreckbare Urkunde errichtet hat, im Rahmen des § 114 ZPO nur auf den Spitzenbetrag klageweise in Anspruch nehmen, wenn dieser Differenzbetrag gering ist (so OLG Karlsruhe, 18. ZS – FamS, FamRZ 1984, 584; 1994, 637; str., vgl. Baumbach/Lauterbach/Hartmann, ZPO, § 114 Rn. 128).

274 Die Präklusionswirkung des § 323 Abs. 2 ZPO greift für diese Titel ebenso wenig ein wie die zeitliche Beschränkung des § 323 Abs. 3 ZPO. Es kann die rückwirkende Abänderung des Titels erfolgen (BGH, FamRZ 1983, 22, 24; 1989, 172, 173; 1990, 989; 1991, 542; zu einer Urkunde des Jugendamtes vgl. BGH, FamRZ 1984, 997).

3. Anpassung von Schuldtiteln nach § 794 Abs. 1 Nr. 2a ZPO

275 Zu den Schuldtiteln, die einer Abänderung in entsprechender Anwendung des § 323 Abs. 1 – 3 ZPO zugänglich sind, zählen nach dem In-Kraft-Treten des KindUG am 1. 7. 1998 auch die in einem vereinfachten Verfahren über den Unterhalt minderjähriger Kinder ergangenen Titel des alten Rechts, etwa Beschlüsse nach § 641p ZPO a. F., sofern über eine gegen diesen Beschluss eingelegte sofortige Beschwerde entschieden oder die Beschwerdefrist ungenutzt abgelaufen, schließlich auch die Frist für eine Anpassungskorrektur nach § 641q ZPO a. F. ungenutzt verstrichen ist (OLG Saarbrücken, FamRZ 2000, 40) und des neuen Rechts (Johannsen/Henrich/Brudermüller, Eherecht, § 323 Rn. 109). Die gesetzliche Neuregelung hat zum **Wegfall der bisherigen Bestimmungen zum vereinfachten Verfahren** über den Regelunterhalt nichtehelicher Kinder sowie zum vereinfachten Verfahren auf Abänderung von Unterhaltstiteln, §§ 641 ff. ZPO, geführt. An deren Stelle sind die §§ 645 ff. ZPO getreten.

276 Das vereinfachte Verfahren über den Unterhalt Minderjähriger nach §§ 645 ff. ZPO enthält bereits Möglichkeiten, eine Abänderung eines Schuldtitels zu erreichen. Diese genießen als **Sonderregelung** Vorrang. Gegen eine **rechtskräftige Unterhaltsfestsetzung** durch Beschluss gem. §§ 649 Abs. 1, 650 Satz 2 ZPO wie auch gegen ein **Urteil im Rahmen der Feststellung der Vaterschaft** gem. § 653 Abs. 1 ZPO ist die Abänderungsklage nach § 654 ZPO gegeben. Sie unterliegt nicht den Beschränkungen der Abänderungsklage nach § 323 ZPO und stellt sich deshalb als für die Parteien günstiger dar (beachte jedoch § 654 Abs. 2 ZPO).

Wird innerhalb der Monatsfrist des § 654 Abs. 2 ZPO die Abänderungsklage verbunden mit einem – vollständigen – PKH-Gesuch eingereicht, kann die Abänderung des Beschlusses nach § 649 ZPO ohne die Beschränkungen des § 323 Abs. 3 ZPO erfolgen, selbst wenn die Zustellung der Klage erst nach Entscheidung über das PKH-Gesuch und nach Ablauf der Monatsfrist bewirkt wurde (AG Landshut, FamRZ 2000, 41).

Mit der Klage nach § 654 ZPO können die Parteien die Anpassung an die im vereinfachten Verfahren nicht berücksichtigungsfähigen individuellen Verhältnisse erreichen.

277 § 323 Abs. 5 ZPO schränkt ausdrücklich die Zulässigkeit der Abänderung nach § 323 ZPO bei Vollstreckungstiteln (Urteil, Beschluss, Urkunde) ein, in denen ein Betrag der nach §§ 1612b, 1612c BGB anzurechnenden Leistungen (Kindergeld und andere kindbezogene Leistungen) festgelegt ist. Nachträglichen Änderungen derartiger Leistungen soll die durch die Änderung beschwerte Partei in dem Verfahren nach § 655 ZPO Rechnung tragen. Auf diese Abänderungsmöglichkeit können die Parteien jedoch nicht verwiesen werden, wenn eine Anpassung nach § 655 ZPO zu einem Unterhaltsbetrag führen würde, der wesentlich von dem Betrag abweicht, der der Entwicklung der besonderen Verhältnisse der Parteien Rechnung trägt.

4. Anpassung von privatschriftlichen Vereinbarungen

278 Der Abänderungsklage unterliegen grds. nicht privatschriftliche Unterhaltsvereinbarungen, die in Ausgestaltung der gesetzlichen Unterhaltspflicht getroffen wurden (OLG Zweibrücken, FamRZ 1982, 303; Zöller/Vollkommer, ZPO, § 323 Rn. 11a).

Kommt der Unterhaltspflichtige seiner vertraglich übernommenen Verpflichtung nicht nach, kann der Unterhaltsberechtigte Leistungsklage, gestützt auf die Vereinbarung, erheben. Die Leistungsklage ist ebenfalls die richtige Klageart, wenn sich im Laufe der Zeit die Verhältnisse in einer Weise geändert haben, dass eine Anpassung der Vereinbarung nach den Grundsätzen über den Wegfall der Geschäftsgrundlage (s. § 313 BGB n. F.) gerechtfertigt ist.

Durch ausdrückliches oder konkludentes Verhalten kann es auch zu einer außergerichtlichen Unterhaltsvereinbarung gekommen sein, in der die Parteien den Unterhaltsanspruch auf eine vertragliche Grundlage gestellt haben. So kann die fortlaufende Entgegennahme festgelegter Unterhaltsleistungen als **konkludent geschlossene außergerichtliche Vereinbarungen** über den Unterhalt und damit als Vergleich nach § 779 BGB angesehen werden (BGH, FamRZ 1980, 342, 344). Einen Vergleich i. d. S. stellt es etwa dar, wenn geschiedene Eheleute den Aufstockungsbedarf des Unterhaltsberechtigten nach den zur Zeit der Scheidung maßgeblichen Verhältnissen bestimmt haben und lediglich einen Aufschlag entsprechend der Steigerung der allgemeinen Lebenshaltungskosten vornehmen wollten (OLG Hamburg, FamRZ 1996, 292, 293). In einem derartigen Fall ist die Vereinbarung auch für ein Begehren auf Abänderung beachtlich und nach den Grundsätzen über den Wegfall der Geschäftsgrundlage (vgl. § 313 BGB n. F.) an die veränderten Verhältnisse anzupassen. 279

Ist es zu einer Abfolge von derartigen Vereinbarungen gekommen, kommt dem ursprünglichen Parteiwillen nur im Verständnis und der Ausgestaltung des zeitlich letzten Rechtsgeschäfts Bedeutung zu (BGH, FamRZ 1983, 260, 261; 1995, 665, 667).

5. Anpassung von einstweiligen Anordnungen und von im Anordnungsverfahren geschlossenen Vergleichen

a) Vorläufige Regelung

Die Abänderungsklage findet gegen einstweilige Anordnungen und gegen im Anordnungsverfahren geschlossene gerichtliche Vergleiche nicht statt. Sie sind keine geeignete Grundlagen für eine Abänderungsklage. Die einstweilige Anordnung nach § 620 Nr. 4 u. 6 ZPO trifft aufgrund einer **summarischen** Prüfung eine nur vorläufige Regelung. Sie kann jederzeit durch ein im ordentlichen Rechtsstreit ergehendes Urteil oder gem. § 620b ZPO abgelöst bzw. geändert werden. Das Gleiche gilt für einen Prozessvergleich, durch den eine der beantragten einstweiligen Anordnung entsprechende Regelung erreicht werden soll (BGH, FamRZ 1991, 1175, 1176). 280

b) Feststellung der Höhe des Unterhalts

Die Feststellung der endgültigen Höhe des Unterhalts kann in einem Unterhaltsrechtsstreit – auch für die **zurückliegende** Zeit – geklärt werden. 281

Der Unterhaltsberechtigte hat die **Leistungsklage** zu erheben, wenn er mehr als den in der einstweiligen Anordnung titulierten Unterhalt beanspruchen will. Der Unterhaltspflichtige kann sein Begehren, weniger Unterhalt als in der einstweiligen Anordnung festzusetzen oder überhaupt keinen Unterhalt mehr zu schulden, mit der **Feststellungsklage** durchsetzen (BGH, FamRZ 1983, 355; 892). Das Feststellungsinteresse kann fehlen oder entfallen, wenn Leistungsklage auf Zahlung von Unterhalt erhoben wird, auch dann, wenn sich die negative Feststellungsklage gegen eine einstweilige Anordnung richtet (OLG Köln, FamRZ 2001, 106; OLG Brandenburg, FamRZ 1999, 1210, 1211; dazu auch KG, FamRZ 1985, 951, 952; OLG Düsseldorf, FamRZ 1993, 816, 817). 282

c) Rückforderung überhöht titulierten Unterhalts

Die einstweilige Anordnung ist rein prozessualer Natur und schafft wegen eines als bestehend angenommenen Anspruchs eine einstweilige Vollstreckungsmöglichkeit. Ist der materiell-rechtliche Unterhaltsanspruch geringer als tituliert, leistet der Unterhaltspflichtige **ohne Rechtsgrund**. Nach § 812 Abs. 1 Satz 1 BGB kann er den zuviel gezahlten Unterhalt im Wege der **Bereiche-** 283

rungsklage zurückfordern (BGH, FamRZ 1991, 1175, 1176). Es kommt nicht auf die förmliche Aufhebung der einstweiligen Anordnung an. Das auf die Bereicherungsklage ergehende zusprechende Urteil ist zugleich eine „anderweitige Regelung" nach § 620f Satz 1 ZPO (BGH, FamRZ 1984, 767). Zu beachten ist jedoch § 818 Abs. 4 BGB.

VIII. Abänderung von Titeln nach DDR-Recht

1. Rechtsschutzform des § 323 ZPO

a) Abänderung von Urteilen

284 Für die Abänderung rechtskräftiger Urteile von Gerichten der DDR gilt ab dem 3. 10. 1990 die Rechtsschutzform des § 323 ZPO. Dies folgt aus der Regelung in Anlage I, Kapitel III, Sachgebiet A, Abschnitt III Nr. 5, Buchstabe i des **Einigungsvertrages,** die die Vorschriften der §§ 10 Abs. 1 Nr. 5, 87 ZPO/DDR i. V. m. 22 FGB/DDR verdrängt (BGH, FamRZ 1997, 281; 1994, 372, 373; 1993, 43 – zum nachehelichen Unterhalt; OLG Hamm, FamRZ 1996, 1085, 1086 – zum Kindesunterhalt). Soweit § 323 ZPO rein verfahrensrechtlichen Charakter hat, ist die Vorschrift uneingeschränkt anzuwenden. Dies ist zweifelsfrei als Voraussetzungen für die Durchbrechung der Rechtskraft des abzuändernden Urteils aufgestellt worden (RGZ 140, 167, 170; BGH, FamRZ 1993, 43). Diese sind vornehmlich in den Abs. 1 u. 2 geregelt. Angesprochen sind insoweit die wesentliche Veränderung der Verhältnisse, das nachträgliche Entstehen der Abänderungsgründe und die Bindung an die Grundlagen der abzuändernden Entscheidung. Str. und vom BGH (FamRZ 1993, 43) offen gelassen ist die Frage, ob § 323 Abs. 3 ZPO verfahrensrechtlichen oder materiell-rechtlichen Charakter hat. Die überwiegende Meinung stellt auf den verfahrensrechtlichen Charakter ab (so ausdrücklich OLG Hamm, FamRZ 1993, 1477; OLG Düsseldorf, FamRZ 1994, 1344, 1345; a. A. Vogel, DtZ 1991, 338; vgl. zum Meinungsstand im Übrigen Johannsen/Heinrich/Brudermüller, Eherecht, § 323 Rn. 54, 107). Danach kann eine Abänderung eines Urteils erst ab Zustellung der Klage verlangt werden.

b) Abänderung von gerichtlichen Einigungen

285 Eine gerichtliche Einigung nach § 30 Abs. 3 FGB/DDR, die gem. § 46 Abs. 4 Satz 1 ZPO/DDR in einem Ehescheidungsurteil bestätigt und nach § 83 Abs. 4 ZPO/DDR verbindlich wurde mit der Folge, dass aus ihr vollstreckt werden konnte (§ 88 Abs. 1 Nr. 1 ZPO/DDR), steht einem Prozessvergleich nach § 794 Abs. 1 Nr. 1 ZPO gleich. Wie bei diesem geschieht die Abänderung nach § 323 Abs. 4 ZPO in der Form des § 323 Abs. 1 ZPO. Inhaltlich vollzieht sie sich ebenfalls nach den Grundsätzen über die Veränderung oder den Wegfall der Geschäftsgrundlage (BGH, FamRZ 1994, 562, 563; 1995, 544).

2. Wirkung der Unterhaltstitel

286 Der in einem Scheidungsurteil des Kreisgerichts der ehemaligen DDR von einem Elternteil erwirkte Titel über den Kindesunterhalt hat auch Wirkung für und gegen das Kind. Das Kind selbst ist daher zur Erhebung einer Abänderungsklage befugt (BGH, FamRZ 1997, 281; OLG Frankfurt/M., FamRZ 1991; 1478; OLG Hamm, FamRZ 1996, 1085, 1086; 1988, 639; Brudermüller, FamRZ 1995, 915, 917; a. A. Maurer, FamRZ 1994, 337, 344). Das Recht der DDR sah in § 42 Satz 2 FGB/DDR eine gesetzliche Prozessstandschaft des erziehungsberechtigten Elternteils vor, die der Regelung des § 1629 Abs. 3 BGB entspricht. Ein solches Urteil wirkt für den Kindesunterhalt fort, auch wenn die Eltern wieder geheiratet und erneut mit dem Kind zusammengelebt haben. Während des Zusammenlebens wird der Unterhaltsanspruch des Kindes aus §§ 1601 ff. BGB erfüllt, soweit die Eltern ihrer Pflicht nachkommen, den Familienunterhalt zu leisten. Geschieht dies nicht, kann das Kind seinen Unterhaltsanspruch gegen den barunterhaltspflichtigen Elternteil geltend machen (BGH, FamRZ 1997, 281). Der titulierte Unterhaltsanspruch ist für die Zukunft nicht weggefallen.

3. Wesentliche Veränderungen

Eine wesentliche Veränderung kann eingetreten sein, wenn dem Urteil die in der ehemaligen DDR vorherrschenden Verhältnisse und das damalige Einkommen des Unterhaltspflichtigen zugrunde lagen und nunmehr die Neufestsetzung des Unterhalts nach den in der Bundesrepublik Deutschland geltenden Unterhaltsrichtlinien und -tabellen erfolgt (so OLG Hamm, FamRZ 1996, 1085, 1086; OLG Karlsruhe, FamRZ 1995, 937, 938; offen gelassen vom BGH, FamRZ 1997, 281, 283). Eine wesentliche Veränderung kann aber nach Lage des Falles schon aus den **gestiegenen Lebenshaltungskosten** abgeleitet werden (BGH, a. a. O.). 287

4. Bindungswirkung

Den in einem Urteil des Kreisgerichts der ehemaligen DDR angezogenen Unterhaltsrichtlinien kommt ebenso wenig Bindungswirkung zu wie den in den alten Ländern entwickelten Unterhaltsleitlinien, -tabellen und Berechnungsmethoden (BGH, FamRZ 1997, 281, 283). 288

5. Materielles Recht

Welches materielle Recht anzuwenden ist, ist nach innerdeutschem Kollisionsrecht zu entscheiden (dazu BGH, FamRZ 1993, 43; 1994, 160, 161; 1995, 544: dort zur Anwendung des § 33 FGB/DDR). 289

IX. Abänderung von ausländischen Unterhaltstiteln

1. Formelle Grundlagen der Abänderung

a) Anzuerkennende Unterhaltstitel

Anzuerkennende ausländische Unterhaltstitel – Urteile, auch Vergleiche (BGH, FamRZ 1986, 45: dort zur Vollstreckbarerklärung einer Ehescheidungskonvention nach schweizerischem Recht) – können mit Wirkung im Inland durch ein deutsches Gericht abgeändert werden (BGH, FamRZ 1983, 806, 807). Die Anerkennung kann sich nach dem **Haager Unterhaltsabkommen** von 1958 und 1973, dem EuGVÜ, ab 1. 3. 2002 ersetzt durch die EU-Verordnung über die gerichtliche Zuständigkeit und die Anerkennung und Vollstreckung von Entscheidungen in Zivil- und Handelssachen – **EuGVVO** – (Verordnung (EG) Nr. 44/2001 des Rates vom 22. 12. 2000, AblEG Nr. L 12 v. 16. 1. 2001 S. 1), nach zweiseitigen Abkommen oder autonomem deutschen Recht, § 328 ZPO, richten. Sie wird inzidenter im Abänderungsverfahren geprüft (BGH, FamRZ 1983, 806, 807). 290

b) Abänderbarkeit nach dem Recht des Urteilsstaates

Höchstrichterlich noch nicht entschieden ist die Frage, ob die Abänderung ferner voraussetzt, dass auch das Recht des Urteilsstaates die Abänderbarkeit des Unterhaltstitels zulässt (BGH, FamRZ 1983, 806, 807; 1992, 1060, 1062; dazu MüKo/Gottwald, ZPO, § 323 Rn. 91). Dieser Frage dürfte jedoch keine praktische Bedeutung mehr zukommen, da die Abänderbarkeit von Unterhaltsentscheidungen in nahezu **allen Rechtssystemen** zugelassen wird (vgl. Henrich, IPrax 1982, 140, 141). 291

c) Zuständigkeit der deutschen Gerichte

Die Abänderung eines ausländischen Titels setzt die internationale Zuständigkeit eines deutschen Gerichts voraus. Diese ist immer dann gegeben, wenn nach den Bestimmungen über den Gerichtsstand ein deutsches Gericht zuständig ist (BGH, FamRZ 1992, 1060). Dies gilt vorbehaltlich anderer Regelungen in zwischenstaatlichen Abkommen. Als solches hat das Brüsseler EWG-Übereinkommen über die gerichtliche Zuständigkeit und die Vollstreckung gerichtlicher Entscheidungen in Zivil- und Handelssachen v. 27. 9. 1968 – EuGVÜ (BGBl. 1972 II S. 774) i. d. F. des dritten Beitrittsübereinkommens v. 26. 5. 1989 (BGBl. 1994 II S. 519) Bedeutung, ab 1. 3. 2002 die 292

EuGVVO. Nach Art. 2, 5 Nr. 2 EuGVVO hat der **Unterhaltsberechtigte** die Möglichkeit, den Unterhaltspflichtigen an dessen Wohnsitz oder an seinem eigenen Wohnsitz zu verklagen. Als völkerrechtliche Vereinbarung geht die EuGVVO den Vorschriften des autonomen deutschen Rechts vor (Baumbach/Lauterbach/Hartmann, ZPO, § 23a Rn. 1; OLG Schleswig, FamRZ 1993, 1333). Der Vorrang der EuGVVO wirkt sich bei der **Abänderungsklage des Unterhaltspflichtigen** aus. Der die Abänderung begehrende Unterhaltspflichtige kann sich nicht auf das deutsche autonome Recht, dort § 23a ZPO, stützen, wenn der Unterhaltsberechtigte in einem anderen Vertragsstaat der EuGVVO seinen Wohnsitz hat. Vorrang hat § 5 Nr. 2 EuGVVO, wonach nur der Unterhaltsberechtigte, nicht auch der Unterhaltspflichtige, die Wahl hat, an seinem Wohnsitz oder seinem gewöhnlichen Aufenthalt zu klagen (OLG Hamm, IPrax 1988, 307; OLG Thüringen, FamRZ 2000, 681; Henrich, Internationales Familienrecht, S. 159). Die Abänderungsklage hat der Unterhaltspflichtige daher am Wohnsitz des Unterhaltsberechtigten zu erheben. Fehlt es an einer vorrangigen anderweitigen Regelung, gelten die Vorschriften der ZPO, dort die §§ 12 ff. ZPO. So kann die Zuständigkeit aus § 23 ZPO folgen, wenn der Unterhaltspflichtige im Ausland lebt, er jedoch im Inland Vermögenswerte besitzt (BGH, FamRZ 1992, 1060, 1061).

d) Anderweitige ausländische Rechtshängigkeit

293 Die anderweitige Rechtshängigkeit eines Verfahrens im Ausland ist **von Amts wegen** zu beachten. Sie ist jedoch nur dann von Bedeutung, wenn Parteien und Streitgegenstand identisch sind, das ausländische Urteil hier anzuerkennen ist und das ausländische Verfahren zeitlich früher begonnen hat (BGH, FamRZ 1992, 1060, 1061).

e) Richtige Klageart

294 Die Frage, ob für die begehrte Abänderung die Leistungs- oder die Abänderungsklage die richtige Klageart ist, beurteilt sich nach der lex fori, mithin nach § 323 ZPO (BGH, FamRZ 1992, 298, 299; KG, FamRZ 1993, 976, 978).

f) Prozessführungsbefugnis

295 Die Abänderungsklage findet zwischen den Parteien des abzuändernden Titels statt. Von diesem Erfordernis ist dann eine Ausnahme zu machen, wenn das ausländische Recht der in dem Unterhaltstitel enthaltenen Regelung **Rechtskraftwirkung** unmittelbar für und gegen den Abänderungskläger oder -beklagten beimisst (BGH, FamRZ 1983, 806; 1992, 1060, 1061; KG, FamRZ 1993, 976, 978).

2. Materielle Grundlagen einer Abänderung

296 Kommt eine Abänderung nach § 323 ZPO in Betracht, ist Maßstab für die Anpassung des in dem ausländischen Titel festgestellten Unterhalts das in dem Titel zugrunde gelegte **Sachrecht.** Die Abänderungsentscheidung führt nur zu einer den veränderten Verhältnissen entsprechenden Anpassung des Unterhaltstitels. Das bisherige Sachrecht ist nicht austauschbar. Es bleibt für die Art und die Höhe des Unterhalts maßgeblich (so BGH, FamRZ 1983, 806, 808; 1992, 1060, 1062).

297 Höchstrichterlich noch nicht entschieden ist, ob ein nachträglicher **Statutenwechsel** im Rahmen der Abänderungsklage zu beachten ist (offen gelassen von BGH, FamRZ 1983, 806; 1992, 1060, 1061; bejahend MüKo/Gottwald, ZPO, § 323 Rn. 97 m. w. N.; Graba, Rn. 446).

298 Str. ist ferner, ob § 323 Abs. 3 ZPO eine rückwirkende Abänderung hindert, wenn ein fremdes Unterhaltsstatut Anwendung findet und das anwendbare ausländische Recht eine rückwirkende Abänderung zulässt (vgl. dazu MüKo/Gottwald, ZPO, § 323 Rn. 98).

X. Abänderungsverfahren

1. Zuständigkeit

a) Örtliche Zuständigkeit

Nach den allgemeinen Bestimmungen der §§ 12 ff. ZPO ist zuständig das Gericht, an dem der Abänderungsbeklagte seinen Wohnsitz (§ 13 ZPO) hat. Besitzt der Abänderungsbeklagte keinen Wohnsitz, wird der Gerichtsstand durch den Aufenthaltsort im Inland und, wenn ein solcher nicht bekannt ist, durch den letzten Wohnsitz bestimmt (§ 16 ZPO). Das Gericht des Vorprozesses ist nicht zuständig (Zöller/Vollkommer, ZPO, § 323 Rn. 35).

§ 642 ZPO in der Fassung des KindUG sieht für Verfahren, die die gesetzliche Unterhaltspflicht eines Elternteils oder beider Elternteile gegenüber einem minderjährigen Kind betreffen, die ausschließliche örtliche Zuständigkeit des Gerichts vor, bei dem das Kind oder der Elternteil, der es gesetzlich vertritt (zu beachten: § 1629 Abs. 2 Satz 2 BGB in der Fassung des KindRG), seinen allgemeinen Gerichtsstand hat. Dies gilt nicht, wenn das Kind oder ein Elternteil seinen allgemeinen Gerichtsstand im Ausland hat. Unabhängig von der Parteistellung des Kindes wird für Klagen, vereinfachte Verfahren, Abänderungsverfahren nach § 655 ZPO und Abänderungsklagen nach § 323 ZPO ein einheitlicher Gerichtsstand begründet (BT-Drucks. 13/7338 S. 34). § 621 Abs. 2 und 3 ZPO sind anzuwenden, § 642 Abs. 2 Satz 1 ZPO. Damit ist der Vorrang des Verbundverfahrens gesichert, bei einem vereinfachten Verfahren jedoch nur im Falle der Überleitung in das streitige Verfahren.

Str. (bejahend: Baumbach/Lauterbach/Hartmann, ZPO, § 29 Rn. 3; Wieczorek/Schütze/Hausmann, ZPO, § 29 Rn. 10; verneinend: Zöller/Vollkommer, ZPO, § 29 Rn. 11) und höchstrichterlich noch nicht entschieden ist die Frage, ob der **Gerichtsstand nach § 29 ZPO** begründet werden kann, wenn der Unterhalt in einer Unterhaltsvereinbarung geregelt ist. Von Bedeutung ist dies, da der Abänderungskläger an seinem Gericht klagen kann, ferner, weil es durch die Wahl zwischen den beiden möglichen Gerichtsständen des § 13 ZPO und des § 29 ZPO dem Abänderungskläger in die Hand gelegt wird, vorbehaltlich der zu beachtenden Bindungen an die bisherige vertragliche Regelung die jeweils günstigsten Grundlagen für die neue Unterhaltsbemessung schaffen zu können. In seinem Urteil v. 24. 9. 1997 – 30 F 172/97 hat das AG Siegburg (MDR 1998, 61) seine örtliche Zuständigkeit für eine Abänderungsklage des Unterhaltspflichtigen gegen das nunmehr volljährige Kind nach § 29 ZPO angenommen, da es sich um eine Streitigkeit aus einem Vertragsverhältnis handele. Die in einer notariellen Urkunde titulierte Unterhaltsverpflichtung beruhe zwar auf dem Gesetz, die Höhe des Unterhaltsanspruchs sei jedoch in einem Vertrag festgelegt.

Der BGH hat zur Anwendung des § 29 ZPO auch auf familienrechtliche und erbrechtliche Verträge noch nicht generell Stellung genommen. Von § 29 ZPO ist jedenfalls das **Verlöbnis** wegen seiner besonderen Rechtsnatur nicht erfasst, da es ein besonderes, der Vorbereitung der ehelichen Lebensgemeinschaft dienendes Rechtsverhältnis sei, das anderen schuldrechtlichen Vereinbarungen nicht gleichgesetzt werden könne (BGH, NJW 1996, 1411, 1412).

Die Gerichtszuständigkeit ist nach § 36 Nr. 3 ZPO zu bestimmen, wenn mehrere Personen, die bei verschiedenen Gerichten ihren allgemeinen Gerichtsstand haben, als **Streitgenossen** im Allgemeinen Gerichtsstand verklagt werden sollen und für den Rechtsstreit ein gemeinschaftlicher besonderer Gerichtsstand nicht begründet ist. Das Bestimmungsverfahren kann jedoch nicht dazu führen, für mehrere gegen einen Streitgenossen erhobene Ansprüche einen einheitlichen Gerichtsstand zu schaffen, wenn ein solcher nach den gesetzlichen Bestimmungen nicht vorgesehen ist (BayObLG, FamRZ 1999, 935, 936). Bei Erst- und Abänderungsklagen der Unterhaltsberechtigten wie bei Abänderungsklagen des Unterhaltspflichtigen auf Herabsetzung seiner Unterhaltspflicht ist zweckmäßig in einem einheitlichen Verfahren gemeinsam zu verhandeln und zu entscheiden. Die neue Unterhaltsbemessung hat die Bedürftigkeit aller Unterhaltsberechtigten zu berücksichtigen (BGH, FamRZ 1986, 660). Es ist zweckmäßig, das Gericht als zuständiges Gericht zu bestimmen, welches die abzuändernden Titel erlassen hat. Dies gilt in gleicher Weise, wenn Unterhaltsansprüche von ehelichen und nichtehelichen Kindern zusammentreffen. Das Familiengericht kommt als zuständiges Gericht in Betracht. Dies ist im Blick auf die Einführung der Zuständigkeit der Familiengerichte auch für Unterhaltsansprüche nichtehelicher Kinder im Rahmen der Kindschaftsreform zweckmäßig (BGH, FamRZ 1998, 361).

b) Sachliche Zuständigkeit

302 Sachlich zuständig ist das Amtsgericht nach § 23a Nr. 2, 3 GVG.

c) Zuständigkeit des Familiengerichts

303 Innerhalb des Amtsgerichts ist die Zuständigkeit des **Familiengerichts** nach § 23b Abs. 1 Nr. 5, 6 u. 13 GVG gegeben, wenn sich der Streitgegenstand auf die Unterhaltspflicht gegenüber Kindern, Ehegatten, Eltern oder auf Ansprüche nach den §§ 1615l, 1615m BGB erstreckt.

d) Anderweitige Rechtshängigkeit

304 Werden Abänderungsklagen mit gegenläufigen Zielrichtungen **gleichzeitig** bei verschiedenen Gerichten erhoben, steht der zeitlich später rechtshängig gewordenen Abänderungsklage § 261 Abs. 3 Nr. 1 ZPO entgegen. Es ist nur ein einheitliches Verfahren zulässig (BGH, FamRZ 1997, 488).

2. Parteien des Abänderungsrechtsstreits

305 Der Rechtsstreit über die Abänderung eines Unterhaltstitels ist zwischen den Parteien zu führen, zwischen denen die Vorentscheidung ergangen ist oder auf die sich deren Rechtskraft erstreckt (BGH, FamRZ 1982, 587, 588; 1992, 1060, 1061). Es handelt sich um eine **Frage der Zulässigkeit** der Abänderungsklage. Die Klage einer Partei, die keine Prozessführungsbefugnis besitzt, ist unzulässig (BGH, FamRZ 1982, 587; 1986, 245).

Das Erfordernis der Identität der Parteien ist auch erfüllt, wenn die Rechtskraft eines Titels unmittelbar für und gegen einen **Dritten** wirkt.

306 So liegt es bei der Geltendmachung von Kindesunterhalt gem. § 1629 Abs. 3 Satz 1 BGB. Soweit ein Elternteil eine Entscheidung über den Unterhalt des Kindes herbeigeführt hat, ist Partei des späteren Abänderungsverfahrens das **Kind** selbst (BGH, FamRZ 1983, 806).

Gleiches gilt, wenn nach Maßgabe des ausländischen Rechts in einem ausländischen Schuldtitel der Unterhalt unmittelbar für und gegen das Kind geregelt ist (BGH, FamRZ 1983, 806; 1992, 1060, 1061).

307 Die Rechtskraft des Ersturteils erstreckt sich auch auf den **Rechtsnachfolger** der Parteien. Als ein solcher Rechtsnachfolger ist auch der Sozialhilfeträger anzusehen, auf den der Unterhaltsanspruch nach § 91 BSHG übergegangen ist. Dies gilt ebenso für das Land, das nach § 37 BAföG den Unterhaltsanspruch auf sich übergeleitet hat (BGH, FamRZ 1986, 153). Wenn der Sozialhilfeträger den Unterhaltstitel erwirkt hat, ist er im Fall der Erhöhung des Unterhaltsanspruchs wegen einer Veränderung der Verhältnisse im Rahmen der von ihm erbrachten Leistungen für eine Abänderungsklage aktivlegitimiert (BGH, FamRZ 1992, 797, 800; OLG Zweibrücken, FamRZ 1986, 190). Umgekehrt kann der Unterhaltspflichtige, der eine Reduzierung des Unterhalts begehrt, gegen den Sozialhilfeträger die Abänderungsklage richten, da er Partei des Vorprozesses war (BGH, FamRZ 1982, 587; 1992, 797, 800). Der Sozialhilfeträger, auf den der Unterhaltsanspruch kraft Gesetzes übergegangen ist, kann, auch ohne Titelinhaber zu sein, als Kläger im Abänderungsverfahren nach § 323 ZPO auftreten, wenn er durch seinen Antrag zu erkennen gibt, dass er nur einen durch die auch in Zukunft zu erbringenden Sozialhilfeleistungen bedingten Anspruch geltend macht (OLG Düsseldorf, FamRZ 1994, 764, 765; OLG Zweibrücken, FamRZ 1986, 190). Str. ist, ob der Unterhaltspflichtige die Abänderungsklage gegen den dem Unterhaltsberechtigten Sozialhilfe gewährenden Sozialhilfeträger richten kann. Uneingeschränkt wird dies bejaht vom AG München (DAVorm

1976, 362, 363). Das OLG Düsseldorf (FamRZ 1994, 764, 765) geht von einer Passivlegitimation dann aus, wenn der Sozialhilfeträger Sozialhilfe gewährt und der Unterhaltsberechtigte nicht in der Lage ist, seine Rechte wahrzunehmen. In dem entschiedenen Fall stand der Unterhaltsberechtigte unter Betreuung. Nach OLG Düsseldorf (FamRZ 1978, 256) soll der Unterhaltsberechtigte trotz – seinerzeitiger – Überleitung für die Abänderungsklage passivlegitimiert sein. Die Passivlegitimation wird verneint auch von Seetzen (NJW 1978, 1350, 1352).

In den Fällen, in denen der titulierte Unterhaltsanspruch teilweise auf einen öffentlichen Leistungsträger (hier: Unterhaltsvorschusskasse) übergegangen ist, muss die Abänderungsklage des Unterhaltspflichtigen **gleichzeitig** gegen den Unterhaltsberechtigten als Titelgläubiger und gegen den öffentlichen Leistungsträger erhoben werden (OLG Brandenburg, FamRZ 1999, 1512).

3. Zulässigkeit der Abänderungsklage

Die Abänderungsklage ist zulässig, wenn der Abänderungskläger Tatsachen behauptet, die eine wesentliche Änderung derjenigen Verhältnisse ergeben, die für die Verurteilung zur Entrichtung der Leistungen, für die Bestimmung der Höhe der Leistungen oder der Dauer ihrer Entrichtung maßgebend waren (BGH, FamRZ 1997, 281, 282; 1984, 353, 354). Im Fall der Abänderung eines **Vergleichs** ist Tatsachenvortrag erforderlich, der eine wesentliche Veränderung der von den Parteien übereinstimmend zugrunde gelegten und für die damalige Vereinbarung maßgebenden Umstände ergibt und daher nach Treu und Glauben eine Anpassung erfordert. Fehlt es an einem derartigen Vortrag, ist die Klage bereits als unzulässig abzuweisen. Erweist sich der Vortrag als unzutreffend oder ist die Änderung unwesentlich, ist die Klage unbegründet.

308

4. Rechtsschutzbedürfnis

Das Rechtsschutzbedürfnis für eine Klage nach § 323 ZPO fehlt, wenn der Abänderungskläger das Rechtsschutzziel auf **einfachere Weise** erreichen kann. Der Unterhaltspflichtige bedarf für eine Reduzierung der Unterhaltspflicht nicht der **Abänderungsklage,** wenn nur ein über einen freiwillig gezahlten Betrag hinausgehender Unterhaltsteil tituliert ist und er den gewünschten Umfang der Reduzierung durch die teilweise oder vollständige Einstellung der freiwilligen Zahlungen erreichen kann (BGH, FamRZ 1993, 945, 946). Der Unterhaltspflichtige sollte aber bei den Zahlungen bestimmen, dass sie in erster Linie auf den titulierten sog. Spitzenbetrag anzurechnen sind.

Gibt der Unterhaltsberechtigte **den Titel zurück**, entfällt das Rechtsschutzbedürfnis für eine Abänderungsklage. Dies gilt auch für den Fall, dass der Unterhaltsberechtigte den Titel zur Vollstreckung von Unterhalt für vergangene Zeiträume noch benötigt, jedoch dem Unterhaltspflichtigen gegenüber erklärt, ab einem bestimmten Zeitraum auf die Zwangsvollstreckung **zu verzichten** (BGH, FamRZ 1984, 770, 771; OLG München, FamRZ 1999, 942).

309

5. Stufenklage

Die Abänderungsklage kann auch in der Form der **Stufenklage** erhoben werden (BGH, FamRZ 1993, 1065). Dies ist vielfach die einzige Möglichkeit des Abänderungsklägers, sich die **notwendige Kenntnis** über zwischenzeitliche, die Höhe des bislang titulierten Unterhalts beeinflussende Veränderungen in den Einkommens- und Vermögensverhältnissen des Unterhaltsberechtigten zu verschaffen und zugleich durch die Erhebung der Stufenklage den Abänderungszeitpunkt nach § 323 Abs. 3 ZPO, § 1613 BGB zeitnah umzusetzen.

310

6. Widerklage

Im Streit um die Abänderung desselben Unterhaltstitels kann der Abänderungsklage mit der Widerklage begegnet werden. Mit Blick auf die Präklusionswirkung des § 323 Abs. 2 ZPO muss von dieser Möglichkeit Gebrauch gemacht werden, wenn in einem Abänderungsrechtsstreit Tatsa-

311

chen gegeben sind, die die Höhe des titulierten Unterhalts beeinflussen können (BGH, FamRZ 1998, 99, 100). Die Einheitlichkeit des Unterhaltsanspruchs verbietet es jedoch, über die Klage oder die Widerklage gesondert zu entscheiden, wenn sich Klage und Widerklage auf denselben Zeitraum beziehen (BGH, FamRZ 1987, 151).

Wird in einem Erstverfahren der Unterhalt aufgrund eines **Anerkenntnisses des Unterhaltspflichtigen** durch **rechtskräftiges Teilurteil** tituliert, hat der Unterhaltspflichtige die Wahl, Abänderungswiderklage zu erheben oder eine selbstständige Abänderungsklage, wenn noch in dem erstinstanzlichen Verfahren ein Abänderungsgrund eingetreten ist; etwa im Falle des Anerkenntnisses des Unterhalts für ein minderjähriges Kind, das im Verlauf des Rechtsstreits volljährig wird (OLG Hamm, NJW-RR 1998, 222, 223 in Fortführung von BGH, FamRZ 1993, 941 = NJW 1993, 1795).

7. Abänderungsklage und Rückforderungsklage

312 Der Abänderungskläger, der die Reduzierung/den Wegfall der Unterhaltsverpflichtung erstrebt, kann die Abänderungsklage mit einer **hilfsweise zu erhebenden Rückzahlungsklage** verbinden, nämlich für den Fall des Erfolges der Abänderungsklage (BGHZ 143, 75; OLG Koblenz, OLGR 2001, 296, 299). Erst die erfolgreiche Abänderung des Unterhaltstitels ermöglicht die Rückforderung gezahlten oder vollstreckten Unterhalts.

8. Einstweilige Einstellung der Zwangsvollstreckung

313 Gem. **§ 769 ZPO analog** kann der Abänderungskläger zur Vermeidung von Nachteilen, die durch eine ungerechtfertigte weitere Vollstreckung aus dem abzuändernden Urteil erwachsen können, die einstweilige Einstellung der Zwangsvollstreckung aus dem abzuändernden Titel gegen oder ohne Sicherheitsleistung beantragen (BGH, FamRZ 1986, 793; OLG Brandenburg, FamRZ 1996, 356). Diesem Begehren kommt deshalb besondere Bedeutung zu, weil die verschärfte Haftung des Bereicherungsschuldners für den Empfänger von Unterhaltsleistungen, die er aufgrund eines Urteils erhält, nicht schon mit der Rechtshängigkeit einer Abänderungsklage einsetzt. Die verschärfte Haftung nach § 818 Abs. 4 BGB knüpft an die Rechtshängigkeit einer Klage an, die auf Herausgabe der Bereicherung oder auf Leistung von Wertersatz gerichtet ist.

Die Entscheidung setzt im Regelfall die vorherige **Anhörung** des Gegners voraus. In Ausnahmefällen kann sie aber auch schon vor Anhörung des Gegners und vor Klagezustellung ergehen, wenn das Gericht durch eine Bedingung oder Befristung sicherstellt, dass entweder die Klage demnächst zugestellt wird oder das Recht des Gläubigers zur Vollstreckung wieder auflebt (KG, FamRZ 1990, 85, 86).

314 Die Entscheidung über den Einstellungsantrag ist mit der **sofortigen Beschwerde** nur dann anfechtbar, wenn dargetan wird, dass die Entscheidung greifbar **gesetzeswidrig** oder von einem **groben Ermessensfehlgebrauch** gekennzeichnet ist (Baumbach/Lauterbach/Hartmann, ZPO, § 769 Rn. 13 m. w. N.). Von greifbarer Gesetzeswidrigkeit kann nur ausgegangen werden, wenn jede gesetzliche Grundlage für die Entscheidung fehlt und sie inhaltlich dem Gesetz fremd ist, insbesondere eine Entscheidung dieser Art oder dieses Inhalts im Gesetz überhaupt nicht vorgesehen ist (OLG Brandenburg, FamRZ 1996, 356).

9. Beweislast

315 Grds. hat der **Abänderungskläger** die Darlegungs- und Beweislast für die wesentliche Veränderung der Umstände, die für die Festsetzung der Unterhaltsrente maßgeblich waren (BGH, FamRZ 1987, 259, 260). Entscheidend ist, dass sich aus der Gesamtschau der jeweiligen Veränderungen eine wesentliche Veränderung des bislang titulierten Unterhalts ableiten lässt (BGH, FamRZ 1985, 53, 56).

Die Verteilung der Darlegungs- und Beweislast legt es dem Abänderungskläger im Rahmen seines 316
Erhöhungsbegehrens auf, den Einwand zwischenzeitlich eingetretener verminderter Leistungsfähigkeit zu widerlegen (OLG Zweibrücken, FamRZ 1981, 1102). Der Abänderungskläger muss ein zwischenzeitlich erlangtes erhöhtes Einkommen des Unterhaltspflichtigen darlegen, aus dem er nunmehr höheren Unterhalt ableitet (OLG Hamburg, FamRZ 1989, 885, 886; OLG München, FamRZ 1999, 1512). Es obliegt dann der Darlegung des beklagten Unterhaltspflichtigen, dass dieses Einkommen nicht bedarfsprägend ist (OLG München, FamRZ 1999, 1512). Der Abänderungskläger muss zur Durchsetzung eines Herabsetzungsbegehrens darlegen und beweisen, dass der Bedarf des Unterhaltsberechtigten durch die jetzt mögliche Ausweitung der Erwerbsmöglichkeiten reduzierbar ist (OLG Hamm, NJW-RR 1989, 1476).

Auch im Abänderungsrechtsstreit kann es bei der allgemeinen Verteilung der Beweislast verbleiben, die dem Unterhaltsberechtigten die Darlegung seines Bedarfs und seiner Bedürftigkeit und dem Unterhaltspflichtigen die Darlegung des Umfangs seiner Leistungsfähigkeit aufgibt. 317

Steht etwa fest, dass der dem abzuändernden Titel zugrunde liegende Unterhaltstatbestand aufgrund veränderter Verhältnisse weggefallen ist, trägt der Abänderungsbeklagte die Darlegungs- und Beweislast für die Tatsachen, die aufgrund anderer Unterhaltstatbestände die Aufrechterhaltung des Titels rechtfertigen (BGH, FamRZ 1990, 496). 318

Der beklagte Unterhaltspflichtige, der bislang arbeitslos war und wieder eine Erwerbstätigkeit ausübt, hat den Vortrag zur weiterhin bestehenden eingeschränkten Leistungsfähigkeit zu beweisen (Klauser, MDR 1982, 529, 535). 319

Erhebt der Vater nach **Eintritt der Volljährigkeit** des Kindes Abänderungsklage auf Herabsetzung des Unterhalts mit der Begründung, nicht mehr er allein sei für den Unterhalt des Kindes verantwortlich, auch die Mutter müsse sich jetzt an dem Unterhalt beteiligen, hat er darzutun und zu beweisen, in welchem Maß die Mutter für den Unterhalt des Kindes aufzukommen hat (OLG Hamburg, FamRZ 1993, 1475; OLG Zweibrücken, FamRZ 1981, 1102; a. A. KG, FamRZ 1989, 1206, wonach das volljährige Kind das Fortbestehen seines Unterhaltsanspruchs und die Haftungsquote des Vaters darlegen und beweisen muss). 320

F. Vollstreckung von Unterhaltstiteln

I. Einleitung

1. Begriff und Funktion des Vollstreckungsverfahrens

Das Vollstreckungsverfahren schließt sich häufig als besonderes und eigenen Regeln unterliegendes Verfahren an das Erkenntnisverfahren an. Dem Gläubiger wird in der Zwangsvollstreckung nicht ein Recht zu- oder abgesprochen, vielmehr soll ein zugesprochenes Recht oder ein in einer zur Zwangsvollstreckung geeigneten Urkunde verbrieftes Recht gegen den Schuldner in einem staatlichen Verfahren **zwangsweise durchgesetzt** werden. Ein materiell-rechtlicher Leistungs- oder Haftungsanspruch, der in einer öffentlichen Urkunde als vollstreckungsfähig festgestellt worden ist, soll verwirklicht oder mindestens sichergestellt werden. Dieses Ziel wird durch Androhung oder Anwendung **staatlicher Gewalt** gegen den Schuldner erreicht, wenn dieser nicht freiwillig den Anspruch des Gläubigers befriedigt. 321

Das Zwangsvollstreckungsverfahren ist an bestimmte gesetzliche Voraussetzungen geknüpft. Es ist ein Teil des Zivilprozesses (vgl. Zöller/Stöber, ZPO, Anm. vor § 704). Zu den Möglichkeiten und Risiken der **Vollstreckung deutscher Unterhaltstitel im Ausland** und **ausländischer Unterhaltstitel im Inland** s. Teil 13.

2. Umfang der Zwangsvollstreckung

322 Die Zwangsvollstreckung richtet sich grds. gegen das **Vermögen des Schuldners** (Realvollstreckung) und nur ganz ausnahmsweise gegen die **Person des Schuldners** (Personalvollstreckung). Hierher gehören:

- Erzwingung der eidesstattlichen Versicherung im Offenbarungsverfahren als Hilfsmittel der Zwangsvollstreckung durch Haft (§§ 807, 836 Abs. 3, 900 ff. ZPO sowie § 883 ZPO),
- Erzwingung der Vornahme nicht vertretbarer Handlungen durch Zwangshaft (§ 888 ZPO),
- Ordnungshaft wegen Verstoßes gegen eine Duldungs- oder Unterlassungspflicht (§§ 890, 891 ZPO),
- persönlicher Sicherheitsarrest (§ 933 ZPO).

323 Die **Realvollstreckung** kann sich gegen jeden Vermögensteil des Schuldners richten. Die grundlegenden Vorschriften sind im 8. Buch der ZPO enthalten. Es ist zu unterscheiden:

- **Zwangsvollstreckung wegen Geldforderungen** in:
  - körperliche Sachen (sie erfolgt durch den Gerichtsvollzieher, §§ 808 ff. ZPO),
  - Forderungen und andere Vermögensrechte (sie erfolgt durch gerichtlichen Pfändungs- und Überweisungsbeschluss, §§ 828 ff. ZPO),
  - unbewegliches Vermögen (sie erfolgt durch das Vollstreckungsgericht bzw. das als solches tätig werdende Grundbuchamt, §§ 864 ff. ZPO).
- **Zwangsvollstreckung wegen anderer Ansprüche** zur:
  - Erwirkung der Herausgabe von Sachen (§§ 883 ff. ZPO),
  - Erwirkung von Handlungen oder Unterlassungen (§§ 887 ff. ZPO).

324 Bei allen diesen Verfahren handelt es sich um **Einzelvollstreckungen** im Gegensatz zum **Insolvenzverfahren,** das die Befriedigung aller Gläubiger aus dem gesamten Schuldnervermögen bezweckt. Es ist in der Insolvenzordnung geregelt.

3. Allgemeine Rechte des Gläubigers und des Schuldners

325 Der Gläubiger hat ein Recht darauf, dass aufgrund des vollstreckbaren Titels der von ihm beantragte – und zulässige – Vollstreckungsakt von dem dazu berufenen Vollstreckungsorgan vorgenommen wird. Bei Verweigerung kann er versuchen, mit Hilfe der **Erinnerung gem. § 766 ZPO** und weiter der **sofortigen Beschwerde gem. § 793 ZPO** sein Begehren durchzusetzen.

Der Vollstreckungsschuldner wiederum hat ein Recht darauf, dass die Vollstreckung nur unter den gesetzlich vorgesehenen Voraussetzungen und in den vom Gesetz zugelassenen Formen erfolgt.

326 Glaubt der Schuldner, dass gegen diese Voraussetzungen verstoßen wurde, hat er die Möglichkeit der **Erinnerung** gegen die **Art und Weise** nach § 766 ZPO und bei erfolgloser Erinnerung **sofortige Beschwerde** nach § 793 ZPO einzulegen. Von diesen prozessualen Einwendungen sind zu unterscheiden die Einwendungen **materieller Art** (Drittwiderspruchsklage nach § 771 ZPO, Vollstreckungsabwehrklage des Erben nach § 785 ZPO bzw. Zwangsvollstreckungsgegenklage nach § 767 ZPO) mit den Möglichkeiten, einstweilige Anordnungen zu beantragen.

4. Voraussetzungen der Zwangsvollstreckung

327 In jedem Fall müssen aber die allgemeinen Voraussetzungen der Zwangsvollstreckung erfüllt sein, d. h. **Titel**, **Klausel**, **Zustellung** sowie schließlich ein **Antrag**. Es gibt keine Zwangsvollstreckung von Amts wegen.

a) Titel

Als **Schuldtitel** kommen insbesondere in Betracht:

- Urteile, und zwar sowohl **rechtskräftige** als auch **vorläufig vollstreckbare** (§§ 704, 706, 708 ff. ZPO). Bei für vorläufig vollstreckbar erklärten Urteilen ist zu unterscheiden zwischen solchen, die ohne Sicherheitsleistung vollstreckbar sind (vgl. §§ 708, 710 ZPO), und solchen, die gegen Sicherheitsleistung vollstreckbar sind (vgl. § 709 ZPO). In besonderen Fällen (vgl. §§ 711, 712 ZPO) besteht auch für das Prozessgericht die Möglichkeit auszusprechen, dass der Schuldner die Vollstreckung durch Sicherheitsleistung oder Hinterlegung abwenden darf. Aus dem Titel muss sich im Einzelnen ergeben, inwieweit Entscheidungen über Sicherheitsleistungen getroffen sind.

  Für **Urteile** jeglicher Art von Unterhalt, auch alle Titel, die aufgrund der §§ 843, 844 BGB sowie sonstiger Haftungsgesetze ergehen, sind, soweit sich die Verpflichtung auf die Zeit nach der Klageerhebung (§ 253 ZPO) und auf das ihr vorausgehende letzte Vierteljahr bezieht, ohne Sicherheitsleistung für vollstreckbar zu erklären, § 708 Nr. 8. Die zeitliche Beschränkung wirkt so, dass das Urteil, soweit es Raten für eine frühere Zeit betrifft, im bestimmt anzugebenden Betrag gem. § 709 ZPO nur gegen Sicherheit vorläufig vollstreckbar erklärt wird soweit nicht § 708 Nr. 11 ZPO zutrifft.

- Prozessvergleiche (§ 794 Abs. 1 Nr. 1 ZPO),
- vollstreckbare Urkunden (§ 794 Abs. 1 Nr. 5 ZPO),
- Kostenfestsetzungsbeschlüsse (§§ 794 Abs. 1 Nr. 2, 788 Abs. 2 i. V. m. 104, 105 ZPO),
- Regelunterhaltsbeschlüsse (§ 794 Abs. 1 Nr. 2a ZPO),
- Vollstreckungsbescheide (§ 794 Abs. 1 Nr. 4 ZPO),
- weitere in § 794 ZPO genannte Titel (Nr. 3, 3a, 4a, 4b).

Daneben gibt es noch **weitere gerichtliche Titel,** z. B.:

- Arrestbeschlüsse (§§ 922 ff. ZPO),
- einstweilige Verfügungen (§§ 935 ff. ZPO),
- Zuschlagsbeschlüsse (§§ 93, 132, 162 ZVG),
- zahlreiche andere Titel nach Bundesrecht und Landesrecht, die in allen Bundesländern vollstreckt werden können (§ 801 ZPO).

Urteile der **Gerichte der ehemaligen DDR** aus der Zeit vor dem 3. 10. 1990 bleiben wirksam und können nach den Vorschriften der ZPO vollstreckt werden (Art. 18 Abs. 1 EinigungsV). Die notwendige Umrechnung hat das Vollstreckungsorgan vorzunehmen. Umgestellt sind je 2 Mark „DDR" auf 1 € (Art. 7 § 1 Abs. 1 Anlage 1 zum Staatsvertrag). Im Verhältnis 1: 1 umgestellt sind Unterhaltsansprüche – als sonstige regelmäßig wiederkehrende Zahlungen –, die nach dem 30. 6. 1990 fällig werden, und andere in Abs. 2 des Art. 7 § 1 Abs. 1 Anlage I zum Staatsvertrag bezeichnete wiederkehrende Zahlungen (Stöber, Forderungspfändung, Rn. 4b).

b) Klausel

Grds. muss der Titel mit einer **Vollstreckungsklausel** versehen sein. Es muss also dem Vollstreckungsorgan eine vollstreckbare Ausfertigung des Schuldtitels vorgelegt werden. Wegen der Erteilung der Vollstreckungsklausel wird auf §§ 724, 725, 795 ZPO, wegen der Erteilung weiterer vollstreckbarer Ausfertigungen auf § 733 ZPO verwiesen.

Vollstreckungsbescheide, Arrestbefehle, einstweilige Verfügungen sind ohne Vollstreckungsklausel vollstreckbar, sofern sie nicht für einen **Rechtsnachfolger** des Gläubigers oder gegen den Rechtsnachfolger des Schuldners vollstreckt werden sollen (vgl. §§ 796, 929, 936 ZPO). Ist ein Kostenfestsetzungsbeschluss gem. § 105 ZPO auf das Urteil gesetzt worden, so bedarf es außer der vollstreckbaren Urteilsausfertigung keiner besonderen Vollstreckungsklausel für den Festsetzungsbeschluss (§ 795a ZPO).

332 Nur gegen und für Personen, die in dem Titel bezeichnet sind, darf die Zwangsvollstreckung betrieben werden (§ 750 Abs. 1 ZPO). Andernfalls bedarf es der **Umschreibung** der Vollstreckungsklausel auf den oder die Rechtsnachfolger. **Rechtsnachfolge** ist jeder Wechsel der im Schuldtitel als Gläubiger oder Schuldner bezeichneten Person. Die Rechtsnachfolge kann als abgeleiteter Rechtserwerb durch Rechtsgeschäft, Hoheitsakt oder kraft Gesetzes eingetreten sein.

Rechtsnachfolger des Gläubigers kann z. B. sein:
- der oder die Erben (§ 1922 BGB),
- der neue Gläubiger nach Abtretung des Anspruchs (§ 398 BGB),
- der Neugläubiger nach Forderungsübergang kraft Gesetzes (§ 412 BGB) in den Fällen des
    - § 268 Abs. 3 Satz 1 BGB (Ablösung),
    - § 426 Abs. 2 Satz 1 BGB (befriedigender Gesamtschuldner),
    - § 774 Satz 1 BGB (Bürge),
    - § 1607 Abs. 2 und 3 BGB (Ersatzhaftung und gesetzlicher Forderungsübergang),
    - § 7 UVG (Übergang von Unterhaltsleistungen auf ein Bundesland mit Bewirkung der Leistung),
    - § 91 BSHG (Anspruchsübergang erst mit Leistung der Aufwendungen durch den Träger der Sozialhilfe).

Gem. § 731 ZPO kann der Gläubiger auch **auf Erteilung der Klausel klagen,** wenn der nach § 726 Abs. 1 und §§ 727 bis 729 ZPO erforderliche Nachweis nicht durch öffentliche oder öffentlich beglaubigte Urkunden geführt werden kann.

c) Zustellung

(S. hierzu das Gesetz zur Reform des Verfahrens bei Zustellungen im gerichtlichen Verfahren (Zustellungsreformgesetz – ZustRG) v. 25. 6. 2001, BGBl. I S. 1206. Dieses Gesetz ist am 1. 7. 2002 in Kraft getreten.)

333 Die Zustellung des Titels an den Schuldner muss spätestens bei **Beginn der Vollstreckung** erfolgen (§ 750 ZPO). Kostenfestsetzungsbeschlüsse, Feststellungsbeschlüsse (§§ 649, 653 ZPO), von Notaren verwahrte Anwaltsvergleiche (§ 1044b Abs. 2 ZPO) und vollstreckbare Urkunden (§ 794 Abs. 1 Nr. 5 ZPO) müssen sogar schon zwei Wochen vor dem Beginn der Zwangsvollstreckung zugestellt sein (§ 798 ZPO).

334 Der **Zustellungsnachweis** wird bei gerichtlichen Titeln regelmäßig durch einen **Vermerk** des Urkundsbeamten auf der Titelausfertigung geführt, da Entscheidungen, die einen Vollstreckungstitel bilden, von Amts wegen zuzustellen sind (§§ 329, 270 ZPO).

335 Bei vollstreckbaren Urkunden oder, wenn der Gläubiger aus Gründen der Zeitersparnis den Weg der Parteizustellung gewählt hat (§ 750 Abs. 1 Satz 2 ZPO), wird der Schuldtitel häufig mit der Zustellungsurkunde verbunden. Die Zustellung im Parteibetrieb oder auch die Zustellungen von Anwalt zu Anwalt (§ 195 n. F. ZPO) müssen fehlerfrei sein. Ein Zustellungsmangel kann jedoch nach § 189 n. F. ZPO als geheilt angesehen werden, wenn das zuzustellende Schriftstück dem Prozessbeteiligten zugegangen ist, an den die Zustellung tatsächlich zu erfolgen hatte. Eine Heilung tritt ab 1. 7. 2002 auch hinsichtlich der Notfristen ein, da die Einschränkung für diese entfällt (§ 189 n. F. ZPO).

336 Streitig ist, ob schon **vor der Zwangsvollstreckung** (z. B. in der vollstreckbaren Urkunde) auf die **Zustellung verzichtet** werden kann. In der Praxis wird häufig in der Urkunde auf die Zustellung ausdrücklich verzichtet, um Familienangehörigen unangenehme Situationen zu ersparen. Das Gebot der Zustellung und der Einhaltung von Wartefristen dient allein dem Schutz des Schuldners. Dieser muss jedoch wirksam auf diesen Schutz verzichten können. Ein Verzicht außerhalb der Urkunde soll aber dem Vollstreckungsorgan glaubhaft nachgewiesen werden (so auch Brox/Walker, Zwangsvollstreckungsrecht, Rn. 155).

Außer dem Titel muss die Klausel gem. § 750 Abs. 2 ZPO zugestellt werden, wenn sie z. B.: **337**
- gem. § 726 Abs. 1 ZPO erteilt worden ist (z. B. Nachweis der Fälligkeit bei Vollstreckung aus Urkunden, soweit der Schuldner nicht darauf verzichtet hat),
- auf den Rechtsnachfolger auf der Gläubiger- oder Schuldnerseite umgeschrieben ist (§ 727 ZPO).

d) Sicherheitsleistung

Ist die Zwangsvollstreckung wegen einer Geldforderung nur gegen Sicherheitsleistung des Gläubigers zulässig, so kann der Gläubiger ohne Sicherheitsleistung insoweit bewegliches Vermögen pfänden und ggf. eine **Zwangshypothek** auf dem Grundstück des Schuldners eintragen lassen (Sicherungsvollstreckung, § 720a Abs. 1 Satz 1, Buchst. a), b) ZPO). Diese ist jedoch nur zulässig, wenn Titel und Klausel mindestens zwei Wochen vorher zugestellt sind (§ 750 Abs. 3 ZPO). Zulässig ohne Sicherheitsleistung ist die Vorpfändung (§ 845 ZPO) und nach ganz h. M. der Antrag auf Terminsanberaumung im Offenbarungsverfahren (§§ 807, 836 Abs. 3, 899 ff. ZPO). Die Zwangsvollstreckung in das unbewegliche Vermögen ohne Leistung einer Sicherheit gem. § 720a Abs. 1 Satz 1, Buchst. b) ZPO ist auch aus einem Urteil des Gläubigers gegen einen Dritten auf Duldung der Zwangsvollstreckung in ein Grundstück wegen einer vollstreckbaren Geldforderung des Gläubigers gegen den Schuldner zulässig (BayObLG, Beschl. v. 3. 11. 1994, JurBüro 1995, 162). **338**

e) Vollstreckung Zug um Zug

Hängt die Vollstreckung von Zug um Zug zu bewirkender Leistung des Gläubigers an den Schuldner ab, so wird die Vollstreckungsklausel ohne Nachweis, dass die Leistung erbracht ist, erteilt (§ 726 Abs. 2 ZPO). Von Ausführungen zu dem Sonderfall bei Verurteilung des Schuldners (Zug um Zug) zu einer Willenserklärung wird hier abgesehen (vgl. dazu §§ 726 Abs. 2, 894 Abs. 1 ZPO). Die Überprüfung der vom Gläubiger zu erbringenden Gegenleistung erfolgt im Regelfall durch das jeweilige **Vollstreckungsorgan** (§§ 765, 756 ZPO). **339**

f) Eintritt eines Kalendertages

aa) Allgemeines

Hängt die Geltendmachung des Anspruchs von dem Eintritt eines bestimmten Kalendertages ab, so darf die Zwangsvollstreckung erst beginnen, wenn der **Kalendertag abgelaufen** ist (§ 751 Abs. 1 ZPO, z. B. Verurteilung zu einer künftigen Leistung, §§ 257 ff. ZPO). Der Tag muss mit Hilfe des Kalenders ohne das Hinzutreten anderer Tatsachen bestimmbar sein. **340**

Praktisch wichtige Fälle sind insbesondere Renten- und Unterhaltsansprüche, Prozessvergleiche und vollstreckbare Urkunden, in denen die Fälligkeit an bestimmten Kalendertagen vereinbart ist.

bb) Vorratspfändung

Eine Ausnahme zu § 751 ZPO stellt die sog. **Vorratspfändung** gem. § 850d Abs. 3 ZPO dar. Hier wird der Beginn der Zwangsvollstreckung gegenüber der Regel des § 751 Abs. 1 ZPO vorverlegt. Im Interesse des Gläubigers kann vor allem wegen künftig fällig werdenden Unterhaltsansprüchen schon jetzt das künftige Arbeitseinkommen des Schuldners gepfändet und überwiesen werden. **341**

Bereits mit der **Zustellung des Pfändungsbeschlusses**, also schon vor der Fälligkeit der künftigen Unterhaltsansprüche, wird die Pfändung der künftigen Lohnforderungen des Schuldners wirksam. Von dem **Zeitpunkt der Zustellung** und **nicht von der Fälligkeit** der Rate hängt der Rang der Pfändung (§ 804 Abs. 3 ZPO) ab, so dass Verfügungen nach der Pfändung die Rechte des pfändenden Gläubigers nicht beeinträchtigen. Eine besondere Belastung des Drittschuldners und Schuldners ist dies nicht, da erst dann zu zahlen ist, wenn der Unterhaltsanspruch des Gläubigers und des Lohnanspruchs des Schuldners fällig geworden sind. **342**

343 Die **Voraussetzungen des Vorratspfändung** sind in § 850d Abs. 3 genannt:

- Es muss sich bei den beizutreibenden Forderungen um künftig fällig werdende gesetzliche Unterhaltsansprüche (§ 850d Abs. 1) oder Rentenansprüche aus Anlass der Verletzung des Körpers bzw. der Gesundheit (vgl. § 850b Abs. 1 Nr. 1 ZPO) handeln. Dass der Anspruch mit Vorrang nach § 850d ZPO vollstreckt wird, ist nicht verlangt, wenn dem Schuldner bei der Vollstreckung des Unterhalts- oder Rentenanspruchs auf Gläubigerantrag Einkommensbeträge in erweitertem Umfang nach § 850c ZPO pfandfrei verbleiben. Das Vorrecht ist zeitlich begrenzt. Nur die Rückstände, die bis längstens ein Jahr vor Eingang des Antrags auf Erlass des Pfändungsbeschlusses entstanden sind, dürfen bevorrechtigt beigetrieben werden; ältere Rückstände sind den gewöhnlichen Schulden gleichgestellt. Grund: Die Zahlung des Unterhalts ist für den Gläubiger lebensnotwendig, also in hohem Maße dringlich. Das kann nicht mehr für alte Ansprüche gelten: „Denn er lebt ja noch, obwohl nicht gezahlt wurde". Wird jedoch vom Gläubiger geltend gemacht, der Schuldner habe böswillig nicht gezahlt, so entfällt dieser Schuldnerschutz. In diesem Fall hat der Schuldner zu beweisen, dass er nicht zahlen konnte (so Stöber, a. a. O., Rn. 1089 ff.).

- Es muss mit dem Pfändungsbeschluss wegen wenigstens einer bereits fälligen Rate vollstreckt werden. Eine Vorratspfändung kommt also dann nicht in Betracht, wenn die bisher fälligen Raten beglichen worden sind, so dass wegen fälliger Ansprüche ein Pfändungsbeschluss ausscheidet (vgl. OLG Frankfurt/M., NJW 1954, 1774; KG, MDR 1960, 931).

- Es muss sich bei dem Vollstreckungsgegenstand um Arbeitseinkommen des Schuldners handeln. Dem stehen fortlaufende Sozialleistungen in Geld gleich (vgl. § 54 Abs. 4 SGB I).

cc) Vorauspfändung

344 Abzugrenzen ist die Vorratspfändung von der **Vorauspfändung** (= Dauerpfändung). Diese ist keine Ausnahme von § 751 Abs. 1 ZPO. Wegen der im § 850d Abs. 3 ZPO bezeichneten Ansprüche haben Rspr. und Lit. i. V. m. der Vollstreckung eines Rückstandes die Vorratspfändung auch in andere fortlaufend fällig werdende Ansprüche, so z. B. Mietforderungen (Hamm, NJW-RR 1994, 895 ff. m. w. N.; LG Mannheim, NJW 1949, 869; LG Bremen, Rpfleger 1950, 276; LG Hamburg, Rpfleger 1962, 280) und Pachtforderungen (LG Würzburg, NJW 1956, 1160) mit der Maßgabe für zulässig erachtet, dass die Pfändung erst mit dem auf den Fälligkeitstag der künftigen Unterhalts- oder Rentenanspruchsrate folgenden Werktag wirksam wird.

345 Die Vorauspfändung ist also eine aus Vereinfachungsgründen im Voraus ausgesprochene Pfändung mit **aufschiebend bedingter Wirksamkeit.** Um eine jeweils neue Pfändung bei Fälligkeit zu vermeiden, wird die Pfändung erst jeweils dann wirksam, wenn die titulierte Rate fällig wird. Zum Zeitpunkt der Zustellung des Pfändungsbeschlusses ist also – anders als bei der Vorratspfändung – die Pfändung hinsichtlich der künftig fällig werdenden Raten nicht rangwahrend, so dass bis zur Fälligkeit der jeweiligen Rate zwischenzeitliche Verfügungen gegenüber dem pfändenden Gläubiger wirksam sind. Die Vollstreckungsklausel kann auch in diesem Fall sofort erteilt werden (§ 726 ZPO).

> *Hinweis:*
>
> *Festgestellt werden kann somit, dass die Zwangsvollstreckung aus Unterhaltstiteln sich nur im Bereich der Pfändung von Arbeitseinkommen und Ansprüchen nach dem SGB von der Vollstreckung wegen sonstiger Geldforderung unterscheidet.*
>
> *Voraussetzung für alle Vollstreckungsmaßnahmen ist jedoch stets ein fälliger Anspruch.*

II. Vollstreckungshinweise

1. Allgemeines

Nachfolgend soll auf einige Punkte hingewiesen werden, die eine **effiziente Vollstreckung** in allen Vollstreckungsbereichen ermöglichen, mangels Kenntnis aber selten zur Anwendung gelangen.

346

2. Zustellung von Titeln im Parteibetrieb

Grds. sind Urteile **von Amts wegen** zuzustellen (§§ 317 Abs. 1, 270 Abs. 1 ZPO). Da in der Praxis stets auf die Übersendung der Urteilsausfertigungen gewartet wird, gehen dem Gläubiger für die Vollstreckung schon mindestens zwei bis vier Wochen verloren. Beantragt der Gläubiger jedoch eine **einfache vollstreckbare Ausfertigung** des Urteils (§ 317 Abs. 2 ZPO, ohne Tatbestand und Entscheidungsgründe) und lässt dieses **im Parteibetrieb zustellen** (§ 750 Abs. 1 Satz 2 ZPO), kann praktisch sofort nach Urteilsverkündung mit der Zwangsvollstreckung begonnen werden. Besonders empfehlenswert ist diese Handhabung im Rahmen der **Sicherungsvollstreckung** nach § 720a ZPO, da im Rahmen dieser Vollstreckung Titel und Klausel zwei Wochen vorher zugestellt sein müssen (§ 750 Abs. 3 ZPO).

347

3. Eidesstattliche Versicherung ohne Unpfändbarkeitsbescheinigung

Um weitere Zeit zu gewinnen (sechs Wochen bis zu sechs Monate) sollte der Gläubiger vor der Beauftragung des Gerichtsvollziehers durch Einblick in die Schuldnerkartei feststellen, ob die Person die **eidesstattliche Versicherung** nach § 807 ZPO abgegeben hat oder ob gegen sie nach § 901 ZPO die Haft angeordnet ist. Sollte Letzteres der Fall sein, kann eine Beauftragung des Gerichtsvollziehers mit der Vollstreckung in körperliche Gegenstände unterbleiben. Der Gläubiger kann auch ohne Nachweis einer fruchtlosen Pfändung die Abnahme der eidesstattlichen Versicherung verlangen. Er muss in dem Verfahren nach § 807 ZPO dann glaubhaft machen, dass er durch die Pfändung Befriedigung nicht oder nicht vollständig erlangen könne (§ 807 Abs. 1 Nr. 2 ZPO).

348

a) Zur Glaubhaftmachung geeignete Tatsachen

Zur Glaubhaftmachung sind alle gem. § 294 ZPO durch eidesstattliche Versicherung zu belegenden Tatsachen geeignet, die auf eine **aussichtslose Vollstreckung** hinweisen. Dazu gehören:

349

- Bescheinigung des Gerichtsvollziehers gem. § 63 GVGA,
- hohe Verschuldung, allgemeine wirtschaftlich schlechte Lage (s. hierzu: AG Heilbronn, JurBüro 1996, 211),
- Schuldner ist Sozialhilfe- oder Wohngeldempfänger, gegen ihn wurde jüngst ein PKH-Verfahren durchgeführt,
- Ablehnung bzw. Verhinderung der gerichtlichen Durchsuchungsanordnung (s. hierzu: OLG Stuttgart, Rpfleger 1981, 152; LG Hannover, DGVZ 1984, 116; LG Duisburg, DGVZ 1995, 152 = JurBüro 1996, 211; LG Dortmund, Rpfleger 1987, 424; LG Traunstein, Rpfleger 1989, 114; LG Paderborn, JurBüro 1989, 273; a. A. KG, MDR 1989, 745; LG Frankenthal, Rpfleger 1989, 247; LG München, NJW-RR 1989, 64; LG Berlin, DGVZ 1994, 89; LG Düsseldorf, DGVZ 1990, 26; LG Bochum, Rpfleger 1996, 519; s. hierzu auch Behr, „Vollstreckungsblitzlichter", JurBüro 1995, 67 u. Thomas/Putzo, ZPO, § 807 Rn. 7 ff.). Für Verfahren ab 1. 1. 1999 s. § 807 Abs. 1 Nr. 3 u. 4 ZPO n. F.
- Nicht vollzogene Haftbefehle in anderer Sache, zeitlich etwa bis zu einem Jahr (LG Kassel und LG Hannover, JurBüro 1987, 457; LG Oldenburg, JurBüro 1995, 442; LG Kassel, JurBüro 1996, 46; LG Arnsberg, JurBüro 1996, 441; LG Bochum, Rpfleger 1990, 128; LG Aschaffenburg, Beschl. v. 22. 11. 1996 und 25. 11. 1996, JurBüro 1997, 322, 323; LG Limburg, JurBüro 1990, 1052 f.; a. A. LG Berlin, Rpfleger 1984, 361; LG Heilbronn, MDR 1993, 800 bei einem Betrag von 128,56 €; s. hierzu auch Behr, a. a. O.).

- Die Durchsuchungsverweigerung ist eine weitere Voraussetzung zur Einleitung des Offenbarungsverfahrens, § 807 Abs. 1 Nr. 3 ZPO. Die Verweigerung der Wohnungsdurchsuchung begründet nur dann die Verpflichtung zur Abgabe der eidesstattlichen Versicherung, wenn sie von dem Schuldner persönlich oder seinem gesetzlichen Vertreter erklärt wurde (AG Osterholz-Scharmbeck, DGVZ 2000, 155; AG St. Wendel, DGVZ 2001, 124).

- Zur Ankündigung der Vollstreckung mit einer Frist von zwei Wochen i. S. d. § 807 Abs. 1 Nr. 4 ZPO ist der Gerichtsvollzieher nur verpflichtet, wenn ihm mit dem Sachpfändungsauftrag zugleich der Auftrag zur Abnahme der eidesstattlichen Versicherung erteilt ist und der Schuldner bei wiederholt versuchter Vollstreckung nicht angetroffen wurde (LG Münster, Rpfleger 2001, 253 = DGVZ 2001, 76; LG Kassel, DGVZ 2000, 170; LG Berlin, JurBüro 2000, 375).

b) Umfangreiches Fragerecht des Gläubigers

350 Ein schlagkräftiges Vollstreckungsrecht zeichnet sich weiterhin durch gute und **sichere Informationen** und den hieraus resultierenden Möglichkeiten eines schnellen, genauen und damit erfolgreichen Zugriffs aus. Diesem Anspruch kommt das staatliche Vollstreckungsorgan häufig nicht nach und verhindert damit eine effektive Justizgewährung. Die in den Verhandlungen zur Abgabe der eidesstattlichen Versicherung erstellten und besprochenen **Verzeichnisse** erfüllen selten ihre eigentlichen Aufgaben, nämlich den Gläubigern die Informationen zu geben, die für eine erfolgversprechende Vollstreckung in das Vermögen des Schuldners notwendig sind. Unnötige Nachbesserungsverfahren zum Vermögensverzeichnis, welche alle Beteiligten (Gläubiger, Schuldner, Gerichte, Gerichtsvollzieher) erheblich und unnötig belasten, verhindern eine effiziente Vollstreckung. Gerade in der heutigen Zeit, wo **erfolgreiche Pfändungen** durch den Gerichtsvollzieher die **Ausnahme** sind, muss verstärkt auf andere Vermögenswerte zurückgegriffen werden, die im Vermögensverzeichnis oft nur mit flüchtigen Vermerken oder Strichen abgetan oder mangels Kenntnis nicht in das Verzeichnis aufgenommen werden.

351 Allmählich erkennt das „staatliche Vollstreckungsmonopol" (Selbsthilfe wird ja grds. ausgeschlossen), dass eine extensive Erstoffenbarung im Rahmen der dem richterlichen Aufgabenbereich obliegenden Untersuchungs- und Aufklärungspflicht zu einer erheblichen Verbesserung der Qualität des Verzeichnisses führt. Nach der z. Zt. überwiegenden Meinung in Rspr. und Lit. steht dem Gläubiger im Verfahren zur Abgabe der eidesstattlichen Versicherung ein über den Vordruck-Fragen-Katalog des Vermögensverzeichnisses hinausgehendes **Fragerecht** zu, das sowohl im Termin als auch durch Vorlage eines schriftlichen Fragenkatalogs bei Antragstellung ausgeübt werden kann (LG Freiburg, DGVZ 1994, 118; LG Mannheim, DGVZ 1994, 118; ein eingeschränktes Fragerecht bejaht LG Heilbronn, Rpfleger 1996, 34 u. LG Berlin, Rpfleger 1996, 34; LG Göttingen, Rpfleger 1994, 368; LG München, JurBüro 1994, 407; a. A.: LG Tübingen, JurBüro 1995, 326 = Rpfleger 1995, 221; LG Konstanz, JurBüro 1996, 330 und Rpfleger 1996, 95; LG Traunstein, Rpfleger 1996, 34).

352 Nachstehende **ergänzende Fragen** der Gläubiger werden in letzter Zeit allgemein von den Gerichten (ab 1. 1. 1999 von den Gerichtsvollziehern) dem Schuldner vorgelegt, soweit sie nicht eine sog. „extensive Schuldnerbefragung" darstellen:

- Angabe des zuständigen Rentenversicherungsträgers unter Angabe der Versicherungsnummer und der geleisteten Beitragszeiten (so LG Hildesheim u. LG Chemnitz, DGVZ 2000, 37; LG Dortmund, JurBüro 1998, 101; LG Kiel, JurBüro 1998, 606; LG Darmstadt, JurBüro 2000, 101; LG München, JurBüro 1998, 606; LG Passau, JurBüro 1996, 329; LG Stade, JurBüro 1995, 331; LG Oldenburg, JurBüro 1995, 662; LG Lübeck, JurBüro 1997, 213; LG Aurich, JurBüro 1997, 213; LG Stuttgart, DGVZ 1996, 121; AG Nienburg, JurBüro 1997, 326 bei einem 24-jährigen Schuldner; verneinend LG Siegen, Rpfleger 1995, 425 bei einem erst 33-jährigen Schuldner. Nicht überzeugend, da auch dieser schon Anwartschaftsrechte erworben haben kann. Gepfändet werden nur angebliche Forderungen. Die Durchsetzbarkeit ist nicht vom Vollstreckungsgericht zu prüfen);

- Angaben über Krankenversicherungen (LG Stuttgart, DGVZ 1996, 121); vor Eintritt des Versicherungsfalles unzulässig (LG Marburg, DGVZ 2000, 152; LG Passau, JurBüro 1996, 329; LG Saarbrücken, DGVZ 1998, 77);

- Gesamte Tätigkeiten nach Art und Umfang unter Angabe der täglichen, wöchentlichen und monatlichen Arbeitsstunden sowie der üblichen Arbeitszeiten (LG Stade, JurBüro 1997, 326; LG Bremen, JurBüro 1998, 102; LG Darmstadt, JurBüro 1999, 104; LG Rottweil, DGVZ 1997, 170; AG Wedding, JurBüro 2000, 544);

- Ansprüche aus gezahlter Mietkaution (LG Stade, JurBüro 1995, 331; LG Oldenburg, JurBüro 1995, 662; LG Aurich, JurBüro 1997, 213; LG München II, JurBüro 1998, 433; LG Neuruppin, JurBüro 1998, 434; LG Duisburg, JurBüro 1999, 271; s. hierzu auch Behr, JurBüro 1996, 458);

- Der Schuldner fährt ein Auto, welches ihm nicht selbst gehört; falls zutreffend, Angaben zur Art der rechtlichen Beziehung zum Inhaber des Briefes (LG Passau, JurBüro 1996, 329; LG Darmstadt, JurBüro 1999, 104; LG Cottbus, JurBüro 2000, 326; verneinend LG München II JurBüro 1998, 433);

- Besitz des Schuldners von Euro-Scheckkarte und Kreditkarte; falls ja, Angabe der Kartennummer und der Bank (LG Kaiserslautern, JurBüro 1999, 325; LG Stuttgart, Rpfleger 1997, 175);

- Angaben der eigenen Einkünfte der gegenüber dem Schuldner Unterhaltsberechtigten im Hinblick auf eine eventuell zu beantragende Nichtberücksichtigung i. S. v. § 850c Abs. 4 ZPO, im Rahmen einer Pfändung nach § 850d ZPO (wegen eines Unterhaltsanspruchs) oder des Taschengeldanspruchs als Teil des Unterhalts (§ 850b ZPO) (LG Konstanz, JurBüro 1996, 492: Taschengeld; LG Ravensburg, JurBüro 1996, 493 f.). Dieses soll auch für den Fall gelten, dass der Schuldner vom Ehegatten/Lebensabschnittsgefährten unterhalten wird (LG Augsburg, JurBüro 1995, 442; LG Aschaffenburg, JurBüro 1996, 329; LG Karlsruhe, DGVZ 1993, 92; LG Osnabrück, Rpfleger 1992, 259; LG Aschaffenburg, JurBüro 1996, 50; AG Backnang, JurBüro 1995, 330; anders LG Memmingen, FamRZ 1997, 512 = Rpfleger 1997, 175 = JurBüro 1997, 214 mit umfangreicher Anm. von Behr auch unter Berücksichtigung der Lohnverschleierung, § 850h Abs. 2 ZPO);

- Art und Umfang der Einkünfte bei Selbstständigen (OLG Köln, FamRZ 1995, 1431 = JurBüro 1996, 49 = Rpfleger 1995, 469; LG Würzburg, NJW-RR 1998, 1373; AG Mainz, DGVZ 2001, 78; LG Berlin, Rpfleger 1997, 73; LG Münster, Rpfleger 1997, 73; LG Stade FamRZ 1999, 1002; LG Aschaffenburg, JurBüro 2000, 328; LG Nürnberg-Fürth, JurBüro 2000, 328; LG Bochum, JurBüro 2000, 44; LG Bremen, JurBüro 2000, 154; LG München II, JurBüro 1998, 433);

- Wenn vom Ehegatten/Familienmitglied/Lebensgefährten unterhalten (**Ehegatten-Taschengeldanspruch**: OLG Köln, Rpfleger 1994, 32; OLG München, Rpfleger 2000, 30 = JurBüro 1999, 605; LG Augsburg, JurBüro 1995, 442; LG Augsburg, Rpfleger 1994, 424; LG Oldenburg, JurBüro 1996, 329; LG Karlsruhe, DGVZ 1993, 92; LG Saarbrücken, JurBüro 1997, 325, LG Aschaffenburg, JurBüro 1999, 105; **Lebensgefährten**: LG Bonn, DGVZ 2000, 119 = JurBüro 2000, 328; LG Hannover, Rpfleger 1998, 33; LG Düsseldorf, JurBüro 1998, 553; LG Halle, JurBüro 1998, 607; LG Bonn, JurBüro 2000, 328; LG Lüneburg, DGVZ 2000, 154; LG Aschaffenburg, JurBüro 2000, 664; LG Memmingen, FamRZ 1997, 512 = Rpfleger 1997, 175 = JurBüro 1997, 214; **Sonstige Personen**: LG Frankfurt/M., JurBüro 2000, 102; LG Lübeck, JurBüro 1997, 440;

- Bestehen von Darlehensverträgen, Sicherungsübereignungen, Abtretungen; falls ja, Angabe von Inhalt, Sinn, Zweck sowie Daten dieser Verträge (LG Kassel, DGVZ 2001, 8: Abtretung; LG Memmingen, JurBüro 1994, 407: Abtretung; LG Flensburg, JurBüro 1995, 443: zur Abtretung von Lohn- und Gehaltsforderungen an Ehefrau);

- Angabe des zuständigen Finanzamts (LG Ravensburg, JurBüro 1996, 493).

Weitere Fragen können, wenn sie im Sachzusammenhang stehen und begründet sind, vom Gericht zugelassen werden, so z. B.:
- Angabe der Fahrzeugversicherung mit Nummer und Namen der Gesellschaft,
- Angabe der sonstigen Sachversicherungen aller Art unter Angabe der Versicherungsnummern und Namen der Gesellschaften,
- ist der Schuldner unwiderruflich Begünstigter einer Lebensversicherung,
- Bestehen von Leasingverträgen; falls ja, Vertragsnummer und Name der Gesellschaft.

Im Rahmen einer Nachbesserung – nicht zu verwechseln mit § 903 ZPO (neues selbstständiges Verfahren) – hat der Schuldner auf Antrag eines Gläubigers alle Angaben zu machen, die seinen Gläubigern eine erfolgversprechende Pfändung oder wenigstens die Beurteilung ermöglichen, ob und welche Schritte er unternehmen kann.

III. Zwangsvollstreckung wegen Unterhaltsforderungen in Forderungen

1. Pfändungs- und Überweisungsbeschluss

a) Terminologie

353   Gem. § 804 ZPO sind die Regeln des Pfandrechts (§§ 1204 ff., §§ 1273, 1275 ff. BGB) heranzuziehen. Bedauerlicherweise wendet der Gesetzgeber die Begriffe unterschiedlich an.

BGB:		ZPO:
Verpfändung (Vertrag)		Pfändung (Staatsakt)
Pfandrecht		Verstrickung und Pfändungspfandrecht
Pfandgläubiger	entspricht	Gläubiger
Gläubiger	entspricht	Schuldner
Schuldner	entspricht	Drittschuldner

b) Rangfolge

354   Wie bereits oben (Rn. 341) festgestellt, **ergreift eine zulässige Vorratspfändung** nach § 850d Abs. 3 ZPO das **fortlaufende Arbeitseinkommen** oder **Renteneinkommen** des Schuldners. Wegen der erst künftig fällig werdenden Teilbeträge der Vollstreckungsforderung wird die Pfändung sofort wirksam und sperrt insoweit schon jetzt zugunsten des vollstreckenden Gläubigers die Forderung. Dies hat zur Folge, dass andere Gläubiger, die das gleiche Einkommen in der Zeit zwischen dem Pfändungsbeschluss und dem Fälligwerden der künftigen Unterhaltsraten pfänden, dem Unterhaltsgläubiger im Rang nachgehen. Zahlung kann der Unterhaltsgläubiger jedoch vom Drittschuldner erst verlangen, sobald die Unterhaltsbeträge **fällig** geworden sind.

355   Die Zwangsvollstreckung aus Schuldtiteln wegen Unterhaltsansprüchen bereitet wegen ihrer allgemeinen Besonderheiten gerade in dem „ausgewählten" Bereich der Forderungspfändung Schwierigkeiten. Auf Gläubiger- und Drittschuldnerseite werden häufig die unterschiedlichsten Rangfolgen bestimmt und danach die Auszahlungen vorgenommen. Diese Rangfolgen stehen häufig nicht mit den gesetzlichen Vorschriften im Einklang (so: Unterhaltsgläubiger gehen sonstigen Gläubigern im Range vor). Die Vollstreckung aus Unterhaltstiteln beschränkt sich in der Praxis auf den **Erlass der notwendigen Beschlüsse**, ohne dass die Auswirkungen nachgeprüft werden.

Deshalb sollen hier die **unterschiedlichen Pfändungsmöglichkeiten** anhand von Beispielen aufgezeigt, ihre Durchsetzbarkeit erläutert und ihre Auswirkungen in der Vollstreckung besprochen werden.

c) Pfändung

Sie bewirkt nur die Sicherstellung der Forderung. Dies wird durch den Pfändungsbeschluss, der eine doppelte Wirkung entfaltet, erreicht: 356

- Dem Schuldner wird geboten, sich jeder Verfügung über die Forderung, insbesondere ihrer Einziehung, zu unterhalten (**Inhibitorium**), § 829 Abs. 1, Satz 2 ZPO;
- dem Drittschuldner wird verboten, an den Schuldner zu zahlen (**Arrestatorium**), § 829 Abs. 1 Satz 1 ZPO.

Die Pfändung bewirkt: 357

- eine Beschlagnahme der Forderung (**Verstrickung**) und
- ein Pfändungspfandrecht.

Durch die Pfändung verliert der Schuldner die Forderung nicht; sie bleibt an sich, bis zur Überweisung, in seinem Vermögen. Er darf alle Rechte geltend machen, die ihm und dem Gläubiger nützen, z. B.: 358

- kündigen,
- zur Hinterlegung einklagen,
- zum Insolvenzverfahren anmelden,
- nicht dagegen stunden oder erlassen.

Ein **Verstoß** gegen diese Doppelwirkung soll den Titelgläubiger nicht schädigen: 359

- Verfügt der Schuldner nach der Pfändung, z. B. durch eine Abtretung, so ist diese Verfügung gem. §§ 135, 136 BGB dem Gläubiger gegenüber unwirksam (**sog. relative Unwirksamkeit**).
- Zahlt der Drittschuldner nach der Pfändung doch noch an den Schuldner, so wird er von seiner Leistung nicht frei, er müsste an den Gläubiger noch einmal zahlen. Ausnahme: Der Drittschuldner kannte die Pfändung nicht, z. B. bei einer Ersatzzustellung (Thomas/Putzo, ZPO, § 829; RGZ 87, 412).

d) Überweisung

Die gepfändete Forderung wird dadurch verwertet, dass sie dem Gläubiger zur Einziehung oder an Zahlungs statt überwiesen wird, § 835 ZPO. Die Überweisung **an Zahlungs statt** hat die Wirkung, dass der Schuldner frei wird und der Gläubiger auch dann als befriedigt gilt, wenn er tatsächlich vom Drittschuldner kein Geld hat beitreiben können (§ 835 Abs. 2 ZPO). Das Risiko ist groß. Daher kommt diese Variante in der Praxis fast nicht vor. 360

Die Überweisung zur **Einziehung** berechtigt den Gläubiger, die Forderung einzuziehen, einzuklagen und beizutreiben. Die Überweisung ersetzt insoweit die Erklärungen, die nach dem BGB zur Abtretung erforderlich waren (§ 836 Abs. 1 ZPO). Gleichwohl bleibt es – vom Ursprung her – eine Forderung des Schuldners, denn der Gläubiger ist ihm gegenüber verpflichtet, alles zu unterlassen, was ihm schaden könnte; so darf er nicht erlassen, stunden etc. Er hat vielmehr zügig beizutreiben, ansonsten droht ihm ein Schadensersatzanspruch des Schuldners (§ 842 ZPO). Er hat ihm den Streit zu verkünden, wenn er einklagt (§ 841 ZPO). Er kann auf sein Pfandrecht verzichten (§ 843 ZPO). 361

e) Stellung des Drittschuldners

Zunächst hat der Drittschuldner **Auskunft** zu geben, deren Art und Umfang § 840 ZPO bestimmt. Auf Wunsch des Gläubigers sind die dort aufgeführten drei Fragen (und nicht mehr) zu beantworten. Bei Nichterfüllung der Auskunftspflicht haftet der Drittschuldner dem Gläubiger für den entstehenden Schaden (§ 840 Abs. 2 Satz 2). 362

Die **Kosten der Auskunft** hat der Gläubiger dem Drittschuldner nicht zu erstatten (BAG, BB 1986, 188 mit Anm. Petersen = NJW 1985, 1181 m. w. N.; kein Anspruch des Drittschuldners gegen den Schuldner – BVerwG, Rpfleger 1995, 261; BGH, Urt. v. 18. 5. 1999, DGVZ 1999, 154 = Rpfleger 363

1999, 452: Unwirksamkeit von Gebührenklauseln für die Bearbeitung von Pfändungen; BGH, Urt. v. 19. 10. 1999, ZIP 2000, 16 = Rpfleger 2000, 167; OLG Bamberg, JurBüro 1994, 612; OLG Stuttgart, Rpfleger 1996, 117: Kosten des Drittschuldnerprozesses – keine Kosten der Zwangsvollstreckung; ArbG Berlin, JurBüro 1994, 404: Schadensersatz bei defizitärer Drittschuldnerauskunft, Klageänderung auf Feststellung; s. hierzu auch Behr, JurBüro 1997, 68 ff. und JurBüro 1994, 257 ff.).

f) Vorpfändung

364 Der Pfändungs- und Überweisungsbeschluss zählt mit Recht zu den „Eil"-sachen. Für den Gläubiger kommt es nämlich entscheidend darauf an, die **beste Rangposition** zu erhalten. Daher kann es für ihn u. U. schon zu lange dauern, bis das Gericht einen Pfändungs- und Überweisungsbeschluss und die Voraussetzungen der Zwangsvollstreckung geprüft hat. Hier hat das Gesetz mit der **Vorpfändung** einen ungewöhnlichen Behelf geschaffen: Eine private Zwangsvollstreckung, die vom Gericht innerhalb eines Monats (§ 845 Abs. 2 ZPO) „bestätigt" werden muss, wenn sie nicht „verfallen" soll. Sie hat also die **Wirkung eines Arrestes,** wenn innerhalb eines Monats die Pfändung der Forderung (also Zustellung des Pfändungsbeschlusses an den Drittschuldner, § 829 Abs. 3 ZPO) bewirkt wird. Voraussetzung für die Vorpfändung ist lediglich, dass der Schuldner vorläufig vollstreckbar zur Zahlung verurteilt ist; dabei ist es gleich, ob ein Titel ausgefertigt ist oder nicht. Ohne Belang ist auch eine im Titel vorgesehene **Sicherheitsleistung** (§ 751 Abs. 2 ZPO gilt erst für den Pfändungsbeschluss) bzw. eine notwendige **Wartefrist** (z. B. § 798 ZPO, die wiederum bei Erlass des Pfändungsbeschlusses eingehalten sein muss, Stöber, a. a. O., Rn. 798 ff.). Eine nochmalige Vorpfändung ist zulässig; sie setzt jedoch nur eine neue Monatsfrist in Lauf und verlängert nicht die laufende Frist.

g) Zustellung

365 Die Zustellung des Pfändungsbeschlusses erfolgt im Parteibetrieb auf Betreiben des Gläubigers (§ 829 Abs. 2 Satz 1 ZPO), also durch den Gerichtsvollzieher. Eine Zustellung von Amts wegen durch die Geschäftsstelle wäre wirkungslos. Der Urkundsbeamte der Geschäftsstelle kann jedoch die Post unmittelbar um Bewirkung der Zustellung ersuchen.

366 Eine Ersatzzustellung an den im Pfändungsbeschluss benannten Vollstreckungsschuldner, der im Geschäftslokal des Drittschuldners angetroffen wird und angibt, bei diesem beschäftigt zu sein, ist unwirksam.

367 Die mit der später wirksamen erfolgten Zustellung des Überweisungsbeschlusses erneut erfolgte Aufforderung zur Abgabe der Erklärung gem. § 840 ZPO ist mangels erfolgter Pfändung ebenfalls ohne Wirkung (OLG Köln, Urt. v. 20. 6. 2001 – 13 U 154/2000, DGVZ 2002, 42).

2. Pfändung von Arbeitseinkommen

a) Pfändungsschutz

368 Im Prinzip ist es gleich, welcher Art die gepfändete Forderung ist und aus welchem Rechtsgrunde sie entstand. Aus sozialpolitischen Erwägungen heraus sind jedoch die Forderungen besonders geschützt, die aus einem **Arbeits- oder Dienstverhältnis** stammen. Gäbe es diesen Schutz nicht, so würde die Arbeitsfreude nachlassen und der Schuldner über die Bundessozialhilfe dem Staat, d. h. der Allgemeinheit, zur Last fallen. Im Laufe der Jahrzehnte hat sich eine Stufenleiter herausgebildet, die von **absolut** unpfändbaren über **bedingt** pfändbare bis hin zu **stets** pfändbaren Bezügen reicht (§§ 850 bis 850i ZPO). Des handlicheren Gebrauchs wegen wurde für „normale" Gläubiger (alle Gläubiger mit Ausnahme der Unterhaltsgläubiger) eine Tabelle, ähnlich der Lohnsteuertabelle, beigefügt (Anlage zu § 850c ZPO). Diese Vorschriften sind **zwingendes Recht,** also von Amts wegen zu berücksichtigen.

b) Begriff des Arbeitseinkommens

Der Gesetzesbegriff ist sichtlich weiter gefasst als das umgangssprachliche Wort „Lohnpfändung". Es umfasst **alle Vergütungen in Geld,** die dem Schuldner aus Arbeits- oder Dienstleistung zustehen. Der Anspruch auf eine nicht in Geld zahlbare Vergütung (Sachleistung) ist nach §§ 846, 847 ZPO zu pfänden. Bereits ausbezahlte Geldbeträge sind nach Maßgabe von § 811 Abs. 1 Nr. 8 ZPO unpfändbar; für ein auf ein Konto überwiesenes Einkommen kann Schutz nach § 850k ZPO beantragt werden (wegen weiterer Einzelheiten s. Stöber, a. a. O., Rn. 873 bis 924).

369

c) Berechnung der Pfändungsgrenze

Bei der Berechnung der Pfändungsgrenze ist vom Bruttoarbeitslohn auszugehen. Darin ist **Geldwert von Naturalleistungen** enthalten (§ 850e Nr. 3 ZPO). Das ist z. B. der Mietwert einer mietfrei gewährten Werkwohnung. Davon werden Steuern und Sozialversicherungsbeiträge abgezogen (§ 850e Nr. 1 ZPO). Es ergibt sich der Nettolohn.

370

Davon sind abzuziehen:

371

- die Bruttobeträge von obigem Nettolohn für Beiträge für Weiterversicherung oder Versicherung einer Ersatzkasse und Beiträge zu einem privaten Krankenversicherungsunternehmen (LG Berlin, Rpfleger 1962, 217: auch für Krankenhausaufenthalt und -tagegeld),
- die gem. § 850a ZPO unpfändbaren Bezüge. Es ist streitig, ob Brutto- oder Nettobeträge anzusetzen sind (Zöller/Stöber, ZPO, § 850a Rn. 2 bejahend; Thomas/Putzo, ZPO, § 850a Rn. 1 legt die Nettobeträge zugrunde). Praxisnah dürfte jedoch der Ansatz der Bruttobeträge sein, da diese von einem Drittschuldner ohne Aufwand errechnet werden können.

Anhand der folgenden Beispiele soll dargestellt werden, wie der Arbeitgeber bei der normalen Lohnpfändung den pfändbaren Betrag errechnet (s. Anlage zu § 850c ZPO).

372

Beispiel 1:

Der Kaufmann Klaus Hagebau (Gläubiger) hat durch Zustellung des Pfändungs- und Überweisungsbeschlusses am 27. 6. 2002 an die Firma „Hans Ziegel – Dachbau GmbH" (Drittschuldnerin) das Arbeitseinkommen des Dachdeckers Hans Kreuz (Schuldner) gepfändet. Der Lohn, der jeweils am Monatsletzten gezahlt wird, beträgt für den Abrechnungszeitraum Juni 2002 insgesamt 3.370 € brutto. Darin enthalten sind Zahlungen für geleistete Mehrarbeitsstunden i. H. v. 200 € (zehn Stunden je 20 €) und eine Schmutzzulage i. H. v. 130 €.

Herr Kreuz ist verheiratet und hat eine 12-jährige Tochter.

Das pfändbare Arbeitseinkommen beträgt:	3.370,00 € *(brutto)*
abzüglich Steuern, Krankenkassenbeitrag und Sozialabgaben geschätzt	1.130,00 €
Nettolohn	2.240,00 €
abzüglich Überstundenzulage § 850a Nr. 1 (zur Hälfte)	100,00 €
abzüglich Schmutzzulage § 850a Nr. 3 (völlig unpfändbar)	130,00 €
	2.010,00 €

Von dem Betrag i. H. v. 2.010 € ist bei Anwendung der Tabelle zu § 850c ZPO auszugehen. Diese Tabelle enthält monatlich, wöchentlich oder täglich zu zahlende Bezüge. Hier ist die Tabelle für die monatliche Zahlung anwendbar; der Arbeitnehmer (Schuldner) ist zwei Personen – Ehefrau und einem Kind – gegenüber unterhaltspflichtig. Das abzulesende pfändbare Entgelt beträgt hier 214 € und ist am Zahltag an den Gläubiger zu überweisen.

Beispiel 2:

Der Kaufmann Klaus Hagebau (Gläubiger) hat durch Zustellung des Pfändungs- und Überweisungsbeschlusses am 27. 6. 1997 an die Firma „Hans Ziegel – Dachbau GmbH" (Drittschuldnerin) das Arbeitseinkommen des Dachdeckers Hans Kreuz (Schuldner) gepfändet. Der Lohn, der jeweils am Monatsletzten gezahlt wird, beträgt für den Abrechnungszeitraum Dezember 2001 insgesamt 3.570 € brutto. Darin enthalten sind Zahlungen für geleistete Mehrarbeitsstunden i. H. v. 200 € (zehn Stunden je 20 €), eine Schmutzzulage i. H. v. 130 € und Weihnachtsgeld i. H. v. 1.200 € (jeweils Bruttobeträge).

Herr Kreuz ist verheiratet und hat eine 12-jährige Tochter und einen 17-jährigen Sohn.

Das pfändbare Arbeitseinkommen beträgt:	3.570,00 € (brutto)
abzüglich Steuern, Krankenkassenbeitrag und Sozialabgaben geschätzt	1.030,00 €
Nettolohn	2.540,00 €
abzüglich Überstundenzulage § 850a ZPO Nr. 1 (zur Hälfte)	100,00 €
abzüglich Schmutzzulage § 850a Nr. 3 ZPO (völlig unpfändbar)	130,00 €
abzüglich Weihnachtsgeld § 850a Nr. 4 ZPO (unpfändbar) i. H. v.	500,00 €
	1.810,00 €

Von dem Betrag i. H. v. 1.810 € ist bei Anwendung der Tabelle zu § 850c ZPO auszugehen. Auch hier ist die Tabelle für die monatliche Zahlung anwendbar; der Arbeitnehmer (Schuldner) ist drei Personen – Ehefrau und zwei Kindern – gegenüber unterhaltspflichtig. Das abzulesende pfändbare Entgelt beträgt hier 42 € und ist am Zahltag an den Gläubiger zu überweisen.

Dazu kommen noch ggf. weitere Arbeitseinkommen, und zwar nur i. H. d. Nettolohns (§ 850e Nr. 2 ZPO) oder Ansprüche nach dem Sozialgesetzbuch (§ 850e Nr. 2a ZPO). Die Zusammenrechnung nimmt das Vollstreckungsgericht nur auf Antrag eines Beteiligten vor. Danach ist die Tabelle anzuwenden (im Ergebnis ebenso: Stöber, a. a. O., Rn. 1132 bis 1136; Henze, Rpfleger 1980, 456).

aa) Mehrere Arbeitseinkommen eines Schuldners

373 Bei der Pfändung mehrerer Arbeitseinkommen ist einsichtig, dass nicht jeder der Arbeitgeber auf den von ihm gezahlten Lohn die Tabelle zu § 850c ZPO anwenden darf, da der Schuldner dann **zweimal** den **vollen Unpfändbarkeitsbetrag** erhalten würde. Daher bestimmt § 850e Nr. 2 ZPO, dass – auf Antrag – zunächst die Einkommen zusammengerechnet werden müssen.

374 Dieser Antrag kann nur vom Gläubiger gestellt werden (nicht auch vom Schuldner und nicht vom Drittschuldner). Er wird oft schon darin zu sehen sein, dass Einkommen verschiedener Arbeitgeber in einem Pfändungsantrag angegeben worden sind. In dem Beschluss des Rechtspflegers auf Zusammenrechnung ist zwingend notwendig anzugeben, welcher Arbeitgeber künftig die pfändbaren Beträge abführen muss; die Höhe der pfändbaren Bezüge muss der Arbeitgeber allerdings regelmäßig selbst errechnen, da die Zusammenrechnung in der Praxis fälschlicherweise durch sog. **Blankettbeschlüsse** erfolgt (s. hierzu Behr, JurBüro 1997, 293). Hierbei ist zu bemerken, dass die Zusammenrechnung nicht voraussetzt, dass mehrere Arbeitseinkommen unbedingt gepfändet sind. In der Praxis sollten jedoch alle Arbeitseinkommen gepfändet werden, um eventuelle **Rangverluste** (mangels Pfandrechts) zu vermeiden. Bei der Pfändung durch Unterhalts- (§ 850d ZPO) und andere bevorrechtigte Gläubiger (§ 850f Abs. 2 ZPO) sind weitere Einkünfte des Schuldners bei Bemessung des ihm als notwendigen Unterhalt für sich und seine Familie belassenden Betrags schon ohne weiteres zu berücksichtigen; hierzu bedarf es einer förmlichen Zusammenrechnung nicht (Zöller/Stöber, ZPO, § 850e Rn. 3). In jedem Fall muss aber auch bei der Unterhaltspfändung (§ 850d ZPO) der Unterhaltsgläubiger die Möglichkeit haben, die Zusammenrechnung mehrerer Arbeitseinkommen oder Renten zu beantragen (Thomas/Putzo, ZPO, § 850e Rn. 3).

bb) Zusammenrechnung von Arbeitseinkommen mit Sozialleistungen

Eine Zusammenrechnung des Arbeitseinkommens mit Sozialleistungen (z. B. Wohngeld, Renten, Kindergeld usw.) ermöglicht § 850e Nr. 2a Satz 1 ZPO mit laufenden Geldleistungen nach dem SGB, soweit diese nach § 54 Abs. 4 SGB I (ggf. auch nach § 54 Abs. 5 SGB I) der Pfändung unterworfen sind. Unpfändbar sind **laufende Geldleistungen** nach Maßgabe des § 54 Abs. 3 Nr. 1 – 3 SGB I (Erziehungs- und Mutterschaftsgeld bis zur Höhe des Erziehungsgeldes) sowie für Mehraufwand wegen Körper- und Gesundheitsschadens (Hornung, Rpfleger 1994, 442). Häufiger Anwendungsfall in der Pfändungspraxis ist die **Anordnung der Zusammenrechnung von Lohn und Gehalt** mit dem vom Arbeitsamt oder Arbeitgeber zu zahlenden **Kindergeld**. Dies ist jedoch nur möglich, wenn ein Kind wegen seines gesetzlichen Unterhaltsanspruchs die Pfändung betreibt. Ausgeschlossen ist damit die Pfändung für andere Geldleistungen.

375

cc) Zusammenrechnung von Geld- und Sachleistungen

Erhält der Schuldner aus einem Arbeits- oder Dienstverhältnis von demselben Arbeitgeber neben seinen Geldbezügen auch Naturalleistungen (z. B. freie Kost und Wohnung, freie Arbeitskleidung), so hat der Arbeitgeber von sich aus eine Zusammenrechnung beider Leistungen vorzunehmen, ohne dass es eines ausdrücklichen Beschlusses des Vollstreckungsgerichts bedarf (§ 850e Nr. 3 ZPO).

376

3. Zusammentreffen von Lohnabtretung und Lohnpfändung

Die Abtretung zukünftiger Lohnansprüche findet sich oft im Zusammenhang mit **Kreditkäufen** oder **Kleinkrediten.** Ist ein solcher Abtretungsvertrag zustande gekommen, so entsteht die Forderung (soweit sie abgetreten ist) gar nicht erst in der Hand des Arbeitnehmers, sondern sogleich in der Hand der Bank. Sie ist vom Ursprung her **unmittelbar Gläubigerin** (§§ 398, 400 BGB). Möglich ist sogar die Abtretung gegenüber zukünftigen, noch nicht näher bekannten Arbeitgebern.

377

Solange die Abtretung dem Arbeitgeber nicht angezeigt ist, kann er mit **befreiender Wirkung** an seinen Mitarbeiter zahlen (§ 407 BGB). Diese Anzeige hat jedoch auf die Wirksamkeit der Abtretung keinen Einfluss.

378

Treffen Lohnabtretung und Lohnpfändung zusammen, so gelten unterschiedliche Wirksamkeitstermine, die der Arbeitgeber zu beachten hat. Für den Rang der Pfändung ist die Zustellung an den Drittschuldner entscheidend (§ 829 Abs. 3 ZPO); für die Abtretung gilt schon der Tag des Abtretungsvertrages. Es ist also oft festzustellen, dass die zeitlich viel später angezeigte Lohnabtretung oftmals der früher zugestellten Pfändung im Range vorgeht.

379

Besteht Unklarheit oder Streit über die Wirksamkeit oder den Zeitpunkt der Abtretung und damit für den Drittschuldner Ungewissheit darüber, ob der Zessionar Anspruch auf Zahlung hat oder ob die Forderung als dem Schuldner gehörend wirksam gepfändet und überwiesen ist, so kann der Drittschuldner nach § 372 BGB – nicht jedoch nach § 853 ZPO – hinterlegen.

Tritt verbotswidrig der Arbeitnehmer sein bereits gepfändetes Arbeitseinkommen ab, so ist diese Abtretung dem pfändenden Gläubiger gegenüber **relativ unwirksam.** Unwirksam ist die Abtretung einer gepfändeten Forderung dem Gläubiger gegenüber auch, wenn die Abtretungserklärung auf einen Zeitpunkt zurückdatiert wird, der vor der Pfändung liegt. Viele Betriebe und Verbände haben in **Tarifverträgen oder Betriebsvereinbarungen** die Unzulässigkeit einer Lohnabtretung vereinbart. Der Arbeitgeber hat dieses Verbot zu beachten und darf in keinem Falle an einen Abtretungsgläubiger zahlen (§ 399 BGB). Liegt ein Ausschluss vor, ist nur ein Pfändungs- und Überweisungsbeschluss möglich. Die Rangfolge bestimmt sich dann nur nach §§ 829 Abs. 3 u. 804 ZPO.

380

Die Pfändung einer Forderung setzt einen im Zeitpunkt der Pfändung in der Person des Schuldners bestehenden Anspruch gegen den Drittschuldner voraus; ist dies nicht der Fall, ist sie schlechthin nichtig.

381

382 Das gilt auch, wenn der Anspruch auf Versicherungsleistung im Zeitpunkt der Pfändung zur Sicherheit abgetreten war und später zurückabgetreten werden soll (BGH, Urt. v. 12. 12. 2001 – IV ZR 47/01, Rpfleger 2002, 272).

Beruft sich ein Drittschuldner gegenüber dem Vollstreckungsgläubiger darauf, die gepfändete Forderung sei vor Zustellung des Pfändungs- und Überweisungsbeschlusses vom Vollstreckungsschuldner abgetreten worden, so trägt er die Beweislast für diese Behauptung (OLG Nürnberg, Urt. v. 30. 5. 2001 – 4 U 309/01, MDR 2001, 1372).

Der eine Forderung einklagende Zessionar trägt die Beweislast für seine Behauptung, die Forderung sei schon vor der Zustellung eines Pfändungs- und Überweisungsbeschlusses an den Zedenten abgetreten worden (LG Hanau, Urt. v. 5. 2. 1999, MDR 1999, 628).

383 Ein Pfändungs- und Überweisungsbeschluss entfaltet keine vollstreckungsrechtlichen Wirkungen, wenn die gepfändete Forderung im Zeitpunkt der Pfändung abgetreten war. Die spätere Rückabtretung einer fälligen Forderung führt grds. nicht zur Entstehung eines Pfändungspfandrechts.

384 Werden künftige, fortlaufende Vergütungsansprüche eines Schuldners gegen den Drittschuldner, die voraus abgetreten sind, gepfändet und zur Einziehung überwiesen, so erwächst ein Pfandrecht dann, wenn die Forderungen zurückabgetreten werden. Nach § 832 ZPO genügt für die Pfändung fortlaufender Bezüge, dass deren **Entstehungsgrund** gesetzt wird.

385 Wird die Vorausabtretung nach dem **Anfechtungsgesetz** angefochten, so entsteht zwischen dem Anfechtenden und dem Anfechtungsgegner ein **Rückgewährschuldverhältnis**, nach dem der Anfechtungsgegner und Zessionar der Vorausabtretung verpflichtet ist, das anfechtbar erworbene Vermögen zurückzugewähren oder die Zwangsvollstreckung zu dulden.

386 Zahlt der Drittschuldner weiter an den Zessionar der Vorausabtretung, so bedarf es aufgrund des Anfechtungsurteils der Pfändung und Überweisung der voraus abgetretenen Forderung (BAG, Urt. v. 17. 2. 1993 – NJW 1993, 2699).

4. Strenge Lohnpfändung

387 Der **Pfändungsschutz** der §§ 850 ff. ZPO hat zum Ziel, dass der Schuldner das, was er für sich und seine Familie zum Leben benötigt, erwerben kann. Das System der Pfändungstabelle versagt notwendigerweise dann, wenn das Schuldverhältnis innerhalb der Familie besteht, so z. B. wenn ein Schuldner nicht für sein „nichteheliches" Kind zahlt. Für Forderungen dieser Art müssen zwei Dinge gewährleistet sein:

- Auch dann, wenn schon alles bis auf den unpfändbaren Lohnanteil weggepfändet ist, muss noch etwas zum Verteilen da sein und

- es muss eine möglichst gleichmäßige Befriedigung aller Familienmitglieder gesichert sein. Diesen Erfordernissen entspricht § 850d ZPO, der die **Pfändbarkeit von Unterhaltsansprüchen** regelt.

Wenn auch Unterhaltsgläubiger gelegentlich von der einfachen Pfändung gem. § 850c ZPO Gebrauch machen, so nutzt der überwiegende Teil das Vorrecht gem. § 850d ZPO aus. Der Sinn dieses Vollstreckungsprivilegs ist, den besonders von der Schuldnerleistung abhängigen Gläubigern einen wesentlich erweiterten Zugriff in das Arbeitseinkommen zu ermöglichen. Dabei entsteht durch die sorgfältige Abwägung des sozialstaatlich gebotenen Schutzes des Schuldners und aller weiteren von seiner Leistungskraft abhängigen Angehörigen ebenso große Probleme wie durch die Befriedigungskonkurrenzen und -kollisionen, die sich ergeben, wenn einzelne privilegierte Forderungen untereinander oder im Verhältnis zu Normalgläubigern aufeinander treffen. Durch die ab 1. 1. 2002 erheblich heraufgesetzten unpfändbaren Beträge gibt es für einen Unterhaltsgläubiger nur noch die „**bevorrechtigte Pfändung**" um Schaden abzuwenden.

a) Pfändungsgrenzen

Zunächst vergrößert § 850d ZPO die zu verteilende Masse, indem die Unpfändbarkeitsregeln des § 850a ZPO gelockert werden: Vom Überstundengeld wird ein weiteres Viertel, vom Urlaubsgeld und von der Weihnachtsvergütung werden jeweils die Hälfte zur Pfandmasse gezogen. 388

Es wird keine starre, sondern eine **Rahmen-Regelung** getroffen. Dadurch soll der Einzelfall besser berücksichtigt werden. **Obergrenze** ist die Pfändungstabelle (§ 850d Abs. 1 Satz 3 ZPO), **Untergrenze** ist der notwendige Unterhalt für den Schuldner (er soll, bedingt durch die Pfändung, nicht den Gang zum Sozialamt antreten müssen). 389

Notwendig ist nicht notdürftig; es ist auch nicht das, was der Schuldner als notwendig ansieht. Es ist vielmehr der **gesamte Lebensbedarf** des Schuldners: Unterkunft, Ernährung, Kleidung, Körperpflege, Hausrat, Heizung, Strom, Gas, Wasser, kleines Taschengeld. Dazu können noch kommen: Fahrten zur Arbeitsstätte, Diätzulage usw. Es wäre möglich, die erforderlichen Beträge in jedem einzelnen Falle genau zu ermitteln. Das würde aber zum einen gegen § 834 ZPO verstoßen und zum anderen einen ganz unrationellen Arbeitsaufwand mit sich bringen. Es ist früher versucht worden, das Problem mit Hilfe der Regelsätze des BSHG zu lösen. Das war problematisch, da diese Regelsätze öfter und schneller angehoben wurden als die Pfändungsfreigrenzen und sich dadurch ein schiefes Bild bot. Heute wird der Umfang des notwendigen Unterhalts (**Sockelbetrag**) von der amtsgerichtlichen Praxis unter Berücksichtigung der Lebenshaltungskosten und der örtlichen Verhältnisse bestimmt (LG Detmold, Rpfleger 2000, 340; LG Halle, Rpfleger 2000, 557). Ein Teil der Praxis (KG, NJW-RR 1987, 132 m. w. N.) orientiert sich am doppelten Eckregelsatz der Sozialhilfe (vgl. KG, Rpfleger 1994, 373 u. JurBüro 1994, 403; LG Erfurt, JurBüro 1996, 384; LG Osnabrück, FamRZ 2001, 840; LG Dresden, JurBüro 1999, 159) oder aber am Existenzminimum (AG Köln, NJW-RR 1993, 1156). Besser erscheint eine **konkrete Berechnung des vollstreckungsrechtlichen Existenzminimums** (hierzu Büttner, FamRZ 1994, 1433; s. auch Behr, JurBüro 1997, 10). 390

Für die amtsgerichtliche Praxis ist eine klare und einfache Handhabung nötig. Sollten sich die Parteien beschwert fühlen, mögen sie sich durch eine **Erinnerung** gem. § 766 ZPO beim **Vollstreckungsgericht** eine abgewogenere Entscheidung holen. Diese – auf den Einzelfall zugeschnittenen – Beschlüsse sind dann jedoch nicht geeignet, die Regellösung zu beeinflussen. 391

Eine Reihe von AG haben unter Mitarbeit der Sozialämter aus einer großen Fülle von Unterhaltspfändungen ermittelt, dass ein Betrag von 600 € bis 650 € für den Normalfall als notwendiger Unterhalt angesehen werden kann. Das ist etwas mehr als das Doppelte des Sozialhilfesatzes.

Das Vorrecht der Unterhaltsforderung ist zeitlich begrenzt. Nur Rückstände, die nicht älter als ein Jahr (für die Abgrenzung ist der Antrag auf Erlass des Pfändungs- und Überweisungsbeschlusses maßgebend) sind, können bevorrechtigt gem. § 850d ZPO gepfändet werden. Wird vom Gläubiger allerdings geltend gemacht, dass der Schuldner sich seiner Zahlungspflicht absichtlich entzogen hat, gilt auch das Vorrecht für ältere Rückstände. Diese Prüfung nimmt allein das **Vollstreckungsgericht** vor. 392

Keine Vorzugsstellung genießen z. B.: 393

- vertraglich begründete Unterhaltsansprüche, wenn es sich nicht um die vertragliche Regelung gesetzlicher Unterhaltsansprüche handelt,
- Aussteuer- und Ausstattungsansprüche, sowie Ansprüche aus Altenteil, Leibgeding oder Leibrente,
- Prozesskostenvorschuss nach § 1360a Abs. 4 BGB (str., s. Stöber, a. a. O., Rn. 1084),
- Prozesskosten des Unterhaltsrechtsstreites (str., s. Stöber, a. a. O., Rn. 1085),
- Zinsen für Unterhalt werden als Verzugsfolgen geschuldet; sie sind kein Unterhalt und deshalb nicht bevorrechtigt.

394 Die Bevorrechtigung nach § 850d ZPO bleibt jedoch bestehen, wenn der Anspruch auf einen eingesprungenen anderen Unterhaltsschuldner übergeht oder wenn Unterhaltsansprüche kraft Gesetzes auf einen Dritten übergegangen sind und geltend gemacht werden (LG Erfurt, JurBüro 1997, 46 = FamRZ 1997, 510 = Rpfleger 1997, 74; LG Stuttgart, Rpfleger 1996, 119). Bei Konkurrenz mit dem Unterhaltsberechtigten hat jedoch dieser in den Grenzen des durch § 850d ZPO ermöglichten **erhöhten Pfändungszugriff** Vorrang (LG Aachen, FamRZ 2001, 177).

395 Zwangsvollstreckungskosten teilen das Schicksal der Hauptforderung (s. auch § 788 ZPO). Die Kosten einer wegen des Unterhalts betriebenen früheren Zwangsvollstreckung und die Vollstreckungskosten der Lohnpfändung selbst nehmen daher am **Pfändungsprivileg des Unterhaltsanspruchs** teil (Stöber, a. a. O., Rn. 1086).

b) Rangfolge mehrerer Unterhaltsberechtigter

396 Für die rangmäßige Befriedigung sorgt § 850d Abs. 2 ZPO.

Danach haben **ersten Rang:**

- frühere Ehegatten, jetzige Ehegatten (ihr Rangverhältnis innerhalb der ersten Gruppe ist jedoch durch Verweisung auf § 1582 BGB dem materiell-rechtlichen angeglichen; die Stellung des früheren Ehegatten ist damit in bestimmten Lagen verbessert; dazu Dieckmann, FamRZ 1977, 163; Diederichsen, NJW 1977, 361; LG Frankenthal, Rpfleger 1984, 106),
- minderjährige unverheiratete Kinder sowie
- ein Elternteil mit seinem Anspruch nach §§ 1615l, 1615n BGB.

Zweiten Rang haben die übrigen Abkömmlinge,

also die volljährigen Kinder, Enkelkinder, minderjährigen verheirateten Kinder (hier gehen die Kinder den anderen Abkömmlingen vor, also sowohl den über sie mit dem Schuldner verwandten Enkelkindern als auch den Abkömmlingen eines verstorbenen Kindes).

Dritten Rang haben die Verwandten aufsteigender Linie, wobei die näheren Grade den entfernteren vorgehen.

Ein volljähriges Kind ist daher bei der Festsetzung des unpfändbaren Betrages gem. § 850d im Rahmen einer Pfändung für ein minderjähriges Kind nicht zu berücksichtigen. Auch in der Zwangsvollstreckung gelten die in § 1609 BGB geregelten Rangverhältnisse bürgerlich-rechtlicher Unterhaltspflichten (LG Duisburg, JurBüro 1998, 551).

c) Pfändungsverfahren

397 Das Pfändungsvorrecht des § 850d ZPO muss von dem Unterhaltsgläubiger ausdrücklich oder konkludent durch **Antrag** geltend gemacht werden. Geschieht dies nicht oder stellt er den Antrag ausdrücklich nach § 850c ZPO, sind die Pfändungsgrenzen nach den für gewöhnliche Forderungen geltenden Vorschriften festzulegen (also unter Berücksichtigung des Nettoeinkommens und der unterhaltsberechtigten Personen). Die für die Feststellung des Unterhaltsbedarfs des Schuldners notwendigen Einzelheiten muss der Gläubiger schlüssig darlegen. Dazu gehört vor allem auch die Angabe, ob der Schuldner alleinstehend ist oder/und ob weitere unterhaltsberechtigte vorgehende oder gleichstehende Angehörige vorhanden sind. Der in der Praxis und teilweise auch in der Lit. vertretenen Auffassung, die Ermittlung des Ranges und der unterhaltsberechtigten Personen im Ergebnis dem Drittschuldner zu überlassen (so Helwich, Pfändung des Arbeitseinkommens, S. 41 ff.) kann nicht gefolgt werden, da nach § 850d ZPO dem Schuldner jeweils soviel zu belassen ist, als er für seinen notwendigen Unterhalt und zur Erfüllung seiner laufenden gesetzlichen Unterhaltspflichten gegenüber den dem Gläubiger vorgehenden Berechtigten oder zur gleichmäßigen Befriedigung der dem Gläubiger gleichstehenden Berechtigten bedarf.

F. III. Zwangsvollstreckung wegen Unterhaltsforderungen in Forderungen

Wie bereits festgestellt, ist der dem Schuldner für seinen eigenen Unterhalt pfandfrei zu belassene Einkommensteil ziffernmäßig zu benennen. Ebenso ist der dem Schuldner zur Erfüllung seiner laufenden Unterhaltspflichten gegenüber **vorgehenden Berechtigten** zu belassende Einkommensteil im Pfändungsbeschluss betragsmäßig anzugeben.

398

Beispiel 1:

Das 19-jährige Kind Felix Schöngeist hat bei der Firma Florian Eifrig GmbH, Hildesheim (Drittschuldner) das Arbeitseinkommen des Technikers Lars Schwarzer wegen nicht gezahlten Unterhalts (Rückstand: 2.300 €) gepfändet. Der Schuldner ist verheiratet und hat ein weiteres minderjähriges Kind Kevin im Alter von fünf Jahren.

Das Vollstreckungsgericht hat den sozialhilferechtlichen Mindestbedarf der Familie Schwarzer wie folgt errechnet:

Sozialhilferegelsätze Stand: 1. 7. 2001 – Durchschnittssätze, da geringfügige Abweichungen in den verschiedenen Bundesländern, der Unterschied liegt bei ca. 10 € monatlich.

1. Regelsatz Haushaltsvorstand	286,83 €
gem. §§ 12 und 22 BSHG i. V. m. §§ 1 ff. RegelsatzVO	
2. Regelsatz Haushaltsangehörige	
– Ehefrau	229,47 €
– Sohn Kevin	143,42 €
gem. §§ 11, 12 und 22 BSHG i. V. m. §§ 1 ff. RegelsatzVO	
3. Mehrbedarfszuschläge	
a) Beihilfe i. H. v. 20 % des Regelsatzes	131,94 €
gem. § 21 Abs. 1 BSHG für notwendige	
Aufwendungen i. S. v. § 12 BSHG	
b) Erwerbstätige gem. § 76 Abs. 2a Nr. 2 BSHG	71,70 €
4. Aufwendungen für die mit der Erzielung des Einkommens verbundenen	
notwendigen Ausgaben gem. § 76 Abs. 2 Nr. 4 BSHG	
Notwendige Aufwendungen für Arbeitsmittel	10,00 €
gem. § 3 Abs. 2 Nr. 1 i. V. m. § 3 Abs. 5 DVO zu § 76 BSHG	
i. H. d. tatsächlichen Kosten oder Pauschale	
5. Monatliche Miete gem. § 22 BSHG i. V. m. § 3 RegelsatzVO	400,00 €
6. Beiträge zu öffentlichen und privaten	5,66 €
Versicherungen gem. § 76 Abs. 2 Nr. 3 BSHG	
angemessene Hausratsversicherung = 5,66 €	
Monatlicher sozialhilferechtlicher Gesamtbedarf	*1.279,02 €*
abzüglich Kindergeld für den Sohn Kevin	*154,00 €*
Restlicher monatlicher Gesamtbedarf	*1.125,02 €*

Wenn dem Schuldner jedoch über seinen eigenen notwendigen Unterhalt hinaus zur gleichmäßigen Befriedigung gleichstehender Berechtigter ein weiterer Einkommensteil pfandfrei zu belassen ist, kann im Pfändungsbeschluss für die Gleichberechtigten kein ziffernmäßig bestimmter pfändungsfreier Betrag bezeichnet werden, weil sonst bei unzureichendem Arbeitseinkommen der – gleichberechtigt – pfändende Gläubiger das Nachsehen hätte. Bei sehr hohem Einkommen des Schuldners schlägt dieses wiederum in das Gegenteil um.

399

Beispiel 2:

Das „nichteheliche" dreijährige Kind Felix Schöngeist hat bei der Firma Florian Eifrig GmbH, Hildesheim (Drittschuldner) das Arbeitseinkommen des Technikers Lars Schwarzer wegen nicht gezahlten laufenden Unterhalts von monatlich 200 € und Unterhaltsrückstands i. H. v. 2.200 € gepfändet. Der Schuldner ist verheiratet und hat ein weiteres minderjähriges Kind Kevin im Alter von fünf Jahren.

a)	Monatliches Nettoeinkommen des Schuldners	1.200,00 €
	Restlicher monatlicher Gesamtbedarf	1.125,02 €
	Für den gleichrangigen Unterhaltsgläubiger verbleiben	74,98 €
b)	Monatliches Nettoeinkommen des Schuldners	2.700,00 €
	Restlicher monatlicher Gesamtbedarf	1.125,02 €
	Für den gleichrangigen Unterhaltsgläubiger verbleiben	<u>1.574,98 €</u>

Der den Sockelbetrag (z. B. 650 €) übersteigende Betrag wird i. d. R. nach Kopfzahl auf die Berechtigten aufgeteilt. Gleicher Rang bedeutet nicht gleiche Menge. Es ist nun einmal so, dass eine Ehefrau einen höheren Bedarf hat als ein minderjähriges Kind. Das darf auch in der Vollstreckung berücksichtigt werden. Bei Unterhaltspfändung durch ein minderjähriges „nichteheliches" Kind hat daher, wenn der Schuldner verheiratet ist und einem minderjährigen ehelichen Kind Unterhalt zu leisten hat, der Beschluss zu lauten:

Formulierungsbeispiel:

„. . . vom Nettoeinkommen des Schuldners, soweit es den für seinen eigenen notwendigen Unterhalt bestimmten Betrag von (z. B. 650 €) übersteigt, (für Ehefrau und eheliches Kind) zwei Drittel pfandfrei bleiben und ein Drittel gepfändet wird" (s. Stöber, a. a. O., Rn. 1122 ff.).

Aber auch hier darf der dem Schuldner verbleibende Teil seines Arbeitseinkommens den Betrag nicht übersteigen, der ihm nach § 850c ZPO gegenüber nicht bevorrechtigten Gläubigern verbleiben würde (§ 850d Abs. 1 Satz 3 ZPO).

Beispiel 3:

Der Arbeitnehmer ist verheiratet und hat außer dem „nichtehelichen" Kind eine zehnjährige eheliche Tochter. Sein monatliches Nettoeinkommen beträgt 4.200 €.

Es pfändet Gläubiger Kräftig wegen einer Darlehensforderung von 22.000 € das Arbeitseinkommen. Abtretungen und weitere Pfändungen liegen dem Arbeitgeber nicht vor.

Der pfändbare Betrag ist nach § 850c ZPO wie folgt zu ermitteln:

1. Pfändbar in voller Höhe ist der 2.851 €
   übersteigende Betrag (4.200 € ./. 2.851 €) = 1.349,00 €
2. hinzuzurechnen ist der nach der Tabelle bei 2.851 € unter
   Berücksichtigung von drei unterhaltsberechtigten Personen
   pfändbare Betrag von = 354,00 €
   insgesamt also pfändbar = <u>1.703,00 €</u>

Dem Schuldner verbleiben also 4.200 € ./. 1.703 € = <u>2.497,00 €</u>

F. III. Zwangsvollstreckung wegen Unterhaltsforderungen in Forderungen

Beispiel 4:
Der Arbeitnehmer ist verheiratet und hat außer dem „nichtehelichen" Kind eine zehnjährige eheliche Tochter. Sein monatliches Nettoeinkommen beträgt 4.200 €.
Es pfändet das „nichteheliche" Kind wegen eines laufenden monatlichen Unterhaltsanspruchs von 200 € und wegen eines Unterhaltsrückstandes von 2.400 € (ein Jahr Rückstand) nach § 850d ZPO das Arbeitseinkommen des Schuldners. Abtretungen und Vorpfändungen liegen wiederum nicht vor.
Der pfändbare Betrag ist **nach § 850d ZPO** wie folgt zu ermitteln:

Nettoeinkommen	4 200,00 €
abzüglich notwendiger Unterhalt für den Schuldner, hier z. B.	650,00 €
verbleiben für die Ehefrau, das eheliche und nichteheliche Kind	3.550,00 €
Laut Pfändungsbeschluss soll die Aufteilung dieses Betrages auf die gleichrangigen Unterhaltsberechtigten nach der Kopfzahl vorgenommen werden, d. h., dass von den 3.550 € ein Drittel pfändbar wäre.	= 1.183,33 €
Dem Schuldner würden hier also (4.200 € ./. 1.183,33 €)	= 3.016,67 €

(also mehr als bei einem normal pfändenden Gläubiger) verbleiben.
Hier finden wir das Korrektiv in § 850d Abs. 1 Satz 3 ZPO. Der Drittschuldner muss nunmehr folgende Vergleichsrechnung anstellen:

Pfändbar nach § 850c ZPO sind bei nur noch zwei unterhaltsberechtigten Personen – das pfändende Kind kann nicht mehr zum Vorteil des Schuldners berücksichtigt werden – der 2.851 € übersteigende Betrag in voller Höhe (4.200 € ./. 2.851 €)	= 1 349,00 €
der nach der Tabelle bei 2.851 € unter Berücksichtigung von nunmehr nur noch zwei unterhaltsberechtigten Personen zu berücksichtigende Betrag von nunmehr	550,00 €
insgesamt also pfändbar	= 1.899,00 €
Dem Schuldner verbleiben also nur 4.200 € ./. 1.899 €	= 2.301,00 €

d) Zusammentreffen mehrerer Pfändungen

Das Arbeitseinkommen des Schuldners zerfällt bei einer Pfändung in drei Teile: **400**

- Teil A, der dem Schuldner für sich und seine Angehörigen unbedingt verbleiben muss, damit er nicht sozialhilfebedürftig wird = unpfändbarer Bereich;
- Teil B, der dem Zugriff bevorzugter Unterhaltsgläubiger offen steht = Vorrechtsbereich des § 850d ZPO);
- und Teil C, der jedem Gläubiger offen steht = allgemein pfändbarer Betrag.

Während für einen „normalen" Gläubiger bei einem verheirateten Schuldner mit zwei Kindern und einem monatlichen Nettoverdienst von 2.900 DM (1.482,75 €) bis zum 31. 12. 2001 immerhin noch monatlich 156,30 DM (79,91 €) pfändbar waren, kann der Schuldner heute 3.285,77 DM (1.679,99 €) netto verdienen, ohne dass der Gläubiger auch nur einen Euro erhält.
Das Arbeitseinkommen des Schuldners kann für mehrere Gläubiger gepfändet werden. Der Rang der einzelnen Gläubigerrechte richtet sich nach der zeitlichen Reihenfolge der dem Arbeitgeber zugestellten Pfändungs- und Überweisungsbeschlüsse (**Prioritätsprinzip**) gem. § 804 Abs. 3 ZPO; d. h. der zuerst zugestellte Pfändungsbeschluss geht den später zugestellten Pfändungsbeschlüssen im Range vor. Der Arbeitgeber muss daher an den zuerst pfändenden Gläubiger so lange zahlen, bis dessen titulierter Anspruch befriedigt ist; der später pfändende Gläubiger geht vorerst leer aus. Nach vollständiger Befriedigung des ersten Gläubigers können dann die Ansprüche des zweiten Gläubigers beglichen werden.

Teil 7 Abschnitt 1: F. Vollstreckung von Unterhaltstiteln

Beispiel:

Dem Arbeitgeber wird am 3. 7. 2002 ein Pfändungs- und Überweisungsbeschluss des Händlers Meyer wegen einer Forderung von insgesamt 2.000 € zugestellt. Am 4. 7. 2002 wird ein weiterer Pfändungs- und Überweisungsbeschluss dem Drittschuldner zugestellt. Diesmal pfändet die Firma Klotz GmbH wegen eines Anspruchs von 400 €.

An wen sind die errechneten pfändbaren Bezüge i. H. v. 108 € auszuzahlen? Der Schuldner ist verheiratet und hat zwei minderjährige Kinder. Sein monatliches Nettoeinkommen beträgt 2.030 €.

Hier muss der Arbeitgeber zuerst an Meyer zahlen und zwar solange, bis dessen Gesamtforderung i. H. v. 2.000 € getilgt ist. Bei gleichbleibenden pfändbaren Bezügen i. H. v. 108 € je Monat wäre die Schuld des ersten Gläubigers in ca. zwei Jahren beglichen. Anschließend erhält die Firma „Klotz GmbH" die pfändbaren Beträge bis zur Begleichung der Schuld.

Werden dem Arbeitgeber beide Pfändungs- und Überweisungsbeschlüsse am 3. 7. 2002 um 10.01 Uhr zugestellt, haben die Gläubiger Gleichrang. Hier ist der pfändbare Betrag im Verhältnis der Forderungen aufzuteilen (2.000 €: 400 € = 5 : 1). Der Arbeitgeber überweist dem Händler 90 € und der GmbH 18 €.

e) Zusammentreffen von „Normalgläubiger" und Unterhaltsgläubiger

401 Treffen jedoch eine normale Lohnpfändung (§ 850c ZPO) und eine strenge Lohnpfändung (§ 850d ZPO) zusammen, so ändert dies grds. nichts an dem **„Prioritätsprinzip"**. War die Pfändung für den „Normalgläubiger" zuerst bewirkt, so hat die spätere Unterhaltspfändung keinen Einfluss auf die vorrangige Pfändung. Die in der Praxis leider noch häufig vertretene Auffassung, dass die Pfändung wegen Unterhalts anderen „normalen" Gläubigern im Rang vorgeht, beruht wohl darauf, dass die unterschiedlichen Auswirkungen der Pfändungen nicht verständlich genug sind. Eine **gesetzliche Regelung** für einen Vorrang der Unterhaltsansprüche gibt es insoweit jedoch nicht (s. § 804 Abs. 3 ZPO).

Beispiel:
Ausgangsfall:

Schuldner ist verheiratet, Ehefrau ist nicht berufstätig, drei eheliche Kinder (sieben, fünf, drei Jahre) und ein „nichteheliches" Kind (neun Jahre).

Das Nettoeinkommen beträgt	3.310,00 €
nach Abzug der Steuern und Sozialabgaben	
Im Gesamtverdienst enthalten sind: (Bruttobeträge)	
Entgelt für Überstunden	200,00 €
Urlaubsgeld	300,00 €
Schmutzzulage	140,00 €
Weihnachtsgeld	600,00 €
	1.240,00 €

„Normale" Lohnpfändung (§ 850c ZPO):
Die Stadtsparkasse pfändet wegen 3.500 € Darlehen.
Berechnung gem. §§ 850e, 850a, 850c ZPO
Vor der Pfändung sind abzurechnen: (hier: brutto von netto!)

1/2 Überstundengeld gem. § 850a Nr. 1 ZPO	100,00 €
1/1 Urlaubsgeld gem. § 850a Nr. 2 ZPO	300,00 €
1/1 Schmutzzulage gem. § 850a Nr. 3 ZPO	140,00 €

F. III. Zwangsvollstreckung wegen Unterhaltsforderungen in Forderungen

Weihnachtsgeld-Höchstbetrag 500 € gem. § 850a Nr. 4 ZPO	500,00 €
	1.040,00 €
	2.270,00 €

Hierauf die Tabelle angewandt: fünf unterhaltsberechtigte Personen

Die Stadtsparkasse erhält:	21,00 €

„Strenge" Lohnpfändung:

Das nichteheliche Kind pfändet wegen 1.800 € rückständigen und 200 € laufenden Unterhalts. Berechnung nach § 850d ZPO und § 850a ZPO.

Das Nettoeinkommen beträgt	3.310,00 €
Der Schuldner erhält vorab:	
1/4 Überstundengeld	50,00 €
1/2 Urlaubsgeld	150,00 €
1/1 Schmutzzulage	140,00 €
Weihnachtsgeld – 1/2 Höchstbetrag	250,00 €
	590,00 €
ferner Sockelbetrag – angenommen -	650,00 €
	1.240,00 €
Zu verteilen auf die unterhaltsberechtigten Personen	2.070,00 €
Das pfändende Kind erhält also 1/5 :	414,00 €

Nachfolgend strenge Pfändung:

Die Stadtsparkasse hat bereits gepfändet; jetzt pfändet das „nichteheliche" Kind.

Die Stadtsparkasse erhält weiterhin	21,00 €
Das „nichteheliche" Kind 414 €	
abzüglich vorrangiger Gläubiger 21 €	393,00 €

Vertretbar und auch nicht gegen das Prioritätsprinzip verstoßend ist auch nachstehende Berechnung und Verteilung:

Nettoeinkommen des Schuldners – hier –	3.310,00 €
abzügl. vorrangiger Gläubiger – Stadtsparkasse –	21,00 €
abzügl. unpfändbare Beträge	
1/4 Überstundengeld	50,00 €
1/2 Urlaubsgeld	150,00 €
1/1 Schmutzzulage	140,00 €
Weihnachtsgeld-1/2 Höchstbetrag	250,00 €
	611,00 €
ferner Sockelbetrag	650,00 €
	1.261,00 €
zu verteilen 3.310 € ./. 1.261 €	2.049,00 €
Das pfändende Kind erhält 1/5	409,80 €

Hier ist, wie in § 850c ZPO auch vorgesehen, die gesamte Familie von der „normalen" Pfändung betroffen. Sie belastet damit nicht einseitig den pfändenden Unterhaltsgläubiger.

Teil 7 Abschnitt 1: F. Vollstreckung von Unterhaltstiteln

Bei Anwendung dieser Berechnungsart – die das Rangverhältnis nicht beeinflusst – hat der Schuldner nicht die Möglichkeit, selbst auf die Höhe des pfändbaren Betrags Einfluss zu nehmen.

Beispiel:

Das Arbeitseinkommen eines verheirateten Schuldners mit einem ehelichen und einem „nichtehelichen" minderjährigen Kind wird von der Stadtsparkasse gepfändet.

Das monatliche Nettoeinkommen des Schuldners beträgt:	1.830,00 €
Die Stadtsparkasse erhält lt. Tabelle	
– bei drei unterhaltsberechtigten Personen –	48,00 €

Belastet sind hier der Schuldner und alle weiteren unterhaltsberechtigten Personen.

Nunmehr stellt der Schuldner die monatlichen Unterhaltszahlungen an das „nichteheliche" Kind i. H. v. 200 € sowie Rückstände in Höhe von 2.400 € ein.

Nach mehreren Mahnungen pfändet das „nichteheliche" Kind nach § 850d ZPO wegen lfd. Unterhalts und wegen des Rückstandes das Arbeitseinkommen des Schuldners.

Das führt zu folgendem Ergebnis:

Nettoeinkommen:	1.830,00 €
abzügl. vom Gericht festgesetzter Sockelbetrag	650,00 €
	1.180,00 €
aufgeteilt auf die drei unterhaltsberechtigten Personen	393,33 €
abzügl. Zahlungen an den vorrangigen Gläubiger	48,00 €
verbleiben für den pfändenden Gläubiger hier:	345,33 €

Der Schuldner hat damit erreicht, dass bis zur Tilgung des Rückstandes nur der pfändende Unterhaltsgläubiger die Lasten der vorrangigen Pfändung trägt. Für seine weiteren zwei unterhaltsberechtigten Personen erhält er ja weiterhin jeweils unverändert 393,33 €.

Bei der von mir in der Lehre vertretenen Meinung ist eine Manipulation ausgeschlossen, wenn – natürlich unter Wahrung des Prioritätsverhältnisses – folgende Berechnung vorgenommen wird:

Nettoeinkommen des Schuldners	1.830,00 €
abzügl. vorrangiger Gläubiger	48,00 €
	1.782,00 €
abzügl. Selbstbehalt für den Schuldner	650,00 €
(Sockelbetrag)	1.132,00 €
aufgeteilt auf die drei unterhaltsberechtigten Personen	
auf das „nichteheliche" Kind, eheliche Kind, Ehefrau entfallen hier je	377,33 €

Hier ist sichergestellt, dass die nach § 850c ZPO vorgesehene Belastung sämtliche unterhaltsberechtigten Personen betrifft.

Noch deutlicher wird die Benachteiligung bei höherem Einkommen des Schuldners.

Beispiel:

Schuldner, verheiratet, ein eheliches und ein „nichteheliches" Kind

Monatliches Nettoeinkommen des Schuldners	4.800,00 €
Es pfändet die Stadtsparkasse das Arbeitseinkommen wegen einer Forderung	
i. H. v. 30.000 €	
Pfändbar laut Tabelle: (4.800 € ./. 2.851 € = 1.949 € und 354 €)	2.303,00 €

F. III. Zwangsvollstreckung wegen Unterhaltsforderungen in Forderungen

unpfändbar	2.497,00 €

Nunmehr stellt der Schuldner seine Zahlungen an das „nichteheliche" Kind ein. Dieses pfändet jetzt das Arbeitseinkommen nach § 850d ZPO. Der Drittschuldner errechnet nunmehr anhand des vorliegenden Beschlusses den pfändbaren Betrag wie folgt:

Nettoeinkommen	4.800,00 €
abzügl. vom Vollstreckungsgericht festgesetzter Sockelbetrag	650,00 €
aufzuteilen auf die drei unterhaltsberechtigten Personen	4.150,00 €
Es würden auf das pfändende Kind	1.383,33 €

entfallen. Hier erhält das Kind aber nichts, da der erstrangige Gläubiger den Betrag (2.303 €) ausschöpft.

Deshalb ist hier § 850d Abs. 1 Satz 3 ZPO zu beachten!!

Nettoeinkommen	4.800,00 €
pfändbar nach § 850c ZPO wären für das Kind	2.499,00 €
(4.800 € ./. 2.851 € = 1.949 € und 550 €)	
(dann aber nur lt. Tabelle zwei unterhaltsberechtigte Personen)	
Von den	4.800,00 €
erhält der erstrangig pfändende Gläubiger (Sparkasse)	2.303,00 €
und das „nichteheliche" Kind 2.499,00 €	
abzügl. vorrangiger Gläubiger 2.303,00 €	196,00 €
Den beiden weiteren – gleichrangigen – Unterhaltsberechtigten verbleiben jeweils	1.383,33 €.

Bei gleichmäßiger Belastung aller unterhaltsberechtigter Personen würde das „nichteheliche" Kind erhalten:

Nettoeinkommen	4.800,00 €
abzügl. Stadtsparkasse	2.303,00 €
	2.497,00 €
abzügl. Sockelbetrag	650,00 €
	1.847,00 €
aufgeteilt auf drei Personen – je Person –	615,66 €

Probleme bereiten in der Praxis den Drittschuldnern Pfändungen mehrerer Unterhaltsgläubiger. Hier sind unterschiedliche Sockelbeträge und Berechnungsmodalitäten kaum überwindbar. In solchen Fällen kann dem Drittschuldner oder den Beteiligten nur empfohlen werden, einen **„klarstellenden" Beschluss** des Vollstreckungsgerichts zu erwirken. Eine praktische Hilfe bietet auch § 853 ZPO, da im anschließenden Verteilungsverfahren (§§ 872 ff. ZPO) das Gericht den Teilungsplan aufstellt und somit auch die Rangfolge überprüft.

Keine Schwierigkeiten treten auf, wenn bei gleichem Sockelbetrag mehrere Unterhaltsgläubiger zu unterschiedlichen Zeiten pfänden. Hier ist jedoch zu unterscheiden, ob die unterschiedlichen Vorrechtsgläubiger gleichen oder unterschiedlichen Rang haben. Pfändet der Rangschlechtere zuerst, so sind für den Rangbesseren zunächst Pfändungsfreibeträge im ersten Beschluss zu berücksichtigen. Reichen diese Freibeträge nicht aus, so ist dieser Beschluss auf Antrag des besserrangigen, aber zweitpfändenden Gläubigers entsprechend zu ändern. Diese Änderung betrifft aber nur den Vorrechtsbereich, nicht den allgemein pfändbaren Bereich, in dem nach wie vor das Prioritätsprinzip herrscht. Haben Vorrechtsgläubiger gem. § 850d Abs. 2 ZPO den gleichen Rang, was heute wohl der Regelfall ist, so wird bei mehrfacher aufeinanderfolgender Pfändung vereinzelt angenommen, der Prioritätsgrundsatz des § 804 Abs. 3 ZPO sei unbeachtlich. Diese Auffassung hat für sich, dass sich die materielle Gerechtigkeit ohne Rücksicht auf die Regeln des Vollstreckungsrechts durchsetzen kann. In der Praxis wird dieses Problem elegant umgangen, denn bei Abfassung des Pfändungsbeschlusses nach § 850d ZPO wird nach Festsetzung des Sockelbetrages häufig (fast immer) von den Vollstreckungsgerichten angeordnet, dass das den Sockelbetrag übersteigende Arbeitseinkommen (Rente, Arbeitslosengeld usw.) im Verhältnis der gleichrangigen Unterhaltsberechtigten aufgeteilt wird. Dies führt zu einer gleichmäßigen Verteilung des übersteigenden Betrages selbst bei unterschiedlichen Pfändungsterminen.

Beispiel:

Schuldner, verheiratet, zwei minderjährige „nichteheliche" Kinder (Felix und Florian), Nettoeinkommen monatlich 2.300 €. Am 1. 2. pfändet Felix wegen laufenden Unterhalts von monatl. 200 € sowie Rückstandes von 1.200 € und am 2. 2. pfändet Florian wegen laufenden Unterhalts von monatl. 225 € sowie Rückstandes von 675 € das Arbeitseinkommen des Schuldners – beide nach § 850d ZPO.

Selbstbehalt des Schuldners (Sockelbetrag) in beiden Beschlüssen: 650,00 €

(Darüber hinaus Aufteilung nach Kopfteilen)

 Der Drittschuldner errechnet für Felix   2.300,00 €

 abzügl. Sockelbetrag   <u>650,00 €</u>

     1.650,00 €

aufgeteilt auf drei unterhaltsberechtigte Personen

- jeweils – also   <u>550,00 €</u>

Diesen Betrag erhält Felix, bis die Rückstände getilgt sind. Danach führt der Drittschuldner monatlich nur noch 200 € – laufender Unterhalt – an den Gläubiger ab.

Für Florian ergibt sich keine andere Berechnung. Auch er erhält die 550 € bis zur Tilgung der Rückstände. Anschließend werden nur noch 225 € monatlich an ihn abgeführt.

Welche Überlegungen sind jedoch anzustellen, wenn **vor** *den beiden Unterhaltspfändungen bereits eine* **„normale"** *Pfändung ausgebracht worden ist?*

Beispiel:

Schuldner, verheiratet, zwei minderjährige „nichteheliche" Kinder

(Felix und Florian),

 Nettoeinkommen monatlich   2.300,00 €

 a) Die Stadtsparkasse pfändet am 30. 1.

 b) Felix pfändet am 1. 2.

 c) Florian pfändet am 2. 2.

Rangfolge § 804 Abs. 3 ZPO – wie vorstehend –

1. Die Stadtsparkasse erhält unter Berücksichtigung von
 drei unterhaltsberechtigten Personen – lt. Tabelle –   189,00 €

2. Felix erhält   2.300,00 €
 abzügl. Sockelbetrag   650,00 €
 aufgeteilt auf drei Personen   1.650,00 €   <u>550,00 €</u>

3. Florian erhält – wie Felix 550 € – jedoch
 abzüglich 189 € für den erstrangigen „normalen" Gläubiger   <u>361,00 €</u>

Ohne die Rangfolge (§ 804 Abs. 3 ZPO) zu ändern oder gegen Grundsätze des Pfändungspfandrechts zu verstoßen, führt nachstehende „Abrechnung" zu einer Lösung, die dem Sinne und dem Zweck der §§ 850 ff. ZPO entspricht.

1. *Stadtsparkasse erhält unverändert*   189,00 €
2. *Felix erhält*   2.300,00 €
   abzügl. Sockelbetrag   650,00 €
   abzügl. vorrangiger Gl.   189,00 €
       1.461,00 € *davon 1/3*   487,00 €
3. *Florian – s. Berechnung Felix*   487,00 €

f) Verrechnung von Unterhaltsansprüchen

In den bisher gebildeten Fällen hat jeweils zuerst ein nicht bevorrechtigter (normaler) Gläubiger das Arbeitseinkommen gepfändet. Wie bereits festgestellt, ist das Arbeitseinkommen **rechnerisch in drei Teile** zu zerlegen: 402

a) in den Teil, der nach § 850c ZPO jedem Gläubiger (auch dem Abtretungsgläubiger, § 400 BGB) offen steht,

b) in den Teil, der nur dem Zugriff der bevorrechtigten Gläubiger offen steht,

c) in den Teil, der dem Schuldner nach § 850d ZPO (§ 850f Abs. 2 ZPO) auch gegenüber den bevorrechtigten Gläubigern als notwendiger Unterhalt für sich selbst und seine Angehörigen in jedem Falle verbleiben muss. Der nicht bevorrechtigte Gläubiger kann nur den Bereich b) erfassen, die beiden anderen Bereiche stehen ihm nicht zu Verfügung. In seinem Bereich geht er wegen des Prioritätsgrundsatzes (§ 804 Abs. 3 ZPO) später pfändenden Gläubigern – auch Unterhaltsgläubigern – im Range vor.

Hat jedoch zuerst ein bevorrechtigter Gläubiger gepfändet, ist zu unterscheiden, ob der Unterhaltsgläubiger nach § 850d ZPO a) – also als bevorrechtigter Gläubiger – oder b) nur im Umfang des § 850c ZPO – als nicht bevorrechtigter Gläubiger das Arbeitseinkommen des Schuldners gepfändet hat.   403

Hat nämlich der bevorrechtigte Gläubiger nur nach § 850c ZPO das Arbeitseinkommen gepfändet, versperrt er später pfändenden gewöhnlichen Gläubigern – denen die weiteren Einkommensteile nicht zur Verfügung stehen – diesen Bereich. Nur für diesen Fall trifft § 805e Nr. 4 ZPO Vorsorge. Hier hat das **Vollstreckungsgericht auf Antrag** anzuordnen, dass der Anspruch des bevorrechtigten Gläubigers zunächst aus dem Einkommensteil zu nehmen ist, welcher dem gewöhnlichen Gläubiger nicht zur Verfügung steht. Sollte dieser Bereich nicht ausreichen, so ist er auch ganz oder teilweise aus dem allen Gläubigern offenstehenden Betrag zu befriedigen.   404

Beispiel:
Die geschiedene Ehefrau des Schuldners hat im gegenseitigen Einverständnis wegen laufender Unterhaltsansprüche i. H. v. monatlich 250 € das Arbeitseinkommen des Schuldners nur im Rahmen des § 850c ZPO gepfändet.

Der Drittschuldner führt unter Berücksichtigung von zwei

unterhaltsberechtigten Personen (Kinder) bei einem monatlichen

Nettoeinkommen des Schuldners von 1.900 €

an die geschiedene Ehefrau 170 € monatlich ab.

Den Rest von 80 € zahlt der Schuldner freiwillig.

Pfänden nun weitere Gläubiger das Arbeitseinkommen des Schuldners, ist ihnen der allen Gläubigern offenstehende Betrag entzogen.

Hier kann ein Pfändungsgläubiger oder aber auch ein Abtretungsgläubiger (Ausnahme) einen Antrag stellen (§ 850e Nr. 4 ZPO), wonach der nach § 850c ZPO pfändende Unterhaltsgläubiger in den Teil des Arbeitseinkommens verwiesen wird, der nicht bevorrechtigten Gläubigern verschlossen ist.

Das Vollstreckungsgericht muss also auf Antrag ermitteln und beschließen, inwieweit der bevorrechtigte Bereich für den Unterhaltsgläubiger ausreichend ist.

In unserem Ausgangsfall führt das zu folgendem Ergebnis (Berechnung nach § 850d ZPO):

Nettoeinkommen	1.900,00 €
abzügl. Sockelbetrag	650,00 €
	1.250,00 €
aufgeteilt auf nunmehr drei unterhaltsberechtigte Personen	416,66 €
a) *Bei nunmehr drei unterhaltsberechtigten Personen stehen allen Gläubigern bei einem Nettoeinkommen von 1.900 € offen*	69,00 €
b) *nur Unterhaltsgläubigern zur Verfügung stehen (416,66 € ./. 69 €)*	347,66 €

Hier reicht der Betrag zu b) zur Befriedigung der Unterhaltsgläubigerin aus. Für andere Gläubiger nach § 850c ZPO werden somit die ganzen nach § 850c ZPO pfändbaren Beträge i. H. v. 69 € frei.

405 Hat jedoch zuerst ein Unterhaltsgläubiger nach § 850d ZPO und anschließend ein Gläubiger nach § 850c ZPO gepfändet, erübrigt sich ein Beschluss nach § 850e Nr. 4 ZPO, denn hier kann der Drittschuldner ohne Schwierigkeiten die aufgrund der vorliegenden Beschlüsse (§ 850d und § 850c ZPO) zu errechnenden Beträge – s. vorstehend – ermitteln. Hat der Unterhaltsgläubiger das ihm gebührende Vorrecht nicht in Anspruch genommen, sondern nur in den Grenzen des § 850c ZPO gepfändet, tritt trotzdem kraft Gesetzes die Verweisung auf den der Pfändung nach § 850d ZPO in erweitertem Umfang unterliegende Teil des Arbeitseinkommens ein. Der Drittschuldner kann daher von sich aus die notwendigen Berechnungen aufstellen und den Lohnabzug über § 850c ZPO hinaus auf die durch § 850d ZPO gesetzten Grenzen ausdehnen. In diesem Fall haftet aber der Drittschuldner für die Richtigkeit seiner Berechnung. Er kann aber auch – ohne das Risiko zu tragen – mit befreiender Wirkung nach dem Inhalt der ihm zugestellten Beschlüsse leisten, bis ihm ein vom zweitpfändenden Gläubiger oder Schuldner beantragter Beschluss des Vollstreckungsgerichts vorgelegt wird.

g) Verteilungsverfahren

406 Sind **mehrere Gläubiger** an einem Zwangsvollstreckungsverfahren gegen einen Schuldner beteiligt, so wird sich oft ein Streit darüber erheben, wem von ihnen der **beste Rang** (d. h. der Erlös, die Zahlung) zukomme. Das kann geschehen, wenn für mehrere dieselbe Sache gleichzeitig oder im Wege der Anschlusspfändung wirksam gepfändet wurde oder wenn mehrere wirksame Pfändungsbeschlüsse über dieselbe Forderung bei demselben eingegangen sind (somit auch Pfändung bei Sicherungsvollstreckung, § 720a ZPO, oder Arrestvollziehung, § 930 Abs. 1 ZPO).

407 Der Gerichtsvollzieher und der Drittschuldner sollen bei mehrfacher Pfändung nicht das **Risiko** tragen und sollen nicht entscheiden müssen, wer von den Gläubigern das Geld zu erhalten hat. Daher hilft das Gesetz in § 827 ZPO dem Gerichtsvollzieher und in § 853 ZPO dem Drittschuldner. Beide können (und müssen auf Drängen eines der Gläubiger) **hinterlegen**. Ist dies geschehen, so wird das Vollstreckungsgericht auf Anzeige hin in einem **Verteilungsverfahren** tätig (§§ 872 ff. ZPO). Ist jedoch dieselbe Forderung gepfändet und abgetreten, so ist die Hinterlegung durch den Drittschuldner nur nach § 372 BGB möglich. Ein Verfahren nach §§ 872 ff. ZPO scheidet insoweit aus.

408 Da i. d. R. bei Gläubigern und Drittschuldnern die pfändenden Beträge und die Rangfolge durch die Drittschuldner unrichtig ermittelt wurden und die Gläubiger nur in den wenigsten Fällen (wegen angeblicher Bedeutungslosigkeit) die Berechnung überprüfen, gibt das Verfahren nach §§ 853,

872 ff. ZPO die Möglichkeit, die Rangfolge und ggf. auch nach Aufklärung des Drittschuldners die Festlegung der richtigen pfändbaren Beträge zu erreichen.

Zuständig ist der Rechtspfleger des Amtsgerichts, an das die Anzeige nach §§ 873, 802, 827, 853 ZPO; 20 Nr. 17 RPflG zu richten war, gleichgültig, ob es auch für den Erlass des Pfändungsbeschlusses zuständig war. Der Geldbetrag ist jedoch bei der Hinterlegungsstelle (§ 1 HinterLO) des Leistungsorts (§ 374 Abs. 1 BGB) zu hinterlegen. Die Hinterlegung wirkt als Zahlung (§ 378 BGB); der hinterlegte Betrag scheidet endgültig aus dem Vermögen des Hinterlegers aus. 409

Ein „Antrag" ist nicht erforderlich, wohl aber eine „**Anzeige**", aufgrund derer das Gericht dann von Amts wegen tätig werden muss. Die Anzeige ist eine Prozesshandlung: wird sie nicht vom Drittschuldner selbst erklärt, so benötigt ein Vertreter eine Vollmacht. Der Grund für diesen eigenartigen Verfahrensbeginn dürfte im **Kostenrecht** liegen: Da es kein Verfahren auf Antrag ist, entfällt für den Drittschuldner (oder den Gerichtsvollzieher) die Vorschusspflicht. 410

Nach Eingang der Anzeige fordert das Vollstreckungsgericht gem. § 873 ZPO alle beteiligten Gläubiger auf, eine Berechnung ihrer Forderungen einzureichen. Das verärgert die Gläubiger, die ja gerade aus Anlass des Pfändungsauftrags oder der Pfändungsbeschlüsse ihre Forderung ausgerechnet hatten. Der Gesetzgeber sieht die Aufforderung selbst als überflüssig an und bestimmt daher in § 874 ZPO, dass notfalls ein Entwurf eines Teilungsplans nach Aktenlage zu fertigen ist. Dann wird gem. § 875 ZPO Termin bestimmt; dazu werden alle Gläubiger und der Schuldner geladen und der Plan zuvor auf der Geschäftsstelle ausgelegt. Im Termin kann **Widerspruch** erhoben werden, über den man sich in mündlicher Verhandlung einigen kann. Wird keine Einigung erzielt, so bleibt dem Widersprechenden nur binnen eines Monats die Klage auf § 878 ZPO, über die gem. §§ 879, 881 ZPO entschieden wird. Wer nicht erschienen ist (oder erschienen ist und schweigt), stimmt dem Plan zu. 411

Der Teilungsplan sieht keineswegs eine Verteilung auf die Gläubiger vor, sondern eine **Zuteilung nach dem Range ihrer Forderung.** Es empfiehlt sich, bei der Ausführung des Teilungsplanes möglichst oft (bei Arbeitseinkommen also etwa monatlich oder alle zwei Monate) auszuschütten. Grund: Die Verzugszinsen liegen gem. § 288 BGB z.Zt. zwischen 8 % und 10 %, tatsächlich aber zumeist bei 14 % und darüber. Die Hinterlegungszinsen sind so erbärmlich, dass man sie unbeachtet lassen muss. Bei längerem Zuwarten erwächst dem Schuldner ein Schaden durch die auflaufenden Zinsen. Die **Kosten des Verfahrens** sind der Masse zu entnehmen, § 874 Abs. 2 ZPO; sie fallen also letztlich dem Schuldner zur Last. 412

Abschnitt 2: Rechtsprechungslexikon

A. ABC der Rangverhältnisse von Unterhaltsberechtigten und des familienrechtlichen Ausgleichsanspruchs wegen Unterhalt

Abänderungsverfahren

413 Der Anspruch eines nach § 1609 BGB bevorrechtigten Unterhaltsgläubigers ist auch dann, wenn ein nachrangiger Bedürftiger gegen den Unterhaltsverpflichteten bereits einen rechtskräftigen Titel über seinen Unterhaltsanspruch erwirkt hat, so zu beurteilen, wie es im Falle gleichzeitiger Entscheidungen über die Ansprüche zu geschehen hätte. Der Unterhaltsverpflichtete ist gegenüber dem nachrangig Berechtigten gegebenenfalls darauf zu verweisen, im Wege der Abänderungsklage nach § 323 ZPO Abhilfe zu suchen.

BGH, 23. 1. 1980 – IV ZR 2/78, FamRZ 1980, 555, 557; BGH, 12. 7. 1990 – XII ZR 85/89, FamRZ 1990, 1091, 1094; BGH, 18. 3. 1992 – XII ZR 1/91, FamRZ 1992, 797, 798

Der unterhaltsrechtliche Nachrang des volljährigen Kindes kann jedenfalls dann nicht in einem Abänderungsverfahren gem. § 323 ZPO geltend gemacht werden, wenn dieser Umstand bereits in dem vorangegangenen Rechtsstreit hätte vorgebracht werden können.

OLG Oldenburg, 23. 8. 1995 – 4 UF 47/95, FamRZ 1996, 366

→ *Titel/titulierter Anspruch/Titelgläubiger, volljährige Kinder*

Absicht, Ausgleichsanspruch

Ein familienrechtlicher Ausgleichsanspruch für eine Zeit, als die Ehe noch bestand, ist nur begründet, wenn von vornherein die Absicht bestand, einen solchen Anspruch geltend zu machen. Dies ist nach der Lebenserfahrung im Zweifel nicht anzunehmen.

BGH, 26. 6. 1968 – IV ZR 601/68, BGHZ 1950, 266 = FamRZ 1968, 450

Ob nach Scheidung ein familienrechtlicher Ausgleichsanspruch an die zusätzliche Voraussetzung geknüpft ist, dass im Zeitpunkt der Leistung des Unterhalts die Absicht bestand, von dem anderen Elternteil einen Ausgleich zu verlangen, bleibt dahingestellt.

BGH, 20. 5. 1981 – IV b ZR 558/80, FamRZ 1981, 761, 762; BGH, 9. 5. 1984 – IV b ZR 84/82, FamRZ 1984, 775, 776; BGH, 26. 4. 1989 – IV b ZR 42/88, FamRZ 1989, 850, 852; BGH, 25. 5. 1994 – IV b ZR 78/93, FamRZ 1994, 1102, 1103

Die Absicht, vom anderen Elternteil Ersatz für zuviel geleisteten Unterhalt zu verlangen, bedarf bei geschiedenen Eheleuten keines besonderen Nachweises.

OLG Hamm, 25. 2. 1993 – 2 UF 348/92, FamRZ 1994, 457, 458; OLG Koblenz, 24. 6. 1996 – 13 UF 961/95, FamRZ 1997, 368, 369, 370

Adoptivkinder

Die Unterhaltsansprüche von Adoptivkindern sind gleichrangig mit denen der leiblichen Kinder des Annehmenden.

BGH, 8. 2. 1984 – IV b ZR 67/82, FamRZ 1984, 378; OLG Hamm, 29. 9. 1991 – 13 UF 102/91, FamRZ 1992, 321

Altehen, § 1582 BGB

§ 1582 BGB findet auf vor dem 1. 7. 1977 geschiedene Ehen keine Anwendung. Zwischen der altgeschiedenen und der neuen Ehefrau besteht Gleichrangigkeit.

OLG Frankfurt/M., 27. 10. 1978 – 1 W 79/78, FamRZ 1979, 41; OLG Oldenburg, 7. 8. 1979 – 4 UF 54/79, FamRZ 1980, 53; OLG Düsseldorf, 10. 6. 1980 – 1 UF 319/79, FamRZ 1980, 1013; OLG Düsseldorf, 12. 2. 1986 – 10 WF 33/86, FamRZ 1986, 471; OLG Düsseldorf, 9. 5. 1986 – 9

UF 215/885, FamRZ 1986, 1002; OLG Köln, 16. 2. 1983 – 25 WF 20/83, FamRZ 1983, 508; OLG München, 15. 3. 1989 – 12 UF 1631/88, FamRZ 1989, 1303

Angemessener Unterhalt
→ *Berechnung/Berechnungsstufe, Billigkeit, Studium, volljährige Kinder*

Anspruch
→ *Titel/titulierter Anspruch/Titelgläubiger, volljährige Kinder, Vorrang*

Barunterhalt
Regelt ein Urteil, welcher der Elternteile zu Barunterhalt verpflichtet ist, und ist deshalb ein familienrechtlicher Ausgleich ausgeschlossen, kann ein Erstattungsanspruch auch nicht auf andere Rechtsgrundlagen wie Geschäftsführung ohne Auftrag oder ungerechtfertigte Bereicherung gestützt werden.
BGH, 25. 5. 1994 – XII ZR 78/93, FamRZ 1994, 1102, 1104 = NJW 1994, 2234

Ein Elternteil, der einem ehelichen gemeinsamen Kind Betreuungs- und Barleistungen erbracht hat, kann vom anderen Elternteil im Wege des familienrechtlichen Ausgleichsanspruchs grds. nur Erstattung geleisteten Barunterhalts, nicht dagegen Ersatz für geleistete Betreuung verlangen.
BGH, 25. 5. 1994 – XII ZR 78/93, FamRZ 1994, 1102 = NJW 1994, 2234 mit Anm. Scholz, FamRZ 1994, 1314; OLG Koblenz, 24. 6. 1996 – 13 UF 961/95, FamRZ 1997, 368, 369; a. A – vom BGH vorstehend abgeändert – OLG Hamm, 25. 2. 1993 – 2 UF 348/92, FamRZ 1994, 457, 458
→ *Bereicherung, Betreuung, Geschäftsführung ohne Auftrag, Leistungsklage*

Behinderung
Volljährige Kinder, die infolge einer körperlichen oder geistigen Behinderung nicht erwerbstätig sind, können gleichwohl nicht den minderjährigen (unverheirateten) Kindern gleichgestellt werden.
BGH, 18. 4. 1984 – IV b ZR 49/82, FamRZ 1984, 683, 685; BGH, 16. 1. 1985 – IV b ZR 59/83, FamRZ 1985, 357, 360; BGH, 23. 10. 1985 – IV b ZR 52/84, FamRZ 1986, 48, 49; BGH, 15. 10. 1986 – IV b ZR 78/85, FamRZ 1987, 259, 264; BGH, 11. 2. 1987 – IV b ZR 81/85, FamRZ 1987, 472, 474; a. A. AG Altena, 15. 8. 1984 – 8 a F 241/83, FamRZ 1985, 196, 197
→ *minderjährige Kinder, volljährige Kinder*

Berechnung/Berechnungsstufe
Im Mangelfall ist in der ersten Berechnungsstufe der angemessene Unterhalt sämtlicher erstrangiger Unterhaltsberechtigter zu ermitteln. Erst in der zweiten Berechnungsstufe findet eine Kürzung der Ansprüche nach Billigkeitsgesichtspunkten zur Anpassung an die Leistungsfähigkeit des Verpflichteten statt.
BGH, 13. 6. 1979 – IV ZR 189/77, FamRZ 1979, 692, 693; BGH, 27. 4. 1983 – IV b ZR 372/81, FamRZ 1983, 678, 679; BGH, 29. 1. 1992 – XII ZR 239/90, FamRZ 1992, 539, 540

Der Unterhaltsbedarf eines geschiedenen Ehegatten darf auch im Mangelfall in der ersten Berechnungsstufe nicht mit einem „Mindest-Einsatzbetrag" berücksichtigt werden, auch wenn der eheangemessene Unterhalt zur Sicherung des Existenzminimums nicht ausreicht.
BGH, 13. 4. 1988 – IV b ZR 34/87, FamRZ 1988, 705, 708; BGH, 29. 1. 1992 – XII ZR 239/90, FamRZ 1992, 543, 540
→ *Billigkeit, Mindestunterhalt*

Bereicherung
Wurde der Vater verurteilt, rückwirkend für das inzwischen bei ihm lebende Kind Barunterhalt zu zahlen und nimmt das Kind den titulierten Geldbetrag von ihm entgegen, hat der Vater mit befreiender Wirkung auch gegenüber der Mutter geleistet. An die Stelle des erloschenen familienrechtlichen Ausgleichsanspruchs der Mutter tritt ein Bereicherungsanspruch gegen das Kind.
OLG Düsseldorf, 5. 12. 1990 – 4 UF 122/90, NJW-RR 1991, 1027
→ *Barunterhalt*

Betreuung
→ *Barunterhalt, Leistungsklage, nichteheliches Kind*

Billigkeit, § 1582 BGB
Für Billigkeitserwägungen ist im Rahmen des § 1582 Abs. 1 Satz 2 BGB kein Raum.
BGH, 3. 7. 1985 – IV b ZR 16/84, FamRZ 1985, 911, 912

Ehe
→ *Berechnung/Berechnungsstufe, Ehedauer, minderjährige Kinder, Nebenerwerbsobliegenheit, volljährige Kinder, Vorwegabzug*

Ehedauer
Ehedauer ist die Zeit von der Eheschließung bis zur Rechtshängigkeit des Scheidungsantrags.
BGH, 1. 6. 1983 – IV b ZR 389/81, FamRZ 1983, 886; BGH, 16. 1. 1985 – IV b ZR 61/83, FamRZ 1985, 362

Nach Ablauf von 15 Jahren liegt eine den Unterhaltsrang sichernde lange Ehedauer vor.
BGH, 1. 6. 1983 – IV b ZR 389/81, FamRZ 1983, 886; BGH, 16. 1. 1985 – IV b ZR 61/83, FamRZ 1985, 362; BGH, 23. 4. 1986 – IV b ZR 30/85, FamRZ 1986, 790; BGH, 18. 3. 1987 – IV b ZR 31/86, FamRZ 1987, 916

Erreicht die Ehedauer nicht ganz 15 Jahre, kann es aufgrund der Umstände des Einzelfalles gerechtfertigt sein, eine Ehe von langer Dauer anzunehmen.
BGH, 1. 6. 1983 – IV b ZR 389/81, FamRZ 1983, 886; OLG Koblenz, 10. 1. 1983 – 13 UF 834/82, FamRZ 1983, 281; a. A. OLG Hamm, 30. 10. 1981 – 5 UF 195/81, FamRZ 1982, 70 (lange Ehedauer schon bei 14 Jahren)

Nach Ablauf von acht Jahren/zehn Jahren liegt keine den Unterhaltsrang sichernde lange Ehedauer vor.
BGH, 27. 4. 1983 – IV b ZR 372/81, FamRZ 1983, 678; OLG Hamburg, 1. 7. 1993 – 12 WF 61/93, FamRZ 1993, 1453

Ehegattenunterhalt
→ *Vorwegabzug*

eheliche Kinder
→ *nichteheliche Kinder, Titel/titulierter Anspruch/Titelgläubiger*

eheliche Lebensverhältnisse
→ *nichteheliche Kinder, Studium, volljährige Kinder, Vorwegabzug*

Entscheidung, rechtskräftige
Einem Elternteil, der eine durch rechtskräftige Entscheidung auferlegte Unterhaltspflicht gegenüber einem ehelichen Kind erfüllt, steht kein familienrechtlicher Ausgleichsanspruch auf Erstattung seiner Unterhaltszahlungen gegenüber dem anderen Elternteil zu.
BGH, 20. 5. 1981 – IV b ZR 558/80, FamRZ 1981, 761; BGH, 26. 4. 1989 – IV b ZR 42/88, FamRZ 1989, 850, 851; BGH, 25. 5. 1994 – XII ZR 78/93, FamRZ 1994, 1102, 1103.

Erfüllung
→ *Entscheidung*

Erfüllungswirkung
Die einen familienrechtlichen Ausgleichsanspruch auslösende Leistung hat Erfüllungscharakter i. S. d. § 267 Abs. 1 BGB, so dass der Unterhaltsschuldner vor einer doppelten Inanspruchnahme geschützt ist.
OLG Karlsruhe, 19. 6. 1997 – 18 UF 33/97, FamRZ 1998, 1190

Erwerbsobliegenheit

Die gegenüber minderjährigen Kindern nach § 1603 Abs. 2 BGB gesteigerte Erwerbsobliegenheit des Unterhaltsschuldners gilt wegen des unterhaltsrechtlichen Gleichranges auch im Verhältnis zur Kindesmutter, die diese Kinder betreut.
OLG Hamm, 26. 4. 1996 – 12 UF 86/95, FamRZ 1996, 1218

Existenzminimum
→ *Berechnung/Berechnungsstufe*

frühere Ehe
→ *minderjährige Kinder, Nebenerwerbsobliegenheit, volljährige Kinder, Vorwegabzug, Zusammenleben*

getrennt lebender Ehegatte
→ *nichteheliche Kinder, Vorwegabzug, Zusammenleben*

Familiensache

Der familienrechtliche Ausgleichsanspruch zwischen geschiedenen Eheleuten ist Familiensache.
BGH, 30. 8. 1978 – IV ARZ 45/78, FamRZ 1978, 770 = NJW 1978, 2297; BGH, 24. 10. 1979 – IV ZB 138/78, FamRZ 180, 345

Gleichrang

Zwischen dem neuen und dem geschiedenen Ehegatten besteht Gleichrang, wenn die Voraussetzungen für einen Vorrang des geschiedenen Ehegatten nach § 1582 Abs. 1 Satz 2 BGB nicht vorliegen.
OLG Oldenburg, 23. 1. 1998 – 11 UF 156/97, FamRZ 1999, 518
→ *Altehen, nichteheliche Kinder, Sozialhilfe/Sozialhilfeschwelle*

gleichzeitige Entscheidung
→ *Abänderungsverfahren, nichteheliche Kinder, Titel/titulierter Anspruch*

Härteregelung, § 1579 Nr. 7 BGB

Sofern im Mangelfall die nachrangige Ehefrau keinen Zugang zu öffentlichen Mitteln wie Sozialhilfe hat, ist die Härteregelung des § 1579 Nr. 7 BGB in Betracht zu ziehen.
BGH, 13. 4. 1988 – IV b ZR 34/87, FamRZ 1988, 705, 709

Der nach § 1582 Abs. 1 BGB vorrangige Unterhaltsanspruch der geschiedenen Ehefrau ist nach § 1579 Nr. 7 BGB um den steuerlichen Splittingvorteil des wiederverheirateten Schuldners zu kürzen, wenn dieser Betrag für den Unterhalt des neuen Ehegatten benötigt wird.
BGH, 3. 7. 1985 – IV b ZR 16/84, FamRZ 1985, 911, 912; BGH, 4. 11. 1987 – IV b ZR 81/86, FamRZ 1988, 145, 148; BGH, 10. 2. 1988 – IV b ZR 19/87, FamRZ 1988, 486, 487; BGH, 14. 2. 1990 – XII ZR 51/89, FamRZ 1990, 981, 983; OLG Stuttgart, 30. 1. 1990 – 18 UF 435/89, FamRZ 1990, 753; OLG Braunschweig, 25. 1. 1994 – 2 UF 124/93, FamRZ 1995, 356
→ *Sozialhilfe/Sozialhilfeschwelle*

Haushaltszugehörigkeit

Das Verhältnis mehrerer Unterhaltsberechtigter zueinander wird durch die Rangverhältnisse des BGB (§§ 1582, 1609 BGB) bestimmt, die nicht nach der Haushaltszugehörigkeit der Berechtigten unterscheiden.
BGH, 10. 7. 1996 – XII ZR 121/95, FamRZ 1996, 1272, 1273

Hausmann

Übernimmt ein seinem geschiedenen Ehegatten nach § 1570 BGB Unterhaltsverpflichteter unter Aufgabe seiner bisherigen Erwerbstätigkeit die Haushaltsführung und die Betreuung des Kindes aus seiner neuen Ehe, so steht das mit der Vorrangregelung in § 1582 Abs. 1 Satz 2 BGB in Widerspruch, wenn dadurch der Unterhaltsanspruch des geschiedenen Ehegatten verkürzt wird.

BGH, 13. 3. 1996 – XII ZR 2/95, FamRZ 1996, 796, 798; ähnlich OLG Hamm, 8. 3. 1994 – 13 UF 55/93, FamRZ 1994, 1461
→ *Vorrang, Nebenerwerbsobliegenheit*

Kindergeld

Der Anspruch eines Elternteils auf Ausgleich des dem anderen gezahlten staatlichen Kindergeldes ist ein Unterfall des familienrechtlichen Ausgleichsanspruchs; er unterliegt wie dieser der Schranke des § 1613 Abs. 1 BGB.
BGH, 9. 12. 1959 – IV ZR 178/59, BGH 31, 229 = FamRZ 1960, 194
→ *Verzug*

Kindesunterhalt

→ *Berechnung/Berechnungsstufe, Studium, Vorwegabzug*

Klage

Der familienrechtliche Ausgleichsanspruch kann bereits von dem Zeitpunkt ab verlangt werden, zu dem der anspruchsberechtigte Elternteil als gesetzlicher Vertreter des Kindes gegen den anderen Klage auf Kindesunterhalt erhoben hat.
BGH, 26. 4. 1989 – IV b ZR 42/88; FamRZ 1989, 850; AG Eschwege, 5. 1. 1996 – 5 F 255/95, FamRZ 1996, 964.

Kürzung

→ *Berechnung/Berechnungsstufe*

Leistungsfähigkeit

→ *Berechnung/Berechnungsstufe, Titel/titulierter Anspruch/Titelgläubiger*

Leistungsklage

Ein familienrechtlicher Ausgleichsanspruch besteht dann nicht, wenn der betreuende Elternteil auch den Barunterhalt erbringt, ohne den anderen Elternteil im Wege der Leistungsklage in Anspruch zu nehmen.
AG Eschwege, 5. 1. 1996 – 5 F 255/95, FamRZ 1996, 964
→ *Barunterhalt*

Mangelfall

→ *Berechnung, Berechnungsstufe, Härteregelung, Verfassungsmäßigkeit*

Mehrfachscheidung

Heiratet der Unterhaltspflichtige nach Scheidung der zweiten Ehe seine nach § 1582 Abs. 1 BGB vorrangige erste Ehefrau wieder, so bleibt deren Vorrang bestehen.
AG Bochum, 27. 2. 1990 – 57 F 219/89, FamRZ 1990, 1003
→ *Vorrang*

Minderjährige Kinder, Gleichrang

Beim Vorhandensein minderjähriger unterhaltsberechtigter Kinder bezieht sich der Gleichrang des § 1609 Abs. 2 BGB nur auf den nach § 1582 BGB vorrangigen geschiedenen und nicht auf den relativ nachrangigen neuen Ehegatten.
BGH, 13. 4. 1988 – IV b ZR 34/87, FamRZ 1988, 705
→ *Verfassungsmäßigkeit, Vorrang*

Mindestunterhalt/Mindesteinsatzbetrag

Der Vorrang des geschiedenen Ehegatten wegen langer Ehedauer ist verfassungsrechtlich unbedenklich, wenn der neue Ehegatte keinen fiktiven privilegierten Unterhaltsanspruch hat; damit ist eine Auslegung, dass zunächst der Mindestunterhalt des vorrangigen Ehegatten zu sichern, sodann derjenige des nachrangigen zu bedienen und danach der verbleibende Rest nach §§ 1581, 1582 BGB zu verteilen ist, nicht vereinbar.
BGH, 23. 4. 1986 – IV b ZR 30/85, FamRZ 1986, 790

Der Vorrang des geschiedenen Ehegatten wegen langer Ehedauer ist verfassungsrechtlich jedenfalls dann unbedenklich, wenn der Mindestbedarf des Unterhaltsverpflichteten und seines unterhaltsrechtlich fiktiv privilegierten Ehegatten nicht gefährdet ist.
BGH, 18. 3. 1987 – IV b ZR 31/86, FamRZ 1987, 916; OLG Frankfurt/M., 18. 5. 1987 – 5 WF 126/87, FamRZ 1987, 1155
→ *Ehedauer, Verfassungsmäßigkeit, Vorrang*

Missverhältnis
→ *minderjährige Kinder, Vorwegabzug*

Nachrang
→ *Härteregelung, Sozialhilfe/Sozialhilfeschwelle, Titel/titulierter Anspruch/Titelgläubiger, volljährige Kinder, Zwangsvollstreckung*

Nebenerwerbsobliegenheit
Einen wiederverheirateten Elternteil trifft die Obliegenheit, durch Aufnahme eines Nebenerwerbs zum Unterhalt seiner minderjährigen unverheirateten Kinder aus einer früheren Ehe beizutragen.
BGH, 7. 11. 1979 – IV b ZR 96/78, FamRZ 1980, 43, 44; BGH, 3. 12. 1980 – IV b ZR 532/80, FamRZ 1981, 341, 343; BGH, 31. 3. 1982 – IV b ZR 667/80, FamRZ 1982, 590, 591; BGH, 26. 11. 1986 – IV b ZR 64/85, FamRZ 1987, 270, 271; BGH, 13. 3. 1996 – XII ZR 2/95, FamRZ 1996, 797; LG Düsseldorf, 13. 12. 1992 – 3 WF 223/92, FamRZ 1992, 1117; OLG Koblenz, 2. 11. 1992 – 13 UF 469/92, FamRZ 1992, 1212; OLG Stuttgart, 13. 4. 1994 – 15 WF 100/94, FamRZ 1994, 1403, OLG Köln, 26. 5. 1998 – 4 UF 12/98, FamRZ 1999, 1011

Die sog. Hausmann-Rechtsprechung findet entsprechende Anwendung, wenn der Unterhaltspflichtige in nichtehelicher Lebensgemeinschaft mit einem anderen Partner zusammenlebt und ein aus dieser Beziehung stammendes Kind betreut.
BGH, 21. 2. 2001 – XII ZR 308/98, FamRZ 2001, 614 m. Anm. Büttner

Bei einem obliegenheitsgemäßen „Rollenwechsel" ist der Unterhaltsanspruch des minderjährigen Kindes auf den Betrag zu begrenzen, der bei einer fiktiven vollschichtigen Erwerbstätigkeit des Unterhaltsschuldners geschuldet wäre.
OLG Frankfurt/M, 5. 4. 2001 – 1 UF 197/00, FamRZ 2001, 1477

Der minderjährigen Kindern aus einer früheren Ehe gegenüber unterhaltspflichtige Elternteil darf sich nicht auf die Haushaltsführung in einer neuen Ehe beschränken, wenn die Ehe kinderlos ist.
BGH, 18. 10. 2000 – XII ZR 191/98, FamRZ 2001, 1065 m. Anm. Büttner

Einen wiederverheirateten Elternteil trifft keine Obliegenheit, durch Aufnahme eines Nebenerwerbs zum Unterhalt seiner volljährigen unverheirateten Kinder aus einer früheren Ehe beizutragen.
BGH, 11. 2. 1987 – IV b ZR 81/85, FamRZ 1987, 472
→ *minderjährige Kinder, nichteheliche Kinder, volljährige Kinder*

Nichteheliche Kinder
Die Unterhaltsansprüche ehelicher und nichtehelicher Kinder haben gleichen Rang.
BGH, 18. 3. 1992 – XII ZR 1/91, FamRZ 1992, 797, 798

Der Unterhaltsanspruch eines ehelichen Kindes gegen seinen Vater, gegen den ein nichteheliches Kind bereits einen Unterhaltstitel erstritten hat, ist ebenso zu beurteilen wie bei gleichzeitiger Entscheidung über die Ansprüche aller Kinder.
BGH, 18. 3. 1992 – XII ZR 1/91, FamRZ 1992, 797

Bei der Ermittlung des Unterhaltsbedarfs eines getrennt lebenden Ehegatten nach den ehelichen Lebensverhältnissen (§ 1361 Abs. 1 Satz 1 BGB) ist der Unterhalt, den der Verpflichtete einem nach der Trennung der Eheleute geborenen nichtehelichen Kind schuldet, von dem unterhaltserheblichen Einkommen des Verpflichteten abzuziehen.

BGH, 20. 10. 1993 – XII ZR 89/92, FamRZ 1994, 87; 25. 11. 1998 – XII ZR 98/97, FamRZ 1999, 367 m. Anm. Graba; 19. 7. 2000 – XII ZR 161/98, FamRZ 2000, 1492; OLG Koblenz, 17. 3. 1997 – 13 UF 1074/96, FamRZ 1998, 1584 m. Anm. Schumacher; OLG München, 5. 5. 1998 – 4 UF 340/97, FamRZ 1999, 511; a. A. KG, 13. 8. 1987 – 16 UF 2781/87, FamRZ 1988, 720, 721

Bei der Ermittlung des Unterhaltsbedarfs eines getrennt lebenden Ehegatten nach den ehelichen Lebensverhältnissen (§ 1361 Abs. 1 Satz 1 BGB) ist der Unterhalt, den der Berechtigte einem nach der Trennung der Eheleute geborenen außerehelichen Kind schuldet, von dem unterhaltserheblichen Einkommen des Berechtigten abzuziehen.
KG, 8. 6. 2000 – 19 UF 6449/99, FamRZ 2001, 29

Der Anspruch der Mutter eines nichtehelichen Kindes gegen dessen Vater nach § 1615l BGB hat Vorrang vor den Ansprüchen volljähriger Kinder des Vaters.
OLG Celle, 13. 3. 1990 – 21 WF 52, 59/90, FamRZ 1990, 1146

Ein Ehegatte, der ein nichteheliches Kind seiner getrennt lebenden Ehefrau als Stiefvater betreut, hat einen – zumindest – quasi familienrechtlichen Ausgleichsanspruch gegen die Ehefrau.
LG Kiel, 25. 3. 1993 – 5 S 16/93, FamRZ 1994, 653
→ Betreuung, Nebenerwerbsobliegenheit, Titel/titulierter Anspruch/Titelgläubiger, volljährige Kinder, Vorrang

Notwendiger Unterhalt
→ Zwangsvollstreckung

Privilegierung
→ Mindestunterhalt/Mindesteinsatzbetrag, Vorrang

Rechtskraft
Ist ein Elternteil zur Zahlung von Barunterhalt an sein minderjähriges eheliches Kind verurteilt worden und wechselt das Kind alsdann ohne Änderung der Sorgerechtsentscheidung in seinen Haushalt über, so unterläuft die Geltendmachung eines familienrechtlichen Ausgleichsanspruchs nicht die Rechtskraft des Zahlungstitels.
OLG Hamm, 15. 2. 1993 – 2 UF 348/92, FamRZ 1994, 457; a. A. und abgeändert durch BGH, 25. 5. 1994 – XII ZR 78/93, FamRZ 1994, 1102 = NJW 1994, 2234
→ Abänderungsverfahren

Scheidung
→ Mehrfachscheidung, Studium

Sozialhilfe/Sozialhilfeschwelle
Dass die neue Familie des Unterhaltsverpflichteten bei Erfüllung des Unterhaltsanspruchs des geschiedenen Ehegatten unterhalb der „Sozialhilfeschwelle" leben muss, rechtfertigt für sich nicht, den Unterhaltsanspruch des mit dem Familienangehörigen gleichrangigen Berechtigten aufgrund des § 1579 Nr. 7 BGB herabzusetzen und ihn auf ergänzende Sozialhilfe zu verweisen.
BGH, 10. 7. 1996 – XII ZR 121/95, FamRZ 1996, 1272, 1273; OLG Hamm, 4. 3. 1997 – 7 UF 543/96, FamRZ 1998, 27

Der Unterhaltsbedarf der nach § 1582 BGB nachrangigen Ehefrau ist bei der Vergleichsberechnung nach § 91 Abs. 2 Satz 1 BSHG nicht zu berücksichtigen.
OLG Hamburg, 5. 2. 1996 – 12 UF 29/95, FamRZ 1996, 1420

Splitting
→ Härteregelung

Steuern
→ Härteregelung

Studium

§ 1609 Abs. 2 Satz 2 BGB steht dem Kindesunterhalt insoweit nicht entgegen, als die ehelichen Lebensverhältnisse im Zeitpunkt der Scheidung auch durch das Studium des volljährigen Kindes geprägt sind und durch einen Vorwegabzug der angemessene Unterhalt des geschiedenen Ehegatten nicht gefährdet wird.
BGH, 19. 6. 1985 – IV ZR 38/84, FamRZ 1985, 912, 916; BGH, 23. 10. 1985 – IV b ZR 68/84, FamRZ 1986, 553; BGH, 25. 2. 1987 – IV b ZR 36/86, FamRZ 1987, 456, 458 f.; BGH, 26. 4. 1989 – IV b ZR 59/89, FamRZ 1989, 842, 843; BGH, 31. 1. 1990 – XII ZR 21/89, FamRZ 1990, 979, 980
→ volljährige Kinder, Vorwegabzug

Titel/titulierter Anspruch/Titelgläubiger

Hat ein Unterhaltspflichtiger den titulierten Anspruch eines nachrangigen Unterhaltsgläubigers bis zu dem Zeitpunkt erfüllt, von dem an wegen der Sperre des § 323 Abs. 3 ZPO eine Titelabänderung erst möglich ist, ist seine Leistungsfähigkeit im Verhältnis zum bevorrechtigten Unterhaltsgläubiger gleichwohl so zu beurteilen, als wenn er keinen Unterhalt an den Titelgläubiger gezahlt hätte.
OLG Düsseldorf, 22. 12. 1981 – 6 UF 13/81, FamRZ 1982, 526
→ Abänderungsverfahren

Unterhaltsanspruch

Der familienrechtliche Ausgleichsanspruch ist seiner Natur nach kein Unterhaltsanspruch.
BGH, 9. 5. 1984 – IV b ZR 84/82, FamRZ 1984, 775, 777.

Verfassungsmäßigkeit

Der Vorrang des wegen Kindesbetreuung unterhaltsberechtigten geschiedenen Ehegatten auch im Mangelfall ist verfassungsrechtlich unbedenklich, auch wenn der neue Ehegatte minderjährige Kinder betreut.
BVerfG, 10. 1. 1984 – 1 BvL 5/83, FamRZ 1984, 346 = NJW 1984, 1523

Der Vorrang des geschiedenen Ehegatten wegen langer Ehedauer ist verfassungsrechtlich unbedenklich, wenn der neue Ehegatte keinen fiktiven privilegierten Unterhaltsanspruch hat; damit ist eine Auslegung, dass zunächst der Mindestunterhalt des vorrangigen Ehegatten zu sichern, sodann derjenige des nachrangigen zu bedienen und danach der verbleibende Rest nach §§ 1581, 1582 BGB zu verteilen ist, nicht vereinbar.
BGH, 23. 4. 1986 – IV b ZR 30/85, FamRZ 1986, 790

Der Vorrang des geschiedenen Ehegatten wegen langer Ehedauer ist verfassungsrechtlich jedenfalls dann unbedenklich, wenn der Mindestbedarf des Unterhaltsverpflichteten und seines unterhaltsrechtlich fiktiv privilegierten Ehegatten nicht gefährdet ist.
BGH, 18. 3. 1987 – IV b ZR 31/86, FamRZ 1987, 790; OLG Frankfurt/M., 18. 5. 1987 – 5 WF 126/87, FamRZ 1987, 1155
→ Minderjährige Kinder

Verjährung

Der familienrechtliche Ausgleichsanspruch verjährte früher in vier Jahren.
BGH, 9. 12. 1959 – IV ZR 178/59, BGHZ 31, 229 = FamRZ 1960, 194; 3. 4. 1996 – XII ZR 86/95, FamRZ 1996, 725, 726

Anmerkung: Nach der Neufassung der §§ 195, 197 BGB durch das SMG hat sich die Verjährungsfrist auf drei Jahre verkürzt.

Verzug

Der familienrechtliche Ausgleichsanspruch unterliegt den Schranken des § 1613 Abs. 1 BGB.
BGH, 9. 5. 1984 – IV b ZR 84/82, FamRZ 1984, 775, 776; 11. 5. 1988 – IV b ZR 89/87, FamRZ 1988, 834; OLG Düsseldorf, 28. 10. 1980 – 6 UF 78/80, FamRZ 1980, 303
→ Klage, Kindergeld

Volljährige Kinder

Eltern können vereinbaren, dass volljährige Kinder trotz Nachranges den minderjährigen Kindern gleichgestellt werden.
BGH, 3. 12. 1980 – IV b ZR 532/80, FamRZ 1981, 341, 343

Der Nachrang eines volljährigen Kindes bleibt unberücksichtigt, wenn dessen Anwesenheit dem nach § 1603 Abs. 2 BGB gesteigert unterhaltspflichtigen Elternteil die volle Berufstätigkeit ermöglicht.
OLG Hamm, 4. 9. 1998 – 5UF 102/98, FamRZ 1999, 1011
→ *Minderjährige Kinder*

Vorrang

Das vom Unterhaltspflichtigen betreute minderjährige Kind hat gegenüber den Unterhaltsansprüchen von Ehegatten keine Vorrangstellung.
OLG Köln, 17. 8. 1994 – 26 UF 212/93, FamRZ 1995, 613

Der Vorrang minderjähriger Kinder vor der verheirateten unterhaltsberechtigten Ehefrau nach der Rspr. des BGH entfällt, wenn der privilegierte Anspruch nicht geltend gemacht wird.
OLG Hamm, 27. 10. 1995 – 12 UF 493/94, FamRZ 1996, 629, 630; a. A. AG Detmold, 13. 6. 1996 – 15 F 186/95, FamRZ 1997, 447
→ *Minderjährige Kinder*

Vorwegabzug

Für die Berechnung des Ehegattenunterhalts ist der Unterhalt gemeinsamer unverheirateter minderjähriger Kinder vorab vom Nettoeinkommen des Unterhaltsverpflichteten abzuziehen, wenn die sich daraus ergebende Verteilung der zum Unterhalt von Ehegatten und Kindern zur Verfügung stehenden Mittel nicht in einem Missverhältnis zum wechselnden Lebensbedarf der Beteiligten steht.
BGH, 10. 12. 1980 – IV b ZR 534/80, FamRZ 1981, 241, 242; BGH, 25. 2. 1987 – IV b ZR 36/86, FamRZ 1987, 456, 459

Ein Vorwegabzug des Kindesunterhalts für die Berechnung des Ehegattenunterhalts ist geboten, wenn es um ein Kind des Unterhaltspflichtigen geht, für das er bereits während der Ehe aufzukommen hatte.
BGH, 23. 11. 1983 – IV b ZR 15/82, FamRZ 1984, 151, 153; BGH 25. 2. 1987 – IV b ZR 36/86, FamRZ 1987, 456, 458

Ein Vorwegabzug des Kindesunterhalts für die Berechnung des Ehegattenunterhalts kommt nicht in Betracht, wenn der Unterhalt einem Kind des Unterhaltspflichtigen aus einer späteren Ehe geschuldet ist.
BGH, 25. 2. 1987 – IV b ZR 36/86, FamRZ 1987, 456, 459

Für die Berechnung des Ehegattenunterhalts (Familienunterhalt) ist der aufgrund einer Verpflichtung gezahlte Elternunterhalt, der die ehelichen Lebensverhältnisse prägt, vorweg abzuziehen.
BGH, 19.2.2003 – XII ZR 67/00, FamRZ 2003, 860, 865 m. Anm. Klinkhammer
→ *Berechnung/Berechnungsstufe, minderjährige Kinder, Zusammenleben*

Wiederverheirateter Elternteil
→ *Härteregelung*

Zahlungsurteil
→ *Rechtskraft*

Zusammenleben

Gewährt ein getrennt lebender Ehegatte einem Kind aus früherer Ehe aus eigenen Einkünften Unterhalt, so sind diese Unterhaltsleistungen, soweit ihnen eine Verpflichtung zugrunde liegt, bei

der Bemessung des Trennungsunterhalts jedenfalls dann vorweg abzusetzen, wenn er das Kind schon während des Zusammenlebens der Ehegatten unterhalten hat.
BGH, 10. 7. 1991 – XII ZR 166/90, FamRZ 1991, 1163
→ Vorwegabzug

Zwangsvollstreckung

Bei der Bemessung des notwendigen Unterhalts nach § 850d ZPO kann eine nach § 1609 Abs. 2 Satz 1 BGB gegenüber den pfändenden erstehelichen Kindern nachrangige zweite Ehefrau nicht berücksichtigt werden.
OLG Köln, 11. 3. 1992 – 2 W 16/92, FamRZ 1992, 845

§ 850d ZPO nimmt auf die materiell-rechtlichen Rangverhältnisse Bezug, so dass eine gem. § 1582 BGB nachrangige zweite Ehefrau allen Kindern im Rang nachgeht.
OLG Köln, 3. 3. 1993 – 2 W 1/93, FamRZ 1993, 1227

§ 850d ZPO gilt auch für den auf den Träger der öffentlichen Jugendhilfe nach § 94 KJHG übergegangenen Unterhaltsanspruch.
LG Erfurt, 16. 8. 1996 – 2 a T 83/96, FamRZ 1997, 510

§ 850d ZPO übernimmt für den Bereich der Zwangsvollstreckung das in § 1609 BGB geregelte Rangverhältnis bürgerlich-rechtlicher Unterhaltspflichten.
LG Duisburg, 29. 4. 1998 – 24 T 89/98, FamRZ 1999, 109

B. ABC der Abänderung von Unterhaltstiteln

Abgrenzung zur Vollstreckungsgegenklage nach § 767 ZPO

Veränderungen des Unterhaltsanspruchs, die auf dem Einfluss der stets wandelbaren wirtschaftlichen Verhältnisse auf die Unterhaltspflicht beruhen, führen zur Anwendung der Abänderungsklage.
BGH, FamRZ 1986, 794, 795; 1991, 1075

Die Vollstreckungsgegenklage nach § 767 ZPO ist hingegen die richtige Klage, um die Vollstreckbarkeit des Urteils zu beseitigen. Mit ihr werden rechtsvernichtende oder rechtshemmende Einwendungen seitens des Unterhaltspflichtigen geltend gemacht.

Ausländische Unterhaltstitel

Anzuerkennende ausländische Unterhaltstitel – Urteile, auch Vergleiche (BGH, FamRZ 1986, 45 dort zur Vollstreckbarerklärung einer Ehescheidungskonvention nach schweizerischem Recht) – können mit Wirkung im Inland durch ein deutsches Gericht abgeändert werden.
BGH, FamRZ 1983, 806, 807

Kommt eine Abänderung nach § 323 ZPO in Betracht, ist Maßstab für die Anpassung des in dem ausländischen Titel festgestellten Unterhalts das in dem Titel zugrunde gelegte Sachrecht. Die Abänderungsentscheidung führt nur zu einer den veränderten Verhältnissen entsprechenden Anpassung des Unterhaltstitels. Das bisherige Sachrecht ist nicht austauschbar. Es bleibt für die Art und die Höhe des Unterhalts maßgeblich.
BGH, FamRZ 1983, 806, 808; 1992, 1060, 1062

Beweislast

Der Abänderungskläger, der sich auf einen Abänderungsgrund, den Wegfall der Geschäftsgrundlage, beruft, trägt die Beweislast für die dazu erforderlichen tatsächlichen Voraussetzungen.
BGH, FamRZ 1987, 259, 260; 1995, 665, 666

Steht fest, dass der dem abzuändernden Titel zugrunde liegende Unterhaltstatbestand aufgrund veränderter Verhältnisse weggefallen ist, trägt der Abänderungsbeklagte die Darlegungs- und Beweislast für die Tatsachen, die aufgrund anderer Unterhaltstatbestände die Aufrechterhaltung des Titels rechtfertigen.
BGH, FamRZ 1990, 496

Bindung an festgestellte Tatsachen

Den von der unterhaltsrechtlichen Praxis entwickelten Unterhaltsrichtlinientabellen, Verteilungsschlüsseln oder sonstigen Berechnungsmethoden kommt keine Bindungswirkung zu, denn sie stellen keine beizubehaltende Urteilselemente, sondern nur Hilfsmittel zur Ausfüllung der unbestimmten Rechtsbegriffe „angemessener Unterhalt" oder „Unterhalt nach den ehelichen Lebensverhältnissen" dar.
BGH, FamRZ 1984, 374; 1994, 1100, 1101

Bindung an die Bewertung festgestellter Tatsachen

Im Abänderungsrechtsstreit besteht aus Rechtskraftgründen eine Bindung ebenfalls an die Bewertung von festgestellten Tatsachen, selbst wenn diese nicht der höchstrichterlichen Rspr. entspricht.
BGH, FamRZ 1990, 981, 984

Bindungswirkung von Anerkenntnisurteilen

Auch Anerkenntnisurteilen kommt für ein nachfolgendes Abänderungsverfahren Bindungswirkung zu.
OLG Hamm, FamRZ 1992, 1201; 1997, 890; a. A. OLG Bamberg, FamRZ 1986, 702

Einstweilige Anordnung/im Anordnungsverfahren geschlossener Vergleich

Die Abänderungsklage findet gegen einstweilige Anordnungen und gegen im Anordnungsverfahren geschlossene gerichtliche Vergleiche nicht statt. Sie sind keine geeignete Grundlagen für eine Abänderungsklage.

Das Gleiche gilt für einen Prozessvergleich, durch den eine der beantragten einstweiligen Anordnung entsprechende Regelung erreicht werden soll.
BGH, FamRZ 1991, 1175, 1176

Fiktives Erwerbseinkommen

Ist in dem Vorurteil dem Unterhaltspflichtigen ein fiktives Erwerbseinkommen zugerechnet worden, so ist grds. auch im Abänderungsrechtsstreit die Bindung an diese Bewertung gegeben.

Gleichwertigkeit von Familien- und Erwerbsarbeit; zum möglichen Zeitpunkt der Abänderung von Unterhalts-Urteilen

Zur Gleichwertigkeit von Familien- und Erwerbsarbeit bei der Bemessung nachehelichen Unterhalts.

Gegen Art. 6 GG i. V. m. Art. 3 Abs. 2 GG verstoßen Entscheidungen, die als Bestandteile des den ehelichen Verhältnissen entsprechenden Gesamteinkommens zwar die Einkommenszuwächse bei der Unterhaltsberechnung berücksichtigen, die derjenige Ehegatte nach der Scheidung erzielt, der schon während der Ehezeit einer Vollerwerbstätigkeit nachgegangen ist, nicht aber diejenigen Einkünfte, die dem in der Ehe nicht oder nur teilweise erwerbstätigen Ehegatten dadurch zufließen, dass er nach der Scheidung eine Teil- oder Vollerwerbstätigkeit (wieder) aufnimmt.
BVerfG, FamRZ 2002, 527

Grundlagen des abzuändernden Titels

§ 323 ZPO erlaubt keine freie, von der bisherigen Höhe unabhängige Neufestsetzung des Unterhalts oder eine abweichende Beurteilung der Verhältnisse, die bereits im Ersturteil eine Beurteilung erfahren haben. Es kommt darauf an, welche Umstände der Richter in dem früheren Verfahren festgestellt und welchen er für die Unterhaltsbemessung Bedeutung beigemessen hat. Auf dieser durch Auslegung zu ermittelnden Grundlage ist unter Berücksichtigung der neuen Verhält-

nisse festzustellen, welche Veränderungen in diesen Umständen eingetreten sind und welche Auswirkungen sich daraus für die Höhe des Unterhalts ergeben.
BGH, FamRZ 1984, 374; 1986, 790; 1990, 280, 281; 1994, 1100, 1101; 1997, 281, 283
Enthält der abzuändernde Titel keine Feststellungen zu den ehelichen Lebensverhältnissen, ist der angemessene Unterhalt zu bestimmen.
BGH, FamRZ 1992, 539, 540

Identität der Parteien
Der Rechtsstreit über die Abänderung eines Unterhaltstitels ist zwischen den Parteien zu führen, zwischen denen die Vorentscheidung ergangen ist oder auf die sich deren Rechtskraft erstreckt.
BGH, FamRZ 1982, 587, 588; 1992, 1060, 1061

Nachforderung des vollen Unterhalts
Dem Abänderungskläger, dem die Abänderung aus anderen Gründen eröffnet ist, ist es nicht versagt, nunmehr den vollen Unterhalt geltend zu machen, obschon in dem abzuändernden Titel antragsgemäß – ohne die Klageforderung als Teilunterhalt zu bezeichnen – Unterhalt in geringerer Höhe tituliert worden ist, als es nach den seinerzeit vom Gericht zur Ermittlung des angemessenen Unterhalts verwendeten Richtlinien möglich gewesen wäre.
BGH, FamRZ 1984, 374; 1987, 456

Privatschriftliche Vereinbarungen
Der Abänderungsklage unterliegen grds. nicht privatrechtliche Unterhaltsvereinbarungen, die in Ausgestaltung der gesetzlichen Unterhaltspflicht getroffen wurden.
OLG Zweibrücken, FamRZ 1982, 303; Zöller/Hartmann, ZPO, § 323 Rn. 12

Rechtsschutzbedürfnis
Der Unterhaltspflichtige bedarf für eine Reduzierung der Unterhaltspflicht nicht der Abänderungsklage, wenn nur ein über einen freiwillig gezahlten Betrag hinausgehender Unterhaltsteil tituliert ist und er den gewünschten Umfang der Reduzierung durch die teilweise oder vollständige Einstellung der freiwilligen Zahlungen erreichen kann.
BGH, FamRZ 1993, 945, 946

Stufenklage
Die Abänderungsklage kann auch in der Form der Stufenklage erhoben werden.
BGH, FamRZ 1993, 1065

Tatsachenpräklusion nach § 323 Abs. 2 ZPO
Maßgebender Zeitpunkt ist der Schluss der mündlichen Verhandlung der letzten Tatsacheninstanz. Es ist die letzte Tatsachenverhandlung in der Berufungsinstanz maßgeblich, wenn eine solche stattgefunden hat.
BGH, FamRZ 1986, 43; 1993, 941, 942

Bei mehreren aufeinanderfolgenden Abänderungsprozessen, die zu einer Abänderung geführt haben, ist für die Zeitschranke des § 323 Abs. 2 ZPO der Schluss der Tatsachenverhandlung des letzten Abänderungsverfahrens maßgeblich.
BGH, FamRZ 1995, 221, 223; 1998, 99, 100

Die Tatsachen müssen nach dem maßgeblichen Zeitpunkt entstanden sein. Es kommt nicht darauf an, ob sie im Erstverfahren vorausschauend hätten berücksichtigt werden können.
BGH, FamRZ 1995, 221, 223 (Änderungen der Richtsätze der Düsseldorfer Tabelle)

§ 323 Abs. 2 ZPO hält die Parteien an, die den Unterhaltsanspruch beeinflussenden Umstände bereits im Ausgangsprozess (Erstverfahren nach § 258 ZPO) zur Geltung zu bringen. Dies gilt unabhängig von der Parteistellung und der Zielrichtung des Rechtsstreits.
BGH, FamRZ 1998, 99, 100

Auch für ein Verfahren, das die Abänderung eines bereits abgeänderten Rentenurteils betrifft, gilt, dass jede Partei in diesem Verfahren unabhängig von dessen Zielrichtung und der Parteistellung die bereits bestehenden Tatsachen geltend machen muss.
BGH, FamRZ 1998, 99, 100

§ 323 Abs. 2 ZPO regelt seinem Wortlaut nach allein die Berücksichtigung klagebegründender Tatsachen und errichtet insoweit eine Zeitschranke für den Abänderungskläger.

§ 323 Abs. 2 ZPO hat nicht zum Ziel, die Rechtsverteidigung des Abänderungsbeklagten einzuschränken. Ein gegen die Abänderungsklage gerichtetes Verteidigungsvorbringen, das sich auf Tatsachen stützt, die bereits vor Schluss der Tatsachenverhandlung des Vorprozesses bestanden haben, ist nicht ausgeschlossen; damit wird nicht eine Abweichung von der früher in dem Vorprozess festgestellten Rechtsfolge erstrebt, sondern gerade an der Vorentscheidung festgehalten.
BGH, FamRZ 1987, 259

Die Zeitschranke des § 323 Abs. 2 ZPO greift im Fall der Abänderung eines Vergleichs nicht. § 323 Abs. 2 ZPO soll die Rechtkraftwirkung unanfechtbar gewordener Entscheidungen sichern. Bei gerichtlichen Vergleichen kommt dieser Zweck nicht in Betracht.
BGH, FamRZ 1995, 221, 223

Hat der Unterhaltsschuldner für sein frühestmögliches Änderungsbegehren Anschlussberufung eingelegt, so wird die Anschlussberufung durch Berufungsrücknahme des Unterhaltsgläubigers zwar wirkungslos. Die Wirkung des § 323 Abs. 3 ZPO tritt aber ohne Benachteiligung mit der Zustellung der Anschlussberufung ein.
BGH, FamRz 1988, 601

Teilurteil

Im Unterhaltsprozess spricht eine Vermutung gegen eine Teilklage mit der Folge, dass der Kläger entweder ausdrücklich einen Teilanspruch geltend machen oder sich wenigstens erkennbar eine Nachforderung vorbehalten muss.
BGH, FamRZ 1984, 374, 376; 1984, 772; 1985, 690; 1991, 320

Hat der Kläger in einem Unterhaltsrechtsstreit einen derartigen Vorbehalt der Nachforderung gemacht oder den Anspruch als Teilanspruch bezeichnet, kann er die Nachforderungsklage erheben, die den Beschränkungen des § 323 ZPO nicht unterliegt.
BGH, FamRZ 1998, 99, 100

Titel nach DDR-Recht

Für die Abänderung rechtskräftiger Urteile von Gerichten der DDR gilt ab dem 3. 10. 1990 die Rechtsschutzform des § 323 ZPO.
BGH, FamRZ 1997, 281; 1994, 372, 373; 1993, 43: zum nachehelichen Unterhalt; OLG Hamm, FamRZ 1996, 1085, 1086: zum Kindesunterhalt

Eine gerichtliche Einigung nach § 30 Abs. 3 FGB, die gem. § 46 Abs. 4 Satz 1 ZPO/DDR in einem Ehescheidungsurteil bestätigt und nach § 83 Abs. 4 ZPO/DDR verbindlich wurde mit der Folge, dass aus ihr vollstreckt werden konnte (§ 88 Abs. 1 Nr. 1 ZPO/DDR), steht einem Prozessvergleich nach § 794 Abs. 1 Nr. 1 ZPO gleich. Wie bei diesem geschieht die Abänderung nach § 323 Abs. 4 ZPO in der Form des § 323 Abs. 1 ZPO. Inhaltlich vollzieht sie sich ebenfalls nach den aus § 242 BGB abgeleiteten Grundsätzen über die Veränderung oder den Wegfall der Geschäftsgrundlage.
BGH, FamRZ 1994, 562, 563; 1995, 544

Der in einem Scheidungsurteil des Kreisgerichts der ehemaligen DDR von einem Elternteil erwirkte Titel über den Kindesunterhalt hat auch Wirkung für und gegen das Kind. Das Kind selbst ist daher zur Erhebung einer Abänderungsklage befugt.
BGH, FamRZ 1997, 281

Eine wesentliche Veränderung kann eingetreten sein, wenn dem Urteil die in der ehemaligen DDR vorherrschenden Verhältnisse und das damalige Einkommen des Unterhaltspflichtigen zugrunde lagen und nunmehr die Neufestsetzung des Unterhalts nach den in der Bundesrepublik Deutschland geltenden Unterhaltsrichtlinien und -tabellen erfolgt.
OLG Hamm, FamRZ 1996, 1085, 1086; OLG Karlsruhe, FamRZ 1995, 937, 938

Umdeutung

Eine auf Zahlung von Unterhalt gerichtete Leistungsklage kann in eine Abänderungsklage umgedeutet werden. Dies kommt in Betracht, wenn eine fehlerhafte Prozesshandlung – hier: Erhebung einer Leistungsklage – wegen ihrer Eindeutigkeit und Klarheit einer berichtigenden Auslegung nicht zugänglich ist, sie aber den Voraussetzungen einer anderen, den gleichen Zwecken dienenden entspricht, die prozessual zulässig ist. Ein entsprechender Parteiwille muss erkennbar sein, ein schutzwürdiges Interesse des Gegners darf nicht entgegenstehen.
BGH, FamRZ 1997, 281, 282; 1992, 298, 299; 1060, 1061; OLG Celle, FamRZ 1993, 838

Erweist sich die Durchführung einer erhobenen Abänderungsklage als unzulässig, weil ein Titel zugunsten des Klägers nicht besteht, kann nach Maßgabe der o. g. Ausführungen die Umdeutung in eine Leistungsklage gerechtfertigt sein.
BGH, FamRZ 1983, 892, 893

Veränderung der Verhältnisse

Es muss eine Veränderung in den tatsächlichen Verhältnissen bereits eingetreten sein.
BGH, FamRZ 1993, 941, 942

Vergleiche und andere Unterhaltstitel

Handelt es sich bei dem Unterhaltstitel um einen Prozessvergleich, vollzieht sich die Anpassung an die veränderten Umstände gem. §§ 323 Abs. 4, 794 Abs. 1 Nr. 1 ZPO wie bei sonstigen privatrechtlichen Rechtsgeschäften, insbesondere außergerichtlichen Vergleichen, allein nach den Regeln des materiellen Rechts. § 323 Abs. 1 ZPO ist bedeutungslos. Heranzuziehen sind die aus § 242 BGB abgeleiteten Grundsätze über die Veränderung oder den Fortfall der Geschäftsgrundlage.
BGH, FamRZ 1983, 22, 24; 1985, 362; 1986, 790; 1992, 539; 1995, 665, 666

Die Opfergrenze kann bereits überschritten sein, wenn die in der Praxis bei der Abänderung von Urteilen für die Wesentlichkeitsgrenze vielfach angezogene Schwelle von 10 % noch nicht erreicht oder überschritten ist. Dies kann etwa bei beengten wirtschaftlichen Verhältnissen der Fall sein.
BGH, FamRZ 1986, 790, 791; 1992, 539

Bei der Ermittlung der Höhe der in dem Abänderungsverfahren neu festzusetzenden Unterhaltsrenten sind die Grundlagen zu beachten, die für die Höhe des bislang titulierten Unterhalts maßgebend waren.

Welche Verhältnisse zur Grundlage des Vergleichs gehören und wie die Parteien sie seinerzeit bewerteten, entscheidet sich nach dem von den Parteien in dem Vergleich niedergelegten Willen.
BGH, FamRZ 1988, 156; 1992, 539

Die Zeitschranke des § 323 Abs. 2 ZPO greift im Fall der Abänderung eines Vergleichs nicht. § 323 Abs. 2 ZPO soll die Rechtskraftwirkung unanfechtbar gewordener Entscheidungen sichern. Bei gerichtlichen Vergleichen kommt dieser Zweck nicht in Betracht.
BGH, FamRZ 1995, 221, 223

§ 323 Abs. 3 ZPO findet auf die Abänderung von Prozessvergleichen und anderer in § 323 Abs. 4 ZPO genannter Unterhaltstitel keine Anwendung.
BGH, FamRZ 1983, 22; 1984, 997, 998: Jugendamtsurkunde; 1989, 172, 173; 1990, 989, 990: notarielle Urkunde

Versäumnisurteile

Ist der Unterhalt in einem gegen den Unterhaltspflichtigen ergangenen Versäumnisurteil tituliert, kommt es im Fall einer vom Unterhaltspflichtigen begehrten Abänderung nach wohl überwiegender Auffassung darauf an, ob und wie sich die tatsächlichen Verhältnisse nachträglich verändert haben.
So OLG Karlsruhe, FamRZ 1983, 624, 625; OLG Hamm, FamRZ 1984, 1123, 1125; 1987, 1286, 1287; 1990, 772, 773; 1997, 433; OLG Oldenburg, FamRZ 1990, 188; Zöller/Vollkommer, ZPO, § 323 Rn. 31; offen gelassen von BGH, FamRZ 1996, 345, 347

Versäumnisurteil, Änderungsklage

Eine gegen ein Versäumnisurteil gerichtete Abänderungsklage ist nur dann gem. § 323 ZPO statthaft, wenn vorgetragen wird, dass sich die Verhältnisse gegenüber dem gem. § 331 ZPO zur Entscheidungsgrundlage gewordenen Vorbringen des damaligen Klägers verändert haben. Ein gegenüber dem damals zugestandenen geltenden Einkommen niedrigeres Einkommen kann nur berücksichtigt werden, wenn der Abänderungskläger dartut, dass er das zugestandene Einkommen trotz aller Bemühungen auf Dauer nicht erreichen kann. Das kann jedenfalls nicht vor Ablauf des nächsten Kalenderjahres zur Grundlage einer Abänderungsklage gemacht werden.
OLG Köln, FamRZ 2002, 471

Vollstreckbare Urkunden

Die Abänderungsklage richtet sich auch gegen einseitig errichtete notarielle Urkunden, in denen sich der Unterhaltspflichtige der sofortigen Zwangsvollstreckung unterworfen hat, § 794 Abs. 1 Nr. 5 ZPO. Diesen Vollstreckungstiteln stehen zu Protokoll des Jugendamtes nach §§ 59, 60 KJHG errichtete Urkunden gleich.
BGH, FamRZ 1984, 937, noch zu §§ 49, 50 JWG

Das statthafte Abänderungsbegehren des Unterhaltspflichtigen ist materiell nach den analog heranzuziehenden Grundsätzen über den Wegfall der Geschäftsgrundlage (§ 242 BGB) zu beurteilen. Der Unterhaltsberechtigte hat die Möglichkeit, die Abänderung der in einer einseitigen Urkunde titulierten Unterhaltsleistung im Wege der Abänderungsklage durchzusetzen.
BGH, FamRZ 1984, 997

Die Präklusionswirkung des § 323 Abs. 2 ZPO greift für diese Titel ebenso wenig ein wie die zeitliche Beschränkung des § 323 Abs. 3 ZPO. Es kann die rückwirkende Abänderung des Titels erfolgen.
BGH, FamRZ 1983, 22, 24; 1989, 172, 173; 1990, 989; 1991, 542; zu einer Urkunde des Jugendamtes vgl. BGH, FamRZ 1984, 997

Wesentlichkeitsgrenze

Wesentlich ist eine Änderung der Verhältnisse, wenn sie nach Maßgabe des materiellen Rechts zu einer anderen Beurteilung des Bestehens, der Höhe oder der Dauer des Anspruchs führt, und zwar in einer nicht unerheblichen Weise.
BGH, FamRZ 1984, 353, 355

Anhaltspunkt für eine wesentliche Veränderung der Verhältnisse i. S. d. § 323 Abs. 1 ZPO ist in der Praxis die Veränderung des bisherigen Unterhaltsbetrages mit wenigstens rund 10 %.

Die Opfergrenze kann im Fall der Abänderung eines Prozessvergleichs bereits überschritten sein, wenn die in der Praxis bei der Abänderung von Urteilen für die Wesentlichkeitsgrenze vielfach angezogene Schwelle von 10 % noch nicht erreicht oder überschritten ist. Dies kann etwa bei beengten wirtschaftlichen Verhältnissen der Fall sein.
BGH, FamRZ 1986, 790, 791; 1992, 539

Widerklage

Im Streit um die Abänderung desselben Unterhaltstitels kann der Abänderungsklage mit der Widerklage begegnet werden.
BGH, FamRZ 1998, 99, 100

Die Einheitlichkeit des Unterhaltsanspruchs verbietet es jedoch, über die Klage oder die Widerklage gesondert zu entscheiden, wenn sich Klage und Widerklage auf denselben Zeitraum beziehen.
BGH, FamRZ 1987, 151

Zeitschranke des § 323 Abs. 3 ZPO

Unter Klage i. S. d. § 323 Abs. 3 ZPO ist auch die Klage in Gestalt der Stufenklage nach § 254 ZPO zu verstehen. Ausreichend ist bereits die Erhebung der 1. Stufe.
BGH, FamRZ 1986, 560, 561; OLG Düsseldorf, FamRZ 1987, 1281

Der Zugang eines alleinigen Prozesskostenhilfegesuchs bei dem Gegner bedeutet nicht die Zustellung nach § 323 Abs. 3 ZPO.
BGH, FamRZ 1982, 365

Der Zeitpunkt der Erhebung einer Anschlussberufung steht der Zustellung der Abänderungsklage gleich, wenn die Anschlussberufung durch Rücknahme der Hauptberufung nach § 522 Abs. 1 ZPO wirkungslos geworden ist. In diesen Fällen ist es notwendig, die Abänderungsklage in engem zeitlichen Zusammenhang mit der Rücknahme der Hauptberufung zu erheben.
BGH, FamRZ 1988, 601: sog. Vorwirkung

Zulässigkeit der Abänderungsklage

Die Abänderungsklage ist zulässig, wenn der Abänderungskläger Tatsachen behauptet, die eine wesentliche Änderung derjenigen Verhältnisse ergeben, die für die Verurteilung zur Entrichtung der Leistungen, für die Bestimmung der Höhe der Leistungen oder der Dauer ihrer Entrichtung maßgebend waren.
BGH, FamRZ 1997, 281, 282; 1984, 353, 354

Zuständigkeit

Nach den allgemeinen Bestimmungen der §§ 12 ff. ZPO ist zuständig das Gericht, an dem der Abänderungsbeklagte seinen Wohnsitz (§ 13 ZPO) hat.

Für Verfahren, die die gesetzliche Unterhaltspflicht eines Elternteils oder beider Elternteile gegenüber einem minderjährigen Kind betreffen, ist die ausschließliche örtliche Zuständigkeit des Gerichts gegeben, bei dem das Kind oder der Elternteil, der es gesetzlich vertritt, seinen allgemeinen Gerichtsstand hat.

C. ABC der Vollstreckung von Unterhaltstiteln

Arbeitseinkommen, eigene Einkünfte eines Unterhaltsberechtigten

Zu den Maßstäben für die Berechnung des unpfändbaren Teils des Arbeitseinkommens des Schuldners für den Fall, dass der nach § 850c Abs. 1 ZPO zu berücksichtigende Unterhaltsberechtigte eigene Einkünfte hat.
OLG Oldenburg, Beschl. v. 26. 9. 1994, Nds. Rpfl. 1995, 16, JurBüro 1995, 48

1. Hat die Ehefrau des Schuldners eigene Einkünfte von rund 10.650 DM monatlich, ist sie bei der Berechnung des pfandfreien Betrages nicht als unterhaltsberechtigte Person zu berücksichtigen. Dies auch dann, wenn ihre positiven Einkünfte durch monatliche Darlehensbelastungen und Lebensversicherungsbeiträge nahezu wieder aufgebraucht werden.

2. Es entspricht grds. der Billigkeit, die vier unterhaltsberechtigten Kindes des Schuldners bei der Ermittlung des pfändbaren Betrages wertmäßig je zur Hälfte unberücksichtigt zu lassen. Denn die Ehefrau ist aufgrund ihrer eigenen, nicht unbeträchtlichen Einkünfte ebenfalls anteilig den Kindern unterhaltsverpflichtet. Bei bloßer teilweiser Berücksichtigung von Angehörigen kann dies nicht unter Bezugnahme auf die Tabelle zu § 850c ZPO erfolgen. Der wegen teilweiser Unterhaltspflicht zu berücksichtigende Betrag ist – für jedes der vier Kinder – vielmehr konkret vom Vollstreckungsgericht unter Berücksichtigung des Schuldnereinkommens, der örtlichen Gegebenheiten wie der persönlichen Verhältnisse (Alter der Kindern, möglicherweise individueller Sonderbedarf) zu bestimmen.
OLG München, Beschl. v. 5. 10. 1998 – 20 W 2472/98, JurBüro 2000, 47

Für den Wegfall von Unterhaltsberechtigten ist der schlüssige Vortrag des Gläubigers ausreichend. Sofern der Schuldner keine konkret abweichende Angaben macht, sind weitere Angaben und Nachweise, insbesondere hinsichtlich des Gehalts der Ehefrau des Schuldners, durch den Gläubiger nicht erforderlich.
LG Detmold, Beschl. v. 21. 6. 2001 – 3 T 152/01, JurBüro 2001, 604

Beantragt der Gläubiger den Erlass eines Pfüb in Arbeitseinkommen des Schuldners und gleichzeitig die Nichtberücksichtigung bei der Berechnung des pfändbaren Betrages von Ehefrau und Kind wegen ausreichendem eigenen Einkommen, so ist hinsichtlich der eigenen Einkünfte der unterhaltsberechtigten Personen weder ein Beweis noch Glaubhaftmachung erforderlich. Schlüssiger und substantiierter Vortrag der konkreten Tatsachen für den Wegfall des Unterhaltsberechtigten reicht aus.
LG Stade, Beschl. v. 28. 3. 2000 – 7 T 41/00, JurBüro 2000, 378

Kommt ein Schuldner seinen Unterhaltspflichten gegenüber seinen Kindern nur teilweise nach, sind die Kinder bei der Berechnung des pfändbaren Betrages gem. § 850c Abs. 4 ZPO nur teilweise zu berücksichtigen.
LG Ellwangen, Beschl. v. 3. 7. 2001 – 1 T 120/01, JurBüro 2002, 47

Bei der Prüfung, ob und inwieweit die Ehefrau des Schuldners, die mit diesem in einem Haushalt lebt, aufgrund eigener Einkünfte bei der Bestimmung des unpfändbaren Betrages zu berücksichtigen ist, ist der um 20 % erhöhte sozialrechtliche Grundbedarf (§ 22 BSHG) heranzuziehen.
LG Leipzig, Beschl. v. 1. 11. 2001 – 16 T 6131/01, JurBüro 2002, 211

Stellt der Gläubiger einen Antrag auf Nichtberücksichtigung des Ehepartners des Schuldners bei der Berechnung des pfändbaren Einkommensbetrages gem. § 850c Abs. 4 ZPO, genügt hierbei die Angabe, dass der Ehepartner nach den eigenen Angaben des Schuldners Einkünfte auf der Basis eines „630-DM Jobs" bezieht. Weitere Angaben bezüglich Name des Ehepartners sowie Art und Höhe der Einkünfte sind nicht notwendig.
LG Kassel, Beschl. v. 16. 10. 2000 – 3 T 482/00, Rpfleger 2001, 143

Hat die Ehefrau des Schuldners ein eigenes anrechenbares Einkommen von 800 DM monatlich, so ist sie bei der Bestimmung des pfändbaren Betrages ganz unberücksichtigt zu lassen. Dies insbesondere dann, wenn der Schuldner sich zu der Höhe er eigenen Einkünfte der Ehefrau nicht erklärt hat, was vermuten lässt, dass die Ehefrau tatsächlich noch höhere Einkünfte hat.
LG Leipzig, Beschl. v. 25. 9. 2001 – 1 T 5641/01, JurBüro 2002, 97

Bei der Bedarfsermittlung eines Unterhaltsberechtigten im Rahmen von § 850c Abs. 4 ist dessen Sozialhilfebedarf um 20% zu erhöhen. Übersteigt das eigene Einkommen des Unterhaltsberechtigten den sich dann ergebenden Bedarf, so wird es in der Regel gerechtfertigt sein, ihn bei der Berechnung des dem Schuldner zu belassenden pfandfreien Betrages ganz unberücksichtigt zu lassen.
LG Leipzig, Beschl. v. 1. 10. 2001 – 14 T 9291/00, JurBüro 2002, 97

Bei der Frage, ob eine unterhaltsberechtigte Person bei der Berechnung des pfändbaren Betrages gem. § 850c ZPO zu berücksichtigen ist, kommt es entscheidend darauf an, ob der Schuldner dieser

Person tatsächlich Unterhalt gewährt. Gewährt der Schuldner weder Natural- noch Barunterhalt, ist die unterhaltsberechtigte Person bei der Berechnung des pfändbaren Betrages nicht zu berücksichtigen.
LG Verden, Beschl. v. 13. 1. 1995, JurBüro 1995, 385; so auch LG Ravensburg, Beschl. v. 2. 2. 2000, JurBüro 2000, 329; so auch LG Augsburg, Beschl. v. 1. 2. 2000, JurBüro 2000, 329

Bei der Berechnung des pfandfreien Betrages im Rahmen einer Pfändung und Überweisung von Arbeitseinkommen des Schuldners ist eine unterhaltsberechtigte Person nur dann zu berücksichtigen, wenn der Schuldner auch tatsächlich Unterhalt an diese leistet.
LG Augsburg, Beschl. v. 22. 5. 1998, JurBüro 1998, 490

Leben die Eheleute getrennt und leistet die Schuldnerin an ihren Ehemann tatsächlich keinen Unterhalt, so ist der Ehemann bei der Berechnung des unpfändbaren Betrages nicht mit zu berücksichtigen.
LG Göttingen, Beschl. v. 8. 1. 1999, JurBüro 1999, 271: kein Fall des § 850c Abs. 4 ZPO

Bei der Berechnung des notwendigen Unterhaltsbedarfs einer Person, der der Schuldner Unterhalt gewährt, ist von dem um 20 % erhöhten Sozialhilfebedarf auszugehen. Bei einem eigenen Verdienst des Ehepartners des Schuldners über 700 DM ist die Anordnung einer gänzlichen Nichtberücksichtigung i. S. v. § 850c Abs. 4 ZPO gerechtfertigt.
LG Bielefeld, Beschl. v. 29. 5. 2000, Rpfleger 2000, 402; hier verdiente Ehefrau 700 DM monatlich. Den Sozialhilfebedarf der Ehefrau des Schuldners errechnet das LG wie folgt: Regelsatz: 438,00 DM; 15 % des Regelsatzes für größere Anschaffungen = 65,70 DM, anteilige Heizkosten = 63,00 DM = Summe 566,70 DM zuzügl. 20 % = 113,34 DM = Summe: 680,04 DM

Beantragt der Gläubiger den Erlass eines Pfüb in Arbeitseinkommen des Schuldners und gleichzeitig die Nichtberücksichtigung bei der Berechnung des pfändbaren Betrages von Ehefrau und Kind wegen ausreichendem eigenen Einkommen, so ist hinsichtlich der eigenen Einkünfte der unterhaltsberechtigten Personen weder ein Beweis noch Glaubhaftmachung erforderlich. Schlüssiger und substantiierter Vortrag der konkreten Tatsachen für den Wegfall des Unterhaltsberechtigten reicht aus.
LG Stade, Beschl. v. 28. 3. 2000 – 7 T 41/00, JurBüro 2000, 378

Hat der Schuldner den pfändbaren Teil seines Arbeitseinkommens zur Sicherung eines Darlehens abgetreten und stellt der Sicherungsnehmer später einen Antrag nach § 850c Abs. 4 ZPO, ist das Vollstreckungsgericht mangels Vorliegen eines „Vollstreckungsverfahrens" nicht zuständig.
LG Münster, Beschl. v. 9. 7. 1998, Rpfleger 1998, 481

1. Hat die Ehefrau des Schuldners etwa gleich hohes Einkommen wie der Schuldner, bleiben unterhaltsberechtigte Kinder der Eheleute bei der Berechnung des pfändbaren Betrages im Rahmen einer Pfändung der Lohn- und Gehaltsansprüche des Schuldners zur Hälfte unberücksichtigt.
2. Zur Berechnung des pfandfreien Betrages unter Berücksichtigung eigenen Einkommens eines volljährigen – unterhaltsberechtigten – Kindes des Schuldners.

LG Nürnberg-Fürth, Beschl. v. 25. 6. 1996, JurBüro 1996, 603

Als Richtschnur für die Nichtberücksichtigung eines Unterhaltsberechtigten – wenn dieser eigene Einkünfte hat – bietet sich der grds. unpfändbare Betrag eines alleinstehenden Schuldners – von derzeit 1. 209 DM an.
LG Braunschweig, Beschl. v. 5. 1. 1995, JurBüro 1995, 217; LG Erfurt, Beschl. v. 25. 4. 1996, JurBüro 1996, 553

Nach einhelliger Meinung sind Unterhaltsansprüche von Kindern des Unterhaltsschuldners als eigenes Einkommen i. S. d. § 850c Abs. 4 zu berücksichtigen.
LG Paderborn, JurBüro 1984, 787; LG Frankfurt/M., Rpfleger 1994, 221

Sind die eigenen Einkünfte einer unterhaltsberechtigten Person so hoch, dass sich nach den unterhaltsrechtlichen Leitlinien kein Unterhaltsanspruch mehr gegenüber dem Schuldner ergibt, so sind diese Personen auch bei der Berechnung des pfändbaren Teils des Arbeitseinkommens des Schuldners nicht zu berücksichtigen.
LG Kiel, Beschl. v. 8. 11. 1994, JurBüro 1995, 384

Übersteigt das eigene Einkommen der Person, welcher gegenüber der Schuldner unterhaltspflichtig ist (hier: die um den ausbildungsbedingten Mehrbedarf gekürzte Ausbildungsvergütung des Sohnes des Schuldners) den ihr nach der Düsseldorfer Tabelle zustehenden Unterhaltsbetrag, so muss diese bei der Berechnung der Pfändungsfreigrenzen unberücksichtigt bleiben.
LG Osnabrück, Beschl. v. 19. 5. 1994, JurBüro 1996, 271

1. Hat die Ehefrau des Schuldners eigenes Einkommen, dessen Höhe den Grundfreibetrag des § 850c Abs. 1 Satz 1 ZPO (= 1. 209 €) erreicht oder übersteigt, ist sie bei der Berechnung des unpfändbaren Betrags unberücksichtigt zu lassen.
2. Kinder des Schuldners sind bereits dann bei der Berechnung unberücksichtigt zu lassen, wenn ihr eigenes Einkommen den jeweiligen Unterhaltsbedarfssatz nach der Einkommensgruppe 1 der Düsseldorfer Tabelle erreicht oder übersteigt.

LG Konstanz, Beschl. v. 28. 8. 1996, JurBüro 1996, 666

Verfügt die Ehefrau des Schuldners über eigene Einkünfte (hier: 1.358 DM), so bleibt sie bei der Berechnung des Arbeitseinkommens gem. § 850c Abs. 4 ZPO unberücksichtigt.
AG Northeim, Beschl. v. 14. 5. 1997, JurBüro 1997, 490

Bei der Frage, ob eine unterhaltsberechtigte Person bei der Berechnung des pfändbaren Betrages gem. § 850c ZPO zu berücksichtigen ist, kommt es entscheidend darauf an, ob der Schuldner dieser Person tatsächlich Unterhalt gewährt. Gewährt der Schuldner weder Natural- noch Barunterhalt, ist die unterhaltsberechtigte Person bei der Berechnung des pfändbaren Betrages nicht zu berücksichtigen.
LG Verden, Beschl. v. 13. 1. 1995, JurBüro 1995, 385

Auf Antrag des Gläubigers hat das Amtsgericht Termin zur Ergänzung/Nachbesserung der Angaben des Schuldners im Vermögensverzeichnis dahingehend zu bestimmen, dass der Schuldner Angaben zur Art und Höhe des Einkommens seines Ehegatten zu machen hat. Nur durch entsprechende konkrete Angaben des Schuldners ist der Gläubiger in der Lage, zu beurteilen, ob die Voraussetzungen des § 850c Abs. 4 ZPO vorliegen.
LG Oldenburg, Beschl. v. 20. 12. 1995, JurBüro 1996, 329

1. Die Ehefrau des Schuldners, die nach dem unwidersprochenen Vortrag des Gläubigers ein eigenes wöchentliches Einkommen von 244,20 DM hat, ist bei der Berechnung des unpfändbaren Betrages ganz unberücksichtigt zu lassen.
2. Die Voraussetzungen für die Herabsetzung des unpfändbaren Betrages bei einer Forderung aus einer unerlaubten Handlung sind dargetan, wenn sich die unerlaubte Handlung zwar nicht aus dem Titel, aber aus der Klageschrift ergibt und das hierin enthaltene Vorbringen des Gläubigers als zugestanden infolge Säumnis des Schuldners in dem Erkenntnisverfahren gilt.
3. Bei der Berechnung des dem Schuldner als unpfändbar zu belassenden Betrages sind die Sozialhilfesätze heranzuziehen.

AG Frankfurt/M., Beschl. v. 4. 2. 1998, JurBüro 1998, 492

Zu den Maßstäben für die Berechnung des unpfändbaren Teils des Arbeitseinkommens des Schuldners für den Fall, dass der nach § 850c Abs. 1 ZPO zu berücksichtigende Unterhaltsberechtigte eigene Einkünfte hat.
OLG Oldenburg, Beschl. v. 26. 9. 1994, Nds.Rpfl. 1995, 16 = JurBüro 1995, 48

1. Hat die Ehefrau des Schuldners eigene Einkünfte von rund 10.650 DM monatlich, ist sie bei der Berechnung des pfandfreien Betrages nicht als unterhaltsberechtigte Person zu berücksichtigen. Dies auch dann, wenn ihre positiven Einkünfte durch monatliche Darlehensbelastungen und Lebensversicherungsbeiträge nahezu wieder aufgebraucht werden.
2. Es entspricht grds. der Billigkeit, die vier unterhaltsberechtigten Kinder des Schuldners bei der Ermittlung des pfändbaren Betrages wertmäßig je zur Hälfte unberücksichtigt zu lassen. Denn die Ehefrau ist aufgrund ihrer eigenen, nicht unbeträchtlichen Einkünfte ebenfalls anteilig den Kindern unterhaltsverpflichtet. Bei bloßer teilweiser Berücksichtigung von Angehörigen kann dies nicht unter Bezugnahme auf die Tabelle zu § 850c ZPO erfolgen. Der wegen teilweiser Unterhaltspflicht zu berücksichtigende Betrag ist – für jedes der vier Kinder – vielmehr konkret vom Vollstreckungsgericht unter Berücksichtigung des Schuldnereinkommens, der örtlichen Gegebenheiten wie der persönlichen Verhältnisse (Alter der Kinder, möglicherweise individueller Sonderbedarf) zu bestimmen.

OLG München, Beschl. v. 5. 10. 1998 – 20 W 2472/98, JurBüro 2000, 47

Eine unterhaltsberechtigte Person mit eigenem Einkommen ist nur dann vollständig bei der Berechnung des unpfändbaren Betrages des § 850c ZPO nicht zu berücksichtigen, wenn ihr eigenes Einkommen den nach § 850c Abs. 1 S. 1 ZPO grds. pfandfrei zu belassenden Grundfreibetrag übersteigt.

Hat die Ehefrau des Schuldners ein eigenes Einkommen von ca. 3.000 DM – netto – und damit ein gleich hohes Einkommen wie der Schuldner, so ist sie gegenüber einer volljährigen studierenden Tochter zumindest in gleicher Höhe unterhaltspflichtig wie der Schuldner. Die Tochter bleibt daher bei der Berechnung des unpfändbaren Betrages des Einkommens des Schuldners zur Hälfte unberücksichtigt. Ein Kind, das eine monatliche Ausbildungsvergütung von 866,75 € erhält, ist nur zu 30 % bei der Berechnung des unpfändbaren Betrages zu berücksichtigen.

LG Marburg, Beschl. v. 21. 7. 1999 – 3 T 119/99, JurBüro 1999, 662

Hinweis: Nach einhelliger Meinung sind Unterhaltsansprüche von Kindern des Unterhaltsschuldners als eigenes Einkommen i. S. d. § 850c Abs. 4 zu berücksichtigen.

LG Paderborn, JurBüro 1984, 787; LG Frankfurt/M., Rpfleger 1994, 221

1. Der Unterhaltsanspruch der minderjährigen Kinder gegenüber der Ehefrau des Schuldners ist als eigenes Einkommen i. S. d. § 850c Abs. 4 ZPO zu berücksichtigen.
2. Die Nichtberücksichtigung der Kinder geschieht in der Weise, dass sie bei der Feststellung des nach der Tabelle zu § 850c ZPO pfändbaren Betrages zunächst vollständig außer Betracht bleiben, sich der dann für den Schuldner verbleibende pfandfreie Betrag um die höchsten Sozialhilferegelsätze erhöht.

LG Frankfurt, Beschl. v. 16. 9. 1993 – 2/9 T 583/93, Rpfleger 1994, 211

Zu den Voraussetzungen der Nichtberücksichtigung der Ehefrau des Schuldners bei der Berechnung des unpfändbaren Betrages aufgrund eigener Einkünfte. Berücksichtigung einer eigenen Unterhaltspflicht der Ehefrau gegenüber einem Kind.

LG Rottweil, Beschl. v. 12. 7. 1999 – 1 T 87/99, JurBüro 2000, 47: mit Zahlenbeispiel

Auf Antrag des Gläubigers hat das Amtsgericht Termin zur Ergänzung/Nachbesserung der Angaben des Schuldners im Vermögensverzeichnis dahingehend zu bestimmen, dass der Schuldner Angaben zur Art und Höhe des Einkommens seines Ehegatten zu machen hat. Nur durch entsprechende konkrete Angaben des Schuldners ist der Gläubiger in der Lage, zu beurteilen, ob die Voraussetzungen des § 850c Abs. 4 ZPO vorliegen.

LG Oldenburg, Beschl. v. 20. 12. 1995, JurBüro 1996, 329

Verfügt die Ehefrau des Schuldners über eigene Einkünfte (hier: 1.358 DM), so bleibt sie bei der Berechnung des Arbeitseinkommens gem. § 850c Abs. 4 ZPO unberücksichtigt.

AG Northeim, Beschl. v. 14. 5. 1997, JurBüro 1997, 490

Hat der Schuldner selbst nur ein geringes Nettoeinkommen (hier: 1.600 DM), seine Ehefrau hingegen ein wesentlich höheres Einkommen (hier: 7.000 DM), richtet sich die Unterhaltspflicht eines volljährigen Kindes allein gegen die Ehefrau. Bei der Berechnung des pfändbaren Betrages des gepfändeten Arbeitseinkommens des Schuldners ist das volljährige Kind in diesem Falle auf Antrag unberücksichtigt zu lassen.
LG Frankfurt/M., Beschl. v. 23. 3. 1994, Rpfleger 1994, 473

Das bei der Berechnung des unpfändbaren Betrages berücksichtigte unterhaltsberechtigte Kind ist nur teilweise zu berücksichtigen, wenn der Ehemann der Schuldnerin aufgrund seines Einkommens ebenfalls leistungsfähig hinsichtlich des Kindesunterhaltes ist. Gleichrangige Unterhaltsverpflichtete haften gegenüber Unterhaltsberechtigten anteilig nach ihrem Erwerbs- und Vermögensverhältnissen.
AG Passau, Beschl. v. 29. 1. 1998, JurBüro 1998, 274; so auch AG Lüneburg, Beschl. v. 26. 1. 1998 – 24 M 3443/96: mit Beispiel für die Berechnung

1. Übersteigt das eigene Einkommen eines unterhaltsberechtigten Kindes (hier: Ausbildungsvergütung 800 DM) dessen Sozialhilfebedarf plus Besserstellungszuschlag, so ist das Kind bei der Berechnung des unpfändbaren Betrages im Rahmen einer Pfändung und Überweisung in das Arbeitseinkommen des unterhaltspflichtigen Elternteils ganz unberücksichtigt zu lassen.
2. Eine Lohnabtretungsvereinbarung hat der Schuldner nicht gem. § 836 Abs. 3 ZPO an den Gläubiger herauszugeben.

AG Fulda, Beschl. v. 22. 6. 1998, JurBüro 1998, 605

Arbeitseinkommen, Steuerklasse

Wirkt sich die – ohne nachvollziehbare Gründe getroffene – Wahl einer ungünstigen Steuerklasse nachteilig auf die Höhe des durch den Unterhaltsverpflichteten bezogenen Arbeitslosengeldes aus, so ist im Rahmen der Unterhaltsberechtigung fiktiv das Arbeitslosengeld in der Höhe einzusetzen, wie es sich bei korrektem Verhalten ergäbe.
OLG Frankfurt, Beschl. v. 12. 2. 1999 – 6 UF 167/98, FamRZ 2000, 26

Wählt der (verheiratete) Vollstreckungsschuldner nach der Pfändung seines Anspruchs auf Arbeitslohn ohne sachlichen Grund statt der Steuerklasse IV die Steuerklasse V, um so Einkommensbeträge der Pfändung zu entziehen, so kann das Vollstreckungsgericht in entsprechender Anwendung von § 850h ZPO anordnen, dass sich der Schuldner bei der Berechnung des pfändbaren Teils seines Lohns so behandeln lassen muss, als werde er nach der Steuerklasse IV besteuert. Dagegen muss der Gläubiger eine vor der Pfändung getroffene Wahl der Steuerklasse durch den Schuldner und dessen Ehegatten (für das laufende Jahr) gegen sich gelten lassen.
OLG Köln, Beschl. v. 3. 1. 2000 – 2 W 164/99, Rpfleger 2000, 223 = JurBüro 2000, 217

Die Vorteile der Ehegattenversteuerung unterliegen der Pfändung. Wählt der verheiratete Schuldner ohne ersichtlichen Grund die Steuerklasse V, um so seinem Ehepartner die günstige Steuerklasse III zu ermöglichen, muss er sich dem Pfändungsgläubiger gegenüber so behandeln lassen, als würde sein Einkommen nach Steuerklasse IV besteuert.
LG Köln, Beschl. v. 29. 9. 1995, Rpfleger 1996, 120, DGVZ 1996, 61

Die von Ehegatten (lange vor der Pfändung) getroffene Wahl der Steuerklasse ist auch dann nicht rechtsmissbräuchlich, wenn sie für den Gläubiger ungünstig ist.
A. A. LG Köln, Rpfleger 1996, 120 = DGVZ 1996, 61; LG Osnabrück, Beschl. v. 20. 5. 1998 – 7 T 54/98, JurBüro 1999, 158 – m. w. N. = FamRZ 1999, 1003 = NJW-RR 2000, 1216

Wählt der Schuldner ohne sachlichen Grund eine für ihn ungünstige Lohnsteuerklasse, muss er sich nach Pfändung und Überweisung seines Arbeitseinkommens so behandeln lassen, als ob er sein Einkommen nach der Lohnsteuerklasse IV versteuern müsste. Dies gilt auch dann, wenn der Schuldner bereits vor Zustellung des Pfändungs- und Überweisungsbeschlusses die für ihn ungünstige Lohnsteuerklassenwahl getroffen hat.
LG Stuttgart. Beschl. v. 16. 8. 2000 – 19 T 315/00, JurBüro 2001, 111

Ein Schuldner, der ohne sachlichen Grund eine für ihn ungünstigere Steuerklasse wählt, kann sich dem Gläubiger gegenüber nicht auf seine tatsächliche Steuerlast berufen.
LG Essen, Beschl. v. 28. 3. 2000 – 11 T 79/00, JurBüro 2000, 547

Der Pfändungsgläubiger muss die vor einer Lohnpfändung vom Vollstreckungsschuldner getroffene Wahl der Steuerklasse gegen sich gelten lassen.
LG Braunschweig, Beschl. v. 11. 12. 2000 – 8 T 1200/00, Nds.Rpfl. 2001, 132

Hat der Schuldner ohne sachlichen Grund eine für ihn ungünstige Steuerklasse gewählt (hier: V statt IV), so kann er sich im Vollstreckungsverfahren dem Gläubiger gegenüber nicht auf seine tatsächliche Steuerlast (hier nach Klasse V) berufen. Auf Antrag hat das Vollstreckungsgericht anzuordnen, dass der Schuldner bei Berechnung des pfändbaren Betrages so zu stellen ist, als würde sein Arbeitseinkommen nach der für ihn günstigeren Steuerklasse (hier IV) besteuert werden.
AG Memmingen, Beschl. v. 19. 4. 1996, JurBüro 1996, 660; AG Philippsburg, Beschl. v. 12. 4. 1996, JurBüro 1996, 661; LG Köln, Rpfleger 1996, 120; jetzt auch AG Bremen, Beschl. v. 6. 8. 1997, 659

Wählt der Schuldner erst nach Pfändung seines Arbeitseinkommens – ohne sachlichen Grund – anstatt der Steuerklasse IV die Steuerklasse V, so sind die nach § 850c ZPO pfändbaren Beträge nach dem Nettoeinkommen zu berechnen, das sich bei der Versteuerung nach der Lohnsteuerklasse IV ergeben würde.
AG München, Beschl. v. 4. 6. 1999 – 1613 M 76195/97, JurBüro 2000, 661

Bei der Berechnung des unpfändbaren Betrages ist das Einkommen des Schuldners so zu behandeln, als würde es nach Steuerklasse IV versteuert (§ 850h Abs. 2 ZPO). Erzielt die Ehegattin des Schuldners eigene Einkünfte i. H. v. 3.570 DM netto, so ist sie als unterhaltsberechtigte Person nicht zu berücksichtigen.
AG Köln, Beschl. v. 2. 9. 1996, JurBüro 1997, 158

Bei einem verheirateten Schuldner, der sich ohne sachlichen Grund in die Steuerklasse V einstufen lässt, kann im Lohnpfändungsverfahren angeordnet werden, dass er so zu behandeln ist, als ob er sein Einkommen nach der Steuerklasse IV versteuern müsste.
AG Bochum, Beschl. v. 15. 3. 1999 – 53 M 4862/98, DGVZ 2000, 40 m. w. N.

Bereicherungsanspruch

Der Bereicherungsanspruch wegen überzahlten Unterhalts kann nicht mit der Verpflichtung zur Zahlung des laufenden Unterhalts verrechnet werden.
AG Eschwege, Beschl. v. 6. 9. 2000 – 5 F 504/99, FamRZ 2001, 840

Dinglicher Arrest, zukünftiger Unterhaltsanspruch

Ein zukünftiger Unterhaltsanspruch bis zur Vollendung des 18. Lebensjahres ist durch dinglichen Arrest sicherbar.
AG Lüdenscheid, Arrestbefehl v. 15. 11. 1996 – 12 C 314/96, n. v.

Ein Arrestgrund zur Sicherung künftiger Unterhaltsansprüche liegt nach § 917 ZPO nur bei Gefahr von Vermögensverschiebungen vor, nicht aber bereits bei Nichterteilung einer Einkommensauskunft über einen längeren Zeitraum.
OLG München, Beschl. v. 10. 8. 1999 – 12 WF 1136/99, FamRZ 2000, 965

Besteht keine konkrete Gefahr, dass der Unterhaltsschuldner vorhandenes Inlandvermögen ins Ausland schafft, und reicht das Inlandvermögen aus, um eine Befriedigung der Gläubigeransprüche zu sichern, fehlt ein Arrestgrund nach § 917 ZPO.
OLG Stuttgart, Beschl. v. 5. 1. 1996, FamRZ 1997, 181

Dinglicher Arrest, zukünftiger Zugewinnausgleich

Eine zukünftig entstehende Zugewinnausgleichsforderung ist durch dinglichen Arrest sicherbar.
OLG Hamm, FamRZ 1997, 181

Der künftige Anspruch auf Zugewinnausgleich ist nicht durch Arrest, sondern nur gem. § 1389 BGB sicherbar. Der Anspruch auf Sicherheitsleistung nach § 1389 BGB kann seinerseits nicht durch Arrest gesichert werden.
OLG Koblenz, Beschl. v. 12. 11. 1997, FamRZ 1999, 97

1. Im Arrestverfahren zur vorläufigen Sicherung eines zukünftigen Anspruchs auf Zugewinnausgleich dürfen an die Glaubhaftmachung der Höhe des Zugewinnausgleichsanspruchs keine übertriebenen Anforderungen gestellt werden. Andernfalls würde der Sicherungszweck von vornherein verfehlt, weil die Werte der einzelnen Vermögenspositionen bei Einleitung des Arrestverfahrens regelmäßig noch nicht endgültig bekannt sind. Es kommt daher nur darauf an, dass die Ausgleichsverpflichtung in bestimmter Höhe hinreichend wahrscheinlich ist.
2. Ein Arrestgrund liegt vor, wenn der Arrestbeklagte angibt, dass er einen erheblichen Betrag seines Vermögens verspielt habe und dies auch für die Zukunft nicht ausschließen könne, wenn sich seine finanzielle Situation nicht ändere.

AG Warendorf, Urt. v. 10. 11. 1999 – 9 F 244/99, FamRZ 2000, 965

Dinglicher Arrest, Sicherheitsleistung für Zugewinnausgleich

Der Anspruch auf Sicherheitsleistung für den Zugewinnausgleich kann im Wege des dinglichen Arrestes gesichert werden.
OLG Celle, FamRZ 1996, 1429

Drittschuldner, Auskunftsverpflichtungen

Drittschuldner, Auskunftsverpflichtungen i. S. d. § 836 Abs. 3 ZPO

Zum Umfang der vom Schuldner zu erteilenden Auskunft zur Geltendmachung der gepfändeten und dem Gläubiger zur Einziehung überwiesenen Lohnforderung.
AG Sigmaringen, Beschl. v. 21.8.2000 – 1 M 1200/2000, DGVZ 2000, 190

Drittschuldner, Auskunftsverpflichtungen, Brutto- und Nettolohn

Dass der Schuldner eine Auskunft über seinen Brutto- und Nettolohn sowie über die Steuerklasse erteilen muss, ist selbstverständlich. Der darauf bezogene Auskunftsanspruch erlischt aber, wenn der Schuldner dem Gläubiger eine Gehaltsabrechnung vorlegt, aus der diese Informationen ersichtlich sind.

Drittschuldnererklärung, Auskunftsverpflichtungen, Einkommen i. S. d. § 850c Abs. 1 ZPO

Der nach § 850c ZPO zu bestimmende Pfändungsfreibetrag erhöht sich nach Maßgabe des § 850c Abs. 1 ZPO, sofern der Schuldner seinem Ehegatten, einem früheren Ehegatten, einem Verwandten (in gerader Linie) oder gem. § 16151 BGB einem Elternteil (befristeter Unterhalt bei Geburt eines nichtehelichen Kindes) zum Unterhalt verpflichtet ist. Nach § 850c Abs. 4 ZPO kann das Vollstreckungsgericht in einem solchen Fall auf Antrag, des Gläubigers nach billigem Ermessen bestimmen, dass ein Unterhaltsberechtigter bei der Bestimmung, des pfändbaren Teils des Arbeitseinkommens ganz oder teilweise außer Betracht bleibt, sofern er eigene Einkünfte hat. Der Schuldner muss daher darüber Auskunft erteilen, ob er „einer Person" (Ehegatte, Kinder. Eltern, dem anderen Elternteil eines nicht ehelichen Kindes) auf Grund einer gesetzlichen Verpflichtung Unterhalt gewährt und ob diese Person eigene Einkünfte hat.

Drittschuldner, Auskunftsverpflichtungen, Kostenpflicht

Die Filiale einer Bank ist als Drittschuldnerin im Rahmen von § 840 ZPO nicht verpflichtet, dem Gläubiger Auskunft über Konten zu erteilen, die bei einer anderen Filiale derselben Bank (in einer anderen Stadt) geführt werden; will der Gläubiger entsprechende Auskünfte erhalten, muss er entweder auch der anderen Filiale oder aber der Bankzentrale zustellen lassen.
AG Leipzig, Urt. v. 7. 10. 1997 – 06 C 6952/97, NJW-RR 1998, 1345

1. Klauseln in Allgemeinen Geschäftsbedingungen von Kreditinstituten, in denen für die Bearbeitung einer Pfändung gegen Kunden von diesen ein Entgelt gefordert wird, verstoßen gegen § 9 AGBG.
2. Einseitige Bestimmungsvorbehalte für Entgelte sind mit dem Transparenzgebot nur vereinbar, soweit sie bei unsicherer Entwicklung der Verhältnisse als Instrument der Anpassung notwendig sind sowie Anlass, Richtlinien und Grenzen der Ausübung möglichst konkret angeben.
3. § 840 Abs. 1 ZPO ist mit Art. 3 Abs. 1, Art. 12 Abs. 1 und Art 14 Abs. 1 GG vereinbar.

BGH, Urt. v. 19. 10. 1999 – XI ZR 8/99; OLG Köln, EWiR 1999, 387; Stiller, ZIP 2000, 16; BGH, Urt. v. 18. 5. 1999, MDR 1999, 1147 = DGVZ 1999, 154 = Rpfleger 1999, 452

Zur Frage, wann ein Schaden des pfändenden Gläubigers auf einer unrichtigen Auskunft des Drittschuldners beruht.

BGH, Urt. v. 13. 10. 1982, MDR 1983, 308

1. Der Arbeitgeber als Drittschuldner haftet dem betreibenden Gläubiger für den Schaden, der durch Verletzung der Auskunftspflicht gem. § 840 ZPO entstanden ist.
2. Eine Klageänderung im Drittschuldnerprozess auf Feststellung des Schadensersatzes ist gem. § 263 ZPO sachdienlich.

AG Berlin, Beschl. v. 25. 11. 1993, JurBüro 1994, 404

Die Kosten eines Drittschuldnerprozesses gem. § 840 Abs. 2 ZPO sind grds. nicht als Kosten der Zwangsvollstreckung im Ausgangsverfahren gem. § 788 ZPO geltend zu machen.

OLG Bamberg, Beschl. v. 20. 9. 1993, JurBüro 1994, 612

Die Kosten eines verlorenen Arbeitsgerichtsprozesses gegen den Drittschuldner braucht der Schuldner dem Gläubiger nicht zu erstatten.

OLG Stuttgart, Beschl. v. 19. 9. 1995, Rpfleger 1996, 117

1. Der Ausschluss der Kostenerstattung in § 12a Abs. 1 ArbGG erstreckt sich nicht auf den Kostenerstattungsanspruch, der einem Lohnpfändungsgläubiger aus einer Klage gegen den Drittschuldner wegen Verletzung der Erklärungspflicht gem. § 840 ZPO entsteht.
2. Hat der Drittschuldner bei der Zustellung des Pfändungs- und Überweisungsbeschlusses die vom Gerichtsvollzieher gestellten Fragen beantwortet und erklärt, die Forderung werde anerkannt und zu gegebener Zeit überwiesen, so trifft ihn weder ein Verschulden, noch eine weitere Erklärungspflicht, wenn sich später herausstellt, dass keine pfändbaren Beträge vorhanden sind.

LAG Düsseldorf, Urt. v. 14. 2. 1995, DGVZ 1995, 115 = JurBüro 1995, 478

Der Schadensersatzanspruch aus § 840 Abs. 2 Satz 2 ZPO erstreckt sich auf die Anwaltskosten, die – wegen Nichtabgabe einer schriftlichen Drittschuldnererklärung – durch einen vom Drittschuldner verursachten nutzlosen Zahlungsprozess entstehen. Dem steht der Schutzzweck des § 12a Abs. 1 Satz 1 ArbGG nicht entgegen.

AG Wipperfürth, Urt. v. 11. 11. 1998, JurBüro 1999, 102 mit verständlicher Begründung

Anwaltskosten für die Aufforderung des Drittschuldners zur Abgabe der Drittschuldnererklärung stellen einen Schaden i. S. d. § 840 Abs. 2 ZPO dar und sind dem Gläubiger vom Drittschuldner zu erstatten. Für die außergerichtliche Aufforderung zur Abgabe der Drittschuldnererklärung entstehen gesonderte Gebühren gem. § 118 BRAGO.

AG Düsseldorf, Urt. v. 13. 7. 2000 – 39 C 4875/00, JurBüro 2000, 601

Drittschuldnererklärung, Auskunftsverpflichtungen, Lohnforderung

Das AG Sigmaringen hat in einem Erinnerungsverfahren den Gerichtsvollzieher angewiesen, eine Antwort des Schuldners zu acht Fragen, die sich auf die gepfändete Lohnforderung bezogen, zu Protokoll zu nehmen und ihre Richtigkeit eidesstattlich versichern zu lassen. Dieser zuvor von David veröffentlichte Fragenkatalog sei ein Mindeststandard, den ein Gläubiger unabhängig vom Einzelfall bei einem Auskunftsersuchen immer zugrunde legen könne.

Der Entscheidung kann nicht uneingeschränkt zugestimmt werden. Richtig ist, dass ein Fragenkatalog bei der Lohnpfändung acht oder mehr Positionen umfassen kann.
AG Sigmaringen, DGVZ 2000, 190, 191 m. Anm. Seip

Der BFH hat im Jahre 1998 entschieden. dass der Gläubiger nicht berechtigt ist, für den Schuldner eine Einkommensteuererklärung abzugeben. Daher besteht auch kein Auskunftsanspruch in Bezug auf Umstände, die für eine Einkommensteuererklärung, nicht aber zur Geltendmachung der Lohnforderung gegenüber dem Drittschuldner erforderlich sind. Auch die Herausgabe der Lohnsteuerkarte kann deshalb nicht verlangt werden. Von der vom Arbeitnehmer zu beantragenden Veranlagung zur Einkommensteuer ist der Lohnsteuerjahresausgleich durch den Arbeitgeber (§ 42b EStG) zu unterscheiden. Hierbei erhält der Arbeitnehmer am Ende eines Kalenderjahres Lohnsteuer zurück, die infolge schwankenden Arbeitslohns oder Änderungen auf der Lohnsteuerkarte zu viel erhoben wurde. Wenn also der Schuldner beispielsweise einen längeren Zeitraum nicht gearbeitet oder im Verlauf des betreffenden Kalenderjahres geheiratet hat, kann er schon bei dem vom Arbeitgeber durchzuführenden Jahresausgleich mit einer u. U. beträchtlichen Rückerstattung rechnen, da die monatlich anzuwendenden Lohnsteuertabellen von einem hypothetischen Jahresbruttolohn ausgehen, der bei solchen Veränderungen nicht erreicht wird. Ein solcher Rückerstattungsbetrag gehört zum Nettoarbeitslohn und wird von der Gehaltspfändung erfasst. Daraus folgt, dass der Gläubiger bei der Lohnpfändung vom Schuldner gem. § 836 Abs. 3 ZPO Auskunft über Änderungen auf der Lohnsteuerkarte, Lohnschwankungen und beschäftigungslose Zeiten verlangen kann, das heißt, es muss Auskunft über die monatlichen Lohnzahlungen im laufenden Kalenderjahr erteilt werden. Deshalb müssen auch die laufenden Lohnabrechnungen herausgegeben werden. Mit dieser Herausgabe erledigt sich allerdings insoweit der Auskunftsanspruch.

Drittschuldnererklärung, Auskunftsverpflichtungen, Naturalleistungen
Auch die Zulässigkeit der Frage, ob und in welcher Höhe der Schuldner als Arbeitnehmer Naturalleistungen vom Arbeitgeber erhält, ergibt sich unmittelbar aus dem Gesetz. Nach § 850e Nr. 3 ZPO sind bei der Berechnung des pfändbaren Einkommens Geld- und Naturalleistungen zusammenzurechnen. Der nach § 850c ZPO eigentlich unpfändbare Teil des in Geld zahlbaren Arbeitseinkommens ist deshalb pfändbar, soweit er durch den Wert der dem Schuldner verbleibenden Naturalleistungen gedeckt ist. Von der Pfändung des Arbeitseinkommens werden die Naturalleistungen nicht erfasst (§ 850 Abs. 4 ZPO). Der Gläubiger benötigt also Informationen über etwaige empfangene Naturalleistungen, um feststellen zu können, ob er den nach § 850c ZPO unpfändbaren Pfändungsfreibetrag wegen Deckung i. S. d. § 850e Nr. 3 ZPO ganz oder teilweise vom Drittschuldner beanspruchen kann. Erhält der Schuldner beispielsweise ein über die Pfändungsfreigrenze hinausgehendes in Geld zahlbares Arbeitseinkommen sowie darüber hinaus Kost und Logis im Wert von 500 DM, so reduziert sich der Pfändungsfreibetrag um 500 DM. Zu den nach § 850e ZPO zu berücksichtigen den Naturalleistungen gehören z. B. auch Firmenwagen, Wohnung, Verpflegung, Deputate usw.

Drittschuldner, Zustellung
Ist in einem Pfändungs- und Überweisungsbeschluss der Drittschuldner (Firma) so bezeichnet, dass er im Wege der Auslegung bestimmt werden kann, so ist der Beschluss an den darin bezeichneten Drittschuldner zuzustellen, ohne dass es einer genauen Bezeichnung des Inhabers bedarf.
LG Leipzig, Beschl. v. 1. 10. 1997, DGVZ 1998, 91

Einstweilige Einstellung der Zwangsvollstreckung
Nach Rechtskraft des Scheidungsurteils kann bei Erhebung einer negativen Feststellungsklage die Zwangsvollstreckung aus einer einstweiligen Anordnung auf Zahlung von Unterhalt eingestellt werden.

Die sofortige Beschwerde gegen die Verweigerung der Einstellung ist ausnahmsweise zulässig, wenn das Gericht die Grenzen seines Ermessensspielraums verkannt oder sonst „greifbar" gesetzeswidrig entschieden hat.
OLG Köln, Beschl. v. 27. 2. 1996, JurBüro 1996, 495

Im Rahmen eines Antrags auf Einstellung der Zwangsvollstreckung ohne Sicherheitsleistung ist es für die Annahme eines unersetzlichen Nachteils ausreichend, wenn angesichts der Situation des Unterhaltsgläubigers damit zu rechnen ist, dass die gepfändeten Beträge unwiederbringlich sind.
OLG Hamm, Beschl. v. 24. 1. 1995, FamRZ 1996, 113; so auch OLG Hamm, Beschl. v. 26. 4. 1995, FamRZ 1996, 113

Einstweilige Verfügung, Unterhaltsanspruch

Wird eine Unterhaltsverfügung nicht innerhalb Monatsfrist nach Zustellung des Beschlusses vollzogen, muss sie insgesamt aufgehoben werden; die Vollziehung der einstweiligen Verfügung auch wegen der zukünftigen Teilleistungen ist dann nicht mehr statthaft.
OLG Hamm, Beschl. v. 20. 2. 1997, FamRZ 1997, 1496

Haftpflichtversicherung, Pfändung

Ist der Schuldner in der von seiner Ehefrau abgeschlossenen Haftpflichtversicherung mitversichert, so geht die Überweisung (§ 835 ZPO) der Ansprüche des mitversicherten Schuldners gegen den Haftpflichtversicherer ohne Einverständnis der Versicherungsnehmerin ins Leere.
OLG Düsseldorf, Urt. v. 29. 10. 1996, NJW-RR 1997, 1051

Haushaltsführung, Vermögenswert, Allgemein

1. Hat der Gläubiger die Nachbesserung des vom Schuldner abgegebenen Vermögensverzeichnisses beantragt, der Gerichtsvollzieher aber dem Gläubigerantrag nur zum Teil stattgegeben, so ist im Widerspruchs- und Beschwerdeverfahren auch nur über die vom Gerichtsvollzieher zur Ergänzung zugelassenen Fragen zu entscheiden.

2. Der Schuldner muss im Vermögensverzeichnis Angaben darüber machen, wovon er seinen Lebensunterhalt bestreitet und bei Abtretung von Rechten den Abtretungsempfänger präzise bezeichnen.

LG Kassel, Beschl. v. 7. 8. 2000 – 3 T 357/2000, DGVZ 2001, 8

Haushaltsführung, Vermögenswert, Ehegatten

1. Der Taschengeldanspruch ist gem. § 850b Abs. 1 Satz 2 Abs. 2 ZPO bedingt pfändbar.

2. Im Vermögensverzeichnis hat der Schuldner nicht bloß die Angabe des Bestehens eines Unterhaltsanspruchs zu versichern, sondern es sind die Berechnungsgrundlagen für den Taschengeldanspruch, d. h. die Höhe des Nettoeinkommens des Unterhaltspflichtigen, anzugeben. Kennt der Schuldner die Einkünfte des Ehegatten nicht, muss er Beruf und Beschäftigungsstelle des Ehegatten mitteilen.

OLG Köln, Beschl. v. 7. 7. 1993, Rpfleger 1994, 32

Damit der Gläubiger im Pfändungsverfahren dartun kann, inwieweit die Pfändung des Taschengeldanspruchs der Billigkeit entspricht, muss der Schuldner im vorbereitenden Verfahren zur Abgabe der eidesstattlichen Versicherung nicht nur Name und Anschrift des Ehegatten als Drittschuldner, sondern auch dessen monatliches Einkommen so genau wie möglich angeben. Kennt der Schuldner die Einkünfte nicht, muss er wenigstens Beruf und Beschäftigungsstelle des Ehegatten angeben.
OLG München, Beschl. v. 12. 8. 1999, JurBüro 1999, 605 = Rpfleger 2000, 30

Es genügt, wenn der Schuldner im Vermögensverzeichnis angibt, dass er als nicht erwerbsfähiger (haushaltsführender) Ehegatte vom Einkommen des Ehepartners lebt. Angaben zur Billigkeit der Pfändung (vgl. § 850b Abs. 2 ZPO), insbesondere zur Höhe des Einkommens des Ehepartners, können vom Schuldner nicht verlangt werden.
LG Augsburg, Beschl. v. 21. 3. 1994 – 5 T 5447/93, Rpfleger 1994, 424

Die Schuldnerin hat im Rahmen der Abgabe der eidesstattlichen Versicherung über ihre Einkommens- und Vermögensverhältnisse Angaben zum vollständigen Namen, zur vollständigen Anschrift und zu den Einkommensverhältnissen des zur Taschengeldgewährung verpflichteten Ehegatten zu machen, ggf. ist das Vermögensverzeichnis nachzubessern.
LG Dessau, Beschl. v. 30. 11. 2001 – 9 T 362/01, JurBüro 2002, 161

Im Rahmen der Abgabe der eidesstattlichen Versicherung bzw. Nachbesserung derselben ist der Schuldner auch verpflichtet, Namen und Anschrift seiner Ehefrau bekannt zu geben, Forderungen hat der Schuldner so genau zu bezeichnen, dass die Feststellung ihrer Identität für die Pfändung gesichert ist; der Schuldner hat anzugeben: Name – ggf. auch genaue Rechtsform und vertretungsberechtigte Personen – Anschrift der Drittschuldner, Grund des Anspruchs, Betrag der Forderung, Beweismittel.

LG Augsburg, Beschl. v. 15. 2. 1995, JurBüro 1995, 442

Auf Antrag des Gläubigers hat das Amtsgericht Termin zur Ergänzung/Nachbesserung der Angaben des Schuldners im Vermögensverzeichnis dahingehend zu bestimmen, dass der Schuldner Angaben zur Art und Höhe des Einkommens seines Ehegatten zu machen hat. Nur durch entsprechende konkrete Angaben des Schuldners ist der Gläubiger in der Lage, zu beurteilen, ob die Voraussetzungen des § 850c Abs. 4 ZPO vorliegen.

LG Oldenburg, Beschl. v. 20. 12. 1995, JurBüro 1996, 329

Lebt der Schuldner von den Einkünften seines Ehegatten, so hat er bei Abgabe der eidesst. Versicherung den Namen, die Art der Berufstätigkeit und das monatliche Nettoeinkommen des Ehegatten anzugeben, damit der Gläubiger beurteilen kann, ob eine Pfändung des Taschengeldanspruchs in Betracht kommt.

LG Karlsruhe, Beschl. v. 12. 3. 1993, DGVZ 1993, 92; so auch LG Saarbrücken, Beschl. v. 2. 1. 1997, JurBüro 1997, 325; so auch LG Aschaffenburg, Beschl. v. 8. 10. 1998, JurBüro 1999, 105

Der Schuldner hat im Vermögensverzeichnis im Hinblick auf die Möglichkeit der Pfändung des Taschengeldanspruches seine Vermögenssituation, einschließlich seiner Unterhaltsforderungen, so konkret wie möglich anzugeben.

LG Osnabrück, Beschl. v. 6. 12. 1991, Rpfleger 1992, 259; so auch AG Aschaffenburg, Beschl. v. 7. 7. 1995, JurBüro 1996, 50

Zur Verpflichtung des Schuldners, bei Abgabe der eidesstattlichen Versicherung Angaben über das Einkommen seines Ehegatten zu machen.

AG Obernburg, Beschl. v. 23. 3. 1999, DGVZ 1999, 93

Haushaltsführung, Vermögenswert, Familienmitglieder

Gibt der Schuldner an, er werde von Familienmitgliedern unterstützt, so ist er verpflichtet, im Rahmen einer Nachbesserung/Ergänzung der Offenbarungsversicherung den Verwandtschaftsgrad und den Namen derjenigen anzugeben, die ihn unterstützen. Ferner hat er Angaben über die Höhe der monatlichen Unterstützung zu machen.

LG Berlin, Beschl. v. 15. 2. 1999 – 81 T 1175/98, JurBüro 2000, 45

Haushaltsführung, Vermögenswert, Lebenspartner

Ein Schuldner, der im Vermögensverzeichnis angibt, er sei ohne Einkommen und wohne bei seiner Freundin, die auch seinen Lebensunterhalt bestreite, hat darüber so erschöpfend Auskunft zu geben, dass der Gläubiger prüfen kann, ob nicht etwa ein verschleiertes Arbeitsverhältnis vorliegt.

LG Bonn, Beschl. v. 7. 3. 2000 – 4 T 126/2000, DGVZ 2000, 119 = JurBüro 2000, 328

Gibt der Schuldner im Vermögensverzeichnis an, er sei ohne Arbeit und werde von seiner Lebensgefährtin unterhalten, so ist er verpflichtet nähere Angaben darüber zu machen, ob und in welchem Umfange er sich an der Haushaltsführung beteiligt, damit geprüft werden kann, ob ein verschleiertes Arbeitseinkommen als pfändbarer Vermögenswert zur Verfügung steht.

LG Hannover, Beschl. v. 23. 7. 1997, DGVZ 1997, 152 = Nds. Rpfl. 1997, 287 = Rpfleger 1998, 33

Gibt der Schuldner im Vermögensverzeichnis an, er werde von seiner Lebensgefährtin unterstützt und diese zahle auch die Miete, so ist er im Rahmen einer Nachbesserung/Ergänzung verpflichtet, auch den Namen und die Anschrift seiner Lebensgefährtin zu offenbaren und ferner, ob er für die Unterstützung irgendwelche Gegenleistungen – ggf. auch Art und Dauer derselben – erbringt.

LG Düsseldorf, Beschl. v. 12. 6. 1998, JurBüro 1998, 553

Gibt die Schuldnerin im Vermögensverzeichnis an, dass sie ihren Lebensunterhalt vom Einkommen ihres Lebensgefährten bestreite, so ist sie im Rahmen einer Nachbesserung/Ergänzung verpflichtet, dessen Namen und Anschrift zu offenbaren sowie die Größe von dessen Haushalt und Wohnung. Nur mit diesen Angaben wird der Gläubiger in die Lage versetzt zu prüfen, ob sich pfändbare Ansprüche aus einem evtl. verschleiertem Arbeitseinkommen gem. § 850h ZPO ergeben.
LG Halle, Beschl. v. 8. 7. 1998, JurBüro 1998, 607

Der Schuldner, der angibt, er wohne bei seiner Freundin, hat im Rahmen eines Verfahrens auf Ergänzung seiner Angaben im Rahmen der eidesstattlichen Versicherung zu offenbaren, ob er für seine Freundin Leistungen erbringt, die ihrem Umfang nach über einen üblichen Betrag zur Haushaltsführung hinausgehen.
LG Bonn, Beschl. v. 7. 3. 2000 – 4 T 126/00, JurBüro 2000, 328

Der Schuldner ist zur Nachbesserung des von ihm abgegebenen Vermögensverzeichnisses nicht verpflichtet, wenn der Gläubiger aus den gemachten Angaben des Schuldners abschätzen kann, ob dieser aus seiner Tätigkeit (hier als Hausmann) Anspruch auf ein pfändbares Einkommen hat.
LG Lüneburg, Beschl. v. 18. 4. 2000 – 8 T 19/2000, DGVZ 2000, 154

Gibt der Schuldner in seinem Vermögensverzeichnis an, dass er für seine Lebensgefährtin den Haushalt führe und hierfür Kost und Logis sowie Unterstützung zum Lebensunterhalt erhalte, so ist er zur Nachbesserung wegen der gesamten Umstände dieser Einkünfte im Hinblick auf ein evtl. verschleiertes Arbeitseinkommen (§ 850h Abs. 2 ZPO) verpflichtet.
LG Aschaffenburg, Beschl. v. 8. 5. 2000 – 4 T 52/00, JurBüro 2000, 664

Die Schuldnerin, die im Vermögensverzeichnis angibt, dass sie von ihrem Lebensgefährten unterstützt werde, ist im Rahmen einer Nachbesserung/Ergänzung verpflichtet, auch den Namen und die Anschrift ihres Lebensgefährten zu offenbaren und ferner, ob sie für die Unterstützung irgendwelche Gegenleistungen – ggf. auch Art und Dauer derselben – erbringt.
LG Verden, Beschl. v. 5. 11. 2001 – 6 T 124/01, JurBüro 2002, 158

Der Schuldner, der im Vermögensverzeichnis angibt, von seiner Lebensgefährtin unterhalten zu werden, ist im Rahmen einer Nachbesserung/Ergänzung verpflichtet, auch den Namen und die Anschrift seiner Lebensgefährtin zu offenbaren und ferner, ob er für die Unterstützung irgendwelche Gegenleistungen erbringt.
Durch das Nachbesserungsverfahren fällt gem. § 10 Abs. 1 Satz 1 GVKostG keine neue Verfahrensgebühr an.
LG Verden, Beschl. v. 13. 11. 2001 – 6 T 130/01, JurBüro 2002, 158

Der Schuldner, der im Vermögensverzeichnis angibt, kostenlos bei seiner Freundin zu wohnen und manchmal ein geringes Taschengeld von dieser zu erhalten, hat im Rahmen der Nachbesserung/Ergänzung Angaben zum Namen und Anschrift der Lebenspartnerin, zu seiner Tätigkeit im Haushalt der Lebenspartnerin und zur Größe der Wohnung und des Haushaltes zu machen.
LG Dortmund, Beschl. v. 5. 10. 2001 – 9 T 652/01, JurBüro 2002, 159

Ein Schuldner ist verpflichtet, Angaben im Vermögensverzeichnis im Wege der Nachbesserung zu ergänzen, wenn diese insoweit lückenhaft sind, Angaben zum Lebensgefährten fehlen.
AG Leipzig, Beschl. v. 25. 5. 1994, JurBüro 1995, 329 – mit gutem Fragenkatalog

Hat der Schuldner bei Abgabe der eidesstattlichen Versicherung sich ohne nähere Angaben als „Gelegenheitsarbeiter" bezeichnet, so hat er im Wege der Nachbesserung Namen und Anschrift der Auftraggeber der letzten zwölf Monate, die durchschnittliche Höhe seiner Entlohnung und die Konten anzugeben, auf die Zahlungen erfolgt sind. Sofern er von seiner Lebensgefährtin unterstützt wird, hat er auch hierzu nähere Angaben zu machen.
AG Bremen-Blumenthal, Beschl. v. 21. 7. 1999 – 22 M 646/99, DGVZ 2000, 42

Gibt der Schuldner im Vermögensverzeichnis an, er betätige sich im Haushalt seiner Lebensgefährtin als Hausmann, handelt es sich um Dienste, die üblicherweise vergütet werden. In diesem Falle hat der Schuldner die wirtschaftlichen Verhältnisse seiner Lebensgefährtin anzugeben.
LG Münster, Beschl. v. 8. 6. 1993 – 5 T 426/93, Rpfleger 1994, 33

1. Der Schuldner, der im Vermögensverzeichnis angibt, von seiner Lebensgefährtin unterhalten zu werden, ist im Rahmen einer Nachbesserung/Ergänzung verpflichtet, auch den Namen und die Anschrift seiner Lebensgefährtin zu offenbaren und ferner, ob er für die Unterstützung irgendwelche Gegenleistungen erbringt.
2. Durch das Nachbesserungsverfahren fällt gem. § 10 Abs. 1 Satz 1 GVKostG keine neue Verfahrensgebühr an.

LG Verden, Beschl. v. 13. 11. 2001 – 6 T 130/01, JurBüro 2002, 158

Der Schuldner, der im Vermögensverzeichnis angibt, kostenlos bei seiner Freundin zu wohnen und manchmal ein geringes Taschengeld von dieser zu erhalten, hat im Rahmen der Nachbesserung/Ergänzung Angaben zum Namen und Anschrift der Lebenspartnerin zu machen, zu seiner Tätigkeit im Haushalt der Lebenspartnerin und zur Größe der Wohnung und des Haushaltes.
LG Dortmund, Beschl. v. 5. 10. 2001 – 9 T 652/01, JurBüro 2002, 159

Zur Prüfung der Frage, ob sich für den Gläubiger pfändbare Ansprüche gegenüber dem Lebenspartner der Schuldnerin ergeben, ist die Schuldnerin verpflichtet, im Rahmen der von ihr abzugebenden eidesstattlichen Versicherung- ggf. durch Ergänzung derselben – folgende Fragen zu beantworten:

- Name und Anschrift des Lebenspartners, in dessen Haushalt die Schuldnerin lebt;
- Größe der Wohnung, des Haushaltes und der Mitglieder dieses Haushaltes;
- Art und detaillierter Umfang der von der Schuldnerin für den Lebenspartner während der vergangenen zwölf Monate geleisteten Arbeiten.

AG Backnang, Beschl. v. 23. 9. 1994, JurBüro 1995, 330

Name und Anschrift des Partners einer nichtehelichen Lebensgemeinschaft müssen bei der Abgabe einer e. V. auch von einem arbeitslosen Schuldner nicht angegeben werden, wenn der Gläubiger lediglich vorträgt, der Schuldner erbringe die im Rahmen einer Lebensgemeinschaft üblichen Leistungen wie Haushaltsführung und/oder Kinderbetreuung.
LG Memmingen, Urt. v. 16. 10. 1996, FamRZ 1997, 512 = Rpfleger 1997, 175 = JurBüro 1997, 214 – mit umfangreicher Anmerkung von Behr (auch unter Berücksichtigung von § 850h Abs. 2)

Haushaltsführung, Vermögenswert, sonstige Personen

Der Schuldner ist zur Nachbesserung des Vermögensverzeichnisses verpflichtet, soweit er zur Angabe des Bestreitens des Lebensunterhalts angegeben hat, er werde von Bekannten unterhalten, ohne anzugeben, von wem und zu welchen Zeitpunkten Zuwendungen erfolgen.
LG Frankfurt/M., Beschl. v. 28. 1. 2002 – 9 T 543/01, Rpfleger 2002, 273

Die Ergänzung der in einer eidesstattlichen Versicherung gemachten Angaben ist immer dann notwendig, wenn die Angaben im Vermögensverzeichnis lückenhaft oder widersprüchlich sind und aus diesem Grunde die Zwangsvollstreckung nicht fortgeführt werden kann. Der Schuldner hat die Höhe des Betrages anzugeben, mit dem ihn ausweislich seiner eidesstattlichen Versicherung sein Freund unterstützt.
LG Frankfurt/M., Beschl. v. 23. 4. 1999 – 09 T 228/99, JurBüro 2000, 102

Im Rahmen der Offenbarungsversicherung und ggf. in einer Ergänzung einer abgegebenen Versicherung hat der Schuldner Umfang, Art und auch Namen und Anschrift von Personen anzugeben, von deren Zuwendungen er seinen Lebensunterhalt bestreitet.
LG Lübeck, Beschl. v. 3. 3. 1997, JurBüro 1997, 440

Gibt der Schuldner im Vermögensverzeichnis an, er bestreite seinen Lebensunterhalt aus Zuwendungen Dritter, so hat er auch deren Namen und Anschriften nachprüfbar anzugeben.
AG Ettlingen, Beschl. v. 3. 1. 2000 – 2 M 2202/99, DGVZ 2000, 78

Herausgabe von Abtretungen

Im Rahmen der Pfändung und Überweisung von Arbeitseinkommen hat der Schuldner auch Abtretungserklärungen gem. § 836 Abs. 3 ZPO herauszugeben. Die Gläubigerin hat auch Anspruch auf Nennung des Namens und der ladungsfähigen Anschrift des von der Bank in Anspruch genommenen Bürgen, auf welchen der Sicherheitsabtretungsvertrag übertragen wurde.
LG München II, Beschl. v. 3. 4. 2000 – 12 T 6845/99, JurBüro 2000, 490

Die Herausgabepflicht des § 836 Abs. 3 ZPO erstreckt sich auch auf vorrangige Lohnabtretungsvereinbarungen, damit der Pfändungsgläubiger in der Lage ist, die Abtretungsvereinbarung inhaltlich auf ihre Wirksamkeit hin zu prüfen.
LG Paderborn, Beschl. v. 5. 11. 2001 – 4 T 29/1, JurBüro 2002, 159

Herausgabe des Anstellungsvertrages

Im Rahmen der Pfändung seines gegenwärtigen und zukünftigen Arbeitseinkommens ist der Schuldner verpflichtet, an den Gläubiger herauszugeben:
Geschäftsführeranstellungsvertrag, Verdienst- bzw. Lohnabrechnung für die Zeit ab Zustellung der Pfändung. Auf Antrag des Gläubigers kann dieser Herausgabeanspruch zusätzlich im Pfüb deklariert werden.
LG Heidelberg, Beschl. v. 20. 2. 1995, JurBüro 1995, 383

Herausgabe von Euroscheckkarte

In Schuldnerbesitz befindliche Euroscheckformulare und Euroscheckkarten sind keine Urkunden über die Forderung i. S. v. § 836 Abs. 3 ZPO. Ihre Herausgabe kann im Pfändungsbeschluss nicht mitangeordnet werden.
Der Rechnungslegungsanspruch des Kunden gegen seine Bank ist im Hinblick auf § 851 Abs. 1 ZPO, § 613 Satz 2 BGB nicht pfändbar.
LG Stuttgart, Beschl. v. 19. 1. 1994 – 10 T 13/94, Rpfleger 1994, 471

Herausgabe vorrangiger Lohnabtretungen

Im Rahmen einer Pfändung und Überweisung von Forderungen hat der Schuldner an den Gläubiger Urkunden herauszugeben, die zur Realisierung der gepfändeten Forderung erforderlich sind oder die Geltendmachung wesentlich erleichtern. Dazu gehört auch eine vorrangige Lohnabtretung zugunsten eines Dritten.
LG Kassel, Beschl. v. 23. 7. 1997, JurBüro 1997, 660

Schriftliche Vereinbarungen über Lohnabtretungen sind vorhandene Urkunden über die Forderung i. S. v. § 836 Abs. 3 ZPO und können deshalb bei der Pfändung von Lohnansprüchen im Wege der Zwangsvollstreckung herausverlangt werden.
LG Ansbach, Beschl. v. 16. 5. 1995, Rpfleger 1995, 511

Eine schriftliche Vereinbarung über die Abtretung der gepfändeten Rente hat der Schuldner aufgrund des Pfüb an den Gläubiger herauszugeben.
AG Weiden, Beschl. v. 15. 1. 1996, Rpfleger 1996, 255

1. Übersteigt das eigene Einkommen eines unterhaltsberechtigten Kindes (hier: Ausbildungsvergütung 800 DM) dessen Sozialhilfebedarf plus Besserstellungszuschlag, so ist das Kind bei der Berechnung des unpfändbaren Betrages im Rahmen einer Pfändung und Überweisung in das Arbeitseinkommen des unterhaltspflichtigen Elternteils ganz unberücksichtigt zu lassen.
2. Eine Lohnabtretungsvereinbarung hat der Schuldner nicht gem. § 836 Abs. 3 ZPO an den Gläubiger herauszugeben.

AG Fulda, Beschl. v. 22. 6. 1998, JurBüro 1998, 605

Herausgabe der Lohnabrechnung durch Drittschuldner

Der Anspruch des Schuldners an **seinen Arbeitgeber** auf Herausgabe der Lohnabrechnung ist von der Lohnpfändung als Nebenrecht erfasst, kann auf Antrag des Gläubigers zusätzlich im Pfüb als Herausgabeanspruch deklariert werden.

OLG Hamm, Beschl. v. 29. 9. 1994, JurBüro 1995, 163 = DGVZ 1994, 188: überwiegende Meinung; so auch LG Bochum, DGVZ 1994, 189, LG Koblenz, DGVZ 1994, 190, LG Köln, JurBüro 1996, 439; LG Marburg, Rpfl. 1994, 309, LG Berlin, Rpfleger 1993, 294; LG Verden, Beschl. v. 24. 5. 1994, DGVZ 1994, 189 – a. M. LG Hildesheim, DGVZ 1994, 156; LG Hannover, DGVZ 1989, 26; LG Mainz, Rpfleger 1994, 309

1. Bei der Pfändung von Arbeitseinkommen ist der Anspruch des Schuldners gegen den Arbeitgeber auf Herausgabe der Lohnabrechnung als Nebenrecht mitgepfändet und kann gegen den Drittschuldner geltend gemacht werden.
2. Der mitgepfändete Herausgabeanspruch kann auf Antrag des Gläubigers deklaratorisch in den Pfüb aufgenommen werden.

LG Koblenz, Beschl. v. 2. 5. 1996, JurBüro 1996, 663 – m. Anm. Behr hins. des Durchsetzungsanspruchs

In den Pfüb über das Arbeitseinkommen des Schuldners ist auf Antrag die Feststellung mit aufzunehmen, dass der Herausgabeanspruch des Schuldners auf gegenwärtige und zukünftige Lohnabrechnungen mitgepfändet ist.

LG Köln, Beschl. v. 8. 1. 1996, JurBüro 1996, 439

Hat der Gläubiger das Arbeitseinkommen des Schuldners gepfändet, besteht daneben auch ein pfändbarer Anspruch des Schuldners gegen den Drittschuldner aus Aushändigung der nächsten Lohnabrechnung, der dem Gläubiger gleichzeitig zur Einziehung überwiesen werden kann.

LG Marburg, Beschl. v. 14. 3. 1994 – 3 T 15/94, Rpfleger 1994, 309

1. Der Anspruch des Schuldners gegen den Drittschuldner auf Aushändigung der nächsten Lohnabrechnung kann weder gem. §§ 846, 847 ZPO, noch im Wege der Hilfspfändung gepfändet und dem Gläubiger zur Einziehung überwiesen werden.
2. Ob dieser Anspruch mit der Pfändung der Lohn- und Gehaltsforderung auf den Gläubiger übergeht, kann offen bleiben. Für den allein aus deklaratorischen Gründen denkbaren Ausspruch einer solchen Folge fehlt dem Gläubiger jedenfalls ein Rechtsschutzbedürfnis.

OLG Zweibrücken, Beschl. v. 16. 6. 1995, DGVZ 1995, 148 = Rpfleger 1996, 36 = JurBüro 1995, 661; entgegen OLG Hamm, JurBüro 1995, 163; DGVZ 1994, 189

Neben der Pfändung des Arbeitseinkommens besteht kein pfändbarer Anspruch des Gläubigers gegenüber dem Arbeitgeber als Drittschuldner auf Herausgabe einer kompletten Lohnabrechnung.

LG Mainz, Beschl. v. 18. 10. 1993 – 8 T 319/93, Rpfleger 1994, 309

Herausgabe der Lohnabrechnung durch Schuldner

In den Pfüb, durch den das Arbeitseinkommen des Schuldners gepfändet wird, kann die Anordnung aufgenommen werden, dass der Schuldner verpflichtet ist, dem Gläubiger die Gehaltsabrechnungen der letzten drei Monate zur Einsicht zur Verfügung zu stellen hat.

LG Koblenz, Beschl. v. 6. 3. 1997, DGVZ 1997, 126

Die Auskunfts- und Herausgabepflicht nach § 836 Abs. 3 ZPO umfasst nur solche Lohnabrechnungen, die Zeiträume nach Wirksamwerden der Pfändung betreffen. Für eine Herausgabeanordnung für Lohnabrechnungen, die Zeiträume vor der Pfändung betreffen, ist kein Raum.

LG Bochum, Beschl. v. 27. 3. 2000 – 7 T 916/99, JurBüro 2000, 437 m. w. N.

Aufgrund der Pfändung des Arbeitseinkommens des Schuldners ist dieser verpflichtet, dem Gläubiger die Gehalts- bzw. Verdienstbescheinigung herauszugeben. Der Gläubiger kann nicht auf die Auskunftsverpflichtung des Drittschuldners nach § 840 ZPO verwiesen werden.

LG Oldenburg, Beschl. v. 10. 7. 1995 Rpfleger 1996, 36

Auf Antrag ist in den Pfüb wegen Arbeitseinkommen eine Herausgabeanordnung aufzunehmen, wonach der Schuldner fortlaufend auch zukünftige Lohn- und Gehaltsabrechnungen an den Gläubiger herauszugeben hat.
LG Augsburg, Beschl. v. 16. 2. 1996, JurBüro 1996, 386

Im Rahmen der Pfändung und Überweisung einer Forderung (hier: Arbeitseinkommen) kann der Gläubiger sämtliche über die Forderung vorhandenen Urkunden heraus verlangen. Zu den gem. § 836 Abs. 3 ZPO herauszugebenden Unterlagen gehören auch Lohnabtretungen zugunsten anderer – vorrangiger – Gläubiger.
LG München II, Beschl. v. 7. 7. 1998, JurBüro 1998, 604

Bei einer Pfändung von Arbeitseinkommen gehören zu den vom Schuldner gem. § 836 Abs. 3 ZPO herauszugebenden Urkunden auch die monatlichen Lohn- und Gehaltsabrechnungen. Auf Antrag ist in den Pfändungs- und Überweisungsbeschluss eine Herausgabeanordnung aufzunehmen, wonach der Schuldner die monatlichen Lohn- und Gehaltsabrechnungen ab Zustellung des Pfüb fortlaufend herauszugeben hat.
LG Karlsruhe, Beschl. v. 17. 10. 1994, JurBüro 1995, 382

Der Schuldner hat im Rahmen der Pfändung seines Arbeitseinkommens die monatlichen Lohnabrechnungen an den Gläubiger gem. § 836 Abs. 3 ZPO fortlaufend herauszugeben.
LG Paderborn, Beschl. v. 27. 12. 1994, JurBüro 1995, 382

Im Rahmen der Pfändung und Überweisung seines Arbeitseinkommens ist der Schuldner verpflichtet, auch Lohn- und Gehaltsabrechnungen an den Gläubiger herauszugeben. Eine Herausgabeverpflichtung besteht aber nur für Lohn- und Gehaltsabrechnungen, über die nach Zustellung des Pfüb fällig werdenden Forderungen.
LG Kassel, Beschl. v. 4. 12. 1996, JurBüro 1997, 216 – andere Auffassung Behr in den Anmerkungen

Nach Pfändung des Arbeitseinkommens des Schuldners ist dieser nach § 836 Abs. 3 ZPO verpflichtet, dem Gläubiger eine Gehaltsabrechnung bzw. Verdienstbescheinigung herauszugeben.
LG Münster, Beschl. v. 22. 7. 1993, Rpfleger 1994, 472

Herausgabe der Lohnabtretung

Die Herausgabepflicht des § 836 Abs. 3 ZPO erstreckt sich auch auf vorrangige Lohnabtretungsvereinbarungen, damit der Pfändungsgläubiger in der Lage ist, die Abtretungsvereinbarung inhaltlich auf ihre Wirksamkeit hin zu prüfen.
LG Paderborn, Beschl. v. 5. 11. 2001 – 4 T 29/1, JurBüro 2002, 159

Herausgabe der Lohnsteuerkarte

Der Pfändungsgläubiger eines Lohnsteuererstattungsanspruchs ist nicht berechtigt, durch Abgabe einer von ihm selbst oder seinem Bevollmächtigten für den Vollstreckungsschuldner ausgefertigten und unterschriebenen Einkommensteuererklärung für diesen die Veranlagung zur Einkommensteuer i. S. d. § 46 Abs. 2 Nr. 8 Satz 1 und 2 EStG zu beantragen.
BFH, Urt. v. 18. 8. 1998, NJW 1999, 1056, DStRE 1999, 16; Vorentscheidung, EFG 1997, 1522 = Rpfleger 1999, 339

Bei Pfändung der Lohn- bzw. Einkommensteuererstattungsansprüche ist der Gläubiger nicht berechtigt gem. § 836 Abs. 3 ZPO die Lohnsteuerkarte des Schuldners herauszuverlangen, da er für diesen keinen Lohn- bzw. Einkommensteuererstattungsantrag stellen kann (im Anschluss an BFH, Rpfleger 1999, 339).
LG Augsburg, Beschl. v. 15. 3. 2000 – 5 T 920/00, Rpfleger 2000, 341; so auch LG Dortmund, Beschl. v. 17. 2. 2000 – 9 Z 120/00, JurBüro 2000, 492; so auch LG Kassel, Beschl. v. 14. 1. 2000 – 3 T 708/99 und LG Münster, Beschl. v. 24. 2. 2000 – 5 T 112/00

Herausgabe der Verdienstbescheinigung

Ist der Schuldner zur Herausgabe von Urkunden aufgrund der Pfändung verpflichtet (hier: Verdienstabrechnung), müssen diese Urkunden in dem Pfändungsbeschluss genau bezeichnet sein. Die Verpflichtung kann auch in einem Ergänzungsbeschluss ausgesprochen werden.
LG Hannover, Beschl. v. 29. 11. 1993 – 11 T 261/93, Rpfleger 1994, 221

Nach Pfändung des Arbeitseinkommens des Schuldners ist dieser nach § 836 Abs. 3 ZPO verpflichtet, dem Gläubiger eine Gehaltsabrechnung bzw. Verdienstbescheinigung herauszugeben.
LG Münster, Beschl. v. 22. 7. 1993, Rpfleger 1994, 472

Herausgabe vorrangiger Pfändungsbeschlüsse

Zu den gem. § 836 Abs. 3 ZPO vom Schuldner im Rahmen der Pfändung seines Arbeitseinkommens an den Gläubiger herauszugebenden Unterlagen gehören auch die weiteren bei ihm vorhandenen vorrangigen Pfändungsbeschlüsse bezüglich seines Arbeitseinkommens.
LG Bielefeld, Beschl. v. 24. 1. 1995, JurBüro1995, 384; s. auch AG Ludwigshafen, Beschl. v. 18. 3. 1996, JurBüro 1996, 439

Räumungsschutz, Kinder

1. Bei einer Familie mit vier Kindern, die alle noch zur Schule bzw. in den Kindergarten gehen, kann eine Zwangsräumung wenige Wochen vor Schuljahresende eine sittenwidrige Härte darstellen.
2. Auch bei einem erfolgreichen Vollstreckungsschutzantrag nach § 765a ZPO hat der Schuldner die Kosten nach § 788 Abs. 3 ZPO zu tragen. Das gilt auch für die Kosten des Beschwerdeverfahrens, wenn er erst in der Beschwerdeinstanz Erfolg hatte. Für erfolglose Rechtsmittel gilt dagegen § 97 ZPO.

OLG Köln, Beschl. v. 14. 6. 1995, NJW-RR 1995, 1163 = Rpfleger 1996, 33 = JurBüro 1996, 158

Im Hinblick auf die konkrete Wohnraumsituation in dem jeweiligen Vollstreckungsbezirk (hier: Magdeburg) und das grundgesetzlich verankerte Sozialstaatsgebot ist eine sofortige Zwangsräumung sittenwidrig i. S. d. § 765a ZPO, insbesondere dann, wenn der Schuldner eine siebenköpfige Familie zu versorgen hat, von denen mehrere Kinder schwerbehindert bzw. schulpflichtig sind.
LG Magdeburg, Beschl. v. 17. 5. 1995, Rpfleger 1995, 470

Eine Räumungsfrist wegen der Geburt eines Kindes ist nur dann gerechtfertigt, wenn die Schuldner durch Zahlung der Miete sicherstellen, dass durch die verzögerte Räumung der Schaden des Gläubigers nicht erhöht wird.
LG Münster, Beschl. v. 5. 1. 1999 – 5 T 1150/98, DGVZ 2000, 24

Räumungsschutz bei Ersatzwohnraumbeschaffung

Bei der Räumungsvollstreckung kann eine sittenwidrige Härte zu bejahen sein, wenn der Gläubiger durch Kontaktaufnahme mit dem Vermieter einer neuen Wohnung des Schuldners und negative Information über den Schuldner eine Ursache dafür sein, dass der neue Vermieter die Überlassung der Wohnung an den Schuldner ablehnt.
OLG Köln, Beschl. v. 19. 5. 1995, MDR 1995, 1064 = JurBüro 1995, 549

Macht der zur Räumung und Herausgabe einer Wohnung verurteilte Schuldner geltend, dass er Ersatzwohnraum zu Eigentum erworben hat und diesen Ersatzwohnraum wegen eines bestehenden, aber seinerseits gekündigten Mietverhältnisses in drei Monaten beziehen kann, so ist ihm auf Antrag Vollstreckungsschutz gem. § 765a Abs. 1 ZPO zu gewähren. Dem Schuldner sind mit seiner vierköpfigen Familie (zwei Kleinkinder) nicht zwei Umzüge innerhalb von drei Monaten zuzumuten. Überwiegende Belange des Gläubigers stehen nicht entgegen, wenn der Mietzins stets gezahlt worden ist und die Kündigung auf Vertragsverstößen beruht, die aus einem Zeitraum vor Beendigung des Rechtsstreits in erster Instanz datieren.
LG Koblenz, Beschl. v. 14. 2. 1997, JurBüro 1997, 553

Räumungsschutz bei nichtehelicher Lebensgemeinschaft

1. Ein Antrag auf Gewährung einer Räumungsfrist ist gem. § 765a Abs. 3 ZPO zurückzuweisen, wenn er später als zwei Wochen vor dem Räumungstermin gestellt wird, sofern die Gründe, auf die der Antrag gestützt wird, nicht nach diesem Zeitpunkt entstanden sind.
2. Die Vollstreckung aus einem Räumungsurteil ist gegen den in der Wohnung lebenden Ehegatten zulässig, auch wenn dieser im Urteil nicht genannt ist und der andere Ehegatte, der die Wohnung angemietet hat, dort nicht mehr wohnt.

LG Mönchengladbach, Beschl. v. 27. 1. 2000 – 5 T 25/2000, DGVZ 2000, 118

Leistungen an den Partner einer nichtehelichen Lebensgemeinschaft sind keine gesetzlichen Unterhaltsleistungen und daher nicht im Rahmen des § 850c ZPO – auch nicht im Rahmen des § 765a ZPO – zu berücksichtigen.

LG Osnabrück, Beschl. v. 4. 9. 1998, JurBüro 1999, 45 = FamRZ 1999, 526

1. Es bedeutet für den zur Räumung verurteilten Schuldner keine unbillige Härte, wenn gegen ihn die Zwangsräumung durchgeführt wird, während seine Lebensgefährtin nicht zur Räumung der Wohnung verpflichtet ist, da er nicht gehindert ist, mit ihr gemeinsam in eine neue Wohnung umzuziehen.
2. Auch im Falle der Räumungsvollstreckung gegen Partner einer nichtehelichen Lebensgemeinschaft bedarf es grds. eines Räumungstitels gegen jeden Besitzer.

AG Mönchengladbach, Beschl. v. 12. 4. 1999, DGVZ 1999, 140.

Ist eine bevorstehende Zwangsräumung für die hochbetagte Mutter des Schuldners, die in der Wohnung mitlebt, lebensbedrohlich, so kann die Zwangsräumung für den Schuldner eine sittenwidrige Härte auch dann bedeuten, wenn dieser zuvor nicht alles getan hat, um eine andere Wohnung zu bekommen.

OLG Frankfurt, Beschl. v. 28. 10. 1993 – 20 W 395/93, Rpfleger 1994, 174

Räumungsschutz bei Umzug

Die Notwendigkeit, innerhalb kürzester Frist zweimal umziehen zu müssen, stellt für sich allein gesehen keinen den Schutzmechanismus des § 765a ZPO auslösenden Umstand dar. Vielmehr bedarf es im Einzelfall einer Abwägung der schutzwürdigen Interessen von Schuldner und Gläubiger (hier: Mieter und Vermieter bei Zahlungsrückstand).

PfälzOLG Zweibrücken, Beschl. v. 28. 8. 2001 – 3 W 199/01, JurBüro 2002, 49

Räumungsschutz bei Schwangerschaft

Eine bestehende Schwangerschaft rechtfertigt allenfalls einen Räumungsaufschub bis fünf Tage nach der Entbindung; jedenfalls dann, wenn die Schuldner sich nicht intensiv um eine Ersatzwohnung bemüht haben.

LG Wuppertal, Beschl. v. 10. 1. 1994, DGVZ 1995, 41

Räumungstitel nur gegen einen Ehepartner

Bewohnen Eheleute gemeinsam in ungestörter Ehe eine Wohnung, so ist Räumungsvollstreckung allein auf Grund eines nur gegen einen Ehepartner erwirkten Titels selbst dann weder gegen den einen noch gegen den anderen Ehepartner zulässig, wenn der andere Ehepartner nicht Mieter der Wohnung ist.

OLG Oldenburg, Beschl. v. 3. 2. 1994, JurBüro 1995, 52; Ergänzung zu OLG Oldenburg, JurBüro 1991, 1276 = MDR 1991, 968

Ein von Eheleuten gemeinsam bewohntes Haus kann aufgrund eines nur gegen einen Ehepartner gerichteten Räumungstitels nicht geräumt werden; die Räumung kann auch nicht bezüglich des im Titel genannten Räumungsschuldners erfolgen.

LG Oldenburg, Beschl. v. 11. 8. 1997, DGVZ 1998, 10; vgl. auch OLG Oldenburg, Beschl. v. 3. 2. 1994 – 2 W 100/93, NJW-RR 1994, 715 = Rpfleger 1994, 366

Hat der Gerichtsvollzieher die Wohnung des Schuldners geräumt und den Gläubiger in den Besitz derselben eingewiesen, so ist die Zwangsvollstreckung beendet und eine Erinnerung hiergegen unzulässig, auch wenn von der Räumung Personen (hier die Ehefrau des Räumungsschuldners) erfasst wurden, gegen die sich der Räumungstitel nicht gerichtet hat. Der Gerichtsvollzieher hat jedoch eingelagerte Sachen, die im Eigentum dieser Person stehen, an diese herauszugeben.
LG Wiesbaden, Beschl. v. 28. 9. 1998 – 4 T 505/98, DGVZ 2000, 24

1. Ein Antrag auf Gewährung einer Räumungsfrist ist gem. § 765a Abs. 3 ZPO zurückzuweisen, wenn er später als zwei Wochen vor dem Räumungstermin gestellt wird, sofern die Gründe, auf die der Antrag gestützt wird, nicht nach diesem Zeitpunkt entstanden sind.
2. Die Vollstreckung aus einem Räumungsurteil ist gegen den in der Wohnung lebenden Ehegatten zulässig, auch wenn dieser im Urteil nicht genannt ist und der andere Ehegatte, der die Wohnung angemietet hat, dort nicht mehr wohnt.

LG Mönchengladbach, Beschl. v. 27. 1. 2000 – 5 T 25/2000, DGVZ 2000, 118

Räumungstitel, Lebenspartnerschaft
– s. insoweit § 11 LPartG – wonach ein Lebenspartner als Familienangehöriger des anderen Lebenspartners gilt.

Räumungstitel, mitbesitzender Lebensgefährte

1. Durch eine gerichtliche Entscheidung, durch die der Gerichtsvollzieher angewiesen wird, die Räumungsvollstreckung aus einem Titel gegen einen Dritten durchzuführen, wird der Titelschuldner selbst nicht beschwert. Ihm steht gegen diese Entscheidung daher kein Rechtsmittel zu.
2. Gegen den Lebensgefährten des Räumungsschuldners, der Mitbesitz an der Wohnung erlangt hat, findet die Räumungsvollstreckung nur statt, wenn der Gläubiger auch gegen ihn einen Vollstreckungstitel oder eine titelergänzende oder -übertragende Vollstreckungsklausel erwirkt hat.
3. Ob der Besitzer des zu räumenden Objekts nach materiellem Recht gegenüber dem Vollstreckungsgläubiger zum Besitz berechtigt ist, hat der Gerichtsvollzieher nicht zu prüfen.

OLG Köln, Beschl. v. 5. 9. 1996, JurBüro 1997, 550 = DGVZ 1997, 119

Hat ein Vermieter einen Räumungstitel – nur – gegen den Mieter einer Wohnung erwirkt, so kann er daraus nicht auch die Zwangsräumung gegen Mitbesitzer der Wohnung betreiben. Hierfür benötigt er grds. einen besonderen Räumungstitel gegen den Mitbenutzer.
OLG Düsseldorf, Beschl. v. 27. 5. 1998 – 3 W 192/98, JurBüro 1998, 607 = MDR 1998, 1474 m. w. N.; s. hierzu auch Pauly, DGVZ 2000, 17

1. Es bedeutet für den zur Räumung verurteilten Schuldner keine unbillige Härte, wenn gegen ihn die Zwangsräumung durchgeführt wird, während seine Lebensgefährtin nicht zur Räumung der Wohnung verpflichtet ist, da er nicht gehindert ist, mit ihr gemeinsam in eine neue Wohnung umzuziehen.
2. Auch im Falle der Räumungsvollstreckung gegen Partner einer nichtehelichen Lebensgemeinschaft bedarf es grds. eines Räumungstitels gegen jeder Besitzer.

AG Mönchengladbach, Beschl. v. 12. 4. 1999, DGVZ 1999, 140

Räumungsvollstreckung, Ehegatte
Bei der aufgrund eines Zuschlagsbeschlusses gegen die frühere Hauseigentümerin durchgeführten Räumungsvollstreckung ist auch deren Ehemann aus dem Besitz des Hauses zu setzen.
AG Castrop-Rauxel, Beschl. v. 4. 4. 1997, DGVZ 1997, 140

Räumungsvollstreckung, Lebensgefährte

Ein Mitbewohner (hier Lebensgefährte) des Schuldners, der ohne oder gegen Wissen und Willen des Vermieters Mitbesitz an der Wohnung begründet hat, teilt bei einer gegen den Schuldner durchgeführten Räumungsvollstreckung dessen Schicksal.
LG Mönchengladbach, Beschl. v. 29. 6. 1995, DGVZ 1996, 74

Ein titulierter Räumungsanspruch nach Beendigung eines Mietverhältnisses muss durchsetzbar sein und darf nicht dadurch vereitelt werden können, dass der Mieter anderen Personen Mitbesitz einräumt, weshalb aufgrund des Räumungstitels gegen einen Mieter oder Pächter auch dessen Ehefrau, Angehörige, Lebensgefährten und andere Mitbewohner aus dem Besitz der Miet- oder Pachtsache gesetzt werden können, soweit ihnen kein eigenes Besitzrecht zusteht.
LG Detmold, Beschl. v. 13. 10. 1998, DGVZ 1999, 27

Hat die allein zur Räumung verurteilte Schuldnerin die zu räumende Wohnung unter Mitnahme ihrer Habe verlassen, so kann aufgrund des Urteils die Räumungsvollstreckung gegen den noch in der Wohnung (getrennt) lebenden Ehemann nicht erfolgen.
AG Frankfurt/M., Beschl. v. 24. 7. 1997, DGVZ 1998, 13

Sozialleistungen

Es stellt keine unzumutbare Härte i. S. d. § 765a ZPO dar, wenn eine Pfändung in das Konto einer 37-jährigen Schuldnerin mit zwei minderjährigen, unterhaltsberechtigten Kindern erfolgt, auf welchem neben Sozialhilfe auch Arbeitsentgelt eingeht.
LG Frankenthal, Beschl. v. 3. 4. 2000 – 1 T 62/00, JurBüro 2000, 439

Taschengeldanspruch, Allgemeines, Höhe und Pfändbarkeit

Wird der Taschengeldbedarf durch Eigenverdienst des Ehegatten ganz oder teilweise gedeckt, so besteht kein weiterer Zahlungsanspruch gegen den Schuldnerehegatten.
BGH, Urt. v. 21. 1. 1998, MDR 1998, 472 = NJW 1998, 1553 = FamRZ 1998, 608

Der Taschengeldanspruch eines Ehegatten ist Teil seines Unterhaltsanspruchs gegen den anderen Ehegatten. Deshalb kann er unter den Voraussetzungen des § 850b ZPO wie Arbeitseinkommen gepfändet werden.
BVerfG, FamRZ 1986, 773; OLG Celle zuletzt FamRZ 1991, 726 = Nds. Rpfl. 1991, 10 = NJW 1991, 1960; OLG Frankfurt, FamRZ 1991, 727; OLG Hamm, OLG Karlsruhe, JurBüro 1992, 570

Der Anspruch des Ehegatten auf Zahlung von Taschengeld gehört zu den bedingt pfändbaren Ansprüchen i. S. v. § 850b Abs. 1 Nr. 2 ZPO. Das Taschengeld beträgt regelmäßig 5 % des Nettoeinkommens. Nach der Praxis der Frankfurter Familiensenate beträgt die übliche Ehegattenunterhaltsquote 2/5 vom Nettoeinkommen nach Abzug des Kindesunterhalts. Übersteigt dieser Betrag die Pfändungsfreigrenze nach der Lohnpfändungstabelle, ist der Taschengeldanspruch mit 7/10 pfändbar. Die Berechnung selbst hat der Drittschuldner vorzunehmen.
OLG Frankfurt/M., Beschl. v. 28. 6. 1995, Rpfleger 1996, 77 – ohne Gründe, da bereits OLG München, Rpfleger 1988, 491, s. a. OLG Köln, Rpfleger 1995, 76 m. w. N.

Der Taschengeldanspruch ist ausnahmsweise dann pfändbar, wenn dies der Billigkeit entspricht. Das ist bei durchschnittlichen Einkommensverhältnissen regelmäßig nicht der Fall.
OLG Brandenburg, Beschl. v. 24. 10. 2001 – 8 W 259/01, JurBüro 2002, 160 = MDR 2002, 356

Ein Taschengeldanspruch des Schuldners gegenüber seinem unterhaltsverpflichteten Ehegatten unterliegt jedenfalls dann nicht der Pfändung durch einen (nicht nach § 850d ZPO bevorrechtigten). Gläubiger, wenn der Unterhaltsanspruch insgesamt – einschließlich des Anspruchs auf Taschengeld – die Pfändungsgrenze des § 850c ZPO nicht übersteigt.
OLG Stuttgart, Beschl. v. 29. 6. 2001 – 8 W 229/00 JurBüro 2001, 656 = FamRZ 2002, 185

Die Pfändung eines Taschengeldanspruchs entspricht nur dann der Billigkeit, wenn im Vergleich zu durchschnittlichen Fällen besondere Umstände vorliegen.
OLG Nürnberg, Beschl. v. 28. 1. 1998, FamRZ 1999, 505; s. auch AG Schwerte, Beschl. v. 21. 2. 2000 – M 7057/99 bei einer Forderung von 20.000 €

1. Die Billigkeit der Pfändung des Taschengeldanspruches ist auch dann zu bejahen, wenn der Anspruch dem Schuldner auf längere Zeit entzogen wird.
2. Reicht der errechnete monatliche Taschengeldanspruch nicht aus, um die hohen Zinsen des titulierten Anspruchs abzudecken, kann angeordnet werden, dass die an den Gläubiger abzuführenden Beträge zunächst nur auf die titulierte Hauptschuld zu verrechnen sind.

OLG Stuttgart, Beschl. v. 4. 3. 1997, Rpfleger 1997, 447; lesenswert hierzu = FamRZ 1997, 1494

Die Schuldnerin hat im Rahmen der Abgabe der eidesstattlichen Versicherung über ihre Einkommens- und Vermögensverhältnisse Angaben zum vollständigen Namen, zur vollständigen Anschrift und zu den Einkommensverhältnissen des zur Taschengeldgewährung verpflichteten Ehegatten zu machen, ggf. ist das Vermögensverzeichnis nachzubessern.
LG Dessau, Beschl. v. 30. 11. 2001 – 9 T 362/01, JurBüro 2002, 161

Eine Pfändung des Taschengeldanspruchs der Schuldnerin gegenüber ihrem Ehemann wirkt fort, auch wenn die Schuldnerin zwischendurch kurzfristig eigenes Einkommen erzielt hat und damit für diese Zeiten ein Taschengeldanspruch nicht bestanden haben sollte.
LG Münster, Beschl. v. 12. 8. 1999 – 5 T 530/99, JurBüro 2000, 49

Für einen Antrag auf Erlass eines Pfändungs- und Überweisungsbeschlusses, mit welchem der Taschengeldanspruch der Schuldnerin gegenüber ihrem Ehegatten gepfändet werden soll, ist dem Gläubiger im Rahmen der ihm zu gewährenden Prozesskostenhilfe ein Rechtsanwalt beizuordnen.
LG Zweibrücken, Beschl. v. 12. 8. 1997, JurBüro 1997, 665

1. Die Billigkeit der Pfändung des Taschengeldanspruches ist auch dann zu bejahen, wenn der Anspruch der Schuldnerin auf längere Zeit entzogen wird.
2. Die Pfändung entspricht jedoch nur dann der Billigkeit, wenn die Einkünfte der Schuldnerin die Pfändungsgrenze des § 850c ZPO übersteigen.

LG Heilbronn, Beschl. v. 17. 8. 1999, Rpfleger 1999, 550, mit Berechnungsbeispiel

1. Die Pfändung des Taschengeldanspruchs des unterhaltsberechtigten Ehegatten während bestehender ehelicher Lebensgemeinschaft kommt nur in Betracht, wenn der Taschengeldanspruch zusammen mit dem Unterhaltsanspruch des Ehegatten die Pfändungsfreigrenzen des § 850c ZPO übersteigt.
2. Zur Höhe des pfändbaren Taschengeldanspruchs.

LG Frankfurt/M., Beschl. v. 28. 6. 1995, JurBüro 1995, 606

1. Die Pfändung des Taschengeldanspruchs des Ehegatten ist grds. im Rahmen der in § 850b Abs. 2 ZPO normierten Billigkeit zulässig.
2. Die Pfändung ist nur zulässig, wenn die eigenen Einkünfte des unterhaltsberechtigten Ehegatten zusammen mit seinem Unterhaltsanspruch und dem darin enthaltenen Anspruch auf Taschengeld die Pfändungsfreigrenzen nach § 850c ZPO übersteigen.
3. Als Taschengeld sind 5 % des Nettoeinkommens der Ehegatten in Ansatz zu bringen.

LG Würzburg, Beschl. v. 26. 11. 1993, JurBüro 1994, 406

Der Anspruch des Ehegatten auf Zahlung von Taschengeld gehört zu den bedingt pfändbaren Ansprüchen i. S. v. § 850b Abs. 1 Nr. 2 ZPO. Das Taschengeld beträgt regelmäßig 5 % des Nettoeinkommens. Bei einem Nettoeinkommen von 3.000 € kann der Drittschuldner sich, seine Ehefrau und ein minderjähriges Kind aus dem pfändungsfreien Betrag nach § 850c ZPO unterhalten. Die Pfändungsgrenze beim Taschengeldanspruch richtet sich nach § 850c Abs. 1 ZPO, das Taschengeld ist als eine Mehreinnahme in Höhe von 7/10 pfändbar.
LG Mönchengladbach, Beschl. v. 10. 8. 1995, Rpfleger 1996, 77 – ohne Abdruck von Gründen

1. Der voll pfändbare Taschengeldanspruch beträgt mindestens 5 % des anrechenbaren Einkommens des unterhaltspflichtigen Ehegatten.
2. Bloßes Bestreiten der Behauptungen des Gläubigers über die Höhe des Einkommens des Drittschuldners (= unterhaltspflichtiger Ehegatte) in dem Drittschuldnerprozess reicht nicht aus. Der Drittschuldner ist für die von ihm behauptete mangelnde Leistungsfähigkeit darlegungs- und beweispflichtig.

AG Detmold, Urt. v. 28. 8. 1996, JurBüro 1997, 44

1. Der in neuer Ehe verheiratete, nichterwerbstätige Elternteil muss zur Erfüllung seiner Barunterhaltspflicht gegenüber minderjährigen Kindern aus einer früheren Ehe das vom neuen Ehegatten geschuldete Taschengeld einsetzen.
2. Kann mit dem Taschengeld nicht der volle Unterhaltsanspruch erfüllt werden, muss der Barunterhaltspflichtige einer Nebenerwerbstätigkeit auch dann nachgehen, wenn der neue Ehegatte dadurch indirekt mit den Folgen aus der Barunterhaltspflicht seines Ehegatten gegenüber dessen Kindern aus erster Ehe belastet wird, indem er während dieser Zeit die gemeinschaftlichen Kinder aus der neuen Ehe betreuen muss.

AG Weilburg, Urt. v. 21. 3. 1997, FamRZ 1997, 1419

Der Taschengeldanspruch beläuft sich auf 5 % des Nettoeinkommens des Unterhaltspflichtigen. Bei der Pfändung des Taschengeldanspruchs – hier des Schuldners gegenüber seiner Ehefrau – müssen dem Schuldner nach dem Billigkeitsgedanken des § 850b Abs. 2 ZPO monatlich 150 € als Freiraum für die persönliche Lebensgestaltung verbleiben.

AG Lemgo, Beschl. v. 4. 9. 1995, JurBüro 1996, 385

Die Pfändung des Taschengeldanspruchs des Schuldners gegen seinen Ehegatten ist nur zulässig, wenn das ihm zustehende Taschengeld zusammen mit dem ihm (fiktiv) zustehenden Unterhaltsanspruch die Pfändungsfreigrenze des § 850c ZPO übersteigt.

AG Geilenkirchen, Urt. v. 27. 9. 1996, DGVZ 1997, 43 a. A. Taschengeld ist unpfändbar: LG München I, NJW 1961, 1408; LG Essen, NJW 1962, 256; LG Braunschweig, FamRZ 1972, 564 und MDR 1972, 610; zuletzt Beschl. v. 21. 5. 1997 – 8 T 408/97

Taschengeldanspruch, lange Pfändungsdauer

1. Der Taschengeldanspruch ist gem. § 850b Abs. 2 ZPO bedingt pfändbar.
2. Der Billigkeit steht nicht grds. entgegen, dass die Vollstreckungsforderung mit der Ehe nicht in Zusammenhang steht und so hoch ist, dass sie nur teilweise und langfristig getilgt werden kann.
3. Der Pfändungsbeschluss muss auch bei einer Blankettpfändung die Quote der Inanspruchnahme des Taschengeldes (z. B. 7/10), die Berechnungsgrundlagen (Wahrung der Pfändungsfreigrenze unter Berücksichtigung des Naturalunterhaltsanspruchs) und die Billigkeitsprüfung erkennen lassen.

OLG Köln, Beschl. v. 11. 5. 1994, FamRZ 1995, 309 = Rpfleger 1995, 76

1. Die Billigkeit der Pfändung des Taschengeldanspruches ist auch dann zu bejahen, wenn der Anspruch dem Schuldner auf längere Zeit entzogen wird.
2. Reicht der errechnete monatliche Taschengeldanspruch nicht aus, um die hohen Zinsen des titulierten Anspruchs abzudecken, kann angeordnet werden, dass die an den Gläubiger abzuführenden Beträge zunächst nur auf die titulierte Hauptschuld zu verrechnen sind

OLG Stuttgart, Beschl. v. 4. 3. 1997, Rpfleger 1997, 447 = FamRZ 1997, 1494

Die Pfändung eines Taschengeldanspruchs ist nicht deshalb unbillig, weil die Befriedigung der Forderung durch den pfändbaren Teil des Taschengeldes voraussichtlich über einen längeren Zeitraum – hier Jahre – laufen wird.

LG Dortmund, Beschl. v. 22. 12. 1995, JurBüro 1997, 45; Aufgabe der bisherigen Auffassung LG Dortmund, JurBüro 1990, 1060 = Rpfleger 1989, 467

Der Taschengeldanspruch eines Ehegatten, der Teil seines Unterhaltsanspruches gegen den anderen Ehegatten ist und seine gesetzliche Grundlage in §§ 1360, 1360a BGB findet, ist gem. § 850b Abs. 2 ZPO bedingt pfändbar, wenn der gesamte Unterhaltsanspruch einschließlich des Taschengeldanspruchs die Pfändungsfreigrenze des § 850c ZPO überschreitet.
LG Saarbrücken, Beschl. v. 23. 7. 2001 – 5 T 383/01, JurBüro 2001, 605

Der Taschengeldanspruch eines erwerbslosen Ehegatten ist auch bei bestehender Ehe und gemeinsamem Haushalt gem. § 850b Abs. 1 Nr. 2 ZPO unbedingt pfändbar.
LG Berlin, Beschl. v. 17. 1. 2001 – 81 T 670/00, JurBüro 2001, 269

Taschengeld, Einziehung

Der Pfändungsgläubiger kann den ihm zur Einziehung überwiesenen Taschengeldanspruch einklagen; Einwendungen gegen die Zulässigkeit der Pfändung sind in diesem Prozess nicht zu prüfen.
AG Ludwigsburg, Urt. v. 28. 3. 2001 – 2 F 1493/00, FamRZ 2001, 1627

Taschengeldanspruch, Offenbarungspflicht

1. Der Taschengeldanspruch ist gem. § 850b Abs. 1 Satz 2, Abs. 2 ZPO bedingt pfändbar.
2. Das Vermögensverzeichnis des Schuldners muss auch diese Forderung genau bezeichnen. Dazu genügt nicht die bloße Angabe des Bestehens eines Unterhaltsanspruchs, sondern es sind die Berechnungsgrundlagen für den Taschengeldanspruch, d. h. die Höhe des Nettoeinkommens des Unterhaltsverpflichteten, anzugeben. Kennt der Schuldner die Einkünfte des Ehegatten nicht, muss er Beruf und Beschäftigungsstelle des Ehegatten mitteilen.

OLG Köln, Beschl. v. 7. 7. 1993, NJW 1993, 3335 = JurBüro 1994, 609

Damit der Gläubiger im Pfändungsverfahren dartun kann, inwieweit die Pfändung des Taschengeldanspruchs der Billigkeit entspricht, muss der Schuldner im vorbereitenden Verfahren zur Abgabe der eidesstattlichen Versicherung nicht nur Name und Anschrift des Ehegatten als Drittschuldner, sondern auch dessen monatliches Einkommen so genau wie möglich angeben. Kennt der Schuldner die Einkünfte nicht, muss er wenigstens Beruf und Beschäftigungsstelle des Ehegatten angeben.
OLG München, Beschl. v. 12. 8. 1999, JurBüro 1999, 605 = Rpfleger 2000, 30

1. Der Taschengeldanspruch des Ehegatten ist unter den Voraussetzungen des § 850b Abs. 2 ZPO grds. bedingt pfändbar. Der Schuldner hat daher im Rahmen der eidesstattlichen Versicherung hierzu Angaben zu machen, insbesondere Namen, Anschrift und Einkommensverhältnisse des anderen Ehegatten bekanntzugeben. Er unterliegt insoweit auch einer Nachbesserungspflicht.
2. Zukünftige Rentenansprüche sind nach Änderung des § 54 SGB I nunmehr grds. ebenso wie andere zukünftig entstehende oder fällig werdende Ansprüche pfändbar. Die Verpflichtung des Schuldners zur Ergänzung des Vermögensverzeichnisses erstreckt sich auch auf Angaben über das Bestehen von derartigen Anwartschaften und deren nähere Bezeichnung einschl. der Angabe der Rentenversicherungsnummer.

LG Bielefeld, Beschl. v. 14. 7. 1994, JurBüro 1995, 47; jetzt auch LG Duisburg, Beschl. v. 15. 10. 1996 – 24 T 251/96, n. v.

Lebt der Schuldner von den Einkünften seines Ehegatten, so hat er bei Abgabe der eidesstattlichen Versicherung den Namen, die Art der Berufstätigkeit und das monatliche Nettoeinkommen des Ehegatten anzugeben, damit der Gläubiger beurteilen kann, ob eine Pfändung des Taschengeldanspruchs in Betracht kommt.
LG Karlsruhe, Beschl. v. 12. 3. 1993, DGVZ 1993, 92; so auch LG Saarbrücken, Beschl. v. 2. 1. 1997, JurBüro 1997, 325; so auch LG Aschaffenburg, Beschl. v. 8. 10. 1998, JurBüro 1999, 105

Unterhaltsanspruch, Gläubigeranfechtung

1. Zur Gläubigeranfechtung ist der Unterhaltsgläubiger nur wegen fälliger Unterhaltsforderungen berechtigt.

2. Die Absicht der Gläubigerbenachteiligung verlangt nicht, dass die Schädigung vor Gläubigern Zweck und Beweggrund für das Handeln des Schuldners gewesen ist.
3. Soweit eine Vermögensübernahme vorliegt, kann der Unterhaltsgläubiger in das übernommene Vermögen auch bei Unterhaltsansprüchen vollstrecken, die erst nach Erlass des auf die Anfechtungsklage hin ergehenden Urteils fällig werden.
OLG Celle, Urt. v. 30. 11. 1995, FamRZ 1996, 1231

Gewährt der Schuldner einer unterhaltsberechtigten Person (Kind) tatsächlich keinen Unterhalt, ist diese bei der Berechnung des unpfändbaren Betrages unberücksichtigt zu lassen.
LG Erfurt, Beschl. v. 2. 10. 2000 – 7 a T 86/00, JurBüro 2001, 111

Unterhaltsanspruch, Lebenshaltungskostenindex

Bei der Prüfung, ob und inwieweit die Ehefrau des Schuldners, die mit diesem in einem Haushalt lebt, aufgrund eigener Einkünfte bei der Bestimmung des unpfändbaren Betrages zu berücksichtigen ist, ist der um 20 % erhöhte sozialrechtliche Grundbedarf (§ 22 BSHG) heranzuziehen.
LG Leipzig, Beschl. v. 1. 11. 2001 – 16 T 6131/01, JurBüro 2002, 211

Stellt der Gläubiger einen Antrag auf Nichtberücksichtigung des Ehepartners des Schuldners bei der Berechnung des pfändbaren Einkommensbetrages gem. § 850c Abs. 4 ZPO, genügt hierbei die Angabe, dass der Ehepartner nach den eigenen Angaben des Schuldners Einkünfte auf der Basis eines „630-DM-Jobs" bezieht. Weitere Angaben bezüglich Name des Ehepartners sowie Art und Höhe der Einkünfte sind nicht notwendig.
LG Kassel, Beschl. v. 16. 10. 2000 – 3 T 482/00, Rpfleger 2001, 143

Hat die Ehefrau des Schuldners ein eigenes anrechenbares Einkommen von 800 DM monatlich, so ist sie bei der Bestimmung des pfändbaren Betrages ganz unberücksichtigt zu lassen. Dies insbesondere dann, wenn der Schuldner sich zu der Höhe der eigenen Einkünfte der Ehefrau nicht erklärt hat, was vermuten lässt, dass die Ehefrau tatsächlich noch höhere Einkünfte hat.
LG Leipzig, Beschl. v. 25. 9. 2001 – 1 T 5641/01, JurBüro 2002, 97

Bei der Bedarfsermittlung eines Unterhaltsberechtigten im Rahmen von § 850c Abs. 4 ist dessen Sozialhilfebedarf um 20 % zu erhöhen. Übersteigt das eigene Einkommen des Unterhaltsberechtigten den sich dann ergebenden Bedarf, so wird es in der Regel gerechtfertigt sein ihn bei der Berechnung des dem Schuldner zu belassenden pfandfreien Betrages ganz unberücksichtigt zu lassen.
LG Leipzig, Beschl. v. 1. 10. 2001 – 14 T 9291/00, JurBüro 2002, 97

Ein Schuldtitel, nach dem die Höhe eines Unterhaltsanspruchs dem Lebenshaltungskostenindex des Statistischen Bundesamtes anzupassen ist, ist hinreichend bestimmt und zur Zwangsvollstreckung geeignet.
LG Kempten, Beschl. v. 4. 5. 1995, DGVZ 1996, 28

Dass die neue Familie des Unterhaltsverpflichteten bei Erfüllung des Unterhaltsanspruchs des geschiedenen Ehegatten unterhalb der „Sozialhilfeschwelle" leben muss, rechtfertigt für sich nicht, den Unterhaltsanspruch des mit den Familienangehörigen gleichrangigen Berechtigten aufgrund des § 1579 Nr. 7 BGB herabzusetzen und ihn auf ergänzende Sozialhilfe zu verweisen.
BGH, Urt. v. 10. 7. 1996, NJW 1996, 2793

Ein auf der Grundlage eines vollstreckbaren Titels über dynamisierten Unterhalt (§ 1612a Abs. 1 BGB) erlassener Pfüb braucht den zu vollstreckenden monatlichen Unterhalt nicht beziffert auszuweisen; es genügt wie im Titel selbst die Angabe des Prozentsatzes des Regelbedarfs der jeweiligen Altersstufe abzüglich des Kindergeldanteils. Dem Drittschuldner ist es möglich und zumutbar, den jeweiligen Unterhalt nach den Angabe im Titel (Wohnort und Alter des Unterhaltsgläubigers, Prozentsatz des Regelbetrags) und dem Gesetz (Höhe des Regelbetrags, maßgebende Altersstufe) zu berechnen.
Thüringer OLG, Beschl. v. 24. 1. 2000 – 6 W 622/99, Rpfleger 2000, 225

Die Vorratspfändung nach § 850d Abs. 3 ZPO ist auf Fälle beschränkt, in denen wegen bereits vorliegender Säumnis des Schuldners die durch Tatsachen begründete Gefahr künftigen Schuldnerverzuges besteht.
OLG Naumburg, Beschl. v. 13. 1. 1995, DGVZ 1995, 57

Eine Dauerpfändung verstößt nicht gegen den Gesetzeszweck des § 751 Abs. 1 ZPO, stellt keine unstatthafte Ausweitung des § 850d Abs. 3 ZPO dar und ist auch in nicht wiederkehrende künftig fällig werdende, teilbare Leistungen (hier: einen Erbteil) möglich.
OLG Hamm, Beschl. v. 25. 10. 1993, FamRZ 1994, 453

1. Mietfreies Wohnen des Schuldners kann zu einer Herabsetzung des unpfändbaren Betrages führen.
2. Ist der Beitrag zur Krankenversicherung, den der Schuldner zur Heraufsetzung des unpfändbaren Betrages geltend macht, unangemessen hoch, so hat der Schuldner sich den von ihm erkauften Versicherungsschutz so genau darzulegen, dass er im „Rahmen des Üblichen" beurteilt werden kann.

LG Kleve, Beschl. v. 20. 5. 1998, JurBüro 1999, 45 = FamRZ 1999, 109

Der notwendige Unterhalt i. S. d. § 850d ZPO des Unterhaltsschuldners beträgt das Doppelte des jeweils geltenden Regelsatzes gem. § 22 Abs. 2 BSHG. Eine konkrete, auf den Einzelfall bezogene Berechnung kann erst im Erinnerungs- bzw. Beschwerdeverfahren erfolgen. Aufwendungen für Fahrtkosten und Arbeitskleidung sind nachzuweisen.
LG Dresden, Beschl. v. 31. 7. 1998, JurBüro 1999, 159

1. Der dem Schuldner im Rahmen einer Pfändung nach § 850d ZPO zustehende notwendige Unterhaltsbedarf kann mit 1.300 € angenommen werden.
2. Ein weiter zu bestimmender Unterhaltsbedarf für den Ehepartner des Schuldners bemisst sich nach dem angemessenen und nicht dem notwendigen Unterhaltsbedarf.

LG Detmold, Beschl. v. 14. 2. 2000 – 3 T 303/99, Rpfleger 2000, 340

Unterhaltsanspruch, Überleitung

Im Mangelfall haben die tatsächlich Unterhaltsberechtigten Vorrang vor Gläubigern, auf die der Unterhaltsanspruch übergegangen ist.
LG Aachen, Beschl. v. 30. 3. 2000 – 5 T 26/00, FamRZ 2001, 177

Ein Unterhaltsanspruch behält sein Vorrecht nach § 850d ZPO auch dann, wenn er nach § 37 Abs. 1 BAFÖG auf den Träger übergegangen ist, der an Stelle des Unterhaltspflichtigen Ausbildungsförderung geleistet hat.
LG Stuttgart, Beschl. v. 20. 6. 1995, Rpfleger 1996, 119

Ein Unterhaltsanspruch verliert auch durch die Überleitung auf den Träger der öffentlichen Jugendhilfe nicht den Charakter eines Unterhaltsanspruches. Die Privilegierung des § 850d ZPO bleibt auch nach Überleitung bestehen (Aufgabe der bisherigen Rspr., JurBüro 1996, 494).
LG Erfurt, Beschl. v. 16. 8. 1996, JurBüro 1997, 46, FamRZ 1997, 510 = Rpfleger 1997, 74

Unterhaltsanspruch, unpfändbarer Betrag

Die Bemessung des bei einer privilegierten Pfändung gem. § 850d ZPO dem Schuldner pfandfrei zu belassenden Betrags hat unter Zugrundelegung des unterhaltsrechtlichen Mindestselbstbehaltes der einschlägigen Unterhaltstabellen zu erfolgen oder auf der Grundlage des doppelten „Eckregelsatzes", der sich aus der gem. § 22 BSHG erlassenen Rechtsverordnung des jeweiligen Bundeslandes ergibt.
LG Erfurt, Beschl. v. 1. 2. 1996, JurBüro 1996, 384

Der dem Schuldner bei einer Pfändung wegen Unterhaltsansprüchen zu belassende notwendige Unterhalt ist grds. anhand dessen zu berechnen, was dem Schuldner nach den Vorschriften des SGB als laufende Hilfe zum Unterhalt zu gewähren wäre. Aufwendungen für Wohnung und Hei-

zung sind nur im angemessenen Umfange zu berücksichtigen. Dafür können die Höchstbeträge des § 8 WoGG als Anhaltspunkte herangezogen werden.
KG, Beschl. v. 3. 2. 1994, JurBüro 1994, 403

Unterhaltsgläubiger, Rangfolge

Die Rangfolge der Unterhaltsgläubiger nach § 850d Abs. 2 ZPO gilt auch für geltend gemachte Unterhaltsrückstände.
LG Berlin, Beschl. v. 24. 8. 1994, Rpfleger 1995, 222

Ein volljähriges Kind ist bei der Festsetzung des unpfändbaren Betrages gem. § 850d ZPO im Rahmen einer Pfändung für ein minderjähriges Kind nicht zu berücksichtigen. Auch in der Zwangsvollstreckung gelten die in § 1609 BGB geregelten Rangverhältnisse bürgerlich-rechtlicher Unterhaltspflichten.
LG Duisburg, Beschl. v. 29. 4. 1998 – 24 T 89/98, JurBüro 1998, 551

Das Rangverhältnis von Unterhaltsansprüchen nach materiellem Recht ist auch für das Zwangsvollstreckungsrecht maßgebend.
LG Duisburg, Beschl. v. 29. 4. 1998, FamRZ 1999, 109

Ein volljähriges Kind ist bei der Festsetzung des unpfändbaren Betrages gem. § 850d ZPO im Rahmen einer Pfändung für ein minderjähriges Kind nicht zu berücksichtigen. Auch in der Zwangsvollstreckung gelten die in § 1609 BGB geregelten Rangverhältnisse bürgerlich-rechtlicher Unterhaltspflichten.
LG Duisburg, Beschl. v. 29. 4. 1998, JurBüro 1998, 551

Vollstreckungserinnerung

1. Eine unstreitige Verfügungsbeschränkung gem. § 1365 Abs. 1 BGB kann mittels Vollstreckungserinnerung geltend gemacht werden.
2. Die fehlende Zustimmung des anderen Ehegatten zur Teilungsversteigerung führt nicht zur Unwirksamkeit des Antrags auf Anordnung der Teilungsversteigerung.

OLG Frankfurt, Beschl. v. 3. 6. 1997, FamRZ 1997, 1490

Vollstreckungsgegenklage

Keine Zuständigkeit des Familiengerichts, wenn sich die Vollstreckungsgegenklage gegen einen Titel richtet, der keine Familiensache betrifft, gegen den aber mit einem familienrechtlichen Anspruch aufgerechnet wird.
OLG Hamm, Beschl. v. 21. 3. 1997, FamRZ 1997, 1493: gegen OLG Hamm, FamRZ 1989, 875 f.

Der Wegfall der gesetzlichen Prozessstandschaft des anderen Elternteils gem. § 1629 Abs. 2 Satz 2 BGB kann mittels Vollstreckungsabwehrklage gegen den Unterhaltstitel geltend gemacht werden.
OLG München, Beschl. v. 2. 5. 1997, FamRZ 1997, 1493

1. Der Wegfall der gesetzlichen Prozessstandschaft infolge Eintritts der Volljährigkeit des Kindes ist mit Vollstreckungsgegenklage geltend zu machen.
2. Der Grundsatz, dass unpfändbare Forderungen nicht abgetreten werden können, gilt nicht, wenn der Abtretungsempfänger sich gegenüber dem Zedenten zur Erbringung von Leistungen verpflichtet, die dem vollen Wert der abgetretenen Forderungen entsprechen.

OLG Köln, Beschl. v. 16. 8. 1994, FamRZ 1995, 308

Zwangshypothek bei Gütergemeinschaft

1. Soll an einem Grundstück, das zum gemeinschaftlich verwalteten Gesamtgut in Gütergemeinschaft lebender Ehegatten gehört, aufgrund eines Vollstreckungstitels gegen nur einen der beiden Ehegatten eine Zwangshypothek eingetragen werden, müssen dem GBA in der Form des § 29 GBO die Voraussetzungen des § 741 ZPO nachgewiesen werden.

2. Der Nachweis hat sich darauf zu erstrecken, dass im Zeitpunkt des Beginns der Zwangsvollstreckung, also bei Erlass der Eintragungsverfügung, ein Erwerbsgeschäft geführt wird, bei dem es sich auch um einen landwirtschaftlichen Betrieb handeln kann. Das Erwerbsgeschäft wird auch dann noch geführt, wenn es nach Betriebsaufgabe abgewickelt wird.
3. Wird eine Zwangshypothek ohne einen solchen Nachweis eingetragen, entsteht jedenfalls keine inhaltlich unzulässige Eintragung.

BayObLG, Beschl. v. 27. 7. 1995, FG Prax 1995, 188 = FamRZ 1996, 113

Abschnitt 3: Arbeits- und Beratungshilfen

1. Abtretung einer Unterhaltsforderung (Muster)

416

Vereinbarung

zwischen

..., geboren am ..., wohnhaft in ..., ...

und

..., geboren am ..., wohnhaft in ..., ...

1.

... ist die leibliche Tochter von Frau ... Sie geht in ... ihrem Studium nach und hat weder Einkommen noch Vermögen.

2.

Frau ... hat gegen ihren leiblichen Vater, Herrn ..., geboren am ..., früher wohnhaft ..., ..., aufgrund eines rechtskräftigen Urteils des ... vom ... – Aktenzeichen – Anspruch auf Zahlung einer monatlichen Unterhaltsrente i. H. v. ... für die Zeit ab dem ... Diese Unterhaltsrente ist für die Zeit ab dem ... nicht mehr gezahlt worden. Zwangsvollstreckungsmaßnahmen zur Durchsetzung der Unterhaltsforderung sind zur Zeit nicht möglich, weil der derzeitige Aufenthaltsort von Herrn ... nicht bekannt ist.

3.

Frau ... bestätigt hiermit, dass sie seit dem ... von Frau ... in deren Haushalt vollständigen Unterhalt einschließlich eines angemessenen Taschengeldes erhalten hat.

4.

Frau ... tritt hiermit ihre unter Nr. 2 dieser Vereinbarung aufgeführte Unterhaltsforderung gegen Herrn ... für die Zeit vom ... bis zum heutigen Tage an Frau ... ab. Frau ... nimmt diese Abtretung an.

..., den ...

...

...

Hinweis:

1. *Die Abtretung einer Unterhaltsforderung ist wegen § 400 BGB nur in Ausnahmefällen zulässig (vgl. Rn. 24 ff.); ein solcher Ausnahmefall wird in dem obigen Muster beschrieben.*

2. *Der Unterhaltsanspruch des minderjährigen Kindes gegen seine Eltern ist mit dem des volljährigen Kindes identisch, so dass ein Urteil oder Vergleich zur Regelung des Unterhaltsanspruches eines minderjährigen Kindes für die Zeit nach Eintritt der Volljährigkeit weitergilt (vgl. BGH, FamRZ 1983, 582; OLG Hamm, FamRZ 1983, 208 u. 639; OLG Köln, FamRZ 1995, 308).*

3. *Es ist in dem obigen Muster nur die bereits fällige Unterhaltsforderung abgetreten worden. Zwar kann auch eine zukünftige Unterhaltsforderung abgetreten werden, jedoch nur für einen eingeschränkten, zukünftigen Zeitraum (vgl. Rn. 29).*

2. Aufrechnung mit einer Unterhaltsforderung (Muster)

Herrn
...
...
...

Betr.: Ihr Anspruch aus dem Kostenfestsetzungsbeschluss vom ...
– Aktenzeichen: ... Amtsgericht ...

Sehr geehrter Herr ...,

wie Ihnen bekannt ist, vertrete ich Ihre von Ihnen geschiedene Ehefrau ... in der familiengerichtlichen Auseinandersetzung mit Ihnen. Diese schuldet Ihnen aufgrund des o. a. Kostenfestsetzungsbeschlusses aus dem Rechtsstreit über den Zugewinnausgleich den Betrag von ... € nebst ... % Zinsen hieraus seit dem ...

Aufgrund des rechtskräftigen Urteils des Amtsgerichts ... vom ... – Aktenzeichen ... – schulden Sie meiner Mandantin für die Zeit der Trennung monatlichen Unterhalt i. H. v. ... €. Sie haben diesen Unterhalt letztmalig am ... für ... gezahlt. Sie schulden diesen Unterhalt jedoch auch noch für die Monate ..., weil die Ehescheidung aus dem am ... verkündeten Urteil des Amtsgerichts ... – Aktenzeichen ... – erst am ... rechtskräftig geworden ist.

Hiermit rechne ich im Namen meiner Mandantin mit deren Anspruch auf Unterhalt für die Monate ... aus dem o. a. Urteil gegen Ihren Anspruch aus dem o. a. Kostenfestsetzungsbeschluss auf und fordere Sie auf, den Kostenfestsetzungsbeschluss an mich herauszugeben, da die in ihm festgesetzte Kostenforderung durch die mit diesem Schreiben erklärte Aufrechnung erloschen ist.

Außerdem fordere ich Sie auf, die durch die Aufrechnung noch nicht verbrauchte Unterhaltsforderung meiner Mandantin innerhalb von ... Wochen ab Zugang dieses Schreibens an meine Mandantin zu begleichen; die Forderung errechnet sich wie folgt:

1. Hauptbetrag	[... €]
2. Verzugszinsen	[... €]
3. Gesamtbetrag	[... €]

Wenn Sie die geschuldete Zahlung nicht innerhalb der o. a. Frist an meine Mandantin leisten, werde ich für diese ohne weitere Mahnung die Zwangsvollstreckung aus dem Urteil vom ... in die Wege leiten.

Hochachtungsvoll

(Rechtsanwalt)

Hinweis:

1. *Das obige Muster gilt für die Aufrechnung mit einer Unterhaltsforderung. Die Aufrechnung gegen eine Unterhaltsforderung ist nur in Ausnahmefällen zulässig (vgl. Rn. 6 ff.). Dann gelten für die Aufrechnungserklärung keine Besonderheiten.*

2. Wird die Aufrechnung durch einen Vertreter erklärt, ist stets § 174 BGB zu beachten. In dem Fall, der dem obigen Muster zugrunde liegt, kommt ein Zurückweisungsrecht des Aufrechnungsgegners gem. § 174 BGB nicht in Betracht, weil die Aufrechnung von dem ständigen, anwaltlichen Vertreter der Unterhaltsgläubigerin in ihrer familiengerichtlichen Auseinandersetzung mit dem Aufrechnungsgegner erklärt wird und von den Prozessvollmachten gedeckt ist, die diesem von der Unterhaltsgläubigerin erteilt und dem Aufrechnungsgegner bekannt sind (vgl. insoweit BAG AP § 81 ZPO, Nr. 2; MüKo/Schramm, BGB, § 174 Rn. 6a).

3. Stufenklage gegen einen abhängig Beschäftigten (Muster)

> **Hinweis:**
> Sämtliche Unterhaltsansprüche einschließlich Sonderbedarfs unterliegen gem. § 195 BGB der dreijährigen Regelverjährung, gerechnet ab dem Schluss des Jahres, in welchem der Unterhaltsanspruch entstanden ist, § 199 BGB. Um die Hemmung der Verjährung des Unterhaltsanspruchs sicher herbeizuführen, bieten sich regelmäßig zwei Prozesshandlungen aus dem Katalog des § 204 BGB an:
> 1. Erhebung der Stufenklage, § 204 Abs. 1 Nr. 1 BGB,
> 2. Einreichung eines Antrags auf Gewährung von Prozesskostenhilfe, § 204 Abs. 1 Nr. 14 BGB.
>
> Wegen der zahlreichen in Betracht kommenden Einkunftsarten, die im nachfolgenden Beispiel im Auskunftsteil des Stufenklageantrags erfasst sind, sollten die Klageanträge einzelfallbezogen aber beschränkt werden auf solche Einkunftsarten, die beim Unterhaltsschuldner realiter zu erwarten sind. Nur in besonderen Ausnahmefällen („Totales Informationsdefizit") sollte Auskunft über sämtliche Auskunftsquellen verlangt werden.

In der Unterhaltssache

. . . ./. . . .

Az.: . . .

wird beantragt, den Beklagten zu verurteilen,

I. Auskunft zu erteilen über:

1. Einkünfte aus seiner abhängigen Beschäftigung der letzten zwölf Monate bei . . ., nämlich für den Zeitraum vom . . . bis . . .;
2. seine Ansprüche auf Steuerrückzahlungen gegen das Finanzamt . . . in . . .;
3. (falls realistisch) seine Ansprüche auf Arbeitslosengeld, Arbeitslosenhilfe, Insolvenzgeld, Kurzarbeitergeld beim Arbeitsamt . . . in . . .;
4. seine Ansprüche auf Wohngeld, Krankengeld, Unfallrente, Sozialhilfe, Kindergeld;

II. die vorstehenden Auskünfte betreffend I. zu dokumentieren durch Vorlage der entsprechenden Bescheinigungen für die vorstehenden Zeiträume, u. a.

1. wegen der Einkünfte aus abhängiger Beschäftigung durch Lohn-/Gehaltsabrechnungen des Arbeitgebers, systematisch geordnet nach Brutto- und Nettobeträgen einschließlich sämtlicher in Betracht kommender Zuwendungen, etwa Weihnachtsgeld, Urlaubsgeld, Spesen, Prämien, sonstige geldwerte Vorteile des Arbeitgebers, wie z. B. private Nutzungsmöglichkeit eines betrieblichen Kraftfahrzeugs, Kostenfreistellung für private Telefongespräche;
2. wegen seiner Ansprüche auf Sozialleistungen durch entsprechende Bescheide oder Bescheinigungen der Stadtverwaltungen, Arbeitsämter, etwa durch
   a) den Bescheid über Gewährung von Arbeitslosengeld,
   b) den Bescheid über Gewährung von Arbeitslosenhilfe,
   c) den Bescheid über Gewährung von Wohngeld,
   d) die Bescheinigung über die Gewährung von Kindergeld;

III. an Eides statt zu versichern, dass er die Auskunft über sein Einkommen nach bestem Wissen so vollständig erteilt hat als er hierzu imstande war;
IV. an den Kläger seit dem . . . 2002/2003 eine nach Auskunftserteilung zu beziffernden im Voraus fällige monatliche Unterhaltsrente nebst 5 % Zinsen über dem jeweiligen Basiszinssatz nach § 1 Diskontsatz-Überleitungsgesetz zu zahlen.
V. Der Beklagte wird ferner verurteilt,
an den Kläger Zinsen von 5 % über dem jeweiligen Basiszinssatz nach § 1 des Diskontsatz-Überleitungs-Gesetzes (DÜG) auf die noch zu beziffernden monatlichen rückständigen Unterhaltsrenten wie folgt zu zahlen, nämlich

auf . . . € seit dem . . . 2002/2003,
auf . . . € seit dem . . . 2002/2003,
auf . . . € seit dem . . . 2002/2003,
auf . . . € seit dem . . . 2002/2003.

Hinweis:
Ohne Durchbrechung des Beibringungsgrundsatzes kann das Familiengericht in sämtlichen Unterhaltsprozessen gem. § 643 Abs. 1 ZPO den Unterhaltsschuldner mit Fristsetzung unmittelbar zur Auskunftserteilung auffordern und bei Auskunftsverweigerung im Einzelfall Auskünfte direkt bei Dritten, z. B. Arbeitgebern, Sozialleistungsträgern und sonstigen Stellen gem. § 643 Abs. 2 ZPO abfordern.

4. Auskunftsklage gegen einen Selbstständigen (Muster)

In der Unterhaltssache
. . . ./. . . .
Az.: . . .
wird beantragt, den Beklagten zu verurteilen,

I. der Klägerin/dem Kläger Auskunft zu erteilen über seine Einkünfte
   1. aus seiner selbstständigen Tätigkeit in den letzten drei Jahren, nämlich in 1999, 2000, 2001, gerechnet ab dem . . . bis zum . . .,
   2. ferner aus Vermietung, Verpachtung, aus Kapitalvermögen aus der Beteiligung an der . . .-GmbH seit dem 1. 1. 2001;

II. die verlangten Auskünfte zu I. zu dokumentieren durch Vorlage der zeitraumbezogenen Belege, vornehmlich wegen seiner selbstständigen Tätigkeit, seiner Ansprüche aus Vermietung und Verpachtung, Kapitalerträgen, Beteiligungen usw. durch:
   1. die gefertigten Einkommensteuererklärungen einschließlich sämtlicher steuerrechtlicher Anlagen und die erhaltenen Einkommensteuerbescheide;
   2. Umsatzsteuerbescheide und -erklärungen;
   3. Bilanzen, einschließlich Gewinn- und Verlustrechnungen, ersatzweise betriebswirtschaftliche Auswertungen;
   4. Miet- und Pachtverträge, Ertragsaufstellungen der Banken;

III. den Beklagten zu verurteilen,
   an den Kläger seit dem . . . eine nach Auskunftserteilung noch zu beziffernde monatlich im Voraus fällige Unterhaltsrente (optional: in Höhe von . . . €) nebst 5 % Zinsen über dem jeweiligen Basiszinssatz gem. § 1 des Diskontsatz-Überleitungs-Gesetzes zu zahlen.

Begründung: . . .

5. Vereinbarung über die Rückübertragung eines Unterhaltsanspruches zur gerichtlichen Geltendmachung durch den Hilfeempfänger gem. § 91 Abs. 4 BSHG (Muster)

Vereinbarung

zwischen

der Stadt . . ., vertreten durch den Stadtdirektor/Bürgermeister, dieser vertreten durch den Leiter des Sozialamtes,

– nachfolgend Sozialhilfeträger genannt –

und

Frau/Herrn . . ., geb. am . . .

wohnhaft in . . .

– nachfolgend Hilfeempfänger genannt –

Es wird Folgendes vereinbart:

1. Der Unterhaltsanspruch des Hilfeempfängers gegen . . .

    geb. am . . .,

    wohnhaft in . . .

    ist gem. § 91 BSHG in Höhe der erbrachten Leistungen für die Zeit der Sozialhilfegewährung ab dem . . . auf den Sozialhilfeträger übergegangen.

2. Der Sozialhilfeträger überträgt den übergegangenen Unterhaltsanspruch für die Zeit vom . . . bis zum . . . treuhänderisch zum Zwecke gerichtlicher Geltendmachung auf den Hilfeempfänger zurück.

3. Der Hilfeempfänger nimmt die Abtretung an und verpflichtet sich:

    a) den Sozialhilfeträger über den Verlauf des Rechtsstreites und den jeweiligen Verfahrensstand zu unterrichten bzw. durch seinen Prozessbevollmächtigten unterrichten zu lassen,

    b) die Interessen des Sozialhilfeträgers im Rahmen der Prozessführung zu berücksichtigen, insbesondere nicht ohne Einwilligung des Sozialhilfeträgers auf den abgetretenen Unterhaltsanspruch zu verzichten, einen Prozessvergleich über den abgetretenen Unterhaltsanspruch nur unter Widerrufsvorbehalt zu schließen und die Genehmigung des Sozialhilfeträgers rechtzeitig vor Ablauf der Widerrufsfrist einzuholen oder aber sich vor Abschluss des Vergleichs mit dem Sozialhilfeträger ins Benehmen zu setzen,

    c) auf die abgetretene Unterhaltsforderung geleistete Zahlungen ohne Abzüge an den Sozialhilfeträger weiterzuleiten.

4. Der Hilfeempfänger verpflichtet sich, nach rechtskräftigem Abschluss des Rechtsstreites den abgetretenen Unterhaltsanspruch an den Sozialhilfeträger auf dessen Verlangen wieder zurückzuübertragen, sofern er nicht durch Erfüllung erloschen ist.

5. Kosten, mit denen der Hilfeempfänger infolge der gerichtlichen Durchsetzung des Unterhaltsanspruchs selbst belastet wird, werden von dem Sozialhilfeträger nach § 91 Abs. 1 Satz 2 BSHG übernommen, soweit sie nicht durch die Beratungs- und Prozesskostenhilfe, die dem Hilfeempfänger gewährt worden ist oder bei ordnungsgemäßer Prozessführung durch den Hilfeempfänger gewährt worden wäre, abgedeckt wurden.

6. Nebenabreden bestehen nicht. Ergänzungen und Änderungen der Vereinbarung bedürfen der Schriftform.

. . ., den . . .

(Der Hilfeempfänger)   (Für den Sozialhilfeträger)

421 6. Antrag auf Erlass einer einstweiligen Anordnung wegen Ehegatten- und Kindesunterhalt gem. § 620 Satz 1 Nr. 4 und 6 ZPO (Muster)

Amtsgericht
– Familiengericht –
...
Aktenzeichen: ...

In der Ehesache

> *Hinweis:*
> *Da regelmäßig die Ehesache bereits anhängig ist oder dem Amtsgericht wenigstens bereits ein Antrag auf Bewilligung von Prozesskostenhilfe mit einem Entwurf der Antragsschrift für die Ehesache vorliegt und sich hieraus bereits die genaue und vollständige Bezeichnung der Parteien ergibt, ist es nicht erforderlich, in dem Antrag die Parteien wiederum mit vollem Namen, ladungsfähiger Anschrift und Parteibezeichnung anzugeben.*

. . . . /. . . .

wird namens der Antragsgegnerin beantragt,

> *Hinweis:*
> *Auch der Ehegatte, gegen den die Ehesache anhängig gemacht worden ist, kann den Antrag stellen. Für den Antrag selbst besteht kein Anwaltszwang (Rn. 100). Es wurde die für die Ehesache geltende Bezeichnung der Parteistellung beibehalten, um Verwechslungen zu vermeiden.*

dem Antragsteller im Wege der einstweiligen Anordnung gem. § 620 Satz 1 Nr. 4 und 6 ZPO aufzugeben, an die Antragsgegnerin für die Zeit ab dem 1. des dem Eingang dieses Antrags nachfolgenden Monats

> *Hinweis:*
> *Die Regelung darf nur für die Zeit ab Antragstellung erfolgen, auch wenn Verzug des Unterhaltsschuldners schon früher eingetreten war (vgl. Rn. 96).*

die folgenden, monatlichen Unterhaltsbeträge zu zahlen, wobei die rückständigen Beiträge sofort, die künftig fälligen Beträge jeweils monatlich im Voraus

> *Hinweis:*
> *Vgl. § 1612 Abs. 3 BGB!*

6. Einstweilige Anordnung wegen Ehegatten- und Kindesunterhalt

zu entrichten sind:
1. für die Antragsgegnerin selbst monatlich . . . €,
2. für das am . . . geborene, gemeinsame Kind . . . monatlich . . . € zzgl. des hälftigen, für dieses Kind gezahlten Kindergelds in Höhe von derzeit . . . €.

> **Hinweis:**
> Vgl. § 1612b BGB!

Begründung:
Mit Schriftsatz vom . . . hat der Antragsteller beantragen lassen, die zwischen den Parteien am . . . geschlossene Ehe zu scheiden. Wie sich aus dieser Antragsschrift ergibt, leben die Parteien seit dem . . . getrennt, da der Antragsteller an diesem Tag aus der ehelichen Wohnung der Parteien ausgezogen ist und eine eigene Wohnung unter der von ihm angegebenen Anschrift bezogen hat. Wie sich aus dieser Antragsschrift außerdem ergibt, lebt bei der Antragsgegnerin das gemeinsame Kind der Parteien, die am . . . geborene Tochter . . .

> **Hinweis:**
> Vgl. § 1629 Abs. 3 BGB!

Die Antragsgegnerin hat keine eigenen Einkünfte. Sie hat bis zur Trennung der Parteien lediglich den gemeinsamen Haushalt versorgt und das gemeinsame Kind betreut und erzogen. Sie ist deshalb zur Zeit noch nicht verpflichtet, eine eigene Erwerbstätigkeit aufzunehmen, und wäre hierzu auch noch nicht in der Lage, weil das gemeinsame Kind erst sechs Jahre alt ist und deshalb ganztägiger Betreuung durch die Antragsgegnerin bedarf.

Der Antragsteller zahlt seit der Trennung der Parteien weder Unterhalt für die Antragsgegnerin selbst noch für das gemeinsame Kind; er bezahlt lediglich noch die Miete und die Nebenkosten für die frühere, eheliche Wohnung der Parteien in Höhe von insgesamt . . . € monatlich. Sowohl die Antragsgegnerin selbst als auch das gemeinsame Kind der Parteien sind deshalb unterhaltsbedürftig; ihr Unterhaltsanspruch gegen den Antragsteller ergibt sich aus § 1361 BGB bzw. aus §§ 1601 ff. BGB.

Der Antragsteller ist bei der X-AG als . . . beschäftigt und hat mit dieser Erwerbstätigkeit im Jahr vor der Trennung der Parteien ein Bruttoeinkommen von insgesamt . . . € erzielt; dies ergibt sich aus dem als **Anlage** beigefügten, gegen die Parteien ergangenen Einkommensteuerbescheid für dieses Jahr. Die Antragsgegnerin kennt das derzeitige Erwerbseinkommen des Antragstellers nicht, da dieser ihr hierüber noch keine Auskunft erteilt hat; es kann jedoch nicht angenommen werden, dass sein Einkommen gegenüber dem Jahr vor der Trennung der Parteien gesunken ist, da in der Zwischenzeit eine tarifliche Lohnerhöhung von . . . % wirksam geworden ist. Bei einem jährlichen Bruttoeinkommen von . . . € errechnet sich nach Abzug der Steuern und Sozialversicherungsbeiträge in der gesetzlichen Höhe ein jährliches Nettoeinkommen des Antragstellers in Höhe von . . . €. Der vom Antragsteller für die Antragsgegnerin und das gemeinsame Kind geschuldete Unterhalt berechnet sich dann wie folgt:

> *Hinweis:*
>
> *An dieser Stelle muss eine Berechnung der geforderten Unterhaltsbeträge erfolgen, bei der im Beispielsfall auch berücksichtigt werden müsste, dass die Antragsgegnerin und das bei ihr lebende Kind keine Wohnungskosten aufwenden müssen, weil die Miete und die Nebenkosten der von ihnen bewohnten Wohnung noch vom ausgezogenen Antragsteller bezahlt werden, und dass dieser außerdem die Kosten seiner eigenen, neuen Wohnung tragen muss (vgl. BGH, FamRZ 1998, 889).*

Die Zahlung der vorstehend errechneten Unterhaltsbeträge wird von der Antragsgegnerin mit dem vorstehenden Antrag gefordert. Verzug des Antragstellers in Höhe dieser Unterhaltsbeträge tritt spätestens mit dem Zeitpunkt ein, in dem diese Antragsschrift dem Antragsteller zugegangen ist.

> *Hinweis:*
>
> *Vgl. § 1613 Abs. 1 BGB!*

Das staatliche Kindergeld für das gemeinsame Kind der Parteien wird immer noch an den Antragsteller ausgezahlt.

Die Antragsgegnerin hat bisher den Unterhalt für sich und das gemeinsame Kind aus ihrem Sparvermögen bestritten; dieses Sparvermögen ist nunmehr aufgebraucht.

Außerdem wird beantragt,

> der Antragsgegnerin für das vorliegende Anordnungsverfahren ratenfreie Prozesskostenhilfe zu bewilligen.

> *Hinweis:*
>
> *Die Prozesskostenhilfe muss für das Verfahren gesondert beantragt werden (Rn. 104).*

Eine Erklärung der Antragsgegnerin über ihre persönlichen und wirtschaftlichen Verhältnisse auf dem amtlichen Formular wird als **Anlage** beigefügt.

Außerdem wird die eidesstattliche Versicherung der Antragsgegnerin vom ... zur weiteren Glaubhaftmachung der vorstehenden Angaben der Antragsgegnerin überreicht.

> *Hinweis:*
>
> *Wird eine einstweilige Anordnung gem. § 644 ZPO beantragt, kann dieses Muster mit geringen Änderungen zugrunde gelegt werden. Da in diesem Fall eine Klageschrift oder ein Prozesskostenhilfeantrag mit einem Klageentwurf für das Hauptsacheverfahren bereits beim Amtsgericht eingereicht worden ist oder gleichzeitig eingereicht wird, kann zur Begründung des Unterhaltsanspruchs weitgehend auf die dortigen Ausführungen Bezug genommen werden. Es kann jedoch erforderlich sein, diese Ausführungen in dem Antrag gem. § 644 ZPO in besonderer Weise glaubhaft zu machen, da die im Hauptsacheverfahren zulässigen Beweisangebote, z. B. die Zeugenvernehmung oder der Beweis durch Auskunftseinholung gem. § 643 Abs. 2 ZPO wegen § 294 Abs. 2 ZPO als Mittel der Glaubhaftmachung nicht in Betracht kommen (vgl. BGH, NJW 1958, 712).*

Teil 8: Auflösung der Ehe

Inhaltsverzeichnis

	Rn.
Abschnitt 1: Systematische Erläuterungen	1
A. Einleitung	1
I. Das erste Eherechtsreformgesetz	1
II. Gesetz zur Neuordnung der Eheschließung	3
III. Recht der neuen Bundesländer	4
IV. Ehe und ihre Auflösung	5
B. Auflösung der Ehe durch Scheidung	8
I. Getrenntleben	11
II. Einverständliche Scheidung nach einjähriger Trennung	21
III. Streitige Scheidung nach einjähriger Trennung	24
IV. Scheidung nach dreijähriger Trennung	28
V. Scheidung ohne oder bei kurzer Trennung	29
VI. Härteklauseln	36
C. Auflösung der Ehe durch Aufhebung	41
D. Verfahren bei Auflösung der Ehe	64
I. Scheidungsverfahren	64
1. Zuständigkeit	64
2. Scheidungsantrag	84
3. Vollmacht	99
4. Anwaltszwang	103
5. Prozesskostenhilfe	125
6. Zustellung und Rechtshängigkeit	155

	Rn.
7. Anderweitige Rechtshängigkeit und „res iudicata"	166
8. Anzuwendendes Recht (materielles IPR)	180
9. Terminierung	193
10. Mündliche Verhandlung und Beweisaufnahme	197
11. Nichterscheinen des Antragsgegners	200
II. Scheidungsverbund	202
1. Folgesachen im Scheidungsverbund	202
2. Versorgungsausgleich im Verbund	211
3. Verbund bei Beteiligung Dritter	216
4. Verbund mit einem Sorgerechtsverfahren	217
5. Verbund bei ungeklärten vorgreiflichen Rechtsverhältnissen	222
6. Verbund im Falle außergewöhnlicher Härte	225
7. Folgesache oder isoliertes Verfahren	236
Abschnitt 2: Arbeits- und Beratungshilfen	245
1. Scheidungsantrag: Antragstellerstrategie im Hinblick auf Trennungsjahr und Terminierung	245
2. Scheidungsvereinbarung/Scheidungsfolgenvereinbarung (Muster)	246

Literatur:

Ambrock, Zur Verfassungsmäßigkeit und Auslegung der positiven Härteklausel des 1. EheRG, FamRZ 1978, 314; *Bergerfurth*, Der Ehescheidungsprozeß und die anderen Eheverfahren, 13. Aufl. , Bonn 2002; *Bißmaier*, Der Prozeßkostenvorschuß in der familiengerichtlichen Praxis, FamRZ 2002, 863; *Bornhofen*, Die Reform des Kindschaftsrechts und die Reform des Eheschließungsrechts in der standesamtlichen Praxis, StAZ 1997, 369; *Bosch*, Die geplante Neuregelung des Eheschließungsrechts, FamRZ 1997, 142; *Ehringfeld*, Multikulturalität im Familienrecht, Kritische Justiz 1996, 271; *Finger*, Türkisches Scheidungs- und Scheidungsfolgenrecht vor deutschen Gerichten. Nachträge und Ergänzungen, FuR 1998, 398; *ders.*, Versicherungsschutz bei anwaltlicher Tätigkeit mit Auslandsbezug, FuR 1998, 19; *Geimer*, Beachtung ausländischer Rechtshängigkeit und Justizgewähranspruch, (Anmerkung zu: BGH, Urt. v. 26. 1. 1983 – IV b ZR 335/81 –), NJW 1984, 527; *ders.*, Internationales Zivilprozeßrecht, 4. Aufl. 2001; *Gruber*, Die neue „europäische Rechtshängigkeit" bei Scheidungsverfahren. Zur EG-Verordnung über die Zuständigkeit und die Anerkennung und Vollstreckung von Entscheidungen in Ehesachen und in Verfahren betreffend die elterliche Verantwortung für die gemeinsamen Kinder, (FamRZ 2000, 1140), FamRZ 2000, 1129; *Hagelstein*, Vorzeitiger Scheidungsantrag an das Verwaltungsgericht? Kritische Stellungnahme zu dem Beitrag von Kogel, FamRZ 1999, 1252,

FamRZ 2000, 340; *Helms,* Internationales Verfahrensrecht in der EU, FamRZ 2002, 1593; *Henrich,* Internationales Familienrecht, Frankfurt 1989; *Hohloch,* Anmerkung zu: BGH, Urt. v. 7. 11. 2001 – XII ZR 247/00 – (Zur Frage des Scheiterns der Ehe bei Geisteskrankheit eines Ehegatten), JUS 2002, 613; *Jagme,* Anmerkung zu OLG München, IPRax 1981, 22; *Kogel,* Vorzeitiger Zugewinnausgleich und Scheidungsantrag durch Klageeinreichung bei Verwaltungsgericht? Ein Beitrag zur Vorverlegung der Stichtage gem. §§ 1384, 1387 BGB, FamRZ 1999, 1252; *Krause,* Der verfrühte Scheidungsantrag, FamRZ 2002, 1386; *Linke,* Internationales Zivilprozeßrecht, 2. Aufl. 1995; *Meltendorf,* Anmerkung zu KG 13. ZS, Urt. v. 11. 11. 1986 – 13 UF 1916/86 – (Zur Kostentragungspflicht, wenn die Scheidungsvoraussetzungen erst in der Berufungsinstanz erfüllt werden), FamRZ 1987, 724; *Muscheler,* Anmerkung zu: BGH, Urt. v. 7. 11. 2001 – XII ZR 247/00 – (Zur Frage des Scheiterns der Ehe bei Geisteskrankheit eines Ehegatten), JZ 2002, 613; *Reimer,* Anmerkung zu: AG Bonn, B. v. 20. 6. 1990 – 42 F 256/89 – (öffentliche Zustellung an Empfänger im Ausland), NJW 1991, 1432; *Schöppe-Fredenburg/Schwolow,* Verbund oder nicht, FuR 1998, 9; *Schüller,* Zum Anwaltszwang für den Antrag auf Übertragung der alleinigen elterlichen Sorge, FamRZ 1998, 1287.

Abschnitt 1: Systematische Erläuterungen

A. Einleitung

I. Das erste Eherechtsreformgesetz

1   Durch das erste Gesetz zur Reform des Ehe- und Familienrechts v. 14. 6. 1976 wurde das Scheidungsrecht wieder in das BGB (§§ 1564 ff. BGB) aufgenommen. Das bis zum 30. 6. 1977 geltende Scheidungsrecht (§§ 41 ff. EheG a. F.), das vorwiegend auf dem **Verschuldensprinzip** beruhte, wurde hierdurch abgelöst. An dessen Stelle trat das **Zerrüttungsprinzip** (zur Verfassungsmäßigkeit BVerfG, Urt. v. 28. 2. 1980, BVerfGE 53, 224).

2   Das ab 1. 7. 1977 geltende Scheidungs- und Scheidungsfolgenrecht gilt auch für Ehen, die vor In-Kraft-Treten des neuen Rechts geschlossen worden sind. Für alle Ehen, die nach dem 1. 7. 1977 geschieden wurden bzw. werden, ist das neue Scheidungsrecht anzuwenden. Der **Zeitpunkt der Eheschließung** ist insoweit also **ohne Bedeutung** (Unterhaltsansprüche aus Ehen, die vor dem 1. 7. 1977 – nach altem Recht – rechtskräftig geschieden worden sind, regeln sich jedoch weiterhin nach altem Recht, §§ 58 ff. EheG a. F.; s. auch § 12 des 1. EheRG).

II. Gesetz zur Neuordnung der Eheschließung

3   Eine teilweise, noch nicht genau abschätzbare Umkehrung der in den letzten Jahren eingeführten Liberalisierungen wird die Folge des Gesetzes zur Neuordnung der Eheschließung vom 4. 5. 1998 (BGBl. 1998 I S. 833) sein. Dadurch werden die bisherigen Möglichkeiten der **Nichtigerklärung und Aufhebung der Ehe** zusammengefasst und insbesondere eine sehr weitgehende „Scheinehenregelung" eingeführt (§ 1314 Abs. 2 Nr. 5 BGB). Stichtag ist der 1. 7. 1998. Die vorher begonnenen Verfahren werden nach altem Recht zu Ende geführt, die neuen Aufhebungsmöglichkeiten gibt es nur für die nach dem Stichtag geschlossenen Ehen (§ 226 EGBGB).

III. Recht der neuen Bundesländer

4   Das heute in der Bundesrepublik geltende Familienrecht ist in den neuen Bundesländern mit dem Tag des Beitritts am 3. 11. 1990 in Kraft getreten (Art. 8 EinigungsV i. V. m. Art. 230 Abs. 2, Art. 234 § 1 EGBGB). Es trat damit an die Stelle des Familiengesetzbuches der DDR und erlangte mitsamt den einschlägigen Nebengesetzen Geltung auch für alle familienrechtlichen Verhältnisse, die am Tage des Beitritts in den neuen Bundesländern bereits bestanden haben.

IV. Ehe und ihre Auflösung

Die Ehe endet entweder durch Tod des Partners oder durch ein rechtskräftiges gerichtliches Gestaltungsurteil (§§ 1313, 1546 BGB). Bei der gerichtlichen Auflösung einer Ehe sind nach neuem Recht nur noch **zwei Auflösungstatbestände** zu unterscheiden:

- Scheidung (Auflösung der Ehe für die Zukunft, s. Rn. 8 ff.)
- Aufhebung (Auflösung der Ehe, wobei die Wirkungen – unter Berücksichtigung von Vertrauensschutzgesichtspunkten und je nach Aufhebungsgrund differenziert – von denen der Scheidung abweichen, s. Rn. 41 ff.).

Zu unterscheiden sind diese Fälle von der **Nichtehe**, bei der bereits die Mindestvoraussetzungen für eine wirksame Eheschließung fehlen. Bei der Nichtehe entstehen keine rechtlichen Bindungen.

Nach § 1310 Abs. 1 Satz 1 BGB liegt eine **Eheschließung** vor, wenn

- zwei Personen verschiedenen Geschlechts
- sich gegenseitig erklären, miteinander die Ehe eingehen zu wollen,
- vor einem zur Mitwirkung bereiten Standesbeamten.

B. Auflösung der Ehe durch Scheidung

Scheidung bedeutet die **Auflösung der Ehe für die Zukunft** aus Gründen, die im Interesse des Antragstellers oder beider Ehegatten einem weiteren Bestand der Ehe entgegenstehen. Die Voraussetzungen der Scheidung sind in den §§ 1564 bis 1568 BGB geregelt. Wichtigste Voraussetzung für die Ehescheidung ist die Feststellung, dass die **Ehe gescheitert** ist (§ 1565 Abs. 1 Satz 1 BGB). Nach der Legaldefinition des § 1565 Abs. 1 Satz 2 BGB ist die Ehe gescheitert, „wenn die Lebensgemeinschaft der Ehegatten nicht mehr besteht und nicht mehr erwartet werden kann, dass die Ehegatten sie wiederherstellen". Die **Schuld** eines Ehegatten am Scheitern spielt nur in Ausnahmefällen eine Rolle.

Die Geisteskrankheit eines Ehegatten allein begründet nicht die Annahme des Scheiterns der Ehe (BGH, FamRZ 2002, 316; s. dazu Muscheler, JZ 2002, 710; Hohloch, JUS 2002, 613).

Für das Scheitern der Ehe hat das Gesetz **Vermutungen** aufgestellt. Diese knüpfen an sog. **Trennungsfristen** (drei Jahre oder ein Jahr) an.

Gem. § 1566 BGB wird das Scheitern der Ehe im Falle der **einverständlichen Scheidung** (die Scheidung wird durch beide Ehegatten beantragt oder der Antragsgegner stimmt der Scheidung zu und ein übereinstimmender Vorschlag i. S. d. § 630 ZPO wird eingereicht) nach **einjähriger Trennung** unwiderlegbar vermutet.

Bei einer **nicht einverständlichen Scheidung** tritt diese Vermutung nach dreijähriger Trennungszeit ein. Wehrt sich bei einer Trennungsdauer zwischen ein und drei Jahren ein Antragsgegner gegen die Scheidung, muss dem Familiengericht das Scheitern der Ehe **im Einzelnen nachgewiesen** werden.

> *Hinweis:*
>
> *Zusammen mit dem Scheidungsantrag soll die Heiratsurkunde im Original dem Gericht vorgelegt werden. Für den Anwalt empfiehlt es sich daher, sich möglichst frühzeitig vom Mandanten entweder diese oder das Stammbuch übergeben zu lassen. Mit den Geburtsurkunden ggf. vorhandener ehegemeinschaftlicher Kinder sollte ebenso verfahren werden, gleichfalls mit den ggf. erforderlichen Staatsangehörigkeitsnachweisen von Ausländern. Zum Termin*

> sind von den Parteien der Personalausweis oder der Reisepass vorzulegen. Günstig ist es, wenn der Anwalt beim Termin Ablichtungen dieser Dokumente mit sich führt.

I. Getrenntleben

11 Die Ehegatten leben getrennt, wenn **keine häusliche Gemeinschaft** mehr besteht (objektive Voraussetzung) und ein Ehegatte sie erkennbar nicht herstellen will (subjektive Voraussetzung), weil er die eheliche Lebensgemeinschaft ablehnt (§ 1567 Abs. 1 Satz 1 BGB).

Unter subjektiven Gesichtspunkten stellt z. B. die **Strafhaft** eines Ehegatten von dem Zeitpunkt an ein Getrenntleben dar, wo ein Partner sich dezidiert von dem anderen distanziert, indem er die bisherige Form der Kontaktaufnahme aufgibt oder ggf. ausdrücklich erklärt, dass die Kontakte nur wegen gemeinsamer Kinder fortgesetzt werden. Sofern im Falle der Straftat die Trennung bestritten wird, werden Beweismittel wie Briefe und Aussagen von Mitbesuchern eine besondere Rolle spielen. Schon bei Mandatsaufnahme ist zu prüfen, ob vorsorglich ein entsprechendes klarstellendes Schreiben an die Gegenseite zu richten ist. Dies gilt für alle Fälle, in denen der subjektiven Seite des Zusammenlebens eine entscheidende Rolle zukommt.

12 Gem. § 1567 Abs. 1 Satz 2 BGB ist auch ein Getrenntleben **innerhalb der ehelichen Wohnung** möglich.

13 Voraussetzung für die Annahme des Getrenntlebens ist, dass die Eheleute alle ehelichen Beziehungen, die ihr bisheriges Zusammenleben prägten, auf Wunsch wenigstens eines Ehepartners abgebrochen haben (BGH, FamRZ 1978, 671). Der Antragsteller hat die völlig getrennte Haushaltsführung darzulegen u. ggf. zu beweisen (BGH, FamRZ 1969, 80 zu § 48 EheG). Nach der Rechtsprechung genügt getrenntes Essen und Schlafen nicht. Die Eheleute müssen einen abgrenzbaren eigenen Lebensbereich haben (OLG Köln, FamRZ 1978, 34). Außer den der Versorgung und Hygiene dienenden Räumen dürfen keine Räume der Wohnung gemeinsam genutzt werden (OLG München, FamRZ 2001, 1457).

14 Die Versorgung der Kinder kann dazu führen, dass die Eheleute **beschränkte Gemeinsamkeiten** in Haushaltsführung und Freizeit haben, ohne dass dies die Annahme einer Trennung ausschließt (OLG Celle, Nds. Rpfl. 1977, 247; OLG Köln, NJW 1987, 1561; OLG Köln, FamRZ 2002, 1341). Die Rechtsprechung vermeidet es aber nicht immer, die Eheleute im Hinblick auf die Scheidungsabsicht zu einem rücksichtslosen Verhalten gegenüber den Kindern zu zwingen (OLG Stuttgart, FamRZ 2002, 239).

15 In der Praxis sind hier die Schwierigkeiten im schlüssigen Vortrag und in der Beweisführung zu unterscheiden. Im Falle des Bestreitens wird der **Nachweis** des Getrenntlebens in der Ehewohnung für einen längeren Zeitraum nur sehr schwer gelingen. Vorstellbar ist dies etwa in der Art, dass anhand einer Reihe von Einzelsituationen die Lebens- bzw. Haushaltspraxis der Parteien von Zeugen dargestellt wird. Sodann wäre der Beweis als geführt anzusehen, wenn der Antragsgegner nicht selbst Situationen der gemeinsamen Haushaltsführung zu beweisen vermag.

Was den **schlüssigen Vortrag** betrifft, kommt es sehr auf die Wertung durch das jeweilige Gericht an. Sofern das Gericht die detaillierte Darlegung der in der Rechtsprechung aufgestellten Voraussetzungen fordert, ist ein räumlicher und zeitlicher Nutzungsplan für die Wohnung vorzutragen. Dazu gehört dann die Darlegung, wann und wie die Parteien für sich selbst die Lebensmittel einkaufen und aufbewahren und das Essen zubereiten. Das Gleiche gilt für die Beschaffung und Reinigung der Kleidung.

16 Durch ein **auf kürzere Zeit begrenztes Zusammenleben** der Eheleute, durch das eine Versöhnung angestrebt werden soll, tritt eine Unterbrechung oder Hemmung der Ein- bzw. Dreijahresfrist nicht ein. Dabei dürfte ein Zeitraum von **drei bis vier Monaten** die Obergrenze – bei wiederholten Versöhnungsversuchen als Summe der Zeiten des Zusammenlebens – sein (so z. B. OLG Köln, FamRZ 1982, 1015; OLG Düsseldorf, FamRZ 1995, 96).

Zu beachten ist hierbei, dass im Streitfall der **Beweis** dafür, dass ein erneutes Zusammenleben zu einer echten Versöhnung geführt hat, der Ehegatte zu erbringen hat, der die Scheidung ablehnt. Hierfür dürfte der Sinn des § 1567 Abs. 2 BGB sprechen. Die Ehegatten sollen sich von **Versöhnungsversuchen** nicht abhalten lassen, nur aus Furcht, die Scheidungsmöglichkeit könnte dadurch erheblich hinausgezögert werden.

Der Begriff der **Trennung** setzt voraus, dass vorher eine eheliche Lebensgemeinschaft gegeben war. In einer Reihe von Fallkonstellationen stellt sich die Frage, ob eine solche **Lebensgemeinschaft überhaupt bestanden** hat. Sofern man davon ausgeht, dass die Lebensgemeinschaft nicht bestanden hat, beginnt die Trennungszeit mit der Eheschließung. Die Ehe kann dann normalerweise ein Jahr nach Eheschließung geschieden werden.

Allerdings wird schon der **Wille**, eine häusliche Gemeinschaft zu begründen, als Form der Lebensgemeinschaft angesehen, die erst dann endet, wenn ein Partner eine Änderung des Willens zu erkennen gibt. Hat der Wille zur Herstellung der häuslichen Gemeinschaft auf beiden Seiten nie bestanden, so ist das individuelle Bild von Ehe zu ermitteln, nach welchem die Partner leben wollten. Es ist dann zu klären, ab wann einer der Partner sich erkennbar von diesem Bild distanziert hat.

Hier treffen zwei extreme Positionen aufeinander: Eine Position hält am überkommenen Bild der Ehe mit seinen umfassenden Pflichten fest (Palandt/Brudermüller, BGB, § 1353 Rn. 4 m. w. N.). Zwar wird den Partnern das Recht eingeräumt, sich gegenseitig von diesen Pflichten zu suspendieren. Im Sinne dieser Position ist es aber konsequent, das Bestehen einer ehelichen Lebensgemeinschaft abzulehnen, wenn die Eheleute stark von dem „Idealbild" der Ehe abweichen. Diese Position muss daher von einem Getrenntleben vom Zeitpunkt der Eheschließung ausgehen. Von dieser Position aus wird man bei nach dem 1. 7. 1998 geschlossenen Ehen sogar von einer **Aufhebbarkeit** ausgehen (s. u. Rn. 41 ff.).

Einige Gerichte sind demgegenüber so weit gegangen, dass sie im Falle der „Scheinehe" das **bloße übereinstimmend gewollte Bestehen des Ehebandes** als eheliche Lebensgemeinschaft angesehen haben. Die Scheidungsmöglichkeit besteht danach erst ein Jahr, nachdem ein Partner den Scheidungswillen bekundet hat (KG, FamRZ 1987, 486 m. w. N; OLG Karlsruhe, FamRZ 1986, 681; OLG Düsseldorf, FamRZ 1981, 677; OLG Hamm, FamRZ 1982, 1073 m. w. N.). Möglicherweise diente diese Rechtsprechung nur der Erschwerung der Scheidung von „Scheinehen' i. S. e. „Bestrafung" der Beteiligten.

Nachdem nun der Gesetzgeber die „Scheinehen" durch Aufhebbarkeit in anderer Weise sanktioniert hat, wird sich zeigen, ob diese Rechtsprechung aufrecht erhalten wird.

II. Einverständliche Scheidung nach einjähriger Trennung

Leben die Ehegatten im Falle der einverständlichen Scheidung ein Jahr getrennt, verbleibt dem Gericht lediglich zu prüfen, ob das **Trennungsjahr** abgelaufen ist. Eine Überprüfung, ob die Ehe tatsächlich gescheitert ist, findet nicht statt.

§ 630 Abs. 1 ZPO schreibt für die einverständliche Scheidung nach einjähriger Trennungszeit **besondere Zulässigkeitsvoraussetzungen** vor (vgl. OLG Schleswig, FamRZ, 2003, 46):

- Der Antragsteller muss dem Gericht in der Antragschrift mitteilen, dass der andere Ehegatte der Scheidung zugestimmt hat bzw. in gleicher Weise die Scheidung beantragen wird.
- Es muss weiterhin ein übereinstimmender Vorschlag der Ehegatten zur elterlichen Sorge über ein gemeinschaftliches Kind (entweder als Erklärung, dass keine Sorge- und Umgangsrechtsanträge gestellt werden oder als übereinstimmender Vorschlag zur gerichtlichen Regelung von Sorge und Umgang) sowie
- eine Einigung der Ehegatten über die Regelung des Kindesunterhalts, die durch die Ehe begründeten gesetzlichen Unterhaltspflichten sowie Rechtsverhältnisse an Ehewohnung und Hausrat dem Familiengericht vorgelegt werden.

23 **Regelungen über den Zugewinnausgleich** und den Versorgungsausgleich brauchen insoweit nicht vorgelegt zu werden. Diese können – unabhängig vom Scheidungsverfahren – gerichtlich getroffen werden.

> *Hinweis:*
> *Es empfiehlt sich, dem Gericht zusammen mit der Antragsschrift die o. g. Vorschläge, Vereinbarungen und ggf. die Zustimmungserklärung des Gegners vorzulegen.*

III. Streitige Scheidung nach einjähriger Trennung

24 Die Zerrüttungsvermutung greift nicht ein, wenn die Eheleute sich zwar über die Ehescheidung einig sind, aber nicht über die Folgesachen. Das Gericht muss dann im Rahmen einer streitigen Scheidung das **Scheitern der Ehe** ausdrücklich feststellen.

25 Wenn beide Parteien geschieden werden wollen (es aber an der Einigung über die Scheidungsfolgen fehlt), ergeben sich an diesem Punkt selten Schwierigkeiten.

Für die Gewährung der Prozesskostenhilfe und die Darlegung spätestens im Termin fordert die Rechtsprechung mehr oder weniger detaillierte **Darlegungen der Zerrüttungsumstände** (OLG Köln, FamRZ 1995, 1503). Dem steht auf der Seite der Parteien oft der Wunsch gegenüber, die wenigstens partiell bestehende Einigkeit nicht durch Ausführungen zu gefährden, die von der Gegenseite als verletzend angesehen werden könnten. Wenn kein besonderer Zeitdruck und auch nicht die Gefahr besteht, dass die Gegenseite doch noch der Scheidung widerspricht, können Anwalt und Antragsteller erörtern, ob es sinnvoll ist, die Zerrüttungsumstände „scheibchenweise" vorzutragen, bis das Gericht zu erkennen gibt, dass der Vortrag ausreichend ist.

26 **Kernpunkt der Zerrüttungsfeststellung** ist die **Prognose** über die künftige (Nicht-)Herstellung der Lebensgemeinschaft. Für die Prognose kann zunächst auf den Verlauf der gelebten Gemeinschaft zurückgegriffen werden (OLG Zweibrücken, FamRZ 1997, 1212). Sodann kommt es auf die Umstände der Trennung an. Schließlich hat aber die größte Bedeutung das **Verhalten kurz vor dem Zeitpunkt der Antragstellung** bzw. der gerichtlichen Entscheidung.

Die ernsthafte einseitige Abwendung eines Ehepartners führt i. d. R. dazu, dass die Ehe nach einem Jahr Trennung geschieden wird. Nur einzelne Gerichte lassen sich auch von einem ernsten Abkehrwillen einer Partei nicht überzeugen. Sie berufen sich darauf, dass der Richter nicht zur vollen Überzeugung von der Endgültigkeit der Zerrüttung gekommen ist (so z.B. AG Landstuhl, FamRZ 1998, 1481).

Zu einer solchen Überzeugung kommen die meisten Gerichte allerdings ohne weiteres, wenn die Antragstellerseite ernsthaft die Scheidungsabsicht verfolgt. Liegen Hinweise für eine solche Ernsthaftigkeit auf Antragstellerseite vor, wird geprüft, ob das Festhalten der Antragsgegnerseite an der Ehe sich auf eine konkret begründete Erwartung stützt oder sich als bloße Hoffnung darstellt. Im letzteren Fall wird geschieden (OLG Zweibrücken, FamRZ 1997, 1212).

Kontakte der Eheleute untereinander müssen der negativen Prognose nicht entgegenstehen. Erklären die Eheleute, dass ein einmaliger Geschlechtsverkehr nicht Ausdruck einer Versöhnungsabsicht gewesen sei, kann die Ehe daraufhin geschieden werden (OLG Celle, FamRZ 1996, 804). Selbst regelmäßiger Geschlechtsverkehr soll der negativen Prognose nicht entgegenstehen, wenn keine Lebensgemeinschaft gegründet wird, im Gegenteil ein Partner mit einem anderen zusammenlebt (OLG Köln, FamRZ 2002, 239; a. A. OLG Schleswig, FamRZ 2001, 1456).

Besteht aber im Zeitpunkt der gerichtlichen Entscheidung ein **intensiver Kontakt**, der sich auf die Bewältigung der zwischen den Parteien bestehenden Probleme bezieht, so ist nicht von einer Unüberwindbarkeit der Ehekrise auszugehen (OLG Oldenburg, FamRZ 1997, 1213).

Auch die **Dauer der Trennung** ist ein wichtiges Zerrüttungsindiz. Dies wird weitgehend so ausgelegt, dass schon bei deutlich mehr als zwei Jahren der Trennung die Zerrüttungsannahme kaum noch zu widerlegen ist. Daher kommt es selten zur Anwendung des § 1566 Abs. 2 BGB. 27

IV. Scheidung nach dreijähriger Trennung

Handelt es sich nicht um einen Fall der einverständlichen Scheidung, wird das Scheitern der Ehe nicht nach einem Jahr Trennungszeit, sondern nach dreijähriger Trennung **unwiderlegbar vermutet** (§ 1566 Abs. 2 BGB). Ausreichend ist also der Antrag eines Partners. Besondere Zulässigkeitsvoraussetzungen bestehen nicht, allerdings dürfen die Voraussetzungen der Härteklauseln nicht vorliegen (s. u. Rn. 30 ff.; zur **Verfassungsmäßigkeit** der unwiderlegbaren Vermutung des Scheiterns der Ehe nach dreijährigem Getrenntleben der Ehegatten, insbesondere im Hinblick auf die Vereinbarkeit mit Art. 6 Abs. 1 GG s. BVerfGE 53, 224). 28

V. Scheidung ohne oder bei kurzer Trennung

Die Ehe kann auch geschieden werden, wenn die einjährige Trennungszeit noch nicht abgelaufen ist bzw. wenn überhaupt noch keine Trennung vorliegt. Da in diesen Fällen keine gesetzliche Vermutung für das Scheitern der Ehe besteht, ist es erforderlich, dass das **Scheitern konkret festgestellt** wird. Diese Feststellung lässt sich wohl auch treffen, wenn die Ehegatten noch nicht getrennt leben. Gem. § 1565 Abs. 1 Satz 2 BGB ist hierzu nur erforderlich, dass die Lebensgemeinschaft nicht mehr besteht und ihre Wiederherstellung auch nicht erwartet werden kann. So kann das **bloße äußerliche Zusammenleben** der Ehegatten gegenüber einer **tiefen inneren Trennung** einen vernachlässigenswerten Umstand darstellen (s. z.B. BGH, NJW 1981, 449 f.; MüKo/Wolf, BGB, § 1565 Rn. 72; Soergel/Lange, BGB, § 1565 Rn. 3 m. w. N.). Fehlt zwischen den Eheleuten also jede innere Zuneigung und jedes Verständnis für ihre Verpflichtung zur gegenseitigen Achtung und Rücksichtnahme, kann auch bei bestehender äußerlicher Gemeinschaft aufgrund der inneren Trennung eine Feststellung des Scheiterns der Ehe getroffen werden. Allein **finanzielle Belange**, die zu einem äußerlichen Zusammenwohnen führen, reichen nicht aus, ein Scheitern der Ehe zu verneinen (s. OLG Karlsruhe, NJW 1978, 1534). 29

Hinzu kommen muss jedoch, dass die Fortsetzung der Ehe gem. § 1565 Abs. 2 BGB für den Antragsteller aus Gründen, die in der Person des **anderen Ehegatten** liegen, eine **unzumutbare Härte** darstellt. Diese Vorschrift, die eine missbräuchliche Geltendmachung des Scheidungsantrags sowie übereilte Scheidungsentschlüsse verhindern will, lässt für die Härteklauseln des § 1568 BGB nur in ganz besonderen Ausnahmefällen Raum (s. Ambrock, FamRZ 1978, 314 ff.; Palandt/Diederichsen, BGB, § 1568 Rn. 3). Härten, die regelmäßig mit einer Scheidung verbunden sind und üblicherweise eintreten, können niemals zur Anwendung der Härteklauseln führen (OLG Düsseldorf, FamRZ 1978, 36; a. A. OLG München, FamRZ 1978, 113). 30

Grds. ist das **Trennungsjahr abzuwarten**. I. d. R. kann davon nur abgewichen werden, wenn sich bezüglich der Prognose der Wiederherstellung der ehelichen Lebensgemeinschaft in der Person des Antragsgegners liegende Gründe ergeben, die so schwer wiegen, dass von dem Antragsteller bei objektiver Würdigung nicht verlangt werden kann, an den Antragsgegner weiterhin gebunden zu sein (BGH, FamRZ 1981, 127). Zur Auslegung kann nicht auf § 43 EheG a. F. zurückgegriffen werden (OLG Saarbrücken, FamRZ 1978, 114; OLG Bremen, FamRZ 1977, 808; OLG Düsseldorf, FamRZ 1977, 804). 31

Als **unzumutbare Härte** wurde z. B. angesehen: 32
- langandauerndes ehebrecherisches Verhalten bei einem Leben in einer Kleinstadt (OLG Stuttgart, NJW 1979, 167),
- Verletzung der ehelichen Treue (OLG Düsseldorf, FamRZ 1978, 27),
- Aufnahme einer eheähnlichen Gemeinschaft mit einem anderen Partner (OLG Stuttgart, NJW 1978, 546),

- ehewidriges Verhältnis mit Öffentlichkeitswirkung (OLG Düsseldorf, FamRZ 1986, 998),
- ehewidriges Verhältnis ohne Öffentlichkeitswirkung (OLG Saarbrücken, FamRZ 1978, 415),
- Aufnahme eines neuen Partners in die eheliche Wohnung,
- schwere Beleidigungen oder Bedrohungen (BGH, NJW 1981, 449), Morddrohungen über Dritte mit verletzenden Veröffentlichungen (OLG Brandenburg, FamRZ 2001, 1458),
- häufige Misshandlungen oder wiederholte Alkoholexzesse (OLG Stuttgart, FamRZ 1977, 807),
- Aufforderung zum Geschlechtsverkehr zu Dritt (OLG Köln, FamRZ 1996, 108) und
- Aufnahme einer Tätigkeit als Prostituierte durch die Antragsgegnerin (OLG Bremen, FamRZ 1996, 489).

33 Es kommt darauf an, dass der Antragsgegner durch sein Verhalten die **eheliche Gesinnung** des Antragstellers **völlig zerstört** hat und der Fortbestand der Ehe von diesem als erniedrigend empfunden wird (BGH, NJW 1981, 449). Entscheidend sind die Umstände des Einzelfalls. So kann z. B. auch eine einmalige kurze ehebrecherische Beziehung ausreichen, wenn sich aus den Begleitumständen tiefgreifende oder entwürdigende Persönlichkeitsverletzungen für den Ehepartner ergeben und ein Warten auf das Ende des Trennungsjahres unzumutbar ist (z. B. ehebrecherische Beziehungen zu Angehörigen oder Arbeitskollegen des Ehepartners o. Ä.).

Unterschiedlich gesehen wird z. B. die Bedeutung des Zusammenlebens des anderen Ehepartners mit einem gleichgeschlechtlichen Partner (keine außergewöhnliche Härte: OLG Köln, FamRZ 1997, 24 m. w. N.).

Als nicht ausreichend wird eine einmalige Misshandlung im Affekt gesehen (OLG Stuttgart, FamRZ 2002, 239), ebenso die Nichtzahlung des Unterhalts (OLG Stuttgart, FamRZ 2001, 1458), und einmaliger Ehebruch (OLG Stuttgart, FamRZ 2002, 1342).

34 Das Erfordernis, dass die Gründe für die außergewöhnliche Härte allein im Verhalten des Antragsgegners liegen müssen, wird teilweise übertrieben streng angewandt. So soll der Ehemann, dessen Frau die gemeinsamen Kinder bei einem Selbstmordversuch umgebracht hat, für die Dauer des Trennungsjahres an der Ehe festgehalten werden, weil er die Behauptung der Mitschuld an der Situation seiner Frau nicht widerlegen konnte (AG Landstuhl, FamRZ 1996, 1287).

Ein durch **psychische Erkrankung verursachtes Fehlverhalten** soll keinen Härtefall begründen (OLG Brandenburg, FamRZ 1995, 807).

35 Zur Verkürzung der einjährigen Trennungszeit werden scheidungswillige Ehepartner, insbesondere bei Vorliegen eines sog. **Doppelmandats** (s. Teil 1, Rn. 7), ggf. den **Zeitpunkt des Eintritts der Trennung datumsmäßig vorverlegen**. Wenn sich die Eheleute insoweit einig sind und entsprechend einlassen, wird dies i. d. R. durch das Familiengericht nicht überprüft. Es kann daher wohl davon ausgegangen werden, dass eine Vielzahl von Ehen bereits vor Ablauf der einjährigen Trennungszeit nach den Regeln des § 1566 Abs. 1 BGB geschieden werden.

VI. Härteklauseln

36 Schließlich dürfen die Voraussetzungen der **Kinderschutzklausel** des § 1568 Abs. 1 Satz 1 1. Alt. BGB nicht vorliegen. Danach kann die Aufrechterhaltung der Ehe im Interesse der minderjährigen Kinder aus besonderen Gründen ausnahmsweise notwendig sein. Daneben dürfen auch die Voraussetzungen der **Ehegattenschutzklausel** nicht vorliegen. Gem. § 1568 Abs. 1 Satz 1 2. Alt. BGB soll die Ehe auch dann nicht geschieden werden, wenn und solange die Scheidung von dem Antragsgegner, der sie ablehnt, aufgrund außergewöhnlicher Umstände eine so schwere Härte darstellen würde, dass die Aufrechterhaltung der Ehe auch unter Berücksichtigung der Belange des Antragstellers ausnahmsweise geboten erscheint.

37 **Materielle Folgen** der Scheidung werden nur vorsichtig als Härtegesichtspunkt herangezogen, das gilt auch in dem Falle der Ausreisepflicht des Antragsgegners (s. OLG Köln, FamRZ 1995, 996).

Die **Rechtsprechung** zu den Härteklauseln ist so eng, dass sie nur selten praktische Bedeutung gewinnen. Das BVerfG hat in einer Entscheidung vom 1. 6. 2001 Wege gewiesen, wie trotz Vorliegens der Härteklausel die Eheschließungsfreiheit sichergestellt werden kann (FamRZ 2001, 986). 38

Die Härteklausel ist **in jedem Falle zu beachten**. Die Regelung des § 1568 Abs. 2 BGB a. F., nach der die Härteklausel grds. nicht eingriff, wenn die Ehegatten länger als fünf Jahre getrennt lebten, ist durch Gesetz v. 22. 2. 1986 (BGBl. I S. 301) aufgehoben worden. 39

Liegen o. g. Voraussetzungen vor und greifen die Regeln der Kinder- und Ehegattenschutzklausel nicht ein, ist **die Ehe zu scheiden**. 40

C. Auflösung der Ehe durch Aufhebung

Bisher hat die Aufhebung und Nichtigerklärung der Ehe in der Praxis fast keine Rolle gespielt. Möglicherweise verhinderte die Sorgfalt der Standesbeamten nichtige Ehen (wegen Formmangel, Mangel der Urteilsfähigkeit oder Doppelehe, §§ 17 ff. EheG, jetzt §§ 1306, 1314 Abs. 2 Nr. 1 BGB). **Irrtum oder Täuschung** kommen entweder selten vor oder sind kaum nachzuweisen. 41

Auch die Einführung der „**Scheinehenregelung**" in § 1314 Abs. 2 Nr. 5 BGB hat nicht zu sehr viel mehr Anträgen geführt. 42

Die **Ehe** ist danach **aufhebbar**, wenn 43

- bei der Eheschließung
- beide Ehegatten sich einig waren,
- dass sie keine Verpflichtung nach § 1353 Abs. 1 BGB eingehen wollen.

Gleichzeitig wurde diese Bestimmung ergänzt. Sie beinhaltete bisher schon die Verpflichtung, die eheliche Lebensgemeinschaft einzugehen. Ergänzt wurde dies nun um die Feststellung, dass die Eheleute füreinander **Verantwortung** tragen. 44

Dies bedeutet, dass bei Eheschließung nach dem 1. 7. 1998 jeder Ehegatte die Aufhebung der Ehe beantragen kann mit dem Vortrag, beide Seiten hätten keine Ehe i. S. v. § 1353 Abs. 1 BGB schließen wollen. Das gleiche Recht steht auch der durch Landesverordnung bestimmten **Verwaltungsbehörde** (§ 1316 Abs. 1 Nr. 1 BGB) zu (dazu kritisch Bosch, FamRZ 1997, 142), die nunmehr die früheren Aufgaben der Staatsanwaltschaft übernimmt (früher § 24 EheG; in Nordrhein-Westfalen wurden hierfür die Bezirksregierungen Köln und Arnsberg bestimmt). Der neue Aufhebungsgrund orientiert sich insoweit eher an den früheren Nichtigkeitsregelungen. 45

Bei der Behauptung und **Beweisführung** zu diesem Aufhebungsgrund wird sich der Antragsteller zunächst damit auseinandersetzen müssen, warum dieser Aufhebungsgrund dem Standesbeamten nicht aufgefallen ist. Sofern die „Scheinehe offenkundig" ist, darf der Standesbeamte an der Eheschließung nicht mitwirken (§ 1310 Abs. 1 Satz 2 BGB). Nach der Dienstanweisung soll der Standesbeamte konkrete Anhaltspunkte zum Anlass zu weiteren Nachforschungen nehmen. § 165 DA Standesbeamte gibt allerdings nicht an, worin die Anhaltspunkte bestehen können. 46

Sofern der Nachweis möglich ist, dass **keinerlei Gemeinsamkeiten** zwischen den Eheleuten beabsichtigt waren, wird die Anwendung der neuen Bestimmung keine großen Schwierigkeiten bereiten. Das dürfte dann der Fall sein, wenn weder vor der Eheschließung noch danach ein **näherer Kontakt** zwischen den Eheleuten bestand. 47

In anderen Fällen könnte es in der Anwendung zu Schwierigkeiten kommen. Der Grund liegt in der **Entstehungsgeschichte** der Vorschrift. Jahrzehntelang ging die Tendenz des Gesetzgebers dahin, den Ehegatten im Eherecht einen Rahmen von gegenseitigen Verpflichtungen zur Ver- 48 fügung zu stellen, von denen ein großer Teil abdingbar war. Der Staat kümmerte sich nicht darum, wozu sie diesen Rahmen nutzten und wie sie ihn ausgestalteten.

49 Durch Art. 3 des Ersten Gesetzes zur Reform des Ehe- und Familienrechts vom 14. 6. 1976 wurde das Verbot der Namensehe (§ 19 EheG) aufgehoben. Seitdem gab es **keine Einschränkung** bezüglich des **Zwecks der Eheschließung** mehr. Der Begriff der „Scheinehe" war damit kein juristischer, auf jeden Fall kein familienrechtlicher Begriff (mehr). **Rechtsfolgen** wurden an den Bestand der ehelichen Lebensgemeinschaft seitdem insoweit noch geknüpft, als ihre Aufhebung nach Ablauf bestimmter Fristen zur Möglichkeit der Scheidung führte.

Die sich hier ergebende Frage, was die eheliche Lebensgemeinschaft sei, hat die Rechtsprechung sehr weitgehend an den Vorstellungen der Parteien orientiert. Dabei stellt die häusliche Gemeinschaft nicht mehr als ein Grundmuster dar. Einige Gerichte sind dabei sogar so weit gegangen, dass sie bei der „Scheinehe" den bloßen Bestand des formellen Ehebandes als die von den Parteien gewählte Form der ehelichen Lebensgemeinschaft bezeichnet haben. Erst wenn (wenigstens) eine Partei zu erkennen gibt, dass sie auch diese lösen will, könne von einer Trennung gesprochen werden (KG, FamRZ 1987, 486 m. w. N.; s. o. Rn. 11 ff.).

50 Demgegenüber hat die h. M. trotz aller Liberalisierungsbemühungen an dem überkommenen Bild der Ehe als Versorgungsgemeinschaft, häuslicher Gemeinschaft und Geschlechtsgemeinschaft festgehalten (Palandt/Brudermüller, BGB, § 1353 Rn. 4). Die Tatsache, dass den Ehegatten das Recht eingeräumt wurde, ihr Leben abweichend zu gestalten, sollte an diesem Pflichtenbild nichts ändern.

51 Wie die oben zitierte Entscheidung des KG zeigt, gab es aber auch zahlreiche abweichende Auffassungen. So wurde versucht, mit der Formel zu arbeiten, dass die eheliche Lebensgemeinschaft darin bestehe, dass die Eheleute bereit sind, sich über die wichtigen Angelegenheiten des Ehelebens zu einigen (Wohlnick, in: Rahm/Künkel, Handbuch des Familiengerichtsverfahrens, III, Rn. 41 m. w. N.; Lange/Klein, in: AK § 1353, BGB Rn. 5; OLG Zweibrücken, FamRZ 1987, 1212).

52 Jetzt hat der Gesetzgeber eine Kehrtwendung vollzogen. Soweit das Bild beider Eheleute bei Eheschließung nicht der Norm des § 1353 entspricht, knüpft sich hieran die Rechtsfolge der Aufhebbarkeit an. Besondere Bedeutung hat dies durch das **Antragsrecht** der Verwaltungsbehörde.

Die Änderung erfolgte ohne breite Diskussion. Sie war im Regierungsentwurf nicht enthalten, es fehlt somit eine amtliche Begründung. Welches Bild einer ehelichen Lebensgemeinschaft der Novelle zugrunde liegt, ist daher kaum erkennbar.

53 Die Diskussionen über das gesetzliche Ehebild waren vorher weitgehend folgenlos gewesen. Die Gerichte werden sich nun entscheiden müssen.

54 Gesetzgeberisches Motiv war die **Bekämpfung der Aufenthaltsehe**. Das findet sich allerdings im Wortlaut nicht wieder. Somit könnten auch **andere Eheschließungsabsichten** (Namensehe, Versorgungsehe) zur Aufhebbarkeit führen, wenn die Voraussetzungen angenommen werden (Bornhofen, StAZ 1997, 369). Dass ein Mann mit guten Versorgungsanwartschaften seine Stieftochter heiratet, um sie für den Fall seines Todes abzusichern, wurde bisher nicht als besonders bekämpfenswert angesehen. Ein solches „Paar" will sicher auch füreinander Verantwortung tragen i. S. d. geänderten § 1353 BGB. Allerdings liegt doch eher ein Vater-Tochter-Verhältnis vor und es könnte schwer fallen, von einer ehelichen Lebensgemeinschaft zu sprechen.

Nach § 1315 BGB ist die Aufhebung der Ehe ausgeschlossen, wenn der Aufhebungsgrund als geheilt angesehen wird. Im Falle der Scheinehe geschieht dies durch eheliches Zusammenleben. Dies gilt auch dann, wenn ein Ehepartner durch Täuschung das Zusammenleben herbeigeführt hat (OLG Dresden, FamRZ 2002, 891).

55 Das **Ausländergesetz** respektiert Beziehungen zwischen Mann und Frau nur in der Form der ehelichen Lebensgemeinschaft (§§ 18, 19 AuslG). Dadurch stehen zahlreiche Paare vor der Wahl, entweder zu heiraten oder eine Trennung in Kauf zu nehmen. Sofern dann aber die Form ihres Zusam-

menlebens nicht ganz dem von der Rechtssprechung entwickelten Bild der ehelichen Lebensgemeinschaft entspricht, kommt für sie als weiteres Unsicherheitselement die Frage hinzu, ob ihre Vorstellung vom Zusammenleben zunächst beim Standesbeamten, später eventuell bei der Verwaltungsbehörde und schließlich bei der Familiengerichtsbarkeit Gnade findet.

Für die Praxis ist in allen Fällen, in denen damit zu rechnen ist, dass die Antragsgegnerseite die Voraussetzungen der Aufhebung bestreitet, zu prüfen, ob der Antrag auf Aufhebung der Ehe durch einen Antrag auf Scheidung ergänzt werden sollte, der nach § 631 Abs. 1 Satz 2 ZPO ähnlich wie ein **Hilfsantrag** behandelt wird. 56

Bei Antragstellung wegen Irrtums und Täuschung ist die **Jahresfrist** des § 1317 BGB zu beachten. 57

In der Praxis wird die **Beteiligung von Ausländern** häufig sein. Hier sind die ausländerrechtlichen Implikationen des Vortrags zu beachten. Wenn aufgrund der Ehe eine Aufenthaltserlaubnis nach § 18 oder § 23 AuslG erteilt wurde, wird i. d. R. eine möglicherweise für **beide Eheleute** strafbare Täuschung der Ausländerbehörden vorliegen (§ 92 Abs. 2 Nr. 2 AuslG). Diese kann für die beteiligten Ausländer **ausweisungserheblich** nach § 45 AuslG sein. Die Täuschung führt daneben möglicherweise zur Rücknahme der durch sie erlangten Aufenthaltserlaubnis nach § 48 Abs. 1 VwVfG. Für **türkische Arbeitnehmer** tritt während der Geltungsdauer einer so erlangten Aufenthaltserlaubnis kein Erwerb einer Rechtsverfestigung nach Art. 6 Abs. 1 des Assoziationsratsbeschlusses EWG/Türkei 1/80 ein (EuGH, Rechtssache Kol, InfAuslR 97, 338; BVerwG, InfAuslR 99, 18). 58

Bei Ehen von Drittstaatlern mit **EU-Bürgern** wird die „Scheinehe" dagegen als unschädlich angesehen, weil das eheliche Zusammenleben nicht Erteilungsvoraussetzung für die Aufenthaltserlaubnis ist (VGH Baden-Württemberg, FamRZ 1997, 743).

Die **Wirkungen der Aufhebung der Ehe** entsprechen nur in den im Gesetz genannten Fällen denen der Scheidung. 59

Je nach den **Gründen der Aufhebung** gibt es bestimmte Abweichungen: Ein **Anspruch auf Ehegattenunterhalt** für die Zeit nach Aufhebung der Ehe setzt voraus, dass der Anspruchsteller die Aufhebungsgründe bei Eheschließung nicht kannte bzw. mit Wissen des anderen Ehegatten getäuscht oder bedroht wurde (§ 1318 Abs. 2 Nr. 1 BGB). 60

Bei **Doppelehe, Formmangel** und **Verwandtenehe** haben allerdings dann beide Ehepartner einen Unterhaltsanspruch, wenn sie beide die Aufhebbarkeit kannten. Hier gehen aber die Rechte aus der wirksamen ersten Ehe vor. Die „Scheinehe" führt also nicht zu einem Unterhaltsanspruch nach Aufhebung der Ehe.

Für **Zugewinn- und Versorgungsausgleich** gibt es eine allgemeine **Billigkeitsklausel** (§ 1318 Abs. 4 BGB), die aber als Ausnahmeregelung konzipiert ist. Hier wäre in einzelnen Fällen sogar bei der „Scheinehe" der Ausgleich denkbar. 61

Bei der Anwendung der HausratsVO im Falle der **Doppelehe** sind die Rechte des Ehepartners aus der wirksamen Ehe zu berücksichtigen (§ 1318 Abs. 4 BGB). 62

Ein **Erbrecht** ist in einigen Fällen nach § 1318 Abs. 5 BGB ausgeschlossen. Unklar ist, was diese Bestimmung praktisch bedeutet, weil § 1931 BGB ohnehin eine bestehende Ehe voraussetzt. Läuft ein Aufhebungsverfahren zum Zeitpunkt des Todes eines Ehegatten, so gilt § 1933 BGB in neuer Fassung. Stirbt der Antragsteller, so entfällt das Erbrecht des anderen Ehegatten ohnehin, wenn dem Antrag stattzugeben gewesen wäre. 63

Stirbt der Antragsgegner, müssten sich nunmehr diejenigen, die dem Antragsteller sein Erbrecht streitig machen, auf die Gründe seines Antrags berufen.

Die Scheinehefälle sind von Gesetzes wegen hiervon nicht betroffen.

D. Verfahren bei Auflösung der Ehe

I. Scheidungsverfahren

1. Zuständigkeit

64 In Deutschland erfolgt die Scheidung der Ehe durch **Gerichte**.

65 Soweit das deutsche internationale Privatrecht auf eine **ausländische Rechtsordnung** verweist, die zu einer **Privatscheidung** führen würde, muss das Verfahren angepasst werden. Die Scheidung erfolgt dann zwar als Privatscheidung, wird aber gleichzeitig vom deutschen Gericht ausgesprochen, um hier wirksam zu werden.

66 **Sachlich zuständig** in erster Instanz sind die **Familiengerichte** bei den Amtsgerichten. Einige Einzelheiten des Verfahrens erinnern noch daran, dass Scheidungen bis 1977 von den Landgerichten ausgesprochen wurden.

67 Bei der Prüfung der **örtlichen Zuständigkeit** ist zunächst darauf zu verweisen, dass nicht bei allen Amtsgerichten Familiengerichte gebildet wurden. Die evtl. Zuständigkeit eines Familiengerichts für **mehrere Amtsgerichtsbezirke** ist landesrechtlich geregelt (§ 23c GVG).

68 Die örtliche Zuständigkeit ist in § 606 ZPO geregelt.

Soweit die Parteien und ihre minderjährigen Kinder immer im gleichen Familiengerichtsbezirk gewohnt haben, erübrigt sich eine nähere Prüfung. In allen anderen Fällen empfiehlt sich eine Überprüfung anhand des nachstehenden Prüfungsschemas (Rn. 83).

69 **Maßgeblicher Zeitpunkt** ist dabei die **Zustellung des Scheidungsantrages**. Dieser lässt sich von Antragstellerseite – etwa durch Einzahlung des Prozesskostenvorschusses – beeinflussen. Mögliche Veränderungen in der Zwischenzeit sind also in die Überlegungen einzubeziehen.

70 Die Zuständigkeit orientiert sich am Wohnsitz bzw. **gewöhnlichen Aufenthalt** der Beteiligten. Der kann im Einzelfall schwer zu bestimmen sein. Die Anmeldungssituation ist nur ein Indiz (s. BGH, NJW-RR 1995, 507 u. FamRZ 1995, 1135).

71 Ist einmal an einem Ort ein Wohnsitz begründet worden, so führt auch eine Lockerung der Bindungen an diesen Ort etwa in der Form der zusätzlichen Anmeldung an einem anderen Ort und regelmäßiger Wochenendabwesenheit nicht zur Annahme der Aufgabe dieses Wohnsitzes (OLG Karlsruhe, FamRZ 1970, 410).

72 Der Aufenthalt im **Frauenhaus** ist nur dann gewöhnlicher Aufenthalt, wenn eine gewisse soziale Integration eingetreten ist (OLG Hamburg, FamRZ 1982, 85; 1983, 612; OLG Saarbrücken, FamRZ 1990, 1119; OLG Nürnberg, FamRZ 1994, 1104; FuR 1997, 234; OLG Karlsruhe, FamRZ 1995, 1210).

73 Dies ist sehr schnell der Fall, wenn ein Kind dort zur Schule geht. Ein Gesichtspunkt könnte daneben der Übergang von der vorläufigen zur regelmäßigen Unterstützung durch das Sozialamt sein.

74 Das Gleiche gilt für alle anderen Aufenthaltsorte, die zunächst erkennbar Merkmale der **Vorläufigkeit** tragen (Wohnung von Verwandten).

75 Auch **Flüchtlinge** haben je nach Zeitablauf und sozialer Integration ihren gewöhnlichen Aufenthalt in Deutschland an ihrem Aufenthaltsort. Die bevorstehende Nichtverlängerung der Aufenthaltserlaubnis schließt die Annahme eines gewöhnlichen Aufenthalts nicht aus (OLG Karlsruhe, FamRZ 1990, 1351), ebenso wenig die bestehende Ausreisepflicht mit Abschiebungshindernis (Duldung, s. OLG Karlsruhe, FamRZ 1992, 317; OLG Nürnberg, FamRZ 2002, 324).

76 Probleme können sich ergeben, wenn **Asylbewerber** sich an einem anderen als dem zugewiesenen Ort aufhalten. Der gewöhnliche Aufenthaltsort kann im Extremfall aber auch ein insoweit rechts-

widriger sein, wenn ausreichende Integrationsmerkmale vorliegen. Auch ein längerer **Haftaufenthalt** begründet einen Wohnsitz (BGH, NJWE-FER 1997, 89). Zu eng (und nicht durch die zitierte Rechtsprechung gedeckt) sieht dies OLG Koblenz (OLG-Report 1998, 194), wo ein vorübergehender Aufenthalt, der bis zum Ende der Strafhaft des Ehemannes dauern soll, nicht zu einem gewöhnlichen Aufenthalt führen soll (ähnlich abwegig: AG Landstuhl, FamRZ 2002, 1343).

Die **erste Stufe** der Prüfung nach § 606 ZPO spielt in der Praxis eine geringe Rolle, weil die Parteien selten noch bei Einleitung des Scheidungsverfahrens zusammen wohnen. Nach deutschem Recht kommt dies beim Getrenntleben in der Ehewohnung in Betracht. In ausländischen Rechtsordnungen kann das Zusammenleben eine geringere Rolle für den Anspruch auf Scheidung haben. 77

Große Bedeutung hat in der Praxis der **Aufenthalt minderjähriger Kinder** bei einem Elternteil, so dass die **zweite Stufe** der Prüfung zur Geltung kommt: 78

Der Aufenthalt eines der gemeinsamen Kinder bei einer der Parteien reicht aus, um dort einen Gerichtsstand zu begründen (BGH, FamRZ 1984, 370).

Sofern die minderjährigen Kinder der Parteien bei keinem der Elternteile (OLG Schleswig, OLG-Report 1997, 76) oder bei beiden – verteilt – (BGH, FamRZ 1987, 1020; NJWE-FER 1997, 65) wohnen, spielt ihr Aufenthalt für die Zuständigkeit keine Rolle. 79

Für die Maßgeblichkeit des Kindesaufenthalts kommt es auf den tatsächlichen Aufenthalt der Kinder an. Dem steht nicht entgegen, dass die Kinder bei Trennung der Eltern rechtlich zwei Wohnsitze haben (BGH, NJW-RR 1992, 258). Eine Übertragung des Aufenthaltsbestimmungsrechts auf das Jugendamt ändert den Wohnsitz noch nicht (BGH, NJW-RR 1992, 1154). 80

Nach längerem Zeitablauf (von etwa sechs Monaten) kann auch eine **Kindesentführung** einen gewöhnlichen Aufenthalt bzw. einen Wohnsitz des Kindes begründen (OLG Celle, FamRZ 1991, 1221 m. w. N.; OLG Hamm, FamRZ 1988, 1198; BGH, FamRZ 1981, 135). Die Anforderungen an die soziale Integration nach einer Kindesentführung werden teilweise so hoch angesetzt, dass auch nach einem Jahr noch kein Wechsel des gewöhnlichen Aufenthalts eingetreten sein soll (OLG Hamm, IPRax 1986, 45). 81

Kommt es schließlich zur Zuständigkeit des Amtsgerichts Schöneberg als Auffangzuständigkeit, so stellt sich notwendigerweise die Frage, ob deutsche Gerichte überhaupt zuständig sind. 82

Die **internationale Zuständigkeit** deutscher Gerichte richtet sich nach § 606a ZPO. Der gewöhnliche Aufenthalt eines Ehegatten in Deutschland begründet allein schon eine Zuständigkeit, wenn nicht die Anerkennung der Ehescheidung nach dem Heimatrecht beider Ehegatten ausgeschlossen ist (Länderübersichten hierzu geben Bergerfurth, Der Ehescheidungsprozeß, S. 241 ff. und – differenzierter – Breuer, in: Rahm/Künkel, Handbuch des Familiengerichtsverfahrens, VIII, Rn. 154 ff.). Die Anerkennungsprognose ist unschädlich, wenn beide Ehegatten ihren gewöhnlichen Aufenthalt in Deutschland haben oder ein Ehegatte staatenlos ist. Unabhängig von Aufenthalt und Anerkennungsprognose besteht daneben eine deutsche Zuständigkeit, wenn ein Ehegatte Deutscher ist oder bei Eheschließung war. Die internationale Zuständigkeit ist bis zum Schluss der mündlichen Verhandlung zu prüfen (s. OLG Schleswig, OLG-Report 1997, 144).

Seit dem **1. 3. 2001** gelten EU-weit allerdings vorrangig (mit Ausnahme von Dänemark) einheitliche Regelungen für die Zuständigkeit in Ehe- und Sorgerechtssachen (Verordnung (EG) Nr. 1347/2000 des Rates v. 29. 5. 2000 – ABl. EG Nr. L 160 S. 19, FamRZ 2000, 1140). Damit ist bei der internationalen Zuständigkeit in Ehesachen der Vorrang des Aufenthaltsortes minderjähriger Kinder bei den Eltern beseitigt, erheblich ist allein der (ggf. vorherige) Aufenthalt der Ehegatten (Art. 2 der Verordnung). Die Verordnung ist unmittelbar geltendes Recht. Zu ihrer Ergänzung (nicht Umsetzung) dienen die §§ 50 – 54 AVAG (BGBl. 2001 I S. 288, 436; s. dazu Helms, FamRZ 2002, 1593).

Prüfungsschema für die örtliche Zuständigkeit in Ehesachen: ☑

83

> 1) Hatten die Parteien ihren letzten gemeinsamen **Wohnsitz in einem anderen EU-Land außer Dänemark?**   Ja ⇒ Gerichte dieses Landes zuständig.
> Nein.
> ⇓
>
> 2) Haben die Parteien einen gemeinsamen Wohnsitz?   Ja ⇒ Gericht, in dessen Bezirk die Parteien wohnen.
> Nein.
> ⇓
>
> 3) Hat (nur) eine Partei ihren gewöhnlichen Aufenthalt zusammen mit einem minderjährigen gemeinsamen Kind?   Ja ⇒ Gericht, in dessen Bezirk dieser Aufenthalt besteht.
> Nein.
> ⇓
>
> 4) Wohnt eine Partei in dem Gerichtsbezirk, in dem auch der letzte gemeinsame Wohnsitz liegt?   Ja ⇒ Gericht dieses Bezirks.
> Nein.
> ⇓
>
> 5) Wohnt die Antragsgegnerseite im Inland?   Ja ⇒ Gericht, in dessen Bezirk der Antragsgegner wohnt.
> Nein.
> ⇓
>
> 6) Wohnt die Antragstellerseite im Inland?   Ja ⇒ Gericht, in dessen Bezirk der Antragsteller wohnt.
>
> Nein ⇒ Amtsgericht Schöneberg.

2. Scheidungsantrag

84 Das Scheidungsverfahren wird eingeleitet durch den Antrag eines Ehepartners. Der bloße Antrag auf Scheidung der zwischen den Parteien bestehenden Ehe leitet wirksam ein Scheidungsverfahren ein. Die Zustellung dieses Antrags führt zur Rechtshängigkeit. Durch die Angabe der Parteien ist der Verfahrensgegenstand ausreichend bestimmt. Die Gefahr der Verwechslung mit einer anderen Ehe besteht nämlich nicht. Das Gleiche gilt, wenn die Identität einer Partei feststeht, der Name nur falsch geschrieben ist (OLG Bamberg, FamRZ 2001, 291).

85 Zwingend ist daher die genaue Angabe der Personalien der Parteien. Gefordert wird auch der **Antragstellerwohnsitz,** obwohl sich die Zuständigkeit meist ohne diesen ermitteln lässt. Trotzdem wird bei fehlender Angabe des Antragstellerwohnsitzes die Behandlung mindestens dann verweigert, wenn keine Begründung für das Verschweigen des Wohnsitzes angegeben wird (s. Wohlnick, in: Rahm/Künkel, Handbuch des Familiengerichtsverfahrens, III, Rn. 13). In der Praxis reicht meist die Angabe einer bloßen Ladungsadresse aus, wenn die Befürchtungen für den Fall der Angabe der exakten Wohnanschrift angegeben werden.

86 Wenn auch der Antrag ohne Angabe von **Eheschließungsdatum** und **Registernummer** wirksam ist, so setzt der Fortgang des Verfahrens doch den Nachweis des Bestehens der Ehe voraus, und die Scheidung wird schließlich nicht erfolgen, ohne dass im Tenor Datum und Registernummer ergänzt werden können. Meist scheitert schon die Gewährung von PKH an der fehlenden Heiratsurkunde. In der Praxis wird diese häufig nur in beglaubigter Kopie vorgelegt.

Der Antrag enthält weiter Angaben über die Staatsangehörigkeit der Parteien und deren Nachweis, wobei die Vorlage der Pässe als ausreichend angesehen wird. Bei unterschiedlicher Staatsangehörigkeit muss angegeben werden, ob diese Situation seit Eheschließung unverändert ist, da nur dann das anzuwendende Recht durch das Aufenthaltsstatut bestimmt ist (Art. 14 EGBGB). 87

Bei Parteien ausländischer Herkunft lohnt sich die frühzeitige Klarstellung, ob ein **Dolmetscher** erforderlich ist. 88

Auch und gerade nach neuem Kindschaftsrecht sind Angaben über die gemeinschaftlichen **Kinder** erforderlich (§ 622 Abs. 2 ZPO). Zunächst ist ihr Aufenthalt für die örtliche Zuständigkeit von Bedeutung, sodann hat das Gericht die Parteien über Beratungsmöglichkeiten bezüglich des Sorgerechts zu informieren. 89

Falls ein Sorgerechtsantrag gestellt wird, geschieht dies am besten gesondert – sogar mit vollem Rubrum zur Information des Jugendamtes. Falls kein Antrag gestellt wird, empfiehlt sich ein Hinweis im Scheidungsantrag, obwohl der Gesetzgeber dies nun nicht mehr fordert. 90

Angaben zum **letzten gemeinsamen Wohnsitz** sollten vorsichtshalber immer gemacht werden, sind aber nur erforderlich, wenn (möglicherweise) die vorrangigen Gerichtsstände am jetzigen gemeinsamen Wohnsitz oder am Wohnsitz der Kinder nicht eingreifen, oder wenn die vorrangigen Anknüpfungspunkte für das anzuwendende Recht nach Art. 14 Abs. 1 EGBGB nicht greifen. 91

Der Hinweis auf andere anhängige Familiengerichtsverfahren (§ 622 Abs. 2 ZPO) gibt dem Gericht die Möglichkeit, auf die Abgabe an das Gericht der Ehesache hinzuwirken (§ 621 Abs. 2 ZPO). Soweit der **Amtsermittlungsgrundsatz** gilt, wird das Gericht dabei auch auf den Inhalt der entsprechenden Akten zurückgreifen. 92

Häufig werden Angaben zu den **Einkommensverhältnissen** der Parteien gemacht. Dies dient der späteren Streitwertbestimmung und zur Begründung eines Antrags auf Prozesskostenhilfe. Falls neben einem Antrag auf Prozesskostenhilfe zur Beschleunigung der Prozesskostenvorschuss eingezahlt wird, sollte zur Klarstellung ausdrücklich um sofortige Zustellung der Antragsschrift gebeten werden. 93

Sofern ein **ausländisches Recht** für den Scheidungsanspruch berufen ist (s. Rn. 132 ff.), sollte man bei unterschiedlicher Staatsangehörigkeit der Parteien begründen, welches Recht zur Anwendung kommt. 94

Das ausländische Recht ist in seinem Inhalt darzulegen. In schwierigeren Fällen ist es erforderlich, Fundstellen zu benennen und/oder Beweis durch Sachverständigengutachten anzutreten. 95

Bei der Darlegung des Sachverhalts ergibt sich oft das Problem, dass man einerseits den vorhandenen Streit nicht durch zu große Ausführlichkeit vertiefen will, andererseits bei den Gerichten unterschiedliche Auffassungen über die **Schlüssigkeit** des Vortrags bestehen. Wenn keine Eile besteht, und die Parteien sehr empfindlich sind, kann man es riskieren, mit einem weniger detaillierten Vortrag die Haltung des Gerichts zu „testen". 96

Bei Anwendung deutschen Rechts ist die **Trennungszeit** vorzutragen sowie bei einer Trennung unter drei Jahren die sonstigen Tatsachen, aus denen sich die **Prognose** für die Ehe ergibt. 97

Bei der einverständlichen Scheidung ist anzugeben, wie es zu der erforderlichen **Einigung** unter den Parteien kommen wird, und welcher Art diese sein wird, falls eine solche Einigung nicht schon notariell niedergelegt ist (vgl. OLG Schleswig, FamRZ 2002, 46). 98

3. Vollmacht

Das Vollmachtserfordernis ist für Ehesachen gesondert in § 609 ZPO geregelt. Die gängigen Vollmachtsformulare weisen den Gegenstand der Tätigkeit im Sinne dieser Vorschrift ausreichend deutlich aus. 99

100 Da die Vollmacht einem Rechtsanwalt erteilt wird, geschieht die Prüfung der Vollmacht nur auf Rüge eines Beteiligten gem. § 88 ZPO (Thomas/Putzo, ZPO, § 609 Rn. 3; str., s. Wohlnick, in: Rahm/Künkel, Handbuch des Familiengerichtsverfahrens, III, Rn. 98).

101 Die Vollmacht gilt für den **gesamten Scheidungsverbund** (§ 624 Abs. 1 ZPO).

102 Die Vollmacht soll auch erforderlich sein für im Wege der PKH beigeordnete Anwälte (str., s. Schwab, Handbuch des Scheidungsrechts, I, Rn. 44; s. auch OLG Naumburg, FamRZ 2002, 248). Durch die Vollmacht wird der nach § 625 beigeordnete Anwalt zum Prozessvertreter (BGH, NJW 1995, 1225).

4. Anwaltszwang

103 Dieser Anwaltszwang gilt für den gesamten **Scheidungsverbund** (§ 78 Abs. 2 ZPO). Nach Lösung des Verbunds gilt er für die selbständig fortgeführten Folgesachen erstinstanzlich nur für Güterrechtssachen (s. Rn. 202 ff.). Prozesshandlungen können wirksam nur von Anwälten wahrgenommen werden.

104 Anwaltszwang besteht auch für den **Antrag auf Sorgerechtsübertragung im Verbund,** der nur auf Übertragung auf die eigene Partei lauten kann (Schüller, FamRZ 1998, 1287). Ohne anwaltliche Vertretung lässt sich somit die Sorgerechtsübertragung im isolierten Verfahren vor oder nach dem Scheidungsverfahren erreichen.

105 Ein während des Scheidungsverfahrens ohne Anwalt anhängig gemachtes isoliertes Sorgerechtsverfahren wird nach § 623 Abs. 2 ZPO wohl erst nach Anhängigkeit Teil des Verbunds. Wenn es dann anhängig ist, könnte die Abtrennung von der anwaltlich vertretenen Seite beantragt werden. Damit fällt der Anwaltszwang wieder weg.

106 Nach § 78 Abs. 3 ZPO sind ausgenommen vom Anwaltszwang alle Prozesshandlungen, die vor dem beauftragten oder ersuchten Richter oder vor dem **Urkundsbeamten der Geschäftsstelle** vorgenommen werden können. Das ist z. B. der Befangenheitsantrag nach § 44 ZPO, die Erledigungserklärung nach § 91a ZPO, das Prozesskostenhilfeverfahren nach § 118 ZPO, Anträge auf Arrest und einstweilige Verfügung nach §§ 920, 936 ZPO, Beschwerden nach § 569 ZPO. Soweit die **Beschwerde** vom Anwaltszwang befreit ist, kann natürlich auch der auswärtige oder der nicht beim Obergericht zugelassene Anwalt das Beschwerdeverfahren führen.

107 Bei der Erörterung des Scheidungsantrages wird die anwaltlich nicht vertretene Partei vernommen, und ihre evtl. Zustimmung zum Scheidungsantrag wird zu Protokoll genommen. Eine besondere verfahrensrechtliche Bedeutung erlangt diese Zustimmung aber nur im Rahmen der **einverständlichen Scheidung,** weil sie hier nach einem Jahr der Trennung die Zerrüttungsvermutung auslösen kann. Diese Wirkung setzt allerdings eine **wirksame Einigung über bestimmte Scheidungsfolgen** voraus (§ 630 ZPO). Soll diese Einigung als gerichtlicher Vergleich vorgelegt werden, müssen wiederum Anwälte mitwirken. Die Möglichkeit, solche Vergleiche im **Prozesskostenhilfeverfahren** oder vor einem beauftragten Richter zu schließen, wird sich selten ergeben.

108 Vom Anwaltszwang sind daher nur bestimmte Nischen des Verfahrens befreit. Dementsprechend liegt es nahe, dass sich beide Seiten anwaltlich vertreten lassen. Zwei wichtige Gesichtspunkte sprechen für die **anwaltliche Vertretung beider Seiten** im Scheidungsverfahren:

109 Einerseits sind fast alle Verfahrenshandlungen von der Mitwirkung eines Anwalts abhängig, andererseits hat die Scheidung erhebliche Rechtsfolgen für die Parteien, die teilweise selbst für Juristen nur schwer zu überblicken sind.

110 Allerdings bringt die Trennung der Familien selbst schon zusätzliche Lasten mit sich, so dass die Frage der Erforderlichkeit beidseitiger Vertretung wegen der Kosten zur täglichen Beratungspraxis gehört.

> *Hinweis:*
> *Der Einwand der Kosten spielt keine Rolle, wenn ratenfreie Prozesskostenhilfe erlangt werden kann. Die Prüfung dessen sollte also in einem frühen Stadium der Beratung erfolgen. Sofern die Parteien sich einig sind und nur eine Seite ratenfreie Prozesskostenhilfe erhalten kann, sollte ggf. diese Seite den Scheidungsantrag stellen.*

Für die Antragsgegnerseite ist eine qualifizierte Beratung das Minimum, auf das nicht verzichtet werden darf. 111

So wie die Partei, die ratenfreie PKH erhalten kann, für die Antragstellerseite „prädestiniert" ist, ist umgekehrt die rechtsschutzversicherte Partei für die ggf. anwaltlich nicht vertretene Partei prädestiniert.

Die **Rechtsschutzversicherung** deckt entgegen der verbreiteten Vorstellung ihrer Mitglieder nur die **isolierte Beratung** nach Eintritt eines Versicherungsfalles ab (§ 25 Abs. 2e ARB) Das Honorar eines nach außen tätigen Anwalts wird nicht ersetzt, auch soweit er in der gleichen Sache beraten hat. Hier ist nur eine Aufteilung in der Form möglich, dass etwa zur Scheidung eine rechtsschutzfinanzierte isolierte Beratung – finanziert durch die Rechtsschutzversicherung – stattfindet, während in den Folgesachen unter direkter Finanzierung durch die Partei korrespondiert wird. Rechtsschutz besteht nur, soweit deutsches Recht Anwendung findet (Harbauer, ARB, Rn. 153 vor § 21). 112

Durch die umfassende anwaltliche Beratung ist in vielen Fällen beiderseitigen Scheidungswillens dem Schutzbedürfnis der Antragsgegnerseite genüge getan. Aus der Beratung ergibt sich natürlich im Einzelfall die Notwendigkeit der anwaltlichen Vertretung. Einer der Ansatzpunkte hierfür ist die **Unterhaltsfrage**. 113

Der Unterhalt für die Zeit der Trennung lässt sich im isolierten Verfahren festsetzen. Bei Eilbedürftigkeit kann nunmehr in diesem Verfahren eine einstweilige Anordnung erwirkt werden (§§ 644, 621 Abs. 1 ZPO). Auch bezüglich des Ehegattenunterhalts bleibt die Regelung bis zur Abänderung durch eine andere Regelung bestehen. Der Trennungsunterhalt selbst erfordert also kein Tätigwerden des Anwalts im Scheidungsverbund. 114

Der **Geschiedenenunterhalt** hatte demgegenüber früher seinen festen Platz im Scheidungsverbund. Die Festsetzung im Verbund sicherte die Gleichzeitigkeit von Scheidung und rechtskräftiger Scheidung. Diese Funktion ist im Verfahren mit Kinderbeteiligung seit dem 1. 7. 1998 nicht mehr garantiert, weil die Folgesache Ehegattenunterhalt zusammen mit einer Folgesache Sorgerecht auf Antrag abzutrennen ist (§ 623 Abs. 2 Satz 3 BGB). Allerdings droht bei Geltendmachung außerhalb des Verbunds ein finanzieller Verlust für den Zeitraum zwischen Rechtskraft und Mahnung, weil nach der Rechtskraft der Scheidung eine neue Inverzugsetzung erfolgen muss (BGH, FamRZ 1992, 920). Es wird also nur noch wenige Fälle geben, in denen **zwingend** der Geschiedenenunterhalt im Scheidungsverbund geltend gemacht werden muss. Selbst in zugespitzteren Situationen ist gut vorstellbar, dass man zunächst ein isoliertes Verfahren über den Trennungsunterhalt führt und darin eine einstweilige Anordnung erwirkt. Mit Rechtskraft der Scheidung muss dann unbedingt bezüglich des Geschiedenenunterhalts Inverzugsetzung erfolgen. Viele Fragen der Unterhaltshöhe sind im Trennungsunterhaltsverfahren geklärt, daher könnte sich möglicherweise ein Prozess über den Geschiedenenunterhalt vermeiden lassen. Soweit er doch erforderlich wird, ist auch hier die einstweilige Anordnung nach § 644 ZPO möglich, soweit diejenige aus dem Trennungsunterhaltsverfahren nicht noch wirksam ist. 115

Demgegenüber ergibt sich der Übergang von der anwaltlichen Beratung der Antragsgegnerseite zur Prozessvertretung oft aus dem **Beschleunigungsbedürfnis**. Die häufigsten Einsatzpunkte des Antragsgegnervertreters zur Beschleunigung des Verfahrens sind folgende: 116

117 Nur der Anwalt auf Antragsgegnerseite kann wirksam auf **Rechtsmittel verzichten.** Dadurch wird die Zeit bis zur Rechtskraft der Scheidung um die Zeit für die Ausfertigung und Zustellung des Urteils sowie für den Ablauf der Rechtsmittelfrist verkürzt (Zeitgewinn ca. sechs Wochen).

118 Der Antragsgegnervertreter kann nach ausführlicher Beratung einen Antrag auf **Ausschluss des Versorgungsausgleichs** stellen oder unterstützen. Bei einem entsprechenden Sachverhalt kann dadurch die Einholung der Auskünfte unterbleiben (Zeitgewinn vier Monate oder mehr).

119 Der Antragsgegnervertreter kann frühzeitig zur Antragsschrift Stellung nehmen und dadurch den Zeitablauf bis zur Terminierung verkürzen (Zeitgewinn einige Wochen). Der Antragsgegnervertreter kann die Antragsschrift **als zugestellt** entgegennehmen.

120 Nicht nur unter Beschleunigungsgesichtspunkten ist die **formell einverständliche Scheidung** zu erörtern. Sie hat den Vorteil, dass die Parteien die Gründe des Scheiterns der Ehe nicht erläutern müssen. Auch bei übereinstimmendem Scheidungswillen ist für Außenstehende vielfach kaum vorstellbar, wie schwer es den Parteien fällt, auch nur einen Satz der Gegenseite über die Gründe des Scheiterns der Ehe unwidersprochen zu lassen. Hilfreich ist u. U. nicht einmal die Flucht in allgemeine Formulierungen, weil diese nach dem Geschmack einer Seite auch zu allgemein sein können.

121 Die formell einverständliche Scheidung erfordert eine Einigung über bestimmte Folgen der Scheidung, die normalerweise als förmlicher Vergleich bei Gericht geschlossen werden muss. Hierfür ist die Mitwirkung eines Anwalts auf Antragsgegnerseite erforderlich (ausführlich Schwab, Handbuch des Scheidungsrechts, I, Rn. 132 ff.).

122 Eine Alternative stellt die Vorlage einer notariellen Urkunde dar, die vom 1. 1. 1999 an auch Regelungen über die Herausgabe von Gegenständen enthalten darf (§ 794 Abs. 1 Nr. 5 a.F. ZPO).

123 Die anwaltliche Vertretung der Antragsgegnerseite ist auch zu prüfen, wenn die elterliche Sorge im Verbund auf die Antragsgegnerseite allein übertragen werden soll. Für den Antrag besteht **Anwaltszwang,** und die Übertragung kann nur vom **zukünftigen Sorgerechtsinhaber** beantragt werden (s. Rn. 105).

124 Der Antragsgegnervertreter kann sich auch für **einzelne der o.g. Handlungen** bei Gericht bestellen. Im Einzelfall sind die Kosten der verschiedenen Alternativen einander gegenüberzustellen.

5. Prozesskostenhilfe

125 Wie ein großer Teil der Prozesskostenhilfebewilligungen der Gerichte bei den Familiengerichten erfolgt, so wird auch ein großer Teil der Verfahren bei den Familiengerichten wenigstens einseitig mit Prozesskostenhilfe geführt (vgl. Künkel, in: Rahm/Künkel, Handbuch des Familiengerichtsverfahrens, II, Rn. 3). Die Bewilligung der Prozesskostenhilfe ist zunächst neben der Einzahlung des Prozesskostenvorschusses der gängige Weg, um die **Zustellung des Scheidungsantrages** zu erreichen.

126 Die Bewilligung der Prozesskostenhilfe setzt **Bedürftigkeit** voraus, die auf dem vorgeschriebenen Formular darzulegen ist. Weitgehend wird überhaupt erst mit Vorlage des Formulars ein wirksamer und rechtzeitig gestellter Antrag angenommen (BGH, FamRZ 1997, 546). Wird auf früher vorgelegte Formulare Bezug genommen, muss dabei erklärt werden, es habe sich nichts geändert.

> *Hinweis:*
> *Beim **Ausfüllen des Formulars** lohnt sich besondere Sorgfalt, weil meist die wirtschaftlichen Verhältnisse der Gegenseite recht gut bekannt sind. Diese erhält zwar keine Einsicht in das Formular. Die Möglichkeiten, dass die wirtschaftlichen Verhältnisse der Parteien vor Gericht kontrovers erörtert werden, sind allerdings vielfältig.*

Bei Parteien **ausländischer Herkunft** lohnt sich die Frage nach Grundvermögen im Ausland. Wegen seines oft geringen Wertes kann es zwar zum Schonvermögen analog § 88 BSHG zählen. Trotzdem führt die spätere Entdeckung zu Irritationen. 127

Bei **Sozialhilfeempfängern** reicht zunächst die Vorlage des Sozialhilfebescheids aus. Das Gericht kann aber weitere Erklärungen verlangen. 128

Gerade bei **Eilbedürftigkeit** empfiehlt es sich daher, sämtliche Unterlagen einschließlich des Mietvertrages und der Kreditverträge sofort vorzulegen. 129

Bei völlig einkommenslosen Personen, etwa solchen, die von der Unterstützung von Freunden leben, ist die Vorlage einer eidesstattlichen Versicherung des Antragstellers ohnehin erforderlich. Bei Eilbedürftigkeit sollte man eine solche in allen etwas unklaren Fällen vorlegen. Sofern für Eilverfahren eidesstattliche Versicherungen vorzulegen sind, bedeutet es nur einen sehr geringen Aufwand, dort Angaben über die Einkommensverhältnisse aufzunehmen. 130

Nach § 115 Abs. 1 Satz 3 Nr. 2 ZPO sind die Freibeträge für den Lebensbedarf des Antragstellers und derjenigen Personen, denen er aufgrund gesetzlicher Pflicht Unterhalt leistet, abzuziehen; das BMJ gibt jährlich die am 1. 7. des Jahres bis zum 30. 6. des Jahres maßgebenden Beträge im Bundesgesetzblatt bekannt, sog. Prozesskostenhilfebekanntmachungen (zu den aktuellen Freibeträgen s. PKHB 2002 v. 13. 6. 2002, BGBl. I S. 1908; abgedruckt im Schönfelder, Fn. 3 zu § 115 ZPO). 131

Bedürftigkeit liegt nicht vor, wenn ein Anspruch auf **Prozesskostenvorschuss** (gegen den Ehepartner) besteht. Dies setzt wiederum die Leistungsfähigkeit des Ehepartners voraus. Eine solche wird nicht angenommen, wenn dieser selbst einen Anspruch auf Prozesskostenhilfe hätte (Bißmaier, FamRZ 2002, 863). 132

Bei **eingeschränkter Leistungsfähigkeit** des Ehepartners kann die Prozesskostenhilfe mit **Raten** bewilligt werden (OLG Koblenz, FamRZ 1991, 346). Die Verweigerung der Prozesskostenhilfe oder die Bewilligung mit Raten im Hinblick auf die Leistungsfähigkeit des Ehepartners führt – sofern nicht freiwillig gezahlt wird – zu einem Antrag auf eine einstweilige Anordnung auf Prozesskostenvorschuss. Sofern diese Anordnung nicht ausgesprochen wird, oder sich in der Vollstreckung Schwierigkeiten ergeben, muss der Antrag auf Prozesskostenhilfe neu gestellt oder Änderung der Ratenanordnung beantragt werden. Die Bewilligung von Prozesskostenhilfe sollte nicht abgelehnt werden, wenn Schwierigkeiten in der Vollstreckung einer einstweiligen Anordnung auf Prozesskostenvorschuss von vornherein voraussehbar sind (Bergerfurth, Der Ehescheidungsprozeß, S. 425). Wird über einen rechtzeitig gestellten Antrag auf Prozesskostenhilfe erst nach Rechtskraft der Scheidung entschieden, entfällt die Möglichkeit des Verweises auf den Prozesskostenvorschuss (OLG München, FuR 1998, 29). 133

Das Verhältnis von Prozesskostenvorschuss und Prozesskostenhilfe führt zu der Überlegung, mit welchem Antrag die Antragstellerseite ggf. **beginnt.** Die Geltendmachung des Prozesskostenvorschusses hat für den Anwalt den Vorteil, dass er schon vor dem Prozess die gesamten Gebühren zum normalen Satz erhält. Diese Einnahme hat er anderenfalls erst bei Abschluss des Verfahrens, wenn Prozesskostenhilfe mit hohen Raten bewilligt, und dem Kostenantrag nach § 124 BRAGO stattgegeben ist. Trotzdem wird er den Antrag auf einstweilige Anordnung auf Prozesskostenvorschuss nur dann vorziehen, wenn ein problemloses Erkenntnis- und Vollstreckungsverfahren in Aussicht ist, und wenn im Verhältnis der Parteien untereinander nicht „Porzellan zerschlagen" wird. D. h., dass die Gefährdung einer evtl. noch vorhandenen Gesprächsgrundlage mit der Gegenseite im Hinblick auf Folgesachen auch hier mitberücksichtigt werden muss. 134

Die Prozesskostenhilfe wird nicht bewilligt, wenn die Rechtsverfolgung **mutwillig** ist. Auf Antragstellerseite stellt sich zunächst das Problem einer eventuellen Mutwilligkeit beim **verfrühten Scheidungsantrag.** Die überwiegende Auffassung geht dahin, dass erst nach Ablauf des Trennungsjahres (OLG Dresden, FamRZ 2002, 891) oder erst dann Prozesskostenhilfe bewilligt werden kann, wenn die Zustellung des PKH-Beschlusses nach Ablauf des Trennungsjahres erfolgen würde (z. B. OLG Hamm, OLG-Report 1996, 154). Soweit also nicht örtlich eine großzügigere Regelung bekannt ist, hat es keinen Sinn, mit dem Vortrag einer kürzeren Trennung einen Prozesskosten- 135 hilfeantrag zu stellen. Sollte die Trennungszeit wirklich nicht länger gewesen sein, wäre mit dem Antragsteller die Einzahlung des Prozesskostenvorschusses zu erörtern.

136 Mutwillig ist ein Scheidungsantrag möglicherweise, wenn unmittelbar vorher ein Scheidungsantrag ohne vorherige Versöhnung **zurückgenommen** worden war (OLG Karlsruhe, FamRZ 1998, 485 m. w. N.). Dabei schwingt die Befürchtung mit, auch der neue Antrag könne alsbald wieder zurückgenommen werden. Eine solche Befürchtung ist aber nicht angebracht, wenn vernünftige Gründe für die Rücknahme vorliegen.

137 Gegenstand nicht enden wollender Erörterungen ist die Frage der PKH-Bewilligung für die Scheidung einer „**Scheinehe**" (ausführlich Schwab, Handbuch des Scheidungsrechts, I, Rn. 169). Unabhängig davon, wie die Scheinehe familienrechtlich bewertet wird, wird die Auffassung vertreten, der Antragsteller hätte mindestens dann, wenn ihm für die Scheinehe Geld gezahlt wurde, Rücklagen für die Scheidung bilden müssen (OLG Schleswig, OLG-Report 1997, 10; OLG Nürnberg, FamRZ 1995, 1502). Dieses Argument könnte der Seite, die das Geld gezahlt hat, nicht entgegengehalten werden. Eine weitergehende Auffassung will auch hier die Prozesskostenhilfe verweigern (OLG Stuttgart, FamRZ 1992, 195).

138 Andere Oberlandesgerichte gewähren Prozesskostenhilfe (OLG Düsseldorf, FamRZ 1994, 1183; OLG Naumburg, FamRZ 2001, 629; OLG Stuttgart, FamRZ 2002, 890). Dies ist auch konsequent, denn die Rechtsverfolgung hat Aussicht auf Erfolg, und der Begriff der Bedürftigkeit orientiert sich am BSHG, wo die fehlende Bildung von Rücklagen normalerweise nicht zur Verweigerung der Hilfe führt.

139 Das Scheidungsverschulden ist für die Frage der Mutwilligkeit des Prozesskostenhilfeantrages unerheblich (OLG Frankfurt, NJWE-FER 1996, 69).

140 Unterschiedliche Schwierigkeiten treten bei der Prozesskostenhilfebewilligung für den **Antragsgegner** auf.

141 Im Grunde sollten diese Schwierigkeiten nicht auftauchen, da schon unter dem Gesichtspunkt der Waffengleichheit die bedürftige Partei anwaltlich vertreten sein sollte (vgl. OLG Köln, FamRZ 1998, 251). Diese **Waffengleichheit** ist keine Frage der Rücksichtnahme auf das subjektive Empfinden des Antragsgegners, sondern eine Frage der vorher nicht absehbaren Bedürfnisse in der Beratung und Vertretung im Ablauf des Verfahrens. Diese Notwendigkeiten können über die Beratungshilfe nicht abgedeckt werden (hierzu Schwab, Handbuch des Scheidungsrechts, I, Rn. 164).

142 Teils wird diskutiert, ob für einen aussichtslosen Antrag auf **Abweisung** des Scheidungsantrages die Prozesskostenhilfe verweigert werden soll (für Bewilligung OLG Jena, FamRZ 1998, 1179 m. w. N.; Bergerfurth, Der Ehescheidungsprozeß, S. 433).

143 Andererseits wird erörtert, ob für eine **Zustimmung** zur Scheidung oder eine Widerklage Prozesskostenhilfe zu bewilligen ist (s. Schwab, Handbuch des Scheidungsrechts, I, Rn. 166; OLG Jena, FamRZ 1996, 416).

144 Ebenfalls hochumstritten ist die Frage, ob und ggf. unter welchen Bedingungen und mit welchen Beschränkungen PKH für eine isolierte Familiensache gewährt werden kann, wenn diese kostengünstiger im Verbund anhängig gemacht worden wäre. Die Wünsche und Interessen der vertretenen Partei, die ein Anliegen als potentielle Folgesache anhängig machen will, können da ganz unterschiedlich sein (eine ausführliche Erörterung der Problematik findet sich bei Schöppe-Fredenburg/Schwolow, FuR 1998, 9; s. auch OLG Schleswig, FamRZ 2003, 317; OLG Brandenburg, FamRZ 2002, 1411; OLG Köln, FamRZ 2003, 237; sehr interessant hierzu: OLG Köln, FamRZ 2003, 102).

145 Die Bewilligung von Prozesskostenhilfe für das Scheidungsverfahren erfasst von vornherein auch das **Versorgungsausgleichsverfahren.**

146 Für die übrigen **Folgesachen** muss sie **gesondert** beantragt und bewilligt werden. Es genügt, die Unterlagen im Verbund einmal vorzulegen.

Schwierigkeiten ergeben sich immer wieder nach dem Abschluss von **Vergleichen** über Gegenstände, die bisher nicht Gegenstand des Verfahrens waren, d. h. für die eine Prozesskostenhilfe noch nicht bewilligt wurde bzw. werden konnte (für Annahme der Erstreckung auf den Vergleich OLG München, OLG-Report 1997, 213; OLG Dresden, OLG-Report 1997, 183; zur Höhe der Gebühren OLG Nürnberg, FuR 1998, 61). 147

Soweit hierzu nicht eine gefestigte örtliche Übung besteht, diese Vereinbarungen als von der Prozesskostenhilfe erfasst anzusehen, muss **bei Vergleichsschluss** eine Erweiterung der Prozesskostenhilfe beantragt werden. 148

Bei der Prüfung der Voraussetzungen ist auf den Zeitpunkt abzustellen, in dem die vollständigen Unterlagen (mindestens die Erklärung nach § 117 ZPO, wenn das Gericht nicht weitere Unterlagen angefordert hat) vorgelegt wurden. 149

Mit **Rückwirkung** auf diesen Zeitpunkt ist Prozesskostenhilfe zu gewähren, selbst dann noch, wenn die Instanz schon abgeschlossen ist. 150

Unzweifelhaft ist bei Bewilligung der Prozesskostenhilfe **ein Anwalt beizuordnen.** Bei großer Entfernung der Partei zum Gerichtsort kommt die Beiordnung eines zusätzlichen Verkehrsanwalts in Betracht (OLG Brandenburg, FamRZ 1998, 1301; ablehnend OLG Karlsruhe, NJWE-FER 1999, 42; OLG Brandenburg, FramRZ 2002, 107). Dies kann sogar ein ausländischer Anwalt sein (OLG Bamberg, FamRZ 1997, 1543). 151

Die Einreichung des Prozesskostenhilfeantrages macht die Scheidung **anhängig,** wenn nicht klargestellt wird, dass der Scheidungsantrag nur unter der Bedingung der Bewilligung von Prozesskostenhilfe gestellt wird (BGH, NJWE-FER 1996, 65). 152

Der bloße Antrag auf Prozesskostenhilfe führt zur Möglichkeit, **einstweilige Anordnungen** nach § 620 ZPO zu beantragen. § 620a Abs. 2 ZPO stellt den Antrag auf Prozesskostenhilfe insoweit der Anhängigkeit gleich. Allerdings können nach Ablehnung des Prozesskostenhilfeantrages (ggf. bis zur Einlegung einer Beschwerde) keine Anordnungen ergehen (dazu näher Künkel, in: Rahm/Künkel, Handbuch des Familiengerichtsverfahrens, II, Rn. 29). 153

Die Wirkung des § 621 Abs. 2 ZPO hat demgegenüber **nur die Anhängigkeit.** Nach dieser Vorschrift werden bei Anhängigkeit einer Ehesache alle bei einem deutschen Gericht anhängigen Familiensachen bei dem Gericht konzentriert, bei dem eine Ehesache anhängig ist. 154

6. Zustellung und Rechtshängigkeit

Die Zustellung der Antragsschrift erfolgt nach Bewilligung der Prozesskostenhilfe bzw. nach Einzahlung des **Gerichtskostenvorschusses,** sofern nicht ausnahmsweise Befreiung von der Vorschusspflicht bewilligt wurde (§ 65 Abs. 7 GKG). 155

Dabei ist das Scheidungsverfahren gegenüber anderen bürgerlich-rechtlichen Streitigkeiten dadurch privilegiert, dass hier **nur eine volle Gebühr Vorschuss** eingezahlt wird. Soweit der Streitwert sich nicht näher bestimmen lässt, richtet sich der Vorschuss nach dem Regelstreitwert von z. Zt. 2.000 € (damit z. Zt. 73 €). 156

Die Zustellung erfolgt unter der angegebenen Adresse des Antragsgegners. **Ersatzzustellung** an den Ehegatten ist ausgeschlossen (§ 178 ZPO). 157

Die **öffentliche Zustellung** durch Aushang an der Gerichtstafel erfordert einen besonderen Beschluss. Dieser ergeht von Amts wegen, aber auf Grundlage des Antragstellervortrags. Die Ermittlungen über die Unauffindbarkeit des Antragsgegners hat das Gericht von Amts wegen anzustellen (OLG Köln, NJW 1997, 430). Trotzdem werden hohe Anforderungen an die Mitwirkung des Antragstellers gestellt. Da bei Ehegatten ein Kreis von gemeinsamen Bekannten, u. a. in der wechselseitigen Verwandtschaft vorausgesetzt wird, muss der Antragsteller seine Bemühungen darlegen und eidesstattlich versichern, über solche Kontaktpersonen den Antragsgegner nicht aus- 158 findig machen zu können. Große Schwierigkeiten bereiten dabei Fälle, in denen zwar gelegentlich telefonisch oder über Mittelspersonen Kontakte bestehen, eine Anschrift aber nicht besteht bzw. nicht ermittelt werden kann.

159 Noch größere Schwierigkeiten bereitet in einzelnen Fällen die **Auslandszustellung.** Sie verursacht Kosten für die Übersetzungen und verlangt eine Geduld, die die normale Partei i. d. R. nicht aufzubringen bereit ist. Leicht erscheint hier der Rechtsanwalt als der Schuldige, der nicht in der Lage ist, einen eindeutig bestehenden Scheidungsanspruch zu realisieren.

160 Über die mögliche **Dauer** von Auslandszustellungen gibt es eine **Länderübersicht** (bei Breuer, in: Rahm/Künkel, Handbuch des Familiengerichtsverfahrens, VIII, Rn. 42).

Sofern zu erwarten ist, dass die förmliche Auslandszustellung nicht gelingt oder lange dauert, kann die öffentliche Zustellung angeordnet werden. Das AG Bad Säckingen (FamRZ 1997, 611) hält eine Zustellungsdauer von zwei Jahren für zumutbar. Geimer hält dagegen eine Zeit von mehr als sechs Monaten für unzumutbar (Anm. zu AG Bonn, NJW 1991, 1432; vgl. OLG Köln, FF 1998, 58).

161 Die Zustellung bewirkt die **Rechtshängigkeit** des Scheidungsantrages. Nach dem Zeitpunkt der Rechtshängigkeit bestimmt sich das **anzuwendende Recht** für den Scheidungsanspruch (Art. 17 Abs. 1, 14 EGBGB; s. Rn. 170 ff.) und damit für die Folgesachen Unterhalt (Art. 18 Abs. 4 EGBGB) und (sehr beschränkt) Versorgungsausgleich (Art. 17 Abs. 3 EGBGB).

Waren selbständige Familiensachen vorher bei einem anderen Gericht anhängig, werden sie nach § 621 Abs. 3 Satz 1 ZPO an das Scheidungsgericht verwiesen, auch dann, wenn sie selbst gerade im PKH-Verfahren dem OLG vorliegen (BGH, FamRZ 2001, 618).

162 Die Rechtshängigkeit bestimmt das **Ende der Ehezeit** i. S. d. Versorgungsausgleichs (§ 1587 Abs. 2 BGB).

163 Eine notarielle Vereinbarung, die innerhalb eines Jahres vor der Zustellung abgeschlossen wurde, und die den **Ausschluss des Versorgungsausgleichs** beinhaltet, wird unwirksam, wenn der zugestellte Antrag zur Scheidung der Ehe führt (§ 1408 BGB; s. aber BGH, FamRZ 1992, 1405 u. FamRZ 1999, 155).

164 Der gesetzliche Güterstand wird beendet (§ 1384 BGB). Das **Endvermögen** berechnet sich nach diesem Tag.

165 Die Rechtshängigkeit führt dazu, dass gegenüber bei anderen Gerichten später eingereichten Scheidungsanträgen der Einwand der **anderweitigen Rechtshängigkeit** zu erheben ist.

> *Hinweis:*
>
> *Wer befürchtet, dass der andere Ehepartner einen Scheidungsantrag rechtshängig macht und damit die genannten Wirkungen auslöst, kann ein „Täuschungsmanöver" versuchen. Er kann selbst einen Scheidungsantrag rechtshängig machen.*
>
> *Nach Ablauf des Zeitraums mit den als nachteilig angesehenen Folgen des Scheidungsantrages kann er den Scheidungsantrag zurücknehmen. Das ist ohne Zustimmung der Gegenseite möglich bis zur mündlichen Verhandlung über den Antrag. Selten wird die Gegenseite daran gedacht haben, dass sie selbst einen Scheidungsantrag stellen muss, um die gewünschten Wirkungen zu erzielen. Eine solche Widerklage müsste auch förmlich zugestellt sein, was in der Praxis oft unterlassen wird.*

7. Anderweitige Rechtshängigkeit und „res iudicata"

166 Anderweitige Rechtshängigkeit der gleichen Sache bei einem anderen inländischen Gericht oder eine anderweitige Entscheidung stehen der Sachentscheidung entgegen. Das Gleiche gilt für aus-

ländische Verfahren und ausländische Urteile, wenn die **Anerkennung** der ausländischen Entscheidung zu erwarten ist (BGH, NJW 1987, 3083).

Auch die internationale anderweitige Rechtshängigkeit ist von Amts wegen zu beachten (OLG Hamm, FamRZ 1996, 303). 167

Die zeitliche Reihenfolge bestimmt somit über das Verfahren, welches zur Sachentscheidung führen kann und damit über das befasste Gericht **(Prioritätsgrundsatz).** 168

Diese zeitliche Reihenfolge wird bei innerdeutschen Konkurrenzen selten zu einem Wettlauf um die erste Rechtshängigkeit führen. Auf internationaler Ebene soll die Brüssel-II-Richtlinie diesen Wettlauf einschränken (s. o. Rn. 83). 169

Im Rahmen der Prüfungsreihenfolge des § 606 ZPO (s. o. Rn. 83) spielt die **zeitliche Reihenfolge der Anträge** nur eine ganz beschränkte Rolle. Die vorrangigen Zuständigkeitsmerkmale sind objektiv. Sie sind zwar der Auslegung zugänglich, bieten aber kaum Spielraum zur Manipulation. Nur wenn kein minderjähriges Kind mit den Parteien zusammenwohnt (oder die Kinder verteilt wohnen) und wenn kein Ehepartner mehr im Familiengerichtsbezirk des letzten gemeinsamen Wohnsitzes wohnt, kommt es auf die Reihenfolge der Anträge an. Die Zuständigkeit bestimmt sich dann nach dem Antragsgegnerwohnsitz. Dieser Gerichtsstand ist aber für den Antragsteller i. d. R. gerade der unattraktive. Aus diesem Grund erlebt man keine Wettläufe um die frühere Rechtshängigkeit. 170

Ganz anders ist es bei der **internationalen Rechtshängigkeit.** 171

Von dem Gericht eines anderen Staates mag sich ein Ehegatte mehr Sympathie für sein Anliegen erhoffen. Je nach dem dort geltenden materiellen internationalen Privatrecht findet dort ein anderes Sachrecht Anwendung, was zu einem wesentlich anderen Prozessergebnis – besonders bei den Folgesachen – führen kann. Dies hat insbesondere Bedeutung im Hinblick auf das Unterhaltsstatut, welches dem faktischen Scheidungsstatut folgt. Selbst wenn nach beiden in Betracht kommenden internationalen Privatrechten das gleiche nationale materielle Recht berufen wird, könnte die Auslegung unterschiedlich sein. Schließlich besteht auch das Problem des faktischen Zugangs zum Verfahren, wenn der Gerichtsort weit entfernt liegt. 172

Der Einwand der internationalen anderweitigen Rechtshängigkeit ist also in der Praxis der Motor für zahlreiche Wettläufe um den Rechtshängigkeitszeitpunkt.

Ist allerdings einmal die frühere Rechtshängigkeit in Deutschland eingetreten, schadet auch eine schnellere ausländische Entscheidung nicht mehr. Eine solche wäre nach § 328 Abs. 1 Nr. 3 ZPO schon von Amts wegen nicht anzuerkennen (übersehen bei OLG Bamberg, FamRZ 1997, 95). Allerdings beachten andere Staaten die anderweitige internationale Rechtshängigkeit nicht so konsequent, so dass es zu **Doppelentscheidungen** kommen kann. Eine deutsche Entscheidung, die vor der ausländischen Entscheidung ergeht, könnte diese vielleicht noch verhindern. Das ausländische Gericht wird die deutsche Entscheidung möglicherweise dann als Entscheidungshindernis anerkennen, wenn für sie im gleichen Land ein aussichtsreiches Anerkennungsverfahren eingeleitet ist. Die berechtigte Hoffnung auf die Verhinderung einer abweichenden Doppelentscheidung sollte als außergewöhnliche Härte im Rahmen des § 628 Satz 1 Nr. 4 ZPO anerkannt werden. 173

Der deutsche Gerichtsstand hat in diesem Wettlauf ein Handicap: Zunächst kann einige Zeit zwischen Entschluss zum Antrag, Anhängigkeit und schließlich der Rechtshängigkeit vergehen. In dieser Zeit kann die Gegenseite den Antrag „überholen", indem im Ausland die Rechtshängigkeit schneller herbeigeführt wird. Die Rechtshängigkeit wird nach der lex fori ermittelt (BGH, NJW 1987, 3083; NJW-RR 1992, 642; Baumbach/Lauterbach/Hauptmann, ZPO, § 261 Rn. 7). Damit kann in den Ländern, in denen die Rechtshängigkeit mit Anhängigkeit eintritt, der Wettlauf sehr leicht gewonnen werden. 174

Gegen ein solches Überholen schützt man sich zunächst, indem man es **vermeidet, die Gegenseite vorzuwarnen.** Insbesondere ein Prozesskostenhilfeantrag muss vermieden werden, da dieser die Rechtshängigkeit sehr verzögert und gleichzeitig zur Warnung der Gegenseite dient. 175

176 Ein eigener Antrag im anderen Land, den man später zurücknimmt, nützt nur, wenn die Gegenseite sich dadurch täuschen lässt und auf einen eigenen Antrag verzichtet.

177 Bleibt als letztes Mittel nur die Antragstellung bei einem unzuständigen deutschen Gericht, bei welchem ebenfalls die Rechtshängigkeit mit der Anhängigkeit eintritt (z. B. § 90 VwGO; s. dazu Finger, FuR 1998, 399; Kogel, FamRZ 1999, 1252; Hagelstein, FamRZ 2000, 340; LSG Schleswig, FamRZ 2002, 47).

178 Das geschilderte Handicap hat zu vielfältiger Kritik an der Rechtsprechung geführt, insbesondere wird gefordert, dass die deutsche Rechtshängigkeit für den Prioritätsvergleich auf die Anhängigkeit zurückwirken soll (Thomas/Putzo, ZPO, § 328 Rn. 14; insbesondere Geimer, Internationales Zivilprozeßrecht, Rn. 2700).

179 Im Einzelfall sollte man bei großen Nachteilen durch die Sperrwirkung der ausländischen Rechtshängigkeit auf den vom BGH einzig offen gelassenen Weg der Berufung auf den ordre public ausweichen. Die durch die Liberalisierung des Anerkennungsrechts mit der IPR-Novellierung vom 1. 9. 1986 eingetretene **Schutzlücke** lässt sich anders kaum schließen (Geimer, Internationales Zivilprozeßrecht, Rn. 2700; Linke, Internationales Zivilprozeßrecht, Rn. 417; frühere Urteile dürften nur noch bedingt herangezogen werden können, z. B. BGH, NJW 1983, 1269, dazu Geimer, NJW 1984, 527).

Mangels Unterzeichnerstaaten hat das „Brüssel-II-Abkommen" (Gruber, FamRZ 2000, 1129) keine Abhilfe schaffen können. Deshalb wurde in der Folge der EU-einheitlichen Zuständigkeitsregelung auch die Frage der **anderweitigen Rechtshängigkeit bei konkurrierenden Verfahren innerhalb der EU** durch die Richtlinie vom 29. 5. 2000 geregelt, die am 1. 3. 2001 in Kraft getreten ist (FamRZ 2000, 1140, 1143).

8. Anzuwendendes Recht (materielles IPR)

180 Nach dem Zeitpunkt der Rechtshängigkeit bestimmt sich das anzuwendende Recht für den Scheidungsanspruch (Art. 17 Abs. 1, 14 EGBGB) und damit für die Folgesachen Unterhalt (Art. 18 Abs. 4 EGBGB) und (sehr beschränkt) Versorgungsausgleich (Art. 17 Abs. 3 EGBGB). Wenn die Beteiligten keine Rechtswahl getroffen haben (vgl. BayObLG, FamRZ 1998, 1594), sind dabei entscheidend die **Staatsangehörigkeit** der Parteien und ihr **Aufenthalt** zu diesem Zeitpunkt, hilfsweise in der Zeit zuvor bis zurück zur Eheschließung. Aus diesem Grund enthält die Antragsschrift Angaben über die Staatsangehörigkeit der Parteien, bei unterschiedlicher Staatsangehörigkeit auch über die Staatsangehörigkeit seit der Eheschließung, sowie über den letzten gemeinsamen Wohnsitz der Parteien.

181 Das deutsche IPR ist weiterhin wesentlich an der Staatsangehörigkeit der Parteien orientiert. Diese Orientierung an der Fremdheit des Ausländers, der in einer Familie mit gleicher oder ehemals gleicher Staatsangehörigkeit lebt, wirkt sich in Richtung einer Multikulturalität aus (s. hierzu Ehringfeld, Kritische Justiz 1996, 271).

182 Bei **Doppelstaatern** zählt zwar die effektive Staatsangehörigkeit (Art. 5 Abs. 1 Satz 1 EGBGB; vgl. hierzu AG Freiburg, FamRZ 2002, 888), dies gilt aber nicht bei Personen, die u. a. Deutsche sind (Art. 5 Abs. 1 Satz 2 EGBGB). Diese werden immer als Deutsche behandelt. Da die Kinder aus binationalen Ehen normalerweise zwei Staatsangehörigkeiten haben, die Vertriebenen i. d. R. ihre alte Staatsangehörigkeit behalten (zu diesen Breuer, in: Rahm/Künkel, Handbuch des Familiengerichtsverfahrens, VIII, Rn. 89) und in der Vergangenheit zahlreiche Eingebürgerte sich später zusätzlich wieder in die alte Staatsangehörigkeit haben einbürgern lassen, existiert schon jetzt eine große Zahl von Menschen, die von dem IPR der Staaten, denen sie angehören, unterschiedlich behandelt werden. Diese Störung des Gleichklangs in der Behandlung familienrechtlicher Vorgänge kann für die betroffenen Personen zu erheblichen Problemen führen. Da sich dieser Personenkreis durch eine Änderung des Staatsangehörigkeitsrechts erweitert hat, ist zu hoffen, dass den Betroffenen durch eine Änderung des IPR in Zukunft geholfen wird.

Ähnliche Probleme können sich bei **politischen Flüchtlingen** ergeben, die (wie analog auch die Staatenlosen) nach Art. 12 der Genfer Flüchtlingskonvention bei Aufenthalt in Deutschland wie Deutsche behandelt werden. Bestandskräftig nach Art. 16a GG oder § 51 Abs. 1 AuslG anerkannte Flüchtlinge fallen von Gesetzes wegen hierunter (§§ 2, 3 AsylVfG). Bei Asylbewerbern, bei denen eine solche bestandskräftige Anerkennung nicht vorliegt, muss das entscheidende Gericht oder die entscheidende Behörde **selbständig** die Flüchtlingseigenschaft prüfen (Palandt/Heldrich, BGB, Anm. 5 zu Art. 12 GFK, Anhang 4 zu Art. 5 EGBGB; Henrich, Internationales Familienrecht, S. 5; OLG Nürnberg, FamRZ 2002, 324). Die zivilrechtliche Flüchtlingseigenschaft i. S. d. Art. 12 GFK beschränkt sich nämlich nicht auf die anerkannten politischen Flüchtlinge. Daher muss auch das Familiengericht eine Art „eigenes Asylverfahren" durchführen. Dass die Gerichte dieser Aufgabe tatsächlich nachkommen, dürfte die Ausnahme sein. Der internationale Gleichklang ist hier dadurch gefährdet, dass der Heimatstaat faktisch anders qualifiziert, selbst wenn er auch der GFK beigetreten ist.

183

Prüfungsschema für das auf die Scheidung anzuwendende Recht: ☑

> **Ist ein Ehegatte politischer Flüchtling oder Staatenloser?**
> Ja ⇒ er wird wie ein Staatsangehöriger seines Aufenthaltslandes behandelt (Rn. 184, 187, 190).
> **Ist ein Ehegatte Mehrstaater, ohne Deutscher zu sein?**
> Ja ⇒ er wird wie ein Staatsangehöriger des Staates behandelt, zu dem er die engsten Bindungen hat.
> **Ist ein Ehegatte Mehrstaater und dabei Deutscher?**
> Ja ⇒ er wird als Deutscher behandelt (Rn. 188).
> **Haben beide Ehegatten zur Zeit der Rechtshängigkeit die gleiche Staatsangehörigkeit?**
> Ja ⇒ ihr gemeinsames Heimatrecht findet Anwendung, dort sind evtl. Verweisungen zu prüfen.
> Nein.
> ⇓
> **Hatten die Ehegatten nach der Eheschließung eine gleiche Staatsangehörigkeit?**
> Ja ⇒ das letzte gemeinsame Heimatrecht findet Anwendung. Danach sind evtl. Verweisungen zu prüfen (Rn. 186).
> Nein.
> ⇓
> **Wo war der letzte gemeinsame Wohnsitz?**
> Gab es einen solchen, bestimmt dieser das anzuwendende Recht (Rn. 191).
> Es gab keinen.
> ⇓
> **Mit welchem Staat waren die Ehegatten am engsten verbunden?**
> Das Gesetz geht davon aus, dass diese Frage nicht unbeantwortet bleibt, wohl weil letztlich der Ort der Eheschließung als Kriterium herangezogen werden kann.
> **Ist nach dem so anzuwendenden Recht eine Scheidung ausgeschlossen und ein Ehegatte Deutscher?**
> Nein ⇒ es wird angewandt.
> Ja ⇒ es findet deutsches Recht Anwendung.

184

Demnach findet das **gemeinsame Heimatrecht** Anwendung. Ist ein Ehegatte Ausländer und der andere politischer Flüchtling, könnte sich die Frage nach einer evtl. **abgeleiteten Flüchtlingseigenschaft des Ehegatten** stellen (Palandt/Heldrich, BGB, Anm. 4 zu Art. 12 GFK, Anhang 4 zu

Art. 5 EGBGB). Zumeist führt aber sowohl die Einordnung beider als Flüchtlinge als auch die Annahme eines unterschiedlichen Statuts bei Aufenthalt in Deutschland zur Anwendung deutschen Rechts.

185 Das gemeinsame Heimatrecht kann in seinem IPR eine **Weiter-** oder **Rückverweisung** vorsehen. Bei Verweisung auf das Aufenthaltsstatut kann es somit sogar bei gemeinsamer ausländischer Staatsangehörigkeit zur Anwendung deutschen Rechts kommen.

186 Ein unberechtigtes Schattendasein führt in der gerichtlichen Praxis das erste Hilfsstatut der **letzten gemeinsamen Staatsangehörigkeit** nach Eheschließung. Die Missachtung beginnt damit, dass i. d. R. bei unterschiedlicher Staatsangehörigkeit die früheren Staatsangehörigkeiten schon im Antrag nicht angesprochen werden. Angesichts der zunehmenden Zahl von Einbürgerungen nimmt die Bedeutung dieser Prüfungsstufe aber zu.

187 Ist einer der Ehegatten Flüchtling, und beide kommen aus dem gleichen Staat, so kommt man dementsprechend zu unterschiedlichen Ergebnissen, je nachdem, ob die **Flüchtlingseigenschaft vor oder nach Eheschließung eingetreten** ist. Es ist also aus nachträglicher Sicht zu prüfen, ob der Ehegatte sich vor oder nach der Eheschließung erstmals berechtigt auf die politisch bedingte Unmöglichkeit der Rückkehr ins Heimatland berufen hat (vgl. Palandt/Heldrich, BGB, Anm. 5 zu Art. 12 GFK, Anhang 4 zu Art. 5 EGBGB).

188 Besondere Bedeutung hat die **Rück- und Weiterverweisung,** weil z.B. das angerufene frühere Heimatrecht bei Einbürgerung eines Ehegatten nach Eheschließung möglicherweise auf die unterschiedliche Staatsangehörigkeit und auf das Aufenthaltsstatut abstellt, so dass es zu einer Rückverweisung kommt.

189 Ist der **Eingebürgerte Doppelstaater,** so scheitert eine derartige Rückverweisung, falls das Heimatrecht auf die dann weiterhin auf die aus seiner Sicht gemeinsame Staatsangehörigkeit abstellt (es würde ausländisches Recht angewandt).

190 Noch schwierigere Situationen können sich bei Flüchtlingen ergeben, wenn (nur) ein Ehegatte erst nach der Eheschließung Flüchtling geworden ist, falls der Heimatstaat (rechtlich oder faktisch) die Flüchtlingseigenschaft nicht anerkennt (zu dem auch hier auftretenden Problem der abgeleiteten Flüchtlingseigenschaft s. Palandt/Heldrich, a. a. O.).

Die Anwendung des unzutreffenden Sachrechts ist als Beschwer anzusehen, die eine Berufung ermöglicht, auch wenn der Scheidungsausspruch selbst nicht angegriffen wird (OLG Düsseldorf, OLG-Report 1995, 43 unter Berufung auf BGH, NJW 1979, 428).

191 Ist bei einer Eheschließung im Ausland die gemeinsame Ansiedlung in Deutschland beabsichtigt, so ist zu prüfen, ob der vorübergehende gemeinsame Auslandsaufenthalt zur Eheschließung einen gemeinsamen Wohnsitz hervorgebracht hat. Falls nicht, kann die Übersiedlungsabsicht zu deutschem Recht führen (OLG Köln, FamRZ 1998, 1590).

192 *Hinweis:*
Bei der Anwendung ausländischen Rechts ist vom Anwalt der Deckungsausschluss der Berufshaftpflicht zu beachten (Finger, FuR 1998, 19).

9. Terminierung

193 Liegt nach Zustellung des Scheidungsantrages die Erwiderung des Antragsgegners vor, so kann die Terminierung erfolgen, sofern nicht Ermittlungen zu Folgesachen, die im **Verbund** behandelt werden, anzustellen sind.

Ermittlungen in Folgesachen hindern die Terminierung nicht, wenn der Scheidungsantrag abweisungsreif ist. Das ist z. B. beim **verfrühten Scheidungsantrag** der Fall (Wohlnick, in: Rahm/Künkel, Handbuch des Familiengerichtsverfahrens, III, Rn. 100 m. w. N.; s. aber OLG Köln, Beschl. v. 23. 3. 1979, 4 WF 39/79, n. v.; Krause, FamRZ 2002, 1386).

Allerdings ist die Regel des § 272 Abs. 3 ZPO, nach der so früh wie möglich ein Termin stattfinden soll, durch § 612 Abs. 1 ZPO für Ehesachen aufgehoben. Das Familiengericht hat daher vom Gesetz her einen Spielraum (s. Bergerfurth, Der Ehescheidungsprozeß, S. 520). Falls kein Abweisungsantrag gestellt wird, stellen die Gerichte oft aus Gründen der **Prozessökonomie** zunächst die erforderlichen Ermittlungen in den Folgesachen an. Dies tun sie mindestens in den Fällen, in denen die Ermittlungen wie z. B. Einholung von Auskünften der Rentenversicherer und der Stellungnahme des Jugendamtes offensichtlich so viel Zeit in Anspruch nehmen werden, dass bei ihrem Abschluss die erforderliche Trennungszeit abgelaufen sein wird (trotz übereinstimmenden Scheidungsantrags erfolgte Abweisung im Falle OLG Hamm, OLG-Report 1998, 346).

Im Falle eines Antrags auf Antragsabweisung droht dem Antragsteller ein Termin, in dem der Antrag als verfrüht abgewiesen wird. Wenn er auf den obsiegenden Abschluss des begonnenen Verfahrens Wert legt, kann er gegen ein solches abweisendes Urteil Berufung einlegen. Wenn während der Dauer des Berufungsverfahrens die Trennungszeit abläuft, führt das Verfahren zur Scheidung. Allerdings muss die Antragsgegnerseite im Moment des Ablaufs der erforderlichen Trennungszeit den Widerstand gegen die Scheidung aufgeben. Nur wenn sie dies tut, werden dem Antragsteller die Kosten auferlegt (s. dazu OLG Hamm, FamRZ 1996, 1078; BGH, FamRZ 1997, 347; KG, FamRZ 1987, 723 m. Anm. Meltendorf; OLG Hamm, OLG-Report 1998, 346 bei beiderseitigem verfrühtem Scheidungsantrag). Die **Ablehnung der Terminierung** ist mit der **Beschwerde** anfechtbar (s. OLG Frankfurt, FamRZ 1978, 919; 1990, 178; OLG Karlsruhe, FamRZ 1994, 1399).

10. Mündliche Verhandlung und Beweisaufnahme

Den Schwerpunkt der Beweisaufnahme im Scheidungsverfahren stellt die **Anhörung der Parteien** nach § 613 ZPO dar. Daher ist die Parteivernehmung im Termin zur mündlichen Verhandlung von großer Bedeutung.

Ohne besonderen Antrag wird die Parteivernehmung angeordnet, weil der **Amtsermittlungsgrundsatz gilt** (§§ 616, 617 ZPO).

Die gerichtliche Aufklärungspflicht bezieht sich insbesondere auf ehefreundliche Tatsachen. Daher sind alle Erklärungen des Antragsgegners, welche der Erhaltung der Ehe dienlich sind, beachtlich. Auf die anwaltliche Vertretung kommt es insoweit nicht an. Allerdings muss das Gericht nicht von sich aus die Voraussetzungen der Härteregelung nach § 1568 BGB ermitteln (§ 616 Abs. 3 ZPO). Sofern also die Ehegatten in der Parteivernehmung erklären, sie lebten drei Jahre getrennt, sind keine weiteren Fragen des Gerichts zu erwarten.

11. Nichterscheinen des Antragsgegners

Ein **Versäumnisurteil** gegen den nicht erschienenen Antragsgegner kann nicht ergehen, wohl aber gegen den säumigen Antragsteller. Dies betrifft allerdings nur die Ehesache (§ 612 Abs. 4 ZPO). In den ZPO-Folgesachen muss dagegen ggf. ein Versäumnisurteil ergehen. Es wäre rechtsfehlerhaft, in den Folgesachen kontradiktorisch zu entscheiden (OLG Zweibrücken, NJW-RR 1997, 2).

Beide Parteien sollen aber gehört werden (§ 613 Abs. 1 ZPO). Erscheint eine Partei nicht, kann ein **Ordnungsgeld** (§ 613 Abs. 2 ZPO) verhängt werden. Die zwangsweise Vorführung (§ 380 ZPO) kommt i. d. R. nicht vor. Hat der Antragsgegner sein Desinteresse an der Sache bekundet, kann nach teilweise vertretener Auffassung schon bei einmaligem Fernbleiben entschieden werden (OLG Hamm, FamRZ 1998, 1123; zu einer Scheidung nach zweimaligem Nichterscheinen des Antragsgegners s. AG Konstanz, FamRZ 2001, 425 m. Anm. zum Meinungsstand).

II. Scheidungsverbund

1. Folgesachen im Scheidungsverbund

202 Nach der Zielsetzung, die der Gesetzgeber mit der Einführung des Scheidungsverbundes verfolgt hat, soll sichergestellt werden, dass mit Ausspruch der Scheidung grds. die wichtigsten Scheidungsfolgen geregelt sind.

203 Gem. § 623 Abs. 1 Satz 1 ZPO ist über den Scheidungsantrag gleichzeitig und zusammen mit der Scheidungsfolgesache zu verhandeln und, sofern dem Scheidungsantrag stattgeben wird, zu entscheiden, soweit in Familiensachen eine Entscheidung für den Fall der Scheidung zu treffen ist.

204 Der Verbund ist einer der Kernbestandteile der 1977 in Kraft getretenen Eherechtsreform. Mit der Liberalisierung der Scheidungsmöglichkeiten sollte der wirtschaftlich schwächere Teil im Verfahrenswege geschützt werden. Der Verbund hat eine **Schutz- bzw. Warnfunktion.**

205 Daneben hat er den Zweck, durch eine umfassende Regelung der Verhältnisse unter den ehemaligen Ehegatten eine Befriedung herbeizuführen.

206 Der Verbund setzt voraus, dass eine Familiensache aus dem Katalog des § 623 ZPO **bis zum Schluss der letzten mündlichen Verhandlung** anhängig gemacht wird (§ 623 Abs. 4 Satz 1 ZPO). Der Verbund entsteht nicht dadurch, dass ein solcher Antrag angekündigt wird. Nach Schluss der mündlichen Verhandlung können die Folgesachen nicht mehr in den Verbund einbezogen werden. Sie werden als isolierte Sachen in erster Instanz geführt – bis zu einer evtl. Rückverweisung aus der Berufungsinstanz.

207 Zum Verbund gehören:
- Geschiedenenunterhalt,
- Versorgungsausgleich,
- Wohnungszuweisung für den Fall der Scheidung,
- güterrechtliche Ansprüche einschließlich der Einzelregelungen der §§ 1382, 1383 BGB,
- Sorgerechtssachen und
- Regelung des Umgangs mit und der Herausgabe von Kindern.

208 Ein Verbund ist nicht vorgesehen für andere Ehesachen wie für Verfahren auf **Aufhebung** der Ehe. Problematisch ist dies in Fällen der gerichtlichen **Trennung nach ausländischem Recht,** weil diese in Voraussetzungen und Wirkungen oft der Scheidung nahe kommt (s. dazu OLG München, IPRax 1981, 22 m. Anm. Jayme; OLG Frankfurt, NJW-RR 1995, 139 für Verbund; OLG Frankfurt, NJW-RR 1995, 140 gegen Verbund).

209 Umgekehrt stellt sich hier die Frage, welche Rolle ein Verbund spielt, den ein ausländisches Recht vorsieht (s. Henrich, Internationales Familienrecht, S. 108). Hier wird es darauf ankommen, ob man den Verbund als materielles Recht oder als Prozessrecht qualifiziert. Ein **Amtsverbund** wie der deutsche Verbund mit dem Versorgungsausgleich dürfte eher materiellrechtlich zu qualifizieren sein, weil der ausländische Gesetzgeber zu erkennen gegeben hat, dass er keine Ehe scheiden will, ohne dass eine bestimmte Scheidungsfolge geregelt ist. Als materiellrechtliche Regelung wäre ein solcher Verbund in Deutschland (nach Maßgabe der Art. 17, 14 EGBGB) verbindlich.

210 Wird gestützt auf die Rechtsordnung eines anderen Landes ein familienrechtlicher Anspruch geltend gemacht, so ist dieser Anspruch ohnehin von der materiellrechtlichen Seite her zu qualifizieren, damit ermittelt werden kann, ob er nach deutschem IPR hier geltend gemacht werden kann. Die gleiche Qualifikation führt zur evtl. Einordnung in den Katalog des § 623 ZPO.

2. Versorgungsausgleich im Verbund

211 Der Versorgungsausgleich hat im Verbund insofern eine **Sonderstellung,** als es zu seiner Durchführung keines Antrags bedarf, wenn § 1587b BGB Anwendung findet (§ 623 Abs. 1 Satz 3 ZPO). Nach Rechtshängigkeit des Scheidungsantrags prüft das Gericht, ob Art. 17 Abs. 3 EGBGB **zur**

Anwendung deutschen Rechts auf den Versorgungsausgleich führt. Das ist der Fall, wenn die Ehe nach deutschem Recht geschieden wird und das Heimatrecht eines Ehegatten einen Versorgungsausgleich kennt.

Fehlt eine dieser beiden Voraussetzungen, fragt das Gericht ggf. an, ob ein Antrag auf Durchführung des Versorgungsausgleichs gestellt wird. 212

Liegen beide Voraussetzungen vor, wie z. B. dann, wenn auch nur ein Ehegatte Deutscher ist und beide Ehegatten zuletzt zusammen in Deutschland gelebt haben, wird der Versorgungsausgleich von Amts wegen durchgeführt. 213

Eine Abtrennung kommt nur nach § 628 ZPO in Betracht.

Wurde die Ehe bereits geschieden, ohne dass ein Versorgungsausgleich durchgeführt wurde, bedarf es faktisch eines Antrags zur Durchführung. Das kommt z. B. bei Auslandsscheidungen vor. Die Justizbehörden, die das Anerkennungsverfahren nach Art. 7 FamRÄndG durchführen, informieren erfahrungsgemäß nicht die Familiengerichte, es ist auch fraglich, ob die Systematik des § 623 ZPO ein Tätigwerden des Familiengerichts von sich aus gestatten würde. 214

Ein weiterer Anwendungsbereich des isolierten Versorgungsausgleichsverfahrens sind die Fälle, in denen im Scheidungsverfahren ein erforderlicher Antrag auf Versorgungsausgleich nicht gestellt wurde. 215

3. Verbund bei Beteiligung Dritter

Von Amts wegen wird eine Folgesache abgetrennt, wenn an ihr ein Dritter beteiligt ist (§ 623 Abs. 1 Satz 2 ZPO). Dies gilt für Anträge auf **Kindes- und Geschiedenenunterhalt** und für **Güterrechtsansprüche.** Der Dritte kann hier insbesondere beteiligt sein, wenn er an der Auskunft über einen Vermögensgegenstand oder ein Einkommen mitwirken muss. Er soll nicht aufgrund dieses Bezugs zur Angelegenheit zum Beteiligten im Scheidungsverfahren werden. 216

4. Verbund mit einem Sorgerechtsverfahren

Sofern ein Sorgerechtsverfahren im Verbund ist, findet eine über dieses hinausgehende **Lockerung** des Verbundes statt (§ 623 Abs. 2 Satz 2 ZPO). 217

Die Lockerung tritt ein, wenn rechtzeitig ein Verfahren anhängig gemacht wird betreffend 218

- die elterliche Sorge einschließlich der Übertragung auf ein Elternteil, einen Vormund oder Pfleger wegen Gefährdung (§§ 1666 ff. BGB) oder nach Trennung (§ 1671 BGB),
- den Umgang eines Ehegatten mit einem Kind beider Ehegatten oder eines Ehegatten (§§ 1684, 1685 Abs. 2 BGB),
- die Herausgabe eines Kindes an den anderen Elternteil.

Folge der Lockerung ist, dass auf **bloßen Antrag** eines Ehegatten nicht nur diese Sorgerechtssache **abzutrennen** ist, sondern, falls dies beantragt wird, auch **Geschiedenen- und Kindesunterhalt**, § 623 Abs. 2 Satz 2 ZPO (OLG Frankfurt, FamRZ 2001, 1227). Auf den Zweck der Abtrennung kommt es nicht an (OLG Hamm, FamRZ 2001, 554; 2001, 1229; abwegig dagegen OLG Köln, FamRZ 2002, 1571). 219

Dies kann dazu führen, dass über den Geschiedenenunterhalt in mehr oder weniger großer zeitlicher Distanz zur Rechtskraft der Scheidung entschieden wird, sowohl nach Rechtskraft als auch vorher. Welches Verhältnis im letzten Falle zum Trennungsunterhalt besteht, scheint noch unklar.

Für den Ablauf des Scheidungsverfahrens hängt somit in Verfahren mit Kindern sehr viel davon ab, ob außer den genannten Verfahren (Sorge- bzw. Umgangsrecht, Kindes- und Ehegattenunterhalt) noch **andere Verfahren** anhängig sind bzw. gemacht werden können oder sollen. Findet z. B. mangels Anwartschaften kein Versorgungsausgleich statt und sind auch sonst keine möglichen Folgeregelungen ersichtlich, so kann eine Seite durch bloßen Antrag den Scheidungsverbund auflösen 220 und den Scheidungsantrag der **baldigen Entscheidung** zuführen. Natürlich wird dies im Hinblick auf den Geschiedenenunterhalt Gegenstand sorgfältiger Beratung sein. Hier ergeben sich aber doch zahlreiche Möglichkeiten für Teileinigungen gerade bei beiderseitiger anwaltlicher Vertretung.

221 Für den Antrag auf Sorgerechtszuweisung an die eigene Partei und den Antrag auf Abtrennung besteht Anwaltszwang. In den dann isolierten Familiensachen besteht kein Anwaltszwang mehr (OLG Köln, FamRZ 2001, 1227).

5. Verbund bei ungeklärten vorgreiflichen Rechtsverhältnissen

222 In bestimmten Fällen wurde dem Gericht die Möglichkeit eröffnet, auf Abtrennung bestimmter Folgesachen zu entscheiden, wenn bestimmte Hindernisse einer Entscheidung im Verbund entgegenstehen (§ 628 Satz 1 Nr. 1 – 3 ZPO).

223 Zunächst geht es dabei um die Fälle, in denen Versorgungs- und Zugewinnausgleich sich nur nach rechtskräftiger Scheidung klären lassen, weil etwa **§ 1378 Abs. 2 BGB** zu prüfen ist. Nicht selten sind Fälle, in denen noch ein Rechtsstreit über Versorgungsanwartschaften schwebt, der vorgreiflich ist – auch hier kann das Gericht abtrennen. Schließlich kommt eine Abtrennung auch in Betracht, wenn eine Sorge- oder Umgangsrechtssache ausgesetzt ist.

224 Der Beschluss kann ohne Antrag ergehen, es muss aber rechtliches Gehör gewährt werden (Thomas/Putzo, ZPO, § 628 Rn. 6). Auch auf übereinstimmenden Antrag der Parteien kann die Abtrennung verweigert werden, wenn die Voraussetzungen nicht vorliegen (BGH, NJW 1991, 1616). Der Beschluss, mit dem die Abtrennung der Folgesache abgelehnt wird, ist **nicht selbstständig anfechtbar** (OLG Naumburg, OLG-Report 1997, 69; FamRZ 2002, 248; OLG Düsseldorf, FamRZ 1994, 1121; OLG Düsseldorf, FamRZ 2002, 1574; OLG Hamm, FamRZ 2002, 333 m. w. N.), es sei denn, dass die Nichtabtrennung einer Aussetzung des Verfahrens gleichkommt (OLG Frankfurt, OLG-Report 1997, 20) oder bei einem gravierenden Ermessensfehler (OLG Karlsruhe, FamRZ 1999, 98; vgl. OLG Naumburg, FamRZ 2002, 331).

Die erfolgte Abtrennung wird mit der **Berufung** gegen die Scheidung angefochten (BGH, FamRZ 1996, 1333).

6. Verbund im Falle außergewöhnlicher Härte

225 Eine weitere Ausnahme vom Verbundszusammenhang eröffnet § 628 Satz 1 Nr. 4 ZPO. Nach dieser Vorschrift soll eine frühere rechtskräftige Scheidung möglich sein, wenn Umstände vorliegen, die eine einheitliche Entscheidung verhindern oder eine Scheidung, die bereits ausgesprochen werden kann, unzumutbar verzögern. Die Vorschrift stellt eine **abschließende Regelung** dar, d. h. sie bezieht sich nur auf die dort aufgeführten Folgesachen. Für die übrigen Folgesachen bleibt es beim Entscheidungsverbund des § 629 Abs. 1 ZPO.

226 Die Abtrennung unterliegt **nicht der Parteidisposition,** so dass übereinstimmende Anträge der Parteien nicht genügen (BGH, NJW 1991, 1616).

227 In der Praxis besonders relevant ist insoweit § 628 Satz 1 Nr. 4 ZPO. Danach soll dem Scheidungsantrag vor der Entscheidung über eine Folgesache – gleich welcher Art – stattgegeben werden, wenn die gleichzeitige Entscheidung über die Folgesache den Scheidungsanspruch so außergewöhnlich verzögern würde, dass der Aufschub auch unter Berücksichtigung der Bedeutung der Folgesache eine unzumutbare Härte darstellen würde.

228 Es müssen folglich eine außergewöhnliche Verzögerung **und** eine unzumutbare Härte vorliegen. Eine **außergewöhnliche Verzögerung für sich allein** stellt mithin noch **keine unzumutbare Härte** dar (Zöller/Philippi, ZPO, § 628 Rn. 6; BGH, FamRZ 1991, 1043, 1044). Eine außergewöhnliche Verzögerung wird i. d. R. erst dann zu bejahen sein, wenn die voraussichtliche Verfahrensdauer zwei Jahre übersteigt (BGH, FamRZ 1986, 998). Ein bis zwei Jahre andauernde Verfah-

ren sind normal und begründen keine Vorabentscheidung über den Scheidungsantrag (KG, FamRZ 2001, 928). Selbst nach vier Jahren im Zugewinnausgleichsverfahren soll die Abtrennung nicht ohne weiteres möglich sein (OLG Hamburg, FamRZ 2001, 1228).

Bei der Frage, ob eine unzumutbare Härte vorliegt, ist eine **Abwägung der Interessen der Eheleute** vorzunehmen. Unzumutbar ist danach die Härte nur, wenn das Interesse des Antragstellers an einer baldigen Scheidung das Interesse der anderen Partei an einer Scheidung nur zusammen mit den Folgesachen deutlich überwiegt. 229

Eine **mehrjährige Trennung** zwischen den Eheleuten begründet als solche noch nicht die Annahme einer unzumutbaren Härte. Anders kann es aber liegen, wenn die Trennung mehrere Jahrzehnte gedauert hat und die Lebenserwartung des Antragstellers begrenzt ist (OLG Oldenburg, FamRZ 1979, 616 f.). 230

Umstände, die in der Rechtsprechung den Ausschlag für die Abtrennung gegeben haben, sind z. B. der Wunsch des antragstellenden Ehegatten, alsbald wieder heiraten zu können, wenn die Ehefrau ein Kind von einem anderen Partner erwartet bzw. dies bei der Partnerin des Ehemanns der Fall ist (BGH, NJW 1987, 1772 f.; OLG Schleswig, FamRZ 1991, 95 f.). Anders kann der Fall liegen, wenn die Ehe von langer Dauer war (ablehnend insoweit OLG Köln, OLG-Report 1997, 356 f., bei Ehedauer von 24 Jahren). 231

Auch die **verzögerliche Behandlung der Folgesachen** durch den Antragsgegner, etwa durch verspätete Auskunftserteilung oder durch die Antragstellung einer Folgesache kurz vor Abschluss der übrigen Verbundsachen – obwohl noch rechtzeitig i. S. v. § 623 Abs. 2 ZPO – kann eine Abtrennung begründen (OLG Bamberg, FamRZ 1988, 531 f.; OLG Karlsruhe, FamRZ 1979, 947 f.). 232

Die mangelnde Bereitschaft des **Antragstellers** an der Aufklärung der Versorgungsanrechte des Ehegatten schließt **für ihn selbst** eine unzumutbare Härte aus (OLG Düsseldorf, NJW-RR 1991, 264, 265). 233

Dasselbe gilt für den Fall, dass der Antragsteller Auskünfte, zu denen er verurteilt ist, nicht alsbald und vollständig freiwillig erteilt. Der Antragsteller kann sich insoweit auch nicht darauf berufen, die Antragsgegnerin habe die Zwangsvollstreckung des Auskunftsanspruchs nicht zügig betrieben (OLG Köln, FuR 1997, 355 = NJW-RR 1997, 1366). Die Einleitung eines Hausratsfolgeverfahrens durch den Antragsteller nach 30-monatiger Verfahrensdauer schließt nicht aus, dass er sich selbst auf eine außergewöhnliche Härte berufen kann (OLG Karlsruhe, FamRZ 1999, 98). 234

Schließlich kann auch die durch die verzögerliche Behandlung der Folgesachen begründete längere Zahlung von höherem Getrenntlebensunterhalt (statt geringerem nachehelichen Unterhalt) für den Antragsteller eine unzumutbare Härte bedeuten (BGH, FamRZ 1991, 1043, 1044; OLG Zweibrücken, FamRZ 2002, 334). 235

7. Folgesache oder isoliertes Verfahren

Der Scheidungsverbund dient dem Schutz derjenigen Partei, deren – insbesondere wirtschaftliche – Interessen durch die Scheidung gefährdet sein könnten. Es ist Aufgabe des Anwalts, in seiner Beratung diese Funktion aufzunehmen und die Partei vor voreiligem Verzicht auf Anhängigmachung im Verbund zu warnen. Aus **Haftungsgründen** muss diese Tätigkeit ggf. später beweisbar sein (s. hierzu Schöppe-Fredenburg/Schwolow, FuR 1998, 9). 236

Die Frage, ob ein Anspruch innerhalb oder außerhalb des Verbundes geltend zu machen ist, hängt nur in wenigen Fällen mit einem **Rechtsverlust** zusammen. 237

So droht ohne Verbundverfahren zum Geschiedenenunterhalt eine Verzugslücke bis zur erforderlichen Inverzugsetzung nach Rechtskraft der Scheidung (BGH, FamRZ 1992, 920; s. Rn. 113). Die Geltendmachung außerhalb des Verbundes kann zu Verzögerungen führen, die auch wirtschaftliches Gewicht haben in Form von Zinsverlust oder sogar der eingetretenen Unmöglichkeit der Zwangsvollstreckung. 238

239 Soweit nach Scheidung der bisher nicht titulierte Geschiedenenunterhalt nicht mehr im Wege der **einstweiligen Verfügung** geltend gemacht werden können soll (Schöppe-Fredenburg/Schwolow, FuR 1998, 9 f. m. w. N.), dürfte dies nun aber mit einer einstweiligen Anordnung nach § 644 ZPO möglich sein.

240 Gewichtig sind auf jeden Fall aber die **Kostengesichtspunkte** (Schöppe-Fredenburg/Schwolow, FuR 1998, 9 ff.).

241 Die Verbundverfahren sind oft kostengünstiger und müssen den Mandanten unter diesem Gesichtspunkt nahegelegt werden. Zu warnen ist aber vor einer oberflächlichen Betrachtungsweise, die oft von den Gerichten zugrunde gelegt wird, indem sie nur auf die Gesamtkosten abstellen. Aus der Sicht der Partei ist der Vergleich schwieriger, weil die Kostenentscheidung unterschiedliche Grundlagen hat. Im isolierten ZPO-Verfahren etwa über Geschiedenenunterhalt und Zugewinn beruht die Kostenentscheidung auf § 91 ZPO. Auch die bedürftige Partei muss hier die Kosten des Anwalts der obsiegenden Gegenpartei tragen. Die obsiegende Partei erhält aber auch die Kosten des eigenen Anwalts erstattet. Wichtig ist dies erstens für die nichtbedürftige Partei, zweitens für die bedürftige Partei, der Prozesskostenhilfe mit Raten bewilligt wird und drittens für den Anwalt der Partei, der Prozesskostenhilfe ohne Raten bewilligt wird (OLG Köln, FamRZ 2003, 102).

242 Im **Verbund** herrscht dagegen die Regel, dass die Kosten gegeneinander aufgehoben werden (§ 93a Abs. 1 Satz 1 ZPO). Von dieser Regel wird selten abgewichen (§ 93a Abs. 1 Satz 2 Nr. 2 ZPO), insbesondere ist dies vorher schwer kalkulierbar.

243 Für ein folgendes isoliertes Verfahren wird teilweise die Prozesskostenhilfe verweigert, da die unterlassene Geltendmachung im Verbund i. d. R. als **mutwillig** angesehen wird, wobei undifferenziert auf die Gesamtkosten abgestellt wird:

- nicht mutwillig: OLG Bremen, FamRZ 1998, 245; OLG Nürnberg, FuR 1998, 93; OLG Naumburg, FamRZ 1996, 752;
- im Einzelfall nicht mutwillig: OLG Frankfurt, FamRZ 1990, 297; OLG Stuttgart, FamRZ 1991, 723; OLG Hamm, FamRZ 2001, 231; OLG Köln, FamRZ 2003, 102;
- mutwillig, keine PKH: OLG Brandenburg, FamRZ 1998, 245 m. w. N.; OLG Düsseldorf, FamRZ 1993, 1217; OLG Jena, FamRZ 1998, 1179; OLG Dresden FamRZ 2001, 230 m. w. N.; OLG Oldenburg, FamRZ 2001, 630; OLG Brandenburg, FamRZ 2003, 458;
- mutwillig, PKH nur i. H. d. Vergütung im Verbund: OLG Frankfurt, OLG-Report 1998, 51; OLG Köln, FamRZ 1994, 1396.

244 Sowohl in der Erörterung mit der Mandantschaft als auch zur Vorbereitung auf einen zukünftigen Antrag auf Prozesskostenhilfe kommt es daher ggf. auf die Gründe an, die für eine spätere Geltendmachung sprechen. Allerdings besteht das Risiko, dass das später über die Prozesskostenhilfe entscheidende Gericht die Motive der Mandantschaft – wie etwa Beschleunigungsgesichtspunkte oder Rücksicht auf Reaktionen der Gegenseite wegen Streitigkeiten über den Umgang mit einem Kind – nicht als ausreichend für den Ausschluss der Mutwilligkeit ansieht.

Abschnitt 2: Arbeits- und Beratungshilfen

1. Scheidungsantrag: Antragstellerstrategie im Hinblick auf Trennungsjahr und Terminierung 245

Durch eine Rechtsprechung, die einerseits an das Vorliegen einer besonderen Härte für eine Scheidung vor Ablauf des Trennungsjahres recht hohe Anforderungen stellt und andererseits nach Ablauf des Trennungsjahres normalerweise den einseitigen ernsthaften Abkehrwillen ausreichen lässt, ist die Scheidung als solche weitgehend zu einer „reinen Zeitfrage" geworden. Dies kollidiert in der anwaltlichen Beratungspraxis an zwei Punkten mit den Wünschen der zukünftigen Antragsteller (vgl. Krause, FamRZ 2002, 1386):

Häufig wird wegen der „Legitimation" eines Kindes und/oder einer zeitnahen anderweitigen Wiederverheiratung eine baldige rechtskräftige Scheidung nach Auszug eines Ehepartners aus der Ehewohnung angestrebt.

Nur teilweise ähnlich gelagert sind die Fälle, in denen eine frühzeitige Rechtshängigkeit des Scheidungsantrages ausreicht, wenn nur dieser Antrag (irgendwann) zu einer rechtskräftigen Scheidung führt. Dies ist wichtig, wenn die Antragstellerseite fürchtet, dass die Antragsgegnerseite Manipulationen des Vermögens im Hinblick auf den Zugewinnausgleich vornimmt oder wenn man einer anderweitigen – inländischen oder ausländischen – Rechtshängigkeit zuvorkommen will (Rn. 166 ff.). Zudem kann das Ziel sein, eine Vereinbarung über den Versorgungsausgleich nach § 1408 BGB unwirksam werden zu lassen.

- **Ziel: baldige Rechtskraft**

Wie schnell eine rechtskräftige Scheidung erreicht werden kann, hängt von einer Vielzahl von Faktoren ab. Eine wichtige Rolle spielt dabei die Frage, ob die Gegenseite bereit ist, an der Beschleunigung mitzuwirken, oder ob sie sogar gezielt die Rechtskraft hinauszuzögern versucht. Unter anderem sind die folgenden Fragen zu prüfen:

- Liegen Umstände vor, die nach Auffassung der zuständigen Spruchkörper erster (und ggf. zweiter) Instanz das Vorliegen einer besonderen Härte begründen können und die damit ein Scheidungsurteil vor Ablauf des Trennungsjahres möglich machen (Rn. 29 ff.)?

> *Hinweis:*
> *Der entsprechende Vortrag macht den Antrag schlüssig und führt i. d. R. zum „normalen" Fortgang des Verfahrens mit Einholung der Auskünfte zum Versorgungsausgleich und ggf. der Stellungnahme des Jugendamtes, sofern ein Antrag zum Sorgerecht gestellt ist (Rn. 195).*

- Liegen Umstände vor, die die Annahme eines ausreichend langen Getrenntlebens in der Ehewohnung rechtfertigen (Rn. 12 ff.)?
- Hat der Vortrag eines längeren Getrenntlebens anderweitige, ggf. unerwünschte Folgen?

> *Hinweis:*
>
> *Bei Ausländerbeteiligung ist zu berücksichtigen, dass die Behauptung einer Beendigung der ehelichen Lebensgemeinschaft erhebliche ausländerrechtliche Wirkungen haben kann (s. insbesondere § 19 AuslG).*
> *Weiterhin ist hier zu beachten, dass der Trennungszeitpunkt sich auch auf die unterhaltsrechtliche Berücksichtigung von Schulden auswirkt. Nach Trennung aufgenommene Kredite wirken sich mit ihren Zinsen und Tilgungsleistungen nicht mehr auf die unterhaltsrechtliche Leistungsfähigkeit aus.*

- Wie steht die Gegenseite zu dem Scheidungsvorhaben?
- Ist damit zu rechnen, dass der obige Vortrag bestritten wird? Welche Beweismittel können ggf. angeboten werden?

> *Hinweis:*
>
> *Am Verhalten der Gegenseite könnte zunächst die Gewährung von PKH scheitern, schließlich könnte die Antragsgegnerseite baldigen Termin zur Abweisung des verfrühten Antrags beantragen (Rn. 135, 196).*
> *Das Gericht soll ohne Rücksicht auf die Folgesachen einen Termin bestimmen, wenn zu diesem Termin der Scheidungsantrag abweisungsreif erscheint (Wohlnick, in: Rahm/Künkel, Handbuch des Familiengerichtsverfahrens, III, Rn. 100 m. w. N.).*

- Will im Falle des noch nicht abgelaufenen Trennungsjahres auch die Gegenseite geschieden werden?

> *Hinweis:*
>
> *Nur wenige Gerichte verschieben die Terminierung wenigstens bei übereinstimmendem Scheidungswillen der Parteien im Hinblick auf die Folgesachen, wenn diese ohnehin nicht vor Ablauf des unstreitigen Trennungsjahres ausermittelt sind (so OLG Köln, Beschl. v. 23. 3. 1979, 4 WF 39/79, n. v.).*

- Kann (und will) die Antragstellerseite den Prozesskostenvorschuss aufbringen (Rn. 155)?

> *Hinweis:*
>
> *Eine Zustellung des Scheidungsantrages wird normalerweise nicht vor Bewilligung der PKH bzw. Einzahlung des Gerichtskostenvorschusses erfolgen (§ 65 Abs. 7 GKG). Nach Zustellung nimmt das Verfahren seinen Fortgang.*
> *Ohne Abweisungsantrag der Gegenseite ist die Gewährung von PKH möglich (OLG Köln, Beschl. v. 23. 3. 1979, 4 WF 39/79, n.v.), erfolgt aber meist nicht, weil die Gerichte sich weigern, in der PKH-Entscheidung eine Prognose für den Ablauf des Trennungsjahres zu treffen. Einige Gerichte gewähren wenigstens kurz vor Ablauf des Trennungsjahres Prozesskostenhilfe.*

1. Scheidungsantrag: Antragstellerstrategie im Hinblick auf Trennungsjahr und Terminierung

- Ist der Versorgungsausgleich von Amts wegen durchzuführen?
- Gibt es Gründe für eine Abtrennung des Versorgungsausgleichs? Ist der Versorgungsausgleich grob unbillig und ist das Gericht bereit, hierüber ohne Einholung der Auskünfte zu entscheiden?
- Lässt sich in reinen Ausländerfällen eine Einigung mit der Gegenseite erzielen, dass ein Antrag auf Versorgungsausgleich erst nach dem Scheidungsurteil gestellt wird?
- Wie lange wird die Einholung der Auskünfte bei den Rentenversicherern dauern? Wird die Gegenseite zügig am Versorgungsausgleich-Verfahren mitwirken?
- Lassen sich die Auskünfte zum Versorgungsausgleich durch ein Gutachten eines Rentenberaters ersetzen und sind hierfür die Mittel vorhanden?
- Wird der Ablauf des Trennungsjahres nach Eingang der Auskünfte unstreitig sein?
- Sind aus der zu scheidenden Ehe Kinder hervorgegangen und ist ein Antrag auf Sorgerechtszuweisung an eine Seite zu erwarten?
- Lässt sich mit der Gegenseite eine Vereinbarung treffen, dass ein Sorgerechtsantrag erst nach dem Scheidungsurteil gestellt wird? Ist die Abtrennung der Sorgerechtssache möglich (§ 623 Abs. 2 Satz 2 ZPO)?
- Wird die Gegenseite versuchen, außer durch zögerliche Beantwortung der Anfragen zum Versorgungsausgleich durch spät gestellte Anträge in anderen Folgesachen und Rechtsmittel die Rechtskraft hinauszuzögern?
- Lässt sich dagegen die Abtrennung einer Folgesache durch Beteiligung Dritter erreichen (§ 623 Abs. 1 Satz 2 ZPO; s. Rn. 216)?
- Kann die Abtrennung einer Unterhaltssache durch Kombination mit einer Sorgerechtssache sichergestellt werden (§ 623 Abs. 2 Satz 3 ZPO; s. Rn. 217 ff.)?
- Wohnt die Antragsgegnerseite im Ausland und hat sie keinen Zustellungsbevollmächtigten im Inland (Rn. 160)?

> *Hinweis:*
> Bei den zuletzt genannten Schwierigkeiten tritt leicht eine so große Verzögerung ein, dass der Ablauf des Trennungsjahres sich auf den Zeitpunkt der Rechtskraft nicht mehr auswirkt. Hier zeigt sich die große Bedeutung des Verhaltens der Antragsgegnerseite.

- Besteht international eine weitere Zuständigkeit?

> *Hinweis:*
> Diese Frage ist ohnehin bei jeder Ausländerbeteiligung zu prüfen. Wegen der dabei meist erforderlichen Auslandszustellungen wird diese Prüfung nur bei übereinstimmendem Scheidungswillen sinnvoll sein.

- Welches Recht wird das ggf. ebenfalls zuständige ausländische Gericht anwenden?
- Wie sind die Folgen, insbesondere wegen des dem faktischen Scheidungsstatut folgenden Unterhaltsstatuts zu werten?
- Wie berücksichtigt die dort angerufene Rechtsordnung die Trennungszeit, ist nach ihr eine kurzfristige Scheidung zu erreichen?

Die lange Liste der Fragen zeigt, dass schon eine Reihe von günstigen Umständen zusammenkommen muss, damit kurzfristig eine rechtskräftige Scheidung erreicht werden kann. Eine zentrale Rolle spielt dabei das Verhalten der Antragsgegnerseite.

- **Ziel: baldige Rechtshängigkeit (ohne Antragsabweisung)**

So wie die baldige Rechtskraft ein positives Verhalten der Gegenseite voraussetzt, ist die Vorziehung der Rechtshängigkeit gerade ein Mittel der Interessenwahrung in der Auseinandersetzung mit der Gegenseite.

Der normale Weg dazu ist die Antragstellung mit Einzahlung des Prozesskostenvorschusses. Es liegt dabei in der Hand des Gerichts, ob es bei entsprechendem Vortrag der Gegenseite gleich terminiert, um die Frage einer möglichen Abweisung zu erörtern, oder ob zunächst die anderweitigen Ermittlungen zu den Folgesachen (Versorgungsausgleich, Sorgerecht, Unterhalt, Zugewinn) angestellt werden. Da i. d. R. (s. Wohlnick, in: Rahm/Künkel, Handbuch des Familiengerichtsverfahrens, III, Rn. 100 m. w. N.) eine baldige Terminierung und dabei ein Scheitern des Nachweises der Scheidungsgründe zum gegebenen Zeitpunkt droht, ist zu prüfen, ob wenigstens bei Terminierung im Berufungsverfahren mit dem Ablauf des Trennungsjahres zu rechnen ist. Dabei ist die Kostenfolge zu beachten (s. dazu OLG Hamm, FamRZ 1996, 1078; BGH, FamRZ 1997, 347; KG, FamRZ 1987, 723 m. Anm. Meltendorf; vgl. Rn. 196).

Ohnehin bringt die frühzeitige Rechtshängigkeit ggf. auch Nachteile mit sich, etwa beim Übergang vom Trennungsunterhalt auf den Geschiedenenunterhalt (wenn auch bald geschieden wird), bei der Ehezeitberechnung zum Versorgungsausgleich und wegen des Stichtags für den Zugewinnausgleich.

Dies und eine eventuelle ungünstige Kostenfolge ist den Vorteilen einer frühzeitigen Rechtshängigkeit gegenüberzustellen. Diese können sich aus dem Umfang der verhinderten Vermögensmanipulationen beim Zugewinnausgleich ergeben. Sie können auch in den günstiger gestalteten Scheidungsfolgen im Vergleich zu den Folgen der unerwünschten und daher zu verhindernden Auslandsscheidung liegen. Sofern die Antragstellerseite nicht in der Lage ist, den Prozesskostenvorschuss aufzubringen, führt ein Antrag auf PKH oft nicht zum gewünschten Ergebnis. Er bedeutet eine erhebliche Verzögerung und eine unerwünschte Vorwarnung an die Gegenseite. Eine Zustellung ohne Vorschusseinzahlung und ohne Anhörung der Gegenseite dürfte selten zu erreichen sein (§ 65 Abs. 7 Nr. 3, 4 GKG).

In Extremfällen sollte geprüft werden, ob der Scheidungsantrag beim unzuständigen Verwaltungsgericht zu stellen ist. Dort wird er mit Anhängigkeit rechtshängig (§ 90 VwGO; s. Rn. 177). Soweit bisher bekannt, wird dieses Vorgehen von den Anwaltskammern nicht als standeswidrig angesehen. Die möglicherweise lange Zeit bis zur (zu beantragenden) Verweisung an das Familiengericht ist zu berücksichtigen (bei drohender Ablehnung des Scheidungsantrages als verfrüht wäre diese Verzögerung erwünscht; zu den Problemen hierbei s. Hagelstein, FamRZ 2000, 340).

2. Scheidungsvereinbarung/Scheidungsfolgenvereinbarung (Muster)

§ 1
Ziel der Vereinbarung

> *Hinweis:*
> *Durch frühestmögliche Vereinbarung werden Streitigkeiten über Scheidungsfolgesachen (z. B. Hausrat, elterliche Sorge, Unterhalt, Versorgungsausgleich usw.) vermieden. Durch die Vollstreckungsmöglichkeiten aus einem gerichtlichen Vergleich (§ 127a BGB) werden auch die Sicherheitsbedürfnisse der Berechtigten befriedigt, Rechtsklarheit für den anspruchspflichtigen Teil geschaffen und beiderseitig der machbare Rechtsfrieden herbeigeführt.*

Vorbemerkung:
Nach bereits erfolgtem Ablauf des einjährigen Getrenntlebens hat die Ehefrau/der Ehemann den Antrag auf Scheidung unserer Ehe gestellt. Der Antrag wurde bereits zugestellt. Der Ehemann/die Ehefrau wird dem Antrag auf Ehescheidung zustimmen/hat zugestimmt. Die nachfolgenden Abreden/Zusicherungen sollen gerichtlich protokolliert werden.

§ 2
Ehewohnung

Die von uns gemeinsam angemietete Wohnung wurde von uns bereits mit Wirkung zum . . . gekündigt. Das Mietverhältnis endet somit am . . .
Wir sichern zu, die vereinbarungsgemäß zugewiesenen Hausratsgegenstände und persönlichen Sachen bis spätestens zum . . . aus der Wohnung entfernt zu haben.

§ 3
Hausrat

Über den Hausrat haben wir uns abschließend auseinandergesetzt.
Vorsorglich bestimmen wir, dass jeder von uns unwiderruflich Alleineigentümer/in derjenigen Gegenstände wird, die sich derzeit auch in seinem unmittelbaren Besitz befinden.

§ 4
Nachehelicher Unterhalt

Unterhaltsleistungen hat . . . an seinen geschiedenen Ehepartner ab dem . . . des auf die Rechtskraft der Ehescheidung folgenden Monats auf das Konto Nr. . . . bei der Sparkasse . . . zu überweisen, spätestens zu jedem Dritten eines Monats. Die monatliche Unterhaltsrente beträgt . . . €. Die Unterhaltspflicht besteht bis . . .
Für den Anschlusszeitraum verzichten wir wechselseitig auf Unterhaltsansprüche, auch für den Fall der Not. Wir sind auch darüber einig, dass mögliche Trennungsunterhaltsansprüche nicht geltend gemacht werden.

> *Hinweis:*
> *Für Unterhaltsleistungen gilt Vertragsfreiheit (§ 1585c BGB).*

§ 5
Zugewinnausgleich

> *Hinweis:*
> *Vereinbarungen über den Zugewinnausgleich bedürfen anlässlich der Ehescheidung (Prozessrechtsverhältnisse) grds. der Form gem. § 1378 Abs. 3 BGB.*

Über einen etwaigen ehelichen Zugewinnausgleich wollen wir uns jetzt nicht auseinandersetzen. Regelungen hierüber planen wir ab Rechtskraft der Scheidung. Vorsorglich erklären wir hiermit jetzt schon, Ansprüche auf etwaige Zugewinnausgleichsforderungen nicht geltend machen zu wollen.

§ 6
Ehebedingte Schulden

Aus unserer Ehe resultieren ehebedingte (ehebezogene) gemeinsame Schulden bei der . . .-Bank i. H. v. derzeit noch . . . €

Die Ehefrau/der Ehemann verpflichtet sich (im Innenverhältnis), ab . . . die monatlichen Ratenzahlungen i. H. v. . . . € an die . . .-Bank/Sparkasse vertragsgemäß zu entrichten.

Es besteht ferner Einigkeit darüber, dass der Ehemann/die Ehefrau . . . die monatlichen Verbindlichkeiten bis spätestens zum . . . als alleiniger Schuldner übernehmen wird, soweit die Gläubigerin zustimmt.

§ 7
Elterliche Sorge

Die Vertragschließenden haben Einigkeit darüber erzielt, dass die elterliche Sorge für das minderjährige Kind . . . (Name), geb. am . . ., allein . . . zustehen soll. . . . wird beim Familiengericht beantragen, dass ihr die Alleinsorge für . . . übertragen wird. . . . wird dem Antrag zustimmen.

Der Umgangsmodus soll bis auf weiteres beibehalten bleiben, nämlich wie folgt: . . .

§ 8
Kostenregelung

Sämtliche Kosten dieser Vereinbarung tragen wir hälftig. Diese Regelung betrifft auch sämtliche Rechtsanwaltsgebühren für diese Vereinbarung bzw. den Vertragsentwurf.

Es besteht Einigkeit darüber, dass es zweckmäßig ist, dass jeder von uns einen Anwalt mit der Wahrnehmung seiner Interessen für die Durchführung des Ehescheidungsverfahrens in Anspruch nimmt, auch wenn anwaltliche Vertretung gesetzlich nicht zwingend geboten sein sollte.

§ 9
Salvatorische Klausel

Sollte ein Teil oder sollten Teile dieser Vereinbarung nichtig oder unwirksam sein oder werden, so soll an die Stelle der nichtigen oder unwirksamen Regelung eine angemessene bzw. vertretbare Alternativregelung treten, die dem Sinn und Zweck dieses Vertrages gerecht wird und bei der davon ausgegangen werden kann, dass die Parteien sie vereinbart hätten, wenn sie die Nichtigkeit oder Unwirksamkeit des Vertrages im Zeitpunkt seines Abschlusses gekannt hätten. Die übrigen Bestimmungen dieser Vereinbarung bleiben von der Nichtigkeit oder Unwirksamkeit unberührt.

. . . . . .

(Unterschrift Ehefrau) (Unterschrift Ehemann)

Teil 9: Versorgungsausgleich

Inhaltsverzeichnis

	Rn.
Abschnitt 1: Systematische Erläuterungen	1
A. Einführung	1
I. Einleitung	1
II. Ziele und Grundgedanken des Versorgungsausgleichs	10
1. Gleichmäßige Teilhabe am ehezeitlichen Versorgungsvermögen	10
2. Eigenständige Versorgung des Ausgleichsberechtigten	11
3. Einmalausgleich	15
4. Stichtagsprinzip	20
5. In-Prinzip	22
6. Verbundprinzip	25
7. Amtsprinzip	28
8. Weitgehende Abänderbarkeit	33
III. Überblick über die Änderungen im Recht des Versorgungsausgleichs	35
1. Veränderungen im Versorgungsausgleichsrecht selbst	35
2. Mögliche weitere Änderungen	36
3. Mittelbare Änderungen des Versorgungsausgleichs	37
IV. Übersicht über die gesetzlichen Regelungen des Versorgungsausgleichs	38
1. Beim Familiengericht	39
a) Materielles Recht	39
b) Verfahrensrecht	39
2. Bei den Versorgungsträgern/Fachgerichten	40
B. Verfahrensrecht	41
I. Zuständigkeit	41
1. Sachliche Zuständigkeit	41
2. Örtliche Zuständigkeit	42
II. Anwaltszwang	43
1. Bei Anhängigkeit eines Scheidungsverfahrens	43
2. Nach Abschluss des Scheidungsverfahrens	44
3. Bei isolierten Versorgungsausgleichsverfahren	45
III. Verfahrensabschnitte	46
1. Ausschluss des Versorgungsausgleichs	46
2. Ermittlung der ehezeitlichen Anwartschaften	47
a) Ehezeit im Sinne des Versorgungsausgleichs	48
aa) Wirksame Zustellung	49
bb) Heilung von Zustellungsmängeln	51
b) Ausscheiden aller nicht dem Versorgungsausgleich unterliegender Anrechte	52
3. Einheitliche Bewertung	53
4. Ausgleichsbilanz	54
5. Durchführung des Ausgleichs	55
6. Umsetzung der Ausgleichsentscheidungen und Abwendung der Kürzung	56
7. Abänderungsverfahren	57
IV. Verfahrensgrundsätze	58
1. Freiwillige Gerichtsbarkeit	58
a) Amtsermittlung	58
b) Mündliche Erörterung	61
c) Ausdrückliche Begründung	62
d) Verweisung auf ZPO	63
2. Beteiligung und Anhörung	64
a) Öffentlich-rechtlicher Versorgungsausgleich	66
b) Schuldrechtlicher Versorgungsausgleich	70
c) Verlängerter schuldrechtlicher Versorgungsausgleich	71
3. Aussetzung bei Vorgreiflichkeit	72
4. Teilentscheidungen	73
V. Antragserfordernisse	77
1. Auswirkungen der Amtsermittlung und Ausnahmen	77
2. Gestaltungsmöglichkeiten bei Unwirtschaftlichkeit	79
3. Übergangsfälle	80
4. Kürzungen	81
5. Beitragszahlungsverpflichtung	82
6. Mitteilung nach § 10d VAHRG	83
VI. Auskunftsrechte und -pflichten	84
1. Auskunftspflicht gegenüber dem Gericht und ihre Durchsetzung	85
2. Auskunftspflicht der Ehegatten untereinander	94
3. Auskunftspflicht der Versorgungsträger gegenüber Ehegatten	97
VII. Abtrennung des Versorgungsausgleichsverfahrens vom Scheidungsverbund	99
1. Prozessökonomie	100

Teil 9: Versorgungsausgleich

	2.	Abtrennungsgründe	103
	3.	Rechtsmittel gegen Abtrennung	108
	4.	Rechtsmittel gegen Nichtabtrennung?	109
VIII.	Sicherung des Anspruchs auf Versorgungsausgleich	110
	1.	Zahlungsverbot nach § 10d VAHRG	110
		a) Betroffene Versorgungen des Ausgleichspflichtigen	110
		b) Zeitliche Begrenzung	113
		c) Erstattung trotz Kenntnis eines Ausgleichsverfahrens	114
		d) Erstattungen beim Ausgleichsberechtigten	115
	2.	Einstweilige Anordnung	116
IX.	Kostenpflicht		117
	1.	Gerichtskosten	118
		a) Scheidungsverbund	118
		b) Abweisung des Scheidungsantrages	119
		c) Erfolgloses Rechtsmittel	120
		d) Erfolgreiches Rechtsmittel	122
		e) Erledigung der Hauptsache	123
		f) Rücknahme der Beschwerde im Scheidungsverbund	124
		g) Isoliertes Ausgleichsverfahren	126
		h) Nichterhebung von Kosten	128
	2.	Außergerichtliche Kosten	129
	3.	Streitwert/Gegenstandswert	130
		a) Jahresbetrag	130
		b) Rücknahme des Scheidungsantrags	131
		c) Ausschluss des Versorgungsausgleichs	132
		d) Genehmigung einer Vereinbarung	133
		e) Beschwerdeverfahren	134
X.	Vollstreckung	136
	1.	Öffentlich-rechtlicher Versorgungsausgleich	136
	2.	Gerichtlicher Vergleich und schuldrechtlicher Ausgleich	138
XI.	Rechtsmittel und Berichtigung	139
	1.	Beschwerde	139
	2.	Konkrete Beschwer	143
	3.	Teilanfechtung	150
	4.	Wiederaufnahme des Verfahrens	151
	5.	Berichtigung	152

C. Auszugleichende Versorgungen — 155

I.	Nicht auszugleichende Versorgungen	155
	1.	Sachleistungen, Wohnrechte, Kapitalleistungen	156
	2.	Entschädigungen	161
	3.	Unterhaltsbeiträge	163
	4.	Eigenständige Versorgungen	164
	5.	Grundversorgungen	165
	6.	Berufsunfähigkeitszusatzversicherungen	166
	7.	Geschenkte oder durch vorzeitigen Zugewinnausgleich erworbene Rentenanwartschaften	167
	8.	Rentenanwartschaften nach Rückerstattung	168
II.	Ermittlung des Ehezeitanteils der dem Versorgungsausgleich unterliegenden Versorgungen	169
	1.	Ehezeit	170
	2.	Tatsächliche Veränderungen zwischen Ehezeitende und Versorgungsausgleichsentscheidung	174
	3.	Berechnung des Ehezeitanteils	175
III.	Gesetzliche Rentenversicherung	179
	1.	Kreis der Rentenversicherer	179
	2.	Vollrente wegen Alters als Berechnungsgrundlage	181
	3.	In-Prinzip, insbesondere Heiratserstattung	183
	4.	Ehezeitanteil bei tatsächlich gezahlter Rente	186
	5.	Vorläufige Durchschnittswerte bei Ehezeitende	191
	6.	Übersicht über wichtige Begriffe der gesetzlichen Rentenversicherung	192
IV.	Beamtenversorgung	193
	1.	Kreis der Versorgungsberechtigten	193
	2.	Beamte auf Widerruf, Zeitsoldaten, ausgeschiedene Beamte	198
	3.	Unterhaltsbeiträge nach § 77 BDO und im Gnadenwege	203
	4.	Begrenzter Wert der Unterscheidung	206
	5.	Volle Versorgung als Ausgangsbetrag	207
	6.	Berechnung des Ehezeitanteils	209
	7.	Besonderheiten bei sog. Kann-Zeiten	211
	8.	Ruhensregelungen	214
	9.	Altersgrenze	218
	10.	Quotierung im Zeit-Zeit-Verhältnis	221
		a) Regelfall	221
		b) Sonderfall: vorzeitige Dienstunfähigkeit	225
		c) Ausnahme: Kindererziehungszuschlag nach BeamtVG	229
	11.	Besonderheiten bei der jährlichen Sonderzuwendung	230
	12.	Auswirkung der unterschiedlichen Besteuerung von Pensionen und Renten	232

13. Kürzung der Versorgungsbezüge des Ausgleichspflichtigen	233	
14. Pensionistenprivileg	234	
15. Übersicht der wichtigsten Begriffe der Beamtenversorgung	235	
V. Sonstige öffentlich-rechtliche Versorgungen	236	
1. Kreis der Betroffenen	236	
a) Ärzteversorgungen	237	
aa) Angestellte Ärzte	238	
bb) Beamtete Ärzte	240	
cc) Ehezeitanteil	241	
dd) Dynamische und teildynamische Versorgungen	249	
ee) Unverfallbarkeit	252	
b) Landwirtschaftliche Alterskassen	253	
c) Zusatzversorgung des öffentlichen Dienstes	256	
aa) Kreis der Versorgungen	256	
bb) Versicherungs- und Versorgungsrenten	258	
cc) Abschmelzende Ausgleichsrenten	266	
dd) Höhe des gesamtversorgungsfähigen Entgelts	267	
d) Öffentliche Zusatzversorgung und Privatisierung öffentlicher Unternehmen	269	
e) Sonstige Versorgungen	283	
VI. Betriebliche Versorgungen	285	
1. Kreis der Begünstigten	285	
2. Formen der betrieblichen Altersversorgung	288	
a) Unmittelbare Versorgungszusage	289	
b) Direktversicherung	291	
c) Pensionskasse	293	
d) Pensionsfonds	294	
e) Unterstützungskasse	295	
f) Öffentliche Zusatzversorgung	297	
g) Kombinationsformen	298	
aa) Ergänzende Versorgungen	299	
bb) Hinweis auf Gesamtversorgungen	301	
cc) Beitragsbeteiligung durch den Arbeitnehmer	302	
3. Rechtsgrund für betriebliche Altersversorgungen	307	
4. Auszugleichende betriebliche Versorgungen	309	
5. Unverfallbarkeit	312	
a) Begriff und Voraussetzungen	312	
b) Abgrenzung der Unverfallbarkeitsfristen zu Warte- und ähnlichen Zeiten	316	
c) Unterscheidung zwischen Unverfallbarkeit dem Grund und der Höhe nach	317	
d) Insolvenzsicherung	318	
6. Berechnung des Ehezeitanteils	319	
a) Grundsatz	319	
b) Ausnahmen von der zeitratierlichen Berechnungsmethode	323	
c) Volle Versorgung	325	
d) Dauer der Betriebszugehörigkeit	329	
aa) Regelmäßige Dauer	330	
bb) Gesetzlich gleichgestellte Unterbrechungszeiten	331	
cc) Vordienstzeiten	332	
dd) Unterschiedliche Zugehörigkeitszeiten bei zusammengesetzter Versorgungen	333	
7. Dynamik bei betrieblichen Versorgungen	334	
8. Betriebliche Gesamtversorgungen	337	
a) Limitierungssysteme und Anrechnungsmodelle	337	
b) Ermittlung des Ehezeitanteils	342	
VII. Berufsständige Altersversorgungen	352	
VIII. Lebensversicherungen	355	
1. Kreis der auszugleichenden Versorgungen	355	
a) Abgrenzung vom Zugewinnausgleich	355	
b) Leibrentenversicherungen	356	
c) Ausschluss von Kapitalversicherungen	357	
d) Unwiderrufliche Bezugsberechtigung	358	
e) Leistungen aus Risikolebensversicherungen	359	
2. Berechnung des Ehezeitanteils	363	
a) Fortbestehende Prämienzahlungspflicht	364	
b) Beendete Prämienzahlungspflicht	366	
c) Bereits eingetretener Versicherungsfall	367	
3. Umrechnung in dynamische Werte	368	
a) Keine Umrechnung bei volldynamischer Versicherung	369	
b) Umrechnung bei volldynamischer Zeitrente	370	
IX. Sonstige, insbesondere ausländische Versorgungsanrechte	371	
1. Besonderheiten bei Fällen mit Auslandsberührung	371	
2. Inländische Anwartschaften	372	

Teil 9: Versorgungsausgleich

a) EU-Verordnung/Fremdrentengesetz		372
b) Deutsch-polnisches Sozialversicherungsabkommen		373
c) Ausstrahlung		374
d) Zahlung deutscher Renten ins Ausland		375
3. Ermittlung und Bewertung ausländischer Anrechte		376
a) Ausnahmen von der Bewertung ausländischer Anrechte		377
b) Notwendige Bewertung ausländischer Anrechte		378
c) Bewertung nach § 1587a Abs. 5 BGB		379
d) Einzelne ausländische Versorgungen mit möglicher Volksrente		380
e) Hinweise zu Ermittlungs- und Bewertungshilfen		384
f) Einbezug unverfallbarer Anrechte		385
g) Bewertung von Versorgungsanrechten in der ehemaligen Sowjetunion und ihren Folgestaaten		386
h) Ausländische Geschiedenen(Hinterbliebenen-)versorgungen		387
X. Umrechnung nichtdynamischer Anrechte		392
1. Grundsatz und Definition		392
a) Volldynamische, teildynamische, statische Anrechte		393
b) Ausnahmen der Umrechnung		395
2. Voraussetzungen zur Annahme einer Volldynamik		397
a) Volldynamik bei berufsständigen Versorgungswerken		401
b) Volldynamik bei Versorgungsrenten		403
c) Versorgungen beim BVV		407
3. Teildynamische Anrechte		410
a) Volldynamik im Anwartschaftszeitraum		410
b) Volldynamik im Leistungszeitraum		415
4. Voll statische Versorgungen		419
5. Umrechnung nicht voll dynamischer Anrechte		420
a) Umrechnung mit Hilfe des Deckungskapitals		421
aa) Private Lebensversicherungsverträge		421
bb) Berufsständige Versorgungswerke		422
cc) Betriebliche Altersversorgung		424
b) Umrechnung mit Hilfe der BarwertVO		429
aa) Aufbau der BarwertVO		430
bb) Verfassungsrechtliche Bedenken		432
cc) Unverfallbarkeit einer Anwartschaftsdynamik		433
dd) Schuldrechtlicher Versorgungsausgleich		434
D. Ausgleichsformen		435
I. Überblick		438
1. Ausgleichsbilanz und Feststellung des Ausgleichspflichtigen		438
2. Öffentlich-rechtlicher Versorgungsausgleich		439
3. Schuldrechtlicher Versorgungsausgleich		440
4. Strenge gesetzliche Reihenfolge		441
5. Abfindung nach § 1587l BGB		442
II. Splitting (§ 1587b Abs. 1 BGB)		443
1. „Übertragung" der hälftigen Differenz		443
2. Begrenzung des Splittings auf den Gesamtausgleich		445
3. Tenorierungsvorschlag		448
III. Quasisplitting (§ 1587b Abs. 2 BGB)		449
IV. Realteilung (§ 1 Abs. 2 VAHRG)		452
V. Analoges Quasisplitting (§ 1 Abs. 3 VAHRG)		453
1. Öffentlich-rechtliche Versorgungsträger		454
2. Ermessen		458
VI. Ausgleichsformen bei eigentlich durchzuführendem schuldrechtlichen Versorgungsausgleich		459
VII. Supersplitting (§ 3b Abs. 1 Nr. 1 VAHRG)		460
1. Voraussetzungen		460
2. Ermessensentscheidung		462
3. Ermessenskriterien		463
a) Ruhen nach § 93 SGB VI		464
b) Ältere Eheleute		465
c) Notwendigkeit einer Umrechnung		469
d) Frührente des Ausgleichsberechtigten		472
e) Berechtigtes Interesse des Ausgleichspflichtigen		473
4. Ausgleich durch Anrechte des Ausgleichspflichtigen		474
5. Grenzwert		475
6. Tenorierungsvorschlag		476
VIII. Beitragszahlung (§ 3b Abs. 1 Nr. 2 VAHRG)		477
1. Voraussetzungen		477

	2. Frist zur Beitragszahlung	478	
	3. Zumutbarkeit	479	
	4. Tenorierungsvorschlag 📋	482	
IX.	Schuldrechtlicher Versorgungsausgleich	483	
X.	Realteilung	484	
	1. Voraussetzung	484	
	2. Anwendungsbereiche	485	
	3. Vorrang vor anderen Ausgleichsformen	488	
	4. Vollzug außerhalb der gesetzlichen Rentenversicherung	489	
	5. Mögliche ungleiche Teilung	492	
	6. Richterliche Inhaltskontrolle der Regelungen und Teilungen	493	
	7. Vorschläge für konkreten Ausgleich	498	
	8. Verrechnung mit nicht real teilbaren Anrechten	499	
	a) Dynamisierung des real teilbaren Anrechts	500	
	b) Ausnahmen von der Umrechnung	501	
	c) Redynamisierung	503	
	d) Realteilung bei Mehrheit auszugleichender Anrechte	504	
	e) Verrechnung mit mehreren real teilbaren Anrechten	505	
XI.	Begrenzung des öffentlich-rechtlichen Versorgungsausgleichs	508	
	1. Höchstbetrag (§ 1587b Abs. 5 BGB)	508	
	2. Grenzwert beim Supersplitting (§ 3b Abs. 1 Nr. 1 VAHRG)	514	
XII.	Schuldrechtlicher Versorgungsausgleich	517	
	1. Eintritt des schuldrechtlichen Versorgungsausgleichs	519	
	a) Überschreitung des Höchstbetrages (§ 1587b Abs. 5 BGB)	520	
	b) Unzulässigkeit der Beitragszahlung (§ 1587b Abs. 3 Satz 1 2. Hs. BGB)	521	
	c) Eintritt der Unverfallbarkeit (§ 1587a Abs. 2 Satz 3 BGB)	522	
	d) Unwirtschaftlichkeit nach gerichtlicher Anordnung (§ 1587b Abs. 4 BGB)	524	
	e) Vereinbarung der Parteien	525	
	f) Überschreitung des Grenzbetrags	526	
	g) Ausländische oder zwischenstaatliche Rentenanwartschaften (§§ 3b Abs. 2, 3a Abs. 5 VAHRG)	527	
	h) Abschmelzbeträge	528	
	2. Weitere Voraussetzungen	529	
	a) Antrag eines Ehegatten (§ 1587f BGB)	529	
	b) Fälligkeit (§ 1587g Abs. 1 Satz 2 BGB)	530	
	c) Ausschluss des schuldrechtlichen Ausgleichs	537	
	aa) Grobe Unbilligkeit	537	
	bb) Abfindung nach § 1587l BGB	539	
	d) Erlöschen des Anspruchs bei Todesfall	540	
	3. Höhe des Ausgleichsanspruchs	542	
	a) Begrenzung	542	
	b) Vorausgegangene Ausgleichsentscheidungen	544	
	c) Bewertung der Anwartschaften	545	
	d) Nachehezeitliche Wertveränderungen	547	
	e) Keine Redynamisierung	548	
	f) Berechnungsformel und Beispiel	551	
	g) Prozentuale Festlegung des Ausgleichsbetrages	553	
	h) Anrechnung von Unterhalt	554	
	4. Abfindung (§ 1587l BGB)	557	
	a) Inhalt	557	
	b) Voraussetzungen	559	
	c) Formen der Abfindung	562	
	aa) Beiträge zur gesetzlichen Rentenversicherung	563	
	bb) Beiträge zu einer privaten Renten- oder Lebensversicherung	566	
	d) Höhe der Abfindung	568	
	e) Anrechnung auf späteren Unterhaltsanspruch	570	
	f) Anderweitige Abfindungsregelungen	571	
	5. Verfahrensbesonderheiten	572	
	6. Sicherung durch Abtretung	574	
	a) Inhalt	574	
	b) Fehlende Abtretbarkeit und Pfändbarkeit	575	
	c) Abänderung bei wesentlicher Änderung der Verhältnisse	577	
	d) Auswirkungen auf den verlängerten schuldrechtlichen Versorgungsausgleich	578	
	e) Rückübergang	579	
	7. Titulierung und Vollstreckung	580	
	8. Kostenentscheidung	582	
	9. Tenorierungsvorschlag 📋	583	
XIII.	Verlängerter schuldrechtlicher Versorgungsausgleich	584	
	1. Zulässigkeit	589	

Teil 9: Versorgungsausgleich

- a) Fehlen einer Hinterbliebenenversorgung ... 591
- b) Realteilung ... 592
- c) Geschiedenen-Hinterbliebenenversorgung ... 593
- d) Gerichtliche Entscheidung nach § 1587b Abs. 4 BGB ... 594
- e) Vereinbarungen nach § 1587o BGB ... 596
- f) Ausländische oder zwischenstaatliche Versorgungen ... 597
- 2. Höhe des Anspruchs ... 599
- 3. Verfahrensbesonderheiten ... 603
  - a) Sachliche Zuständigkeit ... 604
  - b) Örtliche Zuständigkeit ... 605
  - c) Auskunftspflichten ... 606
  - d) Einstweilige Anordnung ... 607

XIV. Sonstiger Ausgleich, insbesondere Vereinbarungen ... 608
- 1. Ausgleich durch anderweitige gerichtliche Entscheidung ... 609
  - a) Antrag ... 611
  - b) Unwirtschaftlichkeit ... 612
  - c) Anderweitiger Ausgleich ... 615
  - a) Verhältnis von § 1587b Abs. 4 und § 1587o BGB ... 619
- 2. Vereinbarungen ... 620
  - a) Anlässe ... 623
  - b) Inhaltliche Beschränkungen ... 624
    - aa) Eingriff in öffentlich-rechtliche Versicherungsverhältnisse ... 625
    - bb) Nichtigkeit nach allgemeinem Schuldrecht ... 634
  - c) Jahresfrist ... 639
  - d) Formerfordernisse ... 642
  - e) Genehmigungserfordernis ... 652
    - aa) Zweck ... 652
    - bb) Zuständigkeit ... 654
    - cc) Genehmigungsbedürftige Vereinbarungen ... 655
    - dd) Genehmigungskriterien ... 657
    - ee) Gestaltungsmöglichkeiten ... 658
    - ff) Prüfungs- und Aufklärungspflicht des Gerichts ... 662
    - gg) Form der Genehmigung ... 664
    - hh) Zeitpunkt der Genehmigung ... 665
    - ii) Anfechtbarkeit der Genehmigung ... 666
    - jj) Tenorierungsvorschlag ... 667
  - f) Unerwünschte Auswirkungen ... 670
    - aa) Gütertrennung ... 670
    - bb) Ausschluss eines verlängerten schuldrechtlichen Ausgleichs ... 671
  - g) Abänderbarkeit von Vereinbarungen ... 672

XV. Ausschluss des Versorgungsausgleichs ... 674
- 1. Ehevertrag und andere Vereinbarungen ... 675
- 2. Grobe Unbilligkeit ... 678
  - a) Lex specialis zu § 242 BGB ... 679
  - b) Inhaltliche Ähnlichkeit zur Härteklausel des Zugewinnausgleichs ... 680
  - c) Restriktive Anwendung ... 681
  - d) Gesamtabwägung ... 683
  - e) Häufigste in der Praxis vorkommende Fallgruppen (die sich allerdings nicht selten überschneiden) ... 684
    - aa) Erhebliches wirtschaftliches Ungleichgewicht, § 1587c Nr. 1 BGB ... 684
    - bb) Asymmetrische Versicherungsverläufe infolge Ausbildung während der Ehe ... 690
    - cc) Ehefrau ist ausgleichspflichtig ... 691
    - dd) Langes Getrenntleben ... 693
    - ee) Unterschieben eines nichtehelichen Kindes in der Ehe ... 696
    - ff) Auslandsberührung ... 697
    - gg) DDR-Altfälle ... 705
    - hh) Vorzeitige Dienstunfähigkeit eines Beamten ... 706
    - ii) Höhere Steuern auf Pensionen als auf Renten ... 707
    - jj) Schwerwiegendes Fehlverhalten des Ausgleichsberechtigten während der Ehe ... 709
    - kk) Ausgleich von Bagatellbeträgen ... 710
    - ll) Manipulationen an der ehezeitlichen Versorgung durch den Berechtigten, § 1587c Nr. 2 BGB ... 711
    - mm) Gröbliche Verletzung der Unterhaltspflicht, § 1587c Nr. 3 BGB ... 713
    - nn) Keine grobe Unbilligkeit mehr nach Tod des Ausgleichspflichtigen ... 714
    - oo) Korrektur pauschalierender Bestimmungen ... 716
  - f) Einzelfallrechtsprechung ... 717

Teil 9: Versorgungsausgleich

g) Beurteilungszeitpunkt für die Feststellung von Härtegründen	718
h) Verfahrensbesonderheiten	719
i) Korrektur einer restriktiven Rechtsprechung durch Parteivereinbarungen	720

E. Abänderung des Versorgungsausgleichs — 721
  I. Rechtskraft der Versorgungsausgleichsentscheidung — 721
  II. Ausnahmen der Abänderbarkeit — 722
    1. Rechtsgründe — 722
      a) Härteklauseln — 723
      b) Fehlerhafte Rechtsansichten — 724
    2. Formloser Vertrag — 725
    3. Einseitige Auswirkung zugunsten des Versorgungsträgers — 726
    4. Keine Anwendung der §§ 1, 3b VAHRG nach Art. 4 § 1 VAwMG — 727
  III. Abänderungsgründe — 729
    1. Wertdifferenz — 729
    2. Unverfallbares Anrecht — 730
    3. Einführung der Realteilung — 731
    4. Vereinbarungen — 732
  IV. Abänderungsvoraussetzungen — 733
    1. Altersgrenze oder Rentenfall — 734
    2. Wesentliche Wertdifferenz — 735
      a) Wesentlichkeitsgrenze — 736
      b) Wartezeit — 737
      c) Ausnahme — 738
    3. Gründe für die Wertänderungen — 740
      a) Gesetzesänderungen — 740
      b) Satzungsänderungen — 742
      c) Änderungen des Ehezeitanteils — 743
        aa) Ausscheiden nach Ehezeitende — 744
        bb) Rechnerische Wertänderungen — 745
        cc) Vorzeitige Invalidität — 746
        dd) Vorzeitige Altersrente — 748
        ee) Unverfallbarkeit der Anwartschaftsdynamik — 749
        ff) Gesamtleistungsbewertung — 750
      d) Änderung der Rechtsprechung — 751
      e) Fehler in der Vorentscheidung — 752
    4. Grobe Unbilligkeit — 753
    5. Auswirkungen der fast totalen Abänderbarkeit — 754
    6. Rentner- und Pensionistenprivileg — 755
  V. Verfahrensbesonderheiten — 756
    1. Zuständigkeit nach § 45 FGG — 756
    2. Unbezifferter Antrag — 757
    3. Ermittlung und Ausgleichsbilanz wie im Erstverfahren — 758

    4. Auskunftsrechte und -pflichten — 759
    5. Tod des Antragstellers — 760
    6. Tod des Antragsgegners — 761
  VI. Wirksamwerden und Titulierung — 762
    1. Zeitpunkt — 762
    2. Rückzahlung zuviel geleisteter Beiträge — 766
  VII. Sonstige Auswirkungen — 767
    1. Wartezeit — 767
    2. Vermeidung doppelter Zahlungen — 768
  VIII. Kostenbesonderheiten — 769
  IX. Abänderung nach § 1587d Abs. 2 BGB — 770
  X. Abänderung oder schuldrechtlicher Versorgungsausgleich? — 775

F. Nach der Ausgleichsentscheidung — 776
  I. Wirksamwerden des Versorgungsausgleichs — 776
    1. Umsetzung durch Versorgungsträger — 776
      a) Zeitpunkt der Erhöhung — 777
      b) Zeitpunkt der Minderung — 779
      c) Bescheide über Auswirkungen des Versorgungsausgleichs — 783
    2. Wirksamkeit und Vollstreckung — 784
    3. Auswirkungen auf Wartezeiten — 785
  II. Abwendung der Kürzung — 786
    1. Rückgängigmachung des Ausgleichs in Härtefällen — 787
      a) Tod des Berechtigten — 788
      b) Leistungen in Höhe von zwei Jahresbeträgen — 790
      c) Unterhaltsanspruch des Berechtigten vor dem Rentenfall — 792
    2. Abwendung der Kürzung — 798

G. Versorgungsausgleich und Tod einer Partei — 800
  I. Tod während des Scheidungsverfahrens — 801
  II. Tod nach der Scheidung — 802
    1. Auswirkungen auf schuldrechtlichen Ausgleich — 803
      a) Tod des Ausgleichsberechtigten — 804
      b) Tod des Ausgleichspflichtigen — 805
    2. Nicht abgeschlossener Erst-Versorgungsausgleich — 807
      a) Tod des Ausgleichspflichtigen — 808
      b) Tod des Ausgleichsberechtigten — 809
    3. Nach Rechtskraft der Erstentscheidung — 810

Teil 9: Versorgungsausgleich

III.	Tod im Abänderungsverfahren	811
IV.	Auswirkungen auf eingetretene Kürzungen	813

H. Übergangsregelungen 815
   I. Altehen 816
   II. Nach dem VAwMG 818
   III. Anzuwendendes Recht bei sonstigen Rechtsänderungen 819

I. Vereinigungsbedingte Probleme bei der Durchführung des Versorgungsausgleichs 821
   I. Ausgangssituation 821
   II. Unterschiedliche Teilrechtsordnungen bis zum 31. 12. 1991 825
   III. Versorgungsausgleich nach interlokalem (deutsch-deutschem) Kollisionsrecht bei Scheidung vor dem 1.1.1992 829
      1. Anwendbarkeit des Art. 17 EGBGB a. F. analog bei Rechtshängigkeit des Scheidungsantrages vor dem 1.9.1986 831
         a) Vor Rechtshängigkeit des Scheidungsantrages war der letzte gemeinsame Aufenthalt beider Ehegatten im Beitrittsgebiet 832
         b) Vor Rechtshängigkeit des Scheidungsantrages war der letzte gemeinsame gewöhnliche Aufenthalt beider Ehegatten im bisherigen Bundesgebiet einschließlich Berlin (West) 836
      2. Anwendbarkeit des Art. 17 EGBGB n. F. bei Rechtshängigkeit des Scheidungsantrages ab dem 1. 9. 1986 839
         a) „Inländisches" Anrecht 842
         b) Teil der Ehezeit im früheren Bundesgebiet einschließlich Berlin (West) 843
         c) Erforderlichkeit eines Verfahrensantrags nach Art. 17 Abs. 3 Satz 2 EGBGB analog 844
         d) Vorläufige Regelungen für den Versorgungsausgleich 849
            aa) Aussetzung des Versorgungsausgleichs 850
            bb) Vorläufiger Versorgungsausgleich 851
            cc) Nachholung des öffentlich-rechtlichen Versorgungsausgleichs 852
      3. Versorgungsausgleich bei Ehescheidung ab dem 1. 1. 1992 853
   IV. Behandlung der Anrechte aus dem Beitrittsgebiet hinsichtlich der Wertermittlung und Durchführung des Versorgungsausgleichs bis zur Einkommensangleichung (VAÜG) 856
      1. Einführung 856
      2. VAÜG als lex specialis 858
         a) Zeitlicher Geltungsrahmen 859
         b) Sachlicher Anwendungsbereich 861
      3. Betroffene Verfahren 863
      4. Begriffliche Erläuterungen 864
      5. Einzelheiten des öffentlich-rechtlichen Versorgungsausgleichs bei Ostanrechten 869
         a) Durchführung des Versorgungsausgleichs ohne Auswirkung auf eine Leistung 869
            aa) Reiner Ostausgleich: Splitting 871
            bb) Reiner Ostausgleich: Quasi-Splitting 874
            cc) Reiner Ostausgleich mit Auffüllbetrag bei zukünftigen Rentensteigerungen nach § 3 Abs. 1 Nr. 6 VAÜG: Splitting 877
            dd) Zweigleisiger Ausgleich mit Ost- und Westanrechten 880
            ee) Zum Versorgungsausgleich bei Erwerbsunfähigkeitsrente im „Ost-West-Fall" 883
         b) Aussetzung des Versorgungsausgleichs nach § 2 Abs. 1 Satz 2 VAÜG 885
         c) Durchführung des Versorgungsausgleichs mit sofortiger Auswirkung auf eine Leistung 892
            aa) Beiderseitiger Versorgungsbezug 893
            bb) Versorgungsbezug nur des Berechtigten 897
            cc) Versorgungsbezug nur des Verpflichteten 900
            dd) Keine Kürzung der Versorgung des Ausgleichspflichtigen aufgrund des Versorgungsausgleichs 901
      6. Sonderregelungen über die Bewertung und den Ausgleich der angleichungsdynamischen und minderangleichungsdynamischen Anrechte 905

a) Durchführung des Versorgungsausgleichs vor der Einkommensangleichung ohne Auswirkung auf eine Leistung	906	
aa) Berechnung des Ehezeitanteils angleichungsdynamischer Anrechte der gesetzlichen Rentenversicherung	907	
bb) Bewertung einer nach dem Recht des Beitrittsgebiets berechneten Bestandsrente	908	
cc) Bewertung einer nach dem Recht des Beitrittsgebietes berechneten Vergleichsrente	914	
dd) Getrennter Ausgleich von angleichungsdynamischen und anderen Anrechten	915	
ee) Umrechnung in Entgeltpunkte (Ost) bei angleichungsdynamischen Anrechten	917	
ff) Schuldrechtlicher Versorgungsausgleich bei überführten Renten	918	
b) Durchführung des Versorgungsausgleichs vor der Einkommensangleichung mit sofortiger Auswirkung auf eine Leistung	919	
aa) Ausgleich von Rentenanwartschaften unterschiedlicher Dynamik	920	
bb) Ausgleich von angleichungsdynamischen Anrechten außerhalb der gesetzlichen Rentenversicherung	923	
cc) Ausgleich von angleichungsdynamischen Anrechten minderer Art	924	
dd) Ausgleich von angleichungsdynamischen Anrechten der Alterssicherung von Landwirten	925	
7. Anwendung der §§ 3b und 10a VAHRG vor der Einkommensangleichung	926	
a) Anwendung des § 3b VAHRG	927	
b) Anwendung des § 10a VAHRG	928	
V. Durchführung des Versorgungsausgleichs nach der Einkommensangleichung	930	

Abschnitt 2: Rechtsprechungslexikon		932
Abschnitt 3: Arbeits- und Beratungshilfen		933
1. Detaillierte Checkliste Versorgungsausgleich ☑		933
a) Vorbereitung eines Verfahrens		933
b) Einleitung eines Verfahrens		933
c) Förderung eines laufenden Verfahrens		933
d) Kontrolle eingehender Versorgungsauskünfte		933
e) Überprüfung der gerichtlichen Entscheidung		933
f) Ausblick auf weitere Verfahren		933
2. Anschriften wichtiger Versorgungsträger		934
a) Gesetzliche Rentenversicherung		934
aa) Bundesversicherungsanstalt für Angestellte		934
bb) Landesversicherungsanstalten		934
cc) Bundesknappschaft		934
dd) Bahnversicherungsanstalt		934
ee) Seekasse		934
b) Beamtenversorgung		934
aa) Bundeseisenbahnvermögensdienststellen		934
bb) Bundeswehr		934
cc) Ehemalige Oberpostdirektion		934
c) Betriebliche und berufsständische Altersversorgung		934
aa) Einzelne:		934
bb) Zusatzversorgung des öffentlichen Diensts:		934
cc) Zusatzversorgung der großen Religionsgemeinschaften		934
3. Umrechnung von Rentenanwartschaften und Entgeltpunkten		935
a) Die Umrechnung von Rentenanwartschaften in Entgeltpunkte		935
b) Umrechnung von Entgeltpunkten in Rentenanwartschaften		935
c) Umrechnung von Entgeltpunkten in Beiträge		935
d) Umrechnung von Beiträgen in Entgeltpunkte		935
4. Höhe der Beitragssätze in der Rentenversicherung der Arbeiter/Angestellten und der Knappschaft		936

Teil 9: Versorgungsausgleich

5. Höhe der monatlichen Bezugsgröße und der Grenzwerte nach §§ 2 und 10a Abs. 2 Satz 2 VAHRG ... 937	7. Angleichungsfaktoren für den Versorgungsausgleich in der Rentenversicherung ... 939
6. Vergleichsmaßstäbe zur Prüfung der Volldynamik nach § 1587a Abs. 3 BGB ... 938	8. Tabellenwerte der Zweiten Verordnung zur Änderung der Barwert-Verordnung v. 26. 5. 2003 ... 940

Literatur:

Ambrock, Ehe und Ehescheidung, 1977; *Bastian/Roth-Stielow/Schmeiduch/Körber*, 1. EheRG, 2. Aufl., 1982; *Baumeister/Fehmel/Griesche/Hochgräber/Kayser/Wick*, Familiengerichtsbarkeit, 1992 (zit. FamGB); *Bogs*, Verfassungs- und Systemaspekte zu Gestalt und Praxis des Versorgungsausgleichs, FamRZ 1978, 81; *Borth*, Versorgungsausgleich in anwaltschaftlicher und familiengerichtlicher Praxis, 3. Aufl., 1998; *Bucholz*, Beamtenversorgungsgesetz; *Clausing*, 30 Jahre dynamische Rente-Bilanz und Ausblick, Die Angestelltenversicherung, 1987 Nr. 2, 1; *Deisenhofer*, Erhebliche Änderungen im Versorgungsausgleich durch Änderungen der Beamtenversorgung und der Zusatzversorgung des öffentlichen Dienstes, FamRZ 2002, 288; *Eißler*, Versorgungsausgleich, 1991; *Ellger/Glockner*, Die Berücksichtigung der Dynamik von Versorgungsanrechten im Versorgungsausgleich nach der geänderten BarwertVO, FamRZ 1984, 733; *Fiderici*, Anmerkung zu BGH, Beschl. v. 16.9.1998 – XII ZB 104/96, NJ 1999, 142; *Forsbach*, Die betriebliche Altersversorgung nach dem Bericht der Bundesregierung vom Dezember 1984, BetrAVG 1985; *Gerhardt/v. Heintschel-Heinegg/Klein/Gutdeutsch*, Handbuch des Fachanwalts Familienrecht, 1997; *Gernhuber/Coester-Waltjen*, Lehrbuch des Familienrechts, 4. Aufl., 1994; *Glockner*, Wichtige Änderungen der Umrechnung berufsständischer Versorgungen, FamRZ 1989, 126; *Glockner/Gutdeutsch*, Ist die Barwertverordnung verfassungsgemäß?, FamRZ 1999, 896; *Glockner/Goering*, Die Änderungen des Betriebsrentengesetzes und ihre Berücksichtigung im Versorgungsausgleich, FAmRZ 2002, 282; *Glockner/Übelhack*, Die betriebliche Altersversorgung im Versorgungsausgleich, 1993; *Gutdeutsch*, Wertänderungen nicht volldynamischer betrieblicher Versorgungsanrechte nach Ehezeitende, FamRZ 1997, 80; *Gutdeutsch/Pauling*, Beschwerdewert und Beschwerdebegründung beim Versorgungsausgleich, FamRZ 1998, 214; *Hahne/Glockner*, Das Gesetz zur Regelung von Härten im Versorgungsausgleich, FamRZ 1983, 221; *Hannemann/Kinzel*, Versorgungsausgleich bei Auslandsberührung, DAngVers 1978, 369; *Heilemann*, Die Einbeziehung freiwilliger Rentenversicherungsbeiträge in den Versorgungsausgleich, FamRZ 1996, 1132; *ders.*, Erneute Eheschließung mit dem früheren Ehegatten und § 5 VAHRG, FamRZ 1999, 1039; *Heßler*, Islamisch-rechtliche Morgengabe: Vereinbarter Vermögensausgleich im deutschen Scheidungsfolgenrecht, IPrax 1988, 95, 96; *Höfer/Reiners/Wüst*, Gesetz zur Verbesserung der betrieblichen Altersversorgung. Loseblatt-Kommentar. Bd. 1: Arbeitsrecht. Unter Berücksichtigung der gesellschafts-, insolvenz- und internationalrechtlichen Bezüge sowie des Versorgungsausgleichs. 4. Aufl. Stand September 1995 (zit. BetrAVG); *Kemnade*, Die Ausgleichsbilanz im schuldrechtlichen Versorgungsausgleich, FamRZ 1999, 821; *Kirchhoff*, in: Festschrift für den Rechtsanwaltsverein Hannover, S. 168; *Lang*, Was wird aus dem Versorgungsausgleich?, FamRZ 1984, 317; *Langenfeld*, Handbuch der Eheverträge und Scheidungsvereinbarungen, 3. Aufl., 1996; *Lindgen*, Handbuch des Disziplinarrechts für Beamte und Richter in Bund und Ländern. 2 Bde. u. Ergbd. Bd. 1: Allgemeine Lehren. Materielles Disziplinarrecht. 1966. Bd. 2: Formelles Disziplinarrecht. 1968. Ergbd. 1969; *Lueg/Maydell/Ruland*, Gemeinschaftskommentar zum Sozialgesetzbuch, Gesetzliche Rentenversicherung, Loseblattausgabe; *Maier* u. a., Versorgungsausgleich in der gesetzlichen Rentenversicherung, 5. Aufl., 1996; *Meierkamp*, Sozialgesetzbuch 1978; *Michaelis/Sander*, Versorgungsausgleich in der Rentenversicherung – eine Bestandsaufnahme nach 10jähriger Praxis, DAngVers 1978, Nr. 7/8, 1; *dies.*, 20 Jahre Versorgungsausgleich in der Rentenversicherung, DAngVers 1997, 281; *Morawietz*, Bewertung teildynamischer Betriebsrentenanwartschaften im Versorgungsausgleich; *Paschek*, Die Unverfallbarkeit in der Unterstützungskasse – Neuere Entwicklungstendenzen, DB 1994, 2082; *Peschel-Gutzeit*, Das Familienrecht im Spannungsfeld zwischen Rechtssicherheit und Einzelfallgerechtigkeit, FamRZ 1996, 1446; *Plog/Wiedow/Beck/Lemhöfer*, Bundesbeamtengesetz mit Beamtenversorgungsgesetz. Kommentar, 1991; *Reinhard*, Ausländische Rentenanwartschaften im Versorgungsausgleich, FamRZ 1990, 1194; *ders.*, Rechtsordnungen mit Versorgungsausgleich i. S. d. Art. 17 Abs. 3 EGBGB. Eine vergleichende Untersuchung unter besonderer Berücksichtigung des kanadischen, niederländischen, belgischen und spanischen Rechts, 1995; *Rische*, Wandel der Arbeit – Folgen und Probleme für die gesetzliche Rentenversicherung in: Soziale Sicherheit in der Landwirtschaft 1998, S.170; *Rolland*, 1. Eherechtsreformgesetz, 2. Aufl., 1982; *ders.*, Gesetz zur Neuregelung von Härten im Versorgungsausgleich, 1983; *Ruland*, Handbuch der gesetzlichen Rentenversicherung. Hrsg. im Auftrag d. Vorstandes d. Verbandes Deutscher Rentenversicherungsträger (VDR). 2. Aufl., 1997; *ders.*, Probleme des Versorgungsausgleichs in der betrieblichen Altersversorgung (und privaten Rentenversicherung), 1982; *ders./Tiemann*, Versorgungsausgleich und steuerliche Folgen der Ehescheidung, 2. Aufl., München; *Schmalz-Brüggemann*, Die private Lebensversicherung im Zugewinn- und Versorgungsausgleich, FamRZ 1996, 1053; *Schmeiduch*, Die Auswirkungen des Rentenreformgesetzes 1992 auf den Versorgungsausgleich, FamRZ 1991, 377, 385; *ders.*, Kindererziehungszeiten in der gesetzlichen Rentenversicherung im Versorgungsausgleich, FamRZ 1998, 530; *ders.*, Berechnung den im Versorgungsausgleich auszugleichenden Rentenanwartschaften aus einer Rente wegen Erwerbsminderung, FamRZ 1998, 594; *ders.*, Rentenanwartschaften aus flexiblen Arbeitszeitregelungen in Versorgungsausgleich, FamRZ 1999, 1035; *Schwab*, Familienrecht, Grundriß, 5. Aufl. 1989; *ders.*, Lehrbuch des Familienrechts, 2. Aufl., 1989; *Viefhues*, Versorgungsausgleich – quo vadis?, ZFE 2002, 375; *Vogel* u. a., Richter zwischen Engagement und Resignation beim Versorgungsausgleich, FamRZ 1997, 927; *Voskuhl/Pappai/Niemeyer*, Der Versorgungsausgleich in der Praxis, 1976; *Wagenitz*, Die neuen Ausgleichsmechanismen im Gesetz über weitere Maßnahmen auf dem Gebiet des Versorgungsausgleichs, FamRZ 1987, 1; *Wagner*, Versorgungsausgleich mit Auslandsberührung, 1996; *ders., *Versorgungsausgleich bei deutsch/US-amerikanischer Ehe, IPRax 1999, 94; *Zacher,* Der Versorgungsausgleich im internationalen Vergleich und in der zwischenstaatlichen Praxis, 1985; *Zimmermann,* BetrAVG, 1985.

Zu vereinigungsbedingten Problemen:
Adam, SGB VI – Das neue Rentenrecht für die Zeit ab 1.1.1992, ZfF 1992, 193; *Adlerstein/Wagenitz,* Nachehelicher Unterhalt und Versorgungsausgleich in den neuen Bundesländern, FamRZ 1990, 1300; *Bergner,* Die Anwendbarkeit des neuen Rentenrechts auf Altfälle im Versorgungsausgleich, NJW 1993, 435; *ders,* Der Versorgungsausgleich, 1996; *v. Einem,* Überleitung des Rentenrechts auf das Beitrittsgebiet, BB 1991, 2000; *Dörner/Meyer-Sparenberg,* Rechtsanwendungsprobleme im Privatrecht des vereinten Deutschlands, DtZ 1991, 1; *Eißler,* Versorgungsausgleich, Einführung in die Praxis, 1992; *Glockner,* Die Umrechnungsfaktoren beim Versorgungsausgleich ab dem 1.1.1992, FamRZ 1992, 149 m. erg. Stellungnahme v. *Kemnade,* FamRZ 1992, 151; *Greßmann,* Auswirkungen des Versorgungsausgleichs, ZAP F. 11, S. 375; *ders.,* Abänderung des Versorgungsausgleichs (§ 10a VAHRG), ZAP F. 11, S. 369; *ders.,* Grundlagen des Versorgungsausgleichs, ZAP F.11, S. 285; *ders.,* Auswirkungen des Agrarsozialreformgesetzes auf das Recht des Versorgungsausgleichs, ZAP F. 11, S. 343; *Gutdeutsch,* Probleme von Ausgleichsform und Kürzung nach dem Versorgungs-Überleitungsgesetz (VAÜG), FamRZ 1992, 753; *Hahne,* Gesetz zur Überleitung des Versorgungsausgleichs auf das Beitrittsgebiet (VAÜG), FamRZ 1991, 1392; *Heldrich,* Innerdeutsches Kollisionsrecht, Zeitschrift für Rechtsvergleichung, 1978, 292; *Heller/Langen,* Rentenberechnung mit Beitragszeiten im Beitrittsgebiet, DAngVers 1991, 428; *Hohage,* Deutsch-deutsches Eherecht und Ehekollisionsrecht, 1996; *Klattenhoff,* Der Versorgungsausgleich nach der Rechtseinheit in der gesetzlichen Rentenversicherung, DAngVers 1991, 352; *ders.,* Rentenreformgesetz 1992 und Versorgungsausgleich, DAngVers 1992, 57 u. 85; *ders.,* Versorgungsausgleich und Einigungsvertrag, DAngVers 1990, 435; *ders.,* Der Versorgungsausgleich nach der Rechtseinheit in der gesetzlichen Rentenversicherung, DAngVers 1991, 352; *ders.,* Einigungsbedingte Neuregelungen des Versorgungsausgleichs, 1993; *Knoke,* Deutsches internationales Privat- und Privatverfahrensrecht nach dem Grundvertrag, 1980; *Köhler,* Völker-, verfassungs- und sozialrechtliche Probleme bei der Überführung von DDR-Zusatz- und Sonderversorgungssystemen in die gesetzliche Rentenversicherung, NJ 1993, 4; *Löschau,* Das Renten-Überleitungsgesetz, ZAP-Ost F. 18, S. 85; *Maier/Michaelis,* Versorgungsausgleich in der Rentenversicherung, 5. Aufl., 1996; *Mansel,* Innerdeutsche Rechtsanwendung: (Noch) geltendes Kollisionsrecht, DtZ 1990, 225; *Marschner,* Neue Entwicklungen bei der Überführung von Zusatz- und Sonderversorgungssystemen in die gesetzliche Rentenversicherung, ZAP-Ost F. 18, S. 249; *Michaelis,* Rentenreform in den neuen Bundesländern, AnwBl. 1991, 438; *Michaelis/Sander,* 20 Jahre Versorgungsausgleich in der Rentenversicherung, Sonderdruck aus DAngVers Heft 6/7/97, S. 281; *Michaelis/Reimann,* Die gesetzliche Rentenversicherung im Einigungsvertrag, DAngVers 1990, 417; *Rahn,* Die Vereinheitlichung des Rentenrechts durch das Renten-Überleitungsgesetz, DtZ 1992, 1; *Reimann,* Überführung der Zusatz- und Sonderversorgungssysteme der ehemaligen DDR in die gesetzliche Rentenversicherung, DAngVers 1991, 281; *ders.,* Die gesetzliche Rentenversicherung im Staatsvertrag, DAngVers 1990, 293; *Reusser,* Zur Reform des schweizerischen Ehescheidungsrechts unter besonderer Berücksichtigung des Versorgungsausgleichs, FamRZ 2001, 595; *Rombach,* Alterssicherung der Landwirte, 1. Aufl. 1995; *Ruland,* Das neue Rentenversicherungsrecht, NJW 1992, 1; *ders.,* Die Herstellung der Rechtseinheit in der gesetzlichen Rentenversicherung – Zum „Renten-Überleitungsgesetz", DRV 1991, 518; *ders,* Neuregelungen im Recht des Versorgungsausgleichs, NJW 1992, 77; *ders.,* Auswirkungen des Staatsvertrages auf die gesetzliche Rentenversicherung, DRV 1990, 455; *Sander/Venzke,* Rechengrößen zur Durchführung des Versorgungsausgleichs in der gesetzlichen Rentenversicherung, DAngVers 1992, 91; *Schmeiduch,* Die Auswirkungen des Rentenreformgesetzes 1992 auf den Versorgungsausgleich, FamRZ 1991, 491; *Stephan,* Staatsvertrag bringt Änderungen im bundesdeutschen Versicherungs- und Rentenrecht, DAngVers 1990, 303; *Strohal,* Versorgungsausgleich nach Beendigung der Ehe, NJ 1992, 236; *Wick,* Familiengerichtsbarkeit, 1992; *Wienand,* Die Sozialrechtsordnung nach dem Einigungsvertrag, NDV 1990, 361; *Zuck,* Blick in die Zeit, MDR 1990, 1083.

Abschnitt 1: Systematische Erläuterungen

A. Einführung

I. Einleitung

Grundgedanken und System des Versorgungsausgleichs sind leicht zu verstehen. Im Detail ergeben sich allerdings auch jetzt noch – über 25 Jahre nach In-Kraft-Treten dieses Kernstückes der Eherechtsreform von 1976/77 – teilweise schwierige Rechtsfragen. Seit In-Kraft-Treten des VAwMG v. 8. 12. 1986, das seit 1. 1. 1992 Dauerrecht ist, ist für alle Rechtsanwender und die beteiligten Parteien dadurch erhebliche Entlastung geschaffen worden, dass einmal gemachte Rechts- und Rechenfehler, Fehleinschätzungen und zwischenzeitliche Änderungen in weitem Umfang korrigierbar sind (Einzelheiten dazu beim **Abänderungsverfahren nach § 10a VAHRG, Rn. 721 ff.**). Aus richterlicher Praxis ist zu bedauern, dass die Anwälte gleichwohl die Spielräume des Gesetzes nur in wenigen Fällen wirklich ausnutzen. Es ist nicht Aufgabe dieses Werkes, den Ursachen für

1

derartige anwaltliche Zurückhaltung nachzuspüren, wohl aber, Mut zu machen, künftig umfassender als bisher individuelle Varianten auch beim Versorgungsausgleich zu entwickeln und durchzusetzen.

2 Die Weiterentwicklung des Versorgungsausgleichs hat nicht nur positive Seiten. Man könnte meinen, dass mit dem VAwMG im Ergebnis sogar das **Ende des Versorgungsausgleichs** als seriöses familienrechtliches Rechtsinstitut eingeleitet wurde. Denn die fast totale Abänderbarkeit nach § 10a VAHRG lässt die Versorgungsausgleichsentscheidung bei der Scheidung zu einem eher unverbindlichen Zwischenbescheid (so schon Lang, FamRZ 1984, 317, 320, und Bergner, NJW 1986, 217, 218) verkümmern. Dafür (so Willutzki, FamRZ 1997, 777, 778, und Vogel u. a., FamRZ 1997, 927 f.) lohnt sich der Aufwand an Gedankenarbeit und Zeit nicht, der zu einer sorgfältigen Ermittlung und Bewertung von Rentenanwartschaften bei beiden Eheleuten erforderlich ist.

3 Gegen diese – unter den heute auch in der Justiz so beliebten wirtschaftlichen Gesichtspunkten (vgl. Vogel, a. a. O., 930) plausible – Meinung spricht allerdings, dass der Versorgungsausgleich nicht nur im Alters-, sondern häufiger als man meint, auch im **frühzeitigen Invaliditätsfall** eine **Verbesserung der wirtschaftlichen Lage des sozial schwächeren Ehegatten** darstellt. Allerdings ließe sich dieser Vorteil auch bewahren, wenn man aus der derzeitigen Ausnahmevorschrift des § 2 VAÜG die gesetzliche Regel machte:

- Ermittlung aller bei Ehezeitende vorhandenen Versorgungsanwartschaften dem Grunde nach,
- Durchführung eines vorläufigen Versorgungsausgleichs im Rentenfall einer Partei und
- endgültige Durchführung bei Eintritt des Rentenfalls beider Parteien.

4 Die unbestreitbaren wirtschaftlichen Vorteile des Versorgungsausgleichs könnte man auch dadurch erhalten, dass man sie aus dem familiengerichtlichen Verfahren ausgliedert und den Versorgungsausgleich in die verschiedenen Versorgungssysteme (re-)integriert oder einen Versorgungsträger bestimmt, der die Parteien künftig versorgungsausgleichsrechtlich „betreut" (vgl. Lang, a. a. O., 320, 321). Das aber geht nur im Rahmen einer Generalrevision unseres gesamten Altersversorgungssystems, die derzeit nicht absehbar ist.

5 Für die Beibehaltung aller Grundbestandteile des Versorgungsausgleichs mit der Ermittlung aller während der Ehe erworbenen Rentenanwartschaften spricht aber noch ein Weiteres: Durch seine Einbettung in den **Entscheidungsverbund** zwingt er in vielen Fällen die Scheidungsparteien, zu einem relativ frühen Zeitpunkt in ihrem Leben einmal intensiver über die wirtschaftliche Absicherung bei Invalidität und im Alter nachzudenken. In einer Zeit, in der inzwischen von allen Seiten auf die Notwendigkeit einer größeren privaten Vorsorge für die Wechselfälle des Lebens hingewiesen wird, ist dieses ein (Neben-)Aspekt, der höher zu bewerten ist als der verständliche Ärger über manche Absurditäten des Versorgungsausgleichsrechtes.

6 *Hinweis:*

Aus der anwaltlichen Praxis ebenso wie aus der der Familiengerichte ist bekannt, dass viele – wenn nicht sogar die meisten – Eheleute im zeitlichen und emotionalen Zusammenhang von Trennung und Scheidung auf den Versorgungsausgleich wenig oder keinen Wert legen. Sie betrachten ihn häufig nur als Stolperstein vor einer schnellen Scheidung, den sie durch einen schnellen Verzicht beseitigen möchten. Ob und inwieweit dieses nach geltendem Recht zulässig ist, wird weiter unten erörtert werden (s. Rn. 659). Unabhängig davon sollte es aber das Ziel jedes Beraters sein, bei dem Klienten ein Bewusstsein dafür zu schaffen, dass jeder einzelne für seine künftige Altersversorgung zunehmend größere Verantwortung trägt und beim Ausgleichsberechtigten ein vorschneller Verzicht auf eine auch noch so kleinen Baustein im Rahmen seiner Gesamtversorgung für den Fall des Alters und der Invalidität leichtfertig ist.

Die **Schwierigkeiten** des Versorgungsausgleichs erschließen sich schon bei einem Überblick über die Ziele und Grundgedanken des Versorgungsausgleichs. Denn man wird schnell feststellen, dass diese Leitideen einander widersprechen und nur mit Abstrichen verwirklicht werden können (so auch Wagenitz, FamRZ 1986, 18 ff. und Gernhuber, Lehrbuch des Familienrechts, § 28 I, 339, der ebenfalls auf die einander allenfalls ergänzenden, nicht aber gegenseitig stützenden Grundgedanken des Versorgungsausgleichs hinweist und nicht zuletzt deshalb seine Zukunft für völlig ungewiss hält).

Rechtssicherheit und Einzelfallgerechtigkeit stehen gerade beim Versorgungsausgleich in einem großen Spannungsverhältnis (vgl. Peschel-Gutzeit, FamRZ 1996, 1446 ff.). Güter- und unterhaltsrechtliche Prinzipien einerseits sowie solche des Sozialversicherungs- und sonstigen Versorgungsrechts andererseits stehen häufig gegeneinander: Die Methode des Versorgungsausgleichs wurde dem Recht des Zugewinnausgleichs mit seiner Neigung zu Pauschalisierungen und endgültigem Ausgleich entnommen; das Ziel des Versorgungsausgleichs in seiner heutigen Form ist aber eher dem Unterhalts- oder Sozialrecht mit ihren Neigungen zu dauernder Aktualisierung und individueller Gerechtigkeit zuzuordnen.

Der Versuch des Gesetzgebers, eher **sozialpolitische Ziele** wie die Gestaltung einer eigenständigen Versorgung der Haushaltsführenden und Kinderbetreuenden Ehefrau mit der familienrechtlichen Methode der Halbteilung zu erreichen, ist fragwürdig und – betrachtet man das Aufwand-Nutzen-Verhältnis beim derzeitigen Versorgungsausgleich in der Praxis kritisch – wohl eher gescheitert (so im Ergebnis auch Vogel u. a., FamRZ 1997, 927, 930). Es besteht insoweit ein unauflösbarer Zielkonflikt: Während das Scheidungsfolgenrecht des BGB auf eine möglichst endgültige wirtschaftliche Lösung der ehemals verheirateten Partner und damit auf unabänderbare Maßnahmen zielt (so auch BGH, FamRZ 1996, 1540, 1542), tendieren Unterhalts- und Sozialversicherungsrecht zu ständiger Anpassung. Kein Güterrecht kann garantieren, dass heute getroffene Ausgleichsentscheidungen zwischen zwei Parteien auch in 20 oder 30 Jahren noch in gleicher Weise gerecht sind. Vom Versorgungsausgleich, der i. d. R. im Alter zwischen 25 und 40 getroffen wird, erwartet man aber, dass er auch im Rentenalter der Parteien noch „stimmt". Da dieses mit keiner noch so perfekten Prognosemethode oder Berechnungsformel zu erreichen ist, hat man zum Mittel einer umfassenden **Abänderungsklausel** gegriffen. Diese führt aber dazu, dass die Parteien dauerhaft aneinander gebunden bleiben. Denn sie sind – wollen sie die Vorteile der fast totalen Abänderbarkeit nutzen – z. B. gezwungen, den Wohnsitz und die soziale Biographie des früheren Partners im Auge zu behalten, um ihm gegenüber ggf. eine gegenüber der Erstentscheidung günstigere Versorgungsausgleichsentscheidung erreichen zu können. Die Eigenständigkeit der durch den Versorgungsausgleich erworbenen Versorgung und die Unabhängigkeit der Partner nach der Scheidung werden damit weitgehend wieder aufgegeben. Die Argumente des BGH für eine Eingrenzung der fast totalen Abänderbarkeit (vgl. BGH, a. a. O.) richten sich eigentlich gegen die Abänderbarkeit überhaupt.

II. Ziele und Grundgedanken des Versorgungsausgleichs

1. Gleichmäßige Teilhabe am ehezeitlichen Versorgungsvermögen

Mit dem Versorgungsausgleich hat der Gesetzgeber die Konsequenz aus der Tatsache gezogen, dass der sozial schwächere Ehegatte bei der Scheidung regelmäßig **ungerechtfertigte Vermögensnachteile** erlitt. Zwar ist seit dem 1. 7. 1958 die Zugewinngemeinschaft gesetzlicher Güterstand, gleichwohl ging der Ehegatte, der während der Ehezeit wegen Haushaltsführung und Kinderbetreuung kein eigenes Vermögen erwirtschaften konnte, i. d. R. leer aus. Das war meistens die Ehefrau. Denn nur bei wenigen Scheidungsparteien übersteigt das in der Ehe erworbene Vermögen die ehelichen Schulden. Häufig sind die vom Erwerbstätigen erarbeiteten Rentenanwartschaften das einzig positive Vermögen. Diese unterlagen aber nicht dem Zugewinnausgleich. Damit ergab sich die Ungerechtigkeit, dass der Ehegatte, der während der Ehe erwerbstätig war und Renten- bzw. Pensionsanwartschaften erworben hatte, diese auch voll behalten konnte, während der andere Ehegatte ganz oder teilweise unversorgt war. Die Ungerechtigkeit war umso größer, als der Haushaltsführende Ehegatte durch seine Haushaltsführung und Kinderbetreuung dem erwerbstätigen Ehegatten es regelmäßig erst ermöglicht hatte, eine Berufstätigkeit auszuüben. Durch den Versorgungsausgleich werden die in der Ehe erworbenen Versorgungsanwartschaften jetzt unabhängig von der sonstigen Vermögenssituation als das Ergebnis partnerschaftlicher Lebensleistung bei Auflösung der Ehe zu gleichen Teilen zwischen den Eheleuten aufgeteilt. Leider bereitet eine gerechte und dauerhafte Durchführung dieses Halbteilungsgrundsatzes (s. Rn. 932 „Halbteilungsgrundsatz") im Detail viele Schwierigkeiten, die umso größer werden, je mehr Einzelfallgerechtigkeit man zu erreichen sucht.

2. Eigenständige Versorgung des Ausgleichsberechtigten

11 Nach den Vorstellungen des Reformgesetzgebers sollte der Versorgungsausgleich der Grundstock für **eine eigenständige Versorgung von Frauen** werden, die mangels sozialversicherungspflichtiger Tätigkeit keine eigenen Rentenanwartschaften in der gesetzlichen Rentenversicherung erwerben konnten. Denn statt einer abgeleiteten Versorgung (Geschiedenenwitwenrente) erhält die ausgleichsberechtigte Ehefrau jetzt im Regelfall Ausgleichsansprüche in der Weise, dass sie Anwartschaften in der gesetzlichen Rentenversicherung erwirbt. Diese werden mit Kürzungen der entsprechenden Anwartschaften des Mannes finanziert.

12 Das Projekt einer vollen eigenständigen Versorgung von Müttern und Ehefrauen ist nicht zuletzt dank mehrerer energischer Aufforderungen durch das BVerfG immerhin schon weiter gediehen. Durch das Hinterbliebenen- und Erziehungszeitengesetz v. 11. 7. 1985 (BGBl. I S. 1450) wurden die Kindererziehungszeiten eingeführt und zwischenzeitlich auch noch aufgewertet. Das Gesetz zur Verbesserung des Hinterbliebenenrechts vom 17.7.2001 (BGBl. I S. 1598) mit seiner Möglichkeit, bereits unter Lebenden ein echtes Rentensplitting durchzuführen, also einen Versorgungsausgleich in der gesetzlichen Rentenversicherung ohne Scheidung, hat die rechtliche und wirtschaftliche Lage der durch Kindererziehung und Haushaltsführung benachteiligten Ehefrauen weiter verbessert.

13 Die ursprüngliche „Einbahnstraße in die gesetzliche Rentenversicherung" ist durch die Einführung von Realteilung und verlängertem schuldrechtlichen Versorgungsausgleich inzwischen zu einem Mehrstraßensystem erweitert worden. Die gesetzgeberischen Modifikationen lassen vor allem den ursprünglich als schwache Ausgleichsform ausgestalteten **schuldrechtlichen Versorgungsausgleich** für die Berechtigte teilweise als wirtschaftlich günstiger erscheinen als den öffentlich-rechtlichen Versorgungsausgleich.

14 Die grds. Absicherung in der gesetzlichen Rentenversicherung mit eigenen Ansprüchen beseitigt für die Ausgleichsberechtigte ein durch den Versorgungsausgleich erst entstandenes **Versorgungsloch** jedoch nicht: Verstirbt der Ausgleichspflichtige vor der Ausgleichsberechtigten, erhält sie – anders als bis zum 30. 6. 1977 – weder eine Geschiedenenwitwenrente noch Leistungen aus einem durchgeführten Versorgungsausgleich – vom Sonderfall der **Erziehungsrente** nach § 47 SGB VI abgesehen – solange, bis sie selbst die Voraussetzungen für eine Rente erfüllt (vgl. Michaelis/Sander, DAngVers 1978 Nr. 7/8, 1, 27).

> *Hinweis:*
> *Dieser Sachverhalt wird bei der anwaltlichen Scheidungsfolgenberatung leider zu häufig übersehen und kann bei den Ausgleichsberechtigten zu unliebsamen Überraschungen führen. Eine rechtzeitige und umfassende Beratung wird in geeigneten Fällen dazu führen, auf einen öffentlich-rechtlichen Versorgungsausgleich teilweise zu verzichten und durch den Abschluss einer Lebensversicherung auf das Leben des Ausgleichspflichtigen das vorstehend beschriebene Risiko wenigstens teilweise abzudecken.*

3. Einmalausgleich

Ebenso wenig wie beim Zugewinnausgleich die einzelnen Vermögenswerte der Eheleute jeweils halbiert und dem anderen zugesprochen werden, werden beim Versorgungsausgleich die einzelnen Versorgungsanrechte halbiert und auf den jeweils anderen Ehegatten übertragen. Vielmehr werden sämtliche von beiden Parteien erworbenen Anwartschaften ermittelt, bewertet, zusammengezählt und in einer **Ausgleichsbilanz** einander gegenübergestellt. Dabei kann und muss der Ausgleichsberechtigte festgestellt werden (§ 1587b Abs. 3 letzter Satz BGB). Nur er erhält einen Ausgleichsanspruch i. H. d. Hälfte des Wertunterschieds aller Anwartschaften (§ 1587a Abs. 1 BGB). 15

Wie sich der Ausgleich im Einzelnen vollzieht, nachdem der Gesamtausgleichswert einmal festgestellt wurde, wird im Abschnitt D. „Ausgleichsformen", Rn. 435 ff. im Einzelnen erörtert. Hier ist nur festzuhalten, dass der öffentlich-rechtliche Versorgungsausgleich immer nur einen Ausgleichsberechtigten – nämlich den Ehepartner mit den insgesamt wertniedrigeren Anwartschaften – und einen Ausgleichspflichtigen – nämlich den mit den insgesamt werthöheren Anwartschaften – kennt. Im öffentlich-rechtlichen Versorgungsausgleich gibt es keinen **Hin- und Her-Ausgleich**. 16

Beispiel:

	Mann	*Frau*
GRV		200,00 €
BeaV	50,00 €	
BerufAV	450,00 €	
BAV		150,00 €
LV		50,00 €
	500,00 €	400,00 €

Ausgleichspflichtig ist hier der Mann, und nur dieser muss etwas abgeben. Es wäre falsch, jeweils die Hälfte der Anwartschaften des Mannes aus BeaV und BerufAV auf die Frau und die Hälfte der Anwartschaften der Frau aus GRV, BAV und LV auf den Mann zu übertragen.

Ob und inwieweit bei einem (ergänzenden) schuldrechtlichen Versorgungsausgleich oder bei real teilbaren Versorgungen von dem Grundsatz des Einmalausgleichs abgewichen wird, s. unter „Schuldrechtlicher Versorgungsausgleich", Rn. 517 ff. und „Realteilung", Rn. 484 ff. 17

Um eine Ausgleichsbilanz aufstellen und die Gesamthöhe des Ausgleichsanspruchs errechnen zu können, braucht man Zahlenwerte, die untereinander vergleichbar sind. Die einzelnen Versorgungsanrechte der Parteien sind in ihrem wirtschaftlichen Wert aber häufig nicht zu vergleichen. Sie ähneln Äpfeln, Birnen, Nüssen und anderen Gartenfrüchten, die – auf einen Haufen geworfen – auch nicht in einer einheitlichen Zahl zu halbieren sind. Wohl kann man Äpfel nach Anzahl und Größe gewichten und teilen. Was aber ist die Hälfte des gesamten Obstbergs? So wie man sich als Mitbesitzer des gesamten Obstbergs vermutlich darauf verständigen wird, als Maßstab der Teilung das Gewicht (oder die Masse) der Früchte zu nehmen, hat der Gesetzgeber beim Versorgungsausgleich den Wert einer Anwartschaft in der gesetzlichen Rentenversicherung zum Maßstab einer vergleichenden Betrachtung gemacht. Alle in der Ehezeit erworbenen Rentenanwartschaften sind mit diesen Anwartschaften zu vergleichen und in deren Wertmaßstäbe umzurechnen (s. „Umrechnung nicht dynamischer Anrechte", Rn. 392 ff.). 18

19 In der Praxis gibt es bei der gesetzlich vorgeschriebenen Umrechnung nicht nur Rechenschwierigkeiten. Diese können ggf. durch einen Taschenrechner oder ein Computerprogramm vermindert werden. Es gibt leider auch eine ganze Reihe von Ungerechtigkeiten und Härten. Denn die vom Gesetzgeber zur Verfügung gestellten Umrechnungsgrößen sind in sich höchst widersprüchlich. Einerseits suggerieren sie mit bis zu neun Stellen hinter dem Komma eine Genauigkeit, die über den einhundertmillionsten Teil eines Wertes hinausgeht. Andererseits stellte das Gesetz bisher ein zu starres und trotz einer im Jahre 1984 erfolgten Erweiterung zu grobes Raster zur Einordnung der unterschiedlichsten Versorgungsanrechte zur Verfügung. Dieses pauschalisierende grobe Raster der **Barwertverordnung** (BarwertVO; s. Palandt/Diederichsen, BGB, Anhang zu § 1587a) führte regelmäßig dazu, dass wirtschaftlich wertvolle Anrechte künstlich in weitaus weniger wertvolle umgerechnet werden. Vor dem Hintergrund des Bemühens um eine materielle Halbteilung aller ehezeitlichen Versorgungsanrechte vermochte diese Strukturschwäche des Gesetzes nicht zu befriedigen. Auch die Abänderungsklausel des § 10a VAHRG konnte hier nur begrenzt als Grundlage für gerechte Entscheidungen herangezogen werden. Der BGH hat dann klargestellt, dass die BarwertVO in ihrer bisherigen Struktur **mit dem Gleichheitsgebot** und dem **Eigentumsschutz der Verfassung nicht mehr vereinbar** war und bis spätestens zum 31.12.2002 zumindest vorläufig durch eine angemessenere Regelung ersetzt werden (BGH, FamRZ 2001, 1695 ff. = Rn. 932 „Verfassungsmäßigkeit der Umrechnung nach der BarwertVO") musste. Diesem Auftrag ist der Gesetzgeber durch eine der erhobenen verfassungsrechtlichen Kritik angepasste neue BarwertVO nachgekommen (vgl. 2. Verordnung zur Änderung der BarwertVO v. 26.5.2003, BGBl. I S. 728). Bei dieser Änderung handelt es sich ausdrücklich nur um eine vorläufige Regelung bis zum In-Kraft-Treten einer größeren Strukturreform des Versorgungsausgleichs, bei der eine ganze Reihe von Ungereimtheiten, Ungerechtigkeiten und praktische Schwierigkeiten dauerhaft beseitigt werden sollen. Ob im Rahmen der geplanten größeren Strukturreform bisher tragende Strukturprinzipien wie der Einmalausgleich oder die „Einbahnstraße in die gesetzliche Rentenversicherung" aufgegeben werden, bleibt abzuwarten.

4. Stichtagsprinzip

20 Eine Ausgleichsbilanz, die zu einem bezifferbaren Ausgleichsanspruch führen soll, lässt sich nur mit feststehenden Zahlen erarbeiten. Rentenanwartschaften sind aber in aller Regel keine ein für allemal festen Größen, sondern von Zeit, Einkommen und anderen Faktoren abhängige Größen. Der Gesetzgeber war deshalb wie beim Zugewinnausgleich gezwungen, Stichtage für die Berechnung der einzelnen Anwartschaften zu benennen. Stichtage bei der Bewertung von an sich variablen Vermögenswerten führen aber unvermeidlich zu Härten und Ungerechtigkeiten. Das gilt um so mehr, als der vom Gesetzgeber für den Versorgungsausgleich festgelegte Stichtag des Ehezeitendes regelmäßig nicht übereinstimmt mit den nach den einzelnen Versorgungsordnungen maßgeblichen Stichtagen für die Ermittlung der konkreten Rentenbeträge. Für den Zweck des Versorgungsausgleichs muss so getan werden, als wäre der Versicherungsfall am Ende der Ehezeit eingetreten. Die so ermittelten fiktiven und die späteren tatsächlichen Versorgungsbeträge – auch wenn man sie nur mit ihrem auf die Ehezeit entfallenden Anteil zugrunde legt – können aber weit auseinander liegen. Die Abänderungsklausel des § 10a VAHRG soll hier Abhilfe und die Möglichkeit von gerechten Ergebnissen schaffen. Vor Eintritt des tatsächlichen Versorgungsfalls muss im Rahmen des **Scheidungsverbunds** auch jetzt allerdings – grds. – noch mit fiktiven Werten gerechnet werden. Linderung vom strengen Stichtagsprinzip hat die Rechtsprechung des BGH aber insoweit gebracht, als bei Eintritt des Versorgungsfalles im Laufe des Verfahrens ebenso wie bei einem späteren Abänderungsverfahren im Wesentlichen (Ausnahme s. z. B. OLG Frankfurt/M., FamRZ 1996, 1422) auf die tatsächlichen und nicht auf fiktive Werte abzustellen ist (BGH, FamRZ 1988, 1148 ff.).

21 **Ausnahmen** vom strengen **Stichtagsprinzip** und seinen Folgen (insbesondere der Minderung der Anrechte des Verpflichteten um die Ausgleichsbeträge) ergeben sich aus dem Gesetz in zwei Fällen:

- Bei noch verfallbaren **Betriebsrentenanwartschaften** (§ 1587a Abs. 2 Nr. 3 Satz 3 BGB). Diese unterliegen dem öffentlich-rechtlichen Versorgungsausgleich überhaupt nicht, sondern sind allenfalls schuldrechtlich auszugleichen (§ 1587f Nr. 4 BGB).
- Bezieht der Ausgleichspflichtige bei Wirksamwerden des Versorgungsausgleichs bereits eine **Rente** oder **Pension**, wird ihm diese solange nicht gekürzt, bis auch der Ausgleichsberechtigte Rente und damit die Leistungen aus dem Versorgungsausgleich erhält („Rentner- oder Pensionistenprivileg", s. Rn. 192, 234, 235).
- Zu den Möglichkeiten einen durchgeführten Versorgungsausgleich in bestimmten Härtefällen auf Antrag zeitweilig oder dauernd rückgängig zu machen s. Rn. 786 f.

5. In-Prinzip

Dem Versorgungsausgleich unterliegen alle in der Ehe erworbenen Rentenanwartschaften (§§ 1587 Abs. 1 BGB). Umstritten war, ob und in welchem Umfang solche Rentenanwartschaften der gesetzlichen Rentenversicherung auszugleichen sind, die durch **freiwillige Beiträge** (s. § 197 Abs. 2, 3 SGB VI; Rn. 192), entweder vor der Ehezeit mit Wirkung für Zeiten in der Ehe oder aber in der Ehezeit für Zeiten vor der Ehe begründet worden sind. 22

Nach der Rechtsprechung des BGH (vgl. FamRZ 1996, 1538 ff.) unterliegen Rentenanwartschaften der gesetzlichen Rentenversicherung, die durch freiwillige Nachentrichtung erworben werden, im Gegensatz zu den Bestimmungen des Rentenrechts, in dem das **sog. Für-Prinzip** gilt, dann dem Versorgungsausgleich, wenn die Beiträge während der Ehe entrichtet wurden (mit Zustimmung auch aus der Sicht des Rentenrechts Heilemann, FamRZ 1996, 1132, 1133). 23

Nur dann, wenn die Nachentrichtung von Beiträgen in der Ehezeit mit Mitteln erfolgt, die **aus einem vorzeitigen Zugewinnausgleich** stammen, fallen die so erworbenen Rentenanwartschaften **nicht** in den Versorgungsausgleich, weil während der Ehe erworbenes Vermögen nur entweder dem Zugewinn- oder dem Versorgungsausgleich, nicht aber einem doppelten Ausgleich unterliegen soll (BGH, FamRZ 1992, 790; OLG Köln, FamRZ 2000, 157). Veräußern die Ehegatten nach der Trennung und vor Einreichung des Scheidungsantrags ein im gemeinsamen Eigentum stehendes Haus und teilen sich den Erlös, aus dem dann die Beitragsnachentrichtung erfolgt, handelt es sich nicht um einen vorzeitigen Zugewinnausgleich. An die Stelle des nicht mehr vorhandenen Vermögens aus dem Hausverkauf ist hier vielmehr (teilweise) die gesetzliche Rentenanwartschaft getreten. Was vorher ggf. im Zugewinnausgleich hätte ausgeglichen werden müssen, wird jetzt im Versorgungsausgleich ausgeglichen (OLG Köln, FamRZ 2000, 157, 158).

Maßgeblich ist die ganz **konkrete Uhrzeit zwischen Heirat und Zustellung des Scheidungsantrags**. Begründet wird dieses mit dem Bemühen um eine Harmonisierung von Zugewinn- und Versorgungsausgleichsrecht sowie dem Hinweis, dass eine den Versorgungsausgleich rechtfertigende Versorgungsgemeinschaft zwischen den Eheleuten eben nur während dieser Zeit bestanden habe. Die Ausdehnung der Ehezeit in § 1587 Abs. 2 BGB auf die Zeit zwischen dem Monatsersten vor Heirat und dem Heiratstag einerseits sowie die Verkürzung um die Zeit zwischen dem Monatsletzten vor Zustellung des Scheidungsantrages und dem Tag der Zustellung hat nach Auffassung des BGH keine materiell-rechtliche Bedeutung, sondern dient allein der Vereinfachung der Berechnung, um – wie in der gesetzlichen Rentenversicherung üblich – immer mit vollen Monatsbeträgen rechnen zu können.

Beispiel (BGH, FamRZ 1996, 1538 f.):
Die Heirat der Parteien erfolgte am 12. 11. 1980 um 16:30 Uhr; durch zwei Überweisungen v. 6. 11. 1980 und 12. 11. 1980 (morgens) leistete der Ehemann für voreheliche Zeiten Nachzahlungen. Diese gingen am 11.11. bzw. 17. 11. 1980 auf dem Konto der BfA ein. Der Ehemann erhielt dafür Rentenanwartschaften von insgesamt 127 DM monatlich gutgeschrieben. Weil die zweite Überweisung erst nach der Heirat dem Konto des Ehemannes belastet wurde, fällt diese Nachentrichtung in die Ehezeit und ist damit ausgleichspflichtig.

24 Das In-Prinzip gilt auch für **Pflichtbeiträge**, die von den Eheleuten selbst an den Träger der gesetzlichen Rentenversicherung entrichtet worden sind. Eine **Ausnahme** vom strengen In-Prinzip gilt bei Pflichtbeiträgen, die vom Arbeitgeber entrichtet wurden. Hier soll die Ausübung der versicherungspflichtigen Beschäftigung der maßgebende Vorgang für die Begründung der Rentenanwartschaft sein mit der Folge, dass der Zeitpunkt der Beitragsentrichtung unerheblich bleibt (Maier, in: BfA/VDR-Versorgungsausgleich, § 1587 Nr. 5).

Das **In-Prinzip** ist **auch anzuwenden** auf Rentenanwartschaften für Zeiten im Rahmen flexibler Arbeitszeitregelungen nach dem Gesetz zur sozialrechtlichen Absicherung flexibler Arbeitszeitregelungen vom 6. 4. 1998 („Sabbat-Jahr" u. Ä.), vor allem wenn es zu Abweichungen („Störfällen") zwischen der ursprünglichen Vereinbarung und der tatsächlichen Arbeitsleistung gekommen ist. Vom Versorgungsausgleich erfasst werden damit alle Anwartschaften, die auf während der Ehe gezahlten vertragsgemäßen Beiträgen (§ 23b SGB VI) beruhen, unabhängig davon, ob sie Arbeits- oder Freizeiten betreffen (vgl. Schmeiduch, FamRZ 1999, 1035 ff.).

6. Verbundprinzip

25 Der **öffentlich-rechtliche Versorgungsausgleich** ist vom Familiengericht im Zusammenhang mit der Scheidung von Amts wegen ohne Antrag durchzuführen (§ 1587b Abs. 1, Satz 2 BGB, § 623 Abs. 3 ZPO). Für den **schuldrechtlichen Versorgungsausgleich** gilt dagegen das Parteiverfahren (§ 1587f BGB), und zwar selbst dann, wenn ausnahmsweise einmal ein schuldrechtlicher Versorgungsausgleich bereits mit der Scheidung fällig sein sollte.

26 Grundgedanke des in § 623 ZPO festgelegten **Entscheidungsverbundes** ist, dass Eheleute nur geschieden werden sollen, wenn die wichtigsten Scheidungsfolgen geregelt sind. Der Gesetzgeber hat sich vorgestellt, dass Eheleute sich erst dann einem neuen Lebensweg zuwenden sollen und können, wenn sie keine Auseinandersetzungen wegen ihrer früheren Ehe mehr befürchten müssen. Zugleich sollte die Konfrontation mit den Scheidungsfolgen vor übereilten Scheidungen bewahren und den scheidungsunwilligen Partner vor Rechtsverlusten schützen. In der Praxis möchten viele Betroffene dieser staatlichen Fürsorge entkommen. Denn: Wer macht sich schon gern Gedanken über die Auswirkungen der Scheidung, wenn ihm im Augenblick jedenfalls nichts wichtiger ist, als vom ungeliebten Partner loszukommen. Besonders lästig erscheint die Pflicht, sich mit solchen Scheidungsfolgen zu befassen, die sich erst Jahrzehnte später auswirken, wie dieses beim Versorgungsausgleich regelmäßig der Fall ist. Aus all diesen Gründen und, weil es auch heute noch regelmäßig mehrere Wochen bis Monate dauert, bis der Familienrichter alle Daten für seine Ausgleichsbilanz zusammen hat, streben nicht wenige Parteien und ihre Rechtsanwälte eine „Abtrennung" des Versorgungsausgleichsverfahrens vom eigentlichen Scheidungsverfahren (§ 628 ZPO) an. Hier ist jedoch im Interesse meist einer Partei, aber auch im Interesse der Durchführung eines zügigen gerichtlichen Verfahrens große Zurückhaltung geboten (Einzelheiten s. Rn. 99 ff.).

Zu einer **Auflösung des Verbunds** in der Rechtsmittelinstanz kann es dann kommen, wenn der Scheidungsausspruch vorzeitig rechtskräftig wird, § 629a BGB (vgl. BGH, FamRZ 1999, 1024 f.; Rn. 932 „Auflösung des Verbundes, vorzeitiger Eintritt der Teilrechtskraft des Scheidungsausspruchs").

27 Vom Verbundprinzip gibt es **drei Ausnahmen:**

- Eine ist eingeführt worden durch das VAÜG im Zusammenhang mit der Schwierigkeit, die Versorgungssysteme der neuen Bundesländer denen der bisherigen Bundesrepublik anzupassen. § 2 VAÜG schreibt deshalb in sog. **Ost-West-Fällen** vor, dass Ost- und Westanwartschaften grds. nicht miteinander verglichen werden dürfen, sondern ein Versorgungsausgleich grds. solange analog zu § 628 ZPO auszusetzen ist, bis sich die Einkünfte in den alten und neuen Bundesländern angeglichen haben (zu den Einzelheiten s. Rn. 99 ff.).

- Keinen Zwangsverbund von Scheidung und Versorgungsausgleich bei inländischen Verfahren gibt es für **ausländische Staatsangehörige**, deren Heimatrecht einen Versorgungsausgleich nicht kennt. Diese können sich vielmehr zunächst einmal scheiden lassen und – falls gewünscht – unter den Voraussetzungen des Art. 17 Abs. 3 Satz 2 EGBGB später einen Versorgungsausgleich nachholen. Möglicherweise gilt dieses jedoch nicht für zwei Iraner, die sich in Deutschland scheiden lassen, weil das hier anwendbare deutsch-iranische Niederlassungsabkommen (Art. 8 Abs. 3) den Art. 17 Abs. 3 EGBGB verdrängt (so jedenfalls OLG Köln, FamRZ 2002, 613, 614).

- Eine weitere (scheinbare) Ausnahme vom Verbundprinzip ergibt sich bei der Durchführung eines (isolierten) Versorgungsausgleichsverfahrens nach einer **Scheidung deutscher Staatsangehöriger** im Ausland. Mangels inländischen Scheidungsverfahrens ist hier ein Verbund mit der Scheidung überhaupt nicht und ein Verfahren von Amts wegen praktisch nicht möglich.

7. Amtsprinzip

Das Gericht muss alle Anwartschaften **von Amts wegen** ermitteln (§ 12 FGG). Das bedeutet für den **öffentlich-rechtlichen Versorgungsausgleich** im Scheidungsverbund, dass **kein gesonderter Antrag** auf Durchführung des Versorgungsausgleichs erforderlich ist. Auch die anwaltlich nicht vertretene Scheidungspartei kann darauf vertrauen, dass das Gericht den Ausgleichsanspruch genau so ermittelt, als wenn sie anwaltlich vertreten wäre. 28

Lediglich im **Ausnahmefall des § 1587b Abs. 4 BGB** ist für einen speziellen Fall eine sinnvolle, flexible Ausgleichsregelung von einem Antrag abhängig. Das betrifft vor allem Ausgleichspflichtige, die Anwartschaften an beamtete Ehegatten abgeben müssen und dabei Gefahr laufen, eigene Versorgungsanrechte zu verlieren, ohne dass der andere Ehegatte vom Versorgungsausgleich profitiert (zu den Einzelheiten s. Rn. 609 ff.). 29

Das **Amtsermittlungsprinzip** gilt auch für den schuldrechtlichen Versorgungsausgleich, wenn er erst einmal durch einen Antrag eingeleitet worden ist. Parteien und Versorgungsträger sind deshalb in jedem Versorgungsausgleichsverfahren dem Gericht auskunftspflichtig (§§ 53b Abs. 2, Satz 2 FGG, 11 VAHRG; Einzelheiten s. „Auskunftspflichten", Rn. 84 ff.). 30

Ein **Antrag** ist aber in folgenden Fällen **erforderlich**: 31

- Ausländerehen (Art. 17 Abs. 3 Satz 2 EGBGB),
- Versorgungsausgleich bei nichtigen Ehen pp.,
- in allen Fällen des schuldrechtlichen Versorgungsausgleichs zur Einleitung des Verfahrens (§ 1587f BGB),
- zur Einleitung eines Abänderungsverfahrens (§ 10a Abs. 1 VAHRG).

Dass zur Einleitung eines Versorgungsausgleichsverfahrens ein Antrag erforderlich ist, bedeutet nicht automatisch, dass anwaltliche Vertretung geboten ist. **Anwaltszwang** besteht vielmehr nur in den Fällen des § 78 Abs. 2 ZPO, d. h. immer, aber auch nur dann, wenn es sich beim Versorgungsausgleich um eine – ggf. auch abgetrennte – Scheidungsfolge handelt. Isolierte Versorgungsausgleichsverfahren können ohne Anwälte betrieben werden. 32

8. Weitgehende Abänderbarkeit

Der Versorgungsausgleich soll nicht nur ein **Vermögensausgleich** analog zum Zugewinnausgleich sein, sondern enthält auch **Gedanken des Unterhaltsrechts.** Nicht zuletzt deshalb wurde die Möglichkeit eingeführt, einmal getroffene Entscheidungen an die aktuelle Lage anzupassen (§ 10a VAHRG). Bei der konkreten Ausgestaltung der Abänderungsklausel ist der Gesetzgeber allerdings weit über das vom BVerfG geforderte Maß hinausgegangen und hat sich zu einer fast totalen und wiederholt möglichen Abänderbarkeit entschieden. Man kann – wie bereits gesagt – 33 durchaus bezweifeln, ob die hierin liegende Abkehr von einer überwiegend güterrechtlichen zu einer fast rein unterhalts- oder sozialrechtlichen Betrachtungsweise dem Rechtsinstitut gut bekommen ist.

Schwierigkeiten ergeben sich bei der Abänderung aus dem notwendigen Spannungsverhältnis des vom BGH aus der Verfassung abgeleiteten **Grundsatzes materieller Halbteilung,** die eigentlich zu jedem Zeitpunkt verwirklicht sein sollte, und dem o. g. Stichtagsprinzip (s. Rn. 20).

34 Dass der Versorgungsausgleich in der Vergangenheit anders aussah als heute, wurde bereits mehrfach betont. Welche Entwicklung das Recht dabei genommen hat, zeigt nachfolgender Überblick.

III. Überblick über die Änderungen im Recht des Versorgungsausgleichs

1. Veränderungen im Versorgungsausgleichsrecht selbst

35
- 1. Eherechtsreformgesetz – 1. EheRG – v. 14. 6. 1976 (BGBl. I S. 1421)

  Einführung des Versorgungsausgleichs zum 1. 7. 1977 mit insgesamt vier Ausgleichsformen gegenüber gegenwärtig neun, eine rechtskräftige Entscheidung (im Rahmen des öffentlich-rechtlichen Versorgungsausgleichs) ist wegen bewussten Fehlens einer dem § 323 ZPO vergleichbaren Regelung – wie beim Zugewinnausgleich – unabänderlich.

- Entscheidung BVerfG v. 28. 2. 1980 (FamRZ 1980, 326 ff.; s. Rn. 932 „Verfassungsmäßigkeit")

  Die ursprüngliche Starrheit des Gesetzes wird für verfassungswidrig erklärt und für bestimmte Fallgruppen eine Härteregelung gefordert. Seit dieser Entscheidung hat der Versorgungsausgleich sein überwiegend zivil- und güterrechtliches Gesicht verloren und einen unterhaltsrechtlichen oder sozialrechtlichen Charakter angenommen. Einzelfallgerechtigkeit rangiert vor Rechtssicherheit.

- Entscheidung des BGH v. 27. 10. 1982 (FamRZ 1983, 40, 42)

  Die BarwertVO v. 24. 6. 1977 wird für teilweise verfassungswidrig gehalten, da sie den unterschiedlichen Formen der Teildynamik nicht hinreichend Rechnung trage und mit ihren vier Tabellen zu sehr pauschalisiere; vom Gesetzgeber wird eine differenziertere Lösung verlangt.

- Entscheidung des BVerfG v. 27. 1. 1983 (FamRZ 1983, 342)

  Noch während der laufenden Überlegungen über eine Neugestaltung der Grenzen der bisherigen Unabänderbarkeit wird die umfassende Beitragsbegründungspflicht nach § 1587b Abs. 3 BGB a. F. für verfassungswidrig erklärt.

- Gesetz zur Regelung von Härten im Versorgungsausgleich – VAHRG – v. 21. 2. 1983 (BGBl. I S. 105)

  Zum 1. 4. 1983 werden in Erfüllung der beiden verfassungsgerichtlichen Aufträge – zunächst zeitlich begrenzt bis zum 31. 12. 1986 – als weitere Ausgleichsformen die Realteilung und das analoge Quasisplitting sowie eine nachträgliche Härteregelung bei Tod des Berechtigten und Unterhaltspflicht des Verpflichteten eingeführt. Die Ausgleichsentscheidungen können jetzt in Ausnahmefällen durch den Versorgungsträger bzw. das für ihn zuständige Fachgericht abgeändert werden. Alles, was mit den jetzigen Ausgleichsformen im öffentlich-rechtlichen Versorgungsausgleich nicht ausgleichbar ist, wird in den nach wie vor schwach ausgestalteten schuldrechtlichen Versorgungsausgleich verwiesen (§ 2 VAHRG).

- Verordnung zur Änderung der BarwertVO v. 22. 5. 1984

  Die Forderung des BGH nach einer differenzierteren BarwertVO wird erfüllt. Seither wird nach volldynamischen oder lediglich im Anwartschaftsstadium volldynamischen oder nur im Leistungsstadium volldynamischen oder bei Ehezeitende bereits laufenden oder rein statischen Versorgungen unterschieden (zu den verfassungsrechtlichen Bedenken vgl. MüKo/Dörr, BGB, § 10a VAHRG, Rn. 52).

- Entscheidung des BVerfG v. 8. 4. 1986 (FamRZ 1986, 543 ff.; Rn. 932 „Verfassungsmäßigkeit")

Die weitgehende Verweisung betrieblicher und privater Altersversorgungen in die eher unvollkommene Ausgleichsform des schuldrechtlichen Versorgungsausgleichs nach § 2 VAHRG ist verfassungswidrig. Zusätzlich fehlt eine gerechte Übergangsregelung.

- Gesetz über weitere Maßnahmen auf dem Gebiet des Versorgungsausgleichs – VAwMG – v. 8. 12. 1986 (BGBl. I S. 2317)

Als Reaktion auf diese verfassungsrechtliche Kritik (und die an der bisherigen zeitlichen Begrenzung von Teilen des VAHRG) werden zum 1. 1. 1987 die weiteren Ausgleichsformen des begrenzten Supersplittings, der (ergänzende) beschränkten Beitragsbegründungspflicht sowie des verlängerten schuldrechtlichen Versorgungsausgleichs, vor allem aber eine weitestgehende Abänderbarkeit früherer Entscheidungen eingeführt, letztere sowie die Härteregelung zunächst nur für eine Experimentalphase bis zum 31. 12. 1994, teilweise sogar begrenzt auf die Zeit bis zum 31. 12. 1987 (Art. 4 VAwMG). Außerdem ist jetzt ein Ausschluss des Versorgungsausgleichs wegen Geringfügigkeit möglich (§ 3c VAHRG).

- Gesetz zur Reform der gesetzlichen Rentenversicherung – RRG 1992 – v. 18. 12. 1989 (BGBl. I S. 2261)

Das Gesetz beseitigt die zeitliche Begrenzung der Härteregelung und der Abänderungsklausel (mit Ausnahme von Art. 4 § 1 Abs. 4 VAwMG).

- Art. 30 des Gesetzes zur Herstellung der Rechtseinheit in der gesetzlichen Renten- und Unfallversicherung – RÜG – v. 25. 7. 1991 (BGBl. I S. 1606)

Die zum 1. 1. 1987 eingeführte Bagatellklausel wird wegen Anwendungsproblemen wieder abgeschafft (vgl. BT-Drucks. 12/405 S. 174).

- Gesetz zur Überleitung des Versorgungsausgleichs auf das Beitrittsgebiet – VAÜG – = Art. 31 RÜG v. 25. 7. 1991

Wegen der nicht oder nur schwer miteinander vergleichbaren Versorgungssysteme in den alten und neuen Bundesländern wird zum 1. 1. 1992 der Begriff des angleichungsdynamischen Anrechtes eingeführt, dieses Anrecht ist nur mit seinesgleichen und nicht mit den übrigen dynamischen Anrechten vergleichbar. Nach §§ 2 ff. VAÜG ist bis zu der erforderlichen Einkommensangleichung zwischen den alten und neuen Bundesländern nur ein begrenzter Ausgleich zwischen West- und Ostanwartschaften möglich. In den meisten Ost-West-Fällen muss das Ausgleichsverfahren bis zum Rentenfall eines der Beteiligten ausgesetzt werden. Bei In-Kraft-Treten dieses Gesetzes nahm man an, dass es sich bei dieser Aussetzung um eine zeitlich geringfügige Verschiebung der endgültigen Entscheidung handeln würde. Inzwischen weiß man, dass noch viel Zeit vergehen wird. Ein Provisorium wurde Dauerrecht.

- 2. Verordnung zur Änderung der BarwertVO v. 26.5.2003

2. Mögliche weitere Änderungen

In der **rechtspolitischen Diskussion** waren und sind derzeit mehrere grundlegende Strukturänderungen

- Es wird diskutiert, ob man das Prinzip der „Einbahnstraße in die gesetzliche Rentenversicherung" bei der Ausgleichsform des Quasisplittings nach § 1587b Abs. 2 BGB nicht in der Weise modifizieren sollte, dass jedenfalls zwischen zwei Beamten der Ausgleich direkt durch Übertragung von Pensionsanwartschaften stattfinden kann und nicht nur auf dem Umweg über

Begründung von Rentenanwartschaften in der gesetzlichen Rentenversicherung. Man würde sich auf diese Weise zahlreiche Probleme in Fällen eines unwirtschaftlichen Ausgleichs i. S. d. § 1587b Abs. 4 BGB ersparen.

- Es werden verfassungsrechtliche Bedenken an der Wesentlichkeitsgrenze des § 10a VAHRG geltend gemacht. Angeregt wird die Abschaffung der gerade bei großen Ausgleichsbeträgen bedeutsamen Beschränkung auf 10 % des ursprünglichen Ausgleichsbetrages und Ersetzung durch eine gegenüber dem geltenden Recht minimal erhöhte absolute Wesentlichkeitsgrenze. Zusätzlich soll eine Abänderung aus Billigkeitsgründen auch unabhängig von dieser Grenze möglich sein oder ausgeschlossen werden können.
- Die grundlegendste Änderung des bisherigen Versorgungsausgleichsrechtes aber ist ohne Zweifel die zunehmend erhobene Forderung von Justizpolitikern, den Versorgungsausgleich gänzlich von den Familiengerichten wegzunehmen und ihn den Versorgungsträgern zu übertragen.

3. Mittelbare Änderungen des Versorgungsausgleichs

37 Die Beschreibung der Entwicklung des Rechtsinstituts Versorgungsausgleich in den letzten 20 Jahren wäre unvollständig und die sich in der Praxis ergebenden Schwierigkeiten blieben teilweise unverständlich, wenn man nicht die vielfältigen und permanenten Rechtsänderungen im Bereich der dem Versorgungsausgleich unterliegenden Versorgungssysteme mit in die Betrachtung einbezöge. Durch diese – in erster Linie durch zunehmende Geldnot der öffentlichen Kassen und nur nachrangig durch sozialpolitische Besserstellungen bedingten – Rechtsänderungen hat der Versorgungsausgleich sein Gesicht teilweise erheblich verändert (vgl. u. a. Clausing, DAngVers 1987 Nr. 2, 1, 73 ff.). Zu den letzten Reformgesetzen dieser Art, durch die nicht nur der Wert von gesetzlichen Renten und Beamtenversorgungen, sondern mittelbar eben auch der Wert des Versorgungsausgleichs zum Teil ganz erheblich vermindert – bei Frauen teilweise allerdings auch erhöht – worden sind, gehören u. a. (ausführlicher in der Vorauflage Rn. 37):

- Wachstums- und Beschäftigungsförderungsgesetz (WFG) v. 25. 9. 1996 (BGBl. I S. 1461)

Art. 1: Änderungen des SGB VI mit abweichenden Bewertungen von RAnw. Art. 2 und 3: Änderungen des FremdRG sowie des Fremdrenten- und AuslandsrentenneuregelungsG mit niedrigeren Bewertungen der Fremdrentenanwartschaften, insoweit in Kraft mit Wirkung ab 7. 5. 1996.

- Gesetz zur Reform des öffentlichen Dienstrechtes (Reformgesetz) v. 28. 2. 1997 (BGBl. I S. 322)

In Kraft seit dem 1. 7. 1997; erhebliche Einschnitte in das Versorgungsrecht: zum einen wird der erst für 2002 vorgesehene Versorgungsabschlag für Eintritt in den Ruhestand vor dem 65. Lebensjahr (3,6 % für jedes Jahr) auf 1998 vorgezogen. Zum anderen werden Zeiten der vorgeschriebenen Fachhochschul- oder Hochschulausbildung einschließlich der Prüfungszeit auf höchstens drei Jahre begrenzt und die Zurechnungszeit des § 13 BeamtVG halbiert. Außerdem wird die Anrechnung ruhegehaltsfähiger Zeiten bei Teilzeitbeschäftigung und Beurlaubung ohne Dienstbezüge über das bisher bestehende Maß hinaus begrenzt und auch die bisher garantierte Mindestversorgung bei Zeiten langer Freistellung gekürzt.

- Rentenreformgesetz 1999 – RRG – 1999 v. 16. 12. 1997 (BGBl. I S. 2998)
- Gesetz zur sozialrechtlichen Absicherung flexibler Arbeitszeiten v. 6. 4. 1998 (BGBl. I S. 688)

In Kraft rückwirkend seit dem 1. 1. 1998; es passt das Recht der gesetzlichen Rentenversicherung der Entwicklung moderner, flexibler Beschäftigungsverhältnisse an; § 23a SGB VI: es sind Pflichtbeiträge in Zeiten zu zahlen, in denen der Versicherte von der Arbeitsleistung freigestellt ist, aber Arbeitsentgelt erhält. Die Versicherten erwerben in diesen Zeiten der Freistellung rentenrechtliche Anwartschaften aus sog. Wertguthaben, die durch Arbeitsleistung vorher angespart oder nachher aufgefüllt werden.

- Versorgungsreformgesetz 1998 – VReformG – v. 29. 6. 1998 (BGBl. I S. 1666)

Erhebliche Veränderungen des Beamten- und Beamtenversorgungsrechts und Novelle des Kindererziehungszuschlagsgesetzes. Es sollte im Wesentlichen ebenso wie das inhaltlich vergleichbare RRG 1999 am 1. 1. 1999 in Kraft treten, wurde aber zunächst suspendiert durch das

- Gesetz zur Änderung des Versorgungsreformgesetzes 1998 und anderer Gesetze – Versorgungsreform-Änderungsgesetz – VReformGÄndG – v. 19.12.1998 (BGBl. I S. 383).
- Gesetz zu Korrekturen in der Sozialversicherung und zur Sicherung der Arbeitnehmerrechte v. 19.12.1998 (BGBl. I S. 3843).

Mit diesen beiden Gesetzen werden eine Reihe von Neuerungen des Rentenreformgesetzes 1999 und des Versorgungsreformgesetzes ähnlich zunächst einmal ausgesetzt, um nach erneuter politischer Überprüfung neu beschlossen zu werden.

- Beschluss des BVerfG v. 15.7.1999 (FamRZ 1999, 279 ff.)

Das BVerfG hat die Nachversicherungsvorschrift des § 18 BetrAVG mit der Wirkung als Verstoß gegen Art. 3 Abs. 1, Art. 2 Abs. 1 GG für verfassungswidrig erklärt, dass der Gesetzgeber verpflichtet ist, bis zum 31.12.2000 eine verfassungskonforme Regelung der Versorgungsanwartschaften von Arbeitnehmern des gesamten öffentlichen Dienstes zu schaffen, wobei er für die Vergangenheit Rücksicht auf die angespannte Haushaltslage nehmen darf, sprich: Nachzahlungsansprüche, außer in anhängigen Verfahren, ausschließen kann. Diesen Auftrag hat der Gesetzgeber durch das Erste Gesetz zur Änderung des Gesetzes zur Verbesserung der betrieblichen Altersversorgung vom 21. 12. 2000 – s. nachfolgend – erfüllt.

- Gesetz zur Neuordnung der Versorgungsabschläge vom 29.12.2000 (BGBl. I. S. 1786)

Mit diesem Gesetz werden die vom Versorgungsreformgesetz 1998 vorgesehenen Versorgungsabschläge bei vorzeitiger Versetzung auch von schwerbehinderten und dienstunfähigen Beamten endgültig festgelegt und die bei Dienstunfähigkeit zu berücksichtigende Zurechnungszeit vom Eintritt des bis zur Vollendung des 60. Lebensjahres Versorgungsfalles (mit einer Ausnahme beim Unfallruhegeld) von 1/3 wieder auf 2/3 erhöht. Das um den Versorgungsabschlag geminderte Ruhegeld bildet jetzt auch die Bemessungsgrundlage für die Hinterbliebenenversorgung. Schwerbehinderte Beamte können jetzt zwar immer noch mit Vollendung des 60. Lebensjahres in Pension gehen, müssen aber einen Abschlag von maximal 10,8 % in Kauf nehmen. Nur wenn diese Beamten mit Vollendung des 63. Lebensjahres in Pension gehen, müssen sie keinen Versorgungsabschlag hinnehmen.

- Erstes Gesetz zur Änderung des Gesetzes zur Verbesserung der betrieblichen Altersversorgung vom 21.12.2000 (BGBl. I S. 1914)

Das Gesetz novelliert den § 18 BetrAVG und damit das Recht der öffentlichen Zusatzversorgungen (VBL, ZVKen der Kommunen und Kirchen, Gesetz über die zusätzliche Alters- und Hinterbliebenenversorgung der Freien und Hansestadt Hamburg) in Erfüllung des Auftrages des BVerfG in seiner o.a. Entscheidung vom 15.7.1999. Die unverfallbare, beim Ausscheiden von einem Arbeitnehmer mitnehmbare Versicherungsrente wird jetzt einheitlich berechnet und ihre Dynamik mit 1 % Steigerung je Jahr ab Leistungsbeginn festgelegt.

- Gesetz zur Ergänzung des Gesetzes zur Reform der gesetzlichen Rentenversicherung und zur Förderung eines kapitalgedeckten Altersvorsorgevermögens (Altersvermögensergänzungsgesetz – AVmEG -) vom 21.3.2001 (BGBl. I S. 403)

Durch dieses Gesetz wird vor allem die Anpassungsformel in der gesetzlichen Rentenversicherung (§ 68 Abs. 5 SGB VI) dahingehend geändert, dass spätestens ab 2010 eine private Altersvorsorge des Rentenberechtigten unterstellt wird, die die jetzige Kürzung um rund 4 Prozentpunkte auffängt.

- Gesetz zur Reform der gesetzlichen Rentenversicherung und zur Förderung eines kapitalgedeckten Altersvermögens (Altersvermögensgesetz – AVmG) vom 26.6.2001 (BGBl. I S. 1310)

Das Gesetz schafft steuerliche Anreize zum Aufbau einer privaten Altervorsorge für zertifizierte Verträge einschließlich der Förderung des privaten Eigenheimbaues unter bestimmten Umständen, Zahlung einer familienabhängigen Altersvorsorgezulage, bringt Änderungen des BetrAVG mit dem Ziel des Aufbaues umfassenderer betrieblicher Versorgungssysteme unter Einschluss von Leistungen der Arbeitnehmer, eine Änderung der Unverfallbarkeitsvoraussetzungen und schafft eine bedarfsorientierten Grundsicherung im Alter und bei Erwerbsminderung unter dem Dach der gesetzlichen Rentenversicherung, allerdings getragen durch die Kreise und kreisfreien Städte, mit Auswirkungen auf das Wohngeldgesetz und das GAL sowie weitere Gesetze.

- Gesetz zur Verbesserung des Hinterbliebenrechts vom 17.7.2001 (BGBl. I S. 1598)

Das Gesetz bringt im Gegensatz zu seiner Überschrift für viele eine deutliche Verschlechterung der Hinterbliebenversorgung in der gesetzlichen Rentenversicherung, nämlich bei Tod eines Ehegatten nach dem 1.1.2002 für alle nach dem 2.1.1962 Geborenen, die nur noch eine geringere Witwen- und Witwerrente erhalten, auf die sie sich fast jegliches sonstiges Einkommen anrechnen lassen müssen, und ändert das Altersvermögensergänzungsgesetz teilweise wieder ab.

- Versorgungsänderungsgesetz 2001 vom 20.12.2001 (BGBl. I S. 3926)

Im Wesentlichen in Kraft seit dem 1. 1. 2002; soweit es um die Absenkung der Höchstverordnung und den jährlichen Steigerungssatz geht, allerdings erst ab 1. 3. 2003: Bei Beamten wird (dann) der Steigerungssatz für jedes ruhegehaltsfähige Dienstjahr von 1,875 % auf 1,79375 % der ruhegehaltsfähigen Dienstbezüge gesenkt mit der Folge, dass die Höchstversorgung von 75 % auf 71, 75 % sinkt. Durch eine Übergangsregelung wird sichergestellt, dass ab 1.1.2002 alle vorhandenen und künftigen Pensionäre spätestens etwa im Jahre 2010 von dieser Kürzung voll betroffen sein werden. Bis dahin wird jede Pensionserhöhung nur teilweise durchgeführt werden. Nur die Mindestversorgung wird von der Kürzung ausgenommen. Sie bleibt bei 35 %. In gleicher Weise wie Rentner erhalten jetzt auch Beamte (geringe) staatliche Zuschüsse zum Aufbau einer eigenen privaten Altersvorsorge, die umso höher sind, je mehr kindergeldberechtigte Kinder vorhanden sind. Zusätzlich wird die Witwen- und Witwerversorgung wie im Rentenrecht von 60 auf 55 % abgesenkt für alle nach dem 1.1.2002 geschlossenen Ehen bzw. für alle Eheleute, die am 1.1.2002 jünger als 40 Jahre waren. Voraussetzung für eine Hinterbliebenenversorgung (Ausnahme: Dienstunfallopfer) ist ab dem 1.1.2002 weiter, dass der verstorbene Beamte mindestens fünf Jahre im Dienst gewesen ist. Schließlich werden die Kindererziehungszeiten ab sofort im Beamtenversorgungsgesetz und nicht mehr in einem separaten Kindererziehungszeitengesetz geregelt und werden gesetzliche Unfallrenten auf die Versorgung angerechnet.

Die zeitliche Abfolge dieser Gesetze und das dadurch verursachte Durcheinander in der gesetzlichen Rentenversicherung und Beamtenversorgung haben leider erhebliche Rückwirkungen auf das einzelne Versorgungsausgleichsverfahren, führen insbesondere zur Verzögerung und verursachen erhebliche Fehler bei der Ermittlung der auszugleichenden Anwartschaften.

IV. Übersicht über die gesetzlichen Regelungen des Versorgungsausgleichs

38 Jeden Juristen – mag er Student, Referendar, Richter oder Rechtsanwalt, mit oder ohne Berufserfahrung sein, – der sich zum ersten Mal die Mühe macht und die gesetzlichen Bestimmungen zum Versorgungsausgleich im BGB aufschlägt, überkommt ein Gefühl der Verwirrung und Ohnmacht. Selbst „alte Hasen" im Familienrecht verirren sich bei nicht täglicher Anwendung der Bestimmungen im Dickicht der Worte und suchen gesetzliche Grundlagen für bereits Bekanntes, ohne sie zu finden. So ist z. B. das **Prinzip des Einmalausgleichs** an einer kaum zu findenden Stelle geregelt, nämlich in § 1587b Abs. 3 a. E. BGB, und so formuliert, dass man darin kaum ein so grundlegendes Prinzip vermutet. Erst längere Beschäftigung mit der Materie und/oder das pädagogische Geschick von Referenten und Dozenten führen zur Erkenntnis, dass hinter der Normenflut der §§ 1587 ff. BGB ein durchaus sinnvolles System steht. Um diese Erkenntnis möglichst schnell zu fördern, sollen in knappen Worten Inhalt und Abfolge der gesetzlichen Bestimmungen in einem Überblick erläutert werden.

A. IV. Übersicht über die gesetzlichen Regelungen des Versorgungsausgleichs

Dabei wird unterschieden nach den Orten, an denen ein Versorgungsausgleich nach gesetzlichen Regeln betrieben wird (Familiengericht, Versorgungsträger, Fachgerichte) und nach materiellem sowie Verfahrensrecht. Beim materiellen Recht wird nicht nur auf die Bestimmungen des BGB, sondern auch auf die ergänzenden Vorschriften des VAHRG, VAwMG, VAÜG verwiesen:

1. Beim Familiengericht

a) Materielles Recht

§ 1587 BGB	Was unterliegt dem VA ?	39
	Nicht: Kapitallebensversicherungen, geschenkte Anwartschaften, Unfallrenten, (reine) Hinterbliebenenrenten	
	Was ist Ehezeit i. S. d. VA ?	
§ 1587a Abs. 1 BGB	Ausgleichspflicht nach Bilanzierung,	
	(materieller) Halbteilungsgrundsatz	
§§ 2, 3, 4 VAÜG	nur begrenzter Ausgleich bei angleichungsdynamischen Anrechten	
§§ 1, 5 VAÜG	voller Ausgleich von angleichungsdynamischen Anrechten erst nach Einkommensangleichung	
§ 1587a Abs. 2 BGB	Stichtagsprinzip;	
	Ehezeitanteile;	
	Dynamik,	
	bei öffentlich-rechtlichen Dienstverhältnissen,	
	• gesetzlicher Rentenversicherung (ohne Höherversicherung),	
	• betrieblicher Altersversorgung, Problem der Verfallbarkeit	
	• berufsständigen Versorgungen,	
	• privaten Versicherungsrenten,	
	• sonstigen Versorgungen	
§ 1587b Abs. 1, 2, 6 BGB	Wie erfolgt der öffentlich-rechtliche Ausgleich ?	
§§ 1, 3b VAHRG	in Entgeltpunkten; strenge Stufenfolge: öffentlich-rechtl. VA: Splitting – erweitertes Splitting – (statt umfassender Beitragsbegründung jetzt:) Realteilung – Supersplitting – subsidiäre Beitragsbegründung; schuldrechtlicher VA	
§ 1587b Abs. 3 Satz 3, 2. Hs. BGB	Einmalausgleich	
§ 1587b Abs. 4 BGB	Ausgleich bei Unwirtschaftlichkeit	
§ 1587b Abs. 5 BGB	Höchstbetragsregelung = Begrenzung d. öff.-rechtl. VA	
§ 1587c BGB	negative Billigkeitsklausel = Ausschluss/Minderung des VA	
§ 1587e Abs. 2, 4 BGB	Erlöschen des Ausgleichsanspruch bei Tod des/r Berechtigten; Fortsetzung gegen die Erben bei Tod des/r Verpflichteten	

Rotax

§§ 1587f – n BGB (erg. §§ 2, 3a VAHRG)	schuldrechtlicher Versorgungsausgleich:

b) Verfahrensrecht

§ 1587d BGB	nachträgliche Änderung von Beitragszahlungspflicht
§ 1587e Abs. 1 BGB	materieller Auskunftsanspruch der Eheleute untereinander, vollstreckbar mit Zwangsgeld und Zwangshaft nach ZPO
§ 11 Abs. 2 VAHRG	Auskunftsanspruch des Gerichts gegenüber Eheleuten und Versorgungsträgern, vollstreckbar mit Zwangsgeld nach FGG
§ 10a VAHRG	Abänderungsverfahren: Voraussetzungen: wesentliche Änderung, 55. Lebensjahr oder Rentenbezug; Totalrevision
§ 621 Abs. 1 Nr. 6 ZPO	Zuständigkeit des Familiengerichts
§ 621a ZPO	maßgeblich sind im Wesentlichen die Vorschriften des FGG, § 12 FGG Amtsermittlung
	§§ 53 b – g FGG Verfahrensvorschriften im Einzelnen
§ 621 ZPO	Beschwerde analog der Berufung zum OLG; weitere Beschwerde analog der Revision zum BGH
§§ 623, 628 ZPO	Entscheidungsverbund im Scheidungsverfahren

2. Bei den Versorgungsträgern/Fachgerichten

40

§ 1587p BGB	Wirksamwerden des VA: (bis zu) zwei Monate nach Rechtskraft
§§ 4, 7, 8, 9 VAHRG	Rückgängigmachung des VA bei Tod des Berechtigten Zwei-Jahres-Betrag, Aussetzung der VA-Kürzung bei gesetzl. Unterhaltspflicht
§ 10d VAHRG	Zahlungsverbot während des VA-Verfahrens, Beiträge oder sonstige Versicherungsleistungen zu erstatten/abzufinden.

Auch wenn man dem Reformgesetzgeber des 1. EheRG nicht absprechen kann, dass er die Regelungen des Versorgungsausgleichs mit den §§ 1587 ff. BGB recht sinnvoll geordnet hat, ist es nicht möglich, die Abfolge der gesetzlichen Regelungen zur Vorlage für die Prüfung eines Falles zu nehmen. Dem Ziel, den Wald des Versorgungsausgleichs vor lauter Bäumen, sprich unübersichtlichen und langen Einzelbestimmungen nicht aus dem Auge zu verlieren, dient deshalb eine Checkliste mit einer Reihenfolge der anwaltlichen/richterlichen Überlegungen zum Versorgungsausgleich mit Hinweisen, die typische Fehler vermeiden helfen (vgl. Rn. 933).

B. Verfahrensrecht

I. Zuständigkeit

1. Sachliche Zuständigkeit

Für alle Entscheidungen zum Versorgungsausgleich, sei es beim öffentlich-rechtlichen oder beim schuldrechtlichen Ausgleich, im Erst- und im Abänderungsverfahren ist das **Familiengericht** – §§ 621 Abs. 1 Satz 1 Nr. 6, 621a Abs. 1 Satz 1 ZPO – sachlich zuständig. Das gilt auch für Klagen eines Ehepartners gegen den Rentenversicherungsträger, dem Familiengericht Auskunft über das Versicherungsverhältnis des anderen Ehegatten zu erteilen (BSG, FamRZ 1996, 1353, 1354).

41

Folgende **Ausnahmen** sind zu beachten: Für den Aufschub oder die Rückgängigmachung der Kürzung infolge einer rechtskräftigen Ausgleichsentscheidung aus Härtegründen nach §§ 4, 5 VAHRG sind zunächst die Träger der auszugleichenden Versorgungen und im Streitfall die für sie maßgeblichen Fachgerichte sachlich zuständig:

- bei Streit mit dem Träger einer öffentlich-rechtlichen Versorgung das Verwaltungsgericht,
- mit einem Träger der betrieblichen Altersversorgung das Arbeitsgericht,
- mit einem Träger der gesetzlichen Rentenversicherung das Sozialgericht,
- mit einem Lebensversicherungsunternehmen je nach Streitwert das Amts- oder Landgericht.

2. Örtliche Zuständigkeit

Bei **Anhängigkeit eines Scheidungsverfahrens** richtet sich die örtliche Zuständigkeit nach § 606 ZPO. Gem. § 623 Abs. 3 ZPO hat das Scheidungsgericht stets von Amts wegen zu prüfen, ob ein Verfahren zur Durchführung des Versorgungsausgleichs einzuleiten ist, und dieses dann ggf. auch durchzuführen.

42

Nach rechtskräftigem Abschluss des Scheidungsverfahrens bestimmt sich das örtlich zuständige Gericht nach § 45 FGG. Das ist nicht immer das Scheidungsgericht! Wenn die Zuständigkeit des ursprünglichen Gerichts nicht durch den gemeinsamen letzten Aufenthalt der Ehegatten (§ 606 Abs. 2 1. Alt. ZPO), sondern den davon abweichenden Aufenthalt des die Kinder versorgenden Ehegatten (§ 606 Abs. 1 2. Alt. ZPO) bestimmt wurde, wird für das Verfahren mit hoher Wahrscheinlichkeit ein anderes Gericht als das Scheidungsgericht zu entscheiden haben. Gleiches gilt, wenn beide geschiedenen Ehegatten nach Zustellung des Scheidungsantrages verzogen sind.

Praktische Schwierigkeiten ergeben sich daraus vor allem für den Antragsteller (so für den Fall des Abänderungsverfahrens nach § 10a VAHRG (Herbst, FamRZ 1996, 1556), mit der bedenkenswerten Forderung, durch Gesetzesänderung künftig stets das Ursprungsgericht analog §§ 584, 767 Abs. 1 ZPO zu bestimmen). Denn er (oder sie) muss nach geltendem Recht ggf. nicht nur wissen, wohin der andere geschiedene Ehegatte verzogen ist, sondern im Abänderungsverfahren auch sachdienliche Angaben dazu machen können, wessen Rentenanwartschaften durch die beantragte Abänderung voraussichtlich beeinträchtigt werden (§ 45 Abs. 2 Satz 1 FGG). Um den gegebenen Auskunftsanspruch (s. u. Rn. 84 ff.) aktivieren zu können, benötigt er regelmäßig ebenfalls die Anschrift des anderen Ehegatten und muss überdies notfalls ein isoliertes Auskunftsverfahren betreiben, wenn der andere Ehegatte nicht freiwillig Auskunft erteilt. „Eine zügige Rechtsverfolgung wird dadurch nicht gewährleistet" (Dörr, NJW 1988, 97, 102). Vielmehr drohen zeit-, kosten- und Anwartschaften raubende Irrfahrten von einem zum anderen Gericht (so auch Herbst, FamRZ 1996, 1556). Außerdem bleiben geschiedene Ehegatten aus diesem Grund im eigenen wirtschaftlichen Interesse zwangsläufig intensiver miteinander verbunden, als das dem gesetzlichen Ideal völliger Unabhängigkeit (vgl. § 1569 BGB) eigentlich entspricht.

II. Anwaltszwang

1. Bei Anhängigkeit eines Scheidungsverfahrens

43 Der nach § 78 Abs. 2 Satz 1 Nr. 1 ZPO für das gesamte Scheidungsverfahren in allen Instanzen geltende **Anwaltszwang** erstreckt sich auch auf alle Folgesachen. Das bedeutet, dass eine anwaltlich nicht vertretene Partei von allen Gestaltungsmöglichkeiten, die einen Antrag voraussetzen (s. nachfolgend Rn. 77 f.), ausgeschlossen ist. Wegen des Anwaltszwangs kommt auch ein wirksamer gerichtlicher Vergleich über den Versorgungsausgleich nur zustande, wenn beide Parteien insoweit anwaltlich vertreten sind (so BGH, FamRZ 1991, 679, 680). Zum Streit darüber, ob Scheidungsfolgenvereinbarungen auch ohne anwaltliche Vertretung wirksam geschlossen werden können, z. B. im PKH-Prüfungsverfahren (§ 118 Abs. 1 Satz 3 2. Hs. ZPO) oder im Güteverfahren (§ 279 Abs. 1 ZPO), s. Rn. 648.

Als Anwalt zugelassen ist nur ein beim übergeordneten LG, im Rechtsmittelzug ein beim OLG oder BGH zugelassener Rechtsanwalt (§ 78 Abs. 2 ZPO).

Kein Anwaltszwang besteht für alle am Versorgungsausgleichsverfahren beteiligten Dritten, soweit es um das Verfahren erster und zweiter Instanz geht. Nur im Verfahren der weiteren Beschwerde vor dem BGH müssen auch sie sich anwaltlich vertreten lassen (Ausnahme: Die Träger der gesetzlichen Rentenversicherung und sonstige Körperschaften oder Anstalten des öffentlichen Rechts, § 78 Abs. 2 Satz 3 ZPO).

2. Nach Abschluss des Scheidungsverfahrens

44 Nach rechtskräftigem Abschluss des Scheidungsverfahrens und Abtrennung der Folgesache vom Versorgungsausgleich bleibt die nach § 628 ZPO abgetrennte Folgesache, also bleibt auch der **Anwaltszwang** bestehen.

3. Bei isolierten Versorgungsausgleichsverfahren

45 Bei isolierten Versorgungsausgleichsverfahren – dies sind vor allem Abänderungsverfahren und Verfahren auf schuldrechtlichen Versorgungsausgleich – gilt: Mit Ausnahme der Vertretung in der weiteren Beschwerde beim BGH (§ 621e Abs. 4 ZPO) besteht **kein Anwaltszwang.**

III. Verfahrensabschnitte

Der Versorgungsausgleich vollzieht sich in sechs großen Schritten:

1. Ausschluss des Versorgungsausgleichs

46 Bevor das Gericht oder der Berater in die nähere Prüfung einsteigt, ist zu untersuchen, ob im vorliegenden Fall ein **Versorgungsausgleich** überhaupt **ausgeschlossen** ist (s. Rn. 155 ff., 674 f.).

2. Ermittlung der ehezeitlichen Anwartschaften

47 Normalerweise ist ein Versorgungsausgleich nicht ganz oder nur teilweise ausgeschlossen. Deshalb müssen im gerichtlichen Verfahren alle **in der Ehezeit erworbenen Rentenanwartschaften** ermittelt werden. Dieses geschieht von Amts wegen (§ 12 FGG) unter Mithilfe der Versorgungsträger und der Parteien (s. „Auszugleichende Versorgungen", Rn. 179 ff. und „Auskunftspflichten", Rn. 84 f.).

a) Ehezeit im Sinne des Versorgungsausgleichs

48 Voraussetzung für die Ermittlung der in der Ehezeit erworbenen Anwartschaften ist die korrekte Feststellung der Ehezeit i. S. d. Versorgungsausgleichs. Das ist die Zeit zwischen dem **Monatsersten vor der Heirat** und dem **Monatsletzten vor Eintritt der Rechtshängigkeit des Scheidungsantrages**, § 1587 Abs. 2 BGB.

aa) Wirksame Zustellung

Rechtshängigkeit tritt ein durch Zustellung einer beglaubigten Abschrift des Scheidungsantrages, §§ 253 Abs. 1, 261 ZPO. Ohne die Beglaubigung ist die Zustellung unwirksam (BGHZ 24, 116, 118; 55, 251, 252; Zöller/Stöber, ZPO, § 169, Rn. 12). 49

Auch eine wirksame Zustellung soll die Ehezeit dann nicht beenden können, wenn der Scheidungsantrag ausdrücklich nur für den Fall der Bewilligung von Prozesskostenhilfe gestellt worden ist, gleichwohl aber vor Entscheidung über den PKH-Antrag zugestellt wurde (OLG Naumburg, FamRZ 2002, 248). 50

Eine unwirksame Zustellung kann sich auch durch eine **Verletzung der Förmlichkeiten** bei der Ersatzzustellung, §§ 181 ff. ZPO, vor allem an den Scheidungsgegner oder durch fehlerhafte Niederlegung ergeben. Hier ist an die verschiedenen Möglichkeiten der **Heilung** eines Zustellungsmangels zu denken und auf den genauen Zeitpunkt der Heilung zu achten:

bb) Heilung von Zustellungsmängeln

Wird trotz unwirksamer Zustellung zur Scheidung mündlich verhandelt, tritt die Rechtshängigkeit entsprechend § 261 Abs. 2 ZPO mit Stellung des Antrages ein, auch wenn der andere Ehegatte – allerdings nur nach ordnungsgemäßer Ladung – nicht anwesend ist (OLG Brandenburg, FamRZ 1998, 1439, 1440). **Rügeloses Einlassen** gem. § 295 Abs. 1 ZPO kann zwar ebenfalls zur Heilung eines Zustellungsmangels führen, wird aber i. d. R. nicht anzunehmen sein (OLG Brandenburg, a. a. O., 1440). Heilung einer unwirksamen Zustellung nach § 187 Satz 1 ZPO setzt voraus, dass der andere Ehegatte den Scheidungsantrag tatsächlich erhalten hat, was ggf. durch ein **Einschreiben mit Rückschein** zu belegen ist. 51

b) Ausscheiden aller nicht dem Versorgungsausgleich unterliegender Anrechte

In dieser Stufe des Verfahrens werden alle Anwartschaften ausgeschieden, die nicht dem Versorgungsausgleich unterliegen (vgl. Rn. 155 f.). 52

3. Einheitliche Bewertung

Sind alle Anwartschaften ermittelt, müssen sie **einheitlich bewertet** werden. Ziel der Bewertung ist es, den Ehegatten mit den werthöheren Anwartschaften festzustellen. Dazu müssen die unterschiedlichsten Anwartschaften zusammengerechnet werden. Häufig erfordert dieses eine Umrechnung in volldynamische Anrechte (s. Rn. 392 ff.). In dieser Stufe des Verfahrens besteht eine große Gefahr von Bewertungs- und Rechenfehlern. Die meisten gerichtlichen Entscheidungen zum Versorgungsausgleich befassen sich mit Problemen dieser Verfahrensstufe. 53

4. Ausgleichsbilanz

Die Ehezeitanteile der ermittelten und bewerteten Anwartschaften beider Eheleute sind in einer Ausgleichsbilanz einander gegenüberzustellen. Der Ehegatte mit den wertniedrigeren Anwartschaften hat gegen den anderen Ehegatten einen **Ausgleichsanspruch** i. H. d. Hälfte der Wertdifferenz (§ 1587a Abs. 1 BGB). 54

5. Durchführung des Ausgleichs

Erst nachdem der Gesamtausgleichsanspruch sowie Ausgleichspflichtiger und Ausgleichsberechtigter anhand der Ausgleichsbilanz festgestellt worden sind, geht es um die **Durchführung** des Versorgungsausgleichs im Einzelnen (s. „Ausgleichsformen", Rn. 435 ff.). Hierbei sind ggf. Härtefälle, Unbilligkeiten und Grenzwerte zu beachten, die zu einer Kürzung des Ausgleichsanspruchs führen können. Der Versorgungsausgleich erfolgt soweit wie möglich öffentlich-rechtlich und hilfsweise im schuldrechtlichen Versorgungsausgleich, ggf. im verlängerten schuldrechtlichen Versorgungsausgleich. 55

6. Umsetzung der Ausgleichsentscheidungen und Abwendung der Kürzung

56 Die Versorgungsausgleichsentscheidung wird nach Ablauf der Rechtsmittelfrist rechtskräftig. Erst danach beginnt die **Umsetzung dieser Entscheidung** durch die einzelnen Versorgungsträger. Diese Phase des Versorgungsausgleichs wird nicht mehr vom Familiengericht kontrolliert. Sie ist für die Betroffenen aber gleichwohl von hoher Bedeutung. Denn erst in dieser Phase stellt sich heraus, wie viel der eine Ehegatte endgültig abgeben muss und wie viel der andere Ehegatte erhält. Wegen des Stichtagsprinzips weichen die in der Versorgungsausgleichsentscheidung genannten und auf das Ehezeitende bezogenen Werte von den im Rentenfall tatsächlich zu zahlenden Renten regelmäßig ab. Auch in dieser Stufe des Verfahrens haben die Parteien noch die Möglichkeit, in Härtefällen den Versorgungsausgleich ganz oder teilweise rückgängig zu machen (s. „Abwendung und Aussetzung der Kürzung", Rn. 786 ff.).

7. Abänderungsverfahren

57 Seit dem 1. 1. 1987 gibt es noch eine siebte Stufe, nämlich die der Überprüfung rechtskräftiger Versorgungsausgleichsentscheidungen im **Abänderungsverfahren.** Ein Abänderungsantrag leitet erneut in die vorgenannten sechs Stufen über, wenn die Abänderung zulässig ist (Einzelheiten dazu s. unter „Abänderung", Rn. 721 ff.). Für das Abänderungsverfahren ist wiederum das Familiengericht zuständig.

IV. Verfahrensgrundsätze

1. Freiwillige Gerichtsbarkeit

a) Amtsermittlung

58 Für alle Versorgungsausgleichsverfahren gelten vor allem die Grundsätze des **FGG,** also **Untersuchungsgrundsatz** und **Amtsverfahren** (§ 12 FGG); allerdings muss das Gericht nicht jeder nur denkbaren Möglichkeit nachgehen (vgl. OLG Karlsruhe, FamRZ 1992, 689; BayObLG, FamRZ 1990, 1162, 1163) und kann ggf. nach der den Parteien verbleibenden **Darlegungslast** entscheiden (vgl. BGH, FamRZ 1996, 1540, 1542; s. Rn. 932 „Abänderung: Darlegungslast"). Das gilt vor allem, wenn sich eine Partei auf einen Ausschluss oder eine Kürzung des Versorgungsausgleichs aus Härtegründen beruft (vgl. BGH, a. a. O.; OLG Karlsruhe, FamRZ 1992, 689; BVerfG, FamRZ 1992, 1151, 1152) und im Verfahren um die Genehmigung einer anderweitigen Vereinbarung nach § 1587o BGB (Borth, FamRZ 1996, 714, 719).

59 **Ungeklärte Zeiten** können dabei beim ausgleichsberechtigten Ehegatten unter dem Gesichtspunkt grober Unbilligkeit nach § 1585c BGB berücksichtigt werden. Das gilt nicht beim ausgleichspflichtigen Ehegatten. Seine mangelnde Mitwirkung kann nicht unter dem Gesichtspunkt der „Beweisvereitelung" berücksichtigt werden. Denn das Recht des Versorgungsausgleichs kennt nur eine negative und keine positive Billigkeitsklausel (vgl. OLG Bamberg, FamRZ 1995, 1481; s. Rn. 932 „Gesetzliche Rentenversicherung: ungeklärte Zeiten"; BGH, FamRZ 1982, 1193; s. Rn. 932 „Wiederheirat"). Ob der Versorgungsausgleich zugunsten einer nicht mitwirkungsbereiten, voraussichtlich ausgleichsberechtigten Partei mit dem Tenor „Ein Versorgungsausgleich findet zur Zeit nicht statt" oder durch eine bloße Teilentscheidung unter Berücksichtigung der aufklärbaren Versicherungsverläufe abgeschlossen werden kann (so OLG Hamm, FamRZ 2000, 673, 674; 674), erscheint zweifelhaft. Verfahrensrechtlich richtiger dürfte es sein, hier – allerdings vorbehaltlich eines Abänderungsverfahrens – endgültig und nicht nur vorläufig zu entscheiden. Zu den Besonderheiten bei nicht aufklärbaren ausländischen Rentenanwartschaften s. Rn. 378 ff.

60 Das Gericht darf seine Ermittlungstätigkeit erst einstellen, wenn ihre Fortsetzung ein die Entscheidung beeinflussendes Ergebnis nicht mehr erwarten lässt (BayObLG, FamRZ 1990, 1162, 1163).

Entscheidet ein Familienrichter, eine bestimmte Auskunft nicht einzuholen oder bei fehlender Mitwirkung eines Ehegatten auf eine Vollstreckung von Zwangsmitteln zu verzichten, etwa weil er diese für überflüssig oder aussichtslos hält, ist dieses Vorgehen ebenso wie bei verfahrensleitenden Anordnungen in ZPO-Verfahren grds. nicht mit einer Beschwerde selbständig anfechtbar (OLG Zweibrücken, FamRZ 1988, 1243, 1244), wohl aber möglicherweise ein schwerer Verfahrensfehler, der zur Aufhebung und Zurückverweisung der Ausgleichsentscheidung zwingt (OLG Thüringen, FamRZ 2000, 673).

b) Mündliche Erörterung

Nach § 53b Abs. 1 FGG soll das Gericht in allen Versorgungsausgleichsfällen **mündlich verhandeln**. Das ergibt sich im Scheidungsverbund schon aus der Pflicht zur persönlichen Anhörung der Scheidungsparteien (§ 613 ZPO). Im abgetrennten (vgl. Rn. 99 ff.) oder isolierten Ausgleichsverfahren auf Abänderung, schuldrechtlichen oder verlängerten schuldrechtlichen Ausgleich oder in bestimmten Auslandsfällen sowie im Beschwerdeverfahren wird dagegen regelmäßig nicht mündlich verhandelt. Allerdings muss das Gericht den Beteiligten stets vor der Entscheidung mitteilen, wie es zu entscheiden gedenkt und Gelegenheit zur Stellungnahme geben. 61

c) Ausdrückliche Begründung

Alle (End-)Entscheidungen zum Versorgungsausgleich sind zu **begründen** (§ 53b Abs. 3 FGG). Einen Verzicht auf Tatbestand und Entscheidungsgründe analog § 313a ZPO kennt das Recht des FGG nicht. Unmittelbar ist § 313a ZPO mangels Verweisungsvorschrift nicht anwendbar. 62

d) Verweisung auf ZPO

Über § 64 Abs. 3 Satz 1 FGG sind im Verfahren über den Versorgungsausgleich anstelle der Bestimmungen des FGG teilweise die der **ZPO** anzuwenden, und zwar hinsichtlich des einheitlichen Verfahrensrahmens für Familiensachen (§§ 621-621f ZPO), des Verfahrensverbundes (§§ 622 bis 630 ZPO) und des Rechtsmittelzuges (§§ 119 Abs. 1, 2, 133 GVG). 63

2. Beteiligung und Anhörung

In der freiwilligen Gerichtsbarkeit tritt an die Stelle des zivilprozessualen Begriffs der Partei der Begriff der **Beteiligten im materiellen und formellen Sinn.** Beteiligte im materiellen Sinn sind alle, in deren Rechte die Entscheidung unmittelbar eingreift. Beteiligter im formellen Sinn ist jeder, der zur Wahrung eigener Interessen im Verfahren auftritt oder vom Gericht hinzugezogen wird (BGH, FamRZ 1989, 369 ff. und 602 f.; 1991, 175 f. und 1425; 1996, 482; s. Rn. 932 „Rechtsmittel: Beschwerdeberechtigung einer öffentlich-rechtlichen Zusatzversorgungskasse"). 64

Dazu gehören praktisch immer die **öffentlich-rechtlichen Versorgungsträger**, vor allem die Träger der gesetzlichen Rentenversicherung und Beamtenversorgung, und zwar unabhängig davon, ob die Entscheidung zu einer finanzielle Mehr- oder Minderbelastung des bei ihm versicherten Ehegatten führt (BGH, FamRZ 1981, 132; 1989, 369; 1990, 1099). Es reicht regelmäßig aus das rechtliche Interesse dieser Versorgungsträger an einer dem Gesetz entsprechenden Durchführung des Versorgungsausgleichs (s. Rn. 143 f.).

Von der Frage, wer als Beteiligter im materiellen und formellen Sinn eigene Verfahrensrechte und -pflichten hat, muss unterschieden werden, wer wem zur Auskunft verpflichtet ist (§ 53b Abs. 2 Satz 2, 3 FGG und § 1587e Abs. 1 BGB; s. Rn. 84 ff.). Das Ersuchen um Erteilung einer Auskunft stellt – für sich genommen – noch keine formelle Beteiligung dar mit der Folge, dass eine verkündete Versorgungsausgleichsentscheidung gegenüber dem öffentlich-rechtlichen Versorgungsträger nicht rechtskräftig werden kann, der weder Kenntnis vom Termin oder einen Entscheidungsvorschlag erhalten hat und dem die Entscheidung auch nicht zugestellt worden ist. Hier beginnt die Fünf-Monats-Frist des § 516 Hs. 2 ZPO nicht zu laufen (OLG Stuttgart, FamRZ 2001, 548, 549; OLG Naumburg, FamRZ 2001, 549, 550). 65

a) Öffentlich-rechtlicher Versorgungsausgleich

66 Beim **öffentlich-rechtlichen Versorgungsausgleich** ist neben den Eheleuten auch die Witwe eines verstorbenen Ausgleichspflichtigen in einem von der geschiedenen Ehefrau angestrengten Abänderungsverfahren nach § 10a VAHRG Beteiligte im materiellen Sinn (vgl. OLG Köln, FamRZ 1998, 169, 170); das gilt auch für die betroffen Rentenversicherungsträger und Träger einer öffentlich-rechtlichen Versorgungslast; Letztere allerdings nicht, wenn der Versorgungsausgleich nach § 1587c BGB vollständig ausgeschlossen wird (BGH, NJW 1981, 1274).

67 Obwohl sie Beteiligte des Verfahrens sind, kann den genannten Versorgungsträgern gleichwohl eine „konkrete Beschwer" (s. u. Rn. 143 f.) durch eine Entscheidung des Familiengerichts und damit die Möglichkeit einer Beschwerde fehlen.

68 Aus der materiellen Beteiligteneigenschaft folgt die Verpflichtung des Gerichts zur formellen Beteiligung (Übersendung von Schriftsätzen und Ladung) und Anhörung (§§ 53 Abs. 2 Satz 1, 53b FGG). Unterbleibt diese Beteiligung, kann hierin ein wesentlicher Verfahrensmangel liegen, der den Ablauf der Fünf-Monatsfrist des § 516 Hs. 2 ZPO ausschließt, allerdings nur, wenn ein Versorgungsträger von dem Versorgungsausgleichsverfahren keine Kenntnis hatte (OLG Celle, FamRZ 1997, 760, 761), und zur Aufhebung der Entscheidung führen kann (vgl. OLG München, FamRZ 1991, 1460, 1461).

Alle materiell und formell Beteiligten haben sämtliche prozessualen Rechte und Pflichten, ihnen ist insbesondere die Entscheidung zuzustellen, und sie sind beschwerdeberechtigt.

69 Beim öffentlich-rechtlichen Versorgungsausgleich gehören alle anderen Träger von auszugleichenden Versorgungen, insbesondere also die privatrechtlich organisierten Träger der betrieblichen Altersversorgung (vgl. BGH, FamRZ 1989, 369 ff.) und Lebensversicherungsunternehmen, soweit sie keine Realteilung vorsehen, nicht zu den Beteiligten im materiellen und formellen Sinn, weil in ihre Rechte weder unmittelbar noch mittelbar eingegriffen wird.

b) Schuldrechtlicher Versorgungsausgleich

70 Beim **schuldrechtlichen Versorgungsausgleich** sind die privatrechtlich organisierten Träger betrieblicher Altersversorgung und Lebensversicherungen ohne Realteilungsmöglichkeit ebenso wenig wie beim öffentlich-rechtlichen Versorgungsausgleich zu beteiligen. Denn auch in diesem Verfahren wird allenfalls in Rechte der (geschiedenen) Eheleute eingegriffen. Die spätere Möglichkeit eines verlängerten schuldrechtlichen Ausgleichs stellt noch keinen (bedingten) Eingriff dar.

c) Verlängerter schuldrechtlicher Versorgungsausgleich

71 Erst im gerichtlichen Streit um den **verlängerten schuldrechtlichen Versorgungsausgleich** sind die vorgenannten Träger zu beteiligen (BGH, FamRZ 1989, 602 im Anschluss an BGH, FamRZ 1989, 369). Dann können auch sie ggf. alle denkbaren Einwendungen gegen Bestand und Höhe eines Anspruches auf Ausgleichsrente geltend machen (BGH, FamRZ 1991, 175, 177).

3. Aussetzung bei Vorgreiflichkeit

72 Auch für die Voraussetzungen einer Aussetzung des Verfahrens über den Versorgungsausgleich gelten FGG-Regeln (§ 53c FGG). Es liegt im pflichtgemäßen Ermessen des Gerichts, bei Zweifel über Bestand oder Höhe einer auszugleichenden Versorgung aufgrund bestimmten Vortrages eines Ehegatten den Versorgungsberechtigten zur **(Feststellungs-)Klage** vor dem zuständigen Fachgericht aufzufordern und das Verfahren über den Versorgungsausgleich bis zum Abschluss dieses Verfahrens auszusetzen. Kommt der Ehegatte der Klageaufforderung nicht nach, kann das Familiengericht ohne Berücksichtigung des Vorbringens des Ehegatten entscheiden (§ 53c Abs. 1 Satz 2 FGG). Wird die Klage erhoben, muss das Ausgleichsverfahren ausgesetzt werden. Zugleich dürfte dann regelmäßig der Abtrennungsgrund des § 628 Abs. 1 Nr. 2 ZPO gegeben sein (s. u. Rn. 99 f.).

4. Teilentscheidungen

Das Familiengericht kann im Scheidungsverbund unter den Voraussetzungen des § 301 ZPO auch über Teile des gesamten Versorgungsausgleichs entscheiden, weil § 301 ZPO im Verfahren über den Versorgungsausgleich entsprechend anwendbar ist, auch wenn diese Vorschrift in § 621a Abs. 1 Satz 2 ZPO nicht ausdrücklich erwähnt ist (BGH, FamRZ 1983, 38, 39 m. w. N.). Teilentscheidungen müssen jedoch bewusst erfolgen, d. h. das Gericht muss zu erkennen geben, dass es nur über einen Teil des Verfahrensgegenstandes vorab entscheiden und den Rest später regeln will. Wird der Versorgungsausgleich nur versehentlich unvollständig geregelt, kommt eine ergänzende Entscheidung wegen § 18 Abs. 2 FGG nicht in Betracht (BGH, NJW 1984, 1543).

73

Teilentscheidungen sind nur zulässig, wenn die Entscheidung über den offenen Teil unter keinen Umständen mehr den bereits entschiedenen Teil beeinflussen kann (vgl. z. B. OLG Frankfurt, NJW 1982, 1543, nachdem **bestimmte Tabellenwerte** der gesetzlichen Rentenversicherung wegen Verfassungswidrigkeit nicht mehr verwandt werden durften). Das gilt auch für die Klärung von Umständen, die ggf. zu einer Kürzung oder zum Ausschluss des Versorgungsausgleichs aus Gründen grober Unbilligkeit führen können (offengelassen in BGH, FamRZ 1983, 38, 39). Damit reduziert sich diese prozessuale Möglichkeit auf Fälle, in denen der Ausgleichspflichtige zweifelsfrei feststeht und es nur noch um die Aufklärung weiterer öffentlich-rechtlich auszugleichender Anwartschaften geht.

74

Nach Abtrennung der Folgesache über den Versorgungsausgleich (s. u. Rn. 99 f.) darf nicht mehr durch Teilurteil über den Antrag auf Ausschluss des Versorgungsausgleichs (abschlägig) entschieden werden (OLG Oldenburg, FamRZ 1992, 458).

Die Teilbarkeit des Verfahrensgegenstandes im vorgenannten Sinne ist auch Voraussetzung einer nur **teilweisen Anfechtung** einer Versorgungsentscheidung. Im Rahmen des öffentlich-rechtlichen Ausgleichs kommt nämlich nach der Rechtsprechung des BGH eine Teilanfechtung nur in bezug auf solche Regelungen in Betracht, die der Richter erster Instanz in Form einer Teilentscheidung hätte treffen können (BGH, FamRZ 1984, 990, 991). Fehlt es an der Teilbarkeit, steht die gesamte Ausgleichsentscheidung zur Überprüfung, auch wenn sich das Rechtsmittel ggf. nur gegen einen Teil davon richtet.

75

Eine weitere Folge der Teilbarkeit einer Versorgungsausgleichsentscheidung ist, dass das Familiengericht schon den Eintritt der Rechtskraft nur eines abteilbaren Teiles der Entscheidung dem Versorgungsträger mitteilen muss, damit dieser sie umsetzen kann. Das kommt in Betracht, wenn allein der Versorgungsträger der Beamtenversorgung des Ausgleichsverpflichteten wegen eines seiner Meinung nach unrichtigen Quasisplittings Rechtsmittel eingelegt und innerhalb der Frist des § 629a Abs. 3 ZPO kein anderer Versorgungsträger sich angeschlossen hat. Allein die unverzügliche **Mitteilung der Teilrechtskraft** sichert dem ausgleichsberechtigten – möglicherweise aber nicht unterhaltsberechtigten – Rentner einen schnellen Rentenzuwachs, muss der Versorgungsträger nach §§ 1587p BGB, 10a Abs. 7 Satz 2 VAHRG doch mit der Umsetzung der Ausgleichsentscheidung bis zum Ablauf des Monats warten, der Monat folgt, in dem die Rechtskraftmitteilung beim Rentenversicherungsträger eingegangen ist.

76

V. Antragserfordernisse

1. Auswirkungen der Amtsermittlung und Ausnahmen

Zur Einleitung eines Versorgungsausgleichsverfahrens ist normalerweise **kein Antrag** erforderlich. Der Versorgungsausgleich ist im Scheidungsverbund von Amts wegen einzuleiten (§ 623 Abs. 1 ZPO). Alle Daten zum Versorgungsausgleich sind **von Amts wegen** zu erheben (§ 12 FGG). Das gilt auch für Entscheidungen des Familiengerichts nach § 1587c BGB über den teilweisen oder völligen Ausschluss des Versorgungsausgleichs wegen grober Unbilligkeit. Allerdings muss die

77

Partei, die einen Ausschluss oder eine Kürzung des Versorgungsausgleichs anstrebt, alle Tatsachen, aus denen sich die grobe Unbilligkeit ergibt, vortragen und glaubhaft machen (vgl. BGH, FamRZ 1996, 1540, 1542; s. Rn. 932 „Abänderung: Darlegungslast").

78 **Ausnahmen** sind ein schuldrechtlicher und verlängerter schuldrechtlicher Versorgungsausgleich, die nur auf Antrag einer Partei stattfinden (§ 1587f letzter Hs. BGB). Gleiches gilt für das Abänderungsverfahren (§ 10a Abs. 1 Satz 1 VAHRG). Nur auf Antrag des (potentiell) Ausgleichsberechtigten kann es zu einem isolierten Versorgungsausgleichsverfahren zwischen Ausländern nach einer Scheidung im Inland kommen (Art. 17 Abs. 3 Satz 2 EGBGB).

Mangels irgendwelcher sonstiger Anhaltspunkte für die Einleitung eines Amtsverfahrens kommt auch bei isolierten Erstverfahren zwischen Deutschen nach einer Scheidung im Ausland ein gerichtliches Ausgleichsverfahren nur auf Anregung einer Partei in Gang.

2. Gestaltungsmöglichkeiten bei Unwirtschaftlichkeit

79 Daneben gibt es Gestaltungsmöglichkeiten, die nur auf Antrag zumindest einer Partei eingesetzt werden können:

Wenn sich die Übertragung oder Begründung von Rentenanwartschaften in der gesetzlichen Rentenversicherung voraussichtlich **nicht zugunsten des Berechtigten auswirken** würde oder der Versorgungsausgleich nach den Umständen des Falles **unwirtschaftlich** wäre, hat das Familiengericht auf Antrag einer Partei den Versorgungsausgleich in anderer Weise durchzuführen (§ 1587b Abs. 4 BGB; s. Rn. 609 ff.).

> *Hinweis:*
> *Nach § 3a Abs. 3 VAHRG erlischt ein nach § 1587b Abs. 4 BGB angeordneter schuldrechtlicher Ausgleichsanspruch bereits mit dem Tode des Ausgleichspflichtigen. Ein verlängerter schuldrechtlicher Versorgungsausgleich findet nicht statt.*

3. Übergangsfälle

80 Ein Antrag ist in **Übergangsfällen** erforderlich, wenn der Versorgungsausgleich herabgesetzt werden soll, weil die vor dem 1. 7. 1977 geschlossene Ehe der Parteien seinerzeit allein wegen des Widerspruchs des anderen Ehegatten (§ 48 Abs. 2 EheG) nicht geschieden werden durfte und die uneingeschränkte Durchführung des Versorgungsausgleichs grob unbillig wäre (Art. 12 Nr. 3 Abs. 3 Satz 3, 1. EheRG). In der Praxis dürfte es derartige Fälle heute nicht mehr geben.

4. Kürzungen

81 Auch die Möglichkeit, die durch den Versorgungsausgleich eingetretenen Kürzungen rückgängig zu machen, bedürfen eines Antrags (§§ 4, 5 VAHRG, s. „Abwendung und Aussetzung der Kürzungen", Rn. 786 ff.). Dieser Antrag ist jedoch nicht an das Familiengericht, sondern an den Versorgungsträger zu stellen.

5. Beitragszahlungsverpflichtung

82 Ein Antrag ist weiter erforderlich zur Abänderung oder Aufhebung einer Entscheidung über die Verpflichtung, Beiträge zur Begründung von Rentenanwartschaften in die GRV zu zahlen (§ 3b Abs. 1 Nr. 2 Satz 2 VAHRG i. V. m. § 1587d Abs. 2 BGB) und zur Neufestsetzung der Höhe nicht rechtzeitig gezahlter Beiträge (§ 43e Abs. 3 FGG).

6. Mitteilung nach § 10d VAHRG

Kein Antrag, wohl aber eine **rechtzeitige Mitteilung** auch des Ausgleichsberechtigten oder seines Prozessbevollmächtigten **an den Versorgungsträger des Ausgleichspflichtigen** kann die Rechtswirkungen des § 10d VAHRG (s. u. Rn. 110 ff.) hervorrufen und damit dem Ausgleichsberechtigten den – vielleicht gefährdeten – Versorgungsausgleich sichern. 83

VI. Auskunftsrechte und -pflichten

Das Familiengericht hat zwar alle zur Durchführung des Versorgungsausgleichs erforderlichen Daten – auch für den schuldrechtlichen Ausgleich und bei der Abänderung von Versorgungsausgleichsentscheidungen – von Amts wegen zu erheben (§ 12 FGG). Es ist dabei jedoch auf die Mitwirkung der Parteien und der Versorgungsträger angewiesen. Diese Mitwirkung kann erzwungen werden. 84

1. Auskunftspflicht gegenüber dem Gericht und ihre Durchsetzung

Gem. §§ 11 VAHRG, 53b Abs. 2 Satz 2, 3 FGG sind alle am Versorgungsausgleichsverfahren beteiligten Parteien und Versorgungsträger **dem Gericht gegenüber** zur Auskunft verpflichtet. Einen gesonderten Rechtsweg zu den Sozialgerichten für Klagen von Ehegatten gegen Versorgungsträger auf Erteilung von Rentenauskünften gegenüber dem Familiengericht gibt es nicht (BSG, FamRZ 1996, 1353, 1354). 85

Die Auskunftsverpflichtung kann – und muss auch wegen der Amtsermittlungspflicht nach § 12 FGG – mit den **Zwangsmitteln des FGG,** d. h. mit Zwangsgeld bis zu 25 000 Euro jeweils (§ 33 FGG) durchgesetzt werden. Andere Zwangsmittel, insbesondere Ordnungsgeld oder zwangsweise Vorführung gem. § 380 ZPO sind im Rahmen eines Versorgungsausgleichsverfahrens unzulässig. Ein Zwangsgeld nach § 33 FGG kann auch wiederholt angedroht und festgesetzt werden, allerdings erst, wenn zuvor die Durchsetzung der gerichtlichen Anordnung durch Vollstreckung des bereits verhängten Zwangsgeldes versucht worden ist (OLG München, FamRZ 1993, 1107). 86

Die Auskunftspflicht gegenüber dem Gericht soll unabhängig davon bestehen, ob der Scheidungsantrag begründet ist oder nicht (so OLG Braunschweig, FamRZ 1995, 300; a. A. OLG Düsseldorf, FamRZ 1987, 618), weil es nicht Sinn und Zweck des Auskunftsverfahrens sein könne, in diesem Verfahren die Frage der Begründetheit des Scheidungsantrages zu prüfen, zumal das Verfahren dadurch bewusst in die Länge gezogen werden könnte (zustimmend Borth, FamRZ 1996, 714, 719). Dieses erscheint zweifelhaft, wenn der Scheidungsantrag nach dem unstreitigen Sachverhalt – etwa weil das Trennungsjahr noch nicht abgelaufen ist – unbegründet ist oder seine (fehlende) Begründetheit ohne große Beweisaufnahme, nur durch Parteianhörung festgestellt werden kann. 87

Die **Erledigung eines Auskunftsersuchens** nach § 11 VAHRG kann auch einem öffentlich-rechtlichen Versorgungsträger wie einer Landesversicherungsanstalt angedroht werden (KG, FamRZ 1998, 839). 88

Ob der Zwangsgeldbeschluss nach Erteilung der Auskunft ausdrücklich aufgehoben werden muss oder bloß gegenstandslos geworden ist, wird in der Rechtsprechung unterschiedlich beurteilt. Überwiegend wird eine ausdrückliche Aufhebung gefordert (vgl. KG, FamRZ 1997, 216; OLG Nürnberg, FamRZ 1997, 216, 217; s. Rn. 932 „Auskunftspflichten: Zwangsmittel"). 89

Solange der **Versorgungsausgleich im Verbund** mit der Scheidung verhandelt wird, kann der Familienrichter das persönliche Erscheinen der Parteien gem. § 613 Abs. 1 ZPO anordnen und gem. §§ 613 Abs. 2 i. V. m. 630 ZPO dieses Erscheinen auch durch Ordnungsgeld bzw. zwangsweise Vorführung erzwingen. Ordnungshaft ist ausdrücklich ausgeschlossen (§ 613 Abs. 2 letzter Hs.. ZPO). Anlässlich des so erzwungen Erscheinens kann er dann versuchen, etwaige Versicherungslücken aufzuklären. Eine Mitwirkungshandlung darf durch diese Ordnungsmittel jedoch nicht erzwungen werden. Gleichwohl sollten diese erweiterten prozessualen Möglichkeiten des Scheidungsverbundes bedacht werden, bevor es zu einer „Abtrennung" des Versorgungsausgleichsverfahrens gem. § 628 ZPO (s. Rn. 99 f.) kommt. 90

91 Die Auskunftspflicht gem. §§ 11 VAHRG, 53 Abs. 2 Satz 2 u. 3 FGG gilt für jedes Versorgungsausgleichsverfahren, also auch für die Abänderungsverfahren gem. § 10a VAHRG und die **Verfahren über einen schuldrechtlichen** oder **verlängerten schuldrechtlichen Ausgleich**.

92 **Gebührenrechtlich** stellt die Einholung von Auskünften im Rahmen des Versorgungsausgleichsverfahrens nach § 53b Abs. 2 Satz 2 FGG zumindest solange **keine Beweisaufnahme** dar, wie die tatsächlichen Grundlagen der Auskünfte zwischen den Parteien nicht streitig sind (OLG Koblenz, FamRZ 2001, 781).

93 Ob der nach § 11 Abs. 2 VAHRG auskunftspflichtige Versorgungsträger die **Auskunft kostenlos** erteilen muss oder entsprechend den Entschädigungsbestimmungen des ZSEG nach Auskunftserteilung eine Entschädigung verlangen kann, wird uneinheitlich beantwortet. Einige, vor allem große Arbeitgeber wie die Deutsche Lufthansa und der Norddeutsche Rundfunk haben von den Familiengerichten Erstattung der ihnen durch Sachverständigengutachten entstandenen Kosten in zum Teil beträchtlicher Höhe verlangt (vgl. Rn. 269 ff.). Die h. M. geht von der Verpflichtung zu kostenlosen Auskünften aus (OLG Köln, FamRZ 1985, 719 m. w. N.; OLG Frankfurt, FamRZ 2000, 540, 541; OLG Hamburg, FamRZ 2000, 541, 542). Anderer Ansicht und für eine analoge Anwendung des ZSEG sind: OLG Dresden (FamRZ 2000, 298, 299) und Rolland (1. EheRG, § 1587e BGB Nr. 5.4).

2. Auskunftspflicht der Ehegatten untereinander

94 Ehegatten sind nicht nur dem Gericht gegenüber, sondern auch **einander** auskunftspflichtig (§ 1587e Abs. 1 BGB). Diese Auskunftsverpflichtung kann im laufenden Verfahren entsprechend einer Stufenklage geltend gemacht werden. Über sie ist durch (Teil-)Beschluss zu entscheiden, der nach §§ 888 ZPO i. V. m. 53g Abs. 3 FGG zu vollstrecken ist. Das bedeutet, dass hier Zwangsgelder jeweils bis zu 25 000 Euro und Zwangshaft in Betracht kommen. Gerade im isolierten oder abgetrennten Versorgungsausgleichsverfahren bieten sich damit wirkungsvolle Zwangsmittel an, die allerdings davon abhängig sind, dass zumindest einer der Eheleute „mitspielt". Er muss den Auskunftsantrag stellen, und ihm obliegt auch die Vollstreckung.

95 Ob für einen bürgerlich-rechtlichen Auskunftsanspruch nach § 1587e Abs. 1 BGB regelmäßig das **Rechtsschutzinteresse** fehlt, weil das Gericht von Amts wegen nach § 11 VAHRG dasselbe Ziel billiger und schneller erreichen kann und die Parteien durch Anregungen und Hinweise die Tätigkeit des Familiengerichts beeinflussen können (so OLG München, FamRZ 1998, 244, 245), erscheint angesichts der weiterreichenden Zwangsmittel nach § 888 ZPO zweifelhaft. Zu Recht gehen deshalb einige Obergerichte davon aus, dass der Auskunftsanspruch nach §§ 1587e Abs. 1 BGB unabhängig davon geltend gemacht werden kann, ob das Gericht seine Möglichkeiten nach § 11 VAHRG bereits ausgeschöpft hat (OLG Frankfurt, FamRZ 2000, 99 m. zustimmender Anm. Weil, 100).

96 Für das **Abänderungsverfahren** gem. § 10a VAHRG ist die wechselseitige Auskunftspflicht der Ehegatten in § 10a Abs. 11 VAHRG nochmals bestätigt und auf deren Hinterbliebenen erweitert worden. D. h. Berechtigte und Witwe/Witwer des/der Verpflichteten sind einander und gegenüber dem Träger/den Trägern der auszugleichenden Versorgung/en, letztere gegenüber Berechtigten und Witwen/Witwern der Verpflichteten wie im Unterhaltsrecht, d. h. analog § 1605 BGB (§ 3a Abs. 8 VAHRG) auskunftspflichtig. Diese ggf. auch isoliert durchsetzbaren Verpflichtungen sollen helfen, unnötige gerichtliche Auseinandersetzungen zu vermeiden und zu außergerichtlichen Vereinbarungen zu kommen.

3. Auskunftspflicht der Versorgungsträger gegenüber Ehegatten

97 Die Auskunftspflichten der **Versorgungsträger gegenüber den Eheleuten** richten sich nach den Bestimmungen des jeweiligen Versorgungsverhältnisses. Danach hat grds. jeweils nur der Versorgungsempfänger selbst gegenüber seinem Versorgungsträger, nicht aber der andere Ehegatte gegenüber dem Versorgungsträger seines Partners Auskunftsrechte (vgl. z. B. § 109 Abs. 1, 2 SGB

VI). Ausnahmsweise erhält jedoch auch der Ehegatte oder der geschiedene Ehegatte eine Auskunft über die Höhe erworbener Anwartschaften in der gesetzlichen Rentenversicherung, wenn der Träger der Rentenversicherung diese Auskunft nach § 74 Nr. 2b SGB X erteilen darf, weil der Versicherte selbst seine Auskunftspflicht gegenüber dem Ehegatten nicht oder nicht vollständig erfüllt hat. Damit auch der Versicherte weiß, was der andere Partner erfährt, ist auch ihm die Auskunft zu übermitteln (§ 109 Abs. 3 SGB VI).

Mit der Auskunft, die ein Rentenversicherungsträger nach § 53b Abs. 2 Satz 2 FGG im familiengerichtlichen Verfahren auf Ersuchen des Gerichts erteilt, erfüllt er zugleich eine ihm gegenüber dem Versicherten und seinem Ehegatten gegenüber obliegende **Amtspflicht** mit der Folge, dass der Rentenversicherer nach und trotz gerichtlicher Versorgungsausgleichsentscheidung den durch die unrichtige Auskunft belasteten Ehegatten in dessen Versicherungsfall im Wege des **Schadensersatzes** nach § 839 Abs. 2 BGB so zu stellen hat, wie er bei richtiger Auskunft und zutreffender gerichtlicher Ausgleichsentschädigung stehen würde (BGH, FamRZ 1998, 89 ff. m. w. N.).

VII. Abtrennung des Versorgungsausgleichsverfahrens vom Scheidungsverbund

Das Verfahren über den Versorgungsausgleich wird regelmäßig als sog. Folgesache (§ 623 i. V. m. § 621 Nr. 6 ZPO) zusammen mit der Scheidung verhandelt und kann wegen des Gebots der Entscheidungskonzentration regelmäßig auch nur zusammen mit der Scheidung – und anderen Folgesachen wie Entscheidung über das Sorgerecht gemeinsamer minderjähriger Kinder – entschieden werden. Nach § 628 Abs. 1 ZPO kann das Gericht dem Scheidungsantrag ausnahmsweise vor der Entscheidung über den Versorgungsausgleich stattgeben („Abtrennung").

1. Prozessökonomie

Mit dieser Ausnahmemöglichkeit sollte das Gericht – auch wenn Parteien und Anwälte das Gericht drängen und häufig nur der Versorgungsausgleich noch nicht entscheidungsreif ist – zurückhaltend umgehen. Das entspricht nicht nur der gesetzgeberischen Zielsetzung des **Scheidungsverbunds,** sondern auch einer vernünftigen Aktenbearbeitung und **Prozessökonomie** (so auch ausdrücklich OLG Düsseldorf, FamRZ 1994, 1221; s. Rn. 932 „Abtrennung: Anfechtbarkeit" und OLG Köln, FamRZ 1997, 1487, 1488 zur vergleichbaren Situation bei fehlender Mitwirkung des zum Zugewinnausgleich Auskunftspflichtigen).

Regelmäßig haben die Parteien eines Scheidungsverfahrens nämlich ein erhebliches Interesse an der Scheidung und möchten das Scheidungsurteil (oder auch das den Scheidungsantrag abweisende Urteil) so schnell wie irgend möglich erhalten. Um eine etwa erforderliche Mitwirkung dazu werden sie sich in aller Regel bemühen. Ist erst einmal die Scheidung ausgesprochen und rechtskräftig, erlischt häufig jegliches Interesse an der Klärung des Versorgungsausgleichs. Die Aufklärung aller ehezeitlichen Rentenanwartschaften wird dann auch schon in unkomplizierten Fällen und bei kurzer Ehedauer schwierig und die beim Träger der gesetzlichen Rentenversicherung gespeicherten Daten reichen vielfach nicht aus. Denn viele Eheleute sind nicht während der gesamten Ehezeit sozialversicherungspflichtig beschäftigt gewesen. Ob für beitragslose oder beitragsgeminderte Zeiten (z. B. Schulausbildung, Hochschulzeit, Schwangerschaft, Arbeitslosigkeit), Zeiten der Kindererziehung oder im Rahmen von Arbeitsverhältnissen betriebliche Rentenanwartschaften erworben wurden, lässt sich vielfach nur unter Mitwirkung der Beteiligten abklären. Trotz Datenträgeraustausches und Datenübermittlungspflicht von Arbeitgebern und Arbeitsämtern an die Träger der gesetzlichen Rentenversicherung erfahren letztere von solchen Zeiten häufig nichts. Gerade zunehmende Arbeitslosigkeit und die Umstände eines schwierigen, sich schnell verändernden Arbeitsmarktes lassen „Lücken" in der rentenrechtlichen Biographie eines Versicherten entstehen, die das Ausgleichsergebnis erheblich verfälschen können.

102 Die verbreitete Annahme, die Entscheidung über den Versorgungsausgleich im abgetrennten Verfahren sei regelmäßig unproblematisch (so auch Eißler, Versorgungsausgleich, Rn. 457), trifft in der Praxis (leider) in zu vielen Fällen nicht zu.

2. Abtrennungsgründe

103 Die ober- und höchstgerichtliche Rechtsprechung tendiert zu einer restriktiven Auslegung der drei vom Gesetz genannten Abtrennungsgründe (vgl. BGH, FamRZ 1986, 898 ff.; KG, FamRZ 2001, 928, 929; s. Rn. 932 „Abtrennung: Voraussetzungen"), wenn:

- eine **Entscheidung vor Auflösung der Ehe nicht möglich ist** (§ 628 Abs. 1 Nr. 1 ZPO);

- **das Versorgungsausgleichsverfahren nach § 53c FGG ausgesetzt wird,** weil ein Rechtsstreit über den Bestand oder die Höhe eines auszugleichenden Anrechts vor einem anderen Gericht anhängig gemacht worden ist (§ 628 Abs. 1 Nr. 2 ZPO), ggf. nachdem das Familiengericht dazu unter Fristsetzung aufgefordert hatte (§ 53c Abs. 1 FGG). Diese Möglichkeit dürfte künftig an Bedeutung gewinnen, wenn die tatsächlichen Anforderungen an das Vorliegen eines Frühverrentungs- oder -pensionierungsgrundes entsprechend der derzeit zu beobachtenden Tendenz erhöht werden. Gerade Ausgleichspflichtige haben wegen des sog. **Rentner- oder Pensionistenprivilegs** (vgl. Rn. 192, 234) ein schützenswertes Interesse daran, dass ihnen ein bindender Rentenbescheid erteilt wird, bevor die Entscheidung über den Versorgungsausgleich wirksam wird. Das gilt übrigens nicht nur im Erstverfahren, sondern auch im Rahmen eines Abänderungsverfahrens nach § 10a VAHRG (so ausdrücklich BGH NJW 1995, 657, 658): Muss der Ausgleichspflichtige aufgrund der Abänderungsentscheidung mehr als bisher durch Splitting, Quasisplitting oder Supersplitting abgeben, ermäßigt sich seine Rente um den entsprechend erhöhten Kürzungsbetrag erst, wenn auch die Ausgleichsberechtigte tatsächlich in den Genuss des erhöhten Versorgungsausgleichs kommt.

  Ob eine Abtrennung des Versorgungsausgleichsverfahrens bei gleichzeitiger Aussetzung in den vom BVerfG für verfassungswidrig erklärten Fällen (vgl. BVerfG, FamRZ 1996, 1137 ff.) in Betracht kam, in denen Kindererziehungszeiten während der Ehe mit anderen Beitragszeiten zusammentrafen, war zwischen den Oberlandesgerichten umstritten (vgl. für Abtrennung: OLG Koblenz, FamRZ 1997, 1218; gegen Abtrennung: OLG Celle, FamRZ 1997, 1218 ff. und OLG Frankfurt, FamRZ 1997, 1220 ff.). Nachdem der Gesetzgeber jetzt eine verfassungskonforme Lage geschaffen hat (vgl. §§ 70 Abs. 2307d SGB VI i. d. F. des RRG 1999), hat sich das Problem erledigt. Es kann aber auch künftig in vergleichbaren Situationen – wenn nämlich die Verfassungsmäßigkeit einer Regelung zum Versorgungsausgleich in Frage steht – immer wieder einmal auftreten. Solange sich die Auswirkungen in einem vergleichbaren Rahmen halten, ist im Interesse einer möglichst umfassenden Absicherung der Ausgleichsberechtigten regelmäßig davon auszugehen, dass die Ausgleichsverfahren nach den bekannten Auskünften zu entscheiden und etwaige spätere Abweichungen durch Anwendung der verfassungskonformen Regelung einem Abänderungsverfahren vorzubehalten sind.

- Die **gleichzeitige Entscheidung** über den Versorgungsausgleich den Scheidungsausspruch außergewöhnlich lange und unzumutbar verzögern würde (§ 628 Abs. 1 Nr. 3 ZPO).

104 Auch bei der Anwendung dieser Generalklausel ist Zurückhaltung geboten. Anders als bei Abtrennung nach § 628 Abs. 1 Nr. 1 und 2 ZPO steht dem Gericht insoweit **kein Ermessensspielraum** zu (Zöller/Philippi, ZPO, § 628 Rn. 12). **Außergewöhnlich** ist regelmäßig nur eine (voraussichtliche) Verfahrensdauer ab Zustellung des Scheidungsantrages von mehr als zwei Jahren, wobei es grds. nicht darauf ankommt, aus welchen Gründen das Verfahren solange dauert (BGH, FamRZ 1986, 898, 899; s. Rn. 932 „Abtrennung: Voraussetzungen"). Nach Meinung des OLG Oldenburg (FamRZ 1992, 458) soll eine Abtrennung bereits zulässig sein, wenn ein Ehegatte seit mehr als einem Jahr jegliche Mitwirkung an der Aufklärung von Lücken in seinem Versicherungsverlauf verweigert.

Eine außergewöhnliche Verzögerung allein rechtfertigt eine Abtrennung nicht. Es müssen vielmehr Umstände hinzutreten, die bei Abwägung der beiderseitigen Interessen dazu führen, dass ein weiterer Aufschub der Scheidung einer Partei nicht mehr zuzumuten ist (vgl. BGH, FamRZ 1986, 898, 899; 1991, 1616, 2491; KG, FamRZ 2001, 928, 929 = Rn. 932 „Abtrennung des VA vom Scheidungsverbund, Voraussetzungen"). Das ist noch nicht der Fall, wenn der die Abtrennung fordernde Ehemann infolge des lange andauernden Verfahrens mehr Getrenntlebensunterhalt zahlen muss, seine neue Lebensgefährtin noch nicht heiraten kann und angibt, nur der Kinder wegen bisher an der Ehe festgehalten zu haben (KG, FamRZ 2001, 928, 929).

105

Die außergewöhnliche Verzögerung braucht allerdings noch nicht eingetreten zu sein. Sie muss lediglich drohen (Zöller/Philippi, ZPO, § 628 Rn. 5).

Der Hauptfall für eine Anwendung des § 628 Abs. 1 ZPO war bis zum In-Kraft-Treten des § 1599 Abs. 2 BGB, dass die Ehefrau von einem anderen Mann als dem Ehemann ein Kind erwartete und den Kindesvater auch heiraten wollte, um dem Kind einen eindeutigen Status zu sichern und kein Ehelichkeitsanfechtungsverfahren führen zu müssen. Hier wurde den Beteiligten (Frau, Kind und Ehemann) viel Ärger und Geld erspart, wenn die Scheidung vorab ausgesprochen wird. Seit es die Möglichkeit der sog. Kombi-Anerkennung in § 1599 Abs. 2 BGB gibt, hat dieser Grund wesentlich an Bedeutung verloren, weil jetzt die Beteiligten einvernehmlich den Status des Kindes klarstellen können und auf ein Anfechtungsverfahren nicht mehr angewiesen sind.

106

Auch die bevorstehende Geburt eines Kindes des Ehemannes aus einer neuen Verbindung und sein Wunsch, dieses Kind möglichst schnell zu legalisieren, kann – jedenfalls dann, wenn die Unterhaltsansprüche der Ehefrau und gemeinsamer Kinder aus der zu scheidenden Ehe geregelt und nur Zugewinnausgleichsansprüche noch offen sind, – ein ausreichender Grund sein (vgl. BGH, FamRZ 1986, 898, 899).

107

3. Rechtsmittel gegen Abtrennung

Erfolgt der Scheidungsausspruch zu Unrecht vor der Entscheidung über eine Folgesache, kann sich die Partei dagegen (nur) durch ein Rechtsmittel gegen den Scheidungsausspruch wehren, auch wenn dieser zu Recht erfolgt sein sollte (BGH, FamRZ 1984, 254, 255 m. w. N.). Wegen der Bedeutung des Scheidungsverbundes ist den Parteien vor der Abtrennung einer Folgesache in geeigneter Weise rechtliches Gehör zu dieser Frage zu gewähren (BGH, FamRZ 1986, 898, 899; s. Rn. 932 „Abtrennung: Voraussetzungen"). Ein etwaiger Verstoß gegen Art. 103 Abs. 1 GG durch das Amtsgericht kann allerdings dadurch geheilt werden, dass die betroffene Partei in der Berufungsinstanz Gelegenheit erhält, dem Gericht Gründe gegen die Abtrennung der Folgesache vorzutragen (BGH, a. a. O.).

108

4. Rechtsmittel gegen Nichtabtrennung?

Weist das Gericht den Antrag auf Abtrennung zurück, ist umstritten, ob ein solcher Beschluss anfechtbar ist. Wegen der Ähnlichkeit der Ablehnung der Abtrennung mit einer Vertagung auf unbestimmte Zeit, Ablehnung einer Terminanberaumung oder Verfahrensaussetzung wird die Nichtabtrennung für anfechtbar gehalten (Zöller/Philippi, ZPO, § 628 Rn. 11 m. w. N.; a. A. OLG Düsseldorf, FamRZ 1994, 1121; s. Rn. 932 „Abtrennung: Voraussetzungen"; OLG Karlsruhe, FamRZ 1999, 98, 99, das jedenfalls ein ordentliches Rechtsmittel ausschließt). Die Anfechtung einer ausdrücklichen oder konkludenten Ablehnung der Abtrennung dürfte aber mangels klarer rechtlicher Regelung unter dem Gesichtspunkt eines **Grundrechtsverstoßes durch greifbare Gesetzwidrigkeit** allenfalls in extremen Ausnahmefällen im Wege einer **außerordentlichen Beschwerde** (OLG Karlsruhe, FamRZ 1999, 98, 99) zulässig sein, etwa wenn sie für den gesamten Scheidungsverbund und nicht nur für das Scheidungsverfahren als solches deshalb einer Aussetzung i. S. d. § 252 ZPO gleichkommt, weil das Gericht keinerlei Aktivitäten zur Aufklärung mehr entfaltet oder die Nichtabtrennung offensichtlich **ermessensfehlerhaft** ist (vgl. die Parallele in der

109

Rechtsprechung zur Beschwerdemöglichkeit bei Anlehnung der vorläufigen Einstellung der Zwangsvollstreckung nach §§ 707, 719, 769 ZPO). Solange sich das Gericht um eine Sachaufklärung und den Abschluss des Versorgungsausgleichsverfahrens bemüht, wird man davon nicht reden können (so auch OLG Düsseldorf, a. a. O.). Werden mehr als eine Folgesache vom Scheidungsverfahren abgetrennt, bilden diese untereinander wiederum einen (Rest-)Verbund, der seinerseits nur unter den Voraussetzungen des § 628 ZPO aufgelöst werden kann (OLG Zweibrücken, FamRZ 1997, 1231, 1232 m. w. N.).

VIII. Sicherung des Anspruchs auf Versorgungsausgleich

1. Zahlungsverbot nach § 10d VAHRG

a) Betroffene Versorgungen des Ausgleichspflichtigen

110 Nach der Rechtsprechung des BGH (FamRZ 1986, 892, 893; s. Rn. 932 „Auszugleichende Versorgungen: Wegfall") kann ein Versorgungsausgleich weder öffentlich-rechtlich noch schuldrechtlich durchgeführt werden, wenn zum Zeitpunkt der Entscheidung kein ausgleichungsfähiges Anrecht mehr vorhanden ist. Dem ist bezüglich eines öffentlich-rechtlichen Ausgleichs sicher zuzustimmen. Hinsichtlich eines schuldrechtlichen Ausgleichs erscheint diese Ansicht nach Erweiterung der Möglichkeiten für eine vorzeitige Abfindung betrieblicher Versorgungen nach § 3 Abs. 1 BetrAVG n. F. zum Schutze des Ausgleichsberechtigten jedoch dringend überprüfungsbedürftig (so auch Glockner/Goering, FamRZ 2002, 282, 286), zumal beim schuldrechtlichen Ausgleich in die Versorgung selbst gar nicht eingegriffen wird.

111 Die durch das VAwMG v. 8. 12. 1986 eingefügte Vorschrift des **§ 10d VAHRG** soll verhindern, dass ein **Ausgleichspflichtiger** noch während des Verfahrens dem Versorgungsausgleich dadurch die Grundlage entzieht, dass er sich Versorgungsrechte durch Beitragserstattung nach § 210 SGB VI (nicht nach § 26 SGB VI; vgl. Maier u. a., Versorgungsausgleich in der gesetzlichen Rentenversicherung, § 10d Anm. 3), Versorgungsabfindungen oder andere kapitalisierende Leistungen im Rahmen des BetrAVG oder bestehender privater Lebensversicherungsverträge vom Träger der Versorgung erstatten lässt. Nicht betroffen sind allein solche Anrechte, die ausschließlich außerhalb der Ehezeit erworben worden sind, weil diese dem Versorgungsausgleich nicht unterliegen.

112 Für die Anwendung von § 10d VAHRG spielt es keine Rolle, wer Träger der auszugleichenden Versorgung ist und ob die Erstattung antragsabhängig (wie z. B. nach § 27a GAL) oder -unabhängig (wie z. B. nach § 59 Abs. 1 VBL-Satzung) ist. Alle im Rahmen des Versorgungsausgleichs ausgleichspflichtigen Versorgungen sind betroffen.

Diese Vorschrift hat einerseits an Bedeutung erheblich gewonnen, seitdem ab dem 1.1.2002 nach § 3 Abs. 1 BetrAVG n. F. Leistungen aus einer betrieblichen Altersversorgung in erheblich größerem Umfang als bisher künftig abgefunden werden können. Man wird zu überlegen haben, ob bereits die Anzeige des Familiengerichts an den Arbeitgeber, dass künftig ein schuldrechtlicher Versorgungsausgleich hinsichtlich der betrieblichen Altersversorgung möglich ist, die Sperre des § 10d VAHRG auslösen kann. Denkbar erscheint auch, dass der ausgleichsberechtigte Ehegatte – mit oder ohne Entscheidung des Familiengerichts – vom Träger der betrieblichen Versorgung bereits dann seinen Teil der Abfindung verlangen kann, wenn die Abfindung dem ausgleichspflichtigen Ehegatten ausgezahlt wird (vgl. die Problemstellung bei Glockner/Goering, FamRZ 2002, 282, 286 und die rechtspolitischen Forderungen des 14. DFGT, FamRZ 2002, 296, 298 unter V. 5.). Im Rahmen der gesetzlichen Rentenversicherung ist die Vorschrift dagegen weitgehend ohne Bedeutung, seit sich nur noch wenige Personen gezahlte Beiträge erstatten lassen können (vgl. Rn. 192 „Beitragserstattung").

b) Zeitliche Begrenzung

Zeitlich ist das gesetzliche **Zahlungsverbot** beschränkt auf die Spanne zwischen dem Erlangen der Kenntnis des Versorgungsträgers von einem Versorgungsausgleichsverfahren und dem Abschluss dieses Verfahrens durch Wirksamwerden der Ausgleichsentscheidung. Dabei kann es sich auch um ein Abänderungsverfahren handeln. Kenntnis erhält der Versorgungsträger üblicherweise spätestens durch das Auskunftsersuchen des Familiengerichts. Möglich ist aber auch eine frühere Unterrichtung z. B. durch die Ausgleichsberechtigte oder ihren Prozessbevollmächtigten. 113

c) Erstattung trotz Kenntnis eines Ausgleichsverfahrens

Ist auf Antrag des Ausgleichspflichtigen bereits ein Erstattungsbescheid erlassen worden, bevor der Versorgungsträger Kenntnis vom Lauf eines Ausgleichsverfahrens erhalten hatte, ist die Erstattungsleistung aber noch nicht erfolgt, darf sie bis zum Abschluss des Verfahrens auch nicht mehr erfolgen. Zahlt der Versorgungsträger in Kenntnis des laufenden Versorgungsausgleichsverfahrens, leistet er nicht mit befreiender Wirkung und kann, da der Empfänger regelmäßig nicht schutzwürdig ist, die Leistung zurückfordern (so auch MüKo/Gräper, BGB, § 10d VAHRG Rn. 10). Solange dieses nicht geschehen ist oder wenn eine Rückforderung nicht erfolgreich ist, ist zumindest ein öffentlich-rechtlicher Versorgungsausgleich mangels auszugleichenden Anrechts nicht möglich (a. A. OLG Stuttgart, FamRZ 1983, 285). Für die verschiedentlich vorgeschlagenen Auswege über einen erweiterten Ausgleich zu Lasten eines anderen Anrechts oder einer Beitragszahlung analog zu § 3b Abs. 1 Nr. 1 und 2 VAHRG (so Johannsen/Henrich-Hahne, Eherecht, § 10d VAHRG Rn. 2; MüKo/Gräper, a. a. O.) fehlt es an einer gesetzlichen Grundlage. Dem durch rechtswidriges Verhalten des Versorgungsträgers betroffenen Ausgleichsberechtigten bleibt ggf. nur ein Anspruch auf Schadensersatz, für den jedoch das Familiengericht nicht zuständig ist (vgl. BGH, FamRZ 1995, 31, 32). Ein schuldrechtlicher Versorgungsausgleich dagegen dürfte möglich bleiben, da hier nicht direkt in die auszugleichende Versorgung eingegriffen wird. 114

d) Erstattungen beim Ausgleichsberechtigten

Zwar unterliegt auch ein nach dem Ehezeitende entfallendes Anrecht des **Ausgleichsberechtigten** nicht mehr dem (öffentlich-rechtlichen) Versorgungsausgleich. Hier bedarf es jedoch der Schutzvorschrift des § 10d VAHRG nicht, weil bei mutwilligem Aufgeben von Versorgungsanrechten durch den Ausgleichsberechtigten mit der **negativen Billigkeitsklausel** des § 1587c Nr. 2 BGB das Fortbestehen der erloschenen Anwartschaft fingiert wird und so eine rechnerisch bestehende Differenz verkürzt werden kann. 115

2. Einstweilige Anordnung

Anders als im Unterhaltsrecht (§§ 620 Nr. 6, 935, 940 ZPO) sieht das Gesetz beim Versorgungsausgleich nur im Rahmen des verlängerten schuldrechtlichen Versorgungsausgleichs eine Möglichkeit einstweiliger Anordnungen vor (§ 3a Abs. 9 Satz 2, 3 VAHRG; s. Rn. 607 f.), nicht jedoch beim öffentlich-rechtlichen Versorgungsausgleich. 116

IX. Kostenpflicht

Über die Kostenpflicht entscheidet das Familiengericht grds. zusammen mit der Entscheidung über den Versorgungsausgleich (§§ 308 Abs. 2 ZPO, 13a FGG). Konkretisiert wird die Kostenentscheidung dann in Form der Festsetzung des Erstattungsanspruches durch den Rechtspfleger (§§ 21 Abs. 1 Nr. 1 RPflG, 103 ff. ZPO, 13a Abs. 3 FGG). 117

1. Gerichtskosten

a) Scheidungsverbund

118 Im Scheidungsverbund sind die Kosten des gesamten Scheidungsverfahrens grds. **gegeneinander aufzuheben** (§ 93a Abs. 1 ZPO), d. h. jeder Ehegatte hat die Hälfte der Gerichtskosten und seine eigenen außergerichtlichen Kosten zu tragen. Das gilt auch nach Abtrennung des Versorgungsausgleichs vom Scheidungsverbund, weil auch dann das Verfahren Folgesache i. S. d. § 623 ZPO bleibt. Für den Versorgungsausgleich besteht kaum Anlass, aus Gründen der Unbilligkeit (§ 93a Abs. 1 Satz 2 ZPO) von diesem Grundsatz abzuweichen, es sei denn, die Parteien treffen eine anderweitige Vereinbarung über die Kosten (§ 93a Abs. 1 Satz 3 ZPO). § 93a ZPO gilt auch bei erfolgreicher Anfechtung allein der Versorgungsausgleichsentscheidung, da § 97 ZPO nur das erfolglose Rechtsmittel betrifft (so auch OLG Brandenburg, FamRZ 1994, 1485; Johannsen/Henrich-Sedemund-Treiber, Eherecht, § 93a Rn. 12 f; Lappe, in: Rahm/Künkel, Handbuch des familiengerichtlichen Verfahrens, IX, Rn. 344, 347).

b) Abweisung des Scheidungsantrages

119 Bei **Abweisung des Scheidungsantrages** fallen alle Kosten des Scheidungsverfahrens einschließlich der nach § 629 Abs. 3 Satz 1 ZPO gegenstandslos gewordenen oder gem. § 628 ZPO abgetrennten Folgesachen dem unterlegenen Ehegatten zur Last (§§ 91, 93a Abs. 2 ZPO), soweit das Gericht hinsichtlich der zivilprozessualen Folgesachen aus Billigkeitsgründen keine anderweitige Entscheidung trifft.

c) Erfolgloses Rechtsmittel

120 Die Kosten eines **erfolglosen Rechtsmittels** gegen das Scheidungsurteil oder eine der Folgesachen hat nach § 97 Abs. 1 ZPO zwingend der mit dem Rechtsmittel gescheiterte Ehegatte zu tragen. Das gilt auch für Rechtsmittel gegen Entscheidungen über Folgesachen der freiwilligen Gerichtsbarkeit (§ 97 Abs. 3 ZPO) und trifft auch den Versorgungsträger, der erfolglos befristete Beschwerde gegen eine Versorgungsausgleichsentscheidung einlegt (KG, FamRZ 1981, 381).

121 Diese starre Regelung, die im Bereich des Versorgungsausgleichs auch durch die Ausnahmevorschrift des § 97 Abs. 2 ZPO nicht aufgelockert wird, erscheint häufig ungerecht, weil Erfolg oder Misserfolg des Rechtsmittels vielfach außerhalb der Einflusssphäre der Ehegatten liegen. Sie beruhen häufig auf Rechen- oder sonstigen Fehlern eines der beteiligten Versorgungsträger oder des Gerichts oder zahlreichen Rechtsänderungen gerade auch während des laufenden Verfahrens. De lege ferenda wäre auch bei erfolglosem Rechtsmittel eine flexiblere Kostenregelung wünschenswert.

d) Erfolgreiches Rechtsmittel

122 Die Kosten des erfolgreichen Rechtsmittels eines Versorgungsträgers können nach § 97 Abs. 3, 2 ZPO gleichwohl dem erfolgreichen Beschwerdeführer auferlegt werden, wenn dieser durch rechtzeitige Mitteilung einer richtigen Auskunft im Ausgangsverfahren eine **rechtsfehlerfreie Entscheidung des Familiengerichts** hätte erreichen können (OLG Bamberg, FamRZ 1998, 29).

e) Erledigung der Hauptsache

123 Nach **Erledigung der Hauptsache,** etwa durch Abschluss einer Vereinbarung nach § 1587o BGB in der Berufungsinstanz ist über die Kosten nach § 93a ZPO zu entscheiden, d. h. die Kosten sind regelmäßig gegeneinander aufzuheben, da diese Vorschrift mit Ausnahme der zwingenden Regelung des § 97 Abs. 1, 3 ZPO eine die allgemeine Kostenvorschriften verdrängende Regelung darstellt (vgl. OLG Brandenburg, a. a. O.).

f) Rücknahme der Beschwerde im Scheidungsverbund

Bei Rücknahme der Beschwerde gegen eine im Scheidungsverbund getroffene FGG-Entscheidung richtet sich die Kostenentscheidung nach § 13a FGG bzw. § 93a ZPO analog (so OLG Köln, FamRZ 1997, 221, 222; s. Rn. 932 „Kostenregelungen: Rücknahme der Beschwerde"; für eine Anwendung von § 13a FGG s. auch OLG Hamburg, FamRZ 1979, 326; OLG Oldenburg, FamRZ 1980, 1135; OLG Saarbrücken, JurBüro 1982, 1744).

124

Gegen die von einer starken Meinung geforderte Anwendung von § 515 Abs. 3 ZPO a. F. (jetzt: § 516 Abs. 3 ZPO, vgl. BGH, FamRZ 1983, 154; OLG Dresden, FamRZ 1997, 1019, 1020 m. w. N.; OLG München, FamRZ 1979, 734; OLG Düsseldorf, FamRZ 1980, 1052; OLG Karlsruhe, MDR 1984, 59; OLG Frankfurt/M., FamRZ 1991, 586; Johannsen/Henrich-Sedemund-Treiber, Eherecht, § 93a ZPO, Rn. 14; Keidel/Kuntze/Winkler/Zimmermann, FGG, Teil A, Rn. 42c; ebenda-Kuntze, § 64 FGG Rn. 131) sprechen gesetzessystematische und inhaltliche Überlegungen: es fehlt an einer ausdrücklichen Regelung, die die Anwendung von § 516 Abs. 3 ZPO n. F. vorschreibt. § 97 Abs. 3 ZPO sagt gerade nichts zu dem Fall der Rücknahme einer Beschwerde, sondern regelt nur den Fall einer Entscheidung über Folgesachen im Zusammenhang mit der Scheidung. Es trifft nicht zu, dass nur eine Analogie zu § 97 Abs. 3 ZPO zu einer in sich einheitlichen und klaren Regelung führen kann (so aber zuletzt OLG Dresden, a. a. O.). Für eine entsprechende Anwendung von § 93a ZPO spricht die Vergleichbarkeit mit der Erledigung der Hauptsache im Beschwerdeverfahren. Nach der Rechtsprechung des BGH (FamRZ 1983, 683, unter Bezugnahme auf KG, FamRZ 1991, 381) ist § 91a ZPO als eine auf Erfolgsaussichten abstellende Regelung nicht anwendbar, sondern § 93a ZPO als eine die allgemeinen Kostenvorschriften verdrängende Bestimmung, die wegen grundsätzlicher Gleichbehandlung der Ehegatten auf kostenmäßigem Gebiet auch im Rechtsmittelverfahren gelte, sofern nicht § 97 Abs. 3 ZPO zwingend die Belastung des Rechtsmittelführers bei erfolglosem Rechtsmittel anordne. Für eine entsprechende Anwendung von § 13a FGG spricht § 621a Abs. 1 Satz 1 i. V. m. § 621 ZPO (vgl. Zöller/Philippi, ZPO, § 629a Rn. 13) sowie die Überlegung, dass es gerade im Bereich des Versorgungsausgleichs typische Fälle gibt, in denen weniger die Einsicht in die Erfolglosigkeit des Rechtsmittels als vielmehr verständliche und nicht sanktionswürdige Erwägungen wie Rücksicht auf die Belange der ausgleichsberechtigten geschiedenen Ehefrau zu dem Entschluss führen, das Rechtsmittel nicht weiter zu verfolgen. Für eine solche Fallgestaltung gibt die elastische Vorschrift des § 13a Abs. 1 Satz 1 FGG auch nach Rücknahme des Rechtsmittels Raum zu einer interessengerechten und billigen Entscheidung. Ob sich die Kostenentscheidung in entsprechender Anwendung von § 93a ZPO oder § 13a FGG begründen lässt, kann regelmäßig dahinstehen. Denn beide Vorschriften gelangen häufig zu demselben Ergebnis.

125

g) Isoliertes Ausgleichsverfahren

Nach § 2 Nr. 1 KostO in 1. und § 131a KostO in 2. und 3. Instanz trägt der Antragsteller die Gerichtskosten, es sei denn, das Gericht entscheidet anders, § 3 Nr. 1 KostO. Die Höhe der Kosten ergibt sich aus § 99 KostO. Das gilt auch für das Abänderungsverfahren nach § 10a VAHRG (OLG Bamberg, FamRZ 1991, 470; OLG Schleswig, FamRZ 1992, 1463; a. A. OLG München, FamRZ 1991, 576, 579).

126

Nach wohl überwiegender Meinung bedarf es keines richterlichen Ausspruchs über die Pflicht zur Tragung der Gerichtskosten, weil sich diese unmittelbar aus dem Gesetz ergäbe und der Kostenbeamte in eigener Kompetenz die Erstattung von Gebühren und Auslagen zu prüfen habe (Bumiller/Winkler, FGG, § 13a Anm. 1; Eißler, Versorgungsausgleich, Rn. 478). Gerade wegen der kontroversen Meinungen zur Gebührenpflicht im Abänderungsverfahren und im Hinblick auf die gar nicht so seltenen Billigkeitsentscheidungen nach § 3 Nr. 1 KostO erscheint es zweckmäßig, in die isolierte Ausgleichsentscheidung nicht nur einen Ausspruch über die außergerichtlichen, sondern regelmäßig auch über die gerichtlichen Kosten aufzunehmen.

127

h) Nichterhebung von Kosten

128 Gerichtskosten, die bei richtiger Behandlung der Sache nicht entstanden wären, werden **nicht erhoben** (§§ 8 GKG, 16 FGG). Das betrifft vor allem die Kosten eines erfolgreichen Rechtsmittels.

2. Außergerichtliche Kosten

129 Als Teil der gesamten Verfahrenskosten folgen diese im Scheidungsverbund und im abgetrennten Versorgungsausgleichsverfahren der hier einheitlichen Kostenentscheidung. In isolierten Versorgungsausgleichsverfahren findet eine Erstattung außergerichtlicher Kosten im Regelfall nicht statt, §§ 13a FGG, 93a ZPO analog. Die Höhe der zu den außergerichtlichen Kosten zählenden **Anwaltsgebühren** ergibt sich aus § 118 BRAGO.

3. Streitwert/Gegenstandswert

a) Jahresbetrag

130 Der Teilstreitwert für das Folgeverfahren „Versorgungsausgleich" und der Gegenstandswert eines isolierten Versorgungsausgleichsverfahrens (auf Abänderung, nach Auslandsscheidung oder im Rahmen des schuldrechtlichen Versorgungsausgleichs) sind nach §§ 17a GKG, 99 KostO mit dem **Jahreswert der zu übertragenden oder zu begründenden Rentenanwartschaften** (beim öffentlich-rechtlichen) bzw. mit dem Jahreswert der (schuldrechtlichen) **Ausgleichsrente** festzusetzen, mindestens aber 500 Euro. Verfassungsrechtliche Bedenken gegen diese Streitwertbestimmung bestehen nicht (BVerfG, FamRZ 1993, 660).

b) Rücknahme des Scheidungsantrags

131 Der Jahresbetrag gilt auch, wenn es wegen **Rücknahme des Scheidungsantrages** nicht zu einer sachlichen Entscheidung über den Versorgungsausgleich kommt (OLG Hamm, AnwBl 1981, 104). In diesem Fall ist der mutmaßliche Ausgleichsbetrag anhand der bereits vorliegenden Rentenauskünfte zu schätzen (OLG Zweibrücken, JurBüro 1986, 1387).

c) Ausschluss des Versorgungsausgleichs

132 Findet ein (öffentlich-rechtlicher) Versorgungsausgleich z. B. aus Härtegründen, mangels Differenz zwischen den Anwartschaften beider Parteien oder, weil ein nach Art. 17 Abs. 3 EGBGB erforderlicher Antrag bei einer Scheidung zwischen Ausländern nicht gestellt wird, nach entsprechender Erörterung im Verfahren nicht statt, ist der **(Mindest-)Gegenstandswert** jetzt immer 500 Euro. Wird ein Versorgungsausgleich aus Härtegründen gemindert, ist nicht der volle, sondern der geminderte, tatsächlich übertragene oder begründete Ausgleichsbetrag oder die tatsächlich geschuldete Ausgleichsrente für die Berechnung maßgeblich (OLG Düsseldorf, FamRZ 2001, 239).

d) Genehmigung einer Vereinbarung

133 Für die **Genehmigung einer Vereinbarung nach § 1587o BGB** über den Versorgungsausgleich ist zwar kein selbständiger Wert anzusetzen (OLG Hamburg, FamRZ 1991, 202). Es fällt aber eine Beschlussgebühr gem. KV Nr. 1516 a. F. an, wenn das Gericht eine notarielle Vereinbarung über eine anderweitige Regelung zum Versorgungsausgleich genehmigt. Der Streitwert des Verbundverfahrens ist also um den Mindestwert von (ab 1.1.2002) 500 Euro zu erhöhen (OLG Stuttgart, FamRZ 1997, 692).

e) Beschwerdeverfahren

134 In der Beschwerdeinstanz ist der **Jahresbetrag** der im Rechtsmittelverfahren zu übertragenden oder zu begründenden Anwartschaften maßgeblich, und zwar unabhängig davon, in welchem

Umfang in erster Instanz über die Anwartschaften entschieden und in welchem Umfang mit dem Rechtsmittel eine Abänderung der erstinstanzlichen Entscheidung begehrt wurde. Anderes gilt nur bei Beschwerde über abtrennbare Teile der Versorgungsausgleichsentscheidung. Der Jahresbetrag ist auch Kostenmaßstab, wenn die Beschwerde gegen die Entscheidung erster Instanz zurückgenommen wurde und deshalb das Beschwerdegericht keine Entscheidung über zu begründende oder zu übertragende Entscheidungen trifft (vgl. OLG Hamburg, Beschl. v. 21. 5. 1997 – 12 UF 105/96, n.v.).

Bei **beiderseitigen Rechtsmitteln** der Parteien oder eines Versorgungsträgers gibt es keine **Addition einzelner Streitwerte**, wenn die Ordnungsmäßigkeit des Ausgleichs gerügt wird. Maßgeblich ist auch hier der Umfang der vom Beschwerdegericht durchgeführten Korrektur.

Gutdeutsch/Pauling (FamRZ 1998, 214 ff.) nehmen unterschiedliche Streitwertberechnungen vor, je nachdem, ob der Grund des Ausgleichs in der Beschwerdeinstanz umstritten ist oder Zweifel an der richtigen Berechnung bzw. der Ausgleichsform bestehen, stellen also auf die Begründung der Beschwerde ab und unterscheiden nach dem **Umfang der richterlichen Nachprüfung**: entweder bei Rücknahme der Beschwerde vor ihrer Begründung nach dem Umfang der Beschwerde oder danach, ob der Berechtigte rügt, ihm sei in erster Instanz zuwenig übertragen worden, bei beiderseitigen Rechtsmitteln wiederum danach, ob Streit über den Grund oder die Höhe besteht. 135

X. Vollstreckung

1. Öffentlich-rechtlicher Versorgungsausgleich

Entscheidung im Rahmen des öffentlich-rechtlichen Versorgungsausgleichs sind **Gestaltungsurteile**, die einer besonderen Vollstreckung nicht bedürfen. Mit Eintritt der Wirksamkeit der Entscheidung vollzieht sich die Übertragung oder Begründung von Rentenanwartschaften selbsttätig (vgl. BSG, FamRZ 1991, 934 ff.), für den Bereich der gesetzlichen Rentenversicherung). Das gilt auch für die Realteilung nach § 1 Abs. 2 VAHRG, nur dass hier die Ausführung keinem Rentenversicherungsträger, sondern einem anderen Versorgungsträger obliegt. 136

Ausnahmen sind Entscheidungen, die einen (geschiedenen) Ehegatten zur Zahlung von **Beiträgen zur Begründung von Rentenanwartschaften** in der gesetzlichen Rentenversicherung verpflichten (§§ 3b Abs. 1 Nr. 2 VAHRG, 1587g Abs. 1 Satz 1 BGB), die Leistungsurteile bzw. -beschlüsse sind, die keine unmittelbare Rechtsänderung bewirken. Sie werden wie zivilprozessuale Leistungstitel auf Betreiben des Berechtigten nach den Regeln der ZPO vollstreckt (§ 53g Abs. 3 ZPO). 137

2. Gerichtlicher Vergleich und schuldrechtlicher Ausgleich

Dasselbe gilt für **Ansprüche aus gerichtlichen Vergleichen und Ansprüche auf schuldrechtliche und verlängert schuldrechtliche Ausgleichsrenten.** Letztere werden wie Unterhaltsansprüche tituliert und vollstreckt (§§ 1587k Abs. 1 BGB, 3a Abs. 1 VAHRG; s. auch Rn. 580). 138

XI. Rechtsmittel und Berichtigung

1. Beschwerde

Im gesamten Versorgungsausgleichsrecht sind die Rechtsmittel gegen gerichtliche Ausgleichsentscheidungen wie in den anderen Familiensachen der freiwilligen Gerichtsbarkeit als **Beschwerde und weitere Beschwerde** nach den Bestimmungen der Berufung und Revision (§ 621e ZPO mit Ausnahme einzelner Entscheidungen im Zusammenhang mit der Bewilligung von Ratenzahlungen nach § 53g Abs. 2 FGG, für die eine weitere Beschwerde ausgeschlossen ist) an das örtlich zuständige OLG bzw. den BGH zu richten. 139

140 Im Übrigen gibt es gegen **Zwischenentscheidungen** wie Zwangsmittel nach § 33 FGG Aussetzung nach § 53c FGG das Rechtsmittel der einfachen Beschwerde (§ 19 FGG), über die ebenfalls das OLG zu entscheiden hat. Anders als bei der befristeten bzw. weiteren Beschwerde kann das Familiengericht der einfachen Beschwerde abhelfen (§ 18 FGG).

141 Festsetzungen der Ehezeit sind keine Endentscheidungen und damit nicht nach § 621e ZPO anfechtbar. Mangels Bindungswirkung für die endgültige Ausgleichsentscheidung beeinträchtigen sie auch nicht unmittelbar die Rechte Beteiligter. Sie sind deshalb auch nicht mit der einfachen Beschwerde nach § 19 FGG anfechtbar (OLG Düsseldorf, FamRZ 1994, 176, 177). Zur (Nicht-)Anfechtbarkeit der Verweigerung einer Abtrennung nach § 628 ZPO, s. o. Rn. 109.

142 Keine Abhilfe ist danach möglich, wenn das Gericht bei seiner Ausgleichsentscheidung übersehen hat, dass die Parteien den **Versorgungsausgleich durch Vereinbarung** wirksam **ausgeschlossen** hatten. Hier ist nur eine befristete Beschwerde zulässig (OLG Köln, FamRZ 1997, 569, 570; Zöller/Philippi, ZPO, § 621 Rn. 26 m. w. N.).

2. Konkrete Beschwer

143 Die Rechtsmittel setzten eine **konkrete Beschwer** des Beschwerdeführers voraus (§ 20 FGG). Daran fehlt es z. B., wenn nach Abschluss der 1. Instanz eine dort getroffene Versorgungsausgleichsentscheidung durch eine Vereinbarung gem. § 1587o BGB beseitigt oder modifiziert werden soll und nur der durch die Ausgleichsentscheidung Begünstigte ein Rechtsmittel einlegt (OLG München, FamRZ 1997, 570; s. Rn. 932 „Rechtsmittel: Beschwer bei nachträglicher Vereinbarung"). Die Vereinbarung allein führt nämlich nicht zur Unwirksamkeit der Ausgleichsentscheidung, weil es eine dem § 269 Abs. 3 Hs. 2 ZPO entsprechende Regel im FGG nicht gibt (BGH, FamRZ 1982, 688, 689). Das Rechtsmittel ist zurückzuweisen, die Vereinbarung kann nicht wirksam werden.

144 Andererseits ist ein Ausgleichsberechtigter beschwert, wenn das Gericht einen Ausgleich nach § 3b Abs. 1 oder 2 BGB durchgeführt hat, obwohl die Durchführung des schuldrechtlichen Ausgleichs für ihn günstiger gewesen wäre (vgl. Rn. 468 f.; OLG Zweibrücken, FamRZ 1999, 1206).

145 Die öffentlich-rechtlichen Versorgungsträger sind nicht beschwert, wenn und soweit das Familiengericht einen Versorgungsausgleich nach §§ 1587c oder § 1587o BGB ausschließt oder wegen einer Vereinbarung nach § 1408 Abs. 2 BGB davon absieht. Das Gleiche gilt bei einem Ausgleich außerhalb der **öffentlich-rechtlichen Rentenversicherung** im Rahmen des § 1587b Abs. 4 BGB. Stellt das Familiengericht in diesen Fällen fest, dass es keinen öffentlich-rechtlichen Ausgleich gibt, braucht die Versorgungsausgleichsentscheidung deshalb den beteiligten öffentlich-rechtlichen Versorgungsträgern nicht förmlich zugestellt werden. Ihnen muss allerdings der Abschluss des Verfahrens formlos mitgeteilt werden, damit auch sie bei sich intern den Beteiligungsvorgang abschließen können.

146 An einer konkreten Beschwer zum Zeitpunkt der Erstentscheidung fehlt es, wenn der Ausgleichsverpflichtete geltend macht, der künftige Ausgleich der noch verfallbaren Versorgungsrente aus der Zusatzversorgung des Öffentlichen Dienstes sei grob unbillig und daher schon jetzt auszuschließen, wenn das Familiengericht nur die unverfallbare Versicherungsrente ausgeglichen und im Übrigen einen schuldrechtlichen Ausgleich vorbehalten hat. Ein in der Zukunft liegendes Interesse reicht nicht aus (BGH, FamRZ 1993, 175, 176; s. Rn. 932 „Rechtsmittel: Beschwer bei künftigen Härtegründen").

147 Keine Beschwer(debefugnis) hat ein öffentlich-rechtlicher Versorgungsträger, wenn er durch eine (wegen §§ 3b Abs. 2, 3a Abs. 5 VAHRG) nur schuldrechtlich auszugleichende Versorgung in seinen Rechten überhaupt nicht beeinträchtigt werden kann (im Ergebnis richtig OLG Karlsruhe FamRZ 2001, 32, 33, das allerdings zu Unrecht eine ausländische Versorgung nach § 3b Abs. 1 VAHRG für ausgleichbar hält).

Ein Versorgungsträger, der Beteiligter des Erstverfahrens war, kann bereits dann Beschwerde einlegen, wenn die Entscheidung mit einem im Gesetz nicht vorgesehenen unmittelbaren Eingriff in seine Rechtsstellung verbunden ist, ohne dass es auf eine finanzielle Mehr- oder Minderbelastung des bei ihm versicherten Ehegatten ankommt (BGH, FamRZ 1981, 132; 1989, 369; 1990, 1099). Ob das rechtliche Interesse dieser Versorgungsträger an einer dem Gesetz entsprechenden Durchführung des Versorgungsausgleichs allein als Beschwer ausreicht, sie also stets Kontrollorgan für die Ausgleichsentscheidungen der Familiengerichte sind, hat der BGH bisher nicht abschließend entschieden. Eine Beschwer ist jedoch sicher gegeben, wenn die Höhe einer dem Versorgungsausgleich unterliegenden Anwartschaft nicht in der gesetzlich vorgeschriebenen Weise ermittelt wurde (OLG Düsseldorf, FamRZ 1993, 813). Umgekehrt soll die Zusatzversorgungskasse eines Kommunalen Versorgungsverbandes nicht konkret beschwert sein, wenn das Familiengericht eine bei ihr bestehende Anwartschaft – rechtsirrig – statt durch Quasisplitting nach § 1 Abs. 3 VAHRG im Wege des Supersplittings nach § 3b Abs. 1 Nr. 1 VAHRG vornimmt, weil damit kein unmittelbarer Eingriff in die Rechtsstellung der Zusatzversorgungskasse verbunden sei (OLG Karlsruhe, FamRZ 1994, 1181). 148

Das Rechtsschutzbedürfnis für eine **unselbstständige Anschlussbeschwerde** eines Ehegatten bei einem Rechtsmittel des Versorgungsträgers fehlt, weil im Rechtsmittelverfahren ohne das Verbot der Schlechterstellung entsprechend der wahren Rechtslage zu entscheiden ist und das Gericht von Amts wegen alle Einwendungen der Parteien berücksichtigen muss (OLG München, FamRZ 1993, 1221, im Anschluss an BGH, FamRZ 1985, 59; 267, 269). 149

3. Teilanfechtung

Wegen der Möglichkeit der Beschränkung eines Rechtsmittels i. S. e. Teilanfechtung s. o. unter „Teilentscheidungen", Rn. 73. 150

4. Wiederaufnahme des Verfahrens

Eine **Wiederaufnahme des Verfahrens** (§§ 580 Nr. 7 b, 582, 586 ZPO) kommt in Betracht, wenn das Familiengericht trotz eines notariellen Ausschlusses des Versorgungsausgleichs einen Ausgleich vorgenommen hat, weil beide Parteien ohne Verschulden sich an die jahrelang zurückliegende Vereinbarung nicht erinnern, sondern die Urkunde erst nach Rechtskraft der Entscheidung dem Gericht vorgelegt haben (AG Tempelhof-Kreuzberg, FamRZ 1997, 568, 569). 151

5. Berichtigung

Eine nachträgliche **Berichtigung** der Erstentscheidung ist unter den Voraussetzungen des § 319 ZPO ohne ein förmliches Rechtsmittel möglich. Jedoch können auf diesem Weg keine sachlich unrichtigen Entscheidungen – wie etwa das Übersehen einer den Versorgungsausgleich ausschließenden Vereinbarung – korrigiert werden (vgl. OLG Köln, FamRZ 1997, 569, 570), sondern nur offensichtlich vom richterlich Gewollten Abweichendes klargestellt werden. Dazu zählt auch das „versehentliche Drücken auf den falschen Knopf" am Computer (OLG Bamberg, FamRZ 1998, 764). Eine falsche – und sei es auch eine offensichtlich falsche – Willensbildung ist über § 319 ZPO nicht korrigierbar (BGHZ 106, 373; Zöller/Vollkommer, ZPO, § 319 Rn. 4 ff.). 152

> *Hinweis:*
> *Im Bereich des Versorgungsausgleichs mit seinen zahlreichen, teilweise kaum noch lesbaren und in kleingedruckten Tabellen versteckten Rechengrößen und angesichts der Eingabefehlermöglichkeiten bei der Benutzung handelsüblicher Computerprogramme wird die Vorschrift des § 319 ZPO im wohlverstandenen Interesse aller Beteiligten, insbesondere zur Vermeidung von Kosten, zu Recht großzügig angewandt.*

153 So wird man neben den auch im sonstigen Gerichtsbetrieb auftretenden Unrichtigkeiten nach § 319 ZPO Folgendes **korrigieren** können (auch wenn sich dadurch die Höhe des Ausgleichs verändert):

- alle Schreibfehler, einschl. offensichtlicher Eingabefehler am Computer,
- offensichtliche Verwechslungen,
- eine offensichtlich nicht auf Rechtsmeinung beruhende fehlerhafte Rechen- oder Umrechnungsgröße,
- alle Rechenfehler bei der Ermittlung der Höhe des Ausgleichsanspruchs,
- bei der Berechnung offensichtlich übersehene, ansonsten aber im Tatbestand genannte (Betriebs-) Rentenanwartschaften.

154 Nach § 319 ZPO **nicht korrigierbar** ist:

- die Anwendung einer unzutreffenden Ausgleichsform (etwa Supersplitting nach § 3b Abs. 1 Nr. 1 VAHRG, statt des richtigerweise anzuwendenden analogen Quasisplittings nach § 1 Abs. 3 VAHRG), und zwar auch, wenn offensichtlich übersehen worden ist, dass der Träger der auszugleichenden Versorgung öffentlich-rechtlich und nicht privatrechtlich organisiert ist.

Gleichwohl wird von den öffentlich-rechtlichen Versicherungsträgern auch in diesen Fällen Berichtigung beantragt. Ganz allgemein lässt sich sagen, dass die Rentenversicherungsträger alle Berichtigungen hinnehmen, auch wenn die Voraussetzungen des § 319 ZPO nicht vorliegen, wenn die berichtigte Entscheidung mit der materiellen Rechtslage übereinstimmt.

C. Auszugleichende Versorgungen

I. Nicht auszugleichende Versorgungen

155 Nach § 1587 Abs. 1 Satz 1, 2 BGB unterliegen nur solche Versorgungsanrechte dem Versorgungsausgleich, die „durch Arbeit" oder „mit Hilfe des Vermögens" erworben worden sind. Nach h. M. betrifft dieses nur Versorgungsanrechte, die als laufende Renten gezahlt werden. Das schließt einige Rentenleistungen aus dem Versorgungsausgleich aus:

1. Sachleistungen, Wohnrechte, Kapitalleistungen

156 Alle **Sachleistungen, Wohnrechte und Kapitalleistungen,** sind nach herrschender Rechtsprechung vom Versorgungsausgleich ausgeschlossen, obwohl in § 1587a Abs. 3 BGB bei der betrieblichen Altersversorgung anders als bei den übrigen auszugleichenden Anrechten, nicht von „Renten", sondern ganz allgemein von „Leistungen" gesprochen wird (BGH, FamRZ 1984, 156 ff.; s. Rn. 932 „Kapitallebensversicherung"; BGH, FamRZ 1993, 682, 683 für Leibgedinge; OLG Bamberg, FamRZ 2001, 997, 998 für die betriebliche Altersversorgung der Firma Robert Bosch GmbH seit dem 1.1.1999; OLG Stuttgart, FamRZ 2001, 998, 999 für das „Versorgungsguthaben" der Deutschen Telekom AG).

157 Der Ausschluss soll auch gelten, wenn die zugesagten betrieblichen Leistungen eindeutig und ausschließlich zu Versorgungszwecken erbracht werden (sollen), wie das z. B. bei sog. „befreienden" privaten Kapitallebensversicherungen der Fall ist. Ob diese Rechtsprechung allerdings im Hinblick auf die Vielfalt der „Riester-Renten" und der Entwicklungen im Betriebsrentenrecht großer Unternehmungen wie der Deutschen Telekom AG, Robert Bosch GmbH, SAP u. a. aufrechterhalten werden kann, erscheint zweifelhaft. Zutreffender dürfte es sein, das Gesetz seinem Wortlaut entsprechend anzuwenden und alle „Leistungen" der betrieblichen Altersversorgung dem Versorgungsausgleich zu unterstellen (vgl. Glockner/Goering, FamRZ 2002, 282, 285 f. und die Empfeh-

lungen des 14. DFGT, FamRZ 2002, 296, 297 zu IV. 2. und S. 298 zu V. 1.). Mit seiner Entscheidung vom 17.7.2002 (FamRZ 2003, 153) hat der BGH zwar seine frühere Rspr. ausdrücklich bestätigt, sich jedoch mit der neuen Sachlage und den zwischenzeitlich erhobenen Einwendungen gegen diese Rspr. nicht auseinandergesetzt.

Der Grundgedanke des Versorgungsausgleichs, während der Ehe erworbene Versorgungsvermögen beider Eheleute zum Schutz der – immer noch überwiegend ausgleichsberechtigten – in ihrer sozialen Biografie durch Kindererziehung beeinträchtigten – Ehefrauen aus der Zugewinnberechnung herauszunehmen und damit (sei es wegen ansonsten bestehender Gütertrennung oder einer Überschuldung) einer effektiven Teilhabe überhaupt erst zugänglich zu machen, sollte jetzt dazu führen, zumindest alle Versorgungen nach dem AVmG im Versorgungsausgleich auszugleichen. **158**

Der Ausgleich von (betrieblichen) Versorgungen, die erst im Rentenfall gezahlt werden und vorher weder abgetreten, verpfändet noch sonst wie verwertet werden können (was auch der BGH in seiner Entscheidung FamRZ 1984, 156 ff. erkannt hatte) nach Zugewinnausgleichs- statt Versorgungsausgleichsregeln erscheint nicht (mehr) gerechtfertigt. Bereits der Reformgesetzgeber des Jahres 1976 wollte alle betrieblichen Versorgungsanrechte dem Versorgungsausgleich unterwerfen, worauf Glockner/Goering, FamRZ 2002, 285) zu Recht hinweisen und dabei sämtliche Modelle des gerade kurz zuvor, nämlich Ende 1974 in Kraft getretene BetrAVG berücksichtigen. Als Hauptargument für den Ausschluss von Kapitalleistungen wird angeführt, dass die frühere BarwertVO eine Umrechnungstabelle für Kapitalleistungen bewusst nicht vorgesehen habe (zur nur begrenzten Tragweite dieses Arguments s. schon BGH, 1993 a. a. O., vor allem aber Schmalz-Brüggemann, FamRZ 1996, 1053 ff., der sich zu Recht für eine strikte Anwendung des Gesetzes nach seinem Wortlaut und Sinn ausspricht und auf die unbilligen Ergebnisse der h. M. hinweist. Im Übrigen lassen sich aus der Tatsache, dass kurz vor dem In-Kraft-Treten des 1. EheRG in der BarwertVO, einer untergesetzlichen Norm, die Tabelle zur Bewertung reiner Kapitalversorgungen gestrichen wurde, keine zwingenden Schlüsse auf eine wesentliche Änderung des im Übrigen klar erklärten gesetzgeberischen Willens des Gesetzes zu. Ein solcher Rückschluss war im Übrigen immer umstritten (vgl. Soergel/Zimmermann, BGB, § 1587a Rn. 142 m. w. N.). Die jüngste Gesetzgebung mit dem AVmG zeigt nun, dass der Gesetzgeber zumindest heute davon ausgeht, dass selbst rein private Kapitalversorgungen die aus mancherlei Gründen geschrumpften und noch schrumpfenden gesetzlichen Renten und Beamtenversorgungen in erheblichem Umfang aufstocken und ergänzen sollen. Es ist kein sachlicher Grund mehr erkennbar, die Versorgungen nach dem AVmG unterschiedlich zu behandeln und die einen im Zugewinn- die anderen im Versorgungsausgleich auszugleichen. Dieses dürfte sogar willkürlich im Sinne des Art. 3 GG sein.

Möglicherweise wird diese Rechtsfrage nur durch den Gesetzgeber entschieden werden können, der Kapitalversorgungsanrechte zumindest dann, wenn sie eindeutig anstelle einer Rentenleistung gewährt werden und vergleichbar sicher sind, ausdrücklich dem Versorgungsausgleichsrecht unterstellen sollte.

Der Ausgleich – regelmäßig deckungskapitalfinanzierter – Kapitalleistungen scheitert auch nicht an Berechnungsproblemen, und zwar weder im öffentlich-rechtlichen, noch im schuldrechtlichen Versorgungsausgleich (Glockner/Goering, a. a. O.).

Maßgeblich für den Charakter des Versorgungsanrechts bei **Lebensversicherungsverträgen mit Wahlrechten** (Kapitalzahlung mit Rentenoption oder Rentenversicherung mit Kapitalwahlrecht) ist nach h. M., ob die Option bei Ehezeitende, hier ausnahmsweise Zustellung des Scheidungsantrages, ausgeübt worden ist oder nicht (BGH, FamRZ 1993, 684, 685; s. Rn. 932 „Auszugleichende Versorgungen: Versorgung des Gesellschafter-Geschäftsführers"; OLG Düsseldorf, FamRZ 2001, 31; OLG Brandenburg, FamRZ 2001, 489, 490). Das gilt trotz grundsätzlicher Berücksichtigung aller im Verfahren eintretender Änderungen auch, wenn das Kapitalwahlrecht noch während des laufenden Verfahrens, aber nach Schluss der mündlichen Verhandlung in erster Instanz ausgeübt wurde (OLG Celle, FamRZ 1999, 1200 ff.). **159**

160 Als Versorgungsanrechte i. S. d. §§ 1587, 1587a BGB auszugleichen sind laufende Versorgungsleistungen als Vergütung für die Übertragung von Gesellschaftsanteilen, soweit sie nicht bloßer Kaufpreis sind (BGH, FamRZ 1988, 936, 938;s. Rn. 932 „Auszugleichende Versorgungen"). Das Gleiche gilt für Versorgungszusagen, die sich ein (beherrschender) Gesellschafter selbst als Geschäftsführer erteilt (BGH, FamRZ 1993, 684, 685; s. Rn. 932 „Auszugleichende Versorgungen: Versorgung des Gesellschafter-Geschäftsführers") und auch im Rahmen eines Leibgedinge ausbedungene Versorgungsleistungen mit Ausnahme von Sachleistungen und Wohnrechten (BGH, FamRZ 1993, 682 ff.). Deren Einbeziehung in den güterrechtlichen (und nicht versorgungsausgleichsrechtlichen) Ausgleich sei zumindest solange sachnäher, als keine Umwandlung in eine Geldrente stattgefunden habe, zumal insoweit gesetzliche Grundlagen zur Berechnung des Wertes eines Ehezeitanteils fehlten (BGH, a. a. O.).

2. Entschädigungen

161 Leistungen, die als Entschädigung gewährt werden (vgl. MüKo/Dörr, BGB, § 1587 Rn. 23 m. w. N.) sind von dem Versorgungsausgleich ausgeschlossen. Dazu gehören Rentenanrechte

- der gesetzlichen Unfallversicherung (SGB VII),
- nach dem Bundesentschädigungsgesetz (BEG),
- nach dem Bundesversorgungsgesetz (BVG),
- nach dem Lastenausgleichsgesetz (LAG),
- nach dem Bundesseuchengesetz,
- nach dem Häftlingshilfegesetz,
- nach dem Altsparergesetz.

162 Hierzu gehören aber auch die Leistungen nach dem Kindererziehungs-Leistungsgesetz v. 12. 7. 1987 (BGBl. I, S. 1585) für die Mütter der Geburtsjahrgänge vor 1921 (sog. **Trümmerfrauen**; so BGH, FamRZ 1991, 675 ff.), da diese nicht wegen Alters, sondern als Anerkennung gezahlt werden. Dieses ist an sich verwunderlich, weil die im Wesentlichen gleichartigen Anrechte aus Kindererziehungszeiten in der gesetzlichen Rentenversicherung (s. Rn. 192 „Kindererziehungszeiten") unstreitig als Teil der auszugleichenden Rente im Versorgungsausgleich zu berücksichtigen sind.

3. Unterhaltsbeiträge

163 **Unterhaltsbeiträge gem. § 77 BDO** oder solche, die im **Gnadenweg** zugesagt wurden, weil der Beamte darauf keinen Anspruch hat, unterliegen nicht dem Versorgungsausgleich. Es handelt sich dabei um den bloßen Ausdruck fortbestehender und weitgehend widerruflicher Fürsorgepflicht des früheren Dienstherren (BGH, FamRZ 1997, 158 ff.; s. Rn. 932 „Beamtenversorgung").

4. Eigenständige Versorgungen

164 Bewusst **eigenständige Versorgungen,** wie die gesetzlichen Waisenrenten und die in einer betrieblichen Versorgung versprochene Hinterbliebenenversorgung gehören ebenfalls nicht zu den Rentenleistungen, bei denen ein Versorgungsausgleich erfolgt (vgl. Borth, FamRZ 1996, 641, 642 m. w. N.). Das gilt auch, wenn sich der die Hinterbliebenenversorgung betreffende Wertanteil klar von einer damit gekoppelten Alters- oder Invaliditätsversorgung abgrenzen lässt (BGH, FamRZ 1992, 165, 166; s. Rn. 932 „Hinterbliebenenversorgung"; OLG Karlsruhe, FamRZ 1991, 1066; a. A. OLG München, FamRZ 1992, 186).

5. Grundversorgungen

165 Beitragsunabhängige Grundversorgungen wie die **Volksrenten** in vielen europäischen Nachbarstaaten unterliegen nach h. M. nicht dem Versorgungsausgleich, wenn für deren Bezug weder

Arbeit noch Einzahlungen Voraussetzung sind (vgl. Paetzold, in: Rahm/Künkel, Handbuch des familiengerichtlichen Verfahrens, VIII, Rn. 1073 ff. m. w. N; siehe aber die Ausführungen zu einer differenzierten Betrachtungsweise unter Rn. 380 f. und die Überlegung, dass ein völliges Übersehen von Volksrenten jedenfalls beim Ausgleichsberechtigten zu einer nach § 1587c BGB zu korrigierenden grob unbilligen Härte führen kann: Paetzold, in: Rahm/Künkel, a. a. O. Rn 1074), aber auch die deutsche **Landabgabenrente** nach §§ 41 ff. GAL, für die Voraussetzung zwar die Aufgabe des Betriebes ist, die aber ältere Inhaber landwirtschaftlicher Betriebe finanziell absichern und dadurch – strukturpolitisch wünschenswert – zur Abgabe des Betriebes ermuntern soll, sind vom Versorgungsausgleich ausgenommen (vgl. BGH, FamRZ 1988, 272, 273).

6. Berufsunfähigkeitszusatzversicherungen

Zwar mit Hilfe des Vermögens erworben worden sind Aussichten auf Leistungen **privater Berufsunfähigkeitsversicherungen,** sei es in der Form selbständiger Versicherungen oder in der Form von Zusatzversicherungen zu Kapitallebensversicherungen („BUZ"). Sie haben keinen reinen Entschädigungscharakter (OLG Karlsruhe, FamRZ 1996, 1554, 1555) und unterliegen damit grds. dem Versorgungsausgleich nach § 1587a Abs. 2 Nr. 5 BGB, sind allerdings mit dem Wert Null in die Versorgungsausgleichsbilanz einzustellen, solange sie nicht gezahlt werden (zu den Einzelheiten s. Rn. 359 f., 487).

166

7. Geschenkte oder durch vorzeitigen Zugewinnausgleich erworbene Rentenanwartschaften

In den Versorgungsausgleich einzubeziehen sind grds. alle Rentenanwartschaften der gesetzlichen Rentenversicherung, die auf der Zahlung von Beiträgen während der Ehe beruhen mit Ausnahme solcher, die aus Mitteln eines **vorzeitigen Zugewinnausgleichs** gem. § 1335 BGB (so BGH, FamRZ 1992, 790, 791) oder **von Dritten** gezahlt wurden, ohne zuvor in das Vermögen eines Ehegatten geflossen zu sein (so BGH, FamRZ 1983, 262, 263; 1984, 570, 572). Auch über § 1587c BGB können solche Anwartschaften des Berechtigten nicht in den Versorgungsausgleich einbezogen werden (OLG Köln, FamRZ 1998, 483, 484).

167

> *Hinweis:*
> *Da Auskünfte der Rentenversicherungsträger im Versorgungsausgleichsverfahren regelmäßig nicht dem In-, sondern dem Für-Prinzip folgen, muss das Familiengericht dem Rentenversicherungsträger ausdrücklich mitteilen, wenn es vorehelliche Rentenanwartschaften aufgrund von Beiträgen während der Ehe in den Versorgungsausgleich einbezogen oder ehezeitliche Anwartschaften aus geschenkten Beiträgen bzw. Mitteln des vorzeitigen Zugewinnausgleichs aus dem Versorgungsausgleich ausgeklammert wissen will.*

8. Rentenanwartschaften nach Rückerstattung

Auch ansonsten dem Versorgungsausgleich unterliegende Versorgungsanrechte sind **nicht mehr ausgleichbar** nach der Rechtsprechung des BGH, wenn sie zwischen Ehezeitende und dem Zeitpunkt der letzten tatrichterlichen Entscheidung über den Versorgungsausgleich – etwa aufgrund von Beitragserstattungen – entfallen sind (BGH, FamRZ 1986, 892; s. Rn. 932 „Auszugleichende Versorgungen: Wegfall der Versorgung"; BGH, FamRZ 1992, 45 f.; 1995, 31, 32). Der BGH lehnt eine entsprechende Anwendung von § 3b Abs. 1 Nr. 2 VAHRG (Anordnung von Beitragszahlungen zur Begründung von Rentenanwartschaften in der gesetzlichen Rentenversicherung), wie sie in der Literatur erwogen wird (Johannsen/Henrich-Hahne, Eherecht, § 1587a Rn. 142), selbst für den Fall ab, dass der Rentenversicherungsträger entgegen § 10d VAHRG (vgl. Rn. 114) dem an sich ausgleichspflichtigen Versicherten Beiträge erstattet hat, weil § 10d VAHRG nach Meinung des BGH kein relatives Verfügungsverbot i. S. d. § 135 BGB darstelle (BGH, FamRZ 1995, 32). Erst

168

wenn der Versicherte dem Versicherungsträger aufgrund eines denkbaren Rückforderungsanspruches die erstatteten Beiträge zurückgezahlt hat, ist ein Versorgungsausgleich insoweit – ggf. im Wege eines Abänderungsverfahrens nach § 10a VAHRG – (wieder) möglich. Ob in diesen Fällen zumindest ein **schuldrechtlicher Versorgungsausgleich**, bei dem schließlich nicht in ein bestehendes Anrecht eingegriffen wird, möglich bleibt, ist nach neuerer Rechtsprechung des BGH zumindest zweifelhaft.

II. Ermittlung des Ehezeitanteils der dem Versorgungsausgleich unterliegenden Versorgungen

169 Dem Versorgungsausgleich unterliegen nicht alle bis zum Ehezeitende von den Parteien erworbenen Rentenanwartschaften, sondern nur die **in der Ehezeit erworbenen Rentenanwartschaften** (§ 1587a BGB).

1. Ehezeit

170 **Ehezeit** ist die Zeit zwischen dem Beginn des Monats, in dem die Ehe geschlossen worden ist, und dem Ende des Monats, der dem Eintritt der Rechtshängigkeit des Scheidungsantrags vorausgeht (§ 1587 Abs. 2 BGB). Bei mehreren Scheidungsanträgen ist maßgeblich der Scheidungsantrag, der den zur Scheidung führenden Rechtsstreit ausgelöst hat, auch wenn dieser später zurückgenommen bzw. nicht gestellt und die Ehe aufgrund des während des Verfahrens gestellten Antrages des anderen Ehegatten geschieden wird (BGH, FamRZ 1982, 152, 154).

> *Beispiel:*
> *Der Scheidungsantrag der Frau wird am 15. 6. 1995 zugestellt, der des Mannes am 30. 9. 1996; am 1. 10. 1996 nimmt die Frau ihren Antrag zurück. Ehezeitende bleibt der 31. 5. 1995.*

171 Ehezeitende i. S. d. § 1587 BGB bleibt – nicht zuletzt aus Billigkeitsgründen – der Tag der Zustellung eines zur Scheidung führenden Antrages auch dann, wenn dieser wegen Rechtshängigkeit eines früheren Antrages unzulässig war, was aber kein Beteiligter bemerkt und/oder gerügt hat (BGH, FamRZ 1991, 1042 f.). Eine Ausnahme gilt für das „vergessene Verfahren" – wenn es später fortgesetzt wird – nach § 242 BGB nur dann, wenn es infolge Versöhnung in Vergessenheit geraten ist oder die Ehegatten die Ehegemeinschaft langfristig wieder aufgenommen haben. Denn in diesem Falle sind durch die Wiederaufnahme der ehelichen Gemeinschaft Ansprüche nach § 1361 Abs. 1 Satz 2 BGB auf Trennungs- und Vorsorgeunterhalt mit der Folge entfallen, dass für den bedürftigen Partner eine Versorgungslücke entstehen würde (BGH, FamRZ 1986, 335). Ebenso wie beim Zugewinnausgleich führt die strikte Stichtagsregelung beim Versorgungsausgleich zu Manipulationenüberlegungen, u. a. dadurch, dass man den Scheidungsantrag statt beim zuständigen Familiengericht beim Verwaltungsgericht einreicht, um sich Wirkungen herbeiführt (vgl. Kogel, FamRZ 1999, 1252 ff.).

172
> *Hinweis:*
> *Die Ehezeit im versorgungsausgleichsrechtlichen Sinne stimmt im Übrigen nicht überein mit der Ehezeit i. S. d. Zugewinnausgleichs. Dort ist die Ehezeit der Zeitraum zwischen dem Tag der Heirat und der Zustellung des Scheidungsantrags (§§ 1376, 1384 BGB).*

173 Um **Manipulationen** zu Lasten des anderen Ehegatten in der Zeit zwischen den beiden Stichtagen zu verhindern und Zugewinn- und Versorgungsausgleichsrecht möglichst weitgehend zu harmonisieren, erklärt der BGH dann, wenn es auf einen Zeitpunkt zwischen den verschiedenen Stichtagen

C. II. Ermittlung des Ehezeitanteils der dem Versorgungsausgleich unterliegenden Versorgungen

ankommt, wie z. B. bei der Frage, ob freiwillige Beiträge während oder außerhalb der Ehezeit entrichtet wurden, doch die ganz konkrete Uhrzeit zwischen Heirat und Zustellung des Scheidungsantrages für maßgeblich. Begründet wird dieses damit, dass eine den Versorgungsausgleich rechtfertigende Versorgungsgemeinschaft zwischen den Eheleuten eben nur während dieser Zeit bestanden habe. Die Ausdehnung der Ehezeit in § 1587 Abs. 2 BGB auf die Zeit zwischen dem Monatsersten vor Heirat und dem Heiratstag einerseits sowie die Verkürzung um die Zeit zwischen dem Monatsletzten vor Zustellung des Scheidungsantrages und dem Tag der Zustellung hat nach Auffassung des BGH keine materiell-rechtliche Bedeutung, sondern dient allein der Vereinfachung der Berechnung, um – wie in der gesetzlichen Rentenversicherung üblich – immer mit vollen Monatsbeträgen rechnen zu können (BGH, FamRZ 1996, 1538 ff.).

2. Tatsächliche Veränderungen zwischen Ehezeitende und Versorgungsausgleichsentscheidung

Tatsächliche Änderungen der Versorgung zwischen Ehezeitende und Versorgungsausgleichsentscheidung sind seit In-Kraft-Treten des § 10a VAHRG nach der Rechtsprechung des BGH aus prozessökonomischen Gründen bereits im Erstverfahren zu berücksichtigen (BGH 1988, 1148 ff.). Insoweit wird das Stichtagsprinzip (s. „Ziele und Grundgedanken des Versorgungsausgleichs" Rn. 20) durchbrochen, um ein ansonsten absehbares Abänderungsverfahren zu vermeiden. 174

3. Berechnung des Ehezeitanteils

Wie sich der **Ehezeitanteil** berechnet, ist im Einzelnen in den verschiedenen Fallgruppen des § 1587a BGB geregelt. Grob geordnet gibt es dabei zwei Gruppen von Versorgungen, nämlich die, die nach den in der Ehe geleisteten Beiträge, und die, die nach einem Zeit-Zeit-Verhältnis berechnet werden. 175

Zu den nach einem Bruchteil geleisteter Beiträge berechenbaren Versorgungen zählen vor allem: 176
- Anwartschaften in der gesetzlichen Rentenversicherung,
- Einige berufsständige Versorgungen,
- jetzt auch die meisten öffentlichen Zusatzversorgungen,
- private Rentenversicherungen.

Hier ist eine Prognose über die Entwicklung bis zum Eintritt des Regelaltersfalles nicht erforderlich und die Ermittlung einer fiktiven Altersversorgung mit relativ geringen Problemen behaftet.

Nach einem Zeit-Zeit-Verhältnis berechnet werden: 177
- Beamtenversorgungen,
- viele sonstige öffentlich-rechtliche Versorgungen,
- die meisten betriebliche Altersversorgungen,
- viele berufsständige Versorgungen.

Ehezeitanteil ist hier der Anteil der **vollen**, nach den bei Ehezeitende bestehenden Umständen erreichbaren **Versorgung**, der dem Verhältnis der in die Ehezeit fallenden Versorgungszeit zur Gesamtversorgungszeit bis zum Regelaltersfall entspricht. Zur Ermittlung der vollen Versorgung sind hier – u. U. zweifelhafte – Annahmen über den weiteren Verlauf der die Versorgung auslösenden Tätigkeit erforderlich.

Schwierigkeiten besonderer Art entstehen dann, wenn unterschiedlich strukturierte Versorgungsformen im Rahmen eines **Gesamtversorgungssystems** wie einer limitierten betrieblichen Gesamtversorgung oder Ruhensvorschriften des Beamtenversorgungsanrechtes zusammentreffen und Kürzungsvorschriften eine ansonsten entstehende Überversorgung verhindern sollen. Denn das Gesetz 178 enthält keine klaren Vorschriften über die Harmonisierung der unterschiedlichen Berechnungsweisen zur Ermittlung der Ehezeitanteile an der künftigen (Gesamt-)Versorgung (vgl. Rn. 214 und 337 ff.).

III. Gesetzliche Rentenversicherung

1. Kreis der Rentenversicherer

179 Gesetzliche Rentenversicherung i. S. d. § 1587a Abs. 1 Nr. 2 BGB sind:
- 23 Landesversicherungsanstalten,
- Bundesversicherungsanstalt für Angestellte,
- Bundesknappschaft,
- als Kontoführer für Bundes- oder Landesversicherungsanstalten die Bahnversicherungsanstalt,
- Seekasse (s. Anschriften in Rn. 934).

180 Keine gesetzliche Rentenversicherung ist die Altershilfe für Landwirte nach dem Gesetz über die Alterssicherung der Landwirte (GAL). Hierbei handelt es sich vielmehr trotz jetzt weitgehend ähnlicher Versicherungsstrukturen um eine eigenständige berufsständige Versorgung, die nach § 1587a Abs. 2 Nr. 4d BGB zu bewerten ist.

2. Vollrente wegen Alters als Berechnungsgrundlage

181 Die Höhe des auszugleichenden Ehezeitanteils einer Anwartschaft in der gesetzlichen Rentenversicherung richtet sich nach einer auf das Ehezeitende zu berechnenden fiktiven **Vollrente wegen Alters,** wobei es grundsätzlich nicht darauf ankommt, ob der Versicherte von der Möglichkeit vorzeitigen oder hinausgeschobenen Rentenbezuges Gebrauch macht. Maßgeblich sind die Bestimmungen des SGB VI (zu den Einzelheiten der gesetzlichen Rentenversicherung s. Rn. 192 ff.).

182 § 1587a Abs. 1 Nr. 2 BGB meint nur Rentenanwartschaften, die mit Entgeltpunkten zu bewerten sind, **nicht** also Anrechte, die auf Beiträgen der **Höherversicherung** (§§ 269, 281 SGB VI) und bestimmten **freiwilligen Beiträgen (Ost)** beruhen. Diese Leistungen der gesetzlichen Rentenversicherung sind nach § 1587a Abs. 2 Nr. 4c BGB gesondert zu bewerten und auch nicht nach § 1587b Abs. 1 BGB, sondern nach § 1 Abs. 3 VAHRG auszugleichen.

3. In-Prinzip, insbesondere Heiratserstattung

183 Besonderheiten bei der Berechnung des Ehezeitanteils aus einer fiktiven Vollrente wegen Alters ergeben sich durch das sogenannte **In-Prinzip** (s. Rn. 22 und Rn. 932 „Gesetzliche Rentenversicherung: In-Prinzip"). Dem Versorgungsausgleich unterliegen nämlich auch Rentenanwartschaften aufgrund von Beiträgen, die zwar in der Ehezeit, aber **für Zeiten vor der Ehe** bezahlt wurden. Umgekehrt sind Rentenanwartschaften, die nach der Ehezeit für Zeiten in der Ehezeit entrichtet worden sind, nicht in den Ausgleich einzubeziehen (vgl. BGH, NJW 1985, 2024; 1981, 196), und zwar auch dann, wenn die Beiträge bereits in der Ehe fällig geworden waren, aber – aus welchen Gründen auch immer – nicht bis Ehezeitende gezahlt worden sind (OLG Thüringen, FamRZ 2000, 234, 235).

184 > *Hinweis:*
> *Den vom Rentenversicherungsträger erstellten Auskünften lassen sich freiwillige Versicherungsbeiträge und eine Nachversicherung für Zeiten vor der Ehe häufig nicht entnehmen. Dazu ist die besondere Mitwirkung der Parteien und ihrer Anwälte erforderlich. Diese müssen den Versicherungsverlauf mit den Parteien erörtern und dem Familiengericht ggf. entsprechende Hinweise geben.*

Umstritten war die Frage, ob Beitragsnachentrichtungen während der Ehezeit von Frauen, die sich **bei der Heirat** die von ihnen eingezahlten Beiträge zur gesetzlichen Rentenversicherung haben **erstatten** lassen (vgl. § 282 SGB VI), wie andere Beitragsnachentrichtungen nach dem In-Prinzip als ehezeitliche Anwartschaften zu behandeln sind, auch wenn sie voreheliche Zeiten betreffen (so OLG Nürnberg, FamRZ 1996, 1550, 1551 m. w. N.), oder ob die durch derartige Beiträge erworbenen Anwartschaften als voreheliches Versorgungsvermögen beim Versorgungsausgleich unbeachtet bleiben müssen (so mit erheblichen Argumenten SozG Hamburg, FuR 1995, 150 ff. mit zustimmender Anm. Fuchsloch). Der BGH hat unter Berufung auf das BSG entschieden, dass auch nach sog. Heiratserstattung nachentrichtete Beiträge nach dem In-Prinzip zu behandeln sind (BGH, FamRZ 1997, 414; s. Rn. 932 „Gesetzliche Rentenversicherung"). Der BGH hat das Problem der Heiratserstattung im Rahmen des Zugewinnausgleichs in einer den Frauen günstigen Weise gelöst (vgl. BGH, FamRZ 1995, 289, 290), indem er die Heiratserstattung wie Anfangsvermögen der Ehefrau behandelt (so ausdrücklich auch OLG Hamm, FamRZ 1998, 297, 298). Damit aber wird dieser Vermögenswert zwischen den Parteien im Regelfall der Zugewinngemeinschaft ausgeglichen und es besteht bei einer Zusammenschau von Zugewinn- und Versorgungsausgleich unter Rücksicht auf die dabei notwendigen und zulässigen Pauschalisierungen nicht die von Fuchsloch (FuR 1995, 153, 154) kritisierte Gerechtigkeitslücke (für Anwendung des In-Prinzips deshalb auch OLG Hamm, s. o.).

185

4. Ehezeitanteil bei tatsächlich gezahlter Rente

Besonderheiten können sich weiter ergeben bei der Ermittlung des Ehezeitanteils einer bei Ehezeitende bereits gezahlten Erwerbsminderungs- oder Altersrente. Dann ist nach der Rechtsprechung des BGH nämlich im Gegensatz zum Normalfall nicht von dem Betrag einer fiktiven Altersrente, sondern von dem **tatsächlichen Rentenzahlbetrag** auszugehen. Voraussetzung für diese Abweichung ist, dass die gezahlte Rente dem Ehegatten voraussichtlich nicht mehr entzogen wird, was bei Erwerbsminderungsrenten der gesetzlichen Rentenversicherung der Fall sein kann (BGH, FamRZ 1982, 33; 1984, 673 ff.; 1989, 723 ff.; 1989, 721 ff.; 1996, 406 ff.; s. Rn. 932 „Gesetzliche Rentenversicherung: Ehezeitanteil bei gezahlter Rente"; BGH, FamRZ 1997, 1535, 1536; OLG Karlsruhe, FamRZ 1999, 921, 922).

186

Der **tatsächliche Rentenzahlbetrag** und nicht die Höhe der fiktiven Altersrente ist auch dann maßgeblich, wenn der Ehegatte noch keine 55 Jahre alt ist und der Erwerbsminderungsrente eine Zurechnungszeit zugrunde liegt (BGH, FamRZ 1989, 723 ff.; s. Rn. 884, „Gesetzliche Rentenversicherung: Ehezeitanteil bei bezahlter Rente"). An diesem Grundsatz hat sich nach dem In-Kraft-Treten des RRG 1992 nichts geändert (BGH, FamRZ 1996, 406, 407). Ist der errechnete Ehezeitanteil der fiktiven Altersrente dagegen höher als der Ehezeitanteil der tatsächlich bezogenen Rente, ist dieser Betrag maßgebend, weil der Versicherte mit der Erfüllung der Voraussetzungen für ein Altersruhegeld einen Anspruch auf Umwandlung der Erwerbsunfähigkeitsrente in ein Altersruhegeld hat (OLG Karlsruhe, FamRZ 1999, 921, 922).

Ein strukturell ähnliches Problem war nach dem 1.7.1998 durch das **Rentenreformgesetz** 1999 entstanden, mit dem die Bewertung der Kindererziehungszeiten geändert wurde. Die Erhöhung erfolgte in 3 Schritten zum 1.7.1998, 1.7.1999 und 1.7.2000, so dass gezahlte Renten nicht sofort, sondern erst zu diesen Zeitpunkten von 75 auf 85, 90 bzw. 100 % des vollen Wertes angehoben werden. Es stellt sich die Frage, ob auch hier die Zahlbeträge oder die wirklichen Entgeltpunkte zugrunde zu legen sind. Mit Recht verweist Schmeiduch (FamRZ 1998, 530 ff.) darauf, dass nach der Systematik des Versorgungsausgleichs in jedem Fall die in der Ehe entstandenen Entgeltpunkte auszugleichen sind. Etwas anderes kann nur im Rahmen des schuldrechtlichen Versorgungsausgleichs, der auf die tatsächlich gezahlten Beträge abstellen muss, gelten. Dieses Problem hat sich durch Zeitablauf erledigt.

187

Nicht auf den tatsächlichen Rentenzahlbetrag, sondern die **fiktive Vollrente** wegen Alters kommt es an, wenn der Rentenfall zwischen Ehezeitende und der Entscheidung über den Versorgungsausgleich eingetreten ist. In diesem Punkt hat sich der BGH klar zur Einhaltung des Stichtagsprinzips

188

(vgl. Rn. 20) bekannt (BGH, FamRZ 1994, 1583, 1585) und diesen Fall von dem tatsächlicher Änderungen im Bestand der Versorgung zwischen Ehezeitende und Ausgleichsentscheidung abgegrenzt.

189 Nach dem geltenden Rentenrecht ist es möglich, auch nach Eintritt des Altersfalles keine Vollrente, sondern nur eine Teilrente zu beziehen. Während des Bezuges dieser Rente können weitere Beiträge zur gesetzlichen Rentenversicherung entrichtet werden (§§ 5 Abs. 4 Nr. 1, 7 Abs. 3 SGB VI), die die Vollrente dann erhöhen. Für den Versorgungsausgleich, der auf die Regelaltersrente, d. h. eine Vollrente wegen Alters bei Vollendung des 65. Lebensjahres abstellt, können derartige rentenerhöhende Beiträge nur bedeutsam sein, wenn sie bereits in der Ehezeit geleistet wurden. Ansonsten ist der Ehezeitanteil aus einer fiktiven Vollrente wegen Alters, sollte der Ehezeitanteil aus der tatsächlichen Teilrente höher sein, dieser, maßgeblich (so auch Maier u. a., Versorgungsausgleich in der gesetzlichen Rentenversicherung, § 1587a Anm. 3.8.2).

190 Enthält die gezahlte Rente eine **Zurechnungszeit** (heute: **Anrechnungszeit**), die über das Ende der Ehezeit hinausreicht, darf der Zahlbetrag der Rente am Ende der Ehezeit nicht in voller Höhe herangezogen werden, sondern muss zunächst um den Wert für die nach der Ehezeit zurückzulegende Zurechnungszeit bereinigt werden (zu den Einzelheiten der Bereinigung vgl. BGH, FamRZ 1989, 721 ff.; s. Rn. 932 „Gesetzliche Rentenversicherung: Ehezeitanteil"). Nach der Neufassung des § 1587a Abs. 2 Nr. 2 BGB durch das RRG 1992 ist zur Ermittlung des Ehezeitanteiles im Zusammenhang mit der Zurechnung **pauschaler Ausfallzeiten** allerdings das neue Recht anzuwenden, was zu einer Veränderung, sogar einer Herabsetzung des auszugleichenden Ehezeitanteiles führen kann (BGH, FamRZ 1996, 406 ff., 408; 1997, 160 ff.; s. Rn. 932 „Gesetzliche Rentenversicherung: Ehezeitanteil").

5. Vorläufige Durchschnittswerte bei Ehezeitende

191 Für die Bewertung gesetzlicher Rentenanwartschaften ist auch dann für das Jahr des Ehezeitendes und das vorangegangene Jahr von den amtlich festgesetzten vorläufigen Durchschnittswerten auszugehen, wenn die endgültigen Werte inzwischen bekannt sind (unter Berufung auf BGH, FamRZ 1991, 173; OLG Frankfurt/M., FamRZ 1996, 1422; s. Rn. 932 „Gesetzliche Rentenversicherung: Stichtagsregelung").

6. Übersicht über wichtige Begriffe der gesetzlichen Rentenversicherung

192
> **Aktueller Rentenwert** (§§ 65, 68 SGB VI)
>
> Das ist der – bis auf weiteres für das alte Bundesgebiet und das Beitrittsgebiet unterschiedliche – Betrag, der einer monatlichen Altersrente aus den Beiträgen eines Durchschnittsverdieners für das jeweils laufende Jahr entspricht.
>
> Der aktuelle Rentenwert wird entsprechend – von Ausnahmen wie im Jahre 2000, wo die Renten nicht der Lohn-, sondern der Preisentwicklung angepasst wurden – jetzt nach einer komplizierten Formel der Entwicklung der Bruttolöhne unter Berücksichtigung der Beiträge zur Sozialversicherung und der zwar freiwilligen aber vorausgesetzten privaten Altersvorsorge jährlich – bisher in den alten und neuen Bundesländern unterschiedlich – angepasst. Steuerrechtsänderungen und die Beitragsentwicklung in der Arbeitslosen- und Krankenversicherung werden derzeit nicht mehr berücksichtigt.
>
> Er dient auch der Umrechnung von Rentenanwartschaften (in Euro) in Entgeltpunkte durch Umkehrung der Rentenformel. Wegen des unterschiedlichen → *Rentenartfaktors* der knappschaftlichen Renten ergeben sich bei der Umrechnung von Rentenanwartschaften in Entgeltpunkte durch Teilung mit dem aktuellen Rentenwert erhöhte Teilungsfaktoren. Zu den aktuellen Rentenwerten (West) und (Ost) s. Tabelle in Rn. 935.

Anrechnungszeiten (§ 58 SGB VI; früher: Ausfallzeiten)
Dies sind Zeiten, in denen der Versicherte

- wegen Krankheit arbeitsunfähig war oder Rehabilitationsleistungen erhalten hat,
- wegen Schwangerschaft oder Mutterschaft während der Schutzfristen eine versicherte Beschäftigung oder selbständige Tätigkeit nicht ausgeübt hat,
- wegen Arbeitslosigkeit bei einem deutschen Arbeitsamt eine öffentlich-rechtliche Leistung erhalten oder nur wegen des zu berücksichtigenden Einkommens nicht erhalten hat, wenn dafür keine Beiträge zu einer Versorgungseinrichtung gezahlt worden sind,
- (diese Anrechnungszeiten gelten jedoch nur, wenn die versicherte Beschäftigung, selbständige Tätigkeit, Wehr- oder Zivildienst unterbrochen wurde),
- nach dem 17. (früher: 16.) Lebensjahr eine Schule, Fachschule oder Hochschule besucht und abgeschlossen hat; max. jedoch jetzt nur noch acht Jahre.

Auskunft über Rentenanwartschaften (§§ 109 SGB VI, 74 Abs. 2 Nr. 2b SGB X)
Grds. hat nur der Versicherte selbst gegenüber seinem Rentenversicherungsträger nicht aber der andere Ehegatte gegenüber dem Versorgungsträger des Partners Auskunftsrechte (vgl. z. B. § 109 Abs. 1, 2 SGB VI). Ausnahmsweise erhält jedoch auch der Ehegatte oder der geschiedene Ehegatte eine Auskunft über die Höhe erworbener Anwartschaften in der gesetzlichen Rentenversicherung, wenn der Träger der Rentenversicherung diese Auskunft nach § 74 Nr. 2 b SGB X erteilen darf, weil der Versicherte selbst seine Auskunftspflicht gegenüber dem Ehegatten nicht oder nicht vollständig erfüllt hat. Damit auch der Versicherte weiß, was der andere Partner erfährt, ist auch ihm die Auskunft zu übermitteln (§ 109 Abs. 3 SGB VI).

Die Verpflichtung des Rentenversicherungsträgers, dem Familiengericht Auskunft über die Höhe der in der Ehezeit erworbenen Rentenanwartschaften des bei ihm Versicherten zu erteilen, ergibt sich aus §§ 11 VAHRG, 53b Abs. 2 Satz 2, 3 FGG.

Die Versorgungsträger erteilen jeweils Auskunft durch einen Versicherungsverlauf, in dem alle rentenrechtlichen Zeiten wie → *Beitragszeiten,* → *beitragsgeminderte Zeiten, beitragsfreie Zeiten* sowie → *Kinderberücksichtigungszeiten,* aber auch die Versicherungslücken, d.h. entweder ungeklärte Zeiten oder aber Zeiten ohne rentenrechtlichen Wert, enthalten sind. Derartige Versicherungslücken mindern regelmäßig die im Versorgungsausgleich auszugleichenden ehezeitlichen Rentenanwartschaften, wirken sich aber sicher rentenmindernd auf die im Versicherungsfall zu zahlende Rente aus.

Auslandszahlungen

→ *Leistungen an Berechtigte im Ausland*

Beiträge

→ *Zahlung von Beiträgen*

Beitragserstattung (§ 210 SGB VI)
Versicherte, die seit mindestens zwei Jahren nicht versicherungspflichtig sind und sich – wie z. B. Beamte – nicht freiwillig versichern können und Versicherte sowie auch Witwen, Witwer und Waisen, die trotz Erfüllung der sonstigen Rentenvoraussetzungen für eine Regelalters- oder Hinterbliebenenrente wegen Nichterfüllung der allgemeinen Wartezeit keine Rente erhalten können, erhalten auf Antrag die vom Versicherten getragenen Beitragsanteile, bei selbständiger Tätigkeit die Hälfte der gezahlten Beiträge erstattet, wenn der Versicherte keine Sach- oder Geldleistungen aus der gesetzlichen Rentenversicherung erhalten hat. Dabei wird ein durchgeführter Versorgungsausgleich nicht berücksichtigt.

Beitragsfreie Zeiten (§ 54 Abs. 4 SGB VI)

Dies sind Kalendermonate, die mit Anrechnungszeiten, mit einer Zurechnungszeit oder mit Ersatzzeiten belegt sind, wenn für sie nicht auch Beiträge gezahlt wurden.

Beitragsgeminderte Zeiten (§ 54 Abs. 3, 246 SGB VI)

Als solche gelten Kalendermonate, die sowohl mit Beitragszeiten als auch mit Anrechnungszeiten, einer Zurechnungszeit oder Ersatzzeiten belegt sind.

Beitragsnachentrichtung (§§ 70 Abs. 5, 204-209, 282-285 SGB VI)

Nachzahlung ist (nur noch) möglich:

- bei Ausscheiden aus einer internationalen Organisation,
- bei Strafverfolgungsmaßnahmen,
- für vertriebene Geistliche pp. und Geistliche aus dem Beitragsgebiet,
- für Ausbildungszeiten, die nicht als Anrechnungszeiten berücksichtigt werden,
- bei vertriebenen Selbstständigen,
- für Eltern mit Kindererziehungszeiten, die durch eigene Beiträge die Mindestwartezeit von 60 Monaten nicht erfüllen,
- in bestimmten weiteren Nachversicherungsfällen.

Die Höhe der Entgeltpunkte für nachentrichtete Beiträge richtet sich grds. nach den Bedingungen des Jahres, in dem die Beiträge gezahlt werden (Ausnahme waren früher vor allem Heiratserstattungen; hier war das Jahr maßgeblich, für das nachentrichtet wird).

Beitragssatz (§§ 157-160 SGB VI; jährliche Beitragssatzverordnung)

Das ist der Prozentsatz, der als Beitrag zur Rentenversicherung zu zahlen ist. Bei pflichtversicherten Arbeitnehmern tragen der Versicherte und der Arbeitgeber den Beitrag grds. je zur Hälfte. Der Beitragssatz ist in den alten und neuen Bundesländern einheitlich hoch. Hinsichtlich der Prozentsätze s. Rn. 936 im Anhang.

→ *Mindestbeitrag*

→ *Regelbeitrag*

→ *Höchstbeitrag*

Beitragszeiten (§§ 55, 70 Abs. 1, 2, 3, 256 Abs. 1 SGB VI)

Dies sind die Zeiten, für die aufgrund eines Arbeitsentgelts Beiträge entrichtet wurden oder für die freiwillig Beiträge entrichtet wurden sowie die Kindererziehungszeiten.

Teilweise werden Beitragszeiten aus sozialpolitischen Gründen mit mehr Entgeltpunkten bewertet, als den entrichteten Beiträgen entspricht. Dazu gehören u. a. die ersten 48 Monate Pflichtbeitragszeiten für eine Berufsausbildung, Wehr- und Zivildienst bis 31. 12. 1991 und (bei mindestens 35 Jahren mit rentenrechtlichen Zeiten) Zeiten mit geringem Arbeitsentgelt.

Bereiterklärung (§§ 83b Abs. 1 Satz 3 AVG, 1304 Abs. 1 Satz 3 RVO; 187 Abs. 5 SGB VI)

Bereiterklärung war eine (schriftliche) Erklärung der Partei, die der tatsächlichen Entrichtung von Beiträgen gleichstand, wenn die Partei die Beiträge unverzüglich, d. h. i. d. R. binnen drei Monaten nach Rechtskraft der Versorgungsausgleichsentscheidung zahlte. Sie führte zu keiner Verpflichtung, sondern wahrte nur Rechte. Es schadete also nie, wenn man sie abgab. Häufig wurde sie – ggf. auch hilfsweise, vorsorglich oder ganz routinemäßig – bereits mit dem Scheidungsantrag oder der Antragserwiderung abgegeben. Die Funktion der Bereiterklärung übernimmt heute die Regelung des § 187 Abs. 5 SGB VI.

Diese Form, sich die Vorteile rechtzeitiger Entrichtung von Beiträgen zu sichern, gibt es nicht mehr. Sie ist überflüssig geworden durch § 187 Abs. 5 SGB VI, wonach Beiträge zur Begründung von Rentenanwartschaften immer und ohne ausdrückliche Erklärung als im Zeitpunkt des Endes der Ehezeit gezahlt gelten, wenn sie (für im Inland Lebende) binnen drei Monaten bzw. (für im Ausland Lebende) sechs Monaten nach Zugang der Rechtskraftmitteilung des Familiengerichts an den Versorgungsträger gezahlt werden. Bei ausgesetzten Versorgungsausgleichsverfahren tritt an die Stelle des Ehezeitendes der Zeitpunkt der Wiederaufnahme des Verfahrens.

→ *Zahlung von Beiträgen.*

Berücksichtigungszeiten (§§ 57, 71 Abs. 3, 249b SGB VI)

Dies sind anrechenbare Zeiten der Kindererziehung bis zum vollendetem 10. Lebensjahr des jüngsten Kindes sowie Zeiten der nicht gewerbsmäßigen Pflege eines Pflegebedürftigen in der Zeit vom 1. 1. 1992 bis 31. 3. 1995, die im Rahmen der Gesamtleistungsbewertung für beitragsfreie Zeiten die erworbenen Anwartschaften wertmäßig erhöhen und den Anspruch auf eine Rente wegen verminderter Erwerbsfähigkeit sichern können sowie auf die Wartezeit von 35 Jahren (wo sie erforderlich ist) angerechnet werden.

Besitzstandsregelung (§ 88 Abs. 1 Satz 2 SGB VI)

Wenn eine Rente wegen verminderter Erwerbsfähigkeit bei Erreichen der Altersgrenze in ein Altersruhegeld umgewandelt wird, gewährleisteten nach altem Rentenrecht §§ 1254 Abs. 2 Satz 2, 1253 Abs. 2 Satz 5 RVO, dass der Versicherte den höheren Zahlbetrag der bisherigen Rente wegen verminderter Erwerbsfähigkeit weiter erhielt. An diese Stelle ist § 88 Abs. 1 Satz 2 SGB VI getreten, demzufolge nicht mehr der Zahlbetrag der Rente, sondern die Anzahl der bisherigen Entgeltpunkte bestandsgeschützt ist.

Bezugsgröße (§ 18 SGB IV)

Damit ist der zentrale Wert der gesamten Sozialversicherung gemeint, aus dem andere Werte, die in der Sozialversicherung von Bedeutung sind, abgeleitet werden. Die Bezugsgröße errechnet sich aus dem Durchschnittsentgelt aller Versicherten des vorvergangenen Jahres. Zur Höhe vgl. Tabelle Rn. 937.

Entgeltpunkte (§ 63 Abs. 2, 3 SGB VI)

Sie bezeichnen das Verhältnis des in den einzelnen Kalenderjahren versicherten Arbeitsentgelts und Arbeitseinkommens zum Durchschnittsentgelt. Für beitragsfreie Zeiten werden Entgeltpunkte angerechnet, deren Höhe von der Höhe der Gesamtleistung in einem Versicherungsleben abhängig ist. Früher wurde statt in Entgeltpunkte in Werteinheiten gerechnet. 100 Werteinheiten entsprechen einem Entgeltpunkt.

Ersatzzeiten (§§ 250, 251 SGB VI)

Dies sind Zeiten vor dem 1. 1. 1992 ohne Versicherungspflicht nach dem 14. Lebensjahr, in denen der Versicherte:

- Kriegs- und Wehrdienst geleistet hat, Kriegsgefangener oder im Anschluss an solche Zeiten wegen Krankheit arbeitsunfähig oder unverschuldet arbeitslos war,
- im Zusammenhang mit dem Krieg interniert, verschleppt, eingesperrt, verfolgt oder vertrieben worden bzw. im Anschluss daran wegen Krankheit arbeitsunfähig oder unverschuldet arbeitslos war,
- im Beitrittsgebiet in der Zeit zwischen dem 8. 5. 1945 und 30. 6. 1990 inhaftiert war und rehabilitiert worden ist,
- jeweils, wenn keine Nachversicherung durchgeführt wurde oder werden konnte oder wegen dieser Zeiten Rente bezogen wird.

Erziehungsrente (§§ 47, 243a SGB VI)

Sie ersetzt teilweise die Geschiedenenwitwenrente, die es für nach dem 1. 7. 1977 Geschiedene nicht mehr gibt und verhindert damit das „Versorgungsloch" beim Versorgungsausgleichsberechtigten. Sie steht jedem Versicherten bis zur Vollendung des 65. Lebensjahres zu, der nach dem 1. 7. 1977 geschieden wurde, wenn der andere Ehegatte gestorben ist, ein eigenes oder ein Kind des Verstorbenen betreut, nicht wieder verheiratet ist und die allgemeine Wartezeit erfüllt.

Das gilt auch für nach dem 1. 7. 1977 in der früheren DDR Geschiedene, deren Unterhaltsanspruch sich nicht nach dem BGB, sondern dem FGB der DDR richtet.

Daneben gibt es nach der letzten Rentenreform Kinderzuschläge zur großen Witwen- und Witwerrente (→ *Hinterbliebenversorgung*).

Freiwillige Versicherung (§§ 7, 197 Abs. 2, 3, 232 SGB VI)

Auch Personen, die nicht versicherungspflichtig sind, können sich für Zeiten ab dem 16. Lebensjahr freiwillig versichern. Das gilt auch für Deutsche mit gewöhnlichem Aufenthalt im Ausland.

Nicht versicherungsberechtigt sind Personen, die versicherungsfrei (vor allem Beamte und Richter; §§ 5, 35, 43 Abs. 1, 44 Abs. 1, 50 Abs. 1 Nr. 1 und 2 SGB VI) oder von der Versicherung befreit (Einzelheiten s. § 6 SGB VI) sind, wenn sie die Mindestwartezeit von fünf Jahren noch nicht erfüllt haben.

Zur Sonderregelungen für freiwillige Beiträge (Ost) vor dem 1. 1. 1991 s. § 248 Abs. 3 Satz 2 Nr. 3 SGB VI und danach § 315b SGB VI.

Freiwillige Beiträge sind grds. nur wirksam, wenn sie bis zum 31.3. des Jahres gezahlt werden, das dem Jahr folgt, für das sie gelten sollen. Ausnahmen: Härtefälle gem. § 197 Abs. 3, Nachzahlungstatbestände des § 197 Abs. 2 SGB VI.

Für jedes Jahr gibt es einen Mindestbeitrag.

Gesamtleistungsbewertung (§§ 71-74, 263 SGB VI)

Beitragsfreie Zeiten erhalten – neben einer Reihe von Sonderregelungen – grds. den Durchschnittswert an Entgeltpunkten, der sich aus der Gesamtleistung an Beiträgen im belegungsfähigen Zeitraum ergibt.

Geschiedenenwitwen- oder -witwerrente (§§ 243, 243a SGB VI)

Für alle vor dem 1. 7. 1977 Geschiedenen gibt es noch keinen Versorgungsausgleich. Sie behalten dagegen unter den bisherigen Voraussetzungen einen Anspruch auf die kleine oder große Witwen- oder Witwerrente. Das gilt nicht für in der ehemaligen DDR Geschiedene, wenn sich deren Unterhaltsanspruch nach dem FGB der DDR und nicht nach dem BGB bestimmt.

Voraussetzung für diese Rente ist in jedem Fall, dass der Versicherte in der Zeit vor dem Tode des anderen geschiedenen Ehegatten diesem gegenüber unterhaltsberechtigt war oder Unterhalt erhalten hat und nicht wiederverheiratet ist.

Hinterbliebenenversorgung (§§ 46, 76c SGB VI)

Die Hinterbliebenenversorgung ist durch die letzte Rentenreform z. T. drastisch eingeschränkt worden. Verheiratete Versicherte, die nach dem 31.12.2002 geheiratet haben oder aber solche, die an diesem Tag schon verheiratet waren und nach dem 1.1.1962 geboren wurden, können anstelle der gesetzlichen Witwen- oder Witwerrente (evtl. mit sog. Kinderbonus) übereinstimmend bestimmen, dass die in der Ehezeit erworbenen Rentenanwartschaften schon zu Lebzeiten gleichmäßig auf beide aufgeteilt werden. Im Versicherungsfall erhält dann jeder die durch dieses – dem Recht des Versorgungsausgleich nachgebildete – Splitting erhöhte oder verkürzte eigene Rente, die nach dem Tod des anderen Ehegatten – anders als eine Witwen- oder Witwerrente – auch bei Wiederheirat nicht verloren geht.

Ein Anspruch auf die kleine Witwen- oder Witwerrente, die 25 % der Versichertenrente des verstorbenen Ehegatten beträgt (→ *Zugangsfaktor*) entsteht, wenn der verstorbene Ehegatte die allgemeine → *Wartezeit* erfüllt hat und der Überlebende nicht erneut heiratet. Für alle, die am 1.1.2002 jünger als 40 Jahre waren, wird diese Hinterbliebenenversorgung lediglich nur noch zwei Jahre lang gezahlt.

Ein Anspruch auf die große Witwen- oder Witwerversorgung besteht, wenn die Voraussetzungen für eine kleine Witwen- oder Witwerversorgung erfüllt sind und zusätzlich der Überlebende mindestens 45 Jahre alt ist oder ein eigenes Kind bzw. ein Kind des Verstorbenen erzieht oder für ein solches Kind, das behindert ist, sorgt oder selbst erwerbsgemindert ist. Die große Witwen- oder Witwerrente beträgt 55 % der Versichertenrente des Verstorbenen zuzüglich eines Zuschlages für Kindererziehung, für alle, die am 1.1.2002 älter als 40 Jahre waren, noch 60 %.

Für alle nach neuem Recht zu berechnenden Renten wird auf die Witwen- und Witwerrenten jedes eigene Einkommen einschließlich Vermögenseinkünften und solchen aus Kapital, das bestimmte in (West) und (Ost) unterschiedliche Freigrenzen übersteigt, angerechnet. Der Freibetrag erhöht sich für jedes waisengeldberechtigte Kind.

Hinzuverdienstgrenzen (§§ 94 ff. SGB VI)

Sie geben an, bis zu welcher Grenze eine Rentnerin oder ein Rentner eigenes Entgelt zur Rente hinzuverdienen darf, ohne dass diese gekürzt wird. Werden diese Grenzen überschritten, wird die Rente je nach der Höhe des Hinzuverdienstes um ein Drittel, die Hälfte, zwei Drittel oder voll gekürzt. Derartige Grenzen gibt es nicht bei der → *Regelaltersrente*, sondern nur bei den → *Teilrenten* wegen Alters und bei den Vollrenten vor Vollendung des 65. Lebensjahres, vor allem den Renten wegen Erwerbsminderung. Bei den Teilrenten und Renten wegen verminderter Erwerbsfähigkeit wird auf die persönlichen Verhältnisse vor Bezug der ersten Altersrente bzw. der Rente wegen verminderter Erwerbsfähigkeit abgestellt. So werden bei den Teilrenten wegen Alters die in den letzten drei Jahren zuvor erarbeiteten Entgeltpunkte mit je nach Art der Rente unterschiedlich hohen Faktoren (23,3 bei 1/3-Teilrente, 17,5 bei $^1/_2$ Teilrente und 11,7 bei 2/3 Teilrente) multipliziert, um die individuelle Hinzuverdienstgrenze zu ermitteln.

Daneben gibt es eine für alle einheitliche Mindesthinzuverdienstgrenze, die in jedem Fall ein persönliches Einkommen einer/eines halbtagsbeschäftigten Durchschnittsverdienerin/Durchschnittsverdieners unterstellt. Die allgemeine Hinzuverdienstgrenze ist für (West) und (Ost) unterschiedlich hoch, je nachdem, ob es sich um Vollrenten bis 65, 2/3 oder 1/3 Teilrenten, Rente wegen voller oder wegen teilweiser Erwerbsminderung handelt.

Höchstbeitrag (§§ 159, 160 SGB VI)

Für Pflichtversicherte und freiwillig Versicherte gilt, dass Beiträge zur Rentenversicherung nicht unbegrenzt gezahlt werden können, ebenso wie Einkommen nicht unbegrenzt, sondern nur bis zur → *Beitragsbemessungsgrenze* der Beitragspflicht unterliegen.

Höchstbetrag (§§ 76 Abs. 2 Satz 3 SGB VI, 1587b Abs. 5 BGB)

In der gesetzlichen Rentenversicherung soll niemand mehr als das Doppelte der Durchschnittsrente, d. h. mehr als zwei Entgeltpunkte pro Kalenderjahr erwerben können. Um dieses auch bei der Durchführung des Versorgungsausgleichs mit seinen Zuschlägen gem. §§ 66 Abs. 1 Nr. 4, 76 Abs. 2 SGB VI sicherzustellen, legen die beiden Vorschriften sowohl im bürgerlichen Recht (hier in Euro-Beträgen) als auch im Rentenrecht (hier in Entgeltpunkten) einen Höchstbetrag fest, der auch durch eine rechtskräftige Entscheidung des Familiengerichts nicht überschritten werden kann. Rechnerisch wird der Höchstbetrag ermittelt, indem die Kalendermonate der Ehezeit durch die Zahl sechs geteilt werden. In einer Formel ausgedrückt:

> *Kalendermonate der Ehezeit : 6 = Höchstzahl der erreichbaren Entgeltpunkte*

Beachtet das Gericht diese Grenze nicht, ist insoweit keine wirksame Entscheidung über den öffentlich-rechtlichen Versorgungsausgleich erfolgt (BSG, FamRZ 1991, 556).

Höherversicherung (§§ 11 AVG, 1234 RVO, 269, 281 SGB VI)

Diese Form der Zusatzversicherung in der gesetzlichen Rentenversicherung gibt es jetzt nicht mehr. Seit dem 1. 1. 1992 gab es sie nur noch für die Personen, die vor dem 1. 1. 1992 von diesem Recht Gebrauch gemacht haben oder für solche, die vor dem 1. 1. 1942 geboren sind.

Nach §§ 11 AVG, 1234 RVO konnten Versicherte neben Pflichtbeiträgen zusätzlich Beiträge zur Höherversicherung entrichten. Diese Beiträge führ(t)en jedoch nicht zu vollwertigen dynamischen Rentenanwartschaften i. S. d. § 1587a Abs. 2 BGB und waren/sind deshalb nicht nach § 1587b Abs. 1 BGB im Wege des Splittings, sondern nach Umrechnung in dynamische Rentenanwartschaften (§§ 1587a Abs. 2 Nr. 4 c, Abs. 3 BGB) durch analoges Quasisplitting nach § 1 Abs. 3 BGB auszugleichen.

Als Beiträge zur Höherversicherung gelten kraft gesetzlicher Fiktion unter bestimmten Voraussetzungen auch freiwillige Beiträge, die ansonsten Pflichtbeiträgen gleichgestellt sind (vgl. z. B. Art. 2 AnVNG § 15, § 281 SGB VI).

Kindererziehungszeiten (§§ 56, 70 Abs. 2, 249, 249a SGB VI)

Das sind Zeiten der Erziehung eines Kindes in den ersten drei Lebensjahren (bei vor dem 1. 1. 1992 geborenen Kindern: nur im ersten Lebensjahr) im Bundesgebiet; Kindererziehende erhielten nach bis zum 30. 6. 1998 geltendem, aber verfassungswidrigem (vgl. BVerfG, FamRZ 1996, 1137 ff.) Recht für jeden Monat 0,0625, mindestens aber die durch Beiträge erzielten Entgeltpunkte; seither erhalten Kindererziehende für jeden Monat der Kindererziehung 0,0833 Entgeltpunkte; sie gelten nicht für vor dem 1. 1. 1921 Geborene (sog. Trümmerfrauen); für diese gilt ein besonderes Gesetz. Renten daraus fallen nicht in den Versorgungsausgleich, weil sie Entschädigungscharakter haben.

Leistungen an Berechtigte im Ausland (§§ 119 ff. SGB VI)

Leistungen aus der gesetzlichen Rentenversicherung werden nur in eingeschränktem Umfang auch ins Auslands erbracht, wenn die Berechtigten dort ihren gewöhnlichen Aufenthalt genommen haben, wobei das über- oder zwischenstaatliche Recht etwas anderes bestimmen kann (§ 110 Abs. 3 SGB VI). Dieses ist z. B. auf Grund des Assoziationsabkommens zwischen der EU und der Türkei der Fall, durch das ausdrücklich türkische Arbeitnehmer inländischen Arbeitnehmers gleichgestellt werden. Ein lediglich vorübergehender Aufenthalt im Ausland ändert an der Bezugsberechtigung nichts.

Nur Deutsche erhalten auch bei gewöhnlichem Aufenthalt eine im Wesentlichen ungekürzte Versorgung. Bei ausländischen Berechtigten (Ausnahme wegen des zwischenstaatlichen Abkommens z. B. türkische Arbeitnehmer) werden die Entgeltpunkte im Wesentlichen nur aus Pflichtbeiträgen und unter Berücksichtigung eines durchgeführten Versorgungsausgleichs berechnet und dann auf 70 % gekürzt. Damit erhalten auch ausländische Berechtigte einen Versorgungsausgleich ins Ausland gezahlt, allerdings in (ggf. mehrfach) verminderter Höhe.

Mindestbeitrag (§ 167 SGB VI)

Mindestbeitrag für freiwillig Versicherte und Höherversicherte ist der niedrigste mögliche Beitrag zur Wahrung des Versicherungsschutzes wegen Berufs- oder Erwerbsunfähigkeit. Er bemisst sich ab 2003 nach der Mindestbemessungsgrundlage von 400 Euro.

Nachversicherung (§§ 8, 233, 233a, 281 SGB VI)

Sie ist zu unterscheiden von der → *Beitragsnachentrichtung*. Nachversichert werden vor allem Beamte, Soldaten und Richter, die ohne Anspruch auf Versorgung ausscheiden. Hauptfall sind Referendare und Zeitsoldaten.

Freiwillige Beiträge, die vor dem 1. 1. 1992 für Nachversicherungszeiträume gezahlt worden sind, werden nicht erstattet und gelten als Beiträge zur Höherversicherung.

Rentenarten (§ 33 SGB VI)

Für den Versorgungsausgleich grundsätzlich maßgeblich ist die

- *Regelaltersrente,* auf die jeder Versicherte einen Anspruch hat mit Vollendung des 65. Lebensjahres und der Erfüllung der allgemeinen →*Wartezeit* von fünf Jahren; eine mit Vollendung des 63. Lebensjahres fällige Altersrente für langjährig Versicherte, eine bereits mit Vollendung des 60. Lebensjahres fällige Altersrente wegen Arbeitslosigkeit oder nach Altersteilzeitarbeit gibt es seit dem 1.1.2002 nicht mehr; ab dem 1.1.2005 wird es auch keine mit dem 60. Lebensjahr fällige Altersrente für Frauen mehr geben;

daneben wird es auch künftig noch eine

- *Altersrente für schwerbehinderte Menschen* geben, die (ab 1.1.2004) das 63. Lebensjahr vollendet und eine →*Wartezeit* von 35 Jahren erfüllt haben,
- Altersrente für langjährig Versicherte, wegen Arbeitslosigkeit oder nach Altersteilzeitarbeit und für Frauen wird es künftig nicht mehr geben. Insoweit gelten Übergangsbestimmungen.

Neben den Renten wegen Alters gibt es jetzt

- *Renten wegen voller oder teilweiser Erwerbsminderung,*
- *Renten für Bergleute,*
- *kleine und große Witwen- und Witwerrenten und*
- *Waisenrenten*

Rentenartfaktor (§§ 63 Abs. 4, 67, 82, 255 SGB VI; früher: Steigerungssatz)

Er bestimmt das Sicherungsziel der jeweiligen Rentenart im Verhältnis zu einer Altersrente und damit, in welchem Umfang persönliche Entgeltpunkte zu berücksichtigen sind; er liegt zwischen 1,3333 bei Alters-, Erwerbsminderungs- und Erziehungsrenten sowie Witwen- und Witwerrenten für drei Monate nach dem Tod des Ehegatten in der Knappschaft (anschließend 0,7333 bei großen und 0,3333 bei kleinen Witwen- und Witwerrenten, 1,0 bei Renten wegen Alters und voller Erwerbsminderung (früher: Erwerbsunfähigkeit), Erziehungsrenten, Witwen- und Witwerrenten für drei Monate nach dem Tod des Ehegatten (anschließend 0,25 bei kleinen und 0,55 bei großen Witwen- und Witwerrenten) und – nach verschiedenen Zwischenstufen – für andere Renten bei 0,2 für Vollwaisen- und 0,1 für Halbwaisenrenten.

Rentenformel (§§ 63 Abs. 6, 64 SGB VI)

Die Berechnungsformel für die Renten ohne Besonderheiten aus dem Beitrittsgebiet lautet:

früher: $(P \times B) \times J \times St$ = *Jahresrente*
jetzt: $PEP \times AR \, (\times RAF)$ = *Monatsrente*

P:	Persönliche Bemessungsgrundlage (in Prozent) = Werteinheiten
B:	Allgemeine Bemessungsgrundlage im Jahr des Rentenfalls
J:	Zahl der anrechnungsfähigen Versicherungsjahre
St:	Steigerungssatz; bei Altersrente: 1,5
PEP:	Persönliche Entgeltpunkte
AR:	Aktueller Rentenwert
RAF:	Rentenartfaktor; bei Altersrente: 1

Beispiel:
Ehedauer: 1. 7. 1989 – 30. 6. 1996; in dieser Zeit wurden durch sozialversicherungspflichtige Tätigkeit und beitragslose Zeiten 8,432 PEP erworben; der AR am 30. 6. 1996 beträgt 46,23. Die ehezeitliche RAnw beträgt danach 8,432 x 46,23 = 389,91 DM monatlich.

Rentnerprivileg (§ 101 Abs. 3 SGB VI)

Bezieht der Ausgleichspflichtige bei Wirksamwerden der Entscheidung über den Versorgungsausgleich bereits ein Ruhegehalt, wird dieses zunächst nicht gekürzt, sondern erst, wenn aus der Versicherung des berechtigten Ehegatten ein Zuschlag wegen des durchgeführten Versorgungsausgleichs erfolgt (entsprechend dem Pensionistenprivileg des § 57 BeamtVG).

Selbstständige (§§ 2, 4 Abs. 2 SGB VI)

Sie sind nur in Ausnahmefällen versicherungspflichtig, z. B. Lehrerinnen, Erzieherinnen und erwerbsmäßige Pflegerinnen in der Kranken-, Wochen-, Säuglings- oder Kinderpflege. Seit dem 1.1.1999 sind auch Selbstständige, die auf Dauer und im Wesentlichen nur für einen Auftraggeber tätig sind und niemanden beschäftigen (sog. Scheinselbstständige), versicherungspflichtig, wenn sie aus dieser Tätigkeit mehr als 325 Euro beziehen. Alle anderen Selbstständigen können die Aufnahme in die gesetzliche Rentenversicherung beantragen. Ab ihrer Aufnahme belieb sie versicherungspflichtig. Existenzgründerinnen sind drei Jahre lang von der Versicherungspflicht befreit.

Selbstständige Künstlerinnen und Künstler sind nach dem Künstlersozialversicherungsgesetz pflichtversichert, wenn ihr Jahreseinkommen aus selbstständiger Tätigkeit eine Mindesthöhe (einheitlich in allen Bundesländern) erreicht. Die Beiträge werden von der Künstlersozialkasse in Wilhelmshaven berechnet.

Teilrente (§§ 7 Abs. 3, 42 SGB VI)

Bei Erreichen der Altersgrenze können Versicherte jetzt neben dem zeitweiligen völligen Verzicht auf Vollrente auch Teilrenten i. H. e. Drittels, der Hälfte oder von zwei Dritteln beantragen und im Übrigen im Wege einer freiwilligen Versicherung rentenerhöhend Beiträge einzahlen. Diese Möglichkeit endet mit der bindenden Bewilligung einer Vollrente wegen Alters. Welcher Anteil der Vollrente gezahlt werden kann, hängt weiter von → *Hinzuverdienstgrenzen* ab, die an die bisherige Verdienstsituation anknüpfen.

Versicherungspflicht und Versicherungsfreiheit (§§ 1 ff., 5 ff. SGB VI)

Bis auf wenige Ausnahmen sind alle Arbeitnehmerinnen und Arbeitnehmer (Angestellte und Arbeiter) in der gesetzlichen Rentenversicherung pflichtversichert. Das gilt auch für Behinderte, die in anerkannten Werkstätten arbeiten und Frauen, die ein freiwillige soziales Jahr leisten sowie sog. Scheinselbstständige. Bestimmte Berufsgruppen wie Künstler und Publizisten sind nur unter bestimmten Bedingungen versicherungspflichtig. Versicherungspflicht besteht auch bei Personen, die ein pflegebedürftiges Familienmitglied, das als solches von der Pflegekasse anerkannt ist, pro Woche mindestens 14 Stunden häuslich pflegen, wenn diese Personen das beantragt haben.

Bei der Versicherungsfreiheit unterscheidet man solche kraft Gesetzes und solche durch Befreiung auf Antrag.

- Kraft Gesetzes versicherungsfrei sind
    - Arbeitnehmer, die dauerhaft eine geringfügige Beschäftigung oder eine kurzfristige Beschäftigung, wie z. B. Saisonarbeit ausüben; diese Arbeitnehmer behalten jedoch die Möglichkeit, sich durch zusätzliche Beiträge in der gesetzlichen Rentenversicherung zu versichern und die Höhe ihrer Rentenanwartschaften damit zu erhöhen;

- Beamte, Richter, Berufssoldaten oder Soldaten auf Zeit sowie vergleichbare Beschäftigte von Körperschaften, Anstalten und Stiftungen des öffentlichen Rechts und deren Verbände brauchen keine Beiträge zur gesetzlichen Rentenversicherung zu zahlen, können dieses aber für die Dauer ihrer Zugehörigkeit zur öffentlichen Körperschaft auch nicht.

- Befreiung auf Antrag können erreichen
    - die Mitglieder berufsständiger Versorgungswerke, die aufgrund gesetzlicher Verpflichtung Mitglied einer öffentlich-rechtlichen Versorgungseinrichtung sind, wie das bei Ärzten, Zahnärzten, Apothekern der Fall ist. Die (grundsätzliche) Zwangsmitgliedschaft in der öffentlich-rechtlichen Versorgungseinrichtung muss bereits am 1.1.1995 bestanden haben.

- Selbstständige

Vollrente (§ 42 SGB VI)

Eine Rente wegen Alters kann als Voll- oder Teilrente in Anspruch genommen werden. Nach § 1587a Abs. 2 Nr. 2 BGB ist im Rahmen des Versorgungsausgleichs grds. vom Betrag der (ggf. fiktiven) Vollrente auszugehen, auch wenn die Partei tatsächlich nur eine Teilrente bezieht.

Wartezeiten (§§ 50, 51, 52 SGB VI)

Es sind folgende Wartezeiten erforderlich:
- fünf Jahre, um eine Regelaltersrente, Rente wegen verminderter Erwerbsfähigkeit oder eine Rente wegen Todes erhalten zu können,
- 20 Jahre für Renten wegen Erwerbsunfähigkeit, wenn die Mindestwartezeit vor fünf Jahren bei Eintritt der Erwerbsunfähigkeit nicht erfüllt war,
- 25 Jahre für bestimmte Renten von Bergleuten,
- 35 Jahre für einen Anspruch auf Altersrente für Schwerbehinderte.

Auf alle Wartezeiten mit Ausnahme der von 35 Jahren werden Kalendermonate mit Beiträgen und Ersatzzeiten angerechnet. Auf die Wartezeit von 35 Jahren werden auch alle anderen rentenrechtlichen Zeiten, einschließlich der → *Kinderberücksichtigungszeiten* angerechnet mit Ausnahme versicherungsfreier Tätigkeiten.

Zusammen mit Anwartschaften aus dem Versorgungsausgleich werden regelmäßig anrechenbare Wartezeiten übertragen. Deren Höhe errechnet sich nach der Formel:

PEP der übertrag. oder begründet. RAnw : 0.0313 = Wartemonate.

Die Anzahl der Wartemonate ist allerdings begrenzt auf die in die Ehezeit fallenden Kalendermonate, soweit sie nicht bereits anderweitig (wegen Beitrags- oder Ersatzzeit) auf die Wartezeit anzurechnen sind.

Zahlbetrag der Rente

→ *Besitzstandsregelung*

Zahlung von Beiträgen (§ 187 SGB VI)

Diese gibt es außerhalb des Bereichs der freiwilligen Versicherung in drei Fällen:
- Der im Versorgungsausgleich Ausgleichspflichtige kann die bei ihm nach Splitting oder Supersplitting durch Abschläge (→ *Zu- und Abschläge*) entstehenden Versorgungseinbußen durch Entrichtung von Beiträgen (einmalig oder laufend) wieder auffüllen (§ 187 Abs. 1 Nr. 1).

- Beitragszahlungen zur Begründung von Rentenanwartschaften sind weiter zulässig, wenn das Familiengericht sie angeordnet hat (§ 3b Abs. 1 Nr. 2 VAHRG) oder die Parteien sie mit Genehmigung des Gerichts zulässigerweise vereinbart haben (§ 1587o Abs. 1 Nr. 2 BGB).
- Der Träger der Versorgungslast kann in Bagatellfällen (§ 225 Abs. 2 SGB VI) beim Quasisplitting seine Erstattungspflicht gegenüber dem Träger der gesetzlichen Rentenversicherung durch Beitragszahlungen abwenden.

Zugunsten des Beitragspflichtigen werden im Rahmen des Versorgungsausgleichs als Jahr der Beitragszahlung ohne ausdrückliche Bereiterklärung das Jahr des Ehezeitendes und in abgetrennten und ausgesetzten Ausgleichverfahren das Jahr der Wiederaufnahme des Verfahrens angesehen, wenn die Beiträge gezahlt werden

- bei gewöhnlichem Aufenthalt im Inland bis zum 3. Kalendermonat,
- bei gewöhnlichem Aufenthalt im Ausland bis zum 6. Kalendermonat,
- nach Zugang der Rechtskraftmitteilung über die Ausgleichsentscheidung durch das Familiengericht an den Versorgungsträger (§ 187 Abs. 5 SGB VI).

Werden die Beiträge nicht rechtzeitig gezahlt, gelten die Bedingungen zum Zeitpunkt der Beitragszahlung. Unter Umständen wird durch die rechtzeitige Zahlung überhaupt die Möglichkeit einer Wiederauffüllung gerettet, wenn nämlich zwischenzeitlich beim Ausgleichspflichtigen der (Alters-)Rentenfall eingetreten sein sollte (vgl. Ähnliches für die Beamtenversorgung in § 58 BeamtVG mit allerdings etwas abweichender Berechnung).

Durch die Fiktion des § 187 Abs. 5 SGB VI bei rechtzeitiger Zahlung der Beiträge erhält der Ausgleichsberechtigte ebenso wie früher durch die Bereiterklärung sofortigen Versicherungsschutz, d. h. der Ausgleichspflichtige kann und muss auch dann ausnahmsweise noch Beiträge mit rentensteigernder Wirkung einzahlen, wenn der Ausgleichsberechtigte zwischenzeitlich einen bindenden Altersruhegeldbescheid erhalten hat. Normalerweise sind Beitragszahlungen nach Eintritt des Altersrentenfalls nicht mehr zulässig (§ 187 Abs. 4 SGB VI).

Im Abänderungsverfahren wirkt die Fiktion des § 187 Abs. 5 SGB VI nicht auf den Zeitpunkt des Endes der Ehezeit zurück, sondern nur auf den Zeitpunkt des Einganges des Abänderungsantrages beim Gericht.

Zugangsfaktor (§§ 63 Abs. 5, 77 SGB VI)

Dieser spielt nach § 1587a Abs. 2 Nr. 2 BGB beim Versorgungsausgleich keine Rolle. Er soll im Rentenrecht Vor- und Nachteile durch eine unterschiedliche Rentenbezugsdauer bei vorzeitiger Altersrente oder bei Verzicht auf Altersrente nach dem 65. Lebensjahr ausgleichen und bestimmt, in welchem Umfang die Entgeltpunkte bei der Ermittlung der Rente zu berücksichtigen sind:

- voll (Zugangsfaktor 1,0) bei
    - vollen Erwerbsminderungsrenten,
    - Hinterbliebenenrenten,
    - Vollrenten wegen Alters;
- Ermäßigung um 0,003 je Monat bei vorzeitiger Inanspruchnahme;
- Erhöhung um 0,005 je Monat

Zurechnungszeiten (§§ 59, 75 SGB VI)

Das sind Zeiten vor dem 60. Lebensjahr eines Versicherten, die ganz oder teilweise bei einer Rente wegen Erwerbsminderung als Versicherungszeit hinzugerechnet und aus denen ggf. → *Entgeltpunkte* auch für Zeiten nach Rentenbeginn ermittelt werden. Sie wird auch bei der Berechnung der Hinterbliebenenrente berücksichtigt, wenn der Versicherte vor Vollendung des 60. Lebensjahres gestorben ist.

Zuschläge oder Abschläge bei Versorgungsausgleich (§§ 66 Abs. 1 Nr. 4, 76, 101 Abs. 3 SGB VI)

Ein Versorgungsausgleich wird rentenrechtlich dadurch durchgeführt, dass die Summe der → *Entgeltpunkte*, die sich aus den Beitragszeiten, den beitragsfreien Zeiten und den Zuschlägen für beitragsgeminderte Zeiten ergibt, entweder um einen Zuschlag an Entgeltpunkten erhöht oder um einen Abschlag an Entgeltpunkten gemindert wird, je nachdem, ob es sich bei dem Versicherten um den ausgleichsberechtigten oder ausgleichspflichtigen Ehegatten handelt. Die erhöhten oder verminderten Entgeltpunkte sind dann mit dem Zugangsfaktor zu vervielfältigen und ergeben die für die weitere Berechnung der Rente maßgeblichen persönlichen Entgeltpunkte.

Eine Kürzung unterbleibt (zeitweilig) in den Fällen des → *Rentnerprivilegs* und ist – zeitweilig oder dauernd – nach §§ 4, 5 VAHRG rückgängig zu machen, wenn der Ausgleichsberechtigte wegen vorzeitigen Todes keine oder nur geringfügige Leistungen aus dem Versorgungsausgleich erhalten hat oder wenn der Ausgleichspflichtige dem Ausgleichsberechtigten gegenüber unterhaltspflichtig ist, solange der Ausgleichsberechtigte noch keine Rente erhält oder erhalten könnte.

IV. Beamtenversorgung

1. Kreis der Versorgungsberechtigten

Beamte i. S. d. § 1577a Abs. 2 Nr. 1 BGB sind nur die Personen, die in einem **öffentlich-rechtlichen Dienst- und Treueverhältnis** zu ihrem (deutschen) Dienstherren stehen, wie die unmittelbaren und mittelbaren Bundesbeamten, die Beamten der Länder, Gemeinden, Gemeindeverbände und aller Körperschaften, Anstalten und Stiftungen des öffentlichen Rechts, die Hochschullehrer, Richter des Bundes und der Länder sowie die Berufssoldaten.

Zu dem von § 1587a Abs. 2 Nr. 1 BGB erfassten Kreis an Versorgungen gehören auch **privat- oder öffentlich-rechtliche Arbeitsverhältnisse, die nach beamtenrechtlichen Vorschriften oder Grundsätzen** abgewickelt werden. Dazu zählen privatrechtliche Arbeitsverhältnisse, die durch eine im SGB VI oder anderen Gesetzen vorgesehenen Dienstordnung geregelt sind, wie bei den Angestellten der Orts- und Innungskrankenkassen sowie Berufsgenossenschaften, aber auch die Amts- und Dienstverhältnisse von Pfarrern und sonstigen Beamten der als öffentlich-rechtlich anerkannten Religionsgesellschaften (vgl. OLG Frankfurt, FamRZ 1987, 719; AG Tempelhof-Kreutzberg, FamRZ 2001, 483, 484 für die AOK für das Land Brandenburg); nicht aber die Dienstverhältnisse mit privatrechtlich, z. B. in Form eines als e. V., organisierten Schulträgern (OLG Köln, FamRZ 1999, 861) und die Dienstverhältnisse bei der Max-Planck-Gesellschaft e. V. (BGH, NJW-RR 1986, 292).

Abgrenzungskriterium dafür, ob eine (privatrechtliche) Versorgung nach beamtenrechtlichen Vorschriften oder Grundsätzen anzunehmen ist oder nicht, ist regelmäßig die Versicherungsfreiheit nach § 5 Abs. 1 Nr. 2 SGB VI oder Befreiung von der Versicherungspflicht auf Antrag des Arbeitgebers nach § 6 Abs. 1 Nr. 2, Abs. 2 SGB VI (vgl. MüKo/Eißler, BGB, § 1587a Rn. 29).

Da es nach § 1587a Abs. 7 BGB nicht darauf ankommt, ob die **Mindestwartezeit** von fünf Jahren nach § 4 BeamtVG erfüllt ist oder nicht, sind die Versorgungen aller Beamten und Richter auf Lebenszeit, auf Zeit, auf Probe, aller Berufssoldaten, Hochschulprofessoren und diesen gleichgestellten Personen nach § 1587a Abs. 2 Nr. 1 BGB zu bewerten (vgl. BGH, NJW 1982, 1754).

Auch wenn **Bundesbahn** und **Bundespost** mittlerweile in private Aktiengesellschaften umgewandelt worden sind, stehen nach wie vor Beamte in ihren Diensten. Zu beteiligender und auskunftspflichtiger Dienstherr ist jetzt:

- für die frühere Bundesbahn das Bundeseisenbahnvermögen;
- für die frühere Bundespost je nach Bereich die Bundesrepublik Deutschland, vertreten durch die
  - Deutsche Postbank AG,
  - Deutsche Telekom AG,
  - Deutsche Post AG

  und zwar die örtlich zuständige selbständige Niederlassung/Versorgungsservice (vgl. vor allem §§ 3 Abs. 1 Satz 1, 14 des Gesetzes zum Personalrecht der Beschäftigten der früheren Deutschen Bundespost v. 14.9.1994 (BGBl. I S. 2325, 2353) und die darauf beruhende Anordnung zur Übertragung dienstrechtlicher Zuständigkeiten für den Bereich der Deutschen Post AG v. 24.6.1999 (BGBl. I S. 1583)).
  - (Anschriften s. Rn. 934)

197 Bei den Berufssoldaten und Beamten der **Bundeswehr** ist als Beteiligter anzusehen die Bundesrepublik Deutschland, vertreten durch die Wehrbereichsverwaltung III (Anschrift s. Rn. 934).

Für die Erteilung von Auskünften zuständig ist nach einer Verwaltungsanordnung des Bundesministers der Verteidigung das örtlich zuständige Wehrbereichsgebührnisamt. Dieses ist auch Träger der Versorgungslast mit der Folge, dass die Begründung von Rentenanwartschaften für den anderen Ehegatten zu Lasten der Versorgungsanwartschaften des Berufssoldaten/Beamten beim Wehrbereichsgebührnisamt III unter Angabe des Geschäftszeichens sowie „Abschnitt Versorgung B I 22" zu erfolgen hat.

2. Beamte auf Widerruf, Zeitsoldaten, ausgeschiedene Beamte

198 Nicht anwendbar ist diese Bewertungsvorschrift für die Versorgungsaussichten von **Beamten auf Widerruf und Zeitsoldaten.** Diese erwerben nämlich keine Aussicht auf Versorgung nach beamtenrechtlichen Vorschriften oder Grundsätzen, sondern nur einen Anspruch auf Nachversicherung in der gesetzlichen Rentenversicherung. Dieser entspricht rechnerisch der durch die Nachversicherung begründeten Rentenanwartschaft in der gesetzlichen Rentenversicherung, ist aber als nichtbeamtenrechtliche Versorgungsaussicht gegen einen öffentlich-rechtlichen Versorgungsträger **nicht durch Splitting** (§ 1587b Abs. 1 BGB), sondern durch analoges Quasisplitting (§ 1 Abs. 3 VAHRG) auszugleichen, solange die **Nachversicherung tatsächlich noch nicht durchgeführt,** sondern gem. § 184 SGB VI aufgeschoben worden ist (vgl. BGH, FamRZ 1982, 362, 363). Dies gilt auch dann, wenn der Ausgleichspflichtige nach Ende der Ehezeit Beamter (auf Probe) oder Berufssoldat wird (BGH, NJW 1981, 2187; 1982, 1754 im Anschluss an BGH, NJW 1982, 379).

199 Nicht mehr von der Höhe der bisherigen Beamtenversorgung, sondern (nur noch) von der Höhe der durch Nachversicherung entstehenden Rentenanwartschaften ist auszugehen, wenn ein Beamter, sei es **vor** (vgl. BGH, NJW-RR 1988, 1410) oder **nach dem Ende der Ehezeit,** unter Verlust der Beamtenversorgung aus dem Beamtenverhältnis **ausscheidet,** weil jetzt eine nach § 1587a Abs. 2 Nr. 1 BGB zu bewertende Anwartschaft nicht mehr vorliegt. Eine solche Veränderung ist ggf. schon im Erstverfahren zu berücksichtigen, auch wenn sie nach dem Ende der Ehezeit eingetreten sein sollte, weil eine starre Anwendung des Stichtagsprinzips den Grundsatz materieller Halbteilung verletzten und im Hinblick auf das ansonsten notwendige Abänderungsverfahren nach § 10a VAHRG nicht prozessökonomisch sein würde (BGH, FamRZ 1981, 856, 861; 1988, 1148, 1149). Das Gleiche gilt, wenn der Beamte erst nach der Entscheidung über den Versorgungsausgleich unter Verlust der Beamtenversorgung aus dem Dienst ausscheidet und in der gesetzlichen Rentenversicherung nachversichert wird (vgl. OLG Hamm, FamRZ 1986, 1112; a. A. OLG Stuttgart, FamRZ 1984, 801).

200 Dagegen ist bei der Durchführung des Versorgungsausgleichs (zunächst) die beamtenversorgungsrechtliche Anwartschaft zugrunde zu legen, wie sie bei Ehezeitende bestanden hat, wenn ein

Beamter zum Zeitpunkt der Entscheidung über den Versorgungsausgleich vom Dienst suspendiert, über seine Entfernung aus dem Dienst aber noch nicht abschließend entschieden worden ist (OLG Hamm, FamRZ 1988, 625).

> *Hinweis:* 201
> *In der Praxis führen die Fälle des Fehlens oder Verlustes der Beamtenversorgung bis zur Entscheidung zu Schwierigkeiten, weil in der Auskunft des Trägers der gesetzlichen Rentenversicherung die erworbene Versorgungsaussicht (noch) nicht enthalten ist; die Auskunft des Trägers der Versorgungslast enthält nur den Hinweis darauf, dass eine Beamtenversorgung – bis zum Ende der Ehezeit – nicht erworben wurde. Es bleibt nur die Möglichkeit, beim Dienstherren die Höhe der nachversicherungspflichtigen Arbeitsentgelte zu erfragen und den Träger der Rentenversicherung um gutachterliche Äußerung zur Höhe der durch eine Nachversicherung ggf. entstehenden Rentenanwartschaften zu bitten. Diese sind dann ggf. durch Quasisplitting oder analoges Quasisplitting auszugleichen.*

Sobald die Nachversicherung tatsächlich durchgeführt ist, liegt keine nach § 1 Abs. 3 VAHRG auszugleichende öffentlich-rechtliche Versorgung, sondern – je nach Art des Versorgungsträgers, bei dem die Nachversicherung durchgeführt wurde – (nur) noch eine gesetzliche Rentenanwartschaft nach § 1587a Abs. 2 Nr. 1 BGB oder auch eine berufsständige Versorgung nach § 1587a Abs. 4 BGB vor, die ggf. nach den dafür geltenden Vorschriften auszugleichen sind. 202

3. Unterhaltsbeiträge nach § 77 BDO und im Gnadenwege

Keine dem Versorgungsausgleich unterliegenden beamtenrechtlichen Versorgungsbezüge sind **Unterhaltsbeiträge gem. § 77 BDO** oder solche, die **im Gnadenweg** zugestanden wurden, weil darauf kein Anspruch besteht (vgl. im Einzelnen BGH, FamRZ 1997, 158 ff.; s. Rn. 932 „Beamtenversorgung: Unterhaltsbeiträge"). 203

Keine Beamte i. S. d. § 1587a Abs. 2 Nr. 1 BGB sind Personen, die in einem Dienstverhältnis zu ausländischen, zwischen- oder überstaatlichen Organisationen stehen und die Personen, die in einem **öffentlich-rechtlichen Amtsverhältnis** stehen wie die Minister und parlamentarischen Staatssekretäre des Bundes und der Länder (vgl. Soergel/Minz, BGB, § 1587a, Rn. 6; a. A. Rolland, Rn. 67) oder die, die wie die Abgeordneten der Parlamente des Bundes und der Länder in überhaupt keinem Dienstverhältnis stehen. 204

Die (Zusatz-)Versorgungen des öffentlichen Dienstes (vgl. Rn. 256 f.) fallen nicht unter § 1587a Abs. 2 Nr. 1 BGB, sondern sind **betriebliche Altersversorgungen** i. S. d. § 1587a Abs. 2 Nr. 3 BGB. Gleiches gilt für Angestellte von Versorgungseinrichtungen, die zwar einem öffentlich-rechtlichen Versorgungsträger gehören, von diesem aber getrennt sind (vgl. Bastian/Roth-Stielow/Schmeiduch/Körber, 1. EheRG, Rn. 10). 205

Keine Beamtenversorgung stellt schließlich der Ehrensold ausgeschiedener **Ehrenbeamter** wie ehrenamtlicher Bürgermeister nach Landesrecht dar.

4. Begrenzter Wert der Unterscheidung

Die Unterscheidung nach Beamtenversorgungen i. S. d. § 1587a Abs. 2 Nr. 3 BGB und sonstigen öffentlich-rechtlichen Versorgungen sowie anderen privatrechtlichen Versorgungen öffentlich-rechtlicher Versorgungsträger hat seit der Einführung des VAHRG weitestgehend an praktischer Bedeutung verloren. Denn alle nicht nach § 1587a Abs. 2 Nr. 1 BGB zu bewertenden und nach § 1587b Abs. 2 BGB durch Quasisplitting auszugleichenden Versorgungen (s. unter Rn. 449) sind regelmäßig nach den im wesentlichen gleichgestalteten Vorschriften des § 1587a Abs. 2 Nr. 3 a, 4b oder Abs. 5 BGB zu bewerten und nach § 1 Abs. 3 VAHRG durch (analoges) Quasisplitting (vgl. 206

Rn. 453 f.) auszugleichen. Bedeutsam kann die Unterscheidung allenfalls für die Frage sein, ob die gegen einen öffentlich-rechtlichen Versorgungsträger gerichteten Versorgungsansprüche nach § 1587a Abs. 3, 4 BGB in **dynamische Anrechte** umgerechnet werden müssen (s. Rn. 249 f., 392 ff.) oder ob eine solche Umrechnungsmöglichkeit – wie bei den Beamtenversorgungen ausgeschlossen ist.

5. Volle Versorgung als Ausgangsbetrag

207 Ausgangsbetrag zur Berechnung des Ehezeitanteils ist die am Ende der Ehezeit erreichte **volle Versorgung** oder Versorgungsanwartschaft **ohne** die Berücksichtigung **familienbezogener Anteile** (§ 1587a Abs. 8 BGB), **unter Ausschluss unfallbedingter Erhöhungen** infolge eines Dienstunfalles (§ 1587a Abs. 2 Nr. 1 Satz 4 BGB) und auch etwaiger zeitlich befristeter Kürzungen auf Grund eines Disziplinarverfahrens (OLG München, FamRZ 1999, 1430), aber einschließlich der jährlichen Sonderzuwendungen (zu deren Berechnung s. BGH, FamRZ 1983, 358, 362; s. Rn. 932 „Beamtenversorgung: Ruhensberechnung").

Maßgeblich ist die zum Ehezeitende erreichte Versorgung auch dann, wenn der Beamte nach Ehezeitende befördert wird und diese Beförderung rückwirkende Auswirkung auf die Zeit der Ehe haben sollte. Das **Stichtagsprinzip** verbietet, die nacheheliche Beförderung im Versorgungsausgleich zu berücksichtigen (BGH, FamRZ 1999, 157, 158).

208 Die Höhe der vollen Versorgung errechnet sich nach der zurückgelegten zzgl. der bis zur Regelaltersgrenze noch zurückzulegenden ruhegehaltsfähigen Dienstzeit (**Gesamtdienstzeit**), dem sich daraus ergebenden Ruhegehaltssatz auf der Grundlage der am Ende der Ehezeit tatsächlich erreichten ruhegehaltsfähigen Dienstbezüge. Darauf, ob diese ggf. nach § 5 Abs. 3 BeamtVG wegen Unterschreitens der dort genannten Frist (noch) nicht voll ruhegehaltsfähig sind, kommt es nicht an (BGH, FamRZ 1982, 31, 32; weitere Einzelheiten s. u. Rn. 235 „Ruhegehaltsfähige Dienstbezüge").

Als volle Versorgung ist seit dem 1. 1. 2002 grundsätzlich nur noch die nach der Änderung des § 14 Abs. 1 Satz 1 BeamtVG ab dem 1. 3. 2003 auf der Grundlage von 1,79375 % für jedes volle ruhegehaltsfähige Dienstjahr errechnete Höchstversorgung im konkreten Einzelfall (so zur Recht auch schon mit Wirkung ab 1.1.2002 OLG Celle, FamRZ 2002, 823, 825 mit zustimmender Anmerkung Deisenhofer a. a. O. S. 826). Erhält der Versorgungsberechtigte nach der geltenden Übergangsregelung für eine bestimmte Zeit tatsächlich eine höhere Versorgung, ist diese ggf. schuldrechtlich auszugleichen (s. Rn. 528).

6. Berechnung des Ehezeitanteils

209 Diese (fiktive) Altersversorgung ist als volle Versorgung i. S. d. § 1587a Abs. 2 Nr. 1 BGB auch dann der Berechnung des in die Ausgleichsbilanz einzustellenden Ehezeitanteils zugrunde zu legen, wenn der Beamte noch im Laufe des Verfahrens, aber **nach dem Ende der Ehezeit tatsächlich in den Ruhestand** geht. Lediglich die Höhe des Ehezeitanteils (s. nachfolgend Rn. 221 f.) ist – ebenso wie eine nachträgliche Rechtsänderung – schon im laufenden Verfahren zur Vermeidung eines Abänderungsverfahrens gem. § 10a VAHRG den geänderten Verhältnissen anzupassen (BGH, FamRZ 1989, 492; OLG Koblenz, FamRZ 1996, 555; s. Rn. 932 „Beamtenversorgung: vorzeitiger Ruhestand").

210 Bezieht der Beamte bei Ende der Ehezeit bereits Ruhegehalt, ist vom tatsächlichen Ruhegehalt (ohne Berücksichtigung von familien- und unfallbedingten Zuschlägen, §§ 1587a Abs. 2 Satz 4, Abs. 8 BGB) und nicht mehr von einer fiktiven Versorgung auszugehen. Das gilt gerade auch dann, wenn der Beamte vorzeitig in den Ruhestand gegangen ist (BGH, FamRZ 1991, 1415).

Für **entpflichtete Professoren** bestimmt § 1587a Abs. 2 Nr. 1 Satz 5 BGB, dass ihre vollen Dienstbezüge und nicht etwa nur das (fiktive) Ruhegehalt (vgl. BGH, FamRZ 1983, 467, 469, 471) für die Ermittlung des Ehezeitanteils zugrunde zu legen sind.

7. Besonderheiten bei sog. Kann-Zeiten

Besonderheiten bei der Berechnung der gesamten Versorgung des Beamten ergeben sich bei den sog. **Kann-Zeiten** (§ 11, 12 BeamtVG; s. Rn. 235). Nach der Rechtsprechung des BGH sind derartige Zeiten beim Versorgungsausgleich auch dann als versorgungserhöhende Zeiten zu berücksichtigen, wenn die beamtenrechtlich vorgeschriebene Entscheidung der zuständigen Behörde noch nicht ergangen oder auch nur beantragt worden ist. Es kommt nach dieser Rechtsprechung nicht darauf an, ob die Berücksichtigung derartiger Zeiten für den anderen Ehegatten günstig oder ungünstig ist und aus welchem Grund der erforderliche Antrag auf Berücksichtigung dieser Zeiten nicht gestellt worden ist sowie, ob die Ausbildungszeiten vor oder in der Ehezeit liegen (vgl. die Begründung und zu den Voraussetzungen im Einzelnen BGH, FamRZ 1981, 665; 1983, 999, 1000; s. Rn. 932 „Beamtenversorgung: Kann-Zeiten"). 211

Etwas anderes muss allerdings gelten, wenn ein Antrag auf Anerkennung als Ausbildungszeiten (z. B. weil die Höchstversorgung sowieso erreicht wird) nicht zu einer Erhöhung der Versorgung führt und der Beamte deshalb keinen Antrag auf Anerkennung stellt, wenn die Ausbildungszeit für den Beamten in der gesetzlichen Rentenversicherung rentensteigernd zu berücksichtigen wäre (so OLG Frankfurt, FamRZ 1999, 862, 863; im Einzelnen s. Rn. 932 „Beamtenversorgung: Kann-Zeiten"). Im Ergebnis kann das dazu führen, dass **Ausbildungszeiten nur voreheliche Anwartschaften** in der gesetzlichen Rentenversicherung erhöhen, im Versorgungsausgleich also keine Rolle spielen. 212

Das Familiengericht darf sein Ermessen nicht an die Stelle der Ermessensentscheidung des Dienstherren setzen, wenn diesem nach dem Beamtenversorgungsrecht ein Ermessen eingeräumt wird. Insoweit ist eine – ggf. in der Versorgungsausgleichsauskunft ausgedrückte – **Ermessensentscheidung des Dienstherren für das Familiengericht bindend** (BGH, FamRZ 1981, 665, 666; OLG Braunschweig, FamRZ 1999, 1280, 1281). 213

8. Ruhensregelungen

Schwierigkeiten bei der Ermittlung des Ehezeitanteils einer Beamtenversorgung gibt es, wenn die künftige Versorgung des Beamten nach **§§ 54 ff. BeamtVG** wegen Zusammentreffens mit anderen Versorgungen, vor allem aber mit einer Rente aus der gesetzlichen Rentenversicherung oder Zusatzversorgung des öffentlichen Dienstes **gekürzt** wird. § 1587a Abs. 6 BGB bestimmt, dass in diesen Fällen „von den nach Anwendung von Ruhensvorschriften ergebenden gesamten Versorgungsbezügen und der gesamten in die Ehezeit fallenden ruhegehaltsfähigen Dienstzeit auszugehen" und bei Zusammentreffen mit einer Rente „sinngemäß zu verfahren" ist. Was diese Formulierungen im Einzelnen bedeuten, ist in Literatur und Rechtsprechung umstritten (vgl. Bonth, Versorgungsausgleich in anwaltschaftlicher und familiengerichtlicher Praxis, Rn. 184 ff. m. w. N.). 214

Nach der gesetzlichen Regelung und der von den Trägern der Beamtenversorgung übernommenen Rechtsprechung des BGH tauchen wesentliche Probleme beim Zusammentreffen mehrerer Beamtenversorgungen nicht auf, wohl aber beim Zusammentreffen einer Beamtenversorgung mit einer gesetzlichen Rente oder Rente aus der Zusatzversicherung. Hier sieht der BGH allerdings keinen Anlass zu einer (entsprechenden) Ruhensberechnung, wenn die an sich in die Ruhensberechnung einzubeziehende Rente ausschließlich vor der Ehezeit erworben worden ist (BGH, FamRZ 1983, 358 f.; ausdrücklich und unter Berufung auf den Vertrauensschutz für eine gefestigte Rechtsprechung bestätigt in FamRZ 2000, 746, 747; s. Rn. 932 „Beamtenversorgung: Ruhensberechnung") oder wenn (nur) nach den Wertverhältnissen zum Ehezeitende keine Überschreitung der Höchstgrenzen nach § 55 BeamtVG vorliegt, diese aber zu einem späteren Zeitpunkt eintreten kann (BGH FamRZ 2000, 749, 750).

Hat der Beamte Rentenanwartschaften ganz oder teilweise in der Ehezeit erworben, ist wie folgt zu rechnen: Überschreiten – ausschließlich orientiert an den zum Ehezeitende maßgeblichen Werten – Rente und die nach dem zu diesem Zeitpunkt innegehabten Amt erreichbare Höchstversorgung 215

den in § 55 BeamtVG normierten **Höchstbetrag,** ruht der den Höchstbetrag überschreitende Teil der Beamtenversorgung. Aus diesem Ruhensbetrag herauszurechnen ist jedoch der Teil, der auf vorehelich erworbenen Rentenanwartschaften beruht. Das geschieht nach Meinung des BGH am besten dadurch, dass zunächst der Ehezeitanteil der ungekürzten Versorgung ermittelt und dann davon der eheanteilige Kürzungsbetrag nach § 55 BeamtVG abgesetzt wird. Der eheanteiliger Kürzungsbetrag errechnet sich dabei aus dem Verhältnis der in der Ehezeit erworbenen zu den insgesamt erworbenen Rentenanwartschaften. (Einzelheiten und Begründung s. BGH, FamRZ 1983, 358 ff. und ergänzend FamRZ 2000, 746, 747; s. Rn. 932 „Beamtenversorgung: Ruhensberechnung").

216 Nicht in die Kürzung einbezogen werden dürfen Rentenanwartschaften, die auf **freiwilligen Beiträgen** des Beamten beruhen. Sie sind im Wege einer Verhältnisberechnung aus der Summe der anzurechnenden Rentenanwartschaften herauszurechnen (BGH, FamRZ 1995, 413).

217 Ob und in welcher Höhe **voreheliche Anteile** der Beamtenversorgung eines Ausgleichspflichtigen nach §§ 54 ff. BeamtVG gekürzt worden sind, spielt keine Rolle, weil die Kürzungen wegen der generellen Zeit-Zeit-Berechnung ausschließlich einem nicht in die Ehezeit fallenden Anteil der Versorgung zugeordnet wurden (vgl. BGH, FamRZ 1998, 419, 420; s. Rn. 932 „Beamtenversorgung: Ehezeitanteil bei geschiedener Vorehe"; OLG Frankfurt/M., FamRZ 1997, 1082). So kann ein mehrfach geschiedener Beamter zwar bis zur Hälfte seiner Versorgung durch Abgabe jeweils der Hälfte seiner ehezeitlichen Pensionsanwartschaften verlieren, die jeweiligen Ehepartner werden dadurch jedoch – versorgungsausgleichsrechtlich – nicht betroffen.

9. Altersgrenze

218 Da bei den Beamtenversorgungen der Ehezeitanteil nach einem Zeit-Zeit-Verhältnis berechnet wird, ist die volle Versorgungsanwartschaft dann im Verhältnis der Dienstzeit während der Ehe zur Gesamtdienstzeit bis zum Regelversorgungsfall wegen Alters zu quotieren.

Maßgebliche **Altersgrenze** für die Berechnung des am Ende der Ehezeit bereits erreichten Teiles der Gesamtdienstzeit ist grds. das 65. Lebensjahr (§§ 41 BBG, 48 DRiG). Die Möglichkeit eines vorzeitigen Ruhestandes bleibt bei der Ermittlung der fiktiven vollen Versorgung außer Betracht (BGH, FamRZ 1982, 998, 999).

219 Soweit für verschiedene Gruppen des öffentlichen Dienstes (z. B. Polizeivollzugsbeamte, Einsatzdienste der Feuerwehr, Fluglotsen, Strahlflugzeugführer, Berufssoldaten) besondere oder vorgezogene, für diese Gruppen aber allgemein verbindliche Altersgrenzen wie das 53. oder 60. Lebensjahr gelten, sind diese – und nicht eine fiktive Regelaltersgrenze von 65 Lebensjahren – bei der Berechnung der Gesamtdienstzeit zu berücksichtigen (BGH, FamRZ 1982, 999, 1000).

220 Hat der Beamte bis zum Schluss der letzten Tatsacheninstanz von der seit dem 1. 1. 1992 bestehenden Möglichkeit Gebrauch gemacht, den Eintritt des Ruhestandes (bis max. zur Vollendung des 68. Lebensjahres) hinauszuschieben und den entsprechenden Antrag gestellt, ist als Gesamtdienstzeit die Zeit bis zur hinausgeschobenen Altersgrenze zugrunde zu legen.

10. Quotierung im Zeit-Zeit-Verhältnis

a) Regelfall

221 **Ehezeitanteil** der in den Versorgungsausgleich einzubeziehenden Beamtenversorgung ist grds. der Anteil der nach den Umständen zum Ende der Ehezeit bis zum Eintritt des Regelaltersfalles erreichbaren Versorgung, die dem Verhältnis von in der Ehezeit zurückgelegter Dienstzeit zur Gesamtdienstzeit entspricht:

Beispiel:

Mann ist Beamter; normales Pensionsalter ist das 65. Lebensjahr; bei Ehezeitende ist er 40 Jahre alt, bereits seit 20 Jahren im Dienst, seit 15 Jahren verheiratet und hat ein ruhegehaltsfähiges Einkommen von 4 181,18 €.

Maßgeblich für den Ehezeitanteil sind die Höhe des ruhegehaltsfähigen Einkommens bei Ehezeitende und der Ruhegehaltssatz bei normaler Pensionierung, hier (vgl. § 14 BeamtVG) 71,75 % von 4 181,18 € = 3 000 €.

Ehezeitanteil = Versorgungszeit während der Ehe : Gesamtversorgungszeit x erreichbare Versorgung,

d. h.: 15 Jahre : 45 Jahre x 3 000 € = 1 000 €.

Scheidet ein Beamter jedoch tatsächlich vor Erreichen der Regelaltersgrenze aus dem aktiven Dienst aus, ist als Gesamtversorgungszeit nicht auf die fiktive Versorgung bei normaler Altersgrenze abzustellen, sondern die tatsächlich gewährte Versorgung zugrunde zu legen. 222

Beispiel:

Mann ist Beamter, bei Ehezeitende 62 Jahre alt, in diesem Jahr wegen Dienstunfähigkeit vorzeitig nach 30 Dienstjahren pensioniert, ebenfalls seit 15 Jahren verheiratet und bezieht eine Pension von 4 000 €.

Versorgungszeit während der Ehe: 15 Jahre; Gesamtversorgungszeit: 30 Jahre; erreichte Versorgung: 54,75 % von 4 000 € = 2 190 €; Ehezeitanteil also trotz niedrigerer Versorgung:

15 Jahre : 30 Jahre x 2 190 € = 1 095 €.

Dieses Ergebnis ist notfalls im Wege eines **Abänderungsverfahrens** zu erreichen, wenn ein Beamter nach Ende der Ehezeit und rechtskräftiger Entscheidung über den Versorgungsausgleich wegen Dienstunfähigkeit in den vorzeitigen Ruhestand versetzt wird (OLG Nürnberg, FamRZ 1990, 759). 223

Kommen verschiedene Zeiten vor Beginn des Beamtenverhältnisses als ruhegehaltsfähige Zeiten in Betracht (z. B. Studium nach § 12 Abs. 1 Nr. 1 BeamtVG und Tätigkeit als Zeitsoldat nach § 8 Abs. 1 Nr. 1 BeamtVG) und erkennt die zuständige Stelle nur einen Teil dieser Zeiten als ruhegehaltsfähig an, muss das Familiengericht die **Zuordnung der anerkannten Zeiten** selbständig vornehmen, um dann daraus unter Vermeidung einer unangemessenen Belastung des Betroffenen den Ehezeitanteil zu bilden (OLG Braunschweig, FamRZ 1999, 1280, 1281). 224

b) Sonderfall: vorzeitige Dienstunfähigkeit

Anders als in der gesetzlichen Rentenversicherung ist die **Zurechnungszeit** in der Beamtenversorgung kein echter Zeit-, sondern nur ein versorgungserhöhender Faktor, so dass die Gesamtversorgungszeit dadurch nicht erhöht wird (OLG Celle, FamRZ 1995, 810 ff.; Johannsen/Henrich-Hahne, Eherecht, § 1587a Rn. 66; Wick, in: FamGB, § 1587 Rn. 64). Gleiches gilt für die nach § 3 BeamtVÜV vorgesehene Erhöhung von Zeiten, in denen ein Beamter aus dem früheren Bundesgebiet im Beitrittsgebiet verwendet wurde (BGH, FamRZ 1995, 28 f.; OLG Hamm, FamRZ 1994, 710). 225

Wird ein Ehegatte oder werden gar beide Ehegatten noch **während der Ehezeit** wegen Dienstunfähigkeit vorzeitig pensioniert, ist von der tatsächlichen Gesamtversorgungszeit und nicht von der fiktiven, bis zum 65. Lebensjahr anzunehmenden Versorgungszeit auszugehen und das Ergebnis auf grob unbillige Härten für den Ausgleichspflichtigen zu überprüfen (OLG Hamm, FamRZ 1995, 1363). Verfassungsrechtliche Bedenken an dieser Rechtsprechung bestehen nicht (BVerfG, FamRZ 2001, 277). 226

Von den fiktiven (und nicht den tatsächlichen) Versorgungsbezügen und einer Gesamtzeit bis zur Altersgrenze muss dagegen ausgegangen werden, wenn der Beamte **bei Ende der Ehezeit** aus Krankheitsgründen **befristet in den vorzeitigen Ruhestand** versetzt worden, seine Reaktivierung 227 jedoch schon abzusehen war und er danach auch wieder in den aktiven Dienst übernommen worden ist (KG, FamRZ 1986, 1005).

228 Der so errechnete Ehezeitanteil kann im Verhältnis zur Versorgung des anderen Ehegatten eine Höhe erlangen, die rein rechnerisch zu einem Ausgleichsanspruch des anderen Ehegatten führen kann, ohne dass dieses – überhaupt oder aber in der errechneten Höhe – gerechtfertigt wäre. Um verfassungswidrige Auswirkungen der ansonsten in verfassungsrechtlich zulässiger Weise pauschalisierenden Berechnungsmethode zu vermeiden, muss verstärkt auf die Anwendung der **Härteklausel des § 1587c BGB** geachtet werden. Das gilt vor allem bei **vorzeitiger Pensionierung**, weil hier wegen der verkürzten Gesamtdienstzeit ein überproportional hoher Ehezeitanteil errechnet werden kann (BVerfG, FamRZ 2001, 349; vgl. Rn. 221 f.). Ob der Versorgungsausgleich im konkreten Fall ganz, teilweise oder gar nicht auszuschließen ist, richtet sich nach den **Umständen des Einzelfalles**, nicht zuletzt unter Berücksichtigung des § 57 Abs. 1 und 2 BeamtVG (vgl. Rn. 235 „Kürzung der Versorgungsbezüge"; BGH, FamRZ 1999, 497, 498, 499, 500; zu den konkreten Umständen der Einzelfälle und der Begründung BVerfG, FamRZ 1992, 405, 406; s. Rn. 932 „Verfassungsmäßigkeit: Härteklausel"; 1993, 405, 406, 407; s. Rn. 932 „Beamtenversorgung: Verfassungsmäßigkeit"; OLG Koblenz, FamRZ 1996, 555; s. Rn. 932 „Beamtenversorgung: vorzeitiger Ruhestand"; OLG Hamm, FamRZ 1999, 933, 934; AG Weilburg, FamRZ 1999, 934, 935; s. Rn. 932 „Ausschluss des Versorgungsausgleichs bzw. kein Ausschluss des Versorgungsausgleichs, jeweils: vorzeitige Dienstunfähigkeit").

c) Ausnahme: Kindererziehungszuschlag nach BeamtVG

229 **Nicht im Zeit-Zeit-Verhältnis**, sondern voll in den Versorgungsausgleich einzubeziehen sind Anwartschaften auf einen Kindererziehungszuschlag nach BeamtVG, wenn die Kindererziehungszeit voll in die Ehezeit fällt. Denn zum einen handelt es sich dabei um einen dynamischen Bestandteil der Versorgung, zum anderen hat dieser Teil der Versorgung keinen Bezug zur ruhegehaltsfähigen Dienstzeit, sondern wird (mit Ausnahme der Begrenzung auf die Höchstversorgung, s. Rn. 235 „Kindererziehungszuschlag") daneben gezahlt und richtet sich der Höhe nach nicht nach beamtenversorgungsrechtlichen Gesichtspunkten, sondern nach der Höhe der Anwartschaften für Kindererziehungszeiten in der gesetzlichen Rentenversicherung. Die Bewertung dieses Teiles der Beamtenversorgung erfolgt deshalb nicht nach § 1587a Abs. 2 Nr. 1 BGB, sondern entsprechend § 1587a Abs. 2 Nr. 4d BGB (OLG Celle, FamRZ 1999, 861, 862; RGRK/Wick, BGB, § 1587a Rn. 69, 82 m. w. N.).

11. Besonderheiten bei der jährlichen Sonderzuwendung

230 Seit Dezember 1993 werden die jährlichen Sonderzuwendungen der Beamten („Weihnachtsgeld"), die Teil ihrer Versorgungsbezüge sind (vgl. Rn. 235 „Versorgungsbezüge"), nicht mehr wie das Ruhegehalt angepasst, sondern sind durch die **BBVAnpGE** 1994 und 1995 zunächst vorübergehend und seit 1996/97 auf unabsehbare Zeit auf den Stand Dezember 1993 eingefroren worden (§ 13 Abs. 3 SZuwG). Es handelt sich insoweit derzeit also nicht mehr um eine volldynamische Leistung, sondern um einen **statischen Bestandteil** der ansonsten aber nach wie vor **dynamischen Beamtenversorgung.** Einige (Ober-)Gerichte haben aus dieser Besonderheit abgeleitet, dass die jährliche Sonderzuwendung aus der übrigen Beamtenversorgung herauszurechnen und entsprechend § 1587a Abs. 5 BGB nach der BarwertVO zu dynamisieren sei (OLG Hamm, FamRZ 1999, 1361; OLG Schleswig, FamRZ 1999, 865, 867; OLG Celle, FamRZ 1999, 868). Der BGH ist dieser Auffassung jedoch entgegengetreten und hält die **gesamte Anwartschaft** auf Beamtenversorgung unter Einschluss der jährlichen Sonderzuwendung zu Recht nach wie vor für **volldynamisch** (FamRZ 1999, 713, 714; ebenso OLG Düsseldorf, FamRZ 1999, 867, 898; Kemnade, FamRZ 1998, 1363). Die Festschreibung der Sonderzuwendung führe zwar zu einer Verringerung der Dynamik, schließe diese aber nicht aus. Ähnlich könnten einzelne ruhegehaltsfähige Zulagen von der linearen Erhöhung der Beamtenversorgung ausgenommen werden, ohne dass durch solche Sparmaßnahmen der Charakter der gesamten Versorgung verändert werde.

Die jährliche Sonderzuwendung kann wegen der zunehmenden Verkürzung nicht mehr wie früher mit 1/12 der Bezüge, sondern nur noch mit dem **Bemessungsfaktor nach § 13 Abs. 3 SZuwG** angesetzt werden (OLG Düsseldorf, FamRZ 1999, 867, 868). 231

12. Auswirkung der unterschiedlichen Besteuerung von Pensionen und Renten

Regelmäßig ohne Bedeutung für den Versorgungsausgleich ist die immer noch unterschiedliche **Besteuerung** von Pensionen und Renten, auch wenn im Einzelfall durch die höhere Besteuerung der Pensionen eine materielle Halbteilung der während der Ehe erworbenen Anwartschaften in weiterer Zukunft in Frage gestellt sein kann. Der BGH hat in st. Rspr. eine Kürzung des Versorgungsausgleichs unter Hinweis auf den Grundsatz der Halbteilung nach Billigkeitsgesichtspunkten zwar für möglich gehalten, wenn die unterschiedliche Besteuerung von Beamtenpensionen und gesetzlicher Rente dazu führen würde, dass die Nettobezüge des Ausgleichspflichtigen unter die entsprechenden Nettobezüge des Ausgleichsberechtigten absinken (BGH, NJW 1989, 2814), im Ergebnis aber stets mit dem Argument abgelehnt, ein konkreter Vergleich der erworbenen Versorgungen sei heute nicht, sondern erst im Versorgungsfall möglich. Bis dahin könnten sich individuelle, aber auch allgemeine Bewertungsfaktoren so ändern, dass der in der Erstentscheidung ermittelte Ausgleich nicht grob unbillig sei (vgl. BGH, FamRZ 1993, 302, 303, 304; s. Rn. 932 „Ausschluss der Kürzung des Versorgungsausgleichs, höhere Steuer auf Beamtenversorgung"; OLG Düsseldorf, FamRZ 1993, 1322, 1323, 1324). 232

13. Kürzung der Versorgungsbezüge des Ausgleichspflichtigen

Die zur Finanzierung des Ausgleichs der Beamtenversorgung erforderliche **Kürzung der Versorgungsbezüge** (§§ 57, 58 BeamtVG; s. Rn. 235) ist verfassungsgemäß (BVerfG, FamRZ 1993, 405, 406, 407; s. Rn. 932 „Beamtenversorgung: Verfassungsmäßigkeit"). 233

14. Pensionistenprivileg

Pensionistenprivileg, § 57 Abs. 1 Satz 2 BeamtVG, das ebenfalls verfassungsgemäß ist (BVerfG, a. a. O.) und eingreift, wenn der ausgleichspflichtige Beamte bei Wirksamwerden der Entscheidung über den Versorgungsausgleich bereits ein Ruhegehalt bezieht. Dann wird das Ruhegehalt nämlich zunächst nicht gekürzt, sondern erst, wenn aus der Versicherung des Ausgleichsberechtigten eine Versorgung gewährt wird. 234

15. Übersicht der wichtigsten Begriffe der Beamtenversorgung

235

Ausgangsbetrag
→ *Ruhegehaltsfähige Dienstbezüge*

Beamtenverhältnis
Das öffentliche Dienstrecht unterscheidet verschiedene Arten von Beamtenverhältnissen:
- auf Lebenszeit,
- auf Probe,
- auf Widerruf (§ 3 Abs. 1 Nr. 1, 3, 4 und § 5 BBG sowie die entsprechenden Gesetze der Länder),
- auf Zeit (§ 3 Abs. 1 Nr. 2 BRRG).

Das Beamtenverhältnis wird begründet durch Ernennung und endet außer durch Tod durch Entlassung (kraft Gesetzes oder durch Verwaltungsakt), Verlust der Beamtenrechte oder Entfernung aus dem Dienst nach den Disziplinargesetzen (§§ 5 ff., 21 ff. BRRG).

Vergleichbares gilt für das Dienstverhältnis der Richter (§§ 8 ff. DRiG) mit der Abweichung, dass es ein Richterverhältnis auf Widerruf nicht gibt. Referendare im Vorbereitungsdienst (§ 5b DRiG) sind Beamte und nicht Richter auf Widerruf. Dafür kennt das Richterrecht die Ernennung zum Richter kraft Auftrags für Beamte auf Zeit oder auf Lebenszeit, die später als Richter auf Lebenszeit verwendet werden sollen (§§ 14 ff. DRiG).

Beurlaubung (§ 6 Abs. 1 Satz 2 Nr. 5 BeamtVG)

Sie hat nur dann versorgungsrechtliche Folgen, wenn es sich um Urlaub ohne Bezüge gehandelt hat. In diesem Fall rechnet die Zeit der Beurlaubung nicht als ruhegehaltsfähige Dienstzeit; Ausnahmen sind bei einem schriftlichen Zugeständnis möglich, dass die Beurlaubung öffentlichen Belangen oder dienstlichen Interessen dient.

Jährliche Sonderzuwendung (§ 50 Abs. 4 BeamtVG i. V. m. § 13 Abs. 3 SZuwG)

Diese soll die Beamten den in der gesetzlichen Rentenversicherung Versicherten gleichstellen, bei denen Gratifikationen, Weihnachtsgeld und sonstige Sonderzuwendungen als sozialversicherungspflichtige Einkommensbestandteile die Summe der Entgeltpunkte und damit die Rente erhöhen. Die Höhe der jährlichen Sonderzuwendung steht zur Disposition des Bundesgesetzgebers und ist seit 1994 auf dem Stand von Dezember 1993 eingefroren.

Kann-Zeiten

→ *Ruhegehaltsfähige Dienstzeit*

Kindererziehungszuschlag (§§ 50a ff. BeamtVG i. d. F. des Versorgungsänderungsgesetzes 2001)

In Kraft seit dem 1.1.2002; seither gilt nicht mehr das Kindererziehungszuschlagsgesetz vom 29.6.1998: Dieser Zuschlag entspricht im Rahmen der Beamtenversorgung nach Zweck und Höhe den sich aus Kindererziehungszeiten in der gesetzlichen Rentenversicherung ergebenden Rentenanwartschaften nach § 70 Abs. 2 Satz 1 SGB VI (vgl. Rn. 192 „Kindererziehungszeiten") und ist – früher in Form eines eigenen Gesetzes, jetzt weil im BeamtVG – an die Stelle der Berücksichtigungszeit eines Erziehungsurlaubs oder einer Kindererziehung (§ 6 Abs. 1 Satz 4, 5 des BeamtVG in der bis zum 31.12.1991 geltenden Fassung) getreten. Der Kindererziehungszuschlag gilt für alle Kinder, also auch für vor dem 1.1.1992 und außerhalb eines Beamtenverhältnisses Geborenen mit der Maßgabe, dass – ebenso wie in der gesetzlichen Rentenversicherung – für alle vor dem 1.1.1992 geborenen Kinder nicht 36, sondern nur 12 Monate maximal als Kindererziehungszeiten anerkannt werden.

Auch einschließlich des Kindererziehungszuschlages kann das Ruhegehalt nie über das nach allgemeinen Grundsätzen zu errechnende Höchstruhegehalt steigen (§ 50a Abs. 5, 6 BeamtVG). Gleiches gilt für die Mindestversorgung, die unter Einschluss von Kindererziehungszeiten zu berechnen ist (§§ 50a Abs. 7, 14 Abs. 3 BeamtVG).

Kürzung der Versorgungsbezüge (§§ 57, 58 BeamtVG)

Um die Leistungen aus einem vom Familiengericht angeordneten Quasisplitting nach §§ 1587b Abs. 2 BGB, 1 Abs. 1, 3b Abs. 1 Nr. 1 VAHRG finanzieren zu können, kürzt der Träger der auszugleichenden Beamtenversorgung nach Wirksamwerden der gerichtlichen Ausgleichsentscheidung die künftigen Versorgungsbezüge des ausgleichspflichtigen Ehegatten und etwaige Hinterbliebenenbezüge wie Witwen- und Waisengeld um den Monatsbetrag, der den durch die Entscheidung begründeten Anwartschaften in der gesetzlichen Rentenversicherung zahlenmäßig entspricht. Dieser Betrag erhöht oder vermindert sich für die Zeit nach dem Ehezeitende bis zum Eintritt des Ruhestandes im gleichen Umfang, wie die Versorgungsbezüge allgemein steigen oder fallen. Nicht maßgeblich für die Anpassung des Kürzungsbetrages sind die Steigerungssätze der gesetzlichen Rentenversicherung.

Die vorgenannte Kürzung ist nach §§ 4, 5 VAHRG zeitweilig oder dauernd rückgängig zu machen, wenn der Ausgleichsberechtigte wegen vorzeitigen Todes keine oder nur geringfügige Leistungen aus dem Versorgungsausgleich erhalten hat oder wenn der Ausgleichspflichtige dem Ausgleichsberechtigten gegenüber unterhaltspflichtig ist, solange der Ausgleichsberechtigte noch keine Rente erhält oder erhalten könnte.

Die eingetretene Kürzung kann der Beamte, auch noch der Ruhestandsbeamte, durch Zahlung eines Kapitalbetrags an den Dienstherren ganz oder teilweise abwenden. Die Höhe dieses Kapitalbetrags errechnet sich einerseits nach Rentenrecht: maßgeblich ist der Beitragsaufwand, der zum Zeitpunkt der Entscheidung erforderlich ist, um den vom Gericht genannten Monatsbetrag als Rente in der gesetzlichen Rentenversicherung zu begründen. Andererseits richtet sich der zum Ausgleich der Kürzung erforderliche Kapitalbetrag nach Beamtenversorgungsrecht: der zum Zeitpunkt der Entscheidung erforderliche Beitragsaufwand erhöht oder vermindert sich in dem Maße, in dem die Versorgungsbezüge der Beamten steigen oder fallen, nicht in dem nach Rentenrecht erforderlichen Umfang.

Bezieht der Ausgleichspflichtige bei Wirksamwerden der Entscheidung über den Versorgungsausgleich bereits ein Ruhegehalt, wird dieses zunächst nicht gekürzt, sondern erst, wenn aus der Versicherung des berechtigten Ehegatten eine Versorgung gewährt wird (Pensionistenprivileg entsprechend dem Rentnerprivileg des § 101 Abs. 3 SGB VI). Das Pensionistenprivileg gilt nicht für die Hinterbliebenenversorgung.

Mindestversorgung (§ 14 Abs. 4 BeamtVG)

Sie beträgt grds. mindestens 35 % der ruhegehaltsfähigen Bezüge oder, wenn diese günstiger sind, 65 % der jeweils ruhegehaltsfähigen Dienstbezüge aus der Endstufe der Besoldungsgruppe A 4, jeweils zzgl. eines Erhöhungsbetrages. Ausnahme: bei langen Freistellungszeiten ist jetzt nur noch das erdiente Gehalt maßgeblich (§ 14 Abs. 4 Satz 4 BeamtVG).

Pensionistenprivileg

→ *Kürzung der Versorgungsbezüge*

Ruhegehalt (§§ 4 ff., 14 BeamtVG)

Das Ruhegehalt beträgt seit dem 1. 1. 1992 regelmäßig für jedes Jahr ruhegehaltsfähiger Zeit 1,79375 % der ruhegehaltsfähigen Dienstbezüge, höchstens jedoch jetzt nur noch 71,75 %. Der Anspruch darauf entsteht mit dem Beginn des Ruhestandes, wenn die Wartezeit von fünf Jahren abgeleistet wurde, ein Dienstunfall vorliegt oder der Beamte in den einstweiligen bzw. anschließend in den dauernden Ruhestand versetzt wurde.

Der nach den sonstigen Vorschriften berechnete Ruhegehaltssatz erhöht sich unter Umständen um eine Zurechnungszeit, wenn der Beamte vor Vollendung des 60. Lebensjahres in den Ruhestand getreten ist. Für die am 31. 12. 1991 aktiven Beamten gilt ein Übergangsrecht.

Das Ruhegehalt wird gekürzt für jedes Jahr, um das der Beamte vor Erreichung des 65., bei Schwerbehinderten vor Erreichung des 63. Lebensjahres in Pension geht. Einzige Ausnahme davon ist jetzt nur noch der Eintritt eines Dienstunfalls.

Ruhegehaltsfähige Dienstbezüge (§ 5 Abs. 1 Satz 1, Abs. 3 BeamtVG, § 2 BeamtVÜV)

Sie sind das – regelmäßig nach Dienstaltersstufen gegliederte – Grundgehalt, der von den Familienverhältnissen des Beamten abhängige Familienzuschlag (Anlage V zum BBesG) und sonstige Dienstbezüge (Zulagen), die im Besoldungsrecht als ruhegehaltsfähig bezeichnet sind. Bemessungsgrundlage (Ausgangsbetrag) sind immer die vollen ruhegehaltsfähigen Dienstbezüge. Das gilt auch bei Teilzeitbeschäftigung.

Für die durch das ReformG v. 28. 2. 1997 neu eingeführten Beamtenverhältnisse auf Probe und Zeit in leitenden Funktionen gelten Sonderregelungen, wenn die Beamten in diesen Funktionen nicht auf Lebenszeit verbleiben (§ 15a BeamtVG).

Bei Beamten und Richtern, die ab ihrer ersten (Neu-) Berufung in das Beamtenverhältnis im Beitrittsgebiet verwendet oder in das Beitrittsgebiet versetzt werden, bemessen sich die Dienstbezüge nach der jeweils geltenden Besoldungsübergangsverordnung, es sei denn, die Versetzung oder Neuernennung erfolgt im unmittelbaren zeitlichen Anschluss an ein öffentlich-rechtliches Dienstverhältnis im alten Bundesgebiet.

Für die Zwecke des Versorgungsausgleichs kommt es bei der Ermittlung der fiktiven vollen Versorgung nicht darauf an, ob die Frist des § 5 Abs. 3 BeamtVG bereits abgelaufen ist oder nicht, maßgeblich sind insoweit die am Ende der Ehezeit tatsächlich erlangten höheren Bezüge aus dem höher dotierten Amt.

Ruhegehaltsfähige Dienstzeit (§§ 6 ff., 85 Abs. 8 BeamtVG, § 2 BeamtVÜV)

Dies ist regelmäßig die Zeit zwischen der ersten Berufung in das Beamtenverhältnis – frühestens ab Vollendung des 17. Lebensjahres – und der Beendigung des Beamtenverhältnisses im Dienste eines öffentlichen Dienstherren.

Bei Teilzeitbeschäftigung gem. § 72a Abs. 1 Nr. 1 BBG oder ermäßigter Arbeitszeit nach §§ 79a Abs. 1 Nr. 1, 89a Abs. 2 Nr. 1 bzw. den entsprechenden bundes- oder landesrechtlichen Vorschriften in Beamten-, Soldaten- und Richtergesetzen sind Dienstzeiten nur in dem Verhältnis ruhegehaltsfähig, in dem die ermäßigte zur regelmäßigen Arbeitszeit steht (§ 6 Abs. 1 Satz 3 BeamtVG).

Zeiten der Beurlaubung ohne Dienstbezüge sind grds. nicht ruhegehaltsfähig; Abweichungen im Einzelfall sind möglich (§ 6 Abs. 1 Nr. 5 BeamtVG). Darüber hinaus reduziert sich seit dem 1. 7. 1997 bei mehr als 12-monatiger Freistellung aus anderen Gründen als der Kindererziehung bis zur Dauer von drei Jahren je Kind die Anrechenbarkeit von Ausbildungszeiten im Beamtenverhältnis auf Widerruf um einen die Freistellungszeit berücksichtigenden Anteil (§ 6 Abs. 1 Satz 4 BeamtVG).

Zeiten der Kindererziehung für bis zum 31. 12. 1991 geborene Kinder sind ruhegehaltsfähig, wenn die Kinder während eines Beamtenverhältnisses geboren wurden. Für Geburten nach dem 1. 1. 1992 und außerhalb eines Beamtenverhältnisses kommt eine Erhöhung des Ruhegehaltes um einen Kindererziehungszuschlag in Betracht.

Ruhegehaltsfähig sind außerdem Zeiten des einstweiligen Ruhestandes (bis zu höchstens fünf Jahren), Zeiten des Wehrdienstes, der Kriegsgefangenschaft und politischen Verfolgung, auch Dienstzeiten in der Nationalen Volksarmee der DDR, nach wie vor aber grds. nicht Zeiten als Angehöriger des Staatssicherheitsdienstes der früheren DDR.

Ruhegehaltsfähig sind weiter sog. Soll-Zeiten und Kann-Zeiten. Das sind Zeiten eines privatrechtlichen Arbeitsverhältnisses im öffentlichen Dienst und unter bestimmten Voraussetzungen auch außerhalb des öffentlichen Dienstes vor Begründung des Beamtenverhältnisses sowie Ausbildungszeiten. Die Anrechenbarkeit letzterer wurde durch das ReformG v. 28. 2. 1997 bei Fach- und Hochschulausbildung einschließlich der Prüfungszeit auf insgesamt drei Jahre begrenzt (§ 12 Abs. 1 Satz 1 Hs. 2 BeamtVG).

Ruhensregelung (§§ 55, 56 BeamtVG)

Sie soll einen gerechten Ausgleich dafür schaffen, dass als ruhegehaltsfähige Zeit auch solche Zeiten anzurechnen sind, in denen der spätere Beamte als Angestellter oder Arbeiter des öffentlichen Dienstes beschäftigt war. Für diese Zeiten erhält er deshalb im Rentenfall eine ungekürzte Rente. Es würde zu einer unbilligen Doppelversorgung führen, wenn ihm auch die nach den allgemeinen Regeln berechnete Beamtenversorgung ungekürzt gewährt würde. Das Problem der Doppelversorgung stellt sich auch bei Leistungen aus der Zusatzversorgung des öffentlichen Dienstes, aus einer befreienden Lebensversicherung oder einer berufsständischen Versorgungseinrichtung, bei wiederkehrenden Leistungen aufgrund der Zugehörigkeit zu einer Zusatz- oder Sonderversorgung der ehemaligen DDR oder eines ausländischen Versicherungsträgers oder einer zwischen- oder überstaatlichen Einrichtung (z. B. Europäische Union,

OECD, NATO, WEU, die Sonderorganisationen der UN wie GATT, FAO und WHO), die dem Beamten neben seiner Pension zustehen.

Soweit die Versorgungsanrechte des Beamten auf eigenen, freiwilligen Versicherungsbeiträgen beruhen, sind diese von der Ruhensberechnung auszunehmen (§ 55 Abs. 4 BeamtVG).

Nicht zu den anrechenbaren Renten gehört die Altershilfe für Landwirte aufgrund des Agrarsozialreformgesetzes v. 29. 7. 1994 und des Gesetzes über die Alterssicherung für Landwirte mit Wirkung ab 1. 1. 1995, obwohl die dortige Rentenregelung weitgehend den Vorschriften der gesetzlichen Rentenversicherung entspricht. Dieses erscheint unter Gleichbehandlungsgesichtspunkten zweifelhaft und dürfte auf Dauer nicht zu halten sein (ebenso Stegmüller/Schmalhofer/Bauer, Beamtenversorgungsgesetz, Erl. 4 zu § 55).

In allen genannten Fällen ruht die nach den allgemeinen Regeln errechnete Versorgung, soweit die Versorgungsbezüge neben den Renten oder sonstigen Leistungen eine in Abs. 2 geregelte Höchstgrenze, d. h. i. d. R. die konkret erreichbare Höchstversorgung nach Beamtenversorgungsrecht, übersteigen.

Bei der Ruhensberechnung werden die jeweiligen Bruttobezüge gegenübergestellt. Die derzeit noch einkommenssteuerrechtliche Besserstellung der Renten aus der gesetzlichen Rentenversicherung bleibt unberücksichtigt. Verfassungsrechtliche Bedenken bestehen nicht (BVerfGE 76, 256).

Seit dem 1. 10. 1994 kann der betroffene Beamte das (teilweise) Ruhen seiner erdienten Beamtenversorgung nicht mehr durch einen Verzicht auf Rentenantrag oder die Rente oder sonstige anderweitige Leistung oder durch Abfindung dieser Leistungen selbst verhindern. Anzusetzen ist in jedem Fall der (fiktive) Rentenbetrag, den der Beamte erhielte, wenn er rechtzeitig einen Antrag gestellt und keine Abfindung erhalten hätte.

Neben der Ruhensregelung der §§ 55, 56 kennt das BeamtVG noch Ruhensvorschriften beim Zusammentreffen mehrerer Versorgungsbezüge (§ 54 BeamtVG). Auch insoweit stellt ein Höchstbetrag (§ 54 Abs. 2 BeamtVG) sicher, dass der Ruhestandsbeamte nicht überversorgt wird.

Soll-Zeiten
→ *Ruhegehaltsfähige Dienstzeit*

Teilzeitbeschäftigung (§§ 5 Abs. 1 Satz 2, 6 Abs. 1 Satz 3 BeamtVG)
Teilzeitbeschäftigung und ermäßigte Arbeitszeit nach §§ 72a Abs. 1 Nr. 1, 79a Abs. 1 Nr. 1, 89a Abs. 2 Nr. 1 BBG bzw. den entsprechenden Vorschriften in Beamten-, Soldaten- und Richtergesetzen des Bundes und der Länder kann Auswirkungen auf die Höhe der Versorgung haben: sie führt nämlich zu einer Herabsetzung der ruhegehaltsfähigen Dienstzeit (§ 6 Abs. 1 Satz 3 BeamtVG).

Aufgrund des Übergangsrechts kann eine Teilzeitbeschäftigung bis zum 31. 12. 1991 über eine Herabsetzung der ruhegehaltsfähigen Dienstzeit hinaus zu einem Versorgungsabschlag nach den bis zu diesem Zeitpunkt geltenden Bestimmungen führen.

Keine Auswirkungen hat sie auf die Höhe des Ausgangsbetrages (der vollen Versorgung) zur Ermittlung der ruhegehaltsfähigen Dienstbezüge. Auch bei Teilzeitbeschäftigung oder ermäßigter Arbeitszeit bis zur Pensionierung ist von den vollen ruhegehaltsfähigen Bezügen auszugehen (§ 5 Abs. 1 Satz 2 BeamtVG).

Übergangsrecht (§§ 69e, 85 BeamtVG)
Für die am 31. 12.1991 aktiven Beamten bleibt der an diesem Tag erreichte Ruhegehaltssatz gewahrt, wenn er günstiger ist als der nach dem neuen Versorgungsrecht. Für jedes nach dem 31. 12. 1991 liegende Dienstjahr erhöht sich der Ruhegehaltssatz dann nur noch um 1 % bis zur Höchststufe von jetzt 71,75 %. Allerdings darf der so ermittelte Ruhegehaltssatz nie höher

sein, als er nach altem Recht gewesen wäre. Auch der am 31.12.2001 erreichte Besitzstand wird in gewissem Umfang gesichert, allerdings nur bis zum „In-Kraft-Treten der achten auf den 31.12.2002 folgenden Anpassung nach § 70" (§ 69e BeamtVG). Die nach altem Recht erworbenen Ruhegehaltssätze werden danach in 7 Schritten auf das neue Recht **abgeschmolzen**.

Besitzstandregelungen sahen auch alle früheren Dienst- und Versorgungsrechtsänderungsgesetze vor (z. B. Art. 7 des 5. Gesetzes zur Änderung dienstrechtlicher Vorschriften v. 25. 7. 1984, BGBl. I S. 998 ff.). Bei langjähriger Tätigkeit als Beamter sind die konkret erworbenen Versorgungsansprüche deshalb häufig nur unter Berücksichtigung einer Vielzahl von Besitzschutzklauseln – mit allen sich daraus ergebenden Fehlermöglichkeiten – zu errechnen.

Unterhaltsbeitrag

Es gibt verschiedene Ausprägungen, vor allem

- nach §§ 2, 15 BeamtVG: Erfüllt der Beamte bei Eintritt der Dienstunfähigkeit oder Erreichen der Altersgrenze die erforderliche Wartezeit nicht, kann er kein Ruhegehalt bekommen. Statt dessen steht ihm ein Rechtsanspruch auf einen Unterhaltsbeitrag zu. Gleiches gilt

- nach § 37a G 131 (BGBl. 1965 I S. 1685) für frühere Widerrufsbeamte. Im Gegensatz dazu stehen die Unterhaltsbeiträge

- nach § 77 BDO: Hat der Beamte das Treueverhältnis zu seinem Dienstherren zerstört und wird er aus disziplinarischen Gründen aus dem Beamtenverhältnis entlassen, verliert er seine Alimentation. Da es jedoch im Einzelfall unbillig sein kann, einen ehemaligen Beamten, der u. U. schon eine längere Dienstzeit zurückgelegt hat und nur noch schwer einen anderen Beruf ergreifen kann, verelenden zu lassen, kann ihm unter bestimmten Voraussetzungen auf bestimmte Zeit ein Unterhaltsbeitrag gewährt werden. Ein Rechtsanspruch hierauf besteht nicht. Der Unterhaltsbeitrag kann auf Antrag des entlassenen Beamten erhöht werden, wenn sich die wirtschaftlichen Verhältnisse wesentlich verschlechtert haben (§ 110 Abs. 2 BDO). Er kann aber auch auf Antrag der Dienstbehörde herabgesetzt oder entzogen werden, wenn sich nachträglich herausstellt, dass der Beamte unwürdig oder nicht bedürftig war oder sich seine wirtschaftlichen Verhältnisse verbessert haben (§ 110 Abs. 1 BDO). Anders als das Ruhegehalt soll der Unterhaltsbeitrag nicht den angemessenen Unterhalt sicherstellen, sondern nur den lebensnotwendigen Bedarf.

- Im Gnadenweg: durch den Bundespräsidenten (§ 120 Abs. 1 BDO i. V. m. Art. 1 Nr. 4 der Anordnung des Bundespräsidenten über die Ausübung des Begnadigungsrechtes des Bundes v. 5. 10. 1965). Ein solcher Gnadenerweis steht im alleinigen Ermessen des Bundespräsidenten und ist nicht an gesetzliche Voraussetzungen wie in § 77 BDO gebunden. Je nach Inhalt des Gnadenerweises kann der Unterhaltsbeitrag im Einzelfall zeitlich befristet oder unbefristet sowie unter dem Vorbehalt des jederzeitigen Widerrufs stehen. Er soll ebenso wie die ebenfalls frei widerrufliche Zuerkennung der Beihilfeberechtigung den entlassenen Beamten nur vor wirtschaftlicher Not schützen, ihn aber nicht einem Ruhestandsbeamten gleichstellen.

- Nach § 22 BeamtVG steht der Witwe eines Beamten als Hinterbliebenenversorgung Unterhaltsbeitrag zu, wenn der Beamte die Ehe erst nach Eintritt des Ruhestandes geschlossen hat und zu dieser Zeit bereits älter als 65 Jahre war.

Auch die geschiedene Witwe, die im Falle des Fortbestehens der Ehe Anspruch auf Witwengeld gehabt hätte, ist auf Antrag ein – nach Maßgabe des § 22 Abs. 2 BeamtVG ggf. beschränkter – Unterhaltsbeitrag in der Höhe zu gewähren, der ihrem Anspruch auf schuldrechtlichen Versorgungsausgleich nach § 1587f Nr. 2 BGB (Überschreitung des Höchstbetrags in der gesetzlichen Rentenversicherung) oder eines Anspruchs nach § 1587a Abs. 2 Nr. 1 BGB entspricht.

Versorgungsabschlag (§§ 14 Abs. 1 Satz 1 Hs. 2 BeamtVG i. d. F. bis 1991, 14 Abs. 3 BeamtVG)

Ihn gab es nach dem bis zum 31. 12. 1991 geltenden Recht für Teilzeitbeschäftigung, ermäßigte Arbeitszeit oder Urlaub, die nicht familiären Zwecken dienten. Nach geltendem Recht erfolgt ein Versorgungsabschlag bei vorzeitigem Ruhestand, auch bei Schwerbehinderung bis zur Erreichung des 63. Lebensjahres (Ausnahme: Dienstunfall).

Versorgungsbezüge (§ 2 BeamtVG)

Dies ist der Oberbegriff für 13 verschiedene Versorgungsleistungen an Beamte und Richter:
- Ruhegehalt,
- Unterhaltsbeitrag,
- Hinterbliebenenversorgung,
- Bezüge bei Verschollenheit,
- Unfallfürsorge,
- Übergangsgeld,
- Ausgleich bei besonderen Altersgrenzen,
- Erhöhungsbeträge nach § 14 Abs. 2 und Abs. 4 Satz 3 Hs. 1 BeamtVG,
- Unterschiedsbetrag nach § 50 Abs. 3,
- Ausgleichsbetrag nach § 71 BeamtVG
- Anpassungszuschlag,
- jährliche Sonderzuwendung,
- Kindererziehungszuschlag.

Vorzeitiger Ruhestand (§ 14 Abs. 3 BeamtVG)

Ein Beamter kann nach geltendem Recht schon vor Vollendung des 65. Lebensjahres ab Vollendung des 63. Lebensjahres – als Schwerbehinderter ab Vollendung des 60. Lebensjahres – ohne weitere Begründung in den Ruhestand treten (§ 42 Abs. 4 Satz 1 Nr. 2 BBG oder der entsprechenden Landesgesetze), muss sich dann allerdings für jedes Jahr 3,6 Prozentpunkte vom erreichten Ruhegehaltssatz abziehen lassen.

Wartezeit (§ 4 Abs. 1 BeamtVG)

Sie umfasst die ersten fünf Dienstjahre. Wird ein Beamter vor Ablauf dieser Zeit dienstunfähig oder erreicht er die Altersgrenze, kann ihm ein Unterhaltsbeitrag bis zur Höhe des Ruhegehaltes bewilligt werden.

Zurechnungszeit (§ 13 BeamtVG)

Ebenso wie Frührentner in der gesetzlichen Rentenversicherung sollen auch frühzeitig pensionierte Beamte nicht zu sehr darunter leiden, dass es ihnen aus gesundheitlichen Gründen nicht möglich war, einen höheren Ruhegehaltssatz zu verdienen. Die Zeit zwischen dem Eintritt in den Ruhestand wegen Dienstunfähigkeit und dem Ablauf des Monats der Vollendung des 60. Lebensjahres wird ab dem 1. 7. 1997 nur noch zu einem Drittel (vorher: zwei Drittel) der ruhegehaltsfähigen Zeit hinzugerechnet.

V. Sonstige öffentlich-rechtliche Versorgungen

1. Kreis der Betroffenen

Das sind vor allem die **berufsständigen Versorgungseinrichtungen** (Versorgungswerke) der kammerfähigen freien Berufe (Ärzte, Zahnärzte, Apotheker, Rechtsanwälte, Notare, Architekten usw.) und einiger anderer wie der Bühnenangestellten, Orchestermitglieder, Mitarbeiter der öffentlich-rechtlichen Rundfunkanstalten (soweit diese ihre Versorgungslast nicht durch Pensionskassen abwickeln), die Landwirtschaftliche Alterskasse, die Zusatzversorgung des Öffentlichen Dienstes und einiger ursprünglich öffentlich-rechtlich organisierter Berufe wie Schornsteinfeger und Seelotsen, die nichtdynamische Höherversicherung der gesetzlichen Rentenversicherung (soweit es sie überhaupt noch gibt) sowie einige öffentlich-rechtlich organisierte Versicherungsunternehmen.

a) Ärzteversorgungen

237 Typische Beispiele für berufsständige Versorgungen sind die Ärzteversorgungswerke, die den als öffentlich-rechtliche Selbstverwaltungskörperschaften organisierten Ärztekammern angeschlossenen und in denen die berufstätigen Ärzte und Ärztinnen Zwangsmitglieder sind.

aa) Angestellte Ärzte

238 Grds. sind angestellte Ärzte in der gesetzlichen Rentenversicherung sozialversicherungspflichtig. Nach § 5 Abs. 1 Nr. 2 SGB VI können sich die Mitglieder von Ärzteversorgungswerken auf Antrag jedoch von der Versicherungspflicht befreien lassen. Sie bleiben nach § 7 SGB VI zur freiwilligen Versicherung in der gesetzlichen Rentenversicherung berechtigt. In der Praxis muss man also in jedem Fall nachprüfen, ob ein Arzt neben einer Anwartschaft im Ärzteversorgungswerk noch Anwartschaften in der **gesetzlichen Rentenversicherung** – und ggf. auch in einer **Zusatzversorgung** des öffentlichen Dienstes oder einer öffentlich-rechtlichen Religionsgemeinschaft – besitzt.

239 Die Ärzte- und sonstige Versorgungswerke sind teilweise erst in den letzten Jahren gegründet worden und nehmen deshalb Mitglieder, die bei der Gründung ein bestimmtes Alter überschritten hatten, von der Versicherung ganz oder teilweise aus.

bb) Beamtete Ärzte

240 Beamtete Ärzte – auch Widerrufsbeamte – sind nicht nur von der **Versicherungspflicht** in der gesetzlichen Rentenversicherung, sondern auch von der im Ärzteversorgungswerk **befreit**. Soweit sie keine freiwilligen Beiträge zu diesen Versicherungssystemen während ihrer Beamtenzeit geleistet haben, ist die Höhe des in den Versorgungsausgleich einzustellenden Ehezeitanteiles ihrer Versorgung ausschließlich nach § 1587a Abs. 2 Nr. 1 BGB zu berechnen (s. o. Rn. 190 ff.). Nach Beendigung des Beamtenverhältnisses werden sie entweder im Ärzteversorgungswerk oder bei der Bundesversicherungsanstalt für Angestellte nachversichert (vgl. § 8 Abs. 2 SGB VI und o. Rn. 198 f.).

cc) Ehezeitanteil

241 Der Ehezeitanteil muss je nach Versorgungswerk unterschiedlich berechnet werden, und zwar im Wesentlichen entweder nach § 1587b Abs. 2 Nr. 4c BGB oder nach § 1587a Abs. 2 Nr. 4b BGB. Die in § 1587a Abs. 2 Nr. 4a und d (Abhängigkeit der Rente von einer Zurechnungszeit) genannten Berechnungsmethoden spielen bei der Bewertung berufsständiger Versorgungen nur eine untergeordnete Rolle. Maßgeblich für die Bewertung ist das **Satzungsrecht der Versorgungswerke**.

242 § 1587a Abs. 2 Nr. 4a BGB erfasst Versorgungen, die nach der **Dauer einer Anrechnungszeit** bestimmt werden, wenn also für die Dauer der Zugehörigkeit zur Versorgungseinrichtung ein pro Zeiteinheit gleichbleibender oder ein von der Zeit abhängiger bestimmter und gleichbleibender Prozentsatz einer anderen Größe als Versorgungsbetrag gewährt wird (z. B. Versorgungswerk der Architekten des Saarlandes oder des Bayrischen Landtages). In die Ausgleichsbilanz einzustellender Wert ist der auf die Ehezeit entfallende Betrag der Versorgungsleistung, der sich ergäbe, wenn der Versorgungsfall am Ende der Ehezeit eingetreten wäre.

243 Bemisst sich die Anwartschaft und Rentenleistung allein nach dem **Bruchteil gezahlter Beiträge**, interessieren nur die in der Ehezeit geleisteten Beiträge (§ 1587a Abs. 2 Nr. 4c BGB).

Das ist der Fall bei **folgenden Versorgungswerken:** 244

- **Baden-Württemberg:** bei der Architektenkammer (BGH, FamRZ 1991, 310; OLG Karlsruhe, FamRZ 1991, 1066);
- **Bayern:** bei den berufsständigen Versorgungswerken der Ärzte, Rechtsanwälte, Notare und Apotheker (bei den Ärzten nur für die bis zum 31. 12. 1984 erworbenen Anrechte) (BGH, FamRZ 1983, 40, 41; OLG München, FamRZ 1985, 294; OLG Nürnberg, FamRZ 1990, 1251; s. Rn. 932 „Umrechnung: leistungsdynamische Versorgungen");
- **Hessen:** bei der Ärzteversorgung (BGH, FamRZ 1987, 361; 1989, 951, 952; 1992, 165; hier allerdings mit der Einschränkung, dass die auf den abgrenzbaren Teil zur Finanzierung der Hinterbliebenenversorgung außer Betracht zu bleiben habe (s. Rn. 932 „Hinterbliebenenversorgung") und der Zahnärzteversorgung für die bis zum 31.12.1987 erworbenen Anrechte (BGH, FamRZ 1988, 488) und der Anwartschaft bei der erweiterten Honorarverteilung der Kassenärztlichen Vereinigung;
- **Niedersachsen:** bei dem Ärzte- und Zahnärzteversorgungswerk (OLG Celle, FamRZ 1983, 933; 1984, 293; 1986, 913 ff.);
- **Nordrhein:** bei der Apothekerversorgung (OLG Köln, FamRZ 1993, 1458);
- **Saarland:** bei der Ärzteversorgung (OLG Saarbrücken, FamRZ 1988, 265);
- **Westfalen-Lippe:** bei der Zusatzversorgung zur Ärzteversorgung, die im Übrigen nach § 1587a Abs. 2 Nr. 4b BGB zu bewerten ist (BGH, FamRZ 1983, 998) und der Apothekerversorgung (angeschlossen die Apotheker Bremens; OLG Hamm, FamRZ 1986, 70).

Bestimmt sich die zugesagte berufsständige Versorgung nach denselben oder ganz ähnlichen 245
Regeln wie bei der gesetzlichen Rentenversicherung, sind diese maßgebend (§ 1587a Abs. 2 Nr. 4d BGB). Dazu gehören neben der Altershilfe für Landwirte (s. u. Rn. 253 f.) die Bayerische Ärzteversorgung seit dem 1. 1. 1985 (und dieser angeschlossen die Ärzte und Tierärzte in Rheinland-Pfalz), die Versorgungsanstalt für Ärzte, Zahnärzte und Tierärzte Baden-Württembergs (OLG Karlsruhe, FamRZ 1990, 1253), nicht dagegen die Ärzteversorgung Westfalen-Lippe (BGH, FamRZ 1996, 95 ff.; s. Rn. 932 „Ärzteversorgung: Ermittlung des Ehezeitanteils"). Außerdem trifft diese Bewertungsvorschrift ausländische Versorgungen, die der deutschen Rentenversicherung vergleichbar sind (vgl. im Einzelnen MüKo/Glockner, BGB, § 1587a Rn. 401).

Für **alle anderen** Versorgungswerke greift die **Auffangvorschrift** des § 1587a Abs. 2 Nr. 4b BGB 246
ein (vgl. BGH, a. a. O.). Danach ist der Ehezeitanteil zeitratierlich zu berechnen (ebenso wie bei der Beamtenversorgung, s. Rn. 209), d. h. zunächst ist die Rentenanwartschaft zu ermitteln (hochzurechnen), die sich bei Erreichen der normalen Altersgrenze ergäbe, wenn man die tatsächlichen Verhältnisse auf das Ende der Ehezeit festschreibt. Bei Versorgungswerken, die ihre Leistungen nach Leistungs- und Steigerungszahlen berechnen, darf für die Zwecke der Hochrechnung nicht von dem bis zum Ende der Ehezeit erreichten Durchschnittswert der bisherigen Steigerungszahlen ausgegangen werden, sondern müssen für die Zeit zwischen Ehezeitende und normaler Altersgrenze diejenigen Steigerungs- und Leistungszahlen fortgeschrieben werden, die für den Zeitpunkt des Eheendes gelten. Anderenfalls würde der Ehezeitanteil wegen der häufig geringeren vorehelichen Werte zu niedrig ausfallen (so auch MüKo/Glockner, BGB, § 1587a Rn. 392). Wegen weiterer Angaben zur richtigen Bewertung berufsständiger Versorgungen s. die umfassende Darstellung in MüKo/Glockner, BGB, § 1587a Rn. 399.

Der so ermittelte volle Versorgungsbetrag ist dann mit dem Verhältniswert aus der Dauer der 247
Zugehörigkeit zum Versorgungswerk während der Ehezeit und der Gesamtzugehörigkeitsdauer bis zur normalen Altersgrenze zu multiplizieren. So ist zu verfahren z. B. bei den Ärzteversorgungswerken Hamburgs, Schleswig-Holsteins, Nordrheins, der Niedersächsischen Ärzteversorgung und der Ärzteversorgung Westfalen-Lippe.

248 > *Hinweis:*
> *In aller Regel teilen die Versorgungswerke die richtig ermittelten Ehezeitanteile mit, so dass der Familienrichter diese nicht mehr berechnen muss. Das versteht sich bei den allein beitrags- oder zeitabhängigen sowie den der gesetzlichen Rentenversicherung entsprechenden Versorgungen von selbst. Bei den nach einem Zeit-Zeit-Verhältnis zu ermittelnden Ehezeitanteilen nach § 1587a Abs. 2 Buchst. b BGB soll man vorsichtshalber die Auskunft des Versorgungsträgers daraufhin überprüfen, ob er die „volle Versorgung" (auf die normale Altersgrenze hochgerechnet) oder bereits die Ehezeitquote mitgeteilt hat, um eine doppelte Verquotung zu vermeiden.*

dd) Dynamische und teildynamische Versorgungen

249 Die Anwartschaften der verschiedenen – teilweise durch Überleitungsabkommen miteinander verbundenen – (Ärzte-)Versorgungswerke sind in ihrem Wert nicht alle gleich. Einige sind als **volldynamisch** anzusehen (Einzelheiten s. „Umrechnung nichtdynamischer Anrechte", Rn. 392 ff.).

250 Dazu zählen nach der Rechtsprechung folgende **Ärzteversorgungen:** Baden-Württemberg (OLG Karlsruhe, FamRZ 1990, 1252), Berlin (AG Charlottenburg, FamRZ 1982, 306), Bremen (vgl. Schwab/Hahne, Handbuch des Scheidungsrechts, Rn. 147), Hamburg (OLG Hamburg, FamRZ 1980, 1028), Niedersachsen (OLG Celle, FamRZ 1983, 993; OLG Bremen, FamRZ 1995, 44), Nordrhein (BGH, FamRZ 1983, 265), Saarland (OLG Saarbrücken, FamRZ 1983, 998), Westfalen-Lippe und Bayern für die Anrechte ab 1. 1. 1985 (BGH, FamRZ 1995, 1583; OLG Nürnberg, FamRZ 1989, 1097); die **Zahnärzteversorgungen** Berlin (KG, FamRZ 1982, 714) und Hamburg, die **Apothekerversorgung** Schleswig-Holstein (OLG Schleswig, FamRZ 1996, 1082), die **Notarversorgung** München (BGH, FamRZ 1985, 1236), die **Rechtsanwaltsversorgungen** Niedersachsen (OLG Braunschweig FamRZ 2001, 161), Nordrhein-Westfalen (BGH, FamRZ 1991, 1420) und Saarland (BGH, FamRZ 1990, 382) sowie die Anrechte bei der **Versorgungsanstalt der deutschen Bezirksschornsteinfegermeister** (OLG München, FamRZ 2000, 538).

251 Andere sind nur **teildynamisch**, nämlich im Anwartschaftszeitraum statisch, im Leistungszeitraum dynamisch. Dazu zählen wiederum alle berufsständischen Versorgungen in Bayern für Anrechte bis zum 31.12.1984, teilweise z. B. für die Apotheker (BGH, FamRZ 1987, 1241; 1989, 35) und Architekten (OLG München, FamRZ 1985, 294) auch für die Anrechte ab 1.1.1985 (vgl. BGH, FamRZ 1983, 40; 1995, 1583; OLG Nürnberg, FamRZ 1996, 553 ff.; s. Rn. 932 „Umrechnung: leistungsdynamische Versorgung"), die Ärzteversorgung Hessen (zu unterscheiden von der EHV der Kassenärztlichen Vereinigung), mit der Einschränkung, dass auch bei der Umrechnung die auf die Hinterbliebenenversorgung entfallenden Anteile außer Betracht zu bleiben haben (BGH, FamRZ 1987, 361; 1989, 951; 1992, 165; s. Rn. 932 „Hinterbliebenenversorgung"), die Zahnärzteversorgung Hessen (BGH, FamRZ 1988, 488), die Apothekerversorgung Nordrhein (OLG Köln, FamRZ 1993, 1458) und Westfalen-Lippe (OLG Hamm, 1986, 70), die Architektenversorgung Baden-Württemberg (BGH, FamRZ 1991, 310; wobei hier der Ehezeitanteil aus dem Deckungskapital der Invalidenversorgung errechnet wird) und die Zahnärzteversorgung Niedersachsens (OLG Celle, FamRZ 1986, 913). Schließlich gibt es auch rein statische Ärzte(zusatz-)versorgungen, wie die erweiterte Honorarverteilung der Kassenärztlichen Vereinigung Hessens – EHV (vgl. BGH, FamRZ 1998, 424, 425).

ee) Unverfallbarkeit

252 Anders als bei den nach § 1587a Abs. 2 Nr. 3 BGB zu bewertenden Anwartschaften und Aussichten auf eine betriebliche Altersversorgung (vgl. z. B. „Zusatzversorgungen des öffentlichen Dienstes"; Rn. 256 f., 297, 317) hängt die Durchführung des Versorgungsausgleichs bei den Anwart-

schaften und Leistungen der berufsständigen Versorgungen **nicht** von einer **Unverfallbarkeit** ab. Denn im Rahmen des § 1587a Abs. 2 Nr. 4 BGB fehlt eine dem § 1587a Abs. 2 Nr. 3 Satz 3 BGB entsprechende (Sonder-)Vorschrift (vgl. BGH, NJW-RR 1986, 1195; OLG Karlsruhe, FamRZ 1996, 553, 554; MüKo/Glockner, BGB, § 1587a Rn. 378).

b) Landwirtschaftliche Alterskassen

Diese sind eine besondere Art der gesetzlichen Rentenversicherung für Landwirte und ihre Ehefrauen aufgrund des Gesetzes über die Altersbeihilfe (GAL) in der Fassung des Agrarsozialreformgesetzes 1995 v. 29. 7. 1994 (BGBl. I S. 1890). Träger sind die landwirtschaftlichen Alterskassen bei den bestehenden landwirtschaftlichen Berufsgenossenschaften. Trotz weitgehend ähnlicher Struktur wie bei der gesetzlichen Rentenversicherung nach dem SGB VI werden die landwirtschaftlichen Alterskassen immer noch nicht als Zweig der gesetzlichen Rentenversicherung anerkannt, so dass ihr Ausgleich nach § 1 Abs. 3 VAHRG durch analoges Quasisplitting erfolgen muss. 253

Der Ehezeitanteil dürfte heute gem. § 1587a Abs. 2 Nr. 4d BGB nach denselben Grundsätzen wie in der gesetzlichen Rentenversicherung zu errechnen sein (anders noch OLG Schleswig, SchlHA 1981, 64; BGH, FamRZ 1984, 42, 43; die seinerzeit die Bewertung nach der Auffangvorschrift des § 1587a Abs. 2 Nr. 4b BGB vorgenommen hatten).

Zu beachten ist, dass ein Großteil der ausgleichsberechtigten Ehefrauen nach § 92 GAL in der jetzigen Fassung **eigene Ansprüche aus zugesplitteten Beiträgen** erhält, soweit die Zusplittung im Einzelfall nicht an einer der weiteren Voraussetzungen des § 92 Abs. 1 Nr. 1 bis 6 GAL scheitert. Der Gesamtausgleichsanspruch vermindert sich um derartige zugesplittete Anrechte (OLG Celle, FamRZ 1997, 1340, 1341). Da dieses auch bereits rechtskräftig gewordene Versorgungsausgleichsentscheidungen betrifft, ist das „richtige" Ausgleichsergebnis ggf. nur im Wege eines Abänderungsverfahrens nach Einholung neuer Auskünfte von der Landwirtschaftlichen Alterskasse (vgl. Rn. 721 ff.) möglich. 254

An einem ausgleichungsfähigen Anrecht fehlt es jedoch, wenn der bisherige Inhaber des landwirtschaftlichen Betriebes diesen aufgibt, keine weiteren Beiträge zur Alterskasse zahlt und auch nicht erklärt, dass er künftig Beiträge entrichten wolle. Daran ändert auch nichts, dass ihm die bisher entrichteten Beiträge auf seinen Antrag hin erstattet werden (BGH, FamRZ 1986, 892, 894; s. Rn. 932 „Auszugleichende Versorgungen: Wegfall nach Ehezeitende"). 255

c) Zusatzversorgung des öffentlichen Dienstes

aa) Kreis der Versorgungen

Darunter versteht man die regelmäßig auf Tarifvertrag beruhenden **betrieblichen Altersversorgungen** (vgl. Rn. 285 f.) der Arbeiter und Angestellten bei Staat, Gemeinden und sonstigen öffentlich-rechtlichen Versorgungsträgern, für die teilweise spezielle Versorgungseinrichtungen geschaffen wurden, vor allem (zu den Anschriften vgl. Rn. 934): 256

- Bahnversicherungsanstalt, Teil B (im Unterschied zu Teil A, der die gesetzliche Rentenversicherung betrifft);
- Versorgungsanstalt des Bundes und der Länder (VBL);
- Versorgungsanstalt der Post (VAP);
- kommunale Zusatzversorgungskassen einschließlich der Versorgungen von Mitarbeitern unselbständiger Versorgungsbetriebe von Gebietskörperschaften wie z. B. die Berliner Verkehrsbetriebe;
- Kirchliche Zusatzversorgungskasse der Diözesen Deutschlands, Köln;
- Kirchliche Zusatzversorgungskasse Darmstadt;

- Betriebliche Zusatzversorgung der Angestellten und Arbeiter der Freien und Hansestadt Hamburg nach dem Hamburger Ruhegeldgesetz;
- Versorgung der Mitarbeiter der öffentlich-rechtlichen Rundfunk- und Fernsehanstalten (soweit sie nicht durch Pensionskassen abgewickelt werden).

257 Nach § 18 BetrAVG a. F. waren Angehörige des öffentlichen Dienstes (einschließlich der öffentlich-rechtlichen Fernseh- und Rundfunkanstalten) ggf. bei einer der genannten Zusatzversorgungskassen nachzuversichern, wenn sie vor Eintritt des Versorgungsfalles aus dem Arbeitsverhältnis ausschieden und damit nicht in den Genuss der zugesagten vollen Versorgung kamen. Durch Beschluss vom 15.7.1999 hat das BVerfG diese Vorschrift als Verstoß gegen Art. 3 Abs. 1, 2 Abs. 1 GG für **verfassungswidrig** erklärt und den Gesetzgeber verpflichtet ist, bis zum 31.12.2000 eine verfassungskonforme Regelung der Versorgungsanwartschaften von Arbeitnehmern des gesamten öffentlichen Dienstes vorzulegen, wobei er für die Vergangenheit Rücksicht auf die angespannte Haushaltslage nehmen dürfe, sprich: Nachzahlungsansprüche, außer in anhängigen Verfahren, ausschließen könne (BVerfG, FamRZ 1999, 279 ff.). Diesem Auftrag ist der Gesetzgeber im Rahmen des Altersvermögensgesetzes – AVmG – vom 26.6.2001 (BGBl. I S. 1310) nachgekommen. § 18 BetrAVG wurde umgestaltet und die Höhe der unverfallbaren Betriebsrentenanwartschaft gesetzlich geregelt (vgl. Glockner/Goering, FamRZ 2002, 262 ff.).

bb) Versicherungs- und Versorgungsrenten

258 Durch Abschluss eines neuen Tarifvertrages wurde mit Wirkung ab 1.1.2002 auch das System der öffentlichen Zusatzversorgung – zunächst nur für den Bereich der VBL – grundlegend umgestellt (vgl. Glockner, FamRZ 2002, 287 ff.).

Bisher galt, dass der Bezug einer Rente aus einer Zusatzversorgung des öffentlichen Dienstes von der Erfüllung bestimmter **Mindestvoraussetzungen** abhängig war. Soweit es sich dabei um reine Wartezeiten wie in der gesetzlichen Rentenversicherung der Beamtenversorgung handelte, spielen diese nach § 1587a Abs. 7 BGB keine Rolle. Davon zu unterscheiden sind jedoch die inhaltlich verwandten Voraussetzungen an die **Unverfallbarkeit** dieser betrieblichen Altersversorgungen. Gegenüber den gesetzlichen Unverfallbarkeitsvoraussetzungen boten die öffentlichen Zusatzversorger in der Vergangenheit eine günstigere Regelung, indem sie regelmäßig bereits nach einer Betriebszugehörigkeit von 60 Monaten Leistungen vorsahen (Ausnahme: Ruhegeldversorgung in Hamburg; im Einzelnen vgl. Strehhuber, FamRZ 1979, 764 ff.).

259 Seit der Entscheidung des BGH v. 26. 5. 1982 (BGH, FamRZ 1982, 899, 902, bestätigt in BGH, FamRZ 1988, 822) wurden die in der Ehezeit erworbenen Anwartschaften bei einer Zusatzversorgung des öffentlichen Dienstes unterschieden in regelmäßig bereits unverfallbare und damit dem öffentlich-rechtlichen Versorgungsausgleich unterliegenden Anwartschaften auf **Versicherungsrente** bzw. die **Zusatzrente nach § 18 BetrAVG n. F.** und in die regelmäßig noch verfallbaren und damit nur dem schuldrechtlichen Ausgleich oder einem Abänderungsverfahren (§ 10a Abs. 1 Nr. 2 VAHRG, s. Rn. 721 ff.) vorzubehaltenden Anwartschaften auf eine volle **Versorgungsrente**. Dahinter standen folgende Überlegungen:

260 Alle Zusatzversorgungen des öffentlichen Dienstes zahlten bisher die den Beamtenversorgungen angenäherten volldynamischen Versorgungsrenten (vgl. BGH, FamRZ 1991, 174) nur, wenn der Arbeitnehmer den Versorgungsfall im öffentlichen Dienst erlebte (vgl. u. a. §§ 37 Abs. 1a, 40 Abs. 1 VBL-Satzung; BGH, FamRZ 1984, 671; zur Frage der Verfassungswidrigkeit der bisherigen Berechnung von Versorgungsrenten bei Teilzeitbeschäftigten: BVerfG, FamRZ 1999, 1575 f.). Schied er vor Eintritt des Versorgungsfalls (Alter oder Invalidität) aus dem öffentlichen Dienst aus, erhielt er bei Eintritt des Versorgungsfalls nur eine in der Höhe regelmäßig geringere und überdies nicht (voll-)dynamische Versicherungs- oder Zusatzrente (vgl. §§ 34, 37 VBL-Satzung; § 18 BetrAVG. Aus § 1587a Abs. 2 Nr. 3 Satz 1 BGB leitete der BGH ab, dass es eine **Unverfallbarkeit** dieser Betriebsrentenanwartschaften dem Grunde und der Höhe nach gibt. Dem öffentlich-

rechtlichen Versorgungsausgleich unterliegen danach nur die Anwartschaften, die der Arbeitnehmer auch bei einem Ausscheiden nicht mehr verlieren kann. Das aber war regelmäßig nur die Versicherungsrente bzw. die Zusatzrente nach § 18 BetrAVG.

Dieses System hat sich durch die **Änderung der Zusatzversorgung des öffentlichen Dienstes ab 1.1.2002** in eine kapitalgedeckte Betriebsrente grundlegend gewandelt. Die Arbeitnehmer erwerben jetzt keine Aussicht auf eine an der Beamtenversorgung orientierte Gesamtversorgung unter Einschluss ihrer gesetzlichen Rentenanwartschaften mehr, sondern „**Versorgungspunkte**" nach der Formel: 261

$$\frac{\text{Entgelt im Jahr}}{\text{Referenzentgelt}} \times \text{altersabhängiger Tabellenwert}$$

wobei das Referenzentgelt ein willkürlich festgelegter Betrag ist, der zunächst unveränderlich feststeht. Die Rente eines Versicherten errechnet sich aus der Summe der zum Zeitpunkt des Altersfalles erreichten Versorgungspunkte, multipliziert mit 0,4 % des Referenzentgeltes.

> *Hinweis:*
> *Das neue System zwingt zu einer anderen Ermittlung des Ehezeitanteiles als bisher. Die während der Ehe erworbene Teilversorgung ist kein verhältnismäßiger Anteil der Gesamtversorgung – wie früher bei der Beamtenversorgung – mehr, sondern auch wie bei der gesetzlichen Rente die Summe der während der Ehe erworbenen, einzeln berechenbaren Versorgungsteile und deshalb nicht nach § 1587a Abs. 2 Nr. 3 BGB, sondern nach § 1587a Abs. 5 i. V. m. § 1587a Abs. 2 Nr. 2 BGB zu ermitteln (so auch Glockner, FamRZ 2002, 287).*
> *Zu der – naturgemäß komplizierten – Übergangsregelung s. Glockner, FamRZ 2002, 287, 288. Für einen längeren Übergangszeitraum bleiben danach auch die alten Regelungen zur Wahrung des bisher erworbenen Besitzstandes bedeutsam!*

Wenn ein Ehegatte zum Zeitpunkt der Entscheidung über den Versorgungsausgleich bereits eine dynamische Versorgungsrente wegen Berufsunfähigkeit (z. B. nach § 40 VBL-Satzung a. F.) bezieht, ist diese als unverfallbar zu behandeln und in den öffentlich-rechtlichen Versorgungsausgleich einzubeziehen, und zwar auch dann, wenn noch nicht feststeht, ob die Rente wegen Berufsunfähigkeit ohne Unterbrechung bis zur Altersgrenze weitergezahlt werden wird (BGH, FamRZ 1990, 1339). 262

Die Zusatzversorgungen kannten unterschiedliche Arten von Versicherungsrenten (einfache, qualifizierte, Besitzstandsrenten), die teilweise auch wie die nach § 40 Abs. 4 VBL-Satzung a. F. irreführenderweise Mindestversorgungsrente genannt wurden. Maßgeblich für die Ausgleichsbilanz beim Versorgungsausgleich war die jeweils höchste Rentenanwartschaft. Das konnte auch eine betragsmäßig niedrigere Versorgungsrente sein, wenn die betragsmäßig höhere Versicherungsrente nach der erforderlichen Umrechnung wertmäßig niedriger ausfällt (vgl. Borth, Versorgungsausgleich in anwaltschaftlicher und familiengerichtlicher Praxis, Rn. 353 ff.). 263

Die **Differenz** zwischen voller dynamischer Versorgungsrente und statischer Versicherungs- oder Zusatzrente war nach dieser Rechtsprechung bei Eintritt des Versorgungsfalles **nachträglich auszugleichen.** 264

Ob dieses sinnvoll gewesen ist, nachdem es die Möglichkeit nachträglicher Abänderung nach § 10a VAHRG gab, kann jetzt dahinstehen. Nach Änderung des § 18 BetrAVG und Neuordnung des Rechtes der öffentlichen Zusatzversorgung durch Einführung von „Versorgungspunkten" hat diese Kontroverse nämlich ihre Bedeutung verloren, weil es eine dynamische Versorgungsrente alten Stils auf Dauer nicht mehr gibt.

Der BGH wollte bisher in bestimmten Fällen ungerechte, evtl. sogar verfassungswidrige (Zwischen-) Ergebnisse mit Hilfe der **Härteklauseln** korrigieren (BGH, FamRZ 1988, 822). Zu derartigen Härtefällen kann es nach der Rechtsprechung des BGH kommen, wenn beide Parteien Aus- 265 sichten auf Versorgungsrenten haben, die Versorgungsrente des Verpflichteten jedoch früher unverfallbar wird als die des Ausgleichsberechtigten. Hier könnten sowohl der Ausgleichsberechtigte als auch der Versorgungsträger schon bei Eintritt des Versorgungsfalles beim Verpflichteten dafür sorgen, dass dessen Versorgung um den erhöhten Ausgleichsbetrag gekürzt wird, wenn man nicht entsprechend den Regeln zum **Rentner- oder Pensionärsprivileg** (vgl. Rn. 192, 234) eine Kürzung solange ausschließt, wie der Ausgleichsberechtigte noch keine Leistungen aus dem – ggf. erhöhten – Versorgungsausgleich erhält. Dieses ist erst bei eigenem Rentenbezug möglich. Dann aber ist auch bei ihm die Versorgungsrente unverfallbar geworden und einem vollständigen Ausgleich der beiderseitigen Zusatzversorgungen steht nichts mehr im Wege.

cc) Abschmelzende Ausgleichsrenten

266 Die Zusatzversorgungen des öffentlichen Dienstes haben unter dem Eindruck einer „Überversorgung" ihrer Mitglieder die ursprünglich zugesagten Leistungen auch schon vor der letzten grundlegenden Reform mehrfach reduziert. Dabei blieben den Versicherten – wie auch nach der jetzigen grundlegenden Umgestaltung – die bereits erworbenen Rentenanwartschaften zwar zunächst erhalten. Soweit darin jedoch nach neuem Recht „Überversorgungen" enthalten sind, werden die erworbenen Besitzstände als **Ausgleichs- oder Besitzstandsrenten** (vgl. § 97c VBL-Satzung) geführt und in Etappen **abgeschmolzen.** Diese Ausgleichsrenten unterliegen deshalb nicht dem öffentlich-rechtlichen Versorgungsausgleich (vgl. BGH, FamRZ 1988, 1251; 1990, 276, 380, 381) und möglicherweise bleibt auch für einen schuldrechtlichen Versorgungsausgleich kein Raum mehr, weil die Ausgleichsrenten bei Fälligkeit des schuldrechtlichen Versorgungsausgleichs (s. Rn. 530 f.) bereits auf Null reduziert worden sein können.

dd) Höhe des gesamtversorgungsfähigen Entgelts

267 Die Höhe der Versorgungs- und der Versicherungsrente bestimmte sich bis zum 31.12.2001 bei allen Zusatzversorgungen des öffentlichen Dienstes nach dem **gesamtversorgungsfähigen Entgelt**, d. h. einem Durchschnittswert der Jahre vor Eintritt des Versorgungsfalls. Der **Ehezeitanteil** errechnete sich, wenn Ehezeitende und Versorgungsfall nicht zusammenfallen, nach den Umständen zum Zeitpunkt des Ehezeitendes. Maßgeblich war also das gesamtversorgungsfähige Entgelt zum Zeitpunkt des Ehezeitendes einschließlich eines **etwaigen erhöhten Ortszuschlages für Verheiratete**, weil es sich nach der Rechtsprechung des BGH dabei nicht um einen Fall des § 1587a Abs. 8 BGB, sondern lediglich um einen Berechnungsfaktor handeln sollte (BGH, FamRZ 1985, 797; 1998, 94, 95, 96; OLG Köln, FamRZ 1998, 1364). Diese Rechtsprechung verdiente Zustimmung nur für den Fall, dass der Bedienstete später auch tatsächlich eine Versorgung unter Berücksichtigung des erhöhten Ortszuschlages während dieser Ehe erhält. Das ist jedoch regelmäßig nicht der Fall, und zwar unabhängig davon, ob er nach der Scheidung erneut heiratet oder nicht, weil der Versorgungsfall in aller Regel erst soviel später eintritt, dass die um den Verheiratetenzuschlag erhöhten Bezüge bis zum Ehezeitende keine Auswirkung auf die Höhe der Zusatzrente mehr haben. Wie der BGH in diesem Fall eines, auch seines Erachtens grob unbilligen, aber erst nachträglich sicher feststellbaren Ergebnisses mit der Härteklausel des § 1587c BGB helfen wollte, war nicht zu erkennen. Denn das Auftreten einer groben Unbilligkeit allein ist kein Abänderungsgrund (vgl. Rn. 722 m. w. N.). Dass der BGH dem **Stichtagsprinzip** Vorrang vor dem Grundsatz (ständiger) **materieller Halbteilung**, der sich angeblich sogar von Verfassungs wegen ergeben soll, einräumt (BGH, FamRZ 1998, 94, 96), verblüfft. Einleuchtender wäre es gewesen, in dieser Hinsicht die bisher durch eine Zusatzversicherung den Beamten angenäherten öffentlich Bediensteten auch wirklich den Beamten gleichzustellen und nach § 1587a Abs. 8 BGB bei der Berechnung des gesamtversorgungsfähigen Entgelts ebenso wie bei den ruhegehaltsfähigen Dienstbezügen eines Beamten familienbezogene Zuschläge außer Betracht zu lassen.

268 Der Ehezeitanteil einer Versicherungsrente wurde – anders als bei den sonstigen betrieblichen Altersversorgungen – nicht nach § 1587a Abs. 2 Nr. 3a oder b BGB, sondern wegen der ausdrück-

lichen Anweisung in § 1587a Abs. 2 Nr. 3 Satz 2 BGB nach § 1587a Abs. 2 Nr. 4c BGB bestimmt, richtet sich jetzt aber seit dem 1.1.2002 nach § 1587a Abs. 2 Nr. 5 i. V. m. § 1587a Abs. 2 Nr. 2 BGB (vgl. Rn 258 f., 324 a.E.).

d) Öffentliche Zusatzversorgung und Privatisierung öffentlicher Unternehmen

Im Laufe der letzten Jahre sind **frühere Staatsunternehmen**, die bis dahin entweder selbst oder aber in ihren Versorgungseinrichtungen öffentlich-rechtlich organisiert waren, in **privatrechtliche Aktiengesellschaften umgewandelt** worden. Das hat zur Folge, dass die von diesen Unternehmen zugesagten Alters- und Invaliditätsversorgungen ab Umwandlung im Grundsatz keine öffentlich-rechtlichen Versorgungen i. S. d. § 1 Abs. 3 VAHRG mehr sind. Entscheidender aber ist noch, dass Art und Höhe der Versorgungen zum Teil erheblich verändert worden sind mit der Folge, dass im Rahmen des Versorgungsausgleichs eine ganze Reihe von Bewertungs- und Berechnungs- sowie von Ausgleichsproblemen neu aufgetreten sind, für die es bisher an detaillierter veröffentlichter Rechtsprechung, insbesondere des BGH, fehlt.

269

Nichts geändert hat sich durch die Privatisierung öffentlicher Unternehmen an der Rechtsstellung und dem rechtlichen Charakter der Versorgungen von Beamten. So sind bei der **Deutschen Bahn AG** und ihren Tochterfirmen nach wie vor in einzelnen Positionen Beamte tätig. Dienstherr dieser Beamten ist die Bundesrepublik Deutschland, repräsentiert durch die Dienststellen des **Bundeseisenbahnvermögens** in Berlin, Essen, Frankfurt am Main, Saarbrücken, Hannover, Hamburg, Karlsruhe, Stuttgart, Köln, München und Nürnberg (Anschriften s. Rn. 886). Durch das Gesetz zur Änderung des Gesetzes zur Verbesserung der personellen Struktur beim Bundeseisenbahnvermögen und in den Unternehmen der Deutschen Bundespost vom 15.5.2002 (BGBl. I S. 1579) sind weitere Voraussetzungen dafür geschaffen worden, dass es künftig immer weniger Beamte in den privatisierten Staatsbetrieben geben wird. Bisherige Beamte in diesen Unternehmen können jetzt abweichend von der generellen Regelung des Beamtenrechts bereits mit Vollendung des 55. bzw. 60. Lebensjahres freiwillig in den Ruhestand gehen.

270

Die Beamten, die sich nach der Privatisierung als Beamte haben beurlauben lassen und seither als (leitende) Angestellte für ihren früheren Arbeitgeber oder eine seiner neuen Untergliederungen tätig geworden sind, behalten ihre bis dahin erworbenen Beamtenversorgungen und erwerben neu hinzu Betriebsrentenanwartschaften, die sich wiederum je nach dem Zeitpunkt der Umgestaltung der betrieblichen Altersversorgungssysteme in den privatisierten Unternehmen teilweise als öffentlich-rechtliche Zusatzversorgungen, teilweise als rein privatrechtliche Anwartschaften darstellen.

Vor allem geht es um

271

- die Deutsche Lufthansa AG (DHL) und Tochterfirmen,
- die Deutsche Post AG, Deutsche Telekom AG und Deutsche Postbank AG und
- die Deutsche Bahn AG (DB) mit Tochterfirmen.

Für alle Betriebsrentenanwartschaften der Mitarbeiter der **DHL**, der Lufthansa Service GmbH und der Condor Flugdienst GmbH tritt nach dem 1.1.1995 nicht mehr wie früher die VBL ein, sondern ausschließlich die DHL bzw. ihre Tochterfirma. Die **Beteiligungsvereinbarung** zwischen der DHL und ihren Tochterfirmen einerseits, der VBL andererseits hat **mit dem 31.12.1994 geendet**.

272

Für Beschäftigungszeiten bis zum 31.12.1994 ist nach der genannten Beteiligungsvereinbarung allerdings nach wie vor die VBL verpflichtet, den Bediensteten der DHL und ihrer Tochterfirmen eine **Versicherungsrente** nach Maßgabe der VBL-Satzung (vgl. Rn. 258 ff.) zu zahlen. Für Zeiten ab 1.1.1995 erwerben die Mitarbeiter der DHL und ihrer Tochterfirmen privatrechtliche Betriebsrentenanwartschaften nach Maßgabe des Tarifvertrages und § 1 ff. BetrAVG.

273

Die **frühere Bundespost** ist umgewandelt worden in die drei vorgenannten privatrechtliche Aktiengesellschaften (Anschriften s. Rn. 933), die **seit dem 1.5.1997** unterschiedliche betriebliche Alters- und Invaliditätsversorgungen kennen. Die bisher einheitliche Versorgung bei der Versor-

274

Teil 9 Abschnitt 1: C. Auszugleichende Versorgungen

gungsanstalt der Deutschen Bundespost (VAP) mit ihren Ähnlichkeiten zur VBL-Versorgung und der Unterscheidung in Versicherungs- und Versorgungsrente wurde aufgegeben, der bisherige Bestand allerdings tarifvertraglich gesichert.

275 Die **Deutsche Post AG** hat eine neue Versorgungsregelung tarifvertraglich vereinbart, wonach Leistungen für Arbeitnehmer aus dem Tarifgebiet West, die diese nach der bisherigen VAP-Satzung erworben hatten, von der neu gegründeten Unterstützungskasse der Deutschen Post AG namens „Deutsche Post Betriebsrenten-Service e. V." übernommen. Die Versorgung ist also seither zweigeteilt: Leistungen und Anwartschaften bei der VAP für Zeiten bis zum 30.4.1997 (= öffentlich-rechtliche Versorgung) und privatrechtliche Leistungen, Anwartschaften und Aussichten auf eine betriebliche Altersversorgung aus einer Unterstützungskasse für Zeiten ab dem 1.5.1997. Auskünfte über alle Betriebsrentenanteile werden für alle Bereiche seit dem 1.7.2001 vom „**Rentenservice der Deutschen Post AG**" erteilt. Die VAP als öffentlich-rechtliche Anstalt blieb zwar erhalten, beschränkt sich jetzt aber auf Grundsatzfragen, Pflege der VAP-Satzung, Finanzierung der VAP-Leistungen und die Durchführung der Einspruchs- und Gerichtsverfahren.

276 Die **Deutsche Postbank AG** hat ebenfalls zum 30.4.1997 die Pflichtversicherung ihrer Mitarbeiter bei der VAP beendet, eine eigene Versorgung tarifvertraglich zugesagt und erworbene Rechte bei der VAP garantiert. Sie hat die VAP bzw. den Rentenservice der Deutschen Post AG mit der vollständigen Abwicklung der Betriebsrenten beauftragt und **keine eigene Unterstützungskasse** eingerichtet. Auch bei der Postbank ist deshalb bei Arbeitnehmern, die schon vor dem 1.5.1997 zu diesem Unternehmen gehörten, von einer zweigeteilten Versorgung auszugehen: ein öffentlich-rechtlicher Teil in Höhe der unverfallbaren statischen Versicherungsrente und ein privater Teil, dessen Unverfallbarkeit sich nach §§ 1 ff. BetrAVG richtet und der eigentlich volldynamisch ist wegen der tarifvertraglich garantierten Besitzstandswahrung. Die insoweit vorhandene Einkommensdynamik ist aber bis zum Eintritt des Versorgungsfalles verfallbar.

277 Die **Deutsche Telekom AG** hat abweichend von Post AG und Postbank AG für Zeiten nach dem 1.4.1997 überhaupt **keine Betriebsrenten**, sondern **allein Kapitalabfindungen mit Rentenwahlrecht** (einschließlich sog. „kapitalisierter Initialgutschrift" für VAP-Versicherungszeiten = Aussichten auf Versorgungsrente für die Zeiten vor der Umstrukturierung) zugesagt, die nach bisher h. M. wegen § 1587a BGB regelmäßig nicht im Versorgungsausgleich auszugleichen sind, was allerdings nicht zeitgemäß erscheint (vgl. Rn. 156 f.). Unverfallbare Anwartschaften auf eine VAP-Versicherungsrente werden hier von der VAP (seit 1.7.2001: Rentenservice der Deutschen Post AG) errechnet und mitgeteilt.

> *Hinweis:*
> *Bei einem Ausgleich der Kapitalanwartschaften ist zu beachten, dass zum einen die VAP-Zeiten als sog „Initialgutschrift" in den „Gesamtkontostand" bis zum Ende der Ehezeit eingerechnet als auch – nach wie vor – gesondert von der VAP als unverfallbare Betriebsrente mitgeteilt werden. Das führt im Ergebnis nicht zu einem doppelten Ausgleich, weil sich die „Initialgutschrift" ersichtlich nur auf die den Wert der Versicherungsrente übersteigende Aussicht auf eine Versorgungsrente, nicht aber auf den Wert der Versicherungsrente selbst bezieht. Die VAP-Rente ist deshalb gesondert nach § 1 Abs. 3 VAHRG durch analoges Quasisplitting (vgl. Rn. 453 ff.), die gesamte Kapitalabfindung im Rahmen eines Supersplittings nach § 3b Abs. 1 Nr. 1 VAHRG (vgl. Rn. 460 ff.) auszugleichen.*

278 Die Arbeiter und Angestellten der **Deutschen Bahn AG** und ihrer diversen Tochterunternehmen sind bisher bei der Bahnversicherungsanstalt Teil B zusatzversichert. Änderungen sind nicht bekannt.

C. V. Sonstige öffentlich-rechtliche Versorgungen

Für Verwirrung sorgt in einigen Fällen, dass jemand „bei der Bahn" beschäftigt ist, die Bahnversicherungsanstalt aber mitteilt, dass dort keine Betriebsrentenanwartschaften bestehen. Hier wird leicht übersehen, dass Arbeitgeber des Ehegatten nicht die Deutsche Bahn AG oder eines ihrer direkten Tochterunternehmen ist, sondern ein Subunternehmer wie die „Mitropa" oder andere, die ihren Mitarbeitern keine Versorgungszusagen gemacht haben.

279

Auch ohne besonderes Auskunftsersuchen durch das Gericht werden im Laufe des Verfahrens teilweise **zwei unterschiedliche Auskünfte** erteilt, z. B. einmal von der DHL und einmal von der VBL. Dabei ist eine Reihe von Punkten zu beachten:

280

- Bei der Frage der **Unverfallbarkeit** der einzelnen Betriebsrentenanteile:

Die DHL und VAP behaupten in ihren Auskünften, der private Betriebsrentenanteil werde nur unter den Voraussetzungen des § 1 BetrAVG unverfallbar (vgl. Rn. 252 f., 312 f.). Das ist zumindest irreführend und kann allenfalls Mitarbeiter betreffen, bei denen die Versorgung nach dem früheren Recht noch nicht unverfallbar war oder die erst nach dem Umwandlungszeitpunkt (bei der DHL also nach dem 1.1.1995; bei der Bundespost nach dem 1.4.1997) ihre Arbeit aufgenommen haben. Waren die Mitarbeiter über den jeweiligen Stichtag hinaus bei dem früheren Staatsunternehmen beschäftigt, wurde ihnen durch die neuen Tarifverträge gerade eine volle VBL- oder VAP-Versorgung zugesagt, mit der Folge, dass diese in vollem Umfang schon nach fünf Jahren Betriebszugehörigkeit und nicht erst nach zehnjähriger Betriebszugehörigkeit und einem Mindestalter von 35 Jahren unverfallbar wurde.

Zu den Auswirkungen der Änderungen im geltenden Betriebsrentenrecht, insbesondere den geänderten Unverfallbarkeitsvoraussetzungen s. Rn. 261, 314.

- Bei der Frage der **Dynamik** der einzelnen Betriebsrententeile:

Die DHL und VAP behaupten in ihren Auskünften teilweise, die nach der Umwandlung bei ihnen erworbene Anwartschaft auf eine lebenslange Versorgung wegen Berufs- oder Erwerbsunfähigkeit und Alters steige nicht in nahezu gleicher Weise wie der Wert der nach § 1587a Abs. 2 Nr. 1 und 2 BGB genannten Anwartschaften, sondern sei im Anwartschaftszeitraum wie im Leistungszeitraum statisch. Diese Angabe ist irreführend und steht im Widerspruch zu der vorangehenden Mitteilung, dass DHL und die Postnachfolger Deutsche Post AG und Postbank AG sich tarifvertraglich verpflichtet haben, alle bisher bei der VBL und VAP pflichtversicherten Mitarbeiter so zu stellen, als würde ihre spätere Zusatzversorgung von der VBL oder VAP nach der jeweils geltenden Satzung fortgeführt. Denn nach der VBL-Satzung steht den Mitarbeitern nach Eintritt des Versorgungsfalles im Dienst eine voll dynamische Versorgungsrente zu. Bis zum Eintritt des Versorgungsfalles im Dienst des Unternehmens ist diese nach wie vor volldynamische Versorgung allerdings verfallbar. Im Versorgungsausgleich ist deshalb (zunächst) regelmäßig nur eine voll statische Versorgung auszugleichen (vgl. Rn. 258, 264).

Zur Auswirkung der Umgestaltung der VBL-Versorgung ab 1.1.2002 s. Rn. 258, 261, 324, 414.

Zu Recht verweisen die DHL und VAP in ihren Auskünften darauf, dass die Versicherungsrentenanwartschaft der VBL bis zum 31.12.1994 nach § 37 Abs. 1 b i. V. m. §§ 44, 44a VBL-Satzung in jedem Fall nicht dynamisch und deshalb umzurechnen ist (vgl. Rn. 392 ff.).

281

- Beim **Ausgleich** der verschiedenen Betriebsrentenanteile:

282

Besitzt der im Ergebnis Ausgleichs**berechtigte** Anwartschaften aus der Zeit **vor und nach dem 1.1.1995,** spielt dieses für den Versorgungsausgleich keine Rolle, weil sich die Ausgleichsform allein nach dem Charakter der Versorgungsanwartschaften des Ausgleichspflichtigen richtet. Hat der Ausgleichs**pflichtige** Anwartschaften bei der DHL auszugleichen, müssen diese unterschiedlich ausgeglichen werden:

Beispiel:

	Mann	Frau	
	500,00 €	160,00 €	
VBL (bis 31.12.1994)	10,00 €	-	
DHL (seit 1.1.1995)	50,00 €	-	
	560,00 €	160,00 €	
I. 1/2 Differenz =		200,00 € zugunsten der Frau	
II. a) Splitting =		(500,00-160,00) : 2 =	170,00 €
b) Analog. Quasispl. =		10,00 : 2 =	5,00 €
c) Supersplitting =		50,00 : 2 =	25,00 €
zusammen			200,00 €

- **Quotierungsfälle:**

Fehler beim richtigen Ausgleich geschehen in diesem Zusammenhang schnell dann, wenn auch der Ausgleichsberechtigte während der Ehezeit Betriebsrentenanwartschaften, seien sie gegen einen privatrechtlichen oder einen öffentlich-rechtlichen Arbeitgeber gerichtet, erworben hat. In diesem Fall darf seine Betriebsrentenanwartschaft nämlich nicht allein mit der privatrechtlichen Anwartschaft des Ausgleichspflichtigen bei der DHL, Deutschen Post AG oder Postbank AG, sondern muss anteilig mit allen Betriebsrenten-Anwartschaften des Ausgleichspflichtigen verrechnet werden (so BGH, FamRZ 2000, 477, 478; 1994, 90, 92 m. w. N.; 1996, 482; s. Rn. 932 „Ausgleichsformen: Quotierungsfälle"; OLG Karlsruhe, FamRZ 1999, 925, 926; OLG Celle, FamRZ 1999, 926, 928). Die hälftige Differenz der Betriebsrentenanwartschaften der Eheleute ist also im Verhältnis der Anwartschaften des Ausgleichspflichtigen zu quotieren.

Beispiel:

	Mann	Frau	
GRV	500,00 €	130,00 €	
VBL (bis 31.12.1994)	10,00 €		
DHL (seit 1.1.1995)	50,00 €	priv. BAV 30,00	
	560,00 €	160,00 €	
I. 1/2 Differenz =		200,00 € zugunsten der Frau	
II. a) Splitting =		(500,00-130,00) : 2 =	185,00 €
b) Analog. Quasispl. =		(60,00 – 30,00) : 2 x 10/60 =	2,50 €
c) Supersplitting		= (60,00 – 30,00) : 2 x 50/60 =	12,50 €
		zusammen =	200,00 €

Entsprechendes gilt, wenn der Ausgleichsberechtigte ebenfalls Anwartschaften bei einem öffentlich-rechtlichen Arbeitgeber erworben hat. Auch dann findet ein quotenmäßiger Ausgleich aller Anwartschaften und nicht nur eine Verrechnung der Anwartschaften bei öffentlich-rechtlichen Arbeitgebern einerseits und der bei privatrechtlichen Arbeitgebern andererseits statt.

Beispiel:

	Mann	Frau
GRV	500,00 €	130,00 €
VBL (bis 31.12.1994)	10,00 €	10,00 €
DHL (seit 1.1.1995)	50,00 €	priv. BAV 20,00 €
	560,00 €	160,00 €

I. 1/2 Differenz =   200,00 € zugunsten der Frau

II. a) Splitting =   (500,00 – 130,00) : 2 =   185,00 €

und dann auch hier:

    b) Analog. Quasispl. =   (60,00 – 30,00) : 2 x 10/60 =   2,50 €

    c) Supersplitting =   (60,00 – 30,00) : 2 x 50/60 =   12,50 €

    zusammen =   200,00 €

und nicht

    b) Analog. Quasisplitting =   (10,00 – 10,00) : =   0

    c) Supersplitting =   (50,00 – 20,00) : 2 = 15,00 €

- Beim **Ermitteln der Höhe** der auszugleichenden Betriebsrente:

Schwieriger als vorstehende Quotierung kann es sein, überhaupt den in die Versorgungsausgleichsbilanz einzustellenden Ehezeitanteil der Versorgung nach dem 1.1.1995 zu ermitteln. So weigerte sich die DHL im Hinblick auf einen angeblich erheblichen Bearbeitungsaufwand, den exakten Betriebsrentenanteil nach Abzug der VBL-Versicherungsrente auszurechnen, und übersandte allein die zur Ermittlung einer VBL-Versorgung erforderlichen Betriebsdaten. Eine genaue Berechnung wollte sie nur gegen Zahlung eines Sachverständigenhonorars von 700 DM vornehmen. Das OLG Hamburg (FamRZ 2000, 541, 542) hat nun aber entschieden, dass die DHL, wenn sie Arbeitgeber einer Scheidungspartei ist, auf Anfrage des Familiengerichts die **konkrete Betriebsrente im Einzelnen ausrechnen** und dieses **Ergebnis mitteilen** muss. Allerdings hält das OLG nur die spezielle Gesellschaft innerhalb des Lufthansakonzerns für auskunftspflichtig nach § 11 Abs. 2 VAHRG, die dem Arbeitnehmer gegenüber zur Versorgung verpflichtet ist. Das kann die Lufthansa Service GmbH, die Condor Flugdienst GmbH oder die Lufthansa Technik AG sein, obwohl zur Auskunft befähigt allein die Lufthansa AG ist und diese Auskünfte für alle Konzerntöchter auch tatsächlich anfertigt. Auch das OLG Frankfurt hat jetzt den konkreten Arbeitgeber, also die konkrete Konzerntochter für in vollem Umfang auskunftspflichtig nach § 11 VAHRG gehalten (FamRZ 2000, 540, 541). Für die OLG-Bezirke Hamburg und Frankfurt, den Hauptfirmenorten der DHL und ihrer Tochterfirmen, ist der bisherige Streit damit beendet. Beide haben erkennbar eine **weitere Beschwerde nicht zugelassen**, so dass mit einer BGH-Entscheidung hierzu nicht zu rechnen ist. Andere OLG (München, Hamm) sollen aber bereits entgegengesetzt entschieden haben und bei der Rechtsprechung des OLG Frankfurt aus dem Jahre 1991 (FamRZ 1991, 579, 580) geblieben sein.

- Beim Ausgleich der vollen Versorgung:

Erhebliche Probleme bereitet die zutreffende Bewertung der Gesamtversorgungen der genannten ehemals öffentlich-rechtlichen Unternehmen, wenn diese tatsächlich gezahlt werden – sei es bereits bei Ehezeitende, zum Zeitpunkt der Erstentscheidung oder zu einem späteren Abänderungszeitpunkt. Hier besteht die Gefahr, dass statt einer tatsächlich voll dynamischen Gesamtversorgung zu Lasten des anderen Ehegatten eine nur teildynamische Versorgung dem Ausgleich zugrunde gelegt wird.

Beispiel:
Ehezeitliche Versorgungsrente nach VBL-Satzung = 500 €,
dabei sind
ehezeitliche VBL-Versicherungsrente (statisch) = 100 €,
ehezeitliche Betriebsrente der DHL (dynamisch) = 400 €.

Die ehezeitliche Versicherungsrente musste bisher, da sie voll statisch ist, nach den Regeln der BarwertVO in einen dynamischen Wert umgerechnet werden, der hier 30 betragen soll. Die Summe der auszugleichenden voll dynamischen Anwartschaften schien danach nur (400 + 30 =) 430 zu betragen. 70 fielen gleichsam unter den Tisch. Das konnte nicht richtig sein. **Auszugleichen** ist nämlich **eine insgesamt dynamische Versorgung**, nicht nur eine teilweise dynamische. Entweder durfte deshalb in derartigen Fällen die statische Versicherungsrente der VBL nicht umgerechnet werden, oder aber die DHL muss den Dynamisierungsverlust zusätzlich zu dem errechneten Betriebsrentenanteil tragen.

Für letztere Berechnungsweise spricht, dass die VBL als ausgleichspflichtiger Versorgungsträger im analogen Quasisplitting nie zu mehr als dem statischen Ausgleichsbetrag der Versicherungsrente herangezogen werden darf. Sie müsste aber ggf. mehr ausgleichen, wenn man in der Ausgleichsentscheidung den mitgeteilten Ausgleichsbetrag der Versicherungsrente auf das Ehezeitende bezieht und nicht dynamisiert. Dann stiege dieser Ausgleichswert wie jede andere voll dynamische Wert nämlich mit jeder Rentenerhöhung an. Tatsächlich behält er aber seinen ursprünglichen Wert, die Differenz zu einer voll dynamischen Versorgungsrente nach der VBL-Satzung trägt nach dem Tarifvertrag die DHL.

Im Beispiel ist für den DHL-Rentner also in die Ausgleichsbilanz einzutragen:
Ehezeitliche VBL-Versicherungsrente = 30 €
Ehezeitliche DHL-Rente = 470 € (und nicht nur 400 €)

e) Sonstige Versorgungen

283 Neben den bisher genannten öffentlich-rechtlichen Versorgungen, die nach § 1587a Abs. 2 Nr. 4a bis d BGB zu bewerten sind, gibt es weitere, in der Praxis nicht so häufige Versorgungen, die sämtlich ebenso wie die unter a bis c genannten nach § 1 Abs. 3 VAHRG durch **analoges Quasisplitting** auszugleichen sind (s. Rn. 453 ff.). Dazu gehören:

- Versorgung der Abgeordneten (BGH, FamRZ 1988, 380);
- Versorgungsanstalt der Deutschen Bühnen (BGH, FamRZ 1997, 161 ff.; s. Rn. 932 „Umrechnung: leistungsdynamische Versorgungen");
- Höherversicherung der gesetzlichen Rentenversicherung, soweit es sie überhaupt noch gibt
- Hüttenknappschaftliche Zusatzversicherung Saar (BGH, FamRZ 1984, 573);
- Versorgung der Deutschen Kulturorchester (BGH, FamRZ 1997, 164 ff.; s. Rn. 932 „Umrechnung: leistungsdynamische Versorgungen");
- Unternehmen der Privatversicherung, die aus historischen Gründen wie manche frühere Feuerkasse als Anstalten des öffentlichen Rechts organisiert sind; so die Provinzial Schleswig-Holstein, die Landschaftliche Brandkasse Hannover (vgl. OLG Celle, FamRZ 1984, 1240);
- Zusatzversorgung des Schornsteinfegerhandwerks (OLG Karlsruhe, FamRZ 1996, 553; s. Rn. 932 „Umrechnung: volldynamische Versorgungen");
- Ausgleichskasse im Seelotsenwesen (OLG Karlsruhe, FamRZ 1985, 1055).

284 Soweit es sich dabei um Gesamtversorgungssysteme handelt (z. B. Schornsteinfegerversorgung; vgl. OLG Karlsruhe, FamRZ 1996, 553), werden die in die Ausgleichsbilanz einzustellenden Ehezeitanteile ebenso errechnet wie die – früheren – dynamischen Versorgungsrenten der Zusatzver-

sorgung des öffentlichen Dienstes (vgl. Rn. 258 f.), allerdings mit dem Unterschied, dass es **nicht** auf die **Unverfallbarkeit** ankommt, weil es auch hier an einer dem § 1587a Abs. 2 Nr. 3 Satz 3 BGB entsprechenden Sonderregelung fehlt.

VI. Betriebliche Versorgungen

1. Kreis der Begünstigten

Neben gesetzlicher Rentenversicherung und Beamtenversorgung steht spätestens seit In-Kraft-Treten des Gesetzes zur Verbesserung der betrieblichen Altersversorgung v. 19. 12. 1974 – BetrAVG – (BGBl. I S. 3610) als dritte große Säule der Absicherung gegen Risiken des Lebens und vor allem für den Fall des Alters das bunte Gemisch der betrieblichen Altersversorgung. Darunter fallen alle aus Anlass eines Arbeitsverhältnisses zugesagten Leistungen, Anwartschaften oder Aussichten, unabhängig von ihrer Form und ihrem Inhalt. Bisher verfügen etwa 30 % der Arbeitnehmer im Bereich des Handels und etwa 70 % im Bereich der Industrie über eine – wie auch immer geartete – betriebliche Altersversorgung (vgl. Angaben in MüKo/Rühmann, BGB, § 1587a Rn. 279 ff.). Seit dem In-Kraft-Treten des Gesetzes zur Reform der gesetzlichen Rentenversicherung und zur Förderung eines kapitalgedeckten Altersvermögens (Altersvermögensgesetz – AVmG) vom 26.6.2001 (BGBl. I S. 1310) zum 1.1.2002 ist mit eine deutlichen Vermehrung betrieblicher Altersversorgungen zu rechnen. Daneben stehen die durch Tarifverträge abgesicherten Arbeiter und Angestellten des öffentlichen Dienstes, einschließlich der öffentlich-rechtlichen Fernseh- und Rundfunkanstalten, des Bau- und Bäckerhandwerks sowie die im weiteren Sinne als berufsständige Versorgungen zu qualifizierenden Versorgungswerke der Redakteure, die aber, soweit sie nicht allein auf Beiträgen der Arbeitnehmer beruhen, betriebliche Versorgungen sind.

285

Diese Zahlen legen es nahe, in jedem Scheidungsfall, in dem es (voraussichtlich) zu einem Versorgungsausgleich kommt, zunächst einmal vom Bestehen einer betrieblichen Altersversorgung auszugehen, Name und Anschrift des Arbeitgebers zu erfragen – falls diese nicht schon aus den **PKH-Unterlagen** bekannt sind – und Inhalt und Höhe sowie Verfallbarkeit (s. u. Rn. 312 f.) abzuklären. In der Praxis geben eine ganze Reihe von Parteien trotz entsprechender Nachfrage im amtlichen Auskunftsbogen nicht an, dass sie über betriebliche Anwartschaften oder Aussichten auf Leistungen verfügen. Das hängt nur manchmal mit böser Absicht, meistens aber mit Unkenntnis zusammen, vor allem, wenn die betriebliche Altersversorgung auf Tarifvertrag oder Gesetz beruht. Im Ergebnis schaden die unzutreffenden Angaben (zunächst) in den wenigsten Fällen, weil die Anwartschaften oder Aussichten auf Leistungen der betrieblichen Altersversorgung wegen zu geringen Alters oder nicht ausreichend langer Betriebszugehörigkeit zum Scheidungszeitpunkt sowieso noch nicht unverfallbar sind. Überdies kann das Übersehen oder Unterschlagen einer betrieblichen Anwartschaft in aller Regel in einem späteren Abänderungsverfahren (vgl. Rn. 721 ff.) oder auch in einem schuldrechtlichen Versorgungsausgleich (vgl. Rn. 517 ff.) korrigiert werden. Anhaltspunkte für ein solches Korrekturverfahren gewinnt man allerdings häufig nur durch rechtzeitige Nachfrage schon im Scheidungsverfahren, weil nacheheliche Unterhaltsansprüche, die zu entsprechenden Recherchen anreizen könnten, in der überwiegenden Anzahl der Fälle jedenfalls nicht auf Dauer gegeben sind.

286

Nach § 17 Abs. 1 Satz 2 BetrAVG sind die arbeitsrechtlichen Bestimmungen des BetrAVG auch auf **Nicht-Arbeitnehmer** anzuwenden, wenn ihnen z. B. als Geschäftsführer einer GmbH oder selbständige Handelsvertreter Leistungen der Alters-, Invaliditäts- oder Hinterbliebenenversorgung aus Anlass ihrer Tätigkeit und Gegenleistung für ein (fremdes) Unternehmen zugesagt worden sind (vgl. OLG Hamm, FamRZ 1989, 290, 291). Gleiches gilt für Organe von Personen- und Kapitalgesellschaften, die nicht an der Gesellschaft beteiligt sind. Rentenansprüche und -anwartschaften von Unternehmern sind zwar keine betrieblichen Versorgungen, im Versorgungsausgleich aber als „sonstige Renten oder ähnliche wiederkehrende Leistungen" nach § 1587a Abs. 2 Nr. 4 BGB zu bewerten und in den Ausgleich einzubeziehen.

287

2. Formen der betrieblichen Altersversorgung

288 Die Leistungsvoraussetzungen, Versorgungsformen und Versorgungsträger können in weitem Umfang vom Arbeitgeber frei bestimmt oder mit dem Arbeitnehmer vertraglich vereinbart werden. Der Kreis der Versorgungsformen wurde durch das Altersvermögensgesetz vom 26.6.2001 (BGBl. I S. 1310) nochmals erweitert. In Betracht kommen jetzt auch **(Kapital-)Direktversicherungen** durch **Entgeltumwandlung** unabhängig von der Zustimmung des Arbeitgebers, mit seiner Zustimmung aufgrund eines Verlangens des Arbeitnehmers oder durch Bestimmung des Arbeitgebers (vgl. jetzt § 1a BetrAVG), eine **Leibrente** als Ausgleich für vorzeitiges Ausscheiden (BAG, DB 1990, 2375) oder **Alters-, Invaliditäts- und Hinterbliebenenrenten**. Anstelle laufender Leistungen können auch Kapitalbeträge oder ein Wahlrecht zwischen Rente und Kapitalabfindung vereinbart werden. Die meisten betrieblichen Versorgungen beruhen auf den früher vier, jetzt fünf in § 1 BetrAVG genannten Gestaltungsformen bzw. den durch Versorgungstarifverträge und Beteiligungsvereinbarungen der öffentlichen Arbeitgeber eingerichteten Zusatzversorgungseinrichtungen (weitere Einzelheiten s. Johannsen/Henrich-Hahne, Eherecht, § 1587a Rn. 174 ff. m. w. N.).

a) Unmittelbare Versorgungszusage

289 **Unmittelbare Versorgungszusagen kommen in Betracht** z. B. für den Geschäftsführer einer KG durch Einzelvertrag (vgl. OLG Hamm, FamRZ 1989, 290, 300) oder den Arbeitsvertrag selbst (z. B. bei der privaten Stiftung „Hamburger Öffentlichen Bücherhallen", BGH, FamRZ 1993, 299, 300). Denkbar sind bezügeabhängige Versorgungsregelungen, bei denen ein von der Dauer der Betriebszugehörigkeit abhängiger Prozentsatz des letzten Einkommens zugesagt wird. Derartige Versorgungen werden i. d. R. zumindest anwartschaftsdynamisch sein. Daneben gibt es Festbetragsregelungen, bei denen – häufig ebenfalls in Abhängigkeit von der Dauer der Betriebszugehörigkeit – steigende, aber feste Rentenbeträge in DM oder Euro zugesagt wurden oder werden. Diese Modelle erfüllen die Voraussetzungen einer (Anwartschafts-) Dynamik nicht. Dazwischen liegen sog. Karrieredurchschnittspläne, bei denen über „Rentenbausteine" der mit der Dauer der Betriebszugehörigkeit steigende Versorgungsprozentsatz nicht auf das letzte Einkommen, sondern auf das ruhegehaltsfähige Einkommen des jeweiligen Jahres bezogen wird (z. B. die betriebliche Versorgung der Volkswagen AG seit 1. 1. 1996; vgl. OLG Celle, FamRZ 1996, 1554; s. Rn. 932 „Umrechnung: nichtdynamische Versorgungen"). Auch diese Modelle erfüllen mangels laufender Anpassung der einmal bewerteten „Rentenbausteine" regelmäßig nicht die Voraussetzungen einer Volldynamik.

Seit dem 1.1.2002 werden wegen der jetzt in § 1 Abs. 2 Nr. 1 BetrAVG definierten beitragsorientierten Leistungen anstelle der bisher fast ausschließlich üblichen Rentenzusagen vermehrt Versorgungen mit sog. **Versorgungsbausteinen** und einem **Versorgungskonto** entstehen, wie es sie schon bei der Bosch AG, der Deutschen Telekom AG und SAP und der Volkswagen AG bestehen (Einzelheiten s. Glockner/Goering, FamRZ 2002, 282, 285). Ob es sich dabei um dem Versorgungsausgleich oder (nur) einem etwaigen Zugewinnausgleich unterliegende Versorgungen handelt, ist derzeit noch nicht abschließend entschieden. Zwar hat der BGH bisher private Kapitallebensversicherungen und auch betriebliche Versorgungen, bei denen ein Versorgungskapital ausgezahlt wird, allein nach zugewinnausgleichsrechtlichen Regeln zwischen den Ehegatten aufteilen wollen (vgl. BGH, FamRZ 1984, 156; 1992, 411). Zu Recht fordern Glockner/Goering jedoch zu einer Überprüfung dieser Rechtsprechung mit dem Ziel der Einbeziehung derartiger Versorgungen in der Versorgungsausgleich auf (FamRZ 2002, 282, 285 f.). Mit seiner Entscheidung vom 17.7.2002 (FamRZ 2003, 153) hat der BGH zwar seine frühere Rspr. ausdrücklich bestätigt, sich mit der neuen Sachlage und den von Glockner/Goering und anderen erhobenen Einwendungen gegen diese Rspr. nicht auseinandergesetzt.

290 Finanziert werden diese Versorgungszusagen, bei denen der Arbeitgeber selbst Träger der Versorgung ist, regelmäßig über Pensionsrückstellungen, die eine regelmäßige Anpassung laufender Renten über die in § 16 BetrAVG vorgeschriebene Regelung hinaus meist nicht zulassen.

b) Direktversicherung

Bei einer **Direktversicherung** schließt der Arbeitgeber einen Versicherungsvertrag zugunsten des 291
Arbeitnehmers bei einem anderen Versicherungsunternehmen ab und übernimmt die Prämienzahlungen ganz oder überwiegend. Nach § 1 Abs. 2 BetrAVG sind derartige Verträge weder frei widerruflich noch unter einer auflösenden Bedingung abschließbar. Häufig lauten diese Versicherungen, gerade auch die, die in der Form von Gehaltsumwandlungsversicherungen wirtschaftlich allein vom Arbeitnehmer getragen werden, allerdings auf eine Kapitalleistung und unterliegen deshalb nach bisher h. M. nicht dem Versorgungsausgleich (vgl. BGH, FamRZ 1984, 156, 158; s. Rn. 932 „Kapitallebensversicherung"), sondern dem Zugewinnausgleich (BGH, FamRZ 1992, 411; zuletzt FamRZ 2003, 153; auch OLG Bamberg, FamRZ 2001, 997, 998; OLG Stuttgart, FamRZ 2001.998, 999), es sei denn, ein etwaiges Rentenwahlrecht ist bis zum Ende der Ehezeit ausgeübt worden.

In der Praxis kommt es vor, dass der Arbeitgeber zur Absicherung seiner unmittelbaren Versor- 292
gungszusage auf Leistung einer monatlichen Rente bei einem Versicherungsunternehmen eine Kapitallebensversicherung zugunsten des Arbeitnehmers abschließt. Hier ist allein das Rechtsverhältnis zwischen Arbeitgeber und Arbeitnehmer (Valutaverhältnis), nicht das Deckungsverhältnis maßgeblich mit der Folge, dass im Rahmen des Versorgungsausgleichs eine unmittelbare Rentenzusage auszugleichen ist (BGH, FamRZ 1992, 411, 412) und der Arbeitgeber bei etwaigen Mängeln des Versicherungsvertrages dem Arbeitnehmer für die vereinbarte Versorgung einzustehen hat (BAG, FamRZ 1994, 439).

c) Pensionskasse

Pensionskassen sind selbstständige juristische Personen, meist Versicherungsvereine auf Gegensei- 293
tigkeit, die den Arbeitnehmern eines (z. B. bei den Firmen BASF, Bayer, Hoechst, Nestlé, Radio Bremen, ZDF) oder mehrerer Unternehmen (z. B. die Zusatzversorgungskassen des Baugewerbes (vgl. OLG München, FamRZ 1991, 1450) und der chemischen Industrie oder der Beamtenversicherungsverein des Deutschen Bank- und Bankiergewerbes (BVV; vgl. BGH, FamRZ 1992, 1051, 1053, 1055; s. Rn. 932 „Umrechnung: volldynamische Versorgungen") Rechtsansprüche auf Leistungen gewähren. Sie unterstehen der staatlichen Versicherungsaufsicht und arbeiten nach dem individuellen Kapitaldeckungsverfahren. Deshalb erübrigt sich für sie die gesetzliche Insolvenzsicherung (vgl. u. Rn. 318). Sowohl bei Direktversicherungen als auch bei Pensionskassen wird die Höhe der Versorgungen häufig beitragsabhängig gestaltet mit der Folge, dass wie bei den „Rentenbausteinen" der unmittelbaren Versorgungszusagen eine Anwartschaftsdynamik nicht angenommen werden kann.

d) Pensionsfonds

Pensionsfonds (in der Form von Aktiengesellschaften oder Pensionsfondsvereinen auf Gegensei- 294
tigkeit) sind nach § 112 Versicherungsaufsichtsgesetz (VAG) rechtlich selbständige Versorgungseinrichtungen, die – ebenso wie Pensionskassen – dem Versorgungsberechtigten einen Anspruch auf zugesagte Leistungen gewähren. Im Gegensatz zur Pensionskasse hat der Pensionsfonds eine wesentlich größere Freiheit hinsichtlich der Geldanlage und ähnelt insoweit der privaten fondsgebundenen Lebensversicherung (in Abgrenzung zur klassischen Lebensversicherung). Nach dem VAG sind allerdings auch die Pensionsfonds zu möglichst großer Sicherheit und Rentabilität bei ausreichender Liquidität verpflichtet. Die Leistungen von Pensionsfonds erfolgen ausschließlich in Form **lebenslanger Renten** (§ 112 Abs. 1 Nr. 4 VAG), so dass sie immer im Versorgungsausgleich zu berücksichtigen sind (vgl. Rn. 155).

In der Regel verpflichtet sich der Arbeitgeber hier zu einer sog. Beitragszahlung mit Mindestleistung (§ 1 Abs. 2 Nr. 2 BetrAVG) in der Weise, dass die Summe der eingezahlten Beiträge einschließlich der Überschüsse abzüglich eines Betrages für den sog. **biometrischen Risikoausgleich**

(Vorsorge für den vorzeitigen Alters- und Invaliditätsfall) zu dem zugesagten Mindest-Altersversorgungskapital oder einer daraus nach versicherungsmathematischen Grundsätzen errechneten Rente führt.

e) Unterstützungskasse

295 **Unterstützungskassen** sind wie die Pensionskassen selbständige Einrichtungen in unterschiedlicher Rechtsform, die den Arbeitnehmern jedoch keinen Anspruch, sondern nur eine Aussicht auf Leistungen der Altersvorsorge gewähren. Das Recht zum Widerruf oder zur Kürzung ist jedoch – ähnlich wie bei den Pensionskassen – an sachliche Gründe gebunden (BVerfG, DB 1987, 638). Auch durch die Rechtsprechung des BAG zum Bestandsschutz, der Erfüllungspflicht des Unternehmers (vgl. z. B. BAG, NZA 1989, 681; 1992, 934) und Unverfallbarkeit (vgl. BAG, NJW 1980, 79; NZA 1987, 349; s. auch Paschek, DB 1994, 2082) sind die Aussichten auf Leistungen einer Unterstützungskasse den Ansprüchen gegenüber Pensionskassen weitestgehend gleichgestellt worden. Das gilt auch für den Ausgleich im Rahmen des Versorgungsausgleichs (BGH, FamRZ 1987, 52). Die Finanzierung erfolgt durch den Arbeitgeber und die Zinserträge des Kassenvermögens.

296 Wegen dieses Rechtsinstituts ist in § 1587a Abs. 2 Nr. 3 BGB anders als bei den übrigen im Versorgungsausgleich auszugleichenden Versorgungen nicht nur von „Leistungen" und „Anwartschaften", sondern auch von **„Aussichten"** auf solche die Rede, um deutlich zu machen, dass auch diese dem Versorgungsausgleich unterliegen.

f) Öffentliche Zusatzversorgung

297 Die **Zusatzversorgung des öffentlichen Dienstes** (§ 18 BetrAVG) umfasst ca. 35, meist durch Überleitungsabkommen miteinander verbundene Versorgungseinrichtungen des öffentlichen Rechts (vgl. Heubeck/Höhne/Paulsdorff/Rau/Weinert, BetrAVG, § 18 Rn. 68 sowie Anhang zu § 18).

g) Kombinationsformen

298 In der Praxis werden die **verschiedenen Formen** betrieblicher Versorgungen gar nicht selten miteinander **kombiniert**.

aa) Ergänzende Versorgungen

299 So werden **nebeneinander** die Leistungen aus einer Pensionskasse oder Direktversicherung und solche aus einer Unterstützungskasse sowie ggf. ergänzend unmittelbare Versorgungsleistungen des Arbeitgebers zugesagt, z. B. die Anwartschaften auf betriebliche Altersversorgung der BASF, bestehend aus Pensionskasse der BASF, BASF-Altershilfe-GmbH und unmittelbare Zusage der BASF AG (vgl. OLG Zweibrücken, FamRZ 1988, 1288, 1289; 2000, 539, 540; OLG Düsseldorf, FamRZ 1994, 517, 518), Versorgung der Angestellten des ZDF durch unmittelbare Versorgungszusage und selbständige Pensionskasse des ZDF (BGH, FamRZ 1987, 52, 53).

300 Jeder Versorgungsteil ist nach den für ihn geltenden Bestimmungen zu bewerten und auszugleichen (BGH, a. a. O.). Das kann dazu führen, dass ein Teil der Versorgung durch analoges Quasisplitting, der andere durch Supersplitting auszugleichen ist (BGH, a. a. O.). Sieht die Versorgungsordnung für die Pensionskasse oder Direktversicherung bei der Berechnung des unverfallbaren Anteils nach § 2 BetrAVG die sog. **versicherungsvertragliche Lösung** vor (§ 2 Abs. 2 und 3 BetrAVG), d. h. die Bewertung lediglich nach dem beim Ausscheiden vorhandenen Deckungskapital im Gegensatz zum – regelmäßig höheren – zeitratierlichen Anteil der zugesagten Rente, muss der Versorgungsanteil der Pensionskasse oder Direktversicherung nach § 1587a Abs. 5 i. V. m. § 1587a Abs. 2 Nr. 5 BGB (nach dem Deckungskapital) und nicht nach § 1587a Abs. 2 Nr. 3 BGB (mit dem zeitratierlichen Wert) bestimmt werden.

bb) Hinweis auf Gesamtversorgungen

Soweit die Leistungen aufeinander anzurechnen sind, handelt es sich um **Gesamtversorgungen**, deren Berechnung und Ausgleich besondere Schwierigkeiten aufwerfen. Ähnliche Probleme gibt es bei den Ruhensregelungen in der Beamtenversorgung (s. die Bewertungshinweise in § 1587a Abs. 6 BGB und o. Rn. 235; im Einzelnen zu diesem Thema s. u. Rn. 337 ff.).

301

cc) Beitragsbeteiligung durch den Arbeitnehmer

Kombiniert werden auch die **Finanzierungsformen.** So beteiligen sich gar nicht so selten die Arbeitnehmer am Aufbau der betrieblichen Versorgungen mit **eigenen Beiträgen** (so auch bei der bereits erwähnten Versorgung der BASF AG; zu je 1/2 beim Versorgungswerk der Presse GmbH; Gruppenversicherungsvertrag des Versorgungsverbandes bundes- und landesgeförderter Unternehmen e. V. – VBLU – mit verschiedenen Lebensversicherern unter Leitung der Allianz LV-AG).

302

Nach mehrfach geäußerter Meinung müssen hier getrennte Berechnungen erfolgen. Der vom Arbeitnehmer eigenfinanzierte Teil der Versorgung soll danach nicht der Bewertungsregel des § 1587a Abs. 2 Nr. 3, sondern der des § 1587a Abs. 2 Nr. 4 oder 5 BGB unterliegen und wäre dann bisher ggf. anders als das betriebliche Anrecht nicht mit Hilfe der BarwertVO, sondern mit Hilfe des gebildeten (Differenz-)Deckungskapitals umzurechnen (so BGH, FamRZ 1993, 684, 685; s. Rn. 932 „Auszugleichende Versorgungen: Versorgung des Gesellschafter-Geschäftsführers" m. w. N.; auch Glockner, FamRZ 1994, 900, 901).

303

Gegen eine unterschiedliche Behandlung und für die Qualifikation einer teilweise arbeitnehmerfinanzierten Versorgung als einheitliche betriebliche Altersversorgung werden in der arbeitsrechtlichen Literatur allerdings gewichtige Argumente angeführt (so etwa Blomeyer/Otto, BetrAVG, § 1 Rn. 232 f.; Schumacher, DB 1978, 162, 164; zweifelnd auch Heubeck/Höhne/Paulsdorff/Rau/Weinert, BetrAVG, § 1 Rn. 75 a, 278). Auch im Rahmen des Versorgungsausgleichs sprechen praktische Erwägungen gegen eine rechtliche Ungleichbehandlung. Diese führt nämlich zu nicht nachvollziehbaren bzw. akzeptablen Bewertungs- und Wertunterschieden einer für den Berechtigten einheitlichen Versorgung.

304

Gegen die Einordnung der Eigenbeiträge des Arbeitnehmers als Beitrag zu einer privaten Lebensversicherung spricht weiter, dass auch der BGH (FamRZ 1993, 684, 685) in anderen Fällen der Finanzierung der Beiträge durch den Arbeitnehmer von einer einheitlichen betrieblichen Altersversorgung ausgeht, wenn nämlich Beiträge zu einer Direktversicherung gezahlt werden, die auf einer sog. Barlohnumwandlung (Gehaltsumwandlungsversicherung) beruhen, ebenso wenn der Arbeitgeber Beiträge zur Abgeltung von Gehaltsforderungen zahlt oder anstelle von laufenden Bargütungen eine unmittelbare Versorgungszusage erteilt hat. Weiter ist ersichtlich noch niemand auf die Idee gekommen, die Teile der öffentlichen Zusatzversorgung, die seit einigen Jahren auf den vom Arbeitnehmer zu tragenden Beiträgen beruhen aus der öffentlichen Zusatzversorgung herauszurechnen und wie eine private Lebensversicherung auszugleichen.

305

Die Aufteilung nach einer arbeitnehmer- und einer arbeitgeberfinanzierten Versorgung mit unterschiedlichen Bewertungen führte zu erheblichen Ungereimtheiten, wie an einem Beispiel aus dem Bereich der VBLU (s. Rn. 285) deutlich gemacht werden soll:

306

Beispiel:

Ehezeitende: 30. 6. 1996; Alter am Ende der Ehezeit: 40 Jahre; die Zusatzversorgung wurde voll in der Ehezeit erworben.

Nach einer Zusatzvereinbarung zum Arbeits-/Dienstvertrag sind die Arbeitnehmer dieser auf einer tarifrechtlichen Vereinbarung beruhenden Zusatzversorgung ab 1. 1. 1991 verpflichtet, 11,59 %, die Arbeitgeber 88,41 % der Beiträge zu zahlen. Für den Fall des vorzeitigen Ausscheidens des Arbeitnehmers ist ausdrücklich die sog. versicherungsvertragliche Lösung nach § 2 Abs. 2 Satz 3 BetrAVG vereinbart. Der Arbeitnehmer kann in diesem Fall nach den Bestimmungen der Zusatzvereinbarung über den Versicherungsvertrag nur einheitlich ver-

fügen; der gesamte Vertrag wird den Bestimmungen des BetrAVG unterstellt, was Abtretung, Beleihung und Rückkauf angeht. Im Gegensatz dazu behauptet die Allianz LV-AG in ihrer Auskunft gegenüber dem Gericht allerdings, dass für den privat finanzierten Teil des Vertrages das BetrAVG nicht gelte.

Dadurch, dass der arbeitgeberfinanzierte Teil des Versicherungsvertrages nach § 1587a Abs. 2 Nr. 3b i. V. m. Abs. 4 BGB in einen Barwert umgerechnet, der arbeitnehmerfinanzierte Teil der Zusatzversorgung aber nach § 1587a Abs. 2 Nr. 5a i. V. m. Abs. 3 BGB über das gebildete Deckungskapital umgerechnet wurde, ergab sich im genannten Fall eine Verschiebung der Anteile auf (nur) rd. 73,6 % betriebliche Altersversorgung und immerhin rd. 26,4 % private Lebensversicherung. Diese Verschiebung, die keinerlei wirtschaftlichen Hintergrund hat, beruht allein darauf, dass der arbeitgeberfinanzierte Anteil verhältnismäßig zu hoch abgezinst wurde. Plausibel in diesem Fall wäre die einheitliche Umrechnung nach dem in der Ehezeit gebildeten gesamten Deckungskapital!

3. Rechtsgrund für betriebliche Altersversorgungen

307 Ein Anspruch oder eine Aussicht auf Leistungen der betrieblichen Altersversorgung (s. hierzu ausführlich: Langohr-Plato, Betriebliche Altersversorgung, Rn. 139 ff.) kann beruhen auf:

- einem Einzelvertrag zwischen Arbeitgeber und Arbeitnehmer (Beispiele s. vorstehend zu unmittelbarer Versorgungszusage);
- einer einseitigen Ruhegeldzusage des Arbeitgebers (Ruhegeldordnung; z. B. die der BASF AG; vgl. OLG Zweibrücken, FamRZ 1998, 1288 f.);
- betrieblicher Übung durch wiederholte, gleichmäßige Leistungen des Arbeitgebers;
- arbeitsrechtliche Verpflichtung des Arbeitgebers, alle vergleichbaren Arbeitnehmer gleich zu behandeln und nicht einzelne aus sachfremden Gründen auszuschließen;
- Betriebsvereinbarung (§ 77 BetrVG);
- Tarifvertrag (§ 1 Abs. 1 TVG)
  - Zusatzversorgungskasse für die Beschäftigten des Deutschen Bäckerhandwerks,
  - Zusatzversorgungskasse des Baugewerbes VVaG,
  - Zusatzversorgungskasse für die Beschäftigten der Deutschen Brot- und Backwarenindustrie VVaG,
  - Zusatzversorgungskasse des Maler- und Lackiererhandwerks VVaG,
  - Versorgungswerk der Presse GmbH und Versorgungskasse der Deutschen Presse,
  - Zusatzversorgungskasse des Steinmetz- u. Steinbildhauerhandwerks VVaG,
  - Zusatzversorgung des öffentlichen Dienstes:
    - –– Versorgungsanstalt des Bundes und der Länder (VBL),
    - –– Versorgungsanstalt der Post (VAP),
    - –– Bahnversicherungsanstalt Teil B (BVA),
  - kommunale Zusatzversorgungskassen z. B.:
    - –– Zusatzversorgungskasse des Kommunalen Versorgungsverbandes Baden-Württemberg,
    - –– Zusatzversorgungskasse d. Gemeinden u. Gemeindeverbände in Darmstadt,
    - –– Zusatzversorgungskasse der Gemeinden und Gemeindeverbände des Regierungsbezirkes Kassel,
    - –– Zusatzversorgungskasse des Saarlandes,
    - –– Zusatzversorgung der öffentlich-rechtlichen Religionsgemeinschaften z. B.:
    - –– Kirchliche Zusatzversorgungskasse der Diözesen Deutschlands,

- – Kirchliche Zusatzversorgungskasse (ZVK Darmstadt),
- der öffentlich-rechtlichen Fernseh- und Rundfunkanstalten z. B.:
- – Norddeutscher Rundfunk,
- – Zweites Deutsches Fernsehen;
- Gesetz (Hamburger Ruhegeldgesetz).

Um einheitliche Regelungen für Versorgungszusagen in bestimmten Branchen zu erreichen, sind sog. **Richtlinienverbände** gegründet worden, die aber nicht selbst Träger der Versorgung sind, wie der „Essener Verband" für die Eisen- und Stahlindustrie (vgl. BGH, FamRZ 1993, 420, 421), der „Bochumer Verband" für den Bergbau und der „Duisburger Verband" für das Speditionsgewerbe. 308

4. Auszugleichende betriebliche Versorgungen

Nicht alle dem BetrAVG unterliegenden betrieblichen Versorgungen sind auch im Versorgungsausgleich **auszugleichen.** Dazu zählen neben den bereits erwähnten Kapitalleistungen (zu den Zweifeln an der bisherigen Rspr. dazu vgl. Rn. 156) vor allem die **Hinterbliebenenversorgungen** (s. Rn. 164 und Rn. 932 „Hinterbliebenenversorgung"). Auch Leistungen der Vermögensbildung, **Übergangsgelder**, Leibrenten, Kaufpreisrenten sowie die Ausgleichsansprüche des Handelsvertreters nach § 89b HGB sowie Vorruhestandszahlungen sind mangels Anknüpfung an biologische Ereignisse wie Alter und Invalidität keine betrieblichen Versorgungen und deshalb im Rahmen des Versorgungsausgleichs nicht ausgleichspflichtig. 309

Nicht auszugleichen sind vor allem betriebliche Leistungen, die ein Arbeitnehmer im Rahmen sog. **Vorruhestandsregelungen** bereits vor Vollendung des 60., häufig schon mit Vollendung des 55. Lebensjahres erhält. Dabei handelt es sich nämlich in Wirklichkeit um verdeckte Einkommens- oder Überbrückungszahlungen, so z. B. die zwischen dem 55. Und 63. Lebensjahr dem Flugbegleitpersonal der Deutschen Lufthansa AG über die Colonia Lebensversicherung zugesagten und in Raten auszahlbaren **Abfindungen für den Fall des Ausscheidens** vor Eintritt der Voraussetzungen für den Bezug einer gesetzlichen und einer Betriebsrente. Die betriebliche Altersversorgung ist als laufende Leistung nur dann in den Versorgungsausgleich einzubeziehen, wenn der Arbeitnehmer bei Ehezeitende das nach der jeweiligen Verkehrsanschauung niedrigste Alter für einen Ruhestand schon erreicht hat (OLG Karlsruhe, FamRZ 1998, 629, 630). Ob dieses zutrifft, muss im Einzelfall geprüft werden (im Einzelnen s. BGH, FamRZ 2001, 25 ff. = Rn. 932 „Vorruhestandsbezüge"). 310

Nutzungsrechte und **Sachleistungen** können ebenso Versorgungscharakter haben wie **Wohnrechte** in Werkswohnungen oder **Altenteilsverträge,** Gewinnbeteiligungen und Tantiemen, die erst bei Invalidität oder Alter ausgezahlt werden (MüKo/Rühmann, BGB, § 1587a Rn. 287, 288 m. w. N.). Da nicht die Bestimmungen des Sozialversicherungsrechtes maßgeblich sind, unterliegen auch **reine betriebliche Unfallrenten** dem Versorgungsausgleich (ebenso Johannsen/Henrich-Hahne, Eherecht, § 1587a Rn. 181; MüKo/Rühmann, BGB, § 1587a Rn. 326). 311

5. Unverfallbarkeit

a) Begriff und Voraussetzungen

§ 1587a Abs. 2 Nr. 3 Satz 3 BGB schließt alle noch verfallbaren Anwartschaften oder Aussichten auf Leistungen der betrieblichen Altersversorgung aus dem öffentlich-rechtlichen Ausgleich (zunächst) aus und behält sie entweder einem späteren öffentlich-rechtlichen Ausgleich (§ 10a Abs. 1 Nr. 2 VAHRG; s. Rn. 721 ff.) oder einem schuldrechtlichen Ausgleich (§ 1587f Nr. 4 BGB; vgl. Rn. 517 ff.) vor. Grund für diese Bestimmung ist die Überlegung, dass ein Ausgleich von Anrechten, die noch nicht ausreichend sicher zu Leistungsansprüchen führen, dem Grundsatz der materiellen Halbteilung widersprechen und damit die Verfassungsmäßigkeit des Versorgungsausgleichs in Frage stellen würde. 312

313 Der versorgungsausgleichsrechtliche Begriff der Unverfallbarkeit entspricht dem des Betriebsrentenrechts (BGH, FamRZ 1991, 1416, 1419; s. Rn. 932 „Betriebliche Altersversorgung: Ehezeitanteil"). § 2 BetrAVG bestimmt, dass auch Arbeitnehmer, die vor Eintritt des Versorgungsfalles aus dem Betrieb ausscheiden, die zugesagte Versorgung unter bestimmten Voraussetzungen, nämlich denen der Unverfallbarkeit (§ 1 BetrAVG) in dem bisher erworbenen Umfang „mitnehmen" können. Das Gesetz regelt dabei die (Mindest-) Voraussetzungen der Unverfallbarkeit, schließt aber für den Arbeitnehmer günstigere Vereinbarungen, Satzungen oder tarifliche Bestimmungen nicht aus.

314 Unverfallbarkeit i. S. d. Betriebsrentenrechts trat nach § 1 BetrAVG in der bis zum 31.12.2001 geltenden Fassung ein, wenn der Arbeitnehmer bei Beendigung des Arbeitsverhältnisses das 35. Lebensjahr vollendet und entweder die Versorgungszusage mindestens zehn Jahre bestanden hat oder aber der Beginn der Betriebszugehörigkeit mindestens zwölf Jahre zurückliegt und die Versorgungszusage mindestens drei Jahre bestanden hat.

Seit dem In-Kraft-Treten des Altersvermögensgesetzes vom 26.6.2001 zum 1.1.2002 (BGBl. I S. 1310) tritt Unverfallbarkeit bereits ein **nach 5jährigem Bestand der Versorgungszusage** und einem **Mindestalter von 30 Jahren**. Auf die Dauer der Betriebszugehörigkeit kommt es nicht mehr an. Für die bereits vor dem 1.1.2002 erteilten Versorgungszusagen bleibt es bis zum 31.12.2005 bei der früheren Regelung zur Mindestdauer der Versorgungszusage/Betriebszugehörigkeit (§ 30f BetrAVG n. F.).

315 Noch verfallbare Anrechte sind in der Ausgleichsbilanz weder beim Verpflichteten noch beim Berechtigten zu berücksichtigen (BGH, NJW 1982, 1989, 1995).

b) Abgrenzung der Unverfallbarkeitsfristen zu Warte- und ähnlichen Zeiten

316 Von der Unverfallbarkeit i. S. d. § 2 BetrAVG zu unterscheiden sind die Erfüllungen von Vorschalt-, Warte- oder Mindestbeschäftigungszeiten, die nach § 1587a Abs. 7 BGB im Versorgungsausgleich grds. unberücksichtigt bleiben. Das gilt auch, wenn ein Unternehmen die Zusage betrieblicher Altersversorgung auf die über 25 Jahre alten Betriebsangehörigen beschränkt (a. A. im Ergebnis offenbar, aber zu Unrecht OLG Hamm, FamRZ 1999, 923). Über die Unverfallbarkeitsfristen hinausgehende Wartezeiten/Mindestbeschäftigungszeiten sind arbeitsrechtlich zulässig. Scheidet ein Arbeitnehmer nach Erfüllung der Unverfallbarkeitskriterien aus dem Betrieb aus, kann er die Wartezeit auch außerhalb des Beschäftigungsverhältnisses erfüllen (§ 1 Abs. 1 Satz 5 BetrAVG). Allerdings kann eine Versorgung, bei der die Warte- oder Mindestbeschäftigungszeit bis zur Entscheidung über den Versorgungsausgleich (in der letzten Tatsacheninstanz) noch nicht erfüllt ist, nicht als unverfallbar angesehen werden (vgl. BGH, FamRZ 1985, 263, 264; wegen der rechtlichen Behandlung von, insbesondere vertraglichen, Vordienstzeiten s. u. Rn. 332).

c) Unterscheidung zwischen Unverfallbarkeit dem Grund und der Höhe nach

317 Die Rechtsprechung unterscheidet danach, ob eine zugesagte Versorgung auch schon in voller Höhe oder nur teilweise unverfallbar geworden ist. Die Fälle, in denen betriebliche Mitarbeiter bei einem vorzeitigen Ausscheiden aus dem Betrieb nur einen Teil der zugesagten vollen Versorgung mitnehmen können, betrafen vor allem die öffentlichen Zusatzversorgungen bei VBL, VAP (vgl. Rn. 258 ff.) und der VBLU (OLG Celle, FamRZ 1999, 926, 927), aber auch rein betriebliche Altersversorgungen, die bei der Höhe der Berechnung der Anwartschaften mit Steigerungszahlen oder Ähnlichem arbeiten. Solange die **Betriebszugehörigkeit andauert**, steigen diese Versorgungen häufig in einer der gesetzlichen Rentenversicherung und Beamtenversorgung vergleichbaren Weise. Diese Dynamik (vgl. Rn. 403 ff.) bricht aber ab mit dem Ausscheiden vor Erreichen der Altersgrenze oder des Versicherungsfalles der Invalidität. Damit kann noch nicht mit der gebotenen Sicherheit von den künftig zu erwartenden Steigerungszahlen o. Ä. bis zur Erreichung der normalen Altersgrenze ausgegangen werden. Die darauf beruhenden Anwartschaften sind vielmehr noch verfallbar (vgl. OLG Zweibrücken, FamRZ 1999, 928, 929).

d) Insolvenzsicherung

Nach §§ 7 ff. BetrAVG sind unverfallbare Anwartschaften und Leistungen der betrieblichen Altersversorgung mit Ausnahme der aus Pensionskassen bei Konkurs oder wirtschaftlicher Notlage des Arbeitgebers durch den Pensions-Sicherungs-Verein, Versicherungsverein auf Gegenseitigkeit (PSV) in Köln abgesichert, allerdings begrenzt auf einen Höchstbetrag (§ 7 Abs. 3 BetrAVG) und ohne zwingende Anpassungsverpflichtung nach § 16 BetrAVG (BAG, NJW 1983, 2902; BGH, NJW 1984, 980). Betriebliche Anwartschaften sind deshalb auch im Sicherungsfall als unverfallbar zu behandeln (zur Berechnung der vom PSV übernommenen Anwartschaften vgl. BAG, DB 1984, 1942).

6. Berechnung des Ehezeitanteils

a) Grundsatz

Ähnlich wie bei der Beamtenversorgung und anders als bei den Renten der gesetzlichen Rentenversicherung wird als Ehezeitanteil nicht der in der Ehezeit konkret erworbene Teil der betrieblichen Altersversorgung oder Invaliditätsversorgung, wenn nur diese zugesagt ist, ermittelt sondern der Teil der vollen Versorgung, der sich aus dem **Verhältnis von in der Ehezeit liegender Betriebszugehörigkeit zur Gesamtbetriebszugehörigkeit** ergibt. Gesamtbetriebszugehörigkeit ist die Zeit zwischen dem tatsächlichen Beginn der Tätigkeit für einen Betrieb und dem nach der Versorgungsordnung regelmäßigen Ende dieser Tätigkeit wegen Alters (§ 1587a Abs. 2 Nr. 3a BGB) oder dem tatsächlichen Ausscheiden (§ 1587a Abs. 2 Nr. 3b BGB).

Diese **Gesamtbetriebszugehörigkeit** ist für den Versorgungsausgleich auch dann maßgeblich, wenn die betriebliche Versorgungsordnung davon abweichend als Beginn der Versorgungszeitspanne nicht den Eintritt in das Unternehmen, sondern einen späteren Zeitpunkt angibt (anders zu Unrecht OLG Hamm, FamRZ 1999, 623 m. Anm. Kemnade, a. a. O., S. 924). Legt also eine Versorgungsordnung fest, dass nur über 25jährige Mitarbeiter mit Vollendung des 60. Lebensjahres eine betriebliche Altersversorgung erhalten, beträgt die für den Versorgungsausgleich maßgebliche Gesamtbetriebszugehörigkeit eines mit dem 18. Lebensjahr in den Betrieb eingetretenen Mitarbeiters bei andauerndem Arbeitsverhältnis: 18.-60. Lebensjahr = 52 Jahre oder 624 Monate.

Durch diese der Berechnung des unverfallbaren Anteils nach BetrAVG nachempfundenen Vorgehensweise werden nicht lineare Anstiege der Versorgung rechnerisch eingeebnet, um den Grundgedanken des Versorgungsausgleichs, nämlich die hälftige Teilhabe am gesamten in der Ehezeit erworbenen Versorgungsvermögen durch den anderen Ehegatten, zu ermöglichen. Die so ermittelten ehezeitlichen Werte müssen noch in dynamische Werte umgerechnet werden, wenn die Versorgungen – wie regelmäßig – in ihrer Dynamik nicht mit gesetzlicher Rentenversicherung und Beamtenversorgung vergleichbar sind (vgl. u. Rn. 334 ff.). Dabei ist die Dynamik während der Anwartschaftsphase von der nach Rentenbeginn zu unterscheiden.

Der Ehezeitanteil von Leistungen oder Anwartschaften einer betrieblichen Altersversorgung ist auch dann pro rata temporis zu berechnen, wenn die Berechnung der Rente selbst nicht nach Anrechnungszeiten erfolgt. Anders als § 1587a Abs. 2 Nr. 4 BGB, nach dem z. B. der Ehezeitanteil einer berufsständigen Versorgung zu bestimmen ist, macht der für die betriebliche Altersversorgung geltende § 1587 Abs. 2 Nr. 3 BGB die **zeitratierliche Bestimmung des Ehezeitanteils** gerade nicht davon abhängig, dass auch die Berechnung der Rente sich nach einer Anrechnungszeit bemisst. Die unterschiedliche Regelung beruht auf einer bewussten Entscheidung des Gesetzgebers (BGH, FamRZ 1997, 285, 286; s. Rn. 932 „Betriebliche Altersversorgung: zeitratierliche Methode").

b) Ausnahmen von der zeitratierlichen Berechnungsmethode

Ausnahmen gelten für die **Versicherungsrenten** der Zusatzversorgungen des öffentlichen Dienstes (s. Rn. 256 f.), die nach § 1587c Abs. 2 Nr. 4a oder c BGB als Prozentsatz des Einkommens bei Ehezeitende (0,4 % für jedes volle Ehejahr) berechnet werden (vgl. auch OLG Hamburg, FamRZ

1991, 201; 1994, 1467, das auf § 18 BetrAVG Abs. 2 Nr. 1 (a. F.) verweist und deshalb auch bei andauernder Betriebszugehörigkeit den Ehezeitanteil nach § 1587a Abs. 2 Nr. 3b BGB berechnet), **für Direktversicherungen und Pensionskassen mit versicherungsvertraglicher Unverfallbarkeitsregelung sowie beitragsabhängige betriebliche Altersversorgungen.**

324 Haben Arbeitgeber und Arbeitnehmer im Rahmen einer Direktversicherung (s. o. Rn. 291) vereinbart, dass der Arbeitgeber bei vorzeitigem Ausscheiden des Arbeitnehmers keine weiteren Leistungen zur Aufrechterhaltung der unverfallbaren betrieblichen Rentenanwartschaft mehr zu erbringen, sondern (nur) alle bisher erbrachten Beitragsleistungen zur Verfügung (Fortführung durch eigene Beiträge oder Beitragsfreistellung) zu stellen hat (sog. versicherungsvertragliche Lösung nach § 2 Abs. 2 Satz 2 BetrAVG), bestimmt sich der Wert der Direktversicherung – wie der einer privaten Lebensversicherung – allein nach der Höhe des erlangten (Differenz-)**Deckungskapitals zum Zeitpunkt des Ausscheidens** (§ 1587a Abs. 2 Nr. 5 BGB) und nicht nach dem zeitratierlichen Anteil der auf die normale Altersgrenze hochgerechneten betrieblichen Versorgung (§ 1587a Abs. 2 Nr. 3 BGB; so auch Borth, Versorgungsausgleich in anwaltschaftlicher und familiengerichtlicher Praxis, Rn. 336). Das gilt auch bei einer Absicherung der betrieblichen Altersversorgung durch eine Pensionskasse, bei der regelmäßig für jeden Arbeitnehmer ein individuelles Deckungskapital gebildet wird. Die in der Praxis leider anzutreffenden unterschiedlichen Bewertungsansätze führen zu z. T. nicht unerheblichen Unterschieden (s. dazu Gerhardt/v. Heintschel-Heinegg/Klein/Gutdeutsch, Handbuch des Fachanwalts Familienrecht, VII, Rn. 102 m. w. N. und Ausführungen und Beispiel zur obigen Rn. 306).

Nach § 2 Abs. 5a BetrAVG in der seit dem 1.1.2002 geltenden Fassung ist bei allen **beitragsabhängigen betrieblichen Altersversorgungen**, ob sie auf einer Entgeltumwandlung beruhen oder nicht, der Ehezeitanteil nicht zeitratierlich, sondern nach folgender Formel zu berechnen (vgl. Glockner/Goering, FAmRZ 2002, 282, 284):

Unverfallbare Anwartschaft = zugesagte Leistung aus den in der Ehezeit bis zum Ausscheiden umgewandelten Entgeltbestandteilen bzw. gezahlten Beiträgen

c) Volle Versorgung

325 **Volle Versorgung** als Ausgangsbetrag für die Berechnung des Ehezeitanteils ist in jedem Fall die bei Eintritt des regelmäßigen Altersfalles (im Zweifel nach § 2 Abs. 1 Satz 1 Hs. 2 BetrAVG das 65. Lebensjahr) erreichbare Versorgung einschließlich aller nach der Versorgungsordnung zugesagter jährlicher Leistungen wie Weihnachtsgeld und Treueprämie (OLG Hamm, FamRZ 1998, 628), wobei die sonstigen Umstände ihrer Berechnung auf den Zeitpunkt des Ehezeitendes (bei vorherigem Ausscheiden: auf den Zeitpunkt des Ausscheidens) festgeschrieben werden. Die arbeitsvertragliche Möglichkeit, zu einem früheren Zeitpunkt „in Rente zu gehen", reicht für die Annahme eines festen früheren Rententermins nicht aus.

326 **Gezahlte Invaliditätsrenten**: Wird die betriebliche Versorgung vor Eintritt des normalen Altersfalles bereits in Form einer Invaliditätsrente gezahlt, ist – anders als bei der gesetzlichen Rentenversicherung (vgl. Rn. 186) – wegen des klaren Wortlauts des § 1587a Abs. 2 Nr. 3 BGB stets die gezahlte Rente und nicht eine fiktive Altersrente, auch wenn diese höher sein sollte, der Berechnung des Ehezeitanteiles zugrunde zu legen (OLG Karlsruhe, FamRZ 1999, 921, 922).

327 Das Gesetz differenziert danach, ob die Betriebszugehörigkeit bei Ehezeitende bereits beendet ist (§ 1587a Abs. 2 Nr. 3 Satz 1b BGB) oder aber noch andauert (§ 1587a Abs. 2 Nr. 3a BGB). Nur im letzteren Fall schreibt es die Hochrechnung der am Ende der Ehezeit erworbenen Versorgung auf den Zeitpunkt der festen Altersgrenze unter sonstiger Beibehaltung der Bemessungsgrundlagen zum Ehezeitende vor. Im Falle beendeter Betriebszugehörigkeit regelt es nur die Berechnung des Ehezeitanteils der zum Ende der Ehezeit erworbenen Versorgung. Hier ergibt sich die grundsätzliche Notwendigkeit einer Hochrechnung auf den Zeitpunkt der festen Altersgrenze aus § 2 BetrAVG.

Für die Hochrechnung einer Gesamtversorgung auf die feste Altersgrenze stellt § 2 Abs. 5 BetrAVG zwei Verfahren zur Verfügung: ein steuerrechtlich orientiertes Näherungsverfahren oder – auf Antrag des Arbeitnehmers – eine individuelle Berechnung auf der Grundlage seiner bisherigen Entgeltpunkte und Versicherungsjahre.

d) Dauer der Betriebszugehörigkeit

Maßgeblich für die Höhe des Ehezeitanteils ist weiter die Dauer der Betriebszugehörigkeit.

aa) Regelmäßige Dauer

Die Anwartschaft entsteht normalerweise mit der Erteilung der Versorgungszusage, bei Direktversicherungen und Pensionskassen mit Versicherungsbeginn, jeweils frühestens mit **Beginn der Betriebszugehörigkeit**. Zum Fristbeginn bei kombinierten Versorgungen s. nachfolgend Rn. 333.

Die Betriebszugehörigkeit im Sinne des Versorgungsausgleichsrechts **endet mit dem tatsächlichen Ausscheiden** aus dem Betrieb (§ 1587a Abs. 2 Nr. 3 Nr. 1b BGB; nicht etwa fiktiv mit der Erreichung der normalen Altersgrenze nach der Versorgungsordnung), wenn der Arbeitnehmer **bis zum Schluss der letzten Tatsacheninstanz** (und nicht nur bis zum Ehezeitende) aus dem Betrieb ausgeschieden ist. Lediglich dann, wenn die Betriebszugehörigkeit auch zum Schluss der letzten Tatsacheninstanz noch andauert, ist der Ehezeitanteil nach § 1587a Abs. 2 Nr. 3 1a BGB durch Hochrechnung auf die in der Versorgungsordnung festgelegte regelmäßige Altersgrenze und Quotierung im Verhältnis der in der Ehezeit zurückgelegten Betriebszugehörigkeit zur gesamten Betriebszugehörigkeit bis zur festen Altersgrenze zu ermitteln ist (vgl. BGH, FamRZ 2001, 25, 26 = Rn. 932 „Vorruhestandsbezüge").

bb) Gesetzlich gleichgestellte Unterbrechungszeiten

Bestimmte **Unterbrechungszeiten** werden – ähnlich der gesetzlichen Rentenversicherung – der Betriebszugehörigkeit gesetzlich **gleichgestellt:** vgl. §§ 1-8 ArbPlSchG, §§ 1-6 EignungsübungsG, § 78 ZDG, § 8 SVG, § 10 MuSchG, § 9 ZivilschutzG. Gleichstellungen sehen auch die VBL-Satzung (§ 42 Abs. 2: hier zu 1/2) vor. Probe- und Teilzeitbeschäftigungen werden mitgerechnet.

cc) Vordienstzeiten

Vordienstzeiten, die gesetzlich, satzungsmäßig oder einzelvertraglich der Betriebszugehörigkeit hinzugerechnet werden, können auf die Wartezeit, die Unverfallbarkeitsfrist oder die Leistungshöhe und die Dauer der Gesamtbetriebszugehörigkeit i. S. d. § 1587a Abs. 2 Nr. 3b BGB Auswirkungen haben (vgl. BGH, FamRZ 1985, 263, 265; 1986, 338, 340; 1991, 1417; s. Rn. 932 „Betriebliche Altersversorgung: Vordienstzeiten"). Nur als „gleichgestellte Zeit" verlängern sie die Dauer der Betriebszugehörigkeit und ermäßigen damit tendenziell den Ehezeitanteil der auszugleichenden Versorgung, im Übrigen führen sie lediglich zu einer Erhöhung der Versorgung und damit auch tendenziell des Ehezeitanteils. Welche Bedeutung die Vordienstzeiten im konkreten Einzelfall haben, ist durch Auslegung des Vertrages, der Satzung oder des Zweckes des Gesetzes unter Beachtung der Ziele des Versorgungsausgleichs zu ermitteln. Anhaltspunkt dafür ist, ob die Vordienstzeit nicht nur für den Zeitpunkt und die Höhe der Versorgung, sondern gerade auch für die Dauer der Betriebszugehörigkeit Bedeutung hat (BGH, FamRZ 1986, 338, 340 und die in Rn. 932 zu „gleichgestellten Zeiten" auszugsweise wiedergegebenen Entscheidungen). Missverständlich ist deshalb die verkürzende Formulierung in BGH, FamRZ 1991, 1417, wonach allein auf Auswirkungen auf die Höhe der Versorgung abgestellt wird. Zu Recht hatte der BGH in FamRZ 1986, 338, 340 nämlich eine bloße Erhöhung der Betriebsrentenanwartschaft aus Billigkeitsgründen unter formaler Verwendung der Gestalt der „Vordienstzeit" nicht ausreichen lassen.

dd) Unterschiedliche Zugehörigkeitszeiten bei zusammengesetzten Versorgungen

333 Bei **zusammengesetzten Versorgungen** ist allein die Gesamtdauer der Betriebszugehörigkeit zum Unternehmen für die Berechnung des Ehezeitanteils maßgeblich, z. B. bei kürzerer Zugehörigkeit zu einer Pensionskasse und längerer Zugehörigkeit zum Arbeitgeberunternehmen, das eine weitere Anwartschaft auf eine Firmenrente zugesagt hat (BGH, FamRZ 1997, 166 ff. m. w. N.; s. Rn. 932 „Betriebliche Altersversorgung: Betriebszugehörigkeit"; Glockner, FamRZ 1994, 900, 901; a. A. OLG Düsseldorf, FamRZ 1994, 517, 518). Ob das auch bei mehreren, zeitlich aufeinander folgenden Versorgungsregelungen desselben Betriebes gilt, wenn die Höhe der Versorgung sich allein nach der Geltungsdauer der jeweiligen Versorgungsregelung bestimmt, erscheint fraglich (so aber OLG Köln, FamRZ 1999, 1430, 1431).

7. Dynamik bei betrieblichen Versorgungen

334 Ob eine betriebliche Alters- oder Invaliditätsversorgung als voll-, teildynamisch oder statisch anzusehen ist, ergibt sich aus einem Vergleich ihrer Anpassungsregeln und den tatsächlichen Anpassungen in einem längeren Zeitraum der Vergangenheit, verbunden mit einer Zukunftsprognose mit den Anpassungen der gesetzlichen Rentenversicherung und Beamtenversorgung (vgl. BGH, FamRZ 1983, 40).

335 Auch wenn betriebliche Versorgungen praktisch nie nach den gleichen oder ähnlichen Berechnungsgrundsätzen wie in der gesetzlichen Rentenversicherung oder Beamtenversorgung angepasst werden, gibt es – wegen der gebotenen wirtschaftlichen Betrachtungsweise – volldynamische betriebliche Versorgungen (z. B. beim BVV, BGH, FamRZ 1992, 1051 ff.; Allgäuer Alpenmilch GmbH und Nestlé-Pensionskasse, BGH, FamRZ 1997, 166, 168; s. Rn. 932 „Umrechnung: volldynamische Versorgungen"). Entgegen dem Wortlaut des § 1587a Abs. 4 BGB, der für alle deckungskapitalbezogenen betrieblichen Versorgungen eine Umrechnung mit Hilfe der amtlichen Umrechnungsgrößen (allerdings nicht mehr mit Hilfe der BarwertVO) vorzuschreiben scheint, erübrigt sich bei solchen im Anwartschafts- und Leistungsstadium volldynamischen Versorgungen eine Umrechnung (BGH, a. a. O.). Hier sind die nominellen Ehezeitanteile in die Ausgleichsbilanz aufzunehmen.

336 Das ist auch der Fall bei den **Versorgungsrenten** (nicht: Mindestversorgungsrenten) der Zusatzversorgungen des öffentlichen Dienstes, soweit es diese nach der Reform des Rechtes der öffentlich Zusatzversorgung noch gibt (vgl. Rn. 258 ff.). Letztere unterliegen dem Versorgungsausgleich allerdings nur, wenn und soweit sie **unverfallbar** geworden sind.

8. Betriebliche Gesamtversorgungen

a) Limitierungssysteme und Anrechnungsmodelle

337 Hauptsächlich geht es dabei um betriebliche Versorgungszusagen, die dem Arbeitnehmer beim Ausscheiden einen bestimmten Prozentsatz seines letzten Einkommens garantieren. Das kann dadurch geschehen, dass der Arbeitgeber die Differenz zwischen gesetzlicher Rente bzw. sonstigen anrechenbaren Leistungen und garantierter – teilweise durch Höchstbeträge limitierter – (Gesamt-)Versorgung als Betriebsrente zusagt (vgl. nachfolgende Rn. 340 Beispiel 1) oder dadurch, dass auf die zugesagte betriebliche Versorgung die gesetzliche Rente bzw. sonstige anrechenbare Leistungen angerechnet werden (Anrechnungsmodell, vgl. Rn. 340 Beispiel 3).

338 *Hinweis:*

Aber Achtung: Nicht alles, was wie eine Gesamtversorgung aussieht, ist auch eine solche (Rn. 340 Beispiel 2). Dass der Streit um die richtige Berechnung der Ehezeitanteile bei (limitierten) Gesamtversorgungen dazu führen kann, dass eine solche gar nicht mehr erkannt wird,

> *zeigt KG, FamRZ 1993, 570, 571 (s. Rn. 932 „Betriebliche Altersversorgung: Ehezeitanteil")
> für den Fall einer bei Ehezeitende bereits beendeten Betriebzugehörigkeit, aber auch der
> Berechnungsvorschlag von Gutdeutsch, FamRZ 1995, 1272 in Abweichung von BGH, FamRZ
> 1995, 88 ff., s. Rn. 932 „Betriebliche Altersversorgung: Ehezeitanteil bei limitierter Gesamt-
> versorgung" und „Umrechnung: nicht dynamische Versorgungen").*

339 Nach § 5 Abs. 2 BetrAVG dürfen Renten aus der gesetzlichen Rentenversicherung allerdings nur insoweit angerechnet werden, als sie auf Pflichtbeiträgen beruhen oder mindestens zur Hälfte durch Beiträge des Arbeitgebers finanziert worden sind. Gleiches gilt für die Anrechnung von Versorgungsleistungen aus Lebensversicherungsverträgen (vgl. z. B. BGH, FamRZ 1998, 420, 421 für den „Essener Verband").

340 Die Art und Weise der Anrechnung wird von Versorgungsordnung zu Versorgungsordnung unterschiedlich geregelt. In der Praxis kommen sowohl volle als auch Teilanrechnungen vor, letztere etwa in der Weise, dass die anzurechnende gesetzliche Rente (nur) zur Hälfte oder mit dem Teilbetrag anzurechnen sein soll, der dem Verhältnis der Gesamtversicherungszeit in der gesetzlichen Rentenversicherung zur Gesamtbetriebszugehörigkeit entspricht.

Beispiel 1 (limitierte Gesamtversorgung):

Versorgungszusage = 30 % des letzten Einkommens; die Summe aus betrieblicher Altersversorgung und gesetzlicher Rentenversicherung darf 60 % des letzten Einkommens nicht übersteigen:

30 % des letzten Einkommens = 600 €

Gesetzliche Rente im Versorgungsfall = 750 €

60 % des letzten Einkommens = 1 200 €

Die Summe aus betrieblicher Altersversorgung und gesetzlicher Rente (600 € + 750 € = 1. 350 €) übersteigt den Höchstbetrag um 150 €, so dass die betriebliche Versorgung um 150 € zu kürzen ist. Der auszugleichende Betrag ist 450 €.

Beispiel 2 (Limitierung ohne Gesamtversorgung):

Nach der Versorgungsordnung soll nur die Hälfte der gesetzlichen Rente auf die zugesagte betriebliche Versorgung anzurechnen sein, Höchstbetrag und zugesagte Betriebsrente wie vor.

Das führt zu folgender Rechnung: 600 € + (750 € : 2 =) 375 €= 975 €

und zum Ergebnis, dass hier gar keine echte Gesamtversorgung vorliegt, weil die Summe aus betrieblicher Versorgung und gesetzlicher Rente den Grenzbetrag nicht übersteigt.

Beispiel 3 (Anrechnungsmodell):

Gesamtzusage = 75 % des letzten Einkommens unter Anrechnung der Renten aus der gesetzlichen Rentenversicherung:

75 % des letzten Einkommens = 1 500 €

gesetzliche Rente im Versorgungsfall = 750 €

Betriebliche Altersversorgung im Versorgungsfall also 750 €

341 Probleme bei der Feststellung, ob es sich bei einer betrieblichen Höchstbetragsregelung um eine Gesamtversorgung handelt oder nicht, ob die zugesagte betriebliche Versorgung also wegen der Höhe der anzurechnenden Versorgungen gekürzt werden muss oder nicht, ergeben sich in der Praxis daraus, dass zu dem für den Versorgungsausgleich maßgeblichen Zeitpunkt des Eheendes zumindest bei noch andauernder Betriebszugehörigkeit eine exakte Berechnung nicht möglich ist.

Denn zu diesem Zeitpunkt ist der Ehezeitanteil der anzurechnenden gesetzlichen Rentenanwartschaft wegen der Unsicherheit der künftigen Einkommensentwicklung des Arbeitnehmers und der künftigen Rentenanpassungen nur fiktiv zu ermitteln. Dafür stehen unterschiedliche, in ihren Ergebnissen leider regelmäßig voneinander abweichende Berechnungsmethoden zur Verfügung: die von Rentenberatern und Betriebsrentenrechtlern bevorzugte – jetzt auch in § 18 BetrAVG n. F. gesetzlich ausdrücklich vorgeschriebene – **Hochrechnungsmethode** (die bei zum Eheende schon beendeter Betriebszugehörigkeit allerdings auch vom BGH angewandt wird) und die bisher vom BGH bevorzugte sog. **VBL-Methode** (unter Einschluss betriebsrentenrechtlicher Elemente, vgl. Gutdeutsch, FamRZ 1995, 1272).

b) Ermittlung des Ehezeitanteils

342 Bis zur Entscheidung des BGH vom 25.9.1991 (FamRZ 1991, 1416, 1418 ff.) war umstritten, wie der Ehezeitanteil einer vom Betrieb im Versorgungsfall zu leistenden Rente bei einer Gesamtversorgung richtig zu berechnen ist. Ausdrückliche gesetzliche Bestimmungen wie in § 1587a Abs. 6 BGB für die Ruhensregelungen der Beamtenversorgung fehlen. Grds. stehen zwei Wege zur Verfügung, die sog. Hochrechnungs- und die sog. VBL-Methode:

- Bei der **Hochrechnungs- oder betriebsrentenrechtlichen Berechnungsmethode** nach dem Näherungsverfahren (vgl. Trey, NJW 1978, 307 f.; Ruland/Tiemann, Versorgungsausgleich und steuerliche Folgen der Ehescheidung, Rn. 326 f.), die sich schon immer auf §2 Abs. 1 BetrAVG gestützt hat und jetzt auch auf § 18 BetrAVG gestützt wird, wird die auf die betrieblich zugesagte Gesamtversorgung anzurechnende Versorgung auf den normalen Altersfall hochgerechnet und von der – ebenfalls hochgerechneten – vollen Gesamtversorgung abgezogen. Von dieser Differenz wird im Wege der Zeit-Zeit-Berechnung der Ehezeitanteil gebildet. Das Hauptargument der Vertreter dieser Meinung ist die Auffassung, dass der Ehezeitanteil im Versorgungsausgleich und das unverfallbare Anrecht nach Betriebsrentenrecht identisch sein müssten. Nur dadurch werde eine materielle Halbteilung gewährleistet. Anderenfalls werde entweder mehr oder weniger als in der Realität vorhanden, ausgeglichen. Das erfordert folgende Rechenschritte:

1. Schritt: Gesamtversorgung auf 65. Lebensjahre hochrechnen
2. Schritt: Gesetzliche Rente/Pension auf 65. Lebensjahre hochrechnen (Problem: wie?)
3. Schritt: Differenz der beiden Werte = volle Versorgung
4. Schritt: Volle Versorgung multiplizieren mit dem nachfolgenden Wert

> *Hinweis:*
>
> $\dfrac{\textit{Betriebszugehörigkeit während der Ehezeit in Monaten}}{\textit{Gesamtbetriebszugehörigkeit in Monaten}}$ = *Ehezeitanteil der auszugleichenden Betriebsrente*

- Bei der **VBL-Methode,** die nach der bisherigen Meinung des BGH der allein richtige Weg zu einer verfassungsgemäßen Halbteilung ehezeitlich erworbenen Versorgungsvermögens ist, wird zunächst der Ehezeitanteil der vollen, d. h. auf den regelmäßigen Altersfall hochgerechneten, Gesamtversorgung ermittelt. Davon wird der Ehezeitanteil der anrechenbaren Versorgung abgezogen (BGH, FamRZ 1985, 363; 797). Das führt im gleichen Fall zu folgenden Rechenschritten:

1. Schritt: Gesamtversorgung auf 65. Lebensjahre hochrechnen
2. Schritt: Gesamtversorgung multiplizieren mit dem nachfolgenden Wert

C. VI. Betriebliche Versorgungen

> **Hinweis:**
>
> $$\frac{\text{Betriebszugehörigkeit während der Ehezeit in Monaten}}{\text{Gesamtbetriebszugehörigkeit in Monaten}} = \text{Ehezeitanteil der auszugleichenden Gesamtversorgung}$$

3. Schritt: Differenz von Ehezeitanteil der Gesamtversorgung und Ehezeitanteil der gesetzlichen Rente/Pension = Ehezeitanteil der Betriebsrente

Der BGH hat sich für die grds. Anwendung der VBL-Methode in allen Fällen ausgesprochen, in denen die Versorgungssatzungen keine andere Berechnungsweise zwingend vorschreiben (BGH, FamRZ 1991, 1416, 1418 ff. m. w. N.) und dieses damit begründet, dass nur diese Methode die anrechenbaren und ebenfalls im Versorgungsausgleich auszugleichenden gesetzlichen Renten richtig bewerte. Er sieht bei Anwendung der Hochrechnungsmethode nach § 2 Abs. 1 BetrAVG das Gebot materieller Halbteilung verletzt, weil damit entweder zuviel oder zuwenig ausgeglichen werde. 343

Auch der BGH berücksichtigt die Kritik an einer schlichten Übernahme der VBL-Methode aus dem Bereich der Zusatzversorgungen des öffentlichen Dienstes auf den Bereich privater betrieblicher Gesamtversorgungen (vgl. Glockner, FamRZ 1989, 802, 803; MüKo/Rühmann, BGB, § 1587a Rn. 348) und modifiziert die Berechnung in den Fällen, in denen die Zeiten der Betriebszugehörigkeit einschließlich gleichgestellter Zeiten nicht identisch sind mit den Zeiten, in denen die auf die betriebliche Gesamtversorgung anzurechnenden Versorgungen erworben wurden. In diesen Fällen hält er einen **Abzug vorbetrieblicher gesetzlicher Rentenanwartschaften/Pensionen** in dem Verhältnis für angemessen, in dem die Betriebszugehörigkeit während der Ehe zur Gesamtbetriebszugehörigkeit steht, so dass sich folgende Rechenschritte als notwendig erweisen (nach OLG München, FamRZ 1991, 338, 340): 344

1. Schritt: wie vorstehend
2. Schritt: Gesamtversorgung um anzurechnende vorbetriebliche Rente/Pension vermindern
3. Schritt: Differenz multiplizieren mit

> **Hinweis:**
>
> $$\frac{\text{Betriebszugehörigkeit während der Ehezeit in Monaten}}{\text{Gesamtbetriebszugehörigkeit in Monaten}} = \text{Ehezeitanteil der auszugleichenden Gesamtversorgung}$$

4. Schritt: wie vorstehend Schritt 3

Zum gleichen rechnerischen Ergebnis kommt der BGH (FamRZ 1991, 1416, 1420; 1995, 88, 90), der die Quotierung im Verhältnis der ehezeitlichen zur gesamtmöglichen Betriebszugehörigkeit nicht erst im 3. Schritt, sondern getrennt für hochgerechnete Gesamtversorgung und anzurechnende vorbetriebliche Versorgungen in einem 2. und 3. Schritt vornimmt und im 4. Schritt dann die Differenz aus ehezeitlicher Gesamtversorgung und anzurechnenden Ehezeitanteilen der vorbetrieblich und während der Betriebszugehörigkeit erworbenen Versorgungen bildet. 345

Die Meinung, nur die betriebsrentenrechtliche Hochrechnungsmethode führe in den meisten Fällen zu angemessenen Ergebnissen, ist zwar nicht verstummt (vgl. MüKo/Rühmann, BGB, § 1587 Rn. 348), hat sich aber in der Rechtsprechung – jedenfalls für die Fälle von bei Ehezeitende noch andauernder Betriebszugehörigkeit – bisher nicht durchsetzen können. Man wird dem BGH auch darin zustimmen müssen, dass die **Hochrechnungsmethode** bei anhaltender Betriebszugehörigkeit insoweit zu willkürlichen Ergebnissen führt, als der Maßstab der Hochrechnung für die anzurech- 346 nende gesetzliche Rente i. d. R. nicht klar ist und die jetzigen Annahmen von der späteren Wirklichkeit überholt werden können. Allerdings ist dieses auch bei der vom BGH angewandten Methode der Fall. Es stimmt auch, dass sich bei Anwendung der betriebsrentenrechtlichen Hochrechnungsmethode regelmäßig unterschiedliche Werte für die im Versorgungsausgleich auszugleichende gesetzliche Rentenanwartschaft einerseits und den Ehezeitanteil der auf die Betriebsrente anzurechnenden gleichen Anwartschaft andererseits ergeben. Ob die Annahme des BGH allerdings richtig ist, die Ehezeitanteile der gesetzlichen Rente müssten sowohl beim Ausgleich wie bei der Anrechnung identisch sein – alles andere wäre ein Widerspruch zum Halbteilungsgebot – erscheint zweifelhaft angesichts der Tatsache, dass bei der Hochrechnungsmethode – anders als nach der Rechtsprechung des BGH – das auszugleichende Betriebsrentenanrecht und der unverfallbare Anteil nach Betriebsrentenrecht übereinstimmen. Auch der BGH betont schließlich immer wieder, dass in den Versorgungsausgleich nicht nur die dem Grunde, sondern auch nur die der Höhe nach unverfallbaren Anrechte ausgeglichen werden dürfen.

347 Für den Fall, dass die Betriebszugehörigkeit zum Ende der Ehezeit bereits beendet war, spricht vieles dafür, dass hier die **Hochrechnungsmethode** zumindest der praktikablere Weg ist, weil man ansonsten nicht nur vorbetriebliche, sondern auch nach dem Ende der Ehezeit liegende Anteile einer ansonsten keiner bestimmten Phase der Betriebszugehörigkeit zuzuordnenden anrechenbaren Versorgung ermitteln und als Abzugsposten behandeln müsste (so KG, FamRZ 1993, 570, 571, s. Rn. 932 „Betriebliche Altersversorgung: Ehezeitanteil" mit konkretem Rechenbeispiel).

348 Man könnte den Streit um die richtige Rechenmethode bei der Berechnung des Ehezeitanteils von Gesamtversorgungen ruhiger betrachten, wenn gem. § 10a VAHRG die Möglichkeit einer Abänderung in den Fällen bestünde, in denen sich herausstellt, dass die am Ende der Ehezeit vorgenommene Bewertung nicht mit der im Altersfall tatsächlich gezahlten – und dann nach §§ 2 ff. BetrAVG berechneten – Versorgung übereinstimmt. Leider sieht der BGH seine Berechnungsmethode erkennbar nicht als vorläufige und bei besserer Erkenntnis später korrigierbare Näherungsmethode an, sondern als die dem § 1587a Abs. 2 Nr. 3 BGB allein entsprechende Bewertungsmethode mit der Folge, dass später erkennbare Abweichungen (zumindest für sich genommen) keine wesentliche Änderung i. S. d. § 10a Abs. 1 VAHRG sein können. Eine Änderung seiner Rechtsprechung insoweit wäre wünschenswert.

349 Die Kompliziertheit und Anfechtbarkeit der vom BGH propagierten modifizierten VBL-Methode sei dargestellt an folgendem (in Anlehnung an BGH, FamRZ 1991, 1416, 1418, s. Rn. 932 „Betriebliche Altersversorgung: Ehezeitanteil bei limitierter Gesamtversorgung"; BGH, FamRZ 1995, 88 ff.; vgl. auch OLG Zweibrücken, FamRZ 1999, 928, 929 und die dort vorgenommene Überprüfung der Limitierungsklausel), der besseren Verständlichkeit wegen mit runden, gegriffenen Zahlen arbeitendem Beispiel:

Beispiel 4:

Ehezeit 1. 1. 1975 bis 28. 2. 1989; Gesamtversorgungszeit bis zur Altersgrenze 1. 1. 1977 bis 30. 6. 2020; auf die zugesagte Betriebsrente von hier 1 400 € sollen alle gesetzlichen Rentenanwartschaften des Arbeitnehmers zur Hälfte angerechnet werden; die Summe von gesetzlicher Rente und Betriebsrente darf einen festgelegten Höchstbetrag von 1 550 € nicht überschreiten.

Vorbetrieblich erworben haben soll der Arbeitnehmer 125 € an Rente; außerdem soll er sich 345 € an ehezeitlicher Rente anrechnen lassen müssen.

1. Überlegung: Handelt es sich überhaupt um eine echte Gesamtversorgung?

Das ist nur der Fall, wenn die Summe aus betrieblichem Ruhegeld und anzurechnender Rente und Pension die Höchstgrenze von 1 550 € überschreitet. Ist dieses nicht der Fall, liegt keine Gesamtversorgung vor, sondern sind betriebliche Versorgung, Rente und Pension jeweils für sich auszugleichen.

- **Hochrechnungsmethode:**

Auf das 65. Lebensjahr hochgerechnete betriebliche Versorgung =	1 389 €
abzüglich 1/2 der auf das 65. Lebensjahr hochgerechneten	
gesetzlichen Rente =	600 €
(bei Hochrechnung der zum Ehezeitende erreichten Entgeltpunkte)	
max. Betriebsrente danach	789 €
Summe aus gesetzlicher Rente und Betriebsrente	
(789 € + 1 200 € =)	1 989 €
übersteigt den Höchstbetrag um (1 989 € – 1 550 € =)	439 €

Es handelt sich danach um eine Gesamtversorgung.

- **VBL-Methode** nach Meinung des BGH:

Auf das 65. Lebensjahr hochgerechnete betriebliche Versorgung =	1 389 €
der Ehezeitanteil davon (146/510) beträgt rd.	397,50 €
Abzüglich 1/2 der insgesamt erworbenen gesetzlichen Rente (470 € : 2 =)	235 €
führt zu einer max. Betriebsrente von	162,50 €
Summe des Ehezeitanteils der Betriebsrente und gesetzlichen Rente	
(397,50 € + 162,50 =)	560 €
übersteigt den ehezeitlichen Höchstbetrag von (1 550 € x 146/510 =) knapp	444 €
um	116 €

Auch nach dieser Methode liegt also eine Gesamtversorgung vor.

Aber Achtung: Auszugleichendes betriebliches Anrecht nach der Rechtsprechung des BGH ist nicht die um den Kürzungsbetrag von 116 € gekürzte max. Betriebsrente von (162,50 – 116 =) 46,50 € sondern:

2. Ermittlung des Ehezeitanteils der vollen Gesamtversorgung (hochgerechnet auf das 65. Lebensjahr):

Zugesagt sind	1 400 €
Vermindert um Kürzungsbetrag von 444 € =	956 €
Verminderung um anzurechnende vorbetriebliche Anwartschaften von (125 € : 2 =)	62,50 €
Führt zu einer vollen Gesamtversorgung von	893,50 €

3. Ehezeitanteil der zugesagten Gesamtversorgung:

$\frac{146\ Monate}{510\ Monate}$ = 28,63 % von 893,50 € = rd.	255,80 €

4. Verminderung um anzurechnende ehezeitliche Anwartschaften:

1/2 Ehezeitanteil = 345 € : 2 =	172,50 €
Ergibt eine auszugleichende betriebliche Anwartschaft im Rahmen des Versorgungsausgleich von: 255,80 € – 172,50 € =	83,30 €

Gutdeutsch (FamRZ 1995, 1272) kritisiert, dass der BGH in seiner Entscheidung vom 5.10.1994 (FamRZ 1995, 88) bei der Untersuchung der Frage, ob die Höchstbetragsbegrenzung im konkreten Einzelfall überschritten wird, statt der von ihm propagierten **VBL-Methode** im Anschluss an das OLG München die Betriebsrentenmethode angewandt habe. Er schlägt insgesamt neun Berechnungsschritte vor und hält eine selbständige Prüfung, ob die Höchstgrenze eingreift, daneben nicht für erforderlich. Würde man mit ihm in vorstehendem Beispielsfall die limitierte Gesamtversorgung ermitteln, käme man zum Ergebnis, dass eine Überschreitung des Höchstbetrages und damit eine echte Gesamtversorgung (noch) nicht vorliegen. Soweit Gutdeutsch in seiner Berechnung zu

350

einem anderen Ergebnis kommt, liegt das allein daran, dass er in seinem 8. Berechnungsschritt (= 4. zur limitierten Gesamtversorgung) zu Unrecht die volle ehezeitliche Anwartschaft in der gesetzlichen Rentenversicherung anrechnet und nicht nur – wie nach der Versorgungsordnung vorgesehen – die Hälfte davon.

351 Diese Berechnungsweise führt auch dann zu plausiblen Ehezeitanteilen von Gesamtversorgungen, wenn die vorbetrieblichen Zeiten der anzurechnenden Versorgungen außerhalb der Ehezeit liegen. In diesen Fällen profitiert der andere Ehegatte zwar nicht von den anzurechnenden Versorgungen und wird zum anderen durch die Anrechnung auf die Gesamtversorgung benachteiligt. Das ist aber nicht ungerecht, weil der Ehegatte mit der Gesamtversorgung diese auch mit ihrem auf die Ehezeit entfallenden Anteil eben nicht voll, sondern nur gekürzt erhält und für die Zwecke des Versorgungsausgleichs keine Kürzung um die vollen vorbetrieblichen Anwartschaften, sondern nur um deren ehezeitlichen Anteil erfolgt.

VII. Berufsständige Altersversorgungen

352 Unter berufsständigen Versorgungseinrichtungen werden vor allem die **Versorgungswerke der kammerfähigen freien Berufe** (Ärzte, Zahnärzte, Apotheker, Rechtsanwälte, Notare, Architekten usw., s. o. Rn. 236 ff.), die **Altershilfe für Landwirte** nach dem Gesetz über die Alterssicherung der Landwirte (GAL), aber – in einem weiteren Sinne – auch die (betrieblichen) Zusatzversorgungen der **Redakteure, Bankangestellten, Orchestermitglieder u. a.** verstanden (vgl. Rn. 236 ff., 253, 283, 407 f.).

353 Mit Ausnahme der auf Tarifverträgen beruhenden privatrechtlich organisierten Zusatzversorgungseinrichtungen der Redakteure (Versorgungswerk der Presse GmbH) und der Bankangestellten (Beamtenversicherungsverein, BVV, Einzelheiten s. Rn. 407 f.) sind die berufsständigen Versorgungswerke und die Altershilfe für Landwirte nach dem Gesetz über die Alterssicherung der Landwirte (GAL) öffentlich-rechtlich organisiert (insoweit wird auf Rn. 236 und die dortigen Ausführungen zu den sonstigen öffentlich-rechtlichen Versorgungen verwiesen).

354 Bei den Zusatzversorgungen der Redakteure und Bankangestellten handelt es sich um betriebliche Altersversorgungen i. S. d. § 1587a Abs. 2 Nr. 3 BGB (vgl. Rn. 420 ff.) mit der Folge, dass sie dem Versorgungsausgleich nur unterliegen, wenn und soweit die Versorgungsaussicht bereits unverfallbar (vgl. Rn. 312 f.) ist.

VIII. Lebensversicherungen

1. Kreis der auszugleichenden Versorgungen

a) Abgrenzung vom Zugewinnausgleich

355 Zu den nach §§ 1587 Abs. 1, 1587a Abs. 2 BGB im Wege des Versorgungsausgleichs auszugleichenden Versorgungen gehören auch Renten oder Rentenanwartschaften aufgrund eines privaten Versicherungsvertrags, der zur Versorgung des Versicherten eingegangen wurde (§ 1587a Abs. 2 Nr. 5 BGB). Derartige Versicherungsverträge wurden auch schon nach dem bis zum 30. 6. 1977 geltenden Recht bei der Scheidung zwischen den Parteien ausgeglichen, und zwar zusammen mit anderen Vermögenswerten im Rahmen des Zugewinnausgleichs. Aus § 1587 Abs. 3 BGB folgt nicht, dass jetzt ein Ausgleich nach Zugewinnregeln überhaupt nicht mehr möglich ist, sondern nur, dass Zugewinnausgleichsregeln nur noch gelten, soweit kein Ausgleich im Rahmen des Versorgungsausgleichs erfolgt. Es ist denkbar, dass ein Teil der Anwartschaften aus privaten Lebensversicherungsverträgen im Wege des Zugewinn-, ein anderer im Wege des Versorgungsausgleichs auseinander zu setzen ist. Hauptunterschied zwischen den beiden Ausgleichswegen ist, dass der Zugewinnausgleich voll der Disposition der Parteien unterliegt, während der Versorgungsausgleich von Amts wegen grds. öffentlich-rechtlich erfolgt. Hinsichtlich der auch hier möglichen begrenzten Parteiautonomie s. Rn. 625 f.

b) Leibrentenversicherungen

Nach dem Grundgedanken des Versorgungsausgleichs, wonach nur laufende Renten und keine einmaligen Kapitalleistungen gegeneinander aufzurechnen und auszugleichen sind, unterliegen nicht alle privaten Versicherungsverträge dem Versorgungsausgleich, sondern nur die, die auf Zahlung wiederkehrender Versorgungsbeträge gerichtet sind. Das ist nur der Fall bei den sog. sofort beginnenden **Leibrenten- oder den aufgeschobenen Leibrentenversicherungen,** die erst ab einem künftigen Zeitpunkt fällig werden, und zwar unabhängig davon, ob die Renten auf eine bestimmte oder unbestimmte Zeit gezahlt werden sollen (vgl. MüKo/Glockner, BGB, § 1587a Rn. 422 ff.). 356

c) Ausschluss von Kapitalversicherungen

Zum Argumentationsstand für den Ausschluss von **Kapitalleistungen trotz eindeutigen Versorgungscharakters** aus dem Versorgungsausgleich und zur Rechtslage bei Lebensversicherungsverträgen mit Rentenoption s. BGH, FamRZ 1984, 156 ff.; s. Rn. 932 „Kapitallebensversicherung"; FamRZ 2003, 153; OLG Bamberg, FamRZ 2001, 997, 998; OLG Stuttgart, FamRZ 2001, 998, 999 und o. Rn. 156. 357

d) Unwiderrufliche Bezugsberechtigung

Normalerweise ist Bezugsberechtigter einer privaten Lebensversicherung der Versicherte und Versicherungsnehmer. Letzterer kann jedoch eine andere Person (z. B. den Ehegatten oder das Kind) zum Bezugsberechtigten einsetzen. Für den Versicherten/Versicherungsnehmer selbst verliert die private Lebensversicherung jeglichen Vermögenswert, wenn die **Bezugsberechtigung eines Dritten unwiderruflich** gestellt wird. Dann ist sie auch im Versorgungsausgleich nicht mehr für ihn, möglicherweise aber für den Ehegatten als Versorgungswert in der Ausgleichsbilanz zu berücksichtigen (so auch Soergel/Winter, BGB, § 1587a Rn. 250; MüKo/Glockner, BGB, § 1587a Rn. 430). 358

e) Leistungen aus Risikolebensversicherungen

Auch **Risikolebensversicherungen,** für die anders als bei den Kapital- und Leibrentenversicherungen (zunächst) kein individuelles Deckungskapital gebildet wird, unterliegen dann grds. dem Versorgungsausgleich, wenn sie der Absicherung einer vorzeitigen Berufs- oder Erwerbsunfähigkeit der eigenen Person oder bei Eintritt des Todes der versicherten Person der Versorgung eines Dritten (unwiderruflich Bezugsberechtigten) dienen. Das gilt unabhängig davon, ob es sich um selbständige oder Zusatzversorgungen zu Kapitallebensversicherungen (z. B. Berufsunfähigkeitszusatzversicherung – BUZ) handelt. 359

Leistungen aus derartigen Verträgen haben keinen reinen Entschädigungscharakter wie z. B. Unfallrenten aus der gesetzlichen Unfallversicherung (OLG Karlsruhe, FamRZ 1996, 1554, 1555), wenn sich die zugesagten Leistungen nicht in der Freistellung von laufenden Beiträgen zur Hauptversicherung erschöpfen. Sie sind deshalb mit ihrem Ehezeitanteil zu ermitteln, zu bewerten und in die Ausgleichsbilanz einzustellen. 360

Anders ist das mit **Anwartschaften oder Aussichten** auf derartige Leistungen. Hier wird mit jeder Prämienzahlung nur der Versicherungsschutz für den laufenden Monat aufrechterhalten, aber kein Versorgungskapital gebildet. Ist bis zum Ehezeitende der Versorgungsfall noch nicht eingetreten, ist ein ausgleichsfähiger Vermögenswert auch bei fortdauernder Prämienzahlungspflicht ebenso wenig entstanden, als wenn die Prämienzahlungen nach Ablauf der Beitragszahlungsperiode eingestellt worden wären (BGH, FamRZ 1986, 564; 1344). Die bisher gezahlten Beiträge begründen nämlich keinen Anspruch auf Versicherungsleistungen. 361

Ausnahmsweise unterliegen auch die bloßen Aussichten auf Risikoabsicherung im Rahmen einer Berufsunfähigkeitszusatzversicherung dem Versorgungsausgleich, wenn nämlich die auszugleichende Versorgung eine **Realteilung** vorsieht. Dann kann für den Ausgleichsberechtigten eine Leibrente mit Versicherungsschutz für den Fall der Berufsunfähigkeit begründet werden, wenn die 362 erforderliche Risikoprüfung keine Unversicherbarkeit des ausgleichsberechtigten Ehegatten hinsichtlich des Risikos der Berufsunfähigkeit ergibt oder dieser den entsprechenden Versicherungsschutz nicht ablehnt, um auf diese Weise eine höhere Leibrente zu erhalten. Der zur Begründung dieser Versicherung erforderliche Einmalbeitrag ist dem für die Hauptversicherung angesammelten Deckungskapital zu entnehmen (BGH, FamRZ 1994, 559, 560).

2. Berechnung des Ehezeitanteils

363 Auch für private Rentenversicherungsverträge ist der Ausgleich auf die in der Ehezeit erworbenen Anwartschaften begrenzt, vor- und nacheheliche Aufwendungen bleiben unberücksichtigt und müssen ggf. aus den aktuellen Vermögensständen herausgerechnet werden. Neben den eingezahlten Prämien wird der Vermögenswert einer privaten Lebensversicherung vor allem durch die geschäftsplanmäßigen Zinsen von 3 % und ggf. Überschussanteile aufgrund höherer Unternehmensgewinne einerseits sowie die Verwaltungs-, Storno- und Risikokosten des Unternehmens andererseits bestimmt. Das Gesetz unterscheidet deshalb primär danach, ob für die Versicherung auch nach Ehezeitende noch eine Prämienzahlungspflicht fortbesteht (§ 1587a Abs. 2 Nr. 5a BGB) oder ob die Prämienzahlungspflicht bei Ehezeitende bereits beendet ist (§ 1587a Abs. 2 Nr. 5b BGB). Im Einzelnen sind zur Ermittlung einigermaßen zutreffender Ergebnisse (im Sinne materieller Halbteilung) eine ganze Reihe von Umrechnungen und Fiktionen erforderlich, die mit dem sog. Rückkaufswert einer Versicherung bei Ehezeitende wenig zu tun haben, die aber von den Lebensversicherern, wie das Fehlen korrigierender gerichtlicher Entscheidung anzeigt, zuverlässig erstellt werden.

a) Fortbestehende Prämienzahlungspflicht

364 Bei fortbestehender Prämienzahlungspflicht ist die auszugleichende private Rentenversicherung fiktiv in eine **prämienfreie Versicherung** umzuwandeln, d. h. eine Rente aus dem bis zum Ehezeitende erwirtschafteten (bzw. bei Risikoversicherungen im Leistungsfall gebildeten) Deckungskapital zu ermitteln. In der Literatur war umstritten, ob bei der Ermittlung des ehezeitlichen Deckungskapitals alle nach dem von der Aufsichtsbehörde genehmigten Geschäftsplan für das Versicherungsunternehmen möglichen Abzüge für Abschluss-, Verwaltungs-, Risiko- und Stornokosten zulässig sind (so MüKo/Maier, BGB, § 1587a Rn. 255) oder nicht (jetzt fast einhellige Meinung), weil sie in Wirklichkeit teilweise gar nicht anfallen, sondern die Versicherung fortbesteht (vgl. MüKo/Glockner, BGB, § 1587a Rn. 434). Der BGH hat entschieden, dass alle nach dem Geschäftsplan möglichen Abzüge bis auf den Stornoabzug (§ 174 Abs. 4 VVG) auch für die Ermittlung einer fiktiven prämienfreien Leibrentenversicherung maßgeblich sind (BGH, FamRZ 1986, 344, 345). Gleichzeitig hat er klargestellt, dass es für die Umwandlung in eine prämienfreie Versicherung nicht darauf ankommen kann, ob deren geschäftsplanmäßigen Fristen oder sonstigen Voraussetzungen eingehalten sind oder nicht. Das entspricht der Regel des § 1587a Abs. 7 BGB, wonach für die Zwecke der Bewertung nach der Versorgungsordnung maßgebliche Mindestversicherungszeiten ohne Bedeutung sind.

365 **Voreheliche Prämien und Vermögenszuwächse** werden in gleicher Weise wie **nacheheliche** aus dem aktuellen Versicherungswert herausgerechnet. Man bildet auch hier fiktiv eine prämienfreie Versicherung zum Monatsende vor der Heirat und kürzt das bis zum Ehezeitende errechnete hypothetische Deckungskapital um diesen Betrag. Maßgeblicher Rentenwert für den Versorgungsausgleich ist die Rente, die sich nach dem Geschäftsplan ergäbe, wenn das errechnete (Differenz-)Deckungskapital als Einmalbeitrag eingezahlt worden und der Versicherungsfall mit dem Ehezeitende eingetreten wäre. Das ist auch der (zuletzt genannte) Wert, den die Lebensversicherer auf dem amtlichen Auskunftsformular mitteilen.

b) Beendete Prämienzahlungspflicht

366 Hat die **Prämienzahlungspflicht vor Ehezeitende geendet**, bedarf es keiner fiktiven Umwandlung in eine prämienfreie Rente, vielmehr ist das gesamte – ggf. nur um voreheliche Anteile

gekürzte – (Differenz-)Deckungskapital Maßstab für die Ermittlung der in den Versorgungsausgleich einzustellenden Rente. Dieses ist wieder fiktiv als Einmalbeitrag einzuzahlen und die bei Annahme des Versicherungsfalles am Ehezeitende fällige Rente zu ermitteln.

c) Bereits eingetretener Versicherungsfall

Bezieht der Versicherte schon eine Rente aus einer privaten Lebensversicherung, ist also der **Versicherungsfall bei Ehezeitende tatsächlich eingetreten,** z. B. weil es sich um eine BUZ handelt, muss die Rente errechnet werden, die aus einem in der Ehezeit gebildeten Deckungskapital fließen würde, wenn nach Ehezeitende keine Zahlungen mehr erfolgt wären. Das fiktive (Differenz-)Deckungskapital bei Eintritt des Versorgungsfalles ermäßigt sich danach einerseits um die Rentenzahlungen zwischen Eintritt des Versicherungsfalles und Ehezeitende, erhöht sich aber auch noch um Zinsen und Überschussanteile. Eingezahlt als Einmalbeitrag und fällig bei Ehezeitende, ergibt es den für den Versorgungsausgleich bestimmenden Wert. 367

Bei **gezahlten Risikorenten** wie den Leistungen aus einer BUZ kommen ausnahmsweise nicht das nach dem Geschäftsplan gebildete Deckungskapital und eine Kürzung wegen vorehelicher Prämienzahlungen in Betracht. Maßgeblich ist vielmehr allein die Höhe der gezahlten Rente (ohne vorherige Ableitung aus einem Deckungskapital). Denn zu den Eigenheiten der Rente wegen Berufsunfähigkeit im Rahmen einer privaten Lebensversicherung gehört, dass sie nicht auf einem aus laufenden Prämien angewachsenen Deckungskapital, sondern allein auf dem letzten Beitrag beruht.

3. Umrechnung in dynamische Werte

Allerdings kann der nach Rn. 366 – 367 ermittelte Rentenbetrag noch nicht vorbehaltlos in die Ausgleichsbilanz zur Durchführung des Versorgungsausgleichs eingestellt werden. Nach § 1587a Abs. 3 BGB muss vielmehr noch eine Umrechnung erfolgen, um die ermittelten Rentenbeträge den dynamischen Renten der gesetzlichen Rentenversicherung und den Beamtenpensionen vergleichbar zu machen. Im Einzelnen s. dazu u. Rn. 392 ff., 421. 368

a) Keine Umrechnung bei volldynamischer Versicherung

Eine Umrechnung kommt trotz fehlender Einschränkung im Gesetzeswortlaut nur in Betracht, wenn und soweit es sich bei der Anwartschaft auf eine private Leibrente oder eine bereits gezahlte Risikoleistung nicht um eine **volldynamische Versorgung** handelt (so BGH, FamRZ 1992, 1050, 1054; auch OLG Karlsruhe, FamRZ 1976, 1554, 1555, das dann aber ohne nähere Erklärung anschließend doch eine teilweise Umrechnung vornimmt). Ergibt ein Vergleich der von der privaten Lebensversicherung in vergleichbaren Fällen bereits erbrachten Zahlungen mit den Steigerungssätzen der Beamtenversorgung und der gesetzlichen Rentenversicherung, dass die Anwartschaften oder Leistungen der privaten Lebensversicherung wegen vertraglicher Überschussbeteiligungen in ähnlicher Weise angepasst wurden, ist der errechnete Rentenbetrag bei Ehezeitende in voller Höhe in die Ausgleichsbilanz einzustellen. 369

b) Umrechnung bei volldynamischer Zeitrente

Problematisch wird das bei volldynamischen Renten, die **zeitlich begrenzt,** also nicht lebenslang, sondern wie zum Teil bei einer BUZ nur bis zum Ablauf des 60. Lebensjahres des Rentners gezahlt werden. Denn der wirtschaftliche Wert dieser Versorgungen lässt sich mit dem Wert gleich hoher Renten aus der gesetzlichen Rentenversicherung, die lebenslang gezahlt werden, nicht vergleichen, wie eine Gegenüberstellung der Summe der voraussichtlichen Zahlungen der privaten Rente bis zum 60. Geburtstag einerseits und der Rente aus der gesetzlichen Rentenversicherung bis zum statistisch zu erwartenden Lebensende des Rentners ergibt. Die Summe der (voraussichtlichen) Zahlungen zwischen Ehezeitende und dem Auslaufen der Zeitrente ist in diesen Fällen fiktiv als Beitrag in die gesetzliche Rentenversicherung einzuzahlen. Abzustellen ist dabei auf die Umrechnungswerte per Ehezeitende (ebenso OLG Karlsruhe, FamRZ 1996, 1554, 1555). 370

IX. Sonstige, insbesondere ausländische Versorgungsanrechte

1. Besonderheiten bei Fällen mit Auslandsberührung

371 Besonderheiten für die Bewertung und den Ausgleich von ehezeitlichen Anwartschaften ergeben sich immer dann, wenn der zu entscheidende Fall **Auslandsberührung** hat, d. h. entweder mindestens eine der Parteien (auch) eine ausländische Staatsangehörigkeit besitzt oder während der Ehe besessen hat oder das auszugleichende Versorgungsanrecht sich gegen einen ausländischen Versorgungsträger richtet. Die Regeln des Internationalen Privatrechts (IPR) sind hier nicht Gegenstand der Betrachtung. Es geht vielmehr um **Sondervorschriften des materiellen Rechts** (zur Anwendung der Härteklausel in Fällen mit Auslandsberührung s. Rn. 697 f.).

2. Inländische Anwartschaften

a) EU-Verordnung/Fremdrentengesetz

372 Keine ausländischen Rentenanwartschaften sind die Anwartschaften in der gesetzlichen Rentenversicherung auf eine sog. **EU-Rente** nach der EU-Verordnung Nr. 1408/71 des Rates v. 14. 6. 1971 (ABl. Nr. L 149/1971, 2) und der EU-Verordnung Nr. 574/72 des Rates v. 21. 3. 1972 (ABl. Nr. L 74/1972, 1) und die nach dem **Fremdrentengesetz** für im Ausland zurückgelegte Versicherungszeiten erworbene Rentenanwartschaften.

b) Deutsch-polnisches Sozialversicherungsabkommen

373 Auch die nach den **Sozialversicherungsabkommen mit Polen** v. 9. 12. 1975 und 8. 12. 1980 von nach Deutschland verzogenen polnischen Staatsangehörigen während ihres Aufenthaltes in Polen erworbenen Rentenanwartschaften (Einzelheiten zu diesen Regelungen s. Paetzold, in: Rahm/Künkel, Handbuch des familiengerichtlichen Verfahrens, Kapitel VIII, Rn. 1020 ff.) sind keine ausländischen, sondern inländische Rentenanwartschaften. Sie werden von den Trägern der gesetzlichen Rentenversicherung ermittelt und bewertet. Im familiengerichtlichen Verfahren sind sie insofern von Bedeutung, als ihretwegen erfahrungsgemäß die Auskünfte der Rentenversicherer infolge z. T. umfangreicher Rückfragen in Polen viele Monate auf sich warten lassen. In derartigen Fällen wird häufig die **Abtrennung des Versorgungsausgleichs** (vgl. Rn. 99 f.) angeregt. Auch in diesem Zusammenhang sollte der Familienrichter damit jedoch zurückhaltend sein, um die gerade hier häufig notwendige Mitarbeit der Parteien zu sichern.

Die Besonderheiten der genannten Abkommen stellen im Übrigen auch eine Spezialregelung gegenüber §§ 110 ff., 271 f., 317 ff. SGB VI dar, was bedeutet, dass eine Übertragung von Rentenanwartschaften durch öffentlich-rechtlichen Versorgungsausgleich auf einen in Polen Lebenden nicht möglich ist (OLG Karlsruhe, FamRZ 2000, 963).

Die oben genannten Sozialversicherungsabkommen mit Polen v. 9. 12. 1975 und 8. 12. 1980 sind durch das **Abkommen zwischen der Bundesrepublik Deutschland und der Republik Polen über die soziale Sicherheit vom 8.12.1990** (BGBl. II S. 743) mit Wirkung ab 1.10.1990 aufgehoben worden mit der Folge, dass jetzt auch im Verhältnis zwischen Polen und Deutschland das Prinzip des Leistungsexports von Anwartschaften gilt, nach dem 1.1.1991 in Polen erarbeitete Anwartschaften also als nur polnische und seit diesem Zeitpunkt in Deutschland erarbeitete nur als deutsche Anwartschaftszeiten zu berücksichtigen sind.

c) Ausstrahlung

374 Zu den sog. „Ausstrahlungen" (§ 4 SGB IV), die wie Zeiten nach dem Fremdrentengesetz zu inländischen Anwartschaften führen, siehe Hannemann/Kinzel, DAngVers 1978, 369, 372).

d) Zahlung deutscher Renten ins Ausland

Besonderheiten – zwar nicht bei der Bewertung, wohl aber beim Ausgleich (vgl. Rn. 697) – gibt es auch dann zu beachten, wenn der Ausgleichsberechtigte Leistungen aus dem Versorgungsausgleich wegen dauerhaften Aufenthalts im Ausland ausgezahlt erhalten will. Das deutsche Rentenrecht lässt nämlich nur für Deutsche die (fast) vollständige Zahlung von Leistungen ins Ausland zu, während Leistungen an ausländische Rentenberechtigte nur (ggf. mehrfach) gekürzt erbracht werden (vgl. Rn. 192 „Leistungen an Berechtigte im Ausland").

375

3. Ermittlung und Bewertung ausländischer Anrechte

Ausländische Versorgungsanrechte unterliegen grds. dem Versorgungsausgleich in gleicher Weise wie innerdeutsche Anrechte. Ob das europäische Gemeinschaftsrecht Versorgungen, die nach deutschem Recht eigentlich durch (schuldrechtlichen) Versorgungsausgleich auszugleichen wären, diesem Ausgleich entziehen und einem Sonderrecht unterstellen kann, ist unklar (s. Vorlagebeschluss an den Europäischen Gerichtshof in Luxemburg durch das AG Köln, FamRZ 1998, 482 ff.). Abgesehen von dieser möglichen Besonderheit des europäischen Gemeinschaftsrechts sind ausländische Anwartschaften vom Gericht ebenso zu ermitteln und zu bewerten wie alle anderen Anwartschaften. Nur dann lässt sich feststellen, wer überhaupt ausgleichspflichtig und ausgleichsberechtigt ist (so zu Recht OLG Naumburg, FamRZ 2001, 497).

376

Die Aufklärung der ausländischen Beitragszeiten und beitragslosen Zeiten in der EU ist vor allem dann erforderlich, wenn während der Ehezeit im Inland beitragsfreie Zeiten zurückgelegt wurden. Denn die ausländischen Zeiten führen in vielen Fällen zu einer Erhöhung des Wertes für die inländischen beitragslosen Zeiten (sog. EU-Rente), weil die in einem EU-Mitgliedsstaat zurückgelegten Beitragszeiten als Zeiten gewertet werden, in denen durchschnittlich ebensoviel Entgeltpunkte erworben wurden wie ansonsten im Inland. Würden diese nicht mit inländischen Beiträgen belegten Zeiten nur als solche berücksichtigt, würden sie den Durchschnitt aller inländischen Zeiten senken (vgl. §§ 71 – 74 SGB VI).

In der Praxis ergeben sich dabei z. T. nicht unerhebliche Probleme, die den Gedanken nahe legen, derartige Anrechte nach Möglichkeit im Versorgungsausgleich „auszuklammern". Dieses ist zum Glück in einer ganzen Reihe von Fallgestaltungen möglich.

a) Ausnahmen von der Bewertung ausländischer Anrechte

Im Rahmen des öffentlich-rechtlichen Versorgungsausgleichs bedarf es **keiner (weiteren) Aufklärung und Bewertung** ausländischer Anrechte, wenn:

377

- entweder ohne nähere Aufklärung und Bewertung der ausländischen Rentenanwartschaften festgestellt werden kann, wer Ausgleichspflichtiger ist:

Beispiel 1:

	Mann	Frau
GRV	300,00 €	100,00 €
ausländische RAnw.	x?	
	300,00 € + x	100,00 €
1/2 Differenz =	100,00 € + x/2	

Im öffentlich-rechtlichen Ausgleich bleibt x/2 unberücksichtigt, weil die ausländischen Rentenanwartschaften des Mannes nach §§ 3b Abs. 2, 3a Abs. 5 VAHRG allein schuldrechtlich auszugleichen sind. Bei Fälligkeit der schuldrechtlichen Ausgleichsrente aber ist eine

Bewertung im Wege der Umrechnung nicht mehr erforderlich und der Ehezeitanteil der dann gezahlten Versorgung im Wege einer Zeit-Zeit-Berechnung regelmäßig einfach zu ermitteln;

- oder beide Eheleute ausländische Rentenanwartschaften in der Ehezeit erworben haben und zumindest feststeht, dass die Anwartschaften des (ansonsten) **Ausgleichsberechtigten geringer sind als die des Ausgleichspflichtigen.** Ob ausländische Rentenanwartschaften der einen Partei geringer sind als die der anderen Partei, lässt sich häufig anhand von Arbeitszeiten und Verdiensten ermitteln. Denn die Höhe der ausländischen Rentenanwartschaften bestimmen sich häufig u. a. auch nach Länge der Arbeits- oder Aufenthaltsdauer im Ausland und der Höhe der dortigen Verdienste. Das gilt nicht für die sog. Volks- oder Grundrenten. Diese unterliegen jedoch überhaupt nicht dem Versorgungsausgleich. Auch eine nur überschlägige Schätzung erfordert deshalb die Kenntnis wenigstens der Grundzüge des ausländischen Versorgungssystems.

Beispiel 2:

	Mann	Frau	
GRV	300,00 €	100,00 €	*: $y < x$
ausländische RAn	$x*$	$y*$	
	300,00 € + x	100,00 € + y	
1/2 Differenz =	100,00 € + $(x - y):2$		

Auch in diesem Fall lässt sich der Versorgungsausgleich ohne einen exakten Gesamtausgleich durchführen, weil feststeht, dass die ausländischen Rentenanwartschaften der Frau sicher geringer sind als die des Mannes. Es kommt hier nur zu einem Splitting von 100 €. Alles andere bleibt wiederum späteren, für die Berechnung und Bewertung unproblematischeren Zeiten vorbehalten.

Sicher lässt sich eine Differenz der ausländischen Rentenanwartschaften nur feststellen, wenn die Parteien demselben ausländischen Versorgungssystem angehört haben. In derartigen Fällen sollte man sich **vorsorglich Unterlagen über Arbeitsdauer und Höhe des Einkommens vorlegen lassen**, um seine Feststellungen abzusichern.

b) Notwendige Bewertung ausländischer Anrechte

378 Genaue **Aufklärung und Bewertung** sind in allen anderen als den vorgenannten zwei Fällen erforderlich, also auch, wenn nur der Ausgleichsberechtigte über ehezeitliche ausländische Anwartschaften verfügt. Denn man riskiert anderenfalls eine Aufhebung der Versorgungsausgleichsentscheidung und damit unter Umständen erhebliche zeitliche Verzögerungen beim Eintritt der Rechtskraft der Scheidung aufgrund einer Beschwerde durch die beteiligten deutschen Versorgungsträger (vgl. zum Verbot des unerlaubten Supersplittings Rn. 625). Auch nach Einführung der Abänderungsklausel des § 10a VAHRG und der zugelassenen Form des Supersplittings nach § 3a Abs. 1 Nr. 1 VAHRG achten die Träger der gesetzlichen Rentenversicherung und Beamtenversorgung regelmäßig genau auf ein unzulässiges Supersplitting und legen in diesen Fällen Beschwerde ein. Gleiches gilt, wenn die Parteien sich und dem Gericht alle Schwierigkeiten dadurch ersparen wollen, dass sie eine anderweitige Vereinbarung nach § 1587o BGB schließen, wonach die beiderseitigen ausländischen Rentenanwartschaften unberücksichtigt bleiben sollen.

Dass ausländische Rentenanwartschaften schlecht oder nicht aufklärbar sind, ist für sich genommen kein Grund, sie aus dem öffentlich-rechtlichen Versorgungsausgleich herauszunehmen und einem schuldrechtlichen Ausgleich vorzubehalten oder den Versorgungsausgleich auf unbestimmte Zeit vom Scheidungsverbund abzutrennen (Wagner, IPRax 1999, 94, 96 m. w. N.; a. A. mit Verweis auf schuldrechtlichen Ausgleich OLG Köln, FamRZ 1986, 689; OLG Düsseldorf, FamRZ

1994, 903; OLG Celle, FamRZ 2001, 1462, 1463; oder OLG Nürnberg, FamRZ 1999, 1203, das die Anwartschaften mit 0 bewertet und die Beseitigung eines etwaigen Irrtums einem Abänderungsverfahren vorbehält; vgl. auch Rn. 385 f.).

Beispiel 3:

	Mann	Frau
GRV	150,00 €	100,00 €
ausländische RAnw.	x	y
	?	?

1/2 Differenz = ?

In diesem Fall steht weder der Ausgleichspflichtige fest, noch, ob die ausländische Rentenanwartschaft der Frau höher ist als die des Mannes. Selbst wenn feststünde, dass der Ehemann insgesamt die werthöheren Anwartschaften besäße, könnte ein öffentlich-rechtlicher Versorgungsausgleich ohne genaue Aufklärung der ausländischen Rentenanwartschaften beider Parteien nicht erfolgen. Denn die Höhe der ausländischen Rentenanwartschaften der Frau beeinflusst den öffentlich-rechtlichen Versorgungsausgleich schon dann, wenn sie nur geringfügig höher wäre als die des Mannes:

Beispiel 4:

	Mann	Frau
GRV	150,00 €	100,00 €
ausländische RAnw.	50,00 €	60,00 €
	200,00 €	160,00 €

1/2 Differenz = 20,00 €   zugunsten der Frau

Der Gesamtausgleich ist in diesem Fall geringer als das max. mögliche Splitting ((150,00 € - 100,00 €) : 2 = 25,00 €), so dass ein gesetzlich unzulässiges Supersplitting vorläge, wenn man unabhängig von den ausländischen Rentenanwartschaften beider Parteien ein Splitting nur aufgrund der Anwartschaften in der GRV durchführen würde.

c) Bewertung nach § 1587a Abs. 5 BGB

Für die Bewertung ausländischer Anwartschaften schreibt § 1587a Abs. 5 BGB die **entsprechende Anwendung der Bewertungsregeln für deutsche Anwartschaften** nach billigem Ermessen vor.

379

> *Hinweis:*
>
> *In der Praxis wird man zur Vorbereitung einer Entscheidung regelmäßig das Gutachten eines in der ausländischen Versorgungsordnung erfahrenen Rentensachverständigen einholen müssen, um Anhaltspunkte dafür zu gewinnen, welche der in § 1587a Abs. 2 Nr. 1 bis 5 BGB geregelten Versorgungen der ausländischen Versorgung am ähnlichsten ist.*

Eine ganze Reihe von ausländischen Staaten (z. B. Niederlande, die skandinavischen Staaten, Kanada) verfügt über Versorgungssysteme (sog. Volks-, Aufenthalts- oder anders genannte Renten), die allen ständigen Bewohnern eines Landes unabhängig von ihrem Einkommen und/oder der Höhe der gezahlten Beiträge im Alter zustehen (z. B. Old Age Security in allen Provinzen Kanadas). Diese Renten unterliegen nach h. M. nicht dem Versorgungsausgleich, soweit sie weder durch Arbeit noch durch Vermögen erworben worden sind (§ 1587 Abs. 1 Satz 2 BGB) und brauchen deshalb auch nicht im Einzelnen ermittelt zu werden. Soweit in den genannten Ländern jedoch neben den sog. Volksrenten einkommens- oder beitragsabhängige Zusatzversorgungen existieren, sind diese in den Versorgungsausgleich einzubeziehen.

d) Einzelne ausländische Versorgungen mit möglicher Volksrente

380 Ob es sich um eine reine Volksrente oder aber (teilweise) eine durch Arbeit oder Vermögen erworbene, dem Versorgungsausgleich unterliegende Anwartschaft handelt, ist im Einzelfall in der Rechtsprechung umstritten. Sachaufklärung im Einzelfall, ggf. mit Hilfe eines Sachverständigen (vgl. Rn. 384) tut hier besonders Not. In aller Regel stellt sich dabei heraus, dass dem betroffenen Ehegatten sowohl eine sog. Volksrente (die nicht in den Versorgungsausgleich fällt), als auch eine Zusatzversorgung zustehen. Im Einzelnen:

381 - **niederländische AOW-Pension:** (für Ausgleich: OLG Köln, 10. ZS, FamRZ 2001, 1460; gegen Einbezug in den Versorgungsausgleich: OLG Köln, 8. FamS, FamRZ 2001, 31; 27. ZS, FamRZ 2001, 31, 32; 26. ZS, FamRZ 2001, 1461; OLG Düsseldorf, FamRZ 2001, 1461; OLG Hamm, FamRZ 2001, 31; OLG Köln, 27. ZS, FamRZ 2001, 31). Die ablehnende Rechtsprechung verkennt, dass nach § 1587 Abs. 1 Satz 2 BGB nur solche Anwartschaften außer Betracht bleiben, die weder durch Arbeit noch durch Vermögen des Ehegatten begründet oder aufrecht erhalten werden. § 1587 Abs. 1 BGB spricht nicht nur von Versorgungen, die entsprechend den eingezahlten Beiträgen steigen, sondern will alle durch Arbeit und Vermögen begründeten oder auch nur aufrechterhaltenen Versorgungen berücksichtigt wissen. Damit unterliegen nur die Teile der Versorgung nicht dem Versorgungsausgleich, die eindeutig allein wegen der Staatsangehörigkeit oder des Aufenthalts in einem Lande ohne Arbeits- oder Vermögenseinsatz erworben werden. Unstreitig besteht nun aber in den Niederlanden für jeden Bewohner eine Beitragspflicht, wenn er das 15. Lebensjahr beendet hat und Einkommen bezieht (insofern ist die Behauptung des OLG Hamm und des OLG Köln, 27. ZS unzutreffend, dass es sich bei der niederländischen AOW-Pension um eine nicht durch Beiträge finanzierte Rente handele, FamRZ 2001, 31 f.). Zwar hängt die Höhe der Grund-Versorgung später nicht von der Höhe der Beiträge, sondern lediglich von ihrer Dauer ab. Die (Grund-)Rente mindert sich jedoch, wenn jemand trotz Einkommens keine Beiträge zahlt. Soweit die Versorgung auf Beitragszeiten beruht, unterliegt sie damit dem Versorgungsausgleich.
Das gilt – insoweit wohl unbestritten – auch für alle Rentenleistungen auf Grund freiwilliger Beiträge nach Umzug der bisher in den Niederlanden Tätigen ins Ausland. Sie können nämlich durch freiwillige Beiträge aus dem Ausland ihre Rentenanwartschaft erhalten.
Wegen voller Vergleichbarkeit mit der deutschen gesetzlichen Rentenversicherung handelt es sich bei der AOW-Pension sogar um eine **volldynamische Versorgung**.

382 - **Alters-, Hinterlassenen- und Invalidenvorsorge (AHV) der Schweiz:** Sie soll eine angemessene Grundversorgung – neben obligatorischer betrieblicher Altersversorgung und freiwilliger, aber staatlicher geförderter, privater Altersvorsorge – gewährleisten. Die Höhe der Beiträge zur AHV hängt von der Höhe des Einkommens ab, findet in der Höhe der zu zahlenden Rente aber nur begrenzt Ausdruck. Seit der jüngsten Reform findet im Scheidungsfall ein sozialversicherungsrechtlicher Ausgleich der von beiden Ehegatten in der AHV erworbenen Anrechte statt (vgl. Reusser, FamRZ 2001, 595, 599 f.). Das bedeutet, dass schweizerische Rentenanwartschaften dem Grunde nach dem Versorgungsausgleich unterliegen, wegen der Berechnungsbesonderheiten des schweizerischen Rentenrechts vor Eintritt des Rentenfalls allerdings nur durch einen Sachverständigen bewertet werden können, und dass man – im Rahmen einer Billigkeitsprüfung nach § 1587c BGB – die Überschneidung von ausländischem (sozialversicherungsrechtlichem) Versorgungsausgleich und deutschem Versorgungsausgleich beachten muss, damit der Ausgleichspflichtige nicht doppelt ausgleichen muss, der Ausgleichberechtigte nicht doppelt erhält.

- **US Social Security:** Zur Bewertung dieser beitragsabhängigen Versorgung nach § 1587a Abs. 5 entsprechend § 1587a Abs. 2 Nr. 4b BGB unter Ausklammerung familienbezogener Leistungen und Vernachlässigung der noch nicht erfüllten, aber noch erreichbaren Mindestwartezeit s. OLG Zweibrücken, FamRZ 2001, 497, 498; Reinhard, FamRZ 1990, 1194 f.

383

e) Hinweise zu Ermittlungs- und Bewertungshilfen

Bei der Information über die Grundzüge ausländischer Versorgungsordnungen, Weiterleitung von Anfragen an die ausländischen Versorgungsträger einschließlich der Anschriften dieser Stellen und Vermittlung von Sachverständigen, teilweise auch bei der Ermittlung des Versicherungsverlaufes oder gar der Anwartschaften selbst, helfen ggf. die **örtlich zuständigen Landesversicherungsanstalten** bzw. die aufgrund von überstaatlichem Recht (EU-Verordnungen) oder zwischenstaatlichen Sozialversicherungsabkommen als Verbindungsstellen für einzelne Länder bestimmten Versicherungsträger (Anschriften s. Rn. 934):

384

- soweit es um Angestelltenversicherung geht: Bundesversicherungsanstalt für Angestellte,
- soweit es um Knappschaftsversicherung geht: Bundesknappschaft,
- soweit es um Arbeiterrentenversicherung geht:
  - für Belgien und Chile: LVA Rheinprovinz,
  - für Dänemark: LVA Schleswig-Holstein,
  - für Finnland: LVA Schleswig-Holstein,
  - für Frankreich: LVA Rheinland-Pfalz,
  - für Griechenland: LVA Württemberg,
  - für Großbritannien und Nordirland, Irland: LVA Freie und Hansestadt Hamburg,
  - für Island: LVA Westfalen,
  - für Israel: LVA Rheinprovinz,
  - für Italien: LVA Schwaben,
  - für Jugoslawien und Nachfolgestaaten: LVA Niederbayern-Oberpfalz,
  - für Kanada: LVA Freie und Hansestadt Hamburg,
  - für Liechtenstein: LVA Baden,
  - für Luxemburg: LVA Rheinland-Pfalz,
  - für Marokko: LVA Schwaben,
  - für die Niederlande: LVA Westfalen,
  - für Norwegen: LVA Schleswig-Holstein,
  - für Österreich: LVA Oberbayern,
  - für Polen: LVA Berlin,
  - für Portugal und Rumänien: LVA Unterfranken,
  - für Schweden: LVA Schleswig-Holstein,
  - für die Schweiz: LVA Baden,
  - für Spanien: LVA Rheinprovinz,
  - für die Türkei: LVA Oberfranken und Mittelfranken,
  - für Tunesien: LVA Schwaben,
  - für die Vereinigten Staaten von Amerika: LVA Freie und Hansestadt Hamburg,
- soweit es um Rheinschiffer geht und den sie betreffenden mehrseitigen Vertrag: LVA Rheinprovinz, soweit es um Seeleute geht: Seekasse Hamburg,

Teil 9 Abschnitt 1: C. Auszugleichende Versorgungen

- im Rahmen der Bahnversicherungsanstalt ist zuständig die Bahnversicherungsanstalt Bezirksleitung Rosenheim, Bahnhofstr. 14, 83022 für Chile, Griechenland, Italien, Jugoslawien, Kanada, Liechtenstein, Marokko, Österreich, Portugal, Rumänien, Schweiz, Tunesien und Türkei; die Bahnversicherungsanstalt Bezirksleitung Wuppertal, Döppersberg 41, 42103 Wuppertal für Belgien, Dänemark, Frankreich, Finnland, Großbritannien und Nordirland, Irland, Island, Israel, Luxemburg, Niederlande, Norwegen, Polen, Schweden, Spanien und USA.

Als **Sachverständige bei der Bewertung ausländischer Anwartschaften** bewährt haben sich u. a.:

- Irmgard Feldengut, Rölsstraße 10, 86609 Donauwörth, Tel.: 0906/1726 (Österreich),

- Rainer Glockner, Schlesierstr. 51, 76227 Karlsruhe, Tel.: 0721/491434 u. 493445 (Berechnung aller schuldrechtlich auszugleichender Versorgungen),

- Raimund Kulenkampff, Schillerstr. 50, 79102 Freiburg i. Br., Tel.: 0761/73722 (Benelux, Frankreich, Schweiz, Niederlande),

- Johann F. Niemeyer, Siebengebirgsring 11, 53340 Meckenheim, Tel.: 02225/945647 (Schweden),

- Jörg Salewski, Büro für internationale Rentengutachten, Markgrafenstr. 7, 79312 Emmendingen, Postfach 1547, 79305 Emmendingen, Tel.: 07641/5053; Fax 07641/5055 (Frankreich, Liechtenstein, Luxemburg, Österreich, Schweiz, Kanada, USA),

- Max-Planck-Institut für ausländisches und internationales Sozialrecht, Amalienstr. 33, 80799 München, Tel.: 089/38602-0 (Niederlande, Griechenland, Kanada, Portugal, Spanien, Ungarn, Beamtenversicherung Frankreich).

Weitere Sachverständige vermitteln kann ggf. der Bundesverband der Rentenberater e. V., Hohenstaufenring 17, 50674 Köln, Tel.: 0221/2406642 u. 2406946, www.rentenberater.de.

f) Einbezug unverfallbarer Anrechte

385 Ausländische Anwartschaften sind auch insoweit den inländischen gleich zu behandeln, als es um den Einbezug noch verfallbarer Anrechte in den Versorgungsausgleich geht. Ausländische betriebliche Anwartschaften, die im Entscheidungszeitpunkt noch verfallbar sind, scheiden analog § 1587a Abs. 2 Nr. 3 Satz 3 BGB aus einem öffentlich-rechtlichen Ausgleich aus. Für alle anderen gilt § 1587 Abs. 7 BGB mit der Folge, dass ein möglicher Wegfall erst im Abänderungsverfahren geltend gemacht werden kann (so auch Paetzold, in: Rahm/Künkel, Handbuch des familiengerichtlichen Verfahrens, VIII, Rn. 1299 m. w. N.).

g) Bewertung von Versorgungsanrechten in der ehemaligen Sowjetunion und ihren Folgestaaten

386 Weder mit Russland noch den anderen Folgestaaten der Sowjetunion bestehen bisher Sozialversicherungsabkommen. Man wird gegenwärtig auch davon ausgehen dürfen, dass alle aus der ehemaligen Sowjetunion endgültig ausgewanderten Menschen, insbesondere aber die als Spätaussiedler Anerkannten, die regelmäßig aufgrund der neuen Staatsangehörigkeitsgesetze die frühere Staatsangehörigkeit verloren haben, nie in den Genuss von Rentenanwartschaften kommen werden, die sie eigentlich durch ihre Arbeit in der früheren Sowjetunion erworben haben. Wenn man aus diesen Gründen diese Anwartschaften nicht mit 0 bewerten – und einen etwaigen Irrtum insoweit durch ein Abänderungsverfahren nach § 10a VAHRG ausgleichen – will (so OLG Nürnberg, FamRZ 1999, 1203, 1204; OLG Karlsruhe, FamRZ 2000, 677, 678), bleibt die Möglichkeit, derartige Anrechte wie noch verfallbare betriebliche Anrechte zu behandeln und ihren Ausgleich einem schuldrechtlichen Versorgungsausgleich vorzubehalten (so OLG Celle, FamRZ 2001, 1462; OLG Düsseldorf, FamRZ 1994, 903, 904).

h) Ausländische Geschiedenen(Hinterbliebenen-)versorgungen

Die meisten Rechtsordnungen unserer europäischen Nachbarn und der Vereinigten Staaten von Amerika (vgl. AG Landstuhl, IPRax 1999, 109 m. Anm. Wagner, a. a. O., S. 94 ff.) kennen eine eigenständige, meist sozialversicherungsrechtliche Teilhabe Geschiedener an der sozialen Sicherung des anderen Ehegatten. Der völlige Ausschluss insoweit ist eher die Ausnahme (z. B. nach griechischem Sozialversicherungsrecht; Unterrichtung durch die Bundesregierung zur Rechtsstellung des ausgleichsberechtigten Ehegatten beim Ausgleich fremder Versorgungsanrechte, BT-Drucks. 13/152 S. 4 f.). 387

Geschiedenen-Hinterbliebenenrenten kennen etwa das luxemburgische, niederländische, österreichische, schweizerische und spanische Recht, das Sozialversicherungsrecht der USA sowie das der meisten französischen Versorgungssysteme und das der EG-Beamten. Das italienische Recht sieht eine Geschiedenen-Hinterbliebenenrente aus familien- und sozialrechtlichen Elementen mit unterhaltsrechtlichem Schwerpunkt vor (vgl. OLG Koblenz, FamRZ 1991, 1323; BT-Drucks. 13/152 S. 5). Aufgrund des zwischen- und überstaatlichen Sozialversicherungsrechts erhält regelmäßig auch ein geschiedener Ehegatte mit gewöhnlichem Aufenthalt in Deutschland derartige Hinterbliebenenleistungen. 388

Geschiedenenrenten, d. h. eine Teilhabe des geschiedenen Ehegatten an der Versorgung des früheren Partners schon vor dessen Tod kennen nur das Sozialversicherungsrecht der USA, das belgische, britische und seit dem 1. 1. 1997 für den Fall, dass beide Eheleute während der Ehe Rentenanwartschaften in der gesetzlichen Rentenversicherung erworben haben, auch das schweizerische Rentenversicherungsrecht (Auskünfte erteilen die AHV-Ausgleichskassen). Der Grundsatz der Gleichstellung und Gleichbehandlung des EG-Sozialrechts sowie das zwischenstaatliche Sozialrecht stellen sicher, dass derartige Leistungen auch leistungsberechtigte Personen erhalten, die sich im Inland aufhalten (BT-Drucks.13/152 S. 5, 6). 389

Eine vermögensrechtliche Teilhabe am Versorgungszuwachs des anderen Ehegatten während der Ehe durch Entschädigungen in Form einmaliger Zahlung oder laufender Renten kennen nicht nur die Rechte verschiedener US-Bundesstaaten mit gesetzlichem Güterstand der Gütertrennung, sondern auch das französische, norwegische und türkische Recht, überwiegend allerdings nur vom schuldlos oder nicht überwiegend schuldig geschiedenen Ehegatten (BT-Drucks. 13/152 S. 7, 8). 390

Dass es für **ausgleichsberechtigte Ehegatten** in Deutschland die Möglichkeit gibt, nach ausländischem Recht an ausländischen Versorgungen teilzuhaben, muss Auswirkungen auf den Versorgungsausgleich haben, damit niemand über den Versorgungsausgleich nochmals erhält, was er aus eigenem Recht schon bekommt. Angesichts der Tatsache, dass ausländische Anrechte praktisch nur im Wege des schuldrechtlichen Ausgleichs ausgeglichen werden können (vgl. Rn. 527), muss bei der Vereinbarung von Abfindungen und im Rahmen des modifizierten verlängerten schuldrechtlichen Ausgleichs (vgl. Rn. 593, 598) auf entsprechende Korrekturen geachtet werden. 391

X. Umrechnung nichtdynamischer Anrechte

1. Grundsatz und Definition

Um in einer Ausgleichsbilanz mit untereinander vergleichbaren Zahlen rechnen und damit sowohl die Person des Ausgleichsberechtigten als auch die Höhe des Ausgleichsanspruches feststellen zu können, müssen alle Werte auch hinsichtlich der Dynamik vergleichbar sein und deshalb alle nicht dynamischen Anrechte in dynamische Werte umgerechnet werden (§ 1587a Abs. 3, 4 BGB). 392

a) Volldynamische, teildynamische, statische Anrechte

Volldynamisch heißen solche Anwartschaften und Renten, die sowohl in der **Anwartschaftsphase** (= Zeit bis zum Rentenfall) als auch in der **Leistungsphase** (= Zeit nach dem Rentenfall) in gleicher oder nahezu gleicher Weise angepasst werden wie Anwartschaften und Leistungen der gesetzlichen Rentenversicherung oder der Beamtenversorgung. Anrechte, die entweder nur in dem einen 393 oder dem anderen Zeitraum mit gesetzlichen Renten und der Beamtenversorgung vergleichbar sind, heißen **teildynamisch**. Anrechte, die weder in der Anwartschafts- noch in der Leistungsphase dynamisch in dem bisher genannten Sinne sind, werden auch als **statisch** bezeichnet.

394 In der Rechtsprechung hat sich die Formulierung „volldynamisch im Anwartschaftsstadium" oder „volldynamisch im Leistungsstadium" eingebürgert. Damit soll zum Ausdruck gebracht werden, dass es Versorgungen gibt, die in einem oder beiden Zeiträumen zwar gewisse Anpassungen vornehmen, dass sie also insoweit nicht voll statisch sind. Allerdings reicht bei dem anzustellenden Vergleich mit gesetzlicher Rentenversicherung und Beamtenversorgung diese (geringe) Teildynamik nicht aus, sie den beiden vom Gesetz als volldynamisch angesehenen Versorgungen gleichzustellen.

b) Ausnahmen der Umrechnung

395 Entgegen dem Wortlaut des § 1587a Abs. 3 letzter Halbsatz BGB ist auch bei den Anwartschaften und Leistungen aus privaten Lebensversicherungsverträgen **keine Umrechnung** vorzunehmen, wenn ein Vergleich der tatsächlich erbrachten Rentenleistungen des Versicherungsunternehmens in der Vergangenheit mit den Steigerungsbeträgen der gesetzlichen Rentenversicherung oder Beamtenversorgung keine wesentlichen Unterschiede erbringt (vgl. OLG Karlsruhe, FamRZ 1996, 554, 555; s. Rn. 932 „Umrechnung: volldynamische Versorgungen").

396 Eine **Umrechnung** ist auch **nicht erforderlich**, wenn eine wertmäßige Angleichung der auszugleichenden Versorgungen nicht (mehr) nötig ist, sondern – wie regelmäßig im Rahmen des schuldrechtlichen Versorgungsausgleichs (s. Rn. 548 f.) – von den real gezahlten Beträgen ausgegangen werden kann. Auch im Rahmen real zu teilender Anrechte (s. Rn. 484 ff.; OLG Stuttgart, FamRZ 1999, 924, 925) oder wenn der ausgleichspflichtige Ehegatte bei Ehezeitende bereits eine laufende Versorgung bezieht, die jedenfalls im Leistungszeitraum voll dynamisch ist (BGH, FamRZ 1992, 47, 48; s. Rn. 932 „Umrechnung: laufende Versorgung"; 1997, 161 ff. s. Rn. 932 „Umrechnung: leistungsdynamische Versorgung), ist eine Umrechnung nicht erforderlich.

2. Voraussetzungen zur Annahme einer Volldynamik

397 Zur Vergleichbarkeit im Sinne einer Volldynamik wird nicht verlangt, dass Anwartschaften und Leistungen automatisch und im jährlichen Rhythmus angepasst werden. Ausreichend ist, dass die Anwartschaften und Leistungen eines Versorgungsunternehmens bei **mehrjähriger Betrachtungsweise** (fünf Jahre reichen als Vergleichszeitraum normalerweise nicht aus, vgl. BGH, FamRZ 1995, 88, 92; s. Rn. 932 „Betriebliche Altersversorgung: Ehezeitanteil" und „Umrechnung: nichtdynamische Versorgung") wirtschaftlich nicht deutlich hinter den Anpassungen der gesetzlichen Rentenversicherung zurückbleiben (vgl. BGH, FamRZ 1983, 40; 1992, 47, 48; 1051, 1054; 1994, 1583, 1584; 1997, 161 ff. s. Rn. 932 „Umrechnung: Leistungsdynamische Versorgungen"; 1998, 424, 425).

398 Der Ansicht des OLG Bamberg (FamRZ 2001, 484), dass es bei Versorgungen, die allein nach § 16 BetrAVG anzupassen sind, auf die tatsächliche Anpassung in den letzten zehn Jahren nicht ankommen solle, ist bei Beachtung der Rechtsprechung des BGH nicht zuzustimmen (so auch OLG Düsseldorf, FamRZ 2000, 829 für die Bosch & Siemens Hausgeräte GmbH). Es ist zwar richtig, dass eine großzügige Anpassungspraxis in der Vergangenheit nicht immer ein verlässlicher Maßstab für die Zukunft ist. Nur trifft gesetzliche Rentenversicherung und Beamtenversorgung dieses Schicksal in gleicher Weise.

399 Das Familiengericht muss jeweils selbst aktuelle Vergleiche anstellen und kann sich hinsichtlich der für künftige Entwicklung zu treffenden Prognose nicht mit mehrere Jahre zurückliegenden Feststellungen desselben oder eines anderen Gerichtes begnügen. Das gilt vor allem für den Bereich der Ärzteversorgungen, die von den Umwälzungen infolge der Gesetze zur Kostendämpfung im Gesundheitswesen mit betroffen sind (BGH, FamRZ 1998, a. a. O.).

Angesichts des gegenwärtigen, teilweise erheblichen Umbaues unseres gesamten Altersversorgungssystems wird man bei dem anzustellenden Vergleich künftig gerade auch die **Leistungsverschlechterungen** im Bereich der gesetzlichen Rentenversicherung und der Beamtenversorgung beachten müssen. Schon seit einigen Jahren sind die gesetzlichen Renten und Beamtenpensionen durch mehrfache gesetzliche Eingriffe in ihrer Dynamik geschmälert worden. Die letzten Versorgungsreformen in der gesetzlichen Rentenversicherung und Beamtenversorgung (s. Rn. 37) haben weitere Minderungen in den Anpassungsregeln gebracht. Die Sparüberlegungen sind insoweit offensichtlich noch nicht an ihr Ende gekommen und rühren an den Fundamenten aller bisherigen Annahmen zur sog. Dynamik von Versorgungen. Auch die bisherige Überzeugung, dass allein an der Entwicklung der Lebenshaltungskosten orientierte Anpassungen für die Annahme einer Volldynamik nicht ausreichen (so noch BGH, FamRZ 1995, 88, 91, 92; s. Rn. 932 „Betriebliche Altersversorgung: Ehezeitanteil" und „Umrechnung: nichtdynamische Versorgung") dürfte ins Wanken geraten. Die Notwendigkeit einer exakten Bestimmung der unterschiedlichen Dynamik mit all ihren Prognoseunsicherheiten ist zudem seit Einführung der Abänderungsklausel des § 10a VAHRG fragwürdig geworden. Immerhin hat der BGH wiederholt (vgl. u. a. FamRZ 1998, 424, 425) auf die (fast) immer gegebene Möglichkeit nachträglicher Korrektur über § 10a VAHRG (s. Rn. 721 ff.) auch in derselben Sache hingewiesen. **400**

a) Volldynamik bei berufsständigen Versorgungswerken

Volldynamik im bisherigen Sinne wird angenommen für den Großteil der **Versorgungswerke** der Ärzte, Zahnärzte, Apotheker (z. B. der Apothekerversorgung Schleswig-Holstein, OLG Schleswig, FamRZ 1996, 1082), Rechtsanwälte (z. B. im Lande Nordrhein-Westfalen, BGH, NJW 1992, 174; Schleswig-Holstein, BGH, FamRZ 1996, 97, s. Rn. 932 „Umrechnung: volldynamische Versorgungen") und Notare. Aber auch einige betriebliche Altersversorgungen (so Versorgungsanrechte der Allgäuer Alpenmilch GmbH und der Nestlé-Pensionskasse, BGH, FamRZ 1997, 166, 168 f.; s. Rn. 932 „Umrechnung: volldynamische Versorgungen" gegen OLG Hamm, FamRZ 1994, 1465) sind sowohl im Anwartschaftsstadium als auch im Leistungsstadium volldynamisch. **401**

Bei gegliederten oder aus verschiedenen Teilen bestehenden berufsständigen Versorgungen ist die Frage der Volldynamik für jeden Teil einzeln zu beantworten. So sind z. B. die Anwartschaften bei der erweiterten Honorarverteilung der Kassenärztlichen Vereinigung Hessen volldynamisch (OLG Frankfurt, NJW-RR 1992, 649; BGH, FamRZ 1998, 424, 425), im Übrigen aber ist die Ärzteversorgung Hessens nur im Leistungszeitraum volldynamisch (BGH, FamRZ 1992, 165 f.; s. Rn. 932 „Hinterbliebenenversorgung"). **402**

b) Volldynamik bei Versorgungsrenten

Für die **Versorgungsrenten** der **Zusatzversorgung des öffentlichen Dienstes** (VBL, Versorgungsanstalt der Post, Bahnversorgungsanstalt Teil B, kommunale Zusatzversorgungskasse, kirchliche Zusatzversorgungskasse Darmstadt, Hamburger Ruhegeldversorgung) wurde Volldynamik angenommen, da durch diese Versorgungsrenten die Angestellten und Arbeiter des öffentlichen Dienstes den Beamten in der Versorgung angenähert werden. Die jetzige, auf „Versorgungspunkten" beruhende volle Betriebsrente ist ebenfalls als voll dynamisch anzusehen, weil der künftigen fiktiven Kapitaldeckung ein Rechnungszins von 3, 25 % zugrunde liegt (Glockner, FamRZ 2002, 287 unter Berufung auf BGH FamRZ 1997, 166 ff.) und die nach § 18 BetrAVG gesetzlich vorgeschriebene Anpassung der laufenden Renten bei der gebotenen wirtschaftlichen Betrachtungsweise zumindest den Anpassungen der Beamtenversorgung vergleichbar sein wird (vgl. Rn. 418). **403**

Die Anwartschaften auf eine Versorgungsrente war i. d. R. **noch verfallbar** und verfallbare Rentenanwartschaften unterliegen gem. § 1587b Abs. 2 Nr. 3 letzter Halbsatz BGB nicht dem öffentlich-rechtlichen Versorgungsausgleich. Auszugleichen war hier zunächst nur die regelmäßig unverfallbar gewordene **Versicherungsrente**. **404**

Die Versorgungsordnungen unterschieden insoweit verschiedene Versicherungsrenten. Seit dem 1.1.2002 ist neben die **satzungsmäßigen Versicherungsrenten** zudem die nach dem BetrAVG **unverfallbare Zusatzrente** nach § 18 BetrAVG getreten.

Alle Versicherungsrenten sind nicht volldynamisch, sondern sowohl im Anwartschaftszeitraum wie im Leistungszeitraum **statisch,** während die Zusatzrente nach § 18 BetrAVG wegen der gesetzlich vorgeschriebenen Anpassung im Leistungszeitraum von 1 % jährlich als teildynamisch anzusehen ist (vgl. Rn. 418).

405 Wie der Ehezeitanteil der Versorgungsrente in der öffentlich-rechtlichen Zusatzversorgung in der bis zum 31.12.2002 geltenden Form (vgl. zur Umgestaltung der Öffentlichen Zusatzversorgung Rn. 258, 261, 324, a.E., 414) richtig zu berechnen ist, war teilweise umstritten. So rügt das OLG Oldenburg, dass die sog. VBL-Methode des BGH zu teilweise dem Halbteilungsgrundsatz widersprechenden Ergebnissen führe (FamRZ 2001, 484 ff.). Eine Auseinandersetzung mit dieser Kontroverse in der Rechtsprechung erscheint jetzt überflüssig, weil das gesamte System der öffentlich-rechtlichen Zusatzversorgung grundlegend umgestellt wurde.

406 Ist eine Versorgungsrente bereits unverfallbar geworden, weil der Berechtigte bereits eine Rente aus der öffentlichen Zusatzversorgung bezieht, wird an den Berechtigten aber der höhere Betrag einer statischen Besitzstandsrente gezahlt, deren dynamisierter Wert geringer ist der der Versorgungsrente, dann muss dem Versorgungsausgleich der Wert der Versorgungsrente als der der **werthöchsten dynamischen Versorgung** zugrunde gelegt werden (BGH, FamRZ 1990, 380; OLG Karlsruhe, FamRZ 2001, 1374, 1375).

c) Versorgungen beim BVV

407 Bei privaten Lebensversicherungen und bei wie diese ausgestalteten betrieblichen Versorgungen, wird Volldynamik vorausgesetzt, wenn ein Vergleich der in der Vergangenheit von einem Lebensversicherungsunternehmen erbrachten Zahlungen mit den Steigerungssätzen der Beamtenversorgung und gesetzlichen Rentenversicherung (s. Gutdeutsch, FamRZ 1994, 612 ff.; 1997, 793; Tabelle in Rn. 938) ergibt, dass die gezahlten Renten wegen vertraglicher Überschussbeteiligungen und laufenden Erträgen aus dem Vermögen tatsächlich in ähnlicher Weise angepasst wurden.

408 Das ist der Fall bei den Anwartschaften auf Leistungen des **Beamtenversicherungsvereins des Deutschen Bank- und Bankiergewerbes-BVV** (vgl. BGH, FamRZ 1992, 1051, 1054; s. Rn. 932 „Umrechnung: volldynamische Versorgungen") sowie einigen Berufsunfähigkeitszusatzversicherungen privater Lebensversicherungsunternehmen (vgl. OLG Karlsruhe, FamRZ 1996, 554, 555; s. Rn. 884). Hier muss grds. vom vollen Rentenbetrag bei Ehezeitende ausgegangen werden.

409 Bei der Errechnung der **Ehezeitanteile der Versorgung beim BVV** sind nur die sog. **Stammrente** und der **Überschussanteil** einzubeziehen. Der Sonderzuschlag bildet nur einen zusätzlichen Anpassungsfaktor für die Stammrente (BGH, FamRZ 1992, 1053). Während der Ehezeitanteil der Stammrente durch Hochrechnung bis zur festen Altersgrenze und Ermittlung des Zeit-Zeit-Verhältnisses wie bei einer Beamtenversorgung (vgl. Rn. 221) oder betrieblichen Altersversorgung (vgl. Rn. 319 f.) zu bestimmen ist, ist wegen ihres besonderen Charakters bei der Überschussrente allein die bis zum Ehezeitende erworbene Beteiligung maßgeblich. Die Überschussrente ist daher ohne Hochrechnung, ggf. aufgeteilt nach Zeiten vorehelicher und ehelicher Versicherungszeit, mit ihrem am Ende der Ehezeit (Monatsende vor Rechtshängigkeit des Scheidungsantrages) erreichten Wert in den Ausgleich einzubeziehen (BGH, FamRZ 1992, 1055).

Beispiel:

Ehezeit: 1. 6. 1960 bis 31. 10. 1982; Mann (47 Jahre) arbeitet seit 1. 4. 1958 bei einer Bank; feste Altersgrenze erreicht am 31. 3. 2000;

Die Stammrente beträgt (hochgerechnet auf den 31.3.2000) 1600,00 DM, die Überschussrente per 31.10.1982 300,00 DM.

Ehezeitanteil der Stammrente: 269 Monate: 504 Monate x 1 600,00 DM =   853,97 DM

Ehezeitanteil der Überschussrente: 269 Monate: 295 Monate x 300,00 DM =   273,56 DM

In die Ausgleichsbilanz einzustellen sind demnach ohne Umrechnung   1.127,53 DM

3. Teildynamische Anrechte

a) Volldynamik im Anwartschaftszeitraum

Versorgungen, die zwar im **Anwartschaftszeitraum** dynamisch, im Leistungszeitraum aber statisch sind, sind teildynamisch und deshalb ebenfalls – wenn auch nach einer anderen Tabelle der Barwertverordnung – umzurechnen. 410

Das ist z. B. der Fall bei **Betriebsrentenanwartschaften,** die nach dem letzten Einkommen des Betriebsangehörigen oder nach einem Durchschnitt des Einkommens aus den letzten Monaten oder Jahren vor Eintritt des Rentenfalls berechnet werden (vgl. OLG München, FamRZ 1987, 1053; OLG Braunschweig, FamRZ 1988, 74, 75, 76 zur VW-Betriebsrente bis 31. 12. 1995; s. Rn. 932 „Umrechnung: anwartschaftsdynamische Versorgung"). Denn sie steigen dann in diesem Zeitraum in ähnlicher Weise wie die Anwartschaften in der gesetzlichen Rentenversicherung, die mit dem Durchschnittseinkommen aller Versicherten angepasst werden (Rn. 192 „Rentenformel"). An einer Dynamik kann es allenfalls dort fehlen, wo außertarifliche oder untertarifliche Gehälter gezahlt werden. Deren Anpassung muss nämlich nicht der allgemeinen Einkommensentwicklung entsprechen. Es empfiehlt sich aber, gerade bei Beziehern außertariflicher Einkommen nachzuforschen, wie die Anpassung ihrer Versorgungen tatsächlich gehandhabt wird. Man wird dann gar nicht selten feststellen, dass auch sie tatsächlich entsprechend den Erhöhungen jedenfalls der Beamtenversorgung angepasst wurden. 411

Volldynamik im Anwartschaftszeitraum ist auch anzunehmen, wenn die Versorgung auf einer tatsächlichen oder fiktiven Kapitaldeckung mit einem Rechnungszins von 3,25 % beruht, wie das jetzt bei den Versorgungsrenten der öffentlichen Zusatzversorgung der Fall ist (Glockner, FamRZ 2002, 287). 412

Verschiedene große Industrieunternehmen haben in den letzten Jahren ihre Versorgungsordnungen geändert und Höhe sowie Anpassung der Betriebsrentenanwartschaften beschnitten, um nicht mehr automatisch für Verminderungen der gesetzlichen Renten aufkommen zu müssen. Ob dieses jedoch wirklich dazu führt, dass die betroffenen Versorgungen jetzt als voll statisch zu bewerten sind, erscheint angesichts der Entwicklung der gesetzlichen Renten und Beamtenpensionen fraglich. Das gilt auch für sog. Karrieredurchschnittspläne und die Verwendung von (beitragsabhängigen) Rentenbausteinen (vgl. die VW-Betriebsrente ab 1. 1. 1996, OLG Celle, FamRZ 1996, 1554; s. Rn. 932 „Umrechnung: nichtdynamische Versorgungen"). Kürzungen in der Höhe der betrieblichen Versorgung allein bedingen noch keine Änderung der Dynamik. 413

Die volle Dynamik im Anwartschaftszeitraum ist wegen § 2 Abs. 5 BetrAVG dann zum Zeitpunkt der Entscheidung über den Versorgungsausgleich **noch verfallbar** (vgl. o. Rn. 309 f.), wenn sie auf bis zum Eintritt des Versorgungsfalles erreichten Durchschnittsentgelten o. Ä. beruht. Diese Anwartschaften sind deshalb (zunächst) nicht in den Ausgleich einzubeziehen (BGH, FamRZ 1989, 844, 845; 1991, 1421, 1424; NJW-RR 1993, 642; a. A. noch OLG Braunschweig, FamRZ 1988, 74, 75; s. Rn. 932 „Umrechnung: anwartschaftsdynamische Versorgungen"). Erst wenn die Anwartschaftsdynamik bei Eintritt des Versorgungsfalles wirklich unverfallbar wird, kann sie ggf. in einem Abänderungsverfahren geltend gemacht werden (s. aber auch die Einschränkungen u. Rn. 735 f.). 414

Unverfallbar dagegen sind alle Versorgungsteile, die während der Ehezeit erworben wurden und auf unveränderlichen Versorgungsbausteinen, Versorgungspunkten o. Ä. beruhen. Das trifft z. B. für die Leistungen aus der **öffentlichen Zusatzversorgung** ab 1.1.2002 zu (vgl. Glockner, FamRZ 2002, 287, der auch auf die jetzt vorzunehmende Berechnung des Ehezeitanteils eingeht).

b) Volldynamik im Leistungszeitraum

415 Im Anwartschaftszeitraum nicht, wohl aber **im Leistungszeitraum dynamisch** sind die meisten der im Kapitaldeckungsverfahren finanzierten **berufsständigen Versorgungswerke** der Ärzte (z. B. Bayerische Ärzteversorgung, BGH, FamRZ 1995, 815; OLG Nürnberg, FamRZ 1996, 553; s. Rn. 932 „Umrechnung: leistungsdynamische Versorgungen"), Zahnärzte (z. B. Zahnärzteversorgung Schleswig-Holstein, BGH, FamRZ 1996, 481, 482 einschließlich der „Erweiterten Honorarverteilung"; s. Rn. 932 „Berufsständige Versorgungen: leistungsdynamische Versorgungen"), Apotheker (z. B.: Bayerische Apothekerversorgung, BGH, NJW-RR 1988, 69), Rechtsanwälte, Notare, aber auch die Zusatzversorgungen der Bühnen- und Orchesterangestellten (BGH, FamRZ 1997, 161 ff.; 164 ff.; s. Rn. 932 „Umrechnung: leistungsdynamische Versorgungen").

416 Die **gezahlten Renten** der **betrieblichen Altersversorgung** werden regelmäßig nicht in einer der gesetzlichen Rentenversicherung ähnlichen Systematik grundsätzlich jährlich angepasst. Die Betriebe behalten sich vielmehr vor, die Leistungen in regelmäßigen Abständen zu überprüfen und nach ihren wirtschaftlichen Möglichkeiten den gestiegenen Lebenshaltungskosten anzupassen. Dazu sind sie nach § 16 BetrAVG auch verpflichtet. Diese **gesetzliche oder satzungsmäßige Anpassungspflicht** ist nach bisher h. M. mit der Anpassungsautomatik der gesetzlichen Rentenversicherung nicht vergleichbar (vgl. BGH, NJW-RR 1986, 621; OLG Karlsruhe, FamRZ 1998, 298, 299; s. Rn. 932 „Umrechnung nichtdynamischer Anrechte"). Diese Einschätzung bedarf dringend der Überprüfung angesichts der nur bescheidenen Anpassungen der gesetzlichen Renten und Beamtenversorgungen nach den letzten Versorgungsreformen. Seither werden gesetzliche Renten und Beamtenversorgungen eher nach Überlegungen angepasst, die das BAG für betriebliche Altersversorgungen zu § 16 BetrAVG aufgestellt hat (vgl. BAG, BetrAV 1992, 225; 1989, 201).

417 Daneben aber gibt es auch nach geltender Rechtsprechung schon einige Versorgungen, die auf grund ihrer besonders guten und regelmäßigen Anpassungen an die allgemeine Einkommensentwicklung im Leistungszeitraum als volldynamisch angesehen worden sind. Dazu zählt u. a. die betriebliche Altersversorgung der **BASF AG** in Ludwigshafen am Rhein (OLG Zweibrücken, FamRZ 2000, 539, 540).

418 Ob die jetzt in § 18 BetrAVG geregelte Teildynamik, nämlich Anpassung gezahlter Versicherungsrenten aus der öffentlichen Zusatzversorgung um 1 % pro Jahr, mit den Anpassungen der gesetzlichen Rentenversicherung und der Beamtenversorgung vergleichbar ist, ist derzeit noch umstritten (gegen eine Volldynamik im Leistungszeitraum: Glockner, FamRZ 2002, 287; Borth, FamRZ 2002, 288). Angesichts der durch Rentenreformgesetz 1999 – RRG – v. 16. 12. 1997 (BGBl. I S. 2998), Versorgungsreformgesetz 1998 – VReformG – v. 29. 6. 1998 (BGBl. I S. 1666), das Gesetz zur Neuordnung der Versorgungsabschläge vom 29.12.2000 (BGBl. I. S. 1786), das Gesetz zur Reform der gesetzlichen Rentenversicherung und zur Förderung eines kapitalgedeckten Altersvermögens (Altersvermögensgesetz – AVmG) vom 26.6.2001 (BGBl. I S. 1310) und das Gesetz zur Verbesserung des Hinterbliebenenrechts vom 17.7.2001 (BGBl. I S. 1598) sowie das Versorgungsänderungsgesetz 2001 vom 20.12.2001 (BGBl. I S. 3926) seit dem 1.1.2002 eingetretenen nicht unerheblichen Kürzungen von Renten und Pensionen bzw. deren Anpassungen in den kommenden fünf bis zehn Jahren spricht mehr dafür, die gesetzlich garantierte Anpassung von 1 % für voll dynamisch zu halten. Sie ist zwar derzeit um etwas mehr als einen Prozentpunkt geringer, als die Anpassung von gesetzlichen Renten und Beamtenpensionen in den letzten zehn Jahren durchschnittlich waren. Es spricht jedoch wenig dafür, dass die Anpassungen in den kommenden zehn Jahren diesen Durchschnittswert nochmals erreichen, während die durchzuführenden Kürzungen bereits feststehen.

4. Voll statische Versorgungen

419 In der Rechtsprechung wurden solche Versorgungen bisher weder im Anwartschafts- noch im Leistungszeitraum als (voll) dynamisch angesehen, die mit Hilfe eines individuellen Deckungskapitals durch Beiträge der Mitglieder finanziert werden, wobei die erwirtschafteten Zinsen und Überschüsse nicht zu Leistungsanpassungen führen, die denen in der gesetzlichen Rentenversicherung oder Beamtenversorgung vergleichbar sind (vgl. OLG Hamm, FamRZ 1994, 1465). Dazu gehörte nach der Rechtsprechung z. B. das Versorgungswerk der Architektenkammer Baden-Württemberg (BGH, FamRZ 1991, 310, 313), das jetzt aber wegen seiner inzwischen der gesetzlichen Rentenversicherung und Beamtenversorgung vergleichbaren Leistungen doch als volldynamisch angesehen werden muss (OLG Hamburg, FamRZ 2001, 999, 1000).

5. Umrechnung nicht voll dynamischer Anrechte

Die Umrechnung erfolgt dadurch, dass der Ehezeitanteil des real vorhandenen Deckungskapitals als Beitrag in die gesetzliche Rentenversicherung entrichtet und die sich daraus ergebende Anwartschaft auf eine Vollrente wegen Alters ermittelt wird (§ 1587a Abs. 3 Nr. 1 BGB). 420

Bei Fehlen eines Deckungskapitals oder einer vergleichbaren Deckungsrücklage – kann jetzt die **BarwertVO** v. 24. 6. 1977, geändert durch die Verordnung v. 22. 5. 1984, nicht mehr angewandt werden, weil sie als **verfassungswidrig** anzusehen ist (vgl. BGH, FamRZ 2001, 1695, 1696 ff. = Rn. 932 „Verfassungsmäßigkeit der Umrechnung nach der BarwertVO"). An ihre Stelle ist die BarwertVO in der Fassung der Zweiten Verordnung zur Änderung der BarwertVO v. 26.5.2003 (BGBl. S. 728) getreten.

a) Umrechnung mit Hilfe des Deckungskapitals
aa) Private Lebensversicherungsverträge

Die Umrechnung mit Hilfe des Deckungskapitals orientiert sich an den **privaten Lebensversicherungsverträgen,** die mit Ausnahme von Risikoversicherungen wie der Berufsunfähigkeits(zusatz)versicherungen – BUZ – aus einem individuellen Deckungskapital finanziert werden. Dieses setzt sich aus den gezahlten Prämien, dem geschäftsplanmäßigen Rechnungszins und etwaigen Überschussanteilen nach Abzügen von Abschluss-, Verwaltungs- und Risikokosten zusammen (vgl. o. Rn. 363 f.). Das auf die Ehezeit entfallende Deckungskapital repräsentiert wirtschaftlich den auszugleichenden Wert. 421

bb) Berufsständige Versorgungswerke

Eine Umrechnung mit Hilfe des Deckungskapitals ist nach der Rechtsprechung des BGH auch bei **berufsständigen Versorgungswerken** vorzunehmen, selbst wenn ein Teil der Versorgungsleistungen nicht aus Deckungskapitalen oder vergleichbaren Rücklagen, sondern aus den Gewinnen finanziert wird (FamRZ 1989, 155, 156, 157). Maßgeblich für die Art der Umrechnung sei nämlich nicht, ob die Versorgungsleistungen ausschließlich aus dem Deckungskapital gewährt werden, sondern, ob überhaupt und für die Finanzierung überwiegend ein individuelles Deckungskapital angesammelt oder ein solches vom Versicherer erst gebildet werde, sobald das versicherte Risiko eingetreten sei, wie etwa bei der BUZ. 422

Dieses ist der Fall u. a. beim Zahnärzteversorgungswerk Niedersachsens (BGH, FamRZ 1989, 155 f.) und der Architektenversorgung Baden-Württembergs (BGH, FamRZ 1991, 310, 313), dagegen nicht bei der Bayerischen Apothekerversorgung (BGH, NJW-RR 1988, 69) und der Landesärztekammer Hessen (BGH, FamRZ 1992, 165 f.; s. Rn. 932 „Hinterbliebenenversorgung" wegen der konkreten Argumentation und den unterschiedlichen Ergebnissen: Barwert DM 76 942,16; Deckungskapital ohne Hinterbliebenenversorgung DM 73 904,00). 423

cc) Betriebliche Altersversorgung

Umstritten war, ob entgegen dem Wortlaut des § 1587a Abs. 4 BGB, der alle Leistungen der betrieblichen Altersversorgung einer barwertbezogenen Umrechnung unterwirft, die nicht volldynamischen betrieblichen Rentenanwartschaften, die durch ein individuelles Deckungskapital finanziert werden, nicht mit dessen Hilfe und nicht etwa mit Hilfe der BarwertVO umgerechnet 424 werden müssen. Plausibler und praktikabler erschien schon bisher in diesen Fällen die Umrechnung mit Hilfe des während der Ehe erworbenen Deckungskapitals (so Glockner, FamRZ 1988, 779 ff.; MüKo/Rühmann, BGB, § 1587a Rn. 468 m. w. N.), vor allem für Ansprüche aus einer **betrieblichen Direktversicherung** oder einer **Pensionskasse,** wenn für den Fall des vorzeitigen Ausscheidens des Arbeitnehmers keine ratierliche Berechnungsmethode, sondern die sog. versicherungsvertragliche Lösung nach § 2 Abs. 2 Satz 2 bzw. Abs. 3 Satz 2 BetrAVG vereinbart worden ist (zustimmend auch Borth, FamRZ 1996, 641, 648).

425 Der BGH hat sich unter Berufung auf den Gesetzeswortlaut in § 1587a Abs. 4 BGB dafür ausgesprochen, betriebliche Anrechte immer unter Verwendung der BarwertVO umzurechnen, auch wenn sie auf einem Deckungskapital oder einer vergleichbaren Deckungsrücklage beruhen (BGH, FamRZ 1994, 23 ff.; ebenso OLG Karlsruhe, FamRZ 1993, 1212; OLG Hamm, FamRZ 1994, 1465). Dies erscheint fragwürdig auch nach In-Kraft-Treten der neuen BarwertVO.

426 Fragen bleiben auch dort, wo die betriebliche Altersversorgung teils auf Beiträgen des Arbeitgebers, teils auf eigenen Beiträgen des Arbeitnehmers beruht, wie z. B. bei der VBLU. Eine für den Arbeitnehmer einheitliche Versorgung wurde hier bisher nicht nur rechtlich in zwei unterschiedliche Versorgungen aufgeteilt, nämlich in eine nach § 1587a Abs. 2 Nr. 3 BGB zu bewertende betriebliche Anwartschaft und in eine weitere, nach § 1587a Abs. 2 Nr. 5 BGB zu bewertende private Lebensversicherung, sondern die real auszugleichenden Ehezeitanteile wurden auch unterschiedlich und mit **differierenden Ergebnissen** ermittelt. In diesen Fällen spricht der Grundsatz materieller Halbteilung für die einheitliche Umrechnung anhand des in der Regel für beide Teile der Versorgung vorhandenen (einheitlichen) Deckungskapitals. Dieses muss aber u. U. vom Betrieb bzw. dem Versicherungsunternehmen gesondert erfragt werden.

427 Die **Umrechnung mit Hilfe des Deckungskapitals** und den amtlichen Umrechnungsgrößen (s. Rn. 935 Ziff. 3 Tabelle 3a) sei demonstriert an folgendem Beispiel.

Beispiel:

Ehezeitende: 30. 6. 1997; Mann hat nach Auskunft des Lebensversicherers Aussicht auf eine Leibrentenzahlung in Höhe einer beitragsfreien Differenzrente von 550 DM monatlich, der ein (Differenz-) Deckungskapital von 95 000 DM entspricht.

„Einzahlung in die gesetzliche Rentenversicherung" bedeutet:

- Umrechnung in Entgeltpunkte (früher: Werteinheiten):

  $95\,000 \times 0{,}0000915531 = 8{,}6975$ Werteinheiten

- Umrechnen in Rentenanwartschaften:

  $8{,}6975 \times 46{,}67 = 406{,}03$ DM

428 An diesem Beispiel wird deutlich, dass – im Gegensatz zur Umrechnung mit Hilfe der BarwertVO – hier weder das Alter des Versicherten noch der Zeitpunkt der Fälligkeit der Leibrente von Bedeutung sind. Alle versicherungsmathematisch bedeutsamen Variablen sind bereits bei der Ermittlung des Deckungskapitals vom Versicherer hinreichend berücksichtigt worden. Eine Überprüfung oder Korrektur durch das Familiengericht findet nicht statt.

b) Umrechnung mit Hilfe der BarwertVO

429 Eine Umrechnung mit Hilfe der BarwertVO ist wieder zulässig, weil diese erkennbar den verfassungsrechtlichen Vorgaben des BGH (BGH, FamRZ 2001, 1695, 1696 ff. = Rn. 932 „Verfassungsmäßigkeit der Umrechnung nach der BarwertVO") entspricht.

Es handelte sich bei der BarwertVO um ein Tabellenwerk, mit dessen Hilfe ein dem Deckungskapital privater Lebensversicherungen entsprechender Barwert ermittelt werden soll. Inhaltlich wird dazu in **pauschalisierender Weise** die Summe der zukünftig zu erwartenden Rentenzahlungen mit ihrer prozentualen Wahrscheinlichkeit multipliziert (Gutdeutsch, FamRZ 1997, 80, 81). Die Tabellen gehen davon aus, dass der Wert eines Versorgungsanrechts der Summe der noch ausstehenden Versorgungsleistungen, vermindert um die noch beizubringenden Beiträge, entspricht. Beide Werte sind vom Lebensalter des Anspruchsinhabers abhängig. Dementsprechend sind die Tabellen nach Lebensalter gestaffelt und berücksichtigen auch einen Zinseffekt.

aa) Aufbau der BarwertVO

Die BarwertVO differenziert grob nach vier Arten von Versorgungen: 430
- Versorgungen wegen Alters- sowie Berufs- oder Erwerbsunfähigkeit,
- Reine Altersversorgungen,
- Reine Berufs- oder Erwerbsunfähigkeitsversorgungen,
- Bereits laufende Versorgungen.

Letztere Versorgungen wird nach Tabelle sieben der BarwertVO umgerechnet, wobei unterschieden wird nach lebenslangen und zeitlich begrenzten Versorgungen. Zeitlich begrenzte Versorgungen sind im Tabellenwert zu kürzen.

Weiter wird danach unterschieden, ob der Beginn der Rente vor oder nach dem 65. Lebensjahr liegt. Für jedes Jahr früher oder später sind prozentuale Zu- oder Abschläge vorgeschrieben.

Hauptsächlich wird aber nach der Art der Teildynamik (anwartschaftsdynamische und leistungsdynamische Versorgungen) unterschieden. Insgesamt enthält die BarwertVO **sieben Tabellen**, nämlich drei für alle im Anwartschaftszeitraum dynamischen Versorgungen, drei für rein statische Versorgungen und eine für laufende Leistungen, sowie **prozentuale Zu- und Abschlagsregelungen** für zeitlich begrenzte, vorzeitige oder hinausgeschobene Renten und eine Leistungsdynamik. 431

bb) Verfassungsrechtliche Bedenken

Gegen die **Verfassungsmäßigkeit** dieser Verordnung wurden nach ihrer ersten Novellierung schwerwiegende Bedenken (vgl. MüKo/Dörr, BGB, § 10a VAHRG Rn. 52) geltend gemacht. Eine verfassungsgerichtliche Klärung aller erhobener Bedenken fand u. a. nicht statt, weil fraglich ist, ob das BVerfG überhaupt zur Klärung berufen war. Denn bei der BarwertVO handelt es sich nicht um ein Gesetz, sondern um eine **Verordnung**, so dass kein Gericht nach Art. 100 GG bei Zweifeln an der Verfassungsmäßigkeit vorlegen musste. Nach der Rechtsprechung des BVerfG und des BGH war zunächst von der Verfassungsmäßigkeit der BarwertVO auszugehen. Infolge der sich verschärfenden inneren Widersprüche bei der Umrechnung nach der BarwertVO hielten immer mehr Obergerichte diese für verfassungswidrig und entwickelten im Wege **verfassungskonformer Auslegung** selbst flexiblere Umrechnungsmaßstäbe (so vor allem das OLG München, FamRZ 1999, 1442, 1443 mit ablehnender Anmerkung Bergner, FamRZ 2000, 90, 491; während andere wie Glockner/Gutdeutsch sich für einen Teilausgleich vorab und eine Vorlage an das BVerfG aussprachen, FamRZ 1999, 896, 901). Der BGH ging mit einem Teil der obergerichtlichen Rechtsprechung noch einen anderen Weg und stellte einerseits klar, dass § 1587a Abs. 3 Nr. 2 BGB verfassungsgemäß, die bisherige BarwertVO aber in ihrer bisherigen Struktur mit dem Gleichheitsgebot und dem Eigentumsschutz der Verfassung nicht mehr vereinbar sei und deshalb bis spätestens zum 31.12.2002 zumindest vorläufig durch eine angemessenere Regelung ersetzt werden musste (BGH, FamRZ 2001, 1695, 1696 ff. = Rn. 932 „Verfassungsmäßigkeit der Umrechnung nach der BarwertVO"). Ebenso wie nach Feststellung der Verfassungswidrigkeit der früheren Regelung zu den Kindererziehungszeiten in der gesetzlichen Rentenversicherung (vgl. BVerfG, FamRZ 1996, 1137 ff.; Rn. 187) und vor der Neuregelung im SGB VI hatte man nach der Entscheidung des BGH bei der Umrechnung nicht volldynamischer Anrechte – im vorrangigen Interesse der Ausgleichsberechtigten – den Versorgungsausgleich unter Verwendung der verfassungswidrigen Umrechnungsfaktoren durchzuführen und die Parteien wegen einer verfassungskonformen Regelung auf ein Abänderungsverfahren nach § 10a VAHRG (s. Rn. 721 ff.) zu verweisen, weil die dabei auftretende Fehlbewertung keine – in der Regel unabänderliche – fehlerhafte Rechtsansicht (vgl. Rn. 724 f.), sondern eine **besserem Wis-** 432 sen zugängliche abänderbare Größe ist (vgl. Rn. 729). Die jetzige BarwertVO enthält zwar immer noch einige Ungereimtheiten, entspricht aber erkennbar den vom BGH entwickelten verfassungsrechtlichen Vorgaben.

cc) Unverfallbarkeit einer Anwartschaftsdynamik

433 Bei **endgültiger Unverfallbarkeit einer nur anwartschaftsdynamischen Rente,** d. h., wenn sich im Rentenfall des Betriebsrentners endgültig herausstellt, dass seine Versorgung im Anwartschaftszeitraum wegen der unmittelbaren Abhängigkeit vom Einkommen in einer der gesetzlichen Rentenversicherung oder Beamtenversorgung vergleichbaren Weise angepasst wurde, im Leistungszeitraum eine Vergleichbarkeit jedoch nicht gegeben ist, kommt allein die Anwendung der Tabellen 4, 5 oder 6 auf die bei Ehezeitende erreichte Jahresversorgung in Betracht (so auch Gutdeutsch, FamRZ 1997, 82). Denn die Anwartschaftsdynamik wird allein und ausreichend durch den Kapitalisierungsfaktor der Tabelle 4 (5 oder 6) beschrieben. Eine darüber hinausgehende Veränderung hat sich in Wirklichkeit nicht ergeben. Die ursprüngliche Prognose hat sich erfüllt. Damit aber scheidet der Ansatz einer höheren Jahresrente aus. Diese käme allein nach § 1587g Abs. 2 BGB im Rahmen des schuldrechtlichen Versorgungsausgleichs in Betracht.

dd) Schuldrechtlicher Versorgungsausgleich

434 Kein Gerechtigkeitsproblem bei der Bewertung der Dynamik betrieblicher Versorgungsanrechte mit Hilfe der starren Werte der BarwertVO taucht immer dann auf, wenn den Parteien ein (ergänzender) **schuldrechtlicher Versorgungsausgleich** offen stand. Denn im Rahmen dieser Ausgleichsform waren schon bisher alle nachträglich den Ehezeitanteil betreffenden Wertänderungen mit ihrem realen Wert ohne Umrechnung zu berücksichtigen (§ 1587g Abs. 2 Satz 2 BGB).

D. Ausgleichsformen

435 Die Frage nach den Ausgleichsformen, nach dem **„Wie" des Versorgungsausgleichs,** stellt sich erst, wenn feststeht, **wer** ausgleichspflichtig und **wie hoch** der Ausgleichsanspruch insgesamt ist. Bevor die einzelnen Ausgleichsformen geprüft werden, muss also die **Ausgleichsbilanz** erstellt werden. Um Irrtümer und Flüchtigkeitsfehler zu vermeiden, empfiehlt es sich, immer erst den **Gesamtausgleich** (in den nachfolgenden Beispielen mit I. gekennzeichnet) und erst danach den **Einzelausgleich** (mit II. gekennzeichnet) vorzunehmen.

436 Die nachfolgenden Beispiele beruhen der besseren Verständlichkeit halber ausschließlich auf Anwartschaften aus den alten Bundesländern. Wegen etwaiger Besonderheiten bei den **angleichungsdynamischen Anrechten** aus den neuen Bundesländern s. unter „versorgungsbedingte Probleme", Rn. 821 ff.

437 Der Versorgungsausgleich kennt zwei grds. unterschiedliche Arten des Ausgleichs, nämlich den **öffentlich-rechtlichen** Versorgungsausgleich und den **schuldrechtlichen Versorgungsausgleich.**

I. Überblick

1. Ausgleichsbilanz und Feststellung des Ausgleichspflichtigen

438 Maßgeblich für die Ausgleichsform ist der Charakter des Versorgungsanrechts beim **Ausgleichspflichtigen.** Der Charakter des Versorgungsanrechts beim **Ausgleichsberechtigten** spielt nur eine nachgeordnete Rolle.

Zunächst ist festzustellen, wer insgesamt ausgleichspflichtig und wer ausgleichsberechtigt ist. In den folgenden Beispielen steht dafür stets die Zeile:

„I. 1/2 Differenz = x zugunsten Frau/Mann".

Stehen der Ausgleichspflichtige und die Höhe des Ausgleichsanspruchs fest, erfolgt der Versorgungsausgleich im Einzelnen unter II.

2. Öffentlich-rechtlicher Versorgungsausgleich

Zum **öffentlich-rechtlichen Versorgungsausgleich** zählen heute die folgenden Ausgleichsformen: 439

- Splitting (§ 1587b Abs. 1 BGB, Rn. 443 ff.),
- Quasisplitting (§ 1587b Abs. 2 BGB, Rn. 449 ff.),
- Sog. analoges Quasisplitting (§ 1 Abs. 3 VAHRG, Rn. 453 ff.),
- Supersplitting, Superquasisplitting, Superrealteilung (§ 3b Abs. 1 Nr. 1 VAHRG, Rn. 460 ff.),
- Beitragszahlung (§ 3b Abs. 1 Nr. 2 VAHRG, Rn. 477 ff.),
- (in gewissem Sinne auch) **Realteilung** (§ 1 Abs. 2 VAHRG, Rn. 484 f.).

3. Schuldrechtlicher Versorgungsausgleich

Der schuldrechtliche Versorgungsausgleich (§ 1587f BGB und § 2 VAHRG, Rn. 517), wird ergänzt durch den verlängerten schuldrechtlichen Versorgungsausgleich (Rn. 584 ff.). 440

4. Strenge gesetzliche Reihenfolge

Welche der genannten Ausgleichsformen anzuwenden ist, richtet sich nach dem Gesetz und unterliegt im Wesentlichen einer **strengen Reihenfolge** ohne Gestaltungsermessen seitens des Gerichts oder der Parteien (vgl. auch BGH, FamRZ 1996, 481; OLG Bamberg, FamRZ 1998, 29). Nach dem Willen des Gesetzgebers ist der Versorgungsausgleich so weit wie möglich öffentlich-rechtlich durchzuführen. Der schuldrechtliche Versorgungsausgleich war ursprünglich auf wenige Fallgestaltungen als reiner Auffangtatbestand beschränkt worden. In der Praxis hat diese Ausgleichsform allerdings zunehmend an Bedeutung gewonnen, weil sich herausgestellt hat, dass jedenfalls dann, wenn die Möglichkeit eines verlängerten schuldrechtlichen Versorgungsausgleichs besteht, der schuldrechtliche Ausgleich gegenüber dem öffentlich-rechtlichen erhebliche wirtschaftliche und auch verfahrensmäßige Vorteile haben kann. 441

5. Abfindung nach § 1587l BGB

Zwischen schuldrechtlichem und öffentlich-rechtlichem Versorgungsausgleich liegt die **Abfindungsmöglichkeit nach § 1587l BGB** (Rn. 557 ff.). 442

II. Splitting (§ 1587b Abs. 1 BGB)

1. „Übertragung" der hälftigen Differenz

Hierbei werden die Rentenanwartschaften des Ausgleichspflichtigen in der gesetzlichen Rentenversicherung und die Rentenanwartschaften des Ausgleichsberechtigten sowie dessen Pensionsanwartschaften aus einer Beamtenversorgung einander gegenübergestellt. Ergibt sich dabei, dass der Ausgleichspflichtige höhere Anwartschaften hat als der Ausgleichsberechtigte, wird die Hälfte der Differenz (bis zur Hälfte der Differenz) dem Ausgleichsberechtigten in der gesetzlichen Rentenversicherung gutgeschrieben, „übertragen": 443

Beispiel 1:

	Mann	Frau
GRV	500,00 €	100,00 €
BeaV		300,00 €
	500,00 €	400,00 €

1/2 Differenz = 50,00 € zugunsten der Frau

444 Ergibt sich bei dem nach § 1587b Abs. 1 BGB erforderlichen Vergleich der Anwartschaften beider Parteien in der gesetzlichen Rentenversicherung keine Wertdifferenz zugunsten des Ausgleichsberechtigten, findet kein Splitting statt:

Beispiel 2:

	Mann	Frau
GRV	100,00 €	400,00 €
BeaV	400,00 €	
	500,00 €	400,00 €

I. 1/2 Differenz = 50,00 € zugunsten der Frau

II. Kein Splitting, weil keine positive Wertdifferenz zwischen den beiderseitigen gesetzlichen Rentenanwartschaften

2. Begrenzung des Splittings auf den Gesamtausgleich

445 Ergibt der Vergleich nach § 1587b Abs. 1 BGB, dass die halbe Wertdifferenz der zu vergleichenden Anrechte größer ist als der dem Ausgleichsberechtigten insgesamt zustehende Ausgleichsbetrag, kann höchstens der Ausgleichsbetrag übertragen werden. Ein Hin- und Her-Ausgleich ist unzulässig. Im Wege der Gesamtbilanzierung ist ein **einmaliger Ausgleich** zugunsten einer Partei durchzuführen (§ 1587b Abs. 3 Satz 3 BGB):

Beispiel 3:

	Mann	Frau
GRV	500,00 €	300,00 €
BeaV	-	-
BAV	-	100,00 €
	500,00 €	400,00 €

I. 1/2 Differenz = 50,00 € zugunsten der Frau

II. Splitting wäre zulässig bis ((500-300) : 2) = 100,00 €, Ausgleichsbetrag aber begrenzt auf 50,00 €

446 Um einem verbreiteten Missverständnis vorzubeugen: Auch im letzten Beispielsfall werden nicht etwa die gesetzlichen Rentenanwartschaften beider Parteien und die betriebliche Altersversorgung des Ausgleichspflichtigen miteinander verglichen. Verglichen werden nur die Anwartschaften beider Parteien in der gesetzlichen Rentenversicherung. Die sich daraus ergebende halbe Wertdifferenz wird aber auf den Ausgleichsbetrag begrenzt, weil ein Teil des Versorgungsausgleichs nie größer sein kann als der gesamte Versorgungsausgleich.

Das wird besonders deutlich an einem vom OLG Zweibrücken entschiedenen Fall (FamRZ 2000, 959, 960), der sich – mit gerundeten Zahlen – wie folgt darstellt:

447

Beispiel 3a:

	Mann	*Frau*
GRV	-	400,00 DM
LAK= Landwirtschaftliche Alterskasse, die keine Versorgung i.S. des § 1587a Abs. 2 BGB ist.	380,00 DM	-
BAV(öff.-rechtl.)	-	10,00 DM
	380,00 DM	410,00 DM

I. $^{1}/_{2}$ Differenz = 15 DM zugunsten des Mannes

II. Hier findet nur ein Splitting über 15 DM zugunsten des Mannes statt, obwohl ein (theoretisches) Splitting bis zu 400 DM : 2 = 100 DM möglich wäre.

3. Tenorierungsvorschlag
Für Beispiel 1:

Formulierungsbeispiel:

448

> „Vom Versicherungskonto des Ehemannes bei ... Versicherungs-Nr. ... werden auf das Versicherungskonto der Ehefrau bei ... Versicherungs-Nr. ... Rentenanwartschaften i. H. v. 50 € monatlich, bezogen auf den ... (Ehezeitende) in Entgeltpunkten übertragen."

III. Quasisplitting (§ 1587b Abs. 2 BGB)

Führt ein Splitting nicht zum vollständigen Ausgleich, muss als nächstes geprüft werden, ob ein Quasisplitting stattzufinden hat. Beim Quasisplitting werden **miteinander verglichen** die bisher noch nicht ausgeglichenen Anwartschaften beider Parteien in der gesetzlichen Rentenversicherung und die Pensionsanwartschaften beider Parteien aus der Beamtenversorgung (s. Beispiel 2).

449

In Beispiel 2 fand kein Splitting statt. Stattdessen sind zugunsten der Ausgleichsberechtigten in der gesetzlichen Rentenversicherung Anwartschaften i. H. d. halben Wertdifferenz zu begründen nach dem Muster:

450

Formulierungsbeispiel:

> „Zu Lasten der Versorgungsanwartschaften des Ehemannes beim Wehrbereichsgebührnisamt III – Az. ... Abschnitt Versorgung B I 22 – werden dem Versicherungskonto der Ehefrau bei

> ... Rentenanwartschaften i. H. v. ... € (Ausgleichsbetrag), bezogen auf den ... (Ehezeitende) in Entgeltpunkten begründet."

451 Ergibt der Vergleich sämtlicher Anwartschaften des Ausgleichspflichtigen aus der gesetzlichen Rentenversicherung und Beamtenversorgung mit gleichartigen Anrechten des Ausgleichsberechtigten keine Wertdifferenz zugunsten des Ausgleichspflichtigen, findet auch ein Quasisplitting nicht statt:

Beispiel 4:

	Mann	Frau
GRV	50,00 €	400,00 €
BeaV	50,00 €	-
BerufAV	400,00 €	100,00 €
	500,00 €	400,00 €

I. 1/2 Differenz = 50,00 € zugunsten der Frau

II. a) Kein Splitting

    b) Kein Quasisplitting

Ein Splitting entfällt mangels positiver Differenz der beiderseitigen gesetzlichen Rentenanwartschaften zugunsten der Frau, aus demselben Grunde aber auch ein Quasisplitting. Dieses Beispiel zeigt, dass nicht immer schon dann, wenn der Ausgleichspflichtige Beamtenanwartschaften besitzt, ein Quasisplitting stattfinden muss.

IV. Realteilung (§ 1 Abs. 2 VAHRG)

452 Ist auch nach Prüfung eines Quasisplittings der Versorgungsausgleich nicht vollständig durchgeführt, muss als nächstes geprüft werden, ob das oder die noch nicht ausgeglichenen Anrechte real teilbar sind.

V. Analoges Quasisplitting (§ 1 Abs. 3 VAHRG)

453 Hat der Ausgleichspflichtige keine real teilbaren Versorgungsanrechte, ist zu prüfen, ob ein sog. analoges Quasisplitting gem. § 1 Abs. 3 VAHRG durchzuführen ist. Das ist der Fall, wenn der Ausgleichspflichtige über Versorgungsanwartschaften bei einem **öffentlich-rechtlich organisierten Versorgungsträger** verfügt.

Beispiel 5:

	Mann	Frau
GRV	500,70 €	392,30 €
BAV(ÖR)	74,52 €	13,50 €
	575,22 €	405,80 €

I. 1/2 Differenz = 84,71 € zugunsten der Frau

II. a) Splitting (550,70 € – 392,30) : 2 = 79,20 €

    b) Analoges Quasisplitting = restliche 5,51 €

1. Öffentlich-rechtliche Versorgungsträger

Öffentlich-rechtliche Versorgungsträger i. S. d. § 1 Abs. 3 VAHRG sind alle Körperschaften, Anstalten, Stiftungen und auch unselbständige Sondervermögen, die in öffentlich-rechtlicher Form organisiert sind. Es kommt nicht auf den Charakter des Rechtsverhältnisses zwischen dem Versorgungsträger und dem Versicherten, sondern allein auf die **Organisationsform des Versorgungsträgers** an. Unerheblich ist, ob ein privatrechtlich organisierter Versorgungsträger ausschließlich aus öffentlichen Mitteln finanziert wird und die Versorgungszusagen für seine Arbeitnehmer denen der öffentlichen Zusatzversorgung entsprechen (z. B. private Stiftung „Hamburger Öffentliche Bücherhallen", vgl. BGH, FamRZ 1986, 248, 249; 1993, 299). Hier kommt ein analoges Quasisplitting nicht in Betracht. 454

Zu den **öffentlich-rechtlichen Versorgungen** gehören insbesondere: 455

- Anwartschaften der Abgeordneten eines Landtags (vgl. OLG Celle, FamRZ 1985, 397; OLG München, FamRZ 1986, 114; BGH, FamRZ 1988, 380, 381 f.) und des Bundestags;
- öffentlich-rechtliche Banken wie die Norddeutsche Landesbank (vgl. OLG Celle, FamRZ 1985, 939), die Hamburgische Landesbank und alle öffentlich-rechtlichen Sparkassen (die „Hamburger Sparkasse" ist zwar eine öffentliche, aber keine öffentlich-rechtliche Sparkasse mit der Folge, dass die von ihr zugesagten Betriebsrenten nicht durch Quasisplitting ausgleichbar sind (vgl. AG Hamburg, Urt. v. 24. 2. 1987 – 267 F 195/86);
- Anrechte auf Altersgeld der landwirtschaftlichen Alterskassen nach dem GAL (BGH, FamRZ 1984, 42; 1986, 335);
- berufsständige Versorgungen der kammerfähigen freien Berufe (Ärzte, Zahnärzte, Notare, Rechtsanwälte, Architekten u. a.);
- Höherversicherung in der gesetzlichen Rentenversicherung (s. Rn. 192 „Höherversicherung", vgl. BGH, FamRZ 1987, 918);
- Anwartschaften aus der Versorgungsordnung der öffentlich-rechtlichen Rundfunkanstalten wie Deutschlandfunk, Deutsche Welle (vgl. BGH, FamRZ 1985, 56);
- **nicht mehr aber** die normalen Versorgungen der Anstalten der ARD wie NDR, Hessischer Rundfunk (überholt: OLG Bremen, FamRZ 1984, 602), Radio Bremen (überholt: OLG Bremen, FamRZ 1985, 943), Südwestfunk (überholt: OLG Koblenz, FamRZ 1987, 717), ZDF (BGH, FamRZ 1987, 52). Diese Versorgungen werden jetzt über eine Pensionskasse, die Baden-Badener Pensionskasse VVaG abgewickelt. Damit sind sie aus dem Kreis der öffentlich-rechtlichen Versorgungsträger ausgeschieden (vgl. BGH, FamRZ 1987, 52). Nur soweit (zusätzlich) unmittelbare Versorgungszusagen durch denselben Arbeitgeber erfolgt sind, muss der Ausgleich der Versorgung getrennt, nämlich teilweise durch analoges Quasisplitting, teilweise durch Supersplitting oder schuldrechtlichen Versorgungsausgleich erfolgen.
- Ansprüche aus der gemeinsamen Ausgleichskasse im Seelotsenwesen (vgl. OLG Karlsruhe, FamRZ 1985, 1055; BGH, FamRZ 1988, 512);
- die Hüttenknappschaftliche Zusatzversorgung des Saarlandes (BGH, FamRZ 1984, 573);
- rechtlich unselbstständige kommunale Regiebetriebe wie die Berliner Verkehrsbetriebe (BGH, FamRZ 1984, 1212);
- Ansprüche gegen die Träger der Zusatzversorgung des öffentlichen Dienstes (VBL, vgl. BGH, FamRZ 1986, 247), Bahnversicherungsanstalt Teil B, Versorgungsanstalt der Post, Kommunale Zusatzversorgungskassen, die kirchlichen Zusatzversorgungskassen und die Versorgung nach dem Hamburger Ruhegeldgesetz;
- zahlreiche unter dem Dach der Bayerischen Versicherungskammer organisierten betrieblichen oder im weiteren Sinne berufsständigen Zusatzversorgungen wie die Versorgungsanstalt der Deutschen Bühnen (BGH, FamRZ 1997, 161; s. Rn. 932 „Umrechnung, leistungsdynamische Versorgungen"), der Deutschen Kulturorchester (BGH, FamRZ 1985, 1119; BGH, FamRZ

1997, 164) sowie der Zusatzversorgung des Schornsteinfegerhandwerks (BGH, FamRZ 1985, 56, 57; OLG Karlsruhe, FamRZ 1996, 553, 554; s. Rn. 932 „Volldynamische betriebliche Versorgungen");

- öffentlich-rechtliche Versicherungen wie die Landschaftliche Brandkasse Hannover (OLG Celle, FamRZ 1984, 1240), die Provinzial Versicherung Schleswig-Holstein, die Barmer Ersatzkasse und die öffentlichen Bausparkassen;
- Versorgungsaussichten der Widerrufsbeamten und Zeitsoldaten (vgl. OLG Stuttgart, FamRZ 1985, 1267).

456 Ebenso wenig wie bei der Realteilung sieht das Gesetz beim Quasisplitting nach § 1 Abs. 3 VAHRG eine Bestimmung für den Fall vor, dass der Ausgleichspflichtige mehrere Versorgungen bei öffentlich-rechtlichen Versorgungsträgern hat:

Beispiel 6:

	Mann	Frau
GRV	-	400,00 €
Bundeswehr (Zeit)	350,00 €	-
Stadt X(Widerrufsbeamte)	150,00 €	
	500,00 €	400,00 €

I. 1/2 Differenz = 50,00 € zugunsten der Frau

II. a) Kein Splitting, da keine Differenz zugunsten der Frau

    b) Kein Quasisplitting nach § 1587b Abs. 2 BGB, weil Zeitsoldaten und Widerrufsbeamte zwar in einem öffentlich-rechtlichen stehen, aber keine Anwartschaften auf eine öffentlich-rechtliche Versorgung erwerben

    c) Realteilung ist für keine Versorgung vorgesehen

    d) Analoges Quasisplitting zu Lasten der Bundeswehr oder der Stadt X?

457 Nach h. M. kommt hier nur ein zweimaliges Quasisplitting im Verhältnis der beiden Anrechte also (359 : 500 x 50 =) 35 € zu Lasten der Bundeswehr und (150 : 500 x 50 =) 15 € zu Lasten der Stadt X in Betracht (OLG Stuttgart, FamRZ 1985, 1267 und BGH in ständiger Rechtsprechung zum vergleichbaren Fall des Zusammentreffens von privaten und öffentlich-rechtlichen Versorgungsträgern beim Ausgleichspflichtigen: BGH, FamRZ 2000, 477, 478; 1994, 90). Begründet wird dieses damit, dass ein öffentlich-rechtlicher Versorgungsträger (möglicherweise) ungerechtfertigt belastet würde, wenn man nur einmal Quasisplitting stattfinden lassen würde, im Beispielsfall etwa allein zu Lasten der Bundeswehr. Quasisplitting bedeutet nämlich nach § 225 SGB VI, dass dem Träger der gesetzlichen Rentenversicherung, der aufgrund des durchgeführten Versorgungsausgleichs Versicherungsleistungen an den Ausgleichsberechtigten erbringt, alle erbrachten Leistungen ersetzt werden müssen. Diese Erstattungspflicht besteht unabhängig davon, ob der betroffene öffentlich-rechtliche Versorgungsträger sich beim Ausgleichspflichtigen refinanzieren kann. Sie besteht also auch dann, wenn der belastete öffentlich-rechtliche Versorgungsträger die Versorgung des Ausgleichspflichtigen noch nicht kürzen kann, weil bei ihm der Versorgungsfall noch nicht eingetreten ist. Möglicherweise kann der öffentlich-rechtliche Versorgungsträger die Kürzung nie durchführen, etwa weil der Ausgleichspflichtige verstirbt, ohne Hinterbliebene zu hinterlassen.

Ob der Ausgleichs**berechtigte** nur bei einem oder mehreren öffentlich-rechtlichen Versorgungsträgern Anwartschaften erworben hat, ist für den Ausgleich dagegen ohne Bedeutung, weil insoweit allein die Höhe seiner Anwartschaften, nicht aber die Qualität für den Ausgleich wichtig ist.

2. Ermessen

Im Gegensatz zur Ausgleichsform des Supersplittings (s. nachfolgend Rn. 460) räumt das Gesetz dem Richter beim analogen Quasisplitting **kein Ermessen** ein zu prüfen, ob nicht – wegen der dort regelmäßig fehlenden Notwendigkeit einer Umrechnung (vgl. Rn. 548) – der schuldrechtliche Versorgungsausgleich für die Ausgleichsberechtigten wirtschaftlich günstiger ist als ein analoges Quasisplitting (vgl. BGH, FamRZ 1996, 481; s. Rn. 932 „Ausgleichsformen: kein Abweichen"). 458

VI. Ausgleichsformen bei eigentlich durchzuführendem schuldrechtlichen Versorgungsausgleich

Hat der Ausgleichspflichtige auch keine Versorgungsanwartschaften bei öffentlich-rechtlichen Versorgungsträgern in der Ehezeit erworben, sind alle noch nicht ausgeglichenen Anrechte grds. im Wege des schuldrechtlichen Versorgungsausgleichs auszugleichen (§ 2 VAHRG). Trotz der Verbesserung des schuldrechtlichen Versorgungsausgleichs durch das VAwMG um den verlängerten schuldrechtlichen Versorgungsausgleich wird die Ausgleichsform des schuldrechtlichen Versorgungsausgleichs vom Gesetz regelmäßig als schlechter als alle Formen des öffentlich-rechtlichen Versorgungsausgleichs angesehen. Denn der Ausgleichsberechtigte muss dabei anders als im öffentlich-rechtlichen Versorgungsausgleich auf sein Geld warten, bis auch der Ausgleichspflichtige die Rente erhält oder verstirbt. Um diese Nachteile zu vermeiden, hat das VAwMG zusätzliche öffentlich-rechtliche Ausgleichsmöglichkeiten geschaffen, nämlich **Supersplitting, Superquasisplitting und Superrealteilung** (§ 3b Abs. 1 Nr. 1 VAHRG) und **Beitragszahlungen in die gesetzliche Rentenversicherung** (§ 3b Abs. 1 Nr. 2 VAHRG). Allerdings bestehen diese beiden zusätzlichen Ausgleichsformen nur in beschränktem Umfang. 459

VII. Supersplitting (§ 3b Abs. 1 Nr. 1 VAHRG)

1. Voraussetzungen

Alle Anrechte des Ausgleichspflichtigen, die ihrer Art nach durch Splitting, Quasisplitting oder Realteilung ausgleichbar sind, können zu einem ergänzenden öffentlich-rechtlichen Ausgleich nach § 3b Abs. 1 Nr. 1 VAHRG herangezogen werden. 460

Beispiel 7:

	Mann	Frau
GRV	50,00 €	400,00 €
BeaV	350,00 €	-
BAV	100,00 €	-
	500,00 €	400,00 €

I. 1/2 Differenz = 50,00 € zugunsten der Frau

II. a) Kein Splitting und auch kein Quasisplittung mangels positiver Differenz Zugunsten der Frau

  b) Der Ausgleich von 50,00 € kann hier nach dem Ermessen des Familienrichters zu Lasten der GRV und/oder der BeaV des Mannes erfolgen. Beschränkung auf 2 % der Bezugsgröße beachten!

Ein erweiterter Ausgleich nach § 3b Abs. 1 Nr. 1 VAHRG ist auch über eine **erweiterte Realteilung** möglich, wenn das auszugleichende Anrecht diese vorsieht (z. B. bei vielen Ärzteversorgungswerken, wenn beide Parteien Ärzte sind; bei der Ärzteversorgung Baden-Württembergs auch 461 unabhängig davon) und kann anstelle eines an sich durchzuführenden analogen Quasisplittings zum Ausgleich der Versorgung bei einem öffentlich-rechtlichen Versorgungsträger eingesetzt werden, wenn dieses wegen Unwirtschaftlichkeit (§ 1587b Abs. 4 BGB) auf Antrag einer Partei nicht durchzuführen ist (s. OLG Karlsruhe, FamRZ 1994, 1180). Auch hier ist aber der Höchstwert (s. Rn. 475) zu beachten.

2. Ermessensentscheidung

462 Anders als bei Splitting und Quasisplitting ist dem Gericht beim Supersplitting oder Superquasisplitting keine Reihenfolge vorgeschrieben. Es entscheidet das **pflichtgemäße Ermessen.** Im vorliegenden Beispielsfall wird man zweckmäßigerweise den Ausgleich zu Lasten der Anwartschaften des Mannes bei der gesetzlichen Rentenversicherung durchführen. Denn es kann fraglich sein, ob der Mann selbst diese Rente jemals erhalten wird. Das wäre z. B. nicht der Fall, wenn er auch künftig Beamter bleibt und nicht bereits für 60 Monate **Pflichtbeiträge** entrichtet hat (vgl. §§ 50, 51, 52 SGB VI).

3. Ermessenskriterien

463 Im Rahmen seiner Ermessensprüfung bei Anordnung von Supersplitting (Superquasisplitting oder Superrealteilung) hat der Familienrichter zu prüfen, welche prinzipiell zum Ausgleich nach § 3b Abs. 1 Nr. 1 VAHRG heranziehbaren Anrechte des Verpflichteten – auch aus der Zeit vor der Ehe – sich u. U. überhaupt nicht zu seinen Gunsten auswirken (OLG Celle, FamRZ 1999, 926, 928 und Rn. 932 „Supersplitting, erweitertes Splitting"). Er hat weiter zu beachten, dass es Fallkonstellationen gibt, in denen ein **öffentlich-rechtlicher Versorgungsausgleich für den Ausgleichsberechtigten unwirtschaftlich** sein kann. § 3b Abs. 1 VAHRH ist eine **Schutzvorschrift**, zugunsten des Ausgleichsberechtigten, auf die dieser verzichten kann. Gegen seinen Willen wäre ein Supersplitting ermessensfehlerhaft (anders als beim analogen Quasisplitting vgl. BGH, FamRZ 1996, 481; s. Rn. 932 „Ausgleichsformen: kein Abweichen"; OLG Köln, FamRZ 1999, 1205; OLG Zweibrücken, FamRZ 1999, 1206).

a) Ruhen nach § 93 SGB VI

464 Wenn der Ausgleichsberechtigte eine **Rente aus der gesetzlichen Unfallversicherung** bezieht, wird ein (voller) öffentlich-rechtlicher Versorgungsausgleich regelmäßig unwirtschaftlich sein. Nach § 93 SGB VI ruht nämlich eine Rente wegen Erwerbsminderung oder ein Altersruhegeld aus der gesetzlichen Rentenversicherung ganz oder zum größten Teil, wenn der Berechtigte eine Verletztenrente aus der gesetzlichen Unfallversicherung bezieht. Dieses kann dazu führen, dass sich die Erhöhungen der Rentenanwartschaften durch den öffentlich-rechtlichen Versorgungsausgleich nicht zugunsten des Berechtigten auswirken. Zwar hat das LSG Nordrhein-Westfalen (FamRZ 1987, 1272) diese Gesetzesvorschrift insoweit für nicht anwendbar erklärt. Dieser – leider nicht rechtskräftig gewordenen – Entscheidung ist inhaltlich zuzustimmen. Das BSG hat sie aufgehoben und an die Stelle einer den Ausgleichsberechtigten schützenden Auslegung eine rein rentenrechtliche Auslegung vorgenommen. Das ist bedauerlich, weil auf diese Weise den Ausgleichsberechtigten häufig nicht geholfen werden kann. Denn weder das Familiengericht noch der andere Ehegatte fragen im Scheidungsverfahren normalerweise nach einer Unfallrente, weil diese nicht dem Versorgungsausgleich unterliegt (vgl. Rn. 161).

b) Ältere Eheleute

465 Wenn die **Eheleute schon älter** sind (etwa ab 50 bis 55 Jahren) führt der öffentlich-rechtliche Versorgungsausgleich häufig zu unwirtschaftlichen Ergebnissen. Das liegt an der nach § 1587a Abs. 3 BGB i. d. R. erforderlichen **Umrechnung der Anwartschaften** des Ausgleichspflichtigen. Bei dieser Umrechnung wird unterstellt, dass die Anwartschaft in der gesetzlichen Rentenversicherung jährlich um 5,5 % steigt, die Anwartschaften in der nicht dynamischen Versorgung dagegen über-

haupt nicht. Beide Annahmen gehen heute im Normalfall an der Wirklichkeit vorbei. In diesen Fällen erhält der Ausgleichsberechtigte deshalb regelmäßig zu wenig, wenn man öffentlich-rechtlich ausgleicht.

Beispiel 8:

	Mann (55 Jahre)	Frau
GRV (in der Ehe)	-	-
GRV (vorehelich)	100,00 €	-
BAV (nom. 309,31)	100,00 € (dyn.)	-
	100,00 €	-

I. 1/2 Differenz = 50,00 € zugunsten der Frau

II. Supersplitting von 50,00 € oder schuldrechtlicher Ausgleich von 309,31 € : 2 = 154,66 €

Unterstellt man, dass die Renten der gesetzlichen Rentenversicherung künftig in etwa so steigen wie in den letzten Jahren, müsste die Frau im letzten Beispiel mehr als 60 Jahre Rente beziehen, um in der gesetzlichen Rentenversicherung denselben Gesamtbetrag zu erhalten wie durch einen schuldrechtlichen Versorgungsausgleich. 466

Geht es allerdings darum, für den Ausgleichsberechtigten überhaupt Rentenanwartschaften in der gesetzlichen Rentenversicherung zu begründen oder durch den Versorgungsausgleich notwendige Wartezeiten zu erreichen, kann auch bei älteren Parteien ein öffentlich-rechtlicher Versorgungsausgleich durch Supersplitting (Superquasisplitting, Superrealteilung) oder Beitragszahlung (s. u. Rn. 477 f.) wirtschaftlicher sein als der schuldrechtliche Versorgungsausgleich mit verlängertem schuldrechtlichem Versorgungsausgleich. Im Zweifel sollte der Rat eines Rentenberaters eingeholt werden. 467

Die bisher angestellten Wirtschaftlichkeitsüberlegungen gingen ins Leere, wenn die Entscheidung des Familienrichters gegen einen öffentlich-rechtlichen Versorgungsausgleich den Parteien wegen § 3a Abs. 5 VAHRG die Möglichkeit eines verlängerten schuldrechtlichen Versorgungsausgleichs nehmen würde. Das ist im vorgenannten Fall jedoch nicht der Fall (Einzelheiten s. unter Rn. 595 ff.). 468

c) Notwendigkeit einer Umrechnung

Parteien und Anwälte sowie Gerichte stehen auch bei jüngeren und in etwa gleichaltrigen Ehegatten nicht selten vor der Frage, ob die Durchführung eines Supersplittings wegen der dabei notwendigen Umrechnung nicht volldynamischer Anrechte im konkreten Fall weniger wirtschaftlich ist als ein späterer schuldrechtlicher und verlängerter schuldrechtlicher Versorgungsausgleich. Die dabei anzustellenden Überlegungen ergeben sich aus Folgendem: 469

Beispiel 9:
Ehedauer: acht Jahre; Ehezeitende 31. 1. 1996; 2 % der Bezugsgröße: 82,60 DM; Mann hat kein Vermögen und verdient nur seinen angemessenen Unterhalt.

	Mann	Frau
GRV	350,00 DM	400,00 DM
BAV real	600,00 DM	-
dyn.	300,00 DM	-
	650,00 DM	400,00 DM

Teil 9 Abschnitt 1: D. Ausgleichsformen

I. 1/2 Differenz = 125,00 DM zugunsten der Frau
II. Splitting = -
   a) Quasisplitting = -
   b) Supersplitting = begrenzt auf 82,60 DM wegen Grenzwert
   c) Beitragszahlung = -, da nicht zumutbar
   d) Schuldrechtlicher VA = Rest
   e) Abfindung = -, da nicht zumutbar

Oder nur schuldrechtlicher Versorgungsausgleich?

Dazu müssen die Auswirkungen beider Alternativen im Rentenfall untersucht werden (bei ansonsten gleichbleibenden Werten sollen einmal nacheheliche Steigerungen der GRV und BAV von jeweils 10 % angenommen werden)

Wenn der Ausgleich voll dem schuldrechtlichen Versorgungsausgleich überlassen wurde, ergibt sich folgende Rechnung:

	Mann	Frau
GRV	385,00 DM	440,00 DM
BAV	660,00 DM	-
	1 045,00 DM	440,00 DM

1/2 Differenz = 302,50 DM

Wenn der Ausgleich i. H. v. 82,60 DM bereits durch Supersplitting durchgeführt wurde:

	Mann	Frau
GRV	385,00 DM	440,00 DM
	(- 82,60 DM alt= 90,86 DM neu)	(+ 82,60 DM alt =
BAV	660,00 DM	90,86 DM neu)
	954,14 DM	530,86 DM

1/2 Differenz = 211,64 DM + bereits durchgeführter Ausgleich i.H.v. (neu) 90,86 DM insgesamt also auch = 302,50 DM

470 **Ergebnis:** Immer dann, wenn es überhaupt zu einem (ergänzenden) schuldrechtlichen Versorgungsausgleich kommen kann, spielt es keine Rolle, ob ein teilweiser Ausgleich durch Supersplitting stattgefunden hat! Wenn der Ausgleich nach § 3b Abs. 1 Nr. 1 und 2 VAHRG dagegen zu einem vollen Ausgleich führt, kann der schuldrechtliche Ausgleich wirtschaftlicher sein.

D. VII. Supersplitting (§ 3b Abs. 1 Nr. 1 VAHRG)

Beispiel 10:
Auch hier werden nacheheliche Steigerungen von 10 % bei GRV und BAV sowie ein Grenzwert von 82,50 DM unterstellt

	Mann	Frau
GRV	350,00 DM	400,00 DM
BAV nom	430,00 DM	-
dyn.	215,00 DM	-
	565,00 DM	400,00 DM

I. 1/2 Differenz = 82,50 DM zugunsten der Frau

II. Supersplitting oder schuldrechtlicher Versorgungsausgleich?

Durch das Supersplitting erhielte die Frau heute 82,50 DM + 10 % = 90,86 DM.

Durch einen schuldrechtlichen Versorgungsausgleich erhielte sie nach aktueller Ausgleichsbilanz:

	Mann	Frau
GRV	385,00 DM	400,00 DM
BAV	473,00 DM	-
	858,00 DM	440,00 DM

1/2 Differenz = 209,00 DM zugunsten der Frau

Ob es für die Frau günstiger ist, sich auf einen schuldrechtlichen Ausgleich in mehr als doppelter Höhe gegenüber dem öffentlich-rechtlichen Ausgleich einzulassen, richtet sich nach einer Reihe weiterer **Wirtschaftlichkeitsüberlegungen:**

- Mindestrentenvoraussetzungen, vor allem Wartezeit von 60 Monaten, erfüllt?
  Bei selbst erworbenen RAnw i. H. v. 400,00 DM kann im Zweifel davon ausgegangen werden, dass die Mindestwartezeit erfüllt ist. Für jeden noch erforderlichen Wartemonat bräuchte die Frau (aktueller Rentenwert von 46.23 x 0, 0313 =) 1,35 DM oder rund 0,70 € an zu übertragender RAnw in der GRV.
  Bei Rentenwerten in € ist zu beachten, dass seit dem 1.1.2002 sowohl der aktuelle Rentenwert von 49,51 auf 25,31406 als auch der Umrechnungsfaktor von früher 0,0625 auf jetzt 0,0313 (in der knappschaftlichen Rentenversicherung auf 0,0468) praktisch halbiert worden sind!

- Ist schuldrechtlicher Versorgungsausgleich nicht unsicherer als Supersplitting?
  Das wäre der Fall, wenn die auszugleichende Versorgung keine Hinterbliebenenversorgung oder Realteilung oder Geschiedenenwitwenrente kennen würde und es deshalb nicht zum verlängerten schuldrechtlichen Versorgungsausgleich kommen kann oder die vorgesehene Hinterbliebenenversorgung zeitlich, der Höhe nach oder durch Kapitalabfindung begrenzt und deshalb gegenüber der voraussichtlichen Erhöhung der Altersrente aus der GRV uninteressant ist.

- Ist schuldrechtlicher Versorgungsausgleich (viel) später fällig als Supersplitting?
  Das wäre der Fall, wenn der Ausgleichsberechtigte älter wäre als der Ausgleichspflichtige. Denn der öffentlich-rechtliche Versorgungsausgleich wird (schon) fällig im Rentenfall des Berechtigten, der schuldrechtliche Versorgungsausgleich (erst) im Rentenfall des Pflichtigen.

471

d) Frührente des Ausgleichsberechtigten

472 Wenn der Ausgleichsberechtigte bereits **Berufsunfähigkeits- oder Erwerbsunfähigkeitsrente bezieht** bzw. ihm eine Rente wegen Erwerbsminderung bindend bewilligt worden ist, bleibt ein Ausgleich durch Beitragszahlung in die gesetzliche Rentenversicherung zwar zulässig (Johannsen/Henrich-Hahne, Eherecht, § 1587f BGB, Rn. 13, Wick, in: Familiengerichtsbarkeit, § 1587f BGB, Rn. 13; Borth, Versorgungsausgleich in anwaltschaftlicher und familiengerichtlicher Praxis, Rn. 515), ist aber meist unzweckmäßig. Denn die eingezahlten Beträge wirken sich erst bei Eintritt des Altersfalles (bei Erwerbsminderungsrenten auch schon bei jedem höheren Erwerbsminderungsfall) aus wegen des versicherungsrechtlichen Prinzips, wonach für einen bereits eingetretenen Versicherungsfall keine Beiträge mehr rentensteigernd gezahlt werden können.

e) Berechtigtes Interesse des Ausgleichspflichtigen

473 Auch das berechtigte Interesse des Ausgleichs**pflichtigen** kann dazu führen, dass von einem erweiterten Ausgleich nach § 3b Abs. 1 VAHRG abzusehen ist, wenn nämlich das auszugleichende Anrecht – etwa wegen fehlender Insolvenzsicherung – ähnlich ungesichert erscheint wie die nach § 3b Abs. 2 VAHRG ausdrücklich vom öffentlich-rechtlichen Ausgleich ausgenommenen ausländischen Anrechte (BGH, FamRZ 1999, 158, 159).

4. Ausgleich durch Anrechte des Ausgleichspflichtigen

474 Für ein Supersplitting (Superquasisplitting, Superrealteilung) können auch prinzipiell ausgleichbare Anrechte des Ausgleichspflichtigen herangezogen werden, die **vor** der Ehezeit erworben worden sind. Der Ausgleich ist nicht auf die Hälfte des Anrechts begrenzt. Supersplitting (Superquasisplitting, Superrealteilung) sind auch möglich, wenn ein Splitting, Quasisplitting oder Realteilung gar nicht stattfinden. Es handelt sich insofern um völlig eigenständige Ausgleichsformen.

5. Grenzwert

475 Eine höhenmäßige Beschränkung ergibt sich aber aus § 3b Abs. 1 Nr. 1 Satz 2 VAHRG. Der Wert der zu begründenden oder zu übertragenden Anrechte darf, bezogen auf das Ende der Ehezeit, insgesamt **zwei Prozent** des auf einen Monat entfallenden Teils der am Ende der Ehezeit maßgebenden **Bezugsgröße (§ 18 SGB IV)** nicht übersteigen (Einzelheiten s. unten Rn. 514 f. und Rn. 192 „Bezugsgröße").

> *Beispiel (s. Rn. 460, Beispiel 7):*
> - *Ehezeitende im Jahre 1979 : 2 % v. 2 100,00 DM = 42,00 DM. Ein Supersplitting ist nur bis zu 42,00 DM zulässig. Restliche 8,00 DM müssen anderweitig ausgeglichen werden.*
> - *Ehezeitende im Jahre 1987: 2 % v. 3 010,00 DM = 60,20 DM. Ein Supersplitting wäre bis zur Höhe des Ausgleichsbetrags (50,00 DM) zulässig.*

6. Tenorierungsvorschlag

476 Obwohl das Supersplitting in seiner rentenrechtlichen Umsetzung (s. Rn. 192 „Zuschläge oder Abschläge bei VA") (fast) denselben Regeln folgt wie das Splitting, sollte man es in der Entscheidung gesondert ausweisen, etwa mit folgender Formulierung:

Formulierungsbeispiel:

> „Von dem Versicherungskonto des Ehemannes bei . . ., Versicherungs-Nr. . . ., werden auf das Versicherungskonto der Ehefrau bei . . ., Versicherungs-Nr. . . ., Rentenanwartschaften i. H. v. . . . € (Splittingbetrag) sowie weitere . . . € (Supersplittingbetrag), bezogen auf . . . (Ehezeitende) in Entgeltpunkten übertragen."

VIII. Beitragszahlung (§ 3b Abs. 1 Nr. 2 VAHRG)

1. Voraussetzungen

Ist der Versorgungsausgleich auch jetzt noch nicht vollständig durchgeführt, etwa weil ein Supersplitting nicht (mehr) zulässig oder unzweckmäßig ist, kann der Familienrichter den Ausgleichspflichtigen u. U. verpflichten, für den Berechtigten Beiträge zur Begründung von Anrechten auf eine bestimmte Rente in die gesetzliche Rentenversicherung zu zahlen.

Beispiel 11:
Ehezeitende: 28. 2. 1996; Entscheidungszeitpunkt im Jahre 1997

	Mann	Frau
GRV	500,00 DM	400,00 DM
BAV	300,00 DM (1)	-
	800,00 DM	400,00 DM
I. 1/2 Differenz =	200,00 DM zugunsten Frau	
II. a) Splitting =	50,00 DM	
b) Supersplitting =	82,60 DM (2)	
c) Beitragsbegründung =	62,40 DM = ??	

(1) Das ist der umgerechnete Wert.
(2) Das sind 2 % der Bezugsgröße für 1996.

Um eine monatliche Rentenanwartschaft von 67,40 DM, bezogen auf das Jahr 1996, im Jahre 1997 in der gesetzlichen Rentenversicherung zu begründen, waren Beiträge i. H. v. 14 305,99 DM erforderlich. Die Höhe der Beiträge lässt sich mittels der Rechengrößen nach der zweistufigen Formel berechnen

1. Rechenschritt:

   durch Beitrag zu begründende Anwartschaft : aktuellen Rentenwert = Entgeltpunkte

2. Rechenschritt:

   Entgeltpunkte x Beitragswert = Zahlbetrag

Für Beispiel 11 heißt das:

62,40 : 46,23 = 0,9172 EP

0,9172 x 9 812,7360 = 9.000,24 DM

Dieser Beitrag war zu titulieren, reichte zur Begründung von Rentenanwartschaften i. H. v. 67,40 DM allerdings nur dann aus, wenn er innerhalb der Frist des § 187 Abs. 5 SGB VI gezahlt wurde. Eine spätere Zahlung führt regelmäßig und so auch hier zu einem Beitragsaufwand von mindestens

1,4579 x 10 922,6180 = 15 924,09 DM.

2. Frist zur Beitragszahlung

Beiträge zur gesetzlichen Rentenversicherung können zeitlich nicht unbegrenzt entrichtet werden, sondern nur nach den Regeln des Rentenrechtes, die auch für den Versorgungsausgleich maßgeblich sind (vgl. § 1587b Abs. 3 Satz 1 2. Hs. BGB, der nicht von der Verfassungswidrigkeit des 1. Hs. betroffen ist), also nur solange, aber auch solange, wie der Berechtigte noch keinen **bindenden Altersruhegeldbescheid** erhalten hat. Im Gegensatz zum insoweit irreführenden Wortlaut des Gesetzes ist eine Beitragszahlung nicht schon ausgeschlossen, wenn der Versicherte infolge

Erwerbsunfähigkeit oder Alters die Voraussetzungen des § 1587g Abs. 1 Satz 2 BGB erfüllt (BGH, FamRZ 1988, 936, 938, 939; s. Rn. 932 „Beitragszahlungspflicht: nach Eintritt des Altersfalles"). Der Eintritt des Versorgungsfalles beim ausgleichspflichtigen Ehegatten hat – von den nachfolgenden Überlegungen abgesehen – keine Auswirkung auf die Möglichkeit, nach § 1 Abs. 3 VAHRG Beitragszahlungen anzuordnen (BGH, a. a. O.).

3. Zumutbarkeit

479   Eine Verurteilung zur Entrichtung von Beiträgen in die gesetzliche Rentenversicherung darf allerdings nur erfolgen, soweit dies **nach den wirtschaftlichen Verhältnissen** dem Ausgleichspflichtigen **zumutbar** ist (§ 3b Abs. 4 Nr. 2 Satz 1 VAHRG). Ob und ggf. inwieweit der Ausgleichspflichtige zur Zahlung von Beiträgen zu verurteilen ist, steht im **pflichtgemäßen Ermessen** des Tatrichters. Dabei muss er seine Entscheidung vorrangig am Normzweck ausrichten und das Interesse der Ehegatten zum Maßstab machen (BGH, FamRZ 1992, 921, 923; 1997, 166, 168 f.; FamRZ 1999, 158, 159; OLG Hamm, FamRZ 1999, 929, 930; OLG Celle, FamRZ 1999, 930, 931, FamRZ 1999, 158, 159; s. Rn. 932 „Beitragszahlungspflicht: Ermessenskriterien, Einzelfälle"). Wie beim Supersplitting ist auch zu prüfen, ob ein öffentlich-rechtlicher Ausgleich im vorliegenden Fall für den Ausgleichsberechtigten überhaupt günstig oder aber wegen der damit regelmäßig verbundenen **Umrechnungsnotwendigkeit** (vgl. Rn. 469) nicht wirtschaftlich ungünstig ist (so ausdrücklich OLG Celle, FamRZ 1999, 939, 931). Auch das berechtigte Interesse des Ausgleichs**pflichtigen** kann dazu führen, dass von einer Beitragszahlung abzusehen ist, wenn nämlich das auszugleichende Anrecht – etwa wegen fehlender Insolvenzsicherung – ähnlich ungesichert erscheint wie die nach § 3b Abs. 2 VAHRG ausdrücklich vom öffentlich-rechtlichen Ausgleich ausgenommenen ausländischen Anrechte (s. Rn. 386, 597). Das Gericht der weiteren Beschwerde kann nur prüfen, ob der Tatrichter sein Ermessen unsachgemäß oder in einer mit den gesetzlichen Maßstäben nicht übereinstimmenden Weise ausgeübt, die ihm eingeräumten Ermessensgrenzen überschritten oder wesentliche Gesichtspunkte nicht erwogen hat, die für die Beurteilung hätten herangezogen werden müssen (BGH, FamRZ 1997, 166, 168 f.).

480   Die **wirtschaftliche Opfergrenze** ist gegenüber dem zu § 1587b Abs. 3 Satz 1 BGB entwickelten Recht deutlich angehoben worden, weil der Berechtigte auch für den Fall des Todes des Verpflichteten durch den verlängerten schuldrechtlichen Versorgungsausgleich gem. § 3a VAHRG regelmäßig hinreichend abgesichert ist. Die Interessen des Berechtigten am Erwerb eigener Rentenanwartschaften durch Beitragszahlung sind gegenüber den Interessen des Verpflichteten an weitgehender Schonung seiner wirtschaftlichen Verhältnisse nicht zu hoch zu bewerten (KG, FamRZ 2000, 467; Soergel/Schmeiduch, BGB, § 3b VAHRG Rn. 24).

481   Das gilt auch für die Verwertung des Vermögensstammes, die nur bei guten Vermögensverhältnissen, wenn ausreichendes Kapital, etwa in Form von wirtschaftlich angemessen verwertbarem Wertpapiervermögen oder Beteiligungen vorhanden ist, in Betracht kommt und gilt praktisch nie für die Verwertung des Familienheimes (BGH, FamRZ 1997, 166, 168 f.). Der Ausgleichspflichtige soll grds. nicht von einer weiteren sinnvollen Vermögensbildung abgehalten werden (OLG Braunschweig, FamRZ 1997, 615, 616 (LS)) oder zur Verwertung einer zum Ausgleich für Einkommenseinbußen gezahlten Arbeitgeberabfindung, die in erster Linie zum Unterhalt zu verwenden sei (OLG Hamm, FamRZ 1999, 929, 930), gezwungen werden.

4. Tenorierungsvorschlag

482   Folgender Formulierungsvorschlag soll dazu dienen, dass die monatliche Rentenanwartschaft gesondert ausgewiesen wird:

D. X. Realteilung

Formulierungsbeispiel:

> Der Ehemann wird verpflichtet, zur Begründung einer monatlichen Rentenanwartschaft i. H. v. ... €, bezogen auf den ... (Ehezeitende), zugunsten der Ehefrau auf dem Versicherungskonto der Ehefrau bei ... (Alternative: auf einem bei ... für die Ehefrau einzurichtenden Versicherungskonto) Beiträge i. H. v. ... € (errechneter Zahlbetrag), bezogen auf den ... (im Erstverfahren: Ende der Ehezeit; im Abänderungsverfahren: Monatsletzter nach Entscheidung), auf das Versicherungskonto der Ehefrau einzuzahlen.

IX. Schuldrechtlicher Versorgungsausgleich

Ist ein öffentlich-rechtlicher Versorgungsausgleich nicht zulässig oder unzweckmäßig, bleibt der schuldrechtliche Versorgungsausgleich gem. § 2 VAHRG. Einzelheiten dazu und zum verlängerten schuldrechtlichen Versorgungsausgleich s. unten, Rn. 517 ff., 584 ff. — 483

X. Realteilung

1. Voraussetzung

Realteilung findet statt, (nur) soweit ein Splitting oder Quasisplitting nach § 1587b Abs. 1 und 2 BGB nicht möglich ist – und nicht schon dann, wenn überhaupt eine Realteilung möglich ist (vgl. OLG Bamberg, FamRZ 1998, 29; OLG Stuttgart, FamRZ 2001, 549, 550) – und die für das auszugleichende Anrecht bestehende Versorgungsregelung eine Realteilung vorsieht. Realteilung ist also nur möglich, wenn der Versorgungsträger dies ausdrücklich erlaubt hat. In der Praxis ist das bisher selten der Fall. — 484

Keine Realteilung ist vorzunehmen, wenn die auszugleichende Versorgung selbst eine Realteilung nur insoweit vorsieht, als keine andere Ausgleichsform (Supersplitting, Beitragszahlung) möglich ist, z. B. § 30 Abs. 1 der Satzung der Pensionskasse für die Arbeitnehmerinnen und Arbeitnehmer des Zweiten Deutschen Fernsehens VvaG (vgl. OLG Frankfurt, FamRZ 1998, 626, 627).

2. Anwendungsbereiche

Realteilung eingeführt haben bisher vor allem **Lebensversicherungen** (Allianz, Gerling, Provinzial Lebensversicherung; Letztere u. a. als Teil der Gesamtversorgung der Angestellten der Hamburger Landesbank). Im Bereich der berufsständigen Versorgungen kennen die meisten **Ärzteversorgungen** Realteilung, wenn beide Ehepartner Ärzte sind und demselben oder durch Überleitungsabkommen verbundenen Ärzteversorgungswerken angehören. Nur die Ärzteversorgung Baden-Württembergs kennt Realteilung unabhängig vom Beruf des Ehegatten. Auch andere **berufsständige Versorgungswerke,** wie z. B. das Notarversorgungswerk Köln und einzelne betriebliche Unterstützungskassen, wie z. B. die Unterstützungskasse des Deutschen Gewerkschaftsbundes e. V. (vgl. BGH, FamRZ 1998, 421 f.), haben Realteilung eingeführt Realteilung sieht jetzt auch die Altersversorgung der Landwirte nach dem GAL vor. Im Bereich der öffentlichen Zusatzversorgung ist jetzt für alle Rundfunk- und Fernsehanstalten der ARD ein Versorgungstarifvertrag in Kraft getreten, der ebenfalls eine Realteilung im Rahmen einer Pensionskasse (Baden-Badener Pensionskasse) vorsieht. — 485

Ob eine Versorgungseinrichtung außerhalb der gesetzlichen Rentenversicherung und der Beamtenversorgung die Realteilung eingeführt hat oder nicht, muss, wie in den amtlichen Fragebögen, immer gesondert erfragt werden. Von sich aus teilen die Versorgungsträger dieses ansonsten häufig nicht mit. — 486

487 Realteilung kommt nicht nur für Alters- oder kombinierte Alters- und Invaliditätsversorgungen, sondern auch für **Berufsunfähigkeitszusatzversicherungen (BUZ)** im Rahmen eines privaten Lebensversicherungsvertrages in Betracht und führt dann zu einer Leibrente des Ausgleichsberechtigten mit Versicherungsschutz für den Fall der Berufsunfähigkeit, wenn die erforderliche Risikoprüfung keine Unversicherbarkeit des ausgleichsberechtigten Ehegatten hinsichtlich des Risikos der Berufsunfähigkeit ergibt oder dieser den entsprechenden Versicherungsschutz nicht ablehnt, um auf diese Weise eine höhere Leibrente zu erhalten. Der zur Begründung dieser Versicherung erforderliche Einmalbeitrag ist dem für die Hauptversicherung angesammelten Deckungskapital zu entnehmen (BGH, FamRZ 1994, 559, 560). Die Rechtsprechung des BGH, wonach eine BUZ nur dann im Rahmen des Versorgungsausgleichs auszugleichen ist, wenn sie gezahlt wird (vgl. Rn. 358), gilt insoweit ausdrücklich nicht (BGH, FamRZ 1994, 560).

3. Vorrang vor anderen Ausgleichsformen

488 § 1 Abs. 2 VAHRG schreibt zwingend vor, dass betriebliche oder sonstige Anrechte im Wege der Realteilung auszugleichen sind, wenn die Versorgungsordnung des auszugleichenden Anrechtes dieses vorsieht. Der Gesetzgeber hat dieser Ausgleichsform ganz bewusst den **Vorrang vor allen weiteren Ausgleichsformen** eingeräumt und deshalb auch in § 10a Abs. 1 Nr. 3 VAHRG bestimmt, dass selbst nachträglich eingeführte Realteilungsmöglichkeiten (in einem Abänderungsverfahren) zu nutzen sind.

Der Vorrang betrifft aber **nicht** die Ausgleichsformen des **Splittings und Quasisplittings**. Realteilung ist also nur möglich – und zwingend –,wenn und soweit ein Ausgleich nicht bereits durch Splitting und Quasisplitting stattgefunden hat (OLG Stuttgart, FamRZ 2001, 549, 550; OLG Bamberg, FamRZ 1998, 29).

Anders als in § 3b VAHRG ist in § 1 Abs. 2 VAHRG keine „Kann-Regelung" vorgesehen. Der Richter hat insoweit **kein Ermessen**. Wenn die auszugleichende Versorgung Realteilung vorsieht, muss er diese Möglichkeit nutzen. Das gilt allerdings nur, soweit nur das real teilbare Anrecht allein auszugleichen ist. Sind daneben weitere, durch analoges Quasisplitting ausgleichbare Anrechte auszugleichen, müssen diese und das real teilbare Anrecht im Verhältnis ihrer Ehezeitanteile ausgeglichen werden (BGH, FamRZ 2000, 477, 478; 1994, 90 ff. m. w. N.; 1996, 482; s. Rn. 932 „Ausgleichsformen: Quotierungsfälle"). Zu quotieren ist auch bei mehreren real teilbaren Anrechten (BGH, FamRZ 1991, 314).

4. Vollzug außerhalb der gesetzlichen Rentenversicherung

489 Realteilung heißt, dass das auszugleichende Anrecht des Verpflichteten so geteilt wird, dass für den Berechtigten außerhalb der gesetzlichen Rentenversicherung Anwartschaften begründet werden. Realteilung ist damit eine Ausnahme vom Grundsatz, zugunsten des Berechtigten immer Anrechte in der gesetzlichen Rentenversicherung zu begründen („Einbahnstraße in die gesetzliche Rentenversicherung").

490 Realteilung bildet aber keine Ausnahme vom Grundsatz des **Einmalausgleichs.** Das bedeutet, dass trotz realteilbarer Anrechte diese ggf. umgerechnet werden müssen in Rentenanwartschaften der gesetzlichen Rentenversicherung, um festzustellen, wer Ausgleichsberechtigter und wer Ausgleichsverpflichteter und wie hoch der Ausgleichsanspruch insgesamt ist. Das gilt vor allem, wenn teildynamische Anrechte, die real teilbar sind, mit volldynamischen Anrechten verrechnet werden müssen. Für die Zwecke der Realteilung ist dann der dynamisierte Wert des real teilbaren Anrechts wieder in seinen ursprünglichen Wert zurückzurechnen (vgl. BGH, FamRZ 1988, 1254; OLG Nürnberg, FamRZ 1995, 815 f.). Diese komplizierten und im Ergebnis häufig nicht befriedigenden Rechnereien haben dazu geführt, dass die Realteilung bisher ein Fremdkörper im Gesamtsystem des Versorgungsausgleichs geblieben ist. Konsequent wäre es, de lege ferenda die Realteilung aus dem Einmalausgleich herauszunehmen und insoweit einen Hin- und Her-Ausgleich zuzulassen.

D. X. Realteilung

Für den Berechtigten können im Rahmen der Realteilung sowohl beim Versorgungsträger des auszugleichenden Anrechts wie bei anderen Versorgungsträgern Anrechte begründet werden. In welcher Weise die Realteilung konkret stattzufinden hat, bestimmt sich allein nach den Regelungen über das auszugleichende und das zu begründende Anrecht (§ 1 Abs. 2 Satz 2 VAHRG). 491

5. Mögliche ungleiche Teilung

Die Realteilung führt häufig – anders als Splitting und Quasisplitting – nicht dazu, dass Ausgleichspflichtiger und Ausgleichsberechtigter gleich hohe Anrechte erhalten bzw. behalten. 492

Beispiel 12:

	Mann (58)	Frau (45)
Lebensversicherung		
(real teilbar)	250,00 €*	-
Deckungskapital	30 000,00 €**	-

*Denkbar wäre eine Teilung der Monatsrente, aber auch eine Teilung des Deckungskapitals mit unterschiedlichem Ergebnis von entweder zweimal 125,00 € oder bei der Teilung des Deckungskapitals eine Rente von 125,00 € ** für den Mann, während für die Frau eine Rente von rd. 250,00 € ** möglich wäre.*

* *Hierbei handelt es sich um den nicht dynamisierten Wert*

** *Alle Zahlenangaben und Berechnungen sind vereinfacht und sollen nur das Prinzip verdeutlichen*

Ungleich können die vom Verpflichteten auszugleichenden und die dem Berechtigten gutzuschreibenden Anwartschaften auch insofern sein, als zwar das auszugleichende Anrecht, nicht aber das für den anderen Ehegatten zu begründende Anrecht eine Rente für den Fall der **Invalidität** vorsieht (BGH, FamRZ 1999, 158; OLG Karlsruhe, FamRZ 1999, 1586, 1587).

6. Richterliche Inhaltskontrolle der Regelungen und Teilungen

In der Praxis haben die Versorgungsträger, die Realteilung eingeführt haben, häufig einen Mittelweg zwischen der Teilung der Rentenbeträge und des Deckungskapitals gewählt. Bedenken gegen diesen Weg bestehen nicht. Soweit es sich bei den Regelungen um Geschäftspläne und Versorgungssatzungen von Lebensversicherungsunternehmen handelt, sind diese durch das Bundesaufsichtsamt für das Versicherungswesen geprüft und gebilligt worden. Bei den berufsständigen Versorgungsunternehmen der Ärzte, Notare und anderer kammerfähiger Berufe besteht ebenfalls eine öffentlich-rechtliche Aufsicht und Kontrolle. 493

Anders könnte es allerdings sein, wenn ein privater Arbeitgeber eine allein für ihn oder seinen Arbeitnehmer günstige Realteilung in seine betriebliche Altersversorgung aufnimmt. Sieht man einmal von steuer- und versicherungsrechtlichen Hindernissen ab, wäre hier eine krasse Benachteiligung sowohl des Ausgleichspflichtigen (durch bewussten Ausschluss jeglicher Rückgängigmachung der Kürzung in den in den §§ 4 ff. VAHRG genannten Härtefallen) als auch des Ausgleichsberechtigten (durch ihm ungünstige Berechnungsweisen und die Begründung allein einer Altersrentenanwartschaft anstelle der auszugleichenden Alters- und Invaliditätsrente) denkbar. Der Gesetzeswortlaut schließt derartige Manipulationen nicht aus. Da das Gesetz die Kompetenz über das Wie einer Realteilung allein den beteiligten Versorgungsträgern überlassen hat, darf der Familienrichter die von diesen eingeführte Realteilung grds. nicht auf ihre Angemessenheit – wohl aber auf die Einhaltung bestimmter Mindestanforderungen – hin überprüfen (ebenso Soergel/Zimmermann, BGB, § 1 VAHRG Rn. 19; Staudinger/Rehme, BGB, § 1 VAHRG Rn. 15). Anders als bei anderweitigen Vereinbarungen nach § 1587o BGB oder Entscheidungen wegen Unwirtschaftlich- 494 keit nach § 1587b Abs. 4 BGB unterliegen die Realteilungsbestimmungen grundsätzlich **keiner richterlichen Inhaltskontrolle** (vgl. BGH, FamRZ 1989, 951, 953; 1997, 1470, 1471; s. Rn. 884 „Realteilung: Überprüfungsmöglichkeit des Gerichts bei Fehlen einer Härteregelung" AG Mainz, FamRZ 1999, 931; a. A. im Hinblick auf die Überprüfung bestimmter Mindeststandards Borth, Versorgungsausgleich in anwaltschaftlicher und familiengerichtlicher Praxis, Rn. 473 m. w. N.). Das gilt grds. selbst dann, wenn die eingeführte Realteilung keine den §§ 4 ff. VAHRG vergleichbare Härteregelung vorsieht (so auch BGH, FamRZ 1993, 298; 1997, 1470, 1471; s. Rn. 932 „Realteilung: Überprüfungsmöglichkeit des Gerichts bei Fehlen einer Härteregelung").

495 Der zwingende Charakter der Realteilung, insbesondere aber der Verweis auf die Ausgleichsbestimmungen in der Versorgungsordnung als Maßstab für den Ausgleich im Einzelnen, lädt zu Manipulationen zu Lasten der Ausgleichsberechtigten geradezu ein (vgl. BGH, FamRZ 1999, 158 f.; OLG Karlsruhe, FamRZ 1999, 1586, 1587).

Beispiel 13:

(vgl. OLG Karlsruhe, FamRZ 1996, 155, 1556):

Der Ehemann, Alleingesellschafter einer GmbH, hatte sich bereits 1984 als Geschäftsführer eine nichtdynamische Alters- und Invaliditätsversorgung zugesagt. Durch Gesellschafterbeschluss im Jahre 1995, zwei Jahre nach Ende der Ehezeit, hatte er eine Realteilung einführen lassen, diese aber ausdrücklich auf die zugesagte Altersrente beschränkt. Aus den Ausführungsbestimmungen im Einzelnen ergab sich, dass der Wert der reinen Altersrente deutlich unter dem der kombinierten Alters- und Invaliditätsversorgung lag. Offensichtlich wollte er auf diese Weise seine geschiedene Ehefrau benachteiligen.

496 Ein solches Vorgehen kann nicht gebilligt werden (OLG Karlsruhe, a. a. O.; BGH, FamRZ 1997, 1470, 1471, 1472 a. a. O.). Realteilung i. S. d. § 1 Abs. 2 VAHRG kann nur eine Regelung sein, die den Ausgleichsberechtigten nicht unangemessen benachteiligt. Das ergibt sich aus Sinn und Zweck des Versorgungsausgleichs und dem verfassungsrechtlich abgesicherten materiellen Halbteilungsgrundsatz. Immer, wenn sich im konkreten Einzelfall bei einer **Gesamtbetrachtung aller bedeutsamen Umstände** herausstellt, dass die fragliche Realteilung offensichtlich nicht zu einer angemessenen, d. h. unter wirtschaftlichen Gesichtspunkten in etwa gleichwertigen Aufteilung der vorhandenen Anwartschaften führt, wird man die Realteilung gem. § 134 BGB für nichtig halten müssen (so auch BGH, FamRZ 1999, 158, 159; s. Rn. 932 „Realteilung: Fehlen einer Invaliditätsrente beim zu begründenden Anrecht"). Insoweit hat das Familiengericht nach der Rechtsprechung des BGH doch eine (allerdings eingeschränkte) **Prüfungskompetenz**, die im Ergebnis dazu führen kann, dass keine Realteilung stattfindet. Mangels richterlicher Prüfungskompetenz tritt dann aber nicht etwa eine angemessene Realteilung an die Stelle der unangemessenen. Vielmehr bleibt es bei der gesetzlichen Ausgleichsregelung der §§ 3b Abs. 1, 2 VAHRG.

497 Eine an sich durch die Satzung des auszugleichenden Anrechts vorgesehene Realteilung dürfte auch dann zu verwerfen sein, wenn die vorgesehene Regelung dem Grundgedanken des Versorgungsausgleichs massiv widerspricht. Das ist der Fall, wenn eine – regelmäßig zeitlich befristete – **Berufsunfähigkeitszusatzrente** durch Zahlung einer Zeitrente an den Ausgleichsberechtigten ausgeglichen werden soll unabhängig davon, ob dieser erwerbs- oder nicht erwerbsfähig ist (OLG Koblenz, FamRZ 2001, 995, 996). In einem solchen Fall unterliegt die gezahlte Berufsunfähigkeitsrente zwar dem Versorgungsausgleich, ist aber durch Supersplitting oder ggf. schuldrechtlichen Versorgungsausgleich auszugleichen, wenn der Ausgleichsberechtigte selbst die Voraussetzungen einer Zeitrente noch nicht erfüllt.

7. Vorschläge für konkreten Ausgleich

498 Um über eine Realteilung richtig entscheiden zu können, muss in jedem Fall der beteiligte Versorgungsträger gebeten werden, einen konkreten Vorschlag zur Realteilung zu machen. Dabei werden regelmäßig **Wahlmöglichkeiten** angeboten werden.

Beispiel 14:

Zum Ausgleich einer Lebensversicherungsrente von 500,00 € kann der Ausgleichsberechtigte entweder eine lebenslange Rente von 250,00 € bei Eintritt des 60. Lebensjahres oder eine lebenslange Rente von 300,00 € bei Eintritt des 65. Lebensjahres erhalten. Wählt der Ausgleichsberechtigte nicht, bestimmt der Familienrichter in seiner Ausgleichsentscheidung die Modalitäten des Ausgleichs.

Der **Tenor** der Entscheidung würde hier lauten:

Formulierungsbeispiel:

> Zu Lasten der Versorgungsanrechte des Ehemannes bei ... (Namen, Anschrift des Versorgungsträgers) werden auf einem für die Ehefrau einzurichtenden Versorgungskonto bei ... (Versorgungsträger) Rentenanwartschaften i. H. v. 250,00 € bezogen auf den ... (Ehezeitende), fällig mit dem 60. Lebensjahr der Ehefrau, begründet.

8. Verrechnung mit nicht real teilbaren Anrechten

Schwierig wird die Realteilung, wenn das real teilbare Anrecht mit anderen, insbesondere gleichartigen, aber nicht real teilbaren Anrechten des Ausgleichsberechtigten zu verrechnen ist.

499

Beispiel 15:
(Ehezeitende: 31. 12. 1987)

	Mann	Frau
BAV *(nicht real teilbar)*	-	400,00 €*
Lebensversicherung *(real teilbar)*	500,00 €*	-
	?	?

1/2 Differenz?

* *Hierbei handelt es sich um den noch nicht dynamisierten Wert*

a) Dynamisierung des real teilbaren Anrechts

Um festzustellen, wer überhaupt ausgleichspflichtig ist, müssen sowohl die real teilbaren wie die nicht real teilbaren Anrechte zunächst **dynamisiert**, d. h. umgerechnet werden (s. „Umrechnung nichtdynamischer Anrechte", Rn. 392 ff.). Gerade bei größeren Altersunterschieden kann nämlich den mitgeteilten nicht dynamisierten Anwartschaftswerten regelmäßig nicht entnommen werden, wer überhaupt ausgleichspflichtig ist:

500

Unterstellt man im Beispielsfall, dass der Ehemann 45 Jahre, die Ehefrau 58 Jahre alt war bei Ehezeitende, so ergäbe die Umrechnung, dass die Ehefrau ausgleichspflichtig wäre. Denn ihre Anwartschaft aus der betrieblichen Altersversorgung von 400,00 € entspräche einem dynamischen Wert von knapp 158,00 €, während die Anwartschaft des Mannes von 500,00 € nur knapp 99,00 € in der gesetzlichen Rentenversicherung wert wäre. Die Frau müsste demnach 29,50 € ausgleichen. Eine Realteilung käme nicht in Betracht, weil ihre betriebliche Altersversorgung keine Realteilung kennt.

b) Ausnahmen von der Umrechnung

501 **Keine Umrechnung** ist erforderlich in den Fällen, in denen von vornherein feststeht, dass nur der Ausgleichspflichtige ein real teilbares Anrecht besitzt und weiter feststeht, dass der Ehezeitanteil des Anrechts voll ausgeglichen werden muss. Denn dann gibt es nichts zu vergleichen oder zu verrechnen.

502 Auch, wenn die Parteien gleich alt sind und damit auch nach Umrechnung ihre Ehezeitanteile gleichwertig wären, entfällt die Notwendigkeit einer Umrechnung. In diesem Fall lässt sich der Ausgleichsbetrag als Prozentsatz der Versorgung des Ausgleichspflichtigen ausdrücken.

Beispiel 15:

1/2 Differenz = 50 = 10 % des Ehezeitanteils der Versorgung des Mannes.

Dieser Prozentsatz muss dem Versorgungsträger mitgeteilt werden, wenn er um seinen Entscheidungsvorschlag gebeten wird.

c) Redynamisierung

503 Wenn die Parteien nicht gleich alt sind oder eine Verrechnung der real teilbaren Anwartschaften mit anderen Anrechten notwendig wird, muss zunächst dynamisiert und später zum Zwecke der Realteilung wieder redynamisiert werden:

Beispiel 16:
(Ehezeitende: 31. 12. 1987)

	Mann (58)	Frau (45)
GRV	400,00 DM	300,00 DM
BAV	-	100,00 DM*
Lebensversicherung		
real teilbar	100,00 DM*	
	?	?

1/2 Differenz?

* Hierbei handelt es sich um den noch nicht dynamisierten Wert

100,00 DM Lebensversicherungsanwartschaften des Mannes entsprechen rd. 39,50 DM in der gesetzlichen Rentenversicherung; 100,00 DM betriebliche Altersversorgungsanwartschaften der Frau aber rd. 19,75 DM. Die vollständige Ausgleichsbilanz lautet also:

	Mann	Frau
GRV	400,00 DM	300,00 DM
BAV	-	19,75 DM
LV (real teilbar)	39,50 DM	-
	439,50 DM	319,75 DM

I. 1/2 Differenz = 59,88 DM zugunsten der Frau

II. Der Ausgleich erfolgt durch
   a) Splitting i. H. v. (400-300): 2 DM= 50 DM und
   b) 9,88 DM durch Realteilung

Hier muss beachtet werden, dass der Ausgleichsbetrag von 9,88 DM ein dynamischer Wert ist. Um die Realteilung der Lebensversicherungsanwartschaften des Mannes durchführen zu können, muss erst wieder der entsprechende Lebensversicherungswert ermittelt werden (Redynamisierung). Das geschieht entweder mit Hilfe der Rechengrößen zur Durchführung des Versorgungsausgleichs in der gesetzlichen Rentenversicherung oder im Wege einer Verhältnisrechnung:

9,88 DM = 25,01 % von 39,50 DM (= dynamischer Wert der Lebensversicherungsanwartschaften). Der real auszugleichende Wert beträgt also 25,01 % von 100 DM = 25,01 DM in Werten der Lebensversicherung. Dieser Wert muss dem Versorgungsträger, der Realteilung eingeführt hat, mitgeteilt werden, damit er seinen Entscheidungsvorschlag übersenden kann.

d) Realteilung bei Mehrheit auszugleichender Anrechte

Aufmerksamkeit ist geboten, wenn auf Seiten des Ausgleichspflichtigen mehrere gleichrangige Versorgungen bestehen, die mit gleichartigen Anrechten des Ausgleichsberechtigten zu verrechnen sind:

Beispiel 17:

	Mann	*Frau*
GRV	300,00 €	300,00 €
BAV	100,00 €	100,00 €
LV (real teilbar)	100,00 €	-
	500,00 €	400,00 €

1/2 Differenz = 50,00 € zugunsten der Frau

Der Ausgleich vollzieht sich hier allein durch Realteilung. Denn ein Splitting entfällt mangels Differenz zwischen den gesetzlichen Rentenanwartschaften beider Parteien. Denkbar wäre eine Verrechnung der Lebensversicherungsanwartschaften des Mannes mit den Betriebsrentenanwartschaften der Frau mit der Folge, dass eine Realteilung entfiele. Das Gesetz gibt jedoch der Realteilung ausdrücklich den Vorrang vor anderen Ausgleichsformen.

e) Verrechnung mit mehreren real teilbaren Anrechten

Unklar erscheint die Rechtslage, wenn der Ausgleichspflichtige mehrere real teilbare Anrechte besitzt (und diese mit gleichartigen Anrechten des Ausgleichsberechtigten zu verrechnen sind):

Beispiel 18:

	Mann	*Frau*
GRV	300,00 €	300,00 €
BAV (real teilbar)	100,00 €	50,00 €
LV (real teilbar)	100,00 €	50,00 €
	500,00 €	400,00 €

1/2 Differenz = 50,00 € zugunsten der Frau

In diesen Fällen kann die Realteilung entweder zu Lasten eines oder beider real teilbarer Anrechte durchgeführt werden. Das Gesetz sieht insoweit eine Rang- oder Reihenfolge nicht vor. Entscheidend sind allein **Zweckmäßigkeitsüberlegungen.** Diese sprechen regelmäßig dafür, nur einmal Realteilung vorzunehmen, wobei es weitgehend gleichgültig sein dürfte, zu Lasten welcher Versorgung das geschieht. Die Realteilung kann in diesen Fällen dazu führen, dass mehr als die Hälfte des auszugleichenden Anrechts – im äußersten Fall sogar das ganze real teilbare Anrecht – auf den Ausgleichsberechtigten übertragen wird. Dem Wortlaut des § 1 Abs. 2 VAHRG ist eine Beschränkung auf die Hälfte des Ehezeitanteils des real teilbaren Anrechts nicht zu entnehmen. Berücksichtigt man weiter, dass mit der Einführung von Realteilung die Ausgleichsformen zu einem flexiblen, allein an Zweckmäßigkeitsgesichtspunkten orientierten Instrumentarium ausgebaut werden sollten, wird man eine Realteilung auch zulassen müssen, die dazu führt, dass der Ausgleichspflichtige weniger als die Hälfte des real auszugleichenden Anrechts oder dieses überhaupt nicht mehr behält. Die Ausschöpfung über die Hälfte des Ehezeitanteils hinaus wird insbesondere dann erforderlich sein, wenn das andere auszugleichende Anrecht so klein ist, dass eine Teilung nach den Regelungen der auszugleichenden Versorgung nicht möglich ist. Soweit bekannt, haben nämlich alle Versorgungsträger, die Realteilung eingeführt haben, Minirenten als Ergebnis der Realteilung ausgeschlossen.

507 Ebenfalls keine gesetzliche Regelung gibt es, wenn der Verpflichtete sowohl über ein real zu teilendes Anrecht verfügt als auch über eines, das durch Quasisplitting auszugleichen ist. Hier meint das OLG Frankfurt, werden Anrechte des Berechtigten zuerst gegen Anwartschaften verrechnet, die dem schuldrechtlichen Ausgleich unterliegen, sodann gegen solche, die durch Quasisplitting auszugleichen sind und dann erst zuletzt gegen Anrechte, deren Ausgleich durch Realteilung möglich ist (OLG Frankfurt, NJW-RR 1992, 649).

XI. Begrenzung des öffentlich-rechtlichen Versorgungsausgleichs

1. Höchstbetrag (§ 1587b Abs. 5 BGB)

508 Durch Splitting, Quasisplitting oder Beitragszahlungspflicht können in der gesetzlichen Rentenversicherung nicht beliebig hohe Anwartschaften übertragen oder begründet werden. In der gesetzlichen Rentenversicherung soll nämlich niemand mehr als das Doppelte der Durchschnittsrente, d. h. mehr als zwei Entgeltpunkte pro Kalenderjahr erwerben können. Um dieses auch bei der Durchführung des Versorgungsausgleichs mit seinen Zuschlägen gem. §§ 66 Abs. 1 Nr. 4, 76 Abs. 2 SGB VI sicherzustellen, legt § 1587b Abs. 5 BGB auch im bürgerlichen Recht einen Höchstbetrag in Euro-Beträgen fest, der auch durch eine rechtskräftige Entscheidung des Familiengerichts nicht überschritten werden kann.

509 Diesen Höchstbetrag teilen die Träger der gesetzlichen Rentenversicherung in ihren Auskünften zum Versorgungsausgleich routinegemäß mit. Er lässt sich außerdem selbst ermitteln nach der Formel:

$$\frac{\text{Kalendermonate in der Ehezeit}}{6} = \text{Höchstzahl der erreichbaren Entgeltpunkte}$$

510 Der Höchstbetrag ist für beide Ehegatten gleich hoch. Unterschiedlich hoch ist nur der Betrag, bis zu dem zu den eigenen Rentenanwartschaften noch Werte durch den Versorgungsausgleich übertragen werden können. Diese **Differenz** zwischen dem Höchstbetrag und den eigenen Rentenanwartschaften ohne Versorgungsausgleich wird – zur leichteren Unterscheidung vom Höchstbetrag sowie zur eigenen Kontrolle nach vorstehender Formel – von den Rentenversicherungsträgern, in Entgeltpunkten ausgedrückt, ebenfalls mitgeteilt.

511 In Betracht kommt die Überschreitung des Höchstbetrages in der Praxis nur dann, wenn die Ausgleichsberechtigte in der Ehezeit selbst schon hohe Anwartschaften in der gesetzlichen Rentenversicherung erworben hat, wegen deutlich höherer Pensions- oder Betriebsrentenanwartschaften des Ausgleichspflichtigen aber noch einen bedeutsamen Ausgleichsanspruch hat („Staatsekretär – Chefsekretärin – Fall").

Der Höchstbetrag ist auch in sog. **Quotierungsfällen** zu beachten, in denen der Gesamtausgleichsbetrag auf mehrere Versorgungen des Ausgleichspflichtigen zu verteilen und der Ausgleich teilweise durch analoges Quasisplitting, teilweise durch Supersplitting durchzuführen ist (OLG Celle, FamRZ 1999, 926, 928).

Durch die Beschränkung des öffentlich-rechtlichen Versorgungsausgleichs auf einen Höchstbetrag wird der Ausgleichsberechtigte nicht rechtlos gestellt. Er erhält i. H. d. überschießenden Differenz einen Anspruch auf schuldrechtlichen und ggf. verlängerten schuldrechtlichen Ausgleich (Einzelheiten s. u. Rn. 517 ff., 584 ff.).

Beispiel 19:
Ehezeit: zehn Jahre; Ehezeitende: 31. 1. 1996; Höchstgrenze: 924,60 €

	Mann	*Frau*
GRV	-	700,00 €
BeaV	2 625,00 €	-
	2 625,00 €	700,00 €

I. 1/2 Differenz = 962,50 €

II. a) Splitting = –

b) Quasisplitting = begrenzt auf (924,60 € – 700,00 € =) 224,60 €

c) Supersplitting und Beitragsbegründung kommen wegen Überschreitens der Höchstgrenze nicht in Betracht

d) Schuldrechtlicher Versorgungsausgleich = Rest (= per Ehezeitende: 737,90)

e) Abfindung nach § 1587l BGB durch Lebensversicherungsvertrag?

Ein LV-Vertrag dürfte sicherer sein als späterer schuldrechtlicher Versorgungsausgleich, zumal ein verlängerter schuldrechtlicher Versorgungsausgleich ausscheidet!

2. Grenzwert beim Supersplitting (§ 3b Abs. 1 Nr. 1 VAHRG)

Neben der Beschränkung jeglichen öffentlich-rechtlichen Ausgleichs durch den Höchstbetrag kennt das Versorgungsausgleichsrecht eine weitere, und zudem gewichtigere Beschränkung **ausschließlich bei der Ausgleichsform des § 3b Abs. 1 Nr. 1 VAHRG** („Supersplitting, Superquasisplitting, Superrealteilung"). Diese Ausgleichsform stellt eine Durchbrechung des Grundsatzes dar, dass auszugleichende Anrechte nur maximal zur Hälfte des auf die Ehezeit entfallenden Anteiles zum Ausgleich herangezogen werden dürfen. Der Gesetzgeber hatte Sorge, dass von dieser Ausnahmemöglichkeit in zu großem Umfang Gebrauch gemacht werden könnte und hat deshalb einen Grenzwert eingeführt, bis zu dem dieser Ausgleich nur zulässig ist.

Der Wert aller nach § 3b Abs. 1 Nr. 1 VAHRG zu übertragenden oder zu begründenden Anrechte darf zwei Prozent des auf einen Monat entfallenden Teiles der am Ehezeitende maßgebenden **Bezugsgröße** i. S. d. § 18 SGB VI nicht übersteigen. Sind mehrere Anrechte nach § 3b Abs. 1 Nr. 1 VAHRG auszugleichen, bestimmt das Gericht im Rahmen seines Ermessens, welches der Anrechte bis zum genannten Grenzwert ausgeglichen wird (so BGH, FamRZ 1992, 921).

Soweit der Ausgleichswert des an sich nach § 3b Abs. 1 Nr. 1 VAHRG ausgleichbaren Anrechts den Grenzwert übersteigt, bleibt ein Ausgleich durch Beitragszahlung nach § 3b Abs. 1 Nr. 2 VAHRG denkbar. Scheidet auch diese Möglichkeit wegen wirtschaftlicher Unzumutbarkeit aus, bleibt es beim Anspruch auf schuldrechtlichen Ausgleich nach § 2 VAHRG (s. Rn. 517 ff.).

Die Bezugsgröße ändert sich jedes Jahr; zur Höhe s. Rn. 937.

XII. Schuldrechtlicher Versorgungsausgleich

517 Versagen alle Ausgleichsformen des öffentlich-rechtlichen Versorgungsausgleichs oder ist ein öffentlich-rechtlicher Versorgungsausgleich im Einzelfall unwirtschaftlich, bleibt als Auffang-Ausgleichsform der schuldrechtliche Versorgungsausgleich. Er unterscheidet sich in einer Reihe von Merkmalen deutlich vom öffentlich-rechtlichen Ausgleich und kann in seinem Wert für den Ausgleichsberechtigten nur im Zusammenhang mit dem verlängerten schuldrechtlichen Versorgungsausgleich abgewogen werden.

518 Im Gegensatz zur ursprünglichen Konzeption des Versorgungsausgleichs ist der schuldrechtliche Versorgungsausgleich seit In-Kraft-Treten des VAwMG in der Praxis kein reiner Lückenbüßer geblieben, hat sich aber entgegen mancher Reformüberlegungen auch bisher nicht zu einer generellen Ausgleichsform entwickelt (vgl. den Diskussionsentwurf des BMJ zum „Modell 87", Stand: 8. 3. 1984; Lang, FamRZ 1984, 317; Ergebnisse und Empfehlungen des „Arbeitskreis 18 des Deutschen Familiengerichtstages 1983", FamRZ 1983, 1202). Wesentliche Aufgaben, die dem schuldrechtlichen Versorgungsausgleich in der damaligen Reformdiskussion zugedacht worden sind, hat die Abänderungsklausel des § 10a VAHRG übernommen (über das Verhältnis zwischen beiden Rechtsinstituten und den Möglichkeiten, die sich daraus ergeben, s. u. Rn. 522, 775).

1. Eintritt des schuldrechtlichen Versorgungsausgleichs

519 Es gibt verschiedene Fälle, bei denen ein schuldrechtlicher Versorgungsausgleich in Betracht kommt.

a) Überschreitung des Höchstbetrages (§ 1587b Abs. 5 BGB)

520 Bei Überschreitung des Höchstbetrages in der GRV kommt ein schuldrechtlicher Versorgungsausgleich in Frage.

Ein öffentlich-rechtlicher Versorgungsausgleich darf nie dazu führen, dass beim Ausgleichsberechtigten der Höchstbetrag nach § 76 Abs. 2 Satz 3 SGB VI überschritten wird (s. Rn. 508 f. und Rn. 192 „Höchstbetrag").

Einen Anspruch auf (ergänzenden) schuldrechtlichen Versorgungsausgleich kann der Ausgleichsberechtigte auch geltend machen, wenn das Familiengericht in der rechtskräftigen Erstentscheidung den gesamten Ausgleich durchgeführt hat. Denn insoweit liegt keine wirksame Entscheidung über den öffentlich-rechtlichen Versorgungsausgleich vor (BSG, FamRZ 1991, 556).

b) Unzulässigkeit der Beitragszahlung (§ 1587b Abs. 3 Satz 1 2. Hs. BGB)

521 Bei Erreichung der Altersgrenze beim Ausgleichsberechtigten können für diesen nach dem Versicherungsfallprinzip keine Beiträge zur Begründung von Rentenanwartschaften mehr eingezahlt werden. Hat der Verpflichtete bis zu diesem Zeitpunkt eine Beitragszahlungspflicht nicht erfüllt, bleibt nur der schuldrechtliche Ausgleich.

c) Eintritt der Unverfallbarkeit (§ 1587a Abs. 2 Satz 3 BGB)

522 Die Möglichkeit eines schuldrechtlichen Ausgleichs konkurriert in diesen Fällen mit der Abänderungsmöglichkeit nach § 10a Abs. 1 Nr. 2 VAHRG und zwingt zu eingehenden **Wirtschaftlichkeitsüberlegungen**.

D. XII. Schuldrechtlicher Versorgungsausgleich

Beispiel 20:
- Bei Ehezeitende:

	Mann	Frau
GRV	500,00 €	400,00 €
BAV	-	verfallbar: 350,00 €
	500,00 €	400,00 €

I. 1/2 Differenz = 50,00 € zugunsten der Frau

II. Splitting i. H. v. 50,00 €

- Im Rentenfall nach neuen Auskünften bezogen auf Ehezeitende:

	Mann	Frau
GRV	450,00 €	420,00 €
BAV	-	dyn. = 70,00 €
	450,00 €	490,00 €

1/2 Differenz = 20,00 € zugunsten des Mannes

oder

bezogen auf Antragszeitpunkt; dabei soll die Steigerung der aktuellen Rentenwerte und der BAV der Frau jeweils rd. 10 % betragen:

	Mann	Frau
GRV	495,00 €	462,00 €
BAV		nominell = 385,00 €
	495,00	847,00 €

I. 1/2 Differenz = 176,00 € zugunsten des Mannes?

II. Beim schuldrechtlichen Versorgungsausgleich ist zwar wegen § 1587a Abs. 2 BGB von der letzteren Ausgleichsbilanz auszugehen; es muss aber auch berücksichtigt werden, dass die Frau durch – in diesem Zusammenhang nicht veränderten – öffentlich-rechtlichen Versorgungsausgleich bereits 50,00 € per Ehezeitende (= 55,00 € heute) übertragen erhalten hat; diese müssen ihr hinzugerechnet und beim Mann abgezogen werden.

Der Mann erhält im Ergebnis also einen Vorteil von (Frau: 462 + 385 + 55) – (Mann: 495 – 55) : 2 – (bereits ausgeglichen: 55) = **231** €. Im Abänderungsverfahren, § 10a VAHRG, dagegen wäre von der ersteren Bilanz auszugehen mit der Folge: Supersplitting von 20,00 € zugunsten des Mannes und Rückgängigmachung des Splittings i. H. v. 50,00 €, per heute erhielte er danach also nur einen Vorteil von (55,00 € + 22,00 € =) **77,00** € gegenüber der alten Entscheidung.

Ein **Sonderfall** unverfallbar gewordener, gleichwohl aber nicht öffentlich-rechtlich ausgleichbarer Versorgungen sind die neben den Versorgungsrenten gezahlten, sich jährlich vermindernden **Ausgleichs- oder Abschmelzbeträge der öffentlichen Zusatzversorgungen** und anderen Versorgungen (vgl. Rn. 528).

523

d) Unwirtschaftlichkeit nach gerichtlicher Anordnung (§ 1587b Abs. 4 BGB)

524 Einzelheiten zur gerichtlichen Anordnung eines schuldrechtlichen Ausgleichs wegen Unwirtschaftlichkeit s. unter Rn. 609 f.

e) Vereinbarung der Parteien

Bei einer Vereinbarung der Parteien sei es durch rechtzeitigen Ehevertrag – § 1408 Abs. 2 BGB –, sei es mit Genehmigung des Gerichts – § 1587o BGB –, kommt es zum schuldrechtlichen Versorgungsausgleich (Einzelheiten s. unter Rn. 620 ff.).

f) Überschreitung des Grenzbetrags

526 Wenn der Grenzbetrag des § 3b Abs. 1 Nr. 1 VAHRG überschritten wird oder ein Ausgleich nach § 3b Abs. 1 Nr. 1 und 2 VAHRG unzumutbar ist, erfolgt ein schuldrechtliche Versorgungsausgleich (Einzelheiten s. unter Rn. 475, 516 f.).

g) Ausländische oder zwischenstaatliche Rentenanwartschaften (§§ 3b Abs. 2, 3a Abs. 5 VAHRG)

527 *Beispiel 21:*

	Mann	Frau
GRV	100,00 €	400,00 €
Ausländ. RAnw.	400,00 € (oder?)	
	500,00 € (oder?)	400,00 €

I. 1/2 Differenz = 50,00 € (oder ?)

II. a) Splitting: -

   b) Quasisplitting: -

   c) Supersplitting: durch §§ 3b Abs. 2, 3a Abs. 5 VAHRG ausgeschlossen

Ergebnis: Kein öffentlich-rechtlicher Versorgungsausgleich

Alternative: *nur, wenn die ausländischen RAnw geringer als 300,00 € sind, ist Supersplitting möglich. Kein öffentlich-rechtlicher Versorgungsausgleich möglich ist, wenn ausländische RAnw höher als 300,00 € sind.*

Gefahr bei Vereinbarungen *nach § 1587o BGB zur Vermeidung von Bewertungsproblemen: kein verlängerter schuldrechtlicher Versorgungsausgleich, § 3a Abs. 5 VAHRG!*

Zu den ausländischen Anwartschaften zählen auch solche gegen **zwischenstaatliche Einrichtungen** wie z. B. die Anwartschaften aus dem CERN-Pensionsfonds (vgl. OLG München, FamRZ 1996, 554, 555; s. Rn. 932 „Schuldrechtlicher Versorgungsausgleich: auszugleichende Versorgungen").

Zu den Schwierigkeiten **des schuldrechtlichen Ausgleichs in Fremdwährung** gezahlter **Betriebsrenten**, die **vorzeitige Abfindungsmöglichkeiten** vorsehen s. OLG Düsseldorf, FamRZ 1999, 1208 ff.

h) Abschmelzbeträge

528 Immer dann, wenn – aus welchen Gründen auch immer – ein öffentlich-rechtlicher Ausgleich wegen **abzuschmelzender Beträge** nicht möglich (oder zweckmäßig) ist, kommt es zum schuldrechtlichen Versorgungsausgleich.

Dies ist der Fall bei:

- dem Sonderfall der Ausgleichs- oder Abschmelzbeträge der öffentlichen Zusatzversorgungen (s. Rn. 932), z. B. der des Senders Freies Berlin (vgl. KG, FamRZ 1996, 1422; s. Rn. 932 „Schuldrechtlicher Versorgungsausgleich: auszugleichende Versorgungen"; zur VBL: BGH, FamRZ 1990, 276; OLG Celle, FamRZ 1992, 690, 693) sowie der „Auffüllbetrag" nach § 315a SGB VI, einer zusätzlichen, abzuschmelzenden Leistung im Zusammenhang mit der Überführung von Ost- in Westrenten (vgl. OLG Thüringen, FamRZ 2001, 627).

  Es handelt sich dabei um Versorgungsteile, die ursprünglich einmal zugesagt waren, bei späteren Satzungsänderungen aber gestrichen wurden und jetzt unter Besitzstandsgesichtspunkten aufgezehrt, d. h. mit den laufenden Erhöhungen der Grundversorgung verrechnet werden. Einen ausgleichsfähigen Wert stellen sie damit nur für eine Übergangszeit dar. Deshalb sind sie auch nach Eintritt der Unverfallbarkeit allein dem – zeitweiligen – schuldrechtlichen Versorgungsausgleich vorzubehalten.

- Rentenanteilen der gesetzlichen Rentenversicherung i. S. d. § 3 Abs. 1 Nr. 2, 6, 7 VAÜG;

- Abschmelzbeträgen bei der Beamtenversorgung nach Kürzung der Höchstversorgung von 75 % auf 71,75 % (vgl. Rn. 37 a.E.; 235 „Ruhegehalt"). Zutreffend wird auch vom Bundesjustizministerium in seinem Schreiben vom 2. 4. 2002 (FamRZ 2002, 804 f.) darauf hingewiesen, dass die strukturelle Ähnlichkeit der degressiven Anpassungen bei den Beamten-, Richter- und Soldatenversorgungen mit den Anpassungen früher „Überversorgung" in der VBL u. a. öffentlichen Zusatzversorgungen (vgl. BGH, FamRZ 1988, 1251; 1990, 276, 380; 1991, 177, 178) sowie bei bestimmten Ostrenten (vgl. § 3 Abs. 1 Nr. 6 Satz 4 VAÜG) eher für einen teilweisen schuldrechtlichen Versorgungsausgleich als einen alleinigen öffentlich-rechtlichen Ausgleich sprechen.

2. Weitere Voraussetzungen

a) Antrag eines Ehegatten (§ 1587f BGB)

Die Einleitung eines Verfahrens über den schuldrechtlichen Versorgungsausgleich erfolgt – anders als beim öffentlich-rechtlichen Versorgungsausgleich – nie von Amts wegen, sondern nur auf Antrag einer Partei, wobei gleichgültig ist, ob dieser Antrag vom Ausgleichsberechtigten oder Ausgleichspflichtigen gestellt wird. Das gilt gerade auch beim Erstverfahren im Scheidungsverbund. Ohne wirksamen Antrag, z. B. bei fehlender Vertretung durch einen Anwalt im Scheidungsverfahren, darf das Gericht **keinen schuldrechtlichen Ausgleich** durchführen. 529

Von dem Antrag auf Durchführung eines gerichtlichen Verfahrens zum schuldrechtlichen Versorgungsausgleich zu unterscheiden ist das – formfreie – Verlangen des Ausgleichsberechtigten an den Ausgleichspflichtigen, jetzt einen schuldrechtlichen Ausgleich zu leisten. Dabei handelt es sich um die nach §§ 1587k Abs. 1, 1587b Abs. 2, 3 BGB erforderliche **Mahnung** (s. u. Rn. 535, 602). Im gerichtlichen Verfahren kann diese Mahnung als – ggf. rückwirkender – Beginn der zu zahlenden Ausgleichsrente eine Rolle spielen.

Der Antrag auf Durchführung des schuldrechtlichen Versorgungsausgleichs kann – aus prozessökonomischen Gründen ausnahmsweise (so Kemnade in Anmerkung FamRZ 2001, 691) – auch noch in der Berufungsinstanz gestellt werden, wenn die Sache wegen einer Beschwerde gegen den bereits durchgeführten öffentlich-rechtlichen Teilausgleich zum OLG gelangt ist (OLG Bamberg, FamRZ 2001, 689, 690, gegen BGH, FamRZ 1990, 606).

b) Fälligkeit (§ 1587g Abs. 1 Satz 2 BGB)

Ein Anspruch auf schuldrechtlichen Versorgungsausgleich besteht erst, wenn entweder beide (geschiedenen) Ehegatten eine Versorgung erlangen oder der ausgleichspflichtige Ehegatte eine Versorgung erlangt und der andere die Voraussetzungen einer Alters- oder vorgezogenen Alters-, aber auch einer Erwerbsunfähigkeitsrente (BGH, FamRZ 1987, 145, 146) erfüllt hat. 530

531 „Erlangt" ist eine Versorgung allerdings auch dann, wenn die Versorgungsansprüche zur Tilgung von Darlehensschulden an Dritte abgetreten wurden und deshalb nicht an den Berechtigten ausgezahlt werden (vgl. BGH, FamRZ 1988, 936, 939; s. Rn. 932 „Schuldrechtlicher Versorgungsausgleich: trotz Abtretung").

532 Für die Fälligkeit des Anspruchs auf schuldrechtlichen Versorgungsausgleich kommt es nicht darauf an, welcher Art oder von welcher Rechtsnatur die erlangte Rente ist. Auch die Zahlung ausländischer Renten, die nicht den Anforderungen an die Erlangung einer Altersrente nach deutschem Recht entsprechen (hier: landwirtschaftliche Altersrente von der Mutualité Sociale Agricole Tarn é Garonne), kann einen schuldrechtlichen Versorgungsausgleich auslösen (BGH, FamRZ 2001, 284 f. m. w. N.).

533 Bezieht einer der Eheleute eine sog. **Vorruhestandsrente**, ist genau zu prüfen, ob es sich dabei um verkappte Einkünfte (Überbrückungszahlungen bis zum Rentenbeginn) oder aber eine echte vorgezogene Altersrente („Frühpensionierung") zu den Einzelheiten vgl. Rn. 310 und BGH, FamRZ 2001, 25 ff; 27 ff. = Rn. 932 „Vorruhestandsbezüge") handelt. Nur Letztere ist in der Lage, einen schuldrechtlichen Versorgungsausgleich auszulösen.

534 Vor Eintritt der Voraussetzungen des § 1587g Abs. 1 Satz 2 BGB ist praktisch nie eine feststellende Entscheidung zulässig (vgl. BGH, FamRZ 1984, 251, 253, 254; 1995, 293; s. Rn. 932 „Schuldrechtlicher Versorgungsausgleich: kein Feststellungsinteresse"), eben weil offen ist, ob es jemals zum schuldrechtlichen Ausgleich kommen wird (Beispiele s. Rotax, MDR 1984, 621, 622). Wenn das Familiengericht entgegen dieser Auffassung gleichwohl durch Entscheidung (und nicht nur in einem erläuternden Hinweis in den Entscheidungsgründen) das Bestehen eines künftigen schuldrechtlichen Ausgleichsanspruchs festgestellt hat, entfaltet diese Entscheidung keine Bindungswirkung für das spätere Leistungsverfahren (BGH, FamRZ 1995, 157, 158).

Zusammen mit einem öffentlich-rechtlichen Versorgungsausgleich kommt es zum schuldrechtlichen Ausgleich danach nur, wenn bei Scheidung oder zum Zeitpunkt eines Antrages nach § 10a VAHRG beide Parteien schon Rentner/Pensionäre sind.

535 Von der Fälligkeit i. S. d. § 1587g Abs. 1 Nr. 2 BGB zu unterscheiden ist die Frage, ob ein schuldrechtlicher Ausgleich immer rückwirkend auf den Zeitpunkt dieser Fälligkeit verlangt werden kann. Das ist nicht der Fall. Vielmehr unterliegt der Anspruch auf schuldrechtlichen Ausgleich insoweit denselben Regeln wie ein Unterhaltsanspruch (§§ 1587k Abs. 1, 1587b Abs. 2, 3 BGB), kann also für die Vergangenheit nur bei Verzug und für mehr als ein Jahr zurück nur bei absichtlichem Sichentziehen verlangt werden (BGH, FamRZ 1985, 263, 265).

536 An die **Bestimmtheit der Mahnung** dürfen – noch weniger als im Unterhaltsrecht nach der Reform des § 1613 Abs. 1 BGB – keine besonderen Anforderungen gestellt werden. Lediglich die **Identität des Anspruchsberechtigten** und sein **Rechtsschutzziel** müssen erkennbar sein. Es reicht deshalb, wenn der Ausgleichsberechtigte den Ausgleichsverpflichteten auf die Tatsache hinweist, dass der schuldrechtlich Ausgleichsverpflichtete der frühere Ehegatte des Ausgleichsberechtigten ist, eine Altersversorgung erhält und jetzt eine „entsprechende Leistung" beantragt werde (vgl. OLG Bamberg, FamRZ 1998, 1367, 1368).

c) **Ausschluss des schuldrechtlichen Ausgleichs**

aa) **Grobe Unbilligkeit**

537 § 1587h BGB ist lex specialis zu § 1587c BGB. Als Ausschlussgrund kommt auch nacheheliches Fehlverhalten in Betracht (vgl. BGH, NJW 1984, 610): Wer nach der Scheidung treuwidrig dafür sorgt, dass eine an sich schuldrechtlich auszugleichende Versorgung entfällt, wird sich so behandeln lassen müssen, als wenn er sie erhielte.

Unterhaltsrechtliche Leistungsunfähigkeit des Verpflichteten, das Unterschreiten von Selbstbehaltsätzen allein reicht ebenso wie beim öffentlich-rechtlichen Ausgleich nach § 1587c BGB zum Ausschluss nicht aus (vgl. BGH, FamRZ 1986, 252 m. w. N.; KG, FamRZ 1996, 1422, 1423; OLG Bamberg, FamRZ 1997, 29, 30). Es muss stets noch eine unbillige Härte für den Verpflichteten unter Berücksichtigung der beiderseitigen wirtschaftlichen Verhältnisse hinzukommen (vgl. OLG Celle, FamRZ 1982, 501). 538

bb) Abfindung nach § 1587l BGB

Wenn eine **Abfindung künftiger Ausgleichsansprüche** – § 1587l BGB – vereinbart wurde, ist der schuldrechtliche Ausgleich ausgeschlossen. Eine Abfindung ist nur möglich bei Unverfallbarkeit (vgl. Rn. 312) und Zumutbarkeit (Einzelheiten zur Abfindung s. u. Rn. 312, 557 f.). 539

d) Erlöschen des Anspruchs bei Todesfall

Der Anspruch auf schuldrechtlichen **Ausgleich erlischt sowohl bei Tod der/des Ausgleichsberechtigten** (§ 1587k, m BGB) **als auch bei Tod des Ausgleichspflichtigen**. 540

Bei Letzterem kann an seine Stelle aber ein gleich hoher Anspruch auf **verlängerten schuldrechtlichen Versorgungsausgleich** gegen den Träger der auszugleichenden Versorgung treten (§ 3a VAHRG, s. Rn. 584 ff.). 541

3. Höhe des Ausgleichsanspruchs

a) Begrenzung

Auch der schuldrechtliche Versorgungsausgleich darf nicht dazu führen, dass der Ausgleichsberechtigte im Ergebnis mehr als die **Hälfte der Differenz** aller auszugleichenden Versorgungen beider (geschiedenen) Eheleute erhält (§ 1587g Abs. 1 Satz 1 BGB). Der schuldrechtliche Ausgleich erfolgt deshalb nach richtiger Meinung niemals unabhängig von einem bereits durchgeführten rechtskräftigen öffentlich-rechtlichen Ausgleich (s. zum Streitstand insoweit Rn. 549 f.). Die Veränderung der dort festgelegten Ausgleichsform regelt sich nach § 10a VAHRG. 542

Anders als der öffentlich-rechtliche Versorgungsausgleich unterliegt der schuldrechtliche Ausgleich nicht dem Gebot des Einmalausgleichs. Vielmehr ist ein **Hin- und Her-Ausgleich** möglich. Zum schuldrechtlichen Versorgungsausgleich verpflichtet kann also (nachträglich) auch der Ehegatte sein, der im öffentlich-rechtlichen Versorgungsausgleich ausgleichsberechtigt war. 543

Beispiel 22:

	Mann	*Frau*
GRV	500,00 €	400,00 €
BAV (verfallbar	-	(50,00 €)
	500,00 €	400,00 € (450,00 €)

letztlich: 1/2 Differenz = 25,00 € zugunsten der Frau

Zunächst findet aber ein Splitting zugunsten der Frau i. H. v. 50,00 € statt. Nach Eintritt der Unverfallbarkeit der BAV der Frau ist dann ein teilweiser Rückausgleich im Wege des schuldrechtlichen Versorgungsausgleich i. H. v. 25,00 € möglich, falls nicht zuvor ein Abänderungsverfahren betrieben wurde.

b) Vorausgegangene Ausgleichsentscheidungen

Das Gericht ist bei Durchführung des schuldrechtlichen Versorgungsausgleichs an etwaige **Unrichtigkeiten vorausgegangener Entscheidung(en)** zum öffentlich-rechtlichen Versorgungs- 544 ausgleich nicht gebunden (vgl. BGH, FamRZ 1995, 293; OLG Hamm, FamRZ 1994, 1226 m. w. N.), sondern hat inhaltlich ein Abänderungsverfahren wie nach § 10a VAHRG zu betreiben. Es muss deshalb für beide (geschiedenen) Eheleute neue Auskünfte einholen. An den festgelegten Ausgleichsformen und -beträgen ist jedoch nichts änderbar. Das ginge nur im Wege des Verfahrens nach § 10a VAHRG (Einzelheiten s. u. Rn. 721 ff.). Ggf. muss, wenn die Parteien auch nach Hinweis ein Abänderungsverfahren nicht betreiben wollen, ein schuldrechtlicher Rückausgleich stattfinden, wenn nämlich die aktuelle Ausgleichsbilanz zu dem Ergebnis führt, dass der ursprünglich Ausgleichspflichtige aufgrund zwischenzeitlicher Wertänderungen insgesamt weniger ausgleichspflichtig oder gar ausgleichsberechtigt geworden ist.

c) Bewertung der Anwartschaften

545 Alle im schuldrechtlichen Versorgungsausgleich auszugleichenden Anrechte sind wie beim **öffentlich-rechtlichen Versorgungsausgleich** zu bewerten (§ 1587g Abs. 2 Satz 1 BGB), ermittelt grds. nach den individuellen Berechnungsgrundlagen zum Ende der Ehezeit.

546 Maßgeblich sind die **Bruttobeträge der Versorgungen** ohne Abzug von Krankenversicherungskosten oder steuerlicher Belastung (vgl. BGH, FamRZ 1994, 560) einschließlich aller Sonderzahlungen eines Jahres wie Weihnachtsgeld u. ä. Das ist insoweit ungerecht, als der Ausgleichspflichtige selbst dann noch Kranken- und Pflegeversicherungsbeiträge nach der Höhe seiner Bruttoversorgung bezahlen muss, wenn er gem. § 1587i BGB i. H. d. schuldrechtlichen Ausgleichsrente Betriebsrentenanteile an den Ausgleichsberechtigten abgetreten hat (so BSG, FamRZ 1994, 1242). Im Ergebnis werden hier dieselben Bezüge zweimal der Beitragspflicht unterworfen. Denn auch der Ausgleichsberechtigte muss insoweit Beiträge entrichten. Leider war eine Abstimmung an dieser Bruchkante zwischen bürgerlichem und Sozialrecht durch die jeweiligen oberen Bundesgerichte nicht möglich. Ob dieses Ergebnis aus Gründen der Verwaltungsvereinfachung hinzunehmen ist (so BGH, a. a. O. und Borth, FamRZ 1996, 641, 645), muss bezweifelt werden. Immerhin lässt auch die Rechtsprechung bei grob unbilligen Ergebnissen im Einzelfall eine Korrektur nach § 1587h BGB zu (OLG Celle, FamRZ 2002, 243, 247 = Rn. 932 „Schuldrechtlicher Versorgungsausgleich, Ausgleich der Bruttobeträge"; BGH, FamRZ 1994, 560, 561;vgl. auch Glockner/Übelhack, Die betriebliche Altersversorgung im Versorgungsausgleich, Rn. 196; Soergel/Vorwerk, BGB, § 1587g Rn. 13; Borth, Versorgungsausgleich in anwaltschaftlicher und familiengerichtlicher Praxis, Rn. 646).

Für den Bereich der Realteilung hält es der BGH dagegen für angemessen, dass sowohl die Bezüge des Verpflichteten wie des Berechtigten um die auf sie entfallenden Kranken- und Pflegeversicherungsbeiträge – insgesamt also nur einmal – gekürzt werden (BGH, FamRZ 1998, 421, 424).

d) Nachehezeitliche Wertveränderungen

547 Nachehezeitliche Wertveränderungen sind zu berücksichtigen (§ 1587g Abs. 2 Satz 2 BGB), allerdings nur solche, die der Versorgung am Ehezeitende bereits latent innegewohnt haben wie regelmäßige **Anpassungen an die allgemeine Lohnentwicklung** und gem. § 16 BetrAVG auch **Wertveränderungen durch vorzeitigen Bezug von Erwerbsunfähigkeitsrente** (vgl. BGH, FamRZ 1987, 145, 147; 1990, 605, 606). Nicht zu berücksichtigen sind Steigerungen des Ehezeitanteils infolge nachehelichen Karrieresprunges, unvorhersehbaren Arbeitsplatzwechsels u. ä. In der Praxis wird sich häufig nicht feststellen lassen, worauf die seit Ehezeitende eingetretenen Wertsteigerungen beruhen. Den Nachteil davon, dass das Gericht nach Ausschöpfung seiner Aufklärungsmöglichkeiten insoweit zu keinem klaren Ergebnis kommt, trägt der nach allgemeinen Regeln Darlegungs- und Beweispflichtige (vgl. BGH, FamRZ 1996, 1540, 1542; s. Rn. 932 „Abänderung: Darlegungslast"). Das ist regelmäßig derjenige, der sich gegen einen (vollen) schuldrechtlichen Ausgleich wehrt, weil im Zweifel davon auszugehen sein wird, dass die gesamte Versorgung bereits in der Ehezeit angelegt war.

e) Keine Redynamisierung

Wegen der Anpassungsklausel des § 1587g Abs. 2 Satz 2 BGB ist eine **Umrechnung** (Dynamisierung) grundsätzlich nicht erforderlich (BGH, FamRZ 1997,285). 548

Eine Umrechnung ist dann nicht erforderlich, wenn bereits ein **Teilausgleich im öffentlich-rechtlichen Ausgleich** erfolgt ist (OLG Karlsruhe, FamRZ 2000, 235 f.; OLG Celle, FamRZ 2001, 244 ff.= Rn. 932 „Schuldrechtlicher Versorgungsausgleich, keine Umrechnung"; a. A. BGH, FamRZ 2000, 89; OLG München, FamRZ 1989, 869; 2000, 1222 und auch Kemnade, FamRZ 1999, 821, 823, der zwar teilweise auf eine Dynamisierung verzichtet und auf die Möglichkeit alternativer Berechnungsformen hinweist, die zu einem deutlich unterschiedlichen Ergebnis führen können). Nur der Verzicht auf jegliche Dynamisierung führt zu der von Verfassungs wegen geforderten materiellen Halbteilung (s. Rn. 932 „Halbteilungsgrundsatz") ohne Wenn und Aber und ist – da rechnerisch ohne weiteres möglich – geboten (so eigentlich auch BGH, FamRZ 1985, 263, 264; s. Rn. 932 „Schuldrechtlicher Versorgungsausgleich: regelmäßig keine Umrechnung"). 549

Man stellt dabei einheitlich auf den **aktuellen Ausgleichszeitpunkt** und nicht mehr auf das Ehezeitende ab (vgl. BGH, a. a. O.). Das bedeutet, dass die auszugleichenden Rentenanwartschaften in der gesetzlichen Rentenversicherung und der Beamtenversorgung zu aktualisieren sind. Der Zahlbetrag der Ausgleichsrente wird sich danach in einer Entscheidung – ähnlich dem Unterhaltsbetrag in einem Unterhaltstitel – häufiger ändern. Absehbare Änderungen nach Schluss des aktuellen Verfahrens führen ebenfalls nicht zu einer Umrechnung, sondern sind, falls sie nicht genau quantifizierbar sind, notfalls in einem weiteren Verfahren nach § 1587g Abs. 3 BGB i. V. m. § 1587d Abs. 2 (BGH, a. a. O.) zu berücksichtigen.

Die Aktualisierung der Ausgleichswerte per Ehezeitende geschieht durch Multiplikation für Anwartschaften aus der gesetzlichen Rentenversicherung mit dem Faktor 550

$$\frac{\text{aktueller Rentenwert zum Ausgleichszeitpunkt}}{\text{aktueller Rentenwert am Ehezeitende,}}$$

für Beamtenversorgungen mit dem Steigerungssatz der Beamtenversorgungen zwischen Ehezeitende und Ausgleichszeitpunkt. Dieser lässt sich zum einen anhand der von Gutdeutsch erstellten Vergleichstabelle zur Prüfung der Volldynamik betrieblicher Versorgungen (vgl. Rn. 938) ermitteln oder ist aus einer Gegenüberstellung der Gehaltssätze am Ehezeitende und der Gehaltssätze dergleichen Besoldungsgruppe und -stufe im Ausgleichszeitpunkt zu berechnen. Die aktuellen Gehaltssätze sind notfalls beim Dienstherren zu erfragen.

f) Berechnungsformel und Beispiel

Beispiel 23: 551

Ehezeit: 1. 6. 1960 – 31. 12. 1980

Die Erstentscheidung 1980 beruht auf folgender Ausgleichsbilanz:

	Mann	Frau
GRV	760,00 DM	100,00 DM
BAV	(nom.:) 540,00 DM	-
	(dyn.:) 84,00 DM	
	844,00 DM	100,00 DM

I. 1/2 Differenz = 372,00 DM zugunsten der Frau

Teil 9 Abschnitt 1: D. Ausgleichsformen

II. Splitting = 330,00 DM

Beiträge: 42,00 DM = rd. 8 000,00 DM; diese wurden gezahlt

Am 1.1.1990 beantragt die Frau den schuldrechtlichen Versorgungsausgleich (ohne Abänderung nach § 10 VAHRG); beide Parteien sind vorzeitig Rentner geworden.

Die vorläufige Ausgleichsbilanz mit den jeweiligen ehezeitlichen Werten nach Einholung neuer Auskünfte lautet:

	Mann	Frau
GRV	700,00 DM	130,00 DM
Höherversicherung		10,00 DM(nom.)
BAV ab 1990	mindestens 1 800,00 DM (nom.)	
+ Weihnachtsgeld		-
	mindestens 2 500,00 DM	140,00 DM

Maßgeblich sind hier die Verhältnisse ab dem 1.1.1990. Die Ehezeitanteile der gesetzlichen Renten des Mannes und der Frau sind also wie vorstehend beschrieben zu aktualisieren:

700 DM an Rentenanwartschaft im Jahre 1980 entsprechen im 2. Halbjahr 1980 Rentenanteile von 39,58 : 27,39 x 700 = 1 011,54 DM; 130 DM an gesetzlicher Rentenanwartschaft der Frau sind zu 187,86 DM und der öffentlich-rechtliche Ausgleich von 372 DM zu 537,56 DM geworden.

Die genaue Ausgleichsbilanz für den schuldrechtlichen Versorgungsausgleich lautet also:

	Mann	Frau
GRV	1 011,54 DM	187,86 DM
BAV ab 1990		Höherversicherung 10,00 DM
	1 950,00 DM	-
	2 961,54 DM	197,86 DM

1/2 der Differenz und damit die Höhe der schuldrechtlichen Ausgleichsrente sind ab 1.1.1990 **1 381,84 DM.**

Die Ausgleichsrente muss aber zusätzlich den unveränderten öffentlich-rechtlichen Ausgleich berücksichtigen!

Die Ausgleichsrente beträgt also 1 381,84 DM – 537,56 DM = **844,28 DM**

Dem Mann verbleibt danach – bezogen auf die Ehezeit, berechnet nach aktuellen Werten – ebenso viel wie die Frau erhält, nämlich: (2 961,54 DM – 537,56 DM – 844,28 DM) = (197,86 DM + 537,56 DM + 844,28 DM) = 1 579,70 DM.

552 Jahr für Jahr, notfalls Monat für Monat muss und kann auf diese – dem Unterhaltsrecht verwandte – mühselige Art die Ausgleichsrente ausgerechnet werden.

g) Prozentuale Festlegung des Ausgleichsbetrages

553 Das Gesetz sieht in § 1587g Abs. 1 Satz 1 BGB vor, dass der schuldrechtliche Versorgungsausgleich durch Zahlung einer Geldrente zu leisten ist. Das spricht dafür, dass – wie beim Unterhalt – nur eine bezifferte Ausgleichsrente festgesetzt werden kann, die bei einer wesentlichen Änderung der Verhältnisse nach § 1587d Abs. 2 BGB i. V. m. § 1587g Abs. 3 BGB auf Antrag anzupassen ist. Die Rechtsprechung lässt jedoch zur Sicherung des Gedankens der **materiellen Halbteilung** in bestimmten Fällenauch eine prozentuale Bestimmung – analog der neuen unterhaltsrechtlichen

Regelung in § 1612a BGB – in der Weise zu, dass dem Berechtigten ein bestimmter Prozentsatz der auszugleichenden Betriebsrente zugesprochen werden kann (OLG Zweibrücken, FamRZ 2000, 399, 400). Dann werden Abänderungen der Ausgleichsentscheidungen, die ansonsten vor allem wegen der nach § 16 BetrAVG spätestens alle drei Jahre vorzunehmenden Anpassungen erforderlich würden und zulässig wären (vgl. BGH, FamRZ 1990, 380, 382), überflüssig. Wegen des Gebots materieller Halbteilung wird man von der Möglichkeit prozentualer Festlegung auch in allen geeigneten Fällen Gebrauch machen müssen, es sei denn der Ausgleichsberechtigte verzichtet darauf. Voraussetzung für die „Automatisierung" des schuldrechtlichen Ausgleichs ist allerdings, dass die auszugleichende Betriebsrente mit keiner anderen Versorgung zu verrechnen ist, weil die andere Versorgung im Einzelfall abweichend anzupassen ist mit der Folge, dass der auszugleichende Prozentsatz der Betriebsrente nicht konstant bleibt.

Möglich ist also eine Ausgleichsentscheidung nach folgendem Muster:

Formulierungsbeispiel:

> Der Antragsgegner wird verpflichtet, monatlich im voraus an die Antragstellerin eine Ausgleichsrente in Höhe von x % seiner Betriebsrente bei der Firma YZ zu zahlen.

Wird dann auch noch von der Möglichkeit der Abfindung nach § 1587l BGB (vgl. Rn. 537 f.) Gebrauch gemacht, ist die Ausgleichsberechtigte ständig und ohne weiteren Arbeitsaufwand mit dem auf die Ehezeit bezogenen Anteil an der Betriebsrente unmittelbar beteiligt.

h) Anrechnung von Unterhalt

Mit den Regelungen in §§ 1587k und 1587n BGB berücksichtigt das Gesetz die nahe Verwandtschaft und teilweise inhaltliche Identität von schuldrechtlicher Ausgleichsrente und Unterhalt. Man könnte den schuldrechtlichen Ausgleich (wegen seiner prinzipiellen Unabhängigkeit von der Leistungsfähigkeit des Ausgleichspflichtigen) als eine Art „dinglichen" Unterhalt ansehen mit der Folge, dass ein Anspruch auf eine schuldrechtliche Ausgleichsrente nicht (mehr) besteht, soweit Unterhalt gezahlt wird.

Auf Ausgleichsansprüche **für die Vergangenheit** sind Unterhaltszahlungen in jedem Fall anzurechnen. Insoweit ist ein Anspruch auf schuldrechtlichen Versorgungsausgleich erloschen (BGH, FamRZ 1985, 263, 265).

Diese Rechtsprechung kann aber ausnahmsweise auch dazu führen, dass ein Anspruch auf schuldrechtliche Ausgleichsrente trotz Erfüllung aller sonstigen Voraussetzungen mit Wirkung **für die Zukunft** entfällt und deshalb abzuweisen ist. Das ist der Fall, wenn die (geschiedenen) Ehegatten eine **unabänderliche Vereinbarung über nachehelichen Unterhalt** geschlossen haben, der unzweifelhaft höher ist als die schuldrechtliche Ausgleichsrente und ein verlängerter schuldrechtlicher Ausgleich (etwa, weil es sich bei den auszugleichenden Versorgungen um ausländische Anwartschaften handelt) nicht in Betracht kommt. Hier würde der Anspruch auf eine schuldrechtliche Ausgleichsrente bereits im Zeitpunkt ihres Entstehens bei regelmäßiger Zahlung des Unterhalt sofort erlöschen. Es wäre für den Ausgleichs- und Unterhaltspflichtigen zumindest grob unbillig, in diesem Fall, wo eine Abänderung der früheren Unterhaltsvereinbarung nicht durchgesetzt werden kann, einem – im Ergebnis doch nicht vollstreckbaren – weiteren Titel ausgesetzt zu sein.

4. Abfindung (§ 1587l BGB)

a) Inhalt

Um den Hauptnachteil des schuldrechtlichen gegenüber dem öffentlich-rechtlichen Versorgungsausgleich, nämlich seine Abhängigkeit vom Eintritt des Rentenfalls beim Ausgleichsberechtigten (vgl. o. Rn. 530), abzumildern und entsprechend dem Ziel des Versorgungsausgleichs, für den Ausgleichsberechtigten eine eigenständige Versorgung zu schaffen, hat der Gesetzgeber für den Ausgleichsberechtigten die Möglichkeit eingeräumt, vom Ausgleichspflichtigen schon vor Fälligkeit des Anspruchs auf schuldrechtlichen Versorgungsausgleichs eine **Abfindung des künftigen Anspruchs** zu verlangen. Eine derartige Abfindung kann durch Beschluss oder bereits im Verbundurteil festgesetzt werden. Die Parteien können sie auch – formfrei – vereinbaren.

558 Auch nach In-Kraft-Treten des VAHRG sind die Voraussetzungen für eine Abfindung nicht entfallen (vgl. Rotax, MDR 1984, 621, 624; Hahne/Glockner, FamRZ 1983, 221, 222; a. A. Gutdeutsch/Lardschneider, FamRZ 1983, 845). Allerdings dürfte ein praktisches Bedürfnis für die Abfindung nach § 1587l BGB wegen ihrer zahlreichen Einschränkungen und im Hinblick auf ihre Unabänderbarkeit nur bestehen, wenn im Einzelfall die Voraussetzungen eines verlängerten schuldrechtlichen Versorgungsausgleichs – wie etwa bei ausländischen Anwartschaften oder bei Überschreitung des Höchstbetrages in der gesetzlichen Rentenversicherung – nicht gegeben sind.

b) Voraussetzungen

559 Eine Abfindung kann nur verlangt werden, wenn feststeht, dass überhaupt eine Versorgungsanwartschaft schuldrechtlich auszugleichen sein wird. Das ist nicht der Fall, solange eine Aussicht oder Anwartschaft auf eine betriebliche Versorgung noch verfallbar ist. Insoweit muss **Unverfallbarkeit** eingetreten sein (so BGH, FamRZ 1984, 668).

560 Des Weiteren muss die Zahlung einer Abfindung **dem Ausgleichspflichtigen nach seinen wirtschaftlichen Verhältnissen zumutbar** sein. Der Maßstab für die Zumutbarkeit dürfte derselbe wie in § 3b Abs. 1 Nr. 2 VAHRG sein mit der Folge, dass eine Abfindung kaum in Betracht kommt, wenn bereits die Voraussetzungen einer **Beitragszahlungspflicht** verneint worden sind.

561 Ist dem Ausgleichspflichtigen die Zahlung eines einmaligen Abfindungsbetrages (dieser ist nur im Rahmen einer privaten Lebensversicherung möglich, s. nachfolgend Rn. 566) nicht zuzumuten, bleibt die Möglichkeit von Teilzahlungen bis hin zu monatlichen Raten.

c) Formen der Abfindung

562 Die Abfindung ist, um den Charakter des Versorgungsausgleichs als Schutz vor Alter und Invalidität zu wahren, nur in zwei Formen möglich (§ 1587l Abs. 2 BGB), nämlich durch **Zahlung von Beiträgen**.

aa) Beiträge zur gesetzlichen Rentenversicherung

563 Diese Form der Abfindung klingt besser, als sie tatsächlich ist. Denn in vielen Fällen kommt sie im Ergebnis doch nicht in Betracht. Beiträge zur gesetzlichen Rentenversicherung sind als Abfindung im Gegensatz zur Beitragszahlungspflicht nach § 3b Abs. 1 Nr. 2 VAHRG (s. o. Rn. 477 ff.) nur zulässig, wenn und soweit dem Ausgleichsberechtigten rentenrechtlich die Leistung **freiwilliger Beiträge** möglich ist (Rn. 192 „Freiwillige Versicherung"), also **nicht** bei

- Beamten, die die Wartezeit von 60 Monaten noch nicht erfüllt haben,
- laufender Sozialversicherungspflicht des Ausgleichsberechtigten (hier sind Beiträge i. d. R. unwirtschaftlich).

564 Es gelten auch sonstige Privilegierungen der **Beitragszahlungspflicht** nicht wie die Möglichkeit der Begründung von Rentenanwartschaften durch Zahlung einmaliger Beiträge. Als Abfindung kommt nur die Verpflichtung zur Zahlung laufender Beiträge in Betracht mit der Gefahr, dass bei nicht rechtzeitiger Zahlung die Beiträge nicht zu einer Rentenanwartschaft führen (vgl. Rn. 192 „freiwillige Beiträge").

565 Weiter dürfte ein Anspruch auf Einzahlung laufender Beiträge in die gesetzliche Rentenversicherung regelmäßig auch wegen wirtschaftlicher Unzumutbarkeit (s. o. Rn. 479) ausgeschlossen sein. Denn die Begründung von Rentenanwartschaften in der gesetzlichen Rentenversicherung ist regelmäßig viel teurer als die Einzahlung in eine private Lebensversicherung für eine nomi-

nell gleich hohe Altersrente (s. nachfolgend Rn. 569) und deshalb dem Ausgleichspflichtigen nicht zuzumuten. Allenfalls, wenn der Abschluss einer privaten Lebensversicherung an der normalerweise erforderlichen Gesundheitsprüfung scheitert, dürfte diese Form der Abfindung in Betracht kommen.

bb) Beiträge zu einer privaten Renten- oder Lebensversicherung

Anders als bei freiwilligen Beiträgen zur gesetzlichen Rentenversicherung gibt es im Rahmen des Abschlusses einer privaten Lebensversicherung die Möglichkeit der Versicherung gegen Einmalbeitrag oder laufende Prämien. Gegenüber der gesetzlichen Rentenversicherung hat eine private Lebensversicherung darüber hinaus regelmäßig den Vorteil des günstigeren Preis-Leistungs-Verhältnisses, möglicherweise aber auch den Nachteil, dass das Versicherungsunternehmen aus Gesundheitsgründen den Abschluss einer Lebensversicherung ablehnt oder nur zu unwirtschaftlichen Bedingungen anbietet. In diesem Fall kann die gesetzliche Rentenversicherung für den Ausgleichsberechtigten wieder wirtschaftlich interessant sein. 566

Nach § 1587l Abs. 3 BGB muss die für eine Abfindung geeignete Lebensversicherung ein Minimum an Versorgungssicherheit und Anpassung bieten. Möglich sind nur Versicherungsverträge auf das Leben bzw. Alter des Berechtigten. Dadurch sollen u. a. Vollstreckungsprobleme vermieden werden, die sich ergeben können, wenn der (unwillige) Ausgleichspflichtige Versicherungsnehmer sein sollte. 567

d) Höhe der Abfindung

Ausgangspunkt für die Ermittlung der Höhe der Abfindung ist die Ausgleichsrente (s. o. Rn. 542 f., 533) zum Zeitpunkt der Entscheidung über die Abfindung. Wie dieser „Zeitwert" in eine Abfindung umzurechnen ist, schreibt das Gesetz nicht vor. Insbesondere gibt es keine dem § 1585 Abs. 2 BGB entsprechende Kapitalisierungsvorschrift oder -möglichkeit. Anders als bei der **Beitragszahlungspflicht** nach § 3b Abs. 1 Nr. 2 VAHRG gibt es bei der Abfindung nach § 1587l BGB keine Möglichkeit späterer Anpassung entsprechend § 1587d Abs. 2 BGB, weil dieses dem Charakter einer Abfindung zuwiderliefe. Man kann sich also nicht damit beruhigen, dass bei laufenden Zahlungen die allgemeine und persönliche wirtschaftliche Entwicklung abgewartet werden könne, sondern muss die Höhe der Abfindung endgültig festlegen. 568

Sinn und Zweck des Versorgungsausgleichs als Schutz für den Fall des Alters und der Invalidität einerseits sowie die Notwendigkeit, die wirtschaftlichen Interessen des Ausgleichsverpflichteten weitestgehend zu berücksichtigen führen dazu, als Maßstab für die Höhe der Abfindung den Monatsbetrag der Ausgleichsrente zu nehmen und zu fragen, welcher – monatliche oder Einmalbetrag erforderlich ist, um diesen Rentenbetrag, vermehrt um eine voraussichtliche Kaufkraftentwertung bis zum Eintritt des Altersfalls abzusichern. Ist nur mit einer geringfügigen Inflationsrate zu rechnen, wird die Regelung zur Verwendung der Überschussanteile ausreichen, um den Kaufkraftschwund auszugleichen. Denn in Zeiten hoher Inflation pflegen auch die Zinsen auf Kapitalanlagen hoch zu sein, so dass – bei Fortdauer der bisherigen wirtschaftlichen Praxis der großen Lebensversicherungsunternehmen – mit einer entsprechenden Überschussbeteiligung zu rechnen ist. 569

e) Anrechnung auf späteren Unterhaltsanspruch

Jeder geschiedene Ehegatte muss sich die Vorteile aus dem Versorgungsausgleich auf seinen nachehelichen Unterhaltsanspruch anrechnen lassen, weil diese die ehelichen Lebensverhältnisse nicht geprägt haben. Der Wert der aus einer Abfindung fließenden Versorgung kann nun aus mancherlei Gründen, vor allem wegen **nicht vorhersehbarer wirtschaftlicher Entwicklungen,** niedriger sein als der Wert einer nach § 1587g BGB zu berechnenden Ausgleichsrente. Dieses soll allein das Risiko des Ausgleichsberechtigten, nicht des Ausgleichspflichtigen sein. Letzterer wird durch § 1587n BGB so gestellt wie er stehen würde, wenn es keine Abfindung gegeben hätte (so BGH, 570

NJW 1987, 1014), d. h. auf den Unterhaltsanspruch sind nicht die tatsächlichen Erträge aus der Abfindung, sondern ist eine fiktive Ausgleichsrente anzurechnen.

f) Anderweitige Abfindungsregelungen

571 Durch die Beschränkung der Abfindung nach § 1587l BGB auf – im Wesentlichen – die Möglichkeit, über einmalige oder regelmäßige Zahlungen einen Lebensversicherungsvertrag für den Berechtigten abzuschließen, entfallen vor allem die Möglichkeit einer reinen Barabfindung, die Möglichkeit der Übertragung von Immobilien oder anderen Vermögenswerten, obwohl auch dadurch das Ziel des Versorgungsausgleichs, den Berechtigten für den Fall seines Alters und Invalidität eigenständig abzusichern, erfüllt werden könnte. Durch § 1587l BGB wird den Parteien die Möglichkeit zu wirtschaftlich sinnvoller, individuell gerechter anderweitiger Ausgleichsmöglichkeit auch nicht ernstlich genommen.

Sie können unter den Voraussetzungen des § 1587o BGB (s. „Anderweitiger Ausgleich", Rn. 620 ff.) auch noch im Zusammenhang mit der Scheidung derartige für sie wirtschaftlichere oder sonst angepasstere **Vereinbarungen** treffen. § 1587l BGB beschränkt insoweit nur einen **Anspruch** auf Abfindung.

5. Verfahrensbesonderheiten

572 Auch für das Verfahren zum schuldrechtlichen Versorgungsausgleich gelten im Grundsatz die Prinzipien des FGG (vgl. Rn. 58 ff.).

573 **Örtlich zuständig** ist aber nur das nach § 45 FGG zu bestimmende Gericht, also nicht immer das Scheidungsgericht. Wegen der dabei auftretenden praktischen Schwierigkeiten vor allem für den Antragsteller s. Rn. 42.

Anders als im Unterhaltsrecht oder im Rahmen des verlängerten schuldrechtlichen Versorgungsausgleichs (s. u. Rn. 607) sieht das Gesetz beim schuldrechtlichen Ausgleich **keine Möglichkeit einstweiliger Anordnungen** vor.

Mit Ausnahme der Vertretung in der weiteren Beschwerde beim BGH (§ 621e Abs. 4 ZPO) und der Geltendmachung des schuldrechtlichen Versorgungsausgleichs im Scheidungsverfahren (§ 78 Abs. 1 Nr. 2 ZPO) besteht im Verfahren über den schuldrechtlichen Ausgleich kein Anwaltszwang.

6. Sicherung durch Abtretung

a) Inhalt

574 Zur Sicherung des Anspruchs auf die monatlich zu zahlende Ausgleichsrente kann der Ausgleichsberechtigte vom Ausgleichspflichtigen **Abtretung** der in den Ausgleich einbezogenen Versorgung i. H. d. Ausgleichsrente verlangen, soweit diese fällig ist oder künftig fällig wird (§ 1587i Abs. 1 BGB).

b) Fehlende Abtretbarkeit und Pfändbarkeit

575 Die Abtretung ist entgegen §§ 399, 400 BGB, 850 Abs. 2, Abs. 3b ZPO auch dann **möglich,** wenn der abzutretende Anspruch – wie regelmäßig bei den schuldrechtlich auszugleichenden Versorgungen – **weder abtretbar noch pfändbar** ist (§ 1587i Abs. 2 BGB).

576 Aus dieser Vorschrift sowie dem Ziel des Versorgungsausgleichs nach möglichst weitgehender Absicherung des Berechtigten folgt auch, dass die Parteien eine **Abtretung vereinbaren** können und insoweit nicht auf eine gerichtliche Entscheidung angewiesen sind. Schutzwürdige Interessen der betroffenen Versorgungsträger stehen nicht entgegen. Denn dem Gericht steht insoweit kein Ermessen zur Verfügung. Die Abtretung ist anzuordnen, sobald sie verlangt wird. Dann aber wäre es reiner Formalismus, insoweit eine gerichtliche Entscheidung zu verlangen, wenn die Parteien im Übrigen sich auch ohne gerichtliches Verfahren einigen können.

c) Abänderung bei wesentlicher Änderung der Verhältnisse

Bei wesentlicher Änderung der Verhältnisse besteht auch in bezug auf die Abtretung eine Abänderungsmöglichkeit (§ 1587i Abs. 3 BGB). 577

d) Auswirkungen auf den verlängerten schuldrechtlichen Versorgungsausgleich

Neben der höheren Sicherheit hat die Abtretung für den Berechtigten den weiteren Vorteil, dass 578 nach einer Abtretung der Anspruch auf schuldrechtlichen Versorgungsausgleich ohne weiteres in den verlängerten schuldrechtlichen Versorgungsausgleich übergeht, wenn dessen Voraussetzungen erfüllt sind (§ 3a Abs. 7 Nr. 2 Satz 3 VAHRG, s. u. Rn. 584 f.). Der Berechtigte braucht nach dem Tod des Ausgleichspflichtigen nicht den Versorgungsträger gesondert aufzufordern; der Versorgungsträger kommt ohne Mahnung in Verzug und kann sich nicht unter Hinweis auf Zahlungen an Hinterbliebene von der Leistung an den Berechtigten befreien.

e) Rückübergang

Auch für den Verpflichteten und seine Hinterbliebenen entsteht durch die Abtretung kein unzumut- 579 barer wirtschaftlicher Nachteil. Denn bei **Tod des Berechtigten** findet ein **gesetzlicher Rückübergang** der abgetretenen Ansprüche statt (§ 1587k Abs. 2 Satz 2 BGB).

> *Hinweis: Regelmäßig kein schuldrechtlicher Ausgleich ohne Abtretung!*

7. Titulierung und Vollstreckung

Der Anspruch auf schuldrechtlichen Versorgungsausgleich wird **wie ein Unterhaltsanspruch** tituliert 580 und vollstreckt (§ 1587k Abs. 1 BGB), d. h.:

- Die Ausgleichsrente ist **monatlich im Voraus** zu zahlen (§ 1585 Abs. 1 Satz 2 BGB).
- Auch bei Erlöschen des Anspruchs durch Tod des Berechtigten im Laufe eines Monats ist für diesen Monat noch der **volle Monatsbetrag** zu zahlen (§ 1585 Abs. 1 Satz 3 BGB).
- Für die Vergangenheit kann ein schuldrechtlicher Ausgleich nicht etwa rückwirkend ab Eintritt der Fälligkeitsvoraussetzungen des § 1587g Abs. 1 Nr. 2 BGB, sondern **nur bei Verzug oder Rechtshängigkeit** gefordert werden (§ 1585b Abs. 2 BGB), für mehr als ein Jahr zurück nur bei absichtlichem Sichentziehen (§ 1585b Abs. 3 BGB).
- Die Parteien sind einander entsprechend § 1580 BGB zur **Auskunft** verpflichtet. Die Auskunftspflicht der übrigen Beteiligten und der Parteien gegenüber dem Gericht ergibt sich aus § 53b Abs. 2 Satz 2 FGG. Die letztere Auskunftspflicht wird nach § 33 FGG vollstreckt.
- Die **Vollstreckung** richtet sich **nach ZPO-Vorschriften** (§ 53g Abs. 3 FGG). Das gilt auch für die Verpflichtung zur Abtretung, die gem. § 894 ZPO vollstreckt wird, also mit Rechtskraft der Entscheidung als abgegeben gilt.
- Ebenfalls wie bei Unterhaltsansprüchen ist eine rechtskräftige Entscheidung über den schuldrechtlichen Versorgungsausgleich bei einer **wesentlichen Änderung der Verhältnisse** gegenüber dem Zeitpunkt der Entscheidung abzuändern (§ 1587g Abs. 3 BGB). Änderungen i. H. d. auszugleichenden Versorgung sind regelmäßig nur dann als wesentlich anzusehen, wenn sie zu einer Erhöhung des Betrages der Ausgleichsrente um mindestens 10 % führen. Eine Minderung der auszugleichenden Versorgung dürfte dagegen schon bei geringeren Veränderungen zulässig sein, da ansonsten die Gefahr einer Verletzung des verfassungsrechtlich geschützten materiellen Halbteilungsgrundsatzes bestünde (vgl. BGH, NJW 1990, 388).

Der Anspruch auf Herabsetzung wegen wesentlicher Änderung der Verhältnisse kann **nicht rückwirkend** geltend gemacht werden. Gerade in diesem Zusammenhang ist es wichtig, das örtlich zuständige Gericht zutreffend zu ermitteln, weil sonst der Verlust von Rechten droht. Etwaige überzahlte Beträge vor Anhängigkeit eines Abänderungsantrages können nur unter den Voraussetzungen der §§ 812 ff. BGB zurückverlangt werden.

- Schwierigkeiten kann es im Zusammenhang mit dem Ausgleich eines ausländischen Anrechtes (s. o. Rn. 372 f., 527) bei der Vollstreckung der titulierten Ausgleichsrente im Ausland geben. U. U. ist dieser Titel nämlich **im Ausland nicht vollstreckbar,** weil nach den anzuwendenden zwei- oder mehrseitigen Anerkennungs- und Vollstreckungsverträgen die Vollstreckung des dem Ausland unbekannten schuldrechtlichen Versorgungsausgleichs nicht vorgesehen ist (so nach Meinung des LG Innsbruck für das österreichische Recht, IPRax 1998, 371 m. Anm. Heinrich, S. 369). Das gilt insbesondere für das Übereinkommen v. 27. 9. 1968 über die gerichtliche Zuständigkeit und die Vollstreckung gerichtlicher Entscheidungen in Zivil- und Handelssachen (GVÜ), das nach weit überwiegender Meinung auf Versorgungsausgleichsangelegenheiten nicht zur Anwendung gelangt (vgl. Unterrichtung der Bundesregierung v. 28. 12. 1994, BT-Drucks. 13/152 S. 3). Eine Erweiterung dieses oder anderer Abkommen auf die Vollstreckung fälliger Ausgleichsrenten aus dem schuldrechtlichen Versorgungsausgleich ist nicht zu erwarten (BT-Drucks. 13/152 S. 10).

581 Dass ausländische Rechte in einem nicht zu vernachlässigenden Umfang eine Teilhabe des geschiedenen Ehegatten an der Versorgung des bei ihnen versicherten Mitglieds im Wege der Geschiedenenwitwenversorgung vorsehen (BT-Drucks. 13/152 S. 4 f., 8), ist in diesem Zusammenhang nur ein schwacher Ausgleich, weil es sich dabei um eine Hinterbliebenenversorgung handelt, die nur bei vorzeitigem Tod des anderen geschiedenen Ehegatten fällig wird. Für die Zeit zwischen Eintritt der Fälligkeitsvoraussetzungen des schuldrechtlichen Versorgungsausgleichs und einem späteren Tod des Ausgleichspflichtigen bleibt ggf. eine Versorgungslücke bestehen, die der Ausgleichsberechtigte möglichst rechtzeitig durch Vereinbarung oder Verurteilung zu einer Abfindung versuchen sollte zu schließen. Gegen einen pauschalen Verweis auf die Möglichkeit einer Teilhabe des anderen Ehegatten an ausländischen Anwartschaften des Versicherten sprechen weiter Probleme bei der Frage, ob und wo überhaupt ein ausländisches Gericht für einen solchen Ausgleich **international zuständig** wäre (vgl. Wagner, IPRax 1999, 94, 96 f.).

8. Kostenentscheidung

582 Die Kostenentscheidung richtet sich im isolierten Verfahren über einen schuldrechtlichen Ausgleich nach §§ 2, 3, 99 KostO, 13a FGG. Wenn über den schuldrechtlichen Ausgleich bereits im Verbund mit der Scheidung entschieden wird, bleibt es bei der einheitlichen Kostenentscheidung nach § 93a ZPO. Das gilt auch, wenn das Verfahren gem. § 628 ZPO „abgetrennt" worden sein sollte.

Wegen der Besonderheiten des Versorgungsausgleichsverfahrens sind regelmäßig auch bei Rücknahme einer Beschwerde gegen eine Ausgleichsentscheidung die Rechtsgedanken der § 93a ZPO bzw. § 13a Abs. 1 FGG und nicht die des § 516 Abs. 2 ZPO n. F. anzuwenden (vgl. OLG Köln, FamRZ 1997, 221, 222 m. w. N.).

9. Tenorierungsvorschlag

583 Um zu verhindern, dass die Entscheidung über den schuldrechtlichen Ausgleich mit einem ggf. nur in anderer Weise abänderbaren Unterhaltstitel verwechselt wird, empfiehlt sich nachstehender Tenorierungsvorschlag:

Formulierungsbeispiel:

„Der Antragsgegner wird verpflichtet, zum Ausgleich seiner Betriebsrente bei . . . an die Antragstellerin monatl. im Voraus ab . . . €/x % /sowie . . . € als Rückstand für die Zeit vom . . . bis . . . zu zahlen.

> Der Antragsgegner wird verpflichtet, seine Betriebsrentenansprüche gegen . . . i. H. v. monatl. . . . €/x %/ab . . . abzutreten.
>
> Die Kosten des Rechtsstreits nach einem Gegenstandswert von . . . € (Jahresbetrag der Ausgleichsrente) tragen beide Parteien je zur Hälfte. Eine Erstattung außergerichtlicher Kosten findet nicht statt."

XIII. Verlängerter schuldrechtlicher Versorgungsausgleich

Das Rechtsinstitut des verlängerten schuldrechtlichen Versorgungsausgleichs, vom VAwMG mit Wirkung zum 1. 1. 1987 in das Gesetz eingefügt, das dem Ausgleichsberechtigten **bei Tod des Ausgleichspflichtigen** einen **Anspruch gegen den Träger der schuldrechtlich auszugleichenden Versorgung** i. H. d. Ausgleichsrente gibt, beseitigt eine bis dahin bestehende verfassungsrechtlich bedenkliche Schwäche der Ausgleichsform des schuldrechtlichen Ausgleichs (vgl. BVerfG, FamRZ 1986, 543 ff.; s. Rn. 932 „Verfassungsmäßigkeit: schuldrechtlicher Versorgungsausgleich") und macht sie zu einer den übrigen Ausgleichsformen im Wesentlichen ebenbürtigen, wegen ihrer durch § 1587g Abs. 2 und 3 BGB bedingten Flexibilität – es gibt hierbei keine Umrechnungsprobleme – teilweise sogar überlegenen Ausgleichsform. 584

Nach Art. 4 § 2 VAwMG kann die verlängerte Ausgleichsrente sogar **rückwirkend auch für Zeiten vor dem 1. 1. 1987** verlangt werden (vgl. BGH, FamRZ 1989, 1285), und zwar von öffentlich-rechtlichen Versorgungsträgern zurück bis zum In-Kraft-Treten des 1. EheRG, dem 1. 1. 1977, von privatrechtlichen Versorgungsträgern zurück bis zum 8. 4. 1986, dem Datum der Entscheidung des BVerfG zur Verfassungswidrigkeit einer umfassenden Verweisung in den schuldrechtlichen Ausgleich. Verfassungsrechtliche Bedenken gegen die Verpflichtung von Versorgungsträgern, selbst dann eine Ausgleichsrente an die geschiedenen Ehegatten zahlen zu müssen, wenn die Ehe bereits vor dem 1. 1. 1987 geschieden wurde, bestehen nicht (BVerfG, FamRZ 1993, 1173). 585

Der verlängerte schuldrechtliche Ausgleich darf, nicht zuletzt aus verfassungsrechtlichen Gründen, nicht dazu führen, dass der Träger der auszugleichenden Versorgung die zugesagte volle Hinterbliebenenversorgung ggf. zweimal, nämlich zum einen an eine etwaige Ehefrau des Verstorbenen und an die geschiedene Ehefrau erbringen muss. Deshalb ordnet § 3a Abs. 4 VAHRG zwingend an, dass der Versorgungsträger die an die/den „echte/n" Witwe/er zu zahlende Hinterbliebenenversorgung um die an den Ausgleichsberechtigten zu zahlende Ausgleichsrente kürzen kann. Diese **Kürzung** besteht auch über den Tod des Ausgleichsberechtigten hinaus. Lediglich, wenn der Ausgleichsberechtigte wegen vorzeitigen Todes insgesamt weniger als zwei Jahresbeträge aus der Versorgung erhalten hat, ist die Kürzung – ähnlich wie nach § 4 VAHRG für den öffentlich-rechtlichen Versorgungsausgleich – **rückgängig zu machen** (§ 3a Abs. 4 Satz 3, 4 VAHRG). 586

Dem Schutz des Trägers der schuldrechtlich auszugleichenden Versorgung dient auch die Vorschrift des § 3a Abs. 7 Satz 1 Nr. 1 VAHRG, wonach der Versorgungsträger durch Zahlungen an die „echte" Witwe bzw. den „echten" Witwer solange vor weiteren Leistungen an den Ausgleichsberechtigten **befreit** wird, als er von der Rechtskraft der Entscheidung über die verlängerte Ausgleichsrente keine Kenntnis hat (genau: bis zum Ablauf des Monats, der dem Monat folgt, in dem er Kenntnis erlangt. Unberührt von diesem Schuldnerschutz besteht die Möglichkeit eines Rückgriffs auf die Versorgung der echten Witwe des vormals schuldrechtlich Ausgleichspflichtigen unter den Voraussetzungen eines Bereicherungsanspruches nach § 812 BGB. Deshalb ist in jedem Fall der materiell-rechtlich richtige Zeitpunkt für den Beginn der Ausgleichsrente zu ermitteln und auch in der Entscheidung zu nennen (OLG Bamberg, FamRZ 1998, 1367, 1368). 587

Diesen Schutz genießt der Versorgungsträger jedoch nicht, wenn er bereits vor dem Tode des Ausgleichsverpflichteten aufgrund eines Vollstreckungstitels oder wegen Abtretung nach § 1587i BGB von der Person des Ausgleichsberechtigen und der Höhe der Ausgleichsrente Kenntnis erlangt hat 588

(§ 3a Abs. 7 Satz 1 Nr. 2 VAHRG). Aus diesem Grunde sollte bei der Titulierung oder Vereinbarung einer Ausgleichsrente nach § 1587g BGB auf eine Abtretung grds. nicht verzichtet werden (vgl. o. Rn. 574 f.).

1. Zulässigkeit

589 Ein verlängerter schuldrechtlicher Versorgungsausgleich kommt grds. **in allen Fällen des schuldrechtlichen Versorgungsausgleichs** in Betracht, und zwar auch schon bei Tod des Verpflichteten vor Eintritt seines Versorgungsfalles, wenn nur der Ausgleichsberechtigte bereits rentenberechtigt ist (§ 3a Abs. 1 Satz 2 VAHRG). Einen verlängerten schuldrechtlichen Versorgungsausgleich kann es also früher als und ohne vorherigen schuldrechtlichen Ausgleich geben (vgl. BGH, FamRZ 1989, 1283)!

590 Ein verlängerter schuldrechtlicher Ausgleich ist immer dann ausgeschlossen, wenn die auszugleichende Versorgung eine anderweitige gleichwertige Versorgung des geschiedenen überlebenden Ehegatten vorsieht (a), b), c)) oder verfassungsrechtliche Bedenken an einer Überleitung der Ausgleichspflicht auf den Träger der auszugleichenden Versorgung bestehen (d) und e)) oder dem deutschen Staat die Souveränität für einen Eingriff in Rechte Dritter fehlt wie bei ausländischen oder zwischenstaatlichen Versorgungen (f). Im Einzelnen ist ein **verlängerter schuldrechtlicher Versorgungsausgleich ausgeschlossen,** wenn bestimmte Voraussetzungen vorliegen.

a) Fehlen einer Hinterbliebenenversorgung

591 **Die auszugleichende Versorgung kennt keine Witwen/werversorgung** (§ 3a Abs. 1 VAHRG). Sieht eine Versorgungszusage eine Hinterbliebenenversorgung nur mit der Einschränkung vor, dass die Ehe des Versorgungsberechtigten bei Eintritt des Todesfalles noch bestehen muss, hindert dieses einen verlängerten schuldrechtlichen Ausgleich zugunsten der geschiedenen Witwe nicht. Denn durch eine arbeitsrechtliche Vereinbarung kann die zwingende gesetzliche Vorschrift des § 3a VAHRG nicht abbedungen werden (vgl. OLG Karlsruhe, FamRZ 1988, 1290). Das Gleiche gilt bei Vereinbarung einer Getrenntlebensklausel (vgl. OLG Stuttgart, NJW-RR 1996, 259).

b) Realteilung

592 Wenn die auszugleichende Versorgung **Realteilung** vorsieht, ist ein verlängerter schuldrechtlicher Versorgungsausgleich ausgeschlossen (§ 3a Abs. 2 Nr. 1 VAHRG). Durch diese Regelung, die dem Träger der auszugleichenden Versorgung einen Gestaltungsspielraum lässt, der vom Gericht grds. – mit Ausnahme des Missbrauchs – nicht überprüfbar ist, sollte ein Anreiz zur Einführung von Realteilungsmöglichkeiten geschaffen werden. Führt allerdings die eingeführte Realteilung im Einzelfall nicht zu einer Leistung an den Ausgleichsberechtigten, bleibt der Anspruch auf verlängerte Ausgleichsrente erhalten (vgl. MüKo/Glockner, BGB, § 3a Rn. 18).

c) Geschiedenen-Hinterbliebenenversorgung

593 Für den Fall, dass die auszugleichende Versorgung eine – dem Anspruch auf verlängerten schuldrechtlichen Versorgungsausgleich gleichwertige – **Geschiedenenwitwen/werversorgung** kennt, ist ein verlängerter schuldrechtlicher Versorgungsausgleich unmöglich (§ 3a Abs. 2 Nr. 2 VAHRG). Das betrifft vor allem folgende Fälle:

- Die geschiedenen **Witwe eines Beamten** hat nach § 22 Abs. 2 BeamtVG einen Anspruch auf **Unterhaltsbeitrag**, wenn sie zum Zeitpunkt seines Todes gegen ihn einen Anspruch auf schuldrechtlichen Versorgungsausgleich hatte und bereits 60 Jahre alt war (OLG Düsseldorf, FamRZ 2000, 829; Johannsen/Henrich-Hahne, Eherecht, § 3a VAHRG Anm. 7).

- Der Ausschluss des verlängerten schuldrechtlichen Ausgleichs gilt grds. auch dann, wenn die Versorgungsordnung eine Anrechnung eigenen Einkommens einer/s Witwe/ers oder einen Ausschluss bei **Wiederverheiratung** vorsieht (so MüKo/Glockner, BGB, § 3 a, Rn. 6; Johannsen/Henrich-Hahne, Eherecht, § 3a Rn. 13; Soergel/Zimmermann, BGB, § 3a Rn. 6) oder, wenn die Hinterbliebenenversorgung in Form einer **Kapitalabfindung** vorgesehen ist (Wagenitz, FamRZ 1987, 5, 6; Soergel/Zimmermann, BGB, § 3aVAHRG Rn. 11).
- Hinterbliebenenleistungen auch für geschiedene Ehegatten kennt vor allem das **ausländische Recht** (vgl. Bericht der Bundesregierung zur Rechtsstellung des ausgleichsberechtigten Ehegatten beim Ausgleich fremder Versorgungsanrechte v. 28. 12. 1994, BT-Drucks. 13/152 S.n4 ff.).

d) Gerichtliche Entscheidung nach § 1587b Abs. 4 BGB

Nach einem ursprünglich schuldrechtlichen Ausgleichsanspruch, der auf einer **gerichtlichen Entscheidung** nach § 1587b Abs. 4 BGB beruhte, kann kein verlängerter schuldrechtlicher Versorgungsausgleich folgen (§ 3a Abs. 3 1. Alt. VAHRG). Dadurch soll verhindert werden, dass sozialversicherungsrechtliche Beschränkungen – etwa die fehlende Versicherungsmöglichkeit von Beamten, die die Wartezeit von 60 Monaten noch nicht erfüllt haben, durch die Gerichte unterlaufen werden (vgl. BT-Drucks. 10/5447 S. 12). In der Praxis bedenken Gerichte und Anwälte diese zwingende gesetzliche Vorschrift leider nicht genügend, wenn sie meinen, ohne wirtschaftliche Nachteile als „anderweitige Regelung" i. S. d. § 1587b Abs. 4 BGB den schuldrechtlichen Versorgungsausgleich anordnen lassen zu können. 594

Dem Fall des § 1587b Abs. 4 BGB vergleichbar ist eine Entscheidung des Familiengerichts im Rahmen des § 3b Abs. 1 Nr. 1 und 2 VAHRG, im Interesse des Ausgleichsberechtigten von einem Supersplitting und der Verpflichtung zur Beitragszahlung abzusehen (vgl. o. Rn. 462 f.). Gleichwohl geht in diesen Fällen der schuldrechtliche in den verlängerten schuldrechtlichen Ausgleich über, weil § 3b Abs. 1 VAHRG in § 3a Abs. 3 VAHRG nicht genannt ist und eine Analogie mangels ungewollten Gesetzeslücken nicht zulässig ist. 595

e) Vereinbarungen nach § 1587o BGB

Wenn der ursprüngliche Ausgleichsanspruch auf einer **gerichtlich genehmigten Vereinbarung der Parteien** nach § 1587o BGB beruhte, ist ebenfalls der verlängerte schuldrechtliche Versorgungsausgleich ausgeschlossen (§ 3a Abs. 3 2. Alt. VAHRG). Ähnlich wie in der vorgenannten Alternative will der Gesetzgeber durch diese Regelung Vereinbarungen der Parteien zu Lasten der Träger schuldrechtlich auszugleichender Versorgungen verhindern. Nur in Höhe der gesetzlich geschuldeten Ausgleichsrente gem. § 1587g BGB soll der Versorgungsträger nach dem Tod seines Mitglieds diese weiterzahlen müssen. Soweit sich Vereinbarung und gesetzliche Regelung decken, bleibt auch ein verlängerter Ausgleich möglich. 596

f) Ausländische oder zwischenstaatliche Versorgungen

Dort, wo ausländische oder zwischenstaatliche Versorgungen u. ä. auszugleichen sind, ist der verlängerte schuldrechtliche Versorgungsausgleich unmöglich. Hier gibt es nur einen **modifizierten verlängerten schuldrechtlichen Ausgleichsanspruch** gegen die/den Witwe/Witwer des Verpflichteten (§ 3a Abs. 5 VAHRG). **Besondere Schwierigkeiten** können sich für den Berechtigten daraus ergeben, dass die gerichtliche Entscheidung, mit welcher die Hinterbliebenen des Ausgleichspflichtigen zur Zahlung verurteilt wurden, im Ausland vollstreckt werden muss und u. U. nicht vollstreckt werden kann (vgl. Rn. 580 a.E.). 597

Ob die angedeuteten **Nachteile für den Ausgleichsberechtigten** zumindest teilweise durch nach dem fremden Recht zustehende Geschiedenen-Hinterbliebenenleistungen ausgeglichen werden (wie die Unterrichtung der Bundesregierung v. 28. 12. 1994, BT-Drucks. 13/152 S. 8 tröstend meint), muss offen bleiben. Verbesserungen aufgrund staatsvertraglicher Regelungen (vgl. BT- 598

Drucks. 13/152 S. 9, 10) sind jedenfalls nicht in Sicht. Festzuhalten in diesem Zusammenhang ist nur, dass immer dann, wenn dem Ausgleichsberechtigten nach ausländischem Recht eine Hinterbliebenenleistung zusteht, ein Anspruch auf Ausgleichsrente gegen den Hinterbliebenen des Verpflichteten schon nach § 3a Abs. 2 Nr. 2 VAHRG ausgeschlossen ist.

2. Höhe des Anspruchs

599   Durch § 3a VAHRG wird an der Höhe der Ausgleichsrente nach § 1587g BGB und den danach notwendigen Angleichungen grds. nichts geändert. An die Stelle des verstorbenen Ausgleichspflichtigen tritt nur eine andere Partei, nämlich der Träger der schuldrechtlich auszugleichenden Versorgung, bei mehreren schuldrechtlich auszugleichenden Versorgungen alle betroffenen Träger im Verhältnis ihrer Anteile an der Ausgleichsrente.

600   In einem weiteren Berechnungsschritt ist die Ausgleichsrente nach § 1587g BGB allerdings ggf. auf den Betrag einer – fiktiven – Hinterbliebenenversorgung zu kürzen, denn der Ausgleichsberechtigte soll durch den verlängerten schuldrechtlichen Ausgleich nicht besser gestellt werden, als er bei bis zum Tode des anderen Ehegatten fortbestehender Ehe gestanden hätte (vgl. Wagenitz, FamRZ 1987, 1, 6; MüKo/Glockner, BGB, § 3a, Rn. 10, 11; AG Friedberg, FamRZ 1999, 1433, 1444).

601   Nach § 3a Abs. 1 Satz 4 VAHRG ist der Träger der schuldrechtlich auszugleichenden Versorgung verpflichtet, die Ausgleichsrente in gleicher Weise wie andere von ihm geleistete Hinterbliebenenversorgungen anzupassen. Die Anpassungsregeln ergeben sich dabei entweder aus den Versorgungsordnungen (Gesetz, Tarifvertrag, Satzung, betriebliche Vereinbarung und betriebliche Übung) oder aus § 16 BetrAVG.

602   Der Anspruch auf Ausgleichsrente aus einem verlängerten schuldrechtlichen Versorgungsausgleich ist – ebenso wie der Anspruch auf schuldrechtliche Ausgleichsrente (s. Rn. 535) – **fällig ab Mahnung**, wobei auch hier an die Bestimmtheit der Mahnung keine besonderen Anforderungen zu stellen sind. Es reicht deshalb, wenn der Ausgleichsberechtigte den Ausgleichspflichtigen auf die Tatsache hinweist, dass der verstorbene schuldrechtlich Ausgleichsverpflichtete eine Altersversorgung besaß, der frühere Ehegatte des Ausgleichsberechtigten war und jetzt eine „entsprechende Leistung" beantragt werde (vgl. OLG Bamberg, FamRZ 1998, 1367, 1368).

3. Verfahrensbesonderheiten

603   Der gerichtliche Streit um die Zahlung einer verlängerten Ausgleichsrente unterliegt denselben **FGG-Regeln** wie beim schuldrechtlichen Versorgungsausgleich (s. o. Rn. 58 f., 572 f., 580) – auch hier besteht regelmäßig **kein Feststellungsinteresse** vor Fälligkeit der Ausgleichsrente (vgl. BGH, FamRZ 1996, 1465, 1466) – allerdings mit folgenden **Besonderheiten:**

a) Sachliche Zuständigkeit

604   Das **Familiengericht** ist zwar **sachlich zuständig** für alle Streitigkeiten über den verlängerten schuldrechtlichen Versorgungsausgleich, also auch für den Streit zwischen geschiedener Witwe und Witwe um Kürzung der Hinterbliebenenversorgung (§ 23b Abs. 1 Nr. 7 GVG). Das gilt auch für etwaige Auseinandersetzungen nach Bereicherungsrecht (§ 812 ff. BGB), wenn der Träger der auszugleichenden Versorgung mit befreiender Wirkung an den einen oder anderen geleistet hat (vgl. Zöller/Philippi, ZPO, § 621 Rn. 47a m. w. N.). Diese weite Zuständigkeitsregelung kann aber **nicht** dazu führen, dass das Familiengericht auch im Streit zwischen Berechtigtem und Versorgungsträger **über Bestand und Höhe der Hinterbliebenenversorgung als solcher** entscheiden muss. Hierfür sind – je nach Art der Versorgung – die Arbeits-, Verwaltungs- oder Sozialgerichte zuständig (so auch Dörr, FamRZ 1987, 1095; a. A. Hoppenz, FamRZ 1987, 426).

b) Örtliche Zuständigkeit

Die **örtliche Zuständigkeit** richtet sich nach dem Tode des Verpflichteten jetzt allein nach § 45 Abs. 3 FGG, d. h. nach dem gewöhnlichen Aufenthalt des/der Berechtigten.

605

c) Auskunftspflichten

Die **Auskunftspflichten** der Berechtigten und der Witwe/des Witwers des Verpflichteten gegeneinander und gegenüber dem Träger/den Trägern der auszugleichenden Versorgung/en, Letzterer gegenüber Berechtigten und Witwen/Witwern der Verpflichteten und untereinander bestehen wie im Unterhaltsrecht, d. h. analog § 1605 BGB (§ 3a Abs. 8 VAHRG). Diese ggf. auch isoliert durchsetzbaren Verpflichtungen sollen helfen, unnötige gerichtliche Auseinandersetzungen zu vermeiden und zu außergerichtlichen Vereinbarungen zu kommen. Bisher zeigen jedoch vor allem die Träger schuldrechtlich auszugleichender Versorgungen, wohl auch aus Unsicherheit über die noch weithin unbekannte Rechtslage, wenig Neigung zu derartigen Vereinbarungen.

606

d) Einstweilige Anordnung

Um nachträgliche Auseinandersetzungen nach Bereicherungsrecht möglichst zu vermeiden und dem Ausgleichsberechtigten möglichst schnell die u. U. lebenswichtige Ausgleichsrente zukommen zu lassen, sieht das Gesetz die Möglichkeit einer **unanfechtbaren einstweiligen Anordnung** auf Antrag des Berechtigten oder der Witwe/des Witwers des Verpflichteten analog §§ 620a bis g ZPO vor (§ 3a Abs. 9 Satz 3, 4 VAHRG). In der Praxis dürfte diese gut gemeinte Vorsorge des Gesetzgebers zumindest dann auf erhebliche praktische Schwierigkeiten stoßen (vgl. z. B. AG Solingen, FamRZ 1998, 1368, 1369), vor allem, wenn der Ausgleichspflichtige vor Fälligkeit des schuldrechtlichen Versorgungsausgleichs gestorben ist und damit keine sofort verwertbaren Daten über Bestand und Höhe einer Ausgleichsrente vorliegen. Eine auch nur annähernd sichere Aussage über die Höhe einer verlängerten Ausgleichsrente lässt sich in diesen Fällen nämlich erst gegen Ende des gesamten, möglicherweise zeitraubenden Verfahrens vor allem zur Ermittlung aller zwischenzeitlichen Wertveränderungen (§ 1587g BGB, s. o. Rn. 547) treffen. In der Praxis stellt sich das Problem eines verlängerten schuldrechtlichen Versorgungsausgleichs darüber hinaus häufig zusammen mit der Frage, ob man zuvor oder statt dessen besser ein Abänderungsverfahren nach § 10a VAHRG einleiten sollte. Die dabei anzustellenden Überlegungen und Schwierigkeiten zeigt das nachfolgende Beispiel.

607

Beispiel 24:

Ehezeit: 1. 6. 1960 – 31. 10. 1982; Mann: war bei Ehezeitende 47 Jahre alt, Bankangestellter mit BVV- und Bankversorgung, normaler Rentenfall im Jahr 2000, Frau Beamtin; Erstentscheidung: Das Gericht hält bei seiner Erstentscheidung 1983 die BAV des Mannes insgesamt für statisch und kommt zu folgender Ausgleichsbilanz:

	Mann	*Frau*
GRV	920,00 DM	250,00 DM
BeaV	-	1 650,00 DM
Bank (nominell)	1 000,00 DM	
(dynamisch)	230,00 DM	
BVV (nominell)	620,00 DM	
(dynamisch)	125,00 DM	
	1 275,00 DM	1 900,00 DM

Das Gericht führt ein Quasisplitting i. H. v. 312,50 DM zugunsten des Mannes durch.

Im März 1993 stirbt der Mann vor Beendigung seines Dienstes. Er hatte nach der Scheidung wieder geheiratet. Seine Witwe und Kinder aus der geschiedenen Ehe erhalten Hinterbliebenenversorgungen auch von der Bank und vom BVV. Die geschiedene Frau wird zum 31. 12. 1997 pensioniert.

Was war ab etwa September 1997 möglich, was zu tun?

Ein Antrag auf Abänderung wäre sofort zulässig gewesen, da beide über 55 Jahre alt waren; ein Antrag auf verlängerten schuldrechtlichen Versorgungsausgleich auch, obwohl ein Ausgleich frühestens am 1. 1. 1998, wenn die Frau pensioniert ist, zulässig war. Es kann jedoch davon ausgegangen werden, dass die Einholung aller Auskünfte bei den jetzt zu beteiligenden Versorgungsträgern (GRV, BeaV, Bank, BVV) und die Beteiligung der Witwe des gestorbenen Ehemannes soviel Zeit beanspruchen wird, dass der Rechtsstreit erst bei Fälligkeit der Ausgleichsrenten entscheidungsreif sein dürfte. Zweckmäßig dürfte sein, einen Antrag auf Abänderung mit dem Begehren zu stellen, den verlängerten schuldrechtlichen Versorgungsausgleich bei – demnächst eintretender – Fälligkeit durchzuführen, denn es ist unklar, ob das Gericht ohne ausdrückliche Prüfung und Bejahung der Voraussetzungen des § 10a VAHRG überhaupt einen (verlängerten) schuldrechtlichen Versorgungsausgleich für zulässig halten wird. Es könnte sich auf den Standpunkt stellen, dass kein Raum für einen schuldrechtlichen oder verlängerten schuldrechtlichen Ausgleich bleibt, sondern allenfalls für ein Abänderungsverfahren; in beiden Verfahrensarten müssen alle Auskünfte neu eingeholt werden und man kann die Zeit bis zur Pensionierung – auch zur Vorbereitung einer etwaigen einstweiligen Anordnung gem. § 3a Abs. 9 Satz 3 VAHRG – nutzen.

Der Abänderungsantrag war zulässig, weil eine wesentliche Abweichung zwischen damaligem und heutigem Ausgleich zu erwarten ist, da

- *die Ehezeitanteile der BAV des Mannes durch Verkürzung der Gesamtzeit gestiegen, die erreichbaren Versorgungen aber möglicherweise nicht im gleichen Verhältnis gesunken sind;*

- *sich die Rechtsprechung zur Dynamik der BVV-Versorgungen mit der Folge geändert hat, dass insoweit eine Dynamisierung nicht mehr zu erfolgen hat, in die Ausgleichsbilanz also deutlich höhere Werte für den Mann einzustellen sind als bei der Erstentscheidung;*

- *die Dynamik der Bankversorgung nach heutiger Erkenntnis anders zu beurteilen sein dürfte, nämlich nicht mehr als voll statisch, sondern entweder wie beim BVV als voll dynamisch, mindestens aber als anwartschaftsdynamisch angesehen werden muss, nachdem auch die hier vorliegende Einkommensdynamik nach Eintritt des Renten- (= Todes-)falles unverfallbar geworden ist.*

Abweichungen bei der GRV und der BeaV sind nicht zu erwarten, weil beide Parteien während der Ehezeit ununterbrochen gearbeitet haben und damit eine Verschlechterung bei der Bewertung beitragsloser Zeiten nicht ansteht. Auch bei der Bewertung der Zeiten der Kindererziehung dürften hier Änderungen nicht eingetreten sein.

Ausgehend von den seinerzeit festgestellten erreichbaren BAV des Mannes, einer geschätzten Kürzung im Verhältnis der kürzeren Gesamtzeit und den geänderten Ehezeitanteilen sowie der Annahme einer Anwartschaftsdynamik bei der Bankversorgung lässt sich bei sonst gleichbleibenden Versorgungen nach Umrechnung folgende Ausgleichsbilanz per Ehezeitende schätzen:

D. XIII. Verlängerter schuldrechtlicher Versorgungsausgleich

	Mann	Frau
GRV	920,00 DM	250,00 DM
BeaV	-	1 650,00 DM
Bank		660,00 DM
BVV*	820,00 DM	
	2 400,00 DM	1 900,00 DM

* bei unterschiedlichen Ehezeitanteilen für Stamm- und Überschussrente

Ein Vergleich der beiderseitigen Anwartschaften nach den Regeln des öffentlich-rechtlichen Ausgleichs hätte also voraussichtlich zu einem Ausgleichsanspruch der Frau geführt in Höhe:

I. 1/2 Differenz = 250,00 DM zugunsten der Frau

Wie aber erfolgt der Ausgleich?

II. a) Splitting = - mangels Differenz zugunsten der Frau

   b) Quasisplitting = -

   c) Supersplitting = - unzulässig, da es dieses zum Zeitpunkt der Erstentscheidung noch nicht gab; arg. ex Art. 4 § 1 VAwMG;

   d) Schuldrechtlicher VA = - Mann ist gestorben;

Also kommt es zum verlängerten schuldrechtlichen Versorgungsausgleich. Dieser setzt die Pensionierung der Frau voraus, konnte also frühestens ab 1. 1. 1998 verlangt werden und lässt sich nicht aus der Ausgleichsbilanz ermitteln, die nach den Regeln des öffentlich-rechtlichen Versorgungsausgleichs nach Umrechnung der nicht voll dynamischen Versorgungen aufgestellt wurde, sondern nur aufgrund einer **neuen Ausgleichsbilanz ohne Umrechnungen** unter Berücksichtigung der aktuellen Werte aller Versorgungen.

Bei der Ermittlung des Ehezeitanteils der BVV-Versorgung ist zu bedenken, dass im Rahmen des verlängerten schuldrechtlichen Ausgleichs jetzt von den aktuellen Beträgen einschließlich des Anpassungs- und auch des Sonderzuschlag als Ausdruck der Volldynamik der BVV-Rente auszugehen ist, auch wenn zwischenzeitliche Anpassungen der Überschussrente nach der Rechtsprechung des BGH nicht in den öffentlich-rechtlichen Versorgungsausgleich fallen (vgl. Rn. 407).

Auch im Übrigen ist von den aktuellen Werten der BAV des Mannes auszugehen, da angenommen werden kann, dass diese in vollem Umfang während der Ehezeit angelegt waren, also nicht auf nachehelichen beruflichen Verbesserungen beruhen.

Alle auf den Fälligkeitszeitpunkt zu berechnenden Versorgungen sind im Verhältnis der jeweiligen Betriebszugehörigkeit während der Ehe zur Gesamtbetriebszugehörigkeit (bis zum Tode des Mannes) zu quotieren.

Die Aufstellung der Ausgleichsbilanz ist ohne aktuelle Auskünfte nicht möglich. Dem **Antrag auf Erlass einer einstweiligen Anordnung** kann man jedoch Schätzungen zugrundelegen, die sich an den allgemeinen Kostensteigerungen orientieren. Denn nach § 16 BetrAVG müssen Arbeitgeber in mindestens Drei-Jahresabständen ihre laufenden Leistungen daraufhin überprüfen, ob diese unter Berücksichtigung der Leistungsfähigkeit des Betriebes an die allgemeine Einkommens- und Kostenentwicklung angepasst werden können. Die auf das Ehezeitende berechneten Pensionsanwartschaften lassen sich mit den bekannten Anpassungsfaktoren auf den heutigen Wert hochrechnen.

Die allgemeine Preissteigerungsrate seit Ehezeitende betrug nach den amtlichen Preisindizes ungefähr 35 %, die Rentensteigerungen knapp 55 %, die Steigerung der Beamtenversorgungen mindestens 40 %. Die Ehezeitanteile der Versorgung des Mannes bei dem BVV können *danach auf etwa 1 100,00, DM die bei der Bank auf 1 390,00 DM geschätzt werden. Die aktuelle Ausgleichsbilanz nach geschätzten Werten lautet danach wie folgt:*

	Mann	Frau
GRV	1 251,00 DM	345,50 DM
BeaV		2 139,50 DM
Bank		1 391,00 DM
BVV	1 101,00 DM	
	3 743,00 DM	2 485,00 DM

Die Hälfte der Differenz = 629,00 DM hätte im Wege einstweiliger Anordnung mit Wirkung ab 1. 1. 1998 verlangt werden können, und zwar aufgeteilt nach dem Verhältnis der Ehezeitanteile, von der Bank 351,10 DM, vom BVV 277,90 DM.

XIV. Sonstiger Ausgleich, insbesondere Vereinbarungen

608 Das Ziel des Versorgungsausgleichs, eine angemessene Halbteilung der in der Ehe erworbenen Anwartschaften für den Fall des Alters und der Invalidität zu erreichen, stößt, wie die vorstehenden Ausführungen zur Höhe der auszugleichenden Versorgung und den Ausgleichsformen gezeigt haben, in einer ganzen Reihe von Fallgestaltungen an die Grenze des Machbaren. Vor allem die aus der Sicht des Gesetzgebers und der Gerichte im Interesse eines zügigen Verfahrens notwendigen Pauschalierungen stoßen sich mit individuellen Gerechtigkeits- und Praktikabilitätsgesichtspunkten mancher Eheleute. So stellt sich z. B. die Frage der Ausgleichsgerechtigkeit nach einer zweiten Eheschließung, bei besserer wirtschaftlicher Absicherung beider Eheleute und in einer Ehe ohne Kinder anders als im Normalfall der Heirat junger und am Beginn ihrer beruflichen Karriere stehenden Parteien. Auch diesen individuellen Bedürfnissen wollte der Gesetzgeber Rechnung tragen und hat deshalb nicht nur einen völligen Ausschluss des Versorgungsausgleichs (s. Rn. 674 f.), sondern auch Modifikationen vom gesetzlich geregelten Ausgleich einerseits durch Entscheidung des Gerichtes (s. Rn. 609 f.) andererseits durch Vereinbarung der Parteien (s. Rn. 620 f.) zugelassen. Die Grenzen der Gestaltungsmacht des Gerichts und der Privatautonomie der Parteien unterscheiden sich danach, ob von den Regeln des öffentlich-rechtlichen oder des schuldrechtlichen Versorgungsausgleichs abgewichen werden soll. Der öffentlich-rechtliche Ausgleich unterliegt im Wesentlichen nicht der Privatautonomie der Parteien. Über den schuldrechtlichen Versorgungsausgleich dagegen können die Eheleute weitgehend selbst bestimmen. Beim verlängerten schuldrechtlichen Versorgungsausgleich sind ihrer Gestaltungsfreiheit wieder enge Grenzen gesetzt.

1. Ausgleich durch anderweitige gerichtliche Entscheidung

609 Nach § 1587b Abs. 4 BGB kann das Gericht den Ausgleich in anderer, wirtschaftlicherer Form regeln, wenn sich der Versorgungsausgleich durch Übertragung oder Begründung von Rentenanwartschaften in der gesetzlichen Rentenversicherung, d. h. bei allen Formen des öffentlich-rechtlichen Ausgleichs mit Ausnahme der Realteilung, voraussichtlich nicht zugunsten des Ausgleichsberechtigten auswirken würde oder **nach den Umständen des Einzelfalles unwirtschaftlich** wäre.

610 Im Gegensatz zu den Möglichkeiten des Gerichts im Rahmen des § 3b Abs. 1 VAHRG räumt § 1587b Abs. 4 BGB dem Gericht **kein Ermessen** dahin ein, **ob** es einen Versorgungsausgleich trotz Unwirtschaftlichkeit durchführen will. Das Ermessen erstreckt sich **allein** auf das „**Wie**" eines anderweitigen Ausgleichs (BGH, FamRZ 1982, 998, 999). Zu den Voraussetzungen und Möglichkeiten im Einzelnen:

a) Antrag

Eine anderweitige Regelung kann das Gericht auch in Fällen offenkundiger Unwirtschaftlichkeit nur treffen, wenn eine Partei das beantragt. Dabei spielt es keine Rolle, ob der Antrag vom Ausgleichsberechtigten oder Ausgleichspflichtigen gestellt wird. Wegen des Anwaltszwanges (§ 78 Abs. 2 ZPO) im Scheidungsverfahren kann ein solcher Antrag allerdings nur von der anwaltlich vertretenen Partei gestellt werden.

611

b) Unwirtschaftlichkeit

Nicht unwirtschaftlich i. S. d. § 1587b Abs. 4 BGB sind die sog. **Bagatellfälle**, in denen nur geringfügige Anwartschaften übertragen oder begründet werden. Durch die Aufhebung der Bagatellklausel des § 3c VAHRG durch Art. 30 des RÜG hat der Gesetzgeber klar zu erkennen gegeben, dass auch geringfügige Anwartschaftsdifferenzen auszugleichen sind (MüKo/Dörr, BGB, § 1587b Rn. 66 m. w. N.). Das gilt auch, wenn die Übertragung oder Begründung von Anwartschaften in der gesetzlichen Rentenversicherung nicht unmittelbar zur Erfüllung der Mindestwartezeit (s. Rn. 192 „Wartezeiten") führt und deshalb der Ausgleichsberechtigte auch bei Eintreten des Rentenfalles der Berufs- oder Erwerbsunfähigkeit zunächst noch nicht in den Genuss der Vorteile des Ausgleichs kommen könnte (vgl. OLG Celle, FamRZ 1980, 1032). Auch die Tatsache, dass die Erlangung einer Altersrente von der Einzahlung weiterer freiwilliger Beiträge abhängig ist, hindert einen Versorgungsausgleich nach §§ 1587b Abs. 1, 2, 3b VAHRG regelmäßig nicht (vgl. BGH, FamRZ 1984, 667, 668). Die Parteiautonomie der Eheleute ist im Interesse der Solidargemeinschaft der Versicherten auch eingeschränkt, wenn ein öffentlich-rechtlicher Ausgleich durch analoges Quasisplitting möglich, ein schuldrechtlicher Ausgleich aber für die Ausgleichsberechtigte ertragreicher wäre (vgl. BGH, FamRZ 1996, 481; s. Rn. 884 „Ausgleichsformen: kein Abweichen").

612

Unwirtschaftlich wird ein Ausgleich erst, wenn aufgrund konkreter Umstände vermutet werden muss, dass der Ausgleichsberechtigte die Voraussetzungen einer Altersrente auch nach Durchführung des Versorgungsausgleichs nicht erfüllen kann. Das ist u. a. der Fall, wenn er bereits **zu alt** ist, um (einschließlich der übertragenen Wartezeit, s. nachstehend) **60 Wartemonate** zu erreichen. Vor allem aber trifft dieses für Ausgleichsberechtigte zu, die als **Beamte** möglicherweise kein Recht auf freiwillige Versicherung (s. Rn. 192 „Freiwillige Versicherung") haben und deshalb übertragene Anwartschaften in der gesetzlichen Rentenversicherung nicht aktivieren können (vgl. BGH, FamRZ 1984, 667, 668). In diesem Fall würde die Versorgung des Ausgleichspflichtigen gekürzt werden, ohne dass der Ausgleichsberechtigte davon einen Vorteil hätte. Das verstieße gegen das verfassungsrechtliche Gebot materieller Halbteilung aller in der Ehe erworbenen Rentenanwartschaften und soll deshalb vermieden werden. Gleiches kann gelten, wenn ein **ausländischer Ehegatte** spätestens nach rechtskräftiger Scheidung Deutschland aus ausländerrechtlichen Gründen in ein nicht der EU angehörendes Land verlassen muss und keine Aussicht auf Erfüllung der **Mindestwartezeit** (vgl. Rn. 192) für ihn besteht.

613

>**Unwirtschaftlich** kann ein öffentlich-rechtlicher Versorgungsausgleich aber auch dann sein, wenn er auf Seiten des Berechtigten mit **Leistungen aus der gesetzlichen Unfallversicherung** (§ 93 SGB VI) zusammentrifft. Ob und ggf. in welcher Höhe Rententeile aus dem durchgeführten Versorgungsausgleich ruhen und sich deshalb nicht zugunsten des Berechtigten auswirken, kann nur der Rentenversicherungsträger oder ein Sachverständiger ermitteln. Das Gericht ist mangels ausreichender Sach- und Rechtskenntnis regelmäßig gehindert, von sich aus auf die mögliche Unwirtschaftlichkeit hinzuweisen, zumal es im Rahmen des Versorgungsausgleichsverfahrens von Leistungen der gesetzlichen Unfallversicherung an den Berechtigten nichts erfährt. Denn diese Leistungen unterliegen als Entschädigungsleistungen nicht dem Versorgungsausgleich (s. o. Rn.161).

614

c) Anderweitiger Ausgleich

Das Gericht darf sich nicht darauf beschränken, einen öffentlich-rechtlichen Versorgungsausgleich abzulehnen, sondern muss entscheiden, auf welche andere Weise der Ausgleich durchzuführen ist

615

(BGH, FamRZ 1983, 263, 265). In Betracht kommen unter dem Gesichtspunkt ausreichender Versorgungssicherheit praktisch nur der schuldrechtliche Versorgungsausgleich und der Abschluss eines Lebensversicherungsvertrages. Barzahlungen oder die Übertragung von Vermögenswerten bilden i. d. R. keine für Zweckentfremdung hinreichend gesicherte Vorsorge für den Fall des Alters und der Invalidität und sind deshalb im gesetzlichen System des Versorgungsausgleichs auch nicht vorgesehen.

616 Unter Parteien und Rechtsanwälten am beliebtesten ist der Vorschlag, in den Fällen des § 1587b Abs. 4 BGB den Parteien den **schuldrechtlichen Versorgungsausgleich** vorzubehalten. Dabei wird allerdings häufig übersehen, dass wegen § 3a Abs. 5 VAHRG (s. o. Rn. 594) in diesen Fällen ein verlängerter schuldrechtlicher Versorgungsausgleich ausgeschlossen ist mit der Folge, dass auch der schuldrechtliche Versorgungsausgleich für den Ausgleichsberechtigten unwirtschaftlich sein kann. Das ist insbesondere der Fall, wenn er deutlich jünger ist als der Ausgleichspflichtige und damit die erhebliche Gefahr besteht, dass sein Anspruch auf schuldrechtlichen Ausgleich am Tod des Ausgleichspflichtigen scheitert

617 Zu beachten ist, dass § 1587b Abs. 4 BGB nichts an den Voraussetzungen für einen schuldrechtlichen Ausgleich nach § 1587g ff. BGB ändert. Deshalb kann in diesen Fällen ein schuldrechtlicher Ausgleich auch **nicht angeordnet,** sondern allenfalls **vorbehalten** werden. Eine Entscheidung darüber aber ist, anders als bei einem reinen Feststellungsbegehren (s. o. Rn. 534) im Tenor der Entscheidung und nicht nur in den Gründen zu treffen. Auswirkungen auf Bestand und Höhe eines etwaigen schuldrechtlichen Ausgleichsanspruchs hat diese Tenorierung jedoch nicht.

618 Bei einer Verpflichtung zum Abschluss eines **privaten Lebensversicherungsvertrages** sollte das Gericht sich an die durchdachten Vorgaben des § 1587l Abs. 3 Satz 2 BGB halten, um Vollstreckungsprobleme zu vermeiden, die entstehen können, wenn der (leistungsunwillige) Ausgleichspflichtige zum Abschluss eines Vertrages verurteilt wird. Es wird ihm nämlich ohne Weiteres gelingen, alle in Betracht kommenden Lebensversicherungsunternehmen davon zu überzeugen, dass man mit ihm keinen Vertrag schließen sollte. Auch § 894 ZPO hilft dem Ausgleichsberechtigten dann nicht. Wenn man aber aus wohlüberlegten Gründen, etwa weil eine private Lebensversicherung für den Ausgleichsberechtigten wegen dessen Gesundheitszustand ausgeschlossen ist, doch zum Ausgleich durch Abschluss eines Lebensversicherungsvertrages mit dem Ausgleichspflichtigen kommt, sollte man zumindest – ebenso wie bei der Genehmigung einer entsprechenden Vereinbarung nach § 1587o BGB – mit der Entscheidung warten, bis die Parteien einen entsprechenden – unter der aufschiebenden Bedingung der gerichtlichen Entscheidung geschlossenen – Vertrag vorgelegt und die Einzahlung der Einlösungsprämie nachgewiesen haben. Dann gibt es jedenfalls hinsichtlich des Zustandekommens dieses Vertrages keine Vollstreckungsprobleme.

a) Verhältnis von § 1587b Abs. 4 und § 1587o BGB

619 Ähnlich wie in den Fällen des § 1587c BGB (s. u. Rn. 678 f.) besteht auch bei gerichtlichen Entscheidungen nach § 1587b Abs. 4 BGB aller Anlass, große Zurückhaltung walten zu lassen. Etwas anderes ist es, den Parteien in diesen Fällen Vereinbarungen nach § 1587o BGB anzuraten. Die Anforderungen an die gerichtliche Genehmigung sind nämlich, abgesehen von der Bestimmung des § 1587o Abs. 1 Satz 2 BGB, weniger streng als die an eine gerichtliche Entscheidung (s. zum Genehmigungserfordernis bei § 1587o BGB Rn. 652 f.).

2. Vereinbarungen

620 Vereinbarungen über den Versorgungsausgleich können die Parteien durch Ehevertrag (§ 1408 Abs. 2 BGB) oder im Zusammenhang mit der Scheidung (§ 1587o BGB) treffen. Ist ein Scheidungsantrag rechtshängig, kommt nur noch eine Vereinbarung nach § 1587o BGB in Betracht (BGH, FamRZ 1987, 467; s. Rn. 932 „Vereinbarungen: Jahresfrist"). Im Übrigen ist durch Auslegung zu ermitteln, was die Parteien gewollt haben. Die Umdeutung eines – wegen Unterschreitung der Jahresfrist – nichtigen Ehevertrages in eine – zu genehmigende – Vereinbarung nach

§ 1587o BGB ist regelmäßig nicht zulässig (vgl. OLG Hamburg, FamRZ 1991, 1067; s. Rn. 932 „Vereinbarungen: Jahresfrist"; MüKo/Strobel, BGB, § 1587o Rn. 6 m. w. N.). Wollen die Parteien den Versorgungsausgleich in jedem Fall ausgeschlossen wissen, müssen sie dieses ausdrücklich vereinbaren (Formulierungsvorschläge bei Langenfeld, Handbuch der Eheverträge und Scheidungsvereinbarungen, Rn. 649 ff.). Ob die Vereinbarung bei vorzeitiger Stellung des Scheidungsantrages dann zu genehmigen ist, muss das Gericht entscheiden (s. u. Rn. 655 ff.).

Weder den Beschränkungen des § 1408 Abs. 2 BGB noch denen des § 1587o BGB unterliegen Vereinbarungen der Parteien über den schuldrechtlichen Versorgungsausgleich bzw. Vereinbarungen zwischen Versorgungsträgern und überlebendem Ausgleichsberechtigten über den verlängerten schuldrechtlichen Versorgungsausgleich, die nach Rechtskraft von Scheidung und Versorgungsausgleichsentscheidung getroffen werden. Denn diese Vereinbarungen ersetzen oder modifizieren keinen an sich durchzuführenden öffentlich-rechtlichen Versorgungsausgleich und stehen wegen des Antragserfordernisses (§ 1587g Abs. 1 BGB) zur völligen Disposition der Parteien (ebenso Schwab/Hahne, Handbuch des Scheidungsrechts, § 1587o BGB Rn. 290; OLG Karlsruhe, FamRZ 1989, 762; MüKo/Strobel, § 1587o BGB Rn. 7). 621

Vereinbarungen i. S. d. § 1587o BGB sind dagegen Absprachen, die die Parteien nach Erlass einer Entscheidung über die Pflicht, Beiträge in die gesetzliche Rentenversicherung zur Begründung von Rentenanwartschaften einzuzahlen, treffen (a. A. Johannsen/Henrich-Hahne, Eherecht, § 1587o Rn. 8; BayObLG, FamRZ 1981, 560; LG Freiburg, FamRZ 1984, 180). Denn für Modifikationen in diesem Zusammenhang stellt das Gesetz die Bestimmung des § 1587d BGB zur Verfügung. Es hieße, den darin liegenden Schutz des Berechtigten ohne ausreichende Rechtfertigung aufs Spiel zu setzen, wenn man daneben formlose Vereinbarungen zuließe. Daran ändert auch nichts, dass es einem Berechtigten freisteht, nicht nur von der Vollstreckung der Beitragszahlungspflicht abzusehen, sondern auch anschließend keinen Antrag nach § 1587f Nr. 1, 3 BGB zu stellen. Die Nichtigkeit eines Unterhaltsverzichts zwischen Ehegatten über Unterhalt während bestehender Ehe (arg. ex § 1585c BGB) wird auch nicht dadurch in Frage gestellt, dass es den Ehegatten freigestellt ist, einen bestehenden Unterhaltsanspruch nicht geltend zu machen oder einen titulierten Unterhalt nicht zu vollstrecken. Bis zum 30. 6. 1977 kamen darüber hinaus übergangsrechtlich geschützte formfreie Absprachen in Betracht (Art. 12 Nr. 3 Abs. 3 Satz 2 1. EheRG) 622

a) Anlässe

An eine (ergänzende und damit den Versorgungsausgleich modifizierende) Vereinbarung ist vor allem in folgenden Fällen zu denken: 623

- In allen Fällen, in denen die Anwendung der **Härteklausel des § 1587c BGB** in Betracht kommt. Dazu zählen auch die Fälle, in denen die Parteien mit einiger Wahrscheinlichkeit davon ausgehen können, dass der z. Z. Ausgleichsberechtigte künftig aus eigener Kraft eine ebenso gute oder bessere Versorgung als der Ausgleichspflichtige wird aufbauen können, etwa weil er nach Ehezeitende vom Angestellten- ins Beamtenverhältnis (auf Lebenszeit) gewechselt ist und sich dieses deshalb nicht auf den öffentlich-rechtlichen Versorgungsausgleich wesentlich ausgewirkt hat. Gleiches gilt, wenn der Ausgleichsberechtigte in der Ehe die Voraussetzungen für eine gut dotierte Erwerbstätigkeit mit Unterstützung des Ausgleichspflichtigen erworben hat.

- Das Gleiche gilt für die Fälle der **Unwirtschaftlichkeit** i. S. d. § 1587b Abs. 4 BGB (s. dazu o. Rn. 609 f.).

- In den Fällen, in denen **Grundvermögen** vorhanden ist und dessen Übertragung im Einzelfall eine ausreichende Alterssicherung möglich macht. Allerdings muss in diesem Zusammenhang immer auf einen ggf. möglichen güterrechtlichen Ausgleich und das gerechte Zusammenspiel von güterrechtlichem Ausgleich und Versorgungsausgleich geachtet werden.

Teil 9 Abschnitt 1: D. Ausgleichsformen

- In **Fällen mit Auslandsberührung** lässt sich die ausländische Rentenanwartschaft häufig nur schwer oder gar nicht ermitteln und angemessen bewerten, oft kehrt der Ausgleichsberechtigte in sein Heimatland zurück und erhält dort die Vorteile des Versorgungsausgleichs nicht oder nur verkürzt. Hier könnten Vereinbarungen nicht nur der Vereinfachung und Beschleunigung des Scheidungsverfahrens, sondern ggf. auch gerade der Herstellung eines gerechten Ausgleichs dienen. Ausländische Anwartschaften sind allerdings nicht in jedem Fall „schlecht". Sie gewähren in nicht unerheblichem Umfang auch für in Deutschland lebende Geschiedene realisierbare Ansprüche auf Teilhabe an während der Ehezeit erworbenem Versorgungsvermögen des Ausgleichspflichtigen. Derartige Ansprüche müssten dann ausgleichsmindernd in Vereinbarungen einbezogen werden (vgl. Rn. 382, 387 f.).

- Die Möglichkeit der **Nachentrichtung von Beiträgen in die gesetzliche Rentenversicherung** (s. Rn. 192 „Nachversicherung") spielt im Gegensatz zur Zeit bis zum 31. 12. 1995 keine Rolle mehr. Bis zu diesem Zeitpunkt war die Alters- und Invaliditätssicherung des Ausgleichsberechtigten durch Beitragsnachentrichtung bei sog. Heiratserstattungen im Ergebnis günstiger gewesen als über den Versorgungsausgleich.

b) Inhaltliche Beschränkungen

624 Ehegatten können durch Ehevertrag nach § 1408 Abs. 2 BGB oder Vereinbarung nach § 1587o BGB den Versorgungsausgleich nicht nur in vollem Umfang, sondern auch teilweise ausschließen und dadurch modifizieren (BGH, FamRZ 1986, 890, 892; 1990, 273 ff.; s. Rn. 932 „Vereinbarungen: inhaltliche Beschränkungen", FamRZ 2001, 1444 f.). Ist der Versorgungsausgleich ganz oder teilweise ausgeschlossen worden, findet (insoweit) ein familiengerichtliches Verfahren nicht mehr statt (§ 53d FGG). Allerdings kann die Wirksamkeit der Vereinbarung in einem Folgesachenverfahren überprüft werden. Die Parteien können – vorbehaltlich der nachfolgend beschriebenen Einschränkungen – auch über einzelne Versorgungsanrechte abweichende Vereinbarungen treffen (Johannsen/Hennrich-Hahne, Eherecht, § 1587o Rn. 30). Von § 53d FGG unberührt bleiben alle Anträge auf Durchführung eines späteren schuldrechtlichen Versorgungsausgleichs einschließlich des Antrages auf **Genehmigung** einer erst nach Abschluss des Erstverfahrens getroffenen Vereinbarung darüber (BGH, FamRZ 1999, 576).

aa) Eingriff in öffentlich-rechtliche Versicherungsverhältnisse

625 Die Dispositionsbefugnis der Parteien wird insoweit begrenzt, als sie den durch die §§ 1587 – 1587e BGB abgesteckten Rahmen für **Eingriffe in öffentlich-rechtliche Versicherungsverhältnisse** nicht überschreiten dürfen. Deshalb ist eine Vereinbarung gem. §§ 134, 1587o Abs. 1 Satz 2 BGB nichtig, wenn sie zur Folge hat, dass zu Lasten des Ausgleichspflichtigen mehr Anwartschaften in der gesetzlichen Rentenversicherung übertragen werden, als dies bei Einbeziehung aller von den Parteien in der Ehezeit erworbenen Anwartschaften der Fall wäre (Verbot eines unzulässigen Supersplitting; BGH, FamRZ 1990, 273 ff. OLG Köln, FamRZ 1998, 1377).

626 Dabei muss beachtet werden, dass eine Vereinbarung auch dann unzulässig ist, wenn dadurch nur die gesetzliche Ausgleichsquote verändert oder einzelne Anrechte, anders als in den §§ 1587b Abs. 1, 2 BGB, 1 Abs. 2, 3 VAHRG vorgeschrieben, miteinander verrechnet werden sollen.

Beispiel:

	Mann	Frau
GRV	50,00 €	100,00 €
BeaV	200,00 €	-
BAV	-	50,00 €
	250,00 €	150,00 €

1/2 Differenz = 50,00 € zugunsten der Frau

Hier böte sich ein Vergleich an, wonach die Ehefrau vom Versicherungskonto des Ehemannes 50,00 Euro erhalten soll. Denn voraussichtlich wird der Ehemann diese geringe Rentenanwartschaft selbst nie erhalten, weil er als Beamter die Mindestwartezeit nicht erfüllen kann (vgl. §§ 5, 35, 43 Abs. 1, 44 Abs. 1, 50 Abs. 1 Nr. 1 und 2 SGB VI; OLG Celle, FamRZ 1999, 926, 928). Wirtschaftlich wäre dieses Ergebnis sinnvoll. Gleichwohl verstößt es gegen § 1587b Abs. 1, 2 BGB. Eine entsprechende Vereinbarung ist deshalb nichtig. Auch über andere Umwege lasst sich das an sich wirtschaftlich sinnvolle Ergebnis nicht erreichen.

Nichtig wäre auch eine Vereinbarung über den Verzicht auf Ausgleich der beiderseitigen betrieblichen Rentenanwartschaften in folgendem Fall (vgl. BGH, FamRZ 1988, 153; a. A. OLG Zweibrücken, FamRZ 1987, 76): 627

Beispiel:

	Mann	Frau
GRV	450,00 €	300,00 €
BAV	50,00 €*	100,00 €*
	500,00 €	400,00 €

* Dabei soll es sich um die dynamisierten Werte handeln.

Ein Verzicht auf Ausgleich der betrieblichen Rentenanwartschaften führte in diesem Fall zu einer Erhöhung des Splittingbetrags: Ohne einen Ausgleich der Betriebsrenten wäre ein Splitting i. H. v. (450 – 300) : 2 = 75,00 € möglich. Tatsächlich ist in diesem Fall das Splitting aber auf den Gesamtausgleichsbetrag von 50,00 € begrenzt.

Zulässig und nicht vom Verbot des „Supersplittings" umfasst sind Vereinbarungen über Beitragszahlungen zur Begründung von Rentenanwartschaften nach § 187 Abs. 1 Nr. 2 SGB VI. Derartige Vereinbarungen bieten sich vor allem zum Ausgleich ausländischer Versorgungsanrechte an. Eine begleitende gerichtliche Entscheidung über die Verpflichtung zur Einzahlung von Beiträgen in die gesetzliche Rentenversicherung ist nicht nötig. Die Vereinbarung der Parteien nach §§ 1408 Abs. 2, 1587o BGB reicht aus. 628

Unwirksam sind auch Vereinbarungen, mit denen die Parteien einer **Aussetzung des Verfahrens nach § 2 VAÜG** entkommen wollen, wenn auf diese Weise höhere Anwartschaften begründet werden als derzeit nach dem Gesetz möglich (OLG Karlsruhe, FamRZ 2000, 1155, 1165; BGH, FamRZ 2001, 1701 f.). 629

Beispiel:

	Mann	Frau
GRV	–	25,96 € (West)
	84,08 € (Ost)	201,90 € (Ost)
BeaV	288,49 €	-

Die Parteien vereinbaren wechselseitigen Verzicht auf Ausgleich der angleichungsdynamischen Ostanwartschaften. Das Gericht genehmigt die Vereinbarung und führt ein Quasisplitting in Höhe von 131,26 € durch.

Unzulässig, *weil es dadurch in jedem Fall zu einem zu hohen Ausgleich zugunsten der Ehefrau kommt.*

630 Unzulässig nach Meinung der meisten Gerichte ist in diesem Zusammenhang auch eine Vereinbarung, mit der die Parteien festlegen, dass die nichtangleichungsdynamischen Anrechte des **Ausgleichsverpflichteten** wie angleichungsdynamische zu bewerten sind (OLG Brandenburg, FamRZ 1998, 1442, 1443; Schwab/Hahne, Handbuch des Scheidungsrechts, VI, Rn. 354). Gleiches gilt für Vereinbarungen zwischen Parteien, mit denen sie Ost-Anwartschaften genauso wie West-Anrechte behandeln wollen (OLG Bamberg, FamRZ 2000, 291, 292).

631 Vom BGH jetzt ausdrücklich für zulässig erklärt worden ist allerdings eine Vereinbarung der Parteien, wonach nichtangleichungsdynaymische Anrechte der Parteien wie angleichungsdynamische zu behandeln sind, wenn dadurch der Ausgleichsanspruch zweifelsfrei nur ermäßigt wird (BGH, FamRZ 2001, 1701 f.; OLG Dresden, NJ 1996, 482, 483; Kemnade, FamRZ 1998, 1443; etwas zu einschränkend daher OLG Bamberg, FamRZ 2000, 291, 292, das noch jegliche Gleichsetzung von Ost- und Westanwartschaften für unzulässig erklärt hatte).

Beispiel:

	Mann	Frau
GRV	1.286,51 DM (Ost)	771,84 DM (Ost)
	29,68 DM (West)	

Die Parteien hatten vereinbart: „Wir vereinbaren, dass die nichtangleichungsdynamischen Anrechte der Antragsgegnerin i. H. v. 29,68 DM wie angleichungsdynamische Anrechte behandelt werden".

Das AG hatte diese Vereinbarung genehmigt und den Versorgungsausgleich dahin durchgeführt, dass es ein Splitting in Höhe von monatlich 242,50 DM in Entgeltpunkten Ost vorgenommen hat. Hiergegen hatte die BfA Beschwerde eingelegt, die das OLG zurückgewiesen hatte. Auf die weitere Beschwerde der BfA hat der BGH die Zulässigkeit der Vereinbarung in diesem Sonderfall jetzt klargestellt.

632 **Nicht disponibel** ist weiter der **Endstichtag,** nach welchem die auszugleichenden Anwartschaften bewertet werden (BGH, FamRZ 1990, 273 ff.; OLG München, FamRZ 1997, 1082, 1084; OLG Bamberg FamRZ 2000, 292, 293; BGH, FamRZ 2001, 1444, 1445; OLG Celle, FamRZ 2002, 823, 824). Wohl aber können die Parteien vereinbaren, dass in den Versorgungsausgleich nur die bis zu einem bestimmten Zeitpunkt erworbenen Anwartschaften einbezogen werden, soweit dieses nicht zu einem verbotenen Supersplitting führt (vgl. OLG Frankfurt/M., FamRZ 1996, 550; s. Rn. 932 „Vereinbarungen: inhaltliche Beschränkungen" und „Form der Genehmigung"; BGH, FamRZ 2001, 1444 f.). Das gilt auch, wenn die Parteien vereinbart haben, dass (nur) ein bestimmter Teil der Anrechte eines Ehegatten in der öffentlichen Zusatzversorgung unberücksichtigt bleiben solle (BGH, FamRZ 2001. 1444 f.). Die unzulässige Vereinbarung eines vom Ehezeitende i. S. d. § 1587 Abs. 2 BGB abweichenden Endstichtages kann im Wege der Auslegung nach §§ 133, 157 BGB als zulässige Beschränkung des Ausgleichs verstanden werden, wenn es dadurch nicht zu einem generell unzulässigen Supersplitting kommt (BGH, FamRZ 1990, 273 ff.).

Beispiel:

Ehezeit: 1. 1. 1980 bis 31. 12. 1990; die Parteien leben seit dem 1. 1. 1985 getrennt und vereinbaren, dass in den Versorgungsausgleich nur die bis zum 31. 12. 1984 erworbenen Anwartschaften einbezogen werden sollen. In der Zeit bis zur Trennung hat die Frau außer Kindererziehungszeiten = 40,00 € keine Rentenanwartschaften erworben, während sie nach der Trennung durch sozialversicherungspflichtige Tätigkeit Rentenanwartschaften i. H. v. 150,00 € erarbeitet hat. Der Mann hat bis zur Trennung als Angestellter Rentenanwartschaften i. H. v. 150,00 € und nach der Trennung bis zum Ende der Ehezeit, nach Übernahme in das Beamtenverhältnis und unter teilweiser Anrechnung vorausgegangener Angestelltenzeiten, Pensionsanwartschaften in einer Gesamthöhe von 300,00 € erworben.

Die Ausgleichsbilanz nach § 1587a und b BGB sieht danach wie folgt aus:

	Mann	Frau
GRV	150,00 €	190,00 €
BeaV	100,00 €	–
	450,00 €	190,00 €

I. 1/2 Differenz = 130,00 € zugunsten der Frau

II. Ausgleich durch

a) Kein Splitting

b) Quasisplitting von 130,00 €

Die von den Parteien gewünschte Ausgleichsbilanz sähe wie folgt aus:

	Mann	Frau
GRV	150,00 €	40,00 €

I. 1/2 Differenz = 55,00 € zugunsten der Frau

II. Ausgleich durch Splitting

Dieses Ergebnis verstößt rechnerisch als bloße Beschränkung des Ausgleichsbetrags nicht gegen die zwingenden Bewertungsvorschriften, wohl aber in der Ausgleichsform. Wenn die Auslegung der Vereinbarung der Parteien ergäbe, dass für sie die Form des Ausgleichs ohne Bedeutung ist – was regelmäßig der Fall sein dürfte – wäre das Gericht betragsmäßig an diese Vereinbarung gebunden, dürfte den Ausgleich aber nur im Wege des Quasisplittings nach § 1587b Abs. 2 Nr. 2 BGB durchführen.

Kein Eingriff in das öffentlich-rechtliche Versicherungsverhältnis und nicht einmal genehmigungspflichtig nach § 1587o BGB ist dagegen eine Vereinbarung von Scheidungsparteien, wonach sie auf die Geltendmachung von Härtegründen im Sinne der §§ 1587c und 1587h BGB verzichten. Zwar kann auch eine solche Vereinbarung im Ergebnis zu einer Erhöhung des Versorgungsausgleichs führen. Nach Ansicht des BGH dient der Genehmigungsvorbehalt jedoch allein dem Schutz des sozial schwächeren Ehegatten. Verwirklichen die Parteien diesen Schutz selbst, sollen sie daran nicht gehindert werden. Zwar treffe das Gericht die Amtspflicht zur Aufklärung des Sachverhalts, es müsse dabei aber nicht jeder nur denkbaren Möglichkeit nachgehen. Das gelte vor allem, wenn es sich um die Aufklärung von Umständen handelt, die einem Beteiligten günstig sind. Hier könne das Gericht erwarten, dass es von Seiten der Beteiligten durch entsprechenden Sachvortrag unterstützt werde. Es bleibe dem Berechtigten unbenommen, vom Ausgleichsverpflichteten vorgebrachte Härtegründe zur Anwendung der Billigkeitsklausel nicht zu bestreiten, ebenso wie es dem Ausgleichsverpflichteten offen stehe, ob er sich überhaupt auf Härtegründe berufen will (BGH, FamRZ 2001, 1447 f.).

bb) Nichtigkeit nach allgemeinem Schuldrecht

Im Übrigen finden auch auf die Vereinbarungen zum Versorgungsausgleich die allgemeinen Regeln des Schuldrechts Anwendung, das heißt, sie dürfen weder gegen (sonstige) gesetzliche Verbote noch gegen die guten Sitten verstoßen (§§ 134, 138 Abs. 1 und 2 BGB). Teilnichtigkeit einer umfassenden ehevertraglichen oder Scheidungsvereinbarung kann zur Nichtigkeit des gesamten Vertrages führen (§ 139 BGB).

Als **Verstoß gegen die guten Sitten** werden wie im Unterhaltsrecht solche Vereinbarungen anzusehen sein, die bewusst zum Nachteil des Trägers der Sozialhilfe geschlossen werden (vgl. AG

Solingen, FamRZ 1990, 635). Nicht ausreichend für eine Sittenwidrigkeit ist es, wenn der Verzichtende, eigentlich ausgleichsberechtigte Ehegatte erst Jahre nach der notariellen Vereinbarung unvorhersehbar sozialhilfebedürftig wird (OLG Köln, FamRZ 2000, 832, 833).

635 Eheverträge i. S. d. § 1408 Abs. 2 BGB brauchen anders als Scheidungsvereinbarungen nach § 1587o BGB für den verzichtenden Ehegatten keine anderweitige angemessene soziale Sicherung für den Fall des Alters und der Invalidität zu enthalten (vgl. BGH, FamRZ 1996, 1536 ff.; s. Rn. 932 „Ausschluss des Versorgungsausgleichs"; OLG Bamberg, FamRZ 1984, 483; OLG Stuttgart, FamRZ 1999, 24, 25). Auch Eheverträge, in denen ein Ehegatte auf sämtliche ihn absichernde Scheidungsfolgen wie Zugewinnausgleich, nachehelicher Unterhalt und Versorgungsausgleich verzichtet, waren nach der Rechtsprechung des BGH regelmäßig nicht als nichtig anzusehen, weil niemand – und das war wörtlich zu verstehen i. S. von kein Mann – verpflichtet sei, eine Frau zu heiraten, selbst wenn sie von ihm ein Kind erwartet (vgl. BGH, a. a. O.). Dieser an einer in ihren Grenzen erkennbar missverstandenen Vertragsfreiheit orientierten Rechtsprechung (so auch noch OLG Hamm FamRZ 2001, 1001) hat das Bundesverfassungsgericht einen Riegel vorgeschoben und die Schutzbedürftigkeit von einseitig übervorteilten vor allem von bei Vertragsschluss schwangeren Verlobten einen Riegel vorgeschoben (FamRZ 2001, 343 ff. m. Anm. Schwab, 349; FamRZ 2002, 985, Rn. 932 „Ausschluss des Versorgungsausgleichs wegen Sittenwidrigkeit"). Es ist danach aus Art. 2 Abs. 1 i.V. mit 6 Abs. 4 GG folgende verfassungsrechtliche Pflicht der zuständigen Fachgerichte, durch „**eine vertragliche Inhaltskontrolle und ggf. Korrektur** mit Hilfe der zivilrechtlichen Generalklauseln zu verhindern, dass sich für einen Vertragsteil die Selbstbestimmung in eine Fremdbestimmung verkehrt" (BVerfG, FamRZ 2001, 985 = Rn. 932 „Ausschluss des Versorgungsausgleichs wegen Sittenwidrigkeit"). Im Sinne dieser verfassungsgerichtlichen Rechtsprechung hat das KG entschieden, dass die Geschäftsgrundlage für einen ehevertraglich vereinbarten Verzicht auf Versorgungsausgleich entfällt, wenn die Eheleute bei Abschluss des Vertrages davon ausgehen, dass sie trotz der Geburt des ersten Kindes beide weiterhin im öffentlichen Dienst erwerbstätig sein und ihre Altersvorsorge deshalb selbst sichern würden, die Ehefrau dann aber später mit Einverständnis des Ehemannes wegen der Betreuung gemeinsamer Kinder ihre Berufstätigkeit aufgegeben hat (KG, FamRZ 2001, 1002).

> *Hinweis:*
> *Allerdings wird man außerhalb der Fallgruppen, die vom BVerfG ausdrücklich genannt worden sind, nach wie vor Zurückhaltung bei der Annahme von Sittenwidrigkeit zu üben haben, also immer dann, wenn es zum einen nicht um den Schutz schwangerer Frauen, zum anderen aber auch nicht um einen Vollausschluss aller vermögensrechtlichen Ehefolgen geht, der auf Versorgungsausgleich verzichtenden Frau so sonstige nicht völlig unangemessene vermögensrechtliche und unterhaltsrechtliche Ansprüche auf Teilhabe an Vermögen und Einkommen des Mannes bleiben (OLG Hamm, FamRZ 2000, 830 ff.).*

Missbräuche beim vertraglichen Ausschluss von Ehe- und Ehescheidungsfolgen werden nunmehr nicht mehr allein durch die **Jahresfrist** des § 1408 Abs. 2 Satz 2 BGB (s. nachfolgend Rn. 639) vermieden (so noch BGH, a. a. O. m. w. N.; im Gegensatz zur eigenen früheren Rspr.: BGH, NJW 1983, 1851). Zu Recht mokierte sich Büttner (FamRZ 1997, 600, 601) über diese Rechtsprechung und verwies auf ihre Unrichtigkeit (im Einzelnen in „Grenzen ehevertraglicher Gestaltungsmöglichkeiten", FamRZ 1998, 1 ff.). Anders entschieden hatte bereits OLG München (FamRZ 1995, 95, 96; s. Rn. 932 „Ausschluss des Versorgungsausgleichs"), das eine notarielle Verzichtsvereinbarung zum Versorgungsausgleich ab der Geburt des ersten Kindes als unwirksam angesehen hat, wenn eine ausreichende Alterssicherung des Kindererziehenden Partners nicht gegeben ist.

D. XIV. Sonstiger Ausgleich, insbesondere Vereinbarungen

(Künftige) Eheleute, die beide verdienen und bei denen Einbußen in ihrer Altersversorgung durch Kinderbetreuung oder Haushaltsführung nicht mehr zu erwarten sind, müssen auf einen Versorgungsausgleich wirksam verzichten können. Es gibt keinen vernünftigen Grund dafür, in einem solchen Fall den das gesamte Zivilrecht durchziehenden Grundsatz der Vertragsfreiheit einzuschränken. Das gilt auch, wenn die künftige Ehefrau zwar schwanger ist bei Abschluss des Ehevertrages, aber z. B. als Beamtin gegenüber dem voraussichtlich immer selbständig tätigen künftigen Ehemann versorgungsausgleichsrechtlich günstiger, unterhaltsrechtlich aber schlechter dasteht (OLG Köln, FamRZ 2002, 829, 830). 636

Grundsätzlich wird man künftig in allen Fällen eines ersatzlosen Verzichtes auf sämtliche gesetzlichen Ansprüche bereits im Vertragstext eine ausreichende Rechtfertigung für eine Bevorzugung – in der Regel immer noch allein des wirtschaftlich stärkeren männlichen Vertragsteils – zu suchen haben. Wenn es sich bei den Vertragsschließenden um junge Eheleute handelt, die bereits kleine Kinder haben oder noch haben werden und bei der die Ehefrau und Mutter – nicht zuletzt wegen der zunehmend schwieriger werdenden Erwerbsmöglichkeiten – typischerweise voraussichtlich für längere Zeit aus dem Erwerbsleben ausscheiden und damit erhebliche Einbußen in ihrer Altersversorgung erleiden wird, liegt die Schutzbedürftigkeit der übervorteilten Frauen regelmäßig auf der Hand mit der Folge, dass die Vereinbarung unwirksam sein dürfte, insbesondere dann, wenn im Ehevertrag nicht nur auf Versorgungsausgleich, sondern auch auf nachehelichen Unterhalt verzichtet und Gütertrennung vereinbart wurde.

Der beurkundende Notar hat aber heute weit mehr als früher (vgl. BGH, FamRZ 1996, 1536 ff.) den unerfahrenen und sozial schwächeren Ehewilligen ausreichend zu beraten und zu schützen. 637

Ebenso wie bei Unterhaltsverzichtsvereinbarungen muss neben der Unwirksamkeit wegen Sittenwidrigkeit stets auch geprüft werden, ob sich der durch die Vereinbarung begünstigte Ehegatte im Einzelfall aufgrund späterer Entwicklung unter Berücksichtigung des **Grundsatzes von Treu und Glauben** – ggf. zeitweilig – nicht auf die Vereinbarung berufen darf (vgl. BGH, FamRZ 1985, 788, 789; 1991, 306, 307; 1992, 1403, 1404). Allerdings dürfte es im Rahmen des Versorgungsausgleichs wegen der regelmäßig erst im vorgerückten Alter eintretenden Wirkungen im Gegensatz zum Unterhaltsrecht nur wenig Fälle geben, in denen schutzwürdige Interessen gemeinsamer Kinder der Geltendmachung dauernd oder zeitweilig entgegenstehen. 638

Der Versorgungsausgleich muss **ausdrücklich ausgeschlossen** werden. Aus einer vereinbarten Gütertrennung oder des bloßen Verzichtes auf Zugewinnausgleich kann nicht auf den Ausschluss des Versorgungsausgleichs gefolgert werden. Die Auslegungsregel des § 1414 Satz 2 BGB ist insoweit nicht umkehrbar.

c) Jahresfrist

Keine inhaltliche Beschränkung im eigentlichen Sinne, wohl aber ebenfalls ein Schutz vor Übervorteilung des ahnungslosen Ehegatten durch den insgeheim die Scheidung vorbereitenden anderen Ehegatten stellt die Jahresfrist des § 1408 Abs. 2 Satz 2 BGB dar. Ehevertragliche Vereinbarungen über den Versorgungsausgleich werden unwirksam, wenn innerhalb eines Jahres nach Abschluss des Vertrages ein Scheidungsantrag gestellt wird. Das bedeutet, dass die Vereinbarung ein Jahr lang nach dem wirksamen Abschluss schwebend unwirksam bleibt. Kommt es zum Scheidungsverfahren, kann der Vertrag endgültig nicht mehr wirksam werden (OLG Koblenz, FamRZ 1989, 407). 639

Die Jahresfrist kann nach dem Sinn und Zweck der Vorschrift des § 1408 Abs. 2 Satz 2 BGB frühestens mit der Heirat beginnen und endet mit der wirksamen Zustellung des Scheidungsantrages an den anderen Ehegatten (BGH, NJW 1985, 315). Die Einreichung des Scheidungsantrages kann wegen § 270 Abs. 3 ZPO genügen, wenn die Zustellung demnächst erfolgt (vgl. BGH, NJW 1984, 289; 1992, 1405, 1406, 1407; s. Rn. 932 „Vereinbarungen: Jahresfrist"). § 270 Abs 3 ZPO greift aus Gründen des Schutzes des Vertrauens auf den Ehevertrag jedoch nicht ein, wenn nur ein Pro- 640 zesskostenhilfegesuch, also kein unbedingter oder ein durch einen nicht zugelassenen Rechtsanwalt unterzeichneter Scheidungsantrag innerhalb der Jahresfrist eingereicht wird (BGH, FamRZ 1999, 155, 156).

641 Bei **Rücknahme** oder **rechtskräftiger Abweisung** des vor Ablauf der Jahresfrist gestellten Scheidungsantrages entfallen die Wirkungen des Scheidungsantrages; die Vereinbarung bleibt wirksam (BGH, NJW 1986, 2318; FamRZ 1990, 384; 1991, 2490; OLG Frankfurt, NJW-RR 1990, 582).

d) Formerfordernisse

642 Sowohl Eheverträge nach § 1408 Abs. 2 BGB als auch Vereinbarungen über den Versorgungsausgleich nach § 1587o BGB bedürfen der **notariellen Form,** die nur durch einen gerichtlichen Vergleich ersetzt werden kann (§ 127a BGB).

643 Aber: Vereinbarungen gem. Art. 12 Nr. 3 Abs. 3 Satz 1 1. EheRG bis zum 30. 6. 1977 und – wegen der Abhängigkeit von einem Antrag der Parteien – Verträge über einen schuldrechtlichen und verlängerten Ausgleich, wenn diese entweder durch gerichtliche Entscheidung den Parteien vorbehalten wurden oder sich unmittelbar aus dem Gesetz (§§ 1587f, 2 VAHRG) ergeben, sind **formfrei.**

644 Vereinbarungen nach Art. 12 Nr. 3 Abs. 3 Satz 1 1. EheRG können theoretisch auch heute in Scheidungsverfahren noch eine Rolle spielen. In der Praxis dürfte ein derartiger Ausschluss jedoch kaum noch vorkommen. Die Behauptung eines solchen Vertrages ist angesichts der langen Zwischenzeit, in der man den angeblich gemeinsam gewollten Ausschluss notariell hätte beurkunden lassen können, kaum noch glaubhaft.

645 Eheverträge nach § 1408 Abs. 2 BGB bedürfen darüber hinaus der besonderen Beurkundung „**bei gleichzeitiger Anwesenheit beider Teile**" (§ 1410 BGB). Allerdings wird diese Vorschrift von der Rechtsprechung wegen Fehlens des Erfordernisses „persönlicher" Anwesenheit seit langem unter Hinweis auf allgemeine Stellvertretungsvorschriften so verstanden, dass ein Ehegatte den Ehevertrag auch für den anderen – bei grundsätzlicher Formfreiheit von Vollmacht und Genehmigung – abschließen kann (s. RGZ 79, 282; MüKo/Kanzleiter, BGB, § 1410 Rn. 4 mit dem Vorschlag, zumindest de lege ferenda die Formfreiheit von Vollmacht und Genehmigung, insbesondere aber die Möglichkeit der Befreiung von § 181 BGB zu beseitigen; zuletzt BGH, FamRZ 1998, 902, 903, der die h. M. bestätigt und weder persönliche Anwesenheit noch notarielle Form für eine Vollmacht de lege lata für erforderlich hält). Auch eine st. Rspr. muss nicht richtig sein, und es verblüfft, wenn nach dem Gesetzgeber gerufen wird, um dem für jeden Laien zweifelsfreien Wortsinn eines geltenden Gesetzes, der auch noch Sinn und Zweck der angeordneten Form entspricht, Geltung zu verschaffen (vgl. die ähnliche Problematik bei der Anwendung von § 323 Abs. 4 ZPO, wo die Rechtsprechung seit langem gegen den klaren Wortlaut des Gesetzes Vergleiche anders behandelt als Urteile).

646 Verblüffend ist auch, dass Eheverträge und notarielle Vereinbarungen gem. § 1587o BGB – entgegen verbreiteter Überzeugung – **formlos aufgehoben** werden können, wenn dadurch keine unmittelbaren oder mittelbaren Übertragungen verbunden sind, sondern nur der ursprünglich ausgeschlossene Versorgungsausgleich jetzt in seiner gesetzlichen Form durchgeführt werden soll (vgl. OLG Karlsruhe, FamRZ 1995, 361, 362; s. Rn. 932 „Vereinbarungen: Antrag, Formerfordernis"). Die gegenteilige Meinung des OLG Frankfurt (FamRZ 2001, 1523) vermag nicht zu überzeugen. Zwar weist es zu Recht darauf hin, dass durch einen notariellen Verzicht auf Ausschluss des Versorgungsausgleichs nach § 1414 Satz 2 BGB im Zweifel Gütertrennung eintritt, die Aufhebung der Vereinbarung wieder entfalle und sich in den gesetzlichen Güterstand verkehre. Das OLG begründet aber nicht, warum dieses – vom Gesetz schließlich grundlegend gewollte – Ergebnis nur durch einen erneuten Notarvertrag herbeigeführt werden muss. Richtig bleibt, dass die Parteien dann einen neuen Vertrag beim Notar schließen müssen, wenn sie nur den Versorgungsausgleichsausschluss rückgängig machen, die Gütertrennung aber beibehalten wollen. Differenzierte Lösungen sind damit durch formlose Aufhebung des Notarvertrages nicht möglich, wohl aber die Herstellung des ursprünglich gesetzlichen Zustandes.

Wegen des Anwaltszwangs im Scheidungsverbund (§ 78 Abs. 1 ZPO) kommt ein wirksamer **gerichtlicher Vergleich** über den Versorgungsausgleich nur zustande, wenn beide Parteien insoweit **anwaltlich vertreten** sind (so BGH, FamRZ 1991, 679, 680). 647

Umstritten ist, ob Scheidungsfolgenvereinbarungen wirksam in den Teilen des Verfahrens auch ohne anwaltliche Vertretung geschlossen werden können, die – wie das PKH-Prüfungsverfahren (§ 118 Abs. 1 Satz 3 2. Hs. ZPO) – vom Anwaltszwang ausgenommen sind (von BGH, a. a. O. offen gelassen, zustimmend OLG Zweibrücken, FamRZ 1994, 1399, 1400). Die Beratungs- und Schutzfunktion des Anwaltszwanges gerade im familiengerichtlichen Verfahren fordert, auf derartige vom Gesetz nicht ausdrücklich erlaubte Umgebungen zu verzichten (so auch Zöller/Vollkommer, ZPO, § 78 Rn. 33), zumal in der Praxis in diesem Zusammenhang ansonsten Raum für erhebliche Verfahrensmanipulationen eröffnet würde. So werden z. B. umfassende Scheidungsfolgenvergleiche im (vorgeblichen) PKH-Prüfungsverfahren geschlossen und anschließend der PKH-Antrag des Antraggegners von diesem zurückgenommen oder erwartungsgemäß vom Gericht abgelehnt. 648

Auch § 279 Abs. 1 ZPO kann nicht als Rechtfertigung für derartige „einseitige" Vergleiche herangezogen werden, weil diese Vorschrift keine Ausnahme vom Anwaltszwang darstellt (a. A. Zöller/Greger, ZPO, § 279 Rn. 2; Zöller/Stöber, ZPO, § 794 Rn. 7). 649

Wenn eine Vereinbarung über den Versorgungsausgleich aus Formgründen nichtig ist, wird sie auch nicht durch die Genehmigung des Familiengerichts wirksam (BGH, FamRZ 1991, 679, 680). Das Versorgungsausgleichsverfahren wurde dann nicht abgeschlossen und kann jederzeit fortgesetzt werden (OLG Celle, FamRZ 1981, 563; OLG Köln, FamRZ 1998, 373). Etwas anderes gilt nur, wenn das Gericht den Versorgungsausgleich im Hinblick auf eine Vereinbarung durch Entscheidung ausdrücklich ausgeschlossen hat. Diese – ggf. falsche – Entscheidung kann in Rechtskraft erwachsen. 650

Das Ausgleichsverfahren wird auch nicht beendet, wenn die Parteien durch formnichtige Vereinbarung den Versorgungsausgleich teilweise ausgeschlossen und das Gericht ihn im Übrigen durchgeführt hat. Wegen des **Prinzips des Einmalausgleichs** (§ 1587b Abs. 3 Satz 3 BGB) wird durch einen unwirksamen Teilausschluss auch der anschließend vom Familiengericht getroffenen Versorgungsausgleichsregelung die Entscheidungsgrundlage entzogen. 651

e) Genehmigungserfordernis

aa) Zweck

Durch das Erfordernis gerichtlicher Genehmigung – § 1587o Abs. 2 Satz 3 BGB – sollen einerseits Ehegatten vor Übervorteilungen durch den anderen in zumeist schwierigen persönlichen Zeiten geschützt werden (vgl. BT-Drucks. 7/4361; BVerfG, FamRZ 1982, 769, 772; OLG Bamberg, FamRZ 1998, 374). 652

Zum anderen wird dadurch gleichzeitig den Belangen des Gemeinwohls Rechnung getragen, dass ein sozial schwacher Ehegatte ohne entsprechende Gegenleistung des anderen nicht zu Lasten der Allgemeinheit auf ihm zustehende Versorgungsanrechte verzichtet. Diese, die Privatautonomie der Parteien nicht unerheblich einschränkende, richterliche Inhaltskontrolle von Parteivereinbarungen ist verfassungsgemäß (vgl. BVerfG, FamRZ 1982, 769, 772). Das Gericht hat bei der Erteilung der Genehmigung kein Ermessen. Vielmehr muss es die Genehmigung erteilen, wenn keine ausreichenden Versagensgründe erkennbar sind. 653

bb) Zuständigkeit

Zuständig für die Genehmigung ist das Gericht, das **mit dem Versorgungsausgleich befasst** ist. Wird die Vereinbarung erstmals in der Berufungsinstanz geschlossen, muss das OLG die Genehmigung erteilen (und eine anderweitige erstinstanzliche Entscheidung ggf. für wirkungslos erklären; OLG München, FamRZ 1997, 570; s. Rn. 932 „Rechtsmittel: Beschwer bei nachträglicher Verein- 654 barung"; Johannsen/Henrich-Sedemund-Treiber, a. a. O., § 53d FGG Rn. 8). Ein **Antrag auf Genehmigung ist nicht erforderlich** (vgl. OLG Karlsruhe, FamRZ 1995, 361, 362; s. Rn. 932 „Vereinbarungen: Antrag auf Genehmigung"). Eine „Vorabgenehmigung" vor einem wirksamen Abschluss kennt das Gesetz nicht. Sie ist unzulässig, weil durch sie das Verfahren gerade nicht beendet werden würde (vgl. OLG München, FamRZ 1997, 1082, 1084).

cc) Genehmigungsbedürftige Vereinbarungen

655 Unter Genehmigungsvorbehalt stehen alle (aber auch ausschließlich diejenigen) Vereinbarungen, die **im Zusammenhang mit der Scheidung** über den Versorgungsausgleich getroffen werden. Deshalb brauchen weder Eheverträge nach § 1408 Abs. 2 BGB noch nachträgliche Vereinbarungen der Parteien über den schuldrechtlichen Ausgleich genehmigt zu werden. Soweit die Parteien allerdings im Rahmen eines Abänderungsverfahrens nach § 10a VAHRG oder im Zusammenhang mit einer gerichtlich angeordneten Beitragszahlungspflicht nach § 3b Abs. 1 Nr. 2 VAHRG eine zulässige (modifizierende) Vereinbarung treffen (vgl. Palandt/Diederichsen, BGB, § 1587o Rn. 10; BayObLG, FamRZ 1981, 560), unterliegen sie den gleichen Beschränkungen wie im Erstverfahren.

656 Ist das Erstverfahren rechtskräftig durchgeführt worden, können die Parteien den öffentlich-rechtlichen Ausgleich durch eine Vereinbarung nicht mehr beseitigen (vgl. OLG München, FamRZ 1997, 1082, 1083, 1084).

dd) Genehmigungskriterien

657 Die **Genehmigungskriterien** ergeben sich aus § 1587o Abs. 2 Satz 4 BGB und sind in dem Sinne abschließend, als eine Parteivereinbarung genehmigt werden muss, wenn keiner der beiden genannten Versagensgründe vorliegt oder die Vereinbarung nach allgemeinen Regeln nichtig ist (MüKo/Strobel, BGB, § 1587o Rn. 25), andererseits aber versagt werden muss, wenn die vereinbarte Leistung unter Einbeziehung der sonstigen Scheidungsfolgen nicht zur Sicherung des Berechtigten für den Fall der Erwerbsunfähigkeit und des Alters geeignet ist oder zu keinem nach Art und Höhe angemessenen Ausgleich unter den Ehegatten führt.

ee) Gestaltungsmöglichkeiten

658 Als **Gestaltungsmöglichkeiten** für eine anderweitige, wirksame Absicherung kommen in Betracht:

- Übertragung von Grundbesitz oder grundstücksgleichen Rechten, wenn diese laufende Einnahmen abwerfen oder kostenfreies Wohnen ermöglichen,
- Begründung einer Reallast bei Wertsicherung,
- Übereignung von Wertpapieren mit laufenden Erträgen aus Zinsen und Dividenden,
- Übertragung von Unternehmensbeteiligungen, sofern eine laufende Einnahme gewährleistet ist,
- Abschluss einer Lebensversicherung (möglichst mit den Modalitäten des § 1587l BGB und unter Einschluss einer Berufsunfähigkeitszusatzversicherung),
- Abfindungsbeträge, mit denen sich der Verzichtende selbst eine Versorgung aufbauen kann (vgl. MüKo/Strobel, BGB, § 1587o Rn. 28, 29 m. w. N.), wenn die Verwendung zu diesem Zweck als gesichert erscheint.

659 Die Vereinbarung kann in einem – auch ersatzlosen – **Verzicht auf den öffentlich-rechtlichen Versorgungsausgleich** bestehen (vgl. BGH, FamRZ 1982, 471 ff.; s. Rn. 932 „Vereinbarungen: Genehmigungskriterien"). Ein Verzicht auf Versorgungsausgleich wird dann aber nur zu genehmigen sein, wenn bzw. soweit ein Ausgleich ansonsten gem. § 1587c BGB grob unbillig sein könnte

(vgl. OLG Saarbrücken, FamRZ 1998, 1377; KG, FamRZ 2000, 1157, 1158; s. Rn. 932, „Vereinbarungen: Genehmigungskriterien"). Das Familiengericht könnte in diesen Fällen den Versorgungsausgleich auch ohne Vereinbarung der Parteien ausschließen. Es müsste dazu jedoch alle Umstände genau aufklären. Daran haben die Parteien berechtigterweise oft kein Interesse. In der Praxis bedeutet dieses, dass eine Verzichtsvereinbarung immer dann genehmigt werden muss, wenn sich aus dem Vortrag der Parteien zum beabsichtigten Verzicht die nicht ganz fernliegende Möglichkeit eines Ausschlusses nach § 1587c BGB hinreichend deutlich ergibt – im Ergebnis ebenso KG, FamRZ 2000, 1157 f.).

Anders als bis zum 31. 12. 1991 kann ein Verzicht in den Fällen nur **geringfügigen Ausgleichs** regelmäßig **nicht** mehr bedenkenlos genehmigt werden. Denn die Bagatellklausel des § 3c VAHRG, die in diesen Fällen zeitweilig einen gerichtlichen Ausschluss des Versorgungsausgleichs zuließ, wurde durch Art. 30 des RÜG ausdrücklich mit der Begründung aufgehoben, die Regelung habe zu Anwendungsproblemen geführt und eine unangemessene Relevanz im Rechtsmittelverfahren gewonnen (vgl. BT-Drucks. 12/405, S. 174).   660

Ungeeignet i. S. d. § 1587o Abs. 2 Satz 4 BGB ist regelmäßig die Vereinbarung des schuldrechtlichen Versorgungsausgleichs anstelle eines an sich durchzuführenden öffentlich-rechtlichen Ausgleichs, wenn – etwa wegen § 3a Abs. 5 VAHRG, aber auch wegen Fehlens der Voraussetzungen des § 3a Abs. 1 VAHRG – ein verlängerter schuldrechtlicher Ausgleich ausgeschlossen ist (vgl. Rn. 591 f.). Die Vereinbarung zusätzlicher Sicherheiten oder Versorgungsleistungen kann jedoch auch in den genannten Fällen der Vereinbarung des einfachen schuldrechtlichen Ausgleichs zur Genehmigungsfähigkeit der Vereinbarung führen.   661

ff) Prüfungs- und Aufklärungspflicht des Gerichts

Ohne Einholung von Auskünften bei den Rentenversicherungsträgern und konkretem Vortrag der Parteien einschließlich Vorlage entsprechender Beweismittel wird das Familiengericht in aller Regel seiner **Prüfungs- und Aufklärungspflicht** nach § 1587o Abs. 2 Satz 4 BGB, § 12 FGG nicht nachkommen können. Angesichts der Schwierigkeiten des Rentenrechts und der Beamtenversorgung werden die meisten Richter und Rechtsanwälte überfordert sein, ohne Auskünfte der Versorgungsträger darüber zu entscheiden, ob die vereinbarten Leistungen offensichtlich zu keinem – gegenüber dem durchzuführenden Versorgungsausgleich – angemessenen anderweitigen Ausgleich führen. Allenfalls bei relativ kurzer Ehedauer, Kinderlosigkeit und ununterbrochener Berufstätigkeit beider Eheleute wird man bei Vorlage vollständiger Einkommensbelege für die gesamte Ehezeit insoweit eine hinreichend sichere Schätzung vornehmen können. Gleiches gilt bei nachgewiesenem (ausschließlichem) Sozialhilfebezug einer oder beider Eheleute. Die Vereinbarung eines Verzichts nach § 1587o BGB ist deshalb **kein taugliches Mittel der Verfahrensbeschleunigung,** auch nicht bei jungen Eheleuten, die ihrer Zukunft noch sorglos gegenüber stehen (können).   662

Grds. muss das Gericht nach § 12 FGG alle Tatsachen ermitteln, die für oder gegen die Genehmigung einer Vereinbarung nach § 1587o BGB sprechen. Andererseits verfolgen die Eheleute insoweit widerstreitende vermögensrechtliche Interessen privatrechtlicher Natur, so dass es sich um **eine echte Streitsache der freiwilligen Gerichtsbarkeit** handelt (BGH, FamRZ 1983, 44, 46). In einem solchen Verfahren kann das Gericht, auch ohne seine Aufklärungspflicht zu verletzen, davon ausgehen, dass die Parteien ihnen vorteilhafte Umstände von sich aus vorbringen (BGH, FamRZ 1988, 748, 709, 710). Die gerichtliche Pflicht, den Sachverhalt aufzuklären, findet dort ihre Grenze, wo ein Beteiligter es allein oder in erster Linie in der Hand hat, die notwendigen Erklärungen abzugeben, hiervon aber absieht (BGH, FamRZ 1994, 234 ff.; OLG Bamberg, FamRZ 1998, 374). Die beteiligten Eheleute tragen eine **Darlegungslast** für die tatbestandlichen Voraussetzungen einer richterlichen Genehmigung (OLG Karlsruhe, FamRZ 1982, 395; OLG Zweibrücken, FamRZ 1998, 1377; s. Rn. 932 „Vereinbarungen: Darlegungslast und Genehmigungskriterien").   663

gg) Form der Genehmigung

664 Die nach § 1587o BGB erforderliche gerichtliche Genehmigung braucht weder in einem besonderen Beschluss noch ausdrücklich erteilt zu werden. Ausreichend ist die **konkludente Aufnahme in eine gerichtliche Entscheidung** zum Versorgungsausgleich (OLG Frankfurt/M., FamRZ 1987, 94 m. w. N.; 1996, 550; s. Rn. 932 „Vereinbarungen: Form der Genehmigung").

Umgekehrt bedarf es einer ausdrücklichen gerichtlichen Entscheidung über ein zulässigerweise durch Vereinbarung reduziertes Splitting, Quasisplitting oder Supersplitting. Denn durch die Vereinbarung selbst können Rentenanwartschaften weder übertragen noch begründet werden (§ 1587o Abs. 1 Satz 2 BGB). Dieses ist nur durch **gerichtliche Entscheidung** möglich. Allein die Verpflichtung zur Zahlung von Beiträgen zur Begründung von Rentenanwartschaften (§ 187 Abs. 1 Nr. 2 SGB VI) bedarf keiner begleitenden gerichtlichen Entscheidung.

hh) Zeitpunkt der Genehmigung

665 Durch die Genehmigung einer genehmigungsfähigen Vereinbarung wird das Versorgungsausgleichsverfahren – nach Ablauf der Rechtsmittelfrist (s. nachfolgend) rechtskräftig – beendet. Außer unter den Voraussetzungen eines Abänderungsverfahrens nach § 10a Abs. 9 VAHRG oder bei Nichtigkeit der Vereinbarung kommt ein nachträglicher Versorgungsausgleich nicht mehr in Betracht (OLG Köln, FamRZ 2000, 832, 833; OLG Bamberg, FamRZ 2001, 499; Johannsen/Henrich-Hahne, Eherecht, § 1587o BGB Rn. 8).

Umgekehrt ist **nach Rechtskraft der Ausgleichsentscheidung** – außer unter den Voraussetzungen des § 10a VAHRG – eine Vereinbarung der Parteien nicht mehr zulässig (a.A. AG Bochum, FamRZ 2000, 1156, 1157, das einen nachträglichen Verzicht auf Versorgungsausgleich nach durchgeführtem Quasisplitting genehmigt hat und meint, § 1587o BGB sei „verfassungskonform" dahin auszulegen, dass dieses möglich sei – eine Meinung, an die trotz der gerichtlichen Genehmigung die am Erstverfahren beteiligten Versorgungsträger nicht gebunden sind.). Parteien können also – unabhängig von dessen Zulässigkeit – Rechtsmittel gegen eine Ausgleichsentscheidung (hier durch Quasisplitting) einlegen oder bei erfolgtem Rechtsmittelverzicht durch die Versorgungsträger einlegen lassen (so OLG Karlsruhe, FamRZ 2000, 962), um im Rahmen des ansonsten Möglichen (Teil-)Vereinbarungen nach § 1587o BGB zu schließen, die dann vom Rechtsmittelgericht auch wirksam genehmigt werden können (OLG Karlsruhe, a. a. O.).

ii) Anfechtbarkeit der Genehmigung

666 Die Versagung der Genehmigung kann mit den **Rechtsmitteln** angegriffen werden, die auch gegen die Versorgungsausgleichsentscheidung bestehen, § 53d Satz 2 FGG steht insoweit nicht entgegen (BGH, FamRZ 1982, 471, 472). Für die Praxis bedeutet dieses, dass das Gericht zweckmäßigerweise zur Klarstellung auch dann, wenn es wegen eines genehmigten Verzichts auf Versorgungsausgleich keine Ausgleichsentscheidung zu treffen hat, in der Weise über den Versorgungsausgleich entscheidet, dass es sein Nichtstattfinden feststellt (ebenso Philippi, FamRZ 1982, 1057; a. A. Johannsen/Henrich-Hahne, Eherecht, § 1587o Rn. 2).

jj) Tenorierungsvorschlag

667 **Formulierungsbeispiel:**

> „Ein Versorgungsausgleich findet nicht statt. Die Vereinbarung der Parteien über den Versorgungsausgleich wird genehmigt."

Damit wird deutlich gemacht, dass sich ein Rechtsmittel nicht gegen die Versagung der Genehmigung, sondern gegen die Nichtdurchführung eines Versorgungsausgleichs richten muss. Gleichzeitig wird allen Beteiligten klargemacht, dass es bei dem (dann rechtskräftigen) Ausschluss des Versorgungsausgleichs bleibt, wenn nicht rechtzeitig ein Rechtsmittel eingelegt wird. Hiervon unberührt bleibt die Möglichkeit einer Abänderung nach § 10a Abs. 9 VAHRG (s. u. Rn. 732).

Die vorgenannte Entscheidung wird besonders notwendig, wenn die Vereinbarung über den Ausschluss oder die Verminderung des Versorgungsausgleichs erst nach Abschluss der ersten Instanz geschlossen wird.

Die am Verfahren zu beteiligenden Versorgungsträger haben **kein Rechtsmittel** gegen die Erteilung einer Genehmigung, auch wenn diese zu Unrecht erteilt sein sollte. Ihnen fehlt insoweit die Beschwer (so OLG Frankfurt/M., FamRZ 1985, 613; Lardschneider, in: Rahm/Künkel, Handbuch des familiengerichtlichen Verfahrens, V, Rn. 502; a. A. OLG Bamberg, FamRZ 1983, 77). 668

Nach Abschluss der 1. Instanz kann eine dort getroffene Versorgungsausgleichsentscheidung nur dann noch durch eine Vereinbarung gem. § 1587o BGB beseitigt oder modifiziert werden, wenn gegen die Ausgleichsentscheidung rechtzeitig ein zulässiges Rechtsmittel eingelegt worden ist. Zusätzlich zur Genehmigung (durch das Berufungsgericht) muss die angefochtene Entscheidung dann durch ausdrückliche Entscheidung der Vereinbarung angepasst werden. Die Vereinbarung allein führt nämlich nicht zur Unwirksamkeit der Ausgleichsentscheidung, weil es eine dem § 269 Abs. 3 2. Hs. ZPO entsprechende Regel im FGG nicht gibt (BGH, FamRZ 1982, 688, 689). Legt nur der durch die Ausgleichsentscheidung begünstigte Ehegatte ein Rechtsmittel unter Hinweis auf die nachträgliche Vereinbarung ein, ist dieses mangels Beschwer zurückzuweisen. Die Vereinbarung kann dann nicht wirksam werden, und zwar unabhängig davon, ob sie genehmigt wird oder nicht (OLG München, FamRZ 1997, 570; s. Rn. 932 „Rechtsmittel: Beschwer bei nachträglicher Vereinbarung"). 669

f) Unerwünschte Auswirkungen

aa) Gütertrennung

Nach der Auslegungsregel des § 1414 Satz 2 BGB tritt im Zweifel **Gütertrennung** ein, wenn die Parteien den Versorgungsausgleich ganz ausschließen. Diese Regel lässt sich nicht umkehren (s. Rn. 638 a.E.). 670

bb) Ausschluss eines verlängerten schuldrechtlichen Ausgleichs

Vereinbaren die Parteien einen schuldrechtlichen Versorgungsausgleich anstelle eines an sich möglichen öffentlich-rechtlichen Ausgleichs, muss beachtet werden, dass insoweit **ein verlängerter schuldrechtlicher Versorgungsausgleich häufig nicht möglich** ist (§ 3a Abs. 3 VAHRG; s. o. Rn. 591 f.). Deshalb sollte ein schuldrechtlicher Ausgleich regelmäßig nur vereinbart werden, wenn das Risiko des Vorversterbens des Ausgleichspflichtigen begrenzt ist, anderweitig abgesichert werden kann oder es wirklich keine andere Ausgleichsmöglichkeit gibt. 671

g) Abänderbarkeit von Vereinbarungen

Nach § 10a Abs. 9 VAHRG können auch Vereinbarungen über den Versorgungsausgleich **nachträglich** abgeändert werden, wenn die Ehegatten die Abänderung nicht ausdrücklich oder konkludent ausgeschlossen haben. Auslegungszweifel können entstehen, wenn sich die Voraussetzungen, die zum Ausschluss oder zur Modifikation des Versorgungsausgleichs geführt hatten, etwa infolge zwischenzeitlicher Gesetzesänderungen wesentlich geändert haben. Um derartige Zweifel zu beseitigen, sollte die Unabänderlichkeit in der Vereinbarung ausdrücklich festgehalten werden. 672

Im Übrigen unterliegen Vereinbarungen nach § 1587o BGB auch insoweit den allgemeinen Regeln, können also ggf. nach §§ 119, 123 BGB **angefochten** oder nach § 779 BGB **unwirksam** werden. Wenn dieses der Fall ist, muss das Versorgungsausgleichsverfahren nachträglich durchgeführt werden.

673 Formulierungsbeispiel:

„Die Parteien verzichten wechselseitig auf einen Versorgungsausgleich und nehmen diesen Verzicht wechselseitig an. Der Verzicht soll endgültig sein."

XV. Ausschluss des Versorgungsausgleichs

674 Ein Versorgungsausgleich findet in allen Fällen der Eheauflösung (außer durch Tod eines Ehegatten) **von Amts wegen** statt. Davon gibt es nur sechs Ausnahmen, nämlich wenn

- die Ehegatten den Versorgungsausgleich durch **Ehevertrag** i. S. d. § 1408 Abs. 2 BGB vor Einleitung eines Eheauflösungsverfahrens wirksam ausgeschlossen haben (s. Rn. 620 ff.);
- die Eheleute im familiengerichtlichen Verfahren eine entsprechende **Vereinbarung** nach § 1587o BGB getroffen haben und der Familienrichter diese genehmigt hat (s. Rn. 622 ff.);
- bei Aufhebung der Ehe wenn ein Versorgungsausgleich im Hinblick auf die Umstände bei der Eheschließung oder bei Verstoß gegen § 1306 BGB im Hinblick auf die Belange der dritten Person grob unbillig wäre (§ 1318 Abs. 3 BGB);
- die Durchführung des Versorgungsausgleichs **grob unbillig** wäre (§§ 1587c, 1587h BGB; s. Rn. 678 ff.);
- bei ausländischen Ehegatten deren **Heimatrecht** einen Versorgungsausgleich **nicht kennt** und kein Ehegatte inländische Versorgungsanwartschaften erworben hat und beide Ehegatten zu keinem Zeitpunkt ihrer Ehe einem Recht unterstanden haben, das den Versorgungsausgleich kennt (Art. 17 Abs. 3 EGBGB).

   Hier kommt es zu einem Versorgungsausgleich nur auf Antrag des ausgleichsberechtigten Ehegatten, wenn und soweit der Ausgleich nicht unbillig ist (Art. 17 Abs. 3 EGBGB). Wird dieser Antrag nicht gestellt, ist über den Versorgungsausgleich im Scheidungsverbund überhaupt nicht zu befinden, auch nicht mit der Feststellung, dass er mangels Antrages nicht stattfinde. Eine solche Feststellung ist missverständlich, weil sie ein später auf Antrag eingeleitetes Ausgleichsverfahren durch ihre vermeintliche Rechtskraft verhindern könnte (OLG München, FamRZ 2000, 165);
- die Eheleute vor dem 1. 7. 1977 geheiratet haben und **bis zum 30. 6. 1977 formlos vereinbart** hatten, dass bei einer Scheidung ihrer Ehe kein Versorgungsausgleich stattfinden soll.

> *Hinweis:*
>
> *Werden zwei deutsche Staatsbürger im Ausland geschieden und dieses Urteil in Deutschland entweder automatisch (so in der EU mit Ausnahme von Dänemark, vgl. EU-VO Nr. 1347/2000) oder nach Art. 7 FamRÄndG durch die zuständige Landesjustizverwaltung anerkannt, findet an sich ein Versorgungsausgleich von Amts wegen statt, denn ein solcher ist nur bei ausländischen Staatsangehörigen ausgeschlossen, deren Heimatrecht einen Versorgungsausgleich nicht kennt (s. vorstehend; vgl. OLG München, FamRZ 2000, 165). Praktisch kommt das Versorgungsausgleichsverfahren auch hier jedoch nur durch einen Antrag, genauer: eine Anregung der Parteien, Hinterbliebener oder der Versorgungsträger in Gang. Denn wie soll ein deutsches Gericht von der Auslandsscheidung überhaupt erfahren?*

1. Ehevertrag und andere Vereinbarungen

Ehegatten können den Versorgungsausgleich durch Ehevertrag vollständig (oder teilweise) ausschließen (§ 1408 Abs. 2 BGB; s. o. Rn. 620). 675

Nicht in der Form des Ehevertrages, sondern durch formlosen Vertrag, wohl aber mit den sonstigen inhaltlichen Beschränkungen eines Vertrages nach § 1408 Abs. 2 BGB konnten Eheleute, die vor dem 1. 7. 1977 geheiratet haben, bis zum 30. 6. 1977 auf die Durchführung des Versorgungsausgleichs verzichten (s. o. Rn. 643). 676

Im Zusammenhang mit der Scheidung, d. h. im Hinblick auf ein beabsichtigtes Scheidungsverfahren oder während eines laufenden Scheidungsverfahrens, können Eheleute den Versorgungsausgleich durch Vereinbarung ganz oder teilweise ausschließen, wenn das Familiengericht diese „anderweitige Vereinbarung" genehmigt (§ 1587o BGB; s. o. Rn. 622 ff.). 677

2. Grobe Unbilligkeit

Nach §§ 1587c, 1587h BGB ist der Versorgungsausgleich herabzusetzen oder auszuschließen, wenn er – in drei genannten Tatbestandsgruppen – grob unbillig wäre. 678

a) Lex specialis zu § 242 BGB

Die Härteklauseln sind gegenüber § 242 BGB lex specialis und schließen den Verwirkungseinwand als eigenständigen Rechtsbehelf gegen die Durchführung des Versorgungsausgleichs aus (BGH, FamRZ 1993, 176, 178). 679

b) Inhaltliche Ähnlichkeit zur Härteklausel des Zugewinnausgleichs

Die Härteklausel des Versorgungsausgleichs ist **inhaltlich** nicht zu vergleichen mit der Härteklausel des Geschiedenen-Unterhalts (§ 1579 Nr. 6 BGB), dem Widerruf der Schenkung, § 530 BGB oder dem Entzug des Pflichtteils gem. §§ 2333 ff. BGB. Ähnlichkeiten bestehen dagegen mit der **Härteklausel des Zugewinnausgleichs** (§ 1381 BGB; OLG Hamm, FamRZ 1997, 566, 567). 680

c) Restriktive Anwendung

Auch in gravierenden Fällen kommt es jedoch häufig nicht zum völligen Ausschluss des Versorgungsausgleichs. In der Rechtsprechung ist nach wie vor überwiegend die **Tendenz** zu beobachten, **nur in Ausnahmefällen** den Versorgungsausgleich nach Billigkeitsgesichtspunkten **herabzusetzen** und **nur in krassen Ausnahmefällen ganz auszuschließen,** nämlich nur, wenn seine Durchführung dem Gerechtigkeitsempfinden in unerträglicher Weise widersprechen würde (BGH, FamRZ 1989, 1062, 1063; OLG Hamburg, NJW 1982, 1823; und die in Rn. 932 zu „Ausschluss oder Kürzung des Versorgungsausgleichs" zitierten Entscheidungen; Johannsen/Henrich-Hahne, Eherecht, § 1587c Rn. 30). 681

Ein Ausschluss wurde danach selbst dann abgelehnt, wenn die Ehefrau während der Ehe ein Kind von einem anderen Mann empfangen hat, sie selbst aber nicht sicher von der Vaterschaft des anderen Mannes ausging und eine lange Ehedauer zu berücksichtigen war (BGH, NJW-RR 1987, 32; OLG Karlsruhe FamRZ 2000, 159, 160; anders OLG Brandenburg, FamRZ 1999, 932, 933; s. Rn. 932, a. a. O.). Ob und in welchem Umfang in diesen gesellschaftlich offenkundig nach wie vor sensiblen Fallgestaltungen ein Ausschluss gerechtfertigt ist, hängt dabei nicht nur von der Höhe des an sich zu übertragenden Rentenbetrages, sondern ersichtlich auch von dem Werthorizont der erkennenden Richter ab. Die Wortwahl in einzelnen Entscheidungen erinnert doch manchmal an eher antiquierte Moralvorstellungen. Vielleicht sind diese aber jetzt auch wieder ganz modern!

Maßgeblich ist dabei vor allem die Überlegung, dass der Versorgungsausgleich Teilhabe an partnerschaftlicher Leistung während der Ehe ist und diese Teilhabe grds. nicht entfallen kann. 682

d) **Gesamtabwägung**

683 In die erforderliche **Gesamtabwägung** sind **sämtliche Lebensumstände der Ehegatten** einzubeziehen, die für ihren gegenwärtigen oder zukünftigen wirtschaftlichen Stand von Bedeutung sind (BGH, FamRZ 1982, 475, 477). Dazu gehören auch krankheitsbedingte Umstände (BGH, FamRZ 1981, 756, 757). Nicht nur die bis zum Ehezeitende eingetretenen Umstände, sondern auch danach stattfindende Entwicklungen sind mit in Betracht zu ziehen (BGH, FamRZ 1987, 49, 51). **Auch strafbares Verhalten des Ausgleichsberechtigten** zum Nachteil des Ausgleichspflichtigen führt allein noch nicht zum Ausschluss oder zur Herabsetzung des Versorgungsausgleichs (vgl. OLG Bamberg, FamRZ 1998, 1376; 1999, 932; s. Rn. 932, „Ausschluss oder Kürzung des Versorgungsausgleichs"); Gleiches gilt für Verhalten, das im Rahmen des § 1579 BGB zum Verlust eines nachehelichen Unterhaltsanspruches führen könnte wie das Anschwärzen beim Arbeitgeber (OLG Hamm, FamRZ 1997, 566, 567; s. unten Rn. 709).

e) **Häufigste in der Praxis vorkommende Fallgruppen (die sich allerdings nicht selten überschneiden)**

aa) **Erhebliches wirtschaftliches Ungleichgewicht, § 1587c Nr. 1 BGB**

684 Ein Ausschluss oder eine Herabsetzung kommt in Betracht, wenn der Versorgungsausgleich sein Ziel, zu einer ausgewogenen sozialen Sicherheit der Ehegatten für den Fall des Alters oder der Berufs- oder Erwerbsunfähigkeit beizutragen, nicht erreichen, sondern im Gegenteil zu einem **erheblichen wirtschaftlichen Ungleichgewicht zu Lasten des Ausgleichspflichtigen** führen würde, z. B., wenn im Zeitpunkt der Entscheidung über den Versorgungsausgleich klar abzusehen ist, dass der Ausgleichsberechtigte bei Erreichen der Altersgrenze über eine im Verhältnis zum Ausgleichspflichtigen unverhältnismäßig hohe Altersversorgung verfügen wird oder bereits anderweitig angemessen abgesichert ist, während der Ausgleichspflichtige auf die von ihm in der Ehezeit erworbenen Anwartschaften zur Sicherung seines Unterhalts dringend angewiesen ist (BGH, FamRZ 1988, 489, 490; 1996, 1540, 1542, vgl. auch MüKo/Dörr, BGB, § 1587c Rn. 19 m. w. N.). Das gilt in verstärktem Maße im Fall einer Doppelehe (vgl. BGH, FamRZ 1982, 475, 476; s. Rn. 932 „Ausschluss: Doppelehe"). Dass der Ausgleichsberechtigte bei Eintritt des Versorgungsfalles voraussichtlich über (nur etwas) höhere Versorgungsanrechte verfügen dürfte, reicht allein als Ausschlussgrund aber nicht aus (vgl. u. a. OLG Hamm, FamRZ 1997, 27, 28; OLG Köln, FamRZ 2000, 158).

685 **Krankheit des ausgleichspflichtigen Ehegatten** verbunden mit der Unmöglichkeit, künftig noch weitere Rentenanwartschaften erarbeiten zu können, kann, muss aber kein Grund für eine Herabsetzung sein. Gegen eine Herabsetzung des Ausgleichsanspruchs der kinderversorgenden Ehefrau spricht, wenn sie im Sinne des Unterhaltsrechts überobligationsmäßig arbeitet und gearbeitet hat und auch bei Erwerbstätigkeit bis zur voraussichtlichen Altersgrenze nicht mehr als das Existenzminimum als eigene Anwartschaft erreichen wird (OLG Köln, FamRZ 2000, 158, 159).

686 Dass der Ausgleichsberechtigte über Vermögen verfügt, durch das seine Altersversorgung uneingeschränkt abgesichert ist, er also auf die Durchführung des Versorgungsausgleichs nicht angewiesen und dieser praktisch ohne jede Bedeutung ist, reicht für sich allein jedoch nicht aus (BGH, FamRZ 1999, 714, 715). Haben die Parteien dagegen Gütertrennung vereinbart und besteht die Altersvorsorge des rechnerisch Ausgleichsberechtigten in Vermögenswerten, die eigentlich dem Zugewinnausgleich unterliegen (Lebensversicherungen, Firmenwert u. Ä.), während der Ausgleichspflichtige in der Ehe Rentenanwartschaften erworben hat, fehlt es für einen Versorgungsausgleich regelmäßig an jeglicher sachlichen Rechtfertigung (OLG Bamberg, FamRZ 2001, 162, 163) und dieser ist deshalb auszuschließen.

687 Auf der anderen Seite können auch nur zeitweilige erhebliche Versorgungsunterschiede (von hier monatlich 320,- DM oder mehr) nach Durchführung des Versorgungsausgleichs zu einem grob unbilligen wirtschaftlichen Ungleichgewicht führen (BGH, FamRZ 1999, 497, 498).

Dagegen soll eine Herabsetzung des Versorgungsausgleichs ausgeschlossen sein, wenn der ausgleichspflichtige Ehemann während der Ehe aus nicht dem Zugewinnausgleich unterliegendem Vermögen Beiträge für voreheliche Zeiten nachentrichtet hat, die wegen des sog. „In-Prinzips" als ehezeitliche Versorgungsanrechte dem Versorgungsausgleich unterliegen, wenn die Ehe von langer Dauer war, die Ehefrau nur geringe Anwartschaften erworben hat, über kein anderweitiges der Alterssicherung dienendes Vermögen verfügt und deshalb auf den Versorgungsausgleich angewiesen ist (KG, FamRZ 1996, 1552,1553). 688

Die **Unterschreitung des unterhaltsrechtlichen Mindestselbstbehaltes** beim Ausgleichspflichtigen nach Durchführung der Kürzung infolge des Versorgungsausgleichs ist für sich allein genommen kein Grund, den Versorgungsausgleich zu kürzen oder auszuschließen (KG, FamRZ 1996, 1422, 1423). 689

bb) Asymmetrische Versicherungsverläufe infolge Ausbildung während der Ehe

Als Sonderfall eines erheblichen wirtschaftlichen Ungleichgewichts werden vor allem die Fälle erörtert, in denen der (regelmäßig: die) Ausgleichsverpflichtete dem Ausgleichsberechtigten eine **akademische Ausbildung** ermöglicht hat, an den Früchten dieser Anstrengung aber wegen vorzeitiger Beendigung der Ehezeit nicht mehr partizipiert (s. z. B.: OLG Köln, FamRZ 1994, 1473, 1474). Meistens müssen aber für eine völligen oder weitgehenden Ausschluss des Versorgungsausgleichs noch weitere Härteumstände wie (volle) Übernahme von Haushalts- und Kindesbetreuungspflichten und ungleich schlechtere Versorgungschancen für die Zukunft (OLG Frankfurt, FamRZ 1994, 1472, 1473) oder wirtschaftliche Bevorzugung des Ausgleichsberechtigten durch den Zugewinnausgleich, etwa weil ererbtes Vermögen nicht ausgleichspflichtig ist (OLG München, FamRZ 1995, 299, 300) oder Gütertrennung vereinbart wurde und der Ausgleichsberechtigte Altersvorsorge durch nicht ausgleichspflichtiges Vermögen wie Kapitallebensversicherung oder sonstiges Firmenvermögen getroffen hat (KG, FamRZ 1997, 28), hinzutreten. 690

Beispiel:

Der Ehemann – neun Jahre jünger als die Ehefrau – ging bei Heirat zur Schule, anschließend sechs Monate Tätigkeit, drei Semester TU ohne Abschluss, anschließend acht Semester Sozialpädagogik mit erfolgreichem Abschluss, dann Trennung der Parteien; der Ehemann arbeitet und verdient jetzt als Sozialpädagoge nach BAT IVa; die Ehefrau war die gesamte Ehe über als Sozialarbeiterin tätig und hat in dieser Zeit zwei Kinder geboren; gemeinsames Sorgerecht nach der Trennung; die Ehefrau erkrankte, kam in stationäre Behandlung; der Ehemann erhielt das Sorgerecht; die Ehefrau kann nur teilschichtig arbeiten und muss möglicherweise vorzeitig in Rente gehen; der Umfang der Mitarbeit des Ehemannes bei Haushalt und Kinderbetreuung während der Ehe blieb streitig.

Keine Herabsetzung des Versorgungsausgleich wurde vorgenommen, in einem Fall, in dem die Ehefrau zwar dem Ehemann während der Ehe die Ausbildung finanziert, der Ehemann sich jedoch im Wesentlichen selbst unterhalten hatte (OLG Hamm, FamRZ 1997, 1472) oder wo der Ehemann die akademische Ausbildung der Ehefrau finanziert hatte, dieser aber dann nach erneuter Eheschließung nicht berufstätig war, sondern ein Kind aus der neuen Ehe betreute (OLG Karlsruhe, FamRZ 1997, 30).

cc) Ehefrau ist ausgleichspflichtig

In der Praxis besteht eine – weithin undiskutierte – Neigung, einen Versorgungsausgleich allein schon deshalb für grob unbillig zu halten, weil – immer noch ausnahmsweise – die Ehefrau rechnerisch ausgleichspflichtig ist. Dieses kann geschehen, wenn der Ehemann während der Ehe selbständig tätig war, infolge Arbeitslosigkeit oder geringerer beruflicher Qualifikation weniger verdient hat oder aus sonstigen Gründen. In diesen Fällen ist darauf zu achten, dass die **einvernehmliche Gestaltung des ehelichen Zusammenlebens**, die einen Ehegatten, auch wenn er zusätzlich Kinder betreute, beim Erwerb einer Altersversorgung bevorzugte oder benachteiligte, 691 grundsätzlich hinzunehmen ist und nicht im Rahmen einer allgemeinen Billigkeitsregelung beim Versorgungsausgleich ausgehebelt werden darf (OLG Bamberg, FamRZ 2000, 891, 892; OLG Bremen, FamRZ 2000, 466, 467).

Das gilt auch in dem seltenen Fall, dass es die Ehefrau war, die durch ihre Berufstätigkeit den Familienunterhalt gesichert, die Kinder erzogen und den Ehemann in seinem Entfaltungsdrang unterstützt hatte (OLG München, FamRZ 2002, 757, 758) und auch für den Fall, dass der rechnerisch ausgleichsberechtigte Ehegatte selbständig tätig war und/oder ist. Hier wird schließlich der Versorgungsausgleich regelmäßig durch den **Zugewinnausgleich** ergänzt mit der Folge, dass beide Eheleute im Ergebnis an der während der Ehe stattgefundenen Vermögensmehrung teilhaben. Etwas anderes gilt allerdings, wenn ein Zugewinnausgleich zwischen den Parteien vertraglich ausgeschlossen wurde und die rechnerisch ausgleichsberechtigte Ehefrau deshalb an der durch Kapitallebensversicherungen oder andere Vermögensbildung betriebenen Altersversorgung des Ehemannes nicht teilhat. Auch hier ist aber immer noch ein strenger Maßstab anzulegen und kann nur bei **grober Unbilligkeit** unter Berücksichtigung aller Umstände des Einzelfalles der Versorgungsausgleich herabgesetzt oder ausgeschlossen werden.

Beispiel:
Ein Fall grober Unbilligkeit wurde angenommen, nachdem der ausgleichsberechtigte Ehemann mit der Ehefrau zusammen eine Salatstube gegründet hatte, die Ehefrau als Bürgin für aufgenommene Kredite von 180.000 DM und 200.000 DM als Bürgin haftete und er anschließend die Salatstube seiner Freundin zuspielte, die ihn für ein geringes Entgelt anstellte, während die Ehefrau ohne Arbeit auf dem Schuldenberg sitzen blieb (OLG Karlsruhe, FamRZ 1990, 527).

692 Die Neigung von Anwälten und – vor allem – erstinstanzlichen Richtern zu einer Anwendung des § 1587c Nr. 1 BGB verstärkt sich, wenn sich der höhere Wert der von der Ehefrau erworbenen Rentenanwartschaften in der gesetzlichen Rentenversicherung allein oder ganz überwiegend auf **Kindererziehungszeiten** beruhen. Immerhin können Mütter während der Ehe bei nach dem 1. 1. 1992 geborenen Kindern jetzt allein durch Kindererziehungszeiten (pro Kind bis zu drei Jahre) ebensoviel oder, wenn sie daneben noch teilzeitbeschäftigt waren, sogar mehr an Rentenanwartschaften erwerben als ein durchschnittlicher verdienender Ehemann, von der Fällen der Arbeitslosigkeit des Ehemannes ganz abgesehen.

Zu Recht vertritt die obergerichtliche Rechtsprechung die Auffassung, dass höhere Anwartschaften der Ehefrau infolge Kindererziehungszeiten allein noch kein Grund sind, den Versorgungsausgleich auszuschließen oder zu kürzen (OLG Zweibrücken, FamRZ 2000, 890, 891; OLG Brandenburg, FamRZ 2000, 891, 892; OLG Bremen, FamRZ 2000, 466, 467). Eine **umfassende Würdigung aller Umstände** kann aber zu einem anderen Ergebnis führen, etwa wenn die Ehefrau wegen Leistungsunfähigkeit des Ehemannes während der Ehe und voraussichtlich auch noch unbestimmte Zeit nach der Ehe weder für sich noch die betreuten Kinder Unterhalt erhalten hat und erhalten wird, wegen der Kinderbetreuung nicht oder nur beschränkt arbeiten, kaum weitere Anwartschaften erwerben kann und deshalb insgesamt auf die relativ geringfügigen Rentenanwartschaften aus den Kindererziehungszeiten im Versorgungsfall angewiesen sein wird, während der Ehemann voraussichtlich volltags beschäftigt sein und seine Altersversorgung selbst aufbauen kann (so auch OLG Nürnberg, FamRZ 2000, 891; anders allerdings OLG Bamberg im Falle eines selbständigen Frisörs unter Berufung auf die einvernehmliche Gestaltung des Ehelebens, FamRZ 2000, 891, 892) oder aber auch, wenn der – gegenüber der Ehefrau jüngere – ausgleichsberechtigte Ehemann durch die Ehe keine Versorgungsnachteile erlitten hat und durch regelmäßige Erwerbstätigkeit seine Anwartschaften weiter so aufstocken kann, dass seine Rente im Versorgungsfall voraussichtlich höher sein wird als die der Ehefrau, während diese über die Ehezeit hinaus durch die Betreuung der gemeinsamen Kinder an der Ausübung einer Erwerbstätigkeit gehindert sein wird (OLG Stuttgart, FamRZ 894, 895).

dd) Langes Getrenntleben

Auch langes Getrenntleben wird als Sonderfall des § 1587c Nr. 1 BGB angesehen und als Ausschlussgrund anerkannt. Erkennbar ist dies vor allem in **früheren DDR-Fällen**, in denen wegen der früheren Geltung von DDR-Recht, das einen Versorgungsausgleich nicht kannte, der getrenntlebende Partner nicht darauf vertrauen durfte, an der Altersversorgung des anderen Teils teilzuhaben (vgl. BGH, FamRZ 1979, 477, 478 ff. mit ausgiebigen Ausführungen zu Ziel und Grundgedanken des Versorgungsausgleichs).

693

Ob langes Getrenntleben nach einer **ausländischen** (Verstoßungs-)**Scheidung**, die im Inland nicht anerkannt wird jedenfalls dann, wenn der ausgleichspflichtige Ehemann im Ausland eine neue Ehe eingegangen ist und die Ehefrau im Vertrauen auf die Wirksamkeit der ausländischen Scheidung keinerlei Unterhaltsansprüche gegen ihn geltend gemacht hat, als Grund für einen (teilweisen) Ausschluss des Versorgungsausgleichs herangezogen werden kann, erscheint zweifelhaft (so aber OLG Köln, FamRZ 2000, 895, 896, das den Versorgungsausgleich auf die Zeit bis zur ausländischen Scheidung begrenzt hat).

694

Auch sonst wird der Versorgungsausgleich vereinzelt auf das bis zur Trennung erworbene Versorgungsvermögen beider Eheleute begrenzt, wenn die Eheleute sehr lange, konkret: **20 $^1/_2$ Jahre** zusammen und dann vor Zustellung des Scheidungsantrages bereits seit langem, konkret: **10 $^1/_2$ Jahre** getrennt lebten, einander während er Trennungszeit keinen Unterhalt gewährten, das gemeinsame Kind bereits bei Trennung längst volljährig war und der Ausgleichsberechtigte weder während der Lebensgemeinschaft noch während der Trennungszeit ehebedingte Nachteile im Erwerb eigener Versorgungsanwartschaften erlitten hat (OLG Düsseldorf, FamRZ 1993, 1323, 1324). Mitentscheidend in letzterem Fall, der zugunsten der rechnerisch ausgleichspflichtigen Ehefrau erging, mag gewesen sein, dass diese während der Trennungszeit dienstunfähig geworden war. Hier mögen also auch die Erwägungen zur groben Unbilligkeit bei vorzeitiger Pensionierung, vgl. unten (Rn. 706), entscheidend gewesen sein (für einen Teil-ausschluss bei 14 $^1/_2$ jähriger Trennung auch OLG Celle, FamRZ 2001, 163, 164 mit dem Argument, dass sich das Versorgungsschicksal der Eheleute schon lange vor Einreichung des Scheidungsantrages endgültig voneinander getrennt habe, dass aber wegen Fehlens sonstiger Härtegründe ein vollständiger Ausschluss des Versorgungsausgleichs nicht in Betracht komme).

695

Trotz einer **Trennungszeit von über 14 Jahren** wurde aber auch eine Herabsetzung des Ausgleichs abgelehnt mit der Begründung, der Ausgleichspflichtige werde nach Durchführung des Versorgungsausgleichs immer noch über wesentlich höhere Anwartschaften, die Ausgleichspflichtige dagegen werde voraussichtlich nach Durchführung des Versorgungsausgleichs nur über Anwartschaften in Höhe des Existenzminimums verfügen, die sie außerdem noch durch überobligationsmäßige Tätigkeit erarbeitet habe (OLG Hamm, FamRZ 2000, 160, 161).

Selbst eine **Trennungszeit von 37 Jahren** bei einem tatsächlichen ehelichen Zusammenleben von vier Jahren und drei Monaten veranlasste das Gericht nicht zu einem Voll- sondern nur zu einem Teilausschluss (OLG Brandenburg, FamRZ 2002, 756, 757).

ee) Unterschieben eines nichtehelichen Kindes in der Ehe

Einer der häufigsten Fälle, in denen Familiengerichte den Versorgungsausgleich unter Billigkeitsgesichtspunkten zumindest deutlich reduziert haben – und zwar regelmäßig ohne einen der Tatbestände des § 1587c BGB im Einzelnen genau geprüft zu haben -, ist der Fall, dass die Ehefrau während der Ehe von einem anderen Mann ein Kind empfangen, dieses dem Ehemann aber (zumindest bedingt) vorsätzlich verschwiegen oder gar dessen bestehende Zweifel an der Vaterschaft zerstreut hat. Bei der Lektüre dieser Entscheidungen fällt auf, mit welcher moralischen Entrüstung die erkennenden Richter hier z. T. urteilten. Man merkt einzelnen Entscheidungen geradezu das Bedauern an, nicht allein nach moralischen Kategorien entscheiden zu dürfen, sondern an § 1587c Nr. 1 Satz 2 BGB gebunden zu sein: „hierbei dürfen Umstände nicht allein deshalb berücksichtigt werden, weil sie zum Scheitern der Ehe geführt haben". Auf der anderen Seite machen aber gerade

696

auch die „wortstarken" Entscheidungen deutlich, dass nach geltendem Recht auch schwere persönliche Schuld regelmäßig nicht zum Verlust wirtschaftlicher Teilhabe am Versorgungsvermögen führen darf, das bis zur Verfehlung erworben wurde. Die Gerichte **reduzieren** deshalb regelmäßig den Versorgungsausgleich auf einen Bruchteil (auf 3/4: OLG Hamm, FamRZ 1992, 72; auf 2/3 unter Ausschluss der Betriebsrente des Ehemannes: OLG Karlsruhe, FamRZ 1994, 1474, 1475) oder sehen von einer Kürzung trotz allem ab (OLG Karlsruhe, FamRZ 2000, 159, 160).

ff) Auslandsberührung

697   Eine Kürzung des Anspruchs auf Versorgungsausgleich kommt gerade auch in den Fällen mit Auslandsberührung, insbesondere bei einem **Ausgleich zwischen Ausländern** in Betracht. Der durch die ausländische Staatsangehörigkeit, insbesondere aber durch eine Heirat im Ausland gegebene Auslandsbezug, das Nebeneinander unvereinbarer Ausgleichsnormen zum Güterrecht, Unterhaltsrecht und Versorgungsausgleich kann ggf. nur durch einen völligen oder teilweisen Ausschluss des Versorgungsausgleichs nach § 1587c Nr. 1 BGB gelöst oder gemildert werden.

698   *Hinweis:*

*Achtung: Zu unterscheiden von den Fällen grober Unbilligkeit nach § 1587c BGB in Fällen mit Auslandsberührung ist die Auslegung und Anwendung von **Art. 17 Abs. 3 letzter Hs. EGBGB**. Danach ist das Fehlen einer (einfachen) Unbilligkeit „im Hinblick auf die beiderseitigen wirtschaftlichen Verhältnisse auch während der nicht im Inland verbrachten (Ehe-)Zeit" Voraussetzung für eine Durchführung des Versorgungsausgleichs. Sinn und Zweck sowie dogmatische Einordnung dieser Bestimmung sind umstritten; vgl. dazu BGH, FamRZ 2000, 418 ff.*

Lebt die Ausgleichsberechtigte z. B. in **Polen**, der Ausgleichsverpflichtete in Deutschland, kann es im Hinblick auf die unterschiedlichen Lebens- und Kaufkraftverhältnisse geboten sein, die Ausgleichsrente soweit zu kürzen, dass dem Ausgleichspflichtigen der unterhaltsrechtliche Selbstbehalt bleibt (OLG Frankfurt, FamRZ 2000, 163, 164).

Lebt die Ausgleichsberechtigte z. B. in der **Türkei** spricht zwar einerseits der große Kaufkraftunterschied für eine Kürzung des Ausgleichsbetrages, andererseits muss berücksichtigt werden, dass bestimmte Leistungen in der Türkei, wie z. B. die Gesundheitsfürsorge in einem den deutschen Verhältnissen vergleichbaren Maßstab nur unter erheblichen Kosten zu erhalten sind, so dass eine Reduzierung ausgeschlossen sein kann (im Ergebnis ebenso BGH, FamRZ 2000, 418 f., allerdings mit der unzutreffenden Begründung, dass deutsche Renten in der Türkei nur zu 70 % ausgezahlt würden. Das ist auf Grund des mit der Türkei bestehenden Sozialversicherungsabkommens nicht der Fall, vgl. Rn. 192 „Leistungen an Berechtigte im Ausland").

699   Auch in Fällen mit Auslandsberührung im Rahmen des § 1587c BGB ist streng auf die Umstände des Einzelfalles zu achten. Die Durchführung des Versorgungsausgleichs widerspricht z. B. dann nicht der Billigkeit, wenn es sich zwar um Ausländer handelt, der Ausgleich aber fast ausschließlich **Inlandsbezug** hat und auf schicksalhafter Entwicklung beruht.

Beispiel:

Die Ehefrau ist 1979 mit acht gemeinsamen Kindern als Flüchtling aus Vietnam nach Deutschland gelangt und hat hier unter großen Anstrengungen Rentenanwartschaften erworben, während der Ehemann als südvietnamesischer Offizier bis 1988 gefangen gehalten wurde, 1992 im Rahmen der Familienzusammenführung ebenfalls nach Deutschland kam und seither ohne jede Altersversorgung ist (OLG Koblenz, FamRZ 1998, 1599, 1600).

700   Auch dann, wenn beide Eheleute **neben einer ausländischen die deutsche Staatsangehörigkeit besitzen** und während der Ehezeit in Deutschland gelebt haben, ist Aufmerksamkeit geboten. Nach Art. 5 Abs. 1 Satz 2, Art. 14 Abs. 1 Nr. 1, Art. 17 Abs. 1 Satz 2, Abs. 3 Satz 1 1. Hs. EGBGB findet

in diesem Fall zwar deutsches Recht Anwendung mit der Folge, dass ein Versorgungsausgleich grds. stattzufinden hat. Gleichwohl kann seine ungehinderte Durchführung für den Ausgleichspflichtigen grob unbillig sein.

Beispiel:
Die Eheleute, beides syrische Staatsangehörige, hatten in Syrien nach dortigem Recht, d. h. durch Abschluss eines islamischen Ehevertrages, geheiratet und waren unmittelbar anschließend nach Deutschland gezogen, wo der Ehemann schon vorher gelebt hatte. Kurze Zeit später erwarben beide die deutsche Staatsangehörigkeit. Der Ehemann war als Arzt tätig; im Einverständnis beider setzte die Ehefrau in Deutschland ein in Syrien begonnenes Studium fort, legte ihr Examen ab, arbeitete als wissenschaftliche Assistentin und promovierte. Nebenbei führte sie den Haushalt. Kurz darauf trennten sich die Eheleute, die Ehefrau ging nach Syrien zurück. Dort ließen sich beide nach syrischem Recht schnell scheiden. Diese Talaq-Scheidung wurde wegen der deutschen Staatsangehörigkeit der Eheleute in Deutschland als Privatscheidung nicht anerkannt, so dass die Parteien auch in Deutschland ein jahrelanges Scheidungsverfahren begannen. Die Ehefrau hatte schon kurz nach der Trennung und Scheidung in Syrien wieder geheiratet und lebt seither unstreitig in guten wirtschaftlichen Verhältnissen.

Während der Ehezeit hatte der Ehemann inländische Rentenanwartschaften i. H. v. rd. 3 390,00 DM, davon 1 750,00 DM bis zur Trennung, die Ehefrau solche i. H. v. rd. 220,00 DM erworben. Die Ehefrau begehrte einen Versorgungsausgleich beschränkt auf die Zeit zwischen Heirat und Trennung, der Ehemann trat für einen völligen Ausschluss des Versorgungsausgleichs ein. Er führte dazu u. a. an, dass er nach syrischem Recht der Ehefrau zur Zahlung einer Morgengabe in beträchtlicher Höhe verpflichtet sei. Diese, dem deutschen Scheidungsrecht fremde und nicht zu ihm passende Rechtsfolge schließe einen Versorgungsausgleich aus.

Das Familiengericht hat einen Versorgungsausgleich zugunsten der Ehefrau i. H. v. (nur) 770,00 DM durchgeführt. Die Entscheidung wurde vom OLG bestätigt, allerdings ohne ausdrücklich auf die Problematik des Nebeneinanders von moslemischer Morgengabe und Versorgungsausgleich einzugehen. Vielmehr stützte sich das OLG allein auf Überlegungen zum Vermögenserwerb beider Eheleute während der Ehe und unterhaltsrechtliche Überlegungen (vgl. OLG Hamburg, Beschl. v. 15.11.1996, 15 UF 47/96, n. v.).

Zu Recht hatte das Familiengericht den rechnerischen Ausgleichsanspruch der Ehefrau praktisch halbiert und damit im Ergebnis die Anwartschaften, die der Ehemann erst nach der Trennung erworben hatte, ebenso unbeachtet gelassen, wie etwaige Anwartschaften der Ehefrau in dieser Zeit. Dem Ausgleich stand die Verpflichtung zur Zahlung einer Morgengabe nach syrischem Recht – die der Ehemann übrigens bisher nicht erbracht hatte – nicht entgegen, denn neben versorgungsausgleichsrechtlichen Elementen hat die Morgengabe nach überwiegender Auffassung „Mehrfachfunktion", vor allem aber unterhalts- und güterrechtliche Funktion (vgl. Heßler, IPRax 1988, 95, 96; Breuer, in: Rahm/Künkel, Handbuch des familiengerichtlichen Verfahrens, VIII, Rn. 211 m. w. N.). Unterhalts- und güterrechtliche Ansprüche schließen sich nach deutschem Scheidungsfolgenrecht grundsätzlich nicht gegenseitig aus. Da im vorliegenden Fall die Ehefrau gegen den Ehemann keine güterrechtlichen Ansprüche geltend machen konnte, lag auch insoweit kein Grund vor, nach § 1587c BGB einen Versorgungsausgleich völlig auszuschließen.

Hinweis:
Titel über einen schuldrechtlichen Ausgleich sind im Ausland möglicherweise nicht vollstreckbar, weil das als Scheidungsstatut anzuwendende ausländische Recht einen schuldrechtlichen Versorgungsausgleich nicht kennt (so nach Meinung des LG Innsbruck für das österreichische Recht, Iprax 1998, 371 m. Anm. Henrich, S. 396).

701

702 In Betracht kommt eine Kürzung des Versorgungsausgleichs, wenn die um den Versorgungsbonus erhöhte gesetzliche Rente des **nichtdeutschen Ausgleichsberechtigten im Ausland** ausgezahlt wird. Hier müssen jedoch zwei gegenläufige Tendenzen beachtet werden: Zum einen ist die Kaufkraft einer ins nichteuropäische Ausland gezahlten deutschen Rente häufig deutlich höher als hier. Das spricht bei Beachtung des Grundsatzes materieller Halbteilung für eine Herabsetzung. Schließlich muss sich der in Deutschland lebende Ausgleichspflichtige die volle Kürzung durch den Versorgungsausgleichsbetrag gefallen lassen. Auf der anderen Seite wird nach §§ 110 ff. SGB VI eine gesetzliche Rente an Nichtdeutsche im Ausland nur zu 70 % ausgezahlt (vgl. Rn. 192 „Leistungen an Berechtigte im Ausland") und müssen die konkreten Möglichkeiten einer Gesundheitsvorsorge im Empfängerland berücksichtigt werden. Der BGH hat deshalb eine ihm allzu schlank erscheinende Kürzung des Versorgungsausgleichs durch das KG aufgehoben und zur erneuten Entscheidung zurückverwiesen (FamRZ 2000, 418, 419).

703 Im Zusammenhang mit der Zuwanderung **Volksdeutscher und Angehöriger** aus den Ländern der ehemaligen UdSSR tritt wiederholt das Problem auf, dass ein Ehegatte oder beide in diesen Herkunftsländern Anwartschaften erworben haben, deren Höhe jedoch nicht zu ermitteln ist, weil die betreffenden Länder mangels bestehender Sozialversicherungsabkommen nicht an der Aufklärung mitwirken. Hier wird man **unabhängig von einer Anwendung des § 1587c BGB** davon auszugehen haben, dass derartige Anwartschaften als tatsächlich wertlos anzusehen sind, weil nicht angenommen werden kann, dass diese Länder jemals irgendwelche Rentenleistungen an Aussiedler und ihre Ehegatten oder Abkömmlinge erbringen werden, selbst wenn diese nicht die deutsche Staatsangehörigkeiten erworben haben. Sollte sich herausstellen, dass diese Prognose falsch war, bleibt den Parteien eine Abänderungsmöglichkeit unter den Voraussetzungen des § 10a VAHRG (so zu Recht OLG Karlsruhe, FamRZ 2000, 677, 678).

704 Eine Kürzung des Versorgungsausgleichs kommt auch in Betracht, wenn der Ausgleichsberechtigte eine sog. **Volksrente** bezieht, die wegen völliger Unabhängigkeit von Beiträgen regelmäßig allein wegen der Staatsangehörigkeit oder dem gewöhnlichen Aufenthalt in einem Staate gezahlt wird und deshalb dem Versorgungsausgleich nicht unterliegt (vgl. Rn. 165, 380). Allerdings dürfen hier nur krasse Härtefälle berücksichtigt werden, weil sonst die Grundsystematik des Versorgungsausgleichs unterhöhlt würde (OLG Köln, FamRZ 2001, 31, 32).

gg) DDR-Altfälle

705 Zu Recht knüpft die Rechtsprechung in Fällen langjährigen Getrenntlebens in der ehemaligen DDR an die Entscheidungen aus dem alten Bundesgebiet zum Getrenntleben vor In-Kraft-Treten des 1. Ehe-RG an und kommt hier unter erleichterten Bedingungen zu einem Ausschluss aus Härtegründen (OLG Thüringen, FamRZ 1997, 751, 752; s. Rn. 932 „Ausschluss des Versorgungsausgleichs: langes Getrenntleben", im Anschluss an OLG Düsseldorf, FamRZ 1980, 64; BGH, FamRZ 1979, 477, 479 f.; 1993, 302).

hh) Vorzeitige Dienstunfähigkeit eines Beamten

706 Eine Herabsetzung des Versorgungsausgleichs nach § 1587c Nr. 1 BGB kommt nicht zuletzt aus verfassungsrechtlichen Gründen (Grundsatz der materiellen Halbteilung des ehezeitlichen Versorgungsvermögens, der aus Art. 6 Abs. 1 und Art. 3 Abs. 2 GG hergeleitet wird, vgl. BVerfG, FamRZ 1984, 653; 1992, 405, 406; 2001, 277) in Betracht, wenn der Ehezeitanteil der Versorgung eines Ehegatten allein deshalb im Verhältnis zum ehezeitlichen Versorgungsvermögen des anderen Ehegatten besonders hoch ist, weil die gesamtversorgungsfähige Zeit infolge des frühzeitigen Eintritts der Dienstunfähigkeit unverhältnismäßig kurz ist. Das Bundesverfassungsgericht hart allerdings auch klargestellt, dass die Erhöhung des Ehezeitanteiles bei vorzeitiger Pensionierung im Prinzip berechtigt ist und nicht gegen die Verfassung verstößt. Schließlich sei die auszugleichende Versorgung tatsächlich in einer viel kürzeren Zeit erworben worden (BVerfG, FamRZ 2001, 277).

In dem zuletzt entschiedenen Fall hatte die Vorinstanz „in nicht zu beanstandender Weise" den Ausgleichsbetrag um 1/3 herabgesetzt.

Beispiel (OLG Hamm, FamRZ 1997, 27, 28):
Ehemann wurde als Polizist vorzeitig wegen Dienstunfähigkeit pensioniert. Bei Zugrundelegung der regulären Dienstzeit betrüge seine ehezeitliche Pensionsanwartschaft 1.639,17 DM, wegen der vorzeitigen Pensionierung jedoch 2.328,49 DM.

Das OLG Hamm lehnte eine Herabsetzung des Versorgungsausgleichs ab, weil die Ehefrau während der mehr als 20-jährigen Ehezeit nur geringfügig erwerbstätig gewesen, den Haushalt und zwei Kinder versorgt und deshalb nur 143,14 DM an Rentenanwartschaften erworben habe, dem Ehemann auch nach Kürzung seiner Versorgung um den Versorgungsausgleich 2.247,72 DM (statt 2.592,38 DM) blieben und die Ehefrau auch nachehelich nur recht geringe Anwartschaften hinzuerwerben könnte.

ii) Höhere Steuern auf Pensionen als auf Renten

In einem weiteren Fall wird § 1587c BGB unter Berufung auf das BVerfG als allgemeine Korrekturnorm eingesetzt und dient dazu, wirtschaftlich fragwürdige Ergebnisse aufgrund der pauschalierenden Bestimmungen des Versorgungsausgleichsrechts auszugleichen (BVerfG, FamRZ 1984, 653; BVerfG, FamRZ 1992, 405, 406): Ein beliebtes Argument ist, dass der ausgleichspflichtige Beamte nach dem derzeit geltenden Recht seine Versorgung bei Eintritt des Versorgungsfalles regelmäßig deutlich höher versteuern muss als der ausgleichsberechtigte Rentner. In der Tat kann der Versorgungsausgleich, der nur Bruttoversorgungen, nie Nettoversorgungen kennt, dazu führen, dass nach Abzug von Steuern und Krankenkassenbeiträgen zwischen den (geschiedenen) Eheleuten keine materielle Halbteilung des ehezeitlichen Versorgungsvermögens stattfindet, sondern der mit höheren Steuern oder Krankenkassenbeiträgen Belastete wirtschaftlich benachteiligt wird. 707

Beispiel:

	Mann	**Frau**
BeaV	(brutto) 500,00 €	
	(netto) 400,00 €	
GRV		brutto = netto 100,00 €
BAV	(brutto) 100,00 €	
	(netto) 93,00 €	-
	600,00 € (493,00 €)	100,00 €

Gesamtausgleich: ½ der Differenz = 250 € brutto; bei netto aber nur 196,50 € oder – 21,40 %

Zu Recht wird darauf verwiesen, dass die **steuerliche Ungleichbehandlung von Beamtenpensionen und Renten** der gesetzlichen Rentenversicherung allein die Anwendung der Härteklausel des § 1587c BGB nicht auslösen kann, weil eine generelle Korrektur der Ergebnisse eines nach der gesetzlichen Ausgleichssystematik durchgeführten Versorgungsausgleichs nicht Aufgabe dieser Vorschrift ist, sondern diese nur im Einzelfall zur Vermeidung unbilliger Auswirkungen herangezogen werden kann (OLG München, FamRZ 2000, 161, 162). Grundsätzlich ist der Steuergesetzgeber aufgerufen, hier für Abhilfe zu sorgen (BGH, FamRZ 1995, 29, 30). 708

Der BGH hat es deshalb in ständiger Rechtsprechung abgelehnt, die Folgen der ungleichen Besteuerung beamtenrechtlicher Versorgungsbezüge und Altersrenten aus der gesetzlichen Rentenversicherung durch Korrekturen schon beim Versorgungsausgleich im Scheidungsfall vorzunehmen, solange der Versorgungsfall noch nicht bei beiden Eheleuten eingetreten ist und eine Verletzung des Grundsatzes materieller Halbteilung belegt werden kann (BGH, FamRZ 1989, 1163; 1993, 302, 303, 304; 1995, 29, 30). Das verdient Zustimmung, weil auch gegenwärtig nicht mit hinreichender Sicherheit gesagt werden kann, ob auch bei Eintritt des Versorgungsfalles noch die derzeitige steuerrechtliche Ungleichbehandlung andauert oder aber das Bundesverfassungsgericht den Gesetzgeber zu einer Gleichbehandlung gezwungen haben wird (vgl. BVerfG, FamRZ 1980, 326; BVerfGE 54, 11 ff.). Überdies bleibt denkbar, dass im Einzelfall der Ausgleichspflichtige aus Gründen anderer steuerlicher Subventionsbestimmungen gar keinen steuerlichen Ausfall erleidet.

Problematisch an dieser Rechtsprechung ist allein, dass der BGH Härtegründe i. S. d. § 1587c BGB allein als Abänderungsgrund für ein Verfahren nach § 10a VAHRG nicht ausreichen lässt (vgl. BGH, FamRZ 1996, 1540, 1542; a. A. OLG Düsseldorf, FamRZ 1993, 1322 ff.). Wird der Versorgungsausgleich im Scheidungsfall also nach den Bruttobeträgen durchgeführt und stellt sich dann im Versorgungsfall beider Parteien heraus, dass dieser Ausgleich im Nettobereich zu einer wesentlichen Benachteilung des Augleichspflichtigen führt, kann er dieses nach der derzeitigen Meinung des BGH nicht mehr geltend machen, wenn sich ansonsten keine Wertveränderungen ergeben haben. Es ist angesichts der weitreichenden Verschiebungen in den deutschen Altersversorgungssystemen, die wir bereits erlebt haben und die uns noch bevorstehen, vermutlich ausgeschlossen, dass sich zwischen Erstausgleich und Eintritt des Versorgungsfalles keine Wertänderungen in den ehezeitlichen Versorgungsanrechten ergeben. Es wäre reiner Zufall, wenn sich diese nach gerade umwälzenden Veränderungen im Einzelfall gegenseitig aufheben würden mit der Folge, dass die Ausgleichsbilanz im Versorgungsfall nicht oder nur unwesentlich von der bei Ehezeitende abweicht.

Wenn aber im Entscheidungsfall schon beide Ehegatten tatsächlich Pension bzw. Rente beziehen, sollte durch eine Kürzung des Ausgleichsbetrages unter Berücksichtigung der beiderseitigen Lasten für Steuern, Kranken- und Pflegeversicherung dafür Sorge getragen werden, dass beide Ehegatten praktisch gleich gut (oder schlecht) dastehen (so OLG Düsseldorf, FamRZ 2000, 161, 162).

jj) Schwerwiegendes Fehlverhalten des Ausgleichsberechtigten während der Ehe

709 Gründe, die zum Scheitern der Ehe geführt haben, reichen allein nicht aus, um einen Versorgungsausgleich auszuschließen oder herabzusetzen. Allerdings kann – in gewisser Weise gegen den Wortlaut des § 1587c Nr. 1 letzter Hs. BGB – auch eheliches Fehlverhalten zur Anwendung der Härteklausel führen, selbst wenn es ohne wirtschaftliche Relevanz ist (so AG Straubing, FamRZ 1999, 932 (LS); Staudinger/Eichenhofer, BGB, § 1587c Rn. 28 für den Fall eines versuchten Tötungsdelikts). Es muss jedoch – wie bei dem „Unterschieben" nichtehelicher Kinder während der Ehe – von solch **belastender Auswirkung** auf den anderen Partner sein, dass die ungekürzte Durchführung des Versorgungsausgleichs unerträglich erscheint (BGH, FamRZ 1983, 32 ff.; 1987, 362, 363; OLG Hamm, FamRZ 1992, 72, und OLG Karlsruhe, FamRZ 1994, 1474; OLG Brandenburg, FamRZ 1999, 932, 933; s. Rn. 932 „Ausschluss: Unterschieben eines nichtehelichen Kindes"). Dann kann auch in **verminderter Schuldfähigkeit** begangenes Fehlverhalten wie das Inbrandsetzen des gemeinsamen Hauses bei Absicht der Selbsttötung und der Tötung des gemeinsamen Kindes zum Versorgungsausgleichsausschluss führen, wenn die Folgen dieses Verhaltens für den anderen Ehegatten und das gemeinsame Kind besonders schwerwiegend sind und ein spontanes Verhalten ausscheidet (so OLG Karlsruhe, FamRZ 2000, 893). Andererseits wurde es für nicht ausreichend gehalten, dass der ausgleichsberechtigte Ehemann die ausgleichsverpflichtete Ehefrau mit einem Gegenstand so heftig in den Nacken geschlagen hatte, dass sie bewusstlos wurde und ins Krankenhaus eingeliefert werden musste (OLG Bamberg, FamRZ 1999, 932). Auch wurden Bankraub und anschließende Flucht, die zu einer Straftat von sechs Jahren und Erwerbsunfähigkeit geführt haben, nicht als ausreichende Gründe für einen Ausschluss des Versorgungsausgleichs angesehen. Denn die Straftat und anschließende, erkennbar die Erwerbsunfähigkeit auslösende Flucht besäßen keinen unterhaltsbezogenen Charakter (OLG Hamm, FamRZ 2001, 165).

Auf der anderen Seite muss selbst **wirtschaftliche Benachteiligung** des anderen Ehegatten während der Ehe nicht zu einem Ausschluss des Versorgungsausgleichs führen, so z. B. wenn die ausgleichsberechtigte Ehefrau, um für die von ihr geplante Ausreise ins ferne Ausland möglichst schnell Geld zu erhalten, ihren Miteigentumsanteil am gemeinsamen Haus verkauft und damit dem Ehemann die notwendige Kreditgrundlage entzogen hat mit erheblichen wirtschaftlichen Nachteilen für diesen (OLG Hamburg, FamRZ 2000, 893, 894). Das Gericht führt hier aus: „Es ist jedoch keine Seltenheit in Trennungssituationen, dass die Parteien einander schweren Schaden zufügen und dabei sogar in Kauf nehmen, sich gleichzeitig selbst zu schädigen. . . . Letztlich hat die Ehefrau mit dem Verkauf ihres Miteigentumsanteils lediglich über eine ihr zustehende Rechtsposition in der ihr zustehenden Weise verfügt. . . . Eine Verpflichtung, gemeinsam mit dem Ehemann einen möglichst hohen Preis für das Haus zu erzielen, bestand für sie nicht". Das Gericht hätte möglicherweise anders entschieden, wenn es „ein kollusives Verhältnis, welches gerade darauf abzielte, den Ehemann zu schädigen" zwischen der Ehefrau und dem Käufer ihres Miteigentumsanteiles hätte feststellen können.

kk) Ausgleich von Bagatellbeträgen

Immer wieder – und trotz Aufhebung des § 3c VAHRG immer noch – wird der Versorgungsausgleich wegen **Geringfügigkeit** ausgeschlossen (soweit erkennbar zuletzt: OLG Brandenburg, FamRZ 2000, 893). Das ist m. E. eindeutig gesetzeswidrig und wird auch durch vor Schaffung des § 3c VAHRG ergangene Entscheidungen wie BGH, FamRZ 1982, 258, 259, und OLG Zweibrücken, FamRZ 1987, 722, nicht gedeckt. Mit der Aufhebung des § 3c VAHRG und der dazu vom Gesetzgeber gegebenen Begründung, dass nämlich mit dieser Bagatellklausel offensichtlich Missbrauch betrieben worden sei, kann und muss auch bei geringfügiger Anwartschaftsdifferenz ein Ausgleich durchgeführt werden. Eine Ausnahme mag gelten, wenn sich der Ausgleichsbetrag im Pfennig-(Cent-)bereich bis etwa 10 Pfennig/Cent hält (wie im Fall des OLG Brandenburg, a. a. O.). Dann aber liegt kein Fall der groben Unbilligkeit vor, sondern ein Versorgungsausgleich findet nicht statt, weil sich keine Differenz zwischen den Anwartschaften beider Eheleute feststellen lässt. Ein so begründeter Ausschluss des Versorgungsausgleichs hat den Vorzug, dass er im Wege des § 10a VAHRG abänderbar wäre, wenn sich herausstellen sollte, dass sich die bei der Entscheidung zugrunde gelegten Werte nachträglich wesentlich geändert haben. Ein Ausschluss wegen grober Unbilligkeit dagegen wäre nicht abänderbar, sondern rechtskräftig festgestellt.

ll) Manipulationen an der ehezeitlichen Versorgung durch den Berechtigten, § 1587c Nr. 2 BGB

Dieser Ausschlussgrund wird in der Praxis eher selten diskutiert. Zu beachten ist, dass nur Manipulationen des **Ausgleichsberechtigten** mit dem Ziel, ehezeitliche Versorgungsanwartschaften entfallen zu lassen oder in ihrem Entstehen zu hindern, die in unmittelbarem Zusammenhang mit der Scheidung stehen, von dieser Vorschrift erfasst werden.

Ein manipulatives Vorgehen des Ausgleichsberechtigten wurde abgelehnt in einem Fall, in dem der Berechtigte als selbständiger Handwerker die für die Ehezeit geschuldeten Versicherungsbeiträge erst am Ende der Ehezeit eingezahlt hatte. Wegen des sog. In-Prinzips (vgl. dazu auch OLG Hamm FamRZ 1983, 729; OLG Köln FamRZ 1984, 63 m. krit. Anm. Schmeiduch 64) hatte er deshalb in der Ehezeit keine Anwartschaften erworben. Das Gericht vermisste in diesem Fall konkreten Vortrag des Ausgleichspflichtigen zu einem böswilligen Vorgehen des Ausgleichsberechtigten und sah keinen Anlass, von Amts wegen nach derartigen Umständen zu suchen (OLG Thüringen, FamRZ 2000, 234, 235).

Dagegen erfolgte eine Herabsetzung des Versorgungsausgleichs auf etwa 1/3 in einem Fall, in dem der rechnerisch ausgleichsberechtigte Ehemann zum Familieneinkommen so gut wie nichts beigetragen und sich geweigert hatte, eine neurotische Störung konsequent ärztlich behandeln zu lassen (OLG Düsseldorf, FamRZ 2000, 162, 163).

712 Gegen vergleichbare Manipulationen des **Ausgleichspflichtigen**, insbesondere sein Bemühen, sich vor Entscheidung über den Versorgungsausgleich bestehende Anrechte in der Beamtenversorgung, gesetzlichen Rentenversicherung, berufsständigen oder betrieblichen Altersversorgung auszahlen oder kapitalisieren zu lassen, schützt nur die Vorschrift des § 10d VAHRG: Danach ist der Versorgungsträger bis zum wirksamen Abschluss des Versorgungsausgleichsverfahrens verpflichtet, Zahlungen an den Versorgungsberechtigten zu unterlassen, die auf die Höhe eines in den Versorgungsausgleich einzubeziehenden Anrechts Einfluss haben können. Dabei handelt es sich nach h. M. nicht um ein relatives Verfügungsverbot i. S. d. § 135 BGB. § 135 BGB kann auch nicht entsprechend angewandt werden. Vielmehr lösen Verstöße gegen die Unterlassungspflicht nur **Schadensersatzansprüche** aus, die nicht im Versorgungsausgleichsverfahren geltend gemacht werden können (Maier, Versorgungsausgleich in der gesetzlichen Rentenversicherung, § 10d VAHRG Anm. 5). Eine auf Antrag des Ausgleichsberechtigten erwirkte einstweilige Verfügung mit einem Auszahlungs- oder Verfügungsverbot sichert dagegen nach § 136 BGB die ordnungsgemäße Durchführung des Versorgungsausgleichs.

mm) Gröbliche Verletzung der Unterhaltspflicht, § 1587c Nr. 3 BGB

713 Voraussetzung einer Minderung oder eines des Versorgungsausgleichs wegen gröblicher Verletzung der Unterhaltspflicht erfordert ein „**pflichtvergessenes Verhalten**" (OLG Karlsruhe, FamRZ 1997, 567, 568), eine „**Nichtleistung in größerem Umfang**", so dass die Familie in ernste Schwierigkeiten geraten ist (OLG Celle, FamRZ 1981, 576) oder geraten wäre, wenn der ausgleichspflichtige Ehegatte durch seinen Mehreinsatz die Familie nicht vor einer solchen Notlage bewahrt hätte (OLG Hamburg, FamRZ 1984, 712). Davon soll jedoch keine Rede sein, selbst wenn der Ehemann häufig seine Arbeitsstelle gewechselt, sich in Zeiten der Arbeitslosigkeit wiederholt in seinem Heimatland aufgehalten und dort ein Restaurant betrieben hat, weil die Ehefrau von alledem gewusst, dieses hingenommen, dem Ehemann (sogar) die Heimflüge finanziert und für ihn immer wieder eine Arbeitsstelle gesucht habe, wenn er aus der Heimat angerufen und „um gut Wetter nachgesucht" habe (OLG Karlsruhe, FamRZ 1997, 567, 568). Dagegen wurde § 1587c Nr. 3 BGB angewandt und der Ausgleich herabgesetzt in einem Fall, in dem der Ausgleichsberechtigte (ob das Gericht auch so entscheiden hätte, wenn die Ehefrau Ausgleichsberechtigte gewesen wäre?) nur wenige Jahre durch die Betreuung des gemeinsamen Kindes zum Familienunterhalt beigetragen hatte, danach nicht erwerbstätig war und sich wegen einer neurotischen Störung nicht konsequent hatte ärztlich behandeln lassen (OLG Düsseldorf, FamRZ 2000, 162, 163).

nn) Keine grobe Unbilligkeit mehr nach Tod des Ausgleichspflichtigen

714 Umstritten ist, ob eine grobe Unbilligkeit im Sinne des § 1587c BGB überhaupt noch angenommen werden kann, wenn der rechnerisch Ausgleichspflichtige vor Beendigung des Versorgungsausgleichsverfahrens gestorben ist. In der Tat kann es eine grobe Unbilligkeit zulasten eines Toten wohl nicht geben. Nach Meinung des OLG Frankfurt sieht das Gesetz Billigkeitsabwägungen zwischen dem Ausgleichsberechtigten und den Erben des Ausgleichspflichtigen (soweit es sich dabei nicht um die Kinder des Toten handelt) nicht vor (FamRZ 1995, 299). Zu Recht verweist das OLG darauf, dass ein beteiligter Versorgungsträger nie unbillig belastet sein kann, weil Ausschließungsgründe nur in den Personen der am Versorgungsausgleich beteiligten Personen und ihren Kindern zu prüfen sind.

Die Gegenmeinung, die aus dem § 1587e BGB (das Verfahren ist gegen die Erben fortzusetzen) und dem Interesse der Rentenkassen und der Allgemeinheit folgert, dass auch nach dem Tod des Ausgleichspflichtigen der Versorgungsausgleich ggf. aus Billigkeitsgründen herabzusetzen ist (OLG Brandenburg, FamRZ 2002, 756, 757), vermag nicht zu überzeugen. Denn weder die Rentenkassen noch die Allgemeinheit können ein materielles Interesse an der Herabsetzung des Versorgungsausgleichs aus Billigkeitsgründen im Zusammenhang mit der Finanzierung des „Generationenvertrages" haben. Schließlich ist der Versorgungsausgleich unabhängig von seiner Höhe für die Rentenkassen grundsätzlich kostenneutral, weil sich Zuschlag und Minderung rechnerisch entsprechen. Dass ein Versorgungsausgleich zugunsten von Frauen aus versicherungsmathematischen Gründen (wegen unterschiedlicher Lebenserwartung und damit zusammenhängend längerer Rentenlaufzeiten) doch tendenziell zu einer Belastung der Rentenkassen führt, hat mit der – notwendig geschlechtsneutralen – Anwendung von § 1587c BGB nichts zu tun.

Auch die Erben haben – von waisengeldberechtigten Kindern oder sonstigen Hinterbliebenen im Sinne des Rentenrechts abgesehen – gerade kein schutzwürdiges Interesse an einer Herabsetzung des Versorgungsausgleichs, sondern sollen nur als quasi Prozessstandschafter helfen, das Verfahren gegen das fortbestehend behandelte Stammrecht des Verstorbenen zu beenden. 715

oo) Korrektur pauschalierender Bestimmungen

Die Härteklausel des § 1587c BGB dient auch dazu, wirtschaftlich fragwürdige Ergebnisse aufgrund der pauschalierenden Bestimmungen des Versorgungsausgleichsrechts zu korrigieren (vgl. dazu BVerfG, FamRZ 1984, 653; BVerfG, FamRZ 1992, 405, 406; s. Rn. 932 „Verfassungsmäßigkeit: Härteklausel"). Die Einführung der Abänderungsklausel des § 10a VAHRG hat den Anwendungsbereich des § 1587c BGB kaum verkleinert, wie eine zunehmende Einzelfallrechtsprechung zeigt, auf die verwiesen wird (vgl. z. B. OLG Hamburg, FamRZ 1984, 628; s. Rn. 932 „Ausschluss oder Kürzung des Versorgungsausgleichs: wegen grober Unbilligkeit" und „kein Ausschluss"). 716

f) Einzelfallrechtsprechung

Ein Vergleich der zahlreichen Gerichtsentscheidungen zum Vorliegen (d. h. meistens zum Nichtvorliegen) von Härtegründen zeigt, dass es vor allem auf eine gute Argumentation ankommt. Häufig lassen die in den Entscheidungen mitgeteilten Tatsachen einander widersprechende Beurteilungen zu (vgl. z. B. die Anmerkung von Krause in FamRZ 1997, 567, zu OLG Karlsruhe, FamRZ 1997, 30). Vom BGH ist in diesem Zusammenhang eine Vereinheitlichung der Rechtsprechung kaum zu erwarten. Denn in der weiteren Beschwerde kann die Beurteilung des Tatrichters nur daraufhin überprüft werden, ob der Entscheidung ein Irrtum über den Rechtsbegriff zu entnehmen ist oder ob die wesentlichen Umstände berücksichtigt sind und das Ermessen in einer dem Gesetzeszweck entsprechenden Weise ausgeübt worden ist (BGHZ 74, 38, 84 = FamRZ 1979, 477; BGH, FamRZ 1990, 1342). 717

g) Beurteilungszeitpunkt für die Feststellung von Härtegründen

Die Entscheidung darüber, ob Härtegründe i. S. v. § 1587c Nr. 1 BGB, die noch einer Entwicklung unterliegen, einen Ausschluss des Versorgungsausgleichs rechtfertigen, muss bereits **im Ausgangsverfahren – ggf. im Wege einer Prognose – durch den Tatrichter** getroffen werden. Sie kann nicht einem späteren Abänderungsverfahren vorbehalten werden, da Härtegründe für sich allein die Voraussetzungen des § 10a Abs. 1 Nr. 1 bis 3 VAHRG nicht erfüllen (BGH, FamRZ 1989, 725). Maßgebender Beurteilungszeitpunkt ist derjenige der letzten Tatsacheninstanz im Erstverfahren (BGH, FamRZ 1988, 940, 941). Lassen sich zu diesem Zeitpunkt nicht genügend Anhaltspunkte dafür feststellen, ob der uneingeschränkte Versorgungsausgleich sich künftig grob unbillig zu Lasten des Ausgleichsverpflichteten auswirken wird, kann der Versorgungsausgleich nur ohne Anwendung der Ausnahmeregelung des § 1587c BGB durchgeführt werden (BGH, FamRZ 1996, 1540; s. Rn. 932 „Abänderung: „Darlegungslast", „Kein Abänderungsgrund", „Ausschluss des Versorgungsausgleichs: Grundsatz", „Grundgedanken"). 718

h) Verfahrensbesonderheiten

Der **Gegenstandswert** des Versorgungsausgleichsverfahrens richtet sich auch dann nach dem Jahreswert der zu übertragenden bzw. zu begründenden Rentenanwartschaft, wenn der Ausgleichsbetrag aus Billigkeitsgründen herabgesetzt wird. Bei einem völligen Ausschluss gilt damit der Mindestwert von 500 Euro. Es kommt nicht darauf an, wie viel eigentlich rechnerisch nach den eingeholten Versorgungsausgleichsauskünften auszugleichen wäre (OLG Düsseldorf, FamRZ 2001, 239). 719

i) Korrektur einer restriktiven Rechtsprechung durch Parteivereinbarungen

720 Das Ziel des Versorgungsausgleichs, eine angemessene Halbteilung der in der Ehe erworbenen Anwartschaften für den Fall des Alters und der Invalidität zu erreichen, stößt in einer ganzen Reihe von Fallgestaltungen an die Grenze des Machbaren und/oder Sinnvollen. Vor allem die aus der Sicht des Gesetzgebers und der Gerichte im Interesse eines zügigen Verfahrens notwendigen Pauschalierungen stoßen sich mit individuellen Gerechtigkeits- und Praktikabilitätsgesichtspunkten mancher Eheleute, und zwar durchaus auch derjenigen, die nach den eingeholten Versorgungsausgleichsauskünften rechnerisch ausgleichsberechtigt sind. Ihnen leuchtet die – vom Gesetz gewollte – restriktive Anwendung der Härteklausel des § 1587c BGB nicht ein und sie versuchen, dieser Rechtsprechung durch einen Antrag auf anderweitige gerichtliche Regelung oder Parteivereinbarungen zu entkommen. So stellt sich z. B. die Frage der Ausgleichsgerechtigkeit nach einer zweiten Eheschließung, bei besserer wirtschaftlicher Absicherung beider Eheleute und in einer Ehe ohne Kinder anders als im Normalfall der Heirat junger und am Beginn ihrer beruflichen Karriere stehenden Parteien.

Auch diesen individuellen Bedürfnissen wollte der Gesetzgeber Rechnung tragen und hat deshalb nicht nur einen völligen Ausschluss des Versorgungsausgleichs, sondern **Modifikationen** vom gesetzlich geregelten Ausgleich zugelassen, und zwar einerseits durch Entscheidung des Gerichtes (s. oben Rn. 609 ff.) und andererseits durch Vereinbarung der Parteien (s. Rn. 620 ff.). Die Gestaltungsmacht des Gerichts und die Privatautonomie der Parteien sind nämlich begrenzt, je nachdem, ob von den Regeln des öffentlich-rechtlichen oder des schuldrechtlichen Versorgungsausgleichs abgewichen werden soll. Der **öffentlich-rechtliche Ausgleich** unterliegt der Privatautonomie der Parteien im Wesentlichen nicht. Über den **schuldrechtlichen Versorgungsausgleich** dagegen können die Eheleute weitgehend selbst bestimmen. Beim **verlängerten schuldrechtlichen Versorgungsausgleich** sind ihrer Gestaltungsfreiheit dagegen im Interesse der Versorgungsträger wieder enge Grenzen gesetzt.

E. Abänderung des Versorgungsausgleichs

I. Rechtskraft der Versorgungsausgleichsentscheidung

721 Bis zum 31. 12. 1986 waren Entscheidungen über den Versorgungsausgleich, die im Zusammenhang mit der Scheidung ergingen, wenn sie rechtskräftig geworden waren, unabänderlich. Seit dem 1. 1. 1987 gibt **§ 10a VAHRG** eine umfassende Abänderungsmöglichkeit. Dadurch wird die Bestands- bzw. Rechtskraft der Versorgungsausgleichsentscheidung weitgehend in Frage gestellt. Gleichwohl ist sie nicht völlig beseitigt worden. Der Gesetzgeber hat bei Schaffung der Abänderungsmöglichkeit die Durchbrechung der Rechtskraft vielmehr auf die in § 10a Abs. 1 Nr. 1 bis 3 VAHRG geregelten Fälle beschränkt (vgl. BGH, FamRZ 1996, 1540, 1542; s. Rn. 932 „Abänderung: kein Abänderungsgrund"). Es ist deshalb in jedem Einzelfall zu prüfen, ob die in § 10a Abs. 1 Nr. 1 bis 3 VAHRG genannten Voraussetzungen einer Abänderung gegeben sind.

II. Ausnahmen der Abänderbarkeit

1. Rechtsgründe

722 Bei allen Entscheidungen, in denen ein Versorgungsausgleich **aus Rechtsgründen** ganz oder teilweise **ausgeschlossen** wurde (vgl. BGH, FamRZ 1996, 282, 283; OLG Koblenz, FamRZ 1987, 950 f.; OLG Hamm, FamRZ 1992, 826 f.), ist eine Abänderung ausgeschlossen.

a) Härteklauseln

Das gilt besonders für einen Ausschluss des Versorgungsausgleichs aufgrund von **Härteklauseln** (§ 1587c BGB; Art. 12 Nr. 3 Abs. 3 Satz 3 und 4 1. EheRG). Sind Härtegrunde erst nach dem Ende der Ehezeit entstanden, rechtfertigen sie keine Abänderung (vgl. BGH, FamRZ 1996, 1540, 1542; s. Rn. 932 „Abänderung: kein Abänderungsgrund"; a. A. OLG Düsseldorf, FamRZ 1993, 1322 ff.). Bei einem teilweisen Ausschluss aus Billigkeitsgründen ist eine Abänderung nur entsprechend der ursprünglichen Herabsetzungsquote zulässig.

723

b) Fehlerhafte Rechtsansichten

Aber auch fehlerhafte Rechtsansichten in der Erstentscheidung zur Frage, ob ein Versorgungsausgleich – z. B. unter kollisionsrechtlichen Gesichtspunkten – überhaupt stattzufinden hat, können im Wege eines Abänderungsverfahrens nicht korrigiert werden (BGH, FamRZ 1996, 282, 284; OLG Stuttgart, FamRZ 2002, 614, 615). Wird später ein Abänderungsverfahren anhängig, muss der Richter von der rechtsfehlerhaften Ansicht des erstentscheidenden Gerichts, das einen Versorgungsausgleich durchgeführt hatte, ausgehen und ggf. auch ein Abänderungsverfahren durchführen. Das Gleiche gilt für eine fehlerhafte Ehezeitbestimmung, jedenfalls wenn sich das Gericht in seiner Entscheidung ausdrücklich mit dieser Frage auseinandergesetzt hat (vgl. OLG München, FamRZ 1997, 1082, 1084). Ob eine fehlerhafte Rechtsansicht zur Zulässigkeit einer Realteilung trotz Fehlens einer dem § 5 VAHRG entsprechenden Härteregelung in der betrieblichen Versorgungsordnung ein Abänderungsgrund sein kann (so AG Mainz, FamRZ 1999, 931), erscheint sehr zweifelhaft. Allerdings dürfte die Entscheidung des Gerichts, das eine Abänderung zu Gunsten des Ausgleichspflichtigen vorgenommen hat, im Ergebnis deshalb richtig sein, weil die Erstentscheidung zusätzlich auf einem **Rechenfehler** des damaligen Versicherungsmathematikers beruhte, der sich hier wesentlich zu Lasten der Ausgleichsberechtigten ausgewirkt hat.

724

2. Formloser Vertrag

Bei einem **Ausschluss des Versorgungsausgleichs durch formlosen Vertrag** vor dem 1. 7. 1977 nach Art. 12 Nr. 3 Abs. 3 Satz 2 1. EheRG besteht ebenfalls keine Abänderungsmöglichkeit der Entscheidungen zum Versorgungsausgleich.

725

3. Einseitige Auswirkung zugunsten des Versorgungsträgers

Wenn sich die an sich begründete Abänderung nicht zugunsten eines Ehegatten oder seines Hinterbliebenen auswirkt, sondern allenfalls zugunsten eines Versorgungsträgers, entfällt die Abänderung (§ 10a Abs. 2 Satz 1 Nr. 3 VAHRG).

726

4. Keine Anwendung der §§ 1, 3b VAHRG nach Art. 4 § 1 VAwMG

Ausnahmsweise sind keine Abänderungen durch Anwendung der Ausgleichsformen der §§ 1 und 3b VAHRG möglich, wenn es diese Möglichkeit zum Zeitpunkt der Erstentscheidung (bis zum 31. 12. 1986) noch nicht gab. Nach **Art. 4 § 1 VAwMG** konnten diese Ausgleichsformen nur bis zum 31. 12. 1988 in den konkreten Ausgleichsfall eingeführt werden. Diese Übergangsregelung wäre überflüssig gewesen, wenn auch insoweit eine uneingeschränkte Abänderbarkeit hätte eingeführt werden sollen (vgl. BGH, FamRZ 1997, 285; s. Rn. 932 „Abänderung: Übergangsrecht"; OLG Hamm, FamRZ 1994, 1528, 1530; Johannsen/Henrich-Hahne, Eherecht, § 10a VAHRG, Rn. 36). Es bleibt damit in diesen Fällen allein beim schuldrechtlichen Versorgungsausgleich. In der Praxis wird diese Einschränkung gern übersehen. Die ausgleichsberechtigte Partei steht sich aber, wenn im konkreten Fall der schuldrechtliche Versorgungsausgleich nicht ausnahmsweise unwirtschaftlicher sein sollte, im Ergebnis regelmäßig nicht schlechter.

727

728 **Beispiel:**

1. Alternative: *Zum Zeitpunkt der Entscheidung gab es die Möglichkeiten der §§ 1, 3b VAHRG noch nicht*

a) **Erstentscheidung:**

	Mann	Frau
GRV	300,00 DM	200,00 DM
BAV	100,00 DM (= 1 000,00 nom.) verfallbar	
	400,00 DM	200,00 DM
I. 1/2 Differenz =	100,00 DM	
II. aa) Splitting =	50,00 DM	
bb) Schuldrechtl. VA =	Rest noch offen	

b) **Abänderungsentscheidung** bei Fälligkeit des schuldrechtlichen Versorgungsausgleichs:
(Es soll davon ausgegangen werden, dass die heutige Versorgung beider Parteien bereits in der Ehe angelegt war, bei den Wertsteigerungen wird von den Zinsen der Jahre 1986 – 1996 ausgegangen; 36,5 % bei den gesetzlichen Renten, 30,9 % bei den Beamtenversorgungen (brutto) und 28 % bei den allgemeinen Lebenshaltungskosten.)

	Mann	Frau
	Mann	Frau
GRV	270,00 DM	220,00 DM
BAV	100,00 DM	50,00 DM
	(= heute: 1 250,00 DM nom.)	(= heute: 575,00 DM nom.)
	370,00 DM oder 1 520,00 DM ?	270,00 DM oder 795,00 DM?

Da ein nachträglicher öffentlich-rechtlicher Versorgungsausgleich der BAV unzulässig ist (arg. ex Art. 4 § 1 VAwMG), ist nur ein getrennter Ausgleich in der Weise möglich, dass ein öffentlich-rechtlicher Versorgungsausgleich nach den aktuellen, umgerechneten Werten per Ehezeitende erfolgt und ein gesonderter schuldrechtlicher Versorgungsausgleich mit den auf den Fälligkeitszeitpunkt aktualisierten Nominalwerten der BAVen.

Der Ausgleich muss deshalb so erfolgen:

I. 1/2 Differenz (270,00 DM – 220,00 DM : 2 =)	25,00 DM
II. aa) Splitting =	25,00 DM (= heute: 34,13 DM)
bb) Schuldrechtlicher VA =	
(1 250,00 DM – 575,00 DM : 2 =)	337,50 DM
das sind heute	**371,63** DM oder 190,01 €

Im Ergebnis dasselbe, allerdings in anderer Stückelung erhielte die Frau, wenn sie statt des Abänderungsantrages nur einen Antrag auf schuldrechtlichen Versorgungsausgleich gestellt hätte:

I. Kein Gesamtausgleich

II. Schuldrechtlicher VA :

(1 250,00 DM – 575,00 DM : 2) =	337,50 DM
Abzügl. des zu hohen öffentlich-rechtlichen VA:	
(heute: 68,26 DM – 34,13 DM =)	43,13 DM
	303,37 DM
zuzüglich der bereits entschiedenen 50,00 DM =	heute: 68,26 DM
	371,63 DM oder 190,01 €

2. Alternative: *Zum Zeitpunkt der Erstentscheidung gab es bereits § 3b Abs. 1 VAHRG Bilanzen wie oben*

a) Erstentscheidung:

I. 1/2 Differenz	= 100,00 DM
II. aa) Splitting	= 50,00 DM
bb) Analoges Quasisplitting	= 50,00 DM

b) Abänderungsentscheidung:

I. 1/2 Differenz	= 50,00 DM
II. aa) Splitting	= 25,00 DM
	(= heute 34,13 DM)
bb) Analoges Quasisplitting	–, wäre hier möglich, ist aber wegen der Notwendigkeit der Umrechnung im Zweifel aber unwirtschaftlich;
cc) Beiträge	–, da bereits Rentenfall
auch hier bleibt deshalb wie im vorangegangenen Beispiel ein ergänzender	
dd) Schuldrechtlicher VA von (1 250,00 DM – 575,00 DM : 2)	= 337,50 DM
insgesamt in heutigen Werten also	= **371,63 DM oder 190,01 €**

III. Abänderungsgründe

1. Wertdifferenz

Die ursprüngliche Ausgleichsentscheidung ist abzuändern, wenn sich eine Wertdifferenz zwischen dem seinerzeit ermittelten Ausgleichsbetrag und dem Ausgleichsbetrag nach Anwendung des Rechts, das zum Zeitpunkt der Abänderungsentscheidung gilt, ergibt (§ 10a Abs. 1 Nr. 1 VAHRG). **729**

2. Unverfallbares Anrecht

Eine Abänderung ist auch möglich, wenn ein als verfallbar behandeltes Anrecht jetzt durch Begründung von Anrechten ausgeglichen werden kann, weil es nachträglich **unverfallbar** geworden ist oder seinerzeit schon unverfallbar war (§ 10a Abs. 1 Nr. 2 VAHRG). **730**

3. Einführung der Realteilung

731 Bei **schuldrechtlichem Versorgungsausgleich** in der Ausgangsentscheidung und (nachträglicher) Ausgleichsmöglichkeit durch Einführung von **Realteilung** oder (analogem) Quasisplitting – § 10a Abs. 1 Nr. 3 VAHRG – ist die ursprüngliche Entscheidung abänderbar (vgl. BGH, FamRZ 1993, 173), und zwar auch, wenn das Gericht schon eine schuldrechtliche Ausgleichsrente festgesetzt hatte (BGH, FamRZ 1998, 421 f.; vgl. Rn. 932 „Abänderung: Einführung der Realteilung nach schuldrechtlichem Ausgleich" und „Realteilung: auch bei fehlender Härteregelung").

4. Vereinbarungen

732 Auch **Vereinbarungen nach § 1587o BGB** können abgeändert werden, wenn die Eheleute die Abänderung nicht ausgeschlossen haben (§ 10a Abs. 9 VAHRG). Ob das der Fall ist, muss durch Auslegung ermittelt werden. Durch eine Vereinbarung nach rechtskräftigem Abschluss des Versorgungsausgleichsverfahrens können die Parteien die bisherige Entscheidung jedoch nicht mehr beseitigen. Ein darauf gestützter Abänderungsantrag ist unzulässig (so auch OLG München, FamRZ 1997, 1082, 1084).

IV. Abänderungsvoraussetzungen

733 Entscheidungen und Vereinbarungen über den Versorgungsausgleich sind grds. abänderbar, wenn folgende Bedingungen erfüllt sind.

1. Altersgrenze oder Rentenfall

734 Wenn ein (geschiedener) Ehegatte 55 Jahre alt ist oder eine der Parteien oder seine Hinterbliebenen aus der durch den Versorgungsausgleich gekürzten oder erhöhten Versorgung Leistungen erhält, ist der Versorgungsausgleich zu ändern (§ 10a Abs. 5 VAHRG).

2. Wesentliche Wertdifferenz

735 Auch wenn zwischen dem Ausgleichsbetrag der vorangegangenen Entscheidung und dem aktuellen Ausgleichsbetrag eine **wesentliche Differenz** besteht (§ 10a Abs. 1 Nr. 1, 2 Satz 1 Nr. 1 VAHRG) sind Abänderungen möglich.

a) Wesentlichkeitsgrenze

736 **Wesentlich** ist eine Abweichung, wenn sich entweder zwischen dem Ausgleichsbetrag aufgrund der ursprünglichen Ausgleichsentscheidung und dem Ausgleichsbetrag aufgrund jetzt geltenden Rechts bei einfacher Vergleichsrechnung eine **Wertdifferenz von 10 %** der durch die abzuändernde Entscheidung **insgesamt** übertragenen oder begründeten Anrechte, **mindestens aber 0,5 %** der auf den Monat entfallenden **Bezugsgröße** (§ 18 SGB VI) ergibt (§ 10a Abs. 2 Satz 2 VAHRG). Zur Höhe der Bezugsgröße und des 0,5 %-Betrages s. Rn. 937.

b) Wartezeit

737 Wesentlich ist eine Abweichung auch, wenn – unabhängig von einer wesentlichen Wertdifferenz – aufgrund der Abänderungsentscheidung eine maßgebliche **Wartezeit** erfüllt wird (§ 10a Abs. 2 Satz 1 Nr. 2 VAHRG).

Verfassungsrechtliche Bedenken gegen die Beschränkung der Abänderbarkeit durch diese differenzierte Wesentlichkeitsgrenze bestehen nicht (vgl. BVerfG, FamRZ 1993, 161 ff.; BGH, FamRZ 1993, 1650).

c) Ausnahme

Es gibt aber trotz wesentlicher Abweichung ausnahmsweise **keine Abänderung**, wenn sich die Abänderung nicht zugunsten eines Ehegatten oder seines Hinterbliebenen auswirkt, sondern allenfalls zugunsten eines Versorgungsträgers (§ 10a Abs. 2 Satz 1 Nr. 3 VAHRG).

738

Ob dieses der Fall ist oder nicht, lässt sich den im Scheidungsverfahren erhobenen Daten und auch zwischenzeitlich eingetretenen Rechtsänderungen oder sonstigen Änderungen nicht ohne weiteres entnehmen. Die Neuberechnung einer Rente aufgrund einer Änderung des Versorgungsausgleichs gilt rentenrechtlich nämlich als **neuer Versorgungsfall**. Das hat zur Folge, dass die Rente völlig neu berechnet werden muss. Bisherige Vorteile aufgrund von Besitzschutzklauseln entfallen damit. Auch beim Zusammentreffen von Renten aus der gesetzlichen Rentenversicherung und aus der gesetzlichen Unfallversicherung kann es sich ergeben, dass ein etwaiger höherer Versorgungsausgleich sich überhaupt nicht zugunsten des Ausgleichsberechtigten auswirkt.

739

3. Gründe für die Wertänderungen

Die Gründe für die Wertdifferenz sind unerheblich. Mögliche unerhebliche Gründe werden im Folgenden genannt.

a) Gesetzesänderungen

Ursachen der Wertänderungen können Gesetzesänderungen, insbesondere bei gesetzlichen Renten und Beamtenversorgungen, aber auch z. B. die Abschaffung der BarwertVO v. 24. 6. 1977 in der Neufassung v. 22. 5. 1984, deren mögliche Neufassung oder ein – möglicherweise im Jahre 2003 in Kraft tretendes – VANG sein.

740

Das gilt z. B. auch für die nach dem RRG 1992 neu festgelegten Bemessungsgrundlagen und Umrechnungsgrößen (vgl. Bergner, NJW 1992, 479, 490; Kemnade, FamRZ 1992, 151, 331; Zusammenstellung der BfA in FamRZ 1992, 282; Glockner, FamRZ 1992, 149 ff.) mit Ausnahme der für das Jahr des Ehezeitendes geltenden (vorläufigen) Durchschnittsentgelte nach §§ 69 Abs. 2 Nr. 2, 70 Abs. 1 Satz 2 SGB VI (so BGH, FamRZ 1991, 173; Borth, FamRZ 1996, 641, 648; a. A. OLG Karlsruhe, FamRZ 1995, 361).

741

b) Satzungsänderungen

Satzungsänderungen bei betrieblichen oder berufsständigen Versorgungen, einschließlich der Veränderung der Dynamik sind ebenfalls unerhebliche Gründe (vgl. z. B. die diversen Änderungen der Satzung der VBL; vgl. BGH, FamRZ 1990, 984; 1994, 92 ff. zur 18. und 19. Änderung der VBL-Satzung).

742

c) Änderungen des Ehezeitanteils

Änderungen des Ehezeitanteils bei allen zeitratierlich zu berechnenden Anrechten, insbesondere aber betrieblichen Altersversorgungen nach Ehezeitende führen eine Wertdifferenz herbei.

743

aa) Ausscheiden nach Ehezeitende

Eine Änderung des Ehezeitanteils nach Ehezeitende erfolgt dadurch, dass

744

- der Anspruchsinhaber aus dem Betrieb/Dienst ausscheidet;
- der Anspruchsinhaber als Beamter wider Erwarten nach Ehezeitende nicht die nach § 5 Abs. 3 BeamtVG erforderliche Dienstzeit im Beförderungsamt erreicht (vgl. BGH, FamRZ 1982, 31);
- ein Beamter auf Widerruf/Zeitsoldat aufgrund eines bereits bei Ehezeitende absehbaren Verlaufs Beamter auf Lebenszeit oder befördert wird (vgl. OLG Koblenz, FamRZ 1990, 760, 761); regelmäßig wird dieses allerdings nicht der Fall sein. Vielmehr wird der Laufbahnwechsel von

zusätzlichen, erst nach dem Ende der Ehezeit erfüllten persönlichen Voraussetzungen abhängen (vgl. BGH, FamRZ 1987, 918, 921);
- der Anspruchsinhaber vorzeitig berufs- oder erwerbsunfähig wird und deshalb eine Invaliditätsrente erhält;
- der Anspruchsinhaber vorzeitig eine Altersrente erhält;
- die (volle) Anwartschaftsdynamik unverfallbar wird.

bb) Rechnerische Wertänderungen

745 Die Wertänderungen können sich rechnerisch ergeben aus einer
- Veränderung des Zeit-Zeit-Verhältnisses;
- Veränderung der maßgeblichen Jahresversorgung.

cc) Vorzeitige Invalidität

746 Bei vorzeitiger Invalidität kann sich ebenso wie bei vorzeitigem Eintritt des Altersfalles das Zeit-Zeit-Verhältnis und der zugrundezulegende Jahresversorgungsbetrag ändern (so BGH, FamRZ 1989, 492; a. A. Gutdeutsch, a. a. O.).

747 Maßgeblich bleibt grds. der Betrag der (fiktiven) Altersrente nach den Grundlagen per Ehezeitende. Eine etwaige höhere Invaliditätsrente spielt nur eine Rolle, wenn sie über Besitzstandsregelungen auch die (fiktive) Altersrente dauerhaft erhöht. Umgekehrt müssen etwaige dauerhafte Kürzungen der Altersrente wegen verkürzter Gesamtversorgungszeit berücksichtigt werden.

dd) Vorzeitige Altersrente

748 Hier ist neben dem Zeit-Zeit-Verhältnis auch die der Barwertberechnung zugrundezulegende Altersgrenze zu ändern. Das führt, wie der vom OLG Düsseldorf (FamRZ 1997, 88, 89) entschiedene Fall zeigt, regelmäßig zu einer Erhöhung des Barwertes.

ee) Unverfallbarkeit der Anwartschaftsdynamik

749 Wenn sich im Rentenfall des Betriebsrentners endgültig herausstellt, dass seine Versorgung im **Anwartschaftszeitraum voll dynamisch** war, d. h. wegen der unmittelbaren Abhängigkeit vom Einkommen in einer der gesetzlichen Rentenversicherung oder Beamtenversorgung vergleichbaren Weise angepasst, im Rahmen des bisherigen Versorgungsausgleichs aber nur eine voll statische Versorgung ausgeglichen wurde, kommt im Rahmen des öffentlich-rechtlichen Versorgungsausgleichs allein die Anwendung der Tabellen vier, fünf oder sechs auf die ansonsten bei Ehezeitende erreichte Jahresversorgung in Betracht (so auch Gutdeutsch, a. a. O.). Denn die Anwartschaftsdynamik wird allein und ausreichend durch den Kapitalisierungsfaktor der Tabelle vier, fünf oder sechs beschrieben. Eine darüber hinausgehende Veränderung hat sich in Wirklichkeit nicht ergeben. Die ursprüngliche Prognose hat sich erfüllt. Damit aber scheidet der Ansatz einer höheren Jahresrente aus. Diese käme allein nach § 1587g Abs. 2 BGB im Rahmen des schuldrechtlichen Versorgungsausgleichs in Betracht (s. Rn. 547 f.).

ff) Gesamtleistungsbewertung

750 Als weiterer Abänderungsgrund bei gesetzlichen Rentenanwartschaften kommen alle nachehelichen Änderungen, die Auswirkungen auf den Ehezeitanteil haben, insbesondere durch die **Gesamtleistungsbewertung** (s. Rn. 192 „Gesamtleistungsbewertung"), in Betracht. Über diese, das gesamte Arbeitsleben umfassende Durchschnittsbewertung beitragsloser Zeiten wirken sich – sicher im Gegensatz zur ursprünglichen Absicht des Gesetzgebers zum Versorgungsausgleich – nacheheliche beitragslose Zeiten wertmindernd auf den Ehezeitanteil aus. Eine Korrektur unbilliger Ergebnisse durch nacheheliche „Schlamperei" ist (begrenzt) nur über die Härteregelung des

§ 10a Abs. 3 VAHRG (vgl. KG, FamRZ 1996, 1422, 1423 und BGH, FamRZ 1997 169, 171; s. Rn. 932, – „Abänderung: kein Ausschluss wegen grober Unbilligkeit") möglich.

d) Änderung der Rechtsprechung

Hier ist insbesondere an die Festigung einer höchstrichterlichen Rechtsprechung des BGH gegen 751
anderslautende Entscheidungen der Oberlandesgerichte zu denken, wenn – aus welchen Gründen
auch immer – der Rechtsweg bis zum BGH nicht ausgeschöpft worden ist.

e) Fehler in der Vorentscheidung

Fehler bei der Berechnung oder Rechtsanwendung in der Vorentscheidung: Das bedeutet z. B., 752
dass über § 10a VAHRG auch ein Amtsrichter eine frühere höchstrichterliche Entscheidung abändern kann, wenn die alte Rechtsprechung aufgegeben wurde.

4. Grobe Unbilligkeit

Trotz Erfüllung aller Tatbestandsvoraussetzungen ist eine **Abänderung nicht statthaft,** wenn sie 753
unter Berücksichtigung der beiderseitigen wirtschaftlichen Verhältnisse, insbesondere des Versorgungserwerbs nach der Ehe (z. B. bei Verschiebung von wertvollem Vermögen des Ausgleichsberechtigen an Angehörige, OLG Köln, FamRZ 1999, 1207), grob unbillig wäre (§ 10a Abs. 3 VAHRG). Diese Ausnahmevorschrift orientiert sich an § 1587c BGB und ist wie jene restriktiv anzuwenden (vgl. KG, FamRZ 1996, 1422, 1423).

5. Auswirkungen der fast totalen Abänderbarkeit

Welche positiven, aber auch bedenklichen Auswirkungen die inhaltlich fast totale – und zeitlich 754
nicht beschränkte – Abänderbarkeit früherer Ausgleichsentscheidungen haben kann, zeigt das folgende Beispiel.

Beispiel:
Ehezeit: 1. 7. 1962 – 31. 1. 1979
a) Erstentscheidung: im Jahr 1980

	Mann	Frau
GRV	601,80 DM	118,20 DM
VBL	273,81 DM	
	875,61 DM	118,20 DM

Das FamG hatte entsprechend der damaligen überwiegenden Rechtsprechung bei der VBL-Rente den Betrag der (volldynamischen) Versorgungsrente zugrundegelegt und deshalb wie folgt entschieden:

I. 1/2 Differenz =	378,70 DM
II. aa) Splitting =	241,80 DM
bb) Beitragsbegründung, § 1587b Abs. 3 BGB a. F. =	136,90 DM
= Beiträge von	24 556,84 DM

Auf diese Beitragszahlungspflicht zahlte der Mann am 21. 6. 1980 8000,00 DM.
Ende 1997 wollte die geschiedene Ehefrau den nicht gezahlten Rest vollstrecken und wissen, wie hoch die restliche Beitragspflicht war:

Mit 8 000,00 DM hatte der Mann nach Auskunft der GRV 1,6936 EP = 44,60 DM per Ehezeitende für die Frau begründet; offen waren noch 3,5052 EP; die Kosten 1997 (3,5052 DM x 47,44 DM =) 38 285,96 DM.

Gem. § 1587d Abs. 1, 2 BGB müsste die Frau Anpassung der Beitragszahlungspflicht verlangen. Die Vollstreckung allein des Restes aus der Erstentscheidung (24 556,84 DM – 8 000,00 DM =) 16 556,84 DM würde nämlich im Jahre 1997 nur noch zu (16 556,84 DM x 0,0000915531 =) 1,5158 EP = 39,93 DM per Ehezeitende oder 71,91 DM an Rente im Jahre 1997 führen.

Für Beiträge i. H. v. 38 285,96 DM würde die Frau bei einem aktuellen Rentenfall eine zusätzliche Rente von (3,5052 DM x 47,44 DM =) 166,29 DM erhalten. Aus dem bereits durchgeführten Versorgungsausgleich erhielte sie eine Rente von (241,80 DM x 47,44 DM : 26,34 DM) + (44,60 DM x 47,44 DM : 26,34 DM) = 515,83 DM, **zusammen 682,12 DM**.

b) Abänderungsentscheidung im Jahre 1996

Der Mann ist 1995 vorzeitig in Ruhestand gegangen (Arbeitslosigkeit und Firmenabfindung, noch keine Rente) und will die von der Frau geforderten 34 395,60 DM nicht zahlen. Er beantragt Abänderung.

Aufgrund neuer Auskünfte, die von den alten nicht unerheblich abwichen, weil die Anwartschaften des Mannes deutlich weniger, die der Frau aber deutlich wertvoller geworden sind, rechnete das Familiengericht jetzt wie folgt:

	Mann	Frau
GRV	587,39 DM	154,96 DM
VBL	25,54 DM	
	612,93 DM	154,96 DM

Es legt dabei nach der Rechtsprechung des BGH jetzt bei der VBL-Rente nur die Versicherungsrente mit nominell 161,07 DM zugrunde und rechnet diese in einen auszugleichenden Betrag von 25,54 DM um. Es gleicht danach aus:

I. 1/2 Differenz = 228,99 DM
II. aa) Splitting = 216,22 DM
   bb) Analoges Quasisplitting = 12,77 DM
(das ist eigentlich unzulässig; arg. ex Art. 4 § 1 VAwMG)
zusammen = 228,99 DM

Und es ordnet die Rückzahlung zuviel gezahlter Beiträge i. H. v. 3 850,58 DM an den Mann an.

Aufgrund dieser Entscheidung erhält die Frau aus dem VA nur eine Rente von insgesamt (228,99 DM x 47,44 DM : 26,34 DM =) **412,43 DM**. 269,69 DM weniger als nach der ursprünglichen Entscheidung zu erwarten waren.

Allerdings ist mit dieser Entscheidung die Geschichte noch nicht zu Ende. Der Mann hat jüngst eine Rente wegen Alters aus der gesetzlichen Rentenversicherung und eine Versorgungsrente von der VBL erhalten. Die Frau beantragt deshalb erneut Abänderung.

Es sind wiederum neue Auskünfte einzuholen mit (wegen der Umstellung der Versorgungsrenten der VBL auf reine (fiktiv) kapitalgedeckte Betriebsrenten, vgl. Rn. 261) veränderten Werten und der Mann muss jetzt – wie bereits 1980 entschieden – weitgehend die volle Versorgungsrente ausgleichen. Da insoweit richtigerweise nur der schuldrechtliche Versorgungsausgleich in Betracht kommt, dürfte jedoch eine Abänderung wegen zu geringer Differenz zur vorangegangenen Entscheidung abzuweisen sein, weil die Frau noch keine Rente erhält und damit *die Fälligkeitsvoraussetzungen für den schuldrechtlichen Versorgungsausgleich noch nicht gegeben sind. Sie müsste dann eine für sie gerechte Entscheidung in einem dritten Abänderungsverfahren anstreben.*

6. Rentner- und Pensionistenprivileg

Das Rentner- oder Pensionistenprivileg, §§ 110 Abs. 3 SGB VI, 57 Abs. 1 S. 2 BeamtVG, wonach sich eine durch den Versorgungsausgleich vorgegebene Kürzung der Versorgungsbezüge beim Ausgleichsverpflichteten, der bereits Rentner oder Pensionär ist, erst auswirkt, wenn der Versorgungsfall auch beim Ausgleichsberechtigten eintritt, gilt nicht nur im Erstverfahren, sondern auch im Rahmen eines Abänderungsverfahrens nach § 10a VAHRG (so ausdrücklich BGH, NJW 1995, 657, 658): Muss der Ausgleichspflichtige aufgrund der Abänderungsentscheidung mehr als bisher durch Splitting, Quasisplitting oder Supersplitting abgeben, ermäßigt sich seine Rente um den entsprechend erhöhten Kürzungsbetrag erst, wenn auch die Ausgleichsberechtigte tatsächlich in den Genuss des erhöhten Versorgungsausgleichs kommt oder bei ihm ein neuer Versicherungsfall eintritt.

755

V. Verfahrensbesonderheiten

1. Zuständigkeit nach § 45 FGG

Mit einem Antrag auf Abänderung wird das alte Versorgungsausgleichsverfahren nicht fortgesetzt, sondern ein neues, selbständiges Verfahren begonnen. Zuständig für die Abänderungsentscheidung ist nach geltendem Recht nicht automatisch das Gericht, das die abzuändernde Entscheidung erließ, sondern das nach § 45 FGG zu bestimmende Gericht (vgl. BGH, FamRZ 1988, 1160; Dörr, NJW 1988, 97, 102; wegen der Einzelheiten und der praktischen Schwierigkeiten vor allem für den Antragsteller s. Rn. 42). Entscheidet gleichwohl – unzuständigerweise – das Scheidungsgericht, ist auf Beschwerde hin die Entscheidung aufzuheben und das Amtsgericht anzuweisen, an da zuständige Gericht abzugeben (OLG Koblenz, FamRZ 2000, 490, 491).

756

2. Unbezifferter Antrag

Auch im Abänderungsverfahren ist wie im Ausgangsverfahren der gesamte Sachverhalt von Amts wegen aufzuklären (§ 12 FGG). Der verfahrenseinleitende **Antrag** braucht deshalb nicht beziffert zu sein (vgl. OLG Hamm, FamRZ 1994, 1530) und kann gestellt werden von

757

- jedem der geschiedenen Ehegatten;
- Hinterbliebenen der geschiedenen Eheleute;
- einem betroffenen Versorgungsträger.

Betroffen sind allerdings nur die Versorgungsträger, die Beteiligte des Ausgangsverfahrens waren, also nicht private Träger der betrieblichen Altersversorgung oder Lebensversicherungsunternehmen ohne Realteilung.

3. Ermittlung und Ausgleichsbilanz wie im Erstverfahren

Wenn das Abänderungsverfahren nicht von vornherein unzulässig ist, folgt ein Ausgleichsverfahren, das sich vom Erstverfahren nicht unterscheidet. Ermittlung, Bewertung und Ausgleich unterliegen denselben Bestimmungen (mit Ausnahme der nachträglich eingeführten Ausgleichsformen der §§ 1 Abs. 2, 3, 3b VAHRG). Maßgeblicher **Stichtag** bleibt deshalb der des Ehezeitendes. Lediglich alle inzwischen eingetretenen **Wertänderungen** sind zu berücksichtigen.

758

4. Auskunftsrechte und -pflichten

Zur Vorbereitung und Durchführung des Abänderungsverfahrens gelten auch für und gegen die Hinterbliebenen und – eingeschränkt für und gegen Versorgungsträger – die **Auskunftsrechte und -pflichten** gem. §§ 1585e, 1580 BGB (§ 10a Abs. 11 VAHRG).

759

5. Tod des Antragstellers

760 Bei Tod des Antragstellers endet das Abänderungsverfahren, es sei denn ein anderer Antragsberechtigter erklärt binnen **drei Monaten** die **Fortsetzung** (§ 10a Abs. 10 Satz 1 VAHRG).

6. Tod des Antragsgegners

761 Nach dem Tod des Antragsgegners wird das Verfahren gegen seine **Erben** fortgesetzt (§ 10a Abs. 10 Satz 2).

VI. Wirksamwerden und Titulierung

1. Zeitpunkt

762 Die Abänderung der vorangegangenen Ausgleichsentscheidung ist auf den Zeitpunkt des der Antragstellung folgenden Monatsersten auszusprechen (§ 10a Abs. 7 Satz 1 VAHRG).

763 Bisher ist noch nicht endgültig entschieden, was genau mit „Antragstellung" gemeint ist: Einreichung des Antrages bei Gericht (so Dörr, FamRZ 1988, 103; MüKo/Dörr, BGB, § 10a VAHRG Rn. 90) oder dessen (wirksame) Zustellung (vgl. RGRK/Wick, BGB, § 10 VAHRG Rn. 72)? Da das Abänderungsverfahren den Spielregeln des FGG folgt, kann eigentlich nur auf den **Eingang bei Gericht** abgestellt werden. Nur diese Auffassung wird auch den schutzwürdigen Interessen des durch die Abänderungsentscheidung Begünstigten gerecht.

764 Letzteres wird bedeutsam, wenn – wie in der Praxis nicht selten – das Gericht auf seine EDV-gespeicherten Daten vertraut und den Abänderungsantrag an den Prozessbevollmächtigten des Ursprungsverfahrens zustellt, der aber regelmäßig kein Mandat mehr hat. Dadurch können sich jahrelange Verzögerungen ergeben (vgl. dazu den instruktiven Fall des OLG Köln, FamRZ 1996, 1556), die im Ergebnis zu Lasten des durch die Abänderung Begünstigten gehen.

765 Der Versorgungsträger ist – ähnlich wie im Erstverfahren (§ 1597p BGB) – vor doppelten Leistungen bis zum Ablauf des Monats, der dem Monat der Kenntnis vom Eintritt der Rechtskraft folgt, geschützt (§ 10a Abs. 7 Satz 2 VAHRG).

2. Rückzahlung zuviel geleisteter Beiträge

766 Ergibt das Abänderungsverfahren, dass nach jetziger Sach- und Rechtslage eine Partei zuviel Beiträge zur Begründung von Rentenanwartschaften in der gesetzlichen Rentenversicherung geleistet hat, hat das Gericht die Rückzahlung dieser Beiträge – unter Anrechnung etwa erbrachter Leistungen – anzuordnen (§ 10a Abs. 8 VAHRG).

VII. Sonstige Auswirkungen

1. Wartezeit

767 Eine bereits erfüllte Wartezeit entfällt auch nicht bei Wertminderung oder Herabsetzung des Ausgleichsbetrages (§ 10a Abs. 6 VAHRG).

2. Vermeidung doppelter Zahlungen

768 Um doppelte Zahlungen zu vermeiden, sind etwaige Leistungen aus einem verlängerten schuldrechtlichen Versorgungsausgleich auf die Ausgleichsrente anzurechnen (§ 10a Abs. 7 Satz 3 VAHRG).

VIII. Kostenbesonderheiten

Aus der Tatsache, dass es sich bei dem Abänderungsverfahren notwendig um eine isolierte Familiensache der freiwilligen Gerichtsbarkeit handelt, folgt

- Nach § 2 Nr. 1 KostO, in 2. Instanz ebenso § 131a KostO, trägt der/die Antragsteller/in die Gerichtskosten, es sei denn, das Gericht entscheidet anders (§ 3 Nr. 1 KostO).

- Eine Erstattung außergerichtlicher Kosten findet im Regelfall nicht statt (§ 13a FGG – so OLG Karlsruhe, FamRZ 1999, 1207 – oder § 93a ZPO analog). Die dazu zählenden **Anwaltsgebühren** berechnen sich nach § 118 BRAGO.

IX. Abänderung nach § 1587d Abs. 2 BGB

Kein Fall des § 10a VAHRG ist die Abänderung oder Aufhebung rechtskräftiger Versorgungsausgleichsentscheidungen, mit denen der Ausgleichspflichtige verurteilt wurde, zugunsten des Ausgleichsberechtigten Beiträge zur Begründung von Rentenanwartschaften (ggf. auch in Raten) an die Träger der gesetzlichen Rentenversicherung zu zahlen.

Werden diese Beiträge nicht unverzüglich, d. h. innerhalb von drei Monaten nach dem Ende des Jahres, in dem die Ausgleichsentscheidung rechtskräftig geworden ist, gezahlt, erreichen sie das gesteckte Ziel – Begründung von Anwartschaften in bestimmter Höhe – nicht mehr vollständig. Denn zwischenzeitlich ist mehr Geld erforderlich, um diese Anwartschaften zu bezahlen. Es kann weiter sein, dass sich die wirtschaftlichen Verhältnisse beim Verpflichteten gegenüber dem Zeitpunkt der Scheidung wesentlich verschlechtern oder verbessern. Für diese Fälle stellt das Gesetz den Parteien mit **§ 1587d Abs. 2 BGB** i. V. m. § 3b Abs. 1 Nr. 2 Satz 2 VAHRG ein Instrument zur **Anpassung der Entscheidung an die zwischenzeitlich eingetretenen Veränderungen** zur Verfügung. Dadurch soll nicht nur der Ausgleichsberechtigte vor einer Auszehrung seines Anspruches, sondern auch der Ausgleichspflichtige dauerhaft vor unbilliger Inanspruchnahme geschützt werden.

Eine Neufestsetzung des Zahlbetrages ist dagegen wegen §§ 95 Abs. 3 Satz 3, 79 BVerfGG i. V. m. § 767 ZPO **unzulässig**, wenn die ursprüngliche rechtskräftige Entscheidung über einen Versorgungsausgleich durch Beitragsentrichtung auf dem für verfassungswidrig erklärten § 1587b Abs. 3 Satz 1 BGB (BVerfG, FamRZ 1983, 342 ff.) beruhte. Ein untragbares, mit Recht und Gerechtigkeit offensichtlich unvereinbares und deshalb nach § 1587c BGB korrekturbedürftiges Ergebnis ist mit dieser Auffassung im Hinblick auf die durch Art. 4 § 1 VAwMG eingeräumten Gestaltungsmöglichkeiten zugunsten des Ausgleichsberechtigten nicht verbunden (OLG Hamm, FamRZ 1999, 864, 865).

Ändert das Gericht die bisherige Beitragszahlungsverpflichtung zu Lasten des Ausgleichsberechtigten ab, ist damit kein endgültiger Rechtsverlust verbunden. Denn ihm bleibt insoweit immer noch ein Anspruch auf schuldrechtlichen Versorgungsausgleich nach § 1587f Nr. 3 BGB.

Zur Abänderung rechtskräftiger Verurteilung zur Beitragszahlung ist ein **Antrag** erforderlich. Zuständig für die Entscheidung darüber ist nach §§ 3 Nr. 2a, 14 Nr. 2a, b RPflG nicht der Richter, sondern der Rechtspfleger.

X. Abänderung oder schuldrechtlicher Versorgungsausgleich?

In den Fällen des § 10a Abs. 1 Nr. 2 und 3 VAHRG, wenn ein ursprünglich noch verfallbares Anrecht unverfallbar geworden ist, hat der Berechtigte ein Wahlrecht zwischen der Einleitung eines Abänderungsverfahrens und der Durchführung eines schuldrechtlichen Versorgungsausgleichs. Obwohl auch im Rahmen des schuldrechtlichen Ausgleichs grds. eine Überprüfung der Ausgleichsbilanz nach den aktuellen Werten stattfinden muss (vgl. o. Rn. 542), führen beide Verfahrensarten in einer ganzen Reihe von Fallgestaltungen zu unterschiedlichen Ergebnissen, die es bereits vor Verfahrenseinleitung gegeneinander abzuwägen gilt (vgl. dazu die Wirtschaftlichkeitsüberlegungen zu Rn. 522).

F. Nach der Ausgleichsentscheidung

I. Wirksamwerden des Versorgungsausgleichs

1. Umsetzung durch Versorgungsträger

776 Mit der Rechtskraft der Versorgungsausgleichsentscheidung – sei es die Erstentscheidung oder eine nachfolgende Abänderungsentscheidung – wird der **öffentlich-rechtliche Versorgungsausgleich** vorbehaltlich einer späteren Abänderung nach § 10a VAHRG zwar unanfechtbar, aber – trotz § 629d ZPO – noch nicht sofort wirksam. Dazu bedarf es zusätzlich der Umsetzung der gerichtlichen Entscheidung durch die Versorgungsträger.

a) Zeitpunkt der Erhöhung

777 Bei Splitting und Quasisplitting **erhöht** sich grds. die Rente des **ausgleichsberechtigten** Ehegatten und **ermäßigt** sich die Rente (Pension) des **ausgleichspflichtigen** Ehegatten grds. zum Monatsersten nach Eintritt der Rechtskraft der Versorgungsausgleichsentscheidung (§§ 99 Abs. 1 SGB VI, 48 Abs. 1 Satz 2 Nr. 1 SGB X; vgl. BSG, FamRZ 1982, 1008; 1991, 934, 935), **ohne** dass es auf Seiten des Berechtigten eines **Antrages** bedürfte.

778 Erhalten beide Parteien bereits eine Rente (Pension), kann diese Regelung dazu führen, dass der Versorgungsträger teilweise **doppelt leisten** müsste. Davor wird er durch §§ 1587p BGB, 10a Abs. 7 Satz 3 VAHRG geschützt: Der Versorgungsträger darf die ungekürzte Rente (Pension) mit befreiender Wirkung gegenüber dem Ausgleichsberechtigten max. zwei Monate lang nach Kenntnis vom Eintritt der Rechtskraft der Versorgungsausgleichsentscheidung weiterzahlen. Zwar stellt der Gesetzeswortlaut des § 1587p BGB auf die Zustellung der Entscheidung an den Versorgungsträger ab. Diese kann jedoch nicht maßgeblich sein, da eine Bindung des Versorgungsträgers frühestens mit der Rechtskraft der Entscheidung eintreten kann (§ 629d ZPO), diese aber von eventuellen Rechtsmitteln der Eheleute oder anderer beteiligter Versorgungsträger abhängt.

b) Zeitpunkt der Minderung

779 Die **Minderung** der Rente (Pension) des Ausgleichspflichtigen wirkt sich grds. aus, sobald bei ihm der Versorgungsfall eintritt, unabhängig davon, ob der Berechtigte zeitgleich die entsprechenden Erhöhungen erhält oder nicht. Diese Regelung, die sich als Konsequenz der Begründung zweier unabhängiger Versicherungsverhältnisse durch den Versorgungsausgleich zwingend ergibt, ist verfassungsgemäß (s. BVerfG, FamRZ 1993, 405, 406, 407 und 1996, 341, 342, 343; s. Rn. 932 „Beamtenversorgung: Verfassungsmäßigkeit"; BVerfG, FamRZ 1996, 341, 342, 343).

780 Die Kürzung wirkt sich auch auf die Höhe des Witwengeldes aus, das die Witwe des Beamten bei dessen Tod nach Wirksamwerden des Versorgungsausgleichs erhält. Das gilt selbst dann, wenn die geschiedenen Eheleute erneut einander geheiratet haben und der Witwe noch keine Rente aufgrund des Versorgungsausgleichs zusteht (BVerwG, NVwZ-RR 1991, 313).

781 Bezieht der Ausgleichspflichtige bei Rechtskraft der Versorgungsausgleichsentscheidung bereits eine Rente (Pension) und ist beim Ausgleichsberechtigten der Versorgungsfall noch nicht eingetreten, unterliegt die Rente (Pension) des Ausgleichspflichtigen einem **Besitzschutz (sog. Rentner- oder Pensionärsprivileg).** Eine Minderung tritt erst ein, wenn für den Ausgleichspflichtigen ent-

weder eine Rente aus einem späteren Rentenfall oder aber für den Berechtigten aus dem Versorgungsausgleich eine Rente zu zahlen ist (§ 101 Abs. 3 SGB VI). Gleiches gilt in der Beamtenversorgung (§ 57 Abs. 1 Satz 2 BeamtVG).

In der Praxis können diese Schutzvorschriften dazu führen, dass die Parteien entweder mit der Einreichung des Scheidungsantrags warten, bis die Rente (Pension) für den Ausgleichsverpflichteten bewilligt ist, das Ausgleichsverfahren zu verzögern suchen oder aber eine Abtrennung des Versorgungsausgleichsverfahrens mit dem Ziel, die Vorteile der Besitzschutzregelung zu erreichen, beantragen. Letzteres dürfte nicht zuletzt wegen der finanziellen Auswirkungen zu Lasten der Solidargemeinschaft der Versicherten bzw. der öffentlichen Hand unzulässig sein. 782

c) Bescheide über Auswirkungen des Versorgungsausgleichs

Über die Auswirkungen der rechtskräftigen Versorgungsausgleichsentscheidung auf die eigene Versorgung erhalten die Parteien von den Versorgungsträgern unaufgefordert jeweils **rechtsmittelfähige Bescheide.** Wegen der Besonderheiten des Beamtenversorgungs- und des Rentenrechts, insbesondere aber wegen der zwischenzeitlichen Rentenanpassungen und Besoldungserhöhungen kommt es häufig dazu, dass die tatsächlichen Erhöhungen und Verminderungen zahlenmäßig von den Beträgen in der Entscheidung über den Versorgungsausgleich abweichen. Die Träger der gesetzlichen Rentenversicherung können dieses Problem dadurch umgehen, dass sie die Rentenzuschläge und Rentenabschläge nicht als Euro-Beträge, sondern in **Entgeltpunkten** (vgl. Rn. 192 „Entgeltpunkte") ausdrücken. Diese bleiben, anders als die Euro-Beträge über die gesamte Zeit konstant. Einwendungen gegen die Richtigkeit dieser Bescheide können nur in dem jeweiligen Verwaltungsverfahren und bei Streit darüber vor den Sozial- bzw. Verwaltungsgerichten vorgetragen werden. 783

2. Wirksamkeit und Vollstreckung

Die Entscheidungen über einen **schuldrechtlichen oder verlängerten schuldrechtlichen Ausgleich** werden mit ihrer Rechtskraft wirksam. Deren Vollstreckung richtet sich nach ZPO-Vorschriften (§ 53g Abs. 3 FGG). 784

3. Auswirkungen auf Wartezeiten

Durch die im Wege des Versorgungsausgleichs übertragenen Rentenanwartschaften erhalten die Ausgleichsberechtigten zwar die Stellung von Versicherten i. S. d. §§ 1 ff. SGB VI, nicht jedoch in jeder Hinsicht dieselben Rechte wie diejenigen, die Pflichtbeiträge entrichtet haben oder nachversichert worden sind. Das folgt aus der gesonderten Erwähnung der durch einen Versorgungsausgleich Begünstigten in § 8 Abs. 1 Nr. 2 SGB VI und ist verfassungsgemäß (BVerfGE 75, 78, 96). Die Unterscheidung hat vor allem Bedeutung für die Länge einer durch den Versorgungsausgleich zugunsten des **Ausgleichsberechtigten** mitübertragenen **Wartezeit** i. S. d. §§ 50, 51 SGB VI (vgl. § 52 SGB VI). 785

Auf die vom **Ausgleichspflichtigen** bereits erreichte Wartezeit in der gesetzlichen Rentenversicherung hat die Minderung seiner Rente durch den Versorgungsausgleich dagegen keine Auswirkung.

II. Abwendung der Kürzung

Der Versorgungsausgleich durch Splitting, Quasisplitting und analoges Quasisplitting führt dazu, dass die Anwartschaften des Ausgleichspflichtigen in der gesetzlichen Rentenversicherung und Beamtenversorgung gemindert, die des Ausgleichsberechtigten erhöht werden (vgl. Rn. 779). Der Ausgleichspflichtige kann die bei ihm eintretende Minderung seiner Versorgungsanwartschaften regelmäßig wieder rückgängig machen, und zwar in einigen Härtefällen ohne Einsatz weiterer Finanzmittel, ansonsten aber durch Einzahlung entsprechender Beiträge bei seinem Versorgungsträger. 786

1. Rückgängigmachung des Ausgleichs in Härtefällen

787 Mit seiner Entscheidung vom 28. 2. 1980 (BVerfGE 53, 257 = NJW 1980, 692) hatte das BVerfG den Gesetzgeber aufgefordert, Härten des bis dahin geltenden Versorgungsausgleichrechts zu beseitigen, die sich daraus ergaben, dass dem Ausgleichspflichtigen auch dann Rentenanwartschaften durch den Versorgungsausgleich abgezogen wurden, wenn der Ausgleichsberechtigte die Vorteile des Versorgungsausgleichs gar nicht erhielt. Diesem Auftrag ist der Gesetzgeber mit den §§ 4, 5 des VAHRG vom 21. 2. 1983 nachgekommen. In den folgenden drei Fällen wird der **Versorgungsausgleich** danach **rückgängig** gemacht (vgl. auch Gerhardt/v. Hentschel-Heinegg/Klein/Gutdeutsch, Handbuch des Fachanwalts Familienrecht, VII, Rn. 175).

a) Tod des Berechtigten

788 Wenn feststeht, dass der Ausgleichsberechtigte oder seine Hinterbliebenen aus dem Versorgungsausgleich keine Leistungen erhalten werden, weil der Berechtigte vor Eintritt des Versorgungsfalls stirbt und Hinterbliebenenrenten **nicht zu zahlen** sind, wird der Versorgungsausgleich rückgängig gemacht (§ 4 Abs. 1 VAHRG). Diese Bestimmung findet keine Anwendung, wenn zwar der Berechtigte bis zu seinem Tod keine Leistungen aus dem im Versorgungsausgleich erworbenen Anrecht erhalten hat, danach aber aus diesem Recht Leistungen an Hinterbliebene gewährt werden. In diesem Falle kommt allein eine Härteregelung nach Abs. 2 der Bestimmung in Betracht (OVG Koblenz, NJW-RR 1986, 373).

Der Rückausgleich erfolgt aufgrund eines **Antrages** des Ausgleichspflichtigen oder seiner Hinterbliebenen (§ 9 Abs. 2 VAHRG) **an den Versorgungsträger** (§ 9 Abs. 1 VAHRG). Für den Rückausgleich nach dem VAHRG ist nicht das Familiengericht zuständig, sondern der Versorgungsträger und im Streitfall das für diesen zuständige Fachgericht (Sozialgericht, Verwaltungsgericht oder Arbeitsgericht, je nachdem ob es sich um die Rente aus der gesetzlichen Rentenversicherung, eine Beamtenversorgung oder die (Zusatz-)Versorgung bei einem anderen öffentlich-rechtlichen Versorgungsträger handelt. Die ungekürzte Rente (Pension) wird frühestens mit Ablauf des Monats (wieder) gezahlt, in dem alle Voraussetzungen dafür erfüllt sind.

789 Bezieht der Ausgleichspflichtige im Zeitpunkt des Todes des Ausgleichsberechtigten bzw. zum Zeitpunkt des Wegfalls der Leistungen an dessen Hinterbliebenen bereits eine um den Versorgungsausgleich gekürzte Rente, ist die Rente neu zu berechnen, und zwar nach den allgemeinen Vorschriften über die Rücknahme bzw. Aufhebung von Verwaltungsakten. Nach § 44 Abs. 4 SGB X kommt eine rückwirkende Erstattung nur für max. vier Jahre in Betracht (gerechnet vom Beginn des Jahres an, in dem der Antrag gestellt wird). Der Antrag auf Rückgängigmachung des Versorgungsausgleichs sollte danach möglichst bald nach dem Tode des Ausgleichsberechtigten gestellt werden.

b) Leistungen in Höhe von zwei Jahresbeträgen

790 Hat der Ausgleichsberechtigte (oder haben seine Hinterbliebenen) aufgrund des Versorgungsausgleichs Leistungen bezogen, die insgesamt **zwei Jahresbeträge** nicht übersteigen, ist der Versorgungsausgleich auf Antrag ebenfalls rückgängig zu machen, die gewährten Leistungen sind jedoch auf die beim Ausgleichspflichtigen eintretenden Rentenerhöhungen anzurechnen (§ 4 Abs. 2 VAHRG). Sind die Hinterbliebenenleistungen einmal entfallen und kommt es später wieder zu solchen, greift erneut die Kürzung ein. Entfallen die Hinterbliebenenleistungen wieder, ist wiederum der Grenzbetrag zu prüfen und der Versorgungsausgleich danach ggf. wieder rückgängig zu machen.

791 Da **Leistungen** i. S. d. Vorschrift nicht nur die reinen Rentenleistungen, sondern u. a. auch Rehabilitationskosten, Witwenabfindungen, Beitragserstattungen sind, wird der Grenzwert von zwei Jahresbeträgen nicht selten schon bei Rentenbezug in weniger als zwei Jahren erreicht. Andererseits ist für diesen Grenzwert nicht der vom Familiengericht festgelegte Ausgleichsbetrag, sondern der auf das Ende des Leistungsbezugs durch den Ausgleichsberechtigten (oder seiner Hinterbliebenen) berechnete dynamisierte Rentenbetrag entscheidend.

c) Unterhaltsanspruch des Berechtigten vor dem Rentenfall

Erhält der Ausgleichsberechtigte noch **keine Vorteile** aus dem Versorgungsausgleich, hat oder hätte er aber einen **Unterhaltsanspruch** gegen den Ausgleichspflichtigen, können beide Parteien (§ 9 Abs. 2 Satz 2 VAHRG) den Antrag stellen, dass der Versorgungsausgleich rückgängig gemacht wird (§ 5 VAHRG). Das betrifft alle Fälle, in denen der Ausgleichspflichtige vor dem Ausgleichsberechtigten in Rente/Pension geht. 792

Es kommt im Rahmen des § 5 VAHRG weder auf die Höhe des Unterhaltsanspruchs noch darauf an, ob der Unterhaltspflichtige bisher Unterhalt gezahlt hat (VGH Baden-Württemberg, FamRZ 2001, 1149 f.; OVG Münster, FamRZ 2002, 827, 828). Ein Anspruch auf Rückgängigmachung der Kürzung besteht auch und schon dann, wenn ein Unterhaltsanspruch des Ausgleichsberechtigten überhaupt besteht oder aber (nur) an der Leistungsunfähigkeit des Ausgleichspflichtigen scheitert. Allerdings muss nach dem Gesetzeswortlaut die Leistungsunfähigkeit gerade auf der Versorgungsausgleichskürzung beruhen. Die Änderung der Rechtsprechung des BGH zur sog. **Anrechnungsmethode** führt zu einer klaren Ausweitung von Unterhaltsansprüchen und damit auch zu einer Ausweitung des Anwendungsbereiches von § 5 VAHRG. 793

§ 5 VAHRG setzt einen **gesetzlichen** Unterhaltsanspruch voraus. Rein vertragliche Unterhaltsansprüche führen nicht zur gewünschten Rückgängigmachung der Kürzung (OVG Münster, FamRZ 2001, 1151, 1152). Die betroffenen Versorgungsträger werden nicht selten – und nach der genannten Änderung der Rechtsprechung des BGH zur Anrechnungs- und Differenzmethode vermehrt – erhebliche Schwierigkeiten haben, die tatsächlichen Voraussetzungen für das Fehlen eines nachehelichen Unterhaltsanspruches festzustellen und müssen wohl nicht selten böswilliges Zusammenwirken der geschiedenen Eheleute zu ihrem Nachteil befürchten. Bei erheblichen Zweifeln können sie sich jedoch auf den Standpunkt stellen, dass der die Rückgängigmachung der Kürzung beantragende, in jedem Fall aber der dadurch begünstigte Ehegatte hinreichende Umstände für das Bestehen eines Unterhaltsanspruchs darlegen und glaubhaft machen muss. Immer dann, wenn die geschiedene und neu verheiratete Ehefrau weniger verdient als der geschiedene Ehemann, wird man jetzt aber im Zweifel vom Bestehen eines gesetzlichen Unterhaltsanspruchs auszugehen haben (so auch OVG Münster, FamRZ 2002, 827, 828). 794

Der gesetzliche Unterhaltsanspruch braucht nicht durchgehend vom Zeitpunkt der Scheidung bis zum Einsetzen des Unterhaltsanspruches bestanden zu haben. Die verfassungsrechtlich bedenkliche und durch § 5 VAHRG auszuschließende Doppelbelastung des Ausgleichsverpflichteten besteht auch dann, wenn dieser zu irgendeinem Zeitpunkt nach der Durchführung des Versorgungsausgleichs dem Ausgleichsberechtigten zusätzlich unterhaltspflichtig wird. Das kann auch dadurch geschehen, dass er diesen wieder heiratet (VerwG Bayreuth, FamRZ 2000, 950, 961).

Unterhaltszahlungen i. S. d. § 5 VAHRG können auch **Unterhaltsabfindungen** im Rahmen von Scheidungsfolgenvereinbarungen sein. In diesem Fall steht dem Unterhaltsberechtigten neben der vereinbarten Abfindung aber entgegen § 6 VAHRG regelmäßig nicht auch noch die Hälfte einer etwaigen Nachzahlung des Versorgungsträgers zu (AG Rosenheim, FamRZ 1999, 1207). 795

Nicht nur Unterhaltsansprüche nach Trennung und Scheidung, sondern auch der Anspruch auf Familienunterhalt nach § 1360 Satz 1 BGB sind Unterhaltsansprüche i. S. d. § 5 VAHRG (so VerwG Bayreuth, FamRZ 2000, 960, 961; Heilemann, FamRZ 1999, 1039 f.) mit der Folge, dass eine **erneute Eheschließung der geschiedenen Eheleute miteinander** die Aussetzung der Kürzung nach vorangegangenem Versorgungsausgleich nicht nur nicht in Frage stellt, sondern u. U. sogar erstmals die Voraussetzungen dafür schafft. 796

797 Die Versorgungsausgleichskürzung setzt (erneut) ein, wenn der Ausgleichsberechtigte eine Rente aus dem Versorgungsausgleich erhält. Stellt er dagegen z. B. keinen Rentenantrag, bleibt es bei der Aufhebung der Kürzung.

2. Abwendung der Kürzung

798 Außer in den genannten Härtefällen kann der Ausgleichspflichtige die bei ihm durch den Versorgungsausgleich eingetretenen oder künftig eintretenden Kürzungen durch Zahlungen an seinen Versorgungsträger ganz oder teilweise abwenden (§ 58 BeamtVG; s. Rn. 235 „Kürzung der Versorgungsbezüge"; § 187 Abs. 1 Nr. 5 SGB VI, s. Rn. 192 „Bereiterklärung" a. E.). In der Praxis spielt die Möglichkeit eines **Wiederauffüllens der gekürzten Renten- oder Pensionsanwartschaften durch eigene Beiträge** wegen der regelmäßig beengten finanziellen Verhältnisse der Parteien keine große Rolle. Gleichwohl muss an die Möglichkeit dieser „Nachentrichtung" von Beiträgen gerade dann gedacht werden, wenn ein Versorgungsfall bevorsteht und eine anderweitige privatrechtliche Absicherung – etwa aus Gesundheitsgründen – nicht mehr in Betracht kommt.

799 Die Möglichkeit, die durch den Versorgungsausgleich gekürzten Rentenanwartschaften wieder aufzufüllen, entfällt im Bereich der gesetzlichen Rentenversicherung, wenn der Ausgleichspflichtige einen **bindenden Altersruhegeldbescheid** erhalten hat. Bezieht er Berufsunfähigkeits- oder Erwerbsunfähigkeitsrente, kann sich der eingezahlte Beitrag nur für den nächst höheren Versorgungsfall, d. h. insbesondere den Altersruhegeldfall auswirken. Anders ist es im Beamtenversorgungsrecht. Nach § 57 BeamtVG kann auch noch der pensionierte Ausgleichspflichtige die Versorgungsausgleichskürzung seiner Pension durch Einzahlungen rückgängig machen. Ob dieses wirtschaftlich ist, kann im Zweifel nur ein Wirtschafts- oder Steuerberater ermitteln.

G. Versorgungsausgleich und Tod einer Partei

800 Der Tod einer Partei wirkt sich auf den Versorgungsausgleich in unterschiedlicher Weise aus. Er hat prozessuale und materiell-rechtliche Folgen:

I. Tod während des Scheidungsverfahrens

801 Während des **laufenden Scheidungsverfahrens** führt der Tod einer Partei dazu, dass das Verfahren in der Hauptsache als erledigt anzusehen ist (§ 619 ZPO); ein Versorgungsausgleich kann nicht mehr stattfinden. Das gilt auch, wenn der Tod einer Partei nach Scheidung, aber vor Rechtskraft eintritt (BGH, FamRZ 1981, 245).

II. Tod nach der Scheidung

802 Stirbt nach **rechtskräftiger Scheidung** eine Partei, unterscheiden sich die Auswirkungen auf den Versorgungsausgleich danach, ob es um einen öffentlich-rechtlichen oder schuldrechtlichen Ausgleich geht und danach, ob das Versorgungsausgleichsverfahren bereits rechtskräftig abgeschlossen wurde oder noch läuft.

1. Auswirkungen auf schuldrechtlichen Ausgleich

803 Bei noch **nicht abgeschlossenem Erst-Versorgungsausgleichs-Verfahren** nach rechtskräftiger Scheidung – etwa nach Abtrennung gem. § 628 ZPO oder Aussetzung nach § 2 VAÜG – kommt es für einen öffentlich-rechtlichen Ausgleich darauf an, ob der Ausgleichsberechtigte oder der Ausgleichspflichtige gestorben ist. Maßgeblich ist dabei der Tag des Wirksamwerdens der Ausgleichs-

entscheidung, wenn es sich auch wegen der Möglichkeit, einen Versorgungsausgleich nach § 4 VAHRG bei frühzeitigem Tod des Berechtigten rückgängig zu machen (s. u. Rn. 788) insoweit um eine eher akademische Frage handelt.

a) Tod des Ausgleichsberechtigten

Mit dem **Tod des Ausgleichsberechtigten** erlischt dessen Anspruch auf öffentlich-rechtlichen Ausgleich (§ 1587e Abs. 2 BGB). Nach § 1587k Abs. 2 Satz 2 BGB gehen die nach § 1587i Abs. 1 BGB zur Sicherung der schuldrechtlichen Ausgleichsrente abgetretenen Betriebsrentenansprüche des Ausgleichsverpflichteten kraft Gesetzes wieder auf diesen über, soweit nicht Ansprüche für die Vergangenheit bestehen.

804

b) Tod des Ausgleichspflichtigen

Der **Tod des Ausgleichspflichtigen** berührt den Inhalt des öffentlich-rechtlichen Versorgungsausgleichs nicht. Das Versorgungsausgleichsverfahren ist vielmehr in vollem Umfange gegen die Erben des Verpflichteten fortzusetzen (§ 1587e Abs. 4 BGB). Die Versorgungsanrechte des Ausgleichspflichtigen werden als fortbestehend angesehen. Auch die Erben müssen ggf. – jetzt unter Berücksichtigung ihrer Vermögensverhältnisse – Beiträge zur Begründung von Rentenanwartschaften nach § 3b Abs. 1 Nr. 2 VAHRG zugunsten des Ausgleichsberechtigten zahlen (vgl. BGH, FamRZ 1985, 1240, 1241; 1986, 894).

805

Ob, wie das OLG Frankfurt/M. (FamRZ 1995, 299; s. Rn. 932 „Ausschluss des Versorgungsausgleichs: Tod") meint, eine Kürzung oder Herabsetzung des Versorgungsausgleichs aus Billigkeitsgründen wegen in der Person des Ausgleichsberechtigten liegenden Umstände nach dem Tod des Ausgleichspflichtigen nicht mehr in Betracht kommt (so auch Borth, FamRZ 1996, 714, 718), weil ein Verstorbener nicht mehr belastet werden kann, erscheint in dieser Allgemeinheit zweifelhaft.

806

2. Nicht abgeschlossener Erst-Versorgungsausgleich

Ein etwaiger Anspruch auf **schuldrechtlichen Versorgungsausgleich für die Zukunft** erlischt mit dem Tod sowohl des Ausgleichsberechtigten (§ 1587k Abs. 2 1. Hs. BGB) wie des Ausgleichspflichtigen. Für letzteren ist das gesetzlich nicht ausdrücklich geregelt, ergibt sich aber aus § 1587k Abs. 1 BGB, der auf die Bestimmungen zum nachehelichen Unterhalt verweist, aus der Verweisung aber § 1586b BGB ausnimmt, wonach die Unterhaltspflicht mit dem Tod des Verpflichteten auf seine Erben übergeht (vgl. BGH, FamRZ 1989, 950, 951).

807

a) Tod des Ausgleichspflichtigen

Ob bei Tod des Ausgleichspflichtigen ein **verlängerter schuldrechtlicher Versorgungsausgleich** durchführbar ist, muss gesondert geprüft werden. Mit dem Tod des Ausgleichspflichtigen erlischt neben dem Anspruch auf schuldrechtliche Ausgleichsrente nach § 1587g BGB auch der Anspruch auf eine Abfindung nach § 1587l BGB mit Ausnahme etwaiger Ansprüche für die Vergangenheit nach § 1587k Abs. 2 BGB i. V. m. § 1586 BGB.

808

b) Tod des Ausgleichsberechtigten

Mit dem Tod des Ausgleichsberechtigten erlöschen dessen Ansprüche auf schuldrechtlichen und verlängerten schuldrechtlichen Versorgungsausgleich **für die Zukunft** (§ 1587k Abs. 2 1. Hs. BGB). Das gilt auch für die Erfüllung der Forderung auf Abfindung nach § 1587l BGB (§ 1587m BGB). Ansprüche für eine zurückliegende Zeit bleiben gem. § 1587k Abs. 2 BGB, der auf die unterhaltsrechtlichen Ausnahmevorschriften des § 1586 Abs. 2 BGB verweist, unter den dort genannten Voraussetzungen erhalten.

809

3. Nach Rechtskraft der Erstentscheidung

810 Nach **Rechtskraft der Erstentscheidung** über den Versorgungsausgleich wird dieser durch den Tod einer Partei grds. nicht mehr berührt, es sei denn, der **Anspruch** auf schuldrechtlichen Versorgungsausgleich **erlischt,** s. o. Rn. 804, 805; weitere Ausnahme s. unter Rn. 813.

Stirbt einer der beiden geschiedenen Ehegatten, bevor bei ihm der Versorgungsfall eingetreten war, kann das unabhängig von den bisher erörterten eher prozessualen Folgen auch materiell-rechtliche Konsequenzen haben: Mit dem Tod werden nämlich ggf. bisher noch verfallbare Anwartschaften auf eine betriebliche Rentenanwartschaft bei ihm zugunsten des anderen Ehegatten **unverfallbar,** z. B. die volle (dynamische) Versorgungsrente (vgl. § 45 VBL-Satzung; BGH, FamRZ 1985, 1240, 1241; 1986, 894, 895) mit der Folge, dass insoweit entweder ein ergänzender öffentlich-rechtlicher Ausgleich oder (bei Erfüllung der sonstigen Voraussetzungen) ein verlängerter schuldrechtlicher Ausgleich möglich wird.

III. Tod im Abänderungsverfahren

811 Ein **Verfahren auf Abänderung** der Versorgungsausgleichsentscheidung nach § 10a VAHRG endet mit dem **Tod des antragstellenden Ehegatten,** wenn nicht ein anderer Antragsberechtigter, ggf. auch ein Versorgungsträger, binnen drei Monaten gegenüber dem Familiengericht erklärt, das Verfahren fortsetzen zu wollen. Geschieht das nicht, erledigt sich die Hauptsache. Bei Aufnahme ist das Verfahren gem. § 1587e Abs. 4 BGB gegen die Erben des Verstorbenen fortzusetzen. Für eine etwaige anwaltliche Vertretung gelten §§ 239, 246 ZPO entsprechend.

812 Der **Tod des Antragsgegners** berührt das Abänderungsverfahren genauso wenig wie das Erstverfahren: Es ist gegen die Erben des Antragsgegners fortzusetzen (§ 10a Abs. 10 VAHRG). Auch diese können ggf. noch zur Zahlung von Beiträgen gem. § 3b Abs. 1 Nr. 2 VAHRG verurteilt werden. Wegen eines etwaigen schuldrechtlichen Ausgleichs s. Rn. 803 f.

IV. Auswirkungen auf eingetretene Kürzungen

813 Beim (vorzeitigen) **Tod des Ausgleichsberechtigten** besteht die Möglichkeit, die durch den Versorgungsausgleich **eingetretenen Kürzungen wieder rückgängig** zu machen. Zu den Voraussetzungen im Einzelnen s. Rn. 787 ff. Das gilt auch für geleistete Beiträge zur Begründung von Rentenanwartschaften in der gesetzlichen Rentenversicherung nach § 3b Abs. 1 Nr. 2 VAHRG oder § 1587o BGB und Abfindungen nach § 1587l BGB (§ 7 i. V. m. § 4 Abs. 2 VAHRG).

814 Hat der Ausgleichspflichtige zur Abwendung der Kürzung seiner Versorgungsbezüge an den eigenen Versorgungsträger Beiträge gezahlt, kann er bei vorzeitigem Tod des Berechtigten auch Erstattung dieser Beiträge verlangen (§ 8 VAHRG).

H. Übergangsregelungen

815 Übergangsrecht ist die Summe der Rechtsnormen, die den zeitlichen Geltungsbereich eines neu in Kraft getretenen Gesetzes (ausdrücklich) bestimmen. Der Gesetzgeber hat in diesem Zusammenhang einen nicht unerheblichen Gestaltungsspielraum (BVerfG, FamRZ 1978, 173, 176) und diesen bei der Einführung und Novellierung des Versorgungsausgleichs in unterschiedlicher Weise genutzt.

I. Altehen

816 Einen Versorgungsausgleich kennt das Gesetz nur für Eheleute, die **nach dem 1. 7. 1977 geschieden** worden oder noch zu scheiden sind. Für bis zum 30. 6. 1977 geschiedene Ehen verbleibt es bei dem damaligen Recht, das einen Versorgungsausgleich nicht vorsah (Art. 12 Nr. 3 Abs. 3 Satz 1

des 1. EheRG). Maßgeblich insoweit ist nicht das Datum des Eintritts der Rechtskraft, sondern das der Verkündung des Scheidungsurteils. Verfassungsrechtliche Bedenken gegen diese Regelung bestehen trotz gewisser Manipulationsmöglichkeiten nicht (BVerfG, FamRZ 1978, 173, 176). Daneben gibt es den Versorgungsausgleich auch für alle nach dem 1. 7. 1977 für nichtig erklärten Ehen (über §§ 26, 27 EheG), wenn nicht die vermögensrechtlichen Wirkungen der Ehe binnen sechs Monaten durch einseitige Erklärung ausgeschlossen wurden (§§ 26 Abs. 2, 37 Abs. 2 EheG).

Die Parteien hatten vor dem 1. 7. 1977 auch **nicht** die Dispositionsfreiheit, einen öffentlich-rechtlichen Versorgungsausgleich **vertraglich zu vereinbaren.** Sie konnten allerdings im Wege einer Scheidungsfolgenvereinbarung Leistungen festlegen, die im wirtschaftlichen Ergebnis den Ausgleichsberechtigten so stellen, als wenn ein Versorgungsausgleich durchführbar gewesen wäre (BGH, FamRZ 1982, 794, 795; OLG Celle, FamRZ 1979, 45). Auf der anderen Seite gelten die Bestimmungen der §§ 1587 bis 1587p BGB und des VAHRG auch für die Altehen, d. h. solche, die vor dem 1. 7. 1977 geschlossen worden sind. Auch dieses ist verfassungsgemäß (BVerfG 1978, 173 ff.). Bevorzugt werden die Altehen allein durch die Möglichkeit einer zum Ausschluss des Versorgungsausgleichs führenden formfreien Vereinbarung bis zum 30. 6. 1977 (Art. 12 Nr. 3 Abs. 3 Satz 2 des 1. EheRG) und eines erleichterten Ausschlusses nach § 1587c Nr. 1 BGB bei langem Getrenntleben vor dem 1. 7. 1977 (vgl. BGH, FamRZ 1979, 477, 489).

817

II. Nach dem VAwMG

Die im Übergangsrecht des VAwMG enthaltenen Zeitschranken sind mittlerweile entfallen. Nur die des Art. 4 § 1 VAwMG spielt nach wie vor eine Rolle und begrenzt die Abänderungsmöglichkeiten im Verfahren nach § 10a VAHRG (vgl. Rn. 727, 728).

818

III. Anzuwendendes Recht bei sonstigen Rechtsänderungen

Übergangsrecht spielt für den Versorgungsausgleich auch insoweit eine Rolle, als es auf den zeitlichen Geltungswillen von versorgungsrechtlichen Bestimmungen ankommt, die für den Bestand und die Höhe einer ehezeitlichen Anwartschaft im laufenden Versorgungsausgleichsverfahren maßgeblich sind. Nach st. Rspr. des BGH ist dabei – in gewisser Weise abweichend vom Stichtagsprinzip – das Recht anzuwenden, das zum **Zeitpunkt der Entscheidung** gilt, auch wenn die Rechtsänderung erst nach Ehezeitende eingetreten ist (BGH, FamRZ 1993, 294, 295; 1996, 406). Dieses neue Recht kann allerdings seinerseits übergangsrechtliche Bestimmungen enthalten, die zu beachten sind.

819

Das bedeutet z. B., dass die neuen Bestimmungen des SGB VI in allen noch nicht abgeschlossenen Verfahren sowie in Abänderungsverfahren zu berücksichtigen sind, weil sich das SGB VI nach der übergangsrechtlichen Vorschrift des § 300 Abs. 1 SGB VI grds. auch auf Sachverhalte und Ansprüche bezieht, die vor dem 1. 1. 1992 bestanden haben (vgl. BGH, FamRZ 1996, 406).

Außerhalb eines noch laufenden Versorgungsausgleichsverfahrens kann eine Änderung im Recht einer in die Versorgung einzubeziehenden Versorgung zu einem Abänderungsverfahren nach § 10a Abs. 1 VAHRG führen.

820

I. Vereinigungsbedingte Probleme bei der Durchführung des Versorgungsausgleichs

I. Ausgangssituation

Der Versorgungsausgleich im Beitrittsgebiet richtet sich nach den Bestimmungen des Einigungsvertrages und des Gesetzes zur Überleitung des Versorgungsausgleichs auf das Beitrittsgebiet (VA-ÜG). Nach Art. 30 Abs. 5 des Einigungsvertrages war das bundesdeutsche Recht der gesetzlichen

821

Rentenversicherung mit bestimmten Maßgaben zum 1. 1. 1992 auf das Beitrittsgebiet überzuleiten. Dabei gelten jedoch für Versicherte, die am 1. 1. 1992 bereits Rente bezogen oder deren Rente in der Zeit vom 1. 1. 1992 bis zum 31. 12. 1996 beginnt, **besondere Vertrauensschutzregelungen.** Ihre Rente berechnet sich weiterhin nach dem Rentenrecht der ehemaligen DDR, wenn sich dadurch ein höherer Anspruch ergibt (vgl. hierzu Beispiel 5).

822 Die **Generalklausel** des Art. 8 des Einigungsvertrages (vgl. hierzu Zuck, MDR 1990, 1083), die weiterhin Bundesrecht bleibt (Art. 45 Abs. 2 EV), bestimmt, dass im Gebiet der ehemaligen DDR Bundesrecht in Kraft tritt, „soweit durch diesen Vertrag, insbesondere dessen Anlage I nichts anderes bestimmt wird." Anlage I, Kap. III, Sachgeb. B, Abschn. II, Nr. 1, Art. 234 § 1 legt den Grundsatz fest, dass das 4. Buch des BGB für alle familienrechtlichen Verhältnisse gilt, die am 3. 10. 1990, dem Tag des Wirksamwerdens des Beitritts, bestehen, soweit nicht in dem Art. 234 §§ 2 ff. etwas anderes bestimmt ist.

823 Einschränkende Maßnahmen ergeben sich in Bezug auf das Recht des Versorgungsausgleichs aus Art. 234 § 6 EGBGB (Bürgel/Klattenhoff, FuR 1993, 127, 131). Diese Vorschrift nimmt wegen fehlender rechtsinstitutioneller Voraussetzungen die automatische Überleitung von dem allgemeinen sofortigen Inkrafttreten des 4. Buches des BGB aus.

824 Satz 1 dieser Norm bestimmt, dass für Ehegatten, die vor dem grds. Inkrafttreten der versicherungs- und rentenrechtlichen Vorschriften des SGB VI – gesetzliche Rentenversicherungen –, d. h. **vor** dem 1. 1. 1992 in dem Beitrittsgebiet geschieden worden sind oder geschieden werden, das Recht des Versorgungsausgleichs **grds. nicht gilt** (Kleist, ZAP-Ost, F. 11, S. 27; Jayme, IPRax 1991, 11, 14; Sehrig, AnwBl 1991, 468, 474, RGRK/Wick, BGB, vor § 1 VAÜG, Rn. 17). Maßgebend ist der Zeitpunkt des Scheidungsausspruchs und nicht die Rechtskraft der Scheidung (OLG Brandenburg, FamRZ 2002, 1190, 1191; MüKo/Sander, BGB, vor § 1 VAÜG Rn. 2 und 5). Der Versorgungsausgleich kann demnach auch **nicht ab dem 1. 1. 1992 nachgeholt werden** (Staudinger/Rauscher, BGB, Art. 234 § 6 EGBGB Rn. 2, 21; MüKo/Dörr, BGB, Art. 234 § 6 EGBGB Rn. 5, MüKo/Sander, BGB, vor § 1 VAÜG Rn. 3).

II. Unterschiedliche Teilrechtsordnungen bis zum 31. 12. 1991

825 Das zeitliche Hinausschieben der Geltung der Vorschriften des Versorgungsausgleichs war erforderlich, weil viele Bürger der ehemaligen DDR hinsichtlich ihrer Alterssicherung in Zusatz- und Sonderversorgungssystemen einbezogen waren (zu Zeiten der ehemaligen DDR gab es eine Vielzahl von Zusatz- und Sonderversorgungssystemen, vgl. v. Einem, BB 1991, 2000; Marschner, ZAP-Ost, F.18, S. 249; Reimann, DAngVers 1991, 281). Diese besonderen Systeme wurden erst durch das Gesetz zur Herstellung der Rechtseinheit in der gesetzlichen Renten- und Unfallversicherung (Renten-Überleitungsgesetz – RÜG v. 25. 7. 1991, BGBl. I 1991 S. 1606) einbezogen. Nach Art. 42 Abs. 1 des RÜG trat das SGB VI am 1. 1. 1992 in Kraft. Deshalb gelten **erst mit Wirkung vom 1. 1. 1992** im gesamten Bundesgebiet **einheitliche** Regelungen über den Versorgungsausgleich (Klattenhoff, Einigungsbedingte Neuregelungen des Versorgungsausgleichs, S. 14).

826 **Vor diesem Zeitpunkt** bestehen im Hinblick auf den Versorgungsausgleich bei Scheidungen in den alten und den neuen Bundesländern **unterschiedliche Teilrechtsordnungen**, wobei allerdings Art. 234 § 6 Satz 2 EGBGB beachtet werden muss. Nach dieser Vorschrift findet der Versorgungsausgleich bei Ehen, **die nach dem 2. 10. 1990** geschieden wurden, insoweit nicht statt, als das auszugleichende Anrecht Gegenstand der Grundlage einer vor dem Wirksamwerden des Beitritts geschlossenen wirksamen Vereinbarung oder gerichtlichen Entscheidung über die Vermögensverteilung war. Nach OLG Brandenburg (FamRZ 2001, 1710) stellen einseitig erfolgte Fortsetzungserklärungen gem. Art. 234 § 4 Abs. 2 EGBGB keine Vereinbarung i. S. von Art. 234 § 6 Satz 2 EGBGB dar und haben deshalb auch keine Auswirkung auf die Durchführung des Versorgungsausgleichs. Gleiches gilt für Vereinbarungen betreffend den Güterstand.

Die Vorschrift des Art. 234 § 6 EGBGB schließt die Durchführung des Versorgungsausgleichs für die Ehescheidungen, die im Beitrittsgebiet in der Zeit vom 1. 7. 1977 bis zum 31. 12. 1991 ausgesprochen worden sind, nicht aus, wenn nach den Grundsätzen des **interlokalen (deutsch-deutschen) Kollisionsrechts** ein Versorgungsausgleich bereits möglich gewesen wäre (vgl. BT-Drucks. 11/7817 S. 37, linke Spalte 2. Abs., S. 48, linke Spalte 1. Abs.; OLG Zweibrücken, FamRZ 2001, 33; Staudinger/Rauscher, BGB, Art. 234 § 6 EGBGB Rn. 7, 10; MüKo/Dörr, BGB, Art. 234 § 6 EGBGB Rn. 2, 6 f.; Wick, Familiengerichtsbarkeit, vor § 1 VAÜG Rn. 14; Maier/Michalis, Versorgungsausgleich in der Rentenversicherung, S. 665). 827

Um dem Normzweck des Art. 234 § 6 EGBGB zu entsprechen, ist dieser „Besitzschutz" dahingehend **einzuschränken**, dass nach dem interlokalen Kollisionsrecht am Tag **vor** Inkrafttreten des Einigungsvertrages, d. h. am 2. 10. 1990 ein **Versorgungsausgleich möglich** gewesen sein muss. Denn der EV wollte auf keinen Fall in Rechtspositionen, die bereits auf der Grundlage des innerdeutschen Kollisionsrechts entstanden waren, eingreifen (BGH, FamRZ 1994, 160, 161 = NJW 1994, 382 = IPRax 1994, 373 m. Anm. Brudermüller, FamRZ 1994, 1022 u. Diekmann, FamRZ 1994, 1073 in Bezug auf den nachehelichen Unterhalt; Adlerstein/Wagenitz, FamRZ 1990, 1300, 1305; Staudinger/Rauscher, BGB, Art. 234 § 6 EGBGB Rn. 10; Maier/Michaelis, Versorgungsausgleich in der Rentenversicherung, S. 665).

Diese Voraussetzungen für die Durchführung des Versorgungsausgleichs sind nur in wenigen Altfällen gegeben (Staudinger/Rauscher, BGB, Art. 234 § 6 EGBGB Rn. 10; Michaelis/Sander, Sonderdruck aus DAngVers, Heft 6/7, 1997, S. 281 bis 319, hier S. 34; dem Verfasser sind aus seiner eigenen richterlichen Praxis lediglich drei Verfahren bekannt, deren Entscheidung er veröffentlicht hatte: AG Charlottenburg, FamRZ 1991, 335 = DtZ 1991, 61 = ZfJ 1991, 135 = AnwBl 1991, 350 besprochen v. Henrich, FamRZ 1991, 873, 876 f.; FamRZ 1991, 1069 = DtZ 1991, 382 u. FamRZ 1979, 143). 828

III. Versorgungsausgleich nach interlokalem (deutsch-deutschem) Kollisionsrecht bei Scheidung vor dem 1.1.1992

In den Fällen des interlokalen Kollisionsrechts richtet sich das Statut für die Scheidungsfolgen und damit auch für den Versorgungsausgleich nach den für das internationale Privatrecht entwickelten Grundsätzen (BGH, FamRZ 1984, 674 = BerlAnwBl 1985, 79 m. Anm. Drobnig = IPrax 1985, 37 m. Anm. Bar, IPrax 1985, 18 = ROW 1985, 539). Art. 17 EGBGB ist mit Wirkung vom 1. 9. 1986 an durch das Gesetz zur Neuregelung des IPR vom 25. 7. 1986 (BGBl. I S. 1142) geändert worden. Nach Art. 220 Abs. 1 EGBGB bleibt auf **vor** dem 1. 9. 1986 abgeschlossene Vorgänge das bisherige IPR anwendbar. 829

Nach der Rspr. des BGH (FamRZ 1990, 32 u. 386) ist ein Vorgang i. S. v. Art. 220 Abs. 1 EGBGB mit **Eintritt der Rechtshängigkeit des Scheidungsantrags** abgeschlossen. Auf den Zeitpunkt der Scheidung selbst kommt es nicht an (Maier/Michaelis, a. a. O. S. 666). Hieraus folgt, dass für die **vor** dem 1. 9. 1986 **rechtshängig gewordenen Scheidungsanträge** Art. 17 EGBGB in der bis zum 31. 8. 1986 geltenden Fassung gilt, und dass für die **ab** dem 1. 9. 1986 rechtshängig gewordenen Scheidungsanträge Art. 17 EGBGB a. F. maßgebend ist.

Da Art. 3 Abs. 1 Satz 1 EGBGB einen Auslandssachverhalt voraussetzt, die ehemalige DDR aber aus Sicht der Bundesrepublik Deutschland kein Ausland darstellte (Dörner/Meyer-Sparenberg, DtZ 1991, 1, 2), finden die Art. 1 ff. EGBGB nur **analoge Anwendung**. Hieraus folgt, dass im interlokalen Privatrecht die Staatsangehörigkeit zur Bestimmung des Personalstatuts **nicht** herangezogen werden darf (Maier/Michaelis, a. a. O. S. 668; Hahne, in: Schwab, Handbuch des Scheidungsrechts, VI, Rn. 341; BGH, FamRZ 1984, 674, 675 = NJW 1984, 2361 = Berliner AnwBl 1985, 79 m. Anm. Drobnig, ROW 1985, 53 = IPRax 1985, 37 m. Anm. Bar, IPRax 1985, 18). Denn die ehemaligen Bürger der DDR, die in den Schutzbereich der Bundesrepublik Deutschland kommen, sind auch Deutsche i. S. d. Art. 16 u. 116 GG (BGHZ 85, 16, 24 = FamRZ 1982, 1189, 1190). Mit Rücksicht hierauf richtet sich das **Personalstatut** in Bezug auf den Versorgungsausgleich allein **nach dem gemeinsamen gewöhnlichen Aufenthalt der Parteien bzw. in Ermangelung 830 eines solchen nach dem letzten gewöhnlichen Aufenthalt der Eheleute vor Rechtshängigkeit des Scheidungsantrags, wenn einer von ihnen seinen gewöhnlichen Aufenthalt weiterhin dort hat (Dörner/Meyer-Sparenberg, DtZ 1991, 1, 2; Staudinger/Rauscher, BGB, Art. 234 § 6 EGBGB Rn. 11; Maier/Michaelis, a. a. O. S. 666).

1. Anwendbarkeit des Art. 17 EGBGB a. F. analog bei Rechtshängigkeit des Scheidungsantrages vor dem 1. 9. 1986

831 Vor dem 1. 9. 1986 bestand für den Versorgungsausgleich **keine** eigene Anknüpfungsregel, wie sie nunmehr ab dem 1. 9. 1986 in Art. 17 Abs. 3 EGBGB n. F. besteht. Allerdings war in Bezug auf die frühere deutsche IPR-Bestimmung anerkannt, dass für den durch das 1. EheRG eingeführten Versorgungsausgleich Art. 17 Abs. 1 EGBGB a. F. die Anknüpfung bestimmte. Verfassungsrechtlich war diese Norm wegen Verstoßes gegen Art. 3 Abs. 2 GG bedenklich. Denn sie richtet sich durchgängig und allein am Ehemann aus (OLG Brandenburg, FamRB 2003, 185).

Mit Rücksicht hierauf ist im **interlokalen Privatrecht** die Vorschrift des Art. 17 EGBGB a. F. wie folgt zu lesen:

(1) Für die Scheidung der Ehe sind die Gesetze des deutschen Teilstaates maßgebend, in welchem sich der Ehemann zur Zeit der Erhebung der Klage für gewöhnlich aufhält.

(2) Für das Scheidungsbegehren der Frau sind die Gesetze des Teilstaates maßgebend, in welchem sie sich in dem Zeitpunkt, in dem die Entscheidung ergeht, allein für gewöhnlich aufhält (Hohage, Deutsch-deutsches Eherecht und Ehekollisionsrecht, S. 155).

a) **Vor Rechtshängigkeit des Scheidungsantrages war der letzte gemeinsame Aufenthalt beider Ehegatten im Beitrittsgebiet**

1. Fall: Beide Ehegatten lebten in der ehemaligen DDR und die Scheidung erfolgte nach FGB/DDR

832 Lebten beide Ehegatten in der ehemaligen DDR und erfolgte die Scheidung in der DDR nach dem FGB/DDR, galt das frühere DDR-Recht als **maßgebendes Scheidungsstatut** auch für den Versorgungsausgleich (MüKo/Maier, Einigungsvertrag, Art. 234 § 6 EGBGB Rn. 510; Hahne, in: Schwab, Handbuch des Scheidungsrechts, VI, Rn. 341; Borth, Versorgungsausgleich in anwaltlicher und familiengerichtlicher Praxis, S. 350 Rn. 9; Gümpel, Handbuch des Versorgungsausgleichs unter der besonderen Berücksichtigung der nach über- und zwischenstaatlichem Recht erworbenen Versorgungsanrechte, VI A 5.2 Rn. 25). Ein Versorgungsausgleich fand **nicht** statt (BGH, FamRZ 1992, 295 = IPRax 1993, 191; MüKo/Dörr, BGB, Art. 234 § 6 EGBGB Anm. 7; Staudinger/Rauscher, BGB, Art. 234 § 6 EGBGB Rn. 12; von Bar, IPRax 1983, 163, 165; Bergner, Der Versorgungsausgleich, Teil III, Art. 234 § 6 EGBGB Anm. 2.1; MüKo/Sander, BGB, vor § 1 VAÜG Rn. 3). Denn das Recht des Beitrittsgebiets kannte einen Versorgungsausgleich nicht.

2. Fall: Ein Ehegatte siedelte in die Bundesrepublik Deutschland über, der andere verblieb in der ehemaligen DDR und die Scheidung erfolgte nach BGB bzw. FGB/DDR

833 Der Versorgungsausgleich fand auch dann **nicht** statt, wenn ein Ehegatte in die Bundesrepublik Deutschland kam, während der andere Ehegatte in der ehemaligen DDR verblieb und die Scheidung in der Bundesrepublik Deutschland oder in der ehemaligen DDR ausgesprochen wurde, denn der letzte gemeinsame Aufenthalt der Parteien lag in der ehemaligen DDR (Maier/Michaelis, a. a. O. S. 667; MüKo/Dörr BGB, Ergänzungsband zur 3. Aufl. 1997, Art. 234 § 6 EGBGB Anm. 7; Staudinger/Rauscher, BGB, Art. 234 § 6 EGBGB Rn. 12; Soergel/Siebert/Hartmann, BGB, Art. 234 § 6 EGBGB Rn. 22; MüKo/Sander, BGB, vor § 1 VAÜG Rn. 3; a. A. OLG Brandenburg, FamRB 2002, 199 = FamRZ 2002, 1190).

3. Fall: Übersiedlung auch des zunächst noch in der ehemaligen DDR verbliebenen Ehegatten in die Bundesrepublik Deutschland

Übersiedelte jedoch auch der zunächst noch in der ehemaligen DDR verbliebene Ehegatte ebenfalls in die Bundesrepublik Deutschland, musste **von da an** der Versorgungsausgleich nach bundesdeutschem Recht **im isolierten Verfahren** mit Wirkung für die Zukunft nachgeholt werden (sog. **Wandelbarkeit des Scheidungsfolgenstatus**). Die Übersiedlung von den neuen in die alten Bundesländer musste aber **spätestens** bis zum 2. 10. 1990 erfolgt sein (BGH FamRZ 1992, 295; MüKo/Dörr, BGB, Art. 234 § 6 EGBGB Rn. 7; Soergel/Siebert/Hartmann, BGB, Art. 234 § 6 EGBGB Rn. 22; Bergner, Der Versorgungsausgleich, Teil III, Art. 234 § 6 EGBGB Anm. 2.1; Hahne, in: Schwab, Handbuch des Scheidungsrechts, VI, Rn. 341). Mit einer Übersiedlung ab dem 3. 10. 1990 können die Voraussetzungen für eine Durchführung des Versorgungsausgleichs nicht mehr geschaffen werden.

834

Das Bedürfnis nach Wandelbarkeit des Scheidungsfolgenstatuts im innerdeutschen Kollisionsrecht entfiel mit der Herstellung der deutschen Einheit, mithin ab dem 3. 10. 1990. Der Umzug der scheidungswilligen Parteien von einem Gebiet in das andere nach der Wiedervereinigung konnte dann **nicht mehr** als Abkehr von der einen und Zuwendung zu der anderen Teilrechtsordnung mit einschneidenden familienrechtlichen Konsequenzen angesehen werden (Mansel, IPRax 1990, 283, 287; Hahne, in: Schwab, Handbuch des Scheidungsrechts, VI, Rn. 341). Ein Wandel des Scheidungsfolgenstatuts trat deshalb **nicht mehr** ein, wenn beide Ehegatten während der Ehe ihren gewöhnlichen Aufenthalt zuletzt im Gebiet der ehemaligen DDR hatten und einer von ihnen vor dem Wirksamwerden des Beitritts und der andere erst nach dem Wirksamwerden des Beitritts in die Bundesrepublik Deutschland gezogen war (BGH, FamRZ 1994, 884, 885 = DtZ 1994, 279 = NJW 1994, 417; Bergner, Der Versorgungsausgleich, Teil III, Art. 234 § 6 EGBGB Anm. 2.1).

835

b) Vor Rechtshängigkeit des Scheidungsantrages war der letzte gemeinsame gewöhnliche Aufenthalt beider Ehegatten im bisherigen Bundesgebiet einschließlich Berlin (West)

Der Versorgungsausgleich als Scheidungsfolge bestimmte sich nach dem **Recht des bisherigen Bundesgebiets,** wenn die deutschen Ehegatten während der Ehe ihren gewöhnlichen Aufenthalt vor dem 3. 10. 1990 zuletzt beide dort gehabt hatten.

836

1. Fall: Übersiedlung des Ausgleichsverpflichteten in das Beitrittsgebiet

Der Umstand, dass der Ausgleichsverpflichtete in das Beitrittsgebiet übersiedelte, während der Ausgleichsberechtigte in der Bundesrepublik verblieb, hatte **keinen Einfluss auf die Durchführung des Versorgungsausgleichs.** Wegen des maßgeblichen **Anknüpfungspunktes** des letzten gemeinsamen Aufenthalts war der Versorgungsausgleich durchzuführen (OLG Hamm, FamRZ 1980, 373; Staudinger/Rauscher, BGB, Art. 234 § 6 EGBGB Rn. 11; MüKo/Dörr, Ergänzungsband zur 3. Aufl. 1997, Art. 234 § 6 EGBGB Anm. 7; Hahne, in: Schwab, Handbuch des Scheidungsrechts, VI, Rn. 341; Gümpel, a. a. O., VI A 5 Rn. 29; Schmeiduch, Amtliche Mitteilungen LVA Rheinprovinz 1978, 453, 454; MüKo/Maier, Einigungsvertrag, Art. 234 § 6 EGBGB Rn. 495; Hahne, in: Johannsen/Henrich, Eherecht, Einigungsvertragsgesetz § 1 Rn. 1; Maier/Michaelis, a. a. O. S. 668; a. A. Bergner, SGb 1978, 133, 140; Maier, DAngVers 1978, 153). Das Rentenstammrecht blieb bestehen, so dass Rentenanwartschaften übertragen werden konnten (Oellrich, FamRZ 1983, 513, 514).

837

2. Fall: Übersiedlung des Ausgleichsberechtigten in die ehemalige DDR

Lebten beide Ehegatten in der Bundesrepublik Deutschland und zog der Ausgleichsberechtigte in die ehemalige DDR, während der Ausgleichsverpflichtete in der Bundesrepublik Deutschland verblieb, war das grds. für die Durchführung des Versorgungsausgleichs ohne Bedeutung (Maier/Michaelis, a. a. O. S. 668). Aber ein Versorgungsausgleich konnte z. Z. nicht stattfinden, weil der Ausgleichsberechtigte wegen Ruhens der Rente (§ 96 AFG, § 1317 RVO a. F.) keine Leistungen aus der übertragenen Gutschrift erhalten konnte, solange er seinen gewöhnlichen Aufenthalt in der ehemaligen DDR hatte (Gümpel, a. a. O., VI A 5 Rn. 30; von Bar, IPRax 1983, 163, 166; a. A.

838

MüKo/Dörr, BGB, Art. 234 § 6 EGBGB Rn. 7). In Betracht kam auch kein schuldrechtlicher Versorgungsausgleich. Die Vereinbarung über den Transfer von Unterhaltsleistungen vom 25. 4. 1974 (BGBl. II S. 622) bezog sich nur auf Unterhaltszahlungen zur Erfüllung familienrechtlicher Unterhaltspflichten.

2. Anwendbarkeit des Art. 17 EGBGB n. F. bei Rechtshängigkeit des Scheidungsantrages ab dem 1. 9. 1986

839   Nach Art. 17 Abs. 3 Satz 1 i. V. m. Abs. 1 und Art. 14 Abs. 1 Nr. 2 EGBGB analog in der ab 1. 9. 1986 geltenden Fassung konnte ein Versorgungsausgleich durchgeführt werden, wenn **im Zeitpunkt der Rechtshängigkeit des Scheidungsantrages**

- entweder beide Ehegatten ihren gemeinsamen gewöhnlichen Aufenthalt in dem bisherigen Bundesgebiet einschließlich Berlin (West) hatten oder
- der eine Ehegatte seinen gewöhnlichen Aufenthalt im bisherigen Bundesgebiet einschließlich Berlin (West) und der andere Ehegatte seinen gewöhnlichen Aufenthalt im Beitrittsgebiet hatte, aber der letzte gemeinsame gewöhnliche Aufenthalt beider Ehegatten im bisherigen Bundesgebiet einschließlich Berlin (West) war (AG Charlottenburg, FamRZ 1991, 335; MüKo/ Maier, Einigungsvertrag, Art. 234 § 6 EGBGB Rn. 49 b ff.).

Der letzte gemeinsame gewöhnliche Aufenthalt beider Ehegatten im bisherigen Bundesgebiet einschließlich Berlin (West) musste aber **vor** dem 3. 10. 1990 bestanden haben (Staudinger/Rauscher, BGB, Art. 234 § 6 EGBGB Rn. 15).

840   Ein Versorgungsausgleich kam hiernach in den Fällen nicht in Betracht, in denen zwar der eine Ehegatte im Zeitpunkt der Rechtshängigkeit seinen gewöhnlichen Aufenthalt im bisherigen Bundesgebiet einschließlich Berlin (West) hatte, jedoch der letzte gemeinsame gewöhnliche Aufenthalt beider Ehegatten im Beitrittsgebiet war (OLG Zweibrücken, NJW 2000, 2432 = FamRZ 2001, 33). Die Rechtslage ist die gleiche, wenn der andere Ehegatte nach der Rechtshängigkeit des Scheidungsantrages ebenfalls seinen gewöhnlichen Aufenthalt im bisherigen Bundesgebiet einschließlich Berlin (West) nahm; denn die **Scheidungsfolgen** waren nach dem ab 1. 9. 1986 geltenden Recht nicht mehr wandelbar (Staudinger/Rauscher, BGB, Art. 234 § 6 EGBGB Rn. 14), sie richteten sich vielmehr nach den Verhältnissen im Zeitpunkt des Eintritts der Rechtshängigkeit (BGH, FamRZ 1990, 32, 34).

841   Durch die Bezugnahme auf den Zeitpunkt der Rechtshängigkeit des Scheidungsantrages entschied sich der Gesetzgeber bewusst für die **Unwandelbarkeit des Scheidungsstatuts** (Hohage, Deutschdeutsches Eherecht und Ehekollisionsrecht, S. 164, 167; Staudinger/Rauscher, BGB, Art. 234 § 6 EGBGB Rn. 14).

a) „Inländisches" Anrecht

842   Lagen die Voraussetzungen des Art. 17 Abs. 3 Satz 1 i. V. m. Abs. 1 und Art. 14 Abs. 1 Nr. 2 EGBGB n. F. analog nicht vor, so konnte nach Art. 17 Abs. 3 Satz 2 Nr. 1 EGBGB n. F. ein Versorgungsausgleich durchgeführt werden, wenn ein „inländisches" Anrecht in der Ehezeit erworben war. Das in der Ehezeit erworbene Anrecht musste aber nach dem am 2. 10. 1990 geltenden Recht des bisherigen Bundesgebietes einschließlich Berlin (West) „inländisches" gewesen sein (MüKo/ Maier, Einigungsvertrag, Art. 234 § 6 EGBGB Rn. 515 f.). Diese Voraussetzung war erfüllt bei

- **rentenrechtlichen Zeiten aus dem bisherigen Bundesgebiet** einschließlich Berlin (West); dem stand nicht entgegen, dass eine Rentenzahlung hieraus wegen gewöhnlichen Aufenthalts im Beitrittsgebiet geruht hätte;
- den bis zum 18. 5. 1990 in dem Beitrittsgebiet zurückgelegten rentenrechtlichen Zeiten, wenn das **Fremdrentengesetz (FRG)** anzuwenden ist; das FRG ist nur noch in den Fällen zu beachten, in denen der Betreffende bis zum 18. 5. 1990 seinen gewöhnlichen Aufenthalt im bisherigen Bundesgebiet einschließlich Berlin (West) hatte (OLG Frankfurt, OLG Report 1993, 304).

War zu diesem Zeitpunkt der gewöhnliche Aufenthalt im Ausland, war ebenfalls das FRG anzuwenden, wenn unmittelbar vor Beginn des Auslandsaufenthaltes der gewöhnliche Aufenthalt im bisherigen Bundesgebiet einschließlich Berlin (West) gewesen ist (Umkehrschluss aus Art. 23 § 1 des Gesetztes v. 25. 6. 1990 zum Staatsvertrag vom 18. 5. 1990, BGBl. II S. 518 f.; MüKo/Dörr, BGB, Art. 234 § 6 EGBGB Rn. 10). Für Übersiedler, die **nach** dem 18. 5. 1990 ihren Wohnsitz in die alten Bundesländer verlegten, hatte das Fremdrentengesetz **keine** Bedeutung mehr (v. Einem, BB 1991, 2000, 2005).

b) Teil der Ehezeit im früheren Bundesgebiet einschließlich Berlin (West)

Darüber hinaus war ein Versorgungsausgleich gem. Art. 17 Abs. 3 Satz 2 Nr. 2 EGBGB a. F. analog selbst dann möglich, wenn beide Ehegatten im Zeitpunkt der Rechtshängigkeit des Scheidungsantrages ihren gemeinsamen gewöhnlichen Aufenthalt im Beitrittsgebiet hatten, die allgemeinen Wirkungen der Ehe während eines Teils der Ehezeit aber einem Recht unterlagen, das den Versorgungsausgleich kannte.

843

Diese Alternative kam in Betracht, wenn die Ehegatten während eines **Teils der Ehezeit** ihren gemeinsamen gewöhnlichen Aufenthalt im bisherigen Bundesgebiet einschließlich Berlin (West) hatten. Dieser gemeinsame gewöhnliche Aufenthalt im bisherigen Bundesgebiet einschließlich Berlin (West) musste aber **vor** dem 3. 10. 1990 bestanden haben.

c) Erforderlichkeit eines Verfahrensantrags nach Art. 17 Abs. 3 Satz 2 EGBGB analog

Anlass zur Erörterung dieser Problematik gibt die Entscheidung des AG Charlottenburg (FamRZ 1991, 1069). Dem lag folgender Sachverhalt zugrunde:

844

- Die deutschen Parteien schlossen ihre Ehe in Berlin (Ost). Ihr letzter gemeinsamer gewöhnlicher Aufenthalt war ebenfalls dort, wo die Antragsgegnerin noch wohnt. Der Antragsteller trennte sich im September 1989 von der Antragsgegnerin und zog nach Berlin (West). Mit der am 6. 7. 1990 beim Stadtbezirksgericht Berlin-Pankow anhängig gemachten Ehescheidungsklage beantragte er u. a. die Scheidung der Ehe. Seit dem Zuzug nach Berlin (West) hat der Antragsteller noch keine berufliche Tätigkeit ausgeübt. Die Antragsgegnerin war seit Frühjahr 1987 Verkäuferin in einer Bäckerei. Seit Anfang 1991 erhält sie Sozialhilfe. Den nach Art. 17 Abs. 3 Satz 2 EGBGB analog vorgesehenen Verfahrensantrag hat die Antragstellerin trotz ausdrücklichen Hinweises durch das Gericht nicht gestellt.

Für beide Alternativen der Vorschrift des Art. 17 Abs. 3 EGBGB analog ist umstritten, ob der Verfahrensantrag nach Art. 17 Abs. 3 Satz 2 EGBGB auch im **interlokalen Privatrecht** erforderlich ist (bejahend: AG Charlottenburg, FamRZ 1991, 713, 714; OLG Celle, FamRZ 1991, 714, 715; Adlerstein/Wagenitz, in: Schwab, Familienrecht und deutsche Einigung, S. 88, 94 MüKo/Dörr, Ergänzungsband zur 3. Aufl. 1997, Art. 234 § 6 EGBGB Anm. 8; verneinend: AG Charlottenburg, FamRZ 1991, 1069 = DtZ 1991, 382; Staudinger/Rauscher, BGB, Art. 234 § 6 EGBGB Rn. 19; Soergel/Siebert/Hartmann, BGB, Art. 234 § 6 EGBGB Rn. 22).

845

Zuzustimmen ist der Ansicht, wonach im Rahmen des öffentlich-rechtlichen Versorgungsausgleichs in deutsch-deutschen Fällen nach Maßgabe des internationalen Privatrechts **das Antragserfordernis** nach Art. 17 Abs. 3 Satz 2 EGBGB **keine Anwendung findet.** Das ergibt sich daraus, dass der Rechtsanwender im interlokalen Recht nicht strikt an die Bestimmungen des internationalen Privatkollisions- und Privatverfahrensrechts gebunden ist. Denn diese Vorschriften dürfen im Verhältnis zur ehemaligen DDR nur analog angewendet werden (Knoke, Deutsches internationales Privat- und Privatverfahrensrecht nach dem Grundvertrag, S. 13 f.). Hieraus ergibt sich bereits, dass das interlokale und das internationale Privatkollisionsrecht nicht in allen Einzelheiten übereinstimmen müssen.

846

Darüber hinaus passt auch die Begründung des Gesetzgebers, weshalb er den Verfahrensantrag als besondere Zulässigkeitsvoraussetzung im Bereich des IPR eingeführt hat, nicht auf die deutsch-deutschen Verhältnisse. Der **Deutsche Bundestag** (BT-Drucks. 10/5632 S. 52) führte hierzu Fol-

847

gendes aus: „Dieser Zusatz soll unbillige Ergebnisse vermeiden, die sich sonst etwa dadurch ergeben könnten, dass der Ehegatte mit der inländischen und daher leicht greifbaren Altersansprüche ausgleichen müsste, während der andere Ehegatte nicht herangezogen werden kann, weil er solche seiner Alterssicherung dienenden Vermögenswerte im Ausland besitzt, die entweder für einen Versorgungsausgleich nicht in Betracht kommen oder nicht zu ermitteln sind."

848 Schließlich hat das **Antragserfordernis** des Art. 17 Abs. 3 Satz 2 EGBGB zugleich die Aufgabe, die Gerichte von unnötigen Verfahren **zu entlasten** (Zacher, Der Versorgungsausgleich im internationalen Vergleich und in der zwischenstaatlichen Praxis, S. 352). Auch dieser Gesetzeszweck passt nicht auf die **Folge des Versorgungsausgleichs** im Rahmen der deutsch-deutschen Verhältnisse. Denn der Gesetzgeber des 1. Eherechtsreformgesetzes (EheRG) hat den Versorgungsausgleich bewusst in dem Gebiet der freiwilligen Gerichtsbarkeit angesiedelt, um sicherzustellen, dass das Gericht von Amts wegen in eigener Initiative und Verantwortlichkeit sämtliche Anrechte ermittelt, um den Parteien nach der Scheidung eine eigenständige Versorgung zu verschaffen.

d) Vorläufige Regelungen für den Versorgungsausgleich

849 Die §§ 1, 2 Anlage I Kap. III Sachgeb. B. Abschn. II Nr. 2 EV regelten **für die Zeit bis zum 31. 12. 1991** die Handhabung von Fällen, in denen nach den Grundsätzen des interlokalen Kollisionsrechts bereits ein Versorgungsausgleich durchzuführen war und einer der Ehegatten aufgrund der im Beitrittsgebiet geltenden Rechtsvorschriften Anrechte erworben hatte, die nicht nach dem FRG abzugelten waren (BT-Drucks. 11/7817 S. 48; MüKo/Maier, Einigungsvertrag, Rn. 810 f.).

aa) Aussetzung des Versorgungsausgleichs

850 Bei Vorliegen dieser Voraussetzungen war der Versorgungsausgleich nach § 1 Abs. 1 Satz 1 der Vorschrift auszusetzen.

Nach Art. 23 § 1 des Gesetzes v. 25. 6. 1990 zum Staatsvertrag vom 18. 5. 1990 über die Schaffung einer Währungs-, Wirtschafts- und Sozialunion zwischen der Bundesrepublik Deutschland und der ehemaligen DDR war in folgenden Fällen die Anwendung des FRG ausgeschlossen:

- für **rentenrechtliche Zeiten nach dem 18. 5. 1990** im Beitrittsgebiet; hierunter sind die Fälle zu subsumieren, in denen der Zuzug in das bisherige Bundesgebiet einschließlich Berlin (West) nach dem 18. 5. 1990 stattfand;
- für **rentenrechtliche Zeiten bis zum 18. 5. 1990** im Beitrittsgebiet, wenn der Betreffende am 18. 5. 1990 seinen gewöhnlichen Aufenthalt im Beitrittsgebiet hatte. War zu diesem Zeitpunkt der gewöhnliche Aufenthalt im Ausland, so ist das **Fremdrentengesetz** ebenfalls nicht zu berücksichtigen, sofern unmittelbar vor Beginn des Auslandsaufenthaltes ein gewöhnlicher Aufenthalt im Beitrittsgebiet vorlag.

bb) Vorläufiger Versorgungsausgleich

851 Ein öffentlich-rechtlicher Versorgungsausgleich war aber durchzuführen, wenn ohne dieses Anrecht aus dem Beitrittsgebiet eine Teilentscheidung getroffen werden konnte (§ 1 Abs. 1 Satz 3 Nr. 1 Anlage I Kap. III Sachgeb. B Abschn. II Nr. 2 EV). Lagen die Voraussetzungen für einen schuldrechtlichen Versorgungsausgleich nach § 1587g Abs. 1 Satz 2 BGB oder § 3a Abs. 1 VAHRG vor, so war dieser auf Antrag „vorläufig" nach Maßgabe des § 1 Abs. 2 Satz 2 Anlage I Kap. III Sachgeb. B Abschn. II Nr. 2 EV durchzuführen. Hierfür benötigte jedoch das Familiengericht eine Auskunft über die Höhe des im Beitrittsgebiet erworbenen Anrechts aus der gesetzlichen Rentenversicherung oder einem vergleichbaren Sicherungssystems. Das Anrecht ist nach den bis zum 31. 12. 1991 im Beitrittsgebiet geltenden Vorschriften zu berechnen. Nach § 1 Abs. 3 Anlage I Kap. III Sachgeb. B. Abschn. II Nr. 2 EV ist der zuständige Rentenversicherungsträger zur Auskunft verpflichtet. Wurde an den Ausgleichsberechtigten, für den ein Rentenversicherungsträger im Beitrittsgebiet zuständig war, eine Rentenanwartschaft übertragen oder für ihn begründet, so war nach § 2 Anlage I Kap. III Sachgeb. B. Abschn. II Nr. 2 EV der Bonus nicht bei diesem Trä-

ger, sondern bei dem Rentenversicherungsträger des Ausgleichsverpflichteten im bisherigen Bundesgebiet einschließlich Berlin (West) für den Ausgleichsberechtigten gutzuschreiben. Gehörte auch der Ausgleichspflichtige keinem Rentenversicherungsträger im bisherigen Bundesgebiet einschließlich Berlin (West) an, so erfolgte die Gutschrift für den Ausgleichsberechtigten bei der Bundesversicherungsanstalt für Angestellte.

cc) Nachholung des öffentlich-rechtlichen Versorgungsausgleichs

Wurde der Versorgungsausgleich ausgesetzt oder nur „vorläufig" durchgeführt, war nach § 1 Abs. 4 Anlage I Kap. III Sachgeb. B Abschn. II Nr. 2 EV das Verfahren am 1. 1. 1992 (grds. Inkrafttreten der versicherungs- und rentenrechtlichen Vorschriften des SGB VI im Beitrittsgebiet) durch das Familiengericht von Amts wegen wieder aufzunehmen (Ruland, NJW 1992, 77, 85; Schmidtbauer, Der Versorgungsausgleich bei Ehescheidung, Rn. 341; Staudinger/Rauscher, BGB. Anh. III zu Art. 234 § 6 EGBGB, Rn. 25). 852

3. Versorgungsausgleich bei Ehescheidung ab dem 1. 1. 1992

Bei einer Ehescheidung **ab** dem 1. 1. 1992 kommt es **nicht mehr** darauf an, ob der letzte gemeinsame gewöhnliche Aufenthalt bei beiden Ehegatten im bisherigen Bundesgebiet einschließlich Berlin (West) oder im Beitrittsgebiet war. Bei **beiden Fallgestaltungen** ist ein Versorgungsausgleich (grds.) durchzuführen (MüKo/Maier, Zivilrecht im Einigungsvertrag, Sonderausgabe 1991, Art. 234 § 6 EGBGB Rn. 480, 483, 500, 503; MüKo/Sander, BGB, vor § 1 VAÜG) Der Versorgungsausgleich gilt mithin auch für Ehen, die **vor** dem 3. 10. 1990 im Gebiet der ehemaligen DDR geschlossen wurden bzw. für Ehegatten, deren gemeinsamer gewöhnlicher Aufenthalt in der ehemaligen DDR lag (Staudinger/Rauscher, BGB, Art. 234 § 6 EGBGB Rn. 25). 853

Wird die Ehe **ab dem 1. 1. 1992** geschieden, findet aber nach Art. 234 § 6 Satz 2 EGBGB der Versorgungsausgleich insoweit **nicht** statt, als das auszugleichende Anrecht bereits Gegenstand oder Grundlage einer vor dem Wirksamwerden des Beitritts geschlossenen wirksamen Vereinbarung oder gerichtlichen Entscheidung über die Vermögensverteilung war. Diese Vorschrift wurde aus Gründen des Vertrauensschutzes in eine wirksame Altregelung eingeführt (Staudinger/Rauscher, BGB, Anh. III zu Art. 234 § 6 EGBGB Rn. 5; MüKo/Maier; Einigungsvertrag, Art. 234 § 6 EGBGB Rn. 502; MüKo/Dörr, BGB, Art. 234 § 6 EGBGB Rn. 1, 14). Geschlossene Vereinbarungen und gerichtliche Regelungen in Bezug auf den Versorgungsausgleich sollten bestehen bleiben und nicht wieder aufgegriffen werden. Das deutsch-deutsche Ehekollisionsrecht hatte nunmehr für die Entscheidungen keine Bedeutung mehr. Mit Wirkung vom 1. 1. 1992 ist die Rechtseinheit auf dem Gebiet des Versorgungsausgleichs im gesamten Bundesgebiet eingetreten. Der Versorgungsausgleich kann daher auch **im Beitrittsgebiet** durchgeführt werden (Maier/Michaelis, Versorgungsausgleich in der Rentenversicherung, S. 670). Das Inkrafttreten des VAÜG beendete die Existenz der beiden unterschiedlichen Teilrechtsordnungen (Soergel/Siebert/Lipp. BGB, Einl. VAÜG Rn. 14). Alle Entscheidungen folgen in Bezug auf den Versorgungsausgleich nunmehr einheitlichem Recht. Das hat für diese in den neuen Bundesländern erworbenen Anrechte zur Folge, dass auch für sie das **Stichtagsprinzip** (§ 1587 Abs. 2 BGB), das **Prinzip der Verrechnung des Einmalausgleichs** (§ 1587b Abs. 2 Satz 3 BGB) und die **bindende Rangfolge** (§ 1587b Abs. 1 bis 3 BGB, §§ 1 f. VAHRG) gilt (Klattenhoff, DAngVers 1991, 352, 353; Soergel/Siebert/Schmeiduch, BGB, § 3 VAÜG Rn. 1; Soergel/Siebert/Schmeiduch/Lipp, BGB, § 3 VAÜG Rn. 22). 854

Lediglich bei der Durchführung des Versorgungsausgleichs **vor der Herstellung gleicher Einkommensverhältnisse** für das gesamte Bundesgebiet werden die in den neuen Bundesländern mit einem geringeren Wert auf dem Konto des Ausgleichsberechtigten festgeschrieben als er ihnen nach der Einkommensangleichung für die Ehezeit an sich zukommt (Maier/Michaelis, a. a. O. S. 671; Soergel/Siebert/Lipp, BGB, Einl. VAÜG, Rn. 29). Der Grund hierfür liegt darin, dass die im Beitrittsgebiet erworbenen Anrechte in einem vergleichbaren Zeitraum einer zusätzlichen (höheren) Dynamik unterliegen (OLG Dresden, NJW 1996, 482, 483; Maier/Michaelis, a. a. O. S. 671; 855

Hahne, FamRZ 1991, 1392, 1393). Daher besteht für die in den alten und den neuen Ländern bis zur Einkommensangleichung im gesamten Bundesgebiet erworbene Anrechte noch ein **gespaltenes Bewertungssystem** (Soergel/Siebert/Lipp, BGB, Einl. VAÜG, Rn. 33). Im bisherigen Bundesgebiet wird der jeweilige Monatsbetrag der auszugleichenden Rentenanwartschaften in Entgeltpunkte nach dem aktuellen Rentenwert gem. § 68 SGB VI ermittelt; für das Beitrittsgebiet der auszugleichenden Rentenanwartschaft in Entgeltpunkten (Ost) nach den §§ 254a, 255a, 256 ff. SGB VI umgerechnet (RGRK/Wick, BGB, vor § 1 VAÜG, Rn. 5).

IV. Behandlung der Anrechte aus dem Beitrittsgebiet hinsichtlich der Wertermittlung und Durchführung des Versorgungsausgleichs bis zur Einkommensangleichung (VAÜG)

1. Einführung

856 Das Versorgungsausgleichs-Überleitungsgesetz (VAÜG) ist durch Art. 31 des Rentenüberleitungsgesetzes (RÜG) v. 25. 7. 1991 (BGBl. I S. 1606) eingeführt worden. Ihm ist im Einzelnen zu entnehmen, wann der Versorgungsausgleich auch bezogen auf das Beitrittsgebiet durchgeführt werden kann (Maier/Michaelis, Versorgungsausgleich in der Rentenversicherung, S. 664). Dieses Gesetz enthält besondere versorgungsausgleichsrechtliche Regelungen, die neben den allgemeinen Vorschriften des Versorgungsausgleichs anwendbar sind.

Bis zur Herstellung einheitlicher Einkommensverhältnisse in den neuen und den alten Bundesländern weisen die im Beitrittsgebiet erworbenen Anrechte Besonderheiten auf, die in den wirtschaftlichen Verhältnissen im Beitrittsgebiet begründet sind und sich in der Bemessungsgrundlage und Dynamik dieser Anrechte auswirken. D. h., die Berechnung der Renten im Beitrittsgebiet erfolgt zwar nach der Rentenformel des SGB VI, aber **mit der Maßgabe,** dass während der Angleichungsphase bis zur Herstellung einheitlicher Einkommensverhältnisse im gesamten Bundesgebiet statt der Entgeltpunkte „Entgeltpunkte (Ost)" und statt des aktuellen Rentenwerts ein „aktueller Rentenwert (Ost)" zugrunde zu legen sind, § 254b Abs. 1 SGB VI.

857 Der Versorgungsausgleich wird **vor** der Einkommensangleichung durchgeführt, wenn die Voraussetzungen der §§ 1, 2 Abs. 1 VAÜG erfüllt sind (Maier/Michaelis, a. a. O. S. 671), d. h. die Ehezeit muss vor der allgemeinen Einkommensangleichung im Beitrittsgebiet und den Altländern enden.

In der **Angleichungsphase** wird der Versorgungsausgleich aber nur bei bestimmten Fallgestaltungen gleichzeitig mit der Scheidung durchgeführt (Maier/Michaelis, a. a. O., S. 676); ansonsten wird der Versorgungsausgleich ausgesetzt, § 2 Abs. 1 VAÜG. Nach der Einkommensangleichung gelten die allgemeinen Bewertungsvorschriften im Versorgungsausgleich (Hahne, in: Schwab, Handbuch des Scheidungsrechts, VI, Rn. 349).

2. VAÜG als lex specialis

858 Das VAÜG **ergänzt und modifiziert** das Recht der allgemeinen Regeln des Versorgungsausgleichs in zeitlicher und sachlicher Hinsicht (Soergel/Siebert/Lipp, BGB, § 1 VAÜG, Rn. 1; Klattenhoff, DAngVers 1991, 352, 355; RGRK/Wick, BGB, vor § 1 VAÜG, Rn. 19).

a) Zeitlicher Geltungsrahmen

859 Das VAÜG gilt grds. nur bis zum **Zeitpunkt der Einkommensangleichung** (Maier/Michaelis, Versorgungsausgleich in der Rentenversicherung, S. 672). Das ergibt sich aus § 1 Abs. 1 VAÜG und implizit auch aus § 5 VAÜG. Der Zeitpunkt der Einkommensangleichung ist der Zeitpunkt, von dem an Rentenansprüche aus der gesetzlichen Rentenversicherung allgemein auf der Grundlage des aktuellen Rentenwertes nach § 68 SGB VI ermittelt werden (Maier/Michaelis, a. a. O., S. 672; Schmidbauer, Der Versorgungsausgleich bei Ehescheidung, Rn. 43; Hahne, FamRZ 1991,

1392, 1393; Klattenhoff, DAngVers 1991, 352, 356). In diesem Augenblick ist die Rentenangleichung vollzogen. Es spielt dann keine Rolle mehr, ob die rentenrechtlichen Zeiten im bisherigen Bundesgebiet oder im Beitrittsgebiet zurückgelegt worden sind.

Wie lange dieser Prozess der Angleichung allerdings noch dauern wird, lässt sich z. Z. nicht mit Bestimmtheit vorhersagen (Michaelis, AnwBl 1991, 438, 439). Nach dem Rentenversicherungsbericht 1997 der Bundesregierung (BT-Drucks. 13/8300 S. 81) wird sich voraussichtlich das Verhältnis des aktuellen Rentenwertes Ost zu dem Rentenwert in den alten Bundesländern von 82,2 % im Juli 1996 auf nur 87,7 % im Juli 2001 erhöhen (vgl. im Einzelnen auch MüKo/Sander, BGB, § 1 VAÜG Rn. 7). Das bedeutet, dass die frühere Annahme des Gesetzgebers, die rentenmäßige Einkommensangleichung würde etwa 1998 erreicht sein, überholt ist, und dass mit einer Einkommensangleichung wohl erst im Jahre 2012 zu rechnen ist, es sei denn, das Rentenniveau West wird vorher dem Rentenniveau Ost angeglichen. Auf jeden Fall ist die Einkommensangleichung dann eingetreten, wenn die Bundesregierung mit Zustimmung des Bundesrates keine Rentenanpassungsverordnung mehr erläßt, mithin keinen aktuellen Rentenwert (Ost) nach § 255a SGB VI mehr nennt (Soergel/Siebert/Zimmermann/Schmeiduch, BGB, § 1 VAÜG, Rn. 20). Von diesem Zeitpunkt an finden dann die §§ 255 a, 255b SGB VI keine Anwendung mehr, § 1 Abs. 4 VAÜG.

Einzelne Vorschriften des VAÜG **gelten** aber auch noch bei einem Ehezeitende **nach der Einkommensangleichung weiter.** Das betrifft den Ausgleich von Bestands- und Vergleichsrenten, für deren Bewertung die Bestimmung des § 3 Abs. 1 Nr. 2, 3, 6 VAÜG zu beachten ist (Maier/Michaelis a. a. O., S. 672; RGRK/Wick, BGB, § 1 VAÜG Rn. 2). Gleiches gilt für überführte Anrechte aus Sonder- und Zusatzversorgungen (vgl. hierzu Rahn, DtZ 1992, 1, 5 f.; Schellhorn, FuR 1992, 29, 34) nach § 3 Abs. 1 Nr. 7 VAÜG (Soergel/Siebert/Lipp, BGB, § 1 VAÜG, Rn. 5). Der nichtangleichungsdynamische Teil dieser Renten ist im Rahmen des Versorgungsausgleichs schuldrechtlich auszugleichen (Maier/Michaelis, a. a. O., S. 672; Klattenhoff, DAngVers 1991, 352, 355, vgl. hierzu Beispiel 5).

860

b) Sachlicher Anwendungsbereich

Die Vorschriften des VAÜG kommen zur Anwendung, wenn mindestens auf Seiten einer Scheidungspartei während der Ehezeit **angleichungsdynamische Anrechte** (§ 1 Abs. 2 Nr. 1, 2 VAÜG) oder **angleichungsdynamische Anrechte minderer Art** erworben wurden (Klattenhoff, DAngVers 1991, 352, 357). Weiterhin ist Voraussetzung, dass die Ehezeit i. S. d. § 1587 Abs. 2 BGB vor der Einkommensangleichung endet, § 1 Abs. 1 VAÜG.

861

Ob Anrechte in die Ehezeit fallen, richtet sich nach dem „In-Prinzip" (BGHZ 81, 196 f. = FamRZ 1981, 1169; 1983, 683; 1985, 687; 1987, 365). Wegen der Gesamtleistungsbewertung bei dem Altersruhegeld (Schmeiduch, FamRZ 1991, 377, 381) können auch nicht in die Ehezeit fallende Beiträge für das VAÜG bedeutsam werden (AG Tempelhof-Kreuzberg, FamRZ 1997, 427, 428; Soergel/Siebert/Lipp, BGB, § 1 VAÜG, Rn. 6; Klattenhoff, Einigungsbedingte Neuregelungen des Versorgungsausgleichs, S. 59; ders., DAngVers 1991, 352, 356; Schmidbauer, Der Versorgungsausgleich bei Ehescheidung, Rn. 345). Das ist z. B. der Fall bei beitragsfreien Zeiten wie Mutterschutz. Diese müssen getrennt nach Entgeltpunkten (Ost) und (West) ermittelt werden (AG Tempelhof-Kreuzberg, a. a. O.). Für Zeiten **vor** dem 1. 7. 1990 gibt es keinen aktuellen Rentenwert (Ost) für die Ermittlung der angleichungsdynamischen Rentenanwartschaften. Das hat zur Folge, dass **sämtliche** Anwartschaften der Parteien auf den 31. 7. 1990 zu beziehen sind; das gilt auch dann, wenn das Ende der Ehezeit vor diesem Zeitpunkt lag. Anderenfalls ist eine Vergleichbarkeit von Ost- und Westanwartschaften untereinander nicht möglich (AG Tempelhof-Kreuzberg, FamRZ 1997, 427),

Dem VAÜG liegt die Grundüberlegung zugrunde, dass **nur Anrechte gleicher Qualität** miteinander saldiert werden dürfen (Klattenhoff, DAngVers 1991, 352, 354). Die Durchführung des Versorgungsausgleichs erfolgt dann im Rahmen einer sog. **In-Sich-Verrechnung** (Wick, Familien-

862

gerichtsbarkeit, § 1 VAÜG Rn. 3; RGRK/Wick, BGB, vor § 1 VAÜG, Rn. 20). Dadurch wird eine gleichwertige Entwicklung der vom Versorgungsausgleich berührten Anrechte auf Seiten beider Ehegatten ermöglicht (Klattenhoff, DAngVers 1991, 352, 358).

3. Betroffene Verfahren

863 Die Vorschriften des VAÜG gelten grds. für die erstmaligen Scheidungsverfahren, für das Amtswiederaufnahmeverfahren nach dem Einigungsvertrag, das bislang aufgrund des deutsch-deutschen Kollisionsrechts ausgesetzt oder bei dem ein vorläufiger schuldrechtlicher Versorgungsausgleich durchgeführt worden ist (Klattenhoff, DAngVers 1991, 352, 356; Soergel/Siebert/Lipp, BGB, § 1 VAÜG, Rn. 9) und die Abänderungsverfahren nach § 10a VAÜG gem. § 4 Abs. 2 VAÜG (AG Tempelhof-Kreuzberg, FamRZ 1997, 427; Soergel/Siebert/Schmeiduch, BGB, § 1 VAÜG, Rn. 9; Wick, Familiengerichtsbarkeit, § 1 VAÜG Rn. 1; RGRK/Wick, BGB, § 1 VAÜG Rn. 1; Borth, Der Versorgungsausgleich, Rn. 254).

4. Begriffliche Erläuterungen

864 Voraussetzung für die Anwendung des VAÜG ist, dass ein Ehegatte in der Ehezeit **angleichungsdynamische Anrechte** und/oder **angleichungsdynamische Anrechte minderer Art** erworben hat. Die Vorschrift des § 1 Abs. 2 und Abs. 3 VAÜG enthält die **Legaldefinition** dieser Anrechte.

Nach § 1 Abs. 2 VAÜG sind angleichungsdynamische Anrechte im Beitrittsgebiet erworbene oder ihnen gleichstehende Anrechte, deren Wert bis zur Einkommensangleichung in **stärkerer Weise** steigt als der Wert entsprechender Anrechte, die im übrigen Bundesgebiet erworben worden sind (Nr. 1) und sonstige Anrechte i. S. d. § 1587 Abs. 1 BGB, deren Wert in einer dem Wert der in Nr. 1 bezeichneten Anrechte vergleichbaren Weise steigt (Nr. 2).

865 Der Abs. 2 Nr. 1 VAÜG erfasst angleichungsdynamische Anrechte der gesetzlichen Rentenversicherung. Sie müssen **im Beitrittsgebiet erworben** sein oder den dort erworbenen Anrechten gleichstehen (RGRK/Wick, BGB, § 1 VAÜG, Rn. 4). Nicht zu den angleichungsdynamischen Anrechten gehören solche, die zwar aufgrund von im Beitrittsgebiet zurückgelegten rentenrechtlichen Zeiten erworben worden sind, jedoch mit Entgeltpunkten (West) zu bewerten sind. Hierunter fallen z. B. Zeiten, die früher nach dem **Fremdrentenrecht** zu bewerten waren und deshalb wie ein im bisherigen Bundesgebiet erworbenes Anrecht zu bewerten sind. Ebenfalls fallen nicht unter die angleichungsdynamischen Anrechte statische Anwartschaften oder Ansprüche aus der gesetzlichen Rentenversicherung im Beitrittsgebiet und die Anteile von sog. Bestands- und Zugangsrenten, die aus Vertrauensgründen gewährt werden. Sie unterliegen nicht den regelmäßigen Rentenanpassungen, sondern werden stufenweise abgebaut (RGRK/Wick, BGB, § 1 VAÜG, Rn. 4 und 7). Unter die sonstigen angleichungsdynamischen Anrechte i. S. d. § 1 Abs. 2 Nr. 2 VAÜG fallen insbesondere Versorgungen und Versorgungsanwartschaften nach beamtenrechtlichen Vorschriften oder Grundsätzen (Maier/Michaelis, Versorgungsausgleich in der Rentenversicherung, S. 673; Eißler, Versorgungsausgleich, Rn. 116; RGRK/Wick, BGB, § 1 VAÜG Rn. 6). Das gilt aber **nur für im Beitrittsgebiet** ernannt oder übernommene Beamte und Richter, mithin **nicht** für Westbeamte, auch **nicht** für die, die zeitweilig in die neuen Bundesländer abgeordnet wurden (Hahne, in: Schwab, Handbuch des Scheidungsrechts, VI, Rn. 351; Wick, Familiengerichtsbarkeit, § 1 VAÜG, Rn. 5). Ferner fallen unter die Vorschrift des § 1 Abs. 2 Nr. 2 VAÜG Anrechte des § 254d Abs. 1 Nr. 5 – 7 SGB VI, die auf Reichsgebiet Beitragssätzen in den sog. Ostgebieten beruhen und Anrechte der Alterssicherung der Landwirte, sowie die Abgeordnetenversorgungen, die Ärzteversorgungen und die Anwartschaften bei der Versorgungsanstalt der deutschen Bezirksschornsteinfeger (Götsche, FamRZ 2002, 1235, 1236) .

866 Der Begriff der **angleichungsdynamischen Anrechte minderer Art** ist in § 1 Abs. 3 VAÜG definiert. Es handelt sich hierbei um im **Beitrittsgebiet erworbene Anrechte,** die **nicht** zu den gesetzlichen Renten oder der Beamtenversorgung gehören (Hahne, FamRZ 1991, 1392, 1393).

Der Wert der angleichungsdynamischen Anrechte minderer Art steigt bis zur Einkommensangleichung in stärkerer Weise als der Wert entsprechender Anrechte, die im übrigen Bundesgebiet erworben worden sind, aber in minderer Weise als der Wert der in § 1 Abs. 2 VAÜG bezeichneten Anrechte. Da an den steigenden Wert der Anrechte angeknüpft wird, können nur dynamische und deshalb keine statischen Rechte angleichungsdynamische Anrechte minderer Art sein (OLG Brandenburg, FamRZ 2003, 534, 535). Die Vorschrift des § 1 Abs. 3 VAÜG ist eine **Auffangvorschrift**. Hierunter fallen alle außerhalb der gesetzlichen Rentenversicherung und der Beamtenversorgung erworbenen Anrechte wie z. B. die Anrechte aus der betrieblichen Altersversorgung und die berufsständischen Versorgungseinrichtungen (Soergel/Siebert/Zimmermann, BGB, § 1 VAÜG, Rn. 16 – 19), **sofern** die besondere Angleichungsdynamik vorliegt (Götsche, FamRZ 2002, 1235, 1236). Sie fehlt z. B. bei den im Anwartschaft- und Leistungsstadium **statischen** Betriebsrenten, sodass diese Anrechte über die Barwertverordnung umgewertet werden. Es handelt sich dann um **umgewertete dynamische Anrechte** (OLG Brandenburg, FamRZ 2000, 676 und NJWE-FER 2001, 36, 37; Bergner, Der Versorgungsausgleich, § 4 VAÜG, Anm. 3). Das Gleiche gilt auch bei der Umwertung einer privaten Lebensversicherung. Ihre Umwertung führt auch bei Beteiligung von angleichungsdynamischen Anrechten zu einem fiktiven regeldynamischen Anrecht (OLG Brandenburg, FamRZ 2003, 534 = FamRB 2003, 147). Das VAÜG gilt daher nicht für Anrechte aus dem Beitrittsgebiet, die mit **Anrechten aus dem bisherigen Bundesgebiet** vergleichbar sind (z. B. statische Anrechte der Höherversicherung nach § 1587a Abs. 2 Nr. 4 Buchst. c BGB) oder **Anrechte mit keiner höheren Dynamik als eine dynamische Rentenanwartschaft** i. S. d. § 1587a Abs. 2 Nr. 2 BGB (Wick, Familiengerichtsbarkeit, § 1, VAÜG, Rn. 3).

Das VAÜG beschränkt die Durchführung des Versorgungsausgleichs vor der Einkommensangleichung auf diejenigen Fälle, in denen eine Saldierung **gleichartiger** Anrechte (sog. **In-Sich-Ausgleich**) ohne Umwertung möglich ist, § 2 Abs. 1 Satz 1 Nr. 1 Buchst. a und b VAÜG oder in denen der Versorgungsausgleich wegen des Eintritts eines Versorgungsfalles bei einem oder bei beiden Ehegatten zwingend durchgeführt werden muss, § 2 Abs. 1 Satz 1 Nr. 2 VAÜG (Hahne, FamRZ 1991, 1392, 1393). Die Durchführung des öffentlich-rechtlichen Versorgungsausgleichs bei Ost-Anrechten erfolgt im Rahmen eines sog. **In-Sich-Ausgleichs**. Das bedeutet, dass sich die Durchführung des Versorgungsausgleichs auf **Anrechte derselben Art** bezieht (Soergel/Siebert/Lipp, BGB, § 2 VAÜG, Rn 2). Vor der Einkommensangleichung können daher grds. nur angleichungsdynamische Anrechte mit angleichungsdynamischen Anrechten und nichtangleichungsdynamische Anrechte mit nichtangleichungsdynamischen Anrechten ausgeglichen werden. Wird strikt auf den In-Sich-Ausgleich geachtet, kann eine **Verfälschung des Ausgleichsergebnisses** nicht eintreten, weil in der jeweiligen Bilanz der Ehegatten die gleiche Arte der Dynamik vorliegt (Soergel/Siebert/Lipp, BGB, § 2 VAÜG, Rn. 2).

Der folgenden Übersicht ist im Einzelnen zu entnehmen, wann der Versorgungsausgleich unter Berücksichtigung des VAÜG (Durchführung des Versorgungsausgleichs vor der Einkommensangleichung und vor Leistungsfall bei nur angleichungsdynamischen Anrechten) stattfindet bzw. ausgesetzt werden muss. Dabei bedeuten (+) mehr und (-) weniger:

Teil 9 Abschnitt 1: I. Vereinigungsbedingte Probleme beim Versorgungsausgleich

Beispiel 3:

	Ausgleichspflichtiger	Ausgleichsberechtigte	
1)	+ Ost	- Ost	
	+	-	VersAusgl
2)	+ Ost	- Ost	
	+ West	- West	
	+	-	VersAusgl
3)	+ Ost	- Ost	
	- West	+ West	
	+	-	aussetzen
4)	- Ost	+ Ost	
	+ West	- West	
	+	-	aussetzen
5)	+ Ost	- Ost	
	-	+ West	
	+	-	aussetzen
6)	-	+ Ost	
	+ West	- West	
	+	-	aussetzen
7)	+ Ost	- Ost	
	+ West	-	
	+	-	VersAusgl
8)	- Ost	- Ost	
	+ West	-	
	+	-	aussetzen
9)	+ Ost	-	
	- West	+ West	
	+	-	aussetzen
10)	+ Ost	-	
	+ West	- West	
	+	-	VersAusgl
11)	+ West	- Ost	
	+	-	VersAusgl

5. Einzelheiten des öffentlich-rechtlichen Versorgungsausgleichs bei Ostanrechten

a) Durchführung des Versorgungsausgleichs ohne Auswirkung auf eine Leistung

Der Versorgungsausgleich wird in der Angleichungsphase nur bei bestimmten Fallgruppen gleichzeitig mit der Scheidung durchgeführt. Denn die Vorschrift des § 2 Abs. 1 VAÜG nennt **abschließend** die Fallgruppen, in denen der Versorgungsausgleich bereits **vor** der Einkommensangleichung durchzuführen ist (Maier/Michaelis, Versorgungsausgleich in der Rentenversicherung, S. 676).

869

Die Durchführung des Versorgungsausgleichs erfordert zunächst, dass die Ehegatten in der Ehezeit **keine angleichungsdynamischen Anrechte minderer Art** erworben haben, § 1 Abs. 3 i. V. m. § 2 Abs. 1 Satz 1 Nr. 1 VAÜG (Eißler, Versorgungsausgleich, Rn. 120). Nach OLG Brandenburg (NJWE-FER 2001, 36) sind Anwartschaften auf eine Leibrente keine angleichsdynamischen Anrechte minderer Art i. S. von § 1 Abs. 3 VAÜG. Liegen diese vor, kommt der Versorgungsausgleich lediglich **im Leistungsfall** nach § 2 Abs. 1 Nr. 2 VAÜG in Betracht, wenn der Versorgungsausgleich auf ihn Einfluss nehmen würde. Das trifft nicht zu in den Fällen des sog. Rentner- und Pensionärsprivilegs (vgl. Beispiel 11) und bei einem Härtefall i. S. des § 5 VAHRG/(vgl. Rn. 901; RGRK/Wick, BGB, § 2 VAÜG, Rn. 6) zu.

Nach der Bestimmung des § 2 Abs. 1 Satz 1 Nr. 1a VAÜG findet ein Versorgungsausgleich statt, wenn auf einer oder beiden Seiten lediglich angleichungsdynamische Anrechte, d. h. Ostanrechte, zu berücksichtigen sind. In diesem Fall ist der **Versorgungsausgleich sofort** durchzuführen, unabhängig davon, ob bei den Ehegatten zum Zeitpunkt der Rechtskraft der Scheidung auch Leistungen aufgrund des Versorgungsausgleichs zu erbringen oder zu kürzen sind. Es handelt sich hierbei um **folgende Fallkonstellationen:**

870

aa) Reiner Ostausgleich: Splitting

Beispiel 1:
E 1: RAnw(Ost) 500 €
E 2: RAnw(Ost) 100 €

*Der Versorgungsausgleich ist durchzuführen (Götsche, FamRZ 2002, 1235, 1237, weil **nur** angleichungsdynamische Rentenanwartschaften auszugleichen sind (§ 2 Abs. 1 Satz 1 Nr. 1 Buchst. a VAÜG). Eine Umwertung erfolgt bei dieser Ausgleichsberechnung nicht, weil auf beiden Seiten nur **gleichartige** Ostanrechte zu saldieren sind. Die gutgeschriebenen und in Abzug gebrachten Anrechte entwickeln sich gleichwertig, d. h. sie unterliegen den gleichen Steigerungsraten.*

871

Es ist eine Rentenanwartschaft von 200 € (500 € – 100 € = 400 € : 2) zu übertragen (§ 1587b Abs. 1 Satz 1 BGB), die in Entgeltpunkte (Ost) umzurechnen ist, § 3 Abs. 1 Nr. 5 VAÜG. Diese Neuregelung ergänzt den § 1587b Abs. 6 BGB. Da der Ausgleichsberechtigte in der Einkommensangleichungsphase z. B. durch Umzug in die alten Bundesländer zukünftig auch Westanrechte erwerben kann, ist es notwendig, zwischen Entgeltpunkten (Ost) und Entgeltpunkten West zu unterscheiden (Hahne, in: Schwab, Handbuch des Scheidungsrechts, VI, Rn. 392). Dadurch erhält der Berechtigte stets Anrechte der gleichen Wertigkeit (Hahne, FamRZ 1991, 1391, 1394). Nach § 264a Abs. 2 SGB VI werden die Entgeltpunkte (Ost) in der Weise ermittelt, dass der Monatsbetrag der Rentenanwartschaft durch den aktuellen Rentenwert (Ost) mit seinem Wert zum Ende der Ehezeit geteilt wird. War z. B. der 30. 6. 1998 das Ende der Ehezeit, hat die E 2 im obigen Beispiel 4,9371 Entgeltpunkte aufgrund des Versorgungsausgleichs erhalten (200 € : 40,51 = 4,93705)

Formulierungsbeispiel:

> Der Tenor würde lauten:
>
> Von dem Versicherungskonto des E 1 werden auf das Versicherungskonto des E 2 angleichungsdynamische Anrechte von monatlich 200 € übertragen, bezogen auf das Ende der Ehezeit am . . . Der genannte Monatsbetrag der auszugleichenden Rentenanwartschaften ist in Entgeltpunkte (Ost) umzurechnen.

872 Der Versorgungsausgleich ist auch durchzuführen, wenn der Ausgleichsverpflichtete während der Ehezeit rentenrechtliche Zeiten sowohl in der **knappschaftlichen Rentenversicherung** als auch in der **gesetzlichen Rentenversicherung der Arbeiter und der Angestellten** erworben hat (Klattenhoff, DAngVers 1991, 352, 359). In diesem Fall weist der Rentenversicherungsträger in seiner Auskunft auf die Teilrenten aus der Rentenversicherung der Arbeiter oder Angestellten und aus der knappschaftlichen Rentenversicherung hin, deren Summe die Gesamtleistung ist (§ 80 SGB VI). Handelt es sich bei der Gesamtleistung um ein angleichungsdynamisches Anrecht, so erfolgt die Durchführung des Versorgungsausgleichs nach der Vorschrift des § 2 Abs. 1 Satz 1 Nr. 1 Buchst. a VAÜG. Dass der Rentenversicherungsträger die zu Lasten des Versicherten übertragene Rentenanwartschaft in einen Rententeil der knappschaftlichen Rentenversicherung und in einen Rententeil der Rentenversicherung der Angestellten und der Arbeiter gem. § 86 Abs. 2 Satz 1 SGB VI aufzuteilen hat (Klattenhoff, in: Rahm/Künkel, Handbuch des familiengerichtlichen Verfahrens, V, Rn. 454.1) ist für das Familiengericht ohne Bedeutung.

> *Beispiel 2:*
> E 1: RAanw(Ost)   263,91 €
> E 2: RAanw(Ost)   485,67 €
>
> *aus allen Zweigen der gesetzlichen Rentenversicherung, wovon die angleichungsdynamische Anwartschaft aus der Rentenversicherung der Arbeiter und Angestellten monatlich 477,69 € beträgt und die aus der knappschaftlichen Rentenversicherung monatlich 7,98 €.*

873 *Der Versorgungsausgleich ist durchzuführen, weil nur **angleichungsdynamische Rentenanwartschaften** auszugleichen sind (§ 2 Abs. 1 Satz 1 Nr. 1 Buchst. a VAÜG).* **Gutschrift** und **Lastschrift** *entwickeln sich* **gleichwertig.** *Es ist eine Rentenanwartschaft von 110,88 € (485,67 € [477,69 € + 7,98 €] − 263,91 € = 221,76 € : 2) zu übertragen (§ 1587b Abs. 1 Satz 1 BGB), die in Entgeltpunkte (Ost) umzurechnen ist (§ 3 Abs. 1 Nr. 5 VAÜG; Sander/Venske, DAngVers 1992, 91, 92). Diese Regelung bewirkt die* **gleichwertige** *Entwicklung von Abschlag und Zuschlag des auszugleichenden Anrechts (Schmidbauer, Der Versorgungsausgleich bei Ehescheidung, Rn. 352).*

bb) Reiner Ostausgleich: Quasi-Splitting

> *Beispiel 3:*
> E 1: BeamtV Anw(Ost)   500 €
> E 2: RAnw(Ost)   200 €
>
> *Der Wertunterschied beträgt 300 € (500 € − 200 €), wovon die Hälfte, mithin 150 € auszugleichen ist. Da ein reiner Ostausgleich vorliegt, erfolgt die Durchführung des Versorgungsausgleichs im Wege des Quasi-Splittings nach § 1587b Satz 1 BGB. (Götsche, FamRZ 2003, 1235, 1237)*

Formulierungsbeispiel: 874

> Der Tenor würde lauten:
> Zu Lasten der beamtenrechtlichen Versorgungsanwartschaften des E 1 werden auf das Versicherungskonto der E 2 angleichungsdynamische Anrechte von monatlich 150 € begründet, bezogen auf das Ende der Ehezeit am ... Der genannte Monatsbetrag der auszugleichenden Rentenanwartschaften ist in Entgeltpunkte (Ost) umzurechnen.

Die Voraussetzungen des § 1 Abs. 1 Satz 1 VAÜG liegen auch dann vor, wenn der Ausgleichsberechtigte überhaupt keine Anrechte in der Ehezeit erworben hat. 875

Beispiel 4:

E 1: RAnw(Ost)   500 €

E 2: keine ausgleichsfähigen Anrechte

Der Versorgungsausgleich ist durchzuführen, weil nur eine angleichungsdynamische Rentenanwartschaft auszugleichen ist (§ 2 Abs. 1 Satz 1 Nr. 1 Buchst. a VAÜG). Zu- und Abschlag an Rentenanwartschaften entwickeln sich gleichwertig. Es ist eine Rentenanwartschaft von 250 € (500 € : 2) zu übertragen (§ 1587b Abs. 1 Satz 1 BGB), die in Entgeltpunkte (Ost) umzurechnen ist (§ 3 Abs. 1 Nr. 5 VAÜG). 876

Formulierungsbeispiel:

> Der Tenor würde lauten:
> Vom Versicherungskonto des E 1 werden auf das Versicherungskonto der E 2 angleichungsdynamische Anrechte von monatlich 250 € übertragen, bezogen auf das Ende der Ehezeit am ... Der genannte Monatsbetrag der auszugleichenden Rentenanwartschaften ist in Entgeltpunkte (Ost) umzurechnen.

cc) Reiner Ostausgleich mit Auffüllbetrag bei zukünftigen Rentensteigerungen nach § 3 Abs. 1 Nr. 6 VAÜG: Splitting

Beispiel 5:

*E 1 bezieht eine Vollrente wegen Alters. Dieser Rente liegen im **Rahmen eines dynamischen Besitzschutzes** die höheren persönlichen Entgeltpunkte einer vorausgegangenen Rente zugrunde. Bei der Berechnung des Ehezeitanteils aus den Entgeltpunkten der gezahlten Rente ist deshalb von dem Bescheid der vorangegangenen Rente auszugehen, die ab dem 1. 1. 1992 nach § 307a Abs. 1 SGB VI umgewertet worden ist:*

E 1: Altersrente (Ost)   97,15 €

Auffüllbetrag   15,39 €

E 2: keine anrechnungsfähigen Anrechte

*Der Versorgungsausgleich beträgt 48,57 € (97,15 € : 2). Der Auffüllbetrag dagegen ist **schuldrechtlich** durchzuführen (§ 3 Abs. 1 Nr. 6 Satz 1 VAÜG). Er hindert die Durchführung des öffentlich-rechtlichen Versorgungsausgleichs **nicht**, weil er nicht in die Gesamtsaldierung des öffentlich-rechtlichen Versorgungsausgleichs einbezogen wird. (OLG Brandenburg, NJWE-FER 2001, 35 und NJW-RR 2002, 217 = NJW 2002, 1208 LS; Wick, Familiengerichtsbarkeit, § 3 VAÜG, Rn. 10).*

877 Formulierungsbeispiel:

> Der Tenor würde lauten:
> Von dem Versicherungskonto des E 1 werden auf das Versicherungskonto der E 2 angleichungsdynamische Anrechte von monatlich 48,57 € übertragen, bezogen auf das Ende der Ehezeit am ... Der genannte Monatsbetrag der auszugleichenden Rentenanwartschaften ist in Entgeltpunkte (Ost) umzurechnen.

878 Hinsichtlich des unter § 3 Abs. 1 Nr. 6 Satz 1 VAÜG fallenden Teils der Rente (Auffüllbetrag) des E 1 findet der **schuldrechtliche Versorgungsausgleich** statt.

879 Bei dem Auffüllbetrag handelt es sich um einen **degressiven Ausgleichsbetrag** (OLG Thüringen, FamRZ 2001, 627, 628; RGRK/Wick, BGB, vor § 1 VAÜG, Rn. 6 und § 3 VAÜG Rn. 6; Klassenhoff, DAngVers 1991, 352, 360). Er wird aus Vertrauensschutzgründen gewährt (Heller, DAngVers 1991, 564, 470; Michaelis, DAngVers 1992, 165, 174). Den Versicherten in den neuen Bundesländern, die in dem Zeitraum vom 1. 1. 1992 bis zum 30. 6. 1995 bereits eine Rente bezogen, sollte der ihnen nach dem früheren DDR-Recht (Stand: 30. 6. 1990) bestehende Rentenanspruch dem Grunde und der Höhe nach garantiert werden. Ist der für den Berechtigten nach Anwendung des § 307a SGB VI ermittelte Monatsbetrag der Rente für Dezember 1991 niedriger als der für denselben Monat ausgezahlte und nach dem am 31. 12. 1991 geltenden Recht oder nach § 302a Abs. 3 SGB VI weiterhin zustehende Rentenbetrag einschließlich des Ehegattenzuschlages, wird ein **Auffüllbetrag** in Höhe der Differenz geleistet, § 315a Satz 1 SGB VI. Er ist eine **statische** Leistung und unterliegt **nicht** den Rentenanpassungen (OLG Thüringen, FamRZ 2001, 627; Michaelis, AnwBl 1991, 438 und 439; von Einem, BB 1991, 2000, 2002; Borth, Der Versorgungsausgleich, Rn. 269). Er wird vom 1. 1. 1996 an bei jeder Rentenanpassung um ein Fünftel des Rentenzuschlags, mindestens aber um 20 DM vermindert, § 315a Satz 4 SGB VI. (Der Gesetzgeber hat den Mindestwert von 200 DM nicht durch einen Eurowert ersetzen müssen. Denn die Rentenanpassung endete bereits im Jahr 2000, mithin vor Beginn der Euroeinführung.) Durch die Verminderung darf aber der bisherige Zahlbetrag der Rente nicht unterschritten werden. Ein danach noch verbleibender Auffüllbetrag wird bei den zukünftigen Rentensteigerungen im Umfang dieser Rentenanpassungen abgeschmolzen. Die Abschmelzungsproblematik soll gemäß dem folgenden Beispiel dargelegt werden: Nach Auskunft des Rentenversicherungsträgers erhielt die die Scheidung begehrende Antragstellerin eine Rente wegen Erwerbsunfähigkeit. Dieser Rente lagen per 31. 12. 1995 22,3322 Entgeltpunkte zugrunde. Daraus errechnet sich der Monatsbetrag der Rente am 31. 12. 1995 i. H. v. 811,33 DM (= 22,3322 Entgeltpunkte x 36,33 DM aktueller Rentenwert (Ost) von 7/95 – 12/95. Das Scheidungsurteil bezüglich der Folgesache Versorgungsausgleich wurde am 17. 11. 1998 rechtskräftig. Der Antragstellerin wurden vom Versicherungskonto des Ehemannes auf ihr Konto angleichungsdynamische Anrechte von monatlich 161,19 DM übertragen, bezogen auf das Ende der Ehezeit am 30. 11. 1996, wobei der jeweilige Monatsbetrag der auszugleichenden Rentenanwartschaften in Entgeltpunkte (Ost) umzurechnen und der aktuelle Rentenwert (Ost) mit seinem Wert bei Ehezeitende für die Ermittlung der Entgeltpunkte (Ost) mit dem Angleichungsfaktor 1,0429766 zu vervielfältigen war. Aufgrund der rechtskräftigen Entscheidung über den öffentlich-rechtlichen Versorgungsausgleich wird sich die Rente der Antragstellerin/Ausgleichsberechtigten um den Zuschlag an Entgeltpunkten aus dem Versorgungsausgleich erhöhen (BSG, FamRZ 1991, 934, 935). Ihre Rente ist von Amts wegen neu zu berechnen, § 48 SGB X (Klassenhoff/Grün, Versorgungsausgleich, FuR-Praxis, 1999, Rn. 308; Friderici, NJ 1999, 177, 181).

Da der Auffüllbetrag mit jeder Rentenanpassung abgeschmolzen wird, ist der schuldrechtlich auszugleichende Betrag (Borth, Der Versorgungsausgleich, Rn. 269) der Höhe nach **veränderlich**, wie sich den folgenden Rentenanpassungen hinsichtlich der Erwerbsunfähigkeitsrente i. H. v. 811,33 DM per 31. 12. 1995 entnehmen lässt:

Monatsbetrag der EU-Rente am 31. 12. 1995	811,33 DM
Auffüllbetrag	231,15 DM
Insgesamt	1042,48 DM
Ein Fünftel des Auffüllbetrages	46,23 DM

Die Abschmelzung des Auffüllbetrages ist wie folgt vorzunehmen:

Anpassung zum 1. 1. 1996

22,3322 Entgeltpunkte x 37,92 DM aktueller Rentenwert (Ost)

von 1/96 – 6/96 =	846,84 DM
Rentenbetrag vor Anpassung	811,33 DM
Erhöhungsbetrag aus der Anpassung	35,51 DM
Auffüllbetrag (231,15 DM – 35,51 DM begrenzt auf die Anpassung)	195,64 DM
Monatliche Rente	1042,48 DM

Anpassung zum 1. 7. 1996

22,3322 Entgeltpunkte x 38,38 DM aktueller Rentenwert (Ost)

von 7/96 – 12/96 =	857,11 DM
Rentenbetrag vor Anpassung	846,84 DM
Erhöhungsbetrag aus der Anpassung	10,27 DM
Auffüllbetrag (195,64 DM – 10,27 DM begrenzt auf die Anpassung)	185,37 DM
Monatliche Rente	1042,48 DM

Anpassung zum 1. 7. 1997

22,3322 Entgeltpunkte x 40,51 DM aktueller Rentenwert (Ost)

von 7/97 – 6/98 =	904,68 DM
Rentenbetrag vor Anpassung	857,11 DM
Erhöhungsbetrag aus der Anpassung	47,57 DM
Auffüllbetrag (185,37 DM – 46,23 DM)	139,14 DM
Monatliche Rente	1043,82 DM

Anpassung zum 1. 7. 1998

Erhöhung der Entgeltpunkte für Kindererziehungszeiten aufgrund RRG 1999

22,3322	*auf die Ehezeit entfallende Entgeltpunkte*
– 1,4956	*Entgeltpunkte für Kindererziehungszeiten*
+ 1,6993	*85 % der Entgeltpunkte für Kindererziehungszeiten aufgrund RRG 1999*
22,5359	*Entgeltpunkte*
22,5359	*Entgeltpunkte x 40,87 DM aktueller Rentenwert (Ost)*

von 7/98 – 6/99 =	921,04 DM
Rentenbetrag vor Anpassung	904,68 DM
Erhöhungsbetrag aus der Anpassung	16,36 DM
Auffüllbetrag (139,14 DM – 16,36 DM begrenzt auf die Anpassung)	122,78 DM
Monatliche Rente	1043,82 DM

Erhöhung der Rente zum 1. 12. 1998 aufgrund Versorgungsausgleich

22,5359	*auf die Ehezeit entfallende Entgeltpunkte*
+ 4,0267	*Bonus aus Versorgungsausgleich (38,38 [Aktueller Rentenwert (Ost) im 2. Halbjahr 1996] x Angleichungsfaktor 1,0429766 = 40,03; 161,19 : 40,03 = 4,0267 EP).*

26,5626	Entgeltpunkte

26,5626 Entgeltpunkte x 40,87 aktueller Rentenwert (Ost)

von 7/98 – 6/99 =   1085,61 DM

Anpassung zum 1. 7. 1999

Erhöhung der Entgeltpunkte für Kindererziehungszeiten aufgrund RRG 1999

26,5626	auf die Ehezeit entfallende Entgeltpunkte
– 1,6993	Entgeltpunkte für Kindererziehungszeiten
+ 1,7993	90 % der Entgeltpunkte für Kindererziehungszeiten aufgrund RRG 1999
26,6626	Entgeltpunkte

26,6626 Entgeltpunkte x 42,01 DM aktueller Rentenwert (Ost)

von 7/99 – 6/00 =	1120,10 DM
Rentenbetrag vor Anpassung	1085,61 DM
Erhöhungsbetrag aus der Anpassung	34,49 DM
Auffüllbetrag (122,78 DM – 34,49 DM begrenzt auf die Anpassung)	88,29 DM

Der Auffüllbetrag i. H. v. 231,48 DM per 31. 12. 1995 ist im Laufe der Jahre auf den Betrag von 88,29 DM abgeschmolzen worden. Für die Zeit ab 1. 7. 1999 ergibt sich aufgrund der gesetzlich vorgesehenen Abschmelzung nach § 319a Satz 2 SGB VI nur noch ein monatlicher Rentenzuschlag von 88,29 DM, der zu der Rente wegen Erwerbsminderung gezahlt wird.

Der auf die Ehezeit entfallende Teil des Rentenzuschlags (§ 319a SGB VI) ist nach dem Verhältnis zu bestimmen, in dem die auf die Ehezeit entfallenden Entgeltpunkte (Ost) zu dem der Rente insgesamt zugrunde liegenden Entgeltpunkte (Ost) stehen (vgl. § 3 Abs. 1 Nr. 6 Satz 3 VAÜG). Somit errechnet sich der auf die Ehezeit entfallende Betrag des Rentenzuschlags wie folgt:

88,29 DM x 16,5669 Entgeltpunkte (Ost), die auf die Ehezeit entfallen

26,5626 Entgeltpunkte (Ost), die der Rente insgesamt zugrunde liegen   = 55,07 DM

Dieser auf die Ehezeit entfallende Teil des Rentenzuschlags bleibt bei der Anwendung von § 1587a Abs. 1 und § 1587b Abs. 3 Satz 3 BGB unberücksichtigt und ist bei Vorliegen der Voraussetzungen gesondert **schuldrechtlich** zwischen den Parteien auszugleichen (vgl. § 3 Abs. 1 Nr. 6 Satz 4 VAÜG) (Götsche, FamRZ 2002, 1235, 1240).

Der vorstehend ermittelte Betrag gilt jedoch nur bis zum 30. 6. 2000 (nächste Rentenanpassung). Wie bereits ausgeführt, wird der Rentenzuschlag nach § 319a SGB VI ab 1. 1. 1996 mit jeder Rentenanpassung abgeschmolzen (Borth, Der Versorgungsausgleich, Rn. 271), sodass der schuldrechtlich auszugleichende Betrag der Höhe nach veränderlich ist. Da die Berechtigte E 2 lediglich über einen Auffüllbetrag verfügt, kann das zu einem **schuldrechtlichen Rückausgleich** zugunsten der nach § 1587a Abs. 1 BGB Ausgleichspflichtigen führen (Borth, Der Versorgungsausgleich, Rn. 294).

Der Versorgungsausgleich ist auch durchzuführen, wenn dem ausgleichsverpflichteten Ehegatten E 1 mit den werthöheren angleichungsdynamischen Anrechten gleichzeitig auch die werthöheren nichtangleichungsdynamischen Anrechte (Westanrechte) zustehen und die Ehegatten keine angleichungsdynamischen Anrechte minderer Art erworben haben, § 2 Abs. 1 Satz 1 Nr. 1 Buchst. b VAÜG. Es handelt sich hierbei um folgende Fallkonstellation:

dd) Zweigleisiger Ausgleich mit Ost- und Westanrechten

(vgl. auch OLG Naumburg, FamRZ 2001, 1527 und Götsche, FamRZ 2002, 1235, 1238)

Beispiel 6:

E 1: RAnw(Ost)	500 €
RAnw(West)	100 €
E 2: RAnw(Ost)	200 €
RAnw(West)	80 €

Der Versorgungsausgleich ist durchzuführen, weil derselbe Ehegatte, also E 1 sowohl die werthöheren angleichungsdynamischen als auch die werthöheren nichtangleichungsdynamischen Anrechte hat (§ 2 Abs. 1 Satz 1 Nr. 1 Buchst. b VAÜG). Zuschlag und der Abschlag an Rentenanwartschaften entwickeln sich **gleichwertig.**

Der Ausgleichsanspruch der E 2 beträgt 160 € (600 [500 + 100] − 280 [200 + 80] = 320 : 2) nach § 1587a Abs. 1 Satz 2 BGB. In die Ausgleichungsbilanz sind sowohl west- als auch ostdeutsche Anwartschaften einzubeziehen. Sie werden addiert und miteinander verrechnet. Ein getrennter Ausgleich der Anrechte aus West und Ost bei der Verrechnung (Bilanzierung) ist **nicht** vorgesehen (AG Tempelhof-Kreuzberg, FamRZ 1997, 427, 42; Ruland, NJW 1992, 77, 86; Soergel/Siebert/ Schmeiduch, BGB, § 3 VAÜG, Rn. 33; a. A. Eißler, Versorgungsausgleich, Rn. 124, S. 165 Bsp. 6). **881**

Angleichungsdynamische und andere Anrechte sind aber **unabhängig voneinander** auszugleichen (§ 3 Abs. 1 Nr. 4 VAÜG). Diese Vorschrift stellt sicher, dass **nur gleiche Anrechte saldiert** werden, sog. **In-Sich-Ausgleich** (Maier/Michaelis, Versorgungsausgleich in der Rentenversicherung, S. 703; Hahne, FamRZ 1991, 1391, 1394). Zu übertragen sind angleichungsdynamische Anrechte i. H. v. 150 € (500 € − 200 € = 300 € : 2) und nichtangleichungsdynamische Anrechte von 10 € (100 € − 80 € = 20 € : 2). Die angleichungsdynamischen Anrechte sind nach § 3 Abs. 1 Nr. 5 VAÜG in Entgeltpunkte (Ost) umzurechnen; die Umrechnung der nichtangleichungsdynamischen Anrechte in Entgeltpunkte erfolgt nach § 1587b Abs. 6 BGB. Die Vorschrift des § 3 Abs. 1 Nr. 4 VAÜG ändert damit die Ausgleichssystematik des § 1587b Abs. 1 und Abs. 2 BGB (Hahne, FamRZ 1991, 1391, 1394; dies., in: Schwab, Handbuch des Scheidungsrechts, VI, Rn. 357). Beim Ausgleich ist daher stets streng zwischen West- und Ostanrechten zu unterscheiden. Erhält der Berechtigte nach § 1587b Abs. 1 Satz 1 BGB die Hälfte der gesetzlichen Rentenversicherung West des Verpflichteten, erfolgt keine Umrechnung in Entgeltpunkte Ost; es verbleibt vielmehr bei den Entgeltpunkten West. Denn § 3 Abs. 1 Nr. 5 VAÜG sieht die Umrechnung nur für den Fall des Ausgleichs angleichungsdynamischer Anrechte, mithin bei Ostanrechten vor (Hahne, in: Schwab, Handbuch des Scheidungsrechts, VI, Rn. 358). **882**

Formulierungsbeispiel:

> Der Tenor würde lauten:
> Von dem Versicherungskonto des E 1 werden auf das Versicherungskonto der E 2 angleichungsdynamische Anrechte von monatlich 150 € übertragen, bezogen auf das Ende der Ehezeit am . . . Der genannte Monatsbetrag der auszugleichenden Rentenanwartschaften ist in Entgeltpunkte (Ost) umzurechnen. Von dem Versicherungskonto des E 1 werden auf das Versicherungskonto der E 2 Rentenanwartschaften der gesetzlichen Rentenversicherung von monatlich 10 € übertragen, bezogen auf das Ende der Ehezeit am . . . Der genannte Monatsbetrag der auszugleichenden Rentenanwartschaften ist in Entgeltpunkte umzurechnen.

ee) Zum Versorgungsausgleich bei Erwerbsunfähigkeitsrente im „Ost-West-Fall"

883 Zusammenfassend ist festzuhalten, dass der Versorgungsausgleich durchzuführen ist, wenn

- dem **Ausgleichsverpflichteten** angleichungsdynamische Anrechte, nichtangleichungsdynamische Anrechte und keine minderangleichungsdynamischen Anrechte zustehen und dem **Ausgleichsberechtigten** keine angleichungsdynamischen Anrechte, keine nichtangleichungsdynamischen Anrechte und keine minderangleichungsdynamischen Anrechte zustehen oder

- der **Ausgleichsverpflichtete** angleichungsdynamische Anrechte hat, der **Ausgleichsberechtigte** dagegen keine angleichungsdynamischen Rechte hat, der Ausgleichsverpflichtete aber höhere nichtangleichungsdynamische Anrechte hat als der Ausgleichsberechtigte und beide Parteien keine minderangleichungsdynamischen Anrechte haben oder

- der **Ausgleichsverpflichtete** höhere angleichungsdynamische Anrechte hat als der **Ausgleichsberechtigte,** darüber hinaus der Ausgleichsverpflichtete über nichtangleichungsdynamische Anrechte verfügt, während der Ausgleichsberechtigte keine nichtangleichungsdynamischen Anrechte hat und beide Parteien über keine minderangleichungsdynamischen Anrechte verfügen (Eißler, Versorgungsausgleich, Nachtrag 1992, Anm. N 11, Wick, FK 2002, 135, 139).

Beispiel 7 soll die obigen Ausführungen vertiefen:

E 1: RAnW(West)	126,91 €
RAnw(Ost)	57,17 €
BeamtVers(Ost)	415,20 €
Saldo	599,28 €
E 2: RAnw(West)	118,66 €

884 Der Versorgungsausgleich ist durchzuführen weil sich Zuschlag und Abschlag aus Rentenanwartschaften **gleichwertig** entwickeln. Der Ausgleichsanspruch der E 3 beträgt 240,31 € (599,28 € [126,91 € + 57,17 € + 415,20 €] – 118,66 € = 480,62 € : 2). Angleichungsdynamische und nichtangleichungsdynamische Anrechte sind **unabhängig voneinander** auszugleichen (§ 3 Abs. 1 Nr. 4 VAÜG). Darüber hinaus ist die **bindende Rangfolge** der anzuwendenden Ausgleichsform des § 1587b zu beachten.

Der ausgleichsverpflichtete Ehegatte E 1 hat in der Ehezeit Rentenanwartschaften in einer gesetzlichen Rentenversicherung erworben, die die Anwartschaften i. S. d. § 1587a Abs. 2 Nr. 1 u. 2 BGB, die der andere in der Ehezeit erworben hat, übersteigen. Deshalb überträgt das Familiengericht auf E 2 nichtangleichungsdynamische Rentenanwartschaften i. H. v. 2,11 € (126,91 € – 118,66 € = 8,25 € : 2 = 4,12 €) nach § 1587b Abs. 1 BGB. Der weitere Ausgleich erfolgt in Bezug auf die angleichungsdynamischen Anrechte nach § 3 Abs. 1 VAÜG i. V. m. § 1587b Abs. 1 BGB i. H. v. 28,58 € (57,17 € : 2). Der Restausgleich erfolgt i. H. v. 106,14 € (415,20 € : 2 = 207,60 €) über die Vorschrift des § 3 Abs. 1 VAÜG i. V. m. § 1587b Abs. 2 BGB.

Formulierungsbeispiel:

> In diesem Fall lautet der Tenor:
>
> Von dem Versicherungskonto des E 1 werden auf das Versicherungskonto der E 2 Rentenanwartschaften der gesetzlichen Rentenversicherung von monatlich 4,13 € übertragen, bezogen auf das Ende der Ehezeit am ... Der genannte Monatsbetrag der auszugleichenden Rentenanwartschaften ist in Entgeltpunkte umzurechnen.
>
> Von dem Versicherungskonto des E 1 werden auf das Versicherungskonto der E 2 angleichungsdynamische Anrechte von monatlich 28,59 € übertragen, bezogen auf das Ende der Ehezeit am ... Der genannte Monatsbetrag der auszugleichenden Rentenanwartschaften ist in Entgeltpunkte (Ost) umzurechnen.

> Zu Lasten der beamtenrechtlichen Versorgungsanwartschaft des E 1 werden auf dem Versicherungskonto der E 2 angleichungsdynamische Anrechte von monatlich 207,60 € begründet, bezogen auf das Ende der Ehezeit am ... Der genannte Monatsbetrag der auszugleichenden Rentenanwartschaften ist in Entgeltpunkte (Ost) umzurechnen.

b) Aussetzung des Versorgungsausgleichs nach § 2 Abs. 1 Satz 2 VAÜG

Liegen die Voraussetzungen des § 2 Abs. 1 Satz 1 Nr. 1 und Nr. 2 VAÜG **nicht** vor, ist der **Versorgungsausgleich auszusetzen** (§ 2 Abs. 1 Satz 2 VAÜG) und einer späteren Regelung vorzubehalten. Die Aussetzung ist **zwingend**, wie der Wortlaut zeigt (OLG Brandenburg FamRZ 1998, 1442, 1443; Hahne in: Schwab, Handbuch des Scheidungsrechts, VI, Rn. 354; Borth, Der Versorgungsausgleich, Rn. 287). Wird der Versorgungsausgleich nach § 2 VAÜG angesetzt und erkennt das Familiengericht, dass dies sachlich fehlerhaft war, können dies nur durch Rechtsmittel, nicht aber durch „Berichtigung" i. S. v. § 319 ZPO der Tenor und die Gründe geändert werden (OLG Naumburg, FamRZ 2003, 40). Wird das Verfahren rechtsfehlerhaft ausgesetzt, dann ist diese Entscheidung mit der unbefristeten einfachen Beschwerde nach § 19 FGG anfechtbar. Denn die Aussetzung des Verfahrens ist keine Endentscheidung i. S. d. § 621e Abs. 1 ZPO, sondern stellt eine Zwischenentscheidung dar, die nach den §§ 19, 64 FGG, 621a Abs. 1 ZPO angefochten werden kann (OLG Dresden, FamRZ 2002, 1053 = FamRB 2002, 325.

885

Soweit das OLG Brandenburg, FamRZ 1998, 1442 mit Anm. Kemnade seiner Entscheidung den Leitsatz voranstellt, dass ein von den Parteien abgeschlossener **(Teil-)Vergleich** unwirksam ist, nach dessen Inhalt die nichtangleichungsdynamischen Rentenanwartschaft wie eine angleichungsdynamische Rentenanwartschaft (Ost) zu bewerten ist, wenn nach den gesetzlichen Vorschriften (zur Zeit) die Durchführung des Versorgungsausgleiches ausgeschlossen ist, überzeugt diese Begründung nicht (BGH, FamRZ 2001, 1701, 1703 = FPR 2002, 85 LS und FPR 2002, 84,85). Denn die **Genehmigung** durch das Gericht darf **nur verweigert** werden, wenn die Vereinbarung nicht eine der gesetzlichen Regelung vergleichbare Wirkung enthält. Dies wäre nur der Fall, wenn sich der Ausgleichsanspruch des Berechtigten gegenüber der gesetzlichen Lösung **erhöhen** würde (OLG Karlsruhe, FamRZ 2000, 1155). Führt hingegen die vereinbarte Saldierung dieser in der Dynamik unterschiedlichen Anrechte zu einer **Reduzierung** des Ausgleichsanspruchs, steht dem die Vorschrift des § 1587o Abs. 1 Satz 2 BGB nicht entgegen. (BGH, FamRZ 2001, 1701, 1703 = FPR 2002, 85 LS: Dörr/Hansen, NJW 1999, 3229, 3237; Götsche FamRZ 2002, 1235, 1245, Klassenhoff/Grün, Versorgungsausgleich Rn. 389; a. A. Friderici, NJ 1999, 177, 179; MüKo/Sander, BGB, § 2 VAÜG Rn. 8).

Durch diese Teilvereinbarung, dass nichtangleichungsdynamische Anrechte wie angleichungsdynamische zu behandeln seien, wird die Situation eines zulässigen In-Sich-Ausgleichs fingiert mit der Folge, dass nunmehr nicht mehr systemwidrig Anrechte unterschiedlicher Dynamik zu verrechnen, sondern insgesamt gleichwertige Anrechte zu saldieren sind. Da angleichsdynamische Anrechte bis zur Einkommensangleichung wegen ihrer besonderen Wertsteigerung einen höheren Wert haben als nichtangleichungsdynamische Anrechte, wird infolge der Vereinbarung, dass ein nichtangleichungsdynamisches Anrecht wie ein angleichungsdynamisches Anrecht behandelt werden soll, ersteres im Ergebnis höher bewertet. Handelt es sich um ein Anrecht des **ausgleichsberechtigten** Ehegatten, dann führt die Vereinbarung zu einer gewissen Schlechterstellung des Ausgleichsberechtigten, weil ihm die Angleichungsdynamik der Anrechte des Ausgleichspflichtigen nicht im vollen Umfang zugute kommt (BGH, FPR 2002, 84, 85). Die Vereinbarung bewirkt deshalb mittelbar einen – wenn auch relativ geringfügigen – Teilausschluss des Versorgungsausgleichs zu Lasten des Berechtigten und hat damit nicht die unzulässige Folge, dass zu Lasten des Ausgleichspflichtigen mehr Anwartschaften übertragen werden als dies ohne die Vereinbarung der Fall wäre (BGH, FamRZ 2001, 1701, 1703 = FuR 2001, 539 = NJW-RR 2002, 290 = FPR 2002, 85 LS und FPR 2002, 84, 85; Kemnade FamRZ 1998, 1443). Hält sich eine solche Vereinbarung im Rahmen der Dispositionsbefugnis der Ehegatten nach § 1587o BGB, lässt sich dadurch die Aussetzung des Versorgungsausgleichsverfahrens verhindern. Denn die Aussetzung des Versorgungsausgleichs dient nur dem Zweck, die komplizierte Umrechnung nach § 3 VAÜG zu vermeiden, die aber durch die Vereinbarung gerade überflüssig gemacht wird (Kemnade FamRZ 1998, 1443). Die Vorschrift des § 628 Abs. 1 ZPO gilt entsprechend. Hierbei handelt es sich um eine **Rechtsfolgenverweisung**, d. h. die Aufhebung des Verfahrensverbundes ist von den dort genannten Voraussetzungen unabhängig (Klassenhoff, Einigungsbedingte Neuregelung des Versorgungsausgleichs, S. 47; Staudinger/Rauscher, BGB, Anh. IV zu Art. 234 § 6 EGBGB Rn. 11). Das hat zur Folge, dass der Katalog des § 628 ZPO (Vorabentscheidung über den Scheidungsantrag) um die Fälle des § 2 Abs. 1 Satz 2 VAÜG erweitert wird (Hahne, FamRZ 1991, 1392, 1394). Hierunter fällt der Fall, dass die eine Partei die werthöheren angleichungsdynamischen Anrechte erworben hat, die andere Partei dagegen die werthöheren nicht angleichungsdynamischen Anrechte und ein Versorgungsfall in der Person des einen oder beider Ehegatten **nicht** eingetreten ist (OLG Dresden, NJ 1996, 492 und FamRZ 1998, 630). Folgendes Beispiel soll diese Konstellation verdeutlichen:

Beispiel 8:

E 1: RAnW(Ost)   500 €

E 2: RAnw(West)   300 €

886 Der Versorgungsausgleich ist **nicht** durchzuführen. In diesem Fall sind angleichungsdynamische und nicht angleichungsdynamische Anrechte vorhanden. Es liegt aber kein Fall des § 2 Abs. 1 Satz 1 Nr. 1 Buchst. b VAÜG vor. E 1 hat nur die werthöheren angleichungsdynamischen Anrechte, nicht jedoch auch die werthöheren nichtangleichungsdynamischen Anrechte. Deshalb richtet sich der Versorgungsausgleich nach § 2 Abs. 1 Satz 2 VAÜG. Der Versorgungsausgleich ist auszusetzen (OLG Dresden, NJW 1996, 482, 483 = OLG-NL 1996, 94; OLG Frankfurt, OLG Report 1993, 304).

887 Die Aussetzung des Versorgungsausgleichs nach § 2 Abs. 1 Satz 2 VAÜG kommt stets in Betracht, wenn **kein Leistungsfall** eingetreten ist und entweder in der Ehezeit angleichungsdynamische Anrechte minderer Art vorhanden sind oder angleichungsdynamische Anrechte mit dynamischen oder nach der BarwertVO dynamische Anrechte zu saldieren sind, wobei auf der einen Seite die werthöheren „West"-Anwartschaften auf der anderen Seite die werthöheren „Ost"-Anwartschaften vorhanden sind.

888 Bei der Aussetzung des Versorgungsausgleichsverfahrens nach § 2 Abs. 1 Satz 2 VAÜG (bzw. auch bei der nach § 53c FGG i. V. m. § 148 ZPO) berechnet sich – bei fristgerechter Zahlung – die Höhe der Beiträge nach den Werten (Beitragssatz, vorläufiges Durchschnittsentgelt), die im Zeitpunkt der Wiederaufnahme des Verfahrens über den Versorgungsausgleich gelten (§ 187 Abs. 5 Satz 2 SGB VI; Eißler, Versorgungsausgleich, Nachtrag, Anm. 9). Diese Fiktion des § 187 Abs. 4 SGB VI gilt nicht für den Träger der Versorgungslast (Maier/Michaelis, Versorgungsausgleich in der Rentenversicherung, § 187 SGB VI, Anm. 4.4).

889 Hat das Familiengericht den Versorgungsausgleich entgegen § 2 Abs. 1 Satz 2 VAÜG dennoch durchgeführt, liegt ein **Verfahrensverstoß** vor, der im **Rechtsmittelweg** zur ersatzlosen Aufhebung der Entscheidung führt (OLG Köln, FamRZ 1994, 1041 = OLG Report Köln 1994, 165; OLG München, OLG Report 1995, 45; OLG Karlsruhe, NJW-RR 1996, 903, 904). Umstritten ist lediglich, ob das Beschwerdegericht selbst befugt ist, das Verfahren auszusetzen oder ob es den Erstrichter anweisen muss, das Verfahren auszusetzen und erst wieder aufzunehmen, wenn die dafür erforderlichen gesetzlichen Voraussetzungen erfüllt sein werden (vgl. OLG Nürnberg, NJW-RR 1995, 1031, OLG Frankfurt, OLG-Report Frankfurt 1993, 304 einerseits und OLG Karlsruhe, NJW-RR 1996, 903 und OLG München, OLG-Report München 1995, 45 andererseits). Die Wiederaufnahme des Verfahrens vor der Einkommensangleichung richtet sich nach § 2 Abs. 2 VAÜG. **Antragsberechtigt** sind die Ehegatten, ihre Hinterbliebenen und die betroffenen Versorgungsträger. Damit auch der Rentenversicherungsträger überprüfen kann, ob sich zukünftig leistungsrechtliche Auswirkungen aus dem Versorgungsausgleich ergeben – das wäre der Fall, wenn

der Rentenbezieher der Ausgleichsberechtigte wäre bzw. wenn beide Ehegatten bereits Rente bezögen –, ist der Aussetzungsbeschluss nach § 2 Abs. 1 Satz 2 VAÜG zu begründen und mit einer Kostenentscheidung und Wertfestsetzung zu versehen (OLG Naumburg, FamRZ 2001, 498 LS).

Die **Wiederaufnahme** des Versorgungsausgleichsverfahrens **vor der Einkommensangleichung** (§ 2 Abs. 2 VAÜG) kommt **im Leistungsfall** in Betracht und setzt weiterhin einen entsprechenden **Antrag** der Ehegatten, Hinterbliebenen oder der betroffenen Versorgungsträger voraus. Die bloße Übersendung einer neuen Rentenauskunft durch einen Rentenversicherungsträger stellt für sich allein keinen Antrag i. S. d. § 2 Abs. 2 VAÜG dar (OLG Naumburg, FamRZ 2001, 498). Ein Versorgungsfall liegt z. B. vor, wenn der ausgleichsberechtigte und i. S. d. § 5 Abs. 1 VAHRG unterhaltsberechtigte Ehegatte wieder heiratet. Da die Unterhaltsverpflichtung des ausgleichsverpflichteten Ehegatten mit der Heirat des Ausgleichsberechtigten (§ 1586 Abs. 1 BGB) entfällt, liegen die Voraussetzungen des § 5 VAHRG nicht mehr vor. Die Leistungen aus dem Versorgungsausgleich sind auf Seiten des Ausgleichsverpflichteten nunmehr zu kürzen (Greßmann, ZAP F. 11, S. 375, 383). Die Vorschrift des § 2 Abs. 2 VAÜG enthält eine **abschließende Regelung der Gründe** für die Wiederaufnahme des Versorgungsausgleichsverfahrens (OLG Brandenburg, NJWE-FER 1998, 44 = FamRZ 1998, 1441). Eine Vereinbarung nach § 1587o BGB kann nicht die Wiederaufnahme des Verfahrens herbeiführen (OLG Brandenburg, FamRZ 1998, 1441). Dahinter steht der Gedanke, dass das **komplizierte Umrechnungsverfahren** nach § 3 VAÜG **vermieden** werden soll, solange sich der Versorgungsausgleich wegen des noch nicht eingetretenen Rentenfalls weder beim Berechtigten noch beim Verpflichteten auswirken wird (Kemnade, FamRZ 1998, 1442). Ein Wiederaufnahmegrund nach § 2 Abs. 1 Satz 1 Nr. 2 VAÜG liegt ebenfalls nicht vor, wenn nach dem Tod des geschiedenen Ehemanns eine Witwenrente gezahlt wird. Die Witwenrente ist keine Leistung, die aufgrund des Versorgungsausgleichs erbracht wird.

890

Die Wiederaufnahme des Versorgungsausgleichsverfahrens **nach der Einkommensangleichung** (§ 2 Abs. 3 VAÜG) erfolgt **von Amts wegen** durch das Familiengericht binnen fünf Jahren nach der Einkommensangleichung. Bei der in § 2 Abs. 3 Satz 2 VAÜG genannten Frist handelt es sich nicht um eine Ausschlussfrist (Maier/Michaelis, Versorgungsausgleich in der Rentenversicherung, S. 657; Hahne, FamRZ 1991, 1391, 1394; Klattenhoff, Einigungsbedingte Neuregelungen des Versorgungsausgleichs, 1993, S. 48).

891

Der Wiederaufnahme **von Amts wegen** unterliegen ferner die Fälle, die aufgrund des **deutsch-deutschen Kollisionsrechts** bereits dem Versorgungsausgleich unterlagen, bei denen aber der Versorgungsausgleich nach den §§ 1und 2 der Anlage I des Einigungsvertrages ausgesetzt war oder bei denen ein vorläufiger schuldrechtlicher Versorgungsausgleich durchgeführt worden ist. Ein danach wiederaufgenommener Fall ist aber nach § 2 Abs. 1 Satz 2 VAÜG wieder auszusetzen, wenn die Voraussetzung des § 2 Abs. 1 Satz 1 Nr. 1 Buchst. a und b VAÜG nicht vorliegen. Er ist aber im Fall des § 2 Abs. 2 VAÜG im **Versorgungsfall** wiederaufzunehmen (Hahne, FamRZ 1991, 1391, 1394). Im Hinblick auf die bis zum Bezug einer Versorgungsleistung eintretenden Wertänderung stellt Bergner (Der Versorgungsausgleich, § 2 VAÜG, Anm. 6) zu Recht die Frage, ob es nicht zweckmäßiger ist, den Versorgungsausgleich erst dann wiederaufzunehmen, wenn ein Leistungs- oder Kürzungsfall eintritt oder zumindest bevorsteht. Nur dadurch lässt sich die Resignation der Familienrichter beim Versorgungsausgleich in Grenzen halten (vgl. Vogel, FamRZ 1997, 927 f.). Nachfolgend wird aufgezeigt, wann ein Versorgungsausgleich unter Berücksichtigung des VAÜG bei Durchführung des Versorgungsausgleichs vor der Einkommensangleichung und vor dem Leistungsfall bei Nichtvorlage von angleichungsdynamischen Anrechten minderer Art in Betracht kommt und wann er auszusetzen ist:

c) Durchführung des Versorgungsausgleichs mit sofortiger Auswirkung auf eine Leistung

Ein Versorgungsausgleich **vor der Einkommensangleichung** findet unabhängig von der Art der erworbenen Anrechte **immer** statt, wenn ein **Versorgungsfall** bereits zum Zeitpunkt der Scheidung vorliegt oder nach der Scheidung eintritt und es aufgrund des Versorgungsausgleichs zu **Leistungen oder zu Leistungskürzungen** kommt (Soergel/Siebert/Lipp, BGB, § 2 VAÜG Rn. 8; Göt-

892

sche, FamRZ 2002, 1235, 1241). Deshalb ist ein nach § 2 Abs. 1 Satz 2 VAÜG ausgesetzter Versorgungsausgleich **auf Antrag** nach § 2 Abs. 2 Satz 1 VAÜG wiederaufzunehmen. In diesen Fällen räumt der Gesetzgeber den wirtschaftlichen Interessen der Betroffenen Vorrang vor der (Weiter-)Aussetzung des Versorgungsausgleichs ein (Hahne, FamRZ 1991, 1391, 1394; Maier/Michaelis, Versorgungsausgleich in der Rentenversicherung, S. 680). Es geht hierbei um die Fälle, in denen die Voraussetzung des § 2 Abs. 1 Satz 1 Nr. 1 Buchst. a oder b nicht vorliegen, weil entweder Anrechte unterschiedlicher Dynamik zu verrechnen oder weil minderangleichungsdynamische Anrechte zu berücksichtigen sind (Wick, in: Familiengerichtsbarkeit, § 2 VAÜG, Rn. 6; Hahne, in: Schwab, Handbuch des Scheidungsrechts, VI, Rn. 401). Stets ist aber zu prüfen, ob sich der durchgeführte Versorgungsausgleich in der Angleichungsphase auch **tatsächlich** zugunsten eines oder beider Eheleute **auswirkt**. Hierbei sind die Konstellationen zu unterscheiden, dass sowohl der Ausgleichsverpflichtete als auch der Ausgleichsberechtigte leistungsberechtigt sind und dass der Ausgleichsverpflichtete nicht leistungsberechtigt ist wohl aber der Ausgleichsberechtigte.

aa) Beiderseitiger Versorgungsbezug

893   Den beiderseitigen Versorgungsbezug soll das folgende Beispiel verdeutlichen, wobei unterstellt wird, dass das Familiengericht **eine Entscheidung am 29. 4. 1998** getroffen hat:

Beispiel 9:

E 1: RAnw(Ost)   385,48 DM

E 2: RAnw(Ost)   189,84 DM.

Darüber hinaus erhält E 2, geboren am 20. 10. 1936, eine im Anwartschafts- und Leistungsstadium **statische** *jährliche Betriebsrente i. H. v. 312 DM zum Ende der Ehezeit (1. 6. 1987 – 31. 5. 1995) eines inländischen privatrechtlich organisierten Versorgungsträgers. Die Betriebszugehörigkeit begann am 3. 10. 1968 und endete am 3. 10. 1988. Der Versorgungsträger lässt eine Realteilung nicht zu.*

894   Es ergibt sich folgende Berechnung:

Anwartschaften des Ehemannes:

- *Bei der Bundesversicherungsanstalt für Angestellte*   0,00 DM

  angleichungsdynamische Rente   385,48 DM

  Die Bewertung erfolgt nach § 1587a Abs. 2 Nr. 2 BGB.

Anwartschaften der Ehefrau:

- *Bei der Bundesversicherungsanstalt für Angestellte*   0,00 DM

  angleichungsdynamische Rente   189,84 DM

  Die Bewertung erfolgt nach § 1587a Abs. 2 Nr. 2 BGB.

- *Bei der . . . GmbH*

Es handelt sich um ein Anrecht der betrieblichen Altersversorgung nach § 1587a Abs. 2 Nr. 3 BGB.

Jahresrente   312,00 DM

Nach § 1587a Abs. 2 Nr. 3 BGB ist nur der Ehezeitanteil der Betriebsrente auszugleichen, der sich nach dem Zeit-Zeit-Verhältnis wie folgt berechnet:

Betriebszugehörigkeit

Anfang: 3. 10. 1968

Ende: 3. 10. 1988

Gesamtzeit (Tage):   7. 306

in Ehezeit (Tage):   491

% 6,7205037

Ehezeitanteil der Rente: 20,97 DM

Geburtsdatum: 20. 10. 1936.

Der Wert der Versorgung steigt nicht in gleicher oder nahezu gleicher Weise wie der Wert der gesetzlichen Rentenversicherung oder der Beamtenversorgung. Der Ehezeitanteil der Versorgung ist daher gem. § 1587a Abs. 4 BGB in eine dynamische Rente umzurechnen. Dafür ist zuerst nach der BarwertVO der Barwert zu berechnen. (Da unterstellt wird, dass eine Entscheidung am 29. 4. 1998 getroffen wurde, kam die BarwertVO v. 24. Juni 1977 – GVBl. für Berlin 1977, 1425 – zur Anwendung und nicht die Zweite Verordnung zur Änderung der BarwertVO; vgl. hierzu Bergner, NJW 2003, 1625.) Es sind die Werte der Tabelle 7 anzuwenden, weil es sich um eine bei Ehezeitende bereits laufende Rente handelt. Alter bei Ehezeitende: 58

Barwertfaktor: 10

Barwert: 209,70 DM

Aus Barwert oder Deckungskapital wird eine dynamische Rente in der Weise berechnet, dass der Wert fiktiv in die gesetzliche Rentenversicherung eingezahlt wird. Somit ist der Betrag mit dem für das Ehezeitende geltenden Umrechnungsfaktor der Rechengrößenbekanntmachung in Entgeltpunkte (EP) und diese mit Hilfe des aktuellen Rentenwerts (ARW) nach § 1587a Abs. 3, 4 BGB in eine Rente der gesetzlichen Rentenversicherung umzurechnen.

Umrechnungsfaktor Beiträge in EP: 0,0001054764

Entgeltpunkte: 0,0221

ARW: Die Multiplikation ist mit dem Rentenwert West vorzunehmen,
(OLG Jena, FPR 2002, 12,13). 46,00 DM

DM dynamisch: 1,02 DM

Der Versorgungsträger lässt die Realteilung nicht zu. Es handelt sich um einen inländischen privatrechtlich organisierten Versorgungsträger.

Nach § 1587a Abs. 1 BGB ist der Ehegatte mit den höheren Anrechten ausgleichspflichtig.

Versorgung des Ehemannes:

angleichungsdynamisch:

splittingfähig gem. § 1587b Abs. 1 BGB: 385,48 DM

Versorgungen der Ehefrau:

Schuldr. Ausgleich § 2 VAHRG, inländisch 1,02 DM

dazu angleichungsdynamisch: splittingfähig gem. § 1587b Abs. 1 BGB: 189,84 DM

Die Bilanz der angleichungsdynamischen Anrechte ergibt:

385,48 – 189,84 = 195,64 DM

Die Bilanz der anderen Versorgungen ergibt: 0 – 1,02 = –1,02 DM

Der Versorgungsausgleich wirkt sich auf bereits gezahlte Renten aus und ist deshalb nach § 2 Abs. 1 Nr. 2 VAÜG durchzuführen.

In-Sich-Verrechnung: Ja

Entscheidungsdatum: 29. 4. 1998

Angleichungsfaktor nach § 3/II VAÜG: 1,1080495

Umrechnung:

385,48 x 1,1080495 = 427,13 DM

189,84 x 1,1080495 = 210,35 DM

Neue Bilanz der angleichungsdynamischen Anrechte:

427,13 − 210,35 =   216,78 DM

Saldo der Gesamtbilanz:

216,78 − 1,02 =   215,76 DM

Ausgleichspflicht des Ehemannes: 107,88 DM

Nach § 1587b Abs. 1 BGB, § 3 VAÜG hat der Versorgungsausgleich
durch Rentensplitting (Ost) zu erfolgen i. H. v.:   107,88 DM

Durch den Versorgungsausgleich darf der Ausgleichsberechtigte zusammen mit seiner eigenen ehezeitlichen Rente keine höhere Versorgung erwerben, als der Dauer der Ehezeit entspricht. Diese errechnet sich nach § 76 SGB VI aus den maximal möglichen Entgeltpunkten i. H. v. 1/6 der Ehezeitmonate.

Höchstwert der EP in der Ehezeit:

96 Monate/6 =   16

*Ehezeitanteil der Entgeltpunkte
der Ehefrau*   5,3551

Höchstausgleich in Entgeltpunkten   10,6449

Die zu begründenden Renten der GRV:

107,88/ARW (Ost)* 35,45 =   3,0432

3,0432/1,1080495 =   2,7464

insgesamt: 2,7464

übersteigen den Höchstwert nicht.

Die Anordnung der Umrechnung in Entgeltpunkte (Ost) beruht auf § 3 Abs. 2 VAÜG.

* *Bei dem Ausgleich von nur angleichungsdynamischen Anwartschaften nach § 1587b Abs. 1 und Abs. 2 BGB ist der maßgebliche Höchstbetrag i. S. d. §§ 1587b Abs. 5 BGB, 76 Abs. 2 Satz 3 SGB VI durch Multiplikation der übertragbaren Entgeltpunkte (Ost) mit dem aktuellen Rentenwert (Ost) am Ende der Ehezeit zu ermitteln (OLG Thüringen, FamRZ 2002, 397; OLG Dresden, FamRZ 2002, 398, 399; OLG Brandenburg FamRZ 2002, 1256 m. Anm. Kemnade; a. A. OLG Dresden, FamRZ 2000, 962).*

895 **Zur Erläuterung**: Da die Parteien **bereits Rentner** sind, greift die subsidiäre Ausgleichsform des § 2 Abs. 1 Satz 1 Nr. 2 VAÜG ein (Eißler, Versorgungsausgleich, 1992, Nachtrag, S. 14), d. h. die Versorgungsleistung des E 1 ist um die Lastschrift zu kürzen und die der E 2 zu erhöhen (Bergner, Versorgungsausgleich, § 2 VAÜG, Anm. 3.33).

Zunächst hat daher stets eine Gesamtbilanzierung stattzufinden. Bei der Bewertung der einzelnen Anrechte ergibt sich hier die Besonderheit, dass die Anrechte mit unterschiedlicher Dynamik eingestellt werden. Aufgabe des Familienrichters ist es zunächst, eine **Neubewertung** vorzunehmen. Er berücksichtigt die Wertentwicklung der Ost-Anrechte zwischen dem Ende der Ehezeit (Stichtag für die Bewertung durch die Rentenversicherungsträger) und dem Zeitpunkt seiner Entscheidung und ermittelt so den jeweiligen Wert eines Ost-Anrechts zum Zeitpunkt seiner Entscheidung.

Formulierungsbeispiel:

> Der Tenor hätte z. Z. der Entwicklung am 29. 4. 1998 gelautet:
> Von dem Versicherungskonto des E 1 werden auf das Versicherungskonto der E 2 Rentenanwartschaften der gesetzlichen Rentenversicherung von monatlich 107,88 DM übertragen,

> bezogen auf das Ende der Ehezeit am 31. 5. 1995. Der jeweilige Monatsbetrag der auszugleichenden Rentenanwartschaften ist in Entgeltpunkte (Ost) umzurechnen. Dabei ist der aktuelle Rentenwert (Ost) mit seinem Wert bei Ehezeitende für die Ermittlung der Entgeltpunkte (Ost) mit dem Angleichungsfaktor 1,1080495 zu vervielfältigen.

Die Anordnung der Umrechnung in Entgeltpunkte (Ost) beruht auf der Vorschrift des § 3 Abs. 2 VAÜG. Diese Vorschrift ermöglicht eine zeitnahe Bewertung, die dem Halbteilungsgrundsatz am nächsten kommt (Hahne, in: Schwab, Handbuch des Scheidungsrechts, VI, Rn. 369). Für die gesetzliche Rentenanwartschaft erfolgt das durch die jeweiligen Rentenwerte Ost und West. Entsprechendes gilt nach § 3 Abs. 2 Nr. 1b VAÜG auch für die Beamtenversorgung (Eißler, Versorgungsausgleich, Nachtrag, S. 14), obwohl die Einkommensentwicklung hier anders verläuft (Hahne, in: Schwab, a. a. O. VI, Rn. 370). Mit Rücksicht hierauf sind in Bezug auf die Anwendung des Angleichungsfaktors für die gesetzliche Rentenversicherung auch auf die Beamtenversorgung Ost Zweifel angebracht. Es bleibt abzuwarten, wie die Beamtenversorgung Ost sich im Verhältnis zur Beamtenversorgung West weiterentwickelt.

896

bb) Versorgungsbezug nur des Berechtigten

Beispiel 10 (vgl. FamRZ 1997, 427):
Nach Eintritt der Rechtskraft der Entscheidung über den Versorgungsausgleich war die Rente der Ausgleichsberechtigten um die Gutschrift zu erhöhen, sodass der Versorgungsausgleich durchgeführt werden musste. In dem konkreten Fall waren in die Bilanz folgende Beiträge einzustellen:

Die ausgleichsberechtigte geschiedene Ehefrau hatte ein dynamisches Altersruhegeld i. H. v. 992,92 DM und aufgrund der Gesamtleistungsbewertung bei dem Altersruhegeld gem. § 263a SGB VI auch eine angleichungsdynamische Vollrente wegen Alters i. S. v. § 1587a Abs. 2 Nr. 2 BGB i. V. m. § 1 Abs. 2 Nr. 1 VAÜG von 0,36 DM sowie ein dynamisches Anrecht auf Versorgungsrente i. H. v. 397,74 DM. Demgegenüber hatte der ausgleichsverpflichtete geschiedene Ehegatte eine beamtenrechtliche Anwartschaft i. H. v. 1 807,06 DM.

897

Da nach Durchführung des Versorgungsausgleichs **Versorgungsleistungen** zu erbringen waren, war das angleichungsdynamische Anrecht den West-Anrechten anzugleichen, sodass in die Ausgleichsbilanz der Parteien auf Seiten der geschiedenen Ehefrau das umgewertete angleichungsdynamische Anrecht einzustellen war, was letztlich einen Wert von 0,73 DM ergab. Das umgewertete angleichungsdynamische Anrecht unterliegt zukünftig stets der Wertveränderung. Hätte das Gericht nicht am 5. 9. 1996 die Entscheidung getroffen, sondern erst z. B. am 10. 7. 1997, hätte das angleichungsdynamische Anrecht schon einen umgewerteten Wert von 0,76 DM (0,36 DM x 2,11983 = 0,76 DM) nach der VO zur Anpassung der Renten im Jahr 1997 (RentenanpassungsVO 1997 v. 10. 7. 1997, BGBl. 1997 I S. 1352).

898

Formulierungsbeispiel:

> Der Tenor würde lauten:
> In Abänderung des Urt. des AG . . . v. . . . Aktenzeichen . . . wird für die Ehezeit v. . . . bis . . . zu Lasten der beamtenrechtlichen Versorgungsanwartschaft des geschiedenen E 1 auf das Konto der geschiedenen E 2 dynamische Rentenanwartschaften der gesetzlichen Rentenversicherung von monatlich . . . € begründet, bezogen auf den . . . Der genannte Monatsbetrag der auszugleichenden Rentenanwartschaften ist in Entgeltpunkte umzurechnen.

899 Beachtlich ist auch der **umgekehrte Fall,** mithin der Gesamtausgleich mit Ost-Anrechten im Leistungsfall (ausgleichspflichtig der Ehegatte mit Ost-Anrechten; vgl. Eißler, Versorgungsausgleich, Bsp. 18, S. 167).

cc) Versorgungsbezug nur des Verpflichteten

900 In der **gesetzlichen Rentenversicherung** und in der **Beamtenversorgung** gibt es Fälle, in denen nur der ausgleichspflichtige Ehegatte eine Leistung bezieht, ohne dass diese nach den Vorschriften des Versorgungssystems gekürzt werden.

Es geht hierbei um das **Rentnerprivileg** nach § 101 Abs. 3 Satz 1 SGB VI und um das **Pensionärsprivileg** nach § 57 Abs. 1 Satz 2 BeamtVersG (OLG Köln, FamRZ 1994, 907 = OLG Report 1993, 313; bestätigt durch BGH, NJW 1995, 657). Nach diesen Vorschriften wird die Rente bzw. das Ruhegehalt, das der verpflichtete Ehegatte im Zeitpunkt der Wirksamkeit der Entscheidung des Familiengerichts erhält, erst gekürzt, wenn aus der Versicherung des berechtigten Ehegatten eine Rente zu gewähren ist. Folgendes **Beispiel 11** möge das veranschaulichen.

> *Beispiel 11:*
>
> *Der ausgleichspflichtige Ehemann ist Rentner. Er erhält eine angleichungsdynamische Vollrente wegen Alters i. H. v. insgesamt 963,66 €. Die ausgleichsberechtigte Ehefrau hat demgegenüber eine dynamische Rentenanwartschaft von 9,36 € und eine angleichungsdynamische Rente von 428,92 €. In diesem Fall ist der öffentlich-rechtliche Versorgungsausgleich auszusetzen.*
>
> *Nach § 1587 Abs. 1 BGB sind im Versorgungsausgleich die in der Ehezeit erworbenen Versorgungen auszugleichen. Die Ehezeit beginnt mit dem ersten Tag des Eheschließungsmonats und endet mit dem letzten Tag des Monats, welcher dem Monat vorausgeht, in welchem der Scheidungsantrag zugestellt wurde (§ 1587 Abs. 2 BGB).*
>
> *Die Ehe wurde am 5. 5. 1967 geschlossen.*
>
> *Also hat die Ehezeit am 1. 5. 1967 begonnen.*
>
> *Der Scheidungsantrag wurde am 14. 3. 1998 zugestellt.*
>
> *Deshalb endete die Ehezeit am 28. 2. 1998.*
>
> *In dieser Zeit haben die Parteien folgende Anrechte erworben:*
>
> A. *Anwartschaft des Ehemannes:*
>
>   *angleichungsdynamische Rente*   963,66 €
>
>   *Die Bewertung erfolgt nach § 1587a Abs. 2 Nr. 2 BGB.*
>
> B. *Anwartschaften der Ehefrau:*
>
>   1. *Bei LVA Berlin*
>
>   *dynamische Rente*   9,36 €
>
>   *angleichungsdynamische Rente*   428,92 €
>
>   *Die Bewertung erfolgt nach § 1587a Abs. 2 Nr. 2 BGB.*
>
>   2. *Bei der Versorgungsanstalt des Bundes und der Länder*
>
>   *Es handelt sich um ein Anrecht der betrieblichen Altersversorgung nach § 1587a Abs. 2 Nr. 3 BGB.*
>
>   *Diese ist noch nicht unverfallbar und daher nach § 1587a Abs. 2 Nr. 3 Satz 3 BGB dem schuldrechtlichen Versorgungsausgleich vorbehalten.*
>
>   *Nach § 1587a Abs. 1 BGB ist der Ehegatte mit den höheren Anrechten ausgleichspflichtig.*
>
> *Versorgung des Ehemannes:*
>
> *angleichungsdynamisch:*
>
> *splittingfähig gemäß § 1587b Abs. 1 BGB:*   963,66 €

Versorgungen der Ehefrau:
splittingfähig gemäß § 1587b Abs. 1 BGB: 9,36 €
dazu angleichungsdynamisch:
splittingfähig gemäß § 1587b Abs. 1 BGB: 428,92 €
Die Bilanz der angleichungsdynamischen Anrechte ergibt:
963,66 – 428,92 = 534,74 €
Die Bilanz der anderen Versorgungen ergibt:
0 – 9,36 = –19,36 €

Der Versorgungsausgleich ist nach § 2 Abs. 1 Satz 2 VAÜG auszusetzen. Denn allein der Ehemann bezieht Rentenleistungen, nicht jedoch die Frau, die ihrerseits aber allein ausgleichsberechtigt ist. Da der Ehemann zwar über die höherwertigen Anwartschaften verfügt, jedoch die Ehefrau – wenn auch über geringfügige – dynamische Anwartschaften ihrerseits verfügt, ohne dass der Ehemann diesbezüglich vergleichbare Anrechte mit einem höheren Wert besitzt, hat der Versorgungsausgleich keine Auswirkungen auf bereits bezahlte Versorgungen (OLG Naumburg, FamRZ 2003, 40 LS).

dd) Keine Kürzung der Versorgung des Ausgleichspflichtigen aufgrund des Versorgungsausgleichs

Eine **Kürzung der Versorgung des Ausgleichspflichtigen** unterbleibt auch in den **Unterhaltsfällen des § 5 VAHRG**. Danach wird die Versorgung des Verpflichteten **nicht** auf Grund des Versorgungsausgleiches gekürzt, **solange** der Berechtigte aus dem im Versorgungsausgleich erworbenen Anrecht **keine** Rente erhalten kann **und** er gegen den Verpflichteten einen Anspruch auf Unterhalt hat oder nur deshalb nicht hat, weil der Verpflichtete zur Unterhaltsleistung wegen der auf Versorgungsausgleich bestehenden Kürzung seiner Versorgung außerstande ist. Damit wird vermieden, dass der Ausgleichspflichtige durch die Kürzung seiner Versorgung und das Fortbestehen der Unterhaltsverpflichtung doppelt belastet wird, obwohl der Ausgleichsberechtigte noch **keine** Rente erhält (Michaelis/Sander, Sonderdruck aus DAngVers Heft 6/7/97, S. 281 – 319, 39). Liegen die Voraussetzungen des § 5 VAHRG **kumulativ** vor (BVerwG, NJW-RR 2000, 145; VG Bayreuth, FamRZ 2000, 960) haben sowohl der Ausgleichspflichtige und auch seine Hinterbliebenen, soweit sie belastet sind, als auch der Ausgleichsberechtigte nach § 9 Abs. 2 VAHRG einen Antrag beim Versorgungsträger zu stellen, damit die Kürzung der Versorgung ohne Änderung der rechtsgestaltenden Entscheidung des Familiengerichts entfällt. Die Rechtsbeziehungen zwischen dem Ausgleichspflichtigen und seinem Versorgungsträger werden bei Vorlegung der Voraussetzungen des § 5 VAHRG **nicht** von Amts wegen geregelt.

901

Die Vorschrift des § 5 VAHRG setzt das **Bestehen eines Unterhaltsanspruches** voraus. Hierunter fallen nur **gesetzliche** Unterhaltsansprüche nach den §§ 1569 ff. BGB bzw. Ansprüche, die auf einer vertraglichen Konkretisierung bzw. Ausgestaltung des gesetzlichen Unterhaltsanspruchs beruhen (OVG Münster, FamRZ 2001, 1151, 1152; MüKo/Graper, BGB, § 5 VAHRG Rn. 28; Bergner, Der Versorgungsausgleich, § 5 VAHRG Rn. 5; Borth, Versorgungsausgleich 3. Aufl. 1998, Rn. 581; Hahne in Johannsen/Henrich, Eherecht, 3. Aufl. 1998, § 5 VAHRG Rn. 8). **Rein vertragliche Unterhaltsansprüche** führen nicht zur gewünschten Rückgängigmachung der Kürzung. Haben die geschiedenen Parteien einen völligen Unterhaltsverzicht erklärt, liegt keine Unterhaltsverpflichtung mehr vor (BGH, FamRZ 1994, 1171, 1172; BVerwG, NJW-RR 2000, 145). Ist jedoch der **Verzicht gegen eine Abfindung** erklärt worden, hat der Verpflichtete einen Anspruch auf Wegfall seiner Versorgungskürzung, bis der Berechtigte selbst Rente bezieht (BSG, NJW-RR 1996, 897, 898; BGH, NJW 1994, 2481; BVerwG, NJW-RR 2000, 145; Heilemann, SGb 1998, 463 und 1999, 245; Finger, JR 2000, 185, 187; Hauß, FamRZ 2002, 103; a. A. Winkler, SGb 1999, 246).

Unter die Vorschrift des § 5 VAHRG fällt neben dem Anspruch auf Scheidungsunterhalt gem. den §§ 1569 ff. BGB auch der **Anspruch auf Familienunterhalt** nach § 1360 Satz 1 BGB, wenn die geschiedenen Ehegatten erneut einander geheiratet haben (Heilemann, FamRZ 1999, 1039; Soergel/Lange/Schmeiduch, BGB, § 5 VAHRG Rn. 11; RGRK/Wick, BGB, § 5 VAHRG Rn. 9). Die Vorschrift des § 5 VAHRG kann auch zum Tragen kommen aufgrund der geänderten Rechtsprechung des BGH zur Frage der Berechnung des nachehelichen Unterhaltsanspruchs eines Ehegatten, der in der Ehe die Haushaltsführung übernommen hat und nach der Ehe eine Erwerbstätigkeit aufnimmt (BGH, JZ 2002, 37 mit Anm. Veit). Hat nämlich ein Ehegatte nacheheliche (nicht greifende) Einkünfte erzielt und stand ihm wegen Anrechnung auf den Unterhaltsbedarf ein nachehelicher Unterhaltsanspruch nicht zu, so kann die Änderung der Rechtsprechung des BGH zur Frage der Anrechnungsmethode zu einem gesetzlichen Unterhaltsanspruch gegen den Unterhaltspflichtigen führen, was nach § 5 Abs. 1 VAHRG zur Folge hat, dass dem im Versorgungsausgleich ausgleichspflichtigen geschiedenen Ehegatten bis zum Renteneintritt des ausgleichsberechtigten Ehegatten die Altersversorgung ungekürzt zusteht (OVG NRW, FamRZ 2002, 102).

902 Die Vorschrift des § 5 VAHRG setzt nur voraus, dass ein **gesetzlicher** Unterhaltsanspruch **besteht**, nicht auch dass er geltend gemacht oder erfüllt wird (VGH, Baden-Württemberg, FamRZ 2001, 1149, 1151; OLG Nürnberg, FamRZ 1997, 961, 962; Schwolow, FuR 1997, 225; Finger, JR 2000, 185, 187; MüKo/Gräper, BGB, § 5 VAHRG Rn. 30; a. A. VGH Baden-Württemberg, FamRZ 1991, 1363). Anders als beim Rentnerprivileg nach § 101 Abs. 3 Satz 1 SGB VI hat der Ausgleichsverpflichtete nach § 5 VAHRG auch einen Anspruch auf ungekürzte Versorgung, wenn die Rente erst nach der Wirksamkeit einer Entscheidung des Familiengerichts über den Versorgungsausgleich beginnt (Greßmann, ZAP F. 11, S. 375, 383). Der **Wegfall zur Kürzung beim Pflichtigen** setzt aber einen **Antrag** voraus, § 9 Abs. 1 VAHRG. Denn der Versorgungsträger kann nur durch die Parteien von den Tatbestandsvoraussetzungen Kenntnis erlangen (Friderici, NJ 1999, 177, 181). Entfallen die Voraussetzungen für einen Wegfall der Kürzung, – was z. B. der Fall ist, wenn der Unterhaltsberechtigte selbst die Rentenvoraussetzungen erfüllt (BGH, FamRZ 2003, 521, 522) – ist der Verpflichtete zur Mitteilung an den jeweiligen Leistungsträger verpflichtet, § 9 Abs. 5 VAHRG. Solange diese Mitteilung nicht erfolgt, wird dieser die ungekürzte Rente zahlen. Die Verletzung der Mitteilungspflicht hat jedoch zur Folge, dass der Bescheid rückwirkend aufgehoben wird und überzahlte Beträge zurückgefordert werden können, §§ 48 Abs. 1 Satz 2 Nr. 2, 50 SGB X (Bergner, Der Versorgungsausgleich, § 5 VAHRG, Anm. 6).

903 Bezieht der Ausgleichsverpflichtete im Zeitpunkt der Rechtskraft und Wirksamkeit der Entscheidung über den Versorgungsausgleich bereits eine Rente, sei es wegen Erwerbsunfähigkeit oder wegen Alters, so wirkt sich der Abschlag von Entgeltpunkten so lange nicht aus, bis der Ausgleichsberechtigte ebenfalls Rente bezieht. Ihm muss auch die VBL-Versorgungsrente ungekürzt bis zum Rentenbezug des Ausgleichsberechtigten verbleiben; zuvor ist eine Abänderung **grob unbillig** i. S. d. § 10a Abs. 3 VAHRG (OLG Schleswig, SchlHA 1997, 17, 19 f.).

904 In den Fällen der **Besitzstandswahrung** wirkt sich daher der Versorgungsausgleich zunächst noch nicht aus (OLG Nürnberg, FamRZ 1995, 1362, 1363 = NJW-RR 1995, 1031; Bergner, Versorgungsausgleich, § 2 VAÜG, Anm. 3.3.1; Klattenhoff, DAngVers 1991, 352, 363; Wick, Familiengerichtsbarkeit, § 2 VAÜG, Rn. 6). Sind derartige Fallkonstellationen gegeben, dann liegen bei einem schon eingetretenen Leistungsfall auf Seiten des ausgleichs**verpflichteten** Teils die Voraussetzungen auch für die Durchführung des Versorgungsausgleichs noch nicht vor (Maier/Michaelis, Versorgungsausgleich in der Rentenversicherung, S. 577) was zur Folge hat, dass der Versorgungsausgleich auszusetzen ist, § 2 Abs. 1 Satz 2 VAÜG (Hahne, in: Schwab Handbuch des Scheidungsrechts, VI, Rn. 359).

6. Sonderregelungen über die Bewertung und den Ausgleich der angleichungsdynamischen und minderangleichungsdynamischen Anrechte

Die Vorschrift des § 3 Abs. 1 bis 3 VAÜG regelt die Durchführung des Versorgungsausgleichs vor der Einkommensangleichung in den in § 2 Abs. 1 Nr. 1 und Nr. 2 und Abs. 2 VAÜG genannten Fällen des In-Sich-Ausgleichs und des eingetretenen oder eintretenden Leistungsbezugs eines oder beider Ehegatten (Hahne, FamRZ 1991, 1391, 1395; Maier/Michaelis, Versorgungsausgleich in der Rentenversicherung, S. 685; RGRK/Wick, BGB, § 3 VAÜG, Rn. 2).

a) Durchführung des Versorgungsausgleichs vor der Einkommensangleichung ohne Auswirkung auf eine Leistung

Die Vorschrift des § 3 Abs. 1 VAÜG bezieht sich auf die Fallkonstellation des § 1 Abs. 2 Nr. 1 VAÜG. Das sind die Fälle, in denen in der Ehezeit keine angleichungsdynamischen Anrechte minderer Art erworben wurden und entweder nur angleichungsdynamische Anrechte beim Versorgungsausgleich zu berücksichtigen sind oder der Ausgleichspflichtige in der Ehezeit sowohl die höheren angleichungsdynamischen Anrechte als auch die höheren nichtangleichungsdynamischen Anrechte erworben hat. Es handelt sich hierbei um die u. Rn. 821 ff. genannten Beispiele 1 bis 12. Hierbei sind die allgemeinen Vorschriften über den Versorgungsausgleich, mithin die §§ 1587 ff. BGB und die §§ 1 ff. VAHRG anzuwenden, allerdings unter Beachtung der in § 3 Abs. 1 Nr. 1 bis 7 VAÜG genannten Modifikationen (Maier/Michaelis, Versorgungsausgleich in der Rentenversicherung, S. 686 ff.).

aa) Berechnung des Ehezeitanteils angleichungsdynamischer Anrechte der gesetzlichen Rentenversicherung

§ 3 Abs. 1 Nr. 1 VAÜG bestimmt, dass angleichungsdynamische Anrechte der gesetzlichen Rentenversicherung im Rahmen des Versorgungsausgleichs unter Zugrundelegung von Entgeltpunkten (Ost) und des aktuellen Rentenwerts (Ost) zu bewerten sind (Johannsen/Henrich/Hahne, Eherecht, § 2 VAÜG Anm. 2). Darüber hinaus enthält § 3 Abs. 1 Nr. 1b letzter Hs. VAÜG eine Bezugnahme auf die Vorschrift des § 307b Abs. 5 Satz 1 und Abs. 6 Satz 1 SGB VI, wonach diese Vorschriften keine Anwendung finden. Es handelt sich hierbei um Renten mit Ansprüchen aus der Zugehörigkeit zu einem **Zusatz- oder Sonderversorgungssystem des Beitrittsgebiets** (Maier/Michelis, Versorgungsausgleich in der Rentenversicherung, S. 687; Bergner, Der Versorgungsausgleich, Anm. 3.12). Diese **überkommenen Bestandsrenten** sind individuell zu berechnen, wenn sie Gegenstand eines Versorgungsausgleiches sind (Klattenhoff, DAngVers 1991, 352, 358 f.; Bergner, Der Versorgungsausgleich, § 3 VAÜG, Anm. 3.12; RGRK/Wick, BGB, § 3 VAÜG Rn. 6).

bb) Bewertung einer nach dem Recht des Beitrittsgebiets berechneten Bestandsrente

Zum 31. 12. 1991 wurden rund 3,9 Millionen Renten im Beitrittsgebiet gezahlt (Michaelis, AnwBl 1991, 438, 439). Diese Renten sollten aus Gründen der Gleichbehandlung mit den Renten der alten Länder der Bundesrepublik Deutschland nicht ohne Weiteres zum 1. 1. 1992 in dynamische Renten nach dem SGB VI umgewandelt werden. Vielmehr gelten für die aufgrund eines Versicherungsfalles vor dem 1. 1. 1992 nach dem Recht des Beitrittsgebiets berechneten Renten besondere Vertrauensschutzregelungen: Diese Renten berechnen sich weiterhin nach dem Rentenrecht der ehemaligen DDR, wenn sich dadurch ein **höherer** Anspruch ergibt (Wick, Familiengerichtsbarkeit, 1992, vor § 1 VAÜG, Rn. 2, 6, 7, § 3 VAÜG Rn. 5 f.; Maier/Michaelis, Versorgungsausgleich in der Rentenversicherung, § 3 VAÜG, Anm. 2.3 und 2.6; zur Frage der Verfassungsmäßigkeit bzw. -widrigkeit von in der DDR bestehenden Zusatz- und Versorgungssystemen, die in die gesetzliche Rentenversicherung überführt wurden, vgl. BVerfG, NJW 1999, 2493 ff.).

Werden diese Renten aber Gegenstand des Versorgungsausgleichs, sind sie nunmehr individuell zu berechnen (Klattenhoff, Einigungsbedingte Neuregelungen des Versorgungsausgleichs, S. 51), d. h. es erfolgt eine Feststellung, ob die im **maschinellen Verfahren** ermittelten Entgeltpunkte (Ost) aus den vorhandenen Daten über den Rentenbeginn und das Durchschnittseinkommen zutreffend sind (Bergner, Der Versorgungsausgleich, § 3 VAÜG, Anm. 3.2). Ergibt sich, dass die nach § 307a SGB VI umgewertete bzw. neu berechnete Rente **niedriger** ist, als die laufend gezahlte Rente zum Stichtag 31. 12. 1991, wird ein **Auffüllbetrag** geleistet (§ 315a Satz 1 SGB VI; vgl. Beispiel 4). Dieser Auffüllbetrag ist bis 1995 statisch und wird ab 1996 nach Maßgabe des § 315a Satz 3 und 4 SGB VI abgeschmolzen (Schellhorn, FuR 1992, 29, 33; Rahn, DtZ 1992, 1, 4; Wick, in: Familiengerichtsbarkeit, Vor § 1 VAÜG, Rn. 6, vgl. hierzu auch Rn. 830.). Mit Rücksicht hierauf bleiben diese Anrechte bei der Anrechnung des § 1587a Abs. 1 BGB **unberücksichtigt** und sie können **nicht** mit anderen Anrechten verrechnet werden (keine Anrechnung von § 1587b Abs. 3 Satz 3 BGB!).

910 Der Vorschrift des § 3 Abs. 1 Nr. 2 VAÜG unterliegen aber nur „**endgültige**" Renten (Maier/Michaelis, Versorgungsausgleich in der Rentenversicherung, S. 688; Soergel/Siebert/Schmeiduch, BGB, § 3 VAÜG, Rn. 7). Hierunter fallen z. B. Altersrenten und Renten wegen Berufs- und Erwerbsunfähigkeit, wenn die Entgeltpunkte (Ost) in dieser Bestandsrente höher sind als in fiktiver Vollrente wegen Alters und mit dem Wegfall dieser Bestandsrente bis zur Vollendung des 65. Lebensjahres nicht mehr zu rechnen ist (Ruland, NJW 1992, 77, 81). Wird mithin die Rente wegen Verminderung der Erwerbsfähigkeit nach § 102 SGB VI nur auf Zeit geleistet, kann nach der Rechtsprechung des BGH (vgl. insbesondere FamRZ 1984, 673 und 1985, 688) die gezahlte Rente für die Durchführung des Versorgungsausgleichs nicht berücksichtigt werden. Für den Versorgungsausgleich ist dann von den Werten einer fiktiven Anwartschaft auf Vollrente wegen Alters aus der gesetzlichen Rentenversicherung i. S. d. § 1587a Abs. 2 Nr. 2 BGB auszugehen (Maier/Michaelis, Versorgungsausgleich in der Rentenversicherung, S. 688 f.). Von der Vorschrift des § 3 Abs. 1 Nr. 2 VAÜG werden auch nur solche Bestandsrenten erfasst, die aufgrund eines Versicherungsfalles bis zum 31. 12. 1991 von dem bisherigen Recht des Beitrittsgebietes berechnet worden sind (Bergner, Der Versorgungsausgleich, § 3 VAÜG, Anm. 3.23). Tritt der Versorgungsfall dagegen erst ab dem 1. 1. 1992 ein, greift die Vorschrift des § 1587a Abs. 2 Nr. 2 BGB i. V. m. § 3 Abs. 1 Nr. 1 VAÜG ein (Bergner, Der Versorgungsausgleich, § 3 VAÜG, Anm. 3.23; Maier/Michaelis, a. a. O. S. 689).

911 Ist die Bestandsrente „endgültig" **und** ist der Versorgungsausgleich bis zum 31. 12. 1991 eingetreten, ist zu prüfen, ob und welcher Höhe aus **Gründen des Besitzschutzes** neben der umgewerteten Rente noch eine **zusätzliche Leistung** i. S. v. § 3 Abs. 1 Nr. 6 und 7 VAÜG zu zahlen ist. Diese zusätzliche statische bzw. degressive Leistung unterliegt allein dem schuldrechtlichen Versorgungsausgleich (vgl. § 3 Abs. 1 Nr. 6 Satz 4 VAÜG; Hahne, FamRZ 1991, 1391, 1395; Klattenhoff, DAngVers 1991, 352, 359; ders., in: Einigungsbedingte Neuregelung des Versorgungsausgleichs, S. 71; Ruland, NJW 1992, 77, 86; Soergel/Siebert/Schmeiduch, BGB, § 3 VAÜG, Rn. 3, 4, 27 und 31 f.).

912 Der gesonderte schuldrechtliche Versorgungsausgleich bedeutet, dass der **Auffüllbetrag** nach § 315a SGB VI zur Bestandsrente, auch wenn er auf Seiten des Berechtigten steht, nicht in den Einmalausgleich des § 1587b Abs. 3 Satz 3 BGB einzubeziehen ist, sondern es ggf. zu einem schuldrechtlichen Rückausgleich nach § 3 Abs. 1 Nr. 6 Satz 4 letzter Hs. VAÜG kommt (Hahne, FamRZ 1991, 1391, 1395; Ruland, NJW 1992, 77, 86; vgl. auch das Bsp. 5 bei Eißler, Versorgungsausgleich, S. 164).

Dem schuldrechtlichen Versorgungsausgleich nach § 3b Nr. 6 Satz 1 VAÜG unterliegen ferner der **Rentenzuschlag zur SGB VI-Rente** (§ 319a SGB VI, Rentenbeginn 1992 und 1993), der **Teil der Vergleichsrente** (Art. 2 RÜG); der die SGB VI-Rente übersteigt (Rentenbeginn 1994 bis 1996), nach AAÜG **überführte Leistung,** die die SGB VI-Rente übersteigt, § 3 Abs. 1 Nr. 7 VAÜG.

913 Die Höhe dieser zusätzlichen Leistung erteilt der Rentenversicherungsträger nur auf ausdrücklichen Antrag des Familiengerichts. In der Auskunft über die angleichungsdynamische Rentenanwartschaft (§ 3 Abs. 1 Nr. 1 VAÜG i. V. m. § 1587a Abs. 2 Nr. 2 BGB und § 3 Abs. 1 Nr. 2 VAÜG) ist lediglich ein Hinweis über nichtangleichungsdynamische Rententeile vorhanden.

cc) Bewertung einer nach dem Recht des Beitrittsgebietes berechneten Vergleichsrente

Vergleichsrenten sind Renten in der gesetzlichen Rentenversicherung, die in der Zeit vom 1. 1. 1992 bis zum 31. 12. 1996 begannen und sich gemäß Art. 2 RÜG übergangsrechtlich noch nach den Vorschriften des Rentenrechts der ehemaligen DDR richteten. Hierfür gilt die Sonderregelung des § 3 Abs. 1 Nr. 3 VAÜG. Ist die nach dem Übergangsrecht errechnete Rente höher als die sich nach den Vorschriften des SGB VI ergebende Rente, wird der die angleichungsdynamische Rente übersteigende Teil der Vergleichsrente wie bei den Bestandsrenten **gesondert schuldrechtlich ausgeglichen**, § 3 Abs. 1 Satz 2 Nr. 6b VAÜG (Hahne, FamRZ 1991, 1391, 1395; Klattenhoff, Einigungsbedingte Neuregelung des Versorgungsausgleichs, S. 76; Wick, Familiengerichtsbarkeit, § 3 VAÜG, Rn. 7; RGRK/Wick, BGB, § 3 VAÜG Rn. 12). Er bleibt daher im öffentlich-rechtlichen Versorgungsausgleich völlig außer Betracht. Er wird in die Gesamtbilanz zur Feststellung des Ausgleichsberechtigten und -verpflichteten nicht einbezogen (Klattenhoff, DAngVers 1991, 352, 361; Wick, a. a. O., § 3 VAÜG, Rn. 10). Der vorgesehene schuldrechtliche Versorgungsausgleich kann zur Folge haben, dass ein Ehegatte sowohl Berechtigter als auch Verpflichteter ist. Vorbild für die Regelung des § 3 Abs. 1 Nr. 6 Satz 1 und Satz 4 VAG waren die **abzuschmelzenden Ausgleichsbeträge in der Zusatzversorgung des öffentlichen Dienstes**, z. B. nach § 97c VBL-Satzung, die ebenfalls nur schuldrechtlich auszugleichen sind (BGH, FamRZ 1990, 276, 278; 380, 381; OLG München, FamRZ 1988, 72; OLG Hamburg, FamRZ 1988, 1063).

914

dd) Getrennter Ausgleich von angleichungsdynamischen und anderen Anrechten

Die Vorschrift des § 3 Abs. 1 Nr. 4 VAÜG bezieht sich auf die Fallkonstellation des § 2 Abs. 1 Satz 1 Nr. 1 Buchst. b VAÜG, d. h. der ausgleichsverpflichtete Ehegatte hat sowohl die höheren angleichungsdynamischen als auch die höheren nichtangleichungsdynamischen Anrechte erworben. Es dürfen aber keine angleichungsdynamischen Anrechte minderer Art vorhanden sein.

915

Wegen der unterschiedlichen Dynamik der Anrechte bis zur Einkommensangleichung (vgl. Rn. 832 f., Beispiel. 5) müssen die unterschiedlichen West- und Ost-Anrechte getrennt ausgeglichen werden. Es dürfen stets nur gleichwertige Anrechte saldiert werden, d. h. angleichungsdynamische Anrechte und sonstige Anrechte werden jeweils isoliert gegenübergestellt und isoliert ausgeglichen (Bergner, Der Versorgungsausgleich, § 3 VAÜG, Anm. 4.1 m. Bsp.; Soergel/Siebert/Schmeiduch/Lipp, BGB, § 3 VAÜG, Rn. 21).

916

ee) Umrechnung in Entgeltpunkte (Ost) bei angleichungsdynamischen Anrechten

Nach der Vorschrift des § 3 Abs. 1 Nr. 5 VAÜG hat das Familiengericht beim Ausgleich von angleichungsdynamischen Anrechten anzuordnen, dass der Monatsbetrag der Rentenanwartschaften in **Entgeltpunkte (Ost)** umzurechnen ist.

917

ff) Schuldrechtlicher Versorgungsausgleich bei überführten Renten

Die Vorschrift des § 3 Abs. 1 Nr. 7 VAÜG bezieht sich auf Ansprüche aufgrund von Zusatz- oder Sonderversorgungssystemen i. S. d. Anlage 1 und 2 zu § 6 AAÜG. Hier gibt es aus Besitzstandsgründen ebenfalls **statische Rententeile**, die dem schuldrechtlichen Versorgungsausgleich unterliegen (Verweisung auf § 3 Abs. 1 Nr. 6 VAÜG).

918

b) Durchführung des Versorgungsausgleichs vor der Einkommensangleichung mit sofortiger Auswirkung auf eine Leistung

Die Vorschrift des § 3 Abs. 2 VAÜG bezieht sich auf die Fallkonstellation des § 2 Abs. 1 Nr. 2 VAÜG, mithin auf eine Fallgruppe, in der ein Versorgungsausgleich vor der Einkommensangleichung an sich nicht durchzuführen ist, weil entweder angleichungsdynamische Anrechte minderer Art vorhanden sind (Hahne, FamRZ 1991, 1391, 1394) oder angleichungsdynamische Anrechte mit nichtangleichungsdynamischen Anrechten zu saldieren sind, wobei die Anrechte des aus-

919

gleichspflichtigen Ehegatten nicht jeweils höher sind als die entsprechenden Anrechte des Ausgleichsberechtigten. Der Versorgungsausgleich soll dennoch vor der Einkommensangleichung durchgeführt werden, wenn aufgrund des Versorgungsausgleichs Leistungen zu erbringen oder zu kürzen sind.

Liegen die Voraussetzungen des § 3 Abs. 2 VAÜG vor, hat das Familiengericht bei der Durchführung des Versorgungsausgleichs **Besonderheiten** zu beachten.

aa) Ausgleich von Rentenanwartschaften unterschiedlicher Dynamik

920 Zunächst bestimmt § 3 Abs. 2 Nr. 1 Buchst. a VAÜG, dass § 3 Abs. 1 Nr. 1, 2, 3, 6 und 7 VAÜG entsprechend gilt, d. h. es wird auf Vorschriften Bezug genommen, die die Wertermittlung aus den Anrechten der **gesetzlichen Rentenversicherung im Beitrittsgebiet** betreffen (wegen der Einzelheiten vgl. Maier/Michaelis, Versorgungsausgleich in der Rentenversicherung, S. 684 f.).

921 Die von dem Rentenversicherungsträger auf das Ende der Ehezeit berechnete Anwartschaft darf aber **nicht** ohne Weiteres in den Versorgungsausgleich eingestellt werden. Vielmehr hat das Familiengericht **Wertsteigerungen**, die in der Zeit zwischen dem Ende der Ehezeit und dem Zeitpunkt der letzten mündlichen Verhandlung in der eine Entscheidung ergeht, erfolgt sind, zu berücksichtigen, d. h. das Familiengericht ordnet bei angleichungsdynamischen Anrechten zunächst an, dass die übertragene Rentenanwartschaft in Entgeltpunkte (Ost) umzurechnen ist (§ 3 Abs. 2 Nr. 2 Buchst. a VAÜG) und bestimmt ferner, dass bei dieser Umrechnung der aktuelle Rentenwert (Ost) mit dem bei der Aufwertung berücksichtigten **Angleichungsfaktor** zu **vervielfältigen** ist, § 3 Abs. 2 Nr. 2 Buchst. b VAÜG (Maier/Michaelis, Versorgungsausgleich in der Rentenversicherung, S. 712; Hahne, FamRZ 1991, 1391, 1395; vgl. Beispiel 9, Rn. 844 f.). Das Gericht muss daher auf den aktuellen, zum Zeitpunkt seiner letzten mündlichen Verhandlung geltenden Angleichungsfaktor abstellen. Das bedeutet, dass die in den eingeholten Auskünften enthaltenen Werte bei langer Verfahrensdauer vom Familiengericht zu aktualisieren sind. Ist gegen die Entscheidung des Familiengerichts befristete Beschwerde eingelegt worden, hat die zweite Instanz u. U. die Werte mittels des Ausgleichungsfaktors zu erhöhen (Hahne, FamRZ 1991, 1391, 1396). Hat das Familiengericht die Anordnung nach § 3 Abs. 2 Nr. 2 VAÜG unterlassen, kommt eine Ergänzung der Entscheidung analog § 321 ZPO in Betracht (Bergner, Der Versorgungsausgleich, § 3 VAÜG, Anm. 5.4).

Die maßgeblichen Angleichungsfaktoren ergeben sich aus der **Rentenanpassungsverordnung**, die vom Bundesminister für Arbeit und Sozialordnung erlassen wird (§ 281b Nr. 2 SGB VI).

922 Treten zukünftig neue Rentenanpassungsverordnungen in Kraft, ändert sich das bereits aktualisierte Wertverhältnis erneut, sodass dieses bei Vorliegen der Voraussetzung des § 10a VAHRG laufend berichtigt werden muss. Mit Rücksicht hierauf bieten sich Ausgleichsvereinbarungen nach § 1587o BGB an, damit nicht ständig Abänderungsentscheidungen erlassen werden müssen (Bergner, Der Versorgungsausgleich, Anm. 5.4).

bb) Ausgleich von angleichungsdynamischen Anrechten außerhalb der gesetzlichen Rentenversicherung

923 Unter die Vorschrift des § 3 Abs. 2 Nr. 1b VAÜG fallen insbesondere **Anrechte auf Beamtenpensionen**. Wie bei der gesetzlichen Rentenversicherung sollen auch hier Wertsteigerungen zwischen Ende der Ehezeit und dem Zeitpunkt der Entscheidung des Familiengerichts in den Versorgungsausgleich berücksichtigt werden. Hier kann das Familiengericht den jeweiligen sich aus der Rentenanpassungsverordnung ergebenden **Angleichungsfaktor** verwenden, es sei denn, dass die für das Anrecht maßgebliche Regelung eine andere Art der Ermittlung für die angemessene Wertsteigerung vorsieht oder der für die gesetzliche Rentenversicherung maßgebende Wert unbillige Ergebnisse zur Folge hat (§ 3 Abs. 2 Nr. 1b VAÜG).

cc) Ausgleich von angleichungsdynamischen Anrechten minderer Art

Der Ausgleich von angleichungsdynamischen Anrechten minderer Art ist in § 3 Abs. 2 Nr. 1c VAÜG geregelt. Derartige Anrechte sind bislang nicht bekannt geworden, sodass mit Rücksicht hierauf eine Erläuterung unterbleibt.

924

dd) Ausgleich von angleichungsdynamischen Anrechten der Alterssicherung von Landwirten

Die Alterssicherung der Landwirte (AdL) wurde mit Wirkung v. 1. 1. 1995 auf die neuen Bundesländer und den Ostteil Berlins übergeleitet, wo landwirtschaftliche Unternehmen bislang dem allgemeinen System der gesetzlichen Rentenversicherung angehört haben (vgl. hierzu die Ausführungen von Deisler, DRV 1996, 825 ff.; RGRK/Wick, BGB, vor § 1 VAÜG, Rn. 14 und § 1587a BGB Rn. 298). Im Mittelpunkt der Strukturreform der Landwirte steht die Einbeziehung der Ehegatten landwirtschaftlicher Unternehmer – vornehmlich Frauen (OLG Köln, FamRZ 1998, 1438 und Wick, § 1587a BGB Rn. 300) – in den obligatorischen Versicherungsschutz, und zwar nach Maßgabe von § 92 ALG im Wege einer Art „fiktiver Nachversicherung" auch mit Wirkung für vor 1995 liegende Ehezeiten. Der Ehegatte wird damit zukünftig regelmäßig durch eigene Beitragszahlung Rentenanrechte in der AdL erwerben. Zu beachten ist aber, dass die AdL nur für **selbstständige Landwirte** gilt (RGRK/Wick, BGB, vor § 1 VAÜG, Rn. 14 und § 1587a BGB Rn. 299). Abhängig Beschäftigte in der Land- und Forstwirtschaft bleiben dagegen auch nach dem 31. 12. 1994 in der gesetzlichen Rentenversicherung versicherungspflichtig (Wick, BGB, § 1587a Rn. 89). Die Neuregelungen der AdL nehmen erheblichen Einfluss auf den Versorgungsausgleich in Bezug auf Anrechte auf Alters- und Invaliditätsversorgung aus der Agrarsozialversicherung. Ehegatten landwirtschaftlicher Unternehmer sind **ab Januar 1995** als „Fiktivunternehmer" kraft Gesetzes grds. versicherungs- und beitragspflichtig in der AdL (Bergner, Der Versorgungsausgleich, Ein Leitfaden, Teil III Vorbem, ALG Anm. 2.2). Diese Neuregelung hat zur Folge, dass künftig in vielen Fällen **beide** Ehegatten mit **eigenständigen** Anwartschaften der AdL angehören werden. In Bezug auf die Anrechte aus der AdL findet daher ab 1995 die **Realteilung** i. S. v. § 1 Abs. 2 VAHRG i. V. m. § 43 Abs. 1 Satz 1 ALG statt (RGRK/Wick, BGB, § 1587a BGB Rn. 324; MüKo/Glockner, BGB, § 1587a BGB Rn. 416). Damit wird die soziale Sicherung des Berechtigten verbessert, der auch hinsichtlich auf dem Versorgungsausgleich beruhender Ansprüche in dem berufsständischen Sicherungssystem verbleiben kann, das auf seine Bedürfnisse zugeschnitten ist. Sind die AdL-Rechte des Ausgleichspflichtigen nicht im Wege der Realteilung auszugleichen, erfolgt der Ausgleich nach § 1 Abs. 3 VAHRG i. V. m. § 1587b Abs. 2 BGB im Wege des analogen Quasisplittings (OLG Zweibrücken, FamRZ 2000, 959; Bergner, a. a. O., Rn. 5.1). Der Ausgleich erfolgt in entsprechender Anwendung der für Anrechte aus der Beamtenversorgung geltenden Vorschriften, wenn

925

- lediglich **einer** der Ehegatten Anrechte in der AdL erworben hat, sodass die Voraussetzungen für eine Realteilung nach § 43 Abs. 1 Satz 1 ALG nicht vorliegen (RGRK/Wick, BGB, § 1587a BGB Rn. 324) oder

- der ausgleichsberechtigte Ehegatte neben den Anrechten aus der AdL **auch** Anrechte in der gesetzlichen Rentenversicherung erworben hat und er **beantragt,** von der Realteilung (zugunsten eines analogen Quasisplittings) abzusehen (§ 43 Abs. 1 Satz 2 ALG). Anrechte werden dann für den Ausgleichsberechtigten in der gesetzlichen Rentenversicherung begründet (Rombach, Alterssicherung der Landwirte, S. 174 f.; Gressmann, ZAP F. 11, S. 343, 345; OLG Köln, FamRZ 1998, 1438, 1439).

Die Eröffnung der **Wahlmöglichkeit** zwischen Realteilung in der AdL und dem analogen Quasi-Splitting durch Begründung eines Anrechts in der gesetzlichen Rentenversicherung räumt dem Ausgleichsberechtigten, der sowohl der landwirtschaftlichen Alterssicherung als auch der gesetzlichen Rentenversicherung angehört, das Recht ein, über die Einbeziehung des ihm aufgrund des

Versorgungsausgleichs zustehenden Anrechts in einem der beiden Sicherungssysteme nach eigenen Erwägungen über Vorteilhaftigkeit und Zweckmäßigkeit zu entscheiden (BT-Drucks. 12/5889 S. 79; Bergner, a. a. O., Anm. 5.1).

Hat aber der ausgleichspflichtige Ehegatte neben Rentenanwartschaften aus der gesetzlichen Rentenversicherung auch Anrechte aus der Altersversicherung der Landwirte erworben, die wertmäßig geringer sind als die gleichartigen Anrechte des Ausgleichsberechtigten, so ist der Ausgleich nach der Rangfolge des § 1587b BGB durchzuführen (OLG Bamberg, FamRZ 1998, 29; OLG Köln, FamRZ 1998, 1438).

- **Realteilung in Altfällen**

Die Vorschrift des § 110 ALG bestimmt in Anlehnung an allgemeine Grundsätze über die zeitliche Abgrenzung neuer gesetzlicher Ausgleichsformen (vgl. BGH, FamRZ 1983, 998, 999; 1983, 1003, 1004; 1985, 1240, 1241) die temporale Geltungsreichweite der mit § 43 ALG eingeführten **Realteilung in der Alterssicherung der Landwirte.** Die Regelung stellt klar, dass eine **Realteilung auch bei einem Ehezeitende vor 1995** stattfindet, wenn beide Ehegatten nach 1994 Versicherte der Alterssicherung der Landwirte sind (§ 110 Satz 1 ALG). Das gilt sowohl für Erstverfahren über den Versorgungsausgleich als auch für Abänderungsverfahren nach § 10a VAHRG (Bergner, a. a. O., Teil III Anm. 5.12). Hierbei ist aber zu beachten, dass die in § 43 Abs. 1 Satz 1 ALG enthaltene Möglichkeit der Realteilung für Anrechte bei der Landwirtschaftlichen Alterskasse für den Wertausgleich keinen absoluten Vorrang zum gesetzlichen Rangfolgesystem (§§ 1587b Abs. 1, Abs. 2 BGB, 1, 2, 3b VAHRG) hat (OLG Stuttgart, FamRZ 2001, 549).

Mit § 110 Satz 2, 3 ALG wird den Beteiligten ferner die Möglichkeit eröffnet, eine frühere Entscheidung über den Ausgleich von Anrechten aus der Altershilfe der Landwirte **allein** im Hinblick auf die neue Ausgleichsform der Realteilung abändern und das frühere analoge Quasi-Splitting durch die Realteilung ersetzen zu lassen. Die Abänderung findet in entsprechender Anwendung von § 10a Abs. 1 Nr. 3, Abs. 3 bis 11 VAHRG statt, wenn die früheren Ehegatten nach 1994 Versicherte der Alterssicherung der Landwirte sind. Die landwirtschaftliche Alterskasse als Versorgungsträger kann nach § 110 Satz 2 ALG die Abänderung nur mit Zustimmung des Ausgleichsberechtigten beantragen, wenn dieser auch Anrechte in der gesetzlichen Rentenversicherung erworben hat (Grundgedanke des § 43 Satz 1 Satz 2 ALG). Die Abänderung nach § 110 Satz 2 ALG soll speziell dazu dienen, dem Berechtigten auch in Altfällen die Vorteile der neuen Ausgleichsform der Realteilung zu verschaffen, sodass die allgemeinen Abänderungsvoraussetzungen des § 10a Abs. 2 VAHRG nicht erfüllt zu werden brauchen.

- **Angleichungsdynamische Anrechte**

Anrechte aus der Alterssicherung der Landwirte, die auf rentenrechtlichen Zeiten beruhen, welche nach 1994 in den neuen Bundesländern oder im Ostteil Berlins zurückgelegt worden sind, werden mit dem allgemeinen Rentenwert (Ost) bewertet (§ 102 Abs. 1 Satz 2 Nr. 1 ALG). Der allgemeine Rentenwert (Ost) berücksichtigt – entsprechend dem aktuellen Rentenwert (Ost) der gesetzlichen Rentenversicherung – die bis zur Einkommensangleichung allgemein niedrigeren Einkommen in den neuen Bundesländern und deren stärkere Dynamik. Er leitet sich aus dem allgemeinen Rentenwert (§ 23 Abs. 4 ALG) ab und errechnet sich aus dem Verhältnis des aktuellen Rentenwerts (Ost) zum aktuellen Rentenwert in der gesetzlichen Rentenversicherung; in der Dynamik folgt er dem aktuellen Rentenwert (Ost) i. S. v. § 255a SGB VI (§ 102 Abs. 3, 4 ALG). Die mit dem allgemeinen Rentenwert (Ost) bewerteten Anrechte sind angleichungsdynamisch.

Sind zum Ausgleich dieser Anrechte dem Berechtigten ebenfalls angleichungsdynamische Anrechte gutzubringen, so hat das FamG – wovon § 102 Abs. 1 Satz 2 Nr. 2 ALG ausgeht – in entsprechender Anwendung von § 3 Abs. 1 Nr. 5, Abs. 2 Nr. 2 VAÜG anzuordnen, dass das begründete Anrecht auf der Grundlage des allgemeinen Rentenwerts (Ost) in einen Zuschlag zur Steigerungszahl oder Abschlag von der Steigerungszahl umzurechnen ist.

Nach § 3 Abs. 4 VAÜG gelten § 3 Abs. 1 Nr. 5 VAÜG (Umrechnung der übertragenen Rentenanwartschaft in Entgeltpunkte (Ost)) und § 3 Abs. 2 Nr. 2 VAÜG (Umrechnung des aktuellen Rentenwerts (Ost)) mit dem bei der Aufwertung zu berücksichtigenden Angleichungsfaktor entsprechend. Allerdings treten gem. § 3 Abs. 4 Satz 2 VAÜG an die Stelle der Entgeltpunkte (Ost) Steigerungszahlen, die auf der Grundlage des allgemeinen Rentenwerts (Ost) zu ermitteln sind und an die Stelle des aktuellen Rentenwerts (Ost) der gesetzlichen Rentenversicherung der allgemeine Rentenwert (Ost) der AdL nach Maßgabe des § 102 ALG. Die Regelung des § 3 Abs. 4 VAÜG hängt mit der Einführung der **Realteilung von Anrechten aus der Alterssicherung der Landwirte** zusammen (Bergner, Der Versorgungsausgleich, § 3 VAÜG, Anm. 7).

7. Anwendung der §§ 3b und 10a VAHRG vor der Einkommensangleichung

Für die Durchführung des Versorgungsausgleichs gibt es insgesamt neun Ausgleichsformeln, nämlich:

926

1. **Rentensplitting** (§ 1587b Abs. 1 BGB: Übertragung von Rentenanwartschaften),
2. **Quasi-Splitting** (§ 1587b Abs. 2 BGB: Begründung von Rentenanwartschaften),
3. **Realteilung** (§ 1 Abs. 2 VAHRG),
4. **analoges Quasi-Splitting** (§ 1 Abs. 3 VAHRG); die nicht in § 1587b Abs. 1 und 2 BGB genannten Anrechte sind aus Gründen der gleichmäßigen Belastung der Versorgungsträger unter Anrechnung der sog. „Quotierungsmethode" auszugleichen (OLG Saarbrücken, NJWE-FER 2000, 251; BGH, NJWE-FER 2001, 89).
5. **Erweiterter Ausgleich** (§ 3b Abs. 1 Nr. 1 VAHRG: erweitertes Splitting, erweitertes Quasi-Splitting, erweiterte Realteilung). Die Vorschrift des § 3b Abs. 1 VAHRG stellt eine Schutzvorschrift zugunsten des Ausgleichsberechtigten dar, der auf den Schutz verzichten kann. Sein entsprechender Wille ist zu respektieren. Gegen seinen Willen ist § 3b Abs. 1 VAHRG nicht anzuwenden (OLG Köln, FamRZ 1999, 1205).
6. **Beitragsentrichtung** (§ 3b Abs. 1 Nr. 2 VAHRG),
7. **Verweisung auf den schuldrechtlichen Versorgungsausgleich** (§ 1587s BGB, § 2 VAHRG),
8. **Durchführung des schuldrechtlichen Versorgungsausgleichs** (§ 1587f, § 1587g BGB, §§ 2, 3a VAHRG),
9. **Ausgleich in anderer Weise** (§ 1587b Abs. 4 BGB).

a) Anwendung des § 3b VAHRG

Die Vorschrift des § 4 Abs. 1 VAÜG bezieht sich auf die Ausgleichsformen des § 3b VAHRG, mithin auf den Ausgleich durch **Supersplitting, Super-Quasi-Splitting** und die **Super-Realteilung** (§ 4 Abs. 1 Nr. 1 VAÜG). Danach kann ein unverfallbares, an sich dem schuldrechtlichen Versorgungsausgleich unterliegendes Anrecht durch Übertragung oder Begründung von Rentenanwartschaften oder durch eine Realteilung ausgeglichen werden. Das VAÜG beschränkt aber den erweiterten Ausgleich nach § 3b Abs. 1 Nr. 1 VAHRG für die im Beitrittsgebiet erworbenen Versorgungsanrechte auf die Fälle, in denen das an sich dem schuldrechtlichen Versorgungsausgleich unterliegende und das zum Ausgleich heranzuziehende Anrecht in ihrer Dynamik **vergleichbar** sind (OLG Dresden, FamRZ 1999, 1204). Liegt eine derartige **vergleichbare Dynamik** vor, dann ist bei der Anwendung der Grenzbetrages der Bezugsgröße Ost abzustellen (Hahne, FamRZ 1991, 1391, 1396; dies., in: Schwab, VI, Rn. 374. Fehlt diese Vergleichbarkeit scheidet ein erweiterter Ausgleich aus (Soergel/Siebert/Schmeiduch, BGB, § 4 VAÜG, Rn. 2) und es kommt der schuldrechtliche Versorgungsausgleich in Betracht. Folgende Fälle mögen das verdeutlichen:

927

Beispiel 12:
Die Ehefrau hat nach der von der Landesversicherungsanstalt Berlin erteilten Auskunft angleichungsdynamische Anwartschaften i. H. v. 177,14 € monatlich und der Ehemann ebensolche Anwartschaften i. H. v. 210,53 € monatlich erworben. Dem Ehemann steht nach der Auskunft der Volksfürsorge Deutsche Lebensversicherungs AG außerdem ein Anrecht aus einer Lebensversicherung zu, wobei das Deckungskapital sich am Ende der Ehezeit auf 981,50 € belief und nach Umwertung einen dynamischen Betrag von 2,34 € ergab.

	Ehefrau	Ehemann	Differenz	Hälfte
Angleichungsdynamisches Rentenanrecht	177,14 €	210,53 €	33,39 €	16,70 €
Leibrente (dynamische)		2,34 €	2,34 €	1,17 €
	177,14 €	212,87 €	35,73 €	17,87 €

Gem. § 4 Abs. 1 Nr. 1 VAÜG findet vor der Einkommensangleichung § 3b Abs. 1 Nr. 1 VAHRG nur dann Anwendung, wenn das dem schuldrechtlichen Versorgungsausgleich unterliegende und das zum Ausgleich heranzuziehende Anrecht in ihrer Dynamik vergleichbar sind. Diese Vergleichbarkeit ist im vorliegenden Fall jedoch nicht gegeben. Auf Seiten des Mannes sind ausschließlich angleichungsdynamische Rentenanwartschaften vorhanden. Ein Ausgleich der von ihm bei der Volksfürsorge erworbenen Versorgung, die in eine dynamische Rente umgerechnet worden ist, hat daher im Wege des schuldrechtlichen Ausgleichs nach § 2 VAHRG zu erfolgen (Götsche, FamRZ 2002, 1235, 1239).

Formulierungsbeispiel:

Der Tenor würde lauten:

Von dem Versicherungskonto des Ehemannes bei der Landesversicherungsanstalt Berlin werden auf das Versicherungskonto der Ehefrau bei der Landesversicherungsanstalt Berlin Rentenanwartschaften i. H. v. monatlich 16,70 € bezogen auf den ... übertragen. Der Monatsbetrag der Rentenanwartschaften ist in Entgeltpunkte (Ost) umzurechnen. Im Übrigen werden die Parteien auf den schuldrechtlichen Versorgungsausgleich verwiesen.

Beispiel 13:
Die Ehefrau hat nach der von der Bahnversicherungsanstalt erteilten Auskunft angleichungsdynamische Anwartschaften i. H. v. 275,12 €. Außerdem steht ihr ein Anrecht auf eine statische, betriebliche Altersversorgung bei der DB Dialog Telefonservice GmbH Buchhaltung zu, deren Einzelanteil mittels BarwertVO einen dynamischen Betrag von 4,03 € ergab. Der Ehemann hat nach der von der Landesversicherungsanstalt Berlin erhaltenen Auskunft angleichungsdynamische Anwartschaft i. H. v. 268,11 €.

	Ehefrau	Ehemann	Differenz	Hälfte
Angleichungsdynamisches Rentenanrecht	275,12 €	268,11 €	7,01 €	3,51 €
Betriebliche Altersversorgung	4,03 €		4,03 €	2,01 €
	279,15 €		11,04 €	5,52 €

Das Anrecht der Ehefrau auf betriebliche Altersversorgung unterliegt grds. dem schuldrechtlichen Versorgungsausgleich nach § 2 VAHRG, da es vom Anwendungsbereich der §§ 1587b BGB, 1 VAHRG nicht erfasst wird. Gem. § 4 Abs. 1 Nr. 1 VAÜG kann ein solches, an sich dem schuldrechtlichen Versorgungsausgleich unterfallendes Anrecht vor der bisher noch nicht erreichten Einkommensangleichung im Beitrittsgebiet nur dann nach § 36 Abs. 1 Nr. 1 VAHRG in den öffentlich-rechtlichen Versorgungsausgleich einbezogen werden, wenn das zum Ausgleich heranzuziehende Anrecht in seiner Dynamik vergleichbar ist. Da die Ehefrau sonst nur angleichungsdynamische Anrechte erworben hat, könnte ein Versorgungsausgleich nach § 3b Abs. 1 Nr. 1 VAHRG also nur dann stattfinden, wenn das an sich schuldrechtlich anzugleichende Anrecht ebenfalls i. S. d. § 1 Abs. 2 Nr. 2 VAÜG angleichungsdynamisch wäre. Dies ist aber bei dem hier vorliegenden statischen Anrecht auf betriebliche Altersversorgung nicht der Fall. Dessen Ausgleich hat daher nach den Grundsätzen des schuldrechtlichen Versorgungsausgleichs gem. §§ 1587f ff. BGB zu erfolgen (Götsche, FamRZ 2002, 1235, 1240).

Formulierungsbeispiel:

> Der Tenor würde lauten:
> Von dem Versicherungskonto der Ehefrau bei der Bahn Versicherungsanstalt werden auf das Versicherungskonto des Ehemannes bei der Landesversicherungsanstalt Berlin Rentenanwartschaften von monatlich 3,51 € bezogen auf den ... übertragen. Der Monatsbeitrag der Rentenanwartschaften ist in Entgeltpunkte (Ost) umzurechnen. Im Übrigen werden die Parteien auf den schuldrechtlichen Versorgungsausgleich verwiesen.

Die Ausgleichsform der Beitragsentrichtung (§ 3b Abs. 1 Nr. 2 VAHRG i. V. m. § 4 Abs. 1 Nr. 2 VAÜG) greift ebenfalls nur ein, wenn die Dynamik des auszugleichenden Anrechts mit der Dynamik der angleichungsdynamischen Versorgungsrechte entsprechend vergleichbar ist. Es dürfen daher nur zum Ausgleich von angleichungsdynamischen Rentenanwartschaften Anwartschaften der gesetzlichen Rentenversicherung durch Beiträge begründet werden (Klaterhoff, DAngVers 1991, 352, 360; ders., in: Einigungsbedingte Neuregelungen des Versorgungsausgleichs, S. 91; Ruland, NJW 1992, 77, 86). Wird vom Familiengericht ein Versorgungsausgleich in der Form der Beitragsentrichtung angeordnet, dann muss die Entscheidung gleichzeitig die weitere Anordnung enthalten, dass der Monatsbetrag der zu begründenden Rentenanwartschaften in Entgeltpunkte Ost zum Zeitpunkt der letzten tatrichterlichen Entscheidung umzurechnen ist (§ 4 Abs. 1 Nr. 2 Satz 2 i. V. m. § 3 Abs. 1 Nr. 5 VAÜG, Soergel/Siebert/Schmeiduch, BGB, § 4 VAÜG, Rn. 6). Die Vorschrift des § 4 Abs. 1 Nr. 2 VAÜG steht im Zusammenhang mit § 281a SBG VI.

b) Anwendung des § 10a VAHRG

Die Vorschrift des § 4 Abs. 2 Nr. 1 VAÜG modifiziert den § 10a Abs. 2 Satz 1 Nr. 3 VAHRG dahingehend, dass eine Abänderung auch dann stattfindet, wenn nur der Versorgungsträger profitiert. Die Abänderung ist daher auch zum Nachteil der Ehegatten oder Hinterbliebenen möglich (Hahne, FamRZ 1991, 1391, 1396; dies., in: Schwab, Handbuch des Scheidungsrechts, VI, Rn. 375; Soergel/Siebert/Schmeiduch, BGB, § 4 VAÜG, Rn. 1 und 9). Die Abänderungsmöglichkeit in Fällen mit Ostrenten ist daher unter **erleichterten Voraussetzungen** möglich (Hahne, FamRZ 1991, 1391, 1397).

Der „**0,5 %-Grenzwert**" des § 10a Abs. 2 Satz 2 VAHRG ist auf die Bezugsgröße (Ost) zu beziehen und zwar auf die, die zum Ende der Ehezeit gilt (bei Eheende vor dem 1. 7. 1990 ist die Bezugsgröße (Ost) per 1. 7. 1990 maßgebend (Maier/Michaelis, Versorgungsausgleich in der Rentenversicherung, S. 637; Bergner, Der Versorgungsausgleich, § 4 VAÜG, Anm. 5,2)

V. Durchführung des Versorgungsausgleichs nach der Einkommensangleichung

930   Nach der Einkommensangleichung (§ 5 VAÜG) ist der **aktuelle Rentenwert** i. S. v. § 68 SGB VI maßgebend, auch wenn das Ende der Ehezeit vor der Einkommensangleichung liegt (§ 5 Nr. 1 VAÜG). Hierunter fallen vor allem die nach § 2 Abs. 1 Satz 2 VAÜG ausgesetzten Fälle (Hahne, FamRZ 1999, 1391, 1397; ders. in: Johannsen/Henrich/Hahne, Eherecht, Vorbem. zu § 1 VAÜG Anm. 1; Klattenhoff, DAngVers 1991, 352, 368).

931   Für die anderen Anrechte i. S. d. § 5 Nr. 2 und 3 VAÜG gelten inhaltlich vergleichbare Regelungen. Diese Bemessungsgrundlagen für diese Anrechte bei Ende der Ehezeit vor Einkommensangleichung aber Entscheidung danach sind ebenfalls auf „West-Niveau" anzuheben.

Abschnitt 2: Rechtsprechungslexikon
ABC des Versorgungsausgleichs

Nachfolgend sind in alphabetischer Reihenfolge Stichwörter sowie Kernaussagen einschlägiger Entscheidungen zu speziellen Einzelproblemen dargestellt. Die hinter dem jeweiligen – fettgedruckten – Stichwort aufgeführten, mit einem Pfeil versehenen Stichwörter verweisen auf weitere Stichworte und Ausführungen im Lexikonteil, die abgedruckten Zahlen verwiesen auf die Randnummern zu den betreffenden Ausführungen im systematischen Teil. 932

Abänderung des Versorgungsausgleichs   721 ff.

– Abänderungsgründe   729 f.

Auch wenn die Satzung des Versorgungsträgers einer betrieblichen Altersversorgung die Realteilung nicht vorsieht, kann die **Realteilung** durchgeführt werden, wenn der Versorgungsträger ihr im Einzelfall nachträglich zustimmt. Einer Zustimmung des Versorgungsberechtigten bedarf es nicht. *BGH, FamRZ 1997, 169 ff.*

– Beschwer bei (künftigen) Härtegründen und Umfang der Rechtskraft
→ *Rechtsmittel*
BGH, FamRZ 1993, 173, 176

– Einführung der Realteilung nach schuldrechtlichem Ausgleich   731

Die **Unterstützungskasse** hat durch eine **am 1. 1. 1995 in Kraft getretene Richtlinie** für den Versorgungsausgleich die **Realteilung der bei ihr bestehenden betrieblichen Altersversorgung** der Beschäftigten und früheren Beschäftigten der Gewerkschaften, des DGB und der gewerkschaftlichen Einrichtungen eingeführt, und zwar nach ausdrücklicher Maßgabe in § 10 Abs. 2 auch mit Wirkung für Ehen, deren Ehezeit – wie im vorliegenden Fall – vor dem 1. 1. 1995 geendet hat.

Nach § 9 Abs. 1 Nr. 3 der Richtlinie soll die Realteilung – u. a. – auch durchgeführt werden, wenn das Familiengericht bereits eine Entscheidung über die Durchführung des schuldrechtlichen Versorgungsausgleichs getroffen hat, weil eine Realteilung vor Inkrafttreten der Richtlinie noch nicht möglich war. Die Richtlinie deckt sich insoweit mit der gesetzlichen Regelung des Versorgungsausgleichs, wonach der öffentlich-rechtliche Versorgungsausgleich Vorrang vor dem schuldrechtlichen Ausgleich hat und der letztere möglichst vermieden werden soll. Die Tatsache, dass die geschiedene Ehefrau aufgrund der Entscheidung des Familiengerichts vom 19. 2. 1993 bereits eine schuldrechtliche Ausgleichsrente vom geschiedenen Ehemann bezieht, steht der Anwendung der neuen Richtlinie mithin nicht entgegen (vgl. i. ü. § 10a Abs. 1 Nr. 3 VAHRG; Schwab/Hahne, 3. Aufl., VI, Rn. 302). Insoweit enthält § 3 der Richtlinie die entsprechende Regelung über die Durchführung des Ausgleichs in den Fällen in denen der Verpflichtete im Zeitpunkt der gerichtlichen Entscheidung bereits eine laufende Unterstützung (Versorgung) von der Unterstützungskasse erhält.

Gem. § 3 Abs. 3 der Richtlinie entscheidet das Familiengericht, welcher nach Abs. 2 der Vorschrift zu ermittelnde Teil der Unterstützung des Verpflichteten dem Berechtigten zusteht, und „es begründet in dieser Höhe bei der Unterstützungskasse ein Recht auf Ausgleichsrente" für den Berechtigten. Die gerichtliche Entscheidung über die Realteilung ist ein rechtsgestaltender Akt, dessen Wirkungen mit der Rechtskraft der Entscheidung eintreten (s. Erläuterungen zu § 3 Abs. 3 der Richtlinie; vgl. Johannsen/Henrich/Hahne, 2. Aufl., § 1 VAHRG Rn. 6). Die Anordnung der Realteilung geschieht in gleicher Weise wie bei der gesetzlichen Rentenversicherung, wo der entsprechende richterliche Gestaltungsakt in den Fällen, in denen bereits eine Rente gezahlt wird, vom Ablauf des Monats an wirksam wird, in dem die Rechtskraft eingetreten ist. Eine Rückwirkung findet nicht statt (Erläuterungen zu § 3 der Richtlinie, a. a. O.). Um die Gefahr doppelter Inanspruchnahme des Verpflichteten zu vermeiden, hat das Gericht bei Begründung der Realtei-

lung zugleich die frühere Entscheidung über die Verpflichtung zur Zahlung einer schuldrechtlichen Ausgleichsrente an den Berechtigten aufzuheben.
BGH, FamRZ 1998, 421, 422

– Kein Abänderungsgrund: nachträglich eingetretene Härtegründe 718, 721

Der Gesetzgeber hat bei Schaffung der Abänderungsmöglichkeit **die Durchbrechung der Rechtskraft auf die in § 10a Abs. 1 Nr. 1 bis 3 VAHRG geregelten Fälle beschränkt**. Die Einstiegsvoraussetzungen für ein Abänderungsverfahren auf Fälle außerhalb dieses auf die Versorgungen selbst bezogenen Regelungsbereich zu erweitern und die Abänderung auch aus anderen, nämlich Härtegründen i. S. d. § 1587c BGB zuzulassen, stünde weder mit dem Wortlaut des § 10a Abs. 1 VAHRG noch mit der Zielsetzung des Gesetzes in Einklang. Eine Ausnahme lässt § 10a Abs. 1 VAHRG lediglich dort zu, wo sich Umstände ergeben, die rückwirkend betrachtet den auf die Ehezeit bezogenen Wert einer Versorgung verändern (Abs. 1 Nr. 1) oder zu Umstellungen in der Ausgleichsform führen (Abs. 1 Nr. 2 und 3; BT-Drucks. 10/6369 S. 21). Wollte man darüber hinaus jede andere Veränderung in den persönlichen und wirtschaftlichen Lebensumständen eines geschiedenen Ehegatten, die sich lediglich mittelbar auf seine Versorgungssituation auswirkt, z. B. eine reiche Wiederheirat, Vermögenserwerb oder Vermögensverfall, als selbständige Abänderungsvoraussetzung zulassen, würde das Ziel einer weitgehenden Entflechtung der wirtschaftlichen und personalen Beziehungen der Ehegatten unterlaufen. Denn jeder Ehegatte könnte auch nach Scheidung den Lebensweg des anderen daraufhin verfolgen, ob sich Lebensumstände ergeben haben, die im Nachhinein besehen die Auswirkungen des durchgeführten Versorgungsausgleichs grob unbillig machen, und allein hierauf gestützt ein Abänderungsverfahren einleiten. Für eine derart weitgehende Öffnung des Einstiegs in die Abänderungsmöglichkeit findet sich weder im Gesetz selbst noch in den Gesetzesverhandlungen ein Anhaltspunkt. Eine vom OLG vermutete Regelungslücke, die im Analogieweg zu schließen wäre, ist nicht ersichtlich (wie hier OLG Koblenz, FamRZ 1992, 687; Soergel/Minz, BGB, § 10a VAHRG Rn. 5; zur Entstehungsgeschichte vgl. auch Hahne, FamRZ 1987, 217, 219 f. und Wagenitz, JR 1987, 53, 54; a. A. Bergner, NJW 1990, 678, 680; wohl auch MüKo/Dörr, BGB, § 10a VAHRG Rn. 8 f., insbesondere 10 a. E.; Soergel/Vorwerk/Lipp, BGB, vor § 1587 Rn. 7).

Eine davon zu unterscheidende Frage ist, **ob Härtegründe nach § 1587c BGB im Rahmen einer bereits aus den Gründen des § 10a Abs. 1 Nr. 1 bis 3 VAHRG eröffneten Abänderungsmöglichkeit Berücksichtigung finden können**, und zwar auch über den durch § 10a Abs. 2 VAHRG gezogenen Rahmen hinaus. Das hat der Senat in der Entscheidung v. 15. 3. 1989 (a. a. O., S. 726) offengelassen und in der Entscheidung v. 30. 9. 1992, FamRZ 1993, 175) für den Sonderfall bejaht, dass sich die Ausgleichspflicht aufgrund später eingetretener Umstände i. S. d. § 10a Abs. 1 Nr. 1 bis 3 VAHRG, die zu einem Abänderungsverfahren führen, umkehrt. Einer endgültigen Entscheidung bedarf diese Frage auch hier nicht.
BGH, FamRZ 1996, 1540 ff.
→ Ausschluss des Versorgungsausgleichs: Grundsatz, Zeitpunkt
→ Grundgedanken des Versorgungsausgleichs

– (Kein) Ausschluss der Abänderung wegen grober Unbilligkeit 750, 716

Die Anwendung des § 10a Abs. 3 VAHRG ist auf besondere **Ausnahmefälle** beschränkt. Der Gesetzgeber hat mit der Billigkeitsklausel des § 10a Abs. 3 VAHRG an die des § 1587c Nr. 1 BGB angeknüpft. Hiernach findet ein Versorgungsausgleich nicht statt, soweit die Inanspruchnahme des Verpflichteten unter Berücksichtigung der beiderseitigen Verhältnisse, insbesondere des beiderseitigen Vermögenserwerbs während der Ehe oder im Zusammenhang mit der Scheidung grob unbillig wäre. Dafür reicht es nach der Rechtsprechung des BGH jedoch nicht einmal aus, wenn als Folge der mit dem Versorgungsausgleich verbundenen Verringerung der Altersbezüge der notwendige Eigenbedarf des Ausgleichsverpflichteten in Frage gestellt wird, weil dieser auf seine Anrechte dringend angewiesen ist und vielleicht sogar zur Inanspruchnahme von Sozialhilfe gezwungen würde (BGH, FamRZ 1986, 252 m. w. N.).

Der Antragsgegner kann sich auch nicht darauf berufen, dass die Durchführung des Versorgungsausgleichs deshalb grob unbillig sei, weil er aufgrund eines notariellen Schuldanerkenntnisses der Antragstellerin Unterhalt schulde. Insoweit steht es ihm frei, im Wege der Abänderungsklage nach § 323 ZPO eine Anpassung des Unterhaltstitels zu verlangen. Dabei ist im vorliegenden Verfahren nicht zu entscheiden, ob sich die Antragstellerin insoweit darauf berufen kann, dass sie die Unterhaltszahlungen für ihren Lebensunterhalt verbraucht hat (vgl. BGH, FamRZ 1982, 470).

Ebenso wenig muss der Antragsgegner befürchten, dass der Rentenversicherungsträger wegen zu erbringender Nachzahlungen an die Antragstellerin Rückforderungsansprüche an ihn stellen würde. Denn nach § 10a Abs. 7 Satz 2 VAHRG muss die Antragstellerin Leistungen, die an den Antragsgegner bis zum Ablauf des Monats, der dem Monat folgt, in dem der Versorgungsträger vom Eintritt der Rechtskraft der Abänderungsentscheidung Kenntnis erlangt hat, gegen sich gelten lassen (vgl. Wick, in: FamGB, § 10a VAHRG Rn. 58; BSG, FamRZ 1983, 389).
KG, FamRZ 1996, 1422, 1423
→ *Nachfolgend: Kostenregelung*

Die Feststellung der groben Unbilligkeit ist in erster Linie **Sache des Tatrichters**. Das hat der Senat für den insoweit vergleichbaren Fall des § 1587c BGB (zur Vergleichbarkeit vgl. RGRK/Wick, BGB, § 1 VAHRG Rn. 18; § 10a VAHRG Rn. 55 m. w. N.) bereits entschieden (BGH, FamRZ 1987, 362).
BGH, FamRZ 1997, 169, 171

– Darlegungslast 58, 77, 718

Da § 1587c BGB keine anspruchsbegründende, sondern **eine anspruchsbegrenzende Norm ist**, muss der Ausgleichspflichtige, der die erstrebte Herabsetzung des Versorgungsausgleichs geltend machen will, hierfür nach allgemeinen Darlegungs- und Beweislastregeln die tatsächlichen Voraussetzungen geltend machen und bei ihrer Nichterweislichkeit die Nachteile tragen. Das gilt auch, soweit die im Zeitpunkt der letzten tatrichterlichen Entscheidung vorliegenden Tatsachen noch nicht ausreichen, um die sichere Erwartung einer unbilligen Härte zu begründen.
BGH, FamRZ 1996, 1540, 1542

Nach § 1587c Nr. 2 BGB führt ein Handeln oder Unterlassen des Berechtigten, welches bewirkt hat, dass Versorgungsanwartschaften nicht entstanden oder entfallen sind, dann zum Ausschluss oder zur Herabsetzung des Versorgungsausgleichs, wenn es in bewusstem Zusammenhang mit der erwarteten Scheidung steht. Behauptet der Ausgleichspflichtige, die Ausgleichsberechtigte habe während der Ehe durch „geschickte Manipulation" parallel mehrere Arbeitsverhältnisse im Rahmen der Geringverdienergrenze ausgeübt (unter Verwendung der Namen der Töchter), um ihre Sozialversicherungspflicht in der Absicht zu umgehen, keine Rentenanwartschaften in den erwarteten Versorgungsausgleich einbringen zu müssen, und bleibt dies nach durchgeführter Beweisaufnahme unklar, geht diese Unklarheit zu Lasten des Ausgleichspflichtigen, der für die Ausschlusstatbestände des § 1587c BGB beweispflichtig ist.
OLG Köln, FamRZ 1998, 1370, 1371

– Kostenregelung 117 f.

Obwohl die Beschwerde des Antragsgegners erfolglos blieb, richtet sich die Entscheidung über die Anordnung der Erstattung außergerichtlicher Kosten, da auch die Antragstellerin Beschwerde eingelegt hat, nach § 13a Abs. 1 Satz 1 FGG (Hochgräber, in FamGB, § 13a FGG Rn. 11). Auch insoweit entspräche eine Kostenerstattungsanordnung billigem Ermessen nicht (keine weitere Begründung).
KG, FamRZ 1996, 1422, 1423

– Übergangsrecht, Art. 4 § 1 VAwMG 727

Zwar sieht § 10a Abs. 1 Nr. 3 VAHRG die Möglichkeit der Abänderung vor, wenn ein von der abzuändernden Entscheidung dem schuldrechtlichen Versorgungsausgleich überlassenes Anrecht durch Begründung von Anrechten ausgeglichen werden kann, weil die für das Anrecht maß-

gebende Versorgungsregelung eine solche Begründung bereits vorsah oder nunmehr vorsieht. Die Einführung des erweiterten Splittings nach § 3b Abs. 1 VAHRG **fällt aber nicht unter diese Bestimmung**, weil diese besondere Ausgleichsform generell eingeführt worden ist und ihre Anwendung nicht, wie es § 10a voraussetzt, davon abhängig ist, dass die für das auszugleichende Anrecht maßgebende Versorgungsregelung eine solche Ausgleichsform vorsieht (so zutreffend RGRK/Wick, BGB, § 10a VAHRG Rn. 44; Schwab/Hahne, Handbuch des Scheidungsrechts, VI, Rn. 317; Johannsen/Henrich-Hahne, Eherecht, § 10a VAHRG Rn. 36; Dörr, NJW 1988, 97, 98). Dieses Ergebnis ergibt sich auch aus den zusammen mit § 3b VAHRG in Kraft getretenen Übergangsbestimmungen. Nach Art. 4 § 1 Abs. 4 VAwMG konnte, wenn die Voraussetzungen des neu eingeführten § 3b VAHRG vorlagen, in Altfällen auf Antrag eine Abänderungsentscheidung ergehen, wenn dieser Antrag binnen zwei Jahren nach Inkrafttreten dieses Gesetzes gestellt wurde. Wäre in den Fällen des § 3b Abs. 1 VAHRG generell die Möglichkeit einer Abänderung nach § 10a Abs. 1 Nr. 3 VAHRG eröffnet, hätte es dieser befristeten Übergangsbestimmung nicht bedurft.
BGH, FamRZ 1997, 285
s. auch BGH, FamRZ 1996, 93 ff.
→ *Betriebliche Altersversorgung: auszugleichende Anrechte: Handelsvertreter*
→ *Zeitratierliche Methode*
→ *Betriebliche Altersversorgung: Ehezeitanteil bei limitierter Gesamtversorgung*

Abtrennung des VA vom Scheidungsverbund 99 ff.

– Anfechtbarkeit der Nichtabtrennung 109

Eine die Abtrennung ablehnende Entscheidung kann nach h. M. **nicht angefochten werden** (so OLG Hamm, FamRZ 1979, 724; KG, FamRZ 1979, 615; OLG Frankfurt/M., FamRZ 1980, 178; OLG Zweibrücken, FamRZ 1986, 823; OLG Koblenz, FamRZ 1991, 209; Johannsen/Henrich/Sedemund-Treiber, Eherecht, § 628 Rn. 16; Baumbach/Lauterbach/Albers/Hartmann, ZPO, 51. Aufl., S. 628 Anm. 9).

Entgegen der Auffassung des OLG Hamm (FamRZ 1986, 1121), das eine Anfechtung im Fall „greifbarer Gesetzwidrigkeit", also wenn das Gericht die Grenzen seines Ermessens verkannt hat, für anwendbar erachtet, folgt der Senat der h. M. und stimmt insbesondere mit der Auffassung des OLG Koblenz (a. a. O.) überein, dass es bereits an einer anfechtbaren „Entscheidung" fehlt. Die Abtrennung ist eine von Amts wegen zu treffende Entscheidung, der, auch wenn sie förmlich abgelehnt wird, keine eigene Bedeutung zukommt. Betreibt ein Richter das Verfahren weiter, ohne eine Entscheidung zu erlassen, weil er weitere Ermittlungen für erforderlich hält, kann die Partei hiergegen auch kein Rechtsmittel mit der Begründung einlegen, sie halte die Sache für entscheidungsreif. Auf den Gang eines Verfahrens im allgemeinen kann eine Partei nicht durch Rechtsmittel Einfluss nehmen.

Von einem Fall des „**Verfahrensstillstandes**", der entsprechend § 252 ZPO ausnahmsweise auch bei einer Beweisaufnahme die Anfechtung zulässt, wenn der Beweisbeschluss erst mit erheblichem Zeitablauf ausgeführt werden kann, kann nicht ausgegangen werden. Es geht um eine notwendige Mitwirkung der Partei im Versorgungsausgleichsverfahren und nicht um Beweiserhebungen außerhalb der Einflusssphäre der Parteien. Sinn des Verbundes ist es demgegenüber, die für die Folgesachen erforderlichen Mitwirkungshandlungen der Parteien unter dem Druck zu erreichen, dass ohne sie und ohne gleichzeitige Regelung der Folgesachen kein Scheidungsausspruch erfolgen kann.

Eine Beschwerderecht ist auch nicht daraus abzuleiten, dass dem Amtsgericht bei seiner Entscheidung kein Ermessensspielraum zugestanden hätte, so dass die angefochtene Entscheidung einer Verfahrensaussetzung i. S. d. § 252 ZPO gleichkäme (so offenbar Zöller/Philippi, ZPO, 18. Aufl., § 628 Rn. 11 entgegen 17. Aufl. § 628 Rn. 12). Ob ein Gericht von der Möglichkeit einer Vorabentscheidung nach § 628 Abs. 1 Nr. 3 ZPO Gebrauch macht, steht in seinem Ermessen; dessen Nachprüfung ist durch ein Rechtsmittelgericht nur beschränkt zulässig. Von einer Aussetzungslage, wie sie § 252 ZPO anspricht (vgl. §§ 148 ff. ZPO), kann darüber hinaus nicht die Rede sein, wenn ein Richter den Eintritt für das Verfahren als solches und dessen Abschluss betreibt, auch wenn sich

die Möglichkeit bietet, im Ausnahmefall hiervon abzusehen. Sieht der Richter trotz insoweit gegebener Entscheidungsreife vom Erlass eines Teilurteils ab, kann er hierzu auch nicht im Beschwerdeweg nach § 252 ZPO veranlasst werden.
OLG Düsseldorf, FamRZ 1994, 1221

– **Voraussetzungen** 103, 105

Wenn einem Scheidungsantrag zu Unrecht vor der Entscheidung über eine Folgesache stattgegeben wird, schafft dieses **eine selbständige Beschwer**, der mit Rechtsmitteln gegen das Scheidungsurteil begegnet werden kann (BGH, FamRZ 1984, 254, 255 m. w. N.).

Die Vorschrift des § 628 ZPO verlangt zunächst, dass eine **gleichzeitige Entscheidung** über die Folgesache den Scheidungsausspruch außergewöhnlich **verzögern würde**. Die Verfahrensdauer ist von der Rechtshängigkeit des Scheidungsantrags an zu rechnen. Grds. ist nicht danach zu fragen, ob eine tatsächlich gegebene Verfahrensdauer auf das Verhalten der Parteien oder des Gerichts zurückzuführen ist (vgl. OLG Düsseldorf, FamRZ 1985, 412, 413 m. w. N.). Da das Gesetz generalisierend auf eine Abweichung von der normalen Dauer eines Verbundverfahrens abstellt, erscheint es nicht angebracht, solche Zeiten auszunehmen, in denen im Einzelfall der Scheidungsantrag nach Maßgabe des materiellen Rechts nicht schlüssig war oder in denen das Verfahren geruht hat. Dem können mannigfaltige Gründe zugrunde liegen; die Entscheidung des Gerichts würde über Gebühr belastet, wenn nach ihnen geforscht und ggf. eine materiell-rechtliche Schlüssigkeitsprüfung angestellt werden müsste. Dies schließt allerdings nicht aus, ein Parteiverhalten, das nicht der prozessualen Förderungspflicht entspricht, im Rahmen der Prüfung zu berücksichtigen, ob eine unzumutbare Härte vorliegt. Ein **Zeitraum von etwa zwei Jahren** ist als Richtpunkt dafür anzusehen, was als normale und was als außergewöhnliche Verfahrensdauer eines Verbundverfahrens betrachtet werden kann. Dies entspricht einer von Walter (JZ 1982, 835) mitgeteilten statistischen Erhebung auf der Grundlage von 97150 Verfahren, die mit einem Scheidungsurteil endeten. 93,7 % dieser Verfahren sind danach vor Ablauf von 24 Monaten abgeschlossen worden.

§ 628 Abs. 1 Nr. 3 ZPO verlangt weiter, dass die durch die Entscheidung über die Folgesache bedingte Verzögerung auch **unter Berücksichtigung der Bedeutung der Folgesache eine unzumutbare Härte darstellen würde**. Die Entscheidung darüber, ob dieses der Fall ist, hat der Tatrichter aufgrund einer Würdigung der Umstände des Einzelfalls zu treffen (BGH, FamRZ 1979, 691, 692).

Es entspricht zutreffender Auffassung, dass im Rahmen der nach dem Gesetz zu würdigenden Bedeutung der aus dem Verbund ausscheidenden Folgesache den Ansprüchen aus dem ehelichen Güterrecht im allgemeinen weniger Gewicht zukommt als etwa Ansprüchen auf Unterhalt, die die gegenwärtige Lebenssituation des Berechtigten unmittelbar berühren (vgl. Entschließungen des 1. Deutschen Familiengerichtstages, Arbeitskreis 4 Nr. 2, in FamRZ 1978, 845, 846; Walter, a. a. O. 836; OLG Frankfurt, FamRZ 1978, 808, 809).

In Anbetracht der Bedeutung des Scheidungsverbundes ist den Parteien vor der Abtrennung einer Folgesache in geeigneter Weise rechtliches Gehör zu dieser Frage zu gewähren (vgl. Zöller/Philippi, ZPO, § 628 Rn. 11; OLG Köln, FamRZ 1983, 289, 290). Ein etwaiger Verstoß gegen Art. 103 Abs. 1 GG durch das Amtsgericht kann dadurch geheilt werden, dass die betroffene Partei in der Berufungsinstanz Gelegenheit hatte, dem Gericht Gründe gegen die Abtrennung der Folgesache vorzutragen (vgl. Thomas/Putzo, ZPO, Einleitung I 4 f aa).
BGH, FamRZ 1986, 898, 899

Ärzteversorgung 237 f.

– **Anwartschaftsdynamik**
→ *Umrechnung nicht volldynamischer Anwartschaften*

– **Beschwerdeberechtigung**
→ *Rechtsmittel: Beschwerdeberechtigung einer öffentlich-rechtlichen Zusatzversorgungskasse*
→ *BGH, FamRZ 1996, 482*

– Ermittlung des Ehezeitanteils 245

Zur Frage, unter welchen Voraussetzungen sich die Leistungen einer berufsständischen Versorgung nach den für die gesetzliche Rentenversicherung geltenden Grundsätzen (hier: Anrechte bei der **Ärzteversorgung Westfalen-Lippe** – ÄV W-L –) bemessen:

Der Senat hält nach erneuter Überprüfung an seiner schon in BGH, FamRZ 1983, 265, 266, 998 geäußerten Auffassung fest, dass es den für die gesetzliche Rentenversicherung geltenden Grundsätzen nicht entspricht, wenn zwar die Leistungen einer Versorgung sich nach einer am Durchschnittsverdienst der Versicherten orientierten Bemessungsgrundlage richten (vgl. hier §§ 9 Abs. 2, 25 Abs. 1 der Satzung der ÄV W-L), dies aber unter dem Vorbehalt steht, dass die versicherungsmathematische Bilanz und damit die Leistungsfähigkeit des Versorgungswerkes Verbesserungen überhaupt zulässt (vgl. § 33 Abs. 4 der Satzung der ÄV W-L). Was der Senat seinerzeit noch nicht berücksichtigt hat, was seine Auffassung aber erhärtet, ist der in § 9 Abs. 4 der Satzung der ÄV W-L vorgesehene Zuschlag i. H. d. achtfachen Werts der durchschnittlich jährlich erworbenen Steigerungszahl. In die diesbezügliche Durchschnittsrechnung werden die Steigerungszahlen des gesamten Versicherungsverlaufes einbezogen, vorliegend also auch die Jahre, die vor der Ehezeit liegen. Darin liegt ein wesentlicher Unterschied zur Bemessungsgrundlage der gesetzlichen Rentenversicherung, bei der seit der Rentenreform von 1992 ausschließlich die Ehezeit zuzuordnenden Entgeltpunkte maßgeblich sind (§ 1587a Abs. 2 Nr. 2 BGB). Deshalb ist hier die Auffangvorschrift des § 1587a Abs. 2 Nr. 4 b BGB für die Bewertung heranzuziehen. Die im Schrifttum erörterte Frage, ob es der Gesetzgeber im Zuge der Rentenreform von 1992 in Folge eines Redaktionsversehens unterlassen hat, § 1587a Abs. 2 Nr. 4 b BGB an die neue Rentenformel anzupassen (so MüKo/Glockner, BGB, § 1587a Rn. 396, 399; RGRK/Wick, BGB, § 1587a Rn. 297; Soergel/Schmeiduch, BGB, ErgBd., § 1587a Rn. 224; Borth, Versorgungsausgleich in anwaltlicher und familiengerichtlicher Praxis, II, Rn. 267), kann offen bleiben, weil sich die Frage nur stellt, wenn eine Bewertung auf der Grundlage des § 1587a Abs. 2 Nr. 4 d BGB überhaupt vorzunehmen ist.

Es kann rechtsfehlerhaft sein, bei der Ermittlung der Rente des Ehemannes im Zeitpunkt des Erreichens der Regelaltersgrenze den Durchschnitt aller bei Ende der Ehezeit erworbenen Steigerungszahlen und nicht nur diejenigen zu berücksichtigen, die ehezeitlich erworben worden sind. Denn der Ehemann hat in den Anfangsjahren seiner Mitgliedschaft bei der ÄV W-L weit höhere Beitragszahlungen geleistet, als während der Ehezeit, in der er nur die satzungsgemäß zulässigen Mindestabgaben entrichtet hat. Liegt der Hochrechnung lediglich der Durchschnitt der ehezeitlich erworbenen Steigerungszahlen zugrunde, ergibt sich ein auszugleichender Betrag von 450,07 DM statt ansonsten von monatlich 599,89 DM.

Gem. § 12 FGG ist es erforderlich, erschöpfend und in fallbezogener Weise, die für die fragliche Prognose bedeutsamen Umstände zu berücksichtigen. Dabei spielt eine Rolle, dass der Ehemann neben seinen Anrechten bei der ÄV W-L einen Versorgungsanspruch bei der Zahnärztekammer W-L aus einer Kapitalversicherung mit Rentenwahlrecht erworben hat; der Rückkaufswert beträgt bei Ehezeiten 300 825 DM. Da danach der Ehemann als Arzt für Mund-, Kiefer- und Gesichtschirurgie Altersvorsorge bei zwei verschiedenen Versorgungsträgern betreibt, sind die Erfahrungen der ÄV W-L hinsichtlich des Beitragsverhaltens seiner Mitglieder, die durchweg nur einem Versorgungswerk angehören dürften, im vorliegenden Fall nur bedingt verwertbar. Es ist nicht auszuschließen, dass der Ehemann sogar schwerpunktmäßig eine Altersvorsorge auf die Zahnärzteversorgung ausgerichtet hat und daher auch nach Ehezeitende bei der ÄV W-L nur die Beiträge einzahlen wird, die satzungsgemäß als Mindestbeiträge zulässig sind. Es ist deshalb aufzuklären, inwieweit der Ehemann auch künftig nur Mindestbeiträge leisten darf und wie sein tatsächliches Beitragsverhalten nach dem schon geraume Zeit zurückliegenden Ende der Ehezeit gewesen ist.
BGH, FamRZ 1996, 95, 96, 97

– Erweiterte Honorarvereinbarung der Kassenzahnärztlichen Vereinigung Schleswig-Holstein
→ *Ausgleichsformen: kein Abweichen*

→ *Berufsständische Versorgungen: anwartschaftsdynamische Versorgungen*
BGH, FamRZ 1996, 481

– **Hinterbliebenenversorgung**
→ *Hinterbliebenenversorgung*
BGH, FamRZ 1992, 165 ff.

Auflösung des Verbundes 25 f.
– **Vorzeitiger Eintritt der Teilrechtskraft des Scheidungsanspruchs**
Mit der Regelung des § 629 Abs. 3 ZPO verfolgt das Gesetz den Zweck, die vorzeitige (Teil-)Rechtskraft einzelner Entscheidungen eines Verbundurteils, insbesondere des Scheidungsausspruchs, unabhängig von dem weiteren Schicksal der (sonstigen) Folgesachen zu ermöglichen (vgl. Bergerfurth, Der Ehescheidungsprozeß, 11. Aufl. Rn. 269; Rolland, Familienrecht, § 629a ZPO Rn. 39, 51; OLG Schleswig, NJW-RR 1988, 1479).

Dieses Ziel wird allerdings, da die **Anschlussmöglichkeit** bei mehreren Zustellungen bis zum Ablauf eines Monats nach der letzten Zustellung eröffnet ist, nur erreicht, wenn **alle erforderlichen Zustellungen** erfolgt sind. Unterbleibt auch nur eine der erforderlichen Zustellungen der Rechtsmittelbegründung, dann beginnt die Frist des § 629a Abs. 3 ZPO nicht zu laufen, und es kann nicht zur vorzeitigen Teilrechtskraft des Verbundurteils kommen (vgl. Rolland, a. a. O.: § 629a ZPO Rn. 45 m. w. N.; Kemnade, FamRZ 1986, 625, 626).

Im vorliegenden Ausgangsverfahren wurde die Beschwerdebegründung der geschiedenen Ehefrau vom 15. 10. 1991 lediglich dem geschiedenen Ehemann zugestellt und daneben wieder den beteiligten Sozialversicherungsträgern BfA und Seekasse noch der zum damaligen Zeitpunkt noch nicht am Verfahren beteiligten Zusatzversorgungskasse der Stadt K. Ob das unter den gegebenen Umständen Einfluss auf den Eintritt der Rechtskraft des Scheidungsurteils hatte, ist nicht unzweifelhaft, kann aber im Ergebnis unentschieden bleiben. Es hängt davon ab, ob eine Zustellung der Beschwerdebegründung vom 15. 10. 1991 an die Versicherungsträger „erforderlich" war. Nach § 624 Abs. 4 ZPO sind Rechtsmittel- und Rechtsmittelbegründungsschriften (neben sonstigen Schriftsätzen) den am Verfahren beteiligten Dritten nur insoweit mitzuteilen oder zuzustellen, als das mitzuteilende oder zuzustellende Schriftstück sie „betrifft". Auf diese Weise sollen die Ehegatten davor geschützt werden, dass solche Dritte mehr Einblick in das Scheidungsverfahren erhalten, als unvermeidbar ist. Andererseits sollen die verfahrensbeteiligten Dritten Kenntnis von den für die Wahrnehmung ihres rechtlichen Gehörs erforderlichen Mitteilungen erhalten (vgl. Johannsen/ Henrich/Sedemund-Treiber, Eherecht, § 624 Rn. 8; Zöller/Philippi, ZPO, § 624 Rn. 9), soweit sie in ihrer Rechtsstellung „betroffen" sind (vgl. Kayser, in: FamGB, § 629a ZPO Rn. 11; Rahm/Künkel, Handbuch des Familiengerichtsverfahrens, Bd. 2 VII, Rn. 185).

Das gilt bei Beschwerden gegen Entscheidungen zum Versorgungsausgleich grundsätzlich für die beteiligten Versicherungs- und Versorgungsträger (vgl. im Einzelnen Zöller/Philippi a. a.; § 624 Rn. 12). Demgemäß sind Versorgungsausgleichsbeschwerden in der Regel allen beteiligten Versorgungsträgern zuzustellen (vgl. Kemnade, FamRZ 1986, 625, 626). Ob eine Ausnahme von diesem Grundsatz zu gelten hat, wenn das von einem Ehegatten eingelegte Hauptrechtsmittel, wie im vorliegenden Fall, ausschließlich auf die Handhabung einer Härteregelung, hier nach § 1587c BGB, bezogen ist, ist soweit ersichtlich, noch nicht höchstrichterlich entschieden worden. Die Frage kann hier jedoch letztlich offen bleiben. Zwar beeinträchtigt die Anwendung oder Nichtanwendung des § 1587c BGB unmittelbar nur die Rechtsstellung der Ehegatten, nicht hingegen die der beteiligten Versorgungsträger (vgl. OLG Hamm, FamRZ 1988, 1070; OLG München, FamRZ 1982, 1029, 1030). Diese werden durch die Handhabung der Härteregelung nicht in ihrer Rechtsposition betroffen. Ihnen steht daher mangels eigener Beschwer kein (eigenes) Beschwerderecht gegen eine auf § 1587c BGB gestützte Entscheidung zum Versorgungsausgleich zu (vgl. BGH, FamRZ 1981, 132, 134; Johannsen/Henrich/Hahne, a. a. O., § 1587c BGB Rn. 6; Johannsen/Henrich/Sedemund-Treiber, a. a. O., § 621e Rn. 9; Keidel/Kuntze/Winkler, FG, Teil A, § 53b Rn. 8a).

Das ändert allerdings nichts daran, dass mit der Beschwerde eines Ehegatten gegen eine derartige Entscheidung das Verfahren über den Versorgungsausgleich insgesamt zur Überprüfung durch das Beschwerdegericht gestellt ist. Eine Beschränkung der gegen den Versorgungsausgleich gerichteten Beschwerde auf die Anwendung oder Nichtanwendung der Härteklausel ist nach den für das Versorgungsausgleichsverfahren geltenden Grundsätzen rechtlich nicht möglich (§ 12 FGG; vgl. grundsätzlich Johannsen/Henrich/Hahne, a. a. O., vor §§ 1587–1587p BGB Rn. 24). Das OLG kann vielmehr auf die Beschwerde hin die angefochtene Entscheidung im vollen Umfang auf ihre Richtigkeit überprüfen und sie – unter Beachtung des Verbots der reformatio in peius – entsprechend abändern. Damit hierbei alle maßgeblichen Umstände Berücksichtigung finden können, dürfte sich eine Beteiligung der Versorgungs- und Versicherungsträger an dem Beschwerdeverfahren als sachgerecht, wenn nicht als notwendig erweisen (§ 53b Abs. 2 Satz 1 FGG). Das würde aber bedeuten, dass auch eine lediglich auf die Handhabung der Härteklausel gestützte Beschwerde eines Ehegatten gegen die Entscheidung über den Versorgungsausgleich nach § 624 Abs. 4 ZPO den am erstinstanzlichen Verfahren beteiligten Versorgungs- und Versicherungsträgern zuzustellen wäre.

Da das im vorliegenden Verfahren nicht geschehen ist, hätte es nicht mit Ablauf des 19. 11. 1991 zur vorzeitigen Teilrechtskraft des Scheidungsausspruchs vom 5. 7. 1991 kommen können.

Der Scheidungsausspruch ist indessen jedenfalls am 16. 12. 1991 rechtskräftig geworden, als die geschiedene Ehefrau ihre Beschwerde gegen die Entscheidung zum Versorgungsausgleich zurücknahm. Denn mit der Rücknahme des Hauptrechtsmittels kam eine (weitere) Anschließung nicht mehr in Betracht; eine etwa erfolgte Anschließung hätte ihre Wirkung verloren (vgl. Bergerfurth, a. a. O., Rn. 269 unter h; Kayser, a. a. O., § 629a ZPO, Rn. 15; Schwab/Maurer, Handbuch des Scheidungsrechts, I, Rn. 859; Thomas/Putzo, ZPO, § 629a Rn. 26).

Mit dem Eintritt der Rechtskraft des Scheidungsausspruchs wurde dieser aus dem Verbund herausgelöst (vgl. Rolland, a. a. O., § 629a ZPO Rn. 32) mit der Folge, dass er von dem weiteren Schicksal der „Verbund"-Entscheidung zum Versorgungsausgleich nicht mehr beeinflusst wurde.

Entgegen der Auffassung der Revision wurde der Eintritt der Rechtskraft des Scheidungsausspruchs nicht dadurch hinausgezögert, dass die Zusatzversorgungskasse der Stadt K. am 6. 2. 1992 Beschwerde gegen den Berichtigungsbeschluss des OLG vom 8. 1. 1992 einlegte. Diese Beschwerde eröffnete schon deshalb keine – neue – Anschließungsmöglichkeit für den geschiedenen Ehemann gegen den Scheidungsausspruch, weil sie sich nicht gegen die „nach § 629 Abs. 1 (ZPO) einheitlich ergangene Entscheidung" des Familiengerichts vom 5. 7. 1991 im Sinne von § 629a Abs. 3 ZPO richtete, sondern gegen den isolierten Beschluss des OLG vom 8. 1. 1992. Unabhängig davon war, wie dargelegt, das weitere Schicksal der Folgesache Versorgungsausgleich nach Eintritt der Rechtskraft des Scheidungsanspruchs für diese ohne Bedeutung.

BGH, FamRZ 1999, 1024 f.
→ Rechtsmittel

Ausgleichsformen 435 ff.
→ *Beitragsbegründung*

– Kein Abweichen von den gesetzlichen Ausgleichsformen 458

Zwar hat die Ehefrau im Hinblick auf Anrechte aus der erweiterten Honorarvereinbarung ausgeführt, der schuldrechtliche Ausgleich sei insoweit für sie „deutlich günstiger". Das Verfahren über den öffentlich-rechtlichen Versorgungsausgleich ist aber **weitgehend der Parteiautonomie entzogen**, zumal auch Belange der Solidargemeinschaft der Versicherten berührt werden. Nach allgemeinen Grundsätzen hat das Gericht im Scheidungsverbundverfahren von Amts wegen sämtliche Versorgungsanrechte der Parteien zu ermitteln und den öffentlich-rechtlichen Versorgungsausgleich nach den gesetzlichen Vorschriften durchzuführen; eine wirksame Parteivereinbarung gem. § 1587o BGB, die dem im Einzelfall Grenzen setzen könnte, ist vorliegend nicht zustande gekommen. Einen Antrag gem. § 1587b Abs. 4 BGB hat die Ehefrau nicht gestellt, so dass dahinstehen kann, ob ein solcher es gerechtfertigt hätte, die Anrechte beim EHV nicht öffentlich-rechtlich auszugleichen. Auch ging es nicht um den Sonderfall des § 3b VAHRG, bei dem das Gericht dem

schuldrechtlichen Ausgleich unterfallende Anrechte in engen Grenzen öffentlich-rechtlich ausgleichen kann, dabei aber einen entgegenstehenden Willen des ausgleichsberechtigten Ehegatten zu beachten hat (vgl. BGH, FamRZ 1993, 172). Da demnach sowohl die Anrechte des Ehemannes bei der ZKSH als auch solche beim EHV dem Ausgleich nach § 1 Abs. 3 VAHRG unterfallen, bedeutet es auch einen Verstoß gegen den Amtsermittlungsgrundsatz des § 12 FGG, dass über Existenz und Höhe von Anrechten des Ehemannes beim EHV keine Feststellungen getroffen worden sind (vgl. BGH, FamRZ 1982, 471, 473; Keidel/Amelung, FGG, § 12 Rn. 95).
BGH, FamRZ 1996, 481
→ Berufsständische Versorgungen: anwartschaftsdynamische Versorgungen

– **Quotierungsfälle** 282, 488

Während ihrer Ehe haben **beide Parteien Versorgungsanrechte bei der Bundesversicherungsanstalt für Angestellte sowie der Zusatzversorgungskasse des Kommunalen Versorgungsverbandes Baden-Württemberg** (ZVK) erworben. Der Ehemann daneben solche bei der Baden-Württembergischen Versorgungsanstalt für Ärzte, Zahnärzte und Tierärzte (BWVÄ), die satzungsgemäß eine Realteilung vorsieht. Das Amtsgericht hat durch Verbundurteil die Ehe der Parteien geschieden und u. a. den Versorgungsausgleich in der Weise geregelt, dass es im Wege der Realteilung zugunsten der Ehefrau bei der BWVÄ eine monatliche Rentenanwartschaft von 235,19 DM begründet hat. Es ist dabei davon ausgegangen, dass der zugunsten der Ehefrau ermittelte Ausgleichsbetrag aufgrund des sog. Rangfolgeprinzips gänzlich durch Realteilung der Anrechte des Ehemanns bei der BWVÄ auszugleichen sei.

Das Amtsgericht hat den Versorgungsausgleich zu Unrecht **nicht** nach der **sog. Quotierungsmethode durchgeführt**, die dem Interesse der beteiligten Versorgungsträger an einer gleichmäßigen Belastung dient (vgl. dazu BGH, FamRZ 1994, 90, 91). Dabei kommt es nicht darauf an, ob die Nichtanwendung dieser Methode hier für die ZVK deswegen nicht beeinträchtigend sein kann, weil das dann stattfindende Quasisplitting (§ 1 Abs. 3 VAHRG) mit einer Erstattungspflicht gegenüber dem Rentenversicherungsträger nach § 225 SGB VI verbunden ist. Wegen des ungewissen Versicherungsschicksals der beteiligten Ehegatten kann nicht zuverlässig vorausgesagt werden, ob letztlich die Erstattungsleistung oder die infolge der Kürzungsmöglichkeit analog § 57 BeamtVG eintretende Ersparnis von Versorgungsleistungen überwiegen wird.
BGH, FamRZ 1996, 482

Sowohl der ausgleichspflichtige Ehemann als auch die ausgleichspflichtige Ehefrau haben – neben den durch Rentensplitting gem. § 1587b Abs. 1 BGB zugunsten der Ehefrau ausgeglichenen Rentenanwartschaften in der gesetzlichen Rentenversicherung – **Anrechte auf Leistungen aus der Zusatzversorgung des öffentlichen Dienstes**, der Ehemann zusätzlich solche aus betrieblicher Altersversorgung eines privaten Versorgungsträgers, die den Ausgleichsformen des VAHRG unterliegt.

Nach welcher der Ausgleichsformen der Ausgleich stattfindet, richtet sich nach den **Anwartschaften des Ausgleichspflichtigen**, die grundsätzlich anteilmäßig auszugleichen sind (vgl. BGH, FamRZ 1991, 314; 1984, 1214, 1216).

Eine andere, nicht im VAHRG geregelte Frage ist, wie nicht in § 1587b Abs. 1 und 2 BGB genannte Anrecht des Ausgleichsberechtigten gegenzurechnen sind. Der BGH hat diese in Rspr. und Schrifttum streitige Frage zu Gunsten der sog. Quotierungsmethode entschieden und die im Schrifttum bis dahin wohl überwiegend befürwortete Rangfolgemethode angelehnt (BGH, FamRZ 1994, 90, 92).

Die Entscheidungen des BGH sind zu Fällen ergangen, in denen das Verhältnis zwischen verschiedenen Versorgungsträgern mit derselben Ausgleichsform des analogen Quasisplittings (FamRZ 1991, 314; 1984, 1214, 1216) oder das Verhältnis zwischen den Ausgleichsformen der Realteilung und des analogen Quasisplittings (vgl. BGH, FamRZ 1994, 90, 92) betroffen sind.

Der für die Quotierung entscheidende Gesichtspunkt der gleichmäßigen Belastung der Versorgungsträger gilt jedoch auch für den vorliegenden Fall im Verhältnis der Ausgleichsformen des analogen Quasisplittings und des erweiterten Ausgleichs nach § 3b VAHRG. Die Quotierungsmethode berücksichtigt das Interesse der Versorgungsträger an einer möglichst gleichmäßigen Belastung mit der Folge, dass alle in Betracht kommenden Versorgungen des Ausgleichspflichtigen nach dem Wertverhältnis der ehezeitlich erworbenen Anrechte zum Ausgleichsbetrag herangezogen werden. Schließlich ist das analoge Quasisplitting für den betroffenen Versorgungsträger nicht kostenneutral, weil er mit dem Träger der gesetzlichen Rentenversicherung dessen Aufwendungen erstatten muss (BGH, FamRZ 1994, 90, 92).

Der Versorgungsträger der betrieblichen Altersversorgung, der keine Realteilung zulässt, wird vom öffentlich-rechtlichen Ausgleich von vornherein nicht betroffen. Insoweit bleibt zur Vermeidung des schuldrechtlichen Versorgungsausgleichs für den Berechtigten nur die den anderen öffentlich-rechtlichen Ausgleichsformen gegenüber subsidiäre Form des erweiterten Ausgleichs, der dem Richter allerdings ein Auswahlermessen belässt, welche Versorgung er für den erweiterten Ausgleich heranzieht (vgl. BGH, FamRZ 1992, 921; Johannsen/Henrich/Hahne, Eherecht, § 3b VAHRG Rn. 19).

Allein der Gesichtspunkt, dass im Rahmen des § 3b Abs. 1 Nr. 1 VAHRG eine anteilige Aufteilung nicht (mehr) zwingend ist, greift jedoch nicht in die im Vorfeld zu lösende Frage ein, in welchem Verhältnis die Versorgungsträger beim Zusammentreffen von nach § 1 Abs. 2 und 3 VAHRG auszugleichenden Versorgungen mit solchen des § 2 VAHRG herangezogen werden können. Hier verhindert die Quotierungslösung eine vorrangige Belastung derjenigen privaten Träger, die eine Realteilung vorsehen, gegenüber denjenigen, die keine Realteilung einführen. Denn Letztere unterliegen bei der Rangfolgemethode nur mit demjenigen Restbetrag dem späteren schuldrechtlichen Versorgungsausgleich, der weder durch die Rangfolge noch durch den danach anzuwendenden § 3b VAHRG öffentlich-rechtlich ausgeglichen werden kann (vgl. Johannsen/ Henrich/Hahne, a. a. O.). Zur Vermeidung willkürlich den einen oder anderen Versorgungsträger in größerem Umfang belastender Maßnahmen ist daher auch die Verrechnung mit schuldrechtlich auszugleichenden Anrechten des Berechtigten nach dem Wertverhältnis, d. h. quotenmäßig vorzunehmen (vgl. für die hier vertretene Auffassung: Johannsen/Henrich/Hahne, a. a. O., § 1 VAHRG Rn. 8; Staudinger/Rehme, BGB, § 1 VAHRG Rn. 45, 46).

OLG Karlsruhe, FamRZ 1999, 925, 926
→ *Realteilung*
→ *Schuldrechtlicher Versorgungsausgleich*

– Unterhaltsbeiträge gem. § 77 BDO oder im Gnadenweg
→ *Beamtenversorgung*
→ *BGH, FamRZ, 1997, 158 ff.*
→ *Verlängerter schuldrechtlicher Versorgungsausgleich*

Auskunftspflichten 84 ff.

– Rechtsweg
Für die Klage eines Ehepartners gegen den Rentenversicherungsträger, dem Familiengericht zur Durchführung des Versorgungsausgleichs Auskunft über das Versicherungsverhältnis des anderen Ehegatten zu erteilen, ist der **Rechtsweg zu den Gerichten der Sozialgerichtsbarkeit ausgeschlossen.**
BSG, FamRZ 1996, 1353, 1354

– Zwangsmittel 89
Erteilt der Verpflichtete nach Zwangsgeldfestsetzung gem. § 33 Abs. 1 Satz 1 FGG die geforderte Auskunft, so hat sich das Festsetzungsverfahren **nicht erledigt**; vielmehr ist die Zwangsgeldfestsetzung aufzuheben.

Das Beschwerdegericht hat zu prüfen, ob im Zeitpunkt seiner Entscheidung die Anwendung des Zwangsmittels **noch geboten ist** (vgl. OLG Hamm, FamRZ 1984, 183 f.; Keidel/Kunste/Winkler-Jansen, FGG, § 33 Rn. 44). Dies folgt zum einen daraus, dass die Geldstrafe nach § 33 FGG keinen

Strafcharakter hat, sondern nur Beugemittel ist, und zum anderen daraus, dass das Beschwerdegericht gem. § 23 FGG neue Tatsachen zu berücksichtigen (vgl. Keidel/Kuntze/Winkler-Jansen, a. a. O., Rn. 37) und nicht nur die Rechtmäßigkeit der angefochtenen Entscheidung zu überprüfen hat (a. A. OLG Düsseldorf, JurBüro 1987, 1728).

Das Zwangsgeldverfahren hat sich auch nicht durch Erteilung der Auskunft erledigt. Eine Erledigung des Verfahrens tritt nur ein, wenn der Verfahrensgegenstand durch eine Änderung der Sach- und Rechtslage fortfällt (vgl. BGH, NJW 1982, 2505, 2506). Verfahrensgegenstand bei Beschwerde gegen eine Zwangsgeldfestsetzung ist aber nicht die Erteilung der Auskunft, sondern die Festsetzung eines Zwangsgeldes. Dieser Gegenstand ist durch die Erteilung der Auskunft nicht weggefallen, sondern nur nicht mehr gerechtfertigt. Für das Zwangsgeldverfahren ist die Verpflichtung nur eine Vorfrage. Die Erteilung der Auskunft ist damit eine in Beschwerdeverfahren zu berücksichtigende neue Tatsache, die aber nicht das Zwangsgeldverfahren beendet oder gegenstandslos werden lässt.
KG, FamRZ 1997, 216

Die zur Durchsetzung der Auskunftspflicht einer Partei nach § 11 Abs. 2 Satz 2 VAHRG gem. § 33 Abs. 1 FGG erfolgte Festsetzung eines Zwangsgelds ist aufzuheben, wenn die Partei die Auskunft **zwischenzeitlich geleistet hat** und die **Auskunftsverpflichtung**, deren Durchsetzung das Zwangsgeld diente, **nicht mehr besteht** (ebenso Keidel/Kuntze/Winkler-Zimmermann, FGG, § 33 Rn. 26). Gleiches gilt für die Androhung eines Zwangsgelds gem. § 33 Abs. 3 FGG.

Zwar besteht die Auskunftspflicht des § 11 Abs. 2 Satz 2 VAHRG grds. unmittelbar gegenüber dem Gericht (vgl. Palandt/Diederichsen, BGB, 55. Aufl., § 11 VAHRG Rn. 3). Sie wird aber auch erfüllt, wenn die Partei die Angaben und Unterlagen unmittelbar an den Versorgungsträger sendet und das Familiengericht diese seinerseits lediglich an den Versorgungsträger weitergeleitet hätte. Bei erfolgter unmittelbarer Einreichung der vom Gericht verlangten Angaben und Unterlagen beim Versorgungsträger ist deshalb die Aufrechterhaltung der Festsetzung eines Zwangsgelds bzw. eine entsprechende Androhung zur Durchsetzung der Verpflichtung gegenüber dem Gericht nicht mehr gerechtfertigt.
OLG Nürnberg, FamRZ 1997, 216, 217

Ausschluss oder Kürzung des Versorgungsausgleichs 634 f., 690

– Akademische Ausbildung während der Ehe und asymmetrische Versicherungsverläufe

Eine Unbilligkeit i. S. d. § 1587c Nr. 1 BGB kommt in Betracht, wenn der Ausgleichspflichtige in der Weise ein **doppeltes Vermögensopfer** bringt, dass er nicht nur im Wesentlichen den Familienunterhalt (inklusive der Ausbildungskosten) während der Ausbildungszeit des Berechtigten bestreite, sondern auch noch mit einer Kürzung der eigenen Altersversorgung für den fehlenden Aufbau der Altersversorgung des anderen bezahlt. So liegt der Sachverhalt hier jedoch nicht. Zwar hat die Ehefrau während des Schulbesuchs des Ehemannes erheblich mehr als dieser zum Familienunterhalt beigetragen, da sie damals bereits vollschichtig berufstätig war. In diesen beiden Jahren hat sich der Ehemann jedoch im Wesentlichen durch Bafög-Leistungen und einem Nebenverdienst selbst unterhalten. Eine Ausbildung auf Kosten der Ehefrau hat somit nicht stattgefunden. Das Ungleichgewicht der Beiträge der Eheleute zum Familienunterhalt von etwa zwei zu eins widerspricht dem Gerechtigkeits- und Billigkeitsempfinden nicht in unerträglicher Weise (BT-Drucks. 7/650 S. 162; BGH, FamRZ 1973, 254; 1981, 756), und zwar auch dann nicht, wenn der überwiegende Teil unüblicherweise von der Ehefrau beigesteuert worden sein sollte.
OLG Hamm, FamRZ 1994, 1472

Der Ehemann besuchte bei Eheschließung die Schule, war dann nach dem Abitur für sechs Monate sozialversicherungspflichtig beschäftigt, besuchte dann für drei Semester die Technische Universität, verließ diese ohne Abschluss und studierte anschließend an der Universität bis zum erfolgreichen Diplom Pädagogik. Praktisch zeitgleich erfolgte die Trennung der Parteien. Seither ist er mit voller Stundenzahl als Angestellter (BAT IVa) in dem erlernten Beruf tätig. Die Ehefrau, – bei Eheschließung neun Jahre älter als der Ehemann – übte während der Ehe den erlernten Beruf einer Sozialarbeiterin aus. Während der Ehe sind zwei Kinder geboren. Das Sorgerecht ist zunächst auf Antrag der Parteien beiden belassen worden. Die Ehefrau erkrankte dann und kam in stationäre Behandlung. In diesem Zusammenhang ist das Sorgerecht inzwischen auf den geschiedenen Ehemann übertragen worden. Die geschiedene Ehefrau ist wegen der noch nicht vollständig überwundenen Folgen der Erkrankung nur teilschichtig beschäftigt. Sie befürchtet, aus diesen Gründen möglicherweise vorzeitig aus dem Erwerbsleben ausscheiden zu müssen, hofft aber, dies vermeiden zu können.

Vor diesem Geschehensablauf mit den sich hieraus abzeichnenden Perspektiven wäre die Durchführung des Versorgungsausgleichs zugunsten des rechnerisch ausgleichsberechtigten geschiedenen Ehemannes grob unbillig i. S. d. § 1587c Nr. 1 BGB. Der geschiedene Ehemann hat in der materiellen Sicherheit der während der gesamten Ehezeit erzielten Erwerbseinkünfte der geschiedenen Ehefrau eine qualifizierte Ausbildung erlangt, die ihm, soweit Prognosen überhaupt möglich sind, eine gesicherte Altersversorgung im Versorgungssystem des öffentlichen Dienstes gewährleistet. Seine hierbei erlangte Qualifikation übersteigt diejenige der geschiedenen Ehefrau mit den hieraus resultierenden materiellen und auch versorgungsbezogenen Vorteilen. Sein Versicherungsverlauf während der Ehe besteht mit Ausnahme von sechs Monaten ausschließlich aus Ausbildungszeiten. Demgegenüber hat die geschiedene Ehefrau in der Ehezeit nur versicherungswirksame Zeiten aus Pflichtversicherung oder den gleichgestellten Kindererziehungszeiten zurückgelegt. Ihre weitere Zukunft mit Blick auf ihre Altersversorgung ist durch ihre Erkrankung weit weniger günstig als die des geschiedenen Ehemannes. Bereits die derzeit krankheitsbedingte reduzierte Stundenzahl bringt Versorgungseinbußen mit sich. Hinzu kommt, dass sie aufgrund ihrer geringeren Qualifikation in einer schlechteren Besoldungsstufe steht und auch keine Aufstiegschance hat. In Abwägung aller Umstände wäre es grob unbillig, wenn die geschiedene Ehefrau die von ihr während der Ehezeit erlangten Versorgungsanwartschaften mit dem geschiedenen Ehemann teilen müsste, während der geschiedene Ehemann die wesentlich besseren Versorgungsanwartschaften, deren Grundstock auf den Leistungen der geschiedenen Ehefrau während der Ehezeit beruht, anschließend für sich allein behalten dürfte, ohne sie später mit seiner geschiedenen Ehefrau teilen zu müssen.

Dabei kam es auf den zwischen den Parteien streitig dargestellten und im Einzelnen schwerlich aufzuklärenden Umfang der Mitarbeit des geschiedenen Ehemannes im Haushalt während der Ehezeit nicht entscheidend an. Eine Hausmannehe, nach der i. S. d. dafür typischen Aufgabenverteilung er den Haushalt im Wesentlichen allein geführt hätte, während die aushäusig erwerbstätige geschiedene Ehefrau den dafür erforderlichen Lebensunterhalt verdient hätte, lag nach den objektiven Umständen jedenfalls nicht vor. Der Senat geht vielmehr davon aus, dass beide Parteien nach besten Kräften gemeinsam die Haushaltsführung und die Kinderbetreuung übernommen haben. Der Ausschluss des Versorgungsausgleichs gründet sich nicht darauf, sondern auf die dargestellte Asymmetrie der Versicherungsverläufe.

OLG Frankfurt/M., FamRZ 1994, 1473, 1474

Der Gesetzgeber hat mit dem Versorgungsausgleich vornehmlich im Auge, die **soziale Lage des geschiedenen Ehegatten zu verbessern**, der – wie zumeist die Ehefrau – wegen in der Ehe übernommener anderer Aufgaben Einschränkungen in einer Erwerbstätigkeit auf sich genommen und dadurch ehebedingte Nachteile in seiner versorgungsrechtlichen Lage erlitten hat (BGH, FamRZ 1979, 477). Dieser Grundsatz trifft jedoch nicht zu, wenn der Verzicht auf eine versicherungspflichtige Erwerbstätigkeit nicht auf einer zwischen den Ehegatten vereinbarten Verteilung der ehelichen Aufgabenbereiche, sondern darauf beruht, dass der nicht erwerbstätige Ehegatte seine Arbeitskraft auf eine Hochschulausbildung verwendet, die ihn im wesentlichen daran hindert, sich anderen neben einer Erwerbstätigkeit zu erfüllenden ehelichen Aufgabe in größerem Ausmaß zu widmen, als dies auch der andere Ehegatte neben seiner Erwerbstätigkeit noch tut. Die Nachteile im Aufbau eigener Versorgungsanwartschaften während einer akademischen Ausbildung sind in diesem Fall nicht ehebedingt, sie würden in gleicher Weise eintreten, wenn der Studierende nicht verheiratet wäre. Im Übrigen werden sie sogar auch noch teilweise durch die Anrechnung von Ausbildungszeiten bei der späteren Erlangung von Versorgungs- und Versicherungsansprüchen wieder ausgeglichen.

Allerdings stellt es noch keine große Unbilligkeit i. S. d. § 1587c Nr. 1 BGB dar, wenn lediglich der Grundgedanke des Versorgungsausgleichs nicht mehr zutrifft. Es müssen darüber hinausgehende Feststellungen getroffen werden (vgl. BGH, FamRZ 1983, 1217).

Im Verhältnis der Parteien ergibt sich die grobe Unbilligkeit insbesondere aus dem Umstand, dass die Ehefrau durch ihre Erwerbstätigkeit, die sie trotz der Geburt des gemeinsamen Kindes bis auf die Zeit des gesetzlichen Mutterschutzes volltags ausübte, im Wesentlichen den Familienunterhalt sichergestellt hat und damit dem Ehemann die Möglichkeit zum Betreiben eines Studiums gewährte, während sie nach Abschluss des Studiums entgegen der ursprünglichen Lebensplanung ihrerseits nicht mehr in den Genuss kam, an der Verbesserung der Erwerbschancen und der sozialen Lage des Ehemannes teilzuhaben. Dabei ist letztlich unmaßgeblich, ob er in dem Studienfach selbst beruflich tätig geworden ist (vgl. BGH, NJW-RR 1987, 578, 579 m. w. N.).
OLG Köln, FamRZ 1994, 1473, 1474

Der Versorgungsausgleich ist nicht wegen grober Unbilligkeit auszuschließen, wenn die ausgleichsberechtigte Ehefrau zwar während der Ehe erfolgreich studiert hat (Dipl.-Politologin), sie jedoch nach erneuter Eheschließung und der Geburt eines Kindes nicht berufstätig ist.
OLG Karlsruhe, FamRZ 1997, 30

– Altehe, Gütertrennung, Nachentrichtung während der Ehe
Ergibt sich bei Anwendung des Gesetzes auf sog. Altehen das Vorliegen eines besonderen Härtefalls, so besteht gem. § 1587c Nr. 1 BGB die Möglichkeit, den Versorgungsausgleich **ganz oder teilweise auszuschließen** (vgl. BGH, FamRZ 1979, 489; 1981, 130, 132). Soweit vorgetragen wird, die Nachversicherung sei aus bereits vor der Ehe erworbenem Vermögen geleistet, an dem die Ehefrau wegen der vereinbarten Gütertrennung keinen Anteil haben dürfe, wendet sich der Ehemann gegen die gesetzliche Regelung und ihre Auswirkungen.

Eine grobe Unbilligkeit i. S. v. § 1587c Nr. 1 BGB läge nur vor, wenn die Durchführung des Versorgungsausgleichs nicht zu einer ausgewogenen sozialen Sicherheit beider Ehegatten beiträgt, sondern zu einem wirtschaftlichen Ungleichgewicht zu Lasten des Ausgleichspflichtigen führt (vgl. BGH, FamRZ 1987, 364, 365). Davon kann hier nicht ausgegangen werden. Vielmehr liegt es angesichts der über viele Jahre bestehenden ehelichen Lebens- und Versorgungsgemeinschaft auf der Hand, dass der Ehemann durch diese während der Ehe bewirkte verbesserte Altersversorgung auch die Sicherung der Ehefrau wünschte. Er selbst hebt hervor, dass er bei der Nachentrichtung nicht an Scheidung gedacht habe.

Von einer groben unbilligen Inanspruchnahme des Ehemannes kann auch nicht ausgegangen werden, weil die durch die Nachversicherung erworbenen Entgeltpunkte etwa ein Drittel der gesamten Entgeltpunkte ausmachen und ferner auf die gesamte Versicherungszeit von 531 Monaten nur 199 auf die Ehezeit entfallen. Das insoweit bestehende Ungleichgewicht ist die Folge der Anwendung des „In-Prinzips". Dieses Ungleichgewicht bestünde auch bei einer Zugewinngemeinschaft. Dass der Ehemann mit seinen Zahlungen nicht bis zur Scheidung wartete, ist unerheblich. Bei der gebotenen Berücksichtigung der beiderseitigen Verhältnisse der Eheleute ist statt dessen auf Seiten der Ehefrau darauf abzustellen, dass die Ehe von langer Dauer war, ihre erworbenen Rentenanwartschaften sehr gering sind und sie auch nicht über ein ihrer Alterssicherung dienendes ausreichendes Vermögen verfügt. Die Ehefrau ist auf die Versorgungsanwartschaften in vollem Umfang angewiesen. Dass der Versorgungsausgleich zu einer Verkürzung der Rentenansprüche des Ehemannes führt, rechtfertigt die Anwendung des § 1587c Nr. 1 BGB nicht (vgl. BGH, FamRZ 1986, 253 f.).
KG, FamRZ 1996, 1552, 1553

– **Anschwärzen beim Arbeitgeber** 709

Unter Berücksichtigung dieser strengen Kriterien rechtfertigen die von der Ehefrau angesprochenen Verhaltensweisen nicht die Anwendung von § 1587c Nr. 1 BGB. Soweit die Ehefrau geltend macht, der Ehemann habe sie beim Finanzamt und beim Arbeitgeber angeschwärzt, mag dieses Verhalten zwar die Anwendung von § 1579 Nr. 4 BGB rechtfertigen, nicht aber die Beschränkung oder den Ausschluss des Versorgungsausgleichs. Bei der gebotenen Gesamtabwägung war im Hinblick auf die Anrufe des Ehemanns beim Vorgesetzten der Ehefrau in Rechnung zu stellen, dass sie ihren Arbeitsplatz tatsächlich nicht verloren hat. Die von ihr geleistete Steuernachzahlung war verhältnismäßig gering. Dies gilt auch für die zur Einstellung des Steuerverfahrens geleistete Buße von 300 DM. Im Übrigen beruht die Steuernachzahlung auch auf eigenem Fehlverhalten der Ehefrau, die über Jahre hinweg die Steuererklärung blanko unterschrieben hat.
OLG Hamm, FamRZ 1997, 566, 567

– **Darlegungslast**
→ *Abänderung: Darlegungslast*
BGH, FamRZ 1996, 1540, 1542

– **Doppelehe** 684

Die Annahme, dass im Fall einer Doppelehe beim Versorgungsausgleich die Versorgungsanwartschaften unabhängig von weiteren Voraussetzungen auf drei statt wie sonst auf zwei Personen aufzuteilen seien, findet im Gesetz keine Stütze. Durch die §§ 23 und 26 EheG werden die Regelungen über den Versorgungsausgleich nicht modifiziert. Einen Versorgungsausgleich zu dritt kennt das Gesetz nicht.

Im Fall einer **Doppelehe** gelten für den **Versorgungsausgleich** im rechtlichen Ansatz **weder für die Erst- noch** für die Zweitehe **Besonderheiten**. § 26 Abs. 3 EheG ist zu entnehmen, dass der Ausgleichsanspruch des Ehegatten der Zweitehe, der bei Eheschließung gutgläubig war, nicht hinter dem Ausgleichsanspruch des Ehegatten der Erstehe zurückzustehen hat. Das bedeutet, dass sowohl der Ehegatte der Erstehe als auch der (gutgläubige) Ehegatte der Zweitehe grds. den vollen Versorgungsausgleich in Anspruch nehmen können, und zwar jeweils so, als ob es die jeweils andere Ehe gäbe. Wird nach der einen auch die andere Ehe aufgelöst, sind bei dem zweiten Versorgungsausgleich die Versorgungsanrechte, die zugleich auf beide Ehezeiten entfallen, erneut zu berücksichtigen.

Der Ausgleichspflichtige würde bei uneingeschränkter Anwendung der aufgezeigten Grundsätze unter Umständen die auf beide Ehezeiten zugleich entfallenden Versorgungsanrechte völlig verlieren. Korrekturmöglichkeiten stehen unter Berücksichtigung einer länger dauernden Trennung der Parteien, wie sie bei Doppelehen häufig gegeben sein wird, über § 1587c Nr. 1 BGB und in Übergangsfällen nach Art. 12 Nr. 3 Abs. 3 Satz 3 und 4 des 1. EheRG.

Einen entsprechenden Weg – nämlich über die verfügbare gesetzliche Härteregelung – hat der BGH auch beim Zugewinnausgleich im Falle einer Doppelehe beschritten (BGH, FamRZ 1980, 768, 769).

Dass der Ausgleichspflichtige die Schwierigkeiten durch die Eingehung der Doppelehe selbst verschuldet hat, steht einer Anwendung der Härteklausel nicht grds. entgegen. § 1587c Nr. 1 BGB schließt die Berücksichtigung selbstverschuldeter Lebenserschwernisse, etwa auf eigenem Verschulden beruhende Krankheit, nicht von vornherein aus. Ob ein Fall grober Unbilligkeit vorliegt, richtet sich vor allem nach der wirtschaftlichen Situation der Ehegatten.

Wieweit im Fall einer Doppelehe die Einbeziehung der zugleich auf beide Ehezeiten entfallenden Versorgungsanrechte in den Versorgungsausgleich grob unbillig ist, lässt sich nicht allgemein beantworten. Das äußerstenfalls denkbare Ergebnis, dass der Ausgleichspflichtige diese Anrechte vollständig abgeben muss, ist nicht von vornherein ausgeschlossen und braucht etwa dann nicht grob unbillig zu sein, wenn die Umstände, unter denen die Doppelehe zustande gekommen ist, ein besonderes Maß an Verantwortungslosigkeit des Ausgleichspflichtigen erkennen lassen und beide Ehen nahezu gleichzeitig aufgelöst werden.

In Betracht zu ziehen sind neben den Umständen, die zur Doppelehe geführt haben, die beiderseitigen Einkommens- und Vermögensverhältnisse einschließlich der Möglichkeit zum Aufbau weiterer Versorgungsanwartschaften. Weiter spielt eine Rolle, wieweit sich der Ausgleichsberechtigte in seiner Lebensplanung seinerseits aus der Ehe gelöst hatte und nicht mehr durch aus der Ehe herrührende Aufgaben, etwa die Betreuung von Kindern, gebunden war. Schließlich kann bei vor dem Inkrafttreten des 1. EheRG geschlossenen Ehe auch eine langdauernde Trennung der Parteien zu berücksichtigen sein (vgl. auch BGH, FamRZ 1979, 477, 489).

BGH, FamRZ 1982, 475, 476

– Ehe auf dem Papier

Die Behauptung des Ehemannes, die Ehe habe nur noch auf dem Papier bestanden, ist kein Grund, den Versorgungsausgleich nach § 1587c Nr. 1 BGB herabzusetzen oder auszuschließen, insbesondere wenn keine Trennung vollzogen wurde und noch bis 1992 gemeinsame Kinder erzogen wurden. Weigert sich die bis zum Auszug der Kinder nicht berufstätige Ehefrau, im Alter von 62 Jahren eine rentenversicherungspflichtige Tätigkeit aufzunehmen, stellt dies keine gröbliche Verletzung der Pflicht, zum Familienunterhalt beizutragen, i. S. d. § 1587c Nr. 3 BGB dar.

OLG Naumburg, FamRZ 1997, 567

– Erwerbsunfähigkeitsrente des Ausgleichspflichtigen

Ein Ausschluss des Versorgungsausgleichs nach § 1587c Nr. 1 BGB kommt ungeachtet des Umstandes, dass der Ausgleichspflichtige eine Erwerbsunfähigkeitsrente bezieht, **nicht in Betracht**, wenn der Ausgleichsberechtigte ebenfalls nur über insgesamt geringe Rentenanwartschaften verfügt und auf Grund einer schlechten Berufsausbildung voraussichtlich nicht in der Lage sein wird, seine Altersversorgung nachhaltig zu sichern.

Für einen Ausschluss des Versorgungsausgleichs nach § 1587c Nr. 3 BGB ist nur das Verhalten des Berechtigten bis zum Ende der Ehezeit im Sinne des § 1587 Abs. 2 BGB maßgeblich.

OLG Brandenburg, FamRZ 1998, 299, 300

Ein Versorgungsausgleich ist wegen **grober Unbilligkeit** (§ 1587e Nr. 1 BGB) nicht bereits dann zu kürzen, wenn der jetzt 50-jährige ausgleichspflichtige Ehemann bereits mit 25 Jahren aus dem Erwerbsleben krankheitsbedingt ausgeschieden ist, anschließend rund 20 Jahre von seiner ausgleichsberechtigten Ehefrau betreut wurde, diese durch eigene Erwerbstätigkeit nach der Scheidung eigene Anrechte hinzuerwerben kann und die Rentenanwartschaften beider Parteien nach Durchführung des Versorgungsausgleich weiterhin den unterhalts- bzw. sozialhilferechtlichen Mindestbedarf unterschreitet.

OLG Karlsruhe, FamRZ 1998, 300, 301

– Falsche Angaben im Unterhaltsrechtsstreit

Der Umstand allein, dass ein Ehegatte gegen den anderen einen Unterhaltsanspruch geltend macht, obwohl ein solcher – aus welchen Gründen auch immer – nicht bestehen könnte, rechtfertigt **niemals einen Ausschluss des Versorgungsausgleichs**. Soweit die Ehefrau möglicherweise falsche Angaben in dem genannten Verfahren zu ihren persönlichen Umständen gemacht hat, hält der Senat diese Umstände nicht für ausreichend, um einen Ausschluss oder eine Herabsetzung des Versorgungsausgleichs zu begründen.

Selbst wenn die Ehefrau falsche Angaben zu ihrer Beziehung zu dem Herrn F. sowie zu ihrer Wohnsituation gemacht haben sollte, vermag der Senat darin keine Rechtfertigung zu finden, bei der fast 24 Jahre dauernden Ehe mit zwei gemeinschaftlichen Kindern, in der die Ehefrau überwiegend die Hausfrauenrolle übernommen hatte, den Versorgungsausgleich ganz oder teilweise aus-

zuschließen. Auch die nicht korrekten Angaben über eine Krankenversicherung reichen nicht aus, zumal diese erst nach Rechtskraft der Scheidung erfolgt sind.
OLG Bamberg, FamRZ 1998, 1376

– Dauer der Ehe
→ *Überwiegende Selbständigkeit und berufliches Scheitern eines Ehegatten bei langer Ehe*
OLG Schleswig, FamRZ 1999, 865, 866
→ *Bei vorzeitiger Dienstunfähigkeit*
OLG Koblenz, FamRZ 1996, 555

– Einzelne gefährliche Körperverletzung

Dem ausgleichsberechtigten Ehemann wurde zum Vorwurf gemacht, die Ehefrau ohne rechtfertigenden Grund mit einem Gegenstand in den Nacken geschlagen zu haben, was deren Bewusstlosigkeit bis zur Einlieferung ins Krankenhaus führte. Gegen den Ehemann erging ein Strafbefehl wegen gefährlicher Körperverletzung.

Der Senat vermag in dem Geschehen ein derartig krasses und schwerwiegendes Fehlverhalten des Ehemannes, das den Ausschluss des ganzen oder teilweisen Ausschluss des Versorgungsausgleichs rechtfertigen würde, nicht zu erkennen. Zumindest gehen insoweit bestehende Zweifel zu Lasten der darlegungs- und beweisverpflichteten Ehefrau.

Das Amtsgericht ist bereits zu Recht davon ausgegangen, dass keine genügenden Anhaltspunkte für ein versuchtes Tötungsdelikt durch den Ehemann festzustellen sind. Die bisher in der Rspr. in diesem rechtlichen Zusammenhang behandelten Fälle betrafen – soweit feststellbar – Sachverhalte, die Tötungsdelikte zum Gegenstand hatten. Ein einzelnes Körperverletzungsdelikt vermag daher nach Auffassung des Senats ohne Hinzutreten sonstiger Umstände allenfalls dann eine Anwendung der Härteklausel nach § 1587c Nr. 1 BGB zu rechtfertigen, wenn es nahe an ein Tötungsdelikt heranreicht. Der vorliegende Sachverhalt jedenfalls, der zudem dadurch gekennzeichnet ist, dass der Ehemann nach der Tat für eine ärztliche Versorgung der Ehefrau gesorgt hat und durch den die Ehefrau auch keine bleibenden gesundheitlichen Dauerschäden erlitten hat, ist nicht der Art, dass die vollständige Durchführung des Versorgungsausgleichs seinem Grundgedanken, der Teilhabe des anspruchsberechtigten Ehegatten an Vermögenswerten, die die Eheleute in den zurückliegenden guten Tagen ihrer Ehe gemeinsam erwirtschaftet haben und die nur wegen der in der Ehe gewählten Aufgabenteilung einem von ihnen bis zum Scheitern der Ehe rechtlich zugeordnet werden (BGH, FamRZ 1990, 985), in unerträglicher Weise widersprechen würde.
OLG Bamberg, FamRZ 1999, 932

– Geringere Anwartschaften des Ausgleichspflichtigen unter Berücksichtigung des Zugewinnausgleichs

Während der Ehe hatte die Ehefrau Rentenanwartschaften von 215,79 DM, der Ehemann von 47,02 DM erworben. Bis Ehezeitende hat der Ehemann allerdings insgesamt geringfügig höhere Rentenanwartschaften erworben. Bei Prüfung der Gesamtumstände hat ein Ausschluss des Versorgungsausgleichs nach § 1587c Nr. 1 BGB zu erfolgen.

Der Ausschluss kann **nicht damit begründet werden**, dass der Ehemann etwa fünf Jahre lang keine Einzahlungen in die gesetzliche Rentenversicherung vorgenommen hat, zumal er in dieser Zeit für sich selbst und die Ehefrau die Kapitallebensversicherungen weiterbezahlt und das der Ehefrau gehörende Haus mitfinanziert hat.

Ein Ausschluss ist auch nicht auf die von der Ehefrau behauptete ungleiche Arbeitsbelastung während der Ehe, der doppelten Arbeit im Haushalt und der Kindererziehung einerseits und im Geschäft andererseits zu stützen. Aus ihrem eigenen Sachvortrag sowie aus den Angaben des Ehemannes ergibt sich, dass der Ehemann seinerseits jeweils die Kinderbetreuung an den Tagen übernommen hat, an denen die Ehefrau mit dem LKW unterwegs war.

Der Ehemann hat jedoch während der Ehe ein Haus geerbt, in welchem er nun mietfrei wohnt, während die Ehefrau nach dem notwendigen Verkauf des eigenen Anwesens trotz der beengten finanziellen Verhältnisse für sich und die drei Kinder eine hohe Miete zahlen muss. Hierin liegt eine ungleiche Vermögensverteilung, die es rechtfertigt, von der Durchführung des Versorgungsausgleichs abzusehen. Die Ehefrau hat entsprechend der gesetzlichen Regelung in § 1374 Abs. 2 BGB beim Zugewinn nur an der relativ geringen Wertsteigerung des Grundstücks des Ehemannes partizipiert, während dieser voll am Wert des Hauses der Ehefrau teilgehabt hat. Diese ungleiche Behandlung des Vermögenserwerbs ist in Bezug auf den Zugewinn durchaus gerechtfertigt, weil grds. ein Ehegatte nicht an dem Vermögenserwerb des anderen durch Schenkung oder von Todes wegen teilhaben soll. Im Zusammenhang mit den übrigen Einkommensverhältnissen und der Lebenssituation der Parteien kann es jedoch wie im vorliegenden Fall erforderlich sein, im Bereich der Altersvorsorge eine Korrektur vorzunehmen. Beide Parteien leben offensichtlich in sehr beengten finanziellen Verhältnissen. Beide werden deshalb in nächster Zukunft bis zur Beendigung der Ausbildung der Kinder Schwierigkeiten haben, ihre Altersversorgung in nennenswertem Umfang weiter auszubauen. Beide haben aus dem Verkauf des Hauses der Ehefrau annähernd gleichviel Kapital erhalten. Die grobe Unbilligkeit ist auf den einen wesentlichen Unterschied zu stützen, dass der Ehemann mietfrei im geerbten Haus wohnen kann, während die Ehefrau auf Jahre hinaus mit einer hohen Mietbelastung leben muss. Bei dieser Sachlage erscheint es sachgerecht, wenn es bei den annähernd gleich hohen Anwartschaften der Parteien in der gesetzlichen Rentenversicherung verbleibt, wobei der Ehemann bereits ohne Durchführung des Versorgungsausgleichs eine geringfügig höhere Rentenanwartschaft besitzt.
OLG München, FamRZ 1995, 299, 300

– Grundsatz, Zeitpunkt 718
Ob die Inanspruchnahme eines Versorgungsausgleichsverpflichteten aus Verwirkungsgründen oder sonstigen Gründen unzulässiger Rechtsausübung auszuschließen ist, ist **nicht nach den allgemeinen Regeln**, sondern nach den **Härteklauseln der §§ 1587c, 1587h BGB** zu beurteilen. Diese schließen den Verwirkungseinwand als eigenständigen Rechtsbehelf gegen die Durchführung des Versorgungsausgleichs aus.
BGH, FamRZ 1993, 176, 178

Gem. § 1587c Nr. 1 BGB findet ein Versorgungsausgleich nicht statt, soweit **die Inanspruchnahme des Verpflichteten unter Berücksichtigung der beiderseitigen Verhältnisse**, insbesondere des beiderseitigen Vermögenserwerbs **während der Ehe oder im Zusammenhang mit der Scheidung, grob unbillig wäre**. Ein Ausschluss oder eine Herabsetzung kommt danach immer dann in Betracht, wenn der Versorgungsausgleich sein Ziel, zu einer ausgewogenen sozialen Sicherheit der Ehegatten für den Fall des Alters oder der Berufs- oder Erwerbsunfähigkeit beizutragen, nicht erreicht, sondern im Gegenteil zu einem erheblichen wirtschaftlichen Ungleichgewicht zu Lasten des Ausgleichspflichtigen führen würde. Davon kann dann ausgegangen werden, wenn im Zeitpunkt der Entscheidung über den Versorgungsausgleich klar abzusehen ist, dass der Ausgleichsberechtigte bei Erreichen der Altersgrenze über eine im Verhältnis zum Ausgleichspflichtigen unverhältnismäßig hohe Altersversorgung verfügen wird oder bereits anderweitig angemessen abgesichert ist, während der Ausgleichspflichtige auf die von ihm ehezeitlich erworbenen Versorgungsanrechte zur Sicherung seines Unterhalts dringend angewiesen ist (BGH, FamRZ 1988, 489, 490; vgl. auch MüKo/Dörr, BGB, § 1587c Rn. 19, m. w. N.). In die dazu erforderliche Gesamtabwägung sind sämtliche Lebensumstände der Ehegatten einzubeziehen, die für ihren gegenwärtigen oder zukünftigen wirtschaftlichen Stand von Bedeutung sind (BGH, FamRZ 1982, 475, 477). Dazu gehören auch krankheitsbedingte Umstände (BGH, FamRZ 1981, 756, 757). Nicht nur die bis zum Eheende eingetretenen Umstände, sondern auch danach stattfindende Entwicklungen sind mit in Betracht zu ziehen (BGH, FamRZ 1987, 49, 51).

Die Entscheidung darüber, ob Härtegründe i. S. v. § 1587c Nr. 1 BGB, die noch einer Entwicklung unterliegen, einen Ausschluss des Versorgungsausgleichs rechtfertigen, muss bereits im Ausgangsverfahren – ggf. im Wege einer Prognose – getroffen werden. Sie kann nicht einem späteren Abänderungsverfahren vorbehalten werden, da Härtegründe für sich allein die Voraussetzungen des § 10a Abs. 1 Nr. 1 bis 3 VAHRG nicht erfüllen (im Anschluss an BGH, FamRZ 1989, 725).

Maßgebender Beurteilungszeitpunkt ist derjenige **der letzten Tatsacheninstanz im Erstverfahren**. Soweit es sich daher um Umstände handelt, deren weitere künftige Entwicklung über diesen Zeitpunkt hinausreicht, muss das Gericht eine Prognose treffen. Dabei kann sich jene künftige Entwicklung auf die Bewertung aber nur auswirken, wenn sie im Zeitpunkt der tatrichterlichen Beurteilung nicht nur möglich erscheint, sondern sicher zu erwarten ist (BGH, FamRZ 1988, 940, 941). Anhand der im Entscheidungszeitpunkt gegebenen Verhältnisse ist gem. § 12 FGG zu ermitteln und zu entscheiden, ob auf dieser Grundlage der Versorgungsausgleich uneingeschränkt durchzuführen oder gem. § 1587c Nr. 1 BGB ganz oder teilweise auszuschließen ist.

Einer solchen Entscheidung kann nicht mit dem Einwand ausgewichen werden, es handele sich um Umstände, deren Entwicklung sich erst in Zukunft erweise. Im Rahmen des Versorgungsausgleichs der ohnehin auf Fiktivberechnungen der künftigen Versorgungen aufbaut, sind häufig Prognosen anzustellen, so etwa bei der Beurteilung, ob ein Versorgungsanrecht dynamisch ist oder nicht, oder bei der Frage, ob ein ausgleichsberechtigter Ehegatte im Gegensatz zum ausgleichsverpflichteten Ehegatten bis zur Altersgrenze noch ausreichende eigene Versorgungsrechte wird erwerben können. Lassen sich nicht genügend Anhaltspunkte feststellen, die die sichere Erwartung rechtfertigen, der uneingeschränkte Versorgungsausgleich werde sich grob unbillig zu Lasten des Ausgleichsverpflichteten auswirken, kann die Entscheidung des Gerichts nur dahin lauten, dass der Versorgungsausgleich ohne Anwendung der Ausnahmeregelung des § 1587c BGB durchzuführen ist.

Über die Anwendung oder Nichtanwendung des § 1587c BGB ist bereits im Erstverfahren zu befinden (BVerfG, Beschl. v. 29. 10. 1992, FamRZ 1993, 405). Das gilt auch für den Fall, dass aufgrund eines derzeitigen Bestandsschutzes der Versorgung des Ausgleichsverpflichteten nach § 57 Abs. 1 Satz 2 BeamtVG die Auswirkungen des Versorgungsausgleichs erst eintreten, wenn die Versorgung des ausgleichspflichtigen Ehegatten mit Eintritt des Rentenfalles des ausgleichsberechtigten Ehegatten gekürzt wird. Härtegründe i. S. d. § 1587c Nr. 1 u. 3 BGB reichen für sich allein nicht aus, den Einstieg in ein Abänderungsverfahren zu ermöglichen und den Versorgungsausgleich herabzusetzen (BVerfG, a. a. O.).

Die Feststellung von Härtegründen und die Beurteilung, ob hinreichende Anhaltspunkte für die sichere Erwartung gegeben sind, der Versorgungsausgleich werde bei Abwägung aller Umstände zu einer groben Unbilligkeit zu Lasten des Ausgleichsverpflichteten führen, ist in erster Linie Sache des Tatrichters. Dessen Beurteilung kann das Gericht der weiteren Beschwerde nur darauf überprüfen, ob der Entscheidung ein Irrtum über den Rechtsbegriff zu entnehmen ist oder ob die wesentlichen Umstände berücksichtigt sind und das Ermessen in einer dem Gesetzeszweck entsprechenden Weise ausgeübt worden ist (BGHZ 74, 38, 84 = FamRZ 1979, 477; BGH, FamRZ 1990, 1342).
BGH, FamRZ 1996, 1540, 1542

Bei der Prüfung, **welche Verfehlungen die Annahme einer groben Unbilligkeit i. S. d. § 1587c Nr. 1 BGB** rechtfertigen, können Vergleichsmaßstab nicht, wie teilweise in der Rechtsprechung und Literatur diskutiert wird, die Vorschriften über den Widerruf der Schenkung, § 530 BGB, den Ausschluss des Unterhaltsanspruchs gem. § 1579 BGB oder den Entzug des Pflichtteils gem. §§ 2333 ff. BGB sein. Nachehelicher Unterhalt wird als Ausdruck des **Grundsatzes wirtschaftlicher Eigenverantwortung** nur dann geschuldet, wenn ein **Unterhaltstatbestand der §§ 1569 ff. BGB erfüllt ist**. Der Beschenkte hat unentgeltlich erworben und ist daher nach dem Wertungsmodell des bürgerlichen Rechts, vgl. z. B. §§ 816 Abs. 1 Satz 2, 822 BGB, nicht im gleichen Umfang wie der entgeltlich Erwerbende schutzbedürftig. Der Erbe hat in aller Regel keinen Beitrag zum Bestand des Erworbenen geleistet, steht also dem unentgeltlichen Erwerber jedenfalls nahe. Rechtsähnlich zum Versorgungsausgleich sind vielmehr die Regeln über den Zugewinnausgleich, da es hier wie dort um den Ausgleich dessen geht, was in der Vergangenheit aufgrund gemeinsamer Lebensplanung und Lebensleistung in der Ehe erworben worden ist. Bei der Prüfung, welcher Vorwurf die Annahme einer groben Unbilligkeit rechtfertigt, ist weiter zu beachten, dass der Ehegatte im Fall der Beendigung des Güterstands durch Tod gem. § 1371 Abs. 2 BGB nicht automatisch seinen Zugewinnausgleichsanspruch verliert, wenn ihm der Pflichtteil entzogen wurde; vielmehr bedarf es dazu einer gesonderten Prüfung im Rahmen des § 1381 BGB (vgl. BGH, FamRZ 1990, 985 f.). Nur ganz krasse und schwerwiegende Verfehlungen rechtfertigen die Anwendung dieser Vorschrift (vgl. Nachweise aus der Rechtsprechung des BGH bei BGH, FamRZ 1983, 32, 34,; OLG Düsseldorf, FamRZ 1981, 262). Demgemäß kann auch der Versorgungsausgleich nur ausgeschlossen oder beschränkt werden, wenn seine Durchführung dem Gerechtigkeitsempfinden in unerträglicher Weise widersprechen würde (BGH, FamRZ 1983, 32; OLG Hamburg, NJW 1982, 1823).

OLG Hamm, FamRZ 1997, 566, 567

– Gütertrennung, geringfügige Anwartschaften, geringe Differenz

Ausschluss des Versorgungsausgleichs zugunsten des Ehemannes, weil beide Eheleute auf ihre während der Ehe erworbenen Anwartschaften wegen der geringen Höhe dringend angewiesen sind, die Anwartschaftsdifferenz relativ gering ist und der Ehemann während der Ehe erhebliches zur Altersversorgung geeignetes Vermögen erworben hat, an dem die Ehefrau wegen vereinbarter Gütertrennung keinen Anteil hat.

KG, FamRZ 1997, 28

– Höhere Steuern auf Beamtenversorgungsbezüge 232, 707 f.

Die Eheleute trennten sich 1982, lebten aber bis 1986 weiterhin in verschiedenen Räumen des ihnen gemeinsam gehörenden Hauses. Der Ehemann trat mit Ablauf des 30. 9. 1987 mit 52 Jahren als Strahlflugzeugführer in den Ruhestand, bezieht Versorgungsbezüge nach dem Soldatenversorgungsgesetz und studiert Rechtswissenschaft. Im Januar 1988 wurde ihm der Scheidungsantrag zugestellt.

Eine länger dauernde Trennung kann auch dann Anlass zu einer Herabsetzung des Versorgungsausgleichs nach § 1587c Nr. 1 BGB aus Gründen **grober Unbilligkeit** sein, wenn die Trennungszeit nach dem Inkrafttreten des 1. EheRG am 1. 7. 1977 liegt. Zwar betrafen die bisher vom BGH entschiedenen Fälle nur sog. Altehen (BGH, FamRZ 1979, 477; 1980, 29; 1982, 475, 477; 1984 467; 1985, 280). Doch lässt sich daraus nicht der Schluss ziehen, dass in Ehen, die am 1. 7. 1977 noch intakt waren oder erst nach dem Inkrafttreten der Eherechtsreform geschlossen worden sind, langjährige Trennung unter keinen Umständen zu einer Herabsetzung des Versorgungsausgleichs veranlassen kann.

Allerdings erscheint die Dauer der Trennung von etwa fünfeinhalb Jahren bis zur Rechtshängigkeit des Scheidungsantrags nicht besonders lang, wenn sie zu der vorangegangenen Zeit des ehelichen Zusammenlebens, das fast 23 Jahre währte, ins Verhältnis gesetzt wird (vgl. zu diesem Gesichtspunkt auch Johannsen/Henrich-Hahne, Eherecht, § 1587c Rn. 24). Gewichtiger ist jedoch, dass die Ehe der Parteien aufgrund ihrer gemeinsamen Planung, jedenfalls seit der Geburt des Sohnes im Jahre 1960, als Hausfrauenehe geführt worden war. Die Trennung, deren Endgültigkeit nicht im Voraus absehbar war, musste die Ehefrau noch nicht veranlassen, sofort wieder erwerbstätig zu werden oder eine Berufsausbildung aufzunehmen (vgl. § 1361 Abs. 2 BGB; BGH, FamRZ 1984, 149). Da sie vielmehr zunächst noch weiter auf den Fortbestand einer ehelichen Versorgungsgemeinschaft vertrauen durfte, erscheint es nicht unbillig, sondern eher geboten, sie an den während der Trennungszeit vom Ehemann erworbenen Anrechten auf Altersversorgung weiter teilhaben zu lassen.

Der Ausgleichsbetrag ist auch nicht im Hinblick darauf herabzusetzen, dass die beamtenrechtlichen Versorgungsbezüge des Ehemannes höher besteuert werden als gleich hohe Altersrenten der gesetzlichen Rentenversicherung. Der Senat hat es stets abgelehnt, den Folgen der ungleichen steuerrechtlichen Behandlung von Ruhegehältern und Sozialversicherungsrenten durch Korrekturen schon bei der Regelung des Versorgungsausgleichs zu begegnen, solange der Versorgungsfall noch nicht bei beiden Eheleuten eingetreten war und konkret eine Verletzung des Halbteilungsgrundsatzes belegt werden konnte. Auch in BGH, FamRZ 1989, 1163 hat er betont, dass eine mögliche steuerliche Ungleichbehandlung in der Zukunft nicht ausreicht, weil die zukünftige Besteuerung nicht sicher vorauszusehen ist, andererseits aber auch erwartet werden kann, dass der Gesetzgeber die vom BVerfG für nötig erachtete Gesetzesänderung (vgl. dazu BVerfG, FamRZ 1980, 326; BVerfGE 54, 11 ff.) in absehbarer Zeit verwirklichen wird.

Ein Vergleich der bei ungekürztem Ausgleich zu erwartenden Versorgungslage beider Parteien ist gegenwärtig nicht nur deshalb nicht möglich, weil auf Seiten der Ehefrau nicht abzusehen ist, in welchem Umfang sie in Zukunft noch erwerbstätig bleiben wird und weitere Anwartschaften in der gesetzlichen Rentenversicherung erwerben kann. Auch auf Seiten des Ehemanns lässt sich gegenwärtig noch kein abschließendes Bild über seine Versorgungslage für die Zeit gewinnen, in der sich der Versorgungsausgleich auszuwirken beginnt. Seine unter Ausnutzung der vorgezogenen Altersgrenze für Soldaten vollzogene frühzeitige Pensionierung bedeutet nicht, dass er am Erwerbsleben nicht mehr teilnehmen kann. Da bei der Billigkeitsentscheidung nach § 1587c Nr. 1 BGB stets die „beiderseitigen Verhältnisse" zu berücksichtigen sind, müssten auch die auf seiner Seite infolge fortgesetzter Erwerbstätigkeit eintretenden künftigen wirtschaftlichen Verhältnisse einschließlich der künftigen steuerlichen Bestimmungen einbezogen werden. Für eine derartige Prognose fehlt gegenwärtig eine ausreichende Grundlage.

BGH, FamRZ 1993, 302, 303, 304

– Künftig höherer Versorgung des Ausgleichsberechtigten als des Ausgleichspflichtigen und längerer Trennung

Die ungekürzte Durchführung des Versorgungsausgleichs ist nicht schon dann grob unbillig, wenn beide Ehegatten **bei Ehezeitende als Beamte voll erwerbstätig sind** und es möglich erscheint, dass die ausgleichsberechtigte Ehefrau, die während der Ehe wegen Kinderbetreuung zeitweise nicht bzw. nur halbtags berufstätig war, infolge des Versorgungsausgleichs letztlich insgesamt **höhere Versorgungsanwartschaften erlangen wird** als der ausgleichspflichtige Ehemann.

. . .

Künftige Umstände können nur in besonderen Ausnahmefällen, in denen die Entscheidung zu einem deutlichen wirtschaftlichen Ungleichgewicht bereits klar absehbar ist, durch Anwendung des § 1587c Nr. 1 BGB berücksichtigt werden (BGH, FamRZ 1986, 563). Vorliegend ist eine Differenz der Ruhegehälter der Parteien, zumal in einer Differenz von monatlich 396,96 DM zu Lasten des Ehemannes aber keineswegs deutlich absehbar.

. . . für ein erhebliches wirtschaftliches Ungleichgewicht zu Lasten des Ausgleichspflichtigen reicht nicht aus, dass der Ausgleichsberechtigte wirtschaftlich besser dasteht. Eine Kürzung des Ausgleichs . . . kommt vielmehr erst in Betracht, wenn der Berechtigte bereits eine ausreichende Versorgung hat oder etwa über nicht ausgleichspflichtiges Grund- und Kapitalvermögen verfügt, während der Verpflichtete auf die von ihm erworbenen Versorgungsanrechte dringend angewiesen ist (BGH, FamRZ 1995, 414).

Das ist hier nicht der Fall. . . .

Soweit der Ehemann darauf hinweist, die Ehefrau werde künftig wie er die Besoldungsgruppe A 13 erreichen und damit ein noch höheres Altersruhegehalt wie von der Beteiligten fiktiv berechnet erhalten, ist dieser Einwand unerheblich, weil eine solche Höhergruppierung zum einen ungewiss ist und sich aus ihr zum anderen ebenfalls keine Berechtigung zur Einschränkung des Versorgungsausgleichs ergibt. Es gilt auch hier, dass die tatsächliche Höhe des von der Ehefrau später erhaltenen Ruhegehalts nicht abzusehen ist. Gleiches gilt für etwa der Ehefrau gegenüber der BfA zustehende Ansprüche für Kindererziehungszeiten für drei Kinder. Die vorliegend fast achtjährige Trennungszeit der Parteien rechtfertigt einen teilweise Ausschluss ebenfalls nicht. Die Ehefrau hat während dieser Zeit stets volltags gearbeitet, so dass der für den Ehemann bei den fiktiven Ruhegehältern ungünstige Wertunterschied auf dieser Zeit nicht beruht.

Schließlich ist zu bemerken, dass die uneingeschränkte Durchführung des Versorgungsausgleichs auch aus folgendem Gesichtspunkt nicht als grob unbillig angesehen werden kann: Die Ehefrau hat während der Ehe drei Kinder versorgt und hat trotzdem mit Ausnahme von sechs Jahren gearbeitet, vier Jahre halbtags und sonst vollzeitig. Diese Arbeit war für die Zeit der Erziehung der drei Kinder überobligationsmäßig. Ohne die überobligationsmäßige Arbeit wäre die Differenz der ehezeitlich erworbenen Anwartschaften der Parteien größer mit der Folge eines zu Lasten des Ehemannes höheren Ausgleichs.
KG FamRZ 1998, 1373, 1374 f.

– Langes Getrenntleben 693, 705

Die Eheleute lebten vor Zustellung des Scheidungsantrages zehneinhalb Jahre getrennt. Die Ehefrau wurde während der Trennungszeit als Beamtin vorzeitig pensioniert. Rechnerisch ausgleichsberechtigt wäre der geschiedene Ehemann. Auch im Verhältnis zur langen Ehezeit von 31 Jahren (berechnet nach § 1587 Abs. 2 BGB) muss die Trennungszeit als sehr lang gewertet werden. Die Parteien haben sich – abgesehen von einem kurzen Versöhnungsversuch – wirtschaftlich sogleich nach der Trennung, da sie einander auch keinen Unterhalt mehr gewährt haben, sofort verselbständigt. Ihr gemeinsamer Sohn war zu Beginn der Trennung schon längst volljährig. Der Ehemann hat weder während der ehelichen Lebensgemeinschaft noch während der Trennungszeit ehebedingte Nachteile im Erwerb eigener Versorgungsanwartschaften erlitten. Er könnte auch nicht geltend machen, dass er nach der Trennung zunächst weiter auf den Fortbestand einer ehelichen Versorgungsgemeinschaft habe vertrauen dürfen (vgl. zu diesem Gesichtspunkt BGH, FamRZ 1993, 302, 303). Dann aber fehlt es bei Abwägung aller Umstände überhaupt an einer inneren Rechtfertigung dafür, dass der Ehemann über den Versorgungsausgleich an den während der Trennungszeit von der Ehefrau erworbenen Versorgungsrechten teilhaben soll. Vielmehr ist der Versorgungsausgleich zur Vermeidung eines grob unbilligen Ergebnisses so weit zu berichtigen, als ob das Ende der Ehezeit mit dem Beginn der Trennungszeit zusammenfiele, damit die Versorgungsansprüche der Ehefrau auch mit Blick auf den schicksalhaften Verlust ihrer Dienstfähigkeit während der Trennungszeit soweit wie rechtlich möglich geschont und ihr erhalten bleiben.
OLG Düsseldorf, FamRZ 1993, 1322 ff.

Die **Rechtfertigungsgrundlage** für den Versorgungsausgleich **entfällt, wenn die eheliche Lebensgemeinschaft zerbricht**, also i. d. R. im Zeitpunkt der nicht vorübergehenden Trennung (vgl. BGH, FamRZ 1979, 477, 479 f.). Es ist daher in der Rechtsprechung anerkannt, dass eine längere Trennungszeit nach Maßgabe der konkreten Umstände des Einzelfalles eine Herabsetzung oder einen Wegfall des bei schematischer Handhabung geschuldeten Versorgungsausgleichs nach § 1587c Nr. 1 BGB zur Folge haben kann. Nach Inkrafttreten des 1. EheRG hat die Rechtsprechung darüber hinaus den Grundsatz herausgearbeitet, dass in diesem Zusammenhang im Hinblick auf den Vertrauensschutz des Ausgleichspflichtigen bei sog. Altehen geringere Anforderungen an das Vorliegen einer groben Unbilligkeit i. S. d. § 1587c Nr. 1 BGB zu stellen sind (vgl. OLG Düsseldorf, FamRZ 1980, 64; BGH, a. a. O.; 1993, 302), da in diesen Fällen der Ausgleichsverpflichtete weder bei der Eheschließung noch zum Zeitpunkt der Trennung mit einer Kürzung seiner Rente zugunsten des anderen Ehegatten rechnen musste.

Aufgrund der vergleichbaren Situation sind diese Grundsätze auch bei Eheleuten anzuwenden, die die Ehe **vor Inkrafttreten des Einigungsvertrages im Gebiet der früheren DDR geschlossen haben**, und die insbesondere bereits vor dem Beitritt **längere Zeit getrennt gelebt haben**. Ähnlich wie die sog. Altehen durch das 1. EheRG wurden auch die zum Zeitpunkt des Beitritts auf dem Gebiet der DDR bestehenden Ehen durch den Einigungsvertrag (Art. 234 § 6 EGBGB) erstmals dem Recht des Versorgungsausgleich unterstellt, Vertrauenstatbestände vorher nicht geschaffen.

Unter Berücksichtigung der im Verhältnis zur gesamten Ehezeit auch nur kurzfristigen zeitlichen Dauer der ehelichen Lebensgemeinschaft (von hier max. zweieinhalb bis drei Jahren) sowie der völligen wirtschaftlichen Selbständigkeit der Ehefrau seit spätestens 1983 fehlt es an einer Rechtfertigungsgrundlage, sie an den Rentenanwartschaften des Ehemannes (von hier auch nur

61,32 DM) teilhaben zu lassen; das gilt auch für die kurze Zeit des Zusammenlebens der Parteien, die zudem anteilig kaum ins Gewicht fiele.
OLG Thüringen, FamRZ 1997, 751, 752

Bei einer Ehezeit von mehr als 31 Jahren kann ein Trennungszeitraum von fünf Jahren den Ausschluss des Versorgungsausgleichs auch unter dem allgemeinen Gesichtspunkt der Unbilligkeit nicht rechtfertigen.
OLG Bamberg, FamRZ 1999, 933
→ Höhere Steuern auf Beamtenversorgungsbezüge
BGH, FamRZ 1993, 302, 303, 304

– Nichtigkeit eines Ehevertrages gem. § 1408 Abs. 2 BGB wegen Sittenwidrigkeit   635

Mit der Geburt der (ersten) Tochter der Parteien am 18. 3. 1984 ist die Geschäftsgrundlage des notariellen Ehevertrages (mit dem Ausschluss eines Versorgungsausgleichs) v. 21. 7. 1982 fortgefallen. Von diesem Tag an hat der notarielle Ehevertrag seine Wirkung verloren, da eine Anpassung dieses Vertrages nicht in Betracht kommt. Gem. § 139 (und § 1414 Satz 2) BGB erstreckt sich die Unwirksamkeit auf den gesamten Vertrag.

Die Parteien haben in ihrem Vertrag ihr Motiv für die getroffene Regelung ausdrücklich formuliert: „Wir haben beide einen erlernten Beruf und werden uns in unserer Ehe unsere Alterssicherung getrennt aufbauen." Damit haben die Parteien eindeutig die Geschäftsgrundlage ihres Ehevertrages dokumentiert. Hierin unterscheiden sie sich von der Vielzahl anderer Ehepaare, die ehevertraglich den Versorgungsausgleich ausgeschlossen haben.

Keine Bedeutung dabei hat, dass die Ehefrau zum Zeitpunkt des Abschlusses des Vertrages nicht mehr berufstätig war, weil sie unstreitig bis wenige Tage zuvor stets berufstätig gewesen war und sie ihren Arbeitsplatz lediglich zum Zwecke der Eheschließung und des Wegzugs zum zukünftigen Ehepartner aufgegeben hatte. Gerade durch die Aufnahme des Motivs in die notarielle Urkunde haben beide Parteien zum Ausdruck gebracht, dass sie davon ausgehen, (auch) in Zukunft (wieder) ihren erlernten Beruf auszuüben.

Dass die Ehefrau spätestens mit der Geburt ihrer ersten Tochter nicht mehr in der Lage gewesen ist, ihre Alterssicherung selbst zu betreiben, da sie sich um das Kleinkind kümmern musste, ist zu akzeptieren, ganz abgesehen davon, dass die Ehefrau unter Beweisantritt vorgetragen hat, insoweit auf ausdrücklichen Wunsch des Ehemannes gehandelt zu haben.

Soweit der Ehemann vorträgt, die Ehefrau sei verpflichtet gewesen, dann eben auf andere Weise als durch Berufstätigkeit für ihre eigene Alterssicherung zu sorgen, z. B. durch Abschluss einer Lebensversicherung, handelt der Ehemann treuwidrig. Er hat den Sachvortrag der Ehefrau nicht bestritten, selbst über keinerlei Mittel verfügt zu haben und zu verfügen. Nach Auffassung des erkennenden Senats wäre er – auch im Hinblick auf das gemeinsame, im notariellen Vertrag von 21. 7. 1982 formulierte Motiv – seinerseits verpflichtet gewesen, der Ehefrau die Mittel für ihre eigenverantwortliche Alterssicherung zur Verfügung zu stellen. Da er dies nicht getan hat, handelt er treuwidrig, wenn er sich nunmehr auf eine derartige Alternative der eigenverantwortlichen Alterssicherung durch die Ehefrau beruft.

Richtig an der Argumentation des Ehemannes ist allerdings, dass die Parteien nicht als Geschäftsgrundlage des notariellen Ehevertrages die Kinderlosigkeit ihrer Ehe aufgenommen haben. Der Senat hält es daher auch nicht für gerechtfertigt, den Fortfall der Geschäftsgrundlage rückwirkend zu dem Tag des Vertragsabschlusses festzustellen, vielmehr ist festzuhalten, dass die Ehefrau bei Abschluss des Vertrages ausdrücklich und bewusst das Risiko auf sich genommen hat, einige Zeit – bis sie einen neuen Arbeitsplatz gefunden haben werde – als Ausfallzeit für ihre eigene Alterssicherung in alleiniger Verantwortung zu übernehmen. Von dem Tage der Geburt des Kindes (spätestens) an ist jedoch die gemeinsame Geschäftsgrundlage endgültig entfallen, nachdem die Ehefrau die einzige Quelle, ihre Alterssicherung selbständig aufzubauen, endgültig verloren hatte und ihr der Ehemann die finanziellen Mittel für eine Alternative nicht zur Verfügung stellte.
OLG München, FamRZ 1995, 95, 96

Wie das BVerfG in seinem Urteil vom 6.2.2001 – 1 BvR 12/92 – ausgeführt hat (FamRZ 2001, 343 ff. m. Anm. von Schwab S. 349), gilt auch für Eheverträge, dass bei einer **besonderen einseitigen Aufbürdung von vertraglichen Lasten** und einer **erheblich ungleichen Verhandlungsposition** der Vertragspartner es zur Wahrung der Grundrechtspositionen beider Vertragspartner aus Art. 2 Abs. 1 GG Aufgabe der Gerichte ist, durch vertragliche Inhaltskontrolle und ggf. durch Korrektur mit Hilfe der zivilrechtlichen Generalklauseln zu verhindern, dass sich für einen Vertragsteil die Selbstbestimmung in eine Fremdbestimmung verkehrt. Eheverträgen sind dort Grenzen zu setzen, wo jene nicht Ausdruck und Ergebnis gleichberechtigter Lebenspartnerschaft sind, sondern eine auf ungleichen Verhandlungspositionen basierende einseitige Dominanz eines Ehepartners widerspiegeln. Die Eheschließungsfreiheit rechtfertigt keine einseitige ehevertragliche Lastenverteilung. Ist ein Ehevertrag vor der Ehe und im Zusammenhang mit einer Schwangerschaft geschlossen worden, gebietet es Art. 6 Abs. 4 GG, die Schwangere davor zu schützen, dass sie durch ihre Situation zu Vereinbarungen gedrängt wird, die ihren Interessen massiv zuwiderlaufen.

Schwangerschaft bei Abschluss des Ehevertrages ist allerdings nur **ein Indiz für eine mögliche vertragliche Disparität**, das Anlass für eine stärkere richterliche Inhaltskontrolle des Ehevertrages gibt. Die Vermögenslage der Schwangeren sowie ihre berufliche Qualifikation und Perspektive sind weitere maßgeblichen Faktoren, die ihre Situation bestimmen und bei der gerichtlichen Prüfung, ob sich die Schwangere bei Abschluss des Vertrages in einer unterlegenen Situation befunden hat, zu berücksichtigen sind.

Bringt jedoch der Inhalt des Ehevertrages ebenfalls eine Unterlegenheitsposition der nicht verheirateten Schwangeren durch ihre einseitige vertragliche Belastung und eine unangemessene Berücksichtigung ihrer Interessen zum Ausdruck, wird ihre Schutzbedürftigkeit offenkundig. Für die Beurteilung, ob die vertraglichen Vereinbarungen die Frau deutlich mehr belasten als den Mann, ist auch die familiäre Konstellation maßgeblich, die die Vertragspartner anstreben und ihrem Vertrag zugrunde legen. Ein Verzicht auf gesetzliche Ansprüche bedeutet insbesondere für den Ehegatten eine Benachteiligung, der sich unter Aufgabe einer Berufstätigkeit der Betreuung des Kindes und der Arbeit im Hause widmen soll. Je mehr im Ehevertrag gesetzliche Rechte abbedungen werden, desto mehr kann sich der Effekt einseitiger Benachteiligung verstärken.

Dies hat das OLG in der angegriffenen Entscheidung verkannt. Es hat zwar hinsichtlich des im Ehevertrag enthaltenen Unterhaltsverzichts eine auf § 242 BGB gestützte Korrektur vorgenommen und der Beschwerdeführerin einen Anspruch gegen ihren Ehemann auf den notwendigen Unterhalt zuerkannt. Dabei hat sich das Gericht allerdings allein am Kindeswohl orientiert und damit daran, was notwendig ist, um die Pflege und Erziehung des Kindes durch die Mutter sicherzustellen. Die besondere Situation, in der sich die Beschwerdeführerin als Schwangere mit schon einem, noch dazu schwerbehinderten und besonders betreuungsbedürftigen Kind bei Vertragsabschluß befunden hat und die allein schon deutliches Indiz für ihre Unterlegenheit als Vertragspartnerin gewesen ist, hat das Gericht dagegen nicht zum Anlass genommen, der Frage nachzugehen, ob der Vertrag die Beschwerdeführerin in unangemessener Weise belastet. So hat es auch nicht in seine Prüfung mit einbezogen, dass die Beschwerdeführerin auf alle gesetzlichen Ansprüche aus der Ehe verzichtet hat, und dies in ihrer familiären und wirtschaftlich beengten Situation, obwohl eine einseitige vertragliche Benachteiligung der Beschwerdeführerin und damit ihre Schutzbedürftigkeit deutlich erkennbar war. Das Gericht hat diese Vertragskonstellation unter Hinweis auf die Freiheit der Lebensplanung des Ehemannes nicht zum Anlass genommen, den gesamten Vertragsinhalt einer Kontrolle zu unterziehen, und damit verkannt, dass diese Freiheit nicht die Freiheit zu einer Unangemessenen einseitigen vertragliche Interessendurchsetzung eröffnet. Das Gericht ist somit seiner aus Art. 2 Abs. 1 i.V. mit Art. 6 Abs. 4 GG folgenden Schutzpflicht gegenüber der Beschwerdeführerin nicht Gericht geworden.
BVerfG, FamRZ 2001, 985

– **Querschnittslähmung des Verpflichteten, lange Ehe, Nachzahlungen des Berechtigten nach Ehezeitende**

Die Durchführung des Versorgungsausgleichs – nach fast 31-jähriger Ehe – ist auch gegenüber einem Querschnittsgelähmten nicht grob unbillig, wenn der Berechtigte selbst nur unzureichende Versorgungsanwartschaften hat. Bei einer 52-jährigen Altenpflegerin kann nicht zuverlässig erwartet werden, dass sie durch Erwerbstätigkeit auch ohne den Versorgungsausgleich noch eine angemessene Altersversorgung aufbauen kann.

Soweit die Ausgleichsberechtigte nach der Rechtshängigkeit des Scheidungsantrages Nachzahlungen in die Rentenversicherung vornimmt, können diese nicht in den Versorgungsausgleich fallenden Anwartschaften auch nicht über § 1587c BGB berücksichtigt werden, wenn es sich um Zahlungen handelt, die aufgrund freiwilliger Zuwendungen Dritter oder aus Vermögen erfolgen, hinsichtlich dessen ein vermögensrechtlicher Ausgleich zwischen den Parteien stattgefunden hat oder stattfinden könnte.
OLG Köln, FamRZ 1998, 493, 484

– **Ruhensberechnung im Rahmen der Beamtenversorgung**
→ *Beamtenversorgung: Ruhensberechnung*
BGH, FamRZ 1983, 358 ff.

– **(Überwiegende) Selbständigkeit und berufliches Scheitern eines Ehegatten bei langer Ehe**

Die 47-jährige Ehefrau wird voraussichtlich noch – ab Ehezeitende – mehr als 20 Jahre (als beamtete Lehrerin) berufstätig sein und Versorgungsanwartschaften erwerben. Für den Ehemann zeichnet sich aus heutiger Sicht keine Tätigkeit ab, mit der er erhebliche Versorgungsanwartschaften erwerben wird. Vermögen steht ihm erkennbar nicht zur Verfügung. Nach Durchführung des Versorgungsausgleichs wird der Ehefrau künftig wahrscheinlich noch mehr verbleiben als dem Ehemann, und zwar zur Deckung des Lebensbedarfs wie auch zur Sicherung des Altersbedarfs. Auch der Sinn und Zweck des Versorgungsausgleichs steht einem Wertausgleich im vorliegenden Fall nicht entgegen. Durch den Bestand der mehr als 23-jährigen Ehe ist eine fortwirkende Versorgungsgemeinschaft begründet worden mit der Folge, dass die in der Ehe erworbenen Versorgungsanrechte gem. dem ursprünglich gemeinsamen Zweck der beiderseitigen Alterssicherung aufgeteilt werden müssen. Danach ist nicht davon abzugehen, wenn sich das Versorgungsschicksal der beiden Ehegatten durch das Scheitern der Ehe trennt (BGH, FamRZ 1989, 1062).

Die Belastung der Ehefrau mit einem Teil der Verbindlichkeiten, die beide Parteien für gemeinsame Zwecke oder eigene Zwecke des Ehemannes eingegangen sind und die sie nun abträgt, **rechtfertigt keinen Ausschluss des Versorgungsausgleichs**. Es liegt im Wesen der Lebensgemeinschaft, die u. a. eine Versorgungsgemeinschaft ist, dass beide Ehegatten, im Falle der mangelnden Leistungsfähigkeit des Familieneigenheims – abtragen ... die Schuldtilgung belastet die Ehefrau sicherlich und wird sie noch über Jahre belasten. Ein interner Ausgleich durch den Ehemann oder eine Übernahme dieser Belastungen durch ihn zeichnet sich derzeit nicht ab. Diese „beiderseitigen Verhältnisse" (§ 1587c Nr. 1 BGB) sind jedoch nicht so zwingend, dass die Durchführung des Versorgungsausgleichs dem Ziel einer ausgewogenen Alterssicherung in unerträglicher Weise widerspricht. Es ist hinzunehmen, wenn ein Partner sich in beruflicher und wirtschaftlicher Hinsicht nicht so entwickelt, wie sich das der andere Partner vorstellt. Der Ausschluss des auf dem Gedanken der Versorgungsgemeinschaft beruhenden Versorgungsausgleichs kann deshalb im Nachhinein nicht darauf gestützt werden, dass der Ehemann beruflich gescheitert ist und die Ehefrau zur Zeit die Last der Schulden allein zu tragen hat. Die eigene Bedürftigkeit der Ausgleichspflichtigen rechtfertigt den Ausschluss oder die Herabsetzung des Versorgungsausgleichs für sich allein nicht ohne Weiteres. Ihr kann zwar Bedeutung zukommen, wenn der Ausgleichsberechtigte bereits eine ausreichende Versorgung hat oder noch erwarten kann, während der Pflichtige auf seine Anrechte dringend angewiesen ist (BGH, FamRZ 1982, 258) oder wenn die Versorgungslage des Berechtigten durch den Versorgungsausgleich nicht verbessert würde (BGH, FamRZ 1989, 46); beides ist vorliegend jedoch nicht gegeben.

Soweit sich eine den Ausschluss oder die Herabsetzung des Versorgungsausgleichs rechtfertigende grobe Unbilligkeit auch daraus ergeben könnte, dass der Ausgleichsberechtigte in schwerwiegender Weise seine Pflichten aus der ehelichen Lebensgemeinschaft verletzt hat, ist **ein strengerer Maßstab anzulegen** als bei der Anwendung des § 242 BGB (BGH, FamRZ 1983, 32, 33; 1993, 176). Das Fehlverhalten des Ausgleichsberechtigten muss den Ehepartner so belastet haben, dass die Durchführung des Versorgungsausgleichs unerträglich erscheint. Die Tatsache, dass der Ehemann die Ehefrau auf ehezeitlichen Verbindlichkeiten „sitzen lässt", ist noch keine grobe persönliche Eheverfehlung, die den Ausschluss oder die Herabsetzung des Versorgungsausgleichs rechtfertigt. Die aussichtslose Vermögenslage des Ehemannes zeichnete sich lange vor der Trennung der Parteien ab. Die Ehefrau hätte ihre Haftung durch Zurückhaltung bei der Eingehung gemeinsamer Verbindlichkeiten begrenzen müssen.
OLG Schleswig, FamRZ 1999, 865, 866

– Bei sexuellem Doppelleben und Hintergehen der besonders hart arbeitenden Ehefrau   709

. . . Diese strengen Voraussetzungen sind im vorliegenden Fall erfüllt. Der Ehemann hat mindestens seit Mai 1992 bis zur Entdeckung durch die Ehefrau am 12. 8. 1993 ein Doppelleben in sexueller Hinsicht geführt, das er vor der Ehefrau verborgen hielt.

Er schrieb auf Partnerschaftsanzeigen in Tageszeitungen, vor allem aber auch auf Kontaktanzeigen in reinen Sexmagazinen und führte unter der Deckadresse . . . mit den dadurch ausfindig gemachten Frauen teilweise recht umfangreichen Schriftverkehr. Den sorgfältig geordneten Unterlagen des Ehemannes ist zu entnehmen, dass er in den Monaten Mai 1992 bis Mai 1993 das allmonatlich erscheinende Anzeigenheft . . ., welches vor allem Interessenten und Interessentinnen für erotische Kontakte unterschiedlicher Form und Intensität anbietet, regelmäßig ausgewertet und Inserentinnen angeschrieben hat. Es kann kein Zweifel daran bestehen, dass die vom Ehemann angeschriebenen Frauen wenigstens teilweise dem Prostitutionsmilieu entstammen.

Soweit der Ehemann behauptet, es sei nie zu sexuellen Kontakten mit diesen Frauen gekommen, kann zumindest in einem hinreichend dokumentierten Fall nachgewiesen werden, dass dies vom Willen des Ehemannes unabhängig war . . .

Soweit sich der Ehemann zur Entschuldigung seines Verhaltens darauf beruft, die Ehefrau habe ihm den ehelichen Beischlaf verwehrt, kann ihn das nicht entlasten; denn dies konnte jedenfalls kein verständlicher Grund für die vom Ehemann gewählte Form sexueller Kontakte sein.

Als die Ehefrau die in einem Pilotenkoffer verwahrten Unterlagen über das Doppelleben des Ehemannes zusammen mit verschiedenen Sexartikeln fand, war sie gerade dabei einen Umzug in eine neue gemeinsame Wohnung durchzuführen. Sie war durch diese Entdeckung völlig verstört und litt von nun an unter Weinkrämpfen. Dabei empfand sie das Verhalten des Ehemannes vor allem deshalb als so gemein und niederträchtig, weil dieser für seine Aktivitäten insbesondere die Zeiten aussuchte, in denen die Ehefrau sich durch Nacht- und Wochenenddienste im Krankenhaus zusätzliche Einkünfte verschaffte, um damit das Zusammenleben mit ihrem Ehemann zu finanzieren. Dieser war gerade in der hier in Betracht kommenden Zeit (Mai 1992 bis August 1993) ohne nennenswerte Einkünfte und ließ sich weitgehend von der Ehefrau ernähren . . . . Es wäre ein schlichtweg unerträgliches Ergebnis, wenn die Ehefrau Rentenanwartschaften in Höhe von monatlich 109,30 DM an den Ehemann abgeben müsste.
OLG Bamberg, FamRZ 1998, 1370, 1371

– Tod des Ausgleichspflichtigen   805 f.

Nachdem der ausgleichspflichtige Ehemann (vor Abschluss des Versorgungsausgleichsverfahrens) gestorben ist, werden durch die Durchführung des Versorgungsausgleichs in vollem Umfang berechtigte Belange des verstorbenen Ehemannes oder seiner gesetzlichen Erben nicht (mehr) berührt. Es widerspricht in diesem Fall auch nicht dem Wesen des Versorgungsausgleichs, diesen nunmehr in vollem Umfang durchzuführen. Dabei braucht hier nicht auf den belasteten Versorgungsträger abgestellt werden, da im Rahmen des § 1587c BGB dessen Belange nicht zu berücksichtigen sind, sondern die Ausschließungsgründe lediglich in den Personen der am Versorgungsausgleich beteiligten Ehegatten und deren Kinder zu prüfen sind.

Im Übrigen wäre auch eine ungekürzte Durchführung des Versorgungsausgleichs nach § 1587c BGB nicht grob unbillig, da die Ehefrau auch heute noch ehebedingte Steuerschulden allein zu tragen hat, obwohl diese Schulden nicht durch die auf ihren Namen geführte Gaststätte entstanden sind, sondern auch auf ihren in der Gaststätte tätigen geschiedenen Ehemann zurückzuführen sind. Dabei spielt die lange Trennung keine erhebliche Rolle, auch nicht die Tatsache, dass die Ehefrau aus gesundheitlichen und sonstigen nachvollziehbaren Gründen nicht durch eine Arbeitstätigkeit für ihre Altersvorsorge in dem Umfang Anwartschaften erwarb, dass ein Versorgungsausgleich ggf. nicht in Frage gekommen wäre.

OLG Frankfurt, FamRZ 1995, 299

– Längere Trennung nach dem 1. 7. 1977 und höhere Steuern auf Beamtenversorgungsbezüge 707

Die Eheleute trennten sich 1982, lebten aber bis 1986 weiterhin in verschiedenen Räumen des ihnen gemeinsam gehörenden Hauses. Der Ehemann trat mit Ablauf des 30. 9. 1987 mit 52 Jahren als Strahlflugzeugführer in den Ruhestand, bezieht Versorgungsbezüge nach dem Soldatenversorgungsgesetz und studiert Rechtswissenschaft. Im Januar 1988 wurde ihm der Scheidungsantrag zugestellt.

Eine länger dauernde Trennung kann auch dann Anlass zu einer Herabsetzung des Versorgungsausgleichs nach § 1587c Nr. 1 BGB aus Gründen grober Unbilligkeit sein, wenn die Trennungszeit nach dem Inkrafttreten des 1. EheRG am 1. 7. 1977 liegt. Zwar betrafen die bisher vom BGH entschiedenen Fälle nur sog. Altehen (BGH, FamRZ 1979, 477; 1980, 29; 1982, 475, 477; 1984 467; 1985, 280). Doch lässt sich daraus nicht der Schluss ziehen, dass in Ehen, die am 1. 7. 1977 noch intakt waren oder erst nach dem Inkrafttreten der Eherechtsreform geschlossen worden sind, langjährige Trennung unter keinen Umständen zu einer Herabsetzung des Versorgungsausgleichs veranlassen kann.

Allerdings erscheint die Dauer der Trennung von etwa fünfeinhalb Jahren bis zur Rechtshängigkeit des Scheidungsantrags nicht besonders lang, wenn sie zu der vorangegangenen Zeit des ehelichen Zusammenlebens, das fast 23 Jahre währte, ins Verhältnis gesetzt wird (vgl. zu diesem Gesichtspunkt auch Johannsen/Henrich-Hahne, Eherecht, § 1587c Rn. 24). Gewichtiger ist jedoch, dass die Ehe der Parteien aufgrund ihrer gemeinsamen Planung, jedenfalls seit der Geburt des Sohnes im Jahre 1960, als Hausfrauenehe geführt worden war. Die Trennung, deren Endgültigkeit nicht im Voraus absehbar war, musste die Ehefrau noch nicht veranlassen, sofort wieder erwerbstätig zu werden oder eine Berufsausbildung aufzunehmen (vgl. § 1361 Abs. 2 BGB; BGH, FamRZ 1984, 149). Da sie vielmehr zunächst noch weiter auf den Fortbestand einer ehelichen Versorgungsgemeinschaft vertrauen durfte, erscheint es nicht unbillig, sondern eher geboten, sie an den während der Trennungszeit vom Ehemann erworbenen Anrechten auf Altersversorgung weiter teilhaben zu lassen.

Der Ausgleichsbetrag ist auch nicht im Hinblick darauf herabzusetzen, dass die beamtenrechtlichen Versorgungsbezüge des Ehemannes höher besteuert werden als gleich hohe Altersrenten der gesetzlichen Rentenversicherung. Der Senat hat es stets abgelehnt, den Folgen der ungleichen steuerrechtlichen Behandlung von Ruhegehältern und Sozialversicherungsrenten durch Korrekturen schon bei der Regelung des Versorgungsausgleichs zu begegnen, solange der Versorgungsfall noch nicht bei beiden Eheleuten eingetreten war und konkret eine Verletzung des Halbteilungsgrundsatzes belegt werden konnte. Auch in BGH, FamRZ 1989, 1163 hat er betont, dass eine mögliche steuerliche Ungleichbehandlung in der Zukunft nicht ausreicht, weil die zukünftige Besteuerung nicht sicher vorauszusehen ist, andererseits aber auch erwartet werden kann, dass der Gesetzgeber die vom BVerfG für nötig erachtete Gesetzesänderung (vgl. dazu BVerfG, FamRZ 1980, 326; BVerfGE 54, 11 ff.) in absehbarer Zeit verwirklichen wird.

Ein Vergleich der bei ungekürztem Ausgleich zu erwartenden Versorgungslage beider Parteien ist gegenwärtig nicht nur deshalb nicht möglich, weil auf Seiten der Ehefrau nicht abzusehen ist, in welchem Umfang sie in Zukunft noch erwerbstätig bleiben wird und weitere Anwartschaften in der gesetzlichen Rentenversicherung erwerben kann. Auch auf Seiten des Ehemanns lässt sich gegenwärtig noch kein abschließendes Bild über seine Versorgungslage für die Zeit gewinnen, in der sich der Versorgungsausgleich auszuwirken beginnt. Seine unter Ausnutzung der vorgezogenen Altersgrenze für Soldaten vollzogene frühzeitige Pensionierung bedeutet nicht, dass er am Erwerbsleben nicht mehr teilnehmen kann. Da bei der Billigkeitsentscheidung nach § 1587c Nr. 1 BGB stets die „beiderseitigen Verhältnisse" zu berücksichtigen sind, müssten auch die auf seiner Seite infolge fortgesetzter Erwerbstätigkeit eintretenden künftigen wirtschaftlichen Verhältnisse einschließlich der künftigen steuerlichen Bestimmungen einbezogen werden. Für eine derartige Prognose fehlt gegenwärtig eine ausreichende Grundlage.
BGH, FamRZ 1993, 302 ff.

Die Eheleute lebten vor Zustellung des Scheidungsantrages zehneinhalb Jahre getrennt. Die Ehefrau wurde während der Trennungszeit als Beamtin vorzeitig pensioniert. Rechnerisch ausgleichsberechtigt wäre der geschiedene Ehemann. Auch im Verhältnis zur langen Ehezeit von 31 Jahren (berechnet nach § 1587 Abs. 2 BGB) muss die Trennungszeit als sehr lang gewertet werden. Die Parteien haben sich – abgesehen von einem kurzen Versöhnungsversuch – wirtschaftlich sogleich nach der Trennung, da sie einander auch keinen Unterhalt mehr gewährt haben, sofort verselbständigt. Ihr gemeinsamer Sohn war zu Beginn der Trennung schon längst volljährig. Der Ehemann hat weder während der ehelichen Lebensgemeinschaft noch während der Trennungszeit ehebedingte Nachteile im Erwerb eigener Versorgungsanwartschaften erlitten. Er könnte auch nicht geltend machen, dass er nach der Trennung zunächst weiter auf den Fortbestand einer ehelichen Versorgungsgemeinschaft habe vertrauen dürfen (vgl. zu diesem Gesichtspunkt BGH, FamRZ 1993, 302, 303). Dann aber fehlt es bei Abwägung aller Umstände überhaupt an einer inneren Rechtfertigung dafür, dass der Ehemann über den Versorgungsausgleich an den während der Trennungszeit von der Ehefrau erworbenen Versorgungsanrechten teilhaben soll. Vielmehr ist der Versorgungsausgleich zur Vermeidung eines grob unbilligen Ergebnisses so weit zu berichtigen, als ob das Ende der Ehezeit mit dem Beginn der Trennungszeit zusammenfiele, damit die Versorgungsansprüche der Ehefrau auch mit Blick auf den schicksalhaften Verlust ihrer Dienstfähigkeit während der Trennungszeit soweit wie rechtlich möglich geschont und ihr erhalten bleiben.
OLG Düsseldorf, FamRZ 1993, 1322, 1323, 1324

Bei einer Ehezeit von mehr als 31 Jahren kann ein Trennungszeitraum von fünf Jahren den Ausschluss des Versorgungsausgleichs auch unter dem allgemeinen Gesichtspunkt der Unbilligkeit nicht rechtfertigen.
OLG Bamberg, FamRZ 1999, 933

Auszugleichende Versorgungen 159 f.
→ *Ärzteversorgungen*
→ *Berufsständische Versorgungen*
→ *Betriebliche Altersversorgung: Auszugleichende Anrechte (Handelsvertreter)*
  BGH, FamRZ 1997, 285, 286
→ *Hinterbliebenenversorgung*
→ *Kapitallebensversicherungen*

– Unterschieben eines nichtehelichen Kindes in der Ehe 696, 709
Der Ehemann hat die Ehelichkeit des während der Ehe geborenen Kindes nach der Trennung der Eheleute aufgrund eines Hinweises Dritter angefochten. Die Ehefrau trifft ein erhebliches eheliches Fehlverhalten, das geeignet ist, den gesetzlichen Versorgungsausgleich teilweise herabzusetzen, weil sie dem Ehemann während der Ehezeit starke Zweifel an der Vaterschaft verschwiegen hat. Dabei kann offen bleiben, ob sie positive Kenntnis von der Nichtehelichkeit des Kindes hatte. Jedenfalls steht fest, dass sie der bedingte Vorsatz trifft, weil sie es für durchaus naheliegend hielt,

dass ihr damaliger Freund und nicht der Ehemann Vater des Kindes sein dürfte. Dieses Inkaufnehmen langt, um mit der Rechtsprechung des BGH (FamRZ 1987, 362 ff.; 1985, 267, 269; 1983, 82 ff.) im Regelfall die Anwendung der Härteklausel dem Grunde nach zu bejahen. Hier liegt ein besonders gravierendes Fehlverhalten der Ehefrau vor, die ganz erhebliche Zweifel an der Ehelichkeit des Kindes hatte, den Ehemann gleichwohl darüber nicht aufklärte und somit veranlasste, über elf Jahre lang im Wesentlichen zum Unterhalt des nichtehelichen Kindes beizutragen. Im Gegensatz zu dem Fall, den der BGH (FamRZ 1987, 363) zu beurteilen hatte, ist hier davon auszugehen, dass die Ehefrau bei dem Vortäuschen der Ehelichkeit des Kindes nicht etwa nur ein geringes Verschulden trifft. Vielmehr ist davon auszugehen, dass sie während der gesetzlichen Empfängniszeit häufig Geschlechtsverkehr mit ihrem damaligen Freund hatte und, zumal sich die Ehe seinerzeit in einer Krise befand, demgegenüber nur selten mit dem Ehemann. Auch ging sie schon während der Schwangerschaft davon aus, dass der Vater des Kindes sicherlich ihr Freund sein müsse. Darüber hinaus kommt hinzu, dass die Ehefrau im Laufe der Jahre eine immer deutlicher werdende Ähnlichkeit zwischen dem Kind und ihrem damaligen Freund bemerkte. Aufgrund dieser Sachlage besteht kein Zweifel, dass sie beinahe direkt vorsätzlich eine Aufklärung der Vaterschaft des Kindes unterließ. Dass nunmehr der Ehemann weitgehend für den Unterhalt des Kindes aufzukommen hatte, nahm sie billigend in Kauf.

Dieses Fehlverhalten führt in Abwägung sämtlicher Umstände zu einer Kürzung des Versorgungsausgleichs um ein Viertel. Dagegen hält der Senat in Anbetracht der konkreten Fallumstände eine hälftige Herabsetzung nicht für geboten. Entlastend wirkt sich für die Ehefrau aus, dass sie bis zur Trennung – also etwa 21 Jahre lang – nicht nur den Haushalt geführt und die beiden ehelichen Kinder versorgt hat, sondern darüber hinaus auch teilweise eigene Rentenanwartschaften durch Ausübung versicherungspflichtiger Tätigkeiten erworben hat. Auch mindert sich der rechnerische Versorgungsausgleich von vornherein um die der Ehefrau angerechneten Kindererziehungszeiten für das nichteheliche Kind, so dass sich der Ausgleich schon deshalb um einen Monatsbetrag von 15 DM verkürzt. Da sich das oben aufgezeigte Fehlverhalten auf die erste Ehehälfte bis zur Geburt des nichtehelichen Kindes nicht auswirkt, hat der Ehefrau die Hälfte des rechnerischen Ausgleichs von vornherein ungekürzt zu verbleiben. Mit der Herabsetzung um ein Viertel des Ausgleichsbetrags meint der Senat, allen Fallumständen, die für und gegen eine Reduzierung des Versorgungsausgleichs aus Billigkeitsgründen sprechen, gerecht geworden zu sein, ohne dass dabei eine mathematische Genauigkeit erreicht werden sollte. Bei dieser Abwägung hat keine Rolle gespielt, dass die Parteien anlässlich des Notarvertrags v. 17. 1. 1990 (kurz vor Zustellung des Scheidungsantrags) vereinbart haben, den gesetzlichen Versorgungsausgleich „ausdrücklich" durchzuführen. Denn es steht fest, dass vor dem Notar die damals an sich bereits bekannte Nichtehelichkeit des einen Kindes nicht zur Sprache gekommen ist. Vielmehr hat der Ehemann erst nach Abschluss des Notarvertrags gegenüber der Ehefrau angeregt, sich über eine Kürzung des Versorgungsausgleichs im Hinblick auf das untergeschobene Kind zu verständigen.

OLG Hamm, FamRZ 1992, 72

Nach der st. Rspr. des BGH (FamRZ 1983, 32 ff.) kann eheliches Fehlverhalten zur Anwendung von § 1587c Nr. 1 BGB führen, selbst wenn es ohne wirtschaftliche Relevanz ist. Es ist jedoch nur dann geeignet, die Herabsetzung des Ausgleichs zu begründen, wenn es wegen seiner Auswirkungen auf den Ehepartner ganz besonders in Gewicht fällt. Es muss für den anderen Ehegatten so belastend gewesen sein, dass die ungekürzte Durchführung des Versorgungsausgleichs unerträglich erscheint. Liegt zugleich eine wirtschaftliche Beeinträchtigung des Ehepartners vor, dann können sowohl die im persönlichen als auch im wirtschaftlichen Bereich eingetretenen Belastungen des ausgleichspflichtigen Ehegatten berücksichtigt werden (BGH, FamRZ 1987, 362, 363).

Die Ehefrau hat das auf bewusste Täuschung des zweifelnden Ehemannes gerichtete Verhalten beibehalten und sich schließlich in dem ein Kind betreffenden Ehelichkeitsanfechtungsverfahren einer

Falschaussage schuldig gemacht, wofür sie rechtskräftig verurteilt wurde. Es reicht aus, dass sie zumindest damit rechnete, dass ein anderer Mann der Vater ist (BGH, a. a. O.; FamRZ 1985, 267 ff.).

Auch wenn sich bezüglich des anderen Kindes bedingter Vorsatz nicht zweifelsfrei feststellen lässt, ändert dies nichts daran, ihr Verhalten als schwere Eheverfehlung zu bewerten. Im Gegensatz zu dem vom BGH entschiedenen Fall (FamRZ 1987, 362), in dem eine Kürzung des Versorgungsausgleichs wegen grober Unbilligkeit abgelehnt wurde, hatte die Ehefrau nicht nur einmal, sondern neben dem Ehemann regelmäßig mit dem Vater der Tochter Geschlechtsverkehr. Damit konnte sie jedenfalls nicht glaubhaft davon ausgehen, dass mit ganz überwiegender Wahrscheinlichkeit der Ehemann der Vater der Tochter sei.

Insgesamt fällt das Fehlverhalten der Ehefrau wegen seiner Auswirkungen auf den Ehemann ganz besonders ins Gewicht und war für ihn so belastend.

Daran ändert nichts, dass ihm im Fall der Tochter durch Urteil ein Schadenersatzanspruch gem. § 826 BGB i. H. v. 45 630 DM zugesprochen worden ist, weil er 18 Jahre lang als Scheinvater auf eine nicht bestehende Schuld Unterhalt gezahlt hat. Ihm ist lediglich ein Schadenersatz i. H. d. Regelunterhalts zuerkannt worden. Seine tatsächlichen Unterhaltsaufwendungen sind aber deutlich höher zu bewerten. Wenn die wirtschaftlichen Auswirkungen auf den Ehemann von geringerem Gewicht sein mögen, so ändert sich nichts daran, dass die im persönlichen Bereich des ausgleichspflichtigen Ehemannes eingetretenen Belastungen weiterhin gegeben sind.

Dass die Ehefrau ohne jeden Beruf und ohne Einkommen ist, während der Ehemann das in ihrem Eigentum stehende Haus bewohne und insoweit das Zwangsversteigerungsverfahren eingeleitet habe, ändert nichts daran, dass hier ein besonders gravierendes Fehlverhalten der Ausgleichsberechtigten vorliegt, so dass die mit der Herabsetzung (nicht einem völligen Ausschluss) des Versorgungsausgleichs verbundenen persönlichen und wirtschaftlichen Auswirkungen auf die Ehefrau gleichwohl gerechtfertigt erscheinen. Sie hat inzwischen mit ihrem Lebensgefährten die Ehe geschlossen, der über erhebliche Einkünfte und Vermögen verfügt. Ihr kann mithin nicht darin gefolgt werden, dass sie der Sozialhilfe überantwortet werde, zumal sie noch über eigene Rentenanwartschaften verfügt.

Ein völliger Ausschluss des Versorgungsausgleichs kommt jedoch bei der gebotenen Abwägung aller Umstände nicht in Betracht. Die Parteien haben bis zum Auszug der Ehefrau rd. 32 Jahre zusammengelebt und die Ehe hatte schon 13 Jahre angedauert, bevor die Ehefrau die Verbindung aufnahm, aus der die beiden Kinder hervorgegangen sind. Auf die erste Zeit der Ehe hat sich das Fehlverhalten der Ehefrau nicht ausgewirkt. Beim Versorgungsausgleich steht die Begründung von Rechten oder Ansprüchen für die Zukunft in Frage, sondern, ähnlich wie beim Zugewinnausgleich, eine Teilhabe an Vermögenswerten, die beide Ehegatten in der zurückliegenden Zeit erwirtschaftet haben. Demgemäß geht es ebenso wie bei der verwandten Regelung des § 1381 BGB im Recht des Zugewinnausgleichs um die Begrenzung von Beteiligungsansprüchen aus vergangener Gemeinschaft (BGH, FamRZ 1987, 362, 364). Danach hält es der Senat nach Abwägung sämtlicher Umstände für gerechtfertigt, die Differenz der von den Eheleuten in der Ehezeit erworbenen Anwartschaften der gesetzlichen Rentenversicherung zu einem Drittel, die – geringfügigen – Versorgungsanrechte des Ehemannes bei der Zusatzversorgungskasse jedoch nicht zugunsten der Ehefrau auszugleichen.

OLG Karlsruhe, FamRZ 1994, 1474, 1475

Die gesetzlichen Voraussetzungen sind hier erfüllt. Unstreitig stammt das von der Ehefrau während der Ehe geborene Kind nicht vom Ehemann ab. Damit steht fest, dass die Ehefrau dem Ehemann ein fremdes Kind untergeschoben hat. Dieses Unterschieben eines fremden Kindes ist als Fehlverhalten i. S. des § 1587c Nr. 1 BGB zu werten, da die Ehefrau bedingt vorsätzlich gehandelt hat (vgl. BGH, FamRZ 1985, 267 = NJW 1985, 2266).

Eine weitere Verstärkung ihres Fehlverhaltens liegt darin, dass sie sich geweigert hat, dem Ehemann den Namen des nichtehelichen Erzeugers preiszugeben.

Dieses personale Fehlverhalten hat sich auf den Ehemann auch wirtschaftlich in erheblicher Weise ausgewirkt. Unstreitig hat er für das Kind von der Geburt bis zur Feststellung der Zeugungsunfähigkeit des Ehemannes Unterhalt geleistet, also Unterhalt für ein von ihm nicht abstammendes Kind neun Jahre lang bestritten. Dieser wirtschaftliche Nachteil ist für ihn endgültig, da er sich wegen der zu Unrecht geleisteten Unterhaltszahlungen nicht an den tatsächlichen Erzeuger wenden kann, weil ihm dessen Namen verweigert wird.

. . ., dann erscheint es gem. § 1587c BGB angebracht, die monatliche Rentenanwartschaft von nur 95,44 DM ganz auszuschließen, weil nur so die unterhaltsrechtlichen Nachteile für den Ehemann, die in weit höheren monatlichen Unterhaltszahlungen bestanden, in etwa ausgeglichen werden können. Der Senat hat dabei nicht verkannt, dass auch die Ehefrau ihren Teil dazu beigetragen hat, den wirtschaftlichen Bestand der Ehe zu sichern. Diese Beiträge für den wirtschaftlichen Bestand der Ehe sind aber von beiden Parteien gleichermaßen erfolgt, so dass ein Ausgleich für die nicht geschuldeten Unterhaltsleistungen gleichwohl zu erfolgen hat.
OLG Brandenburg, FamRZ 1999, 392, 933

– Unterschreitung des Mindestselbstbehaltes beim Ausgleichsverpflichteten 684 f.

Hiernach findet ein Versorgungsausgleich nicht statt, **soweit die Inanspruchnahme des Verpflichteten unter Berücksichtigung der beiderseitigen Verhältnisse**, insbesondere des beiderseitigen Vermögenserwerbs während der Ehe oder im Zusammenhang mit der Scheidung **grob unbillig wäre**. Dafür reicht es nach der Rechtsprechung des BGH jedoch nicht einmal aus, wenn als Folge der mit dem Versorgungsausgleich verbundenen Verringerung der Altersbezüge der **notwendige Eigenbedarf des Ausgleichsverpflichteten in Frage gestellt wird**, weil dieser auf seine Anrechte dringend angewiesen ist und vielleicht sogar zur Inanspruchnahme von Sozialhilfe gezwungen würde (BGH, FamRZ 1986, 252 m. w. N.).

Der Ehemann kann sich auch nicht darauf berufen, dass die Durchführung des Versorgungsausgleichs deshalb grob unbillig sei, weil er aufgrund eines notariellen Schuldanerkenntnisses der Ehefrau Unterhalt schulde. Insoweit steht es ihm frei, im Wege der Abänderungsklage nach § 323 ZPO eine Anpassung des Unterhaltstitels zu verlangen. Dabei ist im vorliegenden Verfahren nicht zu entscheiden, ob sich die Ehefrau insoweit darauf berufen kann, dass sie die Unterhaltszahlungen für ihren Lebensunterhalt verbraucht hat (vgl. BGH, FamRZ 1982, 470).
KG, FamRZ 1996, 1422, 1423

Die Durchführung des Versorgungsausgleichs ist nicht schon dann grob unbillig, wenn die den Ausgleichspflichtigen verbleibende Altersrente den unterhaltsrechtlichen oder gar sozialhilferechtlichen Mindestselbstbehalt unterschreitet, solange der Ausgleich nicht zu einer ungleich günstigeren Alterssicherung der Ausgleichsberechtigten führt. Hier war der in einem Altersheim lebende Ausgleichsverpflichtete allerdings schon vor Durchführung des Versorgungsausgleichs auf ergänzende Sozialhilfe angewiesen.
OLG Bamberg, FamRZ 1997, 29, 30

– (Gröbliche) Verletzung der Unterhaltspflicht 713

Ein Ausschluss des Versorgungsausgleichs nach § 1587c Nr. 3 BGB erfordert, dass der an sich ausgleichsberechtigte Ehegatte seine Unterhaltspflicht gröblich verletzt hat. Das verlangt **Nichtleistung in größerem Umfang, so dass die Familie in ernste Schwierigkeiten geraten ist** (OLG Celle, FamRZ 1981, 576) oder geraten wäre, wenn der ausgleichspflichtige Ehegatte durch seinen Mehreinsatz seiner Familie nicht vor einer solchen Notlage bewahrt hätte (OLG Hamburg, FamRZ 1984, 712). Ein solcher Fall liegt nicht vor, wenn der Ehemann häufig seine Arbeitsstelle gewechselt und sich in den Zeiten der Arbeitslosigkeit wiederholt in seinem Heimatland aufgehalten hat, um dort ein Restaurant zu eröffnen und zu betreiben. Die Ehefrau wusste davon und hat dies längere Zeit hingenommen. Sie hat dem Ehemann nicht nur das Flugticket einer Reise in seine Heimat

bezahlt, sondern nach eigenen Angaben dem Ehemann auch immer wieder eine Arbeitsstelle gesucht, wenn er aus „Ägypten anrief und um gut Wetter nachsuchte". Der Umstand, dass der Ehemann weniger zum Familienunterhalt beigetragen hat als die Ehefrau, beruht deshalb darauf, dass die Ehefrau immer wieder mit dem pflichtvergessenen Verhalten des Ehemannes Nachsicht hatte.
OLG Karlsruhe, FamRZ 1997, 567, 568

Kein Fall des § 1587c Nr. 2 BGB liegt vor, wenn der Berechtigte sein Erwerbsverhalten lediglich seiner individuellen Leistungsfähigkeit angepasst hat (hier: Aufgabe der Beamtenstellung wegen Überforderung).

§ 1587c Nr. 3 BGB greift nur dann ein, wenn der Ausgleichsberechtigte längere Zeit mit besonderer Rücksichtslosigkeit seine Unterhaltspflichten verletzt hat und der Unterhaltsberechtigte dadurch in Not geraten ist.
OLG Bamberg, FamRZ 1999, 933
→ *Ehe auf dem Papier*
OLG Naumburg, FamRZ 1997, 567

– Vorzeitige Dienstunfähigkeit 228, 706

In der Ehezeit von zehn Jahren haben beide Parteien Versorgungsanrechte erworben, die Ehefrau 134,44 DM aus einer kurzfristigen Erwerbstätigkeit zu Beginn der Ehe und aus der Anrechnung von Kindererziehungszeiten, der Ehemann als Polizeibeamter. Zum 31. 7. 1993 ist der Ehemann aufgrund Dienstunfähigkeit vorzeitig in den Ruhestand versetzt worden. Der Ehezeitanteil seiner Versorgung beträgt unter Zugrundelegung einer (fiktiven) ruhegehaltsfähigen Gesamtzeit bis zum Erreichen der regulären Altersgrenze 1 639,17 DM, unter Berücksichtigung der tatsächlich zum 31. 7. 1993 erfolgten Ruhestandsversetzung 2 328,49 DM monatlich.

Dem Ausgleich der Versorgung eines in den vorzeitigen Ruhestand versetzten Beamten ist als Gesamtzeit auch dann die Zeit bis zu seinem Ausscheiden aus dem Beamtenverhältnis zugrunde zu legen, wenn dieses wie hier nach dem Ende der Ehezeit liegt (vgl. BGH, FamRZ 1991, 1415). Nach Inkrafttreten des § 10a VAHRG ist für den Fall, dass der Beamte (erst) nach Ehezeitende wegen Dienstunfähigkeit vorzeitig in den Ruhestand getreten ist, nicht nur die Abänderung einer rechtkräftigen Ausgleichsentscheidung möglich, sondern eine solche Tatsache bereits im Erstverfahren zu berücksichtigen (BGH, FamRZ 1989, 492).

Danach ist der Versorgungsausgleich wie folgt durchzuführen:

	Ehemann:		Ehefrau:	Differenz:
BeaV	2 328,49 DM	gesetzliche RAnw	134,14 DM	2 194,35 DM

I. H. d. Hälfte hiervon, mithin i. H. v. 1 097,18 DM, ist der Ehemann nach § 1587b Abs. 2 BGB ausgleichspflichtig.

Eine Herabsetzung des Versorgungsausgleichs nach § 1587c Nr. 1 BGB bis hinab auf den Ausgleich, den die Ehefrau erhalten würde, wenn der Ehemann nicht dienstunfähig geworden wäre, ist nicht vorzunehmen. Dies käme nur dann in Betracht, wenn der ausgleichsberechtigte Ehegatte infolge des Versorgungsausgleichs und seiner eigenen fortdauernden Arbeitsfähigkeit die Möglichkeit erhielte, bei Erreichen der Altersgrenze eine im Verhältnis zum Ausgleichspflichtigen unverhältnismäßig hohen Rente zu erzielen (vgl. BGH, FamRZ 1982, 33 ff.). Die ungekürzte Beteiligung des Ehegatten an der vorzeitig erlangten Versorgung ist nämlich nicht regelmäßig grob unbillig. Für eine generelle Korrektur des nach den gesetzlichen Vorschriften durchgeführten Versorgungsausgleichs steht die Härteklausel nicht zur Verfügung. Sie kann nur im Einzelfall eingreifen, wenn nach Abwägung aller Umstände eine Herabsetzung des Ausgleichs geboten erscheint (vgl. BGH, FamRZ 1982, 36 ff., 41; 1990, 1341, 1342).

Dem Ehemann verbleiben noch Versorgungsbezüge i. H. v. 2 247,72 DM, bezogen auf den 31. 3. 1993. Bei Außerachtlassung der Dienstunfähigkeit verblieben ihm 2 592,38 DM.

Die Ehefrau war während der 20jährigen Ehedauer ganz überwiegend nicht erwerbstätig, sondern hat den gemeinsamen Haushalt versorgt und die beiden aus der Ehe hervorgegangenen Kinder betreut. Sie hat erst nach der Trennung der Parteien zum 1. 1. 1993 wieder eine Arbeit aufgenommen und zunächst rd. 1 300 DM, Anfang 1995 rd. 1 800 DM netto verdient. Eigene Rentenanwartschaften hat sie bis zum Ende der Ehezeit i. H. v. nur 188,49 DM erworben. Die Durchführung des Versorgungsausgleichs führt bei ihr im günstigsten Fall zu Rentenanwartschaften von insgesamt 1 285,67 DM. Damit stehen ihr immer noch rd. 1 000 DM weniger zur Verfügung als dem Ehemann. Selbst wenn die Ehefrau durch ihre eigene Erwerbstätigkeit noch weitere 25 Jahre eigene Anwartschaften erwerben kann, wird sie aufgrund ihres gegenüber dem Beamtengehalt des Ehemannes sehr viel geringeren Einkommens keine unverhältnismäßig hohe eigene Versorgung erlangen.

Die Ehe der Parteien ist von langer Dauer gewesen. Selbst wenn die Ehefrau letztlich eine – geringfügig – höhere Versorgung erreichen würde als der Ehemann, wäre dieses Ergebnis noch nicht als grob unbillig anzusehen. Denn dies würde widerspiegeln, dass der Ehemann schon im Alter von 46 Jahren aus dem Erwerbsleben ausgeschieden ist, während die Ehefrau dann bis zum 65. Lebensjahr gearbeitet hätte. Ihrer Erwerbstätigkeit seit 1994 steht dann die Zeit gleich, in der sie zuvor während intakter Ehe nicht erwerbstätig war, sondern rd. 18 Jahre lang ihre Arbeitskraft für die Ehe und die insgesamt vierköpfige Familie eingesetzt hat. Es ist gerade ein Grundgedanke des Versorgungsausgleichs, durch eine gleichmäßige Teilhabe an den während solcher Zeiten erworbenen Versorgungsanrechten die sozialen Nachteile des nichterwerbstätigen Ehegatten zu mildern. Dass der Ausgleichsberechtigte unter Entwicklungen, wie sie hier möglich sind, danach insgesamt eine höhere Versorgung erlangen kann als der Ausgleichspflichtige, ergibt sich dann aus der unterschiedlichen Dauer der beiderseitigen Arbeitsleben und veranlasst keineswegs eine Berichtigung unter Anwendung der Härteklausel (vgl. BGH, FamRZ 1990, 1341, 1342).

OLG Koblenz, FamRZ 1996, 555

Kein Ausschluss eines Versorgungsausgleichs zugunsten des Ehemannes trotz Erwerbsunfähigkeit der Ehefrau (Beamtin) wegen schwerer Erkrankung im Alter von nur 36 Jahren (Hinweis auf Pensionistenprivileg).

OLG Hamm, FamRZ 1997, 27, 28

Keine grobe Unbilligkeit, wenn sich der Ehezeitanteil des ausgleichspflichtigen Ehegatten infolge Versetzung in den Ruhestand wegen einer während des Scheidungsverfahrens eintretenden (vorzeitigen) dauernden Dienstunfähigkeit erheblich erhöht, der ausgleichsberechtigte Ehegatte aber noch die Möglichkeit hat, seine eigene Altersversorgung in – theoretisch – weiteren 15 Jahren zu verbessern:

Auch die besonderen Verhältnisse des vorliegenden Falles führen nicht zur groben Unbilligkeit des vom Amtsgerichts durchgeführten Versorgungsausgleichs. Die geschiedene Ehefrau bezieht gegenwärtig eine Pension in Höhe von netto rund 1 585 DM, die Gesamtanwartschaften des geschiedenen Ehemannes belaufen sich auf 1 117 DM, wovon jedoch im Zeitpunkt des Rentenbezuges noch Krankenkassenbeiträge in Abzug zu bringen wären. Nach Durchführung des Versorgungsausgleichs wären die Versorgungsanwartschaften der geschiedenen Ehefrau immer noch höher als diejenigen des geschiedenen Ehemannes.

Betrachtet man somit allein die gegenwärtigen Verhältnisse, so ist eine „unerträgliche Schieflage" (OLG Karlsruhe, FamRZ 1998, 300) nicht ersichtlich. Darüber hinaus ist maßgeblich zu berücksichtigen, dass die geschiedene Ehefrau gem. § 57 Abs. 1 BeamtVG gegenwärtig trotz der Durchführung des Versorgungsausgleichs eine Kürzung ihrer Versorgungsansprüche nicht erfahren wird. Denn nach dieser Vorschrift wird das Ruhegehalt des Verpflichteten erst dann gekürzt, wenn aus der Versicherung des berechtigten Ehegatten eine Rente zu gewähren ist. Der Eintritt dieses Zeitpunktes ist gegenwärtig nicht absehbar, so dass die geschiedene Ehefrau auf unabsehbare Zeit in den Genuss ihrer ungekürzten Versorgung kommen wird. Dann aber könnte eine grobe Unbilligkeit nur bejaht werden, wenn bereits jetzt deutlich wird, dass in dem Zeitpunkt, in dem sich die Durchführung des Versorgungsausgleichs zu Lasten der geschiedenen Ehefrau auswirken wird, eine „unerträgliche Schieflage" zwischen den beiderseitigen Verhältnissen der Eheleute eintreten wird (so ausdrücklich OLG Frankfurt, FamRZ 1989, 757).

Auch im Hinblick auf die zukünftige Entwicklung der beiderseitigen Versorgungsregelungen kann eine grobe Unbilligkeit des durchgeführten Versorgungsausgleichs nicht festgestellt werden. Zwar trifft es zu, dass der 1947 geborene geschiedene Ehemann bis zum Eintritt in das Rentenalter theoretisch noch 14 Jahre lang einer rentenversicherungspflichtigen Tätigkeit nachgehen kann und Rentenanwartschaften erwerben könnte. Jedoch lässt sich nicht mit der für die Feststellung der groben Unbilligkeit notwendigen Zuverlässigkeit (vgl. BGH, FamRZ 1990, 1341; OLG Köln, FamRZ 1998, 483) feststellen, dass durch diese weitere Erwerbstätigkeit des geschiedenen Ehemannes die Altersversorgungen beider Ehegatten in wesentlichem Umfang auseinander klaffen werden. Denn zum einen ist es angesichts der Arbeitsmarktlage des Alters des geschiedenen Ehemannes und seiner Tätigkeit im Rahmen der Altenpflege keineswegs sicher, dass er bis zum Eintritt in das normale Rentenalter erwerbstätig bleiben wird, zum anderen wird auch die geschiedene Ehefrau nicht allein auf ihre Pensionsansprüche angewiesen sein. Denn aufgrund ihrer Wiederverheiratung nimmt sie teil an den Altersversorgungen ihres jetzigen Ehemannes und erfährt dadurch ebenfalls eine Verbesserung ihrer gegenwärtigen Verhältnisse.

Auch die sonstigen wirtschaftlichen Verhältnisse der Parteien lassen den Schluss auf die grobe Unbilligkeit der Durchführung des Versorgungsausgleichs nicht zu. Zwar haben die Parteien während des ehelichen Zusammenlebens Lebensversicherungen zum Zwecke der Alterssicherung abgeschlossen, diese mussten jedoch auf beiden Seiten verwandt werden, um die Schulden, die sich aus dem selbständigen Gewerbebetrieb des geschiedenen Ehemannes ergeben haben, zu tilgen oder abzusichern. Sie stehen daher für die Altersversorgung nicht mehr zur Verfügung.

Auch die persönlichen und wirtschaftlichen Verhältnisse der Parteien während des ehelichen Zusammenlebens, insbesondere im Hinblick auf die Begründung eines selbständigen Gewerbebetriebes durch den geschiedenen Ehemann und dessen in der Folgezeit nur geringen Rentenversicherungsbeiträge einerseits und die Erwerbstätigkeit der geschiedenen Ehefrau trotz Kinderbetreuung andererseits, lassen einen Schluss auf die grobe Unbilligkeit der Durchführung des Versorgungsausgleichs nicht zu.
OLG Hamm, FamRZ 1999, 933, 934

Es wäre grob unbillig im Sinne des § 1587c Nr. 1 BGB, wenn aufgrund der vorzeitigen Dienstunfähigkeit des 1964 geborenen Ehemannes die Ehefrau zu Lasten des auf Dauer dienstunfähigen Ehemannes letztlich einen Anspruch auf übermäßig hohe Versorgungsanwartschaften, vorliegend in Höhe von letztlich 184,51 DM monatlich, hätte (Begründung von 152,38 DM ansonsten schuldrechtlich). Nach Auffassung des Gerichts darf sich die vorzeitige Dienstunfähigkeit des Ehemannes im Rahmen der zu treffenden Versorgungsausgleichsentscheidung bei der vorgegebenen Sachlage nicht nachteilig für ihn auswirken. Denn er kann in Zukunft aufgrund seiner Erkrankung wahrscheinlich keine weiteren Versorgungsanwartschaften hinzuerwerben.

Es wäre grob unbillig im Sinne des § 1587c Nr. 1 BGB, wenn die Ehefrau im Versorgungsausgleichsverfahren von der vorzeitig eingetretenen Dienstunfähigkeit des Ehemannes profitieren würde. Zum einen verfügt sie bereits zum Ehezeitende über Rentenanwartschaften von 869,80 DM sowie über eine unverfallbare Versorgungsanwartschaft bei der VBL, zum anderen kann sie in Zukunft durch die Fortführung ihrer Berufstätigkeit in ausreichendem Maße weitere Rentenanwartschaften nebst Anrechten in der Zusatzversorgung hinzuerwerben.

Aufgrund der genannten Umstände hielt es das Gericht für angezeigt, den Versorgungsausgleich teilweise, und zwar im Ergebnis in Höhe von 161,01 DM monatlich, auszuschließen. Die Ehefrau wird damit so behandelt, wie sie stehen würde, wenn der Ehemann weiterhin dienstfähig wäre.
AG Weilburg, FamRZ 1999, 934, 935

– **Wegfall der Geschäftsgrundlage eines Ehevertrages gem. § 1408 Abs. 2 BGB**
→ *Nichtigkeit eines Ehevertrages gem. § 1408 Abs. 2 BGB wegen Sittenwidrigkeit*
OLG München, FamRZ 1995, 95, 96

– **Wiederauflebende Geschiedenen-Witwenrente** 684 f.

Die geschiedene Ehefrau erhält nach Rechtskraft der Scheidung eine wiederaufgelebte „Geschiedenen-Witwenrente" und ihr stünden unter Einschluss der durch den Versorgungsausgleich übertragenen Rentenanwartschaft Versorgungsansprüche i. H. v. 2 522,78 DM, dem geschiedenen Ehemann dagegen nach Eintritt der versorgungsausgleichsbedingten Kürzung solche i. H. v. nur 1 834,88 DM zu.

Es ist schon fraglich, ob hier bei sonst gleichen Vermögensverhältnissen – gemeinsames Hauseigentum – ein vom Gesetzgeber nicht gewolltes erhebliches Ungleichgewicht anzunehmen ist. Dies kann jedoch offen bleiben, da feststeht, dass der geschiedene Ehemann nicht sozialhilfebedürftig werden wird. Darüber hinaus steht er mit 54 Jahren noch voll im Erwerbsleben und hat daher die Möglichkeit, die im Versorgungsausgleich erlittenen Verluste bei seiner Altersversorgung weitgehend auszugleichen, während die geschiedene Ehefrau bisher keine nachhaltige Erwerbstätigkeit erlangt hat. Nach dem vorgelegten Attest des Nervenarztes Dr. D. ist sie auf nicht absehbare Zeit arbeitsunfähig krank geschrieben. Auch danach ist die Aufnahme einer Erwerbstätigkeit nur mit erheblichen Einschränkungen und allenfalls halbschichtig möglich. Unter diesen Umständen muss zumindest offen bleiben, ob und in welchem Umfang sie ihre eigene Altersversorgung aufbauen kann.
OLG München, FamRZ 1993, 1320, 1321

– **Kaufpreis oder Versorgung?** 155 f.

Eine lebenslange Geldrente, die aufgrund einer Vereinbarung über die Übertragung von Gesellschaftsanteilen gewährt wird, kann ein dem Versorgungsausgleich unterliegendes Versorgungsrecht darstellen.

Neben einem Pensionsvertrag steht dem Ehemann aufgrund einer sog. Finanzvereinbarung zur Rückführung eines Bankkredits an ihn ein jährlicher Betrag zu, der zunächst 240 000 DM betrug und sich seit 1981 lebenslang auf 200 000 DM beläuft. Diese jährliche Vergütung wird als zusätzliches Entgelt für die Übertragung von Finanzanteilen und die damit verbundene vollständige Aufgabe der Beteiligung des Ehemannes an sämtlichen Gesellschaften seines bisherigen Konzerns gezahlt. Die jährliche Vergütung sollte in monatlichen Teilbeträgen jeweils am ersten eines Monats für den kommenden Monat lebenslänglich zu zahlen sein; es wurde jedoch ausdrücklich festgestellt, dass ein Rechtsanspruch darauf nicht bestehen sollte. Als weiteres Entgelt für die vollständige Aufgabe der Konzernbeteiligung wurden ihm für die Dauer von 15 Jahren jährlich 40 000 DM gutgeschrieben. Auch auf diesen Betrag sollte kein Rechtsanspruch bestehen.

Nach § 1587 Abs. 1 BGB erfasst der Versorgungsausgleich Anwartschaften und Aussichten auf eine Versorgung wegen Alters oder wegen Berufs- oder Erwerbsunfähigkeit, die in der Ehezeit mit Hilfe des Vermögens oder durch Arbeit eines Ehegatten begründet oder aufrechterhalten worden sind. Dass das aus der „Finanzvereinbarung" folgende Anrecht des Ehemannes auf die jährliche Vergütung mit Hilfe seines Vermögens geschaffen worden ist, steht außer Frage. Das sowie der weitere Umstand, dass die lebenslangen Zahlungen der Versorgung des Ehemannes zu dienen geeignet sind, ist noch kein Grund, das Anrecht in den Versorgungsausgleich einzubeziehen. Vielmehr ist auf die Zweckbestimmung des Anrechts abzustellen. Auszugleichen sind nur Anrechte, deren Zweck die Versorgung wegen Alters oder Erwerbs- oder Berufsunfähigkeit ist.

Ansprüche oder **Aussichten** auf **Leistungen** mit **anderer Zweckbestimmung gehören nicht dazu** (vgl. Johannsen/Henrich-Hahne, Eherecht, § 1587 Rn. 13 f.; Rolland, 1. Eherechtsreformgesetz, § 1587 Rn. 6 ff.; Schwab/Hahne, Handbuch des Scheidungsrechts, Rn. 482 f.; sowie auch Soergel/Zimmermann, BGB, § 1587a Rn. 169 f.; vgl. ferner BGH, FamRZ 1988, 272, wonach die Landabgabenrente nach dem GAL, die lediglich einen Zuschuss zum Zwecke der Strukturverbesserung darstellt, nicht dem Versorgungsausgleich unterfällt). Demgemäß war zu prüfen, ob die dem Ehemann zugesagten jährlichen Leistungen Versorgungs- oder Entgeltcharakter haben. Aus dem Wortlaut des letzten Absatzes in Ziff. 2 der Vereinbarung folgt der Versorgungscharakter der Bezüge, weil es dort und an anderer Stelle heißt, dass auf die jährlichen Beträge (von 200 000 DM und 40 000 DM) „kein Rechtsanspruch" bestehe. Diese Formulierung steht der Einordnung der aus dieser Zusage erwachsenen Rechtsposition als Kaufpreisforderung entgegen. Hingegen hindert sie nicht, darin ein Versorgungsanrecht in Form einer Aussicht auf Versorgung zu erblicken. Für einen Versorgungscharakter spricht außerdem die an derselben Stelle gewählte Fassung, dass der Ehemann „mit der jährlichen Vergütung und den sonstigen Bezügen ... seine gesamten persönlichen Aufwendungen abdecken (wird). Sie wird lebenslänglich gezahlt".

Allerdings genügt für die Einbeziehung in den Versorgungsausgleich nicht bereits ein Versorgungszweck im allgemeinen. Vielmehr muss sich dieser auf die in § 1587 Abs. 1 Satz 1 BGB bezeichneten Versorgungsfälle beziehen (vgl. Schwab/Hahne, Handbuch des Scheidungsrechts, Rn. 482). Dabei kommt es jedoch nicht auf die Leitbilder der öffentlich-rechtlichen Leistungssysteme und damit etwa auf das Erreichen der dort vorgesehenen Altersgrenzen an, die der Ehemann bei Beginn der hier vereinbarten laufenden Leistungen noch nicht erreicht hatte. Vielmehr kann es für die Anknüpfung an den Versorgungsfall des Alters nur darauf ankommen, dass das betreffende Anrecht der Versorgung im Anschluss an die Beendigung des aktiven Arbeitslebens dienen soll (Rolland, 1. Eherechtsreformgesetz, Rn. 7 b). Das wäre hier erfüllt.

Die Pensionsansprüche des Ehemannes sind als Anrechte der betrieblichen Altersversorgung einzuordnen. Für den Ausgleich der bestehenden Anrechte kommt die Verpflichtung zur Beitragszahlung nach § 3b Abs. 1 Nr. 2 VAHRG in Betracht.
BGH, FamRZ 1988, 936 ff.
→ *Beitragszahlungspflicht: nach Eintritt des Altersfalles*
→ *Schuldrechtlicher Versorgungsausgleich trotz Abtretung*

– Versorgung des Gesellschafter-Geschäftsführers 159

Nach § 1587 Abs. 1 BGB erfasst der Versorgungsausgleich Anwartschaften und Aussichten auf eine Versorgung wegen Alters der Berufs- oder Erwerbsunfähigkeit, die in der Ehezeit mit Hilfe des Vermögens oder durch Arbeit eines Ehegatten begründet oder aufrecht erhalten worden sind. Danach hängt die Einbeziehung eines Anrechts von seiner Zweckbestimmung ab. Auszugleichen sind nur Anrechte, deren Zweck die Sicherstellung der Bedürfnisse des Inhabers im Alter oder für den Fall der Invalidität ist (vgl. BGH, FamRZ 1988, 936, 937 m. w. N.).

Bei der **Beurteilung der Zweckbestimmung der Versorgungszusage** (für den Geschäftsführer einer GmbH) können die von den Beteiligten verfolgten Ziele nur insoweit berücksichtigt werden, als sie in der Gestaltung der Abrede ihren Ausdruck gefunden haben. Motive und Ziele, die sich nicht in dieser Weise objektivieren lassen, müssen unberücksichtigt bleiben (v. Maydell, AnwBl 1980, 47, 50). Danach haben die Leistungen, die dem Ehemann in dem Vertrag mit der GmbH zugesagt worden sind, Versorgungscharakter.

Dafür spricht außer der Bezeichnung des Vertrages als Pensionsvertrag insbesondere der Umstand, der die verabredeten Zahlungen für den Fall des Ausscheidens aus dem Amt des Geschäftsführers infolge Invalidität i. S. d. gesetzlichen Rentenversicherung oder nach Vollendung des 65. Lebensjahres als lebenslängliches monatliches Ruhegeld zugesagt sind. Ferner kommt das Versorgungselement in der Anknüpfung des Anrechts sowohl während der Anwartschaftsphase als auch nach Eintritt des Versorgungsfalls an die im Vertrag näher bezeichneten Beamtenbezüge zum Ausdruck. Schließlich lässt auch die Tatsache, dass neben der Alters- und Invaliditätssicherung des Ehemannes die Sicherstellung seiner Angehörigen (ursprünglich der Ehefrau und der Kinder, in der späteren Fassung allein der letzteren) für den Falle seines Todes geregelt wird, auf den Versorgungscharakter der gesamten Vereinbarung schließen. Demgegenüber fehlt es für den geltend gemachten Zweck der Schaffung eines Finanzierungsinstruments für die GmbH an einem ausreichenden Anhalt. Dieser Zweck kommt in der Zusage, wie sie von den Beteiligten ausgestaltet worden ist, auch nicht andeutungsweise zum Ausdruck. Damit ist es rechtlich unbedenklich, in der Zusage eine Versorgungsregelung zu sehen, die sich auf die in § 1587 Abs. 1 Satz 1 BGB bezeichneten Versorgungsfälle bezieht.

Ebenso wenig ist die Zusage vom Versorgungsausgleich auszunehmen, weil der Ehemann nach seinem Vorbringen die Absicht hat, sich bei Eintritt des Versorgungsfalles abfinden zu lassen. Auch Kapitallebensversicherungen mit Rentenwahlrecht fallen in den Versorgungsausgleich, wenn dieses Wahlrecht bis zum Eintritt der Rechtshängigkeit des Scheidungsantrags ausgeübt wird (BGH, FamRZ 1984, 156). Eine dahingehende Absicht des Versicherungsnehmers genügt nicht. Entsprechend ist eine Rentenversicherung mit Kapitalwahlrecht, bei der der Versicherungsnehmer vom Wahlrecht keinen Gebrauch gemacht hat, in den Versorgungsausgleich einzubeziehen (vgl. Soergel/Winter, BGB, § 1587a Rn. 248; Johannsen/Henrich-Hahne, Eherecht, Rn. 224, jeweils zu § 1587a). Auch sonst vermag die spätere Kapitalisierung einer Rente ihre Einbeziehung in den Versorgungsausgleich nicht zu verhindern (MüKo/Maier, BGB, § 1587a Rn. 336).

Bei den Anwartschaften des Ehemannes handelt es sich allerdings nicht um solche der betrieblichen Altersversorgung. Das ergibt sich weniger aus dem Umstand, dass dem Ehemann die Versorgungszusage anstelle einer laufenden Vergütung erteilt worden ist und er damit als Barvergütung lediglich den vereinbarten Anteil an der Honorarsumme für die von ihm überlassenen Prüfungsmandate erhält, die von seinen Mitarbeitern durchgeführt werden. Zwar wird eine arbeitnehmerfinanzierte Versorgung überwiegend nicht als betriebliche Altersversorgung angesehen und in der Beteiligung des Arbeitnehmers an den Beiträgen für eine vom Arbeitgeber genommene Direktversicherung (sog. Eigenbeitragsanteile) eine Eigenvorsorge des Arbeitnehmers erblickt, die von der betrieblichen Altersversorgung arbeitsrechtlich zu unterscheiden ist (vgl. Borth, Versorgungsausgleich in anwaltschaftlicher und familiengerichtlicher Praxis, S. 106; Höfer/Reiners/Wüst, BetrAVG, Bd. I, 3. Aufl. ART Rn. 142; MüKo/Maier, BGB, § 1587a, Rn. 245; Soergel/Zimmermann, BGB, § 1587a Rn. 119, 191; Wick, in: Familiengerichtsbarkeit, § 1587a Rn. 170 jeweils m. w. N.; a. A. Blomeyer/Otto, BetrAVG, § 1 Rn. 239 f.; Schumacher, DB 1978, 162, 164; zweifelnd Heubeck/Höhne/Paulsdorff/Rau/Weinert, BetrAVG, § 1 Rn. 75 a, 278). Beruhen die Beiträge zu einer Direktversicherung dagegen auf einer sog. Barlohnumwandlung (Gehaltsumwandlungsversicherung), so dürfte das Erfordernis, dass die Versicherungsbeiträge durch den Arbeitgeber als Versicherungsnehmer geleistet werden, gewahrt sein und die Zugehörigkeit zur betrieblichen Altersversorgung nicht mehr abgesprochen werden können (vgl. BAG, BB 1978, 1417; Heubeck/Höhne/Paulsdorff/Rau/Weinert, Rn. 38 a; Höfer/Reiners/Wüst, BetrAVG, Rn. 143; Steinhaus, BetrAVG 1978, 123, 125, sowie jetzt auch Soergel/Zimmermann, § 1587a BGB, Nachtrag, Rn. 134). Ebenso dürfte es sich um betriebliche Altersversorgung handeln, wenn der Arbeitgeber zur Abgeltung von Gehaltsforderungen oder, wie hier, anstelle von laufenden Barvergütungen eine unmittelbare Versorgungszusage erteilt.

Indessen bestehen an der Beurteilung der vorliegenden Versorgungszusage als betriebliche Altersversorgung deshalb Zweifel, weil fraglich ist, ob der Ehemann zum Kreis der Versorgungsberechtigten gehört, die unter das BetrAVG fallen. Zwar ist die betriebliche Altersversorgung nicht nur auf den Kreis der Arbeitnehmer beschränkt, für die die Bestimmungen des BetrAVG in erster Linie gelten (§ 17 Satz 1 BetrAVG). Vielmehr gelten nach Satz 2 dieser Vorschrift die §§ 1 bis 16 BetrAVG entsprechend auch für andere Personen, wenn ihnen Versorgungsleistungen aus Anlass ihrer Tätigkeit für ein Unternehmen zugesagt worden sind. Nach der Rechtsprechung des BGH ist die ihrem Wortlaut nach zu weit reichende Bestimmung des § 17 Abs. 1 Satz 2 BetrAVG nach dem Grundcharakter des BetrAVG als eines hauptsächlich dem Schutz von Arbeitnehmern dienenden Gesetzes einschränkend dahin auszulegen, dass die Geltung der genannten Vorschriften auf Personen begrenzt bleibt, deren Lage im Falle einer Pensionsvereinbarung mit der eines Arbeitnehmers annähernd vergleichbar ist. Vom Geltungsbereich des BetrAVG ausgenommen sind Versorgungsberechtigte allgemein insoweit, als ihre Ansprüche auf Dienstleistungen für ein Unternehmen beruhen, das mit Rücksicht auf ihre vermögens- und einflussmäßige Verbindung mit ihm nach natürlicher Anschauung als ihr eigenes zu betrachten ist (BGHZ 77, 94, 97 ff., sowie 233, 236 f.).

Das hat nicht zur Folge, dass Organpersonen rechtsfähiger Gesellschaften ohne weiteres aus dem persönlichen Geltungsbereich des Gesetzes herausfallen. Soweit sie gesellschaftsrechtlich am Unternehmen nicht beteiligt sind, erfüllen sie die Geltungsvoraussetzungen des Gesetzes. Ausgenommen sind sie hingegen dann, wenn sie an dem Unternehmen als Mehrheitsgesellschafter beteiligt sind. Darüber hinaus sind Gesellschafter-Organpersonen auch dann als Unternehmer und nicht lediglich als Beschäftigte mit gleichzeitiger Kapitaleinlage einzustufen, wenn sie die Mehrheit an dem Unternehmen jeweils zusammen mit anderen Organpersonen erreichen. Sind zwei Gesellschafter-Geschäftsführer in der Lage, die Entscheidungen im Unternehmen unter Ausschluss der übrigen Gesellschafter zu treffen, weil sie bei Zusammenfassung ihrer Beteiligungen mehrheitsfähig sind, so sind sie nach der Verkehrsanschauung als Mitunternehmer anzusprechen, die ihr eigenes Unternehmen leiten und deshalb nicht als Lohn- und Versorgungsempfänger aufgrund von Dienstleistungen für ein fremdes Unternehmen i. S. v. § 17 Abs. 1 Satz 2 BetrAVG gelten können (BGHZ 77, a. a. O., 242, sowie auch BGH, DB 1989, 2425).

Diese für den persönlichen Geltungsbereich des BetrAVG entwickelten Grundsätze können im Rahmen des Versorgungsausgleichs nicht unberücksichtigt bleiben. Zwar ist der Begriff der betrieblichen Altersversorgung in § 1587a Abs. 2 Nr. 3 BGB nicht in der Weise an das BetrAVG geknüpft, dass sämtliche in diesem Gesetz vorgesehenen Versorgungen in den Versorgungsausgleich fallen (vgl. BGH, FamRZ 1984, 156, 158) und der Versorgungsausgleich andererseits auf Fälle beschränkt ist, die unter das Gesetz fallen (Soergel/Zimmermann, a. a. O., Rn. 114; Rolland, 1. Eherechtsreformgesetz, § 1587a Rn. 79). Die im Betriebsrentenrecht vorgesehene Beschränkung auf Versorgungsanrechte, die durch Arbeit für ein fremdes Unternehmen verdient worden sind und nicht auf einer letztlich selbst erteilten Versorgungszusage des Versorgungsempfängers beruhen, muss indessen auch für die betriebliche Altersversorgung im Rahmen des Versorgungsausgleichs gelten (ebenso Johannsen/Heinrich-Hahne, Eherecht, Rn. 174; Soergel/Zimmermann, a. a. O., Rn. 190, Wick, a. a. O., Rn. 169).

Im vorliegenden Fall ist der Ehemann Geschäftsführer der GmbH, mit der er den Pensionsvertrag geschlossen hat. Ob und in welchem Umfang er – sei es allein oder zusammen mit einem weiteren Geschäftsführer – an der Gesellschaft beteiligt ist, ist bisher nicht festgestellt und auch nicht vorgetragen. Danach kann nicht abschließend beurteilt werden, ob der Ehemann Versorgungsberechtigter i. S. d. BetrAVG ist und die ihm erteilte Versorgungszusage eine betriebliche Altersversorgung darstellt.

Das stellt die angefochtene Entscheidung im Ergebnis jedoch nicht in Frage. Denn das Anrecht müsste nicht deswegen, weil es nicht der betrieblichen Altersversorgung zugerechnet werden kann, beim Versorgungsausgleich unberücksichtigt bleiben. Insbesondere stände § 1587 Abs. 1 Satz 2 BGB einer Einbeziehung nicht entgegen, da das Anrecht, wenn nicht durch Arbeit, so auf jeden Fall mit Hilfe des Vermögens, nämlich der gesellschaftsrechtlichen Beteiligung an dem Unternehmen, erworben wäre. Dass es sich dabei möglicherweise um die Beteiligung des beherrschenden Gesellschafter-Geschäftsführers handelt, hindert die Einbeziehung nicht (vgl. Soergel/Zimmermann, BGB, § 1587a Rn. 190). Für ein solches nicht in die betriebliche Altersversorgung fallendes Anrecht kommt ein Ausgleich nach § 1587a Abs. 2 Nr. 4 BGB in Betracht. Da sich die Zusage weder nach der Dauer einer Anrechnungszeit noch nach einem Bruchteil entrichteter Beiträge noch nach den Kriterien in Buchstabe d der Vorschrift bemisst, kommt für ihre Berechnung das mit Nr. 3 der Vorschrift insoweit identische Verfahren nach der Auffangregelung der Nr. 4 b der Vorschrift zum Zuge, so dass der Ehezeitanteil wie dort pro rata temporis zu ermitteln ist (vgl. Soergel/Zimmermann, BGB, § 1587a Rn. 190, 213).

Maßgebende Altersgrenze ist dabei die Vollendung des 65. Lebensjahres. Dass der Ehemann die Möglichkeit und, wie er vorträgt, auch die Absicht hat, über das 65. Lebensjahr hinaus für die Gesellschaft tätig zu sein, stellt die Berechnung nicht in Frage (vgl. v. Maydell, a. a. O., 50 f.; sowie auch Soergel/Zimmermann, BGB, § 1587a Rn. 206). Eine Reduzierung auf einen Anteil, der dem an sich geschuldeten Monatsgehalt von 5 000 DM entspräche, lässt die tatsächliche Ausgestaltung der Versorgungszusage nicht zu. Aufgrund der Anknüpfung an die Versorgungsbezüge eines

Beamten ist die Versorgung als volldynamisch zu beurteilen und davon auszugehen, dass sie als unverfallbares Anrecht in den Versorgungsausgleich einbezogen werden kann.

BGH, FamRZ 1993, 684, 685

– Wegfall der Versorgung nach Ehezeitende 110, 168

Maßgeblich für die Bewertung sind die am Stichtag des Ende der Ehezeit bestehenden Verhältnisse. Allerdings ist der nachträgliche Wegfall der Anwartschaft für den Versorgungsausgleich nicht unbeachtlich. Die Frage, ob eine Versorgungsanwartschaft (noch) besteht, betrifft nicht die Wertermittlung, sondern die Durchführung des Versorgungsausgleichs überhaupt. Ausgeglichen werden können grds. nur Versorgungsanwartschaften, die – bei einem bestimmten Versorgungsträger – vorhanden sind. Ob eine Anwartschaft besteht, kann nicht unter (entsprechender) Heranziehung von § 1587a Abs. 7 BGB beurteilt werden, da diese Vorschrift nach ihrem Wortlaut und dem Regelungszusammenhang nur „für die Zwecke der Bewertung" gilt und nicht für die Beurteilung, ob und in welcher Weise ein Ausgleich durchzuführen ist. Für das Vorhandensein der Anwartschaft kommt es nicht auf das für die Bewertung maßgebende Ende der Ehezeit (§ 1587 Abs. 2 BGB), sondern auf die gerichtliche Entscheidung an. Tritt eine Veränderung in der Zeit zwischen dem Ende der Ehezeit und der gerichtlichen Entscheidung ein, so kommt es auf die Verhältnisse in dem für die letzte tatrichterliche Entscheidung maßgebenden Zeitpunkt an. Entfällt also beispielsweise nach Ende der Ehezeit die beamtenrechtliche Versorgungsanwartschaft eines Ehegatten und erlangt er statt dessen im Wege der Nachversicherung Anwartschaften in der gesetzlichen Rentenversicherung, kann die Anwartschaft auf Beamtenversorgung nicht ausgeglichen werden; vielmehr kommt es (allein) zu einer Übertragung von Rentenanwartschaften im Wege des Splittings (vgl. BGH, FamRZ 1981, 861; 1982, 154, 155). Entsprechend kann es auch dann, wenn eine in der Ehezeit erworbenen Anwartschaft im maßgebenden Zeitpunkt der Entscheidung „ersatzlos" entfallen ist, grds. nicht mehr zu einem Ausgleich dieser Anwartschaft kommen. Das auszugleichende Versorgungsanrecht muss deshalb nicht nur bei Ehezeitende, sondern auch bei der Entscheidung über den Versorgungsausgleich bestehen. Steht in dem für die letzte tatrichterliche Entscheidung maßgeblichen Zeitpunkt fest, dass das Anrecht nachträglich entfallen ist, kann es nicht ausgeglichen werden (ebenso OLG Oldenburg, FamRZ 1984, 1023, 1024; MüKo/Maier, BGB, § 1587 Rn. 11; Palandt/Diederichsen, BGB, 45. Aufl., § 1587a Anm. 3 B Ziff. 4 b; Schwab/Hahne, Handbuch des Scheidungsrechts, Rn. 489; Soergel/Vorwerk, 11. Aufl. Nachträge § 1587a Rn. 343; § 1587c Rn. 27; Voskuhl/Pappai/Niemeyer, Der Versorgungsausgleich in der Praxis, S. 15).

Das gilt jedenfalls, wenn der Wegfall des Anrechts nicht auf einem Akt des Versorgungsträgers beruht, dessen Vornahme dieser im Hinblick auf die anstehende Ausgleichsregelung hätte verweigern können (vgl. BGH, FamRZ 1986, 657 zur Beitragserstattung in der gesetzlichen Rentenversicherung).

Hiernach kann die vom Ehemann in der Ehezeit erworbene Anwartschaft auf landwirtschaftliches Altersgeld nicht ausgeglichen werden, weil im Zeitpunkt der Beschwerdeentscheidung durch das OLG feststand, dass die Anwartschaft nach §§ 2, 27 Abs. 1 GAL entfallen war, nachdem der Ehemann die Bewirtschaftung des landwirtschaftlichen Anwesens aufgegeben, keine weiteren Beträge zur Landwirtschaftlichen Alterskasse entrichtet und dieser gegenüber nicht erklärt hat, künftige Beiträge zahlen zu wollen. Dass der Ehemann nach § 27a GAL auf seinen Antrag die entrichteten Beiträge erstattet erhält, vermag hieran nichts zu ändern. Dieser auf eine einmalige Geldleistung gerichtete Anspruch unterliegt nicht seinerseits dem Versorgungsausgleich.

BGH, FamRZ 1986, 892, 893, 894

→ *Schuldrechtlicher Versorgungsausgleich: auszugleichende Versorgungen*
  OLG München, FamRZ 1996, 554
  KG, FamRZ 1996, 1422

Barwert, Barwertmethode
→ *Hinterbliebenenversorgung*
  BGH, FamRZ 1992, 165 ff.
→ *Umrechnung nicht volldynamischer Anwartschaften*

Beamtenversorgung 193 ff., 235

– Ehezeitanteil bei geschiedener Vorehe

Auch im Falle eines mehrfach geschiedenen Beamten sind dem Versorgungsausgleich bei der Scheidung einer späteren Ehe **die ungekürzten Versorgungsanwartschaften zugrunde zu legen**. Das folgt aus der sog. zeitratierlichen Berechnung des Ehezeitanteils einer Beamtenversorgung nach § 1587a Abs. 2 Nr. 1 BGB, die gewährleistet, dass dem Ausgleichsberechtigten ein dem Halbteilungsgrundsatz entsprechender, gleichmäßiger Anteil an der Beamtenversorgung zukommt, gleichgültig, ob die Ehe in die Zeit einer höheren oder niedrigeren Steigerung des Ruhegehaltsatzes fällt, wie es nach dem alten Beamtenrecht vorgesehen war, oder gar erst zu einem Zeitpunkt geschlossen wurde, als der Höchstsatz von 75 % bereits erreicht war und die Versorgung nur noch aufrechterhalten wurde. Die in die Berechnung einzustellende Versorgung ist dabei immer die gesamte, auf die jeweilige Altersgrenze (Gesamtzeit) hochgerechnete Versorgung. Auch bei dem Versorgungsausgleich anlässlich der Scheidung einer späteren Ehe ist von diesem Wert auszugehen, der sodann im Verhältnis der in die jeweilige Ehezeit fallenden Dienstzeit zur Gesamtzeit aufzuteilen ist. Nur so ist sichergestellt, dass auch später geschiedene Ausgleichsberechtigte einen seiner Ehezeit entsprechenden hälftigen Anteil an der insgesamt erworbenen Versorgung erhält. Die Berücksichtigung einer Kürzung der Versorgung aus einem vorangegangenen Versorgungsausgleich würde demgegenüber zu einem verzerrten Ergebnis führen. Gleichgültig, wie viele Ehen im Zeitraum des Versorgungserwerbs lagen, kann das dem Ausgleich zugrundezulegende Anrecht nicht anders sein, als wenn der Beamte durchgehend verheiratet gewesen wäre. Nur so ist auch gewährleistet, dass die Summe der einzelnen Kürzungsbeträge aus § 57 BeamtVG grundsätzlich demjenigen Kürzungsbetrag entspricht, der sich ergeben würde, wenn der Beamte während der gesamten Zeit nur einmal verheiratet gewesen wäre (ebenso OLG Frankfurt, FamRZ 1997, 1082).

Der Einwand aus § 58 BeamtVG greift demgegenüber nicht durch. Die Wiederauffüllung der Versorgung durch Zahlung eines Kapitalbetrages nach § 58 BeamtVG ist lediglich eine Umkehrung mit der die Kürzungsfolge nach § 57 BeamtVG wieder rückgängig gemacht wird. Auf die Errechnung des Ehezeitanteils darf sie ebenso wenig Einfluss nehmen wie die durch sie abgewendete Kürzung. Beide Vorgänge bleiben versorgungsausgleichsneutral. Daher kann auch nicht gesagt werden, dass sich bei Nichtberücksichtigung der Kürzungsfolge der Versorgungsanteil des in zweiter Ehe verheirateten Ausgleichsberechtigten in unzulässiger Weise erhöhen, so als ob der Ausgleichsverpflichtete einen Kapitalbetrag zur Wiederauffüllung einer Versorgung bezahlt habe. Dem Ausgleichsberechtigten steht vielmehr von vornherein ein Anspruch auf den ehezeitlichen Wert der gesamten Versorgung, unbeeinflusst von den Rechtsfolgen der §§ 57 und 58 BeamtVG, zu.

BGH, FamRZ 1998, 419, 420

– Gesamtzeit
→ *Ausschluss des Versorgungsausgleichs: ein Ausschluss bei vorzeitiger Dienstunfähigkeit*
  OLG Koblenz, FamRZ 1996, 555
→ *Verfassungsmäßigkeit*
  BVerfG, FamRZ 1993, 405 ff.

– Kann-Zeiten 211

Zur ruhegehaltsfähigen Dienstzeit (§ 1587a Abs. 2 Nr. 1 BGB) zählen auch sonstige Zeiten i. S. d. §§ 11 Abs. 1, 12 BeamtVG, wenn und soweit sie nach diesen Vorschriften zu berücksichtigen sind (Fortführung von BGH, FamRZ 1981, 665, 666). Auf die Stellung eines Antrags kommt es nicht an.

Ob der Beamte einen erforderlichen Antrag stellt oder nicht, ist im Versorgungsausgleich grds. unbeachtlich. Das gilt z. B. für die Stellung eines Rentenantrags. Auch wenn dieser nicht gestellt wird, steht das der Heranziehung der ehezeitlichen Rentenanwartschaften zum Splitting nach § 1587b Abs. 1 BGB und der Berücksichtigung dieser Rentenanwartschaft im Rahmen der Ruhensberechnung des § 1587a Abs. 6 Halbsatz 2 BGB i. V. m. § 55 BeamtVG nicht entgegen (BGH, FamRZ 1983, 358). Deshalb können aus der beamtenrechtlich bestehenden Entscheidungsfreiheit des Bediensteten, den Antrag zu stellen oder zu unterlassen, keine durchgreifenden Bedenken dagegen erhoben werden, die Berücksichtigung solcher Zeiten, jedenfalls wenn sie von nichts anderem abhängt als von der Antragstellung, als Aussicht auf Versorgung anzusehen.

Beamtenrechtlich berücksichtigungsfähige Ausbildungs- und sonstige Zeiten sind auch ohne Antrag im Versorgungsausgleich zur ruhegehaltsfähigen Dienstzeit zu zählen, weil nur so Zufälligkeiten und willkürliche Einflussnahmen vermieden werden, die mit dem Grundsatz des § 1587 Abs. 1 BGB unvereinbar wären. Darauf, ob der Beamte für die Unterlassung des Antrags anzuerkennende Gründe hat, kommt es selbst dann nicht an, wenn die Berücksichtigung der in Frage kommenden Zeiten als ruhegehaltsfähige Dienstzeit sich im Versorgungsausgleich zu Lasten des anderen Ehegatten auswirkt, weil diese Zeiten ganz oder teilweise vor der Ehezeit liegen. Bei der Bewertung ehezeitlich erworbener Versorgungsanrechte handelt es sich nach § 1587a Abs. 2 bis 7 BGB um einen Vorgang, der – abgesehen von dem Sonderfall des Abs. 5 – allein im Wege der dort bestimmten Berechnungsschritte durchzuführen ist. Diese rechnerische Wertfeststellung ist ihrem Wesen nach wertungsfrei und sollte deshalb nicht mit Wertungsfragen belastet werden. Für Billigkeitserwägungen stehen im allgemeinen erst die Härteklauseln der §§ 1587 c, 1587h BGB, Art. 12 Nr. 3 Abs. 3 Satz 3 des 1. EheRG zur Verfügung (so zutreffend OLG Düsseldorf, FamRZ 1983, 192, 193). Eine einheitliche Wertfestsetzung fragt nicht danach, ob sie einer Partei günstig oder ungünstig ist. Sie erfolgt unabhängig vom Verhalten des einen oder anderen Ehegatten.

Als ruhegehaltsfähige Zeiten sind die in den §§ 11, 12 BeamtVG genannten Zeiten im Versorgungsausgleich aber nur zu berücksichtigen, wenn hinreichend sicher ist, dass diese Zeiten bei einem entsprechenden Antrag vor der zuständigen Behörde als solche anerkannt würden. Soweit in Betracht kommt, dass die Berücksichtigung von Ausbildungszeiten nach pflichtgemäßem Ermessen unterbleiben kann, darf das Gericht nach allgemeinen Grundsätzen dem Ermessen der zuständigen Behörde nicht vorgreifen. Lehnt diese die Anerkennung ab oder weigert sie sich, eine Entscheidung zu treffen, so wird die Ausbildungszeit nicht als ruhegehaltsfähige Dienstzeit gelten können (BGH FamRZ 1981, 665, 666).

BGH, FamRZ 1983, 999, 1000

Anders als hier hatte jedoch in den vom BGH entschiedenen Fällen die Anrechnung der Ausbildungszeiten keinen Einfluss auf andere Versorgungsanwartschaften der betreffenden Partei. Hat jedoch der Beamte auch Anwartschaften in der gesetzlichen Rentenversicherung erworben und können die Ausbildungszeiten dort als beitragslose Zeiten ebenfalls angerechnet werden, so wird die Höhe dieser Anwartschaften davon beeinflusst, ob der Beamte oder Soldat einen Antrag auf Anrechnung der Ausbildungszeiten in der Beamten- bzw. Soldatenversorgung stellt. Für das frühere Recht bestimmte § 1260c Abs. 1 RVO, dass beitragslose Zeiten in der Rentenberechnung unberücksichtigt bleiben, wenn sie mit Zeiten zusammentreffen, die bei einer Versorgung aus einem vor dem 1. 1. 1966 begründeten öffentlich-rechtlichen Dienstverhältnis ruhegehaltsfähig sind. Durch das Rentenreformgesetz 1992 wurde diese Regelung in § 71 Abs. 4 SGB VI mit der Maßgabe übernommen, dass sie nunmehr uneingeschränkt ohne Rücksicht darauf gilt, wann das Dienstverhältnis begründet worden ist. Dabei unterbleibt die Berücksichtigung in der gesetzlichen Rentenversicherung nur dann, wenn es tatsächlich zu einer Berücksichtigung in der Beamtenversorgung kommt. Stellt der Beamte keinen Antrag auf Anrechnung dieser Zeiten in der Beamtenversorgung, bleibt es bei der Berücksichtigung in der gesetzlichen Rentenversicherung (Verbandskommentar zur gesetzlichen Rentenversicherung, § 1260c RVO Rn. 3).

Ist danach eine Ausbildungszeit alternativ in der gesetzlichen Rentenversicherung oder in der Beamtenversorgung zu berücksichtigen, so kann anders als in den vom BGH entschiedenen Fällen nicht schematisch die Ausbildungszeit in der Beamtenversorgung auch dann berücksichtigt werden, wenn der Beamte keinen Antrag auf Anrechnung gestellt hat. Die erwähnte Rspr. des BGH beruht darauf, dass die Bewertung der Versorgungsanwartschaften nicht von Zufäller und willkürlichem Verhalten abhängig gemacht werden kann. Ausgangspunkt dieser Rspr. ist insbesondere die Überlegung, dass die Anrechnung von Kann-Zeiten die Altersversorgung des Beamten nur erhöhen, nicht aber verringern kann. Dieser Gedanke greift nicht mehr, wenn die Berücksichtigung im einen Versorgungssystem zu einer Nichtberücksichtigung im anderen Versorgungssystem und zu einer Verringerung der dort bestehenden Anwartschaften führt. Jedenfalls dann, wenn, wie im vorliegenden Fall, die Berücksichtigung von Ausbildungszeiten voraussichtlich nicht zu einer Erhöhung der Beamtenversorgung aus der Gesamtzeit führt, während sie andererseits zu einer Verringerung der gesamten Anwartschaften aus der gesetzlichen Rentenversicherung führt, macht es keinen Sinn, die Ausbildungszeiten auch ohne Antrag des Beamten der Beamtenversorgung zuzuordnen. Allerdings kann die Anrechnung der Ausbildungszeiten in der gesetzlichen Rentenversicherung und die sich daraus ergebende Erhöhung dieser Anwartschaft zu einem Ruhen eines entsprechenden Teils der Beamten- bzw. Soldatenversorgung nach §§ 55 BeamtVG, 55a SVG führen. Diese Folge der Ruhensvorschriften kann jedoch nicht dazu führen, dass die Zuordnung der Ausbildungszeiten zur gesetzlichen Rentenversicherung zum Nachteil des Beamten umschlägt. Bei unterstellter gleicher Entwicklung der Dynamik beider Versorgungssysteme wäre ein höherer Anteil der gesetzlichen Rentenversicherung an der Gesamtversorgung im Hinblick auf die gegenüber der Beamtenversorgung nur eingeschränkten Besteuerung der Renten aus der gesetzlichen Rentenversicherung eher günstig.

Dieses Ergebnis wird durch die konkreten Daten des vorliegenden Falles bestätigt. Bei Berücksichtigung der Ausbildungszeiten in der gesetzlichen Rentenversicherung ergibt sich eine Anwartschaft aus vorehelichen Zeiten und Ehezeit in Höhe von 85,48 DM. Ohne diese Berücksichtigung sinkt die Anwartschaft auf 75,71 DM. Demgegenüber ist die Anwartschaft aus der Beamtenversorgung in beiden Fällen gleich hoch. Bei beiden Berechnungsalternativen ergibt sich eine Gesamtversorgung von 2 460,66 DM. Zu einem Ruhen eines Teiles der Versorgung kommt es nicht.
OLG Frankfurt, FamRZ 1999, 862, 863

– Kürzung der Versorgungsbezüge bei vorzeitiger Dienstunfähigkeit und des Pensionistenprivilegs, Verfassungsmäßigkeit 228, 779
Anwartschaften auf eine Altersversorgung aus der gesetzlichen Rentenversicherung **genießen den Schutz des Art. 14 Abs. 1 GG, und Anwartschaften auf Versorgung nach beamtenrechtlichen Vorschriften sind in ähnlicher Weise durch Art. 33 Abs. 5 GG geschützt** (vgl. BVerfGE 53, 257, 290 ff. und FamRZ 1980, 306, 326, 332 f., 335 f.). Der Eingriff in diese geschützten Rechtspositionen, der mit der Übertragung eines Teils der Anwartschaften auf den anderen Ehegatten und mit der Kürzung von Anwartschaften zur Begründung von Anrechten für diesen verbunden ist, bedarf einer besonderen verfassungsrechtlichen Rechtfertigung (a. a. O., S. 296). diese ergibt sich für den Regelfall aus Art. 6 Abs. 1 und Art. 3 Abs. 2 GG, denn zum Wesen der auf Lebenszeit angelegten Ehe i. S. d. Art. 6 Abs. 1 GG gehört die gleiche Berechtigung beider Partner, die sich auch nach Trennung und Scheidung der Eheleute auf ihre Beziehungen hinsichtlich der Versorgung auswirkt. Insbesondere ist im Hinblick auf Art. 3 Abs. 2 GG die Leistung des Ehepartners, der den Haushalt führt und die Pflege und Erziehung der Kinder übernimmt, der Unterhaltsleistung durch Bereitstellung der notwendigen Barmittel gleichzusetzen. Daher dürfen die während der Ehezeit nach Maßgabe der von den Ehegatten vereinbarten Arbeitsteilung gemeinsam erwirtschafteten Versorgungsanwartschaften nach der Scheidung gleichmäßig auf beide Partner verteilt werden (a. a. O., S. 296 f.).

Ist danach das Grundkonzept des Versorgungsausgleichs mit dem GG vereinbart, so ist doch zu beachten, dass es Fälle geben kann, in denen die Rechtfertigung aus Art. 6 Abs. 1 und 3 Abs. 2 GG nicht greift. Demgemäß konnten die Vorschriften über den Versorgungsausgleich in der Form des

Splittings und des Quasisplittings nur deshalb als verfassungsmäßig beurteilt werden, weil der Gesetzgeber, insbesondere mit der Härteklausel des § 1587c BGB, Regelungen geschaffen hat, Grundrechtsverletzungen im Einzelfall verhindern zu können (vgl. BVerfGE 66, 324, 329; FamRZ 1984, 653, unter Bezugnahme auf BVerfGE 53, 257, 298; FamRZ 1980, 326 ff., 334). Wie das BVerfG hervorgehoben hat, ist es Aufgabe der Fachgerichte, im konkreten Fall ein dem Zweck des Versorgungsausgleichs und dem GG entsprechendes Ergebnis zu erzielen, das ungerechte Schematisierungen vermeidet (BVerfGE 53, 257, 298; FamRZ 1980, 326 f., 334; BVerfGE 66, 324, 329; FamRZ 1984, 653).

Die Durchführung des Versorgungsausgleichs zugunsten des Ehemannes beruht auf den besonderen gesetzlichen Vorschriften zur Berechnung des Ehezeitanteils in der Beamtenversorgung, die sich hier wegen des teilweise unterschiedlichen beruflichen Werdegangs der Eheleute zu Lasten der Ehefrau auswirken. Da der für den Versorgungsausgleich maßgebende Wert gem. § 1587a Abs. 2 Nr. 1 BGB durch eine Berechnung ermittelt wird, bei der die in der Ehezeit zurückgelegte Dienstzeit zur Gesamtzeit ins Verhältnis gesetzt wird, liegt der Ehezeitanteil um so höher, je kürzer die vor der Eheschließung und nach dem Ehezeitende zurückgelegten oder noch zurückzulegenden ruhegehaltsfähigen Dienstzeiten sind.

Mit Ausgestaltung der Berechnungsvorschriften, die dem unterschiedlichen Anstieg der Beamtenversorgung nach früherem Recht Rechnung tragen soll, hat der Gesetzgeber in zulässiger Weise von seiner Befugnis zur Pauschalierung und Typisierung Gebrauch gemacht. Wegen ihrer schematisierenden Wirkungen kann aber auch diese Regelung dazu führen, dass Versorgungsanwartschaften eines Ehegatten gekürzt werden, ohne dass dies durch Art. 6 Abs. 1 und 3 Abs. 2 GG noch gerechtfertigt ist. Die Gerichte sind gehalten, bei der Berechnung des Versorgungsausgleichs nach diesen Vorschriften verfassungswidrigen Ergebnissen durch Anwendung der Härteklausel entgegenzuwirken (vgl. BVerfGE 66, 324, 329; FamRZ 1984, 653).

Die Kürzung der Versorgungsanwartschaften der Ehefrau ist weder durch den Zweck des Versorgungsausgleichs gerechtfertigt, dem sozial schwächeren Ehegatten eine angemessene Altersversorgung zu sichern, noch kann sie durch die Erwägung gestützt werden, dass die während der Ehe erworbenen Versorgungsanwartschaften Ergebnis einer gemeinschaftlichen Lebensleistung beider Ehegatten sind. Der ausgleichsberechtigte Ehemann, der schon bei der Eheschließung Beamter war und während der Ehe stets eine Stellung innehatte, die über diejenigen der Ehefrau lag, hat durch die Ehe keinerlei erkennbare Versorgungsnachteile erlitten. Demgegenüber hat die Ehefrau seit August 1980 nur noch eine Halbtagstätigkeit ausgeübt, um sich der Betreuung der zwei Kinder widmen zu können. Sie wird dadurch zwar nur relativ geringfügige Einbußen an ihrer Altersversorgung erleiden, hat aber jedenfalls keine Versorgungsvorteile erlangt, die auf beide Ehegatten aufzuteilen wären. Vielmehr wird sie bei normalem Verlauf der Versorgungsbiographie beider Ehegatten eine geringere Versorgung erlangen als ihr Ehemann, dem sie nach den angegriffenen Entscheidungen zusätzlich Anwartschaften abgeben soll. Auf die Ehezeit bezogen hat die Ehefrau nur deshalb höhere Anwartschaften als ihr Ehemann erzielt, weil ihre ruhegehaltsfähige Gesamtzeit unter Berücksichtigung der vor der Eheschließung und nach dem Ehezeitende liegenden Zeiten wesentlich kürzer ist als die ihres Ehemannes. Dieser Umstand allein kann es jedoch angesichts der Arbeitsteilung in der Ehe nicht rechtfertigen, ihre verfassungsrechtlich geschützten Versorgungsanwartschaften zugunsten des Ehemannes zu kürzen.

Die Kürzung um insgesamt 82 DM monatlich ist auch nicht so geringfügig, dass sie als Folge einer typisierenden Regelung hinzunehmen wäre. Der Zweck der Typisierung kann die Kürzung hier schon deshalb nicht rechtfertigen, weil den Besonderheiten des Einzelfalles ohne größere Schwierigkeiten durch Anwendung der Härteklausel Rechnung getragen werden kann. Es kommt hinzu, dass der Kürzung der Anwartschaften der Ehefrau kein entsprechender Vorteil ihres Ehemannes gegenübersteht. Wie die BfA in ihrer Stellungnahme ausgeführt hat, können die dem Ehemann übertragenen und für ihn begründeten Anwartschaften weder für sich genommen zu einem späteren Rentenanspruch führen noch von dem Ehemann aufgestockt werden, solange er Beamter ist.

Die Voraussetzung der Unbilligkeit des Versorgungsausgleichs kann hier auch nicht von vornherein mit der Erwägung ausgeschlossen werden, die Ehefrau verfüge über weitere vor und während der Ehe erworbene Anrechte in der gesetzlichen Rentenversicherung, so dass sie zusätzlich zu ihrer Beamtenversorgung eine Altersrente erhalten werde. Zwar wäre diese Erwägung im Rahmen der Billigkeitsprüfung von Bedeutung; es ist aber nach den im Ausgangsverfahren mitgeteilten Versicherungsdaten damit zu rechnen, dass die BfA insgesamt eine niedrigere Altersversorgung erhalten wird als ihr Ehemann.

Die weiteren vom Ehemann vorgetragenen Umstände sind ebenfalls nicht geeignet, die angegriffenen Entscheidungen zu stützen. Seine Belastung mit Unterhaltspflichten gegenüber den gemeinsamen Kindern kann eine ihm günstige Regelung des Versorgungsausgleichs schon deshalb nicht rechtfertigen, weil die Ehefrau eine gleichwertige Unterhaltverpflichtung trifft. Die Frage, ob sich die Regelung des Zugewinnausgleichs auf die Anwendung der Härteklausel auswirken könnte, müsste zunächst von den Fachgerichten geprüft werden.
BVerfG, FamRZ 1993, 405 ff.

Die Regelungen des § 57 Abs. 1 Satz 1 und 2 BeamtVG, wonach die Versorgung des aus dem Versorgungsausgleich verpflichteten Ehegatten grds. dann zu kürzen ist, wenn Anwartschaften in einer gesetzlichen Rentenversicherung nach § 1587b Abs. 2 BGB durch Entscheidung des Familiengerichts begründet worden sind, verstoßen weder gegen Art. 33 Abs. 5 GG noch gegen Art. 3 Abs. 1 GG (zum Maßstab vgl. BVerfGE 76, 256, 295, m. w. N.). Nach § 57 Abs. 1 Satz 1 BeamtVG erhält der ausgleichspflichtige Beamte bei Eintritt in den Ruhestand nur noch um den Versorgungsausgleich gekürzte Ruhestandsbezüge, und zwar unabhängig davon, ob der ausgleichsberechtigte Ehegatte schon eine Rente bezieht oder nicht. Die Regelung entspricht dem Grundsatz des sofortigen und endgültigen Vollzugs des Versorgungsausgleichs, dessen verfassungsrechtliche Unbedenklichkeit das BVerfG in seiner Entscheidung v. 28. 2. 1980 (BVerfGE 53, 257, 301 f. = FamRZ 1980, 326, 334 f.) ausgesprochen hat.

Der im Zeitpunkt des Vollzugs des Versorgungsausgleichs stattfindende Eingriff in die versorgungsrechtliche Position des Ausgleichsverpflichteten ist durch Art. 6 Abs. 1 und Art. 3 Abs. 2 GG legitimiert. Nach Durchführung des Versorgungsausgleichs bestehen zwei selbständige Versicherungs- bzw. Versorgungsverhältnisse, so dass entgegen der Ansicht des Ehemannes die renten- bzw. versorgungsrechtlichen Schicksale der geschiedenen Ehegatten grds. unabhängig voneinander zu sehen sind (BVerfG, FamRZ 1989, 827, 830).

Eine Koppelung der Versorgungskürzung an den tatsächlichen Rentenbezug des Ausgleichsberechtigten ist grds. auch in Fällen vorzeitiger Zurruhesetzung des Ausgleichsverpflichteten verfassungsrechtlich nicht geboten.

Im Verhältnis zum Dienstherrn besteht der sachliche Grund für die gem. § 57 Abs. 1 Satz 1 BeamtVG durchzuführende Kürzung des Ruhegehalts nach Eintritt in den Ruhestand darin, dass er durch die Ehescheidung des Beamten bezüglich der gesamten Versorgungsaufwendungen nicht höher belastet werden soll, als wenn der Beamte sich nicht hätte scheiden lassen (BVerwG, ZBR 1987, 217, m. w. N.; FamRZ 1987, 810). Hierzu könnte es jedoch kommen, da die Aufwendungen, die dem Träger der gesetzlichen Rentenversicherung als Folge der Begründung einer Rentenanwartschaft nach § 1587b Abs. 2 BGB entstehen, von dem zuständigen Träger der Versorgungslast zu erstatten sind (§ 225 Abs. 1 Satz 1 SGB VI, vor dem 1. 1. 1992; § 1304b Abs. 2 Satz 2 RVO, § 83b Abs. 2 Satz 2 AVG). Zum Ausgleich der diesem hierdurch entstandenen Belastung dient im Innenverhältnis zwischen ihm und dem Beamten die nach beamtenrechtlichen Grundsätzen vorzunehmende Kürzung der Versorgungsbezüge nach Maßgabe des § 57 BeamtVG (vgl. BVerwG, a. a. O.). Der Träger der Versorgungslast und damit die Allgemeinheit übernimmt mit der Erstattungspflicht zusätzliche Belastungen, die ohne die Ehescheidung des Beamten nicht entstanden wären und die an die Stelle des beim Splitting maßgeblichen Versicherungsprinzips treten (vgl. hierzu im Einzelnen BVerfGE 80, 297, 314 f. = FamRZ 1989, 827, 831). Mit Blick auf diese Belastungen erscheint die Kürzung der Versorgungsbezüge nach § 57 Abs. 1 Satz 1 BeamtVG aus verfassungsrechtlicher Sicht auch in Fällen vorzeitiger Zurruhesetzung vertretbar, unabhängig davon, ob aus der Versicherungsanwartschaft bereits eine Rente fließt oder nicht (s. auch BVerwG, Urteil v. 24. 11. 1994, 2 C 14.93, Buchholz, 239 I, § 57 BeamtVG Nr. 11, 10; Stegmüller/Schmalhofer/Bauer, BeamtVG, § 57 Erl. 1 Nr. 7 2).

§ 57 Abs. 1 Satz 1 BeamtVG führt auch in Fällen vorzeitiger Zurruhesetzung nicht zu einer im Hinblick auf die Garantie des Art. 33 Abs. 5 GG mehr zu rechtfertigenden Härte. Nach der Grundsatzentscheidung des BVerfG v. 28. 2. 1980 verliert der rechtskräftig vollzogene Versorgungsausgleich mit der Folge zweier getrennter Versicherungs- bzw. Versorgungsverhältnisse seine Rechtfertigung durch Art. 6 Abs. 1 und Art. 3 Abs. 2 GG und mindert den Anspruch des Beamten auf amtsangemessene Alimentation dann in verfassungswidriger Weise, wenn eine spürbare Kürzung der Versorgungsbezüge gem. § 57 Abs. 1 Satz 1 BeamtVG dem Berechtigten nicht angemessen zugute kommt (BVerfG, FamRZ 1980, 326, 335, 336). Zu den insoweit zur Vermeidung eines verfassungswidrigen Zustands für regelungsbedürftig gehaltene, nunmehr in den §§ 4 und 5 VAHRG (v. 21.2..1983, BGBl. I, S. 105) geregelten Fallgruppen (vgl. BVerfG, FamRZ 1980, 326, 335, 336) zählt die vorliegende Sachverhaltsgestaltung indes nicht.

Hier steht der Vorsorgungskürzung der Erwerb einer selbständigen Rentenanwartschaft durch den Ausgleichsberechtigten gegenüber, die später zu angemessenen Rentenleistungen führen wird. Auch wird die Versorgung des Ehemannes nach den Feststellungen der Fachgerichte nicht ungeachtet der Kürzung seiner Versorgungsbezüge zugunsten des Anspruchsberechtigten zusätzlich durch eine diesem gegenüber bestehende Unterhaltspflicht belastet. Im Übrigen ist, wie die Fachgerichte der Sache nach zutreffend festgestellt haben, eine einzelfallbezogene Härteregelung verfassungsrechtlich nicht geboten (vgl. BVerfG, FamRZ 1989, 827, 830). Dies gilt jedenfalls auch für die hier vorliegende vorzeitige Ruhestandsversetzung wegen nicht dienstunfallbedingter Dienstunfähigkeit. Zwar muss der Ehemann wegen des für ihn ungünstigeren Verhältnisses der aufgrund der vorzeitigen Zurruhesetzung verkürzten ruhegehaltsfähigen Gesamtdienstzeit zu der ehezeitlich verbrachten ruhegehaltsfähigen Dienstzeit (vgl. § 1587a Abs. 2 Nr. 1 Satz 3 BGB) tendenziell eine stärkere und im Übrigen vermutlich länger andauernde Kürzung seiner Versorgungsbezüge hinnehmen als der erst nach Vollendung des 65. Lebensjahres in den Ruhestand tretende Beamte. Dies beruht indes letztlich auf der Tatsache, dass er in einem erheblich kürzeren Zeitraum als der „Regelbeamte" in den Genuss seiner Versorgungsbezüge kommt. Mit Blick auf diesen sachbezogenen Gesichtspunkt und die verfassungsrechtlich unbedenkliche Annahme des Gesetzgebers, dass das während der Dauer der Ehe erworbene Versorgungsvermögen im Fall der Scheidung grds. beiden Ehegatten zu gleichen Teilen zusteht (vgl. BVerfG, FamRZ 1980, 326, 333, 336; FamRZ 1986, 543, 547), sind die Angriffe der Verfassungsbeschwerde gegen das Maß der Kürzung nicht geeignet, eine Verletzung von Grundrechten des Ehemannes aufzuzeigen. Dies gilt um so mehr, als vom Ehemann nicht behauptet worden und bei dem hier in Rede stehenden Umfang der Versorgungskürzung auch nicht erkennbar ist, dass für ihn die untere Grenze eines der Bedeutung seines Amtes sowie den allgemeinen Verhältnissen noch angemessenen Lebensunterhalts unterschritten wäre. Auch die Vorschrift des § 57 Abs. 1 Satz 2 BeamtVG begegnet keinen verfassungsrechtlichen Bedenken.

Mit der Privilegierung von Ruhegehaltsempfängern, die ihre Versorgungsbezüge ungekürzt bis zu dem Zeitpunkt erhalten, zu dem dem Ausgleichsberechtigten eine Rente zu gewähren ist, durchbricht der Gesetzgeber den Grundsatz der sofortigen und endgültigen Vollziehung des Versorgungsausgleichs (vgl. BVerfG, FamRZ 1980, 326, 334). Die dem Rentenrecht folgende (vgl. § 101 Abs. 3 SGB VI, vor dem 1. 7. 1992 §§ 1304a Abs. 4 Satz 3 RVO, 83a Abs. 4 Satz 2 AVG), nach dem Zeitpunkt des Vollzugs des Versorgungsausgleichs vor oder nach Versetzung des verpflichteten Ehegatten in den Ruhestand differenzierende Regelung beruht auf sachlichen Gesichtspunkten. Die Stornierung der Auswirkungen des Versorgungsausgleichs wird mit dem Schutz des Besitzstandes und damit begründet, dass ein Versorgungsempfänger im Gegensatz zu einem aktiven Beamten aufgrund seiner geringeren Bezüge geringere finanzielle Möglichkeiten hat, die Kürzung des Ruhegehalts ganz oder teilweise auszugleichen (vgl. die Begründung zu Art. 4 Nr. 1 d. § 1304a RVO im zweiten Bericht des Rechtsausschusses zu dem von der Bundesregierung eingebrachten

Entwurf eines Ersten Gesetzes zur Reform des Ehe- und Familienrechts, BT-Drucks 7/650, BT-Drucks. 7/4361 S. 56; BVerfG, FamRZ 1980, 326, 334 f. zu § 1304a 1 V Satz 2 RVO; BVerwG, Urt. v. 28. 4. 1994 – 2 C 2292, BVerfGE 95, 375, 377, OVG Koblenz, Urt. v. 19. 12. 1990, DÖD 1991, 261 f.; Plog/Wiedow/Beck/Lemhöfer, Bundesbeamtengesetz mit Beamtenversorgungsgesetz, Band 1, § 57 BeamtVG Rn. 35).

Diese Erwägungen lassen die den Ruhegehaltsempfängern eingeräumte Privilegierung, die vom BVerfG mittlerweile in gefestigter Rechtsprechung für verfassungsrechtlich unbedenklich gehalten wird (Urt. 10. 3. 1994, FamRZ 1995, 929; v. 28. 4. 1994 – C 2 22.92, Bucholz 239 I § 57 BeamtVG Nr. 10, sowie v. 24. 11. 1994 – 2 C 14 93, a. a. O., Nr. 11), als jedenfalls vertretbar erscheinen. Die Behauptung des Ehemannes, die wirtschaftliche Situation der Ruhestandsbeamten und der aktiven Beamten unterscheide sich regelmäßig nicht in einer Weise, die die letztgenannten eher in den Stand setze, die Minderung der Versorgung zu kompensieren, bleibt ohne Substanz. *BVerfG, FamRZ 1996, 341 ff.*

– Ruhensberechnung 214 f.

Beamten, Richtern und Soldaten können neben der Versorgung aus dem letzten Dienstverhältnis **weitere Versorgungen zustehen**. In früheren Beschäftigungsverhältnissen zurückgelegte Zeiten **erhöhen** unter **bestimmten Umständen** auch die **beamtenrechtliche Versorgung**. Deshalb kann es zu Überversorgungen kommen, die einen Beamten mit mehreren Beschäftigungsverhältnissen besser stellen würden als einen „Nur-Beamten". Das Beamtenversorgungsrecht berücksichtigt dieses über Ruhensvorschriften und Kürzungen der alten oder der neuen Versorgung ab einer bestimmten Grenze §§ 54 bis 56 BeamtVG. Diese Vorschriften gehen davon aus, dass der die Besoldung und Versorgung der Beamten beherrschende Alimentationsgrundsatz (vgl. BVerfGE 8, 1) keine höhere Versorgung als den jeweils bestehenden Höchstversorgungssatz verlangt (vgl. dazu Bastian/Roth-Stielow/Schmeiduch/Körber-Klinkhardt, 1. EheRG, § 1587a Rn. 219; Stegmüller/Schmalhofer/Bauer, BeamtVG, § 55 Rn. 1; Klein, FamRZ 1982, 669).

Diesen Beschränkungen der beamtenrechtlichen Versorgung will das Gesetz durch § 1587a Abs. 6 BGB auch im Rahmen des Versorgungsausgleichs Rechnung tragen. Über ihr Verständnis und die daraus resultierenden Berechnungsansätze gehen die Meinungen in der Rechtsprechung und im Schrifttum weit auseinander (vgl. Rolland, 1. Eherechtsreformgesetz, § 1587a Rn. 40 bis 42; OLG Karlsruhe, FamRZ 1982, 825, 826 f.; Kemnade, FamRZ 1981, 176; 1982, 182; Bergner, NJW 1982, 1492 sowie die dort besprochenen Entscheidungen und Ansichten aus dem Schrifttum).

Mit der wohl überwiegenden Meinung ist der Senat der Auffassung, dass bei der durch § 1587a Abs. 6 Halbsatz 2 BGB vorgeschriebenen Anwendung der Ruhensregelung nur die während der Ehe begründeten Rentenanwartschaften des Bediensteten zu berücksichtigen sind. Der Ehegatte wird danach von dem Ruhen der Versorgungsbezüge nicht betroffen, sondern so behandelt, als erhielte der Bedienstete seine Bezüge voll ausgezahlt (vgl. OLG München, FamRZ 1980, 60, 125; 1981, 686; OLG Karlsruhe, FamRZ 1981, 282, 470; 1982, 825; OLG Koblenz, FamRZ 1981, 685; OLG Köln, FamRZ 1981, 905, 907).

Für sie sprechen Sinn und Zweck einmal des Versorgungsausgleichs und zum anderen der Ruhensvorschriften. Bei der Durchführung des Versorgungsausgleichs kann dem geschiedenen Ehegatten des Bediensteten eine Kürzung wegen Überschreitung des jeweiligen Höchstversorgungssatzes bei Zusammentreffen von Rente und Beamtenversorgung nicht entgegen gehalten werden, soweit sie auf einer vorehelichen erworbenen Anwartschaft in der gesetzlichen Rentenversicherung beruht. Denn er hat in der Ehezeit nicht nur die ihm nach ruhegehaltsfähigen Dienstbezügen und ruhegehaltsfähiger Dienstzeit zustehende Versorgung dem Stammrecht nach erdient, sondern er wird den auf dieser Grundlage sich ergebenden vollen Betrag auch tatsächlich erhalten, weil ein Ruhegehalt nach § 55 BeamtVG nur im Fall und höchstens in der Höhe eines tatsächlichen Rentenbezuges einbehalten wird. Der Einwand, i. H. d. ruhenden Betrages erhalte der Beamte in Wahrheit kein Ruhegehalt, sondern die ihm zustehende vorehelich erworbene Rente, ist formaler Art. Er berücksichtigt nicht, dass in Höhe des Ruhensbetrages die Rente die Alimentationsaufgabe des Ruhegehaltes übernimmt. Sie wird dazu eingesetzt, dem Beamten den vollen amtsangemessenen Unterhalt im Ruhestand zu sichern, an dem der geschiedene Ehegatte nach der Konzeption des Versorgungsausgleichs teilnehmen soll. Danach besteht kein Grund, den Ehegatten eines Beamten im Versorgungsausgleich deshalb schlechter zu stellen als den Ehegatten eines anderen Beamten mit dergleichen ehezeitlich verbrachten Dienstzeit, weil der eine Beamte vor der Ehe Anwartschaften in der gesetzlichen Rentenversicherung erworben hat. Das beide Beamten im Ruhestand zur Verfügung stehende Einkommen unterscheidet sich nicht, und in beiden Fällen hat der Ehegatte nach dem Grundgedanken des Versorgungsausgleichs in gleicher Weise zum Erwerb der Versorgungsanwartschaften beigetragen.

Der Gesetzgeber hätte die Begrenzung der Versorgung auf das für die Alimentation notwendige Maß im Fall des Zusammentreffens von gesetzlicher Rente und Beamtenversorgung anstelle durch Kürzung der (später erworbenen) Beamtenversorgung auch durch Kürzung der (früher erworbenen) gesetzlichen Rente vornehmen können. Dieser Lösung entspricht dem in § 54 BeamtVG für die Fälle des Zusammentreffens mehrerer Beamtenversorgungen Gewählten. Welche Regelungstechnik der Gesetzgeber gewählt hat, kann aber für die Höhe der versorgungsausgleichsrechtlichen Teilhabe des geschiedenen Ehegatten nicht maßgeblich sein.

Allerdings kann der Bedienstete bei der hier vertretenen Auffassung unter Umständen dann über Gebühr belastet werden, wenn er bereits eine geschiedene Ehe hinter sich hat, die zur Anwendung der Ruhensvorschriften führenden Anwartschaften der gesetzlichen Rentenversicherung in der früheren Ehe begründet und daher nach § 1587b Abs. 1 BGB dem früheren Ehegatten anteilig übertragen worden sind. Dann muss der Bedienstete eine Kürzung seiner Versorgung hinnehmen, wird aber gleichwohl nach Maßgabe seiner ungekürzten Beamtenversorgung zum Versorgungsausgleich herangezogen. Soweit dies zu grob unbilligen Ergebnissen führen würde, wird ihnen jedoch durch eine Anwendung des § 1587c Nr. 1 BGB begegnet werden können.

Sind Rentenanwartschaften teils vor, teils in der Ehe erworben worden, sind bei der Ruhensberechnung nicht nur der ehezeitlich erworbene Rentenbetrag, sondern alle, also auch die vorehelich erworbenen Rentenanwartschaften und die ungekürzte Beamtenversorgung an der Höchstgrenze des § 55 BeamtVG (§ 55a Abs. 2 SVG) zu messen. Ergibt sich auf diese Weise ein Ruhensbetrag der fiktiven Beamtenversorgung, ist von ihm nur derjenige Teil im Versorgungsausgleich zu berücksichtigen, der durch solche konkurrierenden Rentenanwartschaften verursacht wird, die in der Ehezeit erworben worden sind. Dieser Teil bestimmt sich nach dem Verhältnis der in der Ehezeit begründeten zu der insgesamt erworbenen gesetzlichen Rentenanwartschaft, praktisch also nach dem Verhältnis der ehezeitlich zu den insgesamt erworbenen Werteinheiten (§§ 83 Abs. 2 AVG, 1304 Abs. 2 RVO).

Es besteht keine Notwendigkeit, den Ruhensbetrag darüber hinaus bestimmten Doppelversorgungszeiten, also solche der Mitgliedschaft in der gesetzlichen Rentenversicherung, die zugleich ruhegehaltsfähige Dienstzeit sind, zuzuordnen (vgl. dazu aber OLG Karlsruhe, FamRZ 1981, 974; 1982, 825). Die Höchstbetragsregelung des § 55 BeamtVG (§ 55a Abs. 2 SVG) hebt im Gegensatz zu § 10 Abs. 2 BeamtVG a. F. nicht auf derartige Doppelversorgungszeiten ab, sondern begrenzt ohne weitere Differenzierung die Höchstversorgung nach derjenigen eines „Nur-Beamten", und zwar auch für den Fall, dass zurückgelegte Versicherungszeiten nicht auch zugleich als ruhegehaltsfähige Zeiten angerechnet werden.

Nach § 1587a Abs. 5 BGB bleibt für Zwecke der Bewertung außer Betracht, ob eine für die Versorgung maßgebliche Wartezeit, Mindestbeschäftigungszeit, Mindestversicherungszeit oder ähnliche zeitliche Voraussetzungen im Zeitpunkt des Eintritts der Rechtshängigkeit des Scheidungsantrages erfüllt sind. Diese Auffassung entspricht der Auskunftspraxis der Träger der Versorgungslast und hat neben Zustimmung (OLG Karlsruhe, FamRZ 1981, 282, 284; OLG Koblenz, FamRZ 1981, 685, 686; OLG Frankfurt, FamRZ 1982, 182; Rolland, 1. Eherechtsreformgesetz, Rn. 40 i) auch Ablehnung gefunden (Bastian/Roth-Stielow/Schmeiduch/Körber-Klinkhardt, 1. EheRG, Rn. 231; offengelassen bei OLG München, FamRZ 1980, 1025, 1027). Die durchgängige Anwendung des

§ 1587a Abs. 7 BGB führt auch dann nicht zur Benachteiligung des Ehegatten, wenn der Beamte die Wartezeit für den Erhalt einer gesetzlichen Rente nicht (mehr) erfüllen kann, sondern ist erforderlich, um eine zu hohe Teilhabe zu verhindern, wenn sichergestellt ist, dass der Ehegatte im Wege des Splittings an den Rentenanwartschaften des Beamten beteiligt wird, die die Kürzung verursacht haben. Das ist nach der hier vertretenen Auffassung der Fall.
Bei der Berechnung der Höchstgrenze nach § 55 Abs. 2 Nr. 1 a BeamtVG (§ 55 Abs. 2 Nr. 1 SVG) ist die Endstufe nicht die am Ende der Ehezeit erreichte Dienstaltersstufe der Besoldungsordnung zugrunde zu legen (m. w. N.).
Bei der Berücksichtigung der Sonderzuwendung gem. § 7 des Gesetzes über die Gewährung einer jährlichen Sonderzuwendung (SZG) muss beachtet werden, dass nach § 9 Satz 2 SZG die bei der Anwendung der Ruhensvorschriften maßgebenden Höchstgrenzen für die Gewährung der Zuwendung zu verdoppeln sind (zutreffend OLG Bremen, FamRZ 1979, 830, 831; OLG Celle, FamRZ 1981, 975, 976; a. A. OLG Braunschweig, FamRZ 1981, 172, 174 f.). Das kann zur Folge haben, dass im Monat Dezember über den Grundbetrag der Sonderzuwendung (§ 7 SZG) hinaus auch noch ein in den übrigen Monaten ruhender Teil der Versorgung zu zahlen ist. Die Summe aus den elf Beamtenversorgungszahlungen für die Monate Januar bis November und die gesondert ermittelte Versorgungszahlung für Dezember ergibt nach Division durch zwölf die durchschnittliche monatliche Beamtenversorgung nach Anwendung von Ruhensvorschriften.
BGH, FamRZ 1983, 358 ff.
Der Senat hält nach erneuter Prüfung im Grundsatz an der bisherigen Methode zur Berechnung der auszugleichenden gekürzten Beamtenversorgung fest. In Abweichung von dem im Senatsbeschluss vom 6.7.1983 (FamRZ 1983, 1006 ff.) vertretenen Standpunkt erachtet er es aber für geboten, den letzten Schritt der bisher angewandten Berechnungsweise zu modifizieren: Nach der bisherigen Methode wurde der ehezeitliche Kürzungsbetrag von der vollen ungekürzten Versorgung abgezogen und erst der Restbetrag gem. § 1587a Abs. 2 Nr. 1 BGB im Verhältnis der in die Ehe fallenden Dienstzeit zur Gesamtzeit aufgeteilt. Das führt im Ergebnis zu einer **doppelten Quotierung** des eheanteiligen Kürzungsbetrages und damit, wie das OLG zutreffend ausführt, zu einer einseitigen, dem Halbteilungsgrundsatz widersprechenden Erhöhung des auszugleichenden Ehezeitanteils der Beamtenversorgung (vgl. Hoppenz, FamRZ 1983, 466). Dieses Ergebnis wird vermieden, wenn zunächst der Ehezeitanteil der ungekürzten Versorgung nach § 1587a Abs. 2 Nr. 1 BGB ermittelt und dann hiervon der eheanteilige Kürzungsbetrag abgesetzt wird (vgl. Johannsen/Henrich/Hahne, Familienrecht, § 1587a Rn. 81 „Berechnungsalternative"). Die systematische Stellung des § 1587a Abs. 4 BGB als erster Rechenschritt vor der Ermittlung des Ehezeitanteils nach § 1587a Abs. 2 Nr. 1 BGB („. . .so ist für die Wertberechnung von den nach Anwendung von Ruhensvorschriften ergebenden gesamten Versorgungsbezügen auszugehen") wiegt angesichts des § 1587a Abs. 6 Hs. 2 BGB, der nur eine sinngemäße anwendjung für den Fall des Zusammentreffens von gesetzlicher Rente und Beamtenversorgung vorschreibt, nicht so schwer, als dass diese übermäßige Verminderung in Kauf genommen werden müsste. Der Senat hält daher insoweit an seiner bisherigen Rechtsprechung nicht fest.
Im Übrigen vermag er dem OLG nicht zu folgen. Insbesondere bleibt der Grundsatz maßgebend, dass § 1587a Abs. 6 Hs. 2 BGB die Berücksichtigung der Ruhensregelung nicht vorschreibt, soweit die konkurrierende Rente vor der Ehezeit erworben wurde. Das Ruhen eines Teiles der Beamtenversorgung, für den die gesetzliche Rente insoweit die Alimentationsaufgabe übernimmt, ist nur beachtlich, soweit er auf Rentenanwartschaften beruht, die der Beamte in der Ehezeit erworben hat und an denen der Ehegatte infolgedessen im Wege des Splittings zu beteiligen ist (Senatsbeschluss vom 1.12.1982, FamRZ 1983, 361). . . .
Der Senat hat in seiner Entscheidung vom 1.12.1982 (a.a.O.) auch den Gesichtspunkt einer eventuellen Mehrbelastung in den Sonderfällen zweier aufeinanderfolgenden Ehen, in denen in erster Ehe nur eine gesetzliche Rente, in zweiter Ehe nur eine Beamtenversorgung erworben wurde, geprüft und bei erheblichen Auswirkungen auf die Möglichkeit einer Anwendung des § 1587c Nr. 1 BGB verwiesen.

Eine Heranziehung der für betriebliche Gesamtversorgungen und limitierte Betriebsrenten entwickelten Grundsätze (vgl. dazu Senatsbeschlüsse FamRZ 1991, 1416 ff.; 1421 ff. und 1995, 88 ff.), mit denen das OLG in seiner zweiten Berechnungsstufe den Vorwegabzug der nicht auf die ruhegehaltsfähige Dienstzeit entfallenden Kürzung begründen will, ist im Rahmen des § 55 BeamtVG nicht veranlasst. Während bei betrieblichen Gesamtversorgungen darauf zu achten ist, ob die Zeit, während der die Anwartschaften der in die Gesamtversorgung einbezogenen gesetzlichen Rente erworben worden sind, mit der für die Gesamtversorgung maßgebenden Zeit übereinstimmt, wovon bei betrieblichen Gesamtversorgungen nicht ohne weiteres ausgegangen werden kann (vgl. Senatsbeschluss vom 25.9.1991, FamRZ 1991, 1416, 1419), hebt § 55 BeamtVG nicht auf Doppelversorgungszeiten ab, sondern begrenzt ohne weitere Unterscheidung die Höchstversorgung nach der eines Nur-Beamten. Daher besteht auch keine Notwendigkeit, den Kürzungsbetrag bestimmten Zeiten des Versorgungserwerbs zuzuordnen (vgl. Senatsbeschluss vom 1.12.1982, FamRZ 1993, 361) bzw. die nicht auf die ruhegehaltsfähige Dienstzeit fallenden Renten zu eliminieren.

Eine solche, von der bisherigen Handhabung erheblich abweichende Berechnungsweise würde die ohnehin nicht einfache Ermittlung der gekürzten ehezeitlichen Beamtenversorgung im Übrigen unnötig erschweren. Die bisherige Methode des Senats ist von der Rechtsprechung und Literatur ganz überwiegend akzeptiert worden und hat sich auch in der Praxis der Versorgungsträger durchgesetzt (vgl. Staudinger/Rehme, a.a.O., Rn. 488 f., 505). Wie der große Senat für Zivilsachen des BGH im Beschluss vom 4.10.1982 (FamRZ 1983, 22; ebenso BGHZ 87, 155 und BGHZ 125, 218, 222) ausgeführt hat, treten im Falle einer durch gefestigte höchstrichterliche Rechtsprechung gefundenen Gesetzesauslegung die Rechtswerte der Rechtssicherheit und des Vertrauensschutzes in den Vordergrund und verlangen im allgemeinen ein Festhalten an der eingeschlagenen Rechtsentwicklung. Ein Abgehen von dieser Kontinuität kann nur ausnahmsweise bei zwingenden oder deutlich überwiegenden Gründen hingenommen werden. solche sind hier – mit Ausnahme des oben erwähnten Punktes – schon deshalb nicht ersichtlich, weil es sich, wie auch das OLG nicht verkennt, lediglich um geringfügige Abweichungen der Versorgungshöhe handelt. Darüber hinaus ist auch der Gesichtspunkt der Praktikabilität bei den auf dem Gebiet des Versorgungsausgleichs zur Entscheidung anstehenden Massenfällen von entscheidender Bedeutung.
BGH, FamRZ 2000, 746 ff.

– Unterhaltsbeiträge gem. § 77 BDO oder im Gnadenweg 163, 202

Unterhaltsbeiträge, die einen aus disziplinarischen Gründen entlassenen Beamten gem. § 77 BDO oder gnadenhalber (zu unterscheiden von Unterhaltsbeiträgen nach §§ 2, 15 BeamtVG!) gewährt werden, **unterliegen nicht dem Versorgungsausgleich.** Das gilt auch, wenn sie zeitlich unbefristet gezahlt werden und selbst dann, wenn sie die Höhe des bisher erreichten Ruhegehalts erreichen sollten.

Dem Versorgungsausgleich unterliegen nur solche Anrechte, die von einem Ehegatten während der Ehezeit **mit Hilfe seiner Arbeit oder seines Vermögens erworben wurden** (§ 1587 Abs. 1 Satz 2 BGB). Der Versorgungsanspruch eines Beamten beruht auf seinem **öffentlich-rechtlichen Treueverhältnis zu seinem Dienstherren** und der für diesen während der Dienstzeit geleisteten Arbeit. Hierfür wird er vom Dienstherrn während seiner aktiven Tätigkeit und später während des Ruhestandes angemessen alimentiert. Darauf hat er einen Rechtsanspruch. Hat der Beamte das Treueverhältnis zerstört und wird er aus disziplinarischen Gründen aus dem Beamtenverhältnis entlassen, geht er dieser Alimentation verlustig. Da es jedoch im Einzelfall unbillig sein kann, einen ehemaligen Beamten, der u. U. schon eine längere Dienstzeit zurückgelegt hat und nur noch schwer einen anderen Beruf ergreifen kann, verelenden zu lassen, sieht das Gesetz Möglichkeiten vor, ihm unter bestimmten Voraussetzungen einen sog. Unterhaltsbeitrag zu gewähren. Ein Rechtsanspruch hierauf besteht jedoch nicht (Lingen, Handbuch des Disziplinarrechts für Beamte und Richter in Bund und Ländern, Bd. 1, S. 195 f.). Der Unterhaltsbeitrag wird nur auf bestimmte Zeit gewährt. Er kann auf Antrag des Verurteilten in gesetzlichem Rahmen erhöht werden, wenn sich die wirtschaftlichen Verhältnisse des Verurteilten wesentlich verschlechtert haben (§ 110 Abs. 2 BDO). Er kann aber auch auf Antrag der Dienstbehörde herabgesetzt oder entzogen werden, wenn sich nachträglich herausstellt, dass der Verurteilte unwürdig oder nicht bedürftig war oder sich seine wirtschaftlichen Verhältnisse verbessert haben (§ 110 Abs. 1 BDO).

Außerdem kann ein Unterhaltsbeitrag auch **im Gnadenwege vom Bundespräsidenten gewährt werden**, wie es hier geschehen ist (§ 120 Abs. 1 BDO i. V. m. Art. 1 Nr. 4 der Anordnung des Bundespräsidenten über die Ausübung des Begnadigungsrechtes des Bundes v. 5. 10. 1965). Ein solcher Gnadenerweis steht im alleinigen Ermessen des Bundespräsidenten und ist nicht an gesetzliche Voraussetzungen wie in § 77 BDO gebunden. Je nach Inhalt des Gnadenerweises kann der Unterhaltsbeitrag im Einzelfall zeitlich befristet oder unbefristet, unter dem Vorbehalt des jederzeitigen Widerrufs, stehen.

Der Unterhaltsbeitrag nach § 77 BDO hat **nicht die Rechtsnatur einer Alimentation**, sondern ist reine Fürsorgeunterstützung, die ihren Grund in der in beschränktem Umfang noch fortwirkenden sozialen Fürsorge des Dienstherrn für den entlassenen Beamten hat. Anders als das Ruhegehalt soll der Unterhaltsbeitrag nicht den angemessenen Unterhalt sicherstellen, sondern nur den lebensnotwendigen Bedarf (BVerwGE 33, 77, 79).

Nichts anderes gilt für den im Gnadenwege unbefristet gewährten Unterhaltsbeitrag. Weder der Umstand, dass er hier unbefristet, noch dass er in Höhe des vollen, bis zum Beginn des vorzeitigen Ruhestandes erdienten Ruhegehalts gewährt wird, gibt ihm den Charakter eines Ruhegehaltes. Auch die – ebenfalls frei widerrufliche – Zuerkennung der Beihilfeberechtigung soll den entlassenen Beamten nur vor wirtschaftlicher Not im Krankheitsfall schützen, ihn aber nicht einem Ruhestandsbeamten gleichstellen.

Ob für Unterhaltsbeiträge nach dem BeamtVG (§§ 2 Abs. 1 Nr. 1, 15 BeamtVG), auf die ein echter Rechtsanspruch besteht, gleiches zu gelten hat wie zu den Unterhaltsbeiträgen nach der BDO oder im Gnadenwege, kann hier dahinstehen, weil sie nicht miteinander vergleichbar sind. (Zum Meinungsstand s. Johannsen/Henrich-Hahne, Eherecht, § 1587a BGB Rn. 39; Soergel/Hinz, BGB, § 1587a Rn. 16).
BGH, FamRZ 1997, 158 ff.

– Vorzeitiger Ruhestand nach Ehezeitende 209, 228

In der Ehezeit von zehn Jahren haben beide Parteien Versorgungsanrechte erworben, die Ehefrau 134,14 DM aus einer kurzfristigen Erwerbstätigkeit zu Beginn der Ehe und aus der Anrechnung von Kindererziehungszeiten, der Ehemann als Polizeibeamter. Zum 31. 7. 1993 ist der Ehemann aufgrund Dienstunfähigkeit vorzeitig in den Ruhestand versetzt worden. Der Ehezeitanteil seiner Versorgung beträgt unter Zugrundelegung einer (fiktiven) ruhegehaltsfähigen Gesamtzeit bis zum Erreichen der regulären Altersgrenze 1 639,17 DM, unter Berücksichtigung der tatsächlich zum 31. 7. 1993 erfolgten Ruhestandsversetzung 2 328,49 DM monatlich.

Dem Ausgleich der Versorgung eines in den vorzeitigen Ruhestand versetzten Beamten ist als Gesamtzeit auch dann die Zeit bis zu seinem Ausscheiden aus dem Beamtenverhältnis zugrunde zu legen, wenn diese wie hier nach dem Ende der Ehezeit liegt (vgl. BGH, FamRZ 1991, 1415). Nach Inkrafttreten des § 10a VAHRG ist für den Fall, dass der Beamte (erst) nach Ehezeitende wegen Dienstunfähigkeit vorzeitig in den Ruhestand getreten ist, nicht nur die Abänderung einer rechtskräftigen Ausgleichsentscheidung möglich, sondern eine solche Tatsache bereits im Erstverfahren zu berücksichtigen (BGH, FamRZ 1989, 492).
OLG Koblenz, FamRZ 1996, 555

Beitragszahlungspflicht nach § 3b VAHRG 477 ff.

– Ermessenskriterien, Einzelfälle

Allerdings ist § 3b VAHRG als **eine Ermessensregelung ausgestaltet**, bei der es im pflichtgemäßen Ermessen des Tatrichters steht, ob und in welchem Umfang er den Ausgleichsverpflichteten zu

Beitragszahlungen heranzieht. Dabei muss er seine Entscheidung vorrangig am Normzweck ausrichten und das Interesse der Ehegatten zum Maßstab machen (BGH, FamRZ 1992, 921, 923). Das Gericht der weiteren Beschwerde kann nur prüfen, ob er sein Ermessen unsachgemäß oder in einer mit den gesetzlichen Maßstäben nicht übereinstimmenden Weise ausgeübt und die ihm eingeräumten Ermessensgrenzen überschritten hat oder wesentliche Gesichtspunkte nicht erwogen hat, die für die Beurteilung hätten herangezogen werden müssen.

Das OLG ist zwar im Ansatz zutreffend davon ausgegangen, dass § 3b VAHRG in erster Linie das Ziel verfolgt, die Nachteile des schuldrechtlichen Versorgungsausgleichs für den Ausgleichsberechtigten möglichst zu vermeiden und ihm eine eigenständige Versorgung zu verschaffen (BGH, a. a. O., S. 922). Dafür stellt das Gesetz (subsidiär) auch die Möglichkeit der Verpflichtung zur Beitragszahlung zur Verfügung, knüpft sie aber an die Bedingung der wirtschaftlichen Zumutbarkeit für den Verpflichteten. Diese gibt strengere Maßstäbe vor, als sie das OLG angelegt hat.

Das wird insbesondere aus der Entstehungsgeschichte des § 3b Abs. 1 Nr. 2 VAHRG und des mit ihr korrespondierenden § 1587 Abs. 1 BGB sowie aus einem Vergleich mit der früheren Regelung der §§ 1587b Abs. 3, 1587d Abs. 1 und 1587l Abs. 1 BGB deutlich, die ebenfalls eine Beitragszahlungspflicht regelten. Nach früherem Recht war die Beitragszahlung zwingend anzuordnen (§ 1587b Abs. 3 Satz 1 BGB). Sie konnte auf Antrag der Verpflichteten nur ruhen, solange und soweit der Verpflichtete durch die Zahlung unbillig belastet, insbesondere außerstande gesetzt wurde, sich selbst angemessen zu unterhalten und seine gesetzlichen Unterhaltspflichten zu erfüllen (§ 1587d Abs. 1 BGB). Auch eine Abfindung des künftigen schuldrechtlichen Versorgungsausgleich war erst dann zu versagen, wenn der Verpflichtete hierdurch unbillig belastet wurde (§ 1587l Abs. 1 a. F. BGB). Der Maßstab der unbilligen Belastung schloss nicht aus, dass dem Verpflichteten wesentlich größere Vermögensopfer zugemutet wurden, als es derjenige der wirtschaftlichen Zumutbarkeit nunmehr zulässt – über Kreditaufnahmen bis hin zu einer Verwertung seines Vermögensstammes, u. U. auch eines Eigenheimes (vgl. BT-Drucks. 10/6379, S. 18; aber auch Senatsbeschluss, BGHZ 18, 152, 152 = FamRZ 1981, 1051 m. Anm. Bergner S. 1187). Darin hat das BVerfG eine unverhältnismäßige Belastung des Verpflichteten gesehen und die Regelung der früheren Beitragszahlung für verfassungswidrig erklärt (BVerfGE 63, 88 ff. = FamRZ 1983, 342, 347). An ihre Stelle trat für einen Großteil der auszugleichenden Versorgungen, insbesondere der Betriebsrenten, ausnahmslos der schuldrechtliche Versorgungsausgleich, der den Berechtigten nur unzureichend absicherte. Nachdem auch dieser Rechtszustand vom BVerfG als mit Art. 3 Abs. 1 GG unvereinbar gerügt wurde (BVerfGE 71, 364 ff. = FamRZ 1986, 543 f.), sah sich der Gesetzgeber vor die Aufgabe gestellt, neben anderen Ausgleichsmodalitäten wieder eine (modifizierte) Beitragszahlungspflicht einzuführen. Sie durfte indes nicht wie früher zu unverhältnismäßigen Belastungen des Verpflichteten führen, indem sie wie die bisherige Fassung der §§ 1587d Abs. 1 und 1587l Abs. 2 BGB die wirtschaftliche Bewegungsfreiheit des Verpflichteten zu sehr, nämlich bis zur Grenze der unbilligen Belastung, einschränkte. Mit dem neuen Prüfungsmaßstab der wirtschaftlichen Zumutbarkeit sollten vielmehr derart weitgehende Belastungen des Verpflichteten vermieden werden (BT-Drucks. 10/5447, S. 25; BT-Drucks. 10/6369, S. 18, jeweils zu § 1587l Abs. 1 BGB). Insbesondere werden ihm nunmehr „. . . nur solche Vermögensopfer abverlangt, die zu seiner wirtschaftlichen Gesamtsituation in einem angemessenen Verhältnis stehen, also weder seiner Gesamtsituation in einem angemessenen Verhältnis stehen, also weder seinen angemessenen Unterhalt gefährden, noch den Stamm seines Vermögens angreifen". (BT-Drucks. 10/6369, S. 20, zu § 3b Abs. 1 Nr. 2 VAHRG; vgl. auch Johannsen/Henrich/Hahne, Eherecht, § 1587l Rn. 6; Wagenitz, FamRZ 1987, 1, 4).

Daraus wird deutlich, dass die wirtschaftliche Opfergrenze, die bisher im Wesentlichen auf die Schonung des angemessenen Unterhalts des Verpflichteten und seiner Unterhaltsgläubiger abgestellt, **deutlich angehoben und stärker als bisher auf die Interessen des Verpflichteten Rücksicht genommen werden sollte**. Das ist auch deshalb gerechtfertigt, weil mit der gleichzeitigen Einführung des verlängerten schuldrechtlichen Versorgungsausgleichs gem. § 3a VAHRG der

Berechtigte auch für den Fall des Todes des Verpflichteten hinreichend abgesichert ist. Denn in den weitaus meisten Fällen betrieblicher Altersversorgungen sind nach deren Regelungen die Voraussetzungen für einen Anspruch gegen Versorgungsträger gegeben. Da zudem die Höhe der zu entrichtenden Beiträge zu dem erlangten Versicherungsschutz in der gesetzlichen Rentenversicherung in keinem günstigen Verhältnis steht und aus diesem Grunde auch die freiwillige Versicherung allgemein rückläufig ist, wird zu Recht vertreten, dass die Interessen des Berechtigten an eigenen Rentenanwartschaften durch Beitragszahlung gegenüber den Interessen des Verpflichteten an weitgehender Schonung seiner wirtschaftlichen Verhältnisse nicht zu hoch zu bewerten sind (Soergel/Schmeiduch, BGB, § 3b Rn. 24).

Ob der Vermögensstamm, wie es die Begründung des Rechtsausschusses (BT-Drucks. 10/6369, a. a. O.; Wagenitz, a. a. O.) nahe legt, gänzlich unangetastet bleiben soll, ist streitig (vgl. Soergel/ Schmeiduch, a. a. O., m. w. N.). Einigkeit besteht weitgehend dahin, dass der Verpflichtete nicht überwiegende Teile eines ihm gebührenden Zugewinns oder eines sonstigen ihm nach der Auseinandersetzung verbliebenen Vermögens aufgeben muss (vgl. BT-Drucks. 10/5447, a. a. O.; Johannsen/Henrich/Hahne, a. a. O.; MüKo/Sander, BGB, § 3b VAHRG, Rn. 39; RGRK/Wick, BGB, a. a. O., Rn. 38; Soergel/Schmeiduch, a. a. O., jeweils m. w. N.).

Auch der Senat ist der Auffassung, dass der Vermögensstamm grundsätzlich angegriffen werden kann. Allerdings kommt es auf die Umstände des Einzelfalles an. Keine Bedenken bestehen bei Vermögensverhältnissen, wenn ausreichendes Kapital in Form von wirtschaftlich angemessen verwertbarem Wertpapiervermögen oder Beteiligungen vorhanden ist, das weder zur Absicherung der eigenen angemessenen Alterssicherung des Verpflichteten bestimmt ist noch dem Erwerb einer Immobilie zu Wohnzwecken dienen soll. Besteht dagegen das Vermögen – wie hier – im wesentlichen aus dem (Mit-)Eigentum an einem Haus, das der Verpflichtete im Laufe seines Erwerbslebens mittels seines Einkommens abgezahlt hat und das bisher ihm und seiner Familie zu Wohnzwecken diente, ist ihm selbst dann, wenn das Haus im Zuge der Vermögensauseinandersetzung veräußert werden muss, nicht ohne weiteres zuzumuten, diesen Erlös ganz oder zum überwiegenden Teil für eine Beitragszahlung einzusetzen. Vielmehr ist sein berechtigtes Interesse, sich vom verbleibenden Erlös ein neues, seinen Bedürfnissen auch der Scheidung entsprechendes Eigenheim, etwa eine Eigentumswohnung, anzuschaffen, gegen das Interesse des Berechtigten am Erwerb gesetzlicher Rentenanwartschaften abzuwägen. Dabei spielt eine entscheidende Rolle, ob der Berechtigte durch den verlängerten schuldrechtlichen Versorgungsausgleich abgesichert ist. Ferner kommt es auf das Alter des Verpflichteten und darauf an, ob er noch in der Lage ist, den Vermögensverlust wieder auszugleichen. Schließlich ist auch zu fragen, ob der Verpflichtete noch im Rahmen eines Zugewinnausgleichs in Anspruch genommen wird oder mit sonstigen hohen Scheidungsfolgekosten zu rechnen hat (vgl. BT-Drucks. 10/6369 S. 18).

Das OLG hat nicht alle diese Gesichtspunkte gegeneinander abgewogen. Bedenken bestehen zum einen schon dagegen, dass es den Ehemann zu Beitragszahlungen verpflichtet hat, bevor überhaupt feststeht, ob, zu welchem Zeitpunkt und vor allem zu welchem Preis das Haus verkauft werden kann. Auch wenn die Angaben der Parteien über den seinerzeit erzielbaren Erlös mit 212 000 DM bis 218 000 DM nicht wesentlich voneinander abweichen, beruht dies doch auf einer Annahme, die sich angesichts des Wandels der wirtschaftlichen Verhältnisse auf dem Immobilienmarkt nicht zu bewahrheiten braucht. Da es sich bei der Verurteilung zur Beitragszahlung um einen Leistungstitel handelt, der mit Eintritt der Rechtskraft vollstreckbar ist, kann der Fall eintreten, dass das Haus bis zu diesem Zeitpunkt noch nicht verkauft ist und der Ehemann über kein entsprechendes Kapital verfügt. Dann kann das Bestehen dieses Titels die Ehegatten sogar zu einem Verkauf des Hauses zwingen. Auch ist nicht bedacht worden, dass sich die Beitragszahlungspflicht im Zuge von Rentensteigerungen laufend erhöht und es daher mit an Sicherheit grenzender Wahrscheinlichkeit nicht bei dem Zahlbetrag von rund 68 000 DM bleibt. Zum anderen übersteigt die Inanspruchnahme von rund 70 % (oder voraussichtlich sogar mehr) des dem Verpflichteten nach der Vermögensauseinandersetzung verbleibenden Vermögens die vom Gesetz gewollte Opfergrenze. Nicht festgestellt ist ferner, ob der Ehemann nicht noch weitere Belastungen durch einen Zugewinnausgleich oder sonstige Scheidungsfolgekosten hat.

Das OLG war ferner der Auffassung, dass die Ehefrau durch eigene und ihr übertragene Anwartschaften i. H. von insgesamt monatlich rund 1 618 DM noch nicht ausreichend abgesichert sei und daher der Begründung des vollen noch ausstehenden Restbetrages von monatlich 357,19 DM durch Beitragszahlung bedürfe. Es hat dabei nicht in Betracht gezogen, dass die Ehefrau gegen die Pensionskasse im Falle des Todes des Ehemannes einen Anspruch auf verlängerten schuldrechtlichen Versorgungsausgleich hat (vgl. Art. 41 V der Satzung i. V. mit § 3a Abs. 1 VAHRG), dem auch Art. 14 der Satzung nicht entgegensteht, wonach die Witwenrente eines geschiedenen Ehegatten mit Rechtskraft der Scheidung erlischt (vgl. Schwab/Hahne, Handbuch des Scheidungsrechts, VI, Rn. 250). Dieser Anspruch ist, wie oben ausgeführt, auch in seiner Dynamik der gesetzlichen Rente vergleichbar, da die laufenden Renten einschließlich der Hinterbliebenenrenten bisher in vergleichbarem Umfang von der Pensionskasse angepasst wurden. Für ein überwiegendes Interesse der Ehefrau an der Begründung gesetzlichen Rentenanwartschaften besteht daher kein zwingender Anhaltspunkt. Zumindest wäre zu erwägen gewesen, ob nicht auch eine weniger einschneidende Maßnahme, etwa die Begründung nur eines kleineren Teils des geschuldeten Ausgleichsrestes oder die Anordnung von Ratenzahlungen, ausgereicht hätte.

BGH, FamRZ 1997, 166, 169

Zur Anwendung des § 3b VAHRG hat das OLG ausgeführt: Das Interesse der Ehefrau an der Erlangung einer eigenständigen Versorgung habe Vorrang vor demjenigen des Mannes, seine öffentlich-rechtlichen Versorgungsanrechte möglichst zu behalten. Letzterem habe das Gesetz bereits dadurch Rechnung getragen, dass der erweiterte Ausgleich auf 2 % der monatlichen Bezugsgröße beschränkt und die Beitragszahlung von der wirtschaftlichen Zumutbarkeit abhängig gemacht sei. Zwar könne der schuldrechtliche Versorgungsausgleich zu einer betragsmäßig höheren Rente führen, aber die Ehefrau bestehe in Kenntnis dessen auf dem erweiterten öffentlich-rechtlichen Ausgleich. Dafür spreche auch, dass aufgrund der besonderen Umstände des vorliegenden Falles nicht hinreichend gewährleistet sei, dass die Ehefrau den erforderlichen Antrag (§§ 1587 f. BGB) stellen werde. Ferner habe es der Ehemann als Alleingesellschafter der M.-GmbH in der Hand, durch unternehmerische Gestaltungsmöglichkeiten die Ausgleichszahlung zu vereiteln. Umstände, die dafür sprechen könnten, dass ausnahmsweise das Interesse des Ehemannes überwiege, seien nicht ersichtlich. Auch Anhaltspunkte dafür, dass ihm unter Berücksichtigung seiner wirtschaftlichen Verhältnisse die Beitragszahlung gem. § 3b Abs. 1 Nr. 2 VAHRG nicht zumutbar sei, seien weder vorgetragen noch sonst ersichtlich.

Die weitere Beschwerde sieht in diesen Erwägungen zu Recht keine beanstandungsfreie Ausübung des dem Gericht im Rahmen des § 3b VAHRG obliegenden pflichtgemäßen Ermessens (dazu allgemein BGH FamRZ 1993, 172). Soweit das OLG auf die Antragstellung nach §§ 1587f. BGB abhebt, übersieht es, dass auch Leistungen der gesetzlichen Rentenversicherung nur auf Antrag gewährt werden. Nach einer im Schrifttum vertretenen Ansicht, die der Senat teilt, kann aus der Sicht des Ausgleichspflichtigen von der Anwendung des § 3b VAHRG abzusehen sein, wenn auszugleichende Anrechte ähnlich ungesichert erscheinen wie die nach Abs. 2 der Vorschrift ausdrücklich vom öffentlich-rechtlichen Ausgleich ausgenommenen ausländischen Anrechte (vgl. 12. Aufl., Rn. 15; MüKo/Sander, BGB, § 3b VAHRG Rn. 16; Johannsen/Henrich/Hahne, Eherecht, Rn. 11 – jeweils zu § 3b VAHRG; Michalis/Sander, DAngVers 1987, 86, 88).

Insoweit macht die weitere Beschwerde geltend, dass durch die Anwendung des § 3b VAHRG dem Ehemann einseitig das Insolvenzrisiko auferlegt werde, weil er Gefahr laufe, beträchtliche Geldleistungen zur Begründung von Rentenanwartschaften der Ehefrau aufzubringen, während er leer ausgehen könne, wenn die M.-GmbH ihre Rentenverpflichtungen aus von ihm nicht zu vertretenden Gründen nicht erfüllen könne. Diesen nicht von der Hand zu weisenden Gesichtspunkt hat das OLG in seine Interessenabwägung nicht einbezogen. Für die Auferlegung von Beitragszahlungen verlangt das Gesetz weiter die positive Feststellung, dass dies dem Verpflichteten nach seinen wirt-

schaftlichen Verhältnissen zumutbar ist. Es genügt nicht, dass lediglich Anhaltspunkte für die Unzumutbarkeit fehlen, wie das OLG angenommen hat.
BGH, FamRZ 1999, 158, 159

Die vom Arbeitgeber gezahlte Abfindung von 104 000 DM dient der Auffüllung der Einkommensnachteile, die mit dem vorzeitigen Ausscheiden aus der Erwerbstätigkeit verbunden sind, und ist deshalb für den Unterhalt, nicht aber für den Versorgungsausgleich einzusetzen. Die Ehefrau hat auch bereits Unterhaltsansprüche geltend gemacht.

Die vom Arbeitgeber als Direktversicherungen ausgestalteten Lebensversicherungen zugunsten des Ehemannes mit dem in der Aufstellung angegebenen Rückkaufswert von 48 373,52 DM stehen nicht zur Verfügung des Ehemannes und sind nicht zur Finanzierung der Beitragszahlung einzusetzen.

Abzusetzen sind ferner der vom Ehemann an die Ehefrau gezahlte Zugewinnausgleich von 60 000 DM sowie die bereits auferlegte Beitragszahlung mit einem Betrag von 50 000 DM. Den danach verbleibenden restlichen Vermögenswert von etwas mehr als 32 000 DM muss der Ehemann nicht auch noch für weitere Beitragszahlungen angreifen.
OLG Hamm, FamRZ 1999, 928, 929

Ein weitergehender öffentlich-rechtlicher Versorgungsausgleich gem. § 3b Abs. 1 Nr. 2 VAHRG durch Beitragszahlung in die gesetzliche Rentenversicherung ist dem Ehemann weder zumutbar, noch läge dieses im Interesse der Parteien.

Im Rahmen des Versorgungsausgleichs durch Beitragszahlung ist zu beachten, dass Beiträge nach § 187 Abs. 5 SGB VI nur dann als im Zeitpunkt des Endes der Ehezeit als gezahlt gelten, wenn sie bis zum dritten Kalendermonat nach Zugang der Mitteilung über die Rechtskraft der Entscheidung gezahlt werden. Spätere Beitragszahlungen wären bei weiter steigendem aktuellen Rentenwert in jeweils geringere Entgeltpunkte umzurechnen. Wenn der Ehemann den gesamten Betrag der notwendigen Beiträge innerhalb dieser drei Monate zahlen würde, beliefe sich dieser auf 111 984 25 DM.

Dem Ehemann, der Renten bezieht und nicht über Vermögenswerte verfügt, ist weder eine entsprechende Zahlung binnen drei Monaten ab Rechtskraft der Entscheidung noch eine – höhere – Ausgleichszahlung durch Ratenzahlungen zumutbar. Dabei ist von folgenden Einkommensverhältnissen und laufenden Belastungen des Ehemannes auszugehen:

Erwerbsunfähigkeitsrente	3 563,83 DM
Vorruhestandspension	4 268,37 DM
Gesamteinkommen somit	7 832,37 DM
./. Unterhaltszahlungen an die Ehefrau	1 850,00 DM
./. Steuerausgleich Ehefrau	214,00 DM
./. Kranken- und Pflegeversicherung	919,80 DM
./. Lebensversicherungsbeitrag	284,45 DM
./. Mietkosten	1 220,00 DM
./. Stromkosten	34,00 DM
./. Telefonkosten	30,00 DM
./. Rundfunk- und Fernsehgebühren	30,00 DM
./. Essen auf Rädern	300,00 DM
./. Haushaltshilfe	400,00 DM
Nach Abzug der laufenden Kosten verbleibendes Einkommen	2 548,95 DM

Von diesem verbleibenden Einkommen ist der Ehemann keineswegs in der Lage, den Gesamtbetrag der Beitragszahlungen innerhalb von drei Monaten ab Rechtskraft der Scheidung einzuzahlen. Zu berücksichtigen ist dabei, dass er bereits fast 61 Jahre alt und Rentenempfänger ist. Mangels jeglicher Vermögenswerte bedürfte auch ein Kredit i. H. der notwendigen Beiträge von mehr als 111 000 DM nicht möglich sein. Im Hinblick auf die Höhe des bei Ratenzahlung aufzubringenden Betrages und das dem Ehemann noch zur Verfügung stehende Einkommen erscheint dem Senat auch eine Beitragspflicht durch Ratenzahlung unzumutbar.

Hinzu kommt, dass ein öffentlich-rechtlicher Versorgungsausgleich durch Beitragszahlung auch nicht im Interesse der Parteien läge. Für den Ehemann bedarf dieses keiner näheren Begründung. Aber auch für die Ehefrau würde sich eine Beitragszahlung vermutlich negativ auswirken. Dabei ist zu berücksichtigen, dass die betrieblichen Versorgungsanwartschaften des Ehemannes, die zwar nicht volldynamisch sind, aber nach § 16 BetrAVG angepasst werden, für den öffentlich-rechtlichen Versorgungsausgleich in volldynamische Anwartschaften der gesetzlichen Rentenversicherung umzurechnen sind. Die geringere, eine Volldynamik nicht erreichende Steigerung der Betriebsrente würde der Ehefrau damit im Versorgungsausgleich entgehen. Demgegenüber sind betriebliche Rentenanwartschaften im Rahmen des schuldrechtlichen Versorgungsausgleichs i. H. des nach Erhöhung geltenden statischen Zahlbetrages auszugleichen. Im wirtschaftlichen Endergebnis wird der spätere schuldrechtliche Versorgungsausgleich für die Ehefrau somit günstiger ausfallen als ein öffentlich-rechtlicher Versorgungsausgleich durch Beitragszahlung. Dabei ist auch zu berücksichtigen, dass der Ehefrau gem. § 3a Abs. 1 VAHRG ein Anspruch auf Verlängerung des schuldrechtlichen Versorgungsausgleichs zusteht, zumal die Betriebsrente des Ehemannes eine Hinterbliebenenversorgung einschließt (vgl. RGRK/Wick, BGB, § 3b VAHRG Rn. 39).
OLG Celle, FamRZ 1998, 930, 931

– Nach Eintritt des Altersfalls beim Berechtigten 478

Dass die Ehefrau bereits älter als 65 Jahre ist, hindert die Begründung von Rentenanwartschaften durch Entrichtung von Beiträgen nicht. Zwar bestimmt § 3b Abs. 1 Nr. 2 Satz 1 Halbsatz 2 VAHRG, dass der Ausgleichspflichtige zur Beitragszahlung nur verpflichtet werden kann, solange der Berechtigte die Voraussetzungen für ein Altersruhegeld aus der gesetzlichen Rentenversicherung noch nicht erfüllt. Danach scheidet eine Beitragszahlung aber nicht schon dann aus, wenn der Berechtigte die Altersgrenze überschritten hat, sondern, wie der Senat zur gleichlautenden Regelung des § 1576b Abs. 3 Satz 1 Halbsatz 2 BGB entschieden hat, erst mit der Erteilung eines bindenden Altersruhegeldbescheids (BGH, FamRZ 1981, 1051, 1059, m. Anm. Bergner, 1167). Einen solchen hat die Ehefrau nicht erhalten.

Der Anordnung der Beitragszahlung steht auch nicht § 1587e Abs. 3 BGB entgegen, der nach § 3b Abs. 1 Nr. 2 Satz 2 VAHRG entsprechend gilt. Jene Regelung sieht vor, dass der Anspruch auf Entrichtung von Beiträgen erlischt, sobald der schuldrechtliche Versorgungsausgleich nach § 1587g Abs. 1 Satz 2 BGB verlangt werden kann. Das bedeutet jedoch nicht, dass mit Eintritt der in § 1587g Abs. 1 Satz 2 BGB aufgeführten Voraussetzungen zwangsläufig die Möglichkeit der Einzahlungsanordnung entfällt (so offenbar Johannsen/Henrich-Hahne, Eherecht, § 3b VAHRG Rn. 29 i. V. m. § 1587e Rn. 10, § 1587f Rn. 15). Dieses Ergebnis liefe nicht nur dem mit der Einführung dieser Regelung verfolgten von der Verfassung gebotenen Gesetzesziel zuwider, den schuldrechtlichen Versorgungsausgleich nach Möglichkeit zugunsten des öffentlich-rechtlichen Ausgleichs zurückzudrängen (BT-Drucks. 1016339 S. 19; BVerfGE 71, 364; FamRZ 1986, 543); es kann auch nicht als die zwingende Folge der genannten gesetzlichen Regelungen und ihres Zusammenspiels angesehen werden.

Mit dem bereits erwähnten Beschl. BGH, FamRZ 1981, 1051, 1059 hat der Senat zum Versorgungsausgleich durch Beitragsentrichtung nach § 1587b Abs. 3 BGB a. F. entschieden, dass das Erlöschen des Anspruchs auf Beitragsentrichtung nach § 1587e Abs. 3 BGB nicht allein vom Eintritt der in § 1587g Abs. 1 Satz 2 BGB aufgeführten Alternativen abhängt, vielmehr außerdem die allgemeinen Voraussetzungen für den schuldrechtlichen Versorgungsausgleich erfüllt sein müssen, und § 1587e Abs. 3 BGB keine Regelung enthält, die – ähnlich wie § 1587b Abs. 3 Satz 1 Halbsatz 2 BGB – der Durchführung des Versorgungsausgleichs durch Beitragsentrichtung von vornherein entgegen stehen kann (a. a. O., 1989 ff.; zustimmend Palandt/Diederichsen, BGB, § 1587e Anm. 4; Rolland, 1. Eherechtsreformgesetz, § 1587b Rn. 59, § 1598e Rn. 3 – ablehnend Johannsen/Henrich-Hahne, Eherecht, § 1587f Rn. 15; MüKo/Maier, BGB, Ergänzung zu § 1587e Rn. 9).

An dieser Auffassung hält der Senat gerade auch für die durch § 3b 1 VAHRG geschaffene Rechtslage fest. Der Einwand, dass diese Rechtsprechung einseitig auf die Situation des Ausgleichsberechtigten abstelle und das Schonungsbedürfnis des Ausgleichsverpflichteten nach Eintritt seines Versorgungsfalls nicht genügend berücksichtige, trifft für den Fall der Beitragsentrichtung nach § 3b Abs. 1 Nr. 2 VAHRG um so weniger zu, als der Ausgleichspflichtige ohnehin nur zur Beitragsentrichtung verpflichtet werden kann, wenn ihm dies nach seinen wirtschaftlichen Verhältnissen zumutbar ist. Es trifft in dieser Allgemeinheit auch nicht zu, dass dem Ausgleichsberechtigten nach Eintritt der in § 1587g Abs. 1 Satz 2 BGB bezeichneten Umstände mehr mit einem Anspruch auf Ausgleichsrente als mit dem Anspruch auf Beitragszahlung gedient wäre. Das macht der vorliegende Fall deutlich. Er zeigt, dass der Berechtigte auch nach Überschreiten der Altersgrenze oder Eintritt der Erwerbsunfähigkeit ein dringendes Interesse an einer eigenständigen und von der Person des Pflichtigen unabhängigen Versorgung haben kann, etwa weil die ihm aus dem schuldrechtlichen Versorgungsausgleich erwachsene Versorgung nach dem Tod des Verpflichteten entfällt und ein verlängerter Ausgleich nach § 3a VAHRG ausscheidet.

Ob und inwieweit ein Ausgleich durch Verpflichtung zur Beitragszahlung (§ 3b Abs. 1 Nr. 2 VAHRG), der im Gegensatz zu dem nach Nr. 1 der Vorschrift (erweitertes Splitting) innerhalb des durch § 1587b Abs. 5 BGB vorgesehenen Rahmens keinem Höchstbetrag unterliegt, sondern allein durch die wirtschaftliche Zumutbarkeit für den Verpflichteten begrenzt wird, im vorliegenden Fall angeordnet werden kann, lässt sich mangels ausreichender tatrichterlicher Feststellungen über die wirtschaftlichen Verhältnisse des Ehemannes, der in völligen Vermögensverfall geraten zu sein behauptet, bisher nicht beurteilen.

BGH, FamRZ 1988, 936, 938, 939

Berufsständige Versorgungen 352 ff.

– Leistungsdynamische Versorgungen 415

Versorgungsanrechte bei dem **Versorgungswerk der Zahnärztekammer Schleswig-Holstein (ZKSH) und der Erweiterten Honorarverteilung der Kassenzahnärztlichen Vereinigung Schleswig-Holstein (EHV)** bestehen unabhängig voneinander; beim EHV erworbene Versorgungsanrechte sind gem. § 1 Abs. 3 VAHRG in den öffentlich-rechtlichen Ausgleich einzubeziehen (Beschl. v. 29. 6. 1988, IVb ZB 61/85, EzFamR, BGB § 1587a Nr. 50).

Zwar hat die Ehefrau im Hinblick auf Anrechte aus der EHV ausgeführt, der schuldrechtliche Ausgleich sei insoweit für sie „deutlich günstiger". Das Verfahren über den öffentlich-rechtlichen Versorgungsausgleich ist aber weitgehend der Parteiautonomie entzogen, zumal auch Belange der Solidargemeinschaft der Versicherten berührt werden. Nach allgemeinen Grundsätzen hat das Gericht im Scheidungsverbundverfahren von Amts wegen sämtliche Versorgungsanrechte der Parteien zu ermitteln und den öffentlich-rechtlichen Versorgungsausgleich nach den gesetzlichen Vorschriften durchzuführen; eine wirksame Parteivereinbarung gem. § 1587o BGB, die dem im Einzelfall Grenzen setzen könnte, ist vorliegend nicht zustande gekommen. Einen Antrag gem. § 1587b Abs. 4 BGB hat die Ehefrau nicht gestellt, so dass dahinstehen kann, ob ein solcher es gerechtfertigt hätte, die Anrechte beim EHV nicht öffentlich-rechtlich auszugleichen. Auch ging es nicht um den Sonderfall des § 3b VAHRG, bei dem das Gericht dem schuldrechtlichen Ausgleich unterfallende Anrechte in engen Grenzen öffentlich-rechtlich ausgleichen kann, dabei aber einen entgegenstehenden Willen des ausgleichsberechtigten Ehegatten zu beachten hat (vgl. BGH, FamRZ 1993, 172). Da demnach sowohl die Anrechte des Ehemannes bei der ZKSH als auch solche beim EHV dem Ausgleich nach § 1 Abs. 3 VAHRG unterfallen, bedeutet es einen Verstoß gegen den Amtsermittlungsgrundsatz des § 12 FGG, dass über Existenz und Höhe von Anrechten des Ehemannes beim EHV keine Feststellungen getroffen worden sind (vgl. BGH, FamRZ 1982, 471, 473; Keidel/Kuntze/Winkler-Amelung, FGG, § 12 Rn. 95).

Die Anrechte des Ehemannes beim ZKSH sind als **im Anwartschaftsstadium statisch und im Leistungsstadium volldynamisch** zu beurteilen. Denn nach § 12 der Satzung des Versorgungswerks richteten sich die Beiträge der Versicherten nach dem jeweiligen Höchstbetrag, der nach den Regeln des SGB VI an die gesetzliche Rentenversicherung zu zahlen ist. Darin liegt keine Dynamik im Anwartschaftsstadium, weil der Wert der Anrechte ausschließlich von den eigenen Beitragsleistungen des Versicherten abhängt, ohne dass sich insoweit eine allgemeine Einkommenssteigerung auswirkt. Die Struktur des ZKSH entspricht derjenigen der Landesärztekammer Hessen und der der Zahnärztekammer Niedersachsen, die beide als im Anwartschaftsteil statisch zu beurteilen sind (vgl. BGH, FamRZ 1992, 165; 1989, 155). Auch die eigene Einschätzung des Versorgungswerks geht in diese Richtung, wie aus dessen Auskunft hervorgeht, die sich auf eine beigefügte sachverständige Äußerung des Versicherungsmathematikers K. stützt.

Für die Annahme zur Dynamik einer Versorgung im Anwartschaftsstadium reicht es nicht aus, wenn die Beiträge an eine regelmäßig angepasste allgemeine Bemessungsgrundlage wie hier diejenige der gesetzlichen Rentenversicherung gekoppelt sind und das Mitglied infolgedessen mit jeder Anhebung dieser Bemessungsgrundlage entsprechend höhere Anwartschaften erwerben muss (sog. **Beitragsdynamik**; vgl. BGH, FamRZ 1983, 40, 41; 1991, 310, 312, m. w. N.). Dass die Struktur der ZKSH mit der des **Versorgungswerks der Landesärztekammer Hessen** vergleichbar ist, wird auch im Schrifttum vertreten (vgl. Soergel/Zimmermann, BGB, Nachtrag, § 1587a Rn. 211).

Die Satzung des Versorgungswerks sieht in § 25 Abs. 3 zwar eine Anpassung der laufenden Leistungen an die Veränderung der Lebenshaltungskosten und der Kaufkraft vor, nicht aber auch eine solche der Anwartschaften, die vielmehr nach Maßgabe des Beitrags- und Leistungsverzeichnisses im Anhang zur Satzung in einer festen Beziehung zu den geleisteten Beiträgen stehen. Aus den bereits erwähnten Ausführungen des Versicherungsmathematikers K. geht hervor, dass der mit monatlich 1 814,90 DM bemessene Nennbetrag des Anrechts des Ehemannes gem. § 1587a Abs. 2 Nr. 4 c BGB ermittelt worden ist. Eine solche Rentenbemessung ist typisch für eine im Anwartschaftsstadium statische Versorgung (vgl. BGH, FamRZ 1987, 361, 362).

Die ansonsten aufgeworfene Frage, ob bei Vorliegen einer unterhalb der Volldynamik liegenden Dynamik im Anwartschaftsstadium die vom Gesetz angeordnete Umrechnung mit Hilfe der pauschalierenden Tabellen der BarwertVO verfassungsrechtlichen Bedenken begegnen kann (vgl. dazu etwa BGH, FamRZ 1985, 1119, 1122; Johannsen/Henrich-Hahne, Eherecht, § 1587a BGB Rn. 240), stellt sich nach den Umständen des vorliegenden Falles nicht.

Ob die Anrechte des Ehemannes bei der ZKSH auf der Grundlage des Deckungskapitals (§ 1587a Abs. 3 Nr. 1 BGB) umzurechnen sind, weil diese Methode gegenüber der angewandten Umrechnung mit Hilfe der BarwertVO (Nr. 2 der Vorschrift) nach dem Gesetz vorrangig ist (verneinend insoweit Soergel/Zimmermann, BGB, § 1587a Rn. 211) und deswegen § 1587a Abs. 3 Nr. 1 BGB anzuwenden sei, wird offengelassen.
BGH, FamRZ 1996, 481, 482
→ *Realteilung: bei Fehlen einer Härteregelung*
BGH, FamRZ 1993, 298, 299

Beschwer, Beschwerde   139 f.
→ *Rechtsmittel*

Betriebliche Altersversorgung   285 ff.

– Auszugleichende Anrechte

(Zur Versorgung der hauptamtlichen **Vertreter der Allianz Versicherungs-AG**). Auch die Versorgung eines selbständigen Handelsvertreters aufgrund einer Direktzusage bzw. gegenüber der Versorgungskasse des Unternehmens, für das er tätig war, ist im Versorgungsausgleich grds. voll auszugleichen. Die Formulierung, die Altersversorgung werde als Ersatz für den Ausgleichsanspruch nach § 89b HGB gewährt, gibt die Rechtslage nicht zutreffend wieder. Zwar heißt es in § 16 der Bestimmungen für die Alters-, Berufsunfähigkeits- und Hinterbliebenenversorgung der hauptamtlichen Vertreter, die Gesellschaft gehe „davon aus, dass ein Ausgleichsanspruch i. H. des Barwertes einer von dem Vertreter und seinen Hinterbliebenen zu beanspruchenden Rente nicht besteht". Diese Regelung enthält keine vertragliche Modifikation des Ausgleichsanspruchs, sondern ist lediglich die Bezugnahme auf die Rechtsprechung des BGH, nach der im Rahmen der Billigkeitsüberprüfung nach § 89b Abs. 1 Nr. 3 HGB Leistungen des Unternehmers zur Altersversorgung des Handelsvertreters ganz oder teilweise auf den Ausgleichsanspruch angerechnet werden können, ohne dass es einer vertraglichen Abrede bedarf (BGHZ 45, 268, 272; 55, 45, 58, 59; BGH, BB 1984, 168 f.; vgl. auch Baumbach/Hopt, HGB, § 89b Rn. 39 m. w. N.; Höfer, BetrAVG, Bd. I, § 5 Rn. 2401). Die dem Vertreter gewährte betriebliche Altersversorgung kann mithin lediglich aus Rechtsgründen Auswirkungen auf den ihm beim Ausscheiden zustehenden Ausgleichsanspruch haben. Solche Auswirkungen können nicht zur Folge haben, dass die betriebliche Altersversorgung im Versorgungsausgleich nicht berücksichtigt wird. Anderenfalls wären Handels- und Versicherungsvertreter (§ 89b Abs. 5 HGB) bei der Durchführung des Versorgungsausgleichs gegenüber anderen Personen privilegiert, weil bei ihnen wegen § 89b HGB eine betriebliche Altersversorgung regelmäßig nicht auszugleichen wäre.

BGH, FamRZ 1997, 285, 286

– **Berechnung des Ehezeitanteils bei limitierter Gesamtversorgung** 338, 347 f., 397

Es geht um die limitierte Gesamtversorgung einer Bank. In der Entscheidung v. 9. 1. 1985 (FamRZ 1985, 363, 366 f.) hat der Senat die **Hochrechnungsmethode**, bei der die künftige, insgesamt erreichbare betriebliche Versorgungsleistung als Differenz zwischen hochgerechneter Gesamtversorgung einerseits und ebenfalls hochgerechneter gesetzlicher Rente sowie sonstiger Bezüge der Grundversorgung andererseits ermittelt und ehezeitlich aufgeteilt wird, für die Berechnung des Ehezeitanteils beim Ausgleich der Zusatzversorgung des öffentlichen Dienstes abgelehnt und der **VBL-Methode** den Vorzug gegeben, weil diese zu angemesseneren Ergebnissen führe. Für den Versorgungsausgleich bei der Zusatzversorgung müsse gewährleistet sein, dass die Versorgungsrente aus dem Zusatzversorgungsverhältnis und die Grundversorgung zusammen dem auszugleichenden Betrag der Gesamtversorgung entsprächen. Deshalb müsse der gesetzlich vorgesehene Maßstab, nach dem das in die Gesamtversorgung einzubeziehende Anrecht der gesetzlichen Rentenversicherung eigenständig auszugleichen sei, auch bei der Bewertung dieses Anrechts im Rahmen der Gesamtversorgung Beachtung finden. Das aber sei nicht der Fall, wenn die Anrechte der gesetzlichen Rentenversicherung mit einem persönlichen Vomhundertsatz – sei es aus den letzten drei, fünf oder mehr Kalenderjahren oder aus dem gesamten Versicherungsleben bis zum Ende der Ehezeit hochgerechnet würden (vgl. BGH, a. a. O.; 1985, 797; 1988, 51, 53). Diese Grundsätze gelten für den Ausgleich dieser Gesamtversorgung in gleicher Weise (ebenso OLG Celle, FamRZ 1985, 1052; OLG Hamm, FamRZ 1985, 1054; OLG Karlsruhe, FamRZ 1990, 888; OLG Frankfurt, FamRZ 1990, 1247, 1248; OLG München, FamRZ 1991, 338 ff.; Bergner, DB 1982, 2186, 2187; Erman/v. Maydell, BGB, § 1587a Rn. 57; Johannsen/Henrich-Hahne, Eherecht, § 1587a Rn. 202; Palandt/Diederichsen, BGB, § 1587a Rn. 68; Lardschneider, in: Rahm/Künkel, Handbuch des familiengerichtlichen Verfahrens, Teil V Rn. 232 ff.; Ruland, Probleme des Versorgungsausgleichs in der betrieblichen Altersversorgung und privaten Rentenversicherung, Rn. 73, 77; Schwab/Hahne, Eherecht, VI, Rn. 126; vgl. auch Borth, Versorgungsausgleich in anwaltschaftlicher und familiengerichtlicher Praxis, S. 168 ff.; Rolland, 1. Eherechtsreformgesetz, § 1587a Rn. 97 s; a. A. AK/Höhler/Troje, § 1587a Rn. 77; Glockner, a. a. O.; Soergel/Zimmermann, BGB, § 1587a Rn. 156; Zimmermann, BetrAVG, 1985, 8, 12 f.; vgl. weiter die in BGH, FamRZ 1985, 365 aufgeführten Nachweise).

Wie bei der Zusatzversorgung des öffentlichen Dienstes führt es auch hier zu Unzuträglichkeiten, dass die Hochrechnungsmethode die Bewertungsmaßstäbe vernachlässigt, die die Vorschriften über die gesetzliche Rentenversicherung vorsehen. Die Ergebnisse der beiden Bewertungswege sind regelmäßig unterschiedlich, Übereinstimmungen eher zufällig (vgl. Verbandskommentar zur RVO, Stand 1. 1. 1990, Vorbem. vor § 1304 RVO Rn. 7.852 zu § 1587a BGB, 47 f.; Bergner, SozVers 1980, 199, 207 ff. sowie DB 1982, 2186, 2187 ff., jeweils mit Berechnungsbeispielen).

Wäre der insoweit bei der Berechnung der betrieblichen Altersversorgung angenommene Anteil niedriger als der tatsächlich durch Splitting ausgeglichene Wert, würde ein Teil der ehezeitlich erworbenen gesetzlichen Rentenversicherung doppelt ausgeglichen, nämlich einmal durch das Splitting und einmal im Rahmen der Gesamtversorgung durch den (überhöhten) Ausgleich der betrieblichen Anwartschaft (vgl. auch Ruland, a. a. O., Rn. 73; anders Soergel/Zimmermann, a. a. O.).

Das stünde im Widerspruch zum **Halbteilungsgrundsatz** und könnte keinen Bestand haben (vgl. auch BGH, FamRZ 1989, 1163, 1164 f.; OLG München, FamRZ 1991, 338, 340).

Der Einwand, bei der Berechnung des Ehezeitanteils eines betrieblichen Versorgungsanrechts sei von dem Wert nach § 2 BetrAVG auszugehen, der durch die berufliche/betriebliche Entwicklung nicht mehr beeinträchtigt werden könne (vgl. Glockner, FamRZ 1987, 328, 334; 1989, 802, 803), greift nicht durch. Im Recht des Versorgungsausgleichs unterliegen die Frage der Unverfallbarkeit eines Anrechts und diejenige nach seinem Ehezeitanteil jeweils eigenen Regeln. Während sich die Unverfallbarkeit, für die der Zeitpunkt der Entscheidung maßgebend ist (§ 1587a Abs. 2 Nr. 3 Satz 3 BGB), nach den Vorschriften des BetrAVG bestimmt, hat das Gesetz die Ermittlung des Ehezeitanteils in § 1587a Abs. 2 Nr. 3 Satz 1 BGB geregelt. Unter der dort genannten „Versorgung" ist sowohl bei der Zusatzversorgung des öffentlichen Dienstes als auch bei der privaten betrieblichen Altersversorgung im Rahmen eines Gesamtversorgungssystems einheitlich die Gesamtversorgung zu verstehen, die – ähnlich der Bewertung bei der Beamtenversorgung (§ 1587a Abs. 2 Nr. 1 BGB) – zur Entzerrung eines nicht linearen Anstiegs hochzurechnen und zeitratierlich mit dem auf die Ehezeit entfallenden Anteil zu errechnen ist.

Allerdings darf ein Anrecht der betrieblichen Altersversorgung nach der Rechtsprechung des Senats gem. § 1587a Abs. 2 Nr. 3 Satz 3 BGB nur dann öffentlich-rechtlich ausgeglichen werden, wenn es nach Grund und Höhe unverfallbar ist. Die Unverfallbarkeit der betrieblichen Altersversorgung dem Grunde nach ist in § 1 BetrAVG bestimmt. Inwieweit ein nach § 1 BetrAVG gesichertes Anrecht der Höhe nach unverfallbar ist, regelt § 2 BetrAVG. Hieraus kann jedoch nicht abgeleitet werden, dass als Ehezeitanteil des Anrechts auf betriebliche Altersversorgung, die als Gesamtversorgung ausgestaltet ist, nur der nach der Hochrechnungsmethode zu bestimmende, nicht dagegen der nach der VBL-Methode errechnete wert in den öffentlich-rechtlichen Versorgungsausgleich einbezogen werden könne.

Sieht ein betriebliches Versorgungssystem für den Fall des Ausscheidens des Versicherten aus dem Betrieb keine grds. andere Berechnung der Betriebsrente vor, sondern gewährt es **einheitliche Versorgungsanwartschaft**, so kann diese in den **öffentlich-rechtlichen Versorgungsausgleich einbezogen werden**. Die Unverfallbarkeit der Höhe nach hat lediglich Bedeutung für die Frage, ob das Anrecht beim Versorgungsausgleich als dynamisch oder als statisch zu behandeln ist. Scheidet der Versicherte vorzeitig aus dem Betrieb aus, verbleibt ein Dynamisierungszuwachs der Anwartschaft nur bis zum Ausscheiden. Danach entfällt eine weitere Anwartschaftsdynamik gem. § 2 BetrAVG. Somit stellt die Ungewissheit der nachehelichen Betriebszugehörigkeit die volle Anwartschaftsdynamik in der betrieblichen Altersversorgung ebenso in Frage wie in der Zusatzversorgung des öffentlichen Dienstes. Während sie dort die Verfallbarkeit der Anwartschaft auf die dynamische Versorgungsrente zur Folge hat, führt sie hier dazu, dass die Dynamik der Betriebsrentenanwartschaft verfallbar und das Anrecht statisch ist (vgl. BGH, FamRZ 1989, 844). § 2 Abs. 5 BetrAVG hat danach nur insoweit Einfluss auf den auszugleichenden Ehezeitanteil, als es darum geht, ob das Anrecht mit seinem Nennwert ausgeglichen werden kann oder ob es zuvor in einen dynamischen wert umgerechnet werden muss. Auf die Berechnung nach § 1587a Abs. 2 Nr. 3 Satz 1 BGB hat § 2 BetrAVG dagegen keinen Einfluss.

Wäre der nach der Hochrechnungsmethode ermittelte Wert auch dann maßgebend, wenn er niedriger wäre als der nach der VBL-Methode, ergäbe sich im Blick auf den Ausgleich der Gesamtversorgung eine Lücke. Tatsächlicher Ausgleich von Betriebsrente und gesetzlicher Rente blieben in diesem Fall hinter dem auszugleichenden Betrag der angenommenen Gesamtversorgung zurück. Damit träte das Gegenteil dessen ein, was oben als teilweise doppelter Ausgleich der Gesamtversorgung erörtert worden ist. Während sich dort ein Verstoß gegen den Halbteilungsgrundsatz zu Lasten des Ausgleichspflichtigen ergab, würde sich hier ein Widerspruch zu Lasten des Ausgleichsberechtigten zeigen. In beiden Fällen wird das Ziel des Wertausgleichs verfehlt, dass auszugleichende Versorgungsrente der betrieblichen Altersversorgung und auszugleichende Grundversorgung zusammen den auszugleichenden Betrag der Gesamtversorgung nicht über- und nicht unterschreiten.

Allerdings muss darauf geachtet werden, dass die Zeit, während der die Anwartschaften der in die Gesamtversorgung einbezogenen gesetzlichen Rentenversicherung erworben worden sind, mit der für die Gesamtversorgung maßgebenden Zeit übereinstimmt. Von dieser Übereinstimmung kann bei den Gesamtversorgungen der privaten betrieblichen Altersversorgung – anders als bei der Zusatzversorgung des öffentlichen Dienstes – nicht ohne Weiteres ausgegangen werden. Vielmehr wird dort die vor der Betriebszugehörigkeit liegende Zeit der gesetzlichen Rentenversicherung zumeist nicht (in vollem Umfang) als gleichgestellte Zeit anerkannt. Sind die gesetzlichen Rentenversicherungsanwartschaften teilweise vor der Betriebszugehörigkeit (einschließlich gleichgestellter Zeiten) erworben worden, so verringern sie mit ihrem vorbetrieblich erlangten Teil den Wert der Gesamtversorgung, ohne insoweit einer bestimmten Zeit während der Betriebszugehörigkeit zugeordnet werden zu können. Würde hier – wie sonst nach der VBL-Methode – die hochgerechnete Gesamtversorgung zeitratierlich nach dem Verhältnis der ehezeitlichen Betriebszugehörigkeit zur insgesamt möglichen Betriebszugehörigkeit aufgeteilt und lediglich der ehezeitliche Teil der gesetzlichen Rentenanwartschaften von dem auf die Ehezeit entfallenden Teil der Gesamtversorgung abgezogen, so bliebe unberücksichtigt, dass auch der vorbetrieblich erworbene Teil der gesetzlichen Rentenanwartschaften auf die Gesamtversorgung anzurechnen ist. Dadurch würde das Ergebnis der Ehezeitanteilberechnung verfälscht und untragbar (so zutreffend Glockner, FamRZ 1989, a. a. O., 803; OLG München, a. a. O., 340; Lardschneider, in: Rahm/Künkel, Handbuch des familiengerichtlichen Verfahrens, V, Rn. 239; vgl. auch Bergner, DB 1982, 2188).

Zur Vermeidung dieses Mangels ist vorgeschlagen worden, die vorbetrieblich erworbene Rentenanwartschaft von der hochgerechneten Gesamtversorgung vorweg abzuziehen und erst dann von den Ehezeitanteil der verbleibenden Gesamtversorgung zeitratierlich zu ermitteln (OLG München, a. a. O.; Lardschneider, in: Rahm/Künkel, Handbuch des familiengerichtlichen Verfahrens, V, Rn. 23; vgl. Bergner, DB 1982, 2188; Abzug als „negativer Wert").

Dem ist in seinem Grundgedanken zuzustimmen, dass die Berücksichtigung der vorbetrieblich erworbenen Rentenanwartschaften, die nicht bestimmten Zeiten der Betriebszugehörigkeit, sondern nur der Gesamtzeit zugeordnet werden können, zu einer Verringerung des ehezeitbezogenen betrieblichen Anrechts führen muss. Indessen erscheint der Vorwegabzug jener Rentenanrechte nur dann sachgerecht, wenn die Zeiten der ehezeitlichen und der übrigen Betriebszugehörigkeit gleich lang sind. Ist das nicht der Fall, wirkt sich der Vorwegabzug unverhältnismäßig aus. Das lässt sich dadurch vermeiden, dass die vorbetrieblich erworbenen Anrechte nicht vorweg abgezogen, sondern entsprechend der Dauer der ehezeitlichen und der übrigen Betriebszugehörigkeit aufgeteilt werden und dass der Teil, der auf die ehezeitliche Betriebszugehörigkeit entfällt (und rechnerisch nach dem Verhältnis der ehezeitlichen zur Gesamtzeit der möglichen Betriebszugehörigkeit zu bestimmen ist), den ehezeitlichen Teil der gesetzlichen Rentenanwartschaften, der von der ehezeitbezogenen Gesamtversorgung abzuziehen ist, erhöht. Dadurch kommt es zu einer Verringerung des ehezeitlichen betrieblichen Rentenanrechts, das im angemessenen Verhältnis zu den Auswirkungen der vorbetrieblich erworbenen Anrechte auf das insgesamt erreichbare Betriebsrentenrecht steht (so im Ergebnis anscheinend auch Glockner, FamRZ 1989, a. a. O., 803).

Nach Ziffer VII 2 und 4 des maßgebenden Dienstvertrages über die betriebliche Altersversorgung sind auf die Gesamtversorgung neben dem beamtenrechtlichen Ruhegehalt aus einer gleichgestellten Vordienstzeit „Renten aus der gesetzlichen Rentenversicherung mit dem Teilbetrag" anzurechnen, „der dem Verhältnis der Gesamtversicherungszeit in der gesetzlichen Rentenversicherung zur Versicherungszeit während der Zugehörigkeit zur Bank nach Inkrafttreten dieses Vertrages entspricht". Es kommt daher nicht zur Anrechnung der vollen Rente aus der gesetzlichen Rentenversicherung, sondern nur eines Teiles derselben. Danach handelt es sich bei der betrieblichen Altersversorgung des Ehemannes um eine sog. Teilgesamtversorgung. Zwar bestehen keine Bedenken, auch in diesem Fall die VBL-Methode anzuwenden; indessen ist der Umstand, dass nur ein Teil der Rente aus der gesetzlichen Rentenversicherung auf die Gesamtversorgung anzurechnen ist, bei der Berechnung zu berücksichtigen. Da die betriebliche Versorgungsbeihilfe die anzurechnenden Leistungen der gesetzlichen Rentenversicherung und der Beamtenversorgung zur Gesamtversorgungsleistung aufstocken soll, erhöht sie sich um den Betrag, um den die Rente aus der gesetzlichen Rentenversicherung nach der wiedergegebenen Vertragsregelung zu kürzen ist. Gleiches gilt für die Anrechnung der ehezeitlichen Beamtenversorgung, weil die ruhegehaltsfähige Dienstzeit, die der Berechnung der Anwartschaft auf die Beamtenversorgung zugrunde liegt, offenbar gleichfalls weiter zurückreicht als die Zeit der Betriebszugehörigkeit einschließlich der gleichgestellten Zeit.

BGH, FamRZ 1991, 1416, 1418 ff.

Für die weitere Wertermittlung ist in einem Fall wie dem vorliegenden – bei Ausscheiden des Arbeitnehmers aus dem Betrieb vor Ende der Ehezeit – bei einem sog. limitierten Gesamtversorgungssystem der privaten betrieblichen Altersversorgung die **Hochrechnungsmethode** anzuwenden. Denn die im allgemeinen auch bei einer als Gesamtversorgung zugesagten privaten Altersversorgung anzuwendende sog. VBL-Methode (BGH, FamRZ 1991, 1416, 1421; s. auch Wick, in: FamGB, § 1587a Rn. 224) führt auch in ihrer vom OLG München (FamRZ 1991, 338) modifizierten und vom BGH (FamRZ 1991, 1420) zusätzlich veränderten Form zu ungerechtfertigten Ergebnissen, wenn der Betriebsrentenanspruch – ohne Berücksichtigung des Anrechnungsbetrags – feststeht und keinen Veränderungen mehr unterliegt.

Würde man hier nach den Grundsätzen des BGH in FamRZ 1991, 1419, 1420 verfahren, käme eine Kürzung der ehezeitbezogenen Betriebsrentenanwartschaft des Ehemannes von 496,39 DM nicht in Betracht. Die Kappungsgrenze gem. § 1.2 der Pensionszusage der Firma Z. liegt bei zwei Dritteln des letzten Bruttomonatsgehalts des Pensionsberechtigten. Das sind nach Auskunft der Firma 2 623,34 DM. Um diese Grenze zu erreichen, müssten zu dem ehezeitbezogenen Anteil der Betriebsrentenanwartschaft von 496,39 DM mindestens Rentenanwartschaftsbeträge aus der gesetzlichen Rentenversicherung i. H. v. 2 126,95 DM hinzugerechnet werden. Da der Ehemann bis Ehezeitende über Anwartschaften in der gesetzlichen Rentenversicherung von insgesamt nur 1 411,09 DM verfügt, ist ohne weitere Berechnung des vor der Betriebszugehörigkeit liegenden „Abzugsglieds" der Rentenanwartschaft gem. der vom BGH vorgeschlagenen Methode ohne weiteres erkennbar, dass die Kappungsgrenze gem. der Pensionszusage der Firma Z. nicht erreicht ist mit dem Ergebnis, dass in einem derartigen Fall der zuvor errechnete ehezeitlich bezogene Betriebsrentenanwartschaftsteil voll in den Versorgungsausgleich eingestellt werden müsste. Da der Ehemann zu einem verhältnismäßig frühen Zeitpunkt seines beruflichen Lebens aus dem Betrieb der Firma Z. ausgeschieden ist, und andererseits zwischen diesem Zeitpunkt und seinem Rentenalter mehr als 20 Jahre liegen, in denen aller Wahrscheinlichkeit nach die Rentenanwartschaften eine solche Höhe erreichen, dass die Kappungsgrenze erreicht werden wird, müssten bei Anwendung der modifizierten VBL-Methode höhere Anrechte ausgeglichen werden, als sie ihm später tatsächlich zustehen werden. Dem könnte möglicherweise unter Beibehaltung der modifizierten VBL-Methode dadurch Rechnung getragen werden, dass nicht nur die vorbetriebliche Rentenanwartschaftszeit, sondern auch die Rentenanwartschaftszeit nach Beendigung der Betriebszugehörigkeit auf ähnliche Weise ermittelt und in die Berechnung einbezogen werden könnte.

Dieses würde jedoch zu zusätzlichen Berechnungsschwierigkeiten führen und vor allem anstelle von realen Anwartschaftsbeträgen – wie bei der vorbetrieblich erworbenen – fiktive künftige Anwartschaftsbeträge in die Berechnung einstellen.

Die gegen die Hochrechnungsmethode im allgemeinen erhobene zutreffenden Einwendungen greifen zudem hier nicht. Dabei geht es hauptsächlich darum, dass die Fortschreibung der Betriebsrentenanwartschaft nach der Hochrechnungsmethode letztlich im Zeit-Zeit-Verhältnis bestimmt wird, während die Berechnung der gesetzlichen Rentenanwartschaft auf Werteinheiten beruht (BGH, FamRZ 1991, 1418; 1985, 365 ff.). Da der Ehemann bereits vor Ehezeitende bei der Firma Z. ausgeschieden war, unterliegt die ihm zustehende Betriebsrentenanwartschaft – ohne Anrechnung von weiteren Rentenanwartschaften – keiner Veränderung mehr, steht mithin also schon zum jetzigen Zeitpunkt fest. Die gegen die Hochrechnungsmethode erhobenen Einwände, dass die Ergebnisse bei der Bewertung von Betriebsrentenanwartschaften und gesetzlichen Rentenanwartschaften für die Zukunft zu regelmäßig unterschiedlichen Ergebnissen führen müssen, gelten hier nicht:

Nach der von der Firma Z. aufgestellten Berechnung würde sich nach der Hochrechnungsmethode der Betriebsrentenanspruch des Ehemannes bei Zugehörigkeit bis zum Eintritt des Rentenalters wie folgt gestaltet haben:

Bruttogehalt Monat Januar 1984 (Ausscheidungszeitpunkt war 31. 1. 1984)	3 935,00 DM
1/3 vom Bruttogehalt (= voraussichtliche Betriebsrente bei Betriebszugehörigkeit bis zum Eintritt des Rentenfalles)	1 311,67 DM
+ Rente (bis Ehezeitende)	1 475,50 DM
+ Rente (Ehezeitende bis Rentenbeginn)	1 166,64 DM
Summe	3 953,81 DM
abzüglich 2/3 vom Bruttogehalt	2 623,34 DM
Anrechnung bei Firmenpension	1 330,47 DM
1/3 vom Bruttogehalt (als fiktive Höchstversorgung)	1 311,67 DM
abzüglich Anrechnung	1 330,47 DM
Summe	0,00 DM
Wenn Anrechnung höher als 1/3 vom Gehalt, 10 % von 3 935 DM	393,50 DM

Diese Betriebsrentenanwartschaft ist wiederum in das Verhältnis von Ehezeit zur fiktiven Zugehörigkeit bis zum Rentenalter, also von 165 zu 436 zu setzen. Danach errechnet sich ein nach § 1587a Abs. 2 Nr. 3 BGB in die Wertermittlung für den Versorgungsausgleich einzusetzender Betriebsrentenanwartschaftsteil i. H. v. 148,92 DM.

KG, FamRZ 1993, 570, 571

Der Ehezeitanteil einer privaten betrieblichen Altersversorgung ist auch dann wie eine solche im Rahmen eines Gesamtversorgungssystems nach Maßgabe der **VBL-Methode** zu ermitteln (vgl. BGH, FamRZ 1991, 1416), wenn die Versorgungszusage eine **Limitierungsklausel** enthält und wenn feststeht, dass zugesagtes betriebliches Ruhegeld und gesetzliche Rente die festgelegte Höchstgrenze überschreiten (ebenso Johannsen/Henrich-Hahne, Eherecht, § 1587a Rn. 198).

Die in § 6 Abs. 5 i. V. m. Abs. 8 der Ruhegeldrichtlinien der RWE AG i. d. F. v. 9. 2. 1989 festgelegte Höchstgrenze wird durch das Gesamteinkommen aus betrieblichem Ruhegeld und der (hier zur Hälfte) anzurechnenden gesetzlichen Rente des Ehemannes in jedem Fall überschritten. Dabei kann dahingestellt bleiben, nach welcher Methode dies zu ermitteln ist. Sei es bei Berechnung unter fiktiver Hochrechnung des gesetzlichen Rentenanrechts auf den Zeitpunkt der Vollendung des 65. Lebensjahres oder bei Addition der Ehezeitanteile des betrieblichen als auch des gesetzlichen Rentenanrechts und Messung an der Höchstbegrenzung unter Vermeidung einer Hochrechnung der gesetzlichen Rentenanwartschaften und der damit verbundenen Unsicherheiten (vgl. Johannsen/(Heinrich-Hahne, Eherecht; Borth, Versorgungsausgleich in anwaltschaftlicher und familiengerichtlicher Praxis, II, Rn. 240 unter 2; Lardschneider, in: Rahm/Künkel, Handbuch des familiengerichtlichen Verfahrens, V, Rn. 239 a. E.).

Bei der Ermittlung des Ehezeitanteils nach der VBL-Methode ist darauf zu achten, dass die Zeit, während der der Ehemann die Anwartschaften auf die in die Gesamtversorgung einbezogene gesetzliche Rente erworben hat, nicht mit der für die Gesamtversorgung maßgebenden Zeit übereinstimmt. Da die gesetzlichen Rentenanwartschaften teilweise vor der Betriebszugehörigkeit erworben worden sind, verringern sie mit ihrem vorbetrieblich erlangten Teil gem. § 6 Abs. 2 der Ruhegeldrichtlinien den Wert des betrieblichen Ruhegeldes, ohne insoweit einer bestimmten Zeit während der Betriebszugehörigkeit zugeordnet werden zu können. Würde hier gleichwohl die „hochgerechnete" Gesamtversorgung (bei Vollendung des 65. Lebensjahres) zeitratierlich nach dem Verhältnis der ehezeitlichen Betriebszugehörigkeit zu der insgesamt möglichen Betriebszugehörigkeit aufgeteilt und lediglich der ehezeitliche Teil der gesetzlichen Rentenanwartschaften von dem auf die Ehezeit entfallenden Teil der Gesamtversorgung abgezogen, bliebe unberücksichtigt, dass auch der vorbetrieblich erworbenen Teil der gesetzlichen Rentenanwartschaften nach den Ruhegeldrichtlinien auf die Gesamtversorgung anzurechnen ist. Dadurch würde das Ergebnis der Ehezeitanteilberechnung verfälscht.

Zur Vermeidung dieses Mangels können entweder die vorbetrieblich erworbenen gesetzlichen Rentenanwartschaften (hier zur Hälfte) von der hochgerechneten Gesamtversorgung vorweg abgezogen, sodann der Ehezeitanteil der verbleibenden Gesamtversorgung zeitratierlich ermittelt und hiervon der Hälfteanteil der auf die ehezeitliche Betriebszugehörigkeit entfallenden gesetzlichen Rentenanwartschaft abgezogen werden (so im Prinzip OLG München, FamRZ 1991, 338, 340 zu der Betriebsvereinbarung der Kernkraftwerke Grundremmingen GmbH, die die Ruhegeldrichtlinien der RWE-AG v. 9. 2. 1989 übernommen hat; Lardschneider, in: Rahm/Künkel, Handbuch des familiengerichtlichen Verfahrens, V, Rn. 239, 240, und zur Berechnungsmethode insgesamt Glockner/Uebelhack, Die betriebliche Altersversorgung im Versorgungsausgleich, Rn. 144 ff.).

Ebenso können – mit demselben rechnerischen Ergebnis – die vorbetrieblich erworbenen gesetzlichen Rentenanrechte entsprechend der Dauer der ehezeitlichen zur gesamtmöglichen Betriebszugehörigkeit aufgeteilt und alsdann (hier die Hälfte) des auf die ehezeitliche Betriebszugehörigkeit entfallenden Anteils der Anrechte zusätzlich zu (der Hälfte der) während der ehezeitlichen Betriebszugehörigkeit erworbenen gesetzlichen Rentenanwartschaften von der zeitratierlich ermittelten ehezeitbezogenen Gesamtversorgung abgezogen werden. Soweit der Senat zu diesem Punkt in BGH, FamRZ 1991, 1420 Bedenken gegen die vom OLG München vertretene erstgenannte Berechnungsweise erhoben hat, hält er diese nicht aufrecht.
BGH, FamRZ 1995, 88 ff.

Nach § 10a Abs. 1 VAHRG ändert das Familiengericht auf Antrag seine (Erst-)Entscheidung u. a. ab, wenn ein im Zeitpunkt der Abänderungsentscheidung ermittelter Wertunterschied von dem in der abzuändernden Entscheidung zugrundegelegten Wertunterschied abweicht (Nr. 1) oder ein in der abzuändernden Entscheidung als verfallbar behandeltes Anrecht durch Begründung von Anrechten ausgeglichen werden kann, weil es unverfallbar war oder nachträglich unverfallbar geworden ist (Nr. 2). Beide Fallgestaltungen liegen hier vor. Der Wertunterschied zwischen den beiderseitigen gesetzlichen Rentenanwartschaften weicht von dem in der Erstentscheidung zugrundegelegten Wertunterschied ab. Außerdem ist die Anwartschaft des Ehemannes auf eine dynamische Versorgungsrente aus der Zusatzversorgung der VBL, die im Zeitpunkt der Erstentscheidung noch verfallbar war, inzwischen mit Eintritt des Versorgungsfalls unverfallbar geworden (§§ 37 Abs. 1 a, 39 Abs. 1 g VBL-Satzung) und kann nunmehr im Wege des Quasisplittings nach Maßgabe des § 1 Abs. 3 VAHRG durch Begründung von Rentenanwartschaften zugunsten der Ehefrau ausgeglichen werden. Hierdurch wird ein weiterer Wertunterschied i. S. d. § 10a Abs. 1 Nr. 1 VAHRG begründet.

Zutreffend hat das OLG die mit Eintritt des Versorgungsfalls unverfallbar gewordene dynamische Versorgungsrente in den neu durchgeführten Versorgungsausgleich einbezogen, auch wenn der Ehemann zur Zeit noch – aus Gründen der Besitzstandswahrung – die statische Mindestversorgungsrente bezieht (vgl. BGH, FamRZ 1990, 380; 984).

Ziel des Versorgungsausgleichs ist in jedem Fall, auch bei Erlass einer Änderungsentscheidung nach § 10a VAHRG, die Verwirklichung des in § 1587a Abs. 1 Satz 2 BGB niedergelegten **Halbteilungsgrundsatzes,** nach dem der ausgleichsberechtigte Ehegatte an allen ehezeitlich erworbenen ausgleichspflichtigen Versorgungsanwartschaften und -rechten des anderen Ehegatten zur Hälfte zu beteiligen ist. Bei der Wahrung dieses Grundsatzes ist den Besonderheiten des Systems der Zusatzversorgung des öffentlichen Dienstes Rechnung zu tragen.

Die Zusatzversorgung sichert den Arbeitnehmern des öffentlichen Dienstes eine an der Beamtenversorgung orientierte (Netto-)Gesamtversorgung zu, die nach Maßgabe des § 41 VBLS auf der Grundlage des gesamtversorgungsfähigen Entgelts (§ 43 VBLS) und der gesamtversorgungsfähigen Zeit (§ 42 VBLS) errechnet wird. Um sie jeweils zu erreichen, werden die Bezüge, auf die der Versicherte aus der Grundversorgung (zumeist die Rente aus der gesetzlichen Rentenversicherung) Anspruch hat, durch die Versorgungsrente als Zusatzversorgung auf den Betrag aufgestockt, der als (Netto-) Gesamtversorgung an die Versorgungsbezüge eines vergleichbaren Ruhestandsbeamten angelehnt ist (vgl. BGH, FamRZ 1985, 363, m. w. N.). Die Grundversorgung, d. h. die gesetzliche Rente, wird mithin jeweils durch die Leistungen aus der Zusatzversorgung, also die Versorgungsrente, auf den Wert der im Einzelfall maßgeblichen Gesamtversorgung erhöht. Die Leistungen aus der Zusatzversorgung ihrerseits sind dazu bestimmt, die Differenz zwischen der Grundversorgung und der angenommenen Gesamtversorgung zu decken. In diesem Sinn sind die gesetzliche Rente und die Versorgungsrente aufeinander bezogen, und die Versorgungsrente ist in ihrer Höhe gemessen an der Gesamtversorgung von der Höhe der gesetzlichen Rente abhängig.

Da die Zusatzversorgung dazu bestimmt ist, dem Versicherten letztlich den Wert der angenommenen Gesamtversorgung zu gewährleisten, muss auch für den Versorgungsausgleich gesichert sein, dass die (auf die Ehezeit entfallende) gesetzliche Rente und die Zusatzversorgungsrente zusammen den auszugleichenden Betrag dieser Gesamtversorgung nicht über- und nicht unterschreiten (BGH, FamRZ 1985, 363). Der ausgleichsberechtigte Ehegatte hat Anspruch auf die Hälfte des ehezeitanteiligen Wertes der Gesamtversorgung des Ausgleichspflichtigen, bestehend aus seiner ehezeitlich erworbenen gesetzlichen Rente und VBL-Versorgungsrente.

Die hiernach für den Versorgungsausgleich gebotene hälftige Teilhabe der ausgleichsberechtigten Ehefrau an der ehezeitlichen Gesamtversorgung des Ehemannes wird indessen bei der Berechnungsmethode des OLG nicht gewahrt. Die auf die Ehezeit entfallenden beiderseitigen Versorgungsanrechte und -Anwartschaften werden den Ehegatten nicht zu gleichen Teilen zugewiesen. Dem Ehemann stehen, bezogen auf das Ende der Ehezeit, Anrechte der gesetzlichen Rentenversicherung i. H. v. monatlich 1 211,43 DM und eine dynamische Versorgungsrente bei der VBL von monatlich 296,64 DM, insgesamt also Anrechte im Wert von monatlich 1 508,07 DM zu. Die Ehefrau hat in der Ehezeit gesetzliche Rentenanwartschaften von monatlich 126,80 DM erworben. Nach der Entscheidung des OLG sollen von den Anrechten des Ehemannes Rentenanwartschaften i. H. v. zusammen (542,32 DM + 91,61 DM =) 637,93 DM auf das Konto der Ehefrau übertragen bzw. für sie begründet werden. Die Ehefrau erhielte damit insgesamt ehezeitanteilige Rentenanwartschaften in H. v. (126,980 DM + 637,93 DM =) 764,73 DM, während dem Ehemann, bezogen auf die Ehezeit, Anrechte i. H. v. (1 508,07 DM – 637,93 DM =) 870,14 DM verblieben. Dieses Ergebnis steht nicht im Einklang mit dem Halbteilungsgrundsatz des § 1587a Abs. 1 Satz 2 SGB.

Das OLG nimmt in dem angefochtenen Beschluss eine eigene Berechnung des Ehezeitanteils der Versorgungsrente aus der Zusatzversorgung des Ehemannes bei der VBL vor und weicht bei seiner Berechnung von der Regelung der Satzung der VBL ab, ohne dass ein rechtfertigender Grund für dieses Vorgehen ersichtlich ist. Die Entscheidungen, in denen sich der beschließende Senat mit der Ermittlung des Ehezeitanteils bei Gesamtversorgungssystemen in der privaten betrieblichen Altersversorgung befasst hat (vgl. BGH, FamRZ 1991, 1416 ff.; 1995, 88 f.), bieten keinen Anlass für eine „Weiterführung" dieser Rechtsprechung i. S. ihrer Übertragung auf die Zusatzversorgung des öffentlichen Dienstes. In den damals entschiedenen Fällen (privater betrieblicher Altersversorgung) stimmte die Zeit, während derer der ausgleichspflichtige Ehemann die Anwartschaften auf die in die Gesamtversorgung einbezogene gesetzliche Rentenversicherung erworben hatte, nicht mit der für die Gesamtversorgung maßgebenden Zeit überein und war ihr auch nicht in sonstiger Weise zugeordnet. Insbesondere führte die allein in der gesetzlichen Rentenversicherung verbrachte Zeit nicht zu einer Erhöhung der Gesamtversorgung. Vielmehr war die insgesamt erworbene gesetzliche Rente nach den maßgeblichen Ruhegeldrichtlinien auf die Gesamtversorgung anzurechnen und verringerte mit ihrem vorbetrieblich erlangten Teil den Wert der Gesamtversorgung, ohne insoweit einer bestimmten Zeit während der Betriebszugehörigkeit zugeordnet werden zu können. Aus diesem Grund musste seinerzeit zur Erzielung angemessener, dem Halbteilungsgrundsatz entsprechender Ergebnisse ein Weg gefunden werden, um auch den vorbetrieblich erworbenen Teil der gesetzlichen Rentenanwartschaften bei der Berechnung des Ehezeitanteils angemessen zu berücksichtigen.

Bei der Satzung der VBL besteht eine solche Notwendigkeit nicht. Der Senat hat klar zum Ausdruck gebracht, dass bei der Zusatzversorgung des öffentlichen Dienstes im Gegensatz zu privaten betrieblichen Gesamtversorgungen von der gebotenen Zeit-Übereinstimmung i. S. wechselseitiger Zuordnung der maßgeblichen Zeiten auszugehen sei.

Daran ist festzuhalten. Nach der Satzung der VBL wird die gesamtversorgungsfähige Zeit – aus der unter Berücksichtigung des gesamtversorgungsfähigen Entgelts die Gesamtversorgung nach § 41 Abs. 2 VBLS ermittelt wird – außer durch die Umlagemonate bei der VBL mitbestimmt durch die außerhalb der Betriebszugehörigkeit verbrachten Zeiten in der gesetzlichen Rentenversicherung. Diese erhöhen durch hälftige Anrechnung gem. § 42 Abs. 2 Satz 1 a VBLS den Vomhundertsatz nach § 41 Abs. 2 VBLS und führen auf diese Weise dazu, dass im vorliegenden Fall zusätzlich zu 329 Umlagemonaten des Ehemannes in der VBL (rd. 27 Jahre) weitere 83 Monate (Hälfte der Differenz zwischen den insgesamt in der gesetzlichen Rentenversicherung verbrachten Zeiten von 495 Monaten und den 329 Umlagemonaten) aus der gesetzlichen Rentenversicherung (rd. sieben Jahre), d. h. insgesamt 412 Monate als gesamtversorgungsfähige Zeit angesetzt werden. Diese begründet gem. § 41 Abs. 2 VBLS in der hier maßgeblichen Fassung der 24. Satzungsänderung (vgl. § 98 Abs. 1 Satz 5 i. V. m. Abs. 3 VBLS i. d. F. seit der 25. Satzungsänderung) einen Vomhundertsatz für die Berechnung der Gesamtversorgung von 74 %. Ohne die Berücksichtigung der Zeiten aus der gesetzlichen Rentenversicherung ergäbe sich demgegenüber ein Vomhundertsatz von 67 % (bei 27 Jahren 35 % für die ersten zehn Jahre, zuzüglich 30 % für die folgenden 15 Jahre, zzgl. 2 % für die beiden letzten Jahre). Mit Hilfe des Prozentsatzes von 74 wird aus dem maßgeblichen gesamtversorgungsfähigen Entgelt von 3 889,44 DM die Gesamtversorgung von 2 878,18 DM und aus dieser sodann die Nettogesamtversorgung – hier unter Berücksichtigung auch des § 97d 1 VBLS – mit einem Betrag von 2 099,22 DM ermittelt. Bei der Festlegung des hiervon auf die Ehezeit entfallenden Anteils werden wiederum – entsprechend der Berechnung der gesamtversorgungsfähigen Zeit – Zeiten aus der gesetzlichen Rentenversicherung mitberücksichtigt. Denn für die Durchführung der Zeit-Zeit-Berechnung wird als gesamtversorgungsfähige Zeit in der Ehezeit die Zeit aus Umlagemonaten in der Ehezeit (hier 277 Monate) zuzüglich der Hälfte der vorbetrieblichen in der Ehezeit verbrachten Monate der gesetzlichen Rentenversicherung (hier die Hälfte von 38, also 19 Monate) zugrunde gelegt, und diese wird (hier mit 296 Monaten) ins Verhältnis gesetzt zu der bereits dargelegten gesamtversorgungsfähigen Zeit insgesamt (hier von 412 Monaten). Der auf diese Weise gebildete Vomhundertsatz (hier 71,84 %) ergibt den Ehezeitanteil der Gesamtversorgung, der sich im vorliegenden Fall auf (71,84 % von 2 099,22 DM =) 1 508,07 DM beläuft. Die Differenz zwischen dieser auf die Ehezeit entfallenden Gesamtversorgung und dem Ehezeitanteil der gesetzlichen Rentenversicherung von 1 211,43 DM bildet mit monatlich 296,64 DM die nach Maßgabe der Satzung der VBL ermittelte ehezeitanteilige Versorgungsrente des Ehemannes.

Ihre Berechnung beruht in mehrfacher Hinsicht, insbesondere bei der Berechnung der Gesamtversorgung, auf einer Einbeziehung der außerhalb der VBL-Umlagemonate in der gesetzlichen Rentenversicherung verbrachten Zeiten, die von der Satzung der VBL in dem dort festgelegten Umfang als gleichgestellte Zeiten anerkannt werden. Angesichts der hierdurch begründeten Verknüpfung zwischen den gesetzlichen Rentenanwartschaften und der Zusatzversorgungsrente im System der Gesamtversorgung der VBL ist die Teilhabe des ausgleichsberechtigten Ehegatten an allen ehezeitlich erworbenen Anwartschaften des Ausgleichspflichtigen bei Anwendung der VBL-Methode in angemessener Weise gewährleistet (ebenso Bergner, NZS 1993, 482, 486, 487; a. A. wohl Glockner/Uebelhack, Die Betriebliche Altersversorgung im Versorgungsausgleich, Rn. 125). **BGH, FamRZ 1996, 93 ff.**

Der **„Essener Verband"** stellt eine betriebliche Altersversorgung dar, die im Versorgungsausgleich nach den Grundsätzen für die **Gesamtversorgungssysteme** zu behandeln ist. Nach der maßgeblichen „Leistungsordnung A i. d. F. vom 1. 1. 1992" werden auf das zugesagte Ruhegeld 50 % der jeweiligen Leistungen der gesetzlichen Rentenversicherung angerechnet (§ 8 Abs. 1a). Im vorliegenden Fall besteht die Besonderheit, dass der Ehemann in der Ehezeit in der gesetzlicher Rentenversicherung nicht versichert war, sondern lediglich mehrere **befreiende Lebensversicherungen auf Kapitalbasis** unterhalten hat. Dazu bestimmt § 8 Abs. 2b der Leistungsordnung, dass für die Anrechnung von dem Sozialversicherungswert auszugehen ist, der sich ergeben hätte, wenn die gezahlten Arbeitgeberzuschüsse zusammen mit den entsprechenden Arbeitnehmerbeiträgen als Pflichtversicherungsbeiträge in die gesetzliche Rentenversicherung eingezahlt worden wären.

Bei der Ermittlung des ehezeitlich erworbenen Wertes der Versorgungsanwartschaft hat das OLG die sog. **Hochrechnungsmethode** angewandt. Nach der Rechtsprechung des Senats ist hingegen der Ehezeitanteil einer privaten betrieblichen Altersversorgung mit Gesamtversorgungssystem grundsätzlich nach der sog. **VBL-Methode** zu bestimmen, die bei den Anrechten der gesetzlichen Rentenversicherung von einer Hochrechnung absieht, insoweit auf den tatsächlich be- Ehezeitende erreichten Wert abstellt und diesen Wert von dem nach dem Zeit-Zeit-Verhältnis berechneten betrieblichen Ruhegeld absetzt. Dem liegt zugrunde, dass diese Methode eine der Bewertungsregeln des § 1587e Abs. 2 Nr. 3 BGB widersprechende Nivellierung der Anrechte der gesetzlichen Rentenversicherung durch Anwendung des Zeit-Zeit-Verhältnisses vermeidet; ferner wird verhindert, dass die beträchtlichen Unsicherheiten, die bei einer Hochrechnung hinsichtlich der Bemessungsgrundlagen der Anrechte der gesetzlichen Rentenversicherung für den Zeitraum vom Ende der Ehezeit bis zum Erreichen der Altersgrenze unvermeidlich auftreten, sich verzerrend auswirken (vgl. BGH, FamRZ 1991, 1416 und 1421; 1995, 88; 1996, 93, 94).

Das OLG hat die Auffassung vertreten, dass jedenfalls aufgrund der besonderen Verhältnisse des vorliegenden Falles die Anwendung der Hochrechnungsmethode unbedenklich sei, denn der Ehemann habe in der Ehezeit tatsächlich keine Anrechte der gesetzlichen Rentenversicherung erworben, sondern solche seien lediglich auf der Grundlage der geleisteten Arbeitgeberzuschüsse zu den befreienden Lebensversicherungen fiktiv zu errechnen. Ein Konflikt mit der für die gesetzliche Rentenversicherung geltenden Bewertungsregel des § 1587a Abs. 2 Nr. 2 BGB trete daher nicht auf, sondern es handele sich um eine reine Berechnungsmodalität.

Dagegen wendet sich die weitere Beschwerde im Ergebnis zu Recht. Wie die vom OLG zugrunde gelegte Auskunft des Versorgungsträgers ergibt, beruht die Berechnung der auf die Ehezeit entfallenden Entgeltpunkte der angenommenen gesetzlichen Rentenversicherung auf festen Grundlagen, nämlich den tatsächlichen in dieser Zeit gezahlten Arbeitgeberzuschüssen, dem jeweiligen Jahresverdienst des Ehemannes und dem dazu ins Verhältnis zu setzenden allgemeinen Bemessungsgrundlage. Für die Zeit zwischen Ehezeitende und Eintritt des Altersfalles werden diese drei Ansätze mit dem am Ende der Ehezeit festgestellten Beträgen unverändert fortgeschrieben, eine Grundannahme, die nach dem gewöhnlichen Verlauf der Dinge als realistisch angesehen werden muss. Einer der Gründe, die der Senat zur grundsätzlichen Ablehnung der Hochrechnungsmethode bewogen haben, spricht danach gegen deren Anwendung auch bei den im vorliegenden Fall gegebenen Verhältnissen. Deshalb ist eine Ausnahme nicht gerechtfertigt und muss der VBL-Methode auch hier

der Vorzug gegeben werden. Soweit der Versorgungsträger darauf hingewiesen hat, dass sich bei Anwendung dieser Methode höhere auszugleichende Werte ergeben als bei Anwendung der Hochrechnungsmethode, stellt dies im Hinblick auf den **Halbteilungsgrundsatz des Gesetzes** keinen Grund für die Nichtanwendung der ersteren dar (vgl. BGH, FamRZ 1991, 1416, 1419).
BGH, FamRZ 1998, 240, 421

– Maßgebliche Betriebszugehörigkeit bei zusammengesetzten Versorgungen 333

Der Ehezeitanteil einer betrieblichen Altersversorgung (hier: **Allgäuer Alpenmilch GmbH und Nestlé-Pensionskasse**) errechnet sich gem. § 1587a Abs. 2 Nr. 3a BGB, der der Berechnungsvorschrift des § 2 Abs. 1 BetrAVG nachgebildet ist, nach dem Verhältnis der tatsächlich in die Ehezeit fallenden Betriebszugehörigkeit zur insgesamt möglichen Betriebszugehörigkeit (sog. zeitratierliche Methode). Dafür ist nicht der Zeitpunkt der Erteilung der Versorgungszusage oder der Beginn der Mitgliedschaft in einer betrieblichen Versorgungseinrichtung, z. B. einer Pensionskasse, entscheidend, sondern der Beginn der Betriebszugehörigkeit (vgl. Glockner, FamRZ 1994, 900, 901). In welcher Weise der Betrieb die Versorgung gewährt, ist dabei grds. gleichgültig. Hat ein Betrieb mehrere Versorgungseinrichtungen, aus denen dem Arbeitnehmer nebeneinander mehrere Versorgungen gewährt werden, so kommt es für die Berechnung des Ehezeitanteils ebenfalls nur auf die gesamte tatsächliche Betriebszugehörigkeit, nicht aber auf die ggf. unterschiedliche Zeit der Mitgliedschaft in den einzelnen Versorgungseinrichtungen an (OLG Zweibrücken, FamRZ 1988, 1288 f.; Johannsen/Henrich-Hahne, Eherecht, § 1587a Rn. 190; RGRK/Wick, BGB, § 1587a Rn. 232; Staudinger/Rehme, BGB, § 1587a Rn. 298; Borth, FamRZ 1996, 641, 642; Glockner/Uebelhack, Die betriebliche Altersversorgung im Versorgungsausgleich, S. 901; vgl. auch BGH, FamRZ 1989, 844, 946; a. A. OLG Düsseldorf, FamRZ 1994, 517 f.).

Davon zu unterscheiden sind etwa die Fälle, in denen aufgrund besonderer gesetzlicher oder satzungsmäßiger Bestimmungen oder Betriebsvereinbarung der Betriebszugehörigkeit arbeitsvertraglich **gleichgestellte Zeiten** i. S. d. § 1587a Abs. 2 Nr. 3 a BGB eine Rolle spielen, wie es etwa bei anrechenbaren sog. **Vordienstzeiten** oder – im Rahmen der Gesamtversorgung bei öffentlich-rechtlichen Zusatzversorgungen – bei der sog. gesamtversorgungsfähigen Zeit der Fall ist. Wirken sich solche Zeiten nicht nur auf den Eintritt der Unverfallbarkeit oder der Erfüllung der Wartezeit, sondern auch auf die Erhöhung einer Versorgung aus, so sind sie auch in die jeweilige zeitratierliche Aufteilung eines Anrechts einzubeziehen. Dies kann zur Folge haben, dass sich für die jeweiligen Teilanrechte ein unterschiedliches Zeit-Zeit-Verhältnis ergibt (BGH, FamRZ 1991, 1416, 1417; 1992, 791 f.).

Um einen solchen Fall handelt es sich hier nicht. Weder sind gleichgestellte Zeiten einzubeziehen noch sind die beiden Teilversorgungen in Form einer Gesamtversorgung ausgestaltet. Vielmehr werden die Direktzusage und die Versorgung aus der Pensionskasse unabhängig voneinander gewährt.

Die Notwendigkeit einer an die Stelle der zeitratierlichen Methode tretenden abweichenden Berechnung ergibt sich hier auch nicht aus der Sonderregelung des § 2 Abs. 3 BetrAVG (sog. **versicherungsvertragliche Lösung**), da die Satzung nicht vorsieht, dass der Arbeitnehmer nach seinem Ausscheiden die Versicherung mit eigenen Mitteln fortsetzen kann.
BGH, FamRZ 1997, 166 ff.

– Vordienstzeiten 332

Zur Ermittlung des ehezeitlichen Anteils einer bereits laufenden Betriebsrente ist die in die Ehezeit fallende Betriebszugehörigkeit ins Verhältnis zu setzen zur gesamten Betriebszugehörigkeit, wobei dieser gleichgestellte Zeiten einzubeziehen sind. Im vorliegenden Fall fällt die gesamte Betriebszugehörigkeit des Ehemannes bei der M. AG in die Ehezeit. Demzufolge wäre nur dann nicht die volle Betriebsrente des Ehemannes zu berücksichtigen, wenn seine voreheliche Dienstzeit in der Steuerverwaltung als „gleichgestellte" Zeit in diesem Sinne anzusehen wäre.

Im Schrifttum ist umstritten, ob derartige Zeiten nur solche sind, die aufgrund gesetzlicher Vorschriften der Betriebszugehörigkeit gleichstehen, oder auch sog. vertraglich gleichgestellte Zeiten (vgl. Meinungsübersicht bei Soergel/Zimmermann, BGB, § 1587a Rn. 147). Im vorliegenden Fall braucht der Senat zu diesem Meinungsstreit nicht Stellung zu nehmen. Denn es kann nicht davon ausgegangen werden, dass die voreheliche Dienstzeit des Ehemannes in der Steuerverwaltung vertraglich seiner Betriebszugehörigkeit der bei M. AG gleichgestellt worden ist. Dafür bietet der Inhalt der schriftlichen Versorgungszusage keinerlei Anhaltspunkte, da im Text weder wörtlich noch sinngemäß auf die Betriebszugehörigkeit des Ehemannes Bezug genommen wird. Auch ist die Zusage durch Einzelvertrag zustande gekommen und gerade in Abweichung von einer Übung, die an die Dauer der Betriebszugehörigkeit anknüpft. Der Ehemann hat selbst angegeben, dass die Höhe der betrieblichen Pensionen bei der M. AG für leitende Angestellte nicht von der Dauer der Betriebszugehörigkeit abhängig ist. Soweit in der von M. AG erteilten Auskunft in diesem Verfahren ausgeführt wird, dass die Pensionszusage u. a. „im Hinblick" auf die Pensionsberechtigung in der Finanzverwaltung erteilt wurde und dass dabei die Vordienstzeiten „entsprechend berücksichtigt" wurden, werden bloße Motive genannt, die nicht zum Vertragsinhalt gehören.

Nach arbeitsrechtlichen Grundsätzen kann die Anrechnung von sog. Vordienstzeiten verschiedenes bedeuten: Sie kann sonst übliche Wartezeiten für eine Versorgungszusage abkürzen oder entfallen lassen, die Höhe der zugesagten Leistungen beeinflussen oder eine Rentenanwartschaft früher unverfallbar werden lassen, wobei mehrere dieser Bedeutungen zusammentreffen können (vgl. MüKo/Maier, BGB, Erg. Bd. § 1587a Rn. 193; Heubeck/Höhne/Paulsdorff/Rau/Weinert, BetrAVG, Bd. 1, § 1 Rn. 178; Höfer-Abt, BetrAVG, ArbGr. Rn. 315; s. auch BGH, FamRZ 1983, 1001, 1002 m. w. N.).

Hier liegt ein Fall vor, in dem eine Anrechnung von Vordienstzeiten ausschließlich auf die zeitlichen Voraussetzungen für die Erteilung der Versorgungszusage (i. S. e. Verzichts auf die sonst übliche 15 jährige „Wartezeit") bezogen ist. Die zeitratierliche Aufteilung der Betriebsrentenanwartschaft nach § 1587a Abs. 2 Ziff. 3 b BGB geht aber ersichtlich davon aus, dass der Rentenanspruch während der gesamten Dauer der Betriebszugehörigkeit nach Grund und Höhe gleichmäßig erdient wird. Damit wird auch dem Charakter der betrieblichen Altersversorgung als einer Gegenleistung für langjährige Betriebstreue Rechnung getragen (vgl. dazu BAG, NJW 1979, 446). Wenn aufgrund der arbeitsrechtlichen Vertragsfreiheit zugelassen wird, dass durch die Anrechnung von Vordienstzeiten der tatsächlichen Betriebszugehörigkeit eine bloß fiktive gleichgestellt wird, muss für die Anerkennung als „gleichgestellte Zeiten" i. S. dieser Vorschrift zumindest gefordert werden, dass die fiktiven Zeiten **nicht nur für den Zeitpunkt, sondern auch für die Höhe der Versorgungszusage Bedeutung** haben. Da das hier jedenfalls ausscheidet, müsste auch dann, wenn eine vertragliche Gleichstellung von Vordienstzeiten bejaht werden könnte, die volle Betriebsrente dem Versorgungsausgleich unterliegen.
BGH, FamRZ 1985, 263, 264

Der vorliegende Fall nötigt nicht zu einer grundsätzlichen Entscheidung, ob vertraglich gleichgestellte Zeiten zu den nach § 1587a Abs. 2 Nr. 3 Satz 1 BGB zu berücksichtigenden Zeiten zu zählen sind.

Da der Versorgungsausgleich dem Zweck dient, das für die Zeiten des Alters oder der Berufs- und Erwerbsunfähigkeit angesammelte Versorgungsvermögen entsprechend dem Anteil der Ehegatten an der gesamten Erwerbszeit zwischen den Ehegatten auszugleichen (vgl. BGH, FamRZ 1985, 363, 367), müssen auch die Auswirkungen einer arbeitsrechtlich zulässigen Anrechnung von Vordienstzeiten auf den Versorgungsausgleich im Einzelfall an diesem Maßstab gemessen werden. Es muss mithin bei der zeitratierlichen Aufteilung nach § 1587a Abs. 2 Satz 1 Buchstabe b BGB ermittelt werden, ob und inwieweit sich die Anrechnung von Vordienstzeiten sowohl auf die Höhe als auch auf die „Erwerbszeit" der Versorgung ausgewirkt hat.

Die „Erwerbszeit" der betrieblichen Altersversorgung des Ehemannes ist durch die hier erfolgte Anrechnung von zehn Vordienstjahren nicht beeinflusst worden. Die Unterstützungskasse hat ihm nicht bestimmte – nach Zeiträumen festgelegte – „Vordienstzeiten" (wie etwa die durch Gesetz

gleichgestellten Zeiten nach § 10 Abs. 2 MuSchG, Zeiten des Zivildienstes gem. § 78 ZDG i. V. m. §§ 6 Abs. 2, 12 ArbPlSchG und ähnliche, vgl. Ruland/Tiemann, Versorgungsausgleich und die steuerlichen Folgen der Ehescheidung, Rn. 278) angerechnet, sondern sie hat seine durch frühere Tätigkeiten erworbenen, für ihr Trägerunternehmen wertvollen Fachkenntnisse zum Anlass genommen, die ihm zugesagte Betriebsrente aus Billigkeitsgründen, im Hinblick auf seine vorzeitig eingetretene Erwerbsunfähigkeit, zu erhöhen. Dabei hat sie in Anlehnung an die Systematik ihres Leistungsplans lediglich formal den Weg der Anrechnung von Vordienstjahren gewählt. Das ändert nichts daran, dass die gesamte betriebliche Altersversorgung des Ehemannes ausschließlich während seiner Zugehörigkeit zu der RBV und nicht teilweise während früherer Tätigkeiten erworben worden ist.
BGH, FamRZ 1986, 338, 340, 341

Nach § 1587a Abs. 2 Nr. 3 Satz 1 Buchstabe a BGB sind nicht nur gesetzlich gleichgestellte Zeiten in die Betriebszugehörigkeit einzurechnen. Vielmehr sind auch solche Zeiten einzubeziehen, die nach den Satzungen der Zusatzversorgung des öffentlichen Dienstes bei der Ermittlung der Gesamtversorgung und des Ehezeitanteils der gesamtversorgungsfähigen Zeit zu berücksichtigen sind (vgl. BGH, FamRZ 1985, 363, 366). Für die vorliegende kraft einzelvertraglicher Regelung gleichgestellte Dienstzeit kann nichts anderes gelten. Allerdings genügt es für die Anerkennung als „gleichgestellte Zeit" i. S. d. genannten Regelung nicht schon, dass für eine anderweitig zurückgelegte Zeit arbeitsvertraglich die Anrechnung als sog. Vordienstzeit vereinbart wurde. Denn eine solche Anrechnung kann verschiedene Bedeutungen haben. Die zeitratierliche Aufteilung der Betriebsrentenanwartschaft nach § 1587a Abs. 2 Nr. 3 BGB geht ersichtlich davon aus, dass der Rentenanspruch während der gesamten Dauer der Betriebszugehörigkeit nach Grund und Höhe gleichmäßig erdient wird. Daher muss für die Anerkennung als „gleichgestellte Zeit" im Recht des Versorgungsausgleichs gefordert werden, dass die fragliche Zeit nicht nur für den Zeitpunkt, sondern auch für die Höhe der Versorgung Bedeutung hat.

Das ist hier der Fall. Denn die vom Ehemann bei der Bayrischen Staatsbank verbrachte Dienstzeit wird auch bei der Berechnung des Gesamtversorgungssatzes berücksichtigt und hat damit Auswirkungen auf die Versorgungshöhe.
BGH, FamRZ 1991, 1417, 1418

– Zeitratierliche Methode 322

Der Ehezeitanteil von Leistungen oder Anwartschaften einer betrieblichen Altersversorgung ist grds. pro rata temporis zu berechnen, auch wenn die Berechnung der Rente selbst nicht nach Anrechnungszeiten erfolgt. Anders als § 1587a Abs. 2 Nr. 4 BGB, nach dem z. B. der Ehezeitanteil einer berufsständischen Versorgung zu bestimmen ist, macht der für die betriebliche Altersversorgung geltende § 1587 Abs. 2 Nr. 3 BGB die zeitratierliche Bestimmung des Ehezeitanteils gerade nicht davon abhängig, dass auch die Berechnung der Rente sich nach einer Anrechnungszeit bemisst. Die unterschiedliche Regelung beruht auf einer bewussten Entscheidung des Gesetzgebers (wird ausgeführt).
BGH, FamRZ 1997, 285 ff.
→ *Maßgebliche Betriebszugehörigkeit bei zusammengesetzten Versorgungen*
BGH, FamRZ 1997, 166 ff.

Dynamik von Versorgungsanrechten
→ *Umrechnung nicht volldynamischer Versorgungsanrechte*

Feststellungsinteresse
→ *Schuldrechtlicher Versorgungsausgleich: regelmäßig kein Feststellungsinteresse*
BGH, FamRZ 1995, 293, 295
→ *Verlängerter schuldrechtlicher Versorgungsausgleich: Feststellungsinteresse*
BGH, FamRZ 1996, 1465, 1466

Gesetzliche Rentenversicherung	179 ff., 192
– Ehezeitanteil bei gezahlter Rente	186, 190

Bezieht ein Ehegatte am Ende der Ehezeit eine **Erwerbsunfähigkeitsrente, mit deren Entziehung nicht mehr zu rechnen ist**, so ist für die Ermittlung des Wertunterschiedes im Rahmen des Versorgungsausgleichs von dem tatsächlichen Rentenzahlbetrag auszugehen, wenn dieser das fiktiv errechnete Altersruhegeld übersteigt (Fortführung des Senatsbeschlusses v. 14. 10. 1981; FamRZ 1982, 33). Das gilt unabhängig von der Höhe der Differenz zwischen fiktiver Altersrente und tatsächlichem Rentenzahlbetrag, damit der Grundgedanke des Versorgungsausgleichs verwirklicht werden kann, beide Ehegatten an den in der Ehe begründeten Versorgungsanwartschaften gleichmäßig zu beteiligen. Das Werteinheitenverhältnis zur Bestimmung des Ehezeitanteils ist ebenfalls aus der gezahlten, nicht der fiktiven, Rente zu berechnen.
BGH, FamRZ 1984, 673 ff.

Bezieht ein Ehegatte am Ende der Ehezeit eine Erwerbsunfähigkeitsrente, die höher ist als das fiktive errechnete Altersruhegeld, so ist dem Versorgungsausgleich der Zahlbetrag der Erwerbsunfähigkeitsrente zugrunde zu legen, wenn davon auszugehen ist, dass sie den Ehegatten nicht wieder entzogen wird. Das gilt auch, wenn der Ehegatte noch keine 55 Jahre alt ist und der Erwerbsunfähigkeitsrente eine Zurechnungszeit zugrunde liegt (Fortführung des Senatsbeschlusses v. 11. 4. 1984, FamRZ 1984, 673).

Auch bei jüngerer Versicherten, die eine Erwerbsunfähigkeitsrente beziehen, kann unter Umständen mit hinreichender Sicherheit ausgeschlossen werden, dass sie in Zukunft zur Aufnahme einer regelmäßigen Beschäftigung oder selbständigen Tätigkeit in der Lage sein werden, z. B. bei einer seit 18 Jahren chronisch verlaufenden Psychose aus dem schizophrenen Formenkreis, die schon damals zu einer ersten Entmündigung wegen Geisteskrankheit und Unterbringung in einem Landeskrankenhaus führte.

Enthält die gezahlte Rente eine **Zurechnungszeit**, die über das Ende der Ehezeit hinausreicht, darf der Zahlbetrag der Rente am Ende der Ehezeit nicht in voller Höhe herangezogen werden, sondern muss zunächst um den Wert für die nach der Ehezeit zurückzulegende Zurechnungszeit bereinigt werden (zu den Einzelheiten der Bereinigung vgl. BGH, FamRZ 1989, 721 ff. s. nachfolgend).
BGH, FamRZ 1989, 723 ff.

Zur Methode der „Bereinigung" des Ehezeitanteils der **Rente bei am Ende der Ehezeit tatsächlich gezahlter Rente** bei Eintritt des Versicherungsfalls vor dem 55. Lebensjahr: Anders als das für einen fiktiven Versicherungsfall am Ende der Ehezeit ermittelte Altersruhegeld kann der Zahlbetrag einer Erwerbsunfähigkeitsrente, der eine über das Ende der Ehezeit hinausreichende **Zurechnungszeit** berücksichtigt, für den Versorgungsausgleich nicht als das bis zum Ende der Ehezeit erlangte Versorgungsanrecht angesehen werden (vgl. BGH, FamRZ 1986, 337; 1989, 35). Soweit die **Zurechnungszeit** dem Erwerbstätigen als Entschädigung dafür gewährt wird, dass er eine bestimmte Zeit nach der Ehe nicht mehr arbeiten kann (vgl. Verbandskommentar zur RVO, § 1304 RVO Rn. 3, Satz 16), kann der ihr zugeordnete Teil des Rentenzahlbetrages für die Wertberechnung im Versorgungsausgleich nicht herangezogen werden und dem für diesen Zeitpunkt ermittelten fiktiven Altersruhegeld nicht vergleichend gegenüber gestellt werden. Es wäre mit dem Sinn und Zweck des Versorgungsausgleichs nicht zu vereinbaren, wenn eine Versorgung ausgeglichen würde, die einem Ehegatten als Entschädigung dafür gewährt wird, dass er nach der Ehezeit bis zur Vollendung des 55. Lebensjahres nicht mehr arbeiten und keine Versorgungsanwartschaften erwerben kann.

Wie der Senat in dem Beschl. v. 13. 3. 1985 (FamRZ 1985, 688, 689) entschieden hat, ist auch für die Berechnung eines Ehezeitanteils nach § 1587a Abs. 2 Nr. 2 BGB i. V. m. §§ 1304 Abs. 2 RVO, 83 Abs. 2 AVG das Verhältnis der Werteinheiten aus der Berechnung der gezahlten Rente zu bilden. Das gilt entsprechend auch für die Bereinigung des Rentenzahlbetrags um die Zurechnungszeit nach dem Ende der Ehezeit. Da den verschiedenen Versicherungszeiten (Beitragszeiten, Ausfallzeiten, Zurechnungszeiten) unterschiedliche Werteinheiten zugeordnet sind, vermeidet die

Berechnung auf der Grundlage der Werteinheiten – anstelle des vom OLG zugrundegelegten Verhältnisses der Versicherungszeiten – verfälschende Ergebnisse, bei denen der Zurechnungszeit ein ihr nicht zukommendes Gewicht beigemessen wird. Verwiesen wird auf die zutreffende Berechnung der BfA.

BGH, FamRZ 1989, 721 ff.

Der auszugleichende Rententeil ist aus dem **tatsächlichen Zahlbetrag** der bezogenen Rente zu ermitteln, wenn ein Ehegatte am Ende der Ehezeit bereits die Regelaltersrente bezieht, weil diese endgültig feststeht und ein weiterer Versorgungsfall mit veränderten Rentenleistungen nicht mehr eintreten kann. Der Berechnung einer fiktiven Vollrente wegen Alters bedarf es unter diesen Umständen nicht (BGH, FamRZ 1982, 33, 34 f.; MüKo/Sander, BGB, § 1587a Rn. 244; Palandt/Diederichsen, BGB, § 1587a Rn. 49 m. w. N.).

An diesem Grundsatz hat sich auch nach dem Inkrafttreten des Rentenreformgesetzes 1992 (RRG 1992) nichts geändert. Zwar ist das zur Zeit der Entscheidung geltende Recht anzuwenden, soweit es nach seinem zeitlichen Geltungswillen den fraglichen Sachverhalt erfasst, auch wenn die Rechtsänderung erst nach dem Ehezeitende eingetreten ist (BGH, FamRZ 1993, 294, 295 m. w. N.). Die neuen Bestimmungen des SGB VI gelten gem. § 300 Abs. 1 SBG VI grds. auch für Sachverhalte und Ansprüche, die vor dem 1. 1. 1992 bestanden haben und erfassen somit auch bereits laufende Leistungen (vgl. Begründung zum Gesetzentwurf – damals noch § 291, BT-Drucks. 11/4124 S. 206). Vor diesem Zeitpunkt geleistete Renten unterliegen den Bestimmungen des SGB VI aber nur dann, wenn sie neu festzustellen und die persönlichen Entgeltpunkte (EP) dabei neu zu ermitteln sind, § 300 Abs. 3 SGB VI. Diese Voraussetzung ist hier nicht gegeben.

Eine Neufeststellung der Rente ist nämlich nur durchzuführen, wenn – abweichend von der bisherigen Berechnung – neue zu berücksichtigende Beitrags- oder beitragsfreie Zeiten nachgewiesen werden (vgl. § 291 Abs. 3, BT-Drucks. 11/4124 S. 206), angerechnete Zeiten entfallen oder ein neuer Versicherungsfall eintritt (vgl. Ruland, NJW 1992, 1, 7). Die Einführung des SGB VI allein ist kein Anlass, die einer bereits geleisteten Rente zugrundeliegenden persönlichen Entgeltpunkte neu zu bestimmen (§ 306 Abs. 1 SGB VI; Ruland, a. a. O.; Borth, Versorgungsausgleich in anwaltschaftlicher und familiengerichtlicher Praxis, II, Rn. 206, S. 102). Auch die Durchführung des Versorgungsausgleichs ist kein Neufeststellungsgrund (vgl. § 76 Abs. 7 SGB VI; Ruland/Michaelis, Handbuch der gesetzlichen Rentenversicherung, XXIV, Rn. 15). Da eine Neufeststellung der Anwartschaften des Ehemannes – zu Recht – nicht erfolgt ist, bleibt für die Wertermittlung im Rahmen des Versorgungsausgleichs die diesem tatsächlich gezahlte Altersrente maßgeblich.

Der Ehezeitanteil des dem Ehemann gezahlten Altersruhegelds ist aber nach neuem Recht zu berechnen. Das RRG 1992 hat auch die insoweit maßgebliche Vorschrift des § 1587a Abs. 2 Nr. 2 BGB geändert. Damit sollte die Berechnungsmethode an die neue Rentenformel angepasst werden (vgl. BT-Drucks. 11/4124 S. 234). Bei der Neufassung des § 1587a Abs. 2 Nr. 2 BGB hat der Gesetzgeber ausdrücklich auch bereits laufende Renten einbezogen. Eine gesonderte Regelung zur Ermittlung des Ehezeitanteils solcher Renten enthält diese Vorschrift nicht. Sie bestimmt lediglich, dass der Betrag zugrunde zu legen ist, der sich am Ende der Ehezeit aus den auf die Ehezeit entfallenden Entgeltpunkten ohne Berücksichtigung des Zugangsfaktors als Vollrente wegen Alters ergäbe (während nach § 1587a Abs. 2 Nr. 2 a. F. die in die Ehezeit fallenden Versicherungsjahre maßgeblich waren). Damit setzt sie allerdings voraus, dass sämtliche der tatsächlich bezogenen Rente zugrundeliegenden Entgeltpunkte (früher: Werteinheiten) ganz oder teilweise entweder der Ehezeit oder aber außerhalb der Ehezeit liegenden Zeiten zugeordnet werden können.

Das bedeutet zugleich, dass für die Ermittlung des Ehezeitanteils nach § 1587a Abs. 2 Nr. 2 BGB n. F. nur das neue, ab 1. 1. 1992 geltende Recht angewandt werden kann, und zwar auch dann, wenn ein vor diesem Zeitpunkt entstandener und festgestellter Rentenanspruch zu beurteilen ist. Denn erst das neue Rentenrecht hat die Möglichkeit einer zeitlichen Zuordnung auch für solche (gem. § 264 Satz 1 SGB VI im Verhältnis 100 zu 1 in Entgeltpunkten umzurechnenden) Werteinheiten geschaffen, die auf pauschale Ausfallzeiten entfallen. Diese nach § 58 SGB VI nunmehr als „Anrechnungszeit" bezeichneten pauschalen Ausfallzeiten ist der Rentenberechnung zugrunde zu legen, wenn sie mehr Monate umfasst als die nachgewiesene Anrechnungszeit vor dem 1. 1. 1957 (vgl. Lueg/v. Maydell/Ruland-Wolff, Gemeinschaftskommentar zum Sozialgesetzbuch, § 253 SGB VI Rn. 13).

Das vor 1992 geltende Recht kannte keine spezifische Verteilungsregelung für Werteinheiten aus der Anrechnung der **pauschalen Ausfallzeit** (vgl. Klattenhoff, DAngVers 1994, 68, 73 a. E.). Für die Ermittlung des Ehezeitanteils im Rahmen des Versorgungsausgleichs bestimmten § 1304 Abs. 2 Satz 3 RVO und § 83 Abs. 2 Satz 3 AVG gilt daher, dass bei der für den Ehezeitanteil der Rentenanwartschaft maßgeblichen Berechnung des Verhältnisses der Werteinheiten solche pauschalen Ausfallzeiten unberücksichtigt blieben.

Diese Berechnungsweise hatte indes zur Folge, dass die auf die pauschale Ausfallzeit entfallende Rentenanwartschaft auch dann teilweise der Ehezeit zugeordnet wurde, wenn die Parteien nach dem 1. 1. 1957 geheiratet hatten und die pauschale Ausfallzeit damit eindeutig vor Ehebeginn lag. Die sich daraus ergebenden verfassungsrechtlichen Bedenken (vgl. Vorlagebeschlüsse des OLG Bremen, FamRZ 1980, 265 – zurückgenommen – und des AG Singen, FamRZ 1990, 637 ff.) sind durch die Neuregelung des RRG 1992 ausgeräumt worden.

Der Senat schließt sich der im Schrifttum vorherrschenden Auffassung an, dass auch bei der Berechnung des Ehezeitanteils bereits vor dem 1. 1. 1992 bezogener Vollrenten wegen Alters Werteinheiten für pauschale Ausfallzeiten entsprechend § 253 Abs. 2 SGB VI zeitlich aufzuteilen sind (es folgen zahlreiche Nachweise).

Dem steht der Beschluss BGH, FamRZ 1994, 92, 96 nicht entgegen. Soweit darin ausgeführt ist, dass das neue Rentenrecht keine Auswirkungen auf die Entscheidung über den Versorgungsausgleich hat, soweit eine Neufestsetzung der Renten der Parteien nach dem 1. 1. 1992 nicht in Betracht kommt, betrifft dies allein die Frage, ob dem Versorgungsausgleich die bereits gezahlten Renten der Parteien oder aber nach neuem Rentenrecht berechnete fiktive Altersversorgungen zugrunde zu legen sind. Soweit dem Beschluss entnommen werden kann, dass bei nach altem Rentenrecht festgestellten und gezahlten Regelaltersrenten auch der Ehezeitanteil nach dem vor 1992 geltenden Recht zu ermitteln sei, hält der Senat daran nicht fest.

Es kann daher nicht von dem ursprünglich nach altem Rentenrecht berechneten Ehezeitanteil von 1 568,90 DM ausgegangen werden. Vielmehr beläuft sich der nach neuem Rentenrecht ermittelte Ehezeitanteil auf 1 512,33 DM.

BGH, FamRZ 1996, 406, 407, 408

Übersteigt die **Summe der** in **Entgeltpunkte** umgerechneten Werteinheiten **einer am Ende der Ehezeit bezogenen** und nach der bis zum 31. 12. 1991 geltenden Rentenformel berechneten **Rente wegen Berufs- oder Erwerbsunfähigkeit, mit deren Entziehung nicht zu rechnen ist, die Summe der Entgeltpunkte** aus der Berechnung der fiktiven Anwartschaft auf die **Regelaltersrente**, so ist für den Versorgungsausgleich der Ehezeitanteil aus der Rente mit der höheren, nach § 88 Abs. 1 Satz 2 SGB VI bestandsgeschützten Anzahl der Entgeltpunkte maßgeblich. Die Zuordnung dieser Entgeltpunkte zur Ehezeit richtet sich jedoch nach dem ab 1. 1. 1992 geltenden Rentenrecht (in Anschluss an BGH, FamRZ 1996, 406). Dies gilt auch dann, wenn die auf diese Weise ermittelte Anzahl der auf die Ehezeit entfallenden Entgeltpunkte der tatsächlich bezogenen Rente geringer ist als die Anzahl der auf die Ehezeit entfallenden Entgeltpunkte der fiktiven Altersrente.

Bei der fiktiven Altersrente beruht die höhere Zahl von Entgeltpunkten in der Ehezeit auf den vom Ehemann nach Eintritt der Berufsunfähigkeit zurückgelegten Beitragszeiten und beitragsgeminderten Zeiten, die sich zwar bei der fiktiven Altersrente noch auswirken können, aber – wegen des Versicherungsfallprinzips – nicht bei der Rente wegen Berufsunfähigkeit. Dass die Entgeltpunkte der tatsächlichen Berufsunfähigkeitsrente insgesamt höher sind als diejenigen der fiktiven Altersrente, ist auf die nach dem hier maßgebenden alten Recht günstigere Bewertung der ersten fünf Kalenderjahre, der Pflichtbeiträge und der beitragsfreien Zeiten zurückzuführen.

Im Schrifttum ist umstritten, ob der Ehezeitanteil auch bei einer solchen Fallgestaltung aus der werthöheren Rente zu berechnen ist (so Johannsen/Henrich-Hahne, Eherecht, § 1587a BGB, Rn. 170; Borth, Versorgungsausgleich in anwaltschaftlicher und familiengerichtlicher Praxis, 2. Kap. Rn. 211; Klattenhoff, DAngVers 1992, 57, 68; 1994, 68, 73) oder ob der Ehezeitanteil zugunsten des Ausgleichsberechtigten aus den insgesamt niedrigeren Entgeltpunkten der Altersrente zu errechnen ist, auch wenn sich diese persönlichen Entgeltpunkte wegen § 88 1 S. 2 SGB VI nicht auf die Höhe der Altersrente auswirken (so Bergner, Verbandskommentar, § 1587a BGB Rn. 6.22; ders., in Handbuch der gesetzlichen Rentenversicherung, Nr. 27, Rn. 24; RGRK/Wick, BGB, § 1587a Rn. 162; zweifelnd Schmeiduch, FamRZ 1991, 377, 385). Eine solche „Meistbegünstigung" des Ausgleichsberechtigten ist durch den **Halbteilungsgrundsatz** jedoch nicht nur nicht geboten, sondern liefe ihm zuwider. Sie könnte nämlich dazu führen, dass der Ausgleichsverpflichtete seine in der Ehezeit erworbenen Anwartschaften, soweit sie für einen späteren Rentenanspruch von Bedeutung sind, mehr als zur Hälfte auszugleichen hätte.

Zwar schützt die Besitzstandsregelung des § 88 1 Satz 2 SGB VI lediglich die der Rente insgesamt zugrundeliegenden persönlichen Entgeltpunkte, nicht aber einer innerhalb bestimmter Zeiten, beispielsweise in der Ehezeit, erworbene Teilanwartschaft (vgl. Zweng/Scheerer/Buschmann/Dörr, Handbuch der Rentenversicherung, § 88 Rn. 13). Aus dieser Regelung lässt sich noch nicht herleiten, dass dem Ausgleichsverpflichteten der Teil seiner Rente, dem in der tatsächlich gezahlten Rente enthaltene und nicht der Ehezeit zuzuordnende Entgeltpunkte zugrunde liegen, ungeschmälert verbleiben müssen. Der Ehezeitanteil ist stets der für den Versorgungsausgleich maßgeblichen Rente zu entnehmen. Die Berechnung des auf die Ehezeit entfallenden Teils muss mit der Gesamtberechnung dieser Rente korrespondieren (vgl. BGH, FamRZ 1989, 723). Es wäre nicht sachgerecht, den Ehezeitanteil anhand von fiktiven Werten zu berechnen, die der endgültigen Rente nicht zugrunde liegen und für deren Höhe keine Rolle spielen.
BGH, FamRZ 1997, 160 ff.

– In-Prinzip 183, 185

Rentenanwartschaften der gesetzlichen Rentenversicherung, die in der Ehezeit durch **Nachentrichtung freiwilliger Beiträge für die Ehezeit** begründet worden sind, fallen nur insoweit in den Versorgungsausgleich, als Beiträge bis zum Zeitpunkt der Rechtshängigkeit des Scheidungsantrags entrichtet worden sind. Rentenanwartschaften, die in der Ehezeit für vorehelichen Zeiten begründet worden sind, sind in den Versorgungsausgleich einzubeziehen. Beweisschwierigkeiten bei der genauen Ermittlung des Zeitpunkts der Beitragsentrichtung hat der ausgleichsberechtigte Ehegatte hinzunehmen.
BGH, FamRZ 1981, 1169 ff.

Rentenanwartschaften der gesetzlichen Rentenversicherung, für deren Erwerb zwischen dem Beginn des Eheschließungsmonats und dem Zeitpunkt der Eheschließung **freiwillige Beiträge** nachentrichtet worden sind, unterfallen dem Versorgungsausgleich (nur), wenn sie nach dem Zeitpunkt der Eheschließung begründet worden sind. Im entschiedenen Fall kam es darauf an, ob die Beiträge vor oder nach 16.30 Uhr des Heiratstags entrichtet worden waren.
BGH, FamRZ 1993, 292 ff.

Kommt es für den Versorgungsausgleich darauf an, ob eine durch **freiwillige Nachentrichtung eines Beitrags** erworbene Anwartschaft der gesetzlichen Rentenversicherung vor oder nach der Eheschließung begründet worden ist, findet die Vermutung des § 6 Satz 1 Nr. 3 der RVBEVPO keine Anwendung. Maßgeblich ist der Zeitpunkt der tatsächlichen Entrichtung des Beitrages, der bei unbarer Zahlung nicht vor dem Zeitpunkt der Belastung des Kontos des Versicherten liegt.
BGH, FamRZ 1996, 1538 ff.

Der Versorgungsausgleich ist eine Auswirkung der ehelichen Lebensgemeinschaft und zwar unabhängig vom Güterstand der Eheleute (§ 1587 Abs. 3 BGB); damit steht der Anwendung des „In-Prinzips" auch im Fall der Gütertrennung nichts im entgegen. Mit der **Zahlung** derartiger **Beiträge in der Ehezeit** beabsichtigt nämlich der Ehepartner eine Verbesserung seiner Altersversorgung, und an dieser Altersversorgung soll der andere Ehepartner – und zwar aus der Sicht beider Eheleute – grds. teilhaben. Ein späterer Sinneswandel des nachversichernden Ehegatten beim Scheitern der Ehe kann nicht zu einer nachträglich anderen Bewertung früherer Beitragsleistungen führen.

Eine andere Beurteilung rechtfertigt sich auch nicht in dem Fall, dass der sich nachversichernde Ehegatte die Beiträge aus seinem **vor der Ehe erworbenen Vermögen** geleistet hat. § 1587 Abs. 1 Satz 2 BGB sieht vor, dass (nur) Anwartschaften und Aussichten außer Betracht zu bleiben haben, die weder mit Hilfe des Vermögens noch durch Arbeit der Eheleute erworben worden sind. Deshalb fallen „geschenkte Anwartschaften" nicht in den Versorgungsausgleich (vgl. BGH, FamRZ 1983, 262, 263). Es ist unerheblich, ob das Vermögen, von dem der Ehegatte Rentenanwartschaften erwirbt, vor oder während der Ehe erworben worden ist (vgl. BGH, FamRZ 1984, 570, 571; RGRK/Wick, BGB, § 1587 BGB Rn. 20; a. A. Ruland/Tiemann, Versorgungsausgleich und steuerliche Folgen der Ehescheidung, Rn. 55; Bergner, Die Sozialversicherung 1979, 92, 94; Palandt/Diederichsen, BGB, § 1587 Rn. 20).

Das „In-Prinzip" gilt auch für sog. Altehen, die – wie die der Parteien – vor Inkrafttreten des 1. EheRG am 1. 7. 1977 geschlossen worden sind. Nach Art. 12 Nr. 3 Abs. 1 des 1. EheRG sind auf diese Ehen die Vorschriften über den Versorgungsausgleich anwendbar. Mögen auch die Partner zur Zeit der Nachentrichtung der Versicherungsbeiträge keine Kenntnis von der Regelung über den Versorgungsausgleich gehabt haben, so können sie sich auf diese Unkenntnis nicht berufen. Die Eheleute hatten die Möglichkeit, vor Inkrafttreten des Gesetzes über den Versorgungsausgleich diesen – und zwar ohne Abfindung – auszuschließen (vgl. Ruland/Tiemann, a. a. O., Rn. 608 bei N. 74) und konnten auch Vereinbarungen über den Versorgungsausgleich gem. Art. 12 Nr. 3 Abs. 3 Satz 2 des 1. EheRG schließen. Trafen die Eheleute keine Vereinbarung, unterlagen auch die Altehen dieser – verfassungsgemäßen (BVerfG, FamRZ 1980, 326, 336; BGH, FamRZ 1979, 477, 486 ff.) – Neuregelung. Ergibt sich allerdings bei Anwendung des Gesetzes auf sog. Altehen das Vorliegen eines besonderen Härtefalls, so besteht gem. § 1587c Nr. 1 BGB die Möglichkeit den Versorgungsausgleich ganz oder teilweise auszuschließen (vgl. BGH, a. a. O., 489; FamRZ 1981, 130, 132).
KG, FamRZ 1996, 1552 ff.

Auch Versorgungsanwartschaften, die mittels in der Ehezeit **für voreheliche Zeiten nachentrichteter freiwilliger Beiträge** erworben worden sind, sind in den Versorgungsausgleich einzubeziehen (vgl. insbesondere BGH, FamRZ 1981, 1169; FamRZ 1983, 683, 684). Für den Fall der Nachentrichtung von Beiträgen gem. § 282 SGB VI aufgrund einer sog. **Heiratserstattung** gem. § 83 AVG a. F. ist keine Ausnahme zu machen (vgl. Schwab/Hahne, Handbuch des Scheidungsrechts, VI, Rn. 33). Der gegenteiligen Auffassung des SozG Hamburg, FuR 1995, 150, ist nicht zu folgen. Durch die Beitragserstattung ist das früher bestehende Versicherungsverhältnis rückwirkend erloschen; die Beitragsnachentrichtung hat die infolge der Heiratserstattung eingetretenen Nachteile nicht rückwirkend wieder beseitigt. Die nachentrichteten Beiträge haben eine andere Qualität und sind nicht erneut zu Beiträgen aufgrund einer versicherungspflichtigen Beschäftigung geworden (so: BSG, SozR 3 2200, § 1259 Nr. 7). Die Auffassung, dass „ruhende" Rentenanwartschaften durch die Nachentrichtung der Beiträge wieder aufgelebt seien, trifft daher nicht zu.
BGH, FamRZ 1997, 414

– **Stichtagsregelung** 191

Für die Bewertung gesetzlicher Rentenanwartschaften ist auch dann für das Jahr des Ehezeitendes und das vorangegangene Jahr von den **amtlich festgesetzten vorläufigen Durchschnittswerten** auszugehen, wenn die endgültigen Werte inzwischen bekannt sind (vgl. BGH, FamRZ 1991, 173). Die vorläufigen Werte sind nur für die Kalenderjahre vor 1991 (bei Ende der Ehezeit 1992 oder früher), für welche nach dem Inkrafttreten des RRG keine vorläufigen Durchschnittsentgelte nach dem neuen Bewertungsschema gebildet worden sind, durch inzwischen feststehende endgültige Durchschnittsentgelte zu ersetzen (vgl. BGH, FamRZ 1993, 294, 296).
OLG Frankfurt/M., FamRZ 1996, 1422

– **Ungeklärte Zeiten** 59, 376 f.

Ungeklärte versicherungsrechtliche Zeiten beim ausgleichspflichtigen Ehegatten können nicht unter dem Gesichtspunkt der „Beweisvereitelung" zum Nachteil eines Versicherten in den Versorgungsausgleich eingestellt werden. Auszugehen ist auch in diesem Fall allein von den in den Auskünften der Versorgungsträger belegten Versicherungszeiten. Ob in diesem Fall später über § 10a VAHRG oder über den schuldrechtlichen Versorgungsausgleich vorzugehen ist, bleibt offen (vgl. BGH, FamRZ 1995, 1481).
OLG Bamberg, FamRZ 1996, 1421
→ *Wiederheirat*
BGH, FamRZ 1982, 1193

Gleichgestellte Zeiten 332

→ *Betriebliche Altersversorgung: Berechnung des Ehezeitanteils bei limitierter Gesamtversorgung*
BGH, FamRZ 1991, 1416, 1418 ff.; BGH, FamRZ 1996, 93 ff.; BGH, FamRZ 1998, 420 f.
→ *Betriebszugehörigkeit bei zusammengesetzten Versorgungen*
BGH, FamRZ 1997, 166 ff.
→ *Vordienstzeiten*
BGH, FamRZ 1985, 263, 264; BGH, FamRZ 1986, 338, 340 f.

Grundgedanken des Versorgungsausgleichs 10 f., 718

Mit der Scheidung und den im Verbund hiermit zu regelnden Folgesachen soll eine Entflechtung der personellen und wirtschaftlichen Beziehungen der Ehegatten erreicht werden. Dazu gehört auch die Aufteilung der in der Ehe durch gemeinschaftliche Lebensleistung erworbenen Versorgungsanrechte, die ihr Vorbild sowohl im güterrechtlichen Prinzip der Vermögensteilung in Weiterentwicklung des Zugewinnausgleichsgedankens, als auch in unterhaltsrechtlichen Überlegungen zur Sicherung der Altersversorgung hat (BT-Drucks. 7/650 S. 61, 155; 7/4361, 18, 19; BVerfGE 53, 257 f. = FamRZ 1980, 326, 333). Zugleich mit dem Ausspruch der Scheidung soll das versorgungsmäßige Schicksal der Ehegatten voneinander gelöst und dem Ausgleichsberechtigten eine eigenständige Alters- und Invaliditätsversorgung geschaffen werden (vgl. BT-Drucks. 10/5447 S. 16). Ebenso wie nach rechtskräftig durchgeführtem Zugewinnausgleich ein späterer Vermögenserwerb oder Vermögensverfall zum allgemeinen Lebensrisiko eines Ehegatten zählt, das er selbst zu tragen hat, und ebenso wie bei nachhaltiger Sicherung des Unterhalts durch eigene Erwerbstätigkeit (§ 1587 1 V BGB) oder durch eigenes Vermögen (§ 1577 1 V BGB) der andere Ehegatte bei späterem Wegfall dieser Sicherung nicht mehr zum Unterhalt herangezogen werden kann, wird auch der Versorgungsausgleich von dem Grundgedanken beherrscht, dass jeder Ehegatte das Risiko einer angemessenen Alterssicherung ab der Scheidung selbst trägt.
BGH, FamRZ 1996, 1540 ff.
→ *Richtlinie Kapitallebensversicherung*
BGH, FamRZ 1984, 156 ff.

Halbteilungsgrundsatz 10, 549

→ *Ausschluss des Versorgungsausgleichs: längere Trennung nach dem 1. 7. 1977 und höhere Steuern auf Beamtenversorgungsbezüge*
BGH, FamRZ 1993, 302, 303, 304
→ *Betriebliche Altersversorgung: Berechnung des Ehezeitanteils bei limitierter Gesamtversorgung*
BGH, FamRZ 1991, 1416, 1418 ff.; BGH, FamRZ 1996, 93 ff.; BGH, FamRZ 1998, 420 f.
→ *Gesetzliche Rentenversicherung: Ehezeitanteil*
BGH, FamRZ 1997, 160 ff.
→ *Verfassungsmäßigkeit*

Hinterbliebenenversorgung 164, 244, 251, 402, 423

– Umrechnung von leistungsdynamischer Ärzteversorgung mit Hinterbliebenenversorgung

Es geht um die Bestimmung des dynamisierten Werts eines Anrechts bei dem **Versorgungswerk der Landesärztekammer Hessen** (LÄK). Die LÄK macht geltend, dass das bei ihr bestehende Anrecht des Ehemanns nicht mit Hilfe der BarwertVO, sondern auf der Grundlage des während der Ehe gebildeten Deckungskapitals umzurechnen sei.

Der Senat hat bereits in zwei Entscheidungen (BGH, FamRZ 1987, 361, 362; 1989, 951, 952) die in FamRZ 1984, 1024 ausführlich begründete Beurteilung des OLG Frankfurt/M. gebilligt, dass der Wert ehezeitlich erworbener Anrechte bei der LÄK gem. § 1587a Abs. 2 Nr. 4 c BGB zu ermitteln, die Versorgung **im Anwartschaftsstadium als statisch und im Leistungsstadium als volldynamisch** anzusehen und gem. § 1587a Abs. 3 Nr. 2 BGB eine **Umrechnung auf der Grundlage des Barwerts** vorzunehmen ist. Dem hat Glockner (FamRZ 1989, 126) entgegengehalten, dass sich die LÄK ähnlich wie das Altersversorgungswerk der Zahnärztekammer Niedersachsen (vgl. BGH, FamRZ 1989, 155) durch ein individuelles Anwartschaftsdeckungsverfahren finanziere und daher eine Umrechnung auf der Grundlage des Deckungskapitals (einschließlich des Anteils für die Hinterbliebenenversorgung) gem. § 1587a Abs. 3 Nr. 1 BGB vorzunehmen sei. Seither ist die Rechtsprechung der OLG zersplittert: An einer Umrechnung auf der Grundlage des Barwerts hält neben diesem Senat des OLG Frankfurt/M. das OLG Düsseldorf fest (Beschl. v. 25. 3. 1991 – 1 UF 159/90), während der 3. FamS des OLG Frankfurt/M. (Beschl. v. 8. 7. 1991 – 3 UF 156/83) das Deckungskapital einschließlich des Anteils für die Hinterbliebenenversorgung für maßgeblich hält, der 5. ZivilS des OLG Karlsruhe (Beschl. v. 6. 12. 1990 – 5 UF 149/90) hingegen das Deckungskapital ohne diesen Anteil.

Der Senat sieht nach erneuter Prüfung keinen Anlass, die angewandte Barwertmethode zu missbilligen. In der in FamRZ 1984, 1024 veröffentlichten Entscheidung hat das OLG zur strittigen Umrechnungsfrage ausgeführt, trotz der für den einzelnen Versicherungsnehmer gebildeten und bilanzmäßig ausgewiesenen Deckungsrückstellung habe die Bewertung auf der Grundlage des Barwerts zu erfolgen, weil die Anpassung der laufenden Renten nicht ausschließlich aus dem Deckungskapital finanziert werde, sondern aus den Überschüssen des gesamten Beitragsvermögens des Versorgungswerks, die im Anwartschaftsstadium dem Deckungskapital der einzelnen Versicherungsnehmer noch in keiner Weise zugeordnet werden könnten. Im angefochtenen Beschluss hat es weiter erwogen, dass die LÄK für alle Mitglieder ein Deckungskapital für Hinterbliebene begründe, das der Gemeinschaft der Versicherten erhalten bleibe, wenn ein Mitglied keine versorgungsberechtigten Angehörigen habe, und als Umlage für die Solidargemeinschaft verbraucht werde. Deswegen sei das Deckungskapital nicht geeignet, den Wert der an einzelnen Versicherungsnehmer zu erbringenden Leistungen zu umschreiben. Auch komme im Deckungskapital die Dynamik der Versorgung im Leistungsstadium nicht hinreichend zum Ausdruck, da aus den vom Versorgungswerk erwirtschafteten Überschüssen nicht die Deckungsrückstellungen, sondern die laufenden Renten erhöht würden. Mit ähnlichen Erwägungen gelangt das OLG Düsseldorf (a. a. O.) zu der Auffassung, dass wesentliche Teile der Versorgungsleistungen nicht aus dem individuellen Deckungskapital finanziert würden, so dass die Umrechnung auf der Grundlage des Barwerts den wirklichen Wert der Versorgung besser widerspiegele. Der 3. FamS des OLG Frankfurt/M. (a. a. O.) meint hingegen, das versicherungstechnisch gebildete Deckungskapital stehe in dem erforderlichen Äquivalenzverhältnis zu den Leistungen sowohl an die Mitglieder als auch an deren Hinterbliebene. Es folgt im Übrigen den Ausführungen von Glockner (a. a. O.). Das OLG Karlsruhe (a. a. O.) klammert den für die Hinterbliebenenrenten gebildeten Teil der Deckungsrücklage aus, weil diese im Fall der Scheidung der Solidargemeinschaft der Versicherten oder Dritten zugute komme. Der für die persönliche Altersversorgung des Mitglieds bestimmte Anteil des Deckungskapitals sei hingegen ein geeignete Grundlage des Versorgungsausgleichs, da nur unwesentliche Teile der Rentenleistungen nicht daraus finanziert würden; eine Umrechnung aufgrund des Barwerts gebe den wahren Wert des Anrechts nicht besser und genauer wieder.

Nach Auffassung des Senats muss die von der LÄK gebildete **Deckungsrückstellung für Hinterbliebenversorgung** in jedem Fall **außer Betracht** bleiben, weil sie eine Versorgungsart betrifft, die nicht Gegenstand des Ausgleichs nach den §§ 1587 ff. BGB ist. Dieser ist in § 1587 Abs. 1 Satz 1 BGB dahin eingegrenzt, dass es sich um Versorgungen für den Fall des Alters sowie der Berufs- und Erwerbsunfähigkeit handeln muss (vgl. BGH, FamRZ 1988, 936, 937 m. w. N.). Dass reine Hinterbliebenenversorgungen dem Versorgungsausgleich nicht unterliegen, ist im Schrifttum weithin anerkannt (vgl. Soergel/Vorwerk, BGB, § 1587 Rn. 10; Joahnnsen/Henrich-Hahne, Eherecht, § 1587a Rn. 142; Palandt/Diederichsen, BGB, § 1587 Rn. 20; Rolland, 1. Eherechtsreformgesetz, § 1587 Rn. 80b; Ruland, Probleme des Versorgungsausgleichs in der betrieblichen Altersversorgung, Rn. 15; Zimmermann, Versorgungsausgleich bei betrieblicher Altersversorgung, S. 23 ff.).

Wenn, wie hier, mit einer Alters- und Invaliditätsversorgung eine Hinterbliebenenversorgung kombiniert ist, wird mit Recht vertreten, dass der diesen betreffenden Wertanteil nicht nur bei der Ermittlung des Barwerts (vgl. Schusinski/Stifel, NJW 1977, 1264, 1265), sondern auch bei einer Umrechnung auf der Grundlage des Deckungskapitals unberücksichtigt zu bleiben hat (vgl. OLG Karlsruhe, FamRZ 1991, 1066; Zimmermann, a. a. O., S. 27; für private Lebensversicherungen: Ruland, Probleme des Versorgungsausgleichs in der betrieblichen Altersversorgung, Rn. 122).

Soweit Glockner für seine gegenteilige Ansicht darauf verweist, Maßstab der Umrechnung seien gem. § 1587a Abs. 3 BGB die Werteinheiten der gesetzlichen Rentenversicherung, bei der der wertmäßige Hinterbliebenenanteil mit ausgeglichen werde, bezieht er sich auf eine – wohl auf Gründen der Praktikabilität beruhende – Systemwidrigkeit des Gesetzes (so Johannsen/Henrich-Hahne, Eherecht, § 1587 Rn. 15). Sie ist kein Grund, ebenso in Fällen zu verfahren, in denen, wie hier, der die Hinterbliebenenversorgung betreffende Wertanteil klar abgegrenzt ist. Bei der Umrechnung – auf der Grundlage des Deckungskapitals wie des Barwerts – geht es, wie schon der Eingangssatz des § 1587a Abs. 3 BGB ergibt, allein um eine Angleichung an die Wertsteigerungen der kraft Gesetzesvolldynamischen Versorgungen (Dynamik), während andere Qualitätsunterschiede zu diesen Versorgungen ohne Belang sind (vgl. BGH, FamRZ 1983, 40, 44).

Danach kommt lediglich in Betracht, das Anrecht des Ehemannes bei der LÄK auf der Grundlage entweder des Barwerts oder des für die Leistungen wegen Alters und Berufsunfähigkeit gebildeten Deckungskapitals zu dynamisieren. Die Ergebnisse, zu denen beide Wege führen, unterscheiden sich nicht grundlegend voneinander. Barwert und Deckungskapital sind versicherungsmathematisch analoge Größen (Rolland, 1. Eherechtsreformgesetz, § 1587a Rn. 125 bezeichnet den Barwert als fiktives Deckungskapital). Ersterer ist der auf einen bestimmten Zeitpunkt abgezinste Wert aller nach der Lebenserwartung des Berechtigten voraussichtlich zu erbringenden Rentenleistungen (vgl. BGH, FamRZ 1983, 40, 43), letzterer das aus den Versicherungsbeiträgen des Berechtigten zur Abdeckung der künftigen Rentenleistungen angesparte Kapital abzüglich Verwaltungskosten und zuzüglich Zinsen (vgl. Rolland, 1. Eherechtsreformgesetz, § 1587a Rn. 120). Da in beider Hinsicht die Summe der nach versicherungsmathematischen Methoden abgeschätzten Versicherungsleistungen maßgebend sind, können bei gleichem Verwaltungsaufwand und Zinsfuß Barwert und Deckungskapital betragsmäßig gleichgesetzt werden (vgl. Zimmermann, BetrAVG, a. a. O., S. 387). So werden bei der Umrechnung in Werteinheiten der gesetzlichen Rentenversicherung nach Nr. 5 der Bekanntmachung der Rechengrößen zur Durchführung des Versorgungsausgleichs (Abdruck z. B.: FamRZ 1989, 821, 822) den Bartwerten und Deckungskapitalien identische Faktoren zugeordnet.

Nach der Konzeption des § 1587a Abs. 3 BGB ist das Deckungskapital deswegen primär für die Bewertung heranzuziehen, weil es im allgemeinen den wahren Versorgungswert exakter wiedergibt (vgl. BGH, FamRZ 1989, 155, 157); denn die Ermittlung des Barwerts mit Hilfe der BarwertVO ist aus Gründen der Praktikabilität pauschaliert. Nur dann, wenn für die tatsächlich gewährten Leistungen ein individuelles Deckungskapital ganz oder teilweise fehlt, ist der Barwert maßgebend; das ergibt sich aus der Ausschließlichkeitsvoraussetzung in § 1587a Abs. 3 Nr. 2 BGB. Im vorliegenden Fall hat das OLG den Regelungen der Satzung und der Versorgungsordnung der LÄK entnommen, dass wesentliche Teile der Rentenleistungen der LÄK nicht aus dem individuellen Deckungskapital gewährt werden. Das findet seine rechnerische Bestätigung in einem Vergleich der Beträge, die sich bei Umrechnung auf die Grundlage des Barwertes auf der einen und des Deckungskapitals auf der anderen Seite ergeben.

Die nach § 1587a Abs. 2 Nr. 4 c BGB ermittelte Anwartschaft des Ehemannes im Nennbetrag von monatlich 1 908,30 DM entspricht einem Barwert von 76 942,16 DM und einer dynamischen Rente von monatlich 418,65 DM, das von der LÄK mitgeteilte Deckungskapital für die Alters- und Invaliditätsversorgung (73 904 DM) nur einer dynamischen Rente von monatlich 402,12 DM.

Die Erklärung liegt offenbar darin, dass das Deckungskapital grds. eine Dynamik nur insoweit berücksichtigt, als diese auf künftigen Gewinnanteilen des Versicherten beruht (vgl. auch Morawietz, Bewertung teildynamischer Betriebsrentenanwartschaften im Versorgungsausgleich, S. 30 f.), während die LÄK für die Anpassung der Renten im Leistungsstadium auch auf kollektives Beitragsaufkommen zurückgreift, insbesondere auf nicht verbrauchte Risikoanteile der Hinterbliebenenversorgung und daraus erzielte Gewinne. Der in § 2 Abs. 2 Satz 4 BarwertVO wegen der Volldynamik im Leistungszeitraum vorgeschriebene Zuschlag von 60 % auf die Faktoren der BarwertVO für rein statische Leistungen führt deshalb im Regelfall dazu, dass der wahre Versorgungswert des Anrechts bei der LÄK durch eine Wertermittlung auf der Grundlage des Barwerts besser erfasst wird als durch eine solche auf der Grundlage des Deckungskapitals. Da für einen nicht zu vernachlässigenden Teil dieses Werts ein individuelles Deckungskapital fehlt, ist für die Zwecke des Versorgungsausgleichs die Barwertmethode maßgebend.

Wie § 1587a Abs. 3 BGB zu entnehmen ist, ist für die Bewertung im Rahmen des Versorgungsausgleichs das fiktive Altersruhegeld zum Ende der Ehezeit maßgebend. Eine Fortzahlung der Beiträge in der Zeit danach darf nicht unterstellt werden (vgl. dazu BGH, FamRZ 1986, 344, 345). Nicht maßgebend ist der Betrag von 4 786,39 DM bei Beitragsfreiheit, der dem Ehemann zugestanden hätte, wenn er am Ende der Ehezeit berufsunfähig geworden wäre (§ 11 Abs. 3 VersO) und der daraus ermittelte Wert einer dynamischen Rente von 1 080,10 DM. Wenn der Ehemann bei Ehezeitende die Beitragszahlungen eingestellt hätte, hätte sich sein Altersruhegeld nach § 15 VersO „nur aus den bisher entrichteten Beiträgen" errechnet. Diese Bestimmung ist hier heranzuziehen. Ihr entspricht der mitgeteilte Betrag von monatlich 1 686,81 DM zuzüglich Überschussanteil von 221,49 DM, zusammen 1 908,30 DM oder umgerechnet in eine dynamische Rente 418,65 DM.

BGH, FamRZ 1992, 165 ff.

Kapitallebensversicherungen 157 f., 291, 357

Nach nahezu einhelliger Auffassung in Rechtsprechung und Schrifttum (Rolland, 1. Eherechtsreformgesetz, § 1587 Rn. 8; Soergel/v.Hornhardt, BGB, § 1587 Rn. 15, jeweils m. w. N.; die gegenteilige, von Friederici, NJW 1979, 2550, vertretene Auffassung ist vereinzelt geblieben) sind Anrechte aus Lebensversicherungen, die auf Zahlung eines Kapitalbetrages gerichtet sind, jedenfalls **dann, wenn sie nicht im Rahmen einer betrieblichen Altersversorgung bestehen**, nicht in den Versorgungsausgleich einzubeziehen. Die herrschenden Auffassung hat den Wortlaut und die Entstehungsgeschichte des Gesetzes für sich.

In § 1587a Abs. 2 Nr. 5 BGB sind ausdrücklich nur Renten und Rentenanwartschaften aus privatrechtlichen Lebensversicherungsverträgen genannt. Während Kapitalversicherungen nicht einbezogen sind. Allerdings ist in § 1587a Abs. 2 BGB der Kreis der in den Ausgleich einzubeziehenden Versorgungsarten nicht abschließend umschreiben. Das ergibt sich aus dem Auffangtatbestand es § 1587a Abs. 5 BGB. Diese Vorschrift erweitert den Kreis der in den Versorgungsausgleich einzubeziehenden Versorgungen. Der scheinbar entgegenstehende Wortlaut des § 1587 Abs. 1 Satz 1 BGB erklärt sich daraus, dass im Gesetzgebungsverfahren versäumt worden ist, diese Vorschrift der Erweiterung des § 1587a um seinen Abs. 5 – der im Entwurf des 1. EheRG noch nicht enthalten war – redaktionell anzupassen (BGH, FamRZ 1981, 856, 857). Anrechte aus Kapitalversicherungen können jedoch nicht unter § 1587a Abs. 5 BGB subsumiert werden. Die Anrechte aus privatrechtlichen Versicherungsverträgen sind im Gesetz erfasst und haben in § 1587a Abs. 2 Nr. 5 BGB ihre Regelung erfahren. Für den Gesetzgeber hätte kein Hindernis bestanden, die Anrechte aus Kapitalversicherungen in dieser Vorschrift mit aufzuführen und dafür Bewertungsregeln zu schaffen, wenn er sie in den Ausgleich mit hätte einbeziehen wollen. Das ergibt sich ausdrücklich aus der Begründung zum 1. EheRG (BT-Drucks. 7/650 S. 158).

Allerdings trifft die Begründung, dass bei Kapitalversicherungen eine Abgrenzung nach dem Bestimmungszweck und damit eine Zuordnung zum Bereich der Versorgung nicht möglich erscheine (BT-Drucks., a. a. O.) nicht – jedenfalls nicht uneingeschränkt – zu. Abgesehen von **Kapitallebensversicherungen im Rahmen betrieblicher Altersversorgung** (vgl. § 1 Abs. 2 BetrAVG) kann insbesondere **bei Kapitallebensversicherungen, die zur Befreiung von der gesetzlichen Angestelltenversicherungspflicht** nach Art. 2 § 1 des AnVNG v. 23. 2. 1957 abgeschlossen worden sind (vgl. BGH, FamRZ 1977, 41), nicht zweifelhaft sein, dass sie der Altersversorgung des Versicherten dienen sollen. Das gebietet jedoch nicht, sie in den Versorgungsausgleich einzubeziehen. Privatrechtliche Lebensversicherungen begründen, auch wenn sie der Altersversorgung dienen sollen, vermögenswerte Rechtspositionen und sind deshalb nach der Rechtslage vor der Einführung des Versorgungsausgleichs durchweg in den Vermögensausgleich nach Maßgabe des Güterrechts einbezogen worden (BGH, a. a. O.).

Bei der Unterwerfung privatrechtlicher Rentenversicherungen unter den Versorgungsausgleich hat sich der Gesetzgeber in erster Linie daran orientiert, dass diese mit den übrigen dem Versorgungsausgleich unterliegenden Leistungen vergleichbar sind. Das ist bei Kapitalleistungen nicht der Fall.

Allerdings gibt es Mischformen wie **Kapitalversicherungen mit Rentenwahlrecht**. Auch hier ist die Abgrenzung jedoch möglich: solange das Rentenwahlrecht nicht ausgeübt ist, ist die Versicherung auf eine Kapitalleistung gerichtet. Die Option schafft noch kein auszugleichendes Versorgungsanrecht (vgl. BGH, FamRZ 1981, 1169, 1172; s. „Gesetzliche Rentenversicherung: In-Prinzip").

Wenn abzugrenzen ist, ob ein Anrecht in den Versorgungsausgleich fällt oder aber einem Ausgleich nach Maßgabe des Güterrechts unterliegt, muss die Stichtagsregelung des § 1587 Abs. 2 BGB, um die notwendige Harmonisierung zwischen Versorgungs- und Zugewinnausgleichsregelung herbeizuführen, dahin modifiziert werden, dass der Zeitpunkt des Eintritts der Rechtshängigkeit des Scheidungsantrags maßgeblich ist (BGH, a. a. O.).

Dass der Versicherte nach seinem Belieben eine Versorgung entweder dem Ausgleich nach Güterrecht oder dem Versorgungsausgleich unterstellen kann, vermag nicht zu befriedigen, zumal die Rechtsstellung des Ehegatten des Versicherten bei Ausgleich nach Güterrecht erheblich schlechter sein kann. Diese Unterschiede müssen jedoch hingenommen werden. Sie können sich in ähnlicher Weise auch in anderen Fällen ergeben, in denen ein Ehegatte davon absieht, vorhandene Vermögenswerte in auszugleichende Versorgungen umzuwandeln.

Umstritten ist, ob dieses auch für Kapitallebensversicherungen gilt, die im Rahmen einer betrieblichen Altersversorgung bestehen. Von einem erheblichen Teil des Schrifttums wird der Einbezug solcher Anrechte in den Versorgungsausgleich für geboten erachtet (Fischer, DB 1976, 2351, 2352; v. Maydell, FamRZ 1977, 172, 175; Palandt/Diederichsen, BGB, § 1587 Anm. 2 a cc; Zimmermann, Der Versorgungsausgleich in der betrieblichen Altersversorgung, S. 140 f.). Der Senat ist der Auffassung, dass auch Anrechte aus Kapitallebensversicherungen der betrieblichen Altersversorgung nicht dem Versorgungsausgleich unterliegen.

Der Wortlaut des § 1587a Abs. 2 Nr. 3 BGB würde eine Einbeziehung zulassen. Andererseits ergibt der Wortlaut auch nicht eindeutig, dass wie in § 1 Abs. 1 Satz 1 BetrAVG Kapitalleistungen erfasst werden sollen. Dass die anschließende Nr. 4 des § 1587a Abs. 2 BGB von „sonstigen Renten oder ähnlichen Leistungen" spricht, weist eher auf das Gegenteil hin. Nach den Gesetzesmaterialien sollten Kapitallebensversicherungen auch dann nicht dem Versorgungsausgleich unterliegen, wenn sie im Rahmen einer betrieblichen Altersversorgung bestanden (BT-Drucks., a. a. O.).

Auf die Entstehungsgeschichte der BarwertVO v. 24. 6. 1977 kann man zwar nicht unmittelbar Bezug nehmen, weil der Verordnungsgeber das Gesetz nicht authentisch interpretieren kann. Nachdem der Bundesrat aber dem Entwurf einer BarwertVO mit einer Vorschrift über die Berechnung von betrieblichen Kapitalversicherungen nicht zugestimmt und deren Streichung durchgesetzt hatte (BR-Drs. 191/77, 6 f.), hätte für den Gesetzgeber Anlass bestanden, die Einbeziehung betrieblicher Kapitallebensversicherungen in den Versorgungsausgleich klarzustellen, wenn sie mit der gesetzlichen Regelung gewollt gewesen wäre. Statt dessen ist dem VAHRG v. 21. 2. 1983 im Gesetzgebungsverfahren wiederum die Auffassung zugrunde gelegt worden, dass in den Versorgungsausgleich nur Rentenversicherungen einschließlich der betrieblichen Rentendirektversicherungen fallen (BT-Drucks. 9/2296 S. 11, 13).

Das gesamte System des Versorgungsausgleichs ist auf den Ausgleich wiederkehrender Versorgungsleistungen zugeschnitten und nicht auf den Ausgleich von Kapitalbeträgen. Insbesondere der schuldrechtliche Versorgungsausgleich, der nach §§ 1, 2 VAHRG für privatrechtliche Lebensversicherungen einschließlich derjenigen der betrieblichen Altersversorgung nunmehr überwiegend in Betracht kommt, passt hierfür nicht. Zusätzliche rechtliche Schwierigkeiten würden sich in Fällen ergeben, in denen die Kapitalleistung bereits an den Versicherten ausbezahlt und womöglich verbraucht worden ist. Kapitalleistungen bis zur Auszahlung dem Versorgungsausgleich, nach der Auszahlung aber dem Güterrecht zu unterwerfen (so Fischer, DB 1976, 2351, 2353; Schuschinski/Stiefel, NJW 1977, 1265; Soergel/v. Hornhardt, BGB, § 1587a Rn. 293; Zimmermann, Der Versorgungsausgleich in der betrieblichen Altersversorgung, S. 117, 183 ff.) würde nicht zu sachgerechten Ergebnissen führen (vgl. Gernhuber/Coester-Waltjen, Lehrbuch des Familienrechts, § 28 III 1, S. 330). Wenn es auch nicht unmöglich erscheint, für den Ausgleich von Anrechten auf Kapitalleistungen in das System des Versorgungsausgleichs eingepasste Lösungen zu finden, so zeigt doch der Umstand, dass der Gesetzgeber trotz der Häufigkeit der Fälle und der dabei auftretenden Schwierigkeiten keine Regelung getroffen hat, dass derartige Anrechte (ausnahmslos) nicht in den Versorgungsausgleich einzubeziehen sind.

Auch die wegen § 1 Abs. 2 BetrAVG bestehende weitgehende Sicherung betrieblicher Kapitallebensversicherungen gegenüber sonstigen Kapitalversicherungen vor frühzeitiger Auszahlung an den Versicherungsnehmer rechtfertigt es nicht, sie in den Versorgungsausgleich einzubeziehen. Denn auch bei ihnen ist nach Eintritt des Versicherungsfalls nicht mehr gesichert, dass die Kapitalleistung tatsächlich für die Versorgung des Arbeitnehmers erhalten bleibt und nicht anderweitig verwendet wird.
BGH, FamRZ 1984, 156 ff.

Kostenregelungen 118 ff.

– Bei Rücknahme der Beschwerde gegen eine im Scheidungsverbund getroffene FGG-Entscheidung. 124

Bei Rücknahme der Beschwerde gegen eine im Scheidungsverbund getroffene Sorgerechtsregelung richtet sich die Kostenentscheidung nach § 13a FGG bzw. § 93a ZPO analog. Gegen die von einer starken Meinung geforderte Anwendung von § 515 Abs. 3 ZPO (vgl. BGH, FamRZ 1983, 154; OLG München, FamRZ 1979, 734; OLG Düsseldorf, FamRZ 1980, 1052; OLG Karlsruhe, MDR 1984, 59; OLG Frankfurt/M., FamRZ 1991, 586; Johannsen/Henrich-Sedemund-Treiber, Eherecht, § 93a ZPO, Rn. 14; Keidel/Kuntze/Winkler-Zimmermann, FGG Teil A, Rn. 42 c und Keidel/Kuntze/Winkler, FGG § 64 Rn. 131) spricht, dass es an einer ausdrücklichen Regelung fehlt, die die Anwendung von § 515 Abs. 3 ZPO vorschreibt. § 97 Abs. 3 ZPO sagt gerade nichts zu dem Fall der Rücknahme einer Beschwerde, sondern regelt nur den Fall einer Entscheidung über Folgesachen im Zusammenhang mit der Scheidung. Für eine entsprechende Anwendung von § 93a ZPO spricht die Vergleichbarkeit mit der Erledigung der Hauptsache im Beschwerdeverfahren. Nach der Rechtsprechung des BGH (FamRZ 1983, 683 unter Bezugnahme auf KG, FamRZ 1991, 381) ist dort § 91a ZPO als eine auf Erfolgsaussichten abstellende Regelung nicht anwendbar, sondern § 93a ZPO. Die zuletzt genannte Bestimmung sei eine die allgemeinen Kostenvorschriften verdrängende Regelung, die wegen grundsätzlicher Gleichbehandlung der Ehegatten auf kostenmäßigem Gebiet auch im Rechtsmittelverfahren gelte, sofern nicht § 97 Abs. 3 ZPO zwingend die Belastung des Rechtsmittelführers bei erfolglosem Rechtsmittel anordne.

Für eine entsprechende Anwendung von § 13a FGG spricht § 621a Abs. 1 Satz 1 i. V. m. § 621 ZPO (vgl. Zöller/Philippi, ZPO, § 629a Rn. 13) sowie die Überlegung, dass es gerade im Bereich des Sorgerechts typische Fälle gibt, in denen weniger die Einsicht in die Erfolglosigkeit des Rechtsmittels, sondern verständliche und nicht sanktionswürdige Erwägungen, etwa Rücksicht auf die Belange des Kindes, zu dem Entschluss führen, das Rechtsmittel nicht weiter zu verfolgen. Für eine solche Fallgestaltung gibt die elastische Vorschrift des § 13a interessengerechten und billigen Entscheidung. Ob sich die Kostenentscheidung in entsprechender Anwendung von § 93a ZPO oder § 13a FGG begründen lässt, kann hier dahingestellt bleiben. Denn beide Vorschriften gelangen hier zu demselben Ergebnis. (Für eine Anwendung von § 13a FGG: OLG Hamburg, FamRZ 1979, 326; OLG Oldenburg, FamRZ 1980, 1135; OLG Saarbrücken, JurBüro 1982, 1744).
OLG Köln, FamRZ 1997, 221, 222

Nachentrichtung von Beiträgen
→ *Gesetzliche Rentenversicherung: In-Prinzip*

Quotierungsmethode
→ *Rechtsmittel: Beschwer bei künftigen Härtegründen*
BGH, FamRZ 1993, 174, 176
→ *Rechtsmittel: Beschwerdeberechtigung einer öffentlichen Zusatzversorgungskasse und Ausgleichsformen: Quotierungsfälle*
BGH, FamRZ 1996, 482

Realteilung 484 ff.

– Fehlen einer Härteregelung/Überprüfungskompetenz des Gerichts 494

In seinem Beschluss FamRZ 1989, 951, 953 hat der BGH ausgeführt, dass der Gesetzgeber in § 10 VAHRG die sinngemäße Anwendung der §§ 4 ff. VAHRG nur auf das Quasisplitting nach § 1 Abs. 3 VAHRG vorgeschrieben und es den Versorgungsträgern überlassen hat, bei Einführung der Realteilung selbst eine dementsprechende Vorsorge gegen mögliche verfassungswidrige Auswirkungen des Ausgleichs zu treffen. . . . Damals konnte offen bleiben, wie zu entscheiden ist, wenn ein solcher Mangel vom ausgleichspflichtigen Ehegatten gerügt wird.

Das Schrifttum steht überwiegend auf dem Standpunkt, dass das Familiengericht auch dann, wenn der Versorgungsträger bei Einführung der Realteilung eine Härteregelung nicht geschaffen hat, diese Ausgleichsform anzuwenden hat, weil der Mangel lediglich Auswirkungen des Ausgleichs in besonders gelagerten Ausnahmefällen betreffe. Die Entscheidung darüber könne den zuständigen Fachgerichten überlassen werden, die von dem Ausgleichspflichtigen ggf. gegen die Kürzung seiner Versorgung angerufen werden könnten (vgl. Soergel/Zimmermann, BGB, § 1 VAHRG Rn. 27; MüKo/Maier, BGB, § 1 VAHRG Rn. 55; Gutdeutsch/Lardschneider, FamRZ 1983, 845, 849).

Nur vereinzelt wird vertreten, dass das Familiengericht dann von der Realteilung abzusehen habe, weil es sonst einen Ausgleich bewirke, dessen verfassungsmäßige Abwicklung nicht gewährleistet sei (Rolland, VAHRG, § 10 Rn. 8). Teilweise wird auch nur von öffentlich-rechtlichen Versorgungsträgern die Schaffung einer Härteregelung verlangt. Ohne die Einführung der Realteilung sei nämlich in diesen Fällen das erweiterte Quasisplitting gem. § 1 Abs. 3 VAHRG durchzuführen, wobei gem. § 10 VAHRG die gesetzliche Härteregelung gelte; dem könne sich der öffentlich-rechtliche Versorgungsträger nicht entziehen (Johannsen/Henrich-Hahne, Eherecht, § 1 VAHRG, Rn. 19).

Der aufgeführten überwiegenden Auffassung im Schrifttum, die bei der Realteilung zwischen der Ausgleichsform als solcher und nur denkbaren verfassungswidrigen Auswirkungen unterscheidet, liegt offensichtlich der Gedanke zugrunde, dass auch bei Fehlen ausdrücklicher Härteklausel in der Regelung des Versorgungsträgers ein aus dem Grundgesetz folgender Schutz des Ausgleichspflichtigen hinreichend in einem gesonderten nachfolgenden Verfahren gewährleistet werden kann. Insoweit wird auch vertreten, dass der Gesetzgeber privaten Versorgungsträgern nicht auferlegen konnte, bei Einführung der Realteilung die gesetzliche Härteregelung zu übernehmen (vgl. Hahne/Blocke, FamRZ 1983, 221, 226; s. a. Ellger, FamRZ 1986, 513, 514).

Der vorliegende Fall nötigt nicht zu einer abschließenden Beurteilung dieser Fragen. Es liegt der **Sonderfall eines öffentlich-rechtlichen Versorgungsträgers freier Berufe mit Zwangsmitgliedschaft** vor, dessen Versorgungsanrechte ohne Einführung der Realteilung durch das erweiterte Quasisplitting gem. § 1 Abs. 3 VAHRG auszugleichen wären, wobei gem. § 10 VAHRG die §§ 4 bis 9 VAHRG sinngemäß gelten würden. Es wäre nicht zu rechtfertigen, wenn es der Disposition eines solchen Versorgungsträgers unterläge, bei der Ersetzung einer Form des öffentlich-rechtlichen Ausgleichs durch eine andere den aus §§ 4 ff. VAHRG folgenden Schutz des Ausgleichspflichtigen in Härtefällen wesentlich zu verkürzen, wenn auch nicht zu fordern ist, dass die von ihm geschaffene Regelung unbedingt mit den §§ 4 bis 9 VAHRG gleichlaufen muss, wie es etwa nach der Satzung der Bayrischen Ärzteversorgung der Fall ist (vgl. BGH, FamRZ 1988, 1254, 1255).

Wenn allerdings ein Versorgungsträger der hier erörterten Art bei Einführung der Realteilung einen der §§ 4 ff. VAHRG entsprechenden Schutz des Ausgleichspflichtigen eindeutig versagen will, wird das Familiengericht von vornherein so entscheiden müssen, als ob die Möglichkeit der Realteilung nicht bestünde, also das Quasisplitting mit den damit verbundenen weitgehenden Erstattungspflichten (vgl. Darstellung bei BVerfG, FamRZ 1989, 827, 831) anordnen. Denn dann besteht auch Grund für die Annahme, dass die Ausgleichsform der Realteilung in Kenntnis des Umstandes, dass eine solche Tangierung des Schutzes des Ausgleichspflichtigen rechtlich nicht möglich ist, gar nicht eingeführt worden wäre. Eine andere Frage ist, ob die Verwerfung der Realteilung auch dann gerechtfertigt ist, wenn die maßgebliche Regelung des Versorgungsträgers zu dieser Frage lediglich schweigt; hier kann etwa irrtümlich angenommen worden sein, es bestehe insoweit kein Regelungsbedarf.

Ein solcher Fall ist vorliegend gegeben. Es ist deshalb davon auszugehen, dass nach Aufdeckung dieses Rechtsirrtums die Satzung entsprechend ergänzt und zwischenzeitlich nach Rechtsauffassung des Justitiars verfahren wird. Unter diesen Umständen erscheint es nicht erforderlich, zum Schutz des Ehemanns die eingeführte Realteilung nicht anzuwenden. Sollte ein der gesetzlichen Härteregelung vergleichbarer Schutz bei Eintritt einer der einschlägigen Fallgestaltungen verweigert werden, könnte sich der Ehemann dagegen in dem in § 30 der Satzung vorgesehenen Verfahren erfolgreich zur Wehr setzen.
BGH, FamRZ 1993, 298, 299

Hat ein **privatrechtlich organisierter Versorgungsträger** für den Versorgungsausgleich die Realteilung (§ 1 Abs. 2 VAHRG) eingeführt und in der dafür maßgebenden Regelung die in §§ 4 ff. VAHRG normierten Härtefälle nicht berücksichtigt, ist nicht schon deshalb von dieser Ausgleichsform abzusehen. Wenn aber im Einzelfall die Realteilung zu einer unangemessenen Benachteiligung der Ehegatten führte, kann das Familiengericht so entscheiden, als ob diese Ausgleichsform nicht bestünde.

Die Parteien waren 20 Jahre lang verheiratet. Der zu 100 % schwerbehinderte Ehemann bezieht bereits seit 1. 7. 1988 eine Rente von der BfA mit einem Ehezeitanteil von monatlich 1 151,18 DM und als ehemaliger Redakteur beim **ZDF** seit demselben Zeitpunkt Invalidenrenten von zusammen monatlich 5 380,85 DM, die teils direkt vom **ZDF**, teils von der rechtlich selbständigen **Pensionskasse für die Arbeitnehmerinnen und Arbeitnehmer des ZDF** (im folgenden: Pensionskasse) gezahlt werden. Die Satzung der Pensionskasse sieht für den Versorgungsausgleich eine Realteilung vor; § 30b lautet auszugsweise:

„Wird die Ehe eines Mitgliedes geschieden, so findet die Realteilung gem. § 1 Abs. 2 VAHRG statt, soweit nicht ein anderweitiger Ausgleich ohne Beteiligung der Pensionskasse gem. den Bestimmungen des VAHRG möglich ist. Für den ausgleichsberechtigten geschiedenen Ehegatten wird das sich aus der Realteilung für sie/ihn ergebende Anrecht in Form beitragsfreier Versorgungsleistungen begründet. Gleichzeitig vermindern sich die für die/den ausgleichsverpflichteten geschiedenen Ehegatten Versicherten Versorgungsleistungen: die Minderung gilt nicht für die Hinterbliebenen der/des Ausgleichsverpflichteten. Die Minderung entfällt mit dem Tode der/des Ausgleichsberechtigten, wenn diese/dieser vor Eintritt des Versorgungsfalles oder in den ersten zwei Jahren nach Eintritt des Versorgungsfalles stirbt."

Aufgrund des Versorgungstarifvertrags in der ab 1. 7. 1990 geltenden Fassung sollen sowohl die gegen das ZDF direkt als auch die gegen die Pensionskasse gerichteten Versorgungsanrechte einheitlich durch die von der letzteren geschaffene Realteilung ausgeglichen werden.

Nach der Rechtsprechung des Senats ist die von einem Versorgungsträger geschaffene Realteilung (§ 1 Abs. 2 VAHRG) daraufhin zu überprüfen, ob die maßgebende Regelung **bestimmte Mindestanforderungen** erfüllt, die sich aus dem Charakter als Form des öffentlich-rechtlichen Versorgungsausgleichs ergeben und ob das Ergebnis im Einzelfall angemessen erscheint (vgl. BGH, FamRZ 1988, 1254). In seinen Beschlüssen (BGH, FamRZ 1989, 951; 1993, 298, s. vorstehend) hat er sich in diesem Zusammenhang mit der Frage befasst, ob die maßgebende Regelung auch eine den §§ 4 ff. VAHRG entsprechende Härteregelung enthalten muss, ohne dazu aber abschließend Stellung zu nehmen. Der Gesetzgeber hat im § 10 VAHRG die sinngemäße Anwendung der §§ 4 ff. VAHRG nur auf das analoge Quasisplitting (§ 1 Abs. 3 VAHRG) vorgeschrieben und es den Versorgungsträgern überlassen, bei Einführung einer Realteilung selbst eine Vorsorge gegen verfassungswidrige Härten zu treffen (vgl. BT-Drucks. 9/2296 S. 16). Für den Sonderfall eines öffentlich-rechtlichen Versorgungsträgers, dessen Anrechte ohne Einführung der Realteilung durch das analoge Quasisplitting auszugleichen wären, hat der Senat ausgesprochen (FamRZ 1993, 298), dass dem ausgleichspflichtigen Ehegatten ein den §§ 4 ff. VAHRG entsprechender Schutz verbleiben müsse, weil es nicht der Disposition des Versorgungsträgers unterliegen könne, bei der Ersetzung einer Form des öffentlich-rechtlichen Ausgleichs durch eine andere diesen Schutz wesentlich zu verkürzen. Werde gegen diesen Grundsatz verstoßen, habe das Familiengericht so zu entscheiden, als ob die Möglichkeit der Realteilung nicht bestünde.

Die beschwerdeführende Pensionskasse ist eine privatrechtlich organisierte Versorgungseinrichtung, deren Anrechte nicht durch analoges Quasisplitting nach § 1 Abs. 3 Satz 1 VAHRG auszugleichen sind (vgl. BGH, FamRZ 1987, 52, 54). Das Schrifttum steht überwiegend auf dem Standpunkt, dass derartige Versorgungsträger die Realteilung einführen können, ohne in der maßgebenden Regelung die in §§ 4 ff. VAHRG normierten Härtefälle zu berücksichtigen. Dies wird im wesentlichen damit begründet, dass die Rechtsprechung des BVerfG, auf die die §§ 4 ff. VAHRG zurückgehen (vgl. BVerfG, FamRZ 1980, 326, 334 ff.; s. a. FamRZ 1989, 827), den Bereich der Privatautonomie jedenfalls nicht unmittelbar berühre (vgl. Johannsen/Henrich-Hahne, Eherecht, Rn. 19, MüKo/Gräper, BGB, § 4 VAHRG Rn. 56, Staudinger/Rehme, BGB, § 4 VAHRG Rn. 24; Wick, in: FamGB, Rn. 29; Soergel/Zimmermann, BGB, 12. Aufl., Rn. 27, jeweils zu § 1 VAHRG; Gutdeutsch/Lardschneider, FamRZ 1983, 845, 849; a. A. Wagenitz, in: Rolland/Wagenitz, FamR, § 1 VAHRG Rn. 46).

Teilweise wird auch vertreten, dass die Entscheidung über im Einzelfall aufgetretene Härtefälle den Fachgerichten zu überlassen sei, die bei Streitigkeiten über die §§ 4 ff. VAHRG angerufen werden könnten (vgl. Wick, a. a. O.; Gutdeutsch/Lardschneider, a. a. O.). Der Senat teilt die h. A., dass die von einem privatrechtlich organisierten Versorgungsträger eingeführte Realteilung vom Gericht nicht schon deswegen zu verwerfen ist, weil die maßgebliche Regelung – wie im vorliegenden Fall – keine den Unterhaltsfall (§ 5 VAHRG) berücksichtigende Härteregelung vorsieht. Weder aus dem Gesetz noch unter verfassungsrechtlichen Gesichtspunkten lässt sich für private Versorgungsträger eindeutig ein Zwang zu einer generellen Vorsorge in dieser Richtung ableiten. Das muss insbesondere dann gelten, wenn Härtefälle der in den §§ 4 ff. VAHRG geregelten Art im Zeitpunkt der Entscheidung des FamG lediglich eine abstrakte Möglichkeit darstellen.

Eine andere Frage ist, ob das Familiengericht dann, wenn im Zeitpunkt seiner Entscheidung solche Härtefälle tatsächlich vorliegen, im Rahmen der ihm obliegenden Angemessenheitsprüfung von einem Ausgleich durch Realteilung absehen kann, weil in dem zu entscheidenden Einzelfall das Fehlen einer Härteregelung zu einer unangemessenen Benachteiligung führt. Diese Frage ist nach Auffassung des Senats zu bejahen. Auch die Vertreter der oben angeführten h. A. räumen ein, dass das Fehlen einer Härteregelung im Einzelfall gegen Treu und Glaube verstoße (vgl. Johannsen/Henrich-Hahne, Eherecht, a. a. O.; Wick, in FamGB, a. a. O.) oder dass aus Billigkeitsgründen im Rahmen des § 1587b Abs. 4 BGB eine andere Ausgleichsform angeordnet werden kann (vgl. Staudinger/Rehmer BGB, a. a. O.; MüKo/Gräper, a. a. O.; s. a. BT-Drucks. 9/2296 w S. 11). Die Anwendung des § 1587b Abs. 4 BGB erscheint schon deswegen nicht als der geeignete Weg, weil in diesem Falle gem. § 3a Abs. 3 Satz 1 VAHRG die Ausgleichsform des verlängerten schuldrechtlichen Ausgleichs verschlossen wäre, es vielmehr dabei bliebe, dass ein Ausgleichsanspruch aus § 1587g BGB mit dem Tode des Verpflichteten erlischt (vgl. dazu etwa Johannsen/Henrich-Hahne, Eherecht, a. a. O., § 3a VAHRG Rn. 8). Da eine fehlende Härteregelung nicht durch Richterspruch ersetzt werden kann, weil die Ausgestaltung der Realteilung Sache des Versorgungsträgers ist (vgl. BGH, FamRZ 1989, 953), ist in diesen Fällen so zu entscheiden, als ob die Möglichkeit der Realteilung nicht bestünde. Das führt dann im Bereich der privatrechtlichen Versorgungsträger i. d. R. (§§ 2, 3a VAHRG) zum verlängerten schuldrechtlichen Versorgungsausgleich. Der ausgleichsberechtigte Ehegatte erhält zwar kein eigenständiges Versorgungsanrecht wie bei der Realteilung, ist aber im Falle des Todes des anderen Ehegatten durch den aus § 3a 1 VAHRG folgenden Anspruch gegen den Versorgungsträger geschützt.

Nach diesen Grundsätzen hat das OLG zu Recht eine Realteilung abgelehnt. Eine Realteilung gem. § 30b der Satzung der Pensionskasse ist ausnahmslos mit einer sofortigen Kürzung der Anrechte des ausgleichspflichtigen Ehegatten verbunden. Bei Anwendung dieser Ausgleichsform im vorliegenden Fall käme es zu Folgen, die mit den **Grundsätzen von Treu und Glauben nicht zu vereinbaren** sind. Der Ehemann ist der Ehefrau gem. § 1587 Abs. 2 BGB unterhaltspflichtig. In erster Instanz ist er insoweit unter Berücksichtigung einer infolge des Versorgungsausgleichs gekürzten Rente zu monatlichen Unterhaltszahlungen von 500 DM verurteilt worden. Bei dem in zweiter Instanz abgeschlossenen Prozessvergleich, der unter Berücksichtigung ungekürzten Renteneinkommens eine Unterhaltsrente von monatlich 1 200 DM festlegt, handelte es sich um eine vertragliche Ausgestaltung des gesetzlichen Unterhaltsanspruchs in Erwartung einer günstigen Entscheidung über die strittige Kürzung; die Annahme eines ausschließlich vertraglichen Anspruchs (vgl. dazu Johannsen/Henrich-Hahne, Eherecht, § 5 VAHRG Rn. 8) liegt fern. Bei Durchführung der Realteilung wäre der Ehemann im Hinblick auf den beträchtlichen Altersunterschied der Parteien von fast 16 Jahren für eine erhebliche Zeit einer doppelten Belastung ausgesetzt. Zum einen durch die Kürzung seines Renteneinkommens, zum anderen durch seine Verpflichtung zur Unterhaltszahlung in einer Höhe, die etwa der amtsgerichtlichen Entscheidung (500 DM monatlich) entspricht. Wegen seiner Behinderung und dem damit verbundenen Mehrbedarf ist er dringend auf seine Einkünfte angewiesen; wie das OLG festgestellt hat, musste er bereits den Aufenthalt in einem Seniorenheim wegen der hohen Kosten abbrechen. Die Ehefrau könnte für eine beträchtliche Zeitspanne aus einer zu ihren Gunsten durchgeführten Realteilung keine Rente erhalten, müsste sich aber in dieser Zeit mit einer Unterhaltsrente begnügen, die erheblich geringer wäre als diejenige, die sie ohne eine sofortige Kürzung des Renteneinkommens des Ehemannes zu beanspruchen hat. In der Zeit bis zum Eintritt des Rentenfalls bei der Ehefrau ergäbe sich mit der Realteilung verbundene wirtschaftliche Vorteile allein für den Versorgungsträger. All dies rechtfertigt den Schluss, dass die Durchführung der Realteilung, wie sie von der beschwerdeführenden Pensionskasse vorgesehen ist, zu einer unangemessenen Benachteiligung beider Ehegatten führte. Mit Recht hat das OLG deswegen der Ausgleichsform des verlängerten schuldrechtlichen Versorgungsausgleich den Vorzug gegeben, die deren Belangen besser Rechnung trägt.

Soweit der Rentenanspruch betroffen ist, den der Ehemann unmittelbar gegenüber dem ZDF, einer Anstalt des öffentlichen Rechts, erworben hat, wird dieses Ergebnis auch durch folgende Erwägung getragen: Dieser Rentenanteil, der an sich dem analogen Quasisplitting gem. § 1 Abs. 3 VAHRG unterläge, ist nach der Auskunft der Pensionskasse „aus Praktikabilitätsgründen" durch den ab 1. 7. 1990 geltenden Versorgungstarifvertrag in die von ihr geschaffene Realteilung mit einbezogen worden. Ebenso wenig wie sich ein öffentlich-rechtlicher Versorgungsträger den Härteregelungen der §§ 4 ff. VAHRG entziehen kann, wenn er selbst das analoge Quasisplitting durch eine Realteilung ersetzt (vgl. BGH, FamRZ 1993, 298), kann dies zulässig sein, wenn er den Versorgungsausgleich auf einen privatrechtlichen Versorgungsträger gleichsam delegiert. Von den Voraussetzungen des § 5 VAHRG ist nach den obigen Ausführungen hier auszugehen; andere als in dem vom Senat durch den angeführten Beschluss entschiedenen Fall geht es auch nicht nur um ein Schweigen der maßgeblichen Regelung zu diesem Härtefall. Vielmehr hat die beschwerdeführende Pensionskasse mehrfach erklärt, dass in einem solchen Fall als Folge des Versicherungsprinzips bewusst nicht von einer Kürzung abgesehen werden soll.

Nach § 3a Abs. 2 Nr. 1 VAHRG findet ein verlängerter schuldrechtlicher Versorgungsausgleich an sich nicht statt, wenn für das betroffene Anrecht „eine Realteilung . . . . vorgesehen" ist. Das steht der vom OLG getroffenen Entscheidung aber nicht entgegen, weil die Bestimmung dahin zu verstehen ist, dass die vorgesehene Realteilung auch tatsächlich zum Zuge kommen kann und nicht, wie hier, aus Gründen der Billigkeit ausscheidet (vgl. etwa Johannsen/Henrich-Hahne, Eherecht, § 3a VAHRG Rn. 6).
BGH, FamRZ 1997, 1470, 1971, 1972

Wie der Senat schon mehrfach entschieden hat, ist die Regelung der Realteilung – ungeachtet des aus § 1 Abs. 2 Satz 2 VAHRG folgenden Gestaltungsspielraums des Versorgungsträgers – im Verfahren darauf zu überprüfen, ob bestimmte **Mindestanforderungen** erfüllt sind, die sich aus dem Charakter der Realteilung als Form des öffentlich-rechtlichen Versorgungsausgleichs und dem Rechtsgedanken des § 1587b Abs. 4 BGB ergeben, und ob das **Ergebnis angemessen** erscheint (vgl. BGH, FamRZ 1989, 951, 953 m. w. N.). Anderenfalls hat das Gericht von der Vornahme der Realteilung abzusehen (vgl. Johannsen/Henrich/Hahne, § 1 VAHRG, Rn. 8). Insoweit bestehen gegen die **Richtlinie der Unterstützungskasse des DGB** keine Bedenken. Die Mindestanforderungen sind, sowohl was die Art der Gestaltung der Realteilung angeht, als auch im Hinblick auf die Höhe der für den Berechtigten zu begründenden Ausgleichsrente erfüllt.

Soweit der Senat die Überprüfung einer Realteilungsregelung im Hinblick auf den **Schutz des Ausgleichspflichtigen vor ungerechtfertigten Kürzungen seiner Versorgung** entsprechend den §§ 4 und 4 VAHRG enthaltenen Härteregelungen für geboten erachtet hat, beziehen sich die entsprechenden Ausführungen **nur auf Realteilungen öffentlich-rechtlicher Versorgungsträger** (vgl. BGH, FamRZ 1989, a. a. O. mit Hinweis auf BVerfG, FamRZ 1980, 326 und 1997, 1470). Da es sich bei der Unterstützungskasse des DGB e. V. um einen privaten Versorgungsträger handelt, unterliegen dessen Versorgungsregelungen grundsätzlich nicht denselben Anforderungen. Gleichwohl enthält die Richtlinie der Unterstützungskasse in § 8 eine Härteregelung entsprechend § 4 VAHRG über die „Beendigung" der Realteilung, wenn der Berechtigte vor dem Verpflichteten stirbt und nicht länger als zwei Jahre eine Ausgleichsrente von der Unterstützungskasse erhalten hat. Nach § 6 Abs. 2 der Richtlinie wird die Unterstützung des Verpflichteten, solange keine Ausgleichsrente an den Berechtigten zu zahlen ist, nicht gekürzt, wenn der Verpflichtete dem Berechtigten zum Unterhalt verpflichtet ist und Unterhalt zahlt (entsprechend § 5 VAHRG).
BGH, FamRZ 1998, 421, 423

– bei Fehlen einer Invaliditätsrente beim zu begründenden Anrecht und fehlendem Insolvenzschutz 496

Nach Auffassung des Senats kann . . . . . nicht allein deswegen von der Anwendung der Realteilung abgesehen werden, weil der hier erörterte Qualitätsunterschied zwischen dem auszugleichenden und dem zu begründenden Anrecht besteht. Ähnlich wie in den Fällen, in denen die maßgebende Regelung die in §§ 4 ff. VAHRG normierten Härtefälle nicht berücksichtigt (vgl. dazu BGH FamRZ 1997, 1470), ist vielmehr entscheidend darauf abzuheben, ob bei einer Gesamtbetrachtung aller bedeutsamen Umstände die Anwendung der Ausgleichsform im gegebenen Einzelfall zu einer **unangemessenen Benachteiligung des ausgleichsberechtigten Ehegatten** führen würde. Eine diesbezügliche Prüfungskompetenz des Familiengerichts bezweifelt die weitere Beschwerde zu Unrecht (vgl. BGH a. a. O., m. w. N.). Maßgebliche Kriterien können etwa sein, in welcher Weise und mit welche für den Berechtigten möglicherweise vorteilhaften Auswirkungen der Ausgleich ohne Realteilung durchzuführen wäre (ebenso MüKo/Gräper, BGB, § 1 VAHRG Rn. 50), ob der gegebene Qualitätsunterschied durch anderweitige Vorteile für den Berechtigten kompensiert wird und nicht zuletzt auch, wie sich der ausgleichsberechtigte Ehegatte zur Art der Durchführung des Ausgleichs stellt (zur Berücksichtigung des Willens des Berechtigten vgl. auch Staudinger/Rehme, BGB, 1998, § 1 VAHRG Rn. 20).

Nach diesen Grundsätzen begegnet es im vorliegenden Fall im Ergebnis keinen durchgreifenden Bedenken, dass das OLG von der Anwendung der Ausgleichsform der Realteilung abgesehen hat. Entgegen dessen Ansicht liegt allerdings eine unangemessene Benachteiligung der Ehefrau nicht schon darin, dass ihr durch die Realteilung nur eine Altersrente verschafft würde, während die Versorgung des Ehemannes auch eine Invaliditätsrente umfasst. Hieraus kann in Bezug auf den ansonsten in Betracht kommenden Ausgleich nach § 3b VAHRG nur dann eine Benachteiligung abgeleitet werden, wenn dieser Ausgleich für die Ehefrau zu einer Versorgung für den Invaliditätsfall führen würde. Dazu macht die weitere Beschwerde geltend, dass die Ehefrau auch bei einem Ausgleich gem. § 3b VAHRG keine Absicherung für den Invaliditätsfall erlange, weil sie die Voraussetzungen der §§ 43, 44 SGB VI nicht erfülle und auch durch künftige Aufnahme einer versicherungspflichtigen Erwerbstätigkeit voraussichtlich nicht erfüllen könne. Dieser Umstand, zu dem bisher gegenteilige Feststellungen nicht getroffen worden sind, würde der Beurteilung des OLG die Grundlage entziehen. Indessen hat sich die Ehefrau vor allem deshalb gegen die Ausgleichsform der Realteilung gewandt, weil es sich bei dem Versorgungsträger um eine GmbH handele, deren Alleingesellschafter und Geschäftsführer der Ehemann sei mit entsprechenden Einflussmöglichkeiten auf deren Entscheidung und wirtschaftliche Verhältnisse Besondere Befürchtungen hat sie an den Umstand geknüpft, dass die Versorgungszusage des Ehemannes nicht beim Pensionssicherungsverein (§ 14 BetrAVG) abgesichert sei. Diese Bedenken haben Gewicht. Für die dem Ausgleich zugrundeliegende Versorgungszusage der GmbH besteht in der Tat kein Insolvenzschutz gem. § 17 BetrAVG, auch wenn der Ehemann, wie er nunmehr geltend macht, nur Mehrheitsgesellschafter der Gesellschaft ist (vgl. BGHZ 77, 94, 101 f.; Goette, ZIP 1997, 1317, 1319 m. w. N.). Das bedeutet, dass ein öffentlich-rechtlicher Ausgleich gem. § 3b VAHRG der Ehefrau jedenfalls größere Sicherheit bieten würde. Weithin ist festzustellen, dass in der für die Realteilung maßgebenden Regelung keine ausgleichenden Vorteile bei der Altersrente der Ehefrau vorgesehen sind. Insgesamt überwiegen daher die Gesichtspunkte, die für ein Absehen von der Realteilung sprechen.

(Nachfolgend weist der BGH allerdings darauf hin, dass das OLG sein pflichtgemäßes Ermessen im Rahmen des § 3b VAHRG nicht richtig ausgeübt habe und übersehen habe, dass) aus der Sicht des Ausgleichspflichtigen von der Anwendung des § 3b VAHRG abzusehen sein kann, wenn auszugleichende Anrechte ähnlich ungesichert erscheinen wie die nach Abs. 2 der Vorschrift ausdrücklich vom öffentlich-rechtlichen Ausgleich ausgenommenen ausländischen Anrechte (vgl. RGRK/Wick, BGB, Rn. 15; MüKo/Sander, BGB, § 3b VAHRG Rn. 16; Johannsen/Henrich/Hahne, Eherecht, 3. Aufl., Rn. 11 – jeweils zu § 3b VAHRG; Michalis/Sander, DAngVers 1987, 86, 88).

Insoweit macht die weitere Beschwerde geltend, dass durch die Anwendung des § 3b VAHRG dem Ehemann einseitig das Insolvenzrisiko auferlegt werde, weil er Gefahr laufe, beträchtliche Geldleistungen zur Begründung von Rentenanwartschaften der Ehefrau aufzubringen, während er leer ausgehen könne, wenn die M.-GmbH ihre Rentenverpflichtungen aus von ihm nicht zu vertretenden Gründen nicht erfüllen könne. Diesen nicht von der Hand zu weisenden Gesichtspunkt hat das OLG in seine Interessenabwägung nicht einbezogen. Für die Auferlegung von Beitragszahlungen

verlangt das Gesetz weiter die positive Feststellung, dass dies dem Verpflichteten nach seinen wirtschaftlichen Verhältnissen zumutbar ist. Es genügt nicht, dass lediglich Anhaltspunkte für die Unzumutbarkeit fehlen, wie das OLG angenommen hat.
BGH, FamRZ 1999, 158, 159

– Zustimmung des Versorgungsträgers 484

Auch wenn die Satzung des Versorgungsträgers einer betrieblichen Altersversorgung die Realteilung nicht vorsieht, kann die Realteilung durchgeführt werden, wenn der Versorgungsträger ihr im Einzelfall zustimmt. Einer Zustimmung des Versorgungsberechtigten bedarf es nicht. Nach dem Wortlaut des § 1 Abs. 2 VAHRG ist eine Realteilung zwar nur zulässig, wenn die für das Anrecht des Verpflichteten „maßgebende Regelung" einen Ausgleich in dieser Form vorsieht. Daraus kann nicht geschlossen werden, dass nach dem Willen des Gesetzgebers eine Einzelzustimmung des Versorgungsträgers nicht genügen soll. Mit dieser Einschränkung wird nur sichergestellt, dass die Realteilung, die für den Versorgungsträger mit erheblichem Aufwand und Risiken verbunden ist, nicht gegen seinen Willen durchgeführt werden kann. Das ist in der Literatur – soweit ersichtlich – unbestritten. Allerdings wird – ohne nähere Begründung – die Meinung vertreten, wenn der Versorgungsträger nur eine Einzelfallzustimmung erteilt habe, sei i. d. R. auch die Zustimmung des ausgleichspflichtigen Ehegatten als Anrechtsinhaber erforderlich (Rolland/Wagenitz, FamR, § 1 VAHRG Rn. 24; wohl auch Soergel/Zimmermann, BGB, § 1 VAHRG Rn. 21). Dem vermag der Senat nicht zu folgen. Der Ausgleichspflichtige Ehegatte muss die Realteilung nicht hinnehmen, weil er ihr in irgendeiner Form zugestimmt hat, sondern weil er kraft Gesetzes zum Ausgleich seiner betrieblichen Altersversorgung verpflichtet ist und das Gesetz Realteilung vorrangig vorsieht. Gibt der Versorgungsträger im Einzelfall seine Zustimmung zur Realteilung und sind im Übrigen die Voraussetzungen für eine Realteilung gegeben, so ist die Realteilung durchzuführen (vgl. BGH, FamRZ 1993, 173, 174).
BGB, FamRZ 1997, 169 ff.
→ *Abänderung: Abänderungsgründe*
→ *Kein Ausschluss wegen grober Unbilligkeit*

Rechtsmittel 139 ff.

– Anfechtbarkeit der Nichtabtrennung
Abtrennung des Versorgungsausgleichs vom Scheidungsverbund
OLG Düsseldorf, FamRZ 1994, 1221

**– Beschwer des Ausgleichsberechtigten bei (künftigen) Härtegründen i. S. d. § 1587c BGB;
Umfang der materiellen Rechtskraft der Erstentscheidung** 146

Der Ausgleichsberechtigte wird nicht dadurch beschwert, dass sein auf § 1587c BGB gestütztes Ausschlussbegehren erfolglos bleibt; er ist jedoch nicht gehindert, sein Begehren in einem Abänderungsverfahren, in dem später seine Ausgleichspflicht festgestellt wird, zu erneuern.

Der ausgleichsberechtigte Ehemann hat in der Ehezeit neben insgesamt wertniedrigeren Anwartschaften in der gesetzlichen Rentenversicherung Anwartschaften auf eine Versicherungsrente gem. § 44a der VBL-Satzung bei der VBL erworben. Wegen der Aussichten auf eine Versorgungsrente hat das Familiengericht den schuldrechtlichen Versorgungsausgleich vorbehalten. Der Ehemann begehrt den Ausschluss des gesamten Versorgungsausgleichs gem. § 1587c BGB. Das hat das AG unter Hinweis darauf abgelehnt, dass er derzeit Ausgleichsberechtigter sei und künftig Härtegründe i. S. d. § 1587c BGB nicht vorlägen. Das OLG hat ausgeführt, der Ehemann werde durch die Entscheidung nicht in seinen Rechten beeinträchtigt (§ 20 Abs. 1 FGG).

Der Ehemann ist nicht beschwerdeberechtigt. Durch die Ausgleichsregelung kann nur dann in seine Rechte eingegriffen worden sein, wenn er weniger erhalten hat, als ihm gesetzlich zusteht oder wenn eine für ihn günstigere Ausgleichsform in Betracht kommt. Dagegen reicht es nicht aus, wenn er lediglich irgendein Interesse an der Änderung der Entscheidung hat (vgl. BGH, FamRZ 1989, 369, 370 m. w. N.). Als Ausgleichsberechtigter kann er nicht rügen, dass infolge einer fehlerhaften Nichtanwendung des § 1587c BGB ein Quasisplitting zu seinen Gunsten angeordnet worden ist. Der Träger einer öffentlich-rechtlichen Versorgung, bei der wie bei der ZVK ein Quasisplitting nach § 1 Abs. 3 VAHRG in Betracht kommt, ist i. S. v. § 20 Abs. 1 FGG in seinem Recht beeinträchtigt, wenn der von ihm beanstandete Versorgungsausgleich mit einem im Gesetz nicht vorgesehenen Eingriff in seine Rechtsstellung verbunden ist (vgl. BGH, FamRZ 1992, 47; st. Rspr.). Diese Voraussetzung ist etwa dann nicht erfüllt, wenn der Versorgungsausgleich in einer Weise durchgeführt worden ist, die den Rechtskreis des Versorgungsträgers von vornherein nicht berühren kann (vgl. Johannsen/Henrich-Sedemund-Treiber, Eherecht, § 621e ZPO Rn. 9).

Das AG hat den Versorgungsausgleich zu Unrecht nicht nach der sog. **Quotierungsmethode** durchgeführt, die dem Interesse der beteiligten Versorgungsträger an einer gleichmäßigen Belastung dient (vgl. dazu BGH, FamRZ 1994, 90, 91). Dabei kann nicht darauf abgehoben werden, dass die Nichtanwendung dieser Methode hier für die ZVK deswegen nicht beeinträchtigend sei, weil es dann stattfindende Quasisplitting mit einer Erstattungspflicht gegenüber dem Rentenversicherungsträger nach § 225 SGB VI verbunden ist. Wegen des ungewissen Versicherungsschicksals der beteiligten Ehegatten kann nicht zuverlässig vorgesagt werden, ob letztlich die Erstattungsleistung oder die infolge der Kürzungsmöglichkeit analog § 57 BeamtVG eintretende Ersparnis den Versorgungsleistungen überwiegen wird. Wenn nicht auszuschließen ist, dass eine vom beteiligten Versorgungsträger mit der Beschwerde angestrebte Ausgleichsform für ihn wirtschaftlich günstiger ist als die vom Gericht angewendete, ist er i. S. v. § 20 Abs. 1 FGG durch die angefochtene Entscheidung in seiner Rechtsstellung beeinträchtigt (vgl. BGH, FamRZ 1991, a. a. O.; 1984, 671).

Nach der st. Rspr. des Senats, von der abzuweichen kein Anlass besteht, erlaubt § 1587c BGB nur eine Herabsetzung des Ausgleichsbetrags oder den völligen Ausschluss eines Versorgungsausgleichs, mithin eine Entscheidung zugunsten des Ausgleichsverpflichteten, nicht aber eine solche zugunsten des Berechtigten (vgl. BGH, FamRZ 1982, 1193; 1985, 687, 688; 1987, 48, 49). Der Ausgleichsberechtigte wird nicht dadurch beschwert, dass eine Kürzung des Ausgleichs aus Billigkeitsgründen unterbleibt.

Das Familiengericht hat sich allerdings nicht auf die Beurteilung der im Zeitpunkt seines Beschlusses gegebenen Wertverhältnisse beschränkt, sondern die Anwendung des § 1587c BGB auch für den Fall erörtert, dass aufgrund künftiger Wertänderungen der Ehemann ausgleichspflichtig wird. Es hat sich dazu veranlasst gesehen, weil nahe liegt, dass die derzeit noch verfallbare Anwartschaft des Ehemanns auf eine dynamische Versorgungsrente bei der VBL unverfallbar werden und damit eine Änderungsentscheidung gem. § 10a Abs. 1 Nr. 2 VAHRG in Betracht kommen kann, die voraussichtlich auch zu einer Änderung der Richtung führt, in der der Ausgleich zu vollziehen ist. Diese Ausführungen nehmen jedoch an der materiellen Rechtskraft der jetzigen Regelung des Versorgungsausgleichs nicht teil (vgl. Keidel/Kuntze/Winkler-Reichert, FGG, § 31 Rn. 22 b). Es handelt sich um zusätzliche Äußerungen, auf denen die getroffene Entscheidung nicht beruht. Eine feststellende Entscheidung – die auch nicht zulässig wäre (vgl. BGH, FamRz 1984, 251, 254) – hat weder der Ehemann beantragt noch hat sie ersichtlich das Familiengericht treffen wollen. Es entspricht zwar allgemeiner, vom Senat geteilter Überzeugung, dass das Ergebnis vor Billigkeitserwägungen nach § 1587c BGB, die der Erstentscheidung zugrunde liegen, auch für eine Abänderungsentscheidung gem. § 10a VAHRG maßgebend bleibt, soweit es sich um abgeschlossene Sachverhalte handelt (vgl. BT-Drucks. 10/6369 S. 21; Johannsen/Henrich-Hahne, Eherecht, § 10a Rn. 45; Borth, Versorgungsausgleich in anwaltschaftlicher und familiengerichtlicher Praxis IX, Rn. 29). Das kann jedoch nur für den Regelfall gelten, in dem auch im Abänderungsverfahren die Richtung, in der ein Ausgleich zu vollziehen ist, unverändert bleibt. Wird dagegen der im Erstverfahren noch ausgleichsberechtigte Ehegatte aufgrund später eingetretener Umstände, die zu einem Abänderungsverfahren gem. § 10a Abs. 1 VAHRG führen, erstmals ausgleichsberechtigt, kann es ihm nicht verwehrt sein, diejenigen Verhältnisse i. S. d. § 1587c Nr. 1 BGB zur Geltung zu bringen, die aus seiner Sicht zu einer Herabsetzung des Versorgungsausgleichs führen und die geltend zu machen ihm als Ausgleichsberechtigten im Erstverfahren verwehrt war.

BGH, FamRZ 1993, 175, 176

– Beschwer bei nachträglicher Vereinbarung gem. § 1587o BGB 143, 654, 669

Die Beschwerde ist unzulässig, weil es an der nach § 20 FGG erforderlichen Beschwer fehlt. Durch die rechtsgestaltende Entscheidung der Vorinstanz hat der Beschwerdeführer lediglich Vorteile. Zwar weicht die Entscheidung von dem nach der letzten mündlichen Verhandlung und Urteilsverkündung notariell vereinbarten Verzicht auf Versorgungsausgleich ab. Darin liegt jedoch keine Beschwer. Zwar können Vereinbarungen gem. § 1587o BGB i. d. R. bis zum Eintritt der Rechtskraft der Ausgleichsentscheidung getroffen werden. Doch führt eine solche Vereinbarung, selbst wenn sie genehmigt wurde, nicht unmittelbar zur Unwirksamkeit der Entscheidung zum Versorgungsausgleich, weil das FGG eine dem § 269 Abs. 3 Satz 1 Halbsatz 2 ZPO entsprechende Regel nicht kennt. Zusätzlich zur Genehmigung der Vereinbarung müsste auch noch die angefochtene Entscheidung der Vereinbarung angepasst werden (BGH, FamRZ 1982, 688, 689). Das kann jedoch nur aufgrund eines zulässigen Rechtsmittels geschehen. Eine Vereinbarung nach § 1587o BGB ist deshalb nicht mehr möglich, wenn lediglich ein unzulässiges Rechtsmittel den Eintritt der Rechtskraft hindert. Betroffen durch die Entscheidung ist die Antragsgegnerin. Daher hätte sie die Beschwerde einlegen müssen. Der Antragsteller ist nicht befugt, ihre Rechte wahrzunehmen.
OLG München, FamRZ 1997, 570

– Beschwer bei unzulässiger Feststellung über schuldrechtlichen Versorgungsausgleich
→ *Schuldrechtlicher Versorgungsausgleich: regelmäßig kein Feststellungsinteresse*
BGH, FamRZ 1995, 293, 295

– Beschwerdeberechtigung beteiligter Sozialversicherungsträger 144

Ein am Verfahren beteiligter Sozialversicherungsträger kann auch nach Inkrafttreten des § 10a VAHRG ohne Rücksicht auf eine finanzielle Mehrbelastung stets dann Beschwerde gegen eine Versorgungsausgleichsentscheidung einlegen, wenn der Versorgungsausgleich mit einem im Gesetz nicht vorgesehenen Eingriff in seine Rechtsstelle verbunden ist (Fortsetzung der bisherigen Rechtsprechung; vgl. BGH, FamRZ 1981, 132, 133 f.; 1982, 155, 156; a. A. OLG München, FamRZ 1988, 72). Denn diese haben neben einem möglichen finanziellen insbesondere ein **rechtliches Interesse an einer dem Gesetz entsprechenden Regelung des Versorgungsausgleichs**, zumal sie aufgrund ihrer Sachkunde besonders berufen sind, auf etwaige – rentenrechtlich bedeutsame – Fehler einer getroffenen Entscheidung hinzuweisen. Hieran ist durch das Inkrafttreten des § 10a VAHRG nichts geändert. Auch wenn nunmehr unter bestimmten Umständen eine nachträgliche Korrektur von Entscheidungen über den Versorgungsausgleich eröffnet ist, besteht doch das Interesse an einer Vermeidung rechtsfehlerhafter Erstentscheidungen grds. weiter. § 10a VAHRG kann nicht dahin verstanden werden, dass durch die nunmehr geschaffene Abänderungsmöglichkeit die Befugnis zur Einlegung von Rechtsmitteln gegen die Erstentscheidung beseitigt oder eingeschränkt werden sollte.
BGH, FamRZ 1989, 721 ff.

– Beschwerdeberechtigung einer öffentlich-rechtlichen Zusatzversorgungskasse 64, 144

Während ihrer Ehe haben beide Parteien Versorgungsanrechte bei der BfA sowie der **Zusatzversorgungskasse des Kommunalen Versorgungsverbandes Baden-Württemberg** (ZVK) erworben. Der Ehemann daneben solche bei der Baden-Württembergischen Versorgungsanstalt für Ärzte, Zahnärzte und Tierärzte (BWVÄ), die satzungsgemäß eine Realteilung vorsieht. Das Amtsgericht hat durch Verbundurteil die Ehe der Parteien geschieden und u. a. den Versorgungsausgleich in der Weise geregelt, dass es im Wege der Realteilung zugunsten der Ehefrau bei der BWVÄ eine monatliche Rentenanwartschaft von 235,91 DM begründet hat. Es ist dabei davon ausgegangen, dass der zugunsten der Ehefrau ermittelte Ausgleichsbetrag aufgrund des sog. Rangfolgeprinzips gänzlich durch Realteilung der Anrechte des Ehemanns bei der BWVÄ auszugleichen sei. Hiergegen hat die ZVK Beschwerde eingelegt und geltend gemacht, dass der Versorgungsausgleich nicht in gesetzmäßiger Weise durchgeführt worden sei; nach der von ihr für zutreffend erachteten sog. Quotierungsmethode müsse auch ein Quasisplitting (§ 1 Abs. 3 VAHRG) hinsichtlich der bei ihr bestehenden Anrechte erfolgen.

Der Träger einer öffentlich-rechtlichen Versorgung, bei der wie bei der ZVK ein Quasisplitting nach § 1 Abs. 3 VAHRG in Betracht kommt, ist i. S. v. § 20 Abs. 1 FGG in seinem Recht beeinträchtigt, wenn der von ihm beanstandete Versorgungsausgleich mit einem im Gesetz nicht vorgesehenen Eingriff in seine Rechtsstellung verbunden ist (vgl. BGH, FamRZ 1992, 47; st. Rspr.). Diese Voraussetzung ist etwa dann nicht erfüllt, wenn der Versorgungsausgleich in einer Weise durchgeführt worden ist, die den Rechtskreis des Versorgungsträgers von vornherein nicht berühren kann (vgl. Johannsen/Henrich-Sedemund-Treiber, Eherecht, § 621e ZPO Rn. 9).

Das Amtsgericht hat den Versorgungsausgleich zu Unrecht nicht nach der sog. **Quotierungsmethode** durchgeführt, die dem Interesse der beteiligten Versorgungsträger an einer gleichmäßigen Belastung dient (vgl. dazu BGH, FamRZ 1994, 90, 91). Dabei kann nicht darauf abgehoben werden, dass die Nichtanwendung dieser Methode hier für die ZVK deswegen nicht beeinträchtigend sei, weil das dann stattfindende Quasisplitting mit einer Erstattungspflicht gegenüber dem Rentenversicherungsträger nach § 225 SGB VI verbunden ist. Wegen des ungewissen Versicherungsschicksals der beteiligten Ehegatten kann nicht zuverlässig vorausgesagt werden, ob letztlich die Erstattungsleistung oder infolge der Kürzungsmöglichkeit analog § 57 BeamtVG eintretende Ersparnis von Versorgungsleistungen überwiegen wird. Wenn nicht auszuschließen ist, dass eine vom beteiligten Versorgungsträger mit der Beschwerde angestrebte Ausgleichsform für ihn wirtschaftlich günstiger ist als die vom Gericht angewendete, ist er i. S. v. § 20 Abs. 1 FGG durch die angefochtene Entscheidung in seiner Rechtsstellung beeinträchtigt (vgl. BGH, FamRZ 1991, a. a. O.; 1984, 671).
BGH, FamRZ 1996, 482

Schuldrechtlicher Versorgungsausgleich	517 ff.
– Auszugleichende Versorgungen	527 f.

Anwartschaften aus dem **CERN-Pensionsfonds**, bei dem es sich um eine zwischenstaatliche Einrichtung handelt, welche nicht der deutschen Jurisdiktion unterliegt, sind nach § 2 VAHRG schuldrechtlich auszugleichen.

Da die Versorgung an die Stelle der gesetzlichen Rente tritt, lässt sich die Versorgung nicht als Betriebsrente gem. § 1587a Abs. 2 Nr. 3 BGB klassifizieren. Weil sie nicht den Regeln des deutschen Beamtenrechts folgt, ist auch § 1587a Abs. 2 Nr. 1 BGB unanwendbar. Der Senat wendet auf die Versorgung die Regeln des § 1587a Abs. 2 Nr. 4 BGB (sonstige Versorgung) an. Dementsprechend ist der Umstand, dass die Versorgung vor Ablauf von zehn Jahren noch nicht unverfallbar ist, nicht zu berücksichtigen, denn nach § 1587a Abs. 7 BGB gelten Wartezeiten als erfüllt.

Die Anwartschaften bei dem CERN-Pensionsfonds unterliegen nicht dem Rentensplitting nach § 1587b Abs. 1 BGB und auch nicht dem Quasisplitting nach § 1587b Abs. 2 BGB, weil es sich weder um einen Träger der inländischen gesetzlichen Rentenversicherung noch um eine inländische Beamtenversorgung handelt. Auch ein Quasisplitting nach § 1 Abs. 2 VAHRG ist der Versorgungsträger nicht einverstanden. Der ergänzende Ausgleich nach § 3b VAHRG scheitert daran, dass es sich um einen ausländischen Versorgungsträger handelt (§ 3b Abs. 2 VAHRG).

Die Auffassung der Ehefrau, es könne der „Transferanspruch" wie eine gesetzliche Rente durch Rentensplitting bei der BfA ausgeglichen werden, ist unzutreffend. Ausweislich der Auskunft des Versorgungsträgers v. 28. 6. 1995 tritt im Fall des Ausscheidens vor Ablauf von zehn Jahren an die Stelle einer Rentenzahlung eine Abfindung durch Auszahlung einer bestimmten Kapitalsumme, welche Transferkapital genannt wird. Diese Kapitalsumme ist nach Art. II 1.13 der Versorgungssatz in eine andere Versorgung einzuzahlen, und nur dann, wenn das nicht möglich ist, ist sie an den Versicherten auszuzahlen. Der Senat sieht in dieser Regelung eine Nachversicherungsbestimmung i. S. d. § 8 SGB VI.

Eine Nachversicherung kann bei dem Versicherungsträger, bei dem die Nachversicherung durchgeführt wird, nur dann ausgeglichen werden, wenn die Nachversicherung tatsächlich erfolgt ist. Sonst kann der Ausgleich nur beim ursprünglichen Versorgungsträger durchgeführt werden (vgl.

für Zeitsoldaten u. a. Palandt/Diederichsen, BGB, § 1587b Rn. 48). Im vorliegenden Fall ist zusätzlich zu berücksichtigen, dass nicht einmal feststeht, ob diese Nachversicherung überhaupt erfolgen wird. Das ist nicht der Fall, wenn der Ehemann länger als zehn Jahre bei einer der dem CERN-Pensionsfonds zugeordneten Organisationen tätig ist.
OLG München, FamRZ 1996, 554

Der sich jährlich vermindernde **Ausgleichsbetrag der vom Sender Freies Berlin gezahlten Versorgungsrente** unterliegt dem schuldrechtlichen Versorgungsausgleich nach § 1587f BGB ebenso wie der abbaufähige Ausgleichsbetrag der Zusatzversorgung des öffentlichen Dienstes (vgl. BGH, FamRZ 1990, 276; OLG Celle, FamRZ 1992, 690, 693).
KG, FamRZ 1996, 1422

– Ausgleich der Bruttobeträge, Korrektur aus Billigkeitsgründen 544 f.

Grundsätzlich sind im schuldrechtlichen Versorgungsausgleich die Bruttobeträge der auszugleichenden Versorgungen zugrunde zu legen. Soweit jedoch die strikte Durchführung des Versorgungsausgleichs auf der Grundlage der Bruttobeträge in Einzelfällen zu unbilligen Ergebnissen führen würde, weil der ausgleichspflichtige Ehegatte erheblich höhere Krankenversicherungs- und Pflegeversicherungsbeiträge und/oder Einkommensteuern zu zahlen hat als der Ausgleichsberechtigte, kann dem durch Anwendung der Härteklausel des § 1587h Nr. 1 BGB Rechnung getragen werden (BGH, FamRZ 1994, 560, 562; OLG Celle, FamRZ 1993, 1328, 1331; RGRK/Wick, BGB, 12. Aufl., § 1587g Rn. 19).

Im vorliegenden Fall ist eine Korrektur aus Billigkeitsgründen geboten. Denn der Antragsgegner hat auf seine beiden Versorgungen den vollen Krankenversicherungs- und Pflegeversicherungsbeitrag zu zahlen. Daran wird sich voraussichtlich auch dann nichts ändern, wenn seine betriebliche Versorgung nunmehr für die an die Antragstellerin zu zahlende Ausgleichsrente in Anspruch genommen wird. Denn die Betriebsrente wird dem Antragsgegner weiter in voller Höhe zugerechnet und bleibt damit Bemessungsgrundlage der Beiträge zur Kranken- und Pflegeversicherung. Die Antragstellerin ist dagegen bisher nur hinsichtlich ihrer gesetzlichen Rente kranken- und pflegeversicherungspflichtig, wie sich aus den vorgelegten Rentenbescheiden ergibt. Weder die Zusatzversorgungsrente noch der vom Antragsgegner bezogene Unterhalt sind bei der Bemessung der Krankenversicherung- und Pflegeversicherungsbeiträge der Antragstellerin berücksichtigt worden. Es ist deshalb derzeit nicht zu erwarten, dass die Antragstellerin in erhöhtem Maße krankenversicherungs- und pflegeversicherungspflichtig wird, wenn sie – statt des Unterhalts – nunmehr eine schuldrechtliche Ausgleichsrente erhält.

Der Senat hält es bei dieser Sachlage für billig, die schuldrechtliche Ausgleichsrente zu kürzen, und zwar um die fiktiven Teile der Kranken- und Pflegeversicherungsbeiträge des Antragsgegners, die auf die zum Ausgleich der ehezeitlichen Betriebsrente zu zahlenden schuldrechtlichen Ausgleichsrente entfallen (Kranken- und Pflegeversicherungszuschüsse erhält der Antragsgegner insoweit – anders als bei der gesetzlichen Rente – nicht).

. . . Eine weitere Kürzung der Ausgleichsrente im Hinblick auf die vom Antragsgegner zu zahlenden Steuern kommt dagegen nicht in Betracht. Denn der Antragsgegner hat die Möglichkeit, die zu zahlende Ausgleichsrente gem. § 10 Abs. 1 Nr. 1a EStG als dauernde Last steuerlich abzusetzen. Die Lohnsteuer würde damit auf einen zu vernachlässigenden Betrag von monatlich rund 20 DM sinken, Solidaritätszuschlag und Kirchensteuer fielen überhaupt nicht an.
OLG Celle, FamRZ 2002, 244, 247

– Regelmäßig kein Feststellungsinteresse 534

Das Amtsgericht hat die Anwartschaften des Ehemanns auf die betriebliche Altersversorgung teilweise im Wege des erweiterten Splittings durchgeführt und im Übrigen, soweit es den zulässigen Betrag nach § 3b Abs. 1 Nr. 1 VAHRG überschritt, dem schuldrechtlichen Versorgungsausgleich vorbehalten. Eine Beitragsentrichtung gem. § 3b Abs. 1 Nr. 2 VAHRG hat es dem Ehemann nach seinen wirtschaftlichen Verhältnissen nicht zugemutet. Auf die Beschwerde der Ehefrau hat das

OLG die Betriebsrentenanwartschaften des Ehemannes höher bewertet, den Ausgleich wie das Amtsgericht durch ein erweitertes Splitting im höchstmöglichen Maß durchgeführt und ferner im Entscheidungssatz ausgesprochen, dass wegen der restlichen Anwartschaften i. H. v. 209,86 DM – jeweils bezogen auf das Ehezeitende – der Ehefrau der schuldrechtliche Versorgungsausgleich vorbehalten bleibe.

Die weitere Beschwerde des Ehemannes ist zulässig; ihr fehlt insbesondere nicht die Beschwerdeberechtigung. Zwar wirkt sich die umstrittene Bewertung der Versorgungsanwartschaft, die der Ehemann in den betrieblichen Altersversorgung erworben hat, auf den im vorliegenden Verfahren geregelten öffentlich-rechtlichen Versorgungsausgleich nicht aus. Denn da der Ehefrau im Wege des erweiterten Splittings gem. § 3b Abs. 1 Nr. 1 VAHRG nur i. H. v. 2 % der auf den Monat entfallende Teil der maßgeblichen Bezugsgröße nach § 18 SGB VI übertragen werden kann, beeinflusst die unterschiedliche, aber jedenfalls den Grenzwert übersteigende Bewertung der Versorgungsanwartschaft in der betrieblichen Altersversorgung nur die Höhe des verbleibenden Wertes, dessentwegen nach Eintritt der Voraussetzungen des § 1587g Abs. 1 BGB der schuldrechtliche Versorgungsausgleich beantragt werden kann. Gleichwohl ist der Ehemann durch die angefochtene Entscheidung in seiner Rechtsstellung beeinträchtigt. Insoweit erforderlich, aber auch genügend ist, dass der Entscheidungssatz des angefochtenen Beschluss unmittelbar in ein dem Beschwerdeführer zustehendes Recht eingreift, wobei diese Beeinträchtigung auch in einer ungünstigen Beeinflussung oder Gefährdung desselben liegen kann (vgl. Kleidel/Kuntze/Winkler-Kahl, FGG § 20 Rn. 12). Eine derartige Beeinträchtigung ist zu bejahen, wenn im Verfahren zur Regelung des öffentlich-rechtlichen Versorgungsausgleichs der Betrag, dessen Ausgleich aus den in § 1587f BGB genannten Gründen nicht möglich ist, genau ermittelt und zum Gegenstand eines besonderen Feststellungsanspruchs gemacht wird. Denn in solchen Fällen besteht die Gefahr, dass die Beteiligten bei einer späteren Durchführung des schuldrechtlichen Versorgungsausgleichs den anscheinend rechtskräftig gewordenen Ausspruch zur Grundlage des Anspruchs auf Geldrente machen, obwohl der Feststellung eine Bindungswirkung nicht zukommt (vgl. BGH, FamRZ 1995, 157).

Für den öffentlich-rechtlichen Versorgungsausgleich kommt es nicht darauf an, in welcher Höhe noch ein unverfallbares, dem schuldrechtlichen Versorgungsausgleich zugängliches Anrecht des Ehemannes aus seiner Betriebsversorgung verbleibt. Im gegenwärtigen Verfahren ist über den schuldrechtlichen Ausgleich nicht zu entscheiden. Sollte es später zu einem solchen Verfahren kommen, wäre über den durch eine Geldrente noch auszugleichenden Betrag ohne Bindung an den im vorliegenden Verfahren errechneten Wert zu befinden. Feststellungen über die Höhe des Werts im gegenwärtigen Verfahren zu treffen, ist für die Beteiligten – zumal unter der Geltung des § 10a VAHRG – letztlich ohne jeden Nutzen.

Zwar hat der Senat in einer früheren Entscheidung zur Ausgleichsregelung durch Quasisplitting ausgeführt, dass der Ausgleichsbetrag, der wegen der Regelung des § 1587b Abs. 5 BGB für den schuldrechtlichen Ausgleich verbleibt, in entsprechender Anwendung des § 256 ZPO Gegenstand einer gesonderten Feststellung sein kann (BGH, FamRZ 1982, 42, 43). Ob daran festzuhalten ist, braucht nicht entschieden zu werden. Jedenfalls dann, wenn die Feststellung des dem schuldrechtlichen Versorgungsausgleich vorbehaltenen Ausgleichsanspruch nach den Verhältnissen am Ende der Ehezeit wie im vorliegenden Fall ohne ausreichenden Nutzen ist, fehlt es für eine solche Feststellung an einem schutzwürdigen rechtlichen Interesse (vgl. BGH, FamRZ 1984, 251, 254; BGHR, BGB § 1587f Nr. 2 Vorbehalt 1).
BGH, FamRZ 1995, 293, 295

– Regelmäßig keine Umrechnung 549

Die weitere Beschwerde macht geltend, dass bei der Ermittlung der Höhe der Ausgleichsrente wegen der in § 1587g Abs. 2 Satz 1 BGB enthaltenen Verweisung auf § 1587a BGB stets eine Umrechnung mit Hilfe der BarwertVO stattfinden müsse. Diese Auffassung wird auch vereinzelt im Schrifttum vertreten (vgl. MüKo/Maier, BGB, ErgBd. § 1587g Rn. 21 unter b); Zimmermann NJW 1984, 2323, 2325; Rotax, MDR 1984, 621, 623, der aber eine „Rückrechnung" für erforderlich hält). Die überwiegende Meinung hält demgegenüber eine derartige Umrechnung nicht für erforderlich, weil sich der schuldrechtliche Ausgleich – anders als der öffentlich-rechtliche – außerhalb der gesetzlichen Rentenversicherung vollziehe und etwaige Anpassungen der Renten nach § 1587g Abs. 2 Nr. 2 BGB berücksichtigt werden können (vgl. Soergel/v. Hornhardt. BGB, 11. Aufl., § 1587g Rn. 13; Rolland, 1. Eherechtsreformgesetz, § 1587g Rn. 13; Bastian/Roth-Stielow/Schmeiduch/Körber, 1. EheRG, § 1587g Rn. 14; Ruland, Probleme des Versorgungsausgleichs in der betrieblichen Altersversorgung, Rn. 151; Borth, Versorgungsausgleich in anwaltschaftlicher und familiengerichtlicher Praxis, S. 225).

Diese Auffassung teilt im Grundsatz auch der Senat. Nach § 1587g Abs. 2 Satz 1 BGB gilt für die Ermittlung der auszugleichenden Versorgung § 1587a BGB entsprechend, d. h. nur sinngemäß und nicht notwendig in allen Bestandteilen dieser umfangreichen Norm. So wäre etwa für eine entsprechende Anwendung des § 1587a Abs. 2 Nr. 3 Satz 3 BGB, der eine Verweisung auf die Vorschriften des schuldrechtlichen Versorgungsausgleichs enthält, offensichtlich kein Raum. Das gilt auch für eine entsprechende Anwendung des § 1587a Abs. 3 Nr. 2 Satz 2 BGB. Die Umrechnung mit Hilfe der BarwertVO nach dieser Vorschrift soll das Problem des Ausgleichs von Versorgungsanrechten unterschiedlicher Qualität lösen und solche Anrechte, die nicht regelmäßig an die wirtschaftliche Entwicklung angepasst werden, mit volldynamischen Anrechten vergleichbar machen (vgl. BGH, FamRZ 1983, 40, 41). Wenn die Ausgleichsrente ermittelt werden kann, ohne dass sie mit einer volldynamischen Rente der gesetzlichen Rentenversicherung oder der Beamtenversorgung vergleichbar gemacht werden muss, stellt sich dieses Problem nicht. Soweit sich die Höhe der Versorgung nach dem Ende der Ehezeit und vor der gerichtlichen Entscheidung ändert, kann dies nach § 1587g Abs. 2 Satz 2 BGB berücksichtigt werden, spätere Änderungen in einem neuen Verfahren nach § 1587g Abs. 3 i. V. m. § 1587d Abs. 2 BGB.

BGH, FamRZ 1985, 263, 264, 265

Eine Dynamisierung (Umwertung) dieser Versorgung in ein statisches Anrecht gem. § 1587a Abs. 3 und 4 BGB ist im schuldrechtlichen Versorgungsausgleich nicht erforderlich, weil der tatsächliche Wert der Versorgung konkret festgestellt und der unterschiedlichen Dynamik miteinander zu verrechnender Versorgungen durch laufende Anpassungen während der Rentenlaufzeit nach § 1587g Abs. 2 und 3 BGB Rechnung getragen werden kann (vgl. BGH FamRZ 1985, 263, 265 – vorstehend; 1993, 304, 306; 1997, 285; 2000, 89, 90; MüKo/Glockner, BGB, § 1587g Rn. 8; Borth, Versorgungsausgleich in der anwaltlichen und familiengerichtlichen Praxis, Rn. 631; Kemnade, FamRZ 1999, 821, 822; a. A. OLG München, FamRZ 1999, 869). . . .

Auf die schuldrechtlichen Ausgleichsbeträge ist jeweils noch der bereits gem. § 3b Abs. 1 Nr. 1 VAHRG durch erweitertes Splitting erfolgte öffentlich-rechtliche Teilausgleich anzurechnen. Wie diese Anrechnung durchzuführen ist, ist in Rechtsprechung und Literatur streitig.

Nach überwiegender Auffassung ist der durch erweitertes Splitting ausgeglichene – dynamische – Versorgungswert „rückzudynamisieren", d.h. in einen statischen Betrag zurückzurechnen, der sodann von der nach § 1587g Abs. 1 BGB ermittelten Ausgleichsrente in Abzug gebracht werden soll. Soweit nach Ehezeitende zu berücksichtigende tatsächliche oder rechtliche Änderungen eingetreten sind, wird zum Teil auch eine völlige Neuberechnung des zum Zeitpunkt der Erstentscheidung durchgeführten öffentlich-rechtlichen Versorgungsausgleichs befürwortet, von dem aktualisierten dynamischen Gesamtausgleichsbetrag soll dann der bereits öffentlich-rechtlich ausgeglichene Teilbetrag wieder abgezogen und die verbleibende Differenz nach Rückrechnung in einen statischen Betrag in den schuldrechtlichen Versorgungsausgleich einbezogen werden (vgl. OLG München FamRZ 1998, 869; MüKo/Glockner, a.a.O., § 1587g Rn. 25; RGRK/Wick, BGB, § 1587g Rn. 17 f.; Soergel/Lipp, BGB, § 1587g Rn. 13; Johannsen/Henrich/Hahne, Eherecht, § 1587g BGB Rn. 14; Palandt/Brudermüller, BGB, § 1587g Rn. 7; Schwab/Hahne, Handbuch des Scheidungsrechts, VI, Rn. 232; Borth, a.a.O., Rn. 640 ff.; Glockner, FamRZ 1987, 328, 335; Borth, FamRZ 2001, 877, 887 f.).

Der BGH (FamRZ 2000, 89, 90 und 92) ist dieser Auffassung im Prinzip gefolgt, hat aber zusätzlich zur „Rückdynamisierung" des nach § 3b Abs. 1 Nr. 1 VAHRG erfolgten Teilausgleichs noch eine Aktualisierung desselben entsprechend der Steigerung des aktuellen Rentenwertes in der gesetzlichen Rentenversicherung für notwendig erachtet.

Die vom BGH befürwortete zusätzliche Aktualisierung des Teilausgleichs würde ab Juli 1999 zu einem Wert von 264,45 führen. Setzte man diesen Betrag von der oben ermittelten schuldrechtlichen Ausgleichsrente ab, so verbliebe eine Restausgleichsrente von monatlich 1.083,67 DM.

Nach a. A. ist keine „Rückdynamisierung" des öffentlich-rechtlich erfolgten Teilausgleichs vorzunehmen, sondern dieser Teilausgleichsbetrag ist mit seinem (entsprechend der Steigerung des aktuellen Rentenwerts) aktualisierten dynamischen Wert von der ungekürzten schuldrechtlichen Ausgleichsrente abzuziehen (vgl. OLG Karlsruhe, FamRZ 2000, 238; Kemnade, FamRZ 2000, 827, 828; Gutdeutsch, FamRZ 2000, 1201, 1203; vgl. auch Bergner, in: Kommentar zum Recht der gesetzlichen Rentenversicherung, SGB Anhang Nebengesetze – Rechtsverordnungen, Bd. 3, Versorgungsausgleich(Anhang 9.1), § 1587g BGB Rn. 4.4.).

Hiernach ergäbe sich ab Juli 1999 ein anzurechnender Teilausgleichsbetrag von 84,05 DM und eine schuldrechtliche Restausgleichsrente von monatlich 1.264,07 DM.

Diese Auffassung führt daher im Ergebnis zu einem deutlich geringeren anzurechnenden Teilausgleichsbetrag und damit zu einer entsprechend höheren schuldrechtlichen Ausgleichsrente. Außerdem ist der anzurechnende Teilausgleichsbetrag bei jeder Änderung des aktuellen Rentenwerts neu festzusetzen, wie im Übrigen aber auch nach der oben dargestellten Auffassung des BGH.

Beide Auffassungen sind vom gedanklichen Ansatz her geeignet, den Teil der Differenz zwischen den Betriebsrenten beider Ehegatten, der noch nicht öffentlich-rechtlich ausgeglichen worden ist, zu ermitteln. Die h. M. beruht dabei auf der Annahme, dass der Ausgleich der Betriebsrenten in Höhe des dynamischen Teil-Wertausgleich endgültig erfolgt ist und der dem schuldrechtlichen Versorgungsausgleich unterliegende Rest bereits bei Ehezeitende festlag. Der erfolgte Teilausgleich braucht daher nur einmalig, bezogen auf das Ehezeitende, neu festgestellt zu werden. Lediglich der verbleibende Restausgleich muss gem. § 1587g Abs. 2 BGB auf den Zeitpunkt der Fälligkeit der Ausgleichsrente sowie auf den Zeitpunkt jeder Änderung im Wert der auszugleichenden Betriebsrente aktualisiert werden.

Hiermit steht nicht in Einklang, dass der BGH (a.a.O.) eine Aktualisierung des zum Zwecke der Anrechnung bereits rückdynamisierten Teil-Wertausgleichs für erforderlich hält. Diese Berechnungsweise führt zu einer doppelten Berücksichtigung der Dynamik des nach § 3b Abs. 1 Nr. 1 VAHRG ausgeglichenen Versorgungswertes (so zutreffend Gutdeutsch, a.a.O. S. 1202) und ist deshalb auf jeden Fall abzulehnen. Aber auch wenn man von der nicht systemkonformen Aktualisierung des Teilausgleichsbetrages absieht, zwingt die Tatsache, dass – mit Rechtskraftwirkung – ein öffentlich-rechtlicher Teilausgleich der Betriebsrenten stattgefunden hat, nicht zu der Annahme, dass dem schuldrechtlichen Versorgungsausgleich nur noch ein feststehender Rest der Betriebsrente des Antragsgegners unterlag. Die rechtlichen Bestimmungen erlauben ebenso die Auslegung, dass die Höhe der insgesamt auszugleichenden Betriebsrente erst im Rahmen des schuldrechtlichen Versorgungsausgleichs endgültig bestimmt werden kann und der öffentlich-rechtliche Teilausgleich mit seinem aktualisierten Betrag auf den Ehezeitanteil der konkret feststehenden Betriebsrente anzurechnen ist.

Der Senat folgt deshalb für die vorliegende Fallkonstellation der von der Mindermeinung vertretenen Auffassung. Dafür sprechen folgende Argumente: Mit der Anrechnung des aktualisierten dynamischen Teilausgleichsbetrages wird erreicht, dass die ausgleichsberechtigte Ehefrau an der bereits bei Ehezeitende zu erwartenden und anschließend auch tatsächlich eingetretenen Wertsteigerung der Anwartschaft des Ehemannes auf Betriebsrente teilnimmt. Diese Wertsteigerung beruht teilweise auf der Anpassung der Betriebsrente nach § 16 BetrAVG und teilweise auf dem veränderten Zeit/Zeit-Verhältnis für die Errechnung des Ehezeitanteil, das sich aus dem vorzeitigen Ruhestand des Antragsgegners ergibt. Derartige Wertänderungen sind auch im schuldrechtlichen Versorgungsausgleich grundsätzlich zu berücksichtigen. Ferner ist die Anwartschaft auf Betriebsrente im öffentlich-rechtlichen Versorgungsausgleich als statisch behandelt und entsprechend umgewertet worden, obwohl sie aufgrund der Abhängigkeit vom letzten Einkommen und der Anpassungsregel in § 16 BetrAVG zumindest teildynamisch war. Zwar war die Dynamik im Zeitpunkt der Erstentscheidung noch verfallbar. Die nachträglich realisierte Dynamik ist jedoch im schuldrechtlichen Versorgungsausgleich zu erfassen. Es ist nicht angemessen, die insoweit wirksam gewordene Wertsteigerung nur insoweit zu berücksichtigen, als sie auf den noch nicht öffentlich-rechtlich ausgeglichenen Teil der Betriebsrente entfällt (vgl. zu den unbilligen Ergebnissen, zu denen die h. M. führen kann, auch das Berechnungsbeispiel 2 bei Bergner, a.a.O.).

Für die Einbeziehung des (aktualisierten) Nominalbetrages des öffentlich-rechtlichen Teilausgleichs spricht weiter, dass die komplizierte Rückdynamisierung des Teilausgleichsbetrages entbehrlich wird. Der Versorgungsausgleich wird vielmehr auf den Ehezeitanteil der tatsächlich gezahlten Betriebsrente des Antragsgegners erstreckt. Hierauf wird dann das der Antragstellerin bereits im öffentlich-rechtlichen Versorgungsausgleich zum Ausgleich der Betriebsrente des Antragsgegners übertragene Anrecht unter Berücksichtigung seiner zwischenzeitlichen tatsächlich eingetretenen Rentensteigerungen angerechnet. Damit wird gewährleistet, dass auf die schuldrechtliche Ausgleichsrente genau derjenige Betrag angerechnet wird, um den die gesetzliche Rente des Antragsgegners gekürzt und diejenige der Antragstellerin erhöht worden ist. Diese Berechnung trägt zugleich zur Transparenz des Ausgleichs für die Parteien bei. Der damit verbundene Nachteil, dass die schuldrechtliche Ausgleichsrente nicht nur bei jeder Anpassung einer der beiden Betriebsrente der Parteien, sondern auch bei jeder Anpassung des aktuellen Rentenwertes, die sich auf die Höhe des anzurechnenden Teilausgleichsbetrages auswirkt, abgeändert werden muss, kann in Kauf genommen werden. Es ist ein Grundprinzip des schuldrechtlichen Ausgleichs, dass jede Änderung eines Postens der Ausgleichsbilanz den Wertunterschied und damit den Ausgleichsanspruch verändert. Anderseits erspart der schuldrechtliche Ausgleich aber auch eine Umwertung mit Hilfe der BarwertVO, die aufgrund ihrer veralteten Rechnungsgrundlagen zu nicht mehr zutreffenden Ergebnissen führt und verfassungsrechtlich höchst bedenklich ist.
OLG Celle, FamRZ 2001, 244 ff.

– Trotz Abtretung der auszugleichenden Versorgung an Dritte 531

Die Pensionsansprüche des Ehemannes können auch jetzt schon ausgeglichen werden, obwohl sie nicht an den Ehemann ausgezahlt werden, sondern der Tilgung von Darlehen dienen. Es ist davon auszugehen, dass der Ehemann die auszugleichenden Pensionsansprüche bereits i. S. v. § 1587g Abs. 1 Satz 2 BGB „erlangt" hat. Anders eine im Schrifttum vertretene Auffassung, dass es nicht genüge, wenn die Anspruchsvoraussetzungen für die Leistung erfüllt sind (so Bastian/Roth-Stielow/Schmeiduch/Körber, 1. EheRG, § 1587g Rn. 4; MüKo/Maier, BGB, Ergänzung zu Rn. 10; Soergel/v. Hornhardt, BGB, § 1587g Rn. 4; Voskuhl/Pappai/Niemeyer, Versorgungsausgleich in der Praxis, Anm. II 3a zu § 1587g BGB), sondern die auszugleichende Versorgung bindend festgesetzt und tatsächlich gewährt werden müsse (so Johannsen/Henrich-Hahne, Eherecht, § 1587g Rn. 7, Palandt/Diederichsen, BGB, § 1587 g, Anm. 2b, Rolland, 1. Eherechtsreformgesetz, § 1587g Rn. 14a; Ruland/Tiemann, Versorgungsausgleich und steuerliche Folgen der Ehescheidung, Rn. 496 f.). Dieses Erfordernis sei nicht erfüllt, wenn durch eine rechtsgeschäftliche Abrede zwischen Ausgleichspflichtigem und Versorgungsträger der Bezug der Versorgung generell oder vorübergehend versagt sei. Seiner schuldrechtlichen Natur entsprechend sei der Ausgleichsanspruch des Berechtigten weder bei seiner Entstehung noch im Fortbestand gegen rechtsgeschäftliche Verfügungen geschützt.

Diese Beurteilung lässt zunächst eine Prüfung vermissen, inwieweit die Versorgungsbezüge des Ehemannes dem Pfändungsschutz nach §§ 850 ff. ZPO unterliegen (vgl. hierzu etwa BGH, NJW 1978, 756) und damit gem. § 400 BGB nicht abgetreten werden konnten. Ferner ist zur Frage der derzeitigen Durchführung des schuldrechtlichen Versorgungsausgleichs zu bemerken: Auch wenn man der strengeren Auffassung folgt, dass eine Versorgung i. S. v. § 1587g Abs. 1 Satz 2 BGB erst „erlangt" ist, wenn sie tatsächlich gewährt wird, stellt sich die Frage, ob dieses Erfordernis hier erfüllt ist, weil der Ehemann an sich fällige Pensionsansprüche erworben hat. Diese sind nicht nach Art einer Kapitalisierung oder Abfindung durch Einmalleistungen abgegolten worden (vgl. hierzu etwa Gernhuber, Lehrbuch des Familienrechts, § 28 Abs. 3 Satz 1, S. 330 f.; Rolland, a. a. O., § 1587 Rn. 10). Auch hat der Ehemann sich durch die Abtretung der laufenden Bezüge nicht ihres wirtschaftlichen Wertes begeben (vgl. insoweit auch Soergel/Winter, BGB, § 1587a Rn. 233). Vielmehr werden diese im Wege der Verrechnung zur Tilgung seiner laufenden Verbindlichkeiten aus Darlehen verwendet. Bei dieser Sachlage ist die Frage der Verwirklichung von § 1587g Abs. 1 Satz 2 BGB nicht anders zu sehen, als wenn der Ehemann die laufenden Bezüge in die Hand bekäme und mit diesen Mitteln die vorgenannten Verbindlichkeiten erfüllte.

Im Übrigen ist anerkannt, dass im Fall des Ruhens einer Versorgung § 1587g Abs. 1 Satz 2 BGB nicht erfüllt ist, die Versorgung also nicht ausgeglichen werden kann. Ist das Ruhen aber darauf zurückzuführen, dass die Rente von einer anderen Leistung überlagert wird, so ist sie als „erlangt" anzusehen und entsprechend auszugleichen, auch wenn die andere Leistung als solche nicht ausgleichspflichtig ist (vgl. Johannsen/Henrich-Hahne, Eherecht, Rn. 7, Rolland, Rn. 14a, jeweils zu § 1587g; Ruland/Tiemann, Versorgungsausgleich und steuerliche Folge der Ehescheidung, Rn. 498). Ähnlich ist es, wenn ein Dritter, an den die Pensionsansprüche abgetreten werden, dem Pensionär dafür eine andere laufende Leistung gewährt. Im vorliegenden Fall werden dem Ehemann zwar anstelle der Pension keine anderen Bezüge gewährt, er wird jedoch insoweit vergleichbar von den fortlaufenden Verbindlichkeiten aus dem Darlehen befreit.
BGH, FamRZ 1988, 936, 939
→ *Auszugleichende Versorgungen: Kaufpreis oder Versorgung?*
→ *Beitragszahlungspflicht: nach Eintritt des Altersfalles*

Supersplitting, erweitertes Splitting 460 f.
Bei der vorrangig in Betracht kommenden Ausgleichsform des sog. erweiterten Splittings nach § 3b Abs. 1 Nr. 1 VAHRG wird das an sich nach § 2 VAHRG schuldrechtlich auszugleichende Anrecht des Verpflichteten (hier: die Anwartschaft auf die betriebliche Altersversorgung) in der Weise ausgeglichen, dass ein anderes Anrecht des Verpflichteten, das seiner Art nach durch Übertragung oder Begründung von Anrechten ausgeglichen werden kann, zum Ausgleich herangezogen wird. Im vorliegenden Fall stehen die Anrechte des Ehemannes bei der Ärzteversorgung Niedersachsen (ÄVN) und bei der VBL für einen erweiterten Ausgleich (durch Quasisplitting) zur Verfügung; daneben besteht jedoch die Möglichkeit, die **ausschließlich vor der Ehezeit** erworbenen gesetzlichen Rentenanwartschaften des Ehemannes für den erweiterten Ausgleich (im Wege des Splittings) in Anspruch zu nehmen. Welche Anwartschaft zum Ausgleich der betrieblichen Altersversorgung herangezogen wird, steht **im pflichtgemäßen Ermessen** des Senats. Er hält es für sachgerecht, den Ausgleich zu Lasten der gesetzlichen Rentenversicherung des Ehemannes durchzuführen. Dafür spricht zum einen, dass die in der Ehezeit erworbenen Versorgungsanwartschaften besonders bei der ÄVN die wesentliche Grundlage der Altersversorgung des Ehemannes bilden. Vor allem aber ist zu berücksichtigen, dass sich die gesetzlichen Rentenanwartschaften voraussichtlich nicht zu Gunsten des Ehemannes auswirken werden. Es ist nicht zu erwarten, dass er diese Rentenanwartschaften noch weiter ausbauen kann. Mit den bisher erworbenen Anwartschaften wird jedoch die zum Bezug einer Alters- oder Erwerbsunfähigkeitsrente erforderliche allgemeine Wartezeit von fünf Jahren (§§ 35, 43 Abs. 1, 44 Abs. 1, 50 Abs. 1 Nr. 1 und 2 SGB VI) nicht erfüllt. Auf die allgemeine Wartezeit werden nur Kalendermonate mit Beitragszeiten (sowie hier nicht vorhandenen Ersatzzeiten) angerechnet (§ 51 Abs. 1 SGB VI). Der Ehemann hat lediglich 34 Monate Beitragszeit erreicht.
OLG Celle, FamRZ 1999, 926, 928
→ *Abänderung: Übergangsrecht*
BGH, FamRZ 1997, 285
→ *Berufsständische Versorgungen: anwartschaftsdynamische Versorgungen*
BGH, FamRZ 1996, 481, 482
→ *Verfassungsmäßigkeit: des schuldrechtlichen Versorgungsausgleichs*
BVerfG, FamRZ 1986, 543 ff.

Teildynamische Versorgungen, Teildynamik
→ *Umrechnung nicht volldynamischer Anwartschaften*

Übergangsregelungen 815 ff.

– Bei Ehen, die vor dem 1. 7. 1977 geschlossen wurden (Altehen)

Das „In-Prinzip" gilt auch für sog. Altehen, die – wie die der Parteien – vor In-Kraft-Treten des 1. EheRG am 1. 7. 1977 geschlossen worden sind. Nach Art. 12 Nr. 3 Abs. 1 des 1. EheRG sind auf diese Ehen die Vorschriften über den Versorgungsausgleich anwendbar. Mögen auch die Partner zur Zeit der Nachentrichtung der Versicherungsbeiträge keine Kenntnis von der Regelung über den Versorgungsausgleich gehabt haben, so können sie sich auf diese Unkenntnis nicht berufen. Die Eheleute hatten die Möglichkeit, vor Inkrafttreten des Gesetzes über den Versorgungsausgleich diesen – und zwar ohne Abfindung – auszuschließen (vgl. Ruland/Tiemann, Versorgungsausgleich und steuerliche Folgen der Ehescheidung, Rn. 498, Rn. 608 Bei N. 74) und konnten auch Vereinbarungen über den Versorgungsausgleich gem. Art. 12 Nr. 3 Abs. 3 Satz 2 des 1. EheRG schließen. Trafen die Eheleute keine Vereinbarung, unterlagen auch die Altehen dieser – verfassungsmäßigen (BVerfG, FamRZ 1980, 326, 336; BGH, FamRZ 1979, 477, 486 ff.) – Neuregelung.
KG, FamRZ 1996, 1552, 1553

– Bei am 1. 1. 1992 gezahlten Renten 186

Zwar ist das **zur Zeit der Entscheidung geltende Recht** anzuwenden, soweit es nach seinem zeitlichen Geltungswillen den fraglichen Sachverhalt erfasst, auch wenn die Rechtsänderung erst nach dem Ehezeitende eingetreten ist (BGH, FamRZ 1993, 294, 295 m. w. N.). Die neuen Bestimmungen des SGB VI gelten gem. § 300 Abs. 1 SGB VI grds. auch für Sachverhalte und Ansprüche, die vor dem 1. 1. 1992 bestanden haben (a. a. O.) und erfassen somit auch bereits laufende Leistungen (vgl. Begründung zum Gesetzentwurf – damals noch § 291 – BT-Drucks. 11/4124 S. 206). Vor diesem Zeitpunkt geleistete Renten unterliegen den Bestimmungen des SGB VI aber nur dann, wenn sie neu festzustellen und die persönlichen Entgeltpunkte dabei neu zu ermitteln sind, § 300 Abs. 3 SGB VI. Diese Voraussetzung ist hier nicht gegeben.
BGH, FamRZ 1996, 406

Umrechnung nicht volldynamischer Anwartschaften 392 ff.

– Anwartschaftsdynamische Versorgungen 411

Die Anwartschaft auf eine **VW-Betriebsrente ist im Anwartschaftsbereich volldynamisch und nur im Leistungsbereich statisch**. Die Anpassungsregelung für laufende Renten in § 11 VersO entspricht § 16 BetrAVG; hierin kann eine Dynamisierung, auch teilweise, nicht gesehen werden (BGH, FamRZ 1985, 1235, 1236; 1987, 52, 56).

Berechnungsgrundlagen für VW-Renten sind nach § 6 Abs. 1 VersO die Dauer der Betriebszugehörigkeit und das durchschnittliche regelmäßige Bruttoarbeitsentgelt in den letzten zwölf Kalendermonaten vor Ausscheiden bzw. Erreichen der Altersgrenze. Durch diese Koppelung der Rentenhöhe an das jeweils zuletzt bezogene Einkommen ist eine Steigerung der Versorgung im Anwartschaftsbereich gewährleistet, die derjenigen der gesetzlichen Rentenanwartschaften vergleichbar ist. Wie die VW-AG ausführt und mit Zahlen belegt hat, ist die Bemessungsgrundlage für die VW-Renten seit 1976/1977 sogar stärker angestiegen als die allgemeine Bemessungsgrundlage der gesetzlichen Rentenversicherung. Es kann erwartet werden, dass auch in Zukunft die Bruttoarbeitsentgelte beim VW-Werk und damit auch die Betriebsrenten in ähnlicher Weise steigen. Die wirtschaftliche Lage der Automobilbranche und insbesondere des VW-Werkes ist derzeit gut; Anhaltspunkte für die Wahrscheinlichkeit negativer Entwicklungen sind nicht zu erkennen. Absolute Gewissheit künftiger Steigerungen oder die automatische Anbindung an die allgemeine Einkommensentwicklung ist für die Bejahung der Volldynamik nicht zu fordern (vgl. BGH, FamRZ 1983, 340, 42).

Die Koppelung an das zuletzt bezogene Bruttoarbeitsentgelt lässt die VW-Rente auch nicht lediglich im Rahmen der individuellen Einkommensentwicklung steigen (so aber wohl – für RWE – OLG Hamm, FamRZ 1985, 1054, 1055). Durch die tarifliche Absicherung der weitaus meisten Arbeitsentgelte ist deren Steigerung an die Entwicklung des Betriebs und des VW-Konzerns gebunden, darüber hinaus aber auch an die wirtschaftliche Lage der gesamten Automobilbranche, da die Haustarifverträge des VW-Werkes durch die übrigen Tarifabschlüsse im Automobil- und Metallbereich wesentlich beeinflusst werden. Damit stellen sich die bisher eingetretenen und die künftig zu erwartenden Steigerungen der Betriebsrenten als Auswirkung einer überindividuellen Einkommensentwicklung dar, wie dies die Rechtsprechung des BGH verlangt (BGH, FamRZ 1987, 361, 362 m. w. N.; s. aber unter OLG Celle, FamRZ 1996, 1554: seit 1. 1. 1996 sollen die VW-Renten voll statisch sein).
OLG Braunschweig, FamRZ 1988, 74 ff.

Eine Versorgung ist nur dann volldynamisch, wenn sowohl die Anwartschaft als auch die Leistung regelmäßig der allgemeinen Einkommensentwicklung angepasst wird (vgl. BGH, FamRZ 1983, 40; 1989, 844). Für beide Stadien ist für das betriebliche Anrecht des Ehemannes eine volle Dynamik nicht gegeben.

Im Anwartschaftsteil sieht die Rentenregelung der **Daimler Benz Unterstützungskasse** ein von der Dienstzeit und der Vergütung abhängiges Festbetragssystem ohne Dynamik vor.

Im Leistungsteil ist das betriebliche Anrecht nur teildynamisch. Bei Betriebsrenten, deren Versorgungsordnung – wie hier – lediglich eine Anpassungsüberprüfung der Leistungen gem. § 16 BetrAVG vorsah, hat der BGH wiederholt (FamRZ 1985, 1235, 1236; 1991, 1421, 1423) eine volle Dynamik verneint. Die in § 16 BetrAVG vorgeschriebene Anpassung (alle drei Jahre Anpassungsprüfung der laufenden Leistungen und Entscheidung hierüber nach billigem Ermessen unter Berücksichtigung der Belange des Versorgungsempfängers und der wirtschaftlichen Lage des Arbeitgebers) führe nicht zu laufenden Anpassungen der Versorgungsleistung „in gleicher oder nahezu gleicher Weise" wie bei den volldynamischen Versorgungen. Ebenso verneint das Schrifttum bei betrieblichen Versorgungsleistungen, die nur nach § 16 BetrAVG angepasst werden, im Regelfall eine Volldynamik (vgl. MüKo/Rühmann, BGB, 3. Aufl., Rn. 342, 444; RGRK/Wick, BGB, 12. Aufl. Rn. 366 m. w. N.; Soergel/Zimmermann, BGB, 12. Aufl. Rn. 282 – jeweils zu § 1587a BGB).

Gleichwohl kann im Einzelfall eine volle Dynamik gegeben sein, wenn die Anpassungen mit den Steigerungen einer der Versorgungen des § 1587a Abs. 2 Nr. 1 und 2 BGB tatsächlich Schritt halten. Dies ist für das Anrecht des Ehemannes jedoch zu verneinen.

Bei Anwartschaften oder Aussichten auf betriebliche Altersversorgungen, deren Wert nicht in gleicher oder nahezu gleicher Weise wie die in § 1587a Abs. 2 Nr. 2 und 3 BGB genannten Leistungen steigt, ist wenn die Leistungen – wie hier – nicht aus einem Deckungskapital gewährt werden, gem. Abs. 3 Nr. 2 der Vorschrift ein Barwert zu bilden. Es sind die Werte der Tabelle 1 der BarwertVO zu verwenden, weil die Versorgung für den Fall des Alters und der Invalidität zugesagt ist.

Die Teildynamik im Leistungsteil des betrieblichen Anrechts kann dabei nicht berücksichtigt werden, denn das Gericht ist an die in der BarwertVO vorgeschriebenen Tabellenwerte gebunden (vgl. BGH, FamRZ 1985, 1119, 1121).

Vorliegend wird die Unterbewertung der Teildynamik nicht ein Ausmaß erreichen, dass sich die Frage der **Verfassungsmäßigkeit der BauwertVO** stellt (vgl. BGH, FamRZ 1991, 310, 313, wonach jedenfalls eine Unterbewertung in einer Größenordnung, die das 4 fache von 0,25 % der Bezugsgröße des § 18 SGB IV überschreitet, nicht mehr hinnehmbar ist). Denn durch die Vernachlässigung der Teildynamik in der Leistungsphase durch die Faktoren der BarwertVO wird das Anrecht, selbst wenn ein um rund 30 % erhöhter Barwertfaktor gerechtfertigt sein sollte, allenfalls um monatlich 22,54 DM zu gering bewertet (vgl. hierzu die vom BGH a. a. O., FamRZ 1985, 1119, 1121, angeführte Entscheidungsgeschichte zur Änderung der BarwertVO unter Hinweis auf den Vorschlag von Heubeck/Zimmermann, BB 1981, 1225, 1231, einen Aufschlag um 10 % pro

Prozentpunkt zu berücksichtigen, den der Leistungsteil der Versorgung voraussichtlich anwächst – dabei wird jedoch offensichtlich von einer jährlichen Anhebung ausgegangen –; vgl. auch Soergel/ Zimmermann, a. a. O., Rn. 1288, wonach bei guter mathematischer Näherung die Leistungsdynamik durch einen Zuschlag von 30 %, Leistungsvolldynamik durch einen Zuschlag von 60 % auf den Anwartschaftswert erfasst werden könne; dem letztgenannten Wert entspricht Tab. 1 Anm. 2 der BarwertVO).

Bei einem um 30 % erhöhten Barwertfaktor ergäbe sich nach den oben angeführten Berechnungsfolgen ein auszugleichender Wert von 97,67 DM, mithin eine Differenz von 22,54 DM zu 75,13 DM, die der Umwertung als statisches Anrecht entsprechen. Dieser Betrag beläuft sich zwar auf mehr als das Doppelte von 0,23 % der Bezugsgröße gem. § 18 SGB IV (Geringfügigkeitsgrenze des inzwischen aufgehobenen § 3c VAHRG) von 9,80 DM bei Eheende im Jahre 1994 (vgl. FamRZ 1995, 210). Der sich daraus für die Ausgleichsberechtigte ergebende Ausgleichsbetrag würde jedoch diese Grenze nur wenig überschreiten.

OLG Karlsruhe, FamRZ 1998, 298, 299
→ *Betriebliche Altersversorgung: Ehezeitanteil bei limitierter Gesamtversorgung*
BGH, FamRZ 1991, 1416, 1418 ff.
→ *Berufsständische Versorgungen: anwartschaftsdynamische Versorgungen*
BGH, FamRZ 1996, 481, 482

– Laufende Versorgungen 396

Für bereits laufende Versorgungen steht lediglich Tabelle 7 der BarwertVO zur Verfügung, die ab Leistungsbeginn nicht volldynamische Versorgungen betrifft. Für den Fall einer laufenden, ab Leistungsbeginn volldynamische Versorgung enthält die BarwertVO keine Tabelle. Auch das ergibt, dass solche Anrechte mit dem Nennbetrag ohne Umrechnung in die Ausgleichsbilanz aufzunehmen sind (ebenso Soergel/Vorwerk, BGB, § 1587a Rn. 338). Ob die Anrechte aus dieser Versorgung im Anwartschaftsstadium volldynamisch sind, ist ohne Bedeutung.

Dass die Anrechte bei der Versorgungseinrichtung der **Bezirksärztekammer Trier** (BÄT) jedenfalls im Leistungsstadium volldynamisch sind, wurde rechtsfehlerfrei festgestellt. Ob dieses auch für den Anwartschaftszeitraum zutrifft, wie die BÄT geltend macht, bedarf hier keiner Entscheidung.
BGH, FamRZ 1992, 47, 48

– Leistungsdynamische Versorgungen (Anwartschaften) 244, 251, 283, 396 f., 455

Seit 1988 werden auf der Grundlage des § 33 der Satzung der **Bayerischen Architektenversorgung** auch die Anwartschaften dynamisiert. Gem. Beschluss des Landesausschusses wurden alle zum 31. 12. 1987 nach § 38 Abs. 1 der Satzung erworbenen Anwartschaften, soweit diese auf vor dem 51. Lebensjahre gezahlten Beiträgen beruhen, um 3,5 % erhöht. Zum 1. 1. 1989 erfolgte eine neuerliche Dynamisierung um 1,5 % und zum 1. 1. 1990 eine solche um 1,7 %. Wie in den Vorjahren ist dabei die Dynamisierung auf die Anwartschaften beschränkt, die vor der Vollendung des 51. Lebensjahres gezahlt worden sind.

Die Bayerische Architektenversorgung wurde im Jahre 1971 errichtet. Die öffentlich-rechtliche Pflichtmitgliedschaft einer insgesamt überdurchschnittlich verdienenden Berufsgruppe gewährleistet ihre finanzielle Grundlage. Die Versicherungsaufsicht des Bayerischen Staatsministeriums für Wirtschaft und Verkehr, die den fachlichen und finanziellen Geschäftsbetrieb überwacht, sorgt dafür, dass das Beitragsaufkommen und die Erträge des Vermögens zweckgebunden und dem versicherungstechnischen Geschäftsplan entsprechend (vgl. § 10 der Satzung) verwendet werden. Über die Anpassung der Anwartschaften und der bereits eingewiesenen Versorgungsleistungen wird alljährlich durch den Landesausschuss, der aus 24 Mitgliedern (Architekten) besteht (§ 5 der Satzung), entschieden. Nach der Einschätzung des Senats kann davon ausgegangen werden, dass die in der Vergangenheit erfolgte Dynamisierung der Anwartschaftsrechte und der bereits eingewiesenen Versorgungsleistungen auch in Zukunft beibehalten werden wird. Wenn sich das Beitragsaufkommen in einer Weise vermindern sollte, dass Anpassungen im Hinblick auf die wirtschaftliche Leistungsfähigkeit des Versorgungsträgers nicht mehr vertretbar sind, dürfte es sich um die Verschlechterung der Gesamtwirtschaft handeln, die sich entsprechend auch auf die anderen als volldynamisch zu wertenden Versorgungen und deren Anpassungen auswirken wird.

Dennoch kann die Bayerische Architektenversorgung im Anwartschaftsstadium (noch) nicht als volldynamisch erachtet werden. Dabei kann dahingestellt bleiben, ob dies bereits aus dem Umstand abzuleiten ist, dass für das Jahr 1990 der Anpassungsprozentsatz für die Dynamisierung der Anwartschaften (1,7 %) unter dem Anpassungsprozentsatz für die Dynamisierung der bereits eingewiesenen Versorgungsleistungen (3 %) liegt. Entscheidend ist vielmehr, dass nur die Anwartschaften dynamisiert werden, die das Pflichtmitglied vor Vollendung des 51. Lebensjahres geleistet hat, die nach diesem Zeitpunkt entrichteten Beiträge also der Dynamisierung nicht unterliegen. Dieser Zeitraum umfasst bis zur regelmäßigen Altersgrenze einen Zeitraum von 15 Jahren. Erfahrungsgemäß werden gerade in dieser Zeit aufgrund des gefestigten Berufseinkommens von den Mitgliedern höhere Beiträge als in der Zeit vorher geleistet.

Die vom Ehemann in der Ehezeit erworbenen Anwartschaften bei der Bayerischen Architektenversorgung können somit nicht mit ihrem Nennwert in die Berechnung des Versorgungsausgleichs eingestellt werden. Vielmehr ist eine Umrechnung gem. § 1587a Abs. 3 BGB i. V. m. der BarwertVO i. d. F. der VO v. 22. 5. 1984 und der Bekanntmachung zu § 1304c RVO durchzuführen. Anwendung findet dabei die Tabelle 1 der BarwertVO mit der Maßgabe, dass wegen der Dynamisierung der Versorgung ab Leistungsbeginn gem. Anm. 2 der Tabellenwert um 60 % zu erhöhen ist. Die Teildynamik der Versorgung im Anwartschaftsstadium bleibt unberücksichtigt (vgl. BR-Drs. 145/84, 15).

Der auf die Ehezeit entfallende Anteil ist dabei in Anwendung des § 1587a Abs. 2 Nr. 4c BGB beitragsbruchteilig zu ermitteln. Eine Bewertung des Ehezeitanteils gem. § 1587a Abs. 2 Nr. 4b BGB (so BGH, FamRZ 1983, 265 für die Nordrheinische Ärzteversorgung) scheidet aus. Der Senat schließt sich der Auffassung des OLG Hamm (FamRZ 1986, 70) an.
OLG Nürnberg, FamRZ 1990, 1251, 1252

Der Senat hat im Anschluss an entsprechende Entscheidungen des BGH (FamRZ 1983, 40 ff.; 1988, 1254, 1256) bisher in st. Rspr. (vgl. zuletzt Beschl. v. 7. 10. 1994, FamRZ 1995, 815) die Auffassung vertreten, dass die Anwartschaften in der **Bayerischen Ärzteversorgung im Leistungsstadium** als **volldynamisch** zu beurteilen sind und deshalb eine 60 prozentige Erhöhung des Vervielfältigers nach Tab. 1 der BarwertVO entsprechend der Anm. 2 dazu vorzunehmen ist (so auch OLG München, Beschl. v. 25. 6. 1990 – 12 UF 1028/90). Er sieht sich auch durch die insoweit eine andere Meinung vertretenden Entscheidungen des 11. Senates des OLG Nürnberg v. 4. 2. 1993 – 11 UF 2420/92 und 10. 2. 1993 – 11 UF 3719/92 und des OLG Karlsruhe (FamRZ 1994, 902) nicht veranlasst, von dieser Auffassung abzugehen.

Stellt man die Anpassung der eingewiesenen Versorgungsleistungen der Bayerischen Ärzteversorgung seit 1986, wie sie sich aus der Auskunft v. 9. 2. 1995 in diesem verfahren ergibt, den entsprechenden Werten in der Beamtenversorgung und der gesetzlichen Rentenversicherung (vgl. dazu Gutdeutsch, FamRZ 1995, 20, und für das Jahr 1995 Beschl. des OLG Nürnberg v. 22. 9. 1995 – 7 UF 1868/95) einander gegenüber, so ergibt sich folgendes Bild für die jährlichen Zuwächse in Prozent:

	BayÄV	BeamtV	gesetzliche Rentenversorgung
1986	1,15	3,40	2,90
1987	1,15	3,30	3,80
1988	1,25	2,30	3,00
1989	1,30	1,30	3,00

	BayÄV	BeamtV	gesetzliche Rentenversorgung
1990	2,00	1,60	3,10
1991	2,00	5,80	4,70
1992	2,25	5,30	2,87
1993	2,75	2,90	4,36
1994	3,00	1,90	3,39
1995	3,50	3,20	0,50
Durchschnitt 1986 bis 1995	2,06	3,10	3,16

Legt man den gesamten erfassten Zeitraum zugrunde, dann ist der jährliche Zuwachs der Versorgung bei der Bayrischen Ärzteversorgung im Durchschnitt um 1,04 % hinter demjenigen in der Beamtenversorgung und um 1,1 % hinter demjenigen in der gesetzlichen Rentenversicherung zurückgeblieben. Die entsprechenden Differenzen liegen damit deutlich unter den Werten, die das OLG Karlsruhe (vgl. FamRZ 1994, 902) auf der Basis des Zeitraums 1985 bis 1992 ermittelt hat.

Der BGH ist in seiner Entscheidung v. 27. 10. 1983 (vgl. FamRZ 1983, 40 ff.) bei einem auf der Basis des Zeitraums von 1969 bis 1979 ermittelten Zurückbleibens der durchschnittlichen Steigerung in der Bayrischen Ärzteversorgung um „ca. 1 Prozentpunkt" hinter derjenigen in der Beamtenversorgung und um „ca. 3 Prozentpunkte" hinter derjenigen in der gesetzlichen Rentenversicherung davon ausgegangen, dass im Vergleich zur Beamtenversorgung eine „nahezu" gleiche Steigerung i. S. d. § 1587a Abs. 3 BGB vorliegt und hat den volldynamischen Charakter der entsprechenden Anrechte in der Bayrischen Ärzteversorgung bejaht. Ausgehend von dieser Auffassung des BGH hat der Senat keine Bedenken, auch bei den für den Zeitraum ab 1986 festgestellten Werten einen volldynamischen Charakter des in Frage stehenden Anrechts im Leistungsstadium anzunehmen. Dies gilt um so mehr, als die Zuwächse in dieser Versorgung in den letzten drei Jahren (durchschnittlich 3,08 %) über denen in der Beamtenversorgung (2,66 %) und in der gesetzlichen Rentenversicherung (2,75 %) liegen, was als Indiz dafür gewertet werden kann, dass auch in der Zukunft der Wert dieser Versorgung im Verhältnis zu den Anpassungen in der Beamtenversorgung und der gesetzlichen Rentenversicherung in einer Weise steigt, die eine Beurteilung als leistungsdynamisch rechtfertigt.
OLG Nürnberg, FamRZ 1996, 553

Die Versorgung bei der **Versorgungsanstalt der Deutschen Bühnen** (VDE) ist inzwischen **im Leistungsstadium voll dynamisch, im Anwartschaftszeitraum weiterhin statisch** (Fortentwicklung zu BGH, FamRZ 1985, 1119 ff., betreffend die Versorgung bei der VddKO).

Der Senat hatte die Versorgungsanwartschaften bei der **Versorgungsanstalt der Deutschen Kulturorchester** (VddKO), der Schwesteranstalt der VddB mit im wesentlich gleicher Satzung und Finanzierung in zwei Entscheidungen aus dem Jahre 1985 (FamRZ 1985, 1119 ff. und 1235 ff.) damals als im Anwartschaftsstadium statisch und im Leistungsteil zwar teildynamisch, aber nicht volldynamisch und deshalb als nicht dynamisch bewertet. Bei der Bewertung der von der VddKO gewährten Versorgung im Jahre 1985 hatte sich im langfristigen Vergleich der Anpassungssätze aus der Zeit seit dem Jahre 1965 mit denen der Beamtenversorgung und der gesetzlichen Rentenversicherung gezeigt, dass die Versorgungsbezüge der VddKO im Vergleichszeitraum um durchschnittlich 3,4 Prozentpunkte im Jahre angestiegen waren gegenüber einer durchschnittlichen Steigerung von 5,5 Prozentpunkten jährlich bei der Beamtenversorgung und knapp 7,5 Prozentpunkten jährlich bei der gesetzlichen Rentenversicherung. Der Wertzuwachs der Versorgungsleistungen bei der VddKO war damit im langfristigen Vergleich in der Vergangenheit so erheblich hinter der

Erhöhung der beiden dynamischen Versorgungen zurückgeblieben, dass die Annahme einer „nahezu gleichen Steigerung" (§ 1587a Abs. 3 BGB) nicht in Betracht kam. Bei der Prognose der weiteren Entwicklung der von der VddKO zu gewährenden Versorgungsleistungen konnte der Senat im Jahre 1985 aufgrund erheblicher Unsicherheitsfaktoren nicht ausschließen, dass die Versorgungsleistungen künftig auf längere Sicht nur um weniger als 1,5 bis 2 Prozentpunkte ansteigen und damit nennenswert hinter der Beamtenversorgung und der gesetzlichen Rentenversicherung zurückbleiben würden.

Diese Prognose hat sich im Nachhinein auch für die VddB für die Zeit bis 1988 im wesentlichen bestätigt (wird ausgeführt). Im Jahre 1988 wurde das **Finanzierungssystem der VddB geändert**. Die bisherige Liquiditätsrechnung (ähnlich wie von der BfA verwendet) bzw. das offene Deckungsplanverfahren unter Einbeziehung der geschätzten Neuzugänge für die nächsten 25 Jahre wurde abgelöst durch das Anwartschaftsdeckungsverfahren in geschlossener Kasse auf der Basis kollektiver Einmalprämien, d. h. die eingezahlten Beiträge werden unter Zugrundelegung eines Rechnungszinses von 4 % unmittelbar der Deckungsrücklage zugeführt mit der Folge, dass alle Versorgungsanwartschaften durch die Deckungsrückstellungen ausfinanziert werden, und zwar einschließlich der ehemaligen Versorgungszulage. Diese wurde durch eine Satzungsänderung zum 1. 1. 1992 in eine dynamische Pflichtleistung umgewandelt und ist nunmehr als solche ausfinanziert (vgl. § 42 Satz 2 der Satzung). Seit 1989 werden zudem im Gegensatz zu der bis dahin geltenden Regelung die Erhöhungen der Versorgungsleistungen nicht mehr arithmetisch/linear, d. h. jeweils auf den ursprünglichen Rentenbetrag bezogen, angepasst, sondern geometrisch, d. h. bezogen auf den jeweils zuletzt gewährten, bereits erhöhten Betrag der Leistung. Dies ist auch für die zukünftigen Versorgungsleistungen so vorgesehen (vgl. zu den Fragen der Dynamik und des Finanzierungsverfahrens allgemein: Borth, Versorgungsausgleich in anwaltschaftlicher und familiengerichtlicher Praxis, II, Rn. 288, 289 ff.; Glockner/Uebelhack, Die betriebliche Altersversorgung im Versorgungsausgleich, Rn. 141 ff.; MüKo/Glockner, BGB, § 1587a Rn. 397; Heubeck/Zimmermann, BB 1981, 1225, 1230). Die Verbesserung der finanziellen Situation der Anstalt i. V. m. der Änderung des Finanzierungssystems führte zu Erhöhungen der jährlichen prozentualen Anpassungssätze ihrer Versorgungsleistungen, wie sich aus der nachfolgenden Aufstellung in Gegenüberstellung zu den entsprechenden Anpassungssätzen, der Beamtenversorgung und der gesetzlichen Rentenversicherung ergibt: (wird ausgeführt).

Die Versorgungsbezüge bei der VddB sind hiernach in dem Vergleichszeitraum von 1989 bis 1996 um durchschnittlich rd. 3,31 Prozentpunkte pro Jahr angestiegen gegenüber einer durchschnittlichen Steigerung von rd. 2,87 Prozentpunkte pro Jahr bei der gesetzlichen Rentenversicherung. Ein Vergleich aller drei Versorgungen bis zum Jahr 1995, für das auch die Werte der Beamtenversorgung vorliegen, ergibt eine durchschnittliche jährliche Erhöhung um rd. 3,29 Prozentpunkte bei der VddB gegenüber rd. 3,14 Prozentpunkten bei der Beamtenversorgung und rd. 3,13 Prozentpunkten bei der gesetzlichen Rentenversicherung. Dies rechtfertigt nunmehr die Annahme einer nahezu gleichen Steigerung wie bei den beiden vom Gesetz als volldynamisch behandelten Versorgungen i. S. v. § 1587a Abs. 3 BGB (vgl. BGH, FamRZ 1983, 40; FamRZ 1992, 1051, 1054).

Dem steht nicht entgegen, dass der **Vergleichszeitraum**, anders als bei der Beurteilung der Versorgung der VddKO im Jahre 1985, nur sieben bzw. **acht Jahre** beträgt. Zwar hat der Senat in dem Beschl. v. 5. 10. 1994 (FamRZ 1995, 88, 92) eine Entwicklung in einem Zeitraum von nur fünf Jahren als nicht ausreichend angesehen, um darauf eine zuverlässige Prognose für die künftige (Weiter-)Entwicklung zu stützen. Er hat dabei allerdings auf die politisch und wirtschaftlich außergewöhnlichen Verhältnisse seit den Jahren 1989/1990 abgehoben, die nicht als Maßstab für die voraussichtliche Entwicklung in den kommenden Jahren herangezogen werden könnten. Abgesehen davon, dass im Gegensatz zu der seinerzeitigen Beurteilung im vorliegenden Fall ein Vergleichszeitraum von nicht nur fünf, sondern bereits acht Jahren zur Verfügung steht, hat sich auch die finanzielle Situation der VddB schon vor der Herstellung der deutschen Einheit und unabhängig von dieser jahrelang kontinuierlich verbessert und stabilisiert. Lässt danach der

Wertzuwachs der Versorgungsleistungen der VddB in den Jahren seit 1989 die Beurteilung einer nahezu gleichen Steigerung wie bei den Leistungserhöhungen der Beamtenversorgung und der gesetzlichen Rentenversicherung zu, so kann hierin unter den gegebenen Umständen auch ein Indiz für eine zu erwartende vergleichbare Entwicklung in der Zukunft gesehen werden. Dabei ist zu berücksichtigen, dass die allgemeine wirtschaftliche Entwicklung derzeit keine uneingeschränkt positive Prognose zulässt, vielmehr auch die Steigerungen der Beamtenversorgung und der gesetzlichen Rentenversicherung voraussichtlich nicht nur vorübergehend gering ausfallen dürfen. Für die zukünftige Entwicklung der Versorgungsbezüge der VddB kann – auf der Grundlage der finanziellen Leistungskraft der Anstalt, wie sie sich aus deren Sachvortrag i. V. m. den Geschäftsberichten (1993 und 1994) ergibt, davon ausgegangen werden, dass sich die Leistungsanpassungen jedenfalls in einer vergleichbaren Größenordnung bewegen werden (vgl. hierzu Glockner/Uebelhack, Die betriebliche Altersversorgung im Versorgungsausgleich, Rn. 141, mit Hinweis auf die Auswirkungen des RRG 1992). Die Mittel der VddB werden gem. § 48 der Satzung durch die Beiträge der Mitglieder und Versicherten, die Altersversorgungsabgabe, die Erträge aus Kapitalanlagen und aus dem Ertrag von Sonderveranstaltungen, Stiftungen und sonstigen freiwilligen Zuwendungen zugunsten der Anstalt aufgebracht. Im Rahmen der zur Verfügung stehenden Mittel können nach § 42 der Satzung Leistungsverbesserungen gewährt werden; insbesondere werden laufende Versorgungsleistungen angepasst, wenn dies unter Berücksichtigung der allgemeinen wirtschaftlichen Entwicklung und der Veränderung der Lebenshaltungskosten angezeigt ist. Wie die Anstalt hierzu vorgetragen hat, ist ihre finanzielle Situation zwischenzeitlich so stabil, dass seit 1992 erstmals auch die Anwartschaften angepasst werden konnten. Da die günstige Entwicklung auch nach der eigenen Einschätzung der VddB eine stabile finanzielle Grundlage der Anstalt dokumentiert, rechtfertigt sie die Prognose, dass die Versorgungsbezüge der bei ihr versicherten Bühnenangehörigen auch in Zukunft eine im tatsächlichen Ergebnis den volldynamischen Versorgungen (nahezu) vergleichbare Steigerung erfahren werden (§ 1587a Abs. 1 BGB). Das bedeutet, dass die Versorgungsanwartschaften bei der VddB – im Gegensatz zu der Beurteilung der Versorgung der VddKO aus dem Jahre 1985 – nunmehr **als im Leistungsstadium volldynamisch** anzusehen sind.

Dass nach der maßgeblichen Änderung der Satzung der VddB keine rechtliche Verpflichtung zu künftigen Anpassungen der Versorgungsbezüge an die allgemeine Einkommensentwicklung und kein Anspruch der Versicherten hierauf besteht, steht der Bejahung der Volldynamik (im Leistungsteil) nicht entgegen. Die Beurteilung der Volldynamik einer Versorgung hängt nicht davon ab, ob der Versicherte einen Rechtsanspruch auf Anpassungen seiner Bezüge i. S. v. § 1587a Abs. 3 BGB hat, sondern von der tatsächlichen Übung des Versorgungsträgers. Im Übrigen sehen auch die vom Gesetz ausdrücklich als Vergleichsmaßstab gewählte gesetzliche Rentenversicherung und die Beamtenversorgung keinen derartigen Rechtsanspruch vor (vgl. BGH, a. a. O., 203, 204; FamRZ 1983, 998, 999; Soergel/Zimmermann, BGB, § 1587a Rn. 285).

Eine Umrechnung von Versorgungsanwartschaften in dynamische Werte ist im vorliegenden Fall nicht geboten. Denn der Ehemann hat bereits bei Ehezeitende Versorgungsbezüge von der VddB erhalten. Aus diesem Grund sind seine ehezeitlich erworbenen Anrechte bei der Anstalt mit dem Nennbetrag in den Versorgungsausgleich einzusetzen (vgl. BGH, FamRZ 1992, 47, 48; 1994, 1583, 1584).

BGH, FamRZ 1997, 161 ff.

Die Versorgung bei der **Versorgungsanstalt der Deutschen Kulturorchester** ist inzwischen **im Leistungsstadium volldynamisch, im Anwartschaftsstadium weiterhin statisch** (Fortentwicklung zu BGH, Beschl. v. 10. 7. 1985 – IVb ZB 836/80, FamRZ 1985, 1119 ff.). Die Begründung entspricht im Übrigen der vorstehend zitierten Entscheidung zur Versorgungsanwartschaft bei der VddB.

BGH, FamRZ 1997, 164 ff.

– **Nichtdynamische Versorgungen** 289, 397 f.

Es kann dahingestellt bleiben, ob die Anrechte des Ehemanns auf das betriebliche Ruhegeld im Hinblick auf § 4 der **Ruhegeldrichtlinien der RWE-AG v. 9. 2. 1989** – wegen der Anlehnung dieser Regelung an die Steigerung der Beamtenversorgung – an sich als im Anwartschaftsstadium (voll-)dynamisch anzusehen sind. Eine insoweit etwa anzunehmende Dynamik würde nämlich gem. § 2 Abs. 5 i. V. m. Abs. 1 BetrAVG mit einem vorzeitigen Ausscheiden des Ehemannes aus dem Beschäftigungsverhältnis enden, es bliebe ihm der Dynamisierungszuwachs nur insoweit erhalten, als er bis dahin eingetreten wäre. Aus diesem Grund kann die Versorgung nach der Rechtsprechung des Senats nicht als bis zum Leistungsbeginn (voll-)dynamisches Anrecht, sondern insoweit nur mit ihrem statischen Wert in den öffentlich-rechtlichen Versorgungsausgleich einbezogen werden (vgl. BGH, FamRZ 1989, 844, 845 f.). Im Gegensatz zur Meinung des OLG kann der Senat auf der Grundlage der zur Zeit zur Verfügung stehenden Erkenntnismöglichkeiten **keine (Voll-)dynamik im Leistungsstadium erkennen.**

In der bis zur Neuregelung im Februar 1989 geltenden Fassung der Ruhegeldrichtlinien der RWE-AG v. 18. 5. 1966 war in § 5 Abs. 6 Satz 1 vorgesehen, dass sich „das bei der Berechnung des Ruhegeldes und der Hinterbliebenenversorgung zugrundeliegende Diensteinkommen ... während der Zeit des Bezuges von Ruhe- bzw. Hinterbliebenengeld jeweils in dem Maße ändert, wie die Renten der gesetzlichen Rentenversicherung gemäß den jeweiligen Bundes-Rentenanpassungsgesetzen geändert werden". Der Wert des betrieblichen Ruhegeldes stieg also i. S. v. § 1587a Abs. 3 BGB in gleicher Weise wie der Wert der gesetzlichen Rentenanwartschaften als einer der beiden Vergleichsgrößen nach § 1587a Abs. 2 Nr. 1 und 2 BGB, was bedeutete, dass die Versorgung – im Leistungsstadium – volldynamisch war (vgl. BGH, FamRZ 1983, 40; OLG Oldenburg, FamRZ 1980, 1022; OLG Hamm, FamRZ 1985, 1054).

Mit der Neufassung der Ruhegeldrichtlinien im Februar 1989 wurde die „automatische" Koppelung der Ruhegeldanpassung an die Erhöhung der Sozialversicherungsrenten aufgegeben. Nach der Neufassung i. V. m. dem RRG 1992 steigt der Wert der Versorgung bei der RWE-AG zwar weiterhin in gleicher Weise an wie der der Sozialversicherungsrenten, wenn die Erhöhung des letztgenannten Wertes unterhalb der Anpassung der Inflationsrate liegt. Ist das aber nicht der Fall, dann wird das betriebliche Anrecht „höchstens um die Inflationsrate angepasst". Nach dieser nunmehr geltenden Regelung kann nicht ausgeschlossen werden, dass die Ruhegelder der früheren RWE-Mitarbeiter langfristig nur jeweils im Umfang der Inflationsrate ansteigen werden. Eine solche Entwicklung, die lediglich der „Lebenshaltungspreisindexierung" entspricht, rechtfertigt aber nach allgemeiner Meinung, der sich auch der Senat angeschlossen hat, nicht ohne weiteres die Annahme einer Volldynamik (vgl. BGH, FamRZ 1985, 1235, 1236 m. w. N.; Johannsen/Henrich-Hahne, Eherecht, § 1587a Rn. 234 m. w. N.; Soergel/Zimmermann, BGB, § 1587a Rn. 282).

Hieran ist grds. festzuhalten. Eine andere Beurteilung i. S. e. „Korrektur der wirtschaftstheoretischen Unterscheidung zwischen Kostenentwicklung und den Produktivitätsfortschritt widerspiegelnden Einkommensentwicklung" ließe sich allenfalls auf der Grundlage langfristiger gegenteiliger Beobachtung vertreten (Soergel/Zimmermann, BGB, § 1587a Rn. 282). Entsprechende Daten aus der Vergangenheit, die zum Vergleich herangezogen und eine auch nur einigermaßen zuverlässige Prognose der künftigen Entwicklung des betrieblichen Ruhegeldes der RWE-AG rechtfertigen könnten, liegen hier jedoch – anders als in früher entschiedenen Fällen, in denen die maßgebliche Versorgungsordnung seit Jahren unverändert gegolten hatte – nicht vor.

Hätten die Ruhegeldrichtlinien der RWE-AG bereits seit der Neufassung im Februar 1989 als Vergleichsmaßstab auf die (Erhöhung der) Sozialversicherungsrenten abgestellt (ungeachtet der Frage ihrer Brutto- bzw. Nettolohnbezogenheit), so ergäbe sich für die seither vergangene kurze Zeit folgendes Vergleichsbild:

	gesetzliche Rentenversicherung	Inflationsrate
1989	3,00 %	2,8 %
1990	3,10 %	2,7 %
1991	4,70 %	3,5 %
1992	2,87 %	5,3 %
1993	4,36 %	3,5 %

Das Ruhegeld eines ausgeschiedenen RWE-Mitarbeiters wäre in diesem Zeitraum danach nur einmal, nämlich im Jahre 1992, „in gleicher Weise" angestiegen wie der Wert der gesetzlichen Rentenanwartschaften. In den übrigen vier Jahren wäre es, wenn auch durchschnittlich nicht in gravierendem Umfang, unterhalb des Anstiegs der Einkommensentwicklung geblieben. Eine Entwicklung in einem Zeitraum von nur fünf Jahren reicht indes generell nicht aus, um darauf eine zuverlässige Prognose für die künftige (Weiter-)Entwicklung zu stützen. Für die vergangenen fünf Jahre seit 1989/1990 gilt das in verstärkten Maße, da diese Jahre durch politisch und wirtschaftlich außergewöhnliche Verhältnisse i. S. e. einmaligen Ausnahmesituation geprägt worden sind. Schon aus diesem Grund können diese nicht als Maßstab für die voraussichtliche Entwicklung in der – auch weiteren – Zukunft (etwa bis zur Vollendung des 65. Lebensjahres des Ehemannes im Jahre 2019) herangezogen werden.

Sollte die zukünftige Entwicklung dahin führen, dass sich das Anrecht des Ehemanns auf die betriebliche Altersversorgung bei der RWE-AG entgegen der jetzt vorgenommenen Beurteilung als in der Leistungsphase dynamisch erweist – mit der Folge, dass das Anrecht bislang zu Lasten der Ehefrau mit einem zu geringen Wert ausgeglichen worden ist – dann dürfte dem (bei Vorlage der sonstigen Voraussetzungen) mit Hilfe des § 10a Abs. 1 Nr. 1 VAHRG Rechnung zu tragen sein (vgl. Johannsen/Henrich-Hahne, Eherecht, § 10a VAHRG Rn. 34).

BGH, FamRZ 1995, 88, 90, 91

→ *Betriebliche Altersversorgung: Ehezeitanteil bei limitierter Gesamtversorgung*

Die betrieblichen Versorgungsanwartschaften nach der seit dem 1. 1. 1996 geltenden Versorgungsordnung der Volkswagen-AG sind weder im Anwartschafts- noch im Leistungszeitraum volldynamisch. Weder der Basisrentenbaustein noch die jährlichen Rentenbausteine nehmen an der allgemeinen Einkommensentwicklung teil; die laufenden Rentenleistungen werden lediglich gem. § 16 BetrAVG im Dreijahreszeitraum angepasst (§ 27 VersO).

Am 1. 1. 1996 ist für die VW-AG eine neue VersO in Kraft getreten. Diese berücksichtigt mit einer Übergangsregelung die bisher erworbenen Ansprüche. Nach § 29 Abs. 2 i. V. m. Anlage 4 Nr. 3 der neuen VersO wird als bis Ende 1995 erworbener Besitzstand ein sog. Basisrentenbaustein ermittelt. Hinzu kommt die v. 1. 1. 1996 bis zur festen Altersgrenze (Vollendung des 65. Lebensjahres, § 4 Abs. 1 VersO) erreichbare weitere Rentenanwartschaft, die sich ausschließlich nach der neuen VersO aufgrund der jährlichen Renten Bausteine errechnet. Diese jährlichen Rentenbausteine ergeben sich durch Multiplikation des jeweiligen jährlichen Versorgungsaufwands mit dem in der Anlage 2 zur VersO für das jeweilige Lebensalter ausgewiesenen Verrentungssatz (§ 10 Abs. 3 VersO); der Versorgungsaufwand wiederum ergibt sich aus der Multiplikation der nach § 9 VersO maßgebenden (Einkommens-)Bemessungsgrundlage mit dem nach § 10 Abs. 2 VersO maßgebenden Bemessungssatz (§ 10 Abs. 1 VersO). Als Bemessungsgrundlage für die nach 1995 liegende Zeit der Betriebszugehörigkeit ist hier das versorgungsfähige Bruttoentgelt aus den letzten zwölf Monaten vor dem Ende der Ehezeit zu berücksichtigen.

OLG Celle, FamRZ 1996, 1554

Nicht zu beanstanden ist, dass das OLG die **Versorgung des „Essener Verbandes" nicht als volldynamisch** beurteilt hat und daher von der Notwendigkeit einer Umrechnung gem. § 1587a Abs. 3 Nr. 2 i. V. m. § 2 Abs. 1 BarwertVO ausgegangen ist. Soweit die Versorgung ihre „Gruppenendbeträge" in der Zeit von 1967 bis 1992 gesteigert hat (keine Anpassungen erfolgten in den Jahren 1970, 1972, 1977, 1978 und 1988), lagen die Steigerungsraten jeweils knapp unter einem Prozentpunkt, bezogen auf die zeitlich vorausgehenden Werte. Infolge der hälftigen Anrechnung der gesetzlichen Rente, deren Anpassungen jeweils höher lagen, fielen die effektiven Steigerungsraten noch geringer aus (vgl. dazu OLG Hamm, FamRZ 1980, 898, 899). Im **Anwartschaftszeitraum** ist daher ein Steigerungsniveau, das mit derjenigen der kraft Gesetzes volldynamischen Versorgungen auch nur vergleichbar wäre (vgl. Übersicht FamRZ 1997, 793), bisher nicht erreicht worden. Für das **Leistungsstadium** bestimmt § 11 Abs. 6 der Leistungsordnung, dass Veränderungen der Bemessungsgrundlagen, die nach dem Ausscheiden der Angestellten in Kraft treten, außer Betracht bleiben; vielmehr werden die Leistungen durch die Mitglieder nach § 16 BetrAVG überprüft. Mögliche Anpassungen auf dieser Grundlage begründen für sich keine Volldynamik im Leistungszeitraum (vgl. BGH, FamRZ 1985, 1235, 1236; 1991, 1416, 1423 f.).

Es begegnet **keinen durchgreifenden verfassungsrechtlichen Bedenken**, dass die Steigerungen von Versorgungsanrechten, wie sie vorliegend allenfalls in Rechnung zu stellen sind, beim Ausgleich ganz außer Betracht bleiben und die Bewertung aufgrund von § 1 Abs. 3 BarwertVO so erfolgt, als handele es sich um rein statische Anrechte (vgl. BGH, FamRZ 1985, 1119, 1122).
BGH, FamRZ 1998, 420, 421

**– Voll dynamische betriebliche oder
berufsständische Versorgungen**   283, 293, 335, 395 f., 455

Die Versorgung bei dem **Beamtenversicherungsverein des Deutschen Bank- und Bankiergewerbes** (BVV) ist **im Anwartschaft- und Leistungsteil volldynamisch**. Zur Bewertung werden unterschiedliche Ansichten vertreten. Allerdings besteht, soweit ersichtlich, in der Rechtsprechung nahezu Einigkeit dahin, dass der Wert in der Anwartschaftsphase, für die nur die jährlichen Anpassungszuschläge zugerechnet werden, nicht in gleicher oder nahezu gleicher Weise steige wie der Wert der gesetzlichen Rentenversicherung oder der Beamtenversorgung. Der Sonderzuschlag könne nicht berücksichtigt werden, da er keine gesicherte zukünftige Leistungsverbesserung darstelle (OLG Hamm, BetrAV 1988, 233; OLG Schleswig, FamRZ 1989, 189). Demgegenüber vertreten andere OLG die Auffassung, die Versorgung des BVV sei im Hinblick auf den seit 1970 unverändert gewährten und auch in Zukunft zu erwartenden Sonderzuschlag ab Leistungsbeginn als volldynamisch zu beurteilen (OLG Frankfurt, FamRZ 1990, 1247; OLG München, FamRZ 1988, 407, 408; 1989, 186; OLG Bremen, FamRZ 1989, 650).

Entgegen der Ansicht des BVV kommt es nicht darauf an, dass die Versicherungsbedingungen und der Geschäftsplan des BVV weder eine regelmäßige Anpassung an die Lohn- und Gehaltsentwicklung noch eine Anbindung an die Steigerung der Lebenshaltungskosten vorsehen. Maßgebend nach der gesetzlichen Regelung des § 1587a Abs. 3 BGB ist vielmehr, ob der Wert der Anrechte auf Versorgung beim BVV tatsächlich in gleicher oder nahezu gleicher Weise steigt wie der Wert der in § 1587a Abs. 2 Nr. 1 und 2 BGB genannten Anwartschaften. Dafür ist eine Prognose der weiteren Entwicklung dieser Anrechte maßgebend für die deren bisherige Entwicklung als Indiz herangezogen werden kann. Einer Beurteilung nach diesem Kriterium steht nicht entgegen, dass die Leistungen, die der BVV gewährt, aus Zinsüberschüssen und laufenden Erträgen seines Vermögens stammen.

Im Gegensatz zu den Überlegungen des Senats zum Versorgungswerk der Architektenkammer Baden-Württemberg (VwAK; BGH, FamRZ 1991, 310, 312) liegt den Leistungen des BVV kein individuelles Deckungskapital zugrunde. Anders als bei dem von der VwAK geübten, an das System der Lebensversicherung angelehnten Verfahren, bei dem nur ein geringer Teil der Rentenleistungen nicht aus einem individuellen Deckungskapital finanziert wird, werden die Überschüsse, aus denen der BVV sowohl die Anpassungs- als auch die Sonderzuschläge auf die laufenden Renten zahlt, aus den erheblichen Kapitalanlagen des BVV gebildet, der sein Vermögen zum 1. 1. 1989 mit 9 Milliarden DM angegeben hat. Dieses Vermögen ist, auch wenn es Beiträge und deren Erträge mitumfasst, nicht i. S. e. individuellen Deckungskapitals den einzelnen Beitragszahlungen zuzuordnen.

Als feste Bestandteile der von dem BVV zugesagten Rente sind die Anwartschaften sowohl auf die **Stammrente** als auch die **Überschussrente** im Versorgungsausgleich zu berücksichtigen. Hingegen bildet der **Sonderzuschlag** nur einen zusätzlichen Anpassungsfaktor für die Stammrente. Da er nicht eigenständiger Bestandteil der Rente ist, ist er kein weiteres selbständig auszugleichendes Anrecht, auch nicht i. S. e. Aussicht auf Versorgung gem. § 1587 Abs. 1 Satz 1 BGB.

Für die Bejahung des volldynamischen Charakters eines Anrechts genügt es grds., wenn sein jährlicher Zuwachs mit demjenigen nur einer der vom Gesetz als volldynamisch angesehenen Versorgung Schritt hält (BGH, FamRZ 1983, 40,42). Die zurückliegende Entwicklung rechtfertigt die Feststellung, dass die Anwartschaften beim BVV in der Vergangenheit eine „nahezu gleiche" Steigerung wie die Beamtenversorgung erfahren haben. Diese Voraussetzung ist schon erfüllt, wenn die Wertsteigerung einer Versorgung um durchschnittlich nicht mehr als etwa 1 Prozentpunkt hinter einer der Vergleichsversorgungen zurückbleibt (BGH, a. a. O.). Beim BVV blieb der Anstieg nur um 0,05 Prozentpunkte hinter der Beamtenversorgung zurück.

Eine ähnliche Entwicklung kann auch für die Zukunft erwartet werden. Zwar können für die Prognose der weiteren Entwicklung die Daten aus der Vergangenheit nicht ohne weiteres fortgeschrieben werden. Sie lassen sich aber, insbesondere im Fall einer langfristig zurückliegenden Entwicklung als Anhaltspunkte dafür heranziehen, ob die künftigen Anpassungen mit den Wertänderungen der vom Gesetz als volldynamisch angesehenen Versorgungen Schritt halten werden (BGH, a. a. O.; FamRZ 1985, 1119, 1121). Das hält der Senat hier für gesichert, nachdem die laufenden Anpassungszuschläge seit 1977 trotz unterschiedlicher wirtschaftlicher Verhältnisse niemals unter 2,5 % gewährt worden sind. Nach den eigenen Angaben des BVV, die durch die bisherige Entwicklung bestätigt worden sind, ist die Fortzahlung der Leistungen aus den Überschüssen in der derzeitigen Höhe bereits bei einem Zinsertrag von nur 5 % gesichert. Sollte die wirtschaftliche Situation des BVV zu einem deutlichen Absinken der Zinserträge unter das derzeitige Niveau führen, so dürfte eine solche Entwicklung einer allgemeinen Verschlechterung der wirtschaftlichen Verhältnisse entsprechen, die nicht ohne Auswirkungen auf die künftigen Anpassungen der Beamtenversorgung bleiben wird (vgl. BGH, FamRZ 1987, 1241, 1242).

Der auf die Ehezeit entfallende Wert der Stammrente ist nach § 1587a Abs. 2 Nr. 3 Buchstabe a oder b BGB nach einem Zeit-Zeit-Verhältnis zu bestimmen, wobei die Bemessungsgrundlagen im Zeitpunkt der Rechtshängigkeit des Scheidungsantrages gewahrt werden müssen.

Der auf die Ehezeit entfallende Anteil der Überschussrente ist nicht nach § 1587a Abs. 2 Nr. 3a 1. HS BGB durch **Hochrechnung bis zur festen Altersgrenze** und Ermittlung des Ehezeitanteils im Zeit-Zeit-Verhältnis zu bestimmen. Bei einer solchen Berechnung würden angesichts der nicht linearen Entwicklung der Überschussrente deren Bemessungsgrundlagen zum Ehezeitende verlassen. Da die Überschussrente aus der Summe der jährlichen Anpassungszuschläge besteht und die am Ende eines jeden Jahres zusätzlich erworbenen Anwartschaften aus den Anpassungszuschlägen ihrerseits wiederum von Jahr zu Jahr der (zuletzt) 2,5 prozentigen Erhöhung unterliegen, tritt durch die nach dem Ende der Ehezeit weiter anfallenden jährlichen Überschüsse eine Änderung der Bemessungsgrundlage ein, die für die Zwecke des Versorgungsausgleichs (in Anlehnung an § 2 Abs. 5 BetrAVG) außer Betracht zu bleiben hat (vgl. Soergel/Zimmermann, BGH, § 1587a Rn. 154). Bemessungsgrundlage für die Zusage der Überschussrente ist allein die bis zum Ende der Ehezeit erworbenen Überschussbeteiligung (vgl. Heubeck/Höhne/Paulsdorff/Rau/Weinert, BetrAVG, Bd. 1, § 2 Rn. 176; Zimmermann, Versorgungsausgleich bei betrieblicher Altersversorgung, 1978, S. 297, 298). Sie ist daher unter Heranziehung von § 1587a Abs. 5 BGB **ohne Hochrechnung, allerdings ggf. aufgeteilt nach Zeiten vorehelicher und ehelicher Betriebszuge-**

hörigkeit, mit ihrem am Ende der Ehezeit erreichten Wert in den Versorgungsausgleich einzubeziehen (ebenso Lardschneider, in: Rahm/Künkel, Handbuch des familiengerichtlichen Verfahrens, V, Rn. 231).

BGH, FamRZ 1992, 1051, 1053, 1055

Anrechte beim **Schleswig-Holsteinischen Versorgungswerk für Rechtsanwälte (RVSH)** sind **volldynamisch** und daher ohne Umrechnung des Werts auszugleichen. Ein Vergleich der Steigerungsraten der laufenden Renten dieses Versorgungswerkes mit denen der gesetzlichen Rentenversicherung und der Beamtenversorgung in der Zeit zwischen 1987 und 1993 ergibt, dass die Anpassungen des RVSH diejenigen der kraft Gesetzes volldynamischen Versorgungen noch übertroffen haben. Damit ist die Volldynamik der Anrechte des RVSH im Leistungsteil zu bejahen.

Gegen den volldynamischen Charakter der laufenden Renten des RVSH spricht nicht, dass das RVSH erst seit 1985 besteht, so dass eine gesicherte Prognose über die zukünftigen Anpassungen nicht möglich sei, dass 1993 erst 1 341 Mitglieder vorhanden gewesen seien und sich am Schluss dieses Jahres ein erheblicher Bilanzverlust ergeben habe. Bei der vom Tatrichter anzustellenden Prognose, ob das Versorgungswerk auch künftig mit den Anpassungen der gesetzlichen Rentenversicherung oder der Beamtenversorgung Schritt halten wird, dürfen zwar die Daten der Vergangenheit nicht einfach fortgeschrieben werden, es muss aber genügen, dass insoweit bei Berücksichtigung aller bedeutsamen Umstände hinreichende Wahrscheinlichkeit besteht (vgl. BGH, FamRZ 1983, 40). Dass sich eine Versorgung erst in der Anlaufphase befindet, rechtfertigt für sich naturgemäß nicht, den volldynamischen Charakter zu verneinen. Demgemäß hat der Senat bereits für das ebenfalls seit dem 1. 1. 1985 bestehende Versorgungswerk der Rechtsanwälte im Lande Nordrhein-Westfalen die erforderlich günstige Prognose nicht beanstandet (vgl. BGH, FamRZ 1991, 1420, 1421; ebenso im Ergebnis OLG Schleswig, SchlHA 1992, 34; s. auch Kirchhoff, in: Festschrift für den Rechtsanwaltsverein Hannover, S. 168, 174, wonach die Grundlagen der Rechtsanwaltsversorgungen denjenigen von anderen Formen der sozialen Sicherung eher überlegen sind).

Die weiter erforderliche Dynamik im Anwartschaftsstadium ergibt sich daraus, dass in § 13 Abs. 2 der Satzung des Versorgungswerks ein sog. Bemessungsmultiplikator vorgesehen ist, der jährlich von der Mitgliederversammlung beschlossen wird, wenn die versicherungsmathematische Bilanz eine derartige Maßnahme in nennenswertem Umfang zulässt. In der Vergangenheit ist auf dieser Grundlage der erwähnte Bemessungsmultiplikator schrittweise von 4,3999637 auf 4,9 angehoben worden. Dadurch sind die Versorgungsanwartschaften des RVSH entsprechend im Wert gestiegen. Für die hierin liegende Dynamik ist nach der Satzung die allgemeine Leistungsfähigkeit des Versorgungswerks maßgeblich, die wesentlich durch die Beitragsleistung aller Mitglieder bestimmt wird. Das einzelne Mitglied nimmt auf diese Weise über seine individuelle Beitragsleistung hinaus an der Einkommensentwicklung aller im Versorgungswerk zusammengefassten Rechtsanwälte teil. Das ist mit der Anpassung der Anwartschaften der gesetzlichen Rentenversicherung an die allgemeine Einkommensentwicklung vergleichbar (vgl. BGH, a. a. O.; Staudinger/Rehmer, BGB, § 1587a Rn. 431). Es handelt sich nicht um eine bloße Beitragsdynamik, wobei das Mitglied z. B. infolge der Koppelung der Beiträge an die Beitragsbemessungsgrenze der gesetzlichen Rentenversicherung (vgl. hier § 24 Abs. 1 der Satzung) mit deren Anhebung auch höhere Anwartschaften erwerben muss, was nach der st. Rspr. des Senats für die Annahme einer Dynamik im Anwartschaftsstadium nicht ausreicht (vgl. BGH, FamRZ 1991, 310, 312 m. w. N.). Vielmehr ist der Wertzuwachs an eine überindividuelle Entwicklung der finanziellen Grundlagen geknüpft (vgl. RGRK/Wick, BGB, 12. Aufl., § 1587a Rn. 362). Soweit im Schrifttum konkret zum RVSH Stellung genommen wird, wird die Volldynamik im Anwartschafts- und Leistungsstadium bejaht (vgl. Soergel/Zimmermann, BGB, § 1587a Rn. 211; MüKo/Glockner, BGB, § 1587a Rn. 399; vgl. RGRK/Wick, BGB, § 1587a Rn. 362). Soweit im Schrifttum konkret zum RVSH Stellung genommen wird, wird die Volldynamik im Anwartschafts- und Leistungsstadium bejaht (vgl. Soergel/Zimmermann, BGB, § 1587a Rn. 211; MüKo/Glockner, BGB, § 1587a Rn. 399).

BGH, FamRZ 1996, 97

Die **Altersversorgung der Bayerischen Versicherungskammer – Versorgungsanstalt der Deutschen Bezirksschornsteinfegermeister** – ist als **volldynamisch** zu werten. § 1587a Abs. 3 BGB schreibt für Anrechte der vorliegenden Art, die zu den Versorgungen des § 1587a Abs. 2 Nr. 4 BGB zählen, ebenso wie für betriebliche Altersversorgungen eine Umwertung vor, wenn sie nicht in gleichem Umfang an die wirtschaftliche Entwicklung angepasst werden wie die gesetzliche Rente und die Beamtenversorgung. Soll ein Anrecht damit in seinem Wert vergleichbar sein, muss es in gleicher Weise oder zumindest nahezu gleicher Weise sowohl in der Anwartschafts- wie Leistungsphase dem Umfang nach an die allgemeine Einkommensentwicklung angepasst werden (vgl. BGH, FamRZ 1983, 40; 1989, 844; Schwab/Hahne, Eherecht, Bd. 6, Rn. 145).

Für die Höhe des Ruhegelds des Bezirksschornsteinfegermeisters ist die Dauer der Mitgliedschaft bei der Versorgungsanstalt maßgebend. Für jedes begonnene Jahr der Mitgliedschaft wird ein bestimmter Vomhundertsatz eines Jahreshöchstbetrages angerechnet, der sich mit 72 % des jeweiligen Bruttoeinkommens eines verheirateten, kinderlosen Angestellten des Bundes in der höchsten Lebensaltersstufe der Vergütungsgruppe V c des BAT bemisst (vgl. §§ 29 Abs. 4, 30 SchfG). Bei bereits festgestellten Ruhegeldansprüchen sind Veränderungen des Jahreshöchstbetrages jeweils zu dem Zeitpunkt zu berücksichtigen, in dem sie wirksam werden (§ 29 VII SchfG). Durch die Anbindung der Versorgung im Anwartschafts- als auch im Leistungsteil an den Bundesangestellten-Tarifvertrag liegt eine hinreichende Ankoppelung an die allgemeine Einkommensentwicklung vor, um eine Volldynamik zu bejahen (vgl. BGH, FamRZ 1991, 1421, 1424). Diese Dynamik endet auch bei einer vorzeitigen Beendigung der Mitgliedschaft nicht (vgl. § 29 Abs. 4 Satz 2 SchfG).
OLG Karlsruhe, FamRZ 1996, 553, 554
→ *Zusatzversorgung des öffentlichen Dienstes: Gesamtversorgungen*

Versorgungsanrechte der **Allgäuer Alpenmilch GmbH und der Nestlé-Pensionskasse** sind **volldynamisch**. Dabei ist es ohne Bedeutung, dass die Pensionskasse Überschussausschüttungen von der jeweiligen Ertragslage des Versorgungswerks abhängig macht. Auch die gesetzlichen Renten- und Beamtenversorgungen sehen keinen Rechtsanspruch auf Anpassung vor. Dass die zur Erhöhung dienenden Gelder aus Überschusserträgen stammen, steht der Vergleichbarkeit ebenfalls nicht entgegen (vgl. BGH, FamRZ 1992, 1051, 1053, 1054). Als Indiz für die weitere Entwicklung steht auch ein angemessen langer Vergleichszeitraum in der Vergangenheit zur Verfügung: In einem Zeitraum von 15 Jahren seit 1980 haben sich die Anwartschaften jedes Jahr durchweg kontinuierlich um ca. 3 bis 4 % und die Leistungen um 2,5 bis 3,5 % gesteigert. Anhaltspunkte dafür, dass die Ertragslage des Betriebes bzw. seiner Versorgungswerke ab 1995 erheblich absinken werde, sind nicht ersichtlich. Daher können die beiden betrieblichen Versorgungsanrechte sowohl im Anwartschafts- als auch im Leistungszeitraum als mit der gesetzlichen Rentenversicherung, zumindest aber mit der Beamtenversorgung vergleichbar angesehen werden, da die Abweichung zur gesetzlichen Rentenversicherung deutlich weniger als 1 % beträgt und sich im Vergleich zur Beamtenversorgung im Anwartschaftszeitraum sogar eine Besserstellung ergibt.
BGH, FamRZ 1997, 166, 168 f.

(. . .)

a. Sowohl im Anwartschafts- als auch im Leistungszeitraum bestimmen sich die Anrechte bei der **Erweiterten Honorarvereinbarung der Kassenärztlichen Vereinigung Hessen – EHV** nach einem Prozentsatz der durchschnittlichen Einkommen aus Kassenärztlicher Tätigkeit aller im Bereich der Kassenärztlichen Vereinigung Hessen niedergelassenen Ärzte, also nach einem überindividuellen Maßstab. Ob ihr Wert in gleicher oder wenigstens nahezu gleicher Weise steigt wie derjenige der kraft Gesetzes volldynamischen Versorgungen (§ 1587a Abs. 3 BGB), kann daher rechtsbedenkenfrei aus der Entwicklung der maßgeblichen Durchschnittshonorare der betreffenden Ärzte abgeleitet werden. In der vom OLG in Bezug genommenen Entscheidung vom 12. 7. 1991 ist dazu festgestellt worden:

EHV	Durchschnittshonorare	Steigerungssätze EHV
1971	97 386,50 DM	20,80 %
1972	103 717,95 DM	6,50 %
1973	112 750,38 DM	8,70 %
1974	126 591,82 DM	12,30 %
1975	134 139,32 DM	6,00 %
1976	138 347,22 DM	3,10 %
1977	141 035,28 DM	1,90 %
1978	145 395,58 DM	4,10 %
1979	151 502,68 DM	4,20 %
1980	154 925,82 DM	2,30 %
1981	159 624,55 DM	3,03 %
1982	157 117,84 DM	- 1,57 %
1983	157 628,62 DM	0,33 %
1984	159 959,36 DM	1,48 %
1985	162 792,57 DM	1,77 %
1986	163 273,49 DM	0,30 %
1987	163 286,80 DM	0,01 %
1988	169 937,11 DM	4,07 %
1989	169 180,47 DM	- 0,45 %
1990	176 624,41 DM	4,40 %

Danach ergab sich im Zeitraum 1971 bis 1990 bei der EHV ein durchschnittlicher jährlicher Steigerungssatz von 4,11 %, bei der Beamtenversorgung ein solcher von 4,49 %, wenn deren Steigerungssätze nach der Tabelle FamRZ 1997, 793, zugrundegelegt werden. **Eine Differenz von lediglich 0,38 %** rechtfertigt die Annahme, dass in dem fraglichen Zeitraum der Vergangenheit eine nahezu **gleiche Steigerung der Anrechte wie in der Beamtenversorgung** stattgefunden hat und damit insoweit die Volldynamik zu bejahen war. Hinsichtlich der für die künftige Entwicklung anzustellenden Prognose (vgl. BGH, FamRZ 1983, 40, 42) ist in der in Bezug genommenen Entscheidung vom 12. 7. 1991 im wesentlichen ausgeführt, dass die Eingriffe des Gesetzgebers in das Gesundheitswesen zum Zwecke der Kostendämpfung schon seit geraumer Zeit gegriffen hätten, ohne dass die fragliche Ärzteschaft den Anschluss zur allgemeinen Einkommensentwicklung verloren habe. Allerdings lasse sich die künftige Entwicklung weder für die Anrechte der EHV noch derjenigen der gesetzlichen Rentenversicherung und der Beamtenversorgung zuverlässig voraussagen, so dass letztlich die für die Vergangenheit festgestellten Verhältnisse zugrundegelegt werden müssten.

b. Als das OLG vorliegend seine Entscheidung getroffen hat (12. 7. 1995), hätte es die tatsächliche Entwicklung der maßgebenden Durchschnittshonorare nicht nur bis 1990, sondern bis 1993, möglicherweise bis 1994, berücksichtigen können; zu entsprechenden Ermittlungen war es aufgrund § 12 FGG auch verpflichtet, da es sich um entscheidungserhebliche Umstände handelte. Weiter war es gehalten, auf der Grundlage dieser Entwicklung eine **eigene Prognose** hinsichtlich der künftigen Entwicklung, die **Aufgabe des Tatrichters** ist (vgl. BGH, FamRZ 1996, 97), anzustellen. Eine – unterstellt – zutreffende Beurteilung der Dynamik einer Versorgung in einer zurückliegenden gerichtlichen Entscheidung kann das später mit der gleichen Frage befasste Gericht nicht der Prüfung entheben, ob die damals getroffene Prognose mit der seitherigen Entwicklung in Einklang zu bringen ist (Beispiel für eine deshalb notwendig gewordene Korrektur: BGH, FamRZ 1997, 161 betr. Versorgungsanstalt der Deutschen Bühnen – VddB –, die jetzt Fortentwicklung zu BGH, FamRZ 1985, 1119 ff. als im Leistungsstadium voll dynamisch, im Anwartschaftszeitraum aber weiterhin als statisch angesehen wurden; Anm. des Verf.).

Da Prognosen stets mit Unsicherheiten behaftet sind, ist im Falle des Fehlgehens sogar in derselben Sache ein **Abänderungsverfahren gem. § 10a VAHRG möglich** (vgl. BGH, FamRZ 1995, 88, 92).

2. Soweit sich die weitere Beschwerde die im Schrifttum geäußerten Bedenken gegen die Volldynamik der Anrechte bei der EHV zu eigen macht (vgl. Held, FamRZ 1989, 1281, 1282), dürften diese jedenfalls teilweise überholt sein. Der in diesem Zusammenhang angeführte § 86 SGB V ist zwischenzeitlich mehrfach geändert worden. Eine „Abwanderung zu den Ersatzkassen" hat keine Bedeutung mehr, wenn die im Verfahren der weiteren Beschwerde gemachte Mitteilung des Versorgungsträgers zutrifft, dass die maßgebenden Durchschnittshonorare der hessischen Kassenärzte nunmehr unter Einbeziehung auch der Umsätze aus dem Bereich der Ersatzkassen berechnet werden. Der Zunahme der beteiligten Kassenärzte und einem damit verbundenen Absinken des maßgebenden Durchschnittshonorars ist zwischenzeitlich dadurch entgegengewirkt worden, dass gem. § 103 SGB V in überversorgten Gebieten Zulassungsbeschränkungen eingeführt worden sind. Auch bewegen sich die aktuellen Steigerungsraten der zum Vergleich heranzuziehenden Beamtenversorgung derzeit auf einem niedrigen Niveau; so ist i. J. 1996 von einer Anhebung gänzlich abgesehen worden. Das OLG wird gehalten sein, die tatsächliche Entwicklung der von der EHV zugrunde gelegten Durchschnittshonorare bis in die jüngste Zeit festzustellen, um für seine Beurteilung die bestmögliche Grundlage zu schaffen.
BGH, FamRZ 1998, 424, 425

Unterhaltsbeiträge
→ *Beamtenversorgung*

Unverfallbarkeit 312 ff.
→ *Betriebliche Altersversorgung: Berechnung des Ehezeitanteils bei limitierter Gesamtversorgung*
BGH, FamRZ 1991, 1416, 1418 ff.

VBL-Methode 342 f.
→ *Betriebliche Altersversorgung: Ehezeitanteil bei limitierter Gesamtversorgung*
BGH, FamRZ 1991, 1416, 1418 ff.; KG, FamRZ 1993, 570, 571 ff.; BGH, FamRZ 1995, 88 ff.
→ *Zusatzversorgung des öffentlichen Dienstes: Gesamtversorgung OLG Karlsruhe, FamRZ 1996, 553, 554*

Vereinbarungen über Versorgungsausgleich 620 ff.

– (Kein) Antrag auf Genehmigung erforderlich 654

Zwar muss das Gericht bei Vorliegen einer Vereinbarung gem. § 1587o BGB vorrangig über die Genehmigung entscheiden, bevor eine Entscheidung über den Versorgungsausgleich getroffen wird; denn gem. § 53d Satz 1 FGG ist Voraussetzung für eine Sachentscheidung über den öffentlich-rechtlichen Versorgungsausgleich, dass die Ehegatten darüber nicht in zulässiger Weise eine Vereinbarung getroffen habe. Für die Entscheidung über die Genehmigung bedarf es keines Antrages eines oder beider Ehegatten. Wird dem Gericht im Rahmen des Versorgungsausgleichsverfahren eine notariell beurkundete Vereinbarung über den Versorgungsausgleich vorgelegt, ist von Amts wegen darüber zu befinden, selbst wenn ein Ehegatte die dem Notar erteilte Vollmacht widerruft und den Antrag auf Genehmigung zurückgenommen hat (vgl. BGH, FamRZ 1987, 578).

Der BGH hat in dieser Entscheidung jedoch offengelassen, ob die Erteilung der Genehmigung zumindest vom Ersuchen einer Partei abhängt, wenn die Ehegatten an der Vereinbarung nicht mehr festhalten möchten.
OLG Karlsruhe, FamRZ 1995, 361, 362

– Aufhebung einer notariellen Vereinbarung formfrei möglich 642 f.

Hier haben die Parteien jedoch einvernehmlich die notarielle Vereinbarung, die der gerichtlichen Genehmigung bedurft hätte, aufgehoben. Zur Wirksamkeit dieser Einigung bedurfte es nicht der Form, die bei einem Prozessvergleich gem. § 1587o Abs. 2 Satz 2 i. V. m. § 127a BGB einzuhalten ist, wo auch die Erklärung des Ehemannes nur durch einen postulationsfähigen Rechtsanwalt hätte abgegeben werden können (vgl. hierzu BGH, FamRZ 1991, 679).

Ein allgemeiner Rechtsgrundsatz, dass formbedürftige Rechtsgeschäfte nur durch ein in derselben Form geschlossenes Rechtsgeschäft – hier einen Aufhebungsvertrag – aufgehoben werden können, besteht nicht. Zwar gilt der gesetzliche Formzwang grds. auch für spätere Änderungen und Ergänzungen. Die Aufhebung eines formbedürftigen Rechtsgeschäftes ist jedoch, abgesehen von den Fällen des Erbvertrages und Erbverzichts (§§ 2090 Abs. 4, 2351 BGB) formlos gültig (vgl. Palandt/Heinrich, BGB, 53. Aufl., § 134 Rn. 8 m. w. N.). So hat der BGH (BGHZ 83, 395, 398) entschieden, dass ein gem. § 313 Satz 1 BGB der notariellen Beurkundung unterliegender Kaufvertrag über ein Grundstück, wenn nach dessen Abschluss weder eine Auflassung erklärt noch eine Auflassungsvormerkung in das Grundbuch eingetragen worden ist, formfrei aufgehoben werden kann. Die Aufhebung begründe in einem solchen Fall keine unmittelbare oder mittelbare Rückübertragungs- oder Erwerbsverpflichtung.

Hier haben die Parteien durch die Aufhebung des notariellen Vertrags keine Ersatzform für den gesetzlichen Versorgungsausgleich getroffen, die gem. § 1570o BGB genehmigungsbedürftig wäre, sondern dem gesetzlichen Versorgungsausgleich, soweit er durch den notariellen Vertrag ausgeschlossen war, wieder Geltung verschafft.
OLG Karlsruhe, FamRZ 1995, 361, 362

– Darlegungslast 663

Zwar soll nach richterlicher Inhaltskontrolle gem. § 1587o Abs. 2 Satz 4 BGB die Genehmigung einer Vereinbarung der beteiligten Eheleute nur verweigert werden, wenn unter Einbeziehung der Unterhaltsregelung und der Vermögensauseinandersetzung offensichtlich die vereinbarte Leistung

- nicht zur Sicherung des Berechtigten für den Fall der Erwerbsunfähigkeit und des Alters geeignet ist oder

- zu keinem nach Art und Höhe angemessenen Ausgleich unter den Eheleuten führt (vgl. Borth, Versorgungsausgleich, 2. Aufl., S. 309 Rn. 17).

Dabei tragen die beteiligten Eheleute die Darlegungslast für die tatbestandlichen Voraussetzungen einer richterlichen Genehmigung (OLG Karlsruhe, FamRZ 1982, 395). Allerdings obliegt es auch dem Gericht nach § 12 FGG, von Amts wegen erforderliche Ermittlungen anzustellen und hierbei die Ehegatten zu weiteren aufklärenden Angaben zu veranlassen (Borth, a. a. O., S. 309, Rn. 18).
OLG Zweibrücken, FamRZ 1998, 1377

– Form der Genehmigung 632, 663

Die familiengerichtliche Genehmigung einer Vereinbarung zum Versorgungsausgleich kann nicht allein in der Mitwirkung des Gerichts bei der Herbeiführung dieser Vereinbarung gesehen werden. Andererseits ist dazu auch kein besonderer Beschluss erforderlich. Die Genehmigung kann im Verbundurteil oder einer sonstigen Entscheidung über den Versorgungsausgleich erteilt werden (OLG Frankfurt, FamRZ 1987, 94 m. w. N.) und kann auch darin gesehen werden, dass das Gericht den Inhalt der Vereinbarung im unmittelbar folgenden Urteil erkennbar zur Grundlage seiner Entscheidung macht.
OLG Frankfurt/M., FamRZ 1996, 550
→ *Vereinbarungen: Inhaltliche Beschränkungen*

– Genehmigungskriterien 657 f.

Der Auffassung, dass der Wortlaut des § 1587o Abs. 2 Satz 4 BGB die Genehmigung eines **entschädigungslosen Verzichts auf Versorgungsausgleich** ausschließe (vgl. Meinungsstand bei OLG Düsseldorf, FamRZ 1981, 285, 286; v. Maydell, FamRZ 1981, 623, 624), kann in dieser Allgemeinheit nicht gefolgt werden. Zunächst ist jedenfalls dann, wenn das amtswegige Verfahren zu einem Ausschluss aufgrund der Härteklausel des § 1587c BGB führen würde, auch ein vereinbarter Verzicht zulässig und zu genehmigen (ebenso MüKo/Strobel, BGB, Nachtrag zu § 1587o Rn. 37; Meierkamp, Sozialgesetzbuch 1978, 227, 228; Friederici, in: Rahm/Künkel, Handbuch des familiengerichtlichen Verfahrens, IV, Rn. 347; Palandt/Diederichsen, BGB, § 1587o 3b im Anschluss an AG Kamen, FamRZ 1978, 122; Schwab, Familienrecht, Rn. 685; Göppinger, Rn. 433; s. a. Soergel/v. Hornhardt, BGB, § 1587o Rn. 18; v. Maydell, FamRZ 1978, 749, 754; Udsching, NJW 1978, 289, 294; Gernhuber, § 28 VIII 5, S. 377).

Der Zweck des Genehmigungsverfahrens, den ausgleichsberechtigten Ehegatten vor einer Übervorteilung zu schützen, entfällt, wenn dieser im Fall der Durchführung des Versorgungsausgleichs ohnehin nichts zu erwarten hat. Wenn er etwa Umstände, die einen Ausschluss nach § 1587c begründen, nicht bestreiten kann, kann er ein legitimes Interesse daran haben, dass diese Umstände aufgrund seines Verzichts – unbeschadet der Prüfungspflicht des Gerichts – nicht in allen Einzelheiten erörtert werden müssen.

Weiterhin ist denkbar, dass die aufgegebenen Versorgungsanrechte des ausgleichsberechtigten Ehegatten zwar nicht durch eine Leistung des ausgleichspflichtigen Ehegatten, aber durch einen Vermögenserwerb von dritter Seite – etwa in Form von Lebensversicherungsverträgen und Vermögensübertragung durch den künftigen Ehemann der Ausgleichsberechtigten – kompensiert werden, § 1587o Abs. 2 Satz 2 BGB hat eine Gesamtbewertung dessen im Auge, was die Parteien einander im Zusammenhang mit der Scheidung unter Einbeziehung der Unterhaltsregelung und der Vermögensauseinandersetzung zugestehen. Die Vorschrift kann nicht als abschließende Regelung der Genehmigungsvoraussetzungen angesehen werden. Außerhalb ihres Anwendungsbereichs kommt es entsprechend dem Zweck des Genehmigungserfordernisses darauf an, ob es der Durchführung des Versorgungsausgleichs nicht bedarf, um für den verzichtenden Ehegatten den Grundstock zu einer eigenständigen Versorgung für das Alter und den Fall der Erwerbsunfähigkeit zu legen, ob also eine anderweitige, den aus dem Versorgungsausgleich zu erwartenden Anrechten gleichwertige Absicherung gewährleistet ist.

BGH, FamRZ 1982, 471, 472 f.

Die vom Ehemann vorrangig begehrte Genehmigung des Verzichts auf die Durchführung des Versorgungsausgleichs durch den Senat kann – trotz der fortbestehenden grundsätzlichen Bereitschaft der Ehefrau hierzu – nicht erteilt werden, da **ein entschädigungsloser Verzicht grundsätzlich nicht genehmigungsfähig ist** (BGH FamRZ 1982, 471; Borth, Versorgungsausgleich, 2. Aufl., S. 311 Rn. 22). Das gilt auch, wenn – wie hier – beide Ehegatten jeweils in der Ehezeit durchgehend Anwartschaften erworben haben und ehebedingte Einbußen nicht eingetreten sind. Es reicht auch nicht aus, dass – wie hier – die Berechtigte wiederverheiratet ist, da der Umfang der hieraus entstehenden Alterssicherung der Ehefrau noch offen ist (Borth a. a. O.).

. . ...

Umstände, die hier für eine Angemessenheit des einseitigen Verzichts der Ehefrau sprechen könnten, haben die beteiligten Eheleute aber trotz mehrfacher Hinweise des Senats nicht dargetan. . . . Hierbei ist insbesondere zu beachten, dass die Ehefrau infolge des Unterhaltsverzichts und des Verzichts auf Durchführung des Zugewinnausgleichs im notariellen Vertrag vom 18. 10. 1995 offensichtlich keine Gegenleistung für ihren Verzicht erhalten hat. Dass die Ehefrau vor und während der Ehe wirtschaftlich unabhängig war, genügt angesichts des mit dem Versorgungsausgleich vom Gesetzgeber verfolgten Zwecks nicht zur Begründung der Angemessenheit eines entschädigungslosen Verzichts.

Der einseitige Verzicht auf Ausgleich enthält nämlich in der Regel keinen angemessenen Ausgleich, es sei denn, dass die Voraussetzungen nach § 1587c BGB vorliegen oder aber eine lange Trennungszeit bestand (vgl. zu den in Betracht kommenden Umständen Borth, S. 311, Rn. 21 m. N. aus der Rspr.). auch hierfür fehlen vorliegend jegliche Anhaltspunkte. Die Ehefrau hat bei ihrer Anhörung vor dem Senat als wahre Motive für ihre Verzichtsbereitschaft erklärt, die Eheleute hätten „in gutem Einvernehmen" ihre Ehe beenden wollen. Auch dies trägt eine familiengerichtliche Genehmigung nicht, weil der Ausschluss des Versorgungsausgleichs als ersatzloser Verzicht und ohne Begründung im Übrigen nicht zur freien Disposition der Eheleute steht, sobald das Scheidungsverfahren beantragt ist.
OLG Zweibrücken, FamRZ 1998, 1377, 1378

– Inhaltliche Beschränkungen 624 f.

Ehegatten können durch Ehevertrag den Versorgungsausgleich nicht nur in vollem Umfang, sondern auch teilweise ausschließen. Ihre Dispositionsbefugnis wird nur insoweit begrenzt, als sie den durch die §§ 1587 ff. BGB abgesteckten Rahmen für Eingriffe in öffentlich-rechtliche Versicherungsverhältnisse nicht überschreiten dürfen. Deshalb ist eine Vereinbarung gem. §§ 134, 1587o Abs. 1 Satz 2 BGB nichtig, wenn sie zur Folge hat, dass zu Lasten des Ausgleichspflichtigen mehr Anwartschaften in der gesetzlichen Rentenversicherung übertragen werden, als dies bei Einbeziehung aller von den Parteien in der Ehezeit erworbenen Anwartschaften der Fall wäre. Nicht disponibel ist auch der Endstichtag, nach welchem die auszugleichenden Anwartschaften bewertet werden.
BGH, FamRZ 1990, 273 ff.

→ *Vereinbarungen: Teilausschluss des Versorgungsausgleichs*
BGH, FamRZ 1986, 890, 892

Die Parteien hatten vereinbart, die zwischen dem 1. 4. 1989 und dem Ehezeitende am 31. 3. 1994 von ihnen erworbenen Rentenanwartschaften nicht in den Versorgungsausgleich einzubeziehen. Das am 1. 1. 1992 in Kraft getretene Rentenreformgesetz gibt keinen Anlass, von der in diesen Fällen bisher üblichen Berechnungsweise abzuweichen.

Zutreffend hat das AG die Beamtenversorgung des Ehemanns unberücksichtigt gelassen, weil er zwar während der Ehezeit, aber nach dem zwischen den Parteien vereinbarten Stichtag Beamter auf Lebenszeit geworden ist. Wie der BGH (FamRZ 1984, 569, 570) ausgeführt hat, muss eine beamtenrechtliche Versorgung eines Ehegatten für die Wertermittlung eines Anrechts außer Betracht bleiben, wenn die Berufung in das Beamtenverhältnis nach dem für die Bewertung maßgeblichen Stichtag erfolgt ist, auch wenn der Wert des Versorgungsanrechts durch ein teilweise in die Ehezeit fallendes privatrechtliches Arbeitsverhältnis beeinflusst wird, weil solche Zeiten als ruhegehaltsfähig berücksichtigt werden. Nach diesen Grundsätzen ist auch zu verfahren, wenn Eheleute durch Vereinbarung wirksam den Versorgungsausgleich auf eine verkürzte Zeit beschränken, weil in einem derartigen Fall die verkürzte Ehezeit an die stelle der gesetzlichen Ehezeit i. S. d. § 1587 Abs. 2 BGB tritt, soweit dieses zulässig ist.
OLG Frankfurt/M., FamRZ 1996, 550, 551

→ *Vereinbarungen: Form der Genehmigung*

– Jahresfrist, § 1408 Abs. 2 Satz 2 BGB 639 f.

§ 1408 Abs. 2 Satz 2 BGB ist entsprechend anzuwenden, wenn der zur Scheidung führende Antrag nicht erst innerhalb eines Jahres nach Abschluss des Vertrags gestellt wird, sondern bei Vertragsschluss bereits anhängig war. Der Gesetzgeber wollte durch die Regelungen der §§ 1408 Abs. 2 und 1587o Abs. 2 BGB einerseits die Privatautonomie für während intakter Ehe geschlossene Eheverträge möglichst gewährleisten, andererseits aber verhindern, dass die gerichtliche Inhaltskontrolle umgangen werden kann, die für eine im Zusammenhang mit der Scheidung geschlossene Vereinbarung über den Versorgungsausgleich durch das Erfordernis der familiengerichtlichen Genehmigung eingeführt wurde. Das rechtfertigt es, die in § 1408 Abs. 2 Satz 2 BGB geregelte

Rechtswirkung auch dann eingreifen zu lassen, wenn der zur Scheidung führende Antrag im Zeitpunkt der Vereinbarung schon rechtshängig war.
BGH, FamRZ 1987, 467
Eine Vereinbarung über den Ausschluss des Versorgungsausgleichs, die durch Stellung des Scheidungsantrags unwirksam geworden ist (§ 1408 Abs. 2 Satz 2 BGB), kann das Familiengericht nicht genehmigen. Auch § 242 BGB verhilft dem Vertrag nicht zur Wirksamkeit. Die Ehefrau hat sich zwar zu ihrem Verhalten bei Vertragsschluss in Widerspruch gesetzt, indem sie durch rechtzeitige Stellung des Scheidungsantrags den vertraglichen Ausschluss des Versorgungsausgleichs beseitigt hat. Hierzu ist sie jedoch nach § 1408 Abs. 2 BGB befugt. Diese Bestimmung geht der allgemeinen Regelung des § 242 BGB vor.

Die unwirksame Regelung kann nicht gem. § 140 BGB in eine Vereinbarung nach § 1587o BGB **umgedeutet werden**; denn es ist nicht anzunehmen, dass die Parteien eine solche Regelung gewollt hätten, wenn sie in Betracht gezogen hätten, dass der Ehevertrag später unwirksam werden würde. Gegen einen solchen Willen spricht die Formulierung: „Uns ist bekannt, dass der Ausschluss unwirksame wird, wenn innerhalb eines Jahres nach Vertragsschluss Antrag auf Scheidung der Ehe gestellt wird." Aus dieser Vertragsbestimmung folgt, dass die Parteien bewusst die Möglichkeit in Kauf genommen haben, den Ausschluss des Versorgungsausgleichs durch Stellung des Scheidungsantrags unwirksam zu machen. Dieser Umstand verbietet es, den Vertrag in eine Scheidungsfolgenvereinbarung i. S. d. § 1587o BGB umzudeuten; dadurch würde die von beiden Vertragspartnern bewusst in Kauf genommene Befugnis der Ehefrau zerstört, sich durch rechtzeitigen Scheidungsantrag vom Ausschluss des Versorgungsausgleichs loszusagen (in Übereinstimmung mit OLG Koblenz, FamRZ 1981, 901 f.; Soergel/Gaul, BGB, § 1408 Rn. 28).

OLG Hamburg, FamRZ 1991, 1067, 1068
Der Wirksamkeit einer Vereinbarung steht nicht entgegen, dass einer der Ehegatten oder beide zur Zeit des Vertragsschlusses schon ernsthaft mit der Möglichkeit der Scheidung rechneten (BGH, FamRZ 1983, 459; 1987, 365). Demgemäß kommt dem Umstand keine Bedeutung zu, dass sich die Ehegatten noch im gleichen Monat, in dem sie den Ehevertrag schlossen, getrennt haben.

Der vereinbarte Ausschluss des Versorgungsausgleichs wird gem. § 1408 Abs. 2 Satz 2 BGB unwirksam, wenn innerhalb eines Jahres nach Vertragsschluss der Scheidungsantrag gestellt wird. Antragstellung i. S. dieser Vorschrift bedeutet **Erhebung des Scheidungsantrags durch Zustellung der Antragsschrift** an den Antragsgegner (BGH, FamRZ 1985, 45). Allerdings ist der Scheidungsantrag hier vor Ablauf der Frist beim Gericht eingegangen. In einem solchen Fall ist die Regelung des § 270 Abs. 3 ZPO zu beachten: Soll durch die Zustellung eine Frist gewahrt werden, so tritt diese Wirkung bereits mit der Einreichung des Antrags ein, sofern die Zustellung demnächst erfolgt. Diese Bestimmung ist auch auf den Lauf der Jahresfrist des § 1408 Abs. 2 Satz 2 BGB anzuwenden (BGH, a. a. O., 47).

Ob eine Zustellung „demnächst" erfolgt, beurteilt sich nach dem Sinn und Zweck der in § 270 Abs. 3 ZPO getroffenen Regelung. Nach der Rechtsprechung des BGH soll die Partei bei der von Amts wegen bewirkten Zustellung vor Nachteilen durch Zustellungsverzögerungen innerhalb des gerichtlichen Geschäftsbetriebs bewahrt werden, da sie von der Partei nicht beeinflusst werden können (BGHZ 103, 20, 28 m. w. N.). Hingegen sind der Partei Verzögerungen zuzurechnen, die sie oder ihr Prozessbevollmächtigter (§ 85 Abs. 2 ZPO) bei gewissenhafter Prozessführung hätten vermeiden können. Eine Zustellung „demnächst" bedeutet daher eine Zustellung innerhalb einer den Umständen nach angemessenen, selbst längeren Frist, wenn die Partei oder ihr Prozessbevollmächtigter unter Berücksichtigung der Gesamtsituation alles Zumutbare für die alsbaldige Zustellung getan haben. Das ist nicht der Fall, wenn die Partei, der die Fristwahrung obliegt, durch nachlässiges – auch nur leicht fahrlässiges – Verhalten zu einer nicht bloß geringfügigen Zustellungsverzögerung beigetragen hat (vgl. BGH, FamRZ 1988, 1154; NJW 1991, 1745).

Weil eine Partei berechtigt ist, eine Frist bis zum letzten Tag auszunutzen, wird die Dauer einer Verzögerung erst vom Tag des Fristablaufs gemessen (BGH, VersR 1983, 831, 832). Hier hat die Ehefrau wiederholte Anfragen des Gerichts nach den Einkommensverhältnissen der Parteien erst nach drei Monaten beantwortet und den restlichen Prozesskostenvorschuss einen Monat nach Zugang der Aufforderung eingezahlt. In beiden Fällen hätten sie oder ihr Bevollmächtigter die jeweils verursachten Verzögerungen vermeiden können, wenn sie mit der gebotenen Beschleunigung gehandelt hätten.

Das Gericht durfte die Zustellung des Scheidungsantrags davon abhängig machen, dass die mit dem Eingang der Antragsschrift fällig gewordene Gebühr für das Verfahren im allgemeinen einschließlich der Auslagen für die Zustellung geleistet wurde (§ 65 Abs. 1 Satz 1 KGG; wird ausgeführt). Nach der Rechtsprechung des BGH war die Ehefrau zwar nicht verpflichtet, bereits in der Antragsschrift den Streitwert darzulegen BGHZ 69, 361, 363). Sie musste aber die Rückfragen des Gerichts in angemessener Zeit beantworten. Wenn die Ehefrau die Frist des § 1408 Abs. 2 Satz 2 BGB wahren wollte, oblag es ihr als Antragstellerin, alles Erforderliche zu tun, um eine Verzögerung der Zustellung zu vermeiden. Dem Gericht war schon aus Gründen der Rücksichtnahme auf die ebenso berechtigten Interessen der Gegenseite verwehrt, von der durch das Gesetz grds. vorgeschriebenen Sachbehandlung abzuweichen.
BGH, FamRZ 1992, 1405 ff.
→ *Ausschluss des Versorgungsausgleichs: Ehevertrag*
BGH, FamRZ 1996, 1536 ff.

– Sittenwidrigkeit
→ *Ausschluss des Versorgungsausgleichs Ehevertrag*
OLG München, FamRZ 1995, 95 ff.; BGH, FamRZ 1996, 1536 ff.
BVerfG FamRZ 2001, 985

– Teilausschluss des Versorgungsausgleichs 624
Die Parteien können einen Versorgungsausgleich nicht nur vollständig, sondern auch teilweise ausschließen. Freilich wurde in den Jahren 1976 bis 1978 die Auffassung vertreten, § 1408 Abs. 2 Satz 1 BGB lasse nur den Totalausschluss des Versorgungsausgleichs zu (Ambrock, Ehe und Ehescheidung, S. 85; BGB-RGRK-Finke, § 1408 Rn. 25; Bogs, FamRZ 1978, 81, 88; Voskuhl/Pappai/Niemeyer, Der Versorgungsausgleich in der Praxis, S. 10).

Das ergibt sich indes weder aus Wortlaut und Regelungszusammenhang noch aus Sinn und Zweck der Vorschrift. Auch ihre Entstehungsgeschichte spricht nicht für ein solches Verständnis, das den Vertragschließenden eine „Alles-oder-Nichts-Lösung" (Roland, 1. Eherechtsreformgesetz, § 1408 Rn. 7c) aufzwingen würde. Die Vorschrift des § 1408 Abs. 2 Satz 1 BGB lässt sich nach ihrem Wortlaut zwanglos auch als Ermöglichung eines Teilausschlusses verstehen. Ein solcher beeinträchtigt die Interessen des Ausgleichsberechtigten in geringerem Maße. Den Parteien zur Anpassung des Versorgungsausgleichs an ihre individuellen Verhältnisse auch den Teilausschluss zu gestatten, entspricht dem Grundsatz der Privatautonomie. Den Parteien steht grds. auch im Bereich des Versorgungsausgleichs die Dispositionsbefugnis zu, weil dieser, auch soweit seine Durchführung in öffentlich-rechtliche Versicherungsverhältnisse eingreift, dem bürgerlichen Recht zuzuordnen ist (BGH, FamRZ 1983, 44, 46). Die Regelung der Ausschlussmöglichkeit ist auch bereits im Gesetzgebungsverfahren nicht dahin verstanden worden, dass sie allein den Totalausschluss zuließe. In der Begründung des Bundesrates für die Schaffung der Möglichkeit, den Versorgungsausgleich durch Ehevertrag auszuschließen, heißt es vielmehr, dass die Ehegatten der Versorgungsausgleich „ganz oder teilweise durch eine Vereinbarung sollen ersetzen" können (BT-Drucks. 7/4694 S. 13).

Allerdings sind der **Dispositionsfreiheit der Vertragschließenden Grenzen gesetzt**. Das bürgerliche Recht ermöglicht Gerichten und Parteien einen Eingriff in öffentlich-rechtliche Versicherungsverhältnisse nur in dem durch die §§ 1587 ff. BGB abgesteckten Rahmen. Darum handelt es sich aber nicht, wenn eine ehevertragliche Vereinbarung – wie hier – zu dem Ergebnis führt, dass der Ehefrau rd. 31 % und dem Ehemann rd. 69 % der beiderseits insgesamt ehezeitlich erworbenen Anwartschaften zustehen sollen, und zur Erreichung dieses Erfolges lediglich die zu Lasten der Beamtenversorgung des Ehemanns für die Ehefrau zu begründenden Anwartschaften in der gesetz-

lichen Rentenversicherung eine Kürzung erfahren. Jedenfalls ein Teilausschluss des Versorgungsausgleichs durch Reduzierung der Beteiligungsquote bei gleichbleibender Form des Ausgleichs verstößt nicht gegen systemimmanente Schranken, wie sie § 1587o BGB erkennen lässt.
BGH, FamRZ 1986, 890, 892
→ *Vereinbarungen: Inhaltliche Beschränkungen*
BGH, FamRZ 1990, 273 ff.

– Wegfall der Geschäftsgrundlage
→ *Ausschluss des Versorgungsausgleichs: Ehevertrag*
OLG München, FamRZ 1995, 95 ff.; BGH, FamRZ 1996, 1536 ff.

Verfassungsmäßigkeit   19, 35, 218, 429, 584, 716

– des öffentlich-rechtlichen Versorgungsausgleichs

§ 1587 Abs. 1 i. V. m. § 1587a Abs. 1 BGB, Art. 12 Nr. 3 Abs. 1 des 1. EheRG, soweit er diese Vorschriften und § 1587g BGB betrifft, sowie Art. 12 Nr. 3 Abs. 3 Satz 3 und 4 des 1. EheRG sind mit dem Grundgesetz vereinbar.

§ 1587b Abs. 1 und 2 i. V. m. § 1587a Abs. 2 Nr. 1 und 2 BGB und Art. 12 Nr. 3 Abs. 1 des 1. EheRG, soweit er diese Vorschriften betrifft, sind mit der Maßgabe mit dem Grundgesetz vereinbar, dass der Gesetzgeber eine ergänzende Regelung für bestimmte Härtefälle zu treffen hat, die nach Durchführung des Versorgungsausgleichs eintreten können und zu einem mit dem Grundgesetz unvereinbaren Ergebnis führen. §§ 23b und 23c GVG sind mit dem Grundgesetz vereinbar.

Die Regelung des § 1587 Abs. 1 Satz 1 i. V. m. § 1587a Abs. 1 BGB, welche die Grundkonzeption des Versorgungsausgleichs umschreibt, verletzt nicht das Grundrecht des ausgleichspflichtigen Ehegatten aus Art. 14 Abs. 1 Satz 1 GG. Rentenversicherungsrechtliche Positionen wie Versichertenrenten aus der gesetzlichen Rentenversicherung erfüllen Funktionen, deren Schutz Aufgabe der Eigentumsgarantie ist (zu Zweck und Funktion der Gewährleistung vgl. BVerfGE 31, 229, 249; 36, 281, 290; 42, 263, 292 f. = FamRZ 1976, 442). Sie weisen auch die konstituierenden Merkmale des durch Art. 14 GG geschützten Eigentums (vgl. BVerfGE 50, 290, 339 m. w. N.) auf. Dieses ist in seinem rechtlichen Gehalt gekennzeichnet durch Privatnützigkeit, d. h. die Zuordnung zu einem Rechtsträger, in dessen Hand es als Grundlage privater Initiative und im eigenverantwortlichen privaten Interesse „von Nutzen" sein soll, und durch die von dieser Nutzung nicht immer deutlich abgrenzbare grundsätzliche Verfügungsbefugnis über den Eigentumsgegenstand. Rentenansprüche und -anwartschaften sind einem privaten Rechtsträger zugeordnet; sie sind zu seinem Nutzen bestimmt. Allerdings stehen sie nicht uneingeschränkt zur Disposition des Berechtigten. Gleichwohl entspricht die Position des Berechtigten auch unter dem Gesichtspunkt grundsätzlicher Verfügungsbefugnis derjenigen des Eigentümers. Die Berechtigung des Inhabers steht im Zusammenhang mit seiner eigenen (Beitrags-)Leistung, die als besonderer Schutzgrund für die Eigentümerposition anerkannt ist (vgl. BVerfGE 1, 264, 277 f.; 14, 288, 293; 22, 241, 253; 24, 220, 226); sie beruht nicht ausschließlich auf einem Anspruch, den der Staat in Erfüllung seiner Fürsorgepflicht durch Gesetz einräumt und nach der st. Rspr. des BVerfG nicht vom verfassungsrechtlichen Eigentumsschutz umfasst wird (BVerfGE 16, 94, 113; 18, 393, 397 m. w. N.) Dabei müssen Berechtigung und Eigenleistung einander nicht entsprechen. Je höher indessen der einem Anspruch zugrundeliegende Anteil eigener Leistung ist, desto stärker tritt der verfassungsrechtlich wesentliche personale Bezug und mit ihm ein tragender Grund des Eigentumsschutzes hervor.

Dem Gesetzgeber sind enge Grenzen gezogen, soweit es um die Funktion des Eigentums als Element der Sicherung der persönlichen Freiheit des einzelnen geht. Dagegen ist die Befugnis des Gesetzgebers zur Inhalts- und Schrankenbestimmung um so weiter, je mehr das Eigentumsobjekt in einem sozialen Bezug und einer sozialen Funktion steht. Diesen Grundsätzen entspricht es, wenn Eigentumsbindungen stets verhältnismäßig sein müssen (BVerfGE 50, 290, 339 ff. m. w. N.).

Rentenversicherungsansprüche und Rentenanwartschaften weisen einen personalen Bezug auf. Zugleich stehen diese Positionen jedoch in einem ausgeprägten sozialen Bezug. Daraus folgt: Bei der Bestimmung des Inhalts und der Schranken rentenversicherungsrechtlicher Positionen kommt dem Gesetzgeber grds. eine weite Gestaltungsfreiheit zu. Dies gilt im Besonderen für Regelungen, die dazu dienen, die Funktions- und Leistungsfähigkeit des Systems der gesetzlichen Rentenversicherung im Interesse aller zu erhalten, zu verbessern oder veränderten wirtschaftlichen Verhältnissen anzupassen. Insoweit umfasst Art. 14 Abs. 1 Satz 1 GG auch die Befugnis, Rentenansprüche und -anwartschaften zu beschränken, sofern dies einem Zweck des Gemeinwohls dient und dem Grundsatz der Verhältnismäßigkeit entspricht. Allerdings verengt sich seine Gestaltungsfreiheit in dem Maße, in dem Rentenansprüche oder -anwartschaften durch den personalen Anteil eigener Leistung des Versicherten geprägt sind. An die Rechtfertigung eines Eingriffs sind strengere Anforderungen zu stellen, als an die Änderung einer Rechtslage, die mit der eigener Leistung des Versicherten nichts zu tun hat.

Soweit der Versorgungsausgleich zu Kürzungen von Renten und Anwartschaften des Ausgleichspflichtigen führt, handelt es sich grds. um eine zulässige Inhalts- und Schrankenbestimmung des Eigentums i. S. d. Art. 14 Abs. 2 GG. Die Einschränkung erfolgt nicht zur Erhaltung oder Verbesserung der Funktionsfähigkeit des Leistungssystems der Rentenversicherung; sie dient vielmehr der Abwicklung des durch die Ehe begründeten Privatverhältnisses.

Wenn hierbei ein Teil der Rentenansprüche oder -anwartschaften des Ausgleichspflichtigen auf den Ausgleichsberechtigten übertragen wird, so ist dies ein – unter Umständen schwerwiegender – Eingriff, der mit dem Grundgesetz nur vereinbar sein kann, soweit er eine besondere verfassungsrechtliche Rechtfertigung findet. Dies ist jedoch der Fall. Zum Wesen der auf Lebenszeit angelegten Ehe i. S. d. Art. 6 Abs. 1 GG gehört die gleiche Berechtigung beider Partner, die auch nach Trennung und Scheidung auf ihre Beziehungen hinsichtlich Unterhalt und Versorgung (BVerfGE 22, 93, 96 f. = FamRZ 1967, 447, 448) sowie die Aufteilung des früher ihnen gemeinsam zustehenden Vermögens (BVerfGE 42, 64, 77 = FamRZ 1976, 436, 439) wirkt (BVerfGE 47, 85, 100 = FamRZ 1978, 173, 177). Im Hinblick auf Art. 3 Abs. 2 GG sind auch die unmittelbaren Leistungen der Frau bei der Führung des Haushalts und der Pflege und Erziehung der Kinder als Unterhalt anzusehen, die gleichwertig neben der Unterhaltshaltung durch Bereitstellung der notwendigen Barmittel stehen (BVerfGE 37, 217, 251 m. w. N. = FamRZ 1974, 579, 588). Deshalb dürfen die während der Ehe nach Maßgabe der von den Eheleuten vereinbarten Arbeitsteilung gemeinsam erwirtschafteten Versorgungsanrechte nach Scheidung der Ehe gleichmäßig auf beide Partner verteilt werden. Dabei ist es unerheblich, wie die Ehegatten ihr eheliches und familiäres Leben gestalten und in welcher Weise sie füreinander die gemeinsamen Kinder unter sich aufgeteilt haben.

Der Ausgleich von Versorgungsanwartschaften ist grds. ohne Rücksicht darauf durchführbar, ob der Berechtigte das Scheitern der Ehe verschuldet hat und ob die Ehegatten vor Rechtshängigkeit des Scheidungsantrages bereits längere Zeit getrennt gelebt haben. Die trotz der Trennung der Eheleute weiterbestehende rechtliche Bindung rechtfertigt grds. die Aufteilung des während der gesamten Ehezeit erworbenen Versorgungsvermögens.

Bei bestimmten Lebenssachverhalten ist der Versorgungsausgleich allerdings nicht mehr mit der bisherigen und fortwirkenden Gemeinschaft der Eheleute zu rechtfertigen. So gibt es Fälle, in denen das Opfer des Ausgleichsverpflichteten von vornherein sinnlos erscheint, weil sich die Übertragung oder Begründung von Versorgungsanwartschaften überhaupt nicht auf den Berechtigten auswirken kann. Insoweit hat der Gesetzgeber mit den §§ 1587b Abs. 4, 1587c BGB Art. 12 Nr. 3 Abs. 3 Satz 3 und 4 des 1. EheRG Regelungen getroffen, die geeignet sind, Grundrechtsverletzungen zu verhindern. Diese Vorschriften, insbesondere die Härteklauseln des § 1587c Nr. 1 und 3 BGB (für den schuldrechtlichen Versorgungsausgleich § 1587h BGB) ermöglichen den Gerichten eine am Gerechtigkeitsgedanken orientierte Entscheidung in solchen Fällen, in denen die Durchführung des Versorgungsausgleichs zu einer „Prämierung" des pflichtwidrigen Verhaltens des ausgleichsberechtigten Ehegatten führen oder wegen langen Getrenntlebens unbillig sein könnte. Es wird Aufgabe der Gerichte, insbesondere der Tatsacheninstanzen, sein, im jeweiligen Einzelfall ein dem Zweck des Versorgungsausgleichs und den Verfassungsnormen, insbesondere den Art. 6 Abs. 1, 3 Abs. 2 GG entsprechendes Ergebnis zu erzielen, das ungerechte Schematisierungen vermeidet (BGH, FamRZ 1979, 477, 482).

Gegen den Versorgungsausgleich bestehen auch dann keine grundsätzlichen Bedenken, wenn er beim Verpflichteten zu einer Rente führt, die wegen ihrer geringen Höhe durch andere Sozialleistungen ergänzt werden muss. Die in der Durchführung des Versorgungsausgleichs liegende Beschränkung erweist sich als rechtliche Realisierung der in dem grundgesetzlich geschützten Lebensverhältnis der Ehe angelegten Bindung.

Ein rechtskräftig vollzogener Versorgungsausgleich mit der Folge zweier getrennter Rentenversicherungsverhältnisse kann durch nachträglich eintretende Umstände zu Ergebnissen führen, die mit dem Grundgesetz nicht mehr vereinbar sind. Die Rechtfertigung des Versorgungsausgleichs durch Art. 6 Abs. 1 und Art. 3 Abs. 2 GG entfällt dann, wenn einerseits beim Verpflichteten eine spürbare Kürzung der Rentenansprüche erfolgt, ohne dass sich andererseits der Erwerb eines selbständigen Versicherungsschutzes angemessen für den Berechtigten auswirkt. In einem solchen Fall erbringt der Verpflichtete ein Opfer, das nicht mehr dem Ausgleich zwischen den Ehegatten dient; es kommt vielmehr ausschließlich dem Rentenversicherungsträger, in der Sache der Solidargemeinschaft der Versicherten, zugute. Dies lässt sich weder mit den Nachwirkungen der Ehe (Art. 6 Abs. 1 GG) noch mit der Gleichberechtigung der Ehegatten (Art. 3 Abs. 3 GG) begründen. Eine andere Rechtfertigung ist nicht ersichtlich. Zur Vermeidung solcher ungerechtfertigter Härten muss der Verpflichtete befugt sein, eine nachträgliche Korrektur zu beantragen.

Zu einem verfassungswidrigen Zustand kann es ebenfalls kommen, wenn beim Ausgleichspflichtigen vor dem Ausgleichsberechtigten ein Versicherungsfall eintritt. Hier liegt das Schwergewicht bei den Fällen, in denen der Ausgleichberechtigte, dem die übertragenen Werteinheiten mangels Vorliegens eines Versicherungsfalls noch nicht zugute kommen, auf Unterhaltsleistungen des Ausgleichsverpflichteten angewiesen ist.
BVerfG, FamRZ 1980, 326, 331 ff.

– insbesondere durch Anwendung der Härteklausel des § 1587c BGB 228, 716

Die angegriffenen Entscheidungen verletzen die Ehefrau in ihrem Grundrecht aus Art. 141 Satz 1 GG und ihrem Recht auf amtsangemessene Alimentierung aus Art. 33 VGG.

Das BVerfG hat entschieden, dass Anwartschaften auf eine Altersversorgung aus der gesetzlichen Rentenversicherung den Schutz des Art. 14 Abs. 1 GG genießen und Anwartschaften auf Versorgung nach beamtenrechtlichen Vorschriften in ähnlicher Weise durch Art. 33 Abs. 5 GG geschützt sind (vgl. BVerfGE 53, 257, 290 ff. und 306; FamRZ 1980, 326, 332 f., 335 f.). Der Eingriff in diese geschützten Rechtspositionen, der mit der Übertragung eines Teils der Anwartschaften auf den anderen Ehegatten und mit der Kürzung von Anwartschaften zur Begründung von Anrechten für diesen verbunden ist, bedarf einer besonderen verfassungsrechtlichen Rechtfertigung (a. a. O., 296). Diese ergibt sich für den Regelfall aus Art. 6 Abs. 1 und Art. 3 Abs. 2 GG, denn zum Wesen der auf Lebenszeit angelegten Ehe i. S. d. Art. 6 Abs. 1 GG gehört die gleiche Berechtigung beider Partner, die sich auch nach Trennung und Scheidung der Eheleute auf ihre Beziehungen hinsichtlich der Versorgung auswirkt. Insbesondere ist in Hinblick auf Art. 3 Abs. 2 GG die Leistung des Ehepartners, der den Haushalt führt und die Pflege und Erziehung der Kinder übernimmt, der Unterhaltsleistung durch Bereitstellung der notwendigen Barmittel gleichzusetzen. Daher dürfen die während der Ehezeit nach Maßgabe der von den Ehegatten vereinbarten Arbeitsteilung gemeinsam erwirtschafteten Versorgungsanwartschaften nach der Scheidung gleichmäßig auf beide Partner verteilt werden (a. a. O., 296 f.).

Ist danach das Grundkonzept des Versorgungsausgleichs mit dem GG vereinbar, so ist doch zu beachten, dass es Fälle geben kann, in denen die Rechtfertigung aus Art. 6 Abs. 1 und Art. 3 Abs. 2 GG nicht greift. Demgemäß konnten die Vorschriften über den Versorgungsausgleich in der Form des Splittings und des Quasisplittings nur deshalb als verfassungsmäßig beurteilt werden, weil der Gesetzgeber, insbesondere mit der Härteklausel des § 1587c BGB, Regelungen geschaffen hat, die geeignet sind, Grundrechtsverletzungen im Einzelfall zu verhindern (vgl. BVerfGE 66, 324, 329; FamRZ 1984, 653, unter Bezugnahme auf BVerfGE 53, 257, 298; FamRZ 1980, 326 ff., 334). Wie das BVerfG hervorgehoben hat, ist es Aufgabe der Fachgerichte, im konkreten Fall ein dem Zweck des Versorgungsausgleichs und dem GG insbesondere Art. 6 Abs. 1 und 3 Abs. 2 GG, entsprechendes Ergebnis zu erzielen, das ungerechte Schematisierungen vermeidet (BVerfGE 53, 257, 298; FamRZ 1980, 326 ff., 334; BVerfGE 66, 324, 329; FamRZ 1984, 653).

Gemessen hieran verletzen die angegriffenen Entscheidungen die Rechte der Ehefrau aus Art. 14 Abs. 1 und Art. 33 Abs. 5 GG. Die Durchführung des Versorgungsausgleichs zugunsten des Ehemanns beruht auf den besonderen gesetzlichen Vorschriften zur Berechnung des Ehezeitanteils in der Beamtenversorgung, die sich hier wegen des teilweise unterschiedlichen beruflichen Werdegangs der Eheleute zu Lasten der Ehefrau auswirken. Da der für den Versorgungsausgleich maßgebende Wert gem. § 1587a Abs. 2 Nr. 1 BGB durch eine Berechnung ermittelt wird, bei der die in der Ehezeit zurückgelegte Dienstzeit zur Gesamtzeit ins Verhältnis gesetzt wird, liegt der Ehezeitanteil um so höher, je kürzer die vor der Eheschließung und nach dem Ehezeitende zurückgelegten oder noch zurückzulegenden ruhegehaltsfähigen Dienstzeiten sind.

Mit dieser Ausgestaltung der Berechnungsvorschriften, die dem unterschiedlichen Anstieg der Beamtenversorgung nach früherem Recht Rechnung tragen soll, hat der Gesetzgeber in zulässiger Weise von seiner Befugnis zur Pauschalierung und Typisierung Gebrauch gemacht. Wegen ihrer schematisierenden Wirkungen kann aber auch diese Regelung dazu führen, dass Versorgungsanwartschaften eines Ehegatten gekürzt werden, ohne dass dies durch Art. 6 Abs. 1 und Art. 3 Abs. 2 GG noch gerechtfertigt ist.

Daher sind die Gerichte gehalten, bei der Berechnung des Versorgungsausgleichs nach diesen Vorschriften verfassungswidrigen Ergebnissen durch Anwendung der Härteklausel entgegenzuwirken (vgl. BVerfGE 66, 324, 329; FamRZ 1984, 653). Auch hier hätten die Gerichte prüfen müssen, ob der Versorgungsausgleich nach § 1587c Nr. 1 BGB auszuschließen ist; denn die Kürzung der Versorgungsanwartschaften der Ehefrau ist weder durch den Zweck des Versorgungsausgleichs gerechtfertigt, dem sozial schwächeren Ehegatten eine angemessene Altersversorgung zu sichern, noch kann sie durch die Erwägung gestützt werden, dass die während der Ehe erworbenen Versorgungsanwartschaften Ergebnis einer gemeinschaftlichen Lebensleistung beider Ehegatten sind. Der Ehemann, der schon bei der Eheschließung Beamter war und während der Ehe stets eine Stellung innehatte, die über derjenigen der Ehefrau lag, hat durch die Ehe keinerlei erkennbare Versorgungsnachteile erlitten. Demgegenüber hat die Ehefrau seit August 1980 nur noch eine Halbtagstätigkeit ausgeübt, um sich der Betreuung der zwei Kinder widmen zu können. Sie wird dadurch zwar nur relativ geringfügige Einbußen an ihrer Altersversorgung erleiden, hat aber jedenfalls keine Versorgungsvorteile erlangt, die auf beide Ehegatten aufzuteilen wären. Vielmehr wird sie bei normalem Verlauf der Versorgungsbiographie beider Ehegatten eine geringere Versorgung erlangen als ihr Ehemann, dem sie nach den angegriffenen Entscheidungen zusätzlich Anwartschaften abgeben soll. Auf die Ehezeit bezogen hat die Ehefrau nur deshalb höhere Anwartschaften als ihr Ehemann erzielt, weil ihre ruhegehaltsfähige Gesamtzeit unter Berücksichtigung der vor der Eheschließung und nach dem Ehezeitende liegenden Zeiten wesentlich kürzer ist als die ihres Ehemannes. Dieser Umstand allein kann es jedoch angesichts der Arbeitsteilung in der Ehe nicht rechtfertigen, ihre verfassungsrechtlich geschützten Versorgungsanwartschaften zugunsten des Ehemanns zu kürzen.

Die Kürzung um insgesamt 82 DM monatlich ist auch nicht so geringfügig, dass sie als Folge einer typisierenden Regelung hinzunehmen wäre. Der Zweck der Typisierung kann die Kürzung hier schon deshalb nicht rechtfertigen, weil den Besonderheiten des Einzelfalls ohne größere Schwierigkeiten durch Anwendung der Härteklausel Rechnung getragen werden kann. Es kommt hinzu, dass der Kürzung der Anwartschaften der Beschwerdeführer kein entsprechender Vorteil ihres Ehemanns gegenübersteht. Wie die Ehefrau in ihrer Stellungnahme ausgeführt hat, können die dem Ehemann übertragenen und für ihn begründeten Anwartschaften weder für sich genommen zu einem späteren Rentenanspruch führen noch von dem Ehemann aufgestockt werden, solange er Beamter ist.

Die Voraussetzung der Unbilligkeit des Versorgungsausgleichs kann hier auch nicht von vornherein mit der Erwägung ausgeschlossen werden, die Beschwerdeführerin verfüge über weitere vor und während der Ehe erworbene Anrechte in der gesetzlichen Rentenversicherung, so dass sie zusätzlich zu ihrer Beamtenversorgung eine Altersrente erhalten werde. Zwar wäre diese Erwägung im Rahmen der Billigkeitsprüfung von Bedeutung; es ist aber nach den im Ausgangsverfahren mitgeteilten Versicherungsdaten damit zu rechnen, dass die Ehefrau insgesamt eine niedrigere Altersversorgung erhalten wird als ihr Ehemann. Im Übrigen haben die Gerichte hierzu keine Feststellung getroffen, die eine Anwendung des § 1587c BGB entbehrlich erscheinen lassen könnte.

Die weiteren vom Ehemann im Verfassungsbeschwerdeverfahren vorgetragenen Umstände sind ebenfalls nicht geeignet, die angegriffenen Entscheidungen zu stützen. Seine Belastung mit Unterhaltspflichten gegenüber den gemeinsamen Kindern kann eine für ihn günstige Regelung des Versorgungsausgleichs schon deshalb nicht rechtfertigen, weil die Ehefrau eine gleichwertige Unterhaltsverpflichtung trifft. Die Frage, ob sich die Regelung des Zugewinnausgleichs auf die Anwendung der Härteklausel auswirken könnte, müsste zunächst von den Fachgerichten geprüft werden, wozu im weiteren Verfahren Gelegenheit besteht.

Da die angegriffenen Entscheidungen bereits gegen die spezielleren Vorschriften des Art. 14 Abs. 1 und 33 Abs. 5 GG verstoßen, bedarf es keiner Prüfung, ob auch Art. 3 Abs. 1 GG verletzt ist.
BVerfG, FamRZ 1992, 405 ff.

– des schuldrechtlichen Versorgungsausgleichs, Supersplittings und des verlängerten schuldrechtlichen Versorgungsaugleichs 35, 584

Die Ablösung des Versorgungsausgleichs in der Form der Beitragsentrichtung durch die ausnahmslose Anordnung des schuldrechtlichen Versorgungsausgleichs, sofern die Voraussetzungen für eine Realteilung oder ein Quasisplitting nicht gegeben sind (§§ 1, 2 VAHRG), verletzt Art. 3 Abs. 1 GG.

Es verstößt auch gegen den allgemeinen Gleichheitssatz, dass der Gesetzgeber keine Übergangsregelung zugunsten von Ausgleichsberechtigten getroffen hat, bei denen der Versorgungsausgleich durch Beitragsentrichtung rechtskräftig angeordnet worden ist, Zahlungen des Verpflichteten aber nicht erfolgt sind und die Durchführung einer Realteilung oder eines Quasisplittings nach dem VAHRG möglich wäre.

Prüfungsmaßstab für die Frage, ob es sich rechtfertigen lässt, Ausgleichsberechtigte im Bereich der betrieblichen Altersversorgung in der Weise unterschiedlich zu behandeln, dass diese Versorgungen einerseits in öffentlich-rechtlicher Form oder durch Realteilung, andererseits im schuldrechtlichen Versorgungsausgleich auszugleichen sind, ist Art. 3 GG. Dieser verbietet es, eine Gruppe von Normadressaten im Vergleich zu anderen Normadressaten anders zu behandeln, obwohl zwischen beiden Gruppen keine Unterschiede von solcher Art und solchem Gewicht bestehen, dass sie die ungleiche Behandlung rechtfertigen könnten (BVerfGE 55, 72; 88, 64, 229, 239; 67, 231, 236).

Im Rahmen seiner Kontrolle der Vereinbarkeit eines Gesetzes mit dem Gleichheitssatz hat das BVerfG nicht zu prüfen, ob der Gesetzgeber die gerechteste und zweckmäßigste Regelung getroffen hat, sondern nur, ob die Grenzen der gesetzgeberischen Gestaltungsbefugnis überschritten sind (BVerfGE 68, 287, 301). Im vorliegenden Zusammenhang sind Umstände zu berücksichtigen, welche die gesetzgeberische Gestaltungsbefugnis einengen mit der Folge, dass sich eine unterschiedliche Behandlung nur mit gewichtigen Gründen rechtfertigen ließe.

Mit der Entscheidung des Gesetzgebers, das Verschuldensprinzip aufzugeben, um den Prozess der Ehescheidung menschlich, wahrhafter und sachgemäßer zu gestalten (vgl. BVerfG, FamRZ 1980, 318, 323), wurden dem an der Ehe festhaltenden Ehegatten das Widerspruchsrecht gegen das

Scheidungsbegehren des anderen Ehegatten genommen, der die Zerrüttung ganz oder überwiegend verschuldet hatte (§ 48 Abs. 2 EheG). In dieser Sicht brachte das Scheidungsrecht des 1. EheRG eine Verschlechterung in der Altersversorgung des wirtschaftlich schwächeren Ehegatten – i. d. R. der Ehefrau –, der sich nach altem Recht auf § 48 Abs. 2 EheG berufen konnte und wegen der daraus abgeleiteten praktischen Unscheidbarkeit seiner Ehe bei Vorversterben des anderen Partners eine von diesem abgeleitete Hinterbliebenenversorgung zu erwarten hatte.

Da der besondere Schutz der staatlichen Ordnung, den Art. 6 Abs. 1 GG gewährleistet, nicht nur der intakten Ehe gilt, hatte der Gesetzgeber gleichzeitig mit der Liberalisierung des Scheidungsrechts dafür Sorge zu tragen, dass der fortwirkenden personalen Verantwortung der Ehegatten füreinander durch ein entsprechendes Scheidungsfolgerecht Rechnung getragen wurde (vgl. BVerfG, FamRZ 1980, 326, 333 m. w. N.; s. auszugsweise: „Verfassungsmäßigkeit: des öffentlich-rechtlichen Versorgungsausgleichs"). Das hat er mit dem Versorgungsausgleich auch angestrebt. Dieser sollte für den Berechtigten bei Scheidung eine eigenständige Alters- und Invaliditätssicherung begründen (BT-Drucks. 7/650 S. 155) mit der Folge, dass die erwähnte Verschlechterung in der Altersversorgung im gewissen Sinn ausgeglichen wurde. Zur Verwirklichung dieses Ziels war dem Ausgleichsverpflichteten sogar auferlegt worden, den Berechtigten in die gesetzliche Rentenversicherung „einzukaufen" (§ 1587b Abs. 3 BGB), wenn etwa betriebliche Versorgungen auszugleichen waren.

Splitting, Quasisplitting und Versorgungsausgleich durch Beitragsentrichtung sind darauf gerichtet, den Ausgleichsberechtigten in das System der gesetzlichen Rentenversicherung entweder erstmalig einzubeziehen oder jedenfalls seinen rentenversicherungsrechtliche Position zu verstärken. Änderungen des Versorgungsausgleichs in den genannten Ausformungen berühren den existentiellen Lebensbereich der Ausgleichsberechtigten.

Durch den Versorgungsausgleich sollte der Gedanke aufgenommen und fortentwickelt werden, auf dem der Zugewinnausgleich beruht. Dieser entspricht der grundgesetzlichen Gewährleistung des Art. 6 Abs. 1 GG, nach der zum Wesen der Ehe die grds. gleiche Berechtigung beider Partner gehört, die sich auch auf die vermögensrechtlichen Beziehungen der Eheleute nach der Auflösung der Ehe auswirkt. Die Arbeitsleistungen von Mann und Frau sind danach gleichwertige Beiträge zum Familienunterhalt, ohne Rücksicht darauf, ob es sich um Erwerbstätigkeit oder Haushaltsführung handelt.

Bei Anwendung des zuvor erörterten strengen Maßstabs gibt es keinen hinreichenden Grund für die unterschiedliche Behandlung der Ausgleichsberechtigten, die aus der ausnahmslosen Anordnung des schuldrechtlichen Versorgungsausgleichs gem. § 2 VAHRG bei gleichzeitigem Ausschluss der Anwendbarkeit des § 1587l BGB folgt.

Die generelle Einbeziehung von betrieblichen Versorgungen genügt nicht den Anforderungen an eine eigenständige Versorgung des ausgleichsberechtigten Ehegatten (BVerfG, FamRZ 1983, 342, 345). Die Nachteile des schuldrechtlichen Versorgungsausgleichs haben zur Folge, dass die nach dieser Ausgleichsform Berichtigten schlechter gestellt werden als die Berechtigten bei anderen Ausgleichsformen. Diese unterschiedliche Behandlung führt allerdings noch nicht zur Verfassungswidrigkeit des schuldrechtlichen Versorgungsausgleichs. Er ist, wie der Katalog der Anwendungsfälle in § 1587f BGB zeigt, unter bestimmten Voraussetzungen unvermeidbar (vgl. BVerfG, FamRZ 1980, 326, 336; 1983, 342). Auch im vorliegenden Anwendungsbereich mag es Fallgestaltungen geben, in denen diese Ausgleichsform hingenommen werden muss, weil eine für den Ausgleichsberechtigten günstigere Lösung nicht zu finden ist. Dies rechtfertigt es aber nicht, dass der Gesetzgeber den Versorgungsausgleich in Form der Beitragsentrichtung unterschiedslos durch den schuldrechtlichen Versorgungsausgleich ersetzt hat, und zwar auch dort, wo sich die Schlechterstellung vermeiden oder mildern ließe.

Es sind keine hinreichenden Gründe dafür erkennbar, dass im Zusammenhang mit der ausnahmslosen Anordnung des schuldrechtlichen Versorgungsausgleichs zugleich die Abfindungsregelung des § 1587l BGB durch § 2 Satz 2 VAHRG ausgeschlossen wurde.

Das BVerfG hat § 1587b Abs. 3 Satz 1 1. Halbsatz BGB für verfassungswidrig und nichtig erklärt, weil das gesetzgeberische Ziel einer eigenständigen sozialen Sicherung des ausgleichsberechtigten Ehegatten bei den unter diese Regelung fallenden Versorgungen weitgehend auch auf eine den Verpflichteten schonender Weise hätte erreicht werden können. Die Ablösung der verfassungswidrigen Regelung ist aber so erfolgt, dass nunmehr der ausgleichspflichtige Ehegatte generell zu Lasten des Ausgleichsberechtigten „geschont" wird. Dem Ausgleichsberechtigten wird nicht nur der öffentlich-rechtliche Ausgleich genommen; er wird vielmehr noch schlechter als die übrigen Ausgleichsberechtigten gestellt, die nach § 1587f BGB Anspruch auf Durchführung des schuldrechtlichen Versorgungsausgleichs haben. Diese können weiterhin eine Abfindung in Form der Zahlung von Beiträgen zu einer gesetzlichen Rentenversicherung oder zu einer privaten Lebens- und Rentenversicherung unter den in § 1587l BGB näher bestimmten Voraussetzungen verlangen.

Aus der Nichtigerklärung des § 1587b Abs. 3 Satz 1 1. Halbsatz BGB folgt nicht, dass der Versorgungsausgleich durch Beitragsentrichtung schlechthin unzulässig ist. Die Regelung war mit Art. 2 Abs. 1 GG nicht vereinbar, weil der Verpflichtete durch die ihm auferlegten Zahlungen in unverhältnismäßiger Weise in seiner Handlungsfreiheit eingeschränkt wurde. Dass den die Verfassungswidrigkeit begründenden Auswirkungen begegnet werden kann, wird durch § 1587l BGB belegt, der einen Abfindungsanspruch nur gewährt, soweit der Verpflichtete nicht unbillig belastet wird. Im Übrigen fordert die Abfindungsregelung nicht ausnahmslos den „Einkauf" des Berechtigten in die gesetzliche Rentenversicherung, sondern lässt die Zahlung von Beiträgen zu einer privaten Lebens- oder Rentenversicherung zu.

Dem Gesetzgeber bleibt es danach unbenommen, unter Vermeidung der starren Regelung des § 2 VAHRG auch den Versorgungsausgleich durch Beitragsentrichtung nach geeigneter Modifikation und Ergänzung als brauchbares Instrument für den Ausgleich von Betriebsrenten einzusetzen (vgl. BGH, FamRZ 1983, 342, 348). Für einen Teilbereich von Ausgleichsfällen würde sich damit der schuldrechtliche Versorgungsausgleich erübrigen.

Die ausnahmslose Anordnung des schuldrechtlichen Versorgungsausgleichs neben Realteilung und Quasisplitting lässt sich auch nicht dadurch rechtfertigen, dass der Gesetzgeber gehindert sei, das **„erweitere Splitting"** einzuführen, wie es im Entwurf der SPD- und FDP-Fraktionen zur Ergänzung von Regelungen über den Versorgungsausgleich vorgesehen war (BT-Drucks. 9/1981, Art. 1 § 1 Nr. 3).

Statistische Ermittlungen haben ergeben, dass drei Viertel aller Betriebsrenten unter 330 DM monatlich liegen (vgl. Forsbach, Die Betriebliche Altersversorgung nach dem Bericht der Bundesregierung vom Dezember 1984, BetrAV 1985, 93, 95). Nach einer von Glockner im Dezember 1984 durchgeführten Untersuchung ist bei mehr als 90 % der in Betracht zu ziehenden Scheidungsfälle von einem auszugleichenden dynamisierten betrieblichen Versorgungsanrecht von monatlich unter 30 DM auszugehen (BetrAV 1985, 218, 220). Dies verdeutlicht die Schätzung, nach der in etwa 80 % der Fälle, in denen bei Ehescheidungen Betriebsrenten auszugleichen sind, die Abwicklung im Wege des erweiterten Splittings möglich ist (vgl. Bogs, RdA 1984, 1, 5). Die Arbeitsgemeinschaft für betriebliche Altersversorgung hat sich für diese systemgerechte Lösung ausgesprochen, bei der keine betriebsfremden Personen in die betriebliche Altersversorgung des Verpflichteten einbezogen würden und für die Versorgungsträger keine zusätzlichen Kosten entstünden.

Verfassungsrechtliche Bedenken aus Art. 14 Abs. 1 GG bestehen nicht. Die Legitimation des Versorgungsausgleichs durch Art. 6 Abs. 1 und Art. 3 Abs. 2 ist nicht auf die Teilung der in der Ehe erworbenen Versorgungen in der gesetzlichen Rentenversicherung und in der Beamtenversorgungen in der gesetzlichen Rentenversicherung und in der Beamtenversorgung beschränkt, sondern umfasst die Gesamtheit der in der Ehe erworbenen Alterssicherungen (BVerfG, FamRZ 1983, 342, 346). Selbst wenn man von einer gegenüber den Rentenanwartschaften in einer gesetzlichen Rentenversicherung minderen Qualität betrieblicher Versorgungsanrechte ausgehen wollte (zweifelnd Bogs, a. a. O., 4 f.), so ist dies kein Grund, den Ausgleichsberechtigten hinsichtlich dieser Anwartschaften mit dem noch unsicheren schuldrechtlichen Versorgungsausgleich abzufinden. Hinzu kommt, dass der Entwurf zur Ergänzung von Regelungen über den Versorgungsausgleich (BT-Drucks. 9/1981) in seinem § 1587b Abs. 3 BGB die Einführung und nähere Ausgestaltung eines differenzierten Splitting-Grenzen-Systems zum Schutz der Altersversorgungspositionen des ausgleichspflichtigen Ehegatten vorsah (Bogs, a. a. O., 4).

Schließlich könnte dem Verpflichteten als flankierende Maßnahme die **Möglichkeit der Ablösung des erweiterten Splittings** eingeräumt werden, etwa durch Entrichtung von Beiträgen in die gesetzliche Rentenversicherung oder zu einer privaten Lebens- und Rentenversicherung. In keinem Fall würde die Gefährdung der finanziellen Alterssicherung des Ausgleichspflichtigen ein Grund sein, das erweiterte Splitting nicht einmal im Wege der Vereinbarung zwischen Ehegatten zum Ausgleich von Betriebsrenten zuzulassen. § 1587o Abs. 1 Satz 2 BGB schließt diese Möglichkeit aber derzeit aus.

Auch die geäußerten Bedenken gegen das erweiterte Splitting wegen damit verbundener Mehrkosten für die gesetzliche Rentenversicherung, die im Einzelnen nicht begründet worden sind, vermögen jedenfalls dann nicht zu überzeugen, wenn diese Ausgleichsmöglichkeit nur in begrenztem Umfang vorgesehen wird.

In welcher Weise nunmehr die Regelungen über den Versorgungsausgleich zu ergänzen sind, hat der Gesetzgeber zu entscheiden. Das BVerfG hat dem Gesetzgeber nicht vorzuschreiben, welche Lösungen insoweit als richtig oder wünschenswert vorzusehen wären.

Als weitere verbesserte Möglichkeiten für einen Versorgungsausgleich im Bereich der betrieblichen Altersversorgung wird **eine über § 1 Abs. 2 VAHRG hinausgehende Realteilung** oder **ein verstärkter schuldrechtlicher Versorgungsausgleich** diskutiert, der die Nachteile des derzeitigen schuldrechtlichen Versorgungsausgleichs vermeidet (vgl. auch den Entwurf eines Gesetzes über weitere Maßnahmen auf dem Gebiet des Versorgungsausgleichs – Stand: 1. 10. 1985). Lösungen in dieser Richtung sind verfassungsrechtlich nicht schon deshalb ausgeschlossen, weil sie nur unter Inanspruchnahme der Versorgungsträger zu verwirklichen wären.

Soweit auf mögliche zusätzliche finanzielle Belastungen der Versorgungsträger hingewiesen wird, kann nach dem Ergebnis der mündlichen Verhandlung nicht davon ausgegangen werden, dass eine Kostenneutralität des Versorgungsausgleichs ausgeschlossen ist, wenn der schuldrechtliche Versorgungsausgleich durch andere Ausgleichsformen ersetzt wird. Davon abgesehen gibt es keinen verfassungsrechtlichen Grundsatz des Inhalts, dass den Unternehmen jegliche Belastung durch den Versorgungsausgleich bei Betriebsangehörigen selbst dann erspart bleiben müsste, wenn durch eine flexible gesetzliche Ausgestaltung ein spürbares Ausmaß vermieden wird.

Nach der Begründung des Entwurfs eines Gesetzes über weitere Maßnahmen auf dem Gebiet des Versorgungsausgleichs soll dem schutzwürdigen Interesse des Trägers der auszugleichenden Versorgung dadurch Rechnung getragen werden, dass er nur in Anspruch genommen werden kann, wenn und soweit der Berechtigte von ihm im Fall des Fortbestehens der Ehe, also als Witwe(r), eine Hinterbliebenenversorgung erhalten würde.

Der betrieblichen Altersversorgung kommt zwischen der gesetzlichen Rentenversicherung und der Eigenvorsorge ein fester Platz als „zweiter Säule" der Alterssicherung im staatlichen Sozialgefüge zu (vgl. BVerfGE 65, 196, 212). Die in den Stellungnahmen der Verbände geäußerte Besorgnis, die Einbeziehung der Unternehmen bei der Durchführung des Versorgungsausgleichs könne dazu führen, dass betriebliche Altersversorgungen nicht mehr zugesagt oder fortgeführt würden, ist daher von erheblicher Bedeutung. Es kann indessen nicht davon ausgegangen werden, dass eine gesetzliche Regelung, die den Betrieben Raum lässt, die Beteiligung des ausgleichsberechtigten Ehegatten an der Versorgung ihrer Arbeitnehmer betriebsangepasst zu gestalten, die Ursache von Rücknahmen im Bereich der betrieblichen Altersversorgung sein wird.

(Die vom BVerfG beanstandeten Mängel wurden durch das VAwMG v. 8. 12. 1986 beseitigt. Seither werden – nicht zuletzt wegen der ausführlichen „Vorwegbegründung" zur Verfassungsmäßigkeit von Supersplitting, Beitragszahlungspflicht nach § 3b VAHRG und verlängertem schuldrechtlichen Versorgungsausgleich nach § 3a VAHRG – in der Rechtsprechung ernsthafte

verfassungsrechtliche Bedenken am Versorgungsausgleich als solchem nicht mehr erhoben. Es bestehen aber schwerwiegenden Bedenken an der Verfassungsmäßigkeit der BarwertVO (d. Verf.)).
BVerfG, FamRZ 1986, 543 ff.

– der Umrechnung nicht volldynamischer Anrechte nach der BarwertVO 19, 429, 432

Es begegnet **keinen durchgreifenden verfassungsrechtlichen Bedenken,** dass die Steigerung von Versorgungsanrechten, wie sie vorliegend allenfalls in Rechnung zu stellen sind, beim Ausgleich ganz außer Betracht bleiben und die Bewertung aufgrund von § 1 Abs. 3 BarwertVO so erfolgt, als handele es sich um rein statische Anrechte (vgl. BGH, FamRZ 1985, 1119, 1122; vgl. im Übrigen unter betrieblicher Altersversorgung: Anrechnung bei limitierter Gesamtversorgung).
BGH, FamRZ 1988, 420, 421

§ 1587a Abs. 3 Nr. 2 BGB ist nicht verfassungswidrig. In der Literatur wird zum Teil die Auffassung vertreten, die Vorschrift sei verfassungswidrig, weil die Anrechte einer statischen oder teildynamischen Versorgung durch die Barwertermittlung – bei Annahme einer fiktiven Einschalung des Barwertes in die gesetzliche Rentenversicherung – gegenüber volldynamischen Anrechten ohne rechtfertigenden Grund erheblich unterbewertet würden; diese erhebliche Unterbewertung verletzte den **Halbteilungsgrundsatz** und das Gleichheitsgebot der Verfassung

(Bergner, SozVers 2001, 9, 11; ders. FamRZ 1999, 1487, 1488; ders. FamRZ 2000, 97, 98; Glockner/Gutdeutsch, FamRZ 1999, 901; dies., FamRZ 2000, 270; einschränkend Klattenhoff, FamRZ 2000, 1257, 1268; ders. DRV 2000, 685, 709; offengelassen von MüKo/Dörr, BGB, § 10a VAHRG Rn. 53 ff., 56:„bedenklich").

Zum einen seien die biometrischen Daten, auf denen die BarwertVO beruhe, veraltet; die Anwendung der – überholten – Barwertfaktoren führe zu einer Unterbewertung der statischen Anrechte um 20 – 40 % (Glockner/Gutdeutsch, FamRZ 1999, 989; vgl. auch Klattenhoff, FamRZ 2000, 1261; ders., DRV 2000, 693). Zum anderen bewirke der Umrechnungsmechanismus des § 1587a Abs. 3 BGB eine weitere Abwertung dieser Anrechte. Während der nach der BarwertVO ermittelte Barwert den Wert eines Anrechtes auf Invaliditäts- und Altersrente darstelle, würden mit den Beiträgen zur gesetzlichen Rentenversicherung auch versicherungsfremde Leistungen sowie eine Hinterbliebenenversorgung finanziert. Durch die fiktive Einzahlung des errechneten Barwertes in die gesetzliche Rentenversicherung trete daher ein (weiterer) Wertverlust des Anrechtes auf Alters- und Invaliditätsrente ein.

Dieser Auffassung vermag der Senat nicht zuzustimmen.

Der Umstand, dass der BarwertVO veraltete biometrische Daten zugrunde liegen, kann zwar die Richtigkeit und Anwendbarkeit der BarwertVO in Zweifel ziehen, nicht aber die Verfassungswidrigkeit des § 1587a Abs. 3 Nr. 2 BGB begründen. Diese Vorschrift wäre selbst ohne den Erlass einer Verordnung auf der Ermächtigungsgrundlage des § 1587a Abs. 3 Nr. 2 S. 2 BGB vollziehbar (Senatsbeschluss vom 27.10.1982, FamRZ 1983, 40, 44); eine von der Verordnung vorgegebene, aufgrund veränderter biometrischer Daten aber nunmehr unrichtige Barwertbildung wirkt deshalb weder auf die verfassungsrechtliche Beurteilung der Ermächtigungsgrundlage in § 1587a Abs. 3 Nr. 2 S. 2 BGB noch auf den von § 1587a Abs. 3 Nr. 2 S. 1 BGB vorgeschriebenen Mechanismus zur Umrechnung nicht-volldynamischer Anrechte in volldynamische Anrechte zurück.

Eine andere Frage ist, ob die Kritik an dem Umrechnungsmechanismus die Annahme rechtfertigt, die Regelung des § 1587a Abs. 3 Nr. 2 s. 1 BGB sei auch als solche mit der Verfassung nicht zu vereinbaren. Für die Beantwortung dieser Frage kann dahinstehen, ob infolge der in § 1587a Abs. 3 Nr. 2 BGB vorgesehenen Bewertung im Wege einer fiktiven Einzahlung des Barbetrages in die gesetzliche Rentenversicherung „Transferverluste" entstehen, die nicht durch Staatszuschüsse abgedeckt werden und daher aus den Beiträgen der Versicherten zu finanzieren sind (so Glockner/Gutdeutsch, FamRZ 1999, 898; a. A. Klattenhoff, FamRZ 2000, 1264); ebenso kann offen bleiben, in welchem Umfang die von der gesetzlichen Rentenversicherung gewährte Hinterbliebenenversorgung zu einer Abwertung umzurechnender Anrechte führen kann (Glockner/Gutdeutsch, FamRZ

1999, 899).,,**Transferverluste**" dieser Art sind nämlich kein spezifisches Problem des § 1587a Abs. 3 Nr. 2 BGB; sie sind eine Konsequenz des Systems des Versorgungsausgleichs, der auf einen die unterschiedlichen Versorgungssysteme übergreifenden **Einmal-Ausgleich** zielt.

Zum Zwecke dieses Ausgleichs müssen die in den Ausgleich einzubeziehenden, aber in unterschiedlichen Versorgungssystemen bestehenden Anrechte miteinander vergleichbar gemacht werden. Der Gesetzgeber hat sich hierbei auf eine pauschalierende Betrachtung beschränkt und – jedenfalls im Grundsatz – nur auf die Dynamik der Anrechte abgestellt. Vergleichsmaßstab sind die gesetzliche Rentenversicherung und die Beamtenversorgung. Soweit die Dynamik von Anrechten, die bei anderen Versorgungssystemen bestehen, der (Voll-)Dynamik der gesetzlichen Rentenversicherung und Beamtenversorgung entspricht, werden diese – ebenfalls volldynamischen – Anrechte unabhängig von der Ausgestaltung des Versorgungssystems und von dessen Leistungsspektrum sowohl im Verhältnis zueinander als auch mit Anrechten der gesetzlichen Rentenversicherung und Beamtenversorgung gleichgesetzt und mit ihrem Nominalbetrag berücksichtigt (§ 1587a Abs. 3 BGB i. V. m. § 1 Abs. 1 S. 2 BarwertVO). Bereits diese Gleichsetzung kann jedoch zu „Transferverlusten" führen – so etwa dann, wenn zum Ausgleich eines außerhalb der gesetzlichen Rentenversicherung bestehenden volldynamischen Anrechts nach Maßgabe der §§ 1 Abs. 3, 3b VAHRG Anrechte in der gesetzlichen Rentenversicherung begründet werden und deren Leistungsspektrum hinter dem des auszugleichenden Anrechts zurückbleibt.

Für nicht-volldynamische Anrechte werden derartige „Transferverluste" über den Mechanismus des § 1587a Abs. 3 BGB teilweise aufgefangen: Der von § 1587a Abs. 3 Nr. 1 BGB vorgeschriebene Rückgriff auf das Deckungskapital ermöglicht hier eine versicherungsmathematisch exakte, auch das Leistungsspektrum einbeziehende Wertermittlung des jeweiligen Anrechts; entsprechendes gilt – wenn auch relativiert durch die mit der BarwertVO einhergehende und auf die Art der jeweiligen Dynamik begrenzte Typisierung – für den in § 1587a Abs. 3 Nr. 2 BGB vorgeschriebenen Rückgriff auf den Barwert bei nicht deckungskapitalfinanzierten Anrechten. Der – in beiden Fällen im Wege fiktiver Einzahlung angenommene – Einmalbeitrag lässt sich als ein dem Deckungskapital oder Barwert vergleichbarer, freilich hier auf die spezifischen Rechnungsgrundlagen der gesetzlichen Rentenversicherung bezogener Wert der in der gesetzlichen Rentenversicherung bestehenden oder zu begründenden Anrechte verstehen. Der Mechanismus des § 1587a Abs. 3 BGB – Bewertung durch Ermittlung von Deckungskapital oder Barwert sowie durch deren fiktive Einzahlung als Einmalbeitrag in die gesetzliche Rentenversicherung – bewirkt insoweit im Ergebnis, dass für ein nicht-volldynamisches Anrecht des ausgleichsberechtigten Ehegatten Anrechte in der gesetzlichen Rentenversicherung begründet werden, die dem auszugleichenden Anrecht – etwa im Hinblick auf ein unterschiedliches Leistungsspektrum – nicht gleichartig wohl aber (in Höhe ihre hälftigen Ausgleichsbetrages) gleichwertig sind (Klattenhoff, FamRZ 2000, 1264; ders. DRV 2000, 698 f.). Diese bloße Gleichwertigkeit schließt naturgemäß die Unterschiedlichkeit von Leistungsteilen nicht aus – so etwa ein im Vergleich zum ausgeglichenen Anrecht niedrigeres Altersruhegeld in der gesetzlichen Rentenversicherung, das durch anderweitige Vorzüge der gesetzlichen Rentenversicherung, wenn auch in nicht näher zu quantifizierender Weise, kompensiert wird.

Soweit man diese Unterschiedlichkeit von Teilleistungen überhaupt als „Transferverluste" bezeichnen kann, wird dieser von § 1587a Abs. 3 BGB in die Ermittlung des Nominal-(Zahl)Betrages des nicht-volldynamischen Anrechts vorverlegt. Das ist im Grundsatz nicht zu beanstanden. Zwar sind Möglichkeiten vorstellbar, den dynamisierten Nominalbetrag eines an sich nicht volldynamischen Anrechts losgelöst von den Rechnungsgrundlagen der gesetzlichen Rentenversicherung . . . (Glockner/Gutdeutsch, FamRZ 1999, 900 f.) zu ermitteln. Ob ein solcher Rechenweg zur vergleichenden Wertermittlung der in den Versorgungsausgleich einzubeziehenden, aber qualitativ unterschiedlichen Anrechte praktikabel und gegenüber dem Bewertungsmechanismus des § 1587a Abs. 3 BGB vorzugswürdig ist, bedarf keiner Entscheidung; denn auch bei einem solchen Bewertungsvorgang wäre es jedenfalls nicht sachwidrig, für die Zwecke der Durchführung des Ausgleichs eines nicht volldynamischen Anrechts auf dessen reales Deckungskapital oder auf dessen Barwert zurückzugreifen und diesen – durch Einzahlung als Einmalbeitrag – der Begründung von

Anrechten in der gesetzlichen Rentenversicherung (gem. § 3b Abs. 1 VAHRG) zugrunde zu legen. Auch in diesem Fall träten die von der Literatur kritisierten „Transferverluste" auf – dies allerdings nicht schon bei der Bewertung der Anrechte, sondern erst beim Vollzug des Versorgungsausgleichs durch erweitertes Splitting oder Beitragszahlung. . . .

Der Senat verkennt nicht, dass die Berücksichtigung der spezifischen Rechnungsgrundlagen der gesetzlichen Rentenversicherung bereits bei der Bewertung nicht-volldynamischer Anrechte zu Verzerrungen führen kann, wenn das zu bewertende nicht volldynamische Anrecht gar nicht durch die Begründung von Anrechten in der gesetzlichen Rentenversicherung ausgeglichen wird. Zu einem solchen Ausgleich kommt es namentlich dann nicht, wenn das zu bewertende nicht-volldynamische Anrecht zwar dem ausgleichspflichtigen Ehegatten zusteht, aber nach § 1587b Abs. 5 BGB oder im Hinblick auf die durch § 3b Abs. 1 VAHRG gezogenen Grenzen nur teilweise einem erweiterten Splitting oder einem Ausgleich durch Beitragszahlung zugängig ist, ferner nicht in den Fällen, in denen das zu bewertende nicht-volldynamische Anrecht dem ausgleichsberechtigten Ehegatten zusteht. Hier können – durch die Annahme einer fiktiven Einzahlung von Deckungskapital oder Barwert als Einmalbeitrag in die gesetzliche Rentenversicherung – in der Tat bei der Bewertung des nicht-volldynamischen Anrechts „Transferverluste" entstehen, die durch den Vollzug des Versorgungsausgleichs nicht aufgefangen werden. Das Gesetz nimmt diese – keineswegs erst durch die Nichtigkeit des § 1587b Abs. 3 BGB a.F. praktisch gewordenen (vgl. Glockner/Gutdeutsch, FamRZ 1999, 900) – Unterbewertungen hin, um eine für alle nichtvolldynamischen Anrechte einheitliche Dynamisierung zu gewährleisten, die über die Rechengrößen problemlos handhabbar ist und einen Gleichklang von Bewertung und Ausgleich des nicht-volldynamischen Anrechts verbürgt. Ob dieses – billigenswerte- Ziel für sich genommen ausreichen würde, um in allen Fällen eine mit der Unterbewertung nicht-volldynamischer Anrechte einhergehende Überhöhung oder Schmälerung des Ausgleichs zu rechtfertigen, kann dahinstehen. Zwar können Gesichtspunkte der Praktikabilität die Gleichbehandlung ungleicher Sachverhalte und damit auch eine Unterbewertung von Anrechten im Versorgungsausgleich nur beschränkt rechtfertigen. Die Erfahrungen mit dem bereits wiederholt und grundlegend novellierten Recht des Versorgungsausgleichs haben jedoch gezeigt, dass einer **mathematischen Verwirklichung des Halbteilungsgrundsatzes** bei der wertenden Erfassung und Ausgleichung nach Struktur und Leistung ganz unterschiedlicher und zudem in der Entwicklung begriffener Anrechte enge Grenzen gezogen sind, die auch von den in der Literatur – zudem mit divergierender Zielrichtung (vgl. einerseits Glockner/Gutdeutsch, FamRZ 1999, 900f.; andererseits Bergner, FamRZ 1999, 1487) geforderten Systemänderungen wohl nicht aufgehoben, sondern nur verschoben würden. Vor diesem Hintergrund könnten die hier in Frage stehenden Unterbewertungen von nicht-volldynamischen Anrechten nur dann zu einer Verletzung des Gleichheitssatzes der Vergasung oder des verfassungsrechtlichen Eigentumsschutzes führen, wenn sie zu den mit ihnen verfolgten Praktikabilitätszielen in keinem rechten Verhältnis stehen, ganze Gruppen von Betroffenen erheblich benachteiligen (vgl. etwa Senatsbeschluss, FamRZ 1985, 1119, 1122) und nicht systemkonform – insbesondere über Härteregelungen – zu korrigieren sind. Die mit dem Mechanismus des § 1587a Abs. 3 BGB für die aufgezeigten Fallkonstellationen verbundene Unterbewertung nicht-volldynamischer Anrechte kann – je nach Fallgestaltung – zu einem zu hohen oder zu niedrigen Ausgleichsanspruch führen oder sich auch gegenseitig aufheben; sie lässt sich deshalb nicht generell quantifizieren. Die Gerichte haben jedoch die Möglichkeit, groben Fehlbewertungen im Einzelfall zu begegnen.

. . . Soweit nicht-volldynamische Anrechte des ausgleichsberechtigten Ehegatten über den Mechanismus des § 1587a Abs. 3 BGB unterbewertet werden und diese Unterbewertung durch keine vergleichbare Wertminderung nichtvolldynamischer Anrechte des ausgleichspflichtigen Ehegatten aufgefangen wird, kann danach krass überhöhten Ausgleichsverlangen mit § 1587c BGB begegnet werden. Es ist nicht zu übersehen, dass die Prüfung des § 1587c BGB in Fällen, in denen betragsmäßig erhebliche nicht-volldynamische Anrechte des ausgleichsberechtigten Ehegatten in die Ausgleichsbilanz einzustellen sind, die forensische Handhabbarkeit des Ausgleichssystems erschwert – mag sich auch diese Erschwernis durch pauschalierende prozentuale Zuschläge bei der Bewertung des nicht-volldynamischen Anrechts mildern lassen. Dieses – gewichtige – Bedenken kann allerdings nur dem Gesetzgeber Anlass bieten, die Regelung des § 1587a Abs. 3 BGB einer Prüfung zu unterziehen; verfassungsrechtliche Zweifel an der Geltungskraft des § 1587a Abs. 3 BGB begründet dieser Gesichtspunkt indessen nicht.

Die in der Literatur geübte Kritik, der BarwertVO lägen veraltete biometrische Daten zugrunde, ist allerdings berechtigt. ... Deshalb ist der Verordnungsgeber aufgerufen, die ihm in § 1587a Abs. 3 S. 2 BGB auferlegte Pflicht zu erfüllen, durch geeignete versorgungsausgleichsbezogene Vorgaben dem Rechtsanwender ohne versicherungsmathematische Kenntnisse eine sachgerechte – d.h. auch: an den verfügbaren aktuellen biometrischen Daten orientierte – Barwertermittlung zu ermöglichen. Dieser Verpflichtung ist der Verordnungsgeber bisher nicht nachgekommen.

Diese Säumnis des Verordnungsgebers berechtigt die Gerichte jedoch nicht, **nach eigenem Gutdünken anstelle der BarwertVO „Ersatztabellen" anzuwenden**. ... Das Gesetz überlässt es ausdrücklich dem Verordnungsgeber, geeignete Vorgaben für eine typisierende Barwertermittlung zu entwickeln und die hierfür erforderlichen Wertungen und Gewichtungen durch einen legislativen Akt zu legitimieren. Bliebe diese Aufgabe den Gerichten überlassen, bestünde – auch bei Zuhilfenahme versicherungsmathematischen Sachverstands – die Gefahr unterschiedlicher Bewertungen und damit einer Ungleichbehandlung. ...

Der Senat geht davon aus, dass – angesichts der Schwierigkeit einer umfassenden Lösung und der erst in letzter Zeit intensivierten Auseinandersetzung in Rechtsprechung und Literatur einerseits, im Hinblick auf die seit der Erklärung des Bundesjustizministeriums bereits verstrichene Zeit und die Dringlichkeit der Aufgabe andererseits – bis zum 31.12.2002 eine legislative Abhilfe zumindest in Form einer vorläufigen Regelung erwartet werden darf.

Für die Zeit bis zum Inkrafttreten der zu erwartenden Neuregelung erachtet der Senat es nicht für gerechtfertigt, Verfahren über den Versorgungsausgleich generell auszusetzen, soweit sie eine Barwertermittlung erfordern. Ebenso hält es der Senat nicht für vertretbar, in solchen Fällen den Barwert – in Abkehr von § 1 Abs. 3 BarwertVO – grundsätzlich individuell zu ermitteln. ...

Zur Wahrung der Rechtseinheit und im Interesse der Rechtssicherheit hält der Senat deshalb in Übereinstimmung mit dem Großteil der obergerichtlichen Rechtsprechung dafür, in der Übergangszeit bis zum Inkrafttreten einer Neuregelung der Barwertermittlung – jedenfalls im Regelfall – **weiterhin die BarwertVO zugrunde zu legen**. ... Dauerhafte Nachteile größeren Ausmaßes sind von diesem Vorgehen nicht zu besorgen: eine sich aus der Anwendung der BarwertVO ergebende Unterbewertung von Anrechten kann später – nach Inkrafttreten der zu erwartenden Neuregelung – über Abänderungsverfahren nach § 10a VAHRG aufgefangen werden. ...
BGH, FamRZ 2001, 1695, 1696 ff.

– Verfassungsmäßigkeit der Kürzung der Versorgungsbezüge bei vorzeitiger Dienstunfähigkeit und des Pensionistenprivilegs
→ *Beamtenversorgung*
BVerfG, FamRZ 1993, 405, 407; BVerfG, FamRZ 1996, 341 ff.

Verlängerter schuldrechtlicher Versorgungsausgleich 584 ff.

– Feststellungsinteresse 603

Für feststellende Entscheidungen über den verlängerten schuldrechtlichen Versorgungsausgleich fehlt vor dem Tod des ausgleichspflichtigen Ehegatten regelmäßig das erforderliche Feststellungsinteresse.

Zwar sind feststellende Entscheidungen im Rahmen des Versorgungsausgleichs nicht generell ausgeschlossen (vgl. BGH, FamRZ 1982, 42). Es besteht jedoch Übereinstimmung darin, dass solche gerade im Bereich des schuldrechtlichen Ausgleichs nur in eng begrenzten Ausnahmefällen in Betracht kommen, weil bis zum Fälligkeitszeitpunkt (§ 1587g Abs. 1 Satz 1 BGB) mögliche Veränderungen in den Voraussetzungen zu Grund und Höhe kaum Raum für verlässliche Voraussagen und damit für die Bejahung eines Feststellungsinteresses lassen (vgl. BGH, FamRZ 1984, 251,

254; Johannsen/Henrich-Hahne, Eherecht, § 1587f BGB, Rn. 21 Soergel/Vorwerk, BGB, vor § 1587f Rn. 7; Staudinger/Eichenhofer, BGB, § 1587f Rn. 18 f.; MüKo/Eißler, BGB, § 1587f Rn. 20; Rotax, MDR 1984, 621 ff.). Das gilt verstärkt für den Bereich des verlängerten schuldrechtlichen Versorgungsausgleichs, in dem der Versorgungsträger nicht an vorausgegangene rechtskräftige Entscheidungen im Verhältnis zwischen den geschiedenen Ehegatten gebunden ist und weitere Unsicherheiten in Betracht zu ziehen sind (vgl. BGH, FamRZ 1991, 175, 177). Insoweit wird sogar vertreten, dass vor dem Eintritt der Fälligkeitsvoraussetzungen auch nach dem Tod des Verpflichteten das erforderliche Feststellungsinteresse regelmäßig zu verneinen sei (vgl. Johannsen/Henrich-Hahne, Eherecht, § 3a Rn. 35; Wick, in: FamGb, § 3a VAHRG Rn. 44).

Vorliegend besteht ein Ausgleichsanspruch nach § 3a VAHRG noch nicht und es ist offen, ob er künftig entstehen wird. Er ist zu unterscheiden vom Ausgleichsanspruch gegen den geschiedenen Ehegatten nach § 1587g BGB. Letztere erlischt mit dem Tod des ausgleichspflichtigen Ehegatten (vgl. BGH, FamRZ 1991, 927, 928). Ob die Ehefrau ihren geschiedenen Ehegatten überleben wird, ist ungewiss. Bereits dieses steht der Annahme entgegen, dass zwischen den Parteien gegenwärtig ein der Feststellung zugängliches Rechtsverhältnis aus § 3a VAHRG besteht (vgl. dazu BGHZ 37, 137, 145). Unsicherheit ergibt sich aber auch daraus, dass die Antragsgegnerin (Arbeitgeberfirma des geschiedenen Ehemannes) vor Eintritt der Fälligkeit die Realteilung einführen oder in der Versorgungsregelung einen wirtschaftlich gleichwertigen Abfindungsanspruch vorsehen könnte. Dann käme es aus diesem Grund nicht zu einem Anspruch auf verlängerten schuldrechtlichen Versorgungsausgleich (§ 3a Abs. 2 VAHRG). Schließlich kann es künftig sein, dass der Versorgungsträger sich ggf. ebenso wie eine Witwe des Verpflichteten auf die Härteklausel des § 3a Abs. 6 VAHRG beruft. Die in diesem Rahmen vorzunehmende Prüfung kann sachgerecht nur nach den im Zeitpunkt der Geltendmachung gegebenen Umstände erfolgen (vgl. BGH, FamRZ 1984, a. a. O.).

Auch die Wiederverheiratung der geschiedenen Ehefrau führt nicht zu einem Feststellungsinteresse, insoweit diese in die Zeit vor dem Ableben des Ehemanns fällt. Denn im konkreten Fall hat der Versorgungsträger nicht bestritten, auch nach einer Wiederverheiratung aufgrund der angetretenen Versorgungsanteile (§ 1587i Abs. 1 BGB) an die geschiedene Ehefrau weiter zahlen zu müssen.
BGH, FamRZ 1996, 1465, 1466

Versorgungsrente der VBL   258 f.
→ *Betriebliche Altersversorgung: Berechnung des Ehezeitanteils einer limitierten Gesamtversorgung*
BGH, FamRZ 1996, 93 ff.

Vorruhestandsbezüge   330, 533
Die Betriebszugehörigkeit endet grundsätzlich mit dem Ablauf des Arbeitsverhältnisses bzw. der Beendigung der Tätigkeit für das Unternehmen (vgl. Blomeyer/Otto, BetrAVG, 2. Aufl., § 1 Rn. 142, 150; Maier/Michaelis, Versorgungsausgleich in der gesetzlichen Rentenversicherung, 6. Aufl., § 1587a BGB Anm. 4.4.3, S. 144).

Hierzu haben sich in der Vergangenheit unterschiedliche Zeitmodelle herausgebildet.

Am 1.5.1984 trat als Art. 1 des Gesetzes zur Erleichterung des Übergangs vom Arbeitsleben in den Ruhestand vom 13.4.1984 (BGBl. I, 601) das Gesetz zur Förderung von Vorruhestandsleistungen (**Vorruhestandsgesetz**) in Kraft, mit dem der Gesetzgeber älteren Arbeitnehmern einen (neuen) Weg eröffnen wollte, vorzeitig aus dem Arbeitsleben auszuscheiden. Das Gesetz, das bis zum 31.12.1988 befristet war (und danach gem. § 14 nur noch insoweit Anwendung fand, als die Voraussetzungen vor diesem Zeitpunkt vorlagen), sah vor, dass Arbeitgeber, die einem älteren aus dem Erwerbsleben ausgeschiedenen Arbeitnehmer bis zum frühestmöglichen Rentenbeginn ein Vorruhestandsgeld von mindestens 65 % des früheren Bruttoparbeitsentgelts zahlten, hierzu (und zu den entsprechenden Arbeitgeberanteilen an den Renten- und Krankenversicherungsbeiträgen) einen Zuschuss der Bundesanstalt für Arbeit von grundsätzlich 35 % erhielten, wenn – etwa – auf dem freigewordenen Arbeitsplatz ein arbeitsloser Arbeitnehmer beschäftigt wurde (§ 2). Die mögliche Höchstdauer des Vorruhestandes i.S. des Gesetzes belief sich auf den Zeitraum vom 58. bis zum 65. Lebensjahr (§ 1 des Gesetzes; vgl. Andresen, Frühpensionierung, Rn. 1, 2; Pröbsting, VorruhestandsG 1984, S. 8), da der Zuschuss zu den Vorruhestandsleistungen des Arbeitgebers nur für Empfänger von Ruhestandsgeld gewährt werden konnte, die – u. a. – das 58. Lebensjahr vollendet hatten (vgl. auch Andresen/Barton/Kuhn/Schenke, Vorruhestand, 59er Regelung, Altersteilzeit und flexible Altersgrenze in der betrieblichen Praxis, 4 Rn. 12). Als Vorruhestandsgeld galt eine Leistung des Arbeitgebers, die der Arbeitnehmer vom Zeitpunkt des Ausscheidens aus dem Erwerbsleben bis zum Zeitpunkt des vollständigen Eintritts in den Ruhestand erhielt. Dabei wurde der Zeitpunkt des Eintritts in den Ruhestand durch die Inanspruchnahme der Leistungen fixiert, die von der gesetzlichen Rentenversicherung als Altersruhegelder oder von anderen Altersversorgungssystemen als den Altersruhegeldern vergleichbare Leistungen gewährt wurden (vgl. Andresen/Barton/Kuhn/Schenke, a.a.O., S. 1-3, 9).

Vor dem Inkrafttreten des Vorruhestandsgesetzes hatte sich bereits in der 70er Jahren das sog. 59er Modell entwickelt, das auf der Möglichkeit aufbaute, die gesetzliche Altersrente im Fall der Arbeitslosigkeit unter besonderen Voraussetzungen schon ab dem vollendeten 60. Lebensjahr zu beziehen (§ 38 SGB VI). Das 59-Modell ermöglichte dem Arbeitnehmer, das Arbeitsverhältnis mit 59 Jahren durch Aufhebungsvertrag oder Kündigung zu beenden, um sich anschließend arbeitslos zu melden und mit 60 Jahren die Altersrente in Anspruch zu nehmen.

Seit dem erstmaligen Auftreten dieser Regelung wurden im Zuge der Flexibilisierung der Altersgrenzen in der gesetzlichen Rentenversicherung betriebliche Frühpensionierungsregelungen – in Anpassung an die jeweiligen Bedürfnisse in den einzelnen Unternehmen und Betrieben – weiter entwickelt, die in der Folgezeit eine umfangreiche gestaltungs- und Anwendungsvielfalt erreichten (vgl. Andresen, Frühpensionierung, Rn. 235 ff.). Dabei werden in Abgrenzung zu den Vereinbarungen aufgrund des ehemaligen Vorruhestandsgesetzes für derartige anderweitige betriebliche Regelungen Bezeichnungen verwendet wie Frühpensionierung, vorzeitiger Ruhestand, Frühruhestand oder vorzeitiges Ausscheiden (Andresen, a.a.O., Rn. 226). Die Altersgrenzen betrieblicher Frühpensionierungsregelungen wurden seit den 70er Jahren zunehmend gesenkt, wobei einer der wesentlichen Gründe darin lag, dass die Bezugsdauer für Arbeitslosengeld für ältere Mitarbeiter deutlich verlängert wurde (nach § 106 AFG i. d. F. des Gesetzes vom 27.6.1987, BGBl. I, 1542, ab 1.7.1987 auf höchstens 32 Monate nach Vollendung des 54. Lebensjahres). Zu Beginn der 90er Jahre lag das niedrigste in der betrieblichen Praxis häufig festzustellende Frühpensionierungsalter bei 55 Jahren, noch niedrigere Altersgrenzen waren sehr selten (Andresen, a.a.O., Rn. 247).

Die Durchführung der Frühpensionierung erfolgte im Einzelfall durch Aufhebungsvertrag oder Kündigung. Am gebräuchlichsten war der Abschluss eines Aufhebungsvertrages (vgl. Andresen, a.a.O., Rn. 245), in dem die Einzelheiten der getroffenen Regelung niedergelegt wurden. Inhaltlich kamen als Leistungen einer Betriebsrente im Fall der Frühpensionierung Abfindungszahlungen, Zusatzleistungen, Rentenverlustausgleiche oder sonstige Zuschüsse, aber auch ein Verzicht auf Kürzungen der Betriebsrente insgesamt in Betracht. So verzichteten Unternehmen, die über betriebliche Versorgungswerke verfügten, häufig auf eine ratierliche Berechnung i. S. d. §§ 1 und 2 BetrAVG und berechneten die Rente entweder nach den bis zum Ausscheiden zurückgelegten Dienstjahren oder aber sie gewähren sie in gleicher Höhe, wie sie sich bei Weiterbeschäftigung bis zum 60., 63. oder 65. Lebensjahr ergeben hätten (vgl. Andresen, a.a.O., Rn. 250 bis 255).

Eine solche Regelung liegt ersichtlich der Vereinbarung der Esso AG mit dem Antragsgegner über seinen Eintritt in den vorzeitigen Ruhestand nach Vollendung des 56. Lebensjahres zugrunde.

Für den Fall der Inanspruchnahme von Vorruhestandsbezügen besteht keine Einigkeit darüber, ob schon mit dem Eintritt in den Vorruhestand das zugrundeliegende Arbeitsverhältnis – und damit die Betriebszugehörigkeit i.S. von § 1587 Abs. 2 Nr. 3 BGB – beendet wurde. Zum einen wird von einem ruhenden Arbeitsverhältnis ausgegangen mit der Folge, dass bei der Berechnung des Ehezeitanteils die Bestimmung des § 1587a Abs. 2 Nr. 3 S. 1a BGB heranzuziehen sei (vgl. Glockner/Uebelhack, Die betriebliche Altersversorgung im Versorgungsausgleich, 1993, Rn. 106; RGRK/Wick, BGB, § 1587a Rn. 233 mit Hinweisen auf die Empfehlungen des 8. DFGT, FamRZ 1990, 24, 26 unter 2d).

Zum anderen wird die Auffassung vertreten, der Arbeitnehmer seit mit dem Eintritt in den Vorruhestand aus dem Arbeitsverhältnis ausgeschieden, und die versorgungsausgleichsrechtliche Berechnung des Ehezeitanteils richte sich demgemäß nach § 1587a Abs. 2 Nr. 3 Satz 1b BGB (Borth, Versorgungsausgleich in anwaltlicher und familiengerichtlicher Praxis, Rn. 309).

Die Frage braucht hier indessen nicht entschieden zu werden. Denn der Antragsgegner ist, wie vorstehend dargelegt, nicht nach Maßgabe des Vorruhestandsgesetzes (nach Vollendung erst des 58. Lebensjahres) in den Vorruhestand mit später anschließendem Altersruhestand getreten und er hat auch von der Esso AG kein Vorruhestandsgeld erhalten, an das sich später ein Altersruhegeld angeschlossen hätte. Er ist vielmehr zum 1.4.1993 vorzeitig in den (endgültigen) Altersruhestand getreten, d.h. **frühpensioniert** worden, und bezieht seither ununterbrochen „Alterspension" von der Esso AG nach denselben Berechnungsgrundlagen, nach denen die Betriebsrente auch bei späterem Ruhestandsbeginn (etwa gem. Pensionsplan 1987 der Esso AG nach Vollendung des 60. oder 65. Lebensjahres) ermittelt worden wären. Unter diesen Umständen ist das Arbeitsverhältnis des Antragsgegners bei der Esso AG und damit seine Betriebszugehörigkeit i. S. von § 1587a Abs. 2 Nr. 5. 3 BGB bei dem Unternehmen mit dem 31.3.1993 beendet worden. Das OLG hat demgemäß den Ehezeitanteil der Betriebsrente zu Recht nach § 1587a Abs. 2 Nr. 3 S. 1b BGB unter Zugrundelegung der **tatsächlichen Gesamtbetriebszugehörigkeit** des Antragsgegners bis zum 31.3.1993 berechnet.

Wie die vorstehenden Ausführungen zeigen, besteht entgegen der Auffassung der weiteren Beschwerde nicht lediglich ein Unterschied in der „Benennung" der verschiedenen Ruhestandsregelungen. Der Vorruhestand nach dem Vorruhestandsgesetz und die vorzeitige (endgültige) Pensionierung haben vielmehr teilweise unterschiedliche Voraussetzungen und Auswirkungen.

. . . In die Betriebszugehörigkeit des Antragsgegners sind die Zeiten vom 1.4.1993 bis zur endgültigen Pensionierung Ende Februar 1997 auch nicht als sog. **vertraglich gleichgestellte Zeiten** gem. § 1587a Abs. 2 Nr. 3 S. 1b BGB einzurechnen. Abgesehen davon, dass die weitere Beschwerde zu Unrecht eine „vorläufige" Pensionierung des Antragsgegners annimmt, würde selbst eine Vereinbarung über eine Vorruhestandsregelung nach dem Vorruhestandsgesetz nicht dazu führen, dass der Zeitraum des Vorruhestandes – vertraglich – gleichgestellte zeit i.S. von § 1587a Abs. 2 Nr. 3 S. 1 BGB zu behandeln wäre (vgl. RGRK/Wick, a.a.O., § 1587a Rn. 234 a.E.).

Soweit die weitere Beschwerde schließlich die Auffassung vertritt, die vorzeitige Pensionierung des Antragsgegners, die auf dessen eigener Entscheidung und seiner Vereinbarung mit der Esso AG beruhe, habe dem Versorgungsanrecht bei Ehezeitende nicht innegewohnt und müsse deshalb bei der Berechnung der Betriebszugehörigkeit außer Betracht gelassen werden, ist ihr auch darin nicht zu folgen. Der Senat hat sich bereits in dem schon erwähnten Beschluss vom 7.2.1990 (FamRZ 1990, 605) mit der Frage befasst, ob und in welcher Weise eine nach Ehezeitende eingetretene Veränderung der – ursprünglich vorgesehenen – Betriebszugehörigkeit bei der Wertermittlung der schuldrechtlichen Ausgleichsrente zu berücksichtigen ist. Er hat dort grundsätzlich entschieden, dass einer solchen nachehelichen Entwicklung Rechnung zu tragen und die Wertermittlung nach dem Maßstab des § 1587a Abs. 2 Nr. 3 S. 1b BGB vorzunehmen ist, wenn die Betriebszugehörigkeit vor dem Erreichen der vorgesehenen festen Altersgrenze – etwa durch Ausscheiden ausm dem Betrieb – vorzeitig beendet worden ist (vgl. hierzu RGRK/Wick, a.a.O., § 1587a Rn. 230; Staudinger/Rehme, BGB, § 1587a Rn. 308). Damit ist zugleich entschieden, dass der ausgleichsberechtigte Ehegatte auf diese Weise an der nachehelichen Entwicklung der Betriebszugehörigkeit des Ausgleichsverpflichteten teilhat. Hieran ist festzuhalten.

BGH, FamRZ 2001, 25 ff.

Die IBM Deutschland GmbH hat mit Auskünften vom . . . gegenüber dem Familiengericht mitgeteilt, die Antragstellerin und der Antragsgegner bezögen seit dem 1.1.1999 bzw. dem 1.1.1994 eine vorgezogene Altersrente (IBM-Pension)". . . Die Firmenrente werde gem. § 16 BetrAVG angepasst. Es handele sich um eine vorgezogene Altersrente, die als lebenslange Rente gewährt werde. Die reguläre Altersgrenze i.S. des Versorgungswerkes sei mit Vollendung des 62. Lebensjahres erreicht. Die Auskunft betreffend die Antragstellerin enthält außerdem den Zusatz:„. Darüber hinaus erhält unsere ehemalige Mitarbeiterin eine Subvention des versicherungsmathematischen Abzugs auf Lebenszeit als freiwillige Leistung unserer Gesellschaft. Nur die vorgezogene Altersrente wird nach den Bestimmungen des Versorgungswerkes gewährt und von uns auch allein als Leistung i.S. des § 1587 ff. BGB angesehen."

Unter diesen Umständen unterliegt die Beurteilung des OLG, dass die Antragstellerin lediglich eine **nicht auszugleichende Überbrückungszahlung** erhalte, rechtlichen Bedenken. Es hätte näherer Feststellungen zum Inhalt der IBM-Versorgungsordnung, insbesondere der Frühpensionierungsregelung, und zu den Einzelheiten des Ausscheidens der Antragstellerin bedurft.

Angesichts der in der Hauptaussage – Bezug jeweils einer „**vorgezogenen Altersrente**" – gleichlautenden Auskünfte der Firma IBM für die Antragstellerin und den Antragsgegner ist schon nicht erkennbar, aus welchem Grund das OLG die der Antragstellerin gewährten Leistungen nicht als vorgezogene Altersrente, sondern als Abfindungsrente bzw. als Überbrückungszahlung bewertet, hingegen bei dem Antragsgegner jedenfalls für möglich hält, dass er sich im vorzeitigen Ruhestand befindet und (vorgezogenes) Altersruhegeld bezieht. Allein die Tatsache, dass der Antragsgegner bei Beendigung seiner Betriebszugehörigkeit das 55. Lebensjahr vollendet hatte, während die Antragstellerin zum 1.1.1999 erst 50 Jahre alt war, rechtfertigt die unterschiedliche Bewertung der beiderseitigen Leistungen – ohne nähere Kenntnis der zugrundeliegenden Versorgungsregelungen – nicht. Im Recht der Betrieblichen Altersversorgung haben sich seit den 70er Jahren zahlreiche Modelle entwickelt, nach denen im Zuge der Flexibilisierung der Altersgrenzen in der gesetzlichen Rentenversicherung unterschiedliche Frühpensionierungsregelungen praktiziert wurden. Dabei wurden die Altersgrenzen der betrieblichen Frühpensionierungen, nicht zuletzt im Hinblick auf die Verlängerung der Bezugsdauer des Arbeitslosengeldes für ältere Arbeitnehmer, zunehmend gesenkt, und zwar bis auf das zu Beginn der 90er Jahre häufig anzutreffende niedrigste Frühpensionierungsalter von 55 Jahren. Noch niedrigere Altersgrenzen waren sehr selten. Sie waren aber ersichtlich nicht ausgeschlossen, wobei zu beachten ist, dass die Altersgrenze für Frauen nicht selten niedriger festgesetzt war als diejenige für Männer. Nachdem die Firma IBM in ihrer Auskunft . . . die der Antragstellerin gewährte Leistung ausdrücklich als „vorgezogene Altersrente" bezeichnet und damit einen Ausdruck verwendet hat, der für eine vorzeitigre Pensionierung mit Bezug von vorgezogenem Altersruhegeld spricht, ist die Kenntnis der allgemeinen Versorgungsregelung der Firma IBM und ihrer individuellen Vereinbarungen mit der Antragstellerin erforderlich zur Beurteilung des für den Versorgungsausgleich maßgeblichen Rechtscharakters der „Versorgung", die die Antragstellerin bezieht.

Sollte sich bei näherer Prüfung der getroffenen Vereinbarungen herausstellen, dass die Antragstellerin – entgegen der von der Firma IBM verwendeten Ausdrucksweise „Vorgezogene Altersrente" – tatsächlich eine Abfindung oder eine Überbrückungszahlung (in Rentenform) erhält, die nicht dem Zweck einer Versorgung für das Alter im Anschluss an die Beendigung des aktiven Arbeitslebens dienen soll (vgl. BGH, FamRZ 1988, 936, 938), so läge in der Tat noch keine Versorgung i.S. des § 1587g Abs. 1 BGB auf Seiten der Berechtigten vor (vgl. RGRK/Wick, BGB, 12. Aufl., § 1587g Rn. 9; Soergel/Vorwerk, BGB, § 1587g Rn. 6, jeweils mit Hinweis auf § 1587 BGB; Borth, Versorgungsausgleich in der anwaltlichen und familiengerichtlichen Praxis, Rn. 296, 45).

Falls die Antragstellerin hingegen, wie die Formulierung der Auskunft der Firma IBM nahe legt, mit dem 31.12.1998 vorzeitig in den Ruhestand getreten ist und seit dem 1.1.1999 ein vorgezogenes Altersruhegeld bezieht, könnte sie den schuldrechtlichen Ausgleich nach § 1587g Abs. 1 S. 2 BGB verlangen. Die Tatsache, dass die Antragstellerin zum 1.1.1999 die Voraussetzungen für den Bezug einer (Alters- oder Invaliditäts-)Versorgung aus der gesetzlichen Rentenversicherung noch nicht erfüllt, stünde der Durchführung des schuldrechtlichen Versorgungsausgleichs nicht entgegen. Das Gesetz knüpft bei der Regelung der Fälligkeit der Ausgleichsrente in § 1587g Abs. 1 Satz 2 BGB – in der ersten Alternative der Voraussetzungen auf Seiten des Berechtigten – allein an die „Erlangung einer Versorgung" an. Eine Einschränkung hinsichtlich der Art der Versorgung, etwa i. S. einer Begrenzung auf die gesetzliche Rentenversicherung und die Beamtenversorgung oder ähnliches, ist weder dem Wortlaut noch dem Sinn und Zweck des § 1587g BGB zu entnehmen. Es kann vielmehr jede Art einer Versorgung der in § 1587a Abs. 2 BGB genannten Art (§ 1587 Abs. 1 Satz 1 BGB) sein (vgl. Soergel/Vorwerk, a.a.O., Rn. 6; RGRK/Wick, BGB, a. a. O., Rn. 9; Johannsen/Henrich/Hahne, Eherecht, § 1587g BGB Rn. 8).

Bezieht der Ausgleichsberechtigte aufgrund einer betrieblichen Frühpensionierungsregelung vor Erreichen des 60. Lebensjahres und Erfüllung der Voraussetzungen für den Bezug des gesetzlichen Altersruhegeldes eine betriebliche Altersversorgung, so hindert dies – falls der Ausgleichspflichtige seinerseits eine schuldrechtlich auszugleichende Versorgung erlangt hat – die Durchführung des schuldrechtlichen Versorgungsausgleichs nicht. Der schuldrechtliche Versorgungsausgleich ist eine selbstständige Ausgleichsform, die dem Berechtigten die Teilhabe an der in der Ehezeit erworbenen (hier) betrieblichen Altersversorgung des Ausgleichspflichtigen sichern soll, wenn und sobald diese bezogen wird und der Berechtigte eine der in § 1587g Abs. 1 Satz 2 BGB genannten Voraussetzungen erfüllt. . . .

Schließlich führt der schuldrechtliche Versorgungsausgleich dazu, dass die beiderseits in der Ehezeit erlangten Anrechte auf betriebliche Altersversorgung durch gegenseitige Saldierung ausgeglichen werden (vgl. Johannsen/Henrich/Hahne, a.a.O., § 1587g BGB, Rn. 2). Der Rechtsgrund dieser Regelung, die Teilhabe an den innerhalb der ehelichen Lebensgemeinschaft angefallenen (und nicht öffentlich-rechtlich ausgeglichenen) Versorgungswerten zu gewährleisten (vgl. Johannsen/Henrich/Hahne, a.a.O., § 1587 BGB Rn. 18), rechtfertigt die Durchführung des Versorgungsausgleichs schon zu dem Zeitpunkt, zu dem – wie hier zu unterstellen – beide Ehegatten die betriebliche Alters-(oder Invaliditäts-)Versorgung erlangt haben unabhängig davon, ob auch die Voraussetzungen für den Bezug der (bereits im öffentlich-rechtlichen Versorgungsausgleich ausgeglichenen) gesetzlichen Altersversorgung erfüllt sind.

BGH, FamRZ 2001, 27 ff.

Wiederheirat 59

Die in der ersten, im Jahre 1963 geschiedenen, Ehe der Parteien erworbenen Versorgungsanrechte sind nicht in den Versorgungsausgleich einzubeziehen (ebenso OLG Bremen, FamRZ 1979, 826; Palandt/Diederichsen, BGB, § 1587 BGB Anm. 3). Der Versorgungsausgleich betrifft allein die Versorgungsanwartschaften und -aussichten, die während der zu scheidenden Ehe erworben worden sind. Etwas anderes ergibt sich auch nicht daraus, dass sich die Parteien bei der Scheidung ihrer ersten Ehe darüber einig waren, dass die anderweitige Ehe des Ehemannes nur der „Legalisierung" eines Kindes dienen sollte, und von vornherein planten, ihre Ehe „fortzuführen" und sobald wie möglich wieder zu heiraten. Dies würde selbst dann gelten, wenn davon auszugehen wäre, dass die Parteien das damalige Scheidungsurteil durch eine Irreführung des Gerichts erschlichen haben; Parteien, die ein Scheidungsurteil einverständlich herbeigeführt haben, haben die vermögensrechtlichen Konsequenzen der Scheidung hinzunehmen (s. WarnRspr. 28 Nr. 175; JW 1938, 1263).

Für den Versorgungsausgleich kommt es daher allein auf die 1964 eingegangene (zweite) Ehe der Parteien an. Eine Berücksichtigung der früheren Ehe aus Billigkeitsgründen scheidet aus. Nach dem Gesetz kommt zur Vermeidung von Härten lediglich eine Herabsetzung, nicht dagegen seine Erhöhung in Betracht.

BGH, FamRZ 1982, 1193

→ *Gesetzliche Rentenversicherung: ungeklärte Zeiten*

OLG Bamberg, FamRZ 1996, 1421

Zusatzversorgungen des öffentlichen Dienstes 256 f., 297 f.
– Beschwerdeberechtigung einer öffentlich-rechtlichen Zusatzversorgungskasse
→ *Rechtsmittel*
BGH, FamRZ 1996, 482

– Ehezeitanteil bei Gesamtversorgungen 319 f.
Den Wert des Ehezeitanteils der Versorgung hat die **Versorgungsanstalt der Deutschen Bezirksschornsteinfegermeister** – VdBS – zutreffend nach dem Zeit/Zeitverhältnis gem. § 1587a Abs. 2 Nr. 4 b BGB ermittelt (vgl. Schwab/Hahne, Handbuch des Scheidungsrechts, Bd. VI, Rn. 134). Die Versorgung ist als Gesamtversorgung aus Leistungen der VdBS und (darauf anzurechnender) Rente aus der gesetzlichen Rentenversicherung ausgestaltet, die (als Gesamtversorgung) eine festgesetzte Höchstgrenze nicht überschreiten darf. Die VdBS hat in der Auskunft v. 18. 11. 1993 unter Berücksichtigung des Werts, bis zu dem eine Kürzung gem. § 29 Satz 3 Schornsteinfegergesetz (SchfG) unterbleibt, den Ehezeitanteil unter Berücksichtigung der Kürzung nach Maßgabe der sog. VBL-Methode zutreffend ermittelt (vgl. BGH, FamRZ 1995, 88, 89, 90; dort die 2. Berechnungsmethode). Dem Wertausgleich ist daher der als Mindestversorgung bezeichnete Betrag zugrunde zu legen.
OLG Karlsruhe, FamRZ 1996, 553, 554
→ *Umrechnung: volldynamische Versorgungen*

– Versorgungsrente
→ *Versorgungsrente der VBL*

Zwangsmittel
→ *Auskunftspflichten: Zwangsmittel*
KG, FamRZ 1997, 216; OLG Nürnberg, FamRZ 1997, 216, 217

Abschnitt 3: Arbeits- und Beratungshilfen

933

1. Detaillierte Checkliste Versorgungsausgleich ☑

a) **Vorbereitung eines Verfahrens**

1. Ist ein Versorgungsausgleich ausgeschlossen durch Ehevertrag?	Vertrag (formlos) aufgehoben worden? Jahresfrist, § 1408 Abs. 2 Satz 2 BGB? Form? Sittenwidrig? Wegfall der Geschäftsgrundlage?

2. Scheidet ein Versorgungsausgleich aus Gründen des IPR aus?	Anwendbares Recht, Art. 17 Abs. 3 EGBGB? Antrag nach Art. 17 Abs. 3 Satz 2 EGBGB? Voraussetzungen des Art. 17 Abs. 3 Satz 2 EGBGB erfüllt? Höhere Inlandsrenten des anderen Ehegatten? Einfache Unbilligkeit? Entscheidung im Verbund oder isoliert?

3. Soll ein Versorgungsausgleich jetzt ausgeschlossen oder modifiziert werden?	Durch Ehevertrag? Form? Notar oder postulationsfähiger Anwalt? Jahresfrist? Oder Vereinbarung nach § 1587o BGB? Form? Notar oder postulationsfähiger Anwalt? Genehmigungsfähig?

4. Berufliche Biografie und Anhaltspunkte für Rentenanwartschaften beider Eheleute	
Ehefrau Unterlagen	**Ehemann** Unterlagen
Ausbildung von ... bis ...	Ausbildung von ... bis ...
Arbeitnehmerin von ... bis ...	Arbeitnehmer von ... bis ...
Versicherungsträger Vers. Nr.	Versicherungsträger Vers. Nr.
BU-/EU-/Alters-Rentnerin	BU-/EU-/Alters-Rentner
Höhe der Rente	Höhe der Rente
Gesetzliche Unfallrente	Gesetzliche Unfallrente

1. Detaillierte Checkliste Versorgungsausgleich

Beamtin	auf Probe	auf Zeit	Beamter	auf Probe	auf Zeit
	auf Widerruf	auf Lebenszeit		auf Widerruf	auf Lebenszeit

Dienstherr		Dienstherr	
von ... bis ..., seit ...		von ... bis ..., seit ...	
Früh-/Pensionärin		Früh-/Pensionär	
Höhe der Pension		Höhe der Pension	

Kinderbetreuung für ... von ... bis ...	

Betriebliche Altersversorgung: Arbeitgeber/ Tarifvertrag			
Höhe gezahlter Rente		Höhe gezahlter Rente	

Landwirtschaftliche Altersversorgung	

Zusatzversorgung des öffentlichen Dienstes, Kirchen	

selbständig als ... seit ...		selbständig als ... seit ...	
Berufsständische Versorgung			
Mehrfachversorgungen, vor allem bei Ärzten			

Lebensversicherungen	
auf Renten/Option	
auf Kapital/Option	

Ausländische Versorgungen mit/ohne Geschiedenen-Hinterbliebenenversorgung	

Andere Formen der Vorsorge für Invalidität und/oder Alter wie Immobilien, Wertpapiere, Unternehmensbeteiligungen, u. a.	

5. Probleme zum Zeitpunkt des Versorgungsausgleich	Probleme zum Ehezeitende: Steht Ausscheiden aus dem Beamtenverhältnis bevor?	Mit dem Antrag warten
	Soll Nachversicherung nicht in die Ehezeit fallen?	oder
	Soll Kapitaloption bei einer LV vor Ehezeitende ausgeübt werden, vor allem bei Gütertrennung?	Verfahren verzögern oder
	Probleme zum Entscheidungszeitpunkt: Soll Rentner-/Pensionistenprivileg gesichert werden?	Abtrennung

b) Einleitung eines Verfahrens

1. Antrag	Ausnahmsweise erforderlich? Postulationsfähiger Anwalt?
2. Auskunftsformulare In der Praxis vorhanden? Schon mit dem Scheidungsantrag einreichen? Für beide Eheleute?	mit Kontenklärungsantrag und Antrag auf Anerkennung von Kindererziehungszeiten
3. Antrag auf anderweitige Regelung (§ 1587b Abs. 4 BGB)	Voraussetzungen erfüllt? Ausgleichsberechtigte(r) Beamte(r) bei relativ kurzer Ehezeit oder geringer Einkommensdifferenz? Unfallrente beim Ausgleichsberechtigten?

c) Förderung eines laufenden Verfahrens

1. Siehe b 2 und b 3	
2. Bekannte Daten aus der beruflichen Biografie des anderen Ehegatten dem Gericht und Versicherungsträger mitteilen	Siehe Eintragungen in vorstehender Checkliste
3. Verfahrensabkürzende Vereinbarungen	Verzicht des Ausgleichsberechtigten auf Ausgleich schwer ermittelbarer oder schwer bzw. gar nicht zu bewertender Anwartschaften des Ausgleichspflichtigen mit oder ohne Gegenleistung?

4. Auskunfts-/Mitwirkungspflicht des anderen Ehegatten	Zwangsgeld nach § 11 VAHRG gegen anderen Ehegatten anregen (Amtsbetrieb); Auskunftsantrag nach § 1587e BGB stellen und ggf. vollstrecken (Parteibetrieb!)
5. Abtrennung nach § 628 ZPO	Voraussetzungen erfüllt? Abtrennung sinnvoll?
6. Nach längerem Ruhen oder Aussetzung des Verfahrens: neue Ehezeit?	s. BGH, FamRZ 1980, 552; 1986, 335

d) Kontrolle eingehender Versorgungsauskünfte

1. Ehezeit richtig? § 1587 BGB:	1. . . . bis . . .

2. Gesetzliche Rentenversicherung:	Ehefrau	Ehemann
Keine ungeklärten Zeiten?		
Ausbildungszeiten vollständig?		
Kommt es auf Klärung vorehelicher Lücken an?		
Ja, bei Gesamtleistungsbewertung		
Nein, nur Pflichtbeiträge in der Ehe		
Ehezeitanteil aus gezahlter Rente?		
Zurechnungszeit richtig?		
Freiwillige Beiträge richtig berücksichtigt?		
Kindererziehungszeiten?		
Außer „normalen" Anwartschaften nach Höherversicherung?		
Angleichungsdynamische Anrechte?		

3. Beamtenversorgung	Ehefrau	Ehemann
Dienstzeiten vollständig?		
„Kann-Zeiten"?		
Teilzeitbeschäftigung/Urlaub?		
Ruhegehaltsfähige Dienstbezüge richtig?		
Ruhensberechnung nach § 55 BeamtVG?		

4. Betriebliche Altersversorgung	Ehefrau	Ehemann
Alle Auskünfte eingeholt?		
Tarifvertragliche Zusatzversorgung wie bei Bäckern, Malern, Redakteuren, öffentlich geförderten Einrichtungen (VBLU)?		

Teil 9 Abschnitt 3: Arbeits- und Beratungshilfen

Angabe zur Unverfallbarkeit richtig?		
Unverfallbarkeit demnächst: Berechnung schon angefordert?		
Realteilung?		
Volle Versorgung oder Ehezeitanteil mitgeteilt?		
Gesamtbetriebszugehörigkeit richtig?		
Mitgeteilter Wert konkret nachvollziehbar?		
Konkrete Berechnung und Satzung?		
Angaben zur Dynamik nachvollziehbar?		
In der Anwartschafts-, Leistungsphase?		
Bei Direktversicherung/Pensionskasse:		
Wird aus individuellem Deckungskapital finanziert? Höhe?		
Versicherungsvertragliche Lösung vereinbart?		
Kapitalabfindung vereinbart?		
Bei sog. Überschussanteilen, insbesondere bei BVV:		
Ehezeitanteile von Stamm- und Überschussrente unterschiedlich?		
Gesondert berechenbare Anteile für Hinterbliebenenversorgung vorhanden?		

5. Zusatzversorgung des öffentlichen Dienstes	Ehefrau	Ehemann
Was ist unverfallbar:		
Versicherungsrente oder Versorgungsrente?		
Werthöchste Rente (ggf. nach Umrechnung)?		
Besitzstandsrente?		

6. Lebensversicherungen	Ehefrau	Ehemann
Realteilung?		
Wahlrechte? ausgeübt?		
Voreheliche Anteile herausgerechnet?		
Bei Berufsunfähigkeitsversicherung:		
Wird schon gezahlt?		

7. Sonstige Versorgungsanrechte	Ehefrau	Ehemann
Bewertungsmaßstäbe?		
Vereinbarungsmöglichkeiten?		

e) Überprüfung der gerichtlichen Entscheidung

1. Alle zu beteiligenden Versorgungsträger aufgeführt?	
2. Bewertung der Anwartschaften richtig?	Ehezeitanteil richtig? Barwert oder Deckungskapital? Dynamik richtig bewertet?
3. Gesamtausgleich richtig?	Billigkeitsentscheidungen überzeugend?
4. Einzelausgleich (Reihenfolge) richtig?	Ermessen nach § 3b Abs. 1 Nr. 1 VAHRG richtig angewandt?
5. Grenzwerte und Höchstbetrag eingehalten?	Grenzwert nach § 3b Abs. 1 Nr. 1 VAHRG; Höchstbetrag nach § 1587b Abs. 5 BGB
6. Ausschlussvereinbarung zu Unrecht übergangen?	
7. Modifizierende Vereinbarung richtig berücksichtigt?	
8. Anderweitige Entscheidung nach § 1587b Abs. 4 BGB angemessen?	

f) Ausblick auf weitere Verfahren

1. Beitragszahlungen	Bei Einmalzahlung: Wurde rechtzeitig der Gesamtbetrag gezahlt? Sonst: Vollstreckung? Anpassung? Bei Raten: Rechtzeitig Anpassung beantragen; Hinweis auf schuldrechtlichen Ausgleich bei Nichtzahlung
2. Künftiger schuldrechtlicher Ausgleich	Wegen folgender auszugleichender Versorgungen des Ausgleichspflichtigen: Voraussetzungen, Fälligkeit; Antragserfordernis; Kein Anwaltszwang
3. Künftiger verlängerter schuldrechtlicher Ausgleich	Wegen folgender auszugleichender Versorgungen: Voraussetzungen, Fälligkeit; Antragserfordernis; Kein Anwaltszwang
4. Künftige Abänderungsverfahren	Voraussetzungen

2. Anschriften wichtiger Versorgungsträger

a) Gesetzliche Rentenversicherung

aa) Bundesversicherungsanstalt für Angestellte

- Ruhrstraße 2, 10704 Berlin

bb) Landesversicherungsanstalten

- Landesversicherungsanstalt Baden, Gartenstr. 105, 76135 Karlsruhe
- Landesversicherungsanstalt Berlin, Messedamm 1, 14057 Berlin
- Landesversicherungsanstalt Brandenburg, Kosmonautensteig 16, 15236 Frankfurt
- Landesversicherungsanstalt Braunschweig, Kurt-Schumacher-Str. 20, 38102 Braunschweig
- Landesversicherungsanstalt Freie und Hansestadt Hamburg, Überseering 10, 22297 Hamburg
- Landesversicherungsanstalt Hannover, Lange Weihe 2, 30880 Laatzen
- Landesversicherungsanstalt Hessen, Städelstr. 28, 60596 Frankfurt
- Landesversicherungsanstalt Mecklenburg-Vorpommern, Neustrelitzer Str. 120, Block D, 17033 Neubrandenburg
- Landesversicherungsanstalt Niederbayern-Oberpfalz, Am Alten Viehmarkt 2, 84028 Landshut
- Landesversicherungsanstalt Oberbayern, Thomas-Dehler-Str. 3, 81737 München
- Landesversicherungsanstalt Oberfranken und Mittelfranken, Wittelsbacherring 11, 95444 Bayreuth
- Landesversicherungsanstalt Oldenburg-Bremen, Huntestr. 11, 26135 Oldenburg
- Landesversicherungsanstalt Oldenburg-Bremen, Geschäftsstelle Bremen, Schwachhauser Str. 23 – 24, 28209 Bremen
- Landesversicherungsanstalt Rheinland-Pfalz, Eichendorffstr. 4 – 6, 67346 Speyer
- Landesversicherungsanstalt Rheinprovinz, Königsallee 71, 40215 Düsseldorf
- Landesversicherungsanstalt Sachsen, Georg-Schumann-Str. 146, 04159 Leipzig
- Landesversicherungsanstalt Sachsen-Anhalt, Paracelsusstr. 21, 06114 Halle
- Landesversicherungsanstalt für das Saarland, Martin-Luther-Str. 2 – 4, 66111 Saarbrücken
- Landesversicherungsanstalt Schleswig-Holstein, Kronsforder Allee 2 – 6, 23560 Lübeck
- Landesversicherungsanstalt Schwaben, An der Blauen Kappe 18, 86152 Augsburg
- Landesversicherungsanstalt Thüringen, Kranichfelder Str. 3, 99097 Erfurt
- Landesversicherungsanstalt Unterfranken, Friedenstr. 14, 97072 Würzburg
- Landesversicherungsanstalt Westfalen, Gartenstr. 194, 48147 Münster
- Landesversicherungsanstalt Württemberg, Adalbert-Stifter-Str. 105, 70437 Stuttgart

cc) Bundesknappschaft

- Verwaltungsstelle Aachen, Monheimsallee 22, 52062 Aachen
- Geschäftsstelle Berlin, Hirschbergerstraße 4a, 10317 Berlin
- Hauptverwaltung Bochum, Pieperstraße 14 – 28, 44789 Bochum
- Verwaltungsstelle Hannover, Siemensstraße 7, 30173 Hannover
- Geschäftsstelle Kassel, Kölnische Straße 73, 34117 Kassel

- Verwaltungsstelle Köln, Werderstr. 1, 50672 Köln
- Geschäftsstelle Moers, Bankstr. 37, 47441 Moers
- Verwaltungsstelle München, Friedrichstr. 19, 80801 München
- Verwaltungsstelle Saarbrücken, St. Johanner Str. 46 – 48, 66111 Saarbrücken
- Geschäftsstelle Siegen, Herrengarten 1, 57072 Siegen
- Geschäftsstelle Weilburg, Wilhelmstr. 11, 35781 Weilburg

dd) Bahnversicherungsanstalt

- Hauptverwaltung, Karlstr. 4 – 6, 60329 Frankfurt
- Bezirksleitung Karlsruhe, Erbprinzenstr. 27, 76133 Karlsruhe
- Bezirksleitung Kassel, Kölnische Str. 81, 34117 Kassel
- Bezirksleitung Münster, Bahnhofstr. 1 – 3, 48143 Münster
- Bezirksleitung Rosenheim, Bahnhofstr. 14, 83022 Rosenheim
- Bezirksleitung Wuppertal, Döppersberg 41, 42098 Wuppertal

ee) Seekasse

- Rentenversicherungsanstalt für Seeleute, Reimerstwiete 2 (Seehaus), 20457 Hamburg

b) Beamtenversorgung

aa) Bundeseisenbahnvermögensdienststellen

Anstelle der früheren **Bundesbahndirektionen** sind jetzt zu beteiligen die Dienststellen des **Bundeseisenbahnvermögens:**

Dienststelle Berlin, Hallesches Ufer 74 – 76, 10963 Berlin
Dienststelle Essen, Bismarckplatz 1, 45128 Essen
Dienststelle Frankfurt, Friedrich-Ebert-Anlage 35, 60327 Frankfurt am Main
Dienststelle Frankfurt, Außenstelle Saarbrücken, Am Hauptbahnhof 4, 66111 Saarbrücken
Dienststelle Hannover, Joachimstr. 8, 30159 Hannover
Dienststelle Hannover, Außenstelle Hamburg, Museumstr 39, 22765 Hamburg
Dienststelle Karlsruhe, Lammstr. 19, 76133 Karlsruhe
Dienststelle Karlsruhe, Außenstelle Stuttgart, Heilbronner Str. 7, 70174 Stuttgart
Dienststelle Köln, Konrad-Adenauer-Ufer 3 – 5, 50668 Köln
Dienststelle München, Richelstr. 3, 80643 München
Dienststelle Nürnberg, Sandstr. 38 – 40, 90443 Nürnberg

bb) Bundeswehr

Als Beteiligter ist zu rubrizieren:
Bundesrepublik Deutschland,
vertreten durch die Wehrbereichsverwaltung III,
Wilhelm-Raabe-Str. 46, Düsseldorf;

Teil 9 Abschnitt 3: Arbeits- und Beratungshilfen

Für die Erteilung von Auskünften zuständig ist das örtlich zuständige Wehrbereichsgebührnisamt, nämlich:

Wehrbereichsgebührnisverwaltung I
Dez III 3 – Besoldung –
Rostocker Str. 18 – 20, 24106 Kiel

Wehrbereichsgebührnisverwaltung II
Dez III 3 – Besoldung –
Fliegerstraße 11, 30179 Hannover

Wehrbereichsgebührnisverwaltung III
Dez III 3 – Besoldung –
Wilhelm-Raabe-Str. 46, 40470 Düsseldorf

Wehrbereichsgebührnisverwaltung IV
Dez III 3 – Besoldung –
Abraham-Lincoln-Str. 13, 65189 Wiesbaden

Wehrbereichsgebührnisverwaltung V
Dez III 3 – Besoldung –
Postfach 561206, 70369 Stuttgart

cc) Ehemalige Oberpostdirektion

An die Stelle der früheren **Oberpostdirektionen** sind jetzt getreten

- **für die sog. gelbe Post:**
    - bei Beamten: die Bundesrepublik Deutschland, vertreten durch die Deutsche Post AG, Direktion, Versorgungszentrum;
    - bei Arbeitern und Angestellten: Deutsche Post Rentenservice, Abteilung Betriebsrenten, 70442 Stuttgart;
- **für die sog. graue Post:**
    - bei Beamten: die Bundesrepublik Deutschland, vertreten durch die Deutsche Telekom AG, Direktion, Versorgungszentrum;
    - bei Angestellten und Arbeitern: Deutsche Telekom AG, Competence Center Personalmanagement, Friedrich-Ebert-Allee 40, 53113 Bonn c/o Beschäftigungsniederlassung des Versorgungsberechtigten;
- **für die sog. blaue Post:**
    - bei Beamten: die Bundesrepublik Deutschland, vertreten durch die Postbank AG, Direktion, Versorgungszentrum;
    - bei Arbeitern und Angestellten: Deutsche Post Rentenservice, Abteilung Betriebsrenten, 70442 Stuttgart.

c) Betriebliche und berufsständische Altersversorgung

aa) Einzelne:

- Zusatzversorgungskasse des Deutschen **Bäckerhandwerks** VVaG, Bondorferstr. 23, 53604 Bad Honnef
- Zusatzversorgungskasse des **Baugewerbes** VVaG, Salierstraße 6, 65189 Wiesbaden; Tel.: 06 11-7 07-0
- Zusatzversorgungskasse der Deutschen **Brot- und Backwarenindustrie** VVaG, In den Diken 33, 40472 Düsseldorf, Tel.: 02 11-65 23 64

- Zusatzversorgungskasse des **Maler- und Lackiererhandwerks** VVaG, John-F.-Kennedy-Str. 6, 65189 Wiesbaden, Tel.: 06 11-76 30-0
- Versorgungswerk der Presse GmbH und Versorgungskasse der **Deutschen Presse,** Postfach 10 50 62, 70044 Stuttgart
- Zusatzversorgungskasse des **Steinmetz- u. Steinbildhauerhandwerks** VVaG, Washingtonstr. 75, 65189 Wiesbaden, Tel.: 06 11-70 28 96

bb) **Zusatzversorgung des öffentlichen Diensts:**

- Zusatzversorgungskasse des **Kommunalen Versorgungsverbandes Baden-Württemberg,** Daxlander Str. 74, 76185 Karlsruhe, Tel.: 07 21-59 85-0
- Zusatzversorgungskasse d. **Gemeinden u. Gemeindeverbände in Darmstadt,** Bartningstr. 55, 64289 Darmstadt, Tel.: 06 15 1-7 06-0
- **Hamburger Ruhegeldgesetz:** Senat der Freien und Hansestadt Hamburg, Personalamt, Besoldungs- und Versorgungsstelle, Kurt-Schumacher-Allee 6, 20097 Hamburg, Tel.: 0 40/35 04-0
- Zusatzversorgungskasse der **Gemeinden und Gemeindeverbände des Regierungsbezirkes Kassel,** Kölnische Str. 42, 34117 Kassel, Tel.: 05 61-78 89-5 55
- Zusatzversorgungskasse des **Saarlandes,** Fritz-Dobisch-Str. 12, 66111 Saarbrücken, Tel.: 06 81-4 00 03-0
- Versorgungsanstalt des Bundes und der Länder **(VBL),** Hans-Thoma-Str.19, 76128 Karlsruhe
- Versorgungsanstalt der Post **(VAP),** Sonderstelle Versorgungsausgleich, Postfach 30 06 00, 70466 Stuttgart, Tel.: 07 11/13 56-0
- Bahnversicherungsanstalt Teil B **(BVA),** Bahnhofstraße 1, 48135 Münster, Tel.: 02 51/6 91 34 23
- Norddeutscher Rundfunk **(NDR),** Rothenbaumchaussee 132, 20149 Hamburg, Tel.: 0 40/41 56-0

cc) **Zusatzversorgung der großen Religionsgemeinschaften**

- Kirchliche Zusatzversorgungskasse der Diözesen Deutschlands, Postfach 10 20 64, 50460 Köln
- Kirchliche Zusatzversorgungskasse **(ZVK Darmstadt),** Holzhofallee 17a, 64295 Darmstadt

935 3. Umrechnung von Rentenanwartschaften und Entgeltpunkten

a) Die Umrechnung von Rentenanwartschaften in Entgeltpunkte

Die Umrechnung erfolgt in Umkehrung der Rentenformel (vgl. Rn. 192) nach der Formel:

Rentenanwartschaften in DM (bis 31. 12. 2001 in DM): aktueller Rentenwert = Entgeltpunkte

Hinweis zur Euro-Umstellung zum 1. 1. 2002:

Bei der Umrechnung darf nicht willkürlich zwischen DM und Euro gesprungen werden, da es sonst zu fehlerhaften Ergebnissen kommt. Bei Rentenauskünften mit **Ehezeitende bis 31. 12. 2002** sollte von **DM-Beträgen** und erst bei Ehezeitende nach dem 1. 1. 2002 von Euro-Beträgen ausgegangen werden. Rechnet man entsprechend den Auskünften der Versorgungsträger auch bei einem Ehezeitende vor dem 1. 1. 2002 mit einem Euro-Betrag, darf bei der Umrechnung nicht der DM-bezogene Umrechnungswert für die Zeit vom 1. 7. bis 31. 12. 2001 genommen werden, sondern es muss mit dem Euro-bezogenen Umrechnungswert für die Zeit vom 1. 1. bis 30. 6. 2002 gerechnet werden.

b) Umrechnung von Entgeltpunkten in Rentenanwartschaften

Entsprechend der Rentenformel (a. a. O.) wird hier nach folgender Formel umgewandelt:

Entgeltpunkte x aktueller Rentenwert = Monatsrente (bis 31. 12. 2001 in DM, ab 1. 1. 2002 in €)

Wegen des unterschiedlichen Rentenartfaktors der knappschaftlichen Renten (x 1,333; vgl. § 86 Abs. 1 SGB VI) erhöht sich der Teilungs- bzw. Multiplikationsfaktor für diese Renten auf den nachstehend aufgeführten Wert.

Tabelle 1

Ehezeitende im Jahr	Aktueller Rentenwert	Teilungsfaktor für Knappschaft	aktueller Rentenwert (Ost)	Teilungsfaktor für Knappschaft
1977	25,20	33,5992		
1. Halbjahr 1978	27,01	36,0124		
2. Halbjahr 1978	26,34	35,1191		
1979	26,34	35,1191		
1980	27,39	36,5191		
1981	28,48	37,9724		
1982	30,12	40,1590		
1. Halbjahr 1983	30,12	40,1590		
2. Halbjahr 1983	31,81	42,4123		
1. Halbjahr 1984	31,81	42,4123		
2. Halbjahr 1984	32,89	43,8522		
1. Halbjahr 1985	32,89	43,8522		
2. Halbjahr 1985	33,87	45,1589		
1. Halbjahr 1986	33,87	45,1589		

3. Umrechnung von Rentenanwartschaften und Entgeltpunkten

Ehezeitende im Jahr	Aktueller Rentenwert	Teilungsfaktor für Knappschaft	aktueller Rentenwert (Ost)	Teilungsfaktor für Knappschaft
2. Halbjahr 1986	34,86	46,4788		
1. Halbjahr 1987	34,86	46,4788		
2. Halbjahr 1987	36,18	48,2388		
1. Halbjahr 1988	36,18	48,2388		
2. Halbjahr 1988	37,27	49,6921		
1. Halbjahr 1989	37,27	49,6921		
2. Halbjahr 1989	38,39	51,1854		
1. Halbjahr 1990	38,39	51,1854		
2. Halbjahr 1990	39,58	52,7720	15,95	21,2661
1. Halbjahr 1991	39,58	52,7720	18,35	24,4661
2. Halbjahr 1991	41,44	55,2520	21,11	28,1460
1. Halbjahr 1992	41,44	55,2520	23,57	31,4259
2. Halbjahr 1992	42,63	56,8386	26,57	
1. Halbjahr 1993	42,63	56,8386	28,19	37,5857
2. Halbjahr 1993	44,49	59,3185	32,17	42,8923
1. Halbjahr 1994	44,49	59,3185	33,34	44,4522
2. Halbjahr 1994	46,00	61,3318	34,49	45,9855
1. Halbjahr 1995	46,00	61,3318	35,45	47,2655
2. Halbjahr 1995	46,23	61,6385	36,33	48,4388
1. Halbjahr 1996	46,23	61,6385	37,92	50,5587
2. Halbjahr 1996	46,67	61,2251	38,38	51,1721
1. Halbjahr 1997	46,67	62,2251	38,38	51,1721
2. Halbjahr 1997	47,44	63,2518	40,51	54,0120
1. Halbjahr 1998	47,44	63,2518	40,51	54,0120
2. Halbjahr 1998	47,65	63,5175	40,87	54,4797
1. Halbjahr 1999	47,65	63,5175	40,87	54,4797
2. Halbjahr 1999	48,29	64,3706	42,01	55,9993
1. Halbjahr 2000	48,29	64,3706	42,01	55,9993
2. Halbjahr 2000	48,58	64,77	42,26	56,35
1. Halbjahr 2001	48,58	64,77	42,26	56,35
2. Halbjahr 2001	49,51	60,0168	43,15	57,5319
1. Halbjahr 2002	25,31406	33,75124	22,06224	29,41558
2. Halbjahr 2002	25,86	34,4791	22,70	30,2659

Ehezeitende im Jahr	Aktueller Rentenwert	Teilungsfaktor für Knappschaft	aktueller Rentenwert (Ost)	Teilungsfaktor für Knappschaft
1. Halbjahr 2003	25,86	34,4791	22,70	30,2659
2. Halbjahr 2003	26,13	34,8313	22,97	30,6190

Besonderheiten gelten für den Allgemeinen Rentenwert und allgemeinen Rentenwert (Ost) in der Alterssicherung der Landwirte (vgl. §§ 23 Abs. 1, Abs. 4, 25, 26 des Gesetzes über die Alterssicherung der Landwirte – ALG – i. d. F. d. Art. 1 des Gesetzes zur Reform der agrarsozialen Sicherung – Agrarsozialreformgesetz 1995 – v. 29. 7. 1994, BGBl. I S. 1890).

Tabelle 1a

	Allgemeiner Rentenwert	Allgemeiner Rentenwert (Ost)
01 – 06/95	21,24	16,37
02 – 12/95	21,35	16,78
01 – 06/96	21,35	17,51
07 – 12/96	21,55	17,72
01 – 06/97	21,55	17,72
07 – 12/97	21,91	18,70
01 – 06/98	21,91	18,70
07 – 12/98	22,01	18,87
01 – 06/99	22,01	18,87
07 – 12/99	22,30	19,40
01 – 06/2000	22,30	19,40
07 – 12/2000	22,43	19,52
01 – 06/2001	22,43	19,52
07 – 12/2001	22,86	19,93
01 – 06/2002	€ 11,68813	€ 10,19005
07 – 12/2002	€ 11,94	€ 10,48
01 – 06/2003	€ 11,94	€ 11,94
07 – 12/2003	€ 12,60	€ 10,60

c) **Umrechnung von Entgeltpunkten in Beiträge**

Zu dieser Umrechnung bedarf es folgender Formel:

Entgeltpunkte x Umrechnungsfaktor 1 = Beiträge (bis 31. 12. 2001 in DM; ab 1. 1. 2002 in €)

3. Umrechnung von Rentenanwartschaften und Entgeltpunkten

d) Umrechnung von Beiträgen in Entgeltpunkte

Im Prinzip wird nach der umgekehrten Formel umgerechnet, der einfacheren Rechnung wegen aber nach der Formel:

> **Beiträge (bis 31. 12. 2001 in DM, ab 1. 1. 2002 in Euro) x Umrechnungsfaktor 2 = Entgeltpunkte**

Die Umrechnungsfaktoren ergeben sich aus dem Beitragssatz und dem vorläufigen Durchschnittsentgelt für das Kalenderjahr, das nach § 187 Abs. 3 und 5 SGB VI maßgeblich ist. Die Umrechnungsfaktoren werden amtlich veröffentlicht, zuletzt durch die Sozialversicherungs-Rechengrößenverordnung 2002 vom 3. 12. 2002 (BGBl. I S. 3302) und das Beitragssatzgesetz 2002 v. 20. 12. 2001 (BGBl. 2001 S. 4010)

Tabelle 2

Maßgeblicher Zeitpunkt, § 187 SGB VI	Umrechnungsfaktor 1 ArbRV + AngV	KnRV	Umrechnungsfaktor 1 von Entgeltpunkten (Ost) ArbRV + AngV	KnRV
1977	4 490,1000	5 862,0750		
1978	4 723,5600	6 166,8700		
1979	4 983,3000	6 505,9750		
1980	5 307,3000	6 928,9750		
1981	5 716,5000	7 416,0000		
1982	5 795,6400	7 566,5300		
01 – 08/1983	5 992,7400	7 823,8550		
09 – 12/1983	6 159,2050	7 990,3200		
1984	6 344,0200	8 315,8100		
01 – 05/1985	6 598,4820	8 627,4270		
06 – 12/1985	6 774,9120	8 803,8570		
1986	7 032,3840	9 138,4365		
1987	7 054,7620	9 224,0070		
1988	7 273,5520	9 510,0720		
1989	7 491,7810	9 795,4035		
01 – 06/1990	7 843,9020	10 255,7970		
07 – 12/1990	7 843,9020	10 255,7970	3 341,6700	4 369,1889
01 – 03/1991	8 212,4790	10 737,7065	4 401,8911	5 759,3362
04 – 12/1991	7 773,3090	10 298,5365	4 169,3354	5 523,7806
1992	8 122,3530	10 760,9705	5 543,5115	7 344,3697
1993	8 691,0250	11 546,6475	6 325,8061	8 404,2852
1994	9 960,3840	13 228,6350	7 713,4547	10 244,4320

Maßgeblicher Zeitpunkt, § 187 SGB VI	Umrechnungsfaktor 1		Umrechnungsfaktor 1 von Entgeltpunkten (Ost)	
	ArbRV + AngV	KnRV	ArbRV + AngV	KnRV
1995	9 480,7920	12 590,0840	7 706,7079	10 234,1766
1996	9 812,7360	13 032,5400	8 344,1633	11 082,0918
1997	10 922,6180	14 473,8140	9 385,3050	12 436,6850
1998	10 910,2350	14 457,4050	9 091,1049	12 046,8336
01 – 03/1999	10 775,6460	14 279,0580	9 088,0037	12 042,7241
04 – 12/1999	10 350,9900	13 748,2380	8 729,8558	11 596,0392
2000	10 521,0090	13 955,3280		
2001	10 444,6440	13 889,7360	8 749,8065	11 635,8683
2002	5 446,9380	7 243,5720	4545,5545	6044,8736
2003	5699,8500	7570,5700	4770,1481	6335,7352

Tabelle 3a

Maßgeblicher Zeitpunkt, § 187 SGB VI	Umrechnungsfaktor 2 ArbRV + AngV	KnRV
1977	0,0002227122	0,0001705881
1978	0,0002117047	0,0001621568
1979	0,0002006702	0,0001537049
1980	0,0001884197	0,0001443215
1981	0,0001749322	0,0001348436
1982	0,0001725435	0,0001321610
01 – 08/1983	0,0001668686	0,0001278142
09 – 12/1983	0,0001623586	0,0001251514
1984	0,0001576288	0,0001202529
01 – 05/1985	0,0001515500	0,0001159094
06 – 12/1985	0,0001476034	0,0001135866
1986	0,0001421993	0,0001094279
1987	0,0001417482	0,0001084127
1988	0,0001374844	0,0001051516
1989	0,0001334796	0,0001020886
1990	0,0001274876	0,0000975058
01 – 03/1991	0,0001217659	0,0000931297
04 – 12/1991	0,0001286453	0,0000971011
1992	0,0001231170	0,0000929284

3. Umrechnung von Rentenanwartschaften und Entgeltpunkten

Maßgeblicher Zeitpunkt, § 187 SGB VI	Umrechnungsfaktor 2 ArbRV + AngV	KnRV
1993	0,0001150612	0,0000866052
1994	0,0001003977	0,0000755936
1995	0,0001054764	0,0000794276
1996	0,0001019084	0,0000767310
1997	0,0000915531	0,0000690903
1998	0,0000886018	0,0000666895
01 – 03/1999	0,0000928019	0,0000700326
04 – 12/1999	0,0000966091	0,0000727356
2000	0,0000950479	0,0000716572
2001	0,0000957429	0,0000719956
2002	0,0001835894	0,0001380534
2003	0,0001754432	0,0001320905

Tabelle 3b

Maßgeblicher Zeitpunkt, § 187 SGB VI	Umrechnungsfaktor 2 für die Umrechnung in Entgeltpunkte (Ost) ArbRV + AngV	KnRV
07 – 12/1990	0,0002992516	0,0002288754
01 – 03/1991	0,0002270203	0,0001736311
04 – 12/1991	0,0002398463	0,0001810354
1992	0,0001803911	0,0001361587
1993	0,0001580826	0,0001189869
1994	0,0001296436	0,0000976140
1995	0,0001297571	0,0000977118
1996	0,0001198443	0,0000902357
1997	0,0001065495	0,0000804073
1998	0,0001063310	0,0000800341
01 – 03/1999	0,0001100352	0,0000830377
04 – 12/1999	0,0001145494	0,0000862438
2000	0,0001155783	0,0000871352
2001	0,0001142882	0,0000859412
2002	0,0002199952	0,0001654294
2003	0,0002096371	0,0001578349

Bei der Umrechnung sind die Rentenbeträge und die zu zahlenden Beiträge zur Begründung von Rentenanwartschaften jeweils auf zwei Dezimalstellen zu berechnen. Die zweite Dezimalstelle ist um eins zu erhöhen, wenn sich in der folgenden Dezimalstelle eine Zahl von fünf bis neun ergeben würde.

Entgeltpunkte werden auf vier Dezimalstellen berechnet. Die vierte Dezimalstelle ist um eins zu erhöhen, wenn sich in der folgenden Dezimalstelle eine der Zahlen von fünf bis neun ergeben würde (§ 121 SGB VI). Die Umrechnung von Beiträgen in Entgeltpunkte durch Teilung mit dem Umrechnungsfaktor erfolgt zunächst auf zehn Dezimalstellen hinter dem Komma, bevor das Ergebnis auf die vorgenannten vier Dezimalstellen abgerundet wird. Ein technischer Tipp:

Arbeitet der zur Verfügung stehende Rechner nur acht und nicht mit zehn Dezimalstellen hinter dem Komma, kann man ihn dadurch überlisten, dass man zunächst nur mit einem um drei Nullen hinter dem Komma verminderten Wert multipliziert und anschließend durch Tausend dividiert.

4. Höhe der Beitragssätze in der Rentenversicherung der Arbeiter/Angestellten und der Knappschaft

im Zeitraum	Beitragssatz in der Rentenversicherung der Arbeiter/Angestellten	Knappschaft
1977	18,0	23,50
1978	18,0	23,50
1979	18,0	23,50
1980	18,0	23,50
1981	18,5	24,00
1982	18,0	23,50
bis 08/1983	18,0	23,50
ab 09/1983	18,5	24,00
1984	18,5	24,25
1985	18,7	24,45
ab 06/1985	19,2	24,95
1986	19,2	19,2
1987	18,7	24,95
1988	18,7	24,45
1989	18,7	24,45
1990	18,7	24,45
1991	18,7	24,45
ab 04/1991	17,7	23,45
1992	17,7	23,45
1993	17,5	23,25
1994	19,2	25,50
1995	18,6	24,70
1996	19,2	25,50
1997	20,3	26,90
1998	20,3	26,90
01 – 03/1999	20,3	26,90
04 – 12/1999	19,5	25,90
2000	19,3	25,6

im Zeitraum	Beitragssatz in der Rentenversicherung der Arbeiter/Angestellten	Knappschaft
2001	19,1	25,4
2002	19,1	25,4
2003	19,5	25,9

5. Höhe der monatlichen Bezugsgröße und der Grenzwerte nach §§ 2 und 10a Abs. 2 Satz 2 VAHRG

Ehezeit bis	Bezugsgröße für die alten Bundesländer (monatlich; in DM)	Grenzwert (2 bzw. 0,5 %) in DM	Ehezeit	Bezugsgröße für die neuen Bundesländer (monatlich; in DM)	Grenzwert (2 bzw. 0,5 %) in DM
1977	1 850,00	37,00	9,25*		
1978	1 950,00	39,00	9,75		
1979	2 100,00	42,00	10,50		
1980	2 200,00	44,00	11,00		
1981	2 340,00	46,80	11,70		
1982	2 460,00	49,20	12,30		
1983	2 580,00	51,60	12,90		
1984	2 730,00	54,60	13,65		
1985	2 800,00	56,00	14,00		
1986	2 870,00	57,40	14,35		
1987	3 010,00	60,20	15,05		
1988	3 080,00	61,60	15,40	bis 30. 6. 1990	1 400,00	7,00*
1989	3 150,00	63,00	15,75	ab 1. 7. 1990	1 400,00	28,00	7,00*
1990	3 290,00	65,80	16,45	ab 1. 1. 1991	1 540,00	30,80	7,50
1991	3 360,00	67,20	16,80	ab 1. 7. 1991	1 750,00	35,00	8,75
1992	3 500,00	70,00	17,50	1992	2 100,00	42,00	10,50
1993	3 710,00	74,20	18,55	1993	2 730,00	54,60	13,65
1994	3 920,00	78,40	19,60	1994	3 080,00	61,60	15,40
1995	4 060,00	81,20	20,30	1995	3 290,00	65,80	16,45
1996	4 130,00	82,60	20,65	1996	3 500,00	70,00	17,50
1997	4 270,00	85,40	21,35	1997	3 640,00	72,80	18,20
1998	4 340,00	86,80	21,70	1998	3 640,50	72,80	18,20
1999	4 410,00	88,20	22,05	1999	3 710,00	74,20	18,55
2000	4 480,00	89,60	22,40	2000	3 640,00	72,80	18,20
2001	4 480,00	89,60	22,40	2001	3 780,00	75,60	18,90
2002	€ 2345,00	€ 46,90	€ 11,73	2002	€ 1960,00	€ 39,20	€ 9,80
2003	€ 2380,00	€ 47,60	€ 11,90	2003	€ 1995,00	€ 39,90	€ 9,98

* Vgl. Art. 4 § 5 VAwMG

6. Vergleichsmaßstäbe zur Prüfung der Volldynamik nach § 1587a Abs. 3 BGB

Anpassungssätze der Beamtenversorgung und gesetzlichen Rentenversicherung nach Gutdeutsch (vgl. FamRZ 1994, 612 ff.; 1997, 794; zuletzt FamRZ 2003, 737)

Beispiele s. BGH, FamRZ 1997, 161 ff.; OLG Nürnberg, FamRZ 1996, 553 ff.; s. auch Rn. 932 „Umrechnung, leistungsdynamische Versorgungen"

Jahr	Beamtenwert- vers. Anpassung	Durchschnitt *geom.	linear	ges. Rente Anpassung	Durchschnitt *geom.	linear
1966	8,16	3,92	3,97	8,00	4,75	4,80
1967	0,00	3,81	3,85	8,06	4,66	4,71
1968	4,00	3,92	3,96	8,32	4,56	4,61
1969	3,00	3,92	3,96	6,35	4,45	4,51
1970	13,40	3,94	3,99	5,50	4,40	4,45
1971	10,00	3,66	3,69	6,29	4,36	4,42
1972	6,00	3,46	3,49	9,49	4,30	4,36
1973	8,00	3,38	3,41	11,35	4,13	4,18
1974	11,00	3,22	3,25	11,21	3,89	3,94
1975	5,80	2,96	2,97	11,10	3,64	3,68
1976	5,00	2,85	2,87	11,00	3,37	3,40
1977	5,10	2,77	2,78	9,95	3,09	3,11
1978	4,50	2,68	2,69	4,50	2,83	2,84
1979	3,70	2,60	2,62	0,00	2,76	2,77
1980	6,10	2,56	2,57	4,00	2,88	2,89
1981	4,20	2,40	2,41	4,00	2,83	2,84
1982	3,50	2,31	2,32	5,76	2,77	2,78
1983	1,90	2,25	2,27	5,59	2,62	2,63
1984	0,00	2,27	2,28	3,40	2,47	2,48
1985	3,10	2,40	2,41	3,00	2,42	2,43
1986	3,40	2,36	2,37	2,90	2,38	2,39
1987	3,30	2,29	2,31	3,80	2,35	2,36
1988	2,30	2,23	2,24	3,00	2,26	2,27
1989	1,30	2,22	2,24	3,00	2,20	2,21
1990	1,60	2,29	2,31	3,10	2,14	2,15
1991	5,80	2,35	2,37	4,70	2,06	2,07
1992	5,30	2,04	2,05	2,88	1,83	1,83

6. Vergleichsmaßstäbe zur Prüfung der Volldynamik nach § 1587a Abs. 3 BGB

Jahr	Beamtenwert-vers. Anpassung	Durchschnitt *geom.	linear	ges. Rente Anpassung	Durchschnitt *geom.	linear
1993	2,90	1,72	1,73	4,36	1,72	1,73
1994	1,90	1,59	1,60	3,39	1,43	1,44
1995	3,10	1,56	1,56	0,50	1,19	1,19
1996	0,00	1,34	1,34	0,95	1,29	1,29
1997	1,30	1,56	1,57	1,65	1,35	1,35
1998	1,50	1,62	1,62	0,44	1,29	1,29
1999	2,80	1,64	1,65	1,34	1,50	1,50
2000	0,00	1,26	1,27	0,60	1,55	1,56
2001	1,70	1,90	1,90	1,91	2,03	2,04
2002	2,10**	2,10	2,10	2,16***	2,16	2,16

* Die Durchschnittswerte beziehen sich auf alle Anpassungen vom jeweils angegebenen Jahr bis zur Anpassung 2002.
** BBVAnpG 2000, Art. 1 III Satz 1, v. 19. 4. 2001, BGBl. I S. 618.
*** Verhältnis der aktuellen Rentenwerte 25,86/25,31.

939 7. Angleichungsfaktoren für den Versorgungsausgleich in der Rentenversicherung

Bei Entscheidungen über den Versorgungsausgleich, die in der Zeit nach dem 30.6.2003 ergehen, sind die Angleichungsfaktoren zur Ermittlung des Wertes von angleichungsdynamischen Anrechten nach § 3 Abs. 2 Nr. 1a VAÜG der nachstehenden Tabelle zu entnehmen (Bekanntmachung der Anteilsfaktoren für den Versorgungsausgleich in der Rentenversicherung vom 4.6.2003, BGBl. I S. 787). Weitere Anpassungsfaktoren bei Entscheidungen für Zeitpunkte vor dem 1. 7. 2001 s. FamRZ 2002, 295.

Der Angleichungsfaktor beträgt	bei einem Ehezeitende in der Zeit
2,1814069	vom 1. 7. 1990 bis 31. 12. 1990
1,8961003	vom 1. 1. 1991 bis 30. 6. 1991
1,7256515	vom 1. 7. 1991 bis 31. 12. 1991
1,5455453	vom 1. 1. 1992 bis 30. 6. 1992
1,4104100	vom 1. 7. 1992 bis 31. 12. 1992
1,3293577	vom 1. 1. 1993 bis 30. 6. 1993
1,2157182	vom 1. 7. 1993 bis 31. 12. 1993
1,1730551	vom 1. 1. 1994 bis 30. 6. 1994
1,1724281	vom 1. 7. 1994 bis 31. 12. 1994
1,1406783	vom 1. 1. 1995 bis 30. 6. 1995
1,1186136	vom 1. 7. 1995 bis 31. 12. 1995
1,0717097	vom 1. 1. 1996 bis 30. 6. 1996
1,0689427	vom 1. 7. 1996 bis 30. 6. 1997
1,0294471	vom 1. 7. 1997 bis 30. 6. 1998
1,0248961	vom 1. 7. 1998 bis 30. 6. 1999
1,0104762	vom 1. 7. 1999 bis 30. 6. 2000
1,0105309	vom 1. 7. 2000 bis 30. 6. 2001
1,0086343	vom 1. 7. 2001 bis 30. 6. 2002
1,0014384	vom 1. 7. 2002 bis 30. 6. 2003

8. Tabellenwerte der Zweiten Verordnung zur Änderung der Barwert-Verordnung v. 26.5.2003

Tabelle 1
Barwert einer zumindest bis zum Leistungsbeginn nicht volldynamischen Anwartschaft auf eine lebenslange Versorgung wegen Alters und verminderter Erwerbsfähigkeit (§ 2 Abs. 2)

Lebensalter zum Ende der Ehezeit	Vervielfacher	Lebensalter zum Ende der Ehezeit	Vervielfacher
bis 25	1,3	45	3,8
26	1,4	46	4,0
27	1,5	47	4,2
28	1,5	48	4,4
29	1,6	49	4,6
30	1,7	50	4,9
31	1,8	51	5,1
32	1,9	52	5,4
33	2,0	53	5,7
34	2,1	54	5,0
35	2,2	55	5,3
36	2,3	56	5,6
37	2,5	57	5,9
38	2,6	58	7,3
39	2,7	59	7,6
40	2,9	60	8,0
41	3,0	61	8,4
42	3,2	62	8,8
43	3,4	63	9,3
44	3,6	64	9,9
		ab 65	10,2

Tabelle 2
Barwert einer zumindest bis zum Leistungsbeginn nicht volldynamischen Anwartschaft auf eine lebenslange Versorgung wegen Alters (§ 2 Abs. 3)

Lebensalter zum Ende der Ehezeit	Vervielfacher	Lebensalter zum Ende der Ehezeit	Vervielfacher
bis 25	1,0	45	3,1
26	1,1	46	3,3
27	1,1	47	3,5
28	1,2	48	3,7
29	1,3	49	3,9
30	1,4	50	4,1
31	1,4	51	4,4
32	1,5	52	4,7
33	1,6	53	5,0
34	1,7	54	5,3
35	1,8	55	5,6
36	1,9	56	5,9
37	2,0	57	6,3
38	2,1	58	6,7
39	2,2	59	7,2
40	2,3	60	7,6
41	2,5	61	8,1
42	2,6	62	8,7
43	2,8	63	9,2
44	2,9	64	9,9
		ab 65	10,2

Tabelle 3
Barwert einer zumindest bis zum Leistungsbeginn nicht volldynamischen Anwartschaft auf eine lebenslange Versorgung wegen verminderter Erwerbsfähigkeit (§ 2 Abs. 4)

Lebensalter zum Ende der Ehezeit	Vervielfacher
bis 29	0,8
30–39	1,3
40–45	1,9
46–51	2,5
52–60	3,0

61–62	2,3
63	1,4
64	0,5
ab 65	0,3

Tabelle 4
Barwert einer nur bis zum Leistungsbeginn volldynamischen Anwartschaft auf eine lebenslange Versorgung wegen Alters und verminderter Erwerbsfähigkeit (§ 3 Abs. 2)

Lebensalter zum Ende der Ehezeit	Vervielfacher	Lebensalter zum Ende der Ehezeit	Vervielfacher
bis 25	9,0	45	9,3
26	9,0	46	9,3
27	9,0	47	9,3
28	9,0	48	9,3
29	9,0	49	9,4
30	9,0	50	9,4
31	9,0	51	9,5
32	9,0	52	9,5
33	9,1	53	9,5
34	9,1	54	9,6
35	9,1	55	9,6
36	9,1	56	9,7
37	9,1	57	9,7
38	9,1	58	9,8
39	9,1	59	9,8
40	9,2	60	9,9
41	9,2	61	9,9
42	9,2	62	10,0
43	9,2	63	10,1
44	9,2	64	10,1
		ab 65	10,2

Tabelle 5
Barwert einer nur bis zum Leistungsbeginn volldynamischen Anwartschaft auf eine lebenslange Versorgung wegen Alters (§ 3 Abs. 3)

Lebensalter zum Ende der Ehezeit	Vervielfacher	Lebensalter zum Ende der Ehezeit	Vervielfacher
bis 25	7,7	45	9,3
26	7,7	46	9,3
27	7,7	47	9,3
28	7,7	48	9,3
29	7,7	49	9,4
30	7,7	50	9,4
31	7,8	51	9,5
32	7,8	52	9,5
33	7,8	53	9,5
34	7,8	54	9,6
35	7,8	55	9,6
36	7,8	56	9,7
37	7,8	57	9,7
38	7,9	58	9,8
39	7,9	59	9,8
40	7,9	60	9,9
41	7,9	61	9,9
42	8,0	62	10,0
43	8,0	63	10,1
44	8,0	64	10,1
		ab 65	10,2

Tabelle 6
Barwert einer nur bis zum Leistungsbeginn nicht volldynamischen Anwartschaft auf eine lebenslange Versorgung wegen verminderter Erwerbsfähigkeit (§ 3 Abs. 4)

Lebensalter zum Ende der Ehezeit	Vervielfacher
bis 29	4,4
30–39	4,5
40–45	4,5
46–51	4,5
52–60	4,0

8. Tabellenwerte der Zweiten Verordnung zur Änderung der Barwert-Verordnung v. 26.5.2003

61–62	2,6
63	1,5
64	0,6
ab 65	0,3

Tabelle 7
Barwert einer bereits laufenden lebenslange und zumindest ab Leistungsbeginn nicht volldynamischen Versorgung (§ 5)

Lebensalter zum Ende der Ehezeit	Vervielfacher	Lebensalter zum Ende der Ehezeit	Vervielfacher
bis 25	10,3	55	11,2
26	10,4	56	11,2
27	10,5	57	11,2
28	10,5	58	11,1
29	10,6	59	11,1
30	10,6	60	11,0
31	10,6	61	10,9
32	10,7	62	10,7
33	10,7	63	10,5
34	10,7	64	10,3
35	10,7	65	10,0
36	10,7	66	9,8
37	10,7	67	9,5
38	10,7	68	9,2
39	10,8	69	8,9
40	10,8	70	9,5
41	10,8	71	8,3
42	10,8	72	8,0
43	10,8	73	7,7
44	10,9	74	7,4
45	10,9	75	7,1
46	10,9	76	6,9
47	11,0	77	6,6
48	11,0	78	6,3
49	11,0	79	6,0
50	11,1	80	5,7

51	11,1	81	5,5
52	11,1	82	5,2
53	11,2	83	5,0
54	11,2	84	4,8
		ab 85	4,5

Teil 10: Steuerrecht

Inhaltsverzeichnis

	Rn.
Abschnitt 1: Systematische Erläuterungen	1
A. Vorbemerkung	1
B. System der Besteuerung	3
I. Direkte und indirekte Steuern	3
II. Steuerbelastung	4
III. Grundsatz der freien Rechtsgestaltung	5
C. Grundlagen der Einkommensbesteuerung	9
I. Zweck und System der Besteuerung	9
II. Elemente der Einkommensbesteuerung	10
1. Subjekt der Besteuerung	10
2. Objekt der Besteuerung	11
a) Unterscheidung der Einkunftsarten	11
b) Welteinkommen	13
c) Veräußerungsgewinne	14
d) Beteiligungen an Kapitalgesellschaften	16
e) Steuerfreie Einnahmen	18
f) Nicht steuerbare Einnahmen	20
g) Besteuerungszeitraum	24
h) Zusammenrechnung der einzelnen Einkünfte	25
3. Zu versteuerndes Einkommen als Bemessungsgrundlage	26
4. Steuertarif	28
a) Grundtabelle	28
b) Splittingtabelle	29
III. Wirkung der Progression	32
IV. Fünftelregelung	35
V. Bezahlung der Steuerlast	37
1. Erhebungsformen der Steuer	37
2. Anrechnung der Kapitalertragsteuer	38
3. Gewerbesteueranrechnung auf die Einkommensteuer	40
VI. Steuerwirksamkeit von Ausgaben	41
VII. Einkunftsermittlung	44
1. Unterscheidung der Einkunftsarten	44
2. Arten der Gewinnermittlung	45
3. Gewinnermittlung durch Vermögensvergleich	46
4. Vereinfachte Gewinnermittlung	47

	Rn.
5. Betriebsvermögen	50
6. Abschreibung	57
7. Überschusseinkünfte	67
VIII. Verluste	68
1. Mindestbesteuerung	68
2. Verlustbeteiligung	71
3. Verlustrücktrag/-vortrag	73
D. Besteuerung von Ehegatten	77
I. Einkommensteuer bei intakter Ehe	77
1. Grundsatz der Einzelbesteuerung	77
2. Ehegattenveranlagung	80
a) Arten der Ehegattenveranlagung	80
b) Zusammenveranlagung	83
aa) Voraussetzungen der Zusammenveranlagung	83
bb) Vor- und Nachteile der Zusammenveranlagung	97
cc) Ermittlung der Einkünfte	99
dd) Verlustverrechnung	103
ee) Ausnutzung von Frei- und Pauschbeträgen	109
ff) Zuständiges Finanzamt für die Einkommensbesteuerung nach Trennung/Scheidung von Ehegatten	112
c) Änderung der Veranlagungsart	114
aa) Wahlrecht der Ehegatten	114
bb) Versöhnungsversuch der getrennt lebender Ehegatten	119
cc) Angaben im Scheidungsprozess	122
dd) Mitwirkungspflicht des Ehepartners zur Zusammenveranlagung	124
ee) Erzwingung der Mitwirkung	126
d) Getrennte Veranlagung	127
aa) Wirkung	127
bb) Vorteile	129
e) Besondere Veranlagung	136
aa) Wiederheirat nach Scheidung/Tod des Ehegatten	136
bb) Wirkung	137

3. Steuerabzug vom Arbeitslohn ... 139
   a) Höhe der einbehaltenen Steuer ... 139
   b) Steuerklassen (§ 38b EStG) ... 144
   c) Lohnsteuertabellen ... 145
   d) In Tabellen eingearbeitete Frei- und Pauschbeträge ... 148
   e) Lohnsteuerkarte ... 155
   f) Freibetrag beim Lohnsteuerabzug (§ 39a EStG) ... 158
II. Steuerfolgen der Trennung/Scheidung ... 163
   1. Einzelveranlagung ... 163
   2. Dauerndes Getrenntleben ... 166
   3. Trennungsjahr ... 171
      a) Risiken der Zusammenveranlagung ... 171
      b) Auswirkung der Trennung beim Lohnsteuerabzug ... 174
      c) Änderung der Steuerklassen ... 178
   4. Kalenderjahr nach der Trennung ... 181
III. Besteuerung der Halbfamilie (Alleinerziehende) ... 182
   1. Grundsätze ... 182
   2. Besonderheiten im Jahr der Trennung ... 184
   3. Behandlung verwitweter Personen ... 185
   4. Haushaltsfreibetrag ... 189
IV. Steuerentlastung für Folgekosten der Trennung/Scheidung ... 201
   1. Allgemeines ... 201
   2. Kosten der Scheidung ... 204
   3. Umzugskosten ... 212
   4. Kosten der doppelten Haushaltsführung ... 213
V. Zurechnung der Einkünfte ... 215
   1. Allgemeines ... 215
   2. Der Einfluss der ehelichen Güterstände auf die Zurechnung der Einkünfte ... 218
      a) Gütertrennung ... 218
      b) Zugewinngemeinschaft ... 221
      c) Gütergemeinschaft ... 224
   3. Ehegattengesellschaft ... 225
   4. Ehegattenarbeitsverhältnis ... 226
VI. Bekanntgabe der Steuerbescheide nach Trennung ... 229
VII. Verteilung der rückständigen Steuern ... 233
   1. Aufteilung der Steuerschuld durch Aufteilungsbescheid ... 233
      a) Antrag ... 233
      b) Maßstab und Verfahren der Aufteilung ... 237
      c) Wirkung der Aufteilung ... 240
   2. Verteilung von Steuererstattungsansprüchen ... 242
      a) Anspruchsberechtigter ... 242
      b) Vorauszahlungen als Aufteilungsmaßstab ... 249
      c) Aufteilung bei Verlustrückträgen ... 257
      d) Interne Aufteilung durch Ehegatten ... 260
   3. Erstattung an den anderen Ehegatten ... 263
      a) Erstattung an den bevollmächtigten Ehegatten ... 263
      b) Fehlüberweisungen ... 265
      c) Aufrechnung durch das Finanzamt ... 268
      d) Vollstreckung ... 271
VIII. Rechtsbehelfsverfahren bei Zusammenveranlagung ... 272
IX. Folgen der Trennung/Scheidung auf die Förderung des Wohneigentums ... 275
   1. Allgemeines ... 275
   2. Eigenheimzulage ... 278
      a) Tatbestand der Förderung ... 278
      b) Objektverbrauch ... 283
   3. Gestaltungsmöglichkeiten ... 285
   4. Kinderzulage ... 288
   5. Ökokomponenten ... 289
X. Folgen der Trennung/Scheidung auf den Zinsabschlag ... 291
XI. Fortsetzung des Ehegattenarbeitsverhältnisses ... 293

E. **Nichteheliche Lebensgemeinschaft** ... 295
   I. Grundsätze ... 295
   II. Rechtsgeschäfte zwischen den Lebenspartnern ... 296
   III. Unterhaltszahlungen an den nichtehelichen Partner ... 297
   IV. Gemeinsame Kinder ... 298
   V. Vermietung der Wohnungshälfte an den Lebenspartner ... 300

F. **Einkommensteuerliche Wirkung von Unterhalt** ... 301
   I. Steuerliche Behandlung von Unterhalt ... 301
      1. Nichtabzugsfähigkeit/Nichtbesteuerung von Unterhaltsleistungen ... 301
      2. Grundsätzliche Nichtbesteuerung beim Unterhaltsempfänger ... 304
      3. Unterhaltsberechtigte ... 306
      4. Kindesunterhalt ... 308
         a) Höchstbetrag ... 308
         b) Schädlichkeit von eigenen Einkünften und Bezügen ... 310
      5. Ehegattenunterhalt ... 315
         a) Bei intakter Ehe ... 315
         b) Während der Trennung/Scheidung ... 316

c)   Ehegattenunterhalt nach der
     Ehescheidung 318
d)   Ehegattenunterhalt während
     des Getrenntlebens vor der
     Ehescheidung 319
II. Unterhalt als Sonderausgabe (Real-
     splitting nach § 10 EStG) 321
     1. Inhalt des Realsplittings 321
     2. Voraussetzungen des Realsplit-
        tings 325
     3. Ehegatte im Ausland 328
     4. Zustimmung des anderen Ehegat-
        ten 335
     5. Umfang und Inhalt der Unter-
        haltsleistung 343
        a) Allgemeines 343
        b) Geldzahlungen 344
        c) Wohnungsüberlassung 346
     6. Unterhaltsabfindungen im Real-
        splitting 351
     7. Anpassung der Vorauszahlungen ... 354
     8. Steuerpflicht beim Empfänger 355
     9. Wirkung des Realsplittings 357
III. Unterhalt als außergewöhnliche
     Belastung (§ 33a EStG) 361
     1. Voraussetzungen 361
     2. Vergleich zum Realsplitting 364
     3. Sonstige Voraussetzungen 365
        a) Anrechnung eigener Ein-
           künfte und Bezüge 365
        b) Geringes Vermögen 372
        c) Zeitanteilige Ermäßigung 373
        d) Laufende Unterhaltszahlun-
           gen 374
        e) Nachzahlung von rückständi-
           gem Unterhalt 376
        f) Verweigerung der Auskunft
           über eigene Einkünfte und
           Bezüge 377
     4. Ehegatte im Ausland 378
     5. Außergewöhnliche Unterhaltsleis-
        tungen (§ 33 EStG) 379

**G. Alternative Formen der Unterhalts-
gewährung** 384
I.   Vorteile der Unterhaltsgestaltung 384
II. Familienverträge 386
     1. Voraussetzungen zur steuerlichen
        Anerkennung von Familienverträ-
        gen 386
     2. Übertragung von Einkunftsquel-
        len 388
     3. Überlassung von Wohnraum 390
     4. Geringfügige Beschäftigungsver-
        hältnisse (bis 31.3.2003) 396
     5. Mini-Jobs (ab 1.4.2003) 403
     6. Kurzfristige Beschäftigung 404

III. Sonderfälle 407
     1. Unterhaltsverzicht gegen Einmal-
        zahlung 407
     2. Verpflichtung zur Zahlung von
        dauernden Lasten und Renten 409
IV. Ehegattenverträge nach der Schei-
     dung 420

**H. Unterhaltsrechtliche Korrekturen beim
zu versteuernden Einkommen** 421
I.   Ermittlung der steuerlichen Bemes-
     sungsgrundlage 421
     1. Steuerliche Leistungsfähigkeit 421
     2. Einkunftsarten 422
     3. Unterscheidung Gewinneinkünfte
        und Überschusseinkünfte 425
        a) Bedeutung 425
        b) Ermittlung der Einkünfte 426
           aa) Bilanzierung 426
           bb) Vereinfachte Gewinner-
                mittlung 427
        c) Steuerfreie Einnahmen 429
        d) Überschusseinkünfte 432
        e) Halbeinkünfteverfahren 433
     4. Ermittlung des zu versteuernden
        Einkommens 436
        a) Gesamtbetrag der Einkünfte
           als Ausgangsgröße 436
        b) Vorsorgeaufwendungen 437
        c) Altersvermögensgesetz 443
        d) Steuerberatungskosten 451
        e) Ausbildungs-/Fortbildungs-
           kosten 453
        f) Hauswirtschaftliche Beschäf-
           tigungsverhältnisse 456
        g) Schulgeld 457
        h) Andere Sonderausgaben 460
        i) Außergewöhnliche Belastun-
           gen 464
II. Unterhaltsrechtliche Bereinigung des
     Einkommens 467
     1. Umfang und Inhalt des Aus-
        kunftsanspruchs 467
     2. Freiberufler und andere Unterneh-
        mer 471
        a) Bilanzpositionen mit der
           Möglichkeit zur Gewinn-
           beeinflussung 471
           aa) Grundsätzliches 471
           bb) Bewertung von Wirt-
                schaftsgütern (§ 6 EStG) 473
           cc) Rechnungsabgrenzungs-
                posten (§ 5 Abs. 5 EStG,
                § 250 HGB) 476
           dd) Rückstellungen (§ 249
                HGB, § 5 Abs. 3 und 4
                EStG) 479
           ee) Rücklagen 480

ff) Wertberichtigungen	481	
b) Andere gewinnbeeinflussende Positionen	484	
aa) Abschreibung	484	
bb) Sonderabschreibung, erhöhte Abschreibung	489	
cc) Ansparrücklage	494	
dd) Ansparrücklage für Existenzgründer	499	
ee) Geringwertige Wirtschaftsgüter	503	
ff) Schuldzinsen	516	
gg) Schuldzinsen beim Zwei-Konten-Modell	520	
hh) Damnum/Disagio	521	
ii) Bewirtungskosten, Geschenke	524	
jj) Private Nutzungsanteile	528	
kk) Privatentnahmen/-einlagen	535	
ll) Arbeitsverhältnis mit dem neuen Ehegatten	538	
mm) Gewinn aus der Auflösung eines negativen Kapitalkontos	541	
3. Problematische Positionen beim Arbeitnehmer	543	
a) Allgemeines	543	
b) Überstundenvergütungen	545	
c) Spesen	546	
d) Einsatzwechseltätigkeit	548	
e) Abfindungen	550	
f) Werbungskosten	551	
g) Entfernungspauschale	554	
4. Unterhaltsrechtliche Bereinigung des Einkommens in sonstigen Fällen	558	
a) Einkünfte aus Kapitalvermögen	558	
b) Einkünfte aus Vermietung und Verpachtung	563	

I. **Einkommensteuerliche Wirkung von Kindern** 566
   I. Unterhalt 566
      1. Aufwendungen bei intakter Ehe 566
      2. Aufwendungen nach Trennung/Scheidung 567
      3. Wesentliche Änderungen durch das Zweite Gesetz zur Familienförderung 568
   II. Kinder, Kindergeld und Kinderfreibetrag 570
      1. Familienleistungsausgleich 570
      2. Auszahlung des Kindergeldes 576
      3. Kind 579
      4. Volljährige Kinder 588

a) Drei Gruppen von volljährigen Kinder	588	
b) Behinderte Kinder	592	
c) Schädlichkeitsgrenze	594	
d) Verlängerungsgründe	596	
5. Günstigerregelung der Freibeträge	598	
6. Andere kindbedingte Ermäßigungen	609	
III. Haushaltsfreibetrag (§ 32 Abs. 7 EStG)	612	
IV. Ausbildungsfreibetrag (§ 33a Abs. 2 EStG)	618	
1. Voraussetzungen	618	
2. Höhe des Ausbildungsfreibetrags	619	
3. Anrechnung eigener Einkünfte und Bezüge	620	
4. Zeitanteilige Gewährung	621	
5. Verteilung auf Ehegatten	622	
6. Besonderheiten bei Auslandskindern	623	
V. Kinderbetreuungskosten	624	
VI. Bedeutung der Haushaltszugehörigkeit	632	
VII. Schulgeld (§ 10 Abs. 1 Nr. 9 EStG)	633	
VIII. Pauschbeträge für behinderte Kinder	634	
IX. Mietverhältnisse mit unterhaltsberechtigten Kindern	638	
X. Andere Gestaltungsmöglichkeiten	640	

J. **Vermögensauseinandersetzung bei Scheitern der Ehe** 644
   I. Scheidungsfolgevereinbarungen 644
   II. Die einzelnen Güterstände 646
      1. Gütergemeinschaft 646
      2. Gütertrennung 648
      3. Zugewinngemeinschaft 649
   III. Steuerfolgen bei Auseinandersetzung der Zugewinngemeinschaft 651
      1. Zugewinnausgleich als entgeltlicher Vorgang 651
      2. Möglichkeiten des Ausgleichs 654
          a) Realteilung 654
          b) Sachwertabfindungen durch Übertragung betrieblicher Wirtschaftsgüter 657
          c) Abfindung durch Geldentnahmen 658
          d) Auseinandersetzung des Betriebsvermögens 660
          e) Zugewinnausgleich durch Rentenvereinbarung 661
          f) Sachwertabfindungen durch Übertragung privater Wirtschaftsgüter 664
   IV. Private Veräußerungsgeschäfte (Spekulationseinkünfte) 665

V.	Übertragung von Beteiligungen an Kapitalgesellschaften	675	3. Quasi-Splitting	701
VI.	Sonstige Steuergesetze	677	II. Schuldrechtlicher Versorgungsausgleich	704
	1. Erbschaftsteuer	677	1. Zahlung einer Geldrente (§ 1587g BGB)	704
	2. Grunderwerbsteuer	685		
	3. Umsatzsteuer	687	2. Abtretung von Versorgungsansprüchen (§ 1587i BGB)	706
	4. Gewerbesteuer	688		
	5. Eigenheimzulage	689	3. Vereinbarung über den Ausgleich von Anwartschaften (§ 1587o BGB)	707
K.	Versorgungsausgleich	694		
	I. Öffentlich-rechtlicher Versorgungsausgleich	694	**Abschnitt 2: Glossar steuerrechtlicher Fachbegriffe**	710
	1. Allgemeines	694		
	2. Rentensplitting	699		

Literatur: Zu den Grundlagen der Einkommensbesteuerung:

Streck, Ehegattensplitting nicht mehr zeitgemäß?, NJW 2000, 335.

Zur Besteuerung von Ehegatten:

Arens, Interne Verteilung von Einkommensteuererstattungen unter getrennt lebenden oder geschiedenen Ehegatten, NJW 1996, 704; *ders.*, Unternehmensbeteiligung und ehelicher Güterstand, Stbg 1997, 429, 460; *Bergmann*, Die Behandlung von Erstattungsansprüchen im Steuerrecht, BB 1992, 893; *Dostmann*, Bürgerlich-rechtlicher Einkommensteuerausgleich zwischen Ehegatten, FamRZ 1991, 760; *Kanzler*, Scheidungsfolgen im Einkommensteuerrecht, NWB Fach 3, S. 10075; *Kaufmann*, Einkommensteuererstattungsanspruch und Steuerausgleich zwischen Ehegatten, INF 1994, 449; *Korezkij*, Überlegungen zur Wahl der Veranlagungsart von Ehegatten bei gewerblichen Einkünften i. S. d. § 32c EStG nach geltendem Einkommensteuertarif, BB 2000, 958; *Kübler*, Kombination der besonderen Veranlagung nach § 26c EStG und des Gnadensplittings nach § 32a Abs. 6 Satz 1 Nr. 1 EStG, DStZ 1992, 400; *Liebelt*, Die Rechtsprechung zum Einkommensteuerausgleich unter Ehegatten, NJW 1993, 1741; *Lietmeyer*, Ehegattensplitting – Zankapfel der Steuerpolitik, DStZ 1998, 849; *Meyer*, Die Hinzuziehung (Beiladung) zusammenveranlagter Ehegatten im Rechtsbehelfsverfahren, DStZ 1993, 401; *Meincke*, Gefahrenbegrenzung für das Unternehmen durch zweckmäßige Vertragsgestaltung, DStR 1991, 515, 549; *Müller*, Die steuerrechtlichen Folgen der Trennung von Ehegatten und ihr Einfluss auf die Unterhaltsberechnung, DStZ 1997, 774; *Oepen*, Wahl der Veranlagungsart von Ehegatten, NWB Fach 3, S. 7813; Verfügung OFD Frankfurt am Main v. 2.1.2002, S 0160 A-1-St II 42, Erstattung überzahlter Einkommensteuer bei zusammenveranlagten Ehegatten, LEXinform Dok. 576402; Verfügung der OFD Chemnitz v. 12.6.1997, Zur Erstattung überzahlter Einkommensteuer bei zusammenveranlagten Ehegatten, DStR 1997, 1167; *Richter*, Objektverbrauch bei Ehescheidung, DStR 1997, 841; *Schlüter*, Beendigung der Ehe aus zivilrechtlicher Sicht, Stbg 1999, 114; *Schulze zur Wiesche*, Die Besteuerung von unbeschränkt Steuerpflichtigen und beschränkt Steuerpflichtigen nach dem Jahressteuergesetz 1996, IStR 1996, 105; *Siegle*, Ungereimtheiten bei der Kürzung des Sonderausgaben-Vorwegabzugs nach § 10 Abs. 3 EStG, DStR 2002, 666; *Sonnenschein*, Interner Steuerausgleich zusammen veranlagter Ehegatten, NJW 1980, 257; *Traxel*, Das „dauernde Getrenntleben" und sein Einfluss auf das Ehegattensplitting, BB 1995, 1217.

Zur nichtehelichen Lebensgemeinschaft:

Bilsdorfer, Die nichteheliche Lebensgemeinschaft im Steuerrecht, INF 1993, 298; *Kanzler*, Erste Überlegungen zur Einkommensbesteuerung der Lebenspartnerschaft nach dem Entwurf des Lebenspartnerschaftsgesetzes, FR 2000, 859; *List*, Die eheähnliche Lebensgemeinschaft in steuerrechtlicher Sicht, DStR 1997, 1101.

Zur einkommensteuerlichen Wirkung von Unterhalt:

Gehrmann, Unterhaltsleistungen an den getrennt lebenden oder geschiedenen Ehegatten, INF 1996, 428; *Gehrmann*, Unterhaltsleistungen an den getrennt lebenden oder geschiedenen Ehegatten, INF 1997, 428; *Kanzler*, Sonderausgaben/außergewöhnliche Belastungen: Unterhaltsnachzahlungen nicht neben dem Sonderausgabenabzug als außergewöhnliche Belastungen abziehbar, FR 2001, 435; *Müller*, Abzug von Unterhaltsaufwendungen für volljährige Kinder als „außergewöhnliche Belastung", FR 1997, 705; *ders.*, Nach-, Voraus- und Abstandszahlungen von Unterhalt im Zivil- und Steuerrecht, DStZ 1994, 29; Verfügung OFD Magdeburg v. 30.11.2001, S 0353 4 St 311, Aufhebung oder Änderung von Steuerbescheiden wegen Eintritts eines rückwirkenden Ereignisses (§ 175 Abs. 1 Satz 1 Nr. 2, Abs. 2 AO), LEXinform Dok. 576181; *Paus*, Nachzahlung von Unterhalt an den geschiedenen oder dauernd getrennt lebenden Ehegatten, DStZ 2001, 591; *Plenker*, Einschränkung der steuerlichen Abzugsfähigkeit von Unterhaltsleistungen als außergewöhnliche Belastungen ab dem Veranlagungszeitraum 1996, DB 1997, 247; *Risthaus*, Realsplitting – Vorteile für den unterhaltsverpflichteten und Nachteile für den unterhaltsempfangenden Ehegatten – Zur Änderung des Vordrucks Anlage U –, FR 1999, 650.

Zu den alternativen Formen der Unterhaltsgewährung:

Arens, Steuerliche Probleme bei der Wohnungsüberlassung an unterhaltsberechtigte Ehepartner, DStR 1998, 1043; *Bilsdorfer,* Der Üblichkeitsvergleich bei der steuerlichen Anerkennung von Angehörigen Darlehen, DStR 1997, 1065; *Gosch,* Der BFH und der Fremdvergleich, DStZ 1997, 1; *Häuselmann,* Die Verlagerung von Einkunftsquellen beim Kapitalvermögen, NWB Fach 3, S. 8707; *Paus,* Überlassen einer Wohnung an Unterhaltsberechtigte, DStZ 1996, 656; *Seer,* Die steuerliche Behandlung sog. Übergabeverträge, NWB Fach 2, S. 6985; *Wacker,* Einkommensteuerliche Behandlung wiederkehrender Leistungen bei Übertragung von Betriebs- und Privatvermögen, NWB Fach 3, S. 9933; *Weyand,* Steuerliche Anerkennung von Ausbildungsverträgen mit Kindern, INF 1997, 557.

Zu unterhaltsrechtlichen Korrekturen beim zu versteuernden Einkommen:

Müller, Die steuerrechtlichen Folgen der Trennung von Ehegatten und ihr Einfluss auf die Unterhaltsberechnung, DStZ 1997, 774; *Müller/Traxel,* Die Bedeutung der Einkommensteuer bei der Unterhaltsberechnung, DStZ 1995, 104; *Speich,* Entnahmen im Einkommensteuerrecht, NWB Fach 3, S. 9073; *Traxel,* Steuerberatungskosten im Einkommensteuer- und Unterhaltsrecht, NWB Fach 3, S. 9033.

Zur einkommensteuerlichen Wirkung von Kindern:

BMF-Schreiben vom 22.1.2002, St I 4 O 1561 – 2/2002, Familienleistungsausgleich; Vordrucke, BStBl. I 2002 S. 187; *Ehlers/Arens,* Die einkommensteuerliche Berücksichtigung von Kindern, FamRZ 1996, 385; *Kanzler,* Die Ausbildungsfreibeträge nach § 33a Abs. 2 EStG, NWB Fach 3, S. 9763; *Kirchhof,* Ehe- und familiengerechte Gestaltung der Einkommensteuer, NJW 2000, 2792; *Müller/Traxel,* Kindergeld, Kinderfreibetrag und Ausbildungsfreibetrag bei eigenen Einkünften und Bezügen der Kinder, NWB Fach 3, S. 9723; *Paus,* Überlassen einer Wohnung an Unterhaltsberechtigte, DStZ 1996, 656.

Zur Vermögensauseinandersetzung bei Scheitern der Ehe:

Großmann/Lückhardt, Aktuelle Probleme bei wesentlichen Beteiligungen, INF 1997, 737; *Kappe/Dehner,* Entscheidungskriterien für die Wahl des Ehegüterstandes bei Unternehmern, DStR 1992, 1691; *Mihatsch/Stimpel,* Veräußerung von wesentlichen Beteiligungen an Kapitalgesellschaften, NWB Fach 3, S. 9343; *Müller,* Die Vermögensauseinandersetzung der Ehegatten infolge Scheidung und ihre steuerrechtlichen Folgen, DStZ 1995, 264; *Speich,* Die Besteuerung der Spekulationsgeschäfte nach § 23 EStG, NWB Fach 3, S. 9735.

Abschnitt 1: Systematische Erläuterungen

A. Vorbemerkung

1   Gemeinhin gilt zwar der Konkurs als der Wertvernichter der schlimmsten Art und als das teuerste Verfahren zur Tilgung von Schulden, doch viele Leidtragende haben die Folgen ihrer Scheidung nicht weniger belastend erlebt. Laut Statistik wird jede dritte der in Deutschland geschlossenen Ehen wieder geschieden. Durch **vorausplanende Gestaltung** während der glücklichen Tage der Ehe können Steuerbelastungen vermieden oder zumindest gemildert werden. Steht dann die Trennung oder Scheidung bevor, werden die psychischen Belastungen daraus nicht noch durch steuerliche Belastungen vergrößert.

2   Unterblieb für die Zeit nach der Ehe eine steuerplanende Gestaltung, besteht ein erhöhter Handlungsbedarf bei **Scheidungsvereinbarungen** und **Vergleichen** im Rahmen der Scheidung. Hierdurch kann erreicht werden, dass finanzielle Probleme vieler Scheidungen durch vermeidbare steuerliche Belastungen nicht noch vergrößert werden. Die steuerlichen Folgen, die sich durch die Regelungen der Scheidung, insbesondere des Scheidungsurteils ergeben, sollten allen Beteiligten, gerade den beteiligten Rechtsanwälten, vor Augen sein.

B. System der Besteuerung

I. Direkte und indirekte Steuern

Die unzähligen deutschen Steuern lassen sich nach direkten und indirekten Steuern unterscheiden. Die **direkten Steuern** (z.B. Einkommensteuer, Grunderwerbsteuer) zahlt der Steuerbürger selbst, ggf. mit Hilfe von dritten Personen (z.B. Arbeitgeber beim Lohnsteuerabzug) an die Steuerbehörden. Er selbst ist Schuldner der Steuer. Der Vorteil der direkten Steuern ist die grundsätzliche Möglichkeit, persönliche Merkmale, die die Leistungsfähigkeit einschränken, bei der Bemessung der Steuer zu berücksichtigen (z.B. durch Freibeträge auf der Lohnsteuerkarte). Die Erhebung der Steuer ist recht arbeitsintensiv und in Anbetracht der komplizierten Gesetze auch schwierig. Bei den **indirekten Steuern** schuldet ein anderer die Steuer, als der der damit letztendlich belastet ist. Die Steuer wird im Preis auf den Kunden mit weitergegeben (z.B. Umsatzsteuer, Mineralölsteuer). Diese Steuern sind recht einfach ausgestaltet. Da nur ein sehr begrenzter Personenkreis diese Steuern schuldet, sind sie auch recht einfach zu erheben.

II. Steuerbelastung

Die Steuerbelastung in Deutschland ist recht hoch. Bei den direkten Steuern besteht Streit darüber, ob der Staat mehr als die Hälfte der Einkünfte als Steuern dem Bürger wegnehmen darf. Sicherlich betrifft dieses Problem nicht viele Bürger. Zu den direkten Steuern kommen aber noch die indirekten Steuern hinzu. Diese haben den Nachteil vom Bürger als solche oft nicht erkannt zu werden. Die indirekten Steuern tragen zum Staatshaushalt in etwa zu 40 % bei. Die Staatsquote lag in 2001 bei rund 48 %.

III. Grundsatz der freien Rechtsgestaltung

Durch einen **Missbrauch von Gestaltungsmöglichkeiten** des Rechts kann das Steuergesetz nicht umgangen werden (§ 42 AO). Liegt ein Missbrauch vor, so entsteht der Steueranspruch so, wie er bei einer den wirtschaftlichen Vorgängen angemessenen rechtlichen Gestaltung entsteht.

Ein Missbrauch von rechtlichen Gestaltungsmöglichkeiten liegt vor, wenn eine rechtliche Gestaltung gewählt wird,

- die zur Erreichung des erstrebten Ziels unangemessen ist,
- der Steuerminderung dienen soll und
- durch wirtschaftliche oder andere beachtliche nichtsteuerliche Gründe nicht zu rechtfertigen ist.

Diese Grundsätze gelten auch, wenn eine unangemessene Gestaltung für die Verwirklichung des Tatbestandes einer begünstigenden Gesetzesvorschrift gewählt wird. Die **Unangemessenheit** folgt nicht bereits aus dem Motiv Steuern zu sparen.

> *Hinweis:*
> *Auch Angehörigen steht es frei, ihre Rechtsverhältnisse untereinander so zu gestalten, dass sie für sie steuerlich möglichst günstig sind (BFH, Urt. v. 21.11.1991, V R 20/87, BStBl. II 1992 S. 446).*

Eine Rechtsgestaltung ist unangemessen, wenn verständige Parteien in Anbetracht des wirtschaftlichen Sachverhalts und der wirtschaftlichen Zielsetzung nicht in der gewählten Weise verfahren wären. Entscheidend ist, dass der Steuerpflichtige, dessen Steuerschuld zu beurteilen ist, die vom Gesetzgeber bei seiner Regelung vorgestellte Gestaltung zum Erreichen bestimmter wirtschaftlicher Ziele nicht in Anspruch nimmt und hierfür keine beachtlichen außersteuerrechtlichen Gründe vorliegen. Versucht der Steuerpflichtige auf einem ungewöhnlichen Weg einen Erfolg zu erreichen, der nach den Wertungen des Gesetzgebers so nicht erreichbar sein soll, ist die Rechtsgestaltung unangemessen. Dabei sind die **gesamten Umstände des Einzelfalls** maßgebend.

8 In dem zitierten Urteil (BFH, Urt. v. 21.11.1991, a. a. O.) hatte ein Steuerberater beim Erwerb einer für den Einsatz in seiner Kanzlei bestimmten EDV-Anlage und einer elektrischen Schreibmaschine sein minderjähriges Kind als Käufer vorgeschaltet. Zugleich hatte er mit dem Kind einen Mietvertrag über die Geräte abgeschlossen. Bei dieser Sachverhaltsgestaltung kann das Kind kein vorsteuerabzugsberechtigter Unternehmer sein. Die rechtliche Gestaltung, nach der das Kind Erwerber der Gegenstände und deren Vermieter ist, war unangemessen. Die Unangemessenheit folgt aus den Gesamtumständen des Falles. Das Kind war bei dem Erwerbs- und Vermietungsvorgang als Minderjähriger nicht handelndes Subjekt und Träger eigener Entscheidungen. Es war fremdbestimmtes Objekt im Gestaltungsplan des Vaters, nicht dessen kompetenter Vertragspartner. Das Kind trat nach der rechtlichen Gestaltung wie ein Unternehmer auf, um an den Vater entgeltlich zu leisten, ohne dass für diesen „Umweg" ein wirtschaftlicher Sinn ersichtlich war. Der Vater hat sowohl die Kaufgegenstände als auch die Verkäufer selbst ausgewählt und den Preis vereinbart. Die Mittel zum Erwerb stellte er ebenfalls zunächst zum Teil zur Verfügung. Der Mietvertrag zwischen Vater und minderjährigem Kind kam nicht rechtswirksam zustande. Der Großvater konnte das Kind bei dem Abschluss des Mietvertrags mit dem Vater nicht vertreten. Ein gesetzliches Vertretungsrecht steht Großeltern nicht zu. Der Großvater war nicht zum Ergänzungspfleger bestellt worden (§ 1909 BGB). Die Bestellung der Ergänzungspflegerin war über ein halbes Jahr nach dem Kauf und der Vermietung erfolgt. Diese späte Bestellung kann für den Abschluss des Mietvertrags keine rückwirkende Heilung des bis dahin rechtsunwirksamen Mietvertrages bewirken. Steuerlich tritt keine Rückwirkung ein. Ein wirtschaftlicher Grund für die „Vorschaltung" des Kindes in den Erwerbsvorgang ist nicht erkennbar. Selbst wenn man den Eigentumserwerb des Kindes noch als angemessen ansieht, so ist jedenfalls die entgeltliche Vermietung der Geräte an den Vater unangemessen. Der Vater hat die Mittel für die von ihm benötigten Geräte selbst beschafft. Er hat diese Geräte – wenn auch namens des Kindes – erworben. Demnach besteht kein wirtschaftliches Bedürfnis dafür, die Geräte von seinem Kind zu mieten.

> *Hinweis:*
> *Bei entsprechender Gestaltung und bei Einhaltung aller formellen Erfordernisse, hätte das gewünschte Ziel durchaus erreicht werden können.*

C. Grundlagen der Einkommensbesteuerung

I. Zweck und System der Besteuerung

9 Die Einkommensteuer ist sowohl bezüglich der Belastung als auch bezüglich der legalen Gestaltungsmöglichkeiten bei weitem die bedeutendste Steuer für alle Steuerpflichtigen. Sie erfasst grds. das gesamte Einkommen ohne Rücksicht darauf, ob es im Inland **oder im Ausland** erzielt wurde. Besteuert wird bei allen, die sich **im Inland aufhalten** und damit unbeschränkt steuerpflichtig sind, das Welteinkommen. Bei Auslandseinkünften kommt es damit zu Doppelbelastungen, wenn der ausländische Staat auf diese Einkünfte ebenfalls eine Einkommensteuer erhebt. In den meisten Fällen wird dies durch Doppelbesteuerungsabkommen vermieden. Welche Einkünfte im Einzelnen der Einkommensteuer unterliegen, beschreibt das Einkommensteuergesetz abschließend durch die

Aufzählung von sieben Einkunftsarten (§ 2 Abs. 1 Nr. 1 bis Nr. 7 EStG). Was hier nicht genannt ist, unterliegt nicht der Einkommensteuer.

II. Elemente der Einkommensbesteuerung

1. Subjekt der Besteuerung

Steuersubjekt der Einkommensteuer ist die **natürliche Person**. Das Gesetz unterscheidet dabei die unbeschränkte (§ 1 Abs. 1 EStG) von der beschränkten (§ 1 Abs. 4 EStG) Steuerpflicht. **Unbeschränkt steuerpflichtig** ist jeder, der einen Wohnsitz oder gewöhnlichen Aufenthaltsort im Inland hat. Sind diese Voraussetzungen nicht erfüllt, ist bei bestimmten Inlandseinkünften beschränkte Steuerpflicht gegeben (§ 49 EStG).

10

2. Objekt der Besteuerung

a) Unterscheidung der Einkunftsarten

Gegenstand (Steuerobjekt) der Einkommensbesteuerung ist das **Einkommen**. Bei unbeschränkt Steuerpflichtigen ist hierbei das Welteinkommen maßgebend. Wird das Einkommen nicht ausschließlich im Inland erzielt, wird eine doppelte Versteuerung durch Versteuerung im Inland und Versteuerung im Herkunftsland grds. durch **Doppelbesteuerungsabkommen** vermieden. In diesen Abkommen, die Deutschland mit fast jedem Staat auf der Welt abgeschlossen hat, verzichtet entweder ein Staat auf sein Besteuerungsrecht oder er lässt die Anrechnung der im Ausland auf die betroffenen Einkünfte bezahlten Steuern zu (Stand der Doppelbesteuerungsabkommen vom 1.1.2002 BStBl. I 2002 S. 135). Was Einkommen ist, definiert das Einkommensteuergesetz durch die **abschließende** Aufzählung von **sieben** möglichen **Einkunftsarten** (§ 2 Abs. 1 EStG). In Einzelvorschriften erläutert das Gesetz den Inhalt der jeweiligen Einkunftsart (§ 13 bis § 23 EStG).

11

Steuerobjekt der Einkommensteuer (§ 2 EStG mit abschließender Aufzählung):

12

Gewinneinkünfte § 2 Abs. 2 Nr. 1 EStG

- Einkünfte aus Land- und Forstwirtschaft
- Einkünfte aus Gewerbebetrieb
- Einkünfte aus selbständiger Arbeit

Überschusseinkünfte § 2 Abs. 2 Nr. 2 EStG

- Einkünfte aus nichtselbständiger Arbeit
- Einkünfte aus Kapitalvermögen
- Einkünfte aus Vermietung und Verpachtung
- Sonstige Einkünfte i. S. d. § 22 EStG
  - Wiederkehrende Bezüge (z. B. Renten)
  - Einkünfte aus privaten Veräußerungsgeschäft (früher Spekulationsgeschäfte genannt)
  - Einnahmen aus gelegentlicher Vermittlung

b) Welteinkommen

Die Einkommensteuer erfasst das **Welteinkommen aller im Inland ansässigen Steuerpflichtigen**. Daher unterliegen im Grundsatz auch alle im Ausland erzielten Einkünfte (z. B. aus ausländischem Grundbesitz oder aus ausländischen Wertpapieren) der deutschen Einkommensteuer. Auch die Zinsen, die für in Luxemburg befindliche Guthaben gutgeschrieben werden, gehören zu den in Deutschland steuerpflichtigen Kapitaleinkünften. In vielen Fällen (nicht aber bei Kapitalerträgen in Luxemburg) weisen Doppelbesteuerungsabkommen das ausschließliche Besteuerungsrecht dem ausländischen Staat zu, so dass die Auslandseinkünfte insoweit bei der deutschen

13

Besteuerung unberücksichtigt bleiben. Insbesondere ausländische Immobilienfonds können daher aufgrund des niedrigeren ausländischen Steuersatzes vorteilhaft sein.

c) Veräußerungsgewinne

14 Zur Vermeidung von Zweifeln hat der Gesetzgeber ausdrücklich die Steuerpflicht der Veräußerungsgewinne festgelegt (§ 16 EStG), um damit die Versteuerung der im Zeitpunkt der Betriebsveräußerung oder Betriebsaufgabe vorhandenen **stillen Reserven** sicherzustellen. Die Veräußerung des ganzen Betriebs ist der letzte Teil der gewerblichen Tätigkeit des Steuerpflichtigen, gewissermaßen seine letzte gewerbliche Handlung. Die während des Bestehens des Betriebs entstandenen stillen Reserven werden in größerem Umfang erst bei der Veräußerung des Betriebs aufgelöst. Dadurch wird der darin aufgespeicherte, bisher dahin steuerfrei gebliebene Gewinn realisiert.

15 Der Aufgabe- oder Veräußerungsgewinn ist von dem **laufenden Gewinn** abzugrenzen, um den Freibetrag (§ 16 Abs. 4 EStG) und die Tarifbegünstigung (§ 34 EStG) zu ermöglichen. Die Rechtfertigung für diese Tarifvergünstigung besteht darin, dass sowohl bei der Betriebsveräußerung als auch bei der Betriebsaufgabe durch ein einheitliches Geschehen alle nennenswerten stillen Reserven des Betriebsvermögens zusammengeballt aufgedeckt werden.

d) Beteiligungen an Kapitalgesellschaften

16 Bei Beteiligungen an Kapitalgesellschaften sind die laufenden Erträge von den Erträgen aus der Veräußerung der Beteiligung zu unterscheiden. Die Erträge aus Beteiligungen an Kapitalgesellschaften führen regelmäßig zu Kapitaleinkünften. Wird die Beteiligung jedoch im Betriebsvermögen gehalten, gehören die Kapitalerträge zu der betrieblichen Einkunft. Werden Anteile an einer Kapitalgesellschaft von einer natürlichen Person **veräußert,** gehört dieser Gewinn zu den Einkünften aus Gewerbebetrieb, wenn der Veräußerer innerhalb der letzten fünf Jahre am Kapital der Gesellschaft beteiligt war (§ 17 EStG). Der Verkauf der Beteiligung ist nur dann nicht steuerpflichtig, wenn der Veräußerer an der Gesellschaft zu weniger als 1 % unmittelbar oder mittelbar beteiligt war. Dies ist bei Beteiligungen an börsennotierten Aktiengesellschaften regelmäßig gegeben. Der Veräußerungsgewinn wird aber zur Einkommensteuer nur herangezogen, soweit er den Teil von 10.300 € übersteigt, der dem veräußerten Anteil an der Kapitalgesellschaft entspricht. Dieser Freibetrag reduziert sich wiederum um den Betrag, um den der Veräußerungsgewinn einen entsprechenden Anteil von 41.000 € übersteigt. Veräußerungsgewinn ist der Betrag, um den der Veräußerungspreis nach Abzug der Veräußerungskosten die Anschaffungskosten übersteigt. Beträgt der Umfang der Beteiligung unter 1 % kann in dem Verkauf auch ein privates Veräußerungsgeschäft (§ 23 EStG) liegen.

17 Übertragen die Eheleute im Rahmen der Vermögensauseinandersetzung ihrer Scheidung im Privatvermögen gehaltene Anteile an einer Kapitalgesellschaft von einem Ehegatten auf den anderen, stellt dies für den Erwerber eine entgeltliche Anschaffung dar. War der Übertragende an der Kapitalgesellschaft zu 1 % oder mehr beteiligt, hat er einen Veräußerungsgewinn zu versteuern. Der Veräußerungspreis ergibt sich aus dem Teil der Zugewinnausgleichsschuld, der durch die Übertragung der Anteile getilgt wird.

> *Beispiel:*
>
> *Der Ehemann M ist zu 30 % an der X GmbH beteiligt. Der Wert der Beteiligung beträgt 400.000 €. Der Ehemann hatte seine Beteiligung für 300.000 € angeschafft. Die Beteiligung wird zur Erfüllung des Ausgleichsanspruchs auf die Ehefrau übertragen. Der Ehemann erzielt einen Veräußerungsgewinn von 100.000 €.*
>
> *Der Veräußerungsgewinn ist zu ermitteln:*
>
> | | |
> |---|---:|
> | *Veräußerungspreis (= Ausgleichsanspruchs auf die Ehefrau)* | *400.000 €* |
> | *abzüglich Anschaffungskosten der Beteiligung* | *./. 300.000 €* |
> | *abzüglich Veräußerungskosten* | *./. 0 €* |
> | *Veräußerungsgewinn* | *= 100.000 €* |

Beispiel:

G ist zu 50 % am Stammkapital der X GmbH beteiligt. Das Stammkapital beträgt 100.000 €. Der gemeine Wert aller Anteile beträgt 600.000 €, der Wert seines Anteils (50 %) damit 300.000 €. Gegenüber seiner geschiedenen Ehefrau hat G eine Unterhaltsverpflichtung im Kapitalwert von 120.000 €. Die Eheleute vereinbaren zur Abgeltung der Unterhaltsverpflichtung, dass Anteile im Nennwert von 20.000 € (1/5 des Stammkapitals) auf die Ehefrau S übertragen werden. Die Anschaffungskosten der Beteiligung entsprechen dem Nennwert. Da der Gesellschafter G an der X GmbH über 1 % beteiligt ist, unterliegt die entgeltliche Anteilsübertragung der Besteuerung.

Veräußerungserlös (= Höhe des abgefundenen Unterhaltsanspruchs)	*120.000 €*
abzüglich Anschaffungskosten des übertragenen Anteils	*– 20.000 €*
Veräußerungsgewinn	*100.000 €*

Der gesetzliche Freibetrag i. H. v. 10.300 € ist für G entsprechend dem prozentualen Verhältnis des übertragenen Anteils zum gesamten Stammkapital (20.000 € von 100.000 € Stammkapital = 1/5) auf ein Fünftel (= 2.060 €) zu ermäßigen. Dieser Freibetrag reduziert sich um den Betrag, um den der Veräußerungsgewinn des G den entsprechenden Anteil von 80.000 € (ein Fünftel = 16.000 €) übersteigt. Der Freibetrag von 2.060 € wird damit auf Null gekürzt. Der von G erzielte Veräußerungsgewinn ist in vollem Umfang der Einkommensteuer zu unterwerfen.

e) Steuerfreie Einnahmen

Fallen die Einnahmen unter eine der sieben Einkunftsarten, bedeutet das nicht, dass die Einnahmen in jedem Fall steuerpflichtig sind. Das Einkommensteuergesetz enthält einen umfangreichen Katalog von Einnahmen, die von der Einkommensteuer **befreit** sind. Es handelt sich dabei vor allem um Sozialleistungen, bestimmte Abfindungen, Entschädigungen, Ausbildungsförderung usw. (§ 3 EStG).

Auch **pauschal besteuerter Arbeitslohn** und die pauschale Lohnsteuer bleiben bei der Ermittlung der Einkünfte außer Ansatz (§ 40 Abs. 3 EStG). Das bedeutet, dass mit der pauschalierten Besteuerung des Aushilfslohnes durch den Arbeitgeber einkommensteuerlich alles erledigt ist.

f) Nicht steuerbare Einnahmen

Geldzuflüsse oder Vermögensmehrungen, die nicht von einer der Einkunftsarten erfasst werden, sind nicht nach dem Einkommensteuergesetz zu versteuern. Keine Einkunftsart liegt z. B. bei dem Zufluss eines **Lottogewinnes** oder eines anderen Spielgewinnes vor. Der Vorgang des Gewinnens ist damit nicht mit Einkommensteuer belastet. Wird dann das gewonnene Geld aber als Kapitalanlage zinsbringend angelegt, erfüllen die Zinserträge die Einkunftsart der Einkünfte aus Kapitalvermögen. Auch eine **Schenkung** führt nicht zur Einkommensteuer, jedoch wird sie als Steuertatbestand im Erbschaftsteuergesetz genannt (§ 1 Abs. 1 Nr. 2 ErbStG).

Möglichkeiten, um zu Geld- oder Vermögenszuflüssen zu kommen, die **keine Einkunftsart** in der Einkommensteuer erfüllen:

- Unterhalt beziehen (Ausnahme: Realsplitting),
- heiraten/andere Schatzfunde,
- erben/Schenkungen erhalten,
- bei Spielen/Lotterien/Wetten gewinnen,
- Preise/Auszeichnungen erhalten,
- Privatvermögen veräußern (Ausnahme: § 23 EStG nicht einhalten der Fristen),
- Einkünfte, die in der Gesamtbetrachtung wegen dauernder Verluste als Liebhaberei qualifiziert wurden.

22 Vermögensmehrungen aus privater **Vermögensverwaltung** stellen grds. keine Einkünfte i. S. d. Einkommensteuergesetzes dar. Eine Ausnahme gilt insoweit nur für private Veräußerungsgeschäfte (früher Spekulationsgeschäfte genannt, § 23 EStG) und für die Veräußerung von Anteilen an Kapitalgesellschaften, wenn die Beteiligung 1 % oder mehr ausmacht (§ 17 EStG). Private Vermögensverwaltung liegt bei der Anschaffung und Veräußerung von Wirtschaftsgütern des **Privatvermögens** vor. Zum Privatvermögen gehören alle Wirtschaftsgüter, die **nicht** zu einem **Betriebsvermögen** gehören. Das bedeutet, dass bei allen Veräußerungen von Vermögensgegenständen aus dem Privatbereich, die zu einem Preis über dem Einkaufspreis verkauft werden, der Mehrerlös nicht der Einkommensteuer unterliegt. Dies gilt jedoch ausschließlich für **Privat**vermögen. **Betriebs**vermögen ist immer, auch außerhalb der „Spekulations"-fristen des § 23 EStG, steuerbefangen.

Beispiel:

*A kauft am 30.6.2001 eine Immobilie für 400 T€. Zehn Jahre später ist ein Verkauf für 500 T€ geplant. Ein Verkauf am 30.6.2011 oder früher macht den Mehrerlös von 100 T€ steuerpflichtig, da der Zeitraum zwischen Anschaffung und Veräußerung nicht **mehr als zehn** Jahre beträgt. Damit liegt ein privates Veräußerungsgeschäft i. S. d. § 23 EStG vor.*

Bei einem Verkauf ab dem 1.7.2011 entsteht keine Einkommensteuer, da keiner der sieben Einkunftstatbestände erfüllt ist. Handelt es sich bei der Immobilie um die eigenen Betriebsräume eines selbständigen Unternehmers, also um Betriebsvermögen, dann ist der Mehrerlös zu jedem Verkaufszeitpunkt auch nach Ablauf der Zehn-Jahresfrist steuerpflichtig.

23 Die Einkünfte der **drei Gewinneinkunftsarten** (§ 2 Abs. 1 Nr. 1 bis Nr. 3 EStG) ergeben sich aus der Saldierung der Erträge mit den Aufwendungen, was zum gleichen Ergebnis führt wie der Vergleich des Endvermögens mit dem Anfangsvermögen dieser Periode. Die Einkünfte der **Überschusseinkunftsarten** (§ 2 Abs. 1 Nr. 4 bis Nr. 7 EStG) ergeben sich dagegen aus der Saldierung der Einnahmen mit den Werbungskosten (§ 2 Abs. 2 EStG).

g) Besteuerungszeitraum

24 Maßgebender Zeitraum ist das **Kalenderjahr** (§ 2 Abs. 7 EStG). Besteht die unbeschränkte Steuerpflicht nicht das ganze Jahr, tritt der entsprechende Zeitraum an die Stelle des Jahres (§ 2 Abs. 7 Satz 3 EStG).

h) Zusammenrechnung der einzelnen Einkünfte

25 Verluste einer Einkunftsart werden mit positiven anderen Einkünften dieser Einkunftsart und grds. auch mit denen einer anderen Einkunftsart des gleichen Kalenderjahres verrechnet. Im Ergebnis wird damit nur das versteuert, was insgesamt netto übrig bleibt. Zu beachten sind aber die nur schwer verständlichen Regeln zur **Mindestbesteuerung.** Danach darf die Summe der positiven Einkünfte, soweit sie den Betrag von 51.500 € übersteigt, durch negative Summen der Einkünfte aus anderen Einkunftsarten nur bis zur Hälfte gemindert werden. Die Minderung ist in dem Verhältnis vorzunehmen, in dem die positiven Summen der Einkünfte aus verschiedenen Einkunftsarten zur Summe der positiven Einkünfte stehen. Übersteigt die Summe der negativen Einkünfte den ausgleichsfähigen Betrag, sind die negativen Summen der Einkünfte aus verschiedenen Einkunftsarten in dem Verhältnis zu berücksichtigen, in dem sie zur Summe der negativen Einkünfte stehen. Die Neuregelung der Mindestbesteuerung (§ 2 Abs. 3 Sätze 2 bis 8 EStG) durch das Steuerentlastungsgesetz 1999 **verstößt** nach Auffassung des Finanzgerichts Berlin **gegen** das **verfassungsrechtliche Gebot** der Besteuerung nach der Leistungsfähigkeit (FG Berlin, Beschl. v. 4.3.2002, 6 B 6333/01, Beschwerde eingelegt, Az. BFH XI B 76/02, EFG 2002, 597).

3. Zu versteuerndes Einkommen als Bemessungsgrundlage

Ausgehend von der Summe der Einkünfte wird auf recht komplizierte Weise die Bemessungsgrundlage für die Einkommensteuer ermittelt. Bemessungsgrundlage ist das zu versteuernde Einkommen (§ 2 Abs. 5 EStG). Auf die Bemessungsgrundlage wird dann der **linear-progressive Steuertarif** angewendet.

Steuerpflichtigen, die vor dem Beginn des Kalenderjahrs, in dem sie ihr Einkommen bezogen haben, das 64. Lebensjahr vollendet haben, wird ein **Altersentlastungsbetrag** gewährt. Dies ist ein Betrag von 40 % des Arbeitslohns und der positiven Summe der Einkünfte, die nicht solche aus nichtselbständiger Arbeit sind, höchstens jedoch insgesamt ein Betrag von 1.908 € im Kalenderjahr. Versorgungsbezüge i. S. d. § 19 Abs. 2 EStG, Einkünfte aus Leibrenten i. S. d. § 22 Nr. 1a EStG und Einkünfte i. S. d. § 22 Nr. 4b EStG bleiben bei der Bemessung des Betrags außer Betracht (§ 24a EStG).

> **Verkürztes Schema:**
> Summe der Einkünfte aus den Einkunftsarten
> ./. Altersentlastungsbetrag (§ 24a EStG)
> ./. Verlustabzug (§ 10d EStG)
> ./. Sonderausgaben (§§ 10, 10b, 10c EStG)
> ./. außergewöhnliche Belastung (§§ 33, 33c EStG)
> ./. ggf. Kinderfreibetrag im Rahmen der Günstigerregelung (§ 32 Abs. 6 EStG)
> = zu versteuerndes Einkommen (§ 32a Abs. 1 EStG)

4. Steuertarif

a) Grundtabelle

Die tarifliche Einkommensteuer bemisst sich nach dem zu versteuernden Einkommen. Der Steuertarif wird durch die **Tarifvorschrift des § 32a EStG** formelmäßig bestimmt. Daraus wird die Grundtabelle hergeleitet, die grds. Anwendung findet. Auch bei Ehegatten, die nicht die Voraussetzungen der Zusammenveranlagung erfüllen oder die getrennte Veranlagung wählen, wird die Steuer nach der Grundtabelle bestimmt.

Der in **vier Zonen unterteilte Steuertarif** soll nach den Vorstellungen des Gesetzgebers eine Besteuerung nach der Leistungsfähigkeit gewährleisten. Der Steuertarif wird in der Grundtabelle, die im Anhang zum Einkommensteuergesetz abgedruckt ist, betragsmäßig dargestellt.

b) Splittingtabelle

Neben dem Grundtarif (Grundtabelle) kennt das Einkommensteuergesetz den Splittingtarif (**Splittingtabelle**), der bei zusammenveranlagten Ehegatten zur Anwendung kommt (§ 32a Abs. 5 EStG). Ehegatten werden zusammenveranlagt, wenn sie nicht dauernd getrennt leben und wenn beide unbeschränkt steuerpflichtig sind (§ 26 EStG).

Aus der Grundtabelle ermittelt sich durch einen einfachen Rechenschritt die Splittingtabelle. Beim Splittingtarif beträgt die tarifliche Einkommensteuer das Zweifache des Steuerbetrages, der sich für die Hälfte des gemeinsam zu versteuernden Einkommens nach der Grundtabelle ergibt (§ 32a Abs. 5 EStG).

> *Beispiel:*
> *Bei einem zu versteuernden Einkommen von 50.000 € in 2002 beträgt die Steuer laut Grundtabelle 14.440 €. Nach der Splittingtabelle beträgt die Steuer für das gleiche zu versteuernde Einkommen 9.514 €. Das ist der doppelte Steuerbetrag aus der Grundtabelle bei 25.000 €, nämlich 2 x 4.757 €. Die Steuerersparnis beträgt 4.926 € (= 14.440 € ./. 9.514 €).*

31 Keinerlei steuerliche Vorteile ergeben sich bei der Zusammenveranlagung, wenn beide Ehegatten hälftig zum zu versteuernden Einkommen der Familie beigetragen haben.

Beispiel:

A und B haben jeweils ein zu versteuerndes Einkommen von 25.000 €. Jeder zahlt nach der Grundtabelle 4.757 € an Einkommensteuer. Als Ehegatten haben beide 50.000 € zu versteuern und zahlen dafür nach der Splittingtabelle 9.514 €.

III. Wirkung der Progression

32 Die progressive Wirkung des Einkommensteuertarifs bewirkt, dass mit steigendem Einkommen die Steuerlast immer stärker steigt.

Beispiel:

Auf ein zu versteuerndes Einkommen i. H. v. 25.000 € sind 4.757 € Einkommensteuer zu zahlen. Ist das zu versteuernde Einkommen mit 50.000 € doppelt so hoch beträgt die Steuer aufgrund der Progression weit mehr als das Doppelte. Es sind 14.440 € Einkommensteuer zu bezahlen. Die Steuerbelastung des zweiten gleich hohen Teilbetrages beträgt 9.683 € (= 14.440 € ./. 4.757 €) und ist damit fast doppelt so hoch wie die Steuerbelastung der ersten 50.000 €.

33 Betrachtet man die Gesamtsteuerbelastung über mehrere Jahre hinweg, ist es aufgrund des progressiven Tarifs günstiger, wenn jedes Jahr ein möglichst gleich hoher Betrag zu versteuern ist.

Beispiel:

Der ledige A hat ein zu versteuerndes Einkommen von 0 € im Jahr 2001 und von 50.000 € im Jahr 2002. Dafür zahlt er 14.440 € Einkommensteuer in 2002. Im Jahr 2001 fällt keine Steuer an. Hätte er jedes Jahr 25.000 € zu versteuern, hätte er 2 x 4.757 €, also insgesamt 9.514 € zu bezahlen. Die Gesamtsteuerlast ist in diesem Fall 4.926 € (= 14.440 € ./. 9.514 €) niedriger.

34 Da schwankende Gewinne steuerlich ungünstig sind, sollte eine **Einkommensnivellierung** angestrebt werden. Ausgaben oder Verluste sind steuerlich nur insoweit sinnvoll, als dadurch nicht Frei- oder Pauschbeträge, die ohnehin gewährt werden, verloren gehen. Die vereinfachte Gewinnermittlung (§ 4 Abs. 3 EStG) ermöglicht insbesondere den Freiberuflern, durch Verlagerungen von Einnahmen oder Ausgaben in Vor- oder Folgejahre Einfluss auf die Höhe ihrer Gewinne zu nehmen.

IV. Fünftelregelung

35 **Außerordentliche Einkünfte** werden auf Antrag ermäßigt besteuert. Für Zwecke der Steuerberechnung ist zunächst für das Kalenderjahr, in dem die außerordentlichen Einkünfte erzielt worden sind, die Einkommensteuerschuld zu ermitteln, die sich ergibt, wenn die in dem zu versteuernden Einkommen enthaltenen außerordentlichen Einkünfte nicht in die Bemessungsgrundlage einbezogen werden. Anschließend ist in einer Vergleichsberechnung die Einkommensteuer zu errechnen, die sich unter Einbeziehung eines Fünftels der außerordentlichen Einkünfte ergibt. Bei diesen nach den allgemeinen Tarifvorschriften vorzunehmenden Berechnungen sind dem Progressionsvorbehalt (§ 32b EStG) unterliegende Einkünfte zu berücksichtigen. Der Unterschiedsbetrag zwischen beiden Steuerbeträgen ist zu verfünffachen. Dieser sich so ergebende Steuerbetrag ist der Einkommensteuer hinzuzurechnen, die sich ergibt, wenn das zu versteuernde Einkommen keine außerordentlichen Einkünfte enthält. Für einen Höchstversteuerer bringt die Fünftelregelung damit keine Vorteile.

Beispiel zur Berechnung der Einkommensteuer nach § 34 Abs. 1 EStG (H198 EStH):

Der Steuerpflichtige, der Einkünfte aus Gewerbebetrieb und Vermietung und Verpachtung (einschließlich Entschädigung i. S. v. § 34 EStG) hat, und seine Ehefrau werden zusammen veranlagt. Es sind die folgenden Einkünfte und Sonderausgaben anzusetzen:

Einkünfte aus Gewerbebetrieb		45 000 €
Einkünfte aus Vermietung und Verpachtung		
• laufende Einkünfte		5 350 €
• Entschädigungen i. S. v. § 34 EStG		25 000 €
Gesamtbetrag der Einkünfte		75.350 €
Abzüglich Sonderausgaben		- 3.200 €
zu versteuerndes Einkommen	72.150 €	72.150 €
Steuer wäre laut Splittingtabelle 17.250 €		
Abzüglich Entschädigungen i. S. v. § 34 EStG	- 25.000 €	
Verbleibendes zu versteuerndes Einkommen	47.150 €	
Darauf entfallende Steuer		8.610 €
Zuzüglich 1/5 der Entschädigung	5.000 €	
	52.150 €	
Darauf entfallende Steuer	10.206 €	
Abzüglich Steuer auf laufende Einkünfte	- 8.610 €	
Unterschiedsbetrag	1.596 €	
Unterschiedsbetrag mal fünf		7.980 €
Tarifliche Einkommensteuer		16.590 €
Steuerreduzierung aufgrund der Fünftelregelung		660 €

Als außerordentliche Einkünfte kommen nur in Betracht: 36
- Veräußerungsgewinne i. S. d. § 14, § 14a Abs. 1 EStG, der § 16 und § 18 Abs. 3 EStG mit Ausnahme des steuerpflichtigen Teils der Veräußerungsgewinne, die nach § 3 Nr. 40b EStG i. V. m. § 3c Abs. 2 EStG teilweise steuerbefreit sind,
- Entschädigungen i. S. d. § 24 Nr. 1 EStG,
- Nutzungsvergütungen und Zinsen i. S. d. § 24 Nr. 3 EStG, soweit sie für einen Zeitraum von mehr als drei Jahren nachgezahlt werden,
- Vergütungen für mehrjährige Tätigkeiten.

V. Bezahlung der Steuerlast

1. Erhebungsformen der Steuer

Die Einkommensteuer wird je nach Einkunftsart unterschiedlich erhoben. Bei **Arbeitslohn** und bei 37
Kapitalertrag wird die Einkommensteuer durch Dritte (Arbeitgeber bzw. Kreditinstitut) einbehalten und auf Rechnung des Steuerpflichtigen ans Finanzamt abgeführt. Der Steuerpflichtige erhält über die einbehaltene Steuer eine Bescheinigung (z. B. Lohnsteuerkarte, Dividendenbescheinigung). Im Übrigen setzt das Finanzamt die Einkommensteuer auf Grund einer Erklärung des Steuerpflichtigen fest und erhebt anschließend die festgesetzte Steuer. Dabei werden auch die Einkünfte erfasst, die bereits dem Steuerabzug bei Dritten unterlegen haben; die dabei einbehaltene Lohn- bzw. Kapitalertragsteuer wird auf die Einkommensteuerschuld angerechnet. Außerdem wer-

den auch die geleisteten Vorauszahlungen angerechnet, die jeweils vierteljährlich zu leisten sind. Der Differenzbetrag führt zu einer Steuernachzahlung oder zu einer Erstattung.

2. Anrechnung der Kapitalertragsteuer

38 Schüttet eine GmbH oder andere Kapitalgesellschaft ihren Gewinn an die Gesellschafter aus, erzielen diese Einkünfte aus Kapitalvermögen (§ 20 Abs. 1 Nr. 1 EStG). Für die **ausgeschütteten Gewinne** muss die GmbH für den Empfänger der Kapitalerträge Kapitalertragsteuer einbehalten und an das Finanzamt abführen. Der Gesellschafter erhält die einbehaltene Kapitalertragsteuer auf seine zu zahlende Einkommensteuer angerechnet.

39 Durch die Einführung des **Halbeinkünfteverfahrens** (grds. ab 2002) wurde das Vollanrechnungsverfahren für die gezahlte Körperschaftsteuer abgeschafft. Die von der GmbH oder einer anderen Kapitalgesellschaft entrichtete Körperschaftsteuer i. H. v. 25 % des Gewinnes kann nicht mehr als Steuerguthaben auf die Einkommensteuerschuld des unbeschränkt steuerpflichtigen Gesellschafters angerechnet werden (früher § 36 Abs. 2 Nr. 3 EStG). Die Belastung der Kapitalgesellschaft mit der Körperschaftsteuer ist endgültig. Ausgeschüttete Gewinne werden deshalb beim Empfänger der Gewinnausschüttung nur zur Hälfte besteuert.

3. Gewerbesteueranrechnung auf die Einkommensteuer

40 Ab 2001 erfolgt eine Anrechnung der Gewerbesteuer auf die Einkommensteuer. Soweit die Einkommensteuer anteilig auf im zu versteuernden Einkommen enthaltene gewerbliche Einkünfte entfällt, wird bei Einkünften aus gewerblichen Unternehmen i. S. d. § 15 Abs. 1 Satz 1 Nr. 1 EStG die Einkommensteuer **um das 1,8-fache** des für das Unternehmen festgesetzten Steuermessbetrags (Gewerbesteuer-Messbetrag) **ermäßigt.** Bei Einkünften aus Gewerbebetrieb als Mitunternehmer beträgt die Ermäßigung das 1,8-fache des jeweils für den dem Veranlagungszeitraum entsprechenden Erhebungszeitraum festgesetzten **anteiligen** Gewerbesteuer-Messbetrags. Ab einem Gewerbesteuerhebesatz von ca. 400 % entfällt durch die Gewerbesteueranrechnung jegliche Gewerbesteuerbelastung.

VI. Steuerwirksamkeit von Ausgaben

41 Trotz unterschiedlicher Definition von Betriebsausgaben (§ 4 Abs. 4 EStG) und Werbungskosten (§ 9 Abs. 1 EStG) dienen beide der Einkunftserzielung. Es werden Ausgaben getätigt, **um steuerpflichtige Einnahmen zu erzielen**. Diese Ausgaben sind grds. in voller Höhe steuermindernd abzugsfähig. Das Einkommensteuergesetz schränkt die Abzugsfähigkeit dieser Ausgaben nur in bestimmten im Gesetz genannten Fällen ganz oder teilweise ein (§ 4 Abs. 5 EStG für die Betriebsausgaben und § 9 Abs. 1 Satz 3 Nrn. 4, 5 und 7, Abs. 5 EStG für die Werbungskosten).

42 Im Gegensatz dazu dienen die **Privatausgaben** (§ 12 EStG) der Lebenshaltung. Kosten der Lebenshaltung können steuerlich nicht berücksichtigt werden. Nur bestimmte im Gesetz einzeln und ausdrücklich genannte Privatausgaben werden zum steuermindernden Abzug zugelassen. Diese zum Abzug zugelassenen Privatausgaben werden im Gesetz als **Sonderausgaben** oder als **außergewöhnliche Belastungen** bezeichnet. Der Abzug ist regelmäßig nur eingeschränkt zulässig.

43 Die Kosten einer **Adoption** gehören beispielsweise zu den steuerlich **nicht** abzugsfähigen Privatausgaben. Bei einer Adoption ausländischer Kinder können keinerlei Kosten, auch nicht die Flugkosten für das Abholen des Kindes oder die Vermittlungsgebühren als außergewöhnliche Belastungen (§ 33 EStG) geltend gemacht werden. Adoptionskosten sind nie zwangsläufig. Adoptionen wegen Unfruchtbarkeit können nicht als Krankheitskosten betrachtet werden. Eine sittliche Verpflichtung der Ehegatten zur Erfüllung ihres Kinderwunsches besteht ebenfalls nicht.

VII. Einkunftsermittlung

1. Unterscheidung der Einkunftsarten

Das Gesetz trennt die sieben Einkunftsarten (§ 2 Abs. 1 EStG) in **Gewinn- und** in **Überschusseinkünfte**. Zur Ermittlung der Überschusseinkünfte wird eine einfachere Art der Einkunftsermittlung vorgeschrieben als für die Gewinneinkünfte (s. Rn. 11).

44

2. Arten der Gewinnermittlung

Grds. ist der Gewinn durch **Bilanzierung** (§ 4 Abs. 1 EStG) zu ermitteln. Für bestimmte Sonderfälle sieht das Gesetz eine vereinfachte Art der Gewinnermittlung (§ 4 Abs. 3 EStG) vor (s. Rn. 47). Nur der **selbstständig Tätige** (z. B. der Freiberufler mit Einkünften nach § 18 EStG) kann im Gegensatz zum Gewerbetreibenden immer wählen, ob er seinen Gewinn durch Betriebsvermögensvergleich (§ 4 Abs. 1, § 5 EStG) oder vereinfacht durch Gegenüberstellung der Betriebseinnahmen und der Betriebsausgaben (§ 4 Abs. 3 EStG) ermitteln will. Im Übrigen gilt das **Wahlrecht** nur für bestimmte Klein-Gewerbetreibende (§ 141 AO). Beide Gewinnermittlungsarten führen zu dem gleichen Gewinn, wenn man den Totalgewinn aus der Gesamtlebensdauer des Betriebes zum Vergleich heranzieht. Unterschiede ergeben sich beim Zeitpunkt der Erfassung von betrieblichen Vorgängen. Die Gewinnermittlung durch Betriebsvermögensvergleich berücksichtigt insbesondere das Entstehen von Forderungen gewinnhöhend und das Entstehen von Verbindlichkeiten gewinnmindernd, unabhängig von deren Bezahlung. Dagegen stellt die vereinfachte Gewinnermittlung (§ 4 Abs. 3 EStG) grds. nur auf die meist viel später liegenden Zahlungsvorgänge ab.

45

3. Gewinnermittlung durch Vermögensvergleich

Beim **Bestandsvergleich** wird der Gewinn dadurch ermittelt, dass der Zuwachs des Reinvermögens aufgrund betrieblicher Vorgänge in einem Kalenderjahr festgestellt wird. Gewinn ist der Saldo aus den Betriebsvermögenszugängen (Erträgen) und den Betriebsvermögensabgängen (Aufwendungen). Das Betriebsvermögen wird in der Bilanz dargestellt. Privat veranlasste Betriebsvermögensänderungen werden bei der Ermittlung des Gewinns wieder korrigiert. Sie haben keinen Einfluss auf den wirtschaftlichen Erfolg des Betriebes (§ 4 Abs. 1 Satz 1 EStG).

46

4. Vereinfachte Gewinnermittlung

Neben der Gewinnermittlung durch Bilanzierung bietet das Einkommensteuergesetz auch eine vereinfachte Gewinnermittlung an (§ 4 Abs. 3 EStG). Diese Art der Gewinnermittlung können aber nur **kleinere Gewerbetreibende** und **Freiberufler** in Anspruch nehmen. Es wird der Überschuss der Betriebseinnahmen über die Betriebsausgaben gebildet. Sind die Betriebseinnahmen höher als die Betriebsausgaben, stellt die Differenz den Gewinn dar. Im umgekehrten Fall liegt ein Verlust vor. Diese **vereinfachte Gewinnermittlung** ist vom Grundsatz her eine reine Geldrechnung.

47

Erträge und Aufwendungen werden grds. nicht dem Kalenderjahr zugeordnet, in dem sie wirtschaftlich entstanden sind. Sie werden vielmehr im **Jahr des Zahlungsflusses** erfasst. Nur in bestimmten Fällen weicht das Gesetz durch ausdrückliche Benennung von diesem einfachen Grundsatz ab. Dies kann auch zu Härten führen, wenn eine größere Honorarzahlung in einem Jahr für eine Tätigkeit erfolgt, die sich über mehrere Jahre erstreckte. Die Einnahmen sind insgesamt im Zahlungszeitpunkt zu erfassen.

48

Gewinnermittlung durch vereinfachte Gewinnermittlung (§ 4 Abs. 3 EStG):

49

Betriebseinnahmen
./. Betriebsausgaben, soweit sofort abzugsfähig
= Einnahmeüberschuss
./. AfA auf Anlagevermögen

```
./  Buchwerte veräußerter oder entnommener Wirtschaftsgüter des
    Anlagevermögens
=   korrigierter Einnahmeüberschuss
./  Sacheinlagen, privat bezahlte Betriebsaufwendungen
+   Sachentnahmen, Nutzungsentnahmen
=   **steuerpflichtiger Gewinn**
```

5. Betriebsvermögen

50 Aus steuerlicher Sicht besteht das Vermögen jeder natürlichen Person, die Gewinneinkünfte erzielt, aus dem Betriebs- und dem Privatvermögen. Während dem Privatvermögen bei der Einkommensteuer nur ausnahmsweise Bedeutung zukommt, bildet das Betriebsvermögen die Grundlage für die Gewinnermittlung bei den Einkünften aus Land- und Forstwirtschaft, Gewerbebetrieb und freiberuflicher Tätigkeit (§ 2 Abs. 2 Nr. 1 EStG). Bei diesen Einkunftsarten wird der **Jahreserfolg nach dem Gewinn bemessen.** Der Gewinn wird grds. durch einen Vermögensvergleich (Bilanzierung) ermittelt (§ 4 Abs. 1 EStG). Beim Vermögensvergleich ergibt sich der Gewinn aus dem Unterschied zwischen dem Betriebsvermögen am Ende des Wirtschaftsjahres zu dem Betriebsvermögen vom Beginn dieses Jahres. Zu diesem Zweck muss das Betriebsvermögen zu den jeweiligen Stichtagen in einer **Bilanz** dargestellt werden. Die Bilanz ist eine Aufstellung des betrieblichen Vermögens in einer besonderen Darstellungsform.

51 Das Betriebsvermögen spielt aber auch dann eine Rolle, wenn der Gewinn nicht durch Vermögensvergleich sondern aufgrund vereinfachter Gewinnermittlung (§ 4 Abs. 3 EStG) festgestellt wird.

Bedeutung der Abgrenzung:

- **Privat**vermögen:
  - Grds. keine steuerliche Bedeutung
  - Ausnahme: Private Veräußerungsgeschäfte und Veräußerung von wesentlichen Beteiligungen an Kapitalgesellschaften
- **Betriebs**vermögen:
  - Wertverluste und realisierte Werterhöhungen sind steuerwirksam
  - Sonderabschreibung (z. B. § 7g EStG)
  - Investitionszulage (§ 2, § 3 Fördergebietsgesetz)

52 Der **Begriff** Betriebsvermögen ist im Gesetz **nicht definiert.** Das Einkommensteuerrecht verwendet den Begriff sogar mit unterschiedlicher Bedeutung. Während der Begriff in § 4 Abs. 1 EStG das Eigenkapital (= Reinvermögen) meint, umschreibt das Gesetz mit diesem Begriff in § 6 EStG das einzelne Wirtschaftsgut, denn nur das einzelne Wirtschaftsgut ist einer Bewertung zugänglich.

53 Dem Begriff selbst ist bereits zu entnehmen, dass nicht das gesamte Vermögen von Interesse ist, sondern nur das **betriebliche Vermögen.** Neben dem Betriebsvermögen besteht das Vermögen zumindest bei natürlichen Personen auch aus dem Privatvermögen. **Privatvermögen** ist alles, was nicht Betriebsvermögen ist.

54 Die Abgrenzung des Betriebsvermögens vom Privatvermögen ist für die Einkommensbesteuerung von grundlegender Bedeutung. Während bei den Gewinneinkünften realisierte und nicht realisierte Wertverluste sowie realisierte Wertsteigerungen am Betriebsvermögen steuerlich zu berücksichtigen sind, sind alle Wertveränderungen im Bereich des Privatvermögens einkommensteuerlich grds. irrelevant. Eine Steuerfolge tritt hier nur ausnahmsweise ein, wenn der Tatbestand der Spekulation durch Nichteinhalten von Mindestfristen erfüllt wird (§ 23 EStG) oder wenn eine Beteiligung (ab 1 %) an einer Kapitalgesellschaft veräußert wird (§ 17 EStG).

Zum Vermögen gehören **Wirtschaftsgüter im weitesten Sinne.** Da nur wenige Wirtschaftsgüter ihrer Art nach ausschließlich einem Betrieb zugeordnet werden können, muss im Einzelfall nach funktionalen Gesichtspunkten geprüft werden, ob ein sachbezogener Zusammenhang zu der betrieblichen Tätigkeit besteht.

Beispiel:
Der Hammer in der Werkstatt eines Handwerkers gehört zweifelsfrei zum Betriebsvermögen, da er dem Betrieb dient. Befindet sich der Hammer dagegen in der Werkzeugkiste im Haushalt des Handwerkers, gehört er zum Privatvermögen des Handwerkers.

Übersicht zur Aufteilung des Vermögens

Betriebsvermögen		
	notwendiges Betriebsvermögen	
	• Wirtschaftsgut dient unmittelbar dem Betrieb	
	• Wirtschaftsgut ist objektiv erkennbar zum Einsatz im Betrieb bestimmt	
Privatvermögen		
	• Wirtschaftsgut wird gemischt, aber nicht überwiegend betrieblich genutzt	Die Wirtschaftsgüter können wahlweise zu Betriebsvermögen erklärt werden
	• betriebliche Nutzung ist noch fraglich	
	• neutrale Zweckbestimmung	
notwendiges Privatvermögen		
	• Wirtschaftsgut hat keinerlei Beziehung zum Betrieb und/oder	
	• Wirtschaftsgut dient ausschließlich privaten Zwecken	

6. Abschreibung

Ein sehr großer Teil der betrieblichen Aufwendungen wird für die Anschaffung der Betriebsausstattung im weiteren Sinne erbracht. **Aufwendungen für die Anschaffung oder Herstellung von Wirtschaftsgütern,** die dauerhaft dem Betrieb dienen oder zu dienen bestimmt sind, dürfen nicht sofort als Betriebsausgaben angesetzt werden. Diese Aufwendungen werden vielmehr durch Abschreibung auf die voraussichtliche betriebsgewöhnliche Nutzungsdauer verteilt. Durch Abschreibung wird der Wertverlust bei Wirtschaftsgütern des Anlagevermögens erfasst. Zum **Anlagevermögen** gehören alle Wirtschaftsgüter, die dauerhaft dem Betrieb dienen oder zu dienen bestimmt sind. Die Anschaffungs- oder Herstellungskosten dieser Wirtschaftsgüter dürfen im Zugangszeitpunkt nicht gewinnmindernd erfasst werden. Zum Jahresende wirkt sich der Abschreibungsbetrag aus den Anschaffungs- oder Herstellungskosten der abnutzbaren Wirtschaftsgüter auf den Jahresgewinn mindernd aus. Die Regeln zur Abschreibung sind im Übrigen bei allen Einkunftsarten zu beachten.

Der **Abschreibungsbetrag** ergibt sich bei abnutzbaren Wirtschaftsgütern aus der Verteilung der Anschaffungskosten oder Herstellungskosten auf die betriebsgewöhnliche Nutzungsdauer (§ 7 EStG). Die Anschaffungs- oder Herstellungskosten werden folglich nicht in einem Jahr sondern auf mehrere Jahre verteilt berücksichtigt. Die Vorschriften über die Abschreibung sind sowohl für die Gewinneinkünfte als auch für die Überschusseinkünfte zu beachten.

Die wichtigsten **Formen** der Abschreibung sind:
- lineare Abschreibung (§ 7 Abs. 1 EStG),
- degressive Abschreibung (§ 7 Abs. 2 EStG).

Darüber hinaus gewährt der Staat aus wirtschaftspolitischen Gründen **Sonderabschreibungen** und **erhöhte Abschreibungen**. Bei diesen Abschreibungsformen steht der Höhe des gewinnmindernden Abschreibungsbetrages regelmäßig kein gleichwertiger Wertverzehr gegenüber. Die erhöhte Abschreibung tritt an die Stelle der normalen Abschreibung, während Sonderabschreibung **neben** der normalen Abschreibung gewährt wird. Regelungen zu Sonderabschreibungen und erhöhten Absetzungen enthalten die § 7a bis § 7k EStG.

60 **Immaterielle Wirtschaftsgüter** wie der Geschäfts- oder Praxiswert dürfen nur abgeschrieben werden, wenn sie **entgeltlich** erworben wurden. Selbst geschaffene immaterielle Wirtschaftsgüter (z. B. ein selbst geschriebenes Computer-Programm) dürfen nicht abgeschrieben werden.

61 **Übersicht über die Abschreibungsarten und deren Voraussetzungen:**

§ 7 Abs. 1 EStG	Wirtschaftsgüter des Anlagevermögens	**Lineare** Abschreibung: Gleichmäßige Verteilung auf die betriebsgewöhnliche Nutzungsdauer
§ 7 Abs. 2 EStG	bewegliche Wirtschaftsgüter des Anlagevermögens	**Degressive** Abschreibung: • fallende Jahresbeträge • unveränderlicher Prozentsatz • vom jeweiligen Restwert • das Doppelte des Prozentsatzes der linearen Abschreibung • höchstens 20 % • Übergang nach Abs. 1 möglich (§ 7 Abs. 3 EStG)
§ 7 Abs. 4 Nr. 1 EStG	Gebäude • Betriebsvermögen • keine Wohnzwecke • Bauantrag nach dem 31.3.1985	**Lineare** Abschreibung 3 %
§ 7 Abs. 4 Nr. 2 EStG	Andere Gebäude (nicht Nr. 1) • Fertigstellung nach dem 31.12.1924 • Fertigstellung vor dem 1.1.1925	**Lineare** Abschreibung 2 % **Lineare** Abschreibung 2,5 %

§ 7 Abs. 5 Nr. 3b EStG (übrige Fälle der Vorschrift sind Altfälle)	• Neuobjekte • Gebäude i. S. d. Abs. 4 Nr. 2 • Wohnzwecke • Herstellung/Anschaffung nach dem 31.12.1995 (Bauantrag/Vertrag)	**Degressive** Abschreibung: 8 Jahre – 5 % 6 Jahre – 2,5 % 36 Jahre – 1,25 %
§ 7g Abs. 1 EStG	• neue bewegliche Wirtschaftsgüter • BV < 204.517 € (bei L+F Einheitswert < 122.710 €) • WG verbleibt mind. 1 Jahr im Betrieb • Ausschließliche betriebliche Nutzung • Bildung einer Rücklage für die Anschaffung	Sonderabschreibung: • 20 % in den ersten 5 Jahren
§ 7g Abs. 3 EStG	• Wirtschaftsgüter i. S. d. Abs. 1 • Rücklage höchstens 154.000 €	Ansparabschreibung: • 40 % der künftigen Anschaffungs- oder Herstellungskosten • Auflösung spätestens im übernächsten Jahr, wenn keine Anschaffung / Herstellung erfolgt ist • Sondervorschriften für Existenzgründer (Abs. 7)
§ 7h EStG	Gebäude in Sanierungsgebieten	• Erhöhte Absetzung: 10 %
§ 7i EStG	Baudenkmale	• Erhöhte Absetzung: 10 %

Erfolgt die Anschaffung des Wirtschaftsgutes im Laufe eines Kalenderjahres, kann Abschreibung **erst ab diesem Zeitpunkt** in Anspruch genommen werden. Abschreibung ist grds. nur zeitanteilig (wahlweise tagweise oder nach Monaten) möglich. Der Jahresabschreibungsbetrag muss entsprechend gequotelt werden. Nur in dem Zeitraum, in dem das Wirtschaftsgut wirtschaftlich verfügbar ist, kann Abschreibung angesetzt werden. Auf die tatsächliche Nutzung des Wirtschaftsgutes kommt es nicht an.

Über die Abschreibung sind aber nur solche Aufwendungen zu verteilen, die durch den Erwerb bzw. die Herstellung eines **aktivierungsfähigen Gegenstandes** entstanden sind (z. B. Maschinen, Kraftfahrzeuge, Gebäude, Einrichtungen usw.). Die aktivierungspflichtigen Aufwendungen sind von den **sofort abzugsfähigen** Aufwendungen (z. B. Reparaturkosten), die zu einer sofortigen Steuerersparnis führen, abzugrenzen.

Die jährlichen Abschreibungsbeträge mindern als Aufwendungen den Gewinn oder Überschuss. Die Höhe der Absetzung für Abnutzung hängt von den Anschaffungs-/Herstellungskosten, der Nutzungsdauer und der Abschreibungsmethode ab. Entscheidend ist hierbei die **betriebsindividu-**

elle **Nutzungsdauer,** sofern diese nachgewiesen werden kann, hilfsweise die betriebsgewöhnliche Nutzungsdauer. Angaben hierzu enthalten die amtlichen AfA-Tabellen der Finanzverwaltung.

Beispiel:

Ein Pkw hat die betriebsgewöhnliche Nutzungsdauer von fünf Jahren. Wird der Pkw von einem Handelsvertreter eingesetzt, der damit 100.000 km im Jahr fährt, beträgt die betriebsindividuelle Nutzungsdauer aufgrund der hohen Kilometerleistung höchstens zwei Jahre.

> *Hinweis:*
>
> *Die **betriebsindividuelle** Nutzungsdauer geht der betriebsgewöhnlichen Nutzungsdauer vor. Weisen Sie eine kürzere Nutzungsdauer anhand von konkreten Umständen nach.*

65 Die Ermittlung der Abschreibung kann linear, degressiv oder nach Maßgabe der Leistung erfolgen. Die unterschiedliche Wirkung der verschiedenen Abschreibungsmethoden zeigen folgende Beispiele.

- **Lineare Abschreibung:**
  Die lineare Abschreibung verteilt die Anschaffungskosten gleichmäßig auf die Nutzungsdauer.

  Beispiel:

  Der Unternehmer schafft für 80.000 € (ohne Umsatzsteuer) eine Maschine an. Die Maschine hat eine betriebsgewöhnliche Nutzungsdauer von acht Jahren. Für den jährlichen Abschreibungsbetrag hat man 80.000 € auf acht Jahre gleichmäßig zu verteilen; 80.000 €/8 = 10.000 €. Der Jahresbetrag der Abschreibung beläuft sich auf 10.000 €.

- **Degressive Abschreibung:**
  Diese Abschreibung verteilt die Anschaffungs-/Herstellungskosten auf die betriebsgewöhnliche Nutzungsdauer mit jährlich kleiner werdenden Abschreibungsbeträgen. Steuerlich vorteilhaft ist diese Abschreibungsart aber nur bei Wirtschaftsgütern mit einer längeren Nutzungsdauer (ab ca. acht Jahren).

  Beispiel:

  S. Rn. 485

- **Geometrisch degressive Abschreibung (§ 7 Abs. 2 EStG) für bewegliche Wirtschaftsgüter:**
  Die Abschreibung wird mit einem festen Prozentsatz (höchstens 20 %) im ersten Jahr aus den Anschaffungs- oder Herstellungskosten und in den Folgejahren aus dem jeweiligen Restwert ermittelt. Die geometrisch degressive Abschreibung darf höchstens das Zweifache des Jahresbetrages der linearen Abschreibung betragen und 20 % nicht übersteigen. Wird degressive Abschreibung in Anspruch genommen, sind Absetzungen für außergewöhnliche technische oder wirtschaftliche Abnutzung **nicht** zulässig.

66 *Beispiel:*

S. Rn. 485

Ein Übergang ist nur von der degressiven Abschreibung zur linearen Abschreibung möglich, **nicht** aber umgekehrt. Die letzten Jahre der Nutzungsdauer sollte die Abschreibung linear erfolgen.

7. Überschusseinkünfte

67 Bei den Überschusseinkünften wird der **Überschuss der Einnahmen** (§ 8 EStG) **und** der **Werbungskosten** (§ 9 EStG) gebildet. Die Zuordnung zu einem Kalenderjahr erfolgt nach dem Zufluss oder Abfluss der jeweiligen Beträge. Werbungskosten sind alle Aufwendungen, die zum Erwerb, zum Erhalt oder zur Sicherung der Einnahmen dienen. Um Überschusseinkünfte zu erzielen, ist kein eigenes Vermögen notwendig. Entscheidend ist, wer den Tatbestand der Einkunftsart erfüllt,

auch wenn dies mittels fremdem Vermögen geschieht. Einkünfte aus nichtselbständiger Arbeit (Arbeitslohn) können ohnehin nur mittels der eigenen Person erzielt werden.

VIII. Verluste

1. Mindestbesteuerung

Für jede Einkunftsart ist zunächst das Jahresergebnis getrennt zu ermitteln. In jeder der sieben verschiedenen Einkunftsarten können Verluste entstehen. Nach Ermittlung der einzelnen Einkünfte, in denen der Steuerpflichtige im Laufe des Jahres Einkünfte bezogen hat, ist deren Summe zu bilden, um den „Gesamtbetrag der Einkünfte" zu erhalten, aus dem das zu versteuernde Einkommen zu errechnen ist. Ergibt sich bei einer oder bei mehreren Einkunftsarten ein Verlust oder übersteigen bei ihnen die Werbungskosten die Einnahmen, sind die sich hier ergebenden negativen Posten grds. mit der Summe der übrigen positiven Einkünfte zu verrechnen. Jedoch sind die Regelungen zur Mindestbesteuerung zu beachten. Danach dürfen Verluste nur in der gleichen Einkunftsart unbegrenzt abgezogen werden. Von der Summe der anderen positiven Einkünfte darf zunächst nur ein Betrag von 51.500 € abgezogen werden. Der dann noch verbleibende Verlust darf nur bis zur Hälfte der dann verbliebenen positiven Summen der Einkünfte aus den anderen Einkunftsarten abgezogen werden. Der nichtverbrauchte Verlust wird in den Folgejahren angesetzt. Somit verbleibt regelmäßig ein positives zu versteuerndes Einkommen, das eine Steuerlast auslöst. Zusammenveranlagte Ehegatten können den Abzugsbetrag von 51.500 € zweimal in Anspruch nehmen.

68

Ist der Gesamtbetrag der Einkünfte negativ, weil insgesamt nur Verluste entstanden sind, kann der Verlustsaldo mit Einkünften des **vorangegangenen Veranlagungszeitraumes** verrechnet (die entsprechende Veranlagung wird berichtigt) oder auf **künftige Einkommensteuerveranlagungen** vorgetragen werden (§ 10d EStG). Aber auch hier sind die Regelungen zur Mindestbesteuerung zu beachten.

69

Werden Ehegatten **als Einzelpersonen** veranlagt oder haben sie die **getrennte** Veranlagung gewählt, kommt ein Verlustausgleich oder ein Verlustabzug in Bezug auf die Einkünfte des **anderen** Ehegatten **nicht in Betracht**. Jeder Ehegatte kann seine Verluste nur mit seinen eigenen positiven Einkünften ausgleichen und/oder in andere Kalenderjahre übertragen. Im Fall der **Zusammenveranlagung** werden die Einkünfte jedes Ehegatten zwar getrennt ermittelt, dann aber zusammengerechnet. Die Zusammenrechnung erfolgt bereits bei den gleichartigen Einkünften der Ehegatten und nicht erst bei der Bildung der Summe der Einkünfte. Dies gestattet auch die Verrechnung von nur eingeschränkt ausgleichsfähigen Verlusten i. S. d. § 15 Abs. 4 EStG und i. S. v. § 2a EStG. Zum Verlustausgleich zwischen zusammenveranlagten Ehegatten s. unter Rn. 103.

70

2. Verlustbeteiligung

Neben der Einführung der Mindestbesteuerung hat der Gesetzgeber durch eine sehr zweifelhafte Regelung auch die Berücksichtigung von Verlusten aus Verlustbeteiligungen verboten (§ 2b EStG). Mit der Regelung sollen unerwünschte Steuersparmodelle verhindert werden. **Negative Einkünfte** auf Grund von Beteiligungen an Gesellschaften oder Gemeinschaften oder ähnlichen Modellen dürfen nicht mit anderen Einkünften ausgeglichen werden, wenn bei dem Erwerb oder der Begründung der Einkunftsquellen die Erzielung eines steuerlichen Vorteils im Vordergrund steht. Sie dürfen auch nicht im Wege des Verlustabzuges nach § 10d EStG abgezogen werden. Die Erzielung eines steuerlichen Vorteils steht nach Auffassung des Gesetzgebers insbesondere dann im Vordergrund, wenn nach dem Betriebskonzept der Gesellschaft oder Gemeinschaft oder des ähnlichen Modells die Rendite auf das einzusetzende Kapital nach Steuern mehr als das Doppelte dieser Rendite vor Steuern beträgt und ihre Betriebsführung überwiegend auf diesem Umstand beruht oder Kapitalanlegern Steuerminderungen durch Verlustzuweisungen in Aussicht gestellt werden. Zur Anwendung der Regelung hat die Verwaltung sehr umfassend Stellung genommen (BMF-Schreiben vom 22.8.2001, BStBl. I 2001 S. 588).

71

72 Die hohen Verluste im Rahmen von sog. Abschreibungsgesellschaften ergeben sich insbesondere aus:

- der Inanspruchnahme von erhöhten Absetzungen, Sonderabschreibungen oder AfA bei Wirtschaftsgütern mit kurzer betriebsgewöhnlicher Nutzungsdauer;
- dem Schaffen von sofort abzugsfähigen Betriebsausgaben bzw. Werbungskosten durch das Aufblähen sog. Funktionsträgergebühren;
- 100 %iger Fremdfinanzierung des Fonds zuzüglich 10 % Disagio;
- dem Anfallen von klassischen Anlaufverlusten, die durch die oben genannten Funktionsträgergebühren auch noch künstlich aufgebläht werden;
- der Geltendmachung von hohen Vertriebsprovisionen als sofort abzugsfähige Betriebsausgaben/Werbungskosten.

3. Verlustrücktrag/-vortrag

73 Werden negative Einkünfte bei der Ermittlung des Gesamtbetrages des laufenden Kalenderjahres nicht ausgeglichen, können die Verluste in das **Vorjahr** zurückgetragen werden. Der Verlustrücktrag ist auf einen Betrag von 511.500 € begrenzt. Die nicht abgesetzten Verluste werden in die Zukunft vorgetragen. Der Verlustabzug ist ebenfalls nach den Regeln der Mindestbesteuerung eingeschränkt. Die negativen Einkünfte sind zunächst jeweils von den positiven Einkünften derselben Einkunftsart abzuziehen, die nach der Anwendung des § 2 Abs. 3 EStG verbleiben. Soweit in diesem Veranlagungszeitraum durch einen Ausgleich nach § 2 Abs. 3 Satz 3 EStG oder einen Abzug nach Abs. 2 Satz 3 EStG die dort genannten Beträge nicht ausgeschöpft sind, mindern die verbleibenden negativen Einkünfte die positiven Einkünfte aus anderen Einkunftsarten bis zu einem Betrag von 51.500 €, darüber hinaus bis zur Hälfte des 51.500 € übersteigenden Teils der Summe der positiven Einkünfte aus anderen Einkunftsarten.

74 Der verbleibende Verlustabzug wird vom Finanzamt ermittelt und gesondert festgestellt (§ 10d Abs. 3 EStG). Dabei ist der Verlustabzug bei den Ehegatten im Verhältnis ihrer Anteile am Gesamtbetrag der Einkünfte aufzuteilen, wie sie sich ohne Verlustausgleich mit den Einkünften des anderen Ehegatten ergeben würden. Ermittelt sich danach bei einem Ehegatten ein positiver Gesamtbetrag der Einkünfte, ist für ihn kein Verlustabzug festzustellen. Wird in einem Veranlagungszeitraum für beide Ehegatten jeweils ein verbleibender Verlustabzug gesondert festgestellt und kann dieser im darauf folgenden Veranlagungszeitraum nur teilweise als Verlustabzug abgezogen werden, ist der für diesen Veranlagungszeitraum gesondert festzustellende verbleibende Verlustabzug im Verhältnis zu dem zuletzt für jeden Ehegatten gesondert festgestellten verbleibenden Verlustabzug aufzuteilen und gesondert festzustellen.

75 Ehegatten können das **Wahlrecht der Veranlagungsart** (z. B. getrennte Veranlagung) grds. bis zur Unanfechtbarkeit eines Berichtigungs- oder Änderungsbescheids ausüben und die einmal getroffene Wahl innerhalb dieser Frist frei widerrufen (BFH, Urt. v. 27.9.1988, VIII R 98/87, BStBl. II 1989 S. 229). Im Fall der **getrennten Veranlagung von Ehegatten** (§ 26a EStG) kann der Steuerpflichtige den Verlustabzug nach § 10d EStG auch für Verluste derjenigen Veranlagungszeiträume geltend machen, in denen die Ehegatten nach § 26b EStG zusammen oder nach § 26c EStG besonders veranlagt worden sind. Der Verlustabzug kann in diesem Fall nur für Verluste geltend gemacht werden, die der getrennt veranlagte Ehegatte erlitten hat.

76 Im Fall der **Zusammenveranlagung von Ehegatten** (§ 26b EStG) kann der Steuerpflichtige den Verlustabzug nach § 10d EStG auch für Verluste derjenigen Veranlagungszeiträume geltend machen, in denen die Ehegatten nach § 26a EStG getrennt oder nach § 26c EStG besonders veranlagt worden sind. Liegen bei beiden Ehegatten nicht ausgeglichene Verluste vor, so ist der Verlustabzug bei jedem Ehegatten bis zur Höchstgrenze i. S. d. § 10d Abs. 1 Satz 1 EStG vorzunehmen.

D. Besteuerung von Ehegatten

I. Einkommensteuer bei intakter Ehe

1. Grundsatz der Einzelbesteuerung

Im Einkommensteuerrecht gilt der Grundsatz der Einzelbesteuerung, das heißt jede Person versteuert ihre Einkünfte. Wer die Einkünfte erzielt, richtet sich danach, wer den Tatbestand der jeweiligen Einkunftsart (§ 2 Abs. 1 EStG i. V. m. § 13 bis § 24 EStG) verwirklicht. Das bloße Bestehen einer Ehe hat für die Zurechnung von Einkünften keine einkommensteuerliche Wirkung. Auch die Durchführung der Besteuerung erfolgt für Ehegatten getrennt. Nur wenn weitere Voraussetzungen (§ 26 EStG) erfüllt werden, gelten für die Berechnung des zu versteuernden Einkommens der Ehegatten Sonderregelungen. 77

Ehegatten, die **nicht im Inland zusammen leben,** werden grds. besteuert, als wären sie nicht verheiratet. Eine Sonderregelung gilt für Staatsangehörige eines Mitgliedstaates der Europäischen Union oder eines Staates, auf den das Abkommen über den Europäischen Wirtschaftsraum (z. B. Norwegen, Island) anwendbar ist (§ 1a EStG). Gehört der im Ausland lebende Ehegatte zu diesem Personenkreis, kann unter weiteren Voraussetzungen (§ 1a Abs. 3 Satz 2 bis 4 EStG) gleichwohl eine Zusammenveranlagung im Inland erfolgen. 78

Geschiedene Ehegatten werden als Einzelpersonen besteuert. Dies gilt spätestens für das Kalenderjahr **nach** der zivilrechtlichen Auflösung der Ehe. 79

2. Ehegattenveranlagung

a) Arten der Ehegattenveranlagung

Ehegatten, die beide unbeschränkt einkommensteuerpflichtig sind und nicht dauernd getrennt leben, können zwischen getrennter Veranlagung (§ 26a EStG) und Zusammenveranlagung (§ 26b EStG) wählen; für den Veranlagungszeitraum der Eheschließung können sie statt dessen die besondere Veranlagung nach § 26c EStG wählen. Auch die getrennte Veranlagung ist eine Form der Ehegattenbesteuerung, die streng von der Einzelveranlagung zu unterscheiden ist. 80

Arten der Veranlagung von Ehegatten:
- Getrennte Veranlagung (§ 26a EStG),
- Zusammenveranlagung (§ 26b EStG),
- Besondere Veranlagung (§ 26c EStG).

War der Steuerpflichtige im Laufe des Kalenderjahres **zweimal verheiratet** und haben jeweils die Voraussetzungen der Zusammenveranlagung (§ 26 Abs. 1 Satz 1 EStG) vorgelegen, so besteht ein Veranlagungswahlrecht für die aufgelöste Ehe nur, wenn die Auflösung durch Tod erfolgt ist und die Ehegatten der nachfolgenden Ehe die besondere Veranlagung nach § 26c EStG wählen (§ 26 Abs. 1 Satz 2 und 3 EStG). Sind die Voraussetzungen der Zusammenveranlagung für die letzte Ehe nicht erfüllt, so besteht für die aufgelöste Ehe ein Veranlagungswahlrecht nur dann nicht, wenn der andere Ehegatte im Kalenderjahr ebenfalls wieder geheiratet hat und bei ihm und seinem neuen Ehegatten die Voraussetzungen der Zusammenveranlagung (§ 26 Abs. 1 Satz 2 EStG) vorliegen (R 174 Abs. 2 EStR). 81

Die Art der Ehegattenveranlagung entscheidet, welche Steuertabelle zur Anwendung kommt. Nur im Fall der Zusammenveranlagung wird die Einkommensteuer nach der Splittingtabelle bemessen; im Übrigen kommt die Grundtabelle zur Anwendung. 82

b) Zusammenveranlagung

aa) Voraussetzungen der Zusammenveranlagung

83 Eine **Ausnahme** vom Grundsatz der Einzelbesteuerung gilt für Ehegatten, die beide im Inland wohnen oder im Inland ihren gewöhnlichen Aufenthaltsort haben, also im Inland unbeschränkt steuerpflichtig sind, oder die dem Personenkreis des § 1a EStG angehören und die nicht dauernd getrennt leben (§ 26 Abs. 1 EStG).

84 Voraussetzungen der Zusammenveranlagung:
- die Ehe ist zivilrechtlich gültig;
- die Ehegatten sind
  - beide unbeschränkt einkommensteuerpflichtig (§ 1 Abs. 1 und Abs. 2 EStG) oder
  - beide werden als unbeschränkt einkommensteuerpflichtig behandelt (§ 1 Abs. 3 EStG) oder
  - einer ist unbeschränkt einkommensteuerpflichtig und der andere Ehegatte gehört dem Personenkreis des § 1a EStG an **und** hat den entsprechenden Antrag gestellt (§ 1a Abs. 1 Nr. 2 EStG);
- die Ehegatten leben nicht dauernd getrennt.

85 Sämtliche Voraussetzungen müssen zu **Beginn des Kalenderjahres** vorliegen oder im Laufe des Jahres eintreten. Dabei reicht es aus, dass die Voraussetzungen nicht einmal einen vollen Tag im Kalenderjahr vorgelegen haben.

Beispiel:
A und B schließen am 31.12.2002 beim Standesamt in Mannheim die Ehe. Die Ehegatten werden für das ganze Kalenderjahr 2002 als Ehegatten behandelt. Bei Zusammenveranlagung kommt der Splittingtarif zur Anwendung. S. auch Rn. 29.

86 Liegen die Voraussetzungen der Ehegattenbesteuerung vor, können die Ehegatten zwischen der getrennten Veranlagung und der Zusammenveranlagung wählen. Im Zweifel wird von Amts wegen eine Zusammenveranlagung durchgeführt (§ 26 Abs. 3 EStG). Die getrennte Veranlagung als Wahlmöglichkeit zur Zusammenveranlagung führt nur in Ausnahmefällen zu einer günstigeren Besteuerung. Dies kann z.B. bei **Verlustrückträgen** nach § 10d EStG der Fall sein. In diesen Fällen müssen die Ehegatten die getrennte Veranlagung ausdrücklich wählen. S. auch Rn. 127.

87 Ob eine **Ehe gültig** ist, wird nach dem Zivilrecht beurteilt (vgl. Teil 2 Rn. 23 ff.). Wird eine Ehe für **nichtig** erklärt, so ist sie einkommensteuerlich bis zur Rechtskraft der Nichtigerklärung wie eine gültige Ehe zu behandeln. Ein Steuerpflichtiger, dessen Ehegatte verschollen oder vermisst ist, gilt als verheiratet. Eine Ehe ist bei Scheidung (§ 1564 BGB) oder Aufhebung (§ 29 EheG) erst mit Rechtskraft des Urteils aufgelöst; diese Regelung ist auch für das Einkommensteuerrecht maßgebend.

88 Bei **im Ausland geschlossenen Ehen** ist zu unterscheiden, ob es sich um deutsche Staatsangehörige oder um Ausländer handelt. Bei Ausländern sind die materiell-rechtlichen Voraussetzungen für jeden Beteiligten nach den Gesetzen des Staates zu beurteilen, dem er angehört. Die Anwendung eines ausländischen Gesetzes ist jedoch ausgeschlossen, wenn sie gegen die guten Sitten oder den Zweck eines deutschen Gesetzes verstoßen würde. Hat ein deutscher Staatsangehöriger seine Ehe im Ausland geschlossen, ist die Ehe im Inland gültig, wenn sie nach ausländischem Recht in der entsprechenden Form eingegangen wurde (§ 11 Abs. 1 EGBGB).

89 **Unbeschränkt steuerpflichtig** sind natürliche Personen, die im Inland einen Wohnsitz oder ihren gewöhnlichen Aufenthalt haben (§ 1 Abs. 1 EStG).

90 Unbeschränkt einkommensteuerpflichtig sind auch **deutsche** Staatsangehörige (§ 1 Abs. 2 EStG), die
- im Inland weder einen Wohnsitz noch ihren gewöhnlichen Aufenthalt haben und
- zu einer inländischen juristischen Person des öffentlichen Rechts in einem Dienstverhältnis stehen und dafür Arbeitslohn aus einer **inländischen öffentlichen Kasse** beziehen (z.B. Botschaftsangehörige).

Ein **dauerndes Getrenntleben** ist anzunehmen, wenn die zum Wesen der Ehe gehörende Lebens- 91
und Wirtschaftsgemeinschaft nach dem Gesamtbild der Verhältnisse auf Dauer nicht mehr besteht.
Die Lebensgemeinschaft ist die räumliche, persönliche und geistige Gemeinschaft der Ehegatten.
Unter Wirtschaftsgemeinschaft ist die gemeinsame Erledigung der die Ehegatten gemeinsam
berührenden wirtschaftlichen Fragen ihres Zusammenlebens zu verstehen (R 174 Abs. 1 Satz 2
EStR). Leben die Ehegatten räumlich nicht getrennt, spricht eine Vermutung gegen dauerndes
Getrenntleben. Der Beurteilung, ob Ehegatten getrennt leben, sind in erster Linie die äußerlich
erkennbaren Umstände zugrunde zu legen, wobei dem räumlichen Zusammenleben der Ehegatten
besondere Bedeutung zukommt. Leben Ehegatten zwar für eine nicht absehbare Zeit räumlich voneinander getrennt und halten sie die eheliche Wirtschaftsgemeinschaft dadurch aufrecht, dass sie
die sie berührenden wirtschaftlichen Fragen gemeinsam erledigen und gemeinsam über die Verwendung des Familieneinkommens entscheiden, so kann dies – ggf. zusammen mit anderen
Umständen – dazu führen, dass ein nicht dauerndes Getrenntleben anzunehmen ist (FG Hamburg,
Urt. v. 20.12.2001, LEXinform Dok. 574423).

Das Bestehen einer die Zusammenveranlagung von Eheleuten rechtfertigenden Wirtschaftsgemein- 92
schaft kann nicht bejaht werden, wenn der für einen Ehegatten verfügbare Unterhalt ihm einseitig
von dem anderen Ehegatten zugemessen wird und gemeinsame Absprachen über finanzielle Angelegenheiten nur in Ausnahmefällen getroffen werden. Gespräche über Fragen der Haushaltsführung
und Kindererziehung begründen noch nicht das Bestehen einer persönlichen und geistigen
Gemeinschaft von Eheleuten. Der nur Sachzwängen Rechnung tragenden gemeinsamen Benutzung
von Wohnzimmer und Küche kommt bei Würdigung des Gesamtbildes keine ausschlaggebende
Bedeutung für die Zusammenveranlagung zu (FG Düsseldorf, Urt. v. 29.6.2000, 8 K 8166/99,
rechtskräftig LEXinform Dok. 554386).

Leben die Ehegatten auf Dauer räumlich getrennt und fehlt der Wille, die häusliche Gemeinschaft 93
wiederherzustellen, reicht die gemeinschaftliche Entscheidung über beide Ehegatten berührende
Finanzfragen und die fortlaufende Gewährung von Unterhalt für die Annahme eines nur vorübergehenden Getrenntlebens nicht aus. Der Steuerpflichtige begeht eine **Steuerhinterziehung**, wenn
er in den Steuererklärungen **keine Angaben zum abweichenden Wohnsitz** der Ehefrau macht und
ihm die steuerlichen Konsequenzen seiner unterlassenen Adressangaben bewusst sind. Nach dem
Gesamtbild der Verhältnisse darf es an einer Lebensgemeinschaft wie auch an einer Wirtschaftsgemeinschaft nicht fehlen. Bei der Beurteilung ist, da es sich bei den maßgebenden Kriterien zum
Teil um schwer nachprüfbare innere Vorgänge handelt, von den äußerlichen Merkmalen auszugehen. Ob Eheleute in einem Veranlagungszeitraum dauernd getrennt gelebt haben, richtet sich zwar
in erster Linie nach den äußeren, erkennbaren Umständen, wobei einer auf Dauer herbeigeführten
räumlichen Trennung bei der Abwägung der für und gegen die Annahme eines dauernd Getrenntlebens sprechenden Merkmale regelmäßig eine besondere Bedeutung zukommt. Im Rahmen der
gebotenen **Gesamtwürdigung** misst indes die Rspr. auch der inneren Einstellung zur ehelichen
Lebensgemeinschaft entscheidungserhebliche Bedeutung zu (BFH, Beschl. v. 7.12.2001, III B
129/01, BFH/NV 2002, 483).

Die persönliche und geistige Gemeinschaft müssen in einem Maße gepflegt werden, das es vertret- 94
bar erscheinen lässt, ausnahmsweise, trotz dauernder räumlicher Trennung, das Fortbestehen einer
Lebensgemeinschaft anzunehmen. Die Besuche des Klägers und das Wäschewaschen durch seine
Ehefrau prägen nicht das Bild einer persönlichen und geistigen Gemeinschaft. Gemeinsame Unternehmungen, Besuche und gegenseitige Leistungen sind auch bei geschiedenen und unstreitig
getrennt lebenden Ehegatten denkbar (FG Düsseldorf, Urt. v. 10.10.1996, 15 K 313/93, EFG 1997,
414).

Eine nur **vorübergehende Trennung,** die z.B. durch den Beruf erforderlich werden kann, führt 95
allein nicht zu dauerndem Getrenntleben. Auch wenn die Ehegatten infolge zwingender äußerer
Umstände für eine nicht absehbare Zeit räumlich voneinander getrennt leben müssen, z.B. infolge
Krankheit oder Verbüßung einer Freiheitsstrafe, kann die eheliche Lebens- und Wirtschafts-

gemeinschaft noch weiterbestehen, wenn die Ehegatten die erkennbare Absicht haben, die eheliche Verbindung in dem noch möglichen Rahmen aufrechtzuerhalten und nach dem Wegfall der Hindernisse die volle eheliche Gemeinschaft wiederherzustellen. Ehegatten, von denen einer vermisst ist, sind im Allgemeinen nicht als dauernd getrennt lebend anzusehen.

96 Das „dauernde" Getrenntleben i.S.d. § 26 EStG kann auch durch einen **gescheiterten Versöhnungsversuch** entgegen § 1567 BGB unterbrochen werden, wenn die Ehegatten die Absicht hatten, die Ehe wieder aufzunehmen. Die Ehegatten können im Jahr des Versöhnungsversuches noch oder wieder zusammenveranlagt werden. S. auch Rn. 136 Wiederheirat nach Scheidung/Tod des Ehegatten.

bb) Vor- und Nachteile der Zusammenveranlagung

97 Der wichtigste Vorteil der Zusammenveranlagung ist die **Anwendung des Splittingtarifs** (§ 32a Abs. 5 Satz 1 EStG). Ein weiterer wichtiger Vorteil ist der **gemeinsame Sparerfreibetrag für Kapitaleinkünfte** i.H.v. 3.100 € (§ 20 Abs. 4 Satz 1 EStG). Sind die um die Werbungskosten geminderten Kapitalerträge eines Ehegatten niedriger als 1.550 €, so ist der anteilige Sparer-Freibetrag insoweit, als er die um die Werbungskosten geminderten Kapitalerträge dieses Ehegatten übersteigt, beim anderen Ehegatten abzuziehen. Der Sparerfreibetrag i.H.v. 3.100 € wird insgesamt angesetzt unabhängig davon, welcher Ehegatte die Kapitaleinkünfte erzielt hat. S. auch Rn. 109 zur Ausnutzung von Frei- und Pauschbeträgen.

98 Das Wesen der Zusammenveranlagung von Eheleuten besteht in der steuerlichen Behandlung als **ein Steuerpflichtiger**. Die damit korrespondierende **Gesamtschuldnerschaft der Eheleute** bedingt, dass sich jeder das grobe Verschulden des anderen als eigenes zurechnen lassen muss. Eine Änderung des Steuerbescheides wegen nachträglich bekannt gewordener Tatsachen oder Beweismittel kann damit auch für den anderen Ehegatten ausgeschlossen sein (BFH, Urt. v. 24.7.1996, I R 62/95, BStBl. II 1997 S. 115). Die Zusammenveranlagung kann auch Nachteile mit sich bringen. S. auch Rn. 97.

cc) Ermittlung der Einkünfte

99 Bei der Zusammenveranlagung von Ehegatten werden die Einkünfte, die die Ehegatten getrennt erzielt haben, zusammengerechnet, den Ehegatten gemeinsam zugerechnet und, soweit nichts anderes vorgeschrieben ist, die Ehegatten sodann gemeinsam als Steuerpflichtiger behandelt (§ 26b EStG).

100 Der **Grundsatz der Individualbesteuerung** wird durch die Zusammenveranlagung nicht berührt. Die Zusammenveranlagung führt zu einer Zusammenrechnung der vorhandenen Einkünfte der Ehegatten, nicht aber zu einer einheitlichen Ermittlung der Einkünfte. Für jeden Ehegatten sind die von ihm bezogenen Einkünfte gesondert zu ermitteln. Die Zusammenveranlagung stellt vielmehr eine Zusammenfassung der Einkommen dar. Für diesen gemeinsamen Steuerpflichtigen wird nur ein zu versteuerndes Einkommen gebildet. Durch die Zusammenrechnung der Einkünfte werden negative Einkünfte (Verluste) des einen Ehegatten mit positiven Einkünften des anderen Ehegatten ausgeglichen.

101 Erzielen die zusammen zu veranlagenden Ehegatten die Einkünfte jedoch gemeinsam, sind die Einkünfte grds. gesondert und einheitlich festzustellen (§ 180 Abs. 1 Nr. 2a und § 179 Abs. 2 AO). Keine gesonderte und einheitliche Feststellung erfolgt, wenn es sich um Fälle von geringer Bedeutung handelt (§ 180 Abs. 3 AO). Solche Fälle sind beispielsweise bei Mieteinkünften von zusammenzuveranlagenden Ehegatten und bei dem gemeinschaftlich erzielten Gewinn von zusammenzuveranlagenden Landwirts-Ehegatten gegeben, wenn die Einkünfte verhältnismäßig einfach zu ermitteln sind und die Aufteilung feststeht. Soweit keine andere Aufteilung der gemeinsamen Einkünfte festgelegt ist, werden die Einkünfte den Ehegatten hälftig zugerechnet.

In die Zusammenveranlagung werden auch die Einkünfte der Ehegatten eingerechnet, die sie während ihrer unbeschränkten Steuerpflicht **vor der Eheschließung** in diesem Kalenderjahr erzielt haben. Das Gleiche gilt für die Einkünfte, die nach Auflösung der Ehe (z. B. Tod des Ehegatten, Scheidung) erzielt werden. 102

dd) Verlustverrechnung

Bei der Zusammenrechnung werden **negative Einkünfte** des einen Ehegatten **mit den positiven Einkünften** des anderen Ehegatten **ausgeglichen**. Bei der Berechnung des Einkommens werden auch Verluste, die bei der Ermittlung des Gesamtbetrags der Einkünfte in anderen Kalenderjahren nicht ausgeglichen werden konnten, wie Sonderausgaben vom Gesamtbetrag der Einkünfte abgezogen. In diesen Verlustabzug werden auch Verluste mit einbezogen, die der andere Ehegatte erzielt hat, und zwar auch dann, wenn dies Veranlagungszeiträume betrifft, in denen die Ehegatten nach § 26a EStG getrennt veranlagt worden sind (§ 62b Abs. 2 EStDV). Bei der Berechnung des verbleibenden Verlustabzugs ist zunächst ein Ausgleich mit den anderen Einkünften des Ehegatten vorzunehmen, der den Verlust erlitten hat. Verbleibt bei ihm ein negativer Betrag, ist dieser bei der Berechnung der Summe der Einkünfte ggf. mit dem positiven Betrag des anderen Ehegatten auszugleichen. Ist der Gesamtbetrag der Einkünfte negativ und wird er nicht oder nicht in vollem Umfang zurückgetragen (§ 10d Abs. 1 Satz 1 EStG), so ist der nicht rückgetragene Betrag bei dem Ehegatten als verbleibender Verlustabzug gesondert festzustellen, bei dem sich aufgrund seiner steuerlichen Merkmale der negative Betrag ergibt. 103

Werden Ehegatten **als Einzelpersonen** veranlagt oder haben sie die **getrennte** Veranlagung gewählt, kommt ein Verlustausgleich oder ein Verlustabzug in Bezug auf die Einkünfte des anderen Ehegatten nicht in Betracht. Jeder Ehegatte kann seine Verluste nur mit seinen eigenen positiven Einkünften ausgleichen und/oder in andere Kalenderjahre übertragen. 104

Im Fall der **Zusammenveranlagung** werden die Einkünfte jedes Ehegatten zwar getrennt ermittelt, dann aber zusammengerechnet. Die Zusammenrechnung erfolgt bereits bei den gleichartigen Einkünften der Ehegatten und nicht erst bei der Bildung der Summe der Einkünfte. Dies gestattet auch die Verrechnung von nur eingeschränkt ausgleichsfähigen Verlusten i. S. d. § 15 Abs. 4 EStG und i. S. v. § 2a EStG. Verluste werden somit zunächst mit anderen eigenen positiven Einkünften verrechnet und anschließend mit anderen positiven Einkünften des Ehegatten. Ergibt sich dann ein negativer Gesamtbetrag der Einkünfte, kann dieser auf das zurückliegende Kalenderjahr zurückgetragen oder in die folgenden Jahre vorgetragen werden. 105

Der verbleibende Verlustabzug wird ermittelt und gesondert festgestellt (§ 10d Abs. 3 EStG). Dabei ist der Verlustabzug bei den Ehegatten im Verhältnis ihrer Anteile am Gesamtbetrag der Einkünfte aufzuteilen, wie sie sich ohne Verlustausgleich mit den Einkünften des anderen Ehegatten ergeben würden. Ermittelt sich danach bei einem Ehegatten ein positiver Gesamtbetrag der Einkünfte, ist für ihn kein Verlustabzug festzustellen. Wird in einem Veranlagungszeitraum für beide Ehegatten jeweils ein verbleibender Verlustabzug gesondert festgestellt und kann dieser im darauf folgenden Veranlagungszeitraum nur teilweise als Verlustabzug abgezogen werden, ist der für diesen Veranlagungszeitraum gesondert festzustellende verbleibende Verlustabzug im Verhältnis zu dem zuletzt für jeden Ehegatten gesondert festgestellten verbleibenden Verlustabzug aufzuteilen und gesondert festzustellen. 106

Ehegatten können das **Wahlrecht der Veranlagungsart** (z. B. getrennte Veranlagung) grds. **bis zur Unanfechtbarkeit eines Berichtigungs- oder Änderungsbescheids** ausüben und die einmal getroffene Wahl innerhalb dieser Frist frei widerrufen (BFH, Urt. v. 27.9.1988, VIII R 98/87, BStBl. II 1989 S. 229). Im Fall der getrennten Veranlagung von Ehegatten (§ 26a EStG) kann der Steuerpflichtige den Verlustabzug nach § 10d EStG auch für Verluste derjenigen Veranlagungszeiträume geltend machen, in denen die Ehegatten nach § 26b EStG zusammen oder nach § 26c EStG besonders veranlagt worden sind. Der Verlustabzug kann in diesem Fall nur für Verluste geltend gemacht werden, die der getrennt veranlagte Ehegatte erlitten hat. 107

108 Im Fall der Zusammenveranlagung von Ehegatten (§ 26b EStG) kann der Steuerpflichtige den Verlustabzug nach § 10d EStG auch für Verluste derjenigen Veranlagungszeiträume geltend machen, in denen die Ehegatten nach § 26a EStG getrennt oder nach § 26c EStG besonders veranlagt worden sind. Liegen bei beiden Ehegatten nicht ausgeglichene Verluste vor, so ist der Verlustabzug bei jedem Ehegatten bis zur Höchstgrenze i. S. d. § 10d Abs. 1 Satz 1 EStG vorzunehmen.

ee) Ausnutzung von Frei- und Pauschbeträgen

109 Freibeträge und Pauschbeträge, die die Einkunftsermittlung betreffen, können von jedem Ehegatten grds. nur **persönlich** in Anspruch genommen werden. Eine **Ausnahme** dieses Grundsatzes wird lediglich bei dem **Werbungskostenpauschbetrag** für Einnahmen aus Kapitalvermögen gemacht (§ 9a Abs. 1 Nr. 1b EStG). Bei Ehegatten, die zusammen veranlagt werden, erhöht sich der Pauschbetrag von 51 € auf insgesamt 102 €. Dieser verdoppelte Pauschbetrag wird unabhängig davon gewährt, ob beide Ehegatten Einnahmen aus Kapitalvermögen haben. Nachgewiesene höhere Werbungskosten können nur dann berücksichtigt werden, wenn sie insgesamt 102 € übersteigen. Haben zusammenveranlagte Ehegatten jeweils Einnahmen aus Kapitalvermögen, so kann nicht ein Ehegatte den Pauschbetrag i. H. v. 51 € und der andere Ehegatte die tatsächlich angefallenen Werbungskosten in Anspruch nehmen. Auch bei Ansatz der tatsächlich angefallenen Werbungskosten erfolgt die Zurechnung nach der jeweils konkret veranlassten Entstehung der Werbungskosten. Eine Verteilung nach Belieben ist nicht möglich.

110 Bei zusammenveranlagten Ehegatten wird ein **gemeinsamer Sparerfreibetrag** i. H. v. 3.100 € gewährt. Der gemeinsame Sparerfreibetrag ist bei der Einkunftsermittlung bei jedem Ehegatten je zur Hälfte abzuziehen. Sind die um die Werbungskosten geminderten Kapitalerträge eines Ehegatten niedriger als 1.550 €, so ist der anteilige Sparer-Freibetrag insoweit, als er die um die Werbungskosten geminderten Kapitalerträge dieses Ehegatten übersteigt, beim anderen Ehegatten abzuziehen (§ 20 Abs. 4 Satz 3 EStG).

111 Der einem Ehegatten zustehende, aber durch von ihm bezogene Kapitaleinkünfte nicht ausgefüllte anteilige Sparerfreibetrag ist im Fall der Zusammenveranlagung bei dem anderen Ehegatten zu berücksichtigen. Der Sparerfreibetrag darf bei den Einkünften aus Kapitalvermögen nicht zu negativen Einkünften führen oder diese erhöhen. Der gemeinsame Sparerfreibetrag von 3.100 € ist zusammenveranlagten Ehegatten auch dann zu gewähren, wenn nur ein Ehegatte positive Einkünfte aus Kapitalvermögen in dieser Höhe erzielt hat, die Ehegatten insgesamt aber einen Verlust aus Kapitalvermögen erlitten haben.

Beispiel:

	Ehemann	*Ehefrau*	*Einkünfte*
Einnahmen	7.500 €	150 €	7.650 €
Tatsächliche Werbungskosten	- 110 €	- 20 €	- 130 €
Zwischensumme	7.390 €	130 €	7.520 €
Sparerfreibetrag	- 1.550 €	-130 €	
Einkunft Ehefrau		0 €	
Unverbrauchter Teil von 3.100 €		1.420 €	
Übertrag auf Ehemann	- 1.420 €		- 3.100 €
Einkünfte	4.420 €		4.420 €

ff) Zuständiges Finanzamt für die Einkommensbesteuerung nach Trennung/Scheidung von Ehegatten

Trennen sich Ehegatten, ist dadurch eine Zusammenveranlagung zur Einkommensteuer für das Jahr der Trennung nicht ausgeschlossen (§ 26 Abs. 1 Satz 1, § 26b EStG). Die örtliche Zuständigkeit kann nicht mehr nach einem Familienwohnsitz (§ 19 Abs. 1 Satz 2, 2. Hs. AO) bestimmt werden. Ein Familienwohnsitz setzt ein nicht dauerndes Getrenntleben der Ehegatten voraus. Im Falle der Zusammenveranlagung inzwischen geschiedener oder dauernd getrennt lebender Ehegatten richtet sich die örtliche Zuständigkeit für die Einkommensteuer nach dem **Wohnsitz des jeweiligen Ehegatten** (§ 19 Abs. 1 Satz 1 AO). Trotz der Zusammenveranlagung bleibt jeder Ehegatte für sich „Steuerpflichtiger" i.S. v. § 19 AO. Verlegt ein Ehegatte oder verlegen gar beide Eheleute nach der Trennung seinen/ihren Wohnsitz in den Bezirk eines anderen als des bisher für die Besteuerung der Eheleute zuständigen Finanzamts, so stellt sich die Frage der örtlichen Zuständigkeit. Wohnen die Ehegatten in den Bezirken verschiedener Finanzämter, liegt damit eine **mehrfache örtliche Zuständigkeit** vor (§ 25 AO). Zuständig ist das Finanzamt, das zuerst mit der Sache befasst war. Behält ein Ehegatte den früheren Wohnsitz bei oder zieht er nur innerhalb des Bezirks des bisher zuständigen Finanzamts um, bleibt dieses bisherige als das zuerst mit der Sache befasste Finanzamt für den Erlass von Erst- und Änderungsbescheiden für Zeiträume, in denen noch eine Zusammenveranlagung in Betracht kommt, zuständig. 112

Beantragt ein verheirateter Steuerpflichtiger die getrennte Veranlagung, so ist für jeden Ehegatten das für ihn zuständige Finanzamt (nach § 19 Abs. 1 bzw. § 19 Abs. 3 AO) für die Durchführung der getrennten Veranlagung örtlich zuständig. 113

c) Änderung der Veranlagungsart

aa) Wahlrecht der Ehegatten

Wählt einer der Ehegatten die getrennte Veranlagung, werden sie nach § 26a EStG getrennt veranlagt (§ 26 Abs. 2 Satz 1 EStG). Ist im Fall der getrennten Veranlagung die Veranlagung eines der Ehegatten bereits bestandskräftig und wird im Zuge der anderen Veranlagung die von einem der Ehegatten oder beiden Ehegatten abgegebene Erklärung über die Wahl der getrennten Veranlagung widerrufen, so ist eine Zusammenveranlagung durchzuführen. 114

Haben beide Ehegatten eine **Erklärung über die Wahl der getrennten Veranlagung** abgegeben, so müssen beide Ehegatten ihre Erklärung widerrufen. Hat nur einer der Ehegatten eine Erklärung abgegeben, so ist der **Widerruf** dieses Ehegatten nur wirksam, wenn der andere Ehegatte nicht widerspricht. 115

Der **einseitige Antrag** eines Ehegatten auf getrennte Veranlagung ist rechtsunwirksam, wenn dieser Ehegatte im Veranlagungszeitraum keine positiven oder negativen Einkünfte erzielt hat oder wenn seine positiven Einkünfte so gering sind, dass weder eine Einkommensteuer festzusetzen ist noch die Einkünfte einem Steuerabzug zu unterwerfen waren. 116

Die Bescheide können bis zur **Bestandskraft des Zusammenveranlagungsbescheides** oder bei getrennter beziehungsweise bei besonderer Veranlagung (§ 26c EStG) bis zur Bestandskraft dieser beiden Bescheide geändert werden und eine andere Art der Veranlagung durchgeführt werden. Die zur Ausübung der Wahl erforderliche Erklärung kann grds. noch im **Rechtsbehelfsverfahren** abgegeben oder widerrufen werden. Im Revisionsverfahren ist eine Änderung nicht mehr möglich. Ist einer der beiden Bescheide bereits bestandskräftig, ist er bei Änderung der Wahl aufzuheben (§ 175 Abs. 1 Nr. 2 AO) und ein Zusammenveranlagungsbescheid zu erlassen. Beim Wechsel von getrennter oder besonderer Veranlagung zur Zusammenveranlagung bedarf es grds. der Erklärung beider Ehegatten. 117

Die anderweitige Ausübung des Veranlagungswahlrechts ist auch nach einer tatsächlichen Verständigung bis zur formellen Bestandskraft der Änderungsbescheide möglich (BFH, Urt. v. 24.1.2002, III R 49/00, DB 2002, 821). Auch wenn der Einkommensteuerbescheid wegen Verlustrücktrags zu 118 ändern ist, können Ehegatten das Veranlagungswahlrecht bis zur Unanfechtbarkeit des Änderungsbescheids erneut ausüben, und zwar unabhängig von dem durch den Verlustabzug eröffneten Korrekturspielraum (BFH, Urt. v. 19.05.1999, XI R 97/94, BFHE 189, 63, BStBl. III 1999 S. 762, LEXinform Dok. 552242).

bb) Versöhnungsversuch der getrennt lebenden Ehegatten

119 Getrennt lebende Ehegatten können jederzeit ihre Lebens- und Wirtschaftsgemeinschaft wieder aufnehmen. Damit wird die Rückkehr zur Zusammenveranlagung ermöglicht. Voraussetzung ist, dass die Ehegatten wieder einen **gemeinsamen Haushalt** führen. Von diesem Zeitpunkt an können sie wieder als Ehegatten zusammen veranlagt werden und zwar rückwirkend vom Beginn des Kalenderjahres ihrer Versöhnung an. Ist die Versöhnung dauerhaft, so dass ein beabsichtigter Scheidungsantrag nicht gestellt oder ein bereits gestellter Antrag wieder zurückgenommen wird, gibt es über die Anerkennung der Ehegattenbesteuerung keinen Streit.

120 Anders ist die Situation, wenn der Versöhnungsversuch nach kurzer Zeit wieder scheitert. Ein – der Versöhnung dienendes – Zusammenleben der Ehegatten über kürzere Zeit unterbricht nach § 1567 Abs. 2 BGB die Fristen des § 1566 BGB nicht. Der mit § 1567 Abs. 2 BGB verfolgte Zweck, Versöhnungsversuche zu erleichtern, ist für die steuerrechtliche Entscheidung, ob das vorübergehende Zusammenleben eine Zusammenveranlagung rechtfertigt, ohne Belang (BFH, Beschl. v. 26.8.1997, VI R 268/94, BFH/NV 1998, 163). Hier ist fraglich, welche Minimalerfordernisse der Versöhnungsversuch erfüllen muss, damit die Ehegatten in den Genuss der Ehegattenveranlagung kommen. Der Versöhnungsversuch muss in jedem Fall **nach außen** hin **erkennbar sein.** Allein die Erklärung der Ehegatten, einen Versöhnungsversuch unternommen zu haben, ist nicht ausreichend. In jedem Fall müssen die Ehegatten wieder in einem gemeinsamen Haushalt gelebt haben. Fraglich ist jedoch, wie lange diese Zeit des Zusammenlebens gedauert haben muss. Die Finanzgerichte haben hier unterschiedliche Zeiten zwischen drei Wochen und sieben Wochen für ausreichend erklärt (Finanzgericht Köln, Urt. v. 21.12.1993, 2 K 4543/92, EFG 1994, 791: drei Wochen; Finanzgericht Münster, Urt. v. 22.3.1996, 14 K 3008/94, EFG 1996, 921: sechs Wochen; Rev. nach Art. 1 Nr. 7 BFH-EntlG zurückgewiesen; Finanzgericht Hessen, Urt. v. 14.4.1988 9 K 70/85, EFG 1988, 639: sieben Wochen; Beschl. Finanzgericht Hamburg v. 8.7.1998 III 29/98, LEXinform Dok. 551222: zwei Wochen Urlaub).

121 Ein **echter Versöhnungsversuch** besteht aber neben der zeitlichen Komponente auch aus dem **ernsthaften Willen,** die eheliche Lebens- und Wirtschaftsgemeinschaft wieder aufzunehmen. Dabei handelt es sich um innere Beweggründe, die nur schwer festzustellen sind. Dieser Wille muss durch **objektive Umstände** bestätigt werden. Dazu genügt es nicht, dass die Ehegatten noch oder wieder gemeinsame Urlaube verbringen oder sich gegenseitig besuchen. Kehrt der ausgezogene Ehegatte in die frühere gemeinsame Ehewohnung zurück und gibt er gleichzeitig seine neue Wohnung auf oder verbringt er sein gesamtes Habe in die Ehewohnung zurück, kann von einem ernsthaften Versöhnungsversuch ausgegangen werden. Auf die Anzahl der Tage, die die Ehegatten wieder miteinander verbringen, kann es nicht entscheidend ankommen.

cc) Angaben im Scheidungsprozess

122 Tragen die Ehegatten im Ehescheidungsverfahren vor, dass sie in dem fraglichen Kalenderjahr getrennt gelebt haben, liegt darin ein gewichtiges Indiz für dauerndes Getrenntleben i. S. d. § 26 EStG. Eine **rechtliche Bindung** an diese im Scheidungsverfahren abgegebenen Erklärungen besteht aber nicht. Das Finanzamt darf bei widersprüchlichen Angaben der Ehegatten im Scheidungs- und im Besteuerungsverfahren auch nicht die Scheidungsakten ohne weiteres beiziehen. Gegen den Widerspruch eines der Ehegatten ist eine **Aktenbeiziehung** regelmäßig **unzulässig**. Aus der Weigerung der Ehegatten, die Scheidungsakten beizuziehen, darf das Finanzamt und das Finanzgericht auch keine nachteiligen Schlüsse ziehen. Die Finanzbehörden und die Finanzgerichte müssen selbst die jeweiligen Feststellungen zum Sachverhalt treffen. Kann der Sachverhalt

nicht aufgeklärt werden, so tragen die **Ehegatten** die **Feststellungslast für den Nachweis**, nicht dauernd getrennt gelebt zu haben. Wird im Scheidungsverfahren das mindestens einjährige Getrenntleben vorgetragen, wird damit ein gewichtiges **Indiz** für ein dauerndes Getrenntleben i. S. d. § 26 EStG geschaffen. Dieses Indiz kann auch bei einem Verfahren der Aussetzung der Vollziehung nur durch einen substantiierten Vortrag und die entsprechende Glaubhaftmachung in Zweifel gezogen werden (FG Baden-Württemberg, Beschl. v. 10.9.1998, 6 V 71/97, LEXinform Dok. 146911).

Die Finanzämter haben **von Amts wegen** festzustellen, ob die Ehegatten dauernd getrennt leben. Sie sind aber gehalten, den Angaben der Steuerpflichtigen, sie lebten nicht getrennt, zu folgen, es sei denn, dass die äußeren Umstände das Bestehen einer ehelichen Lebens- und Wirtschaftsgemeinschaft fraglich erscheinen lassen (R 174 Abs. 2 Satz 6 EStR). Dabei sind die Feststellungen, die vom Familiengericht im Scheidungsprozess zum Getrenntleben getroffen worden sind, im Besteuerungsverfahren nicht bindend (BFH, Urt. v. 13.12.1985, VI R 190/82, BStBl. II 1986 S. 486). Soweit die Ehegatten einvernehmlich handeln, kann es damit im Scheidungs- und im Besteuerungsverfahren über den Trennungszeitpunkt zu höchst unterschiedlichen Angaben kommen.

123

dd) Mitwirkungspflicht des Ehepartners zur Zusammenveranlagung

Der einseitige Antrag eines Ehegatten auf getrennte Veranlagung ist nicht rechtsunwirksam, weil sich dadurch für den anderen Ehegatten eine niedrigere Erstattung oder eine Nachzahlung ergibt. Der **einseitige Antrag** eines Ehegatten auf getrennte Veranlagung ist aber dann **rechtsunwirksam,** wenn dieser Ehegatte im Veranlagungszeitraum keine eigenen – positiven oder negativen – Einkünfte erzielt hat oder wenn seine positiven Einkünfte so gering sind, dass weder eine Einkommensteuer festzusetzen ist noch die Einkünfte einem Steuerabzug zu unterwerfen sind (BFH, Urt. v. 30.11.1990, III R 195/86, BStBl. II 1991 S. 451). In diesem Fall sind die Ehegatten zusammen zu veranlagen, wenn der andere Ehegatte dies beantragt. Die gesamtschuldnerische Haftung des einkommenslosen Ehegatten ist wegen der Aufteilungsmöglichkeit der Steuerschuld (§§ 268 ff. AO) kein anzuerkennendes Interesse für eine getrennte Veranlagung. Ansonsten ist das Finanzamt an den Antrag auf getrennte Veranlagung gebunden, auch wenn er missbräuchlich erscheint.

124

Jeder Ehegatte hat ein eigenes Wahlrecht zwischen Zusammenveranlagung und getrennter Veranlagung zur Einkommensteuer. Er kann seine Wahl bis zur Unanfechtbarkeit des Einkommensteuerbescheids ausüben und innerhalb dieser Frist die getroffene Wahl grds. auch widerrufen. Dabei kann er sich von einer zunächst gemeinsam gewählten Veranlagungsart grds. auch wieder lösen. Ein Wechsel in der Wahl der Veranlagungsart ist nur dann unzulässig, wenn hierin ein rechtsmissbräuchliches, willkürliches Verhalten zu erblicken ist. Bei **widerstreitenden Anträgen** der Eheleute ist der Antrag des einen Ehegatten auf getrennte Veranlagung dann unwirksam, wenn dieser selbst keine eigenen positiven oder negativen Einkünfte hat oder diese so gering sind, dass sie weder zur Einkommensteuerveranlagung führen können noch einem Steuerabzug unterlegen haben. Gegebenenfalls sind die Eheleute zusammen zu veranlagen, auch wenn dies nur einer von ihnen beantragt hat (BFH, Urt. v. 3.2.1987, IX R 252/84, BFH/NV 1987, 774).

125

ee) Erzwingung der Mitwirkung

Die Zustimmung zur Zusammenveranlagung ist vor den Zivilgerichten mit einer Klage nach § 894 ZPO zu erwirken. Die Zivilgerichte leiten einen Rechtsanspruch auf Erteilung der Zustimmung – auch nach der Scheidung – aus dem Wesen der Ehe her. Entstehen durch die Zustimmung wirtschaftliche Nachteile, müssen diese ausgeglichen werden. Ein Anspruch des Zustimmenden auf die Hälfte der Steuerersparnis besteht aber nicht (BGH, Urt. v. 13.10.1976, IV ZR 104/74, NJW 1977, 378). Dagegen besteht ein **Anspruch auf Schadenersatz,** wenn durch die schuldhafte Verweigerung der Zustimmung zur Zusammenveranlagung ein Schaden eintritt (BGH, a. a. O.).

126

d) Getrennte Veranlagung

aa) Wirkung

127 Auch die getrennte Veranlagung (§ 26a EStG) ist eine Form der Ehegattenbesteuerung. Wählen die Ehegatten die getrennte Veranlagung, wird das Einkommen jedes Gatten nach dem **Grundtarif** und nicht wie bei der Zusammenveranlagung nach dem günstigeren Splittingtarif versteuert. Jedem Ehegatten werden die von ihm bezogenen Einkünfte zugerechnet. Die Einkünfte eines Ehegatten können nicht allein deshalb zum Teil dem anderen Ehegatten zugerechnet werden, weil dieser bei der Erzielung der Einkunft mitgewirkt hat.

128 Die **außergewöhnlichen Belastungen** (§§ 33 bis 33c EStG) werden bei beiden Veranlagungen jeweils zur Hälfte abgezogen. Die Ehegatten können aber gemeinsam eine andere Aufteilung beantragen. Die auf die Eltern übertragbaren **Behinderten- und Hinterbliebenen-Pauschbeträge** stehen den Ehegatten insgesamt nur einmal zu (§ 33b Abs. 5 EStG); sie werden jedem Ehegatten zur Hälfte gewährt, soweit nicht durch einen gemeinsamen Antrag eine andere Aufteilung beantragt wird (§ 26a Abs. 2 EStG).

bb) Vorteile

129 Die getrennte Veranlagung führt nur in **besonderen Fällen** zu einem günstigeren Ergebnis als die Zusammenveranlagung. Dies ergibt sich insbesondere aus der Anwendung des ungünstigeren Grundtarifs.

130 Vorteile können sich ergeben
- für Zwecke des Verlustrücktrags (§ 10d EStG),
- bei der Anwendung des Progressionsvorbehaltes (§ 32b EStG),
- bei der Anwendung des besonderen Steuersatzes nach § 34 EStG und
- für die Kürzung des Vorwegabzugs (§ 10 Abs. 3 Nr. 2 EStG), wenn einer der beiden Ehegatten Arbeitslohn bezieht und der andere Ehegatte insbesondere Gewinneinkünfte erwirtschaftet.

131 Im Falle der Zusammenveranlagung von Ehegatten **verdoppeln** sich sämtliche Beträge, die im Rahmen der **Vorsorgeaufwendungen** zur Berechnung des Höchstbetrages maßgebend sind (§ 10 Abs. 3 EStG). Unter anderem erhöht sich der **Vorwegabzug** von 3.068 € auf 6.136 €. Dieser Vorwegabzug ist um 16 % von der Summe der Arbeitslöhne der beiden Ehegatten zu kürzen. Ab einem gemeinsamen Arbeitslohn von 38.350 € entfällt der Vorwegabzug insgesamt. Ist nur ein Ehegatte Arbeitnehmer, während der andere Ehegatte ausschließlich andere Einkünfte erzielt, führt der Arbeitslohn des einen Ehegatten bis zur vollständigen Kürzung des gemeinsamen Vorwegabzugs. In diesen Fällen ist eine getrennte Veranlagung günstiger, wenn beide Ehegatten annähernd gleich hohe Einkünfte erwirtschaften, was regelmäßig aber nicht der Fall ist. Dies erfordert bei positiven Einkünften in gleicher Höhe aber auch, dass etwaige Verluste bei beiden Ehegatten in etwa gleich hoch sind. Dies ist regelmäßig aber nicht der Fall. Ob die Gesetzeslage rechtmäßig ist, ist umstritten. Steuerbescheide dürfen daher nicht bestandskräftig werden.

Beispiel:

Die Eheleute M und F haben jeweils Einkünfte i. H. v. 50.000 €. Während M nur Einkünfte aus selbständiger Arbeit bezieht, hat F nur Arbeitslohn. Beide haben jeweils 5.000 € an Vorsorgeaufwendungen tatsächlich verausgabt.

Im Fall der Zusammenveranlagung beträgt der gemeinsame Höchstbetrag für die Vorsorgeaufwendungen 4.002 € (= 2.668 € + 1.334 €). Der Vorwegabzug i. H. v. 6.136 € entfällt, da der gesamte Arbeitslohn beider Ehegatten (= 100.000 €) den Betrag von 38.350 € übersteigt.

Bei getrennter Veranlagung kann dagegen M einen Höchstbetrag von 5.069 € (= 2.001 € + 3.068 €) und F einen Höchstbetrag von 2.001 € geltend machen. Die Ehegatten erhalten somit bei der getrennten Veranlagung einen zusätzlichen Abzugsbetrag i. H. v. 3.068 €, der eine Steuerersparnis von bis zu 48,5 % bringt.

D. I. Einkommensteuer bei intakter Ehe

Der BFH hat das BMF aufgefordert dem Revisionsverfahren beizutreten und Stellung zu der Frage zu nehmen, wie es zu rechtfertigen ist, dass bei einem Ehepaar, bei dem der eine Ehepartner nichtselbstständig und der andere selbstständig tätig ist, der gemeinsame verdoppelte Vorwegabzug, mit dem speziell die Belange der Selbstständigen gewahrt werden sollen, bereits bei einem etwa durchschnittlichen Arbeitslohn eines Ehepartners vollständig aufgezehrt wird (BFH, Beschl. v. 23.1.2001, XI R 17/00, BStBl. II 2001 S. 346). Hiergegen hatte das Finanzgericht Köln keine Bedenken. Die Regelung des § 10 Abs. 3 Nr. 2 EStG, wonach bei Ehegatten, die die Voraussetzungen der Zusammenveranlagung erfüllen, der gemeinsame (einheitliche zusätzliche) Höchstbetrag um mehr als die Hälfte gekürzt wird, auch wenn nur ein Ehegatte die Voraussetzungen für diese Kürzung erfüllt, ist **von Verfassungs wegen** – insbesondere Art. 3 Abs. 1, Art. 6 GG – **nicht zu beanstanden** (FG Köln, Urt. v. 15.5.2001, 1 K 4384/00, Revision zugelassen durch BFH, Beschl. v. 10.10.2001, XI B 156/01, Verbindung mit dem NZB Verfahren XI B 157/01, EFG 2002, 407).

132

Ein weiterer Vorteil kann sich durch die Wahl der getrennten Veranlagung bei der **Eigenheimzulage** ergeben (s. zur Eigenheimzulage ausführlich auch Rn. 689 ff.). Der Anspruchsberechtigte kann die Eigenheimzulage ab dem Jahr in Anspruch nehmen (Erstjahr), in dem der Gesamtbetrag der Einkünfte des Erstjahres zuzüglich des Gesamtbetrags der Einkünfte des vorangegangenen Jahres (Vorjahr) 81.807 € nicht übersteigt. Dies gilt für Ledige, Geschiedene, Verwitwete und getrennt lebende Ehegatten. Bei Ehegatten, die im Erstjahr zusammen veranlagt werden oder die nicht zur Einkommensteuer veranlagt werden aber die Voraussetzung der Zusammenveranlagung erfüllen (zusammenlebende, unbeschränkt einkommensteuerpflichtige Ehegatten), tritt an die Stelle des Betrages von 81.807 € der Betrag von 163.614 € (§ 5 Satz 1 und 2 EigZulG). Für jedes Kind erhöhen sich die Beträge um jeweild 30.678 € (§ 5 Abs. 1 Satz 3 EigZulG). Wählen die Ehegatten im Erstjahr die getrennte Veranlagung nach § 26a EStG oder die besondere Veranlagung nach § 26c EStG, ist für sie auch die Einkunftsgrenze von 81.807 € maßgebend. Überschreiten die Ehegatten die Einkunftsgrenze im Erst- und im Vorjahr, kann Eigenheimzulage nicht gewährt werden. Ergibt sich aber bei getrennter Veranlagung, dass einer der beiden Ehegatten die Einkunftsgrenze aus den beiden Kalenderjahren nicht überschreitet, so kann dieser Ehegatte Eigenheimzulage erhalten. Ob bei Ehegatten die einfache oder die doppelte Einkunftsgrenze zum Einsatz kommt, bestimmt sich ausschließlich nach der Veranlagungsart.

133

Durch die punktuelle Prüfung der Einkunftsgrenze in nur zwei Kalenderjahren werden den Ehegatten dadurch Gestaltungsmöglichkeiten eingeräumt. Durch die Wahl der getrennten Veranlagung im Erstjahr können hohe Einkünfte des Nichteigentümerehegatten ausgeblendet werden. Dadurch werden die Voraussetzungen für die Inanspruchnahme der Eigenheimzulage über den **gesamten Förderzeitraum** geschaffen. Dies gilt sogar dann, wenn die Ehegatten in den folgenden Jahren wieder die Zusammenveranlagung wählen.

134

Beispiel:

Die Ehegatten M und F werden zusammenveranlagt. Sie haben einen gemeinsamen Gesamtbetrag der Einkünfte i. H. v. 80.000 € (40.000 von M und 40.000 € von F) im Jahr 2001 und i. H. v. 85.000 € (45.000 € von M und 40.000 € von F) im Jahr 2002. Erwerben die Ehegatten im Jahr 2002 ein von der Eigenheimzulage begünstigtes Objekt, können sie keine Eigenheimzulage erhalten, da sie die Einkunftsgrenze von 163.614 € im Erstjahr (2002) zuzüglich der Einkünfte des Vorjahres (2001) überschreiten (80.000 € + 85.000 €).

Erwirbt F das Objekt alleine und lassen sich die Ehegatten getrennt veranlagen, kann F die Eigenheimzulage erhalten. F überschreitet die Einkunftsgrenze i. H. v. 81.807 € im Erstjahr zuzüglich Vorjahr nicht. Ihr Gesamtbetrag der Einkünfte aus den beiden Kalenderjahren beträgt 80.000 €. Aus der Nichtanwendung des Splittingtarifs entsteht den Ehegatten kein Nachteil, da ihre Einkünfte annähernd gleich hoch sind.

Durch die Möglichkeit, dass das Erstjahr jedes beliebige Jahr des Förderzeitraumes sein kann, werden die Gestaltungsmöglichkeiten noch erweitert. Mögliche Nachteile aus der getrennten Veranlagung mit der Anwendung des Grundtarifs können dadurch minimiert werden.

135

Beispiel:

M und F erwerben im Jahr 2002 eine bezugsfertige Immobilie zum Selbstbewohnen. Der achtjährige Förderzeitraum läuft bis zum Jahr 2009. Die Einkunftsgrenze darf in dem Zweijahresintervall (Erstjahr und Vorjahr) nicht überschritten werden. Zu prüfen ist zunächst das Zweijahresintervall 2001 und 2002. Wird die Einkunftsgrenze nicht eingehalten, wird das Zweijahresintervall 2002 und 2003 geprüft. Wird ggf. die Einkunftsgrenze erst in dem Zweijahresintervall 2009 und 2010 eingehalten, wird die Eigenheimzulage nur für das Jahr 2009 gewährt, da der Förderzeitraum nur bis 2009 läuft.

e) Besondere Veranlagung

aa) Wiederheirat nach Scheidung/Tod des Ehegatten

136 Für den Veranlagungszeitraum der Eheschließung räumt das Gesetz ein **zusätzliches Wahlrecht** auf eine „besondere Veranlagung" ein (§ 26c EStG). Dadurch werden Nachteile vermieden, die durch die neue Eheschließung bei Verwitweten oder Alleinerziehenden in diesem Jahr entstehen können. Der **Alleinerziehende** kann den zusätzlichen Haushaltsfreibetrag (§ 32 Abs. 7 EStG) nur erhalten, wenn die Voraussetzungen der **Zusammenveranlagung nicht** vorliegen. Bei einem **verwitweten Steuerpflichtigen** findet für den Veranlagungszeitraum, der dem Kalenderjahr folgt, in dem der Ehegatte verstorben ist, ohnehin die Splittingtabelle Anwendung (§ 32a Abs. 6 Nr. 1 EStG). Beide Vorteile bleiben durch die besondere Veranlagung erhalten.

bb) Wirkung

137 Bei der besonderen Veranlagung für den Veranlagungszeitraum der Eheschließung werden Ehegatten so behandelt, als ob sie diese Ehe nicht geschlossen hätten. Sämtliche Einkünfte und alle steuerlichen Abzugsbeträge werden **getrennt** für jeden Ehegatten ermittelt. Gemeinsam getragene **Sonderausgaben** oder **außergewöhnliche Belastungen** sind nach dem Verhältnis der tatsächlichen Zahlungen auf die Ehegatten aufzuteilen. Die Steuer wird nach der **Grundtabelle** bemessen.

138 Bei der besonderen Veranlagung ist der **Splittingtarif** anzuwenden, wenn der zu veranlagende Ehegatte zu Beginn des Veranlagungszeitraums verwitwet war und bei ihm die Voraussetzungen des **Gnadensplittings** (§ 32a Abs. 6 Nr. 1 EStG) vorgelegen haben.

3. Steuerabzug vom Arbeitslohn

a) Höhe der einbehaltenen Steuer

139 Bei **Einkünften aus nichtselbständiger Arbeit** wird die Einkommensteuer durch Abzug vom Arbeitslohn erhoben. Das Gesetz bezeichnet diese Abzugssteuer als Lohnsteuer (§ 38 EStG). Die Höhe der Lohnsteuer bemisst sich nach dem Arbeitslohn (Jahresarbeitslohn), den der Arbeitnehmer im Kalenderjahr bezieht (§ 38 a EStG). Die Jahreslohnsteuer wird nach dem Jahresarbeitslohn so bemessen, dass sie der Einkommensteuer entspricht, die der Arbeitnehmer schuldet, wenn er ausschließlich Einkünfte aus nichtselbständiger Arbeit erzielt (§ 38a Abs. 2 EStG). Vom laufenden Arbeitslohn wird die Lohnsteuer jeweils mit dem auf den Lohnzahlungszeitraum fallenden Teilbetrag der Jahreslohnsteuer erhoben, die sich bei Umrechnung des laufenden Arbeitslohns auf einen Jahresarbeitslohn ergibt (§ 38 Abs. 3 EStG).

140 Bei der Ermittlung der Lohnsteuer werden die **Besteuerungsgrundlagen des Einzelfalles** berücksichtigt (§ 38a Abs. 4 EStG) durch die:

- Einreihung der Arbeitnehmer in Steuerklassen (§ 38b EStG),
- Aufstellung von verschiedenen Lohnsteuertabellen (§ 38c EStG),
- Ausstellung von Lohnsteuerkarten (§ 39 EStG),
- Eintragung von Freibeträgen (§ 39a EStG) auf der Lohnsteuerkarte.

Für bestimmte Kinder (§ 32 Abs. 1 bis 4 EStG), für die kein Anspruch auf Kindergeld besteht, kann ein **Kinderfreibetrag** auf der Lohnsteuerkarte eingetragen werden (§ 39a Abs. 1 Nr. 6 EStG).

141

Der Arbeitgeber hat die Steuerabzugsbeträge ausschließlich nach Maßgabe der auf der Lohnsteuerkarte eingetragenen Steuerklasse zu ermitteln (§ 39b Abs. 2 Satz 5 EStG). Andere Erkenntnisse z. B. zum Ehestand des Arbeitnehmers darf der Arbeitgeber nicht berücksichtigen.

142

In bestimmten Fällen (z. B. Teilzeitbeschäftigung) ist eine **Pauschalversteuerung** ohne Lohnsteuerkarte und ohne Steuerabzug vom Arbeitslohn bei Übernahme der Lohnsteuer durch den Arbeitgeber möglich (§§ 40 f. EStG). Der Arbeitgeber ist in diesen Fällen selbst der Schuldner der pauschalierten Lohnsteuer. Der pauschal versteuerte Arbeitslohn und die pauschale Lohnsteuer bleiben bei einer Veranlagung zur Einkommensteuer und beim Lohnsteuer-Jahresausgleich außer Ansatz (§ 40 Abs. 3 Satz 3 EStG).

143

b) Steuerklassen (§ 38b EStG)

Die Arbeitnehmer werden in **sechs verschiedene Steuerklassen** eingeteilt. Die Klassen I und II sind für alle Steuerpflichtigen vorgesehen, die nach der Grundtabelle besteuert werden. Die Klassen III bis IV kommen für Ehegatten in Betracht, bei denen der Splittingtarif zur Anwendung kommt. Die Klasse VI gilt für alle weiteren Arbeitsverhältnisse.

144

Steuerklasse I	gilt für alle Arbeitnehmer, die nicht der Ehegattenbesteuerung im Wege der Zusammenveranlagung unterliegen, also Ledige, Geschiedene, Verwitwete oder dauernd Getrenntlebende.
Steuerklasse II	gilt für den gleichen Personenkreis wie Steuerklasse I, wenn bei ihnen ein Haushaltsfreibetrag nach § 32 Abs. 7 EStG **(entfällt ab 2005)** zu berücksichtigen ist. Dies ist der Fall, wenn ein Kind in seiner Wohnung gemeldet ist, für das er einen Kinderfreibetrag erhält **und** die Voraussetzungen für das Splittingverfahren nicht vorliegen.
Steuerklasse III	Voraussetzung für diese Steuerklasse ist, dass die Ehegatten die Tatbestandsmerkmale für die Zusammenveranlagung erfüllen. Die Einreihung in Klasse III erfolgt auf Antrag oder wenn der andere Ehegatte keinen Arbeitslohn bezieht. Erhält der andere Ehegatte ebenfalls eine Lohnsteuerkarte, wird er automatisch in die Steuerklasse V eingereiht.
Steuerklasse IV	Die Klasse IV kann alternativ zur Steuerklasse III gewählt werden. Sie kommt in Betracht, wenn beide Ehegatten Arbeitslohn beziehen und die Höhe der Arbeitslöhne annähernd gleich ist. Beide Ehegatten erhalten dann die Klasse IV.
Steuerklasse V	Wählt einer der Ehegatten die Steuerklasse III, wird der andere zwingend in die Steuerklasse V eingereiht.
Steuerklasse VI	Arbeitnehmer, die nebeneinander von mehreren Arbeitgebern Arbeitslohn beziehen, werden für das zweite und alle weiteren Dienstverhältnisse in die Steuerklasse VI eingestuft.

c) Lohnsteuertabellen

Zur Ermittlung des richtigen Lohnsteuerabzuges werden verschiedene (inzwischen amtliche) Lohnsteuertabellen (§ 38c EStG) aufgestellt. Je nach Lohnzahlungszeitraum ist die **Jahreslohnsteuertabelle,** die **Monatslohnsteuertabelle,** die **Wochenlohnsteuertabelle** oder die **Tageslohnsteuertabelle** anzuwenden. Die Lohnsteuertabellen richten sich vor allem an die Arbeitgeber, um

145

Teil 10 Abschnitt 1: D. Besteuerung von Ehegatten

146   ihnen den richtigen Lohnsteuerabzug zu ermöglichen. Anhand der Lohnsteuertabellen kann **nicht** die zu zahlende Einkommensteuer ermittelt werden.

146   Für **Beamte** und andere **Arbeitnehmer, die nicht der gesetzlichen Versicherungspflicht unterliegen** (z.B. beherrschender GmbH-Gesellschafter-Geschäftsführer; § 10 Abs. 3 Nr. 2b EStG) gibt es besondere Lohnsteuertabellen, in denen die niedrigere Vorsorgepauschale berücksichtigt ist (§ 38c Abs. 2 EStG).

147   Die Jahreslohnsteuerbeträge sind für die Steuerklassen I, II und IV aus der Grundtabelle und die Werte der Steuerklasse III aus der Splittingtabelle abgeleitet (§ 38c Abs. 1 Satz 3 EStG). Die Werte der Steuerklassen V und VI ergeben sich aus einer Sondertabelle, die erhöhte Werte aus der Splittingtabelle ableitet (§ 38c Abs. 1 Satz 4 EStG).

d) In Tabellen eingearbeitete Frei- und Pauschbeträge

148   Bei der **Steuerklasse VI** sind in der Lohnsteuertabelle **keine** Frei- und Pauschbeträge eingearbeitet.

149   Der **Grundfreibetrag** i.H. v. 7.426 € in 2003 (§ 32a Abs. 1 Nr. 1 EStG) ist bei den Steuerklassen I, II, III und IV eingearbeitet. Bei der Steuerklasse III ist zusätzlich auch der Grundfreibetrag des Ehegatten und bei der Steuerklasse II der Haushaltsfreibetrag (§ 32 Abs. 7 EStG) i.H. v. 2.340 € (für 2004: 1.188 €) eingearbeitet.

150   Der **Sonderausgaben-Pauschbetrag** (§ 10c Abs. 1 EStG) i.H. v. 36 € ist in den Steuerklassen I, II und IV enthalten. Bei der Klasse III ist der Pauschbetrag mit 72 € berücksichtigt.

151   Die **Vorsorgepauschale** (§ 10c Abs. 2 bis 4 EStG) ist bei den Steuerklassen I, II und IV eingearbeitet. Bei der Steuerklasse III sind die doppelten Werte berücksichtigt.

152   Der **Werbungskostenpauschbetrag** für Arbeitnehmer (§ 9a Nr. 1a EStG) i.H. v. 1.044 € ist bei allen Steuerklassen außer der Steuerklasse VI eingearbeitet.

153   Der **Kinderfreibetrag** i.H. v. 1.824 € (§ 32 Abs. 6 EStG) ist bei den Lohnsteuertabellen nicht berücksichtigt. Auch der in der gleichen Vorschrift geregelte Freibetrag für den Betreuungs- und Erziehungsbedarf oder Ausbildungsbedarf des Kindes i.H. v. 1.080 € mindert nicht den Abzug der Lohnsteuer, wohl aber den Abzug der Zuschlagsteuern, wie Kirchensteuer und Solidaritätszuschlag. Für die Erhebung der **Zuschlagsteuern** wird in den Steuerklassen I, II und III ein Kinderfreibetrag von 5.808 € und in der Steuerklasse IV ein Kinderfreibetrag von 2.904 € berücksichtigt.

154   Übersicht der in die Lohnsteuerklassen und -tabellen **in 2003** eingearbeiteten Beträge:

Steuerklassen	I	II	III	IV	V	VI
Grundfreibetrag Steuerpflichtiger	7.426 €	7.426 €	7.426 €	7.426 €		
Grundfreibetrag Ehegatte			7.426 €			
Werbungskosten-Pauschbetrag für AN	1.044 €	1.044 €	1.044 €	1.044 €	1.044 €	
Sonderausgaben-Pauschbetrag	36 €	36 €	72 €	36 €		
Haushaltsfreibetrag		2.340 €				
Vorsorgepauschale für Arbeitnehmer	20 % vom Arbeitslohn, maximal aber der Höchstbetrag i.d.R. von 2.001 €					

e) Lohnsteuerkarte

Auf der Lohnsteuerkarte dokumentiert die Gemeinde als ausstellende Finanzbehörde die persönlichen Verhältnisse des Arbeitnehmers, wie sie **zu Beginn eines Kalenderjahres** vorgelegen haben. Die eingetragenen Angaben sind für den Arbeitgeber auch dann maßgebend, wenn er andere oder bessere Erkenntnisse über seinen Arbeitnehmer hat. 155

Treten bei einem Arbeitnehmer im Laufe des Kalenderjahrs, für das die Lohnsteuerkarte gilt, die Voraussetzungen für eine ihm günstigere Steuerklasse oder höhere Zahl der Kinderfreibeträge (jedoch ohne Auswirkung auf die Höhe der Lohnsteuer) ein, so kann der Arbeitnehmer bis zum **30. November** bei der Gemeinde und in den Ausnahmefällen des § 39 Abs. 3a EStG beim Finanzamt die **Änderung der Eintragung beantragen.** Die Änderung ist mit Wirkung von dem Tage an vorzunehmen, an dem erstmals die Voraussetzungen für die Änderung vorlagen. Ehegatten, die beide in einem Dienstverhältnis stehen, können im Laufe des Kalenderjahrs einmal, spätestens bis zum 30. November, bei der Gemeinde beantragen, die auf ihren Lohnsteuerkarten eingetragenen Steuerklassen in andere in Betracht kommende Steuerklassen zu ändern. Die Gemeinde hat die Änderung mit Wirkung vom Beginn des auf die Antragstellung folgenden Kalendermonats an vorzunehmen (§ 39 Abs. 5 EStG). 156

Auf Antrag des Arbeitnehmers kann eine für ihn ungünstigere Steuerklasse oder eine geringere Zahl der Kinderfreibeträge auf der Lohnsteuerkarte eingetragen werden (§ 39 Abs. 3 Satz 2 EStG). Dadurch ergeben sich höhere Steuerabzugsbeträge, die bei der späteren Veranlagung zu einer entsprechend höheren Erstattung führen. 157

f) Freibetrag beim Lohnsteuerabzug (§ 39a EStG)

Auf Antrag können auf der Lohnsteuerkarte steuerlich abzugsfähige Beträge eingetragen werden. In Höhe dieses Freibetrages nimmt der Arbeitgeber dann keinen Lohnsteuerabzug vor. Dieser Teil des Arbeitslohnes wird vom Arbeitgeber unversteuert ausbezahlt. 158

Als Freibetrag können auf der Lohnsteuerkarte eingetragen werden: 159

- Werbungskosten,
- Sonderausgaben (einschließlich Unterhaltsaufwendungen im Rahmen des Realsplittings),
- außergewöhnliche Belastungen,
- Pauschbeträge für Behinderte und Hinterbliebene.

Die Summe der Beträge muss dabei die **Mindestgrenze** von 600 € übersteigen (§ 39 a Abs. 2 Satz 4 EStG). Soweit es sich um Werbungskosten aus nichtselbständiger Arbeit handelt, kommen nur die Werbungskosten zum Ansatz, die den **Werbungskostenpauschbetrag** von 1.044 € (§ 9a Nr. 1a EStG) übersteigen. Bei den **Sonderausgaben** und den **außergewöhnlichen Belastungen** werden alle Aufwendungen eingerechnet. Die außergewöhnlichen Belastungen (§ 33 EStG) sind für die Berechnung der 600 €-Grenze nicht um die zumutbare Eigenbelastung (§ 33 Abs. 3 EStG) zu kürzen. Bei Anträgen von Ehegatten ist die Summe der für beide Ehegatten in Betracht kommenden Aufwendungen und abziehbaren Beträge zugrunde zu legen. Die 600 €-Grenze wird für die Prüfung der Eintragungsfähigkeit **nicht** verdoppelt. 160

Negative Einkünfte aus der **Vermietung oder Verpachtung** einer Immobilie (§ 21 Abs. 1 Nr. 1 EStG) werden bei der Festsetzung der Vorauszahlungen nur für Kalenderjahre berücksichtigt, die **nach** der Anschaffung oder Fertigstellung dieses Gebäudes beginnen. Wird ein Gebäude vor dem Kalenderjahr seiner Fertigstellung angeschafft, tritt an die Stelle der Anschaffung die Fertigstellung (§ 39a Abs. 1 Nr. 5b EStG i. V. m. § 37 Abs. 3 Satz 6 EStG). 161

Das Recht, auf der Lohnsteuerkarte Freibeträge eintragen zu lassen und dadurch einen niedrigeren Lohnsteuerabzug zu erreichen, ist ein **höchstpersönliches Recht** und daher **nicht pfändbar.** Es besteht somit keine Möglichkeit, den Eintrag eines Steuerfreibetrages gegen den Willen eines Steu- 162 erpflichtigen zu erreichen, um damit einen höheren Auszahlungsbetrag zu bewirken. Auch ein Unterhaltsberechtigter kann damit keinen Einfluss auf die Nettoauszahlungsbeträge des Arbeitslohnes seines Unterhaltsverpflichteten nehmen.

II. Steuerfolgen der Trennung/Scheidung

1. Einzelveranlagung

163 Die besonderen Formen der Ehegattenveranlagungen können nur Ehegatten in Anspruch nehmen, die **zusammen leben.** Das Gesetz regelt dieses Erfordernis negativ, indem es verlangt, dass die Ehegatten nicht dauernd getrennt leben dürfen. Dabei genügt es, dass diese Voraussetzung zu Beginn des Veranlagungszeitraums vorgelegen hat oder im Laufe des Veranlagungszeitraums eingetreten ist. Da der Veranlagungszeitraum grds. das Kalenderjahr ist, hat dies zur Folge, dass die Ehegatten im **gesamten Kalenderjahr** der besonderen Form der Ehegattenbesteuerung unterliegen.

164 Mit Ablauf des Kalenderjahres, in dem das Scheidungsurteil rechtskräftig wird, kann der Splittingtarif in keinem Fall mehr in Anspruch genommen werden. Dieser späte Zeitpunkt kommt aber nur in wenigen Fällen zum Ansatz, da einer Ehescheidung regelmäßig ein Getrenntleben der Ehegatten vorausgeht. Eine „normale" Ehescheidung setzt wenigstens ein einjähriges Getrenntleben der Ehegatten voraus (§ 1566 Abs. 1 BGB). Im Regelfall endet daher das Recht der Ehegatten, die Zusammenveranlagung mit Splittingtarif zu wählen, bereits mit dem Ende des Jahres, in dem sie sich dauernd getrennt haben.

165 Nur den Ehegatten soll die von Art. 6 GG geförderte **staatliche Fürsorge** zukommen, die (noch) eine Gemeinschaft des Erwerbs und Verbrauchs bilden (BVerfG, Urt. v. 3.11.1982 1 BvR 620/78, 1335/78, 1104/79, 363/80, BStBl. II 1982 S. 717 (726)). Liegen die Voraussetzungen für die Ehegattenbesteuerung in einem Kalenderjahr nicht vor, wird jeder der Ehegatten als Einzelperson behandelt und für sich getrennt besteuert. Es erfolgen jeweils Einzelveranlagungen unter Anwendung des Grundtarifs.

2. Dauerndes Getrenntleben

166 Ein wesentliches Element der Ehe ist die **eheliche Lebensgemeinschaft.** Ein Element davon ist die Wirtschaftsgemeinschaft. Eine **Wirtschaftsgemeinschaft** besteht, wenn die Ehegatten die sie berührenden wirtschaftlichen Fragen gemeinsam erledigen und gemeinsam über die Verwendung des Familieneinkommens entscheiden. Fehlt nach dem Gesamtbild der Verhältnisse die zum Wesen der Ehe gehörende Lebens- und Wirtschaftsgemeinschaft, leben die Ehegatten i. S. d. Einkommensteuerrechts dauernd getrennt (BFH, Urt. v. 15.6.1973, VI R 150/69, BStBl. II 1973 S. 640). Der Fortbestand des Güterstandes der allgemeinen Gütergemeinschaft ist kein Indiz für das Weiterbestehen der ehelichen Wirtschaftsgemeinschaft, wenn der Güterstand auf die Verwendung des Einkommens für die Bedürfnisse der Familie ohne Einfluss ist, weil beispielsweise ein Ehegatte das Gesamtgut allein verwaltet und alleiniger Verdiener der Familie ist.

167 Verlässt ein Ehegatte die gemeinsame Wohnung mit dem Willen nicht mehr dorthin zurückzukehren, beginnt ein dauerndes Getrenntleben. Die eheliche Lebensgemeinschaft wird aufgelöst. Ehegatten können auch in einer **gemeinsamen Wohnung** getrennt leben. Dies erfordert aber, dass beide Ehegatten jeweils einen eigenen Haushalt in der „gemeinsamen" Wohnung unterhalten. An das zivilrechtliche Erfordernis des „Getrenntlebens" i. S. d. § 1567 BGB sind strengere Anforderungen zu stellen, als an das dauernde Getrenntleben i. S. d. Ehegattenveranlagung (BFH, Urt. v. 13.12.1985, VI R 190/82, BStBl. II 1986 S. 486). Auch wenn die getrennt lebenden Ehegatten noch unter einem Dach wohnen, können sie das Ehegattensplitting grds. nicht mehr beanspruchen. Für das Erfordernis des Getrenntlebens darf zwischen ihnen keine Wirtschaftsgemeinschaft mehr bestehen. Diese Wirtschaftsgemeinschaft ist aber das Minimum einer möglicherweise weitergehenden Lebensgemeinschaft, die für die Zusammenveranlagung erforderlich ist. Äußerlich fehlt bei

derartigen Verhältnissen allerdings jeglicher Hinweis auf das dauernde Getrenntleben. Unzutreffende Angaben über den Sachverhalt führen jedoch zu einer Steuerhinterziehung. Die Ehegatten können sich dadurch strafbar machen.

Leben die Ehegatten **räumlich getrennt,** spricht schon dieser äußere Umstand für ein dauerndes Getrenntleben. Der Fortbestand der Wirtschaftsgemeinschaft ist dann an Hand der **äußeren Umstände** zu ermitteln. Haben die früher zusammen lebenden Ehegatten getrennte Haushalte begründet, wird auch durch längere Besuche und durch gemeinsame Urlaubsreisen keine eheliche Lebensgemeinschaft begründet. Nur wenn der Wille vorhanden ist, die häusliche Gemeinschaft wiederherzustellen, kann ein vorübergehendes Getrenntleben wieder beendet werden. Die gemeinschaftliche Entscheidung finanzieller und wirtschaftlicher Fragen, die beide Ehegatten berühren, oder die fortlaufende Gewährung von Unterhalt reicht nicht aus, den durch die räumliche Trennung begründeten äußeren Anschein zu widerlegen, dass die Ehegatten auf Dauer getrennt leben (BFH, Urt. v. 15.6.1973, VI R 150/69, BStBl. II 1973 S. 640). 168

Die eheliche Lebens- und Wirtschaftsgemeinschaft ist jedoch im Allgemeinen nicht aufgehoben, wenn sich die Ehegatten nur **vorübergehend räumlich trennen.** Dies ist bei einem beruflich bedingten **Auslandsaufenthalt** eines der Ehegatten der Fall. Auch wenn die Ehegatten infolge zwingender äußerer Umstände für eine nicht absehbare Zeit räumlich voneinander getrennt leben müssen, kann die Lebensgemeinschaft weiter bestehen. Auch bei einer längeren Abwesenheit wegen **Krankheit** oder wegen **Verbüßung einer Freiheitsstrafe** kann die Lebens- und Wirtschaftsgemeinschaft noch weiter bestehen, wenn die Ehegatten die erkennbare Absicht haben, die eheliche Verbindung in dem noch möglichen Rahmen aufrecht zu erhalten und nach dem Wegfall der Hindernisse die volle eheliche Lebensgemeinschaft wieder herzustellen. 169

Die Tatsache des dauernden Getrenntlebens hat das Finanzamt und das Finanzgericht unabhängig von den Feststellungen des Familiengerichts und der vor diesem abgegebenen Erklärungen der Ehegatten **von Amts wegen** zu prüfen und zu entscheiden (BFH, Urt. v. 13.12.1985, VI R 190/82, BStBl. II 1986 S. 486). 170

3. Trennungsjahr

a) Risiken der Zusammenveranlagung

Da die Ehegatten im Jahr der Trennung noch die Voraussetzung für eine Zusammenveranlagung erfüllt haben, können sie zusammen besteuert werden. Die Risiken dieser Zusammenveranlagung sind für die beiden Ehegatten relativ gering. Dem Vorteil des Splittingtarifs stehen im Wesentlichen zwei Nachteile gegenüber. 171

Ergibt die Veranlagung eine Zahlungspflicht, sind die Ehegatten Gesamtschuldner dieser Steuernachzahlung. Dieser **gesamtschuldnerischen Zahlungspflicht** kann ein Ehegatte dadurch entgehen, dass er die Steuerschuld vom Finanzamt auf die beiden Ehegatten aufteilen lässt. Nach Aufteilung der Steuern schuldet er nur noch anteilig den Betrag, der auf seine Einkünfte entfällt (s. auch Rn. 233). 172

Ergibt die Zusammenveranlagung einen Erstattungsanspruch, können sich Nachteile dadurch ergeben, dass das Finanzamt in Unkenntnis der Trennung an einen der beiden Ehegatten alleine erstattet. Daraus kann ein Streit über die **Aufteilung des Erstattungsguthabens** entstehen (s. auch Rn. 242). 173

b) Auswirkung der Trennung beim Lohnsteuerabzug

Da **im Jahr** der Trennung die Voraussetzungen für die Zusammenveranlagung noch vorliegen, treten beim Lohnsteuerabzug keine Veränderungen ein. Die Eintragungen der Lohnsteuerkarte müssen nicht berichtigt werden. Erfolgt dann nach Ablauf des Kalenderjahres auch tatsächlich eine Zusammenveranlagung, ergibt sich trotz der zeitweisen Trennung regelmäßig auch keine Steuernachzahlung bei der Veranlagung. 174

Teil 10 Abschnitt 1: D. Besteuerung von Ehegatten

175 Ab welchem **Zeitpunkt** eine Trennung vorlag, ist für das Besteuerungsverfahren selbstständig festzustellen. In einem Scheidungsverfahren zum Getrenntleben getroffene Feststellungen sind für die steuerliche Beurteilung nicht unbedingt bindend (H 174 EStR Stichwort: Getrenntleben).

176 Nur wenn **zu Beginn des Kalenderjahres** die Eintragung

- der Steuerklasse,
- des Familienstandes,
- der Zahl der Kinderfreibeträge und
- die Zahl der Kinder

von den tatsächlichen Verhältnissen **zugunsten** des Arbeitnehmers abweicht, besteht die gesetzliche Verpflichtung die Steuerkarte ändern zu lassen (§ 39 Abs. 4 Satz 1 EStG). Die Änderung der Angaben der persönlichen Verhältnisse ist bei der Gemeinde zu beantragen. Kommt der Arbeitnehmer seiner Verpflichtung nicht nach, so hat die Gemeinde oder das Finanzamt die Eintragung von Amts wegen zu ändern; der Arbeitnehmer hat die Lohnsteuerkarte der Gemeinde oder dem Finanzamt auf Verlangen vorzulegen. Unterbleibt die Änderung der Eintragung, hat das Finanzamt zuwenig erhobene Lohnsteuer vom Arbeitnehmer nachzufordern, wenn diese 10 € übersteigt; hierzu hat die Gemeinde dem Finanzamt die Fälle mitzuteilen, in denen eine von ihr vorzunehmende Änderung unterblieben ist.

177 Maßgebend für die Bemessung des Ehegattenunterhalts ist nach den unterhaltsrechtlichen Leitlinien der Familiensenate des Oberlandesgerichts Oldenburg grds. die **tatsächliche Besteuerung** (FamRZ 2001, 972).

- Mit dem Wechsel der Steuerklasse verbundene Veränderungen können bei ansonsten unveränderten Verhältnissen aufgrund einer Schätzung berücksichtigt werden. Dem Unterhaltspflichtigen obliegt es grds., die sich aus dem begrenzten Realsplitting ergebenden Steuervorteile durch Eintragung eines Freibetrages – im Regelfall i. H. d. unstreitig geschuldeten Unterhaltsbetrages – in der Lohnsteuerkarte zu realisieren. Diese Vorteile können bei der Feststellung des Bedarfs in geeigneten Fällen durch Schätzung (§ 287 ZPO) berücksichtigt werden.

- Steuererstattungen sind im Jahr ihrer Auszahlung anteilig dem Einkommen hinzuzurechnen. Für nachfolgende Jahre sind sie nur dann zu berücksichtigen, wenn zu erwarten ist, dass die Grundlagen unverändert bleiben.

- Wählt der wiederverheiratete Unterhaltsverpflichtete die Steuerklasse IV (gleichwertig mit Steuerklasse I), so ist dies nicht zu beanstanden. Wählt er zugunsten der neuen Ehefrau die Steuerklasse V, so ist das i. d. R. nicht zu billigen.

c) Änderung der Steuerklassen

178 Treten dagegen bei einem Arbeitnehmer im Laufe des Kalenderjahrs, für das die Lohnsteuerkarte gilt, die Voraussetzungen für eine günstigere Steuerklasse ein, kann der Arbeitnehmer bis zum 30. November bei der Gemeinde die Änderung der Eintragung beantragen. Die Änderung ist mit Wirkung von dem Tage an vorzunehmen, an dem erstmals die Voraussetzungen für die Änderung vorlagen.

179 Ehegatten, die beide in einem Dienstverhältnis stehen, können im Laufe des Kalenderjahrs einmal, spätestens bis zum 30. November, bei der Gemeinde beantragen, die auf ihren Lohnsteuerkarten eingetragenen Steuerklassen in andere nach § 38b Nr. 3 bis 5 EStG in Betracht kommende Steuerklassen zu ändern (§ 39 Abs. 5 Satz 3 EStG). Die Gemeinde hat die Änderung mit Wirkung vom Beginn des auf die Antragstellung folgenden Kalendermonats an vorzunehmen.

180 Im **Kalenderjahr nach der Trennung** führt die Anwendung der Grundtabelle bei der Ermittlung der Steuerschuld auch beim Lohnsteuerabzug durch die geänderte Steuerklasse zu einer höheren Steuerbelastung.

Beispiel:

A ist mit B verheiratet. Als Alleinverdiener hat A die Steuerklasse III. Im Jahr nach der Trennung wird A in die Steuerklasse I eingereiht. Der monatliche Bruttoarbeitslohn beträgt 3.000 €.

Monatlicher Bruttoarbeitslohn	3.000,00 €
monatlicher Lohnsteuer-Abzug	
• im Jahr vor und im Jahr der Trennung bei Klasse III	321,50 €
• im **Jahr nach** Trennung bei Klasse I	621,91 €
Mehrbelastung im Monat	300,41 €

Zu dem Steuerabzug kommen die Abzüge für die vier Sozialversicherungszweige i. H. v. 627 €. Hinzu kommen auch die Mehrbelastungen, die sich aus der Trennung ergeben, wie z. B. die Kosten für die Anmietung einer zweiten Wohnung.

4. Kalenderjahr nach der Trennung

Im Kalenderjahr **nach** der Trennung werden Ehegatten, auch wenn sie noch nicht geschieden sind, wie nicht verheiratete Personen besteuert. Jeder Ehegatte wird für sich als Einzelperson nach der Grundtabelle besteuert. 181

III. Besteuerung der Halbfamilie (Alleinerziehende)

1. Grundsätze

Die einkommensteuerliche Belastung von Familien und von alleinerziehenden Elternteilen mit Kindern unterliegt ständigen Änderungen. Die Auffassungen des Gesetzgebers, der Politik und der Gerichte gehen hier oft auseinander. Seit dem Jahr 2000 sind insbesondere die Kinderbetreuungskosten neu geregelt. Auf den **Familienstand** kommt es nicht mehr an. Neben dem Kinderfreibetrag von 1.824 € für das sächliche Existenzminimum wird für jedes Kind, ein zusätzlicher Freibetrag von 1.080 € für den Betreuungs- und Erziehungsbedarf oder Ausbildungsbedarf des Kindes gewährt. Im Falle der Zusammenveranlagung verdoppeln sich die Beträge auf 3.648 € und auf 2.160 €. Beide Freibeträge (1.824 € + 1.080 € = 2.904 €) kommen aber nur zum Ansatz, soweit die steuerliche Freistellung nicht über das ausgezahlte Kindergeld erreicht wurde. In einer Vergleichsberechnung wird von Amts wegen geprüft, ob das ausgezahlte Kindergeld oder die Steuerersparnis durch den Abzug der Freibeträge zu einer höheren Entlastung führt und damit **günstiger** ist. Ist die Entlastung über die Freibeträge günstiger, werden die Freibeträge in der Veranlagung automatisch berücksichtigt. 182

Die Besteuerung Alleinerziehender mit Kindern ist gekennzeichnet durch die 183

- Anwendung des Grundtarifs (§ 32a Abs. 1 EStG);
- Gewährung des Haushaltsfreibetrags (§ 32 Abs. 7 EStG), letztmals im Jahr 2004;
- Gewährung des Kindergeldes (§ 62 ff EStG)/nach Günstigerprüfung ggf. des Kinderfreibetrags (§ 32 Abs. 6 EStG) und des Freibetrags für den Betreuungs- und Erziehungsbedarf oder Ausbildungsbedarf des Kindes (§ 32 Abs. 6 EStG);
- Berücksichtigung von Kinderbetreuungskosten § 33c EStG.

Hinweis:

Nach Wegfall des Haushaltsfreibetrags ab dem Jahre 2005 werden Alleinerziehende mit Kindern der gleichen Besteuerung hinsichtlich der Kindbelastungen unterworfen wie zusammenveranlagte Ehegatten (s. auch Rn. 570).

2. Besonderheiten im Jahr der Trennung

184 In dem Kalenderjahr, in dem die dauernde Trennung der Ehegatten beginnt, liegen die Voraussetzungen für eine Zusammenveranlagung (§ 26 EStG) noch vor. Der Haushaltsfreibetrag (§ 32 Abs. 7 EStG) kann demzufolge nicht zum Ansatz kommen.

3. Behandlung verwitweter Personen

185 Das **Splittingverfahren** zur Berechnung der tariflichen Einkommensteuer ist auch bei verschiedenen **Sonderfällen** anzuwenden (§ 32a Abs. 6 EStG):
- bei einem verwitweten Steuerpflichtigen für den Veranlagungszeitraum, der dem Kalenderjahr folgt, in dem der Ehegatte verstorben ist, wenn der Steuerpflichtige und sein verstorbener Ehegatte im Zeitpunkt seines Todes die Voraussetzungen der Zusammenveranlagung (§ 26 Abs. 1 Satz 1 EStG) erfüllt haben,
- bei einem Steuerpflichtigen, dessen Ehe in dem Kalenderjahr, in dem er sein Einkommen bezogen hat, aufgelöst worden ist, wenn in diesem Kalenderjahr
  - der Steuerpflichtige und sein bisheriger Ehegatte die Voraussetzungen des § 26 Abs. 1 Satz 1 EStG erfüllt haben,
  - der bisherige Ehegatte wieder geheiratet hat und
  - der bisherige Ehegatte und dessen neuer Ehegatte ebenfalls die Voraussetzungen der Zusammenveranlagung erfüllen.

Dies gilt nicht, wenn eine Ehe durch Tod aufgelöst worden ist und die Ehegatten der neuen Ehe die besondere Veranlagung nach § 26c EStG wählen.

186 **Voraussetzung** für die Anwendung der obigen Regelung ist, dass der Steuerpflichtige nicht nach den §§ 26, 26a EStG getrennt zur Einkommensteuer veranlagt wird.

187 Durch das **Verwitwetensplitting** sollen für das Todesjahr und das folgende Jahr die Härten gemildert werden, die in dem Übergang vom Splittingverfahren zur Besteuerung nach der Grundtabelle liegen. Entscheidend ist, dass im Todesjahr die Voraussetzung der Zusammenveranlagung vorgelegen hat. Kein Erfordernis ist, dass für das Todesjahr Zusammenveranlagung gewählt wird. Heiratet der überlebende Ehegatte im Todesjahr erneut und wird diese Ehe im gleichen Jahr wieder geschieden, lebt der Verwitwetenstatus wieder auf. Der überlebende Steuerpflichtige kann demzufolge in dem auf das Todesjahr folgenden Jahr den Splittingtarif in Anspruch nehmen.

188 Auch auf das Einkommen eines verstorbenen/geschiedenen Ehegatte ist zur Vermeidung von Härten das Splittingverfahren anzuwenden (§ 32a Abs. 6 Nr. 2 EStG), wenn
- eine Ehe, für die die Voraussetzungen der Zusammenveranlagung vorgelegen haben, durch Tod oder Scheidung aufgelöst worden ist und
- der überlebende/geschiedene Ehegatte im gleichen Kalenderjahr wieder geheiratet hat und
- die Ehegatten der neuen Ehe ebenfalls die Voraussetzung der Zusammenveranlagung erfüllen.

4. Haushaltsfreibetrag

189 Steuerpflichtige, die nicht nach dem Splitting-Verfahren (§ 32a Abs. 5 und 6 EStG) besteuert werden können und die auch nicht als Ehegatten (§ 26 Abs. 1 EStG) getrennt zur Einkommensteuer zu veranlagen sind, erhalten als alleinerziehende Elternteile einen Haushaltsfreibetrag i. H. v. 2.340 € bis 2003 (§ 32 Abs. 7 EStG) und 1.188 € für das Jahr 2004 (§ 52 Abs. 40a EStG). **Ab 2005 entfällt** der Haushaltsfreibetrag vollständig.

190 Das Bundesverfassungsgericht hat am 10.11.1998 entschieden, dass die Regelung des Einkommensteuergesetzes über den steuermindernden Abzug eines Haushaltsfreibetrags **mit Art. 6 GG unvereinbar** ist (BVerfG, Beschl. v. 10.11.1998, 2 BVR 105/91, BStBl. II 1999, 182). Das Bundesverfassungsgericht begründet seine Auffassung damit, dass in ehelicher Gemeinschaft lebende

Eltern vom Abzug eines verfassungsrechtlich steuerfrei zu stellenden Bedarfs ausgeschlossen sind und ihre fehlende Leistungsfähigkeit insoweit steuerlich unberücksichtigt bleibt. Es hat deshalb den Gesetzgeber verpflichtet, bis zum 1.1.2002 anstelle des Haushaltsfreibetrags die generelle Berücksichtigung des Erziehungsbedarfs neu zu regeln. Diese Verpflichtung ist durch das Zweite Gesetz zur Familienförderung vom 16.8.2001, das am 1.1.2002 in Kraft trat, mit der Erhöhung des bisherigen Betreuungsfreibetrags um eine Erziehungskomponente für alle zu berücksichtigenden Kinder erfüllt worden. Gleichzeitig stieg das Kindergeld für das erste und zweite Kind jeweils von 138 € auf 154 € im Monat.

Die **Berücksichtigung des Erziehungsbedarfs** eines Kindes **unabhängig vom Familienstand** ersetzt nach den Vorgaben des Bundesverfassungsgerichts den bisher auf Alleinerziehende beschränkten Haushaltsfreibetrag. Die Bundesregierung hat dabei ihren Handlungsspielraum ausgeschöpft und – um Schlechterstellungen so gering wie möglich zu halten – statt einer sofortigen Abschaffung einen sozial verträglichen, stufenweisen Abbau des Haushaltsfreibetrags bis zum Jahr 2005 vorgesehen. Die Regelung, dass dies aber nur für die Steuerpflichtige, bei dener die Voraussetzungen für den Abzug eines Haushaltsfreibetrags bereits im Jahr 2001 vorgelegen haben gilt, wurde wieder aus dem Gesetz gestrichen. 191

Der Haushaltsfreibetrag wird vom Einkommen abgezogen, wenn der Alleinerzieher einen Kinderfreibetrag (§ 32 Abs. 6 EStG) oder Kindergeld für mindestens ein Kind erhält, das in seiner Wohnung im Inland gemeldet ist. 192

Den Haushaltsfreibetrag erhalten, sofern sie unbeschränkt steuerpflichtig sind: 193

- Ehegatten, die von ihrem Partner dauernd getrennt leben und kein Splitting erhalten und auch nicht als Ehegatten getrennt veranlagt werden,
- Ledige,
- Geschiedene,
- Verwitwete, soweit sie kein Splitting nach § 32a Abs. 6 EStG beanspruchen können.

Beschränkt Steuerpflichtige können den Haushaltsfreibetrag grds. nicht in Anspruch nehmen. Eine **Ausnahme** gilt jedoch für Staatsangehörige eines Mitgliedstaates der Europäischen Union oder eines Staates, auf den das Abkommen über den Europäischen Wirtschaftsraum anwendbar ist (§ 1a Abs. 1 Nr. 3 EStG). Danach genügt die Meldung des Kindes in der Wohnung des Steuerpflichtigen, die nicht im Inland belegen ist. Die Wohnung muss aber im Hoheitsgebiet eines Mitgliedstaates der Europäischen Union oder eines Staates, auf den das Abkommen über den Europäischen Wirtschaftsraum anwendbar ist, liegen. 194

Ist ein Kind unbeschränkt einkommensteuerpflichtiger Eltern bei **beiden** Elternteilen gemeldet, so wird es, wenn beide Elternteile die Voraussetzungen für einen Haushaltsfreibetrag erfüllen, einem Elternteil zugeordnet (§ 32 Abs. 7 Satz 2 EStG). 195

Zwei Fallgruppen sind hierbei zu unterscheiden (H 182 EStR): 196

- Das Kind war zu Beginn des Kalenderjahrs oder zu dem anderen maßgebenden Stichtag, z.B. Geburt, Zuzug aus dem Ausland, nur bei einem Elternteil und erst später auch oder ausschließlich bei dem anderen Elternteil gemeldet:
→ Das Kind wird stets dem Elternteil zugeordnet, bei dem es **zuerst** gemeldet war
- Das Kind war zu Beginn des Kalenderjahrs oder zu dem anderen maßgebenden Stichtag bei beiden Elternteilen gemeldet:
→ Das Kind wird der **Mutter** zugeordnet, mit ihrer Zustimmung dem Vater.

In wessen Wohnung das Kind gemeldet war oder ob eine gemeinsame Wohnung der Eltern vorliegt, entscheidet sich allein nach dem Melderegister. Ob es sich um eine Meldung mit Haupt- oder Nebenwohnung handelt, ist ohne Bedeutung. Unerheblich ist, wo sich das Kind oder die Elternteile tatsächlich aufgehalten haben. Eine Meldung des Kindes bei beiden Elternteilen kann sowohl in der gemeinsamen Wohnung als auch in getrennten Wohnungen der Elternteile gegeben sein. 197

198 Ein Kind ist auch in den Fällen einem Elternteil zuzuordnen, in denen mehrere **gemeinsame Kinder** im Kalenderjahr – nacheinander oder gleichzeitig – in den Wohnungen beider Elternteile gemeldet sind, die Kinderfreibeträge aber nicht für alle Kinder übertragen werden.

Beispiel 1 (aus H 182 EStR):

Beide Kinder geschiedener Eltern wohnen zunächst in der Wohnung der Mutter und sind dort gemeldet. Am 1. April zieht ein Kind (erstes Kind) in die Wohnung des Vaters um und wird entsprechend angemeldet. Der Vater zahlt Barunterhalt für das zweite Kind während des ganzen Kalenderjahrs und für das erste Kind bis einschließlich März. Ab 1. April trägt er für das erste Kind allein den vollen Unterhalt. Da nur der Vater seiner Unterhaltsverpflichtung gegenüber dem ersten Kind im Wesentlichen nachkommt, wird der Kinderfreibetrag der Mutter antragsgemäß auf ihn übertragen. Die Mutter behält ihren Kinderfreibetrag für das zweite Kind. Aufgrund der Zuordnungsregelung verbleibt der Haushaltsfreibetrag bei der Mutter. Für den Vater ist der Haushaltsfreibetrag ausgeschlossen.

199 **Keiner Zuordnung** bedarf es, obwohl das Kind bei beiden Elternteilen gemeldet ist, wenn

- für einen Elternteil das Splitting-Verfahren (§ 32a Abs. 5 oder 6 EStG) oder die getrennte Veranlagung zur Einkommensteuer in Betracht kommt oder
- die Kinderfreibeträge für alle gemeinsamen Kinder von einem Elternteil auf den anderen Elternteil übertragen werden.

Beispiel 2 (aus H 182 EStR):

Das Kind geschiedener Eltern wohnt zunächst in der Wohnung der Mutter und ist dort gemeldet. Am 1. April zieht es in die Wohnung des Vaters um und wird entsprechend angemeldet. Der Vater hat bis einschließlich März für das Kind Barunterhalt geleistet und trägt seit April allein den vollen Unterhalt. Da nur der Vater seiner Unterhaltsverpflichtung gegenüber dem Kind im Wesentlichen nachkommt, wird der Kinderfreibetrag der Mutter antragsgemäß auf ihn übertragen. Der Haushaltsfreibetrag wird beim Vater ohne Zuordnung abgezogen.

Beispiel 3 (aus H 182 EStR):

Beide Kinder geschiedener Eltern sind sowohl in der Wohnung des Vaters als auch in der Wohnung der Mutter gemeldet. Nur der Vater erfüllt seine Unterhaltsverpflichtung. Die Kinderfreibeträge der Mutter werden antragsgemäß auf den Vater übertragen. Der Haushaltsfreibetrag wird beim Vater ohne Zuordnung abgezogen.

200 Wurde der Haushaltsfreibetrag **schuldhaft** nicht geltend gemacht, kann der bestandskräftige Steuerbescheid nachträglich deswegen nicht mehr geändert werden (FG München, Urt. v. 22.1.2002, 6 K 2571/01, LEXinform Dok. 574283).

IV. Steuerentlastung für Folgekosten der Trennung/Scheidung

1. Allgemeines

201 Sämtliche Kosten, die mit der Trennung oder Scheidung zusammenhängen, gehören zu den Privatausgaben. Aufwendungen für die private Lebensführung können weder bei den einzelnen Einkunftsarten als Betriebsausgaben bzw. als Werbungskosten, noch vom Gesamtbetrag der Einkünfte abgezogen werden. Sie bleiben grds. steuerlich unberücksichtigt. Nur wenn und soweit das Einkommensteuergesetz den Abzug solcher Kosten ausdrücklich erlaubt (§§ 10 ff. EStG, §§ 33 ff. EStG), können sie steuermindernd berücksichtigt werden. Die Kosten einer Scheidung können als **außergewöhnliche Belastungen** abgezogen werden.

202 Erwachsen einem Steuerpflichtigen zwangsläufig größere Aufwendungen als der überwiegenden Mehrzahl der Steuerpflichtigen gleicher Einkommensverhältnisse, gleicher Vermögensverhältnisse und gleichen Familienstandes, so wird auf Antrag die Einkommensteuer ermäßigt. Die Aufwendungen werden aber nur insoweit berücksichtigt, als sie die dem Steuerpflichtigen zumutbare Belastung übersteigen. Die **zumutbare Belastung** beträgt zwischen 1 % und 7 % des Gesamt-

betrags der Einkünfte und ist abhängig vom Familienstand, der Zahl der Kinder und der Höhe des Gesamtbetrags der Einkünfte (§ 33 Abs. 3 EStG). Dieser übersteigende Teil wird als Ermäßigung vom Gesamtbetrag der Einkünfte abgezogen (§ 33 Abs. 1 EStG). **Aufwendungen** erwachsen dem Steuerpflichtigen zwangsläufig, wenn er sich ihnen aus rechtlichen, tatsächlichen oder sittlichen Gründen nicht entziehen kann und soweit sie den Umständen nach notwendig sind und einen angemessenen Betrag nicht übersteigen (§ 33 Abs. 2 Satz 1 EStG). **Zwangsläufigkeit** in diesem Sinne ist nur gegeben, wenn die Gründe von außen auf die Entschließung des Steuerpflichtigen in der Weise einwirken, dass er ihnen nicht ausweichen kann.

Kosten der Eheschließung einschließlich der Gründung des Familienhausstandes, sind nie zwangsläufig in diesem Sinne und bleiben daher steuerlich unberücksichtigt. Selbst **Reisekosten,** die ein deutscher Staatsangehöriger für die Eheschließung mit einer Bürgerin der damaligen Sowjetunion in Moskau aufgewandt hat, stellen keine außergewöhnliche Belastung i. S. c. § 33 EStG dar (BFH, Urt. v. 15.4.1992, III R 11/91, BStBl. II 1992, 821). Aufwendungen sind außergewöhnlich, wenn sie nicht nur ihrer Höhe nach, sondern auch ihrer Art und dem Grunde nach außerhalb des Üblichen liegen. Das ist bei Kosten der Eheschließung – anders als bei Kosten der Ehescheidung – nicht der Fall. Obwohl die Anzahl derjenigen Personen, die unverheiratet bleiben, in den letzten Jahren stark zugenommen hat, würde es den tatsächlichen Verhältnissen sicherlich nicht entsprechen, die Eheschließung als etwas Ungewöhnliches anzusehen. Sie entspricht vielmehr immer noch der normalen Lebensgestaltung breiter Bevölkerungsschichten und kann schon deshalb nicht als ihrer Art nach außergewöhnlich angesehen werden. Nichts anderes gilt für Reisekosten, die wegen der Eheschließung auf den Steuerpflichtigen zukommen. Wenn Brautleute aus verschiedenen Orten oder aus verschiedenen Ländern heiraten, werden wohl stets mehr oder weniger umfangreiche Reisekosten anfallen, sei es im Zusammenhang mit der Vorbereitung der Eheschließung oder durch die Heirat selbst. Derartige Aufwendungen sind dem Grunde nach nicht ungewöhnlich. Sie werden es deshalb auch dann nicht, wenn sie im Einzelfall vergleichsweise hoch sind (BFH, Urt. v. 15.4.1992, III R 11/91, BStBl. II 1992, 821). 203

2. Kosten der Scheidung

Kosten der Ehescheidung können im Rahmen der außergewöhnlichen Belastungen (§ 33 EStG) bei **Überschreiten der zumutbaren Eigenbelastung** (§ 33 Abs. 3 EStG) steuermindernd geltend gemacht werden. 204

Die **Zwangsläufigkeit** der Kosten des Scheidungsverfahrens wird aus tatsächlichen Gründen, die in der **Zerrüttung der Ehe** liegen, bejaht. Aufgrund des im Ehescheidungsrecht maßgebenden Zerrüttungsprinzips kann im Regelfall davon ausgegangen werden, dass sich Ehepartner nur scheiden lassen, wenn die Ehe so zerrüttet ist, dass ihnen ein Festhalten an ihr nicht mehr möglich ist. Aus diesem Grund ist die Zwangsläufigkeit bei Ehescheidungen grds. zu bejahen. Sämtliche Anwalts- und Verfahrenskosten der Ehescheidung einschließlich der Scheidungsfolgeregelungen sind als zwangsläufig erwachsen anzusehen (H 186 – 189 EStR Stichwort Scheidung). Die **Folgekosten** eines Ehescheidungsprozesses sind nur insoweit als außergewöhnliche Belastung zu berücksichtigen, als sie unmittelbar und unvermeidbar durch die Ehescheidung entstehen. 205

Zu den **unvermeidbaren Kosten** gehören insbesondere die Aufwendungen für: 206
- Regelung der elterlichen Sorge über ein gemeinsames Kind,
- Regelung des persönlichen Verkehrs mit dem nicht sorgeberechtigten Elternteil,
- Entscheidung über die Unterhaltspflicht gegenüber Kindern und dem Ehegatten,
- Regelung des Versorgungsausgleichs,
- Regelung der güterrechtlichen Verhältnisse,
- Zuteilung der Ehewohnung,
- Verteilung des Hausrates,
- Gutachterkosten für die Vermögensbewertung.

207 **Vorauszahlungen** kommen im Zeitpunkt der Zahlung zum Abzug, wenn der Steuerpflichtige endgültig mit diesen Kosten belastet ist.

> *Hinweis:*
> *Wegen der zumutbaren Eigenbelastung ist es empfehlenswert, möglichst viele Kosten in einem Kalenderjahr zusammenzuziehen.*

208 Soweit der Steuerpflichtige aber vertraglich derartige Kosten des anderen Ehegatten entgegen der Kostenverteilung in der gerichtlichen Entscheidung übernimmt, entfällt mangels Zwangsläufigkeit die Abzugsfähigkeit.

209 Die **Kosten für die Einschaltung eines Detektivs** im Zusammenhang mit einem Unterhaltsprozess in der Zeit des Getrenntlebens entstehen grds. **nicht** zwangsläufig. Eine Berücksichtigung als außergewöhnliche Belastung kommt nur ausnahmsweise dann in Betracht, wenn konkreter Anlass zu der Befürchtung besteht, der Kläger werde seinen rechtlich begründeten Standpunkt mit den Mitteln der gerichtlichen Beweisaufnahme nicht durchsetzen können. Zwangsläufigkeit aus rechtlichen Gründen ist nicht deshalb zu bejahen, weil der auftraggebende Ehegatte der Detektei rechtlich verpflichtet war, dieser das vereinbarte Entgelt zu zahlen. Denn diese Verpflichtung hat der Auftraggeber selbst gesetzt; sie beruht nicht ihrerseits auf einer gesetzlichen oder sittlichen Verpflichtung bzw. einer tatsächlichen Zwangslage. Dies wäre aber erforderlich, um die Zwangsläufigkeit der Aufwendungen i.S. d. § 33 Abs. 2 Satz 1 EStG bejahen zu können (BFH, Urt. v. 21.2.1992, III R 88/90, BStBl. II 1992 S. 795). Aufwendungen für einen Detektiv gehören grds. nicht zu den unmittelbaren und unvermeidbaren Kosten eines Ehescheidungsprozesses.

210 Die Kosten der außergewöhnlichen Belastung umfassen auch die Aufwendungen für die **Fahrten zu Gerichtsterminen** oder für die **Besuche bei Anwälten, Notaren, Sachverständigen** oder **Behörden** oder dem **Grundbuchamt**. Die **Fahrzeugkosten** können entweder in tatsächlich entstandener Höhe geltend gemacht werden oder bei Nutzung eines privateigenen Pkw mit **0,30 € je tatsächlich gefahrenem** Kilometer. Dies erfordert eine Aufstellung, aus der sich datumsmäßig aufgelistet alle entsprechenden Fahrten mit Zielort und Grund der Fahrt ergeben.

211 Die einem Steuerpflichtigen im Rahmen einer Klage auf Zustimmung seiner früheren Ehefrau zum sog. Realsplitting entstandenen Rechtsanwaltskosten können **nicht** als Steuerberatungskosten i. S. d. § 10 Abs. 1 Nr. 6 EStG abgezogen werden (BFH, Urt. v. 10.3.1999, XI R 86/95, BStBl. II 1999 S. 522). Auch diese Kosten können nur als außergewöhnliche Belastungen geltend gemacht werden.

3. Umzugskosten

212 Kosten für den Umzug oder die Einrichtung der neuen Wohnung entstehen im Rahmen der Trennung oder Scheidung nicht zwangsläufig. Entweder beruhen sie auf dem freien Entschluss des Steuerpflichtigen oder sie gehören der steuerlich unbeachtlichen Vermögenssphäre an.

4. Kosten der doppelten Haushaltsführung

213 Die Kosten für das Wohnen gehören grds. zu den steuerlich unbeachtlichen Kosten der privaten Lebensführung (§ 12 EStG). Dabei spielt es keine Rolle, ob es sich um Kosten für die erste oder eine zweite oder weitere Wohnung handelt. Leben die Ehegatten dauernd getrennt, gehören diese erhöhten Aufwendungen für den eigenen Haushalt zu den typischen, nicht von § 33 EStG erfassten Kosten der Lebenshaltung.

214 Nur wenn es sich bei der zweiten Wohnung um eine Unterkunft an dem Beschäftigungsort handelt und die Begründung dieser Wohnung **beruflich veranlasst** ist, können diese Kosten als Werbungskosten (§ 9 Abs. 1 Nr. 5 EStG) oder Betriebsausgaben (§ 4 Abs. 5 Nr. 6a EStG) geltend gemacht werden. Eine beruflich veranlasste Aufteilung einer Haushaltsführung liegt auch in den Fällen vor,

in denen der eigene Hausstand nach der Eheschließung am Beschäftigungsort des ebenfalls berufstätigen Ehegatten begründet wird. Dagegen ist die Aufteilung einer Haushaltsführung nicht durch die berufliche Beschäftigung veranlasst, wenn der Arbeitnehmer seinen Hausstand nach der Eheschließung in der außerhalb des Beschäftigungsorts liegenden Wohnung des nicht berufstätigen Ehegatten begründet.

Beispiel 1:

M und F leben in Mannheim. M begründet in Heidelberg einen doppelten Haushalt, weil er dadurch die Fahrt zu seinem Arbeitsplatz in Heidelberg wesentlich verkürzt. Die Umzugskosten sind als Werbungskosten abzugsfähig. Im Folgejahr trennen sich die Ehegatten und M macht seine Heidelberger Wohnung zu seinem Hauptwohnsitz. Ab diesem Zeitpunkt entfällt der doppelte Haushalt.

Beispiel 2:

Im Beispiel 1 zieht M im Rahmen der Trennung nach Heidelberg um. Die Aufwendungen für den Umzug sind nun auch privat durch die Trennung veranlasst. Die Kosten können nicht als Werbungskosten geltend gemacht werden.

Um Ärger mit dem Finanzamt zu vermeiden, sollten die Begründung des doppelten Haushaltes nicht im gleichen Kalenderjahr wie die Trennung der Ehegatten liegen.

V. Zurechnung der Einkünfte

1. Allgemeines

Einkünfte sind demjenigen zuzurechnen, der den Tatbestand der Einkunftserzielung erfüllt. Das ist die Person, die den Tatbestand einer der sieben Einkunftsarten (§ 13 bis § 24) erfüllt und die kraft eigenen Rechts über die Leistungserstellung disponiert, die der betreffenden Einkunftsart zugrunde liegt. Keine Bedeutung hat dabei, wer „Inhaber der Einkunftsquelle" ist. Das bürgerlich-rechtliche oder wirtschaftliche Eigentum der Einkunftsquelle kann hier nicht das entscheidende Moment sein. Einkünfte, die ausschließlich aus Erwerbstätigkeit resultieren, kann nur der erzielen, der die fraglichen Tätigkeiten höchstpersönlich ausübt und über seinen Einsatz disponieren kann. Dies ist bei Arbeitnehmern und Selbständigen der Fall.

215

Einkünfte, die mit **Kapitaleinsatz** verbunden sind, führen dagegen regelmäßig zur Zurechnung beim wirtschaftlichen Eigentümer oder bei demjenigen, der ein fremdes Wirtschaftsgut zivilrechtlich berechtigt nutzt. Nur bei Einkünften, die mit Kapitaleinsatz verbunden sind, kann dem ehelichen Güterstand Bedeutung für die Zuordnung zukommen.

216

Auf die Zurechnung von Einkünften aus **ausschließlicher Erwerbstätigkeit** ist das eheliche Güterrecht ohne jeden Einfluss. Sind Ehegatten an dem zur Einkunftserzielung eingesetzten Kapital kraft Güterrecht (Errungenschaftsgemeinschaft, Gütergemeinschaft) gemeinschaftlich beteiligt, erzielen sie die entsprechenden Einkünfte anteilig. Gemeinsame Einkünfte der Ehegatten, z. B. aus einer Gesamthandsgesellschaft oder Gesamthandsgemeinschaft sind jedem Ehegatten, falls keine andere Aufteilung in Betracht kommt, zur Hälfte zuzurechnen (R 174 Abs. 5 EStR). Nur in Ausnahmefällen hat das eheliche Güterrecht für die Zurechnung der Einkünfte bei den Ehegatten eine Auswirkung.

217

2. Der Einfluss der ehelichen Güterstände auf die Zurechnung der Einkünfte

a) Gütertrennung

Bei der Gütertrennung bleiben die Vermögenssphären der beiden Ehegatten getrennt. Vermögensrechtlich werden sie wie unverheiratete Personen behandelt. Alle in die Ehe mitgebrachten, sowie die während des Bestehens der Ehe erworbenen Vermögenswerte, stehen jedem Ehegatten getrennt zu. Jeder Ehegatte verwaltet sein Vermögen selbständig, ohne dabei Verfügungs- oder Verpflich-

218

tungsbeschränkungen durch den anderen Ehepartner zu unterliegen. Jeder Ehegatte erzielt seine Einkünfte für sich. Den Ehegatten stehen Vermögenswerte nur dann gemeinsam zu, wenn sie gemeinschaftlich erworben werden.

219 Der Güterstand der Gütertrennung tritt ein, wenn die Eheleute dies ausdrücklich durch einen Ehevertrag notariell vereinbaren. Die gleiche Wirkung tritt ein, wenn sie den gesetzlichen Güterstand der Zugewinngemeinschaft ausschließen oder aufheben, ohne gleichzeitig einen anderen Güterstand zu begründen. Das Gleiche gilt, wenn die Ehegatten den Ausgleich des Zugewinns oder den Versorgungsausgleich ausschließen oder die Gütergemeinschaft aufheben, ohne sich ausdrücklich für einen anderen Güterstand zu entscheiden.

220 Die Gütertrennung endet durch eine Neuregelung oder durch einen Aufhebungsvertrag sowie durch Auflösung der Ehe. Die Ehe wird aufgelöst durch Scheidung oder den Tod eines Ehegatten. Wird der Güterstand der Gütertrennung beendet, behält jeder der Ehegatten uneingeschränkt sein Vermögen und muss auch keinerlei Ausgleichsleistungen erbringen (s. auch Rn. 648).

b) Zugewinngemeinschaft

221 Der gesetzliche Güterstand der Zugewinngemeinschaft kommt immer dann zum Einsatz, wenn die Ehegatten keine abweichende Wahl durch notarielle Vereinbarung getroffen haben. Auch bei diesem Güterstand handelt es sich dem Grunde nach um eine Gütertrennung. Jeder Ehegatte bleibt auch nach Eingehung der Ehe grds. Alleininhaber der von ihm erworbenen Vermögensgegenstände. Jeder Ehegatte hat auch nur für die von ihm eingegangenen Schulden einzustehen. Während der Ehezeit kann jeder der Ehegatten Alleineigentum erwerben. Im Rahmen der Zugewinngemeinschaft bezieht jeder Ehegatte die Nutzungen seines Vermögens selbst und hat sie dementsprechend als Einkünfte zu versteuern (s. auch Rn. 649).

222 Der während der Ehe erwirtschaftete Vermögenszuwachs ist jedoch bei Beendigung der Ehe auszugleichen. Wird die Ehe durch Scheidung aufgelöst, nimmt jeder der Ehegatten seine Vermögensgegenstände wieder mit. Gemeinschaftliches Vermögen wird aufgeteilt. Verteilt sich der Wertzuwachs zwischen dem Anfangsvermögen der beiden Eheleute und dem Endvermögen nicht gleichmäßig auf beide Ehegatten, muss dieser Wertzuwachs hälftig auf die beiden Ehegatten verteilt werden. Insoweit entsteht ein schuldrechtlicher Anspruch auf Zahlung des halben Zugewinnausgleichs **in Geld**.

223 Grundprinzipien der Zugewinngemeinschaft:

- jeder Ehegatte ist alleiniger Inhaber seines vorehelichen und in der Ehe hinzu erworbenen Vermögens;
- jeder Ehegatte verwaltet sein Vermögen selbst (Beschränkungen nur in § 1365 bis § 1369 BGB);
- erst bei Auflösung der Ehe durch Scheidung oder Tod wird der während der Ehe hinzu erworbene Zugewinn ausgeglichen.

c) Gütergemeinschaft

224 Der eheliche Güterstand der Gütergemeinschaft muss ausdrücklich bei einem Notar vereinbart werden. Vereinbaren die Ehegatten eine Gütergemeinschaft, werden sowohl die in die Ehe von dem Partner mit eingebrachten, als auch die während des Bestehens dieser Gemeinschaft hinzu erworbenen Vermögensgegenstände ohne besondere weitere Vereinbarung zum gemeinschaftlichen Vermögen (Gesamtgut) beider Ehegatten (§ 1416 Abs. 1 BGB). Dieses Gesamtgut ist Kennzeichen der Gütergemeinschaft. Hier liegt der wesentliche Unterschied zur Gütertrennung und zur Zugewinngemeinschaft, die beide nur getrenntes Vermögen bei den Ehegatten kennen. Der Güterstand der Gütergemeinschaft ist in der Praxis eher selten anzutreffen.

Erwerben die Ehegatten, die in Gütergemeinschaft leben, ihre Einkünfte aus einer Gesamthandsgesellschaft oder Gesamthandsgemeinschaft, sind die Einkünfte jedem Ehegatten zur Hälfte zuzurechnen, falls keine andere Aufteilung in Betracht kommt.

3. Ehegattengesellschaft

Ein Ehegatte kann auch Einkünfte dadurch erzielen, dass er sich mit seinem Ehepartner zu einer **Erwerbsgesellschaft** zusammenschließt. Eine Personengesellschaft zwischen Ehegatten wird steuerlich dann anerkannt, wenn ein rechtswirksamer Gesellschaftsvertrag vorliegt, beiden Ehegatten eine echte Gesellschafterstellung eingeräumt ist und die Vereinbarungen tatsächlich durchgeführt werden. Hierbei ist insbesondere erforderlich, dass für die beiden Ehegattengesellschafter **getrennte Kapitalkonten** geführt werden und jedem Ehegatten sein Gewinnanteil im Rahmen der **gesonderten Gewinnfeststellung** getrennt zugerechnet wird. Unabhängig von der Anerkennung der Familiengesellschaft als solcher ist weiter zu prüfen, ob auch die von der Gesellschaft vorgenommene Gewinnverteilung steuerlich zu übernehmen ist. Steht die Gewinnverteilung im offensichtlichen Missverhältnis zu den Leistungen der Gesellschafter, so kann ein steuerlicher Gestaltungsmissbrauch (§ 42 AO) vorliegen. Die Gestaltung hätte dann steuerlich keinerlei Wirkung.

225

4. Ehegattenarbeitsverhältnis

Zwischen Ehegatten besteht eine Lebens- und Wirtschaftsgemeinschaft. Die Mitarbeit eines Ehegatten in dem Unternehmen des anderen Ehegatten kann

- auf familienrechtlicher oder
- gesellschaftsrechtlicher Grundlage beruhen oder
- im Rahmen eines Dienstverhältnisses geschehen.

226

Nur soweit ein **Dienstverhältnis ernsthaft vereinbart** und dementsprechend **tatsächlich durchgeführt** wird, kann der mitarbeitende Ehegatte Arbeitnehmer mit der Folge sein, dass eine Vergütung für ihn Arbeitslohn und für den Arbeitgeberehegatten Betriebsausgabe ist (s. auch Rn. 386). Darüber hinaus müssen Vereinbarungen und tatsächliche Durchführung auch einem **Fremdvergleich** standhalten. Die vertragliche Gestaltung des Arbeitsvertrages und seine Durchführung müssen auch unter fremden Dritten üblich sein. Arbeitsverträge über gelegentliche Hilfeleistung durch den Ehegatten können steuerlich nicht anerkannt werden, wenn sie zwischen fremden Personen nicht vereinbart worden wären.

Die **Rechtsgrundlage** für die Mitarbeit muss eindeutig vereinbart sein. Die sich aus der Ehe ergebenden Einkommens- und Vermögensverhältnisse müssen von den sich aus dem Arbeitsvertrag ergebenden Rechtsbeziehungen klar getrennt sein.

227

Werden die Ehegatten zusammen veranlagt, sind die Vorteile aus dem Ehegattenarbeitsverhältnis bei der Einkommensteuer recht gering. Der wichtigste Vorteil ist die Möglichkeit, den **Werbungskostenpauschbetrag** für Arbeitnehmer i. H. v. 1.044 € in Anspruch nehmen zu können. Der Arbeitslohn führt bei der Berechnung des Höchstbetrages der Vorsorgeaufwendungen zu einem Nachteil. Der gemeinsame **Vorwegabzug** wird um 16 % der Einnahmen aus nichtselbständiger Arbeit gekürzt (§ 10 Abs. 3 Nr. 2a EStG). Damit ist bei einem Arbeitslohn ab 19.175 € auch der Vorwegabzug des Ehegatten betroffen, der keinen Arbeitslohn hatte. Der wesentliche Vorteil eines Ehegattenarbeitsverhältnisses lag früher in der Einsparung von Gewerbesteuer. Unterhält der Ehegatte einen gewerbesteuerpflichtigen Betrieb und erwirtschaftet dieser Betrieb auch Gewinne, die Gewerbesteuer auslösen, weil sie die Freibeträge übersteigen, führt der Arbeitslohn als Betriebsausgabe zu einer Gewinnminderung und damit zu einer Reduzierung der **Gewerbesteuerbelastung**. Durch die Anrechnung (i. d. R. ab Veranlagungszeitraum 2001) der Gewerbesteuer auf die Einkommensteuer (§ 35 EStG) ist dieser Vorteil bei Personenunternehmen weitgehend entfallen.

228

VI. Bekanntgabe der Steuerbescheide nach Trennung

229 Das Finanzamt muss jedem Steuerpflichtigen seinen Steuerbescheid bekanntgeben. Auch den zusammenveranlagten Ehegatten ist grds. jeweils getrennt ein Bescheid zu erteilen. Die Abgabenordnung räumt jedoch die Möglichkeit ein, den zusammenveranlagten Ehegatten einen **zusammengefassten Bescheid** zu erteilen (§ 155 Abs. 5 AO). Für die Bekanntgabe dieses zusammengefassten Bescheides reicht es aus, wenn den Beteiligten eine Ausfertigung an ihre gemeinsame Anschrift übermittelt wird. Für die Bekanntgabe eines zusammengefassten Bescheids an Ehegatten reicht es aus, dass eine Ausfertigung in das Postfach eines Ehegatten eingelegt wird. Haben sich Ehegatten gegenseitig zum Empfang eines zusammengefassten Steuerbescheids bevollmächtigt, ist auch die Bekanntgabe eines zusammengefassten Bescheids über Hinterziehungszinsen an einen Ehegatten mit Wirkung für den anderen Ehegatten zulässig, weil sich die Bevollmächtigung auf den Zinsbescheid erstreckt (BFH, Urt. v. 13.10.1994, IV R 100/93, BStBl. II 1995 S. 484).

230 Haben die Ehegatten **keine gemeinsame Anschrift,** weil sie sich inzwischen getrennt haben, oder beantragt auch nur einer von ihnen Einzelbekanntgabe oder ist dem Finanzamt bekannt, dass zwischen den Ehegatten ernstliche Meinungsverschiedenheiten bestehen (§ 155 Abs. 5 Satz 2 AO), kann auch ein zusammengefasster Bescheid wirksam nur bekannt gegeben werden, wenn jedem Ehegatten eine Ausfertigung des Bescheids übersandt wird.

> *Hinweis:*
> *Haben Ehegatten eine Einkommensteuererklärung mit dem Antrag auf Zusammenveranlagung abgegeben, sollte jeder der beiden Ehegatten schnellstmöglich das Finanzamt darüber informieren, dass die Ehegatten inzwischen dauernd getrennt leben. Nur so kann sichergestellt werden, dass das Finanzamt jedem der beiden Ehegatten den Steuerbescheid getrennt bekannt gibt.*

231 Ein weiteres Problem kann sich daraus ergeben, dass Steuererklärungen, die noch zu Zeiten der ehelichen Lebensgemeinschaft abgegeben worden sind, **ein Konto** für Erstattungen angeben, das jetzt von einem der beiden Ehegatten alleine verwendet wird. Erstattet das Finanzamt auf dieses Konto, kann daraus Streit über die Verteilung des Erstattungsbetrages unter den Ehegatten entstehen.

232 Ein Steuerbescheid ist **jedem** der **Ehegatten bekannt zu geben** (§ 155 Abs. 5 AO), wenn

- keine gemeinsame Anschrift vorliegt und die Ehegatten ihr Einverständnis für eine Übermittlung an einen der beiden Partner nicht erklärt haben,
- dem Finanzamt bekannt ist,
  - dass zwischen den Ehegatten ernstliche Meinungsverschiedenheiten bestehen,
  - sie getrennt leben oder
  - geschieden sind,
- wenn die Ehegatten eine Einzelbekanntgabe ausdrücklich beantragt haben.

VII. Verteilung der rückständigen Steuern

1. Aufteilung der Steuerschuld durch Aufteilungsbescheid

a) Antrag

233 Soweit der Steuerbescheid eine **Nachzahlungspflicht** ergibt, führt die Zusammenveranlagung der Ehegatten zu einer **Gesamtschuld** (§ 44 AO). Das Risiko für die Steuerschulden des anderen Ehegatten einstehen zu müssen, lässt sich aber beschränken.

Jeder der Gesamtschuldner kann beantragen (§§ 268 ff. AO), die Vollstreckung wegen der bestehenden Einkommensteuerschulden jeweils auf den Betrag zu beschränken, der sich bei einer Aufteilung der Steuerschuld ergibt. Dadurch können auch zerstrittene Ehegatten den Splittingvorteil durch Zusammenveranlagung in Anspruch nehmen, ohne für die Steuern des anderen einstehen zu müssen.

Beispiel:

U ist selbständiger Unternehmer. Er ist mit der Hausfrau F verheiratet. Ende 2001 trennt sich U von F. Für 2001 wurden keine Vorauszahlungen geleistet. Die Steuerfestsetzung für das Jahr 2001, für das einvernehmlich Zusammenveranlagung erfolgt, ergibt eine Steuerschuld von 6.000 €. U und F schulden die Steuer als Gesamtschuldner. Auf Antrag der F wird die Steuerschuld durch einen Aufteilungsbescheid auf U verteilt. Auf F, die keine Einkünfte hat, entfällt dann keine Steuer mehr und U schuldet die 6.000 € dem Finanzamt alleine.

Der Antrag auf Aufteilung ist bei dem für die Steuerfestsetzung zuständigen Finanzamt schriftlich zu stellen oder zur Niederschrift zu erklären (§ 269 Abs. 1 AO). Der Antrag kann frühestens nach Bekanntgabe des Leistungsgebotes gestellt werden. Nach vollständiger Tilgung der rückständigen Steuern ist der Antrag unzulässig. Der Antrag muss alle Angaben enthalten, die zur Aufteilung der Steuer erforderlich sind, soweit sich diese Angaben nicht aus der Steuererklärung ergeben (§ 269 Abs. 2 AO). **234**

Der Aufteilungsantrag sollte **rechtzeitig vor Fälligkeit der Steuerschuld** gestellt werden. Das Finanzamt teilt dann die gesamte geschuldete Steuer auf (§ 267 Abs. 1 AO). **235**

Sind **Teile der Steuerschuld** bereits bezahlt, kann die Aufteilung nur noch i. H. d. zu diesem Zeitpunkt rückständigen Steuerbeträge erfolgen. Ein eventueller Ausgleich kann dann nur noch durch eine interne Auseinandersetzung unter den Ehegatten erfolgen. **236**

Hinweis:

Auch bei geringen rückständigen Steuerbeträgen kann sich ein Aufteilungsantrag lohnen. Die Aufteilung der Steuerschuld kann wegen der Anrechnung von Steuerabzugsbeträgen, wie z. B. der geleisteten Lohnsteuer, auch zur Erstattung führen.

---

b) Maßstab und Verfahren der Aufteilung

Ergibt sich aus der Zusammenveranlagung ein Nachzahlungsbetrag, sind die Ehegatten für die festgesetzte Einkommensteuer Gesamtschuldner (§ 44 Abs. 1 AO). Jeder von ihnen schuldet die gesamte festgesetzte Steuer. Die Leistung eines Ehegatten wirkt auch zu Gunsten des anderen Ehegatten. **237**

Die rückständige Steuer wird aufgeteilt nach dem Verhältnis der Beträge, die sich bei fiktiver getrennter Veranlagung für jeden Ehegatten unter Zugrundelegung der Besteuerungsgrundlagen ergäben (§ 270 AO; Beispiele in: Die Information über Steuer und Wirtschaft 1987, S. 433). **238**

Steuerabzugsbeträge wie z. B. einbehaltene Lohnsteuer, Kapitalertragsteuer, Zinsabschlagsteuer sowie für den einzelnen Ehegatten getrennt festgesetzte Vorauszahlungen werden zu Gunsten des Ehegatten berücksichtigt, der die Beträge geleistet hat. Zu einer solchen getrennten Festsetzung der Vorauszahlung kommt es beispielsweise bei getrennter Veranlagung. Getrennt festgesetzt sind die Vorauszahlungen auch dann, wenn die Ehegatten erst im Laufe dieses Kalenderjahres die Ehe geschlossen haben. Für zusammenveranlagte Ehegatten werden die Vorauszahlungen jedoch regelmäßig einheitlich festgesetzt. **239**

c) Wirkung der Aufteilung

240 Jeder der beiden Ehegatten kann die Haftung der gemeinsamen Steuerschuld auf den Betrag begrenzen lassen, der rechnerisch auf ihn entfällt (§§ 268, 270 AO). Hat ein Ehegatte keine oder so geringe Einkünfte erzielt, dass sich bei getrennter Veranlagung für ihn keine Steuerschuld ergeben hätte, führt der Antrag praktisch zu der **Freistellung** von der Inanspruchnahme für die festgesetzte Steuer. In jedem Fall kann er nur für die auf seine Einkünfte entfallende Steuer in Anspruch genommen werden.

241 Der Antrag auf Aufteilung der Steuerschuld hat folgende Wirkungen:
- bis zu einer unanfechtbaren Entscheidung über den Aufteilungsantrag darf das Finanzamt grds. keine Vollstreckungsmaßnahmen mehr durchführen. Eine Ausnahme gilt nur für solche Vollstreckungsmaßnahmen, die zur Sicherung des Steueranspruchs erforderlich sind (§ 277 AO).
- Zahlungen werden nur noch dem Leistenden gutgeschrieben. Eine Tilgungswirkung beim anderen Ehegatten tritt nicht mehr ein (§ 276 Abs. 6 AO).

2. Verteilung von Steuererstattungsansprüchen

a) Anspruchsberechtigter

242 **Erstattungsansprüche** können sich bei der Einkommensteuerveranlagung ergeben, wegen der
- Anrechnung von Einkommensteuervorauszahlungen (§ 36 Abs. 2 Nr. 1 EStG),
- Anrechnung von Steuerabzugsbeträgen (§ 36 Abs. 2 Nr. 2 EStG), wie
  - Lohnsteuer,
  - Kapitalertragsteuer,
  - Zinsabschlagsteuer,
- Durchführung von Änderungs- und Berichtigungsveranlagungen,
- Durchführung des Verlustrücktrags (§ 10d EStG).

243 **Anspruch auf Rückzahlung** einer Steuererstattung hat grds. der, für dessen Rechnung die Steuer gezahlt oder abgezogen worden war. Dies ist unproblematisch, wenn nur ein Erstattungsberechtigter vorhanden ist oder wenn die zusammenveranlagten Ehegatten eine gemeinsame Kasse führen. Haben die zusammenveranlagten Ehegatten ihre Finanzkreise getrennt, muss festgestellt werden, wer von beiden in welcher Höhe erstattungsberechtigt ist.

244 **Erstattungsberechtigt** ist der Ehegatte,
- der die Zahlung aus eigenen Mitteln geleistet hat,
- für dessen Rechnung die Steuer durch einen Dritten (z. B. Arbeitgeber) geleistet worden ist,
- der mit seinem Ehegatten für gemeinsame Rechnung gezahlt hat. Die Erstattungsberechtigung jedes Ehegatten ergibt sich aus der Aufteilung des überzahlten Betrags im Verhältnis der anteiligen Steuerschuld.

Beispiel:

Die geschiedenen Ehegatten F und M haben aus ihrer letzten Zusammenveranlagung einen Erstattungsanspruch von 3.600 €. Beide unterlagen als Arbeitnehmer dem Lohnsteuerabzug. Die Lohnsteuer des M betrug 6.000 € (= 2/3 von 9.000 €) und die Lohnsteuer der F betrug 3.000 € (= 1/3 von 9.000 €). Das Finanzamt muss an M 2.400 € (= 2/3) und an F 1.200 € (= 1/3) bezahlen, da nach dieser Quote die Steuerzahlungen an das Finanzamt erfolgten. Dies gilt auch für den Fall, dass die Erstattung ausschließlich auf Verlusteinkünften eines der Ehegatten beruht.

245 Ist nach dem Ergebnis der Zusammenveranlagung **zu viel Lohnsteuer** abgeführt worden, ist der Erstattungsbetrag auf die beiden Ehegatten **im Verhältnis** der jeweils abgeführten Lohnsteuerbeträge und nicht im Verhältnis der Beträge aufzuteilen, die sich bei fiktiver getrennter Veranlagung analog §§ 268 ff. AO ergeben würden (FG München, Urt. v. 24.10.2001, 1 K 4423/99 rechtskräftig, LEXinform Dok. 573953).

Der Anspruch entsteht durch **Überzahlung** mit Ablauf des Veranlagungszeitraumes. Er wird bei Bekanntgabe des Bescheides fällig. Bei zusammenveranlagten Ehegatten kann das Finanzamt an einen Ehegatten, auch mit Wirkung für und gegen den anderen Ehegatten, erstatten (§ 36 Abs. 4 Satz 3 EStG). Die gesetzliche Regelung (§ 36 Abs. 4 Satz 3 EStG) soll dem Finanzamt die Ermittlungen ersparen, wem von den beiden Ehegatten und in welcher Höhe ein Erstattungsanspruch zusteht. Ist dem Finanzamt aber bekannt, dass die Lebens- und Wirtschaftsgemeinschaft zwischen den Ehegatten nicht mehr besteht, oder dass sie ernsthaft Meinungsverschiedenheiten hinsichtlich der Erstattungsberechtigung haben, muss das Finanzamt die Erstattungsbeträge getrennt an die Ehegatten auszahlen. Das Finanzamt kann nicht mehr mit Wirkung für und gegen den anderen Ehegatten an einen Ehegatten den gesamten Betrag erstatten.

246

Zu Steuererstattungen kann es auch lange nach Trennung oder Scheidung der Eheleute kommen. Steuerbescheide können z. B. aufgrund von Rechtsbehelfen oder Verlustrückträgen auch später noch geändert werden.

247

Zahlt das Finanzamt bei der Zusammenveranlagung aufgrund des gegenüber einem Ehegatten ergangenen **Pfändungs- und Überweisungsbeschlusses** auch den auf den anderen Ehegatten entfallenden Einkommensteuererstattungsbetrag an den Pfändungsgläubiger aus, so kann das Finanzamt von diesem die Rückzahlung dieses Betrages verlangen (BFH, Urt. v. 13.2.1996, VII R 89/95 BStBl. II 1996 S. 436).

248

b) Vorauszahlungen als Aufteilungsmaßstab

Zusammenveranlagte Ehegatten werden als ein Steuerpflichtiger behandelt (§ 26b EStG). Sie sind Gesamtschuldner der Einkommensteuer (§§ 44 AO). Ergeben sich aus der Zusammenveranlagung jedoch Erstattungsansprüche sind die Ehegatten **nicht Gesamtgläubiger** dieses Erstattungsanspruches. Der Erstattungsanspruch steht vielmehr demjenigen Ehegatten zu, auf dessen Rechnung die Steuer gezahlt worden ist. Wessen Steuerschuld im Einzelfall mit einer Zahlung getilgt werden sollte ist bei Ehegatten häufig schwer festzustellen. Nicht entscheidend ist, wer den Zahlungsvorgang tatsächlich bewirkt hat.

249

Anders als bei sonstigen Gesamtschuldnern kann aber in Zweifelsfällen bei Ehegatten nicht angenommen werden, jeder habe nur seine eigene Steuerschuld tilgen wollen. Bei intakten Ehen ist vielmehr davon auszugehen, dass die Zahlung der Einkommensteuer für Rechnung beider Ehegatten als Gesamtschuldner bewirkt worden ist. Demzufolge sind beide Ehegatten erstattungsberechtigt. Der Erstattungsbetrag ist dann **nach Köpfen** aufzuteilen.

250

Dies gilt aber nur für die **Abschlusszahlung** und die **gemeinsam festgesetzten Vorauszahlungen**. Bei vom Arbeitslohn einbehaltener Steuer steht dagegen fest, dass sie für Rechnung des jeweiligen Arbeitnehmers abgeführt worden ist. Beruht die Erstattung alleine auf der Überzahlung von Lohnsteuer, bestimmt sich die Höhe des Erstattungsanspruches eines jeden Ehegatten grds. nach dem Verhältnis der vom Arbeitslohn der Ehegatten einbehaltenen und abgeführten Lohnsteuerbeträge. Das gilt auch, wenn die zur Erstattung von Einkommensteuer führenden Verluste aus einer bestimmten Einkunftsart nur einem Ehegatten zuzurechnen sind oder wenn ein abziehbarer Verlust (§ 10d EStG) des geschiedenen Ehegatten durch Verlustrücktrag zu einer Einkommensteuererstattung für einen Veranlagungszeitraum führt, in dem die Ehegatten noch zusammen zur Einkommensteuer veranlagt worden waren. Welcher Ehegatte den Tatbestand der Steuerminderung erfüllt hat, ist unerheblich.

251

Die Aufteilung des Erstattungsbetrages erfolgt allein nach dem formalen Kriterium, für wessen Rechnung die Steuer bezahlt worden ist. Wollen die Ehegatten eine andere Aufteilung haben, müssen sie sich im Innenverhältnis auseinandersetzen. Über die Aufteilung eines Steuererstattungsanspruchs entscheidet das Finanzamt durch **Abrechnungsbescheid** (§ 218 AO). Gegen diesen Bescheid können die Eheleute den Rechtsbehelf des **Einspruchs** einlegen. Anschließend ist die **Verpflichtungsklage** beim Finanzgericht gegeben.

252

253 Mit wessen Mitteln ein Ehegatte seine Steuerschulden bezahlt ist unerheblich. Für die Anspruchsberechtigung kommt es alleine darauf an, wessen Steuerschuld der Zahler mit seiner Zahlung tilgen wollte. Dieser Wille muss dem Finanzamt gegenüber zum Ausdruck gebracht werden. Ist dieser **Tilgungswille** nicht kenntlich gemacht worden, gelten Zahlungen, die bei intakter Ehe geleistet werden, als für Rechnung beider Ehegatten gezahlt. Einbehaltene Lohnsteuerabzugsbeträge (§ 38 Abs. 3 EStG) werden hingegen für die Rechnung des jeweiligen Arbeitnehmerehegatten an das Finanzamt gezahlt. Sie werden ausschließlich diesem Arbeitnehmerehegatten zugerechnet (BFH, Urt. v. 1.3.1990, VII R 103/88, BStBl. II 1990 S. 520).

> *Beispiel:*
>
> *Die Ehegatten A und B leben seit dem 1.7.2002 getrennt. Bei der Zusammenveranlagung für 2002 ergibt sich ein zu versteuerndes Einkommen von 100.000 €. Die Einkommensteuer beträgt hieraus 28.880 €. Die Ehegatten haben ausschließlich Einkünfte aus nichtselbständiger Arbeit erzielt. Auf A entfällt ein Lohnsteuerabzug i. H. v. 20.100 € (= 2/3 von 31.500 €) und auf B ein Lohnsteuerabzug von 10.500 € (= 1/3 von 31.500 €). Die Einkommensteuerveranlagung ergibt einen Erstattungsanspruch i. H. v. 2.620 € (= 31.500 € ./. 28.880 €).*
>
> *Der Erstattungsanspruch i. H. v. 2.620 € steht den Eheleuten nach dem Verhältnis der einbehaltenen Lohnsteuerabzugsbeträge zu. A hat danach einen Anspruch auf 873,33 € (= 2/3 von 2.620 €) und B einen Anspruch auf 1.746,67 € (= 1/3 % von 2.620 €) des Erstattungsbetrages.*

254 Die Aufteilung des Erstattungsanspruchs nach dem Verhältnis der Steuerabzugsbeträge bewirkt nur einen groben Ausgleich der Rechtsbeziehung, die zwischen den Ehegatten und dem Finanzamt hinsichtlich des Erstattungsanspruches besteht. Die Höhe der einbehalten Lohnsteuerabzugsbeträge hängt nicht nur von der Höhe der Arbeitslöhne, sondern auch von der **Wahl der Steuerklassen** ab. Die Wahl der Steuerklasse ergibt einen höheren Steuerabzugsbetrag und führt dementsprechend zu einem höheren Erstattungsanspruch. Auch andere Besteuerungsmerkmale, die in der Person eines Ehegatten gegeben sind, bleiben wie der nur einem Ehegatten zuzurechnende Verlustabzug für die Bestimmung des anteiligen Erstattungsbetrages außer Betracht. Den Finanzbehörden soll damit erspart bleiben, im Einzelfall die zivilrechtliche Beziehung zwischen den Eheleuten und die auf jeden von ihnen entfallenden Besteuerungsmerkmale daraufhin zu überprüfen, wer von ihnen – im Innenverhältnis – auf die zu erstattenden Beträge materiellrechtlich einen Anspruch hat. Hat ein Ehegatte seinen Lohnsteuerabzug durch den Eintrag eines Freibetrages gemindert, mindert er dadurch auch seinen Anteil am Erstattungsanspruch.

255 Die Aufteilung des Erstattungsanspruches müssen die Ehegatten im **Innenverhältnis** selbst regeln. Das gilt auch dann, wenn die Ehe im Zeitpunkt der Durchführung der Zusammenveranlagung nicht mehr besteht.

256 Hatten die Ehegatten während des Bestehens der Lebens- und Wirtschaftsgemeinschaft **gemeinsam Einkommensteuervorauszahlungen** geleistet, ist davon auszugehen, dass die Zahlungen grds. für Rechnung beider Ehegatten erbracht worden sind. Keine Bedeutung hat, aus wessen Mitteln die entsprechende Zahlung erfolgt ist und wer von den beiden Ehegatten die Einzahlung oder Überweisung veranlasst hat. Ein etwaiger Erstattungsanspruch steht in diesen Fällen den **Ehegatten** grds. **zur Hälfte** zu. Das gleiche gilt, wenn Ehegatten nach Trennung oder Scheidung Zahlungen auf **gemeinsam festgesetzte Vorauszahlungsbeträge** leisten. Nur wenn der Ehegatte für seine Zahlung eine besondere Tilgungsbestimmung trifft, ist die Zahlung ihm alleine zuzurechnen. Wird keine besondere Tilgungsbestimmung getroffen, wird die Zahlung beiden Ehegatten gemeinsam zugerechnet.

c) Aufteilung bei Verlustrückträgen

257 Ergibt sich der Erstattungsanspruch alleine aufgrund eines Verlustausgleiches oder Verlustabzuges, der nur von einem Ehegatten herrührt, ändert sich an der Aufteilung des Erstattungsbetrages anhand der Zahlungsbeträge nichts.

Die **Person des Erstattungsberechtigten** hängt von dem formalen Kriterium ab, auf wessen Rechnung die Steuerzahlung bewirkt worden ist, die nunmehr erstattet werden soll. Das Gesetz knüpft nicht daran an, welcher Tatbestand oder materielle Rechtsgrund den Erstattungsanspruch ausgelöst hat und in wessen Person dieser verwirklicht worden ist. Dies gilt nicht nur für der Verlustausgleich innerhalb desselben Veranlagungszeitraums (§ 2 Abs. 3 EStG), sondern auch für die Fälle des Verlustabzugs nach § 10d EStG (Verlustrücktrag und Verlustvortrag). Die Frage, welchem Gesamtschuldner (zusammen veranlagten Ehegatten) ein Einkommensteuererstattungsanspruch zusteht, stellt sich erst nach Abschluss der Steuerfestsetzung im **Steuererhebungs- bzw. -erstattungsverfahren**. In diesem Verfahren ist kein Raum mehr für die Berücksichtigung von Vorschriften des materiellen Steuerrechts (z. B. § 10d EStG), die für das Steuerfestsetzungsverfahren von Bedeutung sind. Die Frage nach dem Erstattungsberechtigten gem. § 37 Abs. 2 AO ist allein nach dem formalen Gesichtspunkt zu beurteilen, für wessen Rechnung der zu erstattende Betrag gezahlt worden ist. Welcher Ehegatte den Tatbestand, der im Rahmen des Veranlagungsverfahrens zu der Steuererstattung geführt hat, verwirklicht hat, ist ohne Bedeutung. Für die Bestimmung der Person des Erstattungsberechtigten ist es nach durchgeführter Zusammenveranlagung für das Jahr des Verlustabzugs unerheblich, dass der Verlustabzug personengebunden ist und nach dem Sinn und Zweck des § 10d EStG grds. dem Ehegatten zuzurechnen ist, der den Verlust wirtschaftlich erlitten hat. Die **Personengebundenheit** gilt regelmäßig für jeden Steuerermäßigungstatbestand. Sie muss ebenso wie die Zurechnung des Verlustes bei demjenigen Ehegatten, der den Verlust im Entstehungsjahr erlitten hat, im Steuerfestsetzungsverfahren berücksichtigt werden. Die Frage, welchem der Ehegatten und zu welchem Anteil der Erstattungsanspruch zusteht, der sich aufgrund des Verlustrücktrags bei der Zusammenveranlagung ergeben hat, kann nicht nach dem Sinn und Zweck des § 10d EStG und der Regelung des § 62d EStDV beantwortet werden, sondern allein nach den allgemeinen Grundsätzen des § 37 Abs. 2 AO. Sind die zusammenveranlagten Ehegatten mit der Aufteilung des Erstattungsbetrages nach der Regelung des § 37 Abs. 2 AO nicht einverstanden, so müssen sie sich darüber – ebenso wie über die Bezahlung einer gemeinsamen Steuerschuld – untereinander im Innenverhältnis auseinandersetzen. Dies gilt auch dann, wenn die Ehe im Zeitpunkt der Durchführung der Zusammenveranlagung nicht mehr besteht (BFH, Urt. v. 18.9.1990, VII R 99/89, BStBl. II 1991 S. 47).

258

Durch einen **Verzicht auf den Verlustrücktrag** (§ 10 Abs. 1 Satz 4 EStG) kann dieser Problematik aus dem Weg gegangen werden. Ist der Ehegatte, der den Verlust erzielt hat, jedoch dringend auf den aus der Durchführung des Verlustrücktrags zu erwartenden Steuererstattungsanspruch angewiesen, bleibt ihm nur die Möglichkeit, sich frühzeitig mit seinem Ehegatten, der die Steuerzahlung geleistet hat, über die Verteilung der Steuererstattung zu einigen.

259

Beispiel:
*Die Eheleute M und F haben im Trennungsjahr 2002, in dem sie noch zusammen veranlagt werden, ein zu versteuerndes Einkommen i. H. v. 100.000 €. M hat Einkünfte aus nichtselbständiger Arbeit und F hat Vermietungseinkünfte. Die Einkommensteuer hierauf beläuft sich auf 28.880 €. Die Steuerschuld wird vollständig durch den Lohnsteuerabzug **des M** getilgt. Im Jahr 2003 ergibt die Einzelveranlagung **von F** aufgrund von Verlusten aus Vermietung und Verpachtung einen negativen Gesamtbetrag der Einkünfte i. H. v. 15.000 €. Das Finanzamt trägt den Verlust auf das Jahr 2002 zurück. Hieraus ergibt sich ein Erstattungsbetrag. Obwohl die Erstattung sich nur aus dem Verlust der F ergibt und dieser Verlust wirtschaftlich alleine der F zuzurechnen ist, steht der Erstattungsanspruch **dem M alleine** zu. Die Aufteilung des Erstattungsanspruchs erfolgt ausschließlich nach dem Verhältnis der von beiden entrichtenden Steuerabzugsbeträgen. Da **nur bei M Lohnsteuer** einbehalten worden ist, steht ihm der Erstattungsanspruch alleine zu (BFH, Urt. v. 18.9.1990 VII R 99/89, BStBl. II 1991 S. 47).*

*Dies kann F nur dadurch verhindern, dass sie auf die Durchführung des **Verlustrücktrages** ganz oder teilweise zugunsten eines Verlustvortrages **verzichtet**. Dies hätte zur Folge, dass der Verlust auf das Jahr 2004 vorgetragen wird. Da F in diesem Jahr einzelveranlagt wird, steht ihr der Erstattungsanspruch zu.*

d) Interne Aufteilung durch Ehegatten

260 Sind die Eheleute mit der Aufteilung des Erstattungsanspruchs durch das Finanzamt nicht zufrieden, müssen sie sich untereinander im Innenverhältnis auseinandersetzen. Wie diese interne Aufteilung zu erfolgen hat wird unterschiedlich beurteilt. Nach der einen Auffassung ist die gegen die Ehegatten gemeinsam festgesetzte Einkommensteuer zunächst zwischen ihnen aufzuteilen. Auf die Aufteilungsbeträge sind die von jedem Ehegatten erbrachten Tilgungsleistungen anzurechnen. Ergibt sich hierbei eine Differenz zugunsten eines Ehegatten, ist dieser Betrag von dem anderen Ehegatten auszugleichen. Schulden die Ehegatten noch Einkommensteuer, soll die Aufteilung nach dem Verhältnis der von den Ehegatten erzielten Einkünfte erfolgen. Hierbei bleibt unberücksichtigt, dass die Einkünfte der Ehegatten in unterschiedlichem Umfang Progressionswirkung erzeugen und die Höhe der Steuerschuld häufig nur durch die einen Ehegatten betreffenden Aufwendungen und Steuerermäßigungen beeinflusst worden sein kann. Die Aufteilung anhand einer **fiktiven getrennten Veranlagung** vorzunehmen, erscheint daher sachgerechter. Hat ein Ehegatte weder positive noch negative Einkünfte im Veranlagungszeitraum erzielt, ist er an einer Einkommensteuererstattung nicht zu beteiligen.

261 Während die **Steuergerichte** die Erstattung nach der **Quote der Steuerzahlungen** aufteilen, orientieren sich die Zivilgerichte an der fiktiven Steuerschuld, die sich bei getrennter Veranlagung für jeden Ehegatten ergibt (OLG Karlsruhe, Urt. v. 28.9.1990, 10 U 154/90, FamRZ 1991, 441 und OLG Köln, Urt. v. 27.4.1994, 26 UF 183/93, FamRZ 1995, 55). Erwirtschaftet ein Ehegatte nach der Ehescheidung **Verluste,** die in ein Kalenderjahr zurückgetragen werden müssen, in dem die Ehegatten noch zusammenveranlagt werden, steht der Erstattungsbetrag im Innenverhältnis dem Ehegatten zu, der den Verlust erwirtschaftet hat (OLG Köln, Urt. v. 2.5.1994, 27 U 23/94, BB 1994, 1409).

262 Der Angabe des Kontos für die Steuererstattung aus der Zusammenveranlagung von jetzt getrennt lebenden oder geschiedenen Eheleuten ist erhöhte Aufmerksamkeit zu schenken, damit nicht unkontrolliert die **Kontoangabe** des Vorjahres wiederholt wird. Es können sich wie gezeigt unterschiedliche Anteile an der Erstattung ergeben, je nach dem welcher Verteilungsmaßstab zu Grunde gelegt wird.

3. Erstattung an den anderen Ehegatten

a) Erstattung an den bevollmächtigten Ehegatten

263 Bei Erstattungsansprüchen aus Zusammenveranlagungen besteht keine Gesamtgläubigerschaft der Ehegatten (BFH, Urt. v. 19.10.1982, VII R 55/80, BStBl. II 1983, 162). Durch die Angabe eines Kontos eines der Ehegatten auf der gemeinsamen Steuererklärung zur Zusammenveranlagung bevollmächtigt der Nichtkontoinhaber den angegebenen Kontoinhaber zur Entgegennahme etwaiger Steuererstattungen. Diese **Vollmacht** besteht auch bei zwischenzeitlich geschiedener Ehe fort, so dass das Finanzamt auf das Konto auszahlen darf, es sei denn, die gegenseitige Bevollmächtigung wird ausdrücklich und rechtzeitig widerrufen (FG Rheinland-Pfalz, v. 8.2.1988, EFG 1988, 336). Ist dieser Widerruf erfolgt und zahlt das Finanzamt gleichwohl auf das ursprünglich angegebene Konto aus, so tritt keine befreiende Wirkung beim Finanzamt ein, soweit der Widerrufende Inhaber des Erstattungsanspruches ist.

264 Bei Ehegatten, die zusammen zur Einkommensteuer veranlagt worden sind, wirkt die Auszahlung an einen Ehegatten auch für und gegen den anderen Ehegatten (§ 36 Abs. 4 Satz 3 EStG).

b) Fehlüberweisungen

265 Eine **schuldbefreiende Wirkung** gegenüber dem nach materiellem Recht erstattungsberechtigten Ehegatten tritt ebenfalls nicht ein, wenn das Finanzamt den Erstattungsbetrag ihm nicht auf das in der Erklärung als Erstattungskonto ausdrücklich genannte Konto des Ehegatten überweist, sondern auf das Konto des anderen Ehegatten (BFH, Urt. v. 5.4.1990, VII R 2/89, BStBl. II 1990, S. 719).

Will das Finanzamt auf ein anderes, nicht benanntes Konto der Ehegatten überweisen, tritt schuldbefreiende Wirkung nur ein, wenn beide Ehegatten damit einverstanden sind.

Können die Ehegatten sich nicht einigen oder benennen sie keinen Empfangsbevollmächtigten für die Steuererstattung, dann muss das Finanzamt den Anteil jedes Ehegatten am Erstattungsanspruch ermitteln. Nur diesem Anteil entsprechend kann mit befreiender Wirkung an jeden Ehegatten ausgezahlt werden. **Erstattungsgläubiger** bei einer Zusammenveranlagung ist der Ehegatte, auf dessen Rechnung die Steuer bezahlt worden ist. 266

Der **öffentlich-rechtliche Rückforderungsanspruch** der Finanzbehörde bei rechtsgrundloser Steuererstattung richtet sich gegen den **Leistungsempfänger**. § 36 Abs. 4 Satz 3 EStG begründet keine Gesamtgläubigerschaft zusammenveranlagter Ehegatten. Leistungsempfänger ist nur der Ehegatte, dem die Leistung tatsächlich zugeflossen ist (BFH, Urt. v. 2.2.1995, VII R 105/94, BFH/NV 1995, 781). 267

c) Aufrechnung durch das Finanzamt

Die Aufrechnung ist die wechselseitige Tilgung zweier sich gegenüberstehender Forderungen durch Verrechnung aufgrund einseitiger Erklärung eines der Beteiligten. Für die Aufrechnung mit Ansprüchen aus dem Steuerschuldverhältnis sowie für die Aufrechnung gegen diese Ansprüche gelten im wesentlichen sinngemäß die **Vorschriften des bürgerlichen Rechts** (§§ 387 bis 396, 406 BGB). Eine Abweichung davon enthält § 226 Abs. 2 AO, wonach eine **Aufrechnung mit verjährten Ansprüchen** im Gegensatz zu § 390 Satz 2 BGB ausgeschlossen ist. 268

Besonderheiten ergeben sich bei zusammenveranlagten Ehegatten daraus, dass diese zwar Gesamtschuldner (§ 44 AO) von Steuernachzahlungsverpflichtungen werden, nicht aber Gesamtgläubiger von Erstattungsansprüchen. Das Finanzamt kann daher Erstattungsansprüche nur insoweit mit anderen Steuerschulden aufrechnen, als dieser Ehegatte auch erstattungsberechtigt ist (BFH, Urt. v. 19.10.1982, VII R 55/80, BStBl. II 1983, S. 162). 269

Nach **Aufteilung einer Gesamtschuld** (§ 268 AO) darf das Finanzamt gegenüber dem Erstattungsanspruch eines Ehegatten nicht aufrechnen, wenn die aufzurechnende Steuerforderung – nach Aufteilung der Gesamtschuld – nur auf den anderen Ehegatten entfällt (BFH, Urt. v. 12.1.1988, VII R 66/87, BStBl. II 1988 S. 406). 270

d) Vollstreckung

Ehegatten schulden Nachzahlungsbeträge aus der Zusammenveranlagung als Gesamtschuldner (§ 44 AO). Soweit nichts anderes bestimmt ist, schuldet jeder Gesamtschuldner die gesamte Leistung. Das Finanzamt kann bei jedem Ehegatten die Vollstreckung der gesamten Steuerschuld betreiben. Nach Aufteilung der Gesamtschuld darf die Vollstreckung nur nach Maßgabe der auf den einzelnen Schuldner entfallenden Beträge durchgeführt werden (§ 278 Abs. 1 AO). 271

VIII. Rechtsbehelfsverfahren bei Zusammenveranlagung

In Abgabenangelegenheit gilt der einheitliche Rechtsbehelf des Einspruchs (§ 347 AO). Gegen alle Steuerbescheide und sonstigen Verwaltungsakte (z.B. Ablehnung eines Stundungsantrages) die vom Finanzamt erlassen werden, ist der **Einspruch** gegeben. Neben dem Erfordernis der Einhaltung der **Rechtsbehelfsfrist** von einem Monat (§ 355 AO) setzt die Einlegung des Einspruchs auch eine **Beschwer** voraus. Einen Einspruch kann nur einlegen, wer geltend macht, durch einen Verwaltungsakt oder dessen Unterlassung beschwert zu sein (§ 350 AO). Zur Einkommensteuer zusammenveranlagte Ehegatten können auch dadurch beschwert sein, dass das Finanzamt die Einkünfte abweichend von der Steuererklärung auf die Ehegatten aufgeteilt hat, ohne dass sich hierdurch die Gesamtsteuerschuld ändert (BFH, Urt. v. 16.8.1978, I R 125/75, BStBl. II 1979, S. 26). 272

273 Ein von einem Ehegatten eingelegter Einspruch hat **nicht ohne weiteres** auch **Wirkung für den anderen Ehegatten** (BFH, Urt. v. 27.11.1984, VIII R 73/82, BStBl. II 1985 S. 296). Legt ein Ehegatte Einspruch gegen einen Zusammenveranlagungsbescheid ein, so wirkt dieser Rechtsbehelf nicht auch für den anderen Ehegatten. Aus der Abgabe der gemeinsam, von beiden Ehegatten unterschriebenen Einkommensteuererklärung lässt sich keine wirksame Vollmachterteilung zur Vornahme aller im Besteuerungsverfahren erforderlichen Handlungen, also auch zur Rechtsbehelfseinlegung entnehmen. Für eine wirksame Rechtsbehelfseinlegung des einen Ehegatten auch für den anderen Ehegatten ist erforderlich, dass der das Rechtsmittel einlegende Ehegatte klar und unmissverständlich zum Ausdruck bringt, dass er den Rechtsbehelf auch für den anderen Ehegatten einlegt.

274 Bei **getrennter Veranlagung** stellt sich dieses Problem ohnehin nicht, da hier eine Zusammenfassung der Bescheide wegen der fehlenden Gesamtschuldnerschaft nicht möglich ist. **Jeder Ehegatte** muss hier gegen seinen Steuerbescheid **selbst** Einspruch einlegen. Auch bei einem Zusammenveranlagungsbescheid kommt es für die Rechtsbehelfsbefugnis nicht darauf an, an wen der Bescheid adressiert und bekannt gegeben ist, sondern wen er inhaltlich betrifft.

IX. Folgen der Trennung/Scheidung auf die Förderung des Wohneigentums

1. Allgemeines

275 Jede natürlich Person erhält einmal in seinem Leben eine Förderung für selbstgenutztes Wohneigentum. Diese Regel gilt unabhängig davon, auf welche Art und durch welches Gesetz die Förderung gerade gewährt wird. Bis einschließlich 1995 wurde das selbstgenutzte Eigenheim durch einen progressionsabhängigen Abzugsbetrag (§ 10e EStG) gefördert, der wie Sonderausgaben acht Jahre lang abgezogen werden konnte. Die alte Förderung ist mit dem Jahr 2002 ausgelaufen.

276 Erwirbt ein Ehegatte von dem anderen Ehegatten während des Abzugszeitraums das **Volleigentum** an einem nach § 10e Abs. 1 EStG geförderten Objekt, ermöglichen die Vorschriften der §§ 26 Abs. 1, 26b EStG die Fortführung der vom übertragenden Ehegatten begonnenen Inanspruchnahme von Abzugsbeträgen gem. § 10e Abs. 1 EStG. Die **Höhe der Förderbeträge** nach § 10e Abs. 1 und nach § 34f EStG (Baukindergeld) richtet sich nach den geltenden Höchstbeträgen **zum Zeitpunkt des Beginns** der Inanspruchnahme von Abzugsbeträgen durch den übertragenden Ehegatten (FG Köln, Urt. v. 20.4.1999, 15 K 6180/95, EFG 1999, 821; LEXinform Dok. 551193, nicht rechtskräftig: Az. BFH X R 35/99, LEXinform Dok. 581473). Steht Ehegatten für ein gemeinsames Einfamilienhaus die Grundförderung nach § 10e Abs. 1 EStG zu und entfallen während des Abzugszeitraums die Voraussetzungen des § 26 Abs. 1 EStG, kann allerdings der Ehegatte, der den Miteigentumsanteil des anderen Ehegatten hinzuerwirbt, im Jahr der Trennung die auf den hinzuerworbenen Miteigentumsanteil entfallende Grundförderung nur beanspruchen, wenn der andere Ehegatte die Grundförderung nicht in Anspruch nimmt (BFH, Urt. v. 20.3.2002, X R 9/00, DB 2002, 1136).

277 Seit 1996 wird das selbstgenutzte Familienheim über die **Eigenheimzulage** gefördert. Entscheidend für die Art der Förderung ist das Jahr des Erwerbs oder der Herstellung der Immobilie. Da Ehegatten oftmals das selbstgenutzte Eigenheim in Miteigentum erwerben, stellen sich bei Trennung und Scheidung insbesondere die Fragen, wer die Förderung zu Ende führen kann und ob der weichende Ehegatte eine neue Förderung bei einem anderen Objekt erhält.

2. Eigenheimzulage

a) Tatbestand der Förderung

278 Die Eigenheimzulage wird über **acht Jahre** für die Anschaffung oder Herstellung einer Wohnung in einem im Inland belegen eigenen Haus oder einer im Inland belegen Eigentumswohnung gewährt (§ 2 EigZulG). Nicht begünstigt ist eine Ferien- oder Wochenendwohnung oder eine Wohnung, für die Absetzungen für Abnutzung als Betriebsausgaben oder Werbungskosten im Rahmen

D. IX. Folgen der Trennung/Scheidung auf die Förderung des Wohneigentums

der doppelten Haushaltsführung abgezogen werden. Nicht begünstigt sind auch Anschaffungsvorgänge für eine Wohnung oder ein Anteil daran, die der Anspruchsberechtigte von seinem Ehegatten anschafft, wenn bei den Ehegatten im Zeitpunkt der Anschaffung die Voraussetzungen der Zusammenveranlagung vorliegen. Voraussetzung für die Zulage ist die Nutzung zu eigenen Wohnzwecken. Eine Nutzung zu eigenen Wohnzwecken liegt auch vor, soweit eine Wohnung unentgeltlich an einen Angehörigen i. S. d. § 15 AO zu Wohnzwecken überlassen wird

Der **Fördergrundbetrag** beträgt 5 % der Bemessungsgrundlage, höchstens 2.556 €, der Bemessungsgrundlage. Die Gesamtförderung beträgt damit 2.556 €. Ergänzt wird die Förderung durch Kindergeldzulagen (s. Rn. 288). Schafft der Anspruchsberechtigte die Wohnung nach Ablauf des zweiten auf das Jahr der Fertigstellung folgenden Jahres an, liegt ein gebrauchtes Objekt i. S. d. Eigenheimzulage vor, für das ein jährlicher Fördergrundbetrag von nur 2,5 % der Bemessungsgrundlage (Anschaffungskosten der Wohnung und des dazu gehörenden Grund und Bodens), höchstens 1.278 € gewährt wird. Bei Altbauten werden also Fördersatz und Höchstbetrag halbiert; die Anschaffungskosten werden somit nur bis zu einem Höchstbetrag von 25.560 € gefördert. Insgesamt kann der Anspruchsberechtigte nur einen Fördergrundbetrag von höchstens 10.224 € (= 8 × 1.278 €) erhalten. Für Ausbauten und Erweiterungen, mit deren Herstellung der Anspruchsberechtigte nach dem 31.12.1996 begonnen hat, beträgt der Fördergrundbetrag nur noch 2,5 % der Herstellungskosten, höchstens 1.278 € (§ 9 Abs. 2 Satz 2, § 19 Abs. 3 EigZulG). Insgesamt kann der Anspruchsberechtigte für Ausbauten und Erweiterungen also nur noch einen Fördergrundbetrag von maximal 10.224 € (= 8 × 1.278 €) erhalten. Insgesamt darf die Summe der Fördergrundbeträge und der Kinderzulagen darf die Bemessungsgrundlage für die Eigenheimzulage nicht überschreiten. 279

Beispiel:
Vater V hat drei minderjährige Kinder und ist seit zehn Jahren Eigentümer eines Einfamilienhauses, das er von seinem Vater geschenkt bekommen hatte. V baut das Dachgeschoss für 20.000 € zu Wohnraum aus. V erhält für den Ausbau Eigenheimzulage und Kinderzulage für 3 Kinder. Die Eigenheimzulage beträgt 500 € (= 2,5 % von 20.000 €) und 2.301 € (= 3 x 767 €) Kinderzulage für die drei Kinder. Die jährliche Förderung beträgt damit 2.801 € und wird grds. acht Jahre lang gewährt. In der Summe ergibt sich eine Förderung i. H. v. 22.408 €. Diese wird aber begrenzt auf die Höhe der Aufwendungen von 20.000 €.

Der Anspruchsberechtigte kann die Eigenheimzulage ab dem Jahr in Anspruch nehmen (Erstjahr), in dem der Gesamtbetrag der Einkünfte nach § 2 Abs. 3 EStG des Erstjahrs zuzüglich des Gesamtbetrags der Einkünfte des vorangegangenen Jahrs (Vorjahr) 81.807 € nicht übersteigt. Bei Ehegatten, die im Erstjahr nach § 26b EStG zusammenveranlagt werden oder die nicht zur Einkommensteuer veranlagt werden und die Voraussetzungen der Zusammenveranlagung (§ 26 Abs. 1 EStG) erfüllen, tritt an die Stelle des Betrags von 81.807 € der Betrag von 163.614 €. Für jedes Kind, für das im Erstjahr die Voraussetzungen für die Inanspruchnahme der Kinderzulage (§ 9 Abs. 5 Satz 1 und 2 EStG) vorliegen, erhöhen sich die oben genannten Beträge um 30.678 €, in den Fällen des § 9 Abs. 5 Satz 3 EStG um 15.339 € für jeden Anspruchsberechtigten. 280

Bemessungsgrundlage für den Fördergrundbetrag sind die **Herstellungskosten** oder **Anschaffungskosten** der Wohnung zuzüglich der Anschaffungskosten für den dazugehörenden Grund und Boden. Bei Ausbauten oder Erweiterungen sind Bemessungsgrundlage die Herstellungskosten. Werden Teile der Wohnung nicht zu eigenen Wohnzwecken genutzt, ist die Bemessungsgrundlage um den hierauf entfallenden Teil zu kürzen. 281

Die Eigenheimzulage wird für das Jahr, in dem erstmals die Voraussetzungen für die Inanspruchnahme der Eigenheimzulage vorliegen, und die folgenden Jahre des Förderzeitraums (insgesamt acht Jahre) festgesetzt. Die Zulage muss auf einem amtlichen Vordruck (beim Finanzamt erhältlich) beantragt werden. Zuständig ist das **Wohnsitzfinanzamt**. 282

b) Objektverbrauch

283 Jeder Anspruchsberechtigte kann die Förderung **einmal** im Leben in Anspruch nehmen. Ehegatten, die die Voraussetzungen der Zusammenveranlagung erfüllen, können die Eigenheimzulage für insgesamt zwei Objekte beanspruchen. Die gleichzeitige Förderung von zwei in räumlichem Zusammenhang belegenen Objekten ist jedoch ausgeschlossen, wenn die Ehegatten im Zeitpunkt der Fertigstellung oder Anschaffung die Voraussetzungen der Zusammenveranlagung erfüllt haben.

284 Sind mehrere Anspruchsberechtigte **Miteigentümer** einer Wohnung gilt jeder Miteigentumsanteil als eigenes Förderobjekt. Sind die Miteigentümer Ehegatten und liegen bei ihnen die Voraussetzungen der Zusammenveranlagung vor, gilt die selbstgenutzte Wohnung nur als ein Förderobjekt.

3. Gestaltungsmöglichkeiten

285 **Trennen sich Ehegatten,** die ein selbstgenutztes Eigenheim in Miteigentum haben, tritt für beide Ehegatten grds. Objektverbrauch ein. Darüber hinaus erhält der Ehegatte, der ausgezogen ist, keine Förderung mehr. Er erfüllt nicht mehr die Voraussetzung der Selbstnutzung. Bei Hinzuerwerb von Miteigentum steht einer Förderung grds. der Objektverbrauch entgegen.

286 Wird aber im Falle des **Todes eines Ehegatten** der überlebende Ehegatte durch Gesamtrechtsnachfolge infolge Erbfalls Alleineigentümer dieses Objekts oder erwirbt er einen Miteigentumsanteil hinzu, ist der bisherige Miteigentumsanteil des überlebenden Ehegatten zusammen mit dem hinzuerworbenen Anteil als ein Objekt zu behandeln. Voraussetzung ist aber, dass bis zum Tod des einen Ehegatten die Voraussetzungen der Zusammenveranlagung vorgelegen haben. Entsprechendes gilt, wenn während des Abzugszeitraums die Voraussetzungen der Zusammenveranlagung aus anderen Gründen wegfallen und ein Ehegatte den Anteil des anderen Ehegatten an der Wohnung erwirbt. Der hinzuerwerbende Ehegatte kann den auf diesen Anteil entfallenden Fördergrundbetrag in der bisherigen Höhe weiter in Anspruch nehmen. Dies gilt auch, wenn während des 8-jährigen Förderzeitraums die Voraussetzungen der Zusammenveranlagung wegfallen und ein Ehegatte den Anteil des anderen Ehegatten übernimmt (§ 6 Abs. 2 EigZulG). Im Fall der dauernden Trennung oder Scheidung kann die Eigenheimzulage bei entsprechender Gestaltung in voller Höhe weiter beansprucht werden. Er braucht hierdurch nicht Alleineigentümer zu werden.

287 Überträgt in den vorgenannten Fällen ein Ehegatte seinen Miteigentumsanteil entgeltlich oder unentgeltlich auf den anderen Ehegatten in einem Veranlagungszeitraum, in dem die Voraussetzungen der Zusammenveranlagung vorliegen, tritt für den übertragenden Ehegatten **kein** Objektverbrauch ein. Dabei kommt es nicht darauf an, ob der Miteigentumsanteil während oder nach Ablauf des Abzugszeitraums übertragen wird. Erwirbt ein Miteigentümer bis zum Ende des Veranlagungszeitraums, in dem der Abzugszeitraum für den ursprünglichen Anteil beginnt, einen oder mehrere Miteigentumsanteile hinzu, stellen **ursprünglicher** und **hinzuerworbener** Miteigentumsanteil ein **einheitliches Objekt** dar (BFH, Urt. v. 28.7.1993, IX R 74/91, BStBl. II 1994 S. 921). Erwirbt ein Miteigentümer dagegen den oder die Miteigentumsanteile erst in einem **späteren** Veranlagungszeitraum, handelt es sich bei dem oder den hinzuerworbenen Anteilen um selbständige Objekte i. S. d. § 10e Abs. 5 Satz 1 EStG; das gilt auch dann, wenn der Anteilserwerber Alleineigentümer der Wohnung geworden ist (BFH, Urt. v. 20.7.1982, VIII R 207/80, BStBl. II 1982 S. 735).

4. Kinderzulage

288 Für jedes Kind (i. S. d. § 32 Abs. 1 bis 5 EStG) des Steuerpflichtigen oder seines Ehegatten, für das Kindergeld gewährt wird, wird neben der Grundförderung eine Kinderzulage i. H. v. 767 € gewährt (§ 9 Abs. 5 EigZulG). Voraussetzung ist, dass das Kind zum **inländischen Haushalt** des Steuerpflichtigen gehört oder in dem für die Steuerbegünstigung maßgebenden Zeitraum gehört hat.

5. Ökokomponenten

Für bestimmte Aufwendungen sind Ökokomponenten vorgesehen. Durch sie erhöht sich der Fördergrundbetrag. Der **Fördergrundbetrag erhöht sich** jährlich um 2 % der Bemessungsgrundlage, höchstens um 256 € für Aufwendungen für den Einbau 289

- einer verbrennungsmotorisch oder thermisch angetriebenen Wärmepumpenanlage mit einer Leistungszahl von mindestens 1,3,
- einer Elektro-Wärmepumpenanlage mit einer Leistungszahl von mindestens 4,0,
- einer elektrischen Sole-Wasser-Wärmepumpenanlage mit einer Leistungszahl von mindestens 3,8,
- einer Solaranlage oder einer Anlage zur Wärmerückgewinnung einschließlich der Anbindung an das Heizsystem,

wenn der Anspruchsberechtigte eine Wohnung, für deren Errichtung die **Wärmeschutzverordnung** vom 16.8.1994 (BGBl. I S. 2121) gilt, hergestellt oder bis zum Ende des Jahres der Fertigstellung angeschafft, oder eine Wohnung nach Ablauf des Jahres der Fertigstellung angeschafft und die Maßnahme vor Beginn der Nutzung der Wohnung zu eigenen Wohnzwecken und vor dem 1.1.2003 abgeschlossen hat, oder die Anschaffungskosten einer Wohnung, für deren Errichtung die Wärmeschutzverordnung gilt, und die der Anspruchsberechtigte bis zum Ende des zweiten auf das Jahr der Fertigstellung folgenden Jahres und vor dem 1.1.2003 angeschafft hat, soweit sie auf die oben genannten Maßnahmen entfallen. Dies gilt nicht bei Ausbauten und Erweiterungen.

Der Fördergrundbetrag erhöht sich darüber hinaus um jährlich 205 €, wenn 290

- die Wohnung in einem Gebäude gelegen ist, für dessen Errichtung die Wärmeschutzverordnung gilt und dessen Jahres-Heizwärmebedarf den danach geforderten Wert um mindestens 25 vom Hundert unterschreitet, und
- der Anspruchsberechtigte die Wohnung vor dem 1.1.2003 fertig gestellt oder vor diesem Zeitpunkt bis zum Ende des Jahrs der Fertigstellung angeschafft hat. Dies gilt nicht bei Ausbauten und Erweiterungen.

X. Folgen der Trennung/Scheidung auf den Zinsabschlag

Im Kalenderjahr nach der Trennung haben **Freistellungsaufträge,** die die Ehegatten gemeinsam einer Bank erteilt haben, **keine Wirkung mehr.** So lange Ehegatten die Voraussetzung der Zusammenveranlagung erfüllen, können Sie nur gemeinsam Freistellungsaufträge erteilen. Liegt zum Zeitpunkt des Zuflusses von Kapitalerträgen ein von beiden Ehegatten unterschriebener Freistellungsauftrag vor, hat das Kreditinstitut den Zinsabschlag einzubehalten. Der gemeinsame Freistellungsauftrag ist nicht nur für Gemeinschaftskonten erforderlich sondern auch für Konten oder Depots, die unter dem Namen nur eines Ehegatten geführt werden. Im Kalenderjahr nach der Trennung müssen also beide Ehegatten getrennt neue Freistellungsaufträge ihren Banken erteilen. 291

Zu Freistellungsaufträgen nach dem **Tod eines Ehegatten** hat die Finanzverwaltung Stellung genommen (BMF-Schreiben vom 6.5.1997, BStBl. I 1997 S. 561). Freistellungsaufträge (§ 44a Abs. 2 EStG) können der Bank auch per Telefax erteilt werden (Erlass – koordinierter Ländererlass – Bayerisches Staatsministerium der Finanzen vom 10.1.2002, 32 S 2401 008 750/02, DStR 2002, 404). 292

XI. Fortsetzung des Ehegattenarbeitsverhältnisses

Haben die Ehegatten noch zu Zeiten der intakten Ehe ein Arbeitsverhältnis begründet, das den Voraussetzungen für die steuerliche Anerkennung genügt, so findet dieses Arbeitsverhältnis auch nach Beendigung der Ehe oder bei Beginn der dauernden Trennung steuerrechtliche Anerkennung. Die Verträge unter nahen Angehörigen sind steuerlich nur zu berücksichtigen, wenn sichergestellt ist, dass sie **betriebliche Beziehungen** und nicht private Unterhaltsleistungen regeln. 293

294 Der Kreis der nahen Angehörigen ist enger als der Kreis der Angehörigen wie ihn die Abgabenordnung umschreibt (§ 15 AO). Zum **Kreis der Angehörigen** gehört nach der Abgabenordnung auch der Ehegatte, gleich ob die Ehe noch besteht. Auch der geschiedene Ehegatte gehört damit zum Kreis der Angehörigen. Ob die strengen Anforderungen an die Anerkennung eines Ehegattenarbeitsvertrages auch für den dauernd getrennt lebenden oder den geschieden Ehegatten gelten, ist fraglich. In diesen Fällen kann man wohl kaum von gleichlaufenden Interessen ausgehen. I. d. R. sind die Interessen von Ehepartnern einer gescheiterten Ehe weit gegenläufiger als die Interessen von fremden Dritten.

E. Nichteheliche Lebensgemeinschaft

I. Grundsätze

295 Die Gründung einer nichtehelichen Lebensgemeinschaft hat grds. **keinerlei steuerliche Folgen.** Ihre Gründung eröffnet nicht die Möglichkeit der Zusammenveranlagung. Jeder Partner wird entsprechend seinem Familienstand als Einzelperson besteuert. Die Einkommensteuer wird nach der Grundtabelle ermittelt. Verluste eines Partners können nicht mit positiven Einkünften des anderen Partners steuermindernd ausgeglichen werden.

II. Rechtsgeschäfte zwischen den Lebenspartnern

296 Die für die steuerrechtliche Beurteilung von Verträgen zwischen Eheleuten geltenden Grundsätze können **nicht** auf Verträge zwischen Partnern einer nichtehelichen Lebensgemeinschaft übertragen werden (BFH, Urt. v. 14.4.1988, IV R 225/85, BStBl. II 1988 S. 670). Die nichteheliche Gemeinschaft begründet weder in persönlicher noch in wirtschaftlicher Hinsicht eine Rechtsgemeinschaft und vermittelt auch keine Rechtsgrundlage für Dienstleistungen im Betrieb des Partners. Die Partner haben untereinander keine gesetzlichen Unterhaltsansprüche und sind im Verhältnis zueinander auch nicht gesetzliche Erben, da nach § 1931 BGB nur der Ehegatte, nicht aber der nichteheliche Lebensgefährte zu den gesetzlichen Erben des Erblassers gehört. Zwischen den Partnern einer nichtehelichen Lebensgemeinschaft kann es auch nicht, wie bei Ehegatten, zu einer vertragsmäßigen Gütergemeinschaft i. S. d. §§ 1408 ff. BGB kommen. Sie bilden, anders als im gesetzlichen Güterrecht lebende Ehegatten, auch keine Zugewinngemeinschaft (§§ 1363 ff. BGB), so dass es bei Beendigung der nichtehelichen Lebensgemeinschaft nicht zum Zugewinnausgleich kommt. Unentgeltliche Zuwendungen an den Partner der Lebensgemeinschaft haben beim Zuwendenden grds. eine Vermögenseinbuße zur Folge, die nicht in einer rechtlich gesicherten Lebens- und Wirtschaftsgemeinschaft ausgeglichen wird. Zwischen Partnern einer eheähnlichen Lebensgemeinschaft bestehen im Allgemeinen gegensätzliche wirtschaftliche Interessen.

III. Unterhaltszahlungen an den nichtehelichen Partner

297 Unterhaltsleistungen an den Lebenspartner haben nur **in Ausnahmefällen steuermindernde Wirkung.** Die Unterhaltsleistungen an den geschiedenen oder dauernd getrennt lebenden Ehegatten werden aufgrund gesetzlicher Verpflichtung geleistet. Sie werden deshalb steuermindernd als außergewöhnliche Belastungen (§ 33a EStG) anerkannt. Den gesetzlich unterhaltsberechtigten Personen werden auch die Personen typisierend gleichgestellt, deren zum Unterhalt bestimmten inländische öffentliche Mittel mit Rücksicht auf die Unterhaltspflicht des Steuerpflichtigen gekürzt werden (§ 33a Abs. 1 Satz 2 EStG). I. H. d. Kürzung wird eine der gesetzlichen Unterhaltspflicht gleichkommende Pflicht unterstellt. Zu einer solchen Kürzung kommt es gerade bei eheähnlichen Lebensgemeinschaften. Im **Sozialhilferecht** wird in bestimmten Fällen von einer sittlichen Pflicht zur Unterstützung anderer Personen ausgegangen. Der nichteheliche Lebenspartner wird als unterhaltspflichtig angesehen. Die Sozialhilfe des Antragstellers wird daher gekürzt. Die Änderung der steuerlichen Merkmale trägt der Betrachtung des Sozialhilferechts Rechnung.

Beispiel:

M und F leben in eheähnlicher Gemeinschaft. Als M arbeitslos wird, kommt F alleine für den finanziellen Bedarf der Lebensgemeinschaft auf, obgleich sie gegenüber dem M gesetzlich nicht unterhaltspflichtig ist. Aufgrund der Unterstützungsleistung der F wird dem M die Arbeitslosenhilfe gestrichen. F kann die Unterhaltsleistungen an M dem Grunde nach als außergewöhnliche Belastungen (§ 33a Abs. 1 EStG) geltend machen.

IV. Gemeinsame Kinder

Kindbedingte Steuerentlastungen, wie z. B. Kinderfreibeträge, Ausbildungsfreibeträge, Haushaltsfreibeträge usw. können die Partner einer nichtehelichen Lebensgemeinschaft für gemeinsame Kinder wie geschiedene oder dauernd getrennt lebende Ehegatten geltend machen. S. auch Rn. 182. 298

Ein **hauswirtschaftliches Beschäftigungsverhältnis** mit der nichtehelichen Lebensgefährtin kann steuerrechtlich nicht anerkannt werden, wenn diese zugleich Mutter des gemeinsamen Kindes ist (BFH, Urt. v. 19.5.1999, XI R 120/96, LEXinform Dok. 552314). Diese Auslegung des § 10 Abs. 1 Nr. 8 EStG 1990 (**weggefallen**) verstößt nicht gegen Verfassungsrecht, insbesondere nicht gegen Art. 6 Abs. 1 und 4 GG. Aus diesen Verfassungsnormen ergibt sich eine (staatliche) Pflicht zum Schutz und zur Förderung von Ehe und Familie. Auch nichteheliche Lebensgemeinschaften mit Kindern bilden eine Familie. Familienangehörige dürfen gegenüber anderen Personen nicht diskriminiert werden; so wäre beispielsweise eine generelle Nichtanerkennung von Arbeitsverträgen zwischen Familienangehörigen verfassungswidrig. Im Streitfall geht es aber nicht um eine generelle Nichtberücksichtigung eines Beschäftigungsverhältnisses zwischen nichtehelichen Lebenspartnern, sondern das Beschäftigungsverhältnis kann deshalb steuerlich nicht berücksichtigt werden, weil die Lebensgefährtin des Klägers in ihrer Eigenschaft als Mutter ohnehin zur Versorgung des Kindes verpflichtet ist (vgl. §§ 1705, 1631 Abs. 1 BGB). In vergleichbarer Weise kann auch zwischen Ehegatten kein Beschäftigungsverhältnis i. S. d. § 10 Abs. 1 Nr. 8 EStG 1990 begründet werden. Letztlich scheitert die Anerkennung des Beschäftigungsverhältnisses daran, dass ein solches unter Fremden nicht denkbar ist. Da die Verpflichtung bereits besteht, gibt es keine Veranlassung, noch zusätzlich ein weiteres Rechtsverhältnis mit dieser Verpflichtung zu begründen. 299

V. Vermietung der Wohnungshälfte an den Lebenspartner

Leben Partner einer nichtehelichen Lebensgemeinschaft zusammen in einer Eigentumswohnung, die einem von ihnen gehört, kann dieser seine Wohnung steuerrechtlich nicht wirksam zur Hälfte dem anderen vermieten (BFH, Urt. v. 30.1.1996, IX R 100/93, BStBl. II 1996 S. 359). Auch eine nichteheliche Lebensgemeinschaft stellt wie die eheliche Lebensgemeinschaft i. d. R. faktisch eine Wirtschaftsgemeinschaft dar. Wesentlicher Bestandteil dieser Gemeinschaft ist das gemeinsame Wohnen. Grundlage dieses gemeinsamen Wohnens ist die persönliche Beziehung und nicht ein zivilrechtlicher Vertrag. Aus dem wirtschaftlichen Aspekt der Lebensgemeinschaft ergibt sich, dass beide Partner nach ihren Kräften finanziell zur gemeinsamen Lebensführung beitragen, wozu auch das Wohnen gehört. Die als „Mietzins" erklärten Zahlungen der Partnerin sind daher als Beiträge zur gemeinsamen Haushaltsführung zu werten. Solange die Lebensgemeinschaft besteht, kann ein Mietvertrag steuerlich nicht anerkannt werden. 300

F. Einkommensteuerliche Wirkung von Unterhalt

I. Steuerliche Behandlung von Unterhalt

1. Nichtabzugsfähigkeit/Nichtbesteuerung von Unterhaltsleistungen

301 Unterhaltsleistungen erfolgen grds. im nicht steuerrelevanten Privatbereich. Dies gilt sowohl für die Leistung als auch für den Erhalt von Unterhalt. Alles was ein Steuerpflichtiger zum Unterhalt seiner Familienangehörigen aufwendet, stellt grds. eine **steuerlich unbeachtliche Einkommensverwendung** dar. Unterhalt muss also aus dem versteuerten Einkommen bezahlt werden. Dieser Grundsatz ergibt sich aus § 12 EStG. Nur in den ausdrücklich im Gesetz genannten Fällen können Unterhaltsleistungen als **Sonderausgaben** (§ 10 Abs. 1 Nr. 1 EStG) oder als **außergewöhnliche Belastungen** (§§ 33, 33a EStG) steuermindernd angesetzt werden. Das Steuerrecht knüpft im Bereich der Einkommenserzielung nicht an die differenzierende Betrachtung der verschiedenen Anspruchsgrundlagen des Zivilrechtes auf Unterhalt an.

Für das Steuerrecht ist es grds. **unerheblich,**

- ob Ehegattenunterhalt bei intakter Ehe,
- Unterhalt bei Trennung oder nach Scheidung,
- ob Kindesunterhalt oder
- Unterhalt an andere Personen

bezahlt wird.

302 Zu den **einkommensteuerlich nichtabziehbaren Unterhaltsaufwendungen** gehören alle Zuwendungen an unterhaltsberechtigte Personen, gleichgültig

- ob sie laufend oder einmalig geleistet werden oder
- ob sie in Geld oder Geldeswert bestehen,
- ob sie über den Rahmen dessen hinausgehen, was der Empfänger nach bürgerlichem Recht zu beanspruchen hat und
- für welchen Zweck sie der Empfänger verwendet.

303 Zuwendungen sind Leistungen, die **ohne eine Gegenleistung** gewährt werden. Liegt eine Gegenleistung vor, so bleibt es gleichwohl bei nichtabzugsfähigen Unterhaltsausgaben, wenn der Unterhaltscharakter der Leistung überwiegt.

2. Grundsätzliche Nichtbesteuerung beim Unterhaltsempfänger

304 Mit der steuerlichen Nichtabzugsfähigkeit beim Unterhaltsleistenden korrespondiert die Nichtbesteuerung beim Unterhaltsempfänger. Auch der Empfang von **wiederkehrenden Unterhaltsleistungen** führt grds. nicht zu steuerpflichtigen Einkünften des Einkommensteuergesetzes. Das **Realsplitting** stellt insoweit eine Ausnahme dar. S. auch Rn. 321.

305 Zahlungen für den **Kindesunterhalt** gehören auch dann nicht zu den sonstigen Einkünften i. S. d. § 22 Nr. 1a EStG, wenn die Unterhaltsempfängerin eine Zustimmungserklärung (Anlage U) abgegeben hat (FG Baden-Württemberg, Beschl. v. 27.4.1995, 6 K 29/93, EFG 1996, 33).

3. Unterhaltsberechtigte

306 Zu den unterhaltsberechtigten Personen i. S. d. Einkommensteuergesetzes gehören

- die Kinder,
- der getrennt lebende Ehegatte,
- der geschiedene Ehegatte ebenso wie
- der nicht dauernd getrennt lebende Ehegatte, mit dem eine Zusammenveranlagung erfolgt.

Die Erfüllung der gesetzlichen Unterhaltspflicht **zwischen zusammenlebenden** Ehegatten stellt **keine außergewöhnliche Belastung** im steuerlichen Sinne dar. Aufwendungen für den nicht dauernd getrennt lebenden und unbeschränkt steuerpflichtige Ehegatten, die in Erfüllung der gesetzlichen Unterhaltspflicht gemacht werden, fallen auch nicht unter § 33a Abs. 1 EStG. Diese Regelung wird nämlich als allgemeine Vorschrift über den Abzug von Unterhaltsleistungen zwischen nicht dauernd getrennt lebenden und unbeschränkt steuerpflichtigen Ehegatten durch die Sondervorschriften über die Ehegattenbesteuerung (§§ 26 bis 26c, 32a Abs. 5 EStG) verdrängt (FG Hamburg, Gerichtsbescheid v. 4.12.2000, II 99/00, rechtskräftig, LEXinform Dok. 571839). Ein Abzug als **Sonderausgabe** kommt ebenfalls nicht in Betracht. Während das Gesetz für Unterhaltsleistungen an den zusammenveranlagten Ehegatten steuerlich keinerlei Abzugsbeträge vorsieht, können die Aufwendungen für den dauernd getrennt lebenden und für den geschiedenen Ehegatten eingeschränkt abgezogen werden.

307

4. Kindesunterhalt

a) Höchstbetrag

Auch Kindesunterhalt unterliegt dem **grds. Abzugsverbot** für Unterhaltsleistungen (§ 12 EStG). Nur im Rahmen der außergewöhnlichen **Belastungen in besonderen Fällen** können Aufwendungen für Unterhaltsleistungen an Kinder in eingeschränktem Umfang steuermindernd berücksichtigt werden. Abgezogen werden können höchstens 7.188 €. Die Berücksichtigung ist nur möglich, wenn weder der Unterhaltszahler noch eine andere Person Anspruch auf Kindergeld bzw. auf einen Kinderfreibetrag für die unterhaltene Person haben (§ 33a Abs. 1 Satz 3 EStG). Auf die Inanspruchnahme des Kindergeldes bzw. des Kinderfreibetrages kommt es dabei nicht an. Die erforderliche Zwangsläufigkeit ist bei der Erfüllung gesetzlicher Unterhaltsverpflichtungen stets gegeben.

308

Beispiel:

Der 30-jährige Sohn S des A ist nach dem Studium ohne Arbeitsstelle. A unterstützt seinen Sohn mit monatlich 800 €. Ansonsten hat der Sohn keinerlei Bezüge. Von den jährlich erbrachten Unterhaltszahlungen i. H. v. 9.600 € kann A nur den Höchstbetrag von 7.188 € bei seiner Einkommensteuererklärung mindernd ansetzen (§ 33a Abs. 1 EStG).

Auch Unterhaltszahlungen an ein **verheiratetes Kind** können als außergewöhnliche Belastungen bei den Eltern geltend gemacht werden. Hat der Steuerpflichtige Zahlungen für eine ihm gegenüber unterhaltsberechtigte Person (hier: verheiratetes Kind, das die Regelstudienzeit weit überschritten hat) geleistet und liegen auch die weiteren Voraussetzungen des § 33a Abs. 1 EStG vor, dann sind diese Zahlungen unabängig von einer zivilrechtlichen Unterhaltsverpflichtung als außergewöhnliche Belastungen zu berücksichtigen. Im Rahmen der außergewöhnlichen Belastungen ist eine Steuerermäßigung schon dann zu gewähren, wenn die Unterhaltsverpflichtung (nur) potentiell vorliegt (FG Münster, Urt. v. 20.2.2002, 10 K 7470/00, EFG 2002, 911 = LEXinform Dok. 574574).

309

b) Schädlichkeit von eigenen Einkünften und Bezügen

Hat die unterhaltene Person andere Einkünfte oder Bezüge, die zur Bestreitung des Unterhalts bestimmt oder geeignet sind, so **vermindert** sich der Betrag von 7.188 € um den Betrag, um den diese Einkünfte und Bezüge den Betrag von 624 € im Kalenderjahr übersteigen, sowie um die von der unterhaltenen Person als Ausbildungshilfe aus öffentlichen Mitteln oder von Förderungseinrichtungen, die hierfür öffentliche Mittel erhalten, bezogenen Zuschüsse.

310

Beispiel:

Hat der Sohn S aus dem Beispiel 1 eigene Einkünfte i. H. v. 3.500 €, die zur Bestreitung des Unterhaltes geeignet sind, vermindert sich der Betrag von 7.188 € um den Betrag, um den die Einkünfte den Betrag von 624 € übersteigen. Die Minderung beträgt 2.876 € (= 3.500 ./. 624). Dies ergibt einen gekürzten Höchstbetrag von 4.312 € (= 7.188 ./. 2.876).

Übersteigen die eigenen Bezüge des Empfängers S den Betrag von 7.812 € (= 7.188 + 624), entfällt jeder Abzug bei A (§ 33a Abs. 1 Satz 4 EStG).

311   Als **Einkünfte** sind solche i. S. d. § 2 Abs. 1 EStG zu verstehen. Sie sind stets in vollem Umfang zu berücksichtigen, also auch soweit sie zur Bestreitung des Unterhalts nicht zur Verfügung stehen oder die Verfügungsbefugnis beschränkt ist, z. B. einbehaltene Sozialversicherungsbeträge bzw. Leistungen i. S. d. VermBG.

312   **Bezüge** sind alle Einnahmen in Geld oder Geldeswert, die nicht im Rahmen der einkommensteuerrechtlichen Einkunftsermittlung erfasst werden. Zu den anzusetzenden Bezügen gehören insbesondere (früher: R 180e EStR):

- steuerfreie Gewinne nach den §§ 14, 14a Abs. 1 bis 3, § 16 Abs. 4, § 17 Abs. 3 und § 18 Abs. 3 EStG,
- die nach § 19 Abs. 2 EStG steuerfrei bleibenden Einkünfte,
- die nach § 20 Abs. 4 EStG steuerfrei bleibenden Einkünfte,
- die Teile von Leibrenten, die den Ertragsanteil nach § 22 Nr. 1 Satz 3a EStG übersteigen,
- Einkünfte und Leistungen, soweit sie dem Progressionsvorbehalt unterliegen,
- Renten nach § 3 Nr. 1a EStG,
- Bezüge nach § 3 Nr. 3, 6, 9, 10, 27, 39, 58 EStG,
- Bezüge nach § 3b EStG,
- Bezüge nach § 3 Nr. 44 EStG, soweit sie zur Bestreitung des Lebensunterhalts dienen,
- Bezüge nach § 3 Nr. 5 und 11 EStG mit Ausnahme der Heilfürsorge und der steuerfreien Beihilfen in Krankheits-, Geburts- und Todesfällen i. S. d. Beihilfevorschriften des Bundes und der Länder,
- Sonderabschreibungen sowie erhöhte Absetzungen, soweit sie die höchstmöglichen Absetzungen für Abnutzung nach § 7 EStG übersteigen,
- pauschal besteuerte Bezüge nach § 40a EStG,
- Sachbezüge und Taschengeld im Rahmen von Au-pair-Verhältnissen im Ausland,
- Unterhaltsleistungen des geschiedenen oder dauernd getrennt lebenden Ehegatten, soweit nicht als sonstige Einkünfte i. S. d. § 22 Nr. 1a EStG erfasst,
- Zuschüsse eines Trägers der gesetzlichen Rentenversicherung zu den Aufwendungen eines Rentners für seine Kranken- und Pflegeversicherung.

313   Zu dem **Umfang der Bezüge** hat die Rspr. teilweise andere Auffassungen vertreten. Der **aufgrund des Sparerfreibetrages steuerfreie Zinsanteil** wurde z. B. nicht den Bezügen hinzugerechnet. Mit dem Familienförderungsgesetz wurde ab 2002 für den Umfang der Bezüge in § 32 Abs. 4 Satz 3 EStG für das gesamte Einkommensteuerrecht eine **gesetzliche Regelung** geschaffen, die der Auffassung der Verwaltung entspricht.

Der Höchstbetrag von 7.188 € ist zu kürzen, soweit es nach den Verhältnissen im Wohnsitzstaat des Kindes notwendig und angemessen ist. Bezüge, die für besondere Ausbildungszwecke bestimmt sind, bleiben hierbei außer Ansatz. Entsprechendes gilt für Einkünfte, soweit sie für solche Zwecke verwendet werden.

314   Liegen die Voraussetzungen nur in einem Teil des Kalendermonats vor, sind Einkünfte und Bezüge nur insoweit anzusetzen, als sie auf diesen Teil entfallen. Für jeden Kalendermonat, in dem die Voraussetzungen **an keinem Tag** vorliegen, ermäßigt sich der obige Betrag um ein Zwölftel. Einkünfte und Bezüge des Kindes, die auf diese Kalendermonate entfallen, bleiben außer Ansatz. Ein Verzicht auf Teile der zustehenden Einkünfte und Bezüge verhindert nicht die Schädlichkeit, wenn der Höchstbetrag überschritten war.

5. Ehegattenunterhalt

a) Bei intakter Ehe

Die Unterhaltsleistungen, die ein Ehegatte seinem Partner leistet, mit dem er in intakter Ehe zusammen lebt, stellen keine außergewöhnlichen Belastungen dar. Die **Sonderregelungen des Splittingtarifs** verdrängen die Vorschriften der außergewöhnlichen Belastungen, unabhängig davon, welche Art der Ehegattenveranlagung zum Ansatz kommt. Dies gilt auch im Veranlagungszeitraum, in dem sich die Ehegatten trennen (BFH, Urt. v. 31.5.1989, III R 166/86, BStBl. II 1989 S. 658). 315

b) Während der Trennung/Scheidung

Kommt der Splittingtarif nicht zur Anwendung, weil z. B. die Ehegatten das ganze Jahr dauernd getrennt gelebt haben oder weil ein Ehegatte nicht unbeschränkt einkommensteuerpflichtig ist (§ 1 Abs. 1 und 2 EStG) oder nicht mehr als nicht unbeschränkt einkommensteuerpflichtig behandelt wird (§ 1 Abs. 3 EStG, § 1a EStG), werden die Ehegatten nicht mehr als Einheit behandelt. Die Folge daraus ist, dass der Steuerpflichtige die Unterhaltsleistung an seinen Ehegatten als außergewöhnliche Belastung abziehen kann. 316

Die Unterhaltsleistungen an den geschiedenen oder dauernd getrennt lebenden Ehegatten stellen aber nur dann außergewöhnliche Belastungen dar, wenn kein Abzug im Rahmen des begrenzten **Realsplittings** beantragt wird. Der Abzug als Sonderausgabe im Rahmen des Realsplittings wirkt sich regelmäßig günstiger aus, da der Abzugsbetrag mit 13.805 € höher ist und eine Anrechnung der Einkünfte und Bezüge sowie die Berücksichtigung des Vermögens des unterstützten Ehegatten unterbleiben. 317

c) Ehegattenunterhalt nach der Ehescheidung

Für Unterhaltsleistungen nach der Ehescheidung bestehen zwei Möglichkeiten der steuerlichen Berücksichtigung. Bei Vorliegen der Voraussetzungen kann **wahlweise** ein steuermindernder Ansatz als **Sonderausgabe** oder als **außergewöhnliche Belastung** erfolgen. Die steuerliche Wirkung beim Empfänger ist höchst unterschiedlich. Der Abzug als Sonderausgabe führt beim Empfänger zwingend zu steuerpflichtigen Einkünften nach § 22 Nr. 1a EStG, während die andere Alternative nicht zu steuerpflichtigen Einkünften führt. 318

d) Ehegattenunterhalt während des Getrenntlebens vor der Ehescheidung

Dauerndes Getrenntleben von Ehegatten wird im Einkommensteuerrecht grds. genauso behandelt wie die Zeit nach Auflösung der Ehe (s. Rn. 163). 319

Dies gilt aber nicht für das **Jahr der Trennung,** denn für dieses Jahr liegen die Voraussetzungen für die Ehegattenbesteuerung noch vor. Die **Sonderregelungen** zur Ehegattenbesteuerung gehen den allgemeinen Vorschriften zur Berücksichtigung von Unterhaltsleistungen gem. § 33a Abs. 1 EStG vor (BFH, Urt. v. 31.5.1989, III R 166/86, BStBl. II 1989 S. 658). Ob für das Jahr der Trennung, in dem die Voraussetzungen für die Ehegattenbesteuerung vorliegen, die Regelung des **Realsplittings** Anwendung finden kann, ist nicht abschließend geklärt. Die Anwendung des Realsplittings bei Zusammenveranlagung führt jedoch nur zu einer minimalen Steuerwirkung. Diese ergibt sich aus dem Werbungskostenpauschbetrag von 102 € (§ 9a Nr. 1c EStG), der die Einkünfte des Unterhaltsempfängers vermindert (§ 22 Nr. 1a EStG). Ansonsten heben sich die steuerpflichtigen Einkünfte beim Empfänger und der Abzugsbetrag beim Zahler wieder auf, da nur ein gemeinsames zu versteuerndes Einkommen gebildet wird. 320

II. Unterhalt als Sonderausgabe (Realsplitting nach § 10 EStG)

1. Inhalt des Realsplittings

321 Der Grundsatz der Nichtabzugsfähigkeit von Unterhaltszahlungen wird für den Unterhalt an den dauernd getrennt lebenden oder an den geschiedenen Ehegatten durch das sog. Realsplitting (§ 10 Abs. 1 Nr. 1 EStG) durchbrochen. Der Unterhaltsleistende kann bis zu 13.805 € im Kalenderjahr als **Sonderausgabe** abziehen. Damit wird der Unterhalt aus unversteuertem Geld erbracht, da sich insoweit die **Steuerbemessungsgrundlage verringert.** Der Nichtversteuerung beim Zahler steht die Versteuerung beim Empfänger gegenüber (§ 22 Nr. 1 a EStG). Er muss die erhaltenen Unterhaltszahlungen als sonstige Einkunft versteuern. Leistet jemand Unterhalt an mehrere Empfänger, so sind die Unterhaltsleistungen an jeden geschiedenen oder dauernd getrennt lebenden Ehegatten bis zu einem Betrag von 13.805 € abziehbar.

> *Hinweis:*
> *Da der Antrag auf Abzug als Sonderausgabe auf einen Teil der Unterhaltsleistungen begrenzt werden kann, lässt sich die Gesamtsteuerlast von Unterhaltszahler und -empfänger optimieren (R 86b Abs. 1 EStR).*

322 Mit dem Realsplitting hat der Gesetzgeber keine Steuervergünstigung geschaffen, sondern lediglich die **verminderte Leistungsfähigkeit** des unterhaltspflichtigen Ehegatten berücksichtigt.

323 Neben dem Abzug als Sonderausgabe kann die Unterhaltszahlung **nicht als außergewöhnliche Belastung** geltend gemacht werden (R 86b Abs. 3 EStR). Dies gilt sowohl für Beträge, die den Höchstbetrag von 13.805 € übersteigen als auch für Beträge, die über dem Betrag liegen, für den der Unterhaltsempfänger seine Zustimmung erteilt hat.

324 Bei Unterhaltsleistungen an den geschiedenen oder dauernd getrennt lebenden unbeschränkt steuerpflichtigen Ehegatten kann der Unterhaltsverpflichtete wählen, ob er die Unterhaltszahlungen unter den Voraussetzungen des § 10 Abs. 1 Nr. 1 EStG als Sonderausgaben oder im Rahmen des § 33a Abs. 1 EStG als außergewöhnliche Belastung geltend macht. Unterhaltsleistungen an die ledige Mutter nach § 1615l BGB sind dagegen nur nach § 33a Abs. 1 EStG als außergewöhnliche Belastung abziehbar. Die unterschiedliche steuerliche Behandlung der Unterhaltsleistungen verstößt weder gegen Art. 3 noch gegen Art. 6 GG (BFH, Beschl. v. 13.3.1995, X B 158/94, BFH/NV 1995, 777).

2. Voraussetzungen des Realsplittings

325 Die Voraussetzungen für das Realsplitting sind:

- Unterhaltsleistungen an Ex-Ehegatten,
- Scheidung oder dauerndes Getrenntleben,
- unbeschränkte Einkommensteuerpflicht des Zahlungsempfängers oder Zahlungsempfänger gehört zum Personenkreis des § 1a EStG,
- Zustimmung des Empfängers (ggf. Urteil nach § 894 ZPO),
- Antrag des Unterhaltszahlers für jedes Kalenderjahr (kann nicht zurückgenommen werden).

326 Der Unterhaltszahler muss den Abzug als Sonderausgabe **jedes Jahr neu** in seiner Steuererklärung **beantragen.** Hingegen gilt die vom Unterhaltsempfänger erteilte Zustimmung zum Abzug als Sonderausgaben bis zu ihrem ausdrücklichen Widerruf.

327 Für den Sonderausgabenabzug beim Realsplitting trägt der Steuerpflichtige die **objektive Beweislast** (Feststellungslast) für die Erbringung der Unterhaltsleistungen (BFH, Beschl. v. 27.7.1988, IX B 35/87, BFH/NV 1990, 98).

3. Ehegatte im Ausland

Beim Realsplitting muss der Empfänger der Unterhaltszahlung **unbeschränkt steuerpflichtig** sein. Dies erfordert, dass der Ehegatte seinen Wohnsitz oder gewöhnlichen Aufenthalt im Inland hat. Die Beschränkung des Realsplittings auf Unterhaltszahlungen an unbeschränkt steuerpflichtige Berechtigte verstößt nicht gegen den Gleichheitssatz des Art. 3 Abs. 1 GG (BFH, Urt. v. 25.3.1986, IX R 4/83, BStBl. II 1986, S. 603).

328

Wechselt der Unterhaltsempfänger während eines Kalenderjahres von der unbeschränkten zur beschränkten Steuerpflicht oder umgekehrt, können die während der Zeit der unbeschränkten Steuerpflicht erbrachten Unterhaltsleistungen bis zum Höchstbetrag ohne Beschränkung abgezogen werden. Ausschlaggebend für den Abzug der Sonderausgaben ist der Zeitpunkt der Zahlung. Für welchen Zeitraum die Unterhaltszahlungen geleistet werden, ist unerheblich.

329

Hinweis:
Beim Wechsel der Steuerpflicht wird der Höchstbetrag nicht gekürzt!

Beispiel:
M zahlt an seine geschiedene Frau F monatlich jeweils zum ersten eines Monats 2.500 € Unterhalt. Am 2.4.2003 verlegt F ihren Wohnsitz nach Ungarn.

M kann seine bis zu diesem Zeitpunkt erbrachten Unterhaltszahlungen i.H. v. 10.000 € (vier Monate je 2.500 €) im Wege des Realsplittings geltend machen, da der Betrag von 13.805 € nicht überschritten wird. Der Abzug der nach dem Wegzug erbrachten Unterhaltszahlungen als Sonderausgaben scheitert daran, dass F die weiteren Zahlungen nicht mehr im Inland versteuern muss.

Eine Ausnahme gilt für **deutsche Staatsangehörige,** die im Inland weder einen Wohnsitz noch ihren gewöhnlichen Aufenthalt haben und zu einer juristischen Person des öffentlichen Rechts in einem Dienstverhältnis stehen und dafür Arbeitslohn aus einer inländischen öffentlichen Kasse beziehen (§ 1 Abs. 2 EStG). Auch dieser Personenkreis ist unbeschränkt steuerpflichtig.

330

Eine weitere Ausnahme gilt für **Staatsangehörige eines Mitgliedstaates der Europäischen Union** oder eines Staates, auf den das Abkommen über den Europäischen Wirtschaftsraum anwendbar ist. Für diesen Personenkreis sind Unterhaltsleistungen an den geschiedenen oder dauernd getrennt lebenden Ehegatten auch dann als Sonderausgaben abziehbar, wenn der Empfänger nicht unbeschränkt einkommensteuerpflichtig ist. Voraussetzung ist, dass der Empfänger seinen Wohnsitz oder gewöhnlichen Aufenthalt im Hoheitsgebiet eines anderen Mitgliedstaates der Europäischen Union oder eines Staates hat, auf den das Abkommen über den Europäischen Wirtschaftsraum Anwendung findet. Weitere Voraussetzung ist, dass die Besteuerung der Unterhaltszahlung beim Empfänger durch eine **Bescheinigung der zuständigen ausländischen Behörde** nachgewiesen wird (§ 1a Abs. 1 Nr. 1 EStG). Probleme ergeben sich insbesondere beim Realsplitting bei Wohnsitz des Unterhaltsempfängers in Österreich, da dort die erforderliche Bescheinigung über die Besteuerung der Unterhaltszahlungen nicht erbracht werden kann.

331

Kann die für den Abzug der an einen in einem anderen Mitgliedstaat der EU wohnenden, geschiedenen oder dauernd getrennt lebenden Ehegatten geleisteten Unterhaltszahlungen nach § 1a Abs. 1 Nr. 1 Satz 3 EStG erforderliche Bescheinigung über die Besteuerung der Unterhaltszahlungen nicht erbracht werden, weil in dem jeweiligen Mitgliedstaat – wie hier: in Österreich – die Unterhaltszahlungen nicht steuerpflichtig sind, führt dies weder zur Verfassungswidrigkeit der Regelungen des § 1a Abs. 1 Nr. 1 EStG noch liegt ein Verstoß gegen das Diskriminierungsverbot nach Art. 12 EG oder gegen das Recht auf Freizügigkeit nach Art. 18 EG vor (FG München, Urt. v. 20.2.2002, 9 K 3683/99 Revision eingelegt, Az. BFH XI R 5/02, EFG 2002, 528).

332

333 Ist der Empfänger nicht unbeschränkt einkommensteuerpflichtig, kann ein Abzug der Unterhaltsleistung auch aufgrund eines **Doppelbesteuerungsabkommens** in Betracht kommen. Nach dem Stand vom 1.1.2002 gibt es entsprechende Regelungen in den Doppelbesteuerungsabkommen mit **Kanada** (BStBl. I 1982 S. 752, 762), den **USA** (BStBl. I 1991 S. 94, 108) und **Dänemark** (BStBl. I 1996 S. 1219, 1225).

334 Für die **Schweiz** gilt für die Unterhaltsleistungen an einen geschiedenen oder dauernd getrennt lebenden Ehegatten in der Schweiz aufgrund einer **Verständigungsvereinbarung** entsprechendes (BMF-Schreiben v. 5.11.1998, BStBl. I 1998 S. 1392). Für Unterhaltszahlungen, die eine in Deutschland ansässige natürliche Person zahlt, werden beim Zahlenden bei der Ermittlung seines zu versteuernden Einkommens dieselben steuerlichen Abzüge gewährt, die er erhielte, wenn der Empfänger in Deutschland ansässig wäre. Voraussetzung ist, dass der Empfänger der Zahlungen in der Schweiz mit diesen Einkünften der ordentlichen Besteuerung unterliegt und dies durch eine Bescheinigung der zuständigen kantonalen Steuerbehörde nachgewiesen wird. Im umgekehrten Fall bei Unterhaltszahlungen an einen geschiedenen oder dauernd getrennt lebenden Ehegatten in Deutschland unterliegen die Zahlungen nach § 22 Nr. 1 EStG in voller Höhe der Einkommensteuer, wenn der Zahlungsverpflichtete nicht unbeschränkt einkommensteuerpflichtig ist.

4. Zustimmung des anderen Ehegatten

335 Der Abzug von Unterhaltsleistungen im Rahmen des Realsplittings hängt von der Zustimmung des Empfängers ab. Eine **Frist** für die Erteilung der Zustimmung besteht nicht. Die Zustimmung kann auch nach Eintritt der Bestandskraft der Steuerbescheide erteilt werden. Sie kann auch noch in einem Klageverfahren des Unterhaltsverpflichteten gegen seinen Steuerbescheid vor dem Finanzgericht erteilt werden. Das Gesetz sieht für die Erteilung der Zustimmung keine besondere **Form** vor. Die Finanzverwaltung verlangt für die Zustimmung regelmäßig die schriftliche Erklärung in der „Anlage U". Diese Anlage wurde bei Einführung des Realsplittings von der Finanzverwaltung vorgegeben (BMF-Schreiben v. 7.12.1978, BStBl. I 1978 S. 539, 542). Die Zustimmung kann aber auch durch formloses Schreiben erteilt werden.

336 Ein Ehegatte ist auch dann zur Abgabe der Zustimmungserklärung zu dem sog. begrenzten Realsplitting verpflichtet, wenn es zweifelhaft erscheint, ob steuerlich geltend gemachte Aufwendungen dem Grunde und der Höhe nach als Unterhaltsleistungen i. S. d. § 10 Abs. 1 Nr. 1 EStG anerkannt werden. Die Zustimmung bedarf keiner besonderen Form, insbesondere nicht der zusätzlichen Unterzeichnung des Vordrucks „Anlage U". Es genügt, wenn sie nachweisbar, etwa schriftlich oder zur Niederschrift des Finanzamts, erklärt wird. Ein weitergehender Anspruch auf Erteilung der Zustimmung in der Form der Unterzeichnung des Vordrucks **Anlage U** besteht nicht. Nach dem Wortlaut des Vordrucks Anlage U bestätigt der Ehegatte mit seiner Unterschrift zugleich die Richtigkeit der von dem Antragsteller angegebenen Unterhaltsleistungen. Das kann von dem Ehegatten nicht verlangt werden (BGH, Beschl. v. 29.4.1998, XII ZR 266/96, HFR 1999, 53; LEXinform Dok. 162598).

337 Die Finanzämter sind nicht verpflichtet zu prüfen, ob die **Verweigerung** der Zustimmung **rechtsmissbräuchlich** ist. Auch bei rechtsmissbräuchlicher Verweigerung ist die Zustimmung Abzugsvoraussetzung (BFH, Urt. v. 25.7.1990, X R 137/88, BStBl. II 1990 S. 1022). Der Empfänger ist jedoch zivilrechtlich verpflichtet zuzustimmen, soweit er keinen finanziellen Nachteil hat. Das Urteil dieses Zivilprozesses bzw. der Prozessvergleich ersetzen die Zustimmung (BFH, Urt. v. 25.10.1988, IX R 53/84, BStBl. II 1989 S. 192). Klagen auf Zustimmung und Freistellung sind **Familiensachen** (Kalthoener/Büttner/Niepmann, Die Rechtsprechung zur Höhe des Unterhalts, Rn. 889). Die Zustimmung wirkt, bis sie widerrufen wird. Die Zustimmung wirkt auch dann bis zum **Widerruf,** wenn sie im Rahmen eines Vergleichs erteilt wird.

Der **Widerruf** der Zustimmung muss **vor Beginn des Kalenderjahres,** für den er wirksam werden 338
soll, gegenüber dem Finanzamt erklärt werden (§ 10 Abs. 1 Nr. 1 Satz 4 EStG). Ein Widerruf
gegenüber dem Steuerpflichtigen hat keine Wirkung. Wurde die Zustimmung durch eine rechtskräftige Verurteilung ersetzt, (§ 894 Abs. 1 ZPO) wirkt diese Zustimmung nur für das Kalenderjahr, das Gegenstand des Rechtsstreits war (BFH, Urt. v. 25.10.1988, a. a. O.). Die Zustimmung ist
bedingungsfeindlich. Sie kann der Höhe nach beschränkt werden.

Eine **spätere Ermäßigung** oder **Rücknahme** ist nicht möglich. Wurde dem Finanzamt die „An- 339
lage U" eingereicht und die Durchführung des Realsplittings beantragt, kann im Einspruchsverfah-
ren nicht nachträglich eine betragsmäßige Minderung beantragt werden (FG Köln, Urt. v.
21.3.1996, 5 K 5048/95, EFG 1997, 164; bestätigt durch BFH, Urt. v. 22.9.1999, XI R 121/96,
BStBl. II 2000, S. 218). Die in der „Anlage U" erteilte Zustimmung kann als öffentlich-rechtliche
Willenserklärung nicht zurückgenommen werden. Antrag und Zustimmung zum begrenzten Realsplitting können nicht – auch nicht übereinstimmend – zurückgenommen oder nachträglich
beschränkt werden.

Hat die aus dem gemeinsamen Hausstand ausziehende Ehefrau auch **Möbel** mitgenommen, die in 340
der „Anlage U" neben dem Barunterhalt als Sachleistungen ausgewiesen sind, besteht eine Steuerpflicht nur hinsichtlich des Barunterhalts. Nur die tatsächlich erbrachten Unterhaltsleistungen können als Einkünfte in die Steuerfestsetzung Eingang finden. Die Mitnahme der Möbel geschieht im
Rahmen der Hausratsverteilung und stellt keine Unterhaltsleistung in Form von Sachleistungen dar
(Hessisches FG, Urt. v. 29.8.1996, 7 K 4328/89 rechtskräftig, EFG 1997, 273).

Erteilt der unterhaltsberechtigte Ehegatte seine Zustimmung zum Abzug als Sonderausgabe erst 341
nachdem der Einkommensteuerbescheid bestandskräftig geworden ist oder wird erst dann der
Antrag auf Abzug als Sonderausgabe (§ 10 Abs. 1 Nr. 1 Satz 1 EStG) gestellt, liegt ein **rückwir-
kendes Ereignis** vor, das eine nachträgliche Änderung des Steuerbescheides nach § 175 Abs. 1
Satz 1 Nr. 2 AO erlaubt (BFH, Urt. v. 12.7.1989, X R 8/84, BStBl. II 1989, S. 957).

Beispiel:
*A hat seinen Einkommensteuerbescheid für 2001 im Dezember 2002 erhalten. Im Sommer
2003 erteilt die geschiedene Ehefrau F des A ihre Zustimmung zum Realsplitting für 2001.*

*Die in 2001 gezahlten Unterhaltszahlungen von 13.805 € müssen nachträglich in 2001
berücksichtigt werden, wenn A dies beantragt. Mit Ablauf des Kalenderjahres 2005 tritt allerdings Festsetzungsverjährung ein, so dass dann Änderungen nicht mehr möglich sind.*

Hinweis:
*Das Realsplitting kann auch noch nachträglich in bereits veranlagten Kalenderjahren berück-
sichtigt werden.*

Die **Rechtsanwaltskosten,** die ein Steuerpflichtiger aufwendet, um die Zustimmung seines geschie- 342
denen oder dauernd getrennt lebenden unbeschränkt steuerpflichtigen Ehegatten zum sog. begrenzten Realsplitting zu erlangen, sind keine Steuerberatungskosten i. S. d. Sonderausgaben (§ 10 Abs. 1
Nr. 6 EStG). Die entstandenen Rechtsanwaltskosten sind nicht, wie z. B. Fahrtkosten zum Steuerberater, durch die Steuerberatung veranlasst oder stehen mit ihr in unmittelbarem Zusammenhang,
vielmehr handelt es sich um Nebenkosten, die selbst keine Sonderausgaben sind (BFH, Urt. v.
14.11.2001, X R 120/98, DB 2002, 179). Auch ein Abzug nach § 10 Abs. 1 Nr. 1 EStG ist nicht
möglich, da dieser auf Unterhaltsleistungen an den geschiedenen oder dauernd getrennt lebenden
Ehegatten beschränkt ist (BFH, Urt. v. 10.3.1999, XI R 86/95 BStBl. II 1999, S. 522).

5. Umfang und Inhalt der Unterhaltsleistung

a) Allgemeines

343 Ob die Unterhaltsleistungen freiwillig oder aufgrund gesetzlicher Unterhaltspflicht erbracht werden, ist unerheblich. Auch Unterhalt, der als Sachleistung erbracht wird, ist zu berücksichtigen. Zu berücksichtigen sind laufende und einmalige freiwillige Leistungen, Pflichtleistungen, Geld- und Sachleistungen. Sachleistungen sind i. d. R. mit dem Verkehrswert zu bewerten.

b) Geldzahlungen

344 Zum Ansatz kommen nur die **tatsächlich erbrachten Unterhaltsleistungen.** Wurde der Antrag auf Realsplitting (§ 10 Abs. 1 Nr. 1 EStG) gestellt, sind die Unterhaltszahlungen begrifflich Sonderausgaben, so dass ein Abzug als außergewöhnliche Belastung auch insoweit entfällt, als der Antrag auf einen unter 13.805 € liegenden Betrag beschränkt wird oder die Zuwendungen den Betrag von 13.805 € übersteigen. Die tatsächlich geleisteten Unterhaltszahlungen muss der Empfänger nach § 22 Nr. 1a EStG versteuern.

Beispiel:

F hat ihrem geschiedenen Mann M ihre Zustimmung zum Realsplitting i. H. v. 13.805 € gegeben. Tatsächlich bezahlt M der F aber nur 12.000 €.

F muss nach § 22 Nr. 1a EStG nur den erhaltenen Betrag versteuern. M kann seinerseits nur den tatsächlich bezahlten Betrag im Rahmen der Sonderausgaben abziehen.

345 Unterhaltsleistungen sind als **sonstige Einkünfte** beim Empfänger nur in dem Umfang anzusetzen, in dem der Geber innerhalb des gesetzlich vorgegebenen Rahmens den Abzug der Zahlungen als Sonderausgaben beantragt hat und diesem Antrag tatsächlich entsprochen worden ist. Der Antrag des Gebers, die Unterhaltsleistungen als Sonderausgaben abzuziehen, kann auf einen Teil der Zahlungen beschränkt werden (FG Münster, Urt. v. 12.4.2000, 8 K 3457/96 rechtskräftig, EFG 2000, 1002).

c) Wohnungsüberlassung

346 Bei **unentgeltlicher Überlassung** einer eigenen Wohnung/Haus werden Unterhaltsleistungen nur i. H. d. durch die Nutzung verursachten Aufwendungen anerkannt, die der Unterhaltsverpflichtete getragen hat.

Bei diesen Sachleistungen kann es sich handeln um die Kosten für:

- Grundsteuer,
- Heizung,
- Strom,
- Wasser,
- Abwasser und
- Müllbeseitigung.

347 Trägt der Wohnungs**geber** jedoch **Schuldzinsen** und andere **Finanzierungskosten,** übernimmt er den Erhaltungsaufwand, trägt er die **Abschreibung** oder **Feuerversicherungsbeiträge**, kann er diese Kosten nicht im Rahmen der Unterhaltsleistungen ansetzen (H 86b EStR Stichwort Unterhaltsleistung).

Beispiel:

A überlässt dem geschiedenen Ehegatten zur Erfüllung seiner Unterhaltspflicht eine ihm gehörende Eigentumswohnung ohne Mietzins. Der Nutzungswert beträgt monatlich 500 €. A bezahlt für die Finanzierung der Wohnung 1.000 € Zinsen im Jahr. Die Grundsteuer, die Kosten für Heizung, Strom, Wasser, Abwasser- und Müllbeseitigung betragen 1.600 €. Als Unterhaltsleistungen an den geschiedenen Ehegatten können nur die Kosten für die Grundsteuer, die Kosten von Heizung, elektrischem Strom, Wasser, Abwasser- und Müllbeseitigung i. H. v. 1.600 € angesetzt werden.

Soweit der Ehegatte zustimmt, kann A die 1.600 € Unterhalt beim Realsplitting geltend machen. Ohne Zustimmung entfällt der Sonderausgabenabzug insgesamt.

Die Mietzahlung für eine fremd angemietete Wohnung wären zwar unstreitig als Unterhalt abzugsfähig, nicht aber der Nutzungswert i. H. v. 500 € für die Überlassung einer Wohnung zur Abgeltung der Unterhaltsverpflichtung. Eine solche Überlassung ist ein unentgeltlicher Vorgang, durch den A keine Einnahmen erzielt. Er kann für die Wohnung daher auch keine Werbungskosten (z. B. die Finanzierungskosten i. H. v. 1.000 €) geltend machen.

Die **unentgeltliche Überlassung** der Wohnung an den **Angehörigen** (§ 15 AO) stellt eine Nutzung zu eigenen Wohnzwecken i. S. d. Eigenheimzulagengesetzes dar (§ 4 Satz 2 EigZulG), so dass bei Erfüllung der anderen Voraussetzungen die Inanspruchnahme der Eigenheimzulage möglich ist (s. auch Rn. 278). 348

Wird dem geschiedenen Ehegatten die Wohnung jedoch aufgrund eines steuerlich anzuerkennenden **Mietvertrages** überlassen und die Miete mit dem geschuldeten **Barunterhalt verrechnet**, stellt dies keinen Missbrauch von Gestaltungsmöglichkeiten dar (BFH, Urt. v. 16.1.1996, IX R 13/92, BStBl. II 1996 S. 214). Nach Auffassung des BFH macht das Motiv, Steuern zu sparen, eine rechtliche Gestaltung nicht rechtsmissbräuchlich. Auch Angehörigen steht es frei, ihre Rechtsverhältnisse untereinander möglichst günstig zu gestalten. 349

Die Voraussetzungen für die Anerkennung des Mietvertrages sind: 350

- zivilrechtlich wirksamer Mietvertrag (am besten Formularvertrag) vor Bezug,
- tatsächliche Durchführung der vertraglichen Regelungen (aller!; insbesondere regelmäßige Zahlung der Miete),
- Inhalt des Vertrages und dessen Durchführung entsprechen dem unter fremden Dritten Üblichen.

6. Unterhaltsabfindungen im Realsplitting

Entscheidend für die Erfassung der Unterhaltsleistungen ist grds. beim Zahler das Jahr des Abflusses und beim Empfänger das Jahr des Zuflusses. Dies führt bei Zahlungen zur Abfindung des Unterhaltsanspruches dazu, dass nur im Jahr der Zahlung das Realsplitting geltend gemacht werden kann. Durch den **Höchstbetrag** von 13.805 € bleiben damit regelmäßig große Beträge steuerlich unberücksichtigt. 351

Ist ein zwischen geschiedenen Ehegatten geschlossener **Vergleich** beim Familiengericht dahingehend auszulegen, dass der Ehemann eine Vorauszahlung auf den Gesamtunterhalt geleistet, aber **kein Darlehen gewährt** hat, können in späteren Veranlagungszeiträumen keine Unterhaltszahlungen berücksichtigt werden, die durch eine „Aufrechnung" der Ehefrau mit einem „Darlehensrückerstattungsanspruch" des Ehemannes entstanden sein sollen. Nur im Jahr der tatsächlichen Zahlung kann der Abzugsbetrag des Realsplittings in Anspruch genommen werden (FG München, Urt. v. 24.5.1996, 8 K 1320/94 rechtskräftig, LEXinform Dok. 136887). 352

Ein Weg zur vollständigen Berücksichtigung der Zahlung könnte darin liegen, zunächst nur ein Darlehen zu gewähren. Die Tilgung des Darlehens erfolgt durch die Verrechnung mit den jährlichen Unterhaltszahlungen. Die jährliche Verrechnung führt dann zu Abflüssen von Unterhaltszahlungen in mehreren Kalenderjahren. In jedem Jahr der Verrechnung kann der Höchstbetrag des Realsplittings in Anspruch genommen werden. Das Finanzamt wird diese Darlehensgewährung jedoch nur anerkennen, wenn sämtliche Voraussetzungen für die Anerkennung von Familienverträgen eingehalten worden sind (s. auch Rn. 386). 353

7. Anpassung der Vorauszahlungen

354 Auf die vermeintliche Steuerschuld des laufenden Jahres sind Vorauszahlungen zu leisten. Die Vorauszahlungen bemessen sich grds. nach der Einkommensteuer, die sich nach Anrechnung der Steuerabzugsbeträge und der anrechenbaren Körperschaftsteuer bei der **letzten** Veranlagung ergeben hat (§ 37 Abs. 3 Satz 2 EStG). Auch wenn die Zustimmung zum Realsplitting nicht vor Beginn des Vorauszahlungszeitraums widerrufen worden ist, ergibt sich daraus nicht zwingend die Steuerpflicht der Unterhaltszahlungen beim Empfänger. Die Einkommensverhältnisse der Vorjahresveranlagung können bei der Festsetzung der Vorauszahlungen nicht in jedem Fall zugrunde gelegt werden. Die Steuerpflicht der Unterhaltszahlungen tritt solange nicht ein, bis der Leistende von seinem Wahlrecht zum Sonderausgabenabzug Gebrauch gemacht hat. Die Steuerpflicht der Unterhaltszahlungen steht insoweit unter einer **aufschiebenden Bedingung.** Die Besteuerungsgrundlagen des Vorjahres sind deshalb beim Unterhaltsempfänger nicht ohne weiteres zu übernehmen. Übt der Unterhaltsleistende erst im Rahmen seiner Veranlagung oder gar nicht das Wahlrecht zum Sonderausgabenabzug aus, sind die Unterhaltszahlungen bei der Festsetzung der Vorauszahlungen des Empfängers nicht zu berücksichtigen. Wird jedoch vom Unterhaltsleistenden eine Berücksichtigung der Sonderausgaben im Lohnsteuerermäßigungsverfahren oder bei der Festsetzung seiner Vorauszahlungen beantragt, unterstellt das Finanzamt die Steuerpflicht der Leistungen beim Empfänger. In diesen Fällen wird die Festsetzung der Vorauszahlungen unter Ansatz der Unterhaltszahlungen (Einkünfte nach § 22 Nr. 1a EStG) durchgeführt. Das Finanzamt des Unterhaltsleistenden informiert das für den Unterhaltsempfänger zuständige Finanzamt über die Antragstellung (Verfügung OFD München v. 27.8.1998, S 2297 – 34/3 St 41, LEXinform Dok. 165675).

> *Hinweis:*
> Da bei Ermittlung der Einkommensteuervorauszahlungen im maschinellen Verfahren regelmäßig die Besteuerungsgrundlagen hinsichtlich des Realsplittings aus der (letzten) Einkommensteuerveranlagung übernommen werden, muss der Unterhaltsempfänger darauf achten, rechtzeitig gegen die Festsetzung der Vorauszahlung **Einspruch** einzulegen.

8. Steuerpflicht beim Empfänger

355 Unterhaltszahlungen im Rahmen des Realsplittings sind als sonstige Einkünfte i. S. v. § 22 Nr. 1a EStG beim Empfänger zu erfassen, wenn **zuvor** der Sonderausgabenabzug beim Geber gewährt worden ist. Bei der Einführung des Realsplittings ist der Gesetzgeber davon ausgegangen, dass der Sonderausgabenabzug beim Geber und die Steuerpflicht beim Empfänger miteinander korrespondieren sollen. Die Steuerpflicht der Unterhaltsleistungen knüpft danach nicht an die **abstrakte** Möglichkeit der Abziehbarkeit der Unterhaltsleistungen an. Sie setzt vielmehr voraus, dass alle Voraussetzungen für eine Abziehbarkeit erfüllt sein müssen:

- tatsächliche Leistung von Unterhalt und
- Antrag des Gebers auf Berücksichtigung der Zahlungen als Sonderausgaben sowie
- Zustimmung des Empfängers zur Berücksichtigung der Zahlungen als Sonderausgaben beim Geber.

Nur soweit der Geber in dem vom Gesetzgeber vorgegebenen Rahmen einen Antrag auf Berücksichtigung der Zahlungen als Sonderausgaben stellt und diese tatsächlich auch als Sonderausgaben berücksichtigt werden und zu einer Minderung der Einkommensteuer beim Geber führen, sind die Zahlungen als sonstige Einkünfte beim Empfänger zu berücksichtigen.

356 Unterhaltszahlungen an den **getrennt lebenden Ehegatten,** für die das Realsplitting vereinbart worden ist, werden erst dann zu steuerpflichtigen Einkünften beim Empfänger, wenn die Beträge beim Geber unter Vorlage der Anlage U als Sonderausgaben i. S. v. § 10 Abs. 1 Nr. 1 EStG geltend gemacht und vom Finanzamt bei dessen Einkommensteuerveranlagung auch steuermindernd

berücksichtigt worden sind. Sie dürfen frühestens zu diesem Zeitpunkt bei der Einkommensteuerveranlagung des Empfängers als sonstige Einkünfte i. S. v. § 22 Nr. 1a EStG angesetzt werden. Die Angabe der Unterhaltszahlungen in der Anlage SO zur Einkommensteuererklärung durch den Empfänger ist solange ohne steuerliche Bedeutung, als die entsprechenden Beträge beim Geber noch nicht steuermindernd als Sonderausgaben berücksichtigt worden sind (FG Hamburg, Urt. v. 13.6.1995, III 170/93, EFG 1995, 894).

9. Wirkung des Realsplittings

Der Unterhaltsempfänger muss die als Sonderausgaben abgesetzten Zahlungen als sonstige Einkünfte nach § 22 Nr. 1a EStG versteuern. Da er Einnahmen erzielt, kann er auch **Werbungskosten** davon abziehen. Als Mindestbetrag kommt der Werbungskostenpauschbetrag i. H. v. 102 € zum Abzug (§ 9a Nr. 1c EStG). 357

Aufgrund der Höhe von 13.805 € hat das Realsplitting für gescheiterte Ehen in den meisten Fällen die gleiche steuermindernde Wirkung wie das Splittingverfahren für intakte Ehen. Bei Anwendung des Realsplittings für Unterhaltszahlungen **an mehrere geschiedene Ehegatten** können sich sogar **Vorteile** ergeben. 358

Beispiel 1:

*A hat ein zu versteuerndes Einkommen von 50.000 €. Dafür zahlt er in 2003 nach der Grundtabelle 14.440 € Steuern. Nimmt er für die Unterhaltszahlungen **an seine beiden** geschiedenen Ehegatten das Realsplitting mit jeweils 13.805 € in Anspruch, hat er noch 22.390 € zu versteuern, wofür er nur noch 3.940 € Steuern bezahlt. Die unterhaltsberechtigten Ehegatten haben jeweils ein zu versteuerndes Einkommen i. H. v. 13.667 € (= 13.805 € ./. 102 € Werbungskostenpauschbetrag ./. 36 € Sonderausgabenpauschbetrag). Die Steuer hierauf beträgt jeweils 1.509 €. Das ergibt eine Gesamtsteuerlast von 6.958 € und eine Gesamtsteuerersparnis von 7.442 € (= 14.440 € ./. 6.958 €).*

Der Begriff der Unterhaltsleistungen beim Realsplitting ist weiter, als der Begriff der Unterhaltsleistungen bei den außergewöhnlichen Belastungen (§ 33a Abs. 1 EStG). Beim Realsplitting können alle **derartigen** Aufwendungen abgezogen werden. Auch freiwillige oder einmalige Leistungen, selbst wenn sie rückwirkend erbracht werden, zählen dazu. Es spielt keine Rolle, ob die Unterhaltszuwendungen in Form von Geld oder als Sachleistung, für die i. d. R. der Verkehrswert anzusetzen ist, geleistet werden. Diese weite Auslegung des Unterhaltes kann aber auch Nachteile haben. 359

Beispiel 2:

M zahlt im Rahmen des Realsplittings regelmäßige Unterhaltsleistungen an seine geschiedene Frau F von mehr als 13.805 € pro Jahr. Da F schwer erkrankt, zahlt M ihr zusätzlich noch als Sonderbedarf i. S. d. § 1613 Abs. 2 BGB die nicht erstatteten Krankheitskosten von 6.000 €. Auch Unterhaltsleistungen als Sonderbedarf werden vom Höchstbetrag des Realsplittings (§ 10 EStG) erfasst. Sonderausgaben verdrängen die außergewöhnlichen Belastungen, auch wenn sie wegen eines Höchstbetrages nicht abzugsfähig sind. Ein Abzug der Kosten von 6.000 €, die sich beim Realsplitting aufgrund des Höchstbetrages nicht auswirken, ist daher auch nicht bei den außergewöhnlichen Belastungen möglich (§ 33 Abs. 2 Satz 2 EStG). S. Rn. 379.

Aufgrund des progressiven Steuertarifs und verschiedener Freibeträge heben sich die Vorteile beim Unterhaltszahler und die Nachteile beim Unterhaltsempfänger regelmäßig **nicht** auf. 360

Vorteile ergeben sich insbesondere, wenn die Unterhaltsleistungen im Rahmen des Realsplittings auf den Betrag begrenzt werden, der beim Unterhaltsempfänger ohnehin steuerfrei bleibt.

Beispiel 3:

M muss an seine geschiedene Ehefrau F Unterhalt bezahlen. Da F den gemeinsamen dreijährigen Sohn in ihrem Haushalt versorgt, geht sie keiner Erwerbstätigkeit nach. Bei F tritt in 2003 eine Steuerpflicht nach Überschreiten folgender Grenzen ein:

Grundfreibetrag (§ 32a Abs. 1 Nr. 1 EStG)	*7.235 €*
Haushaltsfreibetrag (§ 32 Abs. 7 EStG)	*2.340 €*
Werbungskostenpauschbetrag (§ 9a Nr. 3 EStG)	*102 €*
Sonderausgabenpauschbetrag (§ 10c Abs. 1 EStG)	*36 €*
nicht steuerpflichtige Bezüge insgesamt	*9.713,00 €*

Der Unterhaltsleistende kann sich die Unterhaltszahlungen im Rahmen des Realsplittings auch als Freibetrag auf der Lohnsteuerkarte eintragen lassen (§ 39a Abs. 1 Nr. 2 EStG).

III. Unterhalt als außergewöhnliche Belastung (§ 33a EStG)

1. Voraussetzungen

361 Unterhaltszahlungen an den geschiedenen oder dauernd getrennt lebenden Ehegatten können bis zu **höchstens 7.188 € als außergewöhnliche Belastungen** abgezogen werden. Sie stellen zwangsläufige Aufwendungen i. S. d. § 33a Abs. 1 EStG dar. Es dürfen aber weder die Voraussetzungen der Ehegattenbesteuerung (§ 26 ff. EStG) vorliegen, noch darf das Realsplitting in Anspruch genommen werden. Auch im Veranlagungszeitraum der Trennung sind die Aufwendungen für den Ehegattenunterhalt nicht nach § 33a Abs. 1 EStG abziehbar (BFH, Urt. v. 31.5.1989, III R 166/89, BStBl. II 1989 S. 658). Eine Quotelung nach der Zahl der Trennungsmonate erfolgt nicht. Auch für den Teil der Unterhaltsaufwendungen, der den zulässigerweise als Sonderausgaben abgezogenen Teil übersteigt, ist der Abzug als außergewöhnliche Belastung (§ 33a Abs. 1 EStG) ausgeschlossen.

Beispiel:

*M zahlt an seine geschiedene Ehefrau F 20.000 € Unterhalt. Die Ehefrau erteilt die Zustimmung zum Realsplitting. M kann nur 13.805 € Unterhaltszahlungen pro Kalenderjahr im Rahmen des Realsplittings geltend machen. Die übrigen 6.195 € kann M **auch nicht** im Rahmen des Höchstbetrages als außergewöhnliche Belastung steuermindernd abziehen.*

362 Unterhaltsleistungen an geschiedenen oder dauernd getrennt lebenden Ehegatten werden durch Antrag und Zustimmung in vollem Umfang **zu Sonderausgaben umqualifiziert.** Durch die **Antragstellung des Unterhaltsleistenden** mit **Zustimmung des Empfängers** nach § 10 Abs. 1 Nr. 1 EStG werden die gesamten, in dem Kalenderjahr geleisteten Unterhaltsaufwendungen – unbeschadet einer betragsmäßigen Begrenzung durch den Antragsteller oder durch den Höchstbetrag – zu Sonderausgaben umqualifiziert. Für den Abzug ist es unerheblich, ob es sich um laufende oder einmalige Leistungen bzw. um Nachzahlungen oder Vorauszahlungen handelt. Die der Art nach den Sonderausgaben zuzuordnenden Aufwendungen können auch nicht insoweit als außergewöhnliche Belastungen abgezogen werden, wie sie den für das Realsplitting geltenden Höchstbetrag übersteigen (BFH, Urt. v. 7.11.2000, III R 23/98, BStBl. II 2001 S. 338). Unterbleibt der Antrag auf Realsplitting, können die Unterhaltsaufwendungen als außergewöhnliche Belastungen geltend gemacht werden.

363 Bei Unterhaltszahlungen an den Ehegatten ist regelmäßig die Voraussetzung erfüllt, dass **niemand Anspruch auf Kindergeld** bzw. einen Kinderfreibetrag für den Ehegatten hat. Hat der Steuerpflichtige oder ein anderer für die unterhaltene Person Anspruch auf einen Kinderfreibetrag, so ist die Anwendung des § 33a Abs. 1 EStG auch dann ausgeschlossen, wenn sich der Kinderfreibetrag nicht auswirkt oder der Anspruch darauf nicht geltend gemacht wird.

2. Vergleich zum Realsplitting

Im Gegensatz zum Realsplitting zählen zum Unterhalt i. S. d. § 33a Abs. 1 EStG nur die typischen und üblichen Unterhaltsaufwendungen. Dazu können auch gelegentliche oder einmalige Zahlungen gehören, sofern sie nicht nachträglich für Vormonate und auch nicht zur Deckung des Unterhaltsbedarfes für das Folgejahr gezahlt werden (H 190 EStR Stichwort Allgemeines zum Abzug von Unterhaltsaufwendungen). Anders als beim Sonderausgabenabzug ist in § 33a EStG eine **zeitanteilige Kürzung** vorgesehen, wenn die Aufwendungen z. B. nur für einen Teil des Veranlagungszeitraumes bezahlt werden.

Beispiel 1:

*Die Ehegatten M und F leben seit Anfang 2001 dauernd getrennt. M ist Alleinverdiener. F ist Hausfrau und geht auch nach der Trennung keiner Erwerbstätigkeit nach. M hat in 2002 ein zu versteuerndes Einkommen von 50.000 €. Die Anwendung der Grundtabelle in 2002 führt zu einer Steuerlast von 14.440 €, so dass dem M nach Zahlung der Steuer 35.560 € verbleiben. Aus diesem versteuerten Einkommen muss M seine Unterhaltsleistungen erbringen, wenn F ihre Zustimmung zum Realsplitting **verweigert**. M leistet Unterhalt i. H. v. 14.000 € pro Jahr. Der Unterhalt kann sich nur als außergewöhnliche Belastung mit höchstens 7.188 € auswirken. Das zu versteuernde Einkommen des M von 50.000 € vermindert sich in 2002 aufgrund der Unterhaltszahlungen um 7.188 € (= Höchstbetrag nach § 33a Abs. 1 EStG) auf 42.812 €. Dafür bezahlt M 11.308 € Einkommensteuer nach der Grundtabelle 2002. Da F die erhaltenen Unterhaltszahlungen nicht versteuern muss, beträgt die Steuerersparnis bei M 3.132 € (= 14.440 € ./. 11.308 €).*

Beispiel 2:

Sachverhalt wie Beispiel 1 mit der Abweichung, dass F ab 1.7.2002 einer Erwerbstätigkeit nachgeht und die Unterhaltspflicht ab diesem Zeitpunkt entfällt. Von den bis Juni als Unterhalt gezahlten 7.000 € kann M nur 6/12 des Höchstbetrages von 7.188 €, also 3.594 € geltend machen. Die von F ab Juli bezogenen eigenen Einkünfte führen nicht zu einer Kürzung des Höchstbetrages (§ 33a Abs. 4 Satz 2 EStG).

3. Sonstige Voraussetzungen

a) Anrechnung eigener Einkünfte und Bezüge

Voraussetzung für den Abzug von Unterhaltsaufwendungen als außergewöhnliche Belastungen ist, dass die unterhaltene Person kein oder nur ein geringes Vermögen besitzt und auch keine eigenen Einkünfte erzielt. Hat die unterhaltene Person Einkünfte oder gesetzlich bestimmte Bezüge, vermindert sich der Betrag von 7.188 € um den Betrag, um den diese Einkünfte und Bezüge den Betrag von 624 € im Kalenderjahr übersteigen. Gekürzt wird der Höchstbetrag von 7.188 € auch um Zuschüsse, die die unterhaltene Person als Ausbildungshilfe aus öffentlichen Mitteln oder von Förderungseinrichtungen, die hierfür öffentliche Mittel erhalten, bezogen hat.

> **Rechenschema:**
>
> Einkünfte gem. Einkommensteuergesetz (§ 13 bis § 22 EStG)
> + eigene Bezüge i. S. d. § 32 Abs. 4 EStG, die zur Bestreitung des Unterhalts bestimmt oder geeignet sind
> + Ausbildungshilfen aus öffentlichen Mitteln
> ./. Aufwendungen zur Erlangung der Bezüge, mindestens 180 € pauschal
> = eigene Einkünfte und Bezüge
> ./. 624 € anrechnungsfreier Betrag
> = **Kürzungsbetrag**
>
> 7.188 € Höchstbetrag für Unterhalts- und Ausbildungsaufwendungen
> ./. Kürzungsbetrag
> = **Verbleibender Höchstbetrag**

366 Als **Einkünfte** sind solche i. S. d. Einkommensteuergesetzes zu verstehen. Sie sind stets in vollem Umfang zu berücksichtigen, also auch soweit sie zur Bestreitung des Unterhalts nicht zur Verfügung stehen oder die Verfügungsbefugnis beschränkt ist, wie z. B. bei einbehaltenen Sozialversicherungsbeiträgen bzw. Leistungen i. S. d. Vermögensbildungsgesetzes.

367 Bei der **Feststellung der anzurechnenden Bezüge** einschließlich der Ausbildungshilfen aus öffentlichen Mitteln sind aus Vereinfachungsgründen insgesamt 180 € im Kalenderjahr abzuziehen, wenn nicht höhere Aufwendungen, die in Zusammenhang mit dem Zufluss der entsprechenden Einnahmen stehen, nachgewiesen oder glaubhaft gemacht werden (R 190 Abs. 5 Satz 2 EStR).

368 Eigene Bezüge sind alle Einnahmen in Geld oder Geldeswert, die nicht im Rahmen der einkommensteuerlichen Einkunftsermittlung erfasst werden. Dies können nicht steuerbare Einnahmen oder durch besondere Vorschriften, z. B. § 3 EStG, für steuerfrei erklärte Einnahmen, sowie nach §§ 40, 40a EStG pauschal versteuerter Arbeitslohn sein. Nach der gesetzlichen Neuregelung (§ 32 Abs. 4 Satz 4 EStG), die der bisherigen Verwaltungsmeinung entspricht, gehören zu den Bezügen auch die **steuerfreien Gewinne** nach den §§ 14, 16 Abs. 4 EStG, § 17 Abs. 3 EStG und § 18 Abs. 3 EStG, die nach § 19 Abs. 2 EStG und § 20 Abs. 4 EStG **steuerfrei bleibenden Einkünfte** sowie **Sonderabschreibungen** und **erhöhte Absetzungen,** soweit sie die höchstmöglichen Absetzungen für Abnutzung nach § 7 EStG übersteigen. Anrechenbar sind nur solche Bezüge, die **zur Bestreitung des Unterhalts bestimmt** oder geeignet sind.

369 Zu den **anrechenbaren** Bezügen gehören insbesondere

- bei Leibrenten i. S. d. § 22 Nr. 1 Satz 3a EStG der Rentenanteil, der über den nicht um die Werbungskosten gekürzten Ertragsanteil hinausgeht,
- die nach § 13 Vermögensbildungsgesetz gezahlte Arbeitnehmer-Sparzulage,
- Unterhaltsbeträge des Sozialamts, soweit dieses von einer Rückforderung bei gesetzlich unterhaltsverpflichteten Steuerpflichtigen abgesehen hat,
- der Wehrsold, die Sachbezüge, das Weihnachtsgeld und das Entlassungsgeld von Wehrpflichtigen,
- Einnahmen, die durch Abzug des Versorgungs-Freibetrags (§ 19 Abs. 2 EStG) steuerfrei bleiben,
- Einnahmen, die durch Abzug des **Sparerfreibetrags** (§ 20 Abs. 4 EStG) steuerfrei bleiben.

370 **Nicht anrechenbare** Bezüge sind insbesondere:

- die nach § 3 Nr. 12, 13 und 26 EStG steuerfreien Einnahmen,

F. III. Unterhalt als außergewöhnliche Belastung (§ 33a EStG)

- Leistungen aus einer Pflegeversicherung,
- die im Rahmen der Sozialhilfe geleisteten Beträge für Krankenhilfe (§ 37 BSHG), häusliche Pflege (§ 69 Abs. 2 BSHG) und Mehrbedarf einschließlich Mehrbedarfszuschlag (§ 23 Abs. 1 Nr. 1 BSHG) sowie
- die Sozialhilfeleistungen im Rahmen der Altenhilfe nach § 75 Abs. 2 Nr. 3 BSHG, z. B. sog. Telefonhilfe,
- die Eingliederungshilfe i. S. d. § 40 Abs. 1 BSHG; bei Heimunterbringung gilt dies nur für die Leistungen, die über den üblichen Lebensunterhalt hinaus gewährt werden,
- das Erziehungsgeld nach dem Bundeserziehungsgeldgesetz.

Nicht anzurechnen sind auch Bezüge, die der unterhaltenen Person zweckgebunden wegen eines nach Art und Höhe über das Übliche hinausgehenden besonderen und außergewöhnlichen Bedarfs zufließen.

Beispiel 1:
*Die geschiedene F hat dem Realsplitting bei M i. H. v. 7.271 € (= 7.235 € Grundfreibetrag + 36 € Sonderausgabenpauschbetrag) zugestimmt, da bis zu diesem Betrag bei ihr keine Steuer anfällt. Nimmt M das Realsplitting mit diesem Betrag in Anspruch, entfällt bei ihm der Abzugsbetrag des § 33a Abs. 1 EStG i. H. v. 7.188 €. Stellt er **keinen** Antrag auf Realsplitting, steht dem Abzug von höchstens 7.188 € Unterhaltsaufwendungen als außergewöhnliche Belastung nichts im Wege.*

Beispiel 2:
M zahlt an F 6.000 € Unterhalt. F ist teilzeitbeschäftigt und verdient 4.000 € pro Jahr. Der für M abziehbare Höchstbetrag von 7.188 € ist um 3.376 € (= 4.000 € ./. 624 €) zu kürzen. M kann 3.812 € (= 7.188 € ./. 3.376 €) seiner Unterhaltsaufwendungen als außergewöhnliche Belastung steuermindernd ansetzen.

Beispiel 3 (aus H 190 EStR):
Ein Steuerpflichtiger unterhält im Kalenderjahr seinen Vater. Dieser erhält Versorgungsbezüge i. S. d. § 19 Abs. 2 EStG von jährlich 2.400 € und eine Leibrente von jährlich 3.000 €, deren steuerlich zu erfassender Ertragsanteil 27 % beträgt. Außerdem bezieht er im Kalenderjahr ein steuerfreies Wohngeld von 700 €.

Ungekürzter Höchstbetrag			7.188 €
Einkünfte des Vaters			
Versorgungsbezüge		2.400 €	
Versorgungs-Freibetrag (40 % von 2.400 € =), höchstens 3.072 €	- 960 €		
Arbeitnehmer-Pauschbetrag	- 1.044 €		
	- 2.004 €	- 2.004 €	
Einkünfte i. S. d. § 19 EStG		396 €	396 €
Leibrente	3.000 €		
Hiervon Ertragsanteil 27 %		810 €	
Werbungskosten-Pauschbetrag		- 51 €	
Einkünfte i. S. d. § 22 EStG		759 €	759 €
Summe der Einkünfte			1.155 €

Bezüge des Vaters		
Versorgungsfreibetrag		
Steuerlich nicht erfasster Teil der Rente	2.190 €	
Steuerfreies Wohngeld	700 €	
	2.890 €	
Kostenpauschale	- 180 €	
Bezüge	2.710 €	2.710 €
Summe der Einkünfte und Bezüge		3.865 €
Anrechnungsfreier Betrag		- 624 €
Anzurechnende Einkünfte/Bezüge		3.241 € - 3.241 €
Gekürzter Höchstbetrag		3.947 €

b) Geringes Vermögen

372 Zunächst muss die unterhaltene Person grds. die ihr zur Verfügung stehenden Quellen ausschöpfen. So muss sie zunächst ihre **Arbeitskraft** und ihr **eigenes Vermögen,** wenn es nicht geringfügig ist, einsetzen und verwerten. Als **geringfügig** kann i. d. R. ein Vermögen bis zu einem gemeinen Wert (Verkehrswert) von 15.500 € angesehen werden (R 190 Abs. 3 EStR). Dabei bleiben außer Betracht:

- Vermögensgegenstände, deren Veräußerung offensichtlich eine Verschleuderung bedeuten würde,

- Vermögensgegenstände, die einen besonderen persönlichen Wert, z. B. Erinnerungswert, für den Unterhaltsempfänger haben oder zu seinem Hausrat gehören, und

- ein angemessenes Hausgrundstück, wenn der Unterhaltsempfänger das Hausgrundstück allein oder zusammen mit Angehörigen, denen es nach seinem Tode weiter als Wohnung dienen soll, ganz oder teilweise bewohnt.

c) Zeitanteilige Ermäßigung

373 Für jeden **vollen Kalendermonat,** in dem die Voraussetzungen für den Abzug als außergewöhnliche Belastungen nicht vorgelegen haben, ermäßigen sich Beträge um je ein Zwölftel. Eigene Einkünfte und Bezüge der unterhaltenen Person oder des Kindes, die auf diese Kalendermonate entfallen, vermindern die Höchstbeträge und Freibeträge nicht. Als **Ausbildungshilfe** bezogene Zuschüsse mindern nur die zeitanteiligen Höchstbeträge und Freibeträge der Kalendermonate, für die die Zuschüsse bestimmt sind (§ 33a Abs. 4 EStG).

d) Laufende Unterhaltszahlungen

374 Zu den abziehbaren Aufwendungen (§ 33a Abs. 1 Satz 1 EStG) gehören nur Aufwendungen für den **typischen Unterhalt,** d. h. die üblichen für den laufenden Lebensunterhalt bestimmten Leistungen, sowie Aufwendungen für eine Berufsausbildung. Dazu können auch gelegentliche oder einmalige Leistungen gehören. Diese dürfen aber regelmäßig nicht als Unterhaltsleistungen für Vormonate und auch nicht zur Deckung des Unterhaltsbedarfs für das Folgejahr berücksichtigt werden (BFH, Urt. v. 13.2.1987, III R 196/82, BStBl. II 1987 S. 341). Den Aufwendungen für den typischen Unterhalt sind auch **Krankenversicherungsbeiträge,** deren Zahlung der Steuerpflich-

tige übernommen hat, zuzurechnen. Eine **Kapitalabfindung,** mit der eine Unterhaltsverpflichtung abgelöst wird, kann nur im Rahmen des § 33a Abs. 1 EStG berücksichtigt werden (BFH, Urt. v. 22.1.1971, VI R 47/69, BStBl. II 1971 S. 325).

Erwachsen dem Steuerpflichtigen außer Aufwendungen für den typischen Unterhalt und eine Berufsausbildung Aufwendungen für einen **besonderen Unterhaltsbedarf** der unterhaltenen Person, z.B. Krankheitskosten, so kann dafür eine Steuerermäßigung nach § 33 EStG in Anspruch genommen werden (BFH, Urt. v. 22.7.1988, III R 253/83, BStBl. II 1988 S. 830). 375

e) Nachzahlung von rückständigem Unterhalt

Für zurückliegende Jahre an den geschiedenen Ehegatten geleistete Unterhaltszahlungen können als außergewöhnliche Belastung nach § 33 EStG berücksichtigt werden, und zwar für jedes Jahr in der nach § 33a Abs. 1 EStG in Betracht kommenden Höhe, insbesondere also ohne Kürzung um die zumutbare Belastung. Der Ansatz höherer Beträge, etwa begrenzt auf den jeweiligen Höchstbetrag des Realsplittings, scheidet aus (FG Nürnberg, Urt. v. 19.3.1998, VI 40/98, LEXinform Dok. 146419; bestätigt durch BFH, Urt. v. 7.11.2000, III R 23/98, BFH/NV 2001, G83). Die außergewöhnliche Belastung bei Unterhaltsnachzahlungen kann nur darin bestehen, dass der Steuerpflichtige in den zurückliegenden Jahren die Pauschbeträge nach § 33a Abs. 1 EStG nicht in Anspruch nehmen konnte. 376

f) Verweigerung der Auskunft über eigene Einkünfte und Bezüge

Unterhaltsleistungen des Steuerpflichtigen an den geschiedenen Ehegatten können nur als außergewöhnliche Belastung (§ 33a EStG) berücksichtigt werden, wenn der geschiedene Ehegatte wegen geringen eigenen Vermögens und zu geringer eigener Einkünfte bzw. Bezüge außerstande ist, sich selbst zu unterhalten. Die hierfür im Einzelnen erforderlichen Auskünfte holt das Finanzamt grds. bei dem geschiedenen Ehegatten ein. Dieser kann allerdings die angeforderte Auskunft über die Höhe der eigenen Einkünfte bzw. Bezüge sowie des Vermögens unter Hinweis auf § 101 Abs. 1 AO verweigern, da er auch nach Auflösung der Ehe Angehöriger i. S. d. § 15 Abs. 1 Nr. 2 i. V. m. § 15 Abs. 2 Nr. 1 AO ist. Des weiteren besteht für ihn **keine Auskunftspflicht** wie in eigenen steuerlichen Angelegenheiten, da die steuerliche Berücksichtigung von Unterhaltsleistungen nach § 33a Abs. 1 EStG nicht seine eigenen steuerlichen Verhältnisse, sondern lediglich das Besteuerungsverfahren des Steuerpflichtigen betrifft. Die Finanzbehörde kann sich nicht im Interesse des Steuerpflichtigen über die Auskunftsverweigerung des geschiedenen Ehegatten – z. B. durch den Einsatz von Zwangsmitteln i. S. d. §§ 328 ff. AO – hinwegsetzen. Das **Auskunftsverweigerungsrecht** ist ein gesetzliches **persönliches Recht des Angehörigen,** das unabhängig davon besteht, ob er sich auf sein Verweigerungsrecht beruft oder ob der Steuerpflichtige auf diese Auskunft zur Durchsetzung seiner steuerlichen Rechte angewiesen ist. Beruft sich der geschiedene Ehegatte auf sein Auskunftsverweigerungsrecht (§ 101 Abs. 1 AO) mit der Folge, dass das Finanzamt über dessen Vermögens- und Einkommensverhältnisse keine Kenntnis erhält, wird der Abzug der Unterhaltsleistungen nach § 33a Abs. 1 EStG im Rahmen der Einkommensteuerveranlagung des Steuerpflichtigen versagt, da ihn die **Feststellungslast** hinsichtlich der steuermindernden Tatbestandsmerkmale des § 33a EStG trifft. 377

4. Ehegatte im Ausland

Ist die unterhaltene Person nicht unbeschränkt einkommensteuerpflichtig, so können die Aufwendungen nur abgezogen werden, soweit sie nach den Verhältnissen des Wohnsitzstaats der unterhaltenen Person **notwendig und angemessen** sind, höchstens jedoch die inländischen Höchstbeträge. 378

5. Außergewöhnliche Unterhaltsleistungen (§ 33 EStG)

379 Außergewöhnliche Unterhaltsleistungen fallen nicht unter die Aufwendungen i. S. d. § 33a Abs. 1 EStG, da diese auf typische Unterhaltsleistungen beschränkt sind. **Sonderbedarf** wie Krankenhauskosten, Arztkosten, Kosten für Heimunterbringung oder ähnliches kann **zusätzlich** neben dem Höchstbetrag des § 33a EStG von 7.188 € nach § 33 EStG geltend gemacht werden. Der Steuerpflichtige muss jedoch im Rahmen des § 33 EStG einen gewissen Teil der Aufwendungen selbst tragen, da diese um eine zumutbare Eigenbelastung gekürzt werden (§ 33 Abs. 3 EStG). S. auch Rn. 359, 321 zum Inhalt des Realsplittings.

380 Zu der Frage, wie §§ 33 und 33a Abs. 1 EStG anzuwenden sind, wenn einem Steuerpflichtigen Aufwendungen für typischen Unterhalt und zugleich für außergewöhnlichen Bedarf (z. B. wegen Krankheit oder Pflegebedürftigkeit) einer anderen Person erwachsen, hat die Verwaltung Stellung genommen: BMF-Schreiben (koordinierter Länder-Erlass) vom 26.2.1999, IV C 4 – S-2285 – 7/99/IV C 4 – S-2284 – 9/99, BStBl. I 1999 S. 270.

381 Die Aufwendungen für den typischen Unterhalt und für außergewöhnlichen Bedarf sind nach folgenden Kriterien abzugrenzen:

- Der **typische Unterhalt** umfasst den notwendigen Lebensunterhalt, wie er im Bundessozialhilfegesetz (BSHG) umschrieben wird. Dazu gehören insbesondere Aufwendungen für Ernährung, Unterkunft, Kleidung, Körperpflege, Hausrat, Heizung und persönliche Bedürfnisse des täglichen Lebens (vgl. § 12 BSHG).

- **Außergewöhnlicher Bedarf** ist nur bei Bedürfnissen in besonderen Lebenslagen anzuerkennen, die über den typischen Unterhalt hinausgehen, wie z. B. im Fall der Pflegebedürftigkeit oder der Behinderung oder im Krankheitsfall.

382 Der Steuerpflichtige hat im Rahmen seiner **Mitwirkungspflicht** (§ 90 AO) Unterlagen vorzulegen, die die Abgrenzung ermöglichen. Bei Unterbringung zur Pflege ist die Vorlage einer getrennten Rechnung üblicherweise zumutbar.

383 Aufwendungen für Fahrten zum Besuch des beim geschiedenen Ehegatten lebenden Kindes sind nicht als außergewöhnliche Belastung zu berücksichtigen (FG München, Urt. v. 25.7.2001, 6 K 1677/01 rechtskräftig, LEXinform Dok. 572994).

G. Alternative Formen der Unterhaltsgewährung

I. Vorteile der Unterhaltsgestaltung

384 Alle Aufwendungen für den Unterhalt der Familienangehörigen gehören zu den steuerlich nicht abzugsfähigen **Privatausgaben** (§ 12 Nr. 2 EStG). Nur soweit der Gesetzgeber diese Aufwendungen zum Abzug zugelassen hat, können sie eingeschränkt (z. B. § 10 Abs. 1 Nr. 1 oder § 33a EStG) bei der Ermittlung des zu versteuernden Einkommens berücksichtigt werden. Ist dagegen der „Unterhaltsempfänger" nicht mehr unterhaltsbedürftig, da er hinreichend eigene Einkünfte erzielt, entfällt die Pflicht zur Zahlung von Unterhalt. Besteht demzufolge die Möglichkeit, die Unterhaltszahlungen dadurch zu vermeiden, dass der Unterhaltsverpflichtete den Unterhaltsempfänger in die Lage versetzt, selbst Einkünfte zu erzielen, kann dies steuerlich vorteilhaft sein. Die Finanzverwaltung betrachtet demzufolge solche Gestaltungen sehr argwöhnisch. Nur wenn bestimmte Voraussetzungen erfüllt werden, können auch „Unterhaltszahlungen" steuerlich wirksam gemacht werden.

385 **Freiwillige Zuwendungen** aufgrund einer freiwillig begründeten Rechtspflicht und Zuwendungen an eine gegenüber dem Steuerpflichtigen oder seinem Ehegatten gesetzlich unterhaltsberechtigte Person oder deren Ehegatten dürfen nicht steuermindernd abgezogen werden, auch wenn diese Zuwendungen auf einer besonderen Vereinbarung beruhen (§ 12 Nr. 2 EStG). Zuwendungen, die

auf einer freiwillig begründeten Rechtspflicht beruhen, sind freiwilligen Zuwendungen gleich gestellt. Dadurch wird erreicht, dass (freiwillig) vereinbarte – und somit an sich freiwillige, aber auf Vertrag beruhende – Unterhaltszuwendungen (z. B. nach einer Scheidung) – auch wenn sie in Form von Renten oder dauernden Lasten erbracht werden – nicht abziehbar sind.

II. Familienverträge

1. Voraussetzungen zur steuerlichen Anerkennung von Familienverträgen

Auch das Steuerrecht verbietet es den Steuerpflichtigen nicht, **steueroptimierte Gestaltungen** zu wählen. Jedoch besteht bei Verträgen zwischen Ehegatten oder zwischen Angehörigen die Gefahr, dass die zivilrechtlich gültigen Verträge einzig zum Zwecke der Steuerersparnis abgeschlossen wurden. Verträge zwischen **Ehegatten** werden daher steuerrechtlich nur anerkannt, wenn sie ernsthaft vereinbart und entsprechend der Vereinbarung tatsächlich durchgeführt werden. Die vertragliche Gestaltung und ihre Durchführung müssen auch unter Dritten üblich sein (R 19 EStR). Bei Verträgen von Elternteilen mit **minderjährigen Kindern** ist daneben auch die zivilrechtliche Wirksamkeit der Vereinbarung Voraussetzung für die steuerliche Anerkennung. Verträge können demzufolge nur mit einem vom Vormundschaftsgericht bestellten Pfleger abgeschlossen werden. Eine nachträgliche Genehmigung bereits abgeschlossener Verträge durch einen Pfleger hat steuerlich keine Wirkung. Steuerlich kann ein solches Rechtsgeschäft nur mit Wirkung in die Zukunft Anerkennung finden.

386

Die **betriebliche Veranlassung von Vergütungen** aufgrund eines Arbeitsvertrags mit einem Angehörigen hängt, zumal wenn der Arbeitsvertrag nur eine geringfügige Beschäftigung zum Gegenstand hat, nicht davon ab, dass die vom Arbeitnehmer zu erbringende Arbeitsleistung in ihren Einzelheiten schriftlich festgelegt wird. Maßgeblich ist allein, dass der Arbeitnehmer nachweisbar die geschuldete Arbeitsleistung erbringt. Die Fremdüblichkeit eines Arbeitsvertrags zwischen Angehörigen kann im Bereich der **Land- und Forstwirtschaft** nicht unter Hinweis darauf verneint werden, dass eine Mithilfe von Eltern in einem auf ihre Kinder übergegangenen landwirtschaftlichen Betrieb üblich sei (BFH, Urt. v. 21.1.1999, IV R 15/98, BFH/NV 1999, 919; LEXinform Dok. 161752).

387

2. Übertragung von Einkunftsquellen

Einnahmen sind von der Person zu versteuern, die sie erzielt. Dies ist derjenige, der aufgrund seiner Arbeitsleistung und/oder aufgrund seines Vermögenseinsatzes unter Beteiligung am wirtschaftlichen Verkehr die Bezüge erwirtschaftet. Die **eingesetzte Arbeitskraft** und das **genutzte Vermögen** lassen sich auch als Einkunftsquellen bezeichnen. Wem das genutzte Vermögen zivilrechtlich gehört, ist nicht entscheidend für die Frage, wer die Einkünfte erzielt. Entscheidend ist allein, wer den Tatbestand der Besteuerung erfüllt. Bei der Einkunftsquelle „Arbeitskraft" ist dies der Leistungserbringer, auch wenn im Voraus die Einnahmen abgetreten oder gepfändet worden sind. Bezüge aus **Kapitalvermögen** oder **Vermietung und Verpachtung** sind demjenigen zuzurechnen, der das Vermögen zur Nutzung überlässt.

388

Beispiel 1:
Arbeitnehmer A tritt die Hälfte seines Lohnes an seinen Sohn S ab. Nur A erzielt Einkünfte, nicht aber S. S erhält lediglich im Rahmen der steuerlich unbeachtlichen Einkommensverwendung Gelder, die er nicht selbst erwirtschaftet hat.

Beispiel 2:
Mieter M vermietet Teile seiner gemieteten Wohnung an den Untermieter U. M erwirchaftet neben seinem Vermieter auch Einkünfte aus Vermietung.

Beispiel 3:
Sohn S erhält von seinem Vater V ein zinsloses Darlehen. Mit dem Geld kauft S Aktien und bezieht daraus Dividenden. Einkünfte aus Kapitalvermögen hat alleine S erzielt.

Beispiel 4:
A ist Einzelunternehmer. Anlässlich der Scheidungsvereinbarungen beteiligt A seine bisherige Ehefrau F mit 25 % als Gesellschafterin an seiner Firma. F erzielt 25 % des Gewinns als Gesellschafterin des Unternehmens. A erzielt die übrigen 75 % des Gewinns.

389 Durch die Aufteilung und Verlagerung von Einkünften auf **mehrere Personen** kann sich aufgrund des progressiven Steuertarifs eine erhebliche Gesamtsteuerersparnis ergeben.

3. Überlassung von Wohnraum

390 Die Überlassung von Wohnraum an den getrennt lebenden Ehegatten oder den Geschiedenen kann im Rahmen einer Unterhaltsgewährung oder im Rahmen eines Mietvertrages geschehen.

391 Überlässt ein Steuerpflichtiger seiner von ihm geschiedenen Ehefrau aufgrund einer **Unterhaltsvereinbarung** sein bisher gemeinsam bewohntes Einfamilienhaus zur Nutzung mit den Kindern, so erzielt er mit diesem Überlassen keine Einkünfte aus Vermietung und Verpachtung i. S. v. § 21 Abs. 1 Nr. 1 oder Abs. 2, 1. Alt. EStG (BFH, Urt. v. 17.3.1992, IX R 264/87, BStBl. II 1992 S. 1009). Der Nutzungswert der überlassenen Wohnung stellt Naturalunterhalt dar, der nicht im Rahmen des Realsplittings berücksichtigt werden darf. Einkünfte aus Vermietung und Verpachtung erzielt nur derjenige, der ein Grundstück oder Gebäude zur Nutzung **gegen Entgelt überlässt**. Entgelt i. d. S. sind alle Geld- oder Sachleistungen, die der Nutzende als Gegenleistung an den Vermieter oder Verpächter erbringt. Im Streitfall erfüllte der Unterhaltspflichtige nicht den Tatbestand der Vermietung. Er überlässt der geschiedenen Ehefrau sein Einfamilienhaus nicht gegen Zahlung von Miete zur Nutzung. Sie nutzt das Haus nicht aufgrund eines Mietvertrags, sondern allein aufgrund der im Rahmen der Ehescheidung getroffenen Unterhaltsvereinbarung. Darin hatte der Kläger sich verpflichtet, das bisher gemeinsam bewohnte Einfamilienhaus der Ehefrau mit den Kindern so lange „zur freien Benutzung" zu überlassen, bis die geschiedene Ehefrau wieder heiratet oder stirbt; ein Mietverhältnis wurde damit nicht begründet. Die geschiedene Ehefrau war gegenüber dem Immobilieneigentümer unterhaltsberechtigt. Der laufende Unterhalt ist grds. durch Zahlung einer Geldrente zu gewähren (§ 62 Abs. 1 EheG). Hiervon abweichend vereinbarten die Parteien eine **Sachleistung** (§ 72 EheG). Der Ehefrau wurde das Einfamilienhaus zum Wohnen überlassen. Nutzte demnach die geschiedene Ehefrau das Einfamilienhaus kraft ihres durch die Unterhaltsvereinbarung näher geregelten Unterhaltsanspruchs, so scheidet damit eine gleichzeitige Annahme eines Mietverhältnisses zwischen den Vertragsparteien aus. Aus der Unterhaltsvereinbarung lässt sich nicht zugleich auch ein Mietverhältnis allein mit dem Argument herleiten, die unterhaltsberechtigte geschiedene Ehefrau habe als Gegenleistung für die Wohnungsüberlassung auf einen Teil des ihr grds. zustehenden Barunterhalts verzichtet. Nach dem Inhalt der Unterhaltsvereinbarung wurde die Unterhaltsverpflichtung nicht ermäßigt; vielmehr sollte diese lediglich teilweise nicht durch eine Bar-, sondern durch eine Sachleistung in Gestalt der Wohnungsüberlassung erfüllt werden.

392 Vereinbaren die früheren Ehegatten jedoch anstelle einer „unentgeltlichen" Wohnungsüberlassung ausschließlich Barunterhalt und überlassen die Wohnung im Rahmen eines **zivilrechtlich wirksamen Mietvertrages,** wird diese Gestaltung steuerrechtlich anerkannt, auch wenn die Miete ganz oder teilweise mit dem geschuldeten Barunterhalt verrechnet wird. Der Überlassende erzielt nun steuerpflichtige Vermietungseinkünfte und kann daher seine dazugehörigen Werbungskosten geltend machen.

393 Die steuerliche Anerkennung von Miet- und Pachtverträgen zwischen Angehörigen, insbesondere Ehegatten sowie Eltern und Kindern setzt nicht nur voraus, dass das Mietverhältnis nach Inhalt und Durchführung der zwischen Fremden üblichen Gestaltung entspricht, erforderlich ist außer-

dem, dass der Angehörige als Mieter einen eigenen Haushalt führt und die Miete aus eigenen Mitteln entrichten kann (R 162a EStR).

Der **steuerlichen Anerkennung** steht nicht entgegen, dass 394
- die Miethöhe nur knapp über 50 % der ortsüblichen Miete liegt (§ 21 Abs. 2 Satz 2 EStG),
- die Unterhaltszahlungen mit der Mietzahlung verrechnet werden (§ 389 BGB).

> *Hinweis:*
> *Schließen Sie einen **schriftlichen** Mietvertrag ab, in dem die Miethöhe über 50 % der ortsüblichen Miete liegt. Die Unterhaltszahlungen können Sie mit den Mietzahlungen verrechnen. Ein Geldfluss ist nicht erforderlich.*

Die ortsübliche Miete umfasst neben der Kaltmiete auch die Umlagen (R 162 Abs. 5 Satz 2 EStR). 395
Fehlt eine klare schriftliche Vereinbarung darüber, wer die **Nebenkosten** zu tragen hat, kann ein Mietvertrag unter nahen Angehörigen keine Anerkennung finden. Das gilt auch dann, wenn das konkludent zwischen den Parteien Vereinbarte tatsächlich durchgeführt worden ist (Schleswig-Holsteinisches FG, Urt. v. 26.6.1996, IV 483/95, EFG 1997, 966). Dieser Auffassung ist der BFH nicht gefolgt. Sind hinsichtlich der Nebenabgaben keine Vereinbarungen getroffen, muss dies nach seiner Auffassung nicht zur Nichtanerkennung des Vertrages führen. Dieser Umstand ist vielmehr im Zusammenhang mit sämtlichen weiteren Umständen zu würdigen, die für oder gegen die private Veranlassung des Vertragsverhältnisses sprechen. Die Ermäßigung der Miete ist in diesem Zusammenhang unerheblich. Unter ortsüblicher Miete ist die ortsübliche Kaltmiete zuzüglich der nach der Zweiten Berechnungsverordnung umlagefähigen Kosten zu verstehen (BFH, Urt. v. 25.7.2000, IX R 6/97, BFH/NV 2001, 305).

4. Geringfügige Beschäftigungsverhältnisse (bis 31.3.2003)

Die Regelungen zu den geringfügigen Beschäftigungen wurden neu gestaltet. Die Neuregelungen 396
gelten aber erst ab 1.4.2003, so dass in den ersten drei Monaten des Jahres 2003 andere Regelungen gelten als in den letzten drei Quartalen. In den ersten drei Monaten des Jahres 2003 gelten die alten Regelungen uneingeschränkt weiter.

Der Arbeitslohn aus einer Teilzeit- oder Aushilfsbeschäftigung bleibt steuerfrei, wenn es sich um ein geringfügiges Beschäftigungsverhältnis i. S. d. Sozialversicherung handelt **und** zudem die Summe der **übrigen Einkünfte** im laufenden Jahr **nicht positiv** ist (§ 3 Nr. 39 EStG). Hat der Steuerpflichtige, **nicht sein Ehegatte**, z. B. noch Vermietungseinkünfte, Kapitaleinkünfte oder Renten, selbst in geringer Höhe, kommt die Steuerbefreiung nicht in Betracht. Ein geringfügiges Beschäftigungsverhältnis liegt nur unter bestimmten Voraussetzungen vor:

- Der monatliche Arbeitslohn übersteigt nicht 325 € (Weihnachts- und Urlaubsgeld werden mit 1/12 monatlich einbezogen).
- Die wöchentliche Beschäftigungsdauer übersteigt nicht monatlich regelmäßig 15 Stunden.
- Der Arbeitgeber führt pauschale Beiträge i. H. v. 22 % zur Renten- und Krankenversicherung ab. In bestimmten Fällen können die Beiträge zur Krankenversicherung i. H. v. 10 % wegfallen (z. B. bei privat krankenversicherten Arbeitnehmern).
- Damit der Arbeitslohn steuerfrei gelassen werden kann, muss dem Arbeitgeber eine **Freistellungsbescheinigung des Finanzamts** vorgelegt werden.

397 | *Hinweis:*
Das Überschreiten der Lohngrenze kann dazu führen, dass der Lohn insgesamt steuerpflichtig wird.

Beispiel:
A arbeitet im Rahmen eines geringfügigen Beschäftigungsverhältnisses und verdient regelmäßig monatlich 250 €. A vertritt die erkrankte Kollegin. Im Juni und Juli verdient A jeweils 600 €. Fraglich ist, ob der Lohn nun wegen Überschreitens der Lohngrenze insgesamt steuerpflichtig wird. In diesem Fall tritt diese Folge nicht ein. Das Überschreiten der 325 EURO-Grenze ist für maximal zwei Monate zulässig, wenn dies aufgrund von Urlaubs- und Krankheitsvertretung geschieht.

Ein steuerfreies geringfügiges Beschäftigungsverhältnis kann nur vorliegen, wenn die Summe der anderen Einkünfte nicht positiv ist.

398 **„Andere Einkünfte"** sind alle steuerpflichtigen Einkünfte i. S. d. Einkommensteuergesetzes, z. B. Arbeitslohn aus einem anderen Dienstverhältnis, Einkünfte aus Renten und Pensionen, Einkünfte aus Kapitalvermögen.

Beispiel:
A ist Rentner und erhält eine Rente von 750 € monatlich. Um sein geringes Einkommen etwas aufzubessern, arbeitet A als Aushilfe auf 325 EURO-Basis. Fraglich ist, ob der Arbeitslohn aus dem 325 EURO-Job steuerfrei bleibt. Da die Rente zu anderen positiven Einkünften führt, sind die Voraussetzungen für die Steuerfreiheit nicht erfüllt. Das Finanzamt kann daher auch **keine Freistellungsbescheinigung** ausstellen. A muss seinem Arbeitgeber deshalb eine Lohnsteuerkarte vorlegen. Als Alleinstehender erhält A die Steuerklasse I. Wegen der in der Lohnsteuertabelle eingearbeiteten Freibeträge fällt für die Aushilfstätigkeit trotz formeller Steuerpflicht grds. keine Lohnsteuer an. Bei Abgabe der Einkommensteuererklärung wird abschließend geprüft, ob aufgrund der gesamten Einkünfte (z. B. Rente und 325 EURO-Beschäftigung) Einkommensteuer zu zahlen ist.

399 „Andere Einkünfte" sind auch die steuerpflichtigen Einkünfte des Unterhaltsempfängers beim Realsplitting.

Hinweis:
Auch Unterhaltszahlungen im Rahmen des Realsplittings an Ehegatten führten im Jahr 2003 dazu, dass die Steuerfreiheit für geringfügige Beschäftigungsverhältnisse entfällt.

Beispiel:
A lebt von ihrem Ehemann getrennt und erhält von ihm Unterhalt. Dafür hat A die Anlage „U" unterschrieben und zugestimmt, dass der getrennt lebende Ehemann seine Unterhaltszahlungen an A als Sonderausgaben abzieht. Die Unterhaltszahlung hat nun Einfluss auf die Steuerfreiheit eines eventuellen 325 EURO-Jobs. Mit der Unterschrift auf der Anlage „U" stimmt A dem Sonderausgabenabzug des Unterhalts bei ihrem getrennt lebenden Ehegatten zu. Gleichzeitig stimmt A zu, dass A die Zahlungen als sonstige Einkünfte versteuert. Dadurch erzielt A positive Einkünfte und erfüllt nicht die Voraussetzungen für die Steuerfreiheit. Das Finanzamt kann A keine Freistellungsbescheinigung ausstellen. Der 325 EURO-Job ist somit grds. steuerpflichtig und über eine Lohnsteuerkarte abzurechnen. Wegen der in der Lohnsteuertabelle eingearbeiteten Freibeträge fällt für die Aushilfstätigkeit trotz formeller Steuerpflicht jedoch regelmäßig keine Lohnsteuer an. Bei Abgabe der Einkommensteuererklärung

wird abschließend geprüft, ob A aufgrund Ihrer gesamten Einkünfte (z. B. Unterhaltszahlungen und 325 EURO-Beschäftigung) Einkommensteuer zahlen muss. Ab dem Jahr 2004 ist dieses Problem entfallen.

Wird im Laufe des Jahres eine **Vollzeitbeschäftigung** aufgenommen, kann dadurch die Steuerfreiheit der Aushilfstätigkeit entfallen. Der Arbeitslohn aus der Aushilfstätigkeit kann nur steuerfrei bleiben, wenn keine anderen, insgesamt positiven Einkünfte bezogen werden. Dabei kommt es auf die Einkünfte **des gesamten Kalenderjahres** an. 400

Beispiel:

A war bis Oktober 2002 als Aushilfe für 300 € (325 EURO-Job) im Monat beschäftigt. Ab November 2002 hat A eine Vollzeitbeschäftigung aufgenommen. Der monatliche Bruttolohn liegt bei 1.600 €. Durch die Aufnahme der Vollbeschäftigung ab November erzielt A andere positive Einkünfte. Dadurch entfällt rückwirkend die Steuerfreiheit des Arbeitslohrs aus der Aushilfstätigkeit. A muss für das Jahr 2002 eine Einkommensteuererklärung abgeben und dort unter anderem auch die Einkünfte aus der Aushilfstätigkeit zur Nachversteuerung angeben.

Die **Freistellungsbescheinigung** gilt jeweils nur für das Kalenderjahr, für das sie ausgestellt worden ist. Für **jedes Jahr** muss beim Finanzamt ein **erneuter Antrag** auf die Freistellungsbescheinigung gestellt werden. 401

Die Bescheinigung für das abgelaufene Jahr, die der Arbeitgeber dem Arbeitnehmer ausgefüllt wieder aushändigt, hat der Arbeitnehmer zusammen mit der Einkommensteuererklärung einzureichen. Wenn keine Einkommensteuererklärung abzugeben ist, soll die Bescheinigung an das Finanzamt zurückgeschickt werden. Während des Jahres kann die einem Arbeitgeber vorgelegte und von ihm ausgefüllte Freistellungsbescheinigung auch einem neuen Arbeitgeber vorgelegt werden. 402

Beispiel:

*A hat bis April auf 325 EURO-Basis gearbeitet. Zum 1. Juni hat A den Arbeitgeber gewechselt. Sie arbeitet beim neuen Arbeitgeber ebenfalls auf 325 EURO-Basis. A kann die vom ersten Arbeitgeber ausgefüllte Freistellungsbescheinigung nun dem neuen Arbeitgeber vorlegen. A benötigt **keine neue** Freistellungsbescheinigung. Wenn es sich um **nacheinander eingegangene Arbeitsverhältnisse** handelt, wird nur eine Freistellungsbescheinigung für das Kalenderjahr ausgestellt. Der Arbeitgeber füllt bei Beendigung des Arbeitsverhältnisses die Freistellungsbescheinigung aus und gibt sie an den Arbeitnehmer zurück. Geht der Arbeitnehmer anschließend ein weiteres geringfügiges Beschäftigungsverhältnis ein, legt er dem neuen Arbeitgeber die bereits vom ersten Arbeitgeber verwendete Freistellungsbescheinigung vor.*

Sollen mehrere geringfügige Beschäftigungsverhältnisse **nebeneinander** eingegangen werden, können beim Finanzamt mehrere Freistellungsbescheinigungen beantragt werden. Das Finanzamt erteilt auch mehrere Freistellungsbescheinigungen. Voraussetzung ist, dass die Summe der Arbeitslöhne aus allen geringfügigen Beschäftigungsverhältnissen 325 € monatlich nicht übersteigt. Übersteigt die Summe der Arbeitslöhne insgesamt 325 € monatlich, stellt das Finanzamt keine Freistellungsbescheinigung aus. Die Arbeitslöhne sind insgesamt steuerpflichtig. Jedem Arbeitgeber ist dann eine Lohnsteuerkarte (ggf. Klasse VI) zu geben.

5. Mini-Jobs (ab 1.4.2003)

Geringfügige Beschäftigungen werden nach dem neuen Sprachgebrauch Mini-Jobs genannt. Bedeutsamste Änderung ist neben der Erhöhung der Entgeltgrenze von 325 € auf 400 € der **Wegfall der Schädlichkeit anderer Einkünfte**. Nach neuer Regelung kann, wie vor der Einschränkung, der Mini-Job auch neben einer anderen (Haupt-)Beschäftigung ausgeübt werden. Unschädlich ist jetzt auch wieder, wenn der Mini-Jobber Zinserträge und Mieterträge erzielt oder Unterhaltsleistungen im Rahmen des Realsplittings bekommt. 403

Mini-Jobs im Überblick:
- Erhöhung des Entgelts auf 400 € statt 325 €
- Neuerungen:
  - auch neben Hauptjob
  - neue Gleitzone bis 800 € für ermäßigte Anteile des Arbeitnehmers bei den Sozialversicherungsbeiträgen
  - neue Zentralbehörde Bundesknappschaft
- Wegfall der
  - Steuerbefreiung, § 3 Nr. 39 EStG
  - Stundengrenze (weniger als 15 Stunden/Woche)
  - Freistellungsbescheinigung, § 39a Abs. 6 EStG (bis 31.3.2003 aber noch erforderlich)
  - Schädlichkeit sonstiger Einkünfte, § 3 Nr. 39 EStG

Für den 400 € Job muss ab 1.4.2003 der Arbeitnehmer dem Arbeitgeber keine Lohnsteuerkarte vorlegen, wenn der Arbeitgeber eine **Pauschalabgabe von 25 %** bezahlt. Davon entfallen 12 % auf die Rentenversicherung, 11 % auf die Krankenversicherung und 2 % auf eine Pauschalsteuer, die auch die Kirchensteuer und den Solidaritätszuschlag mitabgilt.

Ebenfalls zum 1.4.2003 wurde der besonders geförderte Mini-Job bis zu 400 € in privaten Haushalten eingeführt. Dabei handelt es sich um Tätigkeiten in inländischen Haushalten wie Pflege, Versorgung, Betreuung von Kindern, Kochen, Reinigen oder Gartenpflege. Die **Pauschalabgabe beträgt hier nur 12 %.** Davon entfallen 5 % auf die Rentenversicherung, 5 % auf die Krankenversicherung und 2 % auf eine Pauschalsteuer, die auch die Kirchensteuer und den Solidaritätszuschlag mit abgilt. Mit diesen Regelungen will der Gesetzgeber die in Haushalten weit verbreitete Schwarzarbeit zurückdrängen. Als besonderer Anreiz werden hierzu **dem Arbeitgeber** Steuerermäßigungen gewährt (§ 35a EStG neu).

Steuerermäßigungen für Arbeitgeber bei Mini-Jobs in privaten Haushalten:
- 10 % der Aufwendungen, höchstens 510 € bei geringfügigen Beschäftigungen mit Pauschalabgabe,
- 12 % der Aufwendungen, höchstens 2.400 € bei sozialversicherungspflichtigen Beschäftigungen

soweit die Aufwendungen keine Betriebsausgaben, Werbungskosten oder außergewöhnliche Belastungen sind.

Der Arbeitnehmer kann sich die Steuerermäßigung als Freibetrag auf seiner Lohnsteuerkarte eintragen lassen. Eingetragen wird das vierfache der Steuerermäßigung nach § 35a EStG (§ 39a Abs. 1 Nr. 5c EStG).

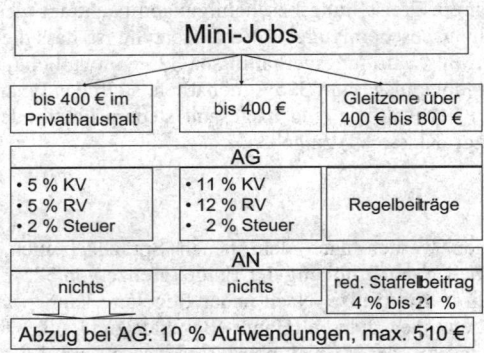

Die Pauschalabgabe in Höhe von 2 % für Steuern entfällt, wenn der Arbeitnehmer eine Lohnsteuerkarte vorlegt.

Die Pauschalabgaben von 25 % oder 12 % werden an die Bundesknappschaft als zentral zuständige Stelle abgeführt.

Für Beschäftigungsverhältnisse mit einem Monatslohn von über 400 € bis zu 800 € wird eine Gleitzone für die Berechnung der Sozialversicherungsbeiträge eingeführt. Danach trägt der **Arbeitnehmer** nur einen **ermäßigten** Beitragssatz zwischen 4 % und 21 %. Die Gleitzone gilt nur für den Arbeitnehmeranteil an den Sozialversicherungsbeiträgen. Die Arbeitgeberanteile werden von der Ermäßigung in der Gleitzone nicht berührt. Die Besteuerung erfolgt ebenfalls davon unabhängig individuell nach den Merkmalen der Lohnsteuerkarte.

6. Kurzfristige Beschäftigung

Der Arbeitgeber kann unter Verzicht auf die Vorlage einer Lohnsteuerkarte bei Arbeitnehmern, die nur kurzfristig beschäftigt werden, die Lohnsteuer mit einem Pauschsteuersatz von 25 % des Arbeitslohns erheben. Eine kurzfristige Beschäftigung liegt vor, wenn

- der Arbeitnehmer bei dem Arbeitgeber gelegentlich, nicht regelmäßig wiederkehrend beschäftigt wird,
- die Dauer der Beschäftigung 18 zusammenhängende Arbeitstage nicht übersteigt und
- der Arbeitslohn während der Beschäftigungsdauer 62 € durchschnittlich je Arbeitstag nicht übersteigt oder
- die Beschäftigung zu einem unvorhersehbaren Zeitpunkt sofort erforderlich wird.
- der Arbeitslohn während der Beschäftigungsdauer durchschnittlich je Arbeitsstunde 12 € nicht übersteigt und
- keine andere steuerpflichtige Beschäftigung bei demselben Arbeitgeber vorliegt.

> *Hinweis*
>
> *Der Vorteil der kurzfristig geringfügigen Beschäftigung ist die **Befreiung von der Sozialversicherung**. Wird die Beschäftigung nicht berufsmäßig ausgeübt und dauert sie nicht länger als zwei Monate bzw. 50 Arbeitstage pro Jahr, ist sie ohne Begrenzung beim Entgelt von der Sozialversicherung befreit (§ 8 Abs. 1 Nr. 2 SGB IV).*

Kurzfristige Beschäftigungen bringen dem Arbeitgeber die Schwierigkeit, dass das Sozialversicherungsrecht und das Steuerrecht unterschiedliche Voraussetzungen aufstellen. Dadurch wird die Handhabung nicht erleichtert.

III. Sonderfälle

1. Unterhaltsverzicht gegen Einmalzahlung

Auch bei **Abfindungen,** gleichgültig ob sie aus einmaligen Kapitalzahlungen bestehen oder aus Sachleistungen, findet grds. das Abzugsverbot des § 12 Nr. 2 EStG Anwendung. Abfindungszahlungen für einen Unterhaltsverzicht sind nicht als außergewöhnliche Belastungen (§ 33 EStG) abziehbar, weil es sich um Aufwendungen im Bereich des Vermögens handelt, weil die Zwangsläufigkeit fehlt und weil von der Abgeltungswirkung des Unterhaltshöchstbetrages (§ 33a Abs. 1 EStG) im Jahr der Zahlung auszugegangen wird. Zahlungen zur Abfindung von Unterhaltsansprüchen können steuerlich nur im Rahmen des § 33a Abs. 1 EStG, nicht nach § 33 Abs. 1 EStG berücksichtigt werden; das gilt unabhängig davon, ob Unterhaltsansprüche für die Vergangenheit oder für die Zukunft abgegolten werden (FG Hamburg, Urt. v. 13.11.1995, I 88/94, EFG 1996,

383; Revision als unbegründet zurückgewiesen durch BFH, Urt. v. 26.2.1998, III R 59/97, BStBl. II 1998 S 605). Die steuerliche Wirkung ist damit sehr gering. S. auch Rn. 361 und Rn. 351.

408 Die häufigste Form der Abfindung für den Verzicht auf Unterhaltsansprüche ist die **Übertragung von Immobilien.** Eine steuerliche Wirkung tritt dadurch ein, dass der Verzichtende selbst nunmehr steuerpflichtige Einkünfte erzielt, mit denen er auch seinen Unterhalt bestreiten kann.

2. Verpflichtung zur Zahlung von dauernden Lasten und Renten

409 Renten und dauernde Lasten, die auf besonderen Verpflichtungsgründen beruhen, können als **Sonderausgaben** abgezogen werden. Dagegen dürfen Unterhaltsleistungen (Zuwendungen) bei der Einkommensteuer nicht berücksichtigt werden (§ 12 Nr. 2 EStG). Zu der Frage wie wiederkehrende Leistungen im Zusammenhang mit der Übertragung von Privatvermögen oder Betriebsvermögen zu behandeln sind, hat die Finanzverwaltung Stellung genommen (BMF-Schreiben vom 26.8.2002, BStBl. I 2002 S. 893).

410 **Wiederkehrende Leistungen** im Zusammenhang mit einer Vermögensübertragung können

- Versorgungsleistungen,
- Unterhaltsleistungen oder
- wiederkehrende Leistungen im Austausch mit einer Gegenleistung sein.

411 Während Unterhaltsleistungen keine steuerliche Bedeutung haben, sind **Versorgungsleistungen** sowohl beim Zahler als auch beim Empfänger einkommensteuerlich wirksam. Versorgungsleistungen sind bei dem Verpflichteten Sonderausgaben (§ 10 Abs. 1 Nr. 1a EStG) und bei dem Berechtigten wiederkehrende Bezüge (§ 22 Nr. 1 EStG). Grundvoraussetzung für die Einordnung als Versorgungsleistung ist, dass eine Vermögensübertragung stattfindet, um deren Willen die Versorgungsleistungen zugesagt werden.

412 Hiervon abzugrenzen sind die **voll entgeltlichen Geschäfte.** Wägen die Beteiligten Leistungen und Gegenleistungen nach kaufmännischen Gesichtspunkten gegeneinander ab und gehen sie subjektiv von der Gleichwertigkeit der beiderseitigen Leistungen aus, dann liegt ein entgeltliches Geschäft vor, auch wenn Leistung und Gegenleistung objektiv ungleichwertig sind (BFH, Urt. v. 29.1.1992, X R 193/87, BStBl. II 1992 S. 465 und v. 16.12.1993, X R 67/92, BStBl. II 1996 S. 669).

413 Dagegen soll bei der Zusage von Versorgungsleistungen nach dem Willen der Beteiligten der Vermögensübernehmer wenigstens teilweise eine unentgeltliche **Zuwendung** erhalten. Es spricht eine widerlegbare Vermutung dafür, dass die wiederkehrende Leistung unabhängig vom Wert des übertragenen Vermögens nach dem Versorgungsbedürfnis des Berechtigten und nach der wirtschaftlichen Leistungsfähigkeit des Verpflichteten bemessen wird.

414 **Gegenstand der Vermögensübergabe** muss eine die Existenz des Vermögensübergebers wenigstens teilweise sichernde Wirtschaftseinheit sein. Gleichzeitig muss auch die Versorgung des Übergebers aus dem übernommenen Vermögen wenigstens teilweise sichergestellt sein. Eine Vermögensübergabe gegen Versorgungsleistung ist gegeben, wenn eine **existenzsichernde und ertragbringende** Wirtschaftseinheit des Privatvermögens übertragen wird, deren Erträge ausreichen, um die wiederkehrenden Leistungen zu erbringen.

Solche existenzsichernden und ertragbringenden Wirtschaftseinheiten können sein

- Betriebe, Teilbetriebe,
- Mitunternehmeranteile, Anteile an Kapitalgesellschaften,
- Geschäfts- oder Mietwohngrundstücke,
- Einfamilienhäuser, Eigentumswohnungen und
- verpachtete unbebaute Grundstücke.

Keine existenzsichernde Wirtschaftseinheit ist dagegen Vermögen, das dem Übernehmer nicht zur Fortsetzung des Wirtschaftens überlassen wird. Hierzu gehören 415

- ertragloses Vermögen wie z. B. Hausrat, Wertgegenstände, Kunstgegenstände, Sammlungen und unbebaute Grundstücke,
- Wertpapiere und stille Beteiligungen,
- Vermögen, dessen gesamte Erträge der Übergeber sich mittels eines Nießbrauchs vorbehält.

Erfolgt die Zusage der wiederkehrenden Leistung im Zusammenhang mit der Übertragung eines Geldbetrages liegt in jedem Fall eine steuerlich unbedeutsame Zuwendung i. S. d. § 12 Nr. 2 EStG vor. 416

Gegenstand der Vermögensübergabe kann auch eine existenzsichernde und ihrem Wesen nach ertragbringende Wirtschaftseinheit sein, deren Erträge aber nicht ausreichen, um die wiederkehrenden Leistungen zu erbringen. Wirtschaftseinheiten i. d. S. sind typischerweise Betriebe mit geringen Gewinnen oder Mietgrundstücke mit geringen oder negativen Einkünften. In diesen Fällen ist Voraussetzung für eine Vermögensübergabe, dass der Wert des Vermögens im Zeitpunkt der Vermögensübergabe bei überschlägiger und großzügiger Berechnung mindestens die **Hälfte des Kapitalwerts** der wiederkehrenden Leistung beträgt. Beträgt der Wert des Vermögens weniger als die Hälfte des Kapitalwertes der wiederkehrenden Leistung, sind die wiederkehrenden Leistungen nicht abziehbare Unterhaltsleistungen (§ 12 Nr. 2 EStG). 417

Als **Empfänger der Versorgungsleistung** kommen in erster Linie der Übergeber und dessen Ehegatte in Betracht. Familienfremde Dritte können nicht Empfänger von Versorgungsleistungen sein. Empfänger des Vermögens können die Abkömmlinge und grds. auch gesetzlich erbberechtigte entferntere Verwandte des Übergebers sein. 418

Für die Partner einer gescheiterten Ehe bedeutet dies, dass der Eigentümerehegatte an ein Kind eine Wirtschaftseinheit, die ertragbringend und existenzsichernd ist, gegen das Versprechen überträgt, seinem geschiedenen oder dauernd getrennt lebenden Ehegatten entsprechende Versorgungsleistungen zu zahlen. In Anbetracht der rechtlichen Probleme und der meist tatsächlich nicht vorhandenen Kompromissbereitschaft der gescheiterten Eheleute, kommen diese Lösungen wohl nur selten zum Einsatz. 419

IV. Ehegattenverträge nach der Scheidung

Miet- oder Arbeitsverträge zwischen den geschiedenen Eheleuten können beim Unterhaltsberechtigten zum Wegfall der Bedürftigkeit und damit auch zum **Wegfall der Unterhaltszahlung** führen. Durch die Trennung der Ehegatten entfallen regelmäßig auch die Zweifel, die aus steuerlicher Sicht gegenüber Ehegattenverträgen bestehen (R 19 EStR). Bei intakter Ehe fehlt der natürliche Interessengegensatz. Dieser wird durch den **Fremdvergleich** ersetzt. Nach der Scheidung lebt dieser Interessengegensatz wieder auf, auch wenn die Ehegatten nach Scheidung gleichwohl Angehörige bleiben (§ 15 Abs. 2 Nr. 1 AO). 420

H. Unterhaltsrechtliche Korrekturen beim zu versteuernden Einkommen

I. Ermittlung der steuerlichen Bemessungsgrundlage

1. Steuerliche Leistungsfähigkeit

421 Bemessungsgrundlage für die Erhebung der Einkommensteuer ist das zu versteuernde Einkommen. Ausgehend von den sieben möglichen Einkünften wird auf eine recht komplizierte Art diese Bemessungsgrundlage ermittelt. Das zu versteuernde Einkommen soll die Leistungsfähigkeit des Steuerpflichtigen widerspiegeln. Problematisch dabei ist, dass diese Größe durch unzählige steuerliche Vergünstigungen oder Ausnahmeregelungen beeinflusst oder verfälscht wird. Die steuerliche Leistungsfähigkeit ist damit nicht immer identisch mit der wirtschaftlichen Leistungsfähigkeit.

2. Einkunftsarten

422 Das Einkommensteuergesetz nennt in § 2 Abs. 1 EStG in einer abschließenden Aufzählung sieben Einkunftsarten, die Gegenstand der Einkommensbesteuerung sind. Geld- oder Vermögenszuflüsse, die sich nicht in eine der Einkunftsarten einreihen lassen sind nach dem Einkommensteuergesetz nicht zu versteuern.

423 Die **Einkunftsarten** der Einkommensteuer sind:

- Einkünfte aus Land- und Forstwirtschaft,
- Einkünfte aus Gewerbebetrieb,
- Einkünfte aus selbständiger Arbeit,
- Einkünfte aus nichtselbständiger Arbeit,
- Einkünfte aus Kapitalvermögen,
- Einkünfte aus Vermietung und Verpachtung,
- sonstige Einkünfte i. S. d. § 22 EStG.

424 Keine Einkunftsart erfüllen z. B. Erbschaften, Spielgewinne und grds. Veräußerungen von Privatvermögen.

3. Unterscheidung Gewinneinkünfte und Überschusseinkünfte

a) Bedeutung

425 Bei den Einkünften aus **Land- und Forstwirtschaft, Gewerbebetrieb** und **selbstständiger Arbeit** ist der **Gewinn** die maßgebende Größe. Er ist nach den §§ 4 bis 7k EStG zu ermitteln. Wesentlich bestimmt wird der Gewinn durch Veränderungen des Betriebsvermögens. **Betriebsvermögen** gibt es nur bei den Gewinneinkünften. Bei den anderen Einkunftsarten ermitteln sich die Einkünfte als Überschuss der Einnahmen über die Werbungskosten. Dieser Überschuss wird nach den §§ 8 bis 9a EStG ermittelt (§ 2 Abs. 2 EStG). Der Einsatz von Vermögen ist für die Erzielung dieser Einkünfte grds. nicht notwendig. Soweit bei diesen Einkünften Vermögen eingesetzt wird, handelt es sich um Privatvermögen.

b) Ermittlung der Einkünfte

aa) Bilanzierung

426 Gewinn ist der Unterschiedsbetrag zwischen dem Betriebsvermögen am Schluss des Wirtschaftsjahrs und dem Betriebsvermögen am Schluss des vorausgegangenen Wirtschaftsjahrs, vermehrt um den Wert der Entnahmen und vermindert um den Wert der Einlagen (§ 4 Abs. 1 EStG). Der Begriff Betriebsvermögen meint dabei das **Eigenkapital** oder anders bezeichnet das **Reinvermögen**.

Beispiel:
Das Eigenkapital zum 31.12.2001 beträgt laut Bilanz 100 und zum 31.12.2002 laut Bilanz 150. Der Unternehmer hatte in 2002 zu privaten Zwecken Gelder i. H. v. 60 aus der Kasse entnommen.

Vermögensvergleich:	
Eigenkapital 31.12.2002	150
Eigenkapital 31.12.2001	-100
Eigenkapitalerhöhung	50
Zuzüglich Entnahmen	60
Gewinn des Jahres 2002	110

bb) Vereinfachte Gewinnermittlung

Für Steuerpflichtige, die nicht aufgrund gesetzlicher Vorschriften verpflichtet sind, Bücher zu führen und regelmäßig Abschlüsse machen, sieht das Einkommensteuerrecht eine vereinfachte Art der Gewinnermittlung vor (§ 4 Abs. 3 EStG). Sie können als Gewinn den **Überschuss der Betriebseinnahmen über die Betriebsausgaben** ansetzen. Die Vorschriften über die **Absetzung für Abnutzung** sind auch bei dieser Gewinnermittlungsart zu beachten (§ 4 Abs. 3 Satz 3 EStG). 427

Dabei führt die vereinfachte Gewinnermittlungsmethode grds. zu dem gleichen Totalgewinn, der sich für die gesamte Existenzdauer des Unternehmens ergibt, wie der Vermögensvergleich. 428

Beispiel:
RA X eröffnet in 2001 ohne Eigenkapital eine Anwaltskanzlei. In 2001 erledigt er ein großes Mandat und stellt dafür 100T € an Gebühren in Rechnung. In 2002 wird die Rechnung bezahlt. Daraufhin gibt X die Anwaltskanzlei wieder auf. Ausgaben waren in beiden Jahren nicht angefallen.

Vermögensvergleich:		
Eigenkapital 31.12.2001	100	Vermögen in Form von Forderungen
Eigenkapital 31.12.2000	- 0	
Eigenkapitalerhöhung = Gewinn	100	in 2001
Eigenkapital 31.12.2002	100	Vermögen in Form von Geld
Eigenkapital 31.12.2001	- 100	Vermögen in Form von Forderungen
Eigenkapitalerhöhung = Gewinn	0	in 2002
Vereinfachte Gewinnermittlung:		
Einnahmen in 2001	0	
Ausgaben in 2001	- 0	
Gewinn in 2001	0	
Einnahmen in 2002	100	
Ausgaben in 2002	- 0	
Gewinn in 2002	100	
Nach beiden Gewinnermittlungsarten beträgt der Totalgewinn jeweils 100.		

c) Steuerfreie Einnahmen

429 Die im Einkommensteuergesetz aufgezählten steuerfreien Einnahmen gelten grds. für alle Steuerpflichtigen. Bei Arbeitnehmern werden die steuerfreien Teile des Arbeitslohns bereits beim Steuerabzug ausgeschieden und vom Arbeitgeber nicht als Bruttoarbeitslohn bescheinigt.

430 **Steuerfrei sind z. B.:**

- Leistungen aus einer Krankenversicherung und der gesetzlichen Unfallversicherung (§ 3 Nr. 1a EStG);
- Sachleistungen und Kinderzuschüsse der gesetzlichen Rentenversicherung (§ 3 Nr. 1b EStG);
- Mutterschaftsgeld nach dem Mutterschutzgesetz (§ 3 Nr. 1d EStG);
- Erziehungsgeld (§ 3 Nr. 67 EStG);
- Leistungen nach dem Arbeitsförderungsgesetz, insbesondere Arbeitslosengeld, Kurzarbeitergeld, Schlechtwettergeld, Arbeitslosenhilfe (§ 3 Nr. 2 EStG);
- Geld- und Sachbezüge, die an Wehrpflichtige oder Zivildienstleistende nach dem Wehrsold- und dem Zivildienstgesetz gezahlt werden (§ 3 Nr. 5 EStG);
- Abfindungen wegen einer vom Arbeitgeber veranlassten oder gerichtlich ausgesprochenen Auflösung des Dienstverhältnisses bis 8.181 €. Hat der Arbeitnehmer das 50. bzw. 55. Lebensjahr vollendet und das Dienstverhältnis mindestens 15 bzw. 20 Jahre bestanden, erhöht sich der Höchstbetrag auf 10.226 € bzw. 12.271 € (§ 3 Nr. 9 EStG);
- Aufwandsentschädigungen aus öffentlichen Kassen, sofern diese nicht für Verdienstausfall oder Zeitverlust gewährt werden oder den dem Steuerpflichtigen entstehenden Aufwand offenbar übersteigen (§ 3 Nr. 12 EStG);
- Vom Arbeitgeber gezahlte Heiratsbeihilfen oder Geburtshilfen bis 358 € (§ 3 Nr. 15 EStG);
- Reisekosten- und Umzugskostenvergütungen aus öffentlichen Kassen und entsprechende Leistungen privater Arbeitgeber, soweit sie die steuerlichen Grenzen nicht übersteigen (§ 3 Nr. 13 und 16 EStG);
- Leistungen nach dem Bundeskindergeldgesetz (§ 3 Nr. 24 EStG);
- Einnahmen für eine nebenberufliche Tätigkeit als Übungsleiter, Ausbilder, Erzieher oder eine vergleichbare nebenberufliche Tätigkeit zur Förderung gemeinnütziger, mildtätiger oder kirchlicher Zwecke im Dienst oder Auftrag einer inländischen juristischen Person des öffentlichen Rechts oder einer steuerbefreiten inländischen, gemeinnützigen, mildtätigen oder kirchlichen Körperschaft bis 1.848 € im Kalenderjahr (§ 3 Nr. 26 EStG);
- Zuschüsse des Arbeitgebers, die zusätzlich zum ohnehin geschuldeten Arbeitslohn zu den Aufwendungen des Arbeitnehmers für die Fahrten zwischen Wohnung und Arbeitsstätte mit öffentlichen Verkehrsmitteln gezahlt werden (§ 3 Nr. 34 EStG);
- Freiwillige Trinkgelder (die Beschränkung bis 1.224 € im Kalenderjahr (§ 3 Nr. 51 EStG) wurde wieder aufgehoben);
- Beiträge, die vom Arbeitgeber aufgrund gesetzlicher Verpflichtung (§ 3 Nr. 62 EStG);
  - zur gesetzlichen Sozialversicherung (sowie entsprechende Zuschüsse zur befreienden Lebensversicherung eines Arbeitnehmers),
  - zur Krankenversicherung bei einer Ersatzkasse geleistet werden.

431 Steuerfrei sind außerdem die gesetzlich oder tariflich geregelten **Zuschläge zur Sonntags-, Feiertags- und Nachtarbeit,** sofern die tatsächlich geleistete Sonntags-, Feiertags- und Nachtarbeit zeitmäßig nachgewiesen wird (§ 3b EStG). Bestimmte Höchstbeträge dürfen nicht überschritten werden. Auch nichttarifvertragliche Zuschläge, die z. B. aufgrund von Betriebsvereinbarungen gezahlt werden, sind innerhalb der Höchstgrenzen steuerfrei. Einzelheiten sind in R 30 LStR geregelt.

> *Hinweis:*
> *Nicht alle steuerfreien Bezüge müssen oder können auf der Lohnsteuerkarte ausgewiesen werden. Da solche Bezüge i. d. R. aber die Leistungsfähigkeit des Unterhaltsverpflichteten erhöhen, ist die Feststellung des Zuflusses solcher Bezüge von erheblicher Bedeutung. Diese Bezüge festzustellen, obliegt dem Anspruchsteller des Unterhaltsanspruches.*

d) Überschusseinkünfte

Bei den Überschusseinkünften (z. B. Arbeitslohn) wird die **Differenz** gebildet **zwischen den Einnahmen und den Werbungskosten** (§ 2 Abs. 2 Nr. 2 EStG). Werbungskosten sind Aufwendungen zur Erwerbung, Sicherung und Erhaltung der Einnahmen (§ 9 Abs. 1 Satz 1 EStG). Dabei wird grds. auf die Zahlungszuflüsse und auf die Zahlungsabflüsse abgestellt (§ 11 EStG), wobei die Vorschriften über die Absetzungen für Abnutzung zu beachten sind (§ 9 Abs. 1 Nr. 7 EStG).

432

e) Halbeinkünfteverfahren

Das Halbeinkünfteverfahren ersetzt ab 2001 das körperschaftsteuerliche Anrechnungsverfahren. Es soll die Doppelbelastung des ausgeschütteten Gewinns von Körperschaften (z. B. GmbH oder AG) vermeiden. Der Körperschaftsteuersatz beträgt sowohl für ausgeschüttete als auch für thesaurierte Gewinne 25 %. Eine Anrechnung der Körperschaftsteuer findet nicht mehr statt. Bei den ausschüttenden Körperschaften wird der **Gewinn endgültig mit 25 % Körperschaftsteuer belastet.** Beim Anteilseigner werden die ausgeschütteten Gewinne nur zur Hälfte angesetzt (§ 3 Nr. 40 EStG). Auch die Hälfte der Veräußerungsgewinne aus dem Verkauf von Anteilen an Kapitalgesellschaften ist für natürliche Personen unter Progressionsvorbehalt steuerfrei (§ 3 Nr. 40 EStG, § 32b Abs. 1 Nr. 4 EStG). Die bisherige Anrechnung der von der Körperschaft entrichteten Körperschaftsteuer bei den Einkünften und der Steuerschuld des Anteilseigners ist entfallen.

433

Das neue Halbeinkünfteverfahren führt bei einem persönlichen Spitzensteuersatz von nicht mehr als 40 % zu einer **höheren steuerlichen Belastung** mit Steuer.

434

Dies liegt daran, dass die 25 % Steuerbelastung bei den Körperschaften endgültig ist und der Anteilseigner damit nur 75 % des Gewinnes vor Steuern ausgeschüttet erhält.

> *Beispiel:*
> *Die A-GmbH hat nach Gewerbesteuer einen Gewinn von 100, worauf sie 25 % Körperschaftsteuer bezahlt. Die verbleibenden 75 % werden an den Anteilseigner ausgeschüttet. Dieser hat hiervon die Hälfte als steuerpflichtige Einkünfte anzusetzen, so dass 37,5 % mit dem persönlichen Einkommensteuersatz des Anteilseigners belastet werden.*

Aufwendungen, die in unmittelbarem wirtschaftlichen Zusammenhang entstehen, dürfen, unabhängig vom Zeitpunkt des Zuflusses der Einnahmen, nur **zur Hälfte** abgezogen werden (§ 3c Abs. 2 EStG).

435

> *Beispiel:*
> *K hat sämtliche Anteile der A-GmbH von A erworben. Den Kaufpreis i. H. v. 100.000 € hat K über ein Darlehen finanziert. K zahlt dafür jährlich 8.000 € Schuldzinsen. K kann bei seinen Einkünften aus Kapitalvermögen im Rahmen des Halbeinkünfteverfahrens nur 4.000 € als Werbungskosten ansetzen, auch wenn die GmbH keine Gewinne ausschüttet.*

4. Ermittlung des zu versteuernden Einkommens

a) Gesamtbetrag der Einkünfte als Ausgangsgröße

436 Der Gesamtbetrag der Einkünfte ist die Ausgangsgröße für die Ermittlung des zu versteuernden Einkommens. Das zu versteuernde Einkommen ergibt sich aus dem Abzug von verschiedenen Privataufwendungen, die das Gesetz ausdrücklich zum Abzug zulässt.

b) Vorsorgeaufwendungen

437 Unter den Vorsorgeaufwendungen sind **Beiträge zu Versicherungen** zu verstehen. Obgleich diese Aufwendungen der privaten Lebenshaltung dienen, werden sie steuerlich berücksichtigt. Steuerpflichtige, die Eigenvorsorge treffen, fallen regelmäßig nicht der Sozialhilfe zur Last. Nur **Personenversicherungen** sind als Sonderausgaben abzugsfähig. Beiträge zu Sachversicherungen können keine Sonderausgaben darstellen. Die Aufwendungen können in tatsächlicher Höhe oder pauschaliert geltend gemacht werden. Die Gewährung des **Pauschbetrags** (§ 10c Abs. 2 EStG) setzt aber voraus, dass der Steuerpflichtige Arbeitslohn bezogen hat. Hat der Steuerpflichtige oder sein mit ihm zusammenveranlagter Ehegatte keinen Arbeitslohn bezogen, können nur tatsächlich verausgabte Vorsorgeaufwendungen angesetzt werden. Der Abzug der **tatsächlichen Aufwendungen** wird durch einen Höchstbetrag begrenzt (§ 10 Abs. 3 EStG). Voraussetzung für den Abzug von Vorsorgeaufwendungen ist aber stets, dass die Aufwendungen nicht in wirtschaftlichem Zusammenhang mit steuerfreien Einnahmen stehen (§ 10 Abs. 2 Nr. 1 EStG).

438 Beiträge zu Versicherungen kann nur derjenige geltend machen, der selbst **Versicherungsnehmer** ist und als solcher die Beiträge schuldet (BFH, Urt. v. 19.4.1989, X R 28/86, BStBl. II 1989 S. 862). Ohne Bedeutung ist, wer der Versicherte ist oder wem die Versicherungssumme oder eine andere Leistung später zufließt. Lediglich bei zusammenveranlagten Ehegatten (§ 26 EStG) ist gleichgültig, wer Versicherungsnehmer ist und wer die Beiträge bezahlt. Bei ihnen werden alle Sonderausgaben zusammengerechnet, unabhängig davon, welcher die Aufwendungen geleistet hat.

> *Beispiel:*
>
> *Tochter T hat sich einen Pkw angeschafft, den sie auch für ihre Fahrten zwischen Wohnung und Arbeitsstätte nutzt. Der Pkw ist, um eine günstigere Schadensklasse bei der Haftpflichtversicherung zu erhalten, vom Vater der T als Zweitwagen versichert. Die Versicherungsprämien überweist T von ihrem Konto an die Versicherung.*
>
> *Obwohl T die Versicherungsbeiträge selbst gezahlt hat, kann sie diese nicht als Sonderausgaben abziehen, weil sie nicht Versicherungsnehmerin und daher nicht Schuldner dieser Beiträge ist (BFH, Urt. v. 8.3.1995, X R 80/91, BStBl. II 1995 S. 637). Beitragsschuldner ist vielmehr der Vater. Er kann die Beiträge gleichfalls nicht als Sonderausgaben abziehen, da er sie nicht geleistet hat.*

439 Die Nutzung des Fahrzeuges für **Fahrten zur Arbeitsstätte** und der Ansatz der Werbungskosten nach § 9 Abs. 1 Nr. 4 EStG führt nicht zu einer Kürzung der Sonderausgaben (R 88 Abs. 2 Satz 2 EStR). Werden **Reisekosten** geltend gemacht, gilt dies aber nicht. Die Kosten müssen dann entsprechend der Fahrleistungen (beruflich/privat) aufgeteilt werden.

440 **Beiträge zu Krankenversicherungen** sind ihrer Art nach Sonderausgaben und können daher nicht als außergewöhnliche Belastungen abgezogen werden (BFH, Urt. v. 29.11.1991, III R 191/90, BStBl. II 1992 S. 293). Dies gilt auch dann, wenn sich die Sonderausgaben aufgrund des Höchstbetrages nicht ausgewirkt haben.

441 Auch Beiträge des Arbeitgebers für die Zukunftssicherung des Arbeitnehmers können als Sonderausgaben des Arbeitnehmers abgezogen werden, es sei denn, dass der Arbeitgeber die Lohnsteuer für diese Beiträge pauschal berechnet und übernommen hat.

Steuerlich abzugsfähig sind die Beiträge zu 442
- Aussteuerversicherungen,
- berufsständischen Versorgungswerken (z. B. Ärzte, Rechtsanwälte),
- Berufsunfähigkeitsversicherungen,
- gesetzlichen Rentenversicherungen,
- der Arbeitslosenversicherung bei der Bundesanstalt für Arbeit,
- Erbschaftsteuerversicherungen,
- Haftpflichtversicherungen, einschließlich der Kfz-Haftpflichtversicherung,
- Kapitalversicherungen gegen laufende Beitragszahlungen mit Sparanteil, wenn der Vertrag für die Dauer von mindestens zwölf Jahren abgeschlossen worden ist,
- Krankentagegeldversicherungen,
- Krankenversicherungen,
- Pflegeversicherungen,
- Versicherungen auf den Erlebens- oder Todesfall (Lebensversicherungen),
- Loss-of-License-Versicherungen,
- Pensionskassen,
- Pflegekrankenversicherungen,
- Pflegerentenversicherungen,
- Rentenversicherungen mit Kapitalwahlrecht, bei laufender Beitragsleistung, wenn das Kapitalwahlrecht nicht vor Ablauf von zwölf Jahren seit Vertragsschluss ausgeübt werden kann,
- Rentenversicherungen ohne Kapitalwahlrecht,
- Risikoversicherungen,
- Sterbekassen,
- Unfallversicherungen,
- zusätzlichen freiwilligen Pflegeversicherungen.

c) Altersvermögensgesetz

Mit dem Altersvermögensgesetz v. 26.6.2001 (BStBl. I 2001 S. 420) fördert der Staat den Aufbau einer zusätzlichen kapitalgedeckten Altersvorsorge. Die Förderung erhalten vor allem die in der gesetzlichen Rentenversicherung **Pflichtversicherten** erhalten. **Nicht zum begünstigten** Personenkreis gehören aber Pflichtversicherte, die in einer Zusatzversorgung – etwa VBL oder ZVK – pflichtversichert sind und bei denen eine beamtenähnliche Gesamtversorgung aus der Summe der Leistungen der gesetzlichen Rentenversicherung und der Zusatzversorgung gewährleistet ist (§ 10a Abs. 1 Satz 4 EStG). 443

> *Hinweis:*
>
> *Das Bundesaufsichtsamt für das Versicherungswesen prüft vorab, ob die angebotenen Altersvorsorgeprodukte die staatlich vorgeschriebenen Förderkriterien erfüllen. Dieses Zertifikat stellt ausdrücklich kein staatliches Gütesiegel dar, das die Qualität des Produktes bestätigt.*

Gefördert werden nach diesem Gesetz Anlagen, die bis zur Vollendung des 60. Lebensjahres oder bis zum Beginn einer Altersrente des Anlegers aus der gesetzlichen Rentenversicherung gebunden sind und nicht beliehen oder anderweitig verwendet werden können. Die Anlageformen müssen ab Auszahlungsbeginn eine **lebenslange** steigende oder gleich bleibende **monatliche Leibrente** zusi- 444 chern. Zu Beginn der Auszahlungsphase müssen mindestens die eingezahlten Beträge und während der Auszahlungsphase die laufenden monatlichen Zahlungen zugesagt sein. Förderungsschädlich können die Anlageverträge mit einer Erwerbsminderungsrente und/oder einer Hinterbliebenenrente verbunden werden. Die Anlagen sind während der Ansparphase gesetzlich vor Pfändung sowie Anrechnung auf Sozial- und Arbeitslosenhilfe geschützt.

445 Förderfähig ist die betriebliche Altersversorgung in Form von **Direktversicherungen, Pensionskassen** und **Pensionsfonds,** soweit die besonderen Voraussetzungen für geförderte Anlagen erfüllt sind und die Beiträge aus individuell versteuerten und verbeitragten Arbeitsentgelten erbracht werden, sowie als private kapitalgedeckte Altersvorsorge Rentenversicherungen, Fonds- und Banksparpläne. Auch Altverträge können in die Förderung einbezogen werden, wenn die Voraussetzungen für die geförderten Anlagen durch sie erfüllt werden.

446 Der Altersvorsorgeaufwand setzt sich aus **Eigenbeiträgen** und **Zulagen** zusammen. Der Berechtigte zahlt nur seine Eigenbeiträge, die staatliche Zulage wird auf Antrag des Berechtigten von der Bundesversicherungsanstalt für Angestellte als zentrale Stelle unmittelbar auf den begünstigten Vertrag gutgeschrieben. Die Höhe der Zulage ist abhängig von Familienstand und Kinderzahl. Darüber hinaus kann der gesamte Altersvorsorgeaufwand im Rahmen des Sonderausgabenabzugs geltend gemacht werden. Ist die Steuerersparnis durch den Sonderausgabenabzug höher als die Zulage, wird die Differenz dem Steuerpflichtigen zusätzlich gutgeschrieben. Die gezahlte Zulage verbleibt auf dem Anlagekonto.

447 Als **Sonderausgabenabzug** geltend gemacht werden können unabhängig vom individuellen Einkommen jährlich nachfolgende Altersvorsorgeaufwendungen (Eigenbeiträge zuzüglich Zulage):
- in den Veranlagungszeiträumen 2002 und 2003 bis zu 525 €,
- in den Veranlagungszeiträumen 2004 und 2005 bis zu 1.050 €,
- in den Veranlagungszeiträumen 2006 und 2007 bis zu 1.575 €,
- ab dem Veranlagungszeitraum 2008 bis zu 2.100 €.

448 Die Zulage setzt sich zusammen aus einer **Grundzulage und einer Kinderzulage**. Die Grundzulage beträgt jährlich
- in den Veranlagungszeiträumen 2002 und 2003 bis zu 38 €,
- in den Veranlagungszeiträumen 2004 und 2005 bis zu 76 €,
- in den Veranlagungszeiträumen 2006 und 2007 bis zu 114 €,
- ab dem Veranlagungszeitraum 2008 bis zu 154 €.

449 Im Falle der **Zusammenveranlagung** von Ehegatten steht die Grundzulage jedem gesondert zu, wenn beide Ehepartner eigenständige Altersversorgungsansprüche erwerben. Das gilt auch, wenn zwar nur ein Ehepartner steuer- und versicherungspflichtige Einnahmen hat, dieser aber seinen Mindesteigenbeitrag leistet. Voraussetzung ist, dass der andere Ehepartner einen eigenen Altersvorsorgevertrag abschließt.

450 Die **Kinderzulage** beträgt je Kind im Jahr:
- in den Veranlagungszeiträumen 2002 und 2003 bis zu 46 €,
- in den Veranlagungszeiträumen 2004 und 2005 bis zu 92 €,
- in den Veranlagungszeiträumen 2006 und 2007 bis zu 138 €,
- ab dem Veranlagungszeitraum 2008 bis zu 185 €.

> *Hinweis:*
> *Der Aufbau der Altersvorsorge erfolgt aus nicht versteuertem Einkommen. Daher unterliegen die späteren Auszahlungen der Steuerpflicht.*

d) Steuerberatungskosten

Steuerberatungskosten sind bei der Einkommensteuer stets absetzbar. Soweit die Kosten für die Steuerberatung durch die Erzielung von Einkünften veranlasst sind, können sie als **Betriebsausgaben** oder **Werbungskosten** angesetzt werden. Sind die Steuerberatungskosten durch die Fertigung der privaten Steuererklärungen veranlasst, sind sie im Rahmen der **Sonderausgaben** unbegrenzt abzugsfähig (§ 10 Abs. 1 Nr. 6 EStG). Da diese Aufwendungen als Betriebsausgaben, Werbungskosten oder Sonderausgaben abzugsfähig sind, bleiben sie bei den außergewöhnlichen Belastungen außer Betracht (§ 33 Abs. 2 Satz 2 EStG). 451

Steuerberatungskosten sind insbesondere Gebühren für 452

- Rat und Hilfe in Steuersachen,
- Erstellung der Steuererklärung,
- Erstellung des Jahresabschlusses,
- Fertigung der Buchführung,
- Beratung in Einzelfragen,
- Erstellung von Gutachten,
- Vertretung bei dem Finanzamt oder den Finanzgerichten,
- Mitwirkung in steuerlich relevanten Zivilprozessen (z. B. Zustimmung zum Realsplitting).
- Zu den Steuerberatungskosten gehören auch Aufwendungen für
- Steuerfachliteratur jeder Art,
- Fahrtkosten für den Besuch beim Steuerberater oder Finanzamt,
- Unfallkosten bei den Fahrten zum Steuerberater oder Finanzamt,
- Beiträge zu einer Steuerrechtsschutzversicherung.

e) Ausbildungs-/Fortbildungskosten

Kosten für die Berufsausbildung oder die Weiterbildung in einem **nicht ausgeübten Beruf** des Steuerpflichtigen oder seines mit ihm zusammenveranlagten Ehegatten können je Ehegatten bis 920 € und bei auswärtiger Unterbringung bis zu 1.227 € als Sonderausgaben abgezogen werden (§ 10 Abs. 1 Nr. 7 EStG). Der erhöhte Sonderausgabenabzug von 1.227 € für Aufwendungen für eine Berufsausbildung oder Weiterbildung erfordert weder eine auswärtige Unterbringung von längerer Dauer noch eine doppelte Haushaltsführung (BFH, Urt. v. 20.3.1992, VI R 40/89, BStBl. II 1992 S. 1033). 453

Sind die Voraussetzungen der **Zusammenveranlagung** (§ 26 Abs. 1 Satz 1 EStG) erfüllt, können die Beträge auch dann als Sonderausgaben abgezogen werden, wenn ein Ehegatte die Aufwendungen für die Ausbildung des anderen trägt. Eigene Aufwendungen des unterstützten Ehegatten sind dann aber daneben nicht absetzbar. 454

Kosten für die Aus- oder Weiterbildung können entstehen durch: 455

- Kursgebühren,
- Arbeitsmittel,
- Lernmittel,
- Fachbücher,
- Fahrtaufwendungen,
- Verpflegungsaufwendungen,
- Übernachtungskosten,
- Arbeitszimmer.

> **Hinweis:**
> Entscheidend für den Abzug als Sonderausgaben ist, dass die Aufwendungen in einem **nicht ausgeübten** Beruf erbracht werden. Sind die Kosten einem ausgeübten Beruf zuzuordnen, können sie mit Ausnahme der Kosten für das Arbeitszimmer unbegrenzt als Werbungskosten abgezogen werden.

f) Hauswirtschaftliche Beschäftigungsverhältnisse

456 Aufwendungen für hauswirtschaftliche Beschäftigungsverhältnisse können nicht mehr als Sonderausgaben abgezogen werden. § 10 Abs. 1 Nr. 8 EStG wurde gestrichen.

g) Schulgeld

457 Aufwendungen für den Besuch von **Privatschulen** können i. H. v. 30 % des Entgelts, das der Steuerpflichtige für ein Kind an die Schule bezahlt, als Sonderausgabe abgezogen werden (§ 10 Abs. 1 Nr. 9 EStG).

458 **Voraussetzungen** für den Abzug sind:

- Steuerpflichtiger erhält Kindergeld/Kinderfreibetrag,
- die besuchte Privatschule ist eine anerkannte Ersatz- oder allgemeinbildende Ergänzungsschule,
- das Entgelt ist um die Beträge, die für Beherbergung, Betreuung und Verpflegung gezahlt werden, gekürzt.

459 Der Steuerpflichtige muss die Voraussetzungen für den Schulgeldabzug **nachweisen** oder **glaubhaft machen.** Dies gilt insbesondere für die Höhe des Entgelts, etwaige darin enthaltene Beträge für Beherbergung, Betreuung und Verpflegung sowie für den Bescheid über die Genehmigung, Erlaubnis bzw. Anerkennung der Schule.

h) Andere Sonderausgaben

460 **Renten** und **dauernde Lasten,** die wirtschaftlich nicht mit Einkünften in Zusammenhang stehen, können als Sonderausgaben abgezogen werden, wenn sie auf besonderen Verpflichtungsgründen beruhen (§ 10 Abs. 1 Nr. 1a EStG). Derartige (private) Verpflichtungen können sich aus dem Gesetz, einem formgerechten Vertrag, einem Verwaltungsakt oder einer letztwilligen Anordnung ergeben. Renten und dauernde Lasten, die freiwillig oder aufgrund einer freiwillig begründeten Rechtspflicht geleistet werden, sind grds. nicht als Sonderausgaben abziehbar (R 87 Abs. 2 EStR).

461 **Kirchensteuer,** die an Religionsgemeinschaften gezahlt wird, kann als Sonderausgabe abgezogen werden (§ 10 Abs. 1 Nr. 4 EStG). Voraussetzung ist aber, dass die Religionsgemeinschaft als Körperschaft des öffentlichen Rechts anerkannt ist. Nur gezahlte Kirchensteuer ist abzugsfähig. Erstattete Kirchensteuern, gleichgültig aus welchem Kalenderjahr, sind von den im laufenden Jahr entrichteten Beträgen abzusetzen. Werden Zahlungen **freiwillig** an eine Kirchensteuer erhebende Religionsgemeinschaft geleistet, können diese Zahlungen nicht als Sonderausgaben geltend gemacht werden. Diese Beträge können aber als Spenden (§ 10b EStG) abgezogen werden.

462 Als der Gesetzgeber die sog. **Vollverzinsung** (§ 233a AO) einführte, erlaubte er **zunächst** diese Zinsen auf Steuernachforderungen als Sonderausgaben abzuziehen (§ 10 Abs. 1 Nr. 5 EStG). Diese Abzugsmöglichkeit ist ab dem Jahr 1999 wieder **entfallen.** Auch **Stundungszinsen** (§ 234 AO) und **Aussetzungszinsen** (§ 237 AO) können nicht mehr als Sonderausgaben abgezogen werden. Stehen derartige Zinszahlungen aber mit einer Einkunftsart in Zusammenhang, kommt ein Abzug als Betriebsausgabe oder als Werbungskosten in Betracht.

Ausgenommen vom Sonderausgaben- bzw. vom Betriebsausgaben- oder Werbungskostenabzug sind jedoch in jedem Fall **Zinsen auf hinterzogene Steuern** (§ 10 Abs. 1 Nr. 5 (bis 1998), § 9 Abs. 5 i. V. m. § 4 Abs. 5 Nr. 8a EStG), weil dadurch deren Strafcharakter abgemildert würde.

463

i) Außergewöhnliche Belastungen

Während das Gesetz die gewöhnlichen Lebensaufwendungen für den Steuerpflichtigen und seine Kinder durch das Existenzminimum (§ 32a EStG), den Familienleistungsausgleich (§ 31 EStG) und durch die Sonderausgaben (§§ 10 ff. EStG) für abgegolten ansieht, soll durch den Abzug der außergewöhnlichen Belastung (§ 33 ff. EStG) die darüber hinausgehenden zwangsläufigen und existentiell notwendigen privaten Aufwendungen erfasst werden. Damit sollen unzulässige Härten bei der Besteuerung vermieden werden. Aufwendungen, die bereits als Betriebsausgaben, Werbungskosten oder Sonderausgaben steuerlich geltend gemacht werden können, sind beim Abzug als außergewöhnliche Belastung ausgeschlossen. Am häufigsten kommen die außergewöhnlichen Belastungen bei Krankheitskosten vor, wobei vorausgesetzt ist, dass insoweit keine Erstattungen von Dritten geleistet werden.

464

Erwachsen einem Steuerpflichtigen zwangsläufig **größere Aufwendungen als der überwiegenden Mehrzahl der Steuerpflichtigen** gleicher Einkommensverhältnisse, gleicher Vermögensverhältnisse und gleichen Familienstands (außergewöhnliche Belastung), so wird **auf Antrag** die Einkommensteuer dadurch ermäßigt, dass der Teil der Aufwendungen, der die dem Steuerpflichtigen zumutbare Belastung (zwischen 1 % und 7 % des Gesamtbetrags der Einkünfte) übersteigt, vom Gesamtbetrag der Einkünfte abgezogen wird. Aufwendungen erwachsen dem Steuerpflichtigen zwangsläufig, wenn er sich ihnen aus rechtlichen, tatsächlichen oder sittlichen Gründen nicht entziehen kann und soweit die Aufwendungen den Umständen nach notwendig sind und einen angemessenen Betrag nicht übersteigen.

465

Aufwendungen für die **Unterbringung und Pflege eines bedürftigen Angehörigen** sind nicht als außergewöhnliche Belastung zu berücksichtigen, soweit der Steuerpflichtige von dem Angehörigen dessen gesamtes sicheres Vermögen in einem Zeitpunkt übernommen hat, als dieser sich bereits im Rentenalter befand (BFH, Urt. v. 12.11.1996, III R 38/95, BStBl. II 1997 S. 387). Auch die Zahlungen eines Vaters an sein nichteheliches Kind für dessen **vorzeitigen Erbausgleich** sind keine außergewöhnliche Belastung (BFH, Urt. v. 12.11.1993, III R 11/93, BStBl. II 1994 S. 240). Die **Kosten eines Zivilprozesses** um vermögensrechtliche Ansprüche sind grds. keine außergewöhnliche Belastungen, auch dann nicht, wenn sie im Zusammenhang mit der Scheidung einer Ehe nach Gütertrennung stehen (BFH, Beschl. v. 9.3.1996, III B 180/95, DStR 1996, 1561). Die Aufwendungen für die Wiederbeschaffung von durch Brand zerstörten Hausratsgegenständen sind mangels Zwangsläufigkeit nicht als außergewöhnliche Belastung abziehbar, wenn der Steuerpflichtige es unterlassen hatte, eine ihm zumutbare Hausratsversicherung abzuschließen (FG München, Urt. v. 22.11.2001, 15 K 5567/99,n. rkr., Az. III R 2/02, EFG 2002, 466).

466

II. Unterhaltsrechtliche Bereinigung des Einkommens

1. Umfang und Inhalt des Auskunftsanspruchs

Besteht ein Unterhaltsanspruch, muss der Unterhaltspflichtige entsprechende Auskunft über seine Einkünfte erteilen. Die Auskünfte sind durch die Vorlage einer geordneten **Aufstellung** zu erteilen, die dem Unterhaltsberechtigten ohne übermäßigen Arbeitsaufwand die Berechnung der Unterhaltsansprüche ermöglicht. Die bloße Vorlage der Steuererklärungen oder der Steuerbescheide genügt diesen Anforderungen im Einzelfall nicht. Auf Verlangen muss ein Arbeitnehmer auch eine **Bescheinigung seines Arbeitgebers** vorlegen, aus der nicht nur alle Arbeitseinkünfte, einschließlich Sonderzahlungen, Tantiemen, Weihnachts- und Urlaubsgeld zu ersehen sind, sondern die auch Angaben zu den steuerfreien Bezügen wie Spesen und Auslösungen enthält.

467

468 **Selbstständige mit Gewinneinkünften** müssen die vollständigen Jahresabschlüsse zugänglich machen. Soweit nur eine vereinfachte Gewinnermittlung gefertigt wurde, ist diese vorzulegen. Die Sachkonten und die Buchhaltungsunterlagen sind auf begründetes Verlangen herauszugeben. Vielfach kann nur an Hand dieser Unterlagen eine Abgrenzung von unterhaltsrechtlich irrelevanten Aufwendungen festgestellt werden. Unterhaltsrechtlich kritische Positionen sind daher zu belegen. Die Auskünfte sind für einen Zeitraum von **drei Jahren** vor dem streitigen Unterhaltszeitraum zu erteilen. Für diese Zeit sind auch die entsprechenden Unterlagen vorzulegen.

469 Sind alle steuerlich bedeutsamen Daten bekannt, kann daraus das unterhaltspflichtige Einkommen bestimmt werden. Das steuerrechtliche Einkommen ist nach unterhaltsrechtlichen Grundsätzen zu korrigieren. Das Steuerrecht gewährt eine Vielzahl von Subventionen, Wahlrechten und anderen Regelungen, die die unterhaltsrechtliche Leistungsfähigkeit verfälschen. Diese müssen für die Bestimmung der Unterhaltshöhe festgestellt und ggf. berichtigt werden.

470 Die §§ 642 ff. ZPO regeln das gerichtliche Verfahren betreffend die gesetzliche Unterhaltspflicht eines Elternteils oder beider Elternteile gegenüber einem minderjährigen Kind. Nach § 643 Abs. 1 ZPO kann das Gericht den Parteien in Unterhaltsstreitigkeiten des § 621 Abs. 1 Nr. 4, 5 und 11 ZPO aufgeben, unter Vorlage entsprechender Belege Auskunft über ihre Einkünfte und, soweit es für die Bemessung des Unterhalts von Bedeutung ist, über ihr Vermögen und ihre persönlichen und wirtschaftlichen Verhältnisse zu erteilen. Kommt eine Partei dieser Aufforderung nicht oder nicht vollständig nach, so kann das Gericht in Rechtsstreitigkeiten, die den **Unterhaltsanspruch eines minderjährigen Kindes** betreffen, u. a. **beim Finanzamt** Auskunft über die Höhe der Einkünfte und das Vermögen einholen, soweit dies zur Aufklärung erforderlich ist (§ 643 Abs. 2 Satz 1 Nr. 3 ZPO). Die Finanzämter sind verpflichtet, derartigen Ersuchen Folge zu leisten (§ 643 Abs. 3 Satz 1 ZPO) (Verfügung OFD Koblenz vom 1.4.1999, S 0130 A – St 53 1, LEXinform Dok. 555395).

2. Freiberufler und andere Unternehmer

a) Bilanzpositionen mit der Möglichkeit zur Gewinnbeeinflussung

aa) Grundsätzliches

471 Ist der Unterhaltspflichtige unternehmerisch tätig, gestaltet sich die Berechnung der Unterhaltsleistungen regelmäßig recht schwierig. Gemessen werden soll der wirtschaftliche Erfolg des **Wirtschaftsjahres,** das meist zugleich das Kalenderjahr ist. Diese periodenmäßige Abgrenzung des Erfolgs erfordert verschiedene Korrekturposten (z. B. Rechnungsabgrenzungsposten oder Rückstellungen).

472 Die **Bilanzierungsvorschriften des Handels- und Steuerrecht**s räumen an verschiedenen Stellen Wahlrechte ein, die es ermöglichen, den Gewinn in bestimmtem Umfang zu beeinflussen. Daneben besteht gerade bei der Bewertung der einzelnen Wirtschaftsgüter, die Möglichkeit, den Gewinn durch entsprechende Manipulation der tatsächlichen Werte regelwidrig zu verändern. Als Beispiel sei hier nur die Inventur des Warenlagers eines Händlers genannt. Der wirkliche Warenbestand zum Bilanzstichtag ist nachträglich nur sehr grob feststellbar.

bb) Bewertung von Wirtschaftsgütern (§ 6 EStG)

473 Die im Betrieb genutzten eigenen Wirtschaftsgüter gehören entweder zum Anlage- oder zum Umlaufvermögen. Die Unterscheidung hat insbesondere für deren Bewertung Bedeutung. Zum **Anlagevermögen** gehören alle Wirtschaftsgüter, die bestimmt sind, dauernd dem Geschäftsbetrieb zu dienen (§ 247 Abs. 2 HGB). Alle Wirtschaftsgüter, die nicht zum Anlagevermögen gehören, stellen **Umlaufvermögen** dar.

Wirtschaftsgüter des Anlagevermögens, die der **Abnutzung** unterliegen, sind mit den Anschaffungs- oder Herstellungskosten, vermindert um die Absetzungen für Abnutzung nach § 7 EStG, anzusetzen. Ist der Teilwert niedriger kann dieser angesetzt werden oder ein dazwischen liegender Wert.

474

Beispiel:

A hat vor zwei Jahren einen Computer für 10.000 € angeschafft und ihn jährlich mit 25 % (= 2.500 €) auf einen Buchwert von 5.000 € abgeschrieben. Da der Hersteller eine Systemänderung vornahm, beträgt der jetzige Teilwert nur noch 1.000 €. Für den Computer kann eine Teilwertabschreibung um 4.000 € auf 1.000 € vorgenommen werden. Dadurch sinkt der Gewinn um 4.000 €.

Wirtschaftsgüter des **nicht abnutzbaren Anlagevermögens** (z. B. Grund und Boden, Beteiligungen) sind ebenfalls mit den Anschaffungs- oder Herstellungskosten oder mit dem niedrigeren Teilwert anzusetzen (§ 6 Abs. 2 Nr. 2 EStG). Regelmäßige Abschreibung gibt es bei diesen Wirtschaftsgütern nicht. Das Gleiche gilt auch für die Wirtschaftsgüter des Umlaufvermögens.

475

cc) **Rechnungsabgrenzungsposten (§ 5 Abs. 5 EStG, § 250 HGB)**

Rechnungsabgrenzungsposten (RAP) dienen der Ermittlung des **Periodenerfolges**. Periode ist das Wirtschaftsjahr das meist das **Kalenderjahr** ist. Rechnungsabgrenzungsposten sind auf der Aktivwie auf der Passivseite der Bilanz möglich. Aufwendungen und Erträge sind grds. nur insoweit erfolgswirksam anzusetzen, als sie auch tatsächlich in der betrachteten Abrechnungsperiode verursacht oder entstanden sind. Nur was wirtschaftlich in dieses Jahr gehört, beeinflusst den Gewinn dieses Jahres.

476

Aktive Rechnungsabgrenzungsposten werden gebildet, wenn ein Erfolg ohne periodengerechte Abgrenzung zu niedrig ausfallen würde.

477

Beispiel 1:

Die Miete für 2003 wurde in 2002 noch in bar bezahlt. Der Kassenbestand hat sich dadurch um 30 verringert.

Bilanz 2001			
Anlagevermögen	100	Fremdkapital	180
Umlaufvermögen	200	**Eigenkapital**	**120**
	300		300

Bilanz 2002			
Anlagevermögen	150	Fremdkapital	120
Umlaufvermögen	250	**Eigenkapital**	**280**
	400		400

Ohne die Bildung eines aktiven Rechnungsabgrenzungsposten ergibt sich für 2002 ein Gewinn i. H. v. 160 (= 280 EK 2002 ./. 120 EK 2001). Der Gewinn ist aber um 30 zu niedrig ausgefallen, da die Mietaufwendungen das Jahr 2003 betreffen.

Durch die Bildung des **aktiven** *Rechnungsabgrenzungsposten wird der um 30 zu niedrige Gewinnausweis rückgängig gemacht und das Eigenkapital zutreffend mit 310 ausgewiesen.*

Bilanz 2002			
Anlagevermögen	150	Fremdkapital	120
Umlaufvermögen	250	**Eigenkapital**	**310**
RAP	30		
	430		430

Eigenkapital 2002 richtig			310
Eigenkapital 2001			./. 120
Gewinn richtig			**190**

478 Der Ausweis eines unzutreffend hohen Eigenkapitals wird durch die Bildung **passiver** Rechnungsabgrenzungsposten vermieden. Nur durch eine periodengerechte Abgrenzung der Aufwendungen wird der richtige Erfolg der Periode ermittelt.

Beispiel 2:
Der Unternehmer erhält die Januarmiete für 2003 in bar in 2002.

Bilanz 2001			
Anlagevermögen	100	Fremdkapital	180
Umlaufvermögen	200	**Eigenkapital**	**120**
	300		300

Bilanz 2002			
Anlagevermögen	150	Fremdkapital	120
Umlaufvermögen	250	**Eigenkapital**	**280**
	400		400

Der Gewinn 2002 beträgt 160 (= 280 EK 2002 ./. 120 EK 2001). Der Gewinn ist um 30 zu hoch ausgewiesen, da ein Mietertrag aus 2003 in 2002 miterfasst ist. Durch die Bildung des passiven Rechnungsabgrenzungspostens wird der Gewinn periodengerecht mit 130 ausgewiesen.

Bilanz 2002			
Anlagevermögen	150	Fremdkapital	120
Umlaufvermögen	250	**Eigenkapital**	**250**
		RAP	30
	400		400

Eigenkapital 2002 richtig	250
Eigenkapital 2001	./. 120
Gewinn richtig	**130**

dd) Rückstellungen (§ 249 HGB, § 5 Abs. 3 und 4 EStG)

479 Rückstellungen sind für **ungewisse Verbindlichkeiten** und für **drohende Verluste aus schwebenden Geschäften** zu bilden. Sie dienen ebenfalls der periodengerechten Gewinnabgrenzung, da sie Aufwendungen erfassen, die wirtschaftlich der laufenden Periode zuzurechnen sind, die aber erst in Zukunft konkret zutage treten werden.

Beispiel:
Unternehmer U führt in 2002 gegen A einen Prozess. Ende 2002 ist der Prozess noch nicht abgeschlossen, aber bereits absehbar, dass U den Prozess verlieren wird. Die vermutlichen Kosten von 50 mindern bereits den Gewinn 2002, obgleich sie frühestens in 2003 bezahlt werden, wenn der Prozess tatsächlich verloren ist.

Bilanz 2002						
Anlagevermögen	150	Fremdkapital	180	Eigenkapital 2002		220
Umlaufvermögen	250	**Eigenkapital**	220	Eigenkapital 2001		./. 100
				Gewinn		120
	400		400			

Bilanz 2002						
Anlagevermögen	150	Fremdkapital	180	Eigenkapital 2002 richtig		170
Umlaufvermögen	250	Rückstellung	50	Eigenkapital 2001		./. 100
		Eigenkapital	170	**Gewinn richtig**		70
	400		400			

ee) Rücklagen

Rücklagen stellen Teile des Eigenkapitals dar. Ihre Bildung ist grds. **gewinnneutral.** Sie hat keinen Einfluss auf die Höhe des Gewinns. Aus wirtschaftspolitischen Gründen werden jedoch in bestimmten Fällen steuerfreie, später gewinnerhöhend aufzulösende Rücklagen zugelassen. 480

Die Bildung steuerfreier Rücklagen ist zulässig für:
- die Veräußerung bestimmter Anlagegüter (§ 6b EStG),
- Ersatzbeschaffung (R 35 EStR).

Beispiel:
Der Unternehmer U verkauft in 206 ein Grundstück, das mit den damaligen Anschaffungskosten aus 2001 von 500 T€ bilanziert ist, zu einem Preis von 700 T€. Durch die Wertsteigerung des Grundstückes sind stille Reserven von 200 T€ entstanden. In Höhe dieser Differenz tritt eine Gewinnerhöhung ein, die U zu versteuern hat. Das Gesetz (§ 6b EStG) ermöglicht es aber dem U, eine steuerfreie Rücklage in Höhe dieser 200 T€ zu bilden. Die stillen Reserven des ersten Grundstückes werden damit auf das zweite Grundstück übertragen, ohne dadurch der Besteuerung endgültig zu entgehen. Die Besteuerung erfolgt bei Verkauf des zweiten Grundstückes.

Bilanz 31.12.2005					Bilanz 31.12.2006 (mit Gewinnrealisierung)			
Grundstück	500	Fremd-kapital	300		Grundstück	0	Fremdkapital	300
Umlauf-vermögen	150	Eigen-kapital	450		Umlauf-vermögen	150	Eigenkapital	650
Kasse	100				Kasse	800		
	750		750			950		950

In 2009 kauft U ein anderes Grundstück für 800 T€. Die Anschaffungskosten müsste U bilanzieren. U kann jedoch die Rücklage auflösen, die Anschaffungskosten von 800 T€ um die 200 T€ Rücklage vermindern so dass das Grundstück nur mit den verbleibenden 600 T€ bilanziert wird. Damit hat U die stillen Reserven aus dem ersten Grundstück auf das zweite Grundstück übertragen.

Bilanz 31.12.2006 mit Rücklagenbildung				Bilanz 31.12.2009 mit Übertragung der Rücklage			
Grundstück	0	Fremd-kapital	300	Grundstück	600	Fremd-kapital	300
Umlauf-vermögen	150	§ 6b Rück-lage	200	Umlaufver-mögen	150	§ 6b Rück-lage	0
Kasse	800	Eigen-kapital	450	Kasse	0	Eigen-kapital	450
	950		950		750		750

ff) Wertberichtigungen

481 Auch Wirtschaftsgüter des Umlaufvermögens sind mit den Anschaffungs- oder Herstellungskosten zu erfassen. Ist jedoch bereits am ersten Bilanzstichtag der Teilwert niedriger, muss dieser Wert zwingend in der Bilanz angesetzt werden. Es erfolgt eine sog. **Teilwertabschreibung** durch welche die Wertberichtigung bewirkt wird.

482 Der **Teilwert** einer Forderung wird beeinflusst durch die Zahlungsfähigkeit und Zahlungswilligkeit des Schuldners sowie durch ihre Verzinslichkeit. Das Ausmaß des Wertverlustes muss anhand bekannt gewordener Umstände **geschätzt** werden. Soweit wegen der Schwierigkeiten der Einzelbewertung von Forderungen pauschale Wertberichtigungen zugelassen werden, bieten die tatsächlichen Forderungsausfälle der Vergangenheit einen wesentlichen Anhaltspunkt für die zu erwartenden Forderungsausfälle.

483 Die **pauschale Wertberichtigung** von Forderungen zur Berücksichtigung des allgemeinen Ausfallrisikos wird durch die Bildung eines Passivpostens in der Bilanz vorgenommen, wodurch unmittelbar eine Gewinnminderung in dieser Höhe eintritt. Bemessungsgrundlage für die pauschale Wertberichtigung ist bei Soll-Versteuerern der **Nettobetrag ohne Umsatzsteuer.** Die Höhe der Pauschalabsetzung ist mit einem geschätzten Prozentsatz zu ermitteln. Anhaltspunkte bieten dabei die Erfahrungen der Vergangenheit. Ist die pauschale Wertberichtigung dem Grunde nach gerechtfertigt, greift die Finanzverwaltung regelmäßig Ansätze bis zu 3 % nicht auf.

Beispiel:

Bilanz 31.12.2001				Bilanz 31.12.2001			
Anlage-vermögen	100	Fremd-kapital	180	Anlage-vermögen	100	Fremd-kapital	180
Umlauf-vermögen	200	Eigen-kapital	120	Umlauf-vermögen	200	Wertberich-tigung	6
						Eigen-kapital	114
	300		300		300		300

b) Andere gewinnbeeinflussende Positionen

aa) Abschreibung

Schafft ein Gewinnermittler Gegenstände für seinen Betrieb an, die dauerhaft dem Betrieb dienen, gehören diese Gegenstände zum Anlagevermögen (z. B. Betriebsgebäude, Betriebs-Pkw, Ausstattung, immaterieller Firmenwert). Die Anschaffungskosten für solche Wirtschaftsgüter können nicht sofort als Betriebsausgaben geltend gemacht werden. Sie werden vielmehr steuerlich auf die voraussichtliche Nutzungsdauer dieser Gegenstände verteilt. Die Nutzungsdauer der einzelnen Gegenstände schreibt die Finanzverwaltung typisierend vor. Das geschieht durch Abschreibungen, die auch Absetzungen für Abnutzung (AfA) genannt werden. Abschreiben bedeutet, den Wertverzehr eines abnutzbaren Wirtschaftsgutes gewinnmindernd zu berücksichtigen, der durch den Gebrauch eingetreten ist. Die gesamten Anschaffungs- oder Herstellungskosten werden auf alle Jahre verteilt, in denen das Wirtschaftsgut dem Betrieb dient.

484

Für die Gewinneinkünfte sieht das Gesetz insbesondere die **lineare** oder die **degressive Abschreibung** vor (§ 7 Abs. 1 und 2 EStG). Für die Gebäudeabschreibung gelten Sonderregelungen (§ 7 Abs. 4 und 5 EStG). Während von der degressiven Abschreibung zur linearen übergegangen werden kann, ist der umgekehrte Übergang unzulässig. Die Abschreibungen mit gleichbleibenden Sätzen (z. B. fünf Jahre lang je 20 %) werden als lineare AfA oder Absetzung für Abnutzung in gleichen Jahresbeträgen bezeichnet. Dagegen wird bei der degressiven AfA im Normalfall ein gleichbleibender Prozentsatz auf den jeweils am Anfang des Jahres vorhandenen Restwert (im ersten Jahr auf die Anschaffungskosten) angewendet. Es ist eine Abschreibung in fallenden Jahresbeträgen. Bei der degressiven Abschreibung (§ 7 Abs. 2 EStG) beträgt der Abschreibungssatz das zweifache der linearen maximal aber 20 %. Für die **Gebäudeabschreibung** gilt die Besonderheit, dass die degressiven AfA-Sätze in abfallender Höhe **gesetzlich festgelegt** sind.

485

Beispiel 1 (lineare AfA § 7 Abs. 1 EStG):
Ein Pkw wird betriebsgewöhnlich fünf Jahre lang genutzt. Die Anschaffungskosten von 20 T€ werden auf die fünf Nutzungsjahre gleichmäßig verteilt. In jedem Jahr werden 4.000 € gewinnmindernd abgesetzt.

Beispiel 2 (degressive AfA § 7 Abs. 2 EStG):
Teppichkauf in 2001 für 20.000 €. Die Nutzungsdauer beträgt zehn Jahre.

Jahr	Bemessungs-grundlage	AfA-Satz	Jahres-Afa	Restwert am Jahresende
1	30.000 €	20 %	6.000 €	24.000 €
2	24.000 €	20 %	4.800 €	19.200 €
3	19.200 €	20 %	3.840 €	15.360 €
4	15.360 €	20 %	3.072 €	12.288 €
5	12.288 €	20 %	2.458 €	9.830 €
6	9.830 €	20 %	1.966 €	7.864 €
7	7.864 €	20 %	1.573 €	6.291 €
8	6.291 €	20 %	1.258 €	5.033 €
9	5.033 €	20 %	1.007 €	4.027 €
10	4.027 €	20 %	805 €	3.221 €

Beispiel 3:

Ein Arzt kauft zu Beginn eines Jahres einen Pkw für seine Praxis zum Preis von 50.000 €. Die betriebsgewöhnliche Nutzungsdauer eines Pkw beträgt fünf Jahre. Die AfA beträgt im Anschaffungsjahr und in den folgenden vier Jahren je 10.000 €. Die Anschaffungskosten vermindert um die Abschreibung des Jahres ergibt den Buchwert zum jeweiligen Jahresende. Nach fünf Jahren sind die Anschaffungskosten bis zu einem Erinnerungswert von 1 € abgeschrieben.

486 **Verliert der betreffende Gegenstand** während der geschätzten Nutzungsdauer **seinen Wert** (z. B. der Pkw wird im dritten Nutzungsjahr durch Unfall zerstört), wird der bis dahin noch nicht abgeschriebene Teil der Anschaffungskosten durch eine zusätzliche Abschreibung als Betriebsausgabe berücksichtigt. Stellt sich nachträglich heraus, dass man die Nutzungsdauer zu kurz angesetzt hat, bleiben die bisher angesetzten AfA-Beträge unverändert. Für die Zeit der längeren Nutzungsdauer stehen keine AfA-Beträge mehr zur Verfügung, da die gesamten Anschaffungskosten bereits gewinnmindernd berücksichtigt wurden.

487 Beim **Verkauf des Gegenstands** werden die nach Abzug der bisher verbrauchten AfA-Beträge verbliebenen Anschaffungskosten (= Buchwert) als Betriebsausgabe und der Verkaufserlös als Betriebseinnahme behandelt; die Differenz führt zu Gewinn oder Verlust. Dies hat zur Folge, dass sich am Ende nur der Betrag als Abschreibung gewinnmindernd auswirkt, der sich als Differenz zwischen Anschaffungskosten und Veräußerungserlös ergibt.

Beispiel 4:

Der Arzt verkauft den Pkw aus obigem Beispiel nach Ablauf von drei Jahren für 25.000 €. Von den Anschaffungskosten von 50.000 € sind 30.000 € durch AfA verbraucht. Der Buchwert beträgt 20.000 €. Der Verkauf führt zu einem zusätzlichen Gewinn von 5000 € (= 25.000 € Verkaufserlös ./. 20.000 € Buchwert).

488 **Immaterielle Wirtschaftsgüter** wie der Praxiswert dürfen nur abgeschrieben werden, wenn sie entgeltlich erworben wurden. Selbst geschaffene immaterielle Wirtschaftsgüter (z. B. ein selbstgeschriebenes Computer-Programm) dürfen nicht abgeschrieben werden.

bb) Sonderabschreibung, erhöhte Abschreibung

489 Sonderabschreibungen und erhöhte Abschreibungen werden aus wirtschaftspolitischen Gründen gewährt. Der Höhe des gewinnmindernden Abschreibungsbetrages steht regelmäßig kein Wertverzehr in dieser Höhe gegenüber. Erhöhte Abschreibung **tritt an die Stelle** der normalen Abschreibung während Sonderabschreibung **neben** der normalen Abschreibung gewährt wird.

490 **Erhöhte** Abschreibungen sind vorgesehen für:
- Mietwohnungsbaumaßnahmen, wenn Fertigstellung vor dem 1.1.1996 (§ 7c EStG),
- Sanierungs- und Städtebauentwicklungsmaßnahmen (§ 7h EStG),
- Baudenkmäler (§ 7i EStG),
- Wohnungen mit Sozialbindung, wenn Fertigstellung vor dem 1.1.1996 (§ 7k EStG).

491 **Sonder**abschreibungen sind vorgesehen
- im Fördergebietsgesetz (für Investitionen insbesondere bis 1998),
- zur Förderung kleiner und mittlerer Betriebe (§ 7g EStG).

492 *Beispiel (Sonderabschreibung nach § 7g EStG):*

A kauft Anfang 2001 einen Computer für 30.000 €. Die Nutzungsdauer beträgt drei Jahre.

Lineare AfA im 1. Jahr 33,33 % von 30.000 € AK =	10.000 €
Sonder-AfA im 1. Jahr 20 % von 30.000 € AK =	+ 6.000 €
Gesamt-AfA in 2001	16.000 €

Der Restbuchwert zum Ende 2001 beträgt 14.000 € (= 30.000 € ./. 16.000 €). Die Restnutzungsdauer beträgt zwei Jahre. Die AfA in den Jahren zwei und drei beträgt jeweils 8.000 €.

Unterhaltsrechtlich sind Abschreibungen nur anzuerkennen, soweit sie sich mit einer tatsächlichen Verringerung der für den Lebensbedarf verfügbaren Mittel decken. Damit dürfte nur die lineare Abschreibung auch unterhaltsrechtlich anzuerkennen sein (Kalthoener/Büttner/Niepmann, Die Rechtsprechung zur Höhe des Unterhalts, Rn. 947, 950). 493

cc) Ansparrücklage

Für **kleine** und **mittlere Betriebe** besteht die Möglichkeit, gewinnmindernde Rücklagen (Ansparrücklage) zu bilden, um die Finanzierung künftiger Investitionen im Bereich der beweglichen Wirtschaftsgüter des Anlagevermögens zu erleichtern. Eine Ansparrücklage darf gebildet werden, wenn das Betriebsvermögen, zu dessen Anlagevermögen das Wirtschaftsgut gehört, zum Schluss des der Anschaffung oder Herstellung des Wirtschaftsguts vorangehenden Wirtschaftsjahrs nicht mehr als 204.517 € beträgt. Diese Voraussetzung gilt bei Betrieben, die die vereinfachte Gewinnermittlung (§ 4 Abs. 3 EStG) anwenden, als erfüllt. Der Freiberufler kann damit die Ansparrücklage regelmäßig in Anspruch nehmen. 494

Für jede geplante Investition von neuen beweglichen Wirtschaftsgütern des Anlagevermögens kann eine Ansparrücklage i. H. v. 40 % der Anschaffungs- oder Herstellungskosten gebildet werden. Die Bildung der Ansparrücklage führt zu einer sofortigen Minderung des Gewinns, obwohl die Investition frühestens im Folgejahr erfolgt. Die sofortige Steuerersparnis erhöht die Liquidität. Die Bildung einer Ansparrücklage ist Voraussetzung für die Inanspruchnahme der **Sonderabschreibung** i. H. v. 20 % zur Förderung kleiner und mittlerer Betriebe (§ 7g Abs. 1 EStG). Dabei reicht eine Ansparrücklage dem Grunde nach z. B. i. H. v. 1 € aus, um die Sonderabschreibung von 20 % in Anspruch nehmen zu können.

Eine Rücklagenbildung ist unabhängig davon zulässig, ob das später tatsächlich angeschaffte oder hergestellte Wirtschaftsgut die Voraussetzungen der 7g EStG-Sonderabschreibung erfüllen wird; auch die beabsichtigte Anschaffung oder Herstellung eines geringwertigen Wirtschaftsguts berechtigt zur Bildung einer Rücklage. Die Investitionsabsicht muss **nicht** einmal **glaubhaft gemacht werden.** Die Bildung einer Ansparrücklage gem. § 7g Abs. 3 EStG setzt nicht voraus, dass der Steuerpflichtige glaubhaft macht, die Investition sei wirklich beabsichtigt (BFH, Urt. v. 12.12.2001, XI R 13/00, DStR 2002, 672). Es muss weder ein Investitionsplan vorgelegt noch eine feste Bestellung eines bestimmten Wirtschaftsguts nachgewiesen werden. Es reicht aus, wenn das Wirtschaftsgut, das angeschafft oder hergestellt werden soll, seiner Funktion nach benannt und der beabsichtigte Investitionszeitpunkt sowie die Höhe der voraussichtlichen Anschaffungs- oder Herstellungskosten angegeben werden. Die Summe der im Betrieb des Steuerpflichtigen gebildeten Rücklagen am jeweiligen Bilanzstichtag darf den Betrag von 154.000 € nicht übersteigen. Sind die beabsichtigte Investition und die später tatsächlich durchgeführte Investition nicht gleichartig, ist die Rücklage aufzulösen. Das bei Bildung der Rücklage benannte Wirtschaftsgut und das später tatsächlich angeschaffte oder hergestellte Wirtschaftsgut müssen zumindest funktionsgleich sein. Dies ist z. B. der Fall, wenn der Steuerpflichtige anstelle der geplanten Anschaffung eines Pkw der Marke A einen Pkw der Marke B erwirbt. Dagegen ist die **Funktionsgleichheit** zu verneinen, wenn z. B. anstelle der geplanten Anschaffung eines Pkw ein Lkw erworben wird. 495

Die Ansparrücklage ist **gewinnerhöhend aufzulösen,** sobald für das begünstigte Wirtschaftsgut Abschreibungen oder Sonderabschreibungen vorgenommen werden dürfen. Welche Absetzungen für Abnutzung, erhöhte Absetzungen oder Sonderabschreibungen für das angeschaffte Wirtschaftsgut tatsächlich in Anspruch genommen werden, ist unerheblich. Können auf Anzahlungen oder Teilherstellungskosten bereits Sonderabschreibungen in Anspruch genommen werden, so ist die Rücklage bereits in dem Wirtschaftsjahr, in dem die Anzahlungen geleistet werden oder die Teilherstellungskosten anfallen, i. H. v. 40 % der Anzahlungen oder Teilherstellungskosten gewinnerhöhend aufzulösen. 496

497 Wird die **Rücklage aufgelöst,** weil die Investition fehlt oder die Rücklagenbildung überhöht war oder weil die Rücklage freiwillig aufgelöst wird, ist der Gewinn des Kalenderjahres, in dem die Rücklage aufgelöst wird, für jedes volle Jahr, in dem die Rücklage bestanden hat, um 6 % des aufgelösten Rücklagenbetrages zu erhöhen. Mit dem Gewinnzuschlag soll der Steuerstundungseffekt ausgeglichen werden, der dadurch entsteht, dass einerseits die Rücklage gewinnmindernd gebildet wurde, andererseits aber eine Investition, zu deren Finanzierung die Rücklage dienen sollte, nicht oder nicht in ausreichendem Umfang vorgenommen wurde. Da die Steuer auf den Gewinnzuschlag regelmäßig höher ist als der nach Steuern verbleibende Nettozins, der sich bei einer verzinslichen Anlage der durch die Rücklagenbildung erreichten Steuerstundung ergibt, ist die Rücklage in den meisten Fällen nur für den interessant, der wirklich investieren will.

498 **Unterhaltsrechtlich** führt die Bildung einer Ansparrücklage in keinem Fall zu einer Minderung der Leistungsfähigkeit. Die entsprechenden Beträge müssen dem Gewinn wieder hinzugerechnet werden.

dd) Ansparrücklage für Existenzgründer

499 Existenzgründer werden bei der Ansparrücklage großzügiger behandelt. Existenzgründer ist
- eine natürliche Person, die innerhalb der letzten fünf Jahre vor dem Wirtschaftsjahr der Betriebseröffnung
  - weder an einer Kapitalgesellschaft unmittelbar oder mittelbar zu mehr als einem Zehntel beteiligt gewesen ist
  - noch Gewinneinkünfte erzielt hat;
- eine Gesellschaft, bei der alle Mitunternehmer die obigen Voraussetzungen erfüllen;
- eine Kapitalgesellschaft i. S. d. Körperschaftsteuergesetzes, an der nur natürliche Personen beteiligt sind, die die obigen Voraussetzungen erfüllen.

500 Die **Vorteile** des Existenzgründers:
- Der Existenzgründer kann die Rücklage im Wirtschaftsjahr der Betriebseröffnung und den fünf folgenden Wirtschaftsjahren (Gründungszeitraum) bilden.
- Das begünstigte Wirtschaftsgut muss vom Steuerpflichtigen voraussichtlich erst bis zum Ende des fünften auf die Bildung der Rücklage folgenden Wirtschaftsjahrs angeschafft oder hergestellt werden.

501 Die Übernahme eines Betriebes im Weg der **vorweggenommenen Erbfolge** gilt nicht als Existenzgründung; entsprechendes gilt bei einer Betriebsübernahme im Weg der Auseinandersetzung einer Erbengemeinschaft unmittelbar nach dem Erbfall.

502 Der **Höchstbetrag** für alle im Gründungszeitraum gebildeten Rücklagen ist auf 307.000 € erweitert. Die Rücklage ist erst spätestens am Ende des fünften auf ihre Bildung folgenden Wirtschaftsjahrs gewinnerhöhend aufzulösen. Es erfolgt **kein** Gewinnzuschlag i. H. v. 6 % bei Auflösung der Rücklagen ohne Investition.

ee) Geringwertige Wirtschaftsgüter

503 Die Anschaffung oder Herstellung von abnutzbaren Wirtschaftsgütern führt vermögensmäßig betrachtet lediglich zu einem Austausch der vorhandenen Wirtschaftsgüter. Statt Geld oder Bankguthaben ist nun das erworbene Wirtschaftsgut vorhanden (Aktivtausch). Eine Vermögensminderung und damit auch eine Gewinnminderung tritt erst durch den **Gebrauch** des Wirtschaftsgutes ein. Dieser Wertverlust ist über die Abschreibung zu berücksichtigen. Die Anschaffungskosten werden grds. auf die Nutzungsdauer verteilt. Um die betriebliche Rechnungslegung zu vereinfachen, hat der Gesetzgeber für die Abschreibung von geringwertigen Wirtschaftsgütern eine Sonderregelung getroffen. Die Regelung kann auch im Rahmen der vereinfachten Gewinnermittlung angewandt werden (R 40 Abs. 4 EStR). Sie gilt auch für die Überschusseinkünfte, wie die Ein-

künfte aus nicht selbständiger Arbeit (§ 9 Abs. 1 Nr. 7 Satz 2 EStG). Begünstigt ist nur die Anschaffung von **körperlichen Gegenständen,** nicht dagegen die von immateriellen Wirtschaftsgütern. Computer-Trivialprogramme und Datenbestände, beispielsweise auf CD-RCM, gelten als abnutzbare bewegliche Wirtschaftsgüter. Sonstige Computerprogramme sind dagegen keine beweglichen Gegenstände, so dass für sie die Sofortabschreibung nicht möglich ist (BFH, Urt. v. 28.7.1994, BStBl. II 1994 S. 873).

Geringwertige Wirtschaftsgüter sind, 504
- bewegliche und
- abnutzbare Wirtschaftsgüter,
- die zum Anlagevermögen gehören und
- einer selbständigen Nutzung fähig sind, wenn deren
- Anschaffungs- oder Herstellungskosten, vermindert um einen darin enthaltenen Vorsteuerbetrag, 410 € nicht übersteigen.

Für die GwG-Regelung ist unerheblich, ob die angeschafften Gegenstände neu oder gebraucht 505 sind. Die Anschaffungs- oder Herstellungskosten von geringwertigen Wirtschaftsgütern werden **wahlweise** nicht abgeschrieben, sondern im Jahr der Anschaffung oder Herstellung **in voller Höhe als** Betriebsausgaben geltend gemacht (§ 6 Abs. 2 EStG). Auf den Zeitpunkt der Bezahlung kommt es nicht an. Es handelt sich dabei nicht um eine Muss-Vorschrift, sondern um ein Wahlrecht.

Beispiel:
U schafft in 2001 eine Schreibmaschine für 410 € zuzüglich Umsatzsteuer an. U hat die Wahl, ob er das Wirtschaftsgut in 2001 mit 410 € als Betriebsausgabe absetzt oder ob er die Anschaffungskosten auf fünf Jahre verteilt und jeweils 82 € in den Jahren 2001 bis 2005 als Abschreibung steuermindernd geltend macht. Die Umsatzsteuer gehört nicht zu den Anschaffungskosten, sofern der Erwerber zum Vorsteuerabzug berechtigt ist.

Wenn es steuerlich günstiger ist, kann der Steuerpflichtige statt des Sofortabzugs auch die norma- 506 len Abschreibungen vornehmen. Das kann vor allem im Jahr der Unternehmenseröffnung günstiger sein, wenn einerseits zahlreiche geringwertige Wirtschaftsgüter angeschafft werden, andererseits die Betriebseinnahmen aber noch nicht so hoch sind, dass sich ein wesentlicher Gewinn ergibt.

> *Hinweis:*
> *Zur Prüfung der 410 Euro-Grenze ist die Vorsteuer immer auszuklammern.*

Auf die Vorsteuerabzugsberechtigung kommt es nicht an (R 86 Abs. 5 EStR), sofern in den 507 Anschaffungs- oder Herstellungskosten Vorsteuer enthalten ist. Ist der Verkäufer kein umsatzsteuerpflichtiger Unternehmer, kommt es nur auf das Entgelt an. Unerheblich ist auch, ob das Wirtschaftsgut neu oder gebraucht ist. Ist der Erwerber nicht zum Vorsteuerabzug berechtigt, gehört die Umsatzsteuer zu den Anschaffungskosten. In diesem Fall kommen über die GwG-Regelung 475,60 € Betriebsausgaben oder Werbungskosten zum Ansatz. Liegt die Berechtigung zum Vorsteuerabzug vor, ist die Vorsteuer nach den allgemein gültigen Grundsätzen zu behandeln.

Die Sofortabschreibung kommt nur in Betracht, wenn das Wirtschaftsgut einer **selbstständigen** 508 **Nutzung** fähig ist. Eine selbständige Nutzung ist nicht möglich, wenn das Wirtschaftsgut mit einem anderen Wirtschaftsgut derart verbunden ist, dass es nur zusammen mit dem anderen Wirtschaftsgut, als dessen Teil es sich darstellt, zu nutzen ist. Eine einheitliche Zweckbestimmung mehrerer Wirtschaftsgüter genügt nicht, um eine solche Einheit anzunehmen (BFH, Urt. v. 27.3.1963, BStBl. III 1963 S. 304).

ABC wichtiger Wirtschaftsgüter:	
Anbauschrank	kein GwG
Autoradio	kein GwG
Bücher, Bibliothek, Jahrgänge von Zeitschriften	GwG
Diktiergerät einschließlich Zubehör	GwG
Drucker	kein GwG
Einrichtungsgegenstände, auch wenn sie zu einem Programm gehören	GwG
Fußbodenbelag, der für einen Raum zugeschnitten ist	kein GwG
Jalousien	kein GwG
Kunstgegenstände	GwG
Lampen, soweit nicht an- oder eingebaut	GwG
PC-Drucker	kein GwG
PC-Monitor	kein GwG
PC-Trivialprogramm	GwG
Regale	GwG
Telefax	GwG
Telefon	GwG
Zubehör (z. B. Reifen des Pkw)	kein GwG

509 Die Sofortabschreibung kann auch für Wirtschaftsgüter, die aus dem Privat- in das **Betriebsvermögen** eingelegt werden oder die statt bisher privat nunmehr beruflich genutzt werden, in Anspruch genommen werden. Die Finanzverwaltung lässt dies aus Vereinfachungsgründen zu, obwohl durch diese Vorgänge kein Wirtschaftgut angeschafft wird. Voraussetzung ist nur, dass der Teilwert im Zeitpunkt der Zuführung (§ 6 Abs.1 Nr. 5 EStG) nicht mehr als 410 € beträgt. Ggf. ist eine fiktive Abschreibung vorher abzuziehen (R 39 EStR).

Beispiel:

Architekt A nimmt seinen privaten PC mit ins Büro, da dort ein PC ausgefallen ist. Der PC, der einen Teilwert von 400 € hat, wird nun dauerhaft im Büro genutzt. A kann den PC als geringwertiges Wirtschaftsgut sofort abschreiben. Der Einlagewert i. H. v. 400 € wird als Betriebsausgabe angesetzt.

510 Die Sofortabschreibung als GwG ist nur zulässig, wenn deren Zugang **buchmäßig erfasst** ist. Die Erfassung in einer Buchführung erfüllt diese Voraussetzung (§ 6 Abs. 2 Satz 5 EStG). Für nicht buchführungspflichtige Gewinnermittlerist die Aufnahme in ein besonderes, laufend zu führendes Verzeichnis unter Angabe des Anschaffungstages und der Anschaffungskosten erforderlich und ausreichend (§ 6 Abs. 2 Satz 4 EStG). Der Arbeitnehmer muss für die Anwendung der Sofortabschreibung von GwGs keine Aufzeichnungen fertigen.

511 Das geringwertige Wirtschaftsgut muss nicht auf einem besonderen **Konto** gebucht werden und es muss auch kein **Verzeichnis** geführt werden, wenn die Anschaffungs- oder Herstellungskosten, vermindert um einen darin enthaltenen Vorsteuerbetrag (§ 9b Abs. 1 EStG), für das einzelne Wirtschaftsgut nicht mehr als 60 € betragen haben (R 40 Abs. 2 Satz 2 EStG).

Wird die Sofortabschreibung in Anspruch genommen, mindern die gesamten Anschaffungs- oder Herstellungskosten den Gewinn **im Jahr der Anschaffung oder Herstellung**. Es ist nicht zulässig, im Jahr der Anschaffung oder Herstellung nur einen Teil der Aufwendungen abzusetzen und den Restbetrag auf die betriebsgewöhnliche Nutzungsdauer zu verteilen. Wird die Sofortabschreibung nicht im Jahr der Anschaffung oder Herstellung in Anspruch genommen, kann sie in einem späteren Jahr nicht nachgeholt werden (BFH, Urt. v. 17.3.1982, BStBl. II 1982 S. 545). Die Anschaffungskosten sind dann als Abschreibungen über die Nutzungsdauer zu verteilen. 512

> *Hinweis:*
> *Maßgebend für den Ansatz als Betriebsausgabe ist auch bei der vereinfachten Gewinnermittlung nach § 4 Abs. 3 EStG **allein der Zeitpunkt der Anschaffung oder der Herstellung**.*

Angeschafft ist ein Wirtschaftsgut mit Übergang der wirtschaftlichen Verfügungsmacht, also mit Übergang von Besitz, Gefahr, Nutzen und Lasten. Auf den Zeitpunkt der Bezahlung kommt es wie bei der Abschreibung nicht an. Die teilweise vertretene Auffassung, bei der vereinfachten Gewinnermittlung nach § 4 Abs. 3 EStG habe der Ansatz als Betriebsausgabe im Zeitpunkt des Zahlungsabflusses (§ 11 EStG) zu erfolgen, ist unzutreffend. Die Sofortabschreibung der geringwertigen Wirtschaftsgüter ist Teil der Abschreibungsregelungen. In § 4 Abs. 3 Satz 3 EStG wird für Abschreibungen ausdrücklich die Durchbrechung des Abflussprinzips angeordnet. 513

Beispiel:
Rechtsanwalt A, der vorsteuerabzugsberechtigt ist, kauft im Dezember 2001 gegen Rechnung ein Diktiergerät für 410 € zuzüglich 65,60 € Umsatzsteuer. Die Nutzungsdauer beträgt fünf Jahre. Die Bezahlung erfolgt im Januar 2002. Da die Anschaffung in 2001 erfolgt ist, muss A die Abschreibung in 2001 beginnen. Über die GwG-Regelung kann er wahlweise die gesamten Anschaffungskosten von 410 € in 2001 als Betriebsausgaben ansetzen. Die 65,60 € Vorsteuer gehören nicht zu den Anschaffungskosten (§ 9b Abs. 1 EStG). Sie stellen bei der vereinfachten Gewinnermittlung Betriebsausgaben im Zeitpunkt der Bezahlung und Betriebseinnahmen im Zeitpunkt der Erstattung durch das Finanzamt dar. Schreibt A das Gerät mit Anwendung der Halbjahresregelung ab, erfolgt der Ansatz mit 1/2 der Jahres-AfA von 82 € (= 20 % von 410 €) also mit 41 €. Wahlweise kann auch 1/12 der Jahres-AfA angesetzt werden.

Anzahlungen auf geringwertige Wirtschaftsgüter sind bei der Gewinnermittlung durch Bilanzierung neutral zu behandeln. Bei der vereinfachten Gewinnermittlung lässt es die Finanzverwaltung jedoch ohne jede Rechtsgrundlage aus Vereinfachungsgründen zu, die Sofortabschreibung schon auf die Anzahlung vorzunehmen, wenn die gesamten Anschaffungskosten den Höchstbetrag von 410 € nicht übersteigen. 514

Die Möglichkeit der Abschreibung endet, wenn die gesamten Anschaffungs- oder Herstellungskosten gewinnmindernd berücksichtigt sind, was bei geringwertigen Wirtschaftsgütern regelmäßig bereits im Anschaffungszeitpunkt der Fall ist. Unerheblich ist, dass das Wirtschaftsgut tatsächlich noch in Gebrauch ist. In einem solchen Fall ist der tatsächliche Wert höher als der Wert, der in den Büchern (= Buchwert) geführt wird. Die hier entstandenen, sog. stillen Reserven werden erst dann steuerwirksam aufgedeckt, wenn das Wirtschaftsgut aus dem Betriebsvermögen ausscheidet. Durch die Versteuerung der stillen Reserven im Abgangszeitpunkt werden die Abschreibungsbeträge wieder rückgängig gemacht, die nicht dem tatsächlichen Wertverzehr entsprochen haben. I. H. d. stillen Reserven erhöht sich im Realisierungszeitpunkt z. B. durch den Verkauf des Wirtschaftsgutes der laufende Gewinn. Aus diesem Grund bringt eine überhöhte Abschreibung zum Beispiel durch den Ansatz einer unzutreffend kurzen Nutzungsdauer ebenso wie eine Sonderabschreibung nur einen Liquiditätsvorteil, da im Abschreibungszeitpunkt zunächst weniger Steuer bezahlt werden muss. Die später erfolgende Versteuerung der stillen Reserven kann aber einen nicht zu unterschätzenden Progressionsnachteil bringen. 515

ff) Schuldzinsen

516 Schuldzinsen sind steuerlich als Betriebsausgaben oder auch als Werbungskosten anzuerkennen, wenn sie für eine **Verbindlichkeit** geleistet werden, die **durch einen Betrieb** oder durch **Aufwendungen zur Erwerbung, Sicherung** oder **Erhaltung von Einnahmen veranlasst** sind. Sie sind dann einem Betriebsvermögen oder einer Einkunftsart i. S. d. § 2 Abs. 1 Nr. 4 bis 7 EStG zuzurechnen (BFH, Beschl. v. 4.7.1990, GrS 2-3/88, BStBl. II 1990 S. 817).

517 Betriebsausgaben sind Aufwendungen, die durch den Betrieb veranlasst sind (§ 4 Abs. 4 EStG). Schuldzinsen sind als Betriebsausgaben abziehbar, wenn sie in **wirtschaftlichem Zusammenhang** mit einer (Gewinn-)Einkunftsart stehen. Ob ein wirtschaftlicher Zusammenhang zwischen den Schuldzinsen und dem Betrieb gegeben ist, ist danach zu beurteilen, ob die Zinsen für eine Verbindlichkeit geleistet werden, die durch den Betrieb veranlasst ist und deshalb zum Betriebsvermögen gehört. Die Zuordnung einer Verbindlichkeit zum Betriebs- oder Privatvermögen hängt im Grundsatz von dem Anlass ihrer Entstehung ab. Eine Betriebsschuld ist grds. nur anzuerkennen, wenn sie durch einen **betrieblichen Vorgang** ausgelöst wird. Eine reine Buchung oder die willkürliche Zuordnung der Schuld zum Betriebsvermögen reicht für die Zuordnung zum Betriebsvermögen nicht aus.

518 Der Steuerpflichtige hat grds. die Wahl, Privataufwendungen entweder über Darlehen zu finanzieren oder dem Betrieb **vorhandene Mittel** zu entnehmen. Die dem Betrieb dann fehlenden Mittel werden über betriebliche Darlehen finanziert. Private Schulden können grds. dadurch umgeschuldet werden, dass im Betrieb vorhandenes Eigenkapital entnommen und durch Fremdkapital ersetzt wird. Wird aber einem Betrieb ein Darlehen zugeführt und werden die Barmittel daraus innerhalb kurzer Zeit wieder entnommen, findet keine Ersetzung von Eigen- durch Fremdkapital statt, sondern eine Finanzierung von Entnahmen aus Darlehensmitteln (BFH, Urt. v. 17.4.1985, I R 101/81, BStBl. II 1985 S. 510). Die Verbindlichkeit ist von Anfang an als Privatschuld zu behandeln.

519 Der Abzug von Schuldzinsen als Betriebsausgaben unterliegt aber einer gesetzlichen Beschränkung (§ 4 Abs. 4a EStG), es sei denn es handelt sich um Schuldzinsen für Darlehen zur Finanzierung von Anschaffungs- oder Herstellungskosten von Wirtschaftsgütern des Anlagevermögens. Schuldzinsen sind nicht abziehbar, wenn **Überentnahmen** getätigt worden sind. Eine Überentnahme ist der Betrag, um den die Entnahmen die Summe des Gewinns und der Einlagen des Jahres übersteigt. Bei der Ermittlung der Überentnahme ist vom Gewinn ohne Berücksichtigung nicht abziehbaren Schuldzinsen auszugehen. Die nicht abziehbaren Schuldzinsen werden typisiert mit sechs vom Hundert der Überentnahme des Wirtschaftsjahres zuzüglich der Überentnahmen vorangegangener Wirtschaftsjahre und abzüglich der Beträge, um die in den vorangegangenen Wirtschaftsjahren der Gewinn und die Einlagen die Entnahmen überstiegen haben (Unterentnahmen), ermittelt. Bei der Ermittlung der Überentnahme ist vom Gewinn ohne Berücksichtigung der nicht abziehbaren Schuldzinsen auszugehen. Der sich dabei ergebende Betrag, höchstens jedoch der um 2.050 € verminderte Betrag der im Wirtschaftsjahr angefallenen Schuldzinsen, ist dem Gewinn hinzuzurechnen.

Beispiel:

A hat im Jahr 2001 einen Gewinn von 100.000 € und im Jahr 2002 einen Gewinn von 50.000 €. A entnimmt 130.000 € im Jahr 2001 und 120.000 € im Jahr 2002. Die Überentnahme beträgt 100.000 € (= 30.000 € + 70.000 €). Die typisierten Zinsen betragen 6.000 € (= 100.000 € x 6 %). Nach Abzug von 2.050 € ergibt sich ein Betrag von 3.950 €, der dem Gewinn hinzuzurechnen ist.

gg) Schuldzinsen beim Zwei-Konten-Modell

520 Mit dem sog. Zwei-Konten-Modell wurde die betriebliche Veranlassung von Schuldzinsen erzeugt und nachgewiesen. Auf einem Kontokorrentkonto (**Einnahmenkonto**) werden die Betriebseinnahmen angesammelt und alle private Zahlungen abwickelt. Die Betriebsausgaben werden gleichzeitig einem anderen Kontokorrentkonto (**Ausgabenkonto**) belastet. Dieses Konto weist dadurch einen

Schuldsaldo auf, der eindeutig betrieblich veranlasst ist. Demzufolge sind auch die daraus entstehenden Schuldzinsen betrieblich veranlasst und dem Grunde nach als Betriebsausgaben abzugsfähig. Mit der gesetzlichen Beschränkung des Abzugs von Schuldzinsen als Betriebsausgaben (§ 4 Abs. 4a EStG) hat das Zwei-Konten-Modell seine Bedeutung verloren.

hh) Damnum/Disagio

Darlehen werden regelmäßig nur gegen Entgelt für die Geldüberlassung gewährt. Dieses Entgelt wird, soweit es laufend bezahlt wird, als Zins bezeichnet. In besonderen Fällen wird ein Teil des Entgelts **vorab** als Damnum bezahlt. Das Damnum, auch Disagio oder Darlehensabgeld genannt, ist der Unterschiedsbetrag zwischen dem Nennbetrag und dem Auszahlungsbetrag eines Darlehens. Bei einem Darlehen mit fünfjähriger Laufzeit akzeptiert die Finanzverwaltung ein Disagio von bis zu 10 %. Der darüber hinausgehende Teil des Disagios ist auf die Laufzeit abzuschreiben. 521

Für den bilanzierenden Steuerpflichtigen hat ein Damnum regelmäßig keine steuerlichen Vorteile. Ein Damnum erhöht den effektiven Zins und ist damit wirtschaftlich nachteilig. Das Damnum ist eine Ausgabe, die teilweise auf eine bestimmte Zeit nach dem Bilanzstichtag entfällt. Somit ist das Damnum auf die Vertragsdauer des Darlehens in gleichmäßigen jährlichen Raten zu verteilen und als **aktiver Rechnungsabgrenzungsposten** zu aktivieren. Das über die Laufzeit verteilte Damnum und die laufenden Darlehenszinsen des Jahres vermindern den Gewinn. 522

Bei der vereinfachten Gewinnermittlung und bei der Ermittlung der Überschusseinkünfte wird das Damnum zwingend in dem Jahr als Ausgabe erfasst, in dem es gezahlt oder von der Bank auf dem Konto belastet wird. Im Regelfall trifft dies für den Zeitpunkt der Auszahlung des Darlehens zu. Eine **Verteilung** auf die Vertragsdauer des Darlehens erfolgt nicht. 523

> *Hinweis:*
> *Der zielgerichtete Einsatz eines Damnums kann zur Steuerminderung eingesetzt werden. Insbesondere bei hohem Steuersatz führt die vorgezogene Steuerersparnis zu deutlichen Liquiditätsvorteilen.*

ii) Bewirtungskosten, Geschenke

Werden Personen aus geschäftlichem Anlass bewirtet, dürfen die Aufwendungen nur **eingeschränkt** als Betriebsausgaben abgezogen werden. Abzugsfähig sind nur 524

- 80 % der Aufwendungen, die
- nach der allgemeinen Verkehrsauffassung als angemessen anzusehen und
- deren Höhe und betriebliche Veranlassung nachgewiesen sind.

Zum **Nachweis** der Höhe und der betrieblichen Veranlassung der Aufwendungen hat der Steuerpflichtige schriftlich die folgenden Angaben zu machen: 525

- Ort,
- Tag,
- Teilnehmer und
- Anlass der Bewirtung sowie
- Höhe der Aufwendungen.

Hat die Bewirtung in einer **Gaststätte** stattgefunden, so genügen Angaben zum Anlass und den Teilnehmern der Bewirtung; die Rechnung über die Bewirtung ist beizufügen. Die Rechnung muss die Speisen und Getränke nach Art und Zahl einzeln **auf maschinell erstellten Belegen** ausweisen. Handschriftliche Belege genügen nicht. Soweit die Kosten unangemessen oder nicht nachgewiesen sind, können sie nicht als Betriebsausgaben geltend gemacht werden. 526

527 Aufwendungen für Geschenke an Personen, die **nicht Arbeitnehmer** des Steuerpflichtigen sind, können nur dann als Betriebsausgaben angesetzt werden, wenn die Anschaffungs- oder Herstellungskosten aller dem Empfänger im Wirtschaftsjahr zugewendeten Gegenstände insgesamt 40 € nicht übersteigen. Aufwendungen für Geschenke an **Arbeitnehmer** des Steuerpflichtigen können in voller Höhe als Betriebsausgaben angesetzt werden; allerdings unterliegen diese Zuwendungen der Lohnsteuerpflicht beim Arbeitnehmer.

jj) Private Nutzungsanteile

528 Nutzt ein Steuerpflichtiger Wirtschaftsgüter des Betriebsvermögens, dürfen die auf die private Nutzung entfallenden Kosten nicht den betrieblichen Gewinn mindern. Am häufigsten werden der Betriebs-Pkw und das betriebliche Telefon privat genutzt.

529 Wird der zum Betriebsvermögen gehörende **Pkw** für private Zwecke des Firmeninhabers oder seiner Angehörigen genutzt, sind die durch den Pkw verursachten Kosten insoweit Kosten der Lebenshaltung und kein betrieblicher Aufwand. Der private Anteil kann anhand eines Fahrtenbuches konkret nachgewiesen werden. Wird kein Fahrtenbuch geführt, ist der Umfang der privaten Pkw-Nutzung nach der gesetzlichen Regelung zu pauschalieren. Die private Nutzung eines Kraftfahrzeugs ist **grds.** mit einem Prozent des inländischen Listenpreises anzusetzen.

530 **Maßgebende Bemessungsgrundlage** der **Ein-Prozent-Regelung** ist:
- der inländische Listenpreis im Zeitpunkt der **Erstzulassung**
- zuzüglich der Kosten für **Sonderausstattungen**
- **einschließlich** der Umsatzsteuer.

531 Die gesetzliche Regelung ist zwar einfach zu handhaben, aber für die Steuerpflichtigen nicht sehr vorteilhaft. Die Regelung bringt allen Nutzern von Fahrzeugen der oberen Preisklassen deutliche Nachteile. Schlecht gestellt sind auch diejenigen, die ihr Fahrzeug gebraucht erworben haben. Auch für sie wird der Privatanteil aus dem Neuwagenpreis ermittelt. Nachteile haben auch jene, die ihr Fahrzeug noch nutzen, obgleich das Fahrzeug bereits abgeschrieben ist. Im Gegensatz zur Altregelung hat das Ende der Abschreibung keinen Einfluss auf die Höhe des Privatanteils. Die Pauschalierungsregelung ist in folgenden Fällen von **Nachteil:**
- Der Pkw wurde gebraucht angeschafft.
- Die Abschreibung ist abgelaufen.
- Aufgrund einer hohen Jahresfahrleistung ergibt sich ein geringer Privatanteil.
- Der Pkw wird sehr lange im Betrieb genutzt.

Beispiel 1:

Der Pkw hat einen Kaufpreis von 50.000 € zuzüglich 8.000 € Umsatzsteuer. Die laufenden Kosten betragen jährlich 5.000 €. Die Gesamtkosten einschließlich Abschreibung betragen demzufolge 15.000 € (= 5.000 € + 10.000 € AfA). Bei einem privaten Nutzungsanteil von 30 % ergab dies nach der Altregelung eine Gewinnerhöhung in den ersten fünf Jahren i. H. v. 4.500 € und ab dem sechsten Jahr eine Erhöhung von 1.500 €, da dann die AfA entfallen war.

Nach der Neuregelung werden auch nach Ablauf der Abschreibung jährlich jeweils 6.960 € (= 58.000 € x 1 % x 12 Monate) angesetzt.

Beispiel 2:

Rechtsanwalt A erwirbt im Januar 2002 einen Pkw für 50.000 € einschließlich Sonderausstattung und Umsatzsteuer. A nutzt den Wagen zehn Jahre lang. In dieser Zeit werden dem A jährlich 12 % der Anschaffungskosten des Wagens als Privatnutzung zugerechnet. In zehn Jahren ergibt dies eine Zurechnung von 120 % der Anschaffungskosten! Bereits nach acht Jahren und vier Monaten ist der gesamte Abschreibungsaufwand (= Kaufpreis) wieder als Privatnutzung dem Gewinn hinzuzurechnen. Eine Abschreibung wurde damit nicht gewährt. Die Gewinnerhöhungen haben sämtliche Pkw-Aufwendungen wieder kompensiert.

Von der Anwendung der Ein-Prozent-Regelung kann nur abgesehen werden, wenn der Steuerpflichtige den Umfang der privaten Nutzung **tatsächlich nachweist**. Werden die für das Kraftfahrzeug insgesamt entstehenden Aufwendungen durch Belege und das Verhältnis der privaten zu den übrigen Fahrten durch ein **ordnungsgemäßes Fahrtenbuch** nachgewiesen, kann die private Nutzung mit den tatsächlich auf die Privatfahrten entfallenden Aufwendungen angesetzt werden. Für viele wird der einzige Ausweg sein, zukünftig ein Fahrtenbuch zu führen. Welche Angaben im Fahrtenbuch zu machen sind, hat die Finanzverwaltung festgelegt (R 31 Abs. 9 Nr. 2 Satz 3 LStR). 532

Wird zum Nachweis für den Abzug von betrieblich/beruflich veranlassten Fahrtkosten ein **Fahrtenbuch** geführt, sind die folgenden Angaben im Zusammenhang mit Rechnungen über Treibstoffe, Öl, Reparatur, Kundendienst usw. ausreichend: 533

- Datum, Kilometerstand zu Beginn und am Ende der einzelnen Geschäfts-/Dienstreise,
- Reiseziel mit Reiseroute,
- Reisezweck mit Angabe des aufgesuchten Geschäftspartners,
- jeweilige Abfahrt- und Ankunftszeit, soweit Verpflegungspauschalen geltend gemacht werden,
- Privatfahrten müssen im Einzelnen, jedoch ohne Angabe des Reisewegs, aufgezeichnet werden,
- für die arbeitstäglichen Fahrzeiten zwischen Wohnung und Betriebs-/Arbeitsstätte genügt ein kurzer Vermerk im Fahrtenbuch.

Bei **Ausdrucken von elektronischen Aufzeichnungsgeräten** müssen nachträgliche Veränderungen der aufgezeichneten Angaben technisch ausgeschlossen, zumindest aber dokumentiert sein. 534

kk) Privatentnahmen/-einlagen

Privatentnahmen und Privateinlagen führen zu Veränderungen des Betriebsvermögens. Aufgrund der privaten Veranlassung darf durch sie aber nicht die betriebliche Vermögensänderung, die alleine durch die Gewinnermittlung gemessen werden soll, beeinflusst werden. Eine Neutralisierung wird durch Hinzurechnung aller Entnahmen zum Eigenkapital und durch Verminderung des Eigenkapitals i. H. d. Einlagen erreicht (§ 4 Abs. 1 EStG). 535

Entnahmen und Einlagen sind nach § 6 Abs. 1 Nr. 4 und 5 EStG grds. mit dem **Teilwert** anzusetzen. Dies ist unproblematisch bei Wirtschaftsgütern, die einen Nominalwert haben, da dieser regelmäßig dem Teilwert entspricht. Dies ist z. B. bei Geld der Fall. Ist ein Nominalwert nicht vorhanden, muss der Teilwert, der regelmäßig dem Verkehrswert entspricht, ermittelt werden. I. H. d. Differenz zwischen Teilwert und Buchwert tritt dann eine Gewinnauswirkung ein. 536

Beispiel 1:
U hat einen betrieblichen Pkw (Anschaffungskosten 25 T€) linear in den Jahren 2001 bis 2005 mit jeweils 5.000 € abgeschrieben. Ende 2005 beträgt der Buchwert 1 €. U entnimmt nun den Pkw, dessen Teilwert noch 8.000 € beträgt. 7.999 € sind gewinnerhöhend zu erfassen.

Beispiel 2:
U verkauft den Wagen aus Beispiel 1 an seine Schwester für 100 €. Buchmäßig entsteht zwar jetzt ein Gewinn von 99 €, jedoch muss dem Vertrag mit der Angehörigen die steuerliche Anerkennung versagt werden. Einem Fremdvergleich hält der Vertrag aufgrund des niedrigen Kaufpreises nicht stand. Steuerrechtlich muss U daher den Wagen vor dem Verkauf aus dem Betriebsvermögen entnehmen. Es tritt die gleiche Folge wie im Beispiel 1 ein. Der Verkauf wir damit auf die nicht steuerpflichtige Privatebene verschoben.

Während Geldentnahmen steuerlich keine Bedeutung haben, spiegeln die Privatentnahmen aus Sicht des Unterhaltsrechts den effektiven Lebenszuschnitt des Unterhaltspflichtigen wieder. Sie sollen zumindest ein Indiz für die Höhe des Effektiveinkommens und ein Hilfsmittel bei der Feststellung der wahren Einkommensverhältnisse sein (Kalthoener/Büttner/Niepmann, Die Rechtsprechung zur Höhe des Unterhalts, Rn. 697). Dem kann jedoch nur dann gefolgt werden, wenn das 537

Volumen der Entnahmen in etwa auch der **Ertragskraft des Unternehmens** entspricht. Wird durch die Entnahme jedoch nur das Eigenkapital kleiner oder gar negativ, kann die Höhe der Entnahme kaum für die Bemessung des Unterhaltsanspruches herangezogen werden.

ll) Arbeitsverhältnis mit dem neuen Ehegatten

538 Bei einem Ehegattenarbeitsverhältnis sind Arbeitgeber und Arbeitnehmer miteinander verheiratet. Zahlungen eines Ehegatten an den anderen Ehegatten aufgrund eines Arbeitsverhältnisses werden von den Finanzbehörden nur dann als Betriebsausgaben oder Werbungskosten anerkannt, wenn folgende Merkmale erfüllt sind:

- Vor Beginn des Arbeitsverhältnisses müssen klare und eindeutige Vereinbarungen auf arbeitsrechtlicher Basis getroffen werden. Der Arbeitsvertrag **muss vor Beginn** des Arbeitsverhältnisses schriftlich abgeschlossen werden.

- Der Arbeitsvertrag muss inhaltlich einem unter Fremden üblichen Arbeitsvertrag entsprechen, insbesondere hinsichtlich der Höhe des Lohnes.

- Der Arbeitsvertrag muss tatsächlich durchgeführt werden, d. h. die Arbeitsleistung muss vom Ehegatten wie vereinbart erbracht werden und die Entlohnung hat zur **üblichen** (vereinbarten) Zeit zu erfolgen.

- Der Arbeitnehmerehegatte muss über die Entlohnung frei und uneingeschränkt verfügen können. Dies ist dann der Fall, wenn der Lohn in den Einkommens- und Vermögensbereich des Arbeitnehmerehegatten gelangt.

539 Arbeitsverhältnisse zwischen Ehegatten werden steuerlich nur anerkannt, wenn sie ernsthaft vereinbart und tatsächlich durchgeführt werden. Maßstab für die **Ernsthaftigkeit** ist, dass die gegenseitigen Beziehungen der Ehegatten im Rahmen des Vertragsverhältnisses im Wesentlichen die gleichen sind, wie sie zwischen Fremden bestehen würden. Bestehen keine klaren und eindeutigen Regelungen oder stimmt die tatsächliche Gestaltung der Verhältnisse mit den vertraglichen Abmachungen nicht überein, sind Verträge entsprechend der im Einkommensteuerrecht gebotenen wirtschaftlichen Betrachtungsweise steuerlich insgesamt unbeachtlich.

540 Wird die **vereinbarte Vergütung** nicht zum üblichen Zeitpunkt tatsächlich ausgezahlt, steht dies der steuerlichen Anerkennung des Ehegattenarbeitsverhältnisses regelmäßig entgegen. Eine Auszahlung liegt auch nur dann vor, wenn das Geld auf ein eigenes Konto des Arbeitnehmerehegatten fließt. Die Zahlung des Arbeitslohnes auf ein „Oder-Konto" steht zwar der steuerlichen Anerkennung eines im Übrigen ernsthaft vereinbarten und tatsächlich durchgeführten Ehegattenarbeitsverhältnisses nicht entgegen (BVerfG, Beschl. v. 7.11.1995, 2 BvR 802/90, BStBl. II 1996 S. 34), ist aber gleichwohl nicht zu empfehlen. Die Zahlung auf ein eigenes Konto des Ehegatten führt zu einer vollständigen Trennung der Interessensphären.

mm) Gewinn aus der Auflösung eines negativen Kapitalkontos

541 Fällt durch Betriebsveräußerung oder -aufgabe das negative Kapitalkonto eines **Kommanditisten** weg, entsteht insoweit für den Kommanditisten ein Gewinn. Er ist als begünstigter Veräußerungs- oder Aufgabegewinn zu versteuern. Der Gewinn aus dem Wegfall des negativen Kapitalkontos ist kein echter Gewinn, sondern nur die rechtlich notwendige Folge aus früheren Verlustzurechnungen, die auf diese Weise korrigiert werden. Der Betrag des beim Ausscheiden aus der Gesellschaft oder bei Auflösung der Gesellschaft zu versteuernden negativen Kapitalkontos ist kein Gewinn aus einer Betriebsvermögensmehrung. Der beim Wegfall eines negativen Kapitalkontos des Kommanditisten zu erfassende Gewinn kann nicht als Betriebsvermögensmehrung im Sinne einer Beteiligung am unternehmerischen Risiko angesehen werden.

542 Der Reiz, negative Kapitalkonten anwachsen zu lassen, wurde in der Praxis durch die Einführung des **Verlustausgleichsverbots** stark eingeschränkt. Der einem Kommanditisten zuzurechnende Anteil am Verlust der Kommanditgesellschaft darf weder mit anderen Einkünften aus Gewerbe-

betrieb noch mit Einkünften aus anderen Einkunftsarten ausgeglichen werden, soweit ein negatives Kapitalkonto des Kommanditisten entsteht oder sich erhöht; er darf insoweit auch nicht als Verlustvortrag oder -rücktrag (§ 10d EStG) abgezogen werden (§ 15a EStG).

3. Problematische Positionen beim Arbeitnehmer

a) Allgemeines

Zum maßgeblichen Einkommen eines unterhaltsverpflichteten Arbeitnehmers gehören alle Leistungen, die ihm aus dem Arbeits- oder Dienstverhältnis zufließen. Dies gilt auch für **Leistungen mit Lohnersatzfunktion,** wie z. B. die Entgeltfortzahlung im Krankheitsfall.

Die **Höhe des Arbeitslohnes** eines Kalenderjahres lässt sich anhand der Lohnsteuerkarte unschwer feststellen. Dort wird in vielen Fällen aber nur der steuerpflichtige Arbeitslohn bescheinigt. Verschiedene Teile des Arbeitslohns kann der Arbeitgeber aber steuerfrei oder pauschal versteuert dem Arbeitnehmer auszahlen. Diese Lohnbestandteile erscheinen nicht zwingend auf der Lohnsteuerkarte. Ein ABC des anrechenbaren Einkommens für Unterhaltszahlungen enthält das Werk von Arens/Ehlers/Görke/Spieker (Steuerfragen zum Ehe- und Scheidungsrecht, Rn. 91).

b) Überstundenvergütungen

Zum steuerpflichtigen Arbeitslohn gehören auch besondere Entlohnungen für Dienste die über die regelmäßige Arbeitszeit hinaus geleistet werden, wie z. B. Entlohnung für Überstunden, Überschichten und Sonntagsarbeit (§ 2 Abs. 2 Nr. 6 LStDV). Steuerfrei sind nur die ausdrücklich in § 3b EStG genannten Zuschläge für Sonntagsarbeit, für Arbeiten an gesetzlichen Feiertagen und für gelegentliche Nachtarbeit in der dort jeweils genannten Höhe. In der Praxis haben diese Lohnanteile aber einen erheblichen Anteil am Gesamtlohn erreicht.

c) Spesen

Reisekostenvergütungen sind nach § 3 Nr. 16 EStG steuerfrei, soweit sie dem Ersatz von Aufwendungen dienen, die durch eine Dienstreise unmittelbar verursacht werden. **Reisekosten** können insbesondere aus Fahrtkosten, Verpflegungsmehraufwand und aus Übernachtungskosten bestehen.

Die Kostenerstattung kann i. H. d. **tatsächlich entstandenen Kosten** erfolgen oder, soweit das Gesetz Pauschalen vorsieht, i. H. d. **Pauschbeträge.** Das Gesetz kennt Pauschbeträge für den Verpflegungsmehraufwand und für Übernachtungskosten bei Dienstreisen von Arbeitnehmern. Bei den Fahrtkosten mit dem eigenen Pkw lässt die Verwaltung einen pauschalierten Kostenbetrag für die tatsächlich gefahrenen Kilometer zu. Für die Anwendung der Pauschbeträge ist die Höhe der tatsächlich entstandenen Kosten völlig unerheblich. Voraussetzung ist alleine, dass Kosten dieser Art angefallen sind.

d) Einsatzwechseltätigkeit

Eine Einsatzwechseltätigkeit liegt bei Arbeitnehmern vor, die bei ihrer individuellen beruflichen Tätigkeit typischerweise **nur an ständig wechselnden Tätigkeitsstätten** eingesetzt werden, wie z. B. Außendienstmonteure, Politessen.

> *Hinweis:*
> *Für die Anerkennung einer Einsatzwechseltätigkeit ist die Anzahl der während eines Kalenderjahrs erreichten Tätigkeitsstätten ohne Bedeutung.*

Die Fahrtkosten können bei Benutzung eines privaten Fahrzeugs wie bei einer Dienstreise mit folgenden **pauschalen Kilometersätzen** angesetzt werden bei einem:

- Kraftwagen 0,30 € je Fahrtkilometer,
- Motorrad oder einem Motorroller 0,13 € je Fahrtkilometer,
- Moped oder Mofa 0,08 € je Fahrtkilometer,
- Fahrrad 0,05 € je Fahrtkilometer.

e) Abfindungen

550 Abfindungen nach Kündigung durch den Arbeitgeber sind nach § 3 Nr. 9 EStG bis zu bestimmten Höchstbeträgen, die vom Lebensalter des Arbeitnehmers abhängen, **steuerbefreit.** Im günstigsten Fall kann bis zu 12.271 € steuerfrei ausbezahlt werden.

f) Werbungskosten

551 Werbungskosten mindern die steuerliche Leistungsfähigkeit. Sie werden daher **steuermindernd** berücksichtigt. Das Gesetz definiert sie als Aufwendungen zur Erwerbung, Sicherung und Erhaltung der Einnahmen. Sie werden bei nichtselbständiger Arbeit mindestens mit einem Pauschbetrag von 1.044 € berücksichtigt, wenn der Arbeitnehmer keine Kosten oder einen geringeren Betrag geltend macht (§ 9a Nr. 1a EStG).

552 Für die unterhaltsrechtliche Leistungsfähigkeit muss der Unterhaltsverpflichtete seine berufsbedingten Aufwendungen dem Grunde nach **darlegen.** Ein **pauschaler Abzug** ist erst dann möglich, wenn die tatsächliche Höhe der Aufwendungen nicht feststellbar ist.

553 Bestimmte Tätigkeiten schließen die Anerkennung eines Unterarbeitsverhältnisses mit dem Ehegatten aus. Der gezahlte Arbeitslohn stellt dann keine Werbungskosten dar. Dies ist der Fall, wenn ein Arbeitnehmer wegen anderer beruflicher Verpflichtungen nicht in der Lage ist, ein Aufgabengebiet in vollem Umfang zu betreuen und solche Tätigkeiten sonst ehrenamtlich von Dritten unentgeltlich übernommen werden (BFH, Urt. v. 22.11.1996, VI R 20/94, BStBl. II 1997 S. 187).

g) Entfernungspauschale

554 Die Aufwendungen des Arbeitnehmers für die Wege zwischen Wohnung und Arbeitsstätte werden steuerlich nur eingeschränkt berücksichtigt. Zur Abgeltung dieser Aufwendungen ist eine Entfernungspauschale anzusetzen.

> *Hinweis:*
> *Die Entfernungspauschale erhalten Sie auch, wenn Sie zu Fuß zu Ihrer Arbeitsstätte gehen.*

555 Für jeden Arbeitstag, an dem der Arbeitnehmer die Arbeitsstätte aufsucht, ist eine Entfernungspauschale für jeden vollen Kilometer der Entfernung zwischen Wohnung und Arbeitsstätte

- von 0,36 € für die **ersten 10** Kilometer und
- 0,40 € für **jeden weiteren** Kilometer anzusetzen,
- höchstens jedoch 5.112 € jährlich;
- ein höherer Betrag als 5.112 € ist anzusetzen, soweit der Arbeitnehmer einen eigenen oder ihm zur Nutzung überlassenen Kraftwagen benutzt. Dies gilt nicht für eine Flugstrecke.
- Für die Bestimmung der Entfernung ist die kürzeste Straßenverbindung zwischen Wohnung und Arbeitsstätte maßgebend.

Beispiel:
Arbeitnehmer A wohnt 10 km entfernt von seiner Arbeitsstätte. An 200 Tagen im Jahr fährt er mit seinem Mercedes E 300 zur Arbeitsstätte und zurück. Die tatsächlichen Kosten für den Wagen betragen pro Kilometer 1 €. In seiner Einkommensteuererklärung kann A nur 720 € (= 10 km x 0,36 € x 200 Tage) geltend machen. Hat A keine anderen Werbungskosten, gehen die Fahrtkosten im Arbeitnehmerpauschbetrag von 1.044 € unter und sind damit verloren.

Die Entfernungspauschale wird auch ungekürzt gewährt, wenn der Steuerpflichtige unentgeltlich oder verbilligt sammelbefördert wird (§ 3 Nr. 32 EStG). **Steuerfreie Zuschüsse** des Arbeitgebers, die **zusätzlich zum ohnehin geschuldeten** Arbeitslohn zu den Aufwendungen des Arbeitnehmers für Fahrten zwischen Wohnung und Arbeitsstätte mit **öffentlichen Verkehrsmitteln** im Linienverkehr gezahlt werden (§ 3 Nr. 34 EStG), mindern den als Entfernungspauschale abziehbaren Betrag. Das Gleiche gilt für die **unentgeltliche oder verbilligte Nutzung öffentlicher Verkehrsmittel** im Linienverkehr zu Fahrten zwischen Wohnung und Arbeitsstätte, die der Arbeitnehmer aufgrund seines Dienstverhältnisses zusätzlich zum ohnehin geschuldeten Arbeitslohn in Anspruch nehmen kann; als Sachbezugswert ist dabei der vom Arbeitgeber an den Verkehrsträger zu entrichtende Preis anzusetzen oder der entsprechende Preis, wenn der Arbeitgeber selbst der Verkehrsträger ist. 556

Der Arbeitgeber kann zusätzlich zum ohnehin geschuldeten Arbeitslohn für die Fahrten zwischen Wohnung und Arbeitsstätte **Zuschüsse** zu den Aufwendungen des Arbeitnehmers zahlen. Bis zur Höhe der Entfernungspauschalen (0,36 € / ab dem 11. km 0,40 €) kann der Arbeitgeber Zuschüsse leisten und diese pauschal mit 15 % versteuern. Für den Arbeitnehmer sind diese Beträge dann steuer- und sozialversicherungsfrei. 557

4. Unterhaltsrechtliche Bereinigung des Einkommens in sonstigen Fällen

a) Einkünfte aus Kapitalvermögen

Einkünfte aus Kapitalvermögen erzielt nicht nur der reine Kapitalanleger, sondern auch der Unternehmer, der sein Unternehmen in Form einer Kapitalgesellschaft betreibt. Diese „Unternehmer" erzielen zum einen Einkünfte aus Arbeitslohn, soweit sie als Arbeitnehmer tätig werden, und Einkünfte aus Kapitalvermögen, soweit Gewinne der Gesellschaft ausgeschüttet werden. Ist der Unterhaltsverpflichtete Alleingesellschafter der Kapitalgesellschaft oder Gesellschafter mit beherrschendem Einfluss, steht der Gesellschafter für die Beurteilung seiner unterhaltsrechtlichen Leistungsfähigkeit einem Einzelunternehmer sehr viel näher als einem Kapitalanleger. Aufgrund seiner beherrschenden Stellung hat er Möglichkeiten seinen Arbeitslohn oder den Gewinn der Gesellschaft zu beeinflussen. Die Betriebsausgaben und die Investitionen sind daher auf ihre unterhaltsrechtliche Bedeutung hin zu prüfen. 558

Werden die Einkünfte aus reiner Kapitalanlage, insbesondere aus **Aktien,** erzielt, stellen sich diese Probleme nicht. Hier kann allenfalls problematisch sein, ob die tatsächlich als Werbungskosten geltend gemachten Aufwendungen auch unterhaltsrechtlich anzuerkennen sind. 559

Steuerrechtlich bleiben Einkünfte aus Kapitalvermögen bis zu einem Betrag von 1.550 € (**Sparerfreibetrag**) unversteuert. Zusammenveranlagte Ehegatten erhalten den doppelten Sparerfreibetrag i. H. v. 3.100 € (§ 20 Abs. 4 EStG). Darüber hinaus kann der Steuerpflichtige einen Werbungskostenpauschbetrag i. H. v. 51 € und zusammenveranlagte Ehegatten i. H. v. 102 € von den Einnahmen abziehen (§ 9 Nr. 2 EStG). 560

Kapitaleinkünfte unterliegen der **Kapitalertragsteuer** und der **Zinsabschlagsteuer.** Diese Abzugssteuern führen dazu, dass der beim Steuerpflichtigen eingehende Betrag nicht identisch ist mit den zu versteuernden Kapitalerträgen. 561

Durch die Einführung des Halbeinkünfteverfahrens (§ 3 Nr. 40 EStG) für Dividenden ist die Zurechnung der Körperschaftsteuer beim Empfänger der Einnahme (§ 20 Abs. 1 Nr. 3 EStG) **entfallen.** Gleichzeitig ist auch die Anrechnung der bereits abgeführten Körperschaftsteuer auf die vom Dividendenempfänger zu zahlende Steuer (§ 36 Abs. 2 Nr. 3 EStG) **entfallen.** 562

b) Einkünfte aus Vermietung und Verpachtung

563 Die Vermietungseinkünfte ergeben sich aus der Gegenüberstellung der Mieteinnahmen und der Werbungskosten. Beträgt das Entgelt für die Überlassung einer Wohnung zu Wohnzwecken **mindestens 50 %** der ortsüblichen Marktmiete, können die Werbungskosten in voller Höhe abgezogen werden. Erst wenn das Entgelt weniger als 50 % der ortsüblichen Marktmiete beträgt, muss die Nutzungsüberlassung in einen entgeltlichen und einen unentgeltlichen Teil aufgeteilt werden (§ 21 Abs. 2 Satz 2 EStG). Dies hat zur Folge, dass nur der Teil der Werbungskosten abgezogen werden kann, der auf den entgeltlichen Teil der Vermietung entfällt. Der Vermieter hat es also bei entsprechender Mietpreisgestaltung in der Hand seine Vermietungseinkünfte zu reduzieren. Regelmäßig wird die Wohnung hierbei einem Verwandten oder einer anderen nahestehenden Person überlassen.

Beispiel:

V hat seinem Bruder M eine Wohnung vermietet. Die Kosten betragen einschließlich AfA im Jahr 12.000 €. Die ortsübliche Warmmiete beträgt für eine solche Wohnung im Jahr 9.000 €. Beträgt der Mieterlös im Jahr 4.500 € oder mehr, kann V die gesamten Kosten von 12.000 € steuerlich geltend machen. Beträgt hingegen der Mieterlös im Jahr 3.000 €, kann V nur ein Drittel der Kosten von 12.000 € also 4.000 € steuerlich geltend machen. Der Rest der Kosten entfällt auf den unentgeltlichen Anteil der Überlassung.

564 Ein weiteres Problem bei den Vermietungseinkünften ist die **Abschreibung.** Aus den unterschiedlichsten Gründen gewährt der Gesetzgeber hier auch erhöhte Abschreibungen und Sonderabschreibungen. Zu nennen sind hier insbesondere die **Sonderabschreibungen des Fördergebietsgesetzes.** Die Abschreibungen bei der Vermietung werden weitgehend als Subventionsnormen angesehen. Da eine Abgeltung von echtem Aufwand damit regelmäßig nicht verbunden ist, werden diese Beträge bei der Unterhaltsbemessung regelmäßig nicht anerkannt.

565 **Schuldzinsen für ein Darlehen,** das ein Ehegatte zur Finanzierung von Grundstücken aufgenommen hat, die im Eigentum des anderen Ehegatten stehen, sind unabhängig vom ehelichen Güterstand beim anderen Ehegatten als Werbungskosten bei den Einkünften aus Vermietung und Verpachtung abziehbar (FG Baden-Württemberg, Urt. v. 29.1.1997, 10 K 191/96, DStRE 1997, 671). Diese großzügige Auffassung hat **der BFH jedoch nicht** geteilt und das Urteil des Finanzgerichts aufgehoben und die Klage teilweise abgewiesen. Das Finanzgericht hat nach seiner Auffassung die strittigen Zinsen und Darlehenskosten zu Unrecht in vollem Umfang als Werbungskosten der Klägerin bei ihren Einkünften aus Vermietung und Verpachtung abgezogen. Sind die Darlehen für die vermietete Immobilie eines Ehegatten teils von den Eheleuten gemeinschaftlich, teils allein vom Nichteigentümer-Ehegatten aufgenommen worden und wird der Zahlungsverkehr für die Immobilie insgesamt über ein Konto des Nichteigentümer-Ehegatten abgewickelt, so werden aus den vom Eigentümer-Ehegatten auf dieses Konto geleiteten eigenen Mitteln (hier: Mieteinnahmen) vorrangig die laufenden Aufwendungen für die Immobilie und die Schuldzinsen für die gemeinschaftlich aufgenommenen Darlehen abgedeckt. Nur soweit die eingesetzten Eigenmittel (Mieteinnahmen) des Eigentümer-Ehegatten darüber hinaus auch die allein vom Nichteigentümer-Ehegatten geschuldeten Zinsen abzudecken vermögen, sind diese Zinsen als Werbungskosten des Eigentümer-Ehegatten abziehbar (BFH, Urt. v. 4.9.2000, IX R 22/97, BStBl. II 2001 S. 785).

I. Einkommensteuerliche Wirkung von Kindern

I. Unterhalt

1. Aufwendungen bei intakter Ehe

Bei zusammenveranlagten Ehegatten erfolgt der **Familienleistungsausgleich** zunächst durch die Gewährung des Kindergeldes. Wird die gebotene steuerliche Freistellung durch das Kindergeld nicht in vollem Umfang bewirkt, wird bei der Veranlagung ein Kinderfreibetrag abgezogen (§ 31 EStG). Daneben wird unter bestimmten Voraussetzungen ein Ausbildungsfreibetrag gewährt (§ 33a Abs. 2 EStG) und Kinderbetreuungskosten berücksichtigt (§ 33c Abs. 2 EStG).

2. Aufwendungen nach Trennung/Scheidung

Leben die Elternteile getrennt, so dass für sie eine Ehegattenveranlagung ausgeschlossen ist, kommt zu dem Kindergeld/Kinderfreibetrag, dem Ausbildungsfreibetrag und zu den Kinderbetreuungskosten im Veranlagungszeitraum 2002 und 2003 noch ein **Haushaltsfreibetrag** i. H. v. 2.340 € (§ 32 Abs. 7 EStG) hinzu. Für den Veranlagungszeitraum 2004 beträgt er 1.188 €. Ab dem Veranlagungszeitraum 2005 entfällt der Haushaltsfreibetrag insgesamt.

3. Wesentliche Änderungen durch das Zweite Gesetz zur Familienförderung

Zum 1.1.2002 ist das Zweite Gesetz zur Familienförderung vom 16.8.2001 (BStBl. I 2001 S. 533) in Kraft getreten. Es dient der endgültigen Umsetzung der vom Bundesverfassungsgericht (BVerfGE 99, 216) aufgegebenen Neuregelung des Familienleistungsausgleichs. In der ersten Stufe der Umsetzung der Vorgaben des Bundesverfassungsgerichts war der Gesetzgeber verpflichtet, bis zum 1.1.2000 den Betreuungsbedarf des Kindes steuerlich zu verschonen. Dem kam der Bundesgesetzgeber durch das Gesetz zur Familienförderung vom 22.12.1999 (BStBl. I 2000 S. 4) nach. In der nun durch das Zweite Gesetz zur Familienförderung umgesetzten zweiten Stufe der Neuregelung des Familienleistungsausgleichs war der Erziehungsbedarf des Kindes ab 1.1.2002 steuerlich zu verschonen.

Die **wesentlichen Änderungen** im Überblick:

- Aufhebung von § 10 Abs. 1 Nr. 8 EStG: Streichung des Sonderausgabenabzugs von Aufwendungen für hauswirtschaftliche Beschäftigungsverhältnisse, da die erhofften Beschäftigungseffekte ausgeblieben sind.
- § 31 Satz 1 EStG: Redaktionelle Anpassung an den neuen Freibetrag für den Betreuungs- und Erziehungs- oder Ausbildungsbedarf.
- § 32 Abs. 4 Satz 1 Nr. 2b EStG: Kinder werden während einer höchstens vier Monate andauernden Übergangszeit zwischen zwei Ausbildungsabschnitten oder zwischen einem Ausbildungsabschnitt und Pflichtdienstzeiten oder Zeiten der Ableistung eines freiwilligen Dienstes im Rahmen des Familienleistungsausgleichs berücksichtigt.
- § 32 Abs. 4 Satz 4 EStG: Zu den Bezügen i. S. d. § 32 Abs. 4 Satz 2 EStG gehören nun auch die steuerfreien Gewinne nach den §§ 14, 16 Abs. 4, 17 Abs. 3 und 18 Abs. 3 EStG, die nach §§ 19 Abs. 2 und 20 Abs. 4 EStG steuerfrei bleibenden Einkünfte sowie Sonderabschreibungen und erhöhte Absetzungen, soweit sie die höchstmöglichen Absetzungen für Abnutzung nach § 7 EStG übersteigen.
- § 32 Abs. 4 Satz 6 EStG: Mit dieser neuen Regelung soll gewährleistet werden, dass im Übergangsmonat von der Berufsausbildung in die Berufsausübung nur die auf den Zeitraum der Ausbildung entfallenden Einkünfte und Bezüge berücksichtigt werden.
- § 32 Abs. 4 Satz 7 EStG: Klarstellung, dass Kürzungsmonate nur dann vorliegen, wenn die Voraussetzungen nach Satz 1 Nr. 1 oder Nr. 2 an keinem Tag im Monat vorliegen.

- § 32 Abs. 6 EStG: Erhöhung des Kinderfreibetrages auf 1.824 €; Einführung eines einheitlichen, typisierenden Freibetrags für den Betreuungs- und Erziehungs- oder Ausbildungsbedarf i. H. v. 1.080 €; bei Zusammenveranlagung der Ehegatten, zu denen das Kind in einem Kindschaftsverhältnis steht, verdoppeln sich die Freibeträge; Streichung des bisherigen Satz 2.

- § 32 Abs. 7 EStG: Da die Regelung zum Haushaltsfreibetrag für mit dem Grundgesetz nicht vereinbar erklärt wurde (BVerfGE 99, 216), wird der Freibetrag nun, um insbesondere alleinstehende Elternteile nicht erheblich schlechter zu stellen, „sozialverträglich" abgeschmolzen. Für den Veranlagungszeitraum 2002 beträgt er 2.340 €. Für den Veranlagungszeitraum 2004 beträgt er 1.188 €. Ab dem Veranlagungszeitraum 2005 entfällt der Haushaltsfreibetrag insgesamt (§ 52 Abs. 40a EStG).

- § 33a Abs. 2 EStG: Freibetrag i. H. v. 924 € für den Sonderbedarf eines sich in Berufsausbildung befindenden, auswärts untergebrachten, volljährigen Kindes, für das Anspruch auf einen Freibetrag nach § 32 Abs. 6 EStG oder Kindergeld besteht.

- § 33c EStG: Wenn der Steuerpflichtige entweder erwerbstätig ist, sich in Ausbildung befindet oder körperlich, geistig oder seelisch behindert oder krank ist, können nachgewiesene Aufwendungen für die Betreuung von Kindern bis 14 Jahren oder behinderten Kindern als außergewöhnliche Belastung abgezogen werden, soweit sie je Kind 1.548 € übersteigen. Die Betreuungskosten sind hierbei bis zu einer Grenze von 750 € bzw. in den Fällen des § 32 Abs. 6 Sätze 2, 3 und 6 2. Hs. EStG 1.500 € abziehbar (§ 33c Abs. 2 EStG).

- § 51a Abs. 2a Satz 1 EStG: Bei der Bemessungsgrundlage der Zuschlagsteuern wird der Kinderfreibetrag und der Freibetrag für den Betreuungs- und Erziehungs- oder Ausbildungsbedarf berücksichtigt.

- § 66 Abs. 1 EStG: Anhebung des Kindergeldes für das erste bis dritte Kind auf jeweils 154 € monatlich und für jedes weitere Kind auf jeweils 179 € monatlich.

- § 70 Abs. 4 EStG: Die Kindergeldfestsetzung ist auch nach Ablauf des Kalenderjahres zu korrigieren, wenn nachträglich bekannt wird, dass die Einkünfte und Bezüge des Kindes den Grenzbetrag nach § 32 Abs. 4 EStG über- bzw. unterschreiten.

II. Kinder, Kindergeld und Kinderfreibetrag

1. Familienleistungsausgleich

570 Die steuerliche Freistellung eines Einkommensbetrags i. H. d. Existenzminimums eines Kindes einschließlich des Betreuungsbedarfs wird durch die Freibeträge nach § 32 Abs. 6 EStG (bisher Kinderfreibetrag genannt) oder durch Kindergeld bewirkt. Soweit das Kindergeld dafür nicht erforderlich ist, dient es der Förderung der Familie. Im laufenden Kalenderjahr wird **Kindergeld** als Steuervergütung monatlich gezahlt. Wird die gebotene steuerliche Freistellung durch das Kindergeld nicht in vollem Umfang bewirkt, sind bei der Veranlagung zur Einkommensteuer die **Freibeträge** nach § 32 Abs. 6 EStG abzuziehen. In diesen Fällen sind das Kindergeld oder vergleichbare Leistungen nach § 36 Abs. 2 EStG zu verrechnen, auch soweit sie dem Steuerpflichtigen im Wege eines zivilrechtlichen Ausgleichs zustehen.

571 Im Rahmen des Familienleistungsausgleichs werden Kinder zunächst durch Zahlung eines monatlichen Kindergeldbetrages berücksichtigt. Das Kindergeld ist im Einkommensteuergesetz (§§ 62 ff. EStG) geregelt. Bis zur Vollendung des 18. Lebensjahres des Kindes wird den Eltern ein vom Elterneinkommen unabhängiges Kindergeld gezahlt. Wird nach **ausländischem Recht** ein höheres Kindergeld als nach § 66 EStG gezahlt, beschränkt sich die Verrechnung auf die Höhe des inländischen Kindergeldes.

Das Kindergeld beträgt ab 2003 monatlich (§ 66 EStG): 572
- 154 € für das erste, zweite und dritte Kind
- 179 € **ab dem vierten** Kind

Die auf der Lohnsteuerkarte eingetragenen **Kinderfreibeträge** wirken sich bei der Berechnung der Lohnsteuer **nicht** aus. Die Kinderfreibeträge haben nur Bedeutung für die Bestimmung des Solidaritätszuschlages und für die Kirchensteuer. 573

Sind Kinder wegen körperlicher oder geistiger Gebrechen dauernd erwerbsunfähig, werden sie auch dann als Kind berücksichtigt, wenn sie das 27. Lebensjahr vollendet haben (§ 32 Abs. 5 EStG). 574

Bei **minderjährigen** Kindern kommt es auf die Höhe der eigenen Einkünfte und Bezüge nicht an. Sie sind auch dann Kind, wenn die eigenen Einkünfte und Bezüge den Höchstbetrag deutlich übersteigen. 575

2. Auszahlung des Kindergeldes

Für die Abwicklung des Kindergeldes sind die **Familienkassen** (bisher: Kindergeldkassen) geschaffen worden. Die Familienkassen als Teil des Arbeitsamtes gehören zur Bundesarbeitsverwaltung. Soweit die Voraussetzungen für Kindergeld und Kinderfreibetrag übereinstimmen, übernimmt das Finanzamt grds. die Entscheidung der Familienkasse über die Berücksichtigung des Kindes. Bei Zweifeln an der Richtigkeit dieser Entscheidung oder einer abweichenden Auffassung des Finanzamts hat das Finanzamt die Familienkasse darüber zu unterrichten. Das Kindergeld wird grds. von der Familienkasse des Arbeitsamtes ausgezahlt. Bei Beamten zahlt die Besoldungsstelle das Kindergeld. 576

Das Kindergeld wird vom Beginn des Monats an bezahlt, in dem die Anspruchsvoraussetzungen erfüllt sind, bis zum Ende des Monats, in dem die Anspruchsvoraussetzungen wegfallen. Das Kindergeld muss bei der örtlich zuständigen Familienkasse **schriftlich beantragt** werden. Vollendet ein Kind das 18. Lebensjahr, kann es nur weiter berücksichtigt werden, wenn der Berechtigte der zuständigen Familienkasse schriftlich anzeigt, dass das Kind noch die entsprechenden Voraussetzungen für das Kindergeld erfüllt. Das Kindergeld wird nach dem **Monatsprinzip** gewährt. Dabei genügt es, dass die Voraussetzungen an nur einem Tag vorgelegen haben. 577

> *Hinweis:*
> *Volljährige* Kinder werden aber nur dann als Kind anerkannt, wenn die eigenen Einkünfte und Bezüge nicht mehr als 7.188 € im Kalenderjahr betragen (§ 32 Abs. 4 Satz 2 EStG; s. hierzu auch Rn. 312).

Die Familienkasse setzt das Kindergeld durch Bescheid fest und zahlt es aus, soweit nichts anderes bestimmt ist (§ 70 Abs. 1 Satz 1 EStG). Ein Festsetzungsbescheid braucht nicht erteilt zu werden, wenn z. B. dem Antrag des Berechtigten entsprochen wird. 578

3. Kind

Das Einkommensteuergesetz definiert (§ 32 Abs. 1 EStG), wer Kind i. S. d. Gesetzes ist: 579
- im ersten Grad mit dem Steuerpflichtigen verwandte Kinder,
- Pflegekinder.

Kinder, die **im ersten Grad mit dem Steuerpflichtigen verwandt** sind, sind eheliche Kinder einschließlich angenommener Kinder, für ehelich erklärte und nichteheliche Kinder. Stiefkinder sind keine im ersten Grad verwandte Kinder. Mit der Annahme eines minderjährigen Kindes erlischt 580 das Verwandtschaftsverhältnis zu seinen Eltern, bei Annahme des nichtehelichen Kindes des Ehegatten nur das Verwandtschaftsverhältnis zum anderen Elternteil (§ 1755 BGB).

581 **Pflegekinder** sind Personen, mit denen der Steuerpflichtige durch ein familienähnliches, auf längere Dauer berechnetes Band verbunden ist, sofern er sie in seinem Haushalt aufgenommen hat und das Obhuts- und Pflegeverhältnis zu den Eltern nicht mehr besteht und der Steuerpflichtige sie mindestens zu einem nicht unwesentlichen Teil auf seine Kosten unterhält. An der familienähnlichen, auf längere Dauer angelegten Beziehung fehlt es, wenn ein Kind von vornherein nur für eine begrenzte Zeit im Haushalt des Steuerpflichtigen aufgenommen wird. Kostkinder sind daher keine Pflegekinder in diesem Sinne. Hat der Steuerpflichtige mehr als sechs Kinder in seinem Haushalt aufgenommen, so spricht eine Vermutung dafür, dass es sich um Kostkinder handelt (R 177 Abs. 1 Satz 5 EStR).

582 Ohne Bedeutung für die Berücksichtigung von **minderjährigen Kindern** ist, ob das Kind
- verheiratet ist,
- im Haushalt des Steuerpflichtigen lebt,
- vom Steuerpflichtigen unterhalten wird,
- eigene Bezüge oder Einkünfte hat.

Beispiel 1:
Das eheliche Kind A, 14 Jahre alt, hat das ganze Jahr 2001 in einem Schweizer Internat die Schule besucht. Das Kind wird bei den Eltern berücksichtigt, da es nicht zum Haushalt des Steuerpflichtigen gehören muss.

Beispiel 2:
Das minderjährige Kind K erbt von seinem Opa A ein Zehn-Familienhaus. Die Einkünfte des Kindes betragen 50.000 € im Kalenderjahr 2001. K ist bei der Einkommensteuer-Veranlagung seiner Eltern als Kind zu berücksichtigen. Die eigenen Einkünfte des minderjährigen Kindes sind dafür unbeachtlich.

583 Kinder werden in dem **Veranlagungszeitraum** berücksichtigt, in dem sie
- lebend geboren wurden,
- ggf. das Adoptionsverhältnis wirksam wurde,
- zu Beginn des Veranlagungszeitraums das 18. Lebensjahr noch nicht vollendet haben,
- zu Beginn des Veranlagungszeitraums das 18. Lebensjahr aber noch nicht das 27. Lebensjahr vollendet haben und die Voraussetzung für die Anerkennung als Kind auch vorliegen (§ 32 Abs. 4 Nr. 1 und Nr. 2 EStG);
- in bestimmten Fällen tritt eine Verlängerung auch über das 27. Lebensjahr ein (§ 32 Abs. 5 EStG).

584 Als Kinder werden für den **Kindergeldanspruch** berücksichtigt (§ 63 EStG):
- Kinder i. S. d. § 32 Abs. 1 EStG,
- Adoptivkinder,
- Pflegekinder,
- vom Berechtigten in seinen Haushalt aufgenommene Kinder seines Ehegatten,
- vom Berechtigten in seinen Haushalt aufgenommene Enkel.

Hinweis:
Bis zum Eintritt der Volljährigkeit mit Vollendung des 18. Lebensjahres werden Kinder ohne jede Einschränkung berücksichtigt. Zu den volljährigen Kindern s. Rn. 588.

Für Kinder, die weder ihren Wohnsitz noch ihren gewöhnlichen Aufenthalt im Inland, in einem Mitgliedstaat der Europäischen Union oder in einem Staat haben, auf den das Abkommen über den Europäischen Wirtschaftsraum Anwendung findet, wird kein Kindergeld gewährt. Eine Ausnahme gilt nur für Kinder, deren Eltern nach § 1 Abs. 2 EStG unbeschränkt steuerpflichtig sind. Dies sind **deutsche** Staatsangehörige, die 585

- im Inland weder einen Wohnsitz noch ihren gewöhnlichen Aufenthalt haben und
- zu einer inländischen juristischen Person des öffentlichen Rechts in einem Dienstverhältnis stehen und dafür Arbeitslohn aus einer inländischen öffentlichen Kasse beziehen.

Ein **Ausländer,** der seinen Wohnsitz oder seinen gewöhnlichen Aufenthalt im Inland hat (§ 1 Abs. 1 EStG), als unbeschränkt einkommensteuerpflichtig gilt (§ 1 Abs. 2 EStG) oder als unbeschränkt einkommensteuerpflichtig behandelt wird (§ 1 Abs. 3 EStG), hat nur Anspruch auf Kindergeld, wenn er im Besitz einer Aufenthaltsberechtigung oder Aufenthaltserlaubnis ist (§ 62 Abs. 2 EStG). 586

Erhält die Familienkasse nachträglich Kenntnis von der fehlenden Haushaltszugehörigkeit eines Kindes, so kann die hierauf bezogene (fiktive) Kindergeldfestsetzung ggf. ab Januar 1996 aufgehoben werden. Privatrechtliche Unterhaltsvereinbarungen zwischen dem tatsächlichen Kindergeldberechtigten und dem Zahlungsempfänger sind insoweit unerheblich. Unabhängig davon, ob außerhalb eines besonderen Billigkeitsverfahrens gegenüber dem Rückforderungsanspruch der Familienkasse der sog. Weiterleitungseinwand erhoben werden kann, setzt dies neben einer entsprechenden Bestätigung des Kindergeldberechtigten auch dessen rechtswirksamen Verzicht auf den Kindergeldanspruch voraus (FG Düsseldorf, Beschl. v. 9.1.2002, 18 V 6876/01, rechtskräftig, EFG 2002, 478). 587

4. Volljährige Kinder

a) Drei Gruppen von volljährigen Kinder

Volljährige Kinder sind für ihre steuerliche Berücksichtigung nach drei Gruppen zu unterscheiden: 588

- Kinder, die das 21. Lebensjahr noch nicht vollendet haben,
- Kinder, die das 27. Lebensjahr noch nicht vollendet haben,
- Kinder, die wegen körperlicher, geistiger oder seelischer Behinderung außerstande sind, sich selbst zu unterhalten, ohne Altersbegrenzung: Voraussetzung ist aber, dass die Behinderung vor Vollendung des 27. Lebensjahres eingetreten ist.

Kinder die **das 21. Lebensjahr noch nicht vollendet** haben, werden berücksichtigt, wenn sie arbeitslos i. S. d. Dritten Buches Sozialgesetzbuch sind. Für ein inhaftiertes arbeitsloses Kind kommt kein Kindergeld in Betracht, weil es insoweit nicht der Arbeitsvermittlung im Inland zur Verfügung steht (FG Rheinland-Pfalz, Urt. v. 9.8.1999, 5 K 2610/98, LEXinform Dok. 552567). 589

Volljährige Kinder, die **das 27. Lebensjahr noch nicht vollendet** haben, werden berücksichtigt, wenn 590

- sie für einen Beruf ausgebildet werden,
- die Berufsausbildung für höchstens vier Monate unterbrochen ist,
- das Kind eine Berufsausbildung mangels Ausbildungsplatzes nicht beginnen kann,
- das Kind ein freiwilliges soziales Jahr i. S. d. Gesetzes zur Förderung eines freiwilligen sozialen Jahres, ein freiwilliges ökologisches Jahr i. S. d. Gesetzes zur Förderung eines freiwilligen ökologischen Jahres oder einen Freiwilligendienst i. S. d. Beschlusses Nr. 1686/98/EG des Europäischen Parlaments und des Rates vom 20. Juli 1998 zur Einführung des gemeinschaftlichen Aktionsprogramms „Europäischer Freiwilligendienst für junge Menschen" (ABl. EG Nr. L 214 S. 1) leistet,
- dauernde Erwerbsunfähigkeit vorliegt, da das Kind wegen körperlicher, geistiger oder seelischer Behinderung außerstande ist, sich selbst zu unterhalten.

591 Für ein Kind, das **das 18., aber noch nicht das 27. Lebensjahr vollendet** hat, besteht ein Anspruch auf Kindergeld, wenn es für einen Beruf ausgebildet wird (§ 62 Abs. 1, § 63 Abs. 1 Satz 1 und 2 i. V. m. § 32 Abs. 4 Satz 1 Nr. 2a EStG). Dabei ist § 32 Abs. 4 Satz 1 EStG dahin auszulegen, dass der Kindergeldanspruch für über 18 Jahre alte Kinder eine typische Unterhaltssituation seitens der Eltern voraussetzt. Eine solche Unterhaltssituation besteht nach der **Eheschließung des Kindes** grds. nicht mehr. Denn ab diesem Zeitpunkt ist gem. § 1608 Satz 1 BGB dem Kind in erster Linie der Ehegatte zum Unterhalt verpflichtet. Es besteht dann nur noch eine nachrangige Unterhaltspflicht der Eltern (BFH, Urt. v. 2.3.2000, VI R 13/99, BStBl. II 2000 S. 522). Diese nachrangige Unterhaltspflicht führt ausnahmsweise dann zu einer Unterhaltssituation der Eltern, wenn der Ehegatte zum Unterhalt nicht in der Lage ist, denn die Unterhaltspflicht des Ehegatten findet ihre Grenze in dessen Leistungsfähigkeit (FG Rheinland-Pfalz, Urt. v. 22.11.2001, 6 K 1910/99, rechtskräftig, LEXinform Dok. 574257).

b) Behinderte Kinder

592 Kinder, die **dauernd erwerbsunfähig** sind, werden unabhängig von ihrem Alter stets bei den Eltern als Kind berücksichtigt. Dies ist der Fall, wenn das Kind wegen seiner Behinderung außerstande ist, sich selbst zu unterhalten. Ein Kind ist nur dann wegen körperlicher, geistiger oder seelischer Behinderung außerstande sich selbst zu unterhalten, wenn es schwerbehindert ist oder einem Schwerbehinderten gleichgestellt ist. Der Nachweis der **Schwerbehinderung** ist grds. durch einen Schwerbehindertenausweis oder durch eine Bescheinigung der für die Durchführung des Bundesversorgungsgesetzes zuständigen Behörde zu führen. S. Rn. 588.

593 Die **Ursächlichkeit der Behinderung** für die Unfähigkeit des Kindes zum Selbstunterhalt kann grds. angenommen werden, wenn im Schwerbehindertenausweis das Merkmal „H" (hilflos) eingetragen ist oder der Grad der Behinderung 50 % oder mehr beträgt und besondere Umstände hinzutreten, auf Grund derer eine Erwerbstätigkeit unter den üblichen Bedingungen des Arbeitsmarktes ausgeschlossen erscheint (Anschluss an BFH, Urt. v. 26.7.2001, VI R 56/98, BStBl. II 2001 S. 832). Für ein behindertes Kind, dessen Einkünfte und Bezüge – nach Abzug des behinderungsbedingten Mehrbedarfs – den Jahresgrenzbetrag (§ 32 Abs. 4 Satz 2 EStG) nicht übersteigen, kann Kindergeld nicht mit der Begründung versagt werden, die Behinderung stehe einer normalen Berufsausbildung nicht im Wege (BFH, Beschl. v. 14.12.2001, VI B 178/01, BFH/NV 2002, 490).

c) Schädlichkeitsgrenze

594 Kinder zwischen 18 und 27 Jahren können grds. nur berücksichtigt werden, wenn das Kind Einkünfte und Bezüge, die zur Bestreitung des Unterhalts oder der Berufsausbildung bestimmt oder geeignet sind, von **nicht mehr als 7.188 € im Kalenderjahr** bezieht. Der Betrag von 7.188 € erhöht sich um den maßgeblichen Behindertenpauschbetrag, soweit das Kind keine besondere Leistungen für einen behinderungsbedingten Mehrbedarf erhält. Zu den Bezügen i. S. d. § 32 Abs. 4 Satz 2 EStG zählt auch der Kapitalanteil einer Hinterbliebenenrente, da auch dieser Teil der Rente zur Bestreitung des Unterhalts des Empfängers bestimmt und geeignet ist (FG Düsseldorf, Urt. v. 18.3.1999, 14 K 6849/98, rechtskräftig, EFG 1999, 713). S. Rn. 312.

595 Auch bei einer nur geringfügigen **Überschreitung** der Schädlichkeitsgrenze durch die eigenen Einkünfte und Bezüge eines sich in Ausbildung befindlichen Kindes besteht kein Anlass für eine Billigkeitsmaßnahme, weil ab Erreichen des Grenzbetrages davon auszugehen ist, dass es einer Familienförderung durch Gewährung von Kindergeld nicht mehr bedarf. Bei der Berechnung der Einkünfte eines sich in Ausbildung befindlichen Kindes sind alle Aufwendungen, die im Hinblick auf das Ausbildungsziel getätigt wurden, als **Werbungskosten** zu berücksichtigen. Sind für die Dauer eines Ausbildungsdienstverhältnisses mehrere Bildungseinrichtungen für die Ableistung der Pflichten aus dem Ausbildungsverhältnis bestimmt, so stellt jede der Bildungseinrichtungen (hier: Betrieb und Berufsschule) spätestens nach Ablauf von **drei Monaten** eine eigene regelmäßige Arbeitsstätte mit der Folge dar, dass Fahrten von der Wohnung zu jeder der Arbeitsstätten der Pauschalierung nach § 9 Abs. 1 Satz 3 Nr. 4 EStG unterliegen. **Schul- bzw. Semesterferien** führen,

auch wenn sie länger als vier Wochen dauern, entsprechend der Regelung des Abschnitt 37 Abs. 3 Nr. 1 Satz 2 LStR nicht zu einem Neubeginn der Drei-Monats-Frist (Hessisches FG, Urt. v. 14.12.2001,12 K 3568/01, rechtskräftig LEXinform Dok.574202).

d) Verlängerunggründe

Über das 21. oder 27. Lebensjahr hinaus berücksichtigt, werden Kinder, die 596
- den gesetzlichen Grundwehrdienst oder Zivildienst geleistet haben, oder
- sich an Stelle des gesetzlichen Grundwehrdienstes freiwillig für die Dauer von nicht mehr als drei Jahren zum Wehrdienst verpflichtet haben, oder
- eine vom gesetzlichen Grundwehrdienst oder Zivildienst befreiende Tätigkeit als Entwicklungshelfer i. S. d. § 1 Abs. 1 des Entwicklungshelfer-Gesetzes ausgeübt haben, für einen der Dauer dieser Dienste oder der Tätigkeit entsprechenden Zeitraum, höchstens für die Dauer des inländischen gesetzlichen Grundwehrdienstes oder bei anerkannten Kriegsdienstverweigerern für die Dauer des inländischen gesetzlichen Zivildienstes.

Die Verlängerungstatbestände (§ 32 Abs. 5 EStG) wurden auch auf die Fälle der Übergangszeit 597 zwischen **zwei Ausbildungsabschnitten** (§ 32 Abs. 4 Satz 1 Nr. 2b EStG) erweitert.

5. Günstigerregelung der Freibeträge

Der Familienleistungsausgleich wird bezüglich der Kinder grds. über die Zahlung von Kindergeld 598 bewirkt. Da das Kindergeld bei den Beziehern hoher Einkommen die verfassungsrechtlich gebotene Freistellung des Existenzminimums nicht immer gewährleistet, wird im Rahmen der Einkommensteuerveranlagung von Amts wegen ein Kinderfreibetrag gewährt. Die dabei sich ergebende Steuerentlastung wird **von Amts wegen** einer **Günstigerprüfung** zu dem gewährten Kindergeld unterzogen.

Nach Ablauf des Kalenderjahres führt das Finanzamt von Amts wegen für die Eltern eine **Vergleichsberechnung** mit den Freibeträgen nach § 32 Abs. 6 EStG durch. Ergibt die Minderung 599 durch die Freibeträge ein zu versteuerndes Einkommen, das zu einer höheren Steuerersparnis führt, als das bisherige in bar ausgezahlte Kindergeld betragen hat, bekommt der Kinderfreibetrag Vorrang vor dem Kindergeld. In diesem Fall hat die Auszahlung des Kindergeldes nur eine vorläufige Wirkung. Mit dieser Regelung wollte der Gesetzgeber erreichen, dass das volle Existenzminimum des Kindes einkommensteuerfrei bei den Eltern verbleibt. Nicht nur das Existenzminimum der beiden Elternteile ist einkommensteuerfrei zu belassen sondern auch das Existenzminimum des Kindes.

Der Kinderfreibetrag wurde mehrfach neu gestaltet. Früher hatten nur alleinstehende Elternteile 600 Anspruch auf die Berücksichtigung von **Kinderbetreuungskosten.** Nach Ansicht des Bundesverfassungsgerichts sind diese Kosten auch bei intakten Ehen zu berücksichtigen. Aus diesem Grund wird bei der Veranlagung zur Einkommensteuer für jedes zu berücksichtigende Kind des Steuerpflichtigen ein Freibetrag

- von 1.824 € für das sächliche Existenzminimum des Kindes (Kinderfreibetrag) sowie
- von 1.080 € für den Betreuungs- und Erziehungs- oder Ausbildungsbedarf des Kindes.

Bei Ehegatten, die nach den §§ 26, 26b EStG zusammen zur Einkommensteuer veranlagt werden, 601 verdoppeln sich sämtliche Beträge, wenn das Kind zu beiden Ehegatten in einem Kindschaftsverhältnis steht.

Die Beträge **in doppelter Höhe** stehen dem Steuerpflichtigen auch dann zu, wenn 602
- der andere Elternteil verstorben oder nicht unbeschränkt einkommensteuerpflichtig ist oder
- der Steuerpflichtige allein das Kind angenommen hat oder das Kind nur zu ihm in einem Pflegekindschaftsverhältnis steht.

Teil 10 Abschnitt 1: I. Einkommensteuerliche Wirkung von Kindern

603 Für ein **nicht** nach § 1 Abs. 1 oder 2 EStG **unbeschränkt einkommensteuerpflichtiges Kind** können sämtliche Beträge nur abgezogen werden, soweit sie nach den Verhältnissen seines Wohnsitzstaates notwendig und angemessen sind. Für jeden Kalendermonat, in dem die Voraussetzungen für die oben genannten Freibeträge nicht vorliegen, ermäßigen sich die dort genannten Beträge um ein Zwölftel.

604 Bei einem **unbeschränkt einkommensteuerpflichtigen Elternpaar,** bei dem die **Voraussetzungen der Zusammenveranlagung** (§ 26 Abs. 1 Satz 1 EStG) **nicht vorliegen,** kann auf Antrag eines Elternteils der dem anderen Elternteil zustehende Kinderfreibetrag auf ihn übertragen werden,

- wenn er, nicht jedoch der andere Elternteil seiner Unterhaltspflicht gegenüber dem Kind für das Kalenderjahr im Wesentlichen nachkommt;
- der dem Elternteil, in dessen Wohnung das Kind nicht gemeldet ist, zustehende Betreuungsfreibetrag wird auf Antrag auf den anderen Elternteil übertragen.
- Die den Eltern zustehenden Freibeträge können auf Antrag auch auf einen Stiefelternteil oder Großelternteil übertragen werden, wenn dieser das Kind in seinen Haushalt aufgenommen hat; dies kann auch mit Zustimmung des berechtigten Elternteils geschehen, die nur für künftige Kalenderjahre widerrufen werden kann.

605 Die Freibeträge kommen nur zum Einsatz, wenn das Kindergeld die gebotene steuerliche Freistellung nicht bewirkt hat (§ 31 EStG). In diesem Fall wird das bereits bezahlte Kindergeld mit dem Steuervorteil aus dem Kinderfreibetrag und dem Betreuungsfreibetrag verrechnet. Das bezahlte Kindergeld wird der festzusetzenden Einkommensteuer hinzugerechnet. Für jeden vollen Kalendermonat, in dem die Voraussetzungen nicht vorgelegen haben, wird für jeden Monat, in dem die Voraussetzungen nicht vorgelegen haben, ein Zwölftel der Freibeträge gekürzt.

606 Der **volle Kinderfreibetrag** wird gewährt, wenn

- die unbeschränkt steuerpflichtigen Eltern zusammen veranlagt werden,
- der andere Elternteil vor Beginn des Kalenderjahres verstorben ist,
- der andere Elternteil nicht unbeschränkt steuerpflichtig war,
- der Steuerpflichtige das Kind allein adoptiert hat,
- das Kind alleine zu dem Steuerpflichtigen in einem Pflegekindschaftsverhältnis steht.

607 Der Elternteil, in dessen Obhut sich das Kind befindet, leistet i. d. R. seinen Unterhalt durch die Betreuung des Kindes. Der zahlende Elternteil kann daher nicht die **Übertragung des halben Kinderfreibetrages** beantragen. Der halbe Kinderfreibetrag kann übertragen werden, wenn die Unterhaltspflicht nicht zu mindestens 75 % erfüllt wird. Ein Elternteil kommt seiner Barunterhaltsverpflichtung gegenüber dem Kind zu einem wesentlichen Teil nach, wenn er sie mindestens zu 75 % erfüllt (R 181a Abs. 2 Satz 1 EStR). Maßstab ist dabei die gerichtlich festgestellte Unterhaltshöhe, die sonstige Vereinbarung oder hilfsweise die Düsseldorfer Tabelle zum Unterhalt (R 181a Abs. 1 Satz 2 EStR). Elternteile, die mangels finanzieller Leistungsfähigkeit nicht unterhaltspflichtig sind, sind steuerlich so zu behandeln, als ob sie ihrer Unterhaltspflicht nicht nachkämen. Die bisherige einvernehmliche Übertragung des Kinderfreibetrages ist nach der Neuregelung entfallen.

608 Der Kinderfreibetrag kann auf Antrag auch auf einen **Stiefelternteil** oder die **Großeltern** übertragen werden, wenn sie das Kind in ihren Haushalt aufgenommen haben. Dieser Übertragung bedarf es nicht, wenn die Großeltern oder der Stiefelternteil Pflegeeltern sind. **Pflegeeltern** steht der Kinderfreibetrag ohnehin selbst zu (§ 32 Abs. 1 EStG).

6. Andere kindbedingte Ermäßigungen

609 Neben dem Kindergeld bzw. Kinderfreibetrag gewährt das Einkommensteuergesetz auch andere kindbedingte Ermäßigungen. Voraussetzung für deren Gewährung ist aber, dass der Steuerpflichtige Anspruch auf Kindergeld bzw. Kinderfreibetrag hat.

Andere Steuerbegünstigungen für Kinder sind: 610
- Sonderausgabenabzug des Schulgeldes (§ 10 Abs. 1 Nr. 9 EStG),
- Gewährung des Haushaltsfreibetrags (§ 32 Abs. 7 EStG; s. hierzu Rn. 612),
- Vergünstigung bei der zumutbaren Eigenbelastung (§ 33 Abs. 3 EStG),
- Gewährung des Ausbildungsfreibetrags (§ 33 Abs. 2 EStG),
- Übertragbarkeit des Behinderten- oder Hinterbliebenenpauschbetrag des Kindes auf den Steuerpflichtigen (§ 33b Abs. 5 EStG).

Verschiedene Ermäßigungen sind nicht vom Kinderfreibetrag abhängig, sondern nur von der **Haushaltszugehörigkeit**. 611

III. Haushaltsfreibetrag (§ 32 Abs. 7 EStG)

Für Alleinstehende mit Kindern (sog. Halbfamilien) wird die Minderung der steuerlichen Leistungsfähigkeit bis zum Jahr 2004 durch einen Haushaltsfreibetrag (§ 32 Abs. 7 EStG) berücksichtigt werden. **Ab 2005 wird der Haushaltsfreibetrag insgesamt entfallen** (s. hierzu Rn. 569). Steuerpflichtige, die nicht nach dem Splittingverfahren (§ 32a Abs. 5 und 6 EStG) besteuert werden können und die auch nicht als Ehegatten (§ 26 Abs. 1 EStG) getrennt zur Einkommensteuer zu veranlagen sind, erhalten in 2003 als alleinerziehende Elternteile einen Haushaltsfreibetrag i. H. v. 2.340 € (§ 32 Abs. 7 EStG). Dieser Betrag wird vom Einkommen abgezogen, wenn der Alleinerziehende einen Kinderfreibetrag (§ 32 Abs. 6 EStG) oder Kindergeld für mindestens ein Kind erhält. Voraussetzung ist, dass für mindestens ein Kind, das in seiner Wohnung im Inland gemeldet ist, Kindergeld gezahlt wird oder ein Kinderfreibetrag gewährt wird. Den Kinderfreibetrag erhält derjenige Elternteil, in dessen Wohnung im Inland das Kind **gemeldet** ist. 612

Den Haushaltsfreibetrag erhalten, sofern sie **unbeschränkt steuerpflichtig** sind: 613
- Ehegatten, die von ihrem Partner dauernd getrennt leben, keinen Splittingtarif erhalten und auch nicht als Ehegatten getrennt veranlagt werden,
- Ledige,
- Geschiedene,
- Verwitwete, soweit sie kein Splitting nach § 32a Abs. 6 EStG beanspruchen können.

Beschränkt Steuerpflichtige können den Haushaltsfreibetrag grds. nicht in Anspruch nehmen. Eine Ausnahme gilt jedoch für Staatsangehörige eines Mitgliedstaates der Europäischen Union oder eines Staates, auf den das Abkommen über den Europäischen Wirtschaftsraum anwendbar ist (§ 1a Abs. 1 Nr. 3 EStG). Danach genügt die Meldung des Kindes in der Wohnung des Steuerpflichtigen, die nicht im Inland belegen ist. Die Wohnung muss aber im Hoheitsgebiet eines Mitgliedstaates der Europäischen Union oder eines Staates, auf den das Abkommen über den Europäischen Wirtschaftsraum anwendbar ist, liegen. 614

Der Haushaltsfreibetrag wird als **Jahresbetrag** auch dann in voller Höhe vom Einkommen (§ 2 Abs. 4 EStG) abgezogen, wenn die Voraussetzungen dafür nur während eines Teils des Kalenderjahres vorgelegen haben. Insoweit unterscheidet sich der Haushaltsfreibetrag von den Kinderfreibeträgen, die als Monatsfreibeträge ausgestaltet sind. 615

In wessen Wohnung das Kind gemeldet war oder ob eine gemeinsame Wohnung der Eltern vorliegt, entscheidet sich allein nach dem **Melderegister**. Ob es sich um eine Meldung mit Haupt- oder Nebenwohnung handelt, ist ohne Bedeutung. Unerheblich ist, wo sich das Kind oder die Elternteile tatsächlich aufgehalten haben. Eine Meldung des Kindes bei beiden Elternteilen kann sowohl in der gemeinsamen Wohnung als auch in getrennten Wohnungen der Elternteile gegeben sein. Maßgebend ist der Tag des Eingangs der melderechtlichen An- oder Ummeldung. Eine nachträglich – nach Ablauf des Kalenderjahres – vorgenommene Anmeldung oder Ummeldung kann nicht mehr berücksichtigt werden. Auf die Haushaltszugehörigkeit des Kindes kommt es wegen der damit möglicherweise verbundenen Nachweisschwierigkeiten nicht an. 616

617 Ist das Kind im Kalenderjahr bei beiden Elternteilen gemeldet, muss es einem Elternteil zugeordnet werden, damit dieser den Haushaltsfreibetrag erhält. Eine Doppelberücksichtigung für ein und dasselbe Kind ist damit ausgeschlossen. Das Gesetz enthält auch Regeln für die Zuordnung eines Kindes zwischen Eltern und Großeltern (§ 32 Abs. 7 Sätze 2 und 3 EStG). Kinder, die bei beiden Elternteilen oder einem Elternteil und einem Großelternteil mit Wohnung im Inland gemeldet sind, werden dem Elternteil oder Großelternteil zugeordnet, in dessen Wohnung sie **im Kalenderjahr zuerst gemeldet** waren, im Übrigen der Mutter oder mit deren Zustimmung dem Vater oder dem Großelternteil; dieses Wahlrecht kann für mehrere Kinder nur einheitlich ausgeübt werden. In Fällen, in denen ein Kind nur gleichzeitig beim Vater und einem Großelternteil gemeldet ist, steht das Wahlrecht dem Vater zu. Als Wohnung im Inland i. S. d. Sätze 1 und 2 gilt auch die Wohnung eines Elternteils oder Großelternteils, der nach § 1 Abs. 2 EStG unbeschränkt einkommensteuerpflichtig ist. Die Zustimmung kann nur für künftige Kalenderjahre widerrufen werden.

Beispiel:
Die allein erziehende Mutter eines einjährigen Sohnes erhält in 2003 neben dem Kindergeld als weitere Steuerermäßigung noch den Haushaltsfreibetrag i. H. v. 2.340 €. Voraussetzung ist jedoch, dass das Kind in Ihrer Wohnung gemeldet ist, gleichgültig ob mit Haupt- oder Nebenwohnung.

Beispiel:
Die Mutter M lebt von ihrem Ehemann V dauernd getrennt. Das gemeinsame Kind war bis zum 15.1.2002 bei V gemeldet. Anschließend erfolgte eine Ummeldung in die Wohnung der M. Das Kind wird dem Elternteil zugeordnet, bei dem es zu Beginn eines Kalenderjahres gemeldet war. Somit hat V für 2002 Anspruch auf den Haushaltsfreibetrag. Ab 2003 steht M der Haushaltsfreibetrag zu.

IV. Ausbildungsfreibetrag (§ 33a Abs. 2 EStG)

1. Voraussetzungen

618 Entstehen einem Steuerpflichtigen **tatsächlich Aufwendungen** für die Berufsausbildung seines Kindes, kann er einen Ausbildungsfreibetrag abziehen. Auf die Höhe der Aufwendungen kommt es nicht an.

Beispiel:
Die Eltern haben ihrem volljährigen Sohn 70.000 € geschenkt mit der Auflage, diesen Betrag bei einer Bank im Rahmen eines sog. Sparplans anzulegen und mit den daraus monatlich zufließenden Mitteln von 500 € den Lebensunterhalt und die Ausbildungskosten zu bestreiten. Den Eltern steht kein Ausbildungsfreibetrag nach § 33a Abs. 2 EStG zu. Den Eltern sind keine Aufwendungen für die Berufsausbildung i. S. d. Vorschrift erwachsen (BFH, Urt. v. 23.2.1994, X R 131/93, BStBl. II 1994 S. 694).

Die Gewährung des Ausbildungsfreibetrages setzt voraus, dass der Steuerpflichtige tatsächlich Kindergeld oder einen Kinderfreibetrag nach § 32 Abs. 6 EStG erhält. Der Ausbildungsfreibetrag kommt daher nur für Kinder i. S. d. § 63 Abs. 1 EStG in Betracht (R 191 Abs. 1 EStR). Unterhaltsaufwendungen für ein in Berufsausbildung befindliches Kind sind auch als Aufwendungen für seine Berufsausbildung anzusehen.

2. Höhe des Ausbildungsfreibetrags

619 Die Höhe des Ausbildungsfreibetrags ist vom Alter (Volljährigkeit) und von dem Unterbringungsort des Kindes abhängig.

I. IV. Ausbildungsfreibetrag (§ 33a Abs. 2 EStG)

	vor Vollendung des 18. Lebensjahres	ab Vollendung des 18. Lebensjahres
Unterbringung des Kindes		
• im Haushalt des Stpfl.	0 €	entfallen
• auswärtig	entfallen	924 €

Ein Kind ist **auswärtig** untergebracht, wenn es außerhalb des Haushalts der Eltern wohnt. Dies ist nur anzunehmen, wenn für das Kind außerhalb des Haushalts der Eltern eine Wohnung ständig bereitgehalten und das Kind auch außerhalb des Haushalts der Eltern verpflegt wird. Die auswärtige Unterbringung muss auf eine gewisse Dauer angelegt sein.

3. Anrechnung eigener Einkünfte und Bezüge

Der Ausbildungsfreibetrag vermindert sich jeweils um die eigenen Einkünfte und Bezüge (s. Rn. 312) des Kindes, die zur Bestreitung seines Unterhaltes oder seiner Berufsausbildung bestimmt oder geeignet sind, soweit diese 1.848 € im Kalenderjahr übersteigen. Der Ausbildungsfreibetrag vermindert sich außerdem um die, von dem Kind als Ausbildungshilfe aus öffentlichen Mitteln oder von Förderungseinrichtungen, die hierfür öffentliche Mittel erhalten, bezogenen Zuschüsse. Keine Kürzung erfolgt bei darlehensweise gewährten Leistungen, beispielsweise nach dem Bundesausbildungsförderungsgesetz.

620

4. Zeitanteilige Gewährung

Für jeden Kalendermonat, in dem die Voraussetzungen nicht vorliegen, ermäßigen sich der Ausbildungsfreibetrag und der Anrechnungsfreibetrag um je 1/12. Eigene Bezüge des Kindes, die in den Monaten erworben wurden, für die eine Kürzung vorgenommen wurde, vermindern nicht den ermäßigten Höchstbetrag (§ 33a Abs. 4 EStG).

621

Beispiel:

Die 19-jährige Tochter des Steuerpflichtigen, für die er Kindergeld erhält, befindet sich bis zum 15.9. in Berufsausbildung und ist auswärtig untergebracht. Die Tochter erzielt in diesem Jahr einen Arbeitslohn von 4.500 €, davon 1.750 € in den Ausbildungsmonaten. Sie hat keine tatsächlichen Werbungskosten. Außerdem erhält die Tochter im Ausbildungszeitraum als Ausbildungsbeihilfe einen Zuschuss aus öffentlichen Mitteln von 450 €.

Es ergibt sich folgende Berechnung:

Ausbildungsfreibetrag:		924 €
anteiliger Ausbildungsfreibetrag		
für Januar bis September 9/12 von 924		693 €
Arbeitslohn	4.500 €	
Werbungskosten-Pauschbetrag	- 1.044 €	
Einkünfte	3.456 €	
davon entfallen auf den Ausbildungszeitraum (1.750 : 4.500) x 3.456 €= (abgerundet)		1.344 €
abzüglich anrechnungsfreier Betrag 9/12 von 1.848 € max. 1.344	- 1.386 €	- 1.344 €
		0 €
Ausbildungszuschuss Januar bis September	450 €	
abzüglich Kostenpauschale	- 180 €	
	270 €	270 €
		270 € - 270 €
Abzuziehender Ausbildungsfreibetrag		423 €

5. Verteilung auf Ehegatten

622 Erfüllen **mehrere Steuerpflichtige** sämtliche Voraussetzungen für die Inanspruchnahme des Ausbildungsfreibetrags, ist er unter den Berechtigten aufzuteilen. So können dauernd getrennt lebende oder geschiedene Ehegatten oder Eltern eines nichtehelichen Kindes jeweils nur die Hälfte des Ausbildungsfreibetrags erhalten. Eine andere Aufteilung ist nicht zulässig. Wird jedoch ein Kinderfreibetrag auf den anderen Elternteil übertragen (§ 32 Abs. 6 Satz 5 EStG), so kann dieser auch den Ausbildungsfreibetrag in vollem Umfang in Anspruch nehmen. Auch wenn der Kinderfreibetrag nicht übertragen wird, kann auf gemeinsamen Antrag der Eltern bei einer Veranlagung zur Einkommensteuer der einem Elternteil zustehende Ausbildungsfreibetrag auf den anderen Elternteil übertragen werden (H 191 EStR Stichwort Aufteilung bei einem Elternpaar).

6. Besonderheiten bei Auslandskindern

623 Ist das Kind nicht unbeschränkt einkommensteuerpflichtig (Auslandskind), so sind der maßgebende Ausbildungsfreibetrag und der anrechnungsfreie Betrag entsprechend einer Ländergruppeneinteilung (BMF Schreiben vom 27.2.1996, BStBl. I 1996 S. 114) zu ermäßigen (R 191 Abs. 5 EStR). Bei diesen Kindern können die Aufwendungen nur abgezogen werden, soweit sie nach den Verhältnissen des Wohnsitzstaats der unterhaltenen Person notwendig und angemessen sind, höchstens jedoch der Betrag, der sich aus der Ländergruppeneinteilung ergibt. Ob der Steuerpflichtige zur Leistung von Unterhalt gesetzlich verpflichtet ist, muss nach inländischen Maßstäben beurteilt werden (§ 33a Abs. 1 Satz 5 2. Hs. EStG).

V. Kinderbetreuungskosten

Die Regelungen zur Berücksichtigung von Kinderbetreuungskosten wurden in den letzten Jahren mehrmals grundlegend geändert. Der Abzug der **tatsächlichen Betreuungskosten** als außergewöhnliche Belastung **von Alleinerziehenden** war letztmals für das Kalenderjahr 1999 möglich. Die entsprechende Vorschrift (§ 33c EStG) wurde aufgehoben. 624

Ab dem 1.1.2000 wurden Kinderbetreuungskosten durch einen **Betreuungsfreibetrag** berücksichtigt, der als Ergänzung zum Kinderfreibetrag 1.782 € (bis 2001) gewährt wurde. Der Betreuungsfreibetrag i. H. v. 774 € (bis 2001) ist ein Pauschbetrag, der unabhängig von der Höhe der tatsächlich angefallenen Kosten berücksichtigt wird. Bei zusammenveranlagten Ehegatten werden die doppelten Beträge gewährt. Den Betreuungsfreibetrag können **nicht nur Alleinstehende**, sondern **auch verheiratete** und nicht dauernd getrennt lebende Eltern beanspruchen. Anders als der Kinderfreibetrag wird der Betreuungsfreibetrag aber nur für Kinder bis zur **Vollendung des 16. Lebensjahres** abgezogen. Der Betreuungsfreibetrag wird nur im Rahmen einer Einkommensteuerveranlagung berücksichtigt und wirkt sich daher beim Steuerabzug vom Arbeitslohn oder bei den Einkommensteuervorauszahlungen nicht aus. Für körperlich, geistig oder seelisch behinderte volljährige Kinder, die nur deshalb nicht als Kind berücksichtigt werden, weil ihr sächliches Existenzminimum bei **vollstationärer** Unterbringung durch Eingliederungshilfe abgedeckt ist, wird nur ein Betreuungsfreibetrag von 276 € abgezogen. Bei Ehegatten, die nach den §§ 26, 26b zusammen zur Einkommensteuer veranlagt werden, verdoppeln sich die Beträge. Bei der Prüfung, ob das Kindergeld oder der Kinderfreibetrag günstiger ist, wird ab dem Kalenderjahr 2000 das im laufenden Jahr gezahlte Kindergeld mit der Steuerersparnis aus Kinderfreibetrag **und** Betreuungsfreibetrag verglichen. 625

Ab dem Jahr 2002 werden bei der Veranlagung zur Einkommensteuer für jedes zu berücksichtigende Kind des Steuerpflichtigen ein Freibetrag von 1.824 € für das sächliche Existenzminimum des Kindes (Kinderfreibetrag) sowie ein Freibetrag von 1.080 € für den **Betreuungs- und Erziehungs- oder Ausbildungsbedarf** des Kindes vom Einkommen abgezogen. Bei Ehegatten, die nach den §§ 26, 26b zusammen zur Einkommensteuer veranlagt werden, verdoppeln sich die Beträge, wenn das Kind zu beiden Ehegatten in einem Kindschaftsverhältnis steht. 626

Zusätzlich werden **Aufwendungen für Dienstleistungen zur Betreuung** eines zum Haushalt des Steuerpflichtigen gehörenden Kindes wieder steuerlich berücksichtigt (§ 33c EStG). Aufwendungen für Dienstleistungen zur Betreuung eines Kindes, welches das **14. Lebensjahr** noch nicht vollendet hat oder wegen einer vor Vollendung des 27. Lebensjahres eingetretenen körperlichen, geistigen oder seelischen Behinderung außerstande ist, sich selbst zu unterhalten, können als außergewöhnliche Belastungen abgezogen werden. 627

Abgezogen werden können erwerbsbedingte Aufwendungen für Kinderbetreuung, die je Kind 628
- 1.548 € übersteigen,
- bis zu einem Betrag von 1.500 € (damit sind Aufwendungen von 3.048 € je Kind erforderlich),
- wenn der Steuerpflichtige entweder
- erwerbstätig ist,
- sich in Ausbildung befindet,
- körperlich, geistig oder seelisch behindert oder
- krank ist.

Bei zusammenlebenden Eltern wird der Abzug nur gewährt, wenn bei beiden Elternteilen die obigen Voraussetzungen vorliegen. Bei nicht zusammenlebenden Elternteilen kann **jeder Elternteil** entsprechende Aufwendungen abziehen, soweit sie **je Kind 774 €** übersteigen. 629

Erwachsen die Aufwendungen wegen **Krankheit,** muss die Krankheit innerhalb eines zusammenhängenden Zeitraums von mindestens drei Monaten bestanden haben, es sei denn, der Krankheitsfall tritt unmittelbar im Anschluss an eine Erwerbstätigkeit oder Ausbildung ein. Aufwendungen 630 für Unterricht, die Vermittlung besonderer Fähigkeiten, sportliche und andere Freizeitbetätigungen werden nicht berücksichtigt.

631 Ist das zu betreuende Kind nicht unbeschränkt (§ 1 Abs. 1 oder 2 EStG) einkommensteuerpflichtig, sind die oben genannten Beträge zu kürzen, soweit es nach den Verhältnissen im Wohnsitzstaat des Kindes notwendig und angemessen ist. Für jeden vollen Kalendermonat, in dem die Voraussetzungen nicht vorgelegen haben, ermäßigen sich die oben genannten Beträge um ein Zwölftel.

VI. Bedeutung der Haushaltszugehörigkeit

632 Die Haushaltszugehörigkeit von Kindern ist für mehrere Vergünstigungen Tatbestandsvoraussetzung. Das Kind gehört zum Haushalt des Steuerpflichtigen, wenn es dort lebt oder mit seiner Einwilligung vorübergehend auswärtig untergebracht ist. Auch in Fällen, in denen der Steuerpflichtige mit seinem Kind in der Wohnung seiner Eltern oder Schwiegereltern oder in Wohngemeinschaft mit anderen Personen lebt, ist die Haushaltszugehörigkeit des Kindes als gegeben anzusehen (R 195 Abs. 3 EStR).

Von der Haushaltszugehörigkeit des Kindes sind abhängig:
- Aufwendungen durch die Beschäftigung einer Hilfe im Haushalt (§ 33a Abs. 3 EStG),
- Steuerliche Berücksichtigung von Kinderbetreuungskosten (§ 33c EStG),
- Baukindergeld bei der Wohneigentumsförderung nach § 10e EStG (§ 34f Abs. 2 Satz 2 EStG),
- Erhöhung der Einkunftsgrenze bei der Eigenheimzulage (§ 5 EigZulG),
- Baukindergeld bei der Eigenheimzulage (§ 9 Abs. 5 Satz 2 EigZulG),
- Unbeschränkte Einkommensteuerpflicht von deutschen Staatsangehörigen (§ 1 Abs. 2 EStG).

VII. Schulgeld (§ 10 Abs. 1 Nr. 9 EStG)

633 Besucht ein Kind eine **Privatschule** und muss dafür Schulgeld bezahlt werden, kann der Steuerpflichtige 30 % der Aufwendungen ohne Höchstbetragsbegrenzung als Sonderausgaben geltend machen. Voraussetzung ist zum einen, dass die Schule gem. Art. 7 Abs. 4 GG staatlich genehmigt oder nach Landesrecht als Ersatzschule erlaubt oder nach Landesrecht als allgemeinbildende Ergänzungsschule anerkannt ist. Weitere Voraussetzung ist, dass er für das Kind einen Kinderfreibetrag oder Kindergeld erhält. Ausgenommen von dem Abzug ist aber das Entgelt für Beherbergung, Betreuung und Verpflegung. Zahlt der Schüler die Aufwendungen selbst, kann er diese bei seiner Einkommensteuererklärung nur als Sonderausgaben bis höchstens 1.227 € abziehen (§ 10 Abs. 1 Nr. 7 EStG).

VIII. Pauschbeträge für behinderte Kinder

634 Erwachsen einem behinderten Menschen unmittelbar infolge seiner Behinderung **außergewöhnliche Belastungen**, kann er anstelle einer Steuerermäßigung nach § 33 EStG einen Behindertenpauschbetrag geltend machen (§ 33b EStG).

Die Pauschbeträge erhalten
- behinderte Menschen, deren Grad der Behinderung auf mindestens 50 festgestellt ist;
- behinderte Menschen, deren Grad der Behinderung auf weniger als 50, aber mindestens auf 25 festgestellt ist, wenn
  - dem behinderten Menschen wegen seiner Behinderung nach gesetzlichen Vorschriften Renten oder andere laufende Bezüge zustehen, und zwar auch dann, wenn das Recht auf die Bezüge ruht oder der Anspruch auf die Bezüge durch Zahlung eines Kapitals abgefunden worden ist, oder

- die Behinderung zu einer dauernden Einbuße der körperlichen Beweglichkeit geführt hat oder
- die Behinderung auf einer typischen Berufskrankheit beruht.

Die **Höhe** des Pauschbetrags richtet sich nach dem dauernden Grad der Behinderung. Als Pauschbeträge werden gewährt bei einem Grad der Behinderung 635

von 25 und 30	310 €,
von 35 und 40	430 €,
von 45 und 50	570 €,
von 55 und 60	720 €,
von 65 und 70	890 €,
von 75 und 80	1.060 €,
von 85 und 90	1.230 €,
von 95 und 100	1.420 €.

Für behinderte Menschen, die infolge ihrer Behinderung so hilflos sind, dass sie für eine Reihe von häufig und regelmäßig wiederkehrenden Verrichtungen zur Sicherung ihrer persönlichen Existenz im Ablauf eines jeden Tages fremder Hilfe dauernd bedürfen (§ 33b Abs. 6 Satz 2 EStG), und für Blinde erhöht sich der Pauschbetrag auf 3.700 € (§ 33b Abs. 3 Satz 3 EStG). 636

Steht der Behindertenpauschbetrag einem Kind des Steuerpflichtigen zu, für das er Kindergeld bzw. einen Kinderfreibetrag nach § 32 Abs. 6 EStG erhält, so wird der Pauschbetrag auf Antrag auf den Steuerpflichtigen übertragen, wenn ihn das Kind nicht in Anspruch nimmt (§ 33b Abs. 5 EStG). Erhalten für das Kind mehrere Steuerpflichtige einen Kinderfreibetrag oder Kindergeld, so ist der Pauschbetrag grds. auf beide Elternteile hälftig aufzuteilen. Steht das Kind zu mehr als zwei Steuerpflichtigen in einem Kindschaftsverhältnis, so erhält ein Elternpaar zusammen die Hälfte des Abzugsbetrags. Abweichend hiervon kann auf gemeinsamen Antrag eines Elternpaares, bei dem die Voraussetzungen der Zusammenveranlagung (§ 26 Abs. 1 Satz 1 EStG) nicht vorliegen, bei einer Veranlagung zur Einkommensteuer der zu übertragende Pauschbetrag anders aufgeteilt werden; in diesem Fall kann eine Steuerermäßigung nach § 33 EStG wegen der Aufwendungen, für die der Behindertenpauschbetrag gilt, nicht gewährt werden. 637

IX. Mietverhältnisse mit unterhaltsberechtigten Kindern

Mietverhältnisse zwischen Angehörigen können steuerrechtlich nur anerkannt werden, wenn sie **ernsthaft vereinbart** und entsprechend der Vereinbarung **tatsächlich durchgeführt** werden. Die vertragliche Gestaltung und ihre Durchführung müssen auch unter Dritten üblich sein (R 19 EStR). Nicht jede Abweichung vom Üblichen schließt aber die Anerkennung von Mietverträgen zwischen Angehörigen aus (BFH, Urt. v. 7.5.1996, IX R 69/94, BStBl. II 1997 S. 196). S. Rn. 386. 638

Ist der Mieter als Angehöriger gegenüber dem Vermieter unterhaltsberechtigt, bestehen große Zweifel, ob das Mietverhältnis steuerlich anerkannt werden kann. Anerkennung findet der Mietvertrag, wenn das unterhaltsberechtigte Kind **volljährig** ist und die Miete aus eigenen Mitteln leistet. Unschädlich ist hierbei, wenn die Eltern die Mittel dem Kind zuvor geschenkt haben 639

Beispiel:
Die Eltern haben ihrem volljährigen Sohn 70.000 € geschenkt mit der Auflage, diesen Betrag bei einer Bank im Rahmen eines sog. Sparplans anzulegen und mit den daraus monatlich zufließenden Mitteln den Lebensunterhalt und die Ausbildungskosten zu bestreiten. Der Sohn kann mit diesen eigenen Mitteln auch Miete für eine den Eltern gehörende Wohnung bezahlen. Der Abschluss des Mietvertrages zwischen Eltern und Sohn stellt keinen Gestaltungsmissbrauch dar (BFH, Urt. v. 23.2.1994, X R 131/93, BStBl. II 1994 S. 694). Voraussetzung für ein Mietverhältnis zwischen nahen Angehörigen ist nur, dass es – bürgerlich-rechtlich wirksam – wie unter Fremden vereinbart und tatsächlich wie vereinbart durchgeführt worden ist.

X. Andere Gestaltungsmöglichkeiten

640 Die Unterhaltsverpflichtung der Eltern entfällt, wenn ein Kind selbst in der Lage ist, für seinen Unterhalt aufzukommen. Besitzen die Eltern hinreichend Vermögen, können sie durch entsprechende Übertragungen dafür sorgen (s. auch Rn. 388 zur Übertragung von Einkunftsquellen).

641 Aber auch in kleinerem Rahmen können Einkunftsquellen auf die Kinder verlagert werden. Die Eltern können dem Kind ein **Sparguthaben schenken.** Die Folge ist, dass das Kind die Zinserträge versteuern muss.

642 **Voraussetzungen** der steuerwirksamen Sparbuchschenkung:
- keine eigene Verfügungsbefugnis der Eltern über Sparguthaben, das die Eltern einem minderjährigen Kind geschenkt haben,
- Verfügungsbefugnis darf sich ausschließlich aus der elterlichen Sorge (§§ 1626 ff. BGB) ergeben,
- Sparguthaben muss wie fremdes Vermögen verwaltet werden,
- Sparguthaben darf nicht für eigene Investitionen der Eltern verwendet werden,
- Eltern müssen für das Kind Steuererklärungen abgeben.

643 Überlassen Eltern ihren minderjährigen Kindern Kapitalvermögen, so sind die Zinseinkünfte nur dann den Kindern zuzurechnen, wenn das Kapital von den Eltern auf Dauer wie fremdes Vermögen verwaltet wird. Hieran fehlt es, wenn nach einigen Jahren ein – wenn auch kleiner – Teil des Geldes zur gemeinsamen Lebensführung verwendet wird (BFH, Urt. v. 30.3.1999, VIII R 19/98, BFH/NV 1999, 1325; LEXinform Dok. 162156).

J. Vermögensauseinandersetzung bei Scheitern der Ehe

I. Scheidungsfolgevereinbarungen

644 Die **private Vermögensbildung** und auch die Auseinandersetzung von solchem Vermögen ist im Rahmen des Einkommensteuerrechtes grds. unbeachtlich. Die private Vermögensverwaltung, die nur in Ausnahmefällen (§§ 17, 23 EStG) zu Einkommensteuer führt, steht im Gegensatz zum Betriebsvermögen, das stets steuerbefangen ist.

645 Steuerliche Auswirkungen können eintreten, wenn im Rahmen der Vermögensauseinandersetzung **Wirtschaftsgüter** übertragen werden, die zu einem Betriebsvermögen gehören. Die Übertragung setzt zunächst eine Entnahme aus dem Betriebsvermögen (§ 6 Abs. 1 Nr. 4 EStG) voraus. Dies gilt nicht, wenn der Empfänger Mitunternehmer des Betriebes ist und das Wirtschaftsgut weiter betrieblich genutzt wird. Durch die Entnahme wird beim Betrieb ein laufender Gewinn ausgelöst, soweit der Teilwert zum Zeitpunkt der Entnahme den Buchwert übersteigt.

II. Die einzelnen Güterstände

1. Gütergemeinschaft

Bei Ende der Ehe wird die Gütergemeinschaft auseinandergesetzt. Die Auseinandersetzung des Gesamtguts erfolgt steuerlich wie die Auseinandersetzung einer Gesamthandsgemeinschaft. Die Übertragung von Wirtschaftsgütern kann damit zu Anschaffungs- und Veräußerungsvorgängen führen. Handelt es sich um **Wirtschaftsgüter des Betriebsvermögens** ergibt sich stets eine Steuerfolge, während bei Wirtschaftsgütern des Privatvermögens eine Steuerfolge nur eintritt, wenn ein privates Veräußerungsgeschäft (früher Spekulationsgeschäft genannt) vorliegt. **Betriebliche Veräußerungsgewinne** können jedoch durch eine Realteilung ohne Wertausgleich vermieden werden (BMF-Schreiben vom 11.8.1994, BStBl. I 1994 S. 601).

646

Gehört zum Vermögen eines Ehegatten bei vereinbarter Gütergemeinschaft ein Gewerbebetrieb mit einem ins Gewicht fallenden Betriebskapital, werden die Ehegatten regelmäßig **Mitunternehmer** des Betriebes. Die Gütergemeinschaft führt jedoch nicht unmittelbar und zwangsläufig zur Annahme einer Mitunternehmerschaft. Vielmehr bleibt stets für das Bejahen der Merkmale des Mitunternehmerrisikos und der Mitunternehmerinitiative eine Gesamtwürdigung im Einzelfall erforderlich. Als steuerrechtlich notwendige Grundlage für die Mitunternehmerschaft reicht bei Ehegatten niederländischer Staatsangehörigkeit, die in Deutschland unbeschränkt steuerpflichtig sind, regelmäßig auch das Bestehen der allgemeinen Gütergemeinschaft nach niederländischem Recht aus (BFH, Urt. v. 4.11.1997, VIII R 18/95, BStBl. II 1999 S. 384; LEXinform Dok. 145989).

647

2. Gütertrennung

Eheleute, die Gütertrennung vereinbart haben, brauchen sich bei Trennung oder Scheidung nicht um Probleme einer Vermögensauseinandersetzung zu kümmern. Jeder Ehegatte hat sein Vermögen, das er bei einer Trennung mitnimmt. Gemeinsame Zugewinne an Vermögenswerten bestehen nicht. Steuerliche Folgen können sich aus dem Ende der Ehe nicht ergeben. Soweit Ehegatten Eigentum gemeinsam erworben haben, ist dessen Auseinandersetzung nicht mit dem Ende der Ehe verknüpft.

648

3. Zugewinngemeinschaft

Auch bei der Zugewinngemeinschaft hat jeder Ehegatte, wie bei der Gütertrennung sein Vermögen, das er bei Beendigung der Ehe auch behält. Der Zugewinnausgleichsanspruch für die während der Ehe erzielten Wertsteigerungen am Vermögen (§ 1371 BGB) ist auf die **Zahlung von Geld** gerichtet. Die Zahlung liegt im privaten Vermögensbereich und hat keine steuerliche Folge. Das gilt auch, wenn die Zahlung in Raten erfolgt.

649

Der Zufluss von Einnahmen zur Abgeltung des Zugewinnausgleichsanspruches erfüllt keinen der Tatbestände der Einkommensteuer. Der Empfänger bekommt letztendlich nur seinen Anteil an dem, was während der Ehe gemeinschaftlich erarbeitet wurde. Zahlt aber der Verpflichtete Zinsen für die verspätete Begleichung des Zugewinnausgleichsanspruches, erzielt der Empfänger der Zinsen Einkünfte aus Kapitalvermögen (§ 20 Abs. 1 Nr. 7 EStG).

650

III. Steuerfolgen bei Auseinandersetzung der Zugewinngemeinschaft

1. Zugewinnausgleich als entgeltlicher Vorgang

Regelungen über den Zugewinnausgleich betreffen nur das Vermögen, nicht aber die Einkunftserzielung der Eheleute. § 1378 BGB gewährt nur einen schuldrechtlichen Anspruch auf Ausgleich des Zugewinns, der die Zuordnung des Eigentums unberührt lässt. Weder das Entstehen noch das Erfüllen der Zugewinnausgleichsschuld sind entgeltliche Geschäfte. Der Zugewinnausgleichsberechtigte überträgt keinen Vermögenswert auf den zahlenden Ehegatten. Der Empfänger des

651

Zugewinnausgleichs erzielt dadurch keine Einkünfte. Mittelbare steuerliche Auswirkungen können sich jedoch ergeben, wenn die Zugewinnausgleichsschuld nicht durch Geld erfüllt wird. Der Anspruch auf Zugewinnausgleich entsteht – wenn nicht ausnahmsweise, was hier nicht in Betracht kommt, die Voraussetzungen für einen vorzeitigen Zugewinnausgleich vorliegen (§§ 1385 f. BGB) – erst mit der Beendigung des gesetzlichen Güterstandes (§ 1363 Abs. 2 Satz 2 BGB).

652 Ein **entgeltlicher Vorgang** ergibt sich dann, wenn der Ausgleichsanspruch nicht durch Geldleistung erfüllt wird, sondern durch Übertragung von anderen Wirtschaftsgütern oder durch die Begründung einer Rentenverpflichtung. Entgelt für deren Anschaffung ist dann der Verzicht auf die Zugewinnausgleichsforderung.

653 Beteiligt ein geschiedener Ehegatte aufgrund eines Scheidungsfolgenvergleichs zur Regelung des Zugewinnausgleichs seinen früheren Ehepartner an seinen **Grundstückserträgen**, so kann er diese Aufwendungen nicht als Werbungskosten bei seinen Einkünften aus Vermietung und Verpachtung abziehen. Der erkennende Senat gibt seine entgegenstehende Rechtsauffassung im Urteil vom 24.1.1989 (IX R 111/84, BStBl. II 1989 S. 706) auf (BFH, Urt. v. 8.12.1992, IX R 68/89, BStBl. II 1993 S. 434).

2. Möglichkeiten des Ausgleichs

a) Realteilung

654 Bei der Realteilung wird das vorhandene Vermögen den Miteigentumsquoten entsprechend verteilt. Eine Ausgleichszahlung findet nicht statt. Da die Realteilung einkommensteuerlich weder eine entgeltliche Veräußerung noch auf der anderen Seite eine Anschaffung ist, treten keine einkommensteuerlichen Folgen ein.

655 Handelt es sich bei den verteilten Wirtschaftsgüter um **Wirtschaftsgüter des Betriebsvermögens**, enthalten deren Werte regelmäßig **stille Reserven.** Diese stillen Reserven müssen bei der Realteilung nicht aufgedeckt werden, wenn das zugeteilte Wirtschaftsgut beim Empfänger weiterhin zum Betriebsvermögen gehört. Eine Versteuerung tritt erst später im Rahmen des Einzelunternehmens ein. Bei **Wirtschaftsgütern des Privatvermögens** sind diese „stillen Reserven" ohnehin nicht steuerpflichtig. Die Übertragung von Privatvermögen spielt sich auf der steuerlich unbedeutenden Vermögensebene ab.

656 Bei einer Realteilung mit Ausgleichszahlung führt die Zahlung für das „Mehr" beim weichenden Miteigentümer zu einem Veräußerungserlös. Der Zahlende hat Anschaffungskosten. Gehört das übertragene Wirtschaftsgut zu einem Betriebsvermögen, ist der Veräußerungserlös steuerpflichtig, während bei Zugehörigkeit zum Privatvermögen grds. keine Steuerfolge ausgelöst wird. Hier kann allenfalls bei Unterschreiten der Fristen ein steuerpflichtiges „privates Veräußerungsgeschäft" vorliegen. Zur Realteilung von Personengesellschaften s. das BMF-Schreiben v. 11.8.1994 (BStBl. I 1994 S. 601).

b) Sachwertabfindungen durch Übertragung betrieblicher Wirtschaftsgüter

657 Werden zur Abgeltung der Zugewinnausgleichsforderung Wirtschaftsgüter eines Betriebsvermögens übertragen, hat dies beim Betriebsinhaber steuerliche Folgen. Die Herauslösung des Wirtschaftsgutes aus dem Betriebsvermögen macht eine Versteuerung der stillen Reserven unumgänglich. Die entnommenen Wirtschaftsgüter sind mit dem **Teilwert** anzusetzen (§ 6 Abs. 1 Nr. 4 EStG). Übersteigt der Teilwert den Buchwert, ist die Differenz als Gewinn zu versteuern.

c) Abfindung durch Geldentnahmen

658 Entnimmt der zugewinnausgleichspflichtige Ehegatte die Mittel zur Leistung des Zugewinnausgleichs aus seinem Betrieb, hat dies keine steuerlichen Folgen. Nimmt er aber in zeitlichem Zusammenhang damit **betriebliche Kredite** auf, um die fehlenden Finanzmittel zu ersetzen, ist fraglich, ob die nun entstehenden Schuldzinsen Betriebsausgaben sind (s. Rn. 516).

Wird eine betrieblich veranlasste Zugewinnausgleichsschuld ohne Verzinsungsabrede in Raten beglichen, dann enthalten die Ratenzahlungen einen Zinsanteil, den der Schuldner einkommensteuerlich als Betriebsausgabe abziehen kann (FG Berlin, Urt. v. 23.9.1992, VI 468/88, EFG 1993, 504). 659

d) Auseinandersetzung des Betriebsvermögens

Betreiben die Ehegatten ihren Betrieb als Mitunternehmerschaft, kommt mit dem Ende der Ehe regelmäßig auch das Ende der Mitunternehmerschaft. Übernimmt einer der Ehegatten den Anteil des anderen Ehegatten gegen Ausgleichszahlung, stellt dies einen Veräußerungsvorgang dar. Der übertragende Ehegatte muss einen Veräußerungsgewinn versteuern. 660

e) Zugewinnausgleich durch Rentenvereinbarung

Eine Rentenzahlung fällt nicht unter das Abzugsverbot des § 12 Nr. 2 EStG, wenn keine Zuwendung vorliegt. Dies ist dann der Fall, wenn den Zuwendungen eine ins Gewicht fallende Gegenleistung gegenübersteht. 661

Eine **Veräußerungsrente** liegt vor, wenn Leistung und Gegenleistung sich ausgewogen gegenüberstehen. Die kapitalisierte Rente muss hierbei dem Wert des Zugewinnausgleichs entsprechen. In diesem Fall wäre die Rente als ein Entgelt für den Verzicht des Zugewinnausgleiches anzusehen. 662

Eine **abzugsfähige Versorgungsrente** ist gegeben, wenn der Versorgungsgedanke im Vordergrund steht und nicht der Wert der Gegenleistung. Voraussetzung hierfür ist, dass der Wert des Zugewinnausgleichs mindestens die Hälfte des Barwertes der Rente beträgt. S. Rn. 409 ff. zur Verpflichtung zur Zahlung von dauernden Lasten und Renten. 663

f) Sachwertabfindungen durch Übertragung privater Wirtschaftsgüter

Wird die Zugewinnausgleichsforderung durch die Übertragung von Wirtschaftsgütern des Privatvermögens ausgeglichen, stellt dies zwar einen entgeltlichen Vorgang dar, dieser hat aber steuerlich grds. keine Folgen. Eine Ausnahme gilt nur, wenn und soweit ein privates Veräußerungsgeschäft oder eine Veräußerung von Anteilen an einer Kapitalgesellschaft bei Beteiligung von 1 % oder mehr vorliegt (16, 675). 664

IV. Private Veräußerungsgeschäfte (Spekulationseinkünfte)

Die Anschaffung und Veräußerung von Gegenständen oder Rechten des Privatvermögens führt grds. zu keinen einkommensteuerlichen Folgen. Nur in bestimmten Ausnahmefällen hat der Gesetzgeber auch diese privaten Geschäfte in die Einkommensteuerpflicht einbezogen (§ 22 Nr. 2 i. V. m. § 23 EStG). 665

Private Veräußerungsgeschäfte sind Veräußerungsgeschäfte, 666
- bei denen die Veräußerung der Wirtschaftsgüter früher erfolgt als der Erwerb,
- bei denen der Zeitraum zwischen Anschaffung und Veräußerung beträgt:
  - bei **Grundstücken** und Rechten, die den Vorschriften des bürgerlichen Rechts über Grundstücke unterliegen (z. B. Erbbaurecht, Mineralgewinnungsrecht), nicht mehr als **zehn** Jahre,
  - bei anderen Wirtschaftsgütern, **insbesondere bei Wertpapieren**, nicht mehr als **zwölf** Monate.

Maßgebender Zeitpunkt für die Berechnung der Frist ist das Verpflichtungsgeschäft. Auf den Zeitpunkt des Erfüllungsgeschäftes kommt es bei der Spekulationsfrist nicht an. 667

Der **unentgeltliche Erwerb** eines Wirtschaftsguts, z. B. durch Erbschaft, Vermächtnis oder Schenkung ist keine Anschaffung i. S. d. privaten Veräußerungsgeschäftes. Wird ein Grundstück nach der Anschaffung unentgeltlich im Wege der Schenkung auf einen Dritten übertragen und veräußert 668 dieser das Grundstück innerhalb der Spekulationsfrist, so kann hierin ein Missbrauch von Gestaltungsmöglichkeiten des Rechts (§ 42 AO) liegen. Bei der Bemessung des vom Veräußerer zu versteuernden Spekulationsgewinns sind in diesem Fall die Anschaffungskosten des Schenkers zugrunde zu legen (BFH, Urt. v. 12.7.1988, IX R 149/83, BStBl. II 1988 S. 942). Die Überführung eines Wirtschaftsgutes vom Betriebsvermögen in das Privatvermögen ist keine Anschaffung.

669 Als Veräußerung i. S. d. § 23 Abs. 1 EStG ist auch anzusehen:
- unter besonderen Umständen der Zeitpunkt der Abgabe eines bindenden Angebots,
- ein bürgerlich-rechtlich wirksamer, beide Vertragsparteien bindender Vorvertrag.

670 Ein privates Veräußerungsgeschäft liegt nur vor, wenn das **angeschaffte** und das **veräußerte Wirtschaftsgut identisch** sind. Veräußert ein Steuerpflichtiger ein von ihm errichtetes Hausgrundstück, dessen Grund und Boden er vor mehr als zehn Jahren angeschafft hat, so liegt kein privates Veräußerungsgeschäft vor, auch wenn die Frist zwischen der Fertigstellung des Hauses und der Veräußerung des Hausgrundstücks nicht mehr als zehn Jahre beträgt. Stellt ein Steuerpflichtiger ein Gebäude her und veräußert er es zusammen mit dem zuvor erworbenen Grund und Boden oder einem grundstücksgleichen Recht innerhalb von zehn Jahren nach dessen Anschaffung, so liegt ein privates Veräußerungsgeschäft auch hinsichtlich des in dieser Zeit errichteten Gebäudes vor. In bezug auf das Gebäude fehlt es zwar an der erforderlichen Anschaffung, gleichwohl ist kraft neuer gesetzlicher Regelung ein innerhalb dieses Zeitraums fertiggestelltes Gebäude einzubeziehen. Nach der Anschaffung vorgenommene Herstellungsmaßnahmen schließen die Annahme eines privates Veräußerungsgeschäftes nur aus, wenn dadurch das angeschaffte Wirtschaftsgut bei wirtschaftlicher Betrachtung in ein anderes umgewandelt wird. Keine Umgestaltung ist in diesem Sinne die Fertigstellung eines im Zeitpunkt der Anschaffung im Rohbau befindlichen Einfamilienhauses (BFH, Urt. v. 29.3.1989, X R 4/84, BStBl. II 1989 S. 652). Ein privates Veräußerungsgeschäft ist auch anzunehmen, wenn ein unbebautes Grundstück parzelliert und eine Parzelle innerhalb der Spekulationsfrist veräußert wird (BFH, Urt. v. 19.7.1983, VIII R 161/82, BStBl. II 1984 S. 26).

671 Für das Entstehen der Steuerpflicht ist es unerheblich, ob der Steuerpflichtige in **spekulativer Absicht** handelt. Es ist i. d. R. für das Vorliegen eines privaten Veräußerungsgeschäftes auch ohne Bedeutung, ob die **Veräußerung unter Zwang** geschieht.

672 Durch ein privates Veräußerungsgeschäft veranlasste **Werbungskosten** sind nach § 23 Abs. 3 EStG – abweichend vom Abflussprinzip des § 11 Abs. 2 EStG – in dem Kalenderjahr zu berücksichtigen, in dem der Verkaufserlös zufließt (BFH, Urt. v. 17.7.1991, X R 6/91, BStBl. II 1991 S. 916). Fließt der Verkaufserlös in mehreren Veranlagungszeiträumen zu, sind sämtliche Werbungskosten zunächst mit dem im ersten Zuflussjahr erhaltenen Teilerlös und ein etwa verbleibender Werbungskostenüberschuss mit den in den Folgejahren erhaltenen Teilerlösen zu verrechnen (BFH, Urt. v. 3.6.1992 X R 91/90, BStBl. II 1992 S. 1017).

673 Auch die Übertragung von Wirtschaftgütern des Privatvermögens bei **Auflösung einer Ehe** löst grds. keine einkommensteuerlichen Folgen aus. Im Einzelfall kann sich jedoch auch hier ein privates Veräußerungsgeschäft ergeben.

Beispiel 1:

Der Ehemann M erwirbt im September 2001 ein Einfamilienhaus für 200.000 € zu Alleineigentum. Die Auflassung wird im Oktober erklärt, der Eigentumserwerb erfolgt im März 2002. Im Mai 2003 vereinbaren die seit Januar 2003 dauernd getrennt lebenden Eheleute, dass die Ehefrau F das unbelastete Grundstück erhalten soll. Im Gegenzug verzichtet sie auf ihren Zugewinnausgleichsanspruch i. H. v. 250.000 €. Das Haus hat zu diesem Zeitpunkt einen Wert von 240.000 €.

Die Übertragung des Grundstücks auf F stellt einen entgeltlichen Veräußerungsvorgang dar. Ohne Rücksicht auf den Verkehrswert des Grundstücks (240.000 €) ist der getilgte Zugewinnausgleichsanspruch i. H. v. 250.000 € als Gegenleistung anzusetzen. Da M die Immobilie innerhalb von zehn Jahren nach Anschaffung des Grundbesitzes wieder veräußert, entsteht für ihn ein Spekulationsgewinn i. H. v. 50.000 €. Bewohnt die Ehefrau die Immobilie selbst, kann sie Eigenheimzulage beantragen. Sie hat das Objekt entgeltlich erworben.

Ein privates Veräußerungsgeschäft (früher Spekulationsgeschäft genannt) kann sich auch bei der **Weiterveräußerung eines Wirtschaftsgutes** des Privatvermögens durch einen Ehegatten ergeben, der dieses Wirtschaftsgut im Rahmen der scheidungsbedingten Vermögensauseinandersetzung erhalten hat. 674

Beispiel 2:

*Die Eheleute M und F werden im November 2001 geschieden. Die Eheleute hatten im Jahr 1990 ein Mietshaus zu Miteigentum erworben. Im Rahmen der Scheidungsvereinbarung zwischen den Eheleuten wurde der Wert des Grundstücks auf 500.000 € geschätzt. In Anrechnung des Zugewinnausgleichsanspruches der Ehefrau (250.000 €) wurde ihr der Miteigentumsanteil des Mannes im Oktober 2001 übertragen. Anfang 2004 veräußert die Ehefrau das Grundstück für 650.000 €. Hinsichtlich der Eigentumshälfte, die der Ehefrau von Beginn an gehört hat, liegt **kein** privates Veräußerungsgeschäft vor, da die zehnjährige Haltensfrist eingehalten ist. Soweit die Ehefrau das Miteigentum von ihrem Ehemann entgeltlich erworben hat, ist die Zehn-Jahresfrist nicht eingehalten. Diese Eigentumshälfte wurde im Oktober 2001 entgeltlich für 250.000 € (= $^1/_2$ von 250.000 €) angeschafft und Anfang 2004 für 325.000 € (= $^1/_2$ von 650.000 €) veräußert. Der Gewinn aus dem privaten Veräußerungsgeschäft dieser Eigentumshälfte gem. § 23 EStG beträgt 75.000 €.*

Auch bei der weiteren steuerlichen Behandlung sind die beiden Eigentumsanteile unterschiedlich zu behandeln. Bezüglich der vom Ehemann erworbenen Hälfte ist die Abschreibung auf die Anschaffungskosten zu berechnen, die die Frau ihrem Ehemann im Wege der Anrechnung auf ihren Zugewinnausgleichsanspruch bezahlt hat. Diese Bemessungsgrundlage kann höher oder niedriger sein als die Anschaffungskosten für die erste Eigentumshälfte.

V. Übertragung von Beteiligungen an Kapitalgesellschaften

Zu den Einkünften aus Gewerbebetrieb gehört auch der **Gewinn aus der Veräußerung von Anteilen an einer Kapitalgesellschaft,** wenn der Veräußerer innerhalb der letzten fünf Jahre am Kapital der Gesellschaft mit 1 % oder mehr beteiligt war (§ 17 EStG). Die Beteiligung an der Gesellschaft kann unmittelbar oder mittelbar sein. Der Veräußerungsgewinn wird aber zur Einkommensteuer nur herangezogen, soweit er den Teil von 10.300 € übersteigt, der dem veräußerten Anteil an der Kapitalgesellschaft entspricht. Dieser Freibetrag reduziert sich wiederum um den Betrag, um den der Veräußerungsgewinn einen entsprechenden Anteil von 41.000 € übersteigt. Veräußerungsgewinn ist der Betrag, um den der Veräußerungspreis nach Abzug der Veräußerungskosten die Anschaffungskosten übersteigt. 675

Übertragen die Eheleute im Rahmen der Vermögensauseinandersetzung ihrer Scheidung im Privatvermögen gehaltene Anteile an einer Kapitalgesellschaft von einem Ehegatten auf den anderen, stellt dies für den Erwerber eine entgeltliche Anschaffung dar. War der Übertragende wesentlich an der Kapitalgesellschaft beteiligt, hat er einen Veräußerungsgewinn zu versteuern. Der **Veräußerungspreis** ergibt sich aus dem Teil der Zugewinnausgleichsschuld, der durch die Übertragung der Anteile getilgt wird. 676

Beispiel:

Der Ehemann M ist an der X GmbH wesentlich beteiligt. Der Wert der Beteiligung beträgt 200.000 €. Der Ehemann hatte seine Beteiligung für 150.000 € angeschafft. Die Beteiligung wird zur Erfüllung des Ausgleichsanspruchs auf die Ehefrau übertragen. Der Ehemann erzielt einen Veräußerungsgewinn von 50.000 €.

Der Veräußerungsgewinn ist zu ermitteln:

    Veräußerungspreis
./. minus Anschaffungskosten der Beteiligung
./. minus Veräußerungskosten
= Veräußerungsgewinn

Beispiel:
G ist zu 50 % am Stammkapital der X GmbH i. H. v. 50.000 € beteiligt. Der gemeine Wert seines Anteils beträgt 150.000 €. Gegenüber seiner geschiedenen Ehefrau hat G eine Unterhaltsverpflichtung im Kapitalwert von 60.000 €. Die Eheleute vereinbaren zur Abgeltung der Unterhaltsverpflichtung, dass Anteile im Nennwert von 10.000 € auf die Ehefrau S übertragen werden. Die Anschaffungskosten der Beteiligung entsprechen dem Nennwert. Da der Gesellschafter G an der X GmbH wesentlich beteiligt ist, unterliegt die entgeltliche Anteilsübertragung der Besteuerung.

Veräußerungserlös (= Höhe des abgefundenen Unterhaltsanspruchs)	60.000 €
abzüglich Anschaffungskosten des übertragenen Anteils	- 10.000 €
Veräußerungsgewinn	50.000 €

Der gesetzliche Freibetrag i. H. v. 10.300 € ist für G entsprechend dem prozentualen Verhältnis des übertragenen Anteils zum gesamten Stammkapital (10.000 € von 50.000 € Stammkapital) auf ein Fünftel (= 2.060 €) zu ermäßigen. Dieser Freibetrag reduziert sich um den Betrag, um den sein Veräußerungsgewinn den entsprechenden Anteil von 41.000 € (ein Fünftel = 8.200 €) übersteigt. Der von G erzielte Veräußerungsgewinn von 50.000 € übersteigt den Betrag von 8.200 € um 41.800 €. Der anteilige Freibetrag von 2.060 € wird um diesen Betrag auf null gekürzt. Der Veräußerungsgewinn ist demzufolge in vollem Umfang der Einkommensteuer zu unterwerfen.

VI. Sonstige Steuergesetze

1. Erbschaftsteuer

677 **Besteuerungsgegenstand** der Erbschaftsteuer ist der Erwerb von Todes wegen und die Schenkung unter Lebenden (§ 1 ErbStG). Besteuert wird die Bereicherung des Erwerbers (§ 10 ErbStG).

678 **Geld- und Vermögenstransaktionen** finden unter Eheleuten statt als:
- Unterhaltsleistungen,
- unbenannte Zuwendungen,
- Ausgleichsleistungen bei Auflösung der Zugewinngemeinschaft.

679 Die Zahlung von **Unterhalt** stellt keine Schenkung oder andere freigebige Zuwendung dar. Dies gilt für den Unterhalt nach der Ehe, auch soweit er freiwillig ohne Verpflichtung durch ein Urteils gezahlt wird.

680 Wenden sich Ehegatten **unbenannte Zuwendungen** zu, erfolgt dies nicht um den anderen Ehegatten zu bereichern, sondern als Beitrag zur Verwirklichung oder Ausgestaltung, Erhaltung oder Sicherung der ehelichen Lebensgemeinschaft. Zivilrechtlich liegt darin keine Schenkung. Erbschaftsteuerlich ist gleichwohl der Tatbestand der freigebigen Zuwendung erfüllt, so dass auch die unbenannten Zuwendungen unter Ehegatten der Erbschaftsteuer unterliegen. Eine Ausnahme besteht lediglich für Zuwendungen unter Lebenden, mit denen ein Ehegatte dem anderen Ehegatten Eigentum oder Miteigentum am Familienwohnheim verschafft (§ 13 Abs. 1 Nr. 4a ErbStG). Ein Familienwohnheim ist ein im Inland belegenes, zu eigenen Wohnzwecken genutztes Haus oder

eine selbstgenutzte Eigentumswohnung. Die Steuerbefreiung gilt auch, wenn ein Ehegatte den anderen von eingegangenen Verpflichtungen im Zusammenhang mit der Anschaffung oder der Herstellung eines Familienwohnheims freistellt.

Die **Erfüllung der Zugewinnausgleichsforderung** unterliegt nicht der Erbschaftsteuer, gleich ob die Zugewinngemeinschaft durch Tod oder durch Scheidung der Ehe beendet wird (§ 5 ErbStG). Wird der Güterstand der Zugewinngemeinschaft durch den Tod eines Ehegatten beendet und der Zugewinn nicht nach § 1371 Abs. 2 BGB ausgeglichen, so gilt beim überlebenden Ehegatten der Betrag, den er im Falle des § 1371 Abs. 2 BGB als Ausgleichsforderung geltend machen könnte, nicht als Erwerb i. S. d. § 3 ErbStG (§ 5 Abs. 1 Satz 1 ErbStG). Obwohl in diesem Fall dem überlebenden Ehegatten zivilrechtlich gerade keine Ausgleichsforderung nach § 1378 BGB zusteht, wird eine solche für die Erbschaftsteuer fiktiv errechnet und vom Erwerb abgezogen. Damit wird eine Angleichung der erbschaftsteuerrechtlichen Behandlung von erbrechtlicher und güterrechtlicher Lösung bei Beendigung der Zugewinngemeinschaft erreicht. Erfolgt der Ausgleich nach Beendigung der Zugewinngemeinschaft durch die güterrechtliche Lösung (§ 1371 Abs. 2, §§ 1372 ff. BGB), so unterliegt die Ausgleichsforderung eines Ehegatten ohnehin nicht der Erbschaft- bzw. Schenkungsteuer, wie § 5 Abs. 2 ErbStG klarstellend regelt (BFH, Urt. v. 10.3.1993, II R 87/91, BStBl. II 1993 S. 510).

681

Wird der Güterstand der Zugewinngemeinschaft in anderer Weise als durch den Tod eines Ehegatten beendet oder wird der Zugewinn nach § 1371 Abs. 2 BGB ausgeglichen, so gehört die Ausgleichsforderung nicht zum Erwerb von Todes wegen oder zu den Schenkungen unter Lebenden (§ 5 Abs. 2 ErbStG). Der Zugewinn ist nach § 1373 BGB der Betrag, um den das Endvermögen eines Ehegatten das Anfangsvermögen übersteigt. Alle Leistungen, die der Ausgleichspflichtige zur Erfüllung dieses Anspruches erbringt, erfolgen damit entgeltlich.

682

Unter diese Steuerbefreiung fällt nicht nur die gesetzliche Ausgleichsquote (§ 1378 BGB) sondern auch die **vertraglich vereinbarte Quote** (§ 1408 BGB). Dies gilt nur dann und insoweit nicht, als dem Ehegatten über die güterrechtlichen Verhältnisse hinaus eine freigebige Zuwendung gemacht werden soll. Dies dürfte aber ein Ausnahmefall sein.

683

Vereinbaren die Ehegatten freiwillig einen **vorzeitigen Ausgleich** des bisher erzielten Zugewinns ohne den gesetzlichen Güterstand zu beenden, ist die dadurch begründete Ausgleichsforderung als steuerpflichtige Zuwendung bei der Erbschaftsteuer zu erfassen. Die Ausnahmeregelung des Erbschaftsteuergesetzes gilt nur für den Fall der Beendigung der Zugewinngemeinschaft, nicht aber für einen vorweggenommenen Ausgleich. Wird der Güterstand später durch Tod eines Ehegatten oder zu Lebzeiten beendet und die im Wege des vorweggenommenen Zugewinnausgleichs erhaltene Zuwendung auf die Ausgleichsforderung angerechnet, erlischt insoweit nach § 29 Nr. 3 ErbStG die Erbschaftsteuer für die Vergangenheit (FM Baden-Württemberg, Erlass vom 29.7.1997, DStR 1997, 1331).

684

2. Grunderwerbsteuer

Der Grunderwerbsteuer unterliegen Kaufverträge und alle anderen Rechtsgeschäfte, die den Anspruch auf Übereignung eines Grundstücks begründen. Der entgeltliche Erwerb eines Grundstücks durch den Ehegatten des Veräußerers wird aber von der Besteuerung ausgenommen (§ 3 Nr. 4 GrEStG). Keine Grunderwerbsteuer entsteht auch bei Grundstückserwerben durch den früheren Ehegatten des Veräußerers im Rahmen der Vermögensauseinandersetzung nach der Scheidung (§ 3 Nr. 5 GrEStG).

685

Grundstücksübertragungen zwischen Partnern einer **nichtehelichen Lebensgemeinschaft** sind **nicht** in gleicher Weise von der Grunderwerbsteuer **befreit** wie Grundstücksübertragungen zwischen Partnern einer Ehe i. S. d. bürgerlichen Rechts (BFH, Urt. v. 25.4.2001, II R 72/00, LEXinform Dok. 115441).

686

3. Umsatzsteuer

687 Der Güterstand der Eheleute sowie die Auflösung des Güterstandes ist für die Umsatzsteuer ohne Bedeutung.

4. Gewerbesteuer

688 Die Auflösung der Güterstände hat keine gewerbesteuerlichen Folgen.

5. Eigenheimzulage

689 Die Anschaffung oder Herstellung von **selbstgenutztem Wohneigentum** wird staatlich gefördert. Der Staat gewährt auf die Anschaffungs- oder Herstellungskosten eine Zulage. Die Förderung setzt sich aus verschiedenen Komponenten zusammen:

- dem Fördergrundbetrag
- der Kinderzulage und
- den Ökokomponenten

Die Förderung wird acht Jahre lang gewährt. Der Fördergrundbetrag bemisst sich nach den Anschaffungs- bzw. Herstellungskosten der Wohnung, die Kinderzulage ist allein von der Zahl der Kinder des Anspruchsberechtigten abhängig. Begünstigt ist die Herstellung oder Anschaffung einer

- Wohnung in einem im Inland belegenen Haus oder
- im Inland belegenen Eigentumswohnung
- sowie deren Ausbau oder Erweiterung.

Der Fördergrundbetrag beträgt 5 % der Anschaffungs- bzw. Herstellungskosten **zuzüglich** der vollen Anschaffungskosten des **Grund und Bodens**, höchstens aber 2.556 €, wenn es sich um einen Neubau handelt. Bei der Anschaffung von Altbauten, bei Ausbauten und Erweiterungen beträgt der Förderbetrag 2,5 %, höchstens 1.278 €. Altbauten in diesem Sinne sind alle Objekte, die erst im dritten Jahr nach dem Jahr der Fertigstellung erworben werden. Zur Erlangung des Förderhöchstbetrages sind damit lediglich 51.120 € Anschaffungskosten erforderlich. Die den Betrag von 51.120 € übersteigenden Anschaffungskosten werden nicht gefördert (s. Rn. 133).

690 Die **Kinderzulage** beträgt für jedes zu berücksichtigende Kind jährlich 767 €. Ein Kind wird nur berücksichtigt, wenn es im Förderzeitraum zum inländischen Haushalt des Anspruchstellers gehört.

691 Durch die **Ökokomponente** erhöht sich der Fördergrundbetrag um jährlich 2 %, höchstens um 256 €, für Aufwendungen, die auf Anlagen zur Energieeinsparung in der eigengenutzten Wohnung entfallen.

692 Erfüllen Ehegatten die Voraussetzungen der Zusammenveranlagung und erwirbt ein Anspruchsberechtigter von seinem Ehegatten eine Wohnung oder ein Anteil daran, wird diese Anschaffung nicht mit Eigenheimzulage begünstigt. Die Anschaffung einer Wohnung oder eines Anteils daran vom geschiedenen oder dauernd getrennt lebenden Ehegatten ist hingegen begünstigt.

693 Hat der Anspruchsberechtigte seine Förderung in Anspruch genommen, kann er eine weitere Förderung nur erhalten, wenn er einen Ehegatten heiratet, der den Förderanspruch noch nicht verbraucht hat. Dies ist auch wiederholt möglich.

K. Versorgungsausgleich

I. Öffentlich-rechtlicher Versorgungsausgleich

1. Allgemeines

Die vermögensrechtliche Auseinandersetzung geschiedener Ehegatten im Falle der Zugewinngemeinschaft beruht auf dem rechtlichen Grundgedanken, dass die während der Ehe erworbenen Vermögenswerte (einschließlich der Versorgungsanwartschaften) unabhängig davon, welchem Ehegatten sie als Eigentümer (Rechtsinhaber) zuzurechnen sind, wirtschaftlich beiden Ehegatten gehören und bei Beendigung des Güterstandes wertmäßig aufgeteilt werden müssen. Auch für den Ausgleich von während der Ehe erworbenen Versorgungsanwartschaften gilt das auf dem Zugewinnausgleichsgedanken beruhende Prinzip, dass derjenige Ehegatte, der in dieser Zeit die werthöheren Versorgungsrechte angesammelt hat, die **Hälfte des Wertunterschiedes** an den anderen Ehegatten auskehren muss. Während beim Zugewinnausgleich nach § 1378 BGB dem Ausgleichsberechtigten jedoch nur ein schuldrechtlicher Anspruch auf Ausgleich des Zugewinns gewährt wird, sind für die Durchführung des Versorgungsausgleichs verschiedene Gestaltungsformen vorgesehen. Das Gesetz räumt der gegenständlichen Teilung der Rentenanwartschaften (sog. **Rentensplitting**) den Vorrang ein (§ 1587b Abs. 1 BGB und § 1 Abs. 2 Gesetz zur Regelung von Härten im Versorgungsausgleich – VAHRG – vom 21.2.1983, BGBl. I 1983 S. 105). Weil eine Realteilung aus Rechtsgründen nicht in allen Fällen möglich ist (z. B. bei Beamtenpensionen – § 1587b Abs. 2 BGB) oder weil eine dingliche Teilung der Versorgungsanrechte für den Scheidungsfall eines Versorgungsnehmers nicht vorgesehen ist (§ 1 Abs. 3 VAHRG), musste für diese Fälle eine andere Form des Versorgungsausgleichs gefunden werden. 694

Der als **Quasi-Splitting** bezeichnete Versorgungsausgleich (§ 1587b Abs. 2 BGB; § 1 Abs. 3 VAHRG) besteht darin, dass für den ausgleichsberechtigten Ehegatten i. H. d. Ausgleichsbetrages Rentenanwartschaften in einer gesetzlichen Rentenversicherung begründet werden. In gleichem Umfang wird die Beamtenpension oder der vergleichbare Versorgungstitel des ausgleichsverpflichteten Ehegatten gekürzt (z. B. § 57 BeamtVG). 695

In beiden Fällen (Rentensplitting und Quasi-Splitting) hat der Ausgleichsverpflichtete die Möglichkeit, die Minderung seiner Rentenanwartschaften ganz oder teilweise durch Entrichtung von Beiträgen auszugleichen (vgl. z. B. § 1304a Abs. 6 RVO, § 83a Abs. 6 AVG, § 96a Abs. 6 Reichsknappschaftsgesetz). 696

Beim Versorgungsausgleich wird der Ausgleichsberechtigte nach der gesetzlichen Grundentscheidung („Rentensplitting" = Realteilung) i. H. d. Ausgleichsanspruchs dinglich an der Rentenanwartschaft beteiligt. Für das „Quasi-Splitting" gilt insoweit nichts anderes, denn auch in den Fällen, in denen aus Rechtsgründen die Realteilung von Rentenanwartschaften des Ausgleichsverpflichteten nicht möglich ist, werden dessen Versorgungsbezüge in dem Umfang gekürzt, in dem das Familiengericht eine eigene Rentenanwartschaft in der gesetzlichen Rentenversicherung begründet (BFH, Urt. v. 5.5.1993, X R 128/90, BStBl. II 1993 S. 867). 697

Der öffentlich-rechtliche Versorgungsausgleich findet auf der Ebene der **privaten Vermögensverwaltung** statt. Aus der Verteilung der Anwartschaftsrechte bei der gesetzlichen Rentenversicherung ergeben sich daher keine einkommensteuerlichen Folgen. Bei Eintritt des Versorgungsfalles versteuert der Empfänger eigene Einkünfte. 698

2. Rentensplitting

Das Rentensplitting ist nur möglich, wenn **beide Ehegatten** der gesetzlichen Rentenversicherung angehören. Beim Rentensplitting werden Rentenanwartschaften vom gesetzlichen Rentenversicherungskonto des ausgleichspflichtigen Ehegatten auf das Konto des Ausgleichsberechtigten übertragen. Die vom Rentenkonto des Ausgleichsverpflichteten abgebuchten Beträge können nicht als außergewöhnliche Belastungen (§ 33 EStG) geltend gemacht werden. 699

700 Wird die Minderung der Anwartschaften durch Entrichtung von Beiträgen an den Versicherungsträger ausgeglichen, stellen diese Beiträge **Sonderausgaben** dar. Da die Höchstbeträge (§ 10 Abs. 3 EStG) jedoch meist ausgeschöpft sind, haben die zusätzlichen Beiträge meist keine steuerliche Wirkung. Werden **Versicherungsbeiträge** für den anderen Ehegatten geleistet, ist der Abzug bereits dem Grunde nach ausgeschlossen. Als Sonderausgaben können nur Aufwendungen abgezogen werden, die auf einer eigenen Verpflichtung des Steuerpflichtigen beruhen und von ihm tatsächlich geleistet werden. Nur bei Ehegatten, die zusammen zur Einkommensteuer veranlagt werden (§ 26b EStG), ist es für den Abzug von Sonderausgaben gleichgültig, welcher der beiden Ehegatten die Zahlung geleistet hat (R 86a EStR).

3. Quasi-Splitting

701 Auch das Quasi-Splitting vollzieht sich auf der steuerlich unbedeutsamen Vermögensebene. Hat einer der Ehegatten Anwartschaften auf Versorgung aus einem **Beamtenverhältnis** oder einem beamtenähnlichen Verhältnis, während der andere Ehegatte nicht oder in der gesetzlichen Rentenversicherung versichert ist, kommt es zum Quasi-Splitting. I. H. d. Ausgleichsbetrages wird eine Anwartschaft bei der gesetzlichen Rentenversicherung begründet.

702 Tritt der Versorgungsfall ein, erhält der Ehegatte selbst **Leistungen aus der gesetzlichen Rentenversicherung.** Da dem Rentenversicherungsträger keine Beiträge zugeflossen sind, kann er nach sozialversicherungsrechtlichen Grundsätzen von dem Dienstherren des Ausgleichsverpflichteten die Leistungen erstattet verlangen. Die Altersbezüge des Ausgleichsverpflichteten werden entsprechend gekürzt.

703 Werden im Falle der Scheidung Rentenanwartschaften in einer gesetzlichen Rentenversicherung zugunsten des Ausgleichsberechtigten begründet, ist dieser Vorgang einkommensteuerlich ohne Wirkung, auch wenn der Ausgleichspflichtige eine Versorgung oder Versorgungsanwartschaft aus einem Dienst- oder Arbeitsverhältnis mit Anspruch auf Versorgung nach beamtenrechtlichen Verhältnissen hat. Wendet der Ausgleichsverpflichtete die Kürzung der Pension durch **Ausgleichszahlungen** ab, kann er diese Zahlungen als Werbungskosten bei seinen Einkünften aus nichtselbständiger Arbeit geltend machen. Die Zahlungen sichern den ungeschmälerten Zufluss der nachträglichen Einkünfte (BMF-Schreiben v. 20.7.1981, BStBl. I 1981 S. 567).

II. Schuldrechtlicher Versorgungsausgleich

1. Zahlung einer Geldrente (§ 1587g BGB)

704 Wird der schuldrechtliche Versorgungsausgleich durch **Zahlung einer Geldrente** bewirkt, kann der Ausgleichsverpflichtete die Zahlungen als **Sonderausgaben** abziehen (§ 10 Abs. 1a EStG). Bei den Zahlungen handelt es sich aufgrund ihrer Abänderbarkeit (§ 1587g Abs. 3 BGB) um **dauernde Lasten,** die in voller Höhe abgezogen werden können (BMF-Schreiben v. 20.7.1981, a. a. O.).

705 Kann eine **Betriebsrente** nicht im Wege des Realsplittings auf beide Ehegatten verteilt werden, sind Versorgungsausgleichszahlungen an den geschiedenen Ehegatten weder als Werbungskosten noch als außergewöhnliche Belastung abzugsfähig (Niedersächsisches FG, Urt. v. 17.11.1995, IX 59/94, EFG 1996, 173). Der Kläger hat die Ausgleichszahlung nicht erbracht, um den **wirtschaftlichen Nachteil** auszugleichen, der durch die Übertragung von Renten- oder Pensionsansprüchen auf den Ehepartner entsteht. Er erhält sowohl seine laufenden Einkünfte als auch seine spätere Betriebsrente in voller Höhe ausgezahlt, ohne dass das Scheidungsverfahren und die Zahlung an die Ehefrau darauf einen Einfluss haben. Die Ausgleichszahlung ist auch nicht als außergewöhnliche Belastung i. S. d. § 33 EStG abziehbar. Die Ausgleichszahlung kann nicht steuermindernd berücksichtigt werden, weil beim Kläger als dem Ausgleichsverpflichteten keine Vermögensminderung eingetreten ist. Nach der gesetzgeberischen Motivation zum Versorgungsausgleich muss davon ausgegangen werden, dass die während einer Ehe von den Eheleuten erworbenen Versorgungsansprüche – unabhängig vom zivilrechtlichen oder sozialrechtlichen Entstehungsgrund –

wirtschaftlich von beiden Ehegatten erworben werden und dem Zugewinnausgleich unterliegen. Ausgleichszahlungen im Rahmen des Versorgungsausgleichs stellen dann als eine Form des Zugewinnausgleichs lediglich das Surrogat für die nicht durchgeführte oder nicht durchführbare Realteilung dar. Das bedeutet für den Streitfall, dass die geschiedene Ehefrau des Klägers während der Ehezeit aus der betrieblichen Altersversorgung des Klägers – wirtschaftlich – bereits („eigene") Versorgungsansprüche i. H. d. streitbefangenen Zahlung erworben hat. Mit der Ausgleichszahlung hat der Kläger lediglich eine bereits während der Ehezeit eingetretene Verminderung (niedrigere, eigene Versorgungsansprüche) durch einen Barausgleich ersetzt. Er ist durch die Zahlung somit nicht belastet.

2. Abtretung von Versorgungsansprüchen (§ 1587i BGB)

Verlangt der Berechtigte statt Rentenzahlung die Abtretung von Versorgungsansprüchen, sind die Versorgungsleistungen beim Ausgleichsverpflichteten auch insoweit steuerlich zu erfassen, als sie wegen der Abtretung nicht ihm, sondern dem Ausgleichsberechtigten zufließen. Der Ausgleichsverpflichtete kann jedoch den jeweils abgetretenen Teil der Versorgungsleistungen als dauernde Last in voller Höhe abziehen. Der Ausgleichsberechtigte hat die anteiligen Versorgungsbezüge als **wiederkehrende Einnahmen** (§ 22 Nr. 1 EStG) zu versteuern (BMF-Schreiben v. 20.7.1981, a. a. O.).

706

3. Vereinbarung über den Ausgleich von Anwartschaften (§ 1587o BGB)

Ehegatten können im Zusammenhang mit der Scheidung auch eine Vereinbarung über den Ausgleich von Anwartschaften oder Anrechten auf eine Versorgung wegen Alters oder verminderter Erwerbsfähigkeit schließen (§ 1587o BGB). Dabei können die Ehegatten vereinbaren, dass der Ausgleichsverpflichtete seine Versorgungsanwartschaften behält, sich jedoch zur Zahlung von Beiträgen verpflichtet, die für den Ausgleichsberechtigten eine dem Anspruch auf Wertausgleich vergleichbare Versorgung eröffnen. Für die Beurteilung des wirtschaftlichen Zusammenhangs der Schuldaufnahme kann es keinen Unterschied machen, ob der Ausgleichsverpflichtete die Minderung seiner Rentenanwartschaften durch öffentlich-rechtlichen Versorgungsausgleich (Rentensplitting – § 1587b Abs. 1 BGB, bzw. § 1 Abs. 2 VAHRG – oder Quasi-Splitting – § 1587b Abs. 2 BGB, bzw. § 1 Abs. 3 VAHRG –) zum Anlass nimmt, diese durch Beitragszahlungen wieder aufzufüllen oder durch entsprechende Zahlungen an den Ausgleichsberechtigten abzuwenden.

707

Anders als beim Zugewinnausgleich, der die rechtliche und wirtschaftliche Zuordnung an den während der Ehe erworbenen Wirtschaftsgütern nicht berührt und lediglich einen schuldrechtlichen Anspruch auf Wertausgleich gewährt, werden beim Versorgungsausgleich die Versorgungsanwartschaften rechtlich geteilt. Für eine abweichende Auseinandersetzung bedarf es hiernach einer besonderen, nur unter den Voraussetzungen des § 1587o BGB zulässigen **schuldrechtlichen Vereinbarung.** Das Gesetz (§ 1587o BGB) bietet den Ehegatten für die Modalitäten des Versorgungsausgleichs einen weiten Gestaltungsspielraum. Der Anspruch auf Wertausgleich kann nicht nur in einer im Recht des Versorgungsausgleichs vorgesehenen Ausgleichsform bestehen. Als Gegenleistung kommen alle Arten von Vermögenswerten in Betracht.

708

Eine Vereinbarung nach § 1587o BGB, wonach der Ausgleichsberechtigte gegen eine dem Ausgleichsanspruch entsprechende **Abfindungszahlung** auf eine gegenständliche Teilung der Rentenanwartschaft verzichtet, ist in steuerrechtlicher Hinsicht der Vereinbarung unter Miterben vergleichbar, denn auch hier verzichtet der Ausgleichsberechtigte auf eine ihm nach der gesetzlichen Regelung rechtlich zustehende unmittelbare Beteiligung an den Rentenanwartschaften; die Ausgleichszahlung ist dafür zu erbringen, dass der Verpflichtete diesen Teil behalten darf. Die Abfindungszahlung stellt deshalb beim verzichtenden Ehegatten ein einem Veräußerungserlös gleichkommendes Entgelt, beim Leistenden Anschaffungskosten für die ihm dadurch verbleibenden Rentenanwartschaften dar. **Zinsen** und **Kreditkosten** für einen Kredit zur Finanzierung der nach § 1587o BGB vereinbarten Ausgleichszahlung sind danach grds. als vorab entstandene Werbungskosten bei den sonstigen Einkünften i. S. d. § 22 Nr. 1 EStG abziehbar (BFH, Urt. v. 5.5.1993, X R 128/90, BStBl. II 1993 S. 867).

709

Abschnitt 2: Glossar steuerrechtlicher Fachbegriffe

Abschreibung
710 Die Anschaffungs- oder Herstellungskosten von mehrjährig genutzten Wirtschaftsgütern werden entsprechend dem Wertverlust auf die Nutzungsdauer verteilt und mit dem jeweiligen Wertverzehr pro Jahr gewinnmindernd als Betriebsausgabe berücksichtigt.

AfA
Absetzung für Abnutzung – s. Abschreibung

Anlagegüter
Zu den Anlagegütern gehören alle Güter, die einem Betrieb dienen oder zu dienen bestimmt sind. Abnutzbares Anlagevermögen wird im Wege der Abschreibung steuerlich geltend gemacht.

Anlagevermögen
Alle Anlagegüter zusammen bilden das Anlagevermögen.

Anschaffungskosten
Aufwendungen einschließlich aller Nebenkosten, um ein Wirtschaftsgut zu erwerben und in einen betriebsbereiten Zustand zu versetzen.

Aufteilungsbescheid
Durch den Aufteilungsbescheid wird die Vollstreckung in den Fällen der Zusammenveranlagung auf jeweils einen Schuldner, die bisher Gesamtschuldner waren, beschränkt.

Außergewöhnliche Belastung
Kosten der privaten Lebensführung, die dennoch steuerlich abzugsfähig sind, da sie dem Steuerpflichtigen zwangsläufig entstehen und ihn mehr belasten als die überwiegende Mehrzahl der Steuerpflichtigen gleicher Einkommens-, gleicher Vermögensverhältnisse und gleichen Familienstands.

Betriebsausgaben
Aufwendungen, die bei den Gewinneinkünften durch den Betrieb veranlasst sind. Sie dienen der Gewinnerzielung.

Betriebseinnahmen
Einnahmen, die dem Steuerpflichtigen im Rahmen der Gewinneinkünfte aufgrund betrieblicher Vorgänge zufließen.

Betriebsvermögen
Alle Wirtschaftsgüter, die der Betriebsinhaber ausschließlich und unmittelbar für betriebliche Zwecke nutzt, gehören zum Betriebsvermögen. Dazu gehören auch die negativen Wirtschaftsgüter wie die Verbindlichkeiten.

Doppelbesteuerungsabkommen
In den Doppelbesteuerungsabkommen vereinbaren die beiden Vertragsstaaten, wer von beiden auf sein Besteuerungsrecht verzichtet. Dadurch wird eine doppelte Besteuerung in beiden Staaten vermieden.

Durchlaufende Posten
Im Namen und für Rechnung eines anderen vereinnahmten oder verausgabte Gelder.

Ehegattenveranlagung
Ehegatten, die bestimmte Voraussetzungen erfüllen, können für ihre Besteuerung zwischen verschiedenen Veranlagungsarten wählen: Zusammenveranlagung, getrennte Veranlagung und besondere Veranlagung.

Eigenheimzulage
Zu den Anschaffungskosten oder Herstellungskosten für Immobilien, die zu eigenen Wohnzwecken genutzt werden, gewährt der Staat acht Jahre lang eine jährliche Zulage von bis zu 2.556 €. Für jedes Kind erhöht sich die Zulage um 767 €.

Einheitswert
Der nach dem Bewertungsgesetz zu ermittelnde Einheitswert stellt für steuerliche Zwecke den Wert des Betriebs oder den Wert von Grundbesitz fest. Der Einheitswert eines Grundstücks liegt regelmäßig erheblich unter dem Verkehrswert.

Einlage
Ein Wirtschaftsgut des Privatvermögens wird dem Betriebsvermögen zugeführt.

Entnahme
Ein Wirtschaftsgut des Betriebsvermögens oder eine betriebliche Leistung wird in den privaten Bereich überführt.

Familienvertrag
Verträge zwischen Familienangehörigen werden bei Einhaltung von strengen Voraussetzungen steuerlich anerkannt.

Freibetrag
Betrag, der vor Berechnung der Steuer von der Bemessungsgrundlage abgezogen wird.

Gewinneinkünfte
Das Einkommensteuerrecht bezeichnet die Einkünfte aus Land- und Forstwirtschaft, aus Gewerbebetrieb und aus selbständiger Arbeit als Gewinneinkünfte. Das wesentliche Merkmal der Gewinneinkünfte ist das Betriebsvermögen. Alle Veränderungen am Bestand des Betriebsvermögens sind gewinnwirksam.

Grundlagenbescheid
Verwaltungsakt, der einen Besteuerungstatbestand feststellt. Der Inhalt kann auch nichtsteuerlicher Art sein.

Grundtabelle
Betragsmäßige Darstellung der berechneten Werte der tariflichen Einkommensteuer. Bei Einzel- oder getrennter Veranlagung wird die zu zahlende Einkommensteuer nach der Grundtabelle ermittelt.

GwG
Das geringwertige Wirtschaftsgut ist ein selbständig nutzungsfähiges, der Abnutzung unterliegendes Wirtschaftsgut des Anlagevermögens, wenn die Anschaffungs- oder Herstellungskosten 410 € nicht übersteigen. Es darf im Jahr der Anschaffung oder Herstellung in vollem Umfang als Betriebsausgabe abgesetzt werden.

Haushaltsfreibetrag
Freibetrag, der nur alleinstehenden Elternteilen für mindestens ein Kind gewährt wird.

Herstellungskosten
Alle Aufwendungen, die durch den Verbrauch von Gütern und die Inanspruchnahme von Diensten für die Herstellung eines Wirtschaftsguts entstehen.

Lohnsteuer
Einkommensteuer, die in einem besonderen Erhebungsverfahren den Arbeitnehmern vom Arbeitgeber vom Arbeitslohn einbehalten und ans Finanzamt im Namen und für Rechnung des Arbeitnehmers abgeführt wird.

Nutzungsentnahme
Nutzungsentnahmen liegen vor, wenn betriebliche Leistungen oder betriebliche Wirtschaftsgüter privat beansprucht werden.

Objektverbrauch
Jeder Steuerpflichtige kann die Vergünstigung der Eigenheimzulage nur einmal in seinem Leben in Anspruch nehmen. Einer weiteren Förderung steht der Objektverbrauch entgegen. Lediglich zusammenveranlagte Ehegatten können die Förderung zweimal in Anspruch nehmen.

Pauschbetrag
Es handelt sich bei den Pauschbeträgen um Mindestsätze, die von Amts wegen gewährt werden, wenn nicht höhere Aufwendungen nachgewiesen oder glaubhaft gemacht werden.

Progressiver Tarif
Versteuerung nach steigenden Sätzen.

Realsplitting
Im Rahmen der Sonderausgaben dürfen Unterhaltsleistungen an geschiedene oder getrennt lebende Ehegatten bis zu 13.805 € steuermindernd geltend gemacht werden. Der Empfänger muss die Unterhaltsleistungen aber versteuern. Das Realsplitting dient der Progressionsmilderung.

Rechnungsabgrenzungsposten
Gewerbetreibende, die ihren Gewinn durch Bestandsvergleich ermitteln, haben für Einnahmen vor dem Abschlußstichtag einen passiven Rechnungsabgrenzungsposten zu bilden, soweit sie Ertrag für eine bestimmte Zeit nach diesem Tag darstellen. Für entsprechende Ausgaben ist ein aktiver Rechnungsabgrenzungsposten zu bilden. Die Bildung eines Rechnungsabgrenzungspostens ist nur zulässig, soweit die vor dem Abschlussstichtag angefallenen Ausgaben oder Einnahmen Aufwand oder Ertrag für eine bestimmte Zeit nach dem Abschlussstichtag darstellen. Hiedurch wird der Gewinn periodengerecht abgegrenzt.

Restbuchwert
Die im Wege der Absetzung für Abnutzung noch nicht abgesetzten Anschaffungs- und Herstellungskosten.

Restwert
s. Restbuchwert.

Rückstellungen
Nach den handelsrechtlichen Grundsätzen ordnungsmäßiger Buchführung sind Rückstellungen zu bilden für

- ungewisse Verbindlichkeiten und für drohende Verluste aus schwebenden Geschäften,
- im Geschäftsjahr unterlassene Aufwendungen für Instandhaltung, die im folgenden Geschäftsjahr innerhalb von drei Monaten oder für Abraumbeseitigung, die im folgenden Geschäftsjahr nachgeholt werden, und
- Gewährleistungen, die ohne rechtliche Verpflichtung erbracht werden.

Scheidungskosten
Alle Kosten, die unmittelbar durch die Scheidung verursacht sind, können als außergewöhnliche Belastung geltend gemacht werden.

Sonderausgaben
Kosten der privaten Lebensführung, die aus wirtschafts- und sozialpolitischen Gründen bei der Ermittlung des Einkommens zum Abzug zugelassen sind.

Spekulationsgeschäft
Die Veräußerung von Wirtschaftsgütern des Privatvermögens unterliegt der Einkommenbesteuerung, wenn der Zeitraum zwischen Anschaffung und Veräußerung bei Grundstücken nicht mehr als zwei Jahre, bei anderen Wirtschaftsgütern, insbesondere bei Wertpapieren, nicht mehr als sechs Monate beträgt.

Spitzensteuersatz
Er gibt an, wie hoch die letzte Einheit (die letzten 36 €) des zu versteuernden Einkommens belastet ist.

Splittingtabelle
Aus der Grundtabelle abgeleitet. Die Einkommensteuer beträgt das Zweifache des Steuerbetrags, der sich für die Hälfte des zu versteuernden Einkommens bei Anwendung des Grundtarifs ergibt. Anwendung der Splittingtabelle bei Zusammenveranlagung von Eheleuten.

Steuerfreibetrag
Sachlicher oder persönlicher Tatbestand, der durch den Abzug eines bestimmten Betrags steuermindernd berücksichtigt wird.

Steuerhinterziehung
Verkürzung der Steuer oder Erlangung nicht gerechtfertigter Steuervorteile für sich oder einen anderen durch unrichtige oder unvollständige Angaben oder durch pflichtwidriges Verschweigen steuerlich erheblicher Tatsachen gegenüber dem Finanzamt. Steuerverkürzung liegt bei vollständiger Nichtfestsetzung der Steuer, bei Festsetzung nicht in voller Höhe oder bei nicht rechtzeitiger Festsetzung der Steuer vor.

Steuermessbescheid
Grundlagenbescheid des Finanzamts zum Zwecke der Festsetzung der Gewerbe- oder Grundsteuer durch die Gemeinde.

Steuerobjekt
Tatbestand, an den sich nach den jeweiligen gesetzlichen Vorschriften die Besteuerung knüpft.

Steuerpauschalierung
Abgeltung der Steuer durch einen pauschalen Betrag. So kann z. B. die Lohnsteuer für Teilzeitbeschäftigte pauschaliert werden.

Steuersubjekt
Natürliche oder juristische Person, die zu der jeweiligen Steuer herangezogen wird.

Steuerumgehung
Steuerliche Gestaltung, durch die ein wirtschaftlicher Effekt erreicht werden soll, der vom Sinn des Steuertatbestands nicht mehr abgedeckt ist.

Steuervermeidung
Merkmale eines Steuertatbestands werden auf legale Weise bewusst nicht erfüllt, damit insoweit keine Steuer entsteht.

Teilwert
Der Wert, den der Erwerber eines ganzen Betriebs im Rahmen des Gesamtkaufpreises für das einzelne Wirtschaftsgut ansetzen würde, wenn er den Betrieb fortsetzt.

Überschusseinkünfte
Das Einkommensteuerrecht kennt vier Überschusseinkünfte: Einkünfte aus nichtselbständiger Arbeit, aus Kapitalvermögen, aus Vermietung und die sonstigen Einkünfte. Die Überschusseinkünfte werden ohne Vermögen oder allenfalls mit Privatvermögen erzielt.

Umlaufvermögen
Alle Wirtschaftsgüter, die nicht zum Anlagevermögen gehören. Dies sind insbesondere die Wirtschaftsgüter, die zum Verbrauch oder Absatz bestimmt sind.

Unterhaltszahlungen
Private Aufwendungen, die steuerlich grds. zu den nichtabzugsfähigen Privatausgaben gehören. Ausnahmen bestehen lediglich beim Realsplitting und bei den außergewöhnlichen Belastungen.

Veräußerungsgewinn
Betrag, der sich aus der Differenz des Veräußerungspreises nach Abzug der Veräußerungskosten mit der Summe der Buchwerte ergibt.

Verlustabzug
Berücksichtigungsfähige Verluste werden wie Sonderausgaben vom Gesamtbetrag der Einkünfte in Abzug gebracht, soweit ein Verlustausgleich im gleichen Kalenderjahr nicht möglich war.

Verlustausgleich
Negative Einkünfte können mit positiven Einkünften innerhalb eines Veranlagungszeitraums ausgeglichen werden.

Verspätungszuschlag
Bei verspäteter Abgabe von Steuererklärungen kann ein Verspätungszuschlag bis zu 10 % der endgültig festgesetzten Steuer, höchstens 25.000 €, auferlegt werden.

Vorsorgeaufwendungen
Sozialversicherungsbeiträge, Beiträge zur privaten Lebensversicherung, privaten Krankenversicherungen und Pflegeversicherungen können in beschränktem Umfang als Sonderausgaben abgezogen werden.

Vorsorgepauschale
Werden keine höheren Beitragszahlungen nachgewiesen, so wird für die Vorsorgeaufwendungen von Arbeitnehmern eine Vorsorgepauschale abgezogen.

Vorsteuer
Die dem Unternehmer von einem anderen Unternehmer in Rechnung gestellte Umsatzsteuer.

Werbungskosten
Alle Aufwendungen, die der Steuerpflichtige macht, um im Rahmen der Überschußeinkünfte Einnahmen zu erzielen.

Werbungskostenpauschbetrag
Mindestbetrag anstelle der tatsächlichen Aufwendungen bei den Überschußeinkünften.

Zinsabschlag
Einkommensteuer, die in einem besonderen Erhebungsverfahren von bestimmten Kapitalerträgen meist von Banken i.d. R. i.H. v. 30 % einbehalten und ans Finanzamt im Namen und für Rechnung des Kapitalanlegers abgeführt wird.

Zu versteuerndes Einkommen
Bemessungsgrundlage für die Einkommensteuer.

Teil 11: Lebenspartnerschaft

Inhaltsverzeichnis

	Rn.
Abschnitt 1: Systematische Erläuterungen	1
A. Einführung	1
B. Die Eingetragene Lebenspartnerschaft	4
I. Begründung	4
1. Personenkreis	4
2. Begründungserklärung	5
a) Konsenserklärung	5
b) Form	6
c) Erklärung über den Vermögensstand	7
d) Begründungsmängel	8
3. Begründungshindernisse	10
II. Wirkungen	14
1. Persönliche Rechtsbeziehungen	14
a) Verantwortungsgemeinschaft	14
b) Lebenspartnerschaftsname	16
c) Familienangehörigkeit und Schwägerschaft	17
d) Kinder in der Lebenspartnerschaft	19
aa) Kein gemeinsames Sorgerecht	19
bb) Kleines Sorgerecht	20
cc) Notvertretungsrecht	24
dd) Umgangsrecht	25
ee) Verbleibensanordnung	26
2. Vermögensrechtliche Beziehungen	27
a) Unterhalt	27
b) Umfang der Sorgfaltspflicht	32
c) Vermögensstand	33
aa) Ausgleichsgemeinschaft	33
bb) Lebenspartnerschaftsvertrag	36
cc) Vermögenstrennung	38
d) Sonstige vermögensrechtliche Wirkungen	39
aa) Schlüsselgewalt	39
bb) Eigentumsvermutungen	41
cc) Ersatz von Haushaltsgegenständen	43
dd) Verfügungsbeschränkungen	44
e) Erbrecht	45
aa) Überblick	45

	Rn.
bb) Abweichungen und Besonderheiten	46
(1) „Bigamie"	46
(2) Vermögenstrennung	47
(3) Zusammentreffen mit Großelternabkömmlingen	48
(4) Ausschluss	50
III. Getrenntleben	52
1. Begriff	52
2. Rechtsfolgen	53
a) Unterhalt	53
aa) Bedarf	53
bb) Eigenverantwortlichkeit	56
cc) Härteklausel	57
dd) Sonstiges	59
b) Hausrat	60
c) Wohnung	61
d) Sonstiges	66
IV. Beendigung der Lebenspartnerschaft	67
1. Aufhebung	67
a) Aufhebung durch gerichtliches Urteil	67
b) Aufhebungsvoraussetzungen	68
2. Rechtsfolgen	73
a) Unterhalt	73
aa) Allgemeines – Grundsatz der Eigenverantwortlichkeit	73
bb) Unterhaltstatbestände	76
cc) Bedarf	78
dd) Leistungsfähigkeit	82
ee) Bedürftigkeit	83
ff) Härteklausel	86
gg) Unterhaltsverträge	89
hh) Sonstiges	90
b) Wohnung und Hausrat	93
V. Verfahrensrecht	97
1. Lebenspartnerschaftssachen	97
2. Zuständigkeit	99
a) Sachliche Zuständigkeit	99
b) Örtliche Zuständigkeit	100
c) Internationale Zuständigkeit	105
3. Verfahrensregularien	106
a) Lebenspartnerschaftssachen nach § 661 Abs. 1 Nr. 1 – 3 ZPO	106
b) Lebenspartnerschaftssachen nach § 661 Abs. 1 Nr. 4 und 6 ZPO	108

c) Lebenspartnerschaftssachen nach § 661 Abs. 1 Nr. 5 und 7 ZPO sowie originäre Familiensachen im Zusammenhang mit der Lebenspartnerschaft	109
d) Verbund	113
e) Einstweiliger Rechtsschutz	114
f) Kosten	115

Abschnitt 2: Rechtsprechungslexikon – ABC des Rechtes der Eingetragenen Lebenspartnerschaft

Abschnitt 3: Arbeits- und Beratungshilfen	116
1. Vereinbarung der Ausgleichsgemeinschaft (Muster)	117
2. Vereinbarung der Ausgleichsgemeinschaft mit Modifizierung (Muster)	118
3. Herausnahme von Vermögensgegenständen aus dem Vermögensausgleich (Muster)	119
4. Lebenspartnerschaftsvertrag mit Ergänzung „Unterhalt" (Muster)	120
5. Aufhebungserklärung (Muster)	121
6. Erb- und Pflichtteilsverzichtsvertrag (Muster)	122
7. Aufhebungsfolgevereinbarung bei Aufhebung der Lebenspartnerschaft (Muster)	123

Literatur:

Arendt-Rojahn, Aufenthaltsstatus im Ausländerrecht nach dem Lebenspartnerschaftsgesetz, FPR 2001, 464; *Battes,* Probleme bei der Anwendung des Gesetzes über Eingetragene Lebenspartnerschaften, FuR 2002, 49, 113; *Beck,* Die verfassungsrechtliche Begründung der Eingetragenen Lebenspartnerschaft, NJW 2001, 1894; *Bergerfurth,* Auflösung der Eingetragenen Lebenspartnerschaft, FF 2001, 113; *Bruns/Kemper,* LPartG, 2001; *Burhoff,* Das Lebenspartnerschaftsgesetz, ZAP 2001, 943; ders., Lebenspartnerschaftsvertrag, ZAP 2001, 1299; ders., Die eingetragene Lebenspartnerschaft – Begründung und Folgen –, ZFE 2002, 12; *Büttner,* Unterhaltsrecht der eingetragenen Lebenspartnerschaft, FamRZ 2001, 1105; ders., Grenzen ehevertraglicher Gestaltungsmöglichkeiten, FamRZ 1998, 1; *Coester,* Wohnungszuweisung bei getrennt lebenden Ehegatten, FamRZ 1993, 249; *Dallmayer/Eickmann,* Rechtspflegergesetz, 1996; *Dethloff,* Die Eingetragene Lebenspartnerschaft – Ein neues familienrechtliches Institut, NJW 2001, 2598; *v. Dickhuth-Harrach,* Erbrecht und Erbrechtsgestaltung eingetragener Lebenspartner, FamRZ 2001, 1660; *Dorsel,* Grundzüge des neuen Lebenspartnerschaftsgesetzes, DNotZ 2001, 153; *Eggen,* Gleichgeschlechtliche Lebenspartnerschaften – Kontinuität im Wandel intimer und familiärer Lebensformen, FPR 2001, 444; *Eue,* Erbrechtliche Zweifelsfragen des Gesetzes zur Beendigung der Diskriminierung gleichgeschlechtlicher Gemeinschaften, FamRZ 2001, 1196; *Finger,* Die registrierte Lebenspartnerschaft – Überblick über die Neuregelung und kritische Bestandsaufnahme, MDR 2001, 199; ders., Verfahrensrecht der Lebenspartnerschaft, FPR 2001, 460; ders., Registrierte Lebenspartnerschaften – Eine Umfrage bei Standesämtern, STAZ 2002, 65; *Freytag,* Lebenspartnerschaftsgesetz, Eheschutzgebot und Differenzierungsverbot, DÖV 2002, 445; *Grziwotz,* Die Lebenspartnerschaft zweier Personen gleichen Geschlechts, DNotZ 2001, 280; ders., Möglichkeiten der Vertragsgestaltung nach dem LPartG, FPR 2001, 466; *Haumer,* Taschengeld unter Ehegatten – Ein Anspruch ohne Grundlage, FamRZ 1996, 193; *Henrich,* Kollisionsrechtliche Fragen der eingetragenen Lebenspartnerschaft, FamRZ 2002, 137; *Jülicher,* Nießbrauch ist nicht gleich Nießbrauch, DStR 2001, 1200; *Kaiser,* Das Lebenspartnerschaftsgesetz, JZ 2001, 617; dies., „Entpartnerung" – Aufhebung der eingetragenen Lebenspartnerschaft gleichgeschlechtlicher Partner, FamRZ 2002, 866; *Kemper,* Rechtsanwendungsprobleme bei der Eingetragenen Lebenspartnerschaft, FF 2001, 156; ders., Ehe und eingetragene Lebenspartnerschaft, FPR 2001, 449; *Kirchhof,* Lebenspartnerschaftsgesetze und Grundgesetz, FPR 2001, 436; *Klein,* Für die Verfassungskonformität des Lebenspartnerschaftsgesetzes, FPR 2001, 434; *Kurr,* Vertragliches „Einvernehmen" der Ehegatten gem. § 1356 Abs. 1 Satz 1 BGB?, FamRZ 1978, 2; *Leipold,* Die neue Lebenspartnerschaft aus erbrechtlicher Sicht, insbesondere bei zusätzlicher Eheschließung, ZEV 2001, 218; *Löhning,* Veränderungen im Recht der Wohnraummiete durch das Lebenspartnerschaftsgesetz, FamRZ 2001, 891; *Mayer,* Das Gesetz zur Beendigung der Diskriminierung gleichgeschlechtlicher Gemeinschaften: Lebenspartnerschaften, ZEV 2001, 169; *Meireis,* Verwaltungsaufgaben nach dem Lebenspartnerschaftsgesetz – Stand der Dinge aus hessischer Sicht, StAZ 2001, 161; *Meyer-Mittelstädt,* Das Lebenspartnerschaftsgesetz, Köln 2001; *Motzer,* Die neueste Entwicklung von Gesetzgebung und Rechtsprechung auf dem Gebiet von Sorgerecht und Umgangsrecht, FamRZ 2001, 1034; *Müller,* Partnerschaftsverträge nach dem Lebenspartnerschaftsgesetz (LPartG) – Hinweise zur Vertragsgestaltung, DNotZ 2001, 581; *Muscheler,* Das Recht der Eingetragenen Lebenspartnerschaft, Berlin 2001; *Rellermeyer,* Die Eingetragene Lebenspartnerschaft, Rpfleger 2001, 381; *Rieger,* Das Vermögensrecht der eingetragenen Lebenspartnerschaft, FamRZ 2001, 1497; *Robbers,* Eingetragene Lebenspartnerschaften, JZ 2001, 779; *Sachs,* Rechtsförmliche Lebenspartnerschaften für Menschen gleichen Geschlechts – Verfassungsgebot oder Verfassungsverstoß?, JR 2001, 45; *Scholz/Uhle,* „Eingetragene Lebenspartnerschaft" und Grundgesetz, NJW 2001, 393; *Schomburg,* Die kindschaftsrechtlichen Regelungen des Lebenspartnerschaftsgesetzes, KindPrax 2001, 103; *Schotten,* Lebenspartnerschaft im Internationalem Privatrecht, FPR 2001, 458; *Schumacher,* Der Regierungsentwurf eines Gesetzes zur Verbesserung des zivilgerichtlichen Schutzes bei Gewalttaten und Nachstellungen sowie zur Erleichterung der Überlassung der Ehewohnung bei Trennung, FamRZ 2001, 953; *Schwab*, Familienrecht, 11. Aufl.; *ders.*, Eingetragene Lebenspartnerschaft – Ein Überblick, FamRZ 2001, 385; *ders.* Zivilrechtliche Schutzmöglichkeiten bei häuslicher Gewalt, FamRZ 1999, 1317; *ders.*, 2002 ein Jahr für Juristen, FamRZ 2002, 1; *Schwonberg*, Eingetragene Lebenspartnerschaften, ZfF 2002, 49; *Süß*, Notarieller Gestaltungsbedarf bei Eingetragener Lebenspartnerschaften mit Ausländern, DNotZ 2001, 168; *Trimbach*, Das Lebenspartnerschaftsgesetz, NJ 2001, 399; *Wegner*, Das neue Internationale Privat- und Verfahrensrecht zur eingetragenen Lebenspartnerschaft, IPRax 2001, 281; *Walter*, Die Lebenspartnerschaft in der notariellen Beratungspraxis, MittBayNot 2001, Sonderheft Lebenspartnerschaften, 23; *Weber*, Rechtsfolgen des Getrenntlebens der Lebenspartner, ZFE 2002, 250; *ders.*, Beendigung der Lebenspartnerschaft, ZFE 2002. 311; *ders.*, Die personenrechtlichen Beziehungen in der eingetragenen Lebenspartnerschaft, ZFE 2002, 369; *ders.*, Die Umwertung der Werte zur konservativen Kritik an der „Homo-Ehe", BJ 2002, 433; *ders.*, Die vermögensrechtlichen Beziehungen in der eingetragenen Lebenspartnerschaft, ZFE 2003, 8; *ders.*, Übersicht über das Verfahrensrecht der eingetragenen Lebenspartnerschaft, ZFE 2003, 78; *Weinrich*, Das Lebenspartnerschaftsgesetz (LPartG), FuR 2001, 481.

Abschnitt 1: Systematische Erläuterungen

A. Einführung

Mit dem „Gesetz zur Beendigung der Diskriminierung gleichgeschlechtlicher Gemeinschaften: Lebenspartnerschaften" (DiskrBG) vom 16.2.2001 (BGBl. 2001 I S. 266) ist mit Wirkung vom 1.8.2001 an eine besondere Rechtsform für die Lebenspartnerschaft von Personen des gleichen Geschlechts eingeführt worden. Kernstück des Artikelgesetzes ist das Gesetz über die Eingetragene Lebenspartnerschaft (Lebenspartnerschaftsgesetz – LPartG). Die übrigen Artikel haben hauptsächlich Änderungen des BGB und sonstigen Bundesrechts – u. a. des Verfahrensrechts (GVG, ZPO, FGG usw.) – zum Gegenstand. Ein zweiter Teil des Gesetzesvorhabens, dem der Bundesrat hätte zustimmen müssen, befindet sich als Entwurf eines Lebenspartnerschaftsergänzungsgesetzes im Vermittlungsverfahren zwischen Bundestag und Bundesrat, nachdem der Bundesrat seine Zustimmung verweigert hatte. Er enthält notwendige Ergänzungen, insbesondere im Steuer-, Beamten- und Sozialrecht.

Die eingetragene Lebenspartnerschaft ist zwei Personen des **gleichen Geschlechts** ohne enge verwandtschaftlichen Bindungen vorbehalten (§ 1 LPartG). Damit grenzt sich das Institut von allen Lebensgemeinschaften verschiedengeschlechtlicher Partner, verwandtschaftlichen Gemeinschaften gleichen oder verschiedenen Geschlechts und gleichgeschlechtlichen Gemeinschaften von mehr als zwei Personen ab. Von erheblicherer Bedeutung ist, dass auch die nicht registrierte **faktische homosexuelle Lebensgemeinschaft** nicht erfasst wird. In den skandinavischen Ländern, in denen die registrierte Lebenspartnerschaft schon seit längerer Zeit eingeführt ist, ist sie eine zahlenmäßige Randerscheinung geblieben (vgl. Eggen, FPR 2001, 447 f.), so dass davon ausgegangen werden kann, dass die Mehrzahl gleichgeschlechtlicher Partner ihre Verbindung nicht hat eintragen lassen. Sollte sich in Deutschland eine ähnliche Entwicklung abzeichnen, wird die Rechtsprechung zu klären haben, ob und gegebenenfalls inwieweit das LPartG auf die faktischen Lebenspartnerschaften ausstrahlt. Ein Jahr nach In-Kraft-Treten des Gesetzes waren erst 4500 eingetragene Lebenspartnerschaften registriert. Im Jahre 2000 lebten aber bereits mindestens 47.000 gleichgeschlechtliche Paare in der Bundesrepublik Deutschland.

Gesetzestechnisch bemüht sich das Gesetz, einerseits ein – auch von der Literatur bestrittenes (Beck, NJW 2001,1899) – aus Art. 6 GG abgeleitetes verfassungsrechtliches Abstandsgebot zur Ehe (Scholz/Uhle, NJW 2001, 393) durch eigenständige Regelungen für die eingetragene Lebenspartnerschaft einzuhalten und es andererseits durch umfangreiche Verweisungen auf die Ehenormen mit nur 19 Paragraphen „schlank" zu halten. Gleichwohl haben die Freistaaten Bayern, Sachsen und Thüringen einen Verstoß gegen Art. 6 GG gesehen und mit Normenkontrollklagen das Gesetz auf den Prüfstand des Bundesverfassungsgerichts gestellt. Andere haben die Ungleichbehandlung von homosexuellen und nicht verheirateten heterosexuellen Paaren sowie von verwandtschaftlichen Einstandsgemeinschaften als Verletzung von Art. 3 GG beanstandet. Wegen weiterer verfassungsrechtlicher Bedenken wird auf die einschlägige Literatur verwiesen (Muscheler, Rn. 20 – 30, 51, 144; Beck, NJW 2001, 1894; Kaiser, JZ 2001, 617; Kirchhof, FPR 2001, 436 ff.; Klein, FPR 2001, 434 ff.; Leipold, ZEV 2001, 218; Robbers, JZ 2001, 779; Sachs, JR 2001, 45; Scholz/Uhle, NJW 2001, 393; Freytag, DÖV 2002, 445 ff.). Nachdem das **Bundesverfassungsgericht** bereits mit Beschluss vom 18.7.2001 (FamRZ 2001, 1057) den von Bayern und Sachsen gestellten Antrag auf Erlass einer einstweiligen Anordnung zurückgewiesen hatte, hat es mit Urteil vom 17.7.2002 (FamRZ 2002, 1169) **das LPartG in vollem Umfang mit dem Grundgesetz** für **vereinbar** erklärt und dabei insbesondere ein aus Art. 6 GG abgeleitetes **Abstandsgebot zur Ehe verneint**.

B. Die Eingetragene Lebenspartnerschaft

I. Begründung

1. Personenkreis

4   Nur gleichgeschlechtliche Personen können eine Lebenspartnerschaft eingehen (§ 1 Abs. 1 Satz 1 LPartG). Das Gesetz knüpft damit an das Geschlecht und **nicht an die sexuelle Orientierung** an, so dass sich auch heterosexuelle Partner des gleichen Geschlechts registrieren lassen können wie z.B. enge Freundinnen oder Freunde ohne sexuelle Bindungen aneinander (Dethloff, NJW 2001, 2598; Robbers, JZ 2001, 785). Nach der Legaldefinition in § 1 Abs. 1 Satz 1 LPartG umfasst der Gesetzesbegriff Lebenspartnerschaft sowohl weibliche als auch männliche Partner.

2. Begründungserklärung

a) Konsenserklärung

5   Die Partner müssen erklären, „miteinander eine Partnerschaft auf Lebenszeit führen zu wollen" (§ 1 Abs. 1 Satz 1 LPartG). Dazu wird die Auffassung vertreten, dass der Hinweis auf die Lebenszeit eine „bloße Absichtskundgebung" und kein „Leitprinzip" sei, weil eine dem § 1353 Abs. 1 Satz 1 BGB entsprechende Vorschrift, wonach die Ehe auf Lebenszeit geschlossen wird, fehle (Kaiser, JZ 2001, 618). Die Erklärungen müssen bei gleichzeitiger Anwesenheit und persönlich abgegeben und dürfen weder befristet noch mit einer Bedingung versehen werden (§ 1 Abs. 1 Satz 1 und 2 LPartG).

b) Form

6   Die Begründungserklärungen werden nach § 1 Abs. 1 Satz 3 LPartG „wirksam, wenn sie vor der **zuständigen Behörde** erfolgen." Nach dem ursprünglichen Koalitionsentwurf sollte das Standesamt die Registrierungsbehörde sein. Da dies die Zustimmung des Bundesrates erfordert hätte, wurde davon abgesehen und die Auswahl der „zuständigen Behörde" ebenso wie die im Anfangsentwurf noch festgelegte Zeremonie den Ländern überlassen. Diese Aufgaben haben – jeweils im Jahre 2001 (s. zu den Einzelheiten StAZ 2002, 83 – 86) – die Länder Berlin (GVBl. S 222), Bremen (GBl. S. 213), Hamburg (GVBl. S. 145), Mecklenburg-Vorpommern (GVBl. S. 336), Niedersachsen (GVBl. S. 377), Nordrhein-Westfalen (GVBl. S. 660), Sachsen-Anhalt (GVBl. S. 292) und Schleswig-Holstein (GVBl. S. 96) den **Standesämtern** übertragen, Bayern den **Notaren** (GVBl. S. 677), Rheinland-Pfalz den **Kreis- bzw. Stadtverwaltungen** (GVBl. S. 137), das Saarland (Amtsbl. S. 1222) und Baden-Württemberg (GBl. S. 490 im Wege der Verordnung) den **Gemeinden**, Sachsen (GVBl. S. 451 im Wege der Verordnung) den **Regierungspräsidien** und Brandenburg (GVBl. S. 102) den **Ämtern, amtsfreien Gemeinden** und **kreisfreien Städten** (Kommunen). Der Behördenvertreter muss die rechtlichen Hindernisse für eine eingetragene Lebenspartnerschaft prüfen (Schwab, FamRZ 2001, 388; so z.B. auch ausdrücklich geregelt in den Hamburger [dort § 2 Abs. 5 Satz 1] und Berliner [dort § 3 unter Verweis auf die entsprechende Anwendung des § 5

Abs. 2 Satz 1 PStG] Ausführungsgesetzen zum LPartG). Im Übrigen ist seine Mitwirkung rein passiv, aber Gültigkeitsvoraussetzung für die eingetragene Lebenspartnerschaft. Ihr Zweck ist die Publizität der Partnerschaftsbegründung, ihre jederzeitige Beweisbarkeit und der Schutz vor Übereilung (Muscheler, Das Recht der eingetragenen Lebenspartnerschaft, Rn. 54).

c) Erklärung über den Vermögensstand

„Weitere Voraussetzung" ist nach § 1 Abs. 1 Satz 4 LPartG eine Erklärung der Lebenspartner über ihren Vermögensstand. Dies ist notwendig, weil es – anders als bei der Ehe – **keinen gesetzlichen Vermögensstand** gibt, so dass die Lebenspartner eine Entscheidung über ihre Vermögensverhältnisse treffen müssen. Sie haben dabei die Wahl zwischen der Ausgleichsgemeinschaft oder dem Abschluss eines Lebenspartnerschaftsvertrages (§§ 6, 7 LPartG). Die Erklärung müssen die Lebenspartner vor der eigentlichen Partnerschaftsbegründung „abgegeben haben" (§ 1 Abs. 1 Satz 4 LPartG a. E.). Dies kann im selben Termin wie die Partnerschaftsbegründung, aber auch zu einem früheren Zeitpunkt geschehen (Muscheler, Das Recht der eingetragenen Lebenspartnerschaft, Rn. 60; a. A. Schwab, FamRZ 2001, 389, wonach die Erklärung nur bei Eingehung der Partnerschaft zu erfolgen habe). Obwohl nicht geregelt, besteht Einigkeit, dass die Erklärung vor oder gegenüber der „zuständigen Behörde" abzugeben ist (Muscheler, Das Recht der eingetragenen Lebenspartnerschaft, Rn. 59; Schwab, a. a. O., 389; Battes, FuR 2002, 51; Rieger, FamRZ 2001, 1499). Sie bedarf keiner Form und braucht weder persönlich noch bei gleichzeitiger Anwesenheit der Partner abgegeben zu werden. Auch sind im Gegensatz zur Partnerschaftsbegründung selbst (§ 1 Abs. 2 Nr. 1 LPartG) weder Volljährigkeit noch Geschäftsfähigkeit der Partner erforderlich (Muscheler, Das Recht der eingetragenen Lebenspartnerschaft, Rn. 64). § 1 Abs. 1 Satz 4 LPartG verlangt nur die **Erklärung über den gewählten Vermögensstand,** nicht aber die Vorlage der Vereinbarung oder gar – falls abgeschlossen – eines Lebenspartnerschaftsvertrages (Muscheler, Das Recht der eingetragenen Lebenspartnerschaft, Rn. 61; Schwab, a. a. O., 389).

7

d) Begründungsmängel

Während wegen der Bestandsfestigkeit der Ehe selbst schwerwiegendste Begründungsmängel nicht automatisch die Auflösung der Ehe zur Folge haben, sondern nur in einem gerichtlichen Aufhebungsverfahren geltend gemacht werden können, fehlen für die eingetragene Lebenspartnerschaft derartige Sonderregeln. **Verstöße gegen die Begründungsvoraussetzungen** des § 1 Abs. 1 LPartG machen die Partnerschaft **unwirksam** (Muscheler, Das Recht der eingetragenen Lebenspartnerschaft, Rn. 66; Schwab, a. a. O., 388; Dethloff, NJW 2001, 2600; Kaiser, FamRZ 2002, 867 f.). Eine Einschränkung soll allerdings für die Erklärung über den Vermögensstand nach § 1 Abs. 1 Satz 4 LPartG gelten. Fehlt sie, obwohl die Beteiligten eine wirksame vermögensrechtliche Vereinbarung getroffen haben, soll dies die Wirksamkeit der Partnerschaftsbegründung nicht beeinträchtigen (Schwab, a. a. O., 389). Nach anderer Auffassung (Muscheler, Das Recht der eingetragenen Lebenspartnerschaft, Rn. 62) ist auch die Wirksamkeit der Erklärung unabdingbare Voraussetzung für das Entstehen der eingetragenen Lebenspartnerschaft, nicht jedoch die Vereinbarung über den Vermögensstand selbst. Bei Unwirksamkeit der Vereinbarung soll eine Lebenspartnerschaft entstanden sein, in der Vermögenstrennung herrscht.

8

Ob die allgemeinen Bestimmungen der §§ 116 ff. BGB über die Fehlerhaftigkeit von Willenserklärungen anwendbar sind, wird unterschiedlich bewertet (bejahend Schwab, a. a. O., 388; Trimbach, NJ 2001, 400; Kemper, FPR 2001, 452 f.; Muscheler, Das Recht der eingetragenen Lebenspartnerschaft, Rn. 66, wobei die Rückabwicklung nach den allgemeinen Regeln über das fehlerhafte Dauerschuldverhältnis vollzogen werden soll, Rn. 67 – 71, so auch Empfehlungen des 14. DFGT, FamRZ 2002, 296, 298; insoweit ablehnend Kaiser, FamRZ 2002, 867 f.). Gegen ihre Heranziehung wird geltend gemacht, dass der Gesetzgeber sich für die Aufhebung der Lebenspartnerschaft als einzigen Beendigungsgrund zu Lebzeiten beider Partner entschieden und damit eine abschließende Regelung getroffen habe (Grziwotz, DNotZ 2001, 292 f.; Dethloff, NJW 2001, 2600).

9

3. Begründungshindernisse

10 **Minderjährige** können **keine Partnerschaft** eingehen (§ 1 Abs. 2 Nr. 1 LPartG). Eine **Befreiung vom Erfordernis der Volljährigkeit** wie bei der Ehe (§ 1303 Abs. 2 BGB) ist **nicht möglich**. **Verheiratete** oder schon **in einer eingetragenen Partnerschaft** lebende Personen dürfen nach derselben Vorschrift des § 1 Abs. 2 Nr. 1 LPartG **keine Partnerschaft** begründen. Soweit das gesetzliche Verbot in seinem Wortlaut darauf abstellt, dass die Person schon eine Partnerschaft „führt", ist damit nicht die tatsächliche Lebensführung, sondern das **rechtliche Bestehen der Partnerschaft** gemeint (Schwab, FamRZ 2001, 389; Trimbach, NJ 2001, 401).

11 Das Begründungshindernis einer bestehenden Ehe **korrespondiert nicht mit einem entsprechenden Ehehindernis** (vgl. § 1306 BGB) bei Bestehen einer eingetragenen Lebenspartnerschaft. Entgegen verbreiteter Auffassung (Dethloff, NJW 2001, 2599) handelt es sich dabei nicht um ein Versehen. Die als „absurd" (Schwab, FamRZ 2001, 389) oder „erstaunlich" (Leipold, ZEV 2001, 222) gekennzeichnete Nichtregelung ist wohl auf die Befürchtung zurückzuführen, bei Einführung eines solchen Ehehindernisses gegen die aus Art. 6 GG abgeleitete Eheschließungsfreiheit zu verstoßen (vgl. Muscheler, Das Recht der eingetragenen Lebenspartnerschaft, Rn. 146; Leipold a. a. O., 224; Trimbach, NJ 2001, 401). Welche Rechtsfolgen die (versuchte) Eheschließung eines eingetragenen Lebenspartners hat, wird höchst unterschiedlich bewertet. Nach der weitestgehenden Auffassung (Leipold, a. a. O.; Eue, FamRZ 2001, 1197; Kemper, FPR 2001, 450) bestehen Ehe und Lebenspartnerschaft nebeneinander. Dies würde allerdings zu kaum lösbaren Rechts- und Berechnungsproblemen bei der vermögensrechtlichen, insbesondere erbrechtlichen Auseinandersetzung führen, wenn der betreffende Lebenspartner in Zugewinn- und Ausgleichsgemeinschaft leben würde (im Einzelnen Eue, a. a. O., Leipold, a. a. O., 222; Mayer, ZEV 2001, 172). Nach anderer Meinung (Robbers, JZ 2001, 785) soll es auf die Willensrichtung ankommen. Ist ein erforderlicher Ehewillen vorhanden, wird danach die Lebenspartnerschaft ex nunc aufgehoben. Fehlt ein solcher Wille dagegen, weil die Lebenspartnerschaft weiter geführt werden soll und deshalb keine Verpflichtung zu einer ehelichen Lebensgemeinschaft gewollt wird, müsse der Standesbeamte seine Mitwirkung an der Eheschließung nach § 1310 Abs. 1 Satz 2 2 Hs. BGB verweigern (so auch Meyer-Mittelstädt, Das Lebenspartnerschaftsgesetz, Anm. 9 zu § 1). Mayer (ZEV 2001, 170) weist zu Recht darauf hin, dass die mit dieser Auffassung verbundenen Beweisprobleme kaum lösbar sind, und befürwortet eine analoge Anwendung des § 1306 BGB (nach den Empfehlungen des 14. DFGT, FamRZ 2002, 298, sollte das Bestehen einer Lebenspartnerschaft ausdrücklich als Ehehindernis gem. § 1306 BGB bezeichnet werden). Die Gegenposition (Muscheler, Das Recht der eingetragenen Lebenspartnerschaft, Rn. 147; Battes, FuR 2002, 115; Kaiser, FamRZ 2002, 869; so im Ergebnis auch Meyer-Mittelstedt, a. a. O.) lässt die Eheschließung zu mit der Rechtsfolge einer automatischen Auflösung der Lebenspartnerschaft durch die Eheschließung. Das **Bundesverfassungsgericht** (a. a. O., S. 1171) hat insoweit **eine verfassungsrechtlich nicht zu beanstandende Gesetzeslücke** konstatiert, deren Füllung letztlich der Rechtsprechung überlassen werden müsse, wobei es allerdings „nahe liegend (sei), dass der Gesetzgeber selbst festlegt, ob eine bestehende Lebenspartnerschaft das Eingehen einer Ehe verhindert oder eine Eheschließung zur Auflösung einer bestehenden Lebenspartnerschaft führt."

12 **Verwandte gerader Linie sowie vollbürtige und halbbürtige Geschwister** dürfen keine Lebenspartnerschaften begründen (§ 1 Abs. 2 Nr. 2 und 3 LPartG). Dies entspricht dem Eheverbot des § 1307 Satz 1 BGB, nicht jedoch dem des § 1307 Satz 2 BGB, wonach das Ehehindernis fortbesteht, wenn das Verwandtschaftsverhältnis durch Adoption erloschen ist. Danach könnten leibliche Schwestern, von denen die eine als Kind angenommen wurde, eine Partnerschaft eingehen (Muscheler, Das Recht der eingetragenen Lebenspartnerschaft, Rn. 51). Dagegen dürfte die Partnerschaft mit dem eigenen volljährigen Adoptivkind unzulässig sein, weil durch die Annahme als Kind nach § 1754 BGB ein umfassendes gesetzliches Verwandtschaftsverhältnis i. S. d. § 1 Abs. 2 Nr. 2 LPartG begründet wird (Schwab, FamRZ 2001, 389 kommt im Hinblick auf das dispensable

nicht in das LPartG übernommene Begründungshindernis des § 1308 BGB allerdings zum gegenteiligen Ergebnis, verkennt dabei aber wohl den das allgemeine Eheverbot des § 1307 BGB einschränkenden Charakter dieser Vorschrift).

Wenn die Partner sich einig sind, keine Lebenspartnerschaft nach § 2 LPartG eingehen zu wollen (**Scheinpartnerschaft**), entsteht keine wirksame Partnerschaft (§ 1 Abs. 2 Nr. 4 LPartG). Die Vorschrift entspricht in ihren materiellen Voraussetzungen § 1314 Abs. 2 Nr. 5 BGB für die Ehe und war im Regierungsentwurf noch nicht enthalten. Sie soll verhindern, das Institut der eingetragenen Partnerschaft partnerschaftsfremden Zwecken wie z. B. der Verschaffung einer Aufenthaltsgenehmigung für einen ausländischen Partner zugänglich zu machen (Muscheler, Das Recht der eingetragenen Lebenspartnerschaft, Rn. 65). Die zu § 1314 Abs. 2 Nr. 5 BGB entwickelte Rechtsprechung (vgl. dazu Teil 2 Rn. 61 f.) dürfte im Hinblick auf die unterschiedlichen Verpflichtungen der Lebenspartner nach § 2 LPartG im Verhältnis zu § 1353 BGB nur beschränkt übertragbar sein. Eine dem § 1310 Abs. 1 Satz 2 Hs. 2 BGB entsprechende Bestimmung, dass der Standesbeamte seine Mitwirkung an der Eheschließung verweigern muss, wenn eine Scheinehe geschlossen werden soll, enthält das LPartG nicht. Ein Mitwirkungsverbot für den Vertreter der „zuständigen Behörde" soll sich aber aus der Natur der Sache ergeben (so Muscheler, Das Recht der eingetragenen Lebenspartnerschaft, Rn. 65). Ausdrücklich konstituiert ist es in § 2 Abs. 8 des Hamburger Ausführungsgesetzes zum LPartG. 13

II. Wirkungen

1. Persönliche Rechtsbeziehungen

a) Verantwortungsgemeinschaft

Nach § 2 LPartG tragen die Lebenspartner füreinander Verantwortung und sind zur „**gemeinsamen Lebensgestaltung**" verpflichtet. Danach brauchen die Lebenspartner als **Minus** (Muscheler, Das Recht der eingetragenen Lebenspartnerschaft, Rn. 139) zur **ehelichen Lebensgemeinschaft** nach § 1353 Abs. 1 Satz 2 1. Hs. BGB (vgl. dazu Teil 2 Rn. 81 ff.) **weder eine häusliche Gemeinschaft noch eine Geschlechtsgemeinschaft** einzugehen (Dethloff, NJW 2001, 2600). Der Gesetzgeber geht allerdings davon aus, dass das Zusammenleben der Lebenspartner die Regel sein wird (BT-Drucks. 14/3751 S. 36), so dass sowohl viele Vorschriften des LPartG als auch ergänzende Regeln (vgl. im Einzelnen dazu Muscheler, Das Recht der eingetragenen Lebenspartnerschaft, Rn. 141 – 143) z. B. im Sozialrecht (bei der Berechnung der Arbeitslosenhilfe in § 193 Abs. 2, § 194 Abs. 1 Satz 1 Nr. 2 SGB III), bei der Berechnung des Erziehungsgeldes (§ 5 Abs. 2 Satz 6 BErzG) oder im Ausländerrecht (§ 27a Satz 1 AuslG; s. dazu im Einzelnen Arendt-Rojahn, FPR 2001, 464 ff.) an das Zusammenleben in der Form der partnerschaftlichen Lebensgemeinschaft (so die Überschrift von § 2 LPartG) anknüpfen. Nach den Vorstellungen des Gesetzgebers (BT-Drucks. 14/3751 S. 36) sollen die Vorschriften der §§ 1353, 1618a BGB für die Auslegung des § 2 LPartG herangezogen werden. Die Konkretisierung der aus § 1353 BGB abgeleiteten Verpflichtungen durch die Rechtsprechung (vgl. dazu im Einzelnen Teil 2 Rn. 81 ff.) sollte mit den oben aufgeführten Einschränkungen deshalb auch für die Lebenspartnerschaft die hinreichende Entwicklung von Abgrenzungskriterien zur unwirksamen Scheinpartnerschaft nach § 1 Abs. 2 Nr. 4 LPartG ermöglichen (a. A. Muscheler, Das Recht der eingetragenen Lebenspartnerschaft, Rn. 140). 14

Leben die Lebenspartner in häuslicher Gemeinschaft, wird man trotz der fehlenden Verpflichtung dazu wegen des gesetzgeberischen Hinweises auf § 1353 BGB den aus dieser Bestimmung abgeleiteten deliktischen Abwehranspruch eines Ehegatten zum **Schutz des räumlich-gegenständlichen Bereichs** auch dem Lebenspartner zubilligen haben, z. B. gegen die Aufnahme eines Geliebten oder einer Geliebten in die partnerschaftliche Wohnung (abwartend dazu Schwab, FamRZ 2001, 391). Die wichtigsten Ansprüche aus der Verpflichtung zur gemeinsamen Lebensgestaltung werden aber wohl erst Bedeutung gewinnen, wenn die im Lebenspartnerschaftsergänzungsgesetz vorgesehenen Regelungen wie z. B. im Steuerrecht in Kraft treten (wie Mitwirkung an gemeinsamer 15 steuerlichen Veranlagung: BGH, FamRZ 1977, 38, Zustimmung zum begrenzten Realsplitting als Nachwirkung der Ehe nach der Scheidung: BGH, FamRZ 1998, 953, Obliegenheit zur Eintragung von steuerlichen Freibeträgen: BGH, FamRZ 1999, 372 [374]).

b) Lebenspartnerschaftsname

16 Einen **gemeinsamen Namen** (Lebenspartnerschaftsnamen) **können** die Lebenspartner nach § 3 Abs. 1 Satz 1 LPartG bestimmen. Es handelt sich also um **keine Sollbestimmung** wie bei Eheleuten (§ 1355 Abs. 1 Satz 1 BGB). Die Lebenspartner führen folglich, falls sie von einer solchen Bestimmung keinen Gebrauch machen, ihre bisherigen Namen weiter. Wenn sie einen gemeinsamen Lebenspartnerschaftsnamen wählen, kann dies der Geburtsname eines der Lebenspartner sein (§ 3 Abs. 1 Satz 2 LPartG). Der andere Partner hat nach § 3 Abs. 2 Satz 1 LPartG die Möglichkeit, seinen eigenen Namen als Begleitnamen hinzuzufügen. Namen, die aus mehr als zwei Namen zusammengesetzt sind, sind unzulässig. Die Wahl kann auch zu einem späteren Zeitpunkt nach Begründung der Partnerschaft erfolgen. Die komplizierten Regelungen des § 3 LPartG entsprechen im Übrigen denen für den Ehenamen in § 1355 BGB, so dass auf die Erläuterungen dazu verwiesen wird (Teil 2 Rn. 72 ff.; s. a. Muscheler, Das Recht der eingetragenen Lebenspartnerschaft, Rn. 153 – 162; Schwab, FamRZ 2001, 390). Die BGB-Vorschriften für die nachträgliche Namensänderung (§ 1617c BGB) und den Familiennamen nach Adoption (§ 1757 BGB) sind entsprechend ergänzt worden. Die Möglichkeit der Einbenennung entsprechend § 1618 BGB mit dem Namen des Stiefelternteils bei Eingehung einer neuen Ehe des namensgebenden Elternteils ist dagegen für die Lebenspartnerschaft nicht vorgesehen.

c) Familienangehörigkeit und Schwägerschaft

17 Nach § 11 Abs. 1 LPartG gilt ein Lebenspartner als **Familienangehöriger** des anderen Lebenspartners, soweit nicht etwas anderes bestimmt ist. Die Norm hat im Wesentlichen klarstellende Funktion und greift auch dort, wo der Begriff Familie (z. B. in § 541b Abs. 1 Satz 1 BGB – Schutz des Mieters und seiner „Familie" vor bestimmten Maßnahmen des Vermieters) oder Angehöriger (z. B. Art. 104 Abs. 4 GG – Unterrichtung von „Angehörigen" bei Freiheitsentziehung) verwendet wird. Sie ist ferner gewohnheitsrechtlich von Bedeutung, z. B. für die Totenfürsorge. Sie steht den Angehörigen zu, wenn ein Wille des Verstorbenen über die Art der Bestattung oder den Ort der letzten Ruhestätte nicht feststellbar ist (BGH, FamRZ 1992, 657; s. a. OLG Karlsruhe, FamRZ 2002, 134). Nachdem lange darüber gestritten wurde, ob nach dem Tod des Mieters dessen gleichgeschlechtlicher Partner als Familienangehöriger gem. § 569a Abs. 2 BGB a.F. in den Mietvertrag eintreten konnte (vgl. Teil 12 Rn. 62 ff.; Palandt/Weidenkaff, BGB, § 569a Rn. 7), räumt ihm nunmehr § 563 Abs. 1 Satz 2 BGB ein solches Eintrittsrecht ein, wenn ein gemeinsamer Haushalt bestand (vgl. zu den Einzelheiten Löhning, FamRZ 2001, 891 ff.). Durch die Begründung der Familienangehörigkeit ist klargestellt, dass sich die **Ausdehnung der Rechtsprechung zur Sittenwidrigkeit einer Bürgschaftsübernahme** auf die nichteheliche Lebensgemeinschaft (BGH, FamRZ 1995, 469; 1997, 481) **auf die eingetragene Lebenspartnerschaft** erstreckt. Die Einschränkung in Halbsatz 2 bezieht sich auf Regelungen, in denen wie in § 11 Abs. 1 Nr. 1 StGB die Legaldefinition des Angehörigenbegriffs enger ist.

18 Nach § 11 Abs. 2 Satz 1 LPartG gelten die Verwandten eines Lebenspartners als mit dem anderen Lebenspartner **verschwägert**, wobei sich Linie und Grad der Schwägerschaft nach Linie und Grad der sie vermittelnden Verwandtschaft bestimmen (§ 11 Abs. 2 Satz 2 LPartG). Dies entspricht der Regelung des § 1590 BGB für Eheleute. Rechtlich bedeutsam (vgl. dazu im Einzelnen Muscheler, Rn. 166; Schwab, FamRZ 2001, 396 f.) ist die Schwägerschaft vor allem für **Zeugnisverweigerungsrechte** (§ 383 Abs. 1 Nr. 2a ZPO; § 52 Abs. 1 Nr. 2a StPO) und den **Ausschluss von amtlichen Funktionen**, z. B. als Richter (§ 41 Nr. 3 ZPO, § 22 Nr. 3 StPO), Notar (§ 3 Abs. 1 Nr. 3 BeurkG) oder Gerichtsvollzieher (§ 155 Abs. 1 Nr. 2 GVG).

d) Kinder in der Lebenspartnerschaft
aa) Kein gemeinsames Sorgerecht

Lebenspartner können Kinder nicht gemeinsam adoptieren. Das ist nur Eheleuten möglich (§ 1741 Abs. 2 Satz 2 BGB). Wenn beide leibliche Eltern einwilligen, bzw. die Einwilligung gerichtlich ersetzt wird (§§ 1747, 1748 BGB), kann ein Lebenspartner zwar auch das leibliche Kind des anderen gem. § 1741 Abs. 2 Satz 1 BGB annehmen. Dadurch erlischt aber nach § 1755 Abs. 1 Satz 1 BGB – anders als bei Eheleuten (§ 1754 Abs. 1 BGB – sog. **Stiefelternadoption**) – das Verwandtschaftsverhältnis zum leiblichen Elternteil, so dass ein Austausch der Elternschaft zwischen den Lebenspartnern stattfindet. **Lebenspartner können jedoch zu gemeinsamen Vormündern für ein nicht unter elterlicher Sorge stehendes fremdes Kind (§ 1792 BGB) bestellt werden.** Im Regelfall ist eine gemeinsame Vormundschaft zwar Eheleuten vorbehalten (§ 1775 Satz 1 BGB). Liegen besondere Gründe vor, ist diese Möglichkeit gem. § 1775 Satz 2 BGB aber auch anderen Personenkreisen zugänglich.

19

bb) Kleines Sorgerecht

§ 9 Abs. 1 Satz 1 LPartG räumt einem Lebenspartner für das Kind des **alleinsorgeberechtigten** anderen Lebenspartners „die Befugnis zur **Mitentscheidung in Angelegenheiten des täglichen Lebens**" ein. **Die Befugnis entsteht kraft Gesetzes, berührt aber das alleinige Entscheidungsrecht des sorgeberechtigten Elternteils nicht und kann nicht gegen dessen Willen ausgeübt werden** (Battes, FuR 2002, 116 f., 122). Haben die Eltern das gemeinsame Sorgerecht, besteht diese Befugnis nicht (vgl. kritisch dazu Motzer, FamRZ 2001, 1040, der wegen des davon ausgehenden unerwünschten Drucks in Richtung vollständiger Alleinsorge eines Elternteils eine einschränkende Auslegung der alleinigen Sorgeberechtigung wie nach § 1687 Abs. 1 Satz 2 BGB – Aufenthalt mit Einwilligung des anderen Elternteils oder aufgrund gerichtlicher Entscheidung – befürwortet). Wegen des Zusammenlebens der Lebenspartner wird die Notwendigkeit für eine solche der Regelung des § 1687 BGB für gemeinsam sorgeberechtigte, aber getrenntlebende Eltern nachgebildete Vorschrift bestritten (Schwab, FamRZ 2001, 395). Dabei wird jedoch verkannt, dass eine Lebenspartnerschaft auch ohne häusliche Gemeinschaft eingegangen werden kann.

20

Nach der Legaldefinition des § 1687 Abs. 1 Satz 3 BGB sind Entscheidungen in Angelegenheiten des täglichen Lebens in der Regel solche, die häufig vorkommen und keine schwer abzuändernden Auswirkungen auf die Entwicklung des Kindes haben. Erfasst sind damit insbesondere die praktisch im Vordergrund stehenden Fragen der täglichen Betreuung und Versorgung des Kindes, aber auch Alltagsfragen, die im schulischen Leben und in der Berufsausbildung des Kindes vorkommen. Ebenfalls gehören Entscheidungen, die im Rahmen der gewöhnlichen medizinischen Versorgung des Kindes zu treffen sind, dazu (Entwurf der Bundesregierung für ein Gesetz zur Reform des Kindschaftsrechts, BT-Drucks. 13/4899 S. 107). Im Einzelnen zählen dazu beispielsweise Verwaltung kleinerer Geldgeschenke, Besuch von Elternabenden in Kindergarten und Schule, Unterschreiben von Entschuldigungen und Zeugnissen, Notwendigkeit von Nachhilfe, unbedeutende Wahlmöglichkeiten im gewählten Ausbildungsgang (Wahlfach, Schulchor), Wahl des Wohnsitzes, Besuch im Ferienlager, Besuch bei Großeltern, Einteilen des Tagesablaufs und Ernährung der Kinder, nicht jedoch Fernreisen bei kleinen Kindern (OLG Köln, FamRZ 1999, 249; OLG Naumburg, FamRZ 2000, 1241) oder die Entscheidung über einen Schulwechsel (OLG München, FamRZ 1999, 111).

21

Die Befugnis zur **Mitentscheidung** setzt **Einvernehmen** mit dem sorgeberechtigten Lebenspartner voraus. Ähnlich wie in § 1627 BGB dürfte es sich dabei um eine Willensübereinstimmung ohne vertragliche Wirkungen handeln, so dass sie jederzeit widerrufbar wäre (Kurr, FamRZ 1978, 2; Staudinger/Peschel-Gutzeit, BGB, § 1627 Rn. 17; MüKo/Hinz, BGB, § 1627 Rn. 8; a. A. Muscheler, Das Recht der eingetragenen Lebenspartnerschaft, Rn. 203; nach Meyer-Mittelstädt, Das Lebenspartnerschaftsgesetz, Anm. zu § 9, und Schomburg, KindPrax 2001, 105, bezieht sich Einvernehmen nicht auf die Begründung, sondern darauf, wie das kleine Sorgerecht auszuüben ist).

22

Im Widerspruch dazu steht allerdings, dass die Mitentscheidungsbefugnis vom Familiengericht nach § 9 Abs. 3 LPartG beschränkt oder ausgeschlossen werden kann. Schwab (FamRZ 2001, 394) weist zu Recht darauf hin, dass dies wenig Sinn ergebe, wenn das Einvernehmen ohnehin jederzeit zurückgenommen werden könnte. Die Entscheidungsbefugnis umfasst auch die **gesetzliche Vertretung**, die dann unter den genannten Voraussetzungen den Lebenspartnern gem. § 1629 Abs. 1 Satz 2 Hs. 1 BGB gemeinschaftlich zusteht (s. a. BT-Drucks. 14/3751 S. 39; Muscheler, Das Recht der eingetragenen Lebenspartnerschaft, Rn. 204; Dethloff, NJW 2001, 2602; Schomburg, KindPrax 2001, 105; zweifelnd Schwab, FamRZ 2001, 394). Dies bedeutet aber zugleich, dass der nicht sorgeberechtigte Lebenspartner für Rechtsgeschäfte des täglichen Lebens die Zustimmung des sorgeberechtigten Elternteils einholen muss. Die Mitwirkungsberechtigung richtet sich auch gegen den außerhalb der Lebenspartnerschaft stehenden Elternteil, so dass dessen Position schwächer ist als die des gleichgeschlechtlichen Partners des sorgeberechtigten Elternteils (Schwab, a. a. O.; Schomburg, a. a. O.).

23 Die Eingriffsschwelle für **Einschränkung** oder **Ausschluss** der Mitentscheidungsbefugnis durch das Familiengericht ist niedriger als bei § 1666 BGB, der eine Gefährdung des Kindeswohls voraussetzt. Nach § 9 Abs. 3 LPartG genügt, dass ein solcher Eingriff **zum Wohle des Kindeserforderlich** ist.

> *Hinweis:*
> *Das kleine Sorgerecht besteht nicht, wenn die Lebenspartner **dauernd getrennt** leben (§ 9 Abs. 4 LPartG).*

cc) Notvertretungsrecht

24 § 9 Abs. 2 LPartG räumt dem Lebenspartner, der nicht Elternteil ist, entsprechend § 1629 Abs. 1 Satz 4 BGB ein **Notvertretungsrecht** ein. Es ist umfassend und beschränkt sich nicht auf die Angelegenheiten des täglichen Lebens nach § 9 Abs. 1 LPartG. Die Regelung hat insbesondere Bedeutung bei Unfällen, Krankheiten und Verletzungen des Kindes. Kann die Mitwirkung des sorgeberechtigten Elternteils nicht rechtzeitig eingeholt werden, ist der Lebenspartner berechtigt, alle notwendigen Rechtshandlungen – etwa die Einwilligung in medizinische Maßnahmen oder die Hinzuziehung von Ärzten – allein vorzunehmen. Der sorgeberechtigte Elternteil ist danach unverzüglich zu unterrichten (§ 9 Abs. 2 Hs. 2 LPartG). **Gefahr im Verzug** liegt aber nur vor, wenn die Einholung der Zustimmung des sorgeberechtigten Elternteils den Zweck der zu treffenden Maßnahme gefährden würde. Dem Kind müssen **Nachteile von erheblichem Ausmaß** drohen, deren Abwendung ein sofortiges Eingreifen erfordert (Palandt/Diederichsen, BGB, § 1629 Rn. 17). Gerichtliche Eingriffe in das Notvertretungsrecht sieht das Gesetz nicht vor (kritisch dazu Schwab, FamRZ 2001, 395). Wegen der Verpflichtung zur unverzüglichen Unterrichtung des sorgeberechtigten Elternteils besteht dafür auch kein Bedürfnis.

> *Hinweis:*
> *Einen **Verlust** des Notvertretungsrechts bei Trennung der Lebenspartner sieht das Gesetz – anders als beim kleinen Sorgerecht – nicht vor.*

dd) Umgangsrecht

25 Nach § 1685 Abs. 2 BGB erhält der Lebenspartner eines Elternteils, der mit dem Kind **längere Zeit in häuslicher Gemeinschaft** gelebt hat, ein Umgangsrecht. Diese Befugnis besteht **unabhängig von der Sorgerechtsregelung**, also auch bei gemeinsame Sorge oder wenn ein Vormund nach

§§ 1666, 1773 BGB bestellt ist, **und dem Bestand der Lebenspartnerschaft** („früheren Lebenspartners"). Anders als in § 1684 BGB besteht dagegen kein Umgangsanspruch des Kindes. Die Ausübung des Umgangsrechts muss **dem Wohl des Kindes dienen**. Daran fehlt es für das Besuchsrecht von Großeltern (§ 1685 Abs. 1 BGB) im Allgemeinen schon dann, wenn deren Verhältnis zu den Eltern oder Elternteilen zerrüttet ist (vgl. Motzer, FamRZ 2001, 1042; OLG Hamm, FamRZ 2000, 1110, FamRZ 2000, 1601 m. Anm. Liermann, FamRZ 2001, 704 und Spangenberg/Spangenberg, FamRZ 2002, 48 ff.; OLG Koblenz, FamRZ 2000, 1111). Da der Anspruch des Lebenspartners – anders als bei dem in § 1685 Abs. 1 BGB aufgeführten Personenkreis – ausdrücklich an ein längeres Zusammenleben mit dem Kind anknüpft, dürfte dieses Abgrenzungskriterium nicht ausreichen, um dem Lebenspartner den Umgang zu verwehren. Vielmehr wird eine zusätzliche Abwägung mit den Wünschen und Interessen des Kindes erforderlich sein. Aufgrund des Verweises in § 1685 Abs. 3 BGB gelten die Bestimmungen zur Umgangsloyalität (§ 1684 Abs. 2 BGB), zur Umgangs- und Ausübungsregelung durch das Familiengericht einschließlich Einschränkungs- und Ausschlussbefugnissen (§ 1684 Abs. 3, 4 Satz 1 BGB) und zum betreuten Umgang (§ 1684 Abs. 4 Satz 3 BGB) auch für den Umgang des Lebenspartners.

ee) Verbleibensanordnung

Nach § 1682 Satz 2 BGB kann das Familiengericht anordnen, dass ein Kind, das seit längerer Zeit im Haushalt der Lebenspartner gelebt hat, **im Haushalt des nicht sorgeberechtigten Lebenspartners verbleibt**, wenn der sorgeberechtigte Lebenspartner an der Ausübung der elterlichen Sorge verhindert (§ 1678 BGB), gestorben (§ 1680 BGB) oder für Tod erklärt worden (§ 1681 BGB) ist und der nunmehr allein aufenthaltsbestimmungsberechtigte Elternteil das Kind wegnehmen will. Voraussetzung dafür ist, dass „**das Kindeswohl durch die Wegnahme gefährdet würde.**" „Seit längerer Zeit" bedeutet, dass ein längeres Zusammenleben allein nicht ausreicht. Es muss auch die gegenwärtige Bezugswelt des Kindes prägen (Palandt/Diederichsen, BGB, § 1682 Rn. 6; vgl. im Übrigen zum „relativen" Zeitbegriff in diesem Zusammenhang BayObLG, FamRZ 1991, 1080 f.). Die Anordnung rechtfertigt indes **keinen dauernden Verbleib** („solange"), sondern soll der **Herausnahme zur Unzeit** (BVerfG, FamRZ 1987, 786 f.; BayObLG, a. a. O., 1082) entgegenwirken und dem Kind Zeit und Gelegenheit geben, sich auf den Wechsel zum leiblichen Elternteil einzustellen und vorzubereiten. Soll die Herausnahme auf Dauer verhindert werden, müsste dem Elternteil das Sorgerecht ganz oder teilweise nach §§ 1666, 1666a BGB entzogen werden. Hält sich das Kind aufgrund einer Verbleibensanordnung bei dem Lebenspartner auf, so ist dieser nach § 1688 Abs. 4 BGB berechtigt, in Angelegenheiten des täglichen Lebens des Kindes zu entscheiden sowie den Inhaber der elterlichen Sorge in diesen Angelegenheiten zu vertreten. Diese Befugnisse kann das Familiengericht einschränken oder ausschließen. Im Verfahren über die Wegnahme des Kindes ist ihm in aller Regel ein Verfahrenspfleger zu bestellen (§ 50 Abs. 2 Satz 1 Nr. 3 FGG).

2. Vermögensrechtliche Beziehungen

a) Unterhalt

Nach § 5 LPartG sind die Lebenspartner einander zum **angemessenen Unterhalt** verpflichtet. Durch die entsprechende Anwendung der §§ 1360a, 1360b BGB (§ 5 Satz 2 LPartG) ist damit eine Parallelvorschrift zum Familienunterhalt nach § 1360 BGB geschaffen worden (Büttner, FamRZ 2001, 1106), allerdings ohne eine Bestimmung zur Haushaltsführung wie in § 1360 Satz 2 BGB. Der Unterhalt umfasst die **Haushaltskosten** und die **persönlichen Bedürfnisse des Lebenspartners** (§ 1360a Abs. 1 BGB).

Praktisch bedeutsam sind **Taschengeld- und Prozesskostenvorschussanspruch** (§ 1360a Abs. 4 BGB). Beide Ansprüche stehen dem Lebenspartner in gleicher Weise wie dem Ehegatten zu. Die Höhe des Taschengeldes beläuft sich auf 5 – 7 % des Nettoeinkommens des unterhaltspflichtigen Lebenspartners. Der Anspruch entfällt, wenn das Einkommen nur zur Deckung des notwendigen

Bedarfs beider Partner ausreicht (BGH, FamRZ 1998, 608 f.). In der Rechtswirklichkeit machen ausschließlich Gläubiger des Anspruchsinhabers von dem Anspruch Gebrauch (Haumer, FamRZ 1996, 194, 197). Dies gilt vor allem auch für Unterhaltsansprüche von Kindern gegen den einkommenslosen Elternteil (BVerfG, FamRZ 1985, 143 f.; BGH, FamRZ 1986, 668 f.; AG Weilburg, FamRZ 1997, 1419). Die Prozesskostenvorschussverpflichtung spielt vorrangig im Verhältnis zur Prozesskostenhilfe eine Rolle. Prozesskostenhilfe kann nicht oder nicht in vollem Umfang bewilligt werden, wenn ein tatsächlich einigermaßen durchsetzbarer Anspruch auf einen Prozesskostenvorschuss besteht (vgl. Baumbach/Lauterbach/Hartmann, ZPO, § 114 Rn. 59 – 61 m. w. N. zur umfangreichen Rspr.).

29 Die **Weiterverweisung in § 5 Satz 2 LPartG** über § 1360a BGB auf § 1613 BGB (Unterhalt für die Vergangenheit nur unter beschränkten Voraussetzungen und Sonderbedarf) dürfte sich praktisch nicht auswirken. Dagegen ist die Unzulässigkeit eines Unterhaltsverzichts für die Zukunft (§ 1614 BGB) wegen der Zugriffsmöglichkeit von Drittgläubigern auf den Taschengeldanspruch von Bedeutung. Der Unterhaltsanspruch erlischt mit dem Tode des Berechtigten oder Verpflichteten (§ 1615 BGB). Die Beerdigungskosten hat vorrangig der Erbe zu tragen (§ 1968 BGB). Ist er dazu nicht in der Lage, fallen sie dem Lebenspartner zur Last (§ 1615 Abs. 2 BGB). Die gesetzliche Vermutung, dass zuviel geleisteter Unterhalt nicht zurückgefordert werden kann, ist widerlegbar (§ 1360b BGB).

30 Die Unterhaltsverpflichtung löst nach § 844 Abs. 2 BGB, § 10 Abs. 2 StVG einen **Schadensersatzanspruch** des überlebenden Lebenspartners aus, wenn der andere Lebenspartner z. B. durch einen Verkehrsunfall getötet wird, in Form einer Geldrente für die mutmaßliche Lebensdauer des Getöteten.

> *Hinweis:*
> *Solange das Lebenspartnerschaftsergänzungsgesetz noch nicht in Kraft getreten ist, können die deswegen noch bestehenden Benachteiligungen in manchen Bereichen, z. B. im öffentlichen Dienst, über die Unterhaltspflicht abgemildert werden. So kann nach dem Beamtenbesoldungsrecht der Familienzuschlag des § 40 Abs. 1 Nr. 1 BBesG zur Zeit zwar nur an „Verheiratete" gezahlt werden. Gem. § 40 Abs. 1 Nr. 4 BBesG hat der Beamte darauf aber auch dann einen Anspruch, wenn er eine andere Person nicht nur vorübergehend bei sich aufgenommen hat und ihr gesetzlich zum Unterhalt verpflichtet ist. Dies gilt allerdings nur, sofern der Lebenspartner des Beamten über weniger als 604,80 € an monatlichen Einkünften verfügt.*

31 Sind neben dem Lebenspartner noch **andere Unterhaltspflichtige** vorhanden, ist deren **Rangfolge** nach § 1608 Satz 4 BGB in der Weise geregelt, dass der Lebenspartner vor den Verwandten haftet, jedoch nach ihnen, wenn er bei Berücksichtigung seiner sonstigen Verpflichtungen außerstande wäre, ohne Gefährdung seines eigenen angemessenen Unterhalts den Unterhalt zu gewähren. Für die **Gläubigerseite fehlt** – anders als für den nachpartnerschaftlichen Unterhalt (§ 16 Abs. 3 LPartG) – eine **Rangregelung**. Aus der Gleichrangigkeit von ehelichem und nachehelichem Unterhalt in § 1609 Abs. 2 BGB sowie der unterstellten Gleichrangigkeit von partnerschaftlichem und nachpartnerschaftlichem Unterhalt will Muscheler (Das Recht der eingetragenen Lebenspartnerschaft, Rn. 109) entnehmen, dass die Kinder des Unterhaltsverpflichteten, sein geschiedener Ehegatte, die Mutter eines nichtehelichen Kindes i. S. d. § 1615l BGB und ein früherer Lebenspartner Vorrang und die übrigen Verwandten (Enkel, Urenkel usw. und Eltern, Großeltern usw.) Nachrang haben.

b) Umfang der Sorgfaltspflicht

Entsprechend § 1359 BGB für Eheleute haben die Lebenspartner nach § 4 LPartG „bei der Erfüllung der sich aus dem lebenspartnerschaftlichen Verhältnis ergebenden Verpflichtungen einander nur **für diejenige Sorgfalt einzustehen, welche sie in eigenen Angelegenheiten anzuwenden pflegen.**" Diese Haftungsmilderung gegenüber dem allgemeinen Haftungsmaßstab des § 276 BGB befreit aber nicht von der Haftung wegen grober Fahrlässigkeit (§ 277 BGB). Nach der ständigen Rechtsprechung des BGH (FamRZ 1988, 476 f. m. w. N.) **gilt § 1359 BGB (= § 4 LPartG) nicht für Schadensersatzansprüche infolge schuldhafter Verstöße gegen die Straßenverkehrsvorschriften.** Die Bestimmung ist dispositiv, so dass die Lebenspartner Haftungsverschärfung oder -erleichterung vereinbaren können (Muscheler, Das Recht der eingetragenen Lebenspartnerschaft, Rn. 81).

32

c) Vermögensstand

aa) Ausgleichsgemeinschaft

Die **Vereinbarung der Ausgleichsgemeinschaft** als Vermögensstand bedarf **vor der Begründung der Lebenspartnerschaft keiner Form** (§ 7 Abs. 2 LPartG), **danach** aber – im Lebenspartnerschaftsvertrag – der **notariellen Beurkundung** (§ 7 Abs. 1 Satz 2 LPartG). Mit der Totalverweisung auf die §§ 1371 – 1390 BGB in § 6 Abs. 2 Satz 4 LPartG sind die **Mechanismen der Zugewinngemeinschaft** in vollem Umfang **auf die Ausgleichsgemeinschaft übertragen** worden, so dass wegen der Einzelheiten darauf verwiesen werden kann (vgl. Teil 3 Rn. 7 ff.). Terminologisch tritt an die Stelle des Zugewinns bzw. des Zugewinnausgleichs der **Überschuss** (§ 6 Abs. 2 Satz 2 LPartG) bzw. der **Überschussausgleich**.

33

Zweifelhaft könnte die entsprechende Anwendung der Drei-Jahresfrist des § 1385 BGB für die vorzeitige Durchführung des Überschussausgleichs sein, weil die Trennung als Anknüpfungspunkt für die Lebenspartnerschaft eine geringere Bedeutung als für die Ehe (vgl. § 1566 Abs. 2 BGB) hat. Es wäre deshalb zu überlegen, die Klage auf vorzeitigen Überschussausgleich nur unter den Voraussetzungen des § 15 Abs. 2 Nr. 2 LPartG zu ermöglichen, nämlich dreijährige Trennung und zusätzliche Aufhebungserklärung (vgl. Rieger, FamRZ 2001, 1502 f. im Ergebnis ablehnend).

34

Fraglich ist ferner die **Behandlung von Versorgungsanrechten** und **-aussichten**, weil einerseits bei Eheleuten der Versorgungsausgleich die güterrechtlichen Bestimmungen verdrängt (§ 1587 Abs. 3 2. Hs. BGB) und andererseits das Lebenspartnerschaftsgesetz keinen Versorgungsausgleich vorsieht. Bei der Berechnung des Zugewinns sind zwar grundsätzlich alle geldwerten rechtlich geschützten Positionen zu berücksichtigen, nicht jedoch Rechtsverhältnisse, die wiederkehrende Ansprüche auf Arbeitsentgelt oder Unterhaltsleistungen vermitteln, weil sie künftiges Einkommen vorwegnehmen und ihre Berücksichtigung den Zugewinnausgleich (= Überschussausgleich) in die Zeit nach Beendigung des Güterstandes (= Vermögensstandes) verlängern würden (BGH, FamRZ 1980, 39; 1981, 241). Darunter fallen die gesetzlichen und betrieblichen Rentenanwartschaften, die Versorgungsanwartschaften der Beamten sowie Lebensversicherungsanwartschaften auf Rentenbasis (Rieger, FamRZ 2001, 1504), nicht jedoch **Kapitallebensversicherungsanwartschaften** (BGH, FamRZ 1984, 156; 1993, 1303; OLG Köln, FamRZ 2001, 158), die damit dem **Überschussausgleich** unterliegen (kritisch dazu Rieger, a. a. O., mit der Empfehlung, diese und andere Versorgungsanwartschaften in einem Lebenspartnerschaftsvertrag zu regeln).

35

Folgt man der Auffassung, dass Ehe und Lebenspartnerschaft nebeneinander bestehen können (vgl. oben Rn. 11), würde dies zu kaum beherrschbaren Problemen für die Berechnung von Zugewinn- bzw. Überschussausgleich führen, insbesondere wenn Ehe und Lebenspartnerschaft durch Tod enden (s. dazu unten Rn. 46).

bb) Lebenspartnerschaftsvertrag

36 Die Bestimmungen des § 7 Abs. 1 LPartG über **Form** (notarielle Beurkundung) und – weitestgehend frei gestelltem – **Inhalt eines Lebenspartnerschaftsvertrages** entsprechen denen für den **Ehevertrag** (§§ 1408, 1410 BGB), so dass im Wesentlichen auf die Kommentierung dazu verwiesen werden kann (s. Teil 3 Rn. 237 ff.; Büttner, FamRZ 1998, 1 ff.). Auch ohne ausdrückliche Bezugnahme auf § 1408 Abs. 1 2. Hs. BGB ist eine Änderung der Vereinbarung nach Begründung der Lebenspartnerschaft möglich (Rieger, FamRZ 2001, 1498). Im Lebenspartnerschaftsvertrag kann auch die Ausgleichsgemeinschaft modifiziert werden, z. B. durch die Herausnahme bestimmter Vermögensgegenstände aus dem Überschussausgleich (BGH, FamRZ 1997, 800).

37 Ob die Lebenspartner als Parallelvermögensstand zur ehelichen Gütergemeinschaft eine **partnerschaftliche Vermögensgemeinschaft** eingehen können, ist **umstritten**. Nach der Gesetzesbegründung (BT-Drucks. 14/3751 S. 37) soll den Lebenspartnern die Herbeiführung einer „Vermögensgemeinschaft" zwar freistehen. Nach herrschender Auffassung sind indes bestimmte Rechtsfolgen der Gütergemeinschaft wie z. B. Universalsukzessionen, Haftungs- und Verfügungsbeschränkungen ohne ausdrückliche gesetzliche Ermächtigung vertraglich nicht und damit auch nicht im Lebenspartnerschaftsvertrag regelbar (Grziwotz, DNotZ 2001, 287; Mayer, ZEV 2001, 175; Palandt/Brudermüller, BGB, § 7 LPartG Rn. 1; a. A. Muscheler, Das Recht der eingetragenen Lebenspartnerschaft, Rn. 74; Dethloff, NJW 2001, 2601; Leipold, ZEV 2001, 220; Schwab, FamRZ 2001, 388). Bei der Vereinbarung einer „Vermögensgemeinschaft" kann deshalb nach außen nur Miteigentum und kein Gesamthandseigentum am „Gesamtgut" entstehen (Palandt/Brudermüller, a. a. O.). Rieger (FamRZ 2001, 1506) hält aber eine analoge Anwendung der §§ 1415 ff. BGB für gerechtfertigt.

> *Hinweis:*
> Eine Verweisung auf § 1412 BGB fehlt, so dass eine Registereintragung von Lebenspartnerschaftsverträgen nicht möglich ist.

cc) Vermögenstrennung

38 Sind **Lebenspartnerschaftsvertrag** oder die **Vereinbarung der Ausgleichsgemeinschaft unwirksam**, tritt nach § 6 Abs. 3 LPartG **Vermögenstrennung** ein. Der 14. DFGT empfiehlt, die Vermögenstrennung als gesetzlichen Güterstand einzuführen (FamRZ 2002, 298). Die Lebenspartner können Vermögenstrennung im Lebenspartnerschaftsvetrag auch ausdrücklich vereinbaren (a. A. Grziwotz, DNotZ 2001, 288).

d) Sonstige vermögensrechtliche Wirkungen

aa) Schlüsselgewalt

39 Mit dem Verweis in § 8 Abs. 2 LPartG auf die entsprechende Anwendung des § 1357 BGB wird dem Lebenspartner die **Berechtigung** eingeräumt, **Geschäfte zur angemessenen Deckung des partnerschaftlichen Lebensbedarfs mit Wirkung auch für den anderen Lebenspartner zu besorgen** (Schlüsselgewalt). Die der eherechtlichen Norm zugrundeliegende arbeitsteilige Aufgabenverteilung (Haushaltsführung einerseits und Erwerbstätigkeit andererseits) dürfte bei der Lebenspartnerschaft eher die Ausnahme sein (Dethloff, NJW 2001, 2601; Rieger, FamRZ 2001, 1507). Da die genannten Geschäfte den **anderen Lebenspartner** aber nicht nur berechtigen, sondern auch **verpflichten** (§ 1357 Abs. 1 Satz 2 BGB), tritt der Verkehrsschutz in den Vordergrund mit der Folge, dass der Gläubiger einen **zusätzlichen Schuldner** erhält. Die Bestimmung bezieht sich nicht auf dingliche, sondern nur auf schuldrechtliche Geschäfte (BGH, FamRZ 1991, 923). Wegen der Einzelheiten der unter die Schlüsselgewalt fallenden Geschäfte wird auf Teil 2 Rn. 147 ff., verwiesen.

B. II Wirkungen

Die Verpflichtung nach § 1357 Abs. 1 Satz 2 BGB **kann vertraglich nicht** – also auch nicht durch den Lebenspartnerschaftsvertrag – **ausgeschlossen** werden. Ein **Ausschluss** oder eine **Beschränkung** sind aber durch **einseitige Erklärung** möglich, dem **Dritten gegenüber** aber nur **bei dessen Kenntnis** oder **Eintragung ins Güterrechtsregister** wirksam (§ 1357 Abs. 2 Satz 2, § 1412 BGB). Letzteres ist möglich (Muscheler, Das Recht der eingetragenen Lebenspartnerschaft, Rn. 89; Grziwotz, DNotZ 2001, 291), obwohl Verweisungen im Vermögensstandrecht der Lebenspartnerschaft (§ 7 Abs. 2 Satz 3 LPartG) auf § 1412 BGB und für die Öffnung des Güterrechtsregisters (§§ 1585 – 1563 BGB) für die Lebenspartnerschaft fehlen (Rieger, FamRZ 2001, 1507). 40

bb) Eigentumsvermutungen

Zugunsten der Gläubiger eines Lebenspartners wird nach § 8 Abs. 1 Satz 1 LPartG vermutet, dass die in seinem oder im Besitz des Lebenspartners befindlichen Sachen dem Schuldner gehören. Die der **Gläubigerschutzvorschrift** des § 1362 Abs. 1 Satz 1 BGB für Eheleute nachgebildete Bestimmung verdrängt in ihrem Anwendungsbereich die **Eigentumsvermutung** des § 1006 BGB. Mit der notwendigen Ergänzung für die Zwangsvollstreckung wird die Gewahrsamsvermutung des § 739 ZPO auf die Lebenspartnerschaft ausgedehnt (§ 739 Abs. 2 ZPO). 41

Von der Vermutung des § 8 Abs. 1 Satz 2 LPartG i. V. m. § 1362 Abs. 2 BGB sind **„ausschließlich zum persönlichen Gebrauch"** eines Lebenspartners „bestimmte Sachen" wie z. B. Schmuck (wegen der Einzelheiten dazu vgl. Teil 2 Rn. 159 f.) erfasst. Die Eigentumsvermutung gilt auch **im Verhältnis der Lebenspartner zueinander**, was wohl hauptsächlich für den Fall der Trennung von Bedeutung wird. 42

cc) Ersatz von Haushaltsgegenständen

§ 8 Abs. 2 LPartG dehnt die Surrogationsvorschrift des § 1370 BGB auf die Lebenspartnerschaft aus. Danach werden die **als Ersatz angeschafften Haushaltsgegenstände Eigentum des Lebenspartners, dem die ersetzten Gegenstände gehört hatten**. Im Eherecht macht die Bestimmung nur beim gesetzlichen Güterstand der Zugewinngemeinschaft wegen der dortigen Vermögenstrennung einen Sinn. Im Rahmen des Zugewinnausgleichs partizipiert dann der andere Ehegatte an der in aller Regel eingetretenen Wertsteigerung durch die Neuanschaffung. Dies gilt nicht für die Lebenspartnerschaft, so dass bei der Trennung die Zuweisung eines wertvollen Haushaltsgegenstandes an einen Lebenspartner aufgrund Surrogation unbillig erscheinen kann. Es kann sich deshalb empfehlen, die Anwendung der Vorschrift – zulässigerweise – in Lebenspartnerschaftsverträgen abzubedingen (Rieger, FamRZ 2001, 1508). Beim gemeinsamen **Erwerb neuer** nicht als Ersatz angeschaffter **Haushaltsgegenstände** ist im Allgemeinen davon auszugehen, dass **Miteigentum** begründet wird (BGH, FamRZ 1991, 923). 43

dd) Verfügungsbeschränkungen

Nach § 8 Abs. 2 LPartG i. V. m. § 1365 BGB kann ein Lebenspartner sich nur mit Einwilligung des anderen Lebenspartners verpflichten, über sein **Vermögen im Ganzen** zu verfügen. Während die **Verfügungsbeschränkung** für Eheleute nur im Rahmen der Zugewinngemeinschaft gilt, findet sie bei der Lebenspartnerschaft generell, also **unabhängig vom Vermögensstand** Anwendung. Zustimmungsbedürftig sind Rechtsgeschäfte schon dann, wenn sie **nahezu das ganze Vermögen** betreffen und dem Verfügenden nur noch Werte von – je nach Größenordnung des Vermögens – 10 – 15 % des Vermögens verbleiben (BGH, FamRZ 1991, 669 m. w. N.). Wegen der weiteren Einzelheiten zum Anwendungsbereich des § 1365 BGB und der von der Verweisung in § 8 Abs. 2 LPartG erfassten Ergänzungen in §§ 1366 – 1369 BGB wird auf Teil 2 Rn. 167 ff., verwiesen. Im Eherecht entfällt die Zustimmungsbedürftigkeit mit Rechtskraft der Scheidung, nach h. A. (OLG Köln, FamRZ 2001, 176 m. w. N.) jedoch später, wenn der Zugewinnausgleichsanspruch als abgetrennte Folgesache noch rechtshängig ist, weil § 1365 BGB den Ausgleichsberechtigten auch vor einer Gefährdung seiner künftigen Ausgleichsforderung z. B. in der Zwangsvollstreckung durch 44

Minimierung des vollstreckungsfähigen Vermögens schützen soll. Ob diese Überlegung auf den Schutz eines Ausgleichsanspruch nach Beendigung der Lebenspartnerschaft übertragbar ist (ablehnend Rieger, FamRZ 2001, 1508), wird ggf. die Rechtsprechung zu entscheiden haben. Die Anwendung der §§ 1365 ff. BGB kann im Lebenspartnerschaftsvertrag **abbedungen** werden (Muscheler, Rn. 95; Rieger, a. a. O.; Schwab, FamRZ 2001, 394).

e) Erbrecht

aa) Überblick

45 Die **erbrechtliche Stellung des Lebenspartners** ist mit der eines **Ehegatten nahezu identisch.** Die Bestimmungen des § 10 Abs. 1 – 3 LPartG über Bestand und Ausschluss des gesetzlichen Erbrechts des Lebenspartners entsprechen weitgehend den §§ 1931 – 1933 BGB für Eheleute. Der überlebende Lebenspartner erbt neben Verwandten der ersten Ordnung zu einem Viertel und neben Verwandten der zweiten Ordnung oder neben Großeltern zur Hälfte. Lebten die Lebenspartner im Vermögensstand der Ausgleichsgemeinschaft, erhöht sich der Erbteil nach § 6 Abs. 2 Satz 4 LPartG i. V. m. § 1371 Abs. 1 BGB um ein Viertel. Ist aus dem zuvor erwähnten Verwandtenkreis niemand vorhanden, wird der Lebenspartner alleiniger Erbe. Wie bei Eheleuten besteht bei Ausschluss von der Erbfolge ein **Pflichtteilsanspruch** in Höhe der Hälfte des Wertes des gesetzlichen Erbteils (§ 10 Abs. 6 LPartG). Lebenspartner können nach § 10 Abs. 4 LPartG wie Eheleute **ein gemeinschaftliches Testament** und somit auch ein Berliner Testament (§ 10 Abs. 4 Satz 2 LPartG i. V. m. § 2269 BGB) errichten. Möglich ist dabei auch die Vereinbarung einer „Wiederverheiratungsklausel" (vgl. Palandt/Edenhofer, BGB, § 2269 Rn. 16: gegenseitige Erbeinsetzung mit der Verpflichtung für den Überlebenden zur Herausgabe des Nachlasses an einen oder mehrere Dritte für den Fall der Eingehung einer Ehe oder neuen Lebenspartnerschaft). Besteht für einen Lebenspartner ein gemeinschaftliches Testament aus **früherer Ehe** mit Wiederverheiratungsklausel, so wird diese im Wege ergänzender Testamentsauslegung auf die Lebenspartnerschaft auszudehnen zu sein (DNotI-Report 2002, 33). Schon vor Inkrafttreten des LPartG bestand kein Zweifel, dass die Erbeinsetzung des Lebenspartners unter Ausschluss von Ehegatten und Kindern nicht gegen die guten Sitten i. S. v. § 138 BGB verstößt (BayObLG, FamRZ 1986, 1248; OLG Frankfurt, FamRZ 1995, 1026). Die besonderen erbvertraglichen Regeln für Eheleuten sind auf Lebenspartner ausgedehnt worden (§§ 2279, 2280, 2292 BGB). Durch § 10 Abs. 7 LPartG werden die Bestimmungen der §§ 2346 – 2352 BGB über den Erbverzicht auf den Lebenspartner übertragen.

bb) Abweichungen und Besonderheiten

(1) „Bigamie"

46 Folgt man der – vom Bundesverfassungsgericht (FamRZ 2002, 1169) wohl nicht gebilligten – Auffassung, dass **Ehe und eingetragene Lebenspartnerschaft nebeneinander** bestehen können (s. o. Rn. 11), ergeben sich schwer lösbare Probleme, insbesondere dann, wenn der Erblasser Kinder hinterlässt. Bestehen Zugewinn- und Ausgleichsgemeinschaft, würden die – gleich hohen (je ein Halb) – Erbanteile des Ehegatten und des Lebenspartners (§ 1371 Abs. 1, § 1931 Abs. 1 BGB, § 6 Abs. 2 Satz 4, § 10 Abs. 1 Satz 1 LPartG) die **gesamte Erbschaft unter Ausschluss der Kinder** in Anspruch nehmen. Dies würde indes mit dem Wortlaut von § 1931 Abs. 1 BGB, § 10 Abs. 1 Satz 1 LPartG im Widerspruch stehen, nach dem Ehegatte bzw. Lebenspartner **neben Verwandten** der dort genannten Ordnung als gesetzlicher Erbe berufen ist. In der Literatur (Eue, FamRZ 2001, 1197 f.) werden für diesen Fall zwei Alternativlösungen angeboten. Aus dem Zusammenspiel von § 1924 BGB mit den erbrechtlichen Vorschriften des Ehegatten bzw. des Lebenspartners könnte man den ungeschriebenen Grundsatz entnehmen, dass Kinder bei gesetzlichem Güterstand/Ausgleichsgemeinschaft immer mit mindestens einer Hälfte am Nachlass zu beteiligen sind, so dass Lebenspartner und Ehegatte jeweils ein Viertel der Erbschaft erhielten. Die andere Möglichkeit bestünde in Anlehnung an die verhältnismäßige Kürzung von Vermächtnissen bei Dürftigkeit des Nachlasses nach den §§ 1922, 2187, 2188 BGB und gleichen Mindestquoten von Ehegatten, Lebenspartner und Abkömmling in Höhe von

50 % der Erbschaft, deren Erbanteile auf jeweils ein Drittel zu kürzen. Beide Möglichkeiten versagen allerdings, wenn Güter- bzw. Vermögenstrennung besteht. Die selben Probleme würden sich logischerweise für den Pflichtteilsanspruch des Lebenspartners fortsetzen.

(2) Vermögenstrennung

Bestand beim Erbfall von Ehegatten Gütertrennung und sind als gesetzliche Erben neben dem überlebenden Ehegatten ein oder zwei Kinder des Erblassers berufen, so erben nach der **Sonderregel des § 1931 Abs. 4 BGB** der überlebende Ehegatte und jedes Kind zu gleichen Teilen. Damit soll erreicht werden, dass dem Ehegatten in einer Erbengemeinschaft keine schwächere Stellung als den Kindern des Erblassers eingeräumt wird. § 10 LPartG enthält **keine entsprechende Regelung bei Vermögenstrennung.** Vermögenstrennung ist aber bei der eingetragenen Lebenspartnerschaft Auffangvermögensstand (§ 6 Abs. 3 LPartG). In der **Schlechterstellung des Lebenspartners** gegenüber dem Ehegatten liegt auch deshalb die mit Abstand bedeutendste Abweichung des Lebenspartnererbrechts vom Ehegattenerbrecht (v. Dickhuth-Harrach, FamRZ 2001,1663).

47

(3) Zusammentreffen mit Großelternabkömmlingen

Im Ehegattenerbrecht **fallen die Erbanteile vorverstorbener Großeltern** nicht deren Abkömmlingen, sondern in Abweichung von § 1926 Abs. 3 BGB **dem überlebenden Ehegatten nach § 1931 Abs. 1 Satz 2 BGB an**. § 10 LPartG enthält **keine entsprechende Bevorzugung des Lebenspartners**. Die „eigenartige Konsequenz" (Leipold, ZEV 2001, 219; s. a. v. Dickhuth-Harrach, FamRZ 2001, 1661) ist dann aber, dass Abkömmlinge vorverstorbener Großeltern nur dann erben, wenn noch andere Großeltern leben, weil nach § 10 Abs. 2 LPartG der überlebende Lebenspartner Alleinerbe wird, wenn zum Zeitpunkt des Erbfalls keine Großeltern mehr vorhanden sind.

48

Die **abweichende Rechtsfolge** setzt sich fort, wenn die **Lebenspartner miteinander verwandt** waren. Im Ehegattenerbrecht hat der überlebende Ehegatte in solchen Fällen nach § 1934 BGB ein doppeltes Erbrecht. Zwar fehlt im LPartG eine entsprechende Vorschrift. Nach überwiegender Auffassung hat § 1934 BGB nur eine klarstellende Bedeutung (Staudinger/Werner, BGB, § 1934 Rn. 1; v. Dickhuth-Harrach, FamRZ 2001, 1662), so dass die Regelung – zumindest entsprechend (so Leipold, ZEV 2001, 220) – auch für die Lebenspartnerschaft gilt (a. A. Muscheler, Das Recht der eingetragenen Lebenspartnerschaft, Rn. 112). Im Ehegattenerbrecht ist sie aber wegen § 1931 Abs. 1 Satz 2 BGB nur von praktischer Bedeutung, wenn der Erblasser Onkel oder Tante des anderen Ehegatten war, ebenso bei einer Ehe zwischen Großonkel und Großnichte, Großtante und Großneffe usw. In der oben beschriebenen Konstellation (mindestens ein überlebender Großelternteil und ein oder mehrere Abkömmling der dritten Ordnung) können auch **Cousins und Cousinen als Lebenspartner zugleich** ein **Verwandtenerbrecht** haben. Die **verschiedenen Erbteile sind eigenständige Erbteile** (§ 1934 Satz 2 BGB), so dass auf jeden nach § 1922 Abs. 2 BGB die Vorschriften über die Erbschaft, Anwendung finden. Dies ist z. B. bei der Ausgleichsgemeinschaft von besonderer Bedeutung, wenn die **Lebenspartnererbschaft** nach § 6 Abs. 2 Satz 4 LPartG i. V. m. § 1371 Abs. 2 BGB gesondert **ausgeschlagen** (§ 1951 BGB) wird. Der **überlebende Lebenspartner behält** dann das **Verwandtenerbrecht** und erwirbt daneben einen Anspruch nach § 1371 Abs. 3 BGB (vgl. dazu im Einzelnen Palandt/Brudermüller, BGB, § 1371 Rn. 18, 19) auf den vermögensrechtlichen Überschussausgleich und den kleinen Pflichtteil. Wichtig ist ferner, dass der **Ausschluss des Lebenspartnererbrechts** nach § 10 Abs. 3 LPartG (s. Rn. 45 f.) sich **nicht auf das Verwandtenerbrecht erstreckt.**

49

(4) Ausschluss

§ 10 Abs. 3 LPartG regelt – **weitgehend in gleicher Weise wie § 1933 BGB** für die Ehe – den **Ausschluss des gesetzlichen Lebenspartnererbrechts,** wenn die Lebenspartnerschaft (bzw. Ehe)gescheitert, aber rechtlich noch nicht aufgelöst ist. **Abweichungen beruhen auf den unter-**

50

schiedlichen Voraussetzungen für die Ehescheidung und die Aufhebung der Lebenspartnerschaft. Das Erbrecht ist nach § 10 Abs. 3 Nr. 1 i. V. m. § 15 Abs. 2 Nr. 1 und 2 LPartG ausgeschlossen, wenn ein Antrag auf Aufhebung der Partnerschaft rechtshängig (vgl. für § 1933 BGB: BGH, FamRZ 1990, 1109) ist, und seit der Abgabe öffentlich beglaubigter Erklärungen, die Lebenspartnerschaft nicht fortsetzen zu wollen, zwölf (bei Übereinstimmung) oder 36 Monate (bei Einseitigkeit) verstrichen sind. Maßgebend ist nur der **Antrag des Erblassers.** Hatte dagegen der überlebende Partner den Antrag gestellt, bleibt sein Erbrecht bestehen (zur – offen gelassenen – Frage der Verfassungswidrigkeit dieser Regelung im Rahmen des § 1933 BGB: BVerfG, FamRZ 1995, 536). Die Rücknahme des Aufhebungsantrags beseitigt die Wirkung des § 10 Abs. 3 Nr. 1 LPartG (vgl. für § 1933: BGH, FamRZ 1974, 649 [650]). Das Gleiche gilt, wenn die Erklärung, die Lebenspartnerschaft nicht fortsetzen zu wollen, nach § 15 Abs. 3 LPartG widerrufen wird. Der einseitige Widerruf einer übereinstimmender Aufkündigungserklärung i. S. d. § 15 Abs. 2 Nr. 1 LPartG lässt das gesetzliche Erbrecht des Lebenspartners bis zum Ablauf von 36 Monaten nach Abgabe der Erklärung wieder aufleben; danach erlischt es (v. Dickhuth-Harrach, FamRZ 2001, 1664; a. A. Mayer, ZEV 2001, 172: Fortbestand des Erbrechts bei Widerruf vor Ablauf von zwölf Monaten und Erlöschen bei späterem Widerruf). Das Lebenspartnererbrecht ist ferner ausgeschlossen, wenn die Fortsetzung der Lebenspartnerschaft aus Gründen, die in der Person des anderen Lebenspartners liegen, eine unzumutbare Härte wäre (§ 15 Abs. 1 Nr. 3 LPartG), und ein entsprechender Aufhebungsantrag gestellt worden ist (s. zu den Voraussetzungen insoweit unten Rn. 67 f.). Obwohl – anders als in § 1933 BGB – nicht erwähnt, besteht Einigkeit, dass der **wirksame Ausschluss auch den Voraus gem. § 10 Abs. 1 Satz 2 und 3 LPartG erfasst** (v. Dickhuth-Harrach, FamRZ 2001, 1663 f.; Mayer, ZEV 2001, 173; Leipold, ZEV 2001, 220; Schwab, FamRZ 2001, 395; Muscheler, Das Recht der eingetragenen Lebenspartnerschaft, Rn. 113).

51 Die **Rechtsfolgen des Ausschlusses** sind dieselben wie bei § 1933 BGB, nämlich **Verlust auch des Pflichtteilsanspruchs** und ein nachpartnerschaftlicher **Unterhaltsanspruch des überlebenden Lebenspartners** (§ 10 Abs. 3 Satz 2 LPartG) nach Maßgabe der gesetzlichen Vorschriften. Die Erben schulden aber Unterhalt nur in Höhe des fiktiven Pflichtteils (§ 10 Abs. 3, § 16 Abs. 2 Satz 2 LPartG, § 1586b Abs. 1 Satz 3 BGB; zur Berechnung s. BGH, FamRZ 2001, 282). Im Übrigen unterscheiden sich allerdings die Voraussetzungen des nachpartnerschaftlichen Unterhaltsanspruch gem. § 16 LPartG wesentlich vom nachehelichen Unterhaltsanspruch der §§ 1569 BGB ff. (s. dazu unten Rn. 68 ff.).

III. Getrenntleben

1. Begriff

52 Das LPartG enthält keine Aussage zum **Begriff des „Getrenntlebens".** Die Definition des **§ 1567 BGB** für Eheleute ist **nur beschränkt heranziehbar**, weil sie an die Aufhebung der häuslichen Gemeinschaft anknüpft, eine solche aber von Lebenspartnern gar nicht eingegangen zu werden braucht (s. o. Rn. 8 ff.). **Notwendig, aber auch ausreichend** ist deshalb eine **nach außen erkennbare innere Distanzierung eines Lebenspartners von der Fürsorge- und Verantwortungsgemeinschaft** i. S. d. § 2 LPartG (Palandt/Brudermüller, BGB, § 12 LPartG Rn. 3; Muscheler, Rn. 232). Soweit die Lebenspartner einen gemeinsamen Hausstand geführt haben, ist objektive Trennungsvoraussetzung größtmögliche Auflösung aller Lebensbereiche innerhalb der gemeinsamen Wohnung. Insoweit kann auf die Kommentierung zu § 1567 BGB (vgl. hierzu Teil 8 Rn. 11 ff.) zurückgegriffen werden. Nicht übertragbar ist § 1567 Abs. 2 BGB (Zusammenleben für kürzere Zeit unterbricht Trennungsfrist nicht), da es auf ein Getrenntleben für die Aufhebung der Lebenspartnerschaft nicht ankommt (Palandt/Brudermüller, BGB, § 12 LPartG Rn. 3; Schwab, FamRZ 2001, 397).

2. Rechtsfolgen

a) Unterhalt

aa) Bedarf

Nach **§ 12 Abs. 1 Satz 1 LPartG** kann nach der Trennung ein Lebenspartner von dem anderen den nach den Lebensverhältnissen und den Erwerbs- und Vermögensverhältnissen während der Lebenspartnerschaft angemessenen Unterhalt verlangen. 53

> *Hinweis:*
> *Wie die gleichlautende Vorschrift des § 1361 Abs. 1 Satz 1 BGB für Eheleute gewährt das LPartG damit dem ökonomisch schwächeren Lebenspartner eine Lebensstandardgarantie.*

Ob dies die Übertragung der zu § 1361 BGB entwickelten Grundsätze in vollem Umfang rechtfertigt, erscheint gleichwohl zweifelhaft (vgl. dazu Teil 6 Rn. 11 ff.). Der Anspruch auf ehelichen Trennungsunterhalt bemisst sich grundsätzlich nach dem Stand der jeweiligen wirtschaftlichen Verhältnisse, an deren Entwicklung bis zur Scheidung die Ehegatten gemeinschaftlich teilhaben (st. Rspr. des BGH: FamRZ 1988, 256 [257]). Wenn dies auch für die Lebenspartnerschaft gelten soll (so Büttner, FamRZ 2001,1107), steht das jedenfalls nicht mit der **Gesetzesbegründung** im Einklang. Denn danach (BT-Drucks. 14/3751 S. 41) sind die **Verhältnisse im Zeitpunkt der Trennung für die Höhe des Anspruchs maßgebend**. Die Unterhaltsbeziehungen von Lebenspartnern sind mehr als die von Eheleuten vom Grundsatz der Eigenverantwortlichkeit (s. Rn. 56) geprägt. Daraus könnte man die Schlussfolgerung ziehen, dass trotz wörtlicher Übereinstimmung des § 12 Abs. 1 Satz 1 LPartG mit § 1361 Abs. 1 Satz 1 BGB für die Bestimmung des angemessenen Trennungsunterhalts die partnerschaftlichen Lebensverhältnisse nicht fortgeschrieben zu werden brauchen. Auch unter dieser Voraussetzung muss aber die **Ausstrahlung der geänderten Rechtsprechung des BGH (FamRZ 2001, 986) für die Bestimmung der ehelichen Lebensverhältnisse beim nachehelichen Unterhalt auf den Trennungsunterhalt berücksichtigt** werden. Danach werden die ehelichen (=partnerschaftlichen) Lebensverhältnisse von der **Familienarbeit als eine der Erwerbstätigkeit gleichwertigen Tätigkeit mitgeprägt**, an deren Stelle eine **nach der Trennung aufgenommene Erwerbstätigkeit** als **Surrogat** tritt (BGH, a. a. O., 991). In derartigen Fällen ist der Unterhaltsanspruch nunmehr nach der **Differenzmethode** zu berechnen (wenig überzeugend a. A. Kemper, FPR 2001, 456 mit Hinweis darauf, dass im LPartG die Gleichstellung zwischen Barunterhalt und Haushaltsführung fehle).

Nach dem Wortlaut des Gesetzes besteht – anders als nach § 1361 Abs. 1 Satz 2 BGB bei getrennt lebenden Eheleuten – **kein Vorsorgeunterhaltsanspruch** ab Rechtshängigkeit eines Aufhebungsverfahrens. Damit wäre der Anspruch schwächer als der nach Aufhebung der Lebenspartnerschaft (§ 16 Abs. 2 Satz 2 LPartG i. V. m. § 1578 Abs. 3 BGB). Es wird daher die **Auffassung vertreten** (Büttner, FamRZ 2001, 1107), dass auch ohne ausdrückliche Verweisung auf § 1361 Abs. 1 Satz 2 BGB zum angemessenen Unterhalt in der Trennungszeit **ab Rechtshängigkeit** ein **Altersvorsorgeunterhaltsanspruch** gehört (a. A. Kemper, FPR 2001, 455). 54

Durch den Verweis auf § 1610a BGB in § 12 Abs. 2 Satz 2 LPartG ist klargestellt, dass wie beim ehelichen Trennungsunterhaltsanspruch (§ 1361 Abs. 1 Satz 1 Hs. 2 BGB) bei Sozialleistungen für Aufwendungen infolge eines Körper- oder Gesundheitsschadens (vgl. im Einzelnen dazu Palandt/Diederichsen, BGB, § 1610a Rn. 4) vermutet wird, dass sie nur die Kosten des Aufwands abdecken und deshalb für die Bedarfsberechnung des Unterhaltsgläubigers und die Leistungsfähigkeit des Unterhaltsschuldners unberücksichtigt bleiben. 55

bb) Eigenverantwortlichkeit

56 Nach § 12 Abs. 1 Satz 2 LPartG kann der nicht erwerbstätige Lebenspartner im Regelfall darauf verwiesen werden, seinen Unterhalt durch eine Erwerbstätigkeit selbst zu verdienen. Die Bestimmung entspricht § 1361 Abs. 2 BGB mit zwei gravierenden Einschränkungen. Durch die Schutzvorschrift des § 1361 Abs. 2 BGB soll verhindert werden, dass der nicht erwerbstätige Ehegatte sofort nach der Trennung gezwungen wird, sich auf die Auflösung der Ehe einzustellen, so dass ihn im Normalfall erst nach Ablauf des Trennungsjahres eine Erwerbsobliegenheit trifft (BGH, FamRZ 2001, 350 [351] m. w. N.). Für die Lebenspartnerschaft wird dagegen mit dem Verzicht auf das in § 1361 Abs. 2 BGB verwendete Wort „nur" bestimmt, „dass im Falle einer sich auflösenden Lebenspartnerschaft die Mobilisierung der eigenen Arbeitsleistung als Unterhaltsmittel ... zumutbar erscheint" (BT-Drucks. 14/3751 S. 42).

> *Hinweis:*
>
> *Dadurch wird die **widerlegbare Vermutung** begründet, dass grundsätzlich **jeder Lebenspartner unmittelbar nach der Trennung seinen Unterhaltsbedarf durch eigene Erwerbstätigkeit decken kann** und er bereits in der Trennungsphase darlegungs- und beweispflichtig dafür ist, dass ihm das nicht möglich ist (Palandt/Brudermüller, BGB, § 12 LPartG Rn. 7, 11; Büttner, FamRZ 2001, 1107).*

Ferner fehlt der in § 1361 Abs. 2 BGB aufgenommene Hinweis auf die Erwartung der Aufnahme einer Erwerbstätigkeit „insbesondere wegen einer früheren Erwerbstätigkeit". Anders als beim Ehegattenunterhalt (BGH, FamRZ 1988, 1145 [1146]; KG, FamRZ 1991, 1188 [1189]) kann sich der getrennt lebende Lebenspartner deshalb **nicht darauf beschränken, sich um eine seiner beruflichen Qualifikation entsprechenden angemessene Erwerbstätigkeit nach den Maßstäben des § 1374 Abs. 2 BGB zu bemühen** (a. A. Muscheler, Das Recht der eingetragenen Lebenspartnerschaft, Rn. 236, der in der fehlenden Verweisung auf eine frühere Erwerbstätigkeit keinen sachlichen Unterschied zu § 1361 Abs. 2 BGB sieht). Des Weiteren trifft die sofort einsetzende Erwerbsobliegenheit grundsätzlich auch den Lebenspartner, der noch nie berufstätig war. Im Übrigen ist der Lebenspartner unter den gleichen Voraussetzungen wie der Ehegatte (persönliche Verhältnisse, Dauer der Lebenspartnerschaft und wirtschaftliche Verhältnisse der Lebenspartner) von einer Erwerbsobliegenheit befreit.

cc) Härteklausel

57 Gem. **§ 12 Abs. 2 LPartG** ist ein Unterhaltsanspruch zu versagen, herabzusetzen oder zeitlich zu begrenzen, soweit die Inanspruchnahme des Verpflichteten unbillig wäre. Im Unterschied zur Härteklausel für den nachpartnerschaftlichen Unterhalt mit der Verweisung auf § 1579 BGB in § 16 Abs. 2 LPartG enthält die Vorschrift **keine Angabe der Härtegründe** (i. S. v. § 1579 Nr. 1 – 7 BGB), deren Vorliegen erst die **gesonderte zusätzliche Billigkeitsprüfung** ermöglicht (BGH, FamRZ 1998, 541). Die in § 1579 Nr. 1 – 6 BGB aufgezählten Härtegründe konkretisieren die Zumutbarkeitsgrenzen für den Eingriff in die Handlungsfreiheit des Unterhaltsverpflichteten und stellen zugleich sicher, dass der Eingriff die vom Grundsatz der Verhältnismäßigkeit gezogenen Grenzen nicht überschreitet (BVerfG, FamRZ 1981, 745 [748]). Es bietet sich deshalb an, dieselben Maßstäbe für den Trennungsunterhaltsanspruch des Lebenspartners anzulegen, wobei – wie beim ehelichen Trennungsunterhalt (vgl. § 1361 Abs. 3 BGB) – die kurze Dauer der Lebenspartnerschaft die Anwendung der Härteklausel nicht rechtfertigt (wegen der Härtegründe im Einzelnen wird auf Teil 6 Rn. 312 ff. verwiesen).

> *Hinweis:*
> **Die Härteklausel greift** nicht erst bei grober Unbilligkeit, d.h. wenn und soweit die Inanspruchnahme des Verpflichteten dem Gerechtigkeitsgefühl in unerträglicher Weise widerspricht (BGH, FamRZ 1982, 582), sondern **schon bei „einfacher"** **Unbilligkeit**. Wie beim Vorsorgeunterhalt (s. o. Rn. 54) wäre der Unterhaltsanspruch während der noch bestehenden Partnerschaft deshalb schwächer als der nach deren Aufhebung, weil § 16 Abs. 2 LPartG auf § 1579 BGB verweist, wo grobe Unbilligkeit verlangt wird.

58

Dies könnte in den Fällen, in denen die Inanspruchnahme des Unterhaltsschuldners zwar unbillig ist, die Schwelle zur groben Unbilligkeit aber noch nicht überschritten hat, dazu führen, dass der Trennungsunterhalt entfällt, nach Aufhebung der Lebenspartnerschaft als nachpartnerschaftlicher Unterhalt aber wieder auflebt. Um dieses widersinnige Ergebnis zu vermeiden, wird vielfach die Meinung vertreten, dass die Billigkeitsmaßstäbe für die §§ 12, 16 LPartG die Gleichen sein sollten. Da einerseits die gegenüber getrennt lebenden Ehegatten niedrigere Schwelle für die Härteklausel die Folge grundsätzlich größerer wirtschaftliche Eigenständigkeit getrennt lebender Lebenspartner sein soll (so Meyer-Mittelstädt, Das Lebenspartnerschaftsgesetz, Anm. zu § 13) und andererseits § 16 Abs. 2 LPartG insoweit nur eine entsprechende Anwendung des § 1579 BGB vorsieht, erscheint die Auffassung (Büttner, FamRZ 2001, 1108; so wohl auch Palandt/Brudermüller, BGB, § 12 LPartG Rn. 9), dass auch beim nachpartnerschaftlichen Unterhalt (s. dazu unten Rn. 87) schon einfache Unbilligkeit den Anspruch einschränken oder ausschließen kann, am ehesten vertretbar (a. A. Bruns/Kemper, LPartG, § 12 Rn. 34; Kemper, FPR 2001, 455; Empfehlungen des 14. DFGT, FamRZ 2002, 297: Anwendung der Härteklausel auch für den Trennungsunterhalt nur bei grober Unbilligkeit).

dd) Sonstiges

Durch die Verweisung in § 12 Abs. 2 Satz 2 LPartG auf § 1361 Abs. 4 BGB und die Weiterverweisungen auf §§ 1360a, 1613 – 1615 BGB (Prozesskostenvorschussanspruch, Sonderbedarf, Unterhalt für die Vergangenheit nur unter beschränkten Voraussetzungen, Unzulässigkeit eines Unterhaltsverzichts für die Zukunft) ist insoweit die Rechtslage dieselbe wie vor der Trennung. Das Gleiche gilt für die Rangfragen (s. o. Rn. 31).

59

b) Hausrat

Gem. **§ 13 LPartG kann** nach der Trennung **jeder Lebenspartner die ihm gehörenden Haushaltsgegenstände herausverlangen** außer denen, die der andere unter Billigkeitsgesichtspunkten für seine Haushaltsführung benötigt. Gemeinsame Haushaltsgegenstände sind nach den Grundsätzen der Billigkeit zu verteilen, wobei für die Benutzung eine Vergütung festgesetzt werden kann. Eingriffe in die Eigentumsverhältnisse sind vorbehaltlich einer anderweitigen Vereinbarung der Lebenspartner unzulässig. Insoweit ist die Vorschrift **mit** der des **§ 1361a BGB** für getrennt lebende Ehegatten **identisch**, so dass auf die entsprechende Kommentierung verwiesen werden kann (s. Teil 3 Rn. 431 ff.; Palandt/Brudermüller, BGB, § 1361a).

60

> *Hinweis:*
> Nach dem Wortlaut des § 13 Abs. 2 Satz 2 LPartG beschränkt sich die **Entscheidungsbefugnis des Familiengerichts** auf die **Vergütungsfestsetzung** für die Benutzung von Hausratsgegenständen. Es handelt sich dabei offensichtlich um ein Versehen, so dass wie bei § 1361a Abs. 3 BGB das Gericht auch zu entscheiden hat, wenn sich die Lebenspartner über die **Verteilung gemeinsamer Haushaltsgegenstände** nicht einigen können (Palandt/Brudermüller, BGB, § 13 LPartG Rn. 1; Muscheler, Das Recht der eingetragenen Lebenspartnerschaft, Rn. 238).

c) Wohnung

61 Nach § 14 LPartG in der Fassung des Gewaltschutzgesetzes (GewSchG) vom 11.12. 2001 (BGBl. I S. 3513) kann ein Lebenspartner die **Überlassung der gemeinsamen Wohnung zur teilweisen oder alleinigen Nutzung** verlangen, „soweit dies auch unter Berücksichtigung der Belange des anderen Lebenspartners nötig ist, um eine **unbillige Härte** zu vermeiden", die auch dann gegeben sein kann, „wenn das Wohl von im Haushalt lebenden Kindern beeinträchtigt ist." Wie in der mit § 1361b BGB identischen Vorschrift für Eheleute ist damit die **Eingriffsschwelle gegenüber der früheren Rechtslage (schwere Härte) für die Überlassung der Wohnung abgesenkt worden** (Begründung zum Regierungsentwurf BT-Drucks. 14/5429 S. 21). Die strenge Judikatur zu den Eingriffsvoraussetzungen (vgl. Teil 3 Rn. 444 ff.) ist damit gegenstandslos. Die Beeinträchtigung des Wohles von Kindern – auch Stiefkindern – war auch schon vorher ohne ausdrückliche gesetzliche Regelung in die Härteprüfung miteinzubeziehen (KG, FamRZ 1991, 467; OLG Bamberg, FamRZ 1995, 560).

62 § 14 Abs. 2 LPartG konkretisiert (vgl. Schwab, FamRZ 1999, 1321) den Härtebegriff **bei der Anwendung von oder der Bedrohung mit Gewalt**. In derartigen Fällen ist dem Opfer „**in der Regel die gesamte Wohnung zur alleinigen Benutzung zu überlassen.**" Eine Ausnahme von der Alleinzuweisung wird nur dort gemacht werden können, wo die Wohnverhältnisse so großzügig bemessen sind, dass mit einem Zusammentreffen der zerstrittenen Partner nicht zu rechnen ist (BT-Drucks. 14/5429 S. 21). Der Anspruch ist **ausgeschlossen, wenn keine Wiederholungsgefahr besteht** (§ 14 Abs. 2 Satz 2 LPartG), wofür der „Täter" die Feststellungslast trägt (vgl. Schwab, a. a. O.; Coester, FamRZ 1993, 252). Nach dem Wortlaut dürfen „keine **weiteren** Verletzungen **und** . . . Drohungen zu besorgen" seien. Danach müssten kumulativ sowohl Verletzungen und Drohungen zuvor („weitere") begangen worden, als auch in der Zukunft nicht zu befürchten sein (in der Begründung ist anstelle von „und" noch „oder" verwandt: BT-Drucks. 14/5429 S. 33). Dies hätte das widersprüchliche Ergebnis zur Folge, dass z. B. bei bloßer Gewaltandrohung ohne Wiederholungsgefahr die Wohnung geräumt werden müsste. Auch bei fehlender Wiederholungsgefahr verbleibt es bei der Alleinzuweisung, wenn „dem **verletzten** Lebenspartner das weitere Zusammenleben mit dem anderen wegen der Schwere der Tat nicht zumutbar ist."

> *Hinweis:*
> *Diese doppelte Härteklausel gilt nach ihrem Wortlaut also nur bei der Anwendung von Gewalt, nicht jedoch bei der Bedrohung mit Gewalt.*

63 Die **Wohlverhaltensklausel des § 14 Abs. 3 Satz 1 LPartG** verlangt vom weichenden Lebenspartner, „alles zu unterlassen, was geeignet ist, die Ausübung dieses Nutzungsrechts zu erschweren oder zu vereiteln." Dazu gehört das Verbot, das Mietverhältnis über die Wohnungsüberlassung zu kündigen oder die Wohnung zu veräußern. Ein Verstoß dagegen würde zwar das Mietverhältnis auflösen, wenn der „Täter" Alleinmieter ist und die Wohnung kündigt. Da er aber die Wohnung wegen der berechtigten Nutzung des anderen Lebenspartners nicht herausgeben kann, müsste er nach § 546a BGB die ortsübliche Miete zahlen. Wenn das Familiengericht eine Verbotsanordnung gem. § 14 Abs. 3 Satz 1 LPartG erlässt, stellt sich das als ein **relatives Veräußerungsverbot** (= Verfügungsverbot, vgl. Palandt/Heinrichs, BGB, § 136 Rn. 1) i. S. d. § 136 BGB dar, so dass die dagegen verstoßenden Verfügungen zugunsten des Wohnungsinhabers unwirksam sind. Mit der Wohlverhaltensklausel wird ferner klargestellt, dass auch alle tatsächlichen Beeinträchtigungshandlungen untersagt sind (BT-Drucks. 14/5429 S. 33).

64 Der weichende Lebenspartner kann ein **Nutzungsentgelt** verlangen, soweit dies der Billigkeit entspricht (§ 14 Abs. 3 Satz 2 LPartG).

§ 14 Abs. 4 LPartG begründet eine **unwiderlegbare Vermutung** für den Überlassungswillen zur alleinigen Nutzung zugunsten eines Lebenspartners, wenn der andere die gemeinsame Wohnung in Trennungsabsicht verlassen und nicht innerhalb von sechs Monaten seine ernstliche Rückkehrabsicht bekundet hat. Damit braucht der in der Wohnung verbliebene Lebenspartner die Rückkehr des ausgezogenen Lebenspartner in die Wohnung nicht zu dulden. 65

d) Sonstiges

Die **Trennung** der Lebenspartner löst verschiedene weitere Rechtsfolgen aus. So enden Schlüsselgewalt (§ 8 Abs. 2 LPartG i. V. m. § 1357 Abs. 3 BGB) und die Eigentumsvermutung bei Sachen, die sich im Besitz eines Lebenspartners befinden (§ 8 Abs. 1 Satz 1 LPartG i. V. m. § 1362 Abs. 1 Satz 2 BGB). Dem getrennt lebenden Partner steht kein kleines Sorgerecht mehr zu (§ 9 Abs. 4 LPartG, s. o. Rn. 23). Dafür hat er unter bestimmten Umständen ein Umgangsrecht (s. o. Rn. 25). Die Trennung ist Einsatzzeitpunkt für den Beginn der Drei-Jahresfrist für die Geltendmachung des vorzeitigen Überschussausgleichs gem. § 6 Abs. 2 Satz 4 LPartG i. V. m. § 1385 BGB (s. o. Rn. 33 f.). 66

IV. Beendigung der Lebenspartnerschaft

1. Aufhebung

a) Aufhebung durch gerichtliches Urteil

Die Lebenspartnerschaft kann wie die Ehe **nur durch gerichtliches Urteil aufgehoben werden** (§ 15 Abs. 1 LPartG). Vertragliche Vereinbarungen, die Möglichkeit der Aufhebung gänzlich oder auch nur auf Zeit abzubedingen, sind unzulässig, erschwerende Bedingungen wie z. B. die Zahlung einer hohen Abfindung für den Fall der Aufhebung aber möglich (BGH, FamRZ 1986, 655; FamRZ 1990, 372 für die Ehescheidung). 67

b) Aufhebungsvoraussetzungen

Das Gericht hebt **auf Antrag** die Lebenspartnerschaft auf **nach Ablauf von einem Jahr** nach Abgabe der einverständlichen (§ 15 Abs. 2 Nr. 1 LPartG) und **nach Ablauf von drei Jahren** nach Abgabe der einseitigen Erklärung eines Lebenspartners (§ 15 Abs. 2 Nr. 2 LPartG), die Lebenspartnerschaft nicht fortsetzen zu wollen. Das Gesetz knüpft somit nur an die **Willensentscheidung der Lebenspartner** und den Ablauf von **Wartefristen** an, nicht jedoch an Trennungsfristen oder die Feststellung, dass die Lebenspartnerschaft gescheitert ist. Manipulationen wie die von Trennungszeiten bei vorfristigen Ehescheidungen sind deshalb nicht möglich. Ob die damit verbundene Schlechterstellung von Lebenspartnern durch sog. „Vorratserklärungen" ausgeglichen werden darf, ist strittig (bejahend Muscheler, Das Recht der eingetragenen Lebenspartnerschaft, Rn 247; Dethloff, NJW 2001, 2603; verneinend Palandt/Brudermüller, BGB, § 15 LPartG Rn. 2; Empfehlungen des 14. DFGT, FamRZ 2002, 297; offen gelassen Finger, MDR 2001, 202; vermittelnd Grziwotz, DNotZ 2001, 294: unzulässig als Verpflichtung im Lebenspartnerschaftsvertrag zur periodischen Abgabe der Aufhebungserklärung, zulässig als ad hoc-Verpflichtung). Da es nur auf die Aufhebungserklärungen ankommt, bleiben sie auch dann wirksam, wenn die Lebenspartner nach deren Abgabe wie bisher zusammenleben und eine volle Lebensgemeinschaft praktizieren (Muscheler, Das Recht der eingetragenen Lebenspartnerschaft, Rn. 247). Die einverständliche Aufhebung ist auch nicht wie die einverständliche Scheidung nach § 630 ZPO an das Vorhandensein bestimmter Vereinbarungen, z. B. über den Unterhalt und die gemeinschaftliche Wohnung gebunden (Bruns/Kemper, LPartG, § 661 ZPO Rn. 131). 68

Ohne Wartefrist wird nach **§ 15 Abs. 2 Nr. 3 LPartG** die Lebenspartnerschaft aufgehoben, wenn ihre **Fortsetzung „für den Antragsteller aus Gründen, die in der Person des anderen Lebenspartners liegen, eine unzumutbare Härte wäre."** Dies entspricht § 1565 Abs. 2 BGB für die Ehescheidung, so dass insoweit auf die entsprechende Kommentierung verwiesen wird (vgl. Teil 8 69

Rn. 8 ff.). Wie im Scheidungsfall muss es dem Antragsteller unzumutbar sein, „das (formelle) Lebenspartnerschaftsband weiter bestehen zu lassen" (BT-Drucks. 14/3751 S. 41), d.h. durch die Lebenspartnerschaft weiter miteinander verbunden zu sein (BGH, FamRZ 1981, 127). Wegen der fehlenden Manipulationsmöglichkeiten im fristgebundenen Aufhebungsverfahren wird davon ausgegangen, dass einerseits die Härteregelung stärker als ihre Parallelvorschrift im Scheidungsrecht in Anspruch genommen wird (Dethloff, NJW 2001, 2603) und andererseits geringere Anforderungen an die unzumutbare Härte als nach § 1565 Abs. 2 BGB gestellt werden (Muscheler, Das Recht der eingetragenen Lebenspartnerschaft, Rn. 246; Kaiser, FamRZ 2002, 872).

70 Eine **Härteklausel,** die entsprechend § 1568 BGB die Auflösung der Lebenspartnerschaft verhindert, enthält das LPartG nicht.

71 Die Erklärungen, die Lebenspartnerschaft nicht fortsetzen zu wollen, müssen nach § 15 Abs. 4 LPartG **persönlich abgegeben** und **öffentlich beurkundet** werden; sie dürfen keine Bedingung oder Zeitbestimmung enthalten. Die einseitige Aufhebungserklärung muss dem anderen Lebenspartner zugestellt werden (§ 15 Abs. 2 Nr. 2 LPartG).

72 Die Lebenspartner können ihre Erklärungen, die Lebenspartnerschaft nicht fortsetzen zu wollen, bis zur Aufhebung **widerrufen** (§ 15 Abs. 3 Satz 1 LPartG), d.h. bis zur rechtskräftigen Entscheidung, während bei der einverständlichen Scheidung dies nach § 630 Abs. 2 Satz 1 ZPO nur bis zum Schluss der mündlichen Verhandlung, auf die das Urteil ergeht, zulässig ist. Für den Widerruf gelten dieselben Formerfordernisse wie für die Aufhebungserklärung selbst (§ 15 Abs. 4 Satz 1 LPartG). Nach dem Wortlaut des Gesetzes ist allerdings für den einseitigen Widerruf eine Zustellung nicht erforderlich (kritisch dazu Muscheler, Das Recht der eingetragenen Lebenspartnerschaft, Rn. 249). Wird eine einverständliche Aufhebungserklärung von einem Lebenspartner widerrufen, so verlängert sich die Wartefrist auf drei Jahre seit Abgabe der einverständlichen Erklärung (§ 15 Abs. 3 Satz 2 LPartG). Dies eröffnet dem anderen Lebenspartner Manipulationsmöglichkeiten. Hat er sich erst später einer Nichtfortsetzungserklärung seines Lebenspartners angeschlossen, läuft die 36-Monatsfrist erst von dem Zeitpunkt an, an dem der aufhebungsunwillige Lebenspartner seine Nichtfortsetzungserklärung widerruft. Dadurch würde die dem anderen Lebenspartner zustehende 36-Monatsfrist des § 15 Abs. 2 Nr. 2 LPartG verlängert werden. Deswegen wird vorgeschlagen (Kaiser, FamRZ 2002, 871), die 36-Monatsfrist nur in den Fällen vom Beginn der zweiten Nichtfortsetzungserklärung an laufen zu lassen, in denen die Lebenspartner entsprechend § 15 Abs. 2 Nr. 1 LPartG von der Zustellung der Nichtfortsetzungserklärung Abstand genommen haben, sie hingegen schon nach Abgabe der ersten Nichtfortsetzungserklärung in Lauf zusetzen, wenn die – zeitlich versetzten – übereinstimmenden Nichtfortsetzungserklärungen nach § 15 Abs. 2 Nr. 2 LPartG zugestellt worden sind.

> *Hinweis:*
> *Fehlgeschlagene „Versöhnungsversuche" in Form einer zurückgenommenen Widerrufserklärung haben anders als bei Eheleuten (§ 1567 Abs. 2 BGB) nicht nur die Hemmung oder Unterbrechung der Wartefrist zur Folge, sondern beenden ihren Ablauf. Danach muss ein neuer Nichtfortsetzungsantrag gestellt werden, um die Wartefrist abermals in Lauf zu setzen.*

2. Rechtsfolgen

a) Unterhalt

aa) Allgemeines – Grundsatz der Eigenverantwortlichkeit

73 Während das BGB 22 Paragraphen für die Regelung des nachehelichen Unterhalts benötigt, begnügt sich das LPartG mit einer Bestimmung. § 16 LPartG enthält alle Strukturelemente eines Unterhaltsanspruchs, nämlich die Unterhaltstatbestände, den Bedarf des Gläubigers und – insoweit

allerdings durch Verweisung – die Grenzen der Leistungsfähigkeit des Schuldners. Wie bereits beim Trennungsunterhalt steht der **Grundsatz der Eigenverantwortlichkeit** im Vordergrund. Nach den Vorstellungen des Gesetzgebers (BT-Drucks. 14/3751 S. 42) sind „Tatbestände, die der Annahme der wirtschaftlichen Selbständigkeit von Lebenspartnern nach Aufhebung ihrer Partnerschaft entgegenstehen können, ... nur in Ausnahmefällen zu erwarten." Danach besteht bei der Lebenspartnerschaft ein **Regel-Ausnahme-Verhältnis,** wogegen beim nachehelichen Unterhalt nach verbreiteter Auffassung (Palandt/Brudermüller, BGB, vor § 1569 Rn. 4) die Grundsätze der Eigenverantwortung und der nachwirkenden Mitverantwortung gleichgewichtig nebeneinander stehen.

Trotz des stärker ausgeprägten Grundsatzes der Eigenverantwortlichkeit auch beim Trennungsunterhalt gegenüber dem bei Eheleuten (vgl. oben Rn. 73) besteht auch beim nachpartnerschaftlichen Unterhalt **keine Identität mit dem Trennungsunterhalt,** weil sich sowohl die Grundlagen als auch die Bemessungskriterien beider Ansprüche unterscheiden (zum Ehegattenunterhalt BGH, FamRZ 1981, 242; so auch Palandt/Brudermüller, BGB, § 16 LPartG Rn. 18; Büttner, FamRZ 2001, 1108). Der Unterhalt kann deshalb erst vom Zeitpunkt der rechtskräftigen Aufhebung der Lebenspartnerschaft an verlangt werden. 74

§ 16 LPartG enthält nach dem Wortlaut im Unterschied zu den nachehelichen Unterhaltstatbeständen der §§ 1571, 1572 BGB **keine Einsatzzeitpunkte** (im Zeitpunkt der Scheidung usw.), so dass es auf einen zeitlichen Bezug zur Beendigung der Lebenspartnerschaft nicht ankäme und der Unterhaltsanspruch – wie nach dem früheren § 58 EheG – auch noch Jahre später entstehen könnte (so auch Schwab, Familienrecht Rn. 902; Muscheler, Rn. 262). Damit wäre der Lebenspartner in verfassungsrechtlich zweifelhafter Weise (vgl. Beck, NWS 2001, 1899; s. auch Empfehlungen des 14. DFGT, FamRZ 2002, 297) besser gestellt als der geschiedene Ehegatte. Im Hinblick darauf, dass wegen des Grundsatzes der Eigenverantwortlichkeit die Unterhaltsansprüche „den Charakter von ausnahmsweise eingreifenden Billigkeitsnormen haben" (Büttner, FamRZ 2001, 1109), ist **auch beim nachpartnerschaftlichen Unterhaltsanspruch darauf abzustellen, dass seine materiellen Voraussetzungen zum Zeitpunkt der Aufhebung der Partnerschaft vorliegen müssen,** wogegen ein erst später eintretender Verlust der Fähigkeit, für sich selbst sorgen zu können, keinen Anspruch begründet (so auch Battes, FuR 2002, 118; Büttner, a. a. O.; Palandt/Brudermüller, BGB, § 16 LPartG Rn. 2; Bruns/Kemper, LPartG, § 16 Rn. 37). 75

bb) Unterhaltstatbestände

Im Unterschied zum nachehelichen Unterhalt ist der nachpartnerschaftliche **Unterhaltstatbestand des § 16 Abs. 1 LPartG als Generalklausel mit Beispielsfällen,** nämlich Alter sowie Krankheit oder Gebrechen, ausgestaltet. Für die Tatbestandsvoraussetzungen dieser Beispielsgruppe kann deshalb auf die Kommentierung zu den §§ 1571, 1572 BGB verwiesen werden. Unter die Generalklausel fallen im Übrigen Tatbestände, die beim geschiedenen Ehegatten Billigkeitsansprüche nach § 1576 BGB begründen. So ist zwar mangels rechtlicher Zuordnung zum anderen Lebenspartner ein dem § 1570 BGB entsprechender Betreuungsunterhalt ausgeschlossen. Ein Lebenspartner kann sich aber unter Umständen wegen der Betreuung seines in die Partnerschaft mitgebrachten oder während der Partnerschaft geborenen oder adoptierten Kindes auf einen vom anderen Lebenspartner mitgeschaffenen Vertrauenstatbestand berufen und deshalb Unterhalt verlangen (Palandt/Brudermüller, BGB, § 16 LPartG Rn. 5, 6; Muscheler, Das Recht der eingetragenen Lebenspartnerschaft, Rn. 262; Büttner, FamRZ 2001, 1109; Kemper, FPR 2001, 456; BGH, FamRZ 1984, 361 [363]). Soll eine Besserstellung des nachpartnerschaftlichen gegenüber dem nachehelichen Unterhalt vermieden werden (Beck, NJW 2001, 1899; Büttner, a. a. O.; Empfehlungen des 14. DFGT, FamRZ 2002, 297), kann der Anspruch allerdings erst dann bestehen, wenn die Versagung von Unterhalt unter Berücksichtigung der Belange beider Partner grob unbillig wäre, d.h. seine Vorenthaltung dem Gerechtigkeitsempfinden in unerträglicher Weise widerspräche (BGH, a. a. O.). 76

77 Die gesetzlichen Voraussetzungen des Anspruchs werden darüber hinaus durch die fehlende Erwartung einer Erwerbstätigkeit „wegen" des Alters usw. konkretisiert. Beim geschiedenen Ehegatten drückt sich die Konkretisierung in einer Beschränkung der Erwerbsobliegenheit auf eine angemessene Beschäftigung nach den Maßstäben des § 1574 BGB aus (BGH, FamRZ 1983, 144 [145]). Die Ausdehnung dieser Grundsätze auf die Lebenspartnerschaft (bejahend Bruns/Kemper, LPartG, § 16 LPartG Rn. 16) erscheint zumindest zweifelhaft. Die Gesetzesbegründung (BT-Drucks. 14/3751 S. 42), dass Unterhaltsvoraussetzung die „Unerreichbarkeit einer angemessenen Erwerbstätigkeit" sei, findet im Gesetzeswortlaut keine Stütze. In die Verweisungsvorschrift des § 16 Abs. 2 Satz 2 LPartG ist § 1574 BGB nicht aufgenommen. **Nach der Mehrheitsmeinung (Muscheler, Das Recht der eingetragenen Lebenspartnerschaft, Rn. 262; Palandt/Brudermüller, BGB, § 16 LPartG Rn. 7; Büttner, FamRZ 2001, 1109; Grziwotz, DNotZ 2001, 296; Kaiser, JZ 2001, 622) kann deshalb vom Lebenspartner jede Erwerbstätigkeit erwartet werden, die ihm nach seinen persönlichen Verhältnissen zumutbar ist.** Folgt man dieser Auffassung, kann die Generalklausel des § 16 LPartG keine Ansprüche auf Aufstockungs- und Ausbildungsunterhalt begründen, weil die entsprechenden Tatbestände (§§ 1573 Abs. 2, 1575 BGB) an das Fehlen einer angemessenen Beschäftigung anknüpfen. Im Übrigen **schließen nach dem Wortlaut des Gesetzes („soweit und solange") jedwede erzielten oder erzielbaren Einkünfte unabhängig von ihrer Höhe und damit auch von den lebenspartnerschaftlichen Verhältnissen einen Unterhaltsanspruch aus,** so dass auch aus diesem Grund Aufstockungsunterhalt nicht in Betracht kommt (so auch Muscheler, a. a. O.; Büttner, a. a. O.). Arbeitslosenunterhalt (§ 1573 Abs. 1 BGB) dürfte ein Lebenspartner bei nur durch seine persönlichen Verhältnisse beschränkter Erwerbsobliegenheit auch in Zeiten der Massenarbeitslosigkeit nur verlangen können, wenn auch die Voraussetzungen der Beispielsfälle des § 16 Abs. 1 LPartG, nämlich Krankheit oder Alter, erfüllt sind (so im Ergebnis auch Muscheler, a. a. O.; Palandt/Brudermüller, a. a. O.; Büttner, a. a. O.; a. A. Kaiser, JZ 2001, 622; Kemper, FPR 2001, 456) Wegen der Subsidiarität des Arbeitslosenunterhaltsanspruchs (BGH, FamRZ 1988, 927 [928]) würde dann aber der Krankheits- bzw. Altersunterhalt vorgreiflich sein. Damit entfiele die (von Palandt/Brudermüller, a. a. O.; Büttner, a. a. O., für den nachpartnerschaftlichen Arbeitslosenunterhalt empfohlene) Möglichkeit einer Befristung dieses Anspruchs, die allenfalls in entsprechender Anwendung des § 1573 Abs. 5 BGB in Frage käme.

cc) Bedarf

78 Nach § 16 Abs. 1 LPartG wird der Bedarf wie bei Eheleuten durch **die Lebensverhältnisse während der gelebten Partnerschaft** bestimmt. § 16 Abs. 2 Satz 2 LPartG verweist im Übrigen nahezu global auf § 1578 BGB. Der volle Unterhalt kann wie bei Eheleuten zeitlich befristet und danach nach Billigkeitsgesichtspunkten abgesenkt werden (§ 16 Abs. 2 Satz 2 LPartG i. V. m. § 1578 Abs. 1 Satz 2 Hs. 1 BGB). Der Lebenspartner kann auch Krankheits- und Altersvorsorgeunterhalt verlangen (§ 16 Abs. 2 Satz 2 LPartG i. V. m. § 1578 Abs. 2 und 3 BGB). Wie beim Trennungsunterhalt (s. oben Rn. 55) findet durch die Doppelverweisung (§ 16 Abs. 2 Satz 2 LPartG, § 1578a BGB) § 1610a BGB für bestimmte Sozialleistungen Anwendung. Wegen der Einzelheiten der Bedarfsermittlung kann auf die entsprechende Kommentierung in diesem Arbeitsbuch verwiesen werden (s. Teil 6 Rn. 176 ff.). Daneben bestehen aber gravierende Unterschiede.

79 Das 1. EheRG gewährte mit § 1578 Abs. 1 BGB dem geschiedenen Ehegatten zunächst eine zeitlich unbegrenzte, später durch § 1578 Abs. 1 Satz 2 und 3 BGB eingeschränkte Lebensstandardgarantie, die er bei eigene nicht ausreichenden Einkommen über den Aufstockungsunterhalt des § 1573 Abs. 2 BGB realisieren kann. Dagegen entfällt für den Lebenspartner auch bei unzulänglichen Einkünften ein Unterhaltsanspruch (s. vorstehend Rn. 77). **Die Lebensstandardgarantie des LPartG beschränkt sich** folglich bereits vor der Billigkeitsprüfung gem. § 16 Abs. 2 Satz 2 LPartG i. V. m. § 1578 Abs. 1 Satz 2 BGB **auf den nicht erwerbstätigen bzw. nicht erwerbsfähigen Lebenspartner.**

Zeitlicher Anknüpfungspunkt für die Bedarfsermittlung ist beim Ehegattenunterhalt die **Rechts-** 80
kraft der Scheidung (BGH, FamRZ 1995, 346 [347] m. w. N.). Folgt man der in der **Gesetzes-**
begründung zum Ausdruck gekommenen Auffassung (BT-Drucks. 14/3751 S. 41; s. oben Rn. 53),
kommt es für die **Bedarfsberechnung** des Getrenntlebendenunterhalts auf den **Zeitpunkt der**
Trennung an. Da der nachpartnerschaftliche Anspruch nicht stärker sein kann, müsste dies auch
für ihn gelten. Wie bereits beim Trennungsunterhalt dargestellt, wäre im Zuge der geänderten
BGH-Rechtsprechung zur Anrechnungs- und Differenzmethode (BGH, FamRZ 2001, 986; s. oben
Rn. 53) allerdings bei der Aufnahme einer Beschäftigung des zuvor nicht berufstätiger Lebenspartners nach der Trennung eine andere Beurteilung geboten.

Folgt man der Auffassung, dass den Lebenspartner eine nur durch seine persönlichen Verhältnisse 81
eingeschränkte umfassende Erwerbsobliegenheit trifft (s. vorstehend Rn. 77), so erstreckt sich die
entsprechende Anwendung des § 1578 Abs. 2 BGB weder auf die Kosten einer Schul- oder Berufsausbildung noch auf die einer Fortbildung oder Umschulung, weil diese Kosten nur zur Erlangung
einer angemessenen Erwerbstätigkeit anfallen.

dd) Leistungsfähigkeit

Die Leistungsfähigkeit des unterhaltspflichtigen Lebenspartners bestimmt sich über § 16 Abs. 2 82
Satz 2 LPartG wie die des Ehegatten nach § 1581 BGB, so dass auch insoweit auf die entsprechende Kommentierung verwiesen werden kann (s. Teil 4 Rn. 182 ff.). Ob die vom EGH (FamRZ
1985, 354, 357) für den nachehelichen Unterhalt entwickelten Billigkeitsmaßstäbe für den Einsatz
des Vermögensstammes (§ 1581 Satz 2 BGB) auf den Lebenspartner in vollem Umfang übertragbar sind, muss der künftigen Entwicklung vorbehalten bleiben. Über die Doppelverweisung der
§§ 16 Abs. 2 LPartG, 1578a BGB bleiben nach § 1610a BGB bestimmte Sozialleistungen für die
Beurteilung der Leistungsfähigkeit unberücksichtigt.

ee) Bedürftigkeit

§ 16 Abs. 1 LPartG beantwortet die Frage nach der für jeden Unterhaltsanspruch notwendigen 83
Voraussetzung der Bedürftigkeit des Berechtigten mit der Feststellung, dass er außerstande sein
muss, „selbst für seinen Unterhalt sorgen" zu können. Erwerbseinkünfte, Vermögenserträgnisse
und reale sowie fiktive Entgelte für Versorgungsleistungen für einen neuen Partner, insbesondere
auch für einen gleichgeschlechtlichen Partner (BGH, FamRZ 1995, 346), beseitigen wie beim Ehegatten die Bedürftigkeit des unterhaltsberechtigten Lebenspartners, sofern nicht dadurch schon der
Unterhaltsanspruch als solcher in Frage gestellt wird (s. oben Rn. 77). Die Bedürftigkeit **entfällt**
darüber hinaus nicht nur bei tatsächlichen, sondern auch **bei zumutbar erzielbaren Einkünften**
(BGH, FamRZ 1980, 43). Das Vorhandensein der dafür u. a. erforderlichen realen Beschäftigungschance (BGH, FamRZ 1988, 886) wird man auch in Zeiten der Massenarbeitslosigkeit für den
Lebenspartner im Allgemeinen zu bejahen haben, wenn ihn eine umfassende Erwerbsobliegenheit
(s. oben Rn. 77) trifft. Dabei käme es auf die Höhe der fiktiven Einkünfte nicht an, wenn nach dem
Wortlaut des Gesetzes jede zu erwartende Erwerbstätigkeit bereits zum Versagen des Anspruchs
führt (s. oben Rn. 77). Insoweit ist die Frage der Bedürftigkeit schon in die Prüfung des Unterhaltsanspruchs vorverlagert. Neben diesen allgemeinen Grundsätzen können die Bedürftigkeitsregeln
des § 1577 BGB für den Ehegattenunterhalt mangels Verweisung in § 16 Abs. 2 LPartG – wenn
überhaupt – nur eingeschränkt herangezogen werden.

Für den Ehegattenunterhalt verhält sich § 1577 Abs. 2 BGB über die Anrechnung von Einkommen 84
aus unzumutbarer Beschäftigung. Bei umfassender Erwerbsobliegenheit sind **unzumutbare Tätig-**
keiten für den Lebenspartner nur im Ausnahmefall vorstellbar, z. B. bei Erwerbstätigkeit nach
Überschreiten der rentenrechtlichen Altersgrenze. Da § 16 Abs. 2 Satz 2 LPartG nicht auf § 1577
Abs. 2 BGB verweist, müssten daraus resultierende Einkünfte die Bedürftigkeit des Lebenspartners
uneingeschränkt beseitigen (so auch Muscheler, Das Recht der eingetragenen Lebenspartnerschaft,

Rn. 262; a. A. Palandt/Brudermüller, BGB, § 16 LPartG Rn. 10: entsprechende Anwendung des § 1577 Abs. 2 BGB; Büttner, FamRZ 2001, 1110: eingeschränkte analoge Anwendung des § 1577 Abs. 2 BGB).

85 Die Maßstäbe für den **Einsatz des Vermögensstammes** sind für die Leistungsfähigkeit und die Bedürftigkeit beim Ehegattenunterhalt gleich (§ 1577 Abs. 3, § 1581 Satz 2 BGB). Da für die Lebenspartnerschaft eine entsprechende Bestimmung im Rahmen der Bedürftigkeitsprüfung fehlt, wird die Auffassung vertreten, dass der Berechtigte den Stamm seines Vermögens verwerten muss (Muscheler, Rn. 264). Nach anderer Meinung (Palandt/Brudermüller, a. a. O.; Büttner, a. a. O.) soll es eine Verwertungsgrenze geben, die aber enger als die des § 1577 Abs. 3 BGB wie beim Verwandtenunterhalt (dazu BGH, FamRZ 1998, 367 [369]) dem Begriff der groben Unbilligkeit angenähert ist. Danach muss dem Berechtigten ein Notgroschen bleiben; in die im Übrigen erforderliche umfassende Zumutbarkeitsabwägung ist die Lage des Verpflichteten einzubeziehen.

ff) Härteklausel

86 Über die Verweisung des § 16 Abs. 2 LPartG kann der Unterhalt nach § 1579 BGB verwirkt, herabgesetzt oder zeitlich begrenzt werden. Anders als beim Getrenntlebendenunterhalt (s. oben Rn. 57) werden die Härtegründe des § 1579 Nr. 1 – 7 BGB direkt in Bezug genommen, so dass auf die entsprechende Kommentierung auch hier verwiesen werden kann (vgl. dazu im Einzelnen Teil 4 Rn. 312 ff.). Die für den Ehegattenunterhalt entwickelte **Rechtsprechung zu § 1579 Nr. 6 BGB für „ein offensichtliches schwerwiegendes, eindeutig . . ."** (beim Berechtigten) **„liegendes Fehlverhalten gegen den Verpflichteten"** kann wegen des im Verhältnis zur ehelichen Lebensgemeinschaft unterschiedlichen Verpflichtungsmaßstabes zur partnerschaftlichen Verantwortungsgemeinschaft allerdings **nur eingeschränkt herangezogen werden. Dies gilt insbesondere für die von der Rechtsprechung facettenreich sanktionierte außereheliche Sexualität,** weil die Lebenspartnerschaft nicht zur Geschlechtsgemeinschaft verpflichtet (s. oben Rn. 14; Palandt/Brudermüller, BGB, § 16 LPartG Rn. 11; Büttner, FamRZ 2001, 1110). Im Bereich des § 1579 Nr. 7 BGB wird der Härtegrund der zeitlich verfestigen sozialen Verbindung (BGH, FamRZ 1989, 487; 1995, 540) nunmehr auch für die Aufnahme einer gleichgeschlechtlichen Partnerschaft gelten (noch verneint von BGH, FamRZ 1995, 344).

87 Bei der **Billigkeitsprüfung** entfällt die Berücksichtigungsfähigkeit der Belange gemeinschaftlicher Kinder. Da der nachpartnerschaftliche Unterhalt nicht stärker als der Getrenntlebendenunterhalt sein kann, bei letzterem aber die Härteklausel aber schon bei „einfacher" Unbilligkeit greift, **reduziert die entsprechende Anwendung des § 1579 BGB** die dort verlangte grobe Unbilligkeit auch hier auf **„einfache" Unbilligkeit** (s. oben Rn. 58).

88 Hinsichtlich der Rechtsfolgen (Ausschluss, Herabsetzung und zeitliche Begrenzung) dürften die selben Maßstäbe wie beim Ehegattenunterhalt gelten mit der Einschränkung, dass Kindesbelange keine Rolle spielen. Soweit aus diesem Grund eine Herabsetzung oder zeitliche Begrenzung des nachehelichen Unterhaltsanspruchs eher als sein Ausschluss in Betracht kommen (vgl. BGH, FamRZ 1989, 1279), gilt diese Erwägung nicht für die Lebenspartnerschaft. Die Frage des Wiederauflebens eines voll oder teilweise verwirkten Anspruchs wird in gleicher Weise wie beim Ehegattenunterhalt zu beantworten sein.

gg) Unterhaltsverträge

89 Die Lebenspartner können über die Unterhaltspflicht Vereinbarungen treffen (§ 16 Abs. 2 LPartG i. V. m. § 1585c BGB), insbesondere vertraglich auf nachpartnerschaftlichen Unterhalt verzichten. Ein solcher Verzicht kann allerdings nach § 138 BGB nichtig sein, wenn er zu Lasten des Sozialhilfeträgers geschlossen wird (BGH, FamRZ 1992, 1403). Fälle der **Nichtigkeit wegen gestörter Vertragsparität** (BVerfG, FamRZ 2001, 343) beziehen sich bisher auf Verträge, in denen ein Verzicht trotz Erwartung eines gemeinsamen Kindes und daraus resultierender Erwerbsbehinderung vereinbart wurde, und sind deshalb in diesem Bereich nicht denkbar (Palandt/Brudermüller, BGB,

§ 16 LPartG Rn. 15; Büttner, FamRZ 2001, 1111). Bedeutung können sie indes bei der Ausnutzung der **Sprachunkenntnis** eines Vertragspartners ausländischer Herkunft gewinnen (vgl. Bergschneider, FamRZ 2002, 458; sehr weitgehend OLG Naumburg, FamRZ 2002, 456: möglicherweise ungleiche Vertragsparität bei Vermögenslosigkeit und psychischer Abhängigkeit eines Vertragspartners vom anderen).

> *Hinweis:*
> *Der Vertrag ist an sich nicht formbedürftig, muss aber gem. § 7 Abs. 1 Satz 2 LPartG notariell beurkundet werden, wenn er Teil des Lebenspartnerschaftsvertrages ist (Müller, DNotZ 2001, 585; Kaiser, JZ 2001, 621).*

hh) Sonstiges

Auf der **Verpflichtungsseite ist der Lebenspartner dem Ehegatten nach § 1608 Satz 4 BGB rangmäßig gleich gestellt worden**, d.h. dass er vor den Verwandten, aber nach ihnen haftet, wenn er selbst leistungsunfähig ist, wobei Rechtsverfolgungsschwierigkeiten i. S. d. § 1607 Abs. 2 BGB der Leistungsunfähigkeit gleich stehen. Den **Rang der Unterhaltsansprüche mehrerer Lebenspartner** bestimmt § 16 Abs. 3 LPartG **ähnlich wie § 1582 BGB,** nämlich Vorrang des früheren Lebenspartners. Seine Ansprüche sind denen von Kindern, geschiedenen oder neuen Ehegatten sowie denen eines nicht verheirateten Elternteils nach § 1615l BGB gegenüber nachrangig (§ 16 Abs. 3 Hs. 2 LPartG). Auch in diesem Zusammenhang stellen sich kaum lösbare Probleme, wenn Lebenspartnerschaft und Ehe nebeneinander rechtlichen Bestand haben sollten (s. oben Rn. 11). 90

Für Auskunftspflicht, Art der Unterhaltsgewährung sowie Sonderbedarf und Unterhalt für die Vergangenheit gelten die selben Regeln wie im Ehegattenunterhalt (§ 16 Abs. 2 LPartG i. V. m. §§ 1580, 1585, 1585b BGB). Der Verweis auf § 1583 BGB erscheint zweifelhaft, weil die Zulässigkeit zur Vereinbarung einer der Gütergemeinschaft entsprechenden partnerschaftlichen Vermögensgemeinschaft rechtlich umstritten ist (s. oben Rn. 37). Von allzu großer praktischer Bedeutung dürfte dies freilich nicht sein, weil schon die eheliche Gütergemeinschaft höchst selten vorkommt. 91

Der **Unterhalt erlischt** bei Heirat oder Begründung einer neuen Lebenspartnerschaft des Berechtigten (§ 16 Abs. 2 LPartG i. V. m. § 1586 BGB). Auch hier ergeben sich Probleme, falls ein rechtliches Nebeneinander von Ehe und Lebenspartnerschaft zulässig sein sollte (s. oben Rn. 11). Nicht aufgenommen in die Verweisung ist § 1586a BGB über das Wiederaufleben eines durch Heirat erloschenen Anspruchs. Dafür besteht aber ein Bedürfnis, wenn dem Lebenspartner vor Eingehung der Partnerschaft ein Unterhaltsanspruch nach § 1570 BGB bzw. ein Anschlussanspruch (§ 1586b Abs. 1 Satz 2 BGB) zustand, so dass eine analoge Anwendung dieser Bestimmung in Betracht kommt (so Büttner, FamRZ 2001, 1111). Nach dem Tode des Verpflichteten haften entsprechend § 1586b BGB dessen **Erben** für die Unterhaltsschuld. 92

b) Wohnung und Hausrat

Die §§ 17 – 19 LPartG regeln die Wohnungs- und Hausratsverteilung nach Aufhebung der Lebenspartnerschaft, sofern die Lebenspartner einen gemeinsamen Haushalt geführt hatten. Die Bestimmungen sind im Wesentlichen den §§ 1 – 10 HausratsVO nachgestaltet und verweisen darüber hinaus in vollem Umfang auf diese Vorschriften, so dass vordringlich auf die entsprechende Kommentierung Bezug genommen werden kann (s. hierzu Teil 3 Rn. 434 ff.). 93

Nach § 18 Abs. 1 LPartG kann das Gericht wie nach § 5 HausratsVO das Mietverhältnis zugunsten eines Lebenspartners nach billigem Ermessen umgestalten. Ist ein **Lebenspartner Allein- oder Miteigentümer** der gemeinsamen Wohnung, so kann nach § 18 Abs. 2 LPartG **für den anderen nur ein Mietverhältnis** begründet werden, wenn der **Verlust der Wohnung** für ihn eine **unbillige Härte** wäre. Damit kann der Lebenspartner schlechter als der Ehegatte gestellt sein. Denn diese 94

erschwerte Voraussetzung gilt auch dann, wenn er selbst Miteigentümer ist (vgl. Muscheler, Das Recht der eingetragenen Lebenspartnerschaft, Rn. 268), während der Miteigentümer-Ehegatte nicht durch § 3 HausratsVO eingeschränkt ist, ihm vielmehr die Wohnung nach billigem Ermessen gem. § 2 HausratsVO zugewiesen werden kann (OLG Celle, FamRZ 1992, 465 f.). Durch den Verweis auf § 60 WEG (§ 18 Abs. 2 LPartG) wird klargestellt, dass die nachpartnerschaftlichen Wohnungszuweisungsregeln auch für eine **Eigentumswohnung** gelten.

95 Für die Hausratsverteilung enthält § 19 LPartG eine nahezu globale Verweisung auf die HausratsVO. Allerdings wird das Eigentum eines Lebenspartners an Hausratsgegenständen anders als nach der HausratsVO berücksichtigt. Die erhöhte Zuweisungsschwelle an den anderen Lebenspartner gilt auch bei Miteigentum (§ 9 HausratsVO: Alleineigentum), anders als bei der Wohnung (§ 18 Abs. 2 LPartG) jedoch nicht bei Miteigentum des Lebenspartners (vgl. Muscheler, Rn. 269).

96 Die Regelung der Rechtsverhältnisse an der Wohnung oder am Hausrat hat rechtsgestaltende Wirkung (§ 17 Satz 2 LPartG).

V. Verfahrensrecht

1. Lebenspartnerschaftssachen

97 § 661 ZPO definiert katalogmäßig den Begriff der Lebenspartnerschaftssachen parallel zu Ehe- (§ 606 ZPO) und anderen Familiensachen (§ 621 ZPO), nämlich

- Aufhebung der Lebenspartnerschaft

    (§ 661 Abs. 1 Nr. 1 ZPO, analog Ehescheidung nach § 606 Abs. 1 Satz 1 ZPO),

- Feststellung des Bestehens oder Nichtbestehens einer Lebenspartnerschaft

    (§ 661 Abs. 1 Nr. 2 ZPO, analog Ehefeststellung nach § 606 Abs. 1 Satz 1 ZPO),

- Verpflichtung zur Fürsorge und Unterstützung in der partnerschaftlichen Lebensgemeinschaft

    (§ 661 Abs. 1 Nr. 3 ZPO, analog Herstellung des ehelichen Lebens nach § 606 Abs. 1 Satz 1 ZPO),

- lebenspartnerschaftlicher Unterhalt

    (§ 661 Abs. 1 Nr. 4 ZPO, analog ehelicher Unterhalt nach § 621 Abs. 1 Nr. 5 ZPO),

- Wohnung und Hausrat

    (§ 661 Abs. 1 Nr. 5 ZPO, analog Ehewohnung und ehelicher Hausrat nach § 621 Abs. 1 Nr. 7 ZPO),

- lebenspartnerschaftliches Güterrecht

    (§ 661 Abs. 1 Nr. 6 ZPO, analog eheliches Güterrecht nach § 621 Abs. 1 Nr. 8 ZPO),

- Stundung der Überschussausgleichsforderung und Anordnung des Überschussausgleichs durch Übertragung einzelner Vermögensgegenstände

    (§ 661 Abs. 1 Nr. 7 ZPO, analog entsprechenden Bestimmungen im Zugewinn nach § 621 Abs. 1 Nr. 9 ZPO).

98 Keine Lebenspartnerschaftssachen, sondern **Familiensachen** nach § 621 Abs. 1 Nr. 1, 2 ZPO sind **Verfahren zum Umgangsrecht** (vgl. oben Rn. 25) und **zur Verbleibensanordnung** (vgl. oben Rn. 26). Für das **kleine Sorgerecht** (vgl. oben Rn. 20 – 23) fehlt eine Zuordnung. Der Sache nach handelt es sich um Verfahren, die die elterliche Sorge betreffen. Nach dem Wortlaut des § 621 Abs. 1 Nr. 1 ZPO fallen darunter aber nur solche Verfahren, in denen das BGB eine Zuständigkeit des Familiengericht begründet. Bei der Lebenspartnerschaft leitet sich indes die familiengerichtliche Zuständigkeit unmittelbar aus § 9 Abs. 3 LPartG ab. Da eine entsprechende Ergänzung des § 621 Abs. 1 Nr. 1 ZPO offenkundig versehentlich unterblieben ist, sind auch solche Verfahren als Familiensachen zu behandeln (so auch im Ergebnis Baumbach/Lauterbach/Albers, ZPO, § 661 Rn. 8; Bruns/Kemper, LPartG, § 661 ZPO Rn. 91).

2. Zuständigkeit

a) Sachliche Zuständigkeit

Die §§ 23a Nr. 6, 23b Abs. 1 Nr. 15 GVG **weisen die Lebenspartnerschaftssachen den Familiengerichten zu,** sofern diese nicht schon ohnehin im Rahmen des § 23b Abs. 1 Nr. 2 – 4 GVG (vgl. vorstehend Rn. 98) originär sachlich zuständig sind. 99

b) Örtliche Zuständigkeit

Mit der **Generalverweisung in § 661 Abs. 2 ZPO auf die Verfahrensvorschriften in Familiensachen** gelten die dortigen Regeln auch für die Lebenspartnerschaftssachen. 100

Für die Verfahren nach § 661 Abs. 1 Nr. 1 – 3 ZPO ist das Familiengericht örtlich zuständig, in dessen Bezirk die Lebenspartner ihren gemeinsamen gewöhnlichen Aufenthalt haben oder zuvor zuletzt hatten (§ 606 Abs. 1 Satz 1, Abs. 2 Satz 1 ZPO). Der Anknüpfungspunkt an den gewöhnlichen Aufenthaltsort einer Partei mit gemeinsamen Kindern (§ 606 Abs. 1 Satz 2 ZPO) ist für Lebenspartner ohne Bedeutung. **Wichtig ist dagegen die Bestimmung des § 606 Abs. 2 Satz 2 ZPO für den Fall, dass ein gemeinsamer gewöhnlicher Aufenthalt nie bestand.** Da § 2 LPartG die Lebenspartner nicht zu einer häuslichen Gemeinschaft verpflichtet (vgl. oben Rn. 14), gewinnt der gewöhnliche Aufenthalt des Beklagten und beim Fehlen eines solchen im Inland der des Klägers für die Bestimmung der örtlichen Zuständigkeit eine größere Bedeutung als bei Ehesachen. Versagen alle Gerichtsstände, ist nach § 606 Abs. 3 ZPO das Familiengericht beim Amtsgericht Schöneberg in Berlin örtlich zuständig (wegen der weiteren Einzelheiten wird auf Teil 8 Rn. 64 ff. verwiesen). Die selben Regeln gelten über § 11 Abs. 2 HausratsVO für Wohnungs- und Hausratssachen (§ 661 Abs. 1 Nr. 5 ZPO) und über § 45 FGG für die Stundungs- und Übertragungsverfahren des partnerschaftlichen Güterrechts (§ 661 Abs. 1 Nr. 7 ZPO). 101

Bei **Unterhalts- und Güterrechtsstreitigkeiten** (§ 661 Abs. 1 Nr. 4 und 6 ZPO) richtet sich die örtliche Zuständigkeit nach den allgemeinen Bestimmungen, insbesondere gem. §§ 12, 13 ZPO nach dem Wohnsitz des Beklagten und in Unterhaltssachen nach dem des Klägers, wenn der Beklagte im Inland keinen Wohnsitz hat (§ 23a ZPO). 102

Für die **originären Familiensachen** im Rahmen der Lebenspartnerschaft (kleines Sorgerecht, Umgangsrecht, Verbleibensanordnung) bestimmt der Wohnsitz bzw. Aufenthalt des betroffenen Kindes nach §§ 36, 43, 64 Abs. 3 Satz 2 FGG, § 621a Abs. 1 Satz 1 ZPO die örtliche Zuständigkeit. 103

Ist eine Lebenspartnerschaftssache nach § 661 Abs. 1 Nr. 1 – 3 ZPO anhängig, zieht sie die örtliche Zuständigkeit anderer Lebenspartnerschaftssachen nach sich. Schon zuvor anhängige isolierte Verfahren sind an das mit den Verfahren nach § 661 Abs. 1 Nr. 1 – 3 ZPO befasste Familiengericht abzugeben (§ 621 Abs. 2, 3 ZPO, § 11 Abs. 1, 3 HausratsVO, § 64 Abs. 2 Satz 1 FGG). Dies gilt nicht für die originären Familiensachen im Rahmen der Lebenspartnerschaft, weil sich § 621 Abs. 2 ZPO insoweit nur auf gemeinschaftliche Kinder bezieht. 104

c) Internationale Zuständigkeit

§ 661 Abs. 3 ZPO modifiziert die Vorschrift des § 606a ZPO über die internationale Zuständigkeit in Ehesachen in mehrfacher Hinsicht (vgl. dazu Teil 13 Rn. 11 f.). § 606a Abs. 1 Nr. 4 ZPO knüpft in Ehesachen zwar an den gewöhnlichen Aufenthalt eines Ehegatten an, verneint aber die internationale Zuständigkeit, wenn „die zu fällende Entscheidung offensichtlich nach dem Recht keines der Staaten anerkannt würde, denen einer der Ehegatten angehört." Da die Lebenspartnerschaft in den meisten Staaten nicht verrechtlicht ist, würde diese Einschränkung häufig zum Zuge kommen. Um dieses unerwünschte Ergebnis zu vermeiden, gilt sie nach § 661 Abs. 3 Nr. 1a ZPO in Lebenspartnerschaftssachen nicht (die Nichtanwendbarkeit der Einschränkung der Einschränkung in § 606 Abs. 2 Satz 1 ZPO gem. § 661 Abs. 3 Nr. 2 ZPO hat deshalb nur klarstellende Bedeutung). Nach § 661 Abs. 3 Nr. 1b ZPO wird eine **zusätzliche Zuständigkeit** begründet, wenn die Lebenspartner- 105 schaft vor einem deutschen Standesbeamten geschlossen wurde. Dabei erscheint fraglich, ob dies auch dann gilt, wenn die „zuständige Behörde" (§ 1 Abs. 1 Satz 3 LPartG; s. o. Rn. 6) nicht das Standesamt ist (vgl. Wagner, IPRax 2001, 287 Fn. 111: „Leerlauf" der Vorschrift; a. A. wohl Schwab, FamRZ 2001, 398; Zöller/Geimer, ZPO, § 661 Rn. 39 vertretenen Auffassung eines Verstoßes gegen Art. 3 GG ist das Bundesverfassungsgericht in seinem Urteil vom 17.7.2002, FamRZ 2002, 1169, nicht gefolgt). Die Anknüpfung in § 661 Abs. 3 Nr. 3 ZPO an den Register führenden Staat in Abänderung von § 606 Abs. 2 Satz 2 ZPO ist die logische Folge der materiellen Regelung des § 17a Abs. 1 Satz 1 EGBGB.

3. Verfahrensregularien

a) Lebenspartnerschaftssachen nach § 661 Abs. 1 Nr. 1 – 3 ZPO

106 Für die Aufhebung, die Feststellung des Bestehens oder Nichtbestehens einer Lebenspartnerschaft sowie die Fürsorge- und Unterstützungsverpflichtung gelten die Verfahrensvorschriften der §§ 608 – 619, 632 ZPO. § 616 Abs. 3 ZPO ist gegenstandslos, weil eine dem § 1568 BGB entsprechende Härteklausel für die Lebenspartnerschaft fehlt (s. oben Rn. 6). Es gilt in allen Instanzen Anwaltszwang (§ 78 Abs. 2 Satz 1 Nr. 1a ZPO). Fraglich erscheint, ob die Generalverweisung des § 661 Abs. 2 ZPO bei § 606 ZPO die entsprechende Anwendung für die Herstellung des partnerschaftlichen Lebens gebietet, wenn die Lebenspartner nur zur Fürsorge und Unterstützung verpflichtet sind. Dies ist allerdings von geringer praktischer Bedeutung, weil angesichts der Neufassung des Scheidungsrechts durch das 1. EheRG schon die Klage auf Herstellung des ehelichen Lebens praktisch obsolet geworden ist und ein obsiegendes Urteil gem. § 888 Abs. 2 ZPO auch nicht vollstreckbar wäre.

107 Die Sondervorschriften für das Scheidungsverfahren (§§ 622 – 630 ZPO) erfahren für das Lebenspartnerschaftsaufhebungsverfahren Einschränkungen (zum Verbund s. unten Rn. 113 gesondert). Gegenstandslos sind §§ 622 Abs. 2 Satz 1, 627, 630 ZPO. Die Rücknahme des Aufhebungsantrags ist in § 15 Abs. 2 und 3 LPartG geregelt (s. oben Rn. 71 f.).

b) Lebenspartnerschaftssachen nach § 661 Abs. 1 Nr. 4 und 6 ZPO

108 Aus § 621a Abs. 1 Satz 1 ZPO folgt mittelbar, dass für die Unterhalts- und Güterrechtssachen die allgemeinen ZPO-Vorschriften für das streitige Verfahren, und zwar grundsätzlich die für das amtsgerichtliche Verfahren anzuwenden sind (§§ 495 – 510b ZPO). Dies gilt jedoch nicht für Güterrechtsstreitigkeiten des § 661 Abs. 1 Nr. 6 ZPO. Hier sind vielmehr nach § 621b ZPO die **landgerichtlichen Verfahrensvorschriften** maßgebend (§§ 253 – 494a ZPO).

c) Lebenspartnerschaftssachen nach § 661 Abs. 1 Nr. 5 und 7 ZPO sowie originäre Familiensachen im Zusammenhang mit der Lebenspartnerschaft

109 Für die Wohnungs- und Hausratssachen (§ 661 Abs. 1 Nr. 5 ZPO), die Stundungs- und Aussonderungsverfahren (§ 661 Abs. 1 Nr. 7 ZPO) und die originären Familiensachen (kleines Sorgerecht, Umgangsrecht und Verbleibensanordnung) sind nach § 621a Abs. 1 ZPO mit den dort aufgeführten Einschränkungen zugunsten der ZPO (§ 621a Abs. 1 Satz 2 ZPO) die Vorschriften des FGG und der Hausratsverordnung (§§ 11 ff. HausratsVO) anzuwenden.

110 Der **Rechtspfleger** ist zuständig (§ 3 Nr. 2a RPflG) für die Stundung der Überschussausgleichsforderung und die Übertragung von Vermögensgegenständen nach § 661 Abs. 1 Nr. 7 ZPO. Die Entscheidung über den Verbleib eines Kindes ist bei Ehegatten oder Umgangsberechtigten nach § 14 Abs. 1 Nr. 7 RPflG dem Richter vorbehalten. Der Lebenspartner gehört indes nicht zu den nach § 14 Abs. 1 Nr. 7 RPflG gem. § 1682 Satz 2 BGB in Bezug genommenen Personenkreis des § 1685 Abs. 1 BGB (Großeltern und Geschwister), so dass auch in diesen Verfahren der Rechtspfleger entscheidet. Das Gleiche gilt für die Fälle des § 9 LPartG (kleines Sorgerecht), weil das Rechtspflegergesetz insoweit ebenso wenig wie für die Parallelvorschrift des § 1687b BGB einen Richtervorbehalt enthält. Problematisch ist die Zuordnung für die Entscheidung über die gemeinsame

Wohnung nach den §§ 17, 18 LPartG. In Ehesachen entfällt die Anwendbarkeit des Rechtspflegergesetzes von vornherein, weil sich die Zuständigkeit nicht aus dem BGB, sondern der Hausratsverordnung ergibt (Dallmayer/Eickmann, Rechtspflegergesetz, § 3 Rn. 62, § 14 Rn. 1). In der Lebenspartnerschaftssache leitet sich jedoch die familiengerichtliche Zuständigkeit aus dem in § 3 Nr. 2a RPflG unmittelbar in Bezug genommenen LPartG ab, ohne dass § 14 RPflG insoweit Ansatzpunkte für einen Richtervorbehalt bietet. Andererseits ist die Hausratsverteilung nach § 19 LPartG Aufgabe des Richters, weil die familiengerichtliche Zuständigkeit dafür auf der Hausratsverordnung beruht. Sachgerecht ist es deshalb, die Nennung des Familiengerichts in § 17 LPartG als bloßen Hinweis auf die gerichtsverfassungsrechtlichen Vorschriften zu verstehen, so dass – wie beim Hausrat – die Anwendbarkeit des Rechtspflegergesetzes von vornherein außer Betracht bleibt (Rellermeyer, Rpfleger 2001, 383 f.).

Ist ein **Überschussausgleichsverfahren** als Zivilprozess anhängig, können die Ansprüche auf Stundung und Übertragung von Vermögensgegenständen nicht isoliert geltend gemacht werden, sondern müssen in den Prozess einbezogen werden (§ 6 Abs. 2 Satz 3 LPartG, §§ 1382 Abs. 5, 1383 Abs. 3 BGB; § 14 Abs. 1 Nr. 2 RPflG). 111

Im Verfahren nach § 1682 BGB (Verbleibensanordnung) ist dem betroffenen Kind gem. § 50 Abs. 2 Satz 1 Nr. 3 FGG in aller Regel ein **Verfahrenspfleger** zu bestellen. Außerdem wird für dieses Verfahren die **gerichtliche Anhörungsverpflichtung** nach § 50c Satz 2 FGG auf den nichtsorgeberechtigten Lebenspartner ausgedehnt. 112

d) Verbund

Nach §§ 661 Abs. 2, 623 Abs. 1 ZPO kann im Lebenspartnerschaftsaufhebungsverfahren der Verbund mit den Lebenspartnerschaftssachen des § 661 Abs. 1 Nr. 4 – 7 ZPO hergestellt werden. Soweit es die gesetzliche Unterhaltspflicht sowie die Wohnung und den Hausrat betrifft, kommen für den Verbund nur die nachpartnerschaftlichen Ansprüche (§§ 16, 17, 18 LPartG) in Betracht, weil **der Verbund nur für Familiensachen (= Lebenspartnerschaftssachen) offen steht, für die eine Entscheidung für den Fall der Scheidung (= Aufhebung) zu treffen ist.** Besonderheiten gegenüber dem Scheidungsverbundverfahren der §§ 623 – 629d ZPO ergeben sich aus dem gegenüber dem Scheidungsverbund eingeschränktem Umfang der Folgesachen (vgl. dazu Teil 8 Rn. 202 ff.). So sind die Bestimmungen, die den Versorgungsausgleich, die elterliche Sorge und das Umgangsrecht betreffen (z. B. §§ 623 Abs. 2 und 3, 627, 628 Abs. 1 Nr. 1 [teilweise], 2, 3 ZPO), für die Lebenspartnerschaft ohne Bedeutung. Inwieweit die für die Scheidung entwickelten Maßstäbe für eine Vorabentscheidung wegen unzumutbarer Härte nach § 628 Abs. 1 Nr. 4 ZPO auf die Lebenspartnerschaft übertragbar sind, muss der künftigen Entwicklung vorbehalten bleiben. 113

e) Einstweiliger Rechtsschutz

Ist eine Lebenspartnerschaftssache nach § 661 Abs. 1 Nr. 1 – 3 ZPO anhängig, können einstweilige Anordnungen gem. § 620 Nr. 5 (Regelung des Getrenntlebens), Nr. 6 (lebenspartnerschaftlicher Unterhalt), Nr. 7 (Wohnung und Hausrat), Nr. 8 (Herausgabe oder Benutzung persönlicher Sachen) und Nr. 9 (Kostenvorschuss für Lebenspartnerschaftssachen gem. § 661 Abs. 1 Nr. 1 – 3 ZPO und Verbundfolgesachen) ZPO ergehen. In isolierten Verfahren sind einstweilige Anordnungen in den originären Familiensachen (kleines Sorgerecht, Umgangsrecht und Verbleibensanordnung), den Wohnungs- und Hausratsverfahren (§ 621g ZPO), den Unterhaltsverfahren (§ 644 ZPO) sowie für Kostenvorschüsse für die originären Familiensachen, die Lebenspartnerschaftsverfahren des § 661 Abs. 1 Nr. 4 – 9 ZPO und für alle Unterhaltsverfahren (§§ 127a, 621f ZPO) möglich. Das Anordnungsverfahren ist in §§ 620a – 620g ZPO mit den entsprechenden Verweisungen (§§ 127a Abs. 2, 621f Abs. 2, 621g Satz 2, 644 Satz 2 ZPO) geregelt. Für Ansprüche aus dem lebenspartnerschaftlichem Güterrecht (§ 661 Abs. 1 Nr. 6 und 7 ZPO) kommen die allgemeinen Regeln über den einstweiligen Rechtsschutz durch Arrest und einstweilige Verfügung (§§ 916 – 945 ZPO) in Betracht. 114

f) Kosten

115 Die Kostenregelung des § 93a Abs. 1 und 2 ZPO für das Ehescheidungsverfahren wird gem. § 93a Abs. 5 ZPO für das Verfahren auf Aufhebung der Lebenspartnerschaft übernommen. Bei den **Rechtsmittelkosten** werden die Bestimmungen des § 97 Abs. 1 und 2 ZPO auf die Lebenspartnerschaftssachen des § 661 Abs. 1 Nr. 1 – 3 ZPO übertragen. Beim einzusetzenden Einkommen eines **Prozesskostenhilfeantragstellers** wird nach § 115 Abs. 1 Satz 3 Nr. 2 ZPO die Unterhaltsverpflichtung gegenüber dem Lebenspartner der gegenüber dem Ehegatten gleichgesetzt. Im Übrigen bleiben die allgemeinen Bestimmungen maßgebend. Die Kostengesetze (GKG, KostO, BRaGebO) enthalten entsprechende Anpassungsregelungen an die Ehe- und Familiensachen.

Abschnitt 2: Rechtsprechungslexikon – ABC des Rechtes der Eingetragenen Lebenspartnerschaft

Nachfolgend sind in alphabetischer Reihenfolge Stichwörter sowie Kernaussagen einschlägiger Entscheidungen zu speziellen Einzelproblemen dargestellt. Die hinter dem jeweiligen Stichwort abgedruckten Zahlen verweisen auf die Randnummern zu den betreffenden Ausführungen im systematischen Teil.

Abstandsgebot 3

Es ist verfassungsrechtlich nicht begründbar, aus dem besonderen Schutz der Ehe abzuleiten, dass andere Lebensgemeinschaften im Abstand zur Ehe auszugestalten und mit geringeren Rechten zu versehen sind.
BVerfG, 17.7.2002, 1 BvF 1/01, FamRZ 2002, 1169 (1172)

Ehe 11

Die Einführung des Rechtsinstituts der eingetragenen Lebenspartnerschaft für gleichgeschlechtliche Paare verletzt Art. 6 Abs. 1 GG nicht. Der besondere Schutz der Ehe in Art. 6 Abs. 1 GG hindert den Gesetzgeber nicht, für die gleichgeschlechtliche Lebenspartnerschaft Rechte und Pflichten vorzusehen, die denen der Ehe gleich oder nah kommen. Dem Institut der Ehe drohen keine Einbußen durch ein Institut, das sich an Personen wendet, die miteinander keine Ehe eingehen können.
BVerfG, 17.7.2002, 1 BvF 1/01, FamRZ 2002, 1169

Gleichheitsgrundsatz

Es verstößt nicht gegen Art. 3 Abs. 1 GG, dass nichtehelichen Lebensgemeinschaften verschiedengeschlechtlicher Personen und verwandschaftlichen Einstandsgemeinschaften der Zugang zur Rechtsform der eingetragenen Lebenspartnerschaft verwehrt ist.
BVerfG, 17.7.2002, 1 BvF 1/01, FamRZ 2002, 1169

Abschnitt 3: Arbeits- und Beratungshilfen

116
Hinweis:

*Im Unterschied zu den Regelungen des BGB für die Eheschließung ist im Rahmen der Begründung einer **eingetragenen Lebenspartnerschaft** in jedem Fall eine **vertragliche Einigung** zwischen den Lebenspartnern über ihre vermögensrechtlichen Verhältnisse notwendig, weil es für die Lebenspartner keinen gesetzlichen Vermögensstand gibt. **Die Vereinbarung** der Ausgleichsgemeinschaft als Vermögensstand vor der Begründung der Lebenspartnerschaft ist **nicht formbedürftig** (s. o. Rn. 33 ff.). **In der Praxis** ist jedoch davon auszugehen, dass die Lebenspartner vor Eingehung der Partnerschaft nach dem Gesetz bereits im Vorfeld **bindende Vereinbarungen treffen** wollen und sich aus diesem Grunde sicherlich auch rechtsanwaltlicher Beratung bedienen werden.*

*Dabei ist auch **die Form** der **notariellen Beurkundung** zur übereinstimmenden Wahl der Ausgleichsgemeinschaft möglich. Es ist allgemein anerkannt, dass beim Fehlen von Formvorschriften die Beteiligten von sich aus eine **beliebige Form wählen können** (wobei davon auszugehen ist, dass die notarielle Beurkundung die **strengere** Form darstellt). Bei einem zu vereinbarenden **Wechsel des Vermögensstandes** der Ausgleichsgemeinschaft bei bereits bestehender Lebenspartnerschaft in den Vermögensstand der Vermögenstrennung ist gem. § 6 Abs. 1 LPartG hingegen **zwingend notarielle Beurkundung erfordert** (so auch Muscheler, a. a. O., Rn. 75; sowie Dorsel, RNotZ 2001, 153). Dasselbe ist der Fall, wenn in **Ansehung der Auflösung der Lebenspartnerschaft** Regelungen für diesen Fall über den Ausgleich des Vermögens zwischen der Partner **Vereinbarungen getroffen** werden, § 1378 Abs. 3 Satz 2 BGB.*

*Der Lebenspartnerschaftsvertrag – vergleichbar mit dem Ehevertrag (§§ 1408 ff. BGB) – bedarf gem. § 7 Abs. 1 Satz 2 LPartG der **notariellen Beurkundung** und **ist bei gleichzeitiger Anwesenheit** beider Vertragsteile abzuschließen. **Vertretung** ist damit wie auch beim Abschluss eines Ehevertrages – **mit Ausnahme** des Erb- und Pflichtteilsverzichtes, der nur persönlich abzugeben ist – **grundsätzlich möglich** (zu den Einzelheiten s. o. Rn. 36).*

*Darauf hingewiesen werden muss jedoch, dass die teilweise komplizierten Modifikationen der (familienrechtlichen) Zugewinngemeinschaft in der Weise, dass z. B. zur Erhaltung erbschaftsteuerrechtlicher Vorteile die Zugewinngemeinschaft nur für den Todesfall beibehalten wird, nicht **ohne nähere Beratung** auf Lebenspartnerschaftsverträge übertragen werden sollte. Die **steuerrechtlichen Regelungen,** die in Teil II des Lebenspartnerschaftsgesetzes (LPartErgäG) geschaffen werden sollten, sind bis zum heutigen Zeitpunkt **nicht in Kraft getreten**, so dass hier ggf. erbschaftsteuerrechtlicher Flurschaden verursacht werden kann (vgl. Müller, DNotZ 2001, 581).*

1. Vereinbarung der Ausgleichsgemeinschaft (Muster)

> *Hinweis:*
> *Formlose Vereinbarung, die keiner Formvorschrift unterliegt.*
>
> *Die Beratungspraxis hinsichtlich von Scheidungsfolgevereinbarungen bei Ehegatten kann – mit einigen Ausnahmen – **parallel** auf die vermögensrechtliche Vereinbarung zur Vorbereitung oder im Rahmen der Aufhebung von Lebenspartnerschaften übertragen werden. Für den Fall der Beendigung einer Ausgleichsgemeinschaft mit vorzunehmendem Vermögensausgleich kann **zur Vermeidung gerichtlicher Streitigkeiten über den Ausgleichsanspruch eine Vermögenstrennung** bei gleichzeitiger Regelung von Ausgleichsansprüchen vereinbart werden. Hier sind jedoch die Formvorschriften (insbesondere auch § 1378 Abs. 3 Satz 2 BGB) zu beachten. Ebenso können **Unterhaltsvereinbarungen**, Vereinbarungen hinsichtlich des **Hausrates** sowie der **Lebenspartnerschaftswohnung** adäquat den Regelungen über Scheidungsfolgeverträge und Scheidungsfolgevereinbarungen etabliert werden.*

Erklärung der Lebenspartner/innen:
1.
...
2.
...

I. Vorbemerkung

... Wir werden demnächst vor dem Standesamt .../(in Bayern: dem Notar) ... eine Lebenspartnerschaft nach dem Lebenspartnerschaftsgesetz eingehen. Bislang haben wir weder einen Ehevertrag noch einen Lebenspartnerschaftsvertrag abgeschlossen. Wir besitzen beide die deutsche Staatsangehörigkeit. Wir sind beide nicht verheiratet. Wir vereinbaren hiermit Folgendes:

II. Namenswahl

Für unsere Lebenspartnerschaft wählen wir den Geburtsnamen der/des Erschienenen
zu ...

III. Ausgleichsgemeinschaft

Wir vereinbaren hiermit, dass für unsere Lebenspartnerschaft der Vermögensstand der Ausgleichsgemeinschaft gelten soll.

118 2. Vereinbarung der Ausgleichsgemeinschaft mit Modifizierung (Muster)

> *Hinweis:*
> Durch die **Modifizierung des Vermögensstandes** (. . . bei Auflösung der Partnerschaft durch den Tod . . .) führt die Erhöhung des Erbteils bei Lebenspartnern im Vermögensstand der Ausgleichsgemeinschaft zum **pauschalierten Ausgleich** des während der Dauer der Lebensgemeinschaft erzielten Überschusses gem. § 6 Abs. 2 Satz 2 und 3 LPartG i. V. m. § 1371 BGB – wie bei der entsprechenden Regelung bei Ehegatten – (zweifelnd hierzu, im Ergebnis jedoch zustimmend: Leipold, ZEV 2001, 219).
>
> Dem überlebenden Lebenspartner bleibt bei dieser Modifizierung **die Wahl** zwischen der sog. „**erbrechtlichen**" und der sog. „**güterrechtlichen**" **Lösung** zur Geltendmachung des Ausgleichsanspruches im Rahmen der Ausgleichsgemeinschaft. Bei der Wahl der **güterrechtlichen** Lösung kann der/die Lebenspartner/in neben dem ermittelten Ausgleichsanspruch noch **zusätzlich den Pflichtteil** aus dem **nicht erhöhten Erbteil** geltend machen (hierzu vgl. Staudinger/Werner, BGB, § 1931 Rn. 34).
>
> Hinsichtlich der Vermögenstrennung ist die **Sonderregelung in § 1931 Abs. 4 BGB** (Privilegierung des Ehepartners) **nicht übernommen worden.** Dies ist an dieser Stelle besonders zu beachten. Ebenso ist nicht übernommen worden die Regelung in § 1934 BGB zur gleichzeitigen Stellung als erbberechtigter Verwandter und als gesetzlich erbberechtigter „Ehegatten/ Lebenspartner".
>
> Es ist umstritten, welche Folgen hieraus zu ziehen sind (s. hierzu im Einzelnen oben Rn. 47). Dieser Gesetzesmangel spricht n. M. der Verfasserin **für den sichereren Weg des (zu beurkundenden) Erbvertrages** an Stelle des möglichen gemeinschaftlichen (eigenhändigen) Testamentes.
>
> Erwähnenswert ist: Gem. § 10 Abs. 1 Satz 2 – 4 LPartG ist der sog. Voraus als „**gesetzliches Vermächtnis**" vorgesehen.

Zur Verhandlung vor der/dem unterzeichneten Notarin/Notar erschienen heute:

1.) Lebenspartner/in: Name, Geburtsdatum, Geburtsort

2.) Lebenspartner/in: Name, Geburtsname, Geburtdatum, Geburtsort

Die Erschienenen im Folgenden auch: Die/der Erschienene zu 1.), die Lebenspartnerin/der Lebenspartner und die/der Erschienene zu 2.), die Lebenspartnerin/der Lebenspartner, beide gemeinsam „die Lebenspartner" genannt, erklärten mit der Bitte um Beurkundung:

Wir werden demnächst eine Lebenspartnerschaft nach dem Lebenspartnerschaftsgesetz eingehen. Wir sind beide nicht verheiratet und auch nicht wegen anderer Gründe an der Eingehung einer Lebenspartnerschaft gehindert.

Wir haben keine Kinder oder der/die Erschienene zu 1.) hat ein oder mehrere nichteheliches/eheliches Kind, welche/s ihren/seinen Lebensmittelpunkt im gemeinsamen Haushalt der Lebenspartner/innen hat/haben.

Der/die Erschienene zu 2.) hat keine Kinder/ein oder mehrere ehelichen/nichteheliche Kinder, die in unserem gemeinsamen Haushalt leben.

2. Vereinbarung der Ausgleichsgemeinschaft mit Modifizierung

Wir schließen für unsere Lebenspartnerschaft den nachfolgenden

Lebenspartnerschaftsvertrag

I. Vermögensstand

Wir vereinbaren für unsere Lebenspartnerschaft den Vermögensstand der Ausgleichsgemeinschaft.

Wird unsere Lebenspartnerschaft durch den Tod einer/eines von uns aufgelöst, so soll der Vermögensausgleich nach den gesetzlichen Regelungen durchgeführt werden.

Sollte unsere Lebenspartnerschaft auf andere Weise als durch den Tod einer/eines von uns aufgelöst, insbesondere unsere Lebenspartnerschaft durch gerichtliches Urteil aufgehoben werden, so findet kein Vermögensausgleich statt. Ein Vermögensausgleich wird hiermit ausdrücklich ausgeschlossen.

Über die rechtliche Bedeutung der Regelung zum Vermögensstand sind wir von der Notarin/dem Notar belehrt worden. Wir wurden insbesondere auf den Wegfall jeglichen Vermögensausgleiches bei Beendigung des Vermögensstandes im Falle der Aufhebung unserer Lebenspartnerschaft hingewiesen. Eine Erhöhung des Erbteiles beider Lebenspartner durch den pauschalierten Vermögensausgleich bleibt bei dieser Regelung bestehen.

Alternativ: Vermögenstrennung

Durch diesen Lebenspartnerschaftsvertrag wird mit sofortiger Wirkung der Vermögensstand der Vermögenstrennung zwischen uns vereinbart. Die Notarin/der Notar hat die Beteiligten auf die Möglichkeit hingewiesen, die Eintragung im Güterrechtsregister zu bewirken. Die Erschienenen wünschen diese Eintragung derzeit jedoch nicht. Vorsorglich beantragen beide Lebenspartner die Eintragung schon jetzt. Die Notarin/der Notar soll den Antrag jedoch nur auf schriftliche Anweisung von einem von uns stellen.

Über die rechtliche Bedeutung der Regelung zum Vermögensstand der Vermögenstrennung sind wir von der Notarin/dem Notar belehrt worden. Wir wurden insbesondere auf den Wegfall jeglichen Vermögensausgleiches bei Beendigung des Vermögensstandes im Falle der Aufhebung unserer Lebenspartnerschaft, einschließlich der Auswirkungen im Erb- und Pflichtteilsrecht hingewiesen.

Eine Aufstellung über die jedem von uns gehörenden Gegenstände fügen wir in Form der **Anlage 1** *dieser Verhandlung anbei.*

Alternativ: ... wollen wir – trotz Belehrung durch die/den Notar/in – dieser Verhandlung nicht anbei fügen.

Hinweis:

Es bietet sich in der **Beratungspraxis** *und in der Beurkundungspraxis an, hinsichtlich einer Vermögenstrennung eine Liste als* **Anlage** *zum Vertrage hinzuzunehmen, aus der sich ergibt, welche Vermögensgegenstände welchem Lebenspartner* **zuzuordnen** *sind. Im Vergleich zu den „Ehe- und Güterrechtsverträgen" können Jahre, wenn nicht gar Jahrzehnte vergehen, in denen Vermögenszuwächse, Surrogate und auch unter Umständen ein erheblicher Umfang an Hausrats- und Vermögensgegenständen erworben werden kann, weswegen zur Klarheit die Vermögensaufstellungen bei Eingehung der Lebenspartnerschaft von Bedeutung sein dürften.*

Zur Eintragungsmöglichkeit in das Güterrechtsregister s. oben Rn. 40.

Alternativ: Ausschluss der Verfügungsbeschränkung gem. § 1365 BGB

Wir schließen die vom Gesetz vorgegebene, gesetzliche Verfügungsbeschränkung gem. § 1365 BGB für den von uns gewählten Vermögensstand ausdrücklich aus.

Jede/jeder von uns ist während der Dauer unserer Lebenspartnerschaft hinsichtlich des vorgegebenen Vermögensstandes berechtigt, über das ihr/ihm gehörende Vermögen, auch über ihr/sein Vermögen im Ganzen und die ihr/ihm gehörenden Gegenstände des lebenspartnerschaftlichen Haushaltes frei und ohne jede Zustimmung des anderen Lebenspartners zu verfügen.

Hinweis:
Zur Abbedingung der Verfügungsbeschränkung siehe oben Rn. 44.

II. Schlussbemerkung/Belehrung

. . .

3. Herausnahme von Vermögensgegenständen aus dem Vermögensausgleich (Muster)

> *Hinweis:*
>
> *Formerfordernis: notarielle Beurkundung*
>
> Geschuldet der Tatsache, dass das Gesetz zur Lebenspartnerschaft auch viele „Altfälle" wird regeln müssen, wird in den meisten, zu beratenden und zu bearbeitenden Fällen „vorpartnerschaftliches Vermögen" oder aber auch privilegierter Erwerb im Sinne von § 1374 BGB vorhanden sein. Die Mehrheit der Partner/innen, die wegen der Neuheit des Gesetzes im Altersdurchschnitt älter als gegengeschlechtliche Paare bei der Eingehung der Partnerschaft sein dürften, werden in einer Vielzahl von Fällen bereits Vermögen angesammelt haben, das möglicherweise aus der Ausgleichsgemeinschaft heraus gehalten werden soll.
>
> Darüber hinaus kann es zu Schwierigkeiten bei der Durchführung der Ausgleichsgemeinschaft dadurch kommen, dass etwa der Anfangswert von „vorpartnerschaftlichen Vermögensgegenständen" einschließlich der inflationsbedingten Wertsteigerung der Ausgleichsgemeinschaft entzogen ist, jedoch außergewöhnliche bzw. überraschende Wertsteigerungen über die Inflationsentwertung hinaus **ausgleichspflichtigen** „Zugewinn" darstellen (BGH-Fall: das Ackergrundstück, was zur ertragreichen Kiesgrube wird).
>
> Ebenso sollen Betriebsvermögen oder Vermögensgegenstände, die als „privilegiert" gem. § 1374 Abs. 2 BGB angefallen sind, berechtigterweise aus dem Ausgleich heraus gehalten werden, nicht zuletzt auch aus Gründen des Unternehmensschutzes, etwa bei einer Betriebsauseinandersetzung im Rahmen der Auseinandersetzung der Ausgleichgemeinschaft.
>
> Die Gestaltung der **Herausnahme von Vermögensgegenständen aus dem Ausgleich** trägt der Interessenslage Rechnung, nicht ganz auf die Ausgleichsgemeinschaft verzichten zu müssen, sondern den Ausgleich zwischen den Partnern nur darauf zu beschränken, was in der Partnerschaft **gemeinschaftlich** als „Zugewinn" erwirtschaftet worden ist. Dieses Ziel kann durch die vorgeschlagenen Formulierungen erreicht werden. Konsequenterweise muss – will man die Anfangs- oder privilegierten Vermögensgegenstände heraus nehmen – auch die hierauf oder damit im Zusammenhang stehenden **Verbindlichkeiten** berücksichtigen, um nicht den übrigen Zugewinn durch ein sehr hohes Passivvermögen zu reduzieren. Sollte der Ausnahmefall eintreten, dass nämlich **von der/dem anderen Partner/in Verwendungen** auf Anfangsvermögensgegenstände oder aber im Wege des privilegierten Erwerbs zugeflossene Vermögensgegenstände gemacht werden, so sind in diesem Falle konsequente Verträge zu schließen, insbesondere auch im Hinblick auf die Formulierung unter b).

I. Vermögensstand

Wir vereinbaren für unsere Lebenspartnerschaft den Vermögensstand der Ausgleichsgemeinschaft. Bei dem durchzuführenden Vermögensausgleich soll jedoch das Anfangsvermögen, welches in dem als Anlage 1 zu dieser Verhandlung aufgeführten Verzeichnis hervor geht und auf welches verwiesen wird, hinsichtlich des Partners zu . . . beim Vermögensausgleich bei Beendigung unserer Partnerschaft in keiner Weise berücksichtigt werden. Die im Verzeichnis aufgelisteten Vermögensgegenstände sollen weder bei der Feststellung und Berechnung des Anfangsvermögens, noch bei der Feststellung und Berechnung des Endvermögens Berücksichtigung finden.

Eben solches gilt als vereinbart für den Vermögenserwerb jedes Partners von Todes wegen oder mit Rücksicht auf ein künftiges Erbrecht, so wie durch Schenkung oder Ausstattung (§ 1374 Abs. 2 BGB). Dies betrifft auch jegliche Verbindlichkeiten im Zusammenhang mit dem aus privilegiertem Erwerb zugeflossenen Vermögensgegenständen (Grundpfandrechte bei eventuell ererbten Grundstücken oder insoweit bestehender, anderweitiger Verbindlichkeiten).

Der Lebenspartner zu 1. bringt die im Wege der Erbfolge von seiner Mutter übernommenen Geschäftsanteile an der Firma . . . in die Lebenspartnerschaft ein. Diese Geschäftsanteile sollen auch für den Fall, dass sie sich wertmäßig erhöhen oder auch verringern, bei der Berechnung des Ausgleiches im Rahmen der Ausgleichsgemeinschaft unberücksichtigt bleiben.

Schenkungen oder anderweitige Zuwendungen der Lebenspartner untereinander, gleich aus welchem Rechtsgrund auch immer, können nicht zurückgefordert werden und sind auch nicht als eventuelle „partnerschaftsbedingte Zuwendungen" im Vermögensausgleich zu berücksichtigen. Insbesondere führt die Aufhebung unserer Partnerschaft nicht zur Störung der Geschäftsgrundlage (§ 313 Abs. 1 BGB) der partnerschaftlichen Zuwendung.

Ein Ausgleich soll ausschließlich dann stattfinden, wenn anderes bei der partnerschaftlichen Zuwendung vertraglich vereinbart worden ist.

> *Hinweis:*
>
> *Zuwendungen eines Partners/Partnerin an den/die andere Partner/in zur Versorgung stellen einen besonderen Typus der partnerschaftsbedingten Zuwendung dar. Diese Art der Zuwendung dürfte regelmäßig erfolgen zur „Verwirklichung der Lebenspartnerschaft". Derartige Zuwendungen stehen häufig im Zusammenhang mit dem Erwerb oder der Errichtung sowie Erhaltung eines Partnerschaftsheimes. In solchen Fällen ist es (in den meisten Fällen) die Regel, dass der Zuwendende sich für den Fall des Scheiterns der Lebenspartnerschaft **Rückforderungen** vorbehält, weswegen grundsätzlich diese Verträge besondere, partnerschaftstypische Zuwendungen enthaltend, gesondert behandelt und auch der notariellen Beurkundung zugeführt werden müssten, um entsprechende Rückfall- oder Rückforderungsklauseln zu vereinbaren.*
>
> *Bei Zuwendungen der Partner/innen aus ausgleichspflichtigem Vermögen im Wege des vorweggenommenen Vermögensausgleiches im Vermögensstand der Ausgleichsgemeinschaft oder aber im Wege eines „freiwilligen Ausgleiches" bei gleichzeitiger eingegangener Vermögenstrennung entspricht es regelmäßig den Absichten der Partner/innen, eventuelle Rückforderungsmöglichkeiten auszuschließen. Im Güterstand der Ausgleichsgemeinschaft dürften über **die Anrechnungsmöglichkeit nach § 1380 BGB** (das Lebenspartnerschaftsgesetz verweist in § 6 Abs. 2 auf die Normenkette der §§ 1378 ff. BGB in analoger Anwendung) hinaus gehenden Zuwendungen ausgleichspflichtig sein, was i. d. R. auch dem Willen der Partner/innen entsprechen wird. Soll jedoch – was bei größeren Vermögen der Fall sein kann – die partnerschaftliche Zuwendung ganz vom Ausgleich der Ausgleichsgemeinschaft ausgenommen werden, so ist dies in jedem Falle vertraglich zu bestimmen. Die Modalitäten eventueller Rückforderungen bei anderweitiger Sachlage sind präzise vertraglich zu gestalten. Insbesondere ist die – analoge Anwendung findende – Vorschrift des **§ 1380 BGB** zu berücksichtigen.*

II. Schlussbemerkung/Belehrung

. . .

4. Lebenspartnerschaftsvertrag mit Ergänzung „Unterhalt" (Muster)

> *Hinweis:*
> *Grundsätzlich sind **Vereinbarungen** hinsichtlich von Unterhaltsansprüchen bei bestehender, intakter Lebenspartnerschaft, bei Getrenntleben und nach Aufhebung der Lebenspartnerschaft **möglich**. Sie sind an sich nicht formbedürftig, müssen aber nach § 7 Abs. 1 Satz 2 LPartG **notariell beurkundet** werden, wenn sie Teil eines Lebenspartnerschaftsvertrages sind (zu den Einzelheiten s. oben Rn. 36). Bei Regelungen zum Getrenntlebensunterhalt bzw. zum nachpartnerschaftlichen Unterhalt im Rahmen von Aufhebungsfolgevereinbarungen für die Durchführung des **familiengerichtlichen Verfahrens** wird aber **wegen der Vollstreckungsfähigkeit** immer eine Beurkundung anzuempfehlen sein (ob in notarieller Urkunde oder aber zu Protokoll der Aufhebungsverhandlung macht – außer dem gebührenrechtlichen – keinen Unterschied).*
>
> *Bei der gesetzlichen Regelung der Unterhaltsansprüche ist – wie auch bei Ehegatten – zwischen den Unterhaltsansprüchen für die **Dauer der Lebenspartnerschaft bei Getrenntleben** und **nach Aufhebung** der Lebenspartnerschaft zu unterscheiden (zu den Einzelheiten vgl. oben Rn. 53 ff. u. 73 ff.). Da die Unterhaltsansprüche gegenüber denen von Eheleuten teils enger, teils aber auch weiter ausgestaltet sind, empfiehlt es sich, bei der **vertraglichen Formulierung von Unterhaltsansprüchen** bzw. auch Unterhaltsverzichten mithin darauf zu achten, dass entweder*
> - *der Unterhalt als **vertraglicher Anspruch** unter Verzicht auf den engeren gesetzlichen Unterhaltsanspruch vereinbart wird oder aber*
> - *bei entsprechend günstigen wirtschaftlichen Verhältnissen entsprechende **Abfindungsregelungen für den Verzicht** auf nachpartnerschaftlichen Unterhalt getroffen werden.*
>
> *Auf die besondere Problematik der Vereinbarungen zum Getrenntlebensunterhalt und deren Grenzen (§§ 12 Abs. 2 LPartG, 1361 Abs. 4, 1614 BGB) wird an dieser Stelle zu achten sein. Die Grundsätze im Ehegattenunterhaltsrecht sind parallel anwendbar (für alle: Büttner, FamRZ 2001, 1108).*

Zur Verhandlung vor der/dem unterzeichneten Notarin/Notar erschienen heute:

1.) Lebenspartner: Name, Geburtsdatum, Geburtsort

2.) Lebenspartner: Name, Geburtsname, Geburtdatum, Geburtsort

Die Erschienenen im Folgenden auch: Die/der Erschienene zu 1.), die Lebenspartnerin/der Lebenspartner und die/der Erschienene zu 2.), die Lebenspartnerin/der Lebenspartner, beide gemeinsam „die Lebenspartner" genannt, erklärten mit der Bitte um Beurkundung:

Wir werden demnächst eine Lebenspartnerschaft nach dem Lebenspartnerschaftsgesetz eingehen. Wir sind beide nicht verheiratet und auch nicht wegen anderer Gründe an der Eingehung einer Lebenspartnerschaft gehindert.

Wir haben keine Kinder. Der/die Erschienene zu 1.) hat ein nichteheliches/eheliches Kind, welches seinen Lebensmittelpunkt im gemeinsamen Haushalt hat. Der/die Erschienene zu 2.) hat keine Kinder/ein oder mehrere ehelichen/nichteheliche Kinder, die im gemeinsamen Haushalt leben.

Wir schließen den nachfolgenden

Lebenspartnerschaftsvertrag

I. Vermögensstand

Wir vereinbaren für unsere Lebenspartnerschaft den Vermögensstand der Ausgleichsgemeinschaft.

Alternativ:
- *Modifizierte Ausgleichsgemeinschaft (siehe hierzu 2. Vereinbarung der Ausgleichsgemeinschaft mit Modifizierung (Muster))*
- *Vermögenstrennung (siehe hierzu 2. Vereinbarung der Ausgleichsgemeinschaft mit Modifizierung (Muster))*
- *Ausschluss der Verfügungsbeschränkung, § 1365 BGB (siehe hierzu 2. Vereinbarung der Ausgleichsgemeinschaft mit Modifizierung (Muster))*

II. Lebenspartnerschaftsunterhalt

Für den Fall der Rechtskraft einer Aufhebung unserer Lebenspartnerschaft sollen die jeweils geltenden gesetzlichen Vorschriften des LPartG Anwendung finden.

Alternativ: Verzicht auf nachpartnerschaftlichen Unterhalt.

Wir, die Erschienenen, verzichten wechselseitig auf Unterhaltsansprüche gem. § 12 LPartG für die Zeit nach einer etwaigen, rechtskräftigen Aufhebung unserer Lebenspartnerschaft, insbesondere auf solche nach Maßgabe des § 16 Abs. 1 LPartG. Wir nehmen den Verzicht wechselseitig an.

Der Notar/die Notarin hat darauf hingewiesen, dass die Berufung auf den Unterhaltsverzicht unter Umständen treuwidrig sein kann, und zwar insbesondere, wenn und solange der unterhaltsberechtigte Lebenspartner/Lebenspartnerin durch die Betreuung eines eigenen oder gemeinsamen Kindes an der Erwerbstätigkeit gehindert ist und/oder ohne Leistung von Unterhalt auf Sozialleistungen im Zeitpunkt des Verzichtes angewiesen wäre.

Alternativ: Abfindung

Für den Fall der rechtskräftigen Aufhebung unsere Lebenspartnerschaft zahlt der/die Erschienene zu ... – sofern unsere Lebenspartnerschaft bis zur Einreichung eines Aufhebungsantrages bei Gericht länger als fünf Jahre Bestand hatte – eine Abfindung in Höhe von

€ ...

(in Worten: Euro ...)

und zwar fällig am 1. des Monats der auf die Rechtskraft des Aufhebungsurteils des Familiengerichtes folgt.

Für jeden Fall des Verzuges werden 5 % p. a. Zinsen über dem Basiszinssatz der EZB vereinbart.

Der oben vereinbarte Abfindungsbetrag verändert sich in dem selben Maßstabe, wie sich der vom statistischen Bundesamt festgestellte monatliche Preisindex für die Lebenshaltung (vier Personen Arbeitnehmerhaushalt mit höherem Einkommen) nach oben oder unten verändert. Eine Anpassung soll nur dann erfolgen, wenn die festgestellte Indexzahl um mehr als 5 % eine Abänderung erfahren hat (Basis 2000 = 100 %).

Hinweis:

Bei Vorliegen von „echten" Wertsicherungsklauseln kommt eine Genehmigung nach § 3 Preisklauselverordnung in Betracht. Ein entsprechendes Attest des Bundesamtes für Wirtschaft sollte deswegen grundsätzlich eingeholt werden (vgl. insoweit: Göppinger/Wax, Unterhaltsrecht, Rn. 294).

III. Zwangsvollstreckungsunterwerfung

Hinsichtlich des Abfindungsbetrages aus Ziff. b) dieses Vertrages unterwirft sich der Erschienene . . . der sofortigen Zwangsvollstreckung in sein gesamtes Vermögen und ermächtigt die Notarin/den Notar – jedoch nur nach Nachweis der Rechtskraft einer Aufhebung unserer Partnerschaft anhand eines familiengerichtlichen Aufhebungsurteils dem Erschienenen . . . vollstreckbare Ausfertigung zu erteilen.

IV. Teilunwirksamkeit/Salvatorische Klausel

Sollten einzelne Bestimmungen dieses Vertrages unwirksam sein oder werden, so sollen die übrigen Bestimmungen hiervon unberührt bleiben. Die unwirksame Bestimmung ist in eine solche wirksame Bestimmung umzudeuten, die dem von den Erschienenen wirtschaftlich gewollten entspricht.

> *Hinweis:*
> *Ob eine **Salvatorische Klausel als Auffangregelung** „eine Heilung bewirken kann, muss bezweifelt werden" (so aber: Rieger, FamRZ 2001, 1497, 1501).*

V. Schlussbemerkung/Belehrung

. . .

121

5. Aufhebungserklärung (Muster)

> **Hinweis:**
> Zu den Voraussetzungen für die Aufhebung einer Lebenspartnerschaft s. oben Rn. 67 ff.
>
> § 15 Abs. 2 Nr. 1 LPartG sieht **übereinstimmende Erklärungen beider Partner** vor, die Lebenspartnerschaft nicht fortsetzen zu wollen. Eine **gleichzeitige Abgabe** ist jedoch nach dem Gesetzeswortlaut **nicht notwendig**. Selbstverständlich sind auch jeweils einzelne Erklärungen zum selben Tatbestand denkbar. Eine **Zustellung** vor dem Hintergrund von § 15 Abs. 2 Nr. 2 LPartG **erscheint für diese Fälle angeraten**, jedenfalls dann, wenn vorsorglich die längere Frist nach § 15 Abs. 2 Nr. 2 LPartG in Gang gesetzt werden soll. Die Zulässigkeit der Abgabe sog. **Aufhebungserklärungen auf „Vorrat"** ist umstritten (vgl. oben Rn. 68). Diese Erklärungen bergen Risiken und sollten aus diesem Grunde nicht abgeben werden (so auch: Beschluss Nr.: 3 AK 24 des 14. DFGT vom 14.9.2001). Eine übereinstimmende **Vordatierung** und damit ein Vorziehen des **Getrenntlebenszeitpunktes** ist bei Lebenspartnerschaften – im Unterschied zu Ehepartnern – **nicht** möglich, da diese persönliche Erklärung nach dem Gesetz der öffentlichen Beurkundung bedarf. Die Notarin/der Notar könnte sich so gar Amtshaftungsansprüchen gegenübersehen, wenn er die Beteiligten nicht ordnungsgemäß über den Gebrauch/Einsatz der Vorratserklärung aufklärt (so im Ergebnis zutreffend Battes, FuR 2002, 113, 114).

Aufhebungserklärung

Vor der/dem unterzeichneten Notarin/Notar erscheint/erscheinen:

1.) . . .

Name, Adresse, Geburtsdatum, Geburtsort

2.) . . .

Name, Geburtsname, Adresse, Geburtsdatum, Geburtsort

Die/Der Erschienene erklärt:

Ich bin am . . . vor dem Standesbeamten des Standesamtes . . ./dem Notar . . . in . . . zu dessen Urkundenrolle Nr.: . . . am . . . zur Registernummer . . . eine Lebenspartnerschaft eingegangen mit . . .

Ich möchte die mit der oben benannten Person eingegangene Lebenspartnerschaft nicht fortsetzen und mit sofortiger Wirkung aufheben.

Berlin, den

Unterschriftsbeglaubigung

Alternativ:

Bei zweiseitiger und übereinstimmender Erklärung vor der/dem beurkundenden Notarin/ Notar:

Nunmehr erklärte die/der Erschienene zu 2.):

Ich die/der Erschienene zu 2.) möchte die mit der oben genannten Person eingegangene Lebenspartnerschaft nicht fortsetzen.

5. Aufhebungserklärung

Wir wurden – jeweils einzeln – von der/dem Notarin/Notar über die Bedeutung dieser Erklärung nach dem Lebenspartnerschaftsgesetz sowie über die Fristen für eine mögliche Aufhebung der Lebenspartnerschaft ebenso über das Widerrufsrecht unserer Erklärung, solange die Lebenspartnerschaft noch nicht aufgehoben worden ist, belehrt.
Unterschriftsbeglaubigung

Kosten

Der Geschäftswert beträgt gem. § 30 Abs. 3 KostO regelmäßig 3.000 €. Es liegt jeweils eine einseitige Erklärung vor; somit fällt eine Gebühr nach § 36 Abs. 1 KostO an und zwar auch dann, wenn die Trennungserklärung durch beide Lebenspartner abgegeben wird. Trennungserklärungen durch beide Lebenspartner sind nämlich gegenstandsgleich.

6. Erb- und Pflichtteilsverzichtsvertrag (Muster)

> *Hinweise:*
> *Da die erbrechtliche Stellung des Lebenspartners mit der eines Ehegatten nahezu identisch ist, ergeben sich für die **anwaltliche Beratung sowie für die notarielle Beurkundungspraxis** bei der Behandlung von Ehegatten und Lebenspartnern kaum Unterschiede.*
>
> *Wie bisher auch, sind **Erbverträge** zwischen gleichgeschlechtlichen Partnerschaften selbstverständlich zulässig. **Neu** sind jedoch in diesem Zusammenhang die Vorschriften der §§ 2279 Abs. 2, 2280 und 2292 BGB (jeweils in der Fassung nach Art. 2 Ziffer 24 PartDisBG). Mit diesen Bestimmungen werden **Lebenspartner** im Bereich der Erbverträge den Ehegatten **gleichgestellt**. Dies hat Bedeutung für die Frage der Wirksamkeit eines Erbvertrages im Falle einer Aufhebung der Lebenspartnerschaft. Es wird gem. § 2279 Abs. 2 BGB ein Erbvertrag zwischen Lebenspartnern wie auch ein gemeinschaftliches Testament **unwirksam**, wenn die Lebenspartnerschaft aufgehoben oder die weiteren Voraussetzungen von § 2077 BGB vorliegen (so Walter, MittBayNot 2001, Sonderheft Lebenspartnerschaften, S. 23, 32).*

Die/der Notarin/Notar überzeugte sich von der Testier- und Geschäftsfähigkeit der Lebenspartner, die erklärten, auch einen

Erb- und Pflichtteilsverzichtsvertrag

schließen zu wollen.
Sie vereinbaren Folgendes:

1. Erb- und Pflichtteilsverzicht

Jede/r von uns verzichtet gegenüber dem/der anderen Lebenspartner/in hiermit auf sein/ihr gesetzliches Erbrecht und auf sein/ihr Pflichtteilsrecht sowie auf Pflichtteilsergänzungsansprüche.
Wir nehmen den Verzicht jeweils wechselseitig an.

> *Hinweis:*
> *Für den Fall, dass der überlebende Partner nicht Erbe sondern nur **Vermächtnisnehmer** wird, tritt eine „teilweise Enterbung" ein und es entstehen diesbezüglich **Pflichtteilsergänzungsansprüche** des betroffenen Partners, die vererblich sind und innerhalb der dreijährigen Verjährungsfrist geltend gemacht werden können. Zur Sicherung für den „gewollten Erben" sollte ein **Verzicht auf diese Pflichtteilsergänzungsansprüche** bei Abschluss eines Erbvertrages mit beurkundet werden. Rein vorsorglich sollte ein wechselseitiger Verzicht auf Pflichtteilsergänzungsansprüche abgegeben werden.*

2. Belehrungen

Die Notarin/der Notar hat die Beteiligten darauf hingewiesen, dass durch diesen Vertrag der Verzichtende von der gesetzlichen Erbfolge ausgeschlossen ist und er auch keinen Pflichtteilsanspruch hat.

Wir wurden ferner darauf hingewiesen, dass im Fall einer rechtskräftigen Aufhebung der Lebenspartnerschaft unter Umständen ein eventueller nachpartnerschaftlicher Unterhaltsanspruch des Unterhaltsberechtigten beim Tode des Unterhaltsverpflichteten nicht auf die Erben als Nachlassverbindlichkeit gem. § 1586b BGB übergeht.

Erbvertrag

Wir wollen einen Erbvertrag schließen und sind durch frühere Verfügungen von Todes wegen hieran nicht gehindert. Wir sind deutsche Staatsangehörige und verlangen keine Hinzuziehung von Zeugen.

Die Notarin/der Notar überzeugte sich durch die Verhandlung von der erforderlichen Geschäftsfähigkeit der Erschienenen. Die Beteiligten erklärten der Notarin/dem Notar mündlich wie folgt:

Wir schließen den nachstehenden

Erbvertrag

§ 1 Aufhebungserklärung

Wir heben hiermit alle etwaigen, bisher von uns einseitig oder gemeinschaftlich getroffenen Verfügungen von Todes wegen auf.

§ 2 Bindungsfreiheit

Jede/r von uns erklärt, dass sie/er nicht durch Bindung aus einem früheren gemeinschaftlichen Testament oder Erbvertrag mit einer anderen Person an der Errichtung dieses Erbvertrages gehindert ist.

§ 3 Erbeinsetzung

Im Falle unseres Ablebens setzen wir

a) zu unserem . . . alleinigen Erben ein: . . .

b) die/das Kind . . . der/des Erschienenen zu . . . . . . ein.

c) uns wechselseitig zu alleinigen und uneingeschränkten Erben ein.

Dieser Erbvertrag soll für den Fall der Aufhebung der Lebenspartnerschaft – nicht – hinfällig sein.

§ 4 Nießbrauchsvermächtnis

Für den Fall des Erstversterbens der/des Erschienenen . . . erhält die/der Erschienene zu . . ., Frau/Herr . . ., als Vermächtnis ein lebenslanges – mit Ausnahme der variablen Betriebskosten (Wohngeld, Instandhaltung) – (nach steuerlicher Prüfung: unentgeltliches) . . . in das (Wohnungs-)Grundbuch einzutragendes Nießbrauchsrecht an dem nachfolgend näher bezeichneten Grundbesitz/Eigentumswohnung, hinsichtlich dessen/deren ich, die/der Erschienene zu . . ., Frau/Herr . . ., als Eigentümer/in verzeichnet bin:

Der Grundbesitz ist im (Wohnungs-)Grundbuch von . . . des Amtsgerichts . . . von Berlin, Band . . . Blatt . . . eingetragen.

Bei Wohnungseigentum:

Die Wohnung besteht aus einem . . ./10.000stel Miteigentumsanteil, verbunden mit dem Sondereigentum an der Wohnung im Hause . . . Adresse . . ., belegen im . . . OG, im Aufteilungsplan mit Nr. . . . bezeichnet, mit einer Wohnfläche von . . . m^2 und dem dazugehörigem Keller, ohne Nummer.

Die/der Erschienene zu ... bevollmächtigt bereits jetzt unwiderruflich über den Tod hinaus Frau/ Herrn ... – unter Befreiung von den Beschränkungen des § 181 BGB – den Antrag auf Eintragung und die Bewilligung dieses Nießbrauchsrechtes im Fall des Vorversterbens der/des Erschienenen zu ... in ihrem/seinem eigenen Namen beim Grundbuchamt zu stellen.

Von der Vollmacht darf nur nach Vorlage der Sterbeurkunde der/des Erschienenen zu ... Gebrauch gemacht werden.

Den Wert des Nießbrauchs geben wir mit jährlich ... € an.

Hinweis:

*Das **Nießbrauchsvermächtnis** ist die einfachste Möglichkeit, aufgrund der gegenwärtigen (noch) nicht existierenden steuerlichen Privilegierung steuerschädliche erbrechtliche Folgen – bei gleichzeitiger Sicherung der/s Lebenspartnerin/s hinsichtlich der Nutzung des gemeinschaftlichen Eigentums – **nicht** eintreten zu lassen. Der vorbehaltene Nießbrauch führt zu einer **erheblichen Minderung des Wertes** der Zuwendung (abhängig vom Lebensalter des Nießbrauchsbegünstigten). Gegenwärtig besteht nach § 25 ErbStG (noch) ein erbschaftsteuerliches **Abzugsverbot** für einen zu Gunsten **des Ehepartners** vorbehaltenen Nießbrauch (siehe hierzu ausführlich Jülicher, DStR 2001, 1200 f. m. w. N.)*

*Eine entsprechende Regelung sollte im Rahmen des LPartErgG **auch für die Lebenspartnerschaften** getroffen werden. Mangels gesetzlicher Grundlage – dieses Verbot wurde in das LPartErgG nicht aufgenommen – kann nun der Abzug des Wertes des Nießbrauchsrechtes im Hinblick auf die Bereicherung des Lebenspartners **nicht versagt werden**. Der Bundesrat hat ausdrücklich die Änderung des § 25 ErbStG bisher **abgelehnt**.*

*Die **Ungleichbehandlung** in der Besteuerung von Lebenspartner und Ehepartnern, die nunmehr vorliegend eingetreten ist, könnte eine **steuerliche Diskriminierung von Ehepartner** im Hinblick auf Art. 6 GG bedeuten. Mithin müsste der Gesetzgeber sehr schnell eine dem § 25 ErbStG entsprechende Regelungen für Lebenspartner schaffen, damit diese gegenüber den Ehepartnern **nicht privilegiert** wären. Abgesehen von der Tatsache, dass sich die Ehepartner nunmehr auf die Verfassungswidrigkeit des gesetzlichen, jetzigen Rechtszustandes berufen könnten, dürften **spiegelgleich** die den Ehegatten vorbehaltenen erbschaftsteuerrechtlichen Privilegien den Lebenspartnern – aufgrund gesetzlicher Lücke – nicht verwehrt sein (so auch: Wälzholz, MittBayNot 2001, Sonderheft Lebenspartnerschaften, S. 50, 56 f.).*

---

§ 5 Bindungswirkung

Die Notarin/der Notar hat uns über die durch einen Erbvertrag begründeten erbrechtlichen Bindungen gem. § 2289 BGB belehrt. Es ist uns bekannt, dass danach spätere erbrechtliche Verfügungen eines Vertragspartners insoweit unwirksam sind, als sie gegen die vertraglich bindenden Verfügungen des Erbvertrages verstoßen.

Wir erklären daraufhin, dass wir die im vorstehenden § 3 vereinbarte Erbeinsetzung der/des ... von uns gegenseitig mit erbvertraglicher Wirkung annehmen.

§ 6 Erbvertragliche Bindungen

1.

Wir nehmen unsere Erklärungen über die gegenseitige Erbeinsetzung mit erbvertraglicher Bindung gegenseitig an. Ein vertragliches Rücktrittsrecht soll jedoch beiden von uns vorbehalten werden.

2.

Wir vereinbaren, dass jede/r von uns von diesem Erbvertrag zurücktreten kann, wenn eine/r von uns schriftlich gegenüber der/dem anderen erklärt, dass sie/er dauernd getrennt leben und die zwischen uns bestehende Lebenspartnerschaft aufheben will.

Dieser Rücktritt und die Anzeige des dauernden Getrenntlebens hat durch Erklärung gegenüber der anderen Vertragsschließenden zu erfolgen, wobei die Rücktrittserklärung von diesem Erbvertrag der notariellen Beurkundung bedarf.

§ 7 Wechselbezüglichkeit

Die vorstehenden Verfügungen sollen, soweit dies gesetzlich zulässig ist und nicht besonders ausgenommen, vertragsmäßige sein, wir nehmen sie wechselseitig an.

Über die durch diesen Erbvertrag eintretenden Bindungen wurden wir belehrt, insbesondere darüber, dass nach dem Tode einer/s von uns die/der andere ihre Verfügung der Erbeinsetzung nicht mehr widerrufen oder davon zurücktreten kann.

Wir wurden von der/dem beurkundenden Notarin/Notar ausführlich über die durch diesen Erbvertrag eintretende Bindungswirkung sowie die gesetzlichen Pflichtteilsrechte belehrt.

Den Wert unseres gemeinsamen Vermögens geben wir mit . . . € an.

7. Aufhebungsfolgevereinbarung bei Aufhebung der Lebenspartnerschaft (Muster)

Es erscheinen

1. Name ... geb. ..., Adresse,
2. Name ... geb. ..., Adresse,

Die Erschienenen, im Folgenden auch: Die/der Erschienene zu 1), die/der Lebenspartner/in, die/der Erschienene zu 2), die/der Lebenspartner/in, beide gemeinsam die Lebenspartner genannt, erklärten mit der Bitte um Beurkundung:

Wir haben miteinander eine eingetragene Lebenspartnerschaft am ... vor dem Standesbeamten des Standesamtes ... von Berlin geschlossen.

Wir besitzen beide die deutsche Staatsangehörigkeit. In unserem Haushalt mit uns gemeinsam lebte die/der Tochter/Sohn der/des Erschienene/n zu ...

Wir wollen unsere Lebenspartnerschaft gerichtlich aufheben lassen und im Hinblick hierauf schließen wir den nachfolgenden

Vertrag,

der Regelungen sowohl für die Dauer unseres Getrenntlebens als auch für den Fall der rechtskräftigen Aufhebung unserer Lebenspartnerschaft enthält.

Wir erklären eingangs:

Wir wollen beide die zwischen uns eingegangene Lebenspartnerschaft – übereinstimmend – aufheben und leben seit dem ... von einander getrennt.

I. Kinder

§ 1 Aufenthaltsbestimmungsrecht

Die/der Erschienene/n zu ... ist allein sorgeberechtigte/r Elternteil des gemeinsam mit uns im lebenspartnerschaftlichen Haushalt lebenden Kindes ...

D... Kind... der Erschienenen zu ... w... von uns beiden gemeinschaftlich während unserer Lebenspartnerschaft versorgt und betreut.

Seit unserer Trennung am ... lebt das Kind ... bei der/dem Erschienenen zu ... und wird von jener/m – mit meiner, der/des Alleinsorgeberechtigten, erteilten Zustimmung – allein betreut und versorgt.

Dabei soll es für die Dauer des Getrenntlebens sowie auch nach rechtskräftiger Aufhebung unserer Lebenspartnerschaft bleiben.

Das Aufenthaltsbestimmungsrecht nimmt – mit ausdrücklicher Zustimmung der/des Alleinsorgeberechtigten – die/der Erschienene zu ... wahr.

§ 2 Vollmacht

Die/der Erschienene zu ... hat die alleinige Befugnis zur alleinigen Entscheidung in Angelegenheiten des täglichen Lebens betreffen d... minderjährige Kind ...

..., Alleinsorgeberechtigte/r erteilt die Vollmacht an ..., diejenigen Angelegenheiten, in denen ... gem. § 1687 BGB allein entscheidungsbefugt ist, zu regeln.

Die/der Erschienene zu ... bevollmächtigt die/den Erschienene/n zu ... insbesondere, d... Kind ... vor Behörden, Ämtern und Dritten zu vertreten sowie Willenserklärungen abzugeben und entgegenzunehmen. Dies umfasst die Regelungsbefugnis aller Dinge des täglichen Lebens, die im Zusammenhang mit der Betreuung und Versorgung d... Kind ... erforderlich sind.

7. Aufhebungsfolgevereinbarung bei Aufhebung der Lebenspartnerschaft

Bei allen Angelegenheiten von erheblicher Bedeutung, hier insbesondere die Wahl der Kita, Schulart, der Ausbildung, der Fachrichtung und Fächer, bei Besprechungen mit Erzieherinnen in den Einrichtungen sowie Lehrern in Schulen über gefährdete Versetzung, Entscheidung über Auslands- oder Ferienaufenthalte, Internatserziehung, Wahl der Lehre und Lehrstätte, müssen die Erschienenen . . . im Interesse und im Sinne d. . . Kind . . . gemeinsame Entscheidungen treffen.

> *Hinweis:*
> *Die Regelungen in § 9 LPartG zur sorgerechtlichen Befugnis der Lebenspartnerin/des Lebenspartners normiert eine* **Befugnis zur Mitentscheidung in Angelegenheiten des täglichen Lebens des Kindes.** *Diese Mitbefugnis ist abhängig von dem* **Willen des sorgeberechtigten Elternteiles** *(s. hierzu oben Rn. 19 ff.).*
> *Insoweit sind hier* **Vereinbarungen vertraglicher** *Art möglich und sicherlich auch* **nötig.** *Diese sind formfrei, sollten jedoch für den Fall einer Aufhebungsfolgevereinbarung für eine Lebenspartnerschaft wegen der Beweiskraft mit beurkundet und in den Aufhebungsfolgenvertrag aufgenommen werden.*

§ 3 Umgangsrecht

1.

Die Erschienenen vereinbaren diesbezüglich Folgendes:
Der/die Erschienene zu . . . hat das Recht und die Pflicht,

a) das Kind/die Kinder alle 14 Tage von Freitag Nachmittag – Abholung aus der Schule – bis Sonntag Abend 18.00 Uhr – Zurückbringung in den Haushalt der/dem Erschienenen zu . . . (wahlweise bis Montag Morgen, Hinbringung zur Kita/Schule) – zu sich zu nehmen;

b) jeweils den zweiten Feiertag der großen Fest- und Feiertage wie Weihnachten, Ostern und Pfingsten mit dem Kind/den Kindern zu verbringen;

c) die Hälfte der Schulferien, also jeweils die ersten oder die letzten drei Wochen der Sommerferien, die Herbst- oder Osterferien jeweils im abwechselnden Jahresrhythmus. das Kind/die Kinder zu sich zu nehmen und/oder mit ihm/ihnen zu verreisen.

d) am eigenen Geburtstag des/der Erschienenen zu . . . hat dieser/diese das Recht, das Kind/die Kinder zu sich zu nehmen und mit ihm/ihnen seinen/ihren Geburtstag zu feiern.

e) Bezüglich der Geburtstage der Kinder/des Kindes hat der/die Erschienene zu . . . das Recht, das Kind und die Geschwister am darauf folgenden Tag zu sich zu nehmen, um den Geburtstag des Kindes nach zu feiern.

2. Vertragsstrafe

Für jeden Fall der Zuwiderhandlung vereinbaren die Erschienenen die Zahlung eines Zwangsgeldes in Höhe von . . . €.

> **Hinweis:**
> *§ 1685 BGB, welcher mit Wirkung vom 1.8.2001 eine Änderung in Absatz 2 erfahren hat, normiert das **Recht des Umgangs** mit dem Kind auch für den **Lebenspartner oder den früheren Lebenspartner**.*
>
> *Wie bei Ehepartnern ist das Recht des Umganges dann gegeben, „... **wenn dieser dem Wohl des Kindes dient** ...". Es handelt sich bei dieser Formulierung um eine Positivbestimmung. I. d. R. wird davon auszugehen sein, dass der Umgang mit dem/der in längerer Lebenspartnerschaft gelebt habenden „**Mitelternteil**" dem Kindeswohlinteresse dient (hierzu eingehend Rn. 25).*
>
> *Rein vorsorglich sollten auch hier vertragliche Gestaltungen gewählt werden, die für die Zukunft im Angesicht der Aufhebung einer Lebenspartnerschaft Streit vermeiden können und sollen. Das **formulierte Beispiel**, welches im Muster angegeben worden ist, entspricht den bisher üblichen, von familiengerichtlicher Seite zuerkannten **Besuchskontaktstandards**, was Zeit und Umfang anbelangt.*

II. Lebenspartnerschaftsunterhalt

§ 1 Trennungsunterhalt

Es besteht Einigkeit, dass der Trennungsunterhaltsanspruch (§ 12 LPartG) des/r Lebenspartners/in derzeit monatlich ... € beträgt. Hierin ist auch ein Vorsorgeunterhalt (§ 16 Abs. 2 LPartG) i. H. v. ... € monatlich ab Rechtshängigkeit eines Aufhebungsantrages beim Familiengericht enthalten.

Der/die Erschienene zu ... verpflichtet sich, diesen Unterhaltsbetrag jeweils monatlich im Voraus ab dem Ersten des auf die Beurkundung dieses Vertrages folgenden Monats an den/die Erschienene/n zu zahlen.

Dem liegt zugrunde, dass der/die Erschienene zu ... derzeit ein monatliches bereinigtes Nettoeinkommen von €... bezieht.

Der/die Erschienene zu ... bezieht ein monatliches Nettoeinkommen von ... € aus einer vollschichtigen/Teilzeiterwerbstätigkeit. Diese Tätigkeit entspricht den partnerschaftlichen Lebensverhältnissen.

> *Alternativ: Diese Tätigkeit ist wegen der Betreuung eines minderjährigen Kindes überobligatorisch und das Einkommen soll nur zu ... (Quote) angerechnet werden, weil ... (Betreuung eines (eigenen oder nicht eigenen) Kindes, Alter, Krankheit ...).*

Für die Dauer des Getrenntlebens sind wir seitens der Notarin/des Notars darüber belehrt worden, dass jegliche Unterhaltsvereinbarung, die gegen das gesetzliche Verbot des ganzen oder teilweisen Verzichtes auf Unterhalt für die Zukunft bis zur Auflösung der Lebenspartnerschaft verstoßen würde, zur Nichtigkeit einer Unterhaltsregelung führen würde. Wir sind uns bewusst, dass, sobald wir die Trennung vollzogen haben, sich die beiderseitigen Unterhaltspflichten nach der gesetzlichen Regelung richten.

In Kenntnis dieser gesetzlichen Regelung (§ 12 Abs. 1 Satz 1 LPartG, §§ 1361 Abs. 1 Satz 1 ff. BGB) und in Kenntnis unserer beiderseitigen gegenwärtigen Einkommensverhältnisse vereinbaren wir, bei Erfüllung der in diesem Vertrag vorgenommenen Regelungen keine weitergehenden wechselseitigen Ansprüche auf Zahlung von Trennungsunterhalt zu stellen.

Wir gehen davon aus, dass die Vereinbarung zum Unterhalt für die Dauer des Getrenntlebens keinen Verzicht auf Trennungsunterhalt enthält. Diese Zahlung gilt auch für den Fall der Trennung als Trennungsunterhalt vereinbart.

> **Hinweis:**
> Besondere Beachtung ist im Rahmen der vertraglichen Gestaltung **dem Verzichtsverbot** *(auch Teilverzichtsverbot)* zu widmen, da wegen § 139 BGB **die Gefahr der Nichtigkeit** *des gesamten Vertrages nicht auszuschließen ist (vgl. hierzu AG Tempelhof/Kreuzberg, FamRZ 2000, 833).*
> *Hier wurde ein Teilverzicht, und damit einen Verstoß gegen § 1614 BGB angenommen, da der vereinbarte Gatten-Unterhalt unterhalb der 1/3 Anspruchsgrenze lag.*
> **Mithin sind genaueste Einkommensermittlungen anzustellen!**

§ 2 Nachpartnerschaftsunterhalt

Die Lebenspartner sind darüber einig, dass der in II § 1 enthaltene Unterhaltsbetrag (eingeschlossen der Altersvorsorgeunterhalt und Krankenvorsorgeunterhalt) auch für den Fall der Aufhebung ihrer Lebenspartnerschaft gilt (§ 16 LPartG).

Die Lebenspartner verpflichten sich diesen vereinbarten Unterhalt neu zu berechnen und abzuändern für den Fall der/des

- Rentenbezugs,
- Veräußerung der gemeinschaftlichen Immobilie,
- Wegfalls von unterhaltsrechtlich relevanten Verbindlichkeiten,
- Wegfalls von Unterhaltsansprüchen von (unterhaltsberechtigten) Kindern,

Unbeschadet der gesetzlichen Abänderung gem. § 323 ZPO.

In den oben aufgeführten Fällen tritt die Wirkung der Abänderung rückwirkend in dem Zeitpunkt ein, in dem sich die Änderung wirtschaftlich auswirkt.

> **Hinweis:**
> *Ab Rechtshängigkeit eines Aufhebungsverfahrens entsteht der Anspruch auf Altersvorsorgeunterhalt (§ 16 Abs. 2 LPartG) (Büttner, FamRZ 2001, 1107; a. A. wenig überzeugend: Kemper, FUR 2001, 455). Hinsichtlich des nachpartnerschaftlichen Unterhaltes verweist das Gesetz in § 16 Abs. 2 LPartG auf § 1578 Abs. 3 BGB. Infolgedessen ist bei der Vertragsgestaltung auf diese unterschiedlichen Ansprüche einzugehen.*

Alternativ: **Unterhalts-Abfindung**
§ . . . Abfindung
Für den Fall der rechtskräftigen Aufhebung unserer Lebenspartnerschaft zahlt der/die Erschienene zu . . . eine Abfindung in Höhe von

$$\ldots \text{€}$$

(in Worten: . . . Euro)

und zwar fällig am 1. des Monats der auf die Rechtskraft des Aufhebungsurteils des Familiengerichtes folgt.

Für jeden Fall des Verzuges werden 5 % p. a. Zinsen über dem Basiszinssatz der EZB vereinbart.

§ . . . Zwangsvollstreckungsunterwerfung
Hinsichtlich des Abfindungsbetrages dieses Vertrages unterwirft sich der Erschienene zu . . . der sofortigen Zwangsvollstreckung in sein gesamtes Vermögen und ermächtigt die Notarin/ den Notar – jedoch nur nach Nachweis der Rechtskraft eines familiengerichtlichen Aufhebungsurteils – eine vollstreckbare Ausfertigung zu erteilen.

§ . . . Unterhaltsverzicht
Die Lebenspartner verzichten für den Fall der Rechtskraft der Beendigung ihrer Lebenspartnerschaft wechselseitig auf jegliche Unterhaltsansprüche, insbesondere auf solche nach Maßgabe des § 16 LPartG. Sie nehmen den Verzicht wechselseitig an.

Der Verzicht d. . . Erschienenen zu . . . steht unter der aufschiebenden Bedingung, dass der Abfindungsbetrag von . . . € gem. § . . . gezahlt ist.

Die Notarin/der Notar hat darauf hingewiesen, dass die Berufung auf den Unterhaltsverzicht unter Umständen treuwidrig sein kann, und zwar insbesondere, wenn und so lange der Unterhaltsberechtigte durch die Betreuung eines Kindes an der Erwerbstätigkeit gehindert ist und/ oder ohne Leistung von Unterhalt auf Sozialleistungen angewiesen wäre.

III. Güterrecht

> *Hinweis:*
> *Es ist nach überwiegender Meinung eine Güterrechtseintragung möglich, obwohl direkte gesetzliche Verweisungen im Vermögensrecht des LPartG fehlen (zum Meinungsstand s. oben Rn. 37).*

§ 1 Vermögensstand

Die Lebenspartner leben im Güterstand der Ausgleichsgemeinschaft.

In Abänderung dieses Güterstandes wird die nachfolgende Vereinbarung getroffen:

Durch diesen Lebenspartnerschaftsvertrag wird mit sofortiger Wirkung der Vermögensstand der Vermögenstrennung zwischen uns vereinbart. Die Notarin/der Notar hat die Beteiligten auf die Möglichkeit hingewiesen, die Eintragung im Güterrechtsregister zu bewirken. Die Erschienenen wünschen diese Eintragung derzeit jedoch nicht. Vorsorglich beantragen beide Lebenspartner die Eintragung schon jetzt. Die Notarin/der Notar soll den Antrag jedoch nur auf schriftliche Anweisung von einem von uns stellen.

Über die rechtliche Bedeutung der Regelung zum Vermögensstand der Vermögenstrennung sind wir von der Notarin/dem Notar belehrt worden. Wir wurden insbesondere auf den Wegfall des Vermögensausgleiches bei Beendigung des Vermögensstandes im Falle der Aufhebung unserer Lebenspartnerschaft, einschließlich der Auswirkungen im Erb- und Pflichtteilsrecht, hingewiesen.

> *Hinweis:*
>
> *Es entspricht allgemeiner Meinung, dass **ehevertragliche Modifizierungen** im Rahmen einer im Todesfall oder aber bei Trennung geltend gemachten Ausgleichsforderung nach § 1371 Abs. 2 oder Abs. 3 BGB, § 1378 BGB i. V. m. **§ 5 Abs. 2 ErbStG steuerlich** zu beachten sind (vgl. BFH v. 12.5.1993, II R 37/89; BStBl. II 1993 S. 739 unter II.2.b.; ebenso Piltz, ZEV 1995, 330 ff. sowie Sasse, ZEV 1996, 20 ff.).*
>
> *Nichts anderes kann für **Lebenspartner** gelten, denn die Steuerfreiheit im Rahmen des § 5 Abs. 2 ErbStG beruht darauf, dass die Zahlung auf die Ausgleichsforderung nach § 6 LPartG weder von Todes wegen erworben wurde noch auf einer Schenkung nach § 7 Abs. 1 Satz 1 ErbStG beruht. Auf eine Anwendung des § 5 Abs. 2 ErbStG kommt es nach dieser Meinung nicht an, da diese Norm nur deklaratorischer Natur ist.*
>
> *Dies bietet natürlich Praktikern **Gestaltungsspielräume** für **steuerfreie Vermögensverschiebungen zwischen Lebenspartnern/innen**. Die Möglichkeit besteht indes nur dann, **wenn tatsächlich ein gesetzlicher, güterrechtlicher Ausgleichsanspruch** im Rahmen der Ausgleichsgemeinschaft **vorhanden ist**. Soll etwa eine „erhöhte" und **ohne gesetzliche Grundlage** getroffenen Vereinbarung genutzt werden, um erhöhte güterrechtliche Ausgleichsforderungen zu verschaffen, so liegt kein steuerrechtlicher Tatbestand vor (so auch Wälzholz, MittBayNot 2001, Sonderheft Lebenspartnerschaften, S. 50, 55 f.).*
>
> *Es kann mithin bei Aufhebung der Ausgleichsgemeinschaft zwischen Lebenspartnern nach § 6 Abs. 2 LPartG unter gleichzeitiger Vereinbarung von Vermögenstrennung der Spielraum zur **erbschaftsteuerfreien Vermögensübertragung** genutzt werden. Zur Erfüllung des Ausgleichsanspruches kann Vermögen, respektive Grundbesitz, erbschaftsteuerfrei zur Erfüllung von Ausgleichsansprüchen auf die Lebenspartnerin/den Lebenspartner übertragen werden. Es fällt allerdings für diese vertragliche Variante Grunderwerbsteuer – aber keine Steuer nach § 5 Abs. 2 ErbStG – an.*

§ 2 Ausschluss der Verfügungsbeschränkung gem. § 1365 BGB

Wir schließen die vom Gesetz vorgegebene, gesetzliche Verfügungsbeschränkung gem. § 1365 BGB für den Vermögensstand der Vermögenstrennung ausdrücklich aus.

Jede/jeder von uns ist während der Dauer unserer Lebenspartnerschaft hinsichtlich des vorgegebenen Vermögensstandes berechtigt, über das ihm/ihr gehörende Vermögen, auch über sein/ihr Vermögen im Ganzen und die ihm/ihr gehörenden Gegenstände des lebenspartnerschaftlichen Haushaltes frei und ohne jede Zustimmung des anderen Lebenspartners zu verfügen.

§ 3 Vermögensauseinandersetzung und Vermögensausgleich

Soweit in den nunmehr folgenden Bestimmungen des Vertrages die Beteiligten vermögensrechtliche Vorteile oder Zuwendungen erhalten, so ist der Rechtsgrund hierfür jeweils ein Vermögensausgleichsanspruch aus der Beendigung der Ausgleichsgemeinschaft.

1. Auseinandersetzung von Grundbesitz

Zum Vermögen der Lebenspartner gehört zu gleichen Bruchteilen der folgende Grundbesitz:

Die Lebenspartnerschaftswohnung, belegen in der . . ., Adresse, eingetragen im Grundbuch von . . . des Amtsgerichts . . .

1) Bestandsverzeichnis: . . .

2) Abteilung I: . . .

Als Eigentümer sind die Erschienenen zu 1) und 2) je in Bruchteilsgemeinschaft zu 1/2 eingetragen.

3) Abteilung II: ...

4) Abteilung III: ...

2. Übernahme des Alleineigentums und Gesamtschuldregelung

Die Lebenspartner setzen den vorstehend beschriebenen Grundbesitz wie folgt auseinander:

Der vorstehend beschriebene Grundbesitz wird Alleineigentum d...Erschienenen...zu...

D...Erschienene...zu...übernimmt den Grundbesitz am heutigen Tag mit allen bestehenden grundbuchlichen und außergrundbuchlichen Belastungen. Etwaige Rückstände aus mit dem Grundbesitz zusammenhängenden Belastungen trägt allein d...Erschienene...zu...

D...Erschienene...zu...stellt d...Erschienene...zu...von allen Verbindlichkeiten, insbesondere von den durch die eingetragenen Grundpfandrechte gesicherten Verbindlichkeiten, frei.

Die Beteiligten nehmen übereinstimmend den Valutastand der Belastungen am heutigen Tage mit ...€ an.

Die Lebenspartner verpflichten sich wechselseitig, alles zu unternehmen, um eine Entlassung d... Erschienenen zu...aus der persönlichen Schuldhaft zu erreichen.

D...Erschienene...zu...hat jedoch, sollte der Grundpfandrechtsgläubiger aus Gründen, die d...Erschienene...zu...nicht zu vertreten hat, nicht zustimmen, lediglich im Innenverhältnis einen Anspruch auf Freistellung. Die Notarin/der Notar hat die Lebenspartner über das Wesen der Freistellung belehrt.

Die Lebenspartner sind darüber einig, dass etwa entstandene Eigentümergrundschulden sowie alle Ansprüche gegenüber den Grundpfandrechtsinhabern auf Löschung, Rückübertragung oder Verzicht der eingetragenen Grundpfandrechte d...Erschienene zu...zustehen. Dasselbe gilt für diejenigen Eigentümergrundschulden und Ansprüche, die in Zukunft nach weiterer Tilgung entstehen werden.

D...Erschienene zu...tritt diese Rechte und Ansprüche an d...dies annehmende...Erschienen...zu...ab.

§ 4 Auflassung

Die Beteiligten erklären die Auflassung wie folgt, die unabhängig von dem Eintritt der Rechtskraft der Aufhebung unserer Lebenspartnerschaft erfolgt:

Wir sind darüber einig, dass der...Miteigentumsanteil d...Erschienenen zu...an dem im Grundbuch von...des Amtsgerichts..., Flur..., Flurstück..., eingetragenen Grundbesitz von d...Erschienenen zu...auf d...Erschienene...zu...übergeht, so dass dies...Alleineigentümer wird.

Wir bewilligen und beantragen die Eintragung des Eigentumswechsels im Grundbuch.

Die Notarin hat die Beteiligten auf die Möglichkeit der Eintragung einer Eigentumsverschaffungsvormerkung hingewiesen. Die Beteiligten wünschen eine solche Eintragung nicht.

Die/der Notar/in hat die Beteiligten ferner darauf hingewiesen, dass dieser Vertrag Grunderwerbsteuer auslösen kann, dass jedenfalls das Grundbuchamt den Wechsel des Eigentums erst nach Vorlage der Unbedenklichkeitsbescheinigung des zuständigen Finanzamtes eintragen kann.

Auf die Vorschrift des § 3 Nr. 5 Grunderwerbsteuergesetz hat die Notarin/der Notar hingewiesen. Die Lebenspartner beauftragen die amtierende Notarin/den amtierenden Notar, die Befreiung von der Grunderwerbsteuer zu beantragen.

...Alternative für Wohnungseigentum

Rechte und Pflichten am Wohnungseigentum etc.

> **Hinweis:**
> Zusätzliche Vereinbarungen zu weiteren vermögensrechtlichen Regelungen im Zusammenhang mit dem Zugewinnausgleich
> - Aufteilung von Lebensversicherungen,
> - Abtretung von Lebensversicherungen,
> - Abtretung von Bausparverträgen,
> - Aufteilung von Depots und Aktien etc.
>
> können an dieser Stelle eingefügt werden.
> Bei Lebensversicherungen ist darauf zu achten, dass die Abtretung zur ihrer Wirksamkeit dem Versicherer durch den Versicherungsnehmer persönlich (schriftlich) angezeigt werden muss.

§ 5 Ausgleichsklausel

Durch diesen Vertrag, insbesondere durch die Form der Grundstücksauseinandersetzung und die Abfindungszahlung in § . . . ist auch der in dem beendeten Vermögenstand der Ausgleichsgemeinschaft entstandene Vermögensausgleichsanspruch erledigt.

Damit sind alle Ansprüche aus unserer Lebenspartnerschaft ausgeglichen. Rein vorsorglich verzichten wir wechselseitig auf eine weitere Geltendmachung von Vermögensausgleichsansprüchen und nehme gegenseitig diesen Verzicht an.

IV. Hausrat und Lebenspartnerschaftswohnung

> **Hinweis:**
> Die in §§ 13, 14 LPartG enthaltenen Regelungen zur Hausratsverteilung und zur Ehewohnungszuweisung sowohl für die Dauer des Getrenntlebens der Lebenspartner als auch für den Fall der Rechtskraft einer Aufhebung der Lebenspartnerschaft werden an die Regelungen für Ehepartner in §§ 1361a, 1361b BGB angeknüpft. Insoweit ergeben sich keine unterschiedlichen Gestaltungsprobleme. Dasselbe gilt für den Fall der Rechtskraft der Aufhebung einer Lebenspartnerschaft (§§ 17 ff. LPartG). Es sind für den Vereinbarungs- und Vertragsfall keine Abweichungen notwendig (vgl. Grizwotz, DNotZ 2001, 291). § 18 LPartG schafft die Möglichkeit, ein von beiden Parteien gemeinsam begründetes Mietverhältnis von nur einer/m Partner/in **per gerichtlicher Entscheidung** fortsetzen zu lassen. Ist das Mietverhältnis von nur einer/m Partner/in eingegangen worden, kann die/der andere durch gerichtliche Entscheidung an deren/dessen die Stelle treten. Hier gelten zu beachtende Fristen, die in die Formulierung belehrungshalber (aus Haftungsgründen) aufzunehmen sind.

§ 1 Hausrat

Der Hausrat ist auseinandergesetzt; es soll bei dem gegenwärtigen Eigentums- und Besitzstand verbleiben. Wir fügen die als Anlage 1 erstellte Hausratsliste hinsichtlich der Aufteilung anbei.

Weitere Ansprüche bestehen nicht.

Eventuell müssen an dieser Stelle spezielle Regelungen aufgenommen werden.

§ 2 Lebenspartnerschaftswohnung

Die gemeinsam bewohnte Wohnung der Lebenspartner/innen ... soll ... dem/der Erschienenen zu ... zum ... alleinigen Miet- und Nutzungsrecht für die Zeit des Getrenntlebens wie auch nach rechtskräftiger Aufhebung der Lebenspartnerschaft zustehen.

Die Lebenspartner bevollmächtigen sich gegenseitig, alle erforderlichen Erklärungen, die zur Umschreibung des Mietvertrages auf die/den Erschiene... zu ... allein erforderlich sind dem Vermieter gegenüber auch im Namen des jeweils anderen abzugeben und entsprechende Erklärungen entgegenzunehmen.

Sie befreien sich gegenseitig von den Beschränkungen des § 181 BGB.

Die Lebenspartner wurden darüber belehrt, dass, sollte der Vermieter ihrer obigen Vereinbarung nicht zustimmen, sie nur innerhalb eines Jahres nach rechtskräftiger Aufhebung der Lebenspartnerschaft beim Familiengericht auch gegen den Willen des Vermieters eine ihrer Vereinbarung entsprechende gerichtliche Regelung beantragen können. Für die Dauer der alleinigen Nutzung durch den/die Erschienene... zu ... übernimmt ... dieser/diese im Innenverhältnis alle Zahlungsverpflichtungen aus dem Mietverhältnis und stellt den jeweils anderen von entsprechenden Ansprüchen des Vermieters frei.

Über das Wesen der Freistellung wurde belehrt und darüber, dass diese nur im Innenverhältnis nicht aber dem Vermieter gegenüber gilt.

Die Mietkaution steht der/dem Erschienenen zu ... zu.

Die Kosten für Schönheitsreparaturen trägt der/die Erschienene zu ... /werden zwischen den Lebenspartnern ... geteilt, für den Fall, dass die gemeinsame Wohnung bis Ende des Jahres aufgegeben wird.

V. Salvatorische Klausel

Sollte eine Bestimmung dieses Vertrages unwirksam sein oder werden, so bleibt die Wirksamkeit der übrigen Bestimmungen davon unberührt. Die unwirksame Bestimmung ist in eine solche wirksame Bestimmung umzudeuten, die dem von den Erschienenen wirtschaftlich Gewollten entspricht.

VI. Kosten

Die Kosten der Beurkundung dieses Vertrages trägt ... .

Die Kosten des grundbuchlichen Vollzugs der Vermögensauseinandersetzung trägt ... .

Die Kosten des gerichtlichen Aufhebungsverfahrens trägt ... ungeachtet einer etwaigen abweichenden gerichtlichen Regelung ...

Die Kosten anwaltlicher Vertretung einschließlich Besprechung mit der Gegenseite und die Kosten des Vergleichs für diesen Vertrag trägt ... der/die Erschienene zu ... (Hinweis auf steuerliche Möglichkeiten), § 33 EStG.

7. Aufhebungsfolgevereinbarung bei Aufhebung der Lebenspartnerschaft

> *Hinweis:*
>
> *Unausweichliche und zwangsläufige Kosten sind solche aus der Ehescheidung resultierende Kosten nach § 33 EStG, da eine Partnerschaft nur – wie ebenso die Ehe – durch Urteil aufgehoben werden kann (BFHE 114, 90 in StBl II 75, 111). Analog sind die Kosten für Scheidungsfolgevereinbarungen in vermögensrechtlicher- und güterrechtlicher Hinsicht als zwangsläufig und unausweichlich anzusehen – nunmehr, da gleiche „Zwänge" bestehen auch auf Lebenspartnerschaftsauseinandersetzungen zu übertragen (so auch: hinsichtlich der Zwangsläufigkeit bei Eheverträgen und Scheidungsfolgevereinbarungen, Drenseck, in: ABC der außergewöhnlichen Belastungen unter Bezugnahme auf BFH, BStBl. II 1996 S. 596).*
>
> *Hinsichtlich der **Geschäftswerte** hat der Gesetzgeber eine **entsprechende Anwendung** der Geschäftswertbemessung bei Eheverträgen vorgenommen. Nach **§ 39 Abs. 3 Satz 4 KostO** werden vom gesamten Vermögen der Beteiligten die **Schulden** abgezogen. Ebenso ist der Lebenspartnerschaftsvertrag, der auch einen Erb- und Pflichtteilsverzichtsvertrag enthält, ebenso wie ein Ehevertrag, in solchem Rahmen **privilegiert**. Nach § 46 Abs. 3 KostO wird die Gebühr (20/10) nur einmal berechnet und zwar nach dem Vertrag, der den höchsten Geschäftswert hat (Ausnahme: Für den Fall, dass die Verträge vor Eingehung der Lebenspartnerschaft geschlossen und notariell beurkundet werden; für diesen Fall sind nach **h. M. jeweils unterschiedliche Gebühren** (also für zwei Verträge je 20/10) zu entrichten). Es lohnt sich kostenrechtlich mithin, erst **nach formalem Eintragungsakt** notarielle Verträge abzuschließen; dieses Vorgehen birgt jedoch – ebenso wie bei Eheverträgen – das Risiko, dass nach dem formalen Akt der Eingehung der Partnerschaft (oder auch der Eheschließung) ein Vertrag nicht mehr zustande kommt.*

Teil 12: Nichteheliche Lebensgemeinschaft

Inhaltsverzeichnis

	Rn.
Abschnitt 1: Systematische Erläuterungen	1

A. Definition — 1

B. Verfassungsrechtliche Grundlagen — 6

C. Einfachrechtliche Grundlagen der nichtehelichen Lebensgemeinschaft — 7
 I. Keine Gesamtanalogie der eherechtlichen Vorschriften — 7
 II. Anwendung der Regeln der §§ 705 ff. BGB — 9
 III. Partnerschaftsvertrag – sittenwidrige Vereinbarungen — 12
 IV. Eigentum an eingebrachten Sachen und an Gegenständen, die für die gemeinsame Lebensführung angeschafft worden sind — 15
 V. Haftung untereinander — 21
 VI. Gegenseitiger Unterhalt — 23

D. Haftung für Verbindlichkeiten des Partners — 26

E. Auflösung der nichtehelichen Lebensgemeinschaft – Ausgleich gegenseitig erbrachter Leistungen — 28
 I. Vertragliche Regelungen — 29
 II. Zugewinnausgleich — 30
 III. Verlöbnisrecht — 31
 IV. Abwicklung gem. §§ 607 ff. BGB — 32
 V. Widerruf von Schenkungen — 33
 VI. Ausgleichsansprüche bei gemeinsamer Schaffung erheblicher Vermögenswerte (§§ 730 ff., 741 ff., 812 ff. BGB) – Hausbaufälle — 35
 VII. Schadensersatz gem. § 826 BGB — 44
 VIII. Weitere Fallgruppen — 45
  1. Erwerb eines Pkw — 45
  2. Ausgleich für alltägliche Leistungen — 46
  3. Tilgung gemeinsamer Schulden durch einen Partner — 47
  4. Tilgung von Altschulden eines Partners durch den anderen Partner mittels Kreditaufnahme – Störung der Geschäftsgrundlage (§ 313 BGB)? — 51
 5. Anspruch aus § 774 Abs. 1 Satz 1 BGB – Bürgenregress — 53
 6. Dienst- und Arbeitsleistungen — 57

F. Nichteheliche Lebensgemeinschaft im Mietrecht — 62
 I. Aufnahme des Partners in die Wohnung — 62
 II. Eigenbedarf i. S. d. § 564b Abs. 2 Nr. 1 BGB a. F. bzw. § 573 Abs. 2 Nr. 2 BGB n. F. — 69
 III. Eintrittsrecht bei Tod des Mieters — 70
 IV. Probleme bei der Auflösung der nichtehelichen Lebensgemeinschaft — 72

G. Arbeits- und Öffentliches Dienstrecht — 83
 I. Vorübergehende Verhinderung zur Arbeitsleistung gem. § 616 Satz 1 BGB, § 52 Abs. 2e BAT — 83
 II. Ortszuschlag (§ 40 Abs. 1 Nr. 4 Satz 1 BBesG) — 86
 III. Tendenzbetriebe — 88

H. Nichteheliche Lebensgemeinschaft im Versicherungsrecht — 89
 I. Angehörigenprivileg (§ 67 Abs. 2 VVG; § 116 Abs. 6 SGB X) — 89
 II. Repräsentanteneigenschaft — 92

I. Deliktsrecht — 93

J. Gemeinsame Kinder — 98

K. Auswirkungen der nichtehelichen Lebensgemeinschaft auf den nachehelichen Unterhaltsanspruch (§ 1579 Nr. 6, 7 BGB) — 103

L. Erbrecht — 116
 I. Verfügungen von Todes wegen — 116
 II. Anwendbarkeit des § 2077 Abs. 1 BGB — 123
 III. Dreißigster (§ 1969 BGB) — 125
 IV. Voraus (§ 1932 BGB) — 126
 V. Nichteheliche Lebensgemeinschaft im Erbschaft- Schenkungsteuerrecht — 127

M. Anwendbarkeit des § 656 BGB auf Partnerschaftsvermittlungsverträge ... 134

N. Sittenwidrige Bürgschaftsverträge ... 136

O. Nichteheliche Lebensgemeinschaft im materiellen Strafrecht ... 138
    I.   Garantenstellung ... 138
    II. Der Begriff des Angehörigen im Strafrecht ... 139

P. Rechtspflege ... 142
    I.   Zivilprozess ... 142
        1. Zuständigkeit ... 142
        2. Zustellung an den nichtehelichen Lebensgefährten ... 143
        3. Zeugnisverweigerungsrecht ... 146
        4. Zwangsvollstreckung ... 148
            a) § 739 ZPO, § 1362 BGB ... 148
            b) § 900 ZPO – Eidesstattliche Versicherung ... 151
            c) Herausgabevollstreckung gem. § 885 ZPO ... 152
            d) Anrechnung von Leistungen an den Partner ... 154
    II. Strafprozess – Zeugnisverweigerungsrecht ... 155
    III. § 69g Abs. 1 Satz 1 FGG ... 156

Q. Öffentliches Recht, insbesondere Sozialrecht ... 157
    I.   Sozialhilferecht ... 157
    II. Prozesskostenhilfe ... 162
    III. Arbeitslosengeld ... 165

R. Nichteheliche Lebensgemeinschaft im Steuerrecht ... 167

S. Bezüge zum Ausländerrecht ... 174

T. Internationales Privatrecht ... 177

U. Rechtsvergleichung ... 178

Abschnitt 2: Rechtsprechungslexikon – ABC der nichtehelichen Lebensgemeinschaft ... 179

Abschnitt 3: Arbeits- und Beratungshilfen ... 180

1. Partnerschaftsvertrag (Muster) ... 180
2. Postvollmacht (Muster) ... 181
3. Vollmacht für Tod, Krankheit und Unfall (Muster) ... 182
4. Generalvollmacht (Muster) ... 183

Literatur:
Battes, Nichteheliches Zusammenleben im Zivilrecht, Köln 1983; *Becker,* Die nichteheliche Lebensgemeinschaft im Schadensrecht, VersR 1985, 199; *Becker/Eberhard,* Die Räumungsvollstreckung gegen Ehegatten und sonstige Hausgenossen, FamRZ 1994, 1296; *Brudermüller,* Wohnungszuweisung bei Beendigung einer nichtehelichen Lebensgemeinschaft?, FamRZ 1994, 207; *Büttner,* Das Zusammenleben mit einem neuen Partner und seine Auswirkungen auf den Unterhaltsanspruch, FamRZ 1996, 136; *Burhoff,* Handbuch der nichtehelichen Lebensgemeinschaft, Herne/Berlin 1998; *Dietlein,* Der Schutz nichtehelicher Lebensgemeinschaften in den Verfassungen und Verfassungsentwürfen der neuen Länder, DtZ 1993, 136; *Diederichsen,* Die nichteheliche Lebensgemeinschaft im Zivilrecht, NJW 1983, 1017; *Graba,* Zur Mietersparnis im Unterhaltsrecht, FamRZ 1995, 385; *Grziwotz,* Rechtsprechung zur nichtehelichen Lebensgemeinschaft, FamRZ 1994, 1217; *ders.,* Nichteheliche Lebensgemeinschaft, 3. Auflage 1999, München; *ders.,* Vollmachten bei nichtehelichen Partnern, FF 2000, 18; *ders.,* Partnerschaftsvertrag für die nichteheliche Lebensgemeinschaft, Reihe Beck'sche Musterverträge, München 1998; *ders.,* Rechtsprechung zur nichtehelichen Lebensgemeinschaft, FamRZ 1999, 413; *Hausmann/Hohloch,* Das Recht der nichtehelichen Lebensgemeinschaft, Handbuch, Berlin 1999; *Krause,* Gedanken zum US-amerikanischen Familienrecht (zur nichtehelichen Lebensgemeinschaft im US-amerikanischen Rechtskreis), FamRZ 1998, 1406; *Krings,* Die „eingetragene Lebenspartnerschaft" für gleichgeschlechtliche Paare, ZRP 2000, 409; *Lipp,* Das elterliche Sorgerecht für das nichteheliche Kind nach dem Kindschaftsrechtsreformgesetz (KindRG), FamRZ 1998, 65; *Pintens,* Partnerschaft im belgischen und niederländischen Recht, FamRZ 2000, 69; *Plate,* Neue Rechtsprechung zum nichtehelichen Zusammenleben, FuR 1995, 212; *ders.,* Vermögensrechtliche Fragen während des Zusammenlebens und nach Trennung Nichtverheirateter; *Rauscher,* Das Umgangsrecht im Kindschaftsrechtsreformgesetz, FamRZ 1998, 329; *ders.,* NJW 1986, 683; *Ritter,* Der Konflikt zwischen einer erbrechtlichen Bindung aus erster Ehe und einer Verfügung des überlebenden Ehegatten zugunsten eines neuen Lebenspartners, Diss iur., Bremen 1999; *Schimmel,* Eheschließungen gleichgeschlechtlicher Paare, 1996; *Schlüter/Belling,* Die nicht-eheliche Lebensgemeinschaft und ihre vermögensrechtliche Abwicklung, FamRZ 1986, 405; *Schumacher,* Zum gesetzlichen Regelungsbedarf für nichteheliche Lebensgemeinschaften, FamRZ 1994, 857; *Sonnenschein,* Die Entwicklung des privaten Wohnraummietrecht 1989 bis 1996, NJW 1997, 1270; *Steiner,* Die Ehe im Verwaltungsrecht, NJW 1994, 1289; *Verschraegen,* Nichteheliche Partnerschaft – Eine rechtsvergleichende Einführung, FamRZ 2000, 65; *Wegener,* Familiennachzug und Ausweisung von nichtehelichen Lebenspartnern, FamRZ 1996, 587; *Weinreich,* Die vermögensrechtliche Auseinandersetzung der nichtehelichen Lebensgemeinschaft, FuR 1999, 356.

Abschnitt 1: Systematische Erläuterungen

A. Definition

Eine einheitliche Definition des Begriffes der nichtehelichen Lebensgemeinschaft existiert – mangels entsprechender gesetzlicher Kodifikation – nicht. Ob eine nichteheliche Lebensgemeinschaft – mit den damit verbundenen Rechtsfolgen – angenommen wird, hängt letztlich von dem zu lösenden Problem und dem dadurch betroffenen Rechtsgebiet ab (vgl. Grziwotz, FamRZ 1994, 1217 f. eingehend mit Beispielen zu den – je nach Anwenderintention – unterschiedlichen Anforderungen an den „Verfestigungsgrad" der Beziehung). Hierin liegt eine der Hauptschwierigkeiten im juristischen Umgang mit dem Phänomen der nichtehelichen Lebensgemeinschaft. 1

Allgemein versteht man unter einer nichtehelichen Lebensgemeinschaft das auf **Dauer** angelegte Zusammenleben zweier Menschen verschiedenen (oder auch gleichen, str.) Geschlechts, die nicht miteinander verheiratet sind, die eine Wohn- und Wirtschaftsgemeinschaft bilden, darüber hinaus gegenseitig für einander einstehen und somit eine **innere Bindung** begründen, die daneben eine Lebensgemeinschaft gleicher Art mit anderen Partnern ausschließt (vgl. z. B. BVerfGE 87, 234, 264). Erfasst werden Partnerschaften, in denen die Bindungen der Partner so eng sind, dass von ihnen ein gegenseitiges Einstehen in den Not- und Wechselfällen des Lebens erwartet werden kann (BGH, FamRZ 1993, 533; OLG Koblenz, NJW-RR 1993, 888). 2

Daneben wird – vor allem im öffentlichen Recht – auch der dem Sozialrecht entstammende Begriff der **eheähnlichen Gemeinschaft** verwendet (dazu sogleich), während man nur noch selten die – als abwertend einzustufende – Bezeichnung „Konkubinat" antrifft. Inzwischen hat sich der am ehesten wertneutrale Begriff **„nichteheliche Lebensgemeinschaft"** durchgesetzt. Dies vor allem deshalb, weil unter dieser Bezeichnung alle möglichen – auch gleichgeschlechtlichen – Formen des unverheirateten Zusammenlebens gefasst werden können. Daran dürfte sich auch durch die Einführung des neuen familienrechtlichen Instituts der **eingetragenen Lebenspartnerschaft** durch das LPartG nichts geändert haben. Der Rechtsanwender wird allerdings sorgfältig darauf zu achten haben, ob sich bestimmte Rechtsquellen ausdrücklich nur auf die eingetragene Lebenspartnerschaft beziehen oder allgemein für Partnerschaften außerhalb des ehelichen Verhältnisses Geltung beanspruchen. Eine Bezugnahme auf einzelne Regelungen des LPartG deutet in diesen Fällen darauf hin, dass eine Übertragung der dort geäußerten Rechtsgedanken auf andere Formen nichtehelichen Zusammenlebens nur mit äußerster Vorsicht vorgenommen werden sollte. 3

Soweit der **Gesetzgeber** den Begriff **„eheähnliche Gemeinschaft"** verwendet (§ 122 BSHG, § 137 AFG a.F., jetzt § 193 Abs. 2 SGB III), ist davon auszugehen, dass eine solche Gemeinschaft nur dann vorliegen kann, wenn sie zwischen Mann und Frau besteht, da der Gesetzgeber sich an dem Rechtsbegriff „Ehe" orientiert hat (BVerfGE 87, 234, 264 = FPR 95, 41, 47 f.). Trifft der Rechtsanwender deshalb auf den Begriff der „eheähnlichen Gemeinschaft", so sind damit i. d. R. Gemeinschaften mit Partnern gemeint, die grundsätzlich heiraten könnten, bei denen also **kein Ehehindernis** besteht. Eine **homosexuelle Partnerschaft** wird daher von diesem Begriff nicht erfasst; allerdings kann eine eheähnliche Gemeinschaft i. S. d. genannten öffentlich-rechtlichen Bestimmungen auch dann bestehen, wenn einer oder beide Partner noch anderweitig verheiratet sind – obwohl auch insoweit mit Fug von einem Ehehindernis gesprochen werden kann. 4

Die verwendete Terminologie hängt demnach auch vom dogmatischen Ausgangspunkt sowie der Intention des Rechtsanwenders im jeweiligen Zusammenhang ab. Dies zeigt sich vor allem bei der Diskussion um die **analoge Anwendung zivilrechtlicher Normen.** Dabei neigt die Rspr. grds. dazu, homosexuelle Partnerschaften nicht so zu behandeln wie verschiedengeschlechtliche Partnerschaften (vgl. BGHZ 121, 116; AG Berlin-Wedding, NJW-RR 1994, 524; LG Hannover, FamRZ 1993, 547; OLG Hamm, VersR 1993, 1513; kritisch dazu: Schimmel, Eheschließungen gleichgeschlechtlicher Paare, S. 195 ff.). Auch dies ist aber eine **Frage des Einzelfalls** und muss vom 5

Rechtsanwender sorgsam geprüft werden. Keinesfalls darf also eine Entscheidung, die zu einer heterosexuellen nichtehelichen Lebensgemeinschaft ergangen ist, ohne weiteres auch auf eine homosexuelle übertragen werden. Im Folgenden soll an geeigneter Stelle darauf hingewiesen werden, falls Besonderheiten bei homosexuellen nichtehelichen Lebensgemeinschaften bestehen bzw. dies sogar bereits Gegenstand von Gerichtsurteilen oder juristischen Erörterungen gewesen ist.

B. Verfassungsrechtliche Grundlagen

6   Die Freiheit, eine nichteheliche Lebensgemeinschaft zu bilden, ergibt sich aus Art. 2 Abs. 1 GG. Die Partner einer nichtehelichen Lebensgemeinschaft können hingegen unstr. nicht den Schutz von Art. 6 Abs. 1 GG beanspruchen, denn Voraussetzung hierfür ist nach absolut h. M. die **Eheschließung in der gesetzlich vorgeschriebenen Form** (vgl. MüKo/Wacke, BGB, nach § 1302 Rn. 4 f.; Grziwotz, FamRZ 1994, 1217, 1218 m. w. N.). Der Gesetzgeber ist aber durch Art. 6 Abs. 1 GG nicht gehindert, das Recht der nichtehelichen Lebensgemeinschaft ganz oder teilweise **zu kodifizieren** (BVerfG, NJW 1993, 3058; FamRZ 1990, 727, 728; zu den einschlägigen Regelungen in den Verfassungen der neuen Bundesländer Dietlein, DtZ 1993, 136). Art. 6 Abs. 1 und 2 GG kann jedoch dann eine entscheidende Rolle spielen, wenn gemeinsame Kinder vorhanden sind, was z. B. im Ausländerrecht zu Schutzwirkungen zugunsten einzelner Betroffener führen kann (s. dazu unten Rn. 176 sowie BVerfG, FamRZ 1995, 26).

C. Einfachrechtliche Grundlagen der nichtehelichen Lebensgemeinschaft

I. Keine Gesamtanalogie der eherechtlichen Vorschriften

7   Die eherechtlichen Vorschriften des BGB sind nach einhelliger Auffassung weder direkt noch im Rahmen einer umfassenden Gesamtanalogie anwendbar. Das ergibt sich bereits aus dem **gegenteiligen Willen** der Partner zumindest einer heterosexuellen nichtehelichen Lebensgemeinschaft, die sich gegen eine Eheschließung entschieden haben. Dies gilt auch dann, wenn einer oder beide Partner noch anderweitig verheiratet sind, denn die Wirkungen einer Ehe können eine einzelne Person zu einem bestimmten Zeitpunkt auch nur einmal treffen. Vor allem **Art. 6 GG verbietet** deshalb eine **umfassende Gleichstellung** (MüKo/Wacke, BGB, nach § 1302 Rn. 12).

8   Eine entsprechende Anwendung einzelner eherechtlicher Vorschriften ist hingegen grds. möglich, wobei stets zu beachten ist, dass solche Vorschriften, die **„ehetypische"** Rechte und Pflichten regeln, einer Analogie im Regelfall nicht zugänglich sind (zu Einzelfällen vgl. Staudinger/Strätz, BGB, Anh. zu §§ 1297 ff. Rn. 31).

II. Anwendung der Regeln der §§ 705 ff. BGB

9   Nach absolut h. M. ist das Recht der Bürgerlichen Gesellschaft (§§ 705 ff. BGB) auf die Rechtsbeziehungen im Rahmen einer nichtehelichen Lebensgemeinschaft **grds. nicht anwendbar** (BGH, FamRZ 1996, 1141) – es sei denn, die Partner haben ausdrücklich einen **Gesellschaftsvertrag** geschlossen. Begründet wird dies damit, dass durch das Gesellschaftsrecht **vergleichbare Regelungen** wie in einer Ehe geschaffen werden könnten; insbesondere käme es zu einem Zugewinnausgleich, was nach dem eindeutigen Willen des Gesetzgebers der Ehe vorbehalten sei (Staudinger/Strätz, BGB, Anh. zu §§ 1297 ff. Rn. 34). Nach der Rspr. stehen bei der nichtehelichen

Lebensgemeinschaft die persönlichen Beziehungen derart im Vordergrund, dass sie auch das die Gemeinschaft betreffende vermögensmäßige Handeln der Partner bestimmen und daher nicht nur in persönlicher, sondern auch in wirtschaftlicher Hinsicht grds. **keine Rechtsgemeinschaft** besteht (BGH, 25. 9. 1997 – II ZR 269/96; BGHZ 77, 55, 58 = NJW 1980, 1520). Der zweite Senat des BGH geht neuerdings offenbar davon aus, dass zwischen den Partnern einer nichtehelichen Lebensgemeinschaft auch ein **stillschweigend geschlossener Gesellschaftsvertrag** vorliegen kann (BGH, FamRZ 1997, 1533).

Etwas anderes kann dann gelten, wenn die Absicht einer **gemeinschaftlichen Wertschöpfung** sichtbar wird. Dies kann insbesondere bei der Schaffung **von Werten von erheblicher wirtschaftlicher Bedeutung** anzunehmen sein (s. u. zu den sog. Hausbaufällen). Im Übrigen muss nach der Rspr. jeder Einzelfall in seiner Gesamtheit gewürdigt werden (vgl. BGH, NJW 1992, 906; BGH, NJW-RR 1993, 774). In der älteren Rspr. wurde noch angenommen, eine Rechtsgemeinschaft i. S. einer Bürgerlichen (Innen-)Gesellschaft könne jedenfalls dann nicht vorliegen, wenn ein Partner Alleineigentümer des jeweils zu beurteilenden Vermögensgegenstandes sei (BGHZ 77, 55, 57). Dieses „**Kriterium der formaldinglichen Zuordnung**" (vgl. Plate, FuR 1995, 212, 214) ist in der neueren Rspr. zugunsten einer flexiblen und einzelfallorientierten Handhabung aufgegeben worden (s. u. im Einzelnen zu den sog. Hausbaufällen).

10

Nach der Gegenauffassung soll eine nichteheliche Lebensgemeinschaft regelmäßig den Regeln der §§ 705 ff. BGB, insbesondere der §§ 730 ff. BGB, unterliegen, und zwar in direkter oder analoger Anwendung (MüKo/Wacke, BGB, nach § 1302 Rn. 18 mit ausführlicher Begründung m. w. N.), was konsequenterweise auch zu einer Haftung analog § 723 Abs. 2 BGB bei Kündigung zur Unzeit ohne wichtigen Grund führen würde (MüKo/Wacke, BGB, nach § 1302 Rn. 46; allerdings mit der Einschränkung, dass bei Vorhandensein eines gemeinsamen Kindes für einen solchen Schadensersatzanspruch neben dem erweiterten Unterhaltsanspruch des § 1615l BGB regelmäßig kein Bedürfnis bestehe). Dies kann nach meiner Auffassung in aller Regel vom Parteiwillen der Partner einer nichtehelichen Lebensgemeinschaft nicht mehr gedeckt sein. Derart **weitgehende Bindungen**, wie sie eine Gesellschaft bürgerlichen Rechts für die Gesellschafter mit sich bringt, sind im Rahmen einer nichtehelichen Lebensgemeinschaft **regelmäßig unerwünscht,** denn es ist nicht erkennbar, dass dies dem Interesse der Partner entspricht. Sollte dies ausnahmsweise doch der Fall sein, ist es den Partnern unbenommen, entsprechende Vereinbarungen zu treffen, z. B im Rahmen eines Partnerschaftsvertrages, s. dazu sogleich sowie im Anhang. In praxi wird das Problem vor allem bei der Klärung von Ausgleichsansprüchen nach Beendigung der nichtehelichen Lebensgemeinschaft virulent. Insoweit hat die Rspr. indes auch ohne Anwendung gesellschaftsrechtlicher Regelungen diverse Ausnahmen vom Grundsatz der Nichtabwicklung erbrachter Leistungen anerkannt (s. u. Rn. 28 ff.).

11

III. Partnerschaftsvertrag – sittenwidrige Vereinbarungen

Die Partner einer nichtehelichen Lebensgemeinschaft haben grds. die Möglichkeit, ihre Verhältnisse in einem **Partnerschaftsvertrag** zu regeln. Dann stellt dieser Vertrag die **vorrangige Rechtsquelle** für die Beziehungen der Partner zueinander dar. Hinsichtlich der Wirksamkeit derartiger Vereinbarungen ist zwischen dem sog. persönlichen und dem sog. vermögensrechtlichen Bereich zu unterscheiden (Staudinger/Strätz, BGB, Anh. zu §§ 1297 ff. Rn. 27).

12

Verpflichtungen im persönlichen Bereich sind nur für die Ehe anerkannt (Staudinger/Strätz, a. a. O.). Als unwirksam gilt insbesondere eine Vereinbarung über den Gebrauch empfängnisverhütender Mittel; dementsprechend führt die bewusste Nichtaufklärung durch die Frau über das Absetzen der Pille nicht zu einem Anspruch des Mannes aus § 826 BGB in Bezug auf den Kindesunterhalt (BGH, NJW 1986, 2043; str.). Sollen personale Verhaltensweisen durch die **Vereinbarung einer Vertragsstrafe** erzwungen werden, so wird dadurch die freie Selbstbestimmung des Verpflichteten unzulässig eingeschränkt, so dass regelmäßig ein Verstoß gegen § 138 BGB vorliegt (OLG Köln, FamRZ 2001, 1608, 1610; OLG Hamm, FamRZ 1988, 618 = NJW 1988, 2474). Auch

13

eine **Abfindungsvereinbarung** soll nach zutreffender Rspr. nur dann zulässig sein, wenn ein besonderes Interesse des Begünstigten erkennbar ist (OLG Hamm, FamRZ 1988, 618). Das Versprechen eines Partners, dem anderen im Fall der Trennung einen bestimmten Geldbetrag zu zahlen, verstößt zumindest dann nicht gegen die guten Sitten i. S. d. § 138 BGB, wenn dem wirtschaftlich schwächeren Partner das finanzielle Risiko der Fortführung der gemeinsamen Beziehung abgenommen werden soll (OLG Köln, FamRZ 2001, 1608). Eine solche Zahlungszusage bedarf der für den Regelfall des **selbstständigen Schuldversprechens** vorgeschriebenen Schriftform (§§ 780, 126 Abs. 1 BGB). Soweit im ehelichen Güterrecht (§§ 1378 Abs. 3 Satz 2, 1410 BGB) oder bei der scheidungsrechtlichen Versorgungsausgleichsvereinbarung (§ 1587o Abs. 2 Satz 1 BGB) notarielle Beurkundung vorgeschrieben ist, kommt eine analoge Anwendung dieser Formvorschriften für den Fall der Zahlungszusage nicht in Betracht, da es an einer **planwidrigen Regelungslücke** fehlt (OLG Köln, a. a. O.).

14   Im **vermögensrechtlichen Bereich** sind der Privatautonomie dagegen kaum Grenzen gesetzt. Es kann aber nicht die Geltung des gesamten Eherechts durch Vertrag vereinbart werden (Staudinger/Strätz, BGB, Anh. zu §§ 1297 ff. Rn. 31).

Zu beachten ist stets, ob eine solche Zahlungszusage den Charakter einer an bestimmte personale Verhaltensweisen anknüpfenden – unzulässigen (s. o.) – Vertragsstrafe hat.

IV. Eigentum an eingebrachten Sachen und an Gegenständen, die für die gemeinsame Lebensführung angeschafft worden sind

15   Für das Eigentum an Haushaltsgegenständen gelten die **allgemeinen Regeln** (Plate, FuR 1995, 212 f.).

Dementsprechend behält jeder Partner grds. das **Alleineigentum** an denjenigen Sachen, die er in die nichteheliche Lebensgemeinschaft eingebracht hat; Gegenteiliges hat der andere Partner zu beweisen (vgl. deWitt/Huffmann, Nichteheliche Lebensgemeinschaft, Rn. 335).

16   Werden derartige Gegenstände aus der gemeinsamen (Haushalts-)Kasse der Partner ersetzt, ist nach h. M. § 1370 BGB analog anwendbar mit der Folge, dass derjenige Eigentümer der neuen Sache wird, dem die alte gehört hat. Wird ein Gegenstand während des Zusammenlebens aus der gemeinsamen Kasse neu angeschafft, werden die Partner im Zweifel **Miteigentümer** (deWitt/Huffmann, Nichteheliche Lebensgemeinschaft, Rn. 336a).

17   Nach § 1362 Abs. 2 BGB wird für die zum **persönlichen Gebrauch** bestimmten Gegenstände bei Ehegatten insoweit **Alleineigentum vermutet;** dies soll wegen der vergleichbaren Interessenlage auch im Rahmen einer nichtehelichen Lebensgemeinschaft gelten (AG Eschweiler, FamRZ 1992, 942).

18   Zahlt ein Partner allein für einen während des Zusammenlebens **neu erworbenen Gegenstand**, erwirbt er nach OLG Hamm, NJW 1989, 909 und der bislang h. M. grds. das **Alleineigentum** daran, es sei denn, die Umstände des Erwerbes – §§ 929 ff. BGB – sprechen für Miteigentum des Partners, was dieser dann zu beweisen hat. Diese herrschende Ansicht stützt sich darauf, dass sie die „**ehetypischen**" **Vorschriften** der § 1357 BGB und § 8 Abs. 2 HausratsVO auf die nichteheliche Lebensgemeinschaft für nicht anwendbar hält (vgl. Plate, FuR 1995, 212, 213 Fn. 11 m. w. N. zur h. M. sowie zur Gegenauffassung). Da diese Normen von einem grds. Miteigentumserwerb der Ehegatten ausgingen – was zwar nicht schon aus dem Gesetz selbst folge, sich aber aus den Wertungen der genannten Vorschriften ergebe (vgl. BGH, NJW 1991, 2283) – müsse für die nichteheliche Lebensgemeinschaft folgerichtig das **Gegenteil** gelten. Selbstverständlich könne der Erwerbende seinem Partner aber – ausdrücklich oder konkludent – auch an aus seinen Mitteln erworbenen Gegenständen Miteigentum einräumen; die Beweislast hierfür trägt nach dieser h. M. dann wiederum der Partner.

19   Einen anderen Weg wählt das OLG Düsseldorf (NJW 1992, 1706 unter Bezugnahme auf BGH, FamRZ 1991, 923; gegen LG Aachen, FamRZ 1983, 61; OLG Hamm, NJW 1989, 909). Danach kommt es auch für den Eigentumserwerb im Rahmen einer nichtehelichen Lebensgemeinschaft

ausschließlich auf den Inhalt der nach §§ 929 ff. BGB abgegebenen **Einigungserklärung**, also den Inhalt der Einigung mit dem Verkäufer und die Umstände des Einzelfalls an. Es gebe keine Regel dahingehend, dass entweder eine Bruchteilsgemeinschaft entstehe oder der finanzierende Partner Alleineigentum erwerbe; wegen der §§ 1006 Abs. 2, 1008 BGB sei allerdings – ausgehend vom praktisch immer bestehenden Mitbesitz der zusammen lebenden Partner – im Zweifel von **Miteigentum der Unverheirateten auszugehen**.

Diese Auffassung ist m. E. dogmatisch konsequent und daher vorzugswürdig. Daraus, dass die §§ 1357 BGB, 8 Abs. 2 HausratsVO auf die nichteheliche Lebensgemeinschaft nicht entsprechend anwendbar sind, kann nicht ohne weiteres der gegenteilige Schluss gezogen werden, dass der finanzierende Partner im Regelfall Alleineigentum erwerben soll. Im Übrigen erscheint auch die Bezugnahme auf § 1006 Abs. 2 BGB zumindest für den Regelfall zutreffend, denn der für Alleineigentum eines Partners sprechende § 1006 Abs. 1 Satz 1 BGB wird in den üblichen Fallkonstellationen keine Bedeutung erlangen: Wenn ein Partner von dem anderen aus der gemeinsamen Wohnung gewiesen wird, kommt ihm sein Mitbesitz an den in der Wohnung verbleibenden Gegenständen unfreiwillig abhanden, so dass § 1006 Abs. 1 Satz 2 BGB eingreift. Und wer freiwillig die Wohnung verlässt, gibt damit sicherlich nicht zu erkennen, dass er neben dem unmittelbaren (Mit-)Besitz gleich auch das Eigentum an den Sachen aufgeben möchte, so dass hier wiederum § 1006 Abs. 2 BGB eingreift (so zutreffend Plate, FuR 1995, 212, 213 unter Bezugnahme auf Battes, Nichteheliches Zusammenleben im Zivilrecht, 1983, Rn. 22).

V. Haftung untereinander

Haftungsmaßstab der Partner untereinander ist die **eigenübliche Sorgfalt** i. S. d. § 277 BGB. Dies ergibt sich nach zutreffender Auffassung aus einer analogen Anwendung der §§ 708, 1359, 1664 u. 2131 BGB (Palandt/Thomas, BGB, § 708 Rn. 2; OLG Oldenburg, NJW 1986, 2259) Dieses **Haftungsprivileg** gilt für vertragliche und deliktische Ansprüche. Es geht in der analogen Anwendung nicht weiter als die §§ 708, 1359, 1664 u. 2131 BGB selbst; es besteht daher keine Haftungsprivilegierung bei **Sachbeschädigung und Körperverletzung im Straßenverkehr** (MüKo/Wacke, BGB, § 1359 Rn. 17; nach § 1302 Rn. 25).

Zum Teil wird mit den gleichen Rechtsfolgen sogar ein **stillschweigender Haftungsausschluss** zwischen den Partnern angenommen (Grziwotz, FamRZ 1994, 1217, 1221; OLG Karlsruhe, FamRZ 1992, 940; OLG Celle, FamRZ 1992, 941).

VI. Gegenseitiger Unterhalt

Unterhaltsansprüche der Partner gegeneinander sind mit Ausnahme der Unterhaltsansprüche nach § 1615l BGB nur aufgrund **vertraglicher Absprachen** möglich, da eine analoge Anwendung der §§ 1360 ff. u. 1569 ff. BGB allgemein abgelehnt wird (BGH, NJW 1986, 374; OLG Zweibrücken, FamRZ 1994, 982; Plate, FuR 1995, 212, 220; ausführlich hierzu auch Burhoff, Handbuch der nichtehelichen Lebensgemeinschaft, Rn. 1065 ff.).

Ungeklärt ist bisher noch, wie eine derartige Vereinbarung rechtlich einzuordnen ist und welche **Formerfordernisse** gelten. Nimmt man eine unentgeltliche Zuwendung an, also Schenkung, wäre die Form des § 518 BGB zu beachten (notarielle Beurkundung) – in der Praxis ein nicht unerhebliches Hindernis. Für die Partner einer gescheiterten nichtehelichen Lebensgemeinschaft günstiger und auch näherliegend erscheint die Annahme eines **Leibrentenversprechens** gem. §§ 759 ff. BGB mit dem bloßen Schriftformerfordernis des § 761 BGB (vgl. dazu Plate, FuR 1995, 212, 220 mit dem zutreffenden Hinweis, dass die derzeitige Rechtsunsicherheit in diesem Bereich einen höchst beklagenswerten Zustand darstellt).

Eine Vereinbarung zwischen zukünftigen Partnern einer nichtehelichen Lebensgemeinschaft zur Absicherung eines Partners mittels **Wohnrecht** und **Unterhaltszusage** vor den Folgen seiner Scheidung für den Fall, dass die nichteheliche Lebensgemeinschaft nicht zustande kommt, ist **nicht**

sittenwidrig (OLG Hamm, FamRZ 2000, 95; anders die Vorinstanz LG Paderborn, FamRZ 1999, 790, das die Sittenwidrigkeit auf den Umstand stützt, dass zum Zeitpunkt der notariellen Vereinbarung beide Parteien noch verheiratet waren. Der Rechtsstreit ist mittlerweile in der Revision beim BGH anhängig).

25 Gem. § 1615l Abs. 1 BGB, zuletzt geändert durch das KindRG v. 16. 12. 1997 und wiederum teilweise neugefasst durch das KindUG v. 6. 4. 1998, hat der Vater der Mutter für die Dauer von **sechs Wochen vor** und **acht Wochen nach der Geburt des Kindes** Unterhalt zu zahlen. Dies gilt – insofern Neuregelung – auch hinsichtlich der **Kosten**, die infolge der Schwangerschaft oder der Entbindung außerhalb dieses Zeitraums entstehen, also der sog. **schwangerschaftsbedingten Kosten**. Der Anspruch „für die kritische Zeit" gilt gem. § 1615a BGB nur für nicht miteinander verheiratete Eltern; bei Verheirateten vgl. § 1570 BGB. Die zeitliche Ausdehnung der Unterhaltshaftung des Vaters **auf drei Jahre** gem. § 1615l Abs. 1 Satz 2, Abs. 2 Satz 3 BGB dürfte von erheblicher praktischer Bedeutung werden. Denn während nach früherer Rechtslage – § 1615l Abs. 2 Satz 3 BGB a. F. – die Unterhaltspflicht aus Anlass der Geburt spätestens ein Jahr nach der Entbindung endete, währt sie nunmehr drei Jahre und kann sogar noch verlängert werden, wenn es unter Berücksichtigung der Belange des Kindes **grob unbillig wäre,** den Unterhaltsanspruch nach Ablauf dieser Frist zu versagen (§ 1615l Abs. 2 Satz 3 BGB). Im Gesetzgebungsverfahren war auch verbreitet die Auffassung vertreten worden, für eine zeitliche Beschränkung der Haftung des nichtehelichen Vaters – im Gegensatz zu § 1570 BGB – bestehe überhaupt kein rechtfertigender Grund (vgl. Puls, FamRZ 1998, 865 mit einem umfassenden Überblick zur neuen Rechtslage).

Nach dem ebenfalls durch das KindRG neu geschaffenen Abs. 4 der Vorschrift steht dem Vater der Unterhaltsanspruch des Abs. 2 Satz 2 gegen die Mutter zu, wenn er derjenige ist, der das Kind betreut (vgl. hierzu ausführlich Büdenbender, FamRZ 1998, 129); zum Rangverhältnis verschiedener Unterhaltsansprüche vgl. § 1615l Abs. 3 BGB.

Die Mutter kann ihren Unterhaltsanspruch gem. § 1615o Abs. 2 BGB durch **einstweilige Verfügung** sichern. Zuständig ist das Familiengericht, § 23b Abs. 1 Nr. 5, 13 GVG (s. auch § 644 i. V. m. § 621 Nr. 4, 11 ZPO). Die **Darlegung** und **Glaubhaftmachung** eines **Anordnungsgrundes** dürfte sich in diesem Fall erübrigen bzw. auf ein Mindestmaß beschränken, da die Eilbedürftigkeit schon wegen der **Fristgebundenheit** des Anspruches auf der Hand liegt (vgl. im Übrigen § 1615o Abs. 3 BGB: Eine Gefährdung des Anspruchs braucht nicht glaubhaft gemacht werden). Die Vaterschaft des in Anspruch genommenen muss nicht rechtskräftig feststehen, insoweit genügt für die einstweilige Verfügung der Nachweis, dass der Mann **anerkannt** hat oder der Mutter während der Empfängniszeit **beigewohnt** hat.

Es handelt sich um einen **„echten" Unterhaltsanspruch** i. S. d. §§ 1602, 1603 BGB, deren Voraussetzungen gegeben sein müssen. Die Höhe des Unterhalts richtet sich nach § 1610 BGB.

D. Haftung für Verbindlichkeiten des Partners

26 Die Partner der nichtehelichen Lebensgemeinschaft haften jeweils **nur für eigene Verbindlichkeiten,** unabhängig von deren Entstehungszeitpunkt. Dies folgt bereits aus der Unanwendbarkeit des § 1357 BGB auf die nichteheliche Lebensgemeinschaft (so die absolut h. M.; vgl. dazu im Einzelnen oben Rn. 15 ff. sowie MüKo/Wacke, BGB, nach § 1302 Rn. 22 m. w. N.).

Dementsprechend besitzt ein Partner einer nichtehelichen Lebensgemeinschaft grds. nicht die Rechtsmacht, den anderen rechtsgeschäftlich wirksam zu verpflichten – es sei denn, es liegen die **Voraussetzungen einer Vollmachtserteilung** gem. §§ 164 ff. BGB vor, für die die allgemeinen Regeln gelten. Dabei kann von einer generellen stillschweigenden Bevollmächtigung nicht ausgegangen werden. Es kann daher sinnvoll sein, zumindest für den Fall einer schweren Erkrankung oder eines Unfalls dem Partner eine **schriftliche Vollmacht** zu erteilen, die sich dann sinnvollerweise auch auf die Zustimmung zu ärztlichen Heileingriffen erstrecken sollte (s. u. Anhang: Mustervollmacht für Tod, Krankheit, Unfall). Sinnvoll kann auch eine Vorsorgevollmacht sein, um die ggf. erforderliche Anordnung einer Betreuung durch eine andere Person (§ 1896 Abs. 2 Satz 2 BGB) zu verhindern.

Zu einer **Mitverpflichtung des Partners** kann es hingegen kommen, wenn die Voraussetzungen einer Anscheins- oder Duldungsvollmacht vorliegen (Staudinger/Strätz, BGB, Anh. §§ 1297 ff. Rn. 46). Nach umstrittener Auffassung soll es darüber hinaus denkbar sein, dass die Partner einer nichtehelichen Lebensgemeinschaft zurechenbar den **Rechtsschein** einer Ehe setzen. Dadurch soll dann aus Gründen des Verkehrsschutzes eine **Rechtsscheinhaftung** in den Grenzen des § 1357 BGB entstehen können (Canaris, Rechtsscheinhaftung, S. 84, 85; a. A. Schwab, Familienrecht, Rn. 156, 711).

27

E. Auflösung der nichtehelichen Lebensgemeinschaft – Ausgleich gegenseitig erbrachter Leistungen

Der Ausgleich gegenseitig erbrachter Leistungen nach dem Ende der nichtehelichen Lebensgemeinschaft dürfte in der forensischen Praxis den Schwerpunkt der Fälle ausmachen. Dabei gilt nach der absolut h. M. der Grundsatz der **Nichtabwicklung erbrachter Leistungen.** Bei einer nichtehelichen Lebensgemeinschaft stehen die persönlichen Beziehungen derart im Vordergrund, dass sie auch das die Gemeinschaft betreffende vermögensmäßige Handeln der Partner bestimmen und daher nicht nur in persönlicher, sondern auch in wirtschaftlicher Hinsicht **keine Rechtsgemeinschaft** besteht (so die Grundsatzentscheidung des BGH, NJW 1980, 1520; bestätigt durch das Urteil v. 25. 9. 1997 – Az II ZR 269/96). Eine gegenseitige Aufrechnung erbrachter Leistungen findet demgemäß grds. nicht statt. Grziwotz weist mit Recht darauf hin, dass ein wesentlicher Zweck dieser Rspr. darin bestehen dürfte, eine Besserstellung desjenigen Partners, der langlebige Wirtschaftsgüter anschafft oder mitfinanziert, gegenüber dem anderen, der für den täglichen Bedarf einkauft, zu vermeiden (FamRZ 1994, 1217, 1223). Von diesem Grundsatz sind indes in der Rspr. – mit unterschiedlichen Begründungen – diverse Ausnahmen anerkannt worden, so dass der konkrete Einzelfall stets sorgfältig geprüft werden muss. Im Folgenden soll versucht werden, die wichtigsten Fallgruppen zu typisieren.

28

I. Vertragliche Regelungen

Regelmäßig haben die Partner einer nichtehelichen Lebensgemeinschaft **keine vertraglichen Regelungen** für den Fall der Auflösung der nichtehelichen Lebensgemeinschaft vereinbart (s. dazu allerdings den Entwurf eines Partnerschaftsvertrags im Anhang). Die in diesem Abschnitt skizzierten Probleme nach Auflösung einer nichtehelichen Lebensgemeinschaft machen jedoch deutlich, dass es sehr empfehlenswert sein dürfte, entsprechende Vereinbarungen zu treffen.

29

II. Zugewinnausgleich

Da die Regeln des Eherechts nach h. M. **nicht** – auch nicht analog – **anwendbar** sind, kommt es nach der Trennung zu **keinem Zugewinnausgleich** i. S. d. §§ 1371 ff. BGB. Ein solcher ist zwischen den Partnern einer nichtehelichen Lebensgemeinschaft auch nicht vertraglich vereinbar, da der Zugewinnausgleich nach dem Willen des Gesetzgebers Eheleuten vorbehalten ist.

30

III. Verlöbnisrecht

31 Die §§ 1298, 1299 BGB sind nur dann anwendbar, wenn tatsächlich ein Verlöbnis bestand. Trennen sich die Partner einvernehmlich, liegt dementsprechend auch kein einseitiger Rücktritt i. S. d. § 1298 BGB vor. Ein Ersatzanspruch analog § 1298 BGB kann nur dann entstehen, wenn sog. ehebezogene Aufwendungen geltend gemacht werden und die **Ehebezogenheit** der Hauptbeweggrund für die Leistung war, d. h. die Aufwendungen im Wesentlichen deshalb getätigt wurden, weil der Leistende davon ausging, er werde in nicht zu ferner Zukunft mit dem Leistungsempfänger die Ehe eingehen (MüKo/Wacke, BGB, § 1298 Rn. 6). Dass diese Ehebezogenheit **Hauptbeweggrund einer Leistung** war, ist bei einer bereits bestehenden Lebensgemeinschaft i. d. R. nicht anzunehmen, denn es gehört ja gerade zu den Wesensmerkmalen der nichtehelichen Lebensgemeinschaft, dass die Partner keine Ehe miteinander eingehen wollen.

IV. Abwicklung gem. §§ 607 ff. BGB

32 Durch die bloße Hingabe von Geld an den Partner ergibt sich noch kein **Darlehensvertrag** gem. § 607 BGB. Dazu ist immer eine entsprechende **Abrede erforderlich** (BGH, 25. 9. 1997 – II ZR 269/96; BGH, NJW 1981, 1502); diese muss der Anspruchsteller nach allgemeinen Regeln beweisen.

V. Widerruf von Schenkungen

33 Bei Schenkungen sind Ansprüche aus §§ 528, 530, 531, 812, 818 BGB denkbar. Dazu ist jedoch erforderlich, dass sich die Partner über die **Unentgeltlichkeit der Zuwendung** einig waren. Überträgt man hier die Rspr. des BGH über sog. **unbenannte Zuwendungen** zwischen Ehegatten auf die nichteheliche Lebensgemeinschaft (so Schwab, Familienrecht, Rn. 720 und wohl auch OLG Karlsruhe, NJW-RR 1994, 1157; ausdrücklich OLG Köln, FamRZ 2001, 1608, 1609), so liegt eine Schenkung dann nicht vor, wenn die fragliche Zuwendung der gemeinsamen Lebensführung diente und nicht ausschließlich einem Partner zugute kommen sollte (BGHZ 116, 167, 169 ff. in Bezug auf die Ehe). Eine derartige unbenannte Zuwendung wird daher auch nicht nach Schenkungsrecht ausgeglichen. Sollte im Einzelfall doch eine Schenkung zu bejahen sein, so ist zu beachten, dass ein **Rückforderungsanspruch wegen groben Undanks** (§§ 530 f. BGB) nicht bereits dadurch gegeben ist, dass sich der Beschenkte von dem Partner abwendet (Schwab, Familienrecht, Rn. 720). Anders kann der Fall liegen, wenn ein Partner noch Geschenke annimmt, sich aber bereits anderen zugewandt hat (vgl. OLG Hamm, NJW 1978, 224). Auch die Schenkung eines hälftigen Miteigentumsanteils an einer Immobilie kann widerrufen werden, wenn sie im Rahmen der Lebensgemeinschaft einen außergewöhnlichen Vermögenseinsatz darstellt und wenn die Voraussetzungen des § 530 Abs. 1 BGB vorliegen (OLG Hamm, FamRZ 2001, 546). Der dann entstehende Anspruch auf Rückübertragung des Grund- bzw. Wohnungseigentums kann ohne Nachweis einer besonderen Eilbedürftigkeit im Wege einer einstweiligen Verfügung durch Vormerkung gesichert werden (OLG Hamm, a. a. O.).

34 Auch bei Vorliegen einer ursprünglichen Schenkung können die Parteien des Schenkungsvertrages nachträglich vereinbaren, dass die Schenkung doch entgeltlichen Charakter haben soll. Dies gilt sowohl zwischen Ehegatten als auch zwischen den Partnern einer nichtehelichen Lebensgemeinschaft. Ob eine solche **nachträgliche Entgeltlichkeit** gewollt war, muss anhand von Indizien festgestellt werden (BGH, FamRZ 1989, 733; die Entscheidung ist allerdings insofern **ehebezogen,** als darauf abgestellt wird, ob die vereinbarte Zusatzvergütung nach den konkreten Verhältnissen angemessen erscheinen konnte und ob der Wert der nicht (voll) vergüteten Leistung über das hinausging, was sich Ehegatten im Rahmen des § 1360 BGB schulden, ein Gesichtspunkt der bei der nichtehelichen Lebensgemeinschaft nicht zum Tragen kommt). Die **Pflichtteilsergänzungsvorschriften** (§§ 2325, 2329 BGB) werden in der Praxis häufig durch die Vereinbarung von Entgelten umgangen, obwohl materiell Schenkung vorliegt (sog. **verdeckte Schenkungen**). Die Rspr. kor-

rigiert hier bei auffallend grobem Missverhältnis zwischen Leistung und Gegenleistung mit Hilfe einer **tatsächlichen Vermutung** für die subjektiven Voraussetzungen der Schenkung, also einer Beweiserleichterung (vgl. BGH, FamRZ 1998, 85; im konkreten Fall war jahrelange Mitarbeit in einer Gaststätte zu Lasten der pflichtteilsberechtigten Tochter des Erblassers plötzlich nachträglich vergütet worden).

VI. Ausgleichsansprüche bei gemeinsamer Schaffung erheblicher Vermögenswerte (§§ 730 ff., 741 ff., 812 ff. BGB) – Hausbaufälle

Wie oben ausgeführt, wird das Vorliegen einer Gesellschaft bürgerlichen Rechts von den Vertretern der h. M. verneint, so dass auch ein Ausgleich nach den §§ 730 ff. BGB zumindest im Prinzip nicht stattfindet. Ähnliches gilt für Ausgleichsansprüche aus Bruchteilsgemeinschaft, §§ 741 ff. BGB (vgl. BGH, NJW 1981, 1502, 1503). 35

Indes sind in der neueren Rspr. auf Gesellschafts- bzw. Gemeinschaftsrecht gestützte **Ausgleichsansprüche** für den Fall **anerkannt** worden, dass ein Partner zwar Alleineigentümer einer Immobilie ist, zu deren Erwerb, Bau oder Wertsteigerung der andere Partner aber erhebliche Beiträge – unabhängig davon in welcher Form – geleistet hat (BGH, FamRZ 1995, 368; BGH, NJW-RR 1993, 774; OLG Köln, FamRZ 1993, 432). Voraussetzung für einen solchen Ausgleichsanspruch ist, dass die Partner die Absicht hatten, einen gemeinschaftlichen wirtschaftlichen Wert zu schaffen, der ihnen gemeinsam zu Gute kommen sollte (BGHZ 77, 55 ff.).

Ursprünglich vertrat der BGH dabei die restriktive Auffassung, gegen die Absicht einer gemeinsamen Wertschöpfung spreche es, wenn ein Partner Alleineigentümer des Vermögensgegenstandes – i. d. R. der Immobilie – geworden sei (BGH, a. a. O., 57). Diese **„Indizwirkung der formaldinglichen Zuordnung"** (so Plate, FuR 1995, 212, 214; vgl. auch Grziwotz, FamRZ 1994, 1217, 1223 m. w. N.) ist indes in der neueren BGH-Rspr. zugunsten einer **flexiblen, einzelfallorientierten Betrachtungsweise** in den Hintergrund getreten. Danach können bei Vermögenswerten von erheblicher wirtschaftlicher Bedeutung auch wesentliche Beiträge eines Partners, der nicht Miteigentümer des betreffenden Gegenstandes ist, einen Anhaltspunkt für eine gemeinsame Wertschöpfung bilden; letztlich sei darüber im Rahmen einer Gesamtwürdigung unter Berücksichtigung der Umstände des Einzelfalles zu entscheiden (BGH, NJW 1992, 906; BGH, NJW-RR 1993, 774). Maßgebliche Indizien können dabei die **Art des geschaffenen Vermögenswertes** und die **finanziellen Verhältnisse** der beteiligten Partner sein. Der Wille zur bloß gemeinsamen Benutzung des Vermögensgegenstandes genügt nicht; anderseits können Äußerungen des dinglich Berechtigten Indizwirkung entfalten (BGH, FamRZ 1997, 1533). Diese neuere Rspr. begründet den Ausgleichsanspruch damit, dass die Parteien in solchen Fällen regelmäßig den Willen hätten, durch **gemeinsame Leistungen** einen **erheblichen Vermögensgegenstand** zu schaffen, der unabhängig von der Eigentumslage wirtschaftlich gesehen beiden gehören solle (OLG Köln, FamRZ 1993, 432). 36

Tendenziell dürfte mit diesen Entscheidungen zumindest für den Bereich größerer Vermögensgegenstände wie Immobilien eine Wende hin zur Bejahung von Ausgleichsansprüchen zu sehen sein (so auch Plate, FuR 1995, 212, 214). Es ist zwar nicht zu verkennen, dass diese **einzelfallorientierte Rspr.** dogmatisch bislang auf einer diffusen Basis steht. Die hier zutage tretenden Friktionen mit dem Grundsatz der Nichtabwicklung (s. o.) gegenseitig erbrachter Leistungen sind noch nicht hinreichend erörtert, geschweige denn befriedigend gelöst. Dennoch hat der BGH – ohne insoweit auf tatbestandliche Mindestvoraussetzungen zu verzichten – den Weg zu mehr Einzelfallgerechtigkeit eröffnet, was im Ergebnis Zustimmung verdient. 37

Nach a. A. ist innerhalb dieser Fallgruppe nur ein **Bereicherungsanspruch wegen Zweckverfehlung** zuzusprechen, wenn dies aufgrund von **Billigkeitserwägungen** nötig erscheint (OLG Stuttgart, NJW-RR 1993, 1475). Auch dieser Auffassung liegt letztlich die Erkenntnis zugrunde, dass die strikte Handhabung des Nichtabwicklungsgrundsatzes im Einzelfall zu untragbaren Ergebnissen führen kann. 38

39 Es ist allerdings grds. umstritten, ob und inwieweit nach dem Ende einer nichtehelichen Lebensgemeinschaft eine Abwicklung nach Bereicherungsrecht stattfinden kann. In der Rspr. ist verschiedentlich ein Rückforderungsanspruch gem. § 812 Abs. 1 Satz 2, 2. Alt. BGB wegen Zweckverfehlung geprüft und vereinzelt auch bejaht worden. Insoweit sind allerdings an eine Rückforderung wegen Zweckverfehlung besonders strenge Anforderungen gestellt worden: So muss über die Zweckbestimmung der Leistung eine **tatsächliche Willensübereinstimmung** erzielt worden sein, während einseitige Erwartungen auf der einen Seite und bloßes Kennenmüssen auf der anderen Seite nicht ausreichen, um eine Zweckbestimmung annehmen zu können (BGH, NJW 1992, 427, 428; weitergehend allerdings OLG Stuttgart, NJW-RR 1993, 1475 in einer stark einzelfallorientierten Entscheidung).

40 Eine Zweckverfehlung i. d. S. kann nach teilweise vertretener Auffassung dann angenommen werden, wenn ein Partner zum Erwerb eines langlebigen Wirtschaftsgutes beiträgt, um die **Lebensgemeinschaft zu verwirklichen** und erkennbar zum Ausdruck bringt, er wolle **an dem erworbenen Gegenstand teilhaben** (Schlüter/Belling, FamRZ 1986, 405, 414). Verbleibt dieser so geleistete Beitrag im Vermögen des Leistungsempfängers über den Zeitpunkt der Auflösung der nichtehelichen Lebensgemeinschaft hinaus, soll eine Bereicherung vorliegen, die gem. § 812 Abs. 1 Satz 2 2. Alt. BGB ausgeglichen werden kann (Schlüter/Belling, FamRZ 1986, 405, 414).

41 Dahingegen vertritt die h. M. in der Rspr. und in der Lit. die Ansicht, das Bereicherungsrecht sei im Falle der Auflösung einer nichtehelichen Lebensgemeinschaft schon grds. nicht anwendbar, weil Zuwendungen i. d. R. den Zweck hätten, **das Zusammenleben zu fördern.** Dieser Zweck sei aber schon durch das Zusammenleben bis zur Trennung erreicht, so dass Ansprüche **wegen Zweckverfehlung** nicht in Betracht kämen (OLG München, FamRZ 1980, 239 f.; OLG Frankfurt, FamRZ 1981, 253 und 1982, 265; MüKo/Lieb, BGB, § 812 Rn. 177a).

42 Dogmatisch erscheint die letztgenannte Auffassung bestechend. Die Anwendung des Bereicherungsrechts hat zwar grds. den – praktischen – Vorteil, einzelfallorientierte und mithin „gerechte" Lösungen zu ermöglichen. Die Konturlosigkeit des Zweckverfehlungstatbestandes, vor allem aber der Gesichtspunkt der Rechtssicherheit dürfte es indes verbieten, „bei Bedarf" zu den §§ 812 ff. BGB zu greifen und ansonsten den Grundsatz der Nichtabwicklung aufrechtzuerhalten. Eine solche Beliebigkeit ist dem Rechtsverkehr m. E. nicht zumutbar. Die bei größeren Vermögensgegenständen ggf. aus Gerechtigkeitsgründen gebotenen Ausnahmen mögen einstweilen über die oben skizzierte neuere BGH-Rspr. zu der entsprechenden Anwendung der §§ 730 ff., 741 ff. BGB aufgefangen werden. Einer Anwendung des Bereicherungsrechts bedarf es daneben nicht.

43 Verneint wird jedenfalls – **wegen entgegenstehenden Willens der Partner** – ein Ausgleichsanspruch eines Partners gegen die Erben des durch die Leistungen begünstigten Alleineigentümers (Staudinger/Strätz, BGB, Anh. zu §§ 1297 ff. Rn. 77); ebenso ein Ausgleichsanspruch gegen den Vater der verstorbenen Lebensgefährtin wegen der Aufwendungen für die mit dieser im Hause des Vaters bewohnten Wohnung (OLG Hamm, FamRZ 2002, 159).

VII. Schadensersatz gem. § 826 BGB

44 Erfolgt die Annahme einer Zuwendung in **vorsätzlich sittenwidriger Schädigungsabsicht,** etwa in dem Bewusstsein, die Partnerschaft demnächst auflösen zu wollen, kommt auch ein Anspruch aus § 826 BGB in Betracht (OLG Celle, NJW 1983, 1065, 1066).

VIII. Weitere Fallgruppen

1. Erwerb eines Pkw

45 Beiträge zum Erwerb eines Fahrzeugs, an dem der andere Partner **Alleineigentum** erlangt, sind nach absolut h. M. grds. nicht auszugleichen. Eine Anwendung der Grundsätze zur gemeinsamen Schaffung größerer Vermögenswerte kommt insoweit nicht in Betracht (a. A. nur Staudinger/Strätz, BGB, Anh. zu §§ 1297 ff. Rn. 86).

2. Ausgleich für alltägliche Leistungen

Es gilt auch insoweit der Grundsatz, dass die **persönlichen** und **wirtschaftlichen** Beiträge der Partner nicht gegeneinander aufgerechnet werden und dementsprechend auch die alltäglichen Leistungen im Rahmen der gemeinsamen Haushaltsführung nicht auszugleichen sind (Staudinger/Strätz, BGB, Anh. zu §§ 1297 ff. Rn. 87); etwas anderes kann für Dienst- bzw. Arbeitsleistungen gelten, vgl. Rn. 57 ff. 46

3. Tilgung gemeinsamer Schulden durch einen Partner

Tilgt ein Partner einen **gemeinsam aufgenommenen Kredit,** der im Interesse des Zusammenlebens aufgenommen wurde, so ist streitig, ob nach Scheitern der nichtehelichen Lebensgemeinschaft grundsätzlich eine Ausgleichspflicht nach § 426 Abs. 1 BGB besteht. Einerseits wird vertreten, der leistende Partner habe i. d. R. nach dem Grundsatz der Nichtabwicklung **keinen Ausgleichsanspruch** gegen den anderen Partner aus § 426 Abs. 1 Satz 1 BGB, da das Bestehen einer nichtehelichen Lebensgemeinschaft eine „anderweitige Bestimmung" i. S. dieser Vorschrift darstelle; einer besonderen Vereinbarung bedürfe es hierfür nicht (BGHZ 55, 77; s. ferner unten Rn. 50 a. E.), und zwar auch dann nicht, wenn der Kredit von vornherein ausschließlich dem anderen Partner diente (LG Essen, NJW-RR 1990, 837). Nach anderer, zutreffender Ansicht besteht nach der Auflösung grundsätzlich eine solche **Ausgleichspflicht,** sofern die Parteien nichts anderes bestimmt haben (OLG Hamm, FamRZ 2001, 95). Nach Beendigung der nichtehelichen Lebensgemeinschaft sind die fälligen **Raten** deshalb nach dem jeweiligen Verwendungszweck des Darlehens **aufzuteilen** (OLG Hamm, a. a. O.; OLG Celle, NJW 1983, 1063, 1064). Ist der Kreditbetrag allein einem der Partner zugute gekommen, so trifft diesen die Darlegungs- und Beweislast dafür, ob und in welcher Weise die Darlehenssumme auch für Zwecke des anderen Partners verwendet wurde (OLG Hamm, a. a. O.). 47

Jedenfalls aber muss dem leistenden Partner besonders dringend angeraten werden, wegen der Erstattung solcher Leistungen mit dem Begünstigten eine **gesonderte Rückzahlungsvereinbarung** zu treffen.

Anders ist die Rechtslage bei Tilgungsleistungen, die **nach der Trennung** von einem Partner erbracht worden sind, wenn der durch das Darlehen beschaffte Gegenstand nur noch dem anderen Partner zugute kommt. In einem solchen Fall soll nach BGH, NJW 1981, 1502 ein Aufwendungsersatzanspruch in Form eines **Ausgleichsanspruches aus § 670 BGB** gegeben sein. Die Entscheidung betrifft einen Fall, in dem die Klägerin nach dem Ende der nichtehelichen Lebensgemeinschaft Leistungen von ihrem ehemaligen Partner erstattet haben wollte, die sie auf einen von ihr aufgenommenen Kredit erbracht hatte. Dieser Kredit war dazu verwendet worden, den Pkw des Partners – der diesem allein gehören sollte – zu finanzieren. Der BGH hat der Klägerin jegliche Ersatzansprüche verweigert, die Leistungen betrafen, die **während des Bestehens** der nichtehelichen Lebensgemeinschaft erbracht worden waren. Denn dazu wäre eine **Vereinbarung** erforderlich gewesen, dass der Beklagte sie entschädigen sollte. Haben die Partner dagegen nichts Besonderes geregelt, ist in einer Lebensgemeinschaft grds. davon auszugehen, dass persönliche und wirtschaftliche Leistungen der Partner **nicht miteinander abgerechnet,** sondern ersatzlos von demjenigen Partner erbracht werden sollen, der dazu in der Lage ist. 48

Für die Zeit **nach dem Ende** der nichtehelichen Lebensgemeinschaft hingegen hat der BGH der Klägerin, die den Kredit auch nach der Trennung noch bis zu dessen vollständiger Tilgung zurückgeführt hatte, einen **Anspruch aus § 670 BGB** oder „jedenfalls" aus **§ 677 BGB** zugesprochen, weil das Darlehen dem Erwerb des bei dem Beklagten verbliebenen Fahrzeugs gedient hatte. Diesem Aufwendungsersatzanspruch könne insbesondere nicht entgegengehalten werden, er sei nur im Rahmen einer Gesamtauseinandersetzung verfolgbar. Denn eine solche komme zwischen den Partnern einer aufgelösten nichtehelichen Lebensgemeinschaft nicht in Betracht, weil die eheähnliche Gemeinschaft gerade keine nach einheitlichen Rechtsgrundsätzen abzuwickelnde Rechtsgemeinschaft sei. Soweit die Klägerin auf die Kreditschuld nach der Trennung der Parteien noch 49

Zahlungen geleistet habe, könne sie ihre Aufwendungen ersetzt verlangen, da sich die Partnerschaft nach ihrer Beendigung nicht mehr „zu Lasten der Klägerin" auswirken könne.

50 Der **Grundsatz der Nichtaufrechenbarkeit erbrachter gegenseitiger Leistungen** gilt also nur, wenn keine besonderen Ausgleichsregelungen getroffen wurden. Im Innenverhältnis besteht im Ergebnis nach der Trennung eine **Freistellungspflicht** hinsichtlich der gemeinsam aufgenommenen Darlehensverbindlichkeiten, wenn die Kreditaufnahme allein im Interesse eines Partners lag und der andere Partner im Außenverhältnis dem Darlehensgeber zur Leistung verpflichtet war (so auch OLG Saarbrücken, FamRZ 1998, 739; als Rechtsgrundlagen der Entscheidung nennt das OLG Saarbrücken „Rechtsgeschäftliche Zusage und Auftrag (§§ 670, 257 BGB), bzw. Geschäftsführung ohne Auftrag (§§ 683, 670, 257 BGB)"). Fraglich kann sein, in welchem Umfang eine derartige Freistellungsverpflichtung besteht. In einem vom OLG Koblenz entschiedenen Fall verblieb eine gemeinschaftlich auf Ratenbasis gekaufte Einbauküche nach Scheitern der nichtehelichen Lebensgemeinschaft in der bis dahin gemeinsam genutzten Wohnung des einen Partners. Wegen des Grundsatzes der Nichtabwicklung kommen auch nach Ansicht des OLG Koblenz keine Ansprüche für die Raten in Betracht, die **vor der Trennung** von dem ausziehenden Partner geleistet wurden. Aber auch hinsichtlich der **zukünftig** fällig werdenden Kaufpreisschuld spricht das Gericht dem ausziehenden Partner, der bisher die Raten allein gezahlt hatte, gegen den alleinnutzenden früheren Lebensgefährten nur einen Anspruch auf **hälftige Freistellung** zu (OLG Koblenz, FamRZ 1999, 789). Zwar sei für die Zeit nach der Trennung der Zweck der Zahlungen der ausziehenden Klägerin weggefallen mit der Folge, dass keine „anderweitige Bestimmung" i. S. d. § 426 Abs. 1 BGB mehr angenommen werden könne. Wegen des dortigen **Gleichbeteiligungsgrundsatzes** bestehe aber nur ein Anspruch auf hälftige Freistellung.

4. Tilgung von Altschulden eines Partners durch den anderen Partner mittels Kreditaufnahme – Störung der Geschäftsgrundlage (§ 313 BGB n. F.)?

51 Etwas anderes kann gelten, wenn die Kreditaufnahme der Tilgung von Altschulden eines Partners diente. In diesem Falle kann nach einer Entscheidung nach der Trennung ein Ausgleich nach den Grundsätzen der Störung der Geschäftsgrundlage (§ 242 BGB, § 313 BGB n. F.) stattfinden (OLG Karlsruhe, NJW-RR 1994, 1157; das OLG Karlsruhe prüft in dieser instruktiven Entscheidung zuvor diverse andere Anspruchsgrundlagen, §§ 705 ff., 812 ff., 662 ff., 677 ff., 516 ff. BGB und verneint diese). Nach dem Grundsatz der Nichtabwicklung ergab sich nach bislang herrschender Rspr. grds. kein Anspruch (BGH, NJW 1981, 1502 f.; Diederichsen, NJW 1983, 1010 m. w. N. in Fn. 146).

52 Ob sich hier eine „Trendwende" zugunsten einer grds. Anwendbarkeit der Störung der Geschäftsgrundlage im Rahmen einer nichtehelichen Lebensgemeinschaft andeutet, kann noch nicht beurteilt werden. Allerdings hat mittlerweile auch der BGH in einer stark einzelfallbezogenen Entscheidung die Anwendbarkeit dieser Grundsätze für den Fall bejaht, dass den Partnern das Trennungsrisiko im Zeitpunkt der Aufwendungen nicht bewusst gewesen sei (BGH, NJW 1991, 830). Andererseits hat sich der 2. Senat des BGH ausdrücklich gegen die Anwendung dieser Grundsätze ausgesprochen, weil die nichteheliche Lebensgemeinschaft im Regelfall keine Rechtsgemeinschaft, sondern eine bloße **tatsächliche Gemeinschaft** begründe (FamRZ 1997, 1533). Wenn auch nicht zu verkennen ist, dass diese Entscheidungen unter dem Gesichtspunkt der Einzelfallgerechtigkeit kaum zu beanstanden sind, bleibt doch das Bedenken, dass der Grundsatz der Nichtabwicklung erbrachter Leistungen bislang einen der wenigen markanten „Eckpfeiler" in dieser für den Rechtsanwender kaum zu durchschauenden Materie bildete. Es dürfte kaum zur Rechtssicherheit beitragen, diesen Grundsatz über das weitgehend konturlose Rechtsinstitut der Störung der Geschäftsgrundlage aufzuweichen. Hier ist m. E. eindeutig der Gesetzgeber gefordert.

5. Anspruch aus § 774 Abs. 1 Satz 1 BGB – Bürgenregress

Wird ein Partner als Bürge aus einem von dem anderen aufgenommenen Darlehen in Anspruch genommen, so hat er wegen des Grundsatzes der Nichtabwicklung keinen Rückgriffsanspruch aus § 774 Abs. 1 Satz 1 BGB gegen den anderen Partner (vgl. Plate, FuR 1995, 121, 215). In der Rspr. sind indes verschiedentlich Versuche unternommen worden, diese Konsequenz zu vermeiden. So hat das **OLG Hamm** judiziert, schon die Rechtswahl der Bürgschaft als Kreditsicherung zeige, wer die Schulden im Innenverhältnis letztlich zahlen solle (OLG Hamm, NJW-RR 1989, 624). Die Partner hätten auf diese Weise den **Rückgriffsanspruch** gleichsam **konkludent mitvereinbart**, da sie ansonsten eine andere rechtliche Gestaltung gewählt hätten (z. B. einen Schuldbeitritt). Deshalb stehe dem Regressanspruch auch § 774 Abs. 1 Satz 3 BGB nicht entgegen, da aus der nichtehelichen Lebensgemeinschaft als solcher noch nicht gefolgert werden könne, es bestehe eine die Rückforderung ausschließende abweichende Vereinbarung. Dies müsse der Schuldner vielmehr darlegen und beweisen. M. E. verkehrt das OLG Hamm mit dieser Entscheidung den Grundsatz der Nichtabwicklung für den Fall des Bürgenregresses in sein Gegenteil. Dies scheint mir vor allem für den Fall, dass die Kreditsumme beiden Partnern zugute gekommen ist, nicht gerechtfertigt, denn insoweit besteht die gleiche Interessenlage wie bei der Tilgung gemeinschaftlicher Schulden durch einen Partner.

53

So hat das **LG Bamberg** zutreffend entschieden, bei einer nichtehelichen Lebensgemeinschaft bestehe – sei es ipso iure oder den Umständen nach – regelmäßig eine anderweitige Regelung i. S. d. § 774 Abs. 1 Satz 3 BGB, so dass der **Rückgriff** des Bürgen **ausgeschlossen** sei (LG Bamberg, NJW 1988, 1219; i. d. S. auch Plate, FuR 1995, 121, 216).

54

Einen anderen Weg wählt das **OLG Celle**, NJW 1983, 1063: Der Bürge könne zumindest **hälftigen Ersatz** seiner Aufwendungen verlangen, wenn der Kredit für beide Partner verwendet worden sei; soweit die Mittel allein den Interessen des Bürgen gedient hätten, müsse dieser die Aufwendungen für den von dem anderen aufgenommenen Kredit selbst tragen (konsequenterweise müsste das OLG Celle deshalb einen vollen Ausgleichsanspruch bejahen, wenn der Kredit allein demjenigen Partner zugute kam, der ihn aufgenommen hat). Die Lösung des OLG Celle erscheint auf den ersten Blick „gerecht", weil sie dahingehend differenziert, wem ursprünglich die Kreditsumme zugute gekommen war. Aber abgesehen davon, dass dies in der Praxis zu erheblichen Darlegungs- und Beweisschwierigkeiten führen dürfte, setzt auch diese Auffassung den Grundsatz der Nichtabwicklung außer Kraft, ohne dass hierfür ein einleuchtender Grund ersichtlich wäre (so auch ausdrücklich Plate, a. a. O., 215).

55

M. E. muss es auch hier bei der Geltung des § 774 Abs. 1 Satz 3 BGB und damit beim **grds. Ausschluss des Bürgenregresses** zwischen den Partnern einer nichtehelichen Lebensgemeinschaft bleiben. Wenn die Partner etwas anderes wollen, müssen sie dies vereinbaren. Auch der Einwand, dies werde häufig nicht bedacht, greift m. E. nicht, denn derjenige, der eine Bürgschaft übernimmt, ist grds. gehalten, sich über die der Bürgschaftsübernahme innewohnenden Risiken zu informieren.

56

6. Dienst- und Arbeitsleistungen

Auch Dienstleistungen sind grds. **nicht gegeneinander aufzurechnen,** da bei ihrer Erbringung regelmäßig **persönliche Motive** im Vordergrund stehen (ArbG Passau, MDR 1990, 576; Staudinger/Strätz, BGB, Anh. zu §§ 1297 ff. Rn. 89). Auch für langjährige Krankenpflege wurde dementsprechend ein Ausgleich verneint (OLG Frankfurt, NJW 1982, 1885). Dienst- und Versorgungsleistungen, die von Partnern einer nichtehelichen Lebensgemeinschaft zunächst ohne Vergütungsvereinbarung erbracht worden sind, können später nicht ohne weiteres als Gegenleistung für aktuelle Zuwendungen des anderen Partners vereinbart werden (OLG Köln, FamRZ 1997, 1437). Es gelten hier die gleichen Grundsätze, wie sie für solche **Leistungen unter Ehepartnern** aufgestellt worden sind (vgl. BGH, FamRZ 1989, 733).

57

58 Etwas anderes kann dann gelten, wenn dem dienstleistenden Partner eine **materielle Zukunftssicherung** in Form einer Heirat, Erbeinsetzung oder Mitübernahme ins Geschäft in Aussicht gestellt wird, so dass – entgegen o. g. Grundregel – ausnahmsweise Anhaltspunkte für eine **Entgeltlichkeit** der Dienstleistung i. S. d. § 612 BGB vorliegen. Dies muss der Anspruchsteller allerdings nach allgemeinen Regeln beweisen, was in der Praxis häufig auf unüberwindliche Schwierigkeiten stößt, wenn die entsprechenden Vereinbarungen nicht schriftlich fixiert worden sind. Dies vor allem vor dem Hintergrund, dass häufig aus steuerlichen und sozialversicherungsrechtlichen Gründen Gestaltungen gewählt werden, die auf eine bestehende Lebensgemeinschaft abgestimmt sind – also z. B. den Aufbau eines gemeinsamen Erwerbsgeschäftes unter Mitarbeit beider Partner. Im Falle der Trennung kann es dann bei dem **„mitarbeitenden" Partner** zum bösen Erwachen kommen: Denn es reicht weder die objektiv vorliegende Erbringung von Arbeitsleistungen noch die Anmeldung des Partners zur Sozialversicherung aus, um ein **konkludentes Arbeitsverhältnis** – das eine entsprechende Vergütungspflicht gem. §§ 611, 612 BGB auslöst – zu begründen (ArbG Passau, MDR 1990, 576).

59 Selbst bei einer formal gegebenen Arbeitnehmerposition ist in der Rspr. verschiedentlich eine **wertmäßige Beteiligung** dieses Partners an dem Erwerbsgeschäft im Sinne einer Gesellschaft bürgerlichen Rechts angenommen worden – was im Einzelfall wegen möglicher Gewinnbeteiligung vorteilhaft sein kann, jedenfalls aber **keinen Vergütungsanspruch** begründet (OLG München, FamRZ 1988, 58; BGH, FamRZ 1985, 1232; vgl. zum Ganzen auch Grziwotz, FamRZ 1994, 1217, 1222 m. w. N.). Dementsprechend ist auch eine – wegen der formalen Arbeitnehmerposition regelmäßig unvorhersehbare – **Verlustbeteiligung** denkbar. Insoweit können sich allerdings aus den Umständen, insbesondere dem Zustandekommen einer Gesellschaft und der Unerfahrenheit eines Partners, Abweichungen von der gesetzlichen Verlustbeteiligung des § 722 Abs. 1 u. Abs. 2 BGB (anteilige Mithaftung) ergeben (OLG Hamm, FamRZ 1993, 1200).

60 Hat die Dienstleistung also einer **gemeinsamen Wertschöpfung** gedient, ist stets zu prüfen, ob gesellschaftsrechtliche Regelungen Anwendung finden, sei es anstelle, sei es ergänzend zu den §§ 611, 612 BGB. Angesichts dieser Unwägbarkeiten ist daher vor allem dem im Betrieb des Lebensgefährten mitarbeitenden Partner anzuraten, hinsichtlich seiner Vergütung etc. klare – schriftliche – Vereinbarungen zu treffen.

61 Sollte die **Arbeitnehmereigenschaft** des mitarbeitenden Partners zu bejahen sein, ergibt sich der Vergütungsanspruch dann nach h. M. aus §§ 611, 612 BGB (Staudinger/Strätz, BGB, Anh. zu §§ 1297 ff. Rn. 90). Nach der Gegenauffassung ergibt sich der Anspruch aus § 812 Abs. 1 Satz 2, 2. Alt. BGB (Medicus, Bürgerliches Recht, Rn. 692). Die Gegenauffassung trifft auf dogmatische Bedenken (s. o.), hatte aber den praktischen Vorzug, dass keine Rücksicht auf die zweijährige Verjährungsfrist des § 196 Abs. 1 Nr. 8 BGB a. F. genommen werden musste. Die Vertreter der h. M. kamen allerdings zum gleichen Ergebnis, indem sie eine Hemmung der Verjährung durch Stundung gem. § 202 Abs. 1 BGB a. F. annahmen (BAG, NJW 1970, 1701 f.) oder den Beginn der Verjährung auf den Zeitpunkt verlegten, zu dem die Zusage über die Entgeltlichkeit widerrufen wird (BAG, NJW 1978, 444). Nach der **Änderung der Verjährungsvorschriften** im Zuge der Schuldrechtsreform beträgt die (Regel-)Verjährungsfrist auch für Ansprüche aus Dienstverträgen nunmehr drei Jahre, § 196 BGB n. F. Die Verjährung kann gehemmt sein bei Vorliegen eines Leistungsverweigerungsrechtes, § 205 BGB n. F., § 207 BGB n. F. (Hemmung der Verjährung aus familiären Gründen) ist nicht analog auf die nichteheliche Lebensgemeinschaft anwendbar (OLG Köln, NJW-RR 2000, 558).

F. Nichteheliche Lebensgemeinschaft im Mietrecht

I. Aufnahme des Partners in die Wohnung

Ob der Mieter einer Wohnung seinen nichtehelichen Partner in diese aufnehmen darf, richtete sich vor dem 1.9.2001 (In-Kraft-Treten des MietRRG) nach § 549 BGB a. F. Nach der Mietrechtsreform entspricht § 540 Abs. 1 BGB dem alten § 549 Abs. 1 BGB, § 540 Abs. 2 BGB dem alten § 549 Abs. 3 BGB. Der alte § 549 Abs. 2 BGB ist nunmehr in § 553 BGB enthalten. Ehepartner, Eltern und auch der eingetragene Lebenspartner sind dabei nicht „Dritte" i. S. d. § 540 Abs. 1 BGB, so dass bei ihrer dauerhaften Aufnahme in die Wohnung nur eine **Anzeigepflicht** gegenüber dem Vermieter besteht. **Nichteheliche Lebensgefährten** sind diesen Personen im Rahmen des § 540 Abs. 1 BGB **nicht gleichgestellt**, und zwar unabhängig davon, ob eine sexuelle Beziehung vorliegt (also – zumindest im Prinzip – keine Unterscheidung zwischen nichtehelicher Lebensgemeinschaft und Wohngemeinschaft). Das bedeutet, dass zur Aufnahme des nichtehelichen Lebenspartners in die Wohnung grds. die **Erlaubnis des Vermieters** erforderlich ist. Die Berechtigung des Wohnungsmieters, einen nichtehelichen Lebensgefährten in die Wohnung aufzunehmen, ob also **ein Anspruch auf Erteilung dieser Erlaubnis** durch den Vermieter besteht, beurteilte sich nach § 549 Abs. 2 BGB a. F. (vgl. OLG Hamm, NJW 1992, 513), nunmehr nach § 553 BGB. Die Voraussetzungen dieses Anspruchs haben sich, was den Zuzug zum Lebensgefährten betrifft, durch das MietRRG nicht geändert, sondern es wurde vornehmlich die Rechtsstellung des bereits im Haushalt mitwohnenden Lebensgefährten verstärkt (so ausdrücklich Palandt/Weidenkaff, Erg. zur 61. Aufl. 2002, § 540 Rn. 5 m. w. N.).

62

Auf die Erteilung der Erlaubnis besteht ein **Anspruch**, wenn für den Mieter nach dem Abschluss des Vertrages ein **berechtigtes Interesse** entstanden ist, § 553 Abs. 1 Satz 1 BGB; die Beweislast für dieses berechtigte Interesse liegt beim Mieter. Die Erlaubnis kann **verweigert** werden, wenn in der Person des Dritten ein **wichtiger Grund** hierfür vorliegt, wenn eine Überbelegung droht oder dem Vermieter die Überlassung aus anderen Gründen nicht zugemutet werden kann § 553 Abs. 1 Satz 2 BGB. Das soll nicht schon dann der Fall sein, wenn der Lebensgefährte Mietschulden beim Vermieter aufgrund eines früheren – eigenen – Mietverhältnisses hat (AG Hamburg, WM 1997, 554 zu § 549 Abs. 2 BGB a. F.; m. E. zweifelhaft). Eine Berücksichtigung der **Belange des Vermieters** findet dabei nur unter dem Gesichtspunkt der **Zumutbarkeit** i. S. v. § 553 Abs. 1 Satz 2 BGB statt (BGHZ 92, 213 zu § 549 Abs. 2 Satz 1 BGB a. F.). Zu beachten ist, dass der Mieter keinesfalls die **Überlassung** des gesamten Wohnraumes an einen Dritten verlangen kann, sondern stets nur **eines Teils** desselben, § 553 Abs. 1 Satz 1 BGB. Der Anspruch ist auf einen bestimmten, zu benennenden Untermieter zu richten (KG, ZMR 92, 382). Bei unbefugter Gebrauchsüberlassung droht **Unterlassungsklage** gem. § 541 BGB oder **Kündigung** durch den Vermieter gem. § 543 Abs. 2 Satz 1 Nr. 2 BGB, nicht aber, wenn der Mieter zum Zeitpunkt der Kündigung einen Anspruch auf Erteilung der Erlaubnis aus § 553 BGB hat (BayObLG, NJW-RR 1991, 461).

63

Nach einem Rechtsentscheid des BGH gem. § 541 ZPO a. F. (BGHZ 92, 213 ff.) ist ein **berechtigtes Interesse des Mieters** i. S. v. § 553 Abs. 1 Satz 1 BGB schon dann anzunehmen, wenn ihm **vernünftige Gründe** zur Seite stehen, die seinen Wunsch nach Überlassung eines Teils der Wohnung an Dritte nachvollziehbar erscheinen lassen, wobei der Mieter die konkreten Umstände darzulegen hat, die sein Interesse begründen (BGHZ, a. a. O., 218 f.). Als berechtigt ist jedes auch **höchstpersönliche Interesse** des Mieters von nicht ganz unerheblichem Gewicht anzusehen, das mit der geltenden Rechts- und Sozialordnung in Einklang steht. Eine allgemein gültige Auffassung, wonach das Zusammenleben unverheirateter Personen **gleichen oder verschiedenen Geschlechts** zu zweit in einer eheähnlichen Gemeinschaft oder zu mehreren in einer Wohngemeinschaft **sittlich anstößig** sei, ist **nicht** mehr festzustellen (BGHZ 92, 213, 219). Damit dürfte geklärt sein, dass dem Vermieter i. d. R. auch die Aufnahme eines gleichgeschlechtlichen Lebensgefährten zumutbar sein dürfte, wobei der Vermieter – wie auch im Falle der Aufnahme eines Lebensgefährten anderen

64

Geschlechtes – eine **Unzumutbarkeit** darlegen und entgegenstehende Gründe in der Person des Dritten wie auch eine Überbelegung etc. beweisen müsste.

65 Nach einem weiteren Rechtsentscheid des OLG Hamm hat im Falle eines Mieters, der an der Aufnahme eines Lebensgefährten ein berechtigtes Interesse i. S. v. § 553 Abs. 1 Satz 1 BGB hat, auch eine **Kirchengemeinde** oder eine sonstige **kirchliche Institution als Vermieterin** nicht schon deshalb das Recht, die Erlaubnis als unzumutbar i. S. v. § 553 Abs. 1 Satz 2 BGB abzulehnen, weil die nichteheliche Lebensgemeinschaft im **Widerspruch zu Glauben und Lehre der Kirche steht** (OLG Hamm, NJW 1992, 513 zu § 549 BGB a. F.). A. A. war insoweit – vor dem Erlass des o. g. Rechtsentscheides des OLG Hamm – das AG Aachen, NJW-RR 1991, 1112: Danach durfte der kirchliche Vermieter einer Wohnung der Mieterin die Aufnahme des Lebensgefährten in die Wohnung mit der Begründung verweigern, die nichteheliche Lebensgemeinschaft stehe im Widerspruch zur Morallehre der katholischen Kirche. Daraufhin entschied das LG Aachen als Berufungsinstanz zum o. g. Urteil des AG Aachen (und in Kenntnis des Rechtsentscheids des OLG Hamm), eine katholische Kirchengemeinde als Vermieterin einer Wohnung müsse die Erlaubnis zur Aufnahme eines nichtehelichen Lebensgefährten in der Wohnung zumindest dann nicht erteilen, wenn die Wohnung in einer Umgebung liegt, die eine nichteheliche Lebensgemeinschaft ablehne, was sich aus der eindeutigen **Zuordnung des Hauses** und der Umgebung zum **kirchlichen Lebensbereich** ergeben könne (NJW 1992, 2897). Die Entscheidung betrifft den besonders gelagerten Ausnahmefall eines „besonders" kirchlich geprägten Umfeldes, steht m. E. in Widerspruch zum o. g. Rechtsentscheid des OLG Hamm und dürfte deshalb nicht verallgemeinerungsfähig sein (vgl. Plate, FuR 1995, 212, 218).

66 Die Auffassung des OLG Hamm verdient dagegen uneingeschränkte Zustimmung. Entgegenstehende moralische Anschauungen des Vermieters müssen i. d. R. zurückstehen, es sei denn, es kommen Besonderheiten aus dem Verhältnis der Lebenspartner hinzu. Insofern ist fraglich, ob eine katholische Kirchengemeinde die Zustimmung zur Aufnahme eines Lebenspartners **gleichen Geschlechtes** erteilen müsste. Das LG München I, NJW-RR 1991, 1112, hat allgemein entschieden, die fristlose Kündigung eines Mietvertrages, die darauf gestützt wird, dass der Mieter ohne Einholung einer Erlaubnis des Vermieters einem anderen Mann auf Dauer Mitbesitz der Wohnung einräumt, sei unwirksam, wenn die beiden Männer als Lebensgefährten einen gemeinsamen Haushalt führen.

67 Der Partner einer nichtehelichen Lebensgemeinschaft wird allein durch den Einzug in die von dem anderen Partner gemietete Wohnung noch nicht zur **Vertragspartei.** Vielmehr bedarf es einer entsprechenden **Vereinbarung,** und zwar regelmäßig aller drei Beteiligten (AG Germersheim, ZMR 1989, 262; vgl. dazu auch Sonnenschein, NJW 1997, 1270, 1274). Dabei ist es eine **Frage der Auslegung,** ob im Falle des Einzugs des Partners im Zweifel der vertragschließende Partner als bevollmächtigt angesehen werden kann, den Vertrag mit Rechtswirkung für den anderen abzuschließen (AG Osnabrück, WuM 1996, 754; vgl. dazu auch AG Münster, WuM 1992, 238).

68 Ein ähnlich gelagertes Problem stellt sich bei Vermietung einer Wohnung an eine **Wohngemeinschaft.** Hier ergibt sich häufig die Situation, dass – mit Billigung des Vermieters, die generell erteilt sein kann – ein Personenwechsel in der Wohngemeinschaft stattfindet. Es ist in diesen Fällen i. d. R. **durch Auslegung** zu bestimmen, wer im Einzelnen **Vertragspartei** werden soll. Der Parteiwille kann dahin gehen, dass alle jeweiligen Bewohner den Vertrag abschließen bzw. in diesen eintreten. Andererseits kann auch nur ein Bewohner als Mieter vereinbart werden, der dann mit den anderen Untermietverträge schließt (vgl. Sonnenschein, NJW 1997, 1270, 1274). Allerdings wird allein durch die Aufnahme einer nichtehelichen Lebensgemeinschaft mit dem Mieter einer Wohnung, d. h. schlichtweg durch den Einzug beim Partner, noch kein Untermietverhältnis begründet (AG Hamburg, NJW-RR 1989, 271). Auch kommt es vor (ob bei Ehegatten, Partnern einer nichtehelichen Lebensgemeinschaft oder einer Wohngemeinschaft), dass diejenigen Personen, die im Rubrum des Vertrages genannt sind, nicht alle unterschrieben haben oder umgekehrt, dass Personen unterschrieben haben, die im Rubrum nicht genannt sind. Hier ist ebenfalls durch

Auslegung des Parteiwillens zu ermitteln, wer Partei geworden ist. In Einzelfällen kann sogar die Übernahme einer Bürgschaft in Betracht kommen (vgl. Sonnenschein, a. a. O., Rn. 57).

II. Eigenbedarf i. S. d. § 564b Abs. 2 Nr. 1 BGB a. F. bzw. § 573 Abs. 2 Nr. 2 BGB n. F.

Der Wunsch nach dem Zusammenleben in einer nichtehelichen Lebensgemeinschaft kann **Eigenbedarf** i. S. v. § 564b Abs. 2 Nr. 2 BGB a. F. bzw. § 573 Abs. 2 Nr. 2 BGB n. F. begründen. Erforderlich soll hierfür sein, dass der Vermieter das Bestehen einer substantiellen, beständigen menschlichen Bindung vorträgt (LG Frankfurt, NJW 1990, 3277). Grundlegend judiziert wurde dies für den Fall, dass der Sohn des Wohnungseigentümers den Wunsch hatte, die vermietete Wohnung des Vaters mit seiner Lebensgefährtin zu beziehen (Rechtsentscheid des OLG Karlsruhe, NJW 1982, 889). Bestand allerdings die nichteheliche Lebensgemeinschaft bereits zum Zeitpunkt der Vermietung, so soll der Mieter der Eigenbedarfskündigung den **Einwand des Rechtsmissbrauchs** entgegenhalten können (LG Trier, NJW-RR 1992, 718). Dies dürfte indes nur für den Fall gelten, dass die Vermietung erst jüngst erfolgte und die nichteheliche Lebensgemeinschaft zu diesem Zeitpunkt bereits eine geraume Zeit bestand. Ansonsten würde nämlich das Recht der Partner einer nichtehelichen Lebensgemeinschaft, sich relativ kurzfristig und spontan zum Zusammenziehen zu entscheiden, in unzulässiger Weise ausgehöhlt.

69

III. Eintrittsrecht bei Tod des Mieters

Das Eintrittsrecht bei Tod des Mieters bestimmt sich seit dem 1.9.2001 (In-Kraft-Treten des MietRRG) nach den neugeschaffenen §§ 563 – 563b BGB. § 563 BGB sieht eine **Sonderrechtsnachfolge** auch für den nichtehelichen Lebensgefährten vor, und zwar nicht – wie die amtliche Überschrift bei § 563 BGB vermuten lässt – im Wege eines Eintrittsrechtes, sondern **ipso iure mit Ablehnungsbefugnis** binnen eines Monats, § 563 Abs. 3 BGB (so schon früher § 569a Abs. 1 BGB a. F., der nach h. M. auch für den überlebenden nichtehelichen Lebensgefährten galt; vgl. auch Palandt/Weidenkaff, Erg. zur 61. Aufl. 2002, § 563 Rn. 1). Vorrangig sind Ehegatten und eingetragene Lebenspartner, § 563 Abs. 2 Satz 3; der nichteheliche Lebensgefährte wird von § 563 Abs. 2 Satz 4 BGB erfasst. Auf sein Geschlecht oder eine sexuelle Beziehung zu dem verstorbenen Mieter kommt es dabei **nicht** an, so dass die früher zu §§ 569a, 569b BGB a. F. insoweit geführte Kontroverse als obsolet zu betrachten ist (zum Rangverhältnis zwischen Kindern des verstorbenen Mieters und dem nichtehelichen Lebensgefährten vgl. Palandt/Weidenkaff, Erg. zur 61. Aufl. 2002, § 563, Rn. 18). Wohl aber muss es sich um eine **auf Dauer** angelegte Lebensgemeinschaft im engeren Sinne handeln, also mit **inneren Bindungen** und **wechselseitigem Einstehen** (insoweit beansprucht der zu § 569a BGB a. F. ergangene Rechtsentscheid BGH, NJW 1993, 999, 1001 weiterhin Geltung; vgl. Palandt/Weidenkaff, a. a. O., Rn. 15). Bloße Wohn- und Wirtschaftsgemeinschaften fallen also nicht unter § 563 BGB, ggf. aber das Zusammenleben alter Menschen (BT-Drucks. 14/4553 S. 61).

70

War der Lebensgefährte selbst (Mit-)Mieter, so bestimmt sich die Fortsetzung des Mietverhältnisses nach § 563a Abs. 1 BGB (teilw. abw. Löhnig, FamRZ 2001, 891). Hier liegt eine **grundlegende Veränderung** zur Rechtslage nach dem alten § 569b BGB, der nach h. M. auf nichteheliche Lebensgemeinschaften **nicht** analog anwendbar war (Sternel, Mietrecht, I. Rn. 70a; LG Hamburg, WM 1988, 24; für eine entsprechende Anwendung Palandt/Putzo, BGB, § 569b Rn. 1). § 563a Abs. 2 BGB gibt den eingetretenen überlebenden Mietern ein außerordentliches Kündigungsrecht mit gesetzlicher Frist (§ 573d Abs. 2 Satz 1 BGB) binnen eines Monats.

71

IV. Probleme bei der Auflösung der nichtehelichen Lebensgemeinschaft

72 Die Rechtslage hinsichtlich der **gemeinsam genutzten Wohnung** stellt eines der schwierigsten, zugleich aber auch praktisch bedeutsamsten Probleme bei der Auflösung einer nichtehelichen Lebensgemeinschaft dar. Mangels einer – nach zutreffender Auffassung des Deutschen Mieterbundes e. V. dringend erforderlichen – gesetzlichen Regelung, herrscht auch insoweit die für den Bereich der nichtehelichen Lebensgemeinschaft geradezu typische Rechtsunsicherheit, die hier allerdings besonders gravierende praktische Konsequenzen zeitigt (eingehend dargelegt in einem offenen Schreiben des Deutschen Mieterbundes e. V. vom 3. 11. 1997 an den Bundesminister der Justiz). Da die Gerichte mangels einer ausreichenden gesetzlichen Regelung kaum in der Lage sind, dem rechtlich, faktisch und wirtschaftlich schwächer gestellten Partner zu helfen, kommt es häufig zu akuten sozialen Notfällen, bei denen gerade Frauen – mit Kindern oder ohne – die Leidtragenden sind (vgl. die Untersuchung von Brudermüller, FamRZ 1994, 207, 212).

73 Grund hierfür ist in erster Linie die gegenüber **trennungswilligen Ehepartnern** prinzipiell andere Rechtslage. Für Eheleute gelten hier die Vorschriften des § 1361b n. F. BGB und der HausratsVO. Gem. § 1361b Abs. 1 BGB kann der Richter auf Antrag einem Ehegatten, der von seinem Partner getrennt lebt oder sich von ihm trennen will, die Ehewohnung – vorläufig – zur Benutzung übertragen, wenn dies zur Vermeidung einer unbilligen Härte notwendig ist. Dies gilt zwar nur bis zu einem rechtskräftigen Scheidungsurteil, verhindert aber jedenfalls durch die Tatbestandsvoraussetzung der **„unbilligen Härte"** – zumindest i. d. R. -, dass Notsituationen wie Obdachlosigkeit etc. entstehen. Zudem wird der richterlichen Entscheidung gem. § 1361b BGB auch für das Scheidungsverfahren zumindest faktisch eine **präjudizielle Wirkung** eingeräumt (vgl. MüKo/Wacke, BGB, § 1361b Rn. 5).

74 Im laufenden **Scheidungsverfahren** greifen dann die Regelungen der **HausratsVO** ein. Der Richter kann dabei die Mietwohnung endgültig einem der beiden Ehegatten zuweisen, ohne dass es dabei auf die Zustimmung des Vermieters ankommt. Ebenso wenig kommt es darauf an, wer Mieter der Wohnung war oder ob die Wohnung von beiden Ehegatten gemeinsam angemietet worden war. Die **richterliche Entscheidung** gestaltet also das **private Mietrechtsverhältnis** um. Leitlinie der richterlichen Entscheidung ist dabei **billiges Ermessen,** das insbesondere das Wohl der Kinder berücksichtigen soll, § 2 HausratsVO.

75 Ganz anders stellt sich die Rechtslage für die Partner einer nichtehelichen Lebensgemeinschaft dar. Die **entsprechende Anwendung** der Vorschriften des § 1361b BGB und der HausratsVO wird in Rspr. und Lit. fast einhellig **abgelehnt** (LG Hagen, FamRZ 1993, 187; AG Berlin-Schöneberg, NJW-RR 1993, 1038; AG Berlin-Neukölln, NJW-RR 1993, 133; Grziwotz, FamRZ 1994, 1217, 1219; Schuhmacher, FamRZ 1994, 857, 862; Palandt/Diederichsen, BGB, § 1361b Rn. 2 u. zur HausratsVO Anh. zum EheG, Einl. Rn. 13; a. A. lediglich LG München I, NJW-RR 1991, 834).

76 Sind **beide Partner Mieter** der gemeinsam genutzten Wohnung, steht beiden das **Besitzrecht** an der Wohnung zu. Deshalb ist auch keiner der Partner als Besitzstörer i. S. d. §§ 861 ff. BGB anzusehen, so dass kein Partner den anderen nach diesen Vorschriften von der Benutzung der Wohnung ausschließen kann (LG Berlin, NJW-RR 1995, 463; AG Berlin-Neukölln, NJW-RR 1993, 133; beide Gerichte lehnen in diesem Fall im Übrigen auch die Anwendung der Regeln über die Bruchteilsgemeinschaft, §§ 741 ff. BGB, zur Bestimmung einer Benutzungsregelung ab), und zwar selbst dann nicht, wenn es zu schweren körperlichen Übergriffen des einen Partners gegen den anderen gekommen ist (s. dazu aber unten: zu den Voraussetzungen des Gewaltschutzgesetzes – **GewSchG**). Dies erscheint konsequent, denn eine Besitzzuweisung nach moralischen Kriterien ist sowohl den §§ 861 ff. BGB als auch den §§ 741 ff. BGB völlig fremd. Im Ergebnis wird also – keiner nach Besitzschutzregeln – den anderen **gegen dessen Willen** los. Im Gegenteil kann sich der – z. B. durch das Auswechseln der Türschlösser – ausgesperrte Partner gem. § 861 BGB i. V. m. § 858 BGB gegen die Entziehung seines (Mit-)Besitzes wehren (AG Waldshut-Tiengen, NJW-RR 1994, 712).

Abweichend hiervon kann sich die Sach- und Rechtslage darstellen, wenn das Anfang 2002 in Kraft getretene **Gewaltschutzgesetz (GewSchG)** eingreift (vgl. hierzu Palandt/Brudermüller, Erg. zur 61. Aufl. 2002). § 2 i.V.m. § 1 Abs. 1 GewSchG begründet bei dauerhaft gemeinsamem Haushalt – zunächst unabhängig von der mietrechtlichen Position (s. dazu aber sogleich) – einen **allgemeinen Überlassungsanspruch** des Opfers gegen den Täter häuslicher Gewalt (gilt auch zwischen Ehegatten mit gemeinsamem Haushalt; im Unterschied dazu greift § 1361b Abs. 2 BGB – dessen Anwendungsbereich im Zuge des GewSchG erweitert wurde – nur im Verhältnis zwischen getrennt lebenden Ehegatten bzw. bei beabsichtigter Trennung ein). Die **Familiengerichte** (§§ 23a Nr. 7, 23b Abs. 1 Satz 2 Nr. 8a GVG) sind unter den in §§ 1, 2 GewSchG genannten Voraussetzungen zu einer **befristeten Zuweisung** einer Wohnung berechtigt.

Die **Dauer der Befristung** hängt von den Rechtsverhältnissen an der Wohnung, insbesondere der **mietrechtlichen Position** der Partner ab: Sind **beide Partner Mieter** der gemeinsamen Wohnung, ist die Überlassung zwar in jedem Fall zu befristen; eine Höchstfrist sieht das Gesetz indes in diesem Falle nicht vor (§ 2 Abs. 2 Satz 1 GewSchG). Die Fristbemessung wird sich dann nach den **Umständen des Einzelfalles** zu richten haben (Kriterium dürfte neben etwaigen Kündigungsfristen vor allem die Verfügbarkeit von Singlewohnungen auf dem örtlichen Wohnungsmarkt, m. a. W. der zu erwartende Zeitaufwand zur Anmietung von Ersatzwohnraum durch den betroffenen Partner sein). Ist das **Opfer alleiniger Mieter** der gemeinsamen Wohnung, sieht das Gesetz ebenfalls keine Befristung vor; in diesem Fall erfolgt indes keine vorläufige, sondern sogleich eine **endgültige Regelung** (Palandt/Brudermüller, Erg. zur 61. Aufl. 2002, § 2 GewSchG Rn. 10). Ist der **Täter alleiniger Mieter** der gemeinsamen Wohnung, so hat das Gericht die Wohnungsüberlassung an das Opfer auf die Dauer von **höchstens sechs Monaten** zu befristen (§ 2 Abs. 2 Satz 2 GewSchG mit einmaliger Verlängerungsmöglichkeit um höchstens weitere sechs Monate, § 2 Abs. 2 Satz 3 GewSchG). Als flankierende Maßnahme kann ein **Kündigungsverbot** für die Zeit ausgesprochen werden, in der das Opfer nutzungsberechtigt ist. Es empfiehlt sich, auch eine **Vertragsbeendigung „in sonstiger Weise"** zu verbieten, um kollusives Handeln des Täters mit dem Vermieter (Aufhebungsvertrag!) auszuschließen (Palandt/Brudermüller, Erg. zur 61. Aufl. 2002, § 2 GewSchG Rn. 12).

Zu beachten ist, dass die Vorschriften des GewSchG lediglich eine **vorläufige Regelung** ermöglichen, während es weiterhin an hinreichenden gesetzlichen Grundlagen für eine dauerhafte Regelung fehlt. Es dürften allerdings – angesichts der großzügigen Fristen – i. d. R. durch die vom Familiengericht angeordneten vorläufigen Regelungen endgültige Tatsachen geschaffen werden. Für das Verfahren s. §§ 621 Abs. 1 Nr. 13, 621a Abs. 1 Satz 1, 620 Nr. 9, 940a ZPO, 64b FGG.

77 Auch zur **Beendigung des Mietverhältnisses** mit dem Vermieter ist dementsprechend eine **gemeinsame Kündigungserklärung** beider Mieter oder ein **gemeinsamer Aufhebungsvertrag** mit dem Vermieter erforderlich (zur Kündigung des Mietvertrages s. ausführlich Burhoff, Handbuch der nichtehelichen Lebensgemeinschaft Rn. 577 ff.). Deshalb kann sich der auszugswillige oder bereits ausgezogene (ggf. „hinausgeworfene") Partner seinen mietvertraglichen Pflichten, insbesondere der Mietzinszahlung, **nicht einseitig entziehen.** Allerdings sind die Partner bei der Auflösung der nichtehelichen Lebensgemeinschaft einander im Innenverhältnis verpflichtet, an der Beendigung des Mietvertrages mitzuwirken. Dies ergibt sich aus §§ 723 ff., 749 ff. BGB, da in der Trennung ein **wichtiger Grund** zur Auflösung der Gesellschaft bzw. der auf die Wohnung bezogenen Bruchteilsgemeinschaft liegt (so OLG München, ZMR 1994, 216; LG Karlsruhe, FamRZ 1995, 94; denkbar wäre i. Ü. auch eine Anwendung der Regeln über die Störung der Geschäftsgrundlage gem. § 313 BGB n. F.). Dies hat allerdings die oft unerwünschte Konsequenz, dass auch der am Verbleib interessierte Partner die Wohnung verliert.

78 Wenn die Partner einer nichtehelichen Lebensgemeinschaft gemeinsam einen **befristeten Mietvertrag** über eine Wohnung schließen, und wenn nach dem Auszug des einen der andere nicht an der Beendigung des Mietverhältnisses mitwirkt, sondern zu erkennen gibt, dass er die Wohnung behalten will, muss er im Innenverhältnis die Miete allein tragen und den anderen gegenüber dem Vermieter von der Mietzinsforderung freistellen (OLG Düsseldorf, FamRZ 1998, 739).

Anspruchsgrundlage ist eine „**anderweitige Bestimmung**" i. S. d. § 426 Abs. 1 Satz 1 BGB. Nichts anderes ergibt sich, wenn man beim gemeinsamen Mietvertrag die Regelungen über die BGB-Gesellschaft oder die Bruchteilsgemeinschaft für anwendbar hält, denn dann wird man in der Trennung entweder einen **wichtigen Kündigungsgrund** gem. § 723 Abs. 1 BGB oder einen **Aufhebungsgrund** gem. § 749 Abs. 2 BGB erblicken müssen, worin wiederum eine „anderweitige Bestimmung" im eben genannten Sinne liegt (vgl. OLG Düsseldorf, a. a. O.). Jedes andere Ergebnis würde faktisch auf eine Unterhaltsverpflichtung des ausgezogenen Partners hinauslaufen; eine Inanspruchnahme des ausgezogenen Partners wäre im Übrigen rechtsmissbräuchlich und widerspräche materiellen Gerechtigkeitsgedanken.

79 Der Vermieter kann sich aussuchen, ob er **mit einem der Partner** einen **Einzelmietvertrag** schließt und, bejahendenfalls, mit welchem (LG Gießen, WM 1996, 273; LG Karlsruhe, WM 1996, 146; AG Hannover, WM 1996, 768; AG Bad Homburg, NJW-RR 1992, 1035; vgl. dazu auch Brudermüller, FamRZ 1994, 207, 208); dies dürfte dann i. d. R. der wirtschaftlich besser gestellte Partner sein. Der Vermieter ist in diesem Falle auch nicht gehindert, – im Rahmen des gesetzlich Zulässigen – einen höheren Mietzins zu verlangen.

80 Noch ist ungeklärt, ob im **Innenverhältnis** zwischen den Partnern der nichtehelichen Lebensgemeinschaft, die gemeinsame Wohnungsmieter sind, die **gesetzliche Kündigungsfrist** des § 565 BGB a. F. (neu: § 573c BGB) entsprechend gilt (vgl. Plate, FuR 1995, 212, 213). Dafür spricht, dass ansonsten der Partner, der sich im Mietvertrag mitverpflichtet, schlechter gestellt wird als der, der keine Bindung eingeht (so – allerdings unter Berufung auf § 723 Abs. 1 Satz 1 BGB – LG Hamburg, WuM 1993, 343; a. A.: OLG München, ZMR 1994, 216: Berechtigung zur sofortigen Kündigung). Bejaht man allerdings die automatische Geltung von Kündigungsfristen, so erschwert man dem trennungswilligen Partner die Möglichkeit, durch schlichten Auszug aus der gemeinsamen Wohnung die nichteheliche Lebensgemeinschaft zu beenden. Da diese Option einer der Hauptvorzüge der nichtehelichen Lebensgemeinschaft gegenüber der Ehe – und damit einen der wesentlichen Beweggründe, nicht zu heiraten – darstellt, spricht die vom Grundgedanken der nichtehelichen Lebensgemeinschaft ausgehende Auslegung eher gegen die Annahme von Kündigungsfristen im Innenverhältnis, zumindest gegen deren automatische Geltung. Schließlich ist es den Partnern unbenommen, im Innenverhältnis eine entsprechende Kündigungsregelung zu treffen (z. B. in einem Partnerschaftsvertrag; s. u. im Anhang).

81 Ist nur **ein Partner Mieter,** kann dieser nach Beendigung der nichtehelichen Lebensgemeinschaft grds. jederzeit den sofortigen Auszug des ehemaligen Partners verlangen (AG Potsdam, WM 1994, 528). Dies folgt – wendet man die Vorschriften über die BGB-Gesellschaft an – bereits daraus, dass jeder Gesellschafter die Gesellschaft grundsätzlich jederzeit kündigen kann.

Greift man auf die Regelungen zur Bruchteilsgemeinschaft zurück, ergibt sich aus § 749 Abs. 1 BGB, dass jederzeit die Auflösung der Gemeinschaft verlangt werden kann.

82 Allerdings steht der andere Partner nach – überzeugender – neuerer Auffassung nicht völlig schutzlos da. Es wird nämlich zumindest dann von einem **Wohnrecht des nicht mietenden Partners** gegenüber dem Mieter ausgegangen, wenn eine nichteheliche Lebensgemeinschaft von **gewisser Dauer** bestand. Dabei sollen bezüglich der Beendigung dieses Wohnrechts die Vorschriften der §§ 573c, 569 Abs. 2 BGB (565, 554a BGB a. F.) entsprechend anwendbar sein (so LG Chemnitz, NJW-RR 1995, 269; Plate, FuR 1995, 212, 218). Ein ähnliches Ergebnis dürfte sich erzielen lassen, wenn man die Ausübung des Kündigungs- bzw. Auflösungsrechtes durch den allein mietenden Partner an den Voraussetzungen **von Treu und Glauben,** § 242 BGB, misst. Geht man dementsprechend von einem Wohnrecht des nicht mietenden Partners aus, ist es folgerichtig, auf die Beendigung dieses Wohnrechtes die Kündigungsfristenregelung des § 573c BGB (§ 565 BGB a. F.) – als zeitliche Obergrenze – entsprechend anzuwenden. In Fällen, die denjenigen des § 569 Abs. 2 BGB (§ 554a BGB a. F.) vergleichbar sind, dürfte allerdings ein Festhalten des Mieters an seinem ehemaligen Partner in der Wohnung **unzumutbar sein.** Ebenso soll auch bei einer nichtehelichen Lebensgemeinschaft, bei der nur ein Partner Mieter der gemeinsam genutzten Wohnung ist, der andere Partner gegen dessen Räumungsverlangen grundsätzlich **Besitzschutz** i. S. d. §§ 858 ff.

BGB genießen (LG Chemnitz, a. a. O.; MüKo/Wacke, BGB, nach § 1302, Anh. 37). Darauf, dass dem nicht mietenden Partner nach der Beendigung der nichtehelichen Lebensgemeinschaft kein Recht zum Besitz mehr zukommt (vgl. § 863 BGB), soll es nicht ankommen (AG Waldshut-Tiengen, a. a. O.). Mich überzeugt eher die – speziellere und klarere – Lösung über § 573c BGB (§ 565 BGB a. F.).

G. Arbeits- und Öffentliches Dienstrecht

I. Vorübergehende Verhinderung zur Arbeitsleistung gem. § 616 Satz 1 BGB, § 52 Abs. 2e BAT

Ungeklärt ist, ob § 616 Satz 1 BGB auch dann anwendbar ist, wenn der **Arbeitnehmer an der Dienstleistung verhindert** ist, weil der nichteheliche Partner schwer krank ist und Pflege benötigt oder wenn die Partnerin zur Niederkunft kommt, wie dies für Ehegatten anerkannt ist (vgl. Palandt/ Putzo, BGB, § 616 Rn. 8). 83

Aus der Rspr. sind insoweit bislang zwei Entscheidungen bekannt geworden: Nach **BAG** (NZA 1987, 271) wird ein **Angestellter im Öffentlichen Dienst,** der unter den BAT fällt, bei der Niederkunft seiner mit ihm in häuslicher Gemeinschaft lebenden Ehefrau für zwei Arbeitstage unter Fortzahlung seiner Vergütung von der Arbeit freigestellt, § 52 Abs. 2e BAT. Diese Regelung ist nach Auffassung des BAG nicht auf die Partner einer nichtehelichen Lebensgemeinschaft anwendbar, da die Bezugnahme auf die eheliche Lebensgemeinschaft i. S. d. § 1353 Abs. 1 Satz 2 BGB eine **zulässige Differenzierung** sei und somit nicht gegen Art. 3 GG verstoße. Ähnlich hat das **BVerwG** judiziert, ein Beamter habe **keinen Anspruch auf Sonderurlaub,** wenn seine Lebensgefährtin ein Kind zur Welt bringt. Beamte könnten aus eheähnlichen Gemeinschaften nicht die gleichen Rechte herleiten wie aus der Ehe; der Ledige sei schließlich auch gesetzlich nicht verpflichtet, der Partnerin beizustehen (Az. 2 C 28/96; Quelle: Westdeutsche Allgemeine Zeitung vom 9. 12. 1997). 84

Damit ist die Frage, ob § 616 Satz 1 BGB auch bei Erkrankung des nichtehelichen Partners Anwendung findet, m. E. aber noch nicht beantwortet, denn die Vorschrift setzt nach ihrem Wortlaut – im Gegensatz zu § 52 Abs. 2e BAT – gerade **keinen Bezug zur Ehe** oder zu einem anderen Angehörigen voraus. Dies dürfte letztlich aber zu verneinen sein, denn es ist dem Arbeitgeber i. d. R. nicht möglich, nicht zumutbar und auch kaum erlaubt, zu überprüfen, ob und inwieweit es sich bei dem Erkrankten wirklich um den Partner des Arbeitnehmers handelt und ob diese Partnerschaft eine solche Verfestigung aufweist, dass sie einem nahen Angehörigen oder gar einem ehelichen Verhältnis entspricht. 85

II. Ortszuschlag (§ 40 Abs. 1 Nr. 4 Satz 1 BBesG)

Nach § 40 Abs. 1 Nr. 4 Satz 2 BBesG haben Beamte, Richter und Soldaten, die einer anderen Person nicht nur vorübergehend Unterhalt gewähren und sie in ihre Wohnung aufgenommen haben, weil sie gesetzlich oder sittlich dazu verpflichtet sind oder aus beruflichen oder gesundheitlichen Gründen ihrer Hilfe bedürfen, Anspruch auf einen **erhöhten Ortszuschlag** der Stufe 1. Eine **sittliche Verpflichtung zur Unterhaltsgewährung** ist vom **OVG Schleswig** in einer Entscheidung aus dem Jahre 1991 für den Fall bejaht worden, dass das eheähnliche Zusammenleben ein Jahr gedauert hat (OVG Schleswig, NJW 1992, 258). Dann habe sich die Beziehung nach außen als so beständig erwiesen, dass nach der Verkehrsauffassung eine Verpflichtung zur gegenseitigen Unterhaltsgewährung gegeben sei. 86

87 Dem ist das **BVerwG** entgegengetreten: Es sei der nichtehelichen Lebensgemeinschaft wesensimmanent, dass ihr Fortbestand vom freien Entschluss der Partner abhänge. Kein Partner sei deshalb verpflichtet, eine Unterhaltsgewährung länger aufrechtzuerhalten als von ihm selbst gewünscht (BVerwG, NJW 1994, 1168). Das BVerwG bestätigt damit seine st. Rspr., wonach eine sittliche Verpflichtung zur Unterhaltsgewährung nur bestehe, wenn deren Entzug nach dem **Urteil aller billig und gerecht Denkenden moralisch anstößig** wäre (BVerwG, NVwZ-RR 1991, 309). Dies kann allerdings, so das BVerwG ausdrücklich in der neueren Entscheidung, ausnahmsweise auch im Rahmen einer nichtehelichen Lebensgemeinschaft der Fall sein, so z. B. bei einer schweren Erkrankung oder schwerwiegenden Problemen im Zusammenhang mit gemeinsamen Kindern.

III. Tendenzbetriebe

88 Problematisch kann das Bestehen einer nichtehelichen Lebensgemeinschaft oder ihre Eingehung dann sein, wenn der Arbeitgeber ein Tendenzbetrieb ist (**z. B. Kirche**). In diesem Falle kommt eine **Verletzung von Loyalitätspflichten** durch den Arbeitnehmer in Betracht (MüKo/Schwerdtner, BGB, vor § 620 Rn. 876). Ob eine Loyalitätspflicht verletzt worden ist, richtet sich grundsätzlich nach den von der Kirche als Arbeitgeberin vorgegebenen Maßstäben (BVerfG, BB 1985, 1600). Ob danach wegen der Verletzung einer Loyalitätspflicht eine **Kündigung** sachlich gerechtfertigt ist, richtet sich nach **§§ 1 KSchG, 626 BGB** (MüKo/Schwerdtner, a. a. O.) und dürfte für den Regelfall einer monogamen heterosexuellen nichtehelichen Lebensgemeinschaft heutzutage zu verneinen sein.

H. Nichteheliche Lebensgemeinschaft im Versicherungsrecht

I. Angehörigenprivileg (§ 67 Abs. 2 VVG; § 116 Abs. 6 SGB X)

89 Ein Schadensersatzanspruch des Geschädigten gegen den Schädiger geht kraft Gesetzes auf den Versicherer (§ 67 VVG) oder auf den Sozialversicherungsträger (§ 116 SGB X) über, soweit diese dem Geschädigten seinen Schaden ersetzen. Der **gesetzliche Forderungsübergang** ist jeweils gem. § 67 Abs. 2 VVG, § 116 Abs. 6 SGB X ausgeschlossen, wenn der Schädiger ein Familienangehöriger ist, der mit dem Geschädigten in häuslicher Gemeinschaft lebt. Sinn und Zweck des Angehörigenprivilegs ist es, eine **mittelbare Belastung des Versicherungsnehmers** durch Rückgriff des Versicherers bei einem Mitglied seines Hausstandes zu vermeiden (BGHZ 41, 79).

90 Ob der **Ausschluss des Forderungsübergangs** auch für die Partner einer nichtehelichen Lebensgemeinschaft gilt, wird nicht einheitlich beurteilt. Nach wohl noch h. M. soll das **Angehörigenprivileg** nicht – auch nicht analog – auf die Partner einer nichtehelichen Lebensgemeinschaft anwendbar sein (BGH, NJW 1988, 1091; OLG Hamm, FamRZ 1994, 835 = VersR 1993, 1513 in Bezug auf eine gleichgeschlechtliche Lebensgemeinschaft; Prölls/Martin, VVG, § 67 Anm. 7; Schwab, Familienrecht, Rn. 698). Dieses Ergebnis wird mit drohender Rechtsunsicherheit und dem – angeblichen – **Ausnahmecharakter** der betreffenden Normen begründet (BGH, a. a. O.; OLG Hamm, a. a. O.).

91 Nach der – vorzugswürdigen – Gegenauffassung ist eine **Ausweitung des Familienprivilegs** auf die Partner einer nichtehelichen Lebensgemeinschaft durch analoge Anwendung geboten (OLG Frankfurt/M., VersR 1997, 561; OLG Hamm, NJW-RR 1997, 90; Staudinger/Strätz, BGB, Anh. zu §§ 1297 ff. Rn. 170; MüKo/Wacke, BGB, nach § 1302 Rn. 25). Ein entgegenstehender Wille des Gesetzgebers ist nicht auszumachen, und schließlich ist der Begriff der **„eheähnlichen Gemeinschaft"** inzwischen auch in der höchstrichterlichen Rspr. als abgrenzbarer und „rechtsfolgenfähiger" Tatbestand anerkannt (z. B. bei § 569a Abs. 2 BGB a. F.) und wird auch vom Gesetzgeber selbst verwendet, z. B. in § 122 BSHG. Vor allem aber besteht kein hinreichender Grund, entfernte Familienangehörige zu schützen, nicht aber den Lebenspartner. Denn die §§ 67 Abs. 2 VVG und

116 Abs. 6 SGB X schützen in erster Linie die in einem Hausstand bestehende Wirtschaftsgemeinschaft vor den Rückgriffsansprüchen des Versicherers. Diese Wirtschaftsgemeinschaft aber kann zwischen den Partnern einer nichtehelichen Lebensgemeinschaft ebenso verfestigt sein wie zwischen zusammenlebenden Verwandten – und dürfte i. d. R. sogar noch weitergehen, denn in einer nichtehelichen Lebensgemeinschaft wird sicherlich eher gemeinsam gewirtschaftet als in einer Wohngemeinschaft z. B. von Geschwistern oder erwachsenen Berufstätigen mit ihren Eltern (so auch LG Saarbrücken, VersR 1995, 158; Plate, FuR 1995, 273, 274).

Nach LG Potsdam, FamRZ 1997, 878 (bestätigt durch OLG Brandenburg, Urt. v. 28. 1. 1997 – 2 U 94/96; s. auch OLG Brandenburg, NJW 2002, 1581) sind die Partner einer nichtehelichen Lebensgemeinschaft dann Familienangehörige i. S. d. § 67 VVG, wenn sie **im Zeitpunkt des Versicherungsfalles** mit einem gemeinsamen Kind zusammengelebt haben, für dessen **Unterhalt** und **Erziehung** sie **gemeinsam aufkommen**. Zur Begründung wird an den Begriff der Familie angeknüpft, der nicht an den Begriff der Ehe gebunden sei. Im Übrigen würden auch nicht verheiratete Mütter oder Väter mit Kindern ohne weiteres als Familien anerkannt. Der BGH stellt allerdings i. d. R. auf die vorhandenen wirtschaftlichen Bindungen ab und sieht Abgrenzungsprobleme hinsichtlich des Verfestigungsgrades der nichtehelichen Lebensgemeinschaft (und befürchtet damit letztlich Missbrauch; vgl. BGH, FamRZ 1988, 392). Dem tritt das LG Potsdam zumindest für den Fall entgegen, dass wegen des vorhandenen Kindes die **Verfestigung** der **nichtehelichen Lebensgemeinschaft** erkennbar ist.

II. Repräsentanteneigenschaft

Repräsentant im **versicherungsrechtlichen Sinne** ist, wer in einem Geschäftsbereich, zu dem das versicherte Risiko gehört, aufgrund eines Vertretungs- oder ähnlichen Verhältnisses an die Stelle des Versicherungsnehmers getreten ist. Nach bestrittener Auffassung soll auch bei Handlungen des Partners einer nichtehelichen Lebensgemeinschaft eine Zurechnung über die Repräsentanteneigenschaft möglich sein, wenn diese nicht offensichtlich nur auf kurze Zeit angelegt sind (vgl. OLG Frankfurt, NJW-RR 1988, 33; Grziwotz, FamRZ 1994, 1217, 1221 m. w. N. auch zur Gegenmeinung, z. B. OLG Hamm, NJW-RR 1990, 165 und 993).

92

I. Deliktsrecht

Nicht anwendbar ist § 844 BGB für den Fall, dass ein Partner durch einen Dritten getötet wird, da es an der in § 844 BGB vorausgesetzten **gesetzlichen Unterhaltspflicht fehlt** (MüKo/Wacke, BGB, nach § 1302 Rn. 30). Um die Partner einer nichtehelichen Lebensgemeinschaft in den Schutzbereich des § 844 BGB einzubeziehen, wird teilweise eine Gesetzesänderung gefordert (Staudinger/Strätz, BGB, Anh. zu §§ 1297 ff. Rn. 169; skeptisch hierzu mit beachtlichen Erwägungen Becker, VersR 1985, 199, 204, 205).

93

Es ist streitig, ob der durch **Körper- oder Gesundheitsverletzung** geschädigte Partner einer nichtehelichen Lebensgemeinschaft einen Schadensersatzanspruch wegen des Verlustes seiner Erwerbsfähigkeit aus **§ 843 Abs. 1 1. Alt. BGB** herleiten kann, wenn er seinen Gemeinschaftsbeitrag durch die **Haushaltsführung** geleistet hat – ohne dazu verpflichtet zu sein – und durch die Schädigung ausfällt.

94

Nach h. M. wird ein **Anspruch verneint,** da es auch insoweit auf eine gesetzliche Bindung bzw. eine gesetzliche Unterhaltspflicht ankomme (OLG Köln, ZfS 1984, 132; OLG Düsseldorf, VersR 1992, 1418; AG Gelsenkirchen, Schaden-Praxis 2001, 197).

95

96 Demgegenüber wird vertreten, ein Anspruch sei zumindest dann gegeben, wenn in der Partnerschaft tatsächlich eine entsprechende Aufgabenverteilung vorgelegen habe (AG Säckingen, FamRZ 1997, 293, 294; dagegen ausdrücklich LG Hildesheim, Schaden-Praxis 2000, 410), da eine stillschweigende Übereinkunft und somit eine **rechtliche Verpflichtung** des geschädigten Partners zur Haushaltsführung bestanden habe. Es wird auch dahingehend argumentiert, dass die Arbeit im Haushalt ein **Äquivalent** zu den tatsächlich erbrachten Unterhaltsleistungen des anderen Partners darstelle, auch wenn eine Rechtspflicht zur Leistung nicht vorliege (LG Zweibrücken, FamRZ 1994, 955; Plate, FuR 1995, 273). Dem wird zuzustimmen sein, weil § 843 BGB – im Gegensatz zu § 844 BGB – gerade nicht auf eine gesetzliche Unterhaltspflicht abhebt (vgl. auch Becker, VersR 1985, 199, 204).

97 Der Höhe nach mag die Hausarbeit mit 5 € pro Stunde bewertet werden (so LG Zweibrücken, FamRZ 1994, 955), mittlerweile ggf. auch höher.

J. Gemeinsame Kinder

98 Gem. § 1705 a. F. BGB hatte die **Mutter das alleinige Sorgerecht** für das **nichtehelich geborene** Kind. Der völlige Ausschluss des nichtehelichen Vaters von der elterlichen Sorge war seit jeher umstritten und verstieß nach neuerer Rspr. gegen Art. 6 Abs. 2 Satz 1, 6 Abs. 5, 3 Abs. 2 GG (BVerfG, FamRZ 1995, 798; Melcher, FPR 1995, 121; Palandt/Diederichsen, BGB, § 1705 Rn. 1; vgl. umfassend zur damaligen Rechtslage in einem Vorlagebeschluss an das BVerfG: AG München, FamRZ 1997, 237 ff.). Ein **Verstoß gegen das GG** war nach Auffassung des AG München (a. a. O.) auch dann noch festzustellen, wenn eine Lebensgemeinschaft zwar nicht mehr besteht, die Eltern aber **bereit und in der Lage** waren, gemeinsam die elterliche Sorge und Verantwortung zu übernehmen und dies dem Kindeswohl entspricht.

99 Allerdings konnte wegen der noch geltenden Fassung des § 1705 BGB (der vom BVerfG nicht etwa suspendiert wurde o. ä.) den Eltern eines nichtehelichen Kindes **kein gemeinsames Sorgerecht** eingeräumt werden (LG Münster, FamRZ 1997, 237). Soweit dies dennoch geschehen ist (AG Kamen, FamRZ 1995, 1077 u. 753 ff.), muss darin ein **rechtswidriger Justizakt** erblickt werden.

100 Mittlerweile hat der Gesetzgeber das Sorge- und Umgangsrecht des nichtehelichen Vaters mit Wirkung vom 1. 7. 1998 durch das KindRG auf eine neue Grundlage gestellt. Das **neue Kindschaftsrecht** unterscheidet nicht mehr grds. zwischen der Sorge für eheliche und nichteheliche Kinder; die Überschrift des fünften Titels lautet dementsprechend: „**Elterliche Sorge**". In § 1626a BGB ist geregelt, dass den nicht miteinander verheirateten Eltern die elterliche Sorge dann gemeinsam zusteht, wenn sie

1. erklären, dass sie die Sorge gemeinsam übernehmen wollen (**Sorgeerklärungen**) oder

2. einander **heiraten.**

Im Übrigen verbleibt es beim **alleinigen Sorgerecht der Mutter** (Abs. 2). Schließlich geben die §§ 1671, 1672 BGB dem FamG die Möglichkeit, bei Getrenntleben einem Elternteil das **alleinige Sorgerecht zuzuweisen** (vgl. ausführlich dazu Lipp, FamRZ 1998, 65).

101 Die elterliche Sorge steht – wie nach bisherigem Recht – gem. § 1626a Abs. 2 BGB der Mutter zu. Vater und Mutter können eine gemeinsame elterliche Sorge sonach nur erlangen, wenn sie dies übereinstimmend wünschen und beantragen – sog. **Antragsprinzip**. Für diese Sorgeerklärungen gelten die §§ 1626b bis e BGB; eine inhaltliche Prüfung durch das FamG, insbesondere dahingehend, ob die gemeinsame Sorge dem Kindeswohl dient, findet nicht statt; vgl. aber die §§ 1666, 1671 BGB. Ob und ggf. wie der nichteheliche Vater vor einer **willkürlichen Verweigerung** der

Sorgeerklärung durch die Mutter geschützt werden kann, ist noch nicht geklärt (vgl. dazu Lipp, FamRZ 1998, 65, 70). Eine Zuweisung der elterlichen Sorge allein an ihn können beide Elternteile nur über das FamG erreichen, § 1671 BGB. Für getrenntlebende Eltern, denen das gemeinsame Sorgerecht zusteht, enthält § 1687 BGB eine **gesetzliche Leitlinie,** wie dieses Sorgerecht in der Praxis auszuüben ist (vor allem bei Differenzen).

Steht das **Sorgerecht allein der Mutter** zu, § 1626a Abs. 2 BGB, so kann der Vater gem. § 1672 BGB die Zuweisung der elterlichen Sorge an ihn beantragen. Ein gerichtlich herbeigeführtes gemeinsames Sorgerecht ist bei Alleinsorge der Mutter ausgeschlossen; hier kann nur gemeinsame Sorgeerklärung gem. § 1626a Abs. 1 Nr. 1 BGB helfen.

102

Nach dem neugeschaffenen § 1684 Abs. 1 2. Halbs. BGB hat jeder Elternteil, ob sorgeberechtigt oder nicht, ein **Recht auf Umgang** mit dem Kind. Dies wird auch in § 1626 Abs. 3 BGB hervorgehoben. Sogar Großeltern und Geschwistern kann unter den Voraussetzungen des § 1685 Abs. 1 BGB ein Umgangsrecht zustehen (zum Umgangsrecht nach neuem Recht ausführlich Rauscher, FamRZ 1998, 329 sowie Lipp, FamRZ 1998, 65, 74).

K. Auswirkungen der nichtehelichen Lebensgemeinschaft auf den nachehelichen Unterhaltsanspruch (§ 1579 Nr. 6, 7 BGB)

Das Zusammenleben mit einem neuen Partner in einer nichtehelichen Lebensgemeinschaft kann erheblichen Einfluss auf den **nachehelichen Unterhaltsanspruch** haben (s. hierzu ausführlich Burhoff, Handbuch der nichtehelichen Lebensgemeinschaft Rn. 1121 ff.). Zu unterscheiden ist dabei zwischen einer **Reduzierung der Bedürftigkeit** auf der einen und einer Anwendung der sog. **Verwirkungstatbestände** des § 1579 Nr. 6 und 7 BGB auf der anderen Seite (vgl. dazu den Überblick bei Büttner, FamRZ 1996, 136).

103

Denkbar ist, dass sich durch die neuen Lebensumstände des Unterhaltsberechtigten Änderungen bei der Zurechnung fiktiver Einkünfte ergeben. So können sich die **Zumutbarkeitsgrenzen** für die Aufnahme einer eigenen Erwerbstätigkeit ändern, wenn der neue Partner bei der Kinderbetreuung mithilft. Dies ist unzweifelhaft dann der Fall, wenn der Sorgeberechtigte durch den neuen Partner tatsächlich entlastet wird (vgl. OLG Hamm, FamRZ 1991, 108), eine Anspruchsminderung kommt nach der Rspr. auch dann in Betracht, wenn der Unterhaltsberechtigte Hilfe in Anspruch nehmen könnte (OLG Hamm, FamRZ 1987, 600, 603; OLG Koblenz, FamRZ 1987, 1269, 1270; a. A.: Büttner, a. a. O., wonach nicht einzusehen sei, warum ein nicht zur Mithilfe verpflichteter Dritter – nämlich der neue Partner – infolge eines Verhaltens des Berechtigten belastet werden soll).

104

Anzurechnen sein können weiterhin **Versorgungsleistungen,** die der Berechtigte im Rahmen seiner neuen Partnerschaft genießt. Zu beachten ist dabei allerdings, dass nicht jede Partnerschaft – sei es eine nichteheliche Lebensgemeinschaft, eine gleichgeschlechtliche Beziehung (vgl. BGH, FamRZ 1995, 344) oder sogar eine Rückkehr in den elterlichen Haushalt – ohne weiteres anrechenbare Versorgungsleistungen zur Folge hat. Vielmehr bedarf es insoweit **konkreter Feststellungen** zu den Umständen der „neuen" Wohn- und Lebensgemeinschaft. Insbesondere kann – worauf Büttner a. a. O. zutreffend hinweist – nicht davon ausgegangen werden, eine Frau erbringe bei beiderseitiger Berufstätigkeit noch zusätzliche Versorgungsleistungen. Der BGH geht davon aus, die für die Versorgung anzurechnende Vergütung könne ausnahmsweise auch neben einem Einkommen aus vollschichtiger Berufstätigkeit als Einkommen aus zumutbarer Tätigkeit anzusehen sein; für den Regelfall, in dem Einkommen aus Versorgungsleistungen als Einkommen aus unzumutbarer Arbeit zu werten sei, biete die Anrechnungsmöglichkeit des § 1577 Abs. 2 Satz 2 BGB einen **billigen Interessenausgleich** (BGH, FamRZ 1995, 343; zustimmend Büttner, a. a. O.).

105

106 Weiterhin kann eine **Wohnkostenersparnis** anzurechnen sein, wenn der Berechtigte in seiner neuen Partnerschaft kostengünstig oder sogar kostenfrei wohnt. Voraussetzung ist aber wiederum, dass überhaupt vergütungswerte Versorgungsleistungen festgestellt sind. Umstritten ist, ob eine Anrechnung der Wohnkostenersparnis auch ohne die Feststellung entsprechender Versorgungsleistungen, also bei „**Freiwilligkeit**" des neuen Partners erfolgen kann (dafür wohl BGH, FamRZ 1995, 344; a. A. Büttner, a. a. O., 138 mit der Begründung, es bestehe kein Grund, die Freiheit des neuen Partners derart zu beschränken; Graba, FamRZ 1995, 385 – mit Berechnungsbeispielen – meint, auch solche Zuwendungen ohne Versorgungsleistungen seien entsprechend § 1577 Abs. 2 Satz 2 BGB zu berücksichtigen).

107 Ein **Ausschluss des Anspruchs** gem. § 1579 Nr. 6 BGB ist denkbar, wenn der vermeintlich Unterhaltsberechtigte aus einer intakten Ehe ausbricht, indem er eine nichteheliche Lebensgemeinschaft mit einem neuen Partner begründet, dem er Hilfe und Betreuung zuteil werden lässt, die er eigentlich dem Ehegatten schuldet. In diesem Fall kann von einem **schwerwiegenden Fehlverhalten** i. S. v. Nr. 6 auszugehen sein (Büttner, FamRZ 1996, 136, 138; Staudinger/Strätz, BGB, Anh. zu §§ 1297 ff. Rn. 145 f.; BGH, FamRZ 1984, 664). Dabei kommt es nicht darauf an, ob die neuen Partner in einer gemeinsamen Wohnung zusammenziehen (BGH, FamRZ 1984, 986); entscheidendes Kriterium ist vielmehr, ob die in Betracht kommende Verfehlung als einseitig zu bewerten ist. **Einseitigkeit** i. d. S. kann zu verneinen sein, wenn dem verlassenen Partner ebenfalls schwere Verfehlungen vorzuwerfen sind – was im konkreten Fall durchaus zu „Schlammschlachten" wie unter der Herrschaft des früheren Schuldprinzips im Scheidungsrecht führen kann (Staudinger/Strätz, BGB, Anh. zu §§ 1297 ff. Rn. 147; BGH, FamRZ 1982, 463). Ein einseitiges schweres Fehlverhalten durch die bloße Zuwendung zu einem neuen Partner ist nur mit Zurückhaltung und nach sorgfältiger **Feststellung im Einzelfall** anzunehmen. Nach AG München (FamRZ 1998, 1112) kann die Aufnahme ehebrecherischer Beziehungen grds. unter § 1579 Nr. 6 BGB subsumiert werden; dies gilt aber dann nicht („wird relativiert"), wenn der Antragsteller selbst eine neue Beziehung eingegangen ist. Es wird im Regelfall dann zu verneinen sein, wenn sich die Eheleute bereits gleichgültig waren (vgl. dazu Büttner, FamRZ 1996, 136, 138 mit dem beachtlichen Vorschlag, die im Einzelfall erforderliche Abgrenzung durch Rückgriff auf die prozessuale **Darlegungs- und Beweislast** zu gewinnen: Wer ein schwerwiegendes Fehlverhalten behauptet, muss es beweisen und auch substantiierte Gegenvorwürfe ausräumen; hat indes die eheliche Lebensgemeinschaft noch bestanden, muss derjenige, der sich „unvermittelt" einem neuen Partner zuwendet, darlegen und beweisen, dass die Ehe schon gescheitert war. Dieses Vorbringen muss der Verpflichtete sodann widerlegen.

108 War der Trennungsunterhalt wegen der Aufnahme einer nichtehelichen Beziehung des Berechtigten gem. § 1579 Nr. 6 BGB ausgeschlossen, so endet dieser Anspruchsausschluss grundsätzlich mit der Scheidung, da dann eine eheliche Treuepflicht nicht mehr besteht. Die Fortsetzung der neuen Partnerschaft **nach der Scheidung** führt aber im Wege einer sog. **Ausstrahlungswirkung** zur weiteren **Verneinung des Unterhaltsanspruchs,** diesmal allerdings gem. § 1579 Nr. 7 BGB (Büttner, FamRZ 1996, 136, 139). Das bedeutet aber nicht, dass der Unterhaltsanspruch auch für den Fall ausgeschlossen ist, dass die zunächst begründete neue Partnerschaft zerbricht, bald darauf aber eine weitere eingegangen wird. Nach OLG München (FamRZ 1998, 1589) kommt eine **Verwirkung des Ehegattenunterhaltes** wegen langjährigen Zusammenlebens mit einem neuen Partner nur beim nachehelichen Unterhalt und nicht beim Trennungsunterhalt in Betracht, da mangels Scheidung die neue Partnerschaft nicht an die Stelle einer Ehe treten könne. Es sei aber zu prüfen, ob bei dem Bedürftigen wegen der Haushaltsführung für einen neuen Lebensgefährten Einkommen anzusetzen ist. Bei **gleichgeschlechtlichen Lebensgemeinschaften** komme Verwirkung von vornherein nicht in Betracht, weil eine Eheschließung ausscheide (im Anschluss an BGH, FamRZ 1995, 344).

109 Der Unterhaltsanspruch kann gem. § 1579 Nr. 7 BGB **ganz oder zum Teil** versagt werden, wenn die neuen Partner ausschließlich deshalb nicht heiraten, um den Unterhaltsanspruch gegen den ehemaligen Ehegatten des Berechtigten nicht zu verlieren (vgl. § 1586 Abs. 1 BGB; s. a. BGH, FamRZ

1989, 487, 490; OLG Köln, NJW-RR 1994, 1030). Die praktische Schwierigkeit besteht jedoch darin, dass es eine Fülle von Gründen gibt, nicht zu heiraten. Im Regelfall wird daher – zumindest einem anwaltlich sorgfältig vertretenen Gegner – eine entsprechende Absicht nicht nachweisbar sein (Büttner, FamRZ 1996, 136, 139), denn die **Beweislast** trifft den **Unterhaltsverpflichteten** (vgl. OLG Köln, NJW-RR 1994, 1030).

Das Zusammenleben des Unterhaltsberechtigten mit einem neuen Partner kann dann zur Annahme eines **Härtegrundes i. S. d. § 1579 Nr. 7 BGB** führen, wenn sich diese neue Beziehung in einem solchen Maße verfestigt, dass damit gleichsam ein nichteheliches Zusammenleben an die Stelle einer Ehe getreten ist (BGH, FamRZ 1997, 671; AG Hamburg, FamRZ 1997, 374). Von einer derartigen **Verfestigung** wird i. d. R. nicht vor Ablauf von zwei oder drei Jahren ausgegangen werden können, da zuvor nicht auszuschließen ist, dass die Partner nur „probeweise" zusammenwohnen (BGH, a. a. O. m. w. N.), sog. **sozio-ökonomische Lebensgemeinschaft**. Dieser Zeitraum kann verkürzt sein, wenn die neuen Partner ein gemeinsamen Wohnzwecken dienendes Hausgrundstück gekauft haben und dort seit einem Jahr zusammenleben (OLG Köln, NJW-RR 2000, 371). Die Rspr. entscheidet in diesen Fällen stark **einzelfallorientiert** und nur vage vorhersagbar. Eine schematische Festlegung auf eine Mindestdauer o. Ä. ist deshalb bislang konsequent vermieden worden und auch in näherer Zukunft de lege lata nicht zu erwarten. Der BGH eröffnet dem Tatrichter hier einen recht großen, nur auf Rechtsfehler überprüfbaren Beurteilungsspielraum (s. u. AG Hamburg, FamRZ 1997, 374). Für den praktischen Rechtsanwender ergibt sich dabei die nicht unerhebliche Schwierigkeit, den Grad der „Verfestigung" einer neuen Partnerschaft beurteilen zu müssen, ohne dass entsprechende intime Kenntnisse bestehen.

110

Der BGH lässt offen, ob es weiterhin entscheidend darauf ankommen soll, dass die Partner nach dem Erscheinungsbild der Beziehung in der Öffentlichkeit diese Lebensform bewusst auch für die weitere Zukunft gewählt haben (so noch OLG Hamm, FamRZ 1997, 374). Dagegen ist im Schrifttum (und wohl auch vom AG als Vorinstanz) eingewendet worden, das Kriterium des „öffentlichen Erscheinungsbildes" sei nicht tragfähig. Es müsse vielmehr ausreichen, wenn die Partner selbst ihre Beziehung als dauerhaft ansähen, auch wenn sie es verstünden, die Beziehung in der Öffentlichkeit geheimzuhalten (so z. B. MüKo/Richter, BGB, § 1579 Rn. 47a). Das OLG Hamm (FamRZ 1999, 239) hält an dem Kriterium des **öffentlichen Erscheinungsbildes** fest: Die nichteheliche Lebensgemeinschaft mit einem Partner stelle nach der Scheidung noch **keinen „anderen Grund"** i. S. v. § 1579 BGB dar. Eine Verwirkung komme erst dann in Betracht, wenn angesichts der Dauer des Zusammenlebens von einer **verfestigten Gemeinschaft** und nach dem Erscheinungsbild in der Öffentlichkeit davon ausgegangen werden könne, dass die Partner diese Lebensform bewusst auch für die Zukunft gewählt haben.

111

Eine **objektive Unzumutbarkeit der Unterhaltsleistung** wird ferner dann bejaht, wenn der Berechtigte nicht nur in einer neuen Partnerschaft, sondern auch in einer **Unterhaltsgemeinschaft** lebt. Entscheidend hierfür ist, ob eine **„eheliche ökonomische Solidarität"** besteht (BGH, FamRZ 1995, 540). Hierfür wird man grds. zumindest das Zusammenleben in einer gemeinsamen Wohnung fordern müssen. Beachtlich ist in diesem Zusammenhang allerdings eine Entscheidung des AG Duisburg (FamRZ 1997, 558): Danach ist der Anspruch auf Trennungsunterhalt bei kurzer Ehedauer (hier zwei Monate) und der Aufnahme eines nachhaltigen, auf längere Dauer angelegten intimen Verhältnisses mit einem anderen Partner **auch ohne Begründung eines eheähnlichen Zusammenlebens** gem. § 1579 Nr. 6 BGB aus Billigkeitsgründen zu versagen (vgl. dazu auch BGH, FamRZ 1981, 439 und OLG Celle, FamRZ 1990, 519). Ob zwischen den (neuen) Partnern auch eine **sexuelle Beziehung** besteht, ist nach einer Entscheidung des BGH (FamRZ 2002, 810, 812 m. Anm. Bergschneider, FamRZ 2002, 951) unerheblich, kann aber selbstverständlich ein Indiz für das Vorliegen eines eheähnlichen Verhältnisses sein. Dem ist zuzustimmen, denn ob es in der neuen Partnerschaft zu Intimitäten kommt, dringt im Normalfall ohnehin nicht nach außen und ist deshalb dem Beweise kaum zugänglich. Auch in vielen bestehenden Ehen dürfte die sexuelle Komponente im Laufe der Jahre eine zunehmend geringere Rolle spielen, so dass nicht einzusehen ist, dass es für die Annahme eines neuen eheähnlichen Zusammenlebens (auch) auf die Aufnahme

112

sexueller Beziehungen ankommen soll (im vom BGH, a. a. O. entschiedenen Fall brauchte deshalb der Behauptung der Beklagten, ihr neuer Lebenspartner sei homosexuell und unterhalte eine sexuelle Beziehung zu einem Mann, nicht nachgegangen zu werden). Im Gegenteil sind gerade auch „**Versorgungs-Beziehungen**" aufgrund ihres Unterhaltscharakters im Rahmen des § 1579, Nr. 6, 7 BGB relevant.

113 Das **gemeinsame Wirtschaften** der Partner der nichtehelichen Lebensgemeinschaft muss nach den allg. Regeln der **Verpflichtete beweisen,** der sich darauf beruft, dass eine Unterhaltsgemeinschaft bestehe.

114 Die Rspr. hat bisher offengelassen, ob diese Kriterien auch für eine neue homosexuelle Partnerschaft gelten sollen oder ob im Rahmen der neuen Partnerschaft eine **Eheschließungsmöglichkeit** gegeben sein müsse. Da eine wirtschaftliche Betrachtungsweise im Vordergrund steht, erscheint es konsequent, auch gleichgeschlechtliche Partnerschaften in diese Fallgruppe mit einzubeziehen (so auch Büttner, FamRZ 1995, 136, 139).

115 Wenn der Unterhaltsberechtigte durch die Eingehung einer nichtehelichen Partnerschaft seinen Anspruch gem. § 1579 Nr. 7 BGB eingebüßt hat, kann dieser Anspruch grds. **wieder aufleben,** wenn die nichteheliche Lebensgemeinschaft wieder **aufgelöst** worden ist (OLG Hamm, FamRZ 1996, 1080). Da hier entscheidend auf Zumutbarkeitserwägungen abzustellen ist, dürfte dies aber nur ausnahmsweise in Betracht kommen.

L. Erbrecht

I. Verfügungen von Todes wegen

116 Eine **Erbeinsetzung** des Partners wird inzwischen nur noch in Ausnahmefällen als sittenwidrig angesehen; die frühere Rspr. zum Geliebten- oder Mätressentestament, die letztwillige Zuwendungen dann als sittenwidrig ansah, wenn sie die geschlechtliche Hingabe des Partners belohnen oder herbeiführen sollten (z. B. BGHZ 20, 71), darf mit Fug als überholt bezeichnet werden (vgl. BayObLG, FamRZ 1992, 226, 227). Vielmehr geht der BGH in neuerer Rspr. davon aus, dass in einer auf Dauer angelegten und von inneren Bindungen getragenen nichtehelichen Lebensgemeinschaft Zuwendungen im Allgemeinen nicht als sittenwidrig anzusehen sind; zumindest wird der Entgeltcharakter der Beziehung nicht mehr im rechtstechnischen Sinne vermutet (seit BGHZ 53, 369, 376). **Sittenwidrigkeit** kann allenfalls dann vorliegen, wenn in der Verfügung zugunsten des Partners der nichtehelichen Lebensgemeinschaft eine **familienfeindliche Gesinnung** zum Ausdruck kommt, indem nahe Angehörige (insbesondere Ehegatte und Kinder) stark herabgesetzt werden (BGH, NJW 1984, 797; Staudinger/Strätz, BGB, Anh. zu §§ 1297 ff. Rn. 109 m. w. N.). Andererseits kann nach langjährigem Zusammenleben sogar eine **moralische Pflicht** zur Erbeinsetzung bestehen (Staudinger/Strätz, BGB, Anh. zu §§ 1297 ff. Rn. 108). Zu beachten ist allerdings, dass die Obergerichte nach wie vor die Sittenwidrigkeit eines „**Geliebtentestamentes**" nicht ipso iure, sondern regelmäßig erst nach einer sorgfältigen Einzelfallabwägung verneinen. Problematisiert wird dabei insbesondere, wer zugunsten des Bedachten zurückgesetzt worden ist und wie sich die Zurücksetzung hier auswirkt. So kann es eine Rolle spielen, dass eheliche Kinder des Erblassers um ihre Ausbildungschancen gebracht werden (vgl. dazu im Einzelnen – auch zur Kritik – ausführlich Grziwotz, ZEV 1994, 267, 269 ff.). Insgesamt hat sich die höchstrichterliche Rspr. – zumindest im Ergebnis – den geänderten **gesellschaftlichen Anschauungen** in Bezug auf den moralischen Wert oder Unwert einer nichtehelichen Lebensgemeinschaft angepasst, was uneingeschränkt zu begrüßen ist.

117 Partner einer nichtehelichen Lebensgemeinschaft können **kein gemeinschaftliches Testament** i. S. d. §§ 2265 ff. BGB errichten; ihnen kommt daher auch nicht die Formerleichterung des § 2267 BGB zugute. Die Ungleichbehandlung von Eheleuten und Verlobten bzw. Nichtverheirateten ver-

stößt **nicht gegen Art. 3 Abs. 1 GG,** denn die §§ 2265 ff. BGB stehen in engem Zusammenhang mit den Regelungen des ehelichen Güterrechtes, das anderen Partnern nicht offen steht (BVerfG, NJW 1989, 1986). Sollte dennoch eine derartige Verfügung von Todes wegen vorliegen, ist allerdings eine Umdeutung in zwei einzelne Testamente gem. § 140 BGB möglich (Staudinger/Strätz, BGB, Anh. zu §§ 1297 ff. Rn. 110; OLG Düsseldorf, FamRZ 1997, 518). Alternativ sollte stets auch die Möglichkeit eines **notariellen Erbvertrages** in Betracht gezogen werden, §§ 2274, 2276 BGB.

Die testamentarische Begünstigung des Lebensgefährten ist dann ausgeschlossen, wenn mit einem verstorbenen Ehegatten eine sog. **Gegenseitige Einsetzung,** § 2269 BGB, errichtet worden war. Auch im Rahmen einer **Scheidungsvereinbarung** werden häufig Regelungen für den Todesfall getroffen. Hier ist besondere Achtsamkeit bei den testierwilligen Partnern einer nichtehelichen Lebensgemeinschaft geboten, denn derartige Regelungen können wegen § 2289 Abs. 1 Satz 2 BGB die bindende Wirkung eines Erbvertrages haben. Ob dies über die §§ 2287, 2288 BGB auch für Schenkungen an den Partner gilt, ist ebenso umstritten wie die Frage, ob die Benachteiligungsabsicht im Einzelfall entfallen kann (vgl. BGHZ 116, 167, 170; OLG München, NJW-RR 1987, 1484; bejahend Grziwotz, ZEV 1994, 267, 270 m. w. N.). 118

Umstritten ist auch, ob für die Partner einer nichtehelichen Lebensgemeinschaft ein **Erbvertrag** oder **zwei Einzeltestamente** die günstigere Gestaltungsform ihrer letztwilligen Verfügungen darstellen. Dies wird sich nicht generell beantworten lassen. In Anlehnung an Grziwotz (ZEV 1994, 267, 271) wird sich folgende Faustregel aufstellen lassen: Für Partner, die entweder nur kurzzeitig „auf Probe" zusammenleben wollen und/oder kein größeres gemeinschaftliches Vermögen anschaffen, dürften Einzeltestamente ausreichend (i. d. R. sogar überflüssig) sein. Andernfalls dürfte sich ein Erbvertrag empfehlen, da dieser vor allem vor heimlichen „Alleingängen" des Partners schützt. In diesem Zusammenhang ist darauf hinzuweisen, dass **Klauseln in Partnerschaftsverträgen,** die eine Erbeinsetzung regeln, gem. § 2302 BGB nichtig sind. 119

Die **Pflichtteilsansprüche der Ehefrau** und **der Kinder** des Erblassers, §§ 2303 ff. BGB, machen bereits die Hälfte des Erbteils aus; auch dies müssen die Partner einer nichtehelichen Lebensgemeinschaft bedenken. **Schenkungen an den Partner** können **Pflichtteilsergänzungsansprüche** nach den §§ 2325, 2329 BGB auslösen. Dabei ergibt sich aus § 2325 Abs. 3 BGB eine **unterschiedliche Behandlung** von **Ehegatten- und Drittschenkungen** im Rahmen des Pflichtteilsergänzungsanspruches. Eine Schenkung an den Partner der nichtehelichen Lebensgemeinschaft gilt als Drittschenkung, so dass die Zehn-Jahres-Frist bereits im Zeitpunkt der Schenkung, nicht erst mit Auflösung der Partnerschaft beginnt (BVerfG, FamRZ 1990, 729). 120

Außerdem ist grds. auch der bereits in der Zeit des Zusammenlebens mit dem neuen Partner erzielte **Zugewinn** ausgleichspflichtig gem. § 1371 Abs. 2 BGB. 121

Eine **Pflichtteilsentziehung** wegen Ehebruchs sieht § 2335 BGB im Übrigen – im Gegensatz zur früheren Rechtslage – nicht mehr vor (vgl. BGH, FamRZ 1989, 609). Dementsprechend können Eltern nach zutreffender h. M. ihrem Kind, das in nichtehelicher Lebensgemeinschaft lebt, den Pflichtteil nicht gem. § 2333 Nr. 5 BGB wegen eines ehrlosen oder unsittlichen Lebenswandels entziehen (Grziwotz, ZEV 1994, 267, 270 m. w. N.). 122

II. Anwendbarkeit des § 2077 Abs. 1 BGB

§ 2077 Abs. 1 BGB regelt, dass eine **letztwillige Verfügung,** durch die der Erblasser seinen Ehegatten bedacht hat, unwirksam ist, wenn die Ehe vor dem Tode des Erblassers aufgelöst wurde oder nichtig ist; es reicht sogar aus, wenn zur Zeit des Todes des Erblassers die Voraussetzungen für eine Scheidung der Ehe vorlagen. Die h. M. **verneint** eine **analoge Anwendung** des § 2077 Abs. 1 BGB bei Auflösung einer nichtehelichen Lebensgemeinschaft (BayObLG, FamRZ 1983, 1226; Staudinger/Strätz, BGB, Anh. zu §§ 1297 ff. Rn. 111 m. w. N.; a. A. MüKo/Wacke, BGB, nach § 1302 Rn. 41). 123

124 Der h. M. ist zuzustimmen. Eine nichteheliche Lebensgemeinschaft mit ihren vielfältigen Erscheinungsformen ist als Anknüpfungstatbestand für eine derart weitgehende Regelung wie diejenige des § 2077 Abs. 1 BGB ungeeignet; erhebliche Rechtsunsicherheit wäre die Folge. Dies umso mehr, als es bei einer nichtehelichen Lebensgemeinschaft noch wesentlich schwieriger sein dürfte, festzustellen, ob sie zu einem bestimmten Zeitpunkt überhaupt noch bestand oder ob die Partnerschaft eine hinreichende Verfestigung hatte – sei es zu irgendeinem Zeitpunkt in der Vergangenheit, sei es im Zeitpunkt des Todes des Erblassers. Eine Regelung von so erheblicher praktischer und wirtschaftlicher Bedeutung kann m. E. nur der Gesetzgeber treffen, der dann auch gehalten wäre, konkrete tatbestandliche Voraussetzungen zu normieren, unter denen Rechtsfolgen wie die des § 2077 Abs. 1 BGB einträten. Ich habe erhebliche Zweifel, ob dies überhaupt möglich ist – was die Annahme bestärkt, dass es zu einer umfassenden, nicht nur partielle Probleme betreffenden gesetzlichen Regelung der nichtehelichen Lebensgemeinschaft in absehbarer Zeit nicht kommen wird.

III. Dreißigster (§ 1969 BGB)

125 § 1969 BGB regelt, dass der Erbe verpflichtet ist, Familienangehörigen des Erblassers, die zur Zeit des Todes des Erblassers in dessen Hausstand gelebt und von ihm Unterhalt bezogen haben, für weitere dreißig Tage nach dem Tode Wohnung und **Unterhalt zu gewähren,** sog. **Dreißigster.** Eine **analoge Anwendung** dieser Vorschrift auf den überlebenden Partner einer nichtehelichen Lebensgemeinschaft wird von der h. M. dann befürwortet, wenn **dieser tatsächlich Unterhalt** bezogen hat (OLG Düsseldorf, NJW 1983, 1566; MüKo/Wacke, BGB, nach § 1302, Anh. Rn. 43 m. w. N.; a. A., Steinert, NJW 1986, 683, 686). Dieser Auffassung ist zuzustimmen. § 1969 BGB ist als eine **soziale Schutzvorschrift** zugunsten von Personen zu verstehen, die durch den – häufig plötzlichen – Tod eines Menschen, auf den sie wirtschaftlich angewiesen sind, in Not geraten. Es ist kein Grund ersichtlich, warum dies für einen – möglicherweise entfernten – Verwandten, nicht aber für den Lebenspartner gelten soll.

IV. Voraus (§ 1932 BGB)

126 Der überlebende Ehegatte erhält nach § 1932 BGB den sog. **Voraus,** also die zum Haushalt der Eheleute gehörenden Gegenstände. Die Vorschrift ist nach überwiegender Auffassung auf den nichtehelichen Partner **nicht analog anwendbar** (Grziwotz, ZEV 1994, 267 m. w. N.). Mich überzeugt die h. M. nicht. Die wirtschaftliche Bedeutung des Voraus dürfte i. d. R. gering sein, und ich vermag nicht zu erkennen, warum ein Erbe verpflichtet sein soll, dem überlebenden Partner des Erblassers für dreißig Tage Unterhalt zu gewähren (s. o.), nicht aber, ihm zumindest diejenigen Gegenstände zu überlassen, die dieser zu einer angemessenen Lebensführung benötigt.

V. Nichteheliche Lebensgemeinschaft im Erbschaft- Schenkungsteuerrecht

127 Bei der **Erbschaft- und Schenkungsteuer** werden nichteheliche Lebensgefährten wie **beliebige Dritte** behandelt, fallen also gem. § 15 Abs. 1 ErbStG in die (höchste) **Steuerklasse III.** Dementsprechend steht den Partnern einer nichtehelichen Lebensgemeinschaft für Schenkungen und erbrechtliche Zuwendungen nur ein **persönlicher Freibetrag** von 5.200 € zu, § 16 Abs. 1 Nr. 5 ErbStG.

Bei **Schenkungen zu Lebzeiten** kann der Freibetrag alle zehn Jahre neu genutzt werden; bei der Berechnung des Freibetrages werden alle innerhalb von zehn Jahren erfolgenden erb- und schenkungsrechtlichen Zuwendungen zusammengerechnet, § 14 Abs. 1 ErbStG.

Die **Steuerprogression** beginnt in der Steuerklasse III mit einem Steuersatz von 17 % bei einem Vermögen bis zu 52.000 € und steigt dann bis zum Spitzenwert in dieser Steuerklasse von 50 %, § 19 ErbStG.

Die Steuerbefreiungen des § 13 ErbStG finden auch auf die nichteheliche Lebensgemeinschaft Anwendung. So bleiben z.B. die üblichen Gelegenheitsgeschenke gem. § 13 Abs. 1 Nr. 14 ErbStG steuerfrei; für Hausrat und andere bewegliche körperliche Gegenstände wird ein Freibetrag von bis zu 10.300 € gewährt, § 13 Abs. 1 Nr. 1c ErbStG.

Möglichkeiten zur Einsparung von Erbschaftsteuer sind im Rahmen einer nichtehelichen Lebensgemeinschaft nur äußerst spärlich gegeben (zu den Gestaltungsmöglichkeiten vgl. eingehend Grziwotz, ZEV 1994, 267, 268 ff., 273 ff.; zu letztwilligen Verfügungen vgl. Rn. 116 ff.). 128

Wird eine Versorgung des überlebenden Partners nach dem Tode des anderen angestrebt, sollte die Möglichkeit in Betracht gezogen werden, den Partner – statt als Begünstigten – als **gleichberechtigten Versicherungsnehmer** in den Lebensversicherungsvertrag aufzunehmen. Die spätere Leistung bleibt nämlich dann **erbschaftsteuerfrei.** 129

Zuwendungen zu Lebzeiten zwischen Partnern einer nichtehelichen Lebensgemeinschaft sind stets dann **schenkungsteuerpflichtig,** wenn es sich um **echte Schenkungen** im zivilrechtlichen Sinne handelt (nach – soweit ersichtlich – fortgeltender Rspr. des BFH sind Zuwendungen **nach dem Ende** der nichtehelichen Lebensgemeinschaft stets **schenkungsteuerfrei,** da insoweit durchweg von einem zugrundeliegenden Rückübertragungsanspruch des anderen Partners ausgegangen wird – und damit eben nicht von einer Schenkung – vgl. Plate, FuR 1995, 212, 273, 231 m. w. N.). 130

Aber auch bei den sog. **unbenannten Zuwendungen,** die nicht als Schenkungen i. S. d. §§ 516 ff. BGB angesehen werden, kommt eine **Schenkungsteuerpflicht** gem. § 7 Abs. 1 Nr 1 ErbStG in Betracht. Denn eine „freigebige Zuwendung" im Sinne dieser Vorschrift setzt laut BFH (NJW 1994, 2044) keine Schenkung im zivilrechtlichen Sinne voraus (die genannte Entscheidung ist zum Ehegattenrecht ergangen, beansprucht aber auch für den Bereich der nichtehelichen Lebensgemeinschaft Geltung; hierzu umfassend Plate, FuR 1995, 212, 273, 281. Nach früherer Auffassung lag bei unbenannten Zuwendungen weder im zivil- noch im steuerrechtlichen Sinne eine Schenkung vor). Eine unbenannte Zuwendung kann dann gegeben sein, wenn ein Partner im Hinblick auf das Zusammenleben mit dem anderen seine Erwerbstätigkeit aufgegeben hat, um den Haushalt der nichtehelichen Lebensgemeinschaft zu führen. Dann liegt die Annahme nahe, dass mit der Zuwendung der dadurch **eingetretene Vermögensnachteil ausgeglichen werden soll.** 131

Es ist also stets sorgfältig zu prüfen, ob die Voraussetzungen einer Schenkungssteuerpflicht gegeben sind, wenn auch bisher – soweit ersichtlich – keine Entscheidung bekannt geworden ist, die eine Zuwendung von einem Partner einer nichtehelichen Lebensgemeinschaft an den anderen für schenkungssteuerpflichtig erklärt hätte.

Zuwendungen zum Zwecke der Sicherung eines **angemessenen Unterhaltes** oder der **Ausbildung des Bedachten** sind gem. § 13 Abs. 1 Nr. 12 ErbStG steuerfrei, wenn dieser nicht in der Lage ist, sich selbst zu unterhalten oder auszubilden. Das wird in der Grundkonstellation der unbenannten Zuwendungen häufig anzunehmen sein. 132

Der sog. **Dreißigste,** § 1969 BGB, bleibt nach § 13 Abs. 1 Nr. 4 ErbStG erbschaftsteuerfrei. 133

M. Anwendbarkeit des § 656 BGB auf Partnerschaftsvermittlungsverträge

Nach – soweit ersichtlich – unbestrittener Auffassung ist die **Regelung des § 656 BGB** (Heiratsvermittlung) **entsprechend** auf die Vermittlung einer Partnerschaft oder Bekanntschaft **anwendbar** (BGH, FamRZ 1990, 1211 = NJW 1990, 2550; OLG Düsseldorf, NJW-RR 1987, 691; Jauernig/Vollkommer, BGB, § 656, Anm. 1c). Begründet wird dies mit der **Ablehnung der Kommerzialisierung** der Heiratsvermittlung durch den Gesetzgeber, was nach dem Sinn und 134

Zweck des Gesetzes auch für die Partnerschaftsvermittlung gelten soll (BGHZ 112, 122, 125). Die Leistung des Vermittlers besteht hier regelmäßig in der Erstellung eines Partner-Anschriften-Depots (Grziwotz, FamRZ 1994, 1217, 1221). Wird als Vermittlungserfolg eine Eheschließung oder die Aufnahme einer eheähnlichen Beziehung versprochen, reicht hierfür ein Intimkontakt zwischen dem Kunden und der vermittelten Person nicht aus, wenn es zu keiner dauerhaften Bindung kommt (OLG Koblenz, NJW-RR 1993, 888).

135 Der **Rechtskraft eines Vollstreckungsbescheides,** dem ein Honoraranspruch aus einem Partnerschaftsvermittlungsvertrag zugrunde liegt, soll der Einwand der **vorsätzlichen sittenwidrigen Schädigung des § 826 BGB** entgegengehalten werden können (OLG Oldenburg, NJW-RR 1992, 445; AG Braunschweig, NJW-RR 1993, 953; AG Frankfurt/M., NJW-RR 1992, 313; einschränkend LG Freiburg, NJW-RR 1992, 1149).

N. Sittenwidrige Bürgschaftsverträge

136 Erteilt ein **Ehegatte** einem Gläubiger zur Sicherung von Schulden seines Partners eine Bürgschaft, so kann die Inanspruchnahme daraus durch den Gläubiger nach st. Rspr. unter besonderen Umständen **sittenwidrig** sein. Umstände, aus denen sich eine Sittenwidrigkeit ergeben kann, sind insbesondere ein besonders **grobes Missverhältnis** zwischen dem Verpflichtungsumfang und der Leistungsfähigkeit des Bürgen, Geschäftsunerfahrenheit des Bürgen, fehlendes Eigeninteresse, Verharmlosung der Tragweite oder des Risikos der Verpflichtung durch den Gläubiger („bloße Formsache"), Überrumpelung des Partners, die Ausnutzung einer seelischen Zwangslage, das Fehlen einer betragsmäßigen Begrenzung sowie eine schwächere Verhandlungsposition des Bürgen (vgl. Palandt/Heinrichs, BGB, § 138 Rn. 38; Medicus, Bürgerliches Recht, Rn. 253a).

137 Diese **Grundsätze** sind nach neuester Rspr. des BGH **entsprechend anwendbar,** wenn zwischen dem Schuldner und dem Bürgen eine eheähnliche Lebensgemeinschaft besteht (BGH, FamRZ 1995, 469, 472; BGH, FamRZ 1997, 481, 483).

O. Nichteheliche Lebensgemeinschaft im materiellen Strafrecht

I. Garantenstellung

138 Die nichteheliche Lebensgemeinschaft begründet ein **besonderes Vertrauensverhältnis,** aus dem abgeleitet wird, dass die Partner einer nichtehelichen Lebensgemeinschaft **Beschützergaranten** i. S. d. § 13 Abs. 1 StGB sind (Tröndle, StGB, § 13 Rn. 10).

II. Der Begriff des Angehörigen im Strafrecht

139 Die Partner einer nichtehelichen Lebensgemeinschaft fallen unstreitig nicht unter den **Angehörigenbegriff des § 11 Abs. 1 Nr. 1a StGB** (Tröndle, StGB, § 11 Rn. 8a; Schönke/Schröder/Eser, StGB, § 11 Rn. 11) – was in der Praxis regelmäßig zu Scheinverlobungen führt. Hingegen wird im Schrifttum eine Einbeziehung des nichtehelichen Partners in die Gruppe der **„Angehörigen" i. S. d. § 213 StGB** bejaht (Schönke/Schröder/Eser, a. a. O.).

140 Ob sich der Partner einer nichtehelichen Lebensgemeinschaft auf einen **Aussagenotstand i. S. d. § 157 StGB** berufen kann, ist streitig. In der Rspr. wurde dies bislang durchweg verneint (OLG Celle, NJW 1997,1084; BayObLG, NJW 1986, 203; OLG Braunschweig, NStZ 1994, 344). Nach der wohl h. M. in der Lit. soll dagegen auch der Partner einer nichtehelichen Lebensgemeinschaft

wegen der **eingeengten Motivationsfreiheit** von der möglichen Strafmilderung des § 157 StGB profitieren (SK-Rudolphi, StGB, § 157 Rn. 1; Schönke/Schröder/Eser, StGB, § 11 Rn. 11).
Problemlos lässt sich hingegen der Partner einer nichtehelichen Lebensgemeinschaft unter den Begriff der **„nahestehenden Person"** i. S. d. § 35 StGB subsumieren (Schönke/Schröder/Lenckner, StGB, § 35 Rn. 15; Tröndle, StGB, § 35 Rn. 7). 141

P. Rechtspflege

I. Zivilprozess

1. Zuständigkeit

Für Ansprüche, die im Zusammenhang mit einer nichtehelichen Lebensgemeinschaft geltend gemacht werden, ist nicht das FamG, sondern das **Prozessgericht** gem. §§ 23, 23a GVG zuständig (Staudinger/Strätz, BGB, Anh. zu §§ 1297 ff. Rn. 182; MüKo/Wacke, BGB, nach § 1302 Rn. 61). Die Zuständigkeit des FamG kann aber ggf. dadurch begründet werden, dass das Vorliegen eines familienrechtlichen Anspruchs behauptet wird (vgl. OLG Hamm, FamRZ 1983, 273 f.). 142

2. Zustellung an den nichtehelichen Lebensgefährten

Ob an einen nichtehelicher Lebensgefährten wirksam zugestellt werden konnte, war lange Zeit umstritten. Der BGH stellte darauf ab, ob und inwieweit objektive, äußerlich erkennbare Kriterien gegeben seien, ob jemand Lebensgefährte des Zustellungsadressaten sei. Die **Ersatzzustellung** i. S. d. § 181 Abs. 1 1. Alt. ZPO a. F. an den Partner einer nichtehelichen Lebensgemeinschaft als „zur Familie gehörenden Hausgenossen" wurde vom BGH als **wirksam** angesehen, wenn ein **familiäres Zusammenleben** (z. B. mit Kindern) vorlag (BGH (Zivilsenat), NJW 1990, 1666; Zöller/Stöber, ZPO, § 181 Rn. 10), für den **Regelfall** indes **verneint** (BGH (Strafsenat), NJW 1987, 1562; BFH, NJW 1982, 2895, 2896). Dieses Ergebnis wurde damit begründet, dass § 181 ZPO a. F. eindeutig familienrechtlichen Bezug habe; außerdem könne von dem Zusteller nicht gefordert werden, Nachforschungen über die Beziehung der zusammenlebenden Personen anzustellen. Somit müsse aus Gründen der Rechtssicherheit die Anwendbarkeit des § 181 Abs. 1, 1. Alt. ZPO a. F. zumindest bei einer nichtehelichen Lebensgemeinschaft, die nur aus zwei Personen besteht (bei der also keine Kinder vorhanden sind), verneint werden (a. A. zutreffend OLG Schleswig, NJW 1999, 2602; OVG Hamburg, NJW 1988, 1807; David, DGVZ 1988, 162 mit dem Argument, wenn schon an eine Hausangestellte gem. § 181 Abs. 1, 2. Alt. ZPO a. F. wirksam zugestellt werden könne, sei nicht einzusehen, warum dies nicht für einen Lebensgefährten gelten solle). 143

Mittlerweile ist das Zustellungsrecht durch das **Zustellungsreformgesetz (ZustRG)** vom 25.6.2001, in Kraft getreten am **1.7.2002**, völlig neu geordnet worden. Die früher auf die §§ 181 und 183–185 ZPO a. F. verteilten Regelungen finden sich nunmehr – zusammengefasst und inhaltlich teilweise geändert – in **§ 178 ZPO**. Nach § 178 Abs. 1 Nr. 1 ZPO kann nunmehr die Ersatzzustellung auch an einen **erwachsenen ständigen Mitbewohner** erfolgen. Der Begriff umfasst Wohngemeinschaften und unverheiratete Paare gleich welchen Geschlechts; vorausgesetzt wird ein **Vertrauensverhältnis** (Thomas/Putzo, ZPO, §178 n. F. Rn. 10, 13). 144

Die Prüfung, ob die Voraussetzungen des § 178 ZPO vorliegen, obliegt dem **Zusteller;** das Gericht ist hieran jedoch nicht gebunden. Der Zusteller dokumentiert in der Zustellungsurkunde, an wen er das Schriftstück zu welchem genauen Zeitpunkt ausgehändigt hat, § 182 Abs. 2 Nr. 2, Nr. 7 ZPO, so dass später im Prozess geklärt werden kann, ob zu diesem Zeitpunkt die objektiven Voraussetzungen des § 178 Abs. 1 ZPO vorgelegen haben. Das entspricht der früheren Rechtslage. 145

3. Zeugnisverweigerungsrecht

146 Str. ist, ob sich der Partner einer nichtehelichen Lebensgemeinschaft im Zivilprozess auf ein **Zeugnisverweigerungsrecht** aus § 383 ZPO berufen kann. Eine direkte Anwendung der Vorschrift scheitert an deren klaren Wortlaut. Z. T. wird jedoch eine analoge Anwendung des § 383 ZPO bejaht, da wegen des bestehenden Vertrauensverhältnisses die gleichen Konflikte entstehen können wie in den gesetzlich geregelten Fällen (Staudinger/Strätz, BGB, Anh. zu § 1297 ff. Rn. 185 f.; MüKo/Wacke, BGB, nach § 1302 Rn. 61). Die Vertreter der h. M. verneinen dagegen zutreffend ein Zeugnisverweigerungsrecht mit dem Hinweis darauf, dass der Gesetzgeber aus Gründen der Rechtssicherheit bewusst formale Kriterien verwendet habe und es demgemäß an den Voraussetzungen für eine Analogie fehle (BayObLG, NJW 1986, 202; MüKo/Damrau, ZPO, § 383 Rn. 15; Zöller/Greger, ZPO, § 383 Rn. 9). Mittlerweile ist der **eingetragene Lebenspartner** in § 383 Abs. 1 Nr. 2a ZPO erfasst. Daraus kann der Umkehrschluss gezogen werden, dass es hinsichtlich nichtehelicher Lebensgefährten jetzt erst recht an einer planwidrigen Regelungslücke (als Voraussetzung einer Analogie) fehlen dürfte.

147 Allerdings können die – anderweitig unverheirateten – Partner einer nichtehelichen Lebensgemeinschaft ein Zeugnisverweigerungsrecht beanspruchen, wenn sie ein **Verlöbnis** behaupten. Die Beurteilung der Frage, ob tatsächlich ein Verlöbnis besteht, obliegt dem Tatrichter und stößt regelmäßig auf erhebliche Schwierigkeiten, da i. d. R. keine zuverlässigen schriftlichen Dokumente wie Heiratsurkunden o. Ä. existieren. Die Behauptung eines Verlöbnisses dürfte umso weniger glaubhaft sein, je kürzer die nichteheliche Lebensgemeinschaft besteht bzw. je länger die Partner unstreitig zusammengelebt haben, ohne sich zu verloben.

4. Zwangsvollstreckung

a) § 739 ZPO, § 1362 BGB

148 Nach h. M. sind die **Gläubigerschutzvorschriften** der §§ 1362 BGB, 739 ZPO für nichteheliche Lebensgefährten **nicht analog anwendbar** (OLG Köln, NJW 1989, 1737; Zöller/Stöber, ZPO, § 739 Rn. 13 m. w. N.; dafür z. B. AG Eschweiler, FamRZ 1992, 942). Der Gerichtsvollzieher sei auch i. d. R. mit der Feststellung des Bestehens einer nichtehelichen Lebensgemeinschaft überfordert (Brox/Walker, Zwangsvollstreckung, Rn. 241). Hier stellt sich ein ähnlich gelagertes Problem wie vor Inkrafttreten des § 178 ZPO n. F. bei der Frage der Zustellung an den Partner gem. § 181 Abs. 1, 1. Alt. ZPO a. F.

149 Die h. M. führt dazu, dass die §§ 1362 BGB, 739 ZPO in der Lit. vielfach als verfassungswidrig angesehen werden, da Eheleute gegenüber Nichtverheirateten benachteiligt werden und somit ein Verstoß gegen die Art. 3, 6 Abs. 1 GG vorliege (vgl. MüKo/Arnold, ZPO, § 739 Rn. 21). Auch die Aufnahme nichtehelicher Lebensgefährten („häusliche Gemeinschaft") in den Kreis der „nahestehenden Personen" bei § 138 Abs. 1 Nr. 3 InsO ist damit nicht uneingeschränkt zu vereinbaren.

150 Für eine analoge Anwendung der §§ 1362 BGB, 739 ZPO auch auf die nichteheliche Lebensgemeinschaft dürften das Gebot der **Gewährung effektiven Rechtsschutzes** sowie Gesichtspunkte des **Gläubigerschutzes** sprechen (so MüKo/Arnold, ZPO, § 739 Rn. 19). Dagegen spricht allerdings, dass es hier an einer **planwidrigen Regelungslücke** fehlen dürfte, zumal mittlerweile der eingetragene Lebenspartner in § 739 ZPO erfasst ist, andere Hausgenossen dagegen nicht (s. auch OLG Köln, NJW 1989, 1737 mit dem weiteren Argument, § 1362 BGB sei im Übrigen eine die Ehegatten benachteiligende Sondervorschrift, was nicht im Wege der Analogie auf nichteheliche Lebenspartner ausgedehnt werden könne).

b) § 900 ZPO – Eidesstattliche Versicherung

151 Es besteht kein Anspruch eines Gläubigers gem. § 900 ZPO darauf, dass ihm Name und Anschrift eines Lebensgefährten, der den Schuldner angeblich freiwillig unterstützt, genannt werden. Dies folgt daraus, dass ein Schuldner gegen seinen Lebensgefährten ohnehin keinerlei gesetzliche

Unterhaltsansprüche hat und daher unter diesem Aspekt **Zwangsvollstreckungsmaßnahmen** des Gläubigers gegen den Lebensgefährten **ausgeschlossen** sind (LG Memmingen, FamRZ 1997, 512, 513).

c) Herausgabevollstreckung gem. § 885 ZPO

Ob die **Räumungsvollstreckung** aus einem Titel, der sich **nur gegen einen Partner** einer nichtehelichen Lebensgemeinschaft richtet, zulässig ist, wird nicht einheitlich beurteilt. Nach einer Auffassung muss der Partner nur dann gem. § 750 Abs. 1 Satz 1, 1. Alt. ZPO im Titel namentlich bezeichnet sein, wenn er ebenfalls **Mieter** der Wohnung ist oder sonst wie unmittelbar vom Vermieter ein **Besitzrecht** erworben habe. Gründe sich sein Besitzrecht dagegen nur auf die nichteheliche Lebensgemeinschaft mit dem Schuldner, genüge ein Titel ausschließlich gegen diesen (OLG Karlsruhe, WuM 1992, 494; LG Lübeck, JurBüro 1992, 196). Diese Ansicht entspricht der **Rechtslage bei Ehegatten,** wie sie sich aus § 885 Abs. 2 und 3 ZPO ergibt.

152

Nach a. A. soll i. d. R. ein **Titel gegen beide Partner** der nichtehelichen Lebensgemeinschaft erforderlich sein. Denn es liege i. d. R. **Mitbesitz,** § 866 BGB, an der Wohnung vor, unabhängig davon, von wem der nicht betroffene Partner sein Recht zum Besitz ableite. Schließlich könne die Räumungsvollstreckung auch gegen einen Untermieter nur aufgrund eines Titels auch gegen diesen betrieben werden, was erst recht für den Partner einer nichtehelichen Lebensgemeinschaft gelten müsse (LG Kiel, DGVZ 1992, 42; AG Bad Segeberg, ebenda; Becker-Eberhard, FamRZ 1994, 1296). Dem ist zuzustimmen mit der Einschränkung, dass ein Titel gegen den Lebensgefährten des Schuldners dann nicht erforderlich sein dürfte, wenn der Vermieter von der Existenz des Partners überhaupt nichts wusste und der Partner dementsprechend ohne oder sogar gegen den Willen des Vermieters in der Wohnung gelebt hat (so ausdrücklich OLG Hamburg, NJW 1992, 3308 unter Bezugnahme auf § 242 BGB).

153

d) Anrechnung von Leistungen an den Partner

Leistungen an den Partner einer nichtehelichen Lebensgemeinschaft sind **keine gesetzlichen Unterhaltsleistungen** und daher weder im Rahmen des § 850c ZPO noch im Rahmen des § 765 ZPO zu berücksichtigen (LG Osnabrück, FamRZ 1999, 526; im zugrundeliegenden Fall lebte der Schuldner mit der Kindesmutter, deren Sozialhilfe wegen der eheähnlicher Gemeinschaft gestrichen wurde, zusammen und leistete der Kindesmutter Unterhalt). Diese Leistung bleibt **bei der Berechnung** des pfändungsfreien Einkommens vollkommen **unberücksichtigt.** Das erscheint hart – anders denn auch die Vorinstanz – ist aber rechtlich korrekt, da keine gesetzliche Unterhaltspflicht gegenüber der Kindesmutter besteht. Die freiwilligen Leistungen an die Kindesmutter würden bei einer Anrechnung im Rahmen des § 850c ZPO letztlich zu Lasten der Gläubiger gehen. Ferner ist auch die Kindesmutter auf die freiwilligen Leistungen des Schuldners nicht notwendig angewiesen, da bei deren Einstellung der Sozialhilfeanspruch wieder auflebt, vgl. oben Rn. 160. Schließlich steht die Formstrenge des Zwangsvollstreckungsrechts einer Anrechnung entgegen, denn es ist im Einzelfall stets schwierig zu ermitteln, wie fest eine behauptete nichteheliche Lebensgemeinschaft wirklich ist.

154

II. Strafprozess – Zeugnisverweigerungsrecht

Dem Partner einer nichtehelichen Lebensgemeinschaft steht nach h. M. **kein Zeugnisverweigerungsrecht** aus § 52 StPO zu (Kleinknecht/Meyer/Goßner, StPO, § 52 Rn. 5). Die Vertreter der Gegenauffassung wollen auch hier wegen der ähnlichen Konfliktlage § 52 StPO analog anwenden (MüKo/Wacke, BGB, nach § 1302 Rn. 61; Staudinger/Strätz, BGB, Anh. zu §§ 1297 ff. Rn. 185; s. o. zu § 383 ZPO). Nach dem **BVerfG** (FamRZ 1999, 1053) steht dem Lebensgefährten in einer über eine reine Haushalts- und Wirtschaftsgemeinschaft nicht hinausgehenden Beziehung kein Zeugnisverweigerungsrecht gem. § 52 StPO zu. Die Entscheidung dürfte nicht zu verallgemeinern sein: Zum einen handelte es sich im dort zu entscheidenden Fall nur um ein freundschaftliches

155

Zusammenleben, zum anderen um eine Lebensgemeinschaft außerhalb einer noch bestehenden Ehe, so dass ein Ehehindernis bestand und Art. 6 Abs. 1 GG **keine Ausstrahlungswirkungen** zeigt. Auffällig ist aber, dass das BVerfG hier erneut an den Begriff der ehelichen Gemeinschaft angeknüpft hat. Im Prinzip dürften hier aber die gleichen Gesichtspunkte Geltung beanspruchen wie beim Zeugnisverweigerungsrecht aus § 383 ZPO (s. o. Rn. 146).

III. § 69g Abs. 1 Satz 1 FGG

156   Gem. § 69g Abs. 1 Satz 1 FGG steht die Beschwerde gegen die Bestellung eines Betreuers unbeschadet des § 20 FGG dem Ehegatten des Betreuten, der zuständigen Behörde sowie denjenigen zu, die mit dem Betreuten in gerader Linie verwandt oder verschwägert oder in der Seitenlinie bis zum dritten Grad verwandt sind. Dieses Beschwerderecht soll – in **analoger Anwendung** der Norm – auch dem nichtehelichen Lebenspartner zustehen (LG Oldenburg, FamRZ 1996, 1343, 1344). Zwar sind mittlerweile auch eingetragene Lebenspartner in § 69g Abs. 1 Satz 1 FGG erwähnt. Das führt aber in diesem Falle meines Erachtens nicht zu dem Umkehrschluss, es liege keine planwidrige Regelungslücke vor, denn der Kreis der Beschwerdeberechtigten ist in § 69g Abs. 1 Satz 1 FGG bewusst weit gefasst, und es ist kaum einzusehen, weshalb ein Schwager oder ein Verwandter dritten Grades beschwerdeberechtigt sein soll, ein Lebensgefährte, der dem Betroffenen regelmäßig viel näher stehen dürfte, aber nicht.

Q. Öffentliches Recht, insbesondere Sozialrecht

I. Sozialhilferecht

157   Gem. § 122 Satz 1 BSHG dürfen Ehegatten gegenüber eheähnlichen Lebensgemeinschaften nicht benachteiligt werden, so dass auch ein **Einkommen des Partners** wie bei Eheleuten über die §§ 11, 28 BSHG leistungsmindernd angerechnet werden kann.

Dabei werden Einkommen und Vermögen des Partners, der dem Hilfesuchenden Leistungen zum Lebensunterhalt gewährt, gem. § 11 BSHG **stets angerechnet** und nicht nur unter den einschränkenden Voraussetzungen des § 16 BSHG. Denn die in § 122 Satz 2 BSHG normierte Verweisung auf § 16 BSHG bedeutet nach neuerer Rspr. lediglich, dass die Verwandten und Verschwägerten des Partners ebenso „zählen" wie die Verwandten und Verschwägerten des die Sozialhilfe Begehrenden (BVerwGE 39, 261, 267 f.; zur früheren Rechtslage BVerwGE 15, 306, 315: danach galt die Vermutung, dass der Hilfesuchende von seinem mit ihm zusammenlebenden Partner Leistungen erhält, soweit dies nach dessen Einkommen und Vermögen erwartet werden konnte; zum Ganzen ausführlich Plate, FuR 1995, 212, 273, 277 f. und unten zur Prozesskostenhilfe).

158   Das Einkommen und Vermögen des seinen Partner **nicht** unterstützenden Lebensgefährten werden indes nicht nach § 11 BSHG angerechnet. Hierin liegt nur scheinbar ein Widerspruch gegenüber §§ 122, 16 BSHG, denn anders als bei Ehegatten kann der Hilfesuchende nicht auf Unterhaltsansprüche gegen seinen nichtehelichen Lebenspartner verwiesen werden.

159   Die gesetzliche Normierung des Begriffes der **„eheähnlichen Gemeinschaft"** in § 122 BSHG hat eine **Definition** dieses Begriffes durch die Rspr. erforderlich gemacht. Zunächst wurde eine eheähnliche Gemeinschaft bereits dann angenommen, wenn objektiv eine **Wirtschaftsgemeinschaft** vorlag, wenn also beide „aus einem Topf" wirtschaften (vgl. Grziwotz, FamRZ 1994, 1218, 1225). Inzwischen wird darüber hinaus eine eheähnliche Lebensgemeinschaft definiert als auf Dauer angelegte Lebensgemeinschaft zwischen einem Mann und einer Frau, die über die reine Haushalts- und Wirtschaftsgemeinschaft hinausgeht und sich – im Sinne einer Verantwortungs- und Einstehensgemeinschaft – durch innere Bindungen auszeichnet, die ein gegenseitiges Einstehen der Partner füreinander begründen (BVerwG, FuR 1995, 311 f.; BSG, NJW 1988, 2128). Die

Anknüpfung an der Begriff der Ehe bedeutet aber jedenfalls, dass § 122 BSHG – wie auch § 137 AFG a. F., jetzt § 193 Abs. 2 SGB III, dazu – auf gleichgeschlechtliche Partnerschaften **keine Anwendung findet** (Rn. 165). Konsequenterweise dürfte eine Anrechnung von Einkommen des Partners bei § 122 BSHG ebenso wenig in Betracht kommen, wenn ein Partner noch anderweitig verheiratet ist (dagegen allerdings OVG Hamburg, NJW 1996, 1225; MüKo/Wacke, BGB, nach § 1302 Rn. 2).

Das Hauptproblem bei § 122 BSHG liegt jedoch weniger bei Definitionsfragen, sondern vielmehr bei Fragen der **Beweislast**. Grds. hat der **Träger der Sozialhilfe** die Voraussetzungen des § 122 BSHG zu beweisen; es gilt dabei der Untersuchungsgrundsatz der §§ 20 ff. SGB X, wobei der Hilfesuchende gem. §§ 60 ff. SGB I zur Mitwirkung verpflichtet ist – mit den Konsequenzen des § 66 SGB I bei Verweigerung der Mithilfe. Der **Hilfesuchende** trägt demgegenüber die Beweislast für **seine Bedürftigkeit und diejenige seines Partners** (vgl. VGH Mannheim, NJW 1993, 2886; VGH Kassel, NJW 1992, 3253). Kann allerdings mit vertretbarem und rechtlich zulässigem Ermittlungsaufwand nicht geklärt werden, ob tatsächlich eine nichteheliche Lebensgemeinschaft vorliegt oder -lag, so gehen diese Unklarheiten letztlich zu Lasten desjenigen, der eine für ihn günstige Verwaltungsentscheidung begehrt (vgl. Steiner, Die Ehe im Verwaltungsrecht, FamRZ 1994, 1289, 1294 unter Hinweis auf BVerfGE 87, 234, 265 = FamRZ 1993, 163, wonach sich das Vorliegen einer nichtehelichen Lebensgemeinschaft in der Verwaltungspraxis nur über Indizien feststellen lasse). Dabei gilt der Beweiswert der entsprechenden Bekundungen der Beteiligten wegen der besonderen, emotional geprägten Beweissituation als problematisch (BGH, FamRZ 1988, 392, 394; vgl. Steiner, a. a. O.: „Der deutsche Nachbar erhält über das öffentliche Baurecht hinaus – Seite an Seite mit dem Briefträger – eine zusätzliche Rolle bei der verwaltungsrechtlichen Wahrheitsfindung").

160

Im **Wohngeldrecht** bleibt der auf den mitwohnenden Partner, **der nicht selbst Mieter ist,** entfallende Teil des **Mietzinses** bei der Entscheidung über die Gewährung von Wohngeld gem. § 7 Abs. 3 Satz 1 WoGG außer Betracht. Auch das **Einkommen** des Partners, **der nicht selbst Mieter** der Wohnung ist, wird bei der Ermittlung des maßgeblichen Einkommens nach den §§ 9 ff. WoGG nicht berücksichtigt. Andererseits zählt der Partner einer nichtehelichen Lebensgemeinschaft auch dann nicht zu den Familienmitgliedern i. S. d. § 4 WoGG, wenn gemeinsame Kinder vorhanden sind (BVerwG, NJW 1995, 1569).

161

II. Prozesskostenhilfe

Z. T. wird angenommen, dass **freiwillige Unterhaltsleistungen** eines Partners sowie **fiktive Arbeitseinkünfte** auf das Einkommen des Antragstellers gem. § 115 Abs. 1 Satz 2 ZPO anzurechnen sind, was dementsprechend zur Versagung von Prozesskostenhilfe führen kann (OLG Köln, FamRZ 1984, 304; OLG Hamm, FamRZ 1984, 409; OLG Koblenz, NJW-RR 1992, 1348; LAG Rheinland-Pfalz, NZA 1988, 177). Diese Ansicht basiert ersichtlich auf der früher vom BVerwG zu §§ 16, 122 BSHG vertretenen Auffassung, es bestehe eine Vermutung dahingehend, ein Lebensgefährte erhalte die ihm zur Deckung seines Lebensbedarfes fehlenden Mittel von seinem Partner (s. o. Rn. 159; BVerwGE 15, 306, 314 f.). Zu diesen Leistungen zähle auch ein Prozesskostenvorschuss (was sich für Ehegatten aus § 1360a Abs. 4 BGB ergibt).

162

Die Vertreter der wohl h. M. lehnen eine Anrechnung hingegen ab (Zöller/Philippi, ZPO, § 115 Rn. 8; OLG Köln, FamRZ 1988, 306 m. w. N.; zu dieser Entscheidung eingehend Plate, FuR 1995, 212, 273, 278; OVG Münster, FamRZ 1984, 604; Staudinger/Strätz, BGB, Anh. zu §§ 1297 ff. Rn. 184). Dabei stützen sie sich auf die neuere höchstrichterliche Rspr. zu den §§ 16, 122 BSHG, wonach eine derartige Vermutung nicht bestehe und insbesondere dem § 16 BSHG nicht zu entnehmen sei (BVerwGE 39, 261, 267; BGH FamRZ 1980, 40). **Gegen eine Anrechnung** spricht, dass Unterhaltsleistungen in einer nichtehelichen Lebensgemeinschaft nicht zwingend regelmäßig erfolgen und diese auch im Rahmen des § 114 ZPO nicht abzugsfähig sind, da sie nicht auf einer gesetzlichen Pflicht beruhen (Staudinger/Strätz, BGB, Anh. zu §§ 1297 ff. Rn. 184).

163

164 Nach zutreffender neuerer Rspr. muss sich ein nichtehelicher Lebensgefährte für haushälterische Versorgungsleistungen, die er gegenüber seinem Partner erbringt, keine angemessene Vergütung anrechnen lassen (OLG Köln, FamRZ 1995, 372; a. A. noch OLG Zweibrücken, Rpfleger 1991, 424 unter Berufung auf den Rechtsgedanken des § 850h Abs. 2 ZPO).

III. Arbeitslosengeld

165 Eine dem § 122 BSHG im Wesentlichen entsprechende Regelung enthielt § 137 Abs. 2a des Arbeitsförderungsgesetzes (AFG). Auch hier stellt die Rechtsprechung inzwischen auf das Bestehen einer **Verantwortungs- und Einstehensgemeinschaft** ab – im Gegensatz zu einer „**reinen**" **Wirtschaftsgemeinschaft** (explizit BVerfGE 87, 234; vgl. nunmehr § 193 Abs. 2 SGB III).

166 Nach § 144 Abs. 1 Nr. 1 SGB III tritt für den **Anspruch auf Arbeitslosengeld** eine **Sperrzeit von zwölf Wochen** ein (früher: § 119 Abs. 1 Nr. 1 AFG: acht Wochen), wenn der Arbeitslose selbst gekündigt und dadurch vorsätzlich oder grob fahrlässig die Arbeitslosigkeit herbeigeführt hat, es sei denn, er hatte für sein Verhalten einen wichtigen Grund. Ein solcher ist regelmäßig gegeben beim **Zuzug zum Ehepartner,** nach früher herrschender Rspr. aber **nicht bei Zuzug zum nichtehelichen Lebensgefährten,** es sei denn, es liegen besondere Umstände vor, etwa das Wohl eines gemeinsamen Kindes (BSGE 52, 276 für den Fall einer nichtehelichen Erziehungsgemeinschaft, bei der das Kindeswohl gerade zu diesem Zeitpunkt einen Zuzug zum Partner erforderte; BSGE 43, 269 für den Fall eines Verlöbnisses; a. A. schon seinerzeit Sozialgericht Osnabrück, NJW 1988, 2133). Nach **neuerer Rspr.** des BSG scheint dieses Regel-Ausnahmeverhältnis umgekehrt: Danach stellt der Nachzug zum Partner unter bestimmten Voraussetzungen einen wichtigen Grund für die Aufgabe einer Beschäftigung dar (Urt. v. 29.4.1998 – B 7 AL 56/97). Zweck des Umzugs vom arbeitsplatznahen Wohnort zum Ort der gemeinsamen Wohnung muss es sein, eine engere Bindung an den Partner zu ermöglichen, mit dem bereits eine **eheähnliche Gemeinschaft** besteht; das BSG knüpft hier an die Regelung des § 122 BSHG an und verlangt als Beweis für die Ernsthaftigkeit der inneren Bindungen und der Verfestigung der Lebensgemeinschaft eine Dauer von **drei Jahren** (vgl. dazu im Einzelnen auch Gagel, Komm. zum SGB III, Stand März 2002, § 144 SGB III, Rn. 126).

R. Nichteheliche Lebensgemeinschaft im Steuerrecht

167 **Der Splittingtarif** der §§ 26-26b, 32a Abs. 5 EStG gilt für nichteheliche Lebensgefährten nicht (BFH, NJW 1990, 2712; NJW 1990, 734). Ebenso wenig werden Grundstücksübertragungen zwischen Partnern einer nichtehelichen Lebensgemeinschaft von der **Grunderwerbssteuerbefreiung** des § 3 Nr. 4 GrEStG (1983) erfasst (BFH, FamRZ 2001, 1369).

168 Von den Einkünften eines Partners einer nichtehelichen Lebensgemeinschaft, der seinem nichtehelichen Lebenspartner Unterhalt gewährt, können unter den Voraussetzungen des § 33a Abs. 1 EStG jährlich bis zu 7.188 € an „**außergewöhnlichen Belastungen**" abgesetzt werden (für die Veranlagungszeiträume 2003 und 2004 ist der Höchstbetrag auf 7.428 €, für 2005 auf 7.680 € festgesetzt, § 52 Abs. 4b EStG). Den Begriff der „**zwangsläufigen Aufwendungen**" kennt das Gesetzt nicht mehr; maßgeblich ist vielmehr die **Unterhaltsberechtigung der unterstützten Person.** Auf tatsächliche, rechtliche oder sittliche Gründe zur Unterhaltsleistung – so die früheren Tatbestandsvoraussetzungen – stellt § 33a Abs. 1 EStG nicht mehr ab (dabei kam nach der Rspr. des BFH eine Unterhaltsverpflichtung aus rechtlichen oder tatsächlichen Gründen i. d. R. nicht in Betracht, weil niemand gesetzlich verpflichtet sei, seinem nichtehelichen Lebenspartner Unterhalt zu gewähren – st. Rspr.; vgl. z. B. BFH, NJW 1994, 2911; NJW 1991, 2312; ebenso wenig i. d. R. aus sittlichen Gründen, nämlich nur dann, wenn die Nichtgewährung dieser Leistungen gesellschaftlich als geradezu moralisch verwerflich anzusehen wäre. Daran fehle es bei einer nichtehelichen Lebens-

gemeinschaft regelmäßig, weil sich die Partner gerade für eine Lebensform entschieden hätten, die ihnen keine so strengen vermögens- und unterhaltsrechtlichen Bindungen auferlege wie die Ehe und vor allem jederzeit ohne weiteres aufgelöst werden könne – BFHE 158, 431, 434. Ausnahmen wurden anerkannt z. B. bei Pflegediensten für den steuerpflichtigen Partner und der Betreuung gemeinsamer Kinder).

Der nichteheliche Lebensgefährte ist gem. § 33a Abs. 1 Satz 2 EStG einem **gesetzlich Unterhaltsberechtigten gleichgestellt,** wenn ihr/ihm zum Unterhalt bestimmte **öffentliche Mittel** mit Rücksicht auf die Unterhaltsleistung des Steuerpflichtigen gekürzt werden, so insbesondere nach § 122 BSHG und nach § 193 Abs. 2 SGB III (vgl. dazu im Einzelnen Schmidt/Glanegger, Komm. zum EStG, 21. Auflage 2002, § 33a Rn. 19; schon nach früherer Rechtslage bestand eine praktisch wichtige Ausnahme dann, wenn dem bedürftigen Partner aufgrund der §§ 122 Satz 2 BSHG oder § 193 Abs. 2 SGB III Sozialhilfe- oder Arbeitslosenleistungen versagt wurden (s. o. Rn. 156 und 165): Dann durfte schon seinerzeit der den Unterhalt seines Lebensgefährten sichernde Partner diese Aufwendungen im Rahmen des § 33a Abs. 1 EStG absetzen (BFH, NJW 1994, 2911; FuR 1994, 381; vgl. auch FG Köln, BB 1993, 203).).   169

Durch die Anknüpfung an die „eheähnliche Gemeinschaft" in den genannten unterhaltsrelevanten Normen dürften homosexuelle Lebensgefährten heterosexuellen im Rahmen des § 33a Abs. 1 Satz 2 EStG **nicht** gleichgestellt sein.   170

Nach neuerer Rspr. des BFH kann nunmehr auch ein in nichtehelicher Lebensgemeinschaft ohne Kinder lebender Arbeitnehmer im Rahmen des § 9 Abs. 1 Satz 3 Nr. 5 EStG Kosten für eine sog. **doppelte Haushaltsführung** geltend machen (BFH, NJW 1995, 983; nach früherer höchstrichterlicher Rspr. war dies nur möglich, wenn ein gemeinsames Kind vorhanden oder zumindest „unterwegs" war, vgl. BFH, NJW 1990, 1319, nicht aber bei einem nicht gemeinschaftlichen Kind, BFH NJW 1990, 1348). Danach begründet auch das Zusammenleben mit einem nichtehelichen Lebenspartner allein einen anderweitigen Hausstand. Voraussetzung ist, dass der Steuerpflichtige seinen **Lebensmittelpunkt außerhalb seines Beschäftigungsortes** hat und sich dort regelmäßig aufhält – außer natürlich, um zu arbeiten. Der Steuerpflichtige muss dem Finanzamt in diesem Zusammenhang darlegen, dass er nicht nur dann und wann bei seinem Partner zu Besuch ist, sondern dort auch **Einfluss auf die gemeinsame Haushaltsführung** hat. Diese Darlegung wird umso leichter fallen, wenn der Steuerpflichtige z. B. (Mit-)Mieter der gemeinsam genutzten Wohnung ist. Umgekehrt kann die Eingehung einer nichtehelichen Lebensgemeinschaft am Beschäftigungsort durch den verheirateten Partner den Wegfall der Doppelten Haushaltsführung nach sich ziehen, wenn in der neuen Partnerschaft ein gemeinsames Kind existiert (BFH, NJW 1988, 2262).   171

Es ist grds. möglich, die Kosten für den als **Haushaltshilfe** beschäftigten nichtehelichen Lebenspartner unter den Voraussetzungen des § 33a Abs. 3 EStG (**außergewöhnliche Belastung**) steuerlich abzusetzen. Dabei stellt bereits die Gewährung von Kost und Logis für den Partner die berücksichtigungsfähige Aufwendung dar (BFH, NJW 1990, 734; vgl. dazu im Einzelnen Schmidt/Glanegger, Komm. zum EStG, § 33a, Rn. 70).   172

Zur Behandlung der nichtehelichen Lebensgemeinschaft im Erbschaftsteuer- und Schenkungsteuerrecht s. o. Rn. 127 ff.   173

S. Bezüge zum Ausländerrecht

Das Vorliegen einer nichtehelichen Lebensgemeinschaft führt im Ausländerrecht regelmäßig nicht zu einer rechtlichen Besserstellung der Partner. Wenn in den §§ 17 Abs. 1, 18 Abs 1, 22 AuslG von „Ehegatten" oder „Familienangehörigen" die Rede ist, bezieht sich dies nicht auf die Partner einer nichtehelichen Lebensgemeinschaft (zum Ganzen ausführlich Wegner, FamRZ 1996, 587,   174

588 ff.). Eine **planwidrige Regelungslücke** in Bezug auf die nichteheliche Lebensgemeinschaft liegt insoweit nicht vor, so dass eine analoge Anwendung dieser Vorschriften zugunsten der Partner einer nichtehelichen Lebensgemeinschaft nicht in Betracht kommt (Wegner, FamRZ 1996, 587, 590 f.: „beredtes Schweigen des Gesetzgebers"). Ferner knüpfen die Regelungen der §§ 17, 22 und 23 AuslG nach absolut h. M. an Art. 6 Abs. 1 GG an, so dass eine analoge Anwendung zugunsten nichtehelicher oder auch gleichgeschlechtlicher Lebenspartner auch unter diesem Gesichtspunkt ausgeschlossen ist. Ein **Ausländer**, der mit seinem **deutschen Lebenspartner** eine **gleichgeschlechtliche Lebensgemeinschaft** führen will, hat deshalb keinen Anspruch auf eine Aufenthaltserlaubnis. Es liegt vielmehr nach BayVGH (FamRZ 1999, 296) ein typischer Fall des **privaten Interesses** vor. Auch Art. 2, 3 und 8 Abs. 1 EMRK greifen nicht zugunsten des Ausländers ein (BayVGH, a. a. O.).

175 Die Frage, ob eine nichteheliche Lebensgemeinschaft besteht, kann aber bei Prüfung einer **Ausweisung** im Rahmen des § 45 Abs. 2 Nr. 1 AuslG relevant sein (= Berücksichtigung der schutzwürdigen persönlichen, wirtschaftlichen und sonstigen **Bindungen** des Ausländers im Bundesgebiet; s. BVerwGE 60, 75, 80; Wegner, FamRZ 1996, 587, 592). Nicht einschlägig sind derartige Bindungen eines Ausländers hingegen im Rahmen des § 48 Abs. 1 Nr. 2, 3 AuslG, weil hier der Gesetzgeber auf den Begriff der Familie i. S. d. Art. 6 Abs. 1 GG Bezug genommen hat und eine nichteheliche Lebensgemeinschaft mithin nicht in den Schutzbereich dieser Norm fällt (VGH Mannheim, FamRZ 1994, 41; Wegner, FamRZ 1996, 587, 593). Dafür spricht auch, dass der eingetragene Lebenspartner mittlerweile in § 48 Abs. 1 Nr. 3 AuslG erwähnt ist. Eine **Abschiebung** soll aber dann nicht vollzogen werden können, wenn die deutsche Lebensgefährtin des Ausländers ein Kind von diesem erwartet (BayVGH, FamRZ 1992, 311).

176 Eine bestehende nichteheliche Lebensgemeinschaft gewinnt im Ausländerrecht – auch bei der Prüfung der rechtlichen Unmöglichkeit einer Abschiebung i. S. v. § 55 Abs. 2 AuslG – aber vor allem dann an Bedeutung, wenn **gemeinsame Kinder** vorhanden sind. Familie i. S. d. Art. 6 Abs. 1 GG ist auch der Vater und sein nichteheliches Kind (BVerfGE 79, 203, 211; VerfGH Berlin, FamRZ 2002, 161 zu Art. 12 Abs. 1 der Verfassung von Berlin – VvB). Art. 6 Abs. 1 i. V. m. Abs. 2 GG können in **aufenthaltsrechtlicher Hinsicht** dann relevant sein, wenn nicht nur eine rechtliche Verbindung zwischen Familienmitgliedern besteht (z.B. im Wege eines gemeinsamen Sorgerechtes), sondern auch eine tatsächliche Verbundenheit bzw. eine solche (wieder) hergestellt werden soll. Dabei kommt es entscheidend darauf an, ob aufgrund des gepflegten persönlichen Umganges und der Ausübung des Sorgerechtes eine hinreichend intensive Eltern-Kind-Beziehung besteht. Entscheidend sind also die **Umstände des Einzelfalles** (VerfGH Berlin, a. a. O.; BVerfG, FamRZ 2002, 601; so schon früher BVerfG, FamRZ 1995, 26; VerwG Stuttgart, FamRZ 1996, 1012, 1013).

Sogar das **ungeborene Kind einer Ausländerin** soll im Wege einer erweiternden Auslegung des § 4 Abs. 1 Satz 1 StAG (früher: RuStAG) vor der Abschiebung geschützt sein, wenn der **Vater Deutscher** ist. Dementsprechend könne die werdende Mutter in diesem Falle nicht abgeschoben werden (VerwG Greifswald, FamRZ 1995, 232, 233). Im summarischen Verfahren (Eilverfahren) bedürfe es in diesem Fall nicht der Feststellung der Vaterschaft gem. § 4 Abs. 1 Satz 2 StAG, sondern es reiche die **Glaubhaftmachung der Vaterschaft** des Deutschen durch die Mutter mittels eidesstattlicher Versicherung aus (VerwG Greifswald, a. a. O). Auf das Bestehen einer nichtehelichen Lebensgemeinschaft der – vermeintlichen oder tatsächlichen – Eltern kommt es hier nicht an; entscheidend ist allein des Recht des Kindes aus § 4 Abs. 1 Satz 1 StAG. Ob zwischen den Eltern eine nichteheliche Lebensgemeinschaft besteht, kann jedoch nach der Geburt des Kindes entscheidend sein (s. o.).

T. Internationales Privatrecht

Die Regeln des IPR über die Ehe sind grds. **nicht analog anwendbar;** insbesondere für eine Unterhaltsvereinbarung gilt das allg. Vertragsstatut (MüKo/Wacke, BGB, nach § 1302 Rn. 62). Liegt eine **gemischtnationale** nichteheliche Lebensgemeinschaft vor, so ist an das **Recht des gewöhnlichen Aufenthaltsorts** anzuknüpfen, wenn kein Vorrang besteht und wenn kein Heimatrecht ausdrücklich gewählt worden ist.

Geht aus einer solchen Beziehung ein **Kind** hervor, so bestimmt sich das Rechtsverhältnis zwischen Eltern und Kind in Anlehnung an Art. 21 EGBGB nach dem **Recht des Staates**, in dem sich das Kind **gewöhnlich aufhält** (Staudinger/Strätz, BGB, Anh. zu §§ 1297 ff. Rn. 22). Demnach ist für die weit überwiegende Anzahl gemischtnationaler nichtehelicher Lebensgemeinschaften in Deutschland deutsches Recht anwendbar.

177

U. Rechtsvergleichung

In anderen Rechtsordnungen ist es dem Gesetzgeber gelungen, eine **gesetzliche Kodifikation** zu schaffen. So gibt es Länder, in denen die als nichteheliche Lebensgemeinschaft als „Defacto-Familie" wie eine Ehe geschützt wird, wenn sie von gewisser Dauer war (in Ontario und Britisch Columbia/Kanada nach fünf Jahren ohne und nach einem Jahr mit gemeinsamem Kind, in Brasilien und Kosovo nach fünfzehn Jahren ohne und nach fünf Jahren mit Kind – vgl. dazu Staudinger/Strätz, BGB, Anh. zu §§ 1297 ff. Rn. 11-13). In Schweden und Italien ist die **gemeinsame elterliche Sorge** möglich. **Vermögensrechtliche Regelungen** finden sich in Slowenien und Kroatien. Ein **gesetzliches Erbrecht** des **überlebenden Partners** existiert in Portugal, im Kosovo und Israel (vgl. Staudinger/Strätz, BGB, Anh. zu §§ 1297 ff. Rn. 14 ff. m. w. N.).

178

Abschnitt 2: Rechtsprechungslexikon
ABC der nichtehelichen Lebensgemeinschaft

179 Nachfolgend sind in alphabetischer Reihenfolge Stichwörter sowie Kernaussagen einschlägiger Entscheidungen zu speziellen Einzelproblemen dargestellt. Die hinter dem jeweiligen Stichwort abgedruckten Zahlen verweisen auf die Randnummern zu den betreffenden Ausführungen im systematischen Teil.

Aussagenotstand, § 157 Abs. 1 StGB 140

Bei eidlicher Falschaussage (sog. Meineid, § 154 StGB) kommt eine Strafmilderung wegen Aussagenotstandes gem. § 157 Abs. 1 StGB nicht in Betracht, wenn der Täter zugunsten seines nichtehelichen Lebenspartners aussagt.
OLG Celle, NJW 1997, 1084 (h. M.; vgl. auch OLG Braunschweig NStZ 1994, 344 mit Anm. von Hauf, NStZ 1995, 35; a. A. SK-Rudolphi, § 157 StGB Rn. 1 und § 11 StGB Rn. 3 m. w. N.)

Mietrecht 62

Ein nichtehelicher Lebenspartner kann dem anderen im Wege der einstweiligen Verfügung das Betreten der gemeinsam gemieteten Wohnung untersagen lassen, wenn es mehrfach zu massiven körperlichen Übergriffen des Antragsgegners gekommen ist (hier: Gefahr für Leib und Leben durch schwere tätliche Angriffe und Morddrohungen).
LG Freiburg, FamRZ 2002, 405

Der Partner einer nichtehelichen Lebensgemeinschaft wird allein durch den Einzug in die von dem anderen Partner gemietete Wohnung noch nicht zur Vertragspartei. Vielmehr bedarf es einer entsprechenden Vereinbarung, und zwar regelmäßig aller drei Beteiligten.
AG Germersheim, ZMR 1989, 262; vgl. auch Sonnenschein, NJW 1997, 1270, 1274

Es ist eine Frage der Auslegung, ob im Falle des Einzugs des Partners im Zweifel der vertragschließende Partner als bevollmächtigt angesehen werden kann, den Vertrag mit Rechtswirkung für den anderen abzuschließen.
AG Osnabrück, WuM 1996, 754; vgl. dazu auch AG Münster, WuM 1992, 238

Die Vorschriften der HausratsVO gelten nicht, wenn die Partner einer nichtehelichen Lebensgemeinschaft sich trennen. Die Partner sind deshalb gehalten, sich im Innenverhältnis nach den Regeln der Gesellschaft bürgerlichen Rechts (§§ 705 ff. BGB) auseinanderzusetzen. In diesem Rahmen hat der trennungswillige Partner i. d. R. einen Anspruch gegen den anderen, an der Beendigung des Mietverhältnisses durch gemeinsame Kündigung mitzuwirken (§ 730 Abs. 1 BGB).
LG München I, NJW-RR 1993, 334

Ist der zurückbleibende Partner der nichtehelichen Lebensgemeinschaft alleiniger Mieter, kann er vom anderen die Räumung der Wohnung verlangen, da die nichteheliche Lebensgemeinschaft für sich genommen noch kein Untermietverhältnis begründet.
AG Gelsenkirchen, WuM 1994, 194; AG Potsdam, WuM 1994, 528; AG Hamburg, NJW-RR 1989, 271

Dem räumungspflichtigen Partner kann aber für eine Übergangszeit noch ein Besitzschutz einzuräumen sein.
AG Waldshut-Tiengen, NJW-RR 1994, 712

Der auszugswillige Partner kann das Mietverhältnis nicht durch eine lediglich zweiseitige Vereinbarung mit dem Vermieter (also unter Nichtbeteiligung des anderen Partners) beenden. Umgekehrt ist der Partner, der in der ursprünglich gemeinsam angemieteten Wohnung bleiben will, auf die Bereitschaft seines Vermieters angewiesen, mit ihm allein einen neuen Mietvertrag zu schließen.
LG Berlin, WuM 1995, 105; vgl. auch Sonnenschein, NJW 1997, 1270, 1275; a. A. Finger, WuM 1993, 581

Auch der Partner einer nichtehelichen Lebensgemeinschaft tritt nach dem Tode des Partners gem. § 569a BGB in das Mietverhältnis ein, wenn die Wohnung der Mittelpunkt einer auf Dauer angelegten gemeinsamen Lebens- und Wirtschaftsführung beider Partner war. Dies gilt nicht für gleichgeschlechtliche Lebensgemeinschaften.
BGH, NJW 1993, 999; a. A. insoweit: LG Hannover, NJW-RR 1993, 1103 (keine Einschränkung auf heterosexuelle Partnerschaften – Achtung!: s. nunmehr § 563 BGB n. F.)

Der nichteheliche Lebensgefährte ist dem Ehepartner im Rahmen des § 549 Abs. 1 BGB nicht gleichgestellt. Das bedeutet, dass zur Aufnahme des nichtehelichen Lebenspartners in die Wohnung grundsätzlich die Erlaubnis des Vermieters erforderlich ist. Die Berechtigung des Wohnungsmieters, einen sog. (Nichtehelichen) Lebensgefährten anderen Geschlechts in die Wohnung aufzunehmen, beurteilt sich nach § 549 Abs. 2 BGB.
OLG Hamm, NJW 1992, 513 (Achtung!: s. nunmehr § 563 BGB n. F.)

Hat der Mieter an der Aufnahme eines Lebensgefährten ein berechtigtes Interesse i. S. von § 549 Abs. 2 Satz 2 BGB, dann kann auch eine Kirchengemeinde oder eine sonstige kirchliche Institution als Vermieterin die Erlaubnis nicht allein deshalb als unzumutbar i. S. von § 549 Abs. 2 Satz 2 BGB ablehnen, weil die nichteheliche Lebensgemeinschaft im Widerspruch zu Glauben und Lehre der Kirche steht.
OLG Hamm, NJW 1992, 513 (Achtung!: s. nunmehr § 563 BGB n. F.)

Wird Eigenbedarf zugunsten einer Tochter des Eigentümers/Vermieters geltend gemacht mit der Begründung, diese wolle nunmehr mit dem langjährigen Lebensgefährten auch Kinder haben, so kann das Fachgericht zur Konkretisierung des Kinderwunsches nicht verlangen, dass eine Schwangerschaft nachgewiesen werde. Nach heutiger Lebenserfahrung kann allein aus dem Umstand, dass das eigenbedarfsbegünstigte Paar nicht verheiratet ist, nichts gegen die Ernsthaftigkeit eines Kinderwunsches hergeleitet werden.
BVerfG, NJW 1995, 1480

Eine gem. § 564b Abs. 2 Nr. 2 BGB (neu: § 573 Abs. 2 Nr. 2 BGB) wegen Eigenbedarfs ausgesprochene Kündigung kann auch darauf gestützt werden, dass der Vermieter die Räume seinem unverheirateten Sohn überlassen möchte, der in eheähnlicher Lebensgemeinschaft mit einer Frau zusammenlebt.
OLG Karlsruhe, NJW 1982, 889

Sind beide Partner einer nichtehelichen Lebensgemeinschaft Mieter der Wohnung, kann der eine Partner selbst bei Fehlverhalten des anderen von diesem nicht die Zustimmung zur Entlassung aus dem Mietvertrag verlangen.
AG Berlin-Schöneberg, NJW-RR 1993, 1038

Der Partner einer gescheiterten nichtehelichen Lebensgemeinschaft hat nach seinem Auszug aus der gemeinschaftlich gemieteten Wohnung gegen den verbliebenen Mitmieter lediglich einen Anspruch auf Zustimmung zur Kündigung zu dem vertraglich nächstmöglichen Zeitpunkt, selbst wenn der Vermieter einer vorzeitigen Kündigung zustimmen würde.
LG Gießen, NJWE-MietR 1996, 152 = MDR 1996, 898 = WuM 1996, 273

Auch in einer nichtehelichen Lebensgemeinschaft genießt ein Partner gegen den anderen, der alleiniger Eigentümer oder Mieter der Wohnung ist, allg. Besitzschutz gem. §§ 858, 861 BGB.
AG Waldshut-Tiengen, NJW-RR 1994, 712; ebenso LG München, NJW-RR 1991, 834; a. A. noch AG Bruchsal, FamRZ 1981, 447

Wenn die Partner einer nichtehelichen Lebensgemeinschaft gemeinsam einen befristeten Mietvertrag über eine Wohnung schließen und wenn nach Beendigung der Lebensgemeinschaft sowie Auszug eines Partners der andere Partner nicht an der vorzeitigen Beendigung des Mietverhältnisses mitwirkt, sondern zu erkennen gibt, dass er die Wohnung behalten will, muss er im Innenverhältnis den Mietzins allein tragen und den ausgezogenen Partner gegenüber dem Vermieter von der Mietzinsforderung freistellen.
OLG Düsseldorf, 24. 10. 1997 – 22 U 43/97, zit. nach NJW aktuell, Heft 3/1998

Schließen nichteheliche Lebenspartner gemeinsam einen langjährigen Mietvertrag und zieht nach Auflösung der Partnerschaft nur einer der Partner in die Mietwohnung ein, so hat dieser gegen seinen ehemaligen Partner keinen Anspruch auf Übernahme anteiliger Mietkosten.
LG Koblenz, FamRZ 2001, 95

Für Räumungsklage und Zwangsvollstreckung genügt ein Titel nur gegen den Vertragspartner des Vermieters.
KG NJW-RR 1994, 713 (bestr.)

Nebenkläger im Strafverfahren, §§ 395 ff. StPO. 155

Die Partner einer nichtehelichen Lebensgemeinschaft werden nicht als Nebenkläger im Strafverfahren zugelassen.
BVerfG, NJW 1993, 3316

Öffentliches Recht, insbesondere Sozialrecht 157

Unterhaltsleistungen eines Partners einer eheähnlichen Gemeinschaft an den erziehungsgeldberechtigten Partner und die gemeinsamen Kinder sind nicht nach § 6 Abs. 1 Nr. 2 BErzGG einkommensmindernd zu berücksichtigen. Es ist von Verfassungs wegen nicht zu beanstanden, dass die Partner einer nichtehelichen Lebensgemeinschaft nicht dauernd getrennt lebenden Ehegatten insofern gleichgestellt werden, obwohl den Partnern der nichtehelichen Lebensgemeinschaft der Ehegatten-Splittingtarif verschlossen ist.
BSG, FamRZ 1997, 497

Liegt der Härtegrund des § 1579 Nr. 6 BGB bei Zuwendung zu einem neuen Partner vor, ist auch das Erziehungsgeld gem. § 9 Abs. 1 S. 2 BErzGG voll als Einkommen des Berechtigten anzurechnen.
OLG Nürnberg, FamRZ 1995, 674; Anm.: Büttner, FamRZ 1996, 136, 139, fordert für diesen Fall eine zusätzliche Billigkeitsprüfung, wohl analog § 1577 Abs. 2 BGB

Eine eheähnliche Gemeinschaft i. S. d. § 122 Satz 1 BSHG liegt nur dann vor, wenn sie als auf Dauer angelegte Lebensgemeinschaft zwischen einem Mann und einer Frau über eine reine Haushalts- und Wirtschaftsgemeinschaft hinausgeht und sich – i. S. einer Verantwortungs- und Einstehensgemeinschaft – durch innere Bindungen auszeichnet, die ein gegenseitiges Einstehen der Partner füreinander begründen (Aufgabe der bisherigen Rechtsprechung).
BVerwG, NJW 1995, 2802

Eine eheähnliche Gemeinschaft kann auch dann vorliegen, wenn ein Ehehindernis vorliegt, weil ein Partner noch nicht geschieden ist.
OVG Hamburg, NJW 1996, 1225

Der Anwendung von § 122 Satz 1 BSHG steht nicht entgegen, dass ein Partner der eheähnlichen Gemeinschaft noch anderweitig verheiratet ist, allerdings nur dann, wenn eine Heirat zwischen den Partnern grundsätzlich möglich wäre. Ausgeschlossen werden damit Partnerschaften zwischen Personen gleichen Geschlechts oder zwischen Verwandten, die von Rechts wegen nicht heiraten dürfen (§ 4 EheG). Zweck der Anwendung dieser Norm ist hauptsächlich, dass eheähnliche Lebensgemeinschaften gegenüber Ehen nicht besser gestellt sein sollen.
VGH Mannheim, NJW 1996, 2178

Lebt ein Hilfesuchender mit einem erwerbstätigen Partner in eheähnlicher Gemeinschaft, so ist Hilfe zum Lebensunterhalt nach dem BSHG nicht ausgeschlossen, wenn der Partner wegen Abtragung hoher Altschulden den Hilfesuchenden tatsächlich nicht finanziell unterstützen kann.
VGH Kassel, NJW 1993, 2069

Leben die Partner unstreitig oder offenkundig in Wohn- und Geschlechtsgemeinschaft zusammen, bestreiten dagegen das Bestehen einer Wirtschaftsgemeinschaft und weigern sich deshalb, die Einkommens- und Vermögensverhältnisse des nicht hilfebedürftigen Beteiligten zu offenbaren, ist der Sozialhilfeträger zunächst berechtigt, die Gewährung der Sozialhilfe mangels hinreichender Feststellung der Bedürftigkeit abzulehnen.
VGH Mannheim, FamRZ 1994, 59 = NJW 1993, 2886

Witwenrente gem. § 41 Abs. 1 AVG kann nicht beansprucht werden, wenn lediglich eine nichteheliche Lebensgemeinschaft mit dem verstorbenen Versicherten bestanden hat.
BSG, NJW 1995, 3270 m. – im Ergebnis zustimmender – Anm. von Ruland, NJW 1995, 3234

Zwischen nichtehelichen Lebenspartnern kann ein sozialversicherungsrechtliches Beschäftigungsverhältnis begründet werden. Dabei muss eine deutliche Abgrenzung dahin vorgenommen werden, ob aufgrund bestimmter Absprachen der nichtehelichen Lebenspartner auch tatsächlich entgeltliche Arbeit – wie auf dem allg. Arbeitsmarkt üblich – oder nur eine Mithilfe aufgrund der Lebensgemeinschaft ohne echte Betriebseingliederung und Entgeltzahlung geleistet wird.
LSG Niedersachsen, NZS 1995, 221

Bewohnen Partner einer nichtehelichen Lebensgemeinschaft die von einem der Partner gemietete Wohnung gemeinsam, bleibt der auf den mitbewohnenden Partner entfallene Kopfteil der Miete bei der Entscheidung über die Gewährung von Wohngeld außer Ansatz. Diese in § 7 Abs. 3 Satz 1 WoGG getroffene Kopfteilregelung ist verfassungsgemäß.
BVerwG, NJW 1995, 1569 = ZMR 1995, 137

Ein im öffentlichen Dienst Beschäftigter, der seit 19 Jahren in einer gleichgeschlechtlichen Partnerschaft lebt, erhält neben seiner Grundvergütung nur den Ortszuschlag der Stufe 1, der nach § 29b Abs. 1 BAT für ledige Angestellte vorgesehen ist. Auf die Zahlung des erhöhten Ortszuschlages der Stufe 2 nach § 29b Abs. 2 Nr. 1 BAT haben nur verheiratete Angestellte im öffentlichen Dienst Anspruch. Die Ungleichbehandlung verheirateter Angestellter mit in gleichgeschlechtlicher Lebensgemeinschaft lebenden Angestellten bei § 29 Abschnitt B II Nr. 1 BAT verstößt nicht gegen den allgemeinen Gleichheitssatz. Der Grund hierfür liegt in der sozialen Komponente des Ortszuschlages in Gestalt der sog. familienbezogenen Ausgleichsfunktion. Anwendbar ist aber § 29 Abschnitt B II Nr. 4 BAT, um soziale Härten abzufedern.
BVerfG, FamRZ 1999, 1417; BAG, FamRZ 1998, 545

Ein Beamter, der mit seiner nichtehelichen Lebenspartnerin in einer gemeinsamen Wohnung lebt, hat keinen Anspruch gem. § 40 Abs. 1 Nr. 4 S. 1 BBesG auf Zahlung des erhöhten Ortszuschlages der Stufe 1; dieser ist vielmehr verheirateten Beamten vorbehalten (anders die Vorinstanz OVG Schleswig, NJW 1992, 258). Das kann allerdings anders sein, wenn ein Partner schwer pflegebedürftig ist oder gemeinsame Kinder zu betreuen sind.
BVerwG, DÖV 1994, 303 = DVBl 1994, 584 ff.

Eine Ausnahme von der Alters-Höchstgrenzenregelung des § 10 Abs. 3 Satz 1 BAföG (30 Jahre bei Beginn des Ausbildungsabschnittes, für den die Förderung beantragt wird), kann dann gegeben sein, wenn der Auszubildende „infolge einer einschneidenden Veränderung seiner persönlichen Verhältnisse bedürftig geworden ist", § 10 Abs. 3 Nr. 4 BAföG. Beispiele hierfür können die Scheidung einer Ehe oder der Tod eines Ehegatten sein. Das Ende einer nichtehelichen Lebensgemeinschaft zählt dagegen nicht zu den Einschnitten, denen ein vergleichbares emotionalpersönliches Gewicht beizumessen ist.
VGH Baden-Württemberg, VBlBW 1989, 262

Im Rahmen der gesetzlichen Unfallversicherung ist der Arbeitnehmer auch bei Wegeunfällen zwischen der Arbeitsstätte und der Wohnung der „Familie ohne Trauschein" geschützt.
BSG, NJW 1962, 2271

In der gesetzlichen Krankenversicherung besteht kein Leistungsanspruch des unverheirateten Partners.
BSG, NJW 1991, 447; Anm.: Dies gilt nach Grziwotz, FamRZ 1994, 1217, 1224 auch für die Rentenversicherung

Der nichteheliche Kindsvater haftet gegenüber dem Krankenhaus nicht für die Entbindungskosten.
LG Köln, NJW 1991, 2354

Die ausländerrechtlichen Regelungen über den Familiennachzug finden auf eheähnliche Lebensgemeinschaften von Ausländern bzw. von Ausländern mit Deutschen keine Anwendung.
VGH Kassel, NVwZ-RR 1994, 55

Die Abschiebung eines Ausländers kann nicht vollzogen werden, wenn seine nichteheliche deutsche Lebensgefährtin ein Kind von ihm erwartet.
BayVGH, FamRZ 1992, 311

Die Versagung von Sonderurlaub für die Niederkunft der nichtehelichen Lebensgefährtin eines Beamten wie auch von zwei bezahlten Freistellungstagen für die Niederkunft der nichtehelichen Lebensgefährtin eines Angestellten, auf dessen Angestelltenverhältnis der BAT Anwendung findet (s. hierzu neuerdings die Entscheidung BAG, FamRZ 2001, 1366), ist von Verfassungs wegen nicht zu beanstanden.
BVerfG, NJW 1998, 2043 (zwei Beschlüsse)

Ein Zusammenleben in nichtehelicher Lebensgemeinschaft erfüllt nicht die Voraussetzungen der Rundfunkgebührenbefreiung nach § 5 Absatz 1 Satz 1 Nr. 1 RfgebStV für Zweitgeräte. Namentlich der Gleichbehandlungsgrundsatz gebietet eine Gleichbehandlung von Partnern nichtehelicher Lebensgemeinschaften mit Ehegatten hinsichtlich der Rundfunkgebührenbefreiung nicht.
VG Karlsruhe, NJW 1998, 2693

Die Aufwendungen einer unverheirateten Beamtin für eine bei ihr vorgenommene heterologe Insemination sind nicht beihilfefähig, weil diese Aufwendungen über den Lebenszuschnitt hinausgehen, der einer unverheirateten Beamtin mit der beamtenrechtlichen Alimentierung zu gewähren sind.
OVG Münster, NJW 1998, 3438

Prozesskostenhilfe, §§ 114 ff. ZPO 162

Leben in einer Wohnung (Unterkunft) mehrere Personen mit eigenem Einkommen, so sind für die Berechnung der Prozesskostenhilfe die Kosten der Unterkunft i. d. R. nach Köpfen aufzuteilen. Dies gilt sowohl für Ehegatten als auch für nichteheliche Lebenspartner sowie für Wohngemeinschaften, es sei denn, das Einkommen des mitwohnenden Partners ist sehr niedrig oder bleibt weit hinter dem Einkommen des anderen Mitbewohners zurück (Anm.: Der Entscheidung liegt offenbar der Gedanke zugrunde, dass der Antragsteller, der einem anderen Unterkunft gewährt, dies als besondere Belastung geltend machen können soll. Entscheidend ist daher im Einzelfall darauf abzustellen, ob dem gemeinsamen Wohnen ein „Versorgungscharakter" beizumessen ist).
OLG Koblenz, FamRZ 1997, 679

Unterhaltsleistungen, die ohne gesetzliche Verpflichtung gegenüber dem Partner der nichtehelichen Lebensgemeinschaft erbracht werden, können als „besondere Belastung" i. S. d. § 115 Abs. 1 Satz 3 Nr. 4 ZPO abzugsfähig sein; dies vor allem dann, wenn die Sozialhilfe des Partners im Hinblick auf die nichteheliche Lebensgemeinschaft = Hausratsgemeinschaft gekürzt wird.
OLG Bremen, FamRZ 1997, 298

Rechtsbeziehungen der Partner der nichtehelichen Lebensgemeinschaft zu Dritten

Die sog. Totenfürsorge wahrzunehmen, insbesondere den Ort der letzten Ruhestätte zu bestimmen oder für die Bestattung an einem von dem Verblichenen bestimmten Ort zu sorgen und seinen Leichnam erforderlichenfalls umzubetten, hat derjenige, den der Verstorbene hierzu bestimmt hat. Dies kann auch jemand sein, der nicht zum Kreis der an sich dazu berufenen Angehörigen zählt. Entscheidend ist der Wille des Verstorbenen, der auch in erster Linie über Art und Ort der Bestattung entscheidet. Bei der Ermittlung des für die Wahrnehmung der Totenfürsorge maßgeblichen Willens des Verstorbenen kommt es nicht nur auf dessen ausdrückliche Willensbekundungen, etwa in einer letztwilligen Verfügung an. Vielmehr genügt es, wenn auf den Willen aus den Umständen mit Sicherheit geschlossen werden kann. Ergibt sich, dass das Totenfürsorgerecht nach dem Willen des Verstorbenen seinem langjährigen Lebensgefährten zustehen soll und der Verstorbene seine Bestattung an einem bestimmten Ort wünscht, kann dieser Lebensgefährte von den Eltern des Verstorbenen die Rückbettung des ohne seine Zustimmung umgebetteten Verstorbenen verlangen.
OLG Karlsruhe, NJW 2001, 2980

Ein Reisender ist nur zur Geltendmachung eigener Ansprüche gegen den Reiseveranstalter aktivlegitimiert, nicht aber auch zur Geltendmachung von Ansprüchen seines mitreisenden Lebenspartners. Mit dem mitreisenden Lebenspartner ist nämlich ein eigener Reisevertrag zustandegekommen, den der buchende Partner für ihn als Stellvertreter geschlossen hat.
AG Hannover, NJW-RR 2002, 701

Die Rspr. zur Bürgschaft finanziell überforderter Ehegatten findet i. d. R. entsprechende Anwendung, wenn Hauptschuldner und Bürge durch eine eheähnliche Lebensgemeinschaft verbunden sind. Dies gilt auch insofern, als der Kreditgeber aufgrund einer besonderen (Stundungs-)Abrede oder nach § 242 BGB gehindert sein kann, den Partner, der eine seine wirtschaftliche Leistungsfähigkeit weit übersteigende Bürgschaftsverpflichtung eingegangen ist, in Anspruch zu nehmen (Anm.: Diese Einschränkung kann z. B. gegeben sein, wenn die Bürgenhaftung nur vereinbart wird, um dem Gläubiger die Möglichkeit einzuräumen, auf Vermögen zuzugreifen, das – für beide Seiten erkennbar – erst zu einem ungewissen späteren Zeitpunkt einmal in der Person des Bürgen entstehen wird. Dann kann die Fälligkeit des Bürgschaftsanspruches so lange hinausgeschoben sein, bis der Bürge Vermögen erlangt hat).
BGH, NJW 1997, 1005 = FamRZ 1997, 481; Bestätigung von BGH, FamRZ 1995, 469

Wird bei einer stabilen und auf Dauer angelegten nichtehelichen Lebensgemeinschaft der haushaltsführende Partner verletzt, gehört die Position „Haushaltsarbeitskraft" zum ersatzfähigen Schaden im Rahmen des § 823 BGB.
AG Säckingen, FamRZ 1997, 293

Auch der Partner einer nichtehelichen Lebensgemeinschaft, der – ohne rechtlich dazu verpflichtet zu sein – seinen Gemeinschaftsbeitrag leistet, indem er den Haushalt führt, hat einen Schadensersatzanspruch aus § 843 Abs. 1 1. Alt. BGB wegen (teilweisen) Verlustes seiner Erwerbsfähigkeit, wenn er infolge einer von einem Dritten verschuldeten Körper- oder Gesundheitsverletzung ganz oder teilweise in der Haushaltsführung ausfällt.
LG Zweibrücken, FamRZ 1994, 955; a. A. Palandt/Brudermüller, BGB, Einl. v. § 1297 Rn. 26

Wird ein Partner durch einen Dritten getötet, besteht kein Anspruch des hinterbliebenen Partners aus § 844 Abs. 2 BGB, ebenso wenig aus § 845 BGB.
OLG Stuttgart, FamRZ 1996, 1177; BGH NJW 1991, 1226

Die Befugnis, gem. § 1093 Abs. 2 BGB andere Personen in die Wohnung aufzunehmen, erstreckt sich auch auf nichteheliche Lebenspartner.
BGH, NJW 1982, 1868 (Achtung!: Noch nicht entschieden für gleichgeschlechtliche Lebenspartner)

Die Aufnahme eines neuen Lebensgefährten in die noch gemeinsam genutzte Ehewohnung kann die alleinige Wohnungszuweisung an den anderen Ehegatten rechtfertigen.
OLG Hamm, FamRZ 1993, 1142

Hat der unterhaltsverpflichtete Ehemann sein zuvor ertragreiches Erwerbsgeschäft auf eine neu gegründete GmbH seiner neuen Lebensgefährtin übertragen und fungiert er nunmehr nur noch als schlecht bezahlter Angestellter, so kommt eine Klage der Ehefrau gegen die Lebensgefährtin aus § 826 BGB gegen die neue Lebensgefährtin des Ehemannes nur bei Nachweis besonders sittlich anstößiger Unrechtsmomente in Betracht. Dass die Klägerin in der Übertragung den alleinigen Zweck sieht, ihre titulierten Unterhaltsansprüche zu verhindern, genügt hierfür nicht. Grundsätzlich besteht ein Vorrang des Anfechtungsgesetzes (gegenüber der neu gegründeten GmbH) mit Durchgriffsmöglichkeit gegen die Beklagte gem. § 11 AnfG.
OLG Koblenz, FamRZ 1999, 1062

Lebt eine Studentin eheähnlich mit einem Lebensgefährten zusammen, kommt eine Bedarfskürzung wegen von ihm geleisteter Unterstützungszahlungen nicht in Betracht, weil solche Zahlungen und Vorteile nicht zur Entlastung des barunterhaltspflichtigen Vaters bestimmt sind.
OLG Hamm, FamRZ 1998, 767

Eine Regelung in einer WEG-Gemeinschaftsanordnung, wonach sich ein Eigentümer nur durch Ehegatten, Verwandte in gerader Linie oder einen anderen Wohnungseigentümer vertreten lassen kann, ist wirksam. Sie gestattet es dem Wohnungseigentümer nicht, sich durch den Partner einer nichtehelichen Lebensgemeinschaft vertreten zu lassen. Im Einzelfall kann es aber für einen Wohnungseigentümer aber nach § 242 BGB unzumutbar sein, an der Vertretungsregelung festgehalten zu werden (das Landgericht hatte die fragliche Vereinbarung auf die nichteheliche Lebensgemeinschaft analog angewandt. Das BayObLG lehnt dies ab: Die Voraussetzungen einer Analogie lägen nicht vor, weil die fragliche Regelung aus dem Jahre 1985 stamme und die Parteien die Existenz von nichtehelichen Lebensgemeinschaften hätten berücksichtigen können. Zwar habe der BGH § 569a BGB auf Partner der nichtehelichen Lebensgemeinschaft analog angewandt unter Berufung auf den Begriff des Familienangehörigen in § 569a Absatz 2 BGB; dieser Vorschrift liege indes ein anderer Normzweck zugrunde).
BayObLG, FamRZ 1997, 1477 (Achtung!: s. nunmehr § 563 BGB n. F.)

Dem Lebenspartner des Betroffenen steht gegen die Bestellung eines Betreuers kein Beschwerderecht i. S. d. § 20 FGG zu.
BayObLG, NJW 1998, 1567

Die Schadensersatzpflicht des Schädigers aus einem Verkehrsunfall umfasst auch Fahrtkosten der Lebensgefährtin und späteren Ehefrau des bei dem Unfall schwerwiegend verletzten Geschädigten, die für Krankenhausbesuche entstanden sind.
LG Münster, NJW 1998, 1801

Auch zwischen nicht verheirateten Elternteilen kann ein pfändbarer (§ 850b Abs. 2 BGB) Taschengeldanspruch gem. §§ 1615l Abs. 2 Satz 2, Abs. 5 BGB bestehen.
LG Tübingen, FamRZ 2002, 556 mit zustimmender Anm. Ernst, FamRZ 2002, 557

Rechtsbeziehungen nach dem Ende der nichtehelichen Lebensgemeinschaft   28

Der Grundsatz, dass Partner einer gescheiterten nichtehelichen Lebensgemeinschaft i. d. R. ihre persönlichen und wirtschaftlichen Leistungen nicht gegeneinander aufrechnen können, steht der Annahme entgegen, dieses Scheitern lasse die Geschäftsgrundlage für die bisher erbrachten Leistungen entfallen.
BGH, NJW 1996, 2727 = FamRZ 1996, 1141 = MDR 1996, 1035

Stehen ein Mann und eine Frau in persönlichen Beziehungen mit Geschlechtsgemeinschaft, sind große Zuwendungen, die nicht nur für den Gebrauch oder Verbrauch innerhalb kurzer oder nicht allzu langer Zeit geschehen sind (hier: Überlassung des hälftigen Anteils an einem Wohnungseigentum), nach dem Ende der persönlichen Beziehungen gem. § 812 Abs. 1 Satz 2 BGB zurückzugewähren.
OLG Stuttgart, Justiz 1985, 201

Wesentliche Beiträge eines Partners, mit denen ein Vermögenswert von wirtschaftlicher Bedeutung (hier: Haus) geschaffen wurde, dessen Alleineigentümer der andere Partner ist, sind nach Auflösung der nichtehelichen Lebensgemeinschaft nach Bereicherungsrecht auszugleichen. Die Kondiktion wegen Zweckverfehlung bietet dabei – in Anbetracht der Billigkeit – eine flexible Möglichkeit zum Ausgleich von Vermögenszuwendungen für Fälle der vorliegenden Art.
OLG Stuttgart, NJW-RR 1993, 1475 (beachte aber nachstehende Entscheidung des OLG Köln)

Dem Partner einer nichtehelichen Lebensgemeinschaft, der den gemeinsamen Erwerb eines Grundstücks aus seinen Mitteln finanziert hat, steht nach Beendigung der nichtehelichen Lebensgemeinschaft kein Bereicherungsanspruch auf Übertragung des anderen Miteigentümeranteils zu. Es kommt hier allenfalls ein Ausgleich gem. § 426 BGB in Betracht.
OLG Köln, NJW 1995, 2232

Nach dem Ende einer nichtehelichen Lebensgemeinschaft ist ein Ausgleich nach gesellschafts- oder gemeinschaftsrechtlichen Grundsätzen (§§ 705 ff., 741 ff. BGB) nur in Betracht zu ziehen,

wenn die Partner die Absicht verfolgt haben, mit dem Erwerb eines Vermögensgegenstandes einen – wenn vielleicht auch nur wirtschaftlich – gemeinschaftlichen Wert zu schaffen, der von ihnen nicht nur für die Dauer der Partnerschaft gemeinsam benutzt, sondern nach ihrer Vorstellung ihnen auch gemeinsam gehören sollte.
BGH, NJW 1981, 1502

Die Grundsätze des BGH über den Ausschluss von Ausgleichsansprüchen nach Auflösung einer nichtehelichen Lebensgemeinschaft (BGHZ 77, 55 = NJW 1980, 1520; BGH, NJW 1981, 1502; vgl. vorstehend) gelten auch dann, wenn ein Partner den anderen als Bürge aus einem von dem anderen Teil im Interesse des Bürgen aufgenommenen Darlehens in Anspruch nimmt.
OLG Celle, NJW 1983, 1063

Soll ein überlassener Pkw dafür dienen, dem Verlobten die Fahrt zur Arbeitsstätte (um dort für den gemeinsamen Haushalt Geld zu verdienen) zu ermöglichen, so scheiden Ansprüche aus §§ 1298, 1301 BGB aus, wenn die Anschaffung nicht „in Erwartung einer Ehe" erfolgt, sondern das Zusammenleben in vorehelicher Lebensgemeinschaft vorbereiten soll. Ziehen Verlobte – wie heute allgemein anerkannt – schon vor der Ehe zusammen, kann von einer Aufwendung „in Erwartung der Ehe" nur dann ausgegangen werden, wenn konkrete Anhaltspunkte dafür bestehen, dass die Heiratsabsicht in die Tat umgesetzt wird.
OLG Oldenburg, FamRZ 1996, 287

Hat ein Partner einer nichtehelichen Lebensgemeinschaft im Wege der Umschuldung vorgemeinschaftliche Schulden des anderen übernommen, so kann er nach Beendigung der nichtehelichen Lebensgemeinschaft wegen der noch bestehenden Restschulden einen Ausgleichsanspruch nach den Grundsätzen des Wegfalls der Geschäftsgrundlage haben.
OLG Karlsruhe, NJW-RR 1994, 1157

Unterhalten die Parteien einer eheähnlichen Lebensgemeinschaft bei einer Sparkasse ein sog. Oder-Konto, reicht das nichteheliche Zusammenleben als solches nicht aus, um eine von § 430 BGB abweichende Bestimmung anzunehmen und im Falle des Todes eines von ihnen dem anderen Teil unter Übergehung des gesetzlichen Erben die ganze Leistung zukommen zu lassen.
OLG Celle, FamRZ 1982, 63

Auch wenn für einen Ausgleichsanspruch bei Beendigung der nichtehelichen Lebensgemeinschaft gesellschaftsrechtliche Ansprüche heranzuziehen sind, ist § 735 BGB, wonach die Gesellschafter für einen Fehlbetrag nach ihren Anteilen aufzukommen haben, nur ausnahmsweise bei Vorliegen besonderer Umstände anwendbar.
OLG Nürnberg, FamRZ 2000, 97 (LS)

Rechtsbeziehungen zwischen den Partnern der nichtehelichen Lebensgemeinschaft

Allein die Anschaffung eines Gegenstandes für den Haushalt einer nichtehelichen Lebensgemeinschaft mit den Mitteln eines Partners bedeutet i. d. R. nicht, dass der Erwerb zu Miteigentum beider Partner erfolgen soll.
OLG Hamm, NJW 1989, 909

Ein gemeinschaftliches Testament in den Formen des § 2267 BGB kann nach § 2265 BGB nur von Ehegatten errichtet werden. Von der Einhaltung dieser gesetzlichen Formvorschriften kann auch aus Billigkeitsgründen nicht abgesehen werden.
OLG Düsseldorf, FamRZ 1997, 518

Es ist mit dem Grundgesetz vereinbar, dass die Vorschriften über das gemeinschaftliche Testament, insbesondere die Formerleichterung des § 2267 BGB, bei Verlobten und nichtehelichen Lebensgefährten keine Anwendung finden.
BVerfG, NJW 1989, 1986

Weist ein Partner einer nichtehelichen Lebensgemeinschaft, der der Mieter der seit langem gemeinsam benutzten Wohnung ist, den anderen Partner ohne Vorankündigung aus der Wohnung aus, dann stellt das eine verbotene Eigenmacht dar, es sei denn, das Zerwürfnis zwischen den Part-

nern geht auf einen seit langem anhaltenden Streit zurück, der einer Hausfriedensstörung i. S. von § 554a BGB vergleichbar ist.
LG Chemnitz, NJW-RR 1995, 269 (Achtung!: s. nunmehr § 569 Abs. 2 BGB n. F.)

Eine Vereinbarung über die Einnahme empfängnisverhütender Mittel ist unwirksam.
BGH, NJW 1986, 2043; a. A. Hausmann, Nichteheliche Lebensgemeinschaften und Vermögensausgleich, 1989, 89; Ramm, JZ 1986, 1011

Vertragsstrafen für den Fall der einseitigen Auflösung der nichtehelichen Lebensgemeinschaft sind unwirksam, weil es keine Pflicht zur Aufrechterhaltung der Beziehung gibt.
OLG Hamm, NJW 1988, 2474

Zulässig ist die Vereinbarung einer Abstandssumme, die konkret oder pauschal bezifferte Nachteile der Trennung wie z. B. Wohnungssuche, Anschaffung von Hausratsgegenständen etc. auszugleichen sucht.
BFH, NJW 1990, 703

Regelungen über die Gemeinschaft nach den §§ 266 ff. ZGB/DDR waren auf die Partner einer nichtehelichen Lebensgemeinschaft nicht anwendbar, so dass auch kein gemeinschaftliches Eigentum nach § 269 ZGB/DDR an einem gemeinsam bewohnten Gebäude entstehen konnte. Auch begründete das Recht der DDR keine Besitzansprüche an der Wohnung des Partners einer nichtehelichen Lebensgemeinschaft über den Fortbestand der Lebensgemeinschaft hinaus. Die Zubilligung eines Zurückbehaltungsrechtes an einzelnen Räumen einer Wohnung oder eines ungeteilten Hauses nach Beendigung der nichtehelichen Lebensgemeinschaft widerspricht der rechtlichen Natur der nichtehelichen Lebensgemeinschaft und ist somit ausgeschlossen. Denn dies würde zur Aufrechterhaltung rechtlicher Bindungen zwischen den Partnern führen, was der sonstigen rechtlichen Gestaltung des Verhältnisses widersprechen würde (im Anschluss an BGHZ 63, 348, 351). Die Einräumung einer Räumungsfrist gem. § 721 ZPO ist aber möglich (im konkreten Fall verneint).
OLG Brandenburg, FamRZ 1997, 1477

Steuerrecht 167

Die für die steuerliche Beurteilung von Verträgen zwischen Eheleuten geltenden Grundsätze können nicht auf Verträge zwischen Partnern einer nichtehelichen Lebensgemeinschaft übertragen werden.
BFH, NJW 1988, 2135

Unterhaltsleistungen entstehen einem in einer eheähnlichen Gemeinschaft lebenden Steuerpflichtigen aus sittlichen Gründen zwangsläufig i. S. der §§ 33 Abs. 2, 33a Abs. 1 EStG, wenn dem hilfsbedürftigen Partner die Sozialhilfe im Hinblick auf das Zusammenleben gem. § 122 Satz 1 BSHG verweigert wird.
BFH, NJW 1994, 2911

Leben Partner einer nichtehelichen Lebensgemeinschaft zusammen in einer Eigentumswohnung, die einem von ihnen gehört, kann dieser seine Wohnung nicht steuerrechtlich wirksam zur Hälfte dem anderen vermieten.
BFH, NJW 1996, 2752 = BB 1996, 1422; Anm.: Die Entscheidung ist vollständig wiedergegeben in NJWE-MietR 1996, 168

Der Partner einer nichtehelichen Lebensgemeinschaft kann als Haushaltsgehilfe i. S. von § 32 Abs. 3 Nr. 2 EStG einzustufen sein.
BFH, DB 1990, 256

Die bei der Einkommensteuer bei Ehegatten bestehenden Freibeträge sind bei Partnern einer nichtehelichen Lebensgemeinschaft nicht zusammenzurechnen und der die Steuerprogression mindernde Splittingtarif ist nicht anwendbar.
BFH, NJW 1990, 734

Trennungsunterhalt, § 1579 BGB 103

Das Zusammenleben des Unterhaltsberechtigten mit einem neuen Partner kann dann zur Annahme eines Härtegrundes i. S. d. § 1579 Nr. 7 BGB führen, wenn sich diese neue Beziehung in einem solchen Maße verfestigt, dass damit gleichsam ein nichteheliches Zusammenleben an die Stelle einer Ehe getreten ist. Von einer derartigen Verfestigung wird i. d. R. nicht vor Ablauf von zwei oder drei Jahren ausgegangen werden können, da zuvor nicht auszuschließen ist, dass die Partner nur „probeweise" zusammenwohnen.
BGH, FamRZ 1997, 671

Der Anspruch auf Trennungsunterhalt ist bei kurzer Ehedauer (hier zwei Monate) und der Aufnahme eines nachhaltigen, auf längere Dauer angelegten intimen Verhältnisses mit einem anderen Partner auch ohne Begründung eines eheähnlichen Zusammenlebens gem. § 1579 Nr. 6 BGB aus Billigkeitsgründen zu versagen.
AG Duisburg, FamRZ 1997, 558; das Gericht stützt sich hierbei auf Entscheidungen des BGH in FamRZ 1981, 439 und des OLG Celle in FamRZ 1990, 519

Eine verfestigte sozioökonomische Lebensgemeinschaft setzt voraus, dass das nichteheliche Zusammenleben mindestens drei Jahre bestanden hat.
OLG Oldenburg, NJW-RR 1992, 512

Die Zahlung von Ehegattenunterhalt ist jedenfalls dann unzumutbar, wenn der Unterhaltsberechtigte mit einem neuen Partner dauerhaft in einer festen sozialen Verbindung zusammenlebt und gemeinsam wirtschaftet, wobei ein solches eheähnliches Verhältnis zwei bis drei Jahre andauern muss, um eine verfestigte eheähnliche Gemeinschaft anzunehmen.
AG Hamburg, FamRZ 1997, 374

Zwangsvollstreckung 148

Hat ein Partner einer nichtehelichen Lebensgemeinschaft einen Titel auf Räumung der gemeinsamen Wohnung gegen den anderen Partner erwirkt, dann liegt in einem weiteren intimen Verkehr kein Verzicht auf eine Vollstreckung aus diesem Titel.
LG Oldenburg, NJW-RR 1990, 590

Name und Anschrift des Partners einer nichtehelichen Lebensgemeinschaft müssen bei Abgabe einer eidesstattlichen Versicherung auch von einem arbeitslosen Schuldner nicht angegeben werden, wenn der Gläubiger lediglich vorträgt, der Schuldner erbringe die im Rahmen einer Lebensgemeinschaft üblichen Leistungen wie Haushaltsführung und/oder Kinderbetreuung.
LG Memmingen, FamRZ 1997, 512; a. A. für den Fall, dass der Schuldner bestimmte Arbeitsleistungen erbringt und dafür bestimmte Entgelte erhält: LG Heilbronn, Rpfleger 1992, 359

Der gleichgeschlechtliche Lebensgefährte kann ein zur Familie gehörender erwachsener Hausgenosse i. S. von § 181 Abs. 1 1. Alt. ZPO sein.
OVG Hamburg, NJW 1988, 1807; a. A. BGH, NJW 1987, 1562; auf die Frage der Gleichgeschlechtlichkeit kommt es in diesem Zusammenhang in keiner der hierzu ergangenen Entscheidungen an

Abschnitt 3: Arbeits- und Beratungshilfen

1. Partnerschaftsvertrag (Muster)

> *Hinweis:*
> *Es kann ausgesprochen sinnvoll sein, vertragliche Vereinbarungen mit dem Partner zu treffen, um die Unwägbarkeiten bei der Behandlung der Rechtsbeziehungen innerhalb einer nichtehelichen Lebensgemeinschaft zu minimieren. Vorsicht ist allerdings vor der kritiklosen Anwendung von Musterverträgen geboten, denn eine Partnerschaftsvereinbarung sollte stets den konkreten Verhältnissen der Partner angepasst sein und werden (so ausdrücklich Schreiber, FPR 1995, 31 mit beachtlichen Vorschlägen zur inhaltlichen Ausgestaltung einzelner Regelungen; dazu auch ausführlich Klein, FPR 1995, 110). Das nachfolgende Muster eines Partnerschaftsvertrages versteht sich deshalb lediglich als eine Anregung, zu welchen Punkten eine Regelung getroffen werden kann.*

Partnerschaftsvertrag

zwischen . . . (Name, Vorname, Adresse) und . . . (Name, Vorname, Adresse)

Wir leben seit dem . . . in nichtehelicher Lebensgemeinschaft zusammen.

Ein Verlöbnis besteht nicht.

A. Vermögensverzeichnis

Wir stellen folgendes Vermögensverzeichnis auf, das Auskunft über das Eigentum an Sachen gibt, die in die nichteheliche Lebensgemeinschaft eingebracht worden sind und im Falle der Trennung maßgeblich für die Auseinandersetzung sind. Als maßgeblicher Zeitpunkt für die Auseinandersetzung wird die Aufhebung der Lebensgemeinschaft, z. B. durch Auszug eines Partners aus der gemeinsamen Wohnung, vereinbart.

I. Folgende Sachen sind Alleineigentum von . . . (Name): . . .

   (genaue Bezeichnung).

II. Folgende Sachen sind Alleineigentum von . . . (Name): . . .

   (genaue Bezeichnung).

III. An folgenden Sachen besteht gemeinschaftliches Eigentum je zur Hälfte:

   . . . (genaue Bezeichnung).

IV. Wir verpflichten uns, dieses Vermögensverzeichnis fortzuführen, sobald weitere Sachen ab einem Wert von . . . € in die nichteheliche Lebensgemeinschaft eingebracht werden.

V. Ist eine nach Begründung der nichtehelichen Lebensgemeinschaft neu angeschaffte Sache trotzdem nicht im Vermögensverzeichnis aufgeführt worden, gilt, dass Haushaltsgegenstände, die an Stelle von nicht mehr vorhandenen oder wertlosen Gegenständen angeschafft wurden, Eigentum des Partners werden, dem die nicht mehr vorhandenen oder wertlos gewordenen Gegenstände gehört haben (§ 1370 BGB entsprechend). Dies gilt auch/ gilt nicht für gemeinsam genutzte Kraftfahrzeuge. Alle übrigen Gegenstände sollen jedem Partner zur Hälfte gehören und im Falle einer Trennung so verteilt werden, dass jeder einen eigenen Hausstand führen kann.

B. Gemeinsame Wohnung

Wir haben gemeinschaftlich folgende Wohnung gemietet: . . . (Adresse).

Im Innenverhältnis trägt jeder die sich aus dem Mietvertrag ergebenden Kosten zur Hälfte (z. B. Miete, Nebenkosten, Schönheitsreparaturen, Kleinreparaturen, Kaution). Leistungen des Vermieters an uns als Mieter in Geld werden hälftig geteilt.

Im Falle der Trennung sind wir einander verpflichtet, an der Auflösung und Abwicklung des Mietvertrages mitzuwirken. Im Innenverhältnis gelten die Kündigungsfristen des § 573c BGB entsprechend.

Alternativ:

Derjenige, der die Partnerschaft beendet, ist zum sofortigen Auszug aus der Wohnung verpflichtet.

Oder

Er/Sie ist in die von ihm/ihr gemietete Wohnung am . . . eingezogen. Er/Sie beteiligt sich an den aus dem Mietvertrag fällig werdenden Kosten zu . . ... %.

Werden Nebenkosten oder Miete vom Vermieter zurückerstattet, so werden solche Leistungen entsprechend der Kostenteilung aufgeteilt. Im Falle der Trennung ist der Partner, der nicht Mieter ist, zum Auszug verpflichtet. Zu seinem Schutz gelten im Innenverhältnis die Kündigungsfristen des § 573c BGB entsprechend. Die Frist beginnt mit der schriftlichen Aufforderung durch einen Teil, den Mietvertrag zu kündigen oder auszuziehen. Für die Zeit zwischen Trennung und Auszug gilt folgende Raumaufteilung: . . . . .. (genaue Lagebezeichnung).

Alternativ:

Der Partner, der nicht Mieter ist, verpflichtet sich, bei Beendigung der Partnerschaft sofort/ innerhalb einer Frist von . . . auszuziehen.

C. Gemeinsamer Haushalt

Die Kosten für die gemeinsame Haushaltsführung werden hälftig geteilt. Zu diesem Zweck wird bei einer Bank oder Sparkasse ein gemeinsames Oder-Konto eingerichtet. Auf dieses Konto zahlt jeder monatlich einen Betrag von . . . € ein.

Alternativ:

. . . zahlt einen monatlichen Betrag von . . . € ein. . . . zahlt einen monatlichen Betrag von . . . € ein. Ein Ausgleich findet nicht statt.

Zur Haushaltsführung gehört auch die gemeinschaftliche Nutzung eines Kraftfahrzeuges.

Bei einer Trennung wird das verbleibende Guthaben auf dem gemeinsamen Konto entsprechend dem Innenverhältnis geteilt. Das gleiche gilt, sofern sich ein Sollstand auf dem Konto ergibt.

Die Vereinbarung über die Kostenverteilung kann jederzeit gekündigt werden.

D. Unterhalt

Weder während des Bestehens der nichtehelichen Lebensgemeinschaft noch nach ihrer Auflösung bestehen Unterhaltsansprüche. § 1615l BGB bleibt unberührt.

Alternativ:

. . . verpflichtet sich, . . . einen monatlichen Unterhaltsbetrag in Höhe von . . . € zu zahlen. Der Unterhaltsanspruch entfällt, wenn . . . eine eigene Erwerbstätigkeit aufnimmt.

Alternativ:

Der Unterhaltsanspruch ist auf . . . Jahre begrenzt (z. B. für die Erziehung eines gemeinsamen Kindes).

Alternativ:

Der Unterhaltsanspruch besteht sowohl während des Zusammenlebens als auch nach dessen Ende.

Für die Dauer des Unterhaltsanspruches verpflichtet sich . . . zur Altersversorgung von . . . monatlich . . . € an die Rentenversicherung als freiwilligen Beitrag zu zahlen.

E. Mitarbeit im Betrieb

Eine Vergütung für geleistete Dienste im Gewerbebetrieb des Partners findet nur statt, wenn ein ausdrücklicher Arbeitsvertrag vorliegt.

Alternativ:

Im Falle der Trennung erhält . . . für die Mitarbeit im Gewerbebetrieb des . . . eine Abfindung in Höhe von . . . €.

F. Geschenke

Beide Partner verzichten auf eine Rückforderung von Zuwendungen und Geschenken und nehmen diesen Verzicht wechselseitig an. Sie sind sich darüber einig, dass eine Trennung kein Fall groben Undanks ist.

G. Immobilien und größere Vermögenswerte

> *Hinweis:*
> *Hier macht ein Mustervorschlag wenig Sinn; sollten größere Vermögenswerte angeschafft werden oder mit gemeinsamen Mitteln abbezahlt werden, sollten unbedingt Ausgleichs- und Eigentumsregelungen für den Fall der Trennung vereinbart werden.*

H. Generalklausel

In den nicht geregelten Fällen gelten die §§ 705–740 BGB mit Ausnahme von § 723 Abs. 2 BGB entsprechend.

I. Schriftform

Änderungen und Ergänzungen dieses Vertrages bedürfen der Schriftform.

2. Postvollmacht (Muster)

Hiermit bevollmächtigen wir, ... und ... uns gegenseitig, alle an den jeweils anderen adressierten Postsendungen entgegenzunehmen. Dies gilt auch für Einschreiben, Pakete und Päckchen.

3. Vollmacht für Tod, Krankheit und Unfall (Muster)

Hiermit bevollmächtigen wir ... und ... uns gegenseitig, Einwilligungen zu ärztlichen Heilbehandlungen des jeweils anderen zu erteilen, sofern wir wegen Bewusstlosigkeit oder aus anderen Gründen nicht mehr in der Lage sind, für uns selbst zu entscheiden. Der Partner darf sich dementsprechend auch über den Gesundheitszustand des jeweils anderen informieren. Diesbezüglich entbinden wir die behandelnden Ärzte bereits jetzt von ihrer Schweigepflicht, auch über unseren Tod hinaus.

Der Partner ist zu Besuchen am Krankenbett berechtigt.

Sollten bei einem der Partner während des Bestehens der nichtehelichen Lebensgemeinschaft die Voraussetzungen für eine Betreuung i. S. d. §§ 1896 ff. BGB eintreten, bestimmen wir bereits jetzt den jeweils anderen zum Bevollmächtigten i. S. d. § 1896 Abs. 2 Satz 2 BGB, um unsere allfälligen Angelegenheiten zu regeln.

Diese Vollmacht gilt über den Tod hinaus, aber nur für die Dauer des Bestehens unserer nichtehelichen Lebensgemeinschaft.

Alternativ:

Wenn Kinder vorhanden sind, kann der/die Sorgeberechtigte auch insoweit eine Einwilligungsvollmacht für ärztliche Heileingriffe erteilen.

4. Generalvollmacht (Muster)

Hiermit bevollmächtigen wir ... und ... uns gegenseitig, Geschäfte des täglichen Lebens mit Wirkung für und gegen den jeweils anderen abzuschließen.

Teil 13: Internationales Familien- und Verfahrensrecht

Inhaltsverzeichnis

	Rn.
A. Einführung	1
I. Begriff und Rechtsquellen	1
1. Internationales Zivilverfahrensrecht	3
a) Internationale Zuständigkeit	8
aa) Europäisches Recht und Staatsverträge	8
bb) Autonomes deutsches Recht	11
b) Anerkennung und Vollstreckung	17
aa) Europäisches Recht und Staatsverträge	17
bb) Autonomes deutsches Recht	22
2. Internationales Privatrecht (anwendbares Recht)	25
II. Grundlegende Begriffe des Internationalen Privatrechts	29
B. Internationales Eherecht	65
I. Eheschließung	65
1. Zuständigkeit und Form der Eheschließung	66
a) Eheschließung im Inland	66
aa) Regelfall, Art. 13 Abs. 3 Satz 1 EGBGB	66
bb) Sonderfall, Art. 13 Abs. 3 Satz 2 EGBGB	68
b) Eheschließung im Ausland	69
2. Anerkennung im Ausland geschlossener Ehen	71
3. Voraussetzungen der Eheschließung und Mängel	74
a) Staatsverträge	74
b) Grundregel	75
c) Sonderregel, Art. 13 Abs. 2 EGBGB	78
d) Ehefähigkeitszeugnis	80
e) Mängel bei der Eheschließung	81
II. Bestehende Ehe	85
1. Intakte Ehe	85
a) Internationale Zuständigkeit und Anerkennung	85
b) Allgemeine Ehewirkungen, Art. 14 EGBGB	86
aa) Anwendungsbereich des Art. 14 EGBGB	88
bb) Anknüpfung	95

	Rn.
c) Güterrechtliche Wirkungen, Art. 15 EGBGB	100
aa) Anknüpfung	100
bb) Anwendungsbereich	106
cc) Sonderproblem erbrechtlicher Zugewinnausgleich	108
dd) Altehen	109
d) Ehe- und Kindesname	114
aa) Ehename	115
bb) Kindesname	118
cc) Übergangsrecht	121
2. Getrenntleben	122
a) Überblick	122
b) Ehegattenunterhalt	123
aa) Internationale Zuständigkeit	123
bb) Die Vollstreckung von ausländischen Unterhaltstiteln	129
(1) UN-Übereinkommen	144
(2) Haager Übereinkommen von 1958	145
(3) Haager Übereinkommen von 1973	146
(4) Luganer Übereinkommen	150
cc) Ausführungsgesetze	151
(1) Das Klauselerteilungsverfahren nach dem AVAG n. F.	152
(a) Regelungsbereich	153
(b) Zulässigkeitsvoraussetzungen	154
(c) Erfolgreicher Antrag	155
(d) Beschwerde	156
(e) Rechtsbeschwerde	157
(f) EuGVVO	158
(2) Das fakultative Beschlussverfahren nach den §§ 1063 Abs. 1, 1064 Abs. 2 ZPO	159
(a) Zuständiges Gericht	160
(b) Unzulässiger Antrag	161
(c) Weitere Vorgehensweise des Gerichts	162
(d) Entscheidung per Beschluss	163
dd) Die Vollstreckungsklage nach autonomem Recht	164

(1)	Zuständiges Gericht	165	b) Anwendbares Recht	244
(2)	Anerkennung	166	c) Wirksamkeit der Ehe als Erstfrage	248
(3)	Versagungsgründe	167	d) Rück- und Weiterverweisung	249
(4)	Auslandsunterhaltsgesetz	168	3. Scheidungsverfahren und Scheidungsausspruch	250
ee)	Abänderung einer Unterhaltsentscheidung	169	a) Scheidungsverfahren	250
ff)	Kollisionsrechtliche Regelung des Art. 18 EGBGB	172	b) Scheidungsausspruch	253
			4. Scheidungsfolgen	255
(1)	Einführung	172	a) Geschiedenenunterhalt (Nachehelicher Unterhalt)	259
(2)	Anknüpfung	177	aa) Internationale Zuständigkeit	259
(3)	Anwendungsbereich, Art. 18 Abs. 6 EGBGB	182	bb) Anerkennung und Vollstreckung	262
(4)	Bemessung des Unterhaltsbetrages	183	cc) Anknüpfung	263
c)	Kindesunterhalt	184	dd) Unterhaltshöhe	268
d)	Wohnung und Hausrat bei Getrenntleben	187	ee) Auskunftsanspruch	272
			b) Güterrechtlicher Ausgleich nach der Scheidung	273
aa)	Internationale Zuständigkeit	187	c) Versorgungsausgleich	284
bb)	Anwendbares Recht	188	aa) Internationale Zuständigkeit	284
e)	Elterliche Sorge bei Getrenntleben	191	bb) Anwendbares Recht	285
aa)	Internationale Zuständigkeit und Anerkennung ausländischer Entscheidungen	191	(1) Versorgungsausgleich nach Art. 17 Abs. 3 Satz 1 EGBGB	286
(1)	Internationale Zuständigkeit	191	(2) Versorgungsausgleich nach Art. 17 Abs. 3 Satz 2 EGBGB	289
(a)	MSA	195	(3) Nachholen des Versorgungsausgleichs	292
(b)	Haager Kindesentführungsabkommen	205	(4) Altehen	294
(2)	Anerkennung ausländischer Urteile	206	(5) Ausländische Versorgungsanwartschaften	296
(3)	Abänderung einer ausländischen Sorgerechtsentscheidung	211	(6) Auskunftsanspruch	297
			(7) Abänderungsverfahren	298
bb)	Kollisionsrechtliche Regelung der elterlichen Sorge	212	d) Hausrat und Zuteilung der Ehewohnung nach der Scheidung	299
(1)	Überblick	212	aa) Internationale Zuständigkeit	299
(2)	MSA	213	bb) Anwendbares Recht	300
(3)	Die Neuregelung des Art. 21 EGBGB	214	e) Elterliche Sorge nach der Scheidung	301
III. Scheitern der Ehe (Scheidung)		216	aa) Internationale Zuständigkeit	301
1. Internationale Zuständigkeit und Anerkennung ausländischer Entscheidungen		216	bb) Anwendbares Recht	303
a) Internationale Zuständigkeit deutscher Gerichte		216	C. Kindschaftsrecht außerhalb des Scheidungsverbundes – Überblick	307
b) Anerkennung ausländischer Scheidungsurteile		221	I. Internationale Zuständigkeit und Anerkennung ausländischer Entscheidungen	307
c) Anerkennung ausländischer Privatscheidungen		233	1. Internationale Zuständigkeit	307
2. Scheidung und Scheidbarkeit einer Ehe		238	2. Anerkennung und Vollstreckung ausländischer Entscheidungen	311
a) Qualifikation		238	II. Adoption, Art. 22 EGBGB	314

1. Internationale Verträge	314	1. Internationale Zuständigkeit und Anerkennung	342
a) Anwendungsbereich	316	2. Anwendbares Recht	347
b) Verfahren	317	a) Staatsverträge	347
c) Anerkennung und Wirkungen einer Auslandsadoption	321	b) Autonomes deutsches Recht	348
2. Autonomes deutsches Recht	324		
a) Anwendbares Recht	325		
b) Anwendungsbereich	328	**D. IPR der nichtehelichen Lebensgemeinschaft und der eingetragenen Lebenspartnerschaft**	356
aa) Grundsatz	328		
bb) Starke und schwache Adoption	331	I. Art. 17b EGBGB für die eingetragene Lebenspartnerschaft	357
cc) Adoptionsfolgen	332	II. Keine Anwendbarkeit des Art. 17b EGBGB n. F. auf die nichteheliche Lebensgemeinschaft (zwischen Mann und Frau)	360
dd) Anerkennung von Auslandsadoptionen	335		
III. Zustimmung, Art. 23 EGBGB	339		
IV. Vormundschaft und Pflegschaft, Art. 24 EGBGB	342		

Literatur:

Baumann, Die Anerkennung und Vollstreckung ausländischer Entscheidungen in Unterhaltssachen, Bielefeld 1989; *Bergner,* Der nach Brüssel entsandte Beamte im Versorgungsausgleich oder – Wie man die Bewertung ausländischer Versorgungsanrechte vermeidet, IPRax 1988, 281; *Bülow/Böckstiegel/Geimer/Schütze,* Der internationale Rechtsverkehr in Zivil- und Handelssachen: Quellensammlung mit systematischen Darstellungen u. e. Länderübersicht, Losseblattwerk, München; *Hau,* Internationales Eheverfahrensrecht in der Europäischen Union, FamRZ 1999, 484; *Helms,* Die Anerkennung ausländischer Entscheidungen im Europäischen Eheverfahrensrecht, FamRZ 2001, 257; *Henrich,* Kollisionsrechtliche Aspekte der Neuordnung des Familiennamensrechts, IPRax 1994, 174; *ders.,* in: FS Ferid (1988), S. 152; *ders.,* in: FS Kegel (1987), S. 197; *ders.,* in: FS Schwind (1978), S. 82; *ders.,* Internationales Scheidungsrecht, Bielefeld 1998; *ders.,* Kollisionsrechtliche Fragen der eingetragenen Lebenspartnerschaft, FamRZ 2002, 13; *Heß,* Aktuelle Perspektiven der europäischen Prozeßrechtsangleichung, JZ 2001, 573; *Hohloch,* Die Kindesentführung ins Ausland, in: Brennpunkte des Familienrechts 1999 (DAI 2000), S. 19; *ders./Kjelland,* Yearbook of Private International Law, Vol. III 2001, 223; *ders.* (Hrsg.), Internationales Scheidungs- und Scheidungsfolgenrecht, 1. Auflage 1998; *ders.,* Internationales Verfahrensrecht in Ehe- und Familiensachen, FF 2001, 45; *ders.,* in: FS Stoll (2002), „Kollisionsrecht in der Staatengemeinschaft", S. 533; *Hohloch/Jaeger,* Neues IPR der außervertraglichen Schuldverhältnisse und des Sachenrechts – Zur Neuregelung der Art. 38-46 EGBGB, JuS 2000, 1133; *Hök,* Das neue Ausführungsgesetz zu den Anerkennungs- und Vollstreckungsverträgen mit Norwegen, Israel und Spanien sowie zum Europäischen Gerichtsstands- und Vollstreckungsübereinkommen und dem Haager Unterhaltsvollstreckungseinkommen, JurBüro 1988, Sp. 1453; *Hub,* Die Neuregelung der Anerkennung und Vollstreckung in Zivil- und Handelssachen und das familienrechtliche Anerkennungs- und Vollstreckungsverfahren, NJW 2001, 3145; *Jayme,* Zur Verteilung der Ehewohnung und des Hausrats bei Getrenntleben ausländischer Ehegatten, IPRax 1981, 49; *ders.,* Scheidung gemischtnationaler Ehen nach deutschem Recht und Auslegung des Art 17 Abs. 1 Satz 2 EGBGB, IPRax 1987, 167; *ders.,* in: Zacher, Versorgungsausgleich im internationalen Vergleich (1985), S. 298; *Jayme/Hausmann,* Internationales Privat- und Verfahrensrecht, 11. Auflage, München 2002; Nr. 170; *Kappus,* Schiedsverfahrens- und Neuregelungsgesetz Gesetzesänderungen innerhalb und außerhalb der ZPO, NJW 1998, 582; *Kegel/Schurig,* Internationales Privatrecht, 8. Auflage, München 2000; *Kleinrahm/Partikel,* Die Anerkennung ausländischer Entscheidungen in Ehesachen, 2. Auflage, Göttingen 1970; *Kohler,* Internationales Verfahrensrecht für Ehesachen in der Europäischen Union: Die Verordnung Brüssel II, NJW 2001, 10; *Kreindler/Mahlich,* Das neue deutsche Schiedsverfahrensrecht aus ausländischer Sicht, NJW 1998, 563; *Kropholler,* Europäisches Zivilprozeßrecht, 7. Auflage, Heidelberg 2002; *ders.,* Internationales Privatrecht, 4. Auflage, Tübingen 2001; *Lorenz,* Das intertemporale internationale Ehegüterrecht nach Art. 220 Abs. 3 EGBGB und die Folgen eines Statutenwechsels, München 1991; *Lüderitz,* in: FS Baumgärtel (1990), S. 333, Köln 1990; *Piltz,* Vom EuGVÜ zur Brüsseler-I-Verordnung, NJW 2002, 789; *Puszkajler,* Das internationale Scheidungs- und Sorgerecht nach Inkrafttreten der Brüssel II-Verordnung, IPRax 2001, 10; *Rauscher,* Art 220 III EGBGB verfassungswidrig?, NJW 1987, 531; *Rosenberg/Gaul/Schilken,* Zwangsvollstreckungsrecht, 11. Auflage, München 1997; *Rumpf,* Das neue türkische Zivilgesetzbuch, StAZ 2002, 97; *Schack,* Internationales Zivilverfahrensrecht, 3. Auflage, München 2002; *Schurig,* Das Dilemma der Anerkennung „gesetzlicher Gewaltverhältnisse" nach Art. 3 des Haager Minderjährigenschutzabkommens, FamRZ 1975, 459; *Schütze,* Zur Zuständigkeit im Vollstreckbarerklärungsverfahren nach §§ 722 f. ZPO, NJW 1983, 154; *Sturm,* Bei der elterlichen Sorge irrlichtert Art. 3 MSA nicht mehr, IPRax 1991, 231; *Vogel,* Internationales Familienrecht – Änderungen und Auswirkungen durch die neue EU-Verordnung, MDR 2000, 1045; *Wagner,* Die Anerkennung und Vollstreckung von Entscheidungen nach der Brüssel II-Verordnung, IPRax 2001, 73; *Wagner,* Das neue Internationale Privat- und Verfahrensrecht zur eingetragenen Lebenspartnerschaft, IPRax 2001, 281; *Weber,* Der Streit um die vorläufige Zuweisung der Ehewohnung während bestehender Ehe, IPRax 1990, 95.

A. Einführung[1]

I. Begriff und Rechtsquellen

1   Familienrecht ist heute **national geordnet**. Es gibt deutsches Familienrecht und französisches und ... Familienrecht, aber **kein „Einheitsfamilienrecht"**, das als materielles Familienrecht über die Rechtsgrenzen der nationalen Gesetzgebung und Rechtssetzung hinaus gilt. Bis zur Schaffung solchen einheitlich gestalteten Rechts, das als Familienrecht gleichmäßige Geltung in mehreren Staaten haben kann, wird es noch geraume Zeit dauern – länger als z. B. im Kaufrecht oder sonstigen Vertragsrecht, wo sich in der EU oder darüber hinaus (z. B. UN-Kaufrecht) Einheitsrecht zu bilden begonnen hat. Die nationalen Traditionen verharren im Familienrecht stärker und länger, auch besteht ein geringeres Bedürfnis, z. B. im Interesse der Verkehrsfreiheit einheitliches Recht zu schaffen. In familienrechtlichen Sachverhalten mit „Auslandsberührung" hat demgemäß das Kollisionsrecht des **„Internationalen Familienrechts"** seine Bedeutung, das Aufschluss über das für den Sachverhalt maßgebliche (deutsche oder andere) materielle Familienrecht gibt. Ebenso ist das **Familienverfahrensrecht** auf verschiedene Sonderregeln angewiesen, mit denen es die Zuständigkeiten zwischen den Staaten verteilt und über die Anerkennung und Vollstreckung ausländischer Entscheidungen Auskunft gibt.

2   Die nachfolgende Darstellung gibt einen Überblick über die wesentlichen Regelungen auf dem Gebiet des internationalen Zivilprozessrechts, die für das Internationale Familienrecht maßgebend sind (s. hierzu einführend: Hohloch, Internationales Verfahrensrecht in Ehe- und Familiensachen, FF 2001, 45 ff.). Dabei wird zwischen der **internationalen Zuständigkeit deutscher Gerichte** und der **Anerkennung und Vollstreckung im Ausland ergangener Entscheidungen** differenziert. Im Anschluss daran folgt eine Übersicht über solche gesetzlichen Vorschriften, die regeln, welche Rechtsordnung den zu beurteilenden Sachverhalt beherrscht – sog. **Kollisionsnormen**. Jeweils sind Regelungen aus dem **autonomen deutschen Recht** von solchen aus **Staatsverträgen** zu unterscheiden.

1. Internationales Zivilverfahrensrecht

3   Im Mittelpunkt des Internationalen Familienprozessrechts stehen die Fragen nach der **internationalen Zuständigkeit deutscher Gerichte** und der **Anerkennung** und **Vollstreckung von Entscheidungen ausländischer Gerichte im Inland**.

4   Die Vorschriften aus dem **autonomen deutschen Recht** und aus **Staatsverträgen** sind zu trennen. Bisher diente bei der internationalen Zuständigkeit als Rechtsquelle hauptsächlich autonomes deutsches Recht; Staatsverträge mit Bedeutung für die internationale Zuständigkeit waren bislang eher selten. Am 28. 5. 1998 ist jedoch das EU-Übereinkommen über die Zuständigkeit und die Anerkennung und Vollstreckung von Entscheidungen in Ehesachen (EheEuGVÜ) verabschiedet worden. Aufgrund der neuen Regeln des Amsterdamer Vertrages ist das Übereinkommen dann am 29. 5. 2000 ohne grds. inhaltliche Veränderung in die **„Verordnung des europäischen Rates über die Zuständigkeit und die Anerkennung und Vollstreckung von Entscheidungen in Ehesachen und in Verfahren betreffend die elterliche Verantwortung für die gemeinsamen Kinder der Ehegatten"** (im Folgenden: EheEuGVVO, sonst auch „Brüssel II") übernommen worden (Verordnung (EG) Nr. 1347/2000 des Rates vom 29. 5. 2000, ABl. EG L 160/19 vom 30. 6. 2000. Abgedruckt bei Jayme/Hausmann, Nr. 170 und bei Zöller, ZPO, Anhang II, S. 2685. Dazu: Hau, Internationales Eheverfahrensrecht in der Europäischen Union, FamRZ 1999, 484 ff.; Kohler, Internationales Verfahrensrecht für Ehesachen in der Europäischen Union: Die Verordnung Brüssel II, NJW 2001, 10 ff.; Puszkajler, Das internationale Scheidungs- und Sorgerecht nach Inkrafttreten der Brüssel II-Verordnung, IPRax 2001, 81 ff.; Vogel, Internationales Familienrecht –Ände-

---

[1] Für ihre Mitarbeit bei der Erstellung des nachfolgenden Beitrags danke ich meinen Mitarbeiterinnen Dr. Cecilie Kjelland und Christina Maslow.

rungen und Auswirkungen durch die neue EU-Verordnung, MDR 2000, 1045 ff.; Wagner, Die Anerkennung und Vollstreckung von Entscheidungen nach der Brüssel II-Verordnung, IPRax 2001, 73 ff.. Am 3. 5. 2002 hat die Kommission einen Vorschlag für eine Verordnung des Rates über die Zuständigkeit und Vollstreckung von Entscheidungen in Ehesachen und in Verfahren betreffend die elterliche Verantwortung zur Aufhebung der EheEuGVVO und zur Änderung der EuGVVO in Bezug auf Unterhaltssachen angenommen, (s. COM (2002) 222; dazu Bericht v. 7.11.2002 und Entschließung des Europ. Parlaments v. 20.11.2002 – A5 – 0385/2002.

Die **EheEuGVVO ist am 1. 3. 2001 in Kraft getreten** und ist nun unmittelbar geltendes Recht in Deutschland (Art. 46 der Verordnung). Für Unterhaltsprozesse war bisher das Brüsseler Abkommen über die gerichtliche Zuständigkeit und die Vollstreckung gerichtlicher Entscheidungen in Zivil- und Handelssachen vom 27. 9. 1968 (EuGVÜ; BGBl. 1972 II S. 774), das am 1. 4. 1989 für die Bundesrepublik Deutschland in Kraft getreten ist, einschlägig. Das EuGVÜ ist jedoch durch die am 1. 3. 2002 in Kraft getretene entsprechende **EU-Verordnung über die gerichtliche Zuständigkeit und die Anerkennung und Vollstreckung von Entscheidungen in Zivil- und Handelssachen (EuGVVO)** ersetzt worden (Verordnung (EG) Nr. 44/2001 des Rates vom 22. 12. 2000, ABl. EG Nr. L 12 v. 16. 1. 2001, S. 1.). Auch die EuGVVO ist nun **unmittelbar geltendes Recht** in Deutschland. 5

Für andere Familiensachen sind darüber hinaus andere mehrseitige Abkommen einschlägig: Das **Haager Minderjährigenschutzabkommen** (im Weiteren **MSA** genannt) vom 5. 10. 1961 (BGBl. 1971 II S. 217), welches für die Bundesrepublik Deutschland am 17. 12. 1971 in Kraft getreten ist, hat insofern **überragende Bedeutung**. Weiter hat für Unterhaltsprozesse das **Luganer Übereinkommen** als **„Parallelabkommen"** zum EuGVÜ praktische Bedeutung für das Verhältnis zur Schweiz und zu Norwegen. Auch ist das Haager Übereinkommen über die Anerkennung und Vollstreckung von Unterhaltsentscheidungen (im Weiteren HUntÜ) vom 2. 10. 1973 (BGBl. 1986 II S. 826), welches am 1. 4. 1987 in Kraft getreten ist, für **Unterhaltsprozesse** einschlägig (Europäisierung in Familiensachen außerhalb des Unterhaltsrechts: Hohloch, in: FS Stoll (2002), Kollisionsrecht in der Staatengemeinschaft, S. 533 ff.). 6

Zweiseitige Abkommen bestehen in **geringerem Umfang.** Die größte Bedeutung hat insofern das Niederlassungsabkommen zwischen der Bundesrepublik Deutschland und dem Iran vom 17. 2. 1929 (RGBl. 1930 II S. 1006; vgl. auch BGBl. 1955 II S. 829). 7

a) Internationale Zuständigkeit

aa) Europäisches Recht und Staatsverträge

Seit dem **1. 3. 2001** gilt in den EU-Staaten die **EheEuGVVO** (mit Ausnahme Dänemarks, s. Erwägungsgrund 25 in der Präambel der Verordnung). Gem. Art. 1 Abs. 1a der Verordnung werden erstens **zivilgerichtliche Verfahren** betreffend Ehescheidung, Trennung ohne Auflösung des Ehebandes oder Ungültigerklärung der Ehe erfasst. Im deutschen Familienrecht betrifft dies neben der **Scheidung** die **Aufhebung der Ehe** (§ 1314 BGB) und **Klagen auf Feststellung des Bestehens oder Nichtbestehens der Ehe** (§ 632 ZPO; gem. Art. 1 Abs. 2 Satz 1 ist es für die Anwendbarkeit der Verordnung unerheblich, ob es um ein gerichtliches oder ein sonstiges amtlich anerkanntes Verfahren geht. Beispielsweise kann in Dänemark die Genehmigung zur Scheidung durch eine Behörde erteilt werden.). Zweitens gilt gem. Art. 1 Abs. 1b die EheEuGVVO für Verfahren betreffend die elterliche Verantwortung gemeinsamer Kinder der Ehegatten, wenn diese anlässlich eines **Eheverfahrens** durchgeführt werden. 8

Art. 2 EheEuGVVO enthält eine erschöpfende Auflistung der Zuständigkeitsgründe. Der erste Anknüpfungspunkt ist der **gemeinsame gewöhnliche Aufenthalt** der Ehegatten (Art. 2 Abs. 1a Spiegelstrich 1 und 2 EheEuGVVO). U. U. genügt auch der gewöhnliche Aufenthalt nur eines Ehegatten (Art. 2 Abs. 1a Spiegelstrich 3 – 6 EheEuGVVO). Neben dem gewöhnlichen Aufenthalt ist subsidiär die **Staatsangehörigkeit** Anknüpfungspunkt (Art. 2 Abs. 1b EheEuGVVO; gleichgestellt mit der Staatsangehörigkeit ist für das Vereinigte Königreich und Irland das **domicile**). Entschei- 9 dungen hinsichtlich der **elterlichen Verantwortung** für gemeinsame Kinder der Ehegatten können gem. Art. 3 und 4 EheEuGVVO von dem mit der Ehesache befassten Gericht getroffen werden. Voraussetzungen sind, dass das Kind seinen gewöhnlichen Aufenthalt in einem Mitgliedstaat hat und die zeitlichen Grenzen des Art. 3 Abs. 3 EheEuGVVO nicht überschritten worden sind. Eine allgemeine weitere Verbundzuständigkeit für Familiensachen ist nicht vorgesehen. Die Zuständigkeit für die Entscheidung über **Unterhaltsansprüche** bestimmt sich daher nach der **EuGVVO** (Art. 5 Nr. 2 2. Hs. EuGVVO ermöglicht grds. einen Verbund mit Statussachen).

10 Die Regelung der **EheEuGVVO verdrängt** auf ihrem Anwendungsgebiet das **sonstige nationale Verfahrensrecht.** Gem. Art. 8 Abs. 1 EheEuGVVO kann auf nationales Recht erst dann zurückgegriffen werden, wenn sich nicht aus Art. 2 bis 6 EheEuGVVO die Zuständigkeit eines Mitgliedstaates ergibt.

bb) Autonomes deutsches Recht

11 Ist die EheEuGVVO nicht anwendbar, so ergeben sich die Grundregeln für die **örtliche** und **internationale Zuständigkeit** deutscher Gerichte aus §§ 606 und 606a ZPO. Diese sind danach u.a. dann zuständig, wenn ein Ehegatte Deutscher ist oder es bei der Eheschließung war, § 606a Abs. 1 Nr. 1 ZPO, oder wenn beide Ehegatten ihren gewöhnlichen Aufenthalt im Inland haben, § 606a Abs. 1 Nr. 2 ZPO.

12 Der **Vergleich** mit der EheEuGVVO zeigt Folgendes: Während es nach § 606a Abs. 1 Nr. 1 ZPO ausreicht, dass nur **einer der Ehegatten** zumindest im Zeitpunkt der Eheschließung die deutsche Staatsangehörigkeit hatte, so müssen nach Art. 2 Abs. 1b EheEuGVVO **beide Ehegatten** die deutsche Staatsangehörigkeit besitzen, damit deutsche Gerichte zuständig sind. Im Vergleich **erschwert die EheEuGVVO** die Zuständigkeitsbegründung anhand der Staatsangehörigkeit. Im Gegenzug erleichtert die EU-Verordnung die Anknüpfung an den gewöhnlichen Aufenthalt.

13 Die Zuständigkeitsregelung des § 606a ZPO gilt über §§ 623 Abs. 1, 621 Abs. 2 Satz 1 1. Hs. ZPO – ab 1. 7. 1998 mit gewissen Einschränkungen, vgl. § 621 Abs. 2 Satz 1. 2. Hs. Nr. 1 – 4 ZPO – auch für Scheidungsfolgesachen. Dort wird zwar lediglich die örtliche Zuständigkeit geregelt, sie bestimmt aber aufgrund des Scheidungsverbundes, § 623 Abs. 1 ZPO, auch die internationale Zuständigkeit (Baumbach/Lauterbach/Albers, ZPO, § 621 Rn. 33).

14 Geht es in einem Verfahren um die **Entscheidung über die elterliche Sorge** oder eine andere **Schutzmaßnahme** für ein **minderjähriges Kind,** ist das MSA zu beachten. Als Staatsvertrag geht das Abkommen dem autonomen deutschen Recht vor. Allerdings ist wiederum die EheEuGVVO spezieller, sofern es Kindschaftssachen anlässlich eines Eheverfahrens betrifft (Wagner, IPRax 2001, 73).

15 Für Vormundschaft und Pflegschaft bestimmt die Neufassung des § 35b FGG, für Adoption § 43b FGG, für Betreuungssachen § 65 Abs. 2 FGG und schließlich für Todeserklärungen § 12 Abs. 1 VerschG die **internationale Zuständigkeit deutscher Gerichte.** Im Zuge der Kindschaftsreform wurde die internationale Zuständigkeit für die Beistandschaft aus § 35b FGG (vgl. Beistandsgesetz vom 4. 12. 1997, BGBl. 1997 I S. 2846) herausgenommen (da die VormG mit den auf Antrag eintretenden Beistandschaften nicht mehr befasst sind) sowie die Ehelicherklärung gem. § 43a FGG aufgehoben.

16 Nach den o. g. Vorschriften ist die **internationale Zuständigkeit** deutscher Gerichte dann gegeben, wenn ein Betroffener **Deutscher** ist oder seinen **gewöhnlichen Aufenthalt im Inland hat** (Grundsätze der Heimatzuständigkeit bzw. Aufenthaltszuständigkeit im FGG). Ähnlich strukturiert ist die Regelung der internationalen Zuständigkeit für „Lebenspartnerschaften". Gem. § 661 Abs. 3 ZPO n. F. ist eine deutsche internationale Zuständigkeit im Wesentlichen bei gewöhnlichem Inlandsaufenthalt wenigstens eines Partners bzw. bei früher Begründung der Lebenspartnerschaft vor der inländischen zuständigen Behörde gegeben.

b) Anerkennung und Vollstreckung

aa) Europäisches Recht und Staatsverträge

Die EheEuGVVO enthält in Kapitel III Bestimmungen über **Anerkennung** und **Vollstreckung**. Die Verordnung gebietet grds. ohne ein besonderes Verfahren Anerkennung von Entscheidungen, die von den Gerichten oder Behörden anderer Mitgliedsstaaten erlassen werden (Art. 14 Abs. 1 der Verordnung). Die Pflicht zur Anerkennung besteht im sachlichen Anwendungsbereich der Ehe-EuGVVO, jedoch sind einige Besonderheiten zu beachten: Bei **Ehesachen** ist nur die **eigentliche Statusentscheidung** anzuerkennen. Abweisende Entscheidungen sollen nicht anerkannt werden können. Nicht anerkennungsfähig sind weiter auch reine Privatscheidungen, d.h. Scheidungen, die durch Rechtsgeschäft ohne jegliche Beteiligung einer Behörde durchgeführt werden (Helms, FamRZ 2001, 257; Kropholler, Europäisches Zivilprozeßrecht, Einleitung Rn. 87).

17

Eine **kollisionsrechtliche Kontrolle** der anzuerkennenden Entscheidung ist gem. Art. 18 der Verordnung **ausgeschlossen**. Weiter darf das Gericht im Anerkennungsstaat nicht nachprüfen, ob das Gericht im Ursprungsstaat international zuständig war, Art. 17 Satz 1. Auch ist eine Nachprüfung in der Sache nicht zulässig, Art. 19. In Art. 15 Abs. 1 (Ehesachen) und Abs. 2 (Kindschaftssachen) der Verordnung ist abschließend bestimmt, auf welche Gründe die Nichtanerkennung einer Entscheidung gestützt werden kann (Kropholler, Europäisches Zivilprozeßrecht, Einleitung Rn. 118 ff.).

18

Vollstreckungsregeln für Entscheidungen über die **elterliche Verantwortung** eines gemeinsamen Kindes sind in Art. 20 – 32 EheEuGVVO enthalten. Die Regeln sehen ein vereinfachtes Verfahren im Vergleich mit nationalen Regeln vor. Diese Regeln sollen von den jeweiligen Mitgliedsstaaten konkretisiert werden.

19

Das deutsche Anerkennungs- und Vollstreckungsausführungsgesetz (**AVAG** n. F., Gesetz vom 19. 2. 2001, BGBl. I 2001 S. 288, in Kraft getreten am 1. 3. 2001, geändert durch Art. 29 des Gesetzes vom 27. 7. 2001 (BGBl. I S. 1887) und durch Art. 1 des Gesetzes vom 30. 1. 2002 (BGBl. I S. 564, abgedruckt z. B. bei Baumbach/Lauterbach/Albers/Hartmann, Schlussanhang, S. 2865 ff.) wurde an die EheEuGVVO angepasst; insbesondere findet ein Anerkennungsverfahren nach Art. 7 § 1 FamRÄndG im Anwendungsbereich der EheEuGVVO nicht mehr statt (§§ 33, 50 ff. AVAG n. F.).

20

Darüber hinaus sind zur Anerkennung und Vollstreckung einige **Staatsverträge multilateral** geschlossen worden. Sie gehen dem **autonomen deutschen Recht stets vor.** Die für die Bundesrepublik wesentlichen multilateralen Staatsverträge werden in den einzelnen Kapiteln über das Ehe-, Unterhalts- und Kindschaftsrecht umfassend dargestellt. Zudem gelten eine Reihe bilateraler Anerkennungs- und Vollstreckungsabkommen.

21

bb) Autonomes deutsches Recht

Ist kein internationales Abkommen (z. B. EheEuGVVO) anwendbar, bestimmt sich die Anerkennung und Vollstreckung von ausländischen Entscheidungen nach autonomen deutschen Recht.

22

Aus den **Anerkennungsregeln des deutschen Rechts** steht im internationalen Familienprozessrecht nicht § 328 ZPO, sondern die wichtige Sondervorschrift **Art. 7 § 1 FamRÄndG**, die die Anerkennung einer ausländischen Entscheidung in einer **Ehesache** (Scheidung, sonstige Arten der Auflösung der Ehe) regelt, im Vordergrund. Auf diese Vorschrift wird weiter unten näher einzugehen sein. In ihren Voraussetzungen richtet sich die Anerkennung eines ausländischen Urteils nach § 328 ZPO. Auch dieses wird näher erörtert werden.

§ 16a FGG hingegen regelt die Anerkennung **ausländischer Entscheidungen** auf dem Gebiet der **freiwilligen Gerichtsbarkeit**. Welche Entscheidungen darunter fallen, beurteilt sich danach, in welchem Verfahren die Entscheidung im Inland ergangen wäre (BGH, NJW 1977, 150). So richtet sich beispielsweise die Anerkennung einer im Ausland erfolgten Adoption nach § 16a FGG.

23

24 Die Vollstreckung einer **ausländischen Entscheidung im Inland** richtet sich **grds. nach § 722 ZPO**. Besondere Bedeutung hat § 722 ZPO bei der Vollstreckung von im Ausland erlassenen **Unterhaltsentscheidungen**. Voraussetzung ist ein deutsches Vollstreckungsurteil. Die Klage auf Erlass eines Vollstreckungsurteils ist dann erfolgreich, wenn eine **rechtskräftige ausländische Entscheidung** vorliegt, die nach § 328 ZPO anerkennungsfähig ist, und wenn gegen den geltend gemachten Anspruch **keine Einwendungen nach § 767 Abs. 2 ZPO** vorgebracht werden können. § 722 ZPO ist aber für Gestaltungsurteile wie Ehescheidungen nicht einschlägig. § 722 ZPO ist uneingeschränkt nur dann anzuwenden, wenn keine Staatsverträge auf dem Gebiet der Vollstreckung ausländischer Entscheidungen in Kraft sind. In deren Anwendungsgebiet gelten weithin „vereinfachte Verfahren", die als Beschluss- und Exequaturverfahren ausgestaltet sind.

2. Internationales Privatrecht (anwendbares Recht)

25 Vom oben skizzierten internationalen Verfahrensrecht in Familiensachen ist das Internationale Privatrecht (**IPR**) zu trennen. Mit seinem Teil „Internationales Familienrecht" bestimmt es, welches materielle Recht (Familienrecht) im Inland auf einen Fall anzuwenden ist, für dessen Behandlung nach den Regeln des beschriebenen internationalen Verfahrensrechts eine Zuständigkeit im Inland gegeben ist. Das **IPR ist nationales Recht,** das zum **Privatrecht** gezählt wird. Es beruht wiederum auf **staatsvertraglich gesetzte Normen,** auf Normen des autonomen deutschen Rechts und – da es traditionell lückenhaft ist – auf **gewohnheitsrechtliche Regeln,** die in Auseinandersetzung von Wissenschaft und Rechtsprechung gebildet worden sind.

26 Die wichtigste Rechtsquelle ist das **EGBGB**. Das IPR ist in Art. 3 – 46 enthalten. Art. 3 – 37 sind i. w. in der IPR-Reform von 1986 (Gesetz zur Neuregelung des internationalen Privatrechts vom 25. 7. 1986 (BGBl. 1986 I S. 1142), am 1. 9. 1986 in Kraft getreten, dazu Hohloch/Jaeger, JuS 2000, 1133 ff.) gestaltet worden, Art. 38 – 46 (IPR der außervertraglichen Schuldverhältnisse und internationales Sachenrecht) gelten seit 1. 6. 1999 (Gesetz zum IPR für außervertragliche Schuldverhältnisse und für Sachen vom 21. 5. 1999 (BGBl. 1999 I S. 1026)).

27 **Wichtige Übergangsvorschriften** enthalten Art. 220 und 236. Die für das **Internationale Familienrecht** maßgeblichen **besonderen Vorschriften** sind in den Art. 13–24 EGBGB (Abschnitt Familienrecht) enthalten. Aufgrund Art. 12 des KindRG vom 16. 12. 1997 (BGBl. 1997 I S. 2942) erfuhr das **internationale Kindschaftsrecht wesentliche Änderungen** in seinen Bestimmungen der Art. 19 – 23 EGBGB (vor allem: Ablösung der Differenzierung zwischen ehelicher und nichtehelicher Kindschaft durch das einförmige Prinzip **Kindschaft kraft Abstammung**). Darauf wird weiter unten noch näher einzugehen sein. Hinzuweisen ist in diesem Zusammenhang auf die – aufgrund des Art. 12 Nr. 4 KindRG eingeführte – neue Übergangsvorschrift des Art. 224 EGBGB, die in ihren §§ 1 – 3 umfangreiche Übergangsregelungen für die Abstammung, die elterliche Sorge und den Kindesnamen enthält.

28 Vorrang vor dem autonomen IPR haben stets **internationale Verträge**, die Kollisionsregeln beinhalten. Das ergibt sich aus Art. 3 Abs. 2 EGBGB, der insoweit für das IPR den Grundsatz der Geltung des **Prinzips** der **lex specialis** formuliert. Ist der sachliche, persönliche, räumliche und zeitliche Anwendungsbereich eines Abkommens eröffnet, verdrängt es das EGBGB. Für Einzelgebiete des internationalen Familienrechts sind zahlreiche Abkommen von Bedeutung, die vornehmlich in den einzelnen Abschnitten behandelt werden (vgl. Teil B., C.). So ist auf dem Gebiet der (ehelichen) Abstammung wiederum das Deutsch-iranische Niederlassungsabkommen von Bedeutung.

II. Grundlegende Begriffe des Internationalen Privatrechts

29 Das IPR ist nicht „internationales", sondern **„nationales"** Recht! Es regelt Sachverhalte, die einen Bezug zum Ausland haben (**„Auslandsbezug"**). Dies ist gem. Art. 3 Abs. 1 Satz 1 EGBGB Voraussetzung für die Anwendbarkeit des EGBGB und anderer Vorschriften, die die Kollision

mehrerer Privatrechtsordnungen regeln. Normen, die bestimmen, welche Rechtsordnung für den betreffenden Fall maßgebend sind, heißen **Kollisionsnormen** oder **Kollisionsregeln**.

Bei der **Qualifikation** handelt es sich um die **Einordnung der zu behandelnden Rechtsfrage unter eine Kollisionsnorm**. Die Qualifikation erfolgt grds. nach der lex fori (Palandt/Heldrich, BGB, Einl. v. EGBGB Art. 3 Rn. 27; Erman/Hohloch, BGB, Einl. Art. 3 EGBGB Rn. 38; MüKo/Sonnenberger, BGB, Bd. 10, Einl. EGBGB Rn. 459). Ein Beispiel ist die Qualifikation der Morgengabe („mahr") des islamischen religiösen Rechts. Sie könnte als Schenkung qualifiziert und damit dem Schuldstatut unterstellt werden. Sie könnte jedoch auch als güterrechtliche Regelung aufgefasst und dem Güterstatut (Art. 15 EGBGB) zugeordnet werden. Die Funktion der Morgengabe besteht in erster Linie darin, die Ehefrau im Falle der Scheidung vermögensrechtlich abzusichern (zur Auslegung einer Vereinbarung über die Leistung einer Morgengabe: BGH, NJW 1999, 574 = FamRZ 1999, 217 = JuS 1999, 707 m. Anm. Hohloch). Sie hat also vornehmlich eine güterrechtliche Funktion und ist daher grds. güterrechtlich zu qualifizieren (KG, FamRZ 1980, 470; OLG Bremen, FamRZ 1980, 606). Also richtet sich das insoweit anzuwendende Recht grds. nach der „Schublade", die Art. 15 EGBGB öffnet. Andere wollen die Morgengabe wegen ihrer unterhaltssichernden Funktion als persönliche Ehewirkung (Art. 14 EGBGB) qualifizieren (Palandt/Heldrich, BGB, Art. 15 EGBGB Rn. 25). 30

Als **Teilfrage** wird die Frage nach **wesentlichen Bestandteilen einer Rechtsfigur** bezeichnet. Sie wird grds. nicht gesondert angeknüpft, d. h. keiner anderen Kollisionsnorm unterstellt (MüKo/Sonnenberger, BGB, Einl. EGBGB Rn. 495). **Erstfragen** – auch **Vorfragen** genannt – treten bei der **Anwendung deutscher Kollisionsnormen** auf. Sie betreffen ein im Tatbestand der Kollisionsnorm vorausgesetztes Rechtsverhältnis. Erstfragen werden **selbstständig** angeknüpft, d. h. einer eigenen Kollisionsnorm unterstellt (Palandt/Heldrich, BGB, Einl. v. EGBGB Art. 3 Rn. 29; Erman/Hohloch, BGB, Einl. Art. 3 EGBGB Rn. 42; a.A. grds. unselbständige Anknüpfung: MüKo/Sonnenberger, BGB, Einl. EGBGB Rn. 499 ff.). So setzt beispielsweise eine Scheidung das Bestehen einer Ehe voraus. Ob die Ehe besteht, wird selbständig nach Art. 13 EGBGB beurteilt Von Fall zu Fall wird die Anknüpfung aber auch **„unselbstständig"** vorgenommen, z. B. vor allem bei der Bestimmung der Staatsangehörigkeit einer Person. 31

Verweist die deutsche Kollisionsnorm auf ausländisches Recht, stellt sich die Frage, ob auf das fremde Recht in seiner Gesamtheit verwiesen ist („**Gesamtverweisung**") oder ob die Kollisionsnorm unmittelbar auf die Regeln des fremden materiellen Rechts verweist („**Sachnormverweisung**"). Das EGBGB enthält in Art. 4 Abs. 1 Satz 1 EGBGB den **Grundsatz der Gesamtverweisung**. In beträchtlichem Umfang stellt die Verweisung aber auch eine Sachnormverweisung dar. Wird aber auf ausländisches Kollisionsrecht verwiesen, und verweist die ausländische Kollisionsnorm, weil sie einen anderen **„Anknüpfungspunkt"** benutzt, auf deutsches Recht zurück, so liegt eine **„Rückverweisung"** vor. 32

Aus ihrer Konstruktion heraus bewirkt die Rückverweisung an sich ein endloses Hin und Her zwischen den Rechtsordnungen. Art. 4 Abs. 1 Satz 2 EGBGB statuiert deshalb den **Abbruch der Verweisung,** indem er die Anwendbarkeit der deutschen Sachvorschriften anordnet. Die Rückverweisung ist also aus Sicht des deutschen IPR als Sachnormverweisung zu verstehen, selbst wenn die vom anderen Recht ausgesprochene Verweisung dort als Gesamtverweisung angelegt ist, also seinerseits von einer Rückverweisung durch das deutsche IPR ausgehen würde. Bei einer Rückverweisung auf das deutsche Recht bleibt es also entgegen dem Interesse am äußeren Entscheidungseinklang in **jedem Fall bei der Anwendung der deutschen Sachnormen** (Beispiel: Art. 13 Abs. 2 Türkisches IPRG bei Eheleuten, die bei Rechtshängigkeit des Scheidungsverfahrens keine gemeinsame Staatsangehörigkeit mehr haben. Art. 17 Abs. 1 Satz 1 i. V. m. Art. 14 Abs. 1 Nr. 1 verweist auf das Recht der letzten gemeinsamen Staatsangehörigkeit, also auf türkisches Recht. Da Art. 14 Abs. 1 Nr. 1 EGBGB eine Gesamtnormverweisung darstellt, ist türkisches IPR anzuwenden. Art. 13 Türkisches IPRG stellt demgegenüber auf den gemeinsamen Wohnsitz, bzw. den gemeinsamen gewöhnlichen Aufenthalt ab. Dies führt zur Rückverweisung, wenn Wohnsitz bzw. gewöhnlicher Aufenthalt im Inland liegen). 33

34 Verweist das ausländische IPR auf eine **dritte Rechtsordnung,** entscheidet das verweisende Recht, ob es sich um eine Gesamt- oder Sachnormverweisung handelt. Jedenfalls liegt eine zu beachtende **„Weiterverweisung"** vor.

35 Von der Rück- und Weiterverweisung zu unterscheiden ist die sog. **unechte** oder **versteckte Rückverweisung,** die vor allem im Verhältnis zu den Rechten des anglo-amerikanischen Rechtskreises auftritt. In diesen Rechten besteht kein vollständiges System **echter Kollisionsnormen (Normen mit Verweisungen auf andere Rechtsordnungen).** Vor allem im Bereich des Familien- und Erbrechts begnügen sich diese Rechtsordnungen mit einem **„zuständigkeitsrechtlichen"** Ansatz und wenden bei Bejahung eigener Zuständigkeit („jurisdiction") auf der Grundlage von Domizil oder Aufenthalt eigenes materielles Recht an, bzw. bei Nichtvorliegen eigener Zuständigkeit wird eine Sachentscheidung nicht getroffen („einseitige Kollisionsnorm"). Strittig ist nun, wie diese Zuständigkeitsregelungen kollisionsrechtlich zu bewerten sind. Art. 4 EGBGB ist lediglich auf den Fall zugeschnitten, dass auf eine Rechtsordnung verwiesen wird, **die diese Verweisung beantwortet** (entweder annimmt oder zurück- oder weiterverweist) und **nicht im rechtsleeren Raum** stehen lässt. Es liegt folglich **eine Lücke** im deutschen IPR vor, die es zu schließen gilt: Ergibt die Zuständigkeitsordnung eine Bejahung der Zuständigkeit, so ist dieser Umstand als „Annahme" der von der heimischen Kollisionsnorm ausgesprochenen Verweisung zu deuten, mit der Folge, dass das **materielle Recht** des seine Zuständigkeit bejahenden Staates **angewandt wird.** Wird hingegen die Zuständigkeit durch die Rechtsordnung verneint, ergibt sich damit zugleich, dass sich jene Rechtsordnung auch **zu einer Sachentscheidung** auf der Grundlage ihres Rechts **nicht berufen** sieht. Diese Zuständigkeitsverneinung ist als „Rückverweisung" an das deutsche Recht zu werten (Erman/Hohloch, BGB, Art. 4 EGBGB Rn. 6; MüKo/Sonnenberger, BGB, Art. 4 EGBGB Rn. 40 ff.).

36 Die **Kollisionsnormen des IPR** verweisen i. d. R. große Lebenssachverhalte auf ein **bestimmtes Recht („Statut").** Es gibt aber im deutschen Recht beispielsweise Normen, die sich auf Sondervermögen (Erbhöfe, Stammgüter) beziehen. Liegen derartige Fallgestaltungen vor, wird das **„Gesamtstatut",** welches sich z. B. aus Art. 15 Abs. 1 oder Art. 25 EGBGB ergibt, durch das **„Einzelstatut"** verdrängt. Meist ist dies das **Lagerecht des betreffenden Vermögens.** In diesen Fällen kommt es zur **„kollisionsrechtlichen Vermögensspaltung".** Gem. Art. 3 Abs. 3 EGBGB haben wir das zu akzeptieren und die Vermögensmassen rechtlich zu trennen.

37 Unter **Statutenwechsel** versteht man den **Wechsel der materiell maßgebenden Rechtsordnung.** Dies geschieht u. a. durch Veränderung der Staatsangehörigkeit oder des Wohnsitzes oder durch Verbringen einer Sache in eine andere Rechtsordnung. Bei **abgeschlossenen Sachverhalten** findet grds. **keine Rückwirkung** des **„neuen"** Rechts statt. **Offene Rechtsverhältnisse,** etwa Dauerrechtsverhältnisse wie die persönlichen Beziehungen der Ehegatten (Art. 14 EGBGB), werden hingegen der jeweils **neuen Rechtsordnung** unterstellt (ex nunc). Auch die intertemporale Regelung des Art. 220 EGBGB kann solchen Statutenwechsel bewirken.

38 Aus den Regeln und dem Vorhandensein von **„Internationalem Familienrecht"** folgt, dass ausländisches Recht zur Anwendung kommt, wenn es durch diese Regeln zur Anwendung „berufen" wird. Anzuwenden ist es dann so, wie es in der ausländischen Rechtsordnung praktiziert wird. Im Prozess ist ausländisches Recht gem. § 293 ZPO von **Amts wegen zu ermitteln.** Kennt das Gericht das fremde Recht nicht selbst, hat es sich die Kenntnis (mithilfe z. B. der Parteien, von Sachverständigen oder von amtlichen Auskünften) zu verschaffen.

39 Die Verweisung durch die Kollisionsnormen des IPR ist als „Sprung ins Dunkle" (Raape) angelegt. Das fremde Recht kann ähnlich, aber auch frappierend oder gar unerträglich anders sein. Im letzteren Fall bedarf es **im Interesse inländischer Gerechtigkeit** (z. B. Berührung oder Verletzung von Grundrechtspositionen) eines Korrektivs. Als solches wirkt die Vorbehaltsklausel des **ordre public** (Art. 6 EGBGB), mit der Normen ausländischen Rechts in solchen Fällen eliminiert und nicht tragbare Lösungen und Ergebnisse ausländischen Rechts korrigiert werden, wenn der jeweilige Fall den notwendigen **Inlandsbezug** aufweist. Die „eklatante" Abweichung ergibt sich in familienrechtlichen Fällen gem. Art. 6 Satz 2 EGBGB insbesondere dort, wo Rechtsregeln des ausländischen Rechts, die durch die Kollisionsnormen an sich berufen sind, zu Lösungen führen, bei

denen aus deutscher Sicht die **Grundrechte** des Art. 3 Abs. 2 GG (Gleichheit von Mann und Frau vor dem Gesetz, Verbot geschlechtsbezogener Ungleichbehandlung und Diskriminierung), des Art. 6 GG (Eheschließungsfreiheit, Eheschutz, Elternrecht, Kindeswohl, Gleichstellung nichtehelicher Kinder) und auch des Art. 2 Abs. 1 GG verletzt sind. Liegt der notwendige Inlandsbezug vor, berechtigt Art. 6 Satz 1 EGBGB zur Korrektur.

Erste Korrekturmöglichkeit, die aber nicht immer gangbar ist, ist die **Gewinnung einer Ersatzlösung** aus den übrigen Rechtsregeln der anwendbaren Rechtsordnung; versagt diese Möglichkeit, ist „ersatzweise" das deutsche Recht als „lex fori" heranzuziehen (Einzelheiten hier aufzuführen ist nicht möglich. Für die sich ändernde Kasuistik wird auf die Kommentare verwiesen, so z. B. Erman/Hohloch, BGB, Art. 6 EGBGB Rn. 1 ff. mit gebietsweise geordneter Rechtsprechung; s. ferner ebenda bei Art. 13 bis 24 EGBGB die jeweilige Kommentierung beim Stichwort „ordre public".).

Die Kollisionsnormen des IPR verweisen auf das für einen Sachverhalt maßgebliche Recht. Kriterien, die zum anwendbaren Recht führen, sind die sog. **Anknüpfungsmomente** oder **Anknüpfungspunkte**. 40

Anwendbar sind danach die Normen derjenigen Rechtsordnung, die die **engste Verbindung zum Sachverhalt** aufweist (Erman/Hohloch, BGB, Einl. Art. 3 EGBGB Rn. 3, 29; Palandt/Heldrich, BGB, Einl. v. Art. 3 EGBGB Rn. 21).

Die wichtigsten Anknüpfungspunkte im internationalen Familienrecht des EGBGB sind **Staatsangehörigkeit** und **Wohnsitz**, bzw. **gewöhnlicher Aufenthalt;** weiter können die Parteien in bestimmten Fällen das anwendbare Recht wählen (**„Rechtswahl"**).

Im Bereich des Personen-, Familien- und Erbrechts folgt das Gesetz grds. dem **Staatsangehörigkeitsprinzip**. Danach unterstehen **Grundfragen der persönlichen Existenz** eines Menschen dem Recht des Staates, welchem er angehört oder zu einem bestimmten Zeitpunkt angehört hat. Der Betroffene ist diesem Staat und seinem Recht i. d. R. eng verbunden. Im gleichen Sinne spricht man auch vom **Heimatprinzip**; das Recht des betreffenden Staates wird als **Heimatrecht** bezeichnet. 41

Welche Staatsangehörigkeit jemand besitzt, entscheidet allein das **Staatsangehörigkeitsrecht** des Staates, um dessen Angehörigkeit es geht. Auch privatrechtliche Vorfragen, von denen der Erwerb oder Verlust der Staatsangehörigkeit abhängt (beispielsweise gültige Eheschließung), werden nach dem IPR des betreffenden Staates beurteilt (Palandt/Heldrich, BGB, Art. 5 EGBGB Rn. 1; Kegel/Schurig, Internationales Privatrecht, § 13 II, S. 394). Erwerb und Verlust der deutschen Staatsangehörigkeit richten sich in erste Linie nach dem Staatsangehörigkeitsgesetz vom 22. 7. 1913 (RGBl. 583) zuletzt geändert durch das Gesetz vom 15. 7. 1999 (BGBl. 1999 I S. 1618) in seiner jeweils zeitlich maßgebenden Fassung. 42

Auf deutsches Recht verweist eine solche Kollisionsnorm also, wenn die betroffene Person die deutsche Staatsangehörigkeit besitzt. Art. 116 Abs. 1 GG stellt den deutschen Staatsangehörigen die **volksdeutschen Flüchtlinge oder Vertriebenen („Spätaussiedler")** gleich. Obwohl Art. 116 Abs. 1 GG unmittelbar nur die staatsbürgerlichen Rechte und Pflichten der Volksdeutschen betrifft, gilt er auch im **IPR** und **Internationalen Verfahrensrecht** (Art. 9 Abs. 2 Nr. 5 FamRÄndG; zu den Einzelheiten insofern Erman/Hohloch, BGB, Art. 5 EGBGB Rn. 39 ff.). 43

Die Gleichstellung des Volkszugehörigen mit deutschen Staatsangehörigen erfolgt auch dann, wenn er bereits eine andere Staatsangehörigkeit besitzt. Dies hat zur Folge, dass er, bei gleichzeitiger fremder Staatsangehörigkeit, die **kollisionsrechtliche Stellung eines Doppelstaaters** erlangt mit der Konsequenz, dass Art. 5 Abs. 1 Satz 2 EGBGB anzuwenden ist. Aus diesem Umstand kann ein Statutenwechsel eintreten. Beispielsweise ist das Statut der allgemeinen Ehewirkungen (Art. 14 EGBGB) wandelbar, allerdings geknüpft an das Erfordernis des gemeinsamen Wechsels (entweder der Staatsangehörigkeit oder des gewöhnlichen Aufenthalts) der Ehegatten. 44

Dadurch soll verhindert werden, dass das Ehewirkungsstatut durch **einseitige Handlungen** geändert wird. Sind also die Ehegatten bei Eheschließung beispielsweise russische Staatsangehörige und erlangt ein Ehegatte später durch Aufnahme die deutsche Staatsangehörigkeit, so bleibt für das Ehewirkungsstatut die russische Staatsangehörigkeit maßgeblich (als letzte gemeinsame Staatsangehörigkeit, Art. 14 Abs. 1 Nr. 1, 2. Alt. EGBGB), es sei denn der andere Ehegatte erlangt ebenfalls die deutsche Staatsangehörigkeit. In diesem Fall wäre für die allgemeinen Ehewirkungen deutsches Recht als gemeinsames Heimatrecht maßgeblich, Art. 14 Abs. 1 Nr. 1, 1. Alt. EGBGB.

45 Eine besondere Regelung besteht für **Doppelstaater** oder **Mehrstaater,** also für Personen, die eine doppelte (oder gar mehrfache) Staatsangehörigkeit besitzen. **Mehrfache Staatsangehörigkeit** kann durch **Geburt,** durch **Heirat,** aber auch durch **Einwanderung** entstehen. Art. 5 Abs. 1 EGBGB unterscheidet danach, ob es sich um eine mehrfache ausländische Staatsangehörigkeit handelt oder ob eine der Staatsangehörigkeiten die deutsche ist.

46 Ist von den mehrfachen Staatsangehörigkeiten keine die deutsche, so ist gem. Art. 5 Abs. 1 Satz 1 EGBGB das Recht desjenigen Staates anzuwenden, dem der Mehrstaater am engsten verbunden ist, sog. **effektive Staatsangehörigkeit.**

47 Bei **gewöhnlichem Aufenthalt** in einem Heimatstaat ist diese Staatsangehörigkeit die effektive. Unter Umständen kann aber auch die Verbindung zu einem anderen Heimatstaat nach dem **„Verlauf des Lebens"** überwiegen. Dabei sind Umstände aus dem vergangenen und dem gegenwärtigen Verlauf des Lebens, aber auch die für die Zukunft geplante Entwicklung zu berücksichtigen, beispielsweise Ausübung des Wahlrechts, kulturelle Prägung, Sprache, wirtschaftliche, berufliche und private Verbindungen. Dabei ist auch der erklärte Wille des Betroffenen zu beachten, sofern er den tatsächlichen Verhältnissen nicht offenkundig widerspricht (Erman/Hohloch, BGB, Art. 5 EGBGB Rn. 4; Kropholler, Internationales Privatrecht, § 37 II, S. 259). Bei gewöhnlichem Aufenthalt in einem **Drittstaat** kommt es für die Ermittlung der effektiven Staatsangehörigkeit ausschließlich auf die Umstände des Lebensverlaufs an.

48 Ist dagegen von **mehreren Staatsangehörigkeiten** eine die **deutsche,** so soll gem. Art. 5 Abs. 1 Satz 2 EGBGB (**„Eigenrechtsvorrang"**) stets diese **maßgeblich** sein (zu den Ausnahmen: Erman/Hohloch, BGB, Art. 5 EGBGB Rn. 7 f.). Dies gilt selbst dann, wenn die Beziehung zu einem ausländischen Heimatstaat wesentlich enger ist. Art. 5 Abs. 1 Satz 2 EGBGB entspricht der Tradition und hat in ausländischen Kollisionsrechten seine Entsprechung.

49 Auch für **Staatenlose** besteht eine besondere Anknüpfung. Staatenlosigkeit entsteht häufig durch Auswanderung, wenn durch sie die alte Staatsangehörigkeit verloren, die des Einwanderungslandes aber nicht erworben wird. Ist eine Person staatenlos, so ist gem. Art. 5 Abs. 2 EGBGB das Recht des Staates anzuwenden, in dem sie ihren **gewöhnlichen Aufenthalt** oder, mangels eines solchen, ihren **schlichten Aufenthalt** hat. Das Gleiche gilt bei Personen, deren Staatsangehörigkeit **nicht festgestellt** werden kann. Abs. 2 wird jedoch weitgehend durch **vorrangige völkervertragliche Regelungen** verdrängt. Dies gilt insbesondere für das New Yorker „Übereinkommen über die Rechtsstellung der Staatenlosen" vom 28. 9. 1954 (BGBl. 1976 II S. 473). Ein sachlicher Widerspruch zwischen beiden Regelungen besteht jedoch nicht, da auch das Abkommen im Sinne einer Anknüpfung an den gewöhnlichen Aufenthalt auszulegen ist. Soweit Staatenlose unter den Anwendungsbereich der Sonderregelungen für Verschleppte und Flüchtlinge fallen, gehen diese dem Abs. 2 ebenfalls vor (s. dazu unten).

50 Mit **internationalen Flüchtlingen** befasste sich zunächst das **„AHKGes. 23 über die Rechtsverhältnisse verschleppter Personen und Flüchtlinge"** vom 17. 3. 1950 (AHKABl. 140 = SaBl. 256 mit Änderungsgesetz vom 1. 3. 1951, AHKABl. 808 = SaBl. 322) und das im Wesentlichen gleichlautende **„West-Berliner Ges. 9"** vom 28. 8. 1950 (VOBl. 458 mit Änderungsgesetz vom 13. 4. 1951, GVBl. S. 332). Das am 28. 4. 1951 in Kraft getretene **„Gesetz über die Rechtsstellung heimatloser Ausländer im Bundesgebiet"** vom 25. 4. 1951 (BGBl. S. 269, zuletzt geändert durch das AuslG vom 9. 7. 1990, BGBl. I S. 1354) ergänzt die Regelungen des AHKGes. 23.

Das AHKGes. 23 und das West-Berliner Ges. 9 sind im Wesentlichen überholt durch das **„Genfer Abkommen über die Rechtsstellung der Flüchtlinge"** vom 28. 7. 1951 (BGBl. 1953 II S. 559; ergänzt durch das Protokoll vom 31. 1. 1967, BGBl. 1969 II S. 1294), welches für die Bundesrepublik innerstaatlich am 24. 12. 1953 in Kraft getreten ist (BGBl. II S. 559 (Art. 2)).

Art. 12 Abs. 1 des Abkommens bestimmt, dass sich das Personalstatut jedes Flüchtlings nach dem Recht des Landes **seines Wohnsitzes** oder, in Ermangelung eines Wohnsitzes, nach dem Recht **seines Aufenthaltslandes** bestimmt. Der Erwerb des Flüchtlingsstatus ist nach deutschem IPR mit einem **Statutenwechsel** verbunden. Fraglich ist, welches Recht zur Anwendung kommt, wenn ein Ehegatte Flüchtling ist und sich beispielsweise in Deutschland aufhält, während der andere Ehegatte im Heimatstaat verblieben ist. Haben die Ehegatten vor der Flucht geheiratet, so sind gem. Art. 12 Abs. 2 des Genfer Abkommens die „vorher" (d.h. vor der Flucht) erworbenen Rechte im Rahmen des ordre public zu achten. 51

Unklarer ist die Situation dann, wenn Art. 12 Abs. 2 des Abkommens nicht eingreift, weil die Ehegatten nach der Flucht die Ehe geschlossen haben. Nach der Anknüpfungsleiter des Art. 14 EGBGB ist gem. Art. 14 Abs. 1 Nr. 1, 1. Alt. das Recht des Staates anzuwenden, dem beide Ehegatten angehören. Die Anknüpfung an die Staatsangehörigkeit würde aber **zum Recht des Fluchtstaates** führen, dessen Anwendung Art. 12 Abs. 1 Genfer Abkommen gerade verhindern will. Aber auch die Anknüpfung an den letzten gemeinsamen Aufenthalt (Art. 12 Abs. 1 Genfer Abkommen ist auch dann anzuwenden, wenn Anknüpfungspunkt für das Personalstatut nicht die Staatsangehörigkeit ist, sondern der gewöhnliche Aufenthalt, s. hierzu MüKo/Sonnenberger, BGB, Art. 5 Anh. II Rn. 75) nach Art. 14 Abs. 1 Nr. 2, 2. Alt. EGBGB führt zum Recht des Fluchtstaates, ebenso wie die Anknüpfung der Nr. 3, wenn die Ehegatten mit dem Fluchtstaat am engsten verbunden sind. **Nach h. M.** sind in **Angelegenheiten des Personalstatuts alle Anknüpfungen, die zum Recht des Fluchtstaates** führen, durch die **Anknüpfungen des Art. 12 Abs. 1 Genfer Abkommen ersetzt.** Dies gebietet der Sinn und Zweck des Flüchtlingsabkommens. Folglich ist in einem solchen Fall wie auch sonst zu verfahren, nämlich das Recht des Aufenthaltsortes des Flüchtlings ist anzuwenden (im Beispielsfall also deutsches Recht). 52

Der **persönliche Anwendungsbereich** des Abkommens ergibt sich aus Art. 1, ergänzt durch Art. 1 des Protokolls (genaue Beschreibung des persönlichen Anwendungsbereichs in: Erman/Hohloch, BGB, Art. 5 EGBGB Rn. 78 – 81). 53

Eine Erweiterung des Anwendungsbereichs von Art. 12 Genfer Flüchtlingsübereinkommen enthalten §§ 2 und 3 des „Gesetzes über das Asylverfahren" vom 27. 7. 1993 (AsylVfG; BGBl. 1993 I S. 1361). Danach genießen **Asylberechtigte** die Rechtsstellung von Flüchtlingen i. S. d. Genfer Flüchtlingskonvention, § 2 Abs. 1 AsylVfG. 54

Die Bundesrepublik hat seit den 70er Jahren in größerem Umfang Personengruppen aufgenommen, die ihre Heimatländer als Flüchtlinge, Vertriebene oder politisch Verfolgte verlassen haben. Eine Anerkennung als Asylberechtigte ist bei diesen Personen, die auch als **Kontingentflüchtlinge** bezeichnet werden, grds. nicht erfolgt. Da es aber der Interessenlage entspricht, werden sie nach § 1 Abs. 1 des **„Gesetzes über Maßnahmen für im Rahmen humanitärer Hilfsaktionen aufgenommene Flüchtlinge"** vom 22. 7. 1980 (BGBl. I S. 1057, zuletzt geändert durch Gesetz vom 29. 10. 1997, BGBl. I S. 2584) der Genfer Flüchtlingskonvention unterstellt. 55

Wo das Staatsangehörigkeitsprinzip versagt, vor allem bei Rechtsverhältnissen, an denen mehrere Personen mit verschiedener Staatsangehörigkeit beteiligt sind, tritt an seine Stelle die Anknüpfung an den **gewöhnlichen Aufenthalt**, sog. **sekundäre Anknüpfung.** So wird beispielsweise bei allgemeinen Ehewirkungen, Güterstand und Ehescheidung (Art. 14–17 EGBGB), auf den gemeinsamen gewöhnlichen Aufenthaltsort der Ehegatten abgestellt. 56

Das deutsche IPR definiert den Begriff des gewöhnlichen Aufenthalts nicht. Der gewöhnliche Aufenthalt ist jedenfalls ein Wohnsitz **ohne rechtliche Bestandteile,** also ein „faktischer" Wohnsitz. Im deutschen IPR wird bisweilen auf § 9 Satz 1 AO (BGBl. I S. 613) vom 16. 3. 1976 verwiesen. Danach hat jemand seinen gewöhnlichen Aufenthalt dort, „wo er sich unter Umständen aufhält, die 57 erkennen lassen, dass er an diesem Ort oder in diesem Gebiet nicht nur vorübergehend verweilt". In der deutschen kollisionsrechtlichen Rechtsprechung findet sich weiter die Formulierung, als gewöhnlicher Aufenthalt sei „der Ort oder das Land anzusehen, in dem der Schwerpunkt der (familiären oder beruflichen) Bindungen einer Person, ihr Daseinsmittelpunkt, liege" (BGH, NJW 1993, 2048).

58 In erster Linie wird der gewöhnliche Aufenthalt durch **objektive Merkmale** bestimmt, z. B. Dauer und Beständigkeit des Aufenthalts. Eine Mindestdauer lässt sich jedoch nicht festlegen. Regelmäßig wird ein bereits sechs- bis zwölfmonatiger Aufenthalt in einem Land genügen. Weiter braucht die Anwesenheit auch **nicht** notwendigerweise **ununterbrochen** zu sein; vielmehr genügt ein **regelmäßiger Aufenthalt.** Wesentlicher als die bloße Zeitdauer ist indes die am Aufenthaltsort bestehende **soziale Integration.** Demgemäß wird ein gewöhnlicher Aufenthalt nicht bewirkt, wenn der Aufenthalt zwangsweise begründet ist und die Bewegungsfreiheit fehlt (Erman/Hohloch, BGB, Art. 5 EGBGB Rn. 48 f.).

59 Vom gewöhnlichen Aufenthalt ist der **schlichte Aufenthalt** zu unterscheiden, den das Gesetz einfach **„Aufenthalt"** nennt. Auch er setzt eine gewisse, obschon geringere Aufenthaltsdauer voraus (bloße Durchreise genügt auch hiernach nicht). „Aufenthalt" bezeichnet also eine **rein tatsächliche Beziehung zu einem Ort,** ohne dass an diesem Ort der Daseinsmittelpunkt begründet ist.

60 Die Anknüpfung an den **Wohnsitz** hat im deutschen IPR geringere Bedeutung. Lediglich Art. 26 Abs. 1 Nr. 3 EGBGB knüpft an den **Wohnsitz des Erblassers zum Todeszeitpunkt** an. Der Vorzug des Begriffs des gewöhnlichen Aufenthalts gegenüber dem des Wohnsitzes liegt darin, dass ersterer nicht bereits durch die nationalen Rechtsordnungen in unterschiedlichem Sinne festgelegt ist, sondern einer **international einheitlichen Auslegung** zugänglich ist.

61 Weitere Anknüpfungspunkte im deutschen IPR sind beispielsweise der **Tatort** bei unerlaubten Handlungen (Art. 40 EGBGB) oder der **Belegenheitsort** für Rechte an Sachen (Art. 43 EGBGB). Für außervertragliche Schuldverhältnisse und Sachen enthält das Gesetz weiter Ausweichklauseln, die eine Anknüpfung nach dem Grundsatz der **wesentlich engeren Verbindung** erlauben (Art. 41, 46 EGBGB). Auch im internationalen Eherecht ist als Auffangklausel das Recht anzuwenden, zu dem die Ehegatten die engste gemeinsame Beziehung aufgebaut haben (Art. 14 Abs. 1 Nr. 3 EGBGB).

62 Gegenüber der Vergangenheit hat im EGBGB n. F. schließlich die Anknüpfung an den Parteiwillen, die **parteiautonome Rechtswahl**, an Bedeutung gewonnen. Nach wie vor ist sie **Primäranknüpfung** im **Schuldvertragsrecht** (Art. 27 EGBGB), eingeschränkte Zulassung hat sie aber auch für die Bildung des **Familienstatuts** (Art. 14 Abs. 3 EGBGB) und des **Erbstatuts** (Art. 25 Abs. 2 EGBGB) erhalten. Als praktisch bedeutsames Gestaltungsmittel kann die Rechtswahl so für die Bestimmung des **Güterstatuts** und damit des Güterstands im Rahmen von Art. 15 Abs. 2 EGBGB, aber auch von Art. 15 Abs. 1 i. V. m. Abs. 14 Abs. 2 und 3 EGBGB eingesetzt werden.

63 Notwendig für die Rechtswahl ist im Inland aber der **Abschluss eines diesbezüglichen Ehevertrags,** der **notariell zu beurkunden** ist (Art. 15 Abs. 3, Art. 14 Abs. 4 EGBGB). Für den beurkundenden Notar stellt sich dann regelmäßig die Frage, ob er die Folgen entsprechenden Rates übersehen kann.

64 Weitere Bedeutung kann der Rechtswahl für das **Scheidungsstatut** zukommen; können sich Ehegatten, die gem. Art. 14 Abs. 2 oder 3 EGBGB für ihre „Ehewirkungen" eine Rechtswahl treffen können, vor einer Scheidung insoweit verständigen, können sie bis zur Rechtshängigmachung des Scheidungsantrags das anzuwendende Scheidungsrecht gem. Art. 17 Abs. 1 Satz 1 EGBGB (i. V. m. Art. 14 Abs. 2 und 3 EGBGB) ggf. noch steuern.

B. Internationales Eherecht

I. Eheschließung

Bei der Eheschließung mit Auslandsbezug sind stets zwei Fragen voneinander zu trennen. Die Frage, welches Recht für die **Form der Eheschließung** maßgebend ist, beantworten Art. 13 Abs. 3 und Art. 11 Abs. 1 EGBGB. Dagegen gibt Art. 13 Abs. 1 EGBGB Antwort auf die Frage, nach welchem Recht sich die **Voraussetzungen der Eheschließung** richten.

1. Zuständigkeit und Form der Eheschließung

a) Eheschließung im Inland

aa) Regelfall, Art. 13 Abs. 3 Satz 1 EGBGB

Gem. Art. 13 Abs. 3 Satz 1 EGBGB kann eine Ehe in Deutschland nur in der hier vorgeschriebenen Form geschlossen werden. Nach § 1310 BGB ist die Ehe **vor dem zuständigen Standesbeamten** zu schließen (**obligatorische Zivilehe**).

Möchten Verlobte **im Ausland** heiraten, so kann dies gem. § 8 Abs. 1 Satz 1 des Konsulargesetzes (v. 11.9.1974, BGBl. I S. 2317; § 8 KonsG abgedruckt bei Jayme/Hausmann, Nr. 36) vor einem **deutschen Konsul** geschehen. Voraussetzung dafür ist jedoch, dass mindestens einer der Verlobten Deutscher und keiner von ihnen Angehöriger des Empfangsstaates ist.

bb) Sonderfall, Art. 13 Abs. 3 Satz 2 EGBGB

Ist **keiner** der beiden Verlobten **Deutscher,** so kann gem. Art. 13 Abs. 3 Satz 2 EGBGB die Ehe vor einer von der Regierung des Heimatstaates eines der beiden Verlobten ermächtigten Person geschlossen werden. Nach h. M. kommt diese Vorschrift nicht in Betracht, wenn ein Verlobter **Doppel- und Mehrstaater mit auch deutscher Staatsangehörigkeit** ist. Das ergibt sich aus dem Deutschenbegriff der Art. 5 Abs. 1 Satz 2 EGBGB und 116 Abs. 1 GG (OLG Schleswig, IPRspr. 1974 Nr. 46; Erman/Hohloch, BGB, Art. 13 EGBGB Rn. 49). Die Form richtet sich in diesem Fall nach dem Recht des ernennenden Staates.

b) Eheschließung im Ausland

Eine Heirat im Ausland ist aber nach Art. 11 Abs. 1 EGBGB auch dann gültig, wenn die Form dem Heimatrecht beider Verlobten oder aber den Vorschriften des Ortes der Eheschließung entspricht.

Ist in dem betreffenden Staat die **Eheschließung durch Stellvertreter** bekannt – die sog. **Handschuhehe** – ist sie gem. Art. 11 Abs. 1 EGBGB auch in der Bundesrepublik als wirksam geschlossen anzusehen (OLG Karlsruhe, StAZ 1994, 286). Dies gilt auch dann, wenn das Heimatrecht der beiden Verlobten die Handschuhehe als zulässig erachtet (BGHZ 29, 137; BGH, NJW 1962, 1152; OLG Hamm, StAZ 1986, 134; LG Stuttgart, StAZ 1992, 379).

2. Anerkennung im Ausland geschlossener Ehen

Auf dem Gebiet des internationalen Eherechts ist für die Bundesrepublik Deutschland **kein** mehrseitiges Anerkennungs- und Vollstreckungsabkommen in Kraft. Das Luxemburger CIEC-Übereinkommen über die Anerkennung von Entscheidungen in Ehesachen vom 8. 9. 1967 hat die Bundesrepublik zwar gezeichnet, es ist aber bisher nicht ratifiziert worden. Das Haager Übereinkommen über die Anerkennung von Ehescheidungen und Ehetrennungen vom 1. 7. 1970 wurde von der Bundesrepublik nicht einmal gezeichnet.

Ob eine Ehe im Ausland wirksam geschlossen worden ist, wird daher **inzidenter** beispielsweise in einem Scheidungsprozess **beurteilt.**

73 Die Scheidung richtet sich nach dem über Art. 17 Abs. 1 EGBGB zu ermittelnden Recht. Sie setzt naturgemäß das **Bestehen einer wirksamen Ehe** voraus. Die Frage hiernach beantwortet sich nach dem Recht, welches gem. Art. 13 EGBGB zur Anwendung kommt. Die Wirksamkeit einer Ehe, die im Ausland geschlossen worden ist, wird also im Rahmen einer Vor- oder Erstfrage geprüft.

3. Voraussetzungen der Eheschließung und Mängel

a) Staatsverträge

74 Folgende Staatsverträge sind hier vorrangig zu beachten (vgl. dazu Erman/Hohloch, BGB, Art. 13 EGBGB, Rn. 4 ff.; Palardt/Heldrich, Anhang zu Art. 13 EGBGB, Rn. 1 ff.):

- Haager Abkommen zur Regelung des Geltungsbereichs der Gesetze auf dem Gebiet der Eheschließung vom 12. 6. 1902 (RGBl. 1904, S. 221). Dieses Abkommen gilt aber nur noch im Verhältnis zu Italien (Bek. vom 14. 2. 1955, BGBl. 1955 II S. 188);
- CIEC-Übereinkommen Nr. 7 über die Erleichterung der Eheschließung im Ausland vom 10. 9. 1964 (BGBl. 1969 II S. 451), welches für die Bundesrepublik am 25. 7. 1969 in Kraft getreten ist (Bek. vom 22. 9. 1969, BGBl. II S. 2054);
- Konsularverträge mit der Türkei (Art. 18 Konsularvertrag vom 28. 5. 1929, RGBl. 1930 II, S. 748), mit Japan vom 27. 6. 1957 (BAnz vom 11. 9. 1957) und mit Rußland (Art. 23 des Konsularvertrages vom 25. 4. 1958 mit der ehemaligen UdSSR, BGBl. 1959 II S. 232, 469).

Sind diese nicht einschlägig, gilt Folgendes:

b) Grundregel

75 Grds. richten sich die **Voraussetzungen der Eheschließung** für jeden Verlobten **nach dem Recht des Staates, dem er angehört,** Art. 13 Abs. 1 EGBGB. Damit werden zwei Rechtsordnungen nebeneinander berufen.

Beispiel:

Heiraten eine fünfzehnjährige Türkin und ein volljähriger Deutscher im Inland, bestimmen türkisches Recht über die Ehemündigkeit des Mädchens und deutsches Recht über die Ehemündigkeit des Mannes. Nach Art. 124 des neuen türkischen ZGB können Männer und Frauen ab Vollendung des 17. Lebensjahres eine Ehe eingehen (zum neuen türkischen ZGB s. Rumpf, StAZ 2002, 97 ff.).

76 Die beiden Heimatrechte der Verlobten können Eheschließungsvoraussetzungen nur für den eigenen Staatsbürger, aber auch für beide Heiratswillige errichten (sog. einseitige oder zweiseitige Ehehindernisse).

77 *Beispiel:*

Heiratet ein Türke, der nach der Trennung von seiner ersten Frau die deutsche Staatsangehörigkeit angenommen hat, in Deutschland eine Deutsche, obwohl das türkische Scheidungsurteil aufgehoben wurde, so steht der zweiten Ehe das Verbot der Doppelehe gem. § 5 EheG (nunmehr § 1306 BGB) entgegen. Das Verbot der Doppelehe betrifft dabei nicht nur die Ehefähigkeit des Mannes, sondern auch die der Frau. Es handelt sich also um ein zweiseitiges Ehehindernis (BGH, NJW 1976, 1590; BGH, FamRZ 1976, 336). Ob die erste Ehe wirksam geschieden wurde, ist im Übrigen im Rahmen einer Vorfrage zu klären.

c) Sonderregel, Art. 13 Abs. 2 EGBGB

78 Fehlen Voraussetzungen für die Eheschließung zum Zeitpunkt der Eheschließung, so kann zur **Sicherung der Eheschließungsfreiheit** unter den engen Voraussetzungen des Art. 13 Abs. 2 EGBGB **deutsches Recht** angewandt werden. Hat danach ein Verlobter seinen gewöhnlichen Aufenthalt im Inland oder ist sogar einer von beiden Deutscher und haben die Verlobten die zumutbaren Schritte zur Erfüllung der Voraussetzungen unternommen und ist die Versagung der Ehe-

schließung mit der Eheschließungsfreiheit unvereinbar, ist zu prüfen, ob der Ehe auch nach deutschem Recht ein entsprechendes Ehehindernis entgegensteht. Die Voraussetzungen des Art. 13 Abs. 2 EGBGB müssen jedoch **kumulativ** vorliegen. Besteht auch nach deutschem Recht kein Ehehindernis, ist die Eheschließung gem. Art. 13 Abs. 2 EGBGB wirksam, falls alle anderen Gültigkeitsvoraussetzungen vorliegen. Ob dies der Fall ist, bestimmt sich auch weiterhin nach dem über Art. 13 Abs. 1 EGBGB anwendbaren Recht.

Art. 13 Abs. 2 EGBGB kann beispielsweise eingreifen, wenn das Heimatrecht eines der beiden Verlobten das Scheidungsurteil einer früher geschlossenen Ehe nicht anerkennt. 79

d) Ehefähigkeitszeugnis

Will ein Ausländer in der Bundesrepublik heiraten, soll er gem. § 1309 Abs. 1 Satz 1 BGB (vormals § 10 Abs. 1 EheG) ein Ehefähigkeitszeugnis vorlegen, welches besagt, dass **nach seinem Heimatrecht kein Ehehindernis** vorliegt. Die Neufassung regelt nunmehr unter Anknüpfung an das Personalstatut ausdrücklich, dass die Beibringung eines Ehefähigkeitszeugnisses bzw. die Durchführung des Befreiungsverfahrens **nicht notwendig** ist, soweit die **Voraussetzungen der Eheschließung** nach Art. 13 Abs. 2 EGBGB **deutschem Recht** unterliegen. 80

e) Mängel bei der Eheschließung

Liegen Mängel bei der Eheschließung vor, so ist zwischen einem **materiellen** und einem **formellen** Fehler zu unterscheiden. 81

Ob ein **materieller** oder **formeller Mangel** vorliegt, bestimmt die lex fori. Hierbei handelt es sich um ein Qualifikationsproblem. Auswirkungen eines materiellen Mangels werden durch das nach Art. 13 Abs. 1 EGBGB anwendbare Recht bestimmt (Palandt/Heldrich, BGB, Art. 13 EGBGB Rn. 11; Erman/Hohloch, BGB, Art. 13 EGBGB Rn. 34 ff.). 82

Materielle Mängel bestehen beispielsweise bei fehlender Ehefähigkeit, fehlerhafter Willensbildung und bei Vorliegen eines Ehehindernisses. 83

Beispiel:

Die sog. „Scheinehe", die geschlossen wird, um einem Ausländer die Aufenthaltsgenehmigung in Deutschland zu verschaffen, ist mangels Eheschließungswillens vom Standesbeamten gem. §§ 1311 Satz 2, 1310 Abs. 2 Satz 2 2. Hs. i. V. m. §§ 1314 Abs. 2 Nr. 5, 1353 Abs. 1 BGB (vormals § 13 Abs. 2 EheG) abzulehnen. Heiratet eine Deutsche einen noch nicht geschiedenen Franzosen, liegt wegen des Verstoßes gegen das Verbot der Doppelehe (§ 1306 BGB) eine gem. § 1314 Abs. 1 BGB aufhebbare Ehe vor.

Folgen eines Formmangels richten sich bei einer Heirat im Inland **nach deutschem Recht**. Bei einer Eheschließung **im Ausland** nennt entweder das **Personalstatut** beider Ehegatten oder aber das **Ortsrecht** die Konsequenzen. Gilt bei **materiellen Fehlern** stets das **strengere Recht** (Palandt/Heldrich, BGB, Art. 13 EGBGB Rn. 14; Erman/Hohloch, BGB, Art. 13 EGBGB Rn. 37), so setzt sich bei **Formfehlern** das **mildere Recht** durch (Palandt/Heldrich, BGB, Art. 13 EGBGB Rn. 19; Erman/Hohloch, BGB, Art. 13 EGBGB Rn. 56 f.). Zur Heilung eines Formmangels bei „hinkender" Inlandsehe: OLG Köln, NJW 1993, 2755. 84

II. Bestehende Ehe

1. Intakte Ehe

a) Internationale Zuständigkeit und Anerkennung

Die internationale Zuständigkeit in Ehesachen richtet sich nach § 606a ZPO, die Anerkennung ausländischer Entscheidungen über Fragen der allgemeinen Ehewirkungen erfolgt nach § 328 ZPO. In den EU-Staaten gilt für Ehesachen seit 1. 3. 2001 die EheEuGVVO (s. hierzu Rn. 8 ff.). Sonstige Staatsverträge auf diesem Gebiet sind von der Bundesrepublik nicht unterzeichnet worden. 85

b) Allgemeine Ehewirkungen, Art. 14 EGBGB

86 Bezüglich der allgemeinen Wirkungen der Ehe ist vorrangig das Deutsch-iranische Niederlassungsabkommen vom 17. 2. 1929 (RGBl. 1930 II S. 1006) zu beachten. Es gilt jedoch nicht für gemischtnationale Ehen (BGH, NJW-RR 1986, 1005; OLG Bremen, IPRspr. 1984, Nr. 92).

87 Die allgemeinen Ehewirkungen und das Güterrecht bestimmen sich ansonsten im Wesentlichen nach Art. 14 und 15 EGBGB. Art. 14 Abs. 1 EGBGB wird als familienrechtliche Anknüpfungsleiter (**Kegel'sche Leiter**) bezeichnet, da er über Art. 15 Abs. 1, Art. 17 Abs. 1, Art. 19 Abs. 1 Satz 3, Art. 22 Satz 2 EGBGB ebenfalls auf andere familienrechtliche Verhältnisse Anwendung findet.

aa) Anwendungsbereich des Art. 14 EGBGB

88 Art. 14 EGBGB bestimmt das **Statut der allgemeinen Ehewirkungen.** Welche Rechtsfragen unter den Anwendungsbereich des Art. 14 EGBGB fallen, sollen folgende Fälle verdeutlichen:

Fall 1:

Die Parteien sind miteinander verheiratet. Die Klägerin hat die deutsche und schweizerische, der Beklagte die schweizerische Staatsangehörigkeit. Die Kl. klagt auf Gestaltung des Getrenntlebens, da der Bekl. auf ihre schwere Erkrankung keine Rücksicht nehme und sie ständig beleidige.

89 Das Recht, **die Herstellung der ehelichen Lebensgemeinschaft verweigern** zu können, beurteilt sich gem. Art. 14 Abs. 1 Nr. 1 EGBGB in erster Linie nach dem Recht des Staates, dem beide Ehegatten angehören.

90 Bei einem **Doppelstaater** ist die **effektive Staatsangehörigkeit,** die sich über Art. 5 Abs. 1 Satz 1 und 2 EGBGB bestimmt, **ausschlaggebend.**

91 In Fall 1 war die deutsche Staatsangehörigkeit die effektive. Eine gemeinsame Staatsangehörigkeit der Parteien besteht also nicht. Gleichwohl kommt deutsches Recht zur Anwendung, da die Parteien ihren gemeinsamen gewöhnlichen Aufenthalt in der Bundesrepublik haben, Art. 14 Abs. 1 Nr. 2 EGBGB (BGH, NJW 1976, 1028 f.).

Fall 2:

Die Ehegatten, welche beide die türkische Staatsangehörigkeit haben, leben nach Behauptung der Ehefrau seit Jahren in ihrer Wohnung in Deutschland getrennt. Nachdem die Wohnung zwangsgeräumt werden musste und der Familie eine Wohnung zugewiesen wurde, beantragt die Ehefrau, ihr alleine die inzwischen von der Familie bezogene Wohnung zuzuweisen.

92 Die Regelungsbefugnisse und Ansprüche unter Ehegatten betreffend **der Ehewohnung** und des **Hausrats** sind unterschiedlich zu qualifizieren. Während des **faktischen Getrenntlebens** der Ehegatten sind diese Fragen dem **allgemeinen Ehewirkungsstatut** (Art. 14 EGBGB) zu unterstellen. Nach der Scheidung ist das **Scheidungsstatut** (Art. 17 EGBGB) maßgebend (OLG Stuttgart, FamRZ 1990, 1354; Erman/Hohloch, BGB, Art. 14 EGBGB Rn. 33; Palandt/Heldrich, BGB, Art. 14 EGBGB Rn. 18; MüKo/Siehr, BGB, Art. 14 EGBGB Rn. 104). Für **im Inland** belegene Wohnung und Hausrat ist Art. 17a EGBGB n. F. zu beachten (BGBl. I 2001 S. 3513). Hiernach gelten **deutsche Sachvorschriften.**

93 Unter Art. 14 EGBGB fällt weiter die **Verpflichtung,** sich bei **Rechtsangelegenheiten zu unterstützen.** Zu beachten ist jedoch, dass der Anspruch auf Prozesskostenvorschuss unterhaltsrechtlich zu qualifizieren ist und daher Art. 18 EGBGB unterfällt (Erman/Hohloch, BGB, Art. 14 EGBGB Rn. 34; Palandt/Heldrich, BGB, Art. 14 EGBGB Rn. 19).

94 Ferner gilt Art. 14 EGBGB für das Verbot bestimmter Rechtsgeschäfte zwischen Ehegatten und die sog. Schlüsselgewalt – mithin für alle Bereiche der **persönlichen Rechtsbeziehungen** zwischen den Ehegatten untereinander und auch Dritten gegenüber. Zum Schutze Dritter greift jedoch in bestimmten Fällen Art. 16 EGBGB ein.

Beispiel:

Tätigt eine New Yorkerin in Deutschland ein Geschäft des täglichen Lebens, kann sich der Ehemann nicht auf das Recht des Staates New York berufen (Gütertrennung, vgl. Sec. 50 des New York Domestic Relations Law) und dadurch der gemeinsamen Haftung entgehen. Gem. Art. 16 Abs. 2 EGBGB gilt § 1357 BGB für im Inland vorgenommene Rechtsgeschäfte, soweit dies für gutgläubige Dritte günstiger ist als das fremde Recht. Gutgläubigkeit besteht dann, wenn der Dritte nicht von der Maßgeblichkeit ausländischen Güter – oder Ehewirkungsrechts (im Beispiel von New York) ausging oder dieses grob fahrlässig nicht kannte. Dabei sollte der Grad der Fahrlässigkeit eher großzügig beurteilt werden. (dazu Ermann/Hohloch, BGB, Art. 16 EGBGB Rn. 22).

bb) Anknüpfung

Art. 14 Abs. 1 EGBGB knüpft in erster Linie gem. Nr. 1 an die **gemeinsame Staatsangehörigkeit** der Ehegatten an. Nach Nr. 2 ist der **gemeinsame gewöhnliche Aufenthalt** maßgebend und schließlich, falls die ersten beiden Anknüpfungspunkte nicht greifen, die **sonstige engste Verbindung** der Ehegatten (Nr. 3). Das können der Heiratsort oder auch eine gemeinsame Religionszugehörigkeit sein (BGH, NJW 1993, 204 f. = FamRZ 1993, 798; BGH, NJW 1993, 798; Erman/Hohloch, BGB, Art. 14 EGBGB Rn. 18). 95

Ferner können die Ehegatten gem. Art. 14 Abs. 2 und Abs. 3 EGBGB eine **Rechtswahl** vornehmen. Die Rechtswahl hat auch Bedeutung für eine mögliche Scheidung (Art. 17 EGBGB) und für den Güterstand (Art. 15 Abs. 1 EGBGB), falls die Rechtswahl bereits im Zeitpunkt der Eheschließung vorgenommen worden ist. So kann, falls ein Partner Mehrstaater ist, gem. Art. 14 Abs. 2 EGBGB ohne Rücksicht auf die effektive Staatsangehörigkeit (Art. 5 Abs. 1 EGBGB) das gemeinsame Heimatrecht als Ehewirkungsstatut gewählt werden. 96

Beispiel:

Sind ein Deutscher und eine Deutsch-Amerikanerin verheiratet, können sie deutsches Recht als das auf die allgemeinen Ehewirkungen anwendbare Recht wählen. Dies gilt auch dann, wenn die amerikanische Staatsangehörigkeit der Ehefrau die effektive Staatsangehörigkeit ist.

Hat ein gemeinsames Heimatrecht nie bestanden und gehören die Ehegatten verschiedenen Staaten an, kann unter den in Art. 14 Abs. 3 Nr. 1 und 2 EGBGB genannten Voraussetzungen das **Heimatrecht eines der Ehegatten** gewählt werden. Die Rechtswahl kann zu jeder Zeit ausgeübt werden. Sie entfaltet erst mit Abschluss der wirksamen Vereinbarung, also **ex nunc**, Wirkung. 97

Erlangen die Ehegatten später jedoch eine gemeinsame Staatsangehörigkeit, enden damit die Wirkungen der Rechtswahl, Art. 14 Abs. 3 Satz 2 EGBGB. 98

Beispiel:

Ein Deutscher und eine französische Entwicklungshelferin leben für ein paar Jahre in Uganda. Eine gemeinsame Staatsangehörigkeit besteht nicht. Sie können gem. Art. 14 Abs. 3 Nr. 1 EGBGB französisches Recht wählen. Erlangt die Ehefrau später die deutsche Staatsangehörigkeit, gilt ab sofort deutsches Recht für die allgemeinen Ehewirkungen.

Die **Rechtswahl** bedarf im Inland der **notariellen Beurkundung**, Art. 14 Abs. 4 Satz 1 EGBGB. In dieser Form kann sie auch jederzeit aufgehoben werden. Im Falle der Rechtswahl ist ein Renvoi ausgeschlossen, Art. 4 Abs. 2 EGBGB, da es sich bei der Rechtswahl um eine Sachnormverweisung handelt. 99

c) Güterrechtliche Wirkungen, Art. 15 EGBGB

aa) Anknüpfung

100 Grds. findet über Art. 15 Abs. 1 EGBGB das Ehewirkungsstatut – auch **„Familienstatut"** genannt – auf güterrechtliche Sachverhalte Anwendung. Maßgebend ist dabei das im **Zeitpunkt der Eheschließung** für die allgemeinen Wirkungen der Ehe anwendbare Recht, welches nach Art. 14 EGBGB zu bestimmen ist.

101 Das Güterstatut ist unwandelbar, da an den Zeitpunkt der Eheschließung angeknüpft wird. Ein **späterer Wechsel der Staatsangehörigkeit** berührt das auf die güterrechtlichen Wirkungen anwendbare Recht nicht. Eine **Ausnahme** von dem Grundsatz nimmt das Gesetz über den ehelichen Güterstand von Vertriebenen und Flüchtlingen vom 4. 8. 1969 (BGBl. 1969 I S. 1067) vor. Es sieht in § 1 die Überleitung des Güterstandes dieser Personen in den gesetzlichen Güterstand des deutschen Rechts, also in den der **Zugewinngemeinschaft**, vor. Gem. Art. 15 Abs. 4 EGBGB geht das Gesetz dem EGBGB vor.

102 Die Ehegatten können jederzeit – auch nach der Eheschließung – eine **Rechtswahl** bezüglich der **güterrechtlichen Wirkungen** ihrer Ehe treffen. So können sie das Recht des Staates wählen, dem einer von ihnen angehört (Art. 15 Abs. 2 Nr. 1 EGBGB) oder das Recht des Staates, in dem einer von ihnen seinen gewöhnlichen Aufenthalt hat (Art. 15 Abs. 2 Nr. 2 EGBGB) oder aber für unbewegliches Vermögen das Recht des Lageortes (Art. 15 Abs. 2 Nr. 3 EGBGB). Die Ehepartner können später auch ein anderes Recht wählen oder das zunächst bestimmte Recht aufheben. Entscheiden sie sich für letzteres, so gilt für die Zukunft derjenige Güterstand, der sich aus Art. 15 Abs. 1 EGBGB ergibt. Für die Zeit bis zur Aufhebung der Rechtswahl ist das gewählte Recht maßgebend. Zu beachten ist, dass die Rechtswahl ihre Wirkungen nur **ex nunc** entfaltet. Das kann dazu führen, dass zwei verschiedene Rechtsordnungen auf unterschiedliche Vermögensteile Anwendung finden. Möglich ist jedoch, dass die Ehegatten mit Wirkung unter sich auch vor der Wahl vorhandenes Ehevermögen dem neuen Güterstatut unterstellen.

Beispiel:
Wählen eine in Deutschland lebende Deutsche und ein Italiener nach zehnjähriger Ehe italienisches Güterrecht, so betrifft die Rechtswahl grds. nicht vor der Wahl vorhandenes Ehevermögen. Die güterrechtlichen Wirkungen richten sich in diesem Fall nach deutschem Recht (Art. 15 Abs. 1 i. V. m. Art. 14 Abs. 1 Nr. 2 EGBGB). Etwas anderes gilt nur, wenn die Eheleute die Rechtswahl auch auf vorher erworbenes Ehevermögen erstrecken.

103 Bemerkenswert ist ferner, dass sich die **Rechtswahl** auch auf **einzelne unbewegliche Gegenstände beschränken** oder das **gesamte unbewegliche Vermögen** erfassen kann, Art. 15 Abs. 2 Nr. 3 EGBGB. Was unter dem Begriff „unbewegliches Vermögen" zu verstehen ist, ist nach deutschem Recht auszulegen (Erman/Hohloch, BGB, Art. 15 EGBGB Rn. 28; MüKo/Siehr, BGB, Art. 15 EGBGB Rn. 31 f.).

Beispiel:
So können ein Serbe und eine Kroatin, die im gesetzlichen Güterstand der Errungenschaftsgemeinschaft des Rechts der Teilrepublik Bosnien-Herzegowina leben, für eines der in Deutschland befindlichen Grundstücke deutsches Güterrecht in Form der Gütertrennung wählen (Art. 15 Abs. 2 Nr. 3 EGBGB; LG Mainz, FamRZ 1994, 1457 im Anschluss an die h. M.).

104 Deutsche Ehepartner können bezüglich ihres **im Ausland belegenen Grundvermögens** ebenfalls das Recht des Lageortes wählen.

105 Die Rechtswahl bedarf gem. Art. 15 Abs. 3 i. V. m. Art. 14 Abs. 4 EGBGB der **notariellen Beurkundung.** Haben die Eheleute ein Recht bestimmt, wird nur auf die Sachvorschriften dieser Rechtsordnung verwiesen, Art. 4 Abs. 2 EGBGB. Ein Renvoi ist daher ausgeschlossen.

bb) Anwendungsbereich

Welche Rechtsfrage von Art. 15 EGBGB erfasst wird, illustriert folgender Fall (WM 1963, 1355 f.): **106**

Beispiel:

Die Eheleute besitzen die schweizer Staatsangehörigkeit und hatten ihren Wohnsitz in München. Dort lebt nur noch die Ehefrau, da ihr Mann vor längerer Zeit ausgezogen ist. Die Ehe soll geschieden werden. Am 19. 2. 1963 entfernt der Beklagte während einer kurzen Abwesenheit der Klägerin verschiedene Einrichtungsgegenstände, die angeblich ihm gehörten. Die Klägerin behauptet, der Ehegatte hätte praktisch das gesamte Wohnzimmer ausgeräumt. Zudem gehörten die Gegenstände nicht ihm. Sie beantragt, die betreffenden Gegenstände wieder in die Wohnung zu bringen. Die Frage, ob der Ehemann eine materielle Wegnahmeberechtigung besitzt, bestimmt sich nach dem auf das persönliche Ehegüterrecht anwendbare Recht.

Gem. Art. 15 Abs. 1 EGBGB i. V. m. Art. 14 Abs. 1 Nr. 1 EGBGB ist zunächst das Recht des Staates berufen, dem beide Ehegatten angehören. Die Parteien sind schweizerische Staatsangehörige, so dass mangels Rechtswahl Schweizer Recht maßgeblich ist. Das Schweizer Recht gibt dem Ehepartner kein unmittelbares gesetzliches Recht zum Besitz. Vielmehr muss der Ehegatte den Besitzanspruch auf dem Klagewege durchsetzen. Die Klägerin hatte also Erfolg.

Weiterhin fallen unter Art. 15 EGBGB alle Rechtssätze, die sich auf die Sonderordnung des Vermögens von Mann und Frau – begründet durch die Ehe – und auf die Abwicklung dieses Sondervermögens beziehen. So bestimmt das nach Art. 15 EGBGB anwendbare Recht, ob und wie sich die **güterrechtlichen Verhältnisse der Ehegatten** durch die Eheschließung verändern. Auch die Wirkungen des Güterstandes unterliegen dem nach Art. 15 EGBGB zu ermittelnden Recht; beispielsweise, ob **Verfügungs- und Erwerbsbeschränkungen** bestehen oder ob ein Ehepartner für die Schulden des anderen haftet. Auch die **Beendigung des Güterstandes** unterfällt Art. 15 EGBGB. Wird der Güterstand durch den Tod eines Ehegatten aufgelöst, hat das Güterrecht grds. Vorrang vor dem Erbrecht. Daher kann zum Nachlass nur solches Vermögen zählen, welches nicht vorweg über den güterrechtlichen Ausgleich dem überlebenden Gatten zufällt (LG Memmingen, IPRax 1985, 41). **107**

cc) Sonderproblem erbrechtlicher Zugewinnausgleich

Problematisch ist die Qualifikation des erbrechtlichen Zugewinnausgleichs nach **§ 1371 Abs. 1 BGB**. In erster Linie kommt § 1371 Abs. 1 BGB nach überwiegender Auffassung in der Rechtsprechung und Literatur **güterrechtliche Funktionen** zu und unterliegt daher dem Güterstatut (BayObLG, FamRZ 1975, 416; BayObLG, IPRax 1981, 100 f.; OLG Karlsruhe, NJW 1990, 1421; Palandt/Heldrich, BGB, Art. 15 EGBGB Rn. 26; Erman/Hohloch, BGB, Art. 15 EGBGB Rn. 37). Der in § 1371 Abs. 1 BGB vorgesehene Ausgleich kann also nur vorgenommen werden, wenn über Art. 15 EGBGB deutsches Recht als Güterstatut berufen ist. **108**

dd) Altehen

Besondere Beachtung verlangt die intertemporale Regelung für das internationale Güterrecht in Art. 220 Abs. 3 EGBGB. Art. 220 Abs. 3 EGBGB berücksichtigt die Entscheidung des BVerfG von 1983 (BVerfGE 63, 181), in der Art. 15 EGBGB a. F. wegen Verstoßes gegen Art. 3 Abs. 2 GG für verfassungswidrig erklärt wurde. In Art. 15 EGBGB a. F. hatte das Heimatrecht des Ehemannes Vorrang. Nun gilt in Art. 15 EGBGB n. F. das Prinzip der **Geltung des den Ehegatten gemeinsamen Heimatrechts**. **109**

In der Vorschrift sind drei Daten von entscheidender Bedeutung: **110**

- 1. 4. 1953, In-Kraft-Treten der Art. 3 Abs. 2, 117 Abs. 1 GG (Gleichberechtigung von Mann und Frau),

- 8. 4. 1983, Veröffentlichung der Entscheidung des BVerfG, die Art. 15 Abs. 1 EGBGB a. F. wegen Verstoßes gegen Art. 3 Abs. 2 GG für nichtig erklärte und
- 1. 9. 1986, In-Kraft-Treten des neuen EGBGB.

111 Aus diesen drei Eckdaten ergeben sich vier Zeitspannen, in denen unterschiedliches Recht gilt:
- Bei Heirat vor dem 1. 4. 1953 gilt Art. 15 EGBGB a. F. weiter (Art. 220 Abs. 3 Satz 6, 1. Hs. EGBGB). Das Güterstatut beurteilt sich damit nach dem Heimatrecht des Mannes. Gem. Art. 220 Abs. 3 Satz 6, 2. Hs. EGBGB steht es den Eheleuten jedoch frei, eine Rechtswahl nach Art. 15 Abs. 2, 3 n. F. zu treffen.
- Für Ehen, die zwischen dem 31. 3. 1953 und vor dem 9. 4. 1983 geschlossen worden sind, stellt Art. 220 Abs. 3 Satz 1 bis 4 EGBGB eine Sonderregelung auf (dazu unten im Einzelnen).
- Haben die Ehepartner zwischen dem 9. 4. 1983 und dem 31. 8. 1986 geheiratet, greift gem. Art. 220 Abs. 3 Satz 5 EGBGB der neue Art. 15 EGBGB ein. Aufgrund der Veröffentlichung der Entscheidung des BVerfG zur Nichtigkeit des Art. 15 EGBGB a. F. besteht für die Beibehaltung der alten Regelung kein Rechtsschutzbedürfnis. Daher wird bereits für diese Zeit die neue Vorschrift angewandt.
- Für Ehen, die nach dem 1. 9. 1986 geschlossen worden sind, ist Art. 220 Abs. 3 EGBGB nicht anwendbar. Für diese Ehen gilt Art. 15 EGBGB n. F.

112 Bei der **Sonderregelung** des Art. 220 Abs. 3 Satz 1 bis 4 EGBGB für Ehen, die zwischen dem 31. 3. 1953 und vor dem 9. 4. 1983 geschlossen worden sind (in der vorangehenden Aufzählung die zweite Zeitspanne) sind wiederum **zwei Daten** zu berücksichtigen: Ist die Ehe nach dem 31. 3. 1953 und vor dem 9. 4. 1983 geschlossen worden, ist bis zum Stichtag des 8. 4. 1983 die Anknüpfungsleiter des Art. 220 Abs. 3 Satz 1 Nr. 1 bis 3 EGBGB maßgebend. Dabei markiert der Stichtag nicht den Vermögenserwerb, da es sonst u. U. zur Aufspaltung des Güterstatuts hinsichtlich verschiedener Vermögensgegenstände käme. Vielmehr bezieht sich der 8. 4. 1983 auf den „**güterrechtlichen Vorgang**", wie Scheidung oder Tod (BGH, NJW 1987, 583 f.; Rauscher, NJW 1987, 531 ff.). Verstirbt beispielsweise ein Ehegatte vor dem 8. 4. 1983, so findet die Anknüpfungsleiter in Art. 220 Abs. 3 Satz 1 EGBGB Anwendung. Danach ist zuerst das Recht des Staates maßgeblich, dem beide Ehegatten bei der Eheschließung angehören. Anschließend unterliegen güterrechtliche Fragen dem Recht, dem die Ehegatten sich unterstellt haben oder von dessen Anwendung sie ausgegangen sind (s. dazu BVerfG v. 18.12.2002, FamRZ 2003, 361 m. Anm. Heurich, 362), insbesondere durch den Abschluss eines Ehevertrages. Das Güterstatut bestimmt sich jeweils nach den zuletzt feststellbaren gemeinsamen Vorstellungen. Als letzter Anknüpfungspunkt dient das Heimatrecht des Mannes z. Zt. der Eheschließung.

113 Lassen sich die Eheleute aber z. B. nach dem 8. 4. 1983 scheiden, greift der neue Art. 15 EGBGB ein. Art. 15 EGBGB n. F. ist jedoch in **zweifacher Hinsicht** zu modifizieren:
- Haben die Partner vor dem 9. 4. 1983 eine Rechtswahl getroffen, gelten Art. 15 Abs. 2 und 3 EGBGB n. F. nicht, sondern es greift Art. 220 Abs. 3 Satz 1 Nr. 2 EGBGB aus **Gründen des Vertrauensschutzes** ein. Die Rechtswahl – selbst eine nur schlüssig getroffene – wirkt nach dem 8. 4. 1983 fort.
- Zudem wird gem. Art. 220 Abs. 3 Satz 3 in Art. 15 Abs. 1 EGBGB n. F. **eine Fiktion vorgenommen.** Wäre auf die güterrechtlichen Wirkungen das Heimatrecht des Mannes über Art. 220 Abs. 3 Satz 1 Nr. 3 EGBGB anwendbar, wird als Zeitpunkt der Eheschließung der 9. 4. angesehen. Es muss also im Rahmen des Art. 15 EGBGB n. F., der durch die Fiktion zur Anwendung kommt, auf die Verhältnisse am 9. 4. abgestellt werden (Palandt/Heldrich, BGB, Art. 15 EGBGB Rn. 5 ff.; Erman/Hohloch, BGB, Art. 15 EGBGB Rn. 40 ff.; MüKo/Siehr, BGB, Art. 15 EGBGB Rn. 147 ff.; Lorenz, Das intertemporale internationale Ehegüterrecht nach Art. 220 Abs. 3 EGBGB und die Folgen eines Statutenwechsels).

d) Ehe- und Kindesname

Die Regelung des internationalen Namensrechts hat durch das Familiennamensrechtsgesetz (FamNamRG) v. 16. 12. 1993, in Kraft seit dem 1. 4. 1994, sowie durch das Kindschaftsrechtsreformgesetz v. 16. 12. 1997 (KindRG), in Kraft seit 1. 7. 1998, einige grundlegende Änderungen erfahren. 114

aa) Ehename

Wie im bisherigen Recht unterliegt die Frage, welchen Namen die Ehegatten führen, **grds.** ihrem **Heimatrecht** (Art. 10 Abs. 1 EGBGB n. F.). 115

Daneben eröffnen sich den Ehegatten verschiedene **Wahlmöglichkeiten.** Gem. Art. 10 Abs. 2 Nr. 1 EGBGB können in einer gemischtnationalen Ehe die Ehegatten den Ehenamen nach dem Recht des Staates wählen, dem einer der beiden Ehegatten angehört. Weiterhin kann bei Ausländerehen gem. Art. 10 Abs. 2 Nr. 2 EGBGB der Ehename nach deutschem Recht gewählt werden, wenn zumindest einer der Ehegatten seinen gewöhnlichen Aufenthalt in Deutschland hat. 116

Das **Recht zur Namenswahl** besteht dabei nicht nur im Zeitpunkt der Eheschließung, sondern kann nunmehr auch **nachträglich** ausgeübt werden. Im Falle der nachträglichen Wahl bedarf es jedoch zusätzlich einer **öffentlichen Beglaubigung.** 117

bb) Kindesname

Grds. richtet sich auch das auf den Namen eines Kindes anwendbare Recht nach dem **Personalstatut** gem. Art. 10 Abs. 1 EGBGB. Daneben besteht gem. der Neufassung des Art. 10 Abs. 3 EGBGB (einheitliche Regelung, d. h. keine Differenzierung mehr zwischen ehelichen und nichtehelichen Kindern, vgl. Art. 10 Abs. 4 a. F.) für den Sorgerechtsinhaber (vormals: Eltern bzw. Elternteil) eine **Rechtswahl.** Nach Art. 10 Abs. 3 Nr. 1 EGBGB n. F. kann der Sorgerechtsinhaber bestimmen, dass das Kind den Familiennamen nach dem **Recht des Staates** erhalten soll, **dem ein Elternteil** angehört. Auf eine Beschränkung der Auswahl auf die effektive oder auch deutsche Staatsangehörigkeit hat der Gesetzgeber verzichtet; wählbar sind somit **sämtliche Heimatrechte.** 118

Daneben kann **deutsches Namensrecht** gewählt werden, wenn ein Elternteil seinen gewöhnlichen Aufenthalt im Inland hat (Art. 10 Abs. 3 Nr. 2 EGBGB). Der Sorgerechtsinhaber kann ferner gem. Art. 10 Abs. 3 Nr. 3 EGBGB bestimmen, dass das Kind den Familiennamen nach dem Recht des Staates erhalten soll, dem ein den Namen Erteilender angehört. Diese Möglichkeit war bislang nur bezüglich nichtehelicher Kinder gegeben, vgl. Art. 10 Abs. 4 EGBGB a. F. Bedeutung gewinnt diese Vorschrift im Rahmen der Namenserteilung des § 1618 BGB. 119

Zu beachten ist, dass im Rahmen des Art. 10 EGBGB ein **Zustimmungserfordernis** grds. nach dem Heimatrecht des Kindes zu berücksichtigen ist (vgl. Art. 23 Satz 1 EGBGB). Soweit für das Wohl des Kindes erforderlich, kommt deutsches Recht zur Anwendung, Art. 23 Satz 2 EGBGB. 120

cc) Übergangsrecht

- Für die Zeit von zwei Jahren ab In-Kraft-Treten des FamNamRG, also bis zum 31. 3. 1996, ermöglichte Art. 7 § 5 FamNamRG die **Nachholung** einer **Rechts- und Namenswahl** für Ehegatten, die im Zeitpunkt des In-Kraft-Tretens des Gesetzes bereits verheiratet waren (ausführlich Henrich, IPRax 1994, 174, 176 ff.). 121

- Als Übergangsvorschrift zum KindRG v. 16. 12. 1997 ist hinsichtlich der Namenswahl des Kindes Art. 224 § 3 EGBGB zu beachten.

2. Getrenntleben

a) Überblick

122 Bei Getrenntleben sind **vier Fragenkomplexe** von großer Bedeutung:

- Die ersten beiden Komplexe betreffen den **Ehegatten-** (unten b)) **und Kindesunterhalt** (unten c)). Sowohl der Anspruch des Ehegatten als auch der Anspruch des Kindes auf Unterhalt wird über das gem. Art. 18 EGBGB anwendbare Recht geregelt. Bevor auf das anwendbare Recht eingegangen wird, werden das Verfahrensrecht, die internationale Zuständigkeit und die Anerkennung und Vollstreckung ausländischer Entscheidungen behandelt.

- Der dritte Komplex betrifft **Wohnung und Hausrat** (unten d)). Es wird wiederum die internationale Zuständigkeit vor der kollisionsrechtlichen Regelung erläutert. Dies geschieht anhand eines Beispielfalles.

- Der vierte Bereich betrifft **die elterliche Sorge in bestehender Ehe** (unten e)). Auch hier wird, bevor die kollisionsrechtliche Regelung des Art. 21 EGBGB (vormals: Art. 19 Abs. 2 und 20 Abs. 2 EGBGB) vorgestellt wird, auf die Verfahrensarten, die internationale Zuständigkeit und die Anerkennung ausländischer Entscheidungen eingegangen.

b) Ehegattenunterhalt

aa) Internationale Zuständigkeit

123 Im Verhältnis zu den Mitgliedstaaten der Europäischen Union geht die EuGVVO den autonomen deutschen Zuständigkeitsregeln vor (Kropholler, Europäisches Zivilprozeßrecht, vor Art. 2 Rn. 16 ff.).

124 Der **Amsterdamer Vertrag** ermöglichte es, für das **europäische Zivilprozessrecht** zwischen den EU-Staaten statt der bisherigen Rechtsform eines Übereinkommens die einer **EG-Verordnung** zu wählen. Auf Grundlage der Art. 61 lit. c, 65 EGV wurde die EuGVVO am 22. 12. 2000 als Maßnahme der justiziellen Zusammenarbeit in Zivilsachen erlassen. **Am 1. 3. 2002** ist die EuGVVO in Kraft getreten. Sie ersetzt im Verhältnis zu allen EG-Staaten (außer Dänemark) das EuGVÜ, Art. 68 (für Dänemark ist damit weiterhin das EuGVÜ maßgeblich, s. Kropholler, Europäisches Zivilprozeßrecht, Einl. Rn. 6).

125 In sachlich-gegenständlicher Hinsicht gilt die EuGVVO, ebenso wie das EuGVÜ, für Zivil- und Handelssachen unter Einschluss des Arbeits- und des Unterhaltsrechts.

126 **Gem. Art. 5 Nr. 2 EuGVVO** kann eine Person, die ihren Wohnsitz in einem anderen Vertragsstaat hat, wenn es sich um eine **Unterhaltssache** handelt, vor dem Gericht des Ortes verklagt werden, an dem der Unterhaltsberechtigte seinen **Wohnsitz** oder **gewöhnlichen Aufenthalt** hat. Neben dieser besonderen Zuständigkeit nach Art. 5 EuGVVO kann der Unterhaltsverpflichtete auch gem. Art. 2 Abs. 1 EuGVVO vor den Gerichten des Staates verklagt werden, in dem er seinen Wohnsitz hat.

127 Ist die EuGVVO nicht einschlägig, richtet sich die **internationale Zuständigkeit** nach **autonomen deutschem Recht**. Es ist dabei zu unterscheiden, **in welcher Verfahrensart** der Unterhaltsanspruch geltend gemacht wird. Unterhaltsansprüche werden entweder allein oder zusammen mit familienrechtlichen Verfahren im Verbund gerichtlich geltend gemacht. Wird ein Unterhaltsanspruch „isoliert" geltend gemacht, ist die sachliche Zuständigkeit des AG nach § 23a Nr. 2 GVG begründet. Gem. § 23b Abs. 1 Nr. 5 und 6 GVG ist in diesen Fällen das FamG beim AG berufen. Wird der Unterhaltsanspruch im „Verbund" mit Ehesachen geltend gemacht, ist das FamG gem. § 23b Abs. 1 Nr. 5 und 6 GVG, § 621 Abs. 1 Nr. 4 und 5 ZPO zuständig. Verlangt ein Kind Unterhalt im Zusammenhang mit einer Klage auf Feststellung der Vaterschaft, ist das AG gem. § 23a Abs. 1 Nr. 2 GVG, § 653 Abs. 1 Satz 1 ZPO (§ 643 ZPO a. F., neugefasst d. Art. 3 KindUG v. 6. 4. 1998) sachlich zuständig.

Hiervon zu trennen ist aber die vorweg zu prüfende internationale Zuständigkeit. Die **internationale Zuständigkeit deutscher Gerichte** in „isolierten" Unterhaltssachen richtet sich nach der örtlichen Zuständigkeit, § 621 Abs. 2 Satz 2 mit §§ 12 und 13 ZPO. Im „Verbund" mit anderen Ehesachen bestimmt sich die internationale Zuständigkeit nach § 621 Abs. 2 Satz 1 1. Hs. ZPO. Die internationale Zuständigkeit für die betreffende **Ehesache** zieht die internationale Zuständigkeit für die Unterhaltssache nach sich. Für die durch Verwandtschaft begründete **gesetzliche Unterhaltspflicht** i. S. v. § 621 Abs. 1 Nr. 4 ZPO gilt dieses nunmehr (ab 1. 7. 1998, vgl. Art. 6 KindRG v. 16. 12. 1997) jedoch nur mit der Einschränkung des § 621 Abs. 2 Satz 1 2. Hs. Nr. 4 ZPO. Zu beachten ist insoweit die vom 1. 7. 1998 bis 1. 7. 2003 geltende Übergangsvorschrift nach Art. 15 § 1 KindRG (abgedruckt im Schönfelder § 621 ZPO Anm. 5). Hat der Beklagte im Inland jedoch keinen Gerichtsstand, so kann in Unterhaltssachen hilfsweise auch vor dem Gericht geklagt werden, an dem der Kläger seinen allgemeinen Gerichtsstand hat, § 23a ZPO. Das gilt für **alle Unterhaltssachen,** ohne Rücksicht auf den Rechtsgrund. § 23a ZPO greift auch für die internationale Zuständigkeit bei **Arrest** und **einstweiliger Verfügung** ein.

128

bb) Die Vollstreckung von ausländischen Unterhaltstiteln

Auf diesem Gebiet sind **zahlreiche,** für die Bundesrepublik geltende **Staatsverträge** zu beachten. Dieses weist auf die **besondere Wertschätzung** hin, die die **internationale Durchsetzung von Unterhaltsansprüchen** in politischer, sozialer und humanitärer Hinsicht genießt. Sicherlich nicht nur wegen des finanziellen Aspekts der Entlastung der Sozialbudgets der daran beteiligten Staaten kann man in der Tendenz von einer internationalen Bevorzugung von Unterhaltsansprüchen sprechen. Aus diesen Gründen bedarf die Vollstreckung von Unterhaltstiteln einer näheren Darstellung.

129

Die **wichtigste Regelung auf dem Gebiet der Vollstreckung von Unterhaltsentscheidungen** ist die **EuGVVO.** Die sog. Brüssel I-Verordnung sieht ein einfaches, schnelles und billiges Verfahren zur Erlangung der Vollstreckbarerklärung von Unterhaltstiteln in allen EG-Staaten vor (Kropholler, Europäisches Zivilprozeßrecht, Art. 38 ff.; Heß, JZ 2001, 573; Piltz, NJW 2002, 789).

130

Gem. Art. 38 Abs. 1 werden die in einem Mitgliedstaat ergangenen Entscheidungen in einem anderen Mitgliedstaat vollstreckt, wenn sie dort **auf Antrag** für vollstreckbar erklärt worden sind. Eine Vollstreckbarerklärung ist **unter folgenden Voraussetzungen** möglich:

131

- Die Entscheidung muss nach dem Recht des Urteilsstaates vollstreckbar sein (Art. 38 Abs. 1).
- Ferner erfordert die Vollstreckbarerklärung, dass die notwendigen Urkunden oder sonstigen Beweismittel beigebracht werden (Art. 41 i. V. m. Art. 53 ff.).

Diese Voraussetzungen muss der Richter **von Amts wegen prüfen.**

Sah das EuGVÜ noch vor, dass der Richter etwaige Versagungsgründe zu prüfen hatte (Art. 27 EuGVÜ), werden **Anerkennungshindernisse** nach Art. 34 und 35 gem. Art. 41 im Verfahren der Vollstreckbarerklärung **nicht geprüft,** sondern erst **im Rechtsbehelfsverfahren.** Auch bedarf es anders als nach Art. 47 EuGVÜ **nicht mehr einer vorherigen Zustellung** der ausländischen Entscheidung an den Schuldner vor der Vollstreckbarentscheidung (s. Art. 42 Abs. 2). Der Schutz des Beklagten bleibt insofern gewahrt, als er gegen die Vollstreckbarerklärung **einen Rechtsbehelf** einlegen kann, Art. 43 ff. Für die Zukunft ist ein einheitlicher europäischer Titel unter vollständiger Abschaffung des Exequaturverfahrens geplant (Maßnahmeprogramm des Rates ABl. EG 01 C 12/1,7, vgl. auch Vorschlag der Kommission v. 18. 4. 2002 für eine Verordnung des Rates zur Einführung eines europäischen Vollstreckungstitels für unbestrittene Forderungen, KOM (2002) 159 endgültig – 2002/0090 (CNS)).

132

Zur Vollstreckbarkeit in Deutschland gehört, dass sich **Inhalt, Art und Umfang der Vollstreckung aus dem Titel** (und nicht erst aus anderen Schriftstücken) **bestimmen** oder **bestimmbar ergeben.** Eine zusätzliche Konkretisierung des ausländischen Urteils durch Auslegung kann daher

133

geboten sein, damit es die gleichen Wirkungen wie ein inländischer Titel entfalten kann. Nicht zu verwechseln ist diese ergänzende Auslegung mit der nach Art. 36, 45 Abs. 2 verbotenen sachlichen Nachprüfung.

134 Namentlich sind **indexierte Unterhaltstitel** im Verfahren der Vollstreckbarerklärung durch das Gericht **zu konkretisieren** (dazu Schack, Internationales Zivilverfahrensrecht, Rn. 398). Bei der Vollstreckung indexierter ausländischer Unterhaltstitel besteht die Schwierigkeit, dass die Beträge sich nicht aus der Entscheidung selbst, sondern erst in Verbindung mit amtlichen Indizes ergeben. Ist beispielsweise eine Anbindung des Unterhaltstitels an die Entwicklung der Lebenshaltungskosten erfolgt, erachtet der BGH deswegen diesen indexierten Auslandstitel für an sich nicht vollstreckungsfähig. Gleichwohl lässt er die vollstreckungsbefähigende Konkretisierung des Titels im Rahmen der Vollstreckbarerklärung zu. Allerdings fehlt den gar zu unbestimmten oder unklaren Titeln unweigerlich die Vollstreckungsfähigkeit. Folglich muss per **Feststellungs- oder Leistungsklage** der Klageweg erneut beschritten werden, sollten sich die inhaltlichen Zweifel **nicht im Wege der Auslegung** beseitigen lassen.

135 Auszuschließen ist jedenfalls die Vorgehensweise, über die Einleitung eines Vollstreckbarerklärungsverfahrens **anstelle der Anpassung** eine Abänderung des ursprünglichen Unterhaltstitels zu erlangen. Für nach der Vollstreckbarerklärung notwendig werdende Anpassungen, die sich nicht auf freiwilligem Wege erreichen lassen, steht die Möglichkeit **der Abänderungsklage** nach § 323 ZPO offen.

136 Ferner folgt aus der in Art. 33 Abs. 1 vorgeschriebenen automatischen Anerkennung und aus dem in Art. 27 zum Ausdruck gebrachten Ziel der **Vermeidung widersprüchlicher Entscheidungen** der Ausschluss einer erneuten Leistungsklage, d.h. ist in einem Mitgliedstaat eine gerichtliche Entscheidung ergangen, die gem. Art. 38 in einem anderen Mitgliedstaat für vollstreckbar erklärt werden könnte, so darf im Zweitstaat **keine erneute Verurteilung erfolgen**.

137 **In Abgrenzung** dazu beurteilen sich die Fragen der **Rechtskraft** sowie **Art und Umfang der Urteilswirkung** ausschließlich nach dem maßgeblichen **ausländischen Recht**. Als Beispiel hierfür mag die Frage gelten, ob die Entscheidung, die in einem Unterhaltsverfahren ergangen ist, an dem ausschließlich die Eltern beteiligt waren, auch für das Kind Rechtskraft entfaltet.

138 Schließlich ergibt sich die **Prozessführungsbefugnis des Klägers** für das anzustrengende Verfahren zur Erlangung der Vollstreckbarerklärung im Regelfall aus der **formalen Titelberechtigung** als Partei des Erstverfahrens.

139 Kapitel VII regelt das Verhältnis der EuGVVO **zu anderen Rechtsakten**. Art. 67 betrifft das Verhältnis der EuGVVO zu speziellerem sekundären Gemeinschaftsrecht. Art. 68 beschreibt das Verhältnis zwischen der Verordnung und dem EuGVÜ. Art. 69 ff. befassen sich mit dem Verhältnis der EuGVVO und besonderen völkerrechtlichen Übereinkommen der Mitgliedstaaten.

140 Gem. Art. 67 berührt die Verordnung nicht die Anwendung der in den bestehenden und künftigen gemeinschaftlichen Rechtsakten für besondere Gebiete enthaltenen **Zuständigkeits- und Anerkennungsvorschriften.**

141 Art. 68 bestimmt, dass die EuGVVO im Verhältnis zu allen Mitgliedstaaten (mit **Ausnahme Dänemarks**) an die Stelle des EuGVÜ tritt.

142 Art. 69 listet verschiedene **bilaterale Abkommen** auf, die durch die EuGVVO ersetzt werden. Allerdings behalten diese Abkommen gem. Art. 70 Abs. 1 ihre Wirksamkeit für die Rechtsgebiete, auf die die EuGVVO nicht anwendbar ist. Weiter können sie gem. Art. 70 Abs. 2 für die Entscheidungen und öffentlichen Urkunden von Bedeutung sein, die vor In-Kraft-Treten der EuGVVO ergangen oder aufgenommen sind.

143 Art. 71 befasst sich mit dem Verhältnis der EuGVVO zu solchen (meist multilateralen) Übereinkommen, welche die Mitgliedstaaten auf **besonderen Rechtsgebieten** geschlossen haben und in denen eine Regelung der internationalen Zuständigkeit, der Anerkennung oder der Vollstreckung enthalten ist. Die EuGVVO lässt solche Übereinkommen unberührt. Ist aber in dem Übereinkom-

men lediglich ein Teilbereich aus dem Normengefüge der EuGVVO geregelt (beispielsweise nur Regelung der direkten Zuständigkeit), so geht das Übereinkommen nur hinsichtlich dieses Teilbereichs vor, im Übrigen bleiben die Regeln der EuGVVO maßgebend (Kropholler, Europäisches Zivilprozeßrecht, Art. 71 Rn. 7; noch zum EuGVÜ: EuGH v. 6. 12. 1994 – 406/92, Tatry).

(1) UN-Übereinkommen

Bereits am 20. 6. 1956 kam es zum Abschluss des **„New Yorker UN-Übereinkommens über die** **144** **Geltendmachung von Unterhaltsansprüchen"** (BGBl. 1959 II S. 149). Mittlerweile stellt es lediglich noch eine Ergänzung zu den Staatsverträgen über die Anerkennung und Vollstreckung von Unterhaltsentscheidungen dar. Im Wege gegenseitiger Rechts- und Amtshilfe erleichtert es bei über 50 Vertragsstaaten die Geltendmachung von Unterhalt auf administrativem Wege, indem der Berechtigte eines gesetzlichen Unterhaltsanspruches sich an die Übermittlungsstelle seines Aufenthaltsstaates wenden kann, damit diese den Vorgang an eine Empfangsstelle im Aufenthaltsstaat des Schuldners übersendet, **ohne dass für Tätigkeiten** auf Grund des Übereinkommens **Gebühren anfallen,** Art. 9 III UN-Übk. In der Bundesrepublik Deutschland sind mit den Aufgaben der Übermittlungsstelle die Justizministerien der jeweiligen Bundesländer und mit denen der Empfangsstelle das Bundesverwaltungsamt (BVA Außenstelle Bonn, Postfach 200351, 53133 Bonn, Tel.: 01 88 83 58-54 12, Ansprechpartner: Ulrich Vogt, Email: Ulrich.Vogt@bva.bund.de) betraut (Bülow/Böckstiegel/Geimer/Schütze, Internationaler Rechtsverkehr in Zivil- und Handelssachen, Bd. III, Kap. 794). Mit Wirkung vom 1.12.2002 ist die Empfangsstelle Bestandteil des neu errichteten Europäischen Justiziellen Netzes für Zivil- und Handelssachen (nähere Informationen zum Europäischen Justiziellen Netz für Zivil- und Handelssachen abrufbar im Internet unter: http://europa.eu.int/comm/justice_home/ejn/index_de.htm). Unter diesem Netz ist eine Bundeskontaktstelle (der Generalbundesanwalt, Dienststelle Bonn, vgl. § 16a EGGVG) eingerichtet worden, die die Tätigkeit der Landeskontaktstellen koordiniert. Landeskontaktstellen sind regelmäßig diejenigen Stellen, die bereits zentrale Behörden unter dem Haager Zustellungsübereinkommen von 1965 oder Zentralstellen unter der EG-Zustellungsverordnung 1348/2000 (Verordnung (EG) Nr. 1348/2000 des Rates vom 29.5.2000 über die Zustellung gerichtlicher und außergerichtlicher Schriftstücke in Zivil- und Handelssachen in den Mitgliedstaaten, Abl. EG L 160/37 v. 30.6.2000) sind.

(2) Haager Übereinkommen von 1958

In der zeitlichen Reihenfolge wird das UN-Abkommen gefolgt von dem „Haager Übereinkommen **145** über die Anerkennung und Vollstreckung von Entscheidungen auf dem Gebiet der Unterhaltspflichten gegenüber Kindern" vom 15. 4. 1958 (HÜbU 1958). Aufgrund der Vielzahl nachfolgender Abkommen findet es heute nur noch im Verhältnis zu Belgien, Liechtenstein und Österreich, Suriname, Ungarn und den französischen Départements und Hoheitsgebieten Anwendung.

(3) Haager Übereinkommen von 1973

In dem Bestreben, den Regelungsbereich des Haager Übereinkommens von 1958 auf Unterhalts- **146** ansprüche von Erwachsenen auszudehnen, wurde mit dem **„Haager Übereinkommen über die** **Anerkennung und Vollstreckung von Unterhaltsentscheidungen"** vom 2. 10. 1973 (HÜbU 1973) der heute wichtigste, weil weitreichendste Staatsvertrag auf diesem Sachgebiet geschlossen. Erfasst werden **Unterhaltsansprüche** aus familienrechtlichen Beziehungen aller Art und **Erstattungsansprüche** öffentlicher Stellen, soweit sie in der Form einer Entscheidung, eines gerichtlichen Vergleichs (Art. 1 Abs. 2, 2, 21) und im Falle bestehender Gegenseitigkeit sogar in der Form einer öffentlichen Urkunde tituliert sind. Derzeit (Mai 2003) gilt das Übereinkommen im Verhältnis zu Australien, Dänemark, Estland, Finnland, Frankreich, Großbritannien, Italien, Litauen, Luxemburg, Niederlande, Norwegen, Polen, Portugal, Schweden, Slowakei, Schweiz, Spanien, Tschechische Republik und der Türkei.

147 Von den in den Art. 4 bis 12 geregelten Anerkennungsvoraussetzungen soll an dieser Stelle die **Anerkennungsfähigkeit von Versäumnisentscheidungen** gem. Art. 6 und der Negativkatalog des Art. 5 (ordre public/betrügerische Machenschaften/entgegenstehende Rechtshängigkeit und Rechtskraft) Erwähnung finden. Im Regelfall soll die zu vollstreckende Entscheidung **in Rechtskraft erwachsen** sein, Art. 4 Abs. 1. In Übereinstimmung mit dem Haager Übereinkommen von 1958 können auch **vorläufig vollstreckbare Entscheidungen** und **einstweilige Maßnahmen** nach Art. 4 Abs. 2 zur Vollstreckung freigegeben werden, falls im Ausgangsstaat gleichartige Entscheidungen erlassen und vollstreckt werden können, der Vorbehalt der Kongruenz also erfüllt wird. Die Frage, ob die der Unterhaltsentscheidung vorrangige **Statusentscheidung,** wie z. B. die Feststellung der Vaterschaft bzgl. des Kindesunterhalts, zusätzlich anerkannt werden muss, ist **im Übereinkommen nicht positiv** geregelt und deswegen unter dem Stichwort **„Annex-Unterhaltsentscheidung"** umstritten. Die Rechtsprechung der OLG tendiert dazu, eine isolierte Anerkennung genügen zu lassen (OLG Köln, FamRZ 1979, 718; OLG Karlsruhe, DAVorm 1981, Sp. 165; OLG München, DAVorm 1982, Sp. 490; Baumann, Die Anerkennung und Vollstreckung ausländischer Entscheidungen in Unterhaltssachen, S. 54). Auf die Verfahrensweise findet mit Art. 13 subsidiär das Recht des Vollstreckungsstaates Anwendung.

148 In dem Verhältnis der beiden Haager Übereinkommen untereinander ordnet Art. 23 HÜbU 1973 ausdrücklich die **relative Verdrängung** des Übereinkommens von 1958 an. Gegenüber bilateralen Verträgen regelt sich die Anwendbarkeit nach dem **Günstigkeitsprinzip.**

149 Beanspruchen besondere Übereinkommen, wie das bei den Haager Unterhaltsvollstreckungsabkommen von 1958 und 1973 der Fall ist, keine ausschließliche Anwendung, erlangt die EuGVVO zusätzliche Geltung.

(4) Luganer Übereinkommen

150 Des Weiteren haben die Mitgliedstaaten der EG und die EFTA mit dem **„Luganer Übereinkommen über die gerichtliche Zuständigkeit und die Vollstreckung gerichtlicher Entscheidungen in Zivil- und Handelssachen"** vom 16. 9. 1988 (BGBl. 1994 II S. 2660) eine Regelung getroffen, die sich inhaltlich weitgehend an dem EuGVÜ orientiert, weswegen von einem Parallelübereinkommen gesprochen wird. Art. 54b LugÜ regelt das Verhältnis des LugÜ zum EuGVÜ. Für die Mitgliedstaaten im Sinne der EuGVVO gilt diese Normierung gem. Art. 68 Abs. 2 EuGVVO nunmehr als Verweis auf die Verordnung. Die EuGVVO ist in ihrem Anwendungsbereich für die Gerichte der Mitgliedstaaten allein maßgebend (Art. 54b Abs. 1 LugÜ). Das Luganer Übereinkommen regelt also weiterhin das Verhältnis zur Schweiz, zu Polen, Norwegen und Island.

cc) Ausführungsgesetze

151 Oftmals lassen sich die maßgeblichen Vorschriften für das Vollstreckbarerklärungsverfahren erst im jeweiligen Ausführungsgesetz auffinden. Für das Haager Übereinkommen von 1973, die Ehe-EuGVVO, die EuGVVO, die bilateralen Verträge mit Israel, Norwegen und Spanien sowie für das Luganer Übereinkommen beinhaltet das „Gesetz zur Ausführung zwischenstaatlicher Verträge und zur Durchführung von Verordnungen der Europäischen Gemeinschaft auf dem Gebiet der Anerkennungs- und Vollstreckung in Zivil- und Handelssachen – Anerkennungs- und Vollstreckungsausführungsgesetz (**AVAG n. F.**)" in seiner neuen Fassung vom 19. 2. 2001 (BGBl. 2001 I S. 288, in Kraft getreten am 1. 3. 2001. Gesetzesentwurf: BT-Drucks. 14/4591. Das Ausführungsgesetz vom 19. 2. 2001 wurde am 30. 1. 2002 (BGBl. I S. 564 und BT-Drucks. 14/7207) dahingehend geändert, dass der Anwendungsbereich des AVAG auch auf die zum 1. 3. 2002 in Kraft getretene EuGVVO erweitert wurde; abgedruckt in Jayme/Hausmann, Nr. 160a und 181a; näher dazu Hub, NJW 2001, 345 ff.) bedeutsame Ausführungs- und Durchführungsbestimmungen, § 1 AVAG n. F. Im Übrigen besitzen die verbleibenden Staatsverträge jeweils eigene Ausführungsgesetze oder -verordnungen.

(1) Das Klauselerteilungsverfahren nach dem AVAG n. F.

Anknüpfend an den Art. 31 EuGVÜ bzw. an das Luganer Abkommen ergänzen die §§ 3 ff. AVAG das sog. **„Klauselerteilungsverfahren"** (dazu Göppinger/Wax, Unterhaltsrecht, Rn. 3290; Hök, JurBüro 1988, Sp. 1453; Baumann, Die Anerkennung und Vollstreckung ausländischer Entscheidungen in Unterhaltssachen, S. 129 ff.).

152

(a) Regelungsbereich

Von seinem Regelungsbereich werden **Entscheidungen, Prozessvergleiche und öffentliche Urkunden** erfasst, § 2 Nr. 2 AVAG n. F. Ausschließlich zuständig ist das LG, in dessen Bezirk der Schuldner wohnt bzw. vollstreckt werden soll, § 3 AVAG n. F. Eine familiengerichtliche Zuständigkeit besteht nicht, da insoweit die §§ 3, 6 AVAG n. F. den § 621 ZPO verdrängen.

153

(b) Zulässigkeitsvoraussetzungen

Eingeleitet wird das Verfahren mit dem Antrag, das Urteil vom . . . gem. §§ 4 ff. AVAG n. F. mit der **Vollstreckungsklausel** zu versehen. Die Entscheidungsbefugnis darüber besitzt der Vorsitzende einer Zivilkammer, der unverzüglich ohne mündliche Verhandlung und Anhörung des Schuldners zu reagieren hat, §§ 3 Abs. 3, 6 Abs. 1 und 2 AVAG n. F. Weitere Zulässigkeitsvoraussetzung ist die **Bestellung eines Zustellungsbevollmächtigten**, § 5 AVAG n. F., also einer Person, die im Bezirk des angerufenen Gerichts wohnt. Damit wird eine Auslandszustellung entbehrlich, das Verfahren beschleunigt. Darüber hinaus hat der Antragsteller **eine Ausfertigung der Ausgangsentscheidung vorzulegen** sowie den **Nachweis, dass diese Entscheidung im Ausgangsstaat vollstreckbar ist**. Da der Richter im Rahmen des nicht kontradiktorischen Verfahrens auf die Anhörung des Schuldners verzichten kann, erlangt der Gläubiger einen überraschenden Vollstreckungszugriff, sprich **effektiven Rechtsschutz**. Die Interessen des Schuldners werden mit der Möglichkeit gewahrt, gegen die Zulassung der Zwangsvollstreckung **Beschwerde** einzulegen. Darüber hinaus ist vor Ablauf der Beschwerdefrist nur die **Sicherungsvollstreckung** zulässig, § 18 AVAG n. F.

154

(c) Erfolgreicher Antrag

Gibt der Richter daraufhin dem Gesuch des Gläubigers mit Begründung (§ 8 Abs. 1 Satz 3, Abs. 2 Satz 1 AVAG n. F.) statt, erteilt der Urkundsbeamte der Geschäftsstelle des OLG die **deutsche Vollstreckungsklausel** gem. §§ 8, 9, 13 Abs. 4 AVAG n. F. Diese hat insoweit rechtsgestaltende Wirkung, als durch sie dem Auslandstitel die bislang fehlende **Vollstreckbarkeit im Inland** verliehen wird. Von Amts wegen ist dem Schuldner eine beglaubigte Abschrift des mit der Vollstreckungsklausel versehenen Schuldtitels zuzustellen, § 10 Abs. 1 AVAG n. F.

155

(d) Beschwerde

Gegen die Entscheidung kann die **Beschwerde zum OLG** eingelegt werden, § 11 Abs. 1 AVAG n. F. Für den Schuldner besteht dafür im Regelfall eine **Frist von einem Monat**, §§ 11 Abs. 3, 10 Abs. 2 Satz 1 AVAG n. F. Der Gläubiger ist von der Einhaltung des Fristerfordernisses befreit (§ 11 Abs. 3 AVAG n. F. bezieht sich nur auf den „Verpflichteten"). Damit erwächst die **Zurückweisung** seines Antrags, die den Gläubiger zur Erhebung der Beschwerde berechtigt, **nicht in materielle Rechtskraft**.

156

(e) Rechtsbeschwerde

Gegen die Beschlüsse des OLG findet wiederum die **Rechtsbeschwerde** statt, § 15 AVAG n. F., wenn gegen diese Entscheidung, wäre sie durch Endurteil ergangen, die Revision gegeben wäre oder wenn das Beschwerdegericht von einer Entscheidung des EuGH abgewichen ist und der ange-

157

fochtene Beschluss auf dieser Abweichung beruht. Entsprechend dem Revisionsverfahren sind die **Nachprüfungsmöglichkeiten des BGH eingeschränkt,** § 17 AVAG n. F.

(f) EuGVVO

158 Durch das Gesetz zur Änderung des Anerkennungs- und Vollstreckungsausführungsgesetzes vom 30. 1. 2002 (BGBl. I S. 564 und BT-Drucks. 14/7207 S. 5 ff.) ist die EuGVVO in das AVAG eingefügt worden, bzw. das AVAG um die erforderlichen Durchführungsbestimmungen ergänzt worden. Gem. § 55 Abs. 1 AVAG finden die §§ 3, 6 Abs. 1, 7 Abs. 1, Satz 1 und Absatz 2, 11 Abs. 1, Satz 2 und Abs. 3, Satz 1, 1. Hs. und Satz 2 sowie § 18 auf die EuGVVO **keine Anwendung.** Dies deshalb, um eine nach EG-Recht grds. **unzulässige Doppelregelung im Verhältnis zu der Verordnung zu vermeiden.**

(2) Das fakultative Beschlussverfahren nach den §§ 1063 Abs. 1, 1064 Abs. 2 ZPO

159 Weitere **bilaterale Abkommen** bestehen mit der Schweiz, Italien, Belgien, Österreich, Großbritannien, Griechenland, Niederlande, Tunesien, Norwegen, Israel und Spanien. Deren Ausführungsgesetze unterscheiden sich zumeist nur im Detail und verweisen größtenteils für das Verfahren der Vollstreckbarerklärung auf die Vorschriften der ZPO über die Vollstreckbarerklärung von Schiedssprüchen, §§ 1063 Abs. 1, 1064 Abs. 2 ZPO (dies gilt für das Haager Übereinkommen von 1958 sowie die bilateralen Abkommen mit Belgien, Griechenland, Großbritannien, Italien, Österreich, Schweiz und Tunesien (vgl. insgesamt BGBl. 1997 I S. 3233 ff.). Zur Neuregelung des Schiedsverfahrensgesetzes (BGBl. 1997 I S. 3224 ff.) vgl. Kappus, NJW 1998, 582 f.; Kreindler/Mahlich, NJW 1998, 563 f.). Von Bedeutung sind sie heute nur dort, wo EuGVVO/LGVÜ nicht eingreifen.

(a) Zuständiges Gericht

160 Wie bei der Vollstreckungsklage der §§ 722 ff. ZPO fällt das **Verfahren über die Vollstreckbarerklärung einer ausländischen Entscheidung** in die **familiengerichtliche Zuständigkeit,** wenn der Titel eine Angelegenheit betrifft, die nach inländischem Verfahrensrecht **als Familiensache** einzuordnen ist, § 23b GVG (BGHZ 88, 113 (117)). Andernfalls bestimmt sich die sachliche und örtliche Zuständigkeit nach den **allg. Grundsätzen,** sollte auch das entsprechende Abkommen keine abweichende Regelungen vorweisen.

(b) Unzulässiger Antrag

161 Ergibt die durch entsprechenden Antrag eingeleitete Prüfung des vorgelegten Materials durch das Gericht einen schon **von Amts wegen** zu berücksichtigenden **unbehebbaren Mangel,** hat es **ohne Anhörung** des Gegners den Antrag als unzulässig zu verwerfen.

(c) Weitere Vorgehensweise des Gerichts

162 Andernfalls leitet das Gericht wahlweise die **schriftliche Anhörung** des Gegners ein oder ordnet die **mündliche Verhandlung** an. Wegen der Eilbedürftigkeit des Verfahrens und des Schutzes des Unterhaltsberechtigten ist die schriftliche Anhörung die Regel. Demgegenüber ist die Anordnung der mündlichen Verhandlung ohne vorherige schriftliche Anhörung des Gegners zweckmäßig, wenn ohnehin nach Inhalt des Antrags mit Einwendungen gegen den Anspruch zu rechnen ist. Diese kann und muss der Gegner nämlich bereits in erster Instanz geltend machen.

(d) Entscheidung per Beschluss

163 Das Gericht entscheidet nach dem neu eingefügten § 1063 Abs. 1 ZPO stets durch Beschluss (Thomas/Putzo, ZPO, § 1063 Rn. 1). Im Falle der Stattgabe des Antrags ist der Beschluss **ohne Sicherheitsleistung** für vorläufig vollstreckbar zu erklären.

dd) Die Vollstreckungsklage nach autonomem Recht

Falls es tatsächlich einmal trotz der Vielzahl der Vereinbarungen an einer vorrangigen staatsvertraglichen Regelung mangeln sollte, wird allein autonomes Recht maßgeblich. In diesem Fall verfolgt man die Erlangung der Vollstreckbarerklärung **im Klageweg** (§§ 722, 723 ZPO), wodurch ein ähnlicher Aufwand entsteht wie bei der Durchsetzung eines Leistungsbegehrens.

(1) Zuständiges Gericht

Liegt aus deutscher Sicht eine Familiensache des § 23b GVG vor, ist das **FamG** sachlich zuständig (BGHZ 88, 113 (117); die Gegenmeinung stellt auf den Streitgegenstand des Verfahrens ab: Schütze, NJW 1983, 154). Für andere Unterhaltstitel entscheidet der Streitwert darüber, ob das AG- oder das LG zuständig ist, § 722 Abs. 2 ZPO.

(2) Anerkennung

In der Folge läuft das Verfahren als **ordentlicher Zivilprozess** ab, freilich mit der Besonderheit der **von Amts wegen** zu prüfenden **Anerkennung als Erfolgsvoraussetzung** für die Klage, § 723 Abs. 2 Satz 2 ZPO. Einer Anerkennung sind die **noch nicht formell rechtskräftigen** Entscheidungen sowie die Entscheidungen des **einstweiligen Rechtsschutzes** entzogen, die **keine Rechtskraft** erlangen, sondern nur eine mehr oder weniger endgültige Bestandskraft (Göppinger/Wax, Unterhaltsrecht, Rn. 3274; zuweilen lässt man die Endgültigkeit der Entscheidung genügen, so z. B. OLG München, FamRZ 1992, 73).

(3) Versagungsgründe

Weitere Versagungsgründe sind in den § 723 Abs. 2 Satz 2 i. V. m. § 328 ZPO aufgeführt. Als wichtigste Voraussetzung dürfte hierbei die von Amts wegen zu beachtende **Verbürgung der Gegenseitigkeit**, § 328 Abs. 1 Nr. 5 ZPO, anzusehen sein. Dieses Prinzip beansprucht im gesamten deutschen Internationalen Zwangsvollstreckungsrecht Gültigkeit – wie in vielen anderen Rechtsordnungen auch – und bedeutet, dass gerichtliche Entscheidungen eines anderen Staates nur insoweit anerkannt werden können, als dort die Anerkennung deutscher Entscheidungen unter etwa gleichen Bedingungen gewährleistet ist (Göppinger/Wax, Unterhaltsrecht, Rn. 3257; ausführlich mit Staatenverzeichnis MüKo/Gottwald, ZPO, § 328 ZPO Rn. 92 – 120). **Nicht zu verlangen ist die völlige Identität der Anerkennungsvoraussetzungen.** Jedenfalls muss die Verbürgung der Gegenseitigkeit der **tatsächlichen Übung** entsprechen, eine **gesetzliche Vermutung** für ihr Bestehen **existiert nicht**. Als **Ausnahme** vom Erfordernis der Gegenseitigkeit führt § 328 Abs. 2 ZPO das Vorliegen einer **Kindschaftssache** (§ 640 ZPO) und einer **Lebenspartnerschaftssache** (§ 661 Abs. 1 Nr. 1 und 2 ZPO) bzw. eines **nichtvermögensrechtlichen Anspruchs** an, für den sich nach den deutschen Gesetzen kein Gerichtsstand im Inland begründen lässt. Im Übrigen ist ein Anerkenntnis des Beklagten bzw. ein Vergleich mit dem Inhalt, dass das ausländische Urteil im Inland vollstreckbar sein soll, ausgeschlossen (Rosenberg/Gaul/Schilken, Zwangsvollstreckungsrecht, § 12 II 3).

(4) Auslandsunterhaltsgesetz

Von Bedeutung ist insoweit auch das **deutsche Auslandsunterhaltsgesetz** (AUG) vom 19. 12. 1986 (BGBl. 1986 I S. 2563, geändert durch Art. 14 § 6 KindRG v. 16. 12. 1997). Es enthält die Voraussetzungen für eine bessere Durchsetzung von Unterhaltsansprüchen im Verhältnis zu den Staaten des anglo-amerikanischen Rechtskreises. Geregelt wird die **Zusammenarbeit mit ausländischen Gerichten und Behörden.** Das AUG setzt jedoch **Gegenseitigkeit** voraus. Derzeit ist die Gegenseitigkeit u. a. mit folgenden Staaten verbürgt (s. Übersicht bei Baumbach/Lauterbach/Albers/Hartmann, GVG, Anh. III § 186 (AUG), § 1 AUG Rn. 2 (S. 2670)): Britisch Kolumbien, Manitoba, Ontario als Provinzen Kanadas; Südafrika; Florida, Kalifornien, Maryland, Michigan, New Mexico, Ohio, Oklahoma, Texas, Washington und andere Bundesstaaten der Vereinigten Staaten von Amerika.

ee) Abänderung einer Unterhaltsentscheidung

169 Bei Unterhaltssachen ist das **Verfahren zur Abänderung einer Unterhaltsentscheidung** bedeutsam. Das Verfahren, welches aufgrund von Veränderungen in der Lage des Berechtigten oder des Verpflichteten durchgeführt wird, richtet sich nach der **lex fori**. Die **Voraussetzungen** für eine Abänderung unterliegen dem **Unterhaltsstatut** (BGH, IPRax 1984, 320).

170 Es können im Inland jedoch nur anzuerkennende ausländische Unterhaltsentscheidungen abgeändert werden. Die Anerkennung richtet sich dabei nach dem Haager Unterhaltsabkommen von 1973, der EuGVVO oder, falls keines der Abkommen anwendbar ist, nach zweiseitigen Übereinkommen oder autonomen deutschen Recht (§ 328 ZPO).

171 Problematisch ist in diesem Zusammenhang die Frage nach der **Abänderbarkeit einer Unterhaltsentscheidung**. Grds. beantwortet das Unterhaltsstatut die Frage, ob das Urteil abänderbar ist oder nicht (BGH, NJW-RR 1987, 770; OLG Koblenz, NJW 1987, 2167; OLG Düsseldorf, FamRZ 1989, 1335; KG, FamRZ 1993, 976). Hat sich aber der Anknüpfungspunkt nach dem ersten Urteil und vor der Abänderungsklage geändert, etwa weil der Unterhaltsberechtigte seinen gewöhnlichen Aufenthalt gewechselt hat, sollte sich die Abänderbarkeit des Urteils nach dem neuen Unterhaltsstatut richten. Dabei behalten die dem ursprünglichen Urteil zugrundegelegten Tatsachen und die rechtskräftigen Bestandteile desselben ihre Wirkung (MüKo/Siehr, BGB, Art. 18 EGBGB Anh. I Rn. 320). Das Unterhaltsstatut bestimmt auch über den neuen Inhalt der Unterhaltsverpflichtung.

ff) Kollisionsrechtliche Regelung des Art. 18 EGBGB

(1) Einführung

172 Wurde früher der Unterhaltsanspruch von der jeweils einschlägigen allg. familienrechtlichen Kollisionsnorm geregelt, sind seit 1986 sämtliche Unterhaltspflichten – auch gegenüber Kindern und anderen kraft Gesetzes Unterhaltsberechtigten – in **Art. 18 EGBGB** eingefasst.

173 Art. 18 EGBGB ist **keine autonome Regelung,** sondern stammt aus dem **Haager Unterhaltsübereinkommen** vom 2. 10. 1973 (BGBl. 1986 II S. 837; HUntÜ) und ist mit diesem **deckungsgleich.** Das Abkommen ist unabhängig davon anzuwenden, ob die betreffenden Personen ihren gewöhnlichen Aufenthalt in einem Vertragsstaat haben oder gar Staatsbürger eines Vertragsstaates sind. Das ergibt sich aus Art. 3 HUntÜ, der besagt, dass die betreffenden Personen in keiner Beziehung zu einem Vertragsstaat zu stehen brauchen und auch das Recht eines Nichtvertragsstaates angewandt werden kann. Das Unterhaltsübereinkommen ist also eine loi uniforme, d. h. das Abkommen ist **allseitig anwendbar** (Erman/Hohloch, BGB, Art. 18 EGBGB Rn. 2; MüKo/Siehr, BGB, Art. 18 EGBGB Anh. I Rn. 77).

174 Der deutsche Gesetzgeber hat Art. 18 EGBGB dem Übereinkommen angepasst, so dass das Abkommen nicht notwendigerweise genannt werden muss. **Bei der Anwendung** ist jedoch darauf zu achten, dass Art. 18 EGBGB **vertragskonform ausgelegt** werden muss. Die Anknüpfung von Vorfragen muss seit In-Kraft-Treten des IPRG differenzierend betrachtet werden. Aufgrund der Verschiedenartigkeiten der Anknüpfungsprobleme ist es nicht geboten, alle Vorfragen, z. B. die nach dem Bestehen oder der Gültigkeit der Ehe, pauschal selbst- oder unselbständig anzuknüpfen. Im Vergleich zu anderen Vorschriften aus dem EGBGB rückt jedoch die unselbständige Anknüpfung jedoch in den Vordergrund (LG Dortmund, NJW-RR 1990, 12). So ist es sachgerecht, beim Ehegattenunterhalt die Vorfrage gültig eingegangener Ehe unselbständig anzuknüpfen.

175 Für **Nachehelichenunterhalt** ist dagegen kraft gesetzlicher Anordnung gem. Art. 18 Abs. 4 EGBGB nach Art. 17 EGBGB zu prüfen, ob die Ehe noch besteht.

Ein Renvoi kommt nicht in Betracht. Art. 18 EGBGB verweist als Kollisionsnorm mit staatsvertraglichem Hintergrund auf die Sachvorschriften des anwendbaren Rechts.

176 Hinzuweisen bleibt darauf, dass im Verhältnis zum Iran das Deutsch-iranische Niederlassungsabkommen von 1929 dem Art. 18 EGBGB vorgeht.

(2) Anknüpfung

Grds. findet **auf Unterhaltspflichten das Sachrecht des gewöhnlichen Aufenthalts** des Berechtigten Anwendung, Art. 18 Abs. 1 Satz 1 EGBGB (Art. 4 Abs. 1 HUntÜ). Dadurch sollen der Schwächere begünstigt und alle Berechtigten, die in einem Land leben, gleich behandelt werden. Wechselt der Berechtigte seinen gewöhnlichen Aufenthalt, ist ab diesem Zeitpunkt das neue Sachrecht berufen. Das ergibt sich aus dem Wortlaut „**des am jeweiligen gewöhnlichen Aufenthalts**" in Art. 18 Abs. 1 Satz 1 EGBGB. Ein Statutenwechsel ist daher möglich. 177

Durchbrochen wird dieser Grundsatz, wenn dem Berechtigten nach dem Recht überhaupt **kein Anspruch** zusteht. Dann – und nur dann – ist das **gemeinsame Heimatrecht der Parteien** anzuwenden. Eine „Aufbesserung" des ursprünglichen Anspruches findet also nicht statt. Welche Staatsangehörigkeit besteht, richtet sich zunächst nach dem Staatsangehörigkeitsrecht des Staates, um dessen Staatsangehörigkeit es geht. Bei Mehrstaatern ist die effektive Staatsangehörigkeit maßgebend, ihr vorgehend die deutsche, Art. 5 Abs. 1 EGBGB. 178

Besteht kein gemeinsames Heimatrecht oder gewährt dieses Recht dem Berechtigten ebenfalls keinen Unterhaltsanspruch, ist gem. Art. 18 Abs. 2 EGBGB (Art. 6 HUntÜ) **deutsches Recht** berufen. Besteht auch hiernach kein Anspruch, geht der Berechtigte leer aus. Bedeutung hat dies insbesondere für den **Scheidungsfall**. 179

Beispiel:
Haben sich ein Deutscher und eine Russin getrennt, und ist der gewöhnliche Aufenthalt der Frau in Russland, steht ihr grds. kein Unterhaltsanspruch gegen den Mann zu. Da keine gemeinsame Staatsangehörigkeit besteht, kann die Frau über Art. 18 Abs. 2 EGBGB Unterhalt nach deutschem Recht verlangen.

Eine weitere Ausnahme normiert Art. 18 Abs. 5 EGBGB (Art. 15 HUntÜ). Der folgende Fall (BGH, NJW 1991, 2213 ff.) soll den Anwendungsbereich des Art. 18 EGBGB verdeutlichen: 180

Beispiel:
Die Eheleute, beide deutsche Staatsangehörige, sind 1957 die Ehe eingegangen. Sie erwarben 1969 in Deutschland ein Grundstück und zogen aufgrund der Berufstätigkeit des Mannes in die Dominikanische Republik. Dort wurde 1975 die Ehe nach dominikanischem Recht geschieden. Die Frau kehrte mit ihren drei Kindern in die Bundesrepublik zurück, wo die Scheidung auf Antrag anerkannt wurde (Art. 7 §1 Abs. 1 und Abs. 2 FamRÄndG vom 11. 8. 1961). Der Mann blieb in der Dominikanischen Republik. Die Frau begehrte nachehelichen Unterhalt (vgl. auch OLG Hamm, NJW-RR 1993, 1352 ff.).

Gem. Art. 18 Abs. 4 Satz 1 EGBGB (Art. 8 HUntÜ) ist für Unterhaltspflichten zwischen geschiedenen Ehegatten das Scheidungsstatut maßgebend. In diesem Fall erfolgte die Scheidung nach dominikanischem Recht. Das Erfordernis der Anerkennung der Ehescheidung, welches in Art. 18 Abs. 4 Satz 1 EGBGB aufgestellt ist, ist ebenso erfüllt. Somit unterliegt auch der Unterhaltsanspruch grds. diesem Recht. Nach Art. 18 Abs. 5 EGBGB (Art. 15 HUntÜ) kann jedoch deutsches Recht angewendet werden, wenn Berechtigter und Verpflichteter Deutsche sind. Zudem muss der Verpflichtete seinen gewöhnlichen Aufenthalt im Inland haben. Da aber der Mann auch weiterhin in der Dominikanischen Republik lebt, bleibt es bei der Geltung dortigen Rechts für den nachehelichen Unterhaltsanspruch. 181

(3) Anwendungsbereich, Art. 18 Abs. 6 EGBGB

In Art. 18 Abs. 6 EGBGB (Art. 1 HUntÜ) ist der Regelungsumfang abgesteckt. Das Unterhaltsstatut bestimmt nicht nur über das Bestehen eines Anspruchs, sondern auch über dessen **Ausmaß, Art** und **Höhe** (Art. 18 Abs. 6 Nr. 1 EGBGB). Ferner richtet sich ein **möglicher Auskunftsanspruch** und die **Prozesskostenvorschusspflicht** für den Ehepartner nach diesem Recht. Gem. Art. 18 Abs. 6 Nr. 2 EGBGB werden auch die **Klageberechtigung** und **mögliche Klagefristen** durch das Unterhaltsstatut geregelt. Ein **etwaiger Erstattungsanspruch** einer öffentlichen Einrichtung wird 182 ebenfalls umfasst, Art. 18 Abs. 6 Nr. 3 EGBGB (vgl. Erman/Hohloch, BGB, Art. 18 EGBGB Rn. 28 ff.). Besondere Bedeutung haben in den letzten Jahren die „Polenfälle" bekommen (zur Bemessung von Unterhaltsansprüchen bei erheblichem Gefälle des Lebensstandards und zum Gesichtspunkt der „Teilhabe am Wanderungsgewinn" s. BGH, FamRZ 1992, 1060, 1063; OLG Hamm, FamRZ 1990, 1137; OLG Hamm, NJW-RR 1993, 1352; Erman/Hohloch, BGB, Art. 18 EGBGB Rn. 34).

(4) Bemessung des Unterhaltsbetrages

183 Schließlich enthält Art. 18 Abs. 7 EGBGB eine **zwingende Sachnorm,** die die Bemessung des Unterhaltsbetrages betrifft. Grds. bestimmt das Unterhaltsstatut Ausmaß und Höhe der Unterhaltsverpflichtung. Jedoch sind bei der Bemessung die **Bedürfnisse des Berechtigten** und die **wirtschaftlichen Verhältnisse des Verpflichteten** zu berücksichtigen. In dieser Vorschrift konkretisiert sich der ordre public (OLG Celle, FamRZ 1990, 1391). Daher sollte bei der Anwendung Zurückhaltung geübt werden. Voraussetzung für die Anwendbarkeit des Art. 18 Abs. 7 EGBGB ist, dass das Unterhaltsstatut bei der Bemessung des Unterhaltsbetrages die Bedürfnisse des Berechtigten und die wirtschaftlichen Verhältnisse der Unterhaltsverpflichteten nicht berücksichtigt (Erman/Hohloch, BGB, Art. 18 EGBGB Rn. 39).

c) Kindesunterhalt

184 Hinsichtlich des Kindesunterhalts kann auf die soeben zum Ehegattenunterhalt gemachten Ausführungen verwiesen werden.

185 Zu beachten ist darüber hinaus das **Haager Abkommen** über das auf Unterhaltsverpflichtungen gegenüber Kindern anzuwendende Recht vom 24. 10. 1956. Dieses gilt im Verhältnis zu Vertragsstaaten, die nicht auch Vertragsstaaten des Haager Abkommens vom 2. 10. 1973 über das auf Unterhaltspflichten anzuwendende Recht sind. Derzeit gilt das alte Abkommen gegenüber Belgien, Liechtenstein und Österreich.

186 Hinsichtlich der **internationalen Zuständigkeit** sowie der **Anerkennung** und **Vollstreckung von Entscheidungen** auf dem Gebiet des Kindesunterhalts wird wiederum auf die obigen Ausführungen bzw. Abkommen und Gesetze verwiesen (s. Rn. 123 ff.). Als weiterer einschlägiger Staatsvertrag ist das Haager Übereinkommen über die Anerkennung und Vollstreckung von Entscheidungen auf dem Gebiet der Unterhaltspflicht gegenüber Kindern vom 15. 4. 1958 (BGBl. 1961 II S. 1006) zu nennen. Aber auch hier gilt, dass dieses Abkommen nur gegenüber den Staaten Anwendung findet, die nicht Vertragspartner des Haager Übereinkommens vom 2. 10. 1973 über die Anerkennung und Vollstreckung von Unterhaltsentscheidungen sind (Belgien, Liechtenstein, Österreich, Suriname und Ungarn).

d) Wohnung und Hausrat bei Getrenntleben

aa) Internationale Zuständigkeit

187 **Wann** deutsche Gerichte **international zuständig** sind und **welches Recht** hinsichtlich der **Hausratsregelungen getrennt lebender Ehegatten** zur Anwendung kommt, soll anhand folgenden Falles erörtert werden, den das OLG Hamm 1981 zu entscheiden hatte (OLG Hamm, FamRZ 1981, 875 ff.):

Beispiel:

Die Parteien sind seit 1961 miteinander verheiratet. Die Ehefrau hat die deutsche, der Ehemann die ägyptische Staatsangehörigkeit. Die Eheschließung ist nicht nur vor dem deutschen Standesbeamten erfolgt, sondern auch vor dem Generalkonsul Ägyptens in Frankfurt/M. Dieser hat in arabischer Sprache einen Ehevertrag aufgenommen, in dem sich die Eheleute dem islamischen Recht unterwarfen. Die Ehefrau hat sich 1980 von dem Mann getrennt und eine eigene Wohnung angemietet. Die beiden gemeinsamen Kinder leben bei ihr. Der Ehemann wohnt nach wie vor in dem ihm gehörenden Mehrfamilienhaus. Die Ehefrau begehrt für die Zeit der Trennung eine Hausratsverteilung gem. § 1361a BGB und die Zuweisung einer Reihe von Gegenständen zur Nutzung. Der Ehemann beruft sich demgegenüber auf den Ehevertrag, in dem sich die Parteien dem islamischen Recht unterworfen hätten. Damit bestünde – so der Kl. – keine deutsche Gerichtsbarkeit. Auch wären weitergehende Ansprüche der Ehefrau durch den Ehevertrag ausgeschlossen.

Die internationale Zuständigkeit deutscher Gerichte ergibt sich aus der entsprechenden Anwendung des § 11 Abs. 2 Satz 1 HausratsVO. Haben danach beide Parteien ihren Wohnsitz in der Bundesrepublik, sind deutsche Gerichte international zuständig, so auch im vorliegenden Fall. Die örtliche Zuständigkeit besteht für Fälle, in denen keine Ehesache anhängig ist, bei dem FamG, in dessen Bezirk sich die gemeinsame Wohnung der Eheleute befindet. Die sachliche Zuständigkeit des FamG für Regelungen der Rechtsverhältnisse an der Ehewohnung und am Hausrat ist in § 621 Nr. 7 ZPO festgelegt.

bb) Anwendbares Recht

Wie die **Anknüpfung** der **Verteilung von Hausrat und Ehewohnung** zwischen den Ehegatten erfolgen sollte, war bislang strittig. Vertreten wurde die Anknüpfung an die **lex rei sitae** (OLG Stuttgart, FamRZ 1978, 686; OLG Hamm, FamRZ 1981, 875). Andere hielten das **Unterhaltsstatut** für maßgeblich (OLG Hamm, FamRZ 1989, 621; OLG Düsseldorf, 1990, 309 f.; Henrich, in: FS Ferid (1988), S. 152; Weber, IPRax 1990, 95). Die h.M. unterstellte die Verteilung des Hausrats bei bestehender Ehe dem **Ehewirkungsstatut** (Art. 14 EGBGB; OLG Hamm, FamRZ 1981, 875; OLG Stuttgart, FamRZ 1990, 1354; KG, FamRZ 1991, 1190; Palandt/Heldrich, BGB, Art. 14 EGBGB Rn.18; Jayme, IPRax 1981, 49). Andere wiederum differenzierten nach dem **Zeitpunkt der Geltendmachung des Anspruchs** (Erman/Hohloch, BGB, Art. 14 EGBGB Rn. 33; MüKo/ Siehr, BGB, Art. 14 EGBGB Rn. 105). Wurde der Anspruch während bestehender, aber getrennt gelebter Ehe gestellt, sollte das **Ehewirkungsstatut** maßgebend sein. Erfolgte die Verteilung des Hausrats hingegen im Scheidungsverfahren, so sollte das **Scheidungsstatut** berufen sein. Am 1. 1. 2002 ist das „Gesetz zur Verbesserung des zivilgerichtlichen Schutzes bei Gewalttaten und Nachstellungen sowie zur Erleichterung der Überlassung der Ehewohnung bei Trennung" in Kraft getreten (BGBl. I 2001 S. 3513). 188

Dieses hat in einer neu geschaffenen Kollisionsnorm (Art. 17a EGBGB) die Nutzungsbefugnis für die im **Inland** befindliche Ehewohnung und den im **Inland** befindlichen Hausrat den deutschen Sachvorschriften unterstellt. 189

Offen bleibt damit aber die Frage, welches Recht anzuwenden ist, wenn sich Ehewohnung und Hausrat im **Ausland** befinden, soweit bei Vorhandensein einer Inlandszuständigkeit diese Frage aktuell wird. Für diesen Fall wird die Lösung nach Maßgabe der bisher für die Anknüpfung in diesem Bereich geltenden Auffassungen stattfinden können (Palandt/Heldrich, Art. 17a EGBGB, Rn. 2). 190

e) Elterliche Sorge bei Getrenntleben

aa) Internationale Zuständigkeit und Anerkennung ausländischer Entscheidungen

(1) Internationale Zuständigkeit

Für **Kindschaftssachen** sind mehrere Verfahrensarten von Belang. Macht beispielsweise ein Kind einen Unterhaltsanspruch geltend, geschieht dies im **ordentlichen Rechtsstreit**. Geht es dagegen um die Regelung des Umgangs mit dem Kind, um die Herausgabe des Kindes von dem anderen Ehepartner oder um die Regelung der elterlichen Sorge, findet das im **Verfahren der freiwilligen Gerichtsbarkeit vor dem FamG** statt, § 621a Abs. 1 Satz 1 ZPO. 191

192 In **Vormundschaftssachen** (Erziehungshilfen, § 1631 Abs. 3 BGB; Gefahrabwehr, §§ 1666, 1667 BGB sowie bei vormundschaftsgerichtlicher Genehmigung von Rechtsgeschäften) ist neben dem **Vormundschaftsgericht** im Verfahren der freiwilligen Gerichtsbarkeit nunmehr auch das **FamG** (bzgl. §§ 1631 Abs. 3, 1666, 1667 BGB) sachlich zuständig (aufgrund KindRG vom 16. 12. 1997).

193 Die **internationale Zuständigkeit** deutscher Gerichte in **Kindschaftssachen** regelt § 640a Abs. 2 ZPO, wenn es beispielsweise um die Feststellung des Bestehens oder Nichtbestehens eines Eltern-Kind-Verhältnisses geht (§ 640 Abs. 2 Nr. 1 ZPO). Auch die Feststellung, ob die elterliche Sorge für eine Partei besteht oder nicht besteht, wird von § 640a ZPO erfasst. Deutsche Gerichte sind danach international zuständig, wenn eine Partei Deutsche ist oder ihren gewöhnlichen Aufenthalt in Deutschland hat.

194 Für im **Verfahren der freiwilligen Gerichtsbarkeit** zu treffende Entscheidungen, die eine **Vormundschaft** oder **Pflegschaft** betreffen, richtet sich die internationale Zuständigkeit nach §§ 35b, 43 FGG. In **Adoptionsangelegenheiten** sind deutsche Gerichte schließlich nach § 43b Abs. 1 FGG international zuständig.

(a) MSA

195 Der autonomen deutschen Regelung geht das **Haager Minderjährigenschutzabkommen** (MSA) vor, wenn es um **Schutzmaßnahmen** zugunsten des Minderjährigen und seines Vermögens geht, Art. 1 und 12 MSA.

196 Das Abkommen definiert indes nicht, welche Maßnahmen darunter fallen. Erfasst sind aber solche Handlungen, die im **Interesse des Kindes erforderlich** sind. Das sind Maßnahmen auf dem Gebiet der elterlichen Sorge (Entscheidungen über das Umgangs- und Verkehrsrecht gem. § 1684 BGB n. F. (vormals: § 1634 BGB)), Entscheidungen über die Verwaltung des Kindesvermögens gem. §§ 1643 ff. BGB sowie über das Sorgerecht bei Getrenntleben und Scheidung gem. § 1671 BGB und die Anordnung von Vormundschaft, Pflegschaft und Betreuung.

Das Abkommen ist räumlich anwendbar, wenn der Minderjährige seinen **gewöhnlichen Aufenthalt** in einem **Vertragsstaat** hat (Art. 13 Abs. 1 MSA).

197 Der sachliche Anwendungsbereich des MSA ist beispielsweise im folgenden Fall eröffnet:

Beispiel:
Die Eltern haben die tunesische bzw. italienische Staatsangehörigkeit, leben seit Jahren aber in der Bundesrepublik. Nach der Trennung lebt das Kind bei der Mutter, der in erster Instanz das elterliche Sorgerecht zugesprochen wurde. Dagegen legt der Vater Beschwerde ein.

198 Die **internationale Zuständigkeit** des deutschen Gerichts ergibt sich aus **Art. 1 MSA.** Danach sind Behörden, seien es Gerichte oder Verwaltungsbehörden, des Staates international zuständig, in dem der Minderjährige seinen gewöhnlichen Aufenthalt hat, wenn es um Maßnahmen zum Schutz des Minderjährigen geht. Eine solche Maßnahme liegt in der Entscheidung, welchem Elternteil bei nicht nur vorübergehender Trennung der Eltern die Sorge für ein gemeinschaftliches Kind zustehen soll. Der **gewöhnliche Aufenthalt** besteht an dem Ort, an dem der Minderjährige seinen **Daseinsmittelpunkt** hat, d. h. neben dem schlichten Aufenthalt noch weitere Beziehungen besitzt. Wechselt der Minderjährige seinen gewöhnlichen Aufenthalt während des Verfahrens, führt das grds. zum Wegfall der früher bestehenden und zur Begründung einer neuen Zuständigkeit (OLG Hamm, FamRZ 1989, 1110; OLG Celle, FamRZ 1991, 1221; OLG Hamm, FamRZ 1991, 1346; Palandt/Heldrich, BGB, Anh. zu Art. 24 EGBGB Rn. 9; Erman/Hohloch, BGB, Anh. zu Art. 24 EGBGB Rn. 15.).

199 Neben der Zuständigkeitsregel in Art. 1 MSA wird die internationale Zuständigkeit auch nach **Art. 4 MSA** für die Behörden im Heimatstaat des Minderjährigen begründet, wenn die Behörden des Heimatstaates der Auffassung sind, dass das **Wohl des Kindes** ein Eingreifen erfordert.

200 Ist der Minderjährige ferner in seiner **Person** oder in seinem **Vermögen** ernstlich gefährdet, kann die Behörde des Staates, in dem der Betroffene seinen gewöhnlichen Aufenthalt hat gem. Art. 8 MSA **Maßnahmen zu seinem Schutz** treffen. Eine ernstliche Gefährdung liegt insbesondere in Fällen der §§ 1666 bis 1667, 1680, 1674 BGB vor. Die Behörden wenden dabei das Recht der lex fori an. Die Behörden der anderen Vertragsstaaten sind aber gem. Art. 8 Abs. 2 MSA nicht verpflichtet, die Maßnahmen anzuerkennen.

201 In **dringenden Fällen** sind die Behörden jedes Vertragsstaates, in dessen Hoheitsgebiet sich der Minderjährige oder sein Vermögen befindet, international zuständig, die notwendiger Schutzmaßnahmen zu treffen (Art. 9 MSA), sog. **Eilzuständigkeit**. Ein dringender Fall liegt dann vor, wenn die Behörden am Ort des gewöhnlichen Aufenthalts nicht rechtzeitig eingreifen können (LG Berlin, FamRZ 1982, 841). Die Behörden treffen dabei Maßnahmen nach ihrem eigenen Recht. Durch die Eilzuständigkeit entfällt aber nicht die Zuständigkeit der Heimatbehörden und der Behörden am gewöhnlichen Aufenthalt des Minderjährigen. Die im Rahmen des Art. 9 MSA getroffenen Maßnahmen sollen **auf das Notwendige beschränkt** sein und haben nur **vorübergehenden Charakter**. Sie müssen entgegen Art. 7 MSA nicht von den anderen Vertragsstaaten anerkannt werden (Erman/Hohloch, BGB, Anh. zu Art. 24 EGBGB Rn. 36).

202 Im Rahmen des Art. 1 MSA ist ferner die Vorschrift des **Art. 3 MSA** zu beachten. Danach sind die nach dem innerstaatlichen Heimatrecht des Minderjährigen **kraft Gesetzes** bestehenden Gewaltverhältnisse in allen Vertragsstaaten anzuerkennen. Ein solches Gewaltverhältnis liegt vor, wenn es sich **unmittelbar aus der Rechtsordnung** ergibt, wie z. B. die **elterliche Sorge**. **Kein ex-lege-Gewaltverhältnis** liegt beispielsweise vor, wenn **durch behördliche Entscheidung** einem Elternteil die Gewalt über den Minderjährigen zugesprochen worden ist. Als Konsequenz hieraus haben die die Schutzmaßnahme erlassenden Behörden oder Gerichte stets zu überprüfen, ob ein ex-lege-Gewaltverhältnis vorliegt und, wenn ja, ob die Schutzmaßnahme auch bei Bestehen dieses Gewaltverhältnisses erlassen werden kann (Erman/Hohloch, BGB, Anh. zu Art. 24 EGBGB Rn. 24). Art. 3 MSA stellt auf die **Staatsangehörigkeit** des Minderjährigen ab. Das Personalstatut bei Mehrstaatern richtet sich nach Art. 14 MSA. Die Ermittlung der effektiven Staatsangehörigkeit bestimmt sich mangels staatsvertraglicher Regelung nach Art. 5 Abs. 1 Satz 1 und 2 EGBGB. Art. 3 MSA ist auch dann zu berücksichtigen, wenn der Heimatstaat des Minderjährigen nicht Vertragsstaat des MSA ist (OLG Hamm, NJW 1974, 1054; NJW 1978, 1747; OLG Düsseldorf, FamRZ 1980, 728). Art. 3 MSA ist **keine selbständige Kollisionsnorm**. Die Vorschrift will lediglich verhindern, dass ein im Heimatstaat des Minderjährigen bestehendes gesetzliches Gewaltverhältnis im Aufenthaltsstaat nicht beachtet wird. Sie stellt daher keine selbständige Kollisionsnorm für die Anknüpfung der gesetzlichen Gewaltverhältnisse dar (BGHZ 111, 199; BayObLGZ 90, 248; Palandt/Heldrich, BGB, Anh. zu Art. 24 EGBGB Rn. 20; Erman/Hohloch, BGB, Anh zu Art. 24 EGBGB Rn. 27; Sturm, IPRax 1991, 231). Das gesetzliche Gewaltverhältnis, etwa die elterliche Sorge, bestimmt sich daher nach Art. 21 EGBGB. Ist aber eine Schutzmaßnahme, beispielsweise im Rahmen einer Scheidung zu treffen, kommt das MSA und damit Art. 3 MSA zu Anwendung.

203 Ein weiteres Problem taucht **bei der Auslegung des Art. 1 MSA** („vorbehaltlich der Art. 3...") auf.

- Nach der jetzt herrschenden **Heimatsrechtstheorie** entfällt bei Bestehen eines Gewaltverhältnisses i. S. v. Art. 3 MSA die Zuständigkeit nach Art. 1 MSA. Nur wenn die Art. 8 und 9 MSA die Zuständigkeit aufrechterhalten oder eine ausfüllungsbedürftige Lücke vorliegt, verdrängt Art. 3 MSA die Zuständigkeit nicht (BGHZ 60, 68; BGH, FamRZ 1984, 686; OLG Düsseldorf, FamRZ 1980, 728; OLG Köln, FamRZ 1991, 362; Palandt/Heldrich, BGB, Anh. zu Art. 24 EGBGB Rn. 7).

- Nach der **Anerkennungstheorie** bleibt die internationale Zuständigkeit gem. Art 1 MSA auch bei Vorliegen eines Gewaltverhältnisses i. S. v. Art. 3 MSA bestehen, wenn trotz Anerkennung des dem Heimatrecht unterliegenden Rechtsverhältnisses ein Bedürfnis für den Erlass einer Schutzmaßnahme im Aufenthaltsstaat auf der Grundlage des Aufenthaltsrechts gegeben ist (Erman/Hohloch, BGB, Anh. zu Art. 24 Rn. 14; MüKo/Siehr, BGB, Anh. zu Art. 19 EGBGB Rn. 110; Schurig, FamRZ 1975, 459; Henrich, in FS Schwind (1978), S. 82).

204 Ein **weitergehender Schutz,** als das Gesetz des Heimatstaates des Kindes vorsieht, kann nur im Rahmen der Art. 8 oder Art. 9 MSA durchgeführt werden. Die internationale Zuständigkeit kann sich also aus Art. 1 MSA, mit Einschränkung durch Art. 3, 4, und Art. 5 Abs. 3 MSA und aus den Art. 8 oder 9 MSA ergeben.

(b) Haager Kindesentführungsabkommen

205 (Entscheidungen zum HKiEntfÜ in: DeuFamR 1999, 55 ff., m. Anm. Hohloch S. 73 f.; ausführl. Zusammenstellung bei Hohloch, Die Kindesentführung ins Ausland, in: Brennpunkte des Familienrechts 1999 (DAI 2000), 19 ff.)

Ist ein Kind **unter Verletzung des alleinigen oder gemeinsamen Sorgerechts** in einen Vertragsstaat des Haager Übereinkommens über die zivilrechtlichen Aspekte einer Kindesentführung vom 25. 10. 1980 (BGBl. 1980 II S. 205, HKiEntfÜ), welches für die Bundesrepublik seit dem 1. 12. 1990 in Kraft ist, verbracht worden, so hat gem. Art. 12 Abs. 1 des Abkommens das zuständige Gericht oder die zuständige Behörde auf Antrag die **sofortige Rückführung des Kindes** anzuordnen, sofern das Verbringen oder Zurückhalten des Kindes widerrechtlich erfolgte. Jedoch darf erst weniger als ein Jahr seit der Entführung vergangen sein. Bei der Feststellung, ob das Verbringen oder Zurückhalten **widerrechtlich** ist, haben die Gerichte oder Behörden des ersuchten Staates das im ersuchenden Staat auf das Sorgerecht zur Anwendung kommende Recht zugrunde zu legen. Da die **Widerrechtlichkeit der Entführung** also nach **dem Recht des Herkunftsstaats** beurteilt wird, hindert sogar eine im Zufluchtsstaat bestehende Sorgerechtsregelung nicht die Rückgabe. Aus diesem Grund ist auch ein im Zufluchtsstaat anhängiges Sorgerechtsverfahren bis zur Rückgabeentscheidung auszusetzen, sofern die Entführung des Kindes den Gerichten oder Behörden mitgeteilt wurde. Das Übereinkommen hat zum Ziel, den **ursprünglichen Zustand schnellstmöglichst wiederherzustellen** und gleicht daher dem **einstweiligen Rechtsschutz.** Gegenstand des HKiEntfÜ ist folglich nicht die Entscheidung über das Sorgerecht, sondern allein die baldige Rückführung des Kindes. Die endgültige Entscheidung über das Wohl des Kindes trifft das Gericht am gewöhnlichen Aufenthalt des Kindes im Herkunftsstaat.

(2) Anerkennung ausländischer Urteile

206 Ausländische Urteile unterliegen hinsichtlich der Anerkennung **§§ 328, 722 ZPO,** soweit dem kein Staatsvertrag oder eine EU-Verordnung vorgeht. Handelt es sich um Entscheidungen auf dem **Gebiet der freiwilligen Gerichtsbarkeit,** ist § 16a FGG maßgeblich. § 16a FGG sieht kein besonderes Anerkennungsverfahren vor. Die Anerkennung hat innerhalb eines ansonsten im Inland anhängig gemachten Verfahrens bei Vorliegen aller Anerkennungsvoraussetzungen (internationale Zuständigkeit des ausländischen Gerichts bei spiegelbildlicher Anwendung deutscher Zuständigkeitsregeln, Gewährung rechtlichen Gehörs und keine Unvereinbarkeit mit bereits ergangenen Entscheidungen) zu erfolgen.

207 Von großer Bedeutung ist insoweit das MSA. Art. 7 Satz 1 MSA verlangt die **unbedingte Anerkennung aller Maßnahmen,** die nach den Art. 1 bis 6 MSA durch die zuständigen Behörden getroffen wurden. Ist die Anerkennung einer solchen Maßnahme aber Voraussetzung für die Vollstreckung im Inland, so beurteilt sich die Anerkennung nach § 16a FGG oder nach bilateralen Abkommen.

208 Für **Sorgerechtsentscheidungen,** welche nicht vom MSA erfasst sind, ist das Europäische Übereinkommen über die Anerkennung und Vollstreckung von Entscheidungen über das Sorgerecht für Kinder und die Wiederherstellung des Sorgeverhältnisses vom 20. 5. 1980 (EuSorgÜ) zu berücksichtigen. Das Abkommen gilt jedoch nur für Kinder unter 16 Jahren. Nach Art. 7 des Übereinkommens werden Sorgerechtsentscheidungen eines anderen Vertragsstaates anerkannt und, wenn sie dort vollstreckbar sind, für vollstreckbar erklärt.

Das Sorgerechtsübereinkommen überschneidet sich im Anwendungsbereich teilweise mit dem Kindesentführungsabkommen (Art. 8 ff. beider Abkommen). Wünscht der Antragsteller nicht ausdrücklich die Anwendung des Europäischen Sorgerechtsübereinkommens, wird gem. § 12 des Sorgerechtsübereinkommens-Ausführungsgesetzes vom 5. 4. 1990 (BGBl. 1990 I S. 701) das Haager Kindesentführungsabkommen angewandt, wenn es um die widerrechtliche Verbringung eines Kindes in einen Vertragsstaat geht. 209

Die EuGVVO ist für Entscheidungen **über das Sorgerecht nach der Scheidung** oder **gerichtlichen Trennung** der Eltern gem. Art. 1 Abs. 2 Nr. 1 EuGVVO **nicht anwendbar** (noch zum EuGVÜ BGHZ 88, 113 (120); Kropholler, Europäisches Zivilprozeßrecht, Art. 1 EuGVÜ Rn. 21). 210

(3) Abänderung einer ausländischen Sorgerechtsentscheidung

Die Abänderung einer ausländischen anerkennungsfähigen Sorgerechtsentscheidung durch die zuständigen deutschen Gerichte ist **statthaft,** wenn die Abänderung nach dem durch deutsches IPR berufenen Sachrecht diese für zulässig erachtet und die deutschen Gerichte international zuständig sind (BGH, IPRax 1987, 317; KG, OLGZ 1975, 119; OLG Hamm, FamRZ 1991, 1466). 211

bb) Kollisionsrechtliche Regelung der elterlichen Sorge

(1) Überblick

Die **kollisionsrechtliche Regelung** der elterlichen Sorge ist sowohl in **Staatsverträgen** als auch im **EGBGB** festgelegt. Überragende Bedeutung hat hierbei das **MSA,** das dem **Art. 21 n. F. EGBGB** (vormals Art. 19 Abs. 2, 20 Abs. 2) vorgeht. Die Neuregelung des Art. 21 EGBGB führt insoweit zu einem Gleichlauf mit dem MSA, da nun ebenfalls an den gewöhnlichen Aufenthaltsort des Minderjährigen angeknüpft wird. Ist allerdings der Anwendungsbereich des Deutsch-iranischen Niederlassungsabkommens eröffnet, geht dieses Abkommen dem MSA und auch dem EGBGB vor. Haben beide Elternteile und das Kind nur die iranische Staatsangehörigkeit, so ist ausschließlich iranisches Recht für den Inhalt des ehelichen Kindschaftsverhältnisses von Bedeutung. 212

Im Anwendungsbereich des Art. 21 EGBGB ist ferner das Haager Übereinkommen über die zivilrechtlichen Aspekte internationaler Kindesentführung vom 25. 10. 1980 (BGBl. 1990 II S. 206) beachtlich.

(2) MSA

Das MSA ist nicht nur für die internationale Zuständigkeit und die Anerkennung von Entscheidungen von Bedeutung. Es betrifft auch die Regelung in Art. 21 n. F. EGBGB, soweit es um **Schutzmaßnahmen** auf dem Gebiet des **Eltern-Kind-Verhältnisses** geht. Gem. Art. 3 Abs. 2 EGBGB geht dann das MSA den autonomen deutschen Regelungen vor. Für Art. 21 n. F. EGBGB bleibt nur dann Raum, wenn der Minderjährige seinen gewöhnlichen Aufenthalt nicht in einem Vertragsstaat des MSA hat oder falls das Kind nur nach dem Personalstatut, nicht aber nach dem Recht des gewöhnlichen Aufenthalts, minderjährig ist (Art. 12 MSA). Keine Anwendung findet das MSA jedoch, wenn es um die Beurteilung der kraft Gesetzes bestehenden elterlichen Sorge und deren Ausgestaltung geht (Erman/Hohloch, BGB, Anh. zu Art. 24 EGBGB Rn. 27). 213

(3) Die Neuregelung des Art. 21 EGBGB

Wie oben bereits skizziert (vgl. Rn. 27) wurde aufgrund des **Art. 12 des KindRG** vom 16. 12. 1997 die Differenzierung zwischen ehelicher und nicht ehelicher Kindschaft zugunsten des einförmigen Prinzips **„Kindschaft kraft Abstammung"** aufgegeben. Aufgrund dessen wurden die die elterliche Sorge betreffenden Vorschriften des EGBGB (Art. 19 Abs. 2, 3 und Art. 20 EGBGB) neu geregelt und in Art. 21 EGBGB zusammengefasst. Diese Vorschrift ist somit **alleinige Kollisionsnorm,** wenn das Rechtsverhältnis zwischen den Eltern und ihrem Kind betroffen ist; dies also auch 214 unabhängig davon, ob die Eltern des Kindes verheiratet sind/waren oder nicht. Anknüpfungspunkt des Art. 21 EGBGB ist der gewöhnliche Aufenthalt des Kindes (so auch die vormals geltende Vorschrift des Art. 20 Abs. 2 EGBGB für nichteheliche Kinder), so dass das dort geltende Recht über Fragen der elterlichen Sorge maßgebend ist. Das Statut ist demnach auch wandelbar. Begründet wird die Neuregelung damit, dass es nur sachgerecht sei, die Wirkung des Eltern-Kind-Verhältnisses allg. nach der Rechtsordnung zu bestimmen, in deren Bereich das praktische Bedürfnis zum Handeln bestehe (vgl. BT-Drucks. 13/4899 S. 138).

Art. 21 n. F. EGBGB umfasst den **familienrechtlichen Inhalt des Kindschaftsverhältnisses**. So fallen der **gesetzliche Wohnsitz des Kindes, vermögensrechtliche Kindschaftswirkungen**, soweit sie nicht dem Unterhaltsstatut unterliegen, und der **Gesamtbereich der elterlichen Sorge** unter Art. 21 n. F. EGBGB. Hierzu zählen die gesetzliche Vertretungsmacht der Eltern und das Recht, über die religiöse Erziehung des Kindes zu bestimmen und Entscheidungen über die Schul- und Berufswahl treffen zu können (BGH, FamRZ 1990, 1225; Henrich, in: FS Kegel, (1987), S. 197; KG, IPRax 1991, 60).

215 Fraglich könnte sein, ob Art. 21 n. F. EGBGB eine **Gesamt- oder Sachnormverweisung** ausspricht, so dass bei ersterem ein Renvoi möglich wäre. Für eine Sachnormverweisung kann die Nähe zu Art. 2 Abs. 1 i. V. m. Art. 1 MSA, der ebenfalls eine Sachnormverweisung ausspricht, angeführt werden. Andererseits spricht für die Annahme einer Gesamtnormverweisung, wie sie in Art. 4 Abs. 1 EGBGB grds. vorgesehen ist, das Bestreben eines internationalen Entscheidungseinklangs. Zudem ist ein Gleichlauf mit Art. 2 Abs. 1 MSA nicht zwingend erforderlich. Eine mit dem „Sinn der Verweisung" (Art. 4 Abs. 1 EGBGB) begründete Abweichung von der Regel scheint somit nicht gerechtfertigt.

III. Scheitern der Ehe (Scheidung)

1. Internationale Zuständigkeit und Anerkennung ausländischer Entscheidungen

a) Internationale Zuständigkeit deutscher Gerichte

216 Eine Scheidung im Inland kann gem. Art. 17 Abs. 2 EGBGB grds. nur durch Gerichte wirksam ausgesprochen werden. Das gilt auch, wenn die Gerichte ausländisches Scheidungsrecht anwenden.

217 Vorrangig bestimmt sich die internationale Zuständigkeit deutscher Gerichte für Scheidungen nach der **EheEuGVVO** (Art. 1 Abs. 1a), sofern diese zeitlich, sachlich und räumlich anwendbar ist. In zeitlicher Hinsicht bestimmt Art. 42 Abs. 1, dass die Verordnung für gerichtliche Verfahren gilt, die nach Inkrafttreten der Verordnung, also an oder nach dem 1.3.2001, eingeleitet werden. Der **sachliche** Anwendungsbereich umfasst nach Art. 1 Abs. 1 u. a. die Scheidung (s. dazu schon oben Rn. 8). **Räumlich** gilt die EheEuGVVO für alle EU-Mitgliedsstaaten mit Ausnahme Dänemarks (Art. 1 Abs. 3). Art. 2 erklärt den Staat für zuständig, in dessen Hoheitsgebiet beide oder unter bestimmten Bedingungen einer der Ehegatten seinen gewöhnlichen Aufenthalt hat oder dessen Staatsangehörigkeit beide Ehegatten besitzen (s. oben Rn. 9 f.). Die Zuständigkeiten nach Art. 2 – 6 der Verordnung sind ausschließlich, wenn der beklagte Ehegatte seinen gewöhnlichen Aufenthalt in einem der Mitgliedstaaten hat oder Staatsangehöriger eines der Mitgliedstaaten ist (Art. 7).

218 Nur wenn die EheEuGVVO nicht anwendbar ist, bleibt nach Art. 8 Abs. 1 EheEuGVVO Raum für eine **Restzuständigkeit** nach autonomem deutschen Recht. In diesem Fall gilt Folgendes: Deutsche Gerichte sind für die Scheidung einer Ehe, in der mindestens ein Ehegatte ausländischer Staatsbürger ist, gem. **§ 606a ZPO** in **vier Fällen international zuständig:**

- Zum einen dann, wenn ein **Ehegatte Deutscher** ist oder **bei der Eheschließung** war (§ 606a Abs. 1 Nr. 1 ZPO). Nach Art. 9 Abs. 2 Nr. 5 FamRÄndG stehen **Deutsche** i. S. d. Art. 116 Abs. 1 GG den deutschen Staatsangehörigen gleich. Ebenso werden **verschleppte Personen** und **Flüchtlinge** behandelt (AHK-Gesetz Nr. 23 § 3). **Aussiedler** werden nach § 1 Abs. 2 Nr. 3 BVFG den Vertriebenen gleichgestellt. Die internationale Zuständigkeit deutscher Gerichte bei

Scheidungen, an denen ein **Flüchtling** i. S. d. Genfer Flüchtlingskonvention oder ein **Asylberechtigter** beteiligt sind, wird mit Art. 16 Abs. 2 der Genfer Flüchtlingskonvention begründet. Danach hat ein Flüchtling in dem Staat, in dem er seinen gewöhnlichen Aufenthalt hat, was den Zugang zu Gerichten betrifft, dieselben Rechte wie die Staatsangehörigen. Das gilt jedoch nur, solange der Flüchtling seinen gewöhnlichen Aufenthalt in diesem Land hat. Besitzt ein Ehegatte neben der deutschen auch noch eine andere Staatsangehörigkeit, so ist er stets als Deutscher i. S. d. § 606a ZPO zu behandeln, Art. 5 Abs. 1 Satz 2 EGBGB.

- Nach § 606a Abs. 1 Nr. 2 ZPO ist die internationale Zuständigkeit ferner dann gegeben, wenn **beide Ehegatten** ihren gewöhnlichen Aufenthalt im Inland haben. Bloß vorübergehender Aufenthalt reicht zur Begründung des gewöhnlichen Aufenthalts nicht aus. Wie auch bei § 606a Abs. 1 Nr. 1 ZPO muss der gewöhnliche Aufenthalt im Inland spätestens zum Zeitpunkt der letzten mündlichen Verhandlung begründet sein. Ändert sich der gewöhnliche Aufenthalt während des Verfahrens, bleibt die internationale Zuständigkeit analog § 261 Abs. 3 Nr. 2 ZPO bestehen.

- Ist ein **Ehegatte Staatenloser** mit gewöhnlichem Aufenthalt in der Bundesrepublik, so sind die hiesigen Gerichte nach § 606a Abs. 1 Nr. 3 ZPO zuständig.

- Hat in einer Ausländerehe **nur ein Ehegatte** seinen **gewöhnlichen Aufenthalt im Inland,** ist die internationale Zuständigkeit nach Maßgabe des § 606a Abs. 1 Nr. 4 ZPO gegeben. Um eine sog. **hinkende Ehe** zu vermeiden, ist im Rahmen des § 606a Abs. 1 Nr. 4 ZPO zu berücksichtigen, ob die zu fällende Entscheidung (Ehescheidung) offensichtlich in keinem der beiden Heimatrechte anerkannt würde. Ist dies der Fall, so ist die internationale Zuständigkeit deutscher Gerichte ausgeschlossen. Das Fehlen der Anerkennung ist dann offensichtlich, wenn sie sich ohne große Nachforschungen direkt aus dem zur Anwendung kommenden Gesetz ergibt (Baumbach/Lauterbach/Albers, ZPO, § 606a Rn. 7 f.).

Die Zuständigkeit nach § 606a ZPO ist **nicht ausschließlich,** § 606a Abs. 1 Satz 2 ZPO. Daher können sich beispielsweise Deutsche mit gewöhnlichem Aufenthalt im Ausland auch dort scheiden lassen. Die Zuständigkeit erstreckt sich auch auf Folgesachen im Sinne der §§ 623, 621 Abs. 1 ZPO, falls ihr nicht eine staatsvertragliche Regelung wie etwa das MSA vorgeht.

Ist bereits eine **Scheidungssache im Ausland rechtshängig,** so gelten die Regelungen des Art. 11 EheEuGVVO. Art. 11 EheEuGVVO ist auch dann maßgeblich, zumindest in entsprechender Anwendung, wenn sich die internationale Zuständigkeit nach § 606a ZPO richtet (Baumbach/Lauterbach/Albers, ZPO, § 606a Rn. 13).

Art. 11 geht vom **Prioritätsprinzip** aus und verpflichtet das später angerufene Gericht, das **Verfahren von Amts wegen auszusetzen,** bis die Zuständigkeit des zuerst angerufenen Gerichts feststeht. Sobald die Zuständigkeit des zuerst angerufenen Gerichts feststeht, erklärt sich das später angerufene Gericht zugunsten des ersten Gerichts für unzuständig.

Die internationale Zuständigkeit betrifft nicht nur Scheidungsanträge, sondern auch **Widerklagen** und die **Trennung von Tisch und Bett** (Baumbach/Lauterbach/Albers, ZPO, § 606a Rn. 3).

b) Anerkennung ausländischer Scheidungsurteile

Einer Scheidung im Inland steht eine bereits wirksam erfolgte Trennung im Ausland entgegen. Die Anerkennung einer im Ausland vorgenommenen Ehescheidung erfolgt vorrangig nach **Art. 13 ff. EheEuGVVO** ohne besonderes Anerkennungsverfahren (s. Rn. 17 ff.).

Außerhalb des Anwendungsbereichs der EheEuGVVO muss ein ausländisches Scheidungsurteil gem. **Art. 7 § 1 FamRÄndG** anerkannt werden. Diese Vorschrift ist auch innerhalb des § 261 Abs. 3 Nr. 1 ZPO relevant.

Gem. Art. 7 § 1 Satz 1 FamRÄndG werden Entscheidungen, durch die im Ausland eine Ehe für nichtig erklärt, aufgehoben, dem Bande nach oder unter Aufrechterhaltung des Ehebandes geschieden oder durch die das Bestehen oder Nichtbestehen einer Ehe zwischen den Parteien festgestellt ist, nur anerkannt, wenn die Landesjustizverwaltung festgestellt hat, dass die Voraussetzungen für die Anerkennung vorliegen („**Anerkennungsmonopol**").

224 Den Antrag auf Anerkennung einer im Ausland ausgesprochenen Scheidung kann gem. Art. 7 § 1 Abs. 3 Satz 2 FamRÄndG jeder stellen, der ein **rechtliches Interesse** an der Anerkennung **glaubhaft** macht. Zuständige Stelle ist die **Justizverwaltung des Landes,** in dem ein Ehegatte seinen gewöhnlichen Aufenthalt hat. Hat keiner der Ehegatten seinen gewöhnlichen Aufenthalt im Inland, so ist die Justizverwaltung des Landes zuständig, in dem eine neue Ehe geschlossen werden soll, Art. 7 § 1 Abs. 2 FamRÄndG. Durch das Gesetz zur Änderung des Rechtspflegergesetzes von 1994 können diese Zuständigkeiten durch Rechtsverordnung auf die Präsidenten der OLG oder die OLG als Justizverwaltungsbehörden übertragen werden (Art. 7 § 1 Abs. 2a FamRÄndG). Wenige Bundesländer haben von dieser Ermächtigung Gebrauch gemacht (Nordrhein-Westfalen, VO v. 16. 8. 1994, GVBl. S. 635; Hessen, VO v. 21. 9. 1994 u. 3. 11. 1994, GVBl. S. 435, 635; Bayern, VO v. 7. 12. 1998, GVBl. S. 1046; Schleswig-Holstein, VO v. 4. 12. 1996, GVBl. S. 720; Baden-Württemberg, VO v. 15. 6. 2000, GVBl. S. 499). In den anderen Ländern ist nach wie vor das Ministerium bzw. der Senator der Justiz zuständig. **Baden-Württemberg**: OLG Karlsruhe, Hoffstr. 10, 76133 Karlsruhe; OLG Stuttgart, 70031 Stuttgart; **Bayern**: OLG München, Prielmayerstr. 5, 80097 München; **Brandenburg**: Brandenburgisches Oberlandesgericht, Gertrud-Piter-Platz 11, 14770 Brandenburg; **Bremen**: Senator für Justiz und Verfassung, Richtweg 16–22, 28195 Bremen; **Hamburg**: Justizbehörde, Drehbahn 36, 20354 Hamburg; **Hessen**; OLG Frankfurt/M., Friedrich-Ebert-Anlage 35, 60327 Frankfurt/M.; **Mecklenburg-Vorpommern**: Justizministerium, Demmlerplatz 14, 19053 Schwerin; **Niedersachsen**: OLG Braunschweig, Postfach 3627, 38026 Braunschweig; OLG Celle, Schlossplatz 2, 29221 Celle, OLG Oldenburg, Postfach 2451, 26014 Oldenburg; **Nordrhein-Westfalen**; OLG Düsseldorf, Cecilienallee 3, 40474 Düsseldorf; **Rheinland-Pfalz**: Ministerium der Justiz, Ernst-Ludwig-Str. 3, 55116 Mainz; **Saarland**: Ministerium der Justiz, Zähringerstr. 12, 66119 Saarbrücken; **Sachsen**: OLG Dresden, Lothringer Str. 1, 01069 Dresden; **Sachsen-Anhalt**: OLG Naumburg, Domplatz 10, 06618 Naumburg; **Schleswig-Holstein**: Ministerium für Justiz, Frauen, Jugend und Familie, Lorentzendamm 35, 24103 Kiel; **Thüringen**: Justizministerium, Postfach 11, 99001 Erfurt. Lehnt diese Stelle den Antrag ab, kann der Antragsteller die Entscheidung des OLG beantragen, Art. 7 § 1 Abs. 4 FamRÄndG. Die **Antragstellung** beim OLG ist **unbefristet.**

225 Hat ein Gericht des Heimatstaates beider Eheleute entschieden, hängt die **Anerkennung der Entscheidung im Inland** nicht von einer Feststellung der Landesjustizverwaltung ab, da die Anerkennung in diesem Fall unproblematisch ist (Art. 7 § 1 Abs. 1 Satz 3 FamRÄndG). Die Wirksamkeit der Ehescheidung kann dann in jedem Verfahren nachgeprüft werden. Hat ein Partner eine doppelte Staatsangehörigkeit und ist nur eine von beiden mit der des Ehegatten identisch, entfällt eine förmliche Anerkennung nur dann, wenn sie die effektive Staatsangehörigkeit ist.

226 Bis zu einem **Anerkennungsbescheid der Justizverwaltung** entfaltet die ausländische Entscheidung im Inland keine Wirkung (BGHZ 85, 16 = IPRspr. 1982, Nr. 71). Ist sie anerkannt, wirkt sie auf den Zeitpunkt der formellen Rechtskraft des Urteils zurück. Gem. Art. 7 § 1 Abs. 8 FamRÄndG ist die Entscheidung für Gerichte und Verwaltungsbehörden bindend.

227 Ist **im Rahmen eines Gerichtsverfahrens** die Anerkennung der im Ausland erfolgten Scheidung von Bedeutung, ist das Verfahren bis zur Entscheidung der Landesjustizverwaltung über das Vorliegen der Anerkennungsvoraussetzungen gem. §§ 148, 154 ZPO i. V. m. Art. 7 § 1 FamRÄndG auszusetzen (zum Anerkennungsverfahren: Erman/Hohloch, BGB, Art. 17 EGBGB Rn. 72 ff.).

228 In ihren Voraussetzungen richtet sich die Anerkennung eines ausländischen Urteils nach **§ 328 ZPO,** falls nicht ein Staatsvertrag einschlägig ist. Gem. § 328 Abs. 1 Nr. 1 ZPO ist die **Anerkennung** dann **ausgeschlossen,** wenn die **Gerichte** des Staates, dem das ausländische Gericht angehört, nach den deutschen Gesetzen **nicht zuständig** sind. Es ist also eine spiegelbildliche Anwendung der deutschen Zuständigkeitsnormen im Rahmen des ausländischen Rechts vorzunehmen. Dabei ist zu fragen, ob das betreffende ausländische Gericht auch dann international zuständig gewesen wäre, wenn dort die ZPO bzw. das FGG gegolten hätte. Die Anerkennung kann also nicht

erfolgen, wenn das ausländische Gericht nach deutschem Recht **unzuständig** war (BayObLG, FamRZ 1979, 1015). Erforderlich ist indes nicht, dass das ausländische Gericht nach dortigem Recht international zuständig war. Die internationale Zuständigkeit muss zu dem Zeitpunkt vorliegen, in dem die ausländische Klageerhebung oder Antragstellung erfolgte.

Die **Anerkennung unterbleibt,** wenn sich der Beklagte darauf beruft, dass ihm ein **v**erfahrenseinleitendes Schriftstück **nicht rechtzeitig** oder **nicht ordnungsgemäß zugestellt** worden ist (§ 328 Abs. 1 Nr. 2 ZPO, Ausfluss des Art. 103 Abs. 1 GG). Hierbei beurteilt sich die Frage, ob die Zustellung ordnungsgemäß erfolgte, nach der lex fori. Gem. § 328 Abs. 1 Nr. 3 ZPO unterbleibt die Anerkennung auch dann, wenn das Urteil mit einem hier früher erlassenen oder anzuerkennenden ausländischen Urteil unvereinbar ist, d. h. wenn das Gericht der Überzeugung ist, dass die **beiden Entscheidungen** kollidieren. Auch die Unvereinbarkeit des betreffenden Verfahrens mit dem früher hier rechtshängig gewordenen Verfahren hindert die Anerkennung. 229

Grds. darf eine ausländische Entscheidung **inhaltlich nicht überprüft werden** (Verbot der „révision au fond"). Davon macht § 328 Abs. 1 Nr. 4 ZPO aber eine Ausnahme. In dieser Vorschrift wird der Ausschluss der Anerkennung normiert, wenn die Anerkennung zu einem **Verstoß gegen die öffentliche Ordnung** führte. Dabei wird nicht nur das ausländische Verfahren überprüft, sondern auch ein Verstoß gegen ausländisches Sachrecht berücksichtigt. Es muss sich jedoch um einen **Verstoß gegen Grundwerte** der deutschen Rechtsordnung handeln (Baumbach/Lauterbach/Hartmann, ZPO, § 328 Rn. 31; BayObLG, StAZ 1994, 9). 230

Zu beachten ist, dass es gem. Art. 7 § 1 Abs. 1 Satz 2 FamRÄndG bei Scheidungsurteilen nicht auf Verbürgung der Gegenseitigkeit ankommt, wie sie in § 328 Abs. 1 Nr. 5 ZPO verlangt wird. 231

Liegt keiner der in § 328 Abs. 1 ZPO genannten Ausschlussgründe vor, so ist die ausländische Entscheidung anzuerkennen. Durch die Anerkennung erstreckt sich insbesondere die **Gestaltungswirkung des Urteils** auf das Inland. Jedoch hat die Anerkennung **keine Vollstreckungswirkung.** 232

c) Anerkennung ausländischer Privatscheidungen

Eine Privatscheidung kann nur dann anerkannt werden, wenn sie nicht im Inland vorgenommen wurde (vgl. Art. 17 Abs. 2 EGBGB) und auch nicht deutsches Sachrecht für die Scheidung maßgeblich ist (vgl. § 1564 Satz 1 BGB; zur Anerkennung von im Ausland vollzogenen Privatscheidungen s. Erman/Hohloch, BGB, Art. 17 Rn. 81 ff.). Es ist also stets **zwischen Inlands- und Auslandsprivatscheidung zu trennen.** Erstere ist unwirksam (Art. 17 Abs. 2 EGBGB). Privatscheidungen sehen beispielsweise das jüdische (durch Übergabe des Scheidebriefes an die Ehefrau) und das islamische Recht (durch Verstoßung) vor. 233

Der Anwendungsbereich der EheEuGVVO erstreckt sich auch auf **außergerichtliche** Scheidungsverfahren, wenn diese durch eine in Ehesachen zuständige Behörde im Wege eines amtlich anerkannten Verfahrens durchgeführt wurden (Art. 1 Abs. 1a i. V. m. Abs. 2 EheEuGVVO). Ausgenommen sind Verfahren, die nur innerhalb einer Religionsgemeinschaft gelten (Erwägungsgrund 9 der EheEuGVVO). 234

Wurde eine Privatscheidung nicht von einer Behörde eines EU-Mitgliedstaates durchgeführt, so ist die EheEuGVVO sachlich nicht anwendbar. Das Anerkennungsverfahren richtet sich in diesem Fall nach wohl h.M. nur dann nach Art. 7 § 1 FamRÄndG, wenn staatliche Behörden oder staatlich ermächtigte Stellen im Ausland daran – beispielsweise registrierend – mitgewirkt haben (BGHZ 82, 34 (41 f.); 110, 267 (270 f.); MüKo/Winkler von Mohrenfels, BGB, Art. 17 EGBGB Rn. 273; Palandt/Heldrich, BGB, Art. 17 EGBGB Rn. 36; Zöller/Geimer, ZPO, § 328 Rn. 240. A.A. (Art. 7 § 1 FamRÄndG auf Privatscheidungen überhaupt nicht anwendbar, weil dies keine „Entscheidungen" sind): Soergel/Schurig, BGB, Art. 17 EGBGB Rn. 114). 235

Das **zentralisierte Verfahren** nach Art. 7 § 1 FamRÄndG sollte jedoch darüber hinaus im Interesse sachgemäßer Abklärung der Anerkennungsfähigkeit auch bei reinen Auslandsprivatscheidungen ohne Mitwirkung einer ausländischen Behörde zulässig sein, wenn ein **entsprechender Antrag** gestellt wird (Erman/Hohloch, BGB, Art. 17 EGBGB Rn. 82; Hohloch (Hrsg.), Internatio- 236 nales Scheidungs- und Scheidungsfolgenrecht, Kap. 1 Rn. 41; Lüderitz, in: FS Baumgärtel (1990), S. 333, 340 f.; ähnlich (Mitwirkung einer Behörde nicht erforderlich): MüKo/Gottwald, ZPO, § 328 ZPO Rn. 160; Kleinrahm/Partikel, Die Anerkennung ausländischer Entscheidungen in Ehesachen, S. 68 ff.; diesen folgend Baumbach/Lauterbach/Hartmann, ZPO, § 328 Rn. 54). Ansonsten wird eine **reine Auslandsprivatscheidung,** an der keine ausländische Behörde mitgewirkt hat, incidenter im Rahmen eines inländischen Verfahrens auf ihre Anerkennungsfähigkeit überprüft; die Privatscheidung ist anerkennungsfähig, wenn sie nach dem aus deutscher Sicht gem. Art. 17 Abs. 1 EGBGB berufenen Scheidungsstatut wirksam vollzogen werden konnte (Erman/Hohloch, BGB, Art. 17 EGBGB Rn. 81 f.).

237 Die **Grenze für eine Anerkennung** von Privatscheidungen ist **Art. 6 EGBGB.** Eine Verstoßung wie sie das islamischen Recht kennt („talaq"), verstößt nicht grds. gegen den ordre public. Vielmehr ist auf die **Auswirkungen im Einzelfall** abzustellen (Baumbach/Lauterbach/Hartmann, ZPO, § 328 Rn. 53 f.).

2. Scheidung und Scheidbarkeit einer Ehe

a) Qualifikation

238 Nach welchem Recht sich die Scheidung einer Ehe richtet, bestimmt Art. 17 EGBGB. Dabei ist der Begriff „Scheidung" **weit zu fassen.** Ob es sich bei dem zu beurteilenden Sachverhalt um eine Scheidung handelt, ist eine Frage der Qualifikation (vgl. Rn. 30). So fällt unter Art. 17 EGBGB die **klassische gerichtliche Trennung,** die **Scheidung durch Verwaltungsakt** (Dänemark, Norwegen), die **Privatscheidung** (islamisches und jüdisches Recht) und die **Scheidung durch Eintragung des Urteils** in das Standesregister (Belgien, Niederlande). Auch die **Trennung von Tisch und Bett** richtet sich nach dem sich aus Art. 17 EGBGB ergebenden Recht.

Beispiel:

Die Parteien sind thailändische Staatsangehörige. Sie schlossen 1972 in Thailand die Ehe. In der Folgezeit verlegten sie ihren Wohnsitz und gewöhnlichen Aufenthalt in die Bundesrepublik. Am 10. 2. 1977 ließen sie von der thailändischen Botschaft in Bonn die Scheidung ihrer Ehe in gegenseitigem Einverständnis nach thailändischem Recht registrieren. Die Antragstellerin, die eine neue Ehe eingehen will, hat bei der Landesjustizverwaltung die Anerkennung der Ehescheidung gem. Art. 7 § 1 FamRÄndG beantragt (BGHZ 82, 34 ff.).

239 Vorliegend handelt es sich um eine Privatscheidung durch **einverständliches Rechtsgeschäft** mit **Registrierung.** Eine derartige Trennung unterliegt dem nach Art. 17 EGBGB zu bestimmenden Recht. In dem vom BGH zu entscheidenden Fall muss die Anerkennung jedoch wegen **Art. 17 Abs. 2 EGBGB** unterbleiben. Danach kann eine Ehe im Inland nur durch ein Gericht geschieden werden.

240 Als weiteres Beispiel dient die Entscheidung des BGH vom 22. 3. 1967 (BGHZ 47, 324 ff.):

Beispiel:

Der Beklagte besitzt die italienische Staatsangehörigkeit, die Klägerin war früher deutsche Staatsangehörige. 1949 haben die Parteien die Ehe geschlossen. Die Klägerin hat beantragt, die Ehe der Parteien nach den Vorschriften des italienischen Rechts zu trennen und den Beklagten für schuldig an der Trennung zu erklären. Die von der Klägerin erhobene Klage beruhte auf Vorschriften des italienischen Rechts, welches damals keine Ehescheidung, jedoch eine sog. Trennung von Tisch und Bett gem. Art. 151 Codice civile vorsah. Die Ehe musste danach durch Gerichtsurteil getrennt werden, blieb aber in deren Band formal bestehen.

241 Das deutsche Recht als lex fori kennt **keine Trennung von Tisch und Bett.** Bei der Qualifikation ist daher die **ausländische Rechtseinrichtung** nach ihrem Sinn und Zweck zu beurteilen und mit Einrichtungen des deutschen Rechts zu vergleichen. Die beständige Trennung von Tisch und Bett stellt die Eheleute in gewissem Umfang von den ehelichen Pflichten frei. Sie hat damit, wenngleich auch nur eingeschränkt, die Funktion der Scheidung nach deutschem Recht. Daher fallen unter

Art. 17 EGBGB auch diejenigen ausländischen Vorschriften, die den Ausspruch der Trennung von Tisch und Bett vorsehen.

Kennt das über Art. 17 EGBGB anwendbare Recht die Auflösung der Ehe nach dem Bande gar nicht, verstößt dieser Umstand jedenfalls dann nicht gegen Art. 6 EGBGB, wenn das Scheidungsstatut das gemeinsame Heimatrecht der Eheleute ist (OLG Karlsruhe, NJW 1973, 425; OLG Hamm, NJW 1975, 2145 zum früheren spanischen Recht). 242

Die **Aufhebung** oder **Nichtigerklärung** einer Ehe richten sich dagegen nicht nach Art. 17 EGBGB. Das anwendbare Recht ist in einem solchen Fall nach **Art. 13 EGBGB** zu bestimmen, da es sich um Mängel oder Verletzungen von Voraussetzungen der Eheschließung handelt (Palandt/Heldrich, BGB, Art. 17 EGBGB Rn. 13; Erman/Hohloch, BGB, Art. 17 EGBGB Rn. 33). 243

b) Anwendbares Recht

Auf dem Gebiet der Scheidung sind für die Bundesrepublik Deutschland keine mehrseitigen Staatsverträge in Kraft. Auf zweiseitiger Ebene ist das Deutsch-iranische Niederlassungsabkommen von 1929 von Bedeutung. Gem. Art. 8 Abs. 3 des Abkommens wird Art. 17 EGBGB bei rein iranischen Ehen im Inland und rein deutschen Ehen im Iran verdrängt. Das führt aber zu keinem von Art. 17 EGBGB abweichenden Ergebnis. 244

Das auf eine Scheidung anwendbare Recht wird gem. Art. 17 Abs. 1 Satz 1 EGBGB nach dem **Ehewirkungsstatut** (Art. 14 EGBGB) ermittelt. Danach gilt zunächst das letzte gemeinsame Heimatrecht der Ehegatten (Art. 14 Abs. 1 Nr. 1 EGBGB), anschließend das Recht des letzten gemeinsamen gewöhnlichen Aufenthalts und hilfsweise das Recht, mit dem die Ehegatten auf andere Weise am engsten verbunden sind. **Maßgebender Zeitpunkt** ist der **Eintritt der Rechtshängigkeit** des Scheidungsantrages. Haben die Parteien für ihre persönlichen Rechtsbeziehungen nach Art. 14 Abs. 2 bis 4 EGBGB ein Recht gewählt, so entfaltet die Rechtswahl auch für die Scheidung Wirkung.

Maßgebender Zeitpunkt ist gem. Art. 17 Abs. 1 Satz 1 EGBGB der **Eintritt der Rechtshängigkeit.** Nach den §§ 622, 253 Abs. 1 ZPO ist die Rechtshängigkeit im Augenblick der **Zustellung der Antragsschrift** gegeben. Das Scheidungsstatut ist somit unwandelbar im Zeitpunkt des Eintritts der Rechtshängigkeit festgelegt. 245

Ausnahmsweise unterliegt die Scheidung gem. Art. 17 Abs. 1 Satz 2 EGBGB deutschem Recht, falls die Ehe nach dem grds. maßgebenden Recht nicht geschieden werden kann und der die Scheidung begehrende Ehegatte in diesem Zeitpunkt Deutscher ist oder dies bei der Eheschließung war. Ob jemand Deutscher i. S. d. Art. 17 Abs. 1 Satz 2 EGBGB ist, bestimmt sich nach **Art. 116 GG.** Bei Doppelstaatern, die auch die deutsche Staatsangehörigkeit besitzen, ist nach Art. 5 Abs. 1 Satz 2 EGBGB stets die deutsche Staatsangehörigkeit maßgebend. Art. 17 Abs. 1 Satz 2 EGBGB findet nicht nur dann Anwendung, wenn ein Deutscher i. S. v. Art. 116 GG betroffen ist, sondern auch dann, wenn beispielsweise ein Staatenloser, Flüchtling oder Asylberechtigter aufgrund der Anknüpfung an den gewöhnlichen Aufenthalt ein **deutsches Personalstatut** hat. Erforderlich für das subsidiäre Eingreifen deutschen Rechts nach Art. 17 Abs. 1 Satz 2 EGBGB ist, dass die Ehe überhaupt nicht geschieden werden kann (Andorra, Chile, Malta, Paraguay, Philippinen, Vatikanstaat, Dominikanische Republik – für Katholiken) oder aber dass die vorgetragenen Tatsachen zu einer Scheidung nach dem ursprünglich anwendbaren Recht nicht ausreichen (Erman/Hohloch, BGB, Art. 17 EGBGB Rn. 24). Die subsidiäre Anwendung deutschen Rechts erstreckt sich auf die Scheidungsgründe sowie die Scheidungsfolgen. Der Versorgungsausgleich unterliegt hingegen dem nach Art. 17 Abs. 1 Satz 1 EGBGB zu bestimmenden Recht (Abs. 3 Satz 1; AG Mainz NJW-RR 1990, 780; Jayme, IPRax 1987, 168; Erman/Hohloch, BGB, Art. 17 EGBGB Rn. 25). 246

Art. 17 Abs. 1 Satz 2 EGBGB kommt auch dann zur Anwendung, wenn das über Art. 17 Abs. 1 Satz 1 EGBGB anwendbare Recht die Ehe als **gar nicht geschlossen** betrachtet, nach deutschem Recht die Ehe aber besteht. Hierbei kommt es nicht darauf an, dass die Parteien Deutsche sind (OLG Stuttgart, IPRax 1988, 172 ff.; OLG Karlsruhe, IPRax 1990, 52; Palandt/Heldrich, BGB, 247

Art. 17 EGBGB Rn. 10; MüKo/Winkler von Mohrenfels, BGB, Art. 17 EGBGB Rn. 69 ff.; Erman/ Hohloch, BGB, Art. 17 EGBGB Rn. 26).

c) Wirksamkeit der Ehe als Erstfrage

248 Art. 17 Abs. 1 EGBGB setzt das **Bestehen einer wirksamen Ehe** voraus. Ob eine solche besteht, ist im Rahmen einer Erstfrage zu klären (vgl. Rn. 31). Damit bestimmt das über Art. 13 EGBGB zu ermittelnde Recht, ob eine wirksame Ehe vorliegt (Palandt/Heldrich, BGB, Art. 17 EGBGB Rn. 13; Erman/Hohloch, BGB, Art. 17 EGBGB Rn. 10; MüKo/Winkler von Mohrenfels, BGB, Art. 17 EGBGB Rn. 59).

d) Rück- und Weiterverweisung

249 Art. 17 Abs. 1 Satz 1 EGBGB spricht **grds.** eine **Gesamtnormverweisung** aus. Es wird also auf das ausländische Kollisionsrecht verwiesen. Verweist deutsches Recht auf das Heimatrecht der Parteien und spricht dieses eine Rückverweisung auf deutsches Recht als den gemeinsamen gewöhnlichen Aufenthalt aus, so nimmt es die Verweisung gem. Art. 4 Abs. 1 Satz 2 EGBGB an (OLG Köln, IPRax 1989, 297; AG Heidelberg, IPRax 1990, 126; BGH, NJW 1982, 1940; OLG München, FamRZ 1986, 807. Zur sog. versteckten Rückverweisung, s. Rn. 35). Möglich ist aber auch eine Verweisung des ausländischen Staates auf das Recht eines dritten Staates. In einem derartigen Fall gibt das verweisende Recht an, ob es eine **Gesamtnorm- oder Sachnormverweisung** ausspricht. Ist jedoch das Scheidungsstatut durch eine Rechtswahl der Eheleute (Art. 14 Abs. 2 bis 4 EGBGB) beeinflusst worden, liegt gem. Art. 4 Abs. 2 EGBGB eine Sachnormverweisung vor (Erman/Hohloch, BGB, Art. 14 EGBGB Rn. 6).

3. Scheidungsverfahren und Scheidungsausspruch

a) Scheidungsverfahren

250 Deutsche Gerichte wenden stets inländisches Verfahrensrecht an, auch wenn ausländisches Sachrecht berufen ist (sog. lex-fori-Grundsatz). Für die Scheidung bedeutet das, dass eine Ehe nur **durch gerichtliches Urteil** geschieden werden kann und dafür ein **Antrag** des oder der Ehegatten erforderlich ist. Gem. § 1564 Satz 2 BGB ist die Ehe **mit Rechtskraft** aufgelöst. Eine Ehe wird in Deutschland also immer und nur durch Urteil geschieden, auch wenn nach dem Scheidungsstatut beispielsweise eine Verstoßung („talaq") ausreicht.

251 **Ausländisches Verfahrensrecht** erlangt jedoch dann Berücksichtigung, wenn es mit dem ausländischen Sachrecht derart verwoben ist, dass seine Mitanwendung geboten ist. Dies ist beispielsweise bei der Pflicht zur Vorlage von Vereinbarungen über Scheidungsfolgen (Frankreich, Spanien) oder bei Vereinbarungen über die Regelung des Umgangs- und Sorgerechts bei der einverständlichen Scheidung (Belgien, Frankreich, Japan, Südkorea, Österreich) der Fall.

252 Ist ein ausländisches Rechtsinstitut, wie z. B. die Trennung von Tisch und Bett, **im deutschen Verfahrensrecht nicht vorgesehen,** werden die für das Scheidungsverfahren geltenden Vorschriften und die Verbundregelungen analog angewandt (OLG Frankfurt, FamRZ 1984, 59; OLG Bremen, IPRax 1985, 47; Erman/Hohloch, BGB, Art. 17 EGBGB Rn. 44).

b) Scheidungsausspruch

253 Ausländisches Recht beeinflusst aber nicht nur das Scheidungsverfahren, sondern auch den **Scheidungsausspruch.** Im Tenor der deutschen Entscheidung können Besonderheiten des Scheidungsstatuts berücksichtigt werden.

Beispiel:
Sind die Parteien polnischer Staatsangehörigkeit und findet demgemäß über Art. 17 Abs. 1 Satz 1 i. V. m. Art. 14 Abs. 1 Nr. 1 EGBGB polnisches Recht auf die Scheidung Anwendung, kann ein deutsches Gericht die Verantwortlichkeit eines Partners für die Scheidung in den

Tenor seiner Entscheidung aufnehmen. Bei dem Schuld- und Mitschuldausspruch handelt es sich um sachrechtliche Erfordernisse des jeweiligen Rechts, die auch nach dem Scheidungsstatut zu behandeln sind (BGH NJW 1982, 1940; BGH NJW 1988, 636, 638; Palandt/Heldrich, BGB, Art. 17 EGBGB Rn. 18; Erman/Hohloch, BGB, Art. 17 EGBGB Rn. 41).

Der Schuldausspruch ist jedoch nur noch in einigen Rechtsordnungen vorgesehen. So kennen beispielsweise Belgien, Frankreich, Österreich, Polen, Schweiz und Rumänien neben der einvernehmlichen Scheidung die Scheidung aus Verschulden und unterscheiden zum Teil zwischen alleinigem und überwiegendem und beiderseitigem Verschulden. 254

4. Scheidungsfolgen

Die Hauptfolge einer Scheidung ist die Auflösung der Ehe. Die Scheidung ist mit der formellen Rechtskraft des Urteils vollzogen. Eine im Inland noch nicht anerkannte aber im Ausland bereits ausgesprochene Scheidung ist unbeachtlich. Dem Scheidungsstatut unterliegen auch einige Nebenfolgen, wie z. B. scheidungsrechtliche Widerrufsregeln für Schenkungen unter Ehegatten und über die Verweisung in Art. 18 Abs. 4 Satz 1 EGBGB auch Unterhaltsfragen. 255

Andere Nebenfolgen wie der Name, die güterrechtliche Auseinandersetzung und die elterliche Sorge werden durch **eigene Kollisionsregeln** erfasst. 256

Die Scheidung und die Scheidungsfolgen sind auch bei Geltung ausländischen Sachrechts im **Verhandlungs- und Entscheidungsverbund** zu behandeln. Die §§ 623 ff. ZPO sind verfahrensrechtliche Vorschriften und unterfallen damit dem lex-fori-Grundsatz. Ist über eine Scheidungsfolge nicht im Verbund entschieden worden, kann dies nachgeholt werden. Maßgebend ist dann grds. das Scheidungsstatut im Zeitpunkt der Scheidung. Für Scheidungsfolgen, die wie der Name selbständig angeknüpft werden, gilt dagegen das entsprechende Statut (z. B. Art. 10 EGBGB). 257

Ist im Ausland zwar über die Scheidung, **nicht** aber **über eine Nebenfolge** befunden worden, kann gleichwohl eine spätere Entscheidung im Inland gefällt werden. Dafür bedarf es jedoch zunächst einer Anerkennung der ausländischen Ehescheidung (Art. 7 § 1 FamRÄndG, § 328 ZPO). 258

a) Geschiedenenunterhalt (Nachehelicher Unterhalt)

aa) Internationale Zuständigkeit

Der Geschiedenenunterhalt kann entweder im **Scheidungsverbundverfahren** vor dem FamG geltend gemacht werden (§ 23b Abs. 1 Nr. 5 und 6 GVG, § 621 Abs. 1 Nr. 4 und 5 ZPO) oder **abgetrennt** eingeklagt werden. Auch dann ist das FamG sachlich zuständig. 259

Die internationale Zuständigkeit deutscher Gerichte bestimmt sich nach den Regeln der **EuGVVO**, wenn diese anwendbar ist. Nach Art. 2 Abs. 1 der Verordnung sind die Gerichte des Staates international zuständig, in dem der Beklagte seinen Wohnsitz hat. Im Gegensatz zu § 23 ZPO zieht in einem Vertragsstaat belegenes Vermögen keine internationale Zuständigkeit nach sich, Art. 3 Abs. 2 EuGVVO. Gem. Art. 5 Nr. 2 EuGVVO sind aber auch die Gerichte des Staates international zuständig, in dem der Kläger seinen Wohnsitz oder gewöhnlichen Aufenthalt hat. 260

Ist die **EuGVVO nicht anwendbar,** ergibt sich die internationale Zuständigkeit deutscher Gerichte entsprechend der örtlichen Zuständigkeit (§ 621 Abs. 2 Satz 2 i. V. m. §§ 12, 13 ZPO). Danach ist ein deutsches Gericht dann zuständig, wenn der Beklagte seinen Wohnsitz oder Vermögen im Inland hat. Zudem sind deutsche Gerichte über § 23a ZPO international zuständig, wenn der Kläger im Inland seinen Wohnsitz hat. 261

bb) Anerkennung und Vollstreckung

Bei der Anerkennung und Vollstreckung von **Unterhaltsansprüchen** gegen den ehemaligen Ehepartner gehen das Haager Abkommen über Unterhaltsentscheidungen von 1973 sowie das New Yorker-Abkommen über die Geltendmachung von Unterhaltsansprüchen der EuGVVO vor. Im 262

Übrigen wird auf die Ausführungen zur Anerkennung und Vollstreckung von Unterhaltstiteln bei Getrenntleben verwiesen (Rn. 129 ff.).

cc) Anknüpfung

263 Grds. richtet sich der Unterhaltsanspruch nach dem Recht am gewöhnlichen Aufenthalt des Unterhaltsberechtigten (Art. 18 Abs. 1 EGBGB).

264 Dies gilt jedoch nicht für geschiedene Ehegatten und solche, deren Eheband nicht aufgelöst, sondern lediglich durch eine Trennung von Tisch und Bett gelockert wurde. Gem. Art. 18 Abs. 4 EGBGB (Art. 8 HUntÜbk) ist für den Unterhaltsanspruch eines geschiedenen Ehegatten das **Scheidungsstatut maßgebend.** Ist eine Scheidung im Inland ausgesprochen worden, regelt sich also der Unterhaltsanspruch nach dem durch Art. 17 Abs. 1 EGBGB zu ermittelnden Recht. Dabei kommt es nur auf das Recht an, nach welchem die Parteien **tatsächlich geschieden** worden sind. Ob das Gericht das Recht fehlerhaft angewandt hat, ist unerheblich (BGH, FamRZ 1987, 682; OLG Hamm, FamRZ 1989, 1095).

265 Ist die Ehe im Ausland geschieden worden, ist dasjenige Recht anzuwenden, das über die Scheidung bestimmte. Die ausländische Entscheidung muss jedoch **im Inland anerkannt** worden sein (BGH, NJW 1991, 2212; OLG Köln, FamRZ 1988, 1177). Die Anerkennung richtet sich nach den allgemeinen Vorschriften. Kann die ausländische Ehescheidung nicht anerkannt werden, kann nur Unterhalt zwischen Getrenntlebenden gem. Art. 18 Abs. 1 Satz 2 EGBGB gewährt werden (OLG Hamm, IPRax 1989, 107).

266 Eine weitere Abweichung von sonstigen Unterhaltsansprüchen besteht darin, dass **nicht hilfsweise** deutsches Recht angewendet werden kann, falls der Berechtigte nach dem anwendbaren Recht keinen Unterhalt erhalten kann. Das ergibt sich daraus, dass Art. 6 des HUntÜbk sich nur auf die Art. 4 und 5 HUntÜbk bezieht, nicht aber auf Art. 8 HUntÜbk, der den Geschiedenenunterhalt regelt. Hierin ist grds. kein Verstoß gegen Art. 6 EGBGB zu sehen. Etwas anderes gilt jedoch in besonders gelagerten Härtefällen (BGH, NJW 1991, 2212 f.; OLG Hamm, JuS 1999, 918 m. Anm. Hohloch; OLG Zweibrücken, FamRZ 1997, 93 = JuS 1997, 374 m. Anm. Hohloch sowie zum gleichen Sachverhalt OLG Zweibrücken, FamRZ 2000, 32 = JuS 2000, 403 m. Anm. Hohloch).

267 Hingegen ist auf **Geschiedenenunterhalt** Art. 18 Abs. 5 EGBGB (Art. 15 HUntÜbk) anwendbar. Danach ist auch für den Unterhalt zwischen geschiedenen Eheleuten deutsches Recht anwendbar, wenn sowohl der Berechtigte als auch der Verpflichtete Deutscher i. S. d. Art. 116 Abs. 1 GG sind und der Verpflichtete seinen gewöhnlichen Aufenthalt im Inland hat (OLG Hamm, NJW-RR 1993, 1352 ff.; Palandt/Heldrich, BGB, Art. 18 EGBGB Rn. 13).

dd) Unterhaltshöhe

268 Die Unterhaltshöhe richtet sich ebenfalls nach dem auf die Unterhaltspflicht anwendbaren Recht (Art. 18 Abs. 6 Nr. 1 EGBGB). Ist deutsches Sachrecht anwendbar, so erfolgt die Berechnung des Unterhalts nach den **allgemeinen Regeln und Tabellen.**

269 Hat der Anspruchsberechtigte seinen **gewöhnlichen Aufenthalt im Ausland,** muss der nach deutschem Recht errechnete Unterhaltsanspruch **den dortigen Verhältnissen angepasst werden.** Sind beispielsweise die Lebenshaltungskosten weitaus niedriger als in Deutschland, wie in den ehemaligen Ostblockstaaten, muss der Unterhaltsanspruch gekürzt werden. Dies ergibt sich aus Art. 18 Abs. 7 EGBGB (dazu: BGH, FamRZ 1987, 1149 f.; OLG Hamm, NJW-RR 1993, 1352).

> *Beispiel:*
> *So sollte der Unterhaltsbedarf eines in Polen lebenden Kindes angesichts der in den Achtzigerjahren inflationären Entwicklung in Polen nicht unter der Hälfte der sich nach der Düsseldorfer Tabelle ergebenden Beträge angesetzt werden (OLG Düsseldorf, FamRZ 1991, 1095).*

Lebt der Berechtigte im Ausland, erfolgt die Berechnung aber nach dem für die Scheidung maßgebenden deutschen Recht, kommt es für die Bemessung des Unterhalts allein auf den **Lebensstandard am Ort der gemeinsamen Lebensführung** an (zur Berechnung: Henrich, Internationales Scheidungsrecht, S. 49).

Der **geschuldete Unterhalt** bemisst sich grds. in der Währung des Staates, in dem der Berechtigte seinen gewöhnlichen Aufenthalt hat. Da es sich um eine sog. **Geldwertschuld** handelt, kann der Unterhaltsberechtigte aber auch die Zahlung in einer anderen Währung verlangen und sie notfalls einklagen.

ee) Auskunftsanspruch

Der Auskunftsanspruch ist als den Unterhaltsanspruch **vorbereitender** und **dessen Feststellung** und **Durchsetzung erleichternder Anspruch** demselben Statut zu unterstellen wie der Unterhaltsanspruch selbst. Fraglich ist jedoch, ob ein solcher Auskunftsanspruch auch dann besteht, wenn die Rechtsordnung, auf die verwiesen wird, wegen des **Amtsermittlungsgrundsatzes** einen solchen **Anspruch überhaupt nicht vorsieht.** Der Amtsermittlungsgrundsatz ist als ausländische Verfahrensregel bei einem Unterhaltsprozess in Deutschland nicht anzuwenden, weil hier das deutsche Verfahrensrecht als lex fori gilt. Die **Rechtslücke,** die sich durch die Inkongruenz der Rechtsordnungen ergibt, ist **durch** eine **Anpassung an das deutsche Recht** zu schließen, jedenfalls dann, wenn Unterhaltsberechtigung und -verpflichtung schlüssig vorgetragen sind (OLG Stuttgart, IPRax 1990, 113; Erman/Hohloch, BGB, Art. 18 EGBGB Rn. 30).

b) Güterrechtlicher Ausgleich nach der Scheidung

Der güterrechtliche Ausgleich infolge einer Scheidung richtet sich nach **Art. 15 Abs. 1 EGBGB,** wenn die Ehegatten keine Rechtswahl gem. Art. 15 Abs. 2 EGBGB getroffen haben. Danach ist grds. das bei der Eheschließung für die allgemeinen Wirkungen der Ehe maßgebliche Recht anwendbar. Dieses Recht wiederum ermittelt sich nach der sog. Kegel'schen Leiter (Art. 14 Abs. 1 EGBGB) oder aber nach der von den Parteien getroffenen Rechtswahl (Art. 14 Abs. 2 und 3 EGBGB).

Bei der güterrechtlichen Anknüpfung nach Art. 15 Abs. 1 EGBGB kommt es auf den **Zeitpunkt der Eheschließung** an. Eine Rechtswahl, die im Rahmen des Art. 15 Abs. 1 i. V. m. Art. 14 Abs. 2 und 3 EGBGB berücksichtigt werden soll, muss daher vor der Eheschließung getroffen worden sein.

Anders ist es hingegen bei der **unmittelbaren Rechtswahl,** wie sie Art. 15 Abs. 2 und 3 EGBGB vorsieht. Sie ist an keinen Zeitraum gebunden und kann **sowohl vor** als **auch nach** der Eheschließung ausgeübt werden. Ferner kann sie wiederholt durchgeführt und aufgehoben werden. In letzterem Fall richtet sich das anwendbare Recht nach Art. 15 Abs. 1 EGBGB. Haben die Ehegatten die Rechtswahl erst im Verlauf der Ehe geschlossen, beherrscht sie grds. erst mit Wirksamwerden der Rechtswahl das Güterstatut. Mit ausschließlicher Wirkung zwischen den Ehegatten kann die Wirkung aber auch auf den bereits vergangenen Zeitraum ausgedehnt werden (Erman/Hohloch, BGB, Art. 15 EGBGB Rn. 25).

Im Übrigen wird auf die Darstellung zum Güterrecht zwischen Eheleuten verwiesen (vgl. Rn. 100 ff.).

Zur Vertiefung der im Güterrecht oft entscheidenden Punkte (**Qualifikation und intertemporale Regelung**) soll ein Fall erläutert werden, den der BGH zu entscheiden hatte (BGH, NJW 1993, 385 = JuS 1993, 513 Nr. 6 m. Anm. Hohloch).

Beispiel:
Der Kläger hat die libanesische, die Beklagte die deutsche Staatsangehörigkeit. Sie haben 1974 im Libanon die Ehe geschlossen und zunächst dort gelebt. Später wohnten sie mit einer Unterbrechung in verschiedenen arabischen Ländern, wo der Kl. als Elektroingenieur arbei-

tete. Die nicht berufstätige Bekl. versorgte den Haushalt und die beiden gemeinschaftlichen Kinder. 1978 übertrug ihr ihre Mutter ein in Deutschland belegenes Grundstück zu Alleineigentum. Die Abfindung an die Schwestern der Bekl. sowie die Notarkosten wurden mit Mitteln des Kl. bezahlt. Von 1978 bis 1984 wurde das Haus, wiederum aus Mitteln des Kl., umgebaut und renoviert. Von Mai 1982 bis zur Trennung Mitte 1985 lebten die Parteien gemeinsam in diesem Haus. Die Ehe wurde durch inzwischen rechtskräftiges Urteil vom 18. 9. 1987 geschieden. Der Kl. hat von der Bekl. Ersatz seiner Aufwendungen für das Haus i. H. v. 228.813,07 DM begehrt.

Das LG hat eine Vermögensmehrung von 146.898 DM festgestellt und der Bekl. wegen der Haushaltsführung und Kinderbetreuung die Hälfte dessen zugerechnet. Die andere Hälfte hat es dem Kl. aus dem Gesichtspunkt des Wegfalls der Geschäftsgrundlage zugesprochen. Das OLG hat dem Kl. aus demselben Grunde nach Aufrechnung von Gegenforderungen 29.210,58 DM zugebilligt. Hiergegen richtet sich die Revision der Bekl.

277 Die internationale Zuständigkeit deutscher Gerichte ergibt sich mangels staatsvertraglicher Regelung und mangels Einschlägigkeit des § 606a ZPO aus der **entsprechenden Anwendung** der Regel über die örtliche Zuständigkeit (§§ 12, 13 ZPO), die wegen des inländischen Wohnsitzes der Bekl. zur Zuständigkeit deutscher Gerichte führen.

278 Für die Beantwortung der Frage nach dem anwendbaren Recht muss zunächst der geltend gemachte Anspruch qualifiziert werden. In Betracht kommt hier sowohl eine **schuldrechtliche** als auch eine **güterrechtliche** Einordnung. Bei der Qualifikation ist von den Vorstellungen der lex fori auszugehen (Palandt/Heldrich, BGB, Art. 15 EGBGB Rn. 25).

279 Der vom Kl. geltend gemachte Ausgleichsanspruch betrifft zwar dem Ehegatten gehörende Gegenstände, daraus folgt jedoch nicht schon eine güterrechtliche Qualifikation. Vielmehr sind Rechtsgeschäfte unter Ehegatten aus ihrer jeweiligen Natur und Typik heraus zu beurteilen. Bei den Aufwendungen, auf die der Kl. seinen Ausgleichsanspruch stützt, handelt es sich um sog. **„unbenannte Zuwendungen"**. Solche Leistungen liegen dann vor, wenn sie der Verwirklichung der ehelichen Lebensgemeinschaft dienen sollen. Aufwendungen zur Schaffung eines Familienheimes – wie hier getätigt – fallen darunter (BGHZ 82, 227, 230; 84, 361, 364, 365; 115, 132 = LM § 1357 BGB Nr. 7 m. Anm. Hohloch). Der Ausgleichsanspruch ist weder als Schenkung einzuordnen noch als ehebezogenes Rechtsgeschäft eigener Art zu verstehen, wie ihn die Rechtsprechung in Fällen ohne Auslandsbezug bezeichnet. Die Zuwendungen und die daraus entspringenden Ansprüche sind vielmehr Ausflüsse schuldrechtlicher Beziehungen. Daher sind sie schuldrechtlich zu qualifizieren, was zur Anwendung des Schuldstatuts führt.

280 Sowohl nach Art. 27 EGBGB als auch nach Art. 220 Abs. 1 EGBGB i. V. m. dem nicht kodifizierten alten internationalen Schuldrecht ist eine auch **stillschweigend getroffene Rechtswahl** möglich (Kegel/Schurig, Internationales Privatrecht, S. 574; Kropholler, Internationales Privatrecht, S. 439 ff.), so dass an dieser Stelle das intertemporale Problem nicht entschieden zu werden braucht. Mit Berufung auf Regeln des deutschen Schuldrechts, durch die Belegenheit des Hauses und den gemeinsamen Wohnsitz im Inland ist von einer stillschweigenden Rechtswahl deutschen Rechts auszugehen.

281 Nach deutschem Recht ist es grds. möglich, Ausgleichsansprüche nach den Regeln über den **Wegfall der Geschäftsgrundlage** geltend zu machen, wenn dem zuwendenden Ehegatten die Beibehaltung der durch die Zuwendung an den anderen Gatten herbeigeführten Vermögensverhältnisse nach den Umständen des Einzelfalls **nicht zuzumuten** ist. Dabei ist jedoch zu beachten, dass die güterrechtlichen Ausgleichsmechanismen als speziellere Regelungen stets den Vorrang haben. Bei Bestehen des gesetzlichen Güterstandes der Zugewinngemeinschaft ist daher der Rückgriff auf die Regeln über den Wegfall der Geschäftsgrundlage prinzipiell versperrt. Nur bei schlechthin untragbaren Ergebnissen des Güterrechts ist ein Rückgriff auf die aus § 242 BGB hergeleiteten Grundsätze möglich (BGHZ 115, 132; BGH, JuS 1991, 961 Nr. 7 = LM § 1372 BGB Nr. 8 m. Anm. Hohloch). Um festzustellen, ob ein untragbares Ergebnis vorliegt, welches die Anwendung des § 242

B. III. Scheitern der Ehe (Scheidung)

BGB rechtfertigt, muss zunächst die Frage geklärt werden, welches Recht die güterrechtlichen Wirkungen der Ehe beherrscht.

Das OLG ist von der Geltung libanesischen Rechts ausgegangen. Zu diesem Ergebnis ist es über Art. 15 i. V. m. Art. 220 Abs. 3 Satz 2 EGBGB gelangt, da die Ehe der Parteien nach dem Stichtag des 8. 4. 1983 geschieden worden war. Es ist jedoch in sog. „Altehen" stets die Möglichkeit einer von den Parteien getroffenen Rechtswahl gem. Art. 220 Abs. 3 Satz 1 Nr. 2 EGBGB zu beachten. Die Rechtswahl wirkt im Rahmen des Art. 220 Abs. 3 Satz 2 EGBGB fort, damit der beim Güterstatut notwendige Schutz von Vertrauenslagen gewährleistet ist (Erman/Hohloch, BGB, Art. 15 EGBGB Rn. 46). Eine getroffene Rechtswahl oder Unterstellung behält ihre Wirkung über den 8. 4. 1983 und den 1. 9. 1986 hinaus und bestimmt das auf die güterrechtlichen Beziehungen anwendbare Recht. Ob die Parteien eine Rechtswahl getroffen haben, und wenn ja, welche, ist durch eine **Gesamtbetrachtung aller äußeren Umstände** für die Zeit vor dem 8. 4. 1983 zu klären. Dazu gehören der Eheschließungsort, gewöhnliche Aufenthalte, Vermögenserwerb im In- und Ausland, Behördenverkehr usw. In diesem Fall besteht durchaus die Möglichkeit, dass sich die Parteien dem deutschen Recht unterstellt haben. Sollte aber nach der Gesamtbetrachtung libanesisches Recht gelten, so müsste geprüft werden, inwieweit ein güterrechtlicher Ausgleich zwischen den Parteien vorgenommen werden kann. Nur bei einem unbilligen Ergebnis ist ein Rückgriff auf die Regeln über den Wegfall der Geschäftsgrundlage zulässig.

282

Haben sich die Parteien keinem Recht unterstellt, kommt dennoch deutsches Recht über Art. 220 Abs. 3 Satz 1 Nr. 3 und Art. 220 Abs. 3 Satz 3 i. V. m. Art. 15 Abs. 1, Art. 14 Abs. 1 Nr. 2 EGBGB zur Geltung.

283

Aus diesen Gründen hatte die Revision der Bekl. Erfolg.

c) Versorgungsausgleich

aa) Internationale Zuständigkeit

Die internationale Zuständigkeit deutscher Gerichte bezüglich des Versorgungsausgleichs ergibt sich aus § 606a i. V. m. §§ 623, 621 Abs. 1 ZPO. Die Zuständigkeit in der Hauptsache erstreckt sich auch auf Folgesachen, falls sie sich nicht aus einem Staatsvertrag ergibt. Das ist jedoch beim Versorgungsausgleich nicht der Fall. Dieser fällt vor allem **nicht** in den Anwendungsbereich der EuGVVO, da er als unmittelbare vermögensrechtliche Folge der Ehe anzusehen ist (Kropholler, Europäisches Zivilprozeßrecht, Art. 1 Rn. 27). Auch der Anwendungsbereich der EheEuGVVO ist nicht eröffnet (Baumbach/Lauterbach/Albers, Anh. I § 606a (EheVO), Art. 1 Rn. 8). Der Versorgungsausgleich kann auch noch **nachträglich** durchgeführt werden. Zu beachten ist die Möglichkeit, den Versorgungsausgleich nachträglich in einem isolierten Verfahren im Inland nachzuholen. Auf dieses Spezialproblem wird unter Punkt bb) (3) näher eingegangen.

284

bb) Anwendbares Recht

Der Versorgungsausgleich stellt eine **eigenständige Scheidungsfolge** dar. Seine Durchführung setzt eine Scheidung voraus. Daher ist grds. auch für den Versorgungsausgleich gem. Art. 17 Abs. 3 Satz 1 1. Hs. EGBGB das Scheidungsstatut (Art. 17 Abs. 1 Satz 1 EGBGB) maßgebend (zur Entwicklung vor der IPR-Reform: BGHZ 75, 241).

285

(1) Versorgungsausgleich nach Art. 17 Abs. 3 Satz 1 EGBGB

Der Versorgungsausgleich ist nach Art. 17 Abs. 3 Satz 1 2. Hs. EGBGB aber nur dann durchzuführen, wenn ihn das Recht eines der Staaten kennt, denen die Ehegatten im **Zeitpunkt des Eintritts der Rechtshängigkeit** des Scheidungsantrages angehören. Ist ein Partner Mehrstaater, ist die effektive Staatsangehörigkeit (Art. 5 Abs. 1 Satz 1 EGBGB) entscheidend. Bei auch Deutschen ist gem. Art. 5 Abs. 1 Satz 2 EGBGB auf deutsches Recht abzustellen. Die Einschränkung soll verhin-

286

dern, dass Rechtsfolgen eintreten, die nach dem Heimatrecht der Ehegatten nicht vorgesehen und damit für die Parteien unerwartet sind (Palandt/Heldrich, BGB, Art. 17 EGBGB Rn. 20).

Beispiel:

Werden ein Engländer und eine Italienerin, die ihren gewöhnlichen Aufenthalt in der Bundesrepublik haben, nach deutschem Recht geschieden (Art. 17 Abs. 1 Satz 1 i. V. m. Art. 14 Abs. 1 Nr. 2 EGBGB), wird kein Versorgungsausgleich vorgenommen. Zwar kennt das deutsche Recht als Scheidungsstatut den Versorgungsausgleich, doch weder das englische noch das italienische Recht führen einen solchen durch. Wäre in dem Beispiel ein Ehegatte Deutscher, so würde ein Versorgungsausgleich durchgeführt, da ihn das deutsche Recht „kennt".

287 Wann ein Heimatrecht den Versorgungsausgleich **„kennt",** ist durch Vergleich mit dem deutschen Recht zu ermitteln. Dabei ist der Begriff **eng** auszulegen (MüKo/Winkler von Mohrenfels, BGB, Art. 17 EGBGB Rn. 197). Erforderlich ist ein umfassender **Ausgleich von Versorgungsanwartschaften** anlässlich der Scheidung. Ein nur teilweise durchgeführter Ausgleich oder eine Berücksichtigung in der güterrechtlichen Regelung reicht nicht aus (Erman/Hohloch, BGB, Art. 17 EGBGB Rn. 51). Im Vergleich zum deutschen Recht gibt es nur wenige Staaten, die den Versorgungsausgleich i. S. d. Art. 17 Abs. 3 Satz 2 EGBGB „kennen" (vgl. dazu Jayme, in: Zacher, Versorgungsausgleich im internationalen Vergleich (1985), S. 298, 305). So kennen etwa einige Gliedstaaten der USA und kanadische Provinzen einen Versorgungsausgleich (pension rights adjustment). Seit 1994 beginnen Systeme des Altersversorgungsausgleichs, die als „Versorgungsausgleich" erscheinen, auch in europäischen Staaten Fuß zu fassen (1994 Niederlande, 1996 Irland, 1997 Großbritannien, 1999 Schweiz). Die damit für die deutsche Praxis auftauchenden Probleme sind noch nicht bewältigt.

288 Das über Art. 17 Abs. 3 Satz 1 EGBGB anwendbare Recht bestimmt über die **Voraussetzungen** und die **Durchführung** des Versorgungsausgleichs, sowie über die inhaltliche Wirksamkeit einer den Ausgleich ausschließenden Vereinbarung zwischen den Ehegatten (Erman/Hohloch, BGB, Art. 17 EGBGB Rn. 53).

(2) Versorgungsausgleich nach Art. 17 Abs. 3 Satz 2 EGBGB

289 Die enge Auslegung des Begriffs „kennen" verhindert einerseits, dass ein Ausgleich nach Art. 17 Abs. 3 Satz 1 EGBGB durchgeführt werden kann. Andererseits ist dadurch die Möglichkeit eröffnet, den Versorgungsausgleich gem. Art. 17 Abs. 3 Satz 2 EGBGB nach deutschem Recht durchzuführen, der möglicherweise einen großzügigeren Ausgleich vornimmt als das Heimatrecht eines der Ehegatten.

290 Als negative Voraussetzung für die hilfsweise Anwendung deutschen Rechts muss zunächst festgestellt werden, dass nach Art. 17 Abs. 3 Satz 1 EGBGB **kein Versorgungsausgleich** durchgeführt werden kann. Als positive Voraussetzung verlangt Art. 17 Abs. 3 Satz 2 EGBGB den **Antrag** eines Ehegatten, den Versorgungsausgleich nach deutschem Recht durchzuführen (zur korrekten Tenorierung bei Fehlen eines solchen Antrags: OLG München, NJW-RR 2000, 815 = FamRZ 2000, 165 = JuS 2000, 606 m. Anm. Hohloch). Ferner muss der andere Ehegatte in der Ehezeit eine **inländische Anwartschaft** erworben haben (Art. 17 Abs. 3 Satz 2 Nr. 1 EGBGB), oder aber die **allgemeinen Wirkungen der Ehe** müssen während eines Teils der Ehezeit einem Recht unterliegen, das den Versorgungsausgleich kennt (Art. 17 Abs. 3 Satz 2 Nr. 2 EGBGB). Schließlich darf die Durchführung des Versorgungsausgleichs im Hinblick auf die beiderseitigen wirtschaftlichen Verhältnisse auch während der nicht im Inland verbrachten Zeit **nicht der Billigkeit widersprechen** (Art. 17 Abs. 3 Satz 2 a. E. EGBGB). Die Billigkeit kann unter Heranziehung aller in Betracht kommenden Gesichtspunkte beurteilt werden (OLG Celle, FamRZ 1991, 205; OLG Hamm, NJW-RR 1993, 1352). Da die Billigkeitsklausel negativ gefasst ist, stellt sie nur eine **Ausnahmeregelung** dar. Grds. ist ein Versorgungsausgleich durchzuführen, und nur im Einzelfall kann eine Billigkeitsprüfung erfolgen (Palandt/Heldrich, BGB, Art. 17 EGBGB Rn. 23; Erman/Hohloch, BGB, Art. 17 EGBGB Rn. 57). Abzustellen ist dabei nicht in erster Linie auf Verschul-

den einer Partei, sondern auf **Dauer** von Inlands- und Auslandsaufenthalt, auf das Bestehen anderweitiger **Alterssicherung** und **sonstigen Vermögens** der Parteien sowie auf deren **Verwertbarkeit** (Erman/Hohloch, BGB, Art. 17 EGBGB Rn. 57).

Bei der hilfsweisen Anknüpfung an deutsches Recht ist zu beachten, dass sie nur vorgenommen werden kann, wenn kein Recht der beiden Heimatstaaten der Ehegatten den Versorgungsausgleich kennt. 291

(3) Nachholen des Versorgungsausgleichs

Ist eine Ehe im Ausland ohne Durchführung eines Versorgungsausgleichs geschieden worden, so kann der Ausgleich später in Deutschland nachgeholt werden. Erforderlich dafür ist jedoch, dass die **ausländische Scheidung anerkannt** worden ist und dass das **deutsche Recht** aus Sicht des deutschen Gerichts als Statut für den Versorgungsausgleich berufen ist (BGH, NJW 1983, 1269, 1270; OLG Stuttgart, FamRZ 1991, 1068; OLG Hamm, FamRZ 1992, 826; Palandt/Heldrich, BGB, Art. 17 EGBGB Rn. 26; Erman/Hohloch, BGB, Art. 17 EGBGB Rn. 63). 292

Beispiel:
Ein Österreicher und eine Österreicherin, die auch die deutsche Staatsangehörigkeit besitzt, lassen sich in Wien nach österreichischem Recht scheiden, obgleich sie ihren gewöhnlichen Aufenthalt in der Bundesrepublik haben. Der Justizminister des Landes Nordrhein-Westfalen hat durch Bescheid die Anerkennung der Scheidung ausgesprochen. Nun verlangt die Frau die Durchführung des Versorgungsausgleichs (OLG Düsseldorf, FamRZ 1984, 714 f.).

Gem. Art. 17 Abs. 1 Satz 1 i. V. m. Art. 14 Abs. 1 Nr. 2 EGBGB wäre deutsches Recht zur Anwendung gekommen, wenn die Parteien die Scheidung **im Inland** verlangt hätten. Über Art. 17 Abs. 3 1. Hs. EGBGB unterläge dann auch der Versorgungsausgleich deutschem Recht. Das deutsche Recht – als effektive Staatsangehörigkeit der Frau (Art. 5 Abs. 1 Satz 1 EGBGB) – kennt zudem den Versorgungsausgleich. Auch die Anerkennung der ausländischen Entscheidung ist erfolgt. In einem solchen Fall kann also der Versorgungsausgleich nach deutschem Recht nachgeholt werden (vgl. OLG Hamm, FamRZ 1992, 826 zur Korrekturmöglichkeit von Entscheidungen über den Versorgungsausgleich bei fehlerhafter Anwendung des Kollisionsrechts nach § 10a VAHRG; enger zur Möglichkeit der Korrektur kollisionsrechtlicher Irrtümer im Verfahren nach § 10a VAHRG: BGH, FamRZ 1996, 282; Soergel/Hohloch, § 10a VAHRG Rn. 12, Fn. 22). Nachholen lässt sich unter den in Rn. 292 genannten Voraussetzungen auch der gem. Art. 17 Abs. 3 Satz 2 EGBGB ersatzweise auf deutsches Recht gestützte Versorgungsausgleich bei Vorliegen des erforderlichen Antrags und Nichteingreifen der „Negativklauseln" der Vorschrift. 293

Die örtliche Zuständigkeit in solchen isolierten Versorgungsausgleichsverfahren nach § 621 Abs. 1 Nr. 6 ZPO richtet sich nach § 621 Abs. 2 Satz 2 ZPO i. V. m. § 45 FGG (BGH, NJW-RR 1994, 322).

(4) Altehen

Ein weiteres Problem taucht bei der Durchführung des Versorgungsausgleichs bei sog. „Altehen" auf, d. h. bei Scheidungen, die **vor dem 1. 9. 1986** rechtshängig geworden sind. Gem. Art. 220 Abs. 1 EGBGB bleibt auf vor dem 1. 9. 1986 **abgeschlossene Vorgänge** das bisherige IPR anwendbar. Ein Versorgungsausgleich nach Art. 17 Abs. 3 EGBGB n. F. ist jedoch dann nicht mehr durchzuführen, wenn er bereits nach altem Recht berücksichtigt wurde. 294

Nach überwiegender Auffassung ist ein Vorgang i. S. d. Art. 220 Abs. 1 EGBGB dann abgeschlossen, wenn das anwendbare Recht **unwandelbar** fixiert worden ist. Für den Versorgungsausgleich soll das anwendbare Recht dann fixiert sein, wenn der Scheidungsantrag vor dem 1. 9. 1986 **rechtshängig** geworden ist. In einem solchen Fall ist Art. 17 Abs. 3 EGBGB a. F. in der **verfassungskonformen Auslegung** maßgebend (BGH, FamRZ 1990, 32, 35; BGH, NJW 1990, 638; BGH, FamRZ 1992, 295; Palandt/Heldrich, BGB, Art. 17 EGBGB Rn. 6; Erman/Hohloch, BGB,

Art. 17 EGBGB Rn. 14). Ist danach ein Ehepartner deutscher Staatsbürger – und damit gleichgestellt Flüchtling oder Asylberechtigter – so ist auf die **Scheidung selbst** das Heimatrecht des Antragstellers anwendbar. Die **Scheidungsfolgen** richten sich unabhängig vom Heimatrecht des Antragstellers nach deutschem Recht (BGHZ 75, 241, 251; 87. 359, 367; BGH, FamRZ 1985, 280; BGH, NJW-RR 1995, 135). Ist kein Ehegatte Deutscher, so bestimmt sich das auf die Scheidung und auch auf den Versorgungsausgleich anwendbare Recht nach der **Kegel'schen Leiter** (d. h. Art. 14 Abs. 1 Nr. 1 bis 3 EGBGB n. F.).

295 Ist eine Ehe vor dem 1. 9. 1986 rechtskräftig geschieden worden, kann ein Versorgungsausgleich nach Art. 17 Abs. 3 EGBGB nicht nachträglich durchgeführt werden (BGH, NJW 1990, 638; BGH, NJW 1991, 3087 = JuS 1992, 156 m. Anm. Hohloch; OLG Karlsruhe, FamRZ 1988, 296; Erman/Hohloch, BGB, Art. 17 EGBGB Rn. 14).

(5) Ausländische Versorgungsanwartschaften

296 Eine weitere Schwierigkeit ergibt sich, wenn ausländische Versorgungsanwartschaften entstanden sind. Das schließt grds. die Durchführung eines Versorgungsausgleichs nicht aus. Findet jedoch der Ausgleich nach Art. 17 Abs. 3 Satz 1 oder Satz 2 EGBGB nach deutschem Recht statt, so kann die ausländische Versorgungsanwartschaft **nicht über Splitting oder Quasisplitting** (§ 1587b Abs. 1 und Abs. 2 BGB) oder durch **Realteilung** (§ 1 Abs. 2 VAHRG), nicht im Wege analogen **Quasisplittings** (§ 1 Abs. 3 VAHRG) oder **Supersplittings** (§ 3b Abs. 1 Nr. 1 VAHRG) und auch nicht über **Beitragsentrichtung** gem. § 3b Abs. 1 Nr. 2 VAHRG durchgeführt werden. Grund dafür ist, dass Anwartschaften gegenüber einem ausländischen öffentlichen Versorgungsträger nicht durch ein ausländisches Gericht aufgeteilt werden können. Das stellte einen nicht zulässigen Eingriff in das betreffende ausländische öffentliche Recht dar. Es bleibt daher nur die Möglichkeit, ausländische Anwartschaften gem. § 2 und §§ 3a ff. VAHRG **schuldrechtlich** auszugleichen (BGH, NJW 1989, 1997; OLG Hamm, NJW-RR 1989, 584; Palandt/Heldrich, BGB, Art. 17 EGBGB Rn. 25; Erman/Hohloch, BGB, Art. 17 EGBGB Rn. 59; MüKo/Winkler von Mohrenfels, BGB, Art. 17 EGBGB Rn. 227). Vgl. hierzu Ausführungen in Teil 9 Rn. 371 ff.

(6) Auskunftsanspruch

297 Dem Statut des Versorgungsausgleichs unterliegt auch der Auskunftsanspruch des Ehegatten. Ist deutsches Recht maßgebend, so muss der **anwartschaftsberechtigte Ehepartner** gem. §§ 1587e Abs. 1, 1587k Abs. 1 i. V. m. §§ 1580, 1605 BGB, 11 VAHRG darüber Auskunft erteilen, in welcher Höhe **Renten** und **Anwartschaften** entstanden sind. Zwar lässt sich häufig feststellen, dass eine Anwartschaft entstanden ist, jedoch ist für sie die Ehezeit meist nicht berechenbar. In einem solchen Fall ist dann der Versorgungsausgleich aus dem Rechtsgedanken des § 1587a Abs. 5 BGB heraus nach **billigem Ermessen** zu berechnen.

(7) Abänderungsverfahren

298 In einem Abänderungsverfahren nach § 10a VAHRG können **mögliche Fehler** bei der Berechnung des Versorgungsausgleichs korrigiert werden (OLG Stuttgart, FamRZ 1989, 760; OLG Hamm, FamRZ 1992, 826; Bergner, IPRax 1988, 284).

d) Hausrat und Zuteilung der Ehewohnung nach der Scheidung

aa) Internationale Zuständigkeit

299 Die internationale Zuständigkeit deutscher Gerichte für Streitigkeiten um den Haushalt und die Verteilung der Ehewohnung ergibt sich aus §§ 621 Abs. 2, 12 und 13 ZPO. Die internationale Zuständigkeit folgt damit der **örtlichen Zuständigkeit**.

Wird in einem Verbundverfahren im Rahmen einer Scheidung über Hausratsfragen entschieden, ergibt sich die internationale Zuständigkeit aus §§ 623, 606a Abs. 1 ZPO.

bb) Anwendbares Recht

Der **am 1. 1. 2002** in Kraft getretene **Art. 17a EGBGB** unterstellt die Nutzungsbefugnis für die im Inland befindliche Ehewohnung und den im Inland befindlichen Hausrat den deutschen Sachvorschriften (s. nähere Erläuterung Rn. 187 ff.). Die Verteilung des Hausrats erfolgt somit nach § 2 HausratsVO, die Zuweisung der Wohnung gem. § 5 HausratsVO.

e) Elterliche Sorge nach der Scheidung
aa) Internationale Zuständigkeit

Vorrangig bestimmt sich die internationale Zuständigkeit für die Entscheidung über die elterliche Sorge nach der Scheidung nach der **EheEuGVVO**.

Voraussetzung dafür ist Folgendes:

- die Zuständigkeit für das Scheidungsverfahren ist nach der EheEuGVVO begründet (Art. 1 Abs. 1a, 2 EheEuGVVO),
- die Entscheidung über die elterliche Sorge wird im Verbund mit diesem Scheidungsverfahren getroffen (Art. 1 Abs. 1b EheEuGVVO),
- es handelt sich um ein gemeinsames Kind beider Ehegatten (Art. 1 Abs. 1b EheEuGVVO),
- das Kind hat seinen gewöhnlichen Aufenthalt im Forum-Staat bzw. unter bestimmten Bedingungen in einem anderen EU-Mitgliedstaat (Art. 3 Abs. 1 und 2 EheEuGVVO),
- die Zuständigkeit ist noch nicht erloschen (Art. 3 Abs. 3 EheEuGVVO).

Im **Konkurrenzbereich** hat die EheEuGVVO gem. Art. 36 Abs. 1, 37 EheEuGVVO grds. Vorrang vor bilateralen und multilateralen Staatsverträgen, u. a. dem Haager Minderjährigenschutzabkommen (MSA) und dem Europäischen Sorgerechtsübereinkommen (EuSorgÜ). Außerhalb des Anwendungsbereichs der EheEuGVVO ist ebenso wie beim Getrenntleben auch nach der Scheidung das MSA für den Bereich der elterlichen Sorge von großer Bedeutung. Insoweit kann auf die oben gemachten Ausführungen (s. Rn. 195 ff.) verwiesen werden.

bb) Anwendbares Recht

Auch bei der Frage nach dem anwendbaren Recht ist zwischen der staatsvertraglichen und der nationalen Regelung zu differenzieren. Ist ein Gericht oder eine Behörde aufgrund des MSA international zuständig, wendet es sein eigenes Recht an. Das ergibt sich aus Art. 2 MSA. Aus der **internationalen Zuständigkeit** folgt also das **anwendbare** Recht.

Findet das MSA sowie das Deutsch-iranische Niederlassungsabkommen von 1929 keine Anwendung, richtet sich das auf das elterliche Sorgerecht anwendbare Recht nach dem EGBGB. Maßgebend für das elterliche Sorgerecht ist Art. 21 n. F. EGBGB.

Danach bestimmt das Recht des Staates über die elterliche Sorge, in dem das Kind seinen gewöhnlichen Aufenthalt hat. Das Statut ist somit wandelbar.

In der Praxis dürfte aber Art. 21 n. F. EGBGB häufig durch das MSA verdrängt werden.

C. Kindschaftsrecht außerhalb des Scheidungsverbundes – Überblick

Anmerkung:
Infolge der Gleichstellung des nichtehelichen und ehelichen Kindes ist der bis zum 1. 7. 1998 geltende Art. 21 EGBGB, der die Legitimation des nichtehelichen zum ehelichen Kind beinhaltete, obsolet geworden.

I. Internationale Zuständigkeit und Anerkennung ausländischer Entscheidungen

1. Internationale Zuständigkeit

307 Hier wird insoweit auf die Darstellung der internationalen Zuständigkeit im Rahmen der elterlichen Sorge (vgl. Rn. 191 ff.) verwiesen. Nochmals kurz zusammengefasst kann sich die internationale Zuständigkeit aus folgenden Regelungen ergeben:

- hinsichtlich des Erlasses von **Schutzmaßnahmen** für Minderjährige oder deren Vermögen aus dem MSA;
- bei **widerrechtlicher Verbringung** eines Kindes in einen anderen Vertragsstaat aus dem Haager Übereinkommen über die zivilrechtlichen Aspekte einer Kindesentführung vom 25. 10. 1980;
- hinsichtlich **unterhaltsrechtlicher Ansprüche** aus dem „Haager Übereinkommen über die Anerkennung und Vollstreckung von Entscheidungen auf dem Gebiet der Unterhaltspflichten gegenüber Kinder" von 1958 bzw. dem „Haager Übereinkommen über die Anerkennung und Vollstreckung von Unterhaltsentscheidungen" von 1973. Da die Haager Übereinkommen keine ausschließliche Anwendung beanspruchen, kann die EuGVVO zusätzliche Geltung erlangen (die Haager Übereinkommen lassen dem Gläubiger die Wahl, nach welcher Regelung er vorgehen will; Kropholler, Europäisches Zivilprozeßrecht, Art. 71 Rn. 5).
- Ist kein Übereinkommen anwendbar, bestimmt sich die internationale Zuständigkeit nach den autonomen **deutschen Zuständigkeitsvorschriften.**

308 Hinzuweisen bleibt, dass in einem ordentlichen Rechtsstreit **zwischen Eltern und Kind** deutsche Gerichte nach §§ 13, 16 ZPO dann international zuständig sind, wenn der Beklagte seinen allgemeinen Gerichtsstand im Inland hat.

309 Für Unterhaltsansprüche können daneben die deutschen Gerichte gem. § 23 ZPO zuständig sein, wenn der Beklagte keinen Wohnsitz im Inland hat, sich aber **Vermögen** hier befindet. Diese Zuständigkeitsregelung ist aber im Anwendungsbereich der EuGVVO gem. Art. 3 Abs. 2 EuGVVO ausgeschlossen. Auf § 23 ZPO kann sich also ein Kläger aus einem der Vertragsstaaten nicht berufen.

310 Zudem ist stets die sog. **„Verweisungszuständigkeit"** zu beachten. Sie liegt dann vor, wenn zwar die Gerichte eines anderen Staates international zuständig sind, das Recht dieses Staates aber die deutschen Gerichte oder Gerichte eines Drittstaates für international zuständig erklärt. Das ausländische Gericht spricht also eine Zuständigkeitsrückverweisung aus.

2. Anerkennung und Vollstreckung ausländischer Entscheidungen

Auch bei der Anerkennung und Vollstreckung ausländischer Entscheidungen sind Staatsverträge vorrangig zu prüfen: 311

- Geht es um **Schutzmaßnahmen** (elterliche Sorge, Umgangsrecht, Verwaltung des Kindesvermögens) zugunsten des Minderjährigen oder seines Vermögens ist das MSA vorrangig (s. § 7 MSA); zu beachten ist auch das Europäische Übereinkommen über die Anerkennung und Vollstreckung von Entscheidungen über das Sorgerecht für Kinder und die Wiederherstellung des Sorgeverhältnisses vom 20. 5. 1980 (EuSorgÜ).
- Sollen **Unterhaltsentscheidungen** anerkannt und vollstreckt werden, so sind die Haager Unterhaltsabkommen von 1958 und 1973 vor dem autonomen deutschen Recht zu prüfen (zum Verhältnis vgl. Rn. 148). Im Verhältnis zu Nichtvertragsstaaten der beiden Haager-Übereinkommen kann die EuGVVO zur Anwendung kommen, Art. 71 EuGVVO. Im Verhältnis zu den Staaten des anglo-amerikanischen Rechtskreises ist bei der Durchsetzung von Unterhaltsansprüchen das Auslandsunterhaltsgesetz von 1986 zu beachten (vgl. Rn. 168).
- Geht es um die **Kindesherausgabe**, sind zwei Staatsverträge von Belang. Zum einen das soeben angesprochene Sorgerechtsübereinkommen vom 2. 5. 1980, zum anderen das Haager Entführungsabkommen. Zum Inhalt und Anwendungsvorrang vgl. die Ausführungen Rn. 205 ff..

Ist kein bi- oder multilateraler Staatsvertrag einschlägig, richtet sich die Anerkennung und Vollstreckung eines ausländischen Urteils nach §§ 328, 722 ZPO bzw. nach § 16 FGG. 312

Die Durchführung eines Verfahrens nach Art. 7 § 1 FamRÄndG ist erforderlich, wenn es um die **Anerkennung einer ausländischen Sorgerechtsentscheidung** geht, die im Rahmen einer Ehescheidung getroffen worden ist. Ist das Scheidungsurteil, auf dem die Sorgerechtsentscheidung beruht, im Inland nicht bindend anerkannt worden, entfaltet die ausländische Sorgerechtsentscheidung keinerlei Wirkung. Daher bedarf es der Anerkennung des ausländischen Scheidungsurteils in dem dafür vorgesehenen Verfahren nach Art. 7 § 1 FamRÄndG (OLG Frankfurt/M., IPRspr. 1980 Nr. 159). 313

II. Adoption, Art. 22 EGBGB

1. Internationale Verträge

Auf dem Gebiet der Adoption existierte für Deutschland bislang kein multilateraler Staatsvertrag. Am 27. 10. 2001 hat der deutsche Bundestag der Ratifikation des Haager Übereinkommens vom 29. 5. 1993 über den Schutz von Kindern und die Zusammenarbeit auf dem Gebiet der internationalen Adoption zugestimmt (BGBl. 2001 II S. 1034). Gem. Art. 46 Abs. 2 lit. a der Konvention ist diese am **1. 3. 2002** in Kraft getreten. Ansonsten ist ggf. das Deutsch-Iranische Niederlassungsabkommen anzuwenden, wenn alle Beteiligten ausschließlich die iranische Staatsangehörigkeit besitzen. Im Verhältnis zu Dänemark ist zudem die Vereinbarung über den vereinfachten Behördenverkehr in Adoptionssachen zu beachten (Bek. vom 24. 1. 1969, BGBl. 1969 II S. 180). 314

Das Haager Adoptionsübereinkommen regelt die zwischenstaatliche Zusammenarbeit auf dem Gebiet der **internationalen Adoption.** Es will gewährleisten, dass die grenzüberschreitende Adoption dem Wohl des Kindes dient und dessen Rechte wahrt (Art. 1). Um dieses Ziel zu erreichen, soll ein System der Zusammenarbeit unter den Vertragsstaaten errichtet werden. Außerdem soll in den Vertragsstaaten die Anerkennung der gem. dem Übereinkommen zustande gekommenen Adoptionen gesichert werden. **Kollisionsnormen** enthält das Übereinkommen hingegen nicht. 315

a) Anwendungsbereich

Das Haager Übereinkommen ist anzuwenden, wenn ein Kind mit gewöhnlichem Aufenthalt in einem Vertragsstaat (Heimatstaat) in einen anderen Vertragsstaat (Aufnahmestaat) gebracht worden ist, wird oder werden soll, entweder nach seiner Adoption im Heimatstaat durch Ehegatten 316 oder eine Person mit gewöhnlichem Aufenthalt im Aufnahmestaat oder im Hinblick auf eine solche Adoption im Aufnahme- oder Heimatstaat. Das Übereinkommen betrifft nur Adoptionen, die ein **dauerhaftes Eltern-Kind-Verhältnis** begründen, Art. 2 Abs. 1 und 2.

b) Verfahren

317 Personen mit gewöhnlichem Aufenthalt in einem Vertragsstaat, die ein Kind mit gewöhnlichem Aufenthalt in einem anderen Vertragsstaat adoptieren möchten, haben sich an die **zentrale Behörde** im Staat ihres gewöhnlichen Aufenthalts zu wenden, Art. 14. Gem. Art. 22 können die Aufgaben der zentralen Behörde auch von staatlichen Stellen oder anderen zugelassenen Organisationen wahrgenommen werden, sofern das Recht des Staates der zentralen Behörde dies zulässt. Das am **1. 1. 2002** in Kraft getretene „Gesetz zur Ausführung des Haager Übereinkommens vom 29. 5. 1993 über den Schutz von Kindern und die Zusammenarbeit auf dem Gebiet der Internationalen Adoption" (AdÜbAG) enthält Ausführungsbestimmungen zum Haager Übereinkommen (BGBl. 2001 I S. 2950). Gem. § 4 Abs. 1 AdÜbAG richten die Adoptionsbewerber ihre Bewerbung entweder an die **zentrale Adoptionsstelle** der **Landesjugendämter** als zentrale Behörde (§ 1 Abs. 1 AdÜbAG), oder an die **Adoptionsvermittlungsstellen** der **Jugendämter** als andere staatliche Stelle (§ 1 Abs. 2 AdÜbAG) oder an die **Auslandsvermittlungsstellen** als sonstige zugelassene Organisation (§ 1 Abs. 3 AdÜbAG).

318 Hat sich die Auslandsvermittlungsstelle davon überzeugt, dass die Antragsteller für eine Adoption in Betracht kommen und dazu geeignet sind, so verfasst sie einen **Bericht**, der beispielsweise **Angaben zur Person** der Antragsteller, über ihre **rechtliche Fähigkeit** und ihre **Eignung** zur Adoption enthält (Art. 15), und leitet die erforderlichen Bewerbungsunterlagen samt dem Bericht der zentralen Behörde des Heimatstaats zu, § 4 Abs. 5 AdÜBAG.

Hat die zentrale Behörde des Heimatstaates festgestellt, dass das Kind adoptiert werden kann, so verfasst sie ebenfalls einen Bericht, der Angaben zur Person des Kindes enthält, sie vergewissert sich, dass die erforderlichen Zustimmungen nach Art. 4 Buchstabe c vorliegen und entscheidet darüber, ob die in Aussicht genommene Unterbringung dem Wohl des Kindes dient, Art. 16. Bericht, Nachweis über das Vorliegen der notwendigen Zustimmungen sowie die Gründe für ihre Entscheidung sind der zentralen Behörde des Aufnahmestaates zu übermitteln.

319 Gem. Art. 17 des Übereinkommens kann die Entscheidung, ein Kind künftigen Adoptiveltern anzuvertrauen, nur getroffen werden, wenn sich die **zentrale Behörde** des **Heimatstaates** vergewissert hat, dass die künftigen Adoptiveltern einverstanden sind.

320 Weiter muss die **zentrale Behörde** des **Aufnahmestaates** diese Entscheidung billigen, sofern das Recht des Aufnahmestaates dies vorsieht. Gem. § 5 Abs. 1 AdÜbAG bedarf der Vermittlungsvorschlag der zentralen Behörde des Heimatstaates der Billigung durch die Auslandsvermittlungsstelle. Sie hat dabei insbesondere zu berücksichtigen, ob die Annahme dem **Wohle des Kindes** dient. Zudem muss die Auslandsvermittlungsstelle sicherstellen, dass dem Kind die **Einreise** in den Aufnahmestaat und der **Aufenthalt** dort bewilligt wird (Art. 17 Buchstabe d). Gem. § 6 AdÜbAG finden auf Einreise und Aufenthalt des Kindes die Vorschriften des Ausländergesetztes über den Kindernachzug vor dem Vollzug der Annahme entsprechende Anwendung. Hat die Auslandsvermittlungsstelle den Vermittlungsvorschlag gebilligt, so setzt sie die Adoptionsbewerber über den Inhalt der aus ihr aus dem Heimatstaat übermittelten personenbezogenen Daten und Unterlagen über das vorgeschlagene Kind in Kenntnis und berät sie über dessen Annahme, § 5 Abs. 2 AdÜbAG. Hat die Beratung stattgefunden, so fordert die Auslandsvermittlungsstelle die Bewerber auf, **innerhalb einer** von ihr zu bestimmenden **Frist** die Erklärung abzugeben, dass diese bereit sind, das ihnen vorgeschlagene Kind anzunehmen, § 7 Abs. 1 AdÜbAG.

c. Anerkennung und Wirkungen einer Auslandsadoption

Das Übereinkommen sieht eine Anerkennung der ausländischen Adoption **kraft Gesetzes** vor (Art. 23), die ihre Grenze allein im **Verstoß gegen den ordre public,** unter Berücksichtigung des **Kindeswohls,** findet (Art. 24). Wurde im Ausland eine **Volladoption** vorgenommen, so bestimmen sich gem. Art. 26 Abs. 2 die Wirkungen dieser Adoption nach dem Recht des Aufnahmestaates. Handelt es sich um eine **schwache Adoption,** so kann diese in eine Volladoption gem. Art. 27 umgewandelt werden, wenn das Recht des Aufnahmestaates dies gestattet und die in Art. 4 Buchstaben c und d vorgesehenen Zustimmungen zu einer solchen Adoption vorliegen. **321**

Diese anerkennungsfreundlichen Vorgaben des Haager Übereinkommens werden in Deutschland durch das „Gesetz über die Wirkungen der Annahme als Kind nach ausländischem Recht" (**AdWirkG**) verfahrensrechtlich abgesichert (BGBl. 2001 I. S. 2950). Gem. § 1 AdWirkG stellt das **Vormundschaftsgericht** auf Antrag fest, ob eine **Annahme als Kind** i. S. d. § 1 **anzuerkennen** oder **wirksam** ist und ob das Eltern-Kind-Verhältnis des Kindes zu seinen bisherigen Eltern durch die Annahme **erloschen** ist. **322**

Wurde im Ausland eine Volladoption vorgenommen, so stellt das Vormundschaftsgericht fest, dass das Kind einem nach **deutschen Sachvorschriften angenommenen Kind gleichsteht,** § 2 Abs. 2 Nr. 1 AdWirkG. Bei einer schwachen Adoption wird das Kind lediglich in Ansehung der **elterlichen Sorge** und der **Unterhaltspflicht** des Annehmenden einem nach deutschen Sachvorschriften angenommenen Kind gleichgestellt. Allerdings kann das Vormundschaftsgericht gem. § 3 Abs. 1 AdWirkG auf Antrag aussprechen, dass das Kind die Rechtsstellung eines nach deutschen Sachvorschriften angenommenen Kindes erhält. **323**

2. Autonomes deutsches Recht

Außerhalb des Anwendungsbereichs des Haager Adoptionsübereinkommens richten sich Voraussetzungen, Art und Weise des Zustandekommens, Wirkungen und Anerkennung einer Adoption allein nach autonomem deutschen Recht. **324**

a) Anwendbares Recht

Nach **Art. 22 Satz 1 EGBGB** richtet sich die Adoption nach dem Recht des Staates, dem der Annehmende **z. Zt. der Annahme** angehört. Entscheidend ist der Zeitpunkt, in dem die letzten für die Adoption erforderlichen Voraussetzungen erfüllt werden (zur Anwendbarkeit des Art. 6 EGBGB bei einem absoluten Adoptionshindernis, s. OLG Schleswig, FamRZ 2002, 698 m. krit. Anm. Hohloch, JuS 2002, 924). Damit ist auch das Adoptionsstatut unwandelbar. **325**

Das **Recht des Annehmenden** kommt nur über **Art. 23 EGBGB** zum Zuge. Art. 23 EGBGB bestimmt, dass eine Adoption **nicht ohne Zustimmung** des **Kindes** und seiner **Angehörigen** erfolgen kann. Erforderlichkeit und Erteilung der Zustimmung unterliegen dem Recht des Staates, dem das Kind angehört (Heimatrecht des Kindes). Deutsches Recht ist dann anzuwenden, wenn es zum **Wohle des Kindes** erforderlich ist, Art. 23 Satz 2 EGBGB. Zu weiteren Einzelheiten s. unten unter III. **326**

In den meisten Fällen erfolgt die **Annahme an Kindes Statt** durch **Verheiratete.** Gem. Art. 22 Satz 2 EGBGB bestimmt dann das Ehewirkungsstatut in Art. 14 Abs. 1 EGBGB, welches im Zeitpunkt der Annahme gilt, das auf die Adoption anwendbare Recht. Es gilt also erneut die Kegel'sche Anknüpfungsleiter (gemeinsames Heimatrecht; gemeinsamer gewöhnlicher Aufenthalt; engste Verbindung), ohne dass sich eine Rechtswahl auf das Adoptionsstatut auswirkt. Ob eine wirksame Ehe besteht, ist nach dem über Art. 13 EGBGB zu ermittelnden Recht zu prüfen. **327**

b) Anwendungsbereich

aa) Grundsatz

328 Art. 22 EGBGB erfasst die Adoption und alle damit vergleichbaren Rechtsinstitute. Die Adoption erstreckt sich sowohl auf die Annahme als Kind als auch auf die Annahme eines Volljährigen (**Minderjährigen- und Erwachsenen-Adoption**). In analoger Anwendung des Art. 22 EGBGB werden auch adoptionsähnliche Institute wie die Annahme an Enkels Statt aus dem bulgarischen Recht umfasst.

329 Das durch Art. 22 EGBGB ermittelte Recht regelt die Voraussetzungen der Adoption (Altersgrenzen; Kinderlosigkeit). Dabei sind Fragen der Minderjährigkeit selbständig nach Art. 7 Abs. 1 EGBGB anzuknüpfen.

330 Ebenso unterfällt die **Art** und **Weise des Zustandekommens** der Adoption dem **Adoptionsstatut**. Diesem Recht ist auch zu entnehmen, ob die Adoption durch **Vertrag** oder **kraft Dekrets** erfolgt. Folgt das ausländische Recht dem Dekretsystem (d. h. kraft Gerichtsbeschlusses), so lässt es sich in das deutsche Antragsverfahren problemlos eingliedern. Bedarf es jedoch nach dem ausländischen Recht lediglich eines Vertrages, hat das deutsche Gericht dies zwar zu respektieren, muss aber stets bei der Adoption mitwirken. So ist auch in diesem Falle ein Antrag i. S. d. § 1752 Abs. 1 BGB und ein Beschluss erforderlich, der die vertragliche Adoption gerichtlich bestätigt oder bewilligt (Palandt/Heldrich, BGB, Art. 22 EGBGB Rn. 5; Erman/Hohloch, BGB, Art. 22 EGBGB Rn. 16).

bb) Starke und schwache Adoption

331 **Adoptionswirkungen** wie das **Erlöschen** und **Entstehen** von **Verwandtschaftsverhältnissen** unterliegen ebenfalls dem nach Art. 22 EGBGB zu bestimmenden Recht. Hierbei gilt zu unterscheiden, ob die Adoption „stark" ist (Volladoption) oder ob sie nur „schwach" ist. Bei einer „starken" Adoption wird das Kind bzw. der Erwachsene **aus seiner leiblichen Familie herausgelöst.** Verwandtschaftliche Beziehungen bestehen dann nicht mehr. Bei einer „schwachen" Adoption hingegen bleiben die verwandtschaftlichen Beziehungen zur leiblichen Familie **bestehen** (Erman/Hohloch, BGB, Art. 22 EGBGB Rn. 17; Kegel/Schurig, Internationales Privatrecht, S. 832 f.). Gem. § 3 Abs. 1 AdWirkG kann bei einer Auslandsadoption das Vormundschaftsgericht auf Antrag aussprechen, dass das Kind die Rechtsstellung eines nach deutschen Sachvorschriften angenommenen Kindes erhält (vgl. unten unter cc)).

cc) Adoptionsfolgen

332 Gesondert angeknüpft wird aber das **Namensrecht** (Art. 10 EGBGB) und das **Eltern-Kind-Verhältnis** (Art. 21 n. F. EGBGB).

333 Strittig ist, ob auch die erbrechtlichen Folgen einer Adoption von Art. 22 EGBGB erfasst werden. Die Problematik soll anhand eines Falles verdeutlicht werden, den der BGH 1988 entschieden hat (BGH FamRZ 1989, 378 ff.).

> *Beispiel:*
> *Die Witwe A.R. (Erblasserin) starb am 29. 9. 1981 als deutsche Staatsbürgerin. Sie hinterließ keine Abkömmlinge. Ihre Erbfolge regelte sie nicht durch Verfügung von Todes wegen. Die Eltern und Geschwister waren vorverstorben. Miterben sind die drei Kinder ihres Bruders (Kläger), sowie die nicht am Verfahren beteiligten beiden Abkömmlinge ihrer Schwester. Ebenso soll der Adoptivtochter des Bruders (Bekl.) vom AG ein Teilerbschein erteilt werden. Die Bekl. wurde 1932 in Ostpreußen als Deutsche geboren, floh 1945 und gelangte nach Italien. 1946 ging sie mit Einverständnis ihrer Eltern in die USA, wo sie bei der Schwester ihrer Mutter und deren Mann, dem Bruder der Erblasserin, Aufnahme fand. 1949 wurde die Bekl. durch Dekret des Circuit Court of Baltimore City gemeinschaftlich adoptiert. Die Eltern*

der Bekl. hatten sich notariell mit der Kindesannahme einverstanden erklärt. 1954 wurde die Bekl. auf Antrag in den Vereinigten Staaten eingebürgert.

Die Kl. begehren Feststellung, dass die Bekl. nicht zu den gesetzlichen Erben der Erblasserin gehört.

Die Erbfolge der am 29. 9. 1981 verstorbenen Erblasserin richtet sich gem. Art. 220 Abs. 1 EGBGB i. V. m. Art. 24 Abs. 1 EGBGB nach deutschem Recht. Danach sind gem. §§ 1930, 1925 Abs. 1 BGB die Erben der zweiten Ordnung, hier die Enkel der Eltern der Erblasserin, zur Erbfolge berufen. Zu diesen Enkeln gehört auch die Bekl. Ob ein Adoptivkind ein Erbrecht nach einem Verwandten seiner Adoptiveltern hat, kann weder nach dem maßgebenden Erbstatut, noch ausschließlich nach dem für die Adoption maßgeblichen Recht beantwortet werden. Sinnvollerweise kann dem Adoptionsstatut aber entnommen werden, ob es zwischen dem Erblasser und dem Adoptivkind zu einer so starken rechtlichen Beziehung kommen soll, wie sie das für die Erbfolge maßgebende Recht für eine Beurteilung an der gesetzlichen Erbfolge voraussetzt. Erbte das Adoptivkind nach dem Adoptionsstatut, so muss das genügen, um eine hinreichend starke Verwandtschaft anzunehmen. Die Adoption der Bekl. durch das Adoptionsdekret von 1949 ist in der Bundesrepublik als Volladoption anzusehen. Die Anerkennung ausländischer Entscheidungen auf dem Gebiet der freiwilligen Gerichtsbarkeit nach § 16a FGG erfordert kein besonderes Anerkennungsverfahren. Nach dem Recht des Staates Maryland ist die Adoption wirksam und erzielt die Wirkungen einer Volladoption, d. h. aus amerikanischer Sicht begründet sie eine Seitenverwandtschaft zur Erblasserin, einschließlich einer Erbberechtigung. Damit besteht eine hinreichend starke verwandtschaftliche Beziehung zwischen der Erblasserin und der Bekl. nach dem Adoptionsstatut. Die Bekl. ist also erbberechtigt, und die Klage ist abzuweisen. **334**

dd) Anerkennung von Auslandsadoptionen

Ein weiteres Problem ergibt sich bei der Anerkennung einer im Ausland erfolgten Adoption. Hierbei ist zwischen Dekret- und Vertragsadoption zu unterscheiden. **335**

Hat bei einer Auslandsadoption ein ausländisches Gericht oder eine ausländische Behörde eine Entscheidung getroffen, die nicht nur die Registrierung der Adoption zum Gegenstand hat, handelt es sich um eine **Dekretadoption,** die über § 16a FGG inzidenter in jedem Verfahren anerkannt werden kann. Ein besonderes Anerkennungsverfahren, wie es Art. 7 § 1 FamRÄndG vorsieht, ist nicht vorgeschrieben. **336**

Handelt es sich um eine **Vertragsadoption,** die ohne ausländische gerichtliche Entscheidung durchgeführt worden ist, ist § 16a FGG nicht anwendbar. Vielmehr hängt die Wirksamkeit der im Ausland erfolgten Adoption davon ab, ob die Adoption gem. dem über Art. 22 EGBGB anwendbaren Recht erfolgt ist und ob der deutsche ordre public nicht verletzt ist (Erman/Hohloch, BGB, Art. 22 EGBGB Rn. 29). **337**

Bestehen Zweifel an der Anerkennungsfähigkeit einer im Ausland erfolgten Adoption, kann sie im Inland „**wiederholt**" werden. Diese Möglichkeit kommt auch bei „schwachen" Adoptionen in Betracht, die nach deutschem Recht zur Volladoption werden sollen (AG Münster, IPRspr. 1973 Nr. 102; LG Köln, NJW 1983, 1982; LG Stuttgart, StAZ 1989, 316). **338**

III. Zustimmung, Art. 23 EGBGB

Zusätzlich zu bestimmten Grundstatuten (Art. 10, 19 Abs. 1, 22 EGBGB) bedarf es der Überprüfung, ob nach dem Heimatrecht des Kindes die Zustimmung (**Einwilligung oder Genehmigung**) des Kindes und einer Person, zu der das Kind in einem familienrechtlichen Verhältnis steht, erforderlich und erteilt ist (Art. 23 Satz 1 EGBGB). Damit soll bei einigen Vorgängen, die den Status des Kindes nachhaltig betreffen, der Schutz des Kindes ausreichend gewahrt werden. **339**

340 Art. 23 EGBGB ist ein Ausfluss des **Günstigkeitsprinzips**. Daher spricht diese Vorschrift grds. eine **Gesamtnormverweisung** aus. Nur, wenn das damit ermittelte Recht dem Kind kein Zustimmungsrecht gewährt, ist gem. Art. 4 Abs. 1 Satz 1 EGBGB von einer Sachnormverweisung auszugehen (AG Bielefeld, IPRax 1989, 172; Erman/Hohloch, BGB, Art. 23 EGBGB Rn. 4; a. A. BayObLG, NJW-RR 1988, 1352; Palandt/Heldrich, BGB, Art. 23 EGBGB Rn. 2). Art. 23 Satz 1 EGBGB beruft zunächst das Heimatrecht des Kindes im Zeitpunkt der Erteilung der notwendigen Zustimmung. Das ermittelte Recht gilt **kumulativ** zu den nach Art. 19 Abs. 1 und 22 EGBGB anwendbaren Rechten (Erman/Hohloch, BGB, Art. 23 EGBGB Rn. 8). Neben der Zustimmung des Kindes ist auch die Zustimmung der Eltern oder eines Elternteils beachtlich und von Art. 23 EGBGB umfasst. Das Bestehen eines familienrechtlichen Verhältnisses ist selbstständig zu beurteilen. Im Einzelnen betrifft Art. 23 EGBGB **Abstammungserklärungen** jeglicher Art, **Namenserteilungen** und die **Adoption**.

341 Gem. Art. 23 Satz 2 EGBGB ist anstatt des Rechtes, welches über Art. 23 Satz 1 EGBGB zur Anwendung käme, deutsches Recht berufen. Voraussetzung für diese Ausnahmeregelung ist, dass die Anwendung deutschen Rechtes zum Wohl des Kindes erforderlich ist. Da es sich um eine Ausnahmevorschrift handelt, ist sie **eng auszulegen**. Die Anwendung kommt nur dann in Frage, wenn das deutsche Recht mit dem über die Art. 10, 19 und 22 EGBGB geltenden Recht zusammenfällt und die Zustimmungserfordernisse dieses Rechts dem deutschen ordre public widersprechen. Außerdem ist Art. 23 Satz 2 EGBGB dann einschlägig, wenn eine im Inland durchzuführende Adoption eines ausländischen Kindes ansonsten wegen der nicht erfüllbaren Zustimmungserfordernisse des Rechtes des Heimatstaates scheiterte. Zur Anwendbarkeit deutschen Rechts, wenn eine Beschaffung der ggf. erforderlichen Zustimmungen nicht möglich oder zumutbar ist (BayObLG, NJW-RR 1995, 327).

IV. Vormundschaft und Pflegschaft, Art. 24 EGBGB

1. Internationale Zuständigkeit und Anerkennung

342 Die internationale Zuständigkeit auf dem Gebiet der Vormundschaft und Pflegschaft richtet sich vornehmlich nach dem MSA, wenn der Minderjährige seinen gewöhnlichen Aufenthalt in einem Vertragsstaat hat (vgl. Rn. 195 ff.).

- Im Verhältnis zu **Belgien** geht das Haager Abkommen zur Regelung der Vormundschaft über Minderjährige vom 12. 6. 1902 (RGBl. 1904 S. 240) dem MSA vor. Dieses regelt jedoch nur die Vormundschaft über Minderjährige. Die internationale Zuständigkeit ist in dem Abkommen nicht ausdrücklich geregelt. Zuständig sind aber die Behörden des Staates, dessen Recht aufgrund der Vorschriften der Konvention anzuwenden ist. Gem. Art. 1 des Abkommens bestimmt sich die Vormundschaft über einen Minderjährigen nach dem Gesetz des Staates, dem der Minderjährige angehört.

- Im Verhältnis zu **Österreich** gilt das Deutsch-Österreichische Vormundschaftsabkommen vom 5. 2. 1927, welches das MSA in seinem Anwendungsbereich verdrängt. Das Abkommen betrifft indes auch nur die Vormundschaft über Minderjährige. Gem. Art. 4 Abs. 1 des Abkommens bestimmt das Heimatrecht des Minderjährigen den Beginn und das Ende der Vormundschaft. Für den Inhalt der Vormundschaft ist das Recht des anordnenden Staates maßgebend. Die internationale Zuständigkeit ergibt sich aus Art. 1 und Art. 2 Abs. 1 des Übereinkommens. Danach sind die Behörden des Staates zuständig, in dem der Minderjährige seinen gewöhnlichen Aufenthalt hat.

343 Greift **kein Staatsvertrag** ein, so bestimmt sich die internationale Zuständigkeit für die Vormundschaft und Pflegschaft nach autonomen deutschen Vorschriften. Gem. § 35b FGG sind deutsche Gerichte dann zuständig, wenn der Mündel, Pflegling oder das Kind entweder die deutsche Staatsangehörigkeit hat, seinen gewöhnlichen Aufenthalt im Inland hat, oder wenn die betreffende Person der Fürsorge durch ein deutsches Gericht bedarf.

Wurde eine Vormundschaft oder Pflegschaft eingerichtet, obgleich die deutschen Gerichte nicht international zuständig waren, bleibt die Maßnahme zunächst wirksam, ist aber **aufzuheben** (BGHZ 49, 1 = BGH, NJW 1968, 353). 344

Die **Anerkennung** einer ausländischen Pflegschaft oder Vormundschaft erfolgt nach § 16a FGG. In erster Linie wird eine ausländische Vormundschaft dann nicht anerkannt, wenn die Gerichte des betreffenden Staates bei Geltung deutschen Rechts nicht zuständig waren. 345

Ist die ausländische Vormundschaft im Inland anerkannt worden, entfaltet die Entscheidung die Wirkung, die das ausländische Recht vorsieht. 346

2. Anwendbares Recht

a) Staatsverträge

Wie bei der internationalen Zuständigkeit sind auch im Kollisionsrecht Staatsverträge zu beachten. Gem. Art. 3 Abs. 2 EGBGB gehen sie dem autonomen deutschen Recht stets vor. So ist wiederum das MSA zu berücksichtigen: 347

- Im Verhältnis zu **Belgien** bestimmt sich die Vormundschaft, und nur sie, nach den Gesetzen des Staates, dem der Minderjährige angehört (Art. 1 des Haager Vormundschaftsabkommens von 1902). Die vormundschaftliche Verwaltung erstreckt sich auf die Person sowie das gesamte Vermögen des Minderjährigen (Art. 6 Abs. 1 des Abkommens). Art. 6 Abs. 2 lässt aber die Berücksichtigung der lex rei sitae bei Grundstücken zu. In dringenden Fällen kann das Aufenthaltsrecht angewandt werden (Art. 7). Ein solcher Fall liegt dann vor, wenn das Kindeswohl oder das dringende öffentliche Interesse die Behörden des Aufenthaltsstaates zum Handeln zwingen (RGZ 162, 329; LG Wiesbaden, FamRZ 1965, 284).

- Auch das **Deutsch-Österreichische Vormundschaftsabkommen** geht dem MSA vor. Gem. Art. 1 Abs. 1 des Abkommens wird ein Minderjähriger, der dem einen Staat angehört, sich aber gewöhnlich in dem anderen Staat aufhält, von den Behörden des Aufenthaltsstaates bevormundet. Jedoch können die Behörden des Heimatstaates jederzeit die Aufhebung der Vormundschaft verlangen (Art. 1 Abs. 2 des Abkommens).

b) Autonomes deutsches Recht

Greift kein Übereinkommen, so gilt deutsches autonomes IPR. Dies ist fast nur noch im Bereich der **Vormundschaft** und **Pflegschaft für Volljährige** der Fall. 348

Auf die Vormundschaft, Pflegschaft sowie die Betreuung findet das Heimatrecht des Schützlings Anwendung, Art. 24 Abs. 1 Satz 1 EGBGB. Bei Doppelstaatern gilt die effektive Staatsangehörigkeit. Das über Art. 24 Abs. 1 Satz 1 EGBGB ermittelte Recht bestimmt über die Entstehung, Änderung und das Ende der Vormundschaft, Pflegschaft oder Betreuung. 349

Über den **Inhalt** einer angeordneten Vormundschaft oder Pflegschaft bestimmt gem. Art. 24 Abs. 3 EGBGB das Recht des anordnenden Staates. Hierunter fallen beispielsweise die Auswahl und die Bestellung des Vormundes, seine Rechte und Pflichten sowie die Beaufsichtigung. Diese Regelung ist mit dem engen Zusammenhang zwischen Inhalt und Verfahrensrecht zu begründen (Erman/Hohloch, BGB, Art. 24 EGBGB Rn. 13). Tritt eine Vormundschaft oder eine Betreuung aber kraft Gesetzes ein, so findet auch auf den Inhalt das nach Art. 24 Abs. 1 Satz 1 EGBGB zu ermittelnde Recht Anwendung. 350

Für eine **Pflegschaft** für unbekannte oder durch Auslandsaufenthalt verhinderte Personen greift nach Art. 24 Abs. 2 EGBGB das Recht ein, das für die Angelegenheit, für die es der Pflegschaft bedarf, gilt. Wird die Pflegschaft beispielsweise für eine Erbschaft eines unbekannten Erben errichtet, so ist hierauf das Erbstatut anwendbar. Auch in diesem Fall richtet sich der Inhalt der Pflegschaft nach dem Recht des anordnenden Staates (Art. 24 Abs. 3 EGBGB). 351

Teil 13: D. IPR der nichtehelichen Lebensgemeinschaft und der eingetragenen Lebenspartnerschaft

352 Für vorläufige Maßnahmen ist stets die lex fori maßgebend (Art. 24 Abs. 3 EGBGB). Darunter fallen Maßnahmen zu **Sicherung** der **Person** und des **Vermögens,** wie die Hinterlegung von Gegenständen, die Kündigung von Forderungen, die Abgabe von Anfechtungserklärungen und die Bestellung von Prozessvertretern (BayObLG, IPRspr. 1932, Nr. 92; OLG Tübingen, DNotZ 1952, 484). Die vorläufige Vormundschaft oder Pflegschaft unterliegt jedoch dem nach Art. 24 Abs. 1 Satz 1 EGBGB zu bestimmenden Recht (OLG Hamm, NJW 1973, 1556; BayObLG, IPRspr. 1971, Nr. 112; Palandt/Heldrich, BGB, Art. 24 EGBGB Rn. 7).

353 Art. 24 EGBGB gilt sowohl für die **angeordnete** als auch **gesetzliche** Vormundschaft und Pflegschaft. Ferner sind auch pflegschaftsähnliche Maßnahmen wie beispielsweise die Beistandschaft erfasst.

354 **Öffentlich-rechtliche** Schutzmaßnahmen werden hingegen nicht von Art. 24 EGBGB geregelt. Darunter fallen die Erziehungshilfen nach dem KJHG.

355 Art. 24 Abs. 1 Satz 1 EGBGB spricht eine **Gesamtnormverweisung** aus, so dass es zu einer Rückverweisung kommen kann. Art. 24 Abs. 1 Satz 2 EGBGB stellt eine Sachnormverweisung dar, die zum deutschen Sachrecht führt. Ebenso enthält Art. 24 Abs. 3 EGBGB dem Sinn der Verweisung nach eine Sachnormverweisung auf das Recht des anordnenden Staates. In Art. 24 Abs. 2 EGBGB ist eine Gesamtnormverweisung normiert. Auch hier kann es also zum Renvoi kommen.

D. IPR der nichtehelichen Lebensgemeinschaft und der eingetragenen Lebenspartnerschaft

356 **Lediglich Kurzüberblick**: für Details s. z. B. Hohloch, Kjelland, Yearbook of Private International Law, Vol. III 2001, S. 223; Wagner, IPRax 2001, 281; Henrich, FamRZ 2002, 137; demnächst meine Kommentierung im Soergel-Kommentar, 13. Auflage 2003 (Band 17, zur Zeit im Druck) und im Erman-Kommentar, 11. Auflage 2003, zu Art. 17a EGBGB.

I. Art. 17b EGBGB für die eingetragene Lebenspartnerschaft

357 Art. 17a EGBGB wurde durch das „Gesetz zur Verbesserung des zivilgerichtlichen Schutzes bei Gewalttaten und Nachstellungen sowie zur Erleichterung der Überlassung der Ehewohnung bei Trennung vom 11.12.2001, BGBl. 2001 I S. 3513, zu Art. 17b EGBGB.

358 Art. 17b EGBGB enthält das Kollisionsrecht für die Behandlung von solchen Lebenspartnerschaften, die **„Auslandsberührung"** im Sinne des Kontextes dieses Skripts haben. Zu sehen ist Art. 17b EGBGB in der Praxis in der Regel im Zusammenhang mit der hier bereits erwähnten Zuständigkeitsregelung des § 661 Abs. 3 ZPO n. F. (internationale Zuständigkeit, s. oben Rn. 16). Art. 17b EGBGB n. F. reproduziert aber nicht einfach die Art. 13–17, 18 EGBGB für einen neuen Randbereich des Familienrechts, sondern gibt folgende **Kollisionsregeln.**

359 Für die Begründung, die allgemeinen und die güterrechtlichen Wirkungen sowie die Auflösung gelten grds. die Sachvorschriften des Staates, in dem die Partnerschaft (ggf. zuletzt) registriert worden ist, Art. 17b Abs. 1 Satz 1 EGBGB. Auf die unterhaltsrechtlichen und die erbrechtlichen Folgen der Lebenspartnerschaft ist das nach den allgemeinen Vorschriften maßgebliche Recht anzuwenden, Art. 17b Abs. 1 Satz 2 EGBGB. Hinsichtlich des Namensrechts und der gemeinsamen Wohnung bzw. des Hausrats gelten gem. Art. 17 Abs. 2 Satz 1 Art. 10 Abs. 2 bzw. 17a n. F. entsprechend.

II. Keine Anwendbarkeit des Art. 17b EGBGB n. F. auf die nichteheliche Lebensgemeinschaft (zwischen Mann und Frau)

Art. 17b EGBGB n. F. ist nicht anwendbar auf die **gewöhnliche nichteheliche Lebensgemeinschaft**, nach derzeitiger wie meiner Auffassung auch nicht analog. Es bleibt für die nichteheliche Lebensgemeinschaft also beim bisherigen Rechtszustand: 360
- keine analoge Heranziehung der Kernbereichsnormen (Art. 15, 17 EGBGB);
- Heranziehung der allgemein geltenden Normen des internationalen Schuld- und Sachenrechts und des Erbrechts, ggf. in familienrechtlichen Randbereichen auch analoge Anwendung von international-familienrechtlichen Normen (für Einzelheiten vgl. Erman/Hohloch, BGB, Vor Art. 13 EGBGB Rn. 10 ff.; Palandt/Heldrich, BGB, Art. 13 EGBGB Rn. 3).

Stichwortverzeichnis

Die **fett** gedruckten Zahlen verweisen auf die Teile, die mager gesetzten Zahlen auf die Randnummern.

Abänderungsklage, abänderbare Schuldtitel **7**, 185
– Änderung gefestigter Rechtsprechung **7**, 214
– ausländische Unterhaltstitel, Anerkennung **7**, 290
– – Haager Unterhaltsabkommen **7**, 290
– Beweislast **7**, 315 f.
– Düsseldorfer Tabelle **7**, 211
– Ehegattenunterhaltsansprüche **6**, 563
– einstweilige Anordnung **7**, 108, 280 f.
– Entstehen von Unterhaltsverpflichtungen **7**, 212
– Individualunterhalt **5**, 123
– Korrektur von Prognoseentscheidungen **7**, 217
– Leistungsklage, Umdeutung **7**, 202 f.
– Minderung der Bedürftigkeit **7**, 211
– notarielle Urkunden **7**, 267 f.
– Präklusion **7**, 228 ff.
– – Änderung der Düsseldorfer Tabelle **7**, 238
– privatschriftliche Vereinbarungen **7**, 278 f.
– Rückforderungsklage **7**, 312
– Statutenwechsel **7**, 297
– Stufenklage **7**, 243, 310
– Titel nach DDR-Recht **7**, 284 f.
– unselbstständige Anschlussberufung **7**, 249
– Unterhalt **5**, 242
– Unterhaltsanspruch **5**, 391
– Unterhaltstitel **7**, 184 ff.
– Unterhaltsvergleich **7**, 257 ff.
– vereinfachtes Verfahren **5**, 555 f.
– Vergleich **7**, 214, 254 f.
– Verhältnis zur Leistungsklage **7**, 192 ff.
– Verhältnis zur Vollstreckungsgegenklage **7**, 186 f.
– Wegfall von Unterhaltsverpflichtungen **7**, 212
– Widerklage **7**, 311
Abänderungskorrekturklage **5**, 561
Abänderungsstufenklage **5**, 495
Abänderungsverfahren, Zuständigkeit **7**, 299 ff.
Abfindung, Einkommensermittlung bei Selbstständigen **6**, 268 f.
– Geldentnahmen **5**, 11 f., 284; **10**, 658 f.
– Geschiedenenunterhalt **6**, 190
– Kapitalabfindung **10**, 374
– Sachwertabfindung **10**, 657, 664
– Unterhaltsabfindung **5**, 407 f., **10**, 351 f.
– Unterhaltsverzicht **10**, 407 f.
Abrechnungsbescheid, Einspruch **10**, 252
– Verpflichtungsklage **10**, 252
Abschreibung **10**, 57 f., 484 f.
– Abschreibungsarten **10**, 61
– Abschreibungsbetrag **10**, 58

– Ansparabschreibung **10**, 61
– degressive Abschreibung **5**, 45, **10**, 61, 485 f.
– erhöhte Abschreibung **10**, 59, 489 f.
– Gebäudeabschreibung **10**, 485
– lineare Abschreibung **10**, 61, 485 f.
– Sofortabschreibung **10**, 508
– Sonderabschreibung **10**, 59, 61, 489 f., 494, **5**, 45
– Teilwertabschreibung **10**, 482
Abstammung, Anfechtung der Abstammung **4**, 16
– genetische Abstammung **4**, 20
– Kenntnis **4**, 3, 42 f.
– vom Vater **4**, 20
– von der Mutter **4**, 20 f.
Abstammungsgutachten, DNA-Analyse **4**, 65 f.
Abstammungsrecht **4**, 14 ff.
– eheliche Kinder **4**, 14
– nichteheliche Kinder **4**, 14
Abstammungsverfahren, Abstammungsgutachten **4**, 65 f.
– – DNA-Gutachten **4**, 67
– Annexverfahren **4**, 69 f.
– befristete Beschwerde **4**, 79 f.
– einstweilige Anordnung, Kindes- und Mutterunterhalt **4**, 69 f.
– Korrekturklage **4**, 73
– Sachverständigengutachten **4**, 57 f.
– – Privatgutachten **4**, 68
– Untersuchungsgrundsatz **4**, 57 f.
– zwangsweise Blutentnahme **4**, 63 f.
Abtretung, künftige Forderungen **7**, 29
– Naturalleistungen **7**, 23
– Sonderfälle **7**, 25 f.
– übergegangene Forderungen **7**, 27 f.
– unpfändbare Forderungen **7**, 24
– Unterhaltsforderung **7**, 21 ff.
– von Versorgungsansprüchen **10**, 706
Adoption, Adoptionspflege **4**, 378
– Adoptionsverfahren **4**, 383 f.
– Adoptionsvermittlungsstellen **13**, 317
– Auslandsadoption **13**, 321 f.
– – schwache Adoption **13**, 321
– – Volladoption **13**, 321
– Haager Übereinkommen **13**, 315
– internationale Adoption **13**, 315
– internationale Verträge **13**, 314
– Kindschaftsreformgesetz **4**, 395 f.
– Stiefelternadoption **11**, 19
– Stiefkindadoption **4**, 375
– Verfahren **13**, 317 f.

1793

(Adoption, Adoptionspflege)
- Volladoption **4**, 375
- zentrale Adoptionsstelle **13**, 317
Adoptionsfolgen **13**, 332 f.
Adoptionsrecht **4**, 373 f.
Adoptionsstatut **13**, 330
Adoptionsverfahren, Dekretsystem **4**, 383
- Ersetzung der Einwilligung **4**, 389
- Zustimmung **4**, 386 f.
Adoptionsvermittlungsgesetz **4**, 21
Adoptionswirkungsgesetz **4**, 8
Alleinbestimmungsrechte **4**, 183 ff.
Alleinerziehende, Besteuerung **10**, 182 f.
- Haushaltsfreibetrag **10**, 189 f.
Alleinvertretungsrecht, durch gerichtliche Entscheidung **4**, 188
Altersentlastungsbetrag **10**, 27
Altersruhegelder, Geschiedenenunterhalt **6**, 210
Altersteilzeit **5**, 299
Altersvermögensgesetz **10**, 433 f.
Altersversorgung, berufsständige Altersversorgung **9**, 352 f.
- betriebliche Altersversorgung **9**, 288
- Direktversicherungen **10**, 445
- Pensionsfonds **10**, 445
- Pensionskassen **10**, 445
Altersvorsorge, Altersvermögensgesetz **10**, 433 f.
Altersvorsorgeunterhalt, Bremer Tabelle **6**, 149 f.
Amsterdamer Vertrag **13**, 124
Amtsermittlungsprinzip, Versorgungsausgleich **9**, 30 f.
Anerkenntnis, Vaterschaftsanerkenntnis **4**, 24
Anerkennung, ausländische Sorgerechtsentscheidung **13**, 313
- Entscheidung ausländischer Gerichte **13**, 3 f.
Anerkennungstheorie **13**, 203
Anfangsvermögen **3**, 27
- Anwartschaft eines Nacherben **3**, 41
- Arbeits- und Dienstleistungen **3**, 48
- Ausstattung **3**, 47 f.
- Bestandsverzeichnis **3**, 190 f.
- Ehevertrag **3**, 272
- Einkünfte **3**, 51 f.
- Erwerb von Todes wegen **3**, 40 f.
- Indexierung **3**, 53 f.
- Leistungen unter Lebenden **3**, 43 f.
- Nießbrauchsfälle **3**, 42
- Schenkung **3**, 47 f.
- - gemischte Schenkung **3**, 49
- unbenannte Zuwendungen **3**, 50
- unentgeltliche Zuwendungen Dritter **3**, 36 f.
- Vermögensverzeichnis **3**, 126
Anfechtung, Abstammung **4**, 16
- Sonderanfechtungsrecht des Kindes **4**, 43
- Umgangspflegschaft **4**, 316

- Verlöbnis **2**, 10
Anfechtungsklage, Anfechtungsfrist **4**, 35 f.
- Höchstpersönlichkeit **4**, 34
- Vaterschaftsanfechtungsklage **4**, 29
Anfechtungsrecht, heterologe Insemination **4**, 31
Angleichungsdynamische Anrechte **9**, 905 f.
Anhörung, der Eltern **4**, 441 f.
- kinderpsychologisches Gutachten **4**, 441
- Pflegeeltern **4**, 439
- schriftliche Anhörung **4**, 443
Anrecht, ausländisches Anrecht, Ermittlung und Bewertung **9**, 376 f.
- inländisches Anrecht **9**, 842
- nicht dynamisches Anrecht, Umrechnung **9**, 392 ff.
- statisches Anrecht **9**, 393 f.
- teildynamisches Anrecht **9**, 393 f.
- voll dynamisches Anrecht **9**, 53, 393 f.
Antrag, Scheidungsantrag **8**, 245
- Zusammenveranlagung **10**, 124 f.
Anwaltsgebühr, Benutzung persönlicher Sachen **1**, 118
- Ehegattenunterhalt **1**, 110
- Ehescheidung **1**, 107
- Ehewohnung **1**, 114
- elterliche Sorge **1**, 108
- Hausrat **1**, 113
- Herausgabe persönlicher Sachen **1**, 118
- Kindesunterhalt **1**, 111
- Prozesskostenvorschuss **1**, 119
- Regelung des Getrenntlebens **1**, 117
- Übertragung von Vermögensgegenständen **1**, 116
- Versorgungsausgleich **1**, 112
- Zugewinnausgleich **1**, 115
- Zugewinnstundung **1**, 116
Anwaltszwang **1**, 31 f.
- Ehesachen **1**, 32
- Folgesachen **1**, 32
- isoliertes Versorgungsausgleichsverfahren **9**, 45
- Klage auf vorzeitigen Zugewinnausgleich **3**, 230
- Scheidungsverbund **8**, 103
- Scheidungsverfahren **8**, 103 f.
- Versorgungsausgleichsverfahren **9**, 32, 43 f.
Anwartschaft, ehezeitliche Anwartschaft **9**, 47
- inländische Anwartschaft **13**, 290
- Kapitallebensversicherungsanwartschaft, eingetragene Lebenspartnerschaft **11**, 35
- Rentenanwartschaft **9**, 22 f.
Arbeitnehmer, Abfindung **10**, 550
- Einsatzwechseltätigkeit **10**, 548
- Entfernungspauschale **10**, 554 f.
- Spesen **10**, 546 f.
- Überstundenvergütung **10**, 545

(Arbeitnehmer, Abfindung)
- Unterhaltspflicht **10**, 534 f.
- Werbungskosten **10**, 551 f.
Arbeitnehmersparzulage, Geschiedenenunterhalt **6**, 191
Arbeits- oder Dienstleistungen, Anfangsvermögen **3**, 48
Arbeitsentgelt, Zugewinnausgleich **3**, 78
Arbeitsförderungsgesetz **5**, 458
Arbeitslohn, pauschal besteuerter Arbeitslohn **10**, 19
Arbeitslosengeld, Geschiedenenunterhalt **6**, 192
- nichteheliche Lebensgemeinschaft **12**, 165 f.
- Trennungsunterhalt **6**, 25
Arbeitslosenhilfe **7**, 81 f.
- Geschiedenenunterhalt **6**, 193
- gesetzlicher Forderungsübergang **7**, 81 f.
- Trennungsunterhalt **6**, 25
Arbeitslosigkeit, Leistungsfähigkeit **5**, 300 f.
Arbeitsverhältnis, Ehegattenarbeitsverhältnis **10**, 226 f., **10**, 293 f.
Asylberechtigter **13**, 218
Aufenthalt, gemeinsamer Aufenthalt **1**, 70
- gewöhnlicher Aufenthalt **1**, 70
4, 16, **13**, 40 f.
- schlichter Aufenthalt **13**, 59
Aufenthaltsbestimmungsrecht **4**, 178
- Entzug **4**, 256
Auffanggericht, Amtsgericht Schöneberg Berlin **4**, 425
Aufgebot, Dokumente **2**, 66
- Verfahren **2**, 67
Aufhebung, Verlöbnis **2**, 8
Auflösung, Ehe **8**, 5 f.
- nichteheliche Lebensgemeinschaft **12**, 28 ff.
Aufrechnung **7**, 1 ff.
- Arglisteinwand **7**, 9 f.
- Aufrechnungsverbot **7**, 7
- Bankkonten **7**, 14 f.
- Bereicherungsanspruch **7**, 12
- Erfüllbarkeit der Forderung **7**, 2
- Fälligkeit der Forderung **7**, 5
- Gegenseitigkeit der Forderungen **7**, 3
- Gleichartigkeit der Forderungen **7**, 4
- Prozesskostenvorschuss **5**, 259
- übergegangene Forderung **7**, 8
- Unterhaltsforderung **7**, 2 f., 6 f., 417
Aufrechnungsverbot, Abfindung **7**, 7
- Ehegattenunterhalt **6**, 538
- Prozesskostenvorschuss **7**, 7
- rückständiger Unterhaltsbetrag **7**, 7
- Schadensersatzanspruch **7**, 7
- Sonderbedarf **7**, 7
- Unterhaltsvereinbarung **7**, 7
- Verzugszinsen **7**, 7

Aufrechnungsverträge, Unterhaltsforderung **7**, 18 f.
Aufteilungsbescheid **10**, 233 f.
Aufwandsentschädigung, Geschiedenenunterhalt **6**, 194
Aufwendungen, berufliche Aufwendungen **5**, 20 f.
- - Arbeitsmittel **5**, 33
- - Beiträge zu Berufsverbänden **5**, 32
- - Fahrtkosten **5**, 21 f.
- - Gewerkschaften **5**, 32
- - Kinderbetreuungskosten **5**, 34
- - Kosten des Umgangsrechts **5**, 35
- - hauswirtschaftliches Beschäftigungsverhältnis **10**, 456
- Schuldgeld **10**, 457 f.
Ausbildungs- und Fortbildungskosten **10**, 453 f.
Ausbildungsförderungsgesetz **5**, 459
Ausbildungsunterhalt, Geschiedenenunterhalt **6**, 133 f.
Ausbildungsvergütung **5**, 133
Auseinandersetzung, Bankguthaben **3**, 348 f.
- Einzelkonten **3**, 350 f.
- Finanzierungsdarlehen **3**, 358
- Gemeinschaftskonten **3**, 348 f.
- Gesamtschuldnerausgleich **3**, 352 f.
- Miteigentümergemeinschaft, Nutzungsentgelt **3**, 336 f.
- Teilungsversteigerung **3**, 345 f.
- vermögensrechtliche Auseinandersetzung, Miteigentümergemeinschaft **3**, 335 ff.
Auseinandersetzungsregeln gem. § 39 Abs. 1 FGB **3**, 398 f.
Ausgaben, Betriebsausgaben **10**, 41
- Privatausgaben **10**, 42
- Sonderausgaben **10**, 42
- Werbungskosten **10**, 41
Ausgleichsanspruch, Ausgleichsanspruch nach § 40 FGB **3**, 424
- bei Mitarbeit im Geschäftsbetrieb **3**, 367
- erbrechtliche Lösung **3**, 11
- familienrechtlicher Ausgleichsanspruch **7**, 148 f.
- güterrechtliche Lösung **3**, 11
- Versorgungsausgleich **9**, 54
- Wegfall der Geschäftsgrundlage **13**, 281
Ausgleichsbilanz, Versorgungsausgleich **9**, 15
Ausgleichsforderung, Antrag dinglicher Rechte zur Sicherung **3**, 546
- Stundung **3**, 179 f.
- Zugewinn **3**, 29 f.
Ausgleichsgemeinschaft, Kapitallebensversicherungsanwartschaften **11**, 35
- Überschussausgleich **11**, 33
- Vereinbarung **11**, 117
- Vereinbarung mit Modifizierung **11**, 118
- Vermögenstrennung **11**, 38
- Versorgungsanrechte **11**, 35
- Versorgungsaussichten **11**, 35

Auskunft, Drittschuldner 7, 362 f.
– verspätete Auskunft 5, 495
Auskunftsanspruch 5, 474 ff., 7, 89, 13, 297
– abhängig Beschäftigte 7, 178
– Auskunftsberechtigte 7, 163 f.
– Auskunftserteilung, Kosten 3, 220
– Auskunftsgegenstand 7, 169 f.
– – Vermögen 7, 175 f.
– ausländische Verfahrensregel 13, 272
– Belegpflicht 7, 180
– – abhängig Beschäftigte 7, 180
– – Selbstständige 7, 181
– des beklagten Elternteils 5, 243
– Ehegattenunterhaltsanspruch 6, 573 f.
– Einkünfte, Vermögensvorteile 7, 170
– Endvermögen, Zurückbehaltungsrecht 3, 212
– Erledigungserklärung, übereinstimmende 5, 504
– Fälligkeit 5, 432
– gesetzlicher Forderungsübergang 7, 89
– Klage 3, 216 f.
– – Streitwert 3, 222
– Schadensersatzanspruch 5, 504
– Selbstständige 7, 179
– Unterhalt 10, 467 f.
– Unterhaltsrecht 7, 159 ff.
– Vermögensverschiebungen 3, 208
– Vollstreckung 3, 218 f.
– Zugewinnausgleich 3, 185 f.
Auskunftsklage 7, 419
– isolierte Auskunftsklage 5, 503
Auskunftspflicht 4, 436
– Ehegatten untereinander 9, 94 f.
– Endvermögen 3, 189 f.
– erneute 5, 496 f.
– Geschiedenenunterhalt 6, 360
– Inhalt 5, 484 f.
– notarielle Unterhaltsvereinbarung 5, 476
– Schadensersatzansprüche 5, 480
– Unterhaltsleistungen 10, 377
– Unterhaltsvergleich 5, 479
– verlängerter schuldrechtlicher Versorgungsausgleich 9, 606
– Versorgungsausgleich 9, 84 f.
Auskunftsrecht, nicht betreuender Eltern 4, 297
– Versorgungsausgleich 9, 84 f.
Auskunftsurteil, Antrag, Formulierungsbeispiele 5, 501
– Klageantrag 5, 501
– Tenor 5, 501
Auskunftsverfahren betreffend Rentenanwartschaften 1, 6
Auskunftsverlangen, Zugang 5, 417 f.
Ausländerrecht, nichteheliche Lebensgemeinschaft 12, 174 f.
– Umgangspflicht 4, 289

Ausländische Entscheidung, Vollstreckung 13, 311
Auslandsadoption, Dekretadoption 13, 336
– schwache Adoption 13, 321
– Vertragsadoption 13, 337
– Volladoption 13, 321
Auslandsunterhaltsgesetz 13, 160 f.
Aussöhnungsgebühr 1, 96

BAföG 7, 76 f.
– gesetzlicher Forderungsübergang 7, 76 f.
BAföG-Darlehen 5, 139
Barunterhalt 5, 174 f., 232
– Kindesbetreuung 5, 232
Barwertverordnung 9, 19, 429 f., 940
– Aufbau 9, 430 f.
– schuldrechtlicher Versorgungsausgleich 9, 434
– verfassungsrechtliche Bedenken 9, 432
Beamten, Beamtenversorgung 9, 193 ff.
Beamtenversorgung, Altersgrenze 9, 218 f.
– Anpassungssätze 9, 938
– ausgeschiedene Beamte 9, 198 f.
– Beamter auf Widerruf 9, 198 f.
– jährliche Sonderzuwendungen 9, 230 f.
– Kann-Zeiten 9, 211 f.
– Kindererziehungszuschlag nach BeamtVG 9, 229
– Kürzung der Versorgungsbezüge 9, 233
– Pensionistenprivileg 9, 234
– Ruhensregelungen 9, 214 f.
– vorzeitige Dienstunfähigkeit 9, 225 f.
– Zeitsoldaten 9, 198 f.
Bedarf, des volljährigen Kindes 5, 166 f.
Bedingung, Verlöbnis 2, 2
Bedürftigkeit, des minderjährigen unverheirateten Kindes 5, 125 f.
– des Unterhaltsberechtigten 6, 24 f.
– des volljährigen Kindes 5, 130 f.
– Eigenverantwortung 5, 130 f.
– Einkommensanrechnung 5, 132 f.
– – Ausbildungsvergütung 5, 133
– – BAföG-Darlehen 5, 139
– – Waisenrente 5, 132
– Erwerbsobliegenheit 5, 130 f.
– hypothetische Einkünfte 6, 24 ff.
– hypothetische Einkünfte des Berechtigten 6, 32 ff.
– hypothetische Einkünfte, Erwerbsfähigkeit 6, 50 f.
– minderjähriges unverheiratetes Kind 5, 125 ff.
– tatsächliche Einkünfte 6, 24 ff.
– – Arbeitslosengeld 6, 25
– – Arbeitslosenhilfe 6, 25
– – freiwillige Leistungen Dritter 6, 26
– – Pflegegeld 6, 25

Stichwortverzeichnis

Befristete Beschwerde, Abstammungsverfahren 4, 79 f.
– Änderung einer Unterhaltsbestimmung 5, 198
Begleiteter Umgang, Anfechtbarkeit 4, 316
– Elternberatung 4, 304
– Elternbetreuung 4, 304
– Elterntherapie 4, 304
– Jugendamt 4, 307
– Kindesmissbrauch 4, 302
– Kosten 4, 310
– rechtliche Stellung 4, 311
– Vereinbarung 4, 309
Begründungserklärung, eingetragene Lebenspartnerschaft 11, 4 ff.
– Form 11, 6
– Konsenserklärung 11, 5
Begutachtung, psychologische Begutachtung 4, 349 f.
Behördenbetreuer 4, 677
Beistandschaften 4, 161
Beistandschaftsgesetz 4, 4
Beistandspflicht, des Kindes 4, 129
– Garantenstellung 2, 86
Bekanntgabe, Steuerbescheide nach Trennung 10, 229 f.
Belastungen, außergewöhnliche Belastungen 10, 464 f.
Beleganspruch 5, 502
– Zugewinnausgleich 3, 200 f.
Belegpflicht, Verwandtenunterhalt 5, 489 f.
Benutzung persönlicher Sachen, Anwaltsgebühr 1, 118
Beratungsrechtsschutz 1, 33 ff.
Beratungsrechtsschutz, vorsorgliche Beratung im Familienrecht 1, 38 f.
Bereicherungsanspruch, Aufrechnung 7, 12
– Zuwendungen der Schwiegereltern 3, 390
Bereicherungsklage 7, 283
Berichtigung, Versorgungsausgleich 9, 139 f.
Berliner Tabelle 5, 706
– Kindergeldabzugstabelle 5, 105
Berufliche Ausbildung, Beihilfe 7, 82
Berufsordnung, Mediation 1, 24
Berufsständige Versorgungseinrichtungen, Ärzteversorgung 9, 237 f.
Berufsständige Versorgungswerke, Realteilung 9, 485
Beschäftigung, kurzfristige Beschäftigung 10, 404 f.
Beschäftigungsverhältnis, hauswirtschaftliches Beschäftigungsverhältnis 10, 456
Bescheid, Abrechnungsbescheid 10, 252
Beschränkt Steuerpflichtige, Haushaltsfreibetrag 10, 194
Beschwerde, außerordentliche Beschwerde 4, 555
– befristete Beschwerde 4, 557

– Untätigkeitsbeschwerde 4, 556
Besondere Veranlagung 10, 136 f.
– Alleinerziehende 10, 136
– verwitwete Steuerpflichtige 10, 136
Bestandsverzeichnis, Anfangsvermögen 3, 190 f.
Besteuerung, Alleinerziehende 10, 182 f.
– Ehegatten 10, 77 ff.
– Mindestbesteuerung 10, 68 f.
– Unterhalt, Geldzahlungen 10, 344 f.
– – Wohnungsüberlassung 10, 345 f.
Besteuerungszeitraum 10, 24
Besuchsregelung 1, 122
Betreuung, Aufwendungsersatz 4, 581
– gerichtliche Kontrolle, Rechnungslegungsverpflichtung 4, 680
– Vergütung 4, 681 f.
Betreuungsanordnung 4, 668
Betreuungsanordnung, Erforderlichkeit 4, 672
– körperliche Behinderung 4, 669
– psychische Krankheit 4, 668
Betreuungsbonus, Unterhaltspflicht 5, 348
Betreuungsrecht 4, 668 ff.
Betreuungsrechtsänderungsgesetz 4, 4
Betreuungsunterhalt 5, 174 f.
Betriebliche Versorgung, Altersrenten 9, 288
– auszugleichende betriebliche Versorgung 9, 309 f.
– Beitragsbeteiligung durch Arbeitnehmer 9, 302 f.
– Berechnung des Ehezeitanteils 9, 319 f.
– betriebliche Gesamtversorgung 9, 337 f.
– – betriebsrentenrechtliche Berechnungsmethode 9, 342
– – Hochrechnungsmethode 9, 342 f.
– – VBL-Methode 9, 342
– Direktversicherung 9, 288, 291 f.
– Dynamik 9, 334 f.
– Hinterbliebenenrenten 9, 288
– Insolvenzsicherung 9, 318
– Invaliditätsrenten 9, 288
– Kombinationsformen 9, 298 f.
– Pensionsfonds 9, 294
– Pensionskasse 9, 293
– Rechtsgrund 9, 307
– unmittelbare Versorgungszusage 9, 289 f.
– Unterstützungskasse 9, 295 f.
– Unverfallbarkeit 9, 312 f.
Betriebsausgaben 5, 43
Betriebsrentenanwartschaften 9, 21
Betriebsvermögen 10, 50 f., 425 f. 509
Beweis, Sachverständigenbeweis 4, 57 f., 488 ff.
Beweisgebühr 1, 95
Beweislast, Abänderungsklage 7, 315 f.
– Zugewinn 3, 196 f.

1797

Stichwortverzeichnis

Bigamie, eingetragene Lebenspartnerschaft **11**, 46
Billigkeitsunterhalt, Geschiedenenunterhalt
  6, 137 f.
Bindungsdiagnostik **4**, 518
Biologische Wahrheit **4**, 19
Bremer Tabelle **6**, 62
Bundeskindergeldgesetz **5**, 89
Bundessozialhilfegesetz **5**, 455
Bundeszentralstelle für Auslandsadoptionen **4**, 7
Bürgenregress, nichteheliche Lebensgemeinschaft
  12, 53 f.
Bürgschaft, eheliche Lebensgemeinschaft **2**, 123
Bürgschaftsvertrag, nichteheliche Lebensgemein-
  schaft **12**, 136 f.

Checkliste, familienrechtliche Haftungsregelung
  1, 130
– Gliederung eines psychologischen Gutachtens
  4, 537
– Mandantenbogen für Ehesachen **1**, 128
– rechtsrelevante Angaben für Familiensachen
  1, 129
– Versorgungsausgleich **9**, 933

Darlegungs- und Beweislast, Trennungsunterhalt
  6, 23
Datenschutz, Jugendamt **4**, 597 f.
Deckungszusage **1**, 33
Dekretadoption **13**, 336
Dekretsystem **4**, 383
Deutsches IPR **4**, 15
Deutsches Personalstatut **13**, 246
Deutsch-iranisches Niederlassungsabkommen
  13, 86
Dienst- und Arbeitsleistungen, nichteheliche
  Lebensgemeinschaft **12**, 47 f.
Dienstleistungspflicht des Kindes **4**, 127
Dinglicher Arrest, Zugewinnausgleichsanspruch
  3, 237 f.
Direkte Steuern, Einkommensteuer **10**, 3
– Grunderwerbsteuer **10**, 3
Direktversicherung, betriebliche Versorgung
  9, 291 f.
Disagio **10**, 521 f.
DNA-Analyse **4**, 65
DNA-Gutachten **4**, 67
Doppelbesteuerungsabkommen **10**, 9, 11, 333
Doppelmandat **1**, 7 ff.
– Interessengegensatz **1**, 15
– Interessenwiderstreit **1**, 13
Doppelstaater **13**, 44
Doppelte Haushaltsführung, Kosten **10**, 213 f.
Dreißigster **12**, 125
Drittschenkung **12**, 120
Drittwiderspruchsklage **3**, 347

Düsseldorfer Tabelle **5**, 704
– Anmerkung 10 **5**, 705
– Kindergeldabzugstabelle **5**, 105

Ehe, Auflösung, Aufhebung **8**, 41 ff.
– – Scheidung **8**, 8 ff.
– – Scheinehenregelungen **8**, 42 f.
– Auflösungstatbestände **8**, 5
– Auslandsberührung **1**, 71 f.
– Ehehindernis **13**, 80
– gemischt nationale Ehe, Namenswahl **13**, 115 f.
– Handschuhehe **13**, 70
– hinkende Ehe **13**, 218
– obligatorische Zivilehe **13**, 66
Eheähnliche Gemeinschaft **12**, 3
Ehefähigkeit, Betreuung **2**, 27
– Minderjährigkeit **2**, 28 f.
– – Prüfungsverfahren **2**, 30 f.
– – Widerspruch **2**, 32 f.
– Volljährigkeit **2**, 25 f.
Ehefähigkeitszeugnis **2**, 47 ff.
– Asylberechtigte **2**, 54
– Befreiung **2**, 49 ff.
– Deutsche im Ausland **2**, 55
– Staatenlose **2**, 54
Ehegattenarbeitsverhältnis **10**, 226 f., 293 f.
– Gewerbesteuerbelastung **10**, 228
– Rechtsgrundlage **10**, 227
– Trennung der Ehegatten **10**, 293 f.
– Vorwegabzug **10**, 228
– Werbungskostenpauschbetrag **10**, 228
Ehegattenerbrecht **3**, 309 f.
– Ausschluss **1**, 51 f.
– – formelle Voraussetzungen **1**, 52 f.
– – materielle Voraussetzungen **1**, 54 f.
– Beweislast **1**, 58 f.
– erbrechtliche Lösung **1**, 49
– Getrenntleben **1**, 61
– Güterrecht **3**, 309 f.
– güterrechtliche Lösung **1**, 49
– Härtescheidung **1**, 57
– Unterhaltsansprüche **1**, 62
– – Verzug **1**, 62
– Wahlrecht **1**, 49
– Zerrüttungsvermutung **1**, 55
Ehegattengesellschaft **10**, 225
Ehegatteninnengesellschaft **3**, 363 f.
Ehegattenschenkung **12**, 120
Ehegattenunterhalt **6**, 6 ff.
– Altersvorsorgeunterhalt **6**, 79
– Anwaltsgebühr **1**, 110
– Arbeitslosigkeit **6**, 365 f.
– Aufrechnungsverbot **6**, 538
– Ausschluss **6**, 312 ff.
– – grobe Unbilligkeit **6**, 317 f.
– – hypothetische Einkünfte **6**, 354 f.

(Ehegattenunterhalt)
- Ausschlusstatbestände **6**, 324 f.
- Bedarf, eheliche Lebensverhältnisse **6**, 156 ff.
- Berechnungsbeispiele **6**, 301 f.
- Besteuerung **10**, 315 f.
- Betreuung eines gemeinsamen Kindes **6**, 493 ff.
- Durchsetzung, Formulierungsbeispiele **6**, 558
- eheliche Lebensverhältnisse, Einkommensveränderung **6**, 175 f.
- – Feststellung **6**, 173 f.
- Elementarunterhalt **6**, 79
- Erlöschen durch Wiederheirat **6**, 542
- Familienunterhalt **6**, 6 f.
- fiktive Einkünfte **6**, 374 f.
- freiwillige Zahlung/Titulierung **6**, 543 f.
- Gegenstandswert **1**, 110
- Geschiedenenunterhalt **6**, 9 f.
- Halbteilungsgrundsatz **6**, 291
- hypothetische Einkünfte **6**, 374 f.
- internationale Zuständigkeit **13**, 123 f.
- Krankheitsvorsorgeunterhalt **6**, 79
- Kurzarbeit **6**, 373
- Mangelfall **6**, 378 ff.
- nach Rechtskraft der Scheidung **6**, 76 ff.
- Prozesskostenvorschuss **6**, 455 ff.
- Schulden/Verbindlichkeiten **6**, 431 f.
- – Darlegungs- und Beweislast **6**, 445
- – Gesamtschuldnerausgleich **6**, 435
- Sonderausgabenabzug **6**, 474 f.
- Sonderbedarf **6**, 79, 451 f.
- Steuerfragen **6**, 474 ff.
- Surrogatseinkommen **6**, 166 f.
- – Differenzmethode **6**, 167
- Tod des Unterhaltsberechtigten **6**, 540 f.
- Tod des Unterhaltspflichtigen **6**, 540 f.
- Trennungsunterhalt **6**, 10
- Unterhaltsrückstände, Verwirkung **6**, 426 f.
- – Unterhaltsverzicht **6**, 518 f.
- Verjährung **6**, 536 f.
- Verwertung des eigenen Vermögens **6**, 425 ff.
- Wechsel der Arbeitsstelle **6**, 372 f.
- Wert der Haushaltsführung **6**, 166 f.
- Wohnwert **6**, 389 ff.
- – Verkauf **6**, 416 f.
- Zurückbehaltungsrecht **6**, 539
- Zusammenveranlagung **6**, 482
- – Klage **6**, 487
- – Zustimmung **6**, 487

Ehegattenunterhaltsanspruch, Abänderungsklage **6**, 563
- Durchsetzung **6**, 541 f.
- einstweilige Anordnung **6**, 564
- einstweilige Verfügung **6**, 571
- Fälligkeit **6**, 501
- gerichtliche Zuständigkeit **6**, 572
- Nachforderungsklage **6**, 562
- Streitwert **6**, 560
- Stufenklage **6**, 561
- Verzug **6**, 502 ff.

Ehegattenveranlagung,
besondere Veranlagung **10**, 80 ff.
- getrennte Veranlagung **10**, 80 ff.
- Veranlagungswahlrecht **10**, 81
- Zusammenveranlagung **10**, 80 ff.

Ehegattenverträge, nach der Scheidung **10**, 420

Eheliche Lebensgemeinschaft, Allgemeines **2**, 81 ff.
- Bürgschaft **2**, 121
- Ehe auf Zeit **2**, 82
- eheliche Pflichten **2**, 89 ff.
- Haftung, eigenübliche Sorgfalt **2**, 121
- persönliche Entfaltung **2**, 88
- Steuerveranlagung **2**, 120
- vermögensrechtliche Ansprüche, Einwendungen **2**, 122
- Verpflichtungen **2**, 83 f.

Eheliche Lebensverhältnisse **6**, 156 ff.
- Einkünfte aus Erwerbstätigkeit **6**, 159
- Einkünfte aus Kapitalvermögen **6**, 159
- Wohnvorteil **6**, 159

Eheliche Pflichten, Ansprüche des Scheinvaters **2**, 98
- Feststellungsklage **2**, 92 f.
- Herstellungsklage **2**, 90 f.
- Schadensersatz **2**, 97
- Störer **2**, 99
- – räumlich gegenständlicher Bereich **2**, 100
- – Schadensersatz **2**, 101
- – Verdienstausfall **2**, 101
- Unterlassungsklage **2**, 94 f.
- – räumlich gegenständlicher Bereich **2**, 95
- Verletzung **2**, 89 ff.

Ehen, mit Auslandsberührung **3**, 520 f.

Ehename, Bestimmungserklärung **2**, 78 f.
- Doppelname **2**, 77
- fehlender Ehename **2**, 80
- gemeinsamer Ehename **2**, 74
- gemischt nationale Ehe **13**, 115 f.
- Namenswahl **2**, 75

Eherechtsreformgesetz **8**, 1 f.

Ehesache, Anwaltszwang **1**, 32
- örtliche Zuständigkeit, Doppelwohnsitz **4**, 418
- – Frauenhaus **4**, 419

Ehescheidung, Anwaltsgebühr **1**, 107

Ehescheidungsverfahren **1**, 3 f.

Eheschließung nach Scheidung, Auseinandersetzungsbefugnis **2**, 58 f.
- Wartezeit **2**, 57

Eheschließung, Aufgebot **2**, 65 f.
- Dokumente **2**, 66
- Ehefähigkeit **2**, 24 ff.

1799

(Eheschließung, Aufgebot)
- Eheverbote **2**, 39 ff.
- Familienbuch **2**, 71
- gleichgeschlechtliche Partner **2**, 64
- Heiratsbuch **2**, 71
- im Ausland **13**, 69 f.
- nach Scheidung **2**, 56 f.
- Scheinehe **2**, 61 f.
- Standesbeamter **2**, 67
- Stellvertretung **13**, 70
- Strafvollzug **2**, 63
- Trauung **2**, 70
- Voraussetzung **2**, 24 ff.
- Zuständigkeiten **2**, 68 f.

Eheschließungsrechtsgesetz **4**, 4

Eheverbote, Adoption **2**, 41
- – Volladoption **2**, 41 f.
- Auslandsberührung **2**, 46
- – Ehefähigkeitszeugnis **2**, 47 ff.
- Doppelehe **2**, 43
- Schwägerschaft **2**, 40
- Verwandtschaft **2**, 39

Ehevertrag **3**, 241 f., **3**, 547
- Anfangs- und Endvermögen **3**, 272
- erbschaftsteuerrechtliche Folgen **3**, 317 f.
- Form **3**, 260 f.
- genereller Ehevertrag **3**, 242
- Grundsatz der Vertragsfreiheit **3**, 248 ff.
- Gütergemeinschaft **3**, 286
- Gütertrennung **3**, 281 f.
- Inhaltskontrolle **3**, 258 ff.
- – Totalausschlüsse **3**, 258 f.
- – Unterhaltsvereinbarungen **3**, 258 f.
- Modifizierung des Zugewinnausgleichs **3**, 548
- nach Eheschließung **3**, 549
- schenkungsteuerrechtliche Folgen **3**, 317 f.
- spezieller Ehevertrag **3**, 246
- unbenannte Zuwendungen **3**, 328 f.
- Versorgungsausgleich **9**, 635 f.
- Versorgungsausgleich, Ausschluss **9**, 674 f.

Ehewirkungsstatut **13**, 244

Ehewohnung **2**, 84, **3**, 434 ff.
- Anwaltsgebühr **1**, 114
- Begriff **3**, 437 f.
- endgültige Zuweisung **3**, 465 f.
- – Alleineigentum **3**, 467
- – Dienst- und Werkwohnungen **3**, 468
- – Mietwohnung **3**, 466
- – Stellung des Vermieters **3**, 469
- Gewaltschutzgesetz **3**, 440 f.
- Räumung **3**, 463
- – Räumungsfrist **3**, 463
- Überlassung bei Gewalttaten **3**, 451
- vorläufige Überlassung **3**, 440 f.
- – „unbillige Härte" **3**, 445 f.
- – Benutzungsvergütung **3**, 457 f.

- – Kindeswohl **3**, 450
- – Wirkungen gegenüber dem Vermieter **3**, 456
- Wohnungszuweisung, Gebühr **3**, 513
- Zuweisung gem. Art. 17a EGBGB **3**, 438 f.
- Zuweisung, Geschäftswert **3**, 513 f.

Eidesstattliche Versicherung, Auskunftspflicht **5**, 494
- Endvermögen **3**, 209 f.
- nichteheliche Lebensgemeinschaft **12**, 151

Eigenbedarf, nichteheliche Lebensgemeinschaft **12**, 69

Eigenheimzulage **10**, 133 f., 278 f.
- Fördergrundbetrag **10**, 279 f.
- – Anschaffungskosten **10**, 281
- – Herstellungskosten **10**, 281
- Objektverbrauch **10**, 283 f.
- Zuständigkeit, Wohnsitz Finanzamt **10**, 282

Eigentumsvermutung, eingetragene Lebenspartnerschaft **11**, 41 f.
- Entkräftung **2**, 165 f.
- Voraussetzungen **2**, 160 f.

Eigenverantwortung, des volljährigen Kindes **5**, 130 f.

Eilzuständigkeiten, Familiensachen **4**, 426 f.

Einfache Beschwerde, Verfahrenspfleger **4**, 485

Eingetragene Lebenspartnerschaft **11**, 4 ff., **12**, 3, **13**, 356
- Aufhebung **11**, 121
- – durch gerichtliches Urteil **11**, 67
- Aufhebungsfolgevereinbarung **11**, 123
- – Güterrecht **11**, 123
- – Hausrat und Wohnung **11**, 123
- – Kinder **11**, 123
- – Lebenspartnerschaftsunterhalt **11**, 123
- Ausgleichsgemeinschaft **11**, 7
- Beendigung **11**, 67 ff.
- Beendigung, fehlgeschlagener Versöhnungsversuch **11**, 72
- – Unterhalt **11**, 73 f.
- Begründungserklärung **11**, 5 f.
- Begründungshindernisse **11**, 10 f.
- Begründungsmängel **11**, 8 f.
- Bigamie **11**, 46
- Eheschließung eines eingetragenen Lebenspartners **11**, 11
- Eigentumsvermutung **11**, 41 f.
- Eintrittsrecht in Mietvertrag **11**, 17
- Erb- und Pflichtteilsverzichtsvertrag **11**, 122
- Erbrecht **11**, 45 f.
- Erklärung über Vermögensstand **11**, 7
- Ersatz von Haushaltsgegenständen **11**, 43
- Familienangehörigkeit **11**, 17
- gemeinsame Vormundschaft **11**, 19
- gemeinsames Sorgerecht **11**, 19
- gemeinschaftliches Testament **11**, 45
- Getrenntleben **11**, 52 ff.

(Eingetragene Lebenspartnerschaft)
- Haftung **11**, 32
- Hausrat **11**, 60
- internationales Privatrecht **13**, 356 f.
- Kinder **11**, 19 f.
- – Verbleibensanordnung **11**, 26
- – kleines Sorgerecht **11**, 20 f.
- – Angelegenheiten des täglichen Lebens **11**, 20 f.

Eingetragene Lebenspartnerschaft, kleines Sorgerecht, bei dauernd getrennt lebenden Lebenspartnern **11**, 23
- Lebenspartnererbrecht, Ausschluss **11**, 50 f.
- – Erbanteile verstorbener Großeltern **11**, 48 f.
- Lebenspartnerschaftsname **11**, 16
- Lebenspartnerschaftsvertrag **11**, 7, 120
- Minderjährigkeit **11**, 10
- Notvertretungsrecht **11**, 24
- – Verlust des Notvertretungsrechts **11**, 24
- öffentlicher Dienst **11**, 30
- Personenkreis **11**, 4
- Rangfolge der Unterhaltspflichtigen **11**, 31
- Schadensersatzanspruch des überlebenden Lebenspartners **11**, 30
- Schlüsselgewalt **11**, 39 f.
- Schutz des räumlich gegenständlichen Bereichs **11**, 15
- Schwägerschaft **11**, 18
- – Ausschluss von amtlichen Funktionen **11**, 18
- – Zeugnisverweigerungsrecht **11**, 18
- Sittenwidrigkeit einer Bürgschaftsübernahme **11**, 17
- Trennung, Unterhalt **11**, 53 f.
- – Wohnung **11**, 61 f.
- Umgangsrecht **11**, 25
- Unterhalt **11**, 27 f.
- – Bedarf **11**, 78 f.
- – Grundsatz der Eigenverantwortlichkeit **11**, 73 f.
- – Härteklausel **11**, 86 f.
- – Prozesskostenvorschuss **11**, 28
- – Taschengeldanspruch **11**, 28
- Unterhaltsverträge **11**, 89
- Verantwortungsgemeinschaft **11**, 14 f.
- Verfügungsbeschränkungen **11**, 44
- Vermögensstand, Ausgleichsgemeinschaft **11**, 33 f.
- – Lebenspartnerschaftsvertrag **11**, 36 f.
- verwandte gerader Linie **11**, 12
- vollbürtige und halbbürtige Geschwister **11**, 12
- Wiederverheiratungsklausel **11**, 45
- Wohnung und Hausrat **11**, 93 f.

Einigungsvertrag **3**, 393
- Kindesunterhalt **5**, 400 f.

Einkommen, aus überobligatorischer Tätigkeit **6**, 28 f.
- aus unzumutbarer Tätigkeit **6**, 28 f.
- des volljährigen Kindes **5**, 132 f.
- Einkommensnivilierung **10**, 34
- fiktives Einkommen **7**, 219 f.
- – Unterhaltsrecht **5**, 64 f.
- freiwillige Leistungen Dritter **5**, 58 f.
- Surrogatseinkommen **6**, 166 f.
- unterhaltsrechtliches Einkommen **7**, 169 f.
- zu versteuerndes Einkommen **10**, 27, 436 f.
- – Vorsorgeaufwendungen **10**, 437 f.

Einkommensbesteuerung, Besteuerungszeitraum **10**, 24
- Beteiligungen an Kapitalgesellschaften **10**, 16 f.
- Betriebsausgaben **10**, 41
- Doppelbesteuerungsabkommen **10**, 11
- Einkommensteuer, Welteinkommen **10**, 13
- Fünftelregelung **10**, 35 f.
- Grundlagen **10**, 9 ff.
- Mindestbesteuerung **10**, 25
- nicht steuerbare Einnahmen **10**, 20 f.
- Privatausgaben **10**, 42
- private Vermögensverwaltung **10**, 22
- Sonderausgaben **10**, 42
- steuerfreie Einnahmen **10**, 18
- – pauschal besteuerter Arbeitslohn **10**, 19
- Veräußerungsgewinne **10**, 14 f.
- Werbungskosten **10**, 41

Einkommensermittlung bei Selbstständigen **6**, 261 ff.
- – Abschreibungen **6**, 268 f.
- – Anrechnung fiktiver Einkünfte **6**, 281 f.

Einkommensnivilierung **10**, 34
Einkommensteuer, Auslandseinkünfte **10**, 9
- Auslandskinder **10**, 623
- behinderte Kinder **10**, 592
- Bemessungsgrundlage **10**, 26 f.
- Einkunftsarten **10**, 423 f.
- Erhebungsformen **10**, 37
- – Arbeitslohn **10**, 37
- – Kapitalertrag **10**, 37
- Gewerbesteueranrechnung **10**, 40
- Inlandseinkünfte **10**, 9
- Pflegekinder **10**, 581
- tarifliche Einkommensteuer **10**, 28
- volljährige Kinder **10**, 588 f.

Einkommensteuertarif, Progression **10**, 32
Einkommensteuerung, Einkunftsarten **10**, 11 f.
Einkommensteuervorauszahlung **10**, 354
Einkommensverhältnisse, Auskunft **1**, 126
Einkünfte, Anfangsvermögen **3**, 51 f.
- aus Gewerbebetrieb, Beteiligung an Kapitalgesellschaften **10**, 675 ff.

(Einkünfte, Anfangsvermögen)
- aus Kapitalvermögen **5**, 53 f., **10**, 558 f.
- aus nicht selbstständiger Arbeit **10**, 139 f., **5**, 6 ff.
- aus Schülerarbeit **5**, 134 f.
- aus selbstständiger Tätigkeit **5**, 37 ff.
- aus Vermietung und Verpachtung **10**, 563 f.
- außerordentliche Einkünfte **10**, 36
- Bilanzierung **10**, 426 f.
- eines Studenten **5**, 137 f.
- Einkunftsarten nach dem EStG **7**, 171
- fiktive Einkünfte **6**, 374 f.
- Gewinneinkünfte **10**, 425 f.
- hypothetische Einkünfte **6**, 24 ff., 374 f.
- negative Einkünfte **10**, 103
- positive Einkünfte **10**, 103
- Spekulationseinkünfte **10**, 665 f.
- tatsächliche Einkünfte **6**, 24 ff.
- – Arbeitslosengeld **6**, 25
- – Arbeitslosenhilfe **6**, 25
- – freiwillige Leistungen Dritter **6**, 26
- – Pflegegeld **6**, 25
- Überschusseinkünfte **10**, 67, 425 f., 432
- Verluste **10**, 68 f.
- Vermietungseinkünfte, Abschreibung **10**, 564
- Zurechnung von Einkünften, Ehegattenarbeitsverhältnis **10**, 226 f.
- – Ehegattengesellschaft **10**, 225
- Zurechnung, Gütergemeinschaft **10**, 224
- – Gütertrennung **10**, 218 f.
- – Zugewinngemeinschaft **10**, 221 f.
Einkunftsart, Gewinneinkunftsart **10**, 23
- Gewinneinkünfte **10**, 12, 44
- Überschusseinkunftsart **10**, 23
Einkunftsermittlung **10**, 44 f.
- Gewinnermittlung **10**, 45 f.
Einnahmen, nicht steuerbare Einnahmen, Lottogewinn **10**, 20
- – Schenkung **10**, 20
- steuerfreie Einnahmen **10**, 529 f.
Einstweilige Anordnung **1**, 102 f., 105, **7**, 95 ff.
- Abänderungsklage **7**, 108, 280 f.
- Ehegatten- und Kindesunterhalt **7**, 421
- Ehegattenunterhaltsansprüche **6**, 564 f.
- Entscheidung **7**, 104
- Familienunterhalt **2**, 146
- Gebühr, Gerichtsgebühr **7**, 115
- – Rechtsanwaltsgebühr **7**, 117
- – Streitwert **7**, 116
- Geltungsdauer **7**, 109 f.
- Hausrat **3**, 500 f.
- Kindes- und Mutterunterhalt **4**, 69 f.
- Regelungsbedürfnis **7**, 103
- sofortige Beschwerde **7**, 108
- Unterhaltsansprüche **7**, 95 ff.
- Unterhaltsbetrag **7**, 98
- Vaterschaftsfeststellung, **7**, 97
- Verbleibensanordnung **4**, 100
- vereinfachtes Verfahren **5**, 528
- Verfahren **7**, 104
- – Beweisaufnahme **7**, 104
- – Prozesskostenhilfe **7**, 104
- – Untersuchungsgrundsatz **7**, 104
- verlängerter schuldrechtlicher Versorgungsausgleich **9**, 607
- Versorgungsausgleichsverfahren **9**, 116
- Zulässigkeitsvoraussetzungen **7**, 100 f.
Einstweilige Verfügung **4**, 54, **7**, 118 ff.
- Ehegattenunterhaltsansprüche **6**, 571
- Familienunterhalt **2**, 146
- Verfahren **7**, 125
- Verfügungsanspruch **7**, 125
- Verfügungsgrund **7**, 125
Einstweiliger Rechtsschutz, Lebenspartnerschaftssachen **11**, 114
Einwendungen, vereinfachtes Verfahren **5**, 538 f.
Einzelkonten **3**, 350 f.
Einzeltheorie **3**, 17
Elterliche Sorge, alleinige **4**, 192 f.
- – Zustimmung **4**, 195 f.
- – durch Richterspruch **4**, 193
- Alleinsorge **4**, 162
- Anwaltsgebühr **1**, 108 f.
- bei tatsächlicher Verhinderung **4**, 203 f.
- bei Tod **4**, 201 f.
- – Kindeswohl **4**, 202
- beschränkte Geschäftsfähigkeit **4**, 213 f.
- Betreuung **4**, 215
- Einwilligung in Sterilisation **4**, 85
- Förderprinzip **4**, 166 f.
- Fortbestehen **4**, 154 f.
- gemeinsame elterliche Sorge **4**, 3
- – nach dauerhafter Trennung **4**, 181 f.
- Geschäftsunfähigkeit **4**, 213 f.
- Haftung **4**, 86
- Kontinuitätsprinzip **4**, 164
- Missbrauch **4**, 246 ff.
- nach dauernder Trennung **4**, 150 ff.
- nach dauernder Trennung der Eltern **4**, 150 f.
- nicht miteinander verheirateter Eltern, Sorgeerklärungen **4**, 116 f.
- Personensorge **4**, 82, 87 ff.
- Ruhen **4**, 212
- tatsächliche Verhinderung, Kindeswohl **4**, 207
- Verhinderung aus Rechtsgründen **4**, 213 f.
- Vermögenssorge **4**, 82, 105 f.
- Vernachlässigung **4**, 258
- Vorrang gemeinsamer elterlicher Sorge **4**, 157 f.
Elterliche Verantwortung **4**, 134
Elternautonomie **4**, 159
Elternberatung, begleiteter Umgang **4**, 304
Elternbetreuung, begleiteter Umgang **4**, 304

Elterntherapie, begleiteter Umgang **4**, 304
Empirische Untersuchungen, Umgangs-
  verweigerung **4**, 341 f.
Endvermögen **3**, 27, 59 f.
– Auskunftspflicht **3**, 189 f.
– Ehevertrag **3**, 272 f.
– eidesstattliche Versicherung **3**, 209 f.
Entlobung **2**, 8
Entschädigungen, Versorgungsausgleich **9**, 161
Erb- und Pflichtteilsverzichtsvertrag **11**, 122
Erbrecht, eingetragene Lebenspartnerschaft
  11, 45 f.
– nichteheliche Lebensgemeinschaft **12**, 116 ff.
Erbrechtsgleichstellungsgesetz **4**, 4
Erbschaft, Dreißigster **12**, 133
Erbschaftsteuerrecht **12**, 127 f.
– persönlicher Freibetrag **12**, 127
Erfolgsgebühr **1**, 97
Erfüllungsübernahme, Unterhalt **5**, 396 f.
Ergänzungspflegschaft **4**, 46 f.
Erinnerung, Zwangsvollstreckung **7**, 325 f.
Erklärung, Begründungserklärung **11**, 5
– Konsenserklärung **11**, 5
Erlass, Verwandtenunterhalt **5**, 473
Erörterungsgebühr **1**, 94
Ersatzhaftung, Kindesunterhalt **5**, 363
– Verwandtenunterhalt **5**, 362 f.
Ersatzmutter, Vermittlung **4**, 21
Erstattungsanspruch, Steuererstattungsanspruch
  10, 242
Erstattungsbescheid, Versorgungsausgleichs-
  verfahren **9**, 114
Erstberatung **1**, 33, 41 f.
Erstberatungsgebühr **1**, 41 f.
Erstfragen **13**, 31
Erträge, aus Firmenbeteiligungen **6**, 54
– Dividenden aus Aktien und Fonds **6**, 54
– Mieteinkünfte **6**, 54
– Pachtzinsen **6**, 54
– Steuern **6**, 54
– Werbungskosten **6**, 54
– Wohnvorteil **6**, 54
– Zinsen aus Festgeldanlagen **6**, 54
– Zinsen aus Sparguthaben **6**, 54
Ertragswert **3**, 89
Erwerb, Erwerb von Todes wegen **3**, 40 f.
– privilegierter Erwerb **3**, 36 f., 58
Erwerbseinkommen, Abfindungen **5**, 11
– Überstunden **5**, 10
– Zusatzzahlungen **5**, 9
Erwerbsfähigkeit **5**, 297
Erwerbsobliegenheit **5**, 298 f.
– bei kinderlosen Ehen **6**, 40
– des volljährigen Kindes **5**, 130 f.
– Geschiedenenunterhalt **6**, 89 f.
– hypothetische Einkünfte **6**, 32 ff.

– Kinderbetreuung **6**, 41 f.
– – Problemkindfälle **6**, 44
– Kindesbetreuung **6**, 36, 43 ff.
– – Aufnahme einer Erwerbstätigkeit **6**, 43 f.
– – Fortsetzung einer Erwerbstätigkeit **6**, 48 f.
– – langjährige Berufspause **6**, 40
– Umfang **6**, 33 ff.
– Zumutbarkeitskriterien **6**, 39
Erwerbstätigenbonus, Unterhaltsleitlinien der
  OLG **6**, 295 f.
Erwerbstätigkeit, allgemeines Persönlichkeits-
  recht **2**, 110
– Herstellungsklage **2**, 110
– Tod des Erwerbstätigen **2**, 111
– Verletzung des Erwerbstätigen **2**, 111
Erwerbsunfähigkeit **5**, 149
Erwerbsunfähigkeitsrente **6**, 105
– Geschiedenenunterhalt **6**, 196
Erziehungsgeld, Geschiedenenunterhalt **6**, 197
– gesteigerte Unterhaltspflicht **5**, 345
– Unterhaltspflicht **5**, 337
Erziehungsmaßnahmen, entwürdigende Erzie-
  hungsmaßnahmen **4**, 248
Erziehungsrecht, Entzug **4**, 256
Existenzgründer, Ansparrücklage **10**, 499

Familienangehörigkeit, eingetragene Lebenspart-
  nerschaft **11**, 17
Familiengericht, Vormundschaftsgericht **1**, 70
Familiengerichtliches Verfahren, Beteiligte **1**, 5 f.
– funktionelle Zuständigkeit **4**, 432
Familienkasse **10**, 576
Familienleistungsausgleich **10**, 566, 570 ff.
Familienname, gerichtliche Bestimmung **4**, 143 f.
Familiennamensrechtsgesetz **13**, 114
Familienrechtliches Mandat **1**, 1
Familienrichter, eigene Sachkunde **4**, 489 f.
Familiensachen **1**, 33 ff., 84 f.
– Anwaltsgebühren **1**, 105 ff.
– Eilzuständigkeiten **4**, 426 f.
– einstweilige Anordnung **1**, 102 f.
– Gebühren **1**, 92 f.
– Gebührensicherung **1**, 35 f.
– Prozesskostenvorschuss **1**, 119
– Rechtsanwaltsgebühren **1**, 84 ff
– selbstständige Familiensachen **1**, 99 f.
– Streitwerte **1**, 84 ff.
– Übersicht **1**, 104
– Verbund **1**, 105
Familienunterhalt **6**, 2 f.
– Allgemeines **2**, 124
– Doppelverdienerehe **2**, 131 f.
– Hausfrauenehe **2**, 126 f.
– Haushaltsführungsehe **2**, 126 f.
– Haushaltskosten **2**, 134 f.
– Lebensbedarf gemeinsamer Kinder **2**, 138

(Familienunterhalt)
- persönliche Bedürfnisse **2,** 136 f.
- Taschengeld **6,** 5
- – Pfändbarkeit **6,** 5
- Teilhabeanspruch **6,** 3
- Unterhalt für Verwandte **2,** 139 f.
- Unterhaltssicherung **2,** 125
- Wirtschaftsgeld **2,** 141, **6,** 4
- Zuverdienerehe **2,** 126 f., 131 f.
Familienverträge **10,** 386 f.
- Arbeitsvertrag **10,** 387
- geringfügige Beschäftigungsverhältnisse **10,** 396 f.
- kurzfristige Beschäftigung **10,** 404 f.
- Minijobs **10,** 403 f.
- Überlassung von Wohnraum **10,** 390 f.
Fehlüberweisung, Erstattungsbetrag **10,** 65 f.
Festsetzungsbeschluss, vereinfachtes Verfahren **5,** 551
Feststellungsklage **2,** 92 f.
Finanzamt, Aufrechnung **10,** 268 f.
- Wohnsitz Finanzamt **10,** 282
Findelkind **4,** 608
Flüchtling **13,** 50 f., 218
Folgesache **1,** 85
- Anwaltszwang **1,** 32
- Scheidungsverbund **8,** 202 f.
Fördergrundbetrag, Anschaffungskosten **10,** 281
- Herstellungskosten **10,** 281
Förderprinzip **4,** 166 f.
Forderung, Fälligkeit **7,** 5
- Gegenseitigkeit **7,** 3
- Gleichartigkeit **7,** 4
- künftige Fälligkeit **7,** 13
- künftige Forderungen **7,** 29
- übergegangene Forderungen **7,** 27 f.
- unpfändbare Forderungen **7,** 24
Forderungspfändung, Anfechtungsgesetz **7,** 385
- Arbeitseinkommen **7,** 368 f.
- Drittschuldner **7,** 362
- – Auskunft **7,** 362 f.
- Pfändungsbeschluss **7,** 353 f.
- Pfändungsgrenzen **7,** 388 f.
- – Sockelbetrag **7,** 390
- Pfändungsprivileg des Unterhaltsanspruchs **7,** 395
- Pfändungsschutz **7,** 387 ff.
- Pfändungsvorrecht **7,** 397
- Prioritätsprinzip **7,** 400 f.
- Sozialleistung **7,** 375
- Überweisungsbeschluss **7,** 353 ff.
- Unterhaltsansprüche **7,** 387
- Vorpfändung **7,** 364
Forderungsübergang, gesetzlicher
 Forderungsübergang **7,** 30 ff., **12,** 89 f.
- Kindesunterhalt **5,** 363

- Unterhalt **5,** 362 f.
- Verwandtenunterhalt **5,** 362 f.
Form, Aufhebung der Adoption **4,** 391 f.
- Ehevertrag **3,** 260 f.
- Verlöbnis **2,** 2
Fortbildung, Mediation **1,** 28
Fortbildungsunterhalt, Geschiedenenunterhalt **6,** 133 f.
Fragerecht, Zwangsvollstreckung **7,** 350 f.
Freibetrag, Ausbildungsfreibetrag **10,** 618 f.
- außergewöhnliche Belastungen **10,** 159
- Geschiedenenunterhalt **6,** 200
- Grundfreibetrag **10,** 149
- Günstigerregelung **10,** 598 f.
- Haushaltsfreibetrag **10,** 149, 612 f.
- negative Einkünfte aus Vermietung oder Verpachtung **10,** 161
- Pauschbeträge für Behinderte und Hinterbliebene **10,** 159
- Recht auf Eintragung **10,** 162
- – Pfändbarkeit **10,** 162
- Sonderausgaben **10,** 159
- Sparerfreibetrag **10,** 110
- Werbungskosten **10,** 159
Freistellungsauftrag, Zinsabschlag **10,** 291 f.
Freistellungsbescheinigung, geringfügige Beschäftigungsverhältnisse **10,** 396 f.
Freiwillige Gerichtsbarkeit, Verfahren **1,** 88
Freiwillige Leistungen Dritter **5,** 286
Freiwilliges soziales Jahr **5,** 140 f.
Fremdenrentenrecht **9,** 865

Garantenstellung, eheliche Lebensgemeinschaft **2,** 86
Gebrauchsvorteil, Wohnwert **6,** 401 f.
Gebühr, Aussöhnungsgebühr **1,** 96
- Beweisgebühr **1,** 95
- einstweilige Anordnung **7,** 114
- Erfolgsgebühr **1,** 97
- Erörterungsgebühr **1,** 94
- Erstberatung **1,** 41 f.
- Erstberatungsgebühr **1,** 41 f.
- Honorarvereinbarung **1,** 43
- Prozessgebühr **1,** 92
- Vergleich **1,** 92
- Vergleichsgebühr **1,** 98
- Verhandlungsgebühr **1,** 93
- Wohnungszuweisung **3,** 513 f.
- Zweitberatung **1,** 41 f.
Gebührensicherung, Gebührenvorschuss **1,** 36
Gefährdung, Kindeswohl **4,** 243 f.
Gegenvormund **4,** 625 f.
Geldrente, schuldrechtlicher Versorgungsausgleich **10,** 704 f.
Geliebtentestament **12,** 116

Gemeinsame elterliche Sorge, Einschränkung **4**, 162 ff.
Gemeinschaft, Ausgleichsgemeinschaft **11**, 7
– Verantwortungsgemeinschaft **11**, 14 f.
Gemeinschaftskonten **3**, 348 f.
Generalbundesanwalt **4**, 7
Geringfügige Beschäftigungsverhältnisse **10**, 396 f.
– Freistellungsbescheinigung des Finanzamts **10**, 396
Gesamtgut **3**, 288
– Auseinandersetzung **3**, 296
– Auseinandersetzungsvereinbarung **3**, 296
– streitige Auseinandersetzung **3**, 297
– – Zustimmung zu Auseinandersetzungsplan **3**, 297
– Übernahme und Wertersatzansprüche **3**, 299 f.
Gesamtnormverweisung **13**, 249
Gesamtschuldnerauseinandersetzung **4**, 13
Gesamtschuldnerausgleich, Befreiungsanspruch **3**, 361
– Ehegattenunterhalt **6**, 435
– gemeinschaftliche Schulden **3**, 352 f.
Gesamtschuldnerisches Darlehen **1**, 127
Gesamtveranlagung, Ermittlung der Einkünfte **10**, 99 f.
Gesamtverweisung **13**, 32, 215
Geschäftsbetrieb, Mitarbeit des Ehegatten, Ausgleichsanspruch **3**, 367
Geschäftswert, good-will **3**, 90
– isoliertes Umgangsregelungsverfahren **4**, 452
Geschiedenenunterhalt **13**, 267
– Abfindungen **6**, 190
– Abzugspositionen, Altersvorsorge **6**, 240 f.
– – Arbeitnehmersparzulage **6**, 255 f.
– – berufsbedingte Aufwendungen **6**, 243
– – Fahrtkosten **6**, 244
– – Krankenversicherungsbeiträge **6**, 245
– – Lebensversicherungsbeiträge **6**, 246
– – Pflegeversicherung **6**, 247
– – Schulden/Verbindlichkeiten **6**, 254
– – Sozialversicherungsbeiträge **6**, 248 f.
– – Steuern und Solidaritätszuschlag **6**, 250 f.
– – vermögenswirksame Leistungen **6**, 255
– – Vorsorgeaufwendungen **6**, 259
– – Werbungskosten **6**, 260
– Altersruhegelder **6**, 210
– Altersvorsorgeunterhalt **6**, 147 f.
– Anschlussunterhalt **6**, 106
– Arbeitnehmersparzulage **6**, 191
– Arbeitslosengeld **6**, 192
– Arbeitslosenhilfe **6**, 193
– Aufstockungsunterhalt **6**, 121 f.
– – Darlegungs- und Beweislast **6**, 122
– Aufwandsentschädigung **6**, 194
– Ausbildungsunterhalt **6**, 133 f.
– Auskunftspflicht **6**, 360

– Auslösung **6**, 195
– Bedürftigkeit **6**, 181
– Behinderung des Umgangsrechts **6**, 364
– Berechnung **6**, 289 f.
– – Erwerbstätigenbonus **6**, 289 f.
– bereinigtes Nettoeinkommen **6**, 239
– – Abzugspositionen **6**, 240 ff.
– Betreuungsunterhaltsanspruch **6**. 86 f.
– Billigkeitsunterhalt **6**, 137 f.
– eigenes Vermögen **6**, 140
– Einkommensermittlung, bei Selbständigen **6**, 261 ff.
– Empfängnisverhütung **6**, 363
– Erwerbsobliegenheit **6**, 89 f.
– – Kindesbetreuung **6**, 90 f.
– Erwerbsunfähigkeitsrente **6**, 105, 196
– Erziehungsgeld **6**, 197
– Fahrtkostenerstattung **6**, 220
– Familien- und Ortszuschlag **6**, 199
– Fortbildungsunterhalt **6**, 133 f.
– Freibeträge **6**, 200
– freiwillige Leistungen Dritter **6**, 201
– gemeinschaftliche Kinder **6**, 84
– internationale Zuständigkeit **13**, 259 f.
– Kapitaleinkünfte **6**, 202
– Kindesbetreuung **6**, 83 ff.
– Krankengeld **6**, 203
– Leistungsfähigkeit des Unterhaltspflichtigen **6**, 182 ff.
– – Darlegungs- und Beweislast **6**, 184
– – anzurechnende Einkommenspositionen **6**, 188 ff.
– Mieteinkünfte **6**, 204
– Nebentätigkeit **6**, 205
– neue Partnerschaft, hypothetische Einkünfte **6**, 354 f.
– Offenbarungspflicht **6**, 360
– Ortszuschlag **6**, 206
– Pachteinkünfte **6**, 207
– Pflegegeld **6**, 208
– Pflegekinder **6**, 84
– Prämien **6**, 209
– Rentenzahlungen **6**, 210
– Sabbatjahr **6**, 214
– Sachbezüge **6**, 215
– scheineheliche Kinder **6**, 84
– Schlechtwettergeld **6**, 216
– Schwarzarbeit **6**, 2217
– Selbstbehalt **6**, 285 f.
– Soldatenversorgung **6**, 218
– Sozialhilfe **6**, 219
– Spesen **6**, 220
– Steuerrückzahlung **6**, 221
– Steuervorteile **6**, 222
– Stiefkinder **6**, 84
– Strafgefangene **6**, 225

(Geschiedenenunterhalt)
- Teilunterhalt **6**, 106
- Trinkgeld **6**, 226
- Übergangsgebührnisse **6**, 231
- Überstunden **6**, 232 f.
- Unterhalt wegen Alters **6**, 100 f.
- Unterhalt wegen Erwerbslosigkeit **6**, 113 f.
- – Darlegungs- und Beweislast **6**, 119
- Unterhalt wegen Krankheit **6**, 103 f.
- Unterhaltsneurose **6**, 111
- Urlaubsgeld **6**, 237
- Vermögenserträge **6**, 227
- Vermögenswirksame Leistungen **6**, 191
- Verschweigen von unterhaltsrelevanten Tatsachen **6**, 359 f.
- voreheliche Kinder **6**, 84
- Vorsorgeunterhalt **6**, 141 f.
- – Altersvorsorgeunterhalt **6**, 147 f.
- – Krankenvorsorgeunterhalt **6**, 151 f.
- – Pflegevorsorgeunterhalt **6**, 155
- Wegfall einer Erwerbstätigkeit **6**, 124 f.
- – Darlegungs- und Beweislast **6**, 125
- Weihnachtsgeld **6**, 228
- Wohngeld **6**, 229, 230
- Zählkindervorteil **6**, 238
- zeitliche Begrenzung **6**, 130 f., 303 f.
- – Surrogats-Rechtsprechung **6**, 306

Geschlechtsgemeinschaft, eheliche Treue **2**, 85
- empfängnisverhütende Mittel **2**, 85
- Schwangerschaftsabbruch **2**, 85
- Sterilisation **2**, 85

Geschwister, Umgangsrecht **4**, 294
Geschwisterbindung **4**, 173
Geschwistergerichtsstand **4**, 420
Gesellschaft, Abschreibungsgesellschaft **3**, 65; **10**, 72
Gesellschaftsbeteiligungen, gesellschaftsvertragliche Abfindungsklausel **3**, 112
Gesellschaftsvertrag **2**, 117
- Ausschluss der Zugewinngemeinschaft **3**, 270
Gesetzliche Prozessstandschaft, Sozialhilfeleistungen **7**, 63 f.
Gesetzliche Rentenversicherung, aktueller Rentenwert **9**, 192
- Anpassungssätze **9**, 938
- Anrechnungszeiten **9**, 192
- Auslandszahlungen **9**, 192
- Begriffe **9**, 192
- Beiträge **9**, 192
- Beitragserstattung **9**, 192
- beitragsfreie Zeiten **9**, 192
- beitragsgeminderte Zeiten **9**, 192
- Beitragsnachentrichtung **9**, 192
- Beitragssatz **9**, 192
- Beitragszeiten **9**, 192
- Bereiterklärung **9**, 192

- Berücksichtigungszeiten **9**, 192
- Besitzstandsregelung **9**, 192
- Bezugsgröße **9**, 192
- Entgeltpunkte **9**, 192
- Ersatzzeiten **9**, 192
- Erziehungsrente **9**, 192
- freiwillige Versicherung **9**, 192
- Gesamtleistungsbewertung **9**, 192
- Geschiedenenrente **9**, 192
- Hinterbliebenenversorgung **9**, 192
- Hinzuverdienstgrenzen **9**, 192
- Höchstbeitrag **9**, 192
- Höchstbetrag **9**, 192
- Höherversicherung **9**, 192
- Kindeserziehungszeiten **9**, 192
- Mindestbeitrag **9**, 192
- Nachversicherung **9**, 192
- Rentenarten **9**, 192
- Rentenartfaktor **9**, 192
- Rentenformel **9**, 192
- Rentnerprivileg **9**, 192
- Selbstständige **9**, 192
- Teilrente **9**, 192
- Versicherungsfreibetrag **9**, 192
- Witwen- oder Witwerrente **9**, 192
- Zugangsfaktor **9**, 192
- Zurechnungszeiten **9**, 192

Gesetzlicher Forderungsübergang, Arbeitslosenhilfe **7**, 81 f.
- Auskunftsanspruch **7**, 89
- BAföG **7**, 76 f.
- Beihilfe **7**, 82
- Kriegsopferfürsorge **7**, 85
- Sozialhilfeleistungen **7**, 32 ff.
- Unterhaltsausfallleistung **7**, 67 f.
- Unterhaltsforderung **7**, 30 ff.
- Unterhaltsvorschuss **7**, 67 f.
- Wohngeld **7**, 86

Gesetzlicher Güterstand, unbenannte Zuwendungen **3**, 378 f.
Getrennte Veranlagung, Eigenheimzulage **10**, 133 f.
Getrenntleben, eingetragene Lebenspartnerschaft **11**, 52 ff.
Getrenntlebensunterhalt **2**, 146
- Vollstreckungsabwehrklage **2**, 146
Gewaltschutzgesetz **3**, 440 f., 4, 6
Gewerbesteuer, Gewerbesteueranrechnung **10**, 40
Gewinne, ausgeschüttete Gewinne **10**, 38
Gewinneinkunftsarten **10**, 23
Gewinnermittlung, Bilanzierung **10**, 45
- vereinfachte Gewinnermittlung **10**, 47 f.
- Vermögensvergleich **10**, 46
Gleichgeschlechtliche Partner **2**, 64
Good-will **3**, 115
Großeltern, Umgangsrecht **4**, 294 f.

Grundbuchamt, Prüfpflicht **2**, 179
Grundfreibetrag **10**, 149
Grundsatz der Subsidiarität, Gefahrenabwehr bei Kindeswohlgefährdung **4**, 262
Grundsatz der Verhältnismäßigkeit, Umfangspflegschaft **4**, 314
Günstigkeitsprinzip **13**, 340
Gutachten, DNA-Gutachten **4**, 67
– genetisches Gutachten **4**, 63 f., 65 f.
– kinderpsychologisches Gutachten **4**, 441
– Parteien- oder Privatgutachten **4**, 538 f.
– Privatgutachten **4**, 68
– – Verwertungsverbot **4**, 68
– psychologische Gutachten **4**, 500 ff.
– serologisches Gutachten **4**, 63, 65 f.
Gütergemeinschaft **3**, 4 f., 286 ff., **10**, 224, 646 f.
– Beendigung **3**, 293 f.
– Ehevertrag **3**, 286
– Gesamtgut **3**, 288
– Sondergut **3**, 286 f.
– Vorbehaltsgut **3**, 286, 288
Güterrecht, gesetzliches Güterrecht **3**, 7 ff.
– vertragliches Güterrecht **3**, 240 ff.
– Vertragsfreiheit **3**, 248 ff.
Güterrechtsregister **2**, 156, **3**, 304 f.
– negative Publizität **3**, 307
– Schlüsselgewalt **2**, 155 f.
Güterrechtsstatut, gesetzliches Güterrechtsstatut **3**, 523 f.
– gewähltes Güterrechtsstatut **3**, 527 f.
Güterstand, Beendigung **3**, 9
– DDR-Güterstand, Überleitung **3**, 408 ff.
– Gütergemeinschaft **3**, 4
– Gütertrennung **3**, 4
– Überschuss **3**, 10
– Zugewinngemeinschaft **3**, 2 f.
Gütertrennung **3**, 4 f., 277 f., **10**, 218 f., 648 f.
– Ehevertrag **3**, 281 f.
– Ende **3**, 285
– kraft Gesetzes **3**, 281 f.
– unbenannte Zuwendungen **3**, 382 f.
– Verfügungsfreiheit **3**, 279

Haager Kindesentführungsabkommen **4**, 546, **13**, 204
– Rückgabeverfahren **4**, 546
Haager Minderjährigenschutzabkommen **13**, 6, 195 f.
Haager Übereinkommen **13**, 145 f.
– Günstigkeitsprinzip **13**, 148
Haager Unterhaltsübereinkommen **4**, 16, **13**, 173
Haftung, anteilige Haftung, Elternunterhalt **5**, 692 f.
– eingetragene Lebenspartnerschaft **11**, 32
– Ersatzhaftung **5**, 240

– minderjähriger Kinder **4**, 3
– nichteheliche Lebensgemeinschaft **12**, 21
– Rechtsscheinhaftung **12**, 27
– Verbindlichkeiten des Partners **12**, 26 f.
– Vollmachtserteilung **12**, 26
– Vormund **4**, 665 f.
Halbeinkünfteverfahren **10**, 433
Halbteilungsgrundsatz, Ehegattenunterhalt **6**, 291
Härteklausel, Ehegattenschutzklausel **8**, 36
– Kinderschutzklausel **8**, 36
Haushaltsfreibetrag **10**, 149, 612 f.
– Alleinerziehende **10**, 189 f.
– beschränkt Steuerpflichtige **10**, 194
– Kinder **10**, 612 f.
Haushaltsführung, Abänderungsklage **6**, 167
– Eigenverantwortung **2**, 106
– Rechenschaftspflicht **2**, 106
– Schadensersatzanspruch **2**, 107 f.
Haushaltsgegenstände, Anwartschaftsrechte **2**, 192
– Herausgabeanspruch **2**, 193
– Lieferungsanspruch **2**, 192
– Sicherungsübereignung **2**, 193
– Verfügungen **2**, 191 f.
Haushaltszugehörigkeit **10**, 632
Häusliche Lebensgemeinschaft, ehelicher Wohnsitz **2**, 84
Hausmann-/Hausfrau-Rechtsprechung **5**, 360 f.
Hausrat **3**, 434 ff., 471 ff.
– Anwaltsgebühr **1**, 113
– eingetragene Lebenspartnerschaft **11**, 60, 93 f.
– einstweilige Anordnung **3**, 500 f.
– endgültige Zuweisung **3**, 480 f.
– Hausratzuteilungsvereinbarung **1**, 124
– Verfügung **2**, 183
– Vollstreckung **2**, 184
– vorläufige Zuweisung **3**, 478 f.
– – Benutzungsgebühr **3**, 479
– Zugewinnausgleich **3**, 69 f.
– Zuweisung gem. Art. 17a EGBGB **3**, 538 f.
Hausratsregelungen, internationale Zuständigkeit **13**, 187
Hausratsverfahren **1**, 6
Hausratsverordnung **3**, 434
– nachträgliche Änderungen **3**, 512
– Rechtsbehelfe, befristete Beschwerde **3**, 506
– – einstweilige Anordnung **3**, 509
– Verfahren **3**, 490 ff.
– vorläufiger Rechtsschutz **3**, 500 f.
Heimatrecht **4**, 18
Heimatrechtstheorie **13**, 203
Heimunterbringung **5**, 170
Herausgabe persönlicher Sachen, Anwaltsgebühr **1**, 118
Herausgabeanspruch, Kindesherausgabeanspruch **4**, 99

Stichwortverzeichnis

Herausgabevollstreckung, nichteheliche Lebensgemeinschaft **12**, 152 f.
Herstellungsklage **2**, 90 f.
– Mitarbeitsverpflichtung **2**, 118
Heterologe Insemination **4**, 9
Hilfspflicht **2**, 86
– Verfügung über Gemeinschaftskonto **2**, 86
Homosexuelle Partnerschaft **12**, 4
Honorarvereinbarung, Mediation **1**, 23
Hypothetische Einkünfte, Erwerbsfähigkeit **6**, 50 f.
– Verletzung einer Erwerbsobliegenheit **6**, 32 ff.

Indexzahlen, alte Bundesländer 1962 bis 1990 **3**, 441
– alte und neue Bundesländer 1991 bis 2002 **3**, 542
– alte und neue Bundesländer 1995 bis 2002 **3**, 543
Indirekte Steuern, Mineralölsteuer **10**, 3
– Umsatzsteuer **10**, 3
Individualunterhalt **5**, 120 ff.
– Abänderungsklage **5**, 123
– Bar- und Naturalunterhalt **5**, 174 f.
– Bedürftigkeit **5**, 125 ff.
– Bestimmungsrecht der Eltern **5**, 182 f.
– Beweislast **5**, 171 f.
– Fachhochschulstudium **5**, 216
– Fachoberschule **5**, 216
– Haftung der Eltern **5**, 230 ff.
– Haftung, gleichrangige Haftung **5**, 230 f.
– Kosten des Studiums **5**, 207 f.
– Promotion **5**, 227
– prozessuale Besonderheiten **5**, 123
– Realschulabschluss **5**, 216
– Studiendauer **5**, 219 f.
– Unterhaltstabellen, Höchstbetragsüberschreitung **5**, 160
– Vorbildung zu einem Beruf **5**, 200 f.
– zweite Ausbildung **5**, 205
Informationspflichten, alte Verfahren **1**, 45
– anhängige Verfahren **1**, 45
– Art der Trennung **1**, 45
– Datum der Eheschließung **1**, 45
– Ehevertrag **1**, 45
– Einkommensverhältnisse **1**, 45
– Informationstechnik **1**, 46
– mögliche Unterhaltspflichten **1**, 45
– Sozialdaten **1**, 45
– Vollzug der Trennung **1**, 45
– wirtschaftliche Verhältnisse **1**, 45
– Zufallsinformationen **1**, 46
Inhaltskontrolle, Ehevertrag **3**, 258 f.
Insichgeschäft **4**, 113
Insolvenzsicherung, betriebliche Versorgung **9**, 318
Interessengegensatz **1**, 15

Interessenwiderstreit **1**, 13
– Internationale Zuständigkeit, Sorgerechts- und Umgangsregelung **4**, 402 f.
Internationales Privatrecht, nichteheliche Lebensgemeinschaft **12**, 177
Isoliertes Sorgerechtsverfahren **1**, 6

Jugendamt, Aufgaben und Beteiligung **4**, 585 ff.
– Ausbleiben eines Mitarbeiters **4**, 602
– begleiteter Umgang **4**, 307
– – Kosten **4**, 310
– Benachrichtigungspflicht des Gerichtes **4**, 593 f.
– Beratungsangebote **4**, 447
– Gegenvormund **4**, 627
– Jugendamtsbericht **4**, 595
– – Bestimmungen des Datenschutzes **4**, 597 f.
– Umgangspflicht **4**, 284
– Unabhängigkeit von der Entscheidung der Familiengerichte **4**, 602

Kapitaleinkünfte, Geschiedenenunterhalt **6**, 202
– Kapitalertragsteuer **10**, 561
– Zinsabschlagsteuer **10**, 561
Kapitalertragsteuer **10**, 561
Kegelsche Leiter **13**, 87, 273
Kind i. S. d. Einkommensteuergesetzes **10**, 579 f.
Kindbezogene Leistungen, Anrechnung **5**, 108 f.
Kinder, Auslandskinder **10**, 623
– behinderte Kinder **10**, 592 f., 634 f.
– – Pauschbeträge **10**, 634 ff.
– gemeinschaftliche Kinder, Geschiedenenunterhalt **6**, 84
– Haushaltsfreibetrag **10**, 612 f.
– Kinderbetreuungskosten **10**, 600 f., 624 ff.
– Pflegekinder **10**, 581 f.
– – Geschiedenenunterhalt **6**, 84
– scheineheliche Kinder, Geschiedenenunterhalt **6**, 84
– Stiefkinder, Geschiedenenunterhalt **6**, 84
– volljährige Kinder **10**, 588 f.
– voreheliche Kinder, Geschiedenenunterhalt **6**, 84
Kinderbetreuungskosten **5**, 34
Kindererziehungszuschlag nach BeamtVG **9**, 229
Kinderfreibetrag **10**, 141, 153, 570 ff.
– Großeltern **10**, 608
– Pflegeeltern **10**, 608
– Stiefelternteil **10**, 608
Kindergeld **5**, 85, 88 ff., 146, 163, **10**, 570 ff.
– Auskehrung an das Kind **5**, 111
– Barexistenzminimum **5**, 103
– Bezugsberechtigung **5**, 92
– Bundeskindergeldgesetz **5**, 89
– Kindergeldabzugstabellen **5**, 105
– Kindergeldanrechnung **5**, 94 f.
– Obhutsprinzip **5**, 92

Stichwortverzeichnis

(Kindergeld)
- Steuervergünstigung 5, 88 f.
- Vorrangprinzip 5, 92
- Zählkindvorteil 5, 96
Kinderhandel 4, 381
- Adoptionsvermittlungsgesetz 4, 381
Kinderrechteverbesserungsgesetz 4, 9, 161
Kinderunterhalt, Regelbetrag 5, 72 f.
- Regelbetragverordnung 5, 72 f.
Kinderunterhaltsgesetz 5, 70 ff.
- Änderungen 5, 70 ff.
- Regelbetragsverordnung 5, 72 ff.
- Übergangsvorschriften 5, 567 f.
- Unterhalt für Vergangenheit 5, 417 f.
Kinderzulage 10, 288
Kindesbetreuung, Erwerbsobliegenheit 6, 43 ff.
Kindesherausgabe, Haager Entführungsabkommen 13, 311
Kindesherausgabeanspruch, Haager Kindesentführungsabkommen 4, 99
- Kindeswohl 4, 99
- Verbleibensanordnung 4, 100
- - einstweilige Anordnung 4, 100
Kindesmissbrauch, begleiteter Umgang 4, 302
Kindespflichten 4, 126
Kindesstatus, einheitlicher Kindesstatus 4, 125
Kindesunterhalt, Anwaltsgebühr 1, 111
- Besteuerung 10, 308 f.
- DDR-Unterhaltstitel 5, 410 f.
- Einigungsvertrag 5, 400 f.
- - Umstellung von Titeln 5, 406
- Ersatzhaftung 5, 363
- Festsetzung 5, 78 f.
- Forderungsübergang 5, 363
- Scheinvater 5, 363
- für die Vergangenheit 5, 414 ff.
- Gegenstandswert 1, 111
- Hausfrau-/Hausmann-Rechtsprechung 5, 323 f., 360 f.
- Leistungsfähigkeit 5, 264 ff.
- Mahnung 5, 435 ff.
- - Vertretungsprobleme 5, 433 f.
- nicht miteinander verheirateter Eltern 5, 583 ff.
- Rangfragen 5, 352 f.
- - Mangelfallberechnung 5, 352 f.
- Regelbetragsverordnung 1, 111
- statischer Individualunterhalt 5, 82
- Unterhaltsanspruch, Verzicht 5, 392 f.
- Vertretung 5, 433 f.
- - Abänderungsklage 5, 519 f.
- - Klageverfahren 5, 510 f.
- - Vollstreckungsgegenklage 5, 521
- - Zwangsvollstreckung 5, 519 f.
- Vertretungsprobleme 5, 433 f.
- Wohnbedarf 5, 162

Kindesunterhaltsgesetz 4, 4
Kindesvermögen, Gefährdung 4, 272 f.
Kindesvernachlässigung 4, 258
Kindeswohl 4, 123
- Ausschluss des Umgangsrechts 4, 324 f.
- elterliche Sorge bei tatsächlicher Verhinderung 4, 207
- elterliche Sorge bei Tod 4, 202
- Förderprinzip 4, 242
- Gefährdung 4, 233 ff.
- - Subsidiaritätsprinzip 4, 233
- - Vermögensgefährdung 4, 240
- Gefahrenabwehr 4, 262 f.
- Kontinuitätsprinzip 4, 242
- Namensrecht 4, 370
- Selbstbestimmungsrecht 4, 242
- Umgangsrecht 11, 25
Kindeswohlgefährdung, Gefahrenabwehr, Grundsatz der Subsidiarität 4, 262
- - Verhältnismäßigkeit 4, 264 f.
Kindschaftsrechtsreform 4, 1 ff.
- Adoption 4, 395 f.
Kindschaftssachen, internationale Zuständigkeit 13, 193
Klage, Abänderungsklage 7, 184 ff.
- auf vorzeitigen Zugewinnausgleich 3, 544
- Bereicherungsklage 7, 283
- Drittwiderspruchsklage 3, 347
- Gestaltungsklage, vorzeitiger Zugewinnausgleich 3, 227 f.
- Korrekturklage 4, 73
- Leistungsklage 7, 192 ff.
- Stufenklage 7, 243
- Vollstreckungsgegenklage 7, 186 f.
- Widerklage 7, 311
- Zusatzklage 5, 249
Klagerecht der Mutter, Statusverfahren 4, 44 f.
Klauselerteilungsverfahren, nach AVAG 13, 152 f.
Kollisionsnormen 4, 15, 13, 2, 29
- eheliche Kinder 4, 15
- nichteheliche Kinder 4, 15
Kollisionsregel 13, 29
Kombianerkennung zu Dritt 4, 12
Kommanditist 10, 541
Kontinuitätsprinzip 4, 164 f.
- „Wechselmodelle" 4, 165
Körperschaftsteuer, Halbeinkünfteverfahren 10, 39
Korrekturklage 4, 73
- Kosten, Ausbildungs- und Fortbildungskosten 10, 453 f.
- Auskunftserteilung 3, 220
- begleiteter Umgang 4, 310
- Bewirtungskosten 10, 524 f.
- der Scheidung 10, 204 f.
- des Sachverständigen 4, 497 f.

1809

(Korrekturklage)
- doppelte Haushaltsführung **10**, 213 f.
- einer zweiten Ausbildung **5**, 205
- einstweilige Anordnung **7**, 114 f.
- für Einschaltung eines Detektivs **10**, 209
- Gerichtskosten, Versorgungsausgleich **9**, 118 f.
- Kinderbetreuungskosten **10**, 600 f., 624 f.
- Lebenspartnerschaftssachen **11**, 115
- Mediation **1**, 23
- Steuerberatungskosten **10**, 451 f.
- Umzugskosten **10**, 212
- Versorgungsausgleich, Änderungen **9**, 769
Kostenentscheidungen, schuldrechtlicher Versorgungsausgleich **9**, 582
Kostenerstattungsanspruch, materiell-rechtlicher, Auskunftsanspruch **5**, 504
Kostenfestsetzungsverfahren **6**, 472
Kostenzusage **1**, 33
Krankengeld, Geschiedenenunterhalt **6**, 203
Krankenversicherung, der Ehefrau **1**, 82 f.
Kündigungsschutzklage, Unterhaltspflicht **5**, 321
Kurzfristige Beschäftigung **10**, 404 f.
- Befreiung von der Sozialversicherung **10**, 405

Landesjustizverwaltung, Anerkennungsbescheid **13**, 226
- Anerkennungsmonopol **13**, 223 f.
Lebensgemeinschaft, faktische homosexuelle Lebensgemeinschaft **11**, 2
- sozio-ökonomische Lebensgemeinschaft **12**, 110
Lebenspartnererbrecht **11**, 49
Lebenspartnerschaft, eingetragene Lebenspartnerschaft **11**, 4 ff.
- Unterhalt, Bedürftigkeit **11**, 83 f.
- - Leistungsfähigkeit **11**, 82
- - Unterhaltstatbestände **11**, 76 f.
Lebenspartnerschaftsergänzungsgesetz **11**, 30
Lebenspartnerschaftsgesetz **4**, 5
Lebenspartnerschaftssachen, einstweiliger Rechtsschutz **11**, 114
- internationale Zuständigkeit **11**, 105
- kleines Sorgerecht **11**, 98
- Kosten **11**, 115
- örtliche Zuständigkeit **11**, 100 f.
- Überschussausgleichsverfahren **11**, 111
- Verbleibensanordnung **11**, 98
- Verbund **11**, 113
- Verfahren zum Umgangsrecht **11**, 98
- Verfahrensrecht **11**, 97 ff.
Lebenspartnerschaftsvertrag **11**, 120
- partnerschaftliche Vermögensgemeinschaft **11**, 37
- Registereintragung **11**, 37
- Vermögenstrennung **11**, 38
- Wertsicherungsklauseln **11**, 120

Lebensstandardgarantie **5**, 153
Lebensstellung, des minderjährigen Kindes **5**, 151
- des volljährigen Kindes **5**, 152
Lebensversicherung, Direktversicherung **3**, 119
- gemischte Lebensversicherung **3**, 118
- Kapitallebensversicherung **3**, 117
- - mit Rentenwahlrecht **3**, 117
Lebensversicherungen, Leibrentenversicherung **9**, 356
- Realteilung **9**, 485
- Risikolebensversicherung **9**, 359 f.
- Versorgungsausgleich **9**, 355 ff.
Lebensversicherungsverträge, Versorgungsausgleich **9**, 159
Leihmutterschaft **4**, 20
Leistungsfähigkeit, Abzugsfähigkeit von Schulden **5**, 288 f.
- Beweislast **5**, 265
- der Kinder, anteilige Haftung **5**, 692 f.
- - Unterhaltsansprüche **5**, 686 f.
- - Vermögensverwertung **5**, 690
- Schulden **5**, 683 f.
- Selbstbehalt des Kindes **5**, 665 f.
- steuerliche Leistungsfähigkeit **10**, 421
Leistungsklage **7**, 192 ff.
Liquidationswert **3**, 91 f.
Lohnabtretung **7**, 377 f.
Lohnpfändung **7**, 377 f.
Lohnsteuer **10**, 139 f.
- Kinderfreibetrag **10**, 141
- Lohnsteuertabellen **10**, 145 f.
- Pauschalversteuerung **10**, 143
Lohnsteuerabzug, Trennungsjahr **10**, 174 f.
Lohnsteuerkarte **10**, 155 f.
- Freibetrag **10**, 158
Lohnsteuertabelle, Freibeträge **10**, 148 f.
- Grundfreibetrag **10**, 159
- Haushaltsfreibetrag **10**, 149
- Jahreslohnsteuertabelle **10**, 145
- Monatslohnsteuertabelle **10**, 145
- Pauschbeträge **10**, 148 f.
- Tageslohnsteuertabelle **10**, 145
- Wochenlohnsteuertabelle **10**, 145
Luganer Übereinkommen **13**, 6, 150

Mangel, Mangelfallberechnung, Billigkeitsprüfung **6**, 386
Mangelfall, Ehegattenunterhalt **6**, 378 ff.
- Mangelfallberechnung **6**, 380 ff.
- notwendiger Selbstbehalt **6**, 378 f.
- Quotentabellen **6**, 387, 576 ff.
Mangelfallberechnung **5**, 352 f.
- Berechnungsbeispiele **6**, 384 f.
- Düsseldorfer Tabelle **6**, 380 f.
Mediation **1**, 7 ff., 18 f.
- Anwendungsgebiete **1**, 20

Stichwortverzeichnis

(Mediation)
- Arbeitsgemeinschaften **1**, 28
- Berufsordnung **1**, 24
- Fortbildung **1**, 28
- Honorarvereinbarung **1**, 23
- Institute **1**, 28
- Kostenfragen **1**, 23
- Mediationsmandat **1**, 26
- Risiken **1**, 22
- Verschwiegenheitspflicht **1**, 25
- Werbung **1**, 24

Mehrbedarf **5**, 244 f.
Mehrstaater **13**, 45
Mieteinkünfte, Geschiedenenunterhalt **6**, 204
Mietverhältnisse, mit unterhaltsberechtigten Kindern **10**, 638 f.
Minderangleichungsdynamische Anrechte **9**, 905 f.
Minderjährigenhaftungsbeschränkungsgesetz **4**, 4
Minderjährigkeit, eingetragene Lebenspartnerschaft **11**, 10
Mindestbesteuerung **10**, 25
Minijobs, Steuerermäßigungen für Arbeitgeber **10**, 403
Missbrauch, elterliche Sorge **4**, 246 ff.
- Missbrauchsbekämpfungs- und Steuerbereinigungsgesetz **3**, 324

Missbrauchssyndrom **4**, 255 f.
Mitarbeitsverpflichtung **2**, 112
- Arbeitsverhältnis **2**, 114 f.
- Entgelt **2**, 113
- im Geschäft **2**, 112 ff.
- im Gewerbe **2**, 112 ff.
- Innengesellschaft **2**, 117

Mitbesitz, nichteheliche Lebensgemeinschaft **12**, 153
Mitvormund **4**, 625 f.
Modifizierte Zugewinngemeinschaft **3**, 267
Muster, Abtretung einer Unterhaltsforderung **7**, 416
- Antrag auf Auskunftserteilung und Zahlung von Zugewinnausgleich **3**, 545
- Antrag auf Ausschluss des Umgangsrechts **4**, 710
- Antrag auf Herausgabe des Kindes **4**, 705
- Antrag auf Sorgerechtsänderung **4**, 711
- Antrag auf Umgang mit dem Kind für außerehelichen Vater **4**, 708
- Antrag dinglicher Rechte zur Sicherung der Ausgleichsforderung **3**, 546
- Antragserwiderung der außerehelichen Mutter auf den Umgangsregelungsantrag **4**, 709
- Aufforderungsschreiben zur Zahlung von Trennungsunterhalt **1**, 125
- Aufhebungserklärung **11**, 121
- Aufhebungsfolgevereinbarung bei Aufhebung der Lebenspartnerschaft **11**, 123
- Aufrechnung, Unterhaltsforderung **7**, 417
- Auskunftsklage gegen Selbständigen **7**, 419
- Auskunftsverlangen gegenüber abhängig beschäftigtem getrennt lebenden Ehemann **1**, 126
- Ehevertrag **3**, 547
- – nach Eheschließung **3**, 549
- – Modifizierung des Zugewinnausgleichs **3**, 548
- einstweilige Anordnung wegen Ehegatten- und Kindesunterhalt **7**, 421
- endgültige Hausratszuteilungsvereinbarung **1**, 124
- Erb- und Pflichtteilsverzichtsvertrag **11**, 122
- Generalvollmacht **12**, 183
- Herausnahme von Vermögensgegenständen aus dem Vermögensausgleich **11**, 119
- Klage auf vorzeitigen Zugewinnausgleich **3**, 544
- Lebenspartnerschaftsvertrag mit Ergänzung Unterhalt **11**, 120
- Mandatsbestätigung **1**, 120
- Partnerschaftsvertrag **12**, 180
- Postvollmacht **12**, 181
- Rückübertragung des Unterhaltsanspruches **7**, 420
- Scheidungsvereinbarung, Scheidungsfolgenvereinbarung **8**, 246
- Schreiben an Bank zwecks Entlassung aus der Gesamtschuld **1**, 127
- Schreiben zur Vorbereitung der Ehescheidung **1**, 121
- Schreiben zur Vorbereitung der Trennung **1**, 121
- streitige Korrespondenz wegen der Umgangsbefugnis **1**, 123
- Stufenklage gegen abhängig Beschäftigten **7**, 418
- Übertragung der elterlichen Sorge **4**, 706
- – auf einen Elternteil mit Zustimmung **4**, 707
- Umgangsregelung mit einem ehelichen Kind während des Getrenntlebens **1**, 122
- Vereinbarung der Ausgleichsgemeinschaft **11**, 117
- – mit Modifizierung **11**, 118
- Vollmacht bei Tod, Krankheit und Unfall **12**, 182

Mutterschaftsfeststellung **4**, 22

Nachehelicher Unterhalt **1**, 130, **13**, 175
Nachforderungsklage, Ehegattenunterhaltsansprüche **6**, 562
Name, Lebenspartnerschaftsname **11**, 16
Namensrecht **4**, 355 f.
- Änderung durch Verwaltungsakt **4**, 369

Stichwortverzeichnis

(Namensrecht)
– Doppelname **4**, 360 f.
– – Einbenennung **4**, 362
– Einbenennung, nachträgliche Einbenennung **4**, 366
– fehlender Ehename **4**, 346 f.
– – Einbenennung **4**, 397
– – Stiefelterneinbenennung **4**, 357
– gemeinsamer Ehename **4**, 360 f.
– internationales Namensrecht **13**, 114 f.
– – Ehename **13**, 115 f.
– – Kindesname **13**, 118 f.
– Kindeswohl **4**, 370
– Verfahren **4**, 364
Naturalunterhalt **5**, 174 f.
Nebenintervention, Vaterschaftsanfechtungsklage **4**, 32 f.
Nebentätigkeit, Geschiedenenunterhalt **6**, 205
– Unterhaltspflicht **5**, 336 f.
Nettoeinkommen, bereinigtes Nettoeinkommen **5**, 38
– Freibetrag **5**, 16
– Risikolebensversicherung **5**, 19
– Splittingvorteil **5**, 7
– Steuerklassenwahl **5**, 18
Nichtehe **8**, 6
Nichteheliche Lebensgemeinschaft, Arbeitslosengeld **12**, 165 f.
– Arbeitsrecht **12**, 83 f.
– – Tendenzbetriebe **12**, 88
– Auflösung **12**, 28 ff.
– – Abwicklung **12**, 32
– – Ausgleichsansprüche, Hausbaufälle **12**, 35 f.
– – Bürgenregress **12**, 53 f.
– – Dienst- und Arbeitsleistungen **12**, 47 f.
– – gemeinsam genutzte Wohnung **12**, 72 f.
– – Schadensersatz **12**, 44
– – Schulden **12**, 47 f.
– – Verlöbnisrecht **12**, 31
– – vertragliche Regelung **12**, 29
– – Zugewinnausgleich **12**, 30
– Ausländerrecht **12**, 174 f.
– Bürgschaftsvertrag **12**, 136 f.
– Deliktsrecht **12**, 83 f.
– eherechtliche Vorschriften **12**, 7 ff.
– einfach-rechtliche Grundlagen **12**, 7 ff.
– Erbrecht **12**, 116 ff.
– – Dreißigster **12**, 125
– – Verfügung von Todes wegen **12**, 116 f.
– – Voraus **12**, 126
– Erbschaftsteuerrecht **12**, 127 f.
– – gegenseitiger Unterhalt **12**, 23 f.
– – Leibrentenversprechen **12**, 24
– – schwangerschaftsbedingte Kosten **12**, 25

Nichteheliche Lebensgemeinschaft, gegenseitiger Unterhalt, Unterhaltszusage **12**, 25
– – Wohnrecht **12**, 25
– gemeinsame Kinder **12**, 98 f.
– – Sorgerecht **12**, 98 f.
– Generalvollmacht **12**, 183
– Gesellschaftsvertrag **12**, 9
– Haftung untereinander **12**, 21 f.
– Herausgabevollstreckung **12**, 152 f.
– internationales Privatrecht **12**, 177, **13**, 356 f.
– Mietrecht **12**, 63 ff.
– – Anzeigepflicht **12**, 62
– – Besitzrecht **12**, 76
– – Eigenbedarf **12**, 69
– – Eintrittsrecht bei Tod **12**, 70
– – Erlaubnis des Vermieters **12**, 62
– – Hausratsverordnung **12**, 74
– – Rechtsmissbrauch **12**, 69
– – Unterlassungsklage **12**, 63
– nachehelicher Unterhaltsanspruch, Wohnkostenersparnis **12**, 105
– – Versorgungsleistungen **12**, 105
– öffentliches Dienstrecht **12**, 83 f.
– – Ortszuschlag **12**, 86 f.
– öffentliches Recht **12**, 157 f.
– Partnerschaftsvermittlungsvertrag **12**, 134 f.
– Partnerschaftsvertrag **12**, 12 f., 180
– Postvollmacht **12**, 181
– Prozesskostenhilfe **12**, 162 f.
– Räumungsvollstreckung **12**, 152
– Rechtsvergleichung **12**, 178
– Schenkungsteuerrecht **12**, 127 f.
– Sozialrecht **12**, 157 f.
– – Wohngeldrecht **12**, 161
– Steuerrecht **10**, 295 f., **12**, 167 f.
– – doppelte Haushaltsführung **12**, 171
– – Grunderwerbsteuerbefreiung **12**, 167
– – Haushaltshilfe **12**, 172
– – Splittingtarif **12**, 167
– Strafprozess **12**, 155
– Strafrecht, Angehörigenbegriff **12**, 139
– – Aussagenotstand **12**, 140
– – Garantenstellung **12**, 138
– – nahe stehende Personen **12**, 141
– Unterhaltsanspruch, nachehelicher Unterhaltsanspruch **12**, 103 f.
– verfassungsrechtliche Grundlagen **12**, 6
– Versicherungsrecht **12**, 89 f.
– – Angehörigenprivileg **12**, 89 f.
– – Repräsentanteneigenschaft **12**, 92
– Widerruf von Schenkungen **12**, 33
– Zivilprozess, eidesstattliche Versicherung **12**, 151
– – Zeugnisverweigerungsrecht **12**, 146 f.
– – Zuständigkeit **12**, 142

(Nichteheliche Lebensgemeinschaft, gegenseitiger Unterhalt, Unterhaltszusage)
– – Zustellung **12**, 143
– – Zwangsvollstreckung **12**, 148 f.
– Zusammenveranlagung **10**, 295 f.
Nichteheliches Kind, Ansprüche der Mutter **5**, 585 f.
– Betreuungsunterhalt des Vaters **5**, 616 f.
– Kosten der Entbindung **5**, 590 f.
– Kosten der Schwangerschaft **5**, 590 f.
– Unterhalt, einstweilige Verfügung **5**, 624 f.
– – Verjährung **5**, 621 f.
– Unterhaltsanspruch **5**, 585
– – wegen Erwerbslosigkeit **5**, 593 f.
– Unterhaltspflicht, bisherige Regelung **5**, 630 f.
Nießbrauch **3**, 42
– Vermögenswerte **3**, 121
Notar, Aufklärungspflicht **2**, 130
Notvertretungsrecht **4**, 190
Nutzungsanteile, private Nutzungsanteile **10**, 528 f.
Nutzungsentgelt, gemeinsames Wohneigentum oder Mietwohnungen **4**, 13

Oder-Konten **3**, 348 f.
Öffentlicher Dienst, Zusatzversorgungen, abschmelzende Ausgleichsrenten **9**, 266
Öffentliches Recht, nichteheliche Lebensgemeinschaft **12**, 157 f.
Öffentlich-rechtlicher Versorgungsausgleich, Nachholung **9**, 852
– Vollstreckung **9**, 136 f.
Örtliche Zuständigkeit, Ehesache **4**, 417 f.
– gemeinsamer Aufenthalt **1**, 70
– gewöhnlicher Aufenthalt **1**, 70
– isoliertes Verfahren **1**, 70
Ortszuschlag, Geschiedenenunterhalt **6**, 206

Pachteinkünfte, Geschiedenenunterhalt **6**, 207
Partnerschaft, Scheinpartnerschaft **11**, 3
Partnerschaftsbegründung **11**, 7
Partnerschaftsvertrag **12**, 12 f., 119, 180
– Abfindungsvereinbarung **12**, 13
– Regelungslücke **12**, 13
– selbstständiges Schuldversprechen **12**, 13
– Vertragsstrafe **12**, 13
„PAS-Syndrom" **4**, 250
Pauschalversteuerung **10**, 143
Pauschalbeträge, Werbungskostenpauschbetrag **10**, 109
Pensionistenprivileg **9**, 234
– Versorgungsausgleich **9**, 755
Pensionsfonds, betriebliche Versorgung **9**, 294
Pensionskasse, betriebliche Versorgung **9**, 293
Personensorge, elterliche Sorge **4**, 87 ff.
– entwürdigende Erziehungsmaßnahmen **4**, 88
– freiheitsentziehende Unterbringung **4**, 89

– Gewaltverbot **4**, 88
– Kindesherausgabeanspruch **4**, 99
– – gegenüber Pflegeeltern oder Stiefeltern **4**, 100
– – Verbleibensanordnung **4**, 104
– Umgangsverbot **4**, 101 f.
– – Vollstreckung **4**, 103
– Unterbringung in geschlossenen Heimen **4**, 90
Persönliche Bedürfnisse, Altersversicherung **2**, 137
– Ausbildung **2**, 137
– Kosten für Bekleidung **2**, 136
– Krankenversicherung **2**, 137
– kulturelle Interessen **2**, 136
– Prozesskostenvorschuss **2**, 137
– Taschengeld **2**, 137
Persönliche Entfaltung, Persönlichkeitsrecht **2**, 88
– Privatsphäre **2**, 88
Persönlichkeitsdiagnostik **4**, 515
– der Eltern **4**, 519
Persönlichkeitsrecht, des Kindes **4**, 19
– eheliche Lebensgemeinschaft **2**, 88
Pfändung, Vorauspfändung **7**, 344 f.
– Vorpfändung **7**, 364
– Vorratspfändung **7**, 341 f.
Pflegeeltern, allgemeine Vertretungsbefugnis **4**, 221
– Kindesherausgabeanspruch **4**, 100
– Umgangsrecht **4**, 220, 294
– Verbleibensanordnung **4**, 222
– Vollzeitpflege **4**, 216
Pflegegeld, Geschiedenenunterhalt **6**, 208
– Trennungsunterhalt **6**, 25
Pflegschaft, Abwesenheitspflegschaft **4**, 690
– Beistandschaft **4**, 694
– Bestellung, Bestallungsurkunde **4**, 695
– Ergänzungspflegschaft **4**, 689
– Haftung **4**, 700
– internationale Zuständigkeit **13**, 94, 342 f.
– Sachpflegschaft **4**, 693
– Vergütung **4**, 699
Pflegschaftsrecht **4**, 687 f.
Pflichtteilsanspruch **12**, 120
Pflichtteilsentziehung **12**, 122
Pflichtteilsergänzungsanspruch **12**, 120
Pflichtteilsrecht, Güterstandswechsel **3**, 314 f.
Postulationsfähigkeit **1**, 31 f.
Präklusion, Abänderungsklage **7**, 228 ff.
Prämien, Geschiedenenunterhalt **6**, 209
Prioritätsprinzip **13**, 220
Privateinlagen **10**, 535 f.
Privatentnahmen **10**, 535 f.
Privatgutachten, Verwertungsverbot **4**, 68
Privatscheidung, ausländische Privatscheidung **13**, 223 f.
– inländische Privatscheidung **13**, 223

1813

Privatsphäre, eheliche Lebensgemeinschaft **2,** 88
Privatvermögen **10,** 50 f.
– notwendiges Privatvermögen **10,** 56
Progression **10,** 32 f.
– Progressionsvorbehalt **10,** 35
Prozessgebühr **1,** 92
Prozesskosten, Auskunftspflicht, Verletzung **5,** 508 f.
Prozesskostenhilfe **1,** 130
– Mahnung **5,** 453
– nichteheliche Lebensgemeinschaft **12,** 162 f.
– Prozesskostenvorschuss **5,** 262 f.
– Scheidungsverfahren **8,** 125 ff.
– Versorgungsausgleichsverfahren **8,** 145
Prozesskostenvorschuss, Aufrechnung **5,** 259
– Kostenfestsetzungsverfahren **5,** 261
– Prozesskostenhilfe **5,** 262 f.
– Rückzahlung **5,** 260
– Unterhalt **5,** 250 f.
– Zwangsvollstreckung **5,** 258
Prozesskostenvorschusspflicht, Unterhalt **5,** 250 f.
Prozessstandschaft, Kindesunterhalt **5,** 510 f.
Psychologische Analyse, Umgangsverweigerung **4,** 351 f.
Psychologische Gutachten **4,** 500 ff.
– Begutachtungsablauf **4,** 520 f.
– Checkliste, Gliederung eines psychologischen Gutachtens **4,** 537
– ethische Standards **4,** 509
– Explorationsleitfaden **4,** 512
– formale Standards **4,** 509
– Fragestellungen **4,** 501 f.
– Gliederung **4,** 506 f.
– Kindeswille **4,** 527
– Kindeswohl **4,** 504 f.
– methodische Standards **4,** 509
– Nachprüfbarkeit des Gutachtens **4,** 509
– Nachvollziehbarkeit des Gutachtens **4,** 509
– psychologische Aktenanalyse **4,** 529
– psychologischer Untersuchungsbericht **4,** 530
– Rahmenbedingungen **4,** 509
– Überzeugungskraft des Gutachtens **4,** 509
Psychologische Testverfahren **4,** 515
– Objektivität **4,** 515
– Qualitätsstandards **4,** 515
– Rehabilität **4,** 515
– Validität **4,** 515

Räumung, Ehewohnung **3,** 463
– Räumungsfrist, Ehewohnung **3,** 463
Räumungsvollstreckung, nichteheliche Lebensgemeinschaft **12,** 152
Realsplitting **10,** 321 f.
– Ehegatte im Ausland **10,** 328 f.
– Ehegattenunterhalt **6,** 474 f.
– Unterhaltsabfindung **10,** 351 f.

– Voraussetzungen **10,** 325
– Wirkung **10,** 357 f.
– Zustimmung des Empfängers **10,** 335 f.
Rechtlicher Vater **4,** 23
Rechtsanwaltskosten, Zustimmung zum Realsplitting **10,** 342
Rechtsgeschäft, höchstpersönliches **2,** 2
Rechtshängigkeit, ausländische Rechtshängigkeit **7,** 293
– Scheidungsverfahren **8,** 155 f.
– Unterhalt **5,** 462 f.
Rechtsmittel, außerordentliche Beschwerde **4,** 555
– befristete Beschwerde **4,** 547 f.
– Untätigkeitsbeschwerde **4,** 556
– Versorgungsausgleich **9,** 139 f.
Rechtsscheinhaftung **12,** 27
Rechtsschutzversicherung **1,** 33 ff.
– Deckungszusage **1,** 33
– Erstberatung **1,** 41 f.
– Erstberatungsgebühr **1,** 41 f.
– Kostenzusage **1,** 33
– Rechtsberatung **1,** 33
– Selbstbeteiligung **1,** 33
– Vorschussanforderung **1,** 34
– Zweitberatung **1,** 41 f.
Rechtsvergleichung, nichteheliche Lebensgemeinschaft **12,** 178
Rechtswahl **13,** 40
– güterrechtliche Wirkungen **13,** 102 f.
– notarielle Beurkundung **13,** 96 f.
Regelung des Getrenntlebens, Anwaltsgebühr **1,** 117
Regelunterhalt, Kindschaftsprozess **5,** 557 f.
Registerverfahrensbeschleunigungsgesetz **3,** 409, 415 ff.
Rente, EU-Rente **9,** 372
Rentenanpassungsverordnung **9,** 921
Rentenanwartschaften, Umrechnung **9,** 935
Rentenversicherung, Angleichungsfaktoren für Versorgungsausgleich **9,** 939
– der Arbeiter/Angestellten, Beitragssätze **9,** 936
– Knappschaft, Beitragssätze **9,** 936
Rentenzahlungen, Geschiedenenunterhalt **6,** 210
Rentnerprivileg, Versorgungsausgleich **9,** 755
Restschuldbefreiung, Ehegattenunterhalt **6,** 450
Rückforderungsanspruch, öffentlich-rechtlicher **10,** 267
Rückforderungsklage **7,** 312
Rücklagen **10,** 480
– Ansparrücklage **10,** 494 f.
Rückstellungen **10,** 479
Rücktritt, Kranzgeld **2,** 19
– Rückgabe von Geschenken **2,** 13
– Schadensersatzpflicht **2,** 16
– – des anderen Teils **2,** 22
– – Verjährung **2,** 22

(Rücktritt, Kranzgeld)
- Verschulden **2**, 20
- wichtiger Grund **2**, 20
Rückverweisung **13**, 249
- Statutenwechsel **13**, 37
- unechte Rückverweisung **13**, 35
- versteckte Rückverweisung **13**, 35

Sabbatjahr, Geschiedenenunterhalt **6**, 214
Sachbezüge, Geschiedenenunterhalt **6**, 215
Sachliche Zuständigkeit, Familiengericht **1**, 70
- Zivilprozessabteilung **1**, 70
Sachnormverweisung **13**, 32, 215, 249
Sachverständigenbeweis, eigene Sachkunde des Familienrichters **4**, 489 f.
- Kosten **4**, 497 f.
- - Prozesskostenhilfe **4**, 497
Sachverständigengutachten, genetisches Gutachten **4**, 63 f.
- serologisches Gutachten **4**, 63
Schadensersatz, nichteheliche Lebensgemeinschaft **12**, 44
Schadensersatzanspruch, Auskunftsanspruch **5**, 504
- Auskunftspflicht **5**, 480
- Zugewinnausgleich **3**, 73 f.
Schadensersatzpflicht, Verlöbnis **2**, 22
Scheidung, einverständliche Scheidung **8**, 10, 21 f.
- elterliche Sorge, internationale Zuständigkeit **13**, 301
- Getrenntleben **8**, 11 f.
- Härteklausel **8**, 36 f.
- Hausrat, internationale Zuständigkeit **13**, 299
- kurze Trennung **8**, 29 f.
- ohne Trennung **8**, 29 f.
- Rechtskraft **6**, 82
- Scheidungsfolgevereinbarung **8**, 246
- Scheidungsvereinbarung **8**, 246
- streitige Scheidung **8**, 24 f.
- Trennungsfristen **8**, 9
- vor dem Beitritt der DDR **3**, 395 ff.
- Wartezeit **2**, 57
- Zinsabschlag **10**, 291 f.
- - Freistellungsaufträge **10**, 291 f.
Scheidungsantrag **8**, 84 f.
- Antragstellerstrategie **8**, 245
- Zustellung **9**, 49 f.
Scheidungsausspruch, ausländisches Recht **13**, 253 f.
Scheidungsfolgen, ausländisches Sachrecht **13**, 257
Scheidungsfolgevereinbarungen **10**, 644 f.
Scheidungssache, Mandatsbestätigung **1**, 120
Scheidungsstatut **13**, 64, 264
Scheidungsunterhalt, bei Scheidung deutscher Staatsbürger im Ausland **6**, 302

- Beteiligung ausländischer Ehegatten **6**, 302
Scheidungsverbund **4**, 446 f., **8**, 202 f.
- außergewöhnliche Härte **8**, 225 f.
- Beteiligung Dritter **8**, 216
- Folgesachen **8**, 202 f.
- isoliertes Verfahren **8**, 236 f.
- Sorgerechtsverfahren **8**, 217 f.
- Versorgungsausgleich **8**, 211 f.
- Versorgungsausgleichsverfahren **9**, 99 f.
Scheidungsverbundverfahren **13**, 259
Scheidungsvereinbarung **12**, 118
- ehebedingte Schulden **8**, 246
- Ehewohnung **8**, 246
- elterliche Sorge **8**, 246
- Hausrat **8**, 246
- Kostenregelung **8**, 246
- nachehelicher Unterhalt **8**, 246
- salvatorische Klausel **8**, 246
- Zugewinnausgleich **8**, 246
Scheidungsverfahren **1**, 3 f.
- Anwaltszwang **8**, 103 f.
- ausländisches Recht **13**, 250 f.
- ausländisches Verfahrensrecht **13**, 251
- Beweisaufnahme **8**, 197 f.
- Geschiedenenunterhalt **8**, 115
- mündliche Verhandlung **8**, 197 f.
- Prozesskostenhilfe **8**, 125 ff.
- Rechtshängigkeit **8**, 155 f.
- - anderweitige Rechtshängigkeit **8**, 166 f.
- - internationale Rechtshängigkeit **8**, 171 f.
- Rechtsschutzversicherung **8**, 112
- Scheidungsantrag **8**, 84 f.
- Terminierung **8**, 193 f.
- Versäumnisurteil **8**, 200
- Vollmacht **8**, 99 f.
- Zuständigkeit **8**, 64 f.
- - internationale Zuständigkeit **8**, 83 f.
- - örtliche Zuständigkeit **8**, 83
- Zustellung **8**, 155 f.
Scheinehe **2**, 61 f.
Scheinpartnerschaft **11**, 13
Scheinvater **2**, 98
- Unterhalt **5**, 363
Schenkung, Anfangsvermögen **3**, 47 f.
- gemischte Schenkung **3**, 49
- steuerpflichtige Schenkung **3**, 329
- Rückabwicklung **3**, 373 f.
- Widerruf **12**, 33 f.
Schenkungsteuer, Schenkung zu Lebzeiten **12**, 127
Schenkungsteuerrecht **12**, 127 f.
- persönlicher Freibetrag **12**, 127
- Schenkungsteuerpflicht **12**, 131
- unbenannte Zuwendungen **12**, 131
Schlechtwettergeld, Geschiedenenunterhalt **6**, 216

Schlüsselgewalt **2**, 147 ff.
- Beschränkungen **2**, 155
- Beweislast **2**, 153
- eheähnliche Lebensgemeinschaft **2**, 149
- einfache Beschwerde **2**, 157
- eingetragene Lebenspartnerschaft **11**, 39 f.
- Eintrag ins Güterrechtsregister **2**, 156
- Gewährleistungsansprüche **2**, 151
- Güterstände **2**, 150
- Rechtsbehelfe **2**, 157
- sofortige Beschwerde **2**, 157
Schmerzensgeld **5**, 284
- Zugewinnausgleich **3**, 73 f.
Schuldgeld **10**, 633
Schuldner, Drittschuldner **7**, 362
Schuldrechtlicher Versorgungsausgleich **1**, 81, **9**, 918
- Abfindungen **9**, 557 f.
- Abtretung von Versorgungsansprüchen **10**, 706
- Ausgleich von Anwartschaften **10**, 707 f.
- Kosten **9**, 580 f.
- Kostenentscheidungen **9**, 582
- Tenorierungsvorschlag **9**, 583
- verlängerter schuldrechtlicher Versorgungsausgleich **9**, 584 ff.
- – Auskunftpflichten **9**, 606
- – einstweilige Anordnung **9**, 607
- – Verfahrensbesonderheiten **9**, 603 f.
- Zahlung einer Geldrente **10**, 704 f.
Schuldzinsen **10**, 516 f.
Schwägerschaft, eingetragene Lebenspartnerschaft **11**, 18
Schwarzarbeit, Geschiedenenunterhalt **6**, 217
Selbstbehalt, angemessener Selbstbehalt **5**, 359
- Mindestselbstbehalt **5**, 343
- notwendiger Selbstbehalt **5**, 340 f.
- Unterhaltspflicht **5**, 340 f.
- unterhaltsrechtlicher Selbstbehalt **7**, 52 f.
Selbstbeteiligung **1**, 33
Sexueller Missbrauch, Ausschluss des Umgangsrechts **4**, 325
- Entzug des Aufenthaltsbestimmungsrechtes **4**, 256
- Entzug des Erziehungsrechts **4**, 256
- unbegründeter Verdacht **4**, 250
- Verdacht **4**, 251 f.
- – Missbrauchssyndrom **4**, 255 ff.
Sittenwidrigkeit, Freistellungsvereinbarungen **5**, 397 f.
Sofortige Beschwerde, einstweilige Anordnung **7**, 108
- Zwangsvollstreckung **7**, 325 f.
Soldatenversorgung, Geschiedenenunterhalt **6**, 218
Sonderausgaben, dauernde Lasten **10**, 460
- Kirchensteuer **10**, 460

- Renten **10**, 460
- Schulgeld **10**, 633
Sonderausgabenabzug, Ehegattenunterhalt **6**, 474 f.
Sonderausgaben, Pauschbetrag **10**, 150
Sonderbedarf **5**, 244 f.
- Zusatzklage **5**, 249
Sondergut **3**, 286, 288
- Sorge- und Umgangsrecht, Abänderung von Maßnahmen **4**, 454 f.
- Vollstreckung **4**, 558 ff.
- vorläufige Anordnungen **4**, 544 f.
Sorgeerklärung **4**, 116 f.
Sorgerecht **4**, 82 ff.
- alleiniges Sorgerecht **4**, 3
- – gemeinsames Sorgerecht, eingetragene Lebenspartnerschaft **11**, 19
- – Regelung bei Streit **4**, 130 ff.
- – Streitschlichtung **4**, 130 f.
- Interessenausgleich **1**, 65
- Kindeswohl **1**, 65
- kleines Sorgerecht **4**, 5, 104
- – eingetragene Lebenspartnerschaft **11**, 20 f.
- Sorgeerklärung **12**, 100
- Sorgerechtsangelegenheiten **1**, 65
- Sorgerechts- und Umgangsregelungen, Vollstreckungsverfahren, Abgrenzung zum Vollstreckungs- und Abänderungsverfahren **4**, 579 f.
- Zuständigkeit **4**, 402 f.
Sorgerechtsantrag **4**, 446 f.
Sorgerechtsmissbrauch **4**, 246 ff.
- „PAS-Syndrom" **4**, 250
- entwürdigende Erziehungsmaßnahmen **4**, 248
- hartnäckige Umgangsverweigerung **4**, 246
- unverschuldetes Versagen **4**, 259
- Vaterschaftsfeststellung **4**, 247
- Verdacht des sexuellen Missbrauchs **4**, 246
- Verhalten eines Dritten **4**, 260
- Zustimmungsverweigerung, medizinisch notwendiger Eingriff **4**, 257
Sorgerechtsverfahren, Scheidungsverbund **8**, 217 f.
Sozialhilfe, Geschiedenenunterhalt **6**, 219
Sozialhilfeleistungen, Darlehen **7**, 37
- gerichtliche Geltendmachung **7**, 63 f.
- – Prozesskostenhilfe **7**, 65
- Hilfe in besonderer Lebenslage **7**, 57
- Hilfe zum Lebensunterhalt **7**, 54 f.
- Nachrangigkeit von Sozialhilfeleistungen **7**, 32 f.
- Prozessstandschaft, gesetzliche Prozessstandschaft **7**, 63 f.
- Sachleistungen **7**, 45
Sozialhilferecht **12**, 157 f.
Sozialhilfeträger **7**, 42 ff.
- Sozialleistungen, für Körper- und Gesundheitsschäden **5**, 60 f.

Sozialrecht, nichteheliche Lebensgemeinschaft **12**, 157 f.
– Wohngeldrecht **12**, 161
Sozialstaatliche Zuwendungen, Altersrente **5**, 57
– Arbeitslosengeld **5**, 57
– Arbeitslosenhilfe **5**, 57
– Erwerbsunfähigkeitsrente **5**, 57
– Erziehungsgeld **5**, 58
– Krankengeld **5**, 57
– Kurzarbeitergeld **5**, 57
– Pflegegeld **5**, 58
– Sozialhilfe **5**, 58
– Streikgeld **5**, 57
– Wohngeld **5**, 58
Sozialversicherung, kurzfristige Beschäftigung **10**, 405
Sparerfreibetrag **10**, 97
Spätaussiedler **13**, 43
Spesen, Geschiedenenunterhalt **6**, 220
Splitting, Gnadensplitting **10**, 138
– Versorgungsausgleich **9**, 443 f.
Splittingverfahren, verwitwete Steuerpflichtige **10**, 185
– Verwitwetensplitting **10**, 187
Staatenlose **13**, 49, 218
Staatsangehörigkeit, effektive Staatsangehörigkeit **13**, 46
– Wechsel **13**, 101
Staatsangehörigkeitsprinzip **13**, 41
Staatsangehörigkeitsrecht **13**, 42
Standesbeamter **2**, 67
– Namensrecht **4**, 364
Ständige Versorgungseinrichtungen, landwirtschaftliche Alterskassen **9**, 253 f.
Statussachen, örtliche Zuständigkeit **4**, 54 f.
Statusverfahren **4**, 49 ff.
– örtliche Zuständigkeit **4**, 54 f.
– Sachverständigenbeweis **4**, 57 f.
Statut, der allgemeinen Ehewirkungen **13**, 88
– Familienstatut **13**, 100
– Scheidungsstatut **13**, 64
Steuer, Kapitalertragsteuer **10**, 38
Steuerabzug, Arbeitslohn **10**, 139 f.
Steuerberatungskosten **10**, 451 f.
Steuerbescheid, Aufteilungsbescheid **10**, 233 f.
– Gesamtschuld **10**, 233 f.
– Nachzahlungspflicht **10**, 233 f.
– nach Trennung **10**, 229 f.
Steuerentlastung für Folgekosten, Kosten der Scheidung **10**, 204 f.
– Trennung **10**, 201 f.
Steuererklärung, Zustimmung **4**, 13
Steuererstattung, öffentlich-rechtlicher Rückforderungsanspruch **10**, 267
Steuererstattungsansprüche **10**, 242 f.
Steuerfolgen bei Trennung **10**, 163 f.

Steuerfreie Einnahmen, Zuschläge zur Feiertagsarbeit **10**, 431
– Zuschläge zur Nachtarbeit **10**, 431
– Zuschläge zur Sonntagsarbeit **10**, 431
Steuergesetze, Eigenheimzulage **10**, 689 f.
– Erbschaftsteuer **10**, 677 f.
– Gewerbesteuer **10**, 688
– Grunderwerbsteuer **10**, 685 f.
– Umsatzsteuer **10**, 687
Steuerklassen **10**, 144
Steuern, direkte Steuern **10**, 3
– indirekte Steuern **10**, 3
– Lohnsteuer **10**, 153
– rückständige Steuern **10**, 233 f.
– Zuschlagsteuer **10**, 153
Steuerrecht, Erbschaft **12**, 127 f.
– Missbrauch **10**, 5 f.
– nichteheliche Lebensgemeinschaft **10**, 295 f., **12**, 167 f.
– Schenkung **12**, 127 f.
– Unterhalt **10**, 301 ff.
Steuerrückzahlung, Geschiedenenunterhalt **6**, 221
Steuerschuld, Aufteilung **10**, 233 f.
– Vorauszahlungen **10**, 354
Steuerschuldverhältnis, Aufrechnung **10**, 268 f.
Steuertarif, Grundtabelle **10**, 28
– linear progressiver Steuertarif **10**, 26
– Splittingtabelle **10**, 29 f.
Steuervorteile, Geschiedenenunterhalt **6**, 222
Stichtagsprinzip, Ausnahmen **9**, 21
– Versorgungsausgleich **9**, 20 f.
Stiefeltern, Doppelname, Einbenennung **4**, 362
– Stiefelterneinbenennung **4**, 357
– Umgangsrecht **4**, 294
Stiefelternadoption **11**, 19
Stiefelternteil **4**, 5
– gesetzliche Mitentscheidungsbefugnis **4**, 5
– Kindesherausgabeanspruch **4**, 100
– kleines Sorgerecht **4**, 5
Stieffamilie **4**, 228 f.
– Herausgabe des Kindes **4**, 229
– kleines Sorgerecht **4**, 239
– Notvertretungsrecht **4**, 229
– Umgangsrecht **4**, 230
– Unterhaltsverpflichtung **4**, 232
– Verbleibensanordnung **4**, 229
Stiefkindereinbenennung **4**, 9, 161
Störer **2**, 99 f.
Strafhaft **5**, 140 f.
Strafprozess, nichteheliche Lebensgemeinschaft **12**, 155
– Zeugnisverweigerungsrecht **12**, 155
Straftat **5**, 317
Strafvollzug **2**, 63
Streitschlichtung **4**, 31 f.
– Angelegenheiten der elterlichen Sorge **4**, 133 f.

(Streitschlichtung)
- Angelegenheiten des täglichen Lebens 4, 136 f.
- Angelegenheiten von erheblicher Bedeutung für das Kind 4, 135 f.

Streitwert, Auskunftsanspruch 3, 221 f.
- Ehegattenunterhaltsansprüche 6, 560
- Verbundstreitwert 1, 108

Streitwert/Gegenstandswert, Versorgungsausgleichsverfahren 9, 130 f.

Stufenklage 7, 310, 418
- Auskunftsanspruch 5, 504
- Ehegattenunterhaltsansprüche 6, 561

Stundung, Ausgleichsforderung 3, 179 f.
- Verwandtenunterhalt 5, 473

Substanzwert 3, 88

Surrogatseinkommen, Erwerbseinkommen 6, 167
- geldwerte Versorgungsleistungen 6, 167
- hypothetisches Einkommen 6, 167
- Lohnersatzleistungen 6, 167
- Renteneinkünfte 6, 167
- Vermögenseinkommen 6, 167

Tabellen, Unterhaltstabellen 5, 155 f.
Tabellenunterhalt, Mindesttabellenunterhalt 5, 312
Taschengeld, Pfändbarkeit 6, 5
- Unterhaltspflicht 5, 329

Teilungsversteigerung 2, 181, 198, 3, 345
- Drittwiderspruchsklage 3, 347

Tenorierungsvorschlag, schuldrechtlicher Versorgungsausgleich 9, 583

Tilgungsplan, Ehegattenunterhalt 6, 446 f.

Trauung, kirchliche Trauung 2, 69
- standesamtliche Trauung 2, 69

Trennung 4, 182
- Änderung der Steuerklassen 10, 178 f.
- von Tisch und Bett 13, 238 f.

Trennungsjahr, Lohnsteuerabzug 10, 174 f.
- Zusammenveranlagung 10, 171 f.

Trennungsunterhalt 1, 125, 6, 10
- Altersvorsorgeunterhalt 6, 17, 62
- angemessener Unterhalt 6, 17 f.
- Anspruchsvoraussetzungen 6, 11 ff.
- Aufenthaltsehen 6, 12
- Aufwendungen für den Lebensbedarf 6, 22
- Ausbildungsunterhalt 6, 64 f.
- ausländische Beteiligte 6, 71
- Bedürftigkeit 6, 17 f.
- - des Unterhaltsberechtigten 6, 24 f.
- - Einsatz des eigenen Vermögens 6, 53 f.
- - Krankenvorsorge 6, 63
- - Vermögensstamm 6, 59
- Bestandsgarantie 6, 20 f.
- Darlegungs- und Beweislast 6, 23
- Einsatz des Vermögens, Erträge 6, 54 f.
- Getrenntleben 6, 13 f.
- Höhe des Unterhalts 6, 22

- Leistungsfähigkeit des Verpflichteten 6, 60
- Rückstände 6, 68
- Scheinehen 6, 12
- Trennungszeit 6, 15
- Verzicht 6, 66

Trennungsunterhaltsanspruch, Erlöschen 6, 67
- Verwirkung 6, 68 f.

Trennungszeit, Versicherungsfragen 6, 72 f.

Überschusseinkunftsarten 10, 23
Überstunden, Geschiedenenunterhalt 6, 232 f.
Übertragung von Vermögensgegenständen, Anwaltsgebühr 1, 116

Umgang, begleiteter Umgang 4, 298 f.
Umgangspflegschaft 4, 312 f.
- Anfechtbarkeit, Jugendamt 4, 316
- Bestimmung einer konkreten Person 4, 313
- Gefahrenabwehr 4, 314
- - Grundsatz der Verhältnismäßigkeit 4, 314

Umgangspflicht 4, 283 f.
- als Elternrecht 4, 290 f.
- Ausländerrecht 4, 289
- Bringerregelung 4, 287
- familiengerichtliche Auflage 4, 286
- Jugendamt 4, 284
- Mitwirkungspflichten 4, 287
- Therapie 4, 286
- Unterhaltspflichten 4, 288

Umgangsrecht 1, 66, 123, 4, 276 ff.
- Ausschluss 4, 322 f.
- - „ultima ratio" 4, 326
- - drohende Kindesentführung 4, 325
- - Kindeswohlgefährdung 4, 324 f.
- - sexueller Kindesmissbrauch 4, 325
- ehemalige Lebenspartner 4, 296
- eingetragene Lebenspartnerschaft 11, 25
- gerichtliche Umgangsregelungen 4, 282
- Geschwister 4, 294
- Großeltern 4, 294 f.
- Jugendamt 4, 278
- Kindeswohl 1, 66 f.
- Klein- und Wickelkinder 4, 279
- längerfristiger Ausschluss 4, 328
- Pflegeeltern 4, 294
- Schul- und Ferienzeiten 4, 280
- Stiefeltern 4, 294
- Stieffamilie 4, 230
- Vermittlungsverfahren 4, 282
- Wochenendbesuche 4, 280

Umgangsrechtsverweigerung, Parental-Alenations-Syndromes (PAS) 4, 345 f.
- sexueller Missbrauch 4, 345
- Strategien 4, 345 f.

Umgangsregelung 1, 122
- Vermittlungsverfahren 4, 319

(Umgangsregelung)
- Vollstreckung **4,** 317 f.
- - Formulierungsbeispiel **4,** 318
Umgangsregelungsverfahren, Geschäftswert **4,** 557
Umgangsverbote **4,** 101 f.
Umgangsverweigerung, empirische Untersuchung **4,** 341
- hartnäckige Umgangsverweigerung **4,** 337 ff.
- Kindeswille, Jugendalter **4,** 344
- - Schulalter **4,** 344
- - Vorschulalter **4,** 344
- psychologische Analyse **4,** 351 f.
- psychologische Begutachtung **4,** 349 f.
- Ziele **4,** 347
Umschulungsmaßnahme, Unterhaltspflicht **5,** 307
Ungerechtfertigte Bereicherung, unbenannte Zuwendungen **3,** 376
UN-Kinderrechtskonvention **4,** 3
Unterbringung, geschlossene Unterbringung **4,** 438
Unterhalt, Abänderungsklage **5,** 242
- als außergewöhnliche Belastung **10,** 361 f.
- Altersvorsorgeunterhalt **6,** 62, 147 f.
- - Bremer Tabelle **6,** 62
- Altersvorsorgeunterhaltsanspruch **11,** 54
- Ausbildungsunterhalt **6,** 64 f.
- Auskunftsanspruch **5,** 243, **10,** 467 f.
- Bedarfsbemessung **5,** 233
- - Lebensstellung des Kindes **5,** 150 f.
- Beweislast **5,** 241 f.
- der Eltern **5,** 647 ff.
- - Bedürftigkeit **5,** 647 f.
- - Ehegattenunterhalt **5,** 695 f.
- - Leistungsfähigkeit **5,** 656 f.
- - Wegfall **5,** 699
- Differenzmethode **11,** 53
- dynamisierter Unterhalt **5,** 83
- eingetragene Lebenspartnerschaft **11,** 27 f., 53 f., 73 f.
- Elementarunterhalt **6,** 79
- Erfüllungsübernahme **5,** 396 f.
- Ersatzhaftung **5,** 362 f.
- Erwerbsobliegenheit, der Eltern **5,** 239
- Familienunterhalt **6,** 1
- Forderungsübergang **5,** 362 f.
- Freistellungsvereinbarungen **5,** 396 f.
- - Sittenwidrigkeit **5,** 397 f.
- - Zuständigkeit **5,** 399
- freiwilliges soziales Jahr **5,** 140 f.
- gegenseitiger Unterhalt **12,** 23 f.
- Geldwertschuld **13,** 271
- Geschiedenenunterhalt **6,** 81
- Haftungsanteile **5,** 234 f.
- Individualunterhalt **5,** 120 ff.
- Kindergeld **5,** 146

- Krankenvorsorgeunterhalt **6,** 151 f.
- Lebensstandardgarantie **11,** 53
- Leistungen von Dritten **5,** 145
- nachehelicher Unterhalt **1,** 130, **6,** 1, **13,** 175
- Pflegevorsorgeunterhalt **6,** 155
- Realsplitting **10,** 321 f.
- rückständiger Unterhalt, außergewöhnliche Belastungen **10,** 376
- Steuerrecht **10,** 301 ff.
- Strafhaft **5,** 140 f.
- Straftat **5,** 317
- Trennungsunterhalt **6,** 1
- Unterhaltpflicht des Kindes **4,** 128
- Unterhaltstatbestände **6,** 83 ff.
- Vermögenseinsatz **5,** 147
- Vermögensverwertung **5,** 147 f.
- Verwandtenunterhalt, Verzug **5,** 420 f.
- Vorsorgeunterhaltsanspruch **11,** 54
- Wehrdienst **5,** 140 f.
- Zivildienst **5,** 140 f.
Unterhaltsanspruch, Abänderungsklage **5,** 391
- Beschränkungen **5,** 385 f.
- Betreuungsunterhaltsanspruch **6,** 36 f.
- des volljährigen Kindes, Beschränkung **5,** 385 f.
- - Wegfall **5,** 385 f.
- einstweilige Anordnung, Entscheidung **7,** 95 ff.
- - Gebühr **7,** 114
- - Kosten **7,** 114 f.
- - Verfahren **7,** 104
- - Zulässigkeitsvoraussetzungen **7,** 100 f.
- einstweilige Verfügung **7,** 118 ff.
- erweiterter Unterhaltsanspruch **5,** 593 f.
- gegen ausgezogenen Elternteil **4,** 187
- Gerichtsvollzieher **1,** 63
- Härteklausel **11,** 57
- kleiner Unterhaltsanspruch **5,** 585
- nachehelicher Unterhaltsanspruch **12,** 103 f.
- Rückübertragung **7,** 420
- Unterhaltsrückstände **6,** 517
- Verjährung **5,** 364 ff.
- Verzicht **5,** 392 f.
- Vollstreckungsabwehrklage **5,** 391
- vorläufige Regelung **7,** 94 ff.
- Wegfall **5,** 385 f.
- Wiederaufleben **5,** 149
- - des Unterhaltsanspruch, des volljährigen Kindes **5,** 149
Unterhaltsausfallleistung **7,** 67 f.
Unterhaltsbedarf, bei Heimunterbringung **5,** 170
- eigene Erwerbstätigkeit, eingetragene Lebenspartnerschaft **11,** 56
Unterhaltsberechnung, Nettoeinkommen **5,** 14 f.
Unterhaltsberechtigte, gleichrangige Ansprüche, zweistufige Mangelfallberechnung **7,** 135
- nachrangige Unterhaltsberechtigte **7,** 127

Stichwortverzeichnis

(Unterhaltsberechtigte, gleichrangige Ansprüche, zweistufige Mangelfallberechnung)
– Rangverhältnisse **7**, 126 ff.
– – von Unterhaltsberechtigten, „Hausmann-Rechtsprechung" **7**, 137
– – Zwangsvollstreckungsverfahren **7**, 126
Unterhaltsbestimmung, Änderung **5**, 198
– befristete Beschwerde **5**, 198
Unterhaltsforderung, Abtretung **7**, 21 ff., 416
– Aufrechnung **7**, 2 f., 6 f.
– Aufrechnungsverträge **7**, 18 f.
– gesetzlicher Forderungsübergang **7**, 30 ff.
– Prozessstandschaft **7**, 3
Unterhaltsgewährung, alternative Formen **10**, 384 f.
– Familienverträge **10**, 386 f.
Unterhaltshöhe **13**, 268 f.
Unterhaltsleistungen, außergewöhnliche Unterhaltsleistungen **10**, 379 f.
– Begriff, bei außergewöhnlichen Belastungen **10**, 359
– beim Realsplitting **10**, 359
Unterhaltsleitlinien der OLG **6**, 295 f.
Unterhaltspflicht, Arbeitslosigkeit **5**, 300 f.
– Arbeitsplatzverlust **5**, 315 f.
– Aufgabe einer versicherungspflichtigen Tätigkeit **5**, 309 f.
– Aus- und Weiterbildung **5**, 305 f.
– Betreuungsbonus **5**, 348
– des Kindes gegenüber Eltern **4**, 128
– Erwerbsfähigkeit **5**, 297
– Erwerbsobliegenheit **5**, 297 f.
– gesteigerte Unterhaltspflicht **5**, 266, 281 f., 340 f.
– – Erziehungsgeld **5**, 345
– – Vermögenseinsatz **5**, 344
– Hausmann-/Hausfrau-Rechtsprechung **5**, 338
– Leistungsfähigkeit **5**, 300 f.
– – Beweislast **5**, 320
– – der Hausfrau **5**, 323 f.
– – des Hausmanns **5**, 323 f.
– – Erziehungsgeld **5**, 337
– – Kündigungsschutzklage **5**, 321
– – Nebentätigkeit **5**, 336 f.
– – sexueller Missbrauch **5**, 320
– – Taschengeld **5**, 329
– Nebenerwerbsobliegenheit **5**, 337
– Selbstbehalt **5**, 340 f.
– Überbrückungsgeld **5**, 319
– Umschulungsmaßnahme **5**, 307
– verschärfte Unterhaltspflicht **5**, 237
– volljährige Kinder, Erwerbsobliegenheit **5**, 357
Unterhaltspflichtiger, Freiberufler und andere Unternehmer **10**, 471 f.
– Leistungsfähigkeit **5**, 264 ff.
Unterhaltsprozess, Kindesunterhalt **1**, 70
– nachehelicher Ehegattenunterhalt **1**, 70

– Trennungsunterhalt **1**, 70
Unterhaltsrecht, Auskunftserteilung **1**, 78
– Bereinigung des Einkommens **10**, 467 ff.
– Kindesunterhaltsansprüche **1**, 77
– Korrekturen **10**, 421 ff.
– Teilzeitbeschäftigung **1**, 79
– Unterhaltsverzicht **1**, 76
Unterhaltsstatut **13**, 169
Unterhaltstabellen **5**, 155 f.
– Kranken- und Pflegeversicherung **5**, 164
– staatliches Kindergeld **5**, 163
– stichtagsbezogene Anwendung **5**, 165
– Tabellenbeträge, Kürzungen **5**, 161
Unterhaltstitel, Abänderungsklage **7**, 183 ff.
– ausländische Unterhaltstitel **7**, 290
– Zwangsvollstreckung **7**, 321 ff.
Unterhaltsvereinbarung, Überlassen von Wohnraum **10**, 390 f.
Unterhaltsvergleich, Abänderungsklage **7**, 257 ff.
Unterhaltsverpflichtung, Stiefelternteil **4**, 232
Unterhaltsverträge, eingetragene Lebenspartnerschaft **11**, 89
Unterhaltsverzicht, Abfindungen **10**, 407 f.
– Kindesunterhalt **5**, 392 f.
Unterhaltsvorschuss **5**, 58, 7, 67 f.
Unterhaltsvorschussgesetz **5**, 112 f., 457
– Auskunftsanspruch **5**, 112
Unterhaltszahlung, Zugewinnausgleich **3**, 78
Unterlassungsklage **2**, 94 f.
Unternehmen, Vermögenswerte **3**, 105 f.
– Unternehmens- und Gesellschaftsbeteiligungen, Vermögenswerte **3**, 105 f.
Unternehmensbewertung, Ertragswert **3**, 89
– Geschäftswert **3**, 90
– Liquidationswert **3**, 91 f.
– Methoden, Substanzwert **3**, 88 f.
UN-Übereinkommen **13**, 144
Urlaubsgeld, Geschiedenenunterhalt **6**, 237
Urteil, ausländische Urteile, Anerkennung **13**, 206 f.
– – Sorgerechtsentscheidungen **13**, 208 f.

Vater, leiblicher Vater, Anfechtungsrecht **4**, 30
Vater-Kind-Verhältnis **4**, 12
Vaterschaft, Anfechtungsklage **4**, 28 f.
– Erwerb **4**, 23 f.
– gerichtliche Feststellung **4**, 25
Vaterschaftsanerkenntnis **4**, 24
– Form, öffentliche Beurkundung **4**, 24
Vaterschaftsanfechtungsklage, Anfechtungsberechtigung **4**, 30
– – Großeltern **4**, 30
– – leiblicher Vater **4**, 30
– Nebenintervention durch den leiblichen Vater **4**, 32 f.

Vaterschaftsvermutung, gesetzliche Vaterschaftsvermutung **4**, 26
Vaterschaftszurechnung **4**, 26
– Drittanerkennung **4**, 26
Veranlagung, besondere Veranlagung **10**, 136 f.
– Ehegattenveranlagung **10**, 80 ff.
– getrennte Veranlagung **10**, 127 f.
– – Eigenheimzulage **10**, 133 f.
Veranlagungsart, Änderung **10**, 114
– Erklärung **10**, 115
– – Widerruf **10**, 115
– Wahlrecht **10**, 75, 114 f.
Veräußerungsgeschäfte, private Veräußerungsgeschäfte **10**, 665 f.
Verbindlichkeiten, Zugewinnausgleich **3**, 75 f.
Verbleibensanordnung **4**, 222, **11**, 26
– Kindeswohl **11**, 26
– Pflegeeltern **4**, 222
– Stief- und Pflegeeltern **4**, 104
Verbraucherinsolvenzverfahren **5**, 293
Verbund **1**, 106
Verbundprinzip, Ausnahmen **9**, 27
– Versorgungsausgleich **9**, 25 f.
Vereinbarung, privatschriftliche Unterhaltsvereinbarungen **7**, 278 f.
– Scheidungsfolgevereinbarung **8**, 246
– Scheidungsvereinbarung **8**, 246
Vereinfachtes Verfahren, Abänderungsklage **5**, 555
– Auskunftspflicht **5**, 525 f.
– einstweilige Anordnung **5**, 528
– Einwendungsmöglichkeiten **5**, 538 f.
– streitiges Verfahren **5**, 547 f.
– Vordrucke **5**, 565
– Zulässigkeit **5**, 530 f.
– Zwangsvollstreckung **5**, 566
Vereinsbetreuer **4**, 677
Verfahren, Abänderungsverfahren **7**, 299 ff., **9**, 57
– Adoptionsverfahren **4**, 383 f.
– Anordnungsverfahren **1**, 102
– Aufgebot **2**, 67
– Auskunftsverfahren **1**, 6
– Ehefähigkeit **2**, 30 f.
– Ehesachen **1**, 85 f.
– Ehescheidung **1**, 85 f.
– Ehescheidungsverfahren **1**, 6
– familiengerichtliches Wohnungszuweisungsverfahren **6**, 413
– freiwillige Gerichtsbarkeit **1**, 88
– Halbeinkünfteverfahren **10**, 39, 433
– Hausratsverfahren **1**, 6
– Hausratsverordnung **3**, 490 ff.
– isoliertes Auskunftsverfahren **3**, 222
– isoliertes Sorgerechtsverfahren **1**, 6
– isoliertes Verfahren **1**, 70, **8**, 236 f.
– Kostenfestsetzungsverfahren **5**, 261

– Scheidungsverfahren **8**, 64 ff.
– selbstständige Familiensache **1**, 87 f.
– vereinfachtes Verfahren, Unterhalt Minderjähriger **5**, 523 ff.
– Vermittlungsverfahren nach § 52a FGG **4**, 581 f.
– Versorgungsausgleichsverfahren **8**, 145
– Verteilungsverfahren **7**, 406 f.
– Vollstreckbarerklärung ausländischer Entscheidungen **13**, 160 f.
– Vollstreckungszwischenverfahren **4**, 582 f.
– vorzeitiger Zugewinnausgleich **3**, 230 f.
Verfahrensfehler, Umfang der Befugnisse **4**, 467 f.
Verfahrenspfleger, Anfechtungsmöglichkeit des Kindes **4**, 486
– Auskunfts- und Kontaktpersonen **4**, 472
– Beschwerderecht der Eltern **4**, 485
– Bestellung für das Kind („Anwalt des Kindes") **4**, 461 f.
– Datenschutzvorschriften **4**, 473
– einfache Beschwerde **4**, 485
– fachliche Auseinandersetzung **4**, 471
– Herausgaberecht **4**, 474
– Qualifikationen **4**, 481 f.
– Sachverständigenbeweis **4**, 488 ff
– Schweigeverpflichtung **4**, 473
– Unabhängigkeit **4**, 468
– Verfahrensfehler **4**, 463
– Vergütung **4**, 481 f.
– Verpflichtung zur Vermittlung **4**, 477
Verfahrensrecht, Lebenspartnerschaftssachen **11**, 97 ff.
Verfügung von Todes wegen, Drittschenkung **12**, 120
– Ehegattenschenkung **12**, 120
– gegenseitige Einsetzung **12**, 118
– Geliebtentestament **12**, 116
– Partnerschaftsvertrag **12**, 119
– Pflichtteilsanspruch **12**, 120
– Pflichtteilsentziehung **12**, 122
– Pflichtteilsergänzungsanspruch **12**, 120
– Scheidungsvereinbarung **12**, 118
– Sittenwidrigkeit **12**, 116
Verfügungsbeschränkung, absolutes Veräußerungsverbot **2**, 170
– Drittwiderspruchsklage **2**, 181
– eingetragene Lebenspartnerschaft **2**, 167
– Einwilligung **2**, 168
– Erinnerung **2**, 181
– Form **2**, 167
– Güterrechtsregister **2**, 167
– Haushaltsgegenstände **2**, 191 f.
– Hausrat **2**, 182 f.
– Prozessstandschaft **2**, 170 f.
– Streitgenossenschaft **2**, 78
– Streitverkündigung **2**, 78
– Vermögensbegriff **2**, 185 f.

(Verfügungsbeschränkung, absolutes Veräußerungsverbot)
- Zugewinngemeinschaft **3**, 14 ff.
- Zustimmung **2**, 169 f., 194 f.
Verfügungsgeschäft, schwebende Unwirksamkeit **3**, 23
- Verfügungsbeschränkungen **3**, 14 ff.
- Zustimmungserfordernis **3**, 22 f.
Vergleich, Unterhaltsvergleich **7**, 257 ff.
Vergleichsgebühr **1**, 98
Vergütung, Reisekostenvergütung **10**, 546
- Überstundenvergütung **10**, 545
Verhandlungsgebühr **1**, 93
Verjährung, Beginn **5**, 368 f.
- Dauer **5**, 365 f.
- Ehegattenunterhalt **6**, 536 f.
- Hemmung **5**, 370 f.
- Neubeginn **5**, 377 f.
- Übergangsregelungen **5**, 381 f.
- Unterhaltsanspruch **1**, 130, **5**, 364 ff.
- Vereinbarungen **5**, 380
- Zugewinnausgleich **1**, 80, 130
- Zugewinnausgleichsforderung **3**, 132 f.
Verlöbnis, Aufhebung **2**, 8
- Bedingung **2**, 2
- Betreuung **2**, 3
- Eheverträge **2**, 7
- Folgen **2**, 7
- Form **2**, 2
- Garantenstellung **2**, 7
- Geschäftsunfähigkeit **2**, 3 f.
- Klage auf Eingehung **2**, 6
- Klage auf Feststellung **2**, 6
- Minderjährigkeit **2**, 3 f.
- Nichtigkeit **2**, 11 f.
- Rechtsnatur **2**, 1 ff.
- Rücktritt **2**, 9
- - Folgen des Rücktritts **2**, 13 ff.
- Vertragstheorie **2**, 4
- Voraussetzungen **2**, 1 ff.
- Wirkung **2**, 6 f.
- Zeugnisverweigerungsrecht **2**, 7
- Zustimmung **2**, 5
Verlöbnisrecht, nichteheliche Lebensgemeinschaft **12**, 31
Verluste, Mindestbesteuerung **10**, 68 f.
- Verlustbeteiligung **10**, 71 f.
- Verlustrücktrag **10**, 73 f.
- Verlustvortrag **10**, 73 f.
Verlustrücktrag **10**, 257 ff.
- Verzicht **10**, 259
Vermittlungsverfahren, nach § 52a FGG **4**, 581 f.
- Umgangsregelung **4**, 319
Vermögen, Anfangsvermögen **3**, 27, 32 f.
- - negatives Anfangsvermögen **3**, 34

- Anlagevermögen **10**, 473 f.
- Betriebsvermögen **10**, 50 f.
- Bruchteile des Vermögens **3**, 16 f.
- Endvermögen **3**, 27
- Erträge **6**, 53
- gesamtes **2**, 186 f.
- im Ganzen **2**, 167
- nahezu gesamtes **2**, 186 f.
- Pensionen **2**, 189
- Privatvermögen **10**, 50 f.
- - notwendiges Privatvermögen **10**, 56
- Rente **2**, 189
- Schonvermögen **5**, 655
- Umlaufvermögen **10**, 473 f.
- Vermögen im Ganzen **3**, 13 f.
- - Einzeltheorie **3**, 17
- Vermögensstamm **6**, 53, 59
Vermögensauseinandersetzung, Bankguthaben **1**, 69
- bei Scheitern der Ehe **10**, 644 ff.
- Ehegattengesamtschuld **1**, 69
- Gütergemeinschaft **10**, 646 f.
- Gütertrennung **10**, 648
- Zugewinnausgleich **10**, 651 f.
Vermögensbegriff, Einzeltheorie **2**, 185
- Gesamttheorie **2**, 185
- subjektive Theorie **2**, 185
Vermögenseinsatz, des volljährigen Kindes **5**, 147 f.
Vermögenserträge, Geschiedenenunterhalt **6**, 227
Vermögenssorge, Anstandsschenkung **4**, 106
- Auskunft **4**, 109
- elterliche Sorge **4**, 105 f.
- Erhaltung und Verwertung **4**, 105
- Genehmigungspflicht **4**, 108
- Vermögensverzeichnis **4**, 107
Vermögensverwertungen, des volljährigen Kindes **5**, 147 f.
Vermögensverzeichnis, Anfangsvermögen **3**, 126
Vermögenswerte, freiberufliche Praxen **3**, 105 f.
- Grundstücke **3**, 93 f.
- land- und forstwirtschaftliche Betriebe **3**, 98 f.
- Lebensversicherungen **3**, 116 f.
- Nießbrauch **3**, 121
- Unternehmen **3**, 105 f.
- Unternehmens- und Gesellschaftsbeteiligungen **3**, 105 f.
- Wohnungsrecht **3**, 121
Vermutung, Vaterschaftsvermutung **4**, 26
Verpflichtungsgeschäft, Kenntnis des Geschäftspartners **3**, 21
- Zugewinngemeinschaft **3**, 21
Versäumnisurteil, Scheidungsverfahren **8**, 200
Verschuldensprinzip **8**, 1
Verschwiegenheitspflicht, Mediation **1**, 25
Versicherung, Direktversicherung **9**, 291 f.

Stichwortverzeichnis

Versicherungspflichtige Tätigkeit 5, 309 f.
Versicherungsrecht, gesetzlicher Forderungsübergang 12, 89 f.
- nichteheliche Lebensgemeinschaft 12, 89 f.
Versorgung, abgeleitete Versorgung 9, 11
- Apothekerversorgungen 9, 250
- Ärzteversorgungen 9, 250
- ausländische Geschiedenenversorgungen 9, 387
- ausländische Hinterbliebenenversorgungen 9, 387 f.
- auszugleichende Versorgungen, Lebensversicherungen 9, 355 ff.
- betriebliche Altersversorgung 9, 288
- betriebliche Versorgungen 9, 285 ff.
- Bezirksschornsteinfegermeister 9, 250
- eigenständige Versorgung 9, 11 f.
- - Erziehungsrente 9, 14
- Notarversorgungen 9, 250
- Rechtsanwaltsversorgungen 9, 250
- sonstige Versorgungen, analoges Quasisplitting 9, 283 f.
- voll statische Versorgungen 9, 419
- Zahnärzteversorgungen 9, 250
Versorgungsanrechte, ausländische Versorgungsanrechte 9, 371 ff.
- - deutsch-polnisches Sozialversicherungsabkommen 9, 373
- in der ehemaligen Sowjetunion 9, 386
Versorgungsanwartschaften, ausländische Versorgungsanwartschaften 13, 296
- - Quasi-Splitting 13, 296
- - Splitting 13, 296
- - Realteilung 13, 296
- - Supersplitting 13, 296
- - Quasi-Splitting 13, 296
Versorgungsausgleich 1, 68, 86
- Abändbarkeit 9, 722 f.
- Abänderung, schuldrechtlicher Versorgungsausgleich 9, 775
- - Titulierung 9, 762 f.
- Abänderungen 9, 721 ff.
- Abänderungsgründe 9, 729 f.
- Abänderungsklausel 9, 9
- Abänderungsverfahren, Tod einer Partei 9, 811 f.
- Abänderungsvoraussetzungen 9, 733 f.
- Alterssicherung von Landwirten 9, 925 f.
- Amtsprinzip 9, 28 f.
- Änderung, der Rechtsprechung 9, 751
- - des Ehezeitanteils 9, 743 f.
- - Kosten 9, 769
- angleichungsdynamische Anrechte 9, 925
- Anrechte 9, 52
- Antragserfordernisse 9, 77 ff.
- Anwaltsgebühr 1, 112

- Ausgleichsanspruch 9, 54
- Ausgleichsbilanz 9, 15, 18
- - Stichtagsprinzip 9, 20 f.
- Ausgleichsentscheidung 9, 776 ff.
- Ausgleichsformen 9, 435 ff.
- - analoges Quasisplitting 9, 453 f.
- - Beitragszahlung 9, 477 f.
- - öffentlich-rechtlicher Versorgungsausgleich 9, 439
- - Realteilung 9, 452, 484 f.
- - schuldrechtlicher Versorgungsausgleich 9, 459, 483, 517 ff.
- - Splitting 9, 443 f.
- - Supersplitting 9, 460 ff.
- - Vereinbarungen 9, 608 ff.
- ausgleichungsfähiges Anrecht 9, 110
- Auskunftspflicht, Durchsetzung 9, 86
- - Ehegatten untereinander 9, 94 f.
- - Versorgungsträger gegenüber Ehegatten 9, 97 f.
- Auskunftsrechte und -pflichten 9, 84 f.
- Ausschluss 9, 674 ff.
- - Auslandsberührungen 9, 697 f.
- - Bagatellbeträge 9, 710
- - Fallgruppen 9, 684 ff.
- - schwerwiegendes Fehlverhalten 9, 709
- - Verfahrensbesonderheiten 9, 719 f.
- Aussetzung 9, 885 f.
- auszugleichende Versorgungen 9, 155 ff.
- Barwertverordnung 9, 19, 894
- Beamtenpensionen 9, 923
- Beamtenversorgung 9, 193 ff., 900
- bei Ehescheidung ab 1.1.1992 9, 853 f.
- bei Erwerbsunfähigkeitsrente 9, 883 f.
- Berufsunfähigkeitszusatzversicherung 9, 166
- Checkliste 9, 933
- Durchführung 9, 55
- Ehevertrag 9, 620 f.
- Ehezeit 1, 68, 9, 48, 170 f.
- - Berechnung 9, 175 f.
- eigenständige Versorgung 9, 11 f., 164
- Einkommensangleichung 9, 930 f.
- Einzelfallgerechtigkeit 9, 8
- Entschädigungen 9, 161
- Entscheidungsverbund 9, 5
- Erziehungsrente 9, 14
- fehlerhafte Vorentscheidung 9, 752
- Für-Prinzip 9, 23
- Gerichtskosten 9, 118 f.
- Gesetzesänderungen 9, 740 f.
- gesetzliche Regelungen, materielles Recht 9, 39
- - Verfahrensrecht 9, 39
- - Versorgungsträger/Fachgerichte 9, 39
- gesetzliche Rentenversicherung 9, 179 f., 900
- Grundversorgungen 9, 165
- Halbteilungsprinzip 9, 33

1823

(Versorgungsausgleich)
- Härtefälle **9**, 787 f.
- In-Prinzip **9**, 22 f.
- interlokales Kollisionsrecht **9**, 829 ff.
- internationale Zuständigkeit **13**, 284
- Invaliditätsfall **9**, 3
- Kapitalleistungen **9**, 156 f.
- Kostenpflicht **9**, 117 ff.
- Kürzungen **9**, 901 f.
- Lebensversicherung, Abgrenzung zum Zugewinnausgleich **9**, 355 f.
- Lebensversicherungsverträge **9**, 159
- Nachholung **13**, 292 f.
- öffentlich-rechtliche Versorgungsträger **9**, 64 f.
- öffentlich-rechtlicher Versorgungsausgleich **9**, 16, 25
- – Amtsprinzip **9**, 28
- – Begrenzungen **9**, 66 f., 508 f.
- – Ostanrechte **9**, 869 ff.
- Pensionärsprivileg **9**, 900
- Quasisplitting **10**, 701 f.
- Realteilung **9**, 925
- Rechtsmittel **9**, 139 f.
- Rechtssicherheit **9**, 8
- Rentenanwartschaften **9**, 22 f.
- – nach Rückerstattung **9**, 168
- – in der Ehezeit **9**, 169 f.
- Rentenberater **1**, 68
- Rentenbezug **1**, 81
- Rentenreformgesetz **9**, 187
- Rentensplitting **10**, 699 f.
- Rentnerprivileg **9**, 900
- Sachleistungen **9**, 156 f.
- Satzungsänderungen **9**, 740 f.
- Scheidungsverbund **8**, 211 f.
- schuldrechtlicher Versorgungsausgleich **1**, 81, **9**, 13, 25, 70, 517 ff., **10**, 704 f.
- – Amtsermittlungsprinzip **9**, 30 f.
- – Nachholung **9**, 852
- – Titulierung **9**, 580 f.
- – Vollstreckung **9**, 580 f.
- Sicherung des Anspruchs **9**, 110 f.
- Stichtagsprinzip **9**, 20 f.
- – Betriebsrentenanwartschaften **9**, 21
- Tod einer Partei **9**, 800 f.
- Tod, des Ausgleichsberechtigten **9**, 804
- – des Ausgleichspflichtigen **9**, 805 f.
- Übergangsregelung **9**, 816 f.
- Übersicht über gesetzliche Regelungen **9**, 38 f.
- Umsetzung **9**, 56
- Verbundprinzip **9**, 25 f.
- Vereinbarungen **9**, 620 ff.
- – Abändbarkeit **9**, 672
- – Eheverträge **9**, 635 f.
- – Formerfordernisse **9**, 642 f.
- – Genehmigungserfordernis **9**, 652 f.

- Verfahrensabschnitte **9**, 46 f.
- Verfahrensbesonderheiten, Abänderung **9**, 756 f.
- Verfahrensgrundsätze **9**, 58 ff.
- – Beteiligte **9**, 64 f.
- – freiwillige Gerichtsbarkeit **9**, 58 f.
- Verfahrensrecht **9**, 41 ff.
- – Anwaltszwang **9**, 43 f.
- – Zuständigkeit **9**, 41 f.
- verlängerter schuldrechtlicher Versorgungsausgleich **9**, 71, 584 ff.
- Versorgungsloch **9**, 14
- Versorgungsträger, Anschriften **9**, 934
- vorläufiger Versorgungsausgleich **9**, 851
- vorzeitiger Zugewinnausgleich **9**, 23
- Wiederaufnahme des Verfahrens **9**, 151
- Wohnrechte **9**, 156 f.
- Zuständigkeit, örtliche Zuständigkeit **9**, 42
- – sachliche Zuständigkeit **9**, 41
Vereinigungsbedingte Probleme **9**, 871 ff.
Versorgungsausgleichsentscheidung,
    Abänderungsverfahren **9**, 57
- Berichtigung **9**, 139 f.
Versorgungsausgleichsrecht, Veränderungen **9**, 35
Versorgungsausgleichsverfahren, nach § 53c FGG **9**, 103
- Abtrennung vom Scheidungsverbund **9**, 99 f.
- – Rechtsmittel **9**, 108 f.
Versorgungsausgleichsverfahren, Anwaltszwang **9**, 32
- einstweilige Anordnung **9**, 116
- Erstattungsbescheid **9**, 114
- Gegenstandswert **9**, 130 f.
- isoliertes Ausgleichsverfahren **9**, 126 f.
- – Kosten **9**, 126 f.
- isoliertes Versorgungsausgleichsverfahren, Anwaltszwang **9**, 45
- Kosten, außergerichtliche Kosten **9**, 129
- Streitwert **9**, 130 f.
Versorgungseinrichtungen, berufsständige Versorgungseinrichtungen **9**, 236 f.
- Zusatzversorgung des öffentlichen Dienstes **9**, 256 f.
Versorgungsleistungen, Einkommensteuer **10**, 411
- für Dritte **5**, 63
- Versorgungsordnungen, ausländische Versorgungsordnungen, Ermittlungs- und Bewertungshilfen **9**, 384
Versorgungsträger, Auskunftspflicht **9**, 97 f.
Verteilungsverfahren **7**, 406 f.
- Widerspruch **7**, 411
Vertrag, Ehegattenverträge **10**, 420
- zu Lasten Dritter **5**, 408
Vertragsadoption **13**, 337
Vertretung, allgemeine Vertretungsbefugnis **4**, 221
- Anfechtungsprozess **4**, 34

(Vertretung, allgemeine Vertretungsbefugnis)
– gesetzliche Vertretung des Kindes **4**, 110 f.
– – Insichgeschäft **4**, 113
– – Vertretungsmacht der Eltern **4**, 113 f.
– Kindesunterhalt **5**, 510 ff.
– Notvertretungsrecht **4**, 190, 221, **11**, 24
Vertretungsmacht der Eltern, Beschränkungen **4**, 113 f.
Verwandtenunterhalt, ab Rechtshängigkeit **5**, 462 f.
– Arbeitsförderungsgesetz **5**, 458
– Ausbildungsförderungsgesetz **5**, 459
– Auskunftsanspruch **5**, 474 ff.
– – Fälligkeit **5**, 432
– – Stufenklage **5**, 504
– Auskunftsberechtigte **5**, 481
– Auskunftspflicht, eidesstattliche Versicherung **5**, 494
– Auskunftsverlangen **5**, 517 f.
– Belegpflicht **5**, 489 f.
– Bundessozialhilfegesetz **5**, 455
– Erlass **5**, 473
– Ersatzhaftung **5**, 362 f.
– Forderungsübergang **5**, 362 f.
– Inhalt der Auskunftspflicht **5**, 484 f.
– rückwirkende Unterhaltsforderung **5**, 468 f.
– Stundung **5**, 473
– Unterhaltsanspruch, Verwirkung **5**, 464 f.
– Unterhaltsvorschussgesetz **5**, 457
– Verzug, Mahnung **5**, 431 f.
Verweisungszuständigkeit **13**, 310
Verwirkung, Verwandtenunterhalt **5**, 464 f.
Verwirkungseinwand, Auskunftspflicht **5**, 477
Verwitwete Steuerpflichtige, Zusammenveranlagung **10**, 185
Verwitwetensplitting **10**, 187
Verzicht, Trennungsunterhalt **6**, 66
– Unterhaltsanspruch **5**, 392 f.
Verzug, Ehegattenunterhaltsanspruch **6**, 502 ff.
– Mahnung **5**, 431 f.
– Verwandtenunterhalt **5**, 420 f.
Vollmacht **1**, 29 f.
– Folgesachen **1**, 30
– Generalvollmacht **12**, 183
– Postvollmacht **12**, 181
– rechtsgeschäftliche Vollmacht **4**, 112
– Scheidungsverfahren **8**, 99 f.
– Umfang **1**, 30
– Vollmacht bei Tod, Krankheit und Unfall **12**, 182
Vollmachtserteilung **12**, 26
Vollstreckung **2**, 181
– Auskunftsanspruch **3**, 218 f.
– ausländische Entscheidung **13**, 311
– ausländischer Unterhaltstitel **13**, 129 ff.
– Entscheidung ausländischer Gerichte **13**, 3 f.

– Hausrat **2**, 184
– Kindeswohl **4**, 574 f.
– öffentlich-rechtlicher Versorgungsausgleich **9**, 136 f.
– schuldhafte Zuwiderhandlung **4**, 573
– schuldrechtlicher Versorgungsausgleich **9**, 138, 580 f.
– Sorge- und Umgangsrecht **4**, 558 ff.
– Verhältnismäßigkeit **4**, 574 f.
– Zusammenveranlagung **10**, 271
– Zwangsmittel **4**, 564 f.
Vollstreckungsabwehrklage, Getrenntlebensunterhalt **2**, 146
– Unterhaltsanspruch **5**, 392
Vollstreckungsgegenklage **7**, 186 f.
– rechtshemmende Einwendungen **7**, 189
– rechtsvernichtende Einwendungen **7**, 189
Vollstreckungstitel, Haushaltsgeld **2**, 146
Vollstreckungszwischenverfahren **4**, 582 f.
Voraus **12**, 126
Vorbehaltsgut **3**, 286, 288
– vorläufige Anordnung, Sorge- und Umgangsrecht **4**, 544 f.
Vorläufige Anordnungen, Anfechtbarkeit **4**, 554
Vorläufiger Rechtsschutz, Hausratsverordnung **3**, 500 f.
– Zugewinnausgleichsanspruch **3**, 236
Vormund, Ablehnungsrecht **4**, 613
– Aufwandsentschädigung **4**, 663
– Aufwendungsersatz **4**, 659
– Beendigung **4**, 667
– Befreiungen, testamentarische Gestaltungsmöglichkeiten **4**, 612
– Benennung, Anhörung des Jugendamts **4**, 612
– Bestallungsurkunde **4**, 612
– Bestellung **4**, 610
– – letztwillige Verfügung **4**, 610
– Gegenvormund **4**, 625 f.
– gerichtliche Kontrolle, Vermögensverzeichnis **4**, 657
– Haftung **4**, 665 f.
– Jugendamt **4**, 615
– Mitvormund **4**, 625 f.
– Rechnungslegungspflicht **4**, 620
– – Vermögensverzeichnis **4**, 620
– Selbstkontrahierungsverbot **4**, 630
– Verbot der Doppelvertretung **4**, 630
– – Vergütung **4**, 660 f.
– Vertretungsausschluss, Ergänzungspflegschaft **4**, 633
– – Schenkung **4**, 633
Vormundschaft, über Minderjährige **4**, 605 ff.
– gemeinsame Vormundschaft, eingetragene Lebenspartnerschaft **11**, 19
– internationale Zuständigkeit **13**, 194, 342 f.

Vormundschaftsgericht **4**, 416, 607
- sachliche Zuständigkeit **1**, 70
Vormundschaftsgerichtliche Genehmigungserfordernisse **4**, 640 f.
- Ausschlagung einer Erbschaft **4**, 643
- Bürgschaft **4**, 651
- Darlehensgeschäfte **4**, 649
- Dienst- oder Arbeitsverhältnisse **4**, 648
- dingliches Rechtsgeschäft **4**, 654
- gesellschaftsrechtliche Beteiligung **4**, 644
- Inhaberschuldverschreibungen **4**, 650
- Kauf- und Tauschvertrag **4**, 641
- Lehrverträge **4**, 647
- Miet- und Pachtbeträge **4**, 646
- Miterbenanteilübertragung **4**, 642
- Pflichtteilsanspruch **4**, 643
- Prokura **4**, 652
- Verfügungsgeschäft **4**, 641
- - über das Vermögen im Ganzen **4**, 642
- - über Forderung **4**, 655
- Vergleich **4**, 653
- Vermächtnisse **4**, 643
- Verträge über Erb- und Pflichtteil **4**, 642
- Verzicht **4**, 643
- Wechselverpflichtungen **4**, 650
Vormundschaftsrecht **4**, 604 ff.
Vorsorgepauschale **10**, 151
- Altersvorsorgeunterhalt, Bremer Tabelle **6**, 149 f.
Vorsorgeunterhalt, Altersvorsorgeunterhalt, Düsseldorfer Tabelle **6**, 150
- Geschiedenenunterhalt **6**, 141 f.
- Krankenvorsorgeunterhalt **6**, 151 f.

Wächteramt des Staates **4**, 152
Waisenrente **5**, 132
Wärmeschutzverordnung **10**, 289
Wegfall der Geschäftsgrundlage **3**, 166
- unbenannte Zuwendungen **3**, 377
- - bei Gütertrennung **3**, 383
- Zuwendungen der Schwiegereltern **3**, 388
Wehrdienst **5**, 140 f.
Weihnachtsgeld, Geschiedenenunterhalt **6**, 228
Weiterverweisung **13**, 34, 249
Welteinkommen **10**, 13
Werbung, Mediation **1**, 24
Werbungskostenpauschbetrag **10**, 152
Wertberichtigungen **10**, 481 f.
Widerklage **7**, 311
Widerruf, Schenkung, unbenannte Zuwendungen **12**, 33
Wiederaufnahme des Verfahrens, Versorgungsausgleich **9**, 151
Wiederverheiratungsklausel, eingetragene Lebenspartnerschaft **11**, 45

Wirtschaftsgeld **2**, 141 f.
- Auskunftsverpflichtung **2**, 143
- Höhe **2**, 142
- Rückforderung **2**, 144
- - Bereicherung **2**, 144
- - Geschäftsführung ohne Auftrag **2**, 144
Wirtschaftsgüter **10**, 503 f.
Wohlverhaltensklausel **11**, 63
Wohneigentum, Förderung von Wohneigentum **10**, 275 f.
- - Kinderzulage **10**, 288
- - Ökokomponenten **10**, 289 f.
- - Trennung der Ehegatten **10**, 285
- Förderung, Eigenheimzulage **10**, 275 ff.
Wohngeld **7**, 86
- Geschiedenenunterhalt **6**, 229
- gesetzlicher Forderungsübergang **7**, 86
Wohngeldrecht **12**, 161
Wohnung, eingetragene Lebenspartnerschaft **11**, 93 f.
Wohnungsrecht, Vermögenswerte **3**, 121
Wohnvorteil **5**, 287
Wohnwert, Berechnungsbeispiele **6**, 419 f.
- Verkauf der Wohnung **6**, 416 f.

Zählkindervorteil, Geschiedenenunterhalt **6**, 238
Zerrüttungsprinzip **8**, 1
Zeugnisverweigerungsrecht, eingetragene Lebenspartnerschaft **11**, 18
- nichteheliche Lebensgemeinschaft **12**, 146 f., 155
Zinsabschlag **10**, 291 f.
Zinsabschlagsteuer **10**, 561
Zinsen, Schuldzinsen **10**, 516 f.
Zivildienst **5**, 140 f.
Zivilprozess, nichteheliche Lebensgemeinschaft **12**, 142 ff.
Zufallsinformation **1**, 46
Zugewinn, Anfangsvermögen **3**, 27, 32 f.
- Anwartschaft eines Nacherben **3**, 41
- Arbeits- oder Dienstleistungen **3**, 48
- Ausgleichsforderung **3**, 29 f.
- - Beweislast **3**, 122 f.
- Ausstattung **3**, 47
- Begriff **3**, 28
- Beweislast **3**, 196
- Endvermögen **3**, 27, 59 f.
- Erwerb von Todes wegen **3**, 40
- Nießbrauchsfälle **3**, 42
- privilegierter Erwerb **3**, 36
- Schenkung **3**, 47
- - gemischte Schenkung **3**, 49
- unbenannte Zuwendungen **3**, 50
- unentgeltliche Zuwendungen Dritter **3**, 36 f.

Zugewinnausgleich, Abfindung durch Geldentnahme **10**, 658 f.
– Ansprüche auf Arbeitsentgelt **3**, 78
– Anwaltsgebühr **1**, 115
– Ausgleichsforderung, Einwendungen und Einreden **3**, 127 ff.
– Auskunftsanspruch **3**, 185 ff.
– – Vollstreckung **3**, 218 f.
– Ausschluss, bestimmter Vermögenswerte **3**, 269 f.
– – vollständiger Ausschluss **3**, 264
– Beleganspruch **3**, 200 f.
– durch Rentenvereinbarung **10**, 661 f.
– erbrechtlicher Zugewinnausgleich **13**, 108
– Gesamtschulden **3**, 76
– Hausrat **3**, 69 f.
– Klage auf vorzeitigen Zugewinnausgleich **3**, 544
– nichteheliche Lebensgemeinschaft **12**, 30
– Schmerzensgeld **3**, 73 f.
– Stufenklage **3**, 545
– Unterhaltszahlungen **3**, 78
– Verbindlichkeiten **3**, 75 f.
– Vereinbarungen **3**, 264 f.
– – über die Berechnung **3**, 271
– Verjährungsfrist **1**, 80
– vertragliche Modifizierung **3**, 266
– vorzeitiger Zugewinnausgleich **3**, 224 f.
– – Gestaltungsklage **3**, 227
– Wertermittlung **3**, 185 ff.
Zugewinnausgleichsanspruch, Auskunftsanspruch, Klage **3**, 215 f.
– dinglicher Arrest **3**, 237 f.
– Klage, Streitwert **3**, 271 f.
– Sicherheitsleistung **3**, 232 f.
– Sicherung **3**, 232 f.
– vorläufiger Rechtsschutz **3**, 236
Zugewinnausgleichsbilanz **3**, 81
Zugewinnausgleichsforderung, Anerkenntnis **3**, 151
– Auskunftsklage **3**, 146
– Leistungsverweigerungsrecht **3**, 167 f.
– Stufenklage **3**, 147
– Stundung **3**, 150
– Verjährung **3**, 132 f.
– Vollstreckungsmaßnahmen **3**, 151
– vorzeitiger Zugewinnausgleich **3**, 150
– Zuwendungen **3**, 154 f.
Zugewinngemeinschaft **3**, 2 f., **10**, 221 f., 649 f., 651 f.
– Anfangsvermögen **3**, 27
– Ausgleich **3**, 26 f.
– Ausgleichsanspruch **3**, 11
– Ausgleichsforderung, Entstehung **3**, 29 f.
– Beendigung **3**, 9 f.
– Endvermögen **3**, 27

– erbrechtliche Lösung **3**, 11
– Grundsätze **3**, 7 f.
– güterrechtliche Lösung **3**, 11
– rechtsgeschäftliche Beschränkungen **3**, 13 f.
– Verfügungsbeschränkungen **3**, 14 f.
– – Bestellung einer Grundschuld **3**. 18
– – Geldzahlungsverpflichtungen **3**, 20
– – Zustimmungserfordernis **3**, 16
– Verfügungsgeschäft **3**, 22 f.
– – schwebende Unwirksamkeit **3**, 23
– Verpflichtungsgeschäft **3**, 21
– Verwaltung des Vermögens **3**, 13 f.
– Zugewinn **3**, 26 f.
Zugewinnstundung, Anwaltsgebühr **1**, 116
Zurückbehaltungsrecht, Auskunftsanspruch **3**, 212
– Ehegattenunterhalt **6**, 539
Zurückverweisung **13**, 32
Zusammenrechnung, Verlustverrechnung **10**, 103
Zusammenveranlagung, Antrag, einseitiger Antrag **10**, 124
– – widerstreitende Anträge **10**, 125
– Ausbildungs- und Fortbildungskosten **10**, 454
– dauerndes Getrenntleben **10**, 119 f.
– Erstattungsansprüche **10**, 249 f.
– Erstattungsbetrag, Fehlüberweisung **10**, 265 f.
– Freibeträge **10**, 109 f.
– Gesamtschuldnerschaft **10**, 98
– getrennt lebende Ehegatten, Versöhnungsversuch **10**, 119 f.
– im Ausland geschlossene Ehen **10**. 88
– Individualbesteuerung **10**, 100
– Mitwirkungspflicht des Ehepartners **10**, 124 f.
– nichteheliche Lebensgemeinschaft **10**, 295 f.
– Pauschbeträge **10**, 109 f.
– Pfändungs- und Überweisungsbeschluss **10**, 248
– Rechtsbehelfsverfahren **10**, 117, 272 f.
– Trennungsjahr **10**, 171 f.
– Vollstreckung **10**, 271
– Vor- und Nachteile **10**, 97
– Voraussetzungen **10**, 84 f.
– Zusammenveranlagungsbescheid **10**, 117
– Zustimmung **10**, 126
– – Verweigerung der Zustimmung **10**, 126
– öffentliche Zusatzversorgung **9**, 269 f.
– – Privatisierung öffentlicher Unternehmen **9**, 269 ff.
– – Versicherungs- und Versorgungsrenten **9**, 258 f.
Zuschlagsteuern **10**, 153
Zuständigkeit, Abänderungsverfahren **7**, 299 ff.
– ausschließliche Zuständigkeit **4**, 430
– eheliches Güterrecht **1**, 70
– Ehesachen **1**, 70
– Ehescheidungsverfahren **1**, 70
– Finanzamt, nach Trennung **10**, 112 f.
– Freistellungsvereinbarungen **5**, 399

(Zuständigkeit, Abänderungsverfahren)
- funktionelle Zuständigkeit, familiengerichtliche Verfahren **4**, 432 f.
- Gesamtschuldnerausgleich **1**, 70
- Haager Kindesentführungsabkommen **4**, 407
- in Familiensachen, örtliche Zuständigkeit **1**, 70
- in Familienverfahren, sachliche Zuständigkeit **1**, 70
- – Vormundschaften und Pflegschaften **4**, 410
- – Zuständigkeitsabgrenzung, Vormundschafts- und Familiengericht **4**, 409 f.
- internationale Zuständigkeit **13**, 8 f.
- – für Kinder **4**, 19
- – gewöhnlicher Aufenthalt **4**, 404
- – Sorgerechts- und Umgangsregelungen **4**, 402 f.
- Lebenspartnerschaftssachen **11**, 99 f.
- negativer Kompetenzkonflikt **4**, 431
- örtliche Zuständigkeit, Versorgungsausgleich **9**, 42
- persönliche Rechtsbeziehung, der Ehegatten **1**, 70
- – geschiedener Ehegatten **1**, 70
- sachliche Zuständigkeit, Versorgungsausgleich **9**, 41
- Scheidungsverfahren **8**, 64 ff.
- Sorgerechtsverfahren **1**, 70
- Umgangsrechtsverfahren **1**, 70
- Unterhaltsprozess **1**, 70
- Vaterschaftsanfechtung **4**, 49 f.
- Vaterschaftsfeststellung **4**, 49 f.
- – nach Tod des Kindes **4**, 49 f.
- – nach Tod des Vaters **4**, 49 f.
- Versorgungsausgleich **1**, 70; **9**, 41 f.
- Zugewinnausgleichsverfahren **1**, 70

Zustellung, nichteheliche Lebensgemeinschaft **12**, 143 f.
- Scheidungsverfahren **8**, 155 f.

Zustimmung, Adoption **4**, 386 f.
- alleinige elterliche Sorge **4**, 195
- der Mutter **4**, 24
- des Kindes **4**, 24
- einseitige Rechtsgeschäfte **2**, 169
- Ersetzung **2**, 194 f.
- – Verfahren **2**, 200 f.
- Genehmigung **2**, 173
- Realsplitting **10**, 335 f.
- Steuererklärung **4**, 13
- Vormundschaftsgericht **2**, 194 f.
- Widerruf **2**, 172
- zu Auseinandersetzungsplan **3**, 297
- Zugewinngemeinschaft **3**, 16 f.
- Zusammenveranlagung **10**, 126
- Zustimmung zu medizinisch notwendigem Eingriff **4**, 257
- zweiseitige Rechtsgeschäfte **2**, 170 f.

Zuwendung, erbrechtliche Zuwendung **12**, 127
- Rückgewähr unter Ehegatten **3**, 369 ff.
- Schenkungen **3**, 373 f.
- Schwiegereltern **3**, 386 f.
- sozialstaatliche Zuwendungen **5**, 56 f.
- unbenannte Zuwendung **3**, 50; **13**, 279
- – Rückgewähr **3**, 375 f.
- – steuerpflichtige Schenkungen **3**, 329
- unentgeltliche Zuwendungen Dritter **3**, 36 f.
- Zugewinnausgleichsforderung **3**, 154 f.

Zwangsvollstreckung, eidesstattliche Versicherung **7**, 348 f.
- – Glaubhaftmachung **7**, 349 f.
- Erinnerung **7**, 325 f.
- Forderungspfändung **7**, 353 ff.
- Fragerecht **7**, 350 f.
- nichteheliche Lebensgemeinschaft **12**, 148 f.
- Prozesskostenvorschuss **5**, 258
- sofortige Beschwerde **7**, 326
- Unterhaltstitel **7**, 321 ff.
- vereinfachtes Verfahren **5**, 566
- Verteilungsverfahren **7**, 406 f.
- Vollstreckungsklausel **7**, 330 f.
- Vorauspfändung **7**, 344 f.
- Vorratspfändung **7**, 341 f.
- Unterhaltspflicht **5**, 305

Zweitberatung **1**, 41 f.
Zweites Gesetz zur Familienförderung **10**, 568 f.
Zwischenverfügung, Anfechtbarkeit **4**, 553

Damit es nicht nach hinten losgeht!

Der Griff in die juristische Trickkiste

Viefhues

Fehlerquellen im familiengerichtlichen Verfahren

1. Auflage 2003,
312 Seiten, gebunden,
€ 49,-

ISBN 3-89655-132-9

Mit neuer BGH-Rechtsprechung zum Mangelfall!

Das familiengerichtliche Verfahren stellt jeden Anwalt vor besondere Herausforderungen. Es sind prozessuale Besonderheiten zu berücksichtigen und gleichzeitig auch zahlreiche Details im materiellen Recht zu beachten. So will in der Regel der Mandant möglichst schnell geschieden werden. Aber Achtung! Ein vorschneller Antrag auf Härteentscheidung kann schnell in einer Abweisung des Antrags enden. Dies belastet die eigene Partei mit Kosten und kann gegebenenfalls einen Regress auslösen.

Der Autor befasst sich in dem Titel mit den zahlreichen Fallstricken, die dem Anwalt im familiengerichtlichen Verfahren drohen. Diese können zum Teil auch schon bei der Beratung auftauchen.

Übersichtlich und in klarer Sprache gibt der Autor die erforderlichen Hinweise und warnt vor möglichen Gefahren.

Damit keine Fragen offen bleiben:

- Vorüberlegungen bei der anwaltlichen Beratung
- Scheidungsverfahren
- Versorgungsausgleich
- Elterliche Sorge
- Umgangsrecht
- Unterhalt
- Zugewinn
- Verteilung des Hausrats
- Herausgabe persönlicher Gegenstände
- Wohnungszuweisung
- Regelungen nach dem Gewaltschutzgesetz
- Polizeirechtliche Eingriffsmöglichkeiten bei häuslicher Gewalt
- Auskunftsansprüche zum Unterhalt
- Auskunftsansprüche zum Zugewinn
- Auskunftsanspruch zum Sorgerecht
- Auskunftsanspruch zum Versorgungsausgleich
- Unterhaltsklagen
- Prozesskostenhilfe und Prozesskostenvorschuss
- Rechtsmittelverfahren

Bestellschein

Bitte faxen an: 0 23 61/91 42 46

☐ Ja, ich bestelle mit 4-wöchigem Rückgaberecht:

Viefhues
Fehlerquellen im familiengerichtlichen Verfahren

1. Auflage 2003,
312 Seiten, gebunden,
€ 49,-

ISBN 3-89655-132-9

Name/Kanzlei

Str.

PLZ, Ort

Datum, Unterschrift 132Rotax

---

www.zap-verlag.de

 Verlag für die Rechts- und Anwaltspraxis

Mit einem Griff zur Lösung!

Richter am OLG a.D. Heinrich Reinecke
Lexikon des Unterhaltsrechts
Einkommensermittlung · Unterhaltsansprüche · Verfahrensrecht · Auslandsbezug · Muster · Berechnungsbeispiele

1. Auflage 2003,
826 Seiten, gebunden, mit CD-ROM,
€ 74,-
ISBN 3-89655-133-7

Mit zahlreichen Berechnungsbeispielen und Mustern!

Bestellschein
Bitte faxen an:
0 23 61/91 42 46

☐ Ja, ich bestelle mit 4-wöchigem Rückgaberecht:

Reinecke
Lexikon des Unterhaltsrechts
1. Auflage 2003,
826 Seiten, gebunden,
mit CD-ROM, € 74,-
ISBN 3-89655-133-7

_____
Name/Kanzlei

_____
Str.

_____
PLZ, Ort

_____
Datum, Unterschrift   133Rotax

Das Unterhaltsrecht als Herzstück des Familienrechts ist unübersichtlich und kompliziert.

Die Höhe jeglicher Ansprüche auf Unterhalt, Verwandtenunterhalt, insbesondere Kindesunterhalt oder aber Ehegattenunterhalt während der Trennungszeit oder nach der Scheidung, richtet sich weitgehend nach den Einkommens- und Vermögensverhältnissen der Beteiligten. Die **Ermittlung des unterhaltsrechtlich erheblichen Einkommens** ist die zentrale Frage eines jeden Unterhaltsprozesses. Sie ist von Bedeutung für die **Höhe des Bedarfs** nach den ehelichen Lebensverhältnissen, für die Feststellung der **Unterhaltsbedürftigkeit** des Berechtigten auf der einen und der **Leistungsfähigkeit** auf der anderen Seite.

Dabei enthält das Unterhaltslexikon vier verschiedene **alphabetische Darstellungen,** die dem Anwender einen leichten Zugriff auf sein Problem ermöglichen:

- ABC der Einkommensermittlung
- ABC der materiellen Unterhaltsansprüche
- ABC des Unterhaltsprozesses und der Vollstreckung
- ABC des Auslandsbezuges.

Unterstützt wird das Werk durch die mitgelieferte CD-ROM, die nicht nur **alle Arbeitshilfen als ausfüllfähige Formulare** beinhaltet, sondern auch ein einfaches Suchen der Stichwörter ermöglicht und die im einzelnen Stichwort vorgenommenen Verweise durch Anklicken mühelos in einem weiteren Fenster aufzeigt.

www.zap-verlag.de

ZAP Verlag für die Rechts- und Anwaltspraxis

Zeitschrift für Familien- und Erbrecht ZFE

ZFE – Zeitschrift für Familien- und Erbrecht

- ist ausgerichtet auf die tägliche Arbeit in der Kanzlei
- versorgt den Anwalt mit praxisbezogenen Informationen nicht nur zum Familien- und Erbrecht, sondern auch zu den Schnittstellen zum Steuerrecht und weiteren Rechtsgebieten
- unterstützt die tägliche Arbeit durch **Vertragsmuster** und **Formulierungsvorschläge**
- beinhaltet in jeder Ausgabe ein **Thema des Monats**, auf das der Praktiker sein spezielles Augenmerk richten soll
- informiert im **Rechtsprechungsreport** über die praktische Relevanz aktueller Entscheidungen
- informiert im **Literaturreport** über die praktische Relevanz gerade erschienener Bücher und Zeitschriftenaufsätze
- gibt Tipps zur steuerlichen Gestaltung
- weist Sie auf die taktische Vorgehensweise im Prozess hin
- und kümmert sich last not least auch um das Anwaltshonorar

Bitte faxen unter: 0 23 61/91 42 46

☐   Ja, ich möchte ZFE zwei Monate testen.
Senden Sie mir bitte **zwei Ausgaben kostenlos** zu. Wenn mir ZFE zusagt, brauche ich nichts mehr zu veranlassen. Im Anschluss an den kostenlosen Test erhalte ich ZFE im Abonnement zum Preis von € 9,50 im Monat. Kündigungsfrist: Vier Wochen zum Quartalsende.

Widerrufsbelehrung: Sie haben das Recht, die Bestellung innerhalb von 14 Tagen nach Erhalt der Ware beim ZAP-Verlag für die Rechts- und Anwaltspraxis, Beisinger Weg 1a, 45657 Recklinghausen, zu widerrufen.
Der Widerruf bedarf keiner Begründung. Er muss schriftlich, auf einem anderen dauerhaften Datenträger oder durch Rücksendung der Ware an o. g. Adresse. Zur Fristwahrung genügt die rechtzeitige Absendung des Widerrufs oder der Ware (Datum des Poststempels).
Ich habe von der Widerrufsbelehrung Kenntnis genommen und bestätige dies durch meine Unterschrift.

_____
Unterschrift

_____
Firma/Kanzlei   Straße

_____
PLZ   Ort

_____
Datum/Unterschrift

ZFERotax

ZAP Verlag für die Rechts- und Anwaltspraxis